Münchener Kommentar zum Strafgesetzbuch

Herausgegeben von

Dr. Wolfgang Joecks
Professor an der Universität Greifswald

Dr. Klaus Miebach
Richter am Bundesgerichtshof a.D.

**Band 8
Nebenstrafrecht III
Völkerstrafgesetzbuch**

Die einzelnen Bände des Münchener Kommentars zum StGB

Band 1
§§ 1–37
Bandredakteur:
Vorsitzender Richter am BayObLG und am OLG a.D.
Rechtsanwalt Professor Dr. Bernd von Heintschel-Heinegg

Band 2
§§ 38–79b
Bandredakteur:
Vorsitzender Richter am BayObLG und am OLG a.D.
Rechtsanwalt Professor Dr. Bernd von Heintschel-Heinegg

Band 3
§§ 80–184j
Bandredakteur:
Richter am BGH a.D. Dr. Klaus Miebach

Band 4
§§ 185–262
Bandredakteur:
Richter am BGH Professor Dr. Günther M. Sander

Band 5
§§ 263–358
Bandredakteure:
Professor Dr. Roland Hefendehl
Rechtsanwalt Dr. Olaf Hohmann

Band 6
JGG
Nebenstrafrecht I
Bandredakteure:
Professor Dr. Marco Mansdörfer
Richter am BGH a.D. Dr. Klaus Miebach

Band 7
Nebenstrafrecht II
Bandredakteur:
Professor Dr. Roland Schmitz

Band 8
Nebenstrafrecht III
Völkerstrafgesetzbuch
Bandredakteur:
Professor Dr. Christoph Safferling

Münchener Kommentar zum Strafgesetzbuch

Band 8
Nebenstrafrecht III

Strafvorschriften aus:

AufenthG · FreizügG/EU · AsylG · StAG
WaffG · KrWaffG · SprengG
WStG · EGWStG

Völkerstrafgesetzbuch

Bandredakteur:

Dr. Christoph Safferling, LL.M.
Professor an der Universität Erlangen-Nürnberg

3. Auflage 2018

Zitiervorschlag:
MüKoStGB/*Gericke* AufenthG § ... Rn. ...

www.beck.de

ISBN 978 3 406 68558 3

© 2018 Verlag C.H.Beck oHG
Wilhelmstraße 9, 80801 München
Druck: Kösel GmbH & Co. KG
Am Buchweg 1, 87452 Altusried-Krugzell
Satz: Meta Systems Publishing & Printservices GmbH, Wustermark
Umschlaggestaltung: Druckerei C.H.Beck, Nördlingen

Gedruckt auf säurefreiem, alterungsbeständigem Papier
(hergestellt aus chlorfrei gebleichtem Zellstoff)

Die Bearbeiter des achten Bandes

Dr. Dr. h.c. Kai Ambos
Professor an der Universität Göttingen
Judge Kosovo Specialist Chambers, The Hague, NL

Dr. Klaus Dau
Ministerialdirektor a. D.

Dr. Knut Dörmann
Leiter der Rechtsabteilung des Internationalen Komitees vom Roten Kreuz

Dr. Robin Geiß, LL.M.
Professor an der University of Glasgow

Jan Gericke
Richter am Bundesgerichtshof in Karlsruhe

Dr. Bernd Heinrich
Professor an der Universität Tübingen

Dr. Dr. h.c. Dr. h.c. Claus Kreß, LL.M.
Professor an der Universität zu Köln

Dr. Christoph Safferling, LL.M.
Professor an der Universität Erlangen-Nürnberg

Christian Schmidt-Sommerfeld
Präsident des Landgerichts München II a.D.

Dr. Thomas Weigend
Professor i.R. an der Universität zu Köln

Dr. Gerhard Werle
Professor an der Humboldt-Universität zu Berlin

Dr. Andreas Zimmermann, LL.M.
Professor an der Universität Potsdam

Im Einzelnen haben bearbeitet:

Einleitung . . . . Dr. Christoph Safferling

Aufenthaltsgesetz – AufenthG . . . . Jan Gericke
Freizügigkeitsgesetz – FreizügG/EU Jan Gericke
Asylgesetz – AsylG . . . . Christian Schmidt-Sommerfeld
Staatsangehörigkeitsgesetz – StAG Jan Gericke

Waffengesetz – WaffG . . . . Dr. Bernd Heinrich
Gesetz über die Kontrolle von
Kriegswaffen – KrWaffG . . . . Dr. Bernd Heinrich
Sprengstoffgesetz – SprengG . . . . . Dr. Bernd Heinrich

Wehrstrafgesetz – WStG . . . . Dr. Klaus Dau
Einführungsgesetz zum Wehrstraf-
gesetz – EGWStG . . . . Dr. Klaus Dau

Völkerstrafgesetzbuch – VStGB:
   Einleitung . . . . Dr. Gerhard Werle
   § 1 . . . . Dr. Kai Ambos
   §§ 2–5 . . . . Dr. Thomas Weigend
   § 6 . . . . Dr. Claus Kreß
   § 7 . . . . Dr. Gerhard Werle
   Vor § 8 . . . . Dr. Kai Ambos
   § 8 . . . . Dr. Robin Geiß/Dr. Andreas Zimmermann
   § 9 . . . . Dr. Kai Ambos
   § 10 . . . . Dr. Robin Geiß/Dr. Andreas Zimmermann
   § 11 . . . . Dr. Knut Dörmann
   § 12 . . . . Dr. Claus Kreß
   § 13 . . . . Dr. Christoph Safferling
   §§ 14, 15 . . . . Dr. Thomas Weigend

Sachregister . . . . Martina Ludlei

Vorwort zur 3. Auflage

Seit Drucklegung der zweiten Auflage vor rund vier Jahren hat das Nebenstrafrecht zahlreiche Änderungen und Erweiterungen erfahren. Dies und die inzwischen neu ergangene Rechtsprechung erforderten die erneute Überarbeitung und Aktualisierung auch dieses Bandes des Münchener Kommentars zum StGB. Sowohl die Zielsetzung als auch die grundlegende Konzeption des Kommentars haben sich insgesamt bewährt und werden in der dritten Auflage unverändert beibehalten.

Herr Professor Dr. Wolfgang Joecks ist im Sommer 2016 unerwartet verstorben. Er hat den Münchener Kommentar zum StGB vor 16 Jahren mitbegründet und seit nun fast drei Auflagen hinweg als Mitherausgeber, Bandredakteur und Autor nachhaltig geprägt. Herausgeber, Bandredakteure, Autoren und Verlag gedenken seiner in großer Dankbarkeit für sein außerordentliches Engagement und in bewundernder Achtung seines beruflichen und literarischen Lebenswerks.

Herr Professor Dr. Otto Lagodny ist nach zwei Auflagen als Bandredakteur für Band 8 ausgeschieden. Herausgeber, Autoren und Verlag möchten sich für erfolgreiche und angenehme Zusammenarbeit herzlich bedanken. Herr Professor Dr. Christoph Safferling ist an dessen Stelle getreten. Herr Dr. Wulf Burchards ist als Autor ausgeschieden. Auch ihm sei für sein großes Engagement gedankt.

In dieser Auflage wurde die Kommentierungen zum Staatsangehörigkeitsgesetz neu aufgenommen. Die umfangreichen Gesetzesänderungen des WaffG und des SprengG sowie des AufenthG, des AsylG und des FreizügG/EU vom Sommer 2017 sind bereits ausführlich eingearbeitet. Dagegen war es zeitlich nicht möglich, den neuen § 13 VStGB in der Kürze der Zeit dem wissenschaftlichen Anspruch entsprechend zu kommentieren. Er wird erst in der 4. Auflage kommentiert werden, was angesichts der zur Zeit noch geringen praktischen Relevanz vertretbar scheint.

Band 8 des Münchener Kommentars zum StGB liegt ein Rechts- und Literaturstand vom Juli/August 2017 zugrunde, wobei an zahlreichen Stellen neuere Rechtsprechung und Literatur berücksichtigt werden konnte. Ihm werden die weiteren Bände in Kürze folgen. Die dritte Auflage wird voraussichtlich Mitte 2018 abgeschlossen sein.

Im Oktober 2017   Herausgeber, Bandredakteur und Verlag

Aus dem Vorwort zur 1. Auflage

Mit den sechs Bänden zum materiellen Strafrecht wird nunmehr eine in der seit langem erfolgreichen Reihe der Münchener Kommentare bestehende Lücke geschlossen. Im Mittelpunkt der Kommentierung stehen die Vorschriften des Strafgesetzbuches, das in den letzten Jahren durch zahlreiche Reformgesetze geändert worden ist und auch weiterhin von Reformvorschlägen begleitet wird. Dabei wird die gerade in den letzten Jahren rege Tätigkeit des Gesetzgebers als Chance begriffen, altes Fallmaterial und ausgetragene oder nicht mehr praxisrelevante Streitstände auszusondern und stattdessen die modernen strafrechtlichen Entwicklungen darzustellen. Erstmalig wird ein Großkommentar darüber hinaus auch umfassend die in der Praxis immer bedeutsamer werdenden Bestimmungen des so genannten Nebenstrafrechts erläutern.

Der Münchener Kommentar zum materiellen Strafrecht wendet sich vor allem an Richter, Staats- und Amtsanwälte, Strafverteidiger und alle strafrechtlichen Praktiker. Entsprechend dieser Ausrichtung steht das Bestreben im Vordergrund, auf der Basis der präzise zusammengefassten neuesten höchstrichterlichen Rechtsprechung und zuverlässigen Wiedergabe der wesentlichen Literatur stets klare und praxisnahe Lösungsvorschläge und Entscheidungshilfen anzubieten.

Der Aufbau der Darstellung folgt grundsätzlich einer in allen sechs Bänden einheitlichen Struktur, um die Nutzung des Kommentars zu erleichtern. Die Erläuterung beginnt regelmäßig mit der Erörterung des Zwecks und der Rechtsnatur der Norm. Auf deren Entstehungsgeschichte wird nur dort vertieft eingegangen, wo sie für die Auslegung und das Verständnis der Vorschrift bedeutsam ist. Die tatbestandlichen Voraussetzungen werden jeweils vom Wortlaut ausgehend erläutert. Bei Bestimmungen des Besonderen Teils des Strafgesetzbuches und anderen Deliktstatbeständen folgen Ausführungen zu besonders relevanten Fragen aus den Bereichen des Allgemeinen Teils, der Rechtsfolgen und des Prozessrechts, die bei der Anwendung dieser Vorschriften regelmäßig von Bedeutung sind. Gegebenenfalls wird ergänzend auf Aspekte des internationalen, insbesondere europäischen Rechts eingegangen.

Wegen seiner auf die Praxis bezogenen Ausrichtung auf wissenschaftlichem Fundament haben die Herausgeber – der Zielsetzung des Kommentars entsprechend ein Richter und ein Hochschullehrer – und der Verlag besonderen Wert darauf gelegt, anerkannte Hochschullehrer und berufserfahrene Praktiker als Autoren zu gewinnen, die in ihren Beiträgen theoretische Ideen und praktische Notwendigkeiten harmonisch miteinander verknüpfen.

Im April 2003   Herausgeber und Verlag

Inhaltsverzeichnis

	Seite
Abkürzungsverzeichnis	XI
Literaturverzeichnis	XXI

Nebenstrafrecht III
Völkerstrafgesetzbuch

Einleitung 3

1. Kapitel. Ausländerstrafrecht

I. Gesetz über den Aufenthalt, die Erwerbstätigkeit und die Integration von Ausländern im Bundesgebiet (Aufenthaltsgesetz – AufenthG) 5
II. Gesetz über die allgemeine Freizügigkeit von Unionsbürgern (Freizügigkeitsgesetz/EU – FreizügG/EU) 215
III. Asylgesetz (AsylG) 239
IV. Staatsangehörigkeitsgesetz (StAG) 359

2. Kapitel. Waffenrecht

I. Waffengesetz (WaffG) 369
II. Ausführungsgesetz zu Artikel 26 Abs. 2 des Grundgesetzes (Gesetz über die Kontrolle von Kriegswaffen) 681
III. Gesetz über explosionsgefährliche Stoffe (Sprengstoffgesetz – SprengG) 805

3. Kapitel. Wehrstrafrecht

I. Wehrstrafgesetz (WStG) 885
II. Einführungsgesetz zum Wehrstrafgesetz (EGWStG) 1056

4. Kapitel. Völkerstrafrecht

Völkerstrafgesetzbuch (VStGB) 1067

Sachregister 1507

Abkürzungsverzeichnis

aA	anderer Ansicht
abgedr.	abgedruckt
abl.	ablehnend
ABl. (Nr.)	Amtsblatt der Europäischen Gemeinschaft
Abs.	Absatz
Abschn.	Abschnitt
abw.	abweichend
aE	am Ende
AEVStGB	Arbeitsentwurf für ein Völkerstrafgesetzbuch
aF	alte Fassung
AG	Amtsgericht/Aktiengesellschaft
AJIL	American Journal of International Law
allg.	allgemein
allgA	allgemeine Ansicht
allgM	allgemeine Meinung
Alt.	Alternative
aM	anderer Meinung
AMG	Gesetz über den Verkehr mit Arzneimitteln (Arzneimittelgesetz)
Amtl. Begr.	Amtliche Begründung
ÄndG	Änderungsgesetz
ÄndVO	Änderungsverordnung
Angekl.	Angeklagter
Anh.	Anhang
Anm.	Anmerkung
AnwBl	Anwaltsblatt (zitiert nach Jahr und Seite)
ARP	Allgemeines Register für Staatsschutzstrafsachen
Art.	Artikel
AsylG	Asylgesetz
AsylbLG	Asylbewerberleistungsgesetz
AsylVfG	Asylverfahrensgesetz (aufgehoben, nun AsylG)
AT	Allgemeiner Teil
AtG	Gesetz über die friedliche Verwendung der Kernenergie und den Schutz gegen ihre Gefahren (Atomgesetz)
AufenthG	Gesetz über den Aufenthalt, die Erwerbstätigkeit und die Integration von Ausländern im Bundesgebiet (Aufenthaltsgesetz)
Aufl.	Auflage
AusfBest	Ausführungsbestimmungen
AV	Allgemeine Verfügung
BAK	Blutalkoholkonzentration
BAnz.	Bundesanzeiger (ab 1983 zitiert nach Jahr und Seite)
BÄO	Bundesärzteordnung
Bay.	Bayern
BayBS	Bereinigte Sammlung des Bayerischen Landesrechts
BayObLG	Bayerisches Oberstes Landesgericht
BayObLGSt	Bayerisches Oberstes Landesgericht, Sammlung von Entscheidungen in Strafsachen (alte Folge zitiert nach Band und Seite, neue Folge nach Jahr und Seite)

Abkürzungen

BB	Betriebs-Berater (zitiert nach Jahr und Seite)
Bd.	Band
BDHE	Entscheidungen des Bundesdisziplinarhofs (zitiert nach Band und Seite)
Begr.	Begründung
Beil.	Beilage
Bek.	Bekanntmachung
Ber.	Bericht (früher Schriftlicher Bericht) des federführenden Ausschusses des Deutschen Bundestages
Beschl.	Beschluss
Bespr.	Besprechung
bestr.	bestritten
betr.	betreffend
BezG	Bezirksgericht
BGBl.	Bundesgesetzblatt
BGH GrS	Großer Senat beim Bundesgerichtshof in Strafsachen
BGHR	BGH-Rechtsprechung – Strafsachen, herausgegeben von den Richtern des Bundesgerichtshofes (seit 1987) (zitiert nach Paragraph, abgekürztem Stichwort und laufender Nummer)
BGHSt	Entscheidungen des Bundesgerichtshofs in Strafsachen (zitiert nach Band und Seite)
BJM	Baseler Juristische Mitteilungen (zitiert nach Jahr und Seite)
BKZAR	Besonderen Kammern der Zentralafrikanischen Republik
Bln.	Berlin
BMI	Bundesministerium des Innern
BMJ	Bundesministerium der Justiz
BMVg	Bundesminister/Bundesministerium der Verteidigung
Bbg.	Brandenburg
BR	Bundesrat, auch Plenarprotokoll (zitiert nach Sitzungsnummer)
BRD	Bundesrepublik Deutschland
BR-Drs.	Drucksache des Bundesrats (zitiert nach Nummer und Jahr)
BReg.	Bundesregierung
Brem.	Freie Hansestadt Bremen
BRep.	Bundesrepublik Deutschland
BRKG	Bundesreisekostengesetz
Bsp.	Beispiel
bspw.	beispielsweise
BT	Besonderer Teil/Deutscher Bundestag, auch Plenarprotokoll (zitiert nach Wahlperiode und Seite)
BT-Drs.	Drucksache des Deutschen Bundestags (zitiert nach Wahlperiode und Nummer)
BtMG	Betäubungsmittelgesetz
Buchst.	Buchstabe
BV	Verfassung des Freistaates Bayern
BVerfG	Bundesverfassungsgericht
BVerfGE	Entscheidungen des Bundesverfassungsgerichts (zitiert nach Band und Seite)
BVerfGG	Gesetz über das Bundesverfassungsgericht (Bundesverfassungsgerichtsgesetz)
BVerwG	Bundesverwaltungsgericht
BVerwGE	Entscheidungen des Bundesverwaltungsgerichts (zitiert nach Band und Seite)
BW	Baden-Württemberg

Abkürzungen

BWV	Bundeswehrverwaltung (zitiert nach Jahr und Seite)
BwVollzO	Bundeswehrvollzugsordnung
BYIL	British Yearbook of International Law
bzgl.	bezüglich
BZRG	Bundeszentralregistergesetz
bzw.	beziehungsweise
CalLR Online	California Law Review Online (USA)
CJIL	Chicago Journal of International Law
CLF	Criminal Law Forum
CWÜ	Gesetz zu dem Übereinkommen vom 13.1.1993 über das Verbot der Entwicklung, Herstellung, Lagerung und des Einsatzes chemischer Waffen und über die Vernichtung solcher Waffen (Gesetz zum Chemiewaffenübereinkommen) vom 5.7.1994, BGBl. II S. 805
CWÜ-AG	Ausführungsgesetz zu dem Übereinkommen vom 13.1.1993 über das Verbot der Entwicklung, Herstellung, Lagerung und des Einsatzes chemischer Waffen und über die Vernichtung solcher Waffen (Ausführungsgesetz zum Chemiewaffenübereinkommen) vom 2.8.1994, BGBl. I S. 1954
CWÜV	Ausführungsverordnung zum Chemiewaffenübereinkommen vom 20.11.1996, BGBl. I S. 1794
DB	Der Betrieb (zitiert nach Jahr und Seite)
DDR	Deutsche Demokratische Republik
ders./dies.	derselbe/dieselbe(n)
dh	das heißt
DIGOT	Dienst- und Geschäftsordnung der Truppendienstgerichte
Diss.	Dissertation
DJ	Deutsche Justiz (zitiert nach Jahr und Seite)
DJT	Deutscher Juristentag
DJZ	Deutsche Juristenzeitung (zitiert nach Jahr und Seite)
DRiZ	Deutsche Richterzeitung (zitiert nach Jahr und Nummer)
DRZ	Deutsche Rechtszeitschrift (zitiert nach Jahr und Seite)
DStrZ	Deutsche Strafrechtszeitung (zitiert nach Jahr und Seite)
DtZ	Deutsch-Deutsche Rechtszeitschrift (zitiert nach Jahr und Seite)
DVBl	Deutsches Verwaltungsblatt (zitiert nach Jahr und Seite)
DVO	Durchführungsverordnung
E	Entwurf
EACSC	Extraordinary African Chambers in the Senegalese Courts
EG	Einführungsgesetz
EGMR	Europäischer Gerichtshof für Menschenrechte
EGOWiG	Einführungsgesetz zum Gesetz über Ordnungswidrigkeiten
EGStGB	Einführungsgesetz zum Strafgesetzbuch
EGStPO	Einführungsgesetz zur Strafprozeßordnung
EG-Vertrag	Vertrag zur Gründung der Europäischen Gemeinschaft
EGVStGB	Einführungsgesetz zum Völkerstrafgesetzbuch
EGWStG	Einführungsgesetz zum Wehrstrafgesetz
Einl.	Einleitung
EinsatzWVG	Einsatzweiterverwendungsgesetz
einschr.	einschränkend
EJIL	European Journal of International Law
EMRK	Konvention zum Schutze der Menschenrechte und Grundfreiheiten vom 4.11.1950

Abkürzungen

entspr.	entspricht/entsprechend
Erg.	Ergebnis
Erl.	Erlass
EU	Europäische Union
EuAlÜbk	Europäisches Auslieferungsübereinkommen vom 13.12.1957
EuGH	Europäischer Gerichtshof
EuGRZ	Europäische Grundrechte-Zeitschrift (zitiert nach Jahr und Seite)
Eur. J. Crime	European Journal of Crime, Criminal Law and Criminal Justice
EUV	Vertrag über die Europäische Union vom 7.2.1992
EuZW	Europäische Zeitschrift für Wirtschaft (zitiert nach Jahr und Seite)
EWG	Europäische Wirtschaftsgemeinschaft
EWR	Europäischer Wirtschaftsraum
EzSt.	Entscheidungssammlung zum Straf- und Ordnungswidrigkeitenrecht (zitiert nach Paragraph und laufender Nummer)
f./ff.	folgende
Fallbespr.	Fallbesprechung
Fn.	Fußnote
FNA	Fundstellennachweis A, siehe bei BGBl.
FS	Festschrift
FYBIL	Finnish Yearbook of International Law
G	Gesetz
GA	Goltdammer's Archiv für Strafrecht (bis 1952 zitiert nach Band und Seite, ab 1953 zitiert nach Jahr und Seite)
GBA	Generalbundesanwalt beim Bundesgerichtshof
GBl.	Gesetzblatt
GS	Gedächtnisschrift
gem.	gemäß
GE	Gesetzentwurf
GG	Grundgesetz für die Bundesrepublik Deutschland
ggf.	gegebenenfalls
GK I	I. Genfer Abkommen zur Verbesserung des Loses der Verwundeten und Kranken im Felde
GK II	II. Genfer Abkommen zur Verbesserung des Loses der Verwundeten, Kranken und Schiffbrüchigen der Streitkräfte zur See
GK III	III. Genfer Abkommen über die Behandlung der Kriegsgefangenen
GK IV	IV. Genfer Abkommen zum Schutz von Zivilpersonen in Kriegszeiten
grds.	grundsätzlich
GrStrK	Große Strafkammer
GVBl.	Gesetz- und Verordnungsblatt
hA	herrschende Ansicht
Hmb.	Hamburg
HdB	Handbuch
Hess.	Hessen
HESt	Höchstrichterliche Entscheidungen in Strafsachen (zitiert nach Band und Seite)
HGB	Handelsgesetzbuch
hL	herrschende Lehre
HLKO	Abkommen betreffend die Gesetze und Gebräuche des Landkrieges vom 18.10.1907 (Haager Landkriegsordnung)

Abkürzungen

hM	herrschende Meinung
HPCR	(Program on) Humanitarian Policy and Conflict Research (Harvard University)
HRQ	Human Rights Quarterly
HRW	Human Rights Watch
Hrsg.	Herausgeber
Hs.	Halbsatz
HT	Handeltreiben
ic	in concreto/in casu
ICC	International Criminal Court
ICD	International Crimes Division des Uganda High Courts
ICTR	International Criminal Tribunal for Rwanda
ICTY	International Criminal Tribunal for the Former Yugoslawia (siehe auch JStGH)
idF	in der Fassung (Bekanntmachung der Neufassung auf Grund einer Ermächtigung)
idR	in der Regel
ieS	im engeren Sinne
IMG	Internationaler Militärgerichtshof in Nürnberg
IMGFO	Internationaler Militärgerichtshof für den fernen Osten
insb./insbes.	insbesondere
insg.	insgesamt
iRd.	im Rahmen des/der
IRG	Gesetz über die internationale Rechtshilfe in Strafsachen (IRG)
IRRC	International Review of the Red Cross
iS	im Sinne
IsLR	Israel Law Review
IStGH	Internationaler Strafgerichtshof
IStGH-Statut	Römisches Statut des Internationalen Strafgerichtshofs vom 17.7.1998 (amtliche deutsche Übersetzung abgedruckt in englischer, französischer und deutscher Sprache in BT-Drs. 14/2682, 9 ff.)
iVm	in Verbindung mit
iwS	im weiteren Sinne
IYHR	Israel Yearbook of Human Rights
JA	Juristische Arbeitsblätter (zitiert nach Jahr und Seite)
JBl.	Juristische Blätter (zitiert nach Jahr und Seite)
JGG	Jugendgerichtsgesetz (JGG)
JICJ	Journal of International Criminal Justice
JK	Jura-Karteikarten
JMBl.	Justizministerialblatt
JR	Juristische Rundschau (zitiert nach Jahr und Seite)
JStGH	Internationaler Strafgerichtshof für das ehemalige Jugoslawien
Jura	Juristische Ausbildung (zitiert nach Jahr und Seite)
JuS	Juristische Schulung (zitiert nach Jahr und Seite)
JW	Juristische Wochenschrift (zitiert nach Jahr und Seite)
JZ	Juristenzeitung (zitiert nach Jahr und Seite)
Kap.	Kapitel
Kfz	Kraftfahrzeug
KG	Kammergericht
KGJ	Jahrbuch für Entscheidungen des Kammergerichts
KRG 10	Kontrollratsgesetz Nr. 10 vom 20.12.1945

Abkürzungen

Kriminalist	Der Kriminalist (zitiert nach Jahr und Seite)
Kriminalistik	Kriminalistik (zitiert nach Jahr und Seite)
KrimJ	Kriminologisches Journal
KrimZ	Kriminologische Zentralstelle eV Wiesbaden
krit.	kritisch
KritJ	Kritische Justiz (zitiert nach Jahr und Seite)
KritV	Kritische Vierteljahreszeitschrift für die Gesetzgebung und Rechtswissenschaft (zitiert nach Jahr und Seite)
KrWaffG	Ausführungsgesetz zu Artikel 26 Abs. 2 des Grundgesetzes (Gesetz über die Kontrolle von Kriegswaffen)
KSC	Kosovo Specialist Chambers
KWL	Kriegswaffenliste (abgedruckt in der Anlage zu KWKG)
KWMV	Verordnung über die Meldepflicht bei der Einfuhr und Ausfuhr bestimmter Kriegswaffen (Kriegswaffenmeldeverordnung)
LG	Landgericht
li. Sp.	linke Spalte
Lit.	Literatur
LJIL	Leiden Journal of International Law
LKA	Landeskriminalamt
Losebl.	Loseblattsammlung
Ls.	Leitsatz
MAD	Militärischer Abschirmdienst
mAnm	mit Anmerkung
MBl.	Ministerialblatt
MDR	Monatsschrift für deutsches Recht (zitiert nach Jahr und Seite)
MICT	United Nations Mechanism for International Criminal Tribunals
MV	Mecklenburg-Vorpommern
MfS	Ministerium für Staatssicherheit (DDR)
MiStra	Anordnung über Mitteilungen in Strafsachen. AV BMJ
MschrKrim	Monatsschrift für Kriminalpsychologie und Strafrechtsreform (bis 1936; dann für Kriminalbiologie u. Strafrechtsreform), (zitiert nach Jahr und Seite)
MStGB	Militärstrafgesetzbuch
mwN	mit weiteren Nachweisen
Nachw.	Nachweis
NATO	North Atlantic Treaty Organisation (Nordatlantikpakt – Organisation)
Nds.	Niedersachsen
nF	neue Fassung
NJ	Neue Justiz (zitiert nach Jahr und Seite)
NJW	Neue Juristische Wochenschrift (zitiert nach Jahr und Seite)
Nr.	Nummer
NRW	Nordrhein-Westfalen
NStZ	Neue Zeitschrift für Strafrecht (zitiert nach Jahr und Seite)
NStZ-RR	NStZ-Rechtsprechungs-Report (zitiert nach Jahr und Seite)
NVwZ	Neue Zeitschrift für Verwaltungsrecht (zitiert nach Jahr und Seite)
NZWehrr	Neue Zeitschrift für Wehrrecht (zitiert nach Jahr und Seite)
og	oben genannt
OLG	Oberlandesgericht
OLG-NL	OLG-Rechtsprechung – Neue Länder (zitiert nach Jahr und Seite)

Abkürzungen

OLGR	OLG-Report, Schnelldienst zur Zivilrechtsprechung der Oberlandesgerichte (zitiert mit dem Ort des jeweiligen Oberlandesgerichts)
OLGSt	Entscheidungen der Oberlandesgerichte zum Straf- und Strafverfahrensrecht (zitiert nach Paragraph und Seite; Neuaufl. [Entscheidungen seit 1982] innerhalb der Paragraphen nur mit laufender Nr. zitiert)
OK	Organisierte Kriminalität
OVG	Oberverwaltungsgericht
OWiG	Gesetz über Ordnungswidrigkeiten
pass.	passim; im angegebenen Werk da und dort verstreut
PersStruktAnpG	Gesetz zur Anpassung der personellen Struktur der Streitkräfte (Personalstrukturanpassungsgesetz)
PfP	Partnership for Peace (Partnerschaft für den Frieden)
PKS	Polizeiliche Kriminalstatistik des BKA
Pkw	Personenkraftwagen
PMC	Private Military Company
Pros.	Prosecutor
re. Sp.	rechte Spalte
RA	Rechtsausschuss oder Rechtsanwalt
RA-BT	Rechtsausschuss des Deutschen Bundestages
RdErl.	Runderlass
RDPMDG	Révue de droit pénal militaire et de droit de la guerre
RdSchr.	Rundschreiben
RefE	Referentenentwurf
RegBl.	Regierungsblatt
RegE	Regierungsentwurf (des jeweiligen Änderungsgesetzes)
ResG	Gesetz über die Rechtsstellung der Reservistinnen und Reservisten der Bundeswehr (Reservistinnen- und Reservistengesetz)
RG	Reichsgericht
RGBl. I, II	Reichsgesetzblatt Teil I, Teil II
RGSt	Entscheidungen des Reichsgerichts in Strafsachen (zitiert nach Band und Seite); auch Reichsgericht
RGZ	Entscheidungen des Reichsgerichts in Zivilsachen (zitiert nach Band und Seite)
RhPf.	Rheinland-Pfalz
RiLi	Richtlinie(n)
RiStBV	Richtlinien für das Strafverfahren und das Bußgeldverfahren in der ab 1.2.1997 (bundeseinheitlich) geltenden Fassung
RKG	Entscheidungen des Reichskriegsgerichts (zitiert nach Band und Seite)
RMG	Reichsmilitärgericht/Entscheidungen des Reichsmilitärgerichts (zitiert nach Band und Seite)
Rn.	Randnummer/Randnummern
Rspr.	Rechtsprechung
RStGB 1871	Reichsstrafgesetzbuch idF von 1871
RStGH	Ruanda-Strafgerichtshof
RWStR	Rechtsprechung in Wehrstrafsachen
s.	siehe
S.	Seite/Satz
s. o.	siehe oben
s. u.	siehe unten

Abkürzungen

Saarl.	Saarland
Sachs.	Sachsen
SBG	Gesetz über die Beteiligung der Soldaten (Soldatenbeteiligungsgesetz)
SchlH	Schleswig-Holstein
SDÜ	Übereinkommen zur Durchführung des Übereinkommens von Schengen vom 14.6.1985 vom 19.6.1990, BGBl. 1993 II S. 1013 ff.
Sen.	Senat
SeuffA	Seufferts Archiv für Entscheidungen der obersten Gerichte
SG	Gesetz über die Rechtsstellung der Soldaten (Soldatengesetz)
SkAufG	Gesetz über die Rechtsstellung ausländischer Streitkräfte bei vorübergehenden Aufenthalten in der Bundesrepublik Deutschland (Streitkräfteaufenthaltsgesetz)
SLV	Verordnung über die Laufbahnen der Soldatinnen und Soldaten (Soldatenlaufbahnverordnung)
sog.	so genannt
SprengG	Gesetz über explosionsgefährliche Stoffe (Sprengstoffgesetz)
SprengVwV	Allgemeine Verwaltungsvorschrift zum Sprengstoffgesetz
StA	Staatsanwalt oder Staatsanwaltschaft
StAG	Staatsangehörigkeitsgesetz
StGB	Strafgesetzbuch
StGB-DDR	Strafgesetzbuch der Deutschen Demokratischen Republik
StPO	Strafprozessordnung
str.	streitig
StrÄndG	Strafrechtsänderungsgesetz
StrRG	Gesetz zur Reform des Strafrechts
StV	Strafverteidiger (zitiert nach Jahr und Seite)
StVG	Straßenverkehrsgesetz
StVK	Strafvollstreckungskammer
StVollstrO	Strafvollstreckungsordnung
StVollzG	Gesetz über den Vollzug der Freiheitsstrafe und der freiheitsentziehenden Maßregeln der Besserung und Sicherung – Strafvollzugsgesetz
TDG	Truppendienstgericht
teilw.	teilweise
Thür.	Thüringen
TKG	Telekommunikationsgesetz
ua	unter anderem/und andere
üA	überwiegende Ansicht
Übers.	Übersicht
Übk.	Übereinkommen
UBWV	Unterrichtsblätter für die Bundeswehrverwaltung (zitiert nach Jahr und Seite)
umstr.	umstritten
UniBw	Universität der Bundeswehr
unstr.	unstreitig
unveröff.	unveröffentlicht
UNWCC	United Nations War Crimes Commission
urspr.	ursprünglich
USGPO	United States Government Printing Office
usw	und so weiter

Abkürzungen

uU	unter Umständen
UVollzO	Untersuchungshaftvollzugsordnung
UZwG	Gesetz über den unmittelbaren Zwang bei Ausübung öffentlicher Gewalt durch Vollzugsbeamte des Bundes
UZwGBw	Gesetz über die Anwendung unmittelbaren Zwanges und die Ausübung besonderer Befugnisse durch Soldaten der Bundeswehr und zivile Wachpersonen
v.	von/vom
VA	Vermittlungsausschuss/Verwaltungsakt
VanJTL	Vanderbilt Journal of Transnational Law (USA)
VE	Verdeckter Ermittler
VG	Verwaltungsgericht
VGH	Verwaltungsgerichtshof
vgl.	vergleiche
VGrS	Vereinigte Große Senate
VMBl.	Ministerialblatt des Bundesministeriums der Verteidigung
V-Mann	Vertrauensmann
VO	Verordnung
Voraufl.	Vorauflage
Vor	Vorbemerkung
VorgV	Verordnung über die Regelung des militärischen Vorgesetztenverhältnisses (Vorgesetztenverordnung)
VStGB	Völkerstrafgesetzbuch
VStSen.	Vereinigte Strafsenate
VwGO	Verwaltungsgerichtsordnung
WaffG	Waffengesetz
WaffV	Verordnung zum Waffengesetz
WaffVwV	Allgemeine Verwaltungsvorschrift zum Waffengesetz
WBeauftrG	Gesetz über den Wehrbeauftragten des Deutschen Bundestages (Gesetz zu Artikel 45b des Grundgesetzes)
WBO	Wehrbeschwerdeordnung
WDO	Wehrdisziplinarordnung
WDS	Wehrdienstsenat beim Bundesverwaltungsgericht
WEU	Westeuropäische Union
WPflG	Wehrpflichtgesetz
WR	Wehrrecht
WStG	Wehrstrafgesetz
WStR	Wehrstrafrecht
YLJ	Yale Law Journal
ZAP	Zeitschrift für Anwaltspraxis (zitiert nach Jahr und Seite)
ZaöRV	Zeitschrift für ausländisches öffentliches Recht und Völkerrecht (zitiert nach Jahr und Seite)
zB	zum Beispiel
ZBR	Zeitschrift für Beamtenrecht (zitiert nach Jahr und Seite)
ZDG	Gesetz über den Zivildienst der Kriegsdienstverweigerer (Zivildienstgesetz)
ZDv	Zentrale Dienstvorschrift
ZIS	Zeitschrift für Internationale Strafrechtsdogmatik (zitiert nach Jahr und Seite)
ZP I	Erstes Zusatzprotokoll zu den Genfer Konventionen von 1949 vom 8.6.1977

Abkürzungen

ZP II	Zweites Zusatzprotokoll zu den Genfer Konventionen von 1949 vom 8.6.1977
ZP III	Drittes Zusatzprotokoll zu den Genfer Konventionen von 1949 vom 8.12.2005
ZStW	Zeitschrift für die gesamte Strafrechtswissenschaft (zitiert nach Jahr, Band und Seite)
zT	zum Teil
zust.	zustimmend
zutr.	zutreffend

Literaturverzeichnis

Ambos	*Ambos*, Internationales Strafrecht, 4. Aufl. 2014, 5. Aufl. 2018
Ambos AT	*Ambos*, Der Allgemeine Teil des Völkerstrafrechts, 2002, 2. Aufl. 2004
Ambos Fälle	*Ambos*, Fälle zum internationalen Strafrecht, 2010
Ambos Treatise I	*Ambos*, Treatise on International Criminal Law, Vol. I: Foundations and General Part, 2013
Ambos Treatise II	*Ambos*, Treatise on International Criminal Law, Vol. II: Crimes and Sentencing, 2014
Ambos Treatise III	*Ambos*, Treatise on International Criminal Law, Vol. III: International Criminal Procedure, 2016
Apel/Bushart	*Apel/Bushart*, Waffenrecht, 3 Bände, 3. Aufl. 2004
Apel/Keusgen	*Apel/Keusgen*, Sprengstoffgesetz (Loseblatt)
Arndt	*Arndt*, Grundriß des Wehrstrafrechts, 2. Aufl. 1966
AWHH/*Bearbeiter*	*Arzt/Weber/Heinrich/Hilgendorf*, Strafrecht, Besonderer Teil, 3. Aufl. 2015
Bassiouni	*Bassiouni*, Introduction to International Criminal Law, 2013
Baumann/Weber/ Mitsch/Eisele	*Baumann/Weber/Mitsch/Eisele*, Strafrecht, Allgemeiner Teil, 12. Aufl. 2016
Bergmann/Dienelt/ Bearbeiter	*Bergmann/Dienelt* (Hrsg.), Ausländerrecht, 11. Aufl. 2016
Beulke	*Beulke*, Strafprozessrecht, 13. Aufl. 2016
Boas/Chifflet	*Boas/Chifflet*, International Criminal Justice, 2017
Bremer, Nationale Strafverfolgung internationaler Verbrechen	*Bremer*, Nationale Strafverfolgung internationaler Verbrechen, 1999
Brunner/Dölling	*Brunner/Dölling*, Jugendgerichtsgesetz, 12. Aufl. 2011
Cassese/Gaeta/Jones/ Bearbeiter	*Cassese/Gaeta/Jones* (Hrsg.), The Rome Statute of the International Criminal Court, Vol. I, II und Materials, 2002
Cassese/Jeßberger/ Cryer	*Cassese/Jeßberger/Cryer*, International Criminal Law, 2015
Cryer/Friman/ Robinson	*Cryer/Friman/Robinson*, An Introduction to International Criminal Law and Procedure, 2014
Dau WBO	*Dau*, Wehrbeschwerdeordnung, 6. Aufl. 2013
Dau WDO	*Dau*, Wehrdisziplinarordnung, 6. Aufl. 2013
David	*David*, Principes de droit des conflits armés, 4. Aufl. 2008, 3. Aufl. 2002
Doehring	*Doehring*, Völkerrecht, 2. Aufl. 2004
Dölling/Duttge/ Rössner	siehe HK-GS
Dörmann, Elements of War Crimes	*Dörmann*, Elements of War Crimes under the Rome Statute of the International Criminal Court, 2003

Literatur

Ebert .... *Ebert,* Strafrecht, Allgemeiner Teil, 4. Aufl. 2003
Erbs/Kohlhaas/
 Bearbeiter .... *Erbs/Kohlhaas,* Strafrechtliche Nebengesetze (Loseblatt)
Fischer .... *Fischer,* Strafgesetzbuch, 64. Aufl. 2017
Fleck Handbook .... *Fleck* (Hrsg.), The Handbook of Humanitarian Law in Armed Conflicts, 2000, 2. Aufl. 2008, 3. Aufl. 2013
Fleck .... *Fleck* (Hrsg.), Handbuch des humanitären Völkerrechts in bewaffneten Konflikten, 1994
Freund AT .... *Freund,* Strafrecht Allgemeiner Teil, 2. Aufl. 2008
Freund Unterlassen .... *Freund,* Erfolgsdelikt und Unterlassen, 1992
Fritz/Vormeier .... siehe GK-AufenthG oder GK-AsylVfG
Fürst/Bearbeiter .... *Fürst,* Gesamtkommentar für das öffentliche Dienstrecht, Teil 5, Soldatengesetz, YK, Stand 2015
Gade .... *Gade,* Basiswissen Waffenrecht, 3. Aufl. 2011
Gade/Stoppa .... *Gade/Stoppa,* Waffengesetz, 2011
Gasser/Melzer .... *Gasser/Melzer,* Humanitäres Völkerrecht, 2. Aufl. 2012
GK-AsylVfG/
 Bearbeiter .... Gemeinschaftskommentar zum Asylverfahrensgesetz, von *Fritz/Vormeier* (Loseblatt)
GK-AufenthG/
 Bearbeiter .... Gemeinschaftskommentar zum Aufenthaltsgesetz, von *Fritz/Vormeier* (Loseblatt)
GK-StAR/*Bearbeiter* Gemeinschaftskommentar zum Staatsangehörigkeitsrecht, von *Fritz/Vormeier* (Loseblatt)
Gless .... *Gless,* Internationales Strafrecht, 2. Aufl. 2015
Göbel .... *Göbel,* Strafprozess, 8. Aufl. 2013
Göhler OWiG .... *Göhler,* Gesetz über Ordnungswidrigkeiten, 16. Aufl. 2012
Gössel BT/2 .... *Gössel,* Strafrecht Besonderer Teil, Band 2, 1996
Gössel/Dölling BT/1 *Gössel/Dölling,* Strafrecht Besonderer Teil, Band 1, 2. Aufl. 2004
Gropp AT .... *Gropp,* Strafrecht Allgemeiner Teil, 4. Aufl. 2015
Hailbronner/
 Bearbeiter .... *Hailbronner* (Hrsg.), Ausländerrecht (Loseblatt)
*Hasse/Müller/
 Schneider,* Humanitäres Völkerrecht .. *Hasse/Müller/Schneider* (Hrsg.), Humanitäres Völkerrecht, 2001
Heinrich BT/1 .... *Heinrich/Hellmann/Krey,* Strafrecht, Besonderer Teil Band 1, 16. Aufl. 2015
Heller/Soschinka .... *Heller/Soschinka,* Waffenrecht, 3. Aufl. 2016
*Henckaerts/Doswald-
 Beck* .... *Henckaerts/Doswald-Beck,* Customary International Humanitarian Law, Vol. I, II, 2005
Herdegen .... *Herdegen,* Völkerrecht, 15. Aufl. 2016
Hinze/Bearbeiter .... *Hinze/Runkel/Schmidt,* Waffenrecht (Loseblatt)
HK-GS/*Bearbeiter* ..... Gesamtes Strafrecht: StGB, StPO, Nebengesetze (Handkommentar), von *Dölling/Duttge/Rössner* (Hrsg.), 3. Aufl. 2013
Hobe .... *Hobe,* Einführung in das Völkerrecht, 10. Aufl. 2014
Hohmann/Sander BT/ I, BT/II .... *Hohmann/Sander,* Strafrecht Besonderer Teil I, 3. Aufl. 2011; Besonderer Teil II, 2. Aufl. 2011
Huber/Bearbeiter ...... *Huber* (Hrsg.), Aufenthaltsgesetz – AufenthG, 2. Aufl. 2016
Ipsen .... *Ipsen,* Völkerrecht, 5. Aufl. 2004

Literatur

Jarass/Pieroth	Jarass/Pieroth, Grundgesetz für die Bundesrepublik Deutschland, 14. Aufl. 2016
Jescheck/Weigend	Jescheck/Weigend, Lehrbuch des Strafrechts, Allgemeiner Teil, 5. Aufl. 1996
Joecks	Joecks, StGB, Studienkommentar, 11. Aufl. 2014
O'Keefe IntCrimL	O'Keefe, International Criminal Law, 2015
Kindhäuser AT	Kindhäuser, Strafrecht Allgemeiner Teil, 7. Aufl. 2015
Kindhäuser BT/I, BT/II	Kindhäuser, Strafrecht Besonderer Teil I, 7. Aufl. 2015; Teil II 9. Aufl. 2016
Kindhäuser StGB	Kindhäuser, Strafgesetzbuch, Lehr- und Praxiskommentar, 6. Aufl. 2015
Kittichaisaree	Kittichaisaree, International Criminal Law, 2002
KK-OWiG/Bearbeiter	Karlsruher Kommentar zum Gesetz über Ordnungswidrigkeiten, Senge (Hrsg.), 4. Aufl. 2014
KK-StPO/Bearbeiter	Karlsruher Kommentar zur Strafprozessordnung und zum Gerichtsverfassungsgesetz mit Einführungsgesetz, von Hannich (Hrsg.), 7. Aufl. 2013
Kloesel/Cyran/Bearbeiter	Kloesel/Cyran, Arzneimittelrecht (Loseblatt)
KMR	KMR – Kommentar zur Strafprozessordnung, von v. Heintschel-Heinegg/Stöckel (Hrsg.) (Loseblatt)
Kolb/Hyde	Kolb/Hyde, An Introduction to the International Law of Armed Conflicts, 2008
Kopp/Ramsauer	Kopp/Ramsauer, Verwaltungsverfahrensgesetz, 17. Aufl. 2016
Kopp/Schenke	Kopp/Schenke, Verwaltungsgerichtsordnung, 22. Aufl. 2016
Krey/Hellmann/Heinrich BT/2	Krey/Hellmann/Heinrich, Strafrecht, Besonderer Teil Band 2, 17. Aufl. 2015
Kühl AT	Kühl, Strafrecht Allgemeiner Teil, 8. Aufl. 2017
KRSW/Bearbeiter	Kaleck/Ratner/Singelnstein/Weiss (Hrsg.), International Prosecution of Human Rights Crimes, 2006
Lackner/Kühl/Bearbeiter	Lackner/Kühl, Strafgesetzbuch, 28. Aufl. 2014
Lagodny	Lagodny, Strafrecht vor den Schranken der Grundrechte, 1996
Laufs/Katzenmeier/Lipp Arztrecht	Laufs/Katzenmeier/Lipp, Arztrecht, 7. Aufl. 2015
Laufs/Kern ArztR-Hdb/Bearbeiter	Laufs/Kern, Handbuch des Arztrechts, 4. Aufl. 2010
Lehner/Nolte/Putzke/Bearbeiter	Lehner/Nolte/Putzke (Hrsg.), Anti-Doping-Gesetz, 2017
Lingens/Korte	Lingens/Korte, Wehrstrafgesetz, 5. Aufl. 2012
Lisken/Denninger/Bearbeiter	Lisken/Denninger, Handbuch des Polizeirechts, 5. Aufl. 2012
LK-StGB/Bearbeiter	Strafgesetzbuch (Leipziger Kommentar), 12. Aufl., v. Laufhütte/Rissing-van Saan/Tiedemann (Hrsg.), ab 2007 ff.
LK-StGB/Bearbeiter, 10. Aufl.	Strafgesetzbuch (Leipziger Kommentar), 10. Aufl., v. Jescheck/Ruß/Willms (Hrsg.), 1978 bis 1988
LK-StGB/Bearbeiter, 11. Aufl.	Strafgesetzbuch (Leipziger Kommentar), 11. Aufl., v. Jähnke/Laufhütte/Odersky (Hrsg.), 1992–2003

Literatur

LK-StGB/Nachtrag/ Bearbeiter	Nachtragsband zum Leipziger Kommentar, 2000
Löwe/Rosenberg/ Bearbeiter	*Löwe/Rosenberg,* Die Strafprozessordnung und das Gerichtsverfassungsgesetz, 26. Aufl. 2006 ff., 27. Aufl. 2016 ff.
Lüder/Vormbaum	*Lüder/Vormbaum* (Hrsg.), bearbeitet von *Wendisch/Gollwitzer/Gössel,* 2010 ff.
v. Mangoldt/Klein/ Starck/*Bearbeiter*	*v. Mangoldt/Klein/Starck,* Kommentar zum Grundgesetz; 3 Bände 6. Aufl. 2010
Matt/Renzikowski/ Bearbeiter	*Matt/Renzikowski,* StGB, 2013
Maunz/Dürig/ Bearbeiter	Grundgesetz, v. *Badura/Di Fabio/Herdegen/Herzog/Klein/Korioth/ Lerche/Papier/Randelzhofer/Schmidt-Assmann/Scholz* (Hrsg.) (Loseblatt)
Maurach/Gössel/Zipf AT/2	*Maurach/Gössel/Zipf,* Strafrecht Allgemeiner Teil, Teilband 2, 7. Aufl. 1989
Maurach/Schroeder/ Maiwald BT/1, BT/2	*Maurach/Schroeder/Maiwald,* Strafrecht, Besonderer Teil, Teilband 1, 10. Aufl. 2009; Teilband 2, 10. Aufl. 2012
Maurach/Zipf AT/1	*Maurach/Zipf,* Strafrecht Allgemeiner Teil, Teilband 1, 8. Aufl. 1992
Meyer-Goßner/ Schmitt/*Bearbeiter*	*Meyer-Goßner/Schmitt,* Strafprozessordnung, 60. Aufl. 2017
Mitsch BT II/1, II/2	*Mitsch,* Strafrecht, Besonderer Teil 2, Teilband 1, 2. Aufl. 2002; Teilband 2, 3. Aufl. 2015
v. Münch/Kunig/ Bearbeiter	*v. Münch/Kunig* (Hrsg.), Grundgesetzkommentar, 6. Aufl. 2012
Naucke	*Naucke,* Strafrecht, 10. Aufl. 2002
NK-StGB/*Bearbeiter*	Nomos Kommentar zum Strafgesetzbuch, von *Kindhäuser,* 6. Aufl. 2015
NStE	Neue Entscheidungssammlung für Strafrecht, v. *Rebmann/Dahs/ Miebach* (Hrsg.), zitiert nach Paragraph und laufender Nummer, innerhalb des Paragraphen nur mit laufender Nummer
Pötz/Kreß/*Bearbeiter*	*Pötz/Kreß* (Hrsg.), Internationaler Rechtshilfeverkehr in Strafsachen (Loseblatt)
Rehmann	*Rehmann,* Arzneimittelgesetz (AMG), 4. Aufl. 2014
Rengier BT/I, BT/II	*Rengier,* Strafrecht, BT/I, 18. Aufl. 2016; BT/II, 17. Aufl. 2016
Roxin AT/I, AT/II	*Roxin,* Strafrecht, Allgemeiner Teil, Band I, 4. Aufl. 2006; Band II, 2003
Sachs	*Sachs,* Grundgesetz, Kommentar, 6. Aufl. 2011
Sander/*Bearbeiter*	*Sander,* Arzneimittelrecht (Loseblatt)
Safferling	*Safferling,* Internationales Strafrecht, 2011
Sandoz/Swinarski/ Zimmermann	*Sandoz/Swinarski/Zimmermann* (Hrsg.), Commentaire des Protocoles additionnels du 6 juin 1977 aux Conventions de Genève du 12 août 1949, 1986/Commentary on the Additional Protocols of 8 June 1977 to the Geneva Conventions of 12 August 1949, International Commitee of the Red Cross, 1987

Literatur

Satzger Europäisches Strafrecht	*Satzger,* Internationales und Europäisches Strafrecht, 7. Aufl. 2016
Schabas Commentary	*Schabas,* The International Criminal Court – A Commentary on the Rome Statute, 2. Aufl. 2016
Schabas Introduction	*Schabas,* An Introduction to the International Criminal Court, 2017
Scherer/Alff/ Poretschkin	*Scherer/Alff/Poretschkin,* Soldatengesetz, 9. Aufl. 2013
Schönke/Schröder/ *Bearbeiter*	*Schönke/Schröder,* Strafgesetzbuch, 29. Aufl. 2014
Schwenck WStR	*Schwenck,* Wehrstrafrecht im System des Wehrrechts und in der gerichtlichen Praxis, 1973
SK-StGB/*Bearbeiter* ...	Systematischer Kommentar zum Strafgesetzbuch, v. *Rudolphi/ Horn/Samson* (Hrsg.) (Loseblatt)
Spickhoff/*Bearbeiter* ...	*Spickhoff* (Hrsg.), Medizinrecht, 2. Aufl. 2014
Steindorf/*Bearbeiter* ...	*Steindorf,* Waffenrecht, 10. Aufl. 2015
Stratenwerth/Kuhlen ...	*Stratenwerth/Kuhlen,* Strafrecht, Allgemeiner Teil, 6. Aufl. 2011
Tomuschat, Human Rights	*Tomuschat,* Human Rights – Between Idealism and Realism, 2. Aufl. 2008
Triffterer/Ambos/ *Bearbeiter*	*Triffterer/Ambos* (Hrsg.), Rome Statute of the International Criminal Court: A Commentary, 3. Aufl. 2016
Vitzthum/Proelß/ *Bearbeiter*	*Vitzthum/Proelß,* Völkerrecht, 7. Aufl. 2016
Walz/Eichen/Sohm	*Walz/Eichen/Sohm,* Soldatengesetz, 3. Aufl. 2016
Werle/Jeßberger	*Werle/Jeßberger,* Principles of International Criminal Law, 3. Aufl. 2014
Werle/Jeßberger	*Werle/Jeßberger,* Völkerstrafrecht, 4. Aufl. 2016
Wessels/Beulke/ Satzger	*Wessels/Beulke/Satzger,* Strafrecht Allgemeiner Teil, 46. Aufl. 2016
Wessels/Hettinger	*Wessels/Hettinger,* Strafrecht Besonderer Teil/1, 40. Aufl. 2016
Wessels/Hillenkamp	*Wessels/Hillenkamp,* Strafrecht Besonderer Teil/2, 39. Aufl. 2016
Zahar/Sluiter	*Zahar/Sluiter,* International Criminal Law. A critical Introduction, 2007

Nebenstrafrecht III

Strafvorschriften aus:
AufenthG · FreizügG/EU · AsylG · StAG
WaffG · KrWaffG · SprengG · WStG · EGWStG

Völkerstrafgesetzbuch

Einleitung

Band 8 des Münchener Kommentars zum StGB widmet sich speziellen **internationalen** **Dimensionen** des materiellen deutschen Strafrechts. Im 1. Kapitel wird das Ausländerstrafrecht mit dem Aufenthaltsgesetz, dem Freizügigkeitsgesetz, dem Asylgesetz und dem Staatsangehörigkeitsgesetz erläutert. Das 2. Kapitel behandelt das Waffenrecht mit dem Waffengesetz, dem Kriegswaffenkontrollgesetz und dem Sprengstoffgesetz. Das 3. Kapitel ist dem Wehrstrafgesetz nebst dessen Einführungsgesetz gewidmet. Im 4. Kapitel wird das Völkerstrafgesetzbuch kommentiert. Diese vielen Materien werden ganz besonders geprägt von ihrer Internationalität, die sie von der „normalen" internationalen Ausrichtung jeder strafrechtlichen Norm nach §§ 3 ff. StGB unterscheidet. 1

Das **Ausländerstrafrecht** ist einerseits klassische Strafrechtsmaterie, weil Verstöße gegen das nationale Ausländerrecht von jedem Staat schon seit langem mit Kriminalstrafe sanktioniert werden. Es handelt sich insofern um klassisches Nebenstrafrecht.[1] Andererseits zeichnet sich auch hier zunehmend eine spezifisch europäische Dimension ab, die auch für diese Auflage wieder Auslöser für etliche Neuregelungen war. Das Asylrecht hat angesichts der Flüchtlingswelle der Jahre 2015/2016 ua mit dem Asylverfahrensbeschleunigungsgesetz vom Oktober 2015 eine erhebliche Modifizierung erfahren und auch einen neuen Namen erhalten. Es heißt jetzt nur noch Asylgesetz, womit verdeutlicht werden sollte, dass es nicht nur verfahrensrechtliche Regelungen umfasst. Das Gesetz zur besseren Durchsetzung der Ausreisepflicht vom Juni 2017 ist eingearbeitet. 2

Das **Waffenrecht** ist in jüngster Zeit wegen schockierender Amokläufe und Terroranschläge zwar in der nationalen Diskussion wieder in den Vordergrund gerückt. In transnationaler Hinsicht ist der Waffenhandel, der gerade auch durch die Möglichkeiten des sog. Darknets noch schwieriger zu kontrollieren ist, jedoch immer zugleich conditio sine qua non für bewaffnete Auseinandersetzungen aller Art. Insofern hat man es mit einem ganz bedeutsamen Bereich der Vorfeldkriminalisierung zu tun. In zunehmendem Maße haben auch hier internationale Abkommen durch die Vereinten Nationen und Umsetzungsverordnungen der EU Einfluss auf das nationale Strafrecht. Das 2. Waffenrechtsänderungsgesetz vom Juni 2017 ist eingearbeitet. 3

Das **Wehrstrafrecht** war die längste Zeit eine rein nationale Spezialmaterie, weil zunehmende Auslandseinsätze der Bundeswehr seit einiger Zeit schon ein höheres Konfliktpotenzial mit sich bringen. 4

Ein großer Teil des Bandes ist dem **Völkerstrafrecht** gewidmet. Aktuelle Entwicklungen vor allem im Kontext des bewaffneten Konflikts in Syrien führen dazu, dass das VStGB in nationalen Strafverfahren der Bundesrepublik an Bedeutung zugenommen hat. Strafverfahren, in denen Verstöße gegen das VStGB relevant sind, ggf. neben Mitgliedschaft in terroristischen Organisationen, sind mittlerweile keine Seltenheit mehr, was sich auch an den Kommentierungen in dieser Neuauflage deutlich zeigt. Auf internationaler Ebene ist der ständige Internationale Strafgerichtshof (IStGH) in Den Haag sicherlich der Hauptakteur. Anders als bei den beiden UN Ad hoc-Tribunalen sieht das Rom-Statut dieses Gerichtshofs mit dem Grundsatz der Komplementarität vor, dass die nationalen Strafgerichte *vorrangig* tätig werden. Daneben existieren aber noch eine ganze Reihe weiterer Internationaler Gerichtshöfe, wie in Kambodscha oder in Den Haag das Libanontribunal sowie das von der EU neu eingerichtete Kosovo-Strafgericht. 5

Das **VStGB** setzt die internationalen Verpflichtungen der Bundesrepublik Deutschland aus dem Rom-Statut um. Seine Besonderheit zeigt sich rechtsvergleichend daran, dass der gesamte Komplex des Völkerstrafrechts in einem einheitlichen und gesonderten Gesetz erfasst wird. Dadurch werden der besondere Rang und die besondere Stellung verdeutlicht. Gleichwohl gilt nach § 2 VStGB: Auf Taten nach dem VStGB findet das allgemeine Strafrecht Anwendung, soweit nicht das VStGB in den §§ 1 und 3 bis 5 besondere Bestimmungen 6

---

[1] Dazu die Einleitung zu Band 6.

Einleitung 6

trifft.[2] Zu Beginn des Jahre 2017 wurde das VStGB um einen neuen Straftatbestand ergänzt: Das Aggressionsverbrechen findet sich nunmehr in § 13 VStGB und wurde den Vorgaben des sog. Kampala-Kompromisses, der in das IStGH-Statut Eingang gefunden hat, angepasst (Gesetz vom 22.12.2016, BGBl. I S. 3150). Konsequenterweise wurde § 80 StGB, der entsprechend dem Auftrag aus Art. 26 GG den Angriffskrieg unter Strafe stellte, gestrichen. Erhalten geblieben ist lediglich § 80a StGB unter der Überschrift „Aufstacheln zum Verbrechen der Aggression". In der Kürze der Zeit war es nicht möglich, eine dem wissenschaftlichen Anspruch des Münchener Kommentars angemessene Kommentierung der neuen Vorschrift zu erstellen. Der neue § 13 VStGB wird also erst in der 4. Auflage kommentiert werden können, was aber angesichts der zur Zeit noch geringen praktischen Relevanz vertretbar scheint.

---

[2] Vgl. näher zur Entwicklung des Völkerstrafrechts bis hin zum Rom-Statut und – national – zum VStGB: → VStGB Einl. Rn. 4–57.

1. Kapitel. Ausländerstrafrecht

I. Gesetz über den Aufenthalt, die Erwerbstätigkeit und die Integration von Ausländern im Bundesgebiet (Aufenthaltsgesetz – AufenthG)

In der Fassung der Bekanntmachung vom 25.2.2008, BGBl. I S. 162
Zuletzt geändert durch Gesetz vom 20.7.2017, BGBl. I S. 2780

FNA 26–12
(Auszug)

Schrifttum: *Arnhold,* Strafbarer Ungehorsam gegen rechtswidrige Verwaltungsakte, JZ 1977, 789; *Aurnhammer,* Spezielles Ausländerstrafrecht: Die Straftatbestände des Ausländergesetzes und des Asylverfahrensgesetzes 1996; *Bergmann,* Zeitweilige Straf- und Ahndungslosigkeit im AufenthG, InfAuslR 2014, 470; *Bergmann/Hörich,* Das Ausländerstrafrecht auf dem Prüfstand – Rückführungsrichtlinie und EuGH-Rechtsprechung, in *Barwig/Beichel-Benedetti/Brinkmann* (Hrsg.), Steht das europäische Migrationsrecht unter Druck?, 2015, S. 17 ff.; *Böse,* Das Einschleusen von Ausländern: Teilnahme an Bagatellunrecht oder in hohem Maße sozialschädliches Verhalten?, ZStW 116 (2004), 680; *Brocke,* Aktuelle Entwicklungen des Ausländerstrafrechts, NStZ 2009, 546; *Cannawurf,* Die Beteiligung im Ausländerstrafrecht 2007; *Cantzler,* Das Schleusen von Ausländern und seine Strafbarkeit 2004; *Dienelt,* Die Visafreiheit türkischer Touristen und anderer Dienstleistungsempfänger, InfAuslR 2001, 473; *ders.,* Auswirkungen der Soysal-Entscheidung des Europäischen Gerichtshofs, ZAR 2009, 182; *Fehrenbacher,* Ausländerrechtliche Behandlung von Straßenmusikanten, ZAR 2002, 58; *ders.,* Übergangsregelungen bei der EU-Erweiterung und deren Auswirkung im Ausländerrecht, ZAR 2004, 240; *Fischer-Lescano/Horst,* Das Pönalisierungsverbot aus Art. 31 I GFK, ZAR 2011, 81; *Geisler,* Bekämpfung der Schleuserkriminalität, ZRP 2001, 171; *Gropp,* Deliktstypen mit Sonderbeteiligung: Untersuchungen zur Lehre von der „notwendigen Teilnahme", 1992; *Gutmann,* Standstill als neue Form der Bewegung in der Assoziation EWG – Türkei, ZAR 2008, 5; *Hailbronner,* Visafreiheit für türkische Staatsangehörige? Zum Soysal-Urteil des EuGH, NVwZ 2009, 760; *ders.,* Einreise und Aufenthalt türkischer Staatsangehöriger im Assoziationsrecht EWG-Türkei – Anmerkungen zur Rechtsprechung des EuGH, ZAR 2011, 322; *Hecker,* Die verspätet und fehlerhaft umgesetzte Richtlinie 2008/115/EG und ihre Auswirkungen auf das Einreise- und Aufenthaltsverbot gem. § 95 Abs. 2 Nr. 1 lit. a, b AufenthG, ZIS 2014, 47; *Heghmanns,* Grundzüge einer Dogmatik der Straftatbestände zum Schutz von Verwaltungsrecht oder Verwaltungshandeln, 2000; *Heinrich,* Grundzüge und aktuelle Probleme des deutschen Ausländerstrafrechts, ZAR 2003, 166; *ders.,* Verwaltungsakzessorietät des Ausländerstrafrechts und Schleuserkriminalität, ZAR 2005, 309; *Hörich,* Abschiebungen nach europäischen Vorgaben, 2015; *Hörich/Bergmann,* Das Ende der Strafbarkeit des illegalen Aufenthalts?, NJW 2012, 3339; *dies.,* Vorschläge für ein europarechtskonformes Ausländerstrafrecht, ZRP 2014, 109; *dies.,* Illegaler Aufenthalt als Ordnungswidrigkeit? – Über den Resttatbestand von § 98 Abs. 1 Alt. 2 AufenthG, InfAuslR 2013, 252; *Huber/Göbel-Zimmermann,* Ausländer- und Asylrecht, 2. Aufl. 2008; *Jofer/Weiß,* Risiken und Grenzen der Strafbarkeit beim Einsatz ausländischer Arbeitskräfte im Rahmen von Werkverträgen mit Subunternehmern, StraFo 2007, 277; *Jung,* Ausländerrechtliche Straftaten, in *Widmaier* (Hrsg.), Münchener Anwaltshandbuch Strafverteidigung, 2. Aufl. 2014, § 52; *König,* Kann einem omnimodo facturus Beihilfe geleistet werden?, NJW 2002, 1623; *Kretschmer,* Ausländerstrafrecht, 2011; *ders.,* Der europäische Grundsatz »ne bis in idem« und die europaweite Straflosigkeit der Schleuserkriminalität (§ 96 IV AufenthG), ZAR 2011, 384; *ders.,* Die Straflosigkeit humanitären Handelns, ZAR 2013, 278; *ders.,* Rechtsprechungsübersicht zum Ausländerstrafrecht, NStZ 2013, 570; *Kühl,* Probleme der Verwaltungsakzessorietät des Strafrechts, insbesondere im Umweltstrafrecht, FS Lackner, 1987, 815; *Lam,* Die Strafbarkeit des unrechtmäßigen Aufenthalts nach § 95 Abs. 1 Nr. 2 3. Alt. AufenthG, StV 2005, 464; *Lehmann,* Ärztliche Hilfe für „Illegale": Eine Straftat nach dem Aufenthaltsgesetz?, ZAR 2008, 24; *Leopold/Vallone,* Zur Strafbarkeit nach § 95 Abs. I Nr. 1 des Aufenthaltsgesetzes, ZAR 2005, 66; *Lorenz,* Die „Schreibtisch-Schleusung" – eine Einführung in das Ausländerstrafrecht, NStZ 2002, 640; *Lutz,* Praktische Probleme des Ausländerstrafrechts, InfAuslR 1997, 384; *Maaß,* Strafrechtliche Probleme bei der illegalen Beschäftigung von Positivstaatern, insbesondere Angehörigen mittel- und osteuropäischer Staaten 2004; *Marx,* Abgrenzungsprobleme bei der Vorfeldbekämpfung terroristischer Bestrebungen, ZAR 2011, 167; *Mielitz,* Die Visumsfreiheit türkischer Touristen, NVwZ 2009, 276; *Mosbacher,* Illegale Ausländerbeschäftigung in *Ignor/Mosbacher* (Hrsg.), Handbuch Arbeitsstrafrecht, 3. Aufl. 2016, § 4; *ders.,* Straffreie illegale Ausländerbeschäftigung, wistra 2005, 54; *ders.,* Die Bußgeldtatbestände des Aufenthaltsgesetzes, ZAR 2008, 329; *ders.,*

Erschleichen einer Duldungsbescheinigung und Hilfeleistung zum unerlaubten Aufenthalt, NStZ 2010, 457; *Nagler,* Entkriminalisierung für Fluchthelfer – Ein Plädoyer, StV 2017, 275; *Niehaus,* Blankettnormen und Bestimmtheitsgebot vor dem Hintergrund zunehmender europäischer Rechtsetzung, wistra 2004, 206; *Odenthal,* Strafbewehrter Verwaltungsakt und verwaltungsrechtliches Eilverfahren, NStZ 1991, 418; *Ostendorf,* Die strafrechtliche Rechtmäßigkeit rechtswidrigen hoheitlichen Handelns, JZ 1981, 165; *Pintaske,* Das Palermo-Übereinkommen und sein Einfluss auf das deutsche Strafrecht, 2014; *Rieß,* Vergessene Schwurgerichtszuständigkeiten, NStZ 2008, 546; *Rittstieg,* Strafrechtliche Beurteilung zwischen Ablehnung der Aufenthaltserlaubnis und Anordnung der aufschiebenden Wirkung, InfAuslR 1988, 17; *Safferling,* Der EuGH, die Grundrechtecharta und nationales Recht: Die Fälle Åkerberg Fransson und Melloni, NStZ 2014, 545; *Schnabel,* Folgen der neuesten Rechtsprechung des Bundesgerichtshofs zum Ausländerrecht bzw. Aufenthaltsgesetz, wistra 2005, 446; *Schott,* Keine unerlaubte Einreise nach Visaerschleichung – Konsequenzen aus dem BGH-Urteil vom April 2005, Kriminalistik 2005, 554; *ders.,* Die Schleusertatbestände §§ 96, 97 AufenthG, StV 2007, 156; *ders.,* Einschleusen von Ausländern, 2. Aufl. 2011; *ders.,* „Visa-Erschleichung": Zur Reichweite des § 95 Absatz 6 des Aufenthaltsgesetzes, ZAR 2012, 276; *Schott-Mehring,* Das Einschleusen Asylsuchender über Griechenland, ZAR 2014, 142; *Steinhorst,* Die Bedeutung der Rechtswidrigkeit vollstreckbarer Verwaltungsakte im materiellen Strafrecht und im Strafprozess, 2008;; *Strieder,* Strafbarkeit gemäß § 95 Abs. 2 Nr. 1 AufenthG: Wie rechtskundig muss ein ausgewiesener Ausländer sein, Inf AuslR 2010, 312; *Trietz,* Illegale Grenzübertritte und Schleuserkriminalität an der deutsch-polnischen Grenze 2007; *von Pollern,* Das spezielle Strafrecht für Ausländer, Asylbewerber und EU-Ausländer im Ausländergesetz, Asylverfahrensgesetz und EWG-Aufenthaltsgesetz, ZAR 1996, 175; *Weichert,* Die ausländerrechtliche Ermittlung von Scheinehen, NVwZ 1997, 1053; *Westphal/Stoppa,* Straftaten im Zusammenhang mit der unerlaubten Einreise und dem unerlaubten Aufenthalt nach dem Ausländergesetz, NJW 1999, 9137; *dies.,* Die EU-Osterweiterung und das Ausländerrecht, InfAuslR 2004, 133; *dies.,* Ausländerrecht für die Polizei, 3. Aufl. 2007; *Wilhelm,* Zur Konkurrenz zwischen einem Begehungs- und einem Unterlassungsdelikt – Anmerkung zu BGH, Urteil vom 17.10.2000 – 1 StR 118/00, NStZ 2001, 404; *Winkelbauer,* Zur Verwaltungsakzessorietät des Umweltstrafrechts, 1985; *Wolf,* Macht sich ein Ausländer strafbar, der nach Versagung der Aufenthaltserlaubnis nicht aus dem Bundesgebiet ausreist, wenn das Verlassensgebot nicht sofort vollziehbar ist?, StV 1988, 303; *Zühlcke,* Der wiederholte Verstoß gegen eine räumliche Beschränkung – nur eine Ordnungswidrigkeit, ZAR 2007, 99; *Zypries/Cludius,* Missbräuchliche Vaterschaftsanerkennungen zur Erlangung von Aufenthaltstiteln, ZRP 2007, 1.

Vorbemerkung zu § 1

1   Bei der vorliegenden Kommentierung des AufenthG stehen die Strafbestimmungen der §§ 95–97 sowie die Bußgeldvorschrift des § 98 im Mittelpunkt. Soweit die Verwaltungsvorschriften und allgemeine verwaltungsrechtliche Probleme für die strafrechtliche Beurteilung von Bedeutung sind, werden diese überwiegend bei der Kommentierung der Strafvorschriften behandelt. Die übrigen Vorschriften werden nur kurz und zusammenfassend erläutert, um einen Überblick über die Verwaltungsvorschriften zu geben und gegebenenfalls die Kommentierung zu ergänzen. Von der Kommentierung und teilweise auch vom Abdruck von Bestimmungen, die für die Strafvorschriften ohne Bedeutung sind, wurde abgesehen.

Kapitel 1. Allgemeine Bestimmungen

§ 1 Zweck des Gesetzes; Anwendungsbereich

(1) [1]Das Gesetz dient der Steuerung und Begrenzung des Zuzugs von Ausländern in die Bundesrepublik Deutschland. [2]Es ermöglicht und gestaltet Zuwanderung unter Berücksichtigung der Aufnahme- und Integrationsfähigkeit sowie der wirtschaftlichen und arbeitsmarktpolitischen Interessen der Bundesrepublik Deutschland. [3]Das Gesetz dient zugleich der Erfüllung der humanitären Verpflichtungen der Bundesrepublik Deutschland. [4]Es regelt hierzu die Einreise, den Aufenthalt, die Erwerbstätigkeit und die Integration von Ausländern. [5]Die Regelungen in anderen Gesetzen bleiben unberührt.

(2) Dieses Gesetz findet keine Anwendung auf Ausländer,
1. deren Rechtsstellung von dem Gesetz über die allgemeine Freizügigkeit von Unionsbürgern geregelt ist, soweit nicht durch Gesetz etwas anderes bestimmt ist,
2. die nach Maßgabe der §§ 18 bis 20 des Gerichtsverfassungsgesetzes nicht der deutschen Gerichtsbarkeit unterliegen,

I. Aufenthaltsgesetz § 2 AufenthG

3. soweit sie nach Maßgabe völkerrechtlicher Verträge für den diplomatischen und konsularischen Verkehr und für die Tätigkeit internationaler Organisationen und Einrichtungen von Einwanderungsbeschränkungen, von der Verpflichtung, ihren Aufenthalt der Ausländerbehörde anzuzeigen und dem Erfordernis eines Aufenthaltstitels befreit sind und wenn Gegenseitigkeit besteht, sofern die Befreiungen davon abhängig gemacht werden können.

In Abs. 1 werden die **Ziele des Gesetzes** bestimmt. Grundsätzlich ist die Einreise und 1
der Aufenthalt für Ausländer in die Bundrepublik nicht frei. Die Vorschrift stellt klar, dass Ausländer nur nach dem AufenthG und den anderen einschlägigen Rechtsvorschriften in das Bundesgebiet einreisen und sich dort aufhalten können, ihnen jedoch keine davon unabhängige Rechtsposition zukommt. Allein die Formulierung des Abs. 1 verdeutlicht die Zielsetzung der **restriktiven Regelung der Zuwanderung.**

Es werden durch die Begrifflichkeiten: Steuerung/Begrenzung, ermöglichen/gestalten 2
der Zuwanderung, Aufnahme- und Integrationsfähigkeit, Wirtschaft/Arbeitsmarkt bereits in Abs. 1 **Grundregeln für die Auslegung und Anwendung** der aufenthaltsrechtlichen Vorschriften aufgestellt. Es handelt sich um Ermessenstatbestände, deren Ausfüllung konkretisiert wird. Damit soll gewährleistet werden, dass im Fall der Notwendigkeit der behördlichen Auslegung oder auch vorgesehener Ermessensentscheidungen die im Einzelnen genannten Zwecke und Ziele des Gesetzes berücksichtigt werden.

In Abs. 1 Satz 5 und Abs. 2 werden **Ausnahmen** vom **persönlichen Anwendungsbereich** des AufenthG bestimmt. Während Abs. 1 Satz 5 auf die Regelungen in anderen 3
Gesetzen verweist, stellt Abs. 2 Nr. 3 auf bestimmte völkerrechtliche Verträge ab. Als gesetzliche Regelung kommt vorrangig das AsylG, aber auch das HAG und das Streitkräfteaufenthaltsg in Betracht. Die vom Gemeinschaftsrecht begünstigten Angehörigen anderer Mitgliedstaaten und EWR-Staaten sowie der Schweiz unterliegen – sowie ihre Familienangehörigen – primär den EU-Normen. Die Anwendung des AufenthG ist für sie grundsätzlich ausgeschlossen. Zu beachten ist dabei, dass Unionsbürger und ihnen Gleichgestellte daher nicht unter die Regelung des Abs. 1 Satz 5 fallen und ihre Rechtsstellung auch nicht vom FreizügG/EU geregelt ist, sondern unmittelbar auf dem Gemeinschaftsrecht beruht. Nur für darüber hinausgehende Vergünstigungen stellt das FreizügG/EU die Rechtsgrundlage dar.

Ausgenommen sind ferner gem. Abs. 2 Nr. 2 Leiter und Mitglieder der akkreditierten 4
diplomatischen und **konsularischen Vertretungen,** deren nicht ständig im Bundesgebiet ansässige Familienmitglieder sowie Geschäfts- und Haushaltspersonal. Hinzu kommen Repräsentanten anderer Staaten und deren Begleiter, die sich auf amtliche Einladung der BRD im Geltungsbereich dieses Gesetzes aufhalten. Nicht befreit sind dementsprechend, die in Abs. 2 Nr. 2 bestimmten Personen, sofern sie sich ständig im Bundesgebiet aufhalten. Sie benötigen einen Aufenthaltstitel, die Befreiung betrifft nur Personen, die zu Beschäftigungszwecken einreisen und im Anschluss das Bundesgebiet wieder verlassen.

Abs. 2 Nr. 3 regelt die Ausnahmen nach Maßgabe von **völkerrechtlichen Verträgen.** 5
Sofern der entsprechende Vertrag gesetzlich abgesichert ist, fällt er unter den Anwendungsbereich des Abs. 1 Satz 5. Abs. 2 Nr. 3 betrifft nur die Verträge, die den dort genannten diplomatischen, konsularischen und sonstigen internationalen Privatverkehr zum Inhalt haben und diesen partiell freistellen.

§ 2 Begriffsbestimmungen

(1) Ausländer ist jeder, der nicht Deutscher im Sinne des Artikels 116 Abs. 1 des Grundgesetzes ist.

(2) Erwerbstätigkeit ist die selbständige Tätigkeit, die Beschäftigung im Sinne von § 7 des Vierten Buches Sozialgesetzbuch und die Tätigkeit als Beamter.

(3) ¹Der Lebensunterhalt eines Ausländers ist gesichert, wenn er ihn einschließlich ausreichenden Krankenversicherungsschutzes ohne Inanspruchnahme öffentlicher Mittel bestreiten kann. ²Nicht als Inanspruchnahme öffentlicher Mittel gilt der Bezug von:
1. Kindergeld,
2. Kinderzuschlag,
3. Erziehungsgeld,
4. Elterngeld,
5. Leistungen der Ausbildungsförderung nach dem Dritten Buch Sozialgesetzbuch, dem Bundesausbildungsförderungsgesetz und dem Aufstiegsfortbildungsförderungsgesetz,
6. öffentlichen Mitteln, die auf Beitragsleistungen beruhen oder die gewährt werden, um den Aufenthalt im Bundesgebiet zu ermöglichen und
7. Leistungen nach dem Unterhaltsvorschussgesetz.

³Ist der Ausländer in einer gesetzlichen Krankenversicherung krankenversichert, hat er ausreichenden Krankenversicherungsschutz. ⁴Bei der Erteilung oder Verlängerung einer Aufenthaltserlaubnis zum Familiennachzug werden Beiträge der Familienangehörigen zum Haushaltseinkommen berücksichtigt. ⁵Der Lebensunterhalt gilt für die Erteilung einer Aufenthaltserlaubnis nach § 16 als gesichert, wenn der Ausländer über monatliche Mittel in Höhe des monatlichen Bedarfs, der nach den §§ 13 und 13a Abs. 1 des Bundesausbildungsförderungsgesetzes bestimmt wird, verfügt. ⁶Das Bundesministerium des Innern gibt die Mindestbeträge nach Satz 5 für jedes Kalenderjahr jeweils bis zum 31. August des Vorjahres im Bundesanzeiger bekannt.

(4) ¹Als ausreichender Wohnraum wird nicht mehr gefordert, als für die Unterbringung eines Wohnungssuchenden in einer öffentlich geförderten Sozialmietwohnung genügt. ²Der Wohnraum ist nicht ausreichend, wenn er den auch für Deutsche geltenden Rechtsvorschriften hinsichtlich Beschaffenheit und Belegung nicht genügt. ³Kinder bis zur Vollendung des zweiten Lebensjahres werden bei der Berechnung des für die Familienunterbringung ausreichenden Wohnraumes nicht mitgezählt.

(5) Schengen-Staaten sind die Staaten, in denen folgende Rechtsakte in vollem Umfang Anwendung finden:
1. Übereinkommen zur Durchführung des Übereinkommens von Schengen vom 14. Juni 1985 zwischen den Regierungen der Staaten der Benelux-Wirtschaftsunion, der Bundesrepublik Deutschland und der Französischen Republik betreffend den schrittweisen Abbau der Kontrollen an den gemeinsamen Grenzen (ABl. L 239 vom 22.9.2000, S. 19),
2. die Verordnung (EG) Nr. 562/2006 des Europäischen Parlaments und des Rates vom 15. März 2006 über einen Gemeinschaftskodex für das Überschreiten der Grenzen durch Personen (ABl. L 105 vom 13.4.2006, S. 1) und
3. die Verordnung (EG) Nr. 810/2009 des Europäischen Parlaments und des Rates vom 13. Juli 2009 über einen Visakodex der Gemeinschaft (ABl. L 243 vom 15.9.2009, S. 1).

(6) Vorübergehender Schutz im Sinne dieses Gesetzes ist die Aufenthaltsgewährung in Anwendung der Richtlinie 2001/55/EG des Rates vom 20. Juli 2001 über Mindestnormen für die Gewährung vorübergehenden Schutzes im Falle eines Massenzustroms von Vertriebenen und Maßnahmen zur Förderung einer ausgewogenen Verteilung der Belastungen, die mit der Aufnahme dieser Personen und den Folgen dieser Aufnahme verbunden sind, auf die Mitgliedstaaten (ABl. EG Nr. L 212 S. 12).

(7) Langfristig Aufenthaltsberechtigter ist ein Ausländer, dem in einem Mitgliedstaat der Europäischen Union die Rechtsstellung nach Artikel 2 Buchstabe b

der Richtlinie 2003/109/EG des Rates vom 25. November 2003 betreffend die Rechtsstellung der langfristig aufenthaltsberechtigten Drittstaatsangehörigen (ABl. EU 2004 Nr. L 16 S. 44), die zuletzt durch die Richtlinie 2011/51/EU (ABl. L 132 vom 19.5.2011, S. 1) geändert worden ist, verliehen und nicht entzogen wurde.

(8) Langfristige Aufenthaltsberechtigung – EU ist der einem langfristig Aufenthaltsberechtigten durch einen anderen Mitgliedstaat der Europäischen Union ausgestellte Aufenthaltstitel nach Artikel 8 der Richtlinie 2003/109/EG.

(9) Einfache deutsche Sprachkenntnisse entsprechen dem Niveau A 1 des Gemeinsamen Europäischen Referenzrahmens für Sprachen (Empfehlungen des Ministerkomitees des Europarates an die Mitgliedstaaten Nr. R (98) 6 vom 17. März 1998 zum Gemeinsamen Europäischen Referenzrahmen für Sprachen – GER).

(10) Hinreichende deutsche Sprachkenntnisse entsprechen dem Niveau A 2 des Gemeinsamen Europäischen Referenzrahmens für Sprachen.

(11) Ausreichende deutsche Sprachkenntnisse entsprechen dem Niveau B 1 des Gemeinsamen Europäischen Referenzrahmens für Sprachen.

(12) Die deutsche Sprache beherrscht ein Ausländer, wenn seine Sprachkenntnisse dem Niveau C 1 des Gemeinsamen Europäischen Referenzrahmens für Sprachen entsprechen.

(13) International Schutzberechtigter ist ein Ausländer, der internationalen Schutz genießt im Sinne der
1. Richtlinie 2004/83/EG des Rates vom 29. April 2004 über Mindestnormen für die Anerkennung und den Status von Drittstaatsangehörigen oder Staatenlosen als Flüchtlinge oder als Personen, die anderweitig internationalen Schutz benötigen, und über den Inhalt des zu gewährenden Schutzes (ABl. L 304 vom 30.9.2004, S. 12) oder
2. Richtlinie 2011/95/EU des Europäischen Parlaments und des Rates vom 13. Dezember 2011 über Normen für die Anerkennung von Drittstaatsangehörigen oder Staatenlosen als Personen mit Anspruch auf internationalen Schutz, für einen einheitlichen Status für Flüchtlinge oder für Personen mit Anrecht auf subsidiären Schutz und für den Inhalt des zu gewährenden Schutzes (ABl. L 337 vom 20.12.2011, S. 9).

(14) Konkrete Anhaltspunkte im Sinne von § 62 Absatz 3 Satz 1 Nummer 5 können sein:
1. der Ausländer hat sich bereits in der Vergangenheit einem behördlichen Zugriff entzogen, indem er seinen Aufenthaltsort trotz Hinweises auf die Anzeigepflicht nicht nur vorübergehend gewechselt hat, ohne der zuständigen Behörde eine Anschrift anzugeben, unter der er erreichbar ist,
2. der Ausländer täuscht über seine Identität, insbesondere durch Unterdrückung oder Vernichtung von Identitäts- oder Reisedokumenten oder das Vorgeben einer falschen Identität,
3. der Ausländer hat gesetzliche Mitwirkungshandlungen zur Feststellung der Identität verweigert oder unterlassen und aus den Umständen des Einzelfalls kann geschlossen werden, dass er einer Abschiebung aktiv entgegenwirken will,
4. der Ausländer hat zu seiner unerlaubten Einreise erhebliche Geldbeträge an einen Dritten für dessen Handlung nach § 96 aufgewandt, die für ihn nach den Umständen derart maßgeblich sind, dass darauf geschlossen werden kann, dass er die Abschiebung verhindern wird, damit die Aufwendungen nicht vergeblich waren,

5. der Ausländer hat ausdrücklich erklärt, dass er sich der Abschiebung entziehen will,
5a. von dem Ausländer geht eine erhebliche Gefahr für Leib und Leben Dritter oder bedeutende Rechtsgüter der inneren Sicherheit aus oder
6. der Ausländer hat, um sich der bevorstehenden Abschiebung zu entziehen, sonstige konkrete Vorbereitungshandlungen von vergleichbarem Gewicht vorgenommen, die nicht durch Anwendung unmittelbaren Zwangs überwunden werden können.

(15) ¹Soweit Artikel 28 der Verordnung (EU) Nr. 604/2013 des Europäischen Parlaments und des Rates vom 26. Juni 2013 zur Festlegung der Kriterien und Verfahren zur Bestimmung des Mitgliedstaats, der für die Prüfung eines von einem Drittstaatsangehörigen oder Staatenlosen in einem Mitgliedstaat gestellten Antrags auf internationalen Schutz zuständig ist (ABl. L 180 vom 29.6.2013, S. 31), der die Inhaftnahme zum Zwecke der Überstellung betrifft, maßgeblich ist, gelten die in Absatz 14 genannten Anhaltspunkte entsprechend als objektive Kriterien für die Annahme einer Fluchtgefahr im Sinne von Artikel 2 Buchstabe n der Verordnung (EU) Nr. 604/2013. ²Ein entsprechender Anhaltspunkt kann auch gegeben sein, wenn der Ausländer einen Mitgliedstaat vor Abschluss eines dort laufenden Verfahrens zur Zuständigkeitsbestimmung oder zur Prüfung eines Antrags auf internationalen Schutz verlassen hat und die Umstände der Feststellung im Bundesgebiet konkret darauf hindeuten, dass er den zuständigen Mitgliedstaat in absehbarer Zeit nicht aufsuchen will. ³Auf das Verfahren auf Anordnung von Haft zur Überstellung nach der Verordnung (EU) Nr. 604/2013 finden die Vorschriften des Gesetzes über das Verfahren in Familiensachen und in den Angelegenheiten der freiwilligen Gerichtsbarkeit entsprechend Anwendung, soweit das Verfahren in der Verordnung (EU) Nr. 604/2013 nicht abweichend geregelt ist.

1 Die Vorschrift gilt für das AufenthG und die auf seiner Grundlage erlassenen Rechtsverordnungen. Die **Begriffsbestimmungen** sollen gerade nicht für das gesamte deutsche Recht bestehen, sondern nur Anwendung in dem für Ausländer geschaffenen Recht finden.

2 Die **Definition des Ausländers ist negativ formuliert.** Ausländer ist derjenige, der nicht nach Art. 116 GG Deutscher ist. Deutsche im Sinne des Art. 116 GG sind deutsche Staatsangehörige, aufgenommene deutsche Volkszugehörige sowie deren Ehegatten und Kinder. Die deutsche Staatsangehörigkeit kann beruhen auf: Abstammung (ius sanguinis), der Geburt im Bundesgebiet (ius soli), Adoption, Erklärung oder Einbürgerung. Außerdem kann die deutsche Staatsangehörigkeit als Statusdeutscher erworben werden, dh als Flüchtling oder Vertriebener mit deutscher Volkszugehörigkeit oder als dessen Ehegatte oder Kind. Besteht Unsicherheit über die Eigenschaft als Deutscher, gilt die Person nach der Negativdefinition des Abs. 1 zunächst als Ausländer bzw. Nichtdeutscher. Dies hat jedoch nicht zur Folge, dass die Person in das Ausland abgeschoben oder ausgeliefert werden kann. Grund dafür ist die in Art. 16 Abs. 2 GG manifestierte Garantie, dass kein Deutscher an das Ausland ausgeliefert werden darf. Diese Grundrechtsgarantie sowie die Amtsermittlungspflicht der Ausländerbehörden zwingen diese zu eigenen Feststellungen über die Ausländer-Eigenschaft.

3 **Ausländer** ist derjenige dessen **fremde Staatsangehörigkeit** oder **Staatenlosigkeit feststeht.** Der Staatenlose ist nach Art. 1 Abs. 1 StlÜbk derjenige, den kein völkerrechtlich existierender Staat als Staatsangehörigen anerkennt. Auch er ist Ausländer nach der Definition des § 2 Abs. 1. Steht die Staatenlosigkeit fest, findet das HAG auf ihn Anwendung, so dass § 1 Abs. 1 Satz 5 greift. Ist die Staatenlosigkeit noch ungeklärt und der Tatbestand des Art. 116 GG auszuschließen, greift die Privilegierung des HAG nicht und das AufenthG findet uneingeschränkt seine Anwendung.

4 **Erwerbstätigkeit** (Abs. 2) umfasst die selbständige sowie die nichtselbständige Erwerbstätigkeit. Die Definition der nichtselbständigen Beschäftigung richtet sich nach § 7 SGB IV.

Zu beachten ist § 30 BeschV, in dem normiert wird, dass bestimmte Tätigkeiten nicht als Beschäftigung im Sinne des AufenthG gewertet werden. Es muss sich grundsätzlich – und insbesondere auch bei der selbständigen Tätigkeit – um eine **auf Gewinn ausgerichtete Beschäftigung** handeln. Keine Erwerbstätigkeit sind Liebhabereien, Hobbies, sowie die Mithilfe im Haushalt von Angehörigen und deren Pflege, sofern nur ein Taschengeld oder eine ähnlich geringe Anerkennung geleistet wird.

Grundsätzlich ist die eigenständige **Sicherung des Lebensunterhaltes** (Abs. 3) Voraussetzung für die Aufenthaltsgewährung, dh der Unterhaltsbedarf muss ohne Inanspruchnahme von öffentlichen Mitteln gedeckt sein. Vorgesehen ist eine verbindliche Festlegung und Bekanntgabe eines Mindestbetrages, der als ausreichend für die Sicherung des Lebensunterhaltes gilt.

In den Abs. 4–6 werden die Begriffe **ausreichender Wohnraum, Schengen-Staaten** und **vorübergehender Schutz** definiert, Abs. 7 bestimmt den Begriff des **langfristig Aufenthaltsberechtigten**. Gemeint ist derjenige, der in einem anderen Anwenderstaat der Daueraufenthaltsrichtlinie diese Rechtsstellung besitzt. Die Rechtsstellung wird durch Verwaltungsakt (auf Antrag) erworben und nicht bereits durch das Vorliegen der Voraussetzungen. Gemäß § 9a erhalten Ausländer, die in Deutschland die Rechtsstellung des langfristig Aufenthaltsberechtigten innehaben, den Aufenthaltstitel „Erlaubnis zum Daueraufenthalt-EG". Wird ein solcher Aufenthaltstitel durch einen anderen Mitgliedstaat ausgestellt, handelt es sich um eine **langfristige Aufenthaltsberechtigung – EU** (Abs. 8).

In den Abs. 9–12 wird unter Verweis auf den **Gemeinsamen Europäischen Referenzrahmen für Sprachen** bestimmt, was unter einfachen, hinreichenden und ausreichenden deutschen Sprachkenntnissen sowie unter einem Beherrschen der deutschen Sprache zu verstehen ist.

Die Abs. 13–15 definieren schließlich die Begriffe **International Schutzberechtigter** im Sinne der genannten EU-Richtlinien, **konkrete Anhaltspunkte** im Sinne von § 62 Abs. 3 Satz 1 Nr. 5 – dabei handelt es sich um Umstände, die die für die Anordnung von Abschiebungshaft erforderliche Fluchtgefahr begründen sollen – und die Anwendung dieser Kriterien und weiterer bei der Prüfung der Fluchtgefahr im Rahmen des Verfahrens nach der **Dublin III-Verordnung**.

Kapitel 2. Einreise und Aufenthalt im Bundesgebiet

Abschnitt 1. Allgemeines

§ 3 Passpflicht

(1) ¹Ausländer dürfen nur in das Bundesgebiet einreisen oder sich darin aufhalten, wenn sie einen anerkannten und gültigen Pass oder Passersatz besitzen, sofern sie von der Passpflicht nicht durch Rechtsverordnung befreit sind. ²Für den Aufenthalt im Bundesgebiet erfüllen sie die Passpflicht auch durch den Besitz eines Ausweisersatzes (§ 48 Abs. 2).

(2) Das Bundesministerium des Innern oder die von ihm bestimmte Stelle kann in begründeten Einzelfällen vor der Einreise des Ausländers für den Grenzübertritt und einen anschließenden Aufenthalt von bis zu sechs Monaten Ausnahmen von der Passpflicht zulassen.

Der **nationalen Passpflicht** genügt, wer in Besitz eines echten, gültigen und anerkannten Nationalpasses oder eines gültigen und anerkannten Ersatzpapieres ist. **Ersatzpapiere** sind Dokumente, die zum Grenzübertritt bestimmt und geeignet sind, ohne alle Merkmale eines Passes aufzuweisen. Es ist zwischen ausländischen (zB amtliche Personalausweise anderer Staaten oder ausländische Reiseausweise für Flüchtlinge) und inländischen (zB Reiseaus-

AufenthG § 4 1. Kapitel. Ausländerstrafrecht

weis für Ausländer) Passersatzpapieren zu unterscheiden. Außerdem ist die Passpflicht von der Ausweispflicht und der Passmitführungspflicht zu unterscheiden, vgl. §§ 48, 57 AufenthV und §§ 1 Abs. 1, 13 Abs. 1 Passgesetz.

2   Unionsbürger und EWR-Staatsangehörige unterliegen nicht der Passpflicht, sondern nur der Ausweispflicht. Dementsprechend führt bei ihnen der Verstoß lediglich zu einer Ordnungswidrigkeit (→ § 98 Rn. 21), wohingegen in den anderen Fällen eine Straftat gem. § 95 Abs. 1 Nr. 1 vorliegt (→ § 95 Rn. 18–23). Eine **Einreise** unter **Verstoß gegen die Passpflicht** ist unerlaubt und zieht die damit verbundenen Rechtsfolgen nach sich, §§ 14, 58, 95 Abs. 1 Nr. 3 (→ § 95 Rn. 52).

§ 4 Erfordernis eines Aufenthaltstitels

(1) ¹Ausländer bedürfen für die Einreise und den Aufenthalt im Bundesgebiet eines Aufenthaltstitels, sofern nicht durch Recht der Europäischen Union oder durch Rechtsverordnung etwas anderes bestimmt ist oder auf Grund des Abkommens vom 12. September 1963 zur Gründung einer Assoziation zwischen der Europäischen Wirtschaftsgemeinschaft und der Türkei (BGBl. 1964 II S. 509) (Assoziationsabkommen EWG/Türkei) ein Aufenthaltsrecht besteht. ²Die Aufenthaltstitel werden erteilt als
1. Visum im Sinne des § 6 Absatz 1 Nummer 1 und Absatz 3,
2. Aufenthaltserlaubnis (§ 7),
2a. Blaue Karte EU (§ 19a),
2b. ICT-Karte (§ 19b),
2c. Mobiler-ICT-Karte (§ 19d),
3. Niederlassungserlaubnis (§ 9) oder
4. Erlaubnis zum Daueraufenthalt – EU (§ 9a).

³Die für die Aufenthaltserlaubnis geltenden Rechtsvorschriften werden auch auf die Blaue Karte EU, die ICT-Karte und die Mobiler-ICT-Karte angewandt, sofern durch Gesetz oder Rechtsverordnung nichts anderes bestimmt ist.

(2) ¹Ein Aufenthaltstitel berechtigt zur Ausübung einer Erwerbstätigkeit, sofern es nach diesem Gesetz bestimmt ist oder der Aufenthaltstitel die Ausübung der Erwerbstätigkeit ausdrücklich erlaubt. ²Jeder Aufenthaltstitel muss erkennen lassen, ob die Ausübung einer Erwerbstätigkeit erlaubt ist. ³Einem Ausländer, der keine Aufenthaltserlaubnis zum Zweck der Beschäftigung besitzt, kann die Ausübung einer Beschäftigung nur erlaubt werden, wenn die Bundesagentur für Arbeit zugestimmt hat oder durch Rechtsverordnung bestimmt ist, dass die Ausübung der Beschäftigung ohne Zustimmung der Bundesagentur für Arbeit zulässig ist. ⁴Beschränkungen bei der Erteilung der Zustimmung durch die Bundesagentur für Arbeit sind in den Aufenthaltstitel zu übernehmen.

(3) ¹Ausländer dürfen eine Erwerbstätigkeit nur ausüben, wenn der Aufenthaltstitel sie dazu berechtigt. ²Ausländer dürfen nur beschäftigt oder mit anderen entgeltlichen Dienst- oder Werkleistungen beauftragt werden, wenn sie einen solchen Aufenthaltstitel besitzen. ³Dies gilt nicht für Saisonbeschäftigungen, wenn der Ausländer eine Arbeitserlaubnis zum Zweck der Saisonbeschäftigung besitzt, oder für andere Erwerbstätigkeiten, wenn dem Ausländer auf Grund einer zwischenstaatlichen Vereinbarung, eines Gesetzes oder einer Rechtsverordnung die Erwerbstätigkeit gestattet ist, ohne dass er hierzu durch einen Aufenthaltstitel berechtigt sein muss. ⁴Wer im Bundesgebiet einen Ausländer beschäftigt oder mit nachhaltigen entgeltlichen Dienst- oder Werkleistungen beauftragt, die der Ausländer auf Gewinnerzielung gerichtet ausübt, muss prüfen, ob die Voraussetzungen nach Satz 2 oder Satz 3 vorliegen. ⁵Wer im Bundesgebiet einen Ausländer beschäftigt, muss für die Dauer der Beschäftigung eine Kopie des Aufenthaltstitels,

der Arbeitserlaubnis zum Zweck der Saisonbeschäftigung oder der Bescheinigung über die Aufenthaltsgestattung oder über die Aussetzung der Abschiebung des Ausländers in elektronischer Form oder in Papierform aufbewahren.

(4) *(aufgehoben)*

(5) ¹Ein Ausländer, dem nach dem Assoziationsabkommen EWG/Türkei ein Aufenthaltsrecht zusteht, ist verpflichtet, das Bestehen des Aufenthaltsrechts durch den Besitz einer Aufenthaltserlaubnis nachzuweisen, sofern er weder eine Niederlassungserlaubnis noch eine Erlaubnis zum Daueraufenthalt – EU besitzt. ²Die Aufenthaltserlaubnis wird auf Antrag ausgestellt.

Die Vorschrift stellt die **grundlegende Norm des AufenthG** dar. Ein Ausländer bedarf 1 für Einreise und Aufenthalt der Zulassung. Es handelt sich um den **Erlaubnisvorbehalt**, der darauf beruht, dass ein Recht auf freie Einreise für Jedermann nicht besteht. Das grundsätzliche Verbot kann nur durch die in Abs. 1 Satz 2 abschließend aufgezählten Aufenthaltstitel oder Befreiungen durchbrochen werden. Neu hinzugekommen sind die Blaue Karte EU (vgl. § 19a) sowie die ICT-Karten (§§ 19b und 19d).

Ausnahmen von dem Erfordernis des Aufenthaltstitels bestimmt das **EU-Recht** bei- 2 spielsweise durch Personenverkehrsfreiheiten der Unionsbürger und ihnen gleichgestellter Personen (FreizügG/EU), aber auch durch Sonderregelungen des Freizügigkeitsabkommens EG/Schweiz oder das SDÜ. Die **Gemeinschaftsrechtsnormen** haben in ihrer Anwendung **Vorrang vor der innerstaatlichen Rechtsordnung**. In Bezug auf **türkische Staatsangehörige** sind zunächst Art. 6 Abs. 1, 7 Abs. 1 des **Assoziationsabkommen EWG/Türkei** (ARB 1/80) hervorzuheben, in denen eine gestufte Aufenthaltsverfestigung von Arbeitnehmern und Rechte ihrer Familienangehörigen geregelt sind. Von großer Bedeutung ist zudem – nicht zuletzt aufgrund der Rechtsprechung des EuGH – **Art. 41 Abs. 1 des Zusatzprotokolls** zu diesem Assoziationsabkommen, der als sog. Stillhalteklausel im Hinblick auf die Niederlassungsfreiheit und den freien Dienstleistungsverkehr eine Verschlechterung der Rechtslage im Vergleich zu der im Zeitpunkt des Inkrafttretens am 1.1.1973 verbietet, etwa durch die Einführung neuer Beschränkungen für die Staatsangehörigen der Vertragsstaaten (s. zur strafrechtlichen Problematik → § 95 Rn. 43).

Die in Abs. 1 vorgesehene **Befreiung** vom Erfordernis eines Aufenthaltstitels **durch** 3 **Rechtsverordnung** ist durch den 2. Abschnitt (§§ 15–30) der **AufenthV** umgesetzt worden. Er enthält die folgenden Regelungen: § 15 AufenthV betrifft die gemeinschaftliche Regelung der Kurzaufenthalte mit dem direkten Verweis auf das SDÜ und die EUVisumVO (Verordnung (EG) Nr. 539/2001), § 16 AufenthV privilegiert ältere Sichtvermerksabkommen. § 17 AufenthV bestimmt, dass die Befreiung für sog. Positivstaater bei Erwerbstätigkeit während des Kurzaufenthalts nicht besteht (dazu → § 95 Rn. 39), § 17a gewährleistet die Dienstleistungsfreiheit für Personen, die in einem anderen Mitgliedstaat der Europäischen Union die Rechtsstellung eines langfristig Aufenthaltsberechtigten erworben haben (dazu → § 95 Rn. 38, 41). Die §§ 18–22 AufenthV befreien Inhaber bestimmter Ausweise vom Erfordernis des Aufenthaltstitels und die §§ 23–26 AufenthV entpflichten Personen im grenzüberschreitenden Beförderungswesen (ziviles Flug- und Binnenschifffahrtspersonal, Seeleute und Personen im Transitbereich). Die §§ 27–30 AufenthV betreffen Personen bei Vertretungen ausländischer Staaten, freizügigkeitsberechtigte Schweizer, Personen, die für Rettungsfälle einreisen und solche, die aus einem anderen Schengen-Staat kommend die Bundesrepublik durchreisen oder durch das Bundesgebiet durchbefördert werden. **Aufenthalt** und **Einreise ohne Aufenthaltstitel** sind unerlaubt und nach § 95 Abs. 1 Nr. 2, 3 **strafbar** (→ § 95 Rn. 24–59).

In Abs. 3 wird klargestellt, dass auch die **selbständige Erwerbstätigkeit** und die Erbrin- 4 gung von Dienst- oder Werkleistungen nur ausgeübt werden darf, wenn der Aufenthaltstitel die entsprechende Erlaubnis beinhaltet. Ausnahmen gelten ua für Saisonarbeiter mit entsprechender Arbeitserlaubnis. In Satz 4 wird zudem die Verpflichtung ausgesprochen, dass der

Arbeitgeber oder Auftraggeber sich davon zu überzeugen hat, dass die Person zur Erwerbstätigkeit berechtigt ist, dh die Erlaubnis im Aufenthaltstitel vermerkt, oder aber die Person kein Ausländer ist (dazu → § 98 Rn. 13 f.). Der neu geschaffene Satz 5 enthält in Umsetzung der sog. **Sanktionsrichtlinie** (Richtlinie 2009/52/EG des Europäischen Parlaments und des Rates vom 18.6.2009 über Mindeststandards für Sanktionen und Maßnahmen gegen Arbeitgeber, die Drittstaatsangehörige ohne rechtmäßigen Aufenthalt beschäftigen, ABl. 2009 L 168, 24) die Verpflichtung des Arbeitgebers, für die Dauer der Tätigkeit eine Kopie des Aufenthaltstitels oder der Duldungsbescheinigung aufzubewahren, um Kontrollen der zuständigen Behörden zu erleichtern.

5   Abs. 5 regelt für **türkische Staatsangehörige** und ihre Familienangehörigen, die sich auf das Assoziationsabkommen Türkei/EWG berufen können und die gem. Abs. 1 keines Aufenthaltstitels bedürfen, die Pflicht zum Besitz einer Aufenthaltserlaubnis, die auf Antrag zu erteilen ist. Der vorsätzliche Verstoß ist bußgeldbewehrt (→ § 98 Rn. 5).

§ 5 Allgemeine Erteilungsvoraussetzungen

(1) Die Erteilung eines Aufenthaltstitels setzt in der Regel voraus, dass
1. der Lebensunterhalt gesichert ist,
1a. die Identität und, falls er nicht zur Rückkehr in einen anderen Staat berechtigt ist, die Staatsangehörigkeit des Ausländers geklärt ist,
2. kein Ausweisungsinteresse besteht,
3. soweit kein Anspruch auf Erteilung eines Aufenthaltstitels besteht, der Aufenthalt des Ausländers nicht aus einem sonstigen Grund Interessen der Bundesrepublik Deutschland beeinträchtigt oder gefährdet und
4. die Passpflicht nach § 3 erfüllt wird.

(2) ¹Des Weiteren setzt die Erteilung einer Aufenthaltserlaubnis, einer ICT-Karte, einer Niederlassungserlaubnis oder einer Erlaubnis zum Daueraufenthalt – EU voraus, dass der Ausländer
1. mit dem erforderlichen Visum eingereist ist und
2. die für die Erteilung maßgeblichen Angaben bereits im Visumantrag gemacht hat.
²Hiervon kann abgesehen werden, wenn die Voraussetzungen eines Anspruchs auf Erteilung erfüllt sind oder es auf Grund besonderer Umstände des Einzelfalls nicht zumutbar ist, das Visumverfahren nachzuholen. ³Satz 2 gilt nicht für die Erteilung einer ICT-Karte.

(3) ¹In den Fällen der Erteilung eines Aufenthaltstitels nach § 24 oder § 25 Absatz 1 bis 3 ist von der Anwendung der Absätze 1 und 2, in den Fällen des § 25 Absatz 4a und 4b von der Anwendung des Absatzes 1 Nr. 1 bis 2 und 4 sowie des Absatzes 2 abzusehen. ²In den übrigen Fällen der Erteilung eines Aufenthaltstitels nach Kapitel 2 Abschnitt 5 kann von der Anwendung der Absätze 1 und 2 abgesehen werden. ³Wird von der Anwendung des Absatzes 1 Nr. 2 abgesehen, kann die Ausländerbehörde darauf hinweisen, dass eine Ausweisung wegen einzeln zu bezeichnender Ausweisungsinteressen, die Gegenstand eines noch nicht abgeschlossenen Straf- oder anderen Verfahrens sind, möglich ist. ⁴In den Fällen der Erteilung eines Aufenthaltstitels nach § 26 Absatz 3 ist von der Anwendung des Absatzes 2 abzusehen.

(4) ¹Die Erteilung eines Aufenthaltstitels ist zu versagen, wenn ein Ausweisungsinteresse im Sinne von § 54 Absatz 1 Nummer 2 oder 4 besteht. ²Von Satz 1 können in begründeten Einzelfällen Ausnahmen zugelassen werden, wenn sich der Ausländer gegenüber den zuständigen Behörden offenbart und glaubhaft von seinem sicherheitsgefährdenden Handeln Abstand nimmt. ³Das Bundesministerium des Innern oder die von ihm bestimmte Stelle kann in begründeten Einzelfällen vor

der Einreise des Ausländers für den Grenzübertritt und einen anschließenden Aufenthalt von bis zu sechs Monaten Ausnahmen von Satz 1 zulassen.

In § 5 werden die grundlegenden **Voraussetzungen** für die **Erteilung eines Aufenthaltstitels** genannt. Sowohl für die Regelerteilungsvoraussetzungen als auch für die zwingenden Voraussetzungen sind Ausnahmen vorgesehen. Dies ergibt sich aus den konkreten Angaben in den Abs. 2–4, sowie der Formulierung „in der Regel" des Abs. 1. 1

Die Vorschrift des Abs. 3 Satz 3 berücksichtigt die jüngere verwaltungsgerichtliche Rechtsprechung, dass Ausländern ein Aufenthaltstitel erteilt werden kann, ohne dass Ausweisungsgründe (nunmehr: **Ausweisungsinteressen**) „verbraucht" werden. Es genügt, wenn der Vorbehalt dem Ausländer in einem gesonderten Schreiben mitgeteilt wird, er muss nicht in den Aufenthaltstitel mit aufgenommen werden. 2

§ 6 Visum

(1) Einem Ausländer können nach Maßgabe der Verordnung (EG) Nr. 810/2009 folgende Visa erteilt werden:
1. ein Visum für die Durchreise durch das Hoheitsgebiet der Schengen-Staaten oder für geplante Aufenthalte in diesem Gebiet von bis zu 90 Tagen je Zeitraum von 180 Tagen (Schengen-Visum),
2. ein Flughafentransitvisum für die Durchreise durch die internationalen Transitzonen der Flughäfen.

(2) ¹Schengen-Visa können nach Maßgabe der Verordnung (EG) Nr. 810/2009 bis zu einer Gesamtaufenthaltsdauer von 90 Tagen je Zeitraum von 180 Tagen verlängert werden. ²Für weitere 90 Tage innerhalb des betreffenden Zeitraums von 180 Tagen kann ein Schengen-Visum aus den in Artikel 33 der Verordnung (EG) Nr. 810/2009/EG genannten Gründen, zur Wahrung politischer Interessen der Bundesrepublik Deutschland oder aus völkerrechtlichen Gründen als nationales Visum verlängert werden.

(3) ¹Für längerfristige Aufenthalte ist ein Visum für das Bundesgebiet (nationales Visum) erforderlich, das vor der Einreise erteilt wird. ²Die Erteilung richtet sich nach den für die Aufenthaltserlaubnis, die Blaue Karte EU, die ICT-Karte, die Niederlassungserlaubnis und die Erlaubnis zum Daueraufenthalt – EU geltenden Vorschriften. ³Die Dauer des rechtmäßigen Aufenthalts mit einem nationalen Visum wird auf die Zeiten des Besitzes einer Aufenthaltserlaubnis, Blauen Karte EU, Niederlassungserlaubnis oder Erlaubnis zum Daueraufenthalt – EU angerechnet.

(4) Ein Ausnahme-Visum im Sinne des § 14 Absatz 2 wird als Visum im Sinne des Absatzes 1 Nummer 1 oder des Absatzes 3 erteilt.

Unterschieden wird zwischen **Schengen-Visa** und **nationalen Visa**. Während erstgenanntes sich nach dem Visakodex der Europäischen Union richtet (Abs. 1 und 2) und bereits den endgültigen Titel darstellt, kann das nationale Visum (Abs. 3), das Visum nach eigenem Recht (vgl. auch § 99 Abs. 1 Nr. 3), nach Erfüllung der entsprechenden Voraussetzungen in einen Aufenthaltstitel eingetauscht werden. 1

§ 7 Aufenthaltserlaubnis

(1) ¹Die Aufenthaltserlaubnis ist ein befristeter Aufenthaltstitel. ²Sie wird zu den in den nachfolgenden Abschnitten genannten Aufenthaltszwecken erteilt. ³In begründeten Fällen kann eine Aufenthaltserlaubnis auch für einen von diesem Gesetz nicht vorgesehenen Aufenthaltszweck erteilt werden.

(2) ¹Die Aufenthaltserlaubnis ist unter Berücksichtigung des beabsichtigten Aufenthaltszwecks zu befristen. ²Ist eine für die Erteilung, die Verlängerung oder die Bestimmung der Geltungsdauer wesentliche Voraussetzung entfallen, so kann die Frist auch nachträglich verkürzt werden.

1   Die Aufenthaltserlaubnis ist neben dem Visum der einzige **befristete Aufenthaltstitel**. Er ist an den **Zweck des Aufenthalts gebunden**. Die Aufenthaltserlaubnis wird zu Beginn des Aufenthalts erteilt und legt damit den anfänglichen Zweck des Aufenthalts fest. Die Vielzahl der Aufenthaltszwecke befindet sich in den Tabellen 9 und 9a der Anlage zur DV-AZRG. Dem Grunde nach richtet sich der Zweck nach den Kategorien Erwerbstätigkeit, Familie und humanitäre Aufnahme. Allerdings bestimmt Abs. 1 Satz 2, dass auch andere, vom AufenthG nicht vorgesehene Zwecke die Erteilung der Aufenthaltserlaubnis rechtfertigen können. Dabei ist zu beachten, dass ein tatsächlich anders gelagerter Fall vorliegen muss als in den §§ 16–38a bestimmten Aufenthaltszwecken.

2   Fällt der in der Aufenthaltserlaubnis aufgeführte Zweck des Aufenthalts weg, entfällt in der Regel wegen des Eintritts der damit verbundenen **auflösenden Bedingung** auch die Aufenthaltserlaubnis. Gleiches gilt bei **Ablauf der Frist**. In beiden Fällen ist der Ausländer regelmäßig sofort ausreisepflichtig (→ § 95 Rn. 26). Ein Wechsel des Zwecks kann allenfalls zu einer neuen Aufenthaltserlaubnis führen.

§ 8 Verlängerung der Aufenthaltserlaubnis

(1) Auf die Verlängerung der Aufenthaltserlaubnis finden dieselben Vorschriften Anwendung wie auf die Erteilung.

(2) Die Aufenthaltserlaubnis kann in der Regel nicht verlängert werden, wenn die zuständige Behörde dies bei einem seiner Zweckbestimmung nach nur vorübergehenden Aufenthalt bei der Erteilung oder der zuletzt erfolgten Verlängerung der Aufenthaltserlaubnis ausgeschlossen hat.

(3) ¹Vor der Verlängerung der Aufenthaltserlaubnis ist festzustellen, ob der Ausländer einer etwaigen Pflicht zur ordnungsgemäßen Teilnahme am Integrationskurs nachgekommen ist. ²Verletzt ein Ausländer seine Verpflichtung nach § 44a Abs. 1 Satz 1 zur ordnungsgemäßen Teilnahme an einem Integrationskurs, ist dies bei der Entscheidung über die Verlängerung der Aufenthaltserlaubnis zu berücksichtigen. ³Besteht kein Anspruch auf Erteilung der Aufenthaltserlaubnis, soll bei wiederholter und gröblicher Verletzung der Pflichten nach Satz 1 die Verlängerung der Aufenthaltserlaubnis abgelehnt werden. ⁴Besteht ein Anspruch auf Verlängerung der Aufenthaltserlaubnis nur nach diesem Gesetz, kann die Verlängerung abgelehnt werden, es sei denn, der Ausländer erbringt den Nachweis, dass seine Integration in das gesellschaftliche und soziale Leben anderweitig erfolgt ist. ⁵Bei der Entscheidung sind die Dauer des rechtmäßigen Aufenthalts, schutzwürdige Bindung des Ausländers an das Bundesgebiet und die Folgen einer Aufenthaltsbeendigung für seine rechtmäßig im Bundesgebiet lebenden Familienangehörigen zu berücksichtigen. ⁶War oder ist ein Ausländer zur Teilnahme an einem Integrationskurs nach § 44a Absatz 1 Satz 1 verpflichtet, soll die Verlängerung der Aufenthaltserlaubnis jeweils auf höchstens ein Jahr befristet werden, solange er den Integrationskurs noch nicht erfolgreich abgeschlossen oder noch nicht den Nachweis erbracht hat, dass seine Integration in das gesellschaftliche und soziale Leben anderweitig erfolgt ist.

(4) Absatz 3 ist nicht anzuwenden auf die Verlängerung einer nach § 25 Absatz 1, 2 oder Absatz 3 erteilten Aufenthaltserlaubnis.

1   Für die Verlängerung gelten in der Regel dieselben Voraussetzungen wie für die Erteilung der Aufenthaltserlaubnis gem. § 7. Allerdings sind die besonderen Bestimmungen, dh Aus-

nahmen bzw. Erleichterungen wie beispielsweise §§ 16 Abs. 4, 30 Abs. 3, 31 Abs. 4 und 34 Abs. 1 zu beachten. Im Rahmen der Versagung der Verlängerung wird die grundsätzliche Ermessensentscheidung bei der gröblichen Verletzung der Teilnahme an einem **Integrationskurs** nunmehr eingeschränkt. Die Verlängerung „soll" versagt werden. Solange ein Integrationskurs noch nicht erfolgreich abgeschlossen ist oder der Ausländer seine Integration nicht anderweitig nachweist, soll die Verlängerung auf höchstens ein Jahr befristet werden. Die Einführung des Abs. 4 war geboten, da dieser Personengruppe **(Aufenthalt aus humanitären Gründen)** ohnehin nur aus zwingenden Gründen der öffentlichen Sicherheit und Ordnung die Verlängerung versagt werden darf und die Nichtteilnahme an einem Integrationskurs diese Voraussetzung nicht erfüllt.

§ 9 Niederlassungserlaubnis

(1) ¹Die Niederlassungserlaubnis ist ein unbefristeter Aufenthaltstitel. ²Sie berechtigt zur Ausübung einer Erwerbstätigkeit und kann nur in den durch dieses Gesetz ausdrücklich zugelassenen Fällen mit einer Nebenbestimmung versehen werden. ³§ 47 bleibt unberührt.

(2) ¹Einem Ausländer ist die Niederlassungserlaubnis zu erteilen, wenn
1. er seit fünf Jahren die Aufenthaltserlaubnis besitzt,
2. sein Lebensunterhalt gesichert ist,
3. er mindestens 60 Monate Pflichtbeiträge oder freiwillige Beiträge zur gesetzlichen Rentenversicherung geleistet hat oder Aufwendungen für einen Anspruch auf vergleichbare Leistungen einer Versicherungs- oder Versorgungseinrichtung oder eines Versicherungsunternehmens nachweist; berufliche Ausfallzeiten auf Grund von Kinderbetreuung oder häuslicher Pflege werden entsprechend angerechnet,
4. Gründe der öffentlichen Sicherheit oder Ordnung unter Berücksichtigung der Schwere oder der Art des Verstoßes gegen die öffentliche Sicherheit oder Ordnung oder der vom Ausländer ausgehenden Gefahr unter Berücksichtigung der Dauer des bisherigen Aufenthalts und dem Bestehen von Bindungen im Bundesgebiet nicht entgegenstehen,
5. ihm die Beschäftigung erlaubt ist, sofern er Arbeitnehmer ist,
6. er im Besitz der sonstigen für eine dauernde Ausübung seiner Erwerbstätigkeit erforderlichen Erlaubnisse ist,
7. er über ausreichende Kenntnisse der deutschen Sprache verfügt,
8. er über Grundkenntnisse der Rechts- und Gesellschaftsordnung und der Lebensverhältnisse im Bundesgebiet verfügt und
9. er über ausreichenden Wohnraum für sich und seine mit ihm in häuslicher Gemeinschaft lebenden Familienangehörigen verfügt.

²Die Voraussetzungen des Satzes 1 Nr. 7 und 8 sind nachgewiesen, wenn ein Integrationskurs erfolgreich abgeschlossen wurde. ³Von diesen Voraussetzungen wird abgesehen, wenn der Ausländer sie wegen einer körperlichen, geistigen oder seelischen Krankheit oder Behinderung nicht erfüllen kann. ⁴Im Übrigen kann zur Vermeidung einer Härte von den Voraussetzungen des Satzes 1 Nr. 7 und 8 abgesehen werden. ⁵Ferner wird davon abgesehen, wenn der Ausländer sich auf einfache Art in deutscher Sprache mündlich verständigen kann und er nach § 44 Abs. 3 Nr. 2 keinen Anspruch auf Teilnahme am Integrationskurs hatte oder nach § 44a Abs. 2 Nr. 3 nicht zur Teilnahme am Integrationskurs verpflichtet war. ⁶Darüber hinaus wird von den Voraussetzungen des Satzes 1 Nr. 2 und 3 abgesehen, wenn der Ausländer diese aus den in Satz 3 genannten Gründen nicht erfüllen kann.

(3) ¹Bei Ehegatten, die in ehelicher Lebensgemeinschaft leben, genügt es, wenn die Voraussetzungen nach Absatz 2 Satz 1 Nr. 3, 5 und 6 durch einen Ehegatten

erfüllt werden. ²Von der Voraussetzung nach Absatz 2 Satz 1 Nr. 3 wird abgesehen, wenn sich der Ausländer in einer Ausbildung befindet, die zu einem anerkannten schulischen oder beruflichen Bildungsabschluss oder einem Hochschulabschluss führt. ³Satz 1 gilt in den Fällen des § 26 Abs. 4 entsprechend.

(4) Auf die für die Erteilung einer Niederlassungserlaubnis erforderlichen Zeiten des Besitzes einer Aufenthaltserlaubnis werden folgende Zeiten angerechnet:
1. die Zeit des früheren Besitzes einer Aufenthaltserlaubnis oder Niederlassungserlaubnis, wenn der Ausländer zum Zeitpunkt seiner Ausreise im Besitz einer Niederlassungserlaubnis war, abzüglich der Zeit der dazwischen liegenden Aufenthalte außerhalb des Bundesgebiets, die zum Erlöschen der Niederlassungserlaubnis führten; angerechnet werden höchstens vier Jahre,
2. höchstens sechs Monate für jeden Aufenthalt außerhalb des Bundesgebiets, der nicht zum Erlöschen der Aufenthaltserlaubnis führte,
3. die Zeit eines rechtmäßigen Aufenthalts zum Zweck des Studiums oder der Berufsausbildung im Bundesgebiet zur Hälfte.

1   Die Niederlassungserlaubnis ist als **Daueraufenthaltstitel** ausgestaltet, der den Aufenthalt verfestigt und sichert. Sie ist prinzipiell zeitlich unbegrenzt und inhaltlich unbeschränkt. **Nebenbestimmungen** sind nur in den Fällen des Abs. 1 Satz 2 zulässig, insbesondere ist damit § 23 Abs. 2 erfasst, der die wohnsitzbeschränkende Auflage als Nebenbestimmung zur Niederlassungserlaubnis enthält. In der Regel wird die Niederlassungserlaubnis auf Grund eines Rechtsanspruchs erteilt, wobei stets die allgemeinen Voraussetzungen des § 5 zusätzlich zu erfüllen sind. **Ausnahmen,** unter denen ohne einen solchen Anspruch eine Niederlassungserlaubnis erteilt werden kann, sind ua bei besonderen politischen Interessen (§ 23 Abs. 2 Satz 1), Familienzugehörigkeit (§ 28 Abs. 2) oder für Ehegatten nach Auflösung der ehelichen Lebensgemeinschaft (§ 31 Abs. 3) vorgesehen. Durch Abs. 2 Nr. 4 wird das vormals starre Kriterium der Jugend- oder Freiheitsstrafe von mindestens 6 Monaten oder Geldstrafe von mindestens 180 Tagessätzen aufgehoben und die **Abwägungsmöglichkeit** zwischen den Interessen des Ausländers und den Ordnungsbelangen eröffnet.

§ 9a Erlaubnis zum Daueraufenthalt – EU

(1) ¹Die Erlaubnis zum Daueraufenthalt – EU ist ein unbefristeter Aufenthaltstitel. ²§ 9 Abs. 1 Satz 2 und 3 gilt entsprechend. ³Soweit dieses Gesetz nichts anderes regelt, ist die Erlaubnis zum Daueraufenthalt – EU der Niederlassungserlaubnis gleichgestellt.

(2) ¹Einem Ausländer ist eine Erlaubnis zum Daueraufenthalt – EU nach Artikel 2 Buchstabe b der Richtlinie 2003/109/EG zu erteilen, wenn
1. er sich seit fünf Jahren mit Aufenthaltstitel im Bundesgebiet aufhält,
2. sein Lebensunterhalt und derjenige seiner Angehörigen, denen er Unterhalt zu leisten hat, durch feste und regelmäßige Einkünfte gesichert ist,
3. er über ausreichende Kenntnisse der deutschen Sprache verfügt,
4. er über Grundkenntnisse der Rechts- und Gesellschaftsordnung und der Lebensverhältnisse im Bundesgebiet verfügt,
5. Gründe der öffentlichen Sicherheit oder Ordnung unter Berücksichtigung der Schwere oder der Art des Verstoßes gegen die öffentliche Sicherheit oder Ordnung oder der vom Ausländer ausgehenden Gefahr unter Berücksichtigung der Dauer des bisherigen Aufenthalts und dem Bestehen von Bindungen im Bundesgebiet nicht entgegenstehen und
6. er über ausreichenden Wohnraum für sich und seine mit ihm in familiärer Gemeinschaft lebenden Familienangehörigen verfügt.

²Für Satz 1 Nr. 3 und 4 gilt § 9 Abs. 2 Satz 2 bis 5 entsprechend.

(3) Absatz 2 ist nicht anzuwenden, wenn der Ausländer
1. einen Aufenthaltstitel nach Abschnitt 5 besitzt, der nicht auf Grund des § 23 Abs. 2 erteilt wurde, oder eine vergleichbare Rechtsstellung in einem anderen Mitgliedstaat der Europäischen Union innehat und weder in der Bundesrepublik Deutschland noch in einem anderen Mitgliedstaat der Europäischen Union als international Schutzberechtigter anerkannt ist; Gleiches gilt, wenn er einen solchen Titel oder eine solche Rechtsstellung beantragt hat und über den Antrag noch nicht abschließend entschieden worden ist,
2. in einem Mitgliedstaat der Europäischen Union einen Antrag auf Anerkennung als international Schutzberechtigter gestellt oder vorübergehenden Schutz im Sinne des § 24 beantragt hat und über seinen Antrag noch nicht abschließend entschieden worden ist,
3. in einem anderen Mitgliedstaat der Europäischen Union eine Rechtsstellung besitzt, die der in § 1 Abs. 2 Nr. 2 beschriebenen entspricht,
4. sich mit einer Aufenthaltserlaubnis nach § 16 oder § 17 oder
5. sich zu einem sonstigen seiner Natur nach vorübergehenden Zweck im Bundesgebiet aufhält, insbesondere
    a) auf Grund einer Aufenthaltserlaubnis nach § 18, wenn die Befristung der Zustimmung der Bundesagentur für Arbeit auf einer Verordnung nach § 42 Abs. 1 bestimmten Höchstbeschäftigungsdauer beruht,
    b) wenn die Verlängerung seiner Aufenthaltserlaubnis nach § 8 Abs. 2 ausgeschlossen wurde oder
    c) wenn seine Aufenthaltserlaubnis der Herstellung oder Wahrung der familiären Lebensgemeinschaft mit einem Ausländer dient, der sich selbst nur zu einem seiner Natur nach vorübergehenden Zweck im Bundesgebiet aufhält, und bei einer Aufhebung der Lebensgemeinschaft kein eigenständiges Aufenthaltsrecht entstehen würde.

§ 9b Anrechnung von Aufenthaltszeiten

(1) ¹Auf die erforderlichen Zeiten nach § 9a Abs. 2 Satz 1 Nr. 1 werden folgende Zeiten angerechnet:
1. Zeiten eines Aufenthalts außerhalb des Bundesgebiets, in denen der Ausländer einen Aufenthaltstitel besaß und
    a) sich wegen einer Entsendung aus beruflichen Gründen im Ausland aufgehalten hat, soweit deren Dauer jeweils sechs Monate oder eine von der Ausländerbehörde nach § 51 Abs. 1 Nr. 7 bestimmte längere Frist nicht überschritten hat, oder
    b) die Zeiten sechs aufeinanderfolgende Monate und innerhalb des in § 9a Abs. 2 Satz 1 Nr. 1 genannten Zeitraums insgesamt zehn Monate nicht überschreiten,
2. Zeiten eines früheren Aufenthalts im Bundesgebiet mit Aufenthaltserlaubnis, Niederlassungserlaubnis oder Erlaubnis zum Daueraufenthalt – EU, wenn der Ausländer zum Zeitpunkt seiner Ausreise im Besitz einer Niederlassungserlaubnis oder einer Erlaubnis zum Daueraufenthalt – EU war und die Niederlassungserlaubnis oder die Erlaubnis zum Daueraufenthalt – EU allein wegen eines Aufenthalts außerhalb von Mitgliedstaaten der Europäischen Union oder wegen des Erwerbs der Rechtsstellung eines langfristig Aufenthaltsberechtigten in einem anderen Mitgliedstaat der Europäischen Union erloschen ist, bis zu höchstens vier Jahre,
3. Zeiten, in denen der Ausländer freizügigkeitsberechtigt war,
4. Zeiten eines rechtmäßigen Aufenthalts zum Zweck des Studiums oder der Berufsausbildung im Bundesgebiet zur Hälfte,

5. bei international Schutzberechtigten der Zeitraum zwischen dem Tag der Beantragung internationalen Schutzes und dem Tag der Erteilung eines aufgrund der Zuerkennung internationalen Schutzes gewährten Aufenthaltstitels.
²Nicht angerechnet werden Zeiten eines Aufenthalts nach § 9a Abs. 3 Nr. 5 und Zeiten des Aufenthalts, in denen der Ausländer auch die Voraussetzungen des § 9a Abs. 3 Nr. 3 erfüllte. ³Zeiten eines Aufenthalts außerhalb des Bundesgebiets unterbrechen den Aufenthalt nach § 9a Abs. 2 Satz 1 Nr. 1 nicht, wenn der Aufenthalt außerhalb des Bundesgebiets nicht zum Erlöschen des Aufenthaltstitels geführt hat; diese Zeiten werden bei der Bestimmung der Gesamtdauer des Aufenthalts nach § 9a Abs. 2 Satz 1 Nr. 1 nicht angerechnet. ⁴In allen übrigen Fällen unterbricht die Ausreise aus dem Bundesgebiet den Aufenthalt nach § 9a Abs. 2 Satz 1 Nr. 1.

(2) ¹Auf die erforderlichen Zeiten nach § 9a Absatz 2 Satz 1 Nummer 1 werden die Zeiten angerechnet, in denen der Ausländer eine Blaue Karte EU besitzt, die von einem anderen Mitgliedstaat der Europäischen Union erteilt wurde, wenn sich der Ausländer
1. in diesem anderen Mitgliedstaat der Europäischen Union mit einer Blauen Karte EU mindestens 18 Monate aufgehalten hat und
2. bei Antragstellung seit mindestens zwei Jahren als Inhaber der Blauen Karte EU im Bundesgebiet aufhält.

²Nicht angerechnet werden Zeiten, in denen sich der Ausländer nicht in der Europäischen Union aufgehalten hat. ³Diese Zeiten unterbrechen jedoch den Aufenthalt nach § 9a Absatz 2 Satz 1 Nummer 1 nicht, wenn sie zwölf aufeinanderfolgende Monate nicht überschreiten und innerhalb des Zeitraums nach § 9a Absatz 2 Satz 1 Nummer 1 insgesamt 18 Monate nicht überschreiten. ⁴Die Sätze 1 bis 3 sind entsprechend auf Familienangehörige des Ausländers anzuwenden, denen eine Aufenthaltserlaubnis nach den §§ 30 oder 32 erteilt wurde.

§ 9c Lebensunterhalt

¹Feste und regelmäßige Einkünfte im Sinne des § 9a Abs. 2 Satz 1 Nr. 2 liegen in der Regel vor, wenn
1. der Ausländer seine steuerlichen Verpflichtungen erfüllt hat,
2. der Ausländer oder sein mit ihm in familiärer Gemeinschaft lebender Ehegatte im In- oder Ausland Beiträge oder Aufwendungen für eine angemessene Altersversorgung geleistet hat, soweit er hieran nicht durch eine körperliche, geistige oder seelische Krankheit oder Behinderung gehindert war,
3. der Ausländer und seine mit ihm in familiärer Gemeinschaft lebenden Angehörigen gegen das Risiko der Krankheit und der Pflegebedürftigkeit durch die gesetzliche Krankenversicherung oder einen im Wesentlichen gleichwertigen, unbefristeten oder sich automatisch verlängernden Versicherungsschutz abgesichert sind und
4. der Ausländer, der seine regelmäßigen Einkünfte aus einer Erwerbstätigkeit bezieht, zu der Erwerbstätigkeit berechtigt ist und auch über die anderen dafür erforderlichen Erlaubnisse verfügt.

²Bei Ehegatten, die in ehelicher Lebensgemeinschaft leben, genügt es, wenn die Voraussetzung nach Satz 1 Nr. 4 durch einen Ehegatten erfüllt wird. ³Als Beiträge oder Aufwendungen, die nach Satz 1 Nr. 2 erforderlich sind, werden keine höheren Beiträge oder Aufwendungen verlangt, als es in § 9 Abs. 2 Satz 1 Nr. 3 vorgesehen ist.

1 Die durch das „Gesetz zur Umsetzung aufenthalts- und asylrechtlicher Richtlinien der Europäischen Union" vom 16.8.2007 eingefügten §§ 9a–9c setzten die Vorgaben der **Dau-**

eraufenthalt-Richtlinie und seit dem 1.8.2012 der sog. **Hochqualifizierten-Richtlinie** (Richtlinie 2009/50/EG des Rates vom 25.5.2009 über die Bedingungen für die Einreise und den Aufenthalt von Drittstaatsangehörigen zur Ausübung einer hochqualifizierten Beschäftigung, ABl. 2009 L 155, 17) um. Die Voraussetzungen zum Daueraufenthalt-EG entsprechen im Wesentlichen denen der Niederlassungserlaubnis. Einzelheiten ergeben sich aus dem Gesetzestext.

§ 10 Aufenthaltstitel bei Asylantrag

(1) Einem Ausländer, der einen Asylantrag gestellt hat, kann vor dem bestandskräftigen Abschluss des Asylverfahrens ein Aufenthaltstitel außer in den Fällen eines gesetzlichen Anspruchs nur mit Zustimmung der obersten Landesbehörde und nur dann erteilt werden, wenn wichtige Interessen der Bundesrepublik Deutschland es erfordern.

(2) Ein nach der Einreise des Ausländers von der Ausländerbehörde erteilter oder verlängerter Aufenthaltstitel kann nach den Vorschriften dieses Gesetzes ungeachtet des Umstandes verlängert werden, dass der Ausländer einen Asylantrag gestellt hat.

(3) ^{1}Einem Ausländer, dessen Asylantrag unanfechtbar abgelehnt worden ist oder der seinen Asylantrag zurückgenommen hat, darf vor der Ausreise ein Aufenthaltstitel nur nach Maßgabe des Abschnitts 5 erteilt werden. ^{2}Sofern der Asylantrag nach § 30 Abs. 3 Nummer 1 bis 6 des Asylgesetzes abgelehnt wurde, darf vor der Ausreise kein Aufenthaltstitel erteilt werden. ^{3}Die Sätze 1 und 2 finden im Falle eines Anspruchs auf Erteilung eines Aufenthaltstitels keine Anwendung; Satz 2 ist ferner nicht anzuwenden, wenn der Ausländer die Voraussetzungen für die Erteilung einer Aufenthaltserlaubnis nach § 25 Abs. 3 erfüllt.

Die Vorschrift trägt dem Umstand Rechnung, dass eine **Vielzahl von Asylverfahren** **1** **erfolglos** ist, die vorgesehene Folge – die Beendigung des Aufenthalts – jedoch ausbleibt und es stattdessen zu einem Folgeaufenthalt im Bundesgebiet kommt. Die Bundesrepublik hat grundsätzlich ein Interesse daran, dass die **Ausreise** nach erfolglosen Asylverfahren auch **durchgesetzt** werden kann, bzw. dass der Wechsel von einem Aufenthalt aus asylrechtlichen Gründen zu einem Aufenthalt aus anderen Gründen erschwert wird. Aus diesem Grund stellt insbesondere Abs. 3 Satz 2 klar, dass einem Asylbewerber, dessen Antrag rechtskräftig als offensichtlich unbegründet abgelehnt worden ist, kein Aufenthaltstitel erteilt werden darf; ausgenommen von dieser Sperre sind neuerdings nur die handlungsunfähigen Antragsteller (in erster Linie Kinder), deren Antrag nach § 30 Abs. 3 Nr. 7 AsylG abgelehnt worden ist und die die Ablehnung des Antrags als offensichtlich unbegründet nicht zu vertreten haben. Für sie gilt weiter Abs. 3 Satz 1. Schließlich sieht Abs. 3 Satz 3 Hs. 2 eine Erweiterung der Möglichkeiten der Erteilung eines Aufenthaltstitels nach § 25 Abs. 3 bei Bestehen eines Abschiebungsverbots vor, da die bisherige Regelung mit dem EU-Recht nicht vereinbar war. Grund dafür ist Art. 24 Abs. 2 der Qualifikationsrichtlinie, der bestimmt, dass subsidiär Schutzberechtigten grundsätzlich ein Aufenthaltstitel zu gewähren ist. So wird nunmehr gewährleistet, dass in Fällen der Ablehnung eines Asylantrages als offensichtlich unbegründet der subsidiär Schutzberechtigte dennoch eine Aufenthaltserlaubnis erhalten kann.

§ 11 Einreise- und Aufenthaltsverbot

(1) Ein Ausländer, der ausgewiesen, zurückgeschoben oder abgeschoben worden ist, darf weder erneut in das Bundesgebiet einreisen, noch sich darin aufhalten, noch darf ihm, selbst im Falle eines Anspruchs nach diesem Gesetz, ein Aufenthaltstitel erteilt werden (Einreise- und Aufenthaltsverbot).

(2) ¹Das Einreise- und Aufenthaltsverbot ist von Amts wegen zu befristen. ²Die Frist beginnt mit der Ausreise. ³Im Falle der Ausweisung ist die Frist gemeinsam mit der Ausweisungsverfügung festzusetzen. ⁴Ansonsten soll die Frist mit der Abschiebungsandrohung, spätestens aber bei der Ab- oder Zurückschiebung festgesetzt werden. ⁵Die Befristung kann zur Abwehr einer Gefahr für die öffentliche Sicherheit und Ordnung mit einer Bedingung versehen werden, insbesondere einer nachweislichen Straf- oder Drogenfreiheit. ⁶Tritt die Bedingung bis zum Ablauf der Frist nicht ein, gilt eine von Amts wegen zusammen mit der Befristung nach Satz 5 angeordnete längere Befristung.

(3) ¹Über die Länge der Frist wird nach Ermessen entschieden. ²Sie darf fünf Jahre nur überschreiten, wenn der Ausländer auf Grund einer strafrechtlichen Verurteilung ausgewiesen worden ist oder wenn von ihm eine schwerwiegende Gefahr für die öffentliche Sicherheit und Ordnung ausgeht. ³Diese Frist soll zehn Jahre nicht überschreiten.

(4) ¹Das Einreise- und Aufenthaltsverbot kann zur Wahrung schutzwürdiger Belange des Ausländers oder, soweit es der Zweck des Einreise- und Aufenthaltsverbots nicht mehr erfordert, aufgehoben oder die Frist nach Absatz 2 verkürzt werden. ²Das Einreise- und Aufenthaltsverbot soll aufgehoben werden, wenn die Voraussetzungen für die Erteilung eines Aufenthaltstitels nach Kapitel 2 Abschnitt 5 vorliegen. ³Die Frist nach Absatz 2 kann aus Gründen der öffentlichen Sicherheit und Ordnung verlängert werden. ⁴Absatz 3 gilt entsprechend.

(5) ¹Eine Befristung oder eine Aufhebung des Einreise- und Aufenthaltsverbots erfolgt nicht, wenn der Ausländer wegen eines Verbrechens gegen den Frieden, eines Kriegsverbrechens oder eines Verbrechens gegen die Menschlichkeit ausgewiesen oder auf Grund einer Abschiebungsanordnung nach § 58a aus dem Bundesgebiet abgeschoben wurde. ²Die oberste Landesbehörde kann im Einzelfall Ausnahmen von Satz 1 zulassen.

(6) ¹Gegen einen Ausländer, der seiner Ausreisepflicht nicht innerhalb einer ihm gesetzten Ausreisefrist nachgekommen ist, kann ein Einreise- und Aufenthaltsverbot angeordnet werden, es sei denn, der Ausländer ist unverschuldet an der Ausreise gehindert oder die Überschreitung der Ausreisefrist ist nicht erheblich. ²Die Absätze 1 bis 5 gelten entsprechend. ³Das Einreise- und Aufenthaltsverbot ist mit seiner Anordnung nach Satz 1 zu befristen. ⁴Bei der ersten Anordnung des Einreise- und Aufenthaltsverbots nach Satz 1 soll die Frist ein Jahr nicht überschreiten. ⁵Im Übrigen soll die Frist drei Jahre nicht überschreiten. ⁶Ein Einreise- und Aufenthaltsverbot wird nicht angeordnet, wenn Gründe für eine vorübergehende Aussetzung der Abschiebung nach § 60a vorliegen, die der Ausländer nicht verschuldet hat.

(7) ¹Gegen einen Ausländer,
1. dessen Asylantrag nach § 29a Absatz 1 des Asylgesetzes als offensichtlich unbegründet abgelehnt wurde, dem kein subsidiärer Schutz zuerkannt wurde, das Vorliegen der Voraussetzungen für ein Abschiebungsverbot nach § 60 Absatz 5 oder 7 nicht festgestellt wurde und der keinen Aufenthaltstitel besitzt oder
2. dessen Antrag nach § 71 oder § 71a des Asylgesetzes wiederholt nicht zur Durchführung eines weiteren Asylverfahrens geführt hat,

kann das Bundesamt für Migration und Flüchtlinge ein Einreise- und Aufenthaltsverbot anordnen. ²Das Einreise- und Aufenthaltsverbot wird mit Bestandskraft der Entscheidung über den Asylantrag wirksam. ³Die Absätze 1 bis 5 gelten entsprechend. ⁴Das Einreise- und Aufenthaltsverbot ist mit seiner Anordnung nach Satz 1 zu befristen. ⁵Bei der ersten Anordnung des Einreise- und Aufenthaltsverbots nach Satz 1 soll die Frist ein Jahr nicht überschreiten. ⁶Im Übrigen soll die Frist drei Jahre nicht überschreiten.

(8) ¹Vor Ablauf des Einreise- und Aufenthaltsverbots kann, außer in den Fällen des Absatzes 5 Satz 1, dem Ausländer ausnahmsweise erlaubt werden, das Bundesgebiet kurzfristig zu betreten, wenn zwingende Gründe seine Anwesenheit erfordern oder die Versagung der Erlaubnis eine unbillige Härte bedeuten würde. ²Im Falle des Absatzes 5 Satz 1 gilt Absatz 5 Satz 2 entsprechend.

(9) ¹Reist ein Ausländer entgegen einem Einreise- und Aufenthaltsverbot in das Bundesgebiet ein, wird der Ablauf einer festgesetzten Frist für die Dauer des Aufenthalts im Bundesgebiet gehemmt. ²Die Frist kann in diesem Fall verlängert werden, längstens jedoch um die Dauer der ursprünglichen Befristung. ³Der Ausländer ist auf diese Möglichkeit bei der erstmaligen Befristung hinzuweisen. ⁴Für eine nach Satz 2 verlängerte Frist gelten die Absätze 3 und 4 Satz 1 entsprechend.

Nach dem Gesetz folgt das **Einreise-** und **Aufenthaltsverbot** einer Ausweisung, Zurückschiebung oder Abschiebung. Aus Abs. 1 ergibt sich, dass ein Ausländer uU auch dann nicht mehr in das Bundesgebiet einreisen und ihm auch kein Aufenthaltstitel erteilt werden darf, wenn er inzwischen aus dem AufenthG einen Anspruch hätte. Einreise und Aufenthalt bleiben „**gesperrt**". Ermessenstatbestände werden mit § 25 Abs. 5 und 37 Abs. 3 Nr. 1 eröffnet. Die zwingenden Versagungsgründe von beispielsweise § 5 Abs. 4 bleiben bestehen und gelten neben § 11. Beantragt der Ausländer nach durchgeführter Ausweisung, Abschiebung oder Zurückweisung erneut einen Aufenthaltstitel, ist im Verwaltungs- bzw. verwaltungsgerichtlichen Verfahren die **Rechtmäßigkeit der Ausweisung** etc zu prüfen, weil nur eine rechtmäßige Maßnahme die Sperrwirkung auslösen kann. Im **Strafverfahren** wegen der Einreise oder dem Aufenthalt entgegen dem Verbot aus § 11 – ein solches Handeln erfüllt den Straftatbestand des § 95 Abs. 2 Nr. 1 – besteht diese **Prüfungspflicht** hingegen **nicht** (→ § 95 Rn. 95 ff.). 1

Die durch Abs. 1 ausgelöste Sperrwirkung ist – in Umsetzung der Rückführungsrichtlinie (Richtlinie 2008/115/EG des Europäischen Parlaments und des Rates vom 16. Dezember 2008 über gemeinsame Normen und Verfahren in den Mitgliedstaaten zur Rückführung illegal aufhältiger Drittstaatsangehöriger) nunmehr von Amts wegen zu befristen; eines entsprechenden Antrages bedarf es nicht mehr (überholt deshalb die noch in § 82 Abs. 3 enthaltene Hinweispflicht). Die Abs. 2–5 enthalten detaillierte, ebenfalls der Rückführungsrichtlinie entsprechende Regelungen zum Beginn und zur Länge der Frist bzw. zu den Voraussetzungen, unter denen eine Befristung unterbleibt. In den Abs. 6–7 sind weitere **Einreise- und Aufenthaltsverbote** normiert, die allerdings nicht kraft Gesetzes eintreten, sondern **von** der **Ausländerbehörde** (Abs. 6) bzw. dem **Bundesamt** für Migration und Flüchtlinge (Abs. 7) unter den genannten Voraussetzungen **angeordnet** werden können (→ § 95 Rn. 95). Abs. 8 regelt die früher in Abs. 2 enthaltene Betretenserlaubnis trotz bestehenden Einreise- und Aufenthaltsverbots. 2

§ 12 Geltungsbereich; Nebenbestimmungen

(1) ¹Der Aufenthaltstitel wird für das Bundesgebiet erteilt. ²Seine Gültigkeit nach den Vorschriften des Schengener Durchführungsübereinkommens für den Aufenthalt im Hoheitsgebiet der Vertragsparteien bleibt unberührt.

(2) ¹Das Visum und die Aufenthaltserlaubnis können mit Bedingungen erteilt und verlängert werden. ²Sie können, auch nachträglich, mit Auflagen, insbesondere einer räumlichen Beschränkung, verbunden werden.

(3) Ein Ausländer hat den Teil des Bundesgebiets, in dem er sich ohne Erlaubnis der Ausländerbehörde einer räumlichen Beschränkung zuwider aufhält, unverzüglich zu verlassen.

(4) Der Aufenthalt eines Ausländers, der keines Aufenthaltstitels bedarf, kann zeitlich und räumlich beschränkt sowie von Bedingungen und Auflagen abhängig gemacht werden.

(5) ¹Die Ausländerbehörde kann dem Ausländer das Verlassen des auf der Grundlage dieses Gesetzes beschränkten Aufenthaltsbereichs erlauben. ²Die Erlaubnis ist zu erteilen, wenn hieran ein dringendes öffentliches Interesse besteht, zwingende Gründe es erfordern oder die Versagung der Erlaubnis eine unbillige Härte bedeuten würde. ³Der Ausländer kann Termine bei Behörden und Gerichten, bei denen sein persönliches Erscheinen erforderlich ist, ohne Erlaubnis wahrnehmen.

1 In Abs. 1 Satz 1 wird klargestellt, dass ein Aufenthaltstitel prinzipiell zum Aufenthalt im **gesamten Bundesgebiet** berechtigt. Mit Abs. 1 Satz 2 wird auf die weitergehende Geltung verwiesen, die sich aus Art. 19, 21 SDÜ ergibt. Nach Abs. 2 können Bedingungen, Auflagen und räumliche Beschränkungen bezüglich eines Visums nach § 6 oder einer Aufenthaltserlaubnis nach § 7 bestimmt werden. Sie bedürfen nach § 77 der Schriftform. Als **Bedingung** gelten Bestimmungen nach denen der Aufenthalt mit einem bestimmten Ereignis beginnt oder endet. Die **Auflage** beinhaltet ein Tun, Dulden oder Unterlassen des Ausländers. Die **räumliche Beschränkung** stellt keine Auflage dar, sondern eine eigenständige Bestimmung neben der Auflage. Während die Bedingung bei Visum und Aufenthaltserlaubnis nicht nachträglich hinzugefügt werden darf, sind Auflagen und räumliche Beschränkungen auch nachträglich möglich. Gemäß § 12 Abs. 4 können räumliche Beschränkungen, Bedingungen und Auflagen auch gegenüber Ausländern ausgesprochen werden, die eines Aufenthaltstitels nicht bedürfen. Mögliche Auflagen sind etwa die sog. „Sparauflage", die es dem Ausländer aufgibt, die notwendigen Kosten für seine Rückreise oder seine notwendig werdende Abschiebung anzusparen oder zu hinterlegen, oder eine „Wohnsitzauflage", die dem Ausländer aufgibt, seinen gewöhnlichen Aufenthalt in einem bestimmten Bezirk zu nehmen bzw. nicht ohne Zustimmung der Ausländerbehörde zu verlegen. Ein Verstoß gegen Auflagen oder räumliche Beschränkungen nach Abs. 2 Satz 2, Abs. 4 ist bußgeldbewehrt (→ § 98 Rn. 18).

§ 12a Wohnsitzregelung

(1) ¹Zur Förderung seiner nachhaltigen Integration in die Lebensverhältnisse der Bundesrepublik Deutschland ist ein Ausländer, der als Asylberechtigter, Flüchtling im Sinne von § 3 Absatz 1 des Asylgesetzes oder subsidiär Schutzberechtigter im Sinne von § 4 Absatz 1 des Asylgesetzes anerkannt worden ist oder dem nach § 22, § 23 oder § 25 Absatz 3 erstmalig eine Aufenthaltserlaubnis erteilt worden ist, verpflichtet, für den Zeitraum von drei Jahren ab Anerkennung oder Erteilung der Aufenthaltserlaubnis in dem Land seinen gewöhnlichen Aufenthalt (Wohnsitz) zu nehmen, in das er zur Durchführung seines Asylverfahrens oder im Rahmen seines Aufnahmeverfahrens zugewiesen worden ist. ²Satz 1 findet keine Anwendung, wenn der Ausländer, sein Ehegatte, eingetragener Lebenspartner oder minderjähriges Kind eine sozialversicherungspflichtige Beschäftigung mit einem Umfang von mindestens 15 Stunden wöchentlich aufnimmt oder aufgenommen hat, durch die diese Person mindestens über ein Einkommen in Höhe des monatlichen durchschnittlichen Bedarfs nach den §§ 20 und 22 des Zweiten Buches Sozialgesetzbuch für eine Einzelperson verfügt, oder eine Berufsausbildung aufnimmt oder aufgenommen hat oder in einem Studien- oder Ausbildungsverhältnis steht.

(2) ¹Ein Ausländer, der der Verpflichtung nach Absatz 1 unterliegt und der in einer Aufnahmeeinrichtung oder anderen vorübergehenden Unterkunft wohnt,

kann innerhalb von sechs Monaten nach Anerkennung oder Aufnahme längstens bis zum Ablauf der nach Absatz 1 geltenden Frist zu seiner Versorgung mit angemessenem Wohnraum verpflichtet werden, seinen Wohnsitz an einem bestimmten Ort zu nehmen, wenn dies der Förderung seiner nachhaltigen Integration in die Lebensverhältnisse der Bundesrepublik Deutschland nicht entgegensteht. ²Soweit im Einzelfall eine Zuweisung angemessenen Wohnraums innerhalb von sechs Monaten nicht möglich war, kann eine Zuweisung nach Satz 1 innerhalb von einmalig weiteren sechs Monaten erfolgen.

(3) Zur Förderung seiner nachhaltigen Integration in die Lebensverhältnisse der Bundesrepublik Deutschland kann ein Ausländer, der der Verpflichtung nach Absatz 1 unterliegt, innerhalb von sechs Monaten nach Anerkennung oder erstmaliger Erteilung der Aufenthaltserlaubnis verpflichtet werden, längstens bis zum Ablauf der nach Absatz 1 geltenden Frist seinen Wohnsitz an einem bestimmten Ort zu nehmen, wenn dadurch
1. seine Versorgung mit angemessenem Wohnraum,
2. sein Erwerb hinreichender mündlicher Deutschkenntnisse im Sinne des Niveaus A2 des Gemeinsamen Europäischen Referenzrahmens für Sprachen und
3. unter Berücksichtigung der örtlichen Lage am Ausbildungs- und Arbeitsmarkt die Aufnahme einer Erwerbstätigkeit
erleichtert werden kann.

(4) ¹Ein Ausländer, der der Verpflichtung nach Absatz 1 unterliegt, kann zur Vermeidung von sozialer und gesellschaftlicher Ausgrenzung bis zum Ablauf der nach Absatz 1 geltenden Frist auch verpflichtet werden, seinen Wohnsitz nicht an einem bestimmten Ort zu nehmen, insbesondere wenn zu erwarten ist, dass der Ausländer Deutsch dort nicht als wesentliche Verkehrssprache nutzen wird. ²Die Situation des dortigen Ausbildungs- und Arbeitsmarktes ist bei der Entscheidung zu berücksichtigen.

(5) ¹Eine Verpflichtung oder Zuweisung nach den Absätzen 1 bis 4 ist auf Antrag des Ausländers aufzuheben,
1. wenn der Ausländer nachweist, dass in den Fällen einer Verpflichtung oder Zuweisung nach den Absätzen 1 bis 3 an einem anderen Ort, oder im Falle einer Verpflichtung nach Absatz 4 an dem Ort, an dem er seinen Wohnsitz nicht nehmen darf,
    a) ihm oder seinem Ehegatten, eingetragenen Lebenspartner oder minderjährigen Kind eine sozialversicherungspflichtige Beschäftigung im Sinne von Absatz 1 Satz 2, ein den Lebensunterhalt sicherndes Einkommen oder ein Ausbildungs- oder Studienplatz zur Verfügung steht oder
    b) der Ehegatte, eingetragene Lebenspartner oder minderjährige ledige Kinder an einem anderen Wohnort leben,
2. zur Vermeidung einer Härte; eine Härte liegt insbesondere vor, wenn
    a) nach Einschätzung des zuständigen Jugendamtes Leistungen und Maßnahmen der Kinder- und Jugendhilfe nach dem Achten Buch Sozialgesetzbuch mit Ortsbezug beeinträchtigt würden,
    b) aus anderen dringenden persönlichen Gründen die Übernahme durch ein anderes Land zugesagt wurde oder
    c) für den Betroffenen aus sonstigen Gründen vergleichbare unzumutbare Einschränkungen entstehen.
²Im Fall einer Aufhebung nach Satz 1 Nummer 2 ist dem Ausländer, längstens bis zum Ablauf der nach Absatz 1 geltenden Frist, eine Verpflichtung nach Absatz 3 oder 4 aufzuerlegen, die seinem Interesse Rechnung trägt.

(6) ¹Bei einem Familiennachzug zu einem Ausländer, der einer Verpflichtung oder Zuweisung nach den Absätzen 1 bis 4 unterliegt, gilt die Verpflichtung oder

Zuweisung längstens bis zum Ablauf der nach Absatz 1 für den Ausländer geltenden Frist auch für den nachziehenden Familienangehörigen, soweit die zuständige Behörde nichts anderes angeordnet hat. ²Absatz 5 gilt für die nachziehenden Familienangehörigen entsprechend.

(7) Die Absätze 1 bis 6 gelten nicht für Ausländer, deren Anerkennung oder erstmalige Erteilung der Aufenthaltserlaubnis im Sinne des Absatzes 1 vor dem 1. Januar 2016 erfolgte.

(8) Widerspruch und Klage gegen Verpflichtungen nach den Absätzen 2 bis 4 haben keine aufschiebende Wirkung.

(9) Die Länder können im Hinblick auf Ausländer, die der Verpflichtung nach Absatz 1 unterliegen, hinsichtlich Organisation, Verfahren und angemessenen Wohnraums durch Rechtsverordnung der Landesregierung oder andere landesrechtliche Regelungen Näheres bestimmen zu
1. der Verteilung innerhalb des Landes nach Absatz 2,
2. dem Verfahren für Zuweisungen und Verpflichtungen nach den Absätzen 2 bis 4,
3. den Anforderungen an den angemessenen Wohnraum im Sinne der Absätze 2, 3 Nummer 1 und von Absatz 5 Satz 1 Nummer 1 Buchstabe a sowie der Form seines Nachweises,
4. der Art und Weise des Belegs einer sozialversicherungspflichtigen Beschäftigung nach Absatz 1 Satz 2, eines den Lebensunterhalt sichernden Einkommens sowie eines Ausbildungs- oder Studienplatzes im Sinne der Absätze 1 und 5 Satz 1 Nummer 1 Buchstabe a,
5. der Verpflichtung zur Aufnahme durch die zum Wohnort bestimmte Gemeinde und zu dem Aufnahmeverfahren.

1   Die durch das **Integrationsgesetz** vom 31.7.2016 eingeführte Regelung sieht nach der Gesetzesbegründung zur Vermeidung einer integrationshemmenden Segregation die Möglichkeit vor, schutzberechtigten Ausländern zur Wohnsitznahme an einem bestimmten Ort zu verpflichten. Die Regelungen sind mit Blick auf eine Entscheidung des EuGH vom 1.3.2016[1] so gestaltet worden, dass sie Art. 33 der Richtlinie 2011/95 vom 13. Dezember 2011 des Europäischen Parlaments und des Rates über Normen für die Anerkennung von Drittstaatsangehörigen oder Staatenlosen als Personen mit Anspruch auf internationalen Schutz, für einen einheitlichen Status für Flüchtlinge oder für Personen mit Anrecht auf subsidiären Schutz und für den Inhalt des zu gewährenden Schutzes, ABl. 2011 L 337, 9, nicht entgegensteht. Der Verstoß gegen die Wohnsitznahmeverpflichtung aus Abs. 1 Satz 1 und gegen vollziehbare Anordnungen nach den Abs. 2, 3 und 4 Satz 1 ist bußgeldbewehrt (→ § 98 Rn. 19 f.).

Abschnitt 2. Einreise

§ 13 Grenzübertritt

(1) ¹Die Einreise in das Bundesgebiet und die Ausreise aus dem Bundesgebiet sind nur an den zugelassenen Grenzübergangsstellen und innerhalb der festgesetzten Verkehrsstunden zulässig, soweit nicht auf Grund anderer Rechtsvorschriften oder zwischenstaatlicher Vereinbarungen Ausnahmen zugelassen sind. ²Ausländer sind verpflichtet, bei der Einreise und der Ausreise einen anerkannten und gültigen Pass oder Passersatz gemäß § 3 Abs. 1 mitzuführen und sich der polizeilichen Kontrolle des grenzüberschreitenden Verkehrs zu unterziehen.

(2) ¹An einer zugelassenen Grenzübergangsstelle ist ein Ausländer erst eingereist, wenn er die Grenze überschritten und die Grenzübergangsstelle passiert hat. ²Lassen die mit der polizeilichen Kontrolle des grenzüberschreitenden Verkehrs

---

[1] EuGH 1.3.2016 – C-443/14, C-444/14, NJW 2016, 1077.

beauftragten Behörden einen Ausländer vor der Entscheidung über die Zurückweisung (§ 15 dieses Gesetzes, §§ 18, 18a des Asylgesetzes) oder während der Vorbereitung, Sicherung oder Durchführung dieser Maßnahme die Grenzübergangsstelle zu einem bestimmten vorübergehenden Zweck passieren, so liegt keine Einreise im Sinne des Satzes 1 vor, solange ihnen eine Kontrolle des Aufenthalts des Ausländers möglich bleibt. ³Im Übrigen ist ein Ausländer eingereist, wenn er die Grenze überschritten hat.

Die Vorschrift des § 13 regelt die **Ordnungsmäßigkeit des Grenzübertritts** eines Ausländers (Abs. 1) sowie die **Definition** der **Einreise und** ihrer **Beendigung** (Abs. 2). Für den Grenzübertritt besteht die Mitführungspflicht eines Passes oder Passersatzdokuments. Zu beachten ist allerdings dass die meisten Außengrenzen des Bundesgebietes Schengen-Binnengrenzen sind, weswegen gem. Art. 20 SGK die Grenze ohne Personenkontrolle übertreten werden kann; eine grenzpolizeiliche Kontrolle im Sinne von 13 Abs. 1 Satz 2 findet dort nicht mehr statt. Drittausländer sind dennoch nicht von der Passmitführungspflicht befreit. Während der Verstoß gegen § 13 Abs. 1 nur zu einer Ordnungswidrigkeit führt (dazu → § 98 Rn. 6 f., 19), regelt § 14 die aufenthaltsrechtlichen Konsequenzen der nicht ordnungsgemäßen Einreise. **1**

Relevant ist der in Abs. 2 definierte Begriff der Einreise und die differenzierte Bestimmung des Zeitpunkts ihrer Beendigung. Zurückweisung gem. § 15 ist nur möglich, wenn die Einreise noch nicht beendet ist. Nach Beendigung der Einreise können Zurückschiebung, Abschiebung oder Abschiebungsanordnung durchgeführt werden, §§ 57, 58, 58a. In strafrechtlicher Hinsicht bedeutet die Beendigung der Einreise die Schnittstelle zwischen Vollendung und Beendigung einer Straftat (dazu → § 95 Rn. 51). **2**

§ 14 Unerlaubte Einreise; Ausnahme-Visum

(1) Die Einreise eines Ausländers in das Bundesgebiet ist unerlaubt, wenn er
1. einen erforderlichen Pass oder Passersatz gemäß § 3 Abs. 1 nicht besitzt,
2. den nach § 4 erforderlichen Aufenthaltstitel nicht besitzt,
2a. zwar ein nach § 4 erforderliches Visum bei Einreise besitzt, dieses aber durch Drohung, Bestechung oder Kollusion erwirkt oder durch unrichtige oder unvollständige Angaben erschlichen wurde und deshalb mit Wirkung für die Vergangenheit zurückgenommen oder annulliert wird, oder
3. nach § 11 Absatz 1, 6 oder 7 nicht einreisen darf, es sei denn, er besitzt eine Betretenserlaubnis nach § 11 Absatz 8.

(2) Die mit der polizeilichen Kontrolle des grenzüberschreitenden Verkehrs beauftragten Behörden können Ausnahme-Visa und Passersatzpapiere ausstellen.

An die unerlaubte Einreise ist eine **Vielzahl von** Vorschriften respektive **Rechtsfolgen** geknüpft, so dass der Bedeutung und Definition der unerlaubten Einreise große Relevanz zukommt. Anders als § 13 Abs. 1, der die formell unbefugte Einreise definiert, stellt § 14 auf die **materiell unerlaubte Einreise** ab. Eine Legaldefinition liefert § 14 nicht, sondern vielmehr die aufgeführten Alternativen. Primär ist die Einreise materiell unerlaubt, wenn der Ausländer weder einen Pass noch einen Aufenthaltstitel besitzt, sofern er von dem entsprechenden Erfordernis nicht befreit ist. **1**

Die **Pass- oder Passersatzpflicht** betrifft nur den Besitz des Dokuments. § 14 knüpft nicht an das „Mitsichführen" an. Das Dokument muss nur nachgereicht werden können. Ist dies möglich, liegt lediglich eine Ordnungswidrigkeit im Sinne des § 13 Abs. 1 in Form des unkorrekten Grenzübertritts vor, nicht jedoch die Straftat der unerlaubten Einreise nach § 95 Abs. 1 Nr. 3 (→ § 95 Rn. 52, → § 98 Rn. 19). Die Formulierung des Abs. 1 Nr. 2 „den **erforderlichen Aufenthaltstitel** nicht besitzt" meint jedenfalls in strafrechtlicher Hinsicht nicht den materiell erforderlichen Titel, sondern lässt irgendeinen Aufenthaltstitel **2** genügen (→ § 95 Rn. 3 ff., 44). Die im Jahr 2013 eingeführte Regelung in Abs. 1 Nr. 2a soll zur Entlastung der örtlichen Ausländerbehörden den mit der polizeilichen Kontrolle des grenzüberschreitenden Verkehrs beauftragten Behörden ermöglichen, erschlichene Visa zu annullieren; durch die Änderung ist jedoch bewusst kein neuer Straftatbestand eingeführt worden, weil § 95 Abs. 1 Nr. 3 weiterhin nur auf § 14 Abs. 1 Nr. 1 und 2 verweist, nicht aber auf die neue Nummer 2a (BR-Drs. 97/13, 26).

3   Zur unerlaubten Einreise nach Abs. 1 Nr. 3 siehe § 11, zur **strafrechtlichen Relevanz** → § 95 Rn. 50 ff., 95 ff.

§ 15 Zurückweisung

(1) Ein Ausländer, der unerlaubt einreisen will, wird an der Grenze zurückgewiesen.

(2) Ein Ausländer kann an der Grenze zurückgewiesen werden, wenn
1. ein Ausweisungsinteresse besteht,
2. der begründete Verdacht besteht, dass der Aufenthalt nicht dem angegebenen Zweck dient,
2a. er nur über ein Schengen-Visum verfügt oder für einen kurzfristigen Aufenthalt von der Visumpflicht befreit ist und beabsichtigt, entgegen § 4 Abs. 3 Satz 1 eine Erwerbstätigkeit auszuüben oder
3. er die Voraussetzungen für die Einreise in das Hoheitsgebiet der Vertragsparteien nach Artikel 5 des Schengener Grenzkodex nicht erfüllt.

(3) Ein Ausländer, der für einen vorübergehenden Aufenthalt im Bundesgebiet vom Erfordernis eines Aufenthaltstitels befreit ist, kann zurückgewiesen werden, wenn er nicht die Voraussetzungen des § 3 Abs. 1 und des § 5 Abs. 1 erfüllt.

(4) ¹§ 60 Abs. 1 bis 3, 5 und 7 bis 9 ist entsprechend anzuwenden. ²Ein Ausländer, der einen Asylantrag gestellt hat, darf nicht zurückgewiesen werden, solange ihm der Aufenthalt im Bundesgebiet nach den Vorschriften des Asylgesetzes gestattet ist.

(5) ¹Ein Ausländer soll zur Sicherung der Zurückweisung auf richterliche Anordnung in Haft (Zurückweisungshaft) genommen werden, wenn eine Zurückweisungsentscheidung ergangen ist und diese nicht unmittelbar vollzogen werden kann. ²Im Übrigen ist § 62 Absatz 4 entsprechend anzuwenden. ³In den Fällen, in denen der Richter die Anordnung oder die Verlängerung der Haft ablehnt, findet Absatz 1 keine Anwendung.

(6) ¹Ist der Ausländer auf dem Luftweg in das Bundesgebiet gelangt und nicht nach § 13 Abs. 2 eingereist, sondern zurückgewiesen worden, ist er in den Transitbereich eines Flughafens oder in eine Unterkunft zu verbringen, von wo aus seine Abreise aus dem Bundesgebiet möglich ist, wenn Zurückweisungshaft nicht beantragt wird. ²Der Aufenthalt des Ausländers im Transitbereich eines Flughafens oder in einer Unterkunft nach Satz 1 bedarf spätestens 30 Tage nach Ankunft am Flughafen oder, sollte deren Zeitpunkt nicht feststellbar sein, nach Kenntnis der zuständigen Behörden von der Ankunft, der richterlichen Anordnung. ³Die Anordnung ergeht zur Sicherung der Abreise. ⁴Sie ist nur zulässig, wenn die Abreise innerhalb der Anordnungsdauer zu erwarten ist. ⁵Absatz 5 ist entsprechend anzuwenden.

1   Die Vorschrift des § 15 bestimmt, wie mit Ausländern zu verfahren ist, die unerlaubt einreisen wollen, die also noch vor vollendeter Einreise entdeckt werden. Sie können unter den Voraussetzungen der Abs. 2, 3 zurückgewiesen werden, dh ihnen wird die **Einreise verweigert**. Sonderregelungen gelten nach Abs. 4 für **Asylbewerber** und für Ausländer, denen in ihrem Herkunftsstaat Verfolgung im Sinne von § 60 droht. In Abs. 5 ist die Zurückweisungshaft geregelt, die der richterlichen Anordnung bedarf.

I. Aufenthaltsgesetz § 15a AufenthG

§ 15a Verteilung unerlaubt eingereister Ausländer

(1) ¹Unerlaubt eingereiste Ausländer, die weder um Asyl nachsuchen noch unmittelbar nach der Feststellung der unerlaubten Einreise in Abschiebungshaft genommen und aus der Haft abgeschoben oder zurückgeschoben werden können, werden vor der Entscheidung über die Aussetzung der Abschiebung oder die Erteilung eines Aufenthaltstitels auf die Länder verteilt. ²Sie haben keinen Anspruch darauf, in ein bestimmtes Land oder an einen bestimmten Ort verteilt zu werden. ³Die Verteilung auf die Länder erfolgt durch eine vom Bundesministerium des Innern bestimmte zentrale Verteilungsstelle. ⁴Solange die Länder für die Verteilung keinen abweichenden Schlüssel vereinbart haben, gilt der für die Verteilung von Asylbewerbern festgelegte Schlüssel. ⁵Jedes Land bestimmt bis zu sieben Behörden, die die Verteilung durch die nach Satz 3 bestimmte Stelle veranlassen und verteilte Ausländer aufnehmen. ⁶Weist der Ausländer vor Veranlassung der Verteilung nach, dass eine Haushaltsgemeinschaft zwischen Ehegatten oder Eltern und ihren minderjährigen Kindern oder sonstige zwingende Gründe bestehen, die der Verteilung an einen bestimmten Ort entgegenstehen, ist dem bei der Verteilung Rechnung zu tragen.

(2) ¹Die Ausländerbehörden können die Ausländer verpflichten, sich zu der Behörde zu begeben, die die Verteilung veranlasst. ²Dies gilt nicht, wenn dem Vorbringen nach Absatz 1 Satz 6 Rechnung zu tragen ist. ³Gegen eine nach Satz 1 getroffene Verpflichtung findet kein Widerspruch statt. ⁴Die Klage hat keine aufschiebende Wirkung.

(3) ¹Die zentrale Verteilungsstelle benennt der Behörde, die die Verteilung veranlasst hat, die nach den Sätzen 2 und 3 zur Aufnahme verpflichtete Aufnahmeeinrichtung. ²Hat das Land, dessen Behörde die Verteilung veranlasst hat, seine Aufnahmequote nicht erfüllt, ist die dieser Behörde nächstgelegene aufnahmefähige Aufnahmeeinrichtung des Landes aufnahmepflichtig. ³Andernfalls ist die von der zentralen Verteilungsstelle auf Grund der Aufnahmequote nach § 45 des Asylgesetzes und der vorhandenen freien Unterbringungsmöglichkeiten bestimmte Aufnahmeeinrichtung zur Aufnahme verpflichtet. ⁴§ 46 Abs. 4 und 5 des Asylgesetzes sind entsprechend anzuwenden.

(4) ¹Die Behörde, die die Verteilung nach Absatz 3 veranlasst hat, ordnet in den Fällen des Absatzes 3 Satz 3 an, dass der Ausländer sich zu der durch die Verteilung festgelegten Aufnahmeeinrichtung zu begeben hat; in den Fällen des Absatzes 3 Satz 2 darf sie dies anordnen. ²Die Ausländerbehörde übermittelt das Ergebnis der Anhörung an die die Verteilung veranlassende Stelle, die die Zahl der Ausländer unter Angabe der Herkunftsländer und das Ergebnis der Anhörung der zentralen Verteilungsstelle mitteilt. ³Ehegatten sowie Eltern und ihre minderjährigen ledigen Kinder sind als Gruppe zu melden und zu verteilen. ⁴Der Ausländer hat in dieser Aufnahmeeinrichtung zu wohnen, bis er innerhalb des Landes weiterverteilt wird, längstens jedoch bis zur Aussetzung der Abschiebung oder bis zur Erteilung eines Aufenthaltstitels; die §§ 12 und 61 Abs. 1 bleiben unberührt. ⁵Die Landesregierungen werden ermächtigt, durch Rechtsverordnung die Verteilung innerhalb des Landes zu regeln, soweit dies nicht auf der Grundlage dieses Gesetzes durch Landesgesetz geregelt wird; § 50 Abs. 4 des Asylgesetzes findet entsprechende Anwendung. ⁶Die Landesregierungen können die Ermächtigung auf andere Stellen des Landes übertragen. ⁷Gegen eine nach Satz 1 getroffene Anordnung findet kein Widerspruch statt. ⁸Die Klage hat keine aufschiebende Wirkung. ⁹Die Sätze 7 und 8 gelten entsprechend, wenn eine Verteilungsanordnung auf Grund eines Landesgesetzes oder einer Rechtsverordnung nach Satz 5 ergeht.

(5) ¹Die zuständigen Behörden können dem Ausländer nach der Verteilung erlauben, seine Wohnung in einem anderen Land zu nehmen. ²Nach erlaubtem

Wohnungswechsel wird der Ausländer von der Quote des abgebenden Landes abgezogen und der des aufnehmenden Landes angerechnet.

(6) Die Regelungen der Absätze 1 bis 5 gelten nicht für Personen, die nachweislich vor dem 1. Januar 2005 eingereist sind.

1 Die Regelung des § 15a sieht für die Zeit ab dem 1.1.2005 erstmals ein **Verteilungsverfahren** für unerlaubt eingereiste Ausländer vor. Ein solches Verfahren war zuvor nur für Asylbewerber geregelt. Durch das Verfahren sollen die finanziellen Belastungen, die auf Grund des Aufenthalts unerlaubt eingereister Ausländer entstehen, gleichmäßig verteilt werden.

Abschnitt 3. Aufenthalt zum Zweck der Ausbildung

§ 16 Studium

(1) ¹Einem Ausländer wird zum Zweck des Vollzeitstudiums an einer staatlichen Hochschule, an einer staatlich anerkannten Hochschule oder an einer vergleichbaren Ausbildungseinrichtung eine Aufenthaltserlaubnis nach der Richtlinie (EU) 2016/801 des Europäischen Parlaments und des Rates vom 11. Mai 2016 über die Bedingungen für die Einreise und den Aufenthalt von Drittstaatsangehörigen zu Forschungs- oder Studienzwecken, zur Absolvierung eines Praktikums, zur Teilnahme an einem Freiwilligendienst, Schüleraustauschprogrammen oder Bildungsvorhaben und zur Ausübung einer Au-pair-Tätigkeit (ABl. L 132 vom 21.5.2016, S. 21) erteilt, wenn der Ausländer von der Ausbildungseinrichtung zugelassen worden ist. ²Der Aufenthaltszweck des Studiums umfasst auch studienvorbereitende Maßnahmen und das Absolvieren eines Pflichtpraktikums. ³Studienvorbereitende Maßnahmen sind
1. der Besuch eines studienvorbereitenden Sprachkurses, wenn der Ausländer zu einem Vollzeitstudium zugelassen worden ist und die Zulassung an den Besuch eines studienvorbereitenden Sprachkurses gebunden ist, und
2. der Besuch eines Studienkollegs oder einer vergleichbaren Einrichtung, wenn die Annahme zu einem Studienkolleg oder einer vergleichbaren Einrichtung nachgewiesen ist.

⁴Ein Nachweis hinreichender Kenntnisse der Ausbildungssprache wird verlangt, wenn die Sprachkenntnisse weder bei der Zulassungsentscheidung geprüft worden sind noch durch die studienvorbereitende Maßnahme erworben werden sollen.

(2) ¹Die Geltungsdauer der Aufenthaltserlaubnis beträgt bei der Ersterteilung und bei der Verlängerung mindestens ein Jahr und soll zwei Jahre nicht überschreiten. ²Sie beträgt mindestens zwei Jahre, wenn der Ausländer an einem Unions- oder multilateralen Programm mit Mobilitätsmaßnahmen teilnimmt oder wenn für ihn eine Vereinbarung zwischen zwei oder mehr Hochschuleinrichtungen gilt. ³Dauert das Studium weniger als zwei Jahre, so wird die Aufenthaltserlaubnis nur für die Dauer des Studiums erteilt. ⁴Die Aufenthaltserlaubnis wird verlängert, wenn der Aufenthaltszweck noch nicht erreicht ist und in einem angemessenen Zeitraum noch erreicht werden kann. ⁵Zur Prüfung der Frage, ob der Aufenthaltszweck noch erreicht werden kann, kann die aufnehmende Ausbildungseinrichtung beteiligt werden.

(3) ¹Die Aufenthaltserlaubnis berechtigt zur Ausübung einer Beschäftigung, die insgesamt 120 Tage oder 240 halbe Tage im Jahr nicht überschreiten darf, sowie zur Ausübung studentischer Nebentätigkeiten. ²Dies gilt nicht während des Aufenthalts zu studienvorbereitenden Maßnahmen im ersten Jahr des Aufenthalts, ausgenommen in der Ferienzeit.

I. Aufenthaltsgesetz § 16 AufenthG

(4) ¹Die Aufenthaltserlaubnis darf zu einem anderen Aufenthaltszweck als dem in Absatz 1 genannten Aufenthaltszweck erteilt oder verlängert werden, wenn das Studium erfolgreich abgeschlossen wurde. ²Wenn das Studium ohne Abschluss beendet wurde, darf eine Aufenthaltserlaubnis zu einem anderen als dem in Absatz 1 genannten Zweck erteilt oder verlängert werden, wenn die Voraussetzungen für die Erteilung einer Aufenthaltserlaubnis für die in § 16b Absatz 2 genannten Fälle oder nach § 17 vorliegen und die Berufsausbildung in einem Beruf erfolgt, für den die Bundesagentur für Arbeit die Feststellung nach § 39 Absatz 2 Satz 1 Nummer 2 getroffen hat, oder wenn ein gesetzlicher Anspruch besteht. ³Während des Studiums soll in der Regel eine Aufenthaltserlaubnis zu einem anderen Aufenthaltszweck als dem in Absatz 1 genannten Aufenthaltszweck nur erteilt oder verlängert werden, sofern ein gesetzlicher Anspruch besteht. ⁴§ 9 findet keine Anwendung.

(5) ¹Nach erfolgreichem Abschluss des Studiums wird die Aufenthaltserlaubnis bis zu 18 Monate zur Suche einer diesem Abschluss angemessenen Erwerbstätigkeit verlängert, sofern diese Erwerbstätigkeit nach den Bestimmungen der §§ 18, 19, 19a, 20 und 21 von einem Ausländer aufgenommen werden darf. ²Die Aufenthaltserlaubnis berechtigt während dieses Zeitraums zur Ausübung einer Erwerbstätigkeit. ³§ 9 findet keine Anwendung.

(6) ¹Einem Ausländer kann eine Aufenthaltserlaubnis erteilt werden, wenn
1. er von einer staatlichen Hochschule, einer staatlich anerkannten Hochschule oder einer vergleichbaren Ausbildungseinrichtung
   a) zum Zweck des Vollzeitstudiums zugelassen worden ist und die Zulassung mit einer Bedingung verbunden ist, die nicht auf den Besuch einer studienvorbereitenden Maßnahme gerichtet ist,
   b) zum Zweck des Vollzeitstudiums zugelassen worden ist und die Zulassung mit der Bedingung des Besuchs eines Studienkollegs oder einer vergleichbaren Einrichtung verbunden ist, der Ausländer aber den Nachweis über die Annahme zu einem Studienkolleg oder einer vergleichbaren Einrichtung nach Absatz 1 Satz 3 Nummer 2 nicht erbringen kann oder
   c) zum Zweck des Teilzeitstudiums zugelassen worden ist,
2. er zur Teilnahme an einem studienvorbereitenden Sprachkurs angenommen worden ist, ohne dass eine Zulassung zum Zweck eines Studiums an einer staatlichen Hochschule, einer staatlich anerkannten Hochschule oder einer vergleichbaren Ausbildungseinrichtung vorliegt, oder
3. ihm die Zusage eines Betriebs für das Absolvieren eines studienvorbereitenden Praktikums vorliegt.

²In den Fällen des Satzes 1 Nummer 1 sind Absatz 1 Satz 2 bis 4 und die Absätze 2 bis 5 entsprechend anzuwenden. ³In den Fällen des Satzes 1 Nummer 2 und 3 sind die Absätze 2, 4 und 5 entsprechend anzuwenden; die Aufenthaltserlaubnis berechtigt zur Beschäftigung nur in der Ferienzeit sowie zur Ausübung des Praktikums.

(7) ¹Einem Ausländer kann auch zum Zweck der Studienbewerbung eine Aufenthaltserlaubnis erteilt werden. ²Der Aufenthalt als Studienbewerber darf höchstens neun Monate betragen. ³Die Aufenthaltserlaubnis berechtigt nicht zur Ausübung einer Beschäftigung und nicht zur Ausübung studentischer Nebentätigkeiten. ⁴Absatz 4 Satz 3 ist entsprechend anzuwenden.

(8) Bevor die Aufenthaltserlaubnis nach Absatz 1 oder Absatz 6 aus Gründen, die in der Verantwortung der Ausbildungseinrichtung liegen und die der Ausländer nicht zu vertreten hat, zurückgenommen wird, widerrufen wird oder gemäß § 7 Absatz 2 Satz 2 nachträglich befristet wird, ist dem Ausländer die Möglichkeit zu

gewähren, die Zulassung bei einer anderen Ausbildungseinrichtung zu beantragen.

(9) ¹Einem Ausländer, der in einem Mitgliedstaat der Europäischen Union internationalen Schutz im Sinne der Richtlinie 2011/95/EU genießt, kann eine Aufenthaltserlaubnis zum Zweck des Studiums erteilt werden, wenn er
1. in einem anderen Mitgliedstaat der Europäischen Union ein Studium begonnen hat,
2. von einer staatlichen Hochschule, einer staatlich anerkannten Hochschule oder einer vergleichbaren Ausbildungseinrichtung im Bundesgebiet zum Zweck des Studiums zugelassen worden ist und
3. einen Teil seines Studiums an dieser Ausbildungseinrichtung durchführen möchte, und er
   a) im Rahmen seines Studienprogramms verpflichtet ist, einen Teil seines Studiums an einer Bildungseinrichtung eines anderen Mitgliedstaates der Europäischen Union durchzuführen,
   b) an einem Austauschprogramm zwischen den Mitgliedstaaten der Europäischen Union oder an einem Austauschprogramm der Europäischen Union teilnimmt oder
   c) vor seinem Wechsel an die Ausbildungseinrichtung im Bundesgebiet das nach Nummer 1 begonnene Studium mindestens zwei Jahre in dem anderen Mitgliedstaat der Europäischen Union betrieben hat sowie der Aufenthalt zum Zweck des Studiums im Bundesgebiet 360 Tage nicht überschreiten wird.

²Ein Ausländer, der einen Aufenthaltstitel nach Satz 1 beantragt, hat der zuständigen Behörde Unterlagen zu seiner akademischen Vorbildung und zum beabsichtigten Studium in Deutschland vorzulegen, die die Fortführung des bisherigen Studiums durch das Studium im Bundesgebiet belegen. ³Die Aufenthaltserlaubnis wird für die Dauer des Studienteils, der in Deutschland durchgeführt wird, erteilt. ⁴Absatz 3 gilt entsprechend. ⁵§ 9 findet keine Anwendung.

(10) Sofern der Ausländer das 18. Lebensjahr noch nicht vollendet hat, müssen die zur Personensorge berechtigten Personen dem geplanten Aufenthalt zustimmen.

(11) Eine Aufenthaltserlaubnis zum Zweck des Studiums oder der Studienbewerbung nach den Absätzen 1, 6 und 7 wird nicht erteilt, wenn eine der in § 20 Absatz 6 Nummer 1 bis 3 und 6 bis 8 genannten Voraussetzungen vorliegt.

§ 16a Mobilität im Rahmen des Studiums

(1) ¹Für einen Aufenthalt zum Zweck des Studiums, der 360 Tage nicht überschreitet, bedarf ein Ausländer abweichend von § 4 Absatz 1 keines Aufenthaltstitels, wenn die aufnehmende Ausbildungseinrichtung im Bundesgebiet dem Bundesamt für Migration und Flüchtlinge mitgeteilt hat, dass der Ausländer beabsichtigt, einen Teil seines Studiums im Bundesgebiet durchzuführen, und mit der Mitteilung vorlegt:
1. den Nachweis, dass der Ausländer einen von einem anderen Mitgliedstaat der Europäischen Union für die Dauer des geplanten Aufenthalts gültigen Aufenthaltstitel zum Zweck des Studiums besitzt, der in den Anwendungsbereich der Richtlinie (EU) 2016/801 fällt,
2. den Nachweis, dass der Ausländer einen Teil seines Studiums an einer Ausbildungseinrichtung im Bundesgebiet durchführen möchte, weil er an einem Unions- oder multilateralen Programm mit Mobilitätsmaßnahmen teilnimmt oder für ihn eine Vereinbarung zwischen zwei oder mehr Hochschulen gilt,

3. den Nachweis, dass der Ausländer von der aufnehmenden Ausbildungseinrichtung zugelassen wurde,
4. die Kopie eines anerkannten und gültigen Passes oder Passersatzes des Ausländers und
5. den Nachweis, dass der Lebensunterhalt des Ausländers gesichert ist.

²Die aufnehmende Ausbildungseinrichtung hat die Mitteilung zu dem Zeitpunkt zu machen, zu dem der Ausländer in einem anderen Mitgliedstaat der Europäischen Union den Antrag auf Erteilung eines Aufenthaltstitels im Anwendungsbereich der Richtlinie (EU) 2016/801 stellt. ³Ist der aufnehmenden Ausbildungseinrichtung zu diesem Zeitpunkt die Absicht des Ausländers, einen Teil des Studiums im Bundesgebiet durchzuführen, noch nicht bekannt, so hat sie die Mitteilung zu dem Zeitpunkt zu machen, zu dem ihr die Absicht bekannt wird. ⁴Bei der Erteilung des Aufenthaltstitels nach Satz 1 Nummer 1 durch einen Staat, der nicht Schengen-Staat ist, und bei der Einreise über einen Staat, der nicht Schengen-Staat ist, hat der Ausländer eine Kopie der Mitteilung mitzuführen und den zuständigen Behörden auf deren Verlangen vorzulegen.

(2) ¹Erfolgt die Mitteilung zu dem in Absatz 1 Satz 2 genannten Zeitpunkt und wurden die Einreise und der Aufenthalt nicht nach § 20c Absatz 3 abgelehnt, so darf der Ausländer jederzeit innerhalb der Gültigkeitsdauer des in Absatz 1 Satz 1 Nummer 1 genannten Aufenthaltstitels des anderen Mitgliedstaates in das Bundesgebiet einreisen und sich dort zum Zweck des Studiums aufhalten. ²Erfolgt die Mitteilung zu dem in Absatz 1 Satz 3 genannten Zeitpunkt und wurden die Einreise und der Aufenthalt nicht nach § 20c Absatz 3 abgelehnt, so darf der Ausländer in das Bundesgebiet einreisen und sich dort zum Zweck des Studiums aufhalten. ³Der Ausländer ist zur Ausübung einer Beschäftigung, die insgesamt ein Drittel der Aufenthaltsdauer nicht überschreiten darf, sowie zur Ausübung studentischer Nebentätigkeiten berechtigt.

(3) Der Ausländer und die aufnehmende Ausbildungseinrichtung sind verpflichtet, der Ausländerbehörde Änderungen in Bezug auf die in Absatz 1 genannten Voraussetzungen anzuzeigen.

(4) Wenn im Rahmen des Aufenthalts nach § 16a ein Abschluss an einer deutschen Hochschule erworben wurde, gilt für die Erteilung einer Aufenthaltserlaubnis § 16 Absatz 4 Satz 1 und Absatz 5 entsprechend.

(5) ¹Werden die Einreise und der Aufenthalt nach § 20c Absatz 3 abgelehnt, so hat der Ausländer das Studium unverzüglich einzustellen. ²Die bis dahin nach Absatz 1 Satz 1 bestehende Befreiung vom Erfordernis eines Aufenthaltstitels entfällt.

(6) Sofern innerhalb von 30 Tagen nach Zugang der in Absatz 1 Satz 1 genannten Mitteilung keine Ablehnung der Einreise und des Aufenthalts des Ausländers nach § 20c Absatz 3 erfolgt, ist dem Ausländer durch das Bundesamt für Migration und Flüchtlinge eine Bescheinigung über die Berechtigung zur Einreise und zum Aufenthalt zum Zweck des Studiums im Rahmen der kurzfristigen Mobilität auszustellen.

§ 16b Teilnahme an Sprachkursen und Schulbesuch

(1) ¹Einem Ausländer kann eine Aufenthaltserlaubnis zur Teilnahme an Sprachkursen, die nicht der Studienvorbereitung dienen, zur Teilnahme an einem Schüleraustausch und in Ausnahmefällen für den Schulbesuch erteilt werden. ²Eine Aufenthaltserlaubnis zur Teilnahme an einem Schüleraustausch kann auch erteilt werden, wenn kein unmittelbarer Austausch erfolgt. ³Sofern der Ausländer das

18. Lebensjahr noch nicht vollendet hat, müssen die zur Personensorge berechtigten Personen dem geplanten Aufenthalt zustimmen.

(2) Dient der Schulbesuch nach Absatz 1 Satz 1 einer qualifizierten Berufsausbildung, so berechtigt die Aufenthaltserlaubnis zur Ausübung einer von dieser Ausbildung unabhängigen Beschäftigung bis zu zehn Stunden je Woche.

(3) [1]Nach erfolgreichem Abschluss der qualifizierten Berufsausbildung kann die Aufenthaltserlaubnis bis zu zwölf Monate zur Suche eines diesem Abschluss angemessenen Arbeitsplatzes verlängert werden, sofern dieser Arbeitsplatz nach den Bestimmungen der §§ 18 und 21 von einem Ausländer besetzt werden darf. [2]Die Aufenthaltserlaubnis berechtigt während dieses Zeitraums zur Ausübung einer Erwerbstätigkeit. [3]§ 9 findet keine Anwendung.

(4) [1]In den Fällen, in denen die Aufenthaltserlaubnis zur Teilnahme an einem Sprachkurs, der nicht der Studienvorbereitung dient, oder für den Schulbesuch erteilt wurde, gilt § 16 Absatz 4 Satz 1 und 3 entsprechend. [2]In den Fällen, in denen die Aufenthaltserlaubnis zur Teilnahme an einem Schüleraustausch erteilt wurde, gilt § 16 Absatz 4 Satz 3 entsprechend.

§ 17 Sonstige Ausbildungszwecke

(1) [1]Einem Ausländer kann eine Aufenthaltserlaubnis zum Zweck der betrieblichen Aus- und Weiterbildung erteilt werden, wenn die Bundesagentur für Arbeit nach § 39 zugestimmt hat oder durch Rechtsverordnung nach § 42 oder zwischenstaatliche Vereinbarung bestimmt ist, dass die Aus- und Weiterbildung ohne Zustimmung der Bundesagentur für Arbeit zulässig ist. [2]Beschränkungen bei der Erteilung der Zustimmung durch die Bundesagentur für Arbeit sind in die Aufenthaltserlaubnis zu übernehmen. [3]§ 16 Abs. 4 Satz 1 und 3 gilt entsprechend.

(2) Handelt es sich um eine qualifizierte Berufsausbildung, berechtigt die Aufenthaltserlaubnis zur Ausübung einer von der Berufsausbildung unabhängigen Beschäftigung bis zu zehn Stunden je Woche.

(3) [1]Nach erfolgreichem Abschluss der qualifizierten Berufsausbildung kann die Aufenthaltserlaubnis bis zu einem Jahr zur Suche eines diesem Abschluss angemessenen Arbeitsplatzes, sofern er nach den Bestimmungen der §§ 18 und 21 von Ausländern besetzt werden darf, verlängert werden. [2]Die Aufenthaltserlaubnis berechtigt während dieses Zeitraums zur Ausübung einer Erwerbstätigkeit. [3]§ 9 findet keine Anwendung.

§ 17a Anerkennung ausländischer Berufsqualifikationen

(1) [1]Einem Ausländer kann zum Zweck der Anerkennung seiner im Ausland erworbenen Berufsqualifikation eine Aufenthaltserlaubnis für die Durchführung einer Bildungsmaßnahme und einer sich daran anschließenden Prüfung für die Dauer von bis zu 18 Monaten erteilt werden, wenn von einer nach den Regelungen des Bundes oder der Länder für die berufliche Anerkennung zuständigen Stelle festgestellt wurde, dass Anpassungsmaßnahmen oder weitere Qualifikationen
1. für die Feststellung der Gleichwertigkeit der Berufsqualifikation mit einer inländischen Berufsqualifikation oder
2. in einem im Inland reglementierten Beruf für die Erteilung der Befugnis zur Berufsausübung oder für die Erteilung der Erlaubnis zum Führen der Berufsbezeichnung

erforderlich sind. [2]Die Bildungsmaßnahme muss geeignet sein, dem Ausländer die Anerkennung der Berufsqualifikation oder den Berufszugang zu ermöglichen. [3]Wird die Bildungsmaßnahme überwiegend betrieblich durchgeführt, setzt die

Erteilung voraus, dass die Bundesagentur für Arbeit nach § 39 zugestimmt hat oder durch Rechtsverordnung nach § 42 oder zwischenstaatliche Vereinbarung bestimmt ist, dass die Teilnahme an der Bildungsmaßnahme ohne Zustimmung der Bundesagentur für Arbeit zulässig ist. ⁴Beschränkungen bei der Erteilung der Zustimmung durch die Bundesagentur für Arbeit sind in die Aufenthaltserlaubnis zu übernehmen.

(2) Die Aufenthaltserlaubnis berechtigt zur Ausübung einer von der Bildungsmaßnahme unabhängigen Beschäftigung bis zu zehn Stunden je Woche.

(3) ¹Die Aufenthaltserlaubnis berechtigt zur Ausübung einer zeitlich nicht eingeschränkten Beschäftigung, deren Anforderungen in einem engen Zusammenhang mit den in der späteren Beschäftigung verlangten berufsfachlichen Kenntnissen stehen, wenn ein konkretes Arbeitsplatzangebot für eine spätere Beschäftigung in dem anzuerkennenden oder von der beantragten Befugnis zur Berufsausübung oder von der beantragten Erlaubnis zum Führen der Berufsbezeichnung erfassten Beruf vorliegt, dieser Arbeitsplatz nach den Bestimmungen der §§ 18 bis 20 von Ausländern besetzt werden darf und die Bundesagentur für Arbeit nach § 39 zugestimmt hat oder durch Rechtsverordnung nach § 42 oder zwischenstaatliche Vereinbarung bestimmt ist, dass die Beschäftigung ohne Zustimmung der Bundesagentur für Arbeit zulässig ist. ²Beschränkungen bei der Erteilung der Zustimmung durch die Bundesagentur für Arbeit sind in die Aufenthaltserlaubnis zu übernehmen.

(4) ¹Nach der Feststellung der Gleichwertigkeit der Berufsqualifikation, der Erteilung der Befugnis zur Berufsausübung oder der Erteilung der Erlaubnis zum Führen der Berufsbezeichnung kann die Aufenthaltserlaubnis bis zu einem Jahr zur Suche eines der anerkannten Berufsqualifikation entsprechenden Arbeitsplatzes, sofern er nach den Bestimmungen der §§ 18 bis 20 von Ausländern besetzt werden darf, verlängert werden. ²Die Aufenthaltserlaubnis berechtigt während dieser Zeit zur Ausübung einer Erwerbstätigkeit. ³§ 9 findet keine Anwendung.

(5) ¹Einem Ausländer kann zum Ablegen einer Prüfung zur Anerkennung seiner ausländischen Berufsqualifikation eine Aufenthaltserlaubnis erteilt werden, wenn ein konkretes Arbeitsplatzangebot für eine spätere Beschäftigung in dem anzuerkennenden oder von der beantragten Befugnis zur Berufsausübung oder zum Führen der Berufsbezeichnung erfassten Beruf vorliegt, dieser Arbeitsplatz nach den Bestimmungen der §§ 18 bis 20 von Ausländern besetzt werden darf und die Bundesagentur für Arbeit nach § 39 zugestimmt hat oder durch Rechtsverordnung nach § 42 oder zwischenstaatliche Vereinbarung bestimmt ist, dass die Beschäftigung ohne Zustimmung der Bundesagentur für Arbeit zulässig ist. ²Beschränkungen bei der Erteilung der Zustimmung durch die Bundesagentur für Arbeit sind in die Aufenthaltserlaubnis zu übernehmen. ³Die Absätze 2 bis 4 finden keine Anwendung.

§ 17b Studienbezogenes Praktikum EU

(1) Einem Ausländer wird eine Aufenthaltserlaubnis zum Zweck eines Praktikums nach der Richtlinie (EU) 2016/801 erteilt, wenn die Bundesagentur für Arbeit nach § 39 zugestimmt hat oder durch Rechtsverordnung nach § 42 Absatz 1 Nummer 1 oder durch zwischenstaatliche Vereinbarung bestimmt ist, dass das Praktikum ohne Zustimmung der Bundesagentur für Arbeit zulässig ist, und
1. das Praktikum dazu dient, dass sich der Ausländer Wissen, praktische Kenntnisse und Erfahrungen in einem beruflichen Umfeld aneignet,
2. der Ausländer eine Vereinbarung mit einer aufnehmenden Einrichtung über die Teilnahme an einem Praktikum vorlegt, die theoretische und praktische Schulungsmaßnahmen vorsieht, und Folgendes enthält:

a) eine Beschreibung des Programms für das Praktikum einschließlich des Bildungsziels oder der Lernkomponenten,
b) die Angabe der Dauer des Praktikums,
c) die Bedingungen der Tätigkeit und der Betreuung des Ausländers,
d) die Arbeitszeiten des Ausländers und
e) das Rechtsverhältnis zwischen dem Ausländer und der aufnehmenden Einrichtung,
3. der Ausländer nachweist, dass er in den letzten zwei Jahren vor der Antragstellung einen Hochschulabschluss erlangt hat, oder nachweist, dass er ein Studium absolviert, das zu einem Hochschulabschluss führt,
4. das Praktikum fachlich und im Niveau dem in Nummer 3 genannten Hochschulabschluss oder Studium entspricht und
5. die aufnehmende Einrichtung sich schriftlich zur Übernahme der Kosten verpflichtet hat, die öffentlichen Stellen bis zu sechs Monate nach der Beendigung der Praktikumsvereinbarung entstehen für
a) den Lebensunterhalt des Ausländers während eines unerlaubten Aufenthalts im Bundesgebiet und
b) eine Abschiebung des Ausländers.

(2) Die Aufenthaltserlaubnis wird für die vereinbarte Dauer des Praktikums, höchstens jedoch für sechs Monate erteilt.

(3) Sofern der Ausländer das 18. Lebensjahr noch nicht vollendet hat, müssen die zur Personensorge berechtigten Personen dem geplanten Aufenthalt zustimmen.

(4) Einem Ausländer wird eine Aufenthaltserlaubnis zum Zweck eines Praktikums nach der Richtlinie (EU) 2016/801 nicht erteilt, wenn eine der in § 20 Absatz 6 Nummer 1 bis 3 und 6 bis 8 genannten Voraussetzungen vorliegt.

1 In §§ 16 bis 17b wird geregelt, unter welchen Bedingungen Ausländern zum Zwecke eines Sprachkurses, eines Studiums, eines Praktikums, studienvorbereitender Maßnahmen, einer anderen Ausbildung oder zu Zwecken von Bildungsmaßnahmen zur Anerkennung einer ausländischen Berufsqualifikation ein Aufenthaltstitel erteilt werden kann. Es kommt mit der **Aufenthaltserlaubnis** nur ein **befristeter Aufenthaltstitel** in Betracht. Durch § 16 Abs. 3 und 6, § 16a Abs. 2, § 16b Abs. 2 und 3, § 17 Abs. 2, § 17a Abs. 3 wird eine Erwerbstätigkeit unter bestimmten Voraussetzungen erlaubt. Nach Abschluss der Ausbildung oder Anerkennung der Berufsqualifikation kann der Aufenthaltstitel zur Suche eines angemessenen Arbeitsplatzes verlängert werden; während dieser Zeit ist ebenfalls eine Erwerbstätigkeit gestattet (§ 16 Abs. 5, § 17 Abs. 3, § 17a Abs. 4). Strafrechtliche Relevanz besteht, soweit die Frist des Aufenthaltstitels abgelaufen ist oder der Aufenthaltszweck erreicht oder, etwa durch Abbruch des Studiums, weggefallen ist (dazu → § 95 Rn. 26).

Abschnitt 4. Aufenthalt zum Zweck der Erwerbstätigkeit

§ 18 Beschäftigung

(1) ¹Die Zulassung ausländischer Beschäftigter orientiert sich an den Erfordernissen des Wirtschaftsstandortes Deutschland unter Berücksichtigung der Verhältnisse auf dem Arbeitsmarkt und dem Erfordernis, die Arbeitslosigkeit wirksam zu bekämpfen. ²Internationale Verträge bleiben unberührt.

(2) ¹Einem Ausländer kann ein Aufenthaltstitel zur Ausübung einer Beschäftigung erteilt werden, wenn die Bundesagentur für Arbeit nach § 39 zugestimmt hat oder durch Rechtsverordnung nach § 42 oder zwischenstaatliche Vereinbarung bestimmt ist, dass die Ausübung der Beschäftigung ohne Zustimmung der Bundesagentur für Arbeit zulässig ist. ²Beschränkungen bei der Erteilung der Zustim-

mung durch die Bundesagentur für Arbeit sind in den Aufenthaltstitel zu übernehmen.

(3) Eine Aufenthaltserlaubnis zur Ausübung einer Beschäftigung nach Absatz 2, die keine qualifizierte Berufsausbildung voraussetzt, darf nur erteilt werden, wenn dies durch zwischenstaatliche Vereinbarung bestimmt ist oder wenn auf Grund einer Rechtsverordnung nach § 42 die Erteilung der Zustimmung zu einer Aufenthaltserlaubnis für diese Beschäftigung zulässig ist.

(4) ¹Ein Aufenthaltstitel zur Ausübung einer Beschäftigung nach Absatz 2, die eine qualifizierte Berufsausbildung voraussetzt, darf nur für eine Beschäftigung in einer Berufsgruppe erteilt werden, die durch Rechtsverordnung nach § 42 zugelassen worden ist. ²Im begründeten Einzelfall kann eine Aufenthaltserlaubnis für eine Beschäftigung erteilt werden, wenn an der Beschäftigung ein öffentliches, insbesondere ein regionales, wirtschaftliches oder arbeitsmarktpolitisches Interesse besteht.

(4a) ¹Einem Ausländer, der in einem Beamtenverhältnis zu einem deutschen Dienstherrn steht, wird eine Aufenthaltserlaubnis zur Erfüllung seiner Dienstpflichten im Bundesgebiet erteilt. ²Die Aufenthaltserlaubnis wird für die Dauer von drei Jahren erteilt, wenn das Dienstverhältnis nicht auf einen kürzeren Zeitraum befristet ist. ³Nach drei Jahren wird eine Niederlassungserlaubnis abweichend von § 9 Absatz 2 Satz 1 Nummer 1 und 3 erteilt.

(5) Ein Aufenthaltstitel nach Absatz 2, § 19, § 19a, § 19b oder § 19d darf nur erteilt werden, wenn ein konkretes Arbeitsplatzangebot vorliegt und eine Berufsausübungserlaubnis, soweit diese vorgeschrieben ist, erteilt wurde oder ihre Erteilung zugesagt ist.

(6) Die Erteilung oder Verlängerung eines Aufenthaltstitels nach Absatz 2, den §§ 17b, 18d, 19, 19a, 19b, 19d, 20 oder 20b, der auf Grund dieses Gesetzes, einer Rechtsverordnung oder einer zwischenstaatlichen Vereinbarung nicht der Zustimmung der Bundesagentur für Arbeit bedarf, kann versagt werden, wenn ein Sachverhalt vorliegt, der bei zustimmungspflichtigen Beschäftigungen zur Versagung der Zustimmung nach § 40 Absatz 2 Nummer 3 oder Absatz 3 berechtigen würde.

§ 18a Aufenthaltserlaubnis für qualifizierte Geduldete zum Zweck der Beschäftigung

(1) Einem geduldeten Ausländer kann eine Aufenthaltserlaubnis zur Ausübung einer der beruflichen Qualifikation entsprechenden Beschäftigung erteilt werden, wenn die Bundesagentur für Arbeit nach § 39 zugestimmt hat und der Ausländer
1. im Bundesgebiet
   a) eine qualifizierte Berufsausbildung in einem staatlich anerkannten oder vergleichbar geregelten Ausbildungsberuf oder ein Hochschulstudium abgeschlossen hat oder
   b) mit einem anerkannten oder einem deutschen Hochschulabschluss vergleichbaren ausländischen Hochschulabschluss seit zwei Jahren ununterbrochen eine dem Abschluss angemessene Beschäftigung ausgeübt hat, oder
   c) als Fachkraft seit drei Jahren ununterbrochen eine Beschäftigung ausgeübt hat, die eine qualifizierte Berufsausbildung voraussetzt, und innerhalb des letzten Jahres vor Beantragung der Aufenthaltserlaubnis für seinen Lebensunterhalt und den seiner Familienangehörigen oder anderen Haushaltsangehörigen nicht auf öffentliche Mittel mit Ausnahme von Leistungen zur Deckung der notwendigen Kosten für Unterkunft und Heizung angewiesen war, und
2. über ausreichenden Wohnraum verfügt,

3. über ausreichende Kenntnisse der deutschen Sprache verfügt,
4. die Ausländerbehörde nicht vorsätzlich über aufenthaltsrechtlich relevante Umstände getäuscht hat,
5. behördliche Maßnahmen zur Aufenthaltsbeendigung nicht vorsätzlich hinausgezögert oder behindert hat,
6. keine Bezüge zu extremistischen oder terroristischen Organisationen hat und diese auch nicht unterstützt und
7. nicht wegen einer im Bundesgebiet begangenen vorsätzlichen Straftat verurteilt wurde, wobei Geldstrafen von insgesamt bis zu 50 Tagessätzen oder bis zu 90 Tagessätzen wegen Straftaten, die nach dem Aufenthaltsgesetz oder dem Asylgesetz nur von Ausländern begangen werden können, grundsätzlich außer Betracht bleiben.

(1a) Wurde die Duldung nach § 60a Absatz 2 Satz 4 erteilt, ist nach erfolgreichem Abschluss dieser Berufsausbildung für eine der erworbenen beruflichen Qualifikation entsprechenden Beschäftigung eine Aufenthaltserlaubnis für die Dauer von zwei Jahren zu erteilen, wenn die Voraussetzungen des Absatzes 1 Nummer 2 bis 7 vorliegen und die Bundesagentur für Arbeit nach § 39 zugestimmt hat.

(1b) Eine Aufenthaltserlaubnis nach Absatz 1a wird widerrufen, wenn das der Erteilung dieser Aufenthaltserlaubnis zugrunde liegende Arbeitsverhältnis aus Gründen, die in der Person des Ausländers liegen, aufgelöst wird oder der Ausländer wegen einer im Bundesgebiet begangenen vorsätzlichen Straftat verurteilt wurde, wobei Geldstrafen von insgesamt bis zu 50 Tagessätzen oder bis zu 90 Tagessätzen wegen Straftaten, die nach dem Aufenthaltsgesetz oder dem Asylgesetz nur von Ausländern begangen werden können, grundsätzlich außer Betracht bleiben.

(2) [1]Über die Zustimmung der Bundesagentur für Arbeit nach den Absätzen 1 und 1a wird ohne Vorrangprüfung nach § 39 Abs. 2 Satz 1 Nr. 1 entschieden. [2]§ 18 Abs. 2 Satz 2 und Abs. 5 gilt entsprechend. [3]Die Aufenthaltserlaubnis berechtigt nach Ausübung einer zweijährigen der beruflichen Qualifikation entsprechenden Beschäftigung zu jeder Beschäftigung.

(3) Die Aufenthaltserlaubnis kann abweichend von § 5 Abs. 2 und § 10 Abs. 3 Satz 1 erteilt werden.

§ 18b Niederlassungserlaubnis für Absolventen deutscher Hochschulen

Einem Ausländer, der sein Studium an einer staatlichen oder staatlich anerkannten Hochschule oder vergleichbaren Ausbildungseinrichtung im Bundesgebiet erfolgreich abgeschlossen hat, wird eine Niederlassungserlaubnis erteilt, wenn
1. er seit zwei Jahren einen Aufenthaltstitel nach den §§ 18, 18a, 19a oder § 21 besitzt,
2. er einen seinem Abschluss angemessenen Arbeitsplatz innehat,
3. er mindestens 24 Monate Pflichtbeiträge oder freiwillige Beiträge zur gesetzlichen Rentenversicherung geleistet hat oder Aufwendungen für einen Anspruch auf vergleichbare Leistungen einer Versicherungs- oder Versorgungseinrichtung oder eines Versicherungsunternehmens nachweist und
4. die Voraussetzungen des § 9 Absatz 2 Satz 1 Nummer 2 und 4 bis 9 vorliegen; § 9 Absatz 2 Satz 2 bis 6 gilt entsprechend.

§ 18c Aufenthaltserlaubnis zur Arbeitsplatzsuche für qualifizierte Fachkräfte

(1) [1]Einem Ausländer, der über einen deutschen oder anerkannten oder einem deutschen Hochschulabschluss vergleichbaren ausländischen Hochschulabschluss

verfügt und dessen Lebensunterhalt gesichert ist, kann eine Aufenthaltserlaubnis zur Suche nach einem der Qualifikation angemessenen Arbeitsplatz für bis zu sechs Monate erteilt werden. ²Die Aufenthaltserlaubnis berechtigt nicht zur Erwerbstätigkeit.

(2) ¹Eine Verlängerung der Aufenthaltserlaubnis über den in Absatz 1 genannten Höchstzeitraum hinaus ist ausgeschlossen. ²Eine Aufenthaltserlaubnis nach Absatz 1 kann erneut nur erteilt werden, wenn sich der Ausländer nach seiner Ausreise mindestens so lange im Ausland aufgehalten hat, wie er sich zuvor auf der Grundlage einer Aufenthaltserlaubnis nach Absatz 1 im Bundesgebiet aufgehalten hat.

(3) Auf Ausländer, die sich bereits im Bundesgebiet aufhalten, findet Absatz 1 nur Anwendung, wenn diese unmittelbar vor der Erteilung der Aufenthaltserlaubnis nach Absatz 1 im Besitz eines Aufenthaltstitels zum Zweck der Erwerbstätigkeit waren.

§ 18d Teilnahme am europäischen Freiwilligendienst

(1) Einem Ausländer wird eine Aufenthaltserlaubnis zum Zweck der Teilnahme an einem europäischen Freiwilligendienst nach der Richtlinie (EU) 2016/801 erteilt, wenn die Bundesagentur für Arbeit nach § 39 zugestimmt hat oder durch Rechtsverordnung nach § 42 Absatz 1 Nummer 1 oder durch zwischenstaatliche Vereinbarung bestimmt ist, dass die Teilnahme an einem europäischen Freiwilligendienst ohne Zustimmung der Bundesagentur für Arbeit zulässig ist und der Ausländer eine Vereinbarung mit der aufnehmenden Einrichtung vorlegt, die Folgendes enthält:
1. eine Beschreibung des Freiwilligendienstes,
2. Angaben über die Dauer des Freiwilligendienstes und über die Dienstzeiten des Ausländers,
3. Angaben über die Bedingungen der Tätigkeit und der Betreuung des Ausländers,
4. Angaben über die dem Ausländer zur Verfügung stehenden Mittel für Lebensunterhalt und Unterkunft sowie Angaben über Taschengeld, das ihm für die Dauer des Aufenthalts mindestens zur Verfügung steht, und
5. Angaben über die Ausbildung, die der Ausländer gegebenenfalls erhält, damit er die Aufgaben des Freiwilligendienstes ordnungsgemäß durchführen kann.

(2) Der Aufenthaltstitel für den Ausländer wird für die vereinbarte Dauer der Teilnahme am europäischen Freiwilligendienst, höchstens jedoch für ein Jahr erteilt.

(3) Sofern der Ausländer das 18. Lebensjahr noch nicht vollendet hat, müssen die zur Personensorge berechtigten Personen dem geplanten Aufenthalt zustimmen.

(4) Einem Ausländer wird eine Aufenthaltserlaubnis zum Zweck der Teilnahme an einem europäischen Freiwilligendienst nach der Richtlinie (EU) 2016/801 nicht erteilt, wenn eine der in § 20 Absatz 6 Nummer 1 bis 3 und 6 bis 8 genannten Voraussetzungen vorliegt.

§ 19 Niederlassungserlaubnis für Hochqualifizierte

(1) ¹Einem hoch qualifizierten Ausländer kann in besonderen Fällen eine Niederlassungserlaubnis erteilt werden, wenn die Bundesagentur für Arbeit nach § 39 zugestimmt hat oder durch Rechtsverordnung nach § 42 oder zwischenstaatliche Vereinbarung bestimmt ist, dass die Niederlassungserlaubnis ohne Zustimmung

der Bundesagentur für Arbeit nach § 39 erteilt werden kann und die Annahme gerechtfertigt ist, dass die Integration in die Lebensverhältnisse der Bundesrepublik Deutschland und die Sicherung des Lebensunterhalts ohne staatliche Hilfe gewährleistet sind. ²Die Landesregierung kann bestimmen, dass die Erteilung der Niederlassungserlaubnis nach Satz 1 der Zustimmung der obersten Landesbehörde oder einer von ihr bestimmten Stelle bedarf.

(2) Hoch qualifiziert nach Absatz 1 sind insbesondere
1. Wissenschaftler mit besonderen fachlichen Kenntnissen oder
2. Lehrpersonen in herausgehobener Funktion oder wissenschaftliche Mitarbeiter in herausgehobener Funktion.

§ 19a Blaue Karte EU

(1) Einem Ausländer wird eine Blaue Karte EU nach der Richtlinie 2009/50/EG des Rates vom 25. Mai 2009 über die Bedingungen für die Einreise und den Aufenthalt von Drittstaatsangehörigen zur Ausübung einer hochqualifizierten Beschäftigung (ABl. L 155 vom 18.6.2009, S. 17) zum Zweck einer seiner Qualifikation angemessenen Beschäftigung erteilt, wenn
1. er
   a) einen deutschen, einen anerkannten ausländischen oder einen einem deutschen Hochschulabschluss vergleichbaren ausländischen Hochschulabschluss besitzt oder
   b) soweit durch Rechtsverordnung nach Absatz 2 bestimmt, eine durch eine mindestens fünfjährige Berufserfahrung nachgewiesene vergleichbare Qualifikation besitzt,
2. die Bundesagentur für Arbeit nach § 39 zugestimmt hat oder durch Rechtsverordnung nach § 42 oder zwischenstaatliche Vereinbarung bestimmt ist, dass die Blaue Karte EU ohne Zustimmung der Bundesagentur für Arbeit nach § 39 erteilt werden kann, und
3. er ein Gehalt erhält, das mindestens dem Betrag entspricht, der durch Rechtsverordnung nach Absatz 2 bestimmt ist.

(2) ¹Das Bundesministerium für Arbeit und Soziales kann durch Rechtsverordnung Folgendes bestimmen:
1. die Höhe des Gehalts nach Absatz 1 Nummer 3,
2. Berufe, in denen die einem Hochschulabschluss vergleichbare Qualifikation durch mindestens fünfjährige Berufserfahrung nachgewiesen werden kann, und
3. Berufe, in denen für Angehörige bestimmter Staaten die Erteilung einer Blauen Karte EU zu versagen ist, weil im Herkunftsland ein Mangel an qualifizierten Arbeitnehmern in diesen Berufsgruppen besteht.

²Rechtsverordnungen nach den Nummern 1 und 2 bedürfen der Zustimmung des Bundesrates.

(3) ¹Die Blaue Karte EU wird bei erstmaliger Erteilung auf höchstens vier Jahre befristet. ²Beträgt die Dauer des Arbeitsvertrags weniger als vier Jahre, wird die Blaue Karte EU für die Dauer des Arbeitsvertrags zuzüglich dreier Monate ausgestellt oder verlängert.

(4) Für jeden Arbeitsplatzwechsel eines Inhabers einer Blauen Karte EU ist in den ersten zwei Jahren der Beschäftigung die Erlaubnis durch die Ausländerbehörde erforderlich; die Erlaubnis wird erteilt, wenn die Voraussetzungen nach Absatz 1 vorliegen.

(5) Eine Blaue Karte EU wird nicht erteilt an Ausländer,
1. die die Voraussetzungen nach § 9a Absatz 3 Nummer 1 oder 2 erfüllen,

2. die einen Antrag auf Feststellung der Voraussetzungen nach § 60 Absatz 5 oder 7 Satz 1 oder nach § 60a Absatz 2 Satz 1 gestellt haben,
3. deren Einreise in einen Mitgliedstaat der Europäischen Union Verpflichtungen unterliegt, die sich aus internationalen Abkommen zur Erleichterung der Einreise und des vorübergehenden Aufenthalts bestimmter Kategorien von natürlichen Personen, die handels- und investitionsbezogene Tätigkeiten ausüben, herleiten,
4. die in einem Mitgliedstaat der Europäischen Union als Saisonarbeitnehmer zugelassen wurden,
5. die im Besitz einer Duldung nach § 60a sind,
6. die unter die Richtlinie 96/71/EG des Europäischen Parlaments und des Rates vom 16. Dezember 1996 über die Entsendung von Arbeitnehmern im Rahmen der Erbringung von Dienstleistungen (ABl. L 18 vom 21.1.1997, S. 1) fallen, für die Dauer ihrer Entsendung nach Deutschland, oder
7. die auf Grund von Übereinkommen zwischen der Europäischen Union und ihren Mitgliedstaaten einerseits und Drittstaaten anderseits ein Recht auf freien Personenverkehr genießen, das dem der Unionsbürger gleichwertig ist.

(6) [1]Dem Inhaber einer Blauen Karte EU ist eine Niederlassungserlaubnis zu erteilen, wenn er mindestens 33 Monate eine Beschäftigung nach Absatz 1 ausgeübt hat und für diesen Zeitraum Pflichtbeiträge oder freiwillige Beiträge zur gesetzlichen Rentenversicherung geleistet hat oder Aufwendungen für einen Anspruch auf vergleichbare Leistungen einer Versicherungs- oder Versorgungseinrichtung oder eines Versicherungsunternehmens nachweist und die Voraussetzungen des § 9 Absatz 2 Satz 1 Nummer 2, 4 bis 6, 8 und 9 vorliegen und er über einfache Kenntnisse der deutschen Sprache verfügt. [2]§ 9 Absatz 2 Satz 2 bis 6 gilt entsprechend. [3]Die Frist nach Satz 1 verkürzt sich auf 21 Monate, wenn der Ausländer über ausreichende Kenntnisse der deutschen Sprache verfügt.

§ 19b ICT-Karte für unternehmensintern transferierte Arbeitnehmer

(1) [1]Eine ICT-Karte ist ein Aufenthaltstitel nach der Richtlinie 2014/66/EU des Europäischen Parlaments und des Rates vom 15. Mai 2014 über die Bedingungen für die Einreise und den Aufenthalt von Drittstaatsangehörigen im Rahmen eines unternehmensinternen Transfers (ABl. L 157 vom 27.5.2014, S. 1) zum Zweck eines unternehmensinternen Transfers eines Ausländers. [2]Ein unternehmensinterner Transfer ist die vorübergehende Abordnung eines Ausländers
1. in eine inländische Niederlassung des Unternehmens, dem der Ausländer angehört, wenn das Unternehmen seinen Sitz außerhalb der Europäischen Union hat, oder
2. in eine inländische Niederlassung eines anderen Unternehmens der Unternehmensgruppe, zu der auch dasjenige Unternehmen mit Sitz außerhalb der Europäischen Union gehört, dem der Ausländer angehört.

(2) [1]Einem Ausländer wird die ICT-Karte erteilt, wenn
1. er in der aufnehmenden Niederlassung als Führungskraft oder Spezialist tätig wird,
2. er dem Unternehmen oder der Unternehmensgruppe unmittelbar vor Beginn des unternehmensinternen Transfers seit mindestens sechs Monaten und für die Zeit des Transfers ununterbrochen angehört,
3. der unternehmensinterne Transfer mehr als 90 Tage dauert,
4. die Bundesagentur für Arbeit nach § 39 zugestimmt hat, oder durch Rechtsverordnung nach § 42 Absatz 1 Nummer 1 oder durch zwischenstaatliche Verein-

barung bestimmt ist, dass die ICT-Karte ohne Zustimmung der Bundesagentur für Arbeit erteilt werden kann,
5. der Ausländer einen für die Dauer des unternehmensinternen Transfers gültigen Arbeitsvertrag und erforderlichenfalls ein Abordnungsschreiben vorweist, worin enthalten sind:
   a) Einzelheiten zu Ort, Art, Entgelt und zu sonstigen Arbeitsbedingungen für die Dauer des unternehmensinternen Transfers sowie
   b) der Nachweis, dass der Ausländer nach Beendigung des unternehmensinternen Transfers in eine außerhalb der Europäischen Union ansässige Niederlassung des gleichen Unternehmens oder der gleichen Unternehmensgruppe zurückkehren kann und
6. er seine berufliche Qualifikation nachweist.

²Führungskraft im Sinne diese Gesetzes ist eine in einer Schlüsselposition beschäftigte Person, die in erster Linie die aufnehmende Niederlassung leitet und die hauptsächlich unter der allgemeinen Aufsicht des Leitungsorgans oder der Anteilseigner oder gleichwertiger Personen steht oder von ihnen allgemeine Weisungen erhält. ³Diese Position schließt die Leitung der aufnehmenden Niederlassung oder einer Abteilung oder Unterabteilung der aufnehmenden Niederlassung, die Überwachung und Kontrolle der Arbeit des sonstigen Aufsicht führenden Personals und der Fach- und Führungskräfte sowie die Befugnis zur Empfehlung einer Anstellung, Entlassung oder sonstigen personellen Maßnahme ein. ⁴Spezialist im Sinne dieses Gesetzes ist, wer über unerlässliche Spezialkenntnisse über die Tätigkeitsbereiche, die Verfahren oder die Verwaltung der aufnehmenden Niederlassung, ein hohes Qualifikationsniveau sowie angemessene Berufserfahrung verfügt.

(3) ¹Die ICT-Karte wird einem Ausländer auch erteilt, wenn
1. er als Trainee im Rahmen eines unternehmensinternen Transfers tätig wird und
2. die in Absatz 2 Satz 1 Nummer 2 bis 5 genannten Voraussetzungen vorliegen.

²Trainee im Sinne dieses Gesetzes ist, wer über einen Hochschulabschluss verfügt, ein Traineeprogramm absolviert, das der beruflichen Entwicklung oder der Fortbildung in Bezug auf Geschäftstechniken und -methoden dient, und entlohnt wird.

(4) ¹Die ICT-Karte wird erteilt
1. bei Führungskräften und bei Spezialisten für die Dauer des Transfers, höchstens jedoch für drei Jahre und
2. bei Trainees für die Dauer des Transfers, höchstens jedoch für ein Jahr.

²Durch eine Verlängerung der ICT-Karte dürfen die in Satz 1 genannten Höchstfristen nicht überschritten werden.

(5) Die ICT-Karte wird nicht erteilt, wenn der Ausländer
1. auf Grund von Übereinkommen zwischen der Europäischen Union und ihren Mitgliedstaaten einerseits und Drittstaaten andererseits ein Recht auf freien Personenverkehr genießt, das dem der Unionsbürger gleichwertig ist,
2. in einem Unternehmen mit Sitz in einem dieser Drittstaaten beschäftigt ist oder
3. im Rahmen seines Studiums ein Praktikum absolviert.

(6) Die ICT-Karte wird darüber hinaus nicht erteilt, wenn
1. die aufnehmende Niederlassung hauptsächlich zu dem Zweck gegründet wurde, die Einreise von unternehmensintern transferierten Arbeitnehmern zu erleichtern,
2. sich der Ausländer im Rahmen der in der Richtlinie 2014/66/EU vorgesehenen Möglichkeiten der Einreise und des Aufenthalts in mehreren Mitgliedstaaten der Europäischen Union im Rahmen des Transfers länger in einem anderen Mitgliedstaat aufhalten wird als im Bundesgebiet oder

3. der Antrag vor Ablauf von sechs Monaten seit dem Ende des letzten Aufenthalts des Ausländers zum Zweck des unternehmensinternen Transfers im Bundesgebiet gestellt wird.

§ 19c Kurzfristige Mobilität für unternehmensintern transferierte Arbeitnehmer

(1) ¹Für einen Aufenthalt zum Zweck eines unternehmensinternen Transfers, der eine Dauer von bis zu 90 Tagen innerhalb eines Zeitraums von 180 Tagen nicht überschreitet, bedarf ein Ausländer abweichend von § 4 Absatz 1 keines Aufenthaltstitels, wenn die ihn aufnehmende Niederlassung in dem anderen Mitgliedstaat dem Bundesamt für Migration und Flüchtlinge mitgeteilt hat, dass der Ausländer die Ausübung einer Beschäftigung im Bundesgebiet beabsichtigt, und mit der Mitteilung vorlegt
1. den Nachweis, dass der Ausländer einen gültigen nach der Richtlinie 2014/66/EU erteilten Aufenthaltstitel eines anderen Mitgliedstaates der Europäischen Union besitzt,
2. den Nachweis, dass die inländische aufnehmende Niederlassung demselben Unternehmen oder derselben Unternehmensgruppe angehört wie dasjenige Unternehmen mit Sitz außerhalb der Europäischen Union, dem der Ausländer angehört,
3. einen Arbeitsvertrag und erforderlichenfalls ein Abordnungsschreiben gemäß den Vorgaben in § 19b Absatz 2 Satz 1 Nummer 5, der oder das bereits den zuständigen Behörden des anderen Mitgliedstaates vorgelegt wurde, und
4. die Kopie eines anerkannten und gültigen Passes oder Passersatzes des Ausländers.
²Die aufnehmende Niederlassung in dem anderen Mitgliedstaat hat die Mitteilung zu dem Zeitpunkt zu machen, zu dem der Ausländer in dem anderen Mitgliedstaat der Europäischen Union den Antrag auf Erteilung eines Aufenthaltstitels im Anwendungsbereich der Richtlinie 2014/66/EU stellt. ³Ist der aufnehmenden Niederlassung in dem anderen Mitgliedstaat zu diesem Zeitpunkt die Absicht des Transfers in eine Niederlassung im Bundesgebiet noch nicht bekannt, so hat sie die Mitteilung zu dem Zeitpunkt zu machen, zu dem ihr die Absicht bekannt wird. ⁴Bei der Erteilung des Aufenthaltstitels nach Satz 1 Nummer 1 durch einen Staat, der nicht Schengen-Staat ist, und bei der Einreise über einen Staat, der nicht Schengen-Staat ist, hat der Ausländer eine Kopie der Mitteilung mitzuführen und den zuständigen Behörden auf deren Verlangen vorzulegen.

(2) ¹Erfolgt die Mitteilung zu dem in Absatz 1 Satz 2 genannten Zeitpunkt und wurden die Einreise und der Aufenthalt nicht nach Absatz 4 abgelehnt, so darf der Ausländer jederzeit innerhalb der Gültigkeitsdauer des in Absatz 1 Satz 1 Nummer 1 genannten Aufenthaltstitels des anderen Mitgliedstaates in das Bundesgebiet einreisen und sich dort zum Zweck des unternehmensinternen Transfers aufhalten. ²Erfolgt die Mitteilung zu dem in Absatz 1 Satz 3 genannten Zeitpunkt, so darf der Ausländer nach Zugang der Mitteilung innerhalb der Gültigkeitsdauer des in Absatz 1 Satz 1 Nummer 1 genannten Aufenthaltstitels des anderen Mitgliedstaates in das Bundesgebiet einreisen und sich dort zum Zweck des unternehmensinternen Transfers aufhalten.

(3) Der Ausländer hat der Ausländerbehörde unverzüglich mitzuteilen, wenn der Aufenthaltstitel nach Absatz 1 Satz 1 Nummer 1 durch den anderen Mitgliedstaat verlängert wurde.

(4) ¹Die Einreise und der Aufenthalt werden durch die Ausländerbehörde abgelehnt, wenn

1. das Arbeitsentgelt, das dem Ausländer während des unternehmensinternen Transfers im Bundesgebiet gewährt wird, ungünstiger ist als das Arbeitsentgelt vergleichbarer deutscher Arbeitnehmer,
2. die Voraussetzungen des Absatzes 1 Satz 1 Nummer 1, 2 und 4 nicht vorliegen,
3. die nach Absatz 1 vorgelegten Unterlagen in betrügerischer Weise erworben oder gefälscht oder manipuliert wurden,
4. der Ausländer sich schon länger als drei Jahre in der Europäischen Union aufhält oder, falls es sich um einen Trainee handelt, länger als ein Jahr in der Europäischen Union aufhält oder
5. ein Ausweisungsinteresse besteht; § 73 Absatz 2 und 3 ist entsprechend anzuwenden.

²Eine Ablehnung hat in den Fällen des Satzes 1 Nummer 1 bis 4 spätestens 20 Tage nach Zugang der vollständigen Mitteilung nach Absatz 1 Satz 1 beim Bundesamt für Migration und Flüchtlinge zu erfolgen. ³Im Fall der Nummer 5 ist eine Ablehnung jederzeit während des Aufenthalts des Ausländers möglich. ⁴Die Ablehnung ist neben dem Ausländer auch der zuständigen Behörde des anderen Mitgliedstaates sowie der aufnehmenden Niederlassung in dem anderen Mitgliedstaat bekannt zu geben. ⁵Bei fristgerechter Ablehnung hat der Ausländer die Erwerbstätigkeit unverzüglich einzustellen; die bis dahin nach Absatz 1 Satz 1 bestehende Befreiung vom Erfordernis eines Aufenthaltstitels entfällt.

(5) Sofern innerhalb von 20 Tagen nach Zugang der in Absatz 1 Satz 1 genannten Mitteilung keine Ablehnung der Einreise und des Aufenthalts des Ausländers nach Absatz 4 erfolgt, ist dem Ausländer durch das Bundesamt für Migration und Flüchtlinge eine Bescheinigung über die Berechtigung zur Einreise und zum Aufenthalt zum Zweck des unternehmensinternen Transfers im Rahmen der kurzfristigen Mobilität auszustellen.

§ 19d Mobiler-ICT-Karte

(1) Eine Mobiler-ICT-Karte ist ein Aufenthaltstitel nach der Richtlinie 2014/66/EU zum Zweck eines unternehmensinternen Transfers im Sinne des § 19b Absatz 1 Satz 2, wenn der Ausländer einen für die Dauer des Antragsverfahrens gültigen nach der Richtlinie 2014/66/EU erteilten Aufenthaltstitel eines anderen Mitgliedstaates besitzt.

(2) Einem Ausländer wird die Mobiler-ICT-Karte erteilt, wenn
1. er als Führungskraft, Spezialist oder Trainee tätig wird,
2. der unternehmensinterne Transfer mehr als 90 Tage dauert,
3. er einen für die Dauer des Transfers gültigen Arbeitsvertrag und erforderlichenfalls ein Abordnungsschreiben vorweist, worin enthalten sind:
    a) Einzelheiten zu Ort, Art, Entgelt und zu sonstigen Arbeitsbedingungen für die Dauer des Transfers sowie
    b) der Nachweis, dass der Ausländer nach Beendigung des Transfers in eine außerhalb der Europäischen Union ansässige Niederlassung des gleichen Unternehmens oder der gleichen Unternehmensgruppe zurückkehren kann, und
4. die Bundesagentur für Arbeit nach § 39 zugestimmt hat oder durch Rechtsverordnung nach § 42 Absatz 1 Nummer 1 oder zwischenstaatliche Vereinbarung bestimmt ist, dass die Mobiler-ICT-Karte ohne Zustimmung der Bundesagentur für Arbeit erteilt werden kann.

(3) Wird der Antrag auf Erteilung der Mobiler-ICT-Karte mindestens 20 Tage vor Beginn des Aufenthalts im Bundesgebiet gestellt und ist der Aufenthaltstitel des anderen Mitgliedstaates weiterhin gültig, so gelten bis zur Entscheidung der

Ausländerbehörde der Aufenthalt und die Beschäftigung des Ausländers für bis zu 90 Tage innerhalb eines Zeitraums von 180 Tagen als erlaubt.

(4) ¹Der Antrag wird abgelehnt, wenn er parallel zu einer Mitteilung nach § 19c Absatz 1 Satz 1 gestellt wurde. ²Abgelehnt wird ein Antrag auch, wenn er zwar während des Aufenthalts nach § 19c, aber nicht mindestens 20 Tage vor Ablauf dieses Aufenthalts vollständig gestellt wurde.

(5) Die Mobiler-ICT-Karte wird nicht erteilt, wenn sich der Ausländer im Rahmen des unternehmensinternen Transfers im Bundesgebiet länger aufhalten wird als in anderen Mitgliedstaaten.

(6) Der Antrag kann abgelehnt werden, wenn
1. die Höchstdauer des unternehmensinternen Transfers nach § 19b Absatz 4 erreicht wurde oder
2. der in § 19b Absatz 6 Nummer 3 genannte Ablehnungsgrund vorliegt.

(7) Die inländische aufnehmende Niederlassung ist verpflichtet, der zuständigen Ausländerbehörde Änderungen in Bezug auf die in Absatz 2 genannten Voraussetzungen unverzüglich, in der Regel innerhalb einer Woche, anzuzeigen.

§ 20 Forschung

(1) ¹Einem Ausländer wird eine Aufenthaltserlaubnis nach der Richtlinie (EU) 2016/801 zum Zweck der Forschung erteilt, wenn
1. er
   a) eine wirksame Aufnahmevereinbarung oder einen entsprechenden Vertrag zur Durchführung eines Forschungsvorhabens mit einer Forschungseinrichtung abgeschlossen hat, die für die Durchführung des besonderen Zulassungsverfahrens für Forscher im Bundesgebiet anerkannt ist, oder
   b) eine wirksame Aufnahmevereinbarung oder einen entsprechenden Vertrag mit einer Forschungseinrichtung abgeschlossen hat, die Forschung betreibt, und
2. die Forschungseinrichtung sich schriftlich zur Übernahme der Kosten verpflichtet hat, die öffentlichen Stellen bis zu sechs Monate nach der Beendigung der Aufnahmevereinbarung entstehen für
   a) den Lebensunterhalt des Ausländers während eines unerlaubten Aufenthalts in einem Mitgliedstaat der Europäischen Union und
   b) eine Abschiebung des Ausländers.

²In den Fällen des Satzes 1 Nummer 1 Buchstabe a ist die Aufenthaltserlaubnis innerhalb von 60 Tagen nach Antragstellung zu erteilen.

(2) ¹Von dem Erfordernis des Absatzes 1 Nr. 2 soll abgesehen werden, wenn die Tätigkeit der Forschungseinrichtung überwiegend aus öffentlichen Mitteln finanziert wird. ²Es kann davon abgesehen werden, wenn an dem Forschungsvorhaben ein besonderes öffentliches Interesse besteht. ³Auf die nach Absatz 1 Nr. 2 abgegebenen Erklärungen sind § 66 Abs. 5, § 67 Abs. 3 sowie § 68 Abs. 2 Satz 2 und 3 und Abs. 4 entsprechend anzuwenden.

(3) Die Forschungseinrichtung kann die Erklärung nach Absatz 1 Nr. 2 auch gegenüber der für ihre Anerkennung zuständigen Stelle allgemein für sämtliche Ausländer abgeben, denen auf Grund einer mit ihr geschlossenen Aufnahmevereinbarung eine Aufenthaltserlaubnis erteilt wird.

(4) ¹Die Aufenthaltserlaubnis wird für mindestens ein Jahr erteilt. ²Nimmt der Ausländer an einem Unions- oder multilateralen Programm mit Mobilitätsmaßnahmen teil, so wird die Aufenthaltserlaubnis für mindestens zwei Jahre erteilt. ³Wenn das Forschungsvorhaben in einem kürzeren Zeitraum durchgeführt wird,

wird die Aufenthaltserlaubnis abweichend von den Sätzen 1 und 2 auf die Dauer des Forschungsvorhabens befristet; die Frist beträgt in den Fällen des Satzes 2 mindestens ein Jahr.

(5) ¹Eine Aufenthaltserlaubnis nach Absatz 1 berechtigt zur Aufnahme der Forschungstätigkeit bei der in der Aufnahmevereinbarung bezeichneten Forschungseinrichtung und zur Aufnahme von Tätigkeiten in der Lehre. ²Änderungen des Forschungsvorhabens während des Aufenthalts führen nicht zum Wegfall dieser Berechtigung.

(6) Absatz 1 gilt nicht für Ausländer,
1. die sich in einem Mitgliedstaat der Europäischen Union aufhalten, weil sie einen Antrag auf Zuerkennung der Flüchtlingseigenschaft oder auf Gewährung subsidiären Schutzes im Sinne der Richtlinie 2004/83/EG oder auf Zuerkennung internationalen Schutzes im Sinne der Richtlinie 2011/95/EU gestellt haben, oder die in einem Mitgliedstaat internationalen Schutz im Sinne der Richtlinie 2011/95/EU genießen,
2. die sich im Rahmen einer Regelung zum vorübergehenden Schutz in einem Mitgliedstaat der Europäischen Union aufhalten,
3. deren Abschiebung in einem Mitgliedstaat der Europäischen Union aus tatsächlichen oder rechtlichen Gründen ausgesetzt wurde,
4. deren Forschungstätigkeit Bestandteil eines Promotionsstudiums ist,
5. die von einer Forschungseinrichtung in einem anderen Mitgliedstaat der Europäischen Union an eine deutsche Forschungseinrichtung als Arbeitnehmer entsandt werden,
6. die eine Erlaubnis zum Daueraufenthalt – EU oder einen Aufenthaltstitel, der durch einen anderen Mitgliedstaat der Europäischen Union auf der Grundlage der Richtlinie 2003/109/EG erteilt wurde, besitzen,
7. die auf Grund von Übereinkommen zwischen der Europäischen Union und ihren Mitgliedstaaten einerseits und Drittstaaten andererseits ein Recht auf freien Personenverkehr genießen, das dem der Unionsbürger gleichwertig ist, oder
8. die eine Blaue Karte EU nach § 19a oder einen Aufenthaltstitel, der durch einen anderen Mitgliedstaat der Europäischen Union auf Grundlage der Richtlinie 2009/50/EG erteilt wurde, besitzen.

(7) ¹Nach Abschluss der Forschungstätigkeit wird die Aufenthaltserlaubnis um bis zu neun Monate zur Suche einer der Qualifikation des Forschers entsprechenden Erwerbstätigkeit verlängert, sofern der Abschluss von der aufnehmenden Einrichtung bestätigt wurde und diese Erwerbstätigkeit nach den Bestimmungen der §§ 18, 19, 19a, 20 und 21 von einem Ausländer aufgenommen werden darf. ²Die Aufenthaltserlaubnis berechtigt während dieses Zeitraums zur Ausübung einer Erwerbstätigkeit.

(8) ¹Einem Ausländer, der in einem Mitgliedstaat der Europäischen Union internationalen Schutz im Sinne der Richtlinie 2011/95/EU genießt, kann eine Aufenthaltserlaubnis zum Zweck der Forschung erteilt werden, wenn die Voraussetzungen des Absatzes 1 erfüllt sind und er sich mindestens zwei Jahre nach Erteilung der Schutzberechtigung in diesem Mitgliedstaat aufgehalten hat. ²Absatz 5 gilt entsprechend.

§ 20a Kurzfristige Mobilität für Forscher

(1) ¹Für einen Aufenthalt zum Zweck der Forschung, der eine Dauer von 180 Tagen innerhalb eines Zeitraums von 360 Tagen nicht überschreitet, bedarf ein Ausländer abweichend von § 4 Absatz 1 keines Aufenthaltstitels, wenn die auf-

nehmende Forschungseinrichtung im Bundesgebiet dem Bundesamt für Migration und Flüchtlinge mitgeteilt hat, dass der Ausländer beabsichtigt, einen Teil seiner Forschungstätigkeit im Bundesgebiet durchzuführen, und mit der Mitteilung vorlegt
1. den Nachweis, dass der Ausländer einen gültigen nach der Richtlinie (EU) 2016/801 erteilten Aufenthaltstitel eines anderen Mitgliedstaates zum Zweck der Forschung besitzt,
2. die Aufnahmevereinbarung oder den entsprechenden Vertrag, die oder der mit der aufnehmenden Forschungseinrichtung im Bundesgebiet geschlossen wurde,
3. die Kopie eines anerkannten und gültigen Passes oder Passersatzes des Ausländers und
4. den Nachweis, dass der Lebensunterhalt des Ausländers gesichert ist.

²Die aufnehmende Forschungseinrichtung hat die Mitteilung zu dem Zeitpunkt zu machen, zu dem der Ausländer in einem anderen Mitgliedstaat der Europäischen Union den Antrag auf Erteilung eines Aufenthaltstitels im Anwendungsbereich der Richtlinie (EU) 2016/801 stellt. ³Ist der aufnehmenden Forschungseinrichtung zu diesem Zeitpunkt die Absicht des Ausländers, einen Teil der Forschungstätigkeit im Bundesgebiet durchzuführen, noch nicht bekannt, so hat sie die Mitteilung zu dem Zeitpunkt zu machen, zu dem ihr die Absicht bekannt wird. ⁴Bei der Erteilung des Aufenthaltstitels nach Satz 1 Nummer 1 durch einen Staat, der nicht Schengen-Staat ist, und bei der Einreise über einen Staat, der nicht Schengen-Staat ist, hat der Ausländer eine Kopie der Mitteilung mitzuführen und den zuständigen Behörden auf deren Verlangen vorzulegen.

(2) ¹Erfolgt die Mitteilung zu dem in Absatz 1 Satz 2 genannten Zeitpunkt und wurden die Einreise und der Aufenthalt nicht nach § 20c Absatz 3 abgelehnt, so darf der Ausländer jederzeit innerhalb der Gültigkeitsdauer des Aufenthaltstitels in das Bundesgebiet einreisen und sich dort zum Zweck der Forschung aufhalten. ²Erfolgt die Mitteilung zu dem in Absatz 1 Satz 3 genannten Zeitpunkt, so darf der Ausländer nach Zugang der Mitteilung innerhalb der Gültigkeitsdauer des in Absatz 1 Satz 1 Nummer 1 genannten Aufenthaltstitels des anderen Mitgliedstaates in das Bundesgebiet einreisen und sich dort zum Zweck der Forschung aufhalten.

(3) Ein Ausländer, der die Voraussetzungen nach Absatz 1 erfüllt, ist berechtigt, in der aufnehmenden Forschungseinrichtung die Forschungstätigkeit aufzunehmen und Tätigkeiten in der Lehre aufzunehmen.

(4) Der Ausländer und die aufnehmende Forschungseinrichtung sind verpflichtet, der zuständigen Ausländerbehörde Änderungen in Bezug auf die in Absatz 1 genannten Voraussetzungen anzuzeigen.

(5) ¹Werden die Einreise und der Aufenthalt nach § 20c Absatz 3 abgelehnt, so hat der Ausländer die Forschungsstätigkeit unverzüglich einzustellen. ²Die bis dahin nach Absatz 1 Satz 1 bestehende Befreiung vom Erfordernis eines Aufenthaltstitels entfällt.

(6) Sofern keine Ablehnung der Einreise und des Aufenthalts nach § 20c Absatz 3 erfolgt, wird dem Ausländer durch das Bundesamt für Migration und Flüchtlinge eine Bescheinigung über die Berechtigung zur Einreise und zum Aufenthalt zum Zweck der Forschung im Rahmen der kurzfristigen Mobilität ausgestellt.

§ 20b Aufenthaltserlaubnis für mobile Forscher

(1) Für einen Aufenthalt zum Zweck der Forschung, der mehr als 180 Tage und höchstens ein Jahr dauert, wird einem Ausländer eine Aufenthaltserlaubnis erteilt, wenn

1. er einen für die Dauer des Verfahrens gültigen nach der Richtlinie (EU) 2016/801 erteilten Aufenthaltstitel eines anderen Mitgliedstaates besitzt,
2. die Kopie eines anerkannten und gültigen Passes oder Passersatzes vorgelegt wird und
3. die Aufnahmevereinbarung oder der entsprechende Vertrag, die oder der mit der aufnehmenden Forschungseinrichtung im Bundesgebiet geschlossen wurde, vorgelegt wird.

(2) Wird der Antrag auf Erteilung der Aufenthaltserlaubnis mindestens 30 Tage vor Beginn des Aufenthalts im Bundesgebiet gestellt und ist der Aufenthaltstitel des anderen Mitgliedstaates weiterhin gültig, so gelten, bevor über den Antrag entschieden wird, der Aufenthalt und die Erwerbstätigkeit des Ausländers für bis zu 180 Tage innerhalb eines Zeitraums von 360 Tagen als erlaubt.

(3) Für die Berechtigung zur Ausübung der Forschungstätigkeit und einer Tätigkeit in der Lehre gilt § 20 Absatz 5 entsprechend.

(4) Der Ausländer und die aufnehmende Forschungseinrichtung sind verpflichtet, der Ausländerbehörde Änderungen in Bezug auf die in Absatz 1 genannten Voraussetzungen anzuzeigen.

(5) Für die Verlängerung der Aufenthaltserlaubnis nach Abschluss der Forschungstätigkeit gilt § 20 Absatz 7.

(6) [1]Der Antrag wird abgelehnt, wenn er parallel zu einer Mitteilung nach § 20a Absatz 1 Satz 1 gestellt wurde. [2]Abgelehnt wird ein Antrag auch, wenn er zwar während eines Aufenthalts nach § 20a Absatz 1, aber nicht mindestens 30 Tage vor Ablauf dieses Aufenthalts vollständig gestellt wurde.

§ 20c Ablehnungsgründe bei Forschern, Studenten, Schülern, Praktikanten, Teilnehmern an Sprachkursen und Teilnehmern am europäischen Freiwilligendienst

(1) Eine Aufenthaltserlaubnis nach den §§ 16, 16b, 17b, 18d, 20 oder 20b wird nicht erteilt, wenn die aufnehmende Einrichtung hauptsächlich zu dem Zweck gegründet wurde, die Einreise und den Aufenthalt von Ausländern zu dem in der jeweiligen Vorschrift genannten Zweck zu erleichtern.

(2) Der Antrag auf Erteilung einer Aufenthaltserlaubnis nach den §§ 16, 16b, 17b, 18d, 20 oder 20b kann abgelehnt werden, wenn
1. über das Vermögen der aufnehmenden Einrichtung ein Insolvenzverfahren eröffnet wurde, das auf Auflösung der Einrichtung und Abwicklung des Geschäftsbetriebs gerichtet ist,
2. die aufnehmende Einrichtung im Rahmen der Durchführung eines Insolvenzverfahrens aufgelöst wurde und der Geschäftsbetrieb abgewickelt wurde,
3. die Eröffnung eines Insolvenzverfahrens über das Vermögen der aufnehmenden Einrichtung mangels Masse abgelehnt wurde und der Geschäftsbetrieb eingestellt wurde,
4. die aufnehmende Einrichtung keine Geschäftstätigkeit ausübt oder
5. Beweise oder konkrete Anhaltspunkte dafür bestehen, dass der Ausländer den Aufenthalt zu anderen Zwecken nutzen wird als zu jenen, für die er die Erteilung der Aufenthaltserlaubnis beantragt.

(3) [1]Die Einreise und der Aufenthalt nach § 16a oder § 20a werden durch die Ausländerbehörde abgelehnt, wenn
1. die jeweiligen Voraussetzungen von § 16a Absatz 1 oder § 20a Absatz 1 nicht vorliegen,

2. über das Vermögen der aufnehmenden Einrichtung ein Insolvenzverfahren eröffnet wurde, das auf Auflösung der Einrichtung und Abwicklung des Geschäftsbetriebs gerichtet ist,
3. die aufnehmende Einrichtung im Rahmen der Durchführung eines Insolvenzverfahrens aufgelöst wurde und der Geschäftsbetrieb abgewickelt wurde,
4. die Eröffnung eines Insolvenzverfahrens über das Vermögen der aufnehmenden Einrichtung mangels Masse abgelehnt wurde und der Geschäftsbetrieb eingestellt wurde,
5. die aufnehmende Einrichtung keine Geschäftstätigkeit ausübt,
6. die nach § 16a Absatz 1 oder § 20a Absatz 1 vorgelegten Unterlagen in betrügerischer Weise erworben, gefälscht oder manipuliert wurden,
7. die aufnehmende Einrichtung hauptsächlich zu dem Zweck gegründet wurde oder betrieben wird, die Einreise und den Aufenthalt von Ausländern zu dem in § 16a oder § 20a genannten Zweck zu erleichtern,
8. Beweise oder konkrete Anhaltspunkte dafür bestehen, dass der Ausländer seinen Aufenthalt zu anderen Zwecken nutzt oder nutzen wird als zu jenen, die in der Mitteilung nach § 16a Absatz 1 oder § 20a Absatz 1 angegeben wurden, oder
9. ein Ausweisungsinteresse besteht; § 73 Absatz 2 und 3 ist entsprechend anzuwenden.

²Eine Ablehnung nach Satz 1 Nummer 1 bis 8 hat innerhalb von 30 Tagen nach Zugang der vollständigen Mitteilung nach § 16a Absatz 1 Satz 1 oder § 20a Absatz 1 Satz 1 beim Bundesamt für Migration und Flüchtlinge zu erfolgen. ³Im Fall des Satzes 1 Nummer 9 ist eine Ablehnung jederzeit während des Aufenthalts des Ausländers möglich. ⁴Die Ablehnung ist neben dem Ausländer auch der zuständigen Behörde des anderen Mitgliedstaates und der mitteilenden Einrichtung schriftlich bekannt zu geben.

§ 21 Selbständige Tätigkeit

(1) ¹Einem Ausländer kann eine Aufenthaltserlaubnis zur Ausübung einer selbständigen Tätigkeit erteilt werden, wenn
1. ein wirtschaftliches Interesse oder ein regionales Bedürfnis besteht,
2. die Tätigkeit positive Auswirkungen auf die Wirtschaft erwarten lässt und
3. die Finanzierung der Umsetzung durch Eigenkapital oder durch eine Kreditzusage gesichert ist.

²Die Beurteilung der Voraussetzungen nach Satz 1 richtet sich insbesondere nach der Tragfähigkeit der zu Grunde liegenden Geschäftsidee, den unternehmerischen Erfahrungen des Ausländers, der Höhe des Kapitaleinsatzes, den Auswirkungen auf die Beschäftigungs- und Ausbildungssituation und dem Beitrag für Innovation und Forschung. ³Bei der Prüfung sind die für den Ort der geplanten Tätigkeit fachkundigen Körperschaften, die zuständigen Gewerbebehörden, die öffentlich-rechtlichen Berufsvertretungen und die für die Berufszulassung zuständigen Behörden zu beteiligen.

(2) Eine Aufenthaltserlaubnis zur Ausübung einer selbständigen Tätigkeit kann auch erteilt werden, wenn völkerrechtliche Vergünstigungen auf der Grundlage der Gegenseitigkeit bestehen.

(2a) ¹Einem Ausländer, der sein Studium an einer staatlichen oder staatlich anerkannten Hochschule oder vergleichbaren Ausbildungseinrichtung im Bundesgebiet erfolgreich abgeschlossen hat oder der als Forscher oder Wissenschaftler eine Aufenthaltserlaubnis nach § 18 oder § 20 besitzt, kann eine Aufenthaltserlaubnis zur Ausübung einer selbständigen Tätigkeit abweichend von Absatz 1 erteilt werden. ²Die beabsichtigte selbständige Tätigkeit muss einen Zusammenhang mit den in der Hochschulausbildung erworbenen Kenntnissen oder der Tätigkeit als Forscher oder Wissenschaftler erkennen lassen.

(3) Ausländern, die älter sind als 45 Jahre, soll die Aufenthaltserlaubnis nur erteilt werden, wenn sie über eine angemessene Altersversorgung verfügen.

(4) ¹Die Aufenthaltserlaubnis wird auf längstens drei Jahre befristet. ²Nach drei Jahren kann abweichend von § 9 Abs. 2 eine Niederlassungserlaubnis erteilt werden, wenn der Ausländer die geplante Tätigkeit erfolgreich verwirklicht hat und der Lebensunterhalt des Ausländers und seiner mit ihm in familiärer Gemeinschaft lebenden Angehörigen, denen er Unterhalt zu leisten hat, durch ausreichende Einkünfte gesichert ist.

(5) ¹Einem Ausländer kann eine Aufenthaltserlaubnis zur Ausübung einer freiberuflichen Tätigkeit abweichend von Absatz 1 erteilt werden. ²Eine erforderliche Erlaubnis zur Ausübung des freien Berufes muss erteilt worden oder ihre Erteilung zugesagt sein. ³Absatz 1 Satz 3 ist entsprechend anzuwenden. ⁴Absatz 4 ist nicht anzuwenden.

(6) Einem Ausländer, dem eine Aufenthaltserlaubnis zu einem anderen Zweck erteilt wird oder erteilt worden ist, kann unter Beibehaltung dieses Aufenthaltszwecks die Ausübung einer selbständigen Tätigkeit erlaubt werden, wenn die nach sonstigen Vorschriften erforderlichen Erlaubnisse erteilt wurden oder ihre Erteilung zugesagt ist.

1 In §§ 18–21 wird der Aufenthalt zum Zweck der **Erwerbstätigkeit** und zu **Forschungszwecken** geregelt. Die Vorschriften sind in Umsetzung der sog. **Hochqualifizierten-Richtlinie** mit Wirkung ab dem 1.8.2012 und zur Umsetzung der Richtlinie (EU) 2016/801 vom 11.5.2016 (ABl. L 132 vom 21.5.2016) mit Wirkung ab dem 1.8.2017 umfassend überarbeitet worden. Mit § 18b und § 18c wird geregelt, dass Absolventen deutscher Hochschulen unter bestimmten Voraussetzungen eine Niederlassungserlaubnis zu erteilen ist und dass Ausländern zur Arbeitsplatzsuche eine Aufenthaltserlaubnis erteilt werden kann. In § 19a wird ein neuartiger Aufenthaltstitel, die **Blaue Karte EU**, zur Ausübung einer hochqualifizierten Beschäftigung normiert. Die §§ 19b und 19d sehen mit der sog. ICT-Karte ebenfalls neue Aufenthaltstitel vor und normieren deren Erteilungsvoraussetzungen. Die §§ 19c und 20a regeln Ausnahmen vom Erfordernis eines Aufenthaltstitels. § 20 regelt Ablehnungsgründe. § 18a erweitert den Kreis derer, die eine Aufenthaltserlaubnis erhalten können, auf geduldete, also vollziehbar ausreisepflichtige Ausländer. Während nach §§ 18, 18a, 18c, 19b, 19d, 20 und 21 zu diesen Zwecken dem Ausländer regelmäßig nur eine befristete **Aufenthaltserlaubnis** erteilt wird, sehen §§ 18b und 19 für Hochschulabsolventen und andere Hochqualifizierte eine unbefristete **Niederlassungserlaubnis** vor. Die Blaue Karte EU wird bei erstmaliger Erteilung auf höchstens vier Jahre befristet, nach einem 33-monatigen Aufenthalt mit Beschäftigung wird unter den weiteren Voraussetzungen von § 19 Abs. 6 eine Niederlassungserlaubnis erteilt. Auch die ICT-Karte wird befristet erteilt (§ 19b Abs. 4). Bei den Aufenthaltstiteln der §§ 18, 18a, 18c, 19 und 21 handelt es sich um Ermessensentscheidungen, bei denen vor Erteilung gegebenenfalls die interne Zustimmung der Bundesagentur für Arbeit eingeholt werden muss (§§ 18, 18a, 19). Die Niederlassungserlaubnis für Hochschulabsolventen (§ 18b), die Blaue Karte EU (§ 19a), die ICT-Karte (§ 19b, § 19d), die Aufenthaltserlaubnis zu Forschungszwecken nach § 20 und die Aufenthaltserlaubnis für mobile Forscher (§ 20b) werden hingegen auf Grund eines Rechtsanspruchs erteilt, wenn die im Einzelnen geregelten Voraussetzungen vorliegen und die Ausländer nicht gemäß § 19a Abs. 5, § 19b Abs. 5, 6, § 19d Abs. 5 bzw. § 20 Abs. 6 von der Regelung ausgenommen ist. Die detaillierten Regelungen zu § 20 werden ergänzt durch §§ 38a ff. AufenthV. Zur strafrechtlichen Relevanz → § 98 Rn. 27 f.

Abschnitt 5. Aufenthalt aus völkerrechtlichen, humanitären oder politischen Gründen

§ 22 Aufnahme aus dem Ausland

[1]Einem Ausländer kann für die Aufnahme aus dem Ausland aus völkerrechtlichen oder dringenden humanitären Gründen eine Aufenthaltserlaubnis erteilt werden. [2]Eine Aufenthaltserlaubnis ist zu erteilen, wenn das Bundesministerium des Innern oder die von ihm bestimmte Stelle zur Wahrung politischer Interessen der Bundesrepublik Deutschland die Aufnahme erklärt hat. [3]Im Falle des Satzes 2 berechtigt die Aufenthaltserlaubnis zur Ausübung einer Erwerbstätigkeit.

§ 23 Aufenthaltsgewährung durch die obersten Landesbehörden; Aufnahme bei besonders gelagerten politischen Interessen; Neuansiedlung von Schutzsuchenden

(1) [1]Die oberste Landesbehörde kann aus völkerrechtlichen oder humanitären Gründen oder zur Wahrung politischer Interessen der Bundesrepublik Deutschland anordnen, dass Ausländern aus bestimmten Staaten oder in sonstiger Weise bestimmten Ausländergruppen eine Aufenthaltserlaubnis erteilt wird. [2]Die Anordnung kann unter der Maßgabe erfolgen, dass eine Verpflichtungserklärung nach § 68 abgegeben wird. [3]Zur Wahrung der Bundeseinheitlichkeit bedarf die Anordnung des Einvernehmens mit dem Bundesministerium des Innern.

(2) [1]Das Bundesministerium des Innern kann zur Wahrung besonders gelagerter politischer Interessen der Bundesrepublik Deutschland im Benehmen mit den obersten Landesbehörden anordnen, dass das Bundesamt für Migration und Flüchtlinge Ausländern aus bestimmten Staaten oder in sonstiger Weise bestimmten Ausländergruppen eine Aufnahmezusage erteilt. [2]Ein Vorverfahren nach § 68 der Verwaltungsgerichtsordnung findet nicht statt. [3]Den betroffenen Ausländern ist entsprechend der Aufnahmezusage eine Aufenthaltserlaubnis oder Niederlassungserlaubnis zu erteilen. [4]Die Niederlassungserlaubnis kann mit einer wohnsitzbeschränkenden Auflage versehen werden. [5]Die Aufenthaltserlaubnis berechtigt zur Ausübung einer Erwerbstätigkeit.

(3) Die Anordnung kann vorsehen, dass § 24 ganz oder teilweise entsprechende Anwendung findet.

(4) [1]Das Bundesministerium des Innern kann im Rahmen der Neuansiedlung von Schutzsuchenden im Benehmen mit den obersten Landesbehörden anordnen, dass das Bundesamt für Migration und Flüchtlinge bestimmten, für eine Neuansiedlung ausgewählten Schutzsuchenden (Resettlement-Flüchtlinge) eine Aufnahmezusage erteilt. [2]Absatz 2 Satz 2 bis 5 und § 24 Absatz 3 bis 5 gelten entsprechend.

§ 23a Aufenthaltsgewährung in Härtefällen

(1) [1]Die oberste Landesbehörde darf anordnen, dass einem Ausländer, der vollziehbar ausreisepflichtig ist, abweichend von den in diesem Gesetz festgelegten Erteilungs- und Verlängerungsvoraussetzungen für einen Aufenthaltstitel sowie von den §§ 10 und 11 eine Aufenthaltserlaubnis erteilt wird, wenn eine von der Landesregierung durch Rechtsverordnung eingerichtete Härtefallkommission darum ersucht (Härtefallersuchen). [2]Die Anordnung kann im Einzelfall unter Berücksichtigung des Umstandes erfolgen, ob der Lebensunterhalt des Ausländers gesichert ist oder eine Verpflichtungserklärung nach § 68 abgegeben wird. [3]Die Annahme eines Härtefalls ist in der Regel ausgeschlossen, wenn der Ausländer

Straftaten von erheblichem Gewicht begangen hat oder wenn ein Rückführungstermin bereits konkret feststeht. ⁴Die Befugnis zur Aufenthaltsgewährung steht ausschließlich im öffentlichen Interesse und begründet keine eigenen Rechte des Ausländers.

(2) ¹Die Landesregierungen werden ermächtigt, durch Rechtsverordnung eine Härtefallkommission nach Absatz 1 einzurichten, das Verfahren, Ausschlussgründe und qualifizierte Anforderungen an eine Verpflichtungserklärung nach Absatz 1 Satz 2 einschließlich vom Verpflichtungsgeber zu erfüllender Voraussetzungen zu bestimmen sowie die Anordnungsbefugnis nach Absatz 1 Satz 1 auf andere Stellen zu übertragen. ²Die Härtefallkommissionen werden ausschließlich im Wege der Selbstbefassung tätig. ³Dritte können nicht verlangen, dass eine Härtefallkommission sich mit einem bestimmten Einzelfall befasst oder eine bestimmte Entscheidung trifft. ⁴Die Entscheidung für ein Härtefallersuchen setzt voraus, dass nach den Feststellungen der Härtefallkommission dringende humanitäre oder persönliche Gründe die weitere Anwesenheit des Ausländers im Bundesgebiet rechtfertigen.

(3) ¹Verzieht ein sozialhilfebedürftiger Ausländer, dem eine Aufenthaltserlaubnis nach Absatz 1 erteilt wurde, in den Zuständigkeitsbereich eines anderen Leistungsträgers, ist der Träger der Sozialhilfe, in dessen Zuständigkeitsbereich eine Ausländerbehörde die Aufenthaltserlaubnis erteilt hat, längstens für die Dauer von drei Jahren ab Erteilung der Aufenthaltserlaubnis dem nunmehr zuständigen örtlichen Träger der Sozialhilfe zur Kostenerstattung verpflichtet. ²Dies gilt entsprechend für die in § 6 Abs. 1 Satz 1 Nr. 2 des Zweiten Buches Sozialgesetzbuch genannten Leistungen zur Sicherung des Lebensunterhalts.

§ 24 Aufenthaltsgewährung zum vorübergehenden Schutz

(1) Einem Ausländer, dem auf Grund eines Beschlusses des Rates der Europäischen Union gemäß der Richtlinie 2001/55/EG vorübergehender Schutz gewährt wird und der seine Bereitschaft erklärt hat, im Bundesgebiet aufgenommen zu werden, wird für die nach den Artikeln 4 und 6 der Richtlinie bemessene Dauer des vorübergehenden Schutzes eine Aufenthaltserlaubnis erteilt.

(2) Die Gewährung von vorübergehendem Schutz ist ausgeschlossen, wenn die Voraussetzungen des § 3 Abs. 2 des Asylgesetzes oder des § 60 Abs. 8 Satz 1 vorliegen; die Aufenthaltserlaubnis ist zu versagen.

(3) ¹Die Ausländer im Sinne des Absatzes 1 werden auf die Länder verteilt. ²Die Länder können Kontingente für die Aufnahme zum vorübergehenden Schutz und die Verteilung vereinbaren. ³Die Verteilung auf die Länder erfolgt durch das Bundesamt für Migration und Flüchtlinge. ⁴Solange die Länder für die Verteilung keinen abweichenden Schlüssel vereinbart haben, gilt der für die Verteilung von Asylbewerbern festgelegte Schlüssel.

(4) ¹Die oberste Landesbehörde oder die von ihr bestimmte Stelle erlässt eine Zuweisungsentscheidung. ²Die Landesregierungen werden ermächtigt, die Verteilung innerhalb der Länder durch Rechtsverordnung zu regeln, sie können die Ermächtigung durch Rechtsverordnung auf andere Stellen übertragen; § 50 Abs. 4 des Asylgesetzes findet entsprechende Anwendung. ³Ein Widerspruch gegen die Zuweisungsentscheidung findet nicht statt. ⁴Die Klage hat keine aufschiebende Wirkung.

(5) ¹Der Ausländer hat keinen Anspruch darauf, sich in einem bestimmten Land oder an einem bestimmten Ort aufzuhalten. ²Er hat seine Wohnung und seinen gewöhnlichen Aufenthalt an dem Ort zu nehmen, dem er nach den Absätzen 3 und 4 zugewiesen wurde.

(6) ¹Die Ausübung einer selbständigen Tätigkeit darf nicht ausgeschlossen werden. ²Für die Ausübung einer Beschäftigung gilt § 4 Abs. 2.

(7) Der Ausländer wird über die mit dem vorübergehenden Schutz verbundenen Rechte und Pflichten schriftlich in einer ihm verständlichen Sprache unterrichtet.

§ 25 Aufenthalt aus humanitären Gründen

(1) ¹Einem Ausländer ist eine Aufenthaltserlaubnis zu erteilen, wenn er als Asylberechtigter anerkannt ist. ²Dies gilt nicht, wenn der Ausländer aus schwerwiegenden Gründen der öffentlichen Sicherheit und Ordnung ausgewiesen worden ist. ³Bis zur Erteilung der Aufenthaltserlaubnis gilt der Aufenthalt als erlaubt. ⁴Die Aufenthaltserlaubnis berechtigt zur Ausübung einer Erwerbstätigkeit.

(2) ¹Einem Ausländer ist eine Aufenthaltserlaubnis zu erteilen, wenn das Bundesamt für Migration und Flüchtlinge die Flüchtlingseigenschaft im Sinne des § 3 Absatz 1 des Asylgesetzes oder subsidiären Schutz im Sinne des § 4 Absatz 1 des Asylgesetzes zuerkannt hat. ²Absatz 1 Satz 2 bis 4 gilt entsprechend.

(3) ¹Einem Ausländer soll eine Aufenthaltserlaubnis erteilt werden, wenn ein Abschiebungsverbot nach § 60 Abs. 5 oder 7 vorliegt. ²Die Aufenthaltserlaubnis wird nicht erteilt, wenn die Ausreise in einen anderen Staat möglich und zumutbar ist oder der Ausländer wiederholt oder gröblich gegen entsprechende Mitwirkungspflichten verstößt. ³Sie wird ferner nicht erteilt, wenn schwerwiegende Gründe die Annahme rechtfertigen, dass der Ausländer
1. ein Verbrechen gegen den Frieden, ein Kriegsverbrechen oder ein Verbrechen gegen die Menschlichkeit im Sinne der internationalen Vertragswerke begangen hat, die ausgearbeitet worden sind, um Bestimmungen bezüglich dieser Verbrechen festzulegen,
2. eine Straftat von erheblicher Bedeutung begangen hat,
3. sich Handlungen zuschulden kommen ließ, die den Zielen und Grundsätzen der Vereinten Nationen, wie sie in der Präambel und den Artikeln 1 und 2 der Charta der Vereinten Nationen verankert sind, zuwiderlaufen, oder
4. eine Gefahr für die Allgemeinheit oder eine Gefahr für die Sicherheit der Bundesrepublik Deutschland darstellt.

(4) ¹Einem nicht vollziehbar ausreisepflichtigen Ausländer kann für einen vorübergehenden Aufenthalt eine Aufenthaltserlaubnis erteilt werden, solange dringende humanitäre oder persönliche Gründe oder erhebliche öffentliche Interessen seine vorübergehende weitere Anwesenheit im Bundesgebiet erfordern. ²Eine Aufenthaltserlaubnis kann abweichend von § 8 Abs. 1 und 2 verlängert werden, wenn auf Grund besonderer Umstände des Einzelfalls das Verlassen des Bundesgebiets für den Ausländer eine außergewöhnliche Härte bedeuten würde.

(4a) ¹Einem Ausländer, der Opfer einer Straftat nach den §§ 232 bis 233a des Strafgesetzbuches wurde, soll, auch wenn er vollziehbar ausreisepflichtig ist, für einen Aufenthalt eine Aufenthaltserlaubnis erteilt werden. ²Die Aufenthaltserlaubnis darf nur erteilt werden, wenn
1. seine Anwesenheit im Bundesgebiet für ein Strafverfahren wegen dieser Straftat von der Staatsanwaltschaft oder dem Strafgericht für sachgerecht erachtet wird, weil ohne seine Angaben die Erforschung des Sachverhalts erschwert wäre,
2. er jede Verbindung zu den Personen, die beschuldigt werden, die Straftat begangen zu haben, abgebrochen hat und
3. er seine Bereitschaft erklärt hat, in dem Strafverfahren wegen der Straftat als Zeuge auszusagen.

³Nach Beendigung des Strafverfahrens soll die Aufenthaltserlaubnis verlängert werden, wenn humanitäre oder persönliche Gründe oder öffentliche Interessen die weitere Anwesenheit des Ausländers im Bundesgebiet erfordern.

(4b) ¹Einem Ausländer, der Opfer einer Straftat nach § 10 Absatz 1 oder § 11 Absatz 1 Nummer 3 des Schwarzarbeitsbekämpfungsgesetzes oder nach § 15a des Arbeitnehmerüberlassungsgesetzes wurde, kann, auch wenn er vollziehbar ausreisepflichtig ist, für einen vorübergehenden Aufenthalt eine Aufenthaltserlaubnis erteilt werden. ²Die Aufenthaltserlaubnis darf nur erteilt werden, wenn
1. die vorübergehende Anwesenheit des Ausländers im Bundesgebiet für ein Strafverfahren wegen dieser Straftat von der Staatsanwaltschaft oder dem Strafgericht für sachgerecht erachtet wird, weil ohne seine Angaben die Erforschung des Sachverhalts erschwert wäre, und
2. der Ausländer seine Bereitschaft erklärt hat, in dem Strafverfahren wegen der Straftat als Zeuge auszusagen.

³Die Aufenthaltserlaubnis kann verlängert werden, wenn dem Ausländer von Seiten des Arbeitgebers die zustehende Vergütung noch nicht vollständig geleistet wurde und es für den Ausländer eine besondere Härte darstellen würde, seinen Vergütungsanspruch aus dem Ausland zu verfolgen.

(5) ¹Einem Ausländer, der vollziehbar ausreisepflichtig ist, kann eine Aufenthaltserlaubnis erteilt werden, wenn seine Ausreise aus rechtlichen oder tatsächlichen Gründen unmöglich ist und mit dem Wegfall der Ausreisehindernisse in absehbarer Zeit nicht zu rechnen ist. ²Die Aufenthaltserlaubnis soll erteilt werden, wenn die Abschiebung seit 18 Monaten ausgesetzt ist. ³Eine Aufenthaltserlaubnis darf nur erteilt werden, wenn der Ausländer unverschuldet an der Ausreise gehindert ist. ⁴Ein Verschulden des Ausländers liegt insbesondere vor, wenn er falsche Angaben macht oder über seine Identität oder Staatsangehörigkeit täuscht oder zumutbare Anforderungen zur Beseitigung der Ausreisehindernisse nicht erfüllt.

§ 25a Aufenthaltsgewährung bei gut integrierten Jugendlichen und Heranwachsenden

(1) ¹Einem jugendlichen oder heranwachsenden geduldeten Ausländer soll eine Aufenthaltserlaubnis erteilt werden, wenn
1. er sich seit vier Jahren ununterbrochen erlaubt, geduldet oder mit einer Aufenthaltsgestattung im Bundesgebiet aufhält,
2. er im Bundesgebiet in der Regel seit vier Jahren erfolgreich eine Schule besucht oder einen anerkannten Schul- oder Berufsabschluss erworben hat,
3. der Antrag auf Erteilung der Aufenthaltserlaubnis vor Vollendung des 21. Lebensjahres gestellt wird,
4. es gewährleistet erscheint, dass er sich auf Grund seiner bisherigen Ausbildung und Lebensverhältnisse in die Lebensverhältnisse der Bundesrepublik Deutschland einfügen kann und
5. keine konkreten Anhaltspunkte dafür bestehen, dass der Ausländer sich nicht zur freiheitlichen demokratischen Grundordnung der Bundesrepublik Deutschland bekennt.

²Solange sich der Jugendliche oder der Heranwachsende in einer schulischen oder beruflichen Ausbildung oder einem Hochschulstudium befindet, schließt die Inanspruchnahme öffentlicher Leistungen zur Sicherstellung des eigenen Lebensunterhalts die Erteilung der Aufenthaltserlaubnis nicht aus. ³Die Erteilung einer Aufenthaltserlaubnis ist zu versagen, wenn die Abschiebung aufgrund eigener falscher Angaben des Ausländers oder aufgrund seiner Täuschung über seine Identität oder Staatsangehörigkeit ausgesetzt ist.

(2) ¹Den Eltern oder einem personensorgeberechtigten Elternteil eines minderjährigen Ausländers, der eine Aufenthaltserlaubnis nach Absatz 1 besitzt, kann eine Aufenthaltserlaubnis erteilt werden, wenn
1. die Abschiebung nicht aufgrund falscher Angaben oder aufgrund von Täuschungen über die Identität oder Staatsangehörigkeit oder mangels Erfüllung zumutbarer Anforderungen an die Beseitigung von Ausreisehindernissen verhindert oder verzögert wird und
2. der Lebensunterhalt eigenständig durch Erwerbstätigkeit gesichert ist.

²Minderjährigen Kindern eines Ausländers, der eine Aufenthaltserlaubnis nach Satz 1 besitzt, kann eine Aufenthaltserlaubnis erteilt werden, wenn sie mit ihm in familiärer Lebensgemeinschaft leben. ³Dem Ehegatten oder Lebenspartner, der mit einem Begünstigten nach Absatz 1 in familiärer Lebensgemeinschaft lebt, soll unter den Voraussetzungen nach Satz 1 eine Aufenthaltserlaubnis erteilt werden. ⁴§ 31 gilt entsprechend. ⁵Dem minderjährigen ledigen Kind, das mit einem Begünstigten nach Absatz 1 in familiärer Lebensgemeinschaft lebt, soll eine Aufenthaltserlaubnis erteilt werden.

(3) Die Erteilung einer Aufenthaltserlaubnis nach Absatz 2 ist ausgeschlossen, wenn der Ausländer wegen einer im Bundesgebiet begangenen vorsätzlichen Straftat verurteilt wurde, wobei Geldstrafen von insgesamt bis zu 50 Tagessätzen oder bis zu 90 Tagessätzen wegen Straftaten, die nach diesem Gesetz oder dem Asylgesetz nur von Ausländern begangen werden können, grundsätzlich außer Betracht bleiben.

(4) Die Aufenthaltserlaubnis kann abweichend von § 10 Absatz 3 Satz 2 erteilt werden und berechtigt zur Ausübung einer Erwerbstätigkeit.

§ 25b Aufenthaltsgewährung bei nachhaltiger Integration

(1) ¹Einem geduldeten Ausländer soll abweichend von § 5 Absatz 1 Nummer 1 und Absatz 2 eine Aufenthaltserlaubnis erteilt werden, wenn er sich nachhaltig in die Lebensverhältnisse der Bundesrepublik Deutschland integriert hat. ²Dies setzt regelmäßig voraus, dass der Ausländer
1. sich seit mindestens acht Jahren oder, falls er zusammen mit einem minderjährigen ledigen Kind in häuslicher Gemeinschaft lebt, seit mindestens sechs Jahren ununterbrochen geduldet, gestattet oder mit einer Aufenthaltserlaubnis im Bundesgebiet aufgehalten hat,
2. sich zur freiheitlichen demokratischen Grundordnung der Bundesrepublik Deutschland bekennt und über Grundkenntnisse der Rechts- und Gesellschaftsordnung und der Lebensverhältnisse im Bundesgebiet verfügt,
3. seinen Lebensunterhalt überwiegend durch Erwerbstätigkeit sichert oder bei der Betrachtung der bisherigen Schul-, Ausbildungs-, Einkommens- sowie der familiären Lebenssituation zu erwarten ist, dass er seinen Lebensunterhalt im Sinne von § 2 Absatz 3 sichern wird, wobei der Bezug von Wohngeld unschädlich ist,
4. über hinreichende mündliche Deutschkenntnisse im Sinne des Niveaus A2 des Gemeinsamen Europäischen Referenzrahmens für Sprachen verfügt und
5. bei Kindern im schulpflichtigen Alter deren tatsächlichen Schulbesuch nachweist.

³Ein vorübergehender Bezug von Sozialleistungen ist für die Lebensunterhaltssicherung in der Regel unschädlich bei
1. Studierenden an einer staatlichen oder staatlich anerkannten Hochschule sowie Auszubildenden in anerkannten Lehrberufen oder in staatlich geförderten Berufsvorbereitungsmaßnahmen,

2. Familien mit minderjährigen Kindern, die vorübergehend auf ergänzende Sozialleistungen angewiesen sind,
3. Alleinerziehenden mit minderjährigen Kindern, denen eine Arbeitsaufnahme nach § 10 Absatz 1 Nummer 3 des Zweiten Buches Sozialgesetzbuch nicht zumutbar ist oder
4. Ausländern, die pflegebedürftige nahe Angehörige pflegen.

(2) Die Erteilung einer Aufenthaltserlaubnis nach Absatz 1 ist zu versagen, wenn
1. der Ausländer die Aufenthaltsbeendigung durch vorsätzlich falsche Angaben, durch Täuschung über die Identität oder Staatsangehörigkeit oder Nichterfüllung zumutbarer Anforderungen an die Mitwirkung bei der Beseitigung von Ausreisehindernissen verhindert oder verzögert oder
2. ein Ausweisungsinteresse im Sinne von § 54 Absatz 1 oder Absatz 2 Nummer 1 und 2 besteht.

(3) Von den Voraussetzungen des Absatzes 1 Satz 2 Nummer 3 und 4 wird abgesehen, wenn der Ausländer sie wegen einer körperlichen, geistigen oder seelischen Krankheit oder Behinderung oder aus Altersgründen nicht erfüllen kann.

(4) [1]Dem Ehegatten, dem Lebenspartner und minderjährigen ledigen Kindern, die mit einem Begünstigten nach Absatz 1 in familiärer Lebensgemeinschaft leben, soll unter den Voraussetzungen des Absatzes 1 Satz 2 Nummer 2 bis 5 eine Aufenthaltserlaubnis erteilt werden. [2]Die Absätze 2, 3 und 5 finden Anwendung. [3]§ 31 gilt entsprechend.

(5) [1]Die Aufenthaltserlaubnis wird abweichend von § 26 Absatz 1 Satz 1 längstens für zwei Jahre erteilt und verlängert. [2]Sie kann abweichend von § 10 Absatz 3 Satz 2 erteilt werden und berechtigt zur Ausübung einer Erwerbstätigkeit. [3]§ 25a bleibt unberührt.

§ 26 Dauer des Aufenthalts

(1) [1]Die Aufenthaltserlaubnis nach diesem Abschnitt kann für jeweils längstens drei Jahre erteilt und verlängert werden, in den Fällen des § 25 Abs. 4 Satz 1 und Abs. 5 jedoch für längstens sechs Monate, solange sich der Ausländer noch nicht mindestens 18 Monate rechtmäßig im Bundesgebiet aufgehalten hat. [2]Asylberechtigten und Ausländern, denen die Flüchtlingseigenschaft im Sinne des § 3 Absatz 1 des Asylgesetzes zuerkannt worden ist, wird die Aufenthaltserlaubnis für drei Jahre erteilt. [3]Subsidiär Schutzberechtigten im Sinne des § 4 Absatz 1 des Asylgesetzes wird die Aufenthaltserlaubnis für ein Jahr erteilt, bei Verlängerung für zwei weitere Jahre. [4]Ausländern, die die Voraussetzungen des § 25 Absatz 3 erfüllen, wird die Aufenthaltserlaubnis für mindestens ein Jahr erteilt. [5]Die Aufenthaltserlaubnisse nach § 25 Absatz 4a Satz 1 und Absatz 4b werden jeweils für ein Jahr, Aufenthaltserlaubnisse nach § 25 Absatz 4a Satz 3 jeweils für zwei Jahre erteilt und verlängert; in begründeten Einzelfällen ist eine längere Geltungsdauer zulässig.

(2) Die Aufenthaltserlaubnis darf nicht verlängert werden, wenn das Ausreisehindernis oder die sonstigen einer Aufenthaltsbeendigung entgegenstehenden Gründe entfallen sind.

(3) [1]Einem Ausländer, der eine Aufenthaltserlaubnis nach § 25 Absatz 1 oder 2 Satz 1 erste Alternative besitzt, ist eine Niederlassungserlaubnis zu erteilen, wenn
1. er die Aufenthaltserlaubnis seit fünf Jahren besitzt, wobei die Aufenthaltszeit des der Erteilung der Aufenthaltserlaubnis vorangegangenen Asylverfahrens abweichend von § 55 Absatz 3 des Asylgesetzes auf die für die Erteilung der Niederlassungserlaubnis erforderliche Zeit des Besitzes einer Aufenthaltserlaubnis angerechnet wird,

I. Aufenthaltsgesetz § 26 AufenthG

2. das Bundesamt für Migration und Flüchtlinge nicht nach § 73 Absatz 2a des Asylgesetzes mitgeteilt hat, dass die Voraussetzungen für den Widerruf oder die Rücknahme vorliegen,
3. sein Lebensunterhalt überwiegend gesichert ist,
4. er über hinreichende Kenntnisse der deutschen Sprache verfügt und
5. die Voraussetzungen des § 9 Absatz 2 Satz 1 Nummer 4 bis 6, 8 und 9 vorliegen.
²§ 9 Absatz 2 Satz 2 bis 6, § 9 Absatz 3 Satz 1 und § 9 Absatz 4 finden entsprechend Anwendung; von der Voraussetzung in Satz 1 Nummer 3 wird auch abgesehen, wenn der Ausländer die Regelaltersgrenze nach § 35 Satz 2 oder § 235 Absatz 2 des Sechsten Buches Sozialgesetzbuch erreicht hat. ³Abweichend von Satz 1 und 2 ist einem Ausländer, der eine Aufenthaltserlaubnis nach § 25 Absatz 1 oder 2 Satz 1 erste Alternative besitzt, eine Niederlassungserlaubnis zu erteilen, wenn
1. er die Aufenthaltserlaubnis seit drei Jahren besitzt, wobei die Aufenthaltszeit des der Erteilung der Aufenthaltserlaubnis vorangegangenen Asylverfahrens abweichend von § 55 Absatz 3 des Asylgesetzes auf die für die Erteilung der Niederlassungserlaubnis erforderliche Zeit des Besitzes einer Aufenthaltserlaubnis angerechnet wird,
2. das Bundesamt für Migration und Flüchtlinge nicht nach § 73 Absatz 2a des Asylgesetzes mitgeteilt hat, dass die Voraussetzungen für den Widerruf oder die Rücknahme vorliegen,
3. er die deutsche Sprache beherrscht,
4. sein Lebensunterhalt weit überwiegend gesichert ist und
5. die Voraussetzungen des § 9 Absatz 2 Satz 1 Nummer 4 bis 6, 8 und 9 vorliegen.
⁴In den Fällen des Satzes 3 finden § 9 Absatz 3 Satz 1 und § 9 Absatz 4 entsprechend Anwendung. ⁵Für Kinder, die vor Vollendung des 18. Lebensjahres nach Deutschland eingereist sind, kann § 35 entsprechend angewandt werden. ⁶Die Sätze 1 bis 5 gelten auch für einen Ausländer, der eine Aufenthaltserlaubnis nach § 23 Absatz 4 besitzt, es sei denn, es liegen die Voraussetzungen für eine Rücknahme vor.

(4) ¹Im Übrigen kann einem Ausländer, der eine Aufenthaltserlaubnis nach diesem Abschnitt besitzt, eine Niederlassungserlaubnis erteilt werden, wenn die in § 9 Abs. 2 Satz 1 bezeichneten Voraussetzungen vorliegen. ²§ 9 Abs. 2 Satz 2 bis 6 gilt entsprechend. ³Die Aufenthaltszeit des der Erteilung der Aufenthaltserlaubnis vorangegangenen Asylverfahrens wird abweichend von § 55 Abs. 3 des Asylgesetzes auf die Frist angerechnet. ⁴Für Kinder, die vor Vollendung des 18. Lebensjahres nach Deutschland eingereist sind, kann § 35 entsprechend angewandt werden.

Die §§ 22–26 regeln den Aufenthalt aus **völkerrechtlichen, humanitären** oder **politischen Gründen.** Große praktische Bedeutung kommt insbesondere der Vorschrift des § 25 zu, die unanfechtbar anerkannte Asylberechtigte, Flüchtlinge im Sinne des § 60 Abs. 1 sowie Ausländer betrifft, die nicht abgeschoben werden können, weil ein Abschiebungsverbot gem. § 60 Abs. 2, 3, 5 oder Abs. 7 vorliegt. Letztgenannten wird eine Aufenthaltserlaubnis jedoch nicht erteilt, wenn sie **Abschiebungshindernisse selbst zu vertreten** haben, was insbesondere in den Fällen gegeben sein kann, in denen der Ausländer falsche Angaben macht oder über seine Identität oder Staatsangehörigkeit täuscht oder zumutbare Anforderungen zur Beseitigung der Ausreisehindernisse nicht erfüllt (zur vergleichbaren Problematik bei der Passbeschaffung → § 95 Rn. 20 f.). In **strafrechtlicher** Hinsicht **relevant** sind auch die nach § 25 Abs. 4a und 4b gegebenen Möglichkeiten eines Aufenthaltstitels für Opfer von Menschenhandel gem. §§ 233, 233a StGB bzw. von Straftaten nach dem Schwarzarbeiterbekämpfungsgesetzes und des Arbeitnehmerüberlassungsgesetzes. Diesen kann eine Aufenthaltserlaubnis erteilt werden, wenn sie in einem Strafverfahren wegen dieser Taten gegen den Täter aussagen wollen, ohne sie die Aufklärung wesentlich erschwert wäre und – bei Abs. 4a – sie jede Verbindung zu dem Täter abgebrochen haben. Mit diesen Aufenthaltstiteln hat der Gesetzgeber Verpflichtungen aus der Richtlinie 2004/81/EG (Opfer von Menschenhandel) und aus der sog. Sanktionsrichtlinie (Richtlinie 2009/52/EG des Europäischen Parlaments und des Rates vom 18.6.2009 über Mindeststandards für Sanktionen und Maßnahmen gegen Arbeitgeber, die Drittstaatsangehörige ohne rechtmäßigen Aufenthalt beschäftigen) umgesetzt. Von der in der Richtlinie 2004/81/EG gegebenen Möglichkeit, ein Aufenthaltsrecht auch für eingeschleuste Ausländer zu schaffen, wenn diese mit den Behörden kooperieren, hat er hingegen keinen Gebrauch gemacht (dazu → § 96 Rn. 10).

2   Mit § 25a ist nunmehr eine Möglichkeit gegeben, in Deutschland gut integrierten Kindern und Jugendlichen, die hier nur geduldet sind, eine Aufenthaltserlaubnis zu erteilen. Ist eine solche Aufenthaltserlaubnis erteilt worden, können auch die personensorgeberechtigten Eltern unter den Voraussetzungen des Abs. 2 eine Aufenthaltserlaubnis erlangen. Der durch „Gesetz zur Neubestimmung des Bleiberechts und der Aufenthaltsbeendigung" vom 27.7.2015 neu eingeführte § 25b gibt nunmehr auch lediglich geduldeten Ausländern die Möglichkeit, eine Aufenthaltserlaubnis zu erlangen, wenn sie sich nachhaltig in Deutschland integriert haben.

Abschnitt 6. Aufenthalt aus familiären Gründen

§ 27 Grundsatz des Familiennachzugs

(1) Die Aufenthaltserlaubnis zur Herstellung und Wahrung der familiären Lebensgemeinschaft im Bundesgebiet für ausländische Familienangehörige (Familiennachzug) wird zum Schutz von Ehe und Familie gemäß Artikel 6 des Grundgesetzes erteilt und verlängert.

(1a) Ein Familiennachzug wird nicht zugelassen, wenn
1. feststeht, dass die Ehe oder das Verwandtschaftsverhältnis ausschließlich zu dem Zweck geschlossen oder begründet wurde, dem Nachziehenden die Einreise in das und den Aufenthalt im Bundesgebiet zu ermöglichen, oder
2. tatsächliche Anhaltspunkte die Annahme begründen, dass einer der Ehegatten zur Eingehung der Ehe genötigt wurde.

(2) Für die Herstellung und Wahrung einer lebenspartnerschaftlichen Gemeinschaft im Bundesgebiet finden die Absätze 1a und 3, § 9 Abs. 3, § 9c Satz 2, die §§ 28 bis 31, 51 Absatz 2 und 10 Satz 2 entsprechende Anwendung.

(3) ¹Die Erteilung der Aufenthaltserlaubnis zum Zweck des Familiennachzugs kann versagt werden, wenn derjenige, zu dem der Familiennachzug stattfindet, für den Unterhalt von anderen Familienangehörigen oder anderen Haushaltsangehörigen auf Leistungen nach dem Zweiten oder Zwölften Buch Sozialgesetzbuch angewiesen ist. ²Von § 5 Abs. 1 Nr. 2 kann abgesehen werden.

(4) ¹Eine Aufenthaltserlaubnis zum Zweck des Familiennachzugs darf längstens für den Gültigkeitszeitraum der Aufenthaltserlaubnis des Ausländers erteilt werden, zu dem der Familiennachzug stattfindet. ²Sie ist für diesen Zeitraum zu erteilen, wenn der Ausländer, zu dem der Familiennachzug stattfindet, eine Aufenthaltserlaubnis nach § 20, § 20b oder § 38a besitzt, eine Blaue Karte EU, eine ICT-Karte oder eine Mobiler-ICT-Karte besitzt oder sich gemäß § 20a berechtigt im Bundesgebiet aufhält. ³Die Aufenthaltserlaubnis darf jedoch nicht länger gelten als der Pass oder Passersatz des Familienangehörigen. ⁴Im Übrigen ist die Aufenthaltserlaubnis erstmals für mindestens ein Jahr zu erteilen.

(5) Der Aufenthaltstitel nach diesem Abschnitt berechtigt zur Ausübung einer Erwerbstätigkeit.

§ 28 Familiennachzug zu Deutschen

(1) ¹Die Aufenthaltserlaubnis ist dem ausländischen
1. Ehegatten eines Deutschen,

2. minderjährigen ledigen Kind eines Deutschen,
3. Elternteil eines minderjährigen ledigen Deutschen zur Ausübung der Personensorge

zu erteilen, wenn der Deutsche seinen gewöhnlichen Aufenthalt im Bundesgebiet hat. ²Sie ist abweichend von § 5 Abs. 1 Nr. 1 in den Fällen des Satzes 1 Nr. 2 und 3 zu erteilen. ³Sie soll in der Regel abweichend von § 5 Abs. 1 Nr. 1 in den Fällen des Satzes 1 Nr. 1 erteilt werden. ⁴Sie kann abweichend von § 5 Abs. 1 Nr. 1 dem nicht personensorgeberechtigten Elternteil eines minderjährigen ledigen Deutschen erteilt werden, wenn die familiäre Gemeinschaft schon im Bundesgebiet gelebt wird. ⁵§ 30 Abs. 1 Satz 1 Nr. 1 und 2, Satz 3 und Abs. 2 Satz 1 ist in den Fällen des Satzes 1 Nr. 1 entsprechend anzuwenden.

(2) ¹Dem Ausländer ist in der Regel eine Niederlassungserlaubnis zu erteilen, wenn er drei Jahre im Besitz einer Aufenthaltserlaubnis ist, die familiäre Lebensgemeinschaft mit dem Deutschen im Bundesgebiet fortbesteht, kein Ausweisungsinteresse besteht und er über ausreichende Kenntnisse der deutschen Sprache verfügt. ²§ 9 Absatz 2 Satz 2 bis 5 gilt entsprechend. ³Im Übrigen wird die Aufenthaltserlaubnis verlängert, solange die familiäre Lebensgemeinschaft fortbesteht.

(3) ¹Die §§ 31 und 34 finden mit der Maßgabe Anwendung, dass an die Stelle des Aufenthaltstitels des Ausländers der gewöhnliche Aufenthalt des Deutschen im Bundesgebiet tritt. ²Die einem Elternteil eines minderjährigen ledigen Deutschen zur Ausübung der Personensorge erteilte Aufenthaltserlaubnis ist auch nach Eintritt der Volljährigkeit des Kindes zu verlängern, solange das Kind mit ihm in familiärer Lebensgemeinschaft lebt und das Kind sich in einer Ausbildung befindet, die zu einem anerkannten schulischen oder beruflichen Bildungsabschluss oder Hochschulabschluss führt.

(4) Auf sonstige Familienangehörige findet § 36 entsprechende Anwendung.

§ 29 Familiennachzug zu Ausländern

(1) Für den Familiennachzug zu einem Ausländer muss
1. der Ausländer eine Niederlassungserlaubnis, Erlaubnis zum Daueraufenthalt – EU, Aufenthaltserlaubnis, eine Blaue Karte EU, eine ICT-Karte oder eine Mobiler-ICT-Karte besitzen oder sich gemäß § 20a berechtigt im Bundesgebiet aufhalten und
2. ausreichender Wohnraum zur Verfügung stehen.

(2) ¹Bei dem Ehegatten und dem minderjährigen ledigen Kind eines Ausländers, der eine Aufenthaltserlaubnis nach § 23 Absatz 4, § 25 Absatz 1 oder 2, eine Niederlassungserlaubnis nach § 26 Absatz 3 oder nach Erteilung einer Aufenthaltserlaubnis nach § 25 Absatz 2 Satz 1 zweite Alternative eine Niederlassungserlaubnis nach § 26 Absatz 4 besitzt, kann von den Voraussetzungen des § 5 Absatz 1 Nummer 1 und des Absatzes 1 Nummer 2 abgesehen werden. ²In den Fällen des Satzes 1 ist von diesen Voraussetzungen abzusehen, wenn
1. der im Zuge des Familiennachzugs erforderliche Antrag auf Erteilung eines Aufenthaltstitels innerhalb von drei Monaten nach unanfechtbarer Anerkennung als Asylberechtigter oder unanfechtbarer Zuerkennung der Flüchtlingseigenschaft oder subsidiären Schutzes oder nach Erteilung einer Aufenthaltserlaubnis nach § 23 Absatz 4 gestellt wird und
2. die Herstellung der familiären Lebensgemeinschaft in einem Staat, der nicht Mitgliedstaat der Europäischen Union ist und zu dem der Ausländer oder seine Familienangehörigen eine besondere Bindung haben, nicht möglich ist.

³Die in Satz 2 Nr. 1 genannte Frist wird auch durch die rechtzeitige Antragstellung des Ausländers gewahrt.

(3) ¹Die Aufenthaltserlaubnis darf dem Ehegatten und dem minderjährigen Kind eines Ausländers, der eine Aufenthaltserlaubnis nach den §§ 22, 23 Absatz 1 oder Absatz 2 oder § 25 Absatz 3 oder Absatz 4a Satz 1, § 25a Absatz 1 oder § 25b Absatz 1 besitzt, nur aus völkerrechtlichen oder humanitären Gründen oder zur Wahrung politischer Interessen der Bundesrepublik Deutschland erteilt werden. ²§ 26 Abs. 4 gilt entsprechend. ³Ein Familiennachzug wird in den Fällen des § 25 Absatz 4, 4b und 5, § 25a Absatz 2, § 25b Absatz 4, § 104a Abs. 1 Satz 1 und § 104b nicht gewährt.

(4) ¹Die Aufenthaltserlaubnis wird dem Ehegatten und dem minderjährigen ledigen Kind eines Ausländers oder dem minderjährigen ledigen Kind seines Ehegatten abweichend von § 5 Abs. 1 und § 27 Abs. 3 erteilt, wenn dem Ausländer vorübergehender Schutz nach § 24 Abs. 1 gewährt wurde und
1. die familiäre Lebensgemeinschaft im Herkunftsland durch die Fluchtsituation aufgehoben wurde und
2. der Familienangehörige aus einem anderen Mitgliedstaat der Europäischen Union übernommen wird oder sich außerhalb der Europäischen Union befindet und schutzbedürftig ist.

²Die Erteilung einer Aufenthaltserlaubnis an sonstige Familienangehörige eines Ausländers, dem vorübergehender Schutz nach § 24 Abs. 1 gewährt wurde, richtet sich nach § 36. ³Auf die nach diesem Absatz aufgenommenen Familienangehörigen findet § 24 Anwendung.

§ 30 Ehegattennachzug

(1) ¹Dem Ehegatten eines Ausländers ist eine Aufenthaltserlaubnis zu erteilen, wenn
1. beide Ehegatten das 18. Lebensjahr vollendet haben,
2. der Ehegatte sich zumindest auf einfache Art in deutscher Sprache verständigen kann und
3. der Ausländer
    a) eine Niederlassungserlaubnis besitzt,
    b) eine Erlaubnis zum Daueraufenthalt – EU besitzt,
    c) eine Aufenthaltserlaubnis nach § 20, § 20b oder § 25 Abs. 1 oder Abs. 2 besitzt,
    d) seit zwei Jahren eine Aufenthaltserlaubnis besitzt und die Aufenthaltserlaubnis nicht mit einer Nebenbestimmung nach § 8 Abs. 2 versehen oder die spätere Erteilung einer Niederlassungserlaubnis nicht auf Grund einer Rechtsnorm ausgeschlossen ist,
    e) eine Aufenthaltserlaubnis besitzt, die Ehe bei deren Erteilung bereits bestand und die Dauer seines Aufenthalts im Bundesgebiet voraussichtlich über ein Jahr betragen wird,
    f) eine Aufenthaltserlaubnis nach § 38a besitzt und die eheliche Lebensgemeinschaft bereits in dem Mitgliedstaat der Europäischen Union bestand, in dem der Ausländer die Rechtsstellung eines langfristig Aufenthaltsberechtigten innehat, oder
    g) eine Blaue Karte EU, eine ICT-Karte oder eine Mobiler-ICT-Karte besitzt.

²Satz 1 Nummer 1 und 2 ist für die Erteilung der Aufenthaltserlaubnis unbeachtlich, wenn die Voraussetzungen des Satzes 1 Nummer 3 Buchstabe f vorliegen. ³Satz 1 Nummer 2 ist für die Erteilung der Aufenthaltserlaubnis unbeachtlich, wenn

I. Aufenthaltsgesetz § 31 AufenthG

1. der Ausländer, der einen Aufenthaltstitel nach § 23 Absatz 4, § 25 Absatz 1 oder 2, § 26 Absatz 3 oder nach Erteilung einer Aufenthaltserlaubnis nach § 25 Absatz 2 Satz 1 zweite Alternative eine Niederlassungserlaubnis nach § 26 Absatz 4 besitzt und die Ehe bereits bestand, als der Ausländer seinen Lebensmittelpunkt in das Bundesgebiet verlegt hat,
2. der Ehegatte wegen einer körperlichen, geistigen oder seelischen Krankheit oder Behinderung nicht in der Lage ist, einfache Kenntnisse der deutschen Sprache nachzuweisen,
3. bei dem Ehegatten ein erkennbar geringer Integrationsbedarf im Sinne einer nach § 43 Absatz 4 erlassenen Rechtsverordnung besteht oder dieser aus anderen Gründen nach der Einreise keinen Anspruch nach § 44 auf Teilnahme am Integrationskurs hätte,
4. der Ausländer wegen seiner Staatsangehörigkeit auch für einen Aufenthalt, der kein Kurzaufenthalt ist, visumfrei in das Bundesgebiet einreisen und sich darin aufhalten darf,
5. der Ausländer im Besitz einer Blauen Karte EU ist,
6. es dem Ehegatten auf Grund besonderer Umstände des Einzelfalles nicht möglich oder nicht zumutbar ist, vor der Einreise Bemühungen zum Erwerb einfacher Kenntnisse der deutschen Sprache zu unternehmen,
7. der Ausländer einen Aufenthaltstitel nach den §§ 19 bis 21 besitzt und die Ehe bereits bestand, als er seinen Lebensmittelpunkt in das Bundesgebiet verlegt hat, oder
8. der Ausländer unmittelbar vor der Erteilung einer Niederlassungserlaubnis oder einer Erlaubnis zum Daueraufenthalt – EU Inhaber einer Aufenthaltserlaubnis nach § 20 war.

(2) ¹Die Aufenthaltserlaubnis kann zur Vermeidung einer besonderen Härte abweichend von Absatz 1 Satz 1 Nr. 1 erteilt werden. ²Besitzt der Ausländer eine Aufenthaltserlaubnis, kann von den anderen Voraussetzungen des Absatzes 1 Satz 1 Nr. 3 Buchstabe e abgesehen werden.

(3) Die Aufenthaltserlaubnis kann abweichend von § 5 Abs. 1 Nr. 1 und § 29 Abs. 1 Nr. 2 verlängert werden, solange die eheliche Lebensgemeinschaft fortbesteht.

(4) Ist ein Ausländer gleichzeitig mit mehreren Ehegatten verheiratet und lebt er gemeinsam mit einem Ehegatten im Bundesgebiet, wird keinem weiteren Ehegatten eine Aufenthaltserlaubnis nach Absatz 1 oder Absatz 3 erteilt.

(5) ¹Hält sich der Ausländer gemäß § 20a berechtigt im Bundesgebiet auf, so bedarf der Ehegatte keines Aufenthaltstitels, wenn nachgewiesen wird, dass sich der Ehegatte in dem anderen Mitgliedstaat der Europäischen Union rechtmäßig als Angehöriger des Ausländers aufgehalten hat. ²Die Voraussetzungen nach § 20a Absatz 1 Satz 1 Nummer 1, 3 und 4 und die Ablehnungsgründe nach § 20c gelten für den Ehegatten entsprechend.

§ 31 Eigenständiges Aufenthaltsrecht der Ehegatten

(1) ¹Die Aufenthaltserlaubnis des Ehegatten wird im Falle der Aufhebung der ehelichen Lebensgemeinschaft als eigenständiges, vom Zweck des Familiennachzugs unabhängiges Aufenthaltsrecht für ein Jahr verlängert, wenn
1. die eheliche Lebensgemeinschaft seit mindestens drei Jahren rechtmäßig im Bundesgebiet bestanden hat oder
2. der Ausländer gestorben ist, während die eheliche Lebensgemeinschaft im Bundesgebiet bestand

und der Ausländer bis dahin im Besitz einer Aufenthaltserlaubnis, Niederlassungserlaubnis oder Erlaubnis zum Daueraufenthalt – EU war, es sei denn, er konnte die Verlängerung aus von ihm nicht zu vertretenden Gründen nicht rechtzeitig beantragen. ²Satz 1 ist nicht anzuwenden, wenn die Aufenthaltserlaubnis des Ausländers nicht verlängert oder dem Ausländer keine Niederlassungserlaubnis oder Erlaubnis zum Daueraufenthalt – EU erteilt werden darf, weil dies durch eine Rechtsnorm wegen des Zwecks des Aufenthalts oder durch eine Nebenbestimmung zur Aufenthaltserlaubnis nach § 8 Abs. 2 ausgeschlossen ist.

(2) ¹Von der Voraussetzung des dreijährigen rechtmäßigen Bestandes der ehelichen Lebensgemeinschaft im Bundesgebiet nach Absatz 1 Satz 1 Nr. 1 ist abzusehen, soweit es zur Vermeidung einer besonderen Härte erforderlich ist, dem Ehegatten den weiteren Aufenthalt zu ermöglichen, es sei denn, für den Ausländer ist die Verlängerung der Aufenthaltserlaubnis ausgeschlossen. ²Eine besondere Härte liegt insbesondere vor, wenn die Ehe nach deutschem Recht wegen Minderjährigkeit des Ehegatten im Zeitpunkt der Eheschließung unwirksam ist oder aufgehoben worden ist, wenn dem Ehegatten wegen der aus der Auflösung der ehelichen Lebensgemeinschaft erwachsenden Rückkehrverpflichtung eine erhebliche Beeinträchtigung seiner schutzwürdigen Belange droht oder wenn dem Ehegatten wegen der Beeinträchtigung seiner schutzwürdigen Belange das weitere Festhalten an der ehelichen Lebensgemeinschaft unzumutbar ist; dies ist insbesondere anzunehmen, wenn der Ehegatte Opfer häuslicher Gewalt ist. ³Zu den schutzwürdigen Belangen zählt auch das Wohl eines mit dem Ehegatten in familiärer Lebensgemeinschaft lebenden Kindes. ⁴Zur Vermeidung von Missbrauch kann die Verlängerung der Aufenthaltserlaubnis versagt werden, wenn der Ehegatte aus einem von ihm zu vertretenden Grund auf Leistungen nach dem Zweiten oder Zwölften Buch Sozialgesetzbuch angewiesen ist.

(3) Wenn der Lebensunterhalt des Ehegatten nach Aufhebung der ehelichen Lebensgemeinschaft durch Unterhaltsleistungen aus eigenen Mitteln des Ausländers gesichert ist und dieser eine Niederlassungserlaubnis oder eine Erlaubnis zum Daueraufenthalt – EU besitzt, ist dem Ehegatten abweichend von § 9 Abs. 2 Satz 1 Nr. 3, 5 und 6 ebenfalls eine Niederlassungserlaubnis zu erteilen.

(4) ¹Die Inanspruchnahme von Leistungen nach dem Zweiten oder Zwölften Buch Sozialgesetzbuch steht der Verlängerung der Aufenthaltserlaubnis unbeschadet des Absatzes 2 Satz 4 nicht entgegen. ²Danach kann die Aufenthaltserlaubnis verlängert werden, solange die Voraussetzungen für die Erteilung der Niederlassungserlaubnis oder Erlaubnis zum Daueraufenthalt – EU nicht vorliegen.

§ 32 Kindernachzug

(1) Dem minderjährigen ledigen Kind eines Ausländers ist eine Aufenthaltserlaubnis zu erteilen, wenn beide Eltern oder der allein personensorgeberechtigte Elternteil eine Aufenthaltserlaubnis, eine Blaue Karte EU, eine ICT-Karte, eine Mobiler-ICT-Karte, eine Niederlassungserlaubnis oder eine Erlaubnis zum Daueraufenthalt – EU besitzen.

(2) ¹Hat das minderjährige ledige Kind bereits das 16. Lebensjahr vollendet und verlegt es seinen Lebensmittelpunkt nicht zusammen mit seinen Eltern oder dem allein personensorgeberechtigten Elternteil in das Bundesgebiet, gilt Absatz 1 nur, wenn es die deutsche Sprache beherrscht oder gewährleistet erscheint, dass es sich auf Grund seiner bisherigen Ausbildung und Lebensverhältnisse in die Lebensverhältnisse in der Bundesrepublik Deutschland einfügen kann. ²Satz 1 gilt nicht, wenn

1. der Ausländer eine Aufenthaltserlaubnis nach § 23 Absatz 4, § 25 Absatz 1 oder 2, eine Niederlassungserlaubnis nach § 26 Absatz 3 oder nach Erteilung einer Aufenthaltserlaubnis nach § 25 Absatz 2 Satz 1 zweite Alternative eine Niederlassungserlaubnis nach § 26 Absatz 4 besitzt oder
2. der Ausländer oder sein mit ihm in familiärer Lebensgemeinschaft lebender Ehegatte eine Niederlassungserlaubnis nach § 19, eine Blaue Karte EU, eine ICT-Karte oder eine Mobiler-ICT-Karte oder eine Aufenthaltserlaubnis nach § 20 oder § 20b besitzt.

(2a) *(aufgehoben)*

(3) Bei gemeinsamem Sorgerecht soll eine Aufenthaltserlaubnis nach den Absätzen 1 und 2 auch zum Nachzug zu nur einem sorgeberechtigten Elternteil erteilt werden, wenn der andere Elternteil sein Einverständnis mit dem Aufenthalt des Kindes im Bundesgebiet erklärt hat oder eine entsprechende rechtsverbindliche Entscheidung einer zuständigen Stelle vorliegt.

(4) [1]Im Übrigen kann dem minderjährigen ledigen Kind eines Ausländers eine Aufenthaltserlaubnis erteilt werden, wenn es auf Grund der Umstände des Einzelfalls zur Vermeidung einer besonderen Härte erforderlich ist. [2]Hierbei sind das Kindeswohl und die familiäre Situation zu berücksichtigen.

(5) [1]Hält sich der Ausländer gemäß § 20a berechtigt im Bundesgebiet auf, so bedarf das minderjährige ledige Kind keines Aufenthaltstitels, wenn nachgewiesen wird, dass sich das Kind in dem anderen Mitgliedstaat der Europäischen Union rechtmäßig als Angehöriger des Ausländers aufgehalten hat. [2]Die Voraussetzungen nach § 20a Absatz 1 Satz 1 Nummer 1, 3 und 4 und die Ablehnungsgründe nach § 20c gelten für das minderjährige Kind entsprechend.

§ 33 Geburt eines Kindes im Bundesgebiet

[1]Einem Kind, das im Bundesgebiet geboren wird, kann abweichend von den §§ 5 und 29 Abs. 1 Nr. 2 von Amts wegen eine Aufenthaltserlaubnis erteilt werden, wenn ein Elternteil eine Aufenthaltserlaubnis, eine Niederlassungserlaubnis oder eine Erlaubnis zum Daueraufenthalt – EU besitzt. [2]Wenn zum Zeitpunkt der Geburt beide Elternteile oder der allein personensorgeberechtigte Elternteil eine Aufenthaltserlaubnis, eine Niederlassungserlaubnis oder eine Erlaubnis zum Daueraufenthalt – EU besitzen, wird dem im Bundesgebiet geborenen Kind die Aufenthaltserlaubnis von Amts wegen erteilt. [3]Der Aufenthalt eines im Bundesgebiet geborenen Kindes, dessen Mutter oder Vater zum Zeitpunkt der Geburt im Besitz eines Visums ist oder sich visumfrei aufhalten darf, gilt bis zum Ablauf des Visums oder des rechtmäßigen visumfreien Aufenthalts als erlaubt.

§ 34 Aufenthaltsrecht der Kinder

(1) Die einem Kind erteilte Aufenthaltserlaubnis ist abweichend von § 5 Abs. 1 Nr. 1 und § 29 Abs. 1 Nr. 2 zu verlängern, solange ein personensorgeberechtigter Elternteil eine Aufenthaltserlaubnis, Niederlassungserlaubnis oder eine Erlaubnis zum Daueraufenthalt – EU besitzt und das Kind mit ihm in familiärer Lebensgemeinschaft lebt oder das Kind im Falle seiner Ausreise ein Wiederkehrrecht gemäß § 37 hätte.

(2) [1]Mit Eintritt der Volljährigkeit wird die einem Kind erteilte Aufenthaltserlaubnis zu einem eigenständigen, vom Familiennachzug unabhängigen Aufenthaltsrecht. [2]Das Gleiche gilt bei Erteilung einer Niederlassungserlaubnis und der Erlaubnis zum Daueraufenthalt – EU oder wenn die Aufenthaltserlaubnis in entsprechender Anwendung des § 37 verlängert wird.

(3) Die Aufenthaltserlaubnis kann verlängert werden, solange die Voraussetzungen für die Erteilung der Niederlassungserlaubnis und der Erlaubnis zum Daueraufenthalt – EU noch nicht vorliegen.

§ 35 Eigenständiges, unbefristetes Aufenthaltsrecht der Kinder

(1) [1]Einem minderjährigen Ausländer, der eine Aufenthaltserlaubnis nach diesem Abschnitt besitzt, ist abweichend von § 9 Abs. 2 eine Niederlassungserlaubnis zu erteilen, wenn er im Zeitpunkt der Vollendung seines 16. Lebensjahres seit fünf Jahren im Besitz der Aufenthaltserlaubnis ist. [2]Das Gleiche gilt, wenn
1. der Ausländer volljährig und seit fünf Jahren im Besitz der Aufenthaltserlaubnis ist,
2. er über ausreichende Kenntnisse der deutschen Sprache verfügt und
3. sein Lebensunterhalt gesichert ist oder er sich in einer Ausbildung befindet, die zu einem anerkannten schulischen oder beruflichen Bildungsabschluss oder einem Hochschulabschluss führt.

(2) Auf die nach Absatz 1 erforderliche Dauer des Besitzes der Aufenthaltserlaubnis werden in der Regel nicht die Zeiten angerechnet, in denen der Ausländer außerhalb des Bundesgebietes die Schule besucht hat.

(3) [1]Ein Anspruch auf Erteilung einer Niederlassungserlaubnis nach Absatz 1 besteht nicht, wenn
1. ein auf dem persönlichen Verhalten des Ausländers beruhendes Ausweisungsinteresse besteht,
2. der Ausländer in den letzten drei Jahren wegen einer vorsätzlichen Straftat zu einer Jugendstrafe von mindestens sechs oder einer Freiheitsstrafe von mindestens drei Monaten oder einer Geldstrafe von mindestens 90 Tagessätzen verurteilt worden oder wenn die Verhängung einer Jugendstrafe ausgesetzt ist oder
3. der Lebensunterhalt nicht ohne Inanspruchnahme von Leistungen nach dem Zweiten oder Zwölften Buch Sozialgesetzbuch oder Jugendhilfe nach dem Achten Buch Sozialgesetzbuch gesichert ist, es sei denn, der Ausländer befindet sich in einer Ausbildung, die zu einem anerkannten schulischen oder beruflichen Bildungsabschluss führt.

[2]In den Fällen des Satzes 1 kann die Niederlassungserlaubnis erteilt oder die Aufenthaltserlaubnis verlängert werden. [3]Ist im Falle des Satzes 1 Nr. 2 die Jugend- oder Freiheitsstrafe zur Bewährung oder die Verhängung einer Jugendstrafe ausgesetzt, wird die Aufenthaltserlaubnis in der Regel bis zum Ablauf der Bewährungszeit verlängert.

(4) Von den in Absatz 1 Satz 2 Nr. 2 und 3 und Absatz 3 Satz 1 Nr. 3 bezeichneten Voraussetzungen ist abzusehen, wenn sie von dem Ausländer wegen einer körperlichen, geistigen oder seelischen Krankheit oder Behinderung nicht erfüllt werden können.

§ 36 Nachzug der Eltern und sonstiger Familienangehöriger

(1) Den Eltern eines minderjährigen Ausländers, der eine Aufenthaltserlaubnis nach § 23 Absatz 4, § 25 Absatz 1 oder 2, eine Niederlassungserlaubnis nach § 26 Absatz 3 oder nach Erteilung einer Aufenthaltserlaubnis nach § 25 Absatz 2 Satz 1 zweite Alternative eine Niederlassungserlaubnis nach § 26 Absatz 4 besitzt, ist abweichend von § 5 Absatz 1 Nummer 1 und § 29 Absatz 1 Nummer 2 eine Aufenthaltserlaubnis zu erteilen, wenn sich kein personensorgeberechtigter Elternteil im Bundesgebiet aufhält.

(2) ¹Sonstigen Familienangehörigen eines Ausländers kann zum Familiennachzug eine Aufenthaltserlaubnis erteilt werden, wenn es zur Vermeidung einer außergewöhnlichen Härte erforderlich ist. ²Auf volljährige Familienangehörige sind § 30 Abs. 3 und § 31, auf minderjährige Familienangehörige ist § 34 entsprechend anzuwenden.

Die §§ 27–36 bestimmen, unter welchen Voraussetzungen der **Aufenthalt aus familiären Gründen** zulässig und zu diesem Zweck (zunächst) eine befristete Aufenthaltserlaubnis zu erteilen ist. Durch § 27, in dem die Grundsätze des Familiennachzugs normiert werden, wird ausgesprochen, dass die Vorschriften zum Schutz von Ehe und Familie gem. Art. 6 GG dienen. Gleichzeitig stellt § 27 Abs. 1a klar, dass in **Missbrauchsfällen,** in denen die Ehe oder das Verwandtschaftsverhältnis nur zur Erlangung eines Aufenthaltstitels begründet wurde, der Familiennachzug nicht zugelassen wird. 1

In § 28 werden die Grundsätze des Familiennachzugs zu **Deutschen,** in § 29 zu **Ausländern,** die sich im Bundesgebiet aufhalten, geregelt. Die §§ 30 und 32 stellen weitere Voraussetzungen für den Ehegattennachzug bzw. für den Nachzug von Kindern auf. Die Bestimmung des § 31 befasst sich mit einem **eigenständigen Aufenthaltsrecht** für Ehegatten, wenn die Ehe durch Tod oder Trennung aufgehoben wurde, wogegen die §§ 33–35 Aufenthaltsrechte von Kindern regeln, die als Ausländer in Deutschland geboren wurden (§ 33), denen eine Aufenthaltserlaubnis erteilt wurde (§ 34) oder denen unter den Voraussetzungen des § 35 ein eigenständiges unbefristetes Aufenthaltsrecht zusteht, das zu einer Niederlassungserlaubnis führt. Durch § 36 wird schließlich der Nachzug **entfernterer Angehöriger** zur Vermeidung außergewöhnlicher Härten ermöglicht. 2

In **strafrechtlicher Hinsicht** ist insbesondere die missbräuchliche Berufung auf Aufenthaltsrechte aus familiären Gründen relevant, etwa in den Fällen der „Scheinehen" oder der sog. „Scheinvaterschaften", sowie bei der Einschleusung von Ausländerinnen mit Touristenvisa zur Ehevermittlung (dazu → § 95 Rn. 112, 113, → § 96 Rn. 16, 23). 3

Abschnitt 7. Besondere Aufenthaltsrechte

§ 37 Recht auf Wiederkehr

(1) ¹Einem Ausländer, der als Minderjähriger rechtmäßig seinen gewöhnlichen Aufenthalt im Bundesgebiet hatte, ist eine Aufenthaltserlaubnis zu erteilen, wenn
1. der Ausländer sich vor seiner Ausreise acht Jahre rechtmäßig im Bundesgebiet aufgehalten und sechs Jahre im Bundesgebiet eine Schule besucht hat,
2. sein Lebensunterhalt aus eigener Erwerbstätigkeit oder durch eine Unterhaltsverpflichtung gesichert ist, die ein Dritter für die Dauer von fünf Jahren übernommen hat, und
3. der Antrag auf Erteilung der Aufenthaltserlaubnis nach Vollendung des 15. und vor Vollendung des 21. Lebensjahres sowie vor Ablauf von fünf Jahren seit der Ausreise gestellt wird.

²Die Aufenthaltserlaubnis berechtigt zur Ausübung einer Erwerbstätigkeit.

(2) ¹Zur Vermeidung einer besonderen Härte kann von den in Absatz 1 Satz 1 Nr. 1 und 3 bezeichneten Voraussetzungen abgewichen werden. ²Von den in Absatz 1 Satz 1 Nr. 1 bezeichneten Voraussetzungen kann abgesehen werden, wenn der Ausländer im Bundesgebiet einen anerkannten Schulabschluss erworben hat.

(2a) ¹Von den in Absatz 1 Satz 1 Nummer 1 bis 3 bezeichneten Voraussetzungen kann abgewichen werden, wenn der Ausländer rechtswidrig mit Gewalt oder Drohung mit einem empfindlichen Übel zur Eingehung der Ehe genötigt und von der Rückkehr nach Deutschland abgehalten wurde, er den Antrag auf Erteilung einer Aufenthaltserlaubnis innerhalb von drei Monaten nach Wegfall der Zwangslage, spätestens jedoch vor Ablauf von fünf Jahren seit der Ausreise, stellt, und gewährleistet erscheint, dass er sich aufgrund seiner bisherigen Ausbildung und Lebensverhältnisse in die Lebensverhältnisse der Bundesrepublik Deutschland einfügen kann. ²Erfüllt der Ausländer die Voraussetzungen des Absatzes 1 Satz 1 Nummer 1, soll ihm eine Aufenthaltserlaubnis erteilt werden, wenn er rechtswidrig mit Gewalt oder Drohung mit einem empfindlichen Übel zur Eingehung der Ehe genötigt und von der Rückkehr nach Deutschland abgehalten wurde und er den Antrag auf Erteilung einer Aufenthaltserlaubnis innerhalb von drei Monaten nach Wegfall der Zwangslage, spätestens jedoch vor Ablauf von zehn Jahren seit der Ausreise, stellt. ³Absatz 2 bleibt unberührt.

(3) Die Erteilung der Aufenthaltserlaubnis kann versagt werden,
1. wenn der Ausländer ausgewiesen worden war oder ausgewiesen werden konnte, als er das Bundesgebiet verließ,
2. wenn ein Ausweisungsinteresse besteht oder
3. solange der Ausländer minderjährig und seine persönliche Betreuung im Bundesgebiet nicht gewährleistet ist.

(4) Der Verlängerung der Aufenthaltserlaubnis steht nicht entgegen, dass der Lebensunterhalt nicht mehr aus eigener Erwerbstätigkeit gesichert oder die Unterhaltsverpflichtung wegen Ablaufs der fünf Jahre entfallen ist.

(5) Einem Ausländer, der von einem Träger im Bundesgebiet Rente bezieht, wird in der Regel eine Aufenthaltserlaubnis erteilt, wenn er sich vor seiner Ausreise mindestens acht Jahre rechtmäßig im Bundesgebiet aufgehalten hat.

§ 38 Aufenthaltstitel für ehemalige Deutsche

(1) ¹Einem ehemaligen Deutschen ist
1. eine Niederlassungserlaubnis zu erteilen, wenn er bei Verlust der deutschen Staatsangehörigkeit seit fünf Jahren als Deutscher seinen gewöhnlichen Aufenthalt im Bundesgebiet hatte,
2. eine Aufenthaltserlaubnis zu erteilen, wenn er bei Verlust der deutschen Staatsangehörigkeit seit mindestens einem Jahr seinen gewöhnlichen Aufenthalt im Bundesgebiet hatte.

²Der Antrag auf Erteilung eines Aufenthaltstitels nach Satz 1 ist innerhalb von sechs Monaten nach Kenntnis vom Verlust der deutschen Staatsangehörigkeit zu stellen. ³§ 81 Abs. 3 gilt entsprechend.

(2) Einem ehemaligen Deutschen, der seinen gewöhnlichen Aufenthalt im Ausland hat, kann eine Aufenthaltserlaubnis erteilt werden, wenn er über ausreichende Kenntnisse der deutschen Sprache verfügt.

(3) In besonderen Fällen kann der Aufenthaltstitel nach Absatz 1 oder 2 abweichend von § 5 erteilt werden.

(4) ¹Die Aufenthaltserlaubnis nach Absatz 1 oder 2 berechtigt zur Ausübung einer Erwerbstätigkeit. ²Die Ausübung einer Erwerbstätigkeit ist innerhalb der Antragsfrist des Absatzes 1 Satz 2 und im Falle der Antragstellung bis zur Entscheidung der Ausländerbehörde über den Antrag erlaubt.

(5) Die Absätze 1 bis 4 finden entsprechende Anwendung auf einen Ausländer, der aus einem nicht von ihm zu vertretenden Grund bisher von deutschen Stellen als Deutscher behandelt wurde.

§ 38a Aufenthaltserlaubnis für in anderen Mitgliedstaaten der Europäischen Union langfristig Aufenthaltsberechtigte

(1) ¹Einem Ausländer, der in einem anderen Mitgliedstaat der Europäischen Union die Rechtsstellung eines langfristig Aufenthaltsberechtigten innehat, wird

eine Aufenthaltserlaubnis erteilt, wenn er sich länger als 90 Tage im Bundesgebiet aufhalten will. ²§ 8 Abs. 2 ist nicht anzuwenden.

(2) Absatz 1 ist nicht anzuwenden auf Ausländer, die
1. von einem Dienstleistungserbringer im Rahmen einer grenzüberschreitenden Dienstleistungserbringung entsandt werden,
2. sonst grenzüberschreitende Dienstleistungen erbringen wollen oder
3. sich zur Ausübung einer Beschäftigung als Saisonarbeitnehmer im Bundesgebiet aufhalten oder im Bundesgebiet eine Tätigkeit als Grenzarbeitnehmer aufnehmen wollen.

(3) ¹Die Aufenthaltserlaubnis berechtigt zur Ausübung einer Beschäftigung, wenn die Bundesagentur für Arbeit der Ausübung der Beschäftigung nach § 39 Absatz 2 zugestimmt hat oder durch Rechtsverordnung nach § 42 oder durch zwischenstaatliche Vereinbarung bestimmt ist, dass die Ausübung der Beschäftigung ohne Zustimmung der Bundesagentur für Arbeit zulässig ist. ²Die Aufenthaltserlaubnis berechtigt zur Ausübung einer selbständigen Tätigkeit, wenn die in § 21 genannten Voraussetzungen erfüllt sind. ³Wird der Aufenthaltstitel nach Absatz 1 für ein Studium oder für sonstige Ausbildungszwecke erteilt, sind die §§ 16 und 17 entsprechend anzuwenden. ⁴In den Fällen des § 17 wird der Aufenthaltstitel ohne Zustimmung der Bundesagentur für Arbeit erteilt.

(4) ¹Eine nach Absatz 1 erteilte Aufenthaltserlaubnis darf nur für höchstens zwölf Monate mit einer Nebenbestimmung nach § 39 Abs. 4 versehen werden. ²Der in Satz 1 genannte Zeitraum beginnt mit der erstmaligen Erlaubnis einer Beschäftigung bei der Erteilung der Aufenthaltserlaubnis nach Absatz 1. ³Nach Ablauf dieses Zeitraums berechtigt die Aufenthaltserlaubnis zur Ausübung einer Erwerbstätigkeit.

Im siebten Abschnitt sind in den §§ 37–38a schließlich **besondere Aufenthaltsrechte** 1 für Ausländer, die im Bundesgebiet aufgewachsen sind, mit Sonderregeln für Opfer von Zwangsehen (Abs. 2a) oder von einem deutschen Träger Rente beziehen (Recht auf Wiederkehr, § 37), für ehemalige Deutsche (§ 38) oder für Ausländer, die in einem Staat der Europäischen Union über einen langfristigen Aufenthaltstitel verfügen (§ 38a), geregelt. In der Regel wird eine (zunächst) **befristete Aufenthaltserlaubnis** erteilt, ehemalige Deutsche haben unter den Voraussetzungen des § 38 Abs. 1 einen Rechtsanspruch auf Erteilung einer Niederlassungs- oder Aufenthaltserlaubnis.

Abschnitt 8. Beteiligung der Bundesagentur für Arbeit

§§ 39–42 *(nicht abgedruckt)*

Kapitel 3. Integration

§ 43 Integrationskurs

(1) Die Integration von rechtmäßig auf Dauer im Bundesgebiet lebenden Ausländern in das wirtschaftliche, kulturelle und gesellschaftliche Leben in der Bundesrepublik Deutschland wird gefördert und gefordert.

(2) ¹Eingliederungsbemühungen von Ausländern werden durch ein Grundangebot zur Integration (Integrationskurs) unterstützt. ²Ziel des Integrationskurses ist, den Ausländern die Sprache, die Rechtsordnung, die Kultur und die Geschichte in Deutschland erfolgreich zu vermitteln. ³Ausländer sollen dadurch mit den Lebensverhältnissen im Bundesgebiet so weit vertraut werden, dass sie ohne die

Hilfe oder Vermittlung Dritter in allen Angelegenheiten des täglichen Lebens selbständig handeln können.

(3) ¹Der Integrationskurs umfasst einen Basis- und einen Aufbausprachkurs von jeweils gleicher Dauer zur Erlangung ausreichender Sprachkenntnisse sowie einen Orientierungskurs zur Vermittlung von Kenntnissen der Rechtsordnung, der Kultur und der Geschichte in Deutschland. ²Der Integrationskurs wird vom Bundesamt für Migration und Flüchtlinge koordiniert und durchgeführt, das sich hierzu privater oder öffentlicher Träger bedienen kann. ³Für die Teilnahme am Integrationskurs sollen Kosten in angemessenem Umfang unter Berücksichtigung der Leistungsfähigkeit erhoben werden. ⁴Zur Zahlung ist auch derjenige verpflichtet, der dem Ausländer zur Gewährung des Lebensunterhalts verpflichtet ist.

(4) ¹Die Bundesregierung wird ermächtigt, nähere Einzelheiten des Integrationskurses, insbesondere die Grundstruktur, die Dauer, die Lerninhalte und die Durchführung der Kurse, die Vorgaben bezüglich der Auswahl und Zulassung der Kursträger sowie die Voraussetzungen und die Rahmenbedingungen für die ordnungsgemäße und erfolgreiche Teilnahme und ihre Bescheinigung einschließlich der Kostentragung sowie die erforderliche Datenübermittlung zwischen den beteiligten Stellen und die Datenverarbeitung durch das Bundesamt für Migration und Flüchtlinge nach § 88a Absatz 1 und 1a durch eine Rechtsverordnung ohne Zustimmung des Bundesrates zu regeln. ²Hiervon ausgenommen sind die Prüfungs- und Nachweismodalitäten der Abschlusstests zu den Integrationskursen, die das Bundesministerium des Innern durch Rechtsverordnung ohne Zustimmung des Bundesrates regelt.

§ 44 Berechtigung zur Teilnahme an einem Integrationskurs

(1) ¹Einen Anspruch auf die einmalige Teilnahme an einem Integrationskurs hat ein Ausländer, der sich dauerhaft im Bundesgebiet aufhält, wenn ihm
1. erstmals eine Aufenthaltserlaubnis
   a) zu Erwerbszwecken (§§ 18, 21),
   b) zum Zweck des Familiennachzugs (§§ 28, 29, 30, 32, 36),
   c) aus humanitären Gründen nach § 25 Absatz 1, 2, 4a Satz 3 oder § 25b,
   d) als langfristig Aufenthaltsberechtigter nach § 38a oder
2. ein Aufenthaltstitel nach § 23 Abs. 2 oder Absatz 4

erteilt wird. ²Von einem dauerhaften Aufenthalt ist in der Regel auszugehen, wenn der Ausländer eine Aufenthaltserlaubnis von mindestens einem Jahr erhält oder seit über 18 Monaten eine Aufenthaltserlaubnis besitzt, es sei denn, der Aufenthalt ist vorübergehender Natur.

(2) ¹Der Teilnahmeanspruch nach Absatz 1 erlischt ein Jahr nach Erteilung des den Anspruch begründenden Aufenthaltstitels oder bei dessen Wegfall. ²Dies gilt nicht, wenn sich der Ausländer bis zu diesem Zeitpunkt aus von ihm nicht zu vertretenden Gründen nicht zu einem Integrationskurs anmelden konnte.

(3) ¹Der Anspruch auf Teilnahme am Integrationskurs besteht nicht
1. bei Kindern, Jugendlichen und jungen Erwachsenen, die eine schulische Ausbildung aufnehmen oder ihre bisherige Schullaufbahn in der Bundesrepublik Deutschland fortsetzen,
2. bei erkennbar geringem Integrationsbedarf oder
3. wenn der Ausländer bereits über ausreichende Kenntnisse der deutschen Sprache verfügt.

²Die Berechtigung zur Teilnahme am Orientierungskurs bleibt im Falle des Satzes 1 Nr. 3 hiervon unberührt.

I. Aufenthaltsgesetz § 44a AufenthG

(4) ¹Ein Ausländer, der einen Teilnahmeanspruch nicht oder nicht mehr besitzt, kann im Rahmen verfügbarer Kursplätze zur Teilnahme zugelassen werden. ²Diese Regelung findet entsprechend auf deutsche Staatsangehörige Anwendung, wenn sie nicht über ausreichende Kenntnisse der deutschen Sprache verfügen und in besonderer Weise integrationsbedürftig sind, sowie auf Ausländer, die
1. eine Aufenthaltsgestattung besitzen und bei denen ein rechtmäßiger und dauerhafter Aufenthalt zu erwarten ist,
2. eine Duldung nach § 60a Absatz 2 Satz 3 besitzen oder
3. eine Aufenthaltserlaubnis nach § 25 Absatz 5 besitzen.
³Bei einem Asylbewerber, der aus einem sicheren Herkunftsstaat nach § 29a des Asylgesetzes stammt, wird vermutet, dass ein rechtmäßiger und dauerhafter Aufenthalt nicht zu erwarten ist.

§ 44a Verpflichtung zur Teilnahme an einem Integrationskurs

(1) ¹Ein Ausländer ist zur Teilnahme an einem Integrationskurs verpflichtet, wenn
1. er nach § 44 einen Anspruch auf Teilnahme hat und
   a) sich nicht zumindest auf einfache Art in deutscher Sprache verständigen kann oder
   b) zum Zeitpunkt der Erteilung eines Aufenthaltstitels nach § 23 Abs. 2, § 28 Abs. 1 Satz 1 Nr. 1 oder § 30 nicht über ausreichende Kenntnisse der deutschen Sprache verfügt oder
2. er Leistungen nach dem Zweiten Buch Sozialgesetzbuch bezieht und die Teilnahme am Integrationskurs in einer Eingliederungsvereinbarung nach dem Zweiten Buch Sozialgesetzbuch vorgesehen ist,
3. er in besonderer Weise integrationsbedürftig ist und die Ausländerbehörde ihn zur Teilnahme am Integrationskurs auffordert oder
4. er zu dem in § 44 Absatz 4 Satz 2 Nummer 1 bis 3 genannten Personenkreis gehört, Leistungen nach dem Asylbewerberleistungsgesetz bezieht und die zuständige Leistungsbehörde ihn zur Teilnahme an einem Integrationskurs auffordert.

²In den Fällen des Satzes 1 Nr. 1 stellt die Ausländerbehörde bei der Erteilung des Aufenthaltstitels fest, dass der Ausländer zur Teilnahme verpflichtet ist. ³In den Fällen des Satzes 1 Nr. 2 ist der Ausländer auch zur Teilnahme verpflichtet, wenn der Träger der Grundsicherung für Arbeitsuchende ihn zur Teilnahme auffordert. ⁴Der Träger der Grundsicherung für Arbeitsuchende soll in den Fällen des Satzes 1 Nr. 1 und 3 beim Bezug von Leistungen nach dem Zweiten Buch Sozialgesetzbuch für die Maßnahmen nach § 15 des Zweiten Buches Sozialgesetzbuch der Verpflichtung durch die Ausländerbehörde im Regelfall folgen. ⁵Sofern der Träger der Grundsicherung für Arbeitsuchende im Einzelfall eine abweichende Entscheidung trifft, hat er dies der Ausländerbehörde mitzuteilen, die die Verpflichtung widerruft. ⁶Die Verpflichtung ist zu widerrufen, wenn einem Ausländer neben seiner Erwerbstätigkeit eine Teilnahme auch an einem Teilzeitkurs nicht zuzumuten ist. ⁷Darüber hinaus können die Ausländerbehörden einen Ausländer bei der Erteilung eines Aufenthaltstitels nach § 25 Absatz 1 oder 2 zur Teilnahme an einem Integrationskurs verpflichten, wenn er sich lediglich auf einfache Art in deutscher Sprache verständigen kann.

(1a) Die Teilnahmeverpflichtung nach Absatz 1 Satz 1 Nummer 1 erlischt außer durch Rücknahme oder Widerruf nur, wenn der Ausländer ordnungsgemäß am Integrationskurs teilgenommen hat.

(2) Von der Teilnahmeverpflichtung ausgenommen sind Ausländer,
1. die sich im Bundesgebiet in einer beruflichen oder sonstigen Ausbildung befinden,

2. die die Teilnahme an vergleichbaren Bildungsangeboten im Bundesgebiet nachweisen oder
3. deren Teilnahme auf Dauer unmöglich oder unzumutbar ist.

(2a) Von der Verpflichtung zur Teilnahme am Orientierungskurs sind Ausländer ausgenommen, die eine Aufenthaltserlaubnis nach § 38a besitzen, wenn sie nachweisen, dass sie bereits in einem anderen Mitgliedstaat der Europäischen Union zur Erlangung ihrer Rechtsstellung als langfristig Aufenthaltsberechtigte an Integrationsmaßnahmen teilgenommen haben.

(3) ¹Kommt ein Ausländer seiner Teilnahmepflicht aus von ihm zu vertretenden Gründen nicht nach oder legt er den Abschlusstest nicht erfolgreich ab, weist ihn die zuständige Ausländerbehörde vor der Verlängerung seiner Aufenthaltserlaubnis auf die möglichen Auswirkungen seines Handelns (§ 8 Abs. 3, § 9 Abs. 2 Satz 1 Nr. 7 und 8, § 9a Absatz 2 Satz 1 Nummer 3 und 4 dieses Gesetzes, § 10 Abs. 3 des Staatsangehörigkeitsgesetzes) hin. ²Die Ausländerbehörde kann den Ausländer mit Mitteln des Verwaltungszwangs zur Erfüllung seiner Teilnahmepflicht anhalten. ³Bei Verletzung der Teilnahmepflicht kann der voraussichtliche Kostenbeitrag auch vorab in einer Summe durch Gebührenbescheid erhoben werden.

§ 45 Integrationsprogramm

¹Der Integrationskurs soll durch weitere Integrationsangebote des Bundes und der Länder, insbesondere sozialpädagogische und migrationsspezifische Beratungsangebote, ergänzt werden. ²Das Bundesministerium des Innern oder die von ihm bestimmte Stelle entwickelt ein bundesweites Integrationsprogramm, in dem insbesondere die bestehenden Integrationsangebote von Bund, Ländern, Kommunen und privaten Trägern für Ausländer und Spätaussiedler festgestellt und Empfehlungen zur Weiterentwicklung der Integrationsangebote vorgelegt werden. ³Bei der Entwicklung des bundesweiten Integrationsprogramms sowie der Erstellung von Informationsmaterialien über bestehende Integrationsangebote werden die Länder, die Kommunen und die Ausländerbeauftragten von Bund, Ländern und Kommunen sowie der Beauftragte der Bundesregierung für Aussiedlerfragen beteiligt. ⁴Darüber hinaus sollen Religionsgemeinschaften, Gewerkschaften, Arbeitgeberverbände, die Träger der freien Wohlfahrtspflege sowie sonstige gesellschaftliche Interessenverbände beteiligt werden.

§ 45a Berufsbezogene Deutschsprachförderung; Verordnungsermächtigung

(1) ¹Die Integration in den Arbeitsmarkt kann durch Maßnahmen der berufsbezogenen Deutschsprachförderung unterstützt werden. ²Diese Maßnahmen bauen in der Regel auf der allgemeinen Sprachförderung der Integrationskurse auf. ³Die berufsbezogene Deutschsprachförderung wird vom Bundesamt für Migration und Flüchtlinge koordiniert und durchgeführt. ⁴Das Bundesamt für Migration und Flüchtlinge bedient sich zur Durchführung der Maßnahmen privater oder öffentlicher Träger.

(2) ¹Ein Ausländer ist zur Teilnahme an einer Maßnahme der berufsbezogenen Deutschsprachförderung verpflichtet, wenn er Leistungen nach dem Zweiten Buch Sozialgesetzbuch bezieht und die Teilnahme an der Maßnahme in einer Eingliederungsvereinbarung nach dem Zweiten Buch Sozialgesetzbuch vorgesehen ist. ²Leistungen zur Eingliederung in Arbeit nach dem Zweiten Buch Sozialgesetzbuch und Leistungen der aktiven Arbeitsförderung nach dem Dritten Buch Sozialgesetzbuch bleiben unberührt. ³Die berufsbezogene Deutschsprachförderung ist ausgeschlossen für einen Ausländer, der eine Aufenthaltsgestattung nach

dem Asylgesetz besitzt und bei dem ein dauerhafter und rechtmäßiger Aufenthalt nicht zu erwarten ist. ⁴Bei einem Asylbewerber, der aus einem sicheren Herkunftsstaat nach § 29a des Asylgesetzes stammt, wird vermutet, dass ein rechtmäßiger und dauerhafter Aufenthalt nicht zu erwarten ist.

(3) Das Bundesministerium für Arbeit und Soziales wird ermächtigt, durch Rechtsverordnung ohne Zustimmung des Bundesrates im Einvernehmen mit dem Bundesministerium des Innern nähere Einzelheiten der berufsbezogenen Deutschsprachförderung, insbesondere die Grundstruktur, die Zielgruppen, die Dauer, die Lerninhalte und die Durchführung der Kurse, die Vorgaben bezüglich der Auswahl und Zulassung der Kursträger sowie die Voraussetzungen und die Rahmenbedingungen für den Zugang und die ordnungsgemäße und erfolgreiche Teilnahme einschließlich ihrer Abschlusszertifikate und der Kostentragung sowie die erforderliche Datenübermittlung zwischen den beteiligten Stellen und die Datenverarbeitung durch das Bundesamt für Migration und Flüchtlinge nach § 88a Absatz 3 zu regeln.

Die Regelungen des dritten Kapitels befassen sich mit der **Förderung der Integration** von rechtmäßig und auf Dauer im Bundesgebiet lebenden Ausländern. Sie sollen in das wirtschaftliche, kulturelle und gesellschaftliche Leben integriert werden, was durch Integrationskurse erreicht werden soll, in denen die Sprache, die Rechtsordnung, die Kultur und die Geschichte in Deutschland erfolgreich vermittelt werden.

Von strafrechtlicher Relevanz ist die Vorschrift des § 44a, die regelt, unter welchen Voraussetzungen Ausländer zur Teilnahme an einem Integrationskurs verpflichtet sind. Neben möglichen aufenthaltsrechtlichen Konsequenzen (vgl. § 44a Abs. 3) kann der Verstoß gegen die Teilnahmeverpflichtung auch als Ordnungswidrigkeit geahndet werden (→ § 98 Rn. 10 f.).

Kapitel 4. Ordnungsrechtliche Vorschriften

§ 46 Ordnungsverfügungen

(1) Die Ausländerbehörde kann gegenüber einem vollziehbar ausreisepflichtigen Ausländer Maßnahmen zur Förderung der Ausreise treffen, insbesondere kann sie den Ausländer verpflichten, den Wohnsitz an einem von ihr bestimmten Ort zu nehmen.

(2) ¹Einem Ausländer kann die Ausreise in entsprechender Anwendung des § 10 Abs. 1 und 2 des Passgesetzes untersagt werden. ²Im Übrigen kann einem Ausländer die Ausreise aus dem Bundesgebiet nur untersagt werden, wenn er in einen anderen Staat einreisen will, ohne im Besitz der dafür erforderlichen Dokumente und Erlaubnisse zu sein. ³Das Ausreiseverbot ist aufzuheben, sobald der Grund seines Erlasses entfällt.

Sinn und Zweck von § 46 Abs. 1 ist es, eine gemeinsame Grundlage für alle Maßnahmen zu begründen, die der **Förderung der Ausreise** eines vollziehbar ausreisepflichtigen Ausländers dienen. Die Maßnahme soll den Ausländer zur Ausreise veranlassen und so eine **Abschiebung vermeiden**. Als vorgeschaltetes Mittel muss sie nach Art und Wirkung erforderlich und geeignet sein. Der Verstoß gegen eine vollziehbare Maßnahme nach Abs. 1 ist nach § 98 Abs. 3 Nr. 4 bußgeldbewehrt (→ § 98 Rn. 22 f.).

Das **Ausreiseverbot** gem. Abs. 2 kann zB in Fällen der Passversagung, des Passentzugs, bei Gefährdung der inneren oder äußeren Sicherheit Deutschlands durch die Ausreise, oder dann verhängt werden, wenn der Ausländer sich der Strafverfolgung oder der Vollstreckung einer Strafe oder Maßregel oder seinen steuerrechtlichen Verpflichtungen entziehen oder gegen Vorschriften des BtMG verstoßen will. In **strafrechtlicher Hinsicht** stellt § 95 Abs. 1 Nr. 4 den Verstoß gegen ein vollziehbares Ausreiseverbot unter Strafe (→ § 95 Rn. 61).

§ 47 Verbot und Beschränkung der politischen Betätigung

(1) ¹Ausländer dürfen sich im Rahmen der allgemeinen Rechtsvorschriften politisch betätigen. ²Die politische Betätigung eines Ausländers kann beschränkt oder untersagt werden, soweit sie
1. die politische Willensbildung in der Bundesrepublik Deutschland oder das friedliche Zusammenleben von Deutschen und Ausländern oder von verschiedenen Ausländergruppen im Bundesgebiet, die öffentliche Sicherheit und Ordnung oder sonstige erhebliche Interessen der Bundesrepublik Deutschland beeinträchtigt oder gefährdet,
2. den außenpolitischen Interessen oder den völkerrechtlichen Verpflichtungen der Bundesrepublik Deutschland zuwiderlaufen kann,
3. gegen die Rechtsordnung der Bundesrepublik Deutschland, insbesondere unter Anwendung von Gewalt, verstößt oder
4. bestimmt ist, Parteien, andere Vereinigungen, Einrichtungen oder Bestrebungen außerhalb des Bundesgebiets zu fördern, deren Ziele oder Mittel mit den Grundwerten einer die Würde des Menschen achtenden staatlichen Ordnung unvereinbar sind.

(2) Die politische Betätigung eines Ausländers wird untersagt, soweit sie
1. die freiheitliche demokratische Grundordnung oder die Sicherheit der Bundesrepublik Deutschland gefährdet oder den kodifizierten Normen des Völkerrechts widerspricht,
2. Gewaltanwendung als Mittel zur Durchsetzung politischer, religiöser oder sonstiger Belange öffentlich unterstützt, befürwortet oder hervorzurufen bezweckt oder geeignet ist oder
3. Vereinigungen, politische Bewegungen oder Gruppen innerhalb oder außerhalb des Bundesgebiets unterstützt, die im Bundesgebiet Anschläge gegen Personen oder Sachen oder außerhalb des Bundesgebiets Anschläge gegen Deutsche oder deutsche Einrichtungen veranlasst, befürwortet oder angedroht haben.

1 Mit § 47 wird die **politische Betätigung** von Ausländern beschränkt oder auch verboten. Dem steht der Inhalt der Meinungsfreiheit gem. Art. 5 GG nicht entgegen, weil diese kein Recht auf uneingeschränkte politische Betätigung gewährt. Es gilt, dass von den Eingriffsmöglichkeiten in die politische Betätigung bereits ohne eingetretene Gefährdung präventiv Gebrauch gemacht werden kann, um ein **friedliches Zusammenleben** von Ausländern und Deutschen sowie von Ausländern untereinander zu ermöglichen. Während Abs. 1 Satz 2 die Ermessenstatbestände regelt, führt Abs. 2 die zwingenden Versagungsgründe auf. Unter politischer Betätigung ist jede **Handlung im weitesten Sinne** zu begreifen, die auf die politische Willensbildung des Einzelnen oder in Staat und Gesellschaft Einfluss nehmen soll. Dazu kann die Teilnahme an Diskussionen und Streitgesprächen, aber auch Demonstrationen sowie gewaltsamen Auseinandersetzungen mit politischem Hintergrund zählen. Der Verstoß gegen das vollziehbare Verbot der politischen Betätigung führt zur **Strafbarkeit** nach § 95 Abs. 1 Nr. 4 (→ § 95 Rn. 62 f.).

§ 47a Mitwirkungspflichten; Lichtbildabgleich

¹Ein Ausländer ist verpflichtet, seinen Pass, seinen Passersatz oder seinen Ausweisersatz auf Verlangen einer zur Identitätsfeststellung befugten Behörde vorzulegen und es ihr zu ermöglichen, sein Gesicht mit dem Lichtbild im Dokument

abzugleichen. ²Dies gilt auch für die Bescheinigung über die Aufenthaltsgestattung nach § 63 Absatz 1 Satz 1 des Asylgesetzes. ³Ein Ausländer, der im Besitz eines Ankunftsnachweises im Sinne des § 63a Absatz 1 Satz 1 des Asylgesetzes oder eines der in § 48 Absatz 1 Nummer 2 genannten Dokumente ist, ist verpflichtet, den Ankunftsnachweis oder das Dokument auf Verlangen einer zur Überprüfung der darin enthaltenen Angaben befugten Behörde vorzulegen und es ihr zu ermöglichen, sein Gesicht mit dem Lichtbild im Dokument abzugleichen.

§ 48 Ausweisrechtliche Pflichten

(1) ¹Ein Ausländer ist verpflichtet,
1. seinen Pass, seinen Passersatz oder seinen Ausweisersatz und
2. seinen Aufenthaltstitel oder eine Bescheinigung über die Aussetzung der Abschiebung

auf Verlangen den mit dem Vollzug des Ausländerrechts betrauten Behörden vorzulegen, auszuhändigen und vorübergehend zu überlassen, soweit dies zur Durchführung oder Sicherung von Maßnahmen nach diesem Gesetz erforderlich ist. ²Die Verpflichtung nach Satz 1 Nummer 1 gilt auch, wenn ein deutscher Staatsangehöriger zugleich eine ausländische Staatsangehörigkeit besitzt, ihm die Ausreise nach § 10 Absatz 1 des Passgesetzes untersagt worden ist und die Vorlage, Aushändigung und vorübergehende Überlassung des ausländischen Passes oder Passersatzes zur Durchführung oder Sicherung des Ausreiseverbots erforderlich ist.

(2) Ein Ausländer, der einen Pass oder Passersatz weder besitzt noch in zumutbarer Weise erlangen kann, genügt der Ausweispflicht mit der Bescheinigung über einen Aufenthaltstitel oder die Aussetzung der Abschiebung, wenn sie mit den Angaben zur Person und einem Lichtbild versehen und als Ausweisersatz bezeichnet ist.

(3) ¹Besitzt der Ausländer keinen gültigen Pass oder Passersatz, ist er verpflichtet, an der Beschaffung des Identitätspapiers mitzuwirken sowie alle Urkunden, sonstigen Unterlagen und Datenträger, die für die Feststellung seiner Identität und Staatsangehörigkeit und für die Feststellung und Geltendmachung einer Rückführungsmöglichkeit in einen anderen Staat von Bedeutung sein können und in deren Besitz er ist, den mit der Ausführung dieses Gesetzes betrauten Behörden auf Verlangen vorzulegen, auszuhändigen und zu überlassen. ²Kommt der Ausländer seiner Verpflichtung nicht nach und bestehen tatsächliche Anhaltspunkte, dass er im Besitz solcher Unterlagen oder Datenträger ist, können er und die von ihm mitgeführten Sachen durchsucht werden. ³Der Ausländer hat die Maßnahme zu dulden.

(3a) ¹Die Auswertung von Datenträgern ist nur zulässig, soweit dies für die Feststellung der Identität und Staatsangehörigkeit des Ausländers und für die Feststellung und Geltendmachung einer Rückführungsmöglichkeit in einen anderen Staat nach Maßgabe von Absatz 3 erforderlich ist und der Zweck der Maßnahme nicht durch mildere Mittel erreicht werden kann. ²Liegen tatsächliche Anhaltspunkte für die Annahme vor, dass durch die Auswertung von Datenträgern allein Erkenntnisse aus dem Kernbereich privater Lebensgestaltung erlangt würden, ist die Maßnahme unzulässig. ³Der Ausländer hat die notwendigen Zugangsdaten für eine zulässige Auswertung von Datenträgern zur Verfügung zu stellen. ⁴Die Datenträger dürfen nur von einem Bediensteten ausgewertet werden, der die Befähigung zum Richteramt hat. ⁵Erkenntnisse aus dem Kernbereich privater Lebensgestaltung, die durch die Auswertung von Datenträgern erlangt werden, dürfen nicht verwertet werden. ⁶Aufzeichnungen hierüber sind unverzüglich zu löschen.

[7]Die Tatsache ihrer Erlangung und Löschung ist aktenkundig zu machen. [8]Sind die durch die Auswertung der Datenträger erlangten personenbezogenen Daten für die Zwecke nach Satz 1 nicht mehr erforderlich, sind sie unverzüglich zu löschen.

(4) [1]Wird nach § 5 Abs. 3 oder § 33 von der Erfüllung der Passpflicht (§ 3 Abs. 1) abgesehen, wird ein Ausweisersatz ausgestellt. [2]Absatz 3 bleibt hiervon unberührt.

§ 48a Erhebung von Zugangsdaten

(1) Soweit der Ausländer die notwendigen Zugangsdaten für die Auswertung von Endgeräten, die er für telekommunikative Zwecke eingesetzt hat, nicht zur Verfügung stellt, darf von demjenigen, der geschäftsmäßig Telekommunikationsdienste erbringt oder daran mitwirkt, Auskunft über die Daten, mittels derer der Zugriff auf Endgeräte oder auf Speichereinrichtungen, die in diesen Endgeräten oder hier von räumlich getrennt eingesetzt werden, geschützt wird (§ 113 Absatz 1 Satz 2 des Telekommunikationsgesetzes), verlangt werden, wenn die gesetzlichen Voraussetzungen für die Nutzung der Daten vorliegen.

(2) Der Ausländer ist von dem Auskunftsverlangen vorher in Kenntnis zu setzen.

(3) [1]Auf Grund eines Auskunftsverlangens nach Absatz 1 hat derjenige, der geschäftsmäßig Telekommunikationsdienste erbringt oder daran mitwirkt, die zur Auskunftserteilung erforderlichen Daten unverzüglich zu übermitteln. [2]Für die Entschädigung der Diensteanbieter ist § 23 Absatz 1 des Justizvergütungs- und -entschädigungsgesetzes entsprechend anzuwenden.

1 Die in § 48 Abs. 1 und 3 normierten **ausweisrechtlichen Pflichten** dienen vorrangig der Identitätsfeststellung und damit der Regulierung und Kontrollmöglichkeiten des Zuzuges. Die Pflichten in Abs. 1 zur Vorlage, Aushändigung oder Überlassung eines Passes oder Passersatzes sind mit der Passpflicht aus § 3 nicht identisch, die lediglich bestimmt, dass der Ausländer überhaupt einen gültigen Pass besitzen muss. In Abs. 3 werden über die Vorlage-, Aushändigungs- und Überlassungspflicht **weitgehende Mitwirkungspflichten** geregelt: Der Ausländer muss an der Beschaffung eines Identitätspapiers mitwirken, auch wenn dies letztlich zu seiner Rückführung in einen anderen Staat führen kann. Ebenso muss er sämtliche Unterlagen und Urkunden vorlegen, die er in seinem Besitz hat und die für die Feststellung und Geltendmachung einer Rückführungsmöglichkeit von Bedeutung sein können. Die Verpflichtung betrifft nicht nur Pässe oder Passersatzpapiere, sondern auch sonstige Urkunden und Dokumente unabhängig vom Aussteller, die zu den genannten Zwecken geeignet sind. Der Verstoß gegen die Vorlage-, Aushändigungs- und Überlassungspflichten gem. Abs. 1, Abs. 3 S. 1 begründet eine **Ordnungswidrigkeit** gem. § 98 Abs. 2 Nr. 3 (→ § 98 Rn. 8 f.).

2 In § 48 Abs. 2 ist geregelt, wie ein Ausländer, der **keinen Pass** besitzt und einen solchen auch **nicht in zumutbarer Weise beschaffen** kann, seiner Ausweispflicht genügt. Strafrechtliche Relevanz kommt dieser Vorschrift insbesondere im Hinblick auf die Bescheinigung über die Aussetzung der Vollziehung der Abschiebung gem. § 60a (sog. **Duldungsbescheinigung**) zu, denn gem. § 3 Abs. 1 genügt der Ausländer, der im Besitz einer solchen Bescheinigung ist, unter den Voraussetzungen des § 48 Abs. 2 auch seiner Passpflicht (→ § 95 Rn. 20 f.).

3 Die durch „Gesetz zur Neubestimmung des Bleiberechts und der Aufenthaltsbeendigung" vom 27.7.2015 neu eingeführten Regelungen in § 48 Abs. 3a und § 48a normieren **Eingriffsermächtigungen** in Bezug auf **Datenträger** und **technische Geräte**, die für telekommunikative Zwecke eingesetzt werden.

§ 49 Überprüfung, Feststellung und Sicherung der Identität

(1) ¹Die mit dem Vollzug dieses Gesetzes betrauten Behörden dürfen unter den Voraussetzungen des § 48 Abs. 1 die auf dem elektronischen Speicher- und Verarbeitungsmedium eines Dokuments nach § 48 Abs. 1 Nr. 1 und 2 gespeicherten biometrischen und sonstigen Daten auslesen, die benötigten biometrischen Daten beim Inhaber des Dokuments erheben und die biometrischen Daten miteinander vergleichen. ²Darüber hinaus sind auch alle anderen Behörden, an die Daten aus dem Ausländerzentralregister nach den §§ 15 bis 20 des AZR-Gesetzes übermittelt werden, und die Meldebehörden befugt, Maßnahmen nach Satz 1 zu treffen, soweit sie die Echtheit des Dokuments oder die Identität des Inhabers überprüfen dürfen. ³Biometrische Daten nach Satz 1 sind nur die Fingerabdrücke und das Lichtbild.

(2) Jeder Ausländer ist verpflichtet, gegenüber den mit dem Vollzug des Ausländerrechts betrauten Behörden auf Verlangen die erforderlichen Angaben zu seinem Alter, seiner Identität und Staatsangehörigkeit zu machen und die von der Vertretung des Staates, dessen Staatsangehörigkeit er besitzt oder vermutlich besitzt, geforderten und mit dem deutschen Recht in Einklang stehenden Erklärungen im Rahmen der Beschaffung von Heimreisedokumenten abzugeben.

(3) Bestehen Zweifel über die Person, das Lebensalter oder die Staatsangehörigkeit des Ausländers, so sind die zur Feststellung seiner Identität, seines Lebensalters oder seiner Staatsangehörigkeit erforderlichen Maßnahmen zu treffen, wenn
1. dem Ausländer die Einreise erlaubt, ein Aufenthaltstitel erteilt oder die Abschiebung ausgesetzt werden soll oder
2. es zur Durchführung anderer Maßnahmen nach diesem Gesetz erforderlich ist.

(4) Die Identität eines Ausländers ist durch erkennungsdienstliche Maßnahmen zu sichern, wenn eine Verteilung gemäß § 15a stattfindet.

(5) Zur Feststellung und Sicherung der Identität sollen die erforderlichen Maßnahmen durchgeführt werden,
1. wenn der Ausländer mit einem gefälschten oder verfälschten Pass oder Passersatz einreisen will oder eingereist ist;
2. wenn sonstige Anhaltspunkte den Verdacht begründen, dass der Ausländer nach einer Zurückweisung oder Beendigung des Aufenthalts erneut unerlaubt ins Bundesgebiet einreisen will;
3. bei Ausländern, die vollziehbar ausreisepflichtig sind, sofern die Zurückschiebung oder Abschiebung in Betracht kommt;
4. wenn der Ausländer in einen in § 26a Abs. 2 des Asylgesetzes genannten Drittstaat zurückgewiesen oder zurückgeschoben wird;
5. bei der Beantragung eines nationalen Visums;
6. bei der Gewährung von vorübergehendem Schutz nach § 24 sowie in den Fällen der §§ 23 und 29 Abs. 3;
7. wenn ein Versagungsgrund nach § 5 Abs. 4 festgestellt worden ist.

(6) ¹Maßnahmen im Sinne der Absätze 3 bis 5 mit Ausnahme des Absatzes 5 Nr. 5 sind das Aufnehmen von Lichtbildern, das Abnehmen von Fingerabdrücken sowie Messungen und ähnliche Maßnahmen, einschließlich körperlicher Eingriffe, die von einem Arzt nach den Regeln der ärztlichen Kunst zum Zweck der Feststellung des Alters vorgenommen werden, wenn kein Nachteil für die Gesundheit des Ausländers zu befürchten ist. ²Die Maßnahmen sind zulässig bei Ausländern, die das 14. Lebensjahr vollendet haben; Zweifel an der Vollendung des 14. Lebensjahres gehen dabei zu Lasten des Ausländers. ³Zur Feststellung der Identität sind diese Maßnahmen nur zulässig, wenn die Identität in anderer Weise, insbesondere

durch Anfragen bei anderen Behörden nicht oder nicht rechtzeitig oder nur unter erheblichen Schwierigkeiten festgestellt werden kann.

(6a) Maßnahmen im Sinne des Absatzes 5 Nr. 5 sind das Aufnehmen von Lichtbildern und das Abnehmen von Fingerabdrücken.

(7) ¹Zur Bestimmung des Herkunftsstaates oder der Herkunftsregion des Ausländers kann das gesprochene Wort des Ausländers auf Ton- oder Datenträger aufgezeichnet werden. ²Diese Erhebung darf nur erfolgen, wenn der Ausländer vorher darüber in Kenntnis gesetzt wurde.

(8) ¹Die Identität eines Ausländers, der in Verbindung mit der unerlaubten Einreise aufgegriffen und nicht zurückgewiesen wird, ist durch erkennungsdienstliche Maßnahmen zu sichern. ²Nach Satz 1 dürfen nur Lichtbilder und Abdrucke aller zehn Finger aufgenommen werden. ³Die Identität eines Ausländers, der das 14. Lebensjahr noch nicht vollendet hat, ist unter den Voraussetzungen des Satzes 1 nur durch das Aufnehmen eines Lichtbildes zu sichern.

(9) ¹Die Identität eines Ausländers, der sich ohne erforderlichen Aufenthaltstitel im Bundesgebiet aufhält, ist durch erkennungsdienstliche Maßnahmen zu sichern. ²Nach Satz 1 dürfen nur Lichtbilder und Abdrucke aller zehn Finger aufgenommen werden. ³Die Identität eines Ausländers, der das 14. Lebensjahr noch nicht vollendet hat, ist unter den Voraussetzungen des Satzes 1 nur durch das Aufnehmen eines Lichtbildes zu sichern.

(10) Der Ausländer hat die Maßnahmen nach den Absätzen 1 und 3 bis 9 zu dulden.

1   Die Vorschrift dient der **Sicherung der Identitätsfeststellung** des Ausländers durch die zuständigen, mit dem Vollzug des Ausländerrechts betrauten Behörden im Sinne des § 71. Während Abs. 2 die Verpflichtung des Ausländers regelt, auf Verlangen die erforderlichen Angaben zu seinem Alter, seiner Identität und Staatsangehörigkeit zu machen und die gegenüber der Vertretung des Staates, dessen Staatsangehörigkeit er (vermutlich) besitzt, erforderlichen und mit dem deutschen Recht in Einklang stehenden Erklärungen zur Beschaffung eines Heimreisedokuments abzugeben, normieren Abs. 1 und Abs. 3–9 die Eingriffsmöglichkeiten der Behörde für eigene Erhebungen und Sicherungen zur Identitätsfeststellung. Der Ausländer hat gem. Abs. 10 die Maßnahmen zu dulden, ein **Verstoß** gegen diese Duldungspflicht führt zur **Strafbarkeit** nach § 95 Abs. 1 Nr. 6 (→ § 95 Rn. 69 ff.), ein Verstoß gegen die Verpflichtung aus Abs. 2, Angaben zur Identitätsfeststellung zu machen, zur Strafbarkeit nach § 95 Abs. 1 Nr. 5 (→ § 95 Rn. 66 ff.).

§§ 49a, 49b *(nicht abgedruckt)*

Kapitel 5. Beendigung des Aufenthalts

Abschnitt 1. Begründung der Ausreisepflicht

§ 50 Ausreisepflicht

(1) Ein Ausländer ist zur Ausreise verpflichtet, wenn er einen erforderlichen Aufenthaltstitel nicht oder nicht mehr besitzt und ein Aufenthaltsrecht nach dem Assoziationsabkommen EWG/Türkei nicht oder nicht mehr besteht.

(2) Der Ausländer hat das Bundesgebiet unverzüglich oder, wenn ihm eine Ausreisefrist gesetzt ist, bis zum Ablauf der Frist zu verlassen.

(3) ¹Durch die Einreise in einen anderen Mitgliedstaat der Europäischen Union oder in einen anderen Schengen-Staat genügt der Ausländer seiner Ausreisepflicht

nur, wenn ihm Einreise und Aufenthalt dort erlaubt sind. ²Liegen diese Voraussetzungen vor, ist der ausreisepflichtige Ausländer aufzufordern, sich unverzüglich in das Hoheitsgebiet dieses Staates zu begeben.

(4) Ein ausreisepflichtiger Ausländer, der seine Wohnung wechseln oder den Bezirk der Ausländerbehörde für mehr als drei Tage verlassen will, hat dies der Ausländerbehörde vorher anzuzeigen.

(5) Der Pass oder Passersatz eines ausreisepflichtigen Ausländers soll bis zu dessen Ausreise in Verwahrung genommen werden.

(6) ¹Ein Ausländer kann zum Zweck der Aufenthaltsbeendigung in den Fahndungshilfsmitteln der Polizei zur Aufenthaltsermittlung und Festnahme ausgeschrieben werden, wenn sein Aufenthalt unbekannt ist. ²Ein Ausländer, gegen den ein Einreise- und Aufenthaltsverbot nach § 11 besteht, kann zum Zweck der Einreiseverweigerung zur Zurückweisung und für den Fall des Antreffens im Bundesgebiet zur Festnahme ausgeschrieben werden. ³Für Ausländer, die gemäß § 15a verteilt worden sind, gilt § 66 des Asylgesetzes entsprechend.

Die Vorschrift regelt in Abs. 1 im Grundsatz das **Entstehen der Ausreisepflicht,** weitere damit im Zusammenhang stehende Verpflichtungen des Ausländers und Befugnisse der Behörde (Abs. 3–6). Die **vollziehbare Ausreisepflicht** ist Voraussetzung zahlreicher Ordnungsvorschriften, die Pflichten des Ausländers normieren und deren Nichtbeachtung straf- oder bußgeldbewehrt ist, vgl. § 95 Abs. 1 Nr. 6a, Nr. 7 (→ § 95 Rn. 75 ff., 82 ff.), § 98 Abs. 3 Nr. 2, Nr. 4, Nr. 5 (→ § 98 Rn. 18, 22 f., 24). **Strafrechtliche Relevanz** kommt der Ausreisepflicht aber insbesondere deswegen zu, weil sie eine maßgebliche Bedingung des unerlaubten Aufenthalts gem. § 95 Abs. 1 Nr. 2 darstellt (→ § 95 Rn. 24, 27). 1

§ 51 Beendigung der Rechtmäßigkeit des Aufenthalts; Fortgeltung von Beschränkungen

(1) Der Aufenthaltstitel erlischt in folgenden Fällen:
1. Ablauf seiner Geltungsdauer,
2. Eintritt einer auflösenden Bedingung,
3. Rücknahme des Aufenthaltstitels,
4. Widerruf des Aufenthaltstitels,
5. Ausweisung des Ausländers,
5a. Bekanntgabe einer Abschiebungsanordnung nach § 58a,
6. wenn der Ausländer aus einem seiner Natur nach nicht vorübergehenden Grunde ausreist,
7. wenn der Ausländer ausgereist und nicht innerhalb von sechs Monaten oder einer von der Ausländerbehörde bestimmten längeren Frist wieder eingereist ist,
8. wenn ein Ausländer nach Erteilung eines Aufenthaltstitels gemäß der §§ 22, 23 oder § 25 Abs. 3 bis 5 einen Asylantrag stellt;

ein für mehrere Einreisen oder mit einer Geltungsdauer von mehr als 90 Tagen erteiltes Visum erlischt nicht nach den Nummern 6 und 7.

(1a) ¹Die Gültigkeit einer nach § 19b erteilten ICT-Karte erlischt nicht nach Absatz 1 Nummer 6 und 7, wenn der Ausländer von der in der Richtlinie 2014/66/EU vorgesehenen Möglichkeit Gebrauch macht, einen Teil des unternehmensinternen Transfers in einem anderen Mitgliedstaat der Europäischen Union durchzuführen. ²Die Gültigkeit einer nach § 16 oder § 20 erteilten Aufenthaltserlaubnis erlischt nicht nach Absatz 1 Nummer 6 und 7, wenn der Ausländer von der in der Richtlinie (EU) 2016/801 vorgesehenen Möglichkeit Gebrauch macht, einen Teil des Studiums oder des Forschungsvorhabens in einem anderen Mitgliedstaat der Europäischen Union durchzuführen.

(2) ¹Die Niederlassungserlaubnis eines Ausländers, der sich mindestens 15 Jahre rechtmäßig im Bundesgebiet aufgehalten hat sowie die Niederlassungserlaubnis seines mit ihm in ehelicher Lebensgemeinschaft lebenden Ehegatten erlöschen nicht nach Absatz 1 Nr. 6 und 7, wenn deren Lebensunterhalt gesichert ist und kein Ausweisungsinteresse nach § 54 Absatz 1 Nummer 2 bis 5 oder Absatz 2 Nummer 5 bis 7 besteht. ²Die Niederlassungserlaubnis eines mit einem Deutschen in ehelicher Lebensgemeinschaft lebenden Ausländers erlischt nicht nach Absatz 1 Nr. 6 und 7, wenn kein Ausweisungsinteresse nach § 54 Absatz 1 Nummer 2 bis 5 oder Absatz 2 Nummer 5 bis 7 besteht. ³Zum Nachweis des Fortbestandes der Niederlassungserlaubnis stellt die Ausländerbehörde am Ort des letzten gewöhnlichen Aufenthalts auf Antrag eine Bescheinigung aus.

(3) Der Aufenthaltstitel erlischt nicht nach Absatz 1 Nr. 7, wenn die Frist lediglich wegen Erfüllung der gesetzlichen Wehrpflicht im Heimatstaat überschritten wird und der Ausländer innerhalb von drei Monaten nach der Entlassung aus dem Wehrdienst wieder einreist.

(4) ¹Nach Absatz 1 Nr. 7 wird in der Regel eine längere Frist bestimmt, wenn der Ausländer aus einem seiner Natur nach vorübergehenden Grunde ausreisen will und eine Niederlassungserlaubnis besitzt oder wenn der Aufenthalt außerhalb des Bundesgebiets Interessen der Bundesrepublik Deutschland dient. ²Abweichend von Absatz 1 Nummer 6 und 7 erlischt der Aufenthaltstitel eines Ausländers nicht, wenn er die Voraussetzungen des § 37 Absatz 1 Satz 1 Nummer 1 erfüllt, rechtswidrig mit Gewalt oder Drohung mit einem empfindlichen Übel zur Eingehung der Ehe genötigt und von der Rückkehr nach Deutschland abgehalten wurde und innerhalb von drei Monaten nach Wegfall der Zwangslage, spätestens jedoch innerhalb von zehn Jahren seit der Ausreise, wieder einreist.

(5) Die Befreiung vom Erfordernis des Aufenthaltstitels entfällt, wenn der Ausländer ausgewiesen, zurückgeschoben oder abgeschoben wird; § 11 Absatz 2 bis 5 findet entsprechende Anwendung.

(6) Räumliche und sonstige Beschränkungen und Auflagen nach diesem und nach anderen Gesetzen bleiben auch nach Wegfall des Aufenthaltstitels oder der Aussetzung der Abschiebung in Kraft, bis sie aufgehoben werden oder der Ausländer seiner Ausreisepflicht nachgekommen ist.

(7) ¹Im Falle der Ausreise eines Asylberechtigten oder eines Ausländers, dem das Bundesamt für Migration und Flüchtlinge unanfechtbar die Flüchtlingseigenschaft zuerkannt hat, erlischt der Aufenthaltstitel nicht, solange er im Besitz eines gültigen, von einer deutschen Behörde ausgestellten Reiseausweises für Flüchtlinge ist. ²Der Ausländer hat auf Grund seiner Anerkennung als Asylberechtigter oder der unanfechtbaren Zuerkennung der Flüchtlingseigenschaft durch das Bundesamt für Migration und Flüchtlinge keinen Anspruch auf erneute Erteilung eines Aufenthaltstitels, wenn er das Bundesgebiet verlassen hat und die Zuständigkeit für die Ausstellung eines Reiseausweises für Flüchtlinge auf einen anderen Staat übergegangen ist.

(8) ¹Vor der Aufhebung einer Aufenthaltserlaubnis nach § 38a Abs. 1, vor einer Ausweisung eines Ausländers, der eine solche Aufenthaltserlaubnis besitzt und vor dem Erlass einer gegen ihn gerichteten Abschiebungsanordnung nach § 58a gibt die zuständige Behörde in dem Verfahren nach § 91c Absatz 2 über das Bundesamt für Migration und Flüchtlinge dem Mitgliedstaat der Europäischen Union, in dem der Ausländer die Rechtsstellung eines langfristig Aufenthaltsberechtigten besitzt, Gelegenheit zur Stellungnahme, wenn die Abschiebung in ein Gebiet erwogen

wird, in dem diese Rechtsstellung nicht erworben werden kann. ²Geht die Stellungnahme des anderen Mitgliedstaates rechtzeitig ein, wird sie von der zuständigen Behörde berücksichtigt.

(8a) ¹Soweit die Behörden anderer Schengen-Staaten über Entscheidungen nach Artikel 34 der Verordnung (EG) Nr. 810/2009, die durch die Ausländerbehörden getroffen wurden, zu unterrichten sind, erfolgt dies über das Bundesamt für Migration und Flüchtlinge. ²Die mit der polizeilichen Kontrolle des grenzüberschreitenden Verkehrs beauftragten Behörden unterrichten die Behörden anderer Schengen-Staaten unmittelbar über ihre Entscheidungen nach Artikel 34 der Verordnung (EG) Nr. 810/2009.

(9) ¹Die Erlaubnis zum Daueraufenthalt – EU erlischt nur, wenn
1. ihre Erteilung wegen Täuschung, Drohung oder Bestechung zurückgenommen wird,
2. der Ausländer ausgewiesen oder ihm eine Abschiebungsanordnung nach § 58a bekannt gegeben wird,
3. sich der Ausländer für einen Zeitraum von zwölf aufeinander folgenden Monaten außerhalb des Gebiets aufhält, in dem die Rechtsstellung eines langfristig Aufenthaltsberechtigten erworben werden kann; der Zeitraum beträgt 24 aufeinanderfolgende Monate bei einem Ausländer, der zuvor im Besitz einer Blauen Karte EU war, und bei seinen Familienangehörigen, die zuvor im Besitz einer Aufenthaltserlaubnis nach den §§ 30, 32, 33 oder 36 waren,
4. sich der Ausländer für einen Zeitraum von sechs Jahren außerhalb des Bundesgebiets aufhält oder
5. der Ausländer die Rechtsstellung eines langfristig Aufenthaltsberechtigten in einem anderen Mitgliedstaat der Europäischen Union erwirbt.

²Auf die in Satz 1 Nr. 3 und 4 genannten Fälle sind die Absätze 2 bis 4 entsprechend anzuwenden.

(10) ¹Abweichend von Absatz 1 Nummer 7 beträgt die Frist für die Blaue Karte EU und die Aufenthaltserlaubnisse nach den §§ 30, 32, 33 oder 36, die den Familienangehörigen eines Inhabers einer Blauen Karte EU erteilt worden sind, zwölf Monate. ²Gleiches gilt für die Niederlassungserlaubnis eines Ausländers, der sich mindestens 15 Jahre rechtmäßig im Bundesgebiet aufgehalten hat sowie die Niederlassungserlaubnis eines mit ihm in ehelicher Lebensgemeinschaft lebenden Ehegatten, wenn sie das 60. Lebensjahr vollendet haben.

In Abs. 1 wird **abschließend** aufgezählt, wann der **Aufenthaltstitel erlischt,** Abs. 1a enthält eine Sonderregelung für ICT-Karten nach § 19b. Die weiteren Absätze enthalten zB abweichende Regelungen für langfristige Aufenthaltstitel wie die Niederlassungserlaubnis (Abs. 2), oder die Erlaubnis zum Daueraufenthalt-EG (Abs. 9), für Asylberechtigte und anerkannte Flüchtlinge (Abs. 7) sowie in den Abs. 3, 4 und 10 Sonderregelungen für den Erlöschensgrund des Abs. 1 Nr. 7 (Ausreise und Wiedereinreise nach mehr als sechs Monaten), wiederum mit einer Schutzvorschrift für die Opfer von Zwangsehen (Abs. 4 Satz 2) und einer Sonderregelung für Inhaber einer Blauen Karte EU bzw. langfristig sich in der Bundesrepublik rechtmäßig aufhaltender Ausländer und ihre Familienangehörigen (Abs. 10). Die Vorschrift des Abs. 5 bestimmt, dass eine Befreiung vom Erfordernis eines Aufenthaltstitels entfällt, wenn der Ausländer ausgewiesen, zurückgeschoben oder abgeschoben wurde, Abs. 6 stellt klar, dass gegen den Ausländer verhängte räumliche Beschränkungen und Auflagen bestehen bleiben, Abs. 8a regelt schließlich Mitteilungspflichten gegenüber Behörden anderer Schengen-Staaten im Fall der Annullierung eines Schengen-Visums (Art. 34 des Visakodex). Die **strafrechtliche Relevanz** der Vorschrift rührt daher, dass in den Fällen des Erlöschens des Aufenthaltstitels der Ausländer sofort **vollziehbar ausreisepflichtig** wird, er sich also unmittelbar wegen unerlaubten Aufenthalts nach § 95 Abs. 1 Nr. 2 strafbar (→ § 95 Rn. 26) oder – im Fall der

Fahrlässigkeit – nach § 98 Abs. 1 bußgeldpflichtig macht. Zudem kann wegen Abs. 6 auch weiterhin der Verstoß gegen Auflagen und räumliche Beschränkungen gem. § 98 Abs. 3 Nr. 2 geahndet werden (→ § 98 Rn. 18).

§ 52 Widerruf

(1) ¹Der Aufenthaltstitel des Ausländers nach § 4 Absatz 1 Satz 2 Nummer 1 zweite Alternative, Nummer 2, 2a, 2b, 2c, 3 und 4 kann außer in den Fällen der Absätze 2 bis 6 nur widerrufen werden, wenn
1. er keinen gültigen Pass oder Passersatz mehr besitzt,
2. er seine Staatsangehörigkeit wechselt oder verliert,
3. er noch nicht eingereist ist,
4. seine Anerkennung als Asylberechtigter oder seine Rechtsstellung als Flüchtling oder als subsidiär Schutzberechtigter erlischt oder unwirksam wird oder
5. die Ausländerbehörde nach Erteilung einer Aufenthaltserlaubnis nach § 25 Abs. 3 Satz 1 feststellt, dass
    a) die Voraussetzungen des § 60 Absatz 5 oder 7 nicht oder nicht mehr vorliegen,
    b) der Ausländer einen der Ausschlussgründe nach § 25 Abs. 3 Satz 2 Nummer 1 bis 4 erfüllt oder
    c) in den Fällen des § 42 Satz 1 des Asylgesetzes die Feststellung aufgehoben oder unwirksam wird.

²In den Fällen des Satzes 1 Nr. 4 und 5 kann auch der Aufenthaltstitel der mit dem Ausländer in familiärer Gemeinschaft lebenden Familienangehörigen widerrufen werden, wenn diesen kein eigenständiger Anspruch auf den Aufenthaltstitel zusteht.

(2) ¹Ein nationales Visum, eine Aufenthaltserlaubnis und eine Blaue Karte EU, die zum Zweck der Beschäftigung erteilt wurden, sind zu widerrufen, wenn die Bundesagentur für Arbeit nach § 41 die Zustimmung zur Ausübung der Beschäftigung widerrufen hat. ²Ein nationales Visum und eine Aufenthaltserlaubnis, die nicht zum Zweck der Beschäftigung erteilt wurden, sind im Falle des Satzes 1 in dem Umfang zu widerrufen, in dem sie die Beschäftigung gestatten.

(2a) ¹Eine nach § 19b erteilte ICT-Karte, eine nach § 19d erteilte Mobiler-ICT-Karte oder ein Aufenthaltstitel zum Zweck des Familiennachzugs zu einem Inhaber einer ICT-Karte oder Mobiler-ICT-Karte kann widerrufen werden, wenn der Ausländer
1. nicht mehr die Voraussetzungen der Erteilung erfüllt oder
2. gegen Vorschriften eines anderen Mitgliedstaates der Europäischen Union über die Mobilität von unternehmensintern transferierten Arbeitnehmern im Anwendungsbereich der Richtlinie 2014/66/EU verstoßen hat.

²Wird die ICT-Karte oder die Mobiler-ICT-Karte widerrufen, so ist zugleich der dem Familienangehörigen erteilte Aufenthaltstitel zu widerrufen, es sei denn, dem Familienangehörigen steht ein eigenständiger Anspruch auf einen Aufenthaltstitel zu.

(3) ¹Eine nach § 16 Absatz 1, 6 oder 9 zum Zweck des Studiums erteilte Aufenthaltserlaubnis kann widerrufen werden, wenn
1. der Ausländer ohne die erforderliche Erlaubnis eine Erwerbstätigkeit ausübt,
2. der Ausländer unter Berücksichtigung der durchschnittlichen Studiendauer an der betreffenden Hochschule im jeweiligen Studiengang und seiner individuellen Situation keine ausreichenden Studienfortschritte macht oder
3. der Ausländer nicht mehr die Voraussetzungen erfüllt, unter denen ihm eine Aufenthaltserlaubnis nach § 16 Absatz 1, 6 oder 9 erteilt werden könnte.

²Zur Prüfung der Voraussetzungen von Satz 1 Nummer 2 kann die Ausbildungseinrichtung beteiligt werden.

(4) Eine nach § 20 oder § 20b erteilte Aufenthaltserlaubnis kann widerrufen werden, wenn
1. die Forschungseinrichtung, mit welcher der Ausländer eine Aufnahmevereinbarung abgeschlossen hat, ihre Anerkennung verliert, sofern er an einer Handlung beteiligt war, die zum Verlust der Anerkennung geführt hat,
2. der Ausländer bei der Forschungseinrichtung keine Forschung mehr betreibt oder betreiben darf oder
3. der Ausländer nicht mehr die Voraussetzungen erfüllt, unter denen ihm eine Aufenthaltserlaubnis nach § 20 oder § 20b erteilt werden könnte oder eine Aufnahmevereinbarung mit ihm abgeschlossen werden dürfte.

(4a) Eine nach § 17b oder § 18d erteilte Aufenthaltserlaubnis kann widerrufen werden, wenn der Ausländer nicht mehr die Voraussetzungen erfüllt, unter denen ihm die Aufenthaltserlaubnis erteilt werden könnte.

(5) ¹Eine Aufenthaltserlaubnis nach § 25 Absatz 4a Satz 1 oder Absatz 4b Satz 1 soll widerrufen werden, wenn
1. der Ausländer nicht bereit war oder nicht mehr bereit ist, im Strafverfahren auszusagen,
2. die Angaben des Ausländers, auf die in § 25 Absatz 4a Satz 2 Nummer 1 oder Absatz 4b Satz 2 Nummer 1 Bezug genommen wird, nach Mitteilung der Staatsanwaltschaft oder des Strafgerichts mit hinreichender Wahrscheinlichkeit als falsch anzusehen sind oder
3. der Ausländer auf Grund sonstiger Umstände nicht mehr die Voraussetzungen für die Erteilung eines Aufenthaltstitels nach § 25 Absatz 4a oder Absatz 4b erfüllt.
²Eine Aufenthaltserlaubnis nach § 25 Absatz 4a Satz 1 soll auch dann widerrufen werden, wenn der Ausländer freiwillig wieder Verbindung zu den Personen nach § 25 Absatz 4a Satz 2 Nummer 2 aufgenommen hat.

(6) Eine Aufenthaltserlaubnis nach § 38a soll widerrufen werden, wenn der Ausländer seine Rechtsstellung als langfristig Aufenthaltsberechtigter in einem anderen Mitgliedstaat der Europäischen Union verliert.

In § 52 werden die Voraussetzungen normiert, unter denen ein **Aufenthaltstitel** – über die allgemeinen Grundsätze nach § 48 VwVfG hinaus – **widerrufen** werden kann oder muss. Da Art. 34 des Visakodex die Voraussetzungen für die Beseitigung eines Schengen-Visums abschließend regelt, bezieht sich die Vorschrift nur auf nationale Aufenthaltstitel. Während Abs. 1 und Abs. 2a–6 die Grundlage für Ermessensentscheidungen bieten, ist der Widerruf unter den Voraussetzungen des Abs. 2 zwingend. Der Widerruf des Aufenthaltstitels führt, wenn nicht ein Fall des Abs. 1 Satz 1 Nr. 4 (Erlöschen oder Unwirksamwerden der Anerkennung als Asylberechtigter oder der Rechtsstellung als Flüchtling) vorliegt (vgl. § 84 Abs. 1 Nr. 4) oder die sofortige Vollziehbarkeit des Widerrufs nach § 80 Abs. 2 VwGO gesondert angeordnet wurde, **nicht zur Vollziehbarkeit der Ausreisepflicht.** Denn nach § 58 Abs. 2 S. 2 ist die Ausreisepflicht erst vollziehbar, wenn der Verwaltungsakt, durch den der Ausländer ausreisepflichtig wird, vollziehbar, dh bestandskräftig geworden ist. Dies ist für die Strafbarkeit wegen unerlaubten Aufenthalts nach § 95 Abs. 1 Nr. 2 von Bedeutung, die die vollziehbare Ausreisepflicht voraussetzt (→ § 95 Rn. 27).

§ 53 Ausweisung

(1) Ein Ausländer, dessen Aufenthalt die öffentliche Sicherheit und Ordnung, die freiheitliche demokratische Grundordnung oder sonstige erhebliche Interessen der

Bundesrepublik Deutschland gefährdet, wird ausgewiesen, wenn die unter Berücksichtigung aller Umstände des Einzelfalles vorzunehmende Abwägung der Interessen an der Ausreise mit den Interessen an einem weiteren Verbleib des Ausländers im Bundesgebiet ergibt, dass das öffentliche Interesse an der Ausreise überwiegt.

(2) Bei der Abwägung nach Absatz 1 sind nach den Umständen des Einzelfalles insbesondere die Dauer seines Aufenthalts, seine persönlichen, wirtschaftlichen und sonstigen Bindungen im Bundesgebiet und im Herkunftsstaat oder in einem anderen zur Aufnahme bereiten Staat, die Folgen der Ausweisung für Familienangehörige und Lebenspartner sowie die Tatsache, ob sich der Ausländer rechtstreu verhalten hat, zu berücksichtigen.

(3) Ein Ausländer, der als Asylberechtigter anerkannt ist, der im Bundesgebiet die Rechtsstellung eines ausländischen Flüchtlings genießt, der einen von einer Behörde der Bundesrepublik Deutschland ausgestellten Reiseausweis nach dem Abkommen vom 28. Juli 1951 über die Rechtsstellung der Flüchtlinge (BGBl. 1953 II S. 559) besitzt, dem nach dem Assoziationsabkommen EWG/Türkei ein Aufenthaltsrecht zusteht oder der eine Erlaubnis zum Daueraufenthalt – EU besitzt, darf nur ausgewiesen werden, wenn das persönliche Verhalten des Betroffenen gegenwärtig eine schwerwiegende Gefahr für die öffentliche Sicherheit und Ordnung darstellt, die ein Grundinteresse der Gesellschaft berührt und die Ausweisung für die Wahrung dieses Interesses unerlässlich ist.

(4) ¹Ein Ausländer, der einen Asylantrag gestellt hat, kann nur unter der Bedingung ausgewiesen werden, dass das Asylverfahren unanfechtbar ohne Anerkennung als Asylberechtigter oder ohne die Zuerkennung internationalen Schutzes (§ 1 Absatz 1 Nummer 2 des Asylgesetzes) abgeschlossen wird. ²Von der Bedingung wird abgesehen, wenn
1. ein Sachverhalt vorliegt, der nach Absatz 3 eine Ausweisung rechtfertigt oder
2. eine nach den Vorschriften des Asylgesetzes erlassene Abschiebungsandrohung vollziehbar geworden ist.

§ 54 Ausweisungsinteresse

(1) Das Ausweisungsinteresse im Sinne von § 53 Absatz 1 wiegt besonders schwer, wenn der Ausländer
1. wegen einer oder mehrerer vorsätzlicher Straftaten rechtskräftig zu einer Freiheits- oder Jugendstrafe von mindestens zwei Jahren verurteilt worden ist oder bei der letzten rechtskräftigen Verurteilung Sicherungsverwahrung angeordnet worden ist,
1a. wegen einer oder mehrerer vorsätzlicher Straftaten gegen das Leben, die körperliche Unversehrtheit, die sexuelle Selbstbestimmung, das Eigentum oder wegen Widerstands gegen Vollstreckungsbeamte rechtskräftig zu einer Freiheits- oder Jugendstrafe von mindestens einem Jahr verurteilt worden ist, sofern die Straftat mit Gewalt, unter Anwendung von Drohung mit Gefahr für Leib oder Leben oder mit List begangen worden ist oder eine Straftat nach § 177 des Strafgesetzbuches ist; bei serienmäßiger Begehung von Straftaten gegen das Eigentum wiegt das Ausweisungsinteresse auch dann besonders schwer, wenn der Täter keine Gewalt, Drohung oder List angewendet hat,
2. die freiheitliche demokratische Grundordnung oder die Sicherheit der Bundesrepublik Deutschland gefährdet; hiervon ist auszugehen, wenn Tatsachen die Schlussfolgerung rechtfertigen, dass er einer Vereinigung angehört oder angehört hat, die den Terrorismus unterstützt oder er eine derartige Vereinigung unterstützt oder unterstützt hat oder er eine in § 89a Absatz 1 des Strafgesetzbuchs bezeichnete schwere staatsgefährdende Gewalttat nach § 89a

Absatz 2 des Strafgesetzbuchs vorbereitet oder vorbereitet hat, es sei denn, der Ausländer nimmt erkennbar und glaubhaft von seinem sicherheitsgefährdenden Handeln Abstand,
3. zu den Leitern eines Vereins gehörte, der unanfechtbar verboten wurde, weil seine Zwecke oder seine Tätigkeit den Strafgesetzen zuwiderlaufen oder er sich gegen die verfassungsmäßige Ordnung oder den Gedanken der Völkerverständigung richtet,
4. sich zur Verfolgung politischer oder religiöser Ziele an Gewalttätigkeiten beteiligt oder öffentlich zur Gewaltanwendung aufruft oder mit Gewaltanwendung droht oder
5. zu Hass gegen Teile der Bevölkerung aufruft; hiervon ist auszugehen, wenn er auf eine andere Person gezielt und andauernd einwirkt, um Hass auf Angehörige bestimmter ethnischer Gruppen oder Religionen zu erzeugen oder zu verstärken oder öffentlich, in einer Versammlung oder durch Verbreiten von Schriften in einer Weise, die geeignet ist, die öffentliche Sicherheit und Ordnung zustören,
   a) gegen Teile der Bevölkerung zu Willkürmaßnahmen aufstachelt,
   b) Teile der Bevölkerung böswillig verächtlich macht und dadurch die Menschenwürde anderer angreift oder
   c) Verbrechen gegen den Frieden, gegen die Menschlichkeit, ein Kriegsverbrechen oder terroristische Taten von vergleichbarem Gewicht billigt oder dafür wirbt,

es sei denn, der Ausländer nimmt erkennbar und glaubhaft von seinem Handeln Abstand.

(2) Das Ausweisungsinteresse im Sinne von § 53 Absatz 1 wiegt schwer, wenn der Ausländer
1. wegen einer oder mehrerer vorsätzlicher Straftaten rechtskräftig zu einer Freiheitsstrafe von mindestens einem Jahr verurteilt worden ist,
1a. wegen einer oder mehrerer vorsätzlicher Straftaten gegen das Leben, die körperliche Unversehrtheit, die sexuelle Selbstbestimmung, das Eigentum oder wegen Widerstands gegen Vollstreckungsbeamte rechtskräftig zu einer Freiheits- oder Jugendstrafe verurteilt worden ist, sofern die Straftat mit Gewalt, unter Anwendung von Drohung mit Gefahr für Leib oder Leben oder mit List begangen worden ist oder eine Straftat nach § 177 des Strafgesetzbuches ist; bei serienmäßiger Begehung von Straftaten gegen das Eigentum wiegt das Ausweisungsinteresse auch dann schwer, wenn der Täter keine Gewalt, Drohung oder List angewendet hat,
2. wegen einer oder mehrerer vorsätzlicher Straftaten rechtskräftig zu einer Jugendstrafe von mindestens einem Jahr verurteilt und die Vollstreckung der Strafe nicht zur Bewährung ausgesetzt worden ist,
3. als Täter oder Teilnehmer den Tatbestand des § 29 Absatz 1 Satz 1 Nummer 1 des Betäubungsmittelgesetzes verwirklicht oder dies versucht,
4. Heroin, Kokain oder ein vergleichbar gefährliches Betäubungsmittel verbraucht und nicht zu einer erforderlichen seiner Rehabilitation dienenden Behandlung bereit ist oder sich ihr entzieht,
5. eine andere Person in verwerflicher Weise, insbesondere unter Anwendung oder Androhung von Gewalt, davon abhält, am wirtschaftlichen, kulturellen oder gesellschaftlichen Leben in der Bundesrepublik Deutschland teilzuhaben,
6. eine andere Person zur Eingehung der Ehe nötigt oder dies versucht oder wiederholt eine Handlung entgegen § 11 Absatz 2 Satz 1 und 2 des Personenstandsgesetzes vornimmt, die einen schwerwiegenden Verstoß gegen diese Vorschrift darstellt; ein schwerwiegender Verstoß liegt vor, wenn eine Person, die das 16. Lebensjahr noch nicht vollendet hat, beteiligt ist,

7. in einer Befragung, die der Klärung von Bedenken gegen die Einreise oder den weiteren Aufenthalt dient, der deutschen Auslandsvertretung oder der Ausländerbehörde gegenüber frühere Aufenthalte in Deutschland oder anderen Staaten verheimlicht oder in wesentlichen Punkten vorsätzlich keine, falsche oder unvollständige Angaben über Verbindungen zu Personen oder Organisationen macht, die der Unterstützung des Terrorismus oder der Gefährdung der freiheitlichen demokratischen Grundordnung oder der Sicherheit der Bundesrepublik Deutschland verdächtig sind; die Ausweisung auf dieser Grundlage ist nur zulässig, wenn der Ausländer vor der Befragung ausdrücklich auf den sicherheitsrechtlichen Zweck der Befragung und die Rechtsfolgen verweigerter, falscher oder unvollständiger Angaben hingewiesen wurde,
8. in einem Verwaltungsverfahren, das von Behörden eines Schengen-Staates durchgeführt wurde, im In- oder Ausland
    a) falsche oder unvollständige Angaben zur Erlangung eines deutschen Aufenthaltstitels, eines Schengen-Visums, eines Flughafentransitvisums, eines Passersatzes, der Zulassung einer Ausnahme von der Passpflicht oder der Aussetzung der Abschiebung gemacht hat oder
    b) trotz bestehender Rechtspflicht nicht an Maßnahmen der für die Durchführung dieses Gesetzes oder des Schengener Durchführungsübereinkommens zuständigen Behörden mitgewirkt hat, soweit der Ausländer zuvor auf die Rechtsfolgen solcher Handlungen hingewiesen wurde oder
9. einen nicht nur vereinzelten oder geringfügigen Verstoß gegen Rechtsvorschriften oder gerichtliche oder behördliche Entscheidungen oder Verfügungen begangen oder außerhalb des Bundesgebiets eine Handlung begangen hat, die im Bundesgebiet als vorsätzliche schwere Straftat anzusehen ist.

§ 54a *(aufgehoben)*

§ 55 Bleibeinteresse

(1) Das Bleibeinteresse im Sinne von § 53 Absatz 1 wiegt besonders schwer, wenn der Ausländer
1. eine Niederlassungserlaubnis besitzt und sich seit mindestens fünf Jahren rechtmäßig im Bundesgebiet aufgehalten hat,
2. eine Aufenthaltserlaubnis besitzt und im Bundesgebiet geboren oder als Minderjähriger in das Bundesgebiet eingereist ist und sich seit mindestens fünf Jahren rechtmäßig im Bundesgebiet aufgehalten hat,
3. eine Aufenthaltserlaubnis besitzt, sich seit mindestens fünf Jahren rechtmäßig im Bundesgebiet aufgehalten hat und mit einem der in den Nummern 1 und 2 bezeichneten Ausländer in ehelicher oder lebenspartnerschaftlicher Lebensgemeinschaft lebt,
4. mit einem deutschen Familienangehörigen oder Lebenspartner in familiärer oder lebenspartnerschaftlicher Lebensgemeinschaft lebt, sein Personensorgerecht für einen minderjährigen ledigen Deutschen oder mit diesem sein Umgangsrecht ausübt,
5. die Rechtsstellung eines subsidiär Schutzberechtigten im Sinne des § 4 Absatz 1 des Asylgesetzes genießt oder
6. eine Aufenthaltserlaubnis nach § 23 Absatz 4, den §§ 24, 25 Absatz 4a Satz 3 oder nach § 29 Absatz 2 oder 4 besitzt.

(2) Das Bleibeinteresse im Sinne von § 53 Absatz 1 wiegt insbesondere schwer, wenn
1. der Ausländer minderjährig ist und eine Aufenthaltserlaubnis besitzt,

I. Aufenthaltsgesetz § 56 AufenthG

2. der Ausländer eine Aufenthaltserlaubnis besitzt und sich seit mindestens fünf Jahren im Bundesgebiet aufhält,
3. der Ausländer sein Personensorgerecht für einen im Bundesgebiet rechtmäßig sich aufhaltenden ledigen Minderjährigen oder mit diesem sein Umgangsrecht ausübt,
4. der Ausländer minderjährig ist und sich die Eltern oder ein personensorgeberechtigter Elternteil rechtmäßig im Bundesgebiet aufhalten beziehungsweise aufhält,
5. die Belange oder das Wohl eines Kindes zu berücksichtigen sind beziehungsweise ist oder
6. der Ausländer eine Aufenthaltserlaubnis nach § 25 Absatz 4a Satz 1 besitzt.

(3) Aufenthalte auf der Grundlage von § 81 Absatz 3 Satz 1 und Absatz 4 Satz 1 werden als rechtmäßiger Aufenthalt im Sinne der Absätze 1 und 2 nur berücksichtigt, wenn dem Antrag auf Erteilung oder Verlängerung des Aufenthaltstitels entsprochen wurde.

§ 56 Überwachung ausreisepflichtiger Ausländer aus Gründen der inneren Sicherheit

(1) ¹Ein Ausländer, gegen den eine Ausweisungsverfügung auf Grund eines Ausweisungsinteresses nach § 54 Absatz 1 Nummer 2 bis 5 oder eine Abschiebungsanordnung nach § 58a besteht, unterliegt der Verpflichtung, sich mindestens einmal wöchentlich bei der für seinen Aufenthaltsort zuständigen polizeilichen Dienststelle zu melden, soweit die Ausländerbehörde nichts anderes bestimmt. ²Eine dem Satz 1 entsprechende Meldepflicht kann angeordnet werden, wenn der Ausländer
1. vollziehbar ausreisepflichtig ist und ein in Satz 1 genanntes Ausweisungsinteresse besteht oder
2. auf Grund anderer als der in Satz 1 genannten Ausweisungsinteressen vollziehbar ausreisepflichtig ist und die Anordnung der Meldepflicht zur Abwehr einer Gefahr für die öffentliche Sicherheit und Ordnung erforderlich ist.

(2) Sein Aufenthalt ist auf den Bezirk der Ausländerbehörde beschränkt, soweit die Ausländerbehörde keine abweichenden Festlegungen trifft.

(3) Er kann verpflichtet werden, in einem anderen Wohnort oder in bestimmten Unterkünften auch außerhalb des Bezirks der Ausländerbehörde zu wohnen, wenn dies geboten erscheint, um die Fortführung von Bestrebungen, die zur Ausweisung geführt haben, zu erschweren oder zu unterbinden und die Einhaltung vereinsrechtlicher oder sonstiger gesetzlicher Auflagen und Verpflichtungen besser überwachen zu können.

(4) Um die Fortführung von Bestrebungen, die zur Ausweisung nach § 54 Absatz 1 Nummer 2 bis 5, zu einer Anordnung nach Absatz 1 Satz 2 Nummer 1 oder zu einer Abschiebungsanordnung nach § 58a geführt haben, zu erschweren oder zu unterbinden, kann der Ausländer auch verpflichtet werden, zu bestimmten Personen oder Personen einer bestimmten Gruppe keinen Kontakt aufzunehmen, mit ihnen nicht zu verkehren, sie nicht zu beschäftigen, auszubilden oder zu beherbergen und bestimmte Kommunikationsmittel oder Dienste nicht zu nutzen, soweit ihm Kommunikationsmittel verbleiben und die Beschränkungen notwendig sind, um eine erhebliche Gefahr für die innere Sicherheit oder für Leib und Leben Dritter abzuwehren.

(5) ¹Die Verpflichtungen nach den Absätzen 1 bis 4 ruhen, wenn sich der Ausländer in Haft befindet. ²Eine Anordnung nach den Absätzen 3 und 4 ist sofort vollziehbar.

AufenthG § 56a   1. Kapitel. Ausländerstrafrecht

1 Durch das Gesetz zur Neubestimmung des Bleiberechts und der Aufenthaltsbeendigung vom 27.7.2015 ist das **Ausweisungsrecht** in den §§ 53 bis 56 **grundlegend neu** geregelt worden. Anstelle der bisherigen Ist-, Regel- und Ermessensausweisung ist mit § 53 eine **zentrale Ausweisungsnorm** getreten, nach der stets eine **Abwägung aller Umstände des Einzelfalles** vorzunehmen ist. Damit reagierte der Gesetzgeber auf die höchstrichterliche Rechtsprechung, die eine Ausweisung anhand des Ist-, Regel- oder Ermessensausweisungsschemas zunehmend nicht mehr zugelassen hatte. Bei einem Großteil der Ausweisungen wurden ohnehin die Anforderungen der Ermessensausweisung zugrunde gelegt. Das Ausweisungsrecht ist zudem insoweit umgestellt worden, dass die umfassende Abwägung bereits auf Tatbestandsseite vorgenommen wird. Dadurch soll sich das Verfahren für die Ausländerbehörden vereinfachen, weil das Gericht das Entscheidungsergebnis der Ausländerbehörde entweder bestätigen oder durch seine eigene Entscheidung ersetzen kann. So soll schneller Rechtssicherheit erreicht werden; insbesondere könne die Zurückverweisung an die Behörde zur Neubescheidung entfallen (vgl. BT-Drs. 18/4097, 49).

2 Nach § 53 Abs. 1 ist das öffentliche **Ausweisungsinteresse** gegen das **Bleibeinteresse** des Ausländers abzuwägen. Die §§ 54 und 55 konkretisieren und gewichten diese Interessen. Die typisierten Interessen können im Einzelfall stärker oder schwächer ins Gewicht fallen; maßgebend ist stets die **umfassende Würdigung des Einzelfalles**. Wie nach bisheriger Rechtslage stellen **rechtskräftige Verurteilungen** wegen Straftaten durch den Ausländer einen wesentlichen Anknüpfungspunkt für ein Ausweisungsinteresse dar, auch die Gefährdung der freiheitlich demokratischen Grundordnung oder der Sicherheit der Bundesrepublik etwa durch Mitgliedschaft in oder Unterstützung einer Vereinigung, die den Terrorismus unterstützt oder durch Vorbereitung einer in § 89a Absatz 1 des Strafgesetzbuches bezeichneten schweren staatsgefährdenden Gewalttat. Gleiches gilt für die Leitung eines verbotenen Vereins. Damit sollte und soll den Bedürfnissen bei der **Terrorismusbekämpfung** Rechnung getragen werden. Ein **besonders schwerwiegendes Ausweisungsinteresse** wird dabei zur Abwehr von Gefahren, die von besonders gefährlichen Ausländern ausgehen, in das **Vorfeld von strafbaren Handlungen** verlegt, der sich auf konkrete Tatsachen stützende Verdacht ist ausreichend. Neu hinzugekommen ist die gesetzliche Hervorhebung des Ausweisungsinteresses betreffend sog. „**Hassprediger**".

3 In § 56 werden für besonders **gefährliche Ausländer,** die wegen der von ihrem Aufenthalt im Bundesgebiet ausgehenden Gefährdung der inneren Sicherheit, etwa bei Verdacht der Unterstützung des Terrorismus, bei Verdacht der Vorbereitung schwerer staatsgefährdender Gewalttaten oder aus anderen der in § 54 Abs. 1 Nr. 2–5 genannten Gründe vollziehbar ausgewiesen sind oder gegen die auf Grund einer auf Tatsachen gestützten Prognose wegen ihrer Gefährlichkeit eine Abschiebungsanordnung gem. § 58a ergangen ist, umfangreiche **Kontrollmöglichkeiten** vorgesehen. Insbesondere besteht eine gesetzliche Meldepflicht, eine räumliche Beschränkung, sie können zur Wohnsitznahme an einem bestimmten Ort verpflichtet und es können ihnen Kommunikationsmittel oder -dienste verboten werden. Der **Verstoß** gegen diese Verpflichtungen führt zur **Strafbarkeit** nach § 95 Abs. 1 Nr. 6a (→ § 95 Rn. 75 ff.) oder bei geringfügigen Verstößen zur Ordnungswidrigkeit nach § 98 Abs. 3 Nr. 4, 5 (→ § 98 Rn. 22 f., 24).

§ 56a Elektronische Aufenthaltsüberwachung; Verordnungsermächtigung

(1) Um eine erhebliche Gefahr für die innere Sicherheit oder für Leib und Leben Dritter abzuwehren, kann ein Ausländer, der einer räumlichen Beschränkung des Aufenthaltes nach § 56 Absatz 2 und 3 oder einem Kontaktverbot nach § 56 Absatz 4 unterliegt, auf richterliche Anordnung verpflichtet werden,
1. die für eine elektronische Überwachung seines Aufenthaltsortes erforderlichen technischen Mittel ständig in betriebsbereitem Zustand am Körper bei sich zu führen und
2. deren Funktionsfähigkeit nicht zu beeinträchtigen.

I. Aufenthaltsgesetz § 56a AufenthG

(2) ¹Die Anordnung ergeht für längstens drei Monate. ²Sie kann um jeweils höchstens drei Monate verlängert werden, wenn die Voraussetzungen weiterhin vorliegen. ³Liegen die Voraussetzungen der Anordnung nicht mehr vor, ist die Maßnahme unverzüglich zu beenden.

(3) ¹Die Ausländerbehörde erhebt und speichert mit Hilfe der vom Ausländer mitgeführten technischen Mittel automatisiert Daten über
1. dessen Aufenthaltsort sowie
2. über etwaige Beeinträchtigungen der Datenerhebung.

²Soweit es technisch möglich ist, ist sicherzustellen, dass innerhalb der Wohnung des Ausländers keine über den Umstand seiner Anwesenheit hinausgehenden Aufenthaltsdaten erhoben werden. ³Die Landesregierungen können durch Rechtsverordnung bestimmen, dass eine andere Stelle als die Ausländerbehörde die in Satz 1 genannten Daten erhebt und speichert. ⁴Die Ermächtigung nach Satz 3 kann durch Rechtsverordnung von den Landesregierungen auf die für den Vollzug dieses Gesetzes zuständigen obersten Landesbehörden übertragen werden.

(4) Die Daten dürfen ohne Einwilligung der betroffenen Person nur verwendet werden, soweit dies erforderlich ist
1. zur Feststellung von Verstößen gegen eine räumliche Beschränkung des Aufenthaltes nach § 56 Absatz 2 und 3 oder ein Kontaktverbot nach § 56 Absatz 4,
2. zur Verfolgung einer Ordnungswidrigkeit nach § 98 Absatz 3 Nummer 5a oder einer Straftat nach § 95 Absatz 1 Nummer 6a,
3. zur Feststellung eines Verstoßes gegen eine vollstreckbare gerichtliche Anordnung nach Absatz 1 und zur Verfolgung einer Straftat nach § 95 Absatz 2 Nummer 1a,
4. zur Abwehr einer erheblichen gegenwärtigen Gefahr für Leib, Leben oder Freiheit einer dritten Person,
5. zur Verfolgung von erheblichen Straftaten gegen Leib und Leben einer dritten Person oder von Straftaten nach § 89a oder § 129a des Strafgesetzbuches oder
6. zur Aufrechterhaltung der Funktionsfähigkeit der technischen Mittel.

(5) ¹Zur Einhaltung der Zweckbindung nach Absatz 4 hat die Verarbeitung der Daten automatisiert zu erfolgen und sind die Daten gegen unbefugte Kenntnisnahme besonders zu sichern. ²Die in Absatz 3 Satz 1 genannten Daten sind spätestens zwei Monate nach ihrer Erhebung zu löschen, soweit sie nicht für die in Absatz 4 genannten Zwecke verwendet werden. ³Jeder Abruf der Daten ist zu protokollieren. ⁴Die Protokolldaten sind nach zwölf Monaten zu löschen. ⁵Werden innerhalb der Wohnung der betroffenen Person über den Umstand ihrer Anwesenheit hinausgehende Aufenthaltsdaten erhoben, dürfen diese nicht verwertet werden und sind unverzüglich nach Kenntnisnahme zu löschen. ⁶Die Tatsache ihrer Kenntnisnahme und Löschung ist zu dokumentieren. ⁷Die Dokumentation darf ausschließlich für Zwecke der Datenschutzkontrolle verwendet werden. ⁸Sie ist nach Abschluss der Datenschutzkontrolle zu löschen.

(6) Zur Durchführung der Maßnahme nach Absatz 1 hat die zuständige Stelle im Sinne des Absatzes 3:
1. eingehende Systemmeldungen über Verstöße nach Absatz 4 Nummer 1 entgegenzunehmen und zu bewerten,
2. Daten des Aufenthaltsortes der betroffenen Person an die zuständigen Behörden weiterzugeben, sofern dies zur Durchsetzung von Maßnahmen nach Absatz 4 Nummer 1 erforderlich ist,
3. Daten des Aufenthaltsortes der betroffenen Person an die zuständige Bußgeldbehörde zur Verfolgung einer Ordnungswidrigkeit nach § 98 Absatz 3 Nummer 5a oder an die zuständige Strafverfolgungsbehörde zur Verfolgung einer

Straftat nach § 95 Absatz 1 Nummer 6a oder Absatz 2 Nummer 1a weiterzugeben,
4. Daten des Aufenthaltsortes der betroffenen Person an zuständige Polizeibehörden weiterzugeben, sofern dies zur Abwehr einer erheblichen gegenwärtigen Gefahr im Sinne von Absatz 4 Nummer 4 erforderlich ist,
5. Daten des Aufenthaltsortes der betroffenen Person an die zuständigen Polizei- und Strafverfolgungsbehörden weiterzugeben, wenn dies zur Verhütung oder zur Verfolgung einer in Absatz 4 Nummer 5 genannten Straftat erforderlich ist,
6. die Ursache einer Meldung zu ermitteln; hierzu kann die zuständige Stelle Kontakt mit der betroffenen Person aufnehmen, sie befragen, sie auf den Verstoß hinweisen und ihr mitteilen, wie sie dessen Beendigung bewirken kann,
7. eine Überprüfung der bei der betroffenen Person vorhandenen technischen Geräte auf ihre Funktionsfähigkeit oder Manipulation und die zu der Behebung einer Funktionsbeeinträchtigung erforderlichen Maßnahmen, insbesondere des Austausches der technischen Mittel oder von Teilen davon, einzuleiten,
8. Anfragen der betroffenen Person zum Umgang mit den technischen Mitteln zu beantworten.

(7) Im Antrag auf Anordnung einer Maßnahme nach Absatz 1 sind anzugeben
1. die Person, gegen die sich die Maßnahme richtet, mit Name und Anschrift,
2. Art, Umfang und Dauer der Maßnahme,
3. die Angabe, ob gegenüber der Person, gegen die sich die Maßnahme richtet, eine räumliche Beschränkung nach § 56 Absatz 2 und 3 oder ein Kontaktverbot nach § 56 Absatz 4 besteht,
4. der Sachverhalt sowie
5. eine Begründung.

(8) ¹Die Anordnung ergeht schriftlich. ²In ihr sind anzugeben
1. die Person, gegen die sich die Maßnahme richtet, mit Name und Anschrift,
2. Art, Umfang und Dauer der Maßnahme sowie
3. die wesentlichen Gründe.

(9) ¹Für richterliche Anordnungen nach Absatz 1 ist das Amtsgericht zuständig, in dessen Bezirk die zuständige Stelle im Sinne des Absatzes 3 ihren Sitz hat. ²Für das Verfahren gelten die Vorschriften des Gesetzes über das Verfahren in Familiensachen und in den Angelegenheiten der freiwilligen Gerichtsbarkeit entsprechend.

(10) § 56 Absatz 5 Satz 1 findet entsprechend Anwendung.

1 Die Vorschrift, die durch das **Gesetz zur besseren Durchsetzung der Ausreisepflicht** mit Wirkung vom 29.7.2017 in das AufenthG eingeführt wurde, regelt die Befugnis der Ausländerbehörde, besonders gefährliche Ausländer zur Abwehr einer **erheblichen Gefahr** für die **innere Sicherheit** oder für Leib und Leben Dritter elektronisch zu überwachen (sog. **elektronische Fußfessel**). Dadurch soll – als milderes Mittel zur Haft – eine ständige Überwachung und so die Verhinderung – letztlich terroristischer – Straftaten gewährleistet werden. Die Zuwiderhandlung gegen eine gerichtliche Anordnung nach Abs. 1, die zugleich dazu führt, dass die kontinuierliche Feststellung des Aufenthaltsortes durch die Ausländerbehörde oder eine andere in Abs. 3 genannte zuständige Stelle verhindert wird, ist nach der neu eingeführten Strafvorschrift des § 95 Abs. 2 Nr. 1a strafbewehrt (→ § 95 Rn. 102 f.).

Abschnitt 2. Durchsetzung der Ausreisepflicht

§ 57 Zurückschiebung

(1) Ein Ausländer, der in Verbindung mit der unerlaubten Einreise über eine Grenze im Sinne des Artikels 2 Nummer 2 der Verordnung (EG) Nr. 562/2006 (Außengrenze) aufgegriffen wird, soll zurückgeschoben werden.

(2) Ein vollziehbar ausreisepflichtiger Ausländer, der durch einen anderen Mitgliedstaat der Europäischen Union, Norwegen oder die Schweiz auf Grund einer am 13. Januar 2009 geltenden zwischenstaatlichen Übernahmevereinbarung wieder aufgenommen wird, soll in diesen Staat zurückgeschoben werden; Gleiches gilt, wenn der Ausländer von der Grenzbehörde im grenznahen Raum in unmittelbarem zeitlichen Zusammenhang mit einer unerlaubten Einreise angetroffen wird und Anhaltspunkte dafür vorliegen, dass ein anderer Staat auf Grund von Rechtsvorschriften der Europäischen Union oder eines völkerrechtlichen Vertrages für die Durchführung des Asylverfahrens zuständig ist und ein Auf- oder Wiederaufnahmeverfahren eingeleitet wird.

(3) § 58 Absatz 1b, § 59 Absatz 8, § 60 Absatz 1 bis 5 und 7 bis 9, die §§ 62 und 62a sind entsprechend anzuwenden.

Die Zurückschiebung stellt einen **tatsächlichen Vorgang** dar, mit dem ein unerlaubt eingereister Ausländer aus dem Bundesgebiet entfernt bzw. sein **illegaler Aufenthalt** unter vereinfachten Voraussetzungen **beendet** werden kann. Die Vorschrift ist an die sog. Rückführungsrichtlinie (Richtlinie 2008/115/EG des Europäischen Parlaments und des Rates vom 16.12.2008 über gemeinsame Normen und Verfahren in den Mitgliedstaaten zur Rückführung illegal aufhältiger Drittstaatsangehöriger, ABl. 2008 L 348, 98) angepasst worden. Die Rückführung nach Abs. 2 aufgrund zwischenstaatlicher Übernahmevereinbarungen – solche bestehen mit Belgien, den Niederlanden, Luxemburg, Bulgarien, Dänemark, Estland, Frankreich, Lettland, Litauen, Norwegen, Österreich, Polen, Rumänien, Schweden, der Schweiz, der Slowakei, Tschechien und Ungarn – erlaubt ein nochmals vereinfachtes Verfahren, bei dem die besonderen Verfahrens- und Formgarantien der Rückführungsrichtlinie nicht eingehalten werden müssen. Liegt ein Abschiebungsverbot nach § 60 vor, hindert es auch die Zurückschiebung. Der unerlaubt eingereiste Ausländer hat sich nach § 95 Abs. 1 Nr. 3 oder Abs. 2 Nr. 1a strafbar gemacht, was seine Strafverfolgung auch vor der Zurückschiebung möglich, aber im Hinblick auf die Ressourcen der Justiz wenig zweckmäßig macht. 1

§ 58 Abschiebung

(1) ¹Der Ausländer ist abzuschieben, wenn die Ausreisepflicht vollziehbar ist, eine Ausreisefrist nicht gewährt wurde oder diese abgelaufen ist, und die freiwillige Erfüllung der Ausreisepflicht nicht gesichert ist oder aus Gründen der öffentlichen Sicherheit und Ordnung eine Überwachung der Ausreise erforderlich erscheint. ²Bei Eintritt einer der in § 59 Absatz 1 Satz 2 genannten Voraussetzungen innerhalb der Ausreisefrist soll der Ausländer vor deren Ablauf abgeschoben werden.

(1a) Vor der Abschiebung eines unbegleiteten minderjährigen Ausländers hat sich die Behörde zu vergewissern, dass dieser im Rückkehrstaat einem Mitglied seiner Familie, einer zur Personensorge berechtigten Person oder einer geeigneten Aufnahmeeinrichtung übergeben wird.

(1b) ¹Ein Ausländer, der eine Erlaubnis zum Daueraufenthalt – EU besitzt oder eine entsprechende Rechtsstellung in einem anderen Mitgliedstaat der Europäischen Union innehat und in einem anderen Mitgliedstaat der Europäischen Union international Schutzberechtigter ist, darf außer in den Fällen des § 60 Absatz 8 Satz 1 nur in den schutzgewährenden Mitgliedstaat abgeschoben werden. ²§ 60 Absatz 2, 3, 5 und 7 bleibt unberührt.

(2) ¹Die Ausreisepflicht ist vollziehbar, wenn der Ausländer
1. unerlaubt eingereist ist,
2. noch nicht die erstmalige Erteilung des erforderlichen Aufenthaltstitels oder noch nicht die Verlängerung beantragt hat oder trotz erfolgter Antragstellung der Aufenthalt nicht nach § 81 Abs. 3 als erlaubt oder der Aufenthaltstitel nach § 81 Abs. 4 nicht als fortbestehend gilt oder

3. auf Grund einer Rückführungsentscheidung eines anderen Mitgliedstaates der Europäischen Union gemäß Artikel 3 der Richtlinie 2001/40/EG des Rates vom 28. Mai 2001 über die gegenseitige Anerkennung von Entscheidungen über die Rückführung von Drittstaatsangehörigen (ABl. EG Nr. L 149 S. 34) ausreisepflichtig wird, sofern diese von der zuständigen Behörde anerkannt wird.

²Im Übrigen ist die Ausreisepflicht erst vollziehbar, wenn die Versagung des Aufenthaltstitels oder der sonstige Verwaltungsakt, durch den der Ausländer nach § 50 Abs. 1 ausreisepflichtig wird, vollziehbar ist.

(3) Die Überwachung der Ausreise ist insbesondere erforderlich, wenn der Ausländer
1. sich auf richterliche Anordnung in Haft oder in sonstigem öffentlichen Gewahrsam befindet,
2. innerhalb der ihm gesetzten Ausreisefrist nicht ausgereist ist,
3. auf Grund eines besonders schwerwiegenden Ausweisungsinteresses nach § 54 Absatz 1 in Verbindung mit § 53 ausgewiesen worden ist,
4. mittellos ist,
5. keinen Pass oder Passersatz besitzt,
6. gegenüber der Ausländerbehörde zum Zweck der Täuschung unrichtige Angaben gemacht oder die Angaben verweigert hat oder
7. zu erkennen gegeben hat, dass er seiner Ausreisepflicht nicht nachkommen wird.

1   Die Abschiebung stellt die **zwangsweise Durchsetzung** der **Ausreisepflicht** dar. Sie ist durchzuführen, wenn die freiwillige Ausreise des Ausländers nicht gesichert ist oder aus Gründen der öffentlichen Sicherheit und Ordnung eine Überwachung der Ausreise erforderlich erscheint (Abs. 1). Gründe, aus denen in der Regel die Überwachung erforderlich ist, bestimmt Abs. 3. Voraussetzung der Abschiebung ist zunächst, dass eine Ausreisefrist nicht gewährt worden oder diese abgelaufen ist (Abs. 1 Satz 1). Damit ist klargestellt, dass eine Ausreisefrist die verwaltungsrechtliche **Vollziehbarkeit der Ausreisepflicht** nicht hindert (BT-Drs. 17/5420, 23); diese ist weitere Voraussetzung der Abschiebung; wann sie vorliegt, wird in Abs. 2 definiert. Nach Abs. 2 Satz 1 ist die Ausreisepflicht vollziehbar, wenn der Ausländer unerlaubt eingereist ist (Nr. 1), wenn er weder Erteilung noch Verlängerung eines Aufenthaltstitels beantragt hat (Nr. 2) oder eine Rückführungsentscheidung eines anderen Mitgliedsstaates der Europäischen Union vorliegt (Nr. 3). Liegt kein Fall des Satz 1 vor, wird die Ausreisepflicht erst mit der Vollziehbarkeit des sie begründenden Verwaltungsakts vollziehbar (Satz 2). Die **Vollziehbarkeit** des Verwaltungsakts ist gegeben, wenn Widerspruch oder Klage gegen ihn entweder auf Grund gesetzlicher Bestimmung (vgl. § 84 Abs. 1) **keine aufschiebende Wirkung** entfalten, die Ausländerbehörde nach § 80 Abs. 2 VwGO die sofortige Vollziehbarkeit angeordnet hat oder wenn der Verwaltungsakt nach Ablauf der Widerspruchsfrist aus § 58 VwGO oder nach rechtskräftigem Abschluss eines Verwaltungs- oder verwaltungsgerichtlichen Verfahrens bestandskräftig geworden ist. Da die **Strafbarkeit wegen unerlaubten Aufenthalts** gem. § 95 Abs. 1 Nr. 2 aber auch weitere Verstöße gegen räumliche Beschränkungen oder Auflagen an die vollziehbare Ausreisepflicht anknüpfen (vgl. die Erläuterungen zu § 50), kommt der Definition der Vollziehbarkeit für die Strafvorschriften große Bedeutung zu. Im Zusammenhang mit § 95 Abs. 6 kann eine Strafbarkeit in den Fällen, in denen der Ausländer bereits mit einem rechtsmissbräuchlich erlangten Aufenthaltstitel eingereist ist und er deshalb auch so zu behandeln ist, als sei seine Ausreisepflicht vollziehbar (Abs. 2 Satz 1 Nr. 1) auch vorliegen, wenn der Aufenthaltstitel verwaltungsrechtlich noch besteht (→ § 95 Rn. 37, 44).

§ 58a Abschiebungsanordnung

(1) ¹Die oberste Landesbehörde kann gegen einen Ausländer auf Grund einer auf Tatsachen gestützten Prognose zur Abwehr einer besonderen Gefahr für die

Sicherheit der Bundesrepublik Deutschland oder einer terroristischen Gefahr ohne vorhergehende Ausweisung eine Abschiebungsanordnung erlassen. ²Die Abschiebungsanordnung ist sofort vollziehbar; einer Abschiebungsandrohung bedarf es nicht.

(2) ¹Das Bundesministerium des Innern kann die Übernahme der Zuständigkeit erklären, wenn ein besonderes Interesse des Bundes besteht. ²Die oberste Landesbehörde ist hierüber zu unterrichten. ³Abschiebungsanordnungen des Bundes werden von der Bundespolizei vollzogen.

(3) ¹Eine Abschiebungsanordnung darf nicht vollzogen werden, wenn die Voraussetzungen für ein Abschiebungsverbot nach § 60 Abs. 1 bis 8 gegeben sind. ²§ 59 Abs. 2 und 3 ist entsprechend anzuwenden. ³Die Prüfung obliegt der über die Abschiebungsanordnung entscheidenden Behörde, die nicht an hierzu getroffene Feststellungen aus anderen Verfahren gebunden ist.

(4) ¹Dem Ausländer ist nach Bekanntgabe der Abschiebungsanordnung unverzüglich Gelegenheit zu geben, mit einem Rechtsbeistand seiner Wahl Verbindung aufzunehmen, es sei denn, er hat sich zuvor anwaltlichen Beistands versichert; er ist hierauf, auf die Rechtsfolgen der Abschiebungsanordnung und die gegebenen Rechtsbehelfe hinzuweisen. ²Ein Antrag auf Gewährung vorläufigen Rechtsschutzes nach der Verwaltungsgerichtsordnung ist innerhalb von sieben Tagen nach Bekanntgabe der Abschiebungsanordnung zu stellen. ³Die Abschiebung darf bis zum Ablauf der Frist nach Satz 2 und im Falle der rechtzeitigen Antragstellung bis zur Entscheidung des Gerichts über den Antrag auf vorläufigen Rechtsschutz nicht vollzogen werden.

Die Abschiebungsanordnung ist zur Abwendung einer besonderen Gefahr für die Sicherheit der Bundesrepublik oder einer terroristischen Gefahr zulässig. Es muss sich um **Gefahren** handeln, die **vom übrigen Instrumentarium** des AufenthG **nicht erfasst** sind und denen sonst mit aufenthaltsrechtlichen Mitteln nicht wirksam begegnet werden könnte. Für die **Prognose** im Sinne des Abs. 1 darf weder auf bloße Mutmaßungen oder theoretische Szenarien zurückgegriffen werden, die Tatsachen, auf denen die Prognose beruht, müssen feststehen. Der erforderliche **Grad der Wahrscheinlichkeit** einer Gefährdung ist nicht abstrakt zu bestimmen, sondern richtet sich maßgeblich nach der Schwere der drohenden Beeinträchtigungen und Schäden. Je größer diese sind, desto geringer kann die Wahrscheinlichkeit sein, um die Anordnung noch zu rechtfertigen.[1]   1

§ 59 Androhung der Abschiebung

(1) ¹Die Abschiebung ist unter Bestimmung einer angemessenen Frist zwischen sieben und 30 Tagen für die freiwillige Ausreise anzudrohen. ²Ausnahmsweise kann eine kürzere Frist gesetzt oder von einer Fristsetzung abgesehen werden, wenn dies im Einzelfall zur Wahrung überwiegender öffentlicher Belange zwingend erforderlich ist, insbesondere wenn
1. der begründete Verdacht besteht, dass der Ausländer sich der Abschiebung entziehen will, oder
2. von dem Ausländer eine erhebliche Gefahr für die öffentliche Sicherheit oder Ordnung ausgeht.

³Unter den in Satz 2 genannten Voraussetzungen kann darüber hinaus auch von einer Abschiebungsandrohung abgesehen werden, wenn
1. der Aufenthaltstitel nach § 51 Absatz 1 Nummer 3 bis 5 erloschen ist oder

---

[1] Zu Einzelheiten s. BVerwG 31.5.2017 – 1 VR 4.17, BeckRS 2017, 113651; BVerfG 24.7.2017 – 2 BvR 1487/17, BeckRS 2017, 118574; der EGMR hat die Abschiebung des Betroffenen indes einstweilen gestoppt.

2. der Ausländer bereits unter Wahrung der Erfordernisse des § 77 auf das Bestehen seiner Ausreisepflicht hingewiesen worden ist.

⁴Die Ausreisefrist kann unter Berücksichtigung der besonderen Umstände des Einzelfalls angemessen verlängert oder für einen längeren Zeitraum festgesetzt werden. ⁵§ 60a Absatz 2 bleibt unberührt. ⁶Wenn die Vollziehbarkeit der Ausreisepflicht oder der Abschiebungsandrohung entfällt, wird die Ausreisefrist unterbrochen und beginnt nach Wiedereintritt der Vollziehbarkeit erneut zu laufen. ⁷Einer erneuten Fristsetzung bedarf es nicht. ⁸Nach Ablauf der Frist zur freiwilligen Ausreise darf der Termin der Abschiebung dem Ausländer nicht angekündigt werden.

(2) In der Androhung soll der Staat bezeichnet werden, in den der Ausländer abgeschoben werden soll, und der Ausländer darauf hingewiesen werden, dass er auch in einen anderen Staat abgeschoben werden kann, in den er einreisen darf oder der zu seiner Übernahme verpflichtet ist.

(3) ¹Dem Erlass der Androhung steht das Vorliegen von Abschiebungsverboten und Gründen für die vorübergehende Aussetzung der Abschiebung nicht entgegen. ²In der Androhung ist der Staat zu bezeichnen, in den der Ausländer nicht abgeschoben werden darf. ³Stellt das Verwaltungsgericht das Vorliegen eines Abschiebungsverbots fest, so bleibt die Rechtmäßigkeit der Androhung im Übrigen unberührt.

(4) ¹Nach dem Eintritt der Unanfechtbarkeit der Abschiebungsandrohung bleiben für weitere Entscheidungen der Ausländerbehörde über die Abschiebung oder die Aussetzung der Abschiebung Umstände unberücksichtigt, die einer Abschiebung in den in der Abschiebungsandrohung bezeichneten Staat entgegenstehen und die vor dem Eintritt der Unanfechtbarkeit der Abschiebungsandrohung eingetreten sind; sonstige von dem Ausländer geltend gemachte Umstände, die der Abschiebung oder der Abschiebung in diesen Staat entgegenstehen, können unberücksichtigt bleiben. ²Die Vorschriften, nach denen der Ausländer die im Satz 1 bezeichneten Umstände gerichtlich im Wege der Klage oder im Verfahren des vorläufigen Rechtsschutzes nach der Verwaltungsgerichtsordnung geltend machen kann, bleiben unberührt.

(5) ¹In den Fällen des § 58 Abs. 3 Nr. 1 bedarf es keiner Fristsetzung; der Ausländer wird aus der Haft oder dem öffentlichen Gewahrsam abgeschoben. ²Die Abschiebung soll mindestens eine Woche vorher angekündigt werden.

(6) Über die Fristgewährung nach Absatz 1 wird dem Ausländer eine Bescheinigung ausgestellt.

(7) ¹Liegen der Ausländerbehörde konkrete Anhaltspunkte dafür vor, dass der Ausländer Opfer einer in § 25 Absatz 4a Satz 1 oder in § 25 Absatz 4b Satz 1 genannten Straftat wurde, setzt sie abweichend von Absatz 1 Satz 1 eine Ausreisefrist, die so zu bemessen ist, dass er eine Entscheidung über seine Aussagebereitschaft nach § 25 Absatz 4a Satz 2 Nummer 3 oder nach § 25 Absatz 4b Satz 2 Nummer 2 treffen kann. ²Die Ausreisefrist beträgt mindestens drei Monate. ³Die Ausländerbehörde kann von der Festsetzung einer Ausreisefrist nach Satz 1 absehen, diese aufheben oder verkürzen, wenn
1. der Aufenthalt des Ausländers die öffentliche Sicherheit und Ordnung oder sonstige erhebliche Interessen der Bundesrepublik Deutschland beeinträchtigt oder
2. der Ausländer freiwillig nach der Unterrichtung nach Satz 4 wieder Verbindung zu den Personen nach § 25 Absatz 4a Satz 2 Nummer 2 aufgenommen hat.

⁴Die Ausländerbehörde oder eine durch sie beauftragte Stelle unterrichtet den Ausländer über die geltenden Regelungen, Programme und Maßnahmen für Opfer von in § 25 Absatz 4a Satz 1 genannten Straftaten.

I. Aufenthaltsgesetz § 60 AufenthG

(8) Ausländer, die ohne die nach § 4 Absatz 3 erforderliche Berechtigung zur Erwerbstätigkeit beschäftigt waren, sind vor der Abschiebung über die Rechte nach Artikel 6 Absatz 2 und Artikel 13 der Richtlinie 2009/52/EG des Europäischen Parlaments und des Rates vom 18. Juni 2009 über Mindeststandards für Sanktionen und Maßnahmen gegen Arbeitgeber, die Drittstaatsangehörige ohne rechtmäßigen Aufenthalt beschäftigen (ABl. L 168 vom 30.6.2009, S. 24), zu unterrichten.

§ 60 Verbot der Abschiebung

(1) [1]In Anwendung des Abkommens vom 28. Juli 1951 über die Rechtsstellung der Flüchtlinge (BGBl. 1953 II S. 559) darf ein Ausländer nicht in einen Staat abgeschoben werden, in dem sein Leben oder seine Freiheit wegen seiner Rasse, Religion, Nationalität, seiner Zugehörigkeit zu einer bestimmten sozialen Gruppe oder wegen seiner politischen Überzeugung bedroht ist. [2]Dies gilt auch für Asylberechtigte und Ausländer, denen die Flüchtlingseigenschaft unanfechtbar zuerkannt wurde oder die aus einem anderen Grund im Bundesgebiet die Rechtsstellung ausländischer Flüchtlinge genießen oder die außerhalb des Bundesgebiets als ausländische Flüchtlinge nach dem Abkommen über die Rechtsstellung der Flüchtlinge anerkannt sind. [3]Wenn der Ausländer sich auf das Abschiebungsverbot nach diesem Absatz beruft, stellt das Bundesamt für Migration und Flüchtlinge außer in den Fällen des Satzes 2 in einem Asylverfahren fest, ob die Voraussetzungen des Satzes 1 vorliegen und dem Ausländer die Flüchtlingseigenschaft zuzuerkennen ist. [4]Die Entscheidung des Bundesamtes kann nur nach den Vorschriften des Asylgesetzes angefochten werden.

(2) [1]Ein Ausländer darf nicht in einen Staat abgeschoben werden, in dem ihm der in § 4 Absatz 1 des Asylgesetzes bezeichnete ernsthafte Schaden droht. [2]Absatz 1 Satz 3 und 4 gilt entsprechend.

(3) Darf ein Ausländer nicht in einen Staat abgeschoben werden, weil dieser Staat den Ausländer wegen einer Straftat sucht und die Gefahr der Verhängung oder der Vollstreckung der Todesstrafe besteht, finden die Vorschriften über die Auslieferung entsprechende Anwendung.

(4) Liegt ein förmliches Auslieferungsersuchen oder ein mit der Ankündigung eines Auslieferungsersuchens verbundenes Festnahmeersuchen eines anderen Staates vor, darf der Ausländer bis zur Entscheidung über die Auslieferung nur mit Zustimmung der Behörde, die nach § 74 des Gesetzes über die internationale Rechtshilfe in Strafsachen für die Bewilligung der Auslieferung zuständig ist, in diesen Staat abgeschoben werden.

(5) Ein Ausländer darf nicht abgeschoben werden, soweit sich aus der Anwendung der Konvention vom 4. November 1950 zum Schutze der Menschenrechte und Grundfreiheiten (BGBl. 1952 II S. 685) ergibt, dass die Abschiebung unzulässig ist.

(6) Die allgemeine Gefahr, dass einem Ausländer in einem anderen Staat Strafverfolgung und Bestrafung drohen können und, soweit sich aus den Absätzen 2 bis 5 nicht etwas anderes ergibt, die konkrete Gefahr einer nach der Rechtsordnung eines anderen Staates gesetzmäßigen Bestrafung stehen der Abschiebung nicht entgegen.

(7) [1]Von der Abschiebung eines Ausländers in einen anderen Staat soll abgesehen werden, wenn dort für diesen Ausländer eine erhebliche konkrete Gefahr für Leib, Leben oder Freiheit besteht. [2]Eine erhebliche konkrete Gefahr aus gesundheitlichen Gründen liegt nur vor bei lebensbedrohlichen oder schwerwiegenden Erkrankungen, die sich durch die Abschiebung wesentlich verschlechtern würden. [3]Es

ist nicht erforderlich, dass die medizinische Versorgung im Zielstaat mit der Versorgung in der Bundesrepublik Deutschland gleichwertig ist. ⁴Eine ausreichende medizinische Versorgung liegt in der Regel auch vor, wenn diese nur in einem Teil des Zielstaats gewährleistet ist. ⁵Gefahren nach Satz 1, denen die Bevölkerung oder die Bevölkerungsgruppe, der der Ausländer angehört, allgemein ausgesetzt ist, sind bei Anordnungen nach § 60a Abs. 1 Satz 1 zu berücksichtigen.

(8) ¹Absatz 1 findet keine Anwendung, wenn der Ausländer aus schwerwiegenden Gründen als eine Gefahr für die Sicherheit der Bundesrepublik Deutschland anzusehen ist oder eine Gefahr für die Allgemeinheit bedeutet, weil er wegen eines Verbrechens oder besonders schweren Vergehens rechtskräftig zu einer Freiheitsstrafe von mindestens drei Jahren verurteilt worden ist. ²Das Gleiche gilt, wenn der Ausländer die Voraussetzungen des § 3 Abs. 2 des Asylgesetzes erfüllt. ³Von der Anwendung des Absatzes 1 kann abgesehen werden, wenn der Ausländer eine Gefahr für die Allgemeinheit bedeutet, weil er wegen einer oder mehrerer vorsätzlicher Straftaten gegen das Leben, die körperliche Unversehrtheit, die sexuelle Selbstbestimmung, das Eigentum oder wegen Widerstands gegen Vollstreckungsbeamte rechtskräftig zu einer Freiheits- oder Jugendstrafe von mindestens einem Jahr verurteilt worden ist, sofern die Straftat mit Gewalt, unter Anwendung von Drohung mit Gefahr für Leib oder Leben oder mit List begangen worden ist oder eine Straftat nach § 177 des Strafgesetzbuches ist.

(9) ¹In den Fällen des Absatzes 8 kann einem Ausländer, der einen Asylantrag gestellt hat, abweichend von den Vorschriften des Asylgesetzes die Abschiebung angedroht und diese durchgeführt werden. ²Die Absätze 2 bis 7 bleiben unberührt.

(10) ¹Soll ein Ausländer abgeschoben werden, bei dem die Voraussetzungen des Absatzes 1 vorliegen, kann nicht davon abgesehen werden, die Abschiebung anzudrohen und eine angemessene Ausreisefrist zu setzen. ²In der Androhung sind die Staaten zu bezeichnen, in die der Ausländer nicht abgeschoben werden darf.

1 Die Vorschrift des § 59 regelt die **Androhung der Abschiebung,** die nach allgemeinen vollstreckungsrechtlichen Grundsätzen regelmäßig erforderlich ist und zudem nach der Rückführungsrichtlinie, die mit der Neufassung von § 59 Abs. 1 umgesetzt worden ist, vorgesehen wird. Im Rahmen der Abschiebungsandrohung ist nunmehr auch über die Gewährung von Ausreisefristen zu entscheiden (§ 59 Abs. 1, 6 und 7). In § 60 werden **Abschiebungsverbote** für politische Flüchtlinge und zB solche Ausländer, die in dem Staat, in den sie abgeschoben werden müssten, von Folter oder der Todesstrafe bedroht sind, gegen die ein förmliches Auslieferungs- oder Festnahmeersuchen vorliegt oder denen eine konkrete Gefahr für Leib und Leben droht, ohne dass sie staatlicher oder sonst organisierter Verfolgung ausgesetzt wären, normiert. Ein Abschiebungsverbot im Sinne des § 60 begründet, wenn es nicht die Anerkennung als Asylberechtigter oder als Flüchtling rechtfertigt, in der Regel ein Abschiebungshindernis aus rechtlichen Gründen im Sinne des § 60a Abs. 2.

§ 60a Vorübergehende Aussetzung der Abschiebung (Duldung)

(1) ¹Die oberste Landesbehörde kann aus völkerrechtlichen oder humanitären Gründen oder zur Wahrung politischer Interessen der Bundesrepublik Deutschland anordnen, dass die Abschiebung von Ausländern aus bestimmten Staaten oder von in sonstiger Weise bestimmten Ausländergruppen allgemein oder in bestimmte Staaten für längstens drei Monate ausgesetzt wird. ²Für einen Zeitraum von länger als sechs Monaten gilt § 23 Abs. 1.

I. Aufenthaltsgesetz § 60a AufenthG

(2) ¹Die Abschiebung eines Ausländers ist auszusetzen, solange die Abschiebung aus tatsächlichen oder rechtlichen Gründen unmöglich ist und keine Aufenthaltserlaubnis erteilt wird. ²Die Abschiebung eines Ausländers ist auch auszusetzen, wenn seine vorübergehende Anwesenheit im Bundesgebiet für ein Strafverfahren wegen eines Verbrechens von der Staatsanwaltschaft oder dem Strafgericht für sachgerecht erachtet wird, weil ohne seine Angaben die Erforschung des Sachverhalts erschwert wäre. ³Einem Ausländer kann eine Duldung erteilt werden, wenn dringende humanitäre oder persönliche Gründe oder erhebliche öffentliche Interessen seine vorübergehende weitere Anwesenheit im Bundesgebiet erfordern. ⁴Eine Duldung wegen dringender persönlicher Gründe im Sinne von Satz 3 ist zu erteilen, wenn der Ausländer eine qualifizierte Berufsausbildung in einem staatlich anerkannten oder vergleichbar geregelten Ausbildungsberuf in Deutschland aufnimmt oder aufgenommen hat, die Voraussetzungen nach Absatz 6 nicht vorliegen und konkrete Maßnahmen zur Aufenthaltsbeendigung nicht bevorstehen. ⁵In den Fällen nach Satz 4 wird die Duldung für die im Ausbildungsvertrag bestimmte Dauer der Berufsausbildung erteilt. ⁶Eine Duldung nach Satz 4 wird nicht erteilt und eine nach Satz 4 erteilte Duldung erlischt, wenn der Ausländer wegen einer im Bundesgebiet begangenen vorsätzlichen Straftat verurteilt wurde, wobei Geldstrafen von insgesamt bis zu 50 Tagessätzen oder bis zu 90 Tagessätzen wegen Straftaten, die nach dem Aufenthaltsgesetz oder dem Asylgesetz nur von Ausländern begangen werden können, grundsätzlich außer Betracht bleiben. ⁷Wird die Ausbildung nicht betrieben oder abgebrochen, ist der Ausbildungsbetrieb verpflichtet, dies unverzüglich, in der Regel innerhalb einer Woche, der zuständigen Ausländerbehörde schriftlich mitzuteilen. ⁸In der Mitteilung sind neben den mitzuteilenden Tatsachen und dem Zeitpunkt ihres Eintritts die Namen, Vornamen und die Staatsangehörigkeit des Ausländers anzugeben. ⁹Die nach Satz 4 erteilte Duldung erlischt, wenn die Ausbildung nicht mehr betrieben oder abgebrochen wird. ¹⁰Wird das Ausbildungsverhältnis vorzeitig beendigt oder abgebrochen, wird dem Ausländer einmalig eine Duldung für sechs Monate zum Zweck der Suche nach einer weiteren Ausbildungsstelle zur Aufnahme einer Berufsausbildung nach Satz 4 erteilt. ¹¹Eine nach Satz 4 erteilte Duldung wird für sechs Monate zum Zweck der Suche nach einer der erworbenen beruflichen Qualifikation entsprechenden Beschäftigung verlängert, wenn nach erfolgreichem Abschluss der Berufsausbildung, für die die Duldung erteilt wurde, eine Weiterbeschäftigung im Ausbildungsbetrieb nicht erfolgt; die zur Arbeitsplatzsuche erteilte Duldung darf für diesen Zweck nicht verlängert werden. ¹²§ 60a bleibt im Übrigen unberührt. ¹³Soweit die Beurkundung der Anerkennung einer Vaterschaft oder der Zustimmung der Mutter für die Durchführung eines Verfahrens nach § 85a ausgesetzt wird, wird die Abschiebung des ausländischen Anerkennenden, der ausländischen Mutter oder des ausländischen Kindes ausgesetzt, solange das Verfahren nach § 85a nicht durch vollziehbare Entscheidung abgeschlossen ist.

(2a) ¹Die Abschiebung eines Ausländers wird für eine Woche ausgesetzt, wenn seine Zurückschiebung oder Abschiebung gescheitert ist, Abschiebungshaft nicht angeordnet wird und die Bundesrepublik Deutschland auf Grund einer Rechtsvorschrift, insbesondere des Artikels 6 Abs. 1 der Richtlinie 2003/110/EG des Rates vom 25. November 2003 über die Unterstützung bei der Durchbeförderung im Rahmen von Rückführungsmaßnahmen auf dem Luftweg (ABl. EU Nr. L 321 S. 26), zu seiner Rückübernahme verpflichtet ist. ²Die Aussetzung darf nicht nach Satz 1 verlängert werden. ³Die Einreise des Ausländers ist zuzulassen.

(2b) Solange ein Ausländer, der eine Aufenthaltserlaubnis nach § 25a Absatz 1 besitzt, minderjährig ist, soll die Abschiebung seiner Eltern oder eines allein personensorgeberechtigten Elternteils sowie der minderjährigen Kinder, die mit den

Eltern oder dem allein personensorgeberechtigten Elternteil in familiärer Lebensgemeinschaft leben, ausgesetzt werden.

(2c) ¹Es wird vermutet, dass der Abschiebung gesundheitliche Gründe nicht entgegenstehen. ²Der Ausländer muss eine Erkrankung, die die Abschiebung beeinträchtigen kann, durch eine qualifizierte ärztliche Bescheinigung glaubhaft machen. ³Diese ärztliche Bescheinigung soll insbesondere die tatsächlichen Umstände, auf deren Grundlage eine fachliche Beurteilung erfolgt ist, die Methode der Tatsachenerhebung, die fachlich-medizinische Beurteilung des Krankheitsbildes (Diagnose), den Schweregrad der Erkrankung sowie die Folgen, die sich nach ärztlicher Beurteilung aus der krankheitsbedingten Situation voraussichtlich ergeben, enthalten.

(2d) ¹Der Ausländer ist verpflichtet, der zuständigen Behörde die ärztliche Bescheinigung nach Absatz 2c unverzüglich vorzulegen. ²Verletzt der Ausländer die Pflicht zur unverzüglichen Vorlage einer solchen ärztlichen Bescheinigung, darf die zuständige Behörde das Vorbringen des Ausländers zu seiner Erkrankung nicht berücksichtigen, es sei denn, der Ausländer war unverschuldet an der Einholung einer solchen Bescheinigung gehindert oder es liegen anderweitig tatsächliche Anhaltspunkte für das Vorliegen einer lebensbedrohlichen oder schwerwiegenden Erkrankung, die sich durch die Abschiebung wesentlich verschlechtern würde, vor. ³Legt der Ausländer eine Bescheinigung vor und ordnet die Behörde daraufhin eine ärztliche Untersuchung an, ist die Behörde berechtigt, die vorgetragene Erkrankung nicht zu berücksichtigen, wenn der Ausländer der Anordnung ohne zureichenden Grund nicht Folge leistet. ⁴Der Ausländer ist auf die Verpflichtungen und auf die Rechtsfolgen einer Verletzung dieser Verpflichtungen nach diesem Absatz hinzuweisen.

(3) Die Ausreisepflicht eines Ausländers, dessen Abschiebung ausgesetzt ist, bleibt unberührt.

(4) Über die Aussetzung der Abschiebung ist dem Ausländer eine Bescheinigung auszustellen.

(5) ¹Die Aussetzung der Abschiebung erlischt mit der Ausreise des Ausländers. ²Sie wird widerrufen, wenn die der Abschiebung entgegenstehenden Gründe entfallen. ³Der Ausländer wird unverzüglich nach dem Erlöschen ohne erneute Androhung und Fristsetzung abgeschoben, es sei denn, die Aussetzung wird erneuert. ⁴Ist die Abschiebung länger als ein Jahr ausgesetzt, ist die durch Widerruf vorgesehene Abschiebung mindestens einen Monat vorher anzukündigen; die Ankündigung ist zu wiederholen, wenn die Aussetzung für mehr als ein Jahr erneuert wurde. ⁵Satz 4 findet keine Anwendung, wenn der Ausländer die der Abschiebung entgegenstehenden Gründe durch vorsätzlich falsche Angaben oder durch eigene Täuschung über seine Identität oder Staatsangehörigkeit selbst herbeigeführt oder zumutbare Anforderungen an die Mitwirkung bei der Beseitigung von Ausreisehindernissen nicht erfüllt.

(6) ¹Einem Ausländer, der eine Duldung besitzt, darf die Ausübung einer Erwerbstätigkeit nicht erlaubt werden, wenn
1. er sich in das Inland begeben hat, um Leistungen nach dem Asylbewerberleistungsgesetz zu erlangen,
2. aufenthaltsbeendende Maßnahmen bei ihm aus Gründen, die er selbst zu vertreten hat, nicht vollzogen werden können oder
3. er Staatsangehöriger eines sicheren Herkunftsstaates nach § 29a des Asylgesetzes ist und sein nach dem 31. August 2015 gestellter Asylantrag abgelehnt wurde.

²Zu vertreten hat ein Ausländer die Gründe nach Satz 1 Nummer 2 insbesondere, wenn er das Abschiebungshindernis durch eigene Täuschung über seine Identität oder Staatsangehörigkeit oder durch eigene falsche Angaben selbst herbeiführt.

I. Aufenthaltsgesetz § 61 AufenthG

In § 60a sind Gründe für die Aussetzung der Vollziehung der Abschiebung geregelt. Von 1
besonderer Bedeutung ist Abs. 2, der die Aussetzung der Vollziehung vorsieht, wenn der
Abschiebung **tatsächliche oder rechtliche Gründe** entgegenstehen. Als wichtige **rechtliche Hindernisse** sind die Abschiebungsverbote des § 60 zu nennen, es kommen aber auch die
fehlende Zustimmung einer Staatsanwaltschaft nach § 72 Abs. 4 oder eine Gerichtsentscheidung, die die Vollziehung aussetzt, in Betracht. **Tatsächlich unmöglich** ist die Abschiebung
bei Reiseunfähigkeit oder Passlosigkeit des Ausländers oder mangels eines aufnahmebereiten
Staates. Wer die Unmöglichkeit zu vertreten hat, ist für das Vorliegen der Duldungsvoraussetzungen irrelevant, die Abschiebung ist also auch auszusetzen, wenn der Ausländer sie verschuldet hat. Über die Aussetzung der Vollziehung ist dem Ausländer gem. Abs. 4 eine Bescheinigung auszustellen, mit der er unter den Voraussetzungen des § 48 Abs. 2 seiner Passpflicht aus
§ 3 Abs. 1 genügt. Die Aussetzung der Vollziehung ist in **strafrechtlicher Hinsicht** von großer
Relevanz, weil sie die Strafbarkeit wegen passlosen bzw. unerlaubten Aufenthalts gem. § 95
Abs. 1 Nr. 1, 2, Abs. 2 Nr. 1b ausschließt (→ § 95 Rn. 20 f., 34–36, 96). Der Verstoß gegen
Mitteilungspflichten aus § 60a Abs. 2 Satz 7 und 8 ist bußgeldbewehrt (→ § 98 Rn. 15 f.).

§ 61 Räumliche Beschränkung, Wohnsitzauflage, Ausreiseeinrichtungen

(1) ¹Der Aufenthalt eines vollziehbar ausreisepflichtigen Ausländers ist räumlich
auf das Gebiet des Landes beschränkt. ²Von der räumlichen Beschränkung nach
Satz 1 kann abgewichen werden, wenn der Ausländer zur Ausübung einer Beschäftigung ohne Prüfung nach § 39 Abs. 2 Satz 1 Nr. 1 berechtigt ist oder wenn dies
zum Zwecke des Schulbesuchs, der betrieblichen Aus- und Weiterbildung oder
des Studiums an einer staatlichen oder staatlich anerkannten Hochschule oder
vergleichbaren Ausbildungseinrichtung erforderlich ist. ³Das Gleiche gilt, wenn
dies der Aufrechterhaltung der Familieneinheit dient.

(1a) ¹In den Fällen des § 60a Abs. 2a wird der Aufenthalt auf den Bezirk der
zuletzt zuständigen Ausländerbehörde im Inland beschränkt. ²Der Ausländer muss
sich nach der Einreise unverzüglich dorthin begeben. ³Ist eine solche Behörde
nicht feststellbar, gilt § 15a entsprechend.

(1b) Die räumliche Beschränkung nach den Absätzen 1 und 1a erlischt, wenn
sich der Ausländer seit drei Monaten ununterbrochen erlaubt, geduldet oder
gestattet im Bundesgebiet aufhält.

(1c) ¹Eine räumliche Beschränkung des Aufenthalts eines vollziehbar ausreisepflichtigen Ausländers kann unabhängig von den Absätzen 1 bis 1b angeordnet
werden, wenn
1. der Ausländer wegen einer Straftat, mit Ausnahme solcher Straftaten, deren
   Tatbestand nur von Ausländern verwirklicht werden kann, rechtskräftig verurteilt worden ist,
2. Tatsachen die Schlussfolgerung rechtfertigen, dass der Ausländer gegen Vorschriften des Betäubungsmittelgesetzes verstoßen hat, oder
3. konkrete Maßnahmen zur Aufenthaltsbeendigung gegen den Ausländer bevorstehen.

²Eine räumliche Beschränkung auf den Bezirk der Ausländerbehörde soll angeordnet werden, wenn der Ausländer die der Abschiebung entgegenstehenden Gründe
durch vorsätzlich falsche Angaben oder durch eigene Täuschung über seine Identität oder Staatsangehörigkeit selbst herbeiführt oder zumutbare Anforderungen an
die Mitwirkung bei der Beseitigung von Ausreisehindernissen nicht erfüllt.

(1d) ¹Ein vollziehbar ausreisepflichtiger Ausländer, dessen Lebensunterhalt nicht
gesichert ist, ist verpflichtet, an einem bestimmten Ort seinen gewöhnlichen Aufenthalt zu nehmen (Wohnsitzauflage). ²Soweit die Ausländerbehörde nichts anderes angeordnet hat, ist das der Wohnort, an dem der Ausländer zum Zeitpunkt

AufenthG § 62

der Entscheidung über die vorübergehende Aussetzung der Abschiebung gewohnt hat. ³Die Ausländerbehörde kann die Wohnsitzauflage von Amts wegen oder auf Antrag des Ausländers ändern; hierbei sind die Haushaltsgemeinschaft von Familienangehörigen oder sonstige humanitäre Gründe von vergleichbarem Gewicht zu berücksichtigen. ⁴Der Ausländer kann den durch die Wohnsitzauflage festgelegten Ort ohne Erlaubnis vorübergehend verlassen.

(1e) Weitere Bedingungen und Auflagen können angeordnet werden.

(2) ¹Die Länder können Ausreiseeinrichtungen für vollziehbar ausreisepflichtige Ausländer schaffen. ²In den Ausreiseeinrichtungen soll durch Betreuung und Beratung die Bereitschaft zur freiwilligen Ausreise gefördert und die Erreichbarkeit für Behörden und Gerichte sowie die Durchführung der Ausreise gesichert werden.

1 Durch § 61 wird zur Sicherstellung der Erfüllung der Ausreiseverpflichtung die **Kontrolle von vollziehbar ausreisepflichtigen Ausländern** ermöglicht. Wiederholte Verstöße gegen die gesetzliche räumlichen Beschränkungen aus Abs. 1 S. 1, Abs. 1c erfüllen den Straftatbestand des § 95 Abs. 1 Nr. 7 (→ § 95 Rn. 82 ff.), einmalige Verstöße dagegen und gegen Auflagen nach Abs. 1e stellen Ordnungswidrigkeiten nach § 98 Abs. 3 Nr. 2, 4 dar (→ § 98 Rn. 20, 22 f.).

§ 62 Abschiebungshaft

(1) ¹Die Abschiebungshaft ist unzulässig, wenn der Zweck der Haft durch ein milderes, ebenfalls ausreichendes anderes Mittel erreicht werden kann. ²Die Inhaftnahme ist auf die kürzest mögliche Dauer zu beschränken. ³Minderjährige und Familien mit Minderjährigen dürfen nur in besonderen Ausnahmefällen und nur so lange in Abschiebungshaft genommen werden, wie es unter Berücksichtigung des Kindeswohls angemessen ist.

(2) ¹Ein Ausländer ist zur Vorbereitung der Ausweisung auf richterliche Anordnung in Haft zu nehmen, wenn über die Ausweisung nicht sofort entschieden werden kann und die Abschiebung ohne die Inhaftnahme wesentlich erschwert oder vereitelt würde (Vorbereitungshaft). ²Die Dauer der Vorbereitungshaft soll sechs Wochen nicht überschreiten. ³Im Falle der Ausweisung bedarf es für die Fortdauer der Haft bis zum Ablauf der angeordneten Haftdauer keiner erneuten richterlichen Anordnung.

(3) ¹Ein Ausländer ist zur Sicherung der Abschiebung auf richterliche Anordnung in Haft zu nehmen (Sicherungshaft), wenn
1. der Ausländer auf Grund einer unerlaubten Einreise vollziehbar ausreisepflichtig ist,
1a. eine Abschiebungsanordnung nach § 58a ergangen ist, diese aber nicht unmittelbar vollzogen werden kann,
2. die Ausreisefrist abgelaufen ist und der Ausländer seinen Aufenthaltsort gewechselt hat, ohne der Ausländerbehörde eine Anschrift anzugeben, unter der er erreichbar ist,
3. er aus von ihm zu vertretenden Gründen zu einem für die Abschiebung angekündigten Termin nicht an dem von der Ausländerbehörde angegebenen Ort angetroffen wurde,
4. er sich in sonstiger Weise der Abschiebung entzogen hat oder
5. im Einzelfall Gründe vorliegen, die auf den in § 2 Absatz 14 festgelegten Anhaltspunkten beruhen und deshalb der begründete Verdacht besteht, dass er sich der Abschiebung durch Flucht entziehen will (Fluchtgefahr).

²Von der Anordnung der Sicherungshaft nach Satz 1 Nr. 1 kann ausnahmsweise abgesehen werden, wenn der Ausländer glaubhaft macht, dass er sich der Abschie-

I. Aufenthaltsgesetz § 62a AufenthG

bung nicht entziehen will. ³Die Sicherungshaft ist unzulässig, wenn feststeht, dass aus Gründen, die der Ausländer nicht zu vertreten hat, die Abschiebung nicht innerhalb der nächsten drei Monate durchgeführt werden kann. ⁴Abweichend von Satz 3 ist die Sicherungshaft bei einem Ausländer, von dem eine erhebliche Gefahr für Leib und Leben Dritter oder bedeutende Rechtsgüter der inneren Sicherheit ausgeht, auch dann zulässig, wenn die Abschiebung nicht innerhalb der nächsten drei Monate durchgeführt werden kann.

(4) ¹Die Sicherungshaft kann bis zu sechs Monaten angeordnet werden. ²Sie kann in Fällen, in denen der Ausländer seine Abschiebung verhindert, um höchstens zwölf Monate verlängert werden. ³Eine Verlängerung um höchstens zwölf Monate ist auch möglich, soweit die Haft auf der Grundlage des Absatzes 3 Satz 1 Nummer 1a angeordnet worden ist und sich die Übermittlung der für die Abschiebung erforderlichen Unterlagen durch den zur Aufnahme verpflichteten oder bereiten Drittstaat verzögert. ⁴Eine Vorbereitungshaft ist auf die Gesamtdauer der Sicherungshaft anzurechnen.

(4a) Ist die Abschiebung gescheitert, bleibt die Anordnung bis zum Ablauf der Anordnungsfrist unberührt, sofern die Voraussetzungen für die Haftanordnung unverändert fortbestehen.

(5) ¹Die für den Haftantrag zuständige Behörde kann einen Ausländer ohne vorherige richterliche Anordnung festhalten und vorläufig in Gewahrsam nehmen, wenn
1. der dringende Verdacht für das Vorliegen der Voraussetzungen nach Absatz 3 Satz 1 besteht,
2. die richterliche Entscheidung über die Anordnung der Sicherungshaft nicht vorher eingeholt werden kann und
3. der begründete Verdacht vorliegt, dass sich der Ausländer der Anordnung der Sicherungshaft entziehen will.

²Der Ausländer ist unverzüglich dem Richter zur Entscheidung über die Anordnung der Sicherungshaft vorzuführen.

§ 62a Vollzug der Abschiebungshaft

(1) ¹Die Abschiebungshaft wird grundsätzlich in speziellen Hafteinrichtungen vollzogen. ²Sind spezielle Hafteinrichtungen im Bundesgebiet nicht vorhanden oder geht von dem Ausländer eine erhebliche Gefahr für Leib und Leben Dritter oder bedeutende Rechtsgüter der inneren Sicherheit aus, kann sie in sonstigen Haftanstalten vollzogen werden; die Abschiebungsgefangenen sind in diesem Fall getrennt von Strafgefangenen unterzubringen. ³Werden mehrere Angehörige einer Familie inhaftiert, so sind diese getrennt von den übrigen Abschiebungsgefangenen unterzubringen. ⁴Ihnen ist ein angemessenes Maß an Privatsphäre zu gewährleisten.

(2) Den Abschiebungsgefangenen wird gestattet, mit Rechtsvertretern, Familienangehörigen, den zuständigen Konsularbehörden und einschlägig tätigen Hilfs- und Unterstützungsorganisationen Kontakt aufzunehmen.

(3) ¹Bei minderjährigen Abschiebungsgefangenen sind unter Beachtung der Maßgaben in Artikel 17 der Richtlinie 2008/115/EG des Europäischen Parlaments und des Rates vom 16. Dezember 2008 über gemeinsame Normen und Verfahren in den Mitgliedstaaten zur Rückführung illegal aufhältiger Drittstaatsangehöriger (ABl. L 348 vom 24.12.2008, S. 98) alterstypische Belange zu berücksichtigen. ²Der Situation schutzbedürftiger Personen ist besondere Aufmerksamkeit zu widmen.

(4) Mitarbeitern von einschlägig tätigen Hilfs- und Unterstützungsorganisationen soll auf Antrag gestattet werden, Abschiebungsgefangene zu besuchen.

(5) Abschiebungsgefangene sind über ihre Rechte und Pflichten und über die in der Einrichtung geltenden Regeln zu informieren.

§ 62b Ausreisegewahrsam

(1) ¹Unabhängig von den Voraussetzungen der Sicherungshaft nach § 62 Absatz 3 kann ein Ausländer zur Sicherung der Durchführbarkeit der Abschiebung auf richterliche Anordnung für die Dauer von längstens zehn Tagen in Gewahrsam genommen werden, wenn
1. die Ausreisefrist abgelaufen ist, es sei denn, der Ausländer ist unverschuldet an der Ausreise gehindert oder die Überschreitung der Ausreisefrist ist nicht erheblich und
2. der Ausländer ein Verhalten gezeigt hat, das erwarten lässt, dass er die Abschiebung erschweren oder vereiteln wird, indem er fortgesetzt seine gesetzlichen Mitwirkungspflichten verletzt hat oder über seine Identität oder Staatsangehörigkeit getäuscht hat (Ausreisegewahrsam).

²Von der Anordnung des Ausreisegewahrsams ist abzusehen, wenn der Ausländer glaubhaft macht oder wenn offensichtlich ist, dass er sich der Abschiebung nicht entziehen will. ³Der Ausreisegewahrsam ist unzulässig, wenn feststeht, dass die Abschiebung nicht innerhalb der Anordnungsfrist nach Satz 1 durchgeführt werden kann.

(2) Der Ausreisegewahrsam wird im Transitbereich eines Flughafens oder in einer Unterkunft vollzogen, von wo aus die Ausreise des Ausländers möglich ist.

(3) § 62 Absatz 1 und 4a und § 62a finden entsprechend Anwendung.

Kapitel 6. Haftung und Gebühren

§§ 63–70 *(nicht abgedruckt)*

Kapitel 7. Verfahrensvorschriften

Abschnitt 1. Zuständigkeiten

§ 71 Zuständigkeit

(1) ¹Für aufenthalts- und passrechtliche Maßnahmen und Entscheidungen nach diesem Gesetz und nach ausländerrechtlichen Bestimmungen in anderen Gesetzen sind die Ausländerbehörden zuständig. ²Die Landesregierung oder die von ihr bestimmte Stelle kann bestimmen, dass für einzelne Aufgaben nur eine oder mehrere bestimmte Ausländerbehörden zuständig sind.

(2) Im Ausland sind für Pass- und Visaangelegenheiten die vom Auswärtigen Amt ermächtigten Auslandsvertretungen zuständig.

(3) Die mit der polizeilichen Kontrolle des grenzüberschreitenden Verkehrs beauftragten Behörden sind zuständig für
1. die Zurückweisung und die Zurückschiebung an der Grenze, einschließlich der Überstellung von Drittstaatsangehörigen auf Grundlage der Verordnung (EU) Nr. 604/2013, wenn der Ausländer von der Grenzbehörde im grenznahen Raum in unmittelbarem zeitlichen Zusammenhang mit einer unerlaubten Einreise angetroffen wird,
1a. Abschiebungen an der Grenze, sofern der Ausländer bei oder nach der unerlaubten Einreise über eine Grenze im Sinne des Artikels 2 Nummer 1 der Verordnung (EG) Nr. 562/2006 (Binnengrenze) aufgegriffen wird,

1b. Abschiebungen an der Grenze, sofern der Ausländer bereits unerlaubt eingereist ist, sich danach weiter fortbewegt hat und in einem anderen Grenzraum oder auf einem als Grenzübergangsstelle zugelassenen oder nicht zugelassenen Flughafen, Flug- oder Landeplatz oder See- oder Binnenhafen aufgegriffen wird,
1c. die Befristung der Wirkungen auf Grund der von ihnen vorgenommenen Ab- und Zurückschiebungen nach § 11 Absatz 2, 4 und 8,
1d. die Rückführungen von Ausländern aus anderen und in andere Staaten und
1e. die Beantragung von Haft und die Festnahme, soweit es zur Vornahme der in den Nummern 1 bis 1d bezeichneten Maßnahmen erforderlich ist,
2. die Erteilung eines Visums und die Ausstellung eines Passersatzes nach § 14 Abs. 2 sowie die Aussetzung der Abschiebung nach § 60a Abs. 2a,
3. die Rücknahme und den Widerruf eines nationalen Visums sowie die Entscheidungen nach Artikel 34 der Verordnung (EG) Nr. 810/2009
   a) im Fall der Zurückweisung, Zurückschiebung oder Abschiebung, soweit die Voraussetzungen der Nummer 1a oder 1b erfüllt sind,
   b) auf Ersuchen der Auslandsvertretung, die das Visum erteilt hat, oder
   c) auf Ersuchen der Ausländerbehörde, die der Erteilung des Visums zugestimmt hat, sofern diese ihrer Zustimmung bedurfte,
4. das Ausreiseverbot und die Maßnahmen nach § 66 Abs. 5 an der Grenze,
5. die Prüfung an der Grenze, ob Beförderungsunternehmer und sonstige Dritte die Vorschriften dieses Gesetzes und die auf Grund dieses Gesetzes erlassenen Verordnungen und Anordnungen beachtet haben,
6. sonstige ausländerrechtliche Maßnahmen und Entscheidungen, soweit sich deren Notwendigkeit an der Grenze ergibt und sie vom Bundesministerium des Innern hierzu allgemein oder im Einzelfall ermächtigt sind,
7. die Beschaffung von Heimreisedokumenten für Ausländer im Wege der Amtshilfe,
8. die Erteilung von in Rechtsvorschriften der Europäischen Union vorgesehenen Vermerken und Bescheinigungen vom Datum und Ort der Einreise über die Außengrenze eines Mitgliedstaates, der den Schengen-Besitzstand vollständig anwendet; die Zuständigkeit der Ausländerbehörden oder anderer durch die Länder bestimmter Stellen wird hierdurch nicht ausgeschlossen.

(4) [1]Für die erforderlichen Maßnahmen nach den §§ 48, 48a und 49 Absatz 2 bis 9 sind die Ausländerbehörden, die mit der polizeilichen Kontrolle des grenzüberschreitenden Verkehrs beauftragten Behörden und die Polizeien der Länder zuständig. [2]In den Fällen des § 49 Abs. 4 sind auch die Behörden zuständig, die die Verteilung nach § 15a veranlassen. [3]In den Fällen des § 49 Abs. 5 Nr. 5 sind die vom Auswärtigen Amt ermächtigten Auslandsvertretungen zuständig.

(5) Für die Zurückschiebung sowie die Durchsetzung der Verlassenspflicht des § 12 Abs. 3 und die Durchführung der Abschiebung und, soweit es zur Vorbereitung und Sicherung dieser Maßnahmen erforderlich ist, die Festnahme und Beantragung der Haft sind auch die Polizeien der Länder zuständig.

(6) Das Bundesministerium des Innern oder die von ihm bestimmte Stelle entscheidet im Benehmen mit dem Auswärtigen Amt über die Anerkennung von Pässen und Passersatzpapieren (§ 3 Abs. 1); die Entscheidungen ergehen als Allgemeinverfügung und können im Bundesanzeiger bekannt gegeben werden.

§ 71a Zuständigkeit und Unterrichtung

(1) [1]Verwaltungsbehörden im Sinne des § 36 Abs. 1 Nr. 1 des Gesetzes über Ordnungswidrigkeiten sind in den Fällen des § 98 Abs. 2a und 3 Nr. 1 die Behörden

der Zollverwaltung. ²Sie arbeiten bei der Verfolgung und Ahndung mit den in § 2 Abs. 2 des Schwarzarbeitsbekämpfungsgesetzes genannten Behörden zusammen.

(2) ¹Die Behörden der Zollverwaltung unterrichten das Gewerbezentralregister über ihre einzutragenden rechtskräftigen Bußgeldbescheide nach § 98 Abs. 2a und 3 Nr. 1. ²Dies gilt nur, sofern die Geldbuße mehr als 200 Euro beträgt.

(3) ¹Gerichte, Strafverfolgungs- und Strafvollstreckungsbehörden sollen den Behörden der Zollverwaltung Erkenntnisse aus sonstigen Verfahren, die aus ihrer Sicht zur Verfolgung von Ordnungswidrigkeiten nach § 98 Abs. 2a und 3 Nr. 1 erforderlich sind, übermitteln, soweit nicht für die übermittelnde Stelle erkennbar ist, dass schutzwürdige Interessen des Betroffenen oder anderer Verfahrensbeteiligter an dem Ausschluss der Übermittlung überwiegen. ²Dabei ist zu berücksichtigen, wie gesichert die zu übermittelnden Erkenntnisse sind.

§ 72 Beteiligungserfordernisse

(1) ¹Eine Betretenserlaubnis (§ 11 Absatz 8) darf nur mit Zustimmung der für den vorgesehenen Aufenthaltsort zuständigen Ausländerbehörde erteilt werden. ²Die Behörde, die den Ausländer ausgewiesen, abgeschoben oder zurückgeschoben hat, ist in der Regel zu beteiligen.

(2) Über das Vorliegen eines zielstaatsbezogenen Abschiebungsverbots nach § 60 Absatz 5 oder 7 und das Vorliegen eines Ausschlusstatbestandes nach § 25 Absatz 3 Satz 3 Nummer 1 bis 4 entscheidet die Ausländerbehörde nur nach vorheriger Beteiligung des Bundesamtes für Migration und Flüchtlinge.

(3) ¹Räumliche Beschränkungen, Auflagen und Bedingungen, Befristungen nach § 11 Abs. 2 Satz 1, Anordnungen nach § 47 und sonstige Maßnahmen gegen einen Ausländer, der nicht im Besitz eines erforderlichen Aufenthaltstitels ist, dürfen von einer anderen Behörde nur im Einvernehmen mit der Behörde geändert oder aufgehoben werden, die die Maßnahme angeordnet hat. ²Satz 1 findet keine Anwendung, wenn der Aufenthalt des Ausländers nach den Vorschriften des Asylgesetzes auf den Bezirk der anderen Ausländerbehörde beschränkt ist.

(4) ¹Ein Ausländer, gegen den öffentliche Klage erhoben oder ein strafrechtliches Ermittlungsverfahren eingeleitet ist, darf nur im Einvernehmen mit der zuständigen Staatsanwaltschaft ausgewiesen und abgeschoben werden. ²Ein Ausländer, der zu schützende Person im Sinne des Zeugenschutz-Harmonisierungsgesetzes ist, darf nur im Einvernehmen mit der Zeugenschutzdienststelle ausgewiesen oder abgeschoben werden. ³Des Einvernehmens der Staatsanwaltschaft nach Satz 1 bedarf es nicht, wenn nur ein geringes Strafverfolgungsinteresse besteht. ⁴Dies ist der Fall, wenn die Erhebung der öffentlichen Klage oder die Einleitung eines Ermittlungsverfahrens wegen einer Straftat nach § 95 dieses Gesetzes oder nach § 9 des Gesetzes über die allgemeine Freizügigkeit von Unionsbürgern und begleitender Straftaten nach dem Strafgesetzbuch mit geringem Unrechtsgehalt erfolgt ist. ⁵Insoweit sind begleitende Straftaten mit geringem Unrechtsgehalt Straftaten nach § 113 Absatz 1, den §§ 123, 185, 223, 242, 263 Absatz 1, 2 und 4, den §§ 265a, 267 Absatz 1 und 2, § 271 Absatz 1, 2 und 4, den §§ 273, 274, 281, 303 des Strafgesetzbuches, es sei denn, diese Strafgesetze werden durch verschiedene Handlungen mehrmals verletzt oder es wird ein Strafantrag gestellt.

(5) § 45 des Achten Buches Sozialgesetzbuch gilt nicht für Ausreiseeinrichtungen und Einrichtungen, die der vorübergehenden Unterbringung von Ausländern dienen, denen aus völkerrechtlichen, humanitären oder politischen Gründen eine Aufenthaltserlaubnis erteilt oder bei denen die Abschiebung ausgesetzt wird.

(6) ¹Vor einer Entscheidung über die Erteilung, die Verlängerung oder den Widerruf eines Aufenthaltstitels nach § 25 Abs. 4a oder 4b und die Festlegung, Aufhebung oder Verkürzung einer Ausreisefrist nach § 59 Absatz 7 ist die für das in § 25 Abs. 4a oder 4b in Bezug genommene Strafverfahren zuständige Staatsanwaltschaft oder das mit ihm befasste Strafgericht zu beteiligen, es sei denn, es liegt ein Fall des § 87 Abs. 5 Nr. 1 vor. ²Sofern der Ausländerbehörde die zuständige Staatsanwaltschaft noch nicht bekannt ist, beteiligt sie vor einer Entscheidung über die Festlegung, Aufhebung oder Verkürzung einer Ausreisefrist nach § 59 Absatz 7 die für den Aufenthaltsort zuständige Polizeibehörde.

(7) Zur Prüfung des Vorliegens der Voraussetzungen der §§ 17a, 17b, 18, 18b, 19, 19a, 19b, 19c und 19d kann die Ausländerbehörde die Bundesagentur für Arbeit auch dann beteiligen, wenn sie deren Zustimmung nicht bedarf.

§ 72a Abgleich von Visumantragsdaten zu Sicherheitszwecken

(1) ¹Daten, die im Visumverfahren von der deutschen Auslandsvertretung zur visumantragstellenden Person, zum Einlader und zu Personen, die durch Abgabe einer Verpflichtungserklärung oder in anderer Weise die Sicherung des Lebensunterhalts garantieren oder zu sonstigen Referenzpersonen im Inland erhoben werden, werden zur Durchführung eines Abgleichs zu Sicherheitszwecken an das Bundesverwaltungsamt übermittelt. ²Das Gleiche gilt für Daten nach Satz 1, die eine Auslandsvertretung eines anderen Schengen-Staates nach Artikel 8 Absatz 2 der Verordnung (EG) Nr. 810/2009 des Europäischen Parlaments und des Rates vom 13. Juli 2009 über einen Visakodex der Gemeinschaft (Visakodex) (ABl. L 243 vom 15.9.2009, S. 1) an eine deutsche Auslandsvertretung zur Entscheidung über den Visumantrag übermittelt hat. ³Eine Übermittlung nach Satz 1 oder Satz 2 erfolgt nicht, wenn eine Datenübermittlung nach § 73 Absatz 1 Satz 1 erfolgt.

(2) ¹Die Daten nach Absatz 1 Satz 1 und 2 werden in einer besonderen Organisationseinheit des Bundesverwaltungsamtes in einem automatisierten Verfahren mit Daten aus der Datei im Sinne von § 1 Absatz 1 des Antiterrordateigesetzes (Antiterrordatei) zu Personen abgeglichen, bei denen Tatsachen die Annahme rechtfertigen, dass sie
1. einer terroristischen Vereinigung nach § 129a des Strafgesetzbuchs, die einen internationalen Bezug aufweist, oder einer terroristischen Vereinigung nach § 129a in Verbindung mit § 129b Absatz 1 Satz 1 des Strafgesetzbuchs mit Bezug zur Bundesrepublik Deutschland angehören oder diese unterstützen oder
2. einer Gruppierung, die eine solche Vereinigung unterstützt, angehören oder diese willentlich in Kenntnis der den Terrorismus unterstützenden Aktivität der Gruppierung unterstützen oder
3. rechtswidrig Gewalt als Mittel zur Durchsetzung international ausgerichteter politischer oder religiöser Belange anwenden oder eine solche Gewaltanwendung unterstützen, vorbereiten oder durch ihre Tätigkeiten, insbesondere durch Befürworten solcher Gewaltanwendungen, vorsätzlich hervorrufen oder
4. mit den in Nummer 1 oder Nummer 3 genannten Personen nicht nur flüchtig oder in zufälligem Kontakt in Verbindung stehen und durch sie weiterführende Hinweise für die Aufklärung oder Bekämpfung des internationalen Terrorismus zu erwarten sind, soweit Tatsachen die Annahme rechtfertigen, dass sie von der Planung oder Begehung einer in Nummer 1 genannten Straftat oder der Ausübung, Unterstützung oder Vorbereitung von rechtswidriger Gewalt im Sinne von Nummer 3 Kenntnis haben.

²Die Daten der in Satz 1 genannten Personen werden nach Kennzeichnung durch die Behörde, welche die Daten in der Antiterrordatei gespeichert hat, vom Bundeskriminalamt an die besondere Organisationseinheit im Bundesverwaltungsamt für den Abgleich mit den Daten nach Absatz 1 Satz 1 und 2 übermittelt und dort gespeichert. ³Durch geeignete technische und organisatorische Maßnahmen ist sicherzustellen, dass kein unberechtigter Zugriff auf den Inhalt der Daten erfolgt.

(3) ¹Im Fall eines Treffers werden zur Feststellung von Versagungsgründen nach § 5 Absatz 4 oder zur Prüfung von sonstigen Sicherheitsbedenken gegen die Erteilung des Visums die Daten nach Absatz 1 Satz 1 und 2 an die Behörden übermittelt, welche Daten zu dieser Person in der Antiterrordatei gespeichert haben. ²Diese übermitteln der zuständigen Auslandsvertretung über das Bundesverwaltungsamt unverzüglich einen Hinweis, wenn Versagungsgründe nach § 5 Absatz 4 oder sonstige Sicherheitsbedenken gegen die Erteilung des Visums vorliegen.

(4) ¹Die bei der besonderen Organisationseinheit im Bundesverwaltungsamt gespeicherten Daten nach Absatz 1 Satz 1 und 2 werden nach Durchführung des Abgleichs nach Absatz 2 Satz 1 unverzüglich gelöscht; wenn der Abgleich einen Treffer ergibt, bleibt nur das Visumaktenzeichen gespeichert. ²Dieses wird gelöscht, sobald bei der besonderen Organisationseinheit im Bundesverwaltungsamt feststeht, dass eine Mitteilung nach Absatz 3 Satz 2 an die Auslandsvertretung nicht zu erfolgen hat, andernfalls dann, wenn die Mitteilung erfolgt ist.

(5) ¹Die in Absatz 3 Satz 1 genannten Behörden dürfen die ihnen übermittelten Daten speichern und nutzen, soweit dies zur Erfüllung ihrer gesetzlichen Aufgaben erforderlich ist. ²Übermittlungsregelungen nach anderen Gesetzen bleiben unberührt.

(6) ¹Das Bundesverwaltungsamt stellt sicher, dass im Fall eines Treffers der Zeitpunkt des Datenabgleichs, die Angaben, die die Feststellung der abgeglichenen Datensätze ermöglichen, das Ergebnis des Datenabgleichs, die Weiterleitung des Datensatzes und die Verarbeitung des Datensatzes zum Zwecke der Datenschutzkontrolle protokolliert werden. ²Die Protokolldaten sind durch geeignete Maßnahmen gegen unberechtigten Zugriff zu sichern und am Ende des Kalenderjahres, das dem Jahr ihrer Erstellung folgt, zu vernichten, sofern sie nicht für ein bereits eingeleitetes Kontrollverfahren benötigt werden.

(7) Das Bundesverwaltungsamt hat dem jeweiligen Stand der Technik entsprechende technische und organisatorische Maßnahmen zur Sicherung von Datenschutz und Datensicherheit zu treffen, die insbesondere die Vertraulichkeit und die Unversehrtheit der in der besonderen Organisationseinheit gespeicherten und übermittelten Daten gewährleisten.

(8) ¹Die datenschutzrechtliche Verantwortung für das Vorliegen der Voraussetzungen nach Absatz 2 Satz 1 trägt die Behörde, die die Daten in die Antiterrordatei eingegeben hat. ²Die datenschutzrechtliche Verantwortung für die Durchführung des Abgleichs trägt das Bundesverwaltungsamt. ³Das Bundeskriminalamt ist datenschutzrechtlich dafür verantwortlich, dass die übermittelten Daten den aktuellen Stand in der Antiterrordatei widerspiegeln.

(9) ¹Die Daten nach Absatz 2 Satz 2 werden berichtigt, wenn sie in der Antiterrordatei berichtigt werden. ²Sie werden gelöscht, wenn die Voraussetzungen ihrer Speicherung nach Absatz 2 Satz 1 entfallen sind oder die Daten in der Antiterrordatei gelöscht wurden. ³Für die Prüfung des weiteren Vorliegens der Voraussetzungen für die Speicherung der Daten nach Absatz 2 Satz 2 gilt § 11 Absatz 4 des Antiterrordateigesetzes entsprechend.

I. Aufenthaltsgesetz § 73 AufenthG

§ 73 Sonstige Beteiligungserfordernisse im Visumverfahren, im Registrier- und Asylverfahren und bei der Erteilung von Aufenthaltstiteln

(1) ¹Daten, die im Visumverfahren von der deutschen Auslandsvertretung oder von der für die Entgegennahme des Visumantrags zuständigen Auslandsvertretung eines anderen Schengen-Staates zur visumantragstellenden Person, zum Einlader und zu Personen, die durch Abgabe einer Verpflichtungserklärung oder in anderer Weise die Sicherung des Lebensunterhalts garantieren, oder zu sonstigen Referenzpersonen im Inland erhoben werden, können über das Bundesverwaltungsamt zur Feststellung von Versagungsgründen nach § 5 Abs. 4 oder zur Prüfung von sonstigen Sicherheitsbedenken an den Bundesnachrichtendienst, das Bundesamt für Verfassungsschutz, den Militärischen Abschirmdienst, das Bundeskriminalamt und das Zollkriminalamt übermittelt werden. ²Das Verfahren nach § 21 des Ausländerzentralregistergesetzes bleibt unberührt. ³In den Fällen des § 14 Abs. 2 kann die jeweilige mit der polizeilichen Kontrolle des grenzüberschreitenden Verkehrs beauftragte Behörde die im Visumverfahren erhobenen Daten an die in Satz 1 genannten Behörden übermitteln.

(1a) ¹Daten, die zur Sicherung, Feststellung und Überprüfung der Identität nach § 16 Absatz 1 Satz 1 des Asylgesetzes und § 49 zu Personen im Sinne des § 2 Absatz 1a des AZR-Gesetzes erhoben werden, können über das Bundesverwaltungsamt zur Feststellung von Versagungsgründen nach § 3 Absatz 2, § 4 Absatz 2 des Asylgesetzes, § 60 Absatz 8 Satz 1 sowie § 5 Absatz 4 oder zur Prüfung von sonstigen Sicherheitsbedenken an den Bundesnachrichtendienst, das Bundesamt für Verfassungsschutz, den Militärischen Abschirmdienst, das Bundeskriminalamt und das Zollkriminalamt übermittelt werden. ²Zu diesen Zwecken ist auch ein Abgleich mit weiteren Datenbeständen beim Bundesverwaltungsamt zulässig.

(2) ¹Die Ausländerbehörden können zur Feststellung von Versagungsgründen gemäß § 5 Abs. 4 oder zur Prüfung von sonstigen Sicherheitsbedenken vor der Erteilung oder Verlängerung eines Aufenthaltstitels oder einer Duldung oder Aufenthaltsgestattung die bei ihnen gespeicherten personenbezogenen Daten zu den betroffenen Personen über das Bundesverwaltungsamt an den Bundesnachrichtendienst, das Bundesamt für Verfassungsschutz, den Militärischen Abschirmdienst, das Bundeskriminalamt und das Zollkriminalamt sowie an das Landesamt für Verfassungsschutz und das Landeskriminalamt oder die zuständigen Behörden der Polizei übermitteln. ²Das Bundesamt für Verfassungsschutz kann bei Übermittlungen an die Landesämter für Verfassungsschutz technische Unterstützung leisten.

(3) ¹Die in den Absätzen 1 und 2 genannten Sicherheitsbehörden und Nachrichtendienste teilen dem Bundesverwaltungsamt unverzüglich mit, ob Versagungsgründe nach § 5 Abs. 4 oder sonstige Sicherheitsbedenken vorliegen; bei der Übermittlung von Mitteilungen der Landesämter für Verfassungsschutz zu Anfragen der Ausländerbehörden nach Absatz 2 kann das Bundesamt für Verfassungsschutz technische Unterstützung leisten. ²Die deutschen Auslandsvertretungen und Ausländerbehörden übermitteln den in Satz 1 genannten Sicherheitsbehörden und Nachrichtendiensten unverzüglich die Gültigkeitsdauer der erteilten und verlängerten Aufenthaltstitel; werden den in Satz 1 genannten Behörden während des Gültigkeitszeitraums des Aufenthaltstitels Versagungsgründe nach § 5 Abs. 4 oder sonstige Sicherheitsbedenken bekannt, teilen sie dies der zuständigen Ausländerbehörde oder der zuständigen Auslandsvertretung unverzüglich mit. ³Die in Satz 1 genannten Behörden dürfen die übermittelten Daten speichern und nutzen, soweit dies zur Erfüllung ihrer gesetzlichen Aufgaben erforderlich ist. ⁴Übermittlungsregelungen nach anderen Gesetzen bleiben unberührt.

(3a) ¹Die in Absatz 1a genannten Sicherheitsbehörden und Nachrichtendienste teilen dem Bundesverwaltungsamt unverzüglich mit, ob Versagungsgründe nach

§ 3 Absatz 2, § 4 Absatz 2 des Asylgesetzes, § 60 Absatz 8 Satz 1 sowie nach § 5 Absatz 4 oder sonstige Sicherheitsbedenken vorliegen. ²Das Bundesverwaltungsamt stellt den für das Asylverfahren sowie für aufenthaltsrechtliche Entscheidungen zuständigen Behörden diese Information umgehend zur Verfügung. ³Die infolge der Übermittlung nach Absatz 1a und den Sätzen 1 und 2 erforderlichen weiteren Übermittlungen zwischen den in Satz 1 genannten Behörden und den für das Asylverfahren sowie für die aufenthaltsrechtlichen Entscheidungen zuständigen Behörden dürfen über das Bundesverwaltungsamt erfolgen. ⁴Die in Satz 1 genannten Behörden dürfen die ihnen übermittelten Daten speichern und nutzen, soweit dies zur Erfüllung ihrer gesetzlichen Aufgaben erforderlich ist. ⁵Das Bundesverwaltungsamt speichert die übermittelten Daten, solange es für Zwecke des Sicherheitsabgleiches erforderlich ist. ⁶Übermittlungsregelungen nach anderen Gesetzen bleiben unberührt.

(4) Das Bundesministerium des Innern bestimmt im Einvernehmen mit dem Auswärtigen Amt und unter Berücksichtigung der aktuellen Sicherheitslage durch allgemeine Verwaltungsvorschriften, in welchen Fällen gegenüber Staatsangehörigen bestimmter Staaten sowie Angehörigen von in sonstiger Weise bestimmten Personengruppen von der Ermächtigung der Absätze 1 und 1a Gebrauch gemacht wird.

§ 73a Unterrichtung über die Erteilung von Visa

(1) ¹Unterrichtungen der anderen Schengen-Staaten über erteilte Visa gemäß Artikel 31 der Verordnung (EG) Nr. 810/2009 können über die zuständige Stelle an den Bundesnachrichtendienst, das Bundesamt für Verfassungsschutz, den Militärischen Abschirmdienst, das Bundeskriminalamt und das Zollkriminalamt zur Prüfung übermittelt werden, ob der Einreise und dem Aufenthalt des Visuminhabers die in § 5 Absatz 4 genannten Gründe oder sonstige Sicherheitsbedenken entgegenstehen. ²Unterrichtungen der deutschen Auslandsvertretungen über erteilte Visa, deren Erteilung nicht bereits eine Datenübermittlung gemäß § 73 Absatz 1 vorangegangen ist, können zu dem in Satz 1 genannten Zweck über die zuständige Stelle an die in Satz 1 genannten Behörden übermittelt werden; Daten zu anderen Personen als dem Visuminhaber werden nicht übermittelt. ³§ 73 Absatz 3 Satz 3 und 4 gilt entsprechend.

(2) Das Bundesministerium des Innern bestimmt im Benehmen mit dem Auswärtigen Amt und unter Berücksichtigung der aktuellen Sicherheitslage durch allgemeine Verwaltungsvorschrift, in welchen Fällen gegenüber Staatsangehörigen bestimmter Staaten sowie Angehörigen von in sonstiger Weise bestimmten Personengruppen von der Ermächtigung des Absatzes 1 Gebrauch gemacht wird.

§ 73b Überprüfung der Zuverlässigkeit von im Visumverfahren tätigen Personen und Organisationen

(1) ¹Das Auswärtige Amt überprüft die Zuverlässigkeit von Personen auf Sicherheitsbedenken, denen im Visumverfahren die Erfüllung einer oder mehrerer Aufgaben, insbesondere die Erfassung der biometrischen Identifikatoren, anvertraut ist oder werden soll und die nicht entsandte Angehörige des Auswärtigen Dienstes sind (Betroffene). ²Anlassbezogen und in regelmäßigen Abständen unterzieht das Auswärtige Amt die Zuverlässigkeit des in Satz 1 genannten Personenkreises einer Wiederholungsprüfung. ³Die Überprüfung der Zuverlässigkeit erfolgt nach vorheriger schriftlicher Zustimmung des Betroffenen.

(2) ¹Zur Überprüfung der Zuverlässigkeit erhebt die deutsche Auslandsvertretung Namen, Vornamen, Geburtsnamen und sonstige Namen, Geschlecht, Geburtsdatum und -ort, Staatsangehörigkeit, Wohnsitz und Angaben zum Identitätsdokument (insbesondere Art und Nummer) des Betroffenen und übermittelt diese über das Auswärtige Amt zur Prüfung von Sicherheitsbedenken an die Polizeivollzugs- und Verfassungsschutzbehörden des Bundes, den Bundesnachrichtendienst, den Militärischen Abschirmdienst, das Bundeskriminalamt und das Zollkriminalamt. ²Die in Satz 1 genannten Sicherheitsbehörden und Nachrichtendienste teilen dem Auswärtigen Amt unverzüglich mit, ob Sicherheitsbedenken vorliegen.

(3) ¹Die in Absatz 2 genannten Sicherheitsbehörden und Nachrichtendienste dürfen die übermittelten Daten nach den für sie geltenden Gesetzen für andere Zwecke verarbeiten, soweit dies zur Erfüllung ihrer gesetzlichen Aufgaben erforderlich ist. ²Übermittlungsregelungen nach anderen Gesetzen bleiben unberührt.

(4) Ohne eine abgeschlossene Zuverlässigkeitsüberprüfung, bei der keine Erkenntnisse über eine mögliche Unzuverlässigkeit zutage treten, darf der Betroffene seine Tätigkeit im Visumverfahren nicht aufnehmen.

(5) ¹Ist der Betroffene für eine juristische Person, insbesondere einen externen Dienstleistungserbringer tätig, überprüft das Auswärtige Amt auch die Zuverlässigkeit der juristischen Person anhand von Firma, Bezeichnung, Handelsregistereintrag der juristischen Person nebst vollständiger Anschrift (lokale Niederlassung und Hauptsitz). ²Das Auswärtige Amt überprüft auch die Zuverlässigkeit des Inhabers und der Geschäftsführer der juristischen Person in dem für die Zusammenarbeit vorgesehenen Land. ³Absatz 1 Satz 2 und 3 und die Absätze 2 bis 4 gelten entsprechend.

§ 73c Zusammenarbeit mit externen Dienstleistungserbringern

Die deutschen Auslandsvertretungen können im Verfahren zur Beantragung nationaler Visa nach Kapitel 2 Abschnitt 3 und 4 mit einem externen Dienstleistungserbringer entsprechend Artikel 43 der Verordnung (EG) Nr. 810/2009 zusammenarbeiten.

§ 74 Beteiligung des Bundes; Weisungsbefugnis

(1) Ein Visum kann zur Wahrung politischer Interessen des Bundes mit der Maßgabe erteilt werden, dass die Verlängerung des Visums und die Erteilung eines anderen Aufenthaltstitels nach Ablauf der Geltungsdauer des Visums sowie die Aufhebung und Änderung von Auflagen, Bedingungen und sonstigen Beschränkungen, die mit dem Visum verbunden sind, nur im Benehmen oder Einvernehmen mit dem Bundesministerium des Innern oder der von ihm bestimmten Stelle vorgenommen werden dürfen.

(2) Die Bundesregierung kann Einzelweisungen zur Ausführung dieses Gesetzes und der auf Grund dieses Gesetzes erlassenen Rechtsverordnungen erteilen, wenn
1. die Sicherheit der Bundesrepublik Deutschland oder sonstige erhebliche Interessen der Bundesrepublik Deutschland es erfordern,
2. durch ausländerrechtliche Maßnahmen eines Landes erhebliche Interessen eines anderen Landes beeinträchtigt werden,
3. eine Ausländerbehörde einen Ausländer ausweisen will, der zu den bei konsularischen und diplomatischen Vertretungen vom Erfordernis eines Aufenthaltstitels befreiten Personen gehört.

1 Kapitel 7 Abschnitt 1 regelt die **Zuständigkeiten** und **Beteiligungserfordernisse** bei der Durchführung des AufenthG. Soweit einzelne Straf- oder Bußgeldtatbestände darauf abstellen, dass der Ausländer Verhaltenspflichten auf Verlangen oder Anordnung der **mit dem Vollzug des Ausländerrechts betrauten Behörden** zu erfüllen oder gegenüber diesen Behörden Angaben zu machen hat (vgl. zB § 95 Abs. 1 Nr. 5, Nr. 6, Abs. 2 Nr. 2, § 98 Abs. 2 Nr. 3), ist die Zuständigkeit der Behörde Tatbestandsvoraussetzung.

Abschnitt 1a. Durchbeförderung

§ 74a *(nicht abgedruckt)*

Abschnitt 2. Bundesamt für Migration und Flüchtlinge

§§ 75, 76 *(nicht abgedruckt)*

Abschnitt 3. Verwaltungsverfahren

§ 77 Schriftform; Ausnahme von Formerfordernissen

(1) ¹Die folgenden Verwaltungsakte bedürfen der Schriftform und sind mit Ausnahme der Nummer 5 mit einer Begründung zu versehen:
1. der Verwaltungsakt,
    a) durch den ein Passersatz, ein Ausweisersatz oder ein Aufenthaltstitel versagt, räumlich oder zeitlich beschränkt oder mit Bedingungen und Auflagen versehen wird oder
    b) mit dem die Änderung oder Aufhebung einer Nebenbestimmung zum Aufenthaltstitel versagt wird, sowie
2. die Ausweisung,
3. die Abschiebungsanordnung nach § 58a Absatz 1 Satz 1,
4. die Androhung der Abschiebung,
5. die Aussetzung der Abschiebung,
6. Beschränkungen des Aufenthalts nach § 12 Absatz 4,
7. die Anordnungen nach den §§ 47 und 56,
8. die Rücknahme und der Widerruf von Verwaltungsakten nach diesem Gesetz sowie
9. die Entscheidung über die Anordnung eines Einreise- und Aufenthaltsverbots nach § 11 Absatz 6 oder 7 und über die Befristung eines Einreise- und Aufenthaltsverbots nach § 11.

²Einem Verwaltungsakt, mit dem ein Aufenthaltstitel versagt oder mit dem ein Aufenthaltstitel zum Erlöschen gebracht wird, sowie der Entscheidung über einen Antrag auf Befristung nach § 11 Absatz 1 Satz 3 ist eine Erklärung beizufügen. ³Mit dieser Erklärung wird der Ausländer über den Rechtsbehelf, der gegen den Verwaltungsakt gegeben ist, und über die Stelle, bei der dieser Rechtsbehelf einzulegen ist, sowie über die einzuhaltende Frist belehrt; in anderen Fällen ist die vorgenannte Erklärung der Androhung der Abschiebung beizufügen.

(1a) ¹Im Zusammenhang mit der Erteilung einer ICT-Karte oder einer Mobiler-ICT-Karte sind zusätzlich der aufnehmenden Niederlassung oder dem aufnehmenden Unternehmen schriftlich mitzuteilen
1. die Versagung der Verlängerung einer ICT-Karte oder einer Mobiler-ICT-Karte,
2. die Rücknahme oder der Widerruf einer ICT-Karte oder einer Mobiler-ICT-Karte,
3. die Versagung der Verlängerung eines Aufenthaltstitels zum Zweck des Familiennachzugs zu einem Inhaber einer ICT-Karte oder einer Mobiler-ICT-Karte oder

4. die Rücknahme oder der Widerruf eines Aufenthaltstitels zum Zweck des Familiennachzugs zu einem Inhaber einer ICT-Karte oder einer Mobiler-ICT-Karte.
²In der Mitteilung nach Satz 1 Nummer 1 und 2 sind auch die Gründe für die Entscheidung anzugeben.

(2) ¹Die Versagung und die Beschränkung eines Visums und eines Passersatzes vor der Einreise bedürfen keiner Begründung und Rechtsbehelfsbelehrung; die Versagung an der Grenze bedarf auch nicht der Schriftform. ²Formerfordernisse für die Versagung von Schengen-Visa richten sich nach der Verordnung (EG) Nr. 810/2009.

(3) ¹Dem Ausländer ist auf Antrag eine Übersetzung der Entscheidungsformel des Verwaltungsaktes, mit dem der Aufenthaltstitel versagt oder mit dem der Aufenthaltstitel zum Erlöschen gebracht oder mit dem eine Befristungsentscheidung nach § 11 getroffen wird, und der Rechtsbehelfsbelehrung kostenfrei in einer Sprache zur Verfügung zu stellen, die der Ausländer versteht oder bei der vernünftigerweise davon ausgegangen werden kann, dass er sie versteht. ²Besteht die Ausreisepflicht aus einem anderen Grund, ist Satz 1 auf die Androhung der Abschiebung sowie auf die Rechtsbehelfsbelehrung, die dieser nach Absatz 1 Satz 3 beizufügen ist, entsprechend anzuwenden. ³Die Übersetzung kann in mündlicher oder in schriftlicher Form zur Verfügung gestellt werden. ⁴Eine Übersetzung muss dem Ausländer dann nicht vorgelegt werden, wenn er unerlaubt in das Bundesgebiet eingereist ist oder auf Grund einer strafrechtlichen Verurteilung ausgewiesen worden ist. ⁵In den Fällen des Satzes 4 erhält der Ausländer ein Standardformular mit Erläuterungen, die in mindestens fünf der am häufigsten verwendeten oder verstandenen Sprachen bereitgehalten werden. ⁶Die Sätze 1 bis 3 sind nicht anzuwenden, wenn der Ausländer noch nicht eingereist oder bereits ausgereist ist.

§ 78 Dokumente mit elektronischem Speicher- und Verarbeitungsmedium

(1) ¹Aufenthaltstitel nach § 4 Absatz 1 Satz 2 Nummer 2 bis 4 werden als eigenständige Dokumente mit elektronischem Speicher- und Verarbeitungsmedium ausgestellt. ²Aufenthaltserlaubnisse, die nach Maßgabe des Abkommens zwischen der Europäischen Gemeinschaft und ihren Mitgliedstaaten einerseits und der Schweizerischen Eidgenossenschaft andererseits über die Freizügigkeit vom 21. Juni 1999 (ABl. L 114 vom 30.4.2002, S. 6) auszustellen sind, werden auf Antrag als Dokumente mit elektronischem Speicher- und Verarbeitungsmedium ausgestellt. ³Dokumente nach den Sätzen 1 und 2 enthalten folgende sichtbar aufgebrachte Angaben:
1. Name und Vornamen,
2. Doktorgrad,
3. Lichtbild,
4. Geburtsdatum und Geburtsort,
5. Anschrift,
6. Gültigkeitsbeginn und Gültigkeitsdauer,
7. Ausstellungsort,
8. Art des Aufenthaltstitels oder Aufenthaltsrechts und dessen Rechtsgrundlage,
9. Ausstellungsbehörde,
10. Seriennummer des zugehörigen Passes oder Passersatzpapiers,
11. Gültigkeitsdauer des zugehörigen Passes oder Passersatzpapiers,
12. Anmerkungen,
13. Unterschrift,
14. Seriennummer,

15. Staatsangehörigkeit,
16. Geschlecht,
17. Größe und Augenfarbe,
18. Zugangsnummer.

⁴Dokumente nach Satz 1 können unter den Voraussetzungen des § 48 Absatz 2 oder 4 als Ausweisersatz bezeichnet und mit dem Hinweis versehen werden, dass die Personalien auf den Angaben des Inhabers beruhen. ⁵Die Unterschrift durch den Antragsteller nach Satz 3 Nummer 13 ist zu leisten, wenn er zum Zeitpunkt der Beantragung des Dokuments zehn Jahre oder älter ist.

(2) ¹Dokumente mit elektronischem Speicher- und Verarbeitungsmedium nach Absatz 1 enthalten eine Zone für das automatische Lesen. ²Diese darf lediglich die folgenden sichtbar aufgedruckten Angaben enthalten:
1. die Abkürzungen
    a) „AR" für den Aufenthaltstiteltyp nach § 4 Absatz 1 Nummer 2 bis 4,
    b) „AS" für den Aufenthaltstiteltyp nach § 28 Satz 2 der Aufenthaltsverordnung,
2. die Abkürzung „D" für Bundesrepublik Deutschland,
3. die Seriennummer des Aufenthaltstitels, die sich aus der Behördenkennzahl der Ausländerbehörde und einer zufällig zu vergebenden Aufenthaltstitelnummer zusammensetzt und die neben Ziffern auch Buchstaben enthalten kann,
4. das Geburtsdatum,
5. die Abkürzung „F" für Personen weiblichen Geschlechts und „M" für Personen männlichen Geschlechts,
6. die Gültigkeitsdauer des Aufenthaltstitels oder im Falle eines unbefristeten Aufenthaltsrechts die technische Kartennutzungsdauer,
7. die Abkürzung der Staatsangehörigkeit,
8. den Namen,
9. den oder die Vornamen,
10. die Prüfziffern und
11. Leerstellen.

³Die Seriennummer und die Prüfziffern dürfen keine Daten über den Inhaber oder Hinweise auf solche Daten enthalten. ⁴Jedes Dokument erhält eine neue Seriennummer.

(3) ¹Das in dem Dokument nach Absatz 1 enthaltene elektronische Speicher- und Verarbeitungsmedium enthält folgende Daten:
1. die Daten nach Absatz 1 Satz 3 Nummer 1 bis 5 sowie den im amtlichen Gemeindeverzeichnis verwendeten eindeutigen Gemeindeschlüssel,
2. die Daten der Zone für das automatische Lesen nach Absatz 2 Satz 2,
3. Nebenbestimmungen,
4. zwei Fingerabdrücke, die Bezeichnung der erfassten Finger sowie die Angaben zur Qualität der Abdrücke sowie
5. den Geburtsnamen.

²Die gespeicherten Daten sind gegen unbefugtes Verändern, Löschen und Auslesen zu sichern. ³Die Erfassung von Fingerabdrücken erfolgt ab Vollendung des sechsten Lebensjahres.

(4) ¹Das elektronische Speicher- und Verarbeitungsmedium eines Dokuments nach Absatz 1 kann ausgestaltet werden als qualifizierte elektronische Signaturerstellungseinheit nach Artikel 3 Nummer 23 der Verordnung (EU) Nr. 910/2014 des Europäischen Parlaments und des Rates vom 23. Juli 2014 über elektronische Identifizierung und Vertrauensdienste für elektronische Transaktionen im Binnenmarkt und zur Aufhebung der Richtlinie 1999/93/EG (ABl. L 257 vom 28.8.2014, S. 73). ²Die Zertifizierung nach Artikel 30 der Verordnung (EU) Nr. 910/2014

erfolgt durch das Bundesamt für Sicherheit in der Informationstechnik. ³Die Vorschriften des Vertrauensdienstegesetzes bleiben unberührt.

(5) ¹Das elektronische Speicher- und Verarbeitungsmedium eines Dokuments nach Absatz 1 kann auch für die Zusatzfunktion eines elektronischen Identitätsnachweises genutzt werden. ²Insoweit sind § 2 Absatz 3 bis 7, 10 und 12, § 4 Absatz 3, § 7 Absatz 4 und 5, § 10 Absatz 1, 2 Satz 1, Absatz 3 bis 5, 6 Satz 1, Absatz 7, 8 Satz 1 und Absatz 9, § 11 Absatz 1 bis 5 und 7, § 12 Absatz 2 Satz 2, die §§ 13, 16, 18, 18a, 19 Absatz 1 und 3 bis 6, die §§ 19a, 20 Absatz 2 und 3, die §§ 21, 21a, 21b, 27 Absatz 2 und 3, § 32 Absatz 1 Nummer 5 und 6 mit Ausnahme des dort angeführten § 19 Absatz 2, Nummer 6a bis 8, Absatz 2 und 3 sowie § 33 Nummer 1, 2 und 4 des Personalausweisgesetzes mit der Maßgabe entsprechend anzuwenden, dass die Ausländerbehörde an die Stelle der Personalausweisbehörde tritt. ³Neben den in § 18 Absatz 3 Satz 2 des Personalausweisgesetzes aufgeführten Daten können im Rahmen des elektronischen Identitätsnachweises unter den Voraussetzungen des § 18 Absatz 4 des Personalausweisgesetzes auch die nach Absatz 3 Nummer 3 gespeicherten Nebenbestimmungen sowie die Abkürzung der Staatsangehörigkeit übermittelt werden. ⁴Für das Sperrkennwort und die Sperrmerkmale gilt Absatz 2 Satz 3 entsprechend.

(6) Die mit der Ausführung dieses Gesetzes betrauten oder zur hoheitlichen Identitätsfeststellung befugten Behörden dürfen die in der Zone für das automatische Lesen enthaltenen Daten zur Erfüllung ihrer gesetzlichen Aufgaben erheben, verarbeiten und nutzen.

(7) ¹Öffentliche Stellen dürfen die im elektronischen Speicher- und Verarbeitungsmedium eines Dokuments nach Absatz 1 gespeicherten Daten mit Ausnahme der biometrischen Daten erheben, verarbeiten und nutzen, soweit dies zur Erfüllung ihrer jeweiligen gesetzlichen Aufgaben erforderlich ist. ²Die im elektronischen Speicher- und Verarbeitungsmedium gespeicherte Anschrift und die nach Absatz 1 Satz 3 Nummer 5 aufzubringende Anschrift dürfen durch die Ausländerbehörden sowie durch andere durch Landesrecht bestimmte Behörden geändert werden.

(8) ¹Die durch technische Mittel vorgenommene Erhebung und Verwendung personenbezogener Daten aus Dokumenten nach Absatz 1 dürfen nur im Wege des elektronischen Identitätsnachweises nach Absatz 5 erfolgen, soweit nicht durch Gesetz etwas anderes bestimmt ist. ²Gleiches gilt für die Erhebung und Verwendung personenbezogener Daten mit Hilfe eines Dokuments nach Absatz 1.

§ 78a Vordrucke für Aufenthaltstitel in Ausnahmefällen, Ausweisersatz und Bescheinigungen

(1) ¹Aufenthaltstitel nach § 4 Absatz 1 Satz 2 Nummer 2 bis 4 können abweichend von § 78 nach einem einheitlichen Vordruckmuster ausgestellt werden, wenn
1. der Aufenthaltstitel zum Zwecke der Verlängerung der Aufenthaltsdauer um einen Monat erteilt werden soll oder
2. die Ausstellung zur Vermeidung außergewöhnlicher Härten geboten ist.

²Das Vordruckmuster enthält folgende Angaben:
1. Name und Vornamen des Inhabers,
2. Gültigkeitsdauer,
3. Ausstellungsort und -datum,
4. Art des Aufenthaltstitels oder Aufenthaltsrechts,
5. Ausstellungsbehörde,
6. Seriennummer des zugehörigen Passes oder Passersatzpapiers,

7. Anmerkungen,
8. Lichtbild.
³Auf dem Vordruckmuster ist kenntlich zu machen, dass es sich um eine Ausstellung im Ausnahmefall handelt.

(2) Vordrucke nach Absatz 1 Satz 1 enthalten eine Zone für das automatische Lesen mit folgenden Angaben:
1. Name und Vornamen,
2. Geburtsdatum,
3. Geschlecht,
4. Staatsangehörigkeit,
5. Art des Aufenthaltstitels,
6. Seriennummer des Vordrucks,
7. ausstellender Staat,
8. Gültigkeitsdauer,
9. Prüfziffern,
10. Leerstellen.

(3) Öffentliche Stellen können die in der Zone für das automatische Lesen nach Absatz 2 enthaltenen Daten zur Erfüllung ihrer gesetzlichen Aufgaben speichern, übermitteln und nutzen.

(4) ¹Das Vordruckmuster für den Ausweisersatz enthält eine Seriennummer und eine Zone für das automatische Lesen. ²In dem Vordruckmuster können neben der Bezeichnung von Ausstellungsbehörde, Ausstellungsort und -datum, Gültigkeitszeitraum oder -dauer, Name und Vornamen des Inhabers, Aufenthaltsstatus sowie Nebenbestimmungen folgende Angaben über die Person des Inhabers vorgesehen sein:
1. Geburtsdatum und Geburtsort,
2. Staatsangehörigkeit,
3. Geschlecht,
4. Größe,
5. Farbe der Augen,
6. Anschrift,
7. Lichtbild,
8. eigenhändige Unterschrift,
9. zwei Fingerabdrücke,
10. Hinweis, dass die Personalangaben auf den Angaben des Ausländers beruhen.
³Sofern Fingerabdrücke nach Satz 2 Nummer 9 erfasst werden, müssen diese in mit Sicherheitsverfahren verschlüsselter Form auf einem elektronischen Speicher- und Verarbeitungsmedium in den Ausweisersatz eingebracht werden. ⁴Das Gleiche gilt, sofern Lichtbilder in elektronischer Form eingebracht werden. ⁵Die Absätze 2 und 3 gelten entsprechend. ⁶§ 78 Absatz 1 Satz 4 bleibt unberührt.

(5) ¹Die Bescheinigungen nach § 60a Absatz 4 und § 81 Absatz 5 werden nach einheitlichem Vordruckmuster ausgestellt, das eine Seriennummer enthält und mit einer Zone für das automatische Lesen versehen sein kann. ²Die Bescheinigung darf im Übrigen nur die in Absatz 4 bezeichneten Daten enthalten sowie den Hinweis, dass der Ausländer mit ihr nicht der Passpflicht genügt. ³Die Absätze 2 und 3 gelten entsprechend.

§ 79 Entscheidung über den Aufenthalt

(1) ¹Über den Aufenthalt von Ausländern wird auf der Grundlage der im Bundesgebiet bekannten Umstände und zugänglichen Erkenntnisse entschieden. ²Über das Vorliegen der Voraussetzungen des § 60 Abs. 5 und 7 entscheidet die

Ausländerbehörde auf der Grundlage der ihr vorliegenden und im Bundesgebiet zugänglichen Erkenntnisse und, soweit es im Einzelfall erforderlich ist, der den Behörden des Bundes außerhalb des Bundesgebiets zugänglichen Erkenntnisse.

(2) Beantragt ein Ausländer, gegen den wegen des Verdachts einer Straftat oder einer Ordnungswidrigkeit ermittelt wird, die Erteilung oder Verlängerung eines Aufenthaltstitels, ist die Entscheidung über den Aufenthaltstitel bis zum Abschluss des Verfahrens, im Falle einer gerichtlichen Entscheidung bis zu deren Rechtskraft auszusetzen, es sei denn, über den Aufenthaltstitel kann ohne Rücksicht auf den Ausgang des Verfahrens entschieden werden.

§ 80 Handlungsfähigkeit

(1) Fähig zur Vornahme von Verfahrenshandlungen nach diesem Gesetz ist ein Ausländer, der volljährig ist, sofern er nicht nach Maßgabe des Bürgerlichen Gesetzbuchs geschäftsunfähig oder in dieser Angelegenheit zu betreuen und einem Einwilligungsvorbehalt zu unterstellen wäre.

(2) ^{1}Die mangelnde Handlungsfähigkeit eines Minderjährigen steht seiner Zurückweisung und Zurückschiebung nicht entgegen. ^{2}Das Gleiche gilt für die Androhung und Durchführung der Abschiebung in den Herkunftsstaat, wenn sich sein gesetzlicher Vertreter nicht im Bundesgebiet aufhält oder dessen Aufenthaltsort im Bundesgebiet unbekannt ist.

(3) ^{1}Bei der Anwendung dieses Gesetzes sind die Vorschriften des Bürgerlichen Gesetzbuchs dafür maßgebend, ob ein Ausländer als minderjährig oder volljährig anzusehen ist. ^{2}Die Geschäftsfähigkeit und die sonstige rechtliche Handlungsfähigkeit eines nach dem Recht seines Heimatstaates volljährigen Ausländers bleiben davon unberührt.

(4) Die gesetzlichen Vertreter eines Ausländers, der minderjährig ist, und sonstige Personen, die an Stelle der gesetzlichen Vertreter den Ausländer im Bundesgebiet betreuen, sind verpflichtet, für den Ausländer die erforderlichen Anträge auf Erteilung und Verlängerung des Aufenthaltstitels und auf Erteilung und Verlängerung des Passes, des Passersatzes und des Ausweisersatzes zu stellen.

Die Vorschrift bestimmt nunmehr – im Gleichklang mit § 12 AsylG –, dass nur **volljährige Ausländer** im Verfahren nach dem AufenthG handlungsfähig sind und nicht mehr auch minderjährige, die das 16. Lebensjahr vollendet hatten. Für Minderjährige statuiert Abs. 4 die Verpflichtung ihrer **gesetzlichen Vertreter** oder der Personen, die sie an Stelle der gesetzlichen Vertreter im Bundesgebiet betreuen, die erforderlichen Anträge zu stellen. Der Verstoß gegen diese Verpflichtung ist gem. § 98 Abs. 3 Nr. 6 bußgeldbewehrt (→ § 98 Rn. 26). 1

§ 81 Beantragung des Aufenthaltstitels

(1) Ein Aufenthaltstitel wird einem Ausländer nur auf seinen Antrag erteilt, soweit nichts anderes bestimmt ist.

(2) ^{1}Ein Aufenthaltstitel, der nach Maßgabe der Rechtsverordnung nach § 99 Abs. 1 Nr. 2 nach der Einreise eingeholt werden kann, ist unverzüglich nach der Einreise oder innerhalb der in der Rechtsverordnung bestimmten Frist zu beantragen. ^{2}Für ein im Bundesgebiet geborenes Kind, dem nicht von Amts wegen ein Aufenthaltstitel zu erteilen ist, ist der Antrag innerhalb von sechs Monaten nach der Geburt zu stellen.

(3) ^{1}Beantragt ein Ausländer, der sich rechtmäßig im Bundesgebiet aufhält, ohne einen Aufenthaltstitel zu besitzen, die Erteilung eines Aufenthaltstitels, gilt

sein Aufenthalt bis zur Entscheidung der Ausländerbehörde als erlaubt. ²Wird der Antrag verspätet gestellt, gilt ab dem Zeitpunkt der Antragstellung bis zur Entscheidung der Ausländerbehörde die Abschiebung als ausgesetzt.

(4) ¹Beantragt ein Ausländer vor Ablauf seines Aufenthaltstitels dessen Verlängerung oder die Erteilung eines anderen Aufenthaltstitels, gilt der bisherige Aufenthaltstitel vom Zeitpunkt seines Ablaufs bis zur Entscheidung der Ausländerbehörde als fortbestehend. ²Dies gilt nicht für ein Visum nach § 6 Absatz 1. ³Wurde der Antrag auf Erteilung oder Verlängerung eines Aufenthaltstitels verspätet gestellt, kann die Ausländerbehörde zur Vermeidung einer unbilligen Härte die Fortgeltungswirkung anordnen.

(5) Dem Ausländer ist eine Bescheinigung über die Wirkung seiner Antragstellung (Fiktionsbescheinigung) auszustellen.

(6) Wenn der Antrag auf Erteilung einer Aufenthaltserlaubnis zum Familiennachzug zu einem Inhaber einer ICT-Karte oder einer Mobiler-ICT-Karte gleichzeitig mit dem Antrag auf Erteilung einer ICT-Karte oder einer Mobiler-ICT-Karte gestellt wird, so wird über den Antrag auf Erteilung einer Aufenthaltserlaubnis zum Zweck des Familiennachzugs gleichzeitig mit dem Antrag auf Erteilung einer ICT-Karte oder einer Mobiler-ICT-Karte entschieden.

1   Um einen Aufenthaltstitel zu erlangen, muss der Ausländer ihn regelmäßig **beantragen** (Abs. 1), die Ausländerbehörde wird insoweit nicht von Amts wegen tätig. Bedeutung für die Strafvorschriften hat dies, weil die Strafbarkeit wegen Aufenthalts oder Einreise ohne den erforderlichen Aufenthaltstitel nicht schon dann entfällt, wenn dem Ausländer ein Aufenthaltstitel erteilt werden könnte (→ § 95 Rn. 4). In Abs. 2 ist geregelt, wann der Antrag gestellt werden muss; im Regelfall hat, wenn nicht bestimmte Fristen vorgesehen sind, die **Antragstellung unverzüglich,** also ohne schuldhaftes Zögern zu geschehen.

2   In Abs. 3 und 4 sind **Fiktionen** geregelt: Nach Abs. 3 gilt der Aufenthalt eines Ausländers, der sich rechtmäßig im Bundesgebiet aufhält und rechtzeitig einen Antrag auf Erteilung eines Aufenthaltstitels stellt, bis zur Entscheidung der Ausländerbehörde als erlaubt; stellt er ihn verspätet, gilt die Abschiebung als ausgesetzt. Entsprechendes gilt nach Abs. 4, wenn der Ausländer die Verlängerung seines Aufenthaltstitels rechtzeitig beantragt oder die Behörde die Fortgeltungswirkung zur Vermeidung einer unbilligen Härte anordnet. Die Wirkung dieser Anträge, also die Fiktion der Erlaubnis bzw. der Aussetzung der Abschiebung, ist auf Antrag zu bescheinigen (Abs. 5). In all diesen Fällen ist eine **Strafbarkeit** des Ausländers wegen unerlaubten Aufenthalts nach § 95 Abs. 1 Nr. 2 während der Zeit, in der die Fiktion gilt, ausgeschlossen, obwohl der Ausländer nicht über einen Aufenthaltstitel verfügt. Denn nach § 58 Abs. 2 S. 1 Nr. 2 ist die Ausreisepflicht nicht vollziehbar (→ § 95 Rn. 26).

§ 82 Mitwirkung des Ausländers

(1) ¹Der Ausländer ist verpflichtet, seine Belange und für ihn günstige Umstände, soweit sie nicht offenkundig oder bekannt sind, unter Angabe nachprüfbarer Umstände unverzüglich geltend zu machen und die erforderlichen Nachweise über seine persönlichen Verhältnisse, sonstige erforderliche Bescheinigungen und Erlaubnisse sowie sonstige erforderliche Nachweise, die er erbringen kann, unverzüglich beizubringen. ²Die Ausländerbehörde kann ihm dafür eine angemessene Frist setzen. ³Sie setzt ihm eine solche Frist, wenn sie die Bearbeitung eines Antrags auf Erteilung eines Aufenthaltstitels wegen fehlender oder unvollständiger Angaben aussetzt, und benennt dabei die nachzuholenden Angaben. ⁴Nach Ablauf der Frist geltend gemachte Umstände und beigebrachte Nachweise können unberücksichtigt bleiben. ⁵Der Ausländer, der eine ICT-Karte nach § 19b beantragt hat, ist verpflich-

tet, der zuständigen Ausländerbehörde jede Änderung mitzuteilen, die während des Antragsverfahrens eintritt und die Auswirkungen auf die Voraussetzungen der Erteilung der ICT-Karte hat.

(2) Absatz 1 findet im Widerspruchsverfahren entsprechende Anwendung.

(3) ¹Der Ausländer soll auf seine Pflichten nach Absatz 1 sowie seine wesentlichen Rechte und Pflichten nach diesem Gesetz, insbesondere die Verpflichtungen aus den §§ 44a, 48, 49 und 81 und die Möglichkeit der Antragstellung nach § 11 Abs. 1 Satz 3 hingewiesen werden. ²Im Falle der Fristsetzung ist er auf die Folgen der Fristversäumung hinzuweisen.

(4) ¹Soweit es zur Vorbereitung und Durchführung von Maßnahmen nach diesem Gesetz und nach ausländerrechtlichen Bestimmungen in anderen Gesetzen erforderlich ist, kann angeordnet werden, dass ein Ausländer bei der zuständigen Behörde sowie den Vertretungen oder ermächtigten Bediensteten des Staates, dessen Staatsangehörigkeit er vermutlich besitzt, persönlich erscheint sowie eine ärztliche Untersuchung zur Feststellung der Reisefähigkeit durchgeführt wird. ²Kommt der Ausländer einer Anordnung nach Satz 1 nicht nach, kann sie zwangsweise durchgesetzt werden. ³§ 40 Abs. 1 und 2, die §§ 41, 42 Abs. 1 Satz 1 und 3 des Bundespolizeigesetzes finden entsprechende Anwendung.

(5) ¹Der Ausländer, für den nach diesem Gesetz, dem Asylgesetz oder den zur Durchführung dieser Gesetze erlassenen Bestimmungen ein Dokument ausgestellt werden soll, hat auf Verlangen
1. ein aktuelles Lichtbild nach Maßgabe einer nach § 99 Abs. 1 Nr. 13 und 13a erlassenen Rechtsverordnung vorzulegen oder bei der Aufnahme eines solchen Lichtbildes mitzuwirken und
2. bei der Abnahme seiner Fingerabdrücke nach Maßgabe einer nach § 99 Absatz 1 Nummer 13 und 13a erlassenen Rechtsverordnung mitzuwirken.

²Das Lichtbild und die Fingerabdrücke dürfen in Dokumente nach Satz 1 eingebracht und von den zuständigen Behörden zur Sicherung und einer späteren Feststellung der Identität verarbeitet und genutzt werden.

(6) ¹Ausländer, die im Besitz einer Aufenthaltserlaubnis nach den §§ 18 oder 18a oder im Besitz einer Blauen Karte EU oder einer ICT-Karte sind, sind verpflichtet, der zuständigen Ausländerbehörde mitzuteilen, wenn die Beschäftigung, für die der Aufenthaltstitel erteilt wurde, vorzeitig beendet wird. ²Dies gilt nicht, wenn der Ausländer eine Beschäftigung aufnehmen darf, ohne einer Erlaubnis zu bedürfen, die nur mit einer Zustimmung nach § 39 Absatz 2 erteilt werden kann. ³Der Ausländer ist bei Erteilung des Aufenthaltstitels über seine Verpflichtung nach Satz 1 zu unterrichten.

Die Vorschrift regelt weitere Mitwirkungspflichten des Ausländers im Verwaltungsverfahren, deren Verletzung aber weder straf- noch bußgeldbewehrt ist. Allerdings kann der Ausländer im Verwaltungsverfahren mit seinem verspäteten Vorbringen ausgeschlossen werden, so dass die Pflichtverletzung auf dieser Ebene nachteilige Folgen haben kann. 1

§ 83 Beschränkung der Anfechtbarkeit

(1) ¹Die Versagung eines nationalen Visums und eines Passersatzes an der Grenze sind unanfechtbar. ²Der Ausländer wird bei der Versagung eines nationalen Visums und eines Passersatzes an der Grenze auf die Möglichkeit einer Antragstellung bei der zuständigen Auslandsvertretung hingewiesen.

(2) Gegen die Versagung der Aussetzung der Abschiebung findet kein Widerspruch statt.

(3) Gegen die Anordnung und Befristung eines Einreise- und Aufenthaltsverbots durch das Bundesamt für Migration und Flüchtlinge findet kein Widerspruch statt.

1   Die Vorschrift entzieht die Versagung eines Visums an der Grenze sowie die Versagung der Aussetzung der Abschiebung der **verwaltungsinternen Kontrolle des Widerspruchsverfahrens,** indem sie regelt, dass diese Entscheidung nicht angefochten werden kann bzw. dagegen das Widerspruchsverfahren nicht stattfindet. Gegen die Versagung der Duldung muss deshalb direkt im Klagewege vor den Verwaltungsgerichten vorgegangen werden. Durch die ausgesprochene Unanfechtbarkeit in Abs. 1 wird die Versagung eines Visums an der Grenze auch der **verwaltungsgerichtlichen** Kontrolle entzogen, so dass letztlich keinerlei Rechtsschutz gegen diese Verwaltungsakte gegeben ist. Dies begegnet im Hinblick auf Art. 19 Abs. 4 GG verfassungsrechtlichen Bedenken.

§ 84 Wirkungen von Widerspruch und Klage

(1) Widerspruch und Klage gegen
1. die Ablehnung eines Antrages auf Erteilung oder Verlängerung des Aufenthaltstitels,
1a. Maßnahmen nach § 49,
2. die Auflage nach § 61 Abs. 1e, in einer Ausreiseeinrichtung Wohnung zu nehmen,
3. die Änderung oder Aufhebung einer Nebenbestimmung, die die Ausübung einer Erwerbstätigkeit betrifft,
4. den Widerruf des Aufenthaltstitels des Ausländers nach § 52 Abs. 1 Satz 1 Nr. 4 in den Fällen des § 75 Absatz 2 Satz 1 des Asylgesetzes sowie
5. den Widerruf oder die Rücknahme der Anerkennung von Forschungseinrichtungen für den Abschluss von Aufnahmevereinbarungen nach § 20,
6. die Ausreiseuntersagung nach § 46 Absatz 2 Satz 1,
7. die Befristung eines Einreise- und Aufenthaltsverbots nach § 11,
8. die Anordnung eines Einreise- und Aufenthaltsverbots nach § 11 Abs. 6 sowie
9. die Feststellung nach § 85a Absatz 1 Satz 2
haben keine aufschiebende Wirkung.

(2) ¹Widerspruch und Klage lassen unbeschadet ihrer aufschiebenden Wirkung die Wirksamkeit der Ausweisung und eines sonstigen Verwaltungsaktes, der die Rechtmäßigkeit des Aufenthalts beendet, unberührt. ²Für Zwecke der Aufnahme oder Ausübung einer Erwerbstätigkeit gilt der Aufenthaltstitel als fortbestehend, solange die Frist zur Erhebung des Widerspruchs oder der Klage noch nicht abgelaufen ist, während eines gerichtlichen Verfahrens über einen zulässigen Antrag auf Anordnung oder Wiederherstellung der aufschiebenden Wirkung oder solange der eingelegte Rechtsbehelf aufschiebende Wirkung hat. ³Eine Unterbrechung der Rechtmäßigkeit des Aufenthalts tritt nicht ein, wenn der Verwaltungsakt durch eine behördliche oder unanfechtbare gerichtliche Entscheidung aufgehoben wird.

1   Die Vorschrift regelt die Wirkungen von Widerspruch und Klage. Abweichend von dem **allgemeinen Grundsatz,** dass Verwaltungsakte erst mit Bestandskraft vollziehbar sind, weil Widerspruch und Klage aufschiebende Wirkung entfalten (vgl. § 80 Abs. 1 VwGO), bestimmt Abs. 1 die **sofortige Vollziehbarkeit** für Maßnahmen, bei denen auf Grund einer gesetzgeberischen Entscheidung die zu beachtenden öffentlichen Belange die Interessen des Betroffenen überwiegen. In strafrechtlicher Hinsicht ist Abs. 1 von Bedeutung, weil bei den genannten Maßnahmen unmittelbar mit der Bekanntgabe die Vollziehbarkeit eintritt, was in den Fällen von Abs. 1 Nr. 1, und 4 zugleich auch zur Vollziehbarkeit der Ausreisepflicht führt. Damit macht sich der Ausländer gem. § 95 Abs. 1 Nr. 2 wegen unerlaubten Aufenthalts **strafbar.** Eine **Ausnahme** gilt in diesen Fällen nur, wenn der

Ausländer unverzüglich nach § 80 Abs. 5 VwGO die Wiederherstellung der aufschiebenden Wirkung beantragt (→ § 95 Rn. 28). Durch die Einführung von Abs. 1 Nr. 1a wird nunmehr auch für Maßnahmen nach § 49 die sofortige Vollziehbarkeit angeordnet; wer Maßnahmen nach § 49 Abs. 10 nicht duldet, macht sich nach § 95 Abs. 1 Nr. 6 strafbar. Insoweit ist mit der Änderung – da solche Maßnahmen in aller Regel nach allgemeinen Grundsätzen ohnehin sofort vollziehbar waren – eine weniger gewichtige Verschärfung der Strafbarkeit eingetreten (→ § 95 Rn. 72).

§ 85 Berechnung von Aufenthaltszeiten

Unterbrechungen der Rechtmäßigkeit des Aufenthalts bis zu einem Jahr können außer Betracht bleiben.

§ 85a Verfahren bei konkreten Anhaltspunkten einer missbräuchlichen Anerkennung der Vaterschaft

(1) ¹Wird der Ausländerbehörde von einer beurkundenden Behörde oder einer Urkundsperson mitgeteilt, dass konkrete Anhaltspunkte für eine missbräuchliche Anerkennung der Vaterschaft im Sinne von § 1597a Absatz 1 des Bürgerlichen Gesetzbuchs bestehen, prüft die Ausländerbehörde, ob eine solche vorliegt. ²Ergibt die Prüfung, dass die Anerkennung der Vaterschaft missbräuchlich ist, stellt die Ausländerbehörde dies durch schriftlichen oder elektronischen Verwaltungsakt fest. ³Ergibt die Prüfung, dass die Anerkennung der Vaterschaft nicht missbräuchlich ist, stellt die Ausländerbehörde das Verfahren ein.

(2) ¹Eine missbräuchliche Anerkennung der Vaterschaft wird regelmäßig vermutet, wenn
1. der Anerkennende erklärt, dass seine Anerkennung gezielt gerade einem Zweck im Sinne von § 1597a Absatz 1 des Bürgerlichen Gesetzbuchs dient,
2. die Mutter erklärt, dass ihre Zustimmung gezielt gerade einem Zweck im Sinne von § 1597a Absatz 1 des Bürgerlichen Gesetzbuchs dient,
3. der Anerkennende bereits mehrfach die Vaterschaft von Kindern verschiedener ausländischer Mütter anerkannt hat und jeweils die rechtlichen Voraussetzungen für die erlaubte Einreise oder den erlaubten Aufenthalt des Kindes oder der Mutter durch die Anerkennung geschaffen hat, auch wenn das Kind durch die Anerkennung die deutsche Staatsangehörigkeit erworben hat,
4. dem Anerkennenden oder der Mutter ein Vermögensvorteil für die Anerkennung der Vaterschaft oder die Zustimmung hierzu gewährt oder versprochen worden ist

und die Erlangung der rechtlichen Voraussetzungen für die erlaubte Einreise oder den erlaubten Aufenthalt des Kindes, des Anerkennenden oder der Mutter ohne die Anerkennung der Vaterschaft und die Zustimmung hierzu nicht zu erwarten ist. ²Dies gilt auch, wenn die rechtlichen Voraussetzungen für die erlaubte Einreise oder den erlaubten Aufenthalt des Kindes durch den Erwerb der deutschen Staatsangehörigkeit des Kindes nach § 4 Absatz 1 oder Absatz 3 Satz 1 des Staatsangehörigkeitsgesetzes geschaffen werden sollen.

(3) ¹Ist die Feststellung nach Absatz 1 Satz 2 unanfechtbar, gibt die Ausländerbehörde der beurkundenden Behörde oder der Urkundsperson und dem Standesamt eine beglaubigte Abschrift mit einem Vermerk über den Eintritt der Unanfechtbarkeit zur Kenntnis. ²Stellt die Behörde das Verfahren ein, teilt sie dies der beurkundenden Behörde oder der Urkundsperson, den Beteiligten und dem Standesamt schriftlich oder elektronisch mit.

(4) Im Ausland sind für die Maßnahmen und Feststellungen nach den Absätzen 1 und 3 die deutschen Auslandsvertretungen zuständig.

1   Die Vorschrift wurde durch das **Gesetz zur besseren Durchsetzung der Ausreisepflicht** mit Wirkung ab dem 29.7.2017, BGBl. I S. 2780, und dort auch erst aufgrund der Beschlussempfehlung des Innenausschusses in das AufenthG eingeführt (vgl. BT-Drs. 18/12415, 2, 5 f., 15 ff.). Mit ihr hat der Gesetzgeber darauf reagiert, dass das Bundesverfassungsgericht mit Beschluss vom 17.12.2013 – 1 BvL 6/10, NJW 2014, 1364 – die frühere Regelung in § 1600 Abs. 1 Nr. 5 BGB über ein behördliches Anfechtungsrecht in Fällen **missbräuchlicher Vaterschaftsanerkennung** wegen Verstoßes gegen Art. 16 Abs. 1, Art. 6 Abs. 2 Satz 1 und Art. 2 Abs. 1 GG für nichtig erklärt hatte. Im **AufenthG** ist nunmehr das **Verfahren** geregelt, in dem festgestellt werden soll, ob ein Fall einer missbräuchlichen Vaterschaftsanerkennung oder der Zustimmung der Mutter dazu vorliegt. In § 1597a BGB hat der Gesetzgeber zugleich ein **zivilrechtliches Verbot** für solche Anerkennungen normiert und bestimmt, dass im Fall einer entsprechenden Feststellung die Beurkundung von Anerkennung oder Zustimmung durch die Urkundsperson abzulehnen ist. In diesen Fällen ist nach § 1598 Abs. 1 Satz 2 BGB nunmehr bestimmt, dass die Anerkennung auch andernorts nicht wirksam beurkundet werden kann. Zur strafrechtlichen Relevanz im Zusammenhang mit falschen Angaben im Sinne von § 95 Abs. 2 Nr. 2 → § 95 Rn. 113.

Abschnitt 4. Datenschutz

§§ 86–91f *(nicht abgedruckt)*

Kapitel 8. Beauftragte für Migration, Flüchtlinge und Integration

§§ 92–94 *(nicht abgedruckt)*

Kapitel 9. Straf- und Bußgeldvorschriften

§ 95 Strafvorschriften

(1) Mit Freiheitsstrafe bis zu einem Jahr oder mit Geldstrafe wird bestraft, wer
1. entgegen § 3 Abs. 1 in Verbindung mit § 48 Abs. 2 sich im Bundesgebiet aufhält,
2. ohne erforderlichen Aufenthaltstitel nach § 4 Absatz 1 Satz 1 sich im Bundesgebiet aufhält, wenn
   a) er vollziehbar ausreisepflichtig ist,
   b) ihm eine Ausreisefrist nicht gewährt wurde oder diese abgelaufen ist und
   c) dessen Abschiebung nicht ausgesetzt ist,
3. entgegen § 14 Abs. 1 Nr. 1 oder 2 in das Bundesgebiet einreist,
4. einer vollziehbaren Anordnung nach § 46 Abs. 2 Satz 1 oder 2 oder § 47 Abs. 1 Satz 2 oder Abs. 2 zuwiderhandelt,
5. entgegen § 49 Abs. 2 eine Angabe nicht, nicht richtig oder nicht vollständig macht, sofern die Tat nicht in Absatz 2 Nr. 2 mit Strafe bedroht ist,
6. entgegen § 49 Abs. 10 eine dort genannte Maßnahme nicht duldet,
6a. entgegen § 56 wiederholt einer Meldepflicht nicht nachkommt, wiederholt gegen räumliche Beschränkungen des Aufenthalts oder sonstige Auflagen verstößt oder trotz wiederholten Hinweises auf die rechtlichen Folgen einer Weigerung der Verpflichtung zur Wohnsitznahme nicht nachkommt oder entgegen § 56 Abs. 4 bestimmte Kommunikationsmittel nutzt oder bestimmte Kontaktverbote nicht beachtet,

7. wiederholt einer räumlichen Beschränkung nach § 61 Abs. 1 oder Absatz 1c zuwiderhandelt oder
8. im Bundesgebiet einer überwiegend aus Ausländern bestehenden Vereinigung oder Gruppe angehört, deren Bestehen, Zielsetzung oder Tätigkeit vor den Behörden geheim gehalten wird, um ihr Verbot abzuwenden.

(1a) Ebenso wird bestraft, wer vorsätzlich eine in § 404 Abs. 2 Nr. 4 des Dritten Buches Sozialgesetzbuch oder in § 98 Abs. 3 Nr. 1 bezeichnete Handlung begeht, für den Aufenthalt im Bundesgebiet nach § 4 Abs. 1 Satz 1 eines Aufenthaltstitels bedarf und als Aufenthaltstitel nur ein Schengen-Visum nach § 6 Abs. 1 Nummer 1 besitzt.

(2) Mit Freiheitsstrafe bis zu drei Jahren oder mit Geldstrafe wird bestraft, wer
1. entgegen § 11 Absatz 1 oder in Zuwiderhandlung einer vollziehbaren Anordnung nach § 11 Absatz 6 Satz 1 oder Absatz 7 Satz 1
   a) in das Bundesgebiet einreist oder
   b) sich darin aufhält,
1a. einer vollstreckbaren gerichtlichen Anordnung nach § 56a Absatz 1 zuwiderhandelt und dadurch die kontinuierliche Feststellung seines Aufenthaltsortes durch eine in § 56a Absatz 3 genannte zuständige Stelle verhindert, oder
2. unrichtige oder unvollständige Angaben macht oder benutzt, um für sich oder einen anderen einen Aufenthaltstitel oder eine Duldung zu beschaffen oder das Erlöschen oder die nachträgliche Beschränkung des Aufenthaltstitels oder der Duldung abzuwenden oder eine so beschaffte Urkunde wissentlich zur Täuschung im Rechtsverkehr gebraucht.

(3) In den Fällen des Absatzes 1 Nr. 3 und der Absätze 1a und 2 Nr. 1 Buchstabe a ist der Versuch strafbar.

(4) Gegenstände, auf die sich eine Straftat nach Absatz 2 Nr. 2 bezieht, können eingezogen werden.

(5) Artikel 31 Abs. 1 des Abkommens über die Rechtsstellung der Flüchtlinge bleibt unberührt.

(6) In den Fällen des Absatzes 1 Nr. 2 und 3 steht einem Handeln ohne erforderlichen Aufenthaltstitel ein Handeln auf Grund eines durch Drohung, Bestechung oder Kollusion erwirkten oder durch unrichtige oder unvollständige Angaben erschlichenen Aufenthaltstitels gleich.

(7) In Fällen des Absatzes 2 Nummer 1a wird die Tat nur auf Antrag einer dort genannten zuständigen Stelle verfolgt.

Übersicht

	Rn.
A. Überblick	1–17
I. Normzweck	1–8
1. Rechtsgut	1
2. Verwaltungsakzessorietät	2–8
a) Reichweite der Akzessorietät	3–5
b) Blanketttechnik	6–8
II. Historie	9, 10
III. Anwendungsbereich	11–14
IV. Rechts- und Kriminalpolitische Bedeutung	15–17
1. Rechtspolitische Bedeutung	15
2. Kriminalpolitische Bedeutung	16, 17
B. Die einzelnen Straftatbestände	18–121

	Rn.
I. Pass- oder ausweisloser Aufenthalt (Abs. 1 Nr. 1)	18–23
1. Objektiver Tatbestand	18–22
2. Subjektiver Tatbestand	23
II. Unerlaubter Aufenthalt (Abs. 1 Nr. 2)	24–49
1. Objektiver Tatbestand	24–46
a) Tathandlung und allgemeine Voraussetzungen	24–29
b) Europarechtskonforme Auslegung infolge der Rückführungsrichtlinie	30–33
c) Aussetzung der Abschiebung (Duldung)	34–36
d) Rechtsmissbräuchlich erlangter Aufenthaltstitel (Abs. 6)	37

	Rn.		Rn.
e) Kurzaufenthalte	38–45	1. Objektiver Tatbestand	85–87
f) Unerlaubter Aufenthalt von Asylbewerbern	46	2. Subjektiver Tatbestand	88
		3. Konkurrenzen	89
2. Subjektiver Tatbestand	47	**X. Erwerbstätigkeit eines Inhabers eines Schengen-Visums (Abs. 1a)**	90–94
3. Teilnahme	48		
4. Konkurrenzen	49	1. Objektiver Tatbestand	90, 91
III. Unerlaubte Einreise entgegen § 14 Abs. 1 Nr. 1 oder 2 (Abs. 1 Nr. 3)	50–59	2. Subjektiver Tatbestand	92
		3. Versuchsstrafbarkeit	93
		4. Teilnahme	94
1. Objektiver Tatbestand	50–55	**XI. Einreise oder Aufenthalt entgegen § 11 Abs. 1 Satz 1; Abs. 6 und 7 (Abs. 2 Nr. 1)**	95–101
a) Begriff der Einreise	51		
b) Einreise ohne Pass	52		
c) Einreise ohne Aufenthaltstitel	53, 54	1. Objektiver Tatbestand	95–97
d) Asylbewerber	55		
2. Subjektiver Tatbestand	56	2. Subjektiver Tatbestand	98
3. Versuchsstrafbarkeit	57	3. Versuchsstrafbarkeit	99
4. Teilnahme	58	4. Teilnahme	100
5. Konkurrenzen	59	5. Konkurrenzen	101
IV. Zuwiderhandlung gegen vollziehbare Anordnungen (Abs. 1 Nr. 4)	60–65	**XII. Zuwiderhandlung gegen Anordnung nach § 56a Abs. 1 (Abs. 2 Nr. 1a)**	102, 103
1. Objektiver Tatbestand	60–63	1. Objektiver Tatbestand	102
a) Verbotene Ausreise	61	2. Subjektiver Tatbestand	103
b) Missachtung des Verbots einer politischen Betätigung	62	**XIII. Erschlichener Aufenthaltstitel oder Duldung (Abs. 2 Nr. 2)**	104–118
c) Vollziehbarkeit	63	1. Objektiver Tatbestand	104–115
2. Subjektiver Tatbestand	64	a) Tathandlungen	104–108
3. Teilnahme	65	b) Tatobjekte Aufenthaltstitel und Duldung	109, 110
V. Verstoß gegen § 49 Abs. 2 (Abs. 1 Nr. 5)	66–68	c) Einzelfälle	111–115
1. Objektiver Tatbestand	66, 67	2. Subjektiver Tatbestand	116
2. Subjektiver Tatbestand	68	3. Teilnahme	117
VI. Verstoß gegen § 49 Abs. 10 (Abs. 1 Nr. 6)	69–74	4. Konkurrenzen	118
1. Objektiver Tatbestand	69–72	**XIV. Rechtsmissbräuchlich erlangte Aufenthaltstitel (Abs. 6)**	119–121
2. Subjektiver Tatbestand	73	1. Allgemeines	119
3. Konkurrenzen	74	2. Fälle des Rechtsmissbrauchs	120, 121
VII. Wiederholter Verstoß gegen § 56 (Abs. 1 Nr. 6a)	75–81	**C. Flüchtlinge (Abs. 5)**	122–126
1. Objektiver Tatbestand	75–80	**I. Allgemeines**	122, 123
2. Subjektiver Tatbestand	81	**II. Voraussetzungen der Straffreiheit**	124–126
VIII. Wiederholter Verstoß gegen § 61 Abs. 1 (Abs. 1 Nr. 7)	82–84	**D. Rechtsfolgen**	127, 128
1. Objektiver Tatbestand	82, 83	**I. Strafdrohungen**	127
2. Subjektiver Tatbestand	84	**II. Einziehung (Abs. 4)**	128
IX. Zugehörigkeit zu einem geheimen Ausländerverein (Abs. 1 Nr. 8)	85–89	**E. Prozessuales**	129

A. Überblick

I. Normzweck

1. Rechtsgut. Die Strafvorschrift des § 95 dient – wie die Vorschriften des besonderen Ausländerstrafrechts allgemein, zu denen neben den Straftatbeständen des AufenthG auch die des Asylgesetzes und des Freizügigkeitsgesetzes/EU gehören – der Durchsetzung der sich aus den verwaltungsrechtlichen Vorschriften dieser Gesetze ergebenden Verhaltenspflichten. Sie verfolgt damit als **unmittelbaren Schutzzweck** die Stabilisierung der verwaltungsrechtlichen Ordnungssysteme,[1] insbesondere die Kontroll- und Steuerungsfunktion des ausländerrechtlichen Genehmigungsverfahrens.[2] Dabei sind sowohl Verstöße gegen die Pflicht zur Befolgung der abstrakten Verfahrensvorschriften (zB Abs. 1 Nr. 1) als auch gegen konkrete vollziehbare Einzelakte (zB Abs. 1 Nr. 4) sanktionsbewehrt.[3] **Mittelbar** werden dadurch auch die materiellen Interessen des AufenthG,[4] namentlich die in § 1 Abs. 1 genannten, also die Zuzugskontrolle, die Identitätskontrolle, die Arbeitsmarktkontrolle und die politische Kontrolle **geschützt**.[5]

2. Verwaltungsakzessorietät. Die Straftatbestände des AufenthG sind ganz überwiegend **verwaltungsakzessorisch**. Damit sind Strafnormen bezeichnet, die auf Vorschriften des materiellen Verwaltungsrechts (hier: des AufenthG) verweisen und typische Verstöße gegen bestimmte abstrakt normierte Genehmigungspflichten (Verwaltungs*rechts*akzessorietät) oder gegen den Einzelnen treffende vollziehbare Verwaltungsakte (Verwaltungs*akts*akzessorietät) unter Strafe stellen.[6] Lediglich die Vorschriften des Abs. 1 Nr. 8 und Abs. 2 Nr. 2 normieren den Straftatbestand vollständig. Sie beziehen sich zwar auf verwaltungsrechtliche Begriffe, die Erfüllung des Tatbestandes kann aber ohne Rückgriff auf eine verwaltungsrechtliche Vorschrift oder einen Verwaltungsakt geprüft werden.[7]   **2**

a) Reichweite der Akzessorietät. Der Begriff der Verwaltungsakzessorietät ist wenig trennscharf. Dahinter verbergen sich zunächst mehrere Auffassungen über ihre Reichweite. Einigkeit besteht nur insoweit, dass die Straftatbestände nicht an nichtiges Verwaltungshandeln anknüpfen können. Bezüglich formell wirksamem Verwaltungshandeln werden – mit Abweichungen im Einzelnen – im Wesentlichen folgende Meinungen vertreten: Die Lehre von der **strengen Akzessorietät** knüpft strafrechtliche Konsequenzen allein an (formell) wirksame und vollziehbare verwaltungsrechtliche Ge- und Verbote bzw. deren Fehlen an. **Vermittelnde Ansichten** stellen auch zunächst auf die formelle Wirksamkeit der verwaltungsrechtlichen Vorgaben ab, nehmen aber Ergebniskorrekturen etwa darüber vor, dass rechtsmissbräuchliches Vorgehen auch dann strafbar sein soll, wenn das Verhalten des Täters sich verwaltungsrechtlich im legalen Bereich bewegt. Schließlich wird die Auffassung vertreten, dass sich die Strafbarkeit rein nach der **materiellen** verwaltungsrechtlichen **Rechtmäßigkeit** richte, also stets geklärt werden müsse, wie die Rechtslage unabhängig von formell wirksamen verwaltungsrechtlichen Prämissen materiellrechtlich zu beurteilen wäre.[8] Auch im Ausländerstrafrecht wurde etwa für die Strafbarkeit gem. § 92 Abs. 1 Nr. 6 AuslG iVm § 58 AuslG in Rechtsprechung und Lehre kontrovers diskutiert, ob hinsichtlich der Frage der „erforderlichen" Aufenthaltsgenehmigung allein auf die formelle Rechtslage abzustellen sei, oder ob nur die materiell rechtmäßige Aufenthaltsgenehmigung als **begünstigender Verwaltungsakt** auch die „erforderliche" darstelle.[9]   **3**

Der Bundesgerichtshof hat die Frage mit der insbesondere in der strafrechtlichen Rechtsprechung und Lehre herrschenden Meinung für die alte Rechtslage im Sinne einer **strengen Akzessorietät** entschieden: Wer über eine formell wirksame Aufenthaltsgenehmigung (hier: ein Schengen-Visum) verfüge, reise nicht unerlaubt ein. Insbesondere im Hinblick auf   **4**

---

[1] *Aurnhammer* S. 77; *Kretschmer* § 3 Rn. 8; *Trietz* S. 16; Bergmann/Dienelt/*Winkelmann* Rn. 5; BeckOK AuslR/*Hohoff* Vor Rn. 1.
[2] *Heinrich* ZAR 2005, 309 (314).
[3] *Aurnhammer* S. 77 f.
[4] Vgl. näher zum Gesetzeszweck die Erläuterungen zu § 1.
[5] *Aurnhammer* S. 78 ff.; *Kretschmer* § 3 Rn. 8; *Trietz* S. 194 f.; *Hailbronner* Rn. 5; BeckOK AuslR/*Hohoff* Vor Rn. 1.
[6] *Heinrich* ZAR 2003, 166 (167); *Aurnhammer* S. 107.
[7] *Aurnhammer* S. 77.
[8] Vgl. zum Diskussionsstand *Heghmanns* S. 36 f. *Steinhorst* S. 31 ff., 59 ff. jew. mit zahlreichen Nachweisen.
[9] Vgl. die Nachweise bei BGH 27.4.2005 – 2 StR 457/04, BGHSt 50, 105 (110 ff.) = NJW 2005, 2095 (2096 f.).

das **Bestimmtheitsgebot aus Art. 103 Abs. 2 GG** sei es erforderlich, einen eindeutigen Auslegungsmaßstab in Bezug auf verwaltungsrechtliche Vorgaben zu haben. Die Strafbarkeit dürfe nicht von verborgenen materiell-rechtlichen Mängeln, deren Nachweisbarkeit im Einzelfall zufällig sei, abhängig gemacht werden.[10] Für das AufenthG hatte der Gesetzgeber sich bereits in der Begründung des Zuwanderungsgesetzes zu § 14 AufenthG ebenfalls für eine formale Betrachtungsweise ausgesprochen. Angesichts der unterschiedlichen Auffassungen in Rechtsprechung und Lehre sollte klargestellt werden, dass sich die Erforderlichkeit des Aufenthaltstitels nach objektiven Kriterien und nicht nach dem Aufenthaltszweck bemisst.[11] In der Begründung zur Schaffung von Abs. 1a durch das „Gesetz zur Umsetzung aufenthalts- und asylrechtlicher Richtlinien der Europäischen Union" wurde ebenfalls auf die formelle Wirksamkeit als Anknüpfungspunkt für die Strafbarkeit abgestellt, was die Schaffung des neuen Tatbestandes zur Schließung von Strafbarkeitslücken erforderlich gemacht habe.[12] Danach darf sich ein Ausländer auf einen ihn begünstigenden, formell wirksamen Verwaltungsakt berufen; er macht sich auch dann nicht strafbar, wenn der Verwaltungsakt materiell rechtswidrig ist,[13] es sei denn, es besteht eine Strafbarkeit wegen Erschleichens eines Aufenthaltstitels nach Abs. 2 Nr. 2 oder es liegt ein Fall von Abs. 6 vor. Umgekehrt wird etwa eine Einreise oder ein Aufenthalt ohne Aufenthaltstitel nicht dadurch rechtmäßig, dass der Titel nach der materiellen Rechtslage hätte erteilt werden können: Es handelt sich um einen genehmigungsbedürftigen Verwaltungsakt, den der Ausländer beantragen muss. Dadurch soll die ordnungsgemäße Durchführung des ausländerrechtlichen Verfahrens sichergestellt werden, die wiederum von den Strafvorschriften geschützt wird. Der Umstand, dass ein Antrag auf Erteilung eines Aufenthaltstitels **genehmigungsfähig** ist, steht folglich der Genehmigung nicht gleich.[14]

5   Soweit die verwaltungsrechtlichen Vorgaben – anders als etwa bei einem Aufenthaltstitel – nicht begünstigend sind, sondern einen **Eingriff** darstellen, geht die strafrechtliche Rechtsprechung ebenfalls von **strenger Akzessorietät** aus: Ein formell wirksamer und vollziehbarer Verwaltungsakt ist zu befolgen, ohne dass es auf die materielle Rechtmäßigkeit ankommt. Eine etwaige spätere Aufhebung des Verwaltungsaktes oder auch nur der spätere Wegfall der Vollziehbarkeit durch Einlegung eines Rechtsmittels lässt die bereits vollendete Verwirklichung des Straftatbestandes nicht wieder entfallen.[15] Dem ist für das AufenthG grundsätzlich zuzustimmen.[16] Die Gegenauffassungen, die eine strafrechtliche Sanktion nur an materiell rechtmäßigem Verwaltungshandeln anknüpfen lassen[17] oder aber zumindest für den Fall der nachträglichen Kassation des Verwaltungsaktes einen ungeschriebenen Strafaufhebungsgrund annehmen wollen,[18] berücksichtigen nicht hinreichend, dass die Ordnungsgemäßheit des verwaltungsrechtlichen Verfahrens und die darin von der Verwaltung gesetzte (einstweilige) Rechtsordnung ihrerseits ein schutzwürdiges Rechtsgut darstellt,[19] das durch die verwaltungs-

---

[10] BGH 27.4.2005 – 2 StR 457/04, BGHSt 50, 105 (115) = NJW 2005, 2095 (2098); so auch schon BGH 11.2.2000 – 3 StR 308/99, NJW 2000, 1732 (1733 ff.); OLG Karlsruhe 4.4.2008 – 3 Ss 79/07, StraFo 2008, 258; kritisch dazu *Steinhorst* S. 51 ff.
[11] BT-Drs. 15/420, 73.
[12] BT-Drs. 16/5065, 199; zur gleichzeitigen Schaffung von Abs. 6 → Rn. 37, 53, 119 ff.
[13] *Cannawurf* S. 73 mwN.
[14] *Aurnhammer* S. 150; *Cannawurf* S. 74 f.; *Hailbronner* Rn. 8; GK/*Mosbacher* Vor §§ 95 Rn. 28.
[15] Grundlegend BGH 23.7.1969 – 4 StR 371/68, BGHSt 23, 86 (93 f.) = NJW 1969, 2023 (2025); 8.10.1981 – 3 StR 449/450/81, NJW 1982, 189; 12.4.1983 – 5 StR 513/82, BGHSt 31, 314 (315) = NStZ 1983, 321; OLG Frankfurt a. M. 6.4.1999 – 3 Ss 70/99, NStZ-RR 2000, 23.
[16] Wie hier *Aurnhammer* S. 135 ff.; *Cannawurf* S. 67 f.; GK/*Mosbacher* Vor §§ 95 Rn. 26 f.; im Ergebnis auch HK/*Fahlbusch* Vor § 95 Rn. 8; aber → Rn. 28, 119 f.; offen gelassen bei Bergmann/Dienelt/*Winkelmann* Rn. 7; *Hailbronner* Rn. 7 f.; aA *Kretschmer* § 4 Rn. 27 f.; wohl auch Huber/*Hörich* Vor § 95 Rn. 40 ff.
[17] *Kühl* S. 842 ff.; *Arnhold* JZ 1977, 789; *Ostendorf* JZ 1981, 165; *Kretschmer* § 4 Rn. 27 f.; *Steinhorst* S. 62 ff.
[18] OLG Frankfurt a. M. 21.8.1987 – 1 Ss 488/86, StV 1988, 301; Schönke/Schröder/*Cramer*/*Heine* StGB Vor § 324 Rn. 22; so wohl auch *Winkelbauer* S. 54 ff.; *Kretschmer* § 4 Rn. 30; für den Fall, dass sich nachträglich die Rechtswidrigkeit des Verwaltungsakts herausstellt.
[19] → Rn. 1; aA *Kretschmer* § 3 Rn. 27 mwN, der „bloßen Verwaltungsungehorsam" nicht als legitimen Anknüpfungspunkt für eine strafrechtliche Sanktionierung sieht; ähnlich *Steinhorst* S. 45 ff.; zweifelnd an der Legitimität des Ausländerstrafrechts insgesamt mit Blick auf das Verhältnismäßigkeitsprinzip BeckOK AuslR/ *Hohoff* Vor Rn. 1.

akzessorischen Strafvorschriften geschützt wird.[20] Dem Interesse des Ausländers ist durch die Rechtsschutzmöglichkeiten im Verwaltungs- bzw. im verwaltungsgerichtlichen Verfahren hinreichend Genüge getan,[21] einer Überprüfung der materiellen Rechtmäßigkeit des Verwaltungshandelns im strafrechtlichen Verfahren bedarf es nicht. Eine solche ist nicht zuletzt auch im Hinblick auf die Gefährdung der Einheit der Rechtsordnung, die durch divergierende Entscheidungen im Verwaltungs- und im Strafverfahren entstehen könnte, nicht angezeigt.[22] Stellt sich nachträglich die Rechtswidrigkeit eines belastenden Verwaltungsakts oder der Anordnung der sofortigen Vollziehbarkeit heraus, ist dies – wenn nicht eine Einstellung nach § 153 StPO in Betracht kommt – allein im Rahmen der Strafzumessung zu berücksichtigen.[23]

b) Blankettechnik. Für die verwaltungsakzessorischen Straftatbestände ist weiter die sog. Blankettechnik typisch, die sich dadurch auszeichnet, dass das Strafgesetz aus mehreren Bestandteilen zusammengesetzt ist, sich also Tatbestand und Rechtsfolge nicht aus derselben Norm ergeben.

Soweit eine Strafvorschrift lediglich auf eine (abschließende) Regelung innerhalb des gleichen Gesetzes verweist, handelt es sich um eine – im Hinblick auf den Grundsatz „nulla poena sine lege" und eine hinreichend klare Verknüpfung zwischen Tatbestand und Rechtsfolge regelmäßig unbedenkliche – **Binnenverweisung,** weil sich die Voraussetzungen der Strafbarkeit aus einem einzigen (formellen) Gesetz ergeben.[24] Abzugrenzen davon sind **Blankettstrafgesetze,** bei denen von der Strafvorschrift im Wesentlichen lediglich die Strafdrohung bestimmt wird und die auf einen den Tatbestand ausfüllenden Rechtsakt (anderes Gesetz, Verordnung oder Verwaltungsakt) verweisen.[25] In Betracht kommen auch **dynamische Verweisungen** auf außerstaatliches Recht, insbesondere auf das Recht der Europäischen Union.[26] An dieser Gesetzgebungstechnik wird im (vor allem umweltstrafrechtlichen) Schrifttum vereinzelt kritisiert, dass der Gesetzgeber – insbesondere, wenn die Strafbarkeit an einen Verwaltungsakt anknüpft – unter Missachtung der Gewaltenteilung die genaue Bestimmung der Straftatbestände aus der Hand gegeben und stattdessen der Verwaltung die Kompetenz verliehen habe, im Einzelfall die strafrechtlich bewehrten Verhaltenspflichten festzulegen.[27] Allerdings müssen auch diese Kritiker einräumen, dass diese Regelungstechnik im Ergebnis unverzichtbar ist, will man nicht zu höchst unbestimmten oder nur fragmentarischen Sanktionsnormen gelangen.[28]

Im Ergebnis ist in diesen Fällen – das gilt auch für die entsprechenden Vorschriften des AufenthG – die **Bestimmtheit des Gesetzes (Art. 103 Abs. 2 GG)** besonders sorgfältig zu prüfen, die sowohl für die eigentliche Strafnorm als auch für den ausfüllenden Rechtsakt vorliegen muss.[29] Dabei ist darauf zu achten, dass der wesentliche Inhalt des pönalisierten Verhaltens sich aus dem Gesetz selbst – sei es aus der Sanktionsnorm oder der zum Erlass eines Verwaltungsaktes oder Rechtsverordnung ermächtigenden Vorschrift – ergibt. Die verfassungsrechtlich erforderliche Bestimmtheit des Gesetzes ist nur dann gegeben, wenn es nicht der Verwaltung überlassen ist, wann und in welchem Umfang sich der Ausländer strafbar macht.[30] Vereinzelt werden Bedenken gegen die Bestimmtheit von Abs. 1 Nr. 2 iVm § 4 Abs. 1 geltend gemacht, weil § 4 Abs. 1 pauschal auf Rechtsverordnungen und „das Recht der Europäischen Union"

---

[20] Eingehend *Aurnhammer* S. 135, 138; *Cannawurf* S. 69; *Lorenz* NStZ 2002, 640 (643).
[21] *Aurnhammer* S. 135 f.
[22] *Cannawurf* S. 69; GK/*Mosbacher* Vor §§ 95 Rn. 26 aA *Steinhorst* S. 168 ff.
[23] GK/*Mosbacher* Vor §§ 95 Rn. 26; für ein Vorgehen nach §§ 153, 153a StPO auch HK/*Fahlbusch* Vor § 95 Rn. 8.
[24] BGH 9.3.1954 – 3 StR 12/54, BGHSt 6, 30 (40 f.); Schönke/Schröder/*Eser* StGB § 1 Rn. 3 mwN; *Winkelbauer* S. 12.
[25] Schönke/Schröder/*Eser* StGB § 1 Rn. 3 mwN; → StGB § 1 Rn. 53 ff.; *Kühl* S. 819.
[26] → Rn. 39, 42 f. und insbesondere → FreizügG/EU § 9 Rn. 15.
[27] Lackner/Kühl/*Heger* StGB Vor § 324 Rn. 3; *Winkelbauer* S. 32; vgl. auch *Niehaus* wistra 2004, 206 zur vergleichbaren Problematik im Steuerrecht.
[28] Eingehend *Kühl* S. 838 f.
[29] Bergmann/Dienelt/*Winkelmann* Rn. 7 f.; *Aurnhammer* S. 110.
[30] *Aurnhammer* S. 115 f.; BVerfG 6.3.2003 – 2 BvR 397/02, NStZ 2003, 488; dazu auch → Rn. 21, 34 f.

verweise; aufgrund des Umfangs der Rechtsmaterie, auf die verwiesen werde, sei bereits fraglich, ob die Anforderungen des Art. 103 Abs. 2 GG erfüllt würden. Jedenfalls mit Blick auf das Erfordernis, die Strafvorschriften unter Beachtung der Rechtsprechung des EuGH zur Rückführungsrichtlinie unionsrechtskonform auszulegen, fehle es an einer hinreichend konkreten Umschreibung des Tatbestands.[31] Dabei wird aber nicht hinreichend in den Blick genommen, dass die in den Verweisungen erwähnten Vorschriften oder Richtlinien der EU gerade keine Voraussetzungen der Strafbarkeit normieren, sondern lediglich Ausnahmen von dem Grundsatz, dass Ausländer für den Aufenthalt im Bundesgebiet eines Aufenthaltstitels bedürfen, bzw. Einzelheiten, aus denen sich die Genehmigungspflicht ergibt, bestimmen. Damit ist aber der wesentliche Inhalt des strafbaren Verhaltens – Aufenthalt ohne erforderlichen Aufenthaltstitel – hinreichend vom Gesetzgeber bestimmt.[32]

II. Historie

9 Das AufenthG trat als Art. I des **Zuwanderungsgesetzes** vom 30.7.2004 zum 1.1.2005 in Kraft.[33] Die Straf- und Bußgeldvorschriften der §§ 95–98 wurden in Anlehnung an die bis dahin geltenden §§ 92 ff. AuslG 1990 geschaffen und im Wesentlichen nur redaktionell umgestaltet.[34] Neu aufgenommen wurden zunächst in Abs. 1 Nr. 5 und Nr. 7[35] und im Vermittlungsverfahren im Zuge besonderer Bestimmungen zur inneren Sicherheit (§ 54a [jetzt § 56]) Nr. 6a.[36]

10 Nach mehreren geringfügigen Änderungen nahm der Gesetzgeber durch das „Gesetz zur Umsetzung aufenthalts- und asylrechtlicher Richtlinien der Europäischen Union" vom 16.8.2007[37] einige grundlegende Neuerungen vor, die insbesondere durch die erforderliche Umsetzung von EU-Richtlinien veranlasst waren.[38] Im Hinblick auf die Strafvorschriften nutzte der Gesetzgeber aber auch die Gelegenheit, in der ersten Rezeption des Gesetzes aufgezeigte **Unstimmigkeiten und Strafbarkeitslücken zu beseitigen.** So wurde durch die Einführung von Abs. 1a die Erwerbstätigkeit von Ausländern, die lediglich im Besitz eines Schengen-Visums sind, unter Strafe gestellt, nachdem der Bundesgerichtshof entschieden hatte, dass solche Personen auch dann nicht wegen unerlaubter Einreise oder unerlaubtem Aufenthalt strafbar machen, wenn sie von vornherein die Aufnahme einer Erwerbstätigkeit beabsichtigen.[39] Durch den neuen Abs. 6 wurden Aufenthalt oder Einreise mit einem durch Drohung, Bestechung oder Kollusion erwirkten oder durch Täuschung erschlichenen Aufenthaltstitel einem Handeln ohne Genehmigung gleichgesetzt.[40] Schließlich wurde durch eine Änderung von § 11 FreizügG/EU, in dem nunmehr ua auf Abs. 1 Nr. 4 und 8 sowie auf Abs. 2 Nr. 2 verwiesen wird, die Strafbarkeit nach diesen Vorschriften auf EU-Ausländer ausgedehnt,[41] wodurch der bisherige Missstand, dass Deutsche sich nach Abs. 2 Nr. 2 strafbar machen konnten, Unionsbürger hingegen nicht – *Mosbacher*[42] bezeichnete dieses schwer vermittelbare Ergebnis zu Recht als „Inländerdiskriminierung" – beseitigt wurde. Weitere Angleichungen betreffend Unionsbürger an die gegenüber Deutschen möglichen Sanktionen wurden durch Verweise auch auf § 98 erreicht.[43] Aufgrund weiterer

---

[31] Huber/*Hörich* Rn. 15 f.; HK/*Fahlbusch* Rn. 25 meint gar, es müsse eine konkrete gesetzliche Regelung vorliegen, mit der die entsprechenden Vorgaben der Rückführungsrichtlinie umgesetzt werden. Bis dahin sei die Strafbarkeit nicht hinreichend gesetzlich bestimmt; zur Rückführungsrichtlinie → Rn. 30 ff.
[32] Vgl. insoweit auch BGH 19.1.2010 – StB 27/09, BGHSt 54, 275 (325) zu § 34 Abs. 1 Nr. 2 AWG.
[33] BGBl. I S. 1950; zur früheren Rechtsentwicklung: Erbs/Kohlhaas/*Senge* Vor § 1 Rn. 1 ff.
[34] BT-Drs. 15/420, 98.
[35] BT-Drs. 15/420, 98.
[36] BT-Drs. 15/3479, 12.
[37] BGBl. I S. 1970.
[38] BT-Drs. 16/5065, 1 ff.
[39] BT-Drs. 16/5065, 199; vgl. BGH 27.4.2005 – 2 StR 457/04, BGHSt 50, 105 = NJW 2005, 2095; dazu → Rn. 45.
[40] Dazu → Rn. 119 ff.
[41] BT-Drs. 16/5065, 212.
[42] wistra 2005, 54 (55).
[43] BT-Drs. 16/5065, 212.

I. Aufenthaltsgesetz   11   § 95 AufenthG

Richtlinien der EU aus den Jahren 2008 und 2009, die in nationales Recht umgesetzt werden mussten, und wegen der erforderlichen Anpassung innerstaatlichen Rechts an den sog. Visakodex (VO (EG) Nr. 810/2009) wurden durch das **Gesetz zur Umsetzung aufenthaltsrechtlicher Richtlinien der Europäischen Union und zur Anpassung nationaler Rechtsvorschriften an den EU-Visakodex** vom 22.11.2011 erneut zahlreiche Neuregelungen vorgenommen, die mit Blick auf die Strafvorschriften zwar nur zur Neufassung von Abs. 1 Nr. 2 führten,[44] die aufgrund der damit – vermeintlich vollständig[45] – realisierten Umsetzung der Richtlinie 2008/115/EG des Europäischen Parlaments und des Rates vom 16.12.2008 über gemeinsame Normen und Verfahren in den Mitgliedstaaten zur Rückführung illegal aufhältiger Drittstaatsangehöriger,[46] so genannte **Rückführungsrichtlinie,** aber darüber hinaus Bedeutung für die Strafbarkeit insbes. nach Abs. 1 Nr. 2 und 3 haben.[47] In der 18. Legislaturperiode führten insbesondere das **Gesetz zur Neubestimmung des Bleiberechts und der Aufenthaltsbeendigung** vom 27.7.2015[48] und das **„Asylverfahrensbeschleunigungsgesetz"** vom 20.10.2015[49] zu zahlreichen Änderungen insbesondere mit Blick auf die Ausweisungsvorschriften, aber auch zu den für die Strafbarkeit nach Abs. 2 Nr. 1 maßgeblichen Einreise- und Aufenthaltsverboten nach § 11. Das Gesetz zur besseren Durchsetzung der Ausreisepflicht hat mit Wirkung ab dem 29.7.2017 schließlich in Abs. 2 Nr. 1a einen neuen Straftatbestand normiert.

III. Anwendungsbereich

Für Abs. 1 und Abs. 2 Nr. 1 kommen als **Täter** nur Ausländer[50] in Betracht. Dies ergibt 11 sich mit Ausnahme von Abs. 1 Nr. 8 bereits aus den von den Strafnormen in Bezug genommenen Vorschriften, gegen die nur Ausländer verstoßen können.[51] Für EU-Bürger gelten auf Grund der Verweisung in § 11 Abs. 1 Satz 1 FreizügG/EU Abs. 1 Nr. 4 und Nr. 8. Auf **Deutsche** ist das Verbot der Mitgliedschaft in einem geheimen Ausländerverein nach **Abs. 1 Nr. 8** entgegen dem Wortlaut nicht anwendbar.[52] Bereits mit der Formulierung, dass es sich um einen „überwiegend aus Ausländern bestehenden" Geheimbund handeln muss, kommt zum Ausdruck, dass das Delikt gerade an die Sonderstellung des Täters als Ausländer anknüpft.[53] Auch die Entstehungsgeschichte spricht dagegen, die Vorschrift auf Deutsche anzuwenden: Die Vorgängerbestimmung des § 47 Abs. 1 Nr. 7 AuslG 1965, der § 92 Abs. 1 Nr. 7 AuslG 1990 und nun Abs. 1 Nr. 8 entsprechen, galt bereits ihrem Wortlaut nach nur für Ausländer. Dass der Anwendungsbereich durch die Neufassungen erweitert werden sollte, ist nicht ersichtlich, zumal im Hinblick auf das Deutschen-Grundrecht der Vereinigungsfreiheit aus Art. 9 Abs. 1 GG im Jahr 1968 das Allgemeindelikt der Geheimbündelei gem. § 128 StGB aF abgeschafft wurde.[54] Für Ausländer sollte die Mitgliedschaft in einem Geheimbund aber weiterhin strafbar sein.[55] Der früher vertretenen Gegenauffassung, die eine Anwendung von Abs. 1 Nr. 8 auch auf Deutsche damit begründet, dass der Gesetzgeber angesichts dieser bekannten und insbesondere in der Rechtsprechung vertretenen Auffassung eine Klarstellung unterlassen habe,[56] ist im Hinblick darauf, dass der Gesetzgeber bei

---
[44] Dazu → Rn. 29.
[45] Dazu insb. → Rn. 95, 97.
[46] ABl. 2008 L 348, 98.
[47] Dazu → Rn. 30 ff., 52 f.
[48] BGBl. I S. 1386.
[49] BGBl. I S. 1722.
[50] Zum Begriff → § 2 Rn. 1 f.; zu Ausnahmen vom Anwendungsbereich → § 1 Rn. 3 f.
[51] Erbs/Kohlhaas/*Senge* Rn. 1; *Aurnhammer* S. 151.
[52] *Aurnhammer* S. 151 f.; *Cannawurf* S. 94 f.; *Heinrich* ZAR 2003, 166 (172); *Hailbronner* Rn. 87; Erbs/Kohlhaas/*Senge* Rn. 1; BeckOK AuslR/*Hohoff* Vor Rn. 1; Huber/*Hörich* Rn. 185; Bergmann/Dienelt/*Winkelmann* Rn. 88 f.
[53] *Aurnhammer* S. 151; *Hailbronner* Rn. 87.
[54] *Aurnhammer* S. 152; *Cannawurf* S. 94 f.; Erbs/Kohlhaas/*Senge* Rn. 1; *Hailbronner* Rn. 87; ähnlich auch GK/*Mosbacher* Rn. 210.
[55] *Cannawurf* S. 95.
[56] *Renner*, 8. Aufl., Rn. 4.

der Neuregelung des § 11 Abs. 1 Satz 1 FreizügG/EU sehr wohl zwischen Abs. 1 Nr. 8 – insoweit Gleichstellung zwischen Unionsbürgern und andern Ausländern – und Abs. 2 Nr. 2 – Gleichbehandlung von Deutschen und EU-Ausländern – differenziert hat,[57] der Boden entzogen. Gleichwohl geht die vom Bundesministerium des Inneren erlassene Allgemeine Verwaltungsvorschrift nach wie vor von einer Strafbarkeit Deutscher aus.[58] Die Vorschrift des **Abs. 2 Nr. 2** stellt hingegen ein **Allgemeindelikt** dar, das auch von Deutschen und – infolge der Verweisung in § 11 Abs. 1 FreizügG/EU – von Unionsbürgern verwirklicht werden kann.[59] Das hat nunmehr auch der Gesetzgeber eindeutig klargestellt.[60]

12 **Teilnahme** an den Straftaten nach dem AufenthG ist für jedermann möglich.[61] Unter den besonderen Voraussetzungen der §§ 96, 97 ist die Anstiftung oder Beihilfe zum unerlaubten Aufenthalt oder zur unerlaubten Einreise sowie zum Erschleichen von Aufenthaltstiteln zur Täterschaft hochgestuft.[62] Im Übrigen gelten die §§ 26, 27 StGB uneingeschränkt.

13 Das deutsche Strafrecht muss auf die Tat anwendbar sein. Das ist grundsätzlich nur bei **Inlandstaten** der Fall (§ 3 StGB), wenn nicht eine der Ausnahmevorschriften der §§ 4–7 StGB eingreift. Für die Bestimmung des Tatorts ist § 9 Abs. 1 StGB maßgeblich.[63] Hier ergeben sich insbesondere Schwierigkeiten bezüglich der Anwendung von Abs. 2 Nr. 2, wenn Visa oder andere Aufenthaltstitel im Ausland beantragt werden.[64] Durch die Einführung von Abs. 6 kommt aber in diesen Fällen jedenfalls eine Strafbarkeit nach Abs. 1 Nr. 3 in Betracht,[65] wenn auch der Nachweis von Drohung, Bestechung, Kollusion oder Täuschung in Bezug auf eine im Ausland ansässige Behörde in der Praxis schwerer zu führen sein wird. Für den Teilnehmer gilt § 9 Abs. 2 StGB, weshalb auch bei einer mangels Inlandsbezug hier straflosen Haupttat eine strafbare Teilnahme in Betracht kommt, wenn die Teilnahmehandlung im Inland begangen wurde.[66]

14 Bereits **abgeschlossene Delikte** von Staatsangehörigen von (nunmehrigen) EU-Mitgliedstaaten, die **vor** deren **Beitritt zur EU** begangen wurden, bleiben grundsätzlich strafbar. Der Umstand des Beitritts zieht lediglich eine Einschränkung des persönlichen Anwendungsbereichs des Aufenthaltsgesetzes und damit auch der Strafvorschriften des § 95 nach sich, führt als solcher aber nicht dazu, dass im Zeitpunkt der Verhandlung ein milderes Gesetz im Sinne des § 2 Abs. 3 StGB vorliegen würde, denn an dem Gebot, dessen Befolgung die Strafvorschrift sicherstellen soll, hat sich nichts geändert.[67]

IV. Rechts- und Kriminalpolitische Bedeutung

15 **1. Rechtspolitische Bedeutung.** Da die Straftatbestände des § 95 unmittelbar an die verwaltungsrechtlichen Ver- und Gebote anknüpfen, so deren Befolgung sicherstellen sollen und dadurch der Stabilisierung der Kontroll- und Steuerungsfunktion des ausländerrechtlichen Genehmigungsverfahrens dienen, **fällt es schwer,** eine **eigenständige rechtspolitische Bedeutung** der Strafvorschriften auszumachen. Dementsprechend finden sich in den

---

[57] BT-Drs. 16/5065, 212.
[58] VV 95.1.8.1 vom 26.10.2009, abgedruckt bei Bergmann/Dienelt/*Winkelmann* Vor Rn. 1.
[59] BGH 23.2.2005 – 1 StR 501/04, BeckRS 2005, 03106; OLG Karlsruhe 29.7.2004 – 3 Ws 10/04, NStZ-RR 2004, 376 (377); *Heinrich* ZAR 2003, 166 (171); *Lorenz* NStZ 2002, 640 (644); Erbs/Kohlhaas/*Senge* Rn. 1; *Hailbronner* Rn. 4; Bergmann/Dienelt/*Winkelmann* Rn. 25, 111; aA noch *Aurnhammer* S. 151; *von Pollern* ZAR 1996, 175 (177).
[60] BT-Drs. 16/5065, 212.
[61] BGH 25.3.1999 – 1 StR 344/98, NStZ 1999, 409; *Cannawurf* S. 139; *von Pollern* ZAR 1996, 175 (178); Bergmann/Dienelt/*Winkelmann* Rn. 25; Huber/*Hörich* Vor § 95 Rn. 30.
[62] → § 96 Rn. 2.
[63] *Lorenz* NStZ 2002, 640 (641).
[64] *Schnabel* wistra 2005, 446 (447); *Lorenz* NStZ 2002, 640 (641); *Lauer* NStZ 2000, 661 (662 f.).
[65] Dazu → Rn. 37 und 53.
[66] *Hailbronner* Rn. 4; auch → § 96 Rn. 7.
[67] BGH 27.4.2005 – 2 StR 457/04, BGHSt 50, 105 (120); 11.5.2005 – 5 StR 122/05, NStZ 2005, 408; *Mosbacher* wistra 2005, 54 (55); *Kretschmer* § 4 Rn. 100; vgl. Schönke/Schröder/*Eser* StGB § 2 Rn. 26; aA LK-StGB/*Dannecker* StGB § 2 Rn. 102; AG Bayreuth 13.1.2005 – 7 Ls 121 Js 10425/04, StV 2005, 217 f.; AG Bremen 10.8.2004 – 87 Ds 300 Js 61368/02, StV 2005, 218.

Gesetzesmaterialien zur Begründung der Strafvorschriften keine dementsprechenden Erwägungen; sie werden wie selbstverständlich für erforderlich gehalten, um die für das verwaltungsrechtliche Ordnungssystem wesentlichen Ge- und Verbote abzusichern. Sowohl bei der Schaffung des AuslG 1990 als auch des AufenthG wurde lediglich darauf verwiesen, dass die Strafvorschriften im Wesentlichen den bereits geltenden Regelungen entsprächen.[68] Infolge der in den letzten Jahren stark zunehmenden Zahl von Migranten sind vereinzelt in der Politik Forderungen laut geworden, die einreisenden Ausländer zu entkriminalisieren und im Wesentlichen nur noch die Schleuser strafrechtlich zu verfolgen.[69] Dem sind die Bundesregierung und die Regierungskoalition indes entgegengetreten.[70] In der **Literatur** werden vereinzelt **Zweifel an der Legitimität** der Strafvorschriften geäußert.[71] Zutreffend an der Argumentation insoweit ist, dass Ausländer, die wegen Kriegen, politischer Verfolgung, Naturkatastrophen oder aus existentieller wirtschaftlicher Not ihr Heimatland verlassen, aus menschlich nachvollziehbaren Motiven handeln und ihnen wegen dieser Notlage Unterstützung und Solidarität geschuldet ist.[72] Gleichwohl wird ihr Verhalten unter den Voraussetzungen des § 95 mit Strafe bedroht. Angesichts der beschriebenen, lediglich der Sicherung der verwaltungsrechtlichen Ordnung dienenden Funktion der Strafvorschriften dürfte eine stärkere Berücksichtigung solcher humanitärer Belange aber weniger auf der Ebene des Strafrechts, als vielmehr auf der Ebene der verwaltungsrechtlichen Vorschriften zu erreichen sein. Das Strafrecht kann eine „einschränkende Anwendung"[73] nur im Rahmen seiner allgemeinen Grundsätze unter strenger Beachtung der Rechtsstaatlichkeit und durch am Einzelfall ausgerichteter, gegebenenfalls maßvoller Sanktionen gewährleisten. Soweit die Legitimation der Pönalisierung unter dem Gesichtspunkt des „ultima-ratio-Prinzips" in Zweifel gezogen und stattdessen eine Ahndung als Verwaltungsunrecht als angemessen erachtet wird,[74] dürften diese verfassungsrechtliche Bedenken angesichts der begrenzten Strafdrohungen und der in der Praxis tatsächlich verhängten Strafen[75] im Ergebnis nicht durchgreifen sein.

2. Kriminalpolitische Bedeutung. Die **Anzahl** der polizeilich bekannt gewordenen mutmaßlichen Verstöße gegen das AufenthG, das AsylG und das FreizügG/EU ist in den letzten Jahren – infolge der stark gestiegenen Flüchtlingszahlen – **zuletzt teilweise dramatisch angestiegen.** Der ganz überwiegende Teil der erfassten Straftaten entfällt auf Verstöße gegen § 95 und innerhalb dieser Gruppe auf die Vergehen der unerlaubten Einreise und des unerlaubten Aufenthalts; die Zahlen für übrigen Delikte sind weitgehend gleichgeblieben oder gar rückläufig. Eine Auswertung der polizeilichen Kriminalstatistik (PKS) für die Jahre 2012 bis 2016 ergibt Folgendes:

	2012	2013	Änderung	2014	Änderung	2015	Änderung	2016	Änderung
Verstöße insgesamt	89.029	110.555	+24,2 %	156.396	+41,5 %	402.741	+157,5 %	487.711	+21,1 %
davon Verstöße gg. § 95	82.906	103.311	+24,6 %	146.757	+43,4 %	394.472	+168,8 %	477.924	+21,1 %

---

[68] BT-Drs. 11/6321, 84 f.; BT-Drs. 15/420, 98.
[69] Vgl. etwa BT-Drs. 18/6346: „Entwurf eines Gesetzes zur Entkriminalisierung von Menschen ohne Aufenthaltsstatus" der Fraktion Bündnis 90/Die Grünen; BT-Drs. 18/6652: Antrag der Fraktion Die Linke: „Unerlaubte Einreise von Flüchtlingen entkriminalisieren".
[70] BT-Drs. 18/7973: Beschlussempfehlung und Bericht des Innenausschusses schlagen die Ablehnung des Entwurfs und des Antrags vor.
[71] *Kretschmer* § 3 Rn. 11 ff.; BeckOK AuslR/*Hohoff* Vor Rn. 1; Huber/*Hörich* Vor § 95 Rn. 5 ff.; HK/*Fahlbusch* Vor § 95 Rn. 1; *Nagler* StV 2017, 275 ff.
[72] Zur Viktimisierung von geschleusten Ausländern s. auch *Schott* S. 80 f.
[73] *Kretschmer* § 3 Rn. 17; ähnlich wohl auch HK/*Fahlbusch* Vor § 95 Rn. 1, der eine „grundlegende Entkriminalisierung des Ausländerstrafrechts" für geboten hält.
[74] BeckOK AuslR/*Hohoff* Vor Rn. 1; Huber/*Hörich* Vor § 95 Rn. 10 f.; HK/*Fahlbusch* Vor § 95 Rn. 1.
[75] Dazu → Rn. 17.

	2012	2013	Änderung	2014	Änderung	2015	Änderung	2016	Änderung
davon unerlaubte Einreise	26.110	33.796	+29,4 %	49.714	+47,1 %	154.188	+210,2 %	248.878	+61,4 %
davon unerlaubter Aufenthalt	44.260	58.236	+31,6 %	86.029	+47,7 %	232.348	+170,1 %	225.471	-3,0 %

Ausweislich der PKS für das Jahr 2015 sollten die tatsächlichen Fallzahlen noch höher sein, weil in manchen Bundesländern nur noch in begründeten Ausnahmefällen Strafanzeigen wegen des Verdachts der unerlaubten Einreise und des unerlaubten Aufenthaltes gefertigt worden seien und in Fällen, bei denen ein Rechtfertigungsgrund angenommen werden konnte, keine Anzeige aufgenommen wurde. Von einem solchen Erfassungsdefizit ist aktuell nicht mehr die Rede. Die Straftatbestände des § 95 spielen mithin jedenfalls eine nicht zu vernachlässigende Rolle, sie machen 7,6 % der insgesamt erfassten Straftaten aus (2011 noch nur 1,2 %). Die Aufklärungsquote ist zuletzt erstmals stark gesunken auf 83,8 % (Vorjahre stets um 99 %).

17   Die **Strafverfolgungsstatistik** des Statistischen Bundesamtes spiegelt die aus der PKS ersichtliche Entwicklung noch nicht wieder. Nach der **Auswertung** für das **Jahr 2014** ist es zu 8179 gerichtlichen Verfahren wegen Verstößen gegen die Strafvorschriften des AufenthG gekommen, nach der für das Jahr 2015 gar zu nur 8021. Die Verurteilungsquote ist mit 83,11 % (6798 Verurteilte) bzw 86,9 % (6975 Verurteilte) hoch. Im Verhältnis zu den in der PKS für die Jahre 2013 und 2014 erfassten Fällen entspricht die Anzahl der geführten Verfahren hingegen einem Anteil von nur knapp 8 % bzw. gut 5 %, die Anzahl der Verurteilungen gar nur gut 6 % bzw. 4,4 %. Dieser Anteil liegt deutlich unter dem der insgesamt durchgeführten gerichtlichen Verfahren im Verhältnis zur in der PKS erfassten Gesamtkriminalität (ca. 15 % bzw. ca. 12 %). In den Fällen einer Verurteilung wurde nur in etwas über 11 % auf eine Freiheitsstrafe erkannt, deren Vollstreckung wiederum in etwa 85 % zur Bewährung ausgesetzt wurde; über 80 % der verhängten Freiheitsstrafen betrugen zwölf Monate oder weniger. Diesen Zahlen lässt sich – auch bei Berücksichtigung der sehr eingeschränkten Vergleichbarkeit zwischen PKS und Strafverfolgungsstatistik[76] – jedenfalls ein maßvoller Umgang der Gerichte und Staatsanwaltschaften mit dem Instrumentarium des § 95 entnehmen.

B. Die einzelnen Straftatbestände

I. Pass- oder ausweisloser Aufenthalt (Abs. 1 Nr. 1)

18   **1. Objektiver Tatbestand.** Nach dieser Bestimmung ist der pass- oder ausweislose **Aufenthalt** eines Ausländers im Bundesgebiet unter Strafe gestellt, für die Einreise gilt Abs. 1 Nr. 3. Voraussetzung ist, dass gem. § 3 eine **Passpflicht** besteht. Diese trifft grundsätzlich jeden Ausländer, auf den das AufenthG anwendbar ist. Für Unionsbürger gilt § 8 FreizügG/EU.

19   Allerdings können Ausländer durch Rechtsverordnung (vgl. § 99 Abs. 1 Nr. 4 iVm § 14 AufenthV) oder im Einzelfall gem. § 3 Abs. 2 von der Passpflicht befreit werden. Für sie scheidet eine Strafbarkeit nach Nr. 1 ebenso aus, wie für Ausländer, die einen anerkannten Passersatz besitzen.[77] Auch Asylbewerbern darf bis zur Klärung der Asylberechtigung der Aufenthalt in der Bundesrepublik nicht verwehrt werden;[78] sie sind mit Blick auf § 64 Abs. 1 AsylG von der Passpflicht befreit.[79] Von der Passpflicht als Passbesitzpflicht zu unter-

---

[76] S. dazu *Schott* S. 48.
[77] → § 3 Rn. 1.
[78] OLG München 20.2.2006 – 4 St RR 20/06, NStZ 2006, 529.
[79] OLG Bamberg 24.9.2014 – 3 Ss 59/13, NStZ 2015, 404 (405).

scheiden sind die Passmitführungspflicht aus § 13 Abs. 1 sowie weitere ausweisrechtliche Pflichten gem. § 48 Abs. 1 und 3.[80] Bei Verletzung dieser Pflichten ist nicht der Straftatbestand von Abs. 1 Nr. 1 erfüllt, es kommt aber eine Ordnungswidrigkeit gem. § 98 Abs. 2 Nr. 3 in Betracht.[81]

Auch die **Bescheinigung der Aussetzung der Abschiebung** (§ 60a Abs. 4) stellt gem. § 48 Abs. 2 einen Ausweisersatz dar, wenn die Passbeschaffung unzumutbar ist. An die Kriterien für die Zumutbarkeit von Anstrengungen, einen ausländischen Pass zu erhalten, dürfen nicht zu hohe Anforderungen gestellt werden; das Zumutbarkeitskriterium soll lediglich Fälle der Nachlässigkeit oder der Bequemlichkeit des Ausländers ausscheiden helfen.[82] Ist ein Ausländer aber entgegen seiner Rechtspflicht nicht einmal dazu bereit, einen Antrag auf Erteilung eines Passes zu stellen, kann nicht angenommen werden, ihm sei die Passbeschaffung unzumutbar.[83] Anders ist es hingegen und die Unzumutbarkeit gegeben, wenn dem Ausländer von seinen Heimatbehörden ein Pass verweigert wird, er einen solchen nicht in angemessener Zeit oder nur unter schwierigen Umständen erlangen kann,[84] wenn die Bemühungen um eine Passbeschaffung ungünstige Folgen für Angehörige des Ausländers erwarten lassen[85] oder der Heimatstaat die Passerteilung von sachfremden Gesichtspunkten abhängig macht, etwa davon, dass der Antragsteller vor Bearbeitung seines Antrages auf Ausstellung eines Passes die Erklärung abgeben muss, er sei freiwillig bereit, in sein Heimatland zurückzukehren, wenn diese Erklärung tatsächlich unzutreffend ist.[86] Wenn der Heimatstaat die Passerteilung von der Ableistung des Wehrdienstes abhängig macht, soll es sich entgegen früherer obergerichtlicher Rechtsprechung[87] dabei nunmehr mit Blick auf § 5 Abs. 2 Nr. 3 AufenthV und die verwaltungsgerichtliche Rechtsprechung um eine zumutbare Bemühung des Ausländers iSv § 48 Abs. 2 handeln.[88] Diese Auffassung erscheint jedenfalls in ihrer Allgemeinheit bedenklich: Soweit damit argumentiert wird, es gebe kein völkerrechtlich anerkanntes Menschenrecht auf Kriegsdienstverweigerung,[89] dürfte es darauf nicht entscheidend ankommen:[90] Art. 4 Abs. 3 GG gewährleistet in Deutschland das Recht auf Kriegsdienstverweigerung aus Gewissensgründen. Es handelt sich dabei um ein auf dem Grundrecht der Glaubens- und Gewissensfreiheit beruhendes allgemeines Grundrecht, das ohne Einschränkung für jeden gilt, der zum Kriegsdienst mit der Waffe herangezogen werden kann;[91] damit können sich auch in Deutschland lebende Ausländer grundsätzlich darauf berufen.[92] Jedenfalls kann Art. 4 Abs. 3 GG in Deutschland auch für ausländische Staatsangehörige Schutzwirkungen zugunsten eines ausländischen Kriegsdienstverweigerers aus Gewissensgründen vor der Zwangsgewalt seines Staates entfalten, die von deutschen Behörden und Gerichten gegebenenfalls in dem Sinne zu berücksichtigen sind, dass sie nicht durch Überstellung des Ausländers an seinen Heimatstaat daran mitwirken dürfen,

---

[80] Erbs/Kohlhaas/*Senge* Rn. 4.
[81] *Hailbronner* Rn. 13.
[82] KG Berlin 23.4.2013 – [4] 161 Ss 92/13 [89/13], OLGSt AufenthG § 95 Nr. 7 mwN; KG Berlin 14.6.2013 – (2) 121 Ss 65/13 (15/13), OLGSt AufenthG § 95 Nr. 8.
[83] KG Berlin 14.6.2013 – (2) 121 Ss 65/13 (15/13), OLGSt AufenthG § 95 Nr. 8.
[84] BayObLG 14.9.2004 – 4 St RR 71/04, NStZ-RR 2005, 21; OLG Frankfurt a. M. 22.8.2012 – I Ss 210/12, BeckRS 2012, 20563.
[85] HK/*Fahlbusch* Rn. 15 mwN.
[86] OLG München 9.3.2010 – 4 StR 102/09, bei *Gericke* NStZ-RR 2010, 297 (299 f.).
[87] OLG Celle 25.7.2005 – 22 Ss 26/05, StraFo 2005, 434.
[88] OLG Celle 8.9.2009 – 32 Ss 103/09, NStZ 2010, 173; OLG Stuttgart 6.4.2010 – 4 Ss 46/10, NStZ-RR 2011, 28; OLG München 16.11.2010 – 4 St RR 157/10, InfAuslR 2011, 87; zust. Erbs/Kohlhaas/*Senge* Rn. 4; BeckOK AuslR/*Hohoff* Rn. 8; s. aber auch OLG München 8.6.2012 – 4 St RR 92/12, NStZ-RR 2012, 348 (349) zur ausnahmsweisen Unzumutbarkeit.
[89] BeckOK AuslR/*Hohoff* Rn. 8 mwN.
[90] HK/*Fahlbusch* Rn. 19 weist zudem im Ergebnis zu Recht darauf hin, dass sich nach der Rechtsprechung des EGMR aus Art. 9 MRK eben doch ein Recht auf Kriegsdienstverweigerung ergeben kann, jedenfalls wenn jemand gestützt auf sein Gewissen oder tiefe und echte Glaubensüberzeugungen den Wehrdienst verweigert, vgl. etwa EGMR 7.7.2011 – 23459 (Bayatyan/Armenien), NVwZ 2012, 1603.
[91] BGH 24.5.1977 – 4 ARs 6/77, BGHSt 27, 191 (193).
[92] AG Biedenkopf 29.5.2008 – 41 Ds 4 Js 16319/07, bei *Gericke* NStZ-RR 2009, 265 (266 f.).

dass er dort gegen sein Gewissen zur Ableistung seines Wehrdienstes gezwungen wird.[93] Dann ist das Grundrecht aus Art. 4 Abs. 3 GG aber auch bei der Zumutbarkeitsprüfung nach § 48 Abs. 2 zu berücksichtigen, so dass in diesen Fällen zunächst zu klären sein dürfte, ob sich der Ausländer aus Gewissensgründen weigert, den Wehrdienst in seinem Heimatland abzuleisten. Vor diesem verfassungsrechtlichen Hintergrund erscheint auch der die Zumutbarkeit der Ableistung des Wehrdienstes bejahenden Entscheidungen auch der Verweis auf § 5 Abs. 2 Nr. 3 AufenthV bedenklich, weil das Grundrecht aus Art. 4 Abs. 3 GG nicht unter Gesetzesvorbehalt steht und in seiner unmittelbaren Wirksamkeit folglich nicht durch einfaches Gesetz eingeschränkt werden kann.[94] Dementsprechend kann die AufenthV als Rechtsverordnung erst Recht keine Einschränkung dieses Rechtes bewirken.[95] In Fällen, in denen der Ausländer den Wehrdienst teilweise durch Zahlung eines Geldbetrages abzulösen hat,[96] dürfte auch seine wirtschaftliche Leistungsfähigkeit bei der Zumutbarkeitsprüfung zu berücksichtigen sein: Ist es ihm nicht möglich, den für die Ablösung des Wehrdienstes erforderlichen Geldbetrag anzusparen, scheidet eine Strafbarkeit aus.[97]

21 Eine Strafbarkeit des Ausländers liegt bereits dann nicht vor, wenn er einen **Anspruch auf** Erteilung der **Bescheinigung** der Aussetzung der Abschiebung nach § 60a Abs. 4 hat, wenn also die Abschiebung ausgesetzt werden muss[98] und der Ausländer einen Pass nicht in zumutbarer Weise erlangen kann, § 48 Abs. 2. Das Bundesverfassungsgericht hat die frühere Auslegung des § 92 Abs. 1 Nr. 1 AuslG 1990, nach der es wegen des Wortlauts nur darauf ankommen sollte, dass der Ausländer auch tatsächlich im Besitz der förmlichen Bescheinigung war,[99] für verfassungswidrig erklärt, weil es nach dieser Auffassung allein der Behörde überlassen war, wann, ob und in welchem Umfang sich der Ausländer strafbar machte.[100] Diese Grundsätze gelten auch nach der aktuellen Rechtslage unverändert fort.[101] Ob ein Anspruch auf Erteilung der Bescheinigung bestand, dh ob die Abschiebung auszusetzen und dem Ausländer die Beschaffung eines Passes unzumutbar war, ist im Strafverfahren aufzuklären.[102] Ist der Ausländer jedoch untergetaucht und kann die Behörde für ihn keine Bescheinigung ausstellen, etwa, weil sie von seinem Aufenthalt im Bundesgebiet nicht informiert ist, bleibt es bei der Strafbarkeit.[103]

22 **Passlosigkeit** und infolgedessen Strafbarkeit tritt auch bei einem Ausländer ein, der mit gültigem Pass eingereist war, nach Ablauf der Gültigkeit des Passes aber zumutbare Bemühungen um eine Verlängerung unterlässt, oder den Pass vernichtet, um seiner Abschie-

---

[93] Vgl. v. Münch/Kunig/*Mager* GG Art. 4 Rn. 81 mwN; OLG München 16.11.2010 – 4 St RR 157/10, InfAuslR 2011, 87 geht von einer Beachtlichkeit nach Art. 4 Abs. 1 GG aus.
[94] BGH 24.5.1977 – 4 ARs 6/77, BGHSt 27, 191 (193) mwN.
[95] Wie hier nunmehr auch HK/*Fahlbusch* Rn. 18 ff.
[96] ZB in der Türkei: Ableistung eines reduzierten Wehrdienstes von 21 Tagen und Zahlung von ca. 7.600 Euro, vgl. OLG Stuttgart 6.4.2010 – 4 Ss 46/10, NStZ-RR 2011, 28; OLG München 8.6.2012 – 4 St RR 921 R, NStZ-RR 2012, 348.
[97] OLG Stuttgart 6.4.2010 – 4 Ss 46/10, NStZ-RR 2011, 28; aA OLG München 16.11.2010 – 4 St RR 157/10, InfAuslR 2011, 87, in dessen Fall indes nur festgestellt war, dass eine Ablösemöglichkeit bestand, nicht aber, dass der türkische Staatsangehörige die Ablösezahlung erbringen musste.
[98] BVerfG 6.3.2003 – 2 BvR 397/02, NStZ 2003, 488.
[99] OLG Frankfurt a. M. 18.8.2000 – 1 Ws 106/00, NStZ-RR 2001, 57; KG 23.9.2001 – (3) Ss 198/01 (80/01), NStZ-RR 2002, 220.
[100] BVerfG 6.3.2003 – 2 BvR 397/02, NStZ 2003, 488; ihm folgend nun auch OLG Frankfurt a. M. 25.2.2005 – 1 Ss 9/04, NStZ-RR 2005, 184 und 18.5.2006 – 2 Ss 23/06, NStZ-RR 2006, 246; OLG Schleswig 10.8.2004 – 1 Ss 87/04, NStZ 2005, 408.
[101] OLG Frankfurt a. M. 12.12.2008 – 3 Ss 71/09, NStZ-RR 2009, 257 (258); *Hailbronner* Rn. 14; Erbs/Kohlhaas/*Senge* Rn. 4.
[102] BVerfG 6.3.2003 – 2 BvR 397/02, NStZ 2003, 488; OLG Frankfurt a. M. 12.12.2008 – 3 Ss 71/09, NStZ-RR 2009, 257 (258) und 12.8.2011 – I Ss 233/10, NStZ-RR 2012, 220; OLG Nürnberg 16.1.2007 – 2 St OLG Ss 242/06, bei *Gericke* NStZ-RR 2008, 266 = BeckRS 2007, 02345; OLG Köln 4.3.2005 – 8 Ss 7/05, StraFo 2005, 217; BayObLG 30.8.2004 – 4 St RR 84/04, StV 2005, 213 m. zust. Anm. *Kudlich*; BayObLG 14.9.2004 – 4 St RR 71/04, NStZ-RR 2005, 21; *Leopold/Vallone* ZAR 2005, 66; *Hailbronner* Rn. 14.
[103] BGH 6.10.2004 – 1 StR 76/04, StV 2005, 24 (25); OLG Frankfurt a. M. 12.12.2008 – 3 Ss 71/09, NStZ-RR 2009, 257 (258); *Schwedler* NStZ 2005, 409 (410), → Rn. 35.

bung zu entgehen.[104] Zumutbare Bemühungen um die Erlangung eines Passes liegen nicht vor, wenn der Ausländer falsche oder unvollständige Angaben zu seiner Person macht.[105] Gleiches gilt für einen Ausländer, der nach Abschluss seines Asylverfahrens vollziehbar ausreisepflichtig ist, und sich nur deshalb keinen Pass verschafft, weil er dann abgeschoben werden könnte. Da ihm auch in diesem Fall die Passbeschaffung zuzumuten ist, macht er sich wegen passlosen Aufenthalts strafbar.[106] In all diesen Fällen kann eine Bescheinigung über die Aussetzung der Vollziehung nur die Strafbarkeit wegen unerlaubten Aufenthalts, wegen Fehlens der Voraussetzungen des § 48 Abs. 2 nicht aber wegen passlosen Aufenthalts entfallen lassen.[107] Gleiches gilt mit Blick auf die **Rückführungsrichtlinie**,[108] die nach der Rechtsprechung des EuGH der Verhängung bzw. dem Vollzug von Freiheitsstrafen gegen einen Drittausländer wegen dessen illegalen Aufenthalts entgegensteht.[109] Die Strafbarkeit wegen passlosen Aufenthalts wird vom Regelungsbereich der Richtlinie nicht berührt;[110] durch die Durchführung des Strafverfahrens wird der Zweck der Richtlinie, das Rückführungsverfahren möglichst schnell durchzuführen, auch nicht beeinträchtigt. Denn in diesen Fällen kann infolge des Verhaltens des Ausländers (falsche Identitätsangaben, fehlende Mitwirkung bei der Passbeschaffung) das Rückführungsverfahren (dauerhaft) nicht durchgeführt, insbesondere seine Abschiebung nicht vollzogen werden.[111]

2. Subjektiver Tatbestand. Nur bei **vorsätzlichem** Handeln ist die Tat als Vergehen 23 nach Abs. 1 Nr. 1 strafbar. Insbesondere muss der Täter um seine Passpflicht oder erforderliche Verlängerungen wissen. Bedingter Vorsatz ist aber auch insoweit ausreichend. Insbesondere, wenn der Ausländer sich über einen längeren Zeitraum ohne Pass im Bundesgebiet aufhält und deswegen auch schon wegen passlosen Aufenthalts verurteilt worden ist, ist ein neuer Tatentschluss, der nicht allein mit der Figur der Zäsurwirkung einer bereits ergangenen Verurteilung begründet werden kann,[112] sorgfältig zu prüfen und festzustellen.[113] Der fahrlässige passlose Aufenthalt stellt eine Ordnungswidrigkeit gem. § 98 Abs. 1 dar.

II. Unerlaubter Aufenthalt (Abs. 1 Nr. 2)

1. Objektiver Tatbestand. a) Tathandlung und allgemeine Voraussetzungen. 24 Anknüpfungspunkt für die Strafbarkeit ist das vorschriftswidrige Verbleiben im Bundesgebiet ohne Aufenthaltstitel im Sinne von § 4 und trotz vollziehbarer Ausreisepflicht. Der Schwerpunkt der Vorwerfbarkeit liegt damit auf dem pflichtwidrigen Unterlassen der Ausreise, weshalb es sich bei Abs. 1 Nr. 2 um ein **echtes Unterlassungsdelikt** handelt.[114] Der Aufenthalt muss nicht von längerer Dauer sein, auch ein vorübergehender Aufenthalt zur Durchreise in ein Drittland ist ausreichend.[115] Ausländer, auf die das AufenthG gem. § 1

---

[104] *Hailbronner* Rn. 13; Erbs/Kohlhaas/*Senge* Rn. 4.
[105] OLG München 20.2.2006 – 4 St RR 20/06, NStZ 2006, 529; OLG Frankfurt a. M. 12.8.2011 – I Ss 233/10, NStZ-RR 2012, 220.
[106] BayObLG 30.8.2004 – 4 St RR 84/04, StV 2005, 213 (214).
[107] BVerfG 12.9.2005 – 2 BvR 1361/05, BVerfGK 6, 213 (216 f.) = NVwZ 2006, 80 (81); KG Berlin 7.5.2013 – (4) 161 Ss 68/13 (69/13), NStZ-RR 2013, 358; vgl. *Mosbacher* NStZ 2003, 489 (490); Erbs/Kohlhaas/*Senge* Rn. 4; Bergmann/Dienelt/*Winkelmann* Rn. 36; aA OLG Frankfurt a. M. 14.7.2003 – 1 Ws 66/03, NStZ-RR 308 (309) zur Rechtslage nach § 39 Abs. 1 AuslG; *Leopold/Vallone* ZAR 2005, 66 (69).
[108] → Rn. 10.
[109] EuGH 28.4.2011 – C-61/11 PPU, NJOZ 2012, 837; 6.12.2011 – C 329/11, InfAuslR 2012, 77; dazu unten → Rn. 30 ff.
[110] So auch *Hörich/Bergmann* NJW 2012, 3339 (3343); Huber/*Hörich* Rn. 26.
[111] OLG München 21.11.2012 – 4 St RR 133/12, BeckRS 2012, 24449; BeckOK AuslR/*Hohoff* Rn. 10; Erbs/Kohlhaas/*Senge* Rn. 4; *Hailbronner* Rn. 25; aA offenbar *Hörich/Bergmann* NJW 2012, 3339 (3343); Huber/*Hörich* Rn. 26; HK/*Fahlbusch* Rn. 25; anders nunmehr aber *Bergmann/Hörich* S. 23.
[112] BVerfG 27.12.2006 – 2 BvR 1895/05, StraFo 2007, 369; wie hier auch HK/*Fahlbusch* Rn. 24; so nunmehr auch OLG München 4.12.2015– 4 OLG 13 Ss 478/15, InfAuslR 2016, 87 (88).
[113] OLG Frankfurt a. M. 25.7.2008 – 1 Ss 407/07, StV 2009, 137.
[114] BGH 6.10.2004 – 1 StR 76/04, StV 2005, 24 (26); *Lam* StV 2005, 464 (465); Ignor/*Mosbacher/Mosbacher* Rn. 210; ders. NStZ 2003, 489 (490); Erbs/Kohlhaas/*Senge* Rn. 6; *Hailbronner* Rn. 27; GK/*Mosbacher* Rn. 53.
[115] BGH 26.5.1999 – 3 StR 570/98, BGHSt 45, 103 = NJW 1999, 2827.

Abs. 2 nicht anwendbar ist, können sich ebenso wenig nach Abs. 1 Nr. 2 strafbar machen, wie solche, die eines Aufenthaltstitels nicht bedürfen[116] oder denen der Aufenthalt aus anderen Gründen, etwa nach § 55 AsylG, gesetzlich gestattet ist.[117]

25 **Ausnahmebestimmungen,** nach denen ein Aufenthalt ohne Aufenthaltstitel rechtmäßig ist, ergeben sich insbesondere aus den Regelungen der gem. §§ 4 Abs. 1 Satz 1, 99 Abs. 1 Nr. 1 und 2 erlassenen Vorschriften der §§ 15 ff., 39 ff. AufenthV. Ein Ausländer, der gem. § 41 Abs. 1 AufenthV visumfrei einreisen darf und einen erforderlichen Aufenthaltstitel im Bundesgebiet nachträglich beantragen kann, macht sich allerdings nach Abs. 1 Nr. 2 strafbar, wenn er die (regelmäßig) dreimonatige Antragsfrist des § 41 Abs. 3 AufenthV verstreichen lässt. Auch durch die nachträgliche Antragstellung entfällt die Strafbarkeit nicht.[118] Denn durch die verspätete Antragstellung wird die Abschiebung nur mit Wirkung ex nunc ausgesetzt, § 81 Abs. 3 Satz 2.

26 Den Tatbestand des unerlaubten Aufenthalts verwirklicht auch der Ausländer, dessen Aufenthaltstitel **befristet** oder mit einer **auflösenden Bedingung** versehen ist, wenn die Frist abgelaufen oder die auflösende Bedingung eingetreten ist. Denn mit dem Eintritt der auflösenden Bedingung erlischt der Aufenthaltstitel,[119] mit dem Wegfall des Aufenthalts- und Befristungszweckes entfällt seine Rechtswirkung.[120] Damit entsteht die Ausreisepflicht (§ 51 Abs. 1 Nr. 1 und 2, § 50 Abs. 1). Ein **rechtzeitiger Verlängerungsantrag** oder ein Antrag auf Erteilung eines anderen Aufenthaltstitels führt in diesen Fällen allerdings zum Eintritt der Fiktionswirkung des § 81 Abs. 4, der bisherige Aufenthaltstitel gilt bis zu Bescheinigung der Behörde als fortbestehend, so dass eine Strafbarkeit entfällt; dies gilt gemäß der gesetzlichen Neuregelung in § 81 Abs. 4 Satz 2 ausdrücklich nicht für Schengen-Visa nach § 6 Abs. 1. Soweit in diesem Zusammenhang die Auffassung vertreten wird, entgegen der herrschenden Auffassung insbesondere in der verwaltungsgerichtlichen Rechtsprechung[121] führe jedenfalls auf der strafrechtlichen Ebene ein verspätet gestellter Verlängerungsantrag ebenfalls zum Eintritt der Fiktionswirkung, weil der Wortlaut des § 81 Abs. 4 – anders als bei Abs. 3 – eine rechtzeitige Antragstellung nicht erfordere,[122] kann dem nicht gefolgt werden. Der allgemeine aufenthaltsrechtliche Grundsatz, dass die Verlängerung einer Aufenthaltserlaubnis einen (noch) wirksamen Aufenthaltstitel und demzufolge einen vor Ablauf der Aufenthaltserlaubnis gestellten Antrag voraussetzt,[123] führt auch bei seiner Anwendung im Rahmen von Abs. 1 Nr. 2 nicht zu einer Überschreitung der Wortlautgrenze des Art. 103 Abs. 2 GG:[124] Mit Ablauf der Frist erlischt der Aufenthaltstitel. Ein Titel, der deshalb nicht mehr existent ist, kann nach dem Wortsinn nicht mehr „verlängert" werden bzw. als „fortbestehend" gelten. Letztlich ergibt sich dies auch aus der mit Wirkung ab dem 1.8.2012 neu geschaffenen Härtefallregelung in § 81 Abs. 4 Satz 2, nach der bei verspätet gestellten Anträgen die Behörde die Fortgeltungsfiktion zur Vermeidung unbilliger Härten anordnen kann. Dies soll insbesondere in Betracht kommen, wenn der Ausländer die Frist zur Antragstellung nur geringfügig überschritten hat, die Fristüberschreitung lediglich auf Fahrlässigkeit zurückzuführen war und bei summarischer Prüfung davon ausgegangen werden kann, dass – eine rechtzeitige Antragstellung vorausgesetzt – bei ordnungsgemäßer Prüfung der Aufenthaltstitel verlängert oder ein anderer Aufenthaltstitel erteilt werden kann.[125]

27 Ergibt sich die **Ausreisepflicht** unmittelbar aus dem Gesetz, tritt sie mit der Erfüllung des Tatbestandes ein, der zu ihrer Entstehung führt, insbesondere also dazu, dass ein

---

[116] KG 9.11.2007 – (4) 1 Ss 469/06 (143/07), zu türkischen Staatsangehörigen, die sich auf ein assoziationsrechtliches Aufenthaltsrecht berufen können, → § 4 Rn. 2, 5.
[117] OLG Bamberg 24.9.2014 – 3 Ss 59/13, NStZ 2015, 404 (405); *Hailbronner* Rn. 32.
[118] Erbs/Kohlhaas/*Senge* Rn. 7; *Hailbronner* Rn. 31.
[119] VGH Mannheim 14.11.1994 – 1 S. 818/94, NVwZ-RR 1995, 295 (296); Erbs/Kohlhaas/*Senge* Rn. 7.
[120] OLG Stuttgart 28.11.1989 – 1 Ss 306/89, MDR 1990, 464; *Hailbronner* Rn. 39.
[121] Vgl. BVerwG 22.6.2011 – 1 C 5/10, BVerwGE 140, 64 = NVwZ 2011, 1340 mwN.
[122] OLG Nürnberg 30.1.2012 – 2 St OLG Ss 208/11, InfAuslR 2012, 159 (160).
[123] BVerwG 22.6.2011 – 1 C 5/10, BVerwGE 140, 64 (68 ff.) = NVwZ 2011, 1340 (1341).
[124] So aber OLG Nürnberg 30.1.2012 – 2 St OLG Ss 208/11, InfAuslR 2012, 159 (160).
[125] BT-Drs. 17/8682, 23.

Aufenthaltstitel erlischt, §§ 51 Abs. 1, 50 Abs. 1. Folgt die Ausreisepflicht hingegen aus einem Verwaltungsakt, etwa aus dem Widerruf eines Aufenthaltstitels gem. § 52 oder einer Ausweisung gem. §§ 53 ff., so tritt sie sofort ein. Dass der Verwaltungsakt noch angefochten werden kann, berührt das Entstehen der Ausreisepflicht nicht.[126] Die **Vollziehbarkeit** der Ausreisepflicht richtet sich allerdings nach § 58 Abs. 2. Danach scheidet mangels Vollziehbarkeit der Ausreisepflicht eine Strafbarkeit nach Abs. 1 Nr. 2 insbesondere aus, wenn der Aufenthalt infolge einer rechtzeitigen Antragstellung auf Erteilung oder Verlängerung eines Aufenthaltstitels gem. § 81 Abs. 3, 4 als erlaubt oder der Titel als fortbestehend gilt, § 58 Abs. 2 Satz 1 Nr. 2. Liegen die Voraussetzungen der Vollziehbarkeit gem. § 58 Abs. 2 Satz 1 nicht vor, muss die Versagung des Aufenthaltstitels oder der Verwaltungsakt, der zur Ausreisepflicht geführt hat, vollziehbar sein, § 58 Abs. 2 Satz 2. Die Versagung der Erteilung oder der Verlängerung eines Aufenthaltstitels führen allerdings stets zur (sofortigen) Vollziehbarkeit und damit zur Strafbarkeit wegen unerlaubten Aufenthalts, weil Widerspruch und Klage dagegen gem. § 84 Abs. 1 Nr. 1 keine aufschiebende Wirkung entfalten.

Eine Strafbarkeit nach Abs. 1 Nr. 2 entfällt aber gleichwohl für die Dauer des Verfahrens, wenn der Ausländer unverzüglich einen Antrag gem. § 80 Abs. 5 VwGO auf **Wiederherstellung der aufschiebenden Wirkung** stellt. Zwar ist grundsätzlich auf die Umstände zur Tatbegehung abzustellen, die auch nicht durch die rückwirkende Anordnung der aufschiebenden Wirkung entfallen.[127] Den berechtigten Bedürfnissen der staatlichen Ordnung, die die Einhaltung auch der vorläufigen durch die Verwaltungsbehörden geschaffenen Pflichten gebieten,[128] steht aber in den Fällen, in denen der Ausländer durch Verwaltungshandeln vollziehbar ausreisepflichtig wird, das **Gebot effektiven Rechtsschutzes** aus Art. 19 Abs. 4 GG entgegen, das auch für Ausländer uneingeschränkt gilt.[129] Liegt ein Antrag gem. § 80 Abs. 5 VwGO vor, darf der Verwaltungsakt jedenfalls dann nicht bis zur Entscheidung des Verwaltungsgerichts vollstreckt werden, wenn der Vollzug dem Betroffenen erhebliche Nachteile bringt,[130] wie sie sich aus der Vollziehbarkeit der Ausreisepflicht und infolgedessen einer möglichen Abschiebung jedenfalls ergeben würden.[131] Besteht aber insoweit ein auf Grund des Rechtsstaatlichkeitsgebots gegebener Schutz vor der Vollstreckung einer Abschiebung, würde dieser konterkariert, wenn das Verbleiben im Bundesgebiet bis zur Entscheidung über den Eilantrag gleichzeitig mit Strafe bedroht würde. Die Garantie effektiven Rechtsschutzes gebietet hier also eine einschränkende, verfassungskonforme Auslegung von Abs. 1 Nr. 2, nach der Ausländer während der Dauer eines verwaltungsgerichtlichen Eilverfahrens nach § 80 Abs. 5 VwGO – unabhängig von dessen Ausgang – von der Strafbarkeit auszunehmen sind.[132]

Die Strafbarkeit nach Abs. 1 Nr. 2 setzt nach der Neuregelung durch das **„Gesetz zur Umsetzung aufenthaltsrechtlicher Richtlinien der Europäischen Union und zur Anpassung nationaler Rechtsvorschriften an den EU-Visakodex"** vom 22.11.2011

---

[126] Bergmann/Dienelt/*Bauer* § 50 Rn. 4.
[127] BGH 23.7.1969 – 4 StR 371/68, BGHSt 23, 86 (92 f.) = NJW 1969, 2023 (2025); BayObLG 22.3.1996 – 4 St RR 39/96, NStZ 1996, 395 (396); OLG Frankfurt a. M. 21.8.1987 – 1 Ss 488/86, StV 1988, 301; *Odenthal* NStZ 1991, 418 (420); Erbs/Kohlhaas/*Senge* Rn. 7; Bergmann/Dienelt/*Bauer* § 58 Rn. 15.
[128] BGH 23.7.1969 – 4 StR 371/68, BGHSt 23, 86 (93 f.) = NJW 1969, 2023 (2025).
[129] VerfGH Berlin 31.1.2003 – VerfGH 34/00, NStZ-RR 2003, 181; BVerfG 18.7.1973 – 1 BvR 23/73, 1 BvR 155/73, BVerfGE 35, 382 = NJW 1974, 227; vgl. auch BVerfG 29.3.2007 – 2 BvR 1977/06, NVwZ 2007, 948.
[130] VerfGH Berlin 31.1.2003 – VerfGH 34/00, NStZ-RR 2003, 181 (182); BVerfG 4.6.1987 – 1 BvR 620/87, NJW 1987, 2219.
[131] *Rittstieg* InfAuslR 1988, 17; *Wolf* StV 1988, 303.
[132] VerfGH Berlin 31.1.2003 – VerfGH 34/00, NStZ-RR 2003, 181 (182 f.), jedenfalls dann, wenn die Ausländerbehörde im verwaltungsgerichtlichen Verfahren die Zusage erteilt hat, die Abschiebung nicht zu vollziehen; AG Tiergarten 24.11.2008 – (233 Cs) 35 Js 1464/08 (189/08), AuAS 2009, 31 f.; *Aurnhammer* S. 132 ff.; *Kretschmer* § 4 Rn. 84, 87; *Rittstieg* InfAuslR 1988, 17; *Wolf* StV 1988, 303; BeckOK AuslR/*Hohoff* Rn. 22; aA *Odenthal* NStZ 1991, 418 (420 f.), der Straffreiheit nur für den Fall des Vollstreckungsverzichts durch die Behörde annimmt.

neben der Vollziehbarkeit der Ausreisepflicht nunmehr ausdrücklich voraus, dass dem Ausländer keine Ausreisefrist gesetzt worden oder diese abgelaufen ist und dass seine Abschiebung nicht ausgesetzt worden, er also nicht geduldet ist. Hinsichtlich der Aussetzung der Abschiebung (Buchst. c) normiert die Neuregelung lediglich bereits nach alter Rechtslage bestehende Grundsätze: Auch bisher machte sich ein Ausländer, der geduldet war oder einen Anspruch auf Duldung hatte, nicht nach Abs. 1 Nr. 2 strafbar.[133] Mit Blick auf die Ausreisefrist (Buchst. b) handelt es sich um eine Folgeänderung zur Neufassung von § 58 Abs. 1 Satz 1, aus der sich ergibt, dass die Gewährung einer Ausreisefrist die Vollziehbarkeit der Ausreisepflicht nicht berührt; der Gesetzgeber wollte vermeiden, dass bereits vor Ablauf einer gesetzten Ausreisefrist eine Strafbarkeit eintreten konnte.[134] Eine materielle Rechtsänderung tritt indes auch dadurch nicht ein, weil bisher die Gewährung einer Ausreisefrist dazu führte, dass die Ausreisepflicht nicht vollziehbar war und so die Strafbarkeit hinderte.[135]

30 **b) Europarechtskonforme Auslegung infolge der Rückführungsrichtlinie.** Die Vorschriften der **Rückführungsrichtlinie**[136] betreffen im Wesentlichen das verwaltungsrechtliche Verfahren zur Rückführung von Drittstaatsangehörigen, die sich illegal in einem Mitgliedstaat aufhalten, und enthalten insoweit insbesondere Regelungen zum Erlass von Rückkehrentscheidungen und deren Vollstreckung. Die Richtlinie ist in der Bundesrepublik Deutschland verspätet umgesetzt worden, was dazu führt, dass sich Drittausländer unter Berücksichtigung des Grundsatzes der rückwirkenden Anwendung des milderen Strafgesetzes ab dem 24.12.2010 unmittelbar auf sie berufen können.[137] Regelungen über die Harmonisierung mitgliedstaatlicher Strafbestimmungen über den illegalen Aufenthalt von Ausländern enthält die Rückführungsrichtlinie – schon mangels einer entsprechenden Regelungskompetenz für Straftatbestände[138] – nicht.[139] Dementsprechend **steht sie dem Recht** eines Mitgliedstaates **nicht entgegen,** mit dem der **illegale Aufenthalt** eines Drittstaatsangehörigen **als Straftat eingestuft** wird und dafür strafrechtliche Sanktionen vorgesehen werden, um von der Begehung derartiger Verstöße gegen die nationalen aufenthaltsrechtlichen Vorschriften abzuschrecken und sie zu ahnden.[140] Gleichwohl hat der EuGH unter Hinweis auf das von ihm in seiner Rechtsprechung entwickelte Dogma des **Anwendungsvorrangs,** das dazu zwinge, nationale Vorschriften auch dann unangewendet zu lassen, wenn sie die „praktische Wirksamkeit" von Unionsrecht beeinträchtigen können,[141] angenommen, aus den Vorschriften der Rückführungsrichtlinie folge, dass sie einer nationalen Vorschrift entgegenstünden, nach der gegen einen Ausländer allein deshalb strafrechtliche Sanktionen verhängt werden können, weil er entgegen einer Anordnung, das Hoheitsgebiet eines Mitgliedstaates der Europäischen Union innerhalb einer gesetzten Ausreisefrist zu verlassen, ohne berechtigten Grund dort verbleibt[142] und gegen den auch noch keine Zwangsmaßnahmen im Sinne von Art. 8 der Rückführungsrichtlinie (also die Abschiebung) angeordnet worden sind.[143] Dies ergebe sich daraus, dass die Durchführung eines Strafverfahrens wegen unerlaubten Aufenthalts gegen einen Ausländer, gegen den noch keine Rückkehrentscheidung vollstreckt oder gar erlassen worden sei, dessen **Rückführung verzögere;** Gleiches gelte erst recht bei Vollstreckung einer allein deswegen verhängten Freiheitsstrafe. Eine Verzögerung

---

[133] → Rn. 34.
[134] BT-Drs. 17/5470, 28.
[135] GK/*Mosbacher* Rn. 68; *Hailbronner* Rn. 38.
[136] → Rn. 10.
[137] OLG Hamburg 25.1.2012 – 1 Ss 196/11, OLGSt AufenthG § 95 Nr. 5 mwN; vgl. *Hecker* ZIS 2014, 47 (50).
[138] Vgl. BVerfG 30.6.2009 – 2 BvE 2/08 u.a., NJW 2009, 2267 (2274, 2287).
[139] *Hailbronner* Rn. 18.
[140] EuGH 6.12.2011 – C-329/11, InfAuslR 2012, 77 (78); EuGH 1.10.2015 – C-290/14; NVwZ-RR 2015, 952 f.
[141] Kritisch zu diesem Begründungsmuster *Safferling* NStZ 2014, 545 (550 f.).
[142] EuGH 28.4.2011 – C-61/11 PPU, NJOZ 2012, 837.
[143] EuGH 6.12.2011 – C-329/11, InfAuslR 2012, 77.

der Rückführung des Ausländers trage aber nicht zur Verwirklichung der von der Richtlinie bezweckten tatsächlichen Verbringung des Betroffenen aus dem entsprechenden Mitgliedstaat bei und beeinträchtige die praktische Wirksamkeit der Vorschriften der Rückführungsrichtlinie.[144]

Von einem Teil der **Literatur** ist daraus der Schluss gezogen worden, für die Strafbarkeit wegen unerlaubten Aufenthalts verbleibe bei europarechtskonformer Auslegung nur ein **sehr schmaler Anwendungsbereich:** Nur wenn das Rückführungsverfahren endgültig gescheitert sei, etwa weil der Ausländer seine Ausweispapiere vernichtet habe, an ihrer Neubeschaffung nicht mitwirke und deshalb die Abschiebung wegen ungeklärter Identität dauerhaft verhindert werde, komme noch eine Strafbarkeit in Betracht.[145] Die Vereinbarkeit mit dem Unionsrecht erfordere eine **Auslegung des Tatbestands** dahingehend, dass sich nach Abs. 1 Nr. 2 nur strafbar mache, wer sich weigere, freiwillig auszureisen bzw. an der Ermöglichung der Ausreise mitzuwirken und durch sein Verhalten kausal bewirke, dass eine Aufenthaltsbeendigung nicht mehr durchgeführt werden könne.[146] Demgegenüber wird in der **Rechtsprechung** und von anderen Autoren ein **weiterer Anwendungsbereich** gesehen: Zwar sei aus der Rechtsprechung des EuGH grundsätzlich zu folgen, dass eine europarechtkonforme Auslegung von Abs. 1 Nr. 2 eine Bestrafung ausschließe, wenn und soweit einem Ausländer, dessen Aufenthalt den Ausländerbehörden bekannt ist, illegaler Aufenthalt nur während des laufenden Rückführungsverfahrens zur Last gelegt werde.[147] **Entziehe sich** der **Ausländer** aber dem **Rückführungsverfahren,** insbesondere indem er **untertauche** – wozu das Tatgericht Feststellungen zu treffen habe[148] –, beende er das Verfahren; er stelle er sich selbst außerhalb des Rückführungsverfahrens und könne deshalb dessen – aus der Rechtsprechung des EuGH folgenden – Schutz vor strafrechtlicher Sanktion nicht für sich in Anspruch nehmen. Dieser Auslegung stehe die Rechtsprechung des EuGH nicht entgegen, die ausdrücklich eine Bestrafung zulasse, wenn mit (verwaltungsrechtlichen) Zwangsmaßnahmen das Ziel einer Abschiebung nicht erreicht werden konnte.[149] 31

Letztgenannter Auffassung ist jedenfalls im Ergebnis für die entschiedene Fallkonstellation **zu folgen.** Entzieht sich der Drittstaatsangehörige in der beschriebenen Weise dem Rückführungsverfahren, liegt in seinem während dieser Zeit verwirklichten unerlaubten Aufenthalt letztlich eine **abgeschlossene Tat,** deren Ahndung das **(erste) Rückführungsverfahren,** dem sich der Ausländer entzogen hat, **nicht** mehr **verzögern** kann. Wird nun nach seinem „Auftauchen" ein neues begonnen, kann es nicht darauf ankommen, ob dieses durch ein Strafverfahren wegen der zurückliegenden Tat des unerlaubten Aufenthalts verzögert wird. Die Fallkonstellation ist insoweit mit denjenigen zu vergleichen, in denen ein Ausländer in Anwendung des Rückführungsverfahrens abgeschoben wurde und später in die Bundesrepublik zurückkehrt: Auch nach seiner Wiedereinreise wird ein neues Rückführungsverfahren begonnen, gleichwohl steht die Rückführungsrichtlinie in diesen Fällen der strafrechtlichen Ahndung auch nach der Rechtsprechung des EuGH nicht entgegen.[150] Hinzu kommt, dass auch bei einem beliebigen anderen Tatvorwurf die Durchführung eines Strafverfahrens oder die Vollstreckung einer darin verhängten Strafe eine Abschiebung verzögern kann.[151] Dies kann aber nicht dazu führen, dass die Mitgliedstaaten gegenüber 32

---

[144] EuGH 28.4.2011 – C-61/11 PPU, NJOZ 2012, 837; EuGH 6.12.2011 – C-329/11, InfAuslR 2012, 77.
[145] Hörich/Bergmann NJW 2012, 3339 (3341 f.); Huber/Hörich Rn. 50 ff.; HK/Fahlbusch Rn. 50 ff.
[146] Hörich, S. 289.
[147] OLG Hamburg 25.1.2012 – 1 Ss 196/11, OLGSt AufenthG § 95 Nr. 5.
[148] OLG Frankfurt a. M. 21.8.2013 – 1 Ss 225/13, StV 2015, 356; OLG Frankfurt a. M. 8.11.2013 – 1 Ss 137/13, InfAuslR 2014, 79.
[149] OLG Hamburg 25.1.2012 – 1 Ss 196/11, OLGSt AufenthG § 95 Nr. 5; KG 26.3.2012 – 1 Ss 393/11, NStZ-RR 2012, 347; OLG Frankfurt a. M. 21.8.2013 – 1 Ss 225/13, StV 2015, 356; OLG Frankfurt a. M. 8.11.2013 – 1 Ss 137/13, InfAuslR 2014, 79; so auch BeckOK AuslR/Hohoff Rn. 27; Erbs/Kohlhaas/Senge Rn. 13; Hailbronner Rn. 24; Ignor/Mosbacher/Mosbacher Rn. 238.
[150] EuGH 1.10.2015 – C-290/14; NVwZ-RR 2015, 952 f.
[151] So auch Ignor/Mosbacher/Mosbacher Rn. 238.

jedem illegal aufhältigen Drittstaatsangehörigen ihren Strafanspruch für bereits begangene Delikte verlieren würden.[152] Eine Ausnahme gilt nach der Rechtsprechung des EuGH nur für eine bloß unerlaubte Einreise, die unmittelbar in einen unerlaubten Aufenthalt übergeht.[153] Aufgrund der zwischenzeitlich ergangenen weiteren Entscheidungen dürfte mittlerweile eine gesicherte Rechtsprechung des Gerichtshofs vorliegen, weshalb ein Vorlageverfahren zur Klärung der sich in dieser Fallkonstellation stellenden Rechtsfragen entbehrlich erscheint.[154]

33 Über die genannten Fälle des Untertauchens des Drittstaatsangehörigen hinaus erscheint zudem fraglich, ob die Rechtsprechung des EuGH zu einer solch gravierenden Rechtsänderung führt, dass sie die Annahme auch nur ansatzweise rechtfertigen könnte, es stehe ein „Ende der Strafbarkeit des illegalen Aufenthalts" bevor:[155] Bereits nach dem seit Jahren angewandten deutschen Recht kann sich ein Ausländer, dessen Aufenthalt den Behörden bekannt ist und der nicht abgeschoben werden kann, dem also ein Anspruch auf eine Duldung zusteht, nicht nach Abs. 1 Nr. 2 strafbar machen.[156] In einer großen Vielzahl der praxisrelevanten Fälle dürfte das deutsche Recht somit die Vorgaben der Rückführungsrichtlinie ohne Weiteres erfüllen.[157] Für etwaige verbleibende Fälle gilt Folgendes: Der EuGH hat in mehreren Entscheidungen ausdrücklich klargestellt, dass den Mitgliedstaaten gerade nicht verboten ist, Vorschriften zu erlassen und nach ihnen zu urteilen, die die unerlaubte Einreise und den unerlaubten Aufenthalt überhaupt als Straftat klassifizieren.[158] Präzisierend hat er darauf abgestellt, dass **nicht die strafrechtliche Verfolgung** oder Ahndung an sich in diesen Fällen **europarechtswidrig** sein könne, sondern **nur** Maßnahmen, die zur **Verzögerung des Rückführungsverfahrens** führen würden, also namentlich eine der Abschiebung vorrangige Durchführung eines Strafverfahrens oder die Vollstreckung einer freiheitsentziehenden Maßnahme, wenn und solange nicht gewährleistet ist, dass deren Vollstreckung abgebrochen würde, sobald eine Abschiebung möglich ist.[159] Zudem hat der EuGH mittlerweile auch klargestellt, dass die Rückführungsrichtlinie der Ahndung anderer Straftaten mit Freiheitsstrafe nicht entgegensteht.[160] Damit zwingt die Rechtsprechung des Gerichtshofs **keinesfalls** dazu, die Konformität mit dem Europarecht durch **Ausschluss der Strafbarkeit** auf **Tatbestands- oder Rechtswidrigkeitsebene** zu erreichen;[161] vielmehr könnte der Rückführungsrichtlinie auch durch eine entsprechende Handhabung bzw. Ausgestaltung von Verfahrens- bzw. Vollstreckungsregelungen – etwa § 72 Abs. 4 AufenthG oder § 456a StPO – Rechnung getragen werden.[162] Die vom EuGH angenommene Unzulässigkeit von Maßnahmen, die das Rückführungsverfahren verzögern würden, könnte auch lediglich zu einem unmittelbar aus dem Unionsrecht folgenden **Verfahrens-** bzw. **Vollstreckungshindernis** führen.[163] Da das Recht der Mitgliedstaaten, ein Strafbedürfnis durch Rechtsetzung zu formulieren, auch nach der Rechtsprechung des EuGH ausdrücklich unbe-

---

[152] So aber iE *Hörich/Bergmann* NJW 2012, 3339 (3343); *Hörich* S. 299 für alle Straftaten, die mit Aufenthaltsbeendigung in Verbindung stehen, wobei unklar bleibt, wie diese Abgrenzung vorgenommen werden soll, etwa bei denkbaren Begleitdelikten zur unerlaubten Einreise oder zum unerlaubten Aufenthalt wie zB Urkundenfälschung, Widerstand gegen Vollstreckungsbeamte, Körperverletzung.
[153] EuGH 7.6.2016 – C 47/15, BeckEuRS 2016, 474041 Rn. 65.
[154] AA *Hörich/Bergmann* NJW 2012, 3339 (3343); *Huber/Hörich* Rn. 58; vgl auch die Vorauflage, die eine Vorlage noch befürwortete.
[155] So aber *Hörich/Bergmann* NJW 2012, 3339.
[156] → Rn. 34 mit den dortigen Nachweisen.
[157] So wohl auch *Hailbronner* Rn. 24, der ebenfalls auf den Wegfall der Strafbarkeit im Fall des Anspruchs auf Duldung hinweist.
[158] EuGH 1.10.2015 – C-290/14; NVwZ-RR 2015, 952 f.; EuGH 6.12.2012 – C-430/11, NVwZ-RR 2013, 123; EuGH 6.12.2011 – C-329/11, InfAuslR 2012, 77 (78).
[159] EuGH 6.12.2012 – C-430/11, NVwZ-RR 2013, 123 (124).
[160] EuGH 7.6.2016 – C 47/15, BeckEuRS 2016, 474041 Rn. 65.
[161] So aber ausdrücklich *Hörich* S. 289; *Bergmann/Hörich* S. 24.
[162] Das erkennen offenbar auch *Hörich/Bergmann* ZRP 2014, 109 (110), die allerdings meinen, dafür sei ein „drastischer Umbau des Strafprozess- und des Strafrechts" erforderlich. Dafür gibt die zitierte Rechtsprechung des EuGH aus den oben genannten Gründen indes keinen Anhalt.
[163] AA – ohne nähere Begründung – *Bergmann/Hörich* S. 24 Fn. 59.

rührt bleibt, soll mit ihr offenbar lediglich die Verfolgbarkeit eingeschränkt werden; gerade dies zeichnet Verfahrenshindernisse aus.[164] Will man darüber hinausgehend gleichwohl zu einer Einschränkung der Strafbarkeit im materiellen Recht gelangen, erscheint es allenfalls erwägenswert, dies – wie bei der Flüchtlingseigenschaft im Sinne von Abs. 5 – durch die Annahme eines **persönlichen Strafausschließungsgrundes** zu erreichen.[165] Dem kann nicht entgegengehalten werden, bei diesem Vorschlag handele es sich lediglich um einen „ergebnisorientierten ‚Kunstgriff'",[166] weil die Voraussetzungen dieser Rechtsfigur tatsächlich nicht vorlägen: Strafausschließungsgründe greifen nicht nur wegen kriminalpolitischer Zweckmäßigkeitserwägungen ein, oder wenn die Schuld des Täters gering ist;[167] ihre Anwendung kommt vielmehr auch in Betracht, wenn außerstrafrechtlichen Interessen der Vorrang gegeben wird und deshalb – ohne dass sich am Unrechts- und Schuldgehalt der Tat und an ihrer Strafwürdigkeit etwas ändert – das Strafbedürfnis zurücktreten muss.[168] Um ein solches außerstrafrechtliches Interesse handelt es sich aber bei dem Vorrang des verwaltungsrechtlichen Rückführungsverfahrens, wie es der EuGH statuiert hat. Überdies erscheint der Ansatz, es müsse zur unionsrechtskonformen Auslegung der Tatbestand von Abs. 1 Nr. 2 und 3, Abs. 2 Nr. 1 eingeschränkt werden, aus folgenden Gründen verfehlt: Es mag zwar zutreffend sein, dass sich Folgen des Dogmas des EuGH zum Anwendungsvorrang nicht ohne Weiteres bruchlos in die deutsche Strafrechtsdogmatik einordnen lassen; es würde eine europarechtsfreundliche Auslegung jedoch konterkarieren, wenn dies – erkanntermaßen[169] – zur Straflosigkeit der Teilnahme am unerlaubten Aufenthalt und damit auch zur Straflosigkeit der Schleusungsdelikte nach §§ 96, 97 führte. Näher liegend erscheint deshalb eine – hier skizzierte – unionrechtskonforme Auslegung dergestalt, dass auch nach der derzeitigen Rechtslage die Bekämpfung von Menschenhandel, illegaler Einwanderung und Beihilfe zur illegalen Einwanderung möglich bleibt, stellt dies doch eines der vordringlichsten Ziele der Europäischen Union dar.[170]

c) Aussetzung der Abschiebung (Duldung). Eine Strafbarkeit nach Abs. 1 Nr. 2 **34** scheidet auch aus, wenn der Ausländer geduldet ist. Nach der Legaldefinition des § 60a liegt eine Duldung vor, wenn die Abschiebung vorübergehend ausgesetzt ist. Das ist insbesondere der Fall, wenn die Abschiebung aus tatsächlichen oder rechtlichen Gründen unmöglich ist. Die Rechtsfolge der Duldung ist zwingend, § 60a Abs. 2 Satz 1; nach § 60a Abs. 4 ist dem Ausländer über die Aussetzung der Abschiebung eine Bescheinigung zu erteilen. Zur alten Rechtslage wurde die Auffassung vertreten, es komme allein darauf an, ob sich der Ausländer im Besitz einer solchen Bescheinigung befand.[171] Der Entscheidung des Bundesverfassungsgerichts, mit der diese Rechtsprechung für verfassungswidrig erklärt wurde, wenn dem Ausländer ein Anspruch auf Duldung zustand,[172] hat der Gesetzgeber durch die Formulierung von Abs. 1 Nr. 2 Rechnung getragen, der nicht mehr auf den „Besitz einer Duldung" abstellt.[173] Danach ist im Strafverfahren zu prüfen, ob dem Ausländer ein Anspruch auf Duldung zustand, mithin ob die Abschiebung auszusetzen war.[174] Dies steht nicht im Widerspruch zur hier vertretenen Auffassung von der strengen Verwaltungsakzessorietät, denn durch die Duldung erhält der Ausländer kein Aufenthaltsrecht, die Ausreisepflicht bleibt unberührt, § 60a Abs. 3. Die Aussetzung schließt lediglich die Vollziehbarkeit der Abschie-

---

[164] Vgl. etwa LK-StGB/*Walter*, StGB, Vor § 13 Rn. 187; S/S-*Eisele* Vor § 13 Rn. 14.
[165] So auch BeckOK AuslR/*Hohoff* Rn. 27; ähnlich nunmehr auch BGH 8.3.2017 – 5 StR 333/16, NJW 2017, 1624 f. mit zust. Anmerkung Kretschmer.
[166] So aber Huber/*Bergmann* Vor § 96 Rn. 21.
[167] So aber Huber/*Bergmann* Vor § 96 Rn. 20.
[168] S/S-*Lenckner/Sternberg-Lieben* Vor § 32 Rn. 130a mwN.
[169] *Hörich* S. 297; *Bergmann/Hörich* S. 23 ff.
[170] → § 96 Rn. 9; so nunmehr auch BGH 8.3.2017 – 5 StR 333/16, NJW 2017, 1624.
[171] OLG Frankfurt a. M. 18.8.2000 – 1 Ws 106/00, NStZ-RR 2001, 57; KG 23.9.2001 – (3) Ss 198/01 (80/01), NStZ-RR 2002, 220.
[172] BVerfG 6.3.2003 – 2 BvR 397/02, NStZ 2003, 488.
[173] *Lam* StV 2005, 464 (466).
[174] → Rn. 21.

AufenthG § 95 35 1. Kapitel. Ausländerstrafrecht

bung aus. Diese Rechtsfolge tritt bei Vorliegen der Voraussetzungen von Gesetzes wegen ein; die Bescheinigung hat nur deklaratorischen Charakter. Insoweit unterscheidet sich die Situation maßgeblich von der bei Erteilung eines Aufenthaltstitels, die einen Antrag voraussetzt und bei der der Umstand, dass der Titel hätte erteilt werden können, die Strafbarkeit nicht ausschließt.[175]

35   Ob die Strafbarkeit auch entfällt, wenn der Ausländer einen Anspruch auf Duldung hätte, eine Entscheidung der Behörde darüber aber nicht ergangen ist, weil der **Ausländer untergetaucht** ist, ist umstritten. Vorzug verdient die Auffassung, dass in diesen Fällen eine Strafbarkeit des Ausländers nach wie vor in Betracht kommt.[176] Die genannte Entscheidung des Bundesverfassungsgerichts betraf einen Fall, in dem der Ausländerbehörde der Aufenthalt des Ausländers bekannt war. Sie erteilte die Duldungsbescheinigung lediglich auf Grund einer bestehenden (rechtswidrigen) Verwaltungspraxis nicht.[177] Ein Duldungsanspruch besteht auch dann, wenn der für die Behörde erreichbare Ausländer selbst zum Bestehen eines Abschiebungshindernisses beigetragen hat, etwa durch Verschleierung seiner Identität.[178] Gleiches mag gelten, wenn der Ausländerbehörde der Aufenthalt des Ausländers im Bundesgebiet und das Vorliegen eines Abschiebungshindernisses bekannt ist, sie ihn aber gerade nicht unter seiner Meldeanschrift erreichen kann.[179] Befindet sich der Ausländer in anderer Sache in Strafhaft, ist zu prüfen und im Urteil darzulegen, ob und gegebenenfalls warum die Ausländerbehörde von seinem Aufenthalt dort keine Kenntnis hatte.[180] Davon zu unterscheiden sind jedoch Fälle, in denen die Ausländerbehörde eine Prüfung, ob der Ausländer abzuschieben oder die Abschiebung auszusetzen ist, gar nicht vornehmen kann, weil sein Aufenthalt im Bundesgebiet unbekannt ist. In diesen Fällen kann sie weder eine tragfähige Entscheidung über das Bestehen etwaiger Abschiebungshindernisse treffen, noch könnte sie – sollten solche nicht feststellbar sein – die Abschiebung vollziehen. In diesen Fällen ist die Erteilung einer Duldung nicht veranlasst.[181] Dem steht die Rechtsprechung des Bundesverfassungsgerichts nicht entgegen: Das entscheidende Kriterium insoweit war, dass es **nicht im Belieben der Ausländerbehörde** stehen dürfe, ob sich der Ausländer strafbar macht.[182] Diese Gefahr besteht ersichtlich nicht, wenn er sich der Kontrolle und einer Entscheidung der Behörde durch Untertauchen entzieht. Schließlich kann es in diesen Fällen für die Strafbarkeit nicht darauf ankommen und ist dementsprechend im Strafverfahren auch nicht im Hinblick auf den Deliktscharakter des unerlaubten Aufenthalts als echtes Unterlassungsdelikt zu prüfen, ob dem Ausländer ein Duldungsanspruch zustand.[183] Bei echten Unterlassungsdelikten muss zwar geprüft werden, ob dem Täter das gebotene Handeln möglich und zumutbar war.[184] Die Argumentation, auch dem untergetauchten Ausländer könne die Ausreise unmöglich oder unzumutbar gewesen sein, weshalb sie gegebenenfalls hätte ausgesetzt werden müssen,[185] und er dürfe nicht zum Garanten für ein formell

---

[175] → Rn. 4.
[176] BGH 6.10.2004 – 1 StR 76/04, StV 2005, 24 (25); BGH 2.9.2009 – 5 StR 266/09, NStZ 2010, 248; OLG Frankfurt a. M. 8.11.2013 – 1 Ss 137/13, InfAuslR 2014, 79; OLG Frankfurt a. M. 21.8.2013 – 1 Ss 225/13, StV 2015, 356; OLG Hamburg 6.2.2004 – II – 112/03 – 1 Ss 154/03, OLGSt AuslG § 55 Nr. 1; *Mosbacher* NStZ 2003, 489 (490); *Schwedler* NStZ 2005, 409 (410); *Hailbronner* Rn. 36; Erbs/Kohlhaas/*Senge* Rn. 13; BeckOK AuslR/*Hohoff* Rn. 19; wohl auch MAH Strafverteidigung/*Jung* Rn. 41; differenzierend *Schott* S. 222 f.; aA OLG Schleswig 10.8.2004 – 1 Ss 87/04, NStZ 2005, 408 (409); *Kretschmer* § 4 Rn. 93; *Lam* StV 2005, 464.
[177] BVerfG 6.3.2003 – 2 BvR 397/02, NStZ 2003, 488.
[178] BVerwG 21.3.2000 – 1 C 23/99, BVerwGE 111, 62 = NVwZ 2000, 938.
[179] Dazu Erbs/Kohlhaas/*Senge* Rn. 13.
[180] OLG Frankfurt a. M. 8.11.2013 – 1 Ss 137/13, InfAuslR 2014, 79.
[181] BGH 6.10.2004 – 1 StR 76/04, StV 2005, 24 (25); OLG Hamburg 6.2.2004 – II – 112/03 – 1 Ss 154/03, OLGSt AuslG § 55 Nr. 1.
[182] BVerfG 6.3.2003 – 2 BvR 397/02, NStZ 2003, 488.
[183] BGH 6.10.2004 – 1 StR 76/04, StV 2005, 24 (26); *Schwedler* NStZ 2005, 409 (410); Ignor/Mosbacher/*Mosbacher* Rn. 231; aA OLG Schleswig 10.8.2004 – 1 Ss 87/04, NStZ 2005, 408 (409); *Lam* StV 2005, 464.
[184] *Fischer* StGB § 13 Rn. 42 ff. mwN.
[185] OLG Schleswig 10.8.2004 – 1 Ss 87/04, NStZ 2005, 408 (409); GK/*Mosbacher* Rn. 74 ff.; ders. NStZ 2003, 489 (490).

ordnungsgemäßes ausländerrechtliches Verfahren gemacht werden,[186] greift indes zu kurz: Abs. 1 Nr. 2 stellt das **pflichtwidrige Unterlassen der Ausreise** unter Strafe. Der Ausländer hat es, wenn ihm die Ausreise nicht möglich sein sollte, in der Hand, die Pflichtwidrigkeit seiner Ausreise dadurch zu beseitigen, dass er sich bei der Ausländerbehörde meldet, die daraufhin bei Vorliegen von Abschiebungshindernissen die Abschiebung auszusetzen hat. Ein normgerechtes Verhalten ist ihm damit ohne Weiteres zumutbar.[187] Keinesfalls ist als tatsächlicher Grund, der eine Abschiebung unmöglich macht, der Umstand selbst zu berücksichtigen, dass der Ausländer unbekannten Aufenthalts ist. Andernfalls hätte er es in der Hand, durch sein pflichtwidriges Untertauchen die Voraussetzungen einer Duldung selbst zu schaffen.[188]

Gemäß § 61 Abs. 1 ist der Aufenthalt eines vollziehbar ausreisepflichtigen Ausländers auf **36** das Gebiet des Landes beschränkt. Kein unerlaubter Aufenthalt liegt vor, wenn der Ausländer den **räumlichen Geltungsbereich** einer Duldung verlässt. Diese früher streitige Rechtsfrage[189] hat das Bundesverfassungsgericht bereits zum AuslG 1990 im Sinne der Straflosigkeit entschieden.[190] Dieses Ergebnis ergibt sich jetzt auch aus der Systematik des Gesetzes, insbesondere einer Zusammenschau von Abs. 1 Nr. 7 und § 98 Abs. 3 Nr. 2, 4. Der Verstoß gegen eine räumliche Beschränkung ist nur im Wiederholungsfall strafbar und stellt bei einmaliger Begehung lediglich eine Ordnungswidrigkeit dar. Dies verbietet, bereits den einmaligen Verstoß nach Abs. 1 Nr. 2 als Straftat zu ahnden.[191]

d) Rechtsmissbräuchlich erlangte Aufenthaltstitel (Abs. 6). Der durch das „Gesetz **37** zur Umsetzung aufenthalts- und asylrechtlicher Richtlinien der Europäischen Union" neu eingeführte Abs. 6 stellt nunmehr – gemeinschaftsrechtlich unbedenklich[192] – ein Handeln auf Grund eines durch Drohung, Bestechung oder Kollusion erwirkten oder durch unrichtige oder unvollständige Angaben erschlichenen Aufenthaltstitels einem Handeln ohne erforderlichen Aufenthaltstitel gleich.[193] Ob dies zu einer **Strafbarkeit wegen unerlaubten Aufenthalts** führt, ist **umstritten**. Einigkeit besteht insoweit, dass der unlautere Erwerb für die verwaltungsrechtliche Beurteilung nicht die Unwirksamkeit des Titels im Sinne des § 50 Abs. 1 zur Folge hat, der – weil § 51 die Erlöschensgründe abschließend aufzählt – auch nicht erlischt.[194] Auf der verwaltungsrechtlichen Ebene bleibt es dabei, dass der Aufenthaltstitel bis zu seinem Widerruf nach § 52 oder seiner Rücknahme nach § 48 VwVfG wirksam ist. Damit entsteht aber auch die Ausreisepflicht nicht, geschweige denn wird sie vollziehbar. Gleichwohl soll nach der wohl inzwischen **herrschenden Ansicht** der Aufenthalt strafbar sein.[195] Durch die vom Gesetzgeber formulierte Gleichstellung zwischen einem Handeln ohne Aufenthaltstitel und dem mit einem erschlichenen, habe dieser ausreichend klargestellt, dass der Ausländer so zu behandeln sei, als sei er „(fiktiv) vollziehbar ausreisepflichtig";[196] die Strafbarkeit werde gleichsam „fingiert". Aus der Gleichstellung folge zudem, dass auch die vorangegangene Einreise mit dem erschliche-

---

[186] So ausdrücklich *Lam* StV 2005, 464 (465).
[187] BGH 6.10.2004 – 1 StR 76/04, StV 2005, 24 (26).
[188] BGH 9.2.2009 – 5 StR 266/09, NStZ 2010, 248: „omissio libera in causa"; *Schott* S. 223; aA GK/ *Mosbacher* Rn. 80.
[189] Für Strafbarkeit: BayObLG 31.1.1995 – 4 St RR 208/94, MDR 1995, 627; OLG Stuttgart 27.6.1996 – 2 Ss 84/96, OLGSt AuslG § 92 Nr. 2; gegen Strafbarkeit: BGH 5.11.1996 – 1 StR 452/96, BGHSt 42, 291 = NJW 1997, 599; OLG Oldenburg 16.6.1994 – Ss 121/94, StV 1995, 139 (140).
[190] BVerfG 28.6.2001 – 2 BvR 1330/95, StV 2002, 300 (301).
[191] So zu Abs. 1 Nr. 6a auch GK/*Mosbacher* Rn. 184.
[192] EuGH 10.4.2012 – C-83/12 PPU, NJW 2012, 1641.
[193] Zu den Voraussetzungen im Einzelnen → Rn. 119 ff.
[194] Vgl. *Maaß* S. 85 f.; *Westphal/Stoppa* S. 733, 735 f.
[195] BGH 10.1.2012 – 5 StR 351/11, NJW 2012, 1669 (1670); 24.5.2012 – 5 StR 567/11, NJW 2012, 2210 (2211); *Kretschmer* § 4 Rn. 69; *Brocke* NStZ 2009, 546 (548); Bergmann/Dienelt/*Winkelmann* Rn. 49; *Hailbronner* Rn. 135; GK/*Mosbacher* Rn. 57; Erbs/Kohlhaas/*Senge* Rn. 11a; Huber/*Hörich* Rn. 61; BeckOK AuslR/*Hohoff* Rn. 20 f.; so auch Nr. 95.6 der AVV-AufenthG, abgedruckt bei Bergmann/Dienelt/*Winkelmann* Vor Rn. 1.
[196] *Brocke* NStZ 2009, 546 (548).

nen Titel als unerlaubt und die Ausreisepflicht somit als vollziehbar anzusehen sei.[197] Nach **hier vertretener Ansicht** scheidet eine Strafbarkeit wegen unerlaubten Aufenthalts jedenfalls in den Fällen aus, in denen der Ausländer nicht mit dem erschlichenen Titel in das Bundesgebiet eingereist ist, sondern – nach legaler Einreise – einen Aufenthaltstitel erschlichen hat.[198] Dabei wird nicht verkannt, dass es sich bei Abs. 6 um eine Durchbrechung der Verwaltungsakzessorietät handelt;[199] ebenso wenig ist zweifelhaft, dass der Gesetzgeber mit der Schaffung von Abs. 6 auch insoweit Strafbarkeitslücken schließen wollte.[200] Dass die beabsichtigte **Strafbarkeitserweiterung** in diesen Fällen des unerlaubten Aufenthalts ohne vorherige Einreise mit dem erschlichenen Aufenthaltstitel gleichwohl **fehlgeschlagen** ist, ergibt sich aus Folgendem: Abs. 6 erfordert ein **Handeln auf Grund** des erschlichenen Titels.[201] Die Tathandlung des unerlaubten Aufenthalts besteht in der **pflichtwidrigen Unterlassung der Ausreise** trotz vollziehbarer Ausreisepflicht.[202] Ist das Merkmal „Handeln" noch im Sinne von „Verhalten" auszulegen, so dass auch ein Unterlassen davon umfasst wird,[203] so überschreitet eine Auslegung, die – ohne, dass zugleich eine als unerlaubt anzusehende Einreise vorgelegen hat – das Vorliegen der verwaltungsrechtlich nicht bestehenden Ausreisepflicht und zugleich deren Vollziehbarkeit fingiert, die Wortlautgrenze des Art. 103 Abs. 2 GG.[204] Die für die Fälle einer vorhergehenden Einreise mit dem erschlichenen Aufenthaltstitel zutreffende Argumentation des 5. Strafsenats des Bundesgerichtshofs, dass wegen der als unerlaubt anzusehenden Einreise auch die Rechtsfolge des § 58 Abs. 2 Nr. 1, also die Vollziehbarkeit der Ausreisepflicht, als gegeben anzunehmen ist,[205] verfängt in den genannten Fällen, in denen der Ausländer legal eingereist war, gerade nicht. Letztlich ist das Problem darin zu sehen, dass der Gesetzgeber, der sich bei Abs. 6 an § 330d Nr. 5 StGB orientiert hat,[206] offenbar nicht hinreichend in den Blick genommen hat, dass diese Vorschrift sich auf die Straftaten der §§ 327 Abs. 1 und 2, 328 Abs. 1 StGB bezieht, die indes sämtlich aktives Tun voraussetzen (zB Betreiben einer Anlage ohne Genehmigung). In diesen Fällen ist ein Gleichsetzen von genehmigungslosem Handeln mit solchem aufgrund einer erschlichenen Genehmigung unproblematisch, nicht aber bei einem Unterlassen, das das Bestehen einer Handlungspflicht (hier: der vollziehbaren Ausreisepflicht) voraussetzt.[207]

38 **e) Kurzaufenthalte.** Ein zunächst erlaubter Aufenthalt eines Ausländers, der sich auf Grund eines Schengen-Visums oder visumfrei für einen Kurzaufenthalt im Bundesgebiet aufhält, kann durch Überschreiten der zeitlichen Grenze des Kurzaufenthalts oder die Aufnahme einer Erwerbstätigkeit unerlaubt werden. Hierbei ist zwischen sog. Positivstaatern und Negativstaatern[208] zu unterscheiden;[209] neu hinzugekommen ist die Gruppe der Ausländer, die in einem anderen Mitgliedstaat der Europäischen Union die Rechtsstellung eines **langfristig Aufenthaltsberechtigten** innehaben (→ § 4 Rn. 3). Für diese bestimmt § 17a

---

[197] BGH 10.1.2012 – 5 StR 351/11, NJW 2012, 1669 (1670); 24.5.2012 – 5 StR 567/11, NJW 2012, 2210 (2211).
[198] So auch *Schott* S. 282 f.; HK/*Fahlbusch* Rn. 274.
[199] Das meint aber *Kretschmer* § 4 Rn. 69.
[200] *Schott* S. 283; *ders.* ZAR 2012, 276 (278 f.).
[201] *Westphal/Stoppa* S. 734.
[202] → Rn. 24.
[203] *Schott* S. 282.
[204] *Schott* S. 282 f.; aA offenbar BeckOK AuslR/*Hohoff* Rn. 20, die ohne speziell auf die Wortlautgrenze einzugehen, die Vorschrift für verfassungsgemäß hält.
[205] BGH 10.1.2012 – 5 StR 351/11, NJW 2012, 1669 (1670); 24.5.2012 – 5 StR 567/11, NJW 2012, 2210 (2211).
[206] BT-Drs. 16/5065, 199.
[207] So auch *Schott* S. 283 *ders.* ZAR 2012, 276 (279); zu den Fällen der unerlaubten Einreise → Rn. 53.
[208] Die Begriffe Positiv- und Negativstaater haben sich als Fachbegriffe durchgesetzt und werden deshalb hier verwendet. Gleichwohl bestehen dagegen nicht nur unter sprachlichen Gesichtspunkten Bedenken. Sie bezeichnen lediglich verwaltungsrechtliche Kategorisierungen, vermögen aber kaum zum Ausdruck zu bringen, dass dahinter Individuen stehen.
[209] Zur komplexen Rechtslage in Altfällen (2000–2002) aufgrund unterschiedlicher nationaler und unionsrechtlicher Vorschriften vgl. BGH 25.9.2012 – 4 StR 142/12, InfAuslR 2013, 122.

AufenthV, dass sie für die Einreise und den Aufenthalt im Bundesgebiet zum Zweck einer Beschäftigung nach § 30 Nr. 3 der Beschäftigungsverordnung (BeschV), also einer Dienstleistung im Sinne von § 21 BeschV für einen Zeitraum von bis zu 90 Tagen innerhalb von zwölf Monaten vom Erfordernis eines Aufenthaltstitels befreit sind. Für sie gelten die Ausführungen zu Positivstaatern entsprechend.

aa) „Positivstaater". Als „Positivstaater" bezeichnet man Ausländer, die nach **39** Anhang II der gemeinsamen Liste gem. Art. 1 Abs. 2 EUVisumVO[210] für einen Kurzaufenthalt von bis zu drei Monaten vom Erfordernis eines Aufenthaltstitels befreit sind. Von der gem. Art. 4 Abs. 3 EUVisumVO gegebenen Möglichkeit, von der Visumsbefreiung Ausnahmen zu machen, wenn die Ausländer während ihres Aufenthalts einer Erwerbstätigkeit nachgehen, hat die Bundesrepublik Deutschland mit § 17 AufenthV Gebrauch gemacht. Danach entfällt die Befreiung für Einreise und Aufenthalt, wenn der Ausländer einer Erwerbstätigkeit im Bundesgebiet nachgeht.

Ob die Befreiung auch gilt, wenn der Ausländer bereits von Anfang an plant, länger als drei **40** Monate im Bundesgebiet zu bleiben oder eine Erwerbstätigkeit aufzunehmen, ist umstritten. Die Auffassung, nach der es auf die Absicht des Ausländers nicht ankommen soll,[211] ist im Hinblick auf die **beabsichtigte Dauer** des Aufenthalts nicht damit vereinbar, dass die EUVisumVO ihre Grundlage in Art. 62 Nr. 2 Buchst. b EGV findet, der sich auf Visa für **geplante** Aufenthalte bezieht und auch Art. 2 EUVisumVO den **Zweck** des Aufenthalts in Bezug nimmt.[212] Anders als unter der Geltung des AuslG 1990 im Zusammenhang mit § 1 DVAuslG geht nun aus § 17 AufenthV wegen des Abstellens auf die Erwerbstätigkeit **bei der Einreise** hervor, dass es entscheidend darauf ankommt, was der Ausländer beabsichtigt.[213] Soweit diesem Wortlautargument entgegengehalten wird, es gebe auch Erwerbstätigkeiten, die bei der Einreise ausgeübt werden können, zB beim Flug- oder Fahrpersonal,[214] kann das nicht überzeugen, weil diese Tätigkeiten auf Grund der Ausnahmeregelungen der Beschäftigungsverordnung keine Erwerbstätigkeit im Sinne des AufenthG darstellen, § 30 BeschV.[215] Für die strafrechtliche Beurteilung spielt dieser Meinungsstreit wegen der – außerhalb eines Geständnisses – regelmäßig nicht gegebenen Nachweisbarkeit der Motive des Ausländers bei der Einreise allerdings nur eine untergeordnete Rolle.[216]

Nimmt der Positivstaater während des genehmigungsfreien Kurzaufenthalts eine **41** **Erwerbstätigkeit** auf oder verbleibt er länger als drei Monate im Bundesgebiet, entfällt gem. § 17 Abs. 1 AufenthV die Befreiung vom Erfordernis des Aufenthaltstitels. Das hat zur Folge, dass er sich wegen unerlaubten Aufenthalts strafbar macht, weil er sich ohne den erforderlichen Aufenthaltstitel im Bundesgebiet aufhält.[217] Nichts anderes kann gelten, wenn ein nach § 17a AufenthV vom Erfordernis eines Aufenthaltstitels befreiter langfristig Aufenthaltsberechtigter den Zeitraum von 9 Tagen überschreitet oder andere als die § 30 Nr. 3 BeschV genannten Tätigkeiten ausführt. Zur verbotenen Erwerbstätigkeit zählen auch die **Prostitution,**[218] nicht aber das – auch mehrtägige – Auftreten als **Straßenmusikant,** weil

---

[210] Verordnung (EG) Nr. 539/2001 des Rates 15.3.2001, ABl. L 81, 1.
[211] OLG Celle 13.5.2014 – 1 Ws 216/14, BeckRS 2014, 10853; OLG Brandenburg 21.1.2004 – 2 Ss 36/03, NStZ-RR 2004, 280; OLG Bremen 4.6.2002 – Ss 12/02, StV 2002, 552; *Hailbronner* Rn. 44; *Erbs/Kohlhaas/Senge* Rn. 6.
[212] Eingehend GK/*Funke-Kaiser* § 14 Rn. 10.2 f. mwN; *Schott* Kriminalistik 2005, 554 (558).
[213] *Huber/Göbel-Zimmermann* Rn. 46; GK/*Funke-Kaiser* § 14 Rn. 10.1; *Schott* S. 158; Huber/*Westphal* § 14 Rn. 47; Bergmann/Dienelt/*Winkelmann* § 14 Rn. 14; so wohl nunmehr auch OLG München 16.7.2012 – 4 St RR 10/12, BeckRS 2012, 17370; 16.7.2012 – 4 St RR 107/12, NStZ 2013, 109.
[214] *Westphal/Stoppa* S. 695.
[215] → § 2 Rn. 4.
[216] So auch Erbs/Kohlhaas/*Senge* Rn. 6, der aus den Nachweisproblemen indes ein Argument für die Gegenauffassung ziehen will.
[217] BGH 27.4.2005 – 2 StR 457/04, BGHSt 50, 105 (120) = NJW 2005, 2095 (2098); 28.10.2004 – 5 StR 3/04, NStZ 2005, 407; *Schnabel* wistra 2005, 447 (447); *Schott* S. 156 f.; Erbs/Kohlhaas/*Senge* Rn. 7; *Hailbronner* Rn. 44; GK/*Mosbacher* Rn. 58; s. auch BGH 25.9.2012 – 4 StR 142/12, BeckRS 2012, 24405.
[218] BGH 27.4.2005 – 2 StR 457/04, BGHSt 50, 105 (120) = NJW 2005, 2095 (2098); 12.6.1990 – 5 StR 614/89, NJW 1990, 2207; BVerfG 22.3.2000 – 2 BvR 426/00, NVwZ 2000, Beil. Nr. 7, 73; *von Pollern* ZAR 1996, 175 (176).

für diese Tätigkeit ein Entgelt regelmäßig nicht vertraglich geschuldet wird; vielmehr ist die Bezahlung der Musiker in das Belieben der Passanten gestellt.[219] Für **Kraftfahrer** gelten Sonderregelungen, die sich aus §§ 20, 30 BeschV iVm § 17 AufenthV ergeben. Weil es bei der Aufhebung der Visabefreiung in Fällen der Erwerbstätigkeit um die Kontrolle des legalen Arbeitsmarktes geht, führt die Aufnahme einer auf das Erzielen von illegalen Einnahmen gerichteten Tätigkeit, wie der **Handel mit Betäubungsmitteln** oder **Schmuggel** nicht zu einer Strafbarkeit nach Abs. 1 Nr. 2.[220] Die Strafbarkeit tritt in Fällen der Aufnahme einer Erwerbstätigkeit grundsätzlich mit dem tatsächlichen Beginn der Arbeitsaufnahme ein, weil der Wegfall der Visabefreiung zur vollziehbaren Ausreisepflicht führt.[221] Etwas anderes kann nur gelten, wenn der Positivstaater vor Aufnahme der Tätigkeit einen Antrag auf Erteilung eines Aufenthaltstitels stellt. Dann entfällt wegen der Genehmigungsfiktion des § 81 Abs. 3 die Strafbarkeit.[222]

42 bb) „Negativstaater". Negativstaater sind Angehörige von Staaten, die in Anhang I der gemeinsamen Liste gem. Art. 1 Abs. 1 EUVisumVO aufgeführt werden. Sie benötigen beim Überschreiten der EU-Außengrenzen auch für Kurzaufenthalte bis zu drei Monate ein Schengen-Visum nach § 6 Abs. 1 Nr. 1.

43 Zu diesem Personenkreis gehören auch **türkische Staatsangehörige**. Insoweit ist aber das **Assoziationsabkommen EWG/Türkei** aus dem Jahr 1963 iVm Art. 41 Abs. 1 des **Zusatzprotokolls** (ZP) zu diesem Abkommen vom 23.11.1970 zu berücksichtigen: Art. 41 Abs. 1 ZP enthält eine sog. **Stillhalteklausel,** die folgenden Wortlaut hat: „Die Vertragsparteien werden untereinander keine neuen Beschränkungen der Niederlassungsfreiheit und des freien Dienstleistungsverkehrs einführen." Nach der sog. Soysal-Entscheidung des Europäischen Gerichtshofs verbietet eine solche Klausel „allgemein die Einführung neuer Maßnahmen, die bezwecken oder bewirken, dass die Ausübung dieser wirtschaftlichen Freiheiten durch einen türkischen Staatsangehörigen in einem Mitgliedstaat strengeren Voraussetzungen als denjenigen unterworfen wird, die für ihn zum Zeitpunkt des Inkrafttretens des Zusatzprotokolls in dem betreffenden Mitgliedstaat galten."[223] Im Zeitpunkt des Inkrafttretens am 1.1.1973 bestand gemäß § 1 Abs. 2 DV-AuslG für türkische Staatsangehörige eine allgemeine Visumspflicht nur dann, wenn sie einer Erwerbstätigkeit nachgehen wollten. Kurzaufenthalte bis zu drei Monaten ohne Erwerbstätigkeit konnten visumsfrei angetreten werden, ebenso Aufenthalte bis zu zwei Monaten zur Erbringung einer Dienstleistung für einen ausländischen Arbeitgeber, zum Zweck wissenschaftlicher Vorträge oder künstlerischer oder sportlicher Darbietungen.[224] Die heute nach der EUVisumVO bestehende generelle Visumspflicht für türkische Staatsangehörige wurde hingegen erst nachträglich eingeführt und galt in der Bundesrepublik seit der Änderung der DV-AuslG zum 1.7.1980. Nach der Entscheidung des EuGH ist mittlerweile allgemein anerkannt, dass türkische Staatsangehörige für die Dauer des konkreten Reisezwecks, längstens für zwei Monate, visumsfrei in die Bundesrepublik Deutschland einreisen können, um hier ihrer Natur nach vorübergehende Dienstleistungen für einen türkischen Arbeitgeber zu erbringen, oder um im Rahmen wissenschaftlicher Vorträge oder künstlerischer oder sportlicher Darbietungen tätig zu sein (sog. **aktive Dienstleistungsfreiheit**).[225] **Ungeklärt** war hingegen längere Zeit, ob sich auch Dienstleistungsempfänger, namentlich also türkische Staatsangehörige, die sich zu Geschäftsreisen, zur Entgegennahme ärztlicher Behandlung oder auch als Touristen nach Deutschland begeben, auf die

---

[219] *Fehrenbacher* ZAR 2002, 58 (59); iE auch *Schott* S. 156: arbeitsmarktpolitisch neutrale Tätigkeit; aA BayObLG 9.10.1996 – 4 St RR 163/96, NVwZ-RR 1997, 658; Erbs/Kohlhaas/*Senge* Rn. 7.
[220] *Schott* S. 158; *Westphal/Stoppa* S. 264 f.; aA für den Fall des Schmuggels OLG Brandenburg 21.1.2004 – 2 Ss 36/03, NStZ-RR 2004, 280.
[221] *Schott* S. 155; *Westphal/Stoppa* NJW 1999, 2137 (2141); Erbs/Kohlhaas/*Senge* Rn. 7; GK/*Mosbacher* Rn. 60.
[222] → Rn. 26.
[223] EuGH 19.2.2009 – C-228/06, NVwZ 2009, 513.
[224] § 1 Abs. 2 DV-AuslG idF v. 12.3.1969, BGBl. I S. 207.
[225] BT-Drs. 16/12743, 3; so zuvor schon *Gutmann* ZAR 2008, 5 (7); s. auch VG Berlin 25.2.2009 – 19 V 61.08, InfAuslR 2009, 222.

(passive) Dienstleistungsfreiheit berufen könnten.[226] Auf einen Vorlagebeschluss des OVG Berlin-Brandenburg[227] hat der EuGH nunmehr entschieden, dass die genannte **Stillhalteklausel** die **passive Dienstleistungsfreiheit nicht** erfasst;[228] türkische Staatsangehörige benötigen damit für touristische Kurzaufenthalte weiterhin ein Visum.[229] Angesichts der lange Zeit ungeklärten Rechtslage ist in Altfällen mit Blick auf die eine Visumspflicht verneinende früher herrschende Auffassung der Tatvorsatz und ein etwaiger Verbotsirrtum eingehend zu prüfen.[230]

Beabsichtigt ein Negativstaater bereits bei der **Beantragung des Schengen-Visums,** 44 länger als drei Monate in Deutschland zu bleiben oder eine Erwerbstätigkeit aufzunehmen, und macht er dementsprechend bei der Visumbeantragung falsche Angaben, führt das nicht zu einer Unwirksamkeit des Visums. Der Verwaltungsakt ist nicht nichtig, sondern lediglich rechtswidrig, ein Erlöschensgrund im Sinne des § 51 liegt nicht vor. Da seine Einreise aufgrund der falschen Angaben allerdings iVm Abs. 6 strafbar war,[231] ist er für die strafrechtliche Beurteilung mit der Rechtsprechung des Bundesgerichtshofs gleichwohl so zu behandeln, als sei er vollziehbar ausreisepflichtig; denn die unerlaubte Einreise führt gem. § 58 Abs. 2 Nr. 1 zur sofortigen Vollziehbarkeit der Ausreisepflicht.[232] Damit kann in diesen Fällen auch eine Strafbarkeit wegen unerlaubten Aufenthalts des Negativstaaters vorliegen, wenn nicht ein Duldungsgrund vorliegt.[233] Macht er falsche Angaben gegenüber einer Inlandsvertretung, kann der Negativstaater zudem nach Abs. 2 Nr. 2 strafbar sein.

Verbleibt der Negativstaater nach Ablauf des befristeten Schengen-Visums im Bundesge- 45 biet, macht er sich wegen unerlaubten Aufenthalts strafbar.[234] Die Aufnahme einer **Erwerbstätigkeit** während des vom Visum erfassten Kurzaufenthalts hat hingegen keine Strafbarkeit wegen unerlaubten Aufenthalts zur Folge. Auch hier gilt, dass das Visum nicht kraft Gesetzes erlischt, vielmehr zunächst nach § 52 Abs. 7 widerrufen werden muss. Der durch diese Rechtsanwendung bewirkten Ungleichbehandlung von Positiv- und Negativstaatern hat der Gesetzgeber durch die Einführung von Abs. 1a Rechnung getragen, der die Arbeitsaufnahme von Negativstaatern unter Strafe stellt.[235]

f) Unerlaubter Aufenthalt von Asylbewerbern. Asylbewerbern darf die Einreise in 46 das oder der Aufenthalt im Bundesgebiet bis zur Klärung der Asylberechtigung grundsätzlich nicht verweigert werden.[236] Um der Strafbarkeit nach Abs. 1 Nr. 2 zu entgehen, muss ein Asylbewerber jedoch **unverzüglich,** dh ohne schuldhaftes Zögern Asyl beantragen, wobei sich die Angemessenheit der Frist nach den Umständen des Einzelfalles richtet.[237] Insbeson-

---

[226] So VG Darmstadt 28.10.2005 – 8 G l070/05(2), InfAuslR 2006, 45; VG München 9.2.2011 – M 23 K 10.1983, InfAuslR 2011, 229; VG Frankfurt 22.5.2009 – 7 K 3732/08.F, InfAuslR 2009, 327 (328); VGH Mannheim 15.2.2001 – 13 S 2500/00, InfAuslR 2001, 262 (264); s. auch VG Berlin 25.2.2013 – 19 V 61.08, InfAuslR 2009, 222, jedenfalls sofern der touristische, auf Entgegennahme von Dienstleistungen gerichtete Zweck des Aufenthalts im Vordergrund steht, nicht aber bei Besuchsaufenthalten bei Familie und Freunden; siehe auch AG Erding 29.4.2009 – 5 Cs 35 Js 28732/08, InfAuslR 2009, 268: keine Strafbarkeit nach Abs. 1 Nr. 2 und 3, weil für die passive Dienstleistungsfreiheit nicht durch eine Visumspflicht eingeschränkt werden dürfe; *Dienelt* ZAR 2009, 182 (183 f.); *ders.* InfAuslR 2001, 473; *Gutmann* ZAR 2008, 5 (7); *Mielitz* NVwZ 2009, 276 (278 f.); *Huber/Göbel-Zimmermann* Rn. 1510; kritisch zur Rechtsprechung des EuGH *Hailbronner* ZAR 2011, 322; *ders.* NVwZ 2009, 760; offen gelassen bei *Schott* S. 173 f.; aA die damalige Bundesregierung: BT-Drs. 16/12743, 3; BT-Drs. 16/13327, 2 f.; ihr folgend LG Landshut 11.4.2011 – 5 Ns 35 Js 28732/08.
[227] OVG Berlin-Brandenburg 13.4.2011 – OVG 12 B 46.09, NVwZ-RR 2011, 580.
[228] EuGH 24.9.2013 – C-221/11, ZAR 2014, 163; kritisch zur Argumentation des EuGH Bergmann/ Dienelt/*Dienelt* ARB 1/80 Art. 13 Rn. 123 ff.
[229] So nunmehr auch BVerwG 20.11.2014 – 1 B 24.14, BeckRS 2015, 40924.
[230] Vgl. AG Hannover 7.1.2011 – 286 Ds 7911 Js 100048/10 (123/10), 286 Ds 123/10, InfAuslR 2011, 176, wenn auch mit dogmatisch wenig überzeugender Begründung.
[231] → Rn. 53.
[232] BGH 10.1.2012 – 5 StR 351/11, NJW 2012, 1669 (1670); 24.5.2012 – 5 StR 567/11, NJW 2012, 2210 (2211), → Rn. 37.
[233] AA noch 1. Aufl. Rn. 34.
[234] Erbs/Kohlhaas/*Senge* Rn. 11a; auch → Rn. 26.
[235] Dazu → Rn. 90 ff.
[236] OLG München 20.2.2006 – 4 St RR 20/06, NStZ 2006, 529.
[237] *Hailbronner* Rn. 46, mwN.

dere die Zeit, die zur Durchführung einer rechtlichen Beratung im Hinblick auf Antrag und Begründung des Asylgesuchs erforderlich ist, ist zu dieser Frist hinzuzurechnen.[238] Bis zum rechtskräftigen Abschluss des Asylverfahrens ist dem Asylbewerber der Aufenthalt gem. § 67 Abs. 1 Nr. 6 AsylG gestattet. Bei negativem Ausgang des Verfahrens wird er ausreisepflichtig und macht sich, wenn er trotz vollziehbarer Ausreisepflicht im Bundesgebiet verbleibt, nach den oben genannten Grundsätzen gem. Abs. 1 Nr. 2 strafbar, wenn kein Duldungsgrund vorliegt.[239]

47 **2. Subjektiver Tatbestand.** Die Strafbarkeit nach Abs. 1 Nr. 2 erfordert zumindest bedingten **Vorsatz,** fahrlässiges Handeln begründet eine Ordnungswidrigkeit gem. § 98 Abs. 1. Der Vorsatz muss sich nur auf die äußeren Tatumstände, also etwa auf die zeitliche Überschreitung eines Kurzaufenthalts oder die Aufnahme der Erwerbstätigkeit ohne entsprechenden Aufenthaltstitel beziehen,[240] Kenntnis von der Genehmigungspflicht ist nicht erforderlich, ein Irrtum darüber stellt einen vermeidbaren und damit unbeachtlichen Verbotsirrtum dar. Das Gleiche gilt bei einem Irrtum über die Vollziehbarkeit der Ausreisepflicht.[241]

48 **3. Teilnahme.** Wer einem Ausländer in Kenntnis von dessen rechtswidrigen Aufenthalt Unterkunft oder Verpflegung gewährt oder ihm Transportmöglichkeiten bietet, um dadurch den weiteren illegalen Aufenthalt zu ermöglichen, macht sich regelmäßig wegen Beihilfe, in Fällen, die über bloße Unterstützungshandlungen hinausgehen und den Ausländer zu seinem unerlaubten Aufenthalt bestimmen, als Anstifter gem. Abs. 1 Nr. 2 iVm §§ 26, 27 StGB strafbar. Voraussetzung der Beihilfe ist aber, dass der illegale Aufenthalt des Ausländers davon objektiv gefördert oder erleichtert wird.[242] Nicht erforderlich ist hingegen, dass er seinen weiteren Aufenthalt auch von der Unterstützungshandlung abhängig macht, was zweifelhaft sein könnte, wenn der Ausländer ungeachtet der Hilfeleistung des Teilnehmers zur Fortsetzung seines illegalen Aufenthalts im Bundesgebiet entschlossen ist.[243] Die Gegenauffassung[244] übergeht, dass nach allgemeinen Grundsätzen, die auch beim Dauerdelikt gelten, die Beihilfe nicht notwendige Bedingung für den Aufenthalt sein muss.[245] Dies gilt auch, wenn der Teilnehmer aus **karitativen** oder **humanitären Gründen** handelt.[246] Daran hat sich auch nichts dadurch geändert, dass der Gesetzgeber im Jahr 2007 auf Forderung der Kirchen und humanitärer Verbände den Schleusungstatbestand durch Beihilfe zum unerlaubten Aufenthalt auf Fälle eines gewinnorientierten Handelns beschränkt hat, um nicht Täter, die insoweit aufgrund humanitärer Gesinnung handeln, der erhöhten Strafdrohung des § 96 auszusetzen;[247] eine „Sperrwirkung", die eine Verurteilung nach Abs. 1 Nr. 2 iVm 27 StGB hindern würde, tritt dadurch nicht ein.[248] In solchen Fällen wird aber zu prüfen sein, ob das Verhalten des Teilnehmers strafwürdig erscheint bzw. ob unter Opportu-

---

[238] BVerfG 16.6.1987 – 2 BvR 911/85, NVwZ 1987, 1068.
[239] BayObLG 22.3.1996 – 4 St RR 39/96, NStZ 1996, 395.
[240] *Aurnhammer* S. 176.
[241] Erbs/Kohlhaas/*Senge* Rn. 16.
[242] BGH 2.9.2009 – 5 StR 266/09, BGHSt 54, 140 = NStZ 2010, 171; OLG Frankfurt a. M. 25.2.2005 – 1 Ss 9/04, NStZ-RR 2005, 184; 2005, 184; KG 9.9.2005 – (3) 1 Ss 229/05 (63/05), NStZ 2006, 530.
[243] BGH 2.9.2009 – 5 StR 266/09, BGHSt 54, 140 = NStZ 2010, 171 m. zust. Anm. *Mosbacher* NStZ 2010, 457.
[244] BayObLG 25.6.2001 – 4 St RR 77/01, NJW 2002, 1663; OLG Düsseldorf 31.8.2001 – 2a Ss 149/02-46/01 II, StV 2002, 312; KG 9.9.2005 – (3) 1 Ss 229/05 (63/05), NStZ 2006, 530 (531); kritisch auch *Kretschmer* ZAR 2013, 278 (280).
[245] BGH 2.9.2009 – 5 StR 266/09, BGHSt 54, 140 = NStZ 2010, 171 m. zust. Anm. *Mosbacher* NStZ 2010, 457; s. auch *König* NJW 2002, 1623 (1624 f.).
[246] OLG Hamm 1.6.2010 – 3 RVs 310/09, BeckRS 2010, 16651; zu Fällen der medizinischen Behandlung: *Lehmann* ZAR 2008, 24 ff.; aA *Kretschmer* ZAR 2013, 278 (280), der über die Lehre der objektiven Zurechnung zur Straflosigkeit gelangen will; vgl. auch *Nagler* StV 2017, 273 zur Entkriminalisierung von „Fluchthelfern" de lege ferenda.
[247] Vgl. BT-Drs. 16/5065, 199 f.
[248] Eingehend *Schott* S. 290 f.; so auch *Kretschmer* ZAR 2013, 278 (279); zum Verhältnis von § 92a AuslG zu § 92 AuslG iVm § 27 StGB so bereits BGH 25.3.1999 – 1 StR 3544/98, NStZ 1999, 409; aA *Möller* StV 2010, 249 (250).

nitätsgesichtspunkten eine Verfahrenseinstellung gem. §§ 153 ff. StPO in Betracht kommt.[249] Im Ergebnis gelten diese Grundsätze auch für die Fälle des sog. **Kirchenasyls**. Die Auffassungen, die hier zu einer Straflosigkeit der Geistlichen auf der Tatbestands- oder Rechtswidrigkeitsebene gelangen wollen, vermögen nicht zu überzeugen.[250] Liegen die weiteren Voraussetzungen vor, erfüllen die Teilnahmehandlungen die verselbständigten Straftatbestände der §§ 96, 97 mit erhöhter Strafdrohung.

4. Konkurrenzen. Der unerlaubte Aufenthalt wird nicht durch die vorangegangene unerlaubte Einreise verdrängt, vielmehr liegt zwischen beiden Delikten **Idealkonkurrenz** gem. § 52 StGB vor. Zwar schließt sich an eine unerlaubte Einreise regelmäßig ein unerlaubter Aufenthalt an, der Unwertgehalt der Tat würde jedoch nur unvollständig erfasst, wenn nur auf die Einreise abgestellt würde, weil sich der Schuldumfang in diesen Fällen auch nach den Umständen und der Länge des Aufenthalts bestimmt.[251] Gleiches gilt für das Verhältnis zum passlosen Aufenthalt nach Abs. 1 Nr. 1 und – wenn der Ausländer während des unerlaubten Aufenthalts zugleich einem geheimen Ausländerverein angehört – zu dem Delikt nach Abs. 1 Nr. 8.[252] Idealkonkurrenz ist gleichfalls möglich mit Urkundsdelikten, wenn der Ausländer seinen unerlaubten Aufenthalt durch Vorlage von ge- oder verfälschten Urkunden zu legalisieren sucht.[253] Das Dauerdelikt des unerlaubten Aufenthalts vermag indes mangels einer inneren Verknüpfung nicht die von einem Ausländer währenddessen begangenen weiteren (nicht ausländerrechtlichen) Straftaten zu einer Tat im prozessualen Sinne des § 264 StPO zu verbinden. Der zeitliche Zusammenhang allein reicht dafür nicht aus, weshalb zwischen diesen Taten materiell-rechtlich **Realkonkurrenz** im Sinne des § 53 StGB besteht. Prozessual führt die rechtskräftige Verurteilung wegen des unerlaubten Aufenthalts nicht zum Strafklageverbrauch bezüglich der anderen Taten.[254]

III. Unerlaubte Einreise entgegen § 14 Abs. 1 Nr. 1 oder 2 (Abs. 1 Nr. 3)

1. Objektiver Tatbestand. Die Vorschrift stellt die Einreise ohne Besitz des erforderlichen Passes (§ 14 Abs. 1 Nr. 1) oder des erforderlichen Aufenthaltstitels (§ 14 Abs. 1 Nr. 2) unter Strafe. Nicht erfasst wird die unerlaubte Einreise gem. § 14 Abs. 1 Nr. 3, also die erneute Einreise eines ausgewiesenen oder abgeschobenen Ausländers unter Verstoß gegen § 11 Abs. 1. Diese Fälle werden in Abs. 2 Nr. 1a geregelt, der eine höhere Strafdrohung vorsieht.

a) Begriff der Einreise. Der Grenzübertritt ist in § 13 Abs. 2 normiert. Danach hängt die **Vollendung** der Einreise von der jeweiligen Grenzsituation ab: Während an einer sog. „grünen" Grenze das bloße Überschreiten der Grenzlinie ausreichend ist (§ 13 Abs. 2 Satz 3), muss an einer Grenzübergangsstelle noch deren Passieren hinzukommen (§ 13 Abs. 2 Satz 1). Letzteres ist der Fall, wenn der Ausländer die Kontrollstellen verlassen hat, mit einer weiteren Grenzkontrolle nicht rechnen muss und sich frei in Richtung des Landesinneren bewegen kann.[255] Dementsprechend liegt keine Einreise vor, wenn der Ausländer sich noch unter Kontrolle der Grenzbehörden befindet, so bei einer vorübergehenden Verbringung ins Inland im Rahmen eines Zurückverweisungsverfahrens oder im Transitbereich eines Flughafens.[256] Bei der Einreise auf dem Luftweg ist zu differenzieren zwischen Flügen aus

---

[249] *Cannawurf* S. 211 ff.
[250] Eingehend *Cannawurf* S. 213 ff.; s. zum Kirchenasyl auch die Nachweise bei Erbs/Kohlhaas/*Senge* Rn. 17.
[251] BGH 17.10.2000 – 1 StR 118/00, NStZ 2001, 101; aA *Wilhelm* NStZ 2001, 404 (405): Realkonkurrenz.
[252] Erbs/Kohlhaas/*Senge* Rn. 18.
[253] BGH 7.5.2004 – 2 StR 24/04.
[254] OLG Hamburg 23.3.1999 – II b 6–99 – 1 Ss 4/99, NStZ-RR 1999, 247 mwN.
[255] BGH 1.8.2012 – 4 StR 226/12, BGHR AufenthG § 95 Abs. 1 Nr. 3 Einreise 1 = BeckRS 2012, 17665; BayObLG 16.1.1996 – 4 St RR 280/95, NStZ 1996, 287; GK/*Mosbacher* Rn. 94.
[256] *Schott* StV 2007, 156 (158); s. zu einem Fall der Zurückschiebung auch LG Duisburg 28.7.2008 – 69 Qs 13/08, InfAusIR 2009, 169.

einem anderen Mitgliedstaat, also Binnenflügen im Sinne von Art. 2 Nr. 3 SGK, und solchen, die aus einem Drittstaat kommen: Bei einem Binnenflug findet eine Grenzkontrolle – wie bei der Einreise aus Mitgliedstaaten auf dem Landweg – nicht statt; der Ausländer ist mithin nach § 13 Abs. 2 Satz 3 mit Überschreiten der Grenze eingereist. Nach Art. 2 Nr. 1 Buchst. b SGK gilt der Flughafen am Zielort als Binnengrenze, so dass die Einreise mit dem Betreten des Bundesgebiets am Flughafen vollendet ist, nicht schon mit dem Überfliegen der Staatsgrenze.[257] Mit der Vollendung tritt **gleichzeitig Beendigung** der Einreise ein, danach ist eine Beteiligung nicht mehr möglich.[258] Die unerlaubte Einreise stellt **kein Dauerdelikt** dar, das erst mit der Ausreise beendet ist; Dauerdeliktscharakter hat vielmehr nur der sich regelmäßig anschließende unerlaubte Aufenthalt.[259]

52 **b) Einreise ohne Pass.** Wie beim passlosen Aufenthalt muss insbesondere die Passpflicht bestehen und es darf kein Befreiungstatbestand vorliegen.[260] Auch hier gilt, dass der Ausländer lediglich über den Pass verfügen können muss, eine jederzeitige Vorlagemöglichkeit ist nicht erforderlich. Die Einreise mit einem gefälschten Pass ist – weil dieser nicht den erforderlichen Pass darstellt – unerlaubt und damit strafbar.[261] Ein Ausländer, der seiner Passpflicht nur durch die Bescheinigung über die vorübergehende Aussetzung der Abschiebung genügt, macht sich im Fall seiner Wiedereinreise nach Abs. 1 Nr. 3 strafbar, wenn er zuvor aus dem Bundesgebiet ausgereist war, denn durch die Ausreise erlischt die Aussetzung der Abschiebung (§ 60a Abs. 5 Satz 1).[262] Auch die passlose Einreise wird vom Regelungsbereich der Rückführungsrichtlinie grundsätzlich nicht berührt.[263]

53 **c) Einreise ohne Aufenthaltstitel.** Es gelten zunächst die Grundsätze wie für den Aufenthalt ohne Aufenthaltstitel. Ein **Positivstaater,** der bereits bei seiner Einreise einen längeren Aufenthalt oder die Aufnahme einer Erwerbstätigkeit beabsichtigt, reist unerlaubt ein, weil in diesen Fällen die Befreiung vom Erfordernis eines Aufenthaltstitels bereits bezogen auf den Zeitpunkt der Einreise entfällt.[264] Auch insoweit ist aber wegen der schlechten Nachweismöglichkeiten nur von einer geringen praktischen Bedeutung auszugehen. **Negativstaater,** die zu dem gleichen Zweck handeln, machen bei der Beantragung des Schengen-Visums zu ihren wahren Absichten falsche Angaben, so dass ihr Visum für die strafrechtliche Beurteilung gem. Abs. 6 als nicht vorhanden gilt.[265] Auch sie sind deshalb – wie in den anderen Fällen der rechtsmissbräuchlichen Erlangung des Aufenthaltstitels vor der Einreise – gem. Abs. 1 Nr. 3 strafbar.[266] Insoweit ist auf Grund der durch die Einführung von Abs. 6 geschaffenen neuen Rechtslage die Rechtsprechung des Bundesgerichtshofes zur Straflosigkeit von Negativstaatern, die nur im Besitz eines Touristenvisums sind, aber von vornherein eine Erwerbstätigkeit im Bundesgebiet beabsichtigen,[267] für die Frage der unerlaubten Einreise im Ergebnis überholt. Nach der Rechtsprechung des EuGH führt die **Rückführungsrichtlinie** unter den gleichen Voraussetzungen wie beim unerlaubten Aufenthalt[268] dazu, dass Ausländer allein wegen unerlaubter Einreise ohne Aufenthaltstitel

---

[257] BGH 28.4.2015 – 3 StR 86/15, NJW 2015, 2276 (2277); BGH 26.2.2015 – 4 StR 233/14, BGHSt 60, 205 (213 f.) = NJW 2015, 2274 (2276); aA OLG Bamberg 24.9.2014 – 3 Ss 59/13, NStZ 2015, 404 (405): Passieren der Kontrollstelle erforderlich; aA – Einfliegen in den deutschen Luftraum genügt – *Schott* S. 113.
[258] BGH 25.3.1999 – 1 StR 344/98, insoweit in NStZ 1999, 409 nicht abgedruckt; BayObLG 2.3.1999 – 4 St RR 32/99, NStZ-RR 1999, 314; Erbs/Kohlhaas/*Senge* Rn. 19; aA *Cantzler* S. 154; offen gelassen bei *Westphal/Stoppa* S. 699 f.; differenzierend *Schott* S. 118 ff. (Verlassen der 30-km-Grenze).
[259] BGH 4.5.2016 – 3 StR 358/15, BeckRS 2016, 12555; *Wilhelm* NStZ 2001, 404 (405); aA *Cantzler* S. 154.
[260] → Rn. 19 f.
[261] *Schott* StV 2007, 156 (158) mwN.
[262] BayObLG 23.9.2004 – 4 St RR 113/04, NStZ-RR 2005, 20.
[263] → Rn. 22.
[264] → Rn. 40; aA Erbs/Kohlhaas/*Senge* Rn. 19; *Hailbronner* Rn. 54.
[265] → Rn. 37.
[266] *Schott* S. 281.
[267] BGH 27.4.2005 – 2 StR 457/04, BGHSt 50, 105 = NJW 2005, 2095.
[268] Dazu → Rn. 30 ff.

nicht bestraft werden können.[269] Ein weitergehender **Ausschluss der Strafbarkeit** ist indes entgegen einer im Schrifttum vertretenen Auffassung[270] **nicht geboten.** Insbesondere ist eine Strafbarkeit nicht in jedem Fall ausgeschlossen, in dem sich ein unerlaubter Aufenthalt des Ausländers anschließt: Kann er nicht abgeschoben werden, etwa weil seine Identität oder Nationalität infolge seiner unvollständigen oder unrichtigen Angaben unklar ist oder er an der Passbeschaffung nicht mitwirkt, steht ihm ein Duldungsanspruch zu, der die Strafbarkeit wegen unerlaubten Aufenthalts entfallen lässt.[271] Eine Verzögerung des Rückführungsverfahrens tritt in diesen Fällen nicht ein, weil die Abschiebung infolge des Verhaltens des Ausländers gerade nicht möglich ist, so dass die Rückführungsrichtlinie eine strafrechtliche Verfolgung nicht hindert. Warum in dieser Situation eine Bestrafung wegen unerlaubter Einreise ausscheiden soll, erschließt sich nicht.[272] Dies kann insbesondere nicht damit begründet werden, dass im Zeitpunkt der Einreise noch nicht feststünde, ob ein Straftatbestand erfüllt sei, oder nicht, weshalb die Strafbarkeit unter Verstoß gegen Art. 103 Abs. 2 GG nicht gesetzlich bestimmt sei:[273] Die unerlaubte Einreise ist mit Strafe bedroht und der Tatbestand wird durch das Überschreiten der Grenze erfüllt. Allenfalls die Ahndungsmöglichkeiten können entfallen bzw. es muss das Strafbedürfnis zurücktreten;[274] der Gewährleistungsgehalt von Art. 103 Abs. 2 GG wird davon nicht berührt.

Eine Erwerbstätigkeit liegt auch hier nicht vor, wenn es dem Einreisenden – wie beim **54** Handel mit Betäubungsmitteln oder Schmuggel – um die Erzielung illegaler Einkünfte geht.[275] Der Anspruch auf Erteilung eines Aufenthaltstitels, wie ihn ausländische Arbeitnehmer eines Unternehmens mit Sitz in der EU besitzen, berechtigt nicht unmittelbar zur Einreise, vielmehr benötigen auch diese Personen einen Aufenthaltstitel, der ihnen auf Antrag zu erteilen ist.[276]

d) Asylbewerber. Sie können den Tatbestand der unerlaubten Einreise ebenfalls erfül- **55** len, insbesondere wenn sie über eine „grüne" Grenze einreisen.[277] Sofern sie **nicht als Flüchtling anerkannt** werden können, weil bei ihnen nicht die Voraussetzungen des Art. 31 GFK vorliegen oder sie aus einem sicheren Drittstaat eingereist sind,[278] führt auch die spätere Stellung eines Asylantrags und die Aufenthaltsgestattung nach § 55 AsylG nicht dazu, dass die bereits abgeschlossene unerlaubte Einreise straflos wird.[279] Dieses Ergebnis ist in der Regel gerechtfertigt, weil die Asylbewerber Rechtsschutz erlangen können, ohne die Grenzbehörden zu umgehen, indem sie unmittelbar bei der Einreise an der Grenze einen Asylantrag stellen; sie dürfen dann auch nicht zurückgewiesen werden, § 15 Abs. 4 Satz 2.[280]

2. Subjektiver Tatbestand. Nur die **vorsätzlich** begangene unerlaubte Einreise erfüllt **56** den Tatbestand von Abs. 1 Nr. 3. Der Ausländer muss die Umstände erkennen, aus denen sich die Passlosigkeit oder das Fehlen des Aufenthaltstitels ergibt und die somit seine Einreise unerlaubt machen. Bedingter Vorsatz ist ausreichend.

3. Versuchsstrafbarkeit. Gemäß Abs. 3 ist bereits der **Versuch** der unerlaubten Einreise **57** strafbar. Das Versuchsstadium ist nach allgemeinen Grundsätzen erreicht, wenn der Täter

---

[269] EuGH 7.6.2016 – C 47/15, BeckEuRS 2016, 474041 Rn. 65; so auch *Hörich/Bergmann* NJW 2012, 3339 (3343); *Huber/Hörich* Rn. 78 ff.; *Hörich* S. 291 ff.; HK/*Fahlbusch* Rn. 50 ff.
[270] *Hörich* S. 289 ff.; *Bergmann/Hörich* S. 21 f.; *Huber/Hörich* Rn. 78 ff.; HK/*Fahlbusch* Rn. 50 ff., 72.
[271] → Rn. 34.
[272] Diese Fallkonstellation haben die genannten Autoren offenbar nicht im Blick gehabt.
[273] So aber für Fälle der nachträglichen Erteilung eines Aufenthaltstitels *Hörich* S. 291 f.; *Bergmann/Hörich* S. 22; *Huber/Hörich* Rn. 82; HK/*Fahlbusch* Rn. 53.
[274] → Rn. 33.
[275] → Rn. 41.
[276] Erbs/Kohlhaas/*Senge* Rn. 19.
[277] *Aurnhammer* S. 164 f.
[278] Dazu → Rn. 122 ff.
[279] *Aurnhammer* S. 165; *Hailbronner* Rn. 58; vgl. BGH 15.12.1989 – 2 StR 167/89, BGHSt 36, 328 (329) = NJW 1990, 186.
[280] *Aurnhammer* S. 165; *Hailbronner* Rn. 59; dazu auch → Rn. 124 ff.

unmittelbar zur Tatbestandsverwirklichung ansetzt. Dies ist bei der Einreise erst der Fall, wenn der Ausländer sich anschickt, die Grenze zu überschreiten. Davor liegende Handlungen, insbesondere die Reise zur Grenze oder das Beschaffen von (falschen) Papieren, stellen lediglich straflose Vorbereitungshandlungen dar.[281] Da die Einreise mit dem Überschreiten der Grenzlinie bereits vollendet ist,[282] Versuch und Vollendung also oftmals zusammen fallen, kommt der Versuchsstrafbarkeit an einer **Außengrenze kaum Relevanz** zu. Möglich ist sie aber bei einer Entdeckung des Ausländers an einer Grenzübergangsstelle vor deren Passieren, etwa wenn er im Kofferraum eines Autos versteckt in das Bundesgebiet einreisen will[283] oder einen gefälschten Pass vorlegt.[284] Eine größere praktische Bedeutung ist gegeben, wenn sich ein Ausländer lediglich im **Transitbereich eines Flughafens** aufhalten darf (§ 6 Abs. 1 Nr. 2), diesen aber unter Umgehung der Grenzkontrollen zu verlassen sucht.[285] Ist eine Handlung, die bereits die Versuchsstrafbarkeit begründet, im Ausland begangen worden, so etwa an einer vorgeschobenen Grenzübergangsstelle[286] im Bahnverkehr, gilt gem. § 9 Abs. 1 StGB das deutsche Strafrecht, weil der Erfolg der Tat – die Einreise in die Bundesrepublik – im Inland eintreten sollte.[287]

58   **4. Teilnahme.** Das Bestimmen zu oder die Hilfeleistung bei der unerlaubten Einreise können die strafbaren Teilnahmetatbestände der **Anstiftung oder Beihilfe** gem. §§ 26, 27 StGB iVm Abs. 1 Nr. 3 erfüllen. Auch hier liegen die zum gesonderten Delikt hochgestuften Straftaten der §§ 96, 97 vor, wenn der Teilnehmer die weiteren Voraussetzungen dieser Vorschriften erfüllt. Zwar ist die Teilnahme an der Einreise nach dem Grenzübertritt grundsätzlich nicht mehr möglich.[288] Handelt der Teilnehmer jedoch als Mitglied einer Schleuserorganisation, deren Ziel die Durchschleusung der Ausländer durch das Bundesgebiet in einen anderen Staat ist, stellt sich jede Hilfestellung, auch die zu der planmäßigen Verbringung ins Ausland, als Beihilfe zu der unerlaubten Einreise (und dem sich anschließenden unerlaubten Aufenthalt) dar.[289] Die nur einem Ausländer mögliche unerlaubte Einreise stellt **kein persönliches Merkmal** im Sinne des § 28 Abs. 1 StGB dar, denn die Strafbarkeit beruht nicht auf einer besonderen personenbezogenen Pflichtenstellung.[290]

59   **5. Konkurrenzen.** Zu dem sich an die unerlaubte Einreise anschließenden unerlaubten Aufenthalt besteht Idealkonkurrenz.[291] Legt der Ausländer bei Einreise gefälschte Ausweispapiere vor, besteht zwischen der unerlaubten Einreise und der Urkundenfälschung gem. § 267 StGB Idealkonkurrenz. Gleiches gilt in der Regel für den Missbrauch von Ausweispapieren gem. § 281 StGB, wenn der Ausländer den Ausweis eines anderen vorlegt.[292] Die gem. Abs. 2 Nr. 1a strafbare Einreise unter Missachtung eines Einreiseverbots gem. § 11 Abs. 1 verdrängt als spezielleres Gesetz die unerlaubte Einreise nach Abs. 1 Nr. 3.[293]

IV. Zuwiderhandlung gegen vollziehbare Anordnungen (Abs. 1 Nr. 4)

60   **1. Objektiver Tatbestand.** In Abs. 1 Nr. 4 werden zwei unterschiedliche Straftatbestände zusammengefasst. Einerseits wird die Ausreise unter Missachtung eines vollziehbaren Ausreiseverbots gem. § 46 Abs. 2 Satz 1 oder 2 mit Strafe bedroht,[294] andererseits die Miss-

---

[281] Erbs/Kohlhaas/*Senge* Rn. 23.
[282] → Rn. 51.
[283] BayObLG 16.1.1996 – 4 St RR 280/95, NStZ 1996, 287.
[284] *Westphal/Stoppa* NJW 1999, 2137 (2141).
[285] *Schott* S. 113 f.
[286] Dazu *Westphal/Stoppa* S. 732.
[287] Erbs/Kohlhaas/*Senge* Rn. 23.
[288] BGH 4.5.2016 – 3 StR 358/15, BeckRS 2016, 12555.
[289] BGH 26.5.1999 – 3 StR 570/98, BGHSt 45, 103 (105 f.) = NJW 1999, 2827 (2828).
[290] BGH 25.3.1999 – 1 StR 344/98, NStZ 1999, 409 (410); *Kretschmer* ZAR 2013, 278 (279); GK/Mosbacher Rn. 108; Erbs/Kohlhaas/*Senge* Rn. 20; aA *Aurnhammer* S. 159.
[291] → Rn. 49.
[292] *Aurnhammer* S. 198 f.; Erbs/Kohlhaas/*Senge* Rn. 25.
[293] Erbs/Kohlhaas/*Senge* Rn. 54.
[294] Zum Ausreiseverbot → § 46 Rn. 2.

achtung des Verbots einer politischen Betätigung nach § 47 Abs. 1 Satz 2 oder Abs. 2.[295] Die Vorschrift gilt nunmehr **auch** für **Unionsbürger**, § 11 Abs. 1 Satz 1 FreizügG/EU.

a) Verbotene Ausreise. Die **Tathandlung** liegt in der Ausreise, also in dem Verlassen des Bundesgebiets durch Überschreiten der Staatsgrenze. Mit der Ausreise ist das Delikt vollendet.[296] Wie bei der Einreise wird bei Handlungen im Vorfeld, etwa bei der Reise zur Grenze, die Schwelle zum unmittelbaren Ansetzen, also zum Versuch, noch nicht überschritten; wird der Ausländer bei der Ausreise gestoppt, liegt nur ein – strafloser – Versuch vor.[297] Die praktische Bedeutung der Vorschrift ist gering, weil der Ausländer, der sich durch die verbotswidrige Ausreise dem Zugriff der deutschen Behörden entzieht, in der Regel wenig Veranlassung haben wird, wieder in die Bundesrepublik einzureisen.[298]

b) Missachtung des Verbots einer politischen Betätigung. Gemäß § 47 kann (Abs. 1 Satz 2) oder muss (Abs. 2) eine politische Betätigung des Ausländer beschränkt oder untersagt werden. Die Verfügung kann als gesonderter Verwaltungsakt oder als Auflage zu einem Aufenthaltstitel ausgesprochen werden. Das Delikt wird verwirklicht, wenn sich der Ausländer entgegen der Verfügung politisch betätigt. Auch insoweit ist die praktische Bedeutung gering; veröffentlichte Entscheidungen zu dem Delikt liegen – soweit ersichtlich – nicht vor.

c) Vollziehbarkeit. Ausreiseverbot und Verbot der politischen Betätigung müssen **vollziehbar** sein. Widerspruch und Klage entfalten – wenn nicht die sofortige Vollziehbarkeit besonders angeordnet wird – aufschiebende Wirkung, so dass in der Regel eine Strafbarkeit vor Ablauf der einmonatigen Widerspruchsfrist nicht in Betracht kommt. Ist die Rechtsbehelfsbelehrung unterblieben oder unrichtig, verlängert sich die Widerspruchsfrist auf ein Jahr (§ 58 Abs. 2 VwGO), innerhalb dem mangels Vollziehbarkeit der Verbotsverfügung eine Strafbarkeit nach Abs. 1 Nr. 4 ausscheidet.[299]

2. Subjektiver Tatbestand. Nur der **vorsätzliche** Verstoß gegen eine Verbotsverfügung vermag die Strafbarkeit zu begründen, wobei bedingter Vorsatz ausreichend ist. Der Ausländer muss demnach insbesondere Kenntnis von der Verfügung haben.

3. Teilnahme. Zum Verstoß gegen eine Verbotsverfügung ist **Anstiftung** oder **Beihilfe** für Jedermann **möglich**. Eine Hilfeleistung kann nach allgemeinen Grundsätzen bereits im Vorfeld der eigentlichen Tatbegehung strafbarkeitsbegründend sein, etwa wenn der Gehilfe den Ausländer, der einem Ausreiseverbot unterliegt, zur Grenze transportiert. Erforderlich ist aber stets, dass die Tat vollendet wird; bleibt die Ausreise im Stadium des straflosen Versuchs stecken, ist auch die Teilnahme mangels einer Haupttat straflos.[300]

V. Verstoß gegen § 49 Abs. 2 (Abs. 1 Nr. 5)

1. Objektiver Tatbestand. Nach Abs. 1 Nr. 5 wird bestraft, wer entgegen § 49 Abs. 2 **Angaben** zu seinem Alter, seiner Identität und Staatsangehörigkeit gegenüber der zuständigen Behörde nicht, nicht richtig oder nicht vollständig macht, wenn die Behörde die Angaben zuvor verlangt hat. Da der Wortlaut nur auf Angaben gegenüber den mit dem Vollzug des Ausländerrechts betrauten Behörden abstellt, werden **Erklärungen** gegenüber

---

[295] Zum Verbot der politischen Betätigung s. § 47.
[296] *Hailbronner* Rn. 62; aA OLG München 8.12.2014 – 2 Ws 1190/14, NStZ 2015, 406 (407), wonach es sich bei Nr. 4 um ein Tätigkeitsdelikt handele, das spätestens dann vollendet sei, wenn der Täter alles für den Grenzübertritt erforderliche getan habe und ein weiteres aktives Handeln seinerseits nicht mehr erforderlich sei.
[297] *Aurnhammer* S. 104; aA OLG München 8.12.2014 – 2 Ws 1190/14, NStZ 2015, 406 (407) aufgrund seiner Annahme eines Tätigkeitsdelikts.
[298] Erbs/Kohlhaas/*Senge* Rn. 27.
[299] Vgl. BayObLG 1.4.2003 – 4 St RR 15/03, NStZ-RR 2003, 341; OLG Düsseldorf 29.12.1999 – 2 b Ss 167/99–72/99 I, NStZ-RR 2000, 184.
[300] *Westphal/Stoppa* S. 702.

der Vertretung des Staates, dessen Staatsangehörigkeit der Ausländer (vermutlich) besitzt (§ 49 Abs. 2 Alt. 2), von der Strafvorschrift **nicht erfasst**.[301] Eine weitergehende Auslegung, die auch bei Berücksichtigung der Gesetzesbegründung nicht geboten ist,[302] würde wegen Überschreitens der Wortlautgrenze gegen Art. 103 Abs. 2 GG verstoßen.[303]

67 Die Angaben müssen gegenüber den mit dem **Vollzug des Ausländerrechts betrauten Behörden** gemacht werden, also gegenüber den Ausländerbehörden, den Grenzbehörden, der Landespolizei oder den Auslandsvertretungen.[304] Weiter müssen sich die Angaben auf Alter, Identität oder Staatsangehörigkeit beziehen. Andere Angaben können nur dem die Vorschrift verdrängenden Abs. 2 Nr. 2 unterfallen. Da der **Personenstand** in der Regel nicht der Identifizierung einer Person dient, fallen unrichtige Angaben über eine Eheschließung nicht unter den Tatbestand von Abs. 1 Nr. 5.[305] Unrichtige Angaben eines **Asylbewerbers** werden von der Vorschrift ebenfalls nicht erfasst.[306] In § 15 Abs. 2 AsylG sind die Mitwirkungspflichten eines Asylbewerbers eigenständig geregelt, ohne dass Verstöße dagegen sanktioniert würden. Erst nach Ablehnung des Asylantrags und Erlöschen der Aufenthaltsgestattung können falsche Angaben des Ausländers unter den Tatbestand von Abs. 1 Nr. 5 fallen.[307] Würden wahrheitsgemäße Angaben dazu führen, dass der Ausländer eine bereits begangene Straftat offenbaren müsste, soll der Tatbestand von Nr. 5 verfassungskonform einschränkend dahin auszulegen sein, dass die tatsächlich falschen Angaben nicht davon erfasst würden.[308] Diese Auffassung überzeugt jedoch nicht: Richtig ist zwar, dass in diesen Fällen wahrheitsgemäße Angaben die Selbstbelastungsfreiheit einschränken könnten; dieser Konflikt dürfte indes richtigerweise so aufzulösen sein, dass entsprechend den Grundsätzen der Rechtsprechung des Bundesverfassungsgerichts in der sog. Gemeinschuldnerentscheidung[309] gegebenenfalls in einem Strafverfahren wegen der zurückliegenden Taten ein Verwertungsverbot hinsichtlich der – inhaltlich richtigen – Angaben angenommen werden kann.[310]

68 **2. Subjektiver Tatbestand.** Nur der **vorsätzliche** Verstoß ist strafbar. Da die Strafbewehrung im deutschen Ausländerrecht relativ neu ist und die Adressaten häufig sprachunkundig sind, ist die Kenntnis des Ausländers von der Verpflichtung zu wahrheitsgemäßen Angaben im Hinblick auf die Vermeidbarkeit eines Verbotsirrtums besonders sorgfältig zu prüfen. Sie wird aber regelmäßig gegeben sein, weil der Ausländer gem. § 82 Abs. 3 über diese Pflichten belehrt werden soll und Fälle, in denen die Belehrung aus zwingenden Gründen unterbleiben müsste, kaum denkbar erscheinen.[311]

VI. Verstoß gegen § 49 Abs. 10 (Abs. 1 Nr. 6)

69 **1. Objektiver Tatbestand.** Gemäß Abs. 1 Nr. 6 macht sich strafbar, wer die in § 49 Abs. 10 genannten **erkennungsdienstlichen Maßnahmen** nicht duldet, die sich aus § 49 Abs. 1 und Abs. 3–9 ergeben. Die Verletzung der Duldungspflicht erfordert einen **aktiven Widerstand** gegen die erkennungsdienstliche Behandlung, bloß passives Verhalten reicht

---

[301] OLG Celle 14.2.2007 – 21 Ss 84/06, StV 2007, 361; *Westphal/Stoppa* S. 702; *Hailbronner* Rn. 70; GK/*Mosbacher* Rn. 136; Erbs/Kohlhaas/*Senge* Rn. 30.
[302] OLG Celle 14.2.2007 – 21 Ss 84/06, StV 2007, 361.
[303] Vgl. *Westphal/Stoppa* S. 705 f.; *Hailbronner* Rn. 70.
[304] Erbs/Kohlhaas/*Senge* Rn. 30.
[305] OLG Hamm 22.11.2007 – 3 Ss 480/07, NStZ-RR 2008, 154; GK/*Mosbacher* Rn. 141; aA Erbs/Kohlhaas/*Senge* Rn. 30 mwN; zur Strafbarkeit solcher Angaben nach Abs. 2 Nr. 2 → Rn. 112.
[306] KG 22.12.2009 – (3) 1 Ss 410/08 (156/08), NStZ-RR 2010, 218.
[307] *Westphal/Stoppa* S. 703; vgl. OLG Celle 14.2.2007 – 21 Ss 84/06, StV 2007, 361.
[308] LG Berlin 17.2.2015 – (572) 252 Js 3536/13 Ns (139/14), InfAuslR 2015, 323 (324).
[309] BVerfG 13.1.1981 – 1 BvR 116/77, BVerfGE 56, 37 = NJW 1981, 1431.
[310] Zu dieser Problematik mit Blick auf die Verwertbarkeit von Angaben eines Asylbewerbers in einem Asylverfahren, die nicht verpflichtend sind: BGH 15.12.1989 – 2 StR 167/89, BGHSt 36, 328 = NJW 1990, 186.
[311] Vgl. *Westphal/Stoppa* S. 704; GK/*Mosbacher* Rn. 167.

nicht aus.³¹² Danach macht sich nach Abs. 1 Nr. 6 strafbar, wer sich aktiv weigert, die Maßnahmen durchführen zu lassen, oder wer untertaucht, um sich der Identitätsfeststellung zu entziehen, nicht aber derjenige, der zu einem Termin, bei dem die erkennungsdienstlichen Maßnahmen durchgeführt werden sollten, unentschuldigt nicht erscheint.³¹³ Nicht notwendig ist es, dass die Durchführung der erkennungsdienstlichen Maßnahmen auf Dauer verhindert wird; der **Erfolg** des Widerstandes ist **nicht maßgeblich,** weil die Gesetzesfassung nicht auf die Verhinderung sondern auf die bloße Duldung abstellt.³¹⁴

Für **Asylbewerber,** die gem. § 15 Abs. 2 Nr. 7 AsylG zur Duldung erkennungsdienstlicher Maßnahmen verpflichtet sind, die nach § 16 AsylG angeordnet werden, gilt die Strafvorschrift des Abs. 1 Nr. 6 nicht, weil § 16 AsylG die gegenüber § 49 speziellere Norm darstellt.³¹⁵ Ein Verstoß gegen § 16 AsylG hat nicht die Strafbarkeit des Asylbewerbers zur Folge, sondern führt lediglich zu verfahrensrechtlichen Nachteilen.³¹⁶ Ausnahmsweise kommt eine Strafbarkeit nach Abs. 1 Nr. 6 für Asylsuchende in Betracht, wenn diese in einen gem. § 26a Abs. 2 AsylG sicheren Drittstaat zurückgewiesen oder zurückgeschoben werden können und zur Vorbereitung dieser Maßnahme erkennungsdienstlich behandelt werden sollen.³¹⁷ 70

Die **Rechtmäßigkeit** der Anordnung erkennungsdienstlicher Maßnahmen ist nach der hier vertretenen Auffassung zur strengen Verwaltungsakzessorietät **nicht erforderlich.**³¹⁸ Zwischen dem Verstoß gegen die Duldungspflicht und dem zur Begründung der Annahme von Straffreiheit herangezogenen Delikt des Widerstands gegen Vollstreckungsbeamte gem. § 113 StGB besteht zwar eine gewisse Ähnlichkeit, die eine solche Auslegung oder gegebenenfalls eine – zu Gunsten des Beschuldigten zulässige – analoge Anwendung³¹⁹ als nicht fernliegend erscheinen lassen könnte. Allerdings wird dabei nicht berücksichtigt, dass in § 113 Abs. 3 StGB die Rechtmäßigkeit der Vollstreckungshandlung, die eine objektive Bedingung der Strafbarkeit darstellt,³²⁰ ausdrücklich normiert ist. Eine solche Einschränkung der Strafbarkeit sieht Abs. 1 Nr. 6 hingegen nicht vor,³²¹ so dass es nach der hier vertretenen Auffassung zur strengen Verwaltungsakzessorietät dabei bleibt, dass es auf die materielle Rechtmäßigkeit des Verwaltungsaktes nicht ankommt und diese auch im Strafverfahren nicht zu überprüfen ist.³²² 71

Voraussetzung ist allein, dass die Anordnung **vollziehbar** ist. Dies ist nach der Einführung von § 84 Abs. 1 Nr. 1a durch das **Gesetz zur Verbesserung der Registrierung und des Datenaustausches zu aufenthalts- und asylrechtlichen Zwecken** vom 2.2.2016³²³ stets der Fall, weil Widerspruch und Klage gegen Maßnahmen nach § 49 keine aufschiebende Wirkung haben. Dies führt zu einer moderaten Verschärfung der Strafvorschriften, weil bereits nach früherem Recht die Anordnung unmittelbar mit der Bekanntgabe sofort vollziehbar wurde, wenn sie durch Polizeibeamte vorgenommen wurde, weil sie in diesen Fällen regelmäßig eine unaufschiebbare Maßnahme von Polizeivollzugsbeamten im Sinne 72

---

³¹² *Aurnhammer* S. 21; *Westphal/Stoppa* S. 708; *Hailbronner* Rn. 72; aA BeckOK AuslR/*Hohoff* Rn. 52.
³¹³ *Aurnhammer* S. 21; *Cannawurf* S. 124; *Westphal/Stoppa* S. 708; *Hailbronner* Rn. 72; GK/*Mosbacher* Rn. 168; aA Erbs/Kohlhaas/*Senge* Rn. 34.
³¹⁴ *Cannawurf* S. 124; *Westphal/Stoppa* S. 708; Erbs/Kohlhaas/*Senge* Rn. 34; aA *von Pollern* ZAR 1996, 175 (176); *Hailbronner* Rn. 72: strafloser Versuch.
³¹⁵ Erbs/Kohlhaas/*Senge* Rn. 36.
³¹⁶ BeckOK AuslR/*Hohoff* Rn. 51 will diesem Umstand einen weiteren Hinweis auf die Unverhältnismäßigkeit der Strafvorschriften des AufenthG entnehmen, jedenfalls für Abs. 1 Nr. 6.
³¹⁷ *Westphal/Stoppa* S. 708.
³¹⁸ *Aurnhammer* S. 134; BeckOK AuslR/*Hohoff* Rn. 54; aA *Westphal/Stoppa* S. 709 f.; Bergmann/Dienelt/*Winkelmann* Rn. 73; Erbs/Kohlhaas/*Senge* Rn. 34; Huber/*Hörich* Rn. 141; differenzierend zwischen Anordnung und Ausführung der Maßnahme GK/*Mosbacher* Rn. 175.
³¹⁹ Huber/*Hörich* Rn. 141.
³²⁰ BGH 31.3.1953 – 1 StR 670/52, BGHSt 4, 161.
³²¹ Dass dies nach nur unbeabsichtigt unterblieben ist, wovon wohl Huber/*Hörich* Rn. 141 ausgeht, liegt angesichts der seit Jahren geführten rechtswissenschaftlichen Diskussion zu dieser Frage nicht nahe.
³²² AA Erbs/Kohlhaas/*Senge* Rn. 34.
³²³ BGBl. I S. 130.

des § 80 Abs. 2 Satz 1 Nr. 2 VwGO darstellte.[324] Ordnete hingegen die Ausländerbehörde die erkennungsdienstlichen Maßnahmen an, trat die Vollziehbarkeit erst mit Ablauf der Rechtsmittelfristen (regelmäßig ein Monat ab Bekanntgabe)[325] ein, es sei denn, die Ausländerbehörde hätte die sofortige Vollziehung gem. § 80 Abs. 2 Satz 1 Nr. 4 VwGO gesondert angeordnet.[326] Diese Unterscheidung entfällt nunmehr. Ein Antrag auf **Wiederherstellung der aufschiebenden Wirkung** gem. § 80 Abs. 5 VwGO führt – anders als in den Fällen, in denen sich der Ausländer gegen eine Ausweisungsverfügung richtet[327] – nicht zu einer Straflosigkeit nach Abs. 1 Nr. 6. Denn die Duldungspflicht führt für den Ausländer nicht zu vergleichbar erheblichen Nachteilen, so dass ihm die Befolgung der Anordnung bis zu der Entscheidung über seinen Antrag nach § 80 Abs. 5 VwGO zumutbar ist.[328]

73   **2. Subjektiver Tatbestand.** Die Tatbestandsverwirklichung erfordert **vorsätzliches** Handeln, bedingter Vorsatz reicht aus. Insbesondere ist die Kenntnis des Ausländers erforderlich, dass bei ihm erkennungsdienstliche Maßnahmen vorgenommen werden sollen.[329] Irrt sich der Ausländer darüber, dass eine Anordnung eine erkennungsdienstliche Maßnahme darstellt, handelt er in einem Vorsatz ausschließenden **Tatbestandsirrtum** gem. § 16 StGB, irrt er hingegen über Reichweite oder Verbindlichkeit der Duldungspflicht liegt ein – regelmäßig unbeachtlicher – **Verbotsirrtum** im Sinne des § 17 StGB vor.[330]

74   **3. Konkurrenzen. Idealkonkurrenz** ist mit § 113 StGB möglich, wenn die Tathandlung nach Abs. 1 Nr. 6 zugleich die Voraussetzungen des Widerstands gegen Vollstreckungsbeamte erfüllt.[331] Nur dann ist im Strafverfahren die Prüfung erforderlich, ob die Anordnung erkennungsdienstlicher Maßnahmen rechtmäßig war, weil die Verurteilung nach § 113 StGB die Rechtmäßigkeit der Vollstreckungshandlung erfordert.[332]

VII. Wiederholter Verstoß gegen § 56 (Abs. 1 Nr. 6a)

75   **1. Objektiver Tatbestand.** Die Vorschrift sanktioniert den Verstoß gegen bestimmte, in § 56 abschließend aufgezählte Pflichten eines Ausländers, der nach einer Ausweisungsverfügung aufgrund eines Ausweisungsinteresses gem. § 54 Abs. 1 Nr. 2–5 oder einer Abschiebungsanordnung gem. § 58a vollziehbar ausreisepflichtig ist und sich – insbesondere auf Grund von Abschiebungshindernissen – weiterhin im Bundesgebiet aufhält. Gemeinsam ist den genannten Ausweisungs- oder Abschiebungsanordnungen, dass sie nur gegen Ausländer ergehen können, die wegen ihrer Unterstützung von Terrorismus oder terroristischen Vereinigungen oder wegen ihrer Gewaltbereitschaft eine **gegenwärtige Gefahr für die innere Sicherheit** der Bundesrepublik Deutschland darstellen. Nur solche besonders gefährlichen Ausländer bedürfen der in § 56 normierten strengen Kontrolle.[333]

76   Gemäß § 56 Abs. 1 unterliegen diese Ausländer einer **gesetzlichen Meldepflicht,** die auch gegenüber Ausländern angeordnet werden kann, die aus anderen Gründen vollziehbar ausreisepflichtig sind, wenn dies zur Abwendung einer Gefahr für die öffentliche Sicherheit und Ordnung erforderlich ist, § 56 Abs. 1 Satz 2. Solche Ausländer sind allerdings keine tauglichen Täter von Abs. 1 Nr. 6a, sie unterfallen lediglich der Bußgeldvorschrift des § 98 Abs. 3 Nr. 4.[334] Der wiederholte, also mindestens zweimalige Verstoß gegen die Melde-

---

[324] *Hailbronner* Rn. 73.
[325] → Rn. 63.
[326] *Westphal/Stoppa* S. 709.
[327] → Rn. 28.
[328] *Aurnhammer* S. 134.
[329] *Hailbronner* Rn. 74.
[330] *Aurnhammer* S. 178.
[331] Erbs/Kohlhaas/*Senge* Rn. 34.
[332] → Rn. 71.
[333] *Westphal/Stoppa* S. 710; zum früheren Ausweisungstatbestand des § 54 Nr. 5 eingehend *Marx* ZAR 2011, 167; dem entsprechen nach der jetzigen Regelung die Ausweisungsinteressen gemäß § 54 Abs. 1 Nr. 2 bis 5.
[334] AA wohl GK/*Mosbacher* Rn. 180.

pflicht begründet die Strafbarkeit nach Abs. 1 Nr. 6a.[335] Der Erstverstoß muss zu einer Zeit geschehen sein, als der wiederholte Verstoß bereits mit Strafe bedroht war und stellt ein eigenständiges und damit in jedem Fall festzustellendes Tatbestandsmerkmal dar.[336] Liegt der Erstverstoß so lange zurück, dass er gem. § 51 BZRG tilgungsreif ist, darf er nicht mehr zu Ungunsten eines Angeklagten verwertet und damit nicht zur Begründung der Strafbarkeit herangezogen werden; es verbleibt dann gegebenenfalls nur der gem. § 98 Abs. 3 Nr. 5 bußgeldbewehrte einmalige Verstoß.[337] Fraglich ist, ob der frühere Verstoß bereits **geahndet** worden sein muss; die Problematik entspricht der bei Nr. 7, insoweit wird auf die dortige Kommentierung (→ Rn. 82) verwiesen.

Nach § 56 Abs. 2 gilt für die in § 56 Abs. 1 Satz 1 genannten besonders gefährlichen **77** Ausländer eine gesetzliche **räumliche Beschränkung** auf den Bezirk der Ausländerbehörde, sofern diese nichts anderes anordnet. Erst wiederholte – also mindestens zweimalige – Verstöße gegen diese Beschränkung führen zur Strafbarkeit. Soweit Abs. 1 Nr. 6a im Zusammenhang mit der räumlichen Beschränkung auf sonstige Auflagen abstellt, ist vom Wortlaut her ein Bezug zu 56 nicht erkennbar, wenn man nicht lediglich auf die „abweichenden Festlegungen" nach § 56 Abs. 2 abstellt, so dass Bedenken gegen die **Bestimmtheit der Norm** im Sinne von Art. 103 Abs. 2 GG bestehen.[338] Angesichts dessen können unter sonstige Auflagen im Sinne des Abs. 1 Nr. 6a keinesfalls solche subsumiert werden, die die Aufnahme einer Erwerbstätigkeit verbieten, weil solche Auflagen erkennbar nicht dem Regelungszweck des § 56 – dem Schutz der inneren Sicherheit – dienen.[339]

Der Verstoß gegen die Verpflichtung zur **Wohnsitznahme** nach § 56 Abs. 3 führt bereits **78** bei einmaliger Begehung zur Strafbarkeit nach Abs. 1 Nr. 6a. Voraussetzung ist aber, dass die Behörde den Ausländer auf die Folgen einer Weigerung der Wohnsitznahme wiederholt, also mindestens zwei Mal, hingewiesen hat.[340] Die Erfüllung dieser Hinweispflicht ist im Strafverfahren aufzuklären.

In der vierten Alternative macht sich der Ausländer schließlich nach Abs. 1 Nr. 6a strafbar, **79** wenn er bestimmte **Kommunikationsmittel oder -dienste** nutzt, die ihm gem. § 56 Abs. 4 verboten worden waren, um die Fortführung der Bestrebungen, die zu seiner Ausweisung geführt haben, zu erschweren. Außerdem ist durch das Gesetz zur Neubestimmung des Bleiberechts und der Aufenthaltsbeendigung vom 27.7.2015 die Möglichkeit, personenbezogene Kontaktverbote auszusprechen, in § 56 Abs. 3 eingeführt worden; der Verstoß ist ebenfalls nach Abs. 1 Nr. 6a strafbewehrt. Kontakt- und Kommunikationsmittelverbote dürfen nicht dazu führen, dass der Ausländer über keine Kommunikationsmittel mehr verfügt. Bereits der einmalige Verstoß ist ausreichend.[341]

Die nunmehr in § 56 geregelten Verpflichtungen waren bis zu dessen Inkrafttreten am **80** 1.1.2016 im Wesentlichen in § 54a enthalten. Aufgrund eines Versehens des Gesetzgebers verwies indes bereits die zum 1.8.2015 in Kraft getretene Fassung[342] von Abs. 1 Nr. 6a auf § 56, der zu dieser Zeit indes keine Pflichten des Ausländers vorsah, sondern lediglich Regelungen zum Ausweisungsschutz nach altem Recht enthielt. Dieses Versehen wurde durch das „Asylverfahrensbeschleunigungsgesetz" vom 20.10.2015[343] durch eine Änderung des Verweises wieder auf § 54a korrigiert, bevor die aktuelle und nun zutreffend auf § 56

---

[335] Erbs/Kohlhaas/*Senge* Rn. 37; GK/*Mosbacher* Rn. 177.
[336] OLG Brandenburg 22.2.2007 – 1 Ss 96/06, OLGSt AufenthG § 95 Nr. 1 u. 19.1.2009 – 1 Ss 90/08, OLGSt AufenthG § 61 Nr. 2; OLG Hamm 21.1.2009 – 3 Ss 476/08, bei *Gericke* NStZ-RR 2009, 302, jeweils zu Abs. 1 Nr. 7.
[337] OLG Hamm 18.12.2014 – 4 RVs 135/14, NStZ 2015, 528.
[338] *Westphal/Stoppa* S. 710 f.; weitergehend noch GK/*Mosbacher* Rn. 184.
[339] Erbs/Kohlhaas/*Senge* Rn. 37; GK/*Mosbacher* Rn. 189; so wohl auch OLG Nürnberg 18.10.2006 – 2 St OLG Ss 100/06, StV 2007, 136, letztlich aber offen gelassen; aA KG 21.9.2005 – 1 Ss 421/04, NStZ 2006, 530.
[340] Bergmann/Dienelt/*Winkelmann* Rn. 75.
[341] *Westphal/Stoppa* S. 713.
[342] Gesetz zur Neubestimmung des Bleiberechts und der Aufenthaltsbeendigung vom 27.7.2015, BGBl. I S. 1386.
[343] BGBl. I S. 1722 ff.

verweisende Fassung zum 1.1.2016 in Kraft trat; für einen Zeitraum von knapp drei Monaten ging der Verweis in Abs. 1 Nr. 6a mithin ins Leere. Folge dessen ist, dass Verstöße, die vor dem 1.8.2015 begangen, aber noch nicht abgeurteilt wurden wegen der zwischenzeitlichen Straflosigkeit, die eine mildere Regelung im Sinne von § 2 Abs. 3 StGB darstellt, nicht geahndet werden können; erst ab dem 1.1.2016 begangenen Taten sind wieder verfolgbar.[344] Voraussetzung der Tatbestandserfüllung im Übrigen ist in allen Fällen, dass die Anordnung bzw. das Verbot **vollziehbar** ist. Bezüglich der Verpflichtung zur Wohnsitznahme und dem Kontaktverbot bzw. dem Verbot bestimmter Kommunikationsmittel ordnet § 56 Abs. 5 Satz 2 die sofortige Vollziehbarkeit an, so dass die Vollziehbarkeit unmittelbar mit der Bekanntgabe eintritt. In den beiden ersten Alternativen folgen die Verpflichtungen unmittelbar aus dem Gesetz. Voraussetzung ist aber, dass die Ausweisungsverfügung bzw. die Abschiebungsanordnung vollziehbar ist. Bezüglich der Abschiebungsanordnung ordnet § 58a Abs. 1 Satz 2 die sofortige Vollziehbarkeit an, die Vollziehbarkeit der Ausweisungsverfügung tritt hingegen erst mit Bestandskraft ein.

81 **2. Subjektiver Tatbestand.** Nur der **vorsätzliche wiederholte** Verstoß gegen die Beschränkungen erfüllt den Tatbestand. Da der Erstverstoß ein Tatbestandsmerkmal darstellt, muss auch dieser vorsätzlich gewesen sein.[345] Die Kenntnis von der besonderen Meldepflicht, den räumlichen Beschränkungen oder dem Kontakt- bzw. Kommunikationsmittelverbot muss dem Ausländer durch entsprechende Belehrungen der Behörde in verständlicher Sprache vermittelt worden sein.[346] Fahrlässige Verstöße gegen die Meldpflicht, die räumliche Beschränkung oder die Wohnsitznahmeverpflichtung fallen unter die Bußgeldtatbestände des § 98 Abs. 3 Nr. 2, 4 und 5.

VIII. Wiederholter Verstoß gegen § 61 Abs. 1 (Abs. 1 Nr. 7)

82 **1. Objektiver Tatbestand.** Die Vorschrift betrifft Ausländer, die vollziehbar ausreisepflichtig sind, deren Abschiebung aber gem. § 60a vorübergehend ausgesetzt ist. Sie unterliegen gem. § 61 Abs. 1 Satz 1 einer **räumlichen Beschränkung** auf das Bundesland, in dem sich die zuständige Ausländerbehörde befindet. Ob ein dauerhaftes tatsächliches Abschiebungshindernis besteht, das hinsichtlich der Strafbarkeit nach § 85 Nr. 2 AsylG gem. § 58 Abs. 4 Satz 1 – bis zu dessen Änderung zum 28.8.2007 – einen Erlaubnistatbestand darstellte, ist für die Strafbarkeit nach Abs. 1 Nr. 7 ohne Belang.[347] Die Beschränkung betrifft den tatsächlichen Aufenthalt, nicht den gewöhnlichen.[348] Der wiederholte Verstoß gegen diese Beschränkung, also das mindestens zweimalige Verlassen des Bundeslandes,[349] führt zur Strafbarkeit nach Abs. 1 Nr. 7, nicht aber zu einer Strafbarkeit wegen unerlaubten Aufenthalts.[350] Auch insoweit gilt, dass bereits der erste Verstoß vorsätzlich und wegen des Rückwirkungsverbots aus Art. 103 Abs. 2 GG zudem zu einem Zeitpunkt begangen worden sein muss, als der wiederholte Verstoß gegen § 61 Abs. 1 Satz 1 schon die Strafbarkeit begründen konnte.[351] Ist dem Ausländer das Verlassen des Bundeslandes nach § 12 Abs. 5 gestattet oder ist er dazu auch ohne Zustimmung der Ausländerbehörde berechtigt, etwa nach § 12 Abs. 5 Satz 3, scheidet seine Strafbarkeit aus.[352] Auch bei dem wiederholten Verstoß gegen Nr. 7

---

[344] Vgl. zum Ganzen *Bergmann* InfAuslR 2015, 470 f.
[345] *Westphal/Stoppa* S. 713.
[346] *Erbs/Kohlhaas/Senge* Rn. 38.
[347] OLG Brandenburg 19.1.2009 – 1 Ss 93/08, bei *Gericke* NStZ-RR 2010, 297 (302 f.).
[348] OLG Rostock 22.5.2009 – 1 Ss 82/09 I 31/09, bei *Gericke* NStZ-RR 2010, 297 (302) = BeckRS 2009, 19116.
[349] Dazu und zu den insoweit notwendigen Feststellungen OLG Bremen 29.9.2008 – Ss 23/08, StraFo 2008, 520.
[350] → Rn. 36.
[351] OLG Brandenburg 22.2.2007 – 1 Ss 96/06, OLGSt AufenthG § 95 Nr. 1 u. 19.1.2009 – 1 Ss 90/08, OLGSt AufenthG § 61 Nr. 2; OLG Hamm 21.1.2009 – 3 Ss 476/08, bei *Gericke* NStZ-RR 2009, 302 f.; *Westphal/Stoppa* S. 716; GK/*Mosbacher* Rn. 195; aA OLG Hamm 31.1.2007 – 1 Ss 500/06, bei *Gericke* NStZ-RR 2008, 269 f.: Erstverstoß gegen § 56 AsylG reicht aus; so wohl auch BeckOK AuslR/*Hohoff* Rn. 65.
[352] OLG Bremen 29.9.2008 – Ss 23/08, StraFo 2008, 520.

I. Aufenthaltsgesetz   83   § 95 AufenthG

stellt sich die Frage, ob der **erste Verstoß geahndet** worden sein muss. Teilweise wird – wie zu vergleichbaren Verstößen gegen § 85 Nr. 2 AsylG – vertreten, der Erstverstoß müsse zwar nicht in einer rechtskräftigen Verurteilung gemündet haben,[353] auf ihn müsse es aber zumindest irgendeine behördliche Reaktion gegeben haben, die dem Ausländer sein Fehlverhalten vor Augen führen und insoweit eine Warnfunktion entfalten konnte.[354] Dabei wird auf eine Entscheidung des BVerfG zur Verfassungsmäßigkeit der Strafbarkeit bei wiederholten Verstößen gegen ein räumliche Beschränkung durch einen Asylbewerber[355] rekurriert und argumentiert, eine andere Auslegung sei mit dem Schuldprinzip nicht vereinbar, weil der erhöhte Schuldgehalt der Wiederholungstat typischerweise darin liege, dass sich der Täter über den „Warnappell" hinwegsetze.[356] Dieser Auffassung ist der BGH mit eingehender und überzeugender Begründung – auch zu der zitierten Entscheidung des BVerfG – entgegengetreten.[357] Hiernach gilt: Abgesehen davon, dass sich ein solches (zusätzliches) Erfordernis weder dem Wortlaut der Vorschrift, den Gesetzesmaterialien noch der Allgemeinen Verwaltungsvorschrift zu Abs. 1 Nr. 7 entnehmen lässt, sprechen insbesondere systematische Gründe dagegen. In mehreren Strafvorschriften (zB §§ 184e, 238 StGB), die die Strafbarkeit – ähnlich wie Abs. 1 Nr. 7 – von einem mehrfachen Tätigwerden abhängig machen, fordert der Gesetzgeber „beharrliches" Handeln; dieses setzt über das objektive Merkmal der Dauer oder der Wiederholung hinaus in subjektiver Hinsicht voraus, dass aus dem Verhalten des Täters eine Missachtung des betreffenden Ge- oder Verbots oder eine Gleichgültigkeit diesem gegenüber erkennbar wird.[358] Die Ahndung eines früheren Verstoßes wird in diesem Zusammenhang als ein Indiz für die rechtsfeindliche Gesinnung herangezogen, konstitutive Voraussetzung des beharrlichen Handelns ist sie indes nicht.[359] Mit diesen Grundsätzen ist es nicht vereinbar, für das Merkmal „wiederholt", das auf eine subjektive Komponente verzichtet, gleichwohl eine Ahndung des Erstverstoßes zu fordern.[360]

Die **Rückführungsrichtlinie steht** der strafrechtlichen Ahndung von Verstößen gegen 83
die räumliche Beschränkung aus § 61 Abs. 1 Satz 1 **nicht entgegen:** Dies wird vereinzelt vertreten, weil die gesetzlich normierte Residenzpflicht mit den Vorgaben der Richtlinie nicht vereinbar sei, die für eine Anordnung von Auflagen stets eine Einzelfallentscheidung verlange.[361] Dem kann nicht gefolgt werden: Schon die Annahme, Maßnahmen zur Vermeidung von Fluchtgefahr im Sinne von Art. 7 Abs. 3 der Richtlinie könnten von den Mitgliedstaaten nicht durch abstrakt-generelle Regelungen angeordnet werden, findet im Normtext keine Stütze. Im Übrigen ist nicht ersichtlich, dass die gesetzliche Regelung der Residenzpflicht die „praktische Wirksamkeit" der Richtlinie einschränken würde, woraus sich allenfalls ein Anwendungsvorrang ergeben könnte.[362] Keinesfalls würde eine etwaige Unvereinbarkeit mit der Richtlinie zur „Nichtigkeit" der gesetzlichen Vorschrift eines Mitgliedstaats führen.[363] Der Strafbarkeit steht auch die „Richtlinie zur Festlegung von Mindestnormen

---

[353] Dazu OLG Hamm 31.1.2007 – 1 Ss 500/06, bei *Gericke* NStZ-RR 2008, 269 f.; zu § 85 Nr. 2 bzw. § 34 Abs. 1 Nr. 4 AsylG: OLG Stuttgart 13.10.1995 – 1 Ss 416/95, NStZ-RR 1996, 173 (174); OLG Karlsruhe 4.8.1988 – 1 Ss 41/88, NStZ 1988, 560; *Aurnhammer* S. 95.
[354] OLG Stuttgart 8.11.2001 – 3 Ss 251/01, StV 2002, 298 (299) zu § 85 Nr. 2 AsylG; *Kretschmer* § 4 Rn. 387; *Westphal/Stoppa* S. 716 und S. 785 zu § 85 Nr. 2 AsylG; HK/*Fahlbusch* Rn. 160; s. auch 1. Aufl., Rn. 66; aA BeckOK AuslR/*Hohoff* Rn. 65; Erbs/Kohlhaas/*Senge* Rn. 39; Huber/*Hörich* Rn. 179 f.; zum AsylG: OLG Celle 20.2.1984 – 1 Ss 28/84, NStZ 1984, 324; OLG Karlsruhe 4.8.1988 – 1 Ss 41/88, NStZ 1988, 560; OLG Stuttgart 13.10.1995 – 1 Ss 416/95, NStZ-RR 1996, 173 (174); → AsylG § 85 Rn. 37.
[355] BVerfG 10.4.1997 – 2 BvL 45/92, BVerfGE 96, 10 (26 f.) = NVwZ 1997, 1109 (1111).
[356] *Aurnhammer* S. 94 f.
[357] BGH 5.7.2011 – 3 StR 87/11, BGHSt 56, 271 = NJW 2011, 3174.
[358] → StGB § 238 Rn. 44 mwN.
[359] BGH 5.7.2011 – 3 StR 87/11, BGHSt 56, 271 (275) = NJW 2011, 3174 (3175); Schönke/Schröder/*Perron/Eisele* StGB § 184e Rn. 5.
[360] BGH 5.7.2011 – 3 StR 87/11, BGHSt 56, 271 (275) = NJW 2011, 3174 (3175).
[361] *Hörich* S. 134 f., 298; Huber/*Hörich* Rn. 169.
[362] Dazu → Rn. 30.
[363] So aber Huber/*Hörich* Rn. 169.

für die Aufnahme von Asylbewerbern in den Mitgliedsstaaten"[364] nicht entgegen.[365] Nunmehr auch unter Abs. 1 Nr. 7 fallen Verstöße gegen eine **behördliche räumliche Beschränkung** im Sinne des § 61 Abs. 1c, mit der der zulässige Aufenthaltsort unter den dort genannten Voraussetzungen weiter – etwa auf den Regierungsbezirk – begrenzt werden kann.[366] Damit hat der Gesetzgeber insoweit hinsichtlich der möglichen Sanktionen die frühere Unterscheidung zwischen Verstößen gegen eine – gesetzliche – räumliche Beschränkung im Sinne des § 61 Abs. 1 Satz 1 und Verstößen gegen vollziehbare Anordnungen gem. § 61 Abs. 1 Satz 2 aF[367] aufgegeben.[368]

84   **2. Subjektiver Tatbestand.** Die Strafbarkeit nach Abs. 1 Nr. 7 erfordert einen **vorsätzlichen wiederholten** Verstoß, dh bereits der Erstverstoß muss vorsätzlich gewesen sein. Der Ausländer muss um die räumliche Beschränkung wissen, die ihm also in verständlicher Sprache bekannt gemacht werden muss. Der bloß fahrlässige und/oder der nur einmalige Verstoß stellen gem. § 98 Abs. 3 Nr. 2b bzw. Nr. 5a jeweils eine Ordnungswidrigkeit dar.

IX. Zugehörigkeit zu einem geheimen Ausländerverein (Abs. 1 Nr. 8)

85   **1. Objektiver Tatbestand.** Bestraft wird das **Angehören** zu einer **überwiegend aus Ausländern** bestehenden Vereinigung oder Gruppe, die vor den Behörden geheim gehalten wird, um ihr Verbot abzuwenden. Täter können nur Ausländer einschließlich Unionsbürgern sein, Teilnahme ist für Jedermann möglich.[369] Die Tathandlung muss im **Bundesgebiet** begangen werden, so dass eine rein ausländische Vereinigung oder Gruppe, die in Deutschland nicht einmal eine Teilorganisation unterhält, nicht unter den Tatbestand fällt. Selbst wenn sie sich hier betätigt, ist eine Zugehörigkeit zu einem solchen Geheimbund im Inland nicht möglich.[370] Das Angehören setzt eine **Mitgliedschaft** in der Vereinigung oder Gruppe voraus, wobei eine herausgehobene Stellung oder auch nur eine förmliche Mitgliedschaft nicht erforderlich sind.[371] In Fällen der förmlichen Mitgliedschaft tritt die Strafbarkeit auch dann ein, wenn der Ausländer keine weiteren Aktivitäten zu Gunsten des Geheimbunds entfaltet. Ansonsten reicht es aus, wenn der Täter sich erkennbar dem Gruppenwillen unterordnet und für die Vereinigung tätig wird.[372] Abzugrenzen von einer mitgliedschaftlichen Beteiligung sind aber bloße Unterstützungshandlungen, etwa durch Geldleistungen, die nicht der Strafvorschrift unterfallen.[373]

86   Der Begriff der **Vereinigung** stimmt mit dem in den §§ 85, 86, 129, 129a StGB überein.[374] Danach muss die Vereinigung auf Dauer angelegt sein, aus mindestens drei Mitgliedern bestehen, die bei Unterwerfung des Willens des Einzelnen unter eine gemeinsame, organisierte Willensbildung gemeinsame Ziele verfolgen und sich als einheitlicher Verband fühlen.[375] Eine **Gruppe** stellt hingegen einen nur losen Zusammenschluss von – ebenfalls mindestens drei – Personen dar, bei dem eine verfestigte Organisationsstruktur wie bei einer Vereinigung nicht vorliegen muss.[376] Da gerade bei geheim gehaltenen Vereinigungen der Nachweis einer Organisationsstruktur schwer fällt, hat das Tatbestandsmerkmal der Gruppe auf Grund der erleichterten Beweisführung eine die Strafbarkeit ausweitende Bedeutung.[377]

---

[364] Richtlinie 2003/9/EG des Rates vom 27.1.2003, ABl. L 31, 18.
[365] OLG Brandenburg 14.10.2013 – (1) 53 Ss 97/13 (57/13).
[366] BeckOK AuslR/*Hohoff* Rn. 64.
[367] Dazu eingehend BGH 17.2.2009 – 1 StR 381/08, BGHSt 53, 181 = NJW 2009, 3254.
[368] BT-Drs. 18/3144, 14, nach der die „entsprechende" Sanktionsbewehrung geregelt werden sollte; kritisch dazu HK/*Fahlbusch* Rn. 134, der die Abs. 1 Nr. 7 zudem insgesamt wegen Verstoßes gegen das „ultima-ratio-Prinzip" für verfassungswidrig hält.
[369] → Rn. 11 f.
[370] *Cannawurf* S. 126; Erbs/Kohlhaas/*Senge* Rn. 42.
[371] *Cannawurf* S. 125.
[372] *Hailbronner* Rn. 86.
[373] Erbs/Kohlhaas/*Senge* Rn. 44; aA *von Pollern* ZAR 1996, 175 (177).
[374] *Hailbronner* Rn. 88.
[375] Vgl. BGH 11.10.1978 – 3 StR 105/78, BGHSt 28, 147 = NJW 1979, 172.
[376] *Cannawurf* S. 125 f.
[377] *Aurnhammer* S. 23; Erbs/Kohlhaas/*Senge* Rn. 41.

Die Vereinigung oder Gruppe muss **geheimgehalten** werden, damit den Behörden ihr 87
Bestehen, ihre Zielsetzung oder ihre Tätigkeit nicht bekannt wird, und so ihr Verbot verhindert werden soll. Dem ist zu entnehmen, dass der Verein bei Kenntnis der Behörden auch tatsächlich verboten werden müsste, auf Grund des eindeutigen Wortlauts kann es nicht ausreichen, dass ein Vereinsverbot nur möglich erscheint.[378] Allerdings ist zu berücksichtigen, dass es auch bei einem unzweifelhaften Vorliegen der Verbotsgründe nach § 14 Abs. 2 VereinsG letztlich im Ermessen der zuständigen Behörden liegt, ob ein Verbot ausgesprochen wird oder die politische Kontrolle des Vereins anderweitig vorgenommen werden soll. Die Strafnorm soll den Behörden diese politische Kontrolle und damit auch die Ausschöpfung des Ermessensspielraums ermöglichen.[379] Deshalb kann es bei einem festgestellten Vorliegen von Verbotsgründen nicht darauf ankommen, ob die zuständigen Behörden sich gegebenenfalls gegen eine Verbotsverfügung entschieden hätten, vielmehr reicht es aus, wenn solche Gründe vorliegen.[380]

2. Subjektiver Tatbestand. Bedingt vorsätzliches Verhalten des Ausländers ist erfor- 88
derlich, aber auch ausreichend. Der Ausländer muss wissen oder es zumindest für möglich halten, dass der Verein im Fall des Bekanntwerdens seiner Existenz wegen seiner Tätigkeiten oder Zielsetzungen verboten werden würde, eine Absicht zur Abwendung des Verbots braucht hingegen nicht bei allen Mitgliedern vorzuliegen. Insoweit ist ausreichend, dass der Verein insgesamt zum Zwecke der Verbotsabwendung geheimgehalten wird. Hinweise darauf und auf die Kenntnis des Täters von dem ansonsten drohenden Vereinsverbot können sich insbesondere aus konspirativem Verhalten der Vereinsmitglieder ergeben.[381]

3. Konkurrenzen. Sofern es sich um eine Vereinigung handelt, die zugleich die Voraus- 89
setzungen einer kriminellen Vereinigung im Sinne des § 129 StGB – politische Ziele der Vereinigung oder Gruppe setzt Abs. 1 Nr. 8 nicht voraus – oder einer terroristischen Vereinigung nach den §§ 129a, 129b StGB erfüllt, tritt der Verstoß gegen Abs. 1 Nr. 8 hinter diesen Tatbeständen zurück.[382]

X. Erwerbstätigkeit eines Inhabers eines Schengen-Visums (Abs. 1a)

1. Objektiver Tatbestand. Die Vorschrift gilt nur für Drittstaatsangehörige, die für 90
die Einreise oder den Aufenthalt im Bundesgebiet ein Schengen-Visum benötigen (sog. **Negativstaater**).[383] Die Einführung diente der Schließung von Strafbarkeitslücken als Reaktion auf die Entscheidung des Bundesgerichtshofs,[384] nach der Negativstaater, die über ein Schengen-Visum verfügen, aber bereits bei der Einreise die Aufnahme einer Erwerbstätigkeit beabsichtigen, sich weder wegen unerlaubter Einreise noch wegen unerlaubten Aufenthalts strafbar machen.[385] Eine **Gleichbehandlung** von Positiv- und Negativstaatern ist nach hier vertretener Auffassung nur unvollkommen geglückt, weil sich Positivstaater, die bereits bei der Einreise die Aufnahme einer Erwerbstätigkeit beabsichtigen, damit aber noch nicht begonnen haben, wegen unerlaubten Aufenthalts strafbar machen, Negativstaater hingegen nicht.[386] Nennenswerte Strafbarkeitslücken treten auf Grund der bei beiden Gruppen in diesen Fällen vorliegenden Strafbarkeit wegen unerlaubter Einreise[387] nicht auf. Die Ungleichbehandlung von Negativstaatern und **Inhabern eines nationalen Visums,** denen

---

[378] Erbs/Kohlhaas/*Senge* Rn. 43; aA *Cannawurf* S. 126; *Hailbronner* Rn. 90; differenzierend GK/*Mosbacher* Rn. 220.
[379] GK/*Mosbacher* Rn. 220.
[380] Ähnlich GK/*Mosbacher* Rn. 220, der die „ernsthafte Möglichkeit" eines Verbots der Vereinigung ausreichen lässt.
[381] Erbs/Kohlhaas/*Senge* Rn. 45.
[382] GK/*Mosbacher* Rn. 228; Erbs/Kohlhaas/*Senge* Rn. 46.
[383] → Rn. 42.
[384] BGH 27.4.2005 – 2 StR 457/04, BGHSt 50, 105 = NJW 2005, 2095; → Rn. 37, 46.
[385] BT-Drs. 16/5065, 199.
[386] → Rn. 40, 44.
[387] → Rn. 53.

eine Erwerbstätigkeit nicht erlaubt ist, und die bei deren Aufnahme lediglich einen Bußgeldtatbestand nach § 98 Abs. 3 Nr. 1 (Aufnahme einer selbständigen Tätigkeit) oder § 404 Abs. 2 Nr. 4 SGB III (Aufnahme einer Beschäftigung) erfüllen, ist vom Gesetzgeber gewollt, weil es für die Ausländer, die lediglich im Besitz eines Schengen-Visums sind, keine Perspektive auf Integration gibt.[388]

91 Die **Tathandlung** besteht in der tatsächlichen Aufnahme einer nicht erlaubten Erwerbstätigkeit. In der Regel werden Schengen-Visa als sog. Touristenvisa ausgestellt, in denen eine Erwerbstätigkeit nicht erlaubt wird und der Ausländer erklären muss, dass er eine solche nicht aufnehmen werde. Anders als in der Gesetzesbegründung vertreten,[389] werden Schengen-Visa jedenfalls in der Verwaltungspraxis aber auch an Ausländer vergeben, die eine kurzfristige Erwerbstätigkeit (zB Erntehelfer, Schausteller oder kurzfristig beschäftigte Au-pair-Kräfte) ausüben wollen und auf Grund der Erlaubnis in dem Visum auch dürfen.[390] Im Strafverfahren ist deshalb jedenfalls bei solchen Beschäftigten die Feststellung, der Ausländer sei nur im Besitz eines Schengen-Visums gewesen, nicht ausreichend, vielmehr muss für eine Verurteilung auch festgestellt werden, dass ihm die Erwerbstätigkeit in dem Visum nicht ausdrücklich erlaubt war.

92 **2. Subjektiver Tatbestand.** Nur die **vorsätzliche** Aufnahme der Erwerbstätigkeit ist mit Strafe bedroht. Bedingter Vorsatz ist ausreichend.

93 **3. Versuchsstrafbarkeit.** Gemäß Abs. 3 ist der **Versuch** der Aufnahme einer unerlaubten Erwerbstätigkeit mit Strafe bedroht. Die praktische Bedeutung dieser Vorschrift erscheint gering, weil Fälle, in denen das Handeln des Ausländers nicht mehr zur straflosen Vorbereitung des Delikts zählt, andererseits die Aufnahme der Erwerbstätigkeit noch nicht vollendet ist, schwer vorstellbar sind.[391] So zählen die Einreise mit dem Ziel der Erwerbstätigkeit, der (auch formlose) Abschluss eines Arbeitsvertrages oder die Anfahrt zur Arbeitsstelle noch zu den **straflosen Vorbereitungshandlungen.** Erst wenn der Ausländer unmittelbar zum Arbeiten ansetzt, also etwa den „den Helm aufsetzt" oder „die Kelle in die Hand" nimmt, beginnt die Versuchsstrafbarkeit.[392]

94 **4. Teilnahme. Anstiftung** (§ 27 StGB) ist gegeben, wenn der Teilnehmer den Negativstaater zur Aufnahme einer Erwerbstätigkeit bestimmt.[393] Eine **Beihilfe**handlung im Sinne des § 26 StGB kann in der Verschaffung einer Erwerbsmöglichkeit, insbesondere auch in der illegalen Beschäftigung liegen.[394] Jedenfalls **private Auftraggeber,** die den Ausländer mit einer Dienst- oder Werkleistung im Sinne des § 4 Abs. 3 Satz 2 beauftragen, können dadurch aber nicht den Tatbestand der Beihilfe zur illegalen Erwerbstätigkeit erfüllen. Denn für dieses Verhalten wurde mit § 98 Abs. 2a ein neuer Bußgeldtatbestand geschaffen, wodurch zum Ausdruck kommt, dass eine strafbewehrte Beihilfehandlung darin gerade nicht liegt. Handelt der Teilnehmer eigennützig im Sinne der Schleusertatbestände, kann eine Strafbarkeit nach den §§ 96, 97 in Betracht kommen.

XI. Einreise oder Aufenthalt entgegen § 11 Abs. 1 Satz 1; Abs. 6 und 7 (Abs. 2 Nr. 1)

95 **1. Objektiver Tatbestand.** Die Vorschrift stellt einerseits den Verstoß gegen das **gesetzlich** eintretende **Einreise- und Aufenthaltsverbot** aus § 11 Abs. 1 unter Strafe. Danach darf ein Ausländer, der ausgewiesen, zurückgeschoben oder abgeschoben worden ist, nicht **erneut** in das Bundesgebiet einreisen und sich darin aufhalten. Diese Formulierung belegt

---

[388] BT-Drs. 16/5065, 199.
[389] BT-Drs. 16/5065, 199.
[390] Westphal/Stoppa S. 719.
[391] Erbs/Kohlhaas/Senge Rn. 49.
[392] Westphal/Stoppa S. 732.
[393] Erbs/Kohlhaas/Senge Rn. 50.
[394] Westphal/Stoppa S. 744.

nach hier vertretener Auffassung, dass der Ausländer – was bei Zurück- oder Abschiebung ohnehin zwingend der Fall ist – zunächst das Bundesgebiet verlassen haben muss. Wer entgegen einer Ausweisung einfach nur im Inland verbleibt, macht sich wegen unerlaubten Aufenthalts nach Abs. 1 Nr. 2 strafbar, nicht aber wegen Verstoßes gegen das Aufenthaltsverbot aus Abs. 2 Nr. 1b.[395] Das Verbot ist nunmehr von Amts wegen zu befristen (§ 11 Abs. 2–5); dies muss nach der Rechtsprechung des Bundesgerichtshofs auch nachträglich geschehen, wenn und soweit an ein Einreiseverbot anknüpfenden Maßnahmen, insbesondere Haft zur Sicherung der Abschiebung angeordnet werden sollen.[396] Die Einführung dieser Regelungen durch das „Gesetz zur Neubestimmung des Bleiberechts und der Aufenthaltsbeendigung" vom 27.7.2015[397] geht zurück auf die Entscheidung des EuGH vom 19.9.2013, in der er darauf erkannt hat, dass die **Rückführungsrichtlinie**[398] der bis dahin geltenden Regelung in § 11 Abs. 1, nach der die Befristung nur auf Antrag vorgenommen wurde, entgegenstand.[399] Ergänzt wird das gesetzliche Verbot durch die **Möglichkeit der Anordnung** eines – gleichsam zu befristenden – Einreise- und Aufenthaltsverbots, das die Ausländerbehörde bzw. das Bundesamt für Migration und Flüchtlinge aussprechen kann; dies ist nunmehr in § 11 Abs. 6 und 7 geregelt. Der Verstoß gegen diese – gemäß § 84 Abs. 1 Satz 1 Nr. 8, Satz 2 sofort vollziehbaren – Anordnungen ist ebenfalls nach Abs. 2 Nr. 1 strafbar. Dadurch verliert die oben angesprochene Frage der Reichweite des gesetzlichen Aufenthaltsverbots an Bedeutung, weil die Ausländerbehörde die Sperrwirkung auch in den Fällen, in denen der Ausländer schlicht im Bundesgebiet verbleibt, durch eine entsprechende Anordnung herbeiführen kann.[400] Die Vorschrift gilt **nicht** für **Unionsbürger,** auch dann nicht, wenn diese vor Inkrafttreten des FreizügG/EU bestandskräftig nach dem AuslG ausgewiesen waren, und nunmehr erneut einreisen.[401] Die Ausweisung und die daran anknüpfende Sperrwirkung bleiben zwar wirksam,[402] doch es fehlt für die Anwendbarkeit der Strafbestimmung an dem erforderlichen Verweis in § 11 Abs. 1 FreizügG/EU; das Einreiseverbot steht einem Verlust der Freizügigkeit im Sinne der §§ 7, 9 FreizügG/EU, der für Unionsbürger allein zu einer Strafbarkeit wegen Verstoßes gegen eine Wiedereinreisesperre führen kann, nicht gleich.[403]

Einreise und Aufenthalt entgegen dem Verbot müssen **illegal** sein. Verfügt der Ausländer also über eine Betretenserlaubnis im Sinne des § 11 Abs. 8 scheidet eine Strafbarkeit ebenso aus,[404] wie im Fall einer Duldung bzw. bei Vorliegen der gesetzlichen Voraussetzungen für die Aussetzung der Vollziehung.[405] Eine Strafbarkeit nach Abs. 2 Nr. 1 entfällt auch, wenn dem Ausländer entgegen § 11 Abs. 1 irrtümlich ein Visum ausgestellt wird. Auch in diesen Fällen ist der Aufenthaltstitel nicht unwirksam, sondern kann nur zurückgenommen oder widerrufen werden, so dass Einreise oder Aufenthalt nicht unerlaubt sind.[406] Dies gilt auch dann, wenn der Ausländer zur Erlangung des Visums unrichtige oder unvollständige Angaben gemacht hat.[407] Insoweit kommt nur eine Strafbarkeit wegen Erschleichens eines Auf-

---

[395] OLG Frankfurt a. M. 20.11.2014 – 1 Ss 278/14, BeckRS 2015, 04602 Rn. 14 f.; *Schott* S. 226 f.; *Westphal/Stoppa* S. 721; *Kretschmer* § 4 Rn. 130; Ignor/Mosbacher/*Mosbacher* Rn. 264 f.; GK/*Mosbacher* Rn. 237 f.; Erbs/Kohlhaas/*Senge* Rn. 51; Bergmann/Dienelt/*Winkelmann* Rn. 105; VGH Mannheim 15.10.2013 – 11 S 2114/13; InfAuslR 2014, 140; anders noch OLG Frankfurt a. M. 12.12.2008 – 3 Ss 71/08, NStZ-RR 2009, 257 aA *Aurnhammer* S. 27.
[396] BGH 8.1.2014 – V ZB 137/12, NVwZ 2014, 1111 (1112).
[397] BGBl. I S. 1386.
[398] → Rn. 10.
[399] EuGH 19.9.2013 – C-297/12, NJW 2014, 527.
[400] So i.E. auch BeckOK AuslR/*Hohoff* Rn. 86: „Kontroverse hat sich erledigt".
[401] OLG Hamburg 13.9.2005 – 1 Ws 212/05, StV 2006, 137; Erbs/Kohlhaas/*Senge* Rn. 51.
[402] BVerwG 4.9.2007 – 1 C 21/07, NVwZ 2008, 82.
[403] *Westphal/Stoppa* S. 720 f.
[404] *Aurnhammer* S. 173; *Westphal/Stoppa* S. 721; Erbs/Kohlhaas/*Senge* Rn. 51; BeckOK AuslR/*Hohoff* Rn. 85.
[405] OLG Frankfurt a. M. 18.5.2006 – 2 Ss 23/06, NStZ-RR 2006, 246 und 12.12.2008 – 3 Ss 71/08, NStZ-RR 2009, 257 (258); *Hailbronner* Rn. 103.
[406] *Westphal/Stoppa* S. 722; GK/*Mosbacher* Rn. 233; aA *Hailbronner* Rn. 104.
[407] BayObLG 17.5.2000 – 4 St RR 55/00, NStZ-RR 2000, 344 (346); *Aurnhammer* S. 148.

enthaltstitels gem. Abs. 2 Nr. 2 in Betracht.⁴⁰⁸ Die Vorschrift des Abs. 6 spricht nur in den Fällen des unerlaubten Aufenthalts und der unerlaubten Einreise gem. Abs. 1 Nr. 2 und 3 dem rechtsmissbräuchlich erworbenen Aufenthaltstitel die Wirksamkeit ab, so dass auch unter diesem Gesichtspunkt eine Strafbarkeit gem. Abs. 2 Nr. 1 ausscheidet. Die Regelungen der **Rückführungsrichtlinie**, soweit sich daraus der Vorrang des Rückkehrverfahrens ergibt,⁴⁰⁹ hindern eine Bestrafung nach § Abs. 2 Nr. 1 nach der insoweit eindeutigen Rechtsprechung des EuGH nicht.⁴¹⁰

97 Umstritten ist, ob die Strafbarkeit nach Abs. 2 Nr. 1 die **Rechtmäßigkeit der Ausweisungsverfügung** voraussetzt, die dementsprechend im Strafverfahren aufgeklärt werden müsste. Einigkeit besteht, dass auf verwaltungsrechtlicher Ebene – etwa wenn es um die Erteilung eines Aufenthaltstitels geht – für den Eintritt der Sperrwirkung des § 11 Abs. 1 Satz 2 die Rechtmäßigkeit der Ausweisung erforderlich und im verwaltungsgerichtlichen Verfahren aufzuklären ist.⁴¹¹ Nach wohl überwiegender Auffassung soll daraus folgen, dass die Rechtmäßigkeit der Ausweisung auch **Voraussetzung der Strafbarkeit** nach Abs. 2 Nr. 1 und deshalb im Strafverfahren zwingend zu prüfen sei.⁴¹² Dieser Ansicht kann jedoch nicht zugestimmt werden: Der Ausländer hat sowohl die Möglichkeit, gegen die Ausweisung im Verwaltungs- oder verwaltungsgerichtlichen Verfahren vorzugehen oder aber nach durchgeführter Abschiebung ein Verfahren auf Erteilung eines erneuten Aufenthaltstitels zu beantragen, in dem die Rechtmäßigkeit der Ausweisung inzident geprüft werden muss. Ihm stehen also **hinreichende Rechtsschutzmöglichkeiten** zur Verfügung, um seine Interessen zu wahren. Macht er davon keinen Gebrauch und reist trotz bestandskräftigen Einreiseverbots und ohne Aufenthaltstitel in das Bundesgebiet ein, ist es deshalb nicht geboten, die Rechtmäßigkeit der Ausweisung, deren rechtliche Überprüfung der Ausländer gerade nicht angestrengt hat, nunmehr im Strafverfahren aufzuklären. Hat er ein solches Verfahren angestrengt, ist es ihm zumutbar, den Ausgang abzuwarten, zumal ihm in dringenden Fällen eine Betretenserlaubnis erteilt werden kann. Nach alledem ist auch in diesen Fällen im Sinne der strengen Verwaltungsakzessorietät davon auszugehen, dass es auf die Rechtmäßigkeit des belastenden Verwaltungsakts – der Ausweisung – für die Strafbarkeit nicht ankommt, diese jedenfalls im Strafverfahren nicht gesondert zu überprüfen ist.⁴¹³ Allerdings ist insoweit die **Rechtsprechung des EuGH** zur zunächst fehlerhaften und verspäteten Umsetzung der Rückführungsrichtlinie zu beachten:⁴¹⁴ Danach war bis zur fehlerfreien Umsetzung der Richtlinie durch Gesetz vom 27.7.2015⁴¹⁵ die Vorschrift des Art. 11 Abs. 2 der Richtlinie unmittelbar in der Bundesrepublik Deutschland wirksam (sog. **Durchgriffswirkung**).⁴¹⁶ Dies führt dazu, dass strafrechtliche Sanktionen nicht an den Verstoß gegen ein Einreise- und Aufenthaltsverbot geknüpft werden können, das unbefristet erlassen worden war, dessen nach Art. 11 Abs. 2 der Richtlinie zulässige regelmäßige Höchstfrist von fünf Jahren indes im Zeitpunkt der erneuten Einreise bzw. der fehlerfreien Richtlinienum-

---

⁴⁰⁸ BGH 26.4.2006 – 5 StR 32/06, BeckRS 2006, 06385; *Aurnhammer* S. 77.
⁴⁰⁹ Dazu → Rn. 30 ff.
⁴¹⁰ EuGH 1.10.2015 – C-290/14, NVwZ-RR 2015, 952 (953); so auch schon EuGH 6.12.2011 – C-329/11, InfAuslR 2012, 77 Rn. 48; wie hier auch *Hailbronner* Rn. 25; aA Huber/*Hörich* Rn. 207 f.; HK/*Fahlbusch* Rn. 205 f.
⁴¹¹ BVerfG 29.3.2007 – 2 BvR 1977/06, NVwZ 2007, 948; BVerwG 16.7.2002 – 1 C 8/02, BVerwGE 116, 378 = NVwZ 2003, 217; VGH Mannheim 2.6.1992 – 11 S. 736/92, InfAuslR 1992, 341.
⁴¹² *Heinrich* ZAR 2003, 166 (169); *Schott* S. 225; ders. StV 2007, 156 (159); *Westphal/Stoppa* S. 721; BeckOK AuslR/*Hohoff* Rn. 84; Erbs/Kohlhaas/*Senge* Rn. 51; im Ergebnis wohl auch *Hailbronner* Rn. 104; kritisch insoweit *Kretschmer* § 4 Rn. 32.
⁴¹³ → Rn. 5; im Ergebnis so wohl auch Bergmann/Dienelt/*Winkelmann* Rn. 107, wonach die Sperrwirkung nur entfällt, wenn die Ausweisungsverfügung tatsächlich als rechtswidrig aufgehoben wird.
⁴¹⁴ Nur in diesem Sinne ist auch EuGH 1.10.2015 – C-290/14, NVwZ-RR 2015, 952, 953 Rn. 31 zu verstehen, wonach die Verhängung einer strafrechtlichen Sanktion nur unter der Voraussetzung zulässig ist, dass das gegen den Drittstaatsangehörigen verhängte Einreiseverbot mit Art. 11 der Richtlinie im Einklang steht; dies zu prüfen sei Sache des vorlegenden Gerichts; eine weitergehende Pflicht zur Überprüfung der Rechtmäßigkeit der Ausweisungsverfügung kann dem nicht entnommen werden.
⁴¹⁵ → Rn. 95.
⁴¹⁶ *Hecker* ZIS 2014, 47 (50).

setzung bereits abgelaufen war;[417] eine Ausnahme gilt nur, wenn der Drittstaatsangehörige eine schwerwiegende Gefahr für die öffentliche Ordnung, die öffentliche Sicherheit oder die nationale Sicherheit darstellt.[418] Dass Ausländer, die aufgrund von Straftaten ausgewiesen wurden, nach Art. 2 Abs. 2 Buchst. b der Richtlinie vom Anwendungsbereich der Rückführungsrichtlinie ausgeschlossen werden können, wovon der Gesetzgeber nunmehr auch mit § 11 Abs. 3 Satz 2 Gebrauch gemacht hat, kann für Altfälle nicht rückwirkend dazu führen, dass für diesen Personenkreis eine längere oder gar keine Höchstfrist gilt.[419] Insgesamt dürfte die Zahl von Altfällen, die sich aufgrund der fehlerhaften Umsetzung der Richtlinie nunmehr als straflos erweisen, nicht unerheblich sein.[420] Nicht abschließend geklärt sind Fälle, in denen die Fünfjahresfrist noch nicht abgelaufen ist; insoweit könnte in Betracht gezogen werden, entsprechend der Rechtsprechung des Bundesgerichtshofs in Fällen der Haft zur Sicherung der Abschiebung[421] eine Strafbarkeit von einer nachträglichen Fristsetzung abhängig zu machen. Ein solches Vorgehen ließe sich indes nicht mit Art. 103 Abs. 2 GG vereinbaren, wonach die Strafbarkeit stets gesetzlich bestimmt sein muss und es nicht allein der Behörde überlassen sein kann, wann, ob und in welchem Umfang sich der Ausländer strafbar macht.[422]

2. Subjektiver Tatbestand. Nur bei **vorsätzlichem Handeln** sind die Einreise und der Aufenthalt entgegen § 11 Abs. 1 strafbar nach Abs. 2 Nr. 1. Der zumindest bedingte Vorsatz muss sich auf die Tatumstände beziehen, die das Einreise- und Aufenthaltsverbot gem. § 11 Abs. 1 Satz 1 begründen; fehlende Bedeutungskenntnis etwa über die Rechtsfolgen einer Ausweisung führen nicht zu einem Tatbestandsirrtum gem. § 16 StGB.[423] Die **fahrlässige** Einreise stellt eine Ordnungswidrigkeit gem. § 98 Abs. 1 dar. **98**

3. Versuchsstrafbarkeit. Der **Versuch** der Einreise entgegen dem Einreiseverbot ist nach Abs. 3 ebenfalls mit Strafe bedroht. Es gelten die gleichen Grundsätze wie beim Versuch der unerlaubten Einreise gem. Abs. 1 Nr. 3. Praktische Bedeutung kommt dem Versuch danach in der Regel nur bei einem Entweichen aus dem Transitbereich auf einem Flughafen oder an Grenzübergangsstellen zu.[424] **99**

4. Teilnahme. Auch insoweit ergeben sich gegenüber der Teilnahme an dem unerlaubten Aufenthalt gem. Abs. 1 Nr. 2 oder der unerlaubten Einreise gem. Abs. 1 Nr. 3 keine Besonderheiten.[425] **Anstiftung** und **Beihilfe** sind für Jedermann möglich, bei Vorliegen der weiteren Voraussetzungen der §§ 96, 97 verselbständigen sich die Teilnahmehandlungen zu den eigenständigen Straftatbeständen mit erhöhter Strafdrohung. **100**

5. Konkurrenzen. Die Tatbestände der strafbaren Einreise oder des unerlaubten Aufenthalts gem. Abs. 2 Nr. 1 lit. a oder lit. b stellen gegenüber dem unerlaubten Aufenthalt nach Abs. 1 Nr. 2 oder der unerlaubten Einreise gem. Abs. 1 Nr. 3 die **spezielleren** Vorschriften dar und verdrängen diese.[426] In Fällen, in denen eine Strafbarkeit nach Abs. 2 Nr. 1 mangels einer gesetzten Ausreisefrist ausscheidet, lebt eine Strafbarkeit nach Abs. 1 Nr. 2 nach allge- **101**

---

[417] EuGH 19.9.2013 – C-297/12, NJW 2014, 527 (528 f.); BGH 13.7.2016 – 1 StR 279/16, BeckRS 2016, 16404; aA OLG München 16.7.2012 – 4 St RR 107/12, NStZ 2013, 109 (111), wonach die Rückführungsrichtlinie keine Rückwirkung auf bereits bestandskräftig abgeschlossene Ausweisungsverfahren entfalten könne.
[418] EuGH 19.9.2013 – C-297/12, NJW 2014, 527 (529); aA offenbar AG Bersenbrück 5.6.2014 – 6 Cs 602/13, InfAuslR 2014, 315, das eine Strafbarkeit allenfalls dann in Betracht zieht, wenn die Verwaltungsbehörde auch ohne Antrag von Amts wegen eine Befristung des Einreiseverbots vorgenommen hätte.
[419] EuGH 19.9.2013 – C-297/12, NJW 2014, 527 (529).
[420] Vgl. zum Ganzen *Hecker* ZIS 2014, 47 (52), der freilich Auswirkungen auch auf die Strafbarkeit der Schleuser befürchtet, dazu → Rn. 101.
[421] BGH 8.1.2014 – V ZB 137/12, NVwZ 2014, 1111 (1112); → Rn. 95.
[422] Vgl. BVerfG 6.3.2003 – 2 BvR 397/02, NStZ 2003, 488 zur Duldung; → Rn. 21; wie hier iE auch AG Bersenbrück 5.6.2014 – 6 Cs 602/13, InfAuslR 2014, 315; HK/*Fahlbusch* Rn. 203 f.
[423] So aber *Strieder* InfAuslR 2010, 312 (316).
[424] Im Einzelnen → Rn. 57.
[425] → Rn. 48, 58.
[426] Erbs/Kohlhaas/*Senge* Rn. 54.

meinen Grundsätzen wieder auf.[427] Auf eine Strafbarkeit wegen Einschleusens von Ausländern nach § 96 Abs. 1 hat die Rechtsprechung des EuGH zur fehlerhaften Umsetzung der Rückführungsrichtlinie durch § 11 Abs. 1 aF deshalb keine Auswirkung.[428] Untereinander besteht zwischen der Einreise und dem sich anschließenden Aufenthalt entgegen dem Einreise- bzw. Aufenthaltsverbot **Idealkonkurrenz**.[429]

XII. Zuwiderhandlung gegen Anordnung nach § 56a Abs. 1 (Abs. 2 Nr. 1a)

102 1. **Objektiver Tatbestand.** Mit der Vorschrift, die durch das **Gesetz zur besseren Durchsetzung der Ausreisepflicht** mit Wirkung vom 29.7.2017 in das AufenthG eingeführt wurde, soll die Befolgung von gerichtlichen Anordnungen nach der ebenfalls neu eingeführten Regelung des § 56a Abs. 1 strafrechtlich abgesichert werden. Nach § 56a Abs. 1, der § 56 Abs. 1 BKAG (neu)[430] nachgebildet ist[431] – die Vorschrift wiederum soll der Bekämpfung der **Gefahren des internationalen Terrorismus** dienen[432] –, können Ausländer, die einer räumlichen Beschränkung nach § 56 Abs. 2 und 3 oder einem Kontaktverbot nach § 56 Abs. 4 unterliegen, verpflichtet werden, die für eine elektronische Überwachung ihres Aufenthaltsortes erforderlichen technischen Mittel (sog. **elektronische Fußfessel**) ständig in betriebsbereitem Zustand am Körper bei sich zu führen und deren Funktionsfähigkeit nicht zu beeinträchtigen. Die Maßnahme ist nur zulässig, um eine **erhebliche Gefahr** für die **innere Sicherheit** oder für **Leib und Leben Dritter** abzuwehren. Die genannten räumlichen Beschränkungen oder Kontaktverbote sind nur gegen Ausländer zulässig, die nach einer Ausweisungsverfügung aufgrund von Ausweisungsinteressen gem. § 54 Abs. 1 Nr. 2-5 oder einer Abschiebungsanordnung gem. § 58a vollziehbar ausreisepflichtig sind; es handelt sich dabei um Personen, die wegen ihrer Unterstützung von Terrorismus oder terroristischen Vereinigungen oder wegen ihrer Gewaltbereitschaft eine **gegenwärtige Gefahr für die innere Sicherheit** der Bundesrepublik Deutschland darstellen (→ Rn. 75). Mithin können auch nur solche besonders gefährlichen Ausländer zum Tragen der zur elektronischen Überwachung erforderlichen technischen Mittel verpflichtet werden. Die Verpflichtung ist **gerichtlich** anzuordnen. Zuständig ist nach § 56a Abs. 9 das Amtsgericht, in dem die Ausländerbehörde oder die sonst nach § 56a Abs. 3 zuständige Stelle ihren Sitz hat. **Strafbar** ist die **Zuwiderhandlung** gegen die angeordnete Verpflichtung, die ihrerseits wiederum **vollstreckbar** sein muss. Da gemäß § 56a Abs. 9 Satz 2 für das Verfahren die Vorschriften des FamFG gelten, ist die Vollstreckbarkeit nach diesen Vorschriften zu prüfen; die bei den Verwaltungsakten nach dem AufenthG ansonsten anzuwendenden Regelungen zur Vollziehbarkeit (vgl. insb. § 58 Abs. 2, § 84 Abs. 1) sind insoweit nicht einschlägig. **Gegen** die **Verpflichtung verstößt** der Ausländer, der die **technischen Mittel zur Überwachung** seines Aufenthaltsorts **nicht am Körper** bei sich führt oder der ihre **Funktionsfähigkeit beeinträchtigt,** sei es endgültig, etwa durch Zerstörung oder durch nur vorübergehende Maßnahmen, etwa die Abschirmung eines Transponders oder ähnliches. Nach Abs. 2 Nr. 1a muss hinzukommen, dass die **kontinuierliche Feststellung** seines Aufenthalts durch die zuständige Behörde **verhindert** wird. Im Ergebnis untaugliche Unternehmungen, um die Funktionsfähigkeit der Überwachungsmittel zu beeinträchtigen, dürften damit von der Strafvorschrift nicht erfasst sein. Gleiches muss gelten, wenn sich ein

---

[427] → StGB Vor § 52 Rn. 66; wie hier auch BGH 13.7.2016 – 1 StR 279/16, BeckRS 2016, 16404; Ignor/Mosbacher/*Mosbacher* Rn. 266.

[428] Das übersieht offenbar *Hecker* ZIS 2014, 47 (52), der von einer weitgehenden Straflosigkeit auch der Schleusertätigkeit ausgeht; die Beteiligung an der konkurrenzrechtlich verdrängten unerlaubten Einreise nach Abs. 1 Nr. 3 wäre nach den Grundsätzen der limitierten Akzessorietät im Übrigen auch dann strafbar, wenn die Strafbarkeit nach diesem Tatbestand nicht wieder aufleben würde, dazu → StGB Vor § 52 Rn. 74 und → § 96 Rn. 3; wie hier auch Ignor/Mosbacher/*Mosbacher* Rn. 266.

[429] BGH 17.10.2000 – 1 StR 118/00, NStZ 2001, 101; *Hailbronner* Rn. 105.

[430] In der Fassung des Gesetzes zur Neustrukturierung des Bundeskriminalamtsgesetzes vom 1.6.2017, BGBl. I, 1354 ff., das indes erst am 25.5.2018 in Kraft treten wird.

[431] BT-Drs. 18/11546, S. 19.

[432] Vgl. § 56 Abs. 1 BKAG (neu) in Verbindung mit § 5 Abs. 1 Satz 1 BKAG (neu), BGBl. I, 1358, 1381 f.

Verstoß gegen die Verpflichtung aus anderem Grund nicht auswirkt, etwa, weil der Ausländer die Überwachungsmittel nicht trägt, während er sich in den Räumen der Ausländerbehörde aufhält, diese also seinen Aufenthaltsort kennt. Ohnehin sollen nach dem Willen des Gesetzgebers nur **bedeutsame Zuwiderhandlungen** bestraft werden; diese Einschränkung soll **Abs.** 7 gewährleisten, der vorsieht, dass eine Tat nach Abs. 2 Nr. 1a nur verfolgt wird, wenn die zuständige Behörde die Strafverfolgung beantragt.[433] Der entsprechende **Antrag** ist **Prozessvoraussetzung;** es gelten die §§ 77–77d StGB. Nach § 56a Abs. 10 ist § 56 Abs. 5 Satz 1 entsprechend anwendbar, dh, dass die Verpflichtungen aus einer Anordnung nach § 56a Abs. 1 ruhen, wenn sich der Ausländer in Haft befindet; folglich scheidet auch eine Strafbarkeit während dieser Zeiträume aus.

2. Subjektiver Tatbestand. Nur der **vorsätzliche** Verstoß ist strafbar. Da die Strafbewehrung im deutschen Ausländerrecht neu ist und die Adressaten häufig sprachunkundig sind, ist die Kenntnis des Ausländers von seinen Verpflichtungen nach § 56a Abs. 1 nicht zuletzt auch im Hinblick auf einen etwaigen Verbotsirrtum und seine Vermeidbarkeit sorgfältig zu prüfen.

XIII. Erschlichener Aufenthaltstitel oder Duldung (Abs. 2 Nr. 2)

1. Objektiver Tatbestand. a) Tathandlungen. Strafbar nach Abs. 2 Nr. 2 macht sich, wer unrichtige oder unvollständige Angaben macht oder benutzt, um für sich oder einen anderen einen Aufenthaltstitel oder eine Duldung zu beschaffen, oder wer eine so beschaffte Urkunde wissentlich zur Täuschung im Rechtsverkehr gebraucht. Der Täterkreis ist nicht auf Ausländer beschränkt, Täter können auch Deutsche und Unionsbürger sein.[434] Da für Letztere die Tat ab Inkrafttreten des Aufenthaltsgesetzes am 1.1.2005 bis zur Neuregelung durch das „Gesetz zur Umsetzung aufenthalts- und asylrechtlicher Richtlinien der Europäischen Union", das am 28.8.2007 in Kraft trat, nicht strafbar war,[435] gilt für diese **„Altfälle"** Folgendes: Wurde die Tat vor dem 1.1.2005 begangen, aber erst danach bis zum 27.8.2007 rechtskräftig darüber entschieden, schied eine Strafbarkeit aus, weil Abs. 2 Nr. 2 auf Grund der fehlenden Verweisung in § 11 Abs. 1 FreizügG/EU das mildere Gesetz darstellte, § 2 Abs. 3 StGB. Insoweit unterscheiden sich die Fälle von denen der Staatsangehörigen von Beitrittsstaaten,[436] weil hier durch eine konkrete – wenn auch möglicherweise unbeabsichtigte – gesetzliche Entscheidung die Unionsbürger von der Strafbarkeit ausgenommen wurden. Gleiches gilt, wenn eine rechtskräftige Entscheidung über eine Tat vor dem 1.1.2005 noch nicht ergangen ist.[437] Zwar stellt eine Verurteilung grundsätzlich keinen Verstoß gegen das grundgesetzliche Rückwirkungsverbot dar, wenn die Tat zwischen Begehung und Aburteilung zwischenzeitlich nicht mit Strafe bedroht war.[438] Bei der Ermittlung des mildesten Gesetzes iSv § 2 Abs. 3 StGB sind aber auch sog. Zwischengesetze zu berücksichtigen, die zur Tatzeit noch nicht, im Zeitpunkt der Aburteilung hingegen nicht mehr gelten.[439] Bei der Feststellung des mildesten Gesetzes ist insoweit schließlich auch das zu berücksichtigen, das den Wegfall der Strafdrohung zur Folge hat.[440] Für Taten in der straffreien Zeit gilt das Rückwirkungsverbot aus § 2 Abs. 1 StGB, sie bleiben ebenfalls straflos.[441]

aa) Tathandlung. Unrichtige oder unvollständige Angaben muss der Täter zur Erlangung des Aufenthaltstitels oder der Duldung gegenüber einer Behörde in einem **Verfahren nach dem AufenthG** machen, das auf die Erteilung oder Verlängerung eines

---

[433] BT-Drs. 18/11546, S. 22.
[434] → Rn. 11.
[435] → Rn. 10.
[436] → Rn. 14.
[437] OLG Bremen 1.7.2009 – Ss 14/09, NStZ 2010, 174.
[438] BVerfG 29.11.1989 – 2 BvR 1491, 1492/87, BVerfGE 81, 135 = NJW 1990, 1103.
[439] BGH 20.10.1993 – 5 StR 473/93, BGHSt 39, 353 (370) = NJW 1994, 267 (271).
[440] BGH 1.12.1964 – 3 StR 35/64, BGHSt 20, 116 (119) = NJW 1965, 453.
[441] *Westphal/Stoppa* S. 723.

Aufenthaltstitels oder einer Duldung gerichtet ist; andernfalls dienen die Angaben nicht dazu, um sich eine solche Urkunde zu „verschaffen".[442] Auch wenn zutreffende Angaben dazu führen würden, dass sich der Täter wegen einer zurückliegenden Straftat der Strafverfolgung aussetzen könnte, erfüllen unrichtige Angaben den Tatbestand.[443] Angaben in einem asylrechtlichen Verfahren zur Erlangung einer Asylanerkennung erfüllen den Tatbestand hingegen nicht. Falsche Angaben des Asylbewerbers fallen nicht unter die Vorschrift des Abs. 2 Nr. 2, weil der Gesetzgeber im AsylG insoweit von einer Strafdrohung bewusst abgesehen hat.[444] Allerdings könnten **Angaben eines Dritten** zu Gunsten des Asylbewerbers die Voraussetzungen des Abs. 2 Nr. 2 erfüllen. Da aber die Strafbarkeit dieses Handelns in § 84 AsylG geregelt ist, der die speziellere Norm darstellt,[445] scheidet auch insoweit eine Bestrafung nach dem AufenthG aus.

106 Die Angaben müssen der Behörde bekannt werden, damit von einem „Machen" oder „Benutzen" gesprochen werden kann.[446] **Unrichtig** sind sie, wenn sie nicht dem wahren Sachverhalt entsprechen, **Unvollständigkeit** liegt vor, wenn die an sich richtigen Angaben den Eindruck erwecken, sie seien vollständig, dabei aber weitere, in der Regel die Entscheidung potentiell nachteilig beeinflussende Tatsachen verschwiegen werden.[447] Die Angaben müssen nicht entscheidungserheblich oder auch nur konkret geeignet sein, die Erteilung des Aufenthaltstitels oder der Duldung zu bewirken. Es reicht aus – ist aber auch erforderlich, um der Formulierung „um sich (...) zu beschaffen" gerecht zu werden –, dass sie ausländerrechtlich erheblich sind und sich im Allgemeinen zur Verschaffung eines unrechtmäßigen Aufenthaltstitels eignen. Denn bei Abs. 2 Nr. 2 handelt es sich um ein **abstraktes Gefährdungsdelikt**, das rechtsmissbräuchliches Verhalten bereits im Vorfeld der behördlichen Entscheidung pönalisiert.[448] Aus diesem Grund ist es für die Strafbarkeit auch ohne Bedeutung, ob dem Ausländer, der falsche Angaben macht und auf Grund dieser einen Aufenthaltstitel erlangt, auch bei wahrheitsgemäßen Angaben aus anderen Gründen ein Aufenthaltstitel hätte erteilt werden können.[449]

107 **Angaben im Ausland,** etwa gegenüber einer ausländischen Behörde oder einer Auslandsvertretung der Bundesrepublik, erfüllen den Tatbestand nicht.[450] Nach dem Territorialitätsprinzip gem. § 3 StGB muss die Tat im Inland begangen worden sein; deutsche Botschaften gehören nicht zum Hoheitsgebiet der Bundesrepublik. Da die Ausstellung einer entsprechenden Urkunde kein Tatbestandsmerkmal darstellt, kann zur Begründung der Anwendbarkeit des deutschen Strafrechts auch nicht auf den Erfolgsort gem. § 9 Abs. 1 Alt. 3 StGB abgestellt werden.[451]

108 **bb) Täuschung im Rechtsverkehr.** Ein Gebrauch zur Täuschung im Rechtsverkehr liegt vor bei jedem Vorlegen, Vorzeigen, Hinterlegen oder Übergeben der durch die falschen

---
[442] OLG Jena 8.6.2005 – 1 Ss 84/05.
[443] AA LG Berlin 17.2.2015 – (572) 252 Js 3536/13 Ns (139/14), InfAuslR 2015, 323 (324); dazu → Rn. 67.
[444] OLG Düsseldorf 29.4.1992 – 2 Ss 55/92–23/92 II, NStE § 92 AuslG Nr. 1; *Lutz* InfAuslR 1997, 384 (388); *Aurnhammer* S. 197; *Kretschmer* § 4 Rn. 141; BeckOK AuslR/*Hohoff* Rn. 93; GK/*Mosbacher* Rn. 252; Erbs/Kohlhaas/*Senge* Rn. 58.
[445] *Aurnhammer* S. 197; *Kretschmer* § 4 Rn. 141; *Schott* S. 257; Erbs/Kohlhaas/*Senge* Rn. 58; aA *Hailbronner* § 96 Rn. 50.
[446] So nunmehr auch BGH 22.7.2015 – 2 StR 389/13, NJW 2016, 419 (422).
[447] *Westphal*/*Stoppa* S. 724.
[448] BGH 22.7.2015 – 2 StR 389/13, NJW 2016, 419 (420); BGH 15.11.2006 – 2 StR 157/06, NStZ 2007, 289 (290); OLG Karlsruhe 29.7.2004 – 3 Ws 10/04, NStZ-RR 2004, 376; OLG Stuttgart 10.8.2009 – 1 Ss 1161/09, NStZ-RR 2009, 387 f.; OLG Düsseldorf 30.5.2012 – IV-3 RVs 62/12, BeckRS 2012, 13768; OLG Saarbrücken 19.2.2016 – Ss 9/16 (8/16); *Aurnhammer* S. 68; *Cannawurf* S. 126; *Cantzler* S. 123; *Lorenz* NStZ 2002, 640 (642); MAH Strafverteidigung/*Jung* Rn. 45; Bergmann/Dienelt/*Winkelmann* Rn. 111.
[449] OLG Karlsruhe 27.1.1998 – 3 Ss 1/98, NStZ-RR 1998, 378; OLG Düsseldorf 30.5.2012 – IV-3 RVs 62/12, BeckRS 2012, 13768; *Hailbronner* Rn. 111; Erbs/Kohlhaas/*Senge* Rn. 56.
[450] BayObLG 17.5.2000 – 4 St RR 55/00, NStZ-RR 2000, 344; OLG Köln 27.4.1999 – Ss 118/99, NStZ 2000, 39; *Heinrich* ZAR 2003, 166 (171); *Lorenz* NStZ 2002, 640 (641); *Maaß* S. 61; *Schott* S. 247 f.; Erbs/Kohlhaas/*Senge* Rn. 55.
[451] OLG Köln 27.4.1999 – Ss 118/99, NStZ 2000, 39 (40); *Lorenz* NStZ 2002, 640 (641).

Angaben erlangten Urkunde.[452] Die Täuschung, die zur Erlangung der Urkunde geführt hat, muss nicht durch den sie später Vorlegenden begangen worden sein.[453] Sie muss in der Absicht vorgenommen werden, dass ein Dritter – eine Behörde oder eine Privatperson, zB der Arbeitgeber – durch die Urkunde in die Irre geführt und zu einem rechtlich erheblichen Verhalten veranlasst wird.[454]

b) Tatobjekte Aufenthaltstitel und Duldung. Aufenthaltstitel oder die Bescheinigung über die Aussetzung der Abschiebung sind die Urkunden, die der Täter sich oder einem Dritten durch die falschen Angaben verschafft haben oder die er gebrauchen muss. In der Fassung des Zuwanderungsgesetzes mit Wirkung ab dem 1.1.2005 sah Abs. 2 Nr. 2 – anders als die Vorgängervorschrift des § 92 Abs. 2 Nr. 2 AuslG – als Tatobjekt nur den Aufenthaltstitel, nicht aber die Duldung vor, erst durch das „Gesetz zur Umsetzung aufenthalts- und asylrechtlicher Richtlinien der Europäischen Union" wurde diese versehentliche Strafbarkeitslücke geschlossen.[455] Für Altfälle gelten die Ausführungen zu Rn. 104 entsprechend. **109**

Für eine **Aufenthaltsgestattung** nach § 55 Abs. 1 AsylG gilt Abs. 2 Nr. 2 nicht, denn sie stellt weder einen Aufenthaltstitel noch eine Duldung dar, so dass bereits nach dem Wortlaut des Abs. 2 Nr. 2 diese Fälle nicht erfasst werden.[456] Gleiches gilt im Fall einer beantragten EU-Aufenthaltskarte nach § 5 Abs. 1 FreizügG/EU,[457] dafür gilt mittlerweile aber § 9 Abs. 1 FreizügG/EU.[458] Die Aufenthaltstitel sind in § 4 aufgezählt, es handelt sich um das Visum, die Aufenthaltserlaubnis, die Blaue Karte EU, die ICT-Karten, die Niederlassungserlaubnis und die Erlaubnis zum Daueraufenthalt-EU gem. der §§ 6, 7, 9, 9a, 19a, 19b und 19d. Da für die Erteilung eines Schengen-Visums gem. § 12 Abs. 1 SDÜ die Auslandsvertretung des Staates zuständig ist, in dem das Hauptreiseziel des Ausländers liegt, kommt für diese praktisch sehr relevanten Aufenthaltstitel eine Strafbarkeit nach Abs. 2 Nr. 2 in der Alternative des Machens oder Benutzens unrichtiger Angaben regelmäßig nicht in Betracht, weil die Taten nicht dem deutschen Strafrecht unterliegen.[459] Allerdings wird regelmäßig eine Strafbarkeit nach der zweiten Alternative in Betracht kommen, wenn der Ausländer das durch Täuschung erlangte Schengen-Visum bei der Einreise vorlegt.[460] **110**

c) Einzelfälle. Von praktischer Bedeutung in Bezug auf durch unrichtige Angaben erschlichene Aufenthaltstitel sind insbesondere die Fallkonstellationen der Scheinehe, der falschen Anerkennung einer Vaterschaft, der Personen, die eine Vielzahl von Ausländern „einladen" und die Fälle, in denen einem ausländischen Arbeitnehmer auf Grund einer Entsendebescheinigung ein Aufenthaltstitel erteilt wird. **111**

aa) Scheinehen. Unter Scheinehen versteht man solche, die ausschließlich zur Erlangung bestimmter an die Ehe geknüpfter Vorteile geschlossen werden und bei denen die Eingehung einer ehelichen Lebensgemeinschaft von vornherein nicht beabsichtigt ist.[461] Die Eheschließung ist formell wirksam und wird in diesen Fällen regelmäßig zur Erlangung eines Aufenthaltstitels nach §§ 27 ff. (Familiennachzug) geschlossen.[462] Sie genießt allerdings nicht den Schutz des Art. 6 Abs. 1 GG, der nur denjenigen zu Gute kommt, die die Ehe in ehelicher Lebensgemeinschaft im Bundesgebiet führen, und begründet deshalb auch nicht den Anspruch auf Erteilung einer Aufenthaltserlaubnis aus § 27 Abs. 1.[463] Vielmehr **112**

---

[452] BGH 27.4.2005 – 2 StR 457/04, BGHSt 50, 105 (117) = NJW 2005, 2095 (2097).
[453] *Westphal/Stoppa* S. 728.
[454] BayObLG 17.5.2000 – 4 St RR 55/00, NStZ-RR 2000, 344 (345); Erbs/Kohlhaas/*Senge* Rn. 59.
[455] BT-Drs. 16/5065, 199; vgl. auch GK/*Mosbacher* Rn. 244.
[456] BGH 24.9.1996 – 5 StR 213/96, NJW 1997, 333; *Schott* S. 257.
[457] OLG Bamberg 19.2.2014 – 3 Ss 6/14, InfAuslR 2014, 210.
[458] → FreizügG/EU § 9 Rn. 6.
[459] → Rn. 107.
[460] Vgl. BayObLG 17.5.2000 – 4 St RR 55/00, NStZ-RR 2000, 344 (345).
[461] *Cannawurf* S. 140.
[462] *Aurnhammer* S. 67.
[463] *Weichert* NVwZ 1997, 1053; Erbs/Kohlhaas/*Senge* Rn. 57.

sieht § 27 Abs. 1a Nr. 1 nunmehr vor, dass ein Familiennachzug nicht zugelassen wird, wenn eine Scheinehe feststeht. Nach diesen Grundsätzen macht sich der Ausländer, der bei der Beantragung eines Aufenthaltstitels erklärt, er sei verheiratet – was in der Regel bedeutet, er lebe mit einem im Bundesgebiet lebenden Ehepartner in ehelicher Gemeinschaft[464] – nach Abs. 2 Nr. 2 strafbar.[465] Die falsche Angabe kann auch stillschweigend gemacht werden, etwa indem bei der Beantragung des Aufenthaltstitels eine Meldebescheinigung des Ausländers mit der Anschrift des Scheinehepartners vorgelegt wird, obwohl er dort nicht wohnt.[466] Die Erklärungen sind aber auszulegen: Ergibt sich in Ausnahmefällen, dass lediglich der Umstand der Eheschließung angegeben wurde, damit aber der Antrag auf Erteilung einer Aufenthaltserlaubnis nicht – auch nicht konkludent – begründet wurde, ist der Ausländer straflos. Denn die Schließung einer Scheinehe ist wirksam, so dass die Angabe allein nicht unrichtig ist.[467] Der **Scheinehepartner** macht sich ebenfalls nach Abs. 2 Nr. 2 als Täter strafbar, wenn er gegenüber der Ausländerbehörde angibt, dass die Lebensgemeinschaft bestehe. Macht er selbst keine Angaben, kommt seine Strafbarkeit wegen Beihilfe in Betracht.[468]

113 **bb) Scheinvaterschaft.** Die strafrechtliche Behandlung der Anerkennung der Vaterschaft durch einen Mann, der nicht der biologische Vater des Kindes ist (sog. Scheinvaterschaft) ist umstritten. Ein Aufenthaltsrecht entsteht für eine ausländische Frau, die Mutter eines deutschen Kindes wird, nach § 28 Abs. 1 Nr. 3 zur Ausübung der Personensorge. Bei nicht verheirateten Eltern erwirbt das Kind die deutsche Staatsangehörigkeit, wenn ein Deutscher oder ein Ausländer mit gesichertem Aufenthaltsrecht die Vaterschaft für das Kind anerkennt (vgl. § 4 Abs. 1, 3 StAG). Von einem Missbrauch einer Vaterschaftsanerkennung wird gesprochen, wenn der Anerkennende weder der biologische Vater im Rechtssinne ist noch eine sozial-familiäre Beziehung mit dem Kind pflegt bzw. gepflegt hat. Eine solche Vaterschaft fällt zwar noch in den Schutzbereich des Art. 6 Abs. 2 GG;[469] der dadurch gewährleistete Schutz ist indes gering, wenn durch die Vaterschaftsanerkennung allein aufenthaltsrechtliche Vorteile erlangt werden sollen.[470] § 85a Abs. 2 enthält nunmehr Tatbestände, bei deren Vorliegen eine missbräuchliche Anerkennung der Vaterschaft vermutet wird. Teilweise wird vertreten, dass in diesen Fällen der Scheinvater und die ausländische Mutter nicht nach Abs. 2 Nr. 2 strafbar seien. Da die Vaterschaftsanerkennung dazu führe, dass der Anerkennende Vater im Rechtssinne werde,[471] sei die Erklärung nicht falsch. Die Wirksamkeit der Anerkennung begründe eine auch für das Strafrecht beachtliche Fiktion.[472] Nach anderer Ansicht stellt die Anerkennung der Vaterschaft durch den „Scheinvater" oder die Berufung darauf durch die ausländische Mutter eine unrichtige Angabe im Sinne des Abs. 2 Nr. 2 dar.[473] Dem stehe nicht entgegen, dass die Vaterschaftsanerkennung gem.

---

[464] Zweifelnd insoweit offenbar MAH Strafverteidigung/*Jung* Rn. 47; aA im Ergebnis Huber/*Hörich* Rn. 243; HK/*Fahlbusch* Rn. 230 stellt heraus, dass die Erklärung, man führe eine „Zweckehe", nicht strafbar, weil zutreffend sei. Allerdings wird eine solche Erklärung wohl nur selten abgegeben werden, weil sie regelmäßig nicht das gewünschte Ergebnis – die Erteilung einer Aufenthaltserlaubnis – zeitigen wird, → § 27 Abs. 1a Nr. 1.

[465] BayObLG 22.9.1989 – RReg. 4 St 200/89, NStZ 1990, 187; OLG Düsseldorf 22.12.1999 – 2 b Ss 242/99–125/99 I, NJW 2000, 1280; *Aurnhammer* S. 67; *Cannawurf* S. 142.

[466] Erbs/Kohlhaas/*Senge* Rn. 57.

[467] *Lutz* InfAuslR 1997, 384 (387 f.); im Ergebnis auch *Kretschmer* § 4 Rn. 153; aA *Cannawurf* S. 142; *Cantzler* S. 200.

[468] *Cannawurf* S. 144 f.

[469] BVerfG 17.12.2013 – 1 BvL 6/10, NJW 2014, 1364 (1372); aA *Zypries/Cludius* ZRP 2007, 1 (2), die davon ausgehen, dass bereits der Schutzbereich nicht eröffnet sei.

[470] BVerfG 17.12.2013 – 1 BvL 6/10, NJW 2014, 1364 (1372).

[471] Siehe dazu auch BVerfG 17.12.2013 – 1 BvL 6/10, NJW 2014, 1364 (1365).

[472] OLG Hamm 20.11.2007 – 1 Ss 58/07, NJW 2008, 1240; AG Nienburg 31.1.2006 – 4 Cs 502 Js 7974/05 (239/05), NStZ 2006, 531; AG Cottbus 15.2.2005 – 73 Ds 1510 Js 12753/04 (702/04), NStZ-RR 2005, 217; BeckOK AuslR/*Hohoff* Rn. 94; so im Ergebnis auch *Schott* S. 240 f.; offen gelassen bei *Kretschmer* § 4 Rn. 160 ff.; Strafbarkeit verneinend auch Huber/*Hörich* Rn. 246 ff.; HK/*Fahlbusch* Rn. 233 ff.

[473] LG Düsseldorf 20.7.2007 – 1 Qs 51/07, NJW 2008, 388; LG Hildesheim 18.11.2005 – 12 Qs 73/05, NdsRpfl. 2006, 26; LG Verden 17.9.2004 – 1 Qs 188/04, NStZ-RR 2006, 246; Erbs/Kohlhaas/*Senge* Rn. 57.

§ 1592 Nr. 2 BGB nach § 1598 Abs. 1 BGB regelmäßig wirksam sei, denn die Anerkennung enthalte zugleich die Erklärung, dass das Kind tatsächlich von dem Vater abstamme und/oder dass dieser seinen rechtsgeschäftlichen Willen bekunde, Vater des Kindes zu sein. Sei bei einer solchen Erklärung von vornherein nicht angestrebt, eine familiäre Lebensgemeinschaft zu begründen, handele es sich unbeschadet der formellen Wirksamkeit der Anerkennung um eine unrichtige Angabe.[474] Der letztgenannten Auffassung ist zu folgen. Die Argumentation der Gegenmeinung, die Erklärung sei aus Rechtsgründen richtig, kann nicht überzeugen. Denn auch in den Fällen der Scheinehe ist die Ehe formell wirksam; die Erklärung, verheiratet zu sein, ist für sich genommen zutreffend.[475] **Entscheidend** ist vielmehr auch hier auf den regelmäßig in der Anerkennung liegenden weiteren **Erklärungsgehalt** abzustellen. Es kommt dabei zwar nicht allein auf die Abstammung an,[476] weil auch die Familien den Schutz des Art. 6 Abs. 2 GG genießen, in denen der Anerkennende nicht der biologische Vater ist, aber gleichwohl aus sozialer oder personaler Verbundenheit die Verantwortung für Pflege und Erziehung des Kindes übernimmt.[477] Da im Vaterschaftsrecht keine Pflicht des Vaters statuiert wird, mit dem Kind eine Lebensgemeinschaft einzugehen,[478] kann auch aus dem Umstand, dass Vater und Kind nicht gemeinsam wohnen, nicht ohne Weiteres auf die Unrichtigkeit der Anerkennung geschlossen werden. Mit der Vaterschaftsanerkennung wird aber in aller Regel zugleich erklärt, dass der Mann **entweder der leibliche Vater** des Kindes ist oder aber zumindest die **Verantwortung für das Kind** übernehmen will.[479] Verfolgt die Anerkennung dagegen ausschließlich den Zweck, dem Kind die deutsche Staatsangehörigkeit und damit der Mutter einen Aufenthaltstitel zu verschaffen – darauf können etwa Umstände wie das völlige Fehlen jeglichen Kontakts zwischen dem Anerkennenden, Mutter und Kind sowie eine versprochene oder geleistete Bezahlung für die Vaterschaftsanerkennung sprechen (vgl. § 85a Abs. 2) –, ist die Erklärung unrichtig im Sinne von Abs. 2 Nr. 2. Die Entscheidung des Bundesverfassungsgerichts zur Nichtigkeit der erst im Jahr 2008 eingeführten Regelungen zur behördlichen Vaterschaftsanfechtung[480] steht diesem Auslegungsergebnis nicht entgegen, denn insoweit war die Gesetzessystematik der für nichtig erklärten § 1600 Abs. 1 Nr. 5, Abs. 3, 4 BGB maßgeblich, dass bei Fehlen einer sozial-familiären Beziehung unwiderlegbar unterstellt werden musste, dass die Vaterschaft nur zu aufenthaltsrechtlichen Zwecken anerkannt wurde.[481] Diese oder auch nur eine vergleichbare Lage besteht bei einer einzelfallbezogenen Überprüfung des Erklärungsinhalts indes nicht.[482] Nichts anderes ergibt sich aus der neuen Verfahrensregelung in § 85a. Im Gegenteil ergibt sich aus § 1598 Abs. 1 Satz 2 BGB nunmehr, dass die Anerkennung der Vaterschaft auch unwirksam ist, solange die Beurkundung wegen Verdachts einer missbräuchlichen Anerkennung nach § 1597a Abs. 2 BGB ausgesetzt ist.

cc) **Einladungen.** Eine weitere Fallgruppe bilden die Täter, die für eine **Vielzahl** von Ausländern Verpflichtungserklärungen im Sinne des § 68 abgeben oder **Einladungsschreiben** anfertigen, die der Ausländer zum Erhalt eines Visums benötigt.[483] Die Einladungen sind unrichtig, weil die Eingeladenen nicht die Absicht haben, den Einladenden zu besuchen; die Verpflichtungserklärungen erfüllen in diesen Fällen mangels Rechtsbindungswillens des

114

---

[474] LG Düsseldorf 20.7.2007 – 1 Qs 51/07, NJW 2008, 388 (389); *Hailbronner* Rn. 113.
[475] Auch *Kretschmer* § 4 Rn. 165 hebt die Vergleichbarkeit der Fallkonstellationen hervor.
[476] So aber LG Hildesheim 18.11.2005 – 12 Qs 73/05, NdsRpfl 2006, 26; wohl auch Erbs/Kohlhaas/*Senge* Rn. 57.
[477] BVerfG 9.4.2003 – 1 BvR 1493/96, 1 BvR 1724/01, BVerfGE 108, 82 (106) = NJW 2003, 2151 (2154).
[478] OLG Hamm 20.11.2007 – 1 Ss 58/07, NJW 2008, 1240.
[479] So zutreffend LG Düsseldorf 20.7.2007 – 1 Qs 51/07, NJW 2008, 388 (389); *Schott* S. 242; aA wohl GK/*Mosbacher* Rn. 253, der darauf abstellen will, ob auch die biologische Abstammung abgefragt wird.
[480] BVerfG 17.12.2013 – 1 BvL 6/10, NJW 2014, 1364.
[481] BVerfG 17.12.2013 – 1 BvL 6/10, NJW 2014, 1364 (1367 f.).
[482] Dies verkennen Huber/*Hörich* Rn. 246 und HK/*Fahlbusch* Rn. 234.
[483] AG Bremen 14.2.2005 – 87 Cs 170 Js 24426/04, NStZ 2005, 410; *Westphal/Stoppa* S. 725; s. zum Ganzen auch *Lorenz* NStZ 2002, 640; *Schott* S. 244 ff.

Einladenden den Tatbestand der unrichtigen Angaben, weil dieser die finanzielle Haftung für die Ausländer nicht übernehmen kann und will. Danach können sich sowohl der Einladende als auch der Eingeladene grundsätzlich nach Abs. 2 Nr. 2 strafbar machen. Da sich der Antragsteller in diesen Fällen bei der Beantragung von Schengen-Visa **im Ausland** auf die Einladung oder die Verpflichtungserklärung beruft, entfällt aber regelmäßig die Strafbarkeit des Ausländers wegen des Machens von oder des Berufens auf unrichtige Angaben,[484] so dass mangels einer Haupttat auch eine – gegebenenfalls mit erhöhter Strafe nach § 96 bedrohte – Beteiligung des Einladenden insoweit nicht in Betracht kommt. Handeln dieser und die im Ausland ansässigen Organisatoren einer solchen missbräuchlichen Visumsbeschaffung allerdings arbeitsteilig zusammen, macht sich der Einladende, der seinen Tatbeitrag gem. § 9 Abs. 1 StGB im Inland begeht, regelmäßig als Mittäter nach Abs. 2 Nr. 2 strafbar.[485]

115   **dd) Entsendefälle.** In den sog. Entsendefällen schließen ausländische Firmen mit deutschen Unternehmen Werkverträge ab, woraufhin die ausländischen Arbeitnehmer bei den deutschen Firmen eingesetzt werden, ohne dass dafür in Deutschland Sozialversicherungsabgaben fällig werden. Denn sowohl nach europäischem Recht als auch auf Grund bilateraler Abkommen können sog. Entsendebescheinigungen für die Arbeitnehmer ausgestellt werden, wenn diese Arbeitnehmer des ausländischen Unternehmens sind und zur Erfüllung der werkvertraglichen Verpflichtung im Bundesgebiet eingesetzt werden; die Sozialversicherungspflicht besteht in diesen Fällen nur im Entsendestaat.[486] In den hier allein interessierenden Fällen der Entsendungsmöglichkeit auf Grund **bilateraler Abkommen** – innerhalb der Europäischen Union kommt eine Strafbarkeit nach dem AufenthG ohnehin nicht in Betracht – werden auf der Grundlage der Entsendebescheinigungen **Visa** und bei längerem Verbleib **nationale Aufenthaltstitel** für die ausländischen Arbeitnehmer beantragt. Ein Entsendetatbestand liegt tatsächlich nicht vor, wenn die Werkverträge nur zum Schein mit den ausländischen Unternehmen geschlossen werden oder diese bloße Schein- oder „Briefkastenfirmen" darstellen, deren einziger Zweck es ist, Arbeitnehmer für eine (abhängige) Beschäftigung in Deutschland anzuwerben und so die deutsche Sozialversicherungspflicht zu umgehen. Mit der Vorlage der Entsendebescheinigungen wird stillschweigend die unrichtige Erklärung abgegeben, dass tatsächlich die Voraussetzungen einer rechtmäßigen Entsendung vorlagen. Zudem werden in diesen Fällen regelmäßig falsche Angaben zum Arbeitgeber gemacht, weil die Ausländer tatsächlich nicht bei der entsendenden Firma beschäftigt, sondern im Betrieb des deutschen Auftraggebers eingebunden sind.[487] Weil die Entsendebescheinigungen auf Grund bilateraler Abkommen – anders als die auf Grund von Gemeinschaftsrecht[488] – keine oder allenfalls eine eingeschränkte Bindungswirkung entfalten,[489] können jedenfalls in den Fällen, in denen sie gemessen an dem Wortlaut der Abkommen offensichtlich unzutreffend sind, die deutschen Behörden und Gerichte die Rechtslage nach deutschem Recht prüfen. Nach dieser liegen in der Vorlage der Entsendebescheinigung und unzutreffender Erklärungen zum Arbeitgeber unrichtige Angaben im Sinne von Abs. 2 Nr. 2.[490]

116   **2. Subjektiver Tatbestand.** Die Tatbestandsbegehung erfordert **vorsätzliches** Handeln, bedingter Vorsatz ist ausreichend. In Fällen der Visumserschleichung auf Grund falscher Einladungsschreiben muss geprüft werden, ob der Vorsatz des Einladers auch die Täuschung der deutschen Behörden umfasst.[491] In Fällen der Scheinehe ist insbesondere hinsichtlich des Scheineehepartners festzustellen, ob dieser bereits von Anfang an davon

---

[484] → Rn. 107, 110.
[485] OLG Karlsruhe 29.7.2004 – 3 Ws 10/04, NStZ-RR 2004, 376 (378).
[486] Näher zu diesen Fallkonstellationen BGH 24.10.2006 – 1 StR 22/06, BGHSt 51, 124 = NJW 2007, 233; 24.10.2007 – 1 StR 160/07, NJW 2008, 595.
[487] BGH 24.10.2007 – 1 StR 160/07, NJW 2008, 595 (598).
[488] BGH 24.10.2006 – 1 StR 22/06, BGHSt 51, 124 = NJW 2007, 233.
[489] BGH 24.10.2007 – 1 StR 160/07, NJW 2008, 595 (597) m. abl. Anm. *Rübenstahl;* aA *Jofer/Weiß* StV 2007, 277 (281 f.).
[490] BGH 24.10.2007 – 1 StR 160/07, NJW 2008, 595 (598).
[491] BGH 16.10.2003 – 5 StR 290/03, NStZ 2004, 699.

ausgegangen ist, dass es nicht zur Begründung einer ehelichen Gemeinschaft kommen würde.[492]

3. Teilnahme. Täterschaft und **Beihilfe** werden in den Fällen, in denen neben dem Ausländer eine im Inland ansässige Person an dem Zustandekommen falscher Angaben beteiligt ist, danach abgegrenzt, ob letztere selbst Angaben gegenüber einer Behörde macht (dann Täterschaft) oder nur Erklärungen abgibt, die der Ausländer im ausländerrechtlichen Verfahren benutzt (dann Beihilfe). Unter den weiteren Voraussetzungen der §§ 96, 97 erfüllen **Anstiftung** und **Beihilfe** den Tatbestand des Einschleusens von Ausländern, § 96 Abs. 1 Nr. 2. Insoweit können **Wertungswidersprüche** entstehen, wenn derjenige, der unter den gleichen Voraussetzungen (zB Erhalten eines Vermögensvorteils) selbst (Mit-)Täter nach Abs. 2 Nr. 2 ist, geringer bestraft wird, als derjenige, der nur Hilfe zu der Tat eines anderen leistet und für den die schwerere Strafdrohung des § 96 gilt.[493] Geht der Teilnehmer davon aus, dass die unter Zuhilfenahme falscher Angaben eingereichten Anträge ohnehin abgelehnt werden, steht dies seinem Gehilfenvorsatz nicht entgegen; er muss lediglich erkennen, dass seine Hilfeleistung an sich geeignet ist, die fremde Tat zu fördern.[494] Die Vermittlung von Scheinehen stellt strafbare Beihilfe zum Delikt nach Abs. 2 Nr. 2 dar.[495]

4. Konkurrenzen. Das Erschleichen eines Aufenthaltstitels oder einer Duldung durch Machen unrichtiger Angaben und der anschließende Gebrauch der so erlangten Urkunde stellen nur eine Straftat nach Abs. 2 Nr. 2 dar, wenn der Ausländer – was in der Regel der Fall sein wird – bereits von vornherein den Gebrauch der Urkunde zur Täuschung im Rechtsverkehr beabsichtigt hatte.[496] Macht ein Dritter falsche Angaben, um für einen Ausländer einen Aufenthaltstitel zu beschaffen und gebraucht der Ausländer anschließend die Urkunde, geht die Beihilfehandlung zum Gebrauchmachen in dem täterschaftlich begangenen Machen unrichtiger Angaben auf.[497] Hält sich ein Ausländer unerlaubt im Bundesgebiet auf oder ist er bereits illegal eingereist, kann zwischen den Straftaten wegen unerlaubter Einreise bzw. Aufenthalt und dem Erschleichen von Aufenthaltstitel oder Duldung **Idealkonkurrenz** gegeben sein, wenn der Ausländer durch die falschen Angaben seine Einreise oder den Aufenthalt zu legalisieren trachtet.[498] Im Falle einer auf Grund unrichtiger Angaben zu den Personalien erlangten Duldungsbescheinigung scheidet eine gleichzeitige Verurteilung wegen mittelbarer Falschbeurkundung ungeachtet der Frage, ob darin überhaupt eine öffentliche Urkunde im Sinne des § 271 Abs. 1 StGB zu sehen ist,[499] aus, weil § 271 StGB in diesen Fällen von Abs. 2 Nr. 2 konsumiert wird.[500] Ist auf Grund der falschen Angaben der Aufenthaltstitel gem. Abs. 6 für die strafrechtliche Würdigung als nicht vorhanden zu betrachten, liegt zwischen dem Delikt nach Abs. 2 Nr. 2 und der unerlaubten Einreise Idealkonkurrenz vor.[501] Macht der Täter in einem Verwaltungsverfahren mehrmals die gleichen unrichtigen Angaben, liegt nur eine Tat vor,[502] verwendet die

---

[492] KG 17.1.2007 – 1 Ss 448/06, BeckRS 2007, 08291.
[493] Vgl. OLG Karlsruhe 29.7.2004 – 3 Ws 10/04, NStZ-RR 2004, 376 (378); eingehend auch GK/*Mosbacher* Rn. 258 ff.; aA wohl BGH 30.5.2013 – 5 StR 130/13, BGHSt 58, 262 = NJW 2013, 2839: Strafbarkeit nach § 96 Abs. 1.
[494] BGH 15.11.2006 – 2 StR 157/06, NStZ 2007, 289 (290).
[495] BayObLG BayObLG 22.9.1989 – RReg. 4 St 200/89, NStZ 1990, 187 (188); OLG Frankfurt a. M. 31.3.1993 – 2 Ss 65/936, NStZ 1993, 394.
[496] *Schott* S. 256; *Hailbronner* Rn. 118; Erbs/Kohlhaas/*Senge* Rn. 62.
[497] Erbs/Kohlhaas/*Senge* Rn. 62.
[498] BGH 7.5.2004 – 2 StR 24/04, BeckRS 2004, 05416.
[499] Verneinend OLG Stuttgart 4.7.2007 – 4 Ss 198/07, StV 2007, 643; differenzierend OLG Koblenz 10.3.2010 – 2 Ss 22/09, bei *Gericke* NStZ-RR 2010, 331 (335); KG 19.6.2008 – (4) 1 Ss 415/07 (95/08). NStZ 2009, 448 (449).
[500] BGH 2.9.2009 – 5 StR 266/09, BGHSt 54, 140 (141) = NStZ 2010, 171; 11.11.2009 – 5 StR 547/09, StV 2010, 250 Ls.
[501] BeckOK AuslR/*Hohoff* Rn. 103.
[502] BayObLG 1.9.2003 – 4 St RR 103/03, InfAuslR 2003, 454; siehe zur konkurrenzrechtlichen Beurteilung mehrfacher Verletzung der Strafnorm auch *Mosbacher* NStZ 2015, 605.

die unrichtigen oder unvollständigen indes in einem neuen Antragsverfahren erneut, liegt eine weitere Tat vor.[503]

XIV. Rechtsmissbräuchlich erlangte Aufenthaltstitel (Abs. 6)

119 1. Allgemeines. Die Einführung von Abs. 6, der in den Fällen des unerlaubten Aufenthalts nach Abs. 1 Nr. 2 und der unerlaubten Einreise nach Abs. 1 Nr. 3 ein Handeln auf Grund eines durch Drohung, Bestechung oder Kollusion erwirkten oder durch unrichtige oder unvollständige Angaben erschlichenen Aufenthaltstitels einem Handeln ohne erforderlichen Aufenthaltstitel gleichstellt, führt in den Fällen der unerlaubten Einreise zu einer **Verschärfung** des Ausländerstrafrechts, wogegen die Vorschrift beim unerlaubten Aufenthalt ohne vorangegangene unerlaubte Einreise wirkungslos bleibt.[504] In der amtlichen Begründung wird das gesetzgeberische Ziel nicht erläutert, vielmehr wird lediglich darauf verwiesen, dass sich die Vorschrift an § 330d Nr. 5 StGB orientiere.[505] Indem ein zwar rechtsmissbräuchlich erlangter, verwaltungsrechtlich aber wirksamer begünstigender Verwaltungsakt wie der Aufenthaltstitel in der strafrechtlichen Überprüfung als nicht existent behandelt wird, wird der Grundsatz der **strengen Verwaltungsakzessorietät** durchbrochen.[506] Dies begegnet insoweit Bedenken, als dass ein verwaltungsrechtlich ausdrücklich erlaubtes Verhalten – etwa die Einreise mit einem rechtsmissbräuchlich erlangten Visum – strafrechtlich sanktioniert wird.[507] Dem ist aber entgegenzuhalten, dass in diesen Fällen derjenige, der einen Aufenthaltstitel rechtsmissbräuchlich erlangt hat, **keinen Vertrauensschutz** in die Bestandskraft des ihn begünstigenden Verwaltungsakts genießt, weil er die Ursache für dessen Rechtswidrigkeit selbst gesetzt hat.[508] Im Strafverfahren ist wegen der Durchbrechung der Verwaltungsakzessorietät und weil andernfalls eine Strafbarkeit des verwaltungsrechtlich erlaubten Verhaltens nicht zu rechtfertigen ist, aufzuklären, ob der Aufenthaltstitel tatsächlich rechtswidrig ist und ob die genannten Verhaltensweisen für dessen Erteilung kausal geworden sind.[509] An die Feststellung der Voraussetzungen des Abs. 6 sind somit **hohe Anforderungen** geknüpft, was angesichts der nicht geringen Zahl der Fälle, in denen es jedenfalls zu unrichtigen Angaben kommt,[510] die Sinnhaftigkeit der Einführung der Vorschrift im Hinblick auf prozessökonomische Gesichtspunkte wegen der bestehenden hohen Arbeitsbelastung bei den Staatsanwaltschaften und – auf Grund der Strafdrohung zuvörderst betroffenen – Amtsgerichten fraglich erscheinen lässt.[511] Besondere Schwierigkeiten sind zu erwarten, wenn die rechtsmissbräuchliche Handlung – wie insbesondere bei der Beantragung von Schengen-Visa – im Ausland vorgenommen wird.

120 2. Fälle des Rechtsmissbrauchs. Eine **Drohung** ist entsprechend den zu § 240 StGB entwickelten Grundsätzen verwirklicht, wenn der Täter dem Amtsträger, der den Aufenthaltstitel erteilt, ein zukünftiges, empfindliches Übel in Aussicht stellt.[512] Geht der Täter über die bloße Drohung hinaus und stellt sein Handeln bereits Zwang im Sinne des § 35 StGB oder Gewalt dar, bedarf es eines Rückgriffs auf Abs. 6 nicht, weil in diesen Fällen der Aufenthaltstitel bereits gem. § 44 VwVfG nichtig ist.[513] Für eine **Bestechung** müssen

---

[503] OLG Saarbrücken 19.2.2016 – Ss 9/16 (8/16), LSK 2016, 104659.
[504] → Rn. 37, 53.
[505] BT-Drs. 16/5065, 199.
[506] S. 2. Aufl., StGB § 330d Rn. 28; s. auch *Kretschmer* § 4 Rn. 69; BeckOK AuslR/*Hohoff* Rn. 20; *Westphal/Stoppa* S. 735; s. auch BGH 24.5.2012 – 5 StR 567/11, NJW 2012, 2210 (2212).
[507] Vgl. *Westphal/Stoppa* S. 736 mwN; BeckOK AuslR/*Hohoff* Rn. 20.
[508] BGH 24.5.2012 – 5 StR 567/11, NJW 2012, 2210 (2212); Schönke/Schröder/*Heine/Cramer* StGB § 330d Rn. 27.
[509] S. 2. Aufl., StGB § 330d Rn. 32 f.
[510] Vgl. *Westphal/Stoppa* S. 736; wenig aussagekräftig sind insoweit die Zahlen der PKS (→ Rn. 17), die nur Verstöße gegen Abs. 1 Nr. 2 und 3 sowie Abs. 2 Nr. 2 gesondert ausweisen, nicht aber solche Fälle, in denen es iVm Abs. 6 zu einer strafbaren unerlaubten Einreise kommt.
[511] Zu praktischen Bedenken im Hinblick auf die polizeiliche Arbeit *Westphal/Stoppa* S. 736 f.
[512] S. 2. Aufl., StGB § 330d Rn. 35; näher zum empfindlichen Übel *Fischer* StGB § 240 Rn. 30 ff.
[513] Huber/*Hörich* Rn. 64.

die Voraussetzungen des § 334 Abs. 1 StGB erfüllt sein, wobei der Aufenthaltstitel materiell rechtswidrig, insbesondere auch ermessensfehlerhaft sein muss.[514] Besondere Schwierigkeiten bereitet – nicht zuletzt im Hinblick auf die nötige Bestimmtheit des Gesetzes gem. Art. 103 Abs. 2 GG – der Begriff der **Kollusion,** zumal der Gesetzgeber sich bereits bei der Schaffung von § 330d Abs. 5 StGB nicht in der Lage gesehen hat, dieses Merkmal zu definieren.[515] Der Tatbestand der Kollusion soll gegeben sein, wenn der Ausländer und der Amtsträger im bewussten Zusammenwirken vorsätzlich das geltende Recht missachten, um dem Ausländer so zu einer ihm nicht zustehenden Rechtsposition – hier dem Aufenthaltstitel – zu verhelfen.[516] Zu unrichtigen bzw. unvollständigen Angaben → Rn. 105 f.

In **subjektiver Hinsicht** ist in allen Fällen des Rechtsmissbrauchs **vorsätzliches Handeln** erforderlich, der Täter muss also insbesondere zumindest bedingt vorsätzlich davon ausgehen, dass ihm ein Aufenthaltstitel nur in rechtswidriger Weise erteilt werden kann.[517] Im Hinblick auf die finale Verknüpfung zwischen der rechtsmissbräuchlichen Handlung und der Erlangung des Aufenthaltstitels ist **Absicht** erforderlich.[518]

C. Flüchtlinge (Abs. 5)

I. Allgemeines

Nach Art. 31 Nr. 1 des **Genfer Flüchtlingsabkommens** (GFK) vom 28.7.1951 werden gegen Flüchtlinge wegen unrechtmäßiger Einreise oder Aufenthalts keine Strafen verhängt, wenn sie unmittelbar aus dem Verfolgerstaat in das Bundesgebiet einreisen oder sich dort aufhalten und sich unverzüglich bei den Behörden melden, um ihre unrechtmäßige Einreise oder ihren unrechtmäßigen Aufenthalt zu rechtfertigen. **Flüchtlinge** sind nach Art. 1 GFK insbesondere Personen, die sich wegen der begründeten Furcht vor Verfolgung wegen ihrer Rasse, Religion, Nationalität, Zugehörigkeit zu einer bestimmten sozialen Gruppe oder wegen ihrer politischen Überzeugung außerhalb ihres Landes befinden und dessen Schutz nicht in Anspruch nehmen können. In der Bundesrepublik fallen darunter anerkannte Asylberechtigte nach Art. 16a Abs. 1 GG, Ausländer, bei denen durch eine Behörde oder ein Gericht unanfechtbar festgestellt worden ist, dass ihnen gegenüber ein Abschiebungsverbot gem. § 60 Abs. 1 besteht (vgl. § 3 AsylG), sowie Asylbewerber.[519]

Eine **Entscheidung des Bundesamtes** für Migration und Flüchtlinge über die Flüchtlingseigenschaft eines Ausländers – falle sie positiv in seinem Sinne oder negativ aus – ist im Strafverfahren bindend.[520] Ist eine solche noch nicht ergangen, besteht die Möglichkeit, das Strafverfahren gem. § 154d bzw. § 262 StPO auszusetzen. Die Feststellung eines Ausländers als Flüchtling bewirkt einen **persönlichen Strafaufhebungsgrund.**[521] Vorsätzliche Einreise oder Aufenthalt bleiben unerlaubt und rechtswidrig, so dass die Strafbarkeit eines Teilnehmers nicht entfällt.[522] Andere Straftaten des Ausländers – etwa Urkundsdelikte

---

[514] *Westphal/Stoppa* S. 735.
[515] BT-Drs. 12/7300, 25.
[516] *Schott* S. 280; S. 2. Aufl., StGB § 330d Rn. 39; Schönke/Schröder/*Heine/Cramer* StGB § 330d Rn. 37.
[517] *Schott* S. 283.
[518] S. 2. Aufl., StGB § 330d Rn. 44.
[519] *Hailbronner* Rn. 126.
[520] BayObLG 27.5.1980 – RReg. 4 St 120/80, NJW 1980, 2030; OLG Köln 13.11.1987 – Ss 466/87, StV 1988, 300; *Hailbronner* Rn. 127.
[521] So nun auch BVerfG 8.12.2014 – 2 BvR 450/11, NVwZ 2015, 361 (362).
[522] BGH 25.3.1999 – 1 StR 344/98, NStZ 1999, 409; 12.9.2002 – 4 StR 163/02, NJW 2002, 3642 (3643); 26.2.2015 – 4 StR 233/14, BGHSt 60, 205 (212) = NJW 2015, 2274 (2275); BGH 26.2.2015 – 4 StR 174/14, NStZ-RR 2015, 184 (186); *Kretschmer* NStZ 2013, 570 (573); *Heinrich* ZAR 2003, 166 (168); *Westphal/Stoppa* NJW 1999, 2137 (2144); *Aurnhammer* S. 162 f.; *Schott* S. 196; Erbs/Kohlhaas/*Senge* Rn. 68; aA *Fischer-Lescano/Horst* ZAR 2011, 81 (89 f.): Rechtfertigungsgrund; ebenso HK/*Fahlbusch* Rn. 253; *Gutmann* NVwZ 2015, 838 (839): Notstand im Sinne von § 34 StGB; ähnlich *Hörich/Bergmann* NVwZ 2015, 367 (368) und Huber/*Hörich* Rn. 275: rechtfertigender oder entschuldigender Notstand.

wegen Vorlage gefälschter Papiere bei der Einreise – werden von dem Strafaufhebungsgrund nicht erfasst.[523]

II. Voraussetzungen der Straffreiheit

124 Zunächst ist erforderlich, dass der Ausländer **unmittelbar** aus einem Land einreist, in dem er im Sinne von Art. 1 GFK von Verfolgung bedroht ist. Welche Folgen es für die strafrechtliche Beurteilung hat, wenn der Ausländer aus einem **sicheren Drittstaat** einreist, **ist umstritten**. Einigkeit besteht, dass auf verwaltungsrechtlicher Ebene die Einreise aus, aber auch über einen sicheren Drittstaat zum Ausschluss des Asylrechts aus Art. 16a GG führt.[524] An dem sich unmittelbar aus der Verfassung ergebenden Status als sicherer Drittstaat ändert sich nichts dadurch, dass etwa ein Mitgliedstaat die Umsetzung der Schutzmechanismen für Flüchtlinge nach GFK zeitweise nicht mehr gewährleisten kann; mag dies auch dazu führen, dass er im asylverfahrensrechtlichen Sinn nicht mehr uneingeschränkt als sicherer Drittstaat angesehen werden kann,[525] so bleibt die verfassungsrechtliche Einordnung davon unberührt.[526] Dieser Ausschluss des Asylrechts hat zur Folge, dass der Asylantrag ohne sachliche Prüfung abgelehnt (§ 31 Abs. 4 Satz 1 AsylG) und der Ausländer – ohne dass weitere Ermittlungen auch zu seiner Flüchtlingseigenschaft nach § 60 Abs. 1 angestellt werden – abgeschoben wird (§ 34 Abs. 1 AsylG).[527] Daraus ist in der Vergangenheit der Schluss gezogen worden, wegen der Verbindlichkeit der Bescheide des Bundesamts für Migration und Flüchtlinge sei in all diesen Fällen ausgeschlossen, den Ausländer, der nicht als Flüchtling anerkannt werden könne, gemäß Art. 31 Abs. 1 GFK straflos zu stellen.[528] Dies gelte erst Recht, wenn der Ausländer unter Umgehung der Grenzkontrollen und unter Zuhilfenahme von Schleusern einreise.[529] Dann würde die Regelung des Abs. 5 bei einer Einreise auf dem Landwege allerdings leer laufen, weil die Bundesrepublik Deutschland vollständig mit sicheren Drittstaaten umgeben ist.[530] Dementsprechend geht die mittlerweile ganz herrschende Auffassung davon aus, der Transit durch einen sicheren Drittstaat iSv § 26a AsylG schließe das Vorliegen und die Prüfung des Strafaufhebungsgrundes nicht grundsätzlich aus.[531] Zutreffend ist, dass Art. 31 Abs. 1 GFK den Begriff des sicheren Drittstaats nicht kennt und das dort verwendete Merkmal der unmittelbaren Einreise unabhängig davon auszulegen sei.[532] Dafür spricht auch, dass die Änderung des Asylgrundrechts und die damit erweiterten Möglichkeiten, Asylbewerber bei der Einreise nach Deutschland zurückzuweisen, die Anwendbarkeit von Art. 31 Abs. 1 GFK für die strafrechtliche Beurteilung unberührt gelassen haben.[533] Schließ-

---

[523] OLG München 29.3.2010 – 5 St RR (II) 79/10, bei *Gericke* NStZ-RR 2010, 297 f.; AG Korbach 2.5.2013 – 4 Cs 1620 Js 8985/12; BeckOK AuslR/*Hohoff* Rn. 108; Erbs/Kohlhaas/*Senge* Rn. 68; so wohl auch BVerfG 8.12.2014 – 2 BvR 450/11, NVwZ 2015, 361 (364 ff.), im Ergebnis aber offen gelassen, weil jedenfalls eine notstandsähnliche Unmöglichkeit oder Unzumutbarkeit, die Voraussetzung der Erstreckung der Straffreiheit auf Urkundsdelikte sei, im konkreten Fall nicht vorgelegen habe; ähnlich OLG Bamberg 24.9.2014 – 3 Ss 59/13, NStZ 2015, 404 (406): jedenfalls wenn Begehung der Begleitdelikte nicht erforderlich; aA AG Kehl 26.4.2016 – 3 Cs 208 Js 14124/14, BeckRS 2016, 07863; *Kretschmer* NStZ 2013, 570 (573); *Fischer-Lescano/Horst* ZAR 2011, 81 (87) mwN; Huber/*Hörich* Rn. 281 f.; HK/*Fahlbusch* Rn. 262.
[524] BVerwG 2.9.1997 – 9 C 5/97, BVerwGE 105, 194 = NVwZ 1999, 313, selbst bei der Einreise und vorangegangenen Durchreise durch einen sicheren Drittstaat in einem verplombten Lkw.
[525] BVerfG 8.12.2014 – 2 BvR 450/11, NVwZ 2015, 361 (363).
[526] BGH 26.2.2015 – 4 StR 233/14, BGHSt 60, 205 (211 f.) = NJW 2015, 2274 (2275); BGH 26.2.2015 – 4 StR 175/14, NStZ-RR 2015, 184 (186); aA *Schott-Mehring* ZAR 2014, 142 (146 ff.).
[527] Bergmann/Dienelt/*Bergmann* AsylG § 31 Rn. 2.
[528] OLG Dresden 3.12.1998 – 1 Ss 635/98, StV 1999, 259 (260); vgl. auch *Hailbronner* Rn. 128 zur Wortlautargumentation.
[529] OLG Köln 21.10.2003 – Ss 270 – 271/03–141–142, NStZ-RR 2004, 24, auch → Rn. 54.
[530] OLG Köln 21.10.2003 – Ss 270 – 271/03–141–142, NStZ-RR 2004, 24; VGH München 13.11.1997 – 27 B 9634341, InfAuslR 1998, 82.
[531] OLG Stuttgart 2.3.2010 – 4 Ss 1558/09, Justiz 2010, 403; OLG Düsseldorf 1.7.2008 – III-5 Ss 122/08, StV 2009, 138 f.; wohl auch bereits OLG Köln 21.10.2003 – Ss 270 – 271/03–141–142, NStZ-RR 2004, 24; *Fischer-Lescano/Horst* ZAR 2011, 81 (88 f.); BeckOK AuslR/*Hohoff* Rn. 109; Huber/*Hörich* Rn. 277; *Hailbronner* Rn. 129; Bergmann/Dienelt/*Winkelmann* Vor 95 Rn. 15.
[532] *Fischer-Lescano/Horst* ZAR 2011, 81 (88).
[533] OLG Stuttgart 2.3.2010 – 4 Ss 1558/09, Justiz 2010, 403 (404); OLG Köln 21.10.2003 – Ss 270 – 271/03–141–142, NStZ-RR 2004, 24, BeckOK AuslR/*Hohoff* Rn. 109.

lich darf nicht übersehen werden, dass in den Fällen der Einreise durch einen sicheren Drittstaat mit Blick auf die Flüchtlingseigenschaft nach § 60 Abs. 1 eine Sachprüfung durch das Bundesamt für Migration und Flüchtlinge gerade nicht vorgenommen wird und insoweit eine Bindungswirkung des Bescheides nicht zu rechtfertigen sein dürfte. Diese Argumentation hat nunmehr das **Bundesverfassungsgericht** aufgegriffen und zunächst ausgeführt, in Fällen, in denen ein grundsätzlich sicherer Drittstaat gleichwohl infolge struktureller Defizite seines Asylverfahrens nicht mehr uneingeschränkt als sicherer Drittstaat im asylverfahrensrechtlichen Sinne angesehen werden könne, lasse ein Aufenthalt in einem solchen Staat die Flüchtlingseigenschaft im Sinne von Art. 31 Abs. 1 GFK unberührt.[534] Darüber hinaus hat das Gericht das Tatbestandsmerkmal der „Unmittelbarkeit" in Art. 31 Abs. 1 GFK dahin ausgelegt, dass damit nur verhindert werden solle, dass Flüchtlinge, die sich in einem Drittstaat **niedergelassen** hätten, ungehindert weiterreisen könnten; bei einer bloßen Durchreise durch einen Drittstaat als „Durchgangsland" werde dieser Schutzzweck hingegen nicht gefährdet.[535] Im Ergebnis ist deshalb auch in diesen Fällen zu prüfen, ob der Ausländer als Flüchtling in das Bundesgebiet eingereist ist. Zwar kann der auch nur vorübergehende Aufenthalt in einem sicheren Drittstaat dem Ausländer ermöglichen, dort um Schutz vor Verfolgung nachzusuchen und gegebenenfalls ein Visum zur Weiterreise in einen Drittstaat zu beantragen;[536] lässt er sich dort aber nicht nieder, soll nach der Rechtsprechung des Bundesverfassungsgerichts auch der 40-tägige Aufenthalt in einem sicheren Drittstaat die Unmittelbarkeit der Einreise nicht entfallen lassen.[537] Danach erscheint die frühere obergerichtliche Rechtsprechung, die bereits dann, wenn der Ausländer sich mehrere Tage in einem sicheren Drittstaat aufhielt, davon ausging, es lägen in aller Regel keine stichhaltigen Gründe dafür vor, dass er sich dort nicht vor Verfolgung sicher fühlte, weshalb seine spätere Einreise in das Bundesgebiet illegal war,[538] überholt und es wird unter Beachtung der Auslegung des Unmittelbarkeitsbegriffs durch das Bundesverfassungsgericht eine Einzelfallprüfung durchzuführen sein.[539] Ohnehin hatten die Strafgerichte auch bislang zu prüfen, ob in dem Drittstaat die Beantragung eines Visums zur Weiterreise nach Deutschland tatsächlich möglich war; dies kann insbesondere, wenn sich der Ausländer Schleusern anvertraut, die ihn auf dem Reiseweg kontrollieren, problematisch sein. Die Inanspruchnahme von Schleusern schließt die Anwendbarkeit des Art. 31 Abs. 1 GFK ebenfalls nicht grundsätzlich aus: Zwar liegt es nicht im Schutzbereich der Norm, kriminellen Handlungen von (organisierten) Schleusern Vorschub zu leisten; es ist aber zu berücksichtigen, dass es Fälle geben mag, in denen der Flüchtling auf Schleuser angewiesen ist, um sein Land überhaupt verlassen zu können.[540] In diesen Fällen ist der Flüchtling nicht weniger schutzbedürftig, nur weil er sich solchen Personen anvertraut hat.

Zudem muss der Flüchtling Einreise bzw. Aufenthalt **unverzüglich,** dh ohne schuldhaftes Zögern, gegenüber den Behörden **anzeigen.** Die Anzeige muss nicht gegenüber der Grenzpolizei oder Ausländerbehörde gemacht werden, sie ist mit strafbefreiender Wirkung auch von jeder anderen inländischen Behörde anzunehmen, und muss zum Inhalt haben, dass der Ausländer aus Gründen politischer (oder anderer) Verfolgung eingereist ist.[541] Wann eine Anzeige noch als unverzüglich gilt, ist anhand des Einzelfalles zu entscheiden; die zu Einzelfällen ergangenen Entscheidungen (fünf Tage, acht Tage oder zwölf Tage)[542] können nicht verallgemeinert werden.[543] Gesteigerte Anforderungen sollen aber gelten, wenn der Flüchtling unter Zuhilfenahme von Schleusern in das Bundesgebiet eingereist ist.[544]

125

---

[534] BVerfG 8.12.2014 – 2 BvR 450/11, NVwZ 2015, 361 (363); s. dazu auch *Hailbronner* Rn. 130 mwN.
[535] BVerfG 8.12.2014 – 2 BvR 450/11, NVwZ 2015, 361 (363 f.); vgl. auch Bergmann/Dienelt/*Winkelmann* Vor 95 Rn. 16.
[536] *Huber/Göbel-Zimmermann* Rn. 1653 f. mwN.
[537] BVerfG 8.12.2014 – 2 BvR 450/11, NVwZ 2015, 361 (364).
[538] OLG Stuttgart 2.3.2010 – 4 Ss 1558/09, Justiz 2010, 403 (405); OLG Köln 21.10.2003 – Ss 270 – 271/03–141–142, NStZ-RR 2004, 24.
[539] HK/*Fahlbusch* Rn. 255; s. dazu AG Frankfurt a. M. 17.6.2015 – 975 Cs 858 Js 53066/14, StV 2015, 706 (707); AG Korbach 2.5.2013 – 4 Cs 1620 Js 8985/12.
[540] OLG Stuttgart 2.3.2010 – 4 Ss 1558/09, Justiz 2010, 403 (405).
[541] Erbs/Kohlhaas/*Senge* Rn. 66, mwN.
[542] Vgl. die Nachweise bei Erbs/Kohlhaas/*Senge* Rn. 66.
[543] *Hailbronner* Rn. 46, mwN; auch → Rn. 46.
[544] OLG Stuttgart 2.3.2010 – 4 Ss 1558/09, Justiz 2010, 403 (404 f.).

126 Ist ein Asylantrag **unanfechtbar abgelehnt** worden, entfällt ab diesem Zeitpunkt die Flüchtlingseigenschaft und damit auch der Strafaufhebungsgrund. Der Asylbewerber wird ausreisepflichtig, ein weiterer Aufenthalt im Bundesgebiet ist strafbar.[545] Eine Wiedereinreise nach unanfechtbarer Ablehnung und Ausreise kann nur dann straffrei sein, wenn sich der Asylbewerber auf einen Folgeantrag im Sinne des § 71 AsylG berufen kann. Dieser bewirkt in strafrechtlicher Hinsicht, dass dann, wenn das Bundesamt das Bestehen von Wiederaufnahmegründen feststellt und ein weiteres Asylverfahren einleitet, der Strafaufhebungsgrund wieder in Betracht kommen kann. Liegt eine Entscheidung des Bundesamtes nicht vor, ist das Strafverfahren gegebenenfalls auszusetzen.[546] Stellt sich heraus, dass der Antrag von Anfang an offensichtlich unbegründet war, lag der Strafaufhebungsgrund des Art. 31 Abs. 1 GFK bereits anfänglich nicht vor, so dass Einreise und Aufenthalt strafrechtlich verfolgt werden können.[547]

D. Rechtsfolgen

I. Strafdrohungen

127 Die Straftatbestände nach **Abs. 1** werden mit Geldstrafe oder mit Freiheitsstrafe bis zu **einem Jahr** geahndet. Die Geldstrafe beträgt gem. § 40 StGB mindestens fünf und höchstens 360 Tagessätze, die Freiheitsstrafe mindestens einen Monat, § 38 Abs. 2 StGB. Bei der Bestimmung der Tagessatzhöhe ist in den (nicht seltenen) Fällen, in denen der Ausländer – etwa als abgelehnter Asylbewerber – am Rande des Existenzminimums lebt, dessen wirtschaftliche Leistungsfähigkeit besonders eingehend zu prüfen.[548] In den Fällen des **Abs. 2**, die einen stärkeren Rechtsverstoß darstellen, beträgt die zu verhängende Strafe Geldstrafe oder Freiheitsstrafe bis zu **drei Jahren.** Es handelt sich demnach bei allen Delikten nach § 95 um Vergehen im Sinne des § 12 Abs. 2 StGB, weshalb der Versuch – wenn nicht ein Fall von Abs. 3 vorliegt, der die Versuchsstrafbarkeit anordnet – straflos ist.

II. Einziehung (Abs. 4)

128 Die in Abs. 4 angeordnete Einziehung gem. § 74 StGB bezieht sich auf Gegenstände, die durch eine Tat nach Abs. 2 Nr. 2 hervorgebracht oder zu ihrer Begehung verwendet wurden. Damit unterliegen insbesondere die durch unrichtige oder unvollständige Angaben **ausgestellten** bzw. im Fall des Gebrauchmachens **vorgelegten** Urkunden (Aufenthaltstitel oder Bescheinigungen über die Aussetzung der Vollziehung) der Einziehung.

E. Prozessuales

129 Im Ermittlungsverfahren wegen unrichtiger Angaben nach Abs. 2 Nr. 2 kann in den Fällen der **Scheinvaterschaft** gegenüber den Eltern als Beschuldigten die **Entnahme von Körperzellen** und deren molekulargenetische Untersuchung nach § 81a StPO angeordnet werden.[549] Die Zellentnahme ist in der Regel auch in Anbetracht der Strafdrohung nicht unverhältnismäßig, weil sie keinen schwerwiegenden Eingriff darstellt und wegen der restriktiven gesetzlichen Regelungen zum Umgang mit dem Zellmaterial und zum zulässigen Untersuchungsbereich der DNA (vgl. §§ 81a Abs. 2, 81e Abs. 1, 81f Abs. 2 StPO) mit der Abnahme von Fingerabdrücken zu vergleichen ist.[550] Gegenüber dem Kind (als einem

---

[545] → Rn. 46.
[546] BayObLG 30.6.1998 – 4 St RR 83/98, StV 1999, 99 (100).
[547] Erbs/Kohlhaas/*Senge* Rn. 69.
[548] OLG Frankfurt a. M. 25.7.2008 – 1 Ss 407/07, StV 2009, 137.
[549] LG Düsseldorf 20.7.2007 – 1 Qs 51/07, NJW 2008, 388; LG Hildesheim 18.11.2005 – 12 Qs 73/05, NdsRpfl 2006, 26; LG Verden 17.9.2004 – 1 Qs 188/04, NStZ-RR 2006, 246.
[550] BVerfG 14.12.2000 – 2 BvR 1741/99, BVerfGE 103, 21 (32) = NStZ 2001, 328 (329).

Dritten) kann die Entnahme nur gem. § 81c StPO angeordnet werden. Der richterliche Beschluss gem. § 81c Abs. 3 StPO ersetzt die fehlende Zustimmung des Kindes und der von der Entscheidung als Beschuldigte ausgeschlossenen Mutter. Allerdings ist jedenfalls für die Verwertung des auf Grund der Zellentnahmen erstellten Gutachtens die Bestellung eines Ergänzungspflegers für das Kind erforderlich.[551] **Angaben, die ein Ausländer in seinem Asylverfahren** macht, können **im Strafverfahren verwendet** werden, auch wenn sich mit ihnen der Verstoß gegen das AufenthG führen lässt.[552] Verwirklicht ein Ausländer den Tatbestand des unerlaubten Aufenthalts, indem er ohne zur Aufnahme einer Erwerbstätigkeit berechtigt zu sein, eine Prostitutionstätigkeit aufnimmt, so unterliegt das **Entgelt für die Prostitution nicht dem Verfall,** weil es an dem notwendigen unmittelbaren Zusammenhang zwischen der Tat – dem unerlaubten Aufenthalt – und dem erlangten Etwas im Sinne von § 73 StGB fehlt. Vielmehr wird das Entgelt für die Prostitution nur gelegentlich der Straftat und nicht als Entgelt für den unerlaubten Aufenthalt erlangt.[553] Auch wiederholte Verstöße eines Ausländers gegen § 95 AufenthG haben keinesfalls ein solches Gewicht, dass sie die **Unterbringung** in einem psychiatrischen Krankenhaus gem. § 63 StGB rechtfertigen könnten.[554] Eine Verurteilung wegen Diebstahls, den der Ausländer begangen hatte, während er sich außerhalb seiner räumlichen Beschränkung aufhielt, führt nicht zum Strafklageverbrauch hinsichtlich des Dauerdelikts nach Abs. 1 Nr. 7.[555] Die Prüfung der Voraussetzungen von Abs. 5 iVm Art. 31 Abs. 1 GFK wirft regelmäßig schwierige Rechtsfragen auf, weshalb ein Fall der notwendigen Verteidigung vorliegen kann.[556]

§ 96 Einschleusen von Ausländern

(1) Mit Freiheitsstrafe von drei Monaten bis zu fünf Jahren, in minder schweren Fällen mit Freiheitsstrafe bis zu fünf Jahren oder mit Geldstrafe wird bestraft, wer einen anderen anstiftet oder ihm dazu Hilfe leistet, eine Handlung
1. nach § 95 Abs. 1 Nr. 3 oder Abs. 2 Nr. 1 Buchstabe a zu begehen und
   a) dafür einen Vorteil erhält oder sich versprechen lässt oder
   b) wiederholt oder zugunsten von mehreren Ausländern handelt oder
2. nach § 95 Abs. 1 Nr. 1 oder Nr. 2, Abs. 1a oder Abs. 2 Nr. 1 Buchstabe b oder Nr. 2 zu begehen und dafür einen Vermögensvorteil erhält oder sich versprechen lässt.

(2) Mit Freiheitsstrafe von sechs Monaten bis zu zehn Jahren wird bestraft, wer in den Fällen des Absatzes 1
1. gewerbsmäßig handelt,
2. als Mitglied einer Bande, die sich zur fortgesetzten Begehung solcher Taten verbunden hat, handelt,
3. eine Schusswaffe bei sich führt, wenn sich die Tat auf eine Handlung nach § 95 Abs. 1 Nr. 3 oder Abs. 2 Nr. 1 Buchstabe a bezieht,
4. eine andere Waffe bei sich führt, um diese bei der Tat zu verwenden, wenn sich die Tat auf eine Handlung nach § 95 Abs. 1 Nr. 3 oder Abs. 2 Nr. 1 Buchstabe a bezieht, oder
5. den Geschleusten einer das Leben gefährdenden, unmenschlichen oder erniedrigenden Behandlung oder der Gefahr einer schweren Gesundheitsschädigung aussetzt.

(3) Der Versuch ist strafbar.

---

[551] LG Hildesheim 18.11.2005 – 12 Qs 73/05, NdsRpfl 2006, 26; LG Verden 17.9.2004 – 1 Qs 188/04, NStZ-RR 2006, 246 (247 f.).
[552] BGH 15.12.1989 – 2 StR 167/89, BGHSt 36, 328 = NJW 1990, 186.
[553] OLG Frankfurt a. M. 30.3.2006 – 2 Ss 26/06, NStZ 2006, 531.
[554] BGH 20.3.1997 – 5 StR 95/97, NStZ-RR 1997, 290.
[555] OLG Celle 13.4.2010 – 32 Ss 7/10, bei *Gericke* NStZ-RR 2010, 303.
[556] LG Lüneburg 13.8.2015 – 26 Qs 108/15, StV 2016, 105.

(4) Absatz 1 Nr. 1 Buchstabe a, Nr. 2, Absatz 2 Nr. 1, 2 und 5 und Absatz 3 sind auf Zuwiderhandlungen gegen Rechtsvorschriften über die Einreise und den Aufenthalt von Ausländern in das Hoheitsgebiet der Mitgliedstaaten der Europäischen Union oder eines Schengen-Staates anzuwenden, wenn
1. sie den in § 95 Abs. 1 Nr. 2 oder 3 oder Abs. 2 Nr. 1 bezeichneten Handlungen entsprechen und
2. der Täter einen Ausländer unterstützt, der nicht die Staatsangehörigkeit eines Mitgliedstaates der Europäischen Union oder eines anderen Vertragsstaates des Abkommens über den Europäischen Wirtschaftsraum besitzt.

(5) § 74a des Strafgesetzbuchs ist anzuwenden.

Übersicht

	Rn.
A. Überblick	1–11
I. Normzweck	1–4
1. Rechtsgut	1
2. Limitierte Akzessorietät	2, 3
3. Notwendige Teilnahme	4
II. Historie	5
III. Anwendungsbereich	6–8
IV. Rechts- und kriminalpolitische Bedeutung	9–11
1. Rechtspolitische Bedeutung	9
2. Kriminalpolitische Bedeutung	10, 11
B. Grundtatbestand (Abs. 1)	12–26
I. Anstiftung oder Beihilfe zur Einreise eines Ausländers (Abs. 1 Nr. 1)	12–20
1. Objektiver Tatbestand	12–19
a) Haupttat	12
b) Tathandlungen	13–17
c) Vorteil (Nr. 1 lit. a)	18
d) Wiederholt oder zu Gunsten Mehrerer (Nr. 1 lit. b)	19
2. Subjektiver Tatbestand	20
II. Anstiftung oder Beihilfe zum unerlaubten Aufenthalt, unerlaubter Erwerbstätigkeit oder einer Tat nach § 95 Abs. 2 Nr. 2 (Abs. 1 Nr. 2)	21–26
1. Objektiver Tatbestand	21–25
a) Haupttaten	21
b) Tathandlungen	22, 23
c) Vermögensvorteil	24, 25
2. Subjektiver Tatbestand	26
C. Qualifikationen (Abs. 2)	27–39
I. Gewerbsmäßiges Handeln (Nr. 1)	27, 28
1. Objektiver Tatbestand	27
2. Subjektiver Tatbestand	28
II. Bandenmäßige Begehung (Nr. 2)	29, 30
1. Objektiver Tatbestand	29
2. Subjektiver Tatbestand	30
III. Beisichführen einer Schusswaffe (Nr. 3)	31, 32
1. Objektiver Tatbestand	31
2. Subjektiver Tatbestand	32
IV. Beisichführen einer anderen Waffe in Verwendungsabsicht (Nr. 4)	33, 34
1. Objektiver Tatbestand	33
2. Subjektiver Tatbestand	34
V. Gefährliche Einschleusung (Nr. 5)	35–39
1. Objektiver Tatbestand	35–38
2. Subjektiver Tatbestand	39
D. Auslandstaten (Abs. 4)	40, 41
E. Versuch der Einschleusung, Teilnahme und Konkurrenzen	42–45
I. Versuchsstrafbarkeit (Abs. 3)	42
II. Teilnahme	43
III. Konkurrenzen	44, 45
F. Rechtsfolgen, erweiterte Einziehung (Abs. 5) und Prozessuales	46–48

A. Überblick

I. Normzweck

1 **1. Rechtsgut.** Die Schleusertatbestände des § 96 knüpfen an die Haupttaten der unerlaubten Einreise, des unerlaubten Aufenthalts sowie an das Erschleichen bzw. Gebrauchen von erschlichenen Aufenthaltstiteln und Duldungsbescheinigungen gem. § 95 an. Das **geschützte Rechtsgut** ist damit jedenfalls teilweise mit dem des § 95 identisch. Die Vorschriften dienen ebenfalls unmittelbar der Kontroll- und Steuerungsfunktion des ausländerrechtlichen Genehmigungsverfahrens.¹ Daneben schützen sie auch **Individualrechtsgüter der** geschleusten **Ausländer:** Da in Abs. 2 Nr. 3, 4 die Strafdrohung verschärft wird, wenn der Schleuser eine Schuss- oder andere Waffe bei sich führt, und es auf die konkrete Verwendung der Waffe nicht ankommt, schützt die Vorschrift – wenn auch die Waffe in der Regel nicht gegen die geschleusten Ausländer eingesetzt werden wird – die körperliche Unversehrtheit der Geschleusten. Der Qualifikationstatbestand des Abs. 2 Nr. 5 zielt auf den Schutz von Leben, Gesundheit und Menschenwürde des Geschleusten.² Umstritten ist, ob der Schutzbereich des Schleusungstatbestandes auch den Schutz des Geschleusten vor **finanzieller Ausbeutung** umfasst. Insoweit wird unter Berufung auf die Gesetzesmaterialien zu den Vorgängervorschriften der §§ 47a, 92a AuslG³ vertreten, dieser Schutzzweck folge aus dem Umstand, dass der Geschleuste sich wegen der hohen Schleuserlöhne beim Schleuser verschulden müsse, so in eine wirtschaftliche Abhängigkeit gelange und deshalb gezwungen sei, im Bundesgebiet einer illegalen Beschäftigung nachzugehen.⁴ Diese Auffassung kann aber bereits deshalb nicht überzeugen, weil der dem Schleuser gewährte Vorteil nicht von dem Geschleusten selbst stammen muss, sondern auch von dritter Seite gewährt werden kann; ein mit dem Vorteil korrespondierender Nachteil des Ausländers wird nicht vorausgesetzt.⁵ Der Umstand, dass die Schleusertätigkeit wegen der Ausnutzung der Unwissenheit und oft auch der finanziellen Notlage der Ausländer besonders strafwürdig ist,⁶ führt nicht im Umkehrschluss dazu, insoweit auch den Schutz vor finanzieller Ausbeutung in den Schutzbereich einzubeziehen. Gleiches gilt für die Qualifikation der Gewerbsmäßigkeit: Diese zeigt, dass der Täter, der aus eigennützigen Motiven heraus handelt, besonders strafwürdig ist, ein weiteres Rechtsgut der Vorschrift lässt sich daraus nicht ableiten.⁷

2. Limitierte Akzessorietät. Die Tathandlungen des Schleusungstatbestandes sind das **Anstiften** und das **Hilfe leisten.** Die Teilnahmehandlungen im Sinne der §§ 26, 27 StGB werden dadurch unter den weiteren Voraussetzungen der Vorschrift **zur Täterschaft verselbständigt.**⁸ Der Zielrichtung des Gesetzgebers entsprach es, auf die Einschleusung von Ausländern gerichtete Handlungen als selbständige Taten zu erfassen und gegenüber der bloßen Teilnahme an Straftaten nach § 95 mit erhöhter Strafe zu bedrohen. Aus diesem Grund ist für die Anwendung von § 27 Abs. 2 StGB, der eine obligatorische Milderung für den Gehilfen vorsieht, kein Raum.⁹ Da der Schleuser also Täter und nicht Teilnehmer ist, kommt bereits nach dem Wortlaut eine Anwendung des Milderungsgrundes des § 28 Abs. 1 StGB nicht in Betracht.¹⁰ Der Umstand, dass die Haupttaten der Schleusungsdelikte mit Ausnahme des § 95 Abs. 2 Nr. 2 nur von Ausländern begangen werden können, begründet insoweit zudem kein persönliches Merkmal im Sinne des § 28 Abs. 1 StGB.¹¹

Trotz dieser Heraufstufung zur Täterschaft folgen die Tathandlungen der Schleuserdelikte im Übrigen den allgemeinen Regeln zu Täterschaft und Teilnahme, insbesondere gilt der Grundsatz der **limitierten Akzessorietät,** erforderlich ist also eine **vorsätzliche** und **rechtswidrige Haupttat** des Geschleusten.¹² Handelt der Haupttäter ohne Vorsatz, etwa

---

[1] → § 95 Rn. 1.
[2] *Cannawurf* S. 59 f.
[3] BT-Drs. 9/847, 12; 12/5683, 7, 11.
[4] *Heinrich* ZAR 2003, 166 (172); *Lorenz* NStZ 2002, 640 (641); *Aurnhammer* S. 82.
[5] BGH 21.2.1989 – 1 StR 631/88, BGHSt 36, 124 (128) = NJW 1989, 1435 (1436); *Cannawurf* S. 58; *Cantzler* S. 131 f.; *Böse* ZStW 116 (2004), 680 (685 f.).
[6] BGH 26.5.1999 – 3 StR 570/98, BGHSt 45, 103 (107 f.) = NJW 1999, 2827 (2828); 21.2.1989 – 1 StR 631/88, BGHSt 36, 124 (126) = NJW 1989, 1435; *Schott* S. 89; *von Pollern* ZAR 1996, 175; *Hailbronner* Rn. 1; Erbs/Kohlhaas/*Senge* Rn. 2.
[7] *Cannawurf* S. 58.
[8] BGH 11.7.2003 – 2 StR 31/03, NStZ 2004, 45; BGH 13.1.2015 – 4 StR 378/14, NStZ 2015, 399 (400); Erbs/Kohlhaas/*Senge* Rn. 3.
[9] BGH 11.7.2003 – 2 StR 31/03, NStZ 2004, 45; *Kretschmer* § 4 Rn. 179.
[10] *Hailbronner* Rn. 10.
[11] BGH 25.3.1999 – 1 StR 344/98, NStZ 1999, 409; *Kretschmer* § 4 Rn. 180.
[12] BayObLG 31.3.2003 – 4 St RR 18/03, NStZ-RR 2003, 275; 3.2.2000 – 4 St RR 8/00, StV 2000, 367 (368); *Heinrich* ZAR 2003, 166, 173; *Lorenz* NStZ 2002, 640 (641); *Aurnhammer* S. 157; *Cannawurf* S. 76 f.; *Schott* S. 106; *Westphal/Stoppa* S. 741; *Hailbronner* Rn. 11; BeckOK AuslR/*Hohoff* Rn. 1; Erbs/Kohlhaas/*Senge* Rn. 3; Huber/*Bergmann* Rn. 14; aA *Cantzler* S. 138 ff.

weil er bei der Einreise infolge einer Täuschung über die Wirksamkeit seines Visums irrt (§ 16 Abs. 1 StGB), entfällt wegen des fehlenden Vorsatzes die Haupttat nach § 95 Abs. 1 Nr. 3, so dass auch eine Strafbarkeit wegen (vollendeten) Einschleusens nach Abs. 1 nicht in Betracht kommt.[13] Diese Folge der herrschenden Auffassung wird in der Literatur neuerdings vereinzelt kritisiert, weil dadurch die Verpflichtungen aus dem von der Bundesrepublik Deutschland im Jahr 2005 ratifizierten Zusatzprotokoll gegen die „Schleusung von Migranten auf dem Land-, See- und Luftweg"[14] zum sog. „Palermo-Übereinkommen"[15] nicht vollständig erfüllt würden: Da das Zusatzprotokoll keine vorsätzliche unerlaubte Einreise verlange, müsse der Gesetzgeber auch die Einschleusung eines nur fahrlässig Einreisenden unter Strafe stellen.[16] Von anderer Seite ist die akzessorische Ausgestaltung des Schleusertatbestands ebenfalls kritisiert und ein Gesetzesvorschlag für einen Straftatbestand entwickelt worden, der nicht an strafbaren Haupttaten des unerlaubten Aufenthalts oder der unerlaubten Einreise anknüpft.[17] Diese Autoren gehen freilich davon aus, dass unerlaubter Aufenthalt und unerlaubte Einreise infolge der Rückführungsrichtlinie weitgehend straflos seien und deshalb keine tauglichen Haupttaten für die Schleusungsdelikte mehr darstellen könnten; dies ist nach hier vertretener Auffassung indes nicht der Fall.[18] Einigkeit besteht, dass der Täter der Haupttat nicht **schuldhaft** handeln muss, weshalb die Einschleusung etwa von schuldunfähigen Kindern strafbar ist.[19] Gleiches gilt, wenn für den Haupttäter der **Strafaufhebungsgrund** des § 31 Abs. 1 GFK eingreift.[20] Die Grenzen der limitierten Akzessorietät sind aber überschritten, wenn der „Haupttäter" – wie Säuglinge und Kleinkinder bis einschließlich sechs Jahren (§§ 104, 828 Abs. 1 BGB)[21] – im strafrechtlichen Sinne nicht **handlungsfähig** ist, in diesen Fällen kann mangels Vorliegen einer Haupttat allenfalls eine Strafbarkeit wegen des Versuchs des Einschleusens nach Abs. 3 in Betracht kommen.[22] Denn für die Versuchsstrafbarkeit nach Abs. 3 ist eine Haupttat nicht erforderlich, insoweit gelten für die versuchte Anstiftung und die versuchte Beihilfe die Grundsätze des § 30 StGB.[23] Gleiches gilt, wenn es bei dem Ausländer an einer willensgetragenen Handlung fehlt, etwa bei einer Frau, die betäubt und im Kofferraum über die Grenze gebracht wird, um sie in Deutschland der Prostitution zuzuführen.[24]

4 **3. Notwendige Teilnahme.** Die Deliktsstruktur des Schleusertatbestandes erfordert zwingend die Mitwirkung einer weiteren Person, des geschleusten Ausländers. In solchen Fällen spricht man von **notwendiger Teilnahme**.[25] Üblicherweise teilt man diese Delikte in sog. **Konvergenzdelikte,** bei denen der Täter und die weitere beteiligte Person nebeneinander oder nacheinander handeln und dabei das gleiche Rechtsgut verletzen (zB Gefangenenmeuterei, § 121 StGB), und **Begegnungsdelikte** ein, bei denen die Beteiligten von unterschiedlichen Seiten aufeinander und damit auf das Rechtsgut einwirken.[26] Bei den Begegnungsdelikten (zB sexueller Missbrauch von Schutzbefohlenen, § 174 StGB) bleiben die durch die Vorschrift geschützten Beteiligten straflos, soweit sie nicht gleichzeitig einen

---

[13] *Cannawurf* S. 79 f.; aA *Cantzler* S. 139.
[14] BGBl. II S. 1007 ff.
[15] Konvention der Vereinten Nationen vom 15. November 2000 gegen die grenzüberschreitende organisierte Kriminalität, BGBl. 2005 II S. 956 ff.
[16] *Pintaske* S. 311.
[17] *Hörich/Bergmann* ZRP 2014, 109 (111).
[18] Zum Ganzen → § 95 Rn. 30 ff.; siehe auch BGH, 8.3.2017 – 5 StR 333/16, NJW 2017, 1624.
[19] BayObLG 31.3.2003 – 4 St RR 18/03, NStZ-RR 2003, 275; 3.2.2000 – 4 St RR 8/00, StV 2000, 367 (368).
[20] BGH 25.3.1999 – 1 StR 344/98, NStZ 1999, 409; 12.9.2002 – 4 StR 163/02, NJW 2002, 3642 (3643); GK/*Mosbacher* Rn. 5; aA *Fischer-Lescano/Horst* ZAR 2011, 81 (90): Rechtfertigungsgrund.
[21] Vgl. BayObLG 31.3.2003 – 4 St RR 18/03, NStZ-RR 2003, 275 (276).
[22] *Westphal/Stoppa* S. 741; vgl. *Cannawurf* S. 81 ff.
[23] BGH 6.6.2012 – 4 StR 144/12, NJW 2012, 2821; 25.3.1999 – 1 StR 344/98, NStZ 1999, 409; *Kretschmer* § 4 Rn. 194; *Westphal/Stoppa* S. 741; s. zur Versuchsstrafbarkeit Rn. 42.
[24] Vgl. *Schott* S. 109.
[25] *Cannawurf* S. 100 ff.; *Westphal/Stoppa* S. 742; *Hailbronner* Rn. 47.
[26] Vgl. im Einzelnen → StGB Vor § 26 Rn. 31 ff.

anderen Straftatbestand erfüllen.²⁷ Bei den Konvergenzdelikten sind hingegen grundsätzlich alle Beteiligten als Täter bzw. Teilnehmer zu bestrafen.²⁸ Eine weitere Kategorie bilden die sog. **Zentripetaldelikte** (zB Verbreitung pornografischer Schriften, § 184 Abs. 1 Nr. 3 StGB), für die charakteristisch ist, dass sich die strafrechtliche Ahndung auf die im Zentrum stehenden Täter konzentriert, wogegen die anderen handelnden Personen an der Deliktsverwirklichung nur peripher beteiligt sind.²⁹ Ob der Schleusertatbestand als Konvergenzdelikt zu begreifen ist³⁰ oder ob wegen der unterschiedlichen Beteiligungsformen bzw. wegen der nicht gleichgerichteten Tätigkeitsakte auf die Deliktskategorie der Zentripetaldelikte zurückzugreifen ist,³¹ kann dahinstehen, weil jedenfalls Einigkeit besteht, dass der Geschleuste für seine Haupttat in der Regel nicht nach dem Schleusertatbestand, sondern nur nach § 95 zu bestrafen ist. Nur wenn seine Handlungen **über das** zur Erfüllung des Tatbestandes **Notwendige hinausgehen,** kommt eine Bestrafung wegen **Teilnahme** an dem **Schleusungsdelikt** in Betracht.³² Wann ein solches Überschreiten des Notwendigen vorliegt, ist in jedem Einzelfall zu prüfen.³³ Dabei ist aber zu berücksichtigen, dass die Schleusertatbestände in besonderem Maße der Bekämpfung des Schlepperunwesens als Teil der organisierten Kriminalität dienen sollen.³⁴ Vor diesem Hintergrund sind Fälle, in denen ein Ausländer zu seiner eigenen Einschleusung anstiftet, indem er sich aus eigenem Antrieb an einen Schleuser wendet, von der Strafbarkeit wegen Teilnahme an dem Schleuserdelikt auszunehmen. Denn angesichts der von den Schleusern betriebenen regelrechten Werbekampagnen um zu schleusende Ausländer kann die Strafbarkeit insoweit nicht davon abhängen, ob der Ausländer zuerst auf den Schleuser zugeht oder umgekehrt.³⁵ Gleiches gilt, wenn ein Ausländer bei einer Einschleusung von mehreren Ausländern die Führung der Gruppe im Grenzgebiet übernimmt, weil in vergleichbaren Fällen üblicherweise eine Person die Gruppe führen muss, so dass der Ausländer nicht über das notwendige Maß hinaus handelt.³⁶

II. Historie

In der Fassung des Zuwanderungsgesetzes entsprach die Vorschrift weitgehend § 92a AuslG, allerdings wurden in Abs. 2 Nr. 3–5 neue Qualifikationstatbestände normiert, um eine wirksamere **Bekämpfung der Schleuserkriminalität** zu gewährleisten.³⁷ Durch das „Gesetz zur Umsetzung aufenthalts- und asylrechtlicher Richtlinien der Europäischen Union" vom 16.8.2007³⁸ wurde der **Schleusertatbestand** insoweit **verschärft,** als zur Erfüllung des Tatbestandes bei der Teilnahme an einer illegalen Einreise nunmehr jeglicher Vorteil im Sinne der §§ 331 ff. StGB ausreichend ist. So sollte ausdrücklich die Duldung sexueller Handlungen oder der Geschlechtsverkehr als Gegenleistung vom Tatbestand erfasst werden.³⁹ Gleichzeitig wurde aber auf Grund der Forderungen von Kirchen und humanitären Verbänden eine **Milderung** gegenüber der vorherigen Rechtslage bei Teilnahmehandlungen zum unerlaubten Aufenthalt bzw. zu einer Tat nach § 95 Abs. 2 Nr. 2 umgesetzt.⁴⁰ Nunmehr erfüllt in diesen Fällen – ebenso wie für Teilnahmehandlungen zu der durch § 95 Abs. 1a neu eingeführten unerlaubten Aufnahme einer Erwerbstätigkeit durch Inhaber eines

---

27 Schönke/Schroeder/*Cramer* Vor §§ 25 ff. StGB Rn. 47.
28 → StGB Vor § 26 Rn. 32.
29 Vgl. *Cannawurf* S. 100; *Böse* ZStW 116 (2004), 680 (697 f.); Huber/*Bergmann* Rn. 26; zum Begriff vgl. *Gropp* S. 222 ff.
30 So *Westphal/Stoppa* S. 742.
31 *Cannawurf* S. 100; *Böse* ZStW 116 (2004), 680 (697 f.).
32 *Aurnhammer* S. 160 f.; *Cannawurf* S. 103; *Cantzler* S. 183 f.; *Westphal/Stoppa* S. 742; *Hailbronner* Rn. 48.
33 *Cantzler* S. 186.
34 BT-Drs. 12/5683, 6, 8.
35 *Aurnhammer* S. 162; *Cannawurf* S. 104; *Cantzler* S. 189; *Schott* S. 346; aA *Westphal/Stoppa* S. 742.
36 *Cannawurf* S. 104 f.; *Cantzler* S. 184; *Westphal/Stoppa* S. 742 f.
37 BT-Drs. 15/420, 98.
38 BGBl. I S. 1970.
39 BT-Drs. 16/5065, 199.
40 BT-Drs. 16/5065, 199 f.

Schengen-Visums – eine wiederholte Begehung oder eine Tat zu Gunsten mehrerer Ausländer nicht mehr den Tatbestand. So verständlich es sein mag, etwa in Fällen des Kirchenasyls, bei denen jedenfalls eine wiederholte Begehung oder Beihilfe zum Aufenthalt mehrerer Ausländer nicht selten ist, die aus humanitären Gründen handelnden Personen nicht mehr als Schleuser zu bestrafen, erscheint nicht recht nachvollziehbar, warum derjenige, der zB durch Vermittlung von Scheinehepartnern oder (illegalen) Arbeitnehmern mit Schengen-Visa eine wiederholte oder vielfache Beihilfe zu Taten nach § 95 Abs. 2 Nr. 2 oder Art. 1a leistet, und dem im Einzelfall nicht nachgewiesen werden kann, dass er dies um eines Vermögensvorteils willen tat, nunmehr privilegiert werden soll. Durch das **Gesetz zur Umsetzung aufenthaltsrechtlicher Richtlinien der Europäischen Union und zur Anpassung nationaler Rechtsvorschriften an den EU-Visakodex** vom 22.11.2011 wurde Abs. 4 aufgrund des Beitritts weiterer Staaten zum Schengen-Raum dahingehend angepasst, dass diese Staaten nun nicht mehr namentlich genannt, sondern durch die Verweisung auf Schengen-Staaten bezeichnet werden.[41]

III. Anwendungsbereich

6 **Täter** und **Teilnehmer** der Schleuserdelikte kann **Jedermann** unabhängig von seiner Staatsangehörigkeit sein.[42] Anders als es die amtliche Überschrift „Einschleusen von Ausländern" zum Ausdruck bringt, ist der **sachliche Anwendungsbereich** nicht auf die illegale Verbringung von Ausländern in die Bundesrepublik beschränkt. Bereits nach dem Wortlaut werden auch Teilnahmehandlungen, die den illegalen Aufenthalt bereits eingereister Ausländer fördern, erfasst. Darüber hinaus fallen auch solche Handlungen unter die Vorschrift, bei denen das Ziel die Einschleusung in einen anderen EU-Mitgliedstaat ist und die bezogen auf das Bundesgebiet zu einer sog. **Durch- oder Ausschleusung** führen.[43]

7 Da die Tathandlung des Einschleusens eine Teilnahmehandlung im Sinne der §§ 26, 27 StGB darstellt, ist fraglich, ob für die **Anwendbarkeit des deutschen Strafrechts** auf den Ort der Tat im Sinne des § 9 Abs. 1 StGB[44] oder auf den Ort der Teilnahme nach § 9 Abs. 2 StGB[45] abzustellen ist. Beide Auffassungen führen aber stets zum gleichen Ergebnis, so dass es einer Entscheidung dieser Frage nicht bedarf: Handelt der Schleuser im Inland, ist das deutsche Strafrecht nach beiden Auffassungen ebenso anwendbar, wie in den Fällen, in denen er im Ausland handelt und sich die Tathandlung auf die Anstiftung an oder Hilfeleistung zu einem unerlaubten Aufenthalt, einer unerlaubten Einreise oder der unerlaubten Aufnahme einer Erwerbstätigkeit in der Bundesrepublik bezieht: Nach § 9 Abs. 1 StGB ergibt sich die Strafbarkeit aus dem Erfolgsort, der in diesen Fällen im Inland liegt; nach § 9 Abs. 2 StGB ist der Schleuser strafbar, weil die Haupttat im Inland begangen wird. Wenn der Schleuser im Ausland handelt und es für die Haupttat – wie beim Machen unrichtiger Angaben gegenüber einer ausländischen Behörde oder einer Auslandsvertretung nach § 95 Abs. 2 Nr. 2 – an einem Erfolgsort im Inland fehlt[46] oder die Haupttat eine Auslandstat im Sinne von Abs. 4 darstellt, ist mangels eines Inlandsbezuges für die Tat, den Tatererfolg oder eine Teilnahmehandlung das deutsche Strafrecht weder nach § 9 Abs. 1 StGB, noch nach Abs. 2 StGB anwendbar.

8 In **zeitlicher Hinsicht** gilt, dass auch die Schleusung eines Staatsangehörigen aus einem EU-Mitgliedstaat, die vor dem Beitritt zur EU begangen wurde, strafbar bleibt; § 2 Abs. 3

---

[41] BT-Drs. 17/5470, 28.
[42] *Aurnhammer* S. 152; *Westphal/Stoppa* S. 738; *Hailbronner* Rn. 5; BeckOK AuslR/*Hohoff* Vor Rn. 1; Erbs/Kohlhaas/*Senge* Rn. 1; Huber/*Bergmann* Rn. 1.
[43] BGH 26.5.1999 – 3 StR 570/98, BGHSt 45, 103 = NJW 1999, 2827; *Hailbronner* Rn. 12; BeckOK AuslR/*Hohoff* Rn. 6; Huber/*Bergmann* Rn. 69; → § 95 Rn. 58.
[44] So BGH 11.7.2003 – 2 StR 31/03, NStZ 2004, 45.
[45] So BGH 11.2.2000 – 3 StR 308/99, NJW 2000, 1732 (1736).
[46] → § 95 Rn. 107.

I. Aufenthaltsgesetz

StGB gilt insoweit nicht.[47] Im Grundsatz stellt die Vorschrift des § 96 wegen der identischen Strafdrohung gegenüber § 92a AuslG kein milderes Gesetz dar.[48] Allerdings ist auf Grund der Änderungen in Abs. 1 Nr. 2 die Teilnahme am unerlaubten Aufenthalt oder einer Tat nach § 95 Abs. 2 Nr. 2, die vor dem 28.8.2007 begangen wurde, nicht mehr als Schleusungsdelikt strafbar, wenn der Teilnehmer zwar wiederholt oder zu Gunsten mehrerer Ausländer gehandelt, aber keinen Vermögensvorteil erhalten oder sich versprechen lassen hat. Insoweit führt § 2 Abs. 3 StGB dazu, dass eine Anwendung des bis zum 27.8.2007 geltenden § 96 Abs. 1 oder des § 92a AuslG ausscheidet.[49] Umgekehrt kann Abs. 1 Nr. 1a nicht auf vor dem 28.8.2007 liegende Taten angewendet werden, bei denen sich der Schleuser keinen Vermögens- sondern nur einen sonstigen Vorteil hat versprechen lassen, § 2 Abs. 1 StGB. Gleiches gilt für die Verwirklichung der Qualifikationstatbestände des Abs. 2 Nr. 3–5.

IV. Rechts- und kriminalpolitische Bedeutung

1. Rechtspolitische Bedeutung. Bereits bei der Einführung des § 47a AuslG 1965 im Jahr 1981 wurde die erhöhte Strafdrohung gegenüber den Delikten nach § 47 AuslG 1965 und die Strafbarkeit der zur Täterschaft heraufgestuften Teilnahmehandlung damit begründet, dass der vorhandene Strafrahmen iVm §§ 26, 27 StGB – insbesondere mit Blick auf die obligatorische Milderung nach § 27 Abs. 1 Satz 2 StGB – nicht ausreiche, um dem kriminellen Gehalt der Tat eines „Schleppers" gerecht zu werden; die **Bekämpfung des „Schlepperunwesens"** sei notwendig, weil diese Personen aus Eigennutz die Unkenntnis und die wirtschaftliche Notsituation der illegal einreisenden Ausländer ausnutzen, die so selber leicht zu Opfern würden.[50] Dieser Ansatz wurde bei den später folgenden Verschärfungen hinsichtlich Tatbestand und Strafdrohung weiter verfolgt,[51] wobei der Bekämpfung der Schleuserkriminalität als **Teil der organisierten Kriminalität** besondere Bedeutung beigemessen wird.[52] Die Bekämpfung von Menschenhandel, illegaler Einwanderung und Beihilfe zur illegalen Einwanderung wird auch auf **europäischer Ebene** als eines der vordringlichsten Ziele der Gemeinschaft beschrieben, was sich insbesondere in Art. 1 der Richtlinie 2002/90/EG, wonach die Mitgliedsstaaten verpflichtet sind, angemessene Sanktionen gegen diejenigen festzulegen, die Ausländern vorsätzlich bei deren illegaler Einreise oder – wenn dies zu Gewinnzwecken geschieht – bei deren illegalen Aufenthalt in einem Mitgliedstaat unterstützen.[53] Durch den Rahmenbeschluss des Rates der EU 2002/946/JI[54] werden zudem für bestimmte Schleusungshandlungen – etwa die aus einer kriminellen Vereinigung heraus begangene oder eine solche, die das Leben der geschleusten Person gefährdet – konkrete Strafdrohungen dergestalt als verbindlich vorgeschrieben, dass sie im Höchstmaß Freiheitsstrafen nicht unter acht Jahren vorsehen müssen. Auch dies unterstreicht die Bedeutung, die der Bekämpfung der Schleusungskriminalität auf europäischer Ebene beigemessen wird.

2. Kriminalpolitische Bedeutung. Die in der polizeilichen Kriminalstatistik (PKS) erfassten Fälle von **Verstößen gegen § 96** sind in den letzten Jahren **angestiegen:** Wurden im Jahr 2013 noch 3186 Fälle erfasst, waren es im Jahr 2014 schon 3612 und im Jahr 2015 gar 5140 (Steigerung um 42,3 %). Zum Jahr 2016 ging die Fallzahl wieder auf 3666

---

[47] → § 95 Rn. 14; BGH 11.5.2005 – 5 StR 122/05, NStZ 2005, 408; 26.4.2006 – 5 StR 32/06, BeckRS 2006, 06385; Erbs/Kohlhaas/*Senge* Rn. 1.
[48] BGH 15.7.2005 – 2 StR 131/05, NStZ-RR 2007, 46 (47).
[49] *Westphal/Stoppa* S. 740.
[50] BT-Drs. 9/847, 12.
[51] Vgl. etwa zur Einführung von § 92a AuslG 1990 durch das Verbrechensbekämpfungsgesetz aus dem Jahr 1994 BT-Drs. 12/5683, 7, 11.
[52] BT-Drs. 12/5683, 1 f., 6, 8.
[53] ABl. 2002 L 328, 17.
[54] Rahmenbeschluss des Rates v. 28.11.2002 betreffend die Verstärkung des strafrechtlichen Rahmens für die Bekämpfung der Beihilfe zur unerlaubten Ein- und Durchreise und zum unerlaubten Aufenthalt, ABl. 2002 L 328, 1.

(−28,7 %) zurück. Die Aufklärungsquote bleibt mit 66,6 % (2015: 89,2 %; 2014: 77,6 %; 2013: 70,6 %) hinter der von Verstößen gegen § 95 (durchgehend um 99 %) zurück; sie hat sich nach einem kurzfristigen Anstieg insbesondere im Jahr 2015 wieder auf Werte um 60 % eingependelt, bei denen sie in den Vorjahren lag. Ein Grund für die geringere Aufklärungsquote kann darin zu sehen sein, dass die geschleusten Ausländer, weil sie selbst Beschuldigte sind, im Verfahren gegen den Schleuser von ihrem Auskunftsverweigerungsrecht nach § 55 StPO Gebrauch machen. Ein weiterer Grund könnte sein, dass der Gesetzgeber von der durch Art. 3 Abs. 2 der Richtlinie 2004/81/EG[55] gegebenen Möglichkeit, für Geschleuste einen Aufenthaltstitel zu schaffen und so ihre Kooperation im Verfahren gegen den Schleuser zu erlangen, keinen Gebrauch gemacht hat; in § 25 Abs. 4a und 4b sind in der verpflichtenden Umsetzung von Art. 3 Abs. 1 der Richtlinie vielmehr nur Aufenthaltstitel für Opfer von Menschenhandel und – in ebenfalls obligatorischer Umsetzung der Richtlinie 2009/52/EG[56] – für Opfer illegaler Beschäftigung vorgesehen. Hinsichtlich erfasster **Verstöße gegen § 97** sind die Zahlen der PKS hingegen rückläufig: Im Jahr 2013 waren es 229, im Jahr 2014 nur 163, im Jahr 2015 274 und im Jahr 2016 wieder 250. Gleichzeitig stieg die Aufklärungsquote, die in den Jahren zuvor bei 73,1 % bzw. 73,0 % gelegen hatte, auf 90,1 % im Jahr 2015, bevor sie im Jahr 2016 wieder auf 81,2 % sank. Bedauerlicherweise waren in den Jahren 2013 (ein Fall) und 2015 (zwei Fälle) erstmals Fälle der Einschleusung mit Todesfolge gemäß § 97 Abs. 1 zu verzeichnen.

11 Die **Strafverfolgungsstatistik** des Statistischen Bundesamtes für das Jahr 2015 weist 1746 (2014: 1044) gerichtliche Verfahren wegen Verstößen gegen § 96 (Verurteilungen: 1665; 2014: 979) und 57 wegen Verstößen gegen § 97 (2014: 48, Verurteilungen: 55 bzw. 48) aus. Die Verurteilungsquote ist mit 94–95 % bzw. 96,5–100 % sehr hoch.

B. Grundtatbestand (Abs. 1)

I. Anstiftung oder Beihilfe zur Einreise eines Ausländers (Abs. 1 Nr. 1)

12 **1. Objektiver Tatbestand. a) Haupttat.** Erforderlich ist zunächst das Vorliegen einer **Haupttat** der **unerlaubten Einreise** nach § 95 Abs. 1 Nr. 3 oder der **Einreise entgegen** einem bestehenden **Einreiseverbot** nach § 95 Abs. 2 Nr. 1a.[57] Da in Fällen der Einreise für den Ausländer der Versuch gem. § 95 Abs. 3 mit Strafe bedroht ist, ist es für die Strafbarkeit des Schleusers – gegebenenfalls als strafbarer Versuch nach Abs. 3[58] – ausreichend, wenn die Haupttat in das Versuchsstadium gelangt ist.[59]

13 **b) Tathandlungen.** Tathandlung des Schleusers ist die **Anstiftung** oder die **Beihilfe** zu der Haupttat des Geschleusten. Anstiftung ist das vorsätzliche Bestimmen des Haupttäters zu seiner vorsätzlichen Tat (§ 26 StGB), Beihilfe ist jede vorsätzliche Hilfeleistung (§ 27 StGB) dazu. Es gelten die zu diesen Teilnahmehandlungen entwickelten allgemeinen Grundsätze.

14 **Anstiftung** ist danach gegeben, wenn der Schleuser einen Ausländer zu einer unerlaubten Einreise bestimmt, etwa indem er ihn im Ausland anwirbt, nach der Einschleusung in Deutschland einer illegalen Erwerbstätigkeit nachzugehen, wozu auch die Prostitution zählt.[60]

15 **Beihilfe** liegt vor bei jeder Hilfe und Förderung, die dazu beiträgt, dass der Ausländer unerlaubt einreisen kann.[61] Als solche Handlungen kommen insbesondere in Betracht die

---

[55] ABl. L 262, 19.
[56] ABl. L 168, 24, vgl. BT-Drs. 17/5470, 17, 21.
[57] Dazu → § 95 Rn. 50–59, 95–101.
[58] Dazu → Rn. 45.
[59] *Westphal/Stoppa* S. 741.
[60] *Schott* StV 2007, 156 (161); *Westphal/Stoppa* S. 743; vgl. BGH 12.6.1990 – 5 StR 614/89, NJW 1990, 2207.
[61] BGH 26.5.1999 – 3 StR 570/98, BGHSt 45, 103 (105) = NJW 1999, 2827 (2828).

Beschaffung von Transportmitteln bzw. Beförderungsmöglichkeiten,[62] die Information über geeignete Grenzübertrittsstellen,[63] die Beschaffung von falschen, gefälschten oder fremden Pässen oder anderen Dokumenten (zB Aufenthaltstitel, Lohnsteuerkarten oder Führerscheine),[64] die Beförderung über oder an die Grenze, wobei in der Praxis unterschiedlichste Fahrzeuge (zB LKW, PKW aber auch Boote) eingesetzt werden, und das Geleiten über die Grenze oder zu einer sog. „grünen" Grenze (sog. Fußschleusung).[65] Da bereits die Unterstützung bei einer vorbereitenden Handlung zur Erfüllung der Beihilfe ausreicht,[66] kann ein Einschleusen im Sinne von Abs. 1 Nr. 1 durch die Erbringung von Übersetzungsdiensten zwischen dem (Haupt-)Schleuser und den zu schleusenden Ausländern erfüllt werden.[67] Nach den Grundsätzen zur sog. Kettenbeihilfe kann auch die Förderung der Hilfeleistung eines anderen Schleusers tatbestandsmäßig sein.[68] Mangels einer objektiven Förderung der Einreise ist die bloße Anwesenheit in dem PKW, mit dem der Ausländer über die Grenze gebracht wird, nicht ausreichend, wenn nicht mittäterschaftliches Handeln des Beifahrers mit dem Fahrer festgestellt wird.[69]

Organisiert und finanziert der Täter die Einreise von **Ausländerinnen,** um sie in **16** Deutschland gegen Entgelt **an heiratswillige Männer** zu **vermitteln,** macht er sich als Schleuser nach Abs. 1 Nr. 1 strafbar: Handelt es sich bei den Ausländerinnen um Positivstaaterinnen, reisen diese unerlaubt ein, weil sie wegen der in Aussicht genommenen Heirat mit einem Deutschen von vornherein beabsichtigen, länger als drei Monate im Bundesgebiet zu verbleiben,[70] und aus diesem Grund ihre Befreiung von der Visumspflicht entfällt.[71] Benötigen die Ausländerinnen hingegen als Negativstaaterinnen ein Visum und reisen auch mit einem solchen ein, machen sich diese trotz des verwaltungsrechtlich wirksamen Aufenthaltstitels wegen unerlaubter Einreise strafbar, weil bei der Beantragung des Visums regelmäßig der wahre Zweck ihrer Einreise – zum dauernden Verbleib im Bundesgebiet nach vermittelter Eheschließung – verschleiert und das Visum so erschlichen wird. Dies hat auf Grund der Vorschrift des § 95 Abs. 6 zur Folge, dass der Aufenthaltstitel für die strafrechtliche Betrachtung als nicht vorhanden gilt, was zur Strafbarkeit der Ausländerinnen nach § 95 Abs. 1 Nr. 3 führt.[72] Ob infolgedessen auch der Schleusungstatbestand nach Abs. 1 Nr. 1 erfüllt ist, ist allerdings **umstritten:** Teilweise wird vertreten, § 95 Abs. 6 finde im Tatbestand des Abs. 1 Nr. 1 keine Anwendung, weil der Gesetzgeber eine Verweisung auf diesen Umgehungstatbestand nicht aufgenommen habe; eine andere Auslegung sei mit Art. 103 Abs. 2 GG nicht vereinbar.[73] Zutreffend dürfte hingegen sein, eine Tatbestandsverwirklichung von § 95 Abs. 1 Nr. 3 auch in Verbindung mit § 95 Abs. 6 durch den Geschleusten nach den Akzessorietätsregelungen als von Abs. 1 Nr. 1 erfasst anzusehen. Wie in sämtlichen Fällen des Versuchs der illegalen Einreise, die nach § 95 Abs. 3 mit Strafe bedroht sind und nach allgemeiner Meinung taugliche Haupttaten für eine Schleusung darstellen, ohne dass § 95 Abs. 3 in Abs. 1 zitiert wird,[74] beruht die Strafbarkeit der Einreise mit einem rechtsmissbräuchlich erlangten Aufenthaltstitel auf einer gesetzlichen Regelung, so dass auch ohne Aufnahme von § 95 Abs. 6 in den Tatbestand von Abs. 1 Nr. 1 hinreichend klargestellt ist, dass eine strafbare illegale Einreise unter diesen Voraussetzungen eine Haupttat im Sinne

---

[62] *Hailbronner* Rn. 15.
[63] *Erbs/Kohlhaas/Senge* Rn. 4.
[64] *Kretschmer* § 4 Rn. 196; *Westphal/Stoppa* S. 743.
[65] *Schott* S. 298.
[66] *Fischer* StGB § 27 Rn. 5, mwN.
[67] BGH 30.10.1990 – 1 StR 500/90, insoweit in BGHR StGB § 56 Abs. 3 Verteidigung 9 nicht abgedruckt.
[68] BGH 4.5.2016 – 3 StR 358/15, BeckRS 2016, 12555; BGH 6.6.2012 – 4 StR 144/12, NJW 2012, 2821 (2822).
[69] BayObLG 3.2.2000 – 4 St RR 8/00, StV 2000, 367 (368).
[70] Vgl. BGH 21.2.1989 – 1 StR 631/88, BGHSt 36, 124 (126) = NJW 1989, 1435.
[71] → § 95 Rn. 40, 53.
[72] → § 95 Rn. 53.
[73] *Kretschmer* § 4 Rn. 241; *ders.* NStZ 2013, 570 (577); offen gelassen bei *Schott* S. 286 f.
[74] → Rn. 45.

des Schleusungstatbestands darstellt.[75] Mit der Einführung von § 95 Abs. 6 ist damit auch eine Verschärfung der Schleuserdelikte verbunden.[76]

17 Eine Unterstützungshandlung kann grundsätzlich auch noch **nach Vollendung** der Haupttat bis zu deren Beendigung den Tatbestand der strafbaren Beihilfe erfüllen.[77] Da bei der unerlaubten Einreise die Vollendung mit der Beendigung regelmäßig zusammenfällt,[78] bleibt für eine als Schleusung strafbare Beihilfe für Handlungen nach dem Grenzübertritt allerdings nur wenig Raum. Insbesondere, wenn Ausländer erst nach dem Überqueren einer grünen Grenze im Inland von einem Schleuser übernommen werden, kann eine Beihilfe zur unerlaubten Einreise nicht mehr angenommen werden.[79] Ist allerdings die Schleusung von vornherein so organisiert, dass durch sie die **Durchschleusung** der Ausländer durch das Bundesgebiet in einen anderen Staat erreicht werden soll, ist jede Hilfestellung, auch die zu der planmäßigen Verbringung ins Ausland, als Beihilfe zu der unerlaubten Einreise anzusehen, weil die Einreise und der sich anschließende Aufenthalt im Bundesgebiet ein unverzichtbares Zwischenglied für den gesamten Schleusungsvorgang darstellen.[80]

18 **c) Vorteil (Nr. 1 lit. a).** Der Schleusungstatbestand ist nach Abs. 1 Nr. 1 lit. a erfüllt, wenn der Täter für seine Anstiftung oder Beihilfe zur unerlaubten Einreise einen **Vorteil erhält** oder **sich versprechen lässt**. Wegen der vom Gesetzgeber beabsichtigten Angleichung an den Vorteilsbegriff in den §§ 331 ff. StGB[81] muss es sich anders als bei Abs. 1 Nr. 2 nicht um einen Vermögensvorteil handeln, ausreichend ist vielmehr jede Leistung **materieller** oder **immaterieller** Art, durch die der Täter objektiv besser gestellt wird.[82] Neben materiellen Zuwendungen jeglicher Art – Geldleistungen aber zB auch Sachwerte, Rabatte, Urlaubsreisen etc – kommen immaterielle Vorteile in Form von Ehrungen, Ehrenämtern, insbesondere aber auch sexuelle Zuwendungen des Geschleusten in Betracht.[83] Zwischen der Tathandlung von Anstiftung oder Beihilfe zu der unerlaubten Einreise des Ausländers und dem Vorteil muss aber in jedem Fall ein **kausaler und finaler Zusammenhang** bestehen.[84]

19 **d) Wiederholt oder zu Gunsten Mehrerer (Nr. 1 lit. b).** Nach Abs. 1 Nr. 1 lit. b liegt ein Schleusungsdelikt vor, wenn der Täter **wiederholt** oder zu Gunsten **mehrerer Ausländer** handelt. **Wiederholtes Handeln** ist gegeben, wenn mindestens zwei Tathandlungen begangen werden. Die erste Tat muss nicht die Voraussetzungen des Abs. 1 erfüllen und somit als Einschleusen von Ausländern strafbar sein, ausreichend ist vielmehr jede Anstiftung oder Beihilfe zu einer unerlaubten Einreise.[85] Ebenso wenig ist erforderlich, dass die Vortat strafrechtlich geahndet worden ist;[86] sie muss lediglich in dem Verfahren, in dem der Täter wegen der wiederholten Begehung aus § 96 Abs. 1 bestraft werden soll, zweifelsfrei

---

[75] So im Ergebnis auch BGH. 24.5.2012 – 5 StR 567/11, NJW 2012, 2210.
[76] *Westphal/Stoppa* S. 733, 740 f.
[77] *Fischer* StGB § 27 Rn. 6.
[78] → § 95 Rn. 51.
[79] BayObLG 2.3.1999 – 4 St RR 32/99, NStZ-RR 1999, 314; *Kretschmer* § 4 Rn. 197; → § 95 Rn. 51.
[80] BGH 26.5.1999 – 3 StR 570/98, BGHSt 45, 103 (105 f.) = NJW 1999, 2827 (2828); *Kretschmer* § 4 Rn. 184; BeckOK AuslR/*Hohoff* Rn. 5 f.; einschränkend nunmehr BGH 4.5.2016 – 3 StR 358/15, BeckRS 2016, 12555, wonach nur eine Handlung tatbestandsmäßig sein kann, die im Sinne eines Förderns oder Erleichterns gerade dazu beiträgt, dass der Ausländer in das Gebiet der Bundesrepublik Deutschland illegal einreisen oder sich darin aufhalten kann, nicht aber eine solche, die allein auf die Weiterreise des Ausländers abzielt, für dessen Einreise oder Aufenthalt in Deutschland jedoch ohne Wirkung ist.
[81] BT-Drs. 16/5065, 199.
[82] Vgl. *Fischer* StGB § 331 Rn. 11 ff.
[83] *Westphal/Stoppa* S. 745; BeckOK AuslR/*Hohoff* Rn. 8; GK/*Mosbacher* Rn. 26; Erbs/Kohlhaas/*Senge* Rn. 6; Huber/*Bergmann* Rn. 19.
[84] BGH 21.2.1989 – 1 StR 631/88, BGHSt 36, 124 (128) = NJW 1989, 1435 (1436); *von Pollern* ZAR 1996, 175 (178).
[85] BGH 26.5.1999 – 3 StR 122/99, NJW 1999, 2829; BeckOK AuslR/*Hohoff* Rn. 9; Erbs/Kohlhaas/*Senge* Rn. 7; *Hailbronner* Rn. 25; Huber/*Bergmann* Rn. 22.
[86] BGH 26.5.1999 – 3 StR 122/99, NJW 1999, 2829; *von Pollern* ZAR 1996, 175 (178); *Westphal/Stoppa* S. 745; *Hailbronner* Rn. 25; *Renner* Rn. 8.

festgestellt werden.[87] Die unerlaubte Einreise **mehrerer Ausländer** fördert der Täter, wenn er zu Gunsten von mindestens zwei Ausländern handelt.[88] Allerdings ist es nicht erforderlich, dass alle geschleusten Ausländer im strafrechtlichen Sinne handlungsfähig sind.[89] Das Merkmal ist also auch dann erfüllt, wenn der Schleuser zu Gunsten eines Elternteils und dessen handlungsunfähigen Kleinkindes handelt.[90]

2. Subjektiver Tatbestand. Der Schleuser muss **vorsätzlich** handeln, wobei bedingter Vorsatz genügt. Besteht die Tathandlung in einer Anstiftung zu einer unerlaubten Einreise, muss der Täter mit dem sog. **doppelten Anstiftervorsatz** handeln, dh er muss den Ausländer vorsätzlich zu einer bestimmten vorsätzlich begangenen und rechtswidrigen Haupttat bestimmen und deren Vollendung wollen.[91] Stellt die Förderung der Haupttat der Sache nach eine **Beihilfehandlung** dar, ist es ausreichend, wenn der Täter erkennt, dass seine Hilfeleistung an sich geeignet ist, die fremde Tat zu fördern; vorsätzlichem Handeln steht also nicht entgegen, wenn der Hilfeleistende glaubt, dass trotz seiner Unterstützung die Haupttat nicht erfolgreich verlaufen wird.[92] Nicht erforderlich ist, dass der Täter Rechtskenntnis von der Regelungstechnik des Ausländerrechts besitzt.[93]

II. Anstiftung oder Beihilfe zum unerlaubten Aufenthalt, unerlaubter Erwerbstätigkeit oder einer Tat nach § 95 Abs. 2 Nr. 2 (Abs. 1 Nr. 2)

1. Objektiver Tatbestand. a) Haupttaten. Die Vorschrift des Abs. 1 Nr. 2 knüpft an insgesamt fünf verschiedene Haupttaten an: den passlosen Aufenthalt gem. § 95 Abs. 1 Nr. 1,[94] den unerlaubten Aufenthalt gem. § 95 Abs. 1 Nr. 2,[95] den Aufenthalt entgegen einem Aufenthaltsverbot (§ 95 Abs. 2 Nr. 1b),[96] die unerlaubte Erwerbstätigkeit eines Ausländers mit Schengen-Visum nach § 95 Abs. 1a[97] sowie an das Erschleichen eines Aufenthaltstitels oder einer Duldung bzw. das Gebrauchen einer so erlangten Urkunde gem. § 95 Abs. 2 Nr. 2.[98] Nach § 95 Abs. 3 ist der Versuch der unerlaubten Erwerbstätigkeit des Inhabers eines Schengen-Visums strafbar, so dass insoweit ausreichend ist, wenn die Haupttat in das Versuchsstadium gelangt ist.

b) Tathandlungen. Tathandlung ist auch hier die Anstiftung oder Beihilfe zu den in Bezug genommenen Haupttaten. **Anstiftung** ist möglich, wenn der Täter einen Ausländer, der nur zu einem Kurzaufenthalt berechtigt ist, zu einem längeren Aufenthalt im Bundesgebiet bestimmt. Bei Positivstaatern, deren visumsfreier Kurzaufenthalt durch die Aufnahme einer Erwerbstätigkeit unerlaubt wird,[99] liegt Anstiftung zum unerlaubten Aufenthalt vor, wenn der Schleuser dem Ausländer zur Aufnahme einer Erwerbstätigkeit, die auch in der Ausübung der Prostitution liegen kann, auffordert. Ein Negativstaater, der eine Erwerbstätigkeit aufnimmt, macht sich nicht wegen unerlaubten Aufenthalts, wohl aber nach § 95 Abs. 1a strafbar.[100] Strafbarkeit wegen unerlaubten Aufenthalts tritt hingegen ein, wenn er den bei der Einreise verwendeten Aufenthaltstitel entgegen § 95 Abs. 6 auf rechtsmissbräuchliche Weise erlangt hat, etwa indem er vortäuscht, sich nur zu touristischen Zwecken

---

[87] *Maaß* S. 113; GK/*Mosbacher* Rn. 33; Erbs/Kohlhaas/*Senge* Rn. 7; Huber/*Bergmann* Rn. 23.
[88] BGH 11.7.2003 – 2 StR 31/03, NStZ 2004, 45.
[89] → Rn. 3.
[90] *Westphal/Stoppa* S. 741; Bergmann/Dienelt/*Winkelmann* Rn. 11; Erbs/Kohlhaas/*Senge* Rn. 8, der allerdings an der Rechtfertigung dieses Ergebnisses zweifelt; aA *Kretschmer* § 4 Rn. 256; Huber/*Bergmann* Rn. 27; vor § 96 Rn. 14; HK/*Fahlbusch* Rn. 34.
[91] Vgl. *Fischer* StGB § 26 Rn. 5 ff.
[92] BGH 15.11.2006 – 2 StR 157/06, NStZ 2007, 289 (290).
[93] Eingehend GK/*Mosbacher* Rn. 22 ff.
[94] Dazu → § 95 Rn. 18–23.
[95] Dazu → § 95 Rn. 24–49.
[96] Dazu → § 95 Rn. 95–99.
[97] Dazu → § 95 Rn. 90–93.
[98] Dazu → § 95 Rn. 104–116.
[99] → § 95 Rn. 41.
[100] → § 95 Rn. 45.

AufenthG § 96 23, 24   1. Kapitel. Ausländerstrafrecht

im Bundesgebiet aufhalten zu wollen.[101] Insoweit kommt eine Bestrafung des Schleusers in Betracht, der einen Negativstaater zum unerlaubten Aufenthalt anstiftet oder ihm dazu Hilfe leistet, etwa indem er ihm eine Erwerbstätigkeit verschafft.[102]

23 **Beihilfe** liegt vor, wenn der illegale Aufenthalt oder die illegale Erwerbstätigkeit gefördert oder der Haupttäter bei unrichtigen Angaben im Sinne von § 95 Abs. 2 Nr. 2 unterstützt wird. In der Überlassung von **Wohnraum** liegt regelmäßig eine Förderung des unerlaubten Aufenthalts.[103] Grundsätzlich ohne Belang ist es hingegen, ob der Ausländer zum Verstoß gegen seine Ausreisepflicht bereits fest entschlossen ist.[104] Allenfalls dann, wenn ihm die Unterkunft nur angeboten wird, um ihm eine Unterbringung unter menschenunwürdigen Umständen zu ersparen, kann eine Beihilfe ausscheiden.[105] In diesen Fällen wird die Annahme eines Schleusungsdeliktes aber ohnehin regelmäßig nicht in Betracht kommen, weil es an der Gewährung eines Vermögensvorteils fehlt.[106] Ansonsten ist ausreichend, dass durch die Hilfeleistung der illegale Aufenthalt objektiv gefördert oder erleichtert wird.[107] Aus diesem Grund kann nach Abs. 1 Nr. 2 auch strafbar sein, wer einen Ausländer **illegal beschäftigt,** weil darin eine maßgebliche Förderung des unerlaubten Aufenthalts liegt.[108] Gleiches gilt für die Ermöglichung der Prostitutionsausübung durch Vermittlung von Positivstaaterinnen an Bordelle.[109] Typische Beihilfehandlungen zu Taten nach Abs. 2 Nr. 2 liegen in der Vermittlung von Scheinehen,[110] dem Eingehen einer solchen,[111] oder dem Ausstellen von Einladungsschreiben für Negativstaater, die nach der Einreise mit den Touristenvisa im Bundesgebiet eine Erwerbstätigkeit aufnehmen wollen.[112]

24 **c) Vermögensvorteil.** Ein Vermögensvorteil ist bei jeder günstigeren Gestaltung der Vermögenslage des Täters gegeben;[113] allerdings muss zwischen dem Vermögensvorteil und der Unterstützungshandlung ein **kausaler und finaler Zusammenhang** bestehen.[114] Ein solcher liegt nicht vor, wenn der Täter im Rahmen der illegalen Beschäftigung eines Ausländers lediglich Vorteile durch ersparte Aufwendungen für Steuern und Sozialabgaben erhält. Denn diese Vorteile werden nicht „für" die Einschleusung gewährt, sondern lediglich gele-

---

[101] → § 95 Rn. 37, 44.
[102] *Schott* S. 308 f.; *Westphal/Stoppa* S. 733 f.
[103] BGH 12.6.1990 – 5 StR 614/89, NJW 1990, 2207.
[104] BGH 2.9.2009 – 5 StR 266/09, BGHSt 54, 140 = NStZ 2010, 171 m. zust. Anm. *Mosbacher* NStZ 2010, 457; s. auch *König* NJW 2002, 1623 (1624 f.); kritisch insoweit *Kretschmer* ZAR 2013, 278 (280 f.); aA BayObLG 21.5.1999 – 4 St RR 86/99, NStZ 1999, 627 und 25.6.2001 – 4 St RR 77/01, NJW 2002, 1663; *Hailbronner* Rn. 14; vgl. zum Streitstand § 95 Rn. 45.
[105] BGH 12.6.1990 – 5 StR 614/89, NJW 1990, 2207 (2208); *Westphal/Stoppa* S. 743; *Huber/Bergmann* Rn. 13; insoweit ausdrücklich offen gelassen von BGH 2.9.2009 – 5 StR 266/09, BGHSt 54, 140 (143 f.) = NStZ 2010, 171 (172).
[106] Dies gilt in aller Regel auch für die Fälle des Kirchenasyls, vgl. dazu auch *Kretschmer* § 4 Rn. 208 ff.; weitergehend *Kretschmer* ZAR 2013, 278 (281): Sozialadäquates Verhalten, ein Förderungseffekt ist unvermeidliche Nebenfolge neutralen Verhaltens.
[107] OLG Frankfurt a. M. 25.2.2005 – 1 Ss 9/04, NStZ-RR 2005, 184; KG 9.9.2005 – (3) 1 Ss 229/05 (63/05), NStZ 2006, 530; OLG Köln 25.3.2003 – Ss 92–93/03, NStZ-RR 2003, 184; *Erbs/Kohlhaas/Senge* Rn. 11.
[108] BGH 29.6.2000 – 1 StR 238/00, NJW 2000, 3148; *Ignor/Mosbacher/Mosbacher* Rn. 243 ff.; *Schott* S. 308 f.; *Huber/Bergmann* Rn. 13.
[109] BGH 28.10.2004 – 5 StR 3/04, NStZ 2005, 407; 15.7.2005 – 2 StR 131/05, NStZ-RR 2007, 46; 26.4.2006 – 5 StR 32/06, BeckRS 2006, 06385.
[110] BayObLG 22.9.1989 – RReg. 4 St 200/89, NStZ 1990, 187 (188); OLG Frankfurt a. M. 31.3.1993 – 2 Ss 65/936, NStZ 1993, 394.
[111] OLG Düsseldorf 22.12.1999 – 2 b Ss 242/99–125/99 I, NJW 2000, 1280; *Westphal/Stoppa* S. 743; *Huber/Bergmann* Rn. 4; zur Abgrenzung vom täterschaftlichen Handeln → § 95 Rn. 117.
[112] Vgl. BGH 16.10.2003 – 5 StR 290/03, NStZ 2004, 699; AG Bremen 14.2.2005 – 87 Cs 170 Js 24426/04, NStZ 2005, 410; s. zum Ganzen auch *Lorenz* NStZ 2002, 640; *Schott* S. 316 ff.; auch → § 95 Rn. 114.
[113] BGH 21.2.1989 – 1 StR 631/88, BGHSt 36, 124 (128) = NJW 1989, 1435 (1436); *Cannawurf* S. 130; *Westphal/Stoppa* S. 746.
[114] BGH 11.2.2000 – 3 StR 308/99, NJW 2000, 1732 (1735); 21.2.1989 – 1 StR 631/88, BGHSt 36, 124 (128) = NJW 1989, 1435 (1436); *Cannawurf* S. 130 f.; *Hailbronner* Rn. 23; BeckOK AuslR/*Hohoff* Rn. 12; *Erbs/Kohlhaas/Senge* Rn. 12.

gentlich der Einschleusung durch die Begehung weiterer Straftaten, die auch gesondert geahndet werden können, erzielt.[115]

Der Vermögensvorteil braucht – anders als bei den Tatbeständen der Erpressung oder des Betruges – nicht rechtswidrig zu sein.[116] Unerheblich ist, von wem der Schleuser den Vermögensvorteil erhält oder sich versprechen lässt, weshalb der Tatbestand auch erfüllt ist, wenn der Täter sich nicht von dem eingeschleusten Ausländer, sondern **von** einer **Organisation** bezahlen lässt oder wenn der **Vermögensvorteil aus** der **Schleusung selbst** resultiert, etwa wenn die eingeschleusten Ausländerinnen an heiratswillige Deutsche vermittelt werden und der Täter von den Freiern über die Kosten der Schleusung hinausgehende Zahlungen erhält,[117] oder die Ausländerinnen nach der Einschleusung als Prostituierte tätig werden, und dem Täter aus ihren Einnahmen für die Vermittlung und Unterbringung regelmäßig wiederkehrende Zahlungen leisten.[118] Kein Vermögensvorteil liegt vor, wenn der Täter lediglich die von ihm aufgewendeten Kosten für die Schleusung zurück erstattet bekommt.[119] Der **Täter selbst** muss sich den Vermögensvorteil versprechen lassen oder ihn erhalten, die Bereicherung eines Dritten erfüllt den Tatbestand nicht. Allerdings ist – wie bei §§ 331 ff. StGB – die Erlangung eines mittelbaren Vorteils ausreichend, so dass auch derjenige wegen eines Schleusungsdeliktes strafbar sein kann, der zu Gunsten eines Dritten, zB einer juristischen Person, handelt und von dieser dafür eine Zuwendung erhält.[120]

2. Subjektiver Tatbestand. In subjektiver Hinsicht ist bei dem Täter eines Schleusungsdeliktes auch bezüglich des Merkmals des Vermögensvorteils zumindest bedingter **Vorsatz** erforderlich. In Bezug auf die Haupttat muss es sich nach allgemeinen Grundsätzen um **Anstifter-** bzw. **Beihilfevorsatz** handeln.[121] Der Täter muss also die Tatbestandsverwirklichung durch den Ausländer wollen und wissen oder zumindest für möglich halten, dass sich der Ausländer etwa unerlaubt im Bundesgebiet aufhält, was insbesondere in Fällen, in denen erst eine Beschäftigung des Ausländers zu seinem unerlaubten Aufenthalt und so die Teilnahmehandlung erst zur teilnahmefähigen Haupttat führt, zweifelhaft sein kann.[122] Allerdings kann auf einen **Beihilfevorsatz** des Arbeitgebers, der sich weder über eine Arbeitsgenehmigung noch über den Aufenthaltsstatus des Ausländers in Kenntnis setzt, diesen zu sehr geringem Lohn beschäftigt, ihn zur Arbeitsaufnahme in das Bundesgebiet bringen lässt und danach selbst wieder zur Grenze bringt, auch **aus den Umständen geschlossen** werden.[123] Die Anforderungen an die richterliche Überzeugungsbildung dürfen hier nicht überspannt werden.

C. Qualifikationen (Abs. 2)

I. Gewerbsmäßiges Handeln (Nr. 1)

1. Objektiver Tatbestand. Gewerbsmäßig handelt, wer sich durch die wiederholte Begehung von Straftaten eine fortlaufende Einnahmequelle von einigem Umfang und nicht unerheblicher Dauer verschaffen will.[124] Das Merkmal wird vom Gesetzgeber einheitlich in einer Vielzahl von Vorschriften als Qualifikation (zB § 260 Abs. 1 Nr. 1 StGB, § 30 Abs. 1 Nr. 2 BtMG, § 370a Nr. 1 AO) oder als Regelbeispiel für einen besonders schweren Fall (§§ 243 Abs. 1 Nr. 3, 253 Abs. 4 S. 2, 263 Abs. 3 Nr. 1 StGB) verwendet. Es gelten die zu

---

[115] Ignor/Mosbacher/*Mosbacher* Rn. 276; *Westphal/Stoppa* S. 746; aA Huber/*Bergmann* Rn. 30.
[116] *Cannawurf* S. 130; *Kretschmer* § 4 Rn. 254; *Schott* S. 333.
[117] BGH 21.2.1989 – 1 StR 631/88, BGHSt 36, 124 (128) = NJW 1989, 1435 (1436).
[118] BGH 11.2.2000 – 3 StR 308/99, NJW 2000, 1732 (1735).
[119] *Cannawurf* S. 130; *Westphal/Stoppa* S. 746.
[120] Ignor/Mosbacher/*Mosbacher* Rn. 277; aA *Kretschmer* § 4 Rn. 253.
[121] → Rn. 20.
[122] Vgl. OLG Celle 7.4.2003 – 21 Ss 17/03, BeckRS 2003 30314955.
[123] BayObLG 20.12.2004 – 4 St RR 184/04, BayObLGSt 2004, 154 (160 f.).
[124] Allg. Meinung, → StGB § 243 Rn. 39 mit zahlreichen Nachweisen.

diesen Vorschriften entwickelten Grundsätze entsprechend.[125] Aus den Straftaten muss sich nicht die Haupt- oder die alleinige Einnahmequelle des Täters ergeben, mittelbar aus den Straftaten gezogene Vorteile sind ausreichend.[126]

28 **2. Subjektiver Tatbestand.** Die Gewerbsmäßigkeit stellt ein subjektives Tatbestandsmerkmal dar, es kommt darauf an, was sich der Täter bei Begehung der Tat vorstellt. Aus diesem Grund kann auch die erste Tat bereits das Merkmal der Gewerbsmäßigkeit erfüllen, wenn der Täter dabei davon ausgeht, dass er sich durch diese und weitere Taten dieser Art eine für die Tatbestandserfüllung ausreichende Einnahmequelle erschließen wird.[127]

II. Bandenmäßige Begehung (Nr. 2)

29 **1. Objektiver Tatbestand.** Eine **Bande** liegt vor, wenn sich mindestens drei Personen zu einer Verbindung zusammengeschlossen haben, um für eine gewisse Dauer mehrere künftige, im Einzelnen noch ungewisse Straftaten zu verüben; ein gefestigter Bandenwille oder ein Tätigwerden in einem übergeordneten Bandeninteresse ist nicht erforderlich.[128] Auch das Merkmal der Bande wird in zahlreichen Strafbestimmungen als Qualifikationsmerkmal verwendet (vgl. §§ 244 Abs. 1 Nr. 2, 250 Abs. 1 Nr. 2, Abs. 2 Nr. 2 StGB, § 30 Abs. 1 Nr. 1 BtMG) und wird in all diesen Tatbeständen gleich ausgelegt, so dass die insoweit gefundenen Grundsätze auch für Abs. 2 Nr. 2 Gültigkeit beanspruchen.[129] Allerdings ist es im Gegensatz zu §§ 244 Abs. 1 Nr. 4, 250 Abs. 1 Nr. 2 StGB nicht erforderlich, dass mehrere Bandenmitglieder gemeinsam am Tatort der Einschleusung zusammenwirken, um den Qualifikationstatbestand des Abs. 2 Nr. 2 zu erfüllen; ausreichend ist insoweit das Handeln eines Bandenmitglieds im Rahmen der bandenmäßigen Verbindung und Planung.[130] Der Zusammenschluss muss nicht auf einer ausdrücklichen Verabredung beruhen, eine **konkludente Bandenabrede,** die lediglich die Bereitschaft der Mitglieder erfordert, sich an dem Deliktstypus entsprechenden Straftaten zu beteiligen, ist ausreichend. Besteht eine solche Übereinkunft, ist bereits die erste Tat als bandenmäßige Begehung strafbar.[131] Der Täter muss als Mitglied der Bande handeln, muss sich also in sie eingegliedert haben, wobei der Annahme der Bande nicht entgegensteht, wenn ihm oder einem anderen Mitglied lediglich Aufgaben zugefallen sind, die sich bei wertender Betrachtung als Gehilfentätigkeit darstellen.[132] Umgekehrt reicht Mittäterschaft für die Annahme von bandenmäßiger Begehung nach allgemeinen Grundsätzen nicht in jedem Fall aus; vielmehr ist erforderlich, dass der Täter im Rahmen der Bandenabrede handelt.[133]

30 **2. Subjektiver Tatbestand.** Bedingter **Vorsatz** ist erforderlich. Der Täter muss den Willen haben, sich mit mindestens zwei anderen zusammenzutun, um mit ihnen gemeinsam über eine gewisse Dauer Straftaten im Sinne des § 96 zu begehen, wobei sich dieser **Bandenwille** in der Begehung mindestens einer konkreten Bandentat konkretisiert haben muss. Nicht erforderlich ist, dass sich die Bandenmitglieder untereinander kennen, vielmehr wird bei grenzüberschreitenden Schleusungen regelmäßig in den betroffenen Ländern arbeitsteilig vorgegangen werden, ohne dass Bekanntschaftsverhältnisse für die Bandenmitglieder maßgeblich oder auch nur erwünscht sind.[134]

---

[125] Vgl. BGH 27.1.1998 – 1 StR 702/97, NStZ 1998, 305 (306).
[126] *Fischer* StGB Vor § 52 Rn. 62.
[127] *Schott* S. 363; → StGB § 243 Rn. 41; aA *Kretschmer* § 4 Rn. 258.
[128] BGH 22.3.2001 – GSSt 1/00, BGHSt 46, 321 = NJW 2001, 2266.
[129] Vgl. BGH 26.6.2001 – 4 StR 490/00, wistra 2001, 431.
[130] BGH 22.7.2015 – 2 StR 389/13, NJW 2016, 419 (421); BGH 6.4.2005 – 5 StR 68/05, BeckRS 2005, 04926; GK/*Mosbacher* Rn. 40; dazu eingehend *Kretschmer* § 4 Rn. 262 f.
[131] Vgl. zum Ganzen → StGB § 244 Rn. 36 ff.; *Westphal/Stoppa* S. 748 f.
[132] BGH 30.4.2003 – 3 StR 386/02, wistra 2003, 351 (352).
[133] BGH 22.7.2015 – 2 StR 389/13, NJW 2016, 419 (421).
[134] *Westphal/Stoppa* S. 749.

III. Beisichführen einer Schusswaffe (Nr. 3)

1. Objektiver Tatbestand. Der Qualifikationstatbestand, der der typischerweise erhöh- **31** ten Gefahr der Verwendung der Schusswaffe im Fall einer Entdeckung der Einschleusung begegnen will[135] und eine wirksamere Bekämpfung der Schleuserkriminalität gewährleisten soll,[136] ist erfüllt, wenn der Schleuser bei der Förderung einer **unerlaubten Einreise** entgegen § 95 Abs. 1 Nr. 3 oder Abs. 2 Art. 1a eine Schusswaffe bei sich führt. Um **Schusswaffen** handelt es sich neben den mit scharfer Munition geladenen Waffen bei mit Gasmunition geladenen Pistolen oder Revolvern, bei denen das Gas nach vorne austritt,[137] sowie bei mit Platzpatronen geladenen Schreckschusspistolen.[138] Der Begriff entspricht dem in § 30a Abs. 2 Nr. 2 BtMG, so dass auf die dazu geltenden Grundsätze zurückgegriffen werden kann.[139] Die Schusswaffe muss funktionsfähig und zum Einsatz geeignet sein, so dass es für das nach Abs. 2 Nr. 3 erforderliche Beisichführen ausreichend ist, wenn sie jederzeit durchgeladen oder mit der ebenfalls griffbereiten Munition geladen werden kann.[140] Die Schusswaffe **führt** der Täter **bei sich,** wenn er sie in irgendeinem Stadium der Tatbegehung – aber vor Beendigung der Tat, die bei der unerlaubten Einreise regelmäßig mit ihrer Beendigung zusammenfällt[141] – bewusst gebrauchsbereit in der Weise bei sich hat, dass er sich ihrer jederzeit bedienen kann.[142] Es ist deshalb nicht erforderlich, dass er sie am Körper trägt. Auch die Aufbewahrung etwa in einem Fahrzeug ist ausreichend, wenn der Täter ohne nennenswerten Zeitaufwand und ohne besondere Schwierigkeiten bei der Tatbegehung auf die Schusswaffe zugreifen kann, weil dadurch die für die Qualifikation erforderliche erhöhte Gefährlichkeit des Täters gleichermaßen gegeben ist.[143]

2. Subjektiver Tatbestand. Der Schleuser muss **vorsätzlich** handeln, dh er muss wis- **32** sen, dass er oder einer seiner Mittäter die Schusswaffe bei der Tatbegehung bei sich führt. Da es sich **nicht** um ein täterbezogenes **persönliches Merkmal** im Sinne des § 28 Abs. 2 StGB handelt, sondern lediglich um ein tatbezogenes, kann die dem gemeinsamen Tatentschluss entsprechende Bewaffnung eines Mittäters den anderen nach § 25 Abs. 2 StGB zugerechnet werden.[144]

IV. Beisichführen einer anderen Waffe in Verwendungsabsicht (Nr. 4)

1. Objektiver Tatbestand. Auch diese Qualifikation ist nur erfüllt, wenn der Schleuser **33** die Waffe bei der **Förderung der Einreise** bei sich führt. Um eine **Waffe** im Sinne von Abs. 2 Nr. 4 handelt es sich zunächst bei allen Waffen im technischen Sinn, deren Definition sich aus § 1 Abs. 2 Nr. 2 WaffG ergibt.[145] Damit sind Gegenstände, die ihrem Wesen nach bestimmt sind, gegen Menschen eingesetzt zu werden, insbesondere Hieb- und Stoßwaffen gemeint, aber auch solche tragbaren Gegenstände, die ohne dazu bestimmt zu sein, wegen ihrer Beschaffenheit, Handhabung oder Wirkungsweise geeignet sind, die Angriffs- oder Abwehrfähigkeit von Menschen zu beseitigen oder herabzusetzen und im Waffengesetz genannt werden. Neben den in der Anlage zu § 1 Abs. 4 WaffG genannten Gegenständen, insbesondere Spring-, Butterfly- oder Faustmessern kommen für Abs. 2 Nr. 4 aber auch als Waffe einsetzbare Werkzeuge als **Waffe im strafrechtlichen Sinn** in Betracht, wenn sie

---

[135] *Schott* S. 367.
[136] BT-Drs. 15/420, 98.
[137] BGH 3.4.2002 – 1 ARs 5/02, NStZ-RR 2002, 265.
[138] BGH 12.10.2005 – 2 StR 298/05, NJW 2006, 73 f.; vgl. BGH 4.2.2003 – GSSt 2/02, BGHSt 48, 197 = NJW 2003, 1677.
[139] → BtMG § 30a Rn. 129 ff.
[140] *Westphal/Stoppa* S. 750; vgl. BGH 20.10.1999 – 1 StR 429/99, BGHSt 45, 249 (251 f.) = NJW 2000, 1050; 9.11.1999 – 1 StR 501/99, BeckRS 1999, 30080823.
[141] *Kretschmer* § 4 Rn. 271; → § 95 Rn. 50.
[142] BGH 24.6.2003 – 1 StR 25/03, NStZ 2004, 111.
[143] *Kretschmer* § 4 Rn. 270; *Schott* S. 369 f.; *Westphal/Stoppa* S. 751; → BtMG § 30a Rn. 162, 166.
[144] BGH 4.2.2003 – GSSt 1/02, BGHSt 48, 189 = NJW 2003, 1541; aA wohl *Hailbronner* Rn. 30.
[145] Dazu → WaffG § 1 Rn. 108 ff.

objektiv geeignet sind, bei dem beabsichtigten Einsatz zumindest eine Leibesgefahr hervorzurufen.[146] Das Gesetz verwendet den Begriff der „Waffe" bzw. der „anderen Waffe" in den §§ 113 Abs. 2 S. 2 Nr. 2, 125a S. 2 Nr. 2 StGB. Nach den zu diesen Vorschriften geltenden Grundsätzen, die auf Abs. 2 Nr. 4 übertragen werden können, sind auch Waffen im nichttechnischen Sinn unter den Begriff zu subsummieren, wie zB Stöcke, größere Steine oder Baseballschläger.[147] Für das Beisichführen gelten die Grundsätze zu Abs. 2 Nr. 3 entsprechend.[148]

34   **2. Subjektiver Tatbestand.** Neben zumindest **bedingtem Vorsatz** im Hinblick auf das Beisichführen ist weiter die **Absicht** erforderlich, die **Waffe bei der Tat zu verwenden.** Dieses subjektive Merkmal entspricht im Wesentlichen der Gebrauchsabsicht in §§ 244 Abs. 1 Nr. 1b, 250 Abs. 1 Nr. 1b StGB bzw. der Verwendungsabsicht in § 125a S. 1 Nr. 4 StGB.[149] Der Schleuser muss den Willen haben, die mitgeführte Waffe im Bedarfsfall gegen Menschen einzusetzen. Eine bestimmte Absicht, den Widerstand einer anderen Person durch Gewalt oder Drohung mit Gewalt zu verhindern oder zu überwinden, ist ebenso wenig erforderlich,[150] wie die Absicht, tatsächlich Gewalt gegen Personen zu verüben; insoweit ist die Vorstellung einfacher Nötigungsmittel im Sinne des § 240 StGB ausreichend.[151] Schließlich muss die Waffe nach der Vorstellung des Täters auch nicht gegen bestimmte Personen, zB Beamte der Grenzpolizei, eingesetzt werden, der beabsichtigte Einsatz gegenüber unbeteiligten Dritten oder den Geschleusten selbst ist ausreichend.[152]

V. Gefährliche Einschleusung (Nr. 5)

35   **1. Objektiver Tatbestand.** Der Qualifikationstatbestand wurde ebenfalls mit dem Zuwanderungsgesetz eingefügt, um eine wirksamere Bekämpfung der Schleuserkriminalität zu gewährleisten[153] und dient dem **Schutz der Geschleusten.**[154] Für die Erfüllung des Qualifikationsmerkmals ist es ohne Bedeutung, ob der Geschleuste zugleich Haupttäter des Schleusungsdelikts sein kann, so dass auch Kleinkinder, Säuglinge und andere Handlungsunfähige in den Schutzbereich einbezogen sind.[155]

36   Das Merkmal der **lebensgefährdenden Behandlung** entspricht der Vorschrift des § 224 Abs. 1 Nr. 5 StGB, so dass die dazu geltenden Grundsätze zur Auslegung herangezogen werden können.[156] Das Merkmal liegt vor, wenn die Behandlung, der der Ausländer während der Schleusung ausgesetzt war, nach den Umständen des Einzelfalles konkret geeignet war, ihn in Lebensgefahr zu bringen; eine konkrete Gefahr muss hingegen noch nicht eingetreten sein.[157] Ein solcher Fall ist bei einer Schleusung etwa durch den Transport der Ausländer in einem luftdicht abgeschlossenen Container;[158] in einem Fahrzeug ohne Sitze oder Anschnallmöglichkeiten oder bei der Durchschwimmung eines Grenzflusses[159] denkbar.

37   Eine **unmenschliche** oder **erniedrigende Behandlung** liegt vor, wenn dem Geschleusten Umstände zugemutet werden, die zu körperlichen oder seelischen Qualen

---

[146] *Schott* S. 369; *Westphal/Stoppa* S. 751; *Huber/Bergmann* Rn. 46.
[147] *Fischer* StGB § 113 Rn. 38; § 125a Rn. 4; *Huber/Bergmann* Rn. 48; *Renner/Dienelt* Rn. 17; aA *Kretschmer* § 4 Rn. 276.
[148] → Rn. 31.
[149] Dazu → StGB § 244 Rn. 32 f.
[150] *Westphal/Stoppa* S. 752.
[151] → StGB § 244 Rn. 32.
[152] *Westphal/Stoppa* S. 752.
[153] BT-Drs. 15/420, 198.
[154] *Schott* S. 370; *Westphal/Stoppa* S. 753; zum Begriff des Geschleusten → § 97 Rn. 5.
[155] *Huber/Bergmann* Rn. 60; → § 97 Rn. 5; offen gelassen bei *Schott* S. 372, 375.
[156] Dazu → StGB § 224 Rn. 36 ff.
[157] BGH 29.4.2004 – 4 StR 43/04, NStZ 2004, 618; *Hailbronner* Rn. 32; *Erbs/Kohlhaas/Senge* Rn. 27.
[158] *Schott* S. 371; *Westphal/Stoppa* S. 753.
[159] *Kretschmer* § Rn. 287.

führen, die über das für eine Schleusung notwendige Maß hinausgehen[160] bzw. wenn bei dem Ausländer Gefühle der Angst, Ohnmacht oder Minderwertigkeit erzeugt werden und er so herabgewürdigt oder gedemütigt wird.[161] Das Tatbestandsmerkmal ist neu in das deutsche Strafrecht eingeführt worden und hat ein Vorbild in Art. 5 der Allgemeinen Erklärung der Menschenrechte[162] und dem Übereinkommen gegen Folter und andere grausame, unmenschliche oder erniedrigende Behandlung oder Strafe.[163] Während sich diese Bestimmungen auf hoheitliches Handeln bezogen, werden die dazu geltenden Grundsätze durch Abs. 1 Nr. 5 nunmehr auf das Verhältnis zwischen Ausländer und Schleuser übertragen; die dazu insbesondere vom Europäischen Gerichtshof für Menschenrechte entwickelten Kriterien[164] sind aber zur Auslegung des Tatbestandsmerkmals heranzuziehen.[165] Die Voraussetzungen können gegeben sein bei Unterbringung unter menschenunwürdigen Verhältnissen, zB in kalten, feuchten Räumen ohne Tageslicht, oder wenn den Geschleusten über einen langen Zeitraum keine Möglichkeit zum Toilettengang gegeben wird, so dass sie während des Transports in ihre Kleidung urinieren müssen.[166]

Um die **Gefahr** einer **schweren Gesundheitsbeschädigung** handelt es sich schließlich, wenn durch die Schleusung die konkrete Gefahr eintritt, dass der Geschleuste in eine ernste, langwierige Krankheit verfällt, eine ernsthafte Störung der Körperfunktionen erleidet oder in seiner Arbeitskraft erheblich beeinträchtigt wird.[167] Das Tatbestandsmerkmal entspricht den Qualifikationen ua in §§ 225 Abs. 3 Nr. 1, 250 Abs. 1 Art. 1c StGB; auf die Kommentierung und Entscheidungen zu diesen Vorschriften kann zurückgegriffen werden.[168] Es handelt sich um ein konkretes **Gefährdungsdelikt, nicht** um ein **Erfolgsdelikt,** so dass es nicht tatsächlich zum Eintritt einer Gesundheitsbeeinträchtigung kommen muss.[169] 38

2. Subjektiver Tatbestand. Der Täter muss hinsichtlich der qualifizierenden Merkmale mit **Vorsatz** handeln, Eventualvorsatz ist ausreichend. Er muss also nur die äußeren Tatumstände zumindest für möglich halten und es wenigstens billigend in Kauf nehmen, dass der Geschleuste einer der genannten Behandlungen bzw. Gefahren ausgesetzt ist. Eine darüber hinausgehende Absicht, insbesondere den Ausländer besonderen Qualen auszusetzen oder ihn zu demütigen, wird nicht gefordert.[170] 39

D. Auslandstaten (Abs. 4)

Die Vorschrift erstreckt die Strafbarkeit auf aus Eigennutz begangene Schleusungsdelikte nach Abs. 1 sowie auf die gewerbsmäßige und auf Grund der nunmehr eindeutigen Verweisung auch auf die bandenmäßige und die gefährliche Schleusung nach Abs. 2 Nr. 1, 2 und 5,[171] wenn die Einreise oder der Aufenthalt in einem Vertragsstaat des Schengener Übereinkommens gefördert werden, die Haupttaten der unerlaubten Einreise oder dem unerlaubten Aufenthalt nach § 95 Abs. 1 Nr. 2, 3, Abs. 2 Nr. 1 entsprechen und der unterstützte Ausländer nicht die Staatsangehörigkeit eines Mitgliedstaates der Europäischen Union oder eines anderen Vertragsstaates des Abkommens über den Europäischen Wirtschaftsraum besitzt. Die wiederholte oder die Schleusung von mehreren Ausländern in einen 40

---

[160] *Cannawurf* S. 135.
[161] *Hailbronner* Rn. 34; Erbs/Kohlhaas/*Senge* Rn. 27.
[162] BGBl. 1973 II S. 1534.
[163] BGBl. 1990 I S. 247.
[164] Vgl. die Nachweise bei *Hailbronner* Rn. 33.
[165] *Cannawurf* S. 135; Huber/*Bergmann* Rn. 61.
[166] *Westphal/Stoppa* S. 753.
[167] *Cannawurf* S. 135; *Westphal/Stoppa* S. 754; Erbs/Kohlhaas/*Senge* Rn. 27.
[168] → StGB § 250 Rn. 46 ff.
[169] *Westphal/Stoppa* S. 754.
[170] *Hailbronner* Rn. 34.
[171] *Westphal/Stoppa* S. 755; anders die Rechtslage zu § 92a Abs. 4 AuslG, vgl. BGH 9.9.2003 – 4 StR 269/03, NStZ-RR 2004, 23.

Schengenstaat (Abs. 1 Nr. 1b) sowie die bewaffnete Schleusung unterfällt Abs. 4 hingegen nicht.[172] Die Bundesrepublik hat durch die Vorschrift ihre **Verpflichtung nach Art. 27 Abs. 1 des Schengener Übereinkommens** (SDÜ) umgesetzt, angemessene Sanktionen gegen jede Person vorzusehen, die einen Drittausländer bei seiner illegalen Einreise oder seinem illegalen Aufenthalt in einem Vertragsstaat unterstützt und dabei zu Erwerbszwecken handelt.[173]

41 Zu den in Abs. 4 genannten Staaten zählen sämtliche 27 **Staaten der Europäischen Union** sowie die **Schengen-Staaten.** Für weitere Staaten, die dem Schengener Übereinkommen in Zukunft beitreten, gilt, dass es für die Strafbarkeit nicht erforderlich ist, dass der Vertragsstaat seinen Beitritt bereits öffentlich bekannt gemacht hat. Ausreichend ist, dass der Beitritt ratifiziert worden ist.[174] Die Haupttat muss nach dem Recht des Staates, in den der Ausländer eingeschleust wird, mit einer Sanktion belegt sein; dass sie nur als Verwaltungsunrecht, nicht aber als Straftat geahndet wird, steht der Anwendung von Abs. 4 nicht entgegen.[175] Nach dem Wortlaut des Abs. 4 ist die Vorschrift auch auf Taten von Ausländern, die im Ausland begangen werden, anwendbar. Das **deutsche Strafrecht** gilt gem. § 6 Nr. 9 StGB in Verbindung mit Art. 27 Abs. 1 SDÜ.[176] Zur Begründung der **deutschen Gerichtsbarkeit** reicht dies aber nicht ohne weiteres aus, vielmehr bedarf es hierzu regelmäßig eines legitimierenden inländischen Anknüpfungspunkts.[177] Ein solcher kann sich daraus ergeben, dass der Täter einen Wohnsitz im Inland hat, hier festgenommen wird, die Ausländer aus Deutschland ausgeschleust wurden oder wenn die Gefahr besteht, dass sie illegal nach Deutschland einreisen werden.[178]

E. Versuch der Einschleusung, Teilnahme und Konkurrenzen

I. Versuchsstrafbarkeit (Abs. 3)

42 Der **Versuch** des Vergehens nach § 96 ist gem. Abs. 3 mit Strafe bedroht. Strafbarkeit wegen Versuchs liegt zunächst dann vor, wenn die **Haupttat** lediglich in das **Stadium des Versuchs** gelangt ist, denn trotz der Besonderheit der zur Täterschaft verselbständigten Teilnahme kann Schleusertätigkeit, die nicht zu dem in § 95 vorausgesetzten Erfolg führt, nur als Versuch bestraft werden.[179] Ein Versuch ist aber auch dann gegeben, wenn die **Teilnahmehandlung** des Schleusers **lediglich** im **Versuchsstadium** stecken bleibt, weil weder eine vollendete, noch eine versuchte Haupttat vorliegt oder eine solche nicht festgestellt werden kann;[180] solche Fallkonstellationen kommen in Betracht, wenn die Ausländer bereits weit vor dem Grenzübertritt gestellt werden, so dass sie zur Tatbestandsverwirklichung der unerlaubten Einreise noch nicht unmittelbar angesetzt haben,[181] wenn sich die Ausländer nicht zu einem unerlaubten Aufenthalt bestimmen oder dabei unterstützen las-

---

[172] *Kretschmer* ZAR 2011, 384 (385); Huber/*Bergmann* Rn. 72.
[173] *Kretschmer* ZAR 2011, 384 ff.; *Hailbronner* Rn. 36; Erbs/Kohlhaas/*Senge* Rn. 30.
[174] BGH 12.9.2002 – 4 StR 163/02, NJW 2002, 3642; BayObLG 18.6.1999 – 4 St RR 51/99, insoweit in StV 2000, 368 nicht abgedruckt.
[175] BGH 5.9.2001 – 3 StR 174/01, NStZ 2002, 33 (34); weiter BGH 13.1.2015 – 4 StR 378/14, NStZ 2015, 399 (401): Ausreichend, dass Einreise nach dem Recht des Einreisestaates unerlaubt war.
[176] *Hailbronner* Rn. 42; vgl. BGH 11.12.1998 – 2 ARs 499/98, NStZ 1999, 236.
[177] BeckOK AuslR/*Hohoff* Rn. 24; Erbs/Kohlhaas/*Senge* Rn. 31; vgl. BGH 11.12.1998 – 2 ARs 499/98, NStZ 1999, 236; 8.4.1987 – 3 StR 11/87, BGHSt 34, 334 (336) = NJW 1987, 2168; aA *Hailbronner* Rn. 43, der nur auf den Wortlaut abstellt; zweifelnd auch *Kretschmer* ZAR 2011, 384 (386).
[178] BeckOK AuslR/*Hohoff* Rn. 24; Erbs/Kohlhaas/*Senge* Rn. 31.
[179] BGH 12.9.2002 – 4 StR 163/02, NJW 2002, 3642 (3643); BGH 5.9.2001 – 3 StR 174/01, NStZ 2002, 33 (34); *Schott* S. 347 f.; Westphal/*Stoppa* S. 755; kritisch *Kretschmer* NStZ 2013, 570 (577 f.), der in diesen Fällen von einem vollendeten Schleusungsdelikt ausgeht.
[180] BGH 6.6.2012 – 4 StR 144/12, NJW 2012, 2821.
[181] BGH 3.9.2015 – 3 StR 236/15, BGHR AufenthG § 96 Abs. 3 Unmittelbares Ansetzen 1; BGH 25.3.1999 – 1 StR 344/98, NStZ 1999, 409.

sen[182] oder wenn Scheinehen vermittelt werden, es aber nicht zu Falschangaben bei der Ausländerbehörde kommt.[183] Insoweit gelten auf Grund der in Abs. 3 ausdrücklich geregelten Strafbarkeit des **Versuchs der Teilnahme** sowohl für die Anstiftung als auch für die Beihilfe keine anderen Grundsätze als bei § 30 StGB.[184] Die Strafbarkeit wegen versuchten Hilfeleistens zu der Haupttat nach § 95 beginnt in diesen Fällen, wenn der Schleuser nach seiner Vorstellung von der Tat unmittelbar dazu angesetzt hat (§ 22 StGB), die Haupttat des Ausländers zu fördern, wobei das Kriterium der Unmittelbarkeit wegen der Vielgestaltigkeit der denkbaren Tathandlungen des Hilfeleistens einer wertenden Konkretisierung im Einzelfall bedarf.[185] Ein maßgebliches Kriterium dafür kann sein, wie weit sich der Täter bereits dem von ihm anvisierten Unterstützungserfolg angenähert und durch sein Handeln eine Gefahr für das betroffene Rechtsgut begründet hat.[186]

II. Teilnahme

Abgesehen von den Besonderheiten, die wegen der Deliktsstruktur bei der Mitwirkung des Geschleusten zu beachten sind (notwendige Teilnahme),[187] gelten für die **Teilnahme** an den Schleusungsdelikten die **allgemeinen Grundsätze** der §§ 26, 27 StGB. Insbesondere ist dabei § 28 Abs. 2 StGB zu beachten: Liegen bei einem Schleuser besondere persönliche Merkmale wie die Gewerbsmäßigkeit oder die Bandenmitgliedschaft[188] im Sinne von Abs. 2 nicht vor, kann er nur nach dem Grundtatbestand des Abs. 1 bestraft werden. Umstritten ist, ob auch der **Eigennutz** im Sinne von Abs. 1, also das Erhalten oder Versprechenlassen eines Vorteils (Nr. 1) bzw. eines Vermögensvorteils (Nr. 2) ein täterbezogenes persönliches Merkmal[189] oder ein tatbezogenes Merkmal[190] darstellt. Der erstgenannten Auffassung ist zu folgen: Für die Einordnung als persönliches Merkmal spricht die Nähe dieses Merkmals zur Gewerbsmäßigkeit, die unstreitig unter § 28 Abs. 2 StGB subsumiert wird.[191] Zudem führt auch der Umstand, dass der Vorteil dem Täter selbst zu Gute kommen muss,[192] zu der Annahme, dass es sich um ein täterbezogenes Merkmal handelt.[193] Das hat zur Folge, dass derjenige, der nicht aus Eigennutz handelt, nur wegen Teilnahme an der Haupttat gem. § 95 in Verbindung mit §§ 26, 27 StGB bestraft werden kann, nicht aber wegen eines Schleusungsdelikts nach Abs. 1.[194]

III. Konkurrenzen

Hat ein Schleuser bei einer von mehreren Personen begangenen Deliktsserie einen Tatbeitrag zum Aufbau oder zur Aufrechterhaltung einer auf die Begehung solcher Straftaten ausgerichteten Infrastruktur erbracht, so sind die Einzeltaten seiner Mittäter zu einem sog. **uneigentlichen Organisationsdelikt** zusammenzufassen, durch welches die Einzelhandlungen rechtlich verbunden und die auf der Grundlage dieser Infrastruktur begangenen Straftaten für den im Hintergrund bleibenden Schleuser zu einer einheitlichen Tat iSv § 52 Abs. 1 StGB zusammengeführt werden; leistet er zu einzelnen Taten zudem einen individuellen Tatbeitrag, treten diese tatmehrheitlich zu dem Organisationsdelikt hinzu.[195] Aufgrund der Vielgestaltig-

---

[182] Vgl. *Schott* S. 350.
[183] *Westphal/Stoppa* S. 755.
[184] BGH 25.3.1999 – 1 StR 344/98, NStZ 1999, 409; 26.3.2012 – 5 StR 86/12, BeckRS 2012, 08377.
[185] BGH 6.6.2012 – 4 StR 144/12, NJW 2012, 2821.
[186] BGH 3.9.2015 – 3 StR 236/15, BGHR AufenthG § 96 Abs. 3 Unmittelbares Ansetzen 1; BGH 13.1.2015 – 4 StR 378/14, NStZ 2015, 399 (400 f.).
[187] → Rn. 4.
[188] BGH 30.4.2003 – 3 StR 386/02, wistra 2003, 351 (353); Huber/*Bergmann* Rn. 38, 43; *Fischer* StGB § 28 Rn. 9.
[189] So *Cannawurf* S. 131; Erbs/Kohlhaas/*Senge* Rn. 12.
[190] So BayObLG 27.2.1998 – 4 St RR 3/98, NJW 1999, 1794.
[191] Erbs/Kohlhaas/*Senge* Rn. 12.
[192] → Rn. 25.
[193] *Cannawurf* S. 131.
[194] Erbs/Kohlhaas/*Senge* Rn. 12.
[195] BGH 4.5.2016 – 3 StR 358/15, BeckRS 2016, 12555.

keit der Tathandlungen, insbesondere auch im Zusammenhang mit den Qualifikationstatbeständen des Abs. 2, kommen zahlreiche Delikte in **tateinheitlicher** Begehung (§ 52 StGB) in Betracht, etwa Delikte gegen persönliche Rechtsgüter der Geschleusten, wie Körperverletzung (§ 223 StGB) oder Freiheitsberaubung (§ 239 StGB), im Zusammenhang mit dem Transport der Ausländer Straftaten gegen die Sicherheit des Straßenverkehrs (§§ 315b ff. StGB) oder Delikte nach dem Waffengesetz. Stattet der Täter den Ausländer mit fremden oder gefälschten Ausweispapieren aus, kann Idealkonkurrenz mit dem Missbrauch von Ausweispapieren nach § 281 StGB,[196] mit Urkundenfälschung gem. § 267 StGB[197] oder mit dem Verschaffen von falschen aufenthaltsrechtlichen Papieren gem. §§ 276, 276a StGB[198] bestehen. Tateinheit kann mit Verstößen gegen §§ 84, 84a AsylG bestehen, wenn der Tatplan im Zeitpunkt der Schleusung vorsieht, dass der Asylbewerber im Verfahren unrichtige Angaben machen wird.[199] Allerdings ist hier zu beachten, dass falsche Angaben des Asylbewerbers nicht nach § 84 AsylG strafbar sind, so dass insoweit eine Haupttat nach § 95 Abs. 2 Nr. 2 nicht in Betracht kommt; eine solche kann also nur in anderen von Abs. 1 in Bezug genommenen Verstößen gegen § 95 zu sehen sein.[200] Geschieht die Einschleusung, um die Ausländer anschließend zur Prostitution zu zwingen, sie sexuell oder hinsichtlich ihrer Arbeitskraft auszubeuten, liegt zwischen dem Schleusungsdelikt und dem Ausbeuten der Prostituierten bzw. der Zuhälterei nach §§ 180a, 181a StGB bzw. dem Menschenhandel nach §§ 232 f. StGB **Tatmehrheit** im Sinne des § 53 StGB vor,[201] stellen die Handlungen, die den Zuhälterei- bzw. Menschenhandeltatbestand erfüllen, zugleich Unterstützungshandlungen zum illegalen Aufenthalt dar, ist von Tateinheit auszugehen.[202]

45 Der gegebenenfalls nach Abs. 2 qualifizierte Versuch einer Einschleusung nach Deutschland nach Abs. 1 und 3 steht zu dem vollendeten Delikt einer Einschleusung in einen Schengen-Staat nach Abs. 4 in **Tateinheit,** wenn der Plan, die Ausländer durch den Schengen-Staat in das Bundesgebiet einzuschleusen auf Grund deren vorzeitiger Entdeckung gescheitert ist.[203] Von der Schleusung mit Todesfolge oder der gewerbs- und bandenmäßigen Schleusung nach § 97 wird § 96 wegen **Spezialität** verdrängt.[204] Erfüllen Handlungen unter den Modalitäten des Schleusungstatbestandes nach Abs. 1 Nr. 2 bereits den Tatbestand des § 95 Abs. 2 Nr. 2, macht derjenige, der dem Ausländer zu einem Aufenthaltstitel oder einer Duldung verhelfen will, also **täterschaftlich** selbst unrichtige Angaben,[205] scheidet eine Bestrafung als Schleusungsdelikt mangels Vorliegen einer Haupttat insoweit aus, denn niemand kann Teilnehmer seiner eigenen Haupttat sein.[206] Dadurch entsteht ein **Wertungswiderspruch,** weil derjenige, der nur Beihilfe leistet und damit im Hinblick auf die Tatbestandsverwirklichung weniger tut, als Schleuser härter bestraft werden kann, als derjenige, der unter den gleichen Bedingungen sogar als Täter unrichtige Angaben macht. Diesem droht eine Strafe nur aus dem milderen Rahmen des § 95 Abs. 2. Dieser Widerspruch ist wegen der Ausformung des Schleusungstatbestandes als limitiert akzessorisches Delikt **nicht im Wege der Auslegung,** etwa durch einen „Erst-Recht-Schluss", **auflösbar;** will man ihn beseitigen, ist ein Eingreifen des Gesetzgebers erforderlich.[207] Allerdings kommt trotz des täterschaftlichen Handelns nach § 95 Abs. 2 Nr. 2 eine Bestrafung als Schleuser in Betracht, wenn der Ausländer anschließend von der so erlangten Urkunde Gebrauch macht.

---

[196] *Schott* S. 416 f.
[197] *Erbs/Kohlhaas/Senge* Rn. 35.
[198] BGH 13.1.2015 – 4 StR 378/14, NStZ 2015, 399 (401).
[199] *Aurnhammer* S. 197; *Hailbronner* Rn. 50; *Erbs/Kohlhaas/Senge* Rn. 35.
[200] *Schott* S. 385 f.; → AsylVfG § 84 Rn. 104 ff. (2. Aufl.); auch → § 95 Rn. 105.
[201] *Erbs/Kohlhaas/Senge* Rn. 35.
[202] BGH 17.3.2004 – 2 StR 474/03, insoweit in NStZ-RR 2004, 233 nicht abgedruckt; vgl. auch BGH 15.7.2005 – 2 StR 131/05, NStZ-RR 2007, 46 (47).
[203] BGH 9.9.2003 – 4 StR 269/03, NStZ-RR 2004, 23.
[204] *Kretschmer* § 4 Rn. 320; *Erbs/Kohlhaas/Senge* § 97 Rn. 9.
[205] Vgl. zur Abgrenzung § 95 Rn. 112.
[206] OLG Karlsruhe 29.7.2004 – 3 Ws 10/04, NStZ-RR 2004, 376 (378); BGH 4.12.2007 – 5 StR 324/07, StV 2008, 182 (184); *Kretschmer* § 4 Rn. 321.
[207] So auch GK/*Mosbacher* § 95 Rn. 262.

Gleiches soll gelten, wenn Geschleuster und Schleuser unterschiedliche unrichtige Angaben machen und die Angaben des Schleusers den Geschleusten bei seiner Tat unterstützen.[208] Wegen der zur Täterschaft verselbständigten Teilnahme geht hier die Beihilfehandlung zum Gebrauchmachen nicht in dem täterschaftlich begangenen Machen unrichtiger Angaben auf,[209] vielmehr liegt insoweit regelmäßig **Idealkonkurrenz** vor.[210]

F. Rechtsfolgen, erweiterte Einziehung (Abs. 5) und Prozessuales

Für den **Grundtatbestand** des Abs. 1 sieht das Gesetz Freiheitsstrafe bis zu fünf Jahren oder Geldstrafe vor, ist eine **Qualifikation** nach Abs. 2 erfüllt, reicht der Strafrahmen von sechs Monaten bis zu zehn Jahren Freiheitsstrafe. Im Rahmen der Strafzumessung darf generalpräventiv nicht berücksichtigt werden, dass das Schleuserunwesen immer größere Ausmaße annimmt und deshalb wirksam bekämpft werden müsse, denn diese Erwägungen waren bereits Anlass, den Strafrahmen der Schleusungsdelikte anzuheben.[211] Die straferschwerende Berücksichtigung des Umstands, dass der Schleuser mit der Tat Geld verdienen wollte, kann auch in den Fällen von Abs. 1 Nr. 1a einen Verstoß gegen § 46 Abs. 3 StGB begründen.[212] Insbesondere bei Taten nach Abs. 1 Nr. 1b können humanitäre Motive ausschlaggebend für die Schleusung sein; solche sind im Rahmen der Strafzumessung oder einer gegebenenfalls zu treffenden Bewährungsentscheidung regelmäßig zu Gunsten des Täters zu berücksichtigen, bei dem sie vorliegen; ihre Annahme ist insbesondere nicht ausgeschlossen, weil in die Schleusung auch „professionelle Schleuserkreise" einbezogen waren.[213]

Gemäß Abs. 5 ist im Fall einer gewerbsmäßigen Schleusung nach Abs. 2 Nr. 1 in das Bundesgebiet, in Verbindung mit Abs. 4 auch in einen Schengen-Staat, sowie im Fall einer Schleusung nach Deutschland unter den Voraussetzungen der weiteren Qualifikationstatbestände nach Abs. 2 Nr. 2–5 die Regelung über die **erweiterte Einziehung** nach § 74a StGB anzuwenden. Nach § 73a StGB nF kann die erweiterte Einziehung von Tatträgen (früher: erweiterter Verfall) nunmehr bei allen Straftaten angeordnet werden. Dies erfordert die uneingeschränkte tatrichterliche Überzeugung von der **deliktischen Herkunft** der Gegenstände.[214]

Insbesondere bei der Schleusung in einen Schengen-Staat nach Abs. 4 ist zu prüfen, ob gegen den Schleuser bereits in diesem Land ein Strafverfahren geführt wurde, das durch eine Verurteilung, einen Freispruch oder eine Einstellung gegen Auflagen entsprechend § 153a StPO abgeschlossen wurde. Denn gem. Art. 54 SDÜ gilt das **Doppelbestrafungsverbot** auch zwischen den Schengen-Staaten, die den Täter nicht mehr wegen einer Straftat verfolgen dürfen, wenn er deswegen in einem anderen Vertragsstaat bereits rechtskräftig abgeurteilt wurde.[215] Nach der Rechtsprechung des Europäischen Gerichtshofes ist diese Voraussetzung auch erfüllt, wenn das Verfahren vom Gericht oder einer Staatsanwaltschaft eingestellt wird und nicht ohne eine Veränderung der Sachlage wieder aufgenommen werden kann.[216] Im **Ermittlungsverfahren** kann bei einem Anfangsverdacht bezüglich eines qualifizierten Schleusungsdelikts nach Abs. 2 gem. § 100a Abs. 1 Nr. 1, Abs. 2 Art. 5a StPO die **Telefonüberwachung** angeordnet werden; die Erhebung von Verkehrsdaten nach § 100g Abs. 1 StPO zur Erforschung des Innenverhältnisses einer Schleuserorganisation ist ebenfalls zulässig.[217]

---

[208] BGH 30.5.2013 – 5 StR 130/13, BGHSt 58, 262 (265 f.) = NJW 2013, 2839 (2840).
[209] → § 95 Rn. 118.
[210] *Kretschmer* § 4 Rn. 323.
[211] BayObLG 18.6.1999 – 4 St RR 51/99, StV 2000, 368 (369).
[212] BGH 31.7.2013 – 4 StR 217/13, StraFo 2013, 477.
[213] BGH 28.4.2015 – 3 StR 86/15, NJW 2015, 2276 (2277).
[214] BGH 22.11.1995 – 4 StR 516/94, BGHSt 40, 371 = NJW 1995, 470; BVerfG 14.1.2004 – 2 BvR 564/95, NJW 2004, 2073; vgl. auch BT-Drs 18/9525, S. 65 f.
[215] Eingehend dazu *Kretschmer* ZAR 2011, 384 (386 ff.).
[216] EuGH 11.2.2003 – C 187/01, C 385/01, NJW 2003, 1173.
[217] LG Landshut 16.1.2013 – 6 Qs 309/12, BeckRS 2013, 10293.

§ 97 Einschleusen mit Todesfolge; gewerbs- und bandenmäßiges Einschleusen

(1) Mit Freiheitsstrafe nicht unter drei Jahren wird bestraft, wer in den Fällen des § 96 Abs. 1, auch in Verbindung mit § 96 Abs. 4, den Tod des Geschleusten verursacht.

(2) Mit Freiheitsstrafe von einem Jahr bis zu zehn Jahren wird bestraft, wer in den Fällen des § 96 Abs. 1, auch in Verbindung mit § 96 Abs. 4, als Mitglied einer Bande, die sich zur fortgesetzten Begehung solcher Taten verbunden hat, gewerbsmäßig handelt.

(3) In minder schweren Fällen des Absatzes 1 ist die Strafe Freiheitsstrafe von einem Jahr bis zu zehn Jahren, in minder schweren Fällen des Absatzes 2 Freiheitsstrafe von sechs Monaten bis zu zehn Jahren.

(4) § 74a des Strafgesetzbuches ist anzuwenden.

Übersicht

	Rn.		Rn.
I. Überblick	1–3	2. Subjektiver Tatbestand	6
II. Einschleusen mit Todesfolge (Abs. 1)	4–6	III. Gewerbs- und bandenmäßiges Einschleusen (Abs. 2)	7, 8
1. Objektiver Tatbestand	4, 5	IV. Rechtsfolgen und Prozessuales	9–11

I. Überblick

1   Die Regelung enthält weitere **Qualifikationstatbestände** zu § 96 Abs. 1, die auf Grund ihrer Mindeststrafdrohung Verbrechen darstellen. Der Versuch ist damit gem. § 23 Abs. 1 StGB stets strafbar.

2   Das **Einschleusen mit Todesfolge** wurde mit dem Aufenthaltsgesetz in der Fassung des Zuwanderungsgesetzes eingeführt und erfüllte die bereits seit Längerem geäußerte Forderung nach einer Erfolgsqualifikation für den Fall des Todes des Geschleusten.[1] Die **praktische Relevanz** erscheint gleichwohl **gering**; zu den erfassten Fällen in der Polizeilichen Kriminalstatistik → § 96 Rn. 10. Die Vorschrift orientiert sich auch hinsichtlich der Strafdrohung an den entsprechenden Qualifikationstatbeständen in §§ 227 Abs. 1, 235 Abs. 5 StGB.[2] Geschütztes **Rechtsgut** ist hier neben der Kontroll- und Steuerungsfunktion des ausländerrechtlichen Genehmigungsverfahrens das **Leben** des **geschleusten Ausländers**.[3]

3   Bei der Regelung der minder schweren Fälle in Abs. 3 wurde hinsichtlich des Tatbestandes des Abs. 2 die Höchststrafe von fünf auf zehn Jahre angehoben, um den Wertungswiderspruch zu beseitigen, der unter der Geltung des AuslG darin bestand, dass derjenige, der gewerbs- und bandenmäßig handelte, bei dem aber nur ein minder schwerer Fall vorlag, deutlich milder zu bestrafen war als derjenige, der nur gewerbs- oder bandenmäßig handelte.[4]

II. Einschleusen mit Todesfolge (Abs. 1)

4   **1. Objektiver Tatbestand.** Tathandlung ist das **Einschleusen** im Sinne von § 96 Abs. 1, in Verbindung mit § 96 Abs. 4 auch in einen Schengen-Staat. Der Schleuser muss dabei den Tod des Geschleusten verursachen, dh zwischen der Schleusung und dem Eintritt des Todes muss ein **kausaler Zusammenhang** bestehen.[5] Solche Fälle sind denkbar, wenn der Geschleuste im luftdicht abgeschlossenen Transportfahrzeug oder Container infolge

---

[1] Vgl. *Geisler* ZRP 2001, 171 (174).
[2] Vgl. BT-Drs. 15/420, 98.
[3] *Cannawurf* S. 60.
[4] BT-Drs. 15/420, 98 f.
[5] *Schott* S. 373; *Hailbronner* Rn. 2; Erbs/Kohlhaas/*Senge* Rn. 1; enger Huber/*Bergmann* Rn. 4: spezifischer Ursachenzusammenhang.

Luftmangels erstickt, vom Schleuser nach dem Überqueren einer grünen Grenze entkräftet zurückgelassen wird und erfriert oder beim Überqueren eines Grenzflusses ertrinkt.[6] Nicht erforderlich ist es, dass der Tod noch während der eigentlichen Schleusung eintritt; vielmehr reicht es aus, wenn der Ausländer zu einem späteren Zeitpunkt an den Verletzungen stirbt, die er während des Schleusungsvorganges erlitten hat,[7] denn es kommt nur darauf an, dass der Handlung das Risiko eines tödlichen Ausganges anhaftet und dass sich dieses beim Eintritt des Todes verwirklicht.[8] Handeln **mehrere Schleuser gemeinschaftlich,** steht einer Bestrafung nach Abs. 1 nicht entgegen, dass einer der Mittäter die für den Tod des Geschleusten ursächliche Handlung nicht selbst vorgenommen hat. Vielmehr kann auch demjenigen, der auf Grund eines gemeinsamen Tatentschlusses mit dem Willen zur Tatherrschaft zum Verletzungserfolg beiträgt, der Erfolgseintritt zugerechnet werden.[9]

Fraglich ist, ob unter den **Begriff des Geschleusten** nur der Haupttäter eines Schleusungsdelikts zu subsumieren ist. Da Kleinkinder wegen ihrer fehlenden Handlungsfähigkeit keine tauglichen Haupttäter sein können,[10] hätte diese Auslegung zur Folge, dass der Schleuser nicht aus Abs. 1 sondern nur aus § 96 in Verbindung mit fahrlässiger Tötung gem. § 222 StGB bestraft werden könnte, und somit die Tat kein Verbrechen, sondern nur ein Vergehen mit einer Höchststrafe von fünf Jahren, im Fall der Qualifikation gem. § 96 Abs. 2 mit einer solchen von zehn Jahren darstellen würde. Dann würden aber ausgerechnet die schwächsten Personen aus dem Schutzbereich der Erfolgsqualifikation ausgenommen.[11] Dies ist mit Sinn und Zweck des Qualifikationstatbestandes, der zur Bekämpfung der zunehmenden Skrupellosigkeit der Schleuser dienen soll,[12] indes nicht zu vereinbaren, so dass der Begriff auf **jeden geschleusten Menschen** – unabhängig von seiner Eigenschaft als tauglicher Haupttäter – auszudehnen ist.[13] Dies deckt sich mit der Auslegung des Tatbestandsmerkmals „zugunsten mehrerer Ausländer" in § 96 Abs. 1 Nr. 1b, das auch dann erfüllt ist, wenn sich die Schleusung auf ein Elternteil mit seinem handlungsunfähigen Kleinkind bezieht.[14] Dieser Auslegung steht auch nicht der Wortlaut des Gesetzes entgegen: Während bezüglich der Haupttäter in § 96 Abs. 1, 4 stets von dem „Ausländer" gesprochen wird, wird der Begriff des „Geschleusten" nur in den Qualifikationstatbeständen der §§ 96 Abs. 2 Nr. 5 und 97 Abs. 1 verwendet, so dass eine unterschiedliche Auslegung der Begriffe möglich ist.[15]

2. Subjektiver Tatbestand. Der Täter muss hinsichtlich der **Schleusung vorsätzlich** handeln, die **Todesfolge** muss er hingegen lediglich **fahrlässig** verursachen.[16] Es handelt sich um ein erfolgsqualifiziertes Delikt im Sinne des § 18 StGB. Fahrlässigkeit liegt vor, wenn der Täter objektiv gegen eine Sorgfaltspflicht verstößt, die dem Schutz des beeinträchtigten Rechtsguts dient, und wenn dieser Verstoß unmittelbar oder mittelbar zu der Rechtsgutsverletzung führt, die der Täter nach seinen subjektiven Kenntnissen und Fähigkeiten vorsehen und vermeiden konnte.[17] Handelt der Schleuser auch im Hinblick auf die Todesfolge zumindest bedingt vorsätzlich, was in den Fällen, in denen während des Transports zahlreiche Ausländer auf engem Raum bei unzureichender Luftzufuhr zusammengepfercht werden, nicht fernliegend erscheint, soll eine Verurteilung nach Abs. 1 ausscheiden und stattdessen eine Bestrafung wegen eines Tötungsdelikts nach den §§ 211 ff. StGB – gegebenenfalls

---

[6] Vgl. die Beispiele bei *Schott* S. 373 f.; Huber/*Bergmann* Rn. 9; Erbs/Kohlhaas/*Senge* Rn. 1.
[7] Erbs/Kohlhaas/*Senge* Rn. 1.
[8] Vgl. BGH 26.2.1997 – 3 StR 569/96, NStZ 1997, 341 zu § 227 StGB.
[9] Vgl. BGH 17.10.1996 – 4 StR 343/96, NStZ 1997, 82 zu § 227 StGB.
[10] → § 96 Rn. 3.
[11] *Schott* S. 374.
[12] Vgl. BT-Drs. 14/420, 98.
[13] Dahin tendierend wohl auch *Schott* S. 374 f., letztlich aber offen gelassen; aA *Kretschmer* § 4 Rn. 329; BeckOK AuslR/*Hohoff* Rn. 4.
[14] → § 96 Rn. 19.
[15] Dies übersieht *Kretschmer* § 4 Rn. 329.
[16] BT-Drs. 14/420, 98.
[17] *Fischer* StGB § 18 Rn. 12a, mwN.

in Idealkonkurrenz mit dem Schleusungsdelikt nach § 96 – in Betracht kommen.[18] Richtigerweise dürfte in diesen Fällen – entsprechend den Grundsätzen zum Raub mit Todesfolge gem. § 251 StGB – hingegen Tateinheit zwischen dem Einschleusen mit Todesfolge und dem Tötungsdelikt anzunehmen sein, weil die Erfüllung des Qualifikationstatbestandes „wenigstens" Fahrlässigkeit erfordert und ein „Mehr" im subjektiven Tatbestand insoweit unschädlich ist.[19]

III. Gewerbs- und bandenmäßiges Einschleusen (Abs. 2)

7 **Tathandlung** ist die Schleusung in das Bundesgebiet oder in einen Schengen-Staat (§ 96 Abs. 4), bei der der Täter **zugleich gewerbsmäßig**[20] und als **Mitglied einer Bande**[21] handelt. Da es sich um einen Verbrechenstatbestand handelt, ist § 30 StGB direkt anwendbar, so dass auch Vorbereitungshandlungen von Hintermännern im Ausland strafbar sein und unter den Voraussetzungen des § 9 Abs. 1, 2 StGB nach deutschem Recht verfolgt und geahndet werden können.[22]

8 Bezüglich der Schleusung muss zumindest bedingter **Vorsatz** vorliegen. Daneben muss der Täter sich vorstellen, dass er sich eine Einnahmequelle von einigem Umfang und gewisser Dauer erschließt und mit dem erforderlichen Bandenwillen handeln.[23]

IV. Rechtsfolgen und Prozessuales

9 Für die **Schleusung mit Todesfolge** nach Abs. 1 ist ein Strafrahmen von **drei bis fünfzehn** (§ 38 Abs. 2 StGB) **Jahren** Freiheitsstrafe vorgesehen, das **gewerbs- und bandenmäßige Einschleusen** nach Abs. 2 kann mit Freiheitsstrafe von **einem bis zehn Jahren** bestraft werden.

10 In Abs. 3 sind für **minder schwere Fälle** geringere Strafrahmen von einem bis zehn Jahren (Abs. 1) bzw. sechs Monaten bis zehn Jahren (Abs. 2) vorgesehen. Ein minder schwerer Fall liegt vor, wenn eine Gesamtwürdigung aller für die Strafzumessung maßgeblichen Umstände ein beträchtliches Überwiegen der mildernden Faktoren ergibt.[24] Ein solche Konstellation kann gegeben sein, wenn der Schleuser zumindest auch aus altruistischen Motiven handelt, etwa weil er durch die Schleusung Ausländern ein schweres persönliches Schicksal in ihrem Heimatland ersparen will. An die Feststellung eines solchen Motivs sind jedoch hohe Anforderungen zu stellen; insbesondere bei umfangreicher gewerbsmäßiger Tatbegehung und hohen Schleuserlöhnen wird ein solches Motiv regelmäßig fern liegen.[25]

11 In den Fällen des § 97 wird wegen des Verbrechenscharakters und der zu erwartenden Strafe regelmäßig eine Zuständigkeit des Landgerichts in Betracht kommen. Insoweit muss überraschen, dass der Gesetzgeber – anders als bei anderen durch den Eintritt des Todeserfolges qualifizierten Delikten, wie etwa der Körperverletzung mit Todesfolge oder der Freiheitsberaubung mit Todesfolge – das Einschleusen mit Todesfolge nach Abs. 1 nicht in den Katalog des § 74 Abs. 2 GVG aufgenommen und so die Zuständigkeit des Schwurgerichts begründet hat.[26] Diese von *Rieß* als gesetzgeberisches Versehen kritisierte Unterlassung kann nicht im Wege einer berichtigenden Auslegung dahingehend korrigiert werden, für den Tatbestand dennoch die Zuständigkeit der Schwurgerichte zu begründen.[27] Gemäß Abs. 4 gilt auch im Fall des § 97 die Vorschrift über die **erweiterte Einziehung** nach § 74a StGB.[28] Im

---

[18] BeckOK AuslR/*Hohoff* Rn. 6; Erbs/Kohlhaas/*Senge* Rn. 1.
[19] GK/*Mosbacher* Rn. 6 unter Hinweis auf BGH 20.10.1992 – GSSt 1/92, BGHSt 39, 100 = NJW 1993, 1662.
[20] → § 96 Rn. 27.
[21] → § 96 Rn. 29.
[22] *von Pollern* ZAR 1996, 175 (179); *Aurnhammer* S. 29; *Hailbronner* Rn. 3.
[23] → § 96 Rn. 28, 30.
[24] *Fischer* StGB § 46 Rn. 85.
[25] BGH 30.4.2003 – 3 StR 386/02, wistra 2003, 351 (353).
[26] *Rieß* NStZ 2008, 546 (547).
[27] *Rieß* NStZ 2008, 546 (548).
[28] Dazu → § 96 Rn. 47.

I. Aufenthaltsgesetz § 98 AufenthG

Ermittlungsverfahren kann gem. § 100a Abs. 1 Nr. 1, Abs. 2 Nr. 5b StPO die **Telefonüberwachung** angeordnet werden.

§ 98 Bußgeldvorschriften

(1) Ordnungswidrig handelt, wer eine in § 95 Abs. 1 Nr. 1 oder 2 oder Abs. 2 Nr. 1 Buchstabe b bezeichnete Handlung fahrlässig begeht.

(2) Ordnungswidrig handelt, wer
1. entgegen § 4 Abs. 5 Satz 1 einen Nachweis nicht führt,
2. entgegen § 13 Abs. 1 Satz 2 sich der polizeilichen Kontrolle des grenzüberschreitenden Verkehrs nicht unterzieht,
2a. entgegen § 47a Satz 1, auch in Verbindung mit Satz 2, oder entgegen § 47a Satz 3, ein dort genanntes Dokument nicht oder nicht rechtzeitig vorlegt oder einen Abgleich mit dem Lichtbild nicht oder nicht rechtzeitig ermöglicht,
3. entgegen § 48 Abs. 1 oder 3 Satz 1 eine dort genannte Urkunde oder Unterlage oder einen dort genannten Datenträger nicht oder nicht rechtzeitig vorlegt, nicht oder nicht rechtzeitig aushändigt oder nicht oder nicht rechtzeitig überlässt oder
4. einer vollziehbaren Anordnung nach § 44a Abs. 1 Satz 1 Nr. 3, Satz 2 oder 3 zuwiderhandelt.

(2a) Ordnungswidrig handelt, wer vorsätzlich oder leichtfertig
1. entgegen § 4 Absatz 3 Satz 2 einen Ausländer mit einer nachhaltigen entgeltlichen Dienst- oder Werkleistung beauftragt, die der Ausländer auf Gewinnerzielung gerichtet ausübt,
2. entgegen § 19c Absatz 1 Satz 2 oder 3 eine Mitteilung nicht, nicht richtig oder nicht rechtzeitig macht,
3. entgegen § 19d Absatz 7 eine Anzeige nicht, nicht richtig, nicht vollständig oder nicht rechtzeitig erstattet oder
4. entgegen § 60a Absatz 2 Satz 7 eine Mitteilung nicht, nicht richtig, nicht vollständig, nicht in vorgeschriebener Weise oder nicht rechtzeitig macht.

(3) Ordnungswidrig handelt, wer vorsätzlich oder fahrlässig
1. entgegen § 4 Abs. 3 Satz 1 eine selbständige Tätigkeit ausübt,
2. einer vollziehbaren Auflage nach § 12 Abs. 2 Satz 2 oder Abs. 4 zuwiderhandelt,
2a. entgegen § 12a Absatz 1 Satz 1 den Wohnsitz nicht oder nicht für die vorgeschriebene Dauer in dem Land nimmt, in dem er zu wohnen verpflichtet ist,
2b. einer vollziehbaren Anordnung nach § 12a Absatz 2, 3 oder 4 Satz 1 oder § 61 Absatz 1c zuwiderhandelt,
3. entgegen § 13 Abs. 1 außerhalb einer zugelassenen Grenzübergangsstelle oder außerhalb der festgesetzten Verkehrsstunden einreist oder ausreist oder einen Pass oder Passersatz nicht mitführt,
4. einer vollziehbaren Anordnung nach § 46 Abs. 1, § 56 Absatz 1 Satz 2 oder Abs. 3 oder § 61 Absatz 1e zuwiderhandelt,
5. entgegen § 56 Absatz 1 Satz 1 eine Meldung nicht, nicht richtig oder nicht rechtzeitig macht,
5a. einer räumlichen Beschränkung nach § 56 Absatz 2 oder § 61 Absatz 1 Satz 1 zuwiderhandelt,
6. entgegen § 80 Abs. 4 einen der dort genannten Anträge nicht stellt oder
7. einer Rechtsverordnung nach § 99 Absatz 1 Nummer 3a Buchstabe d, Nummer 7, 10 oder 13a Satz 1 Buchstabe j zuwiderhandelt, soweit sie für einen bestimmten Tatbestand auf diese Bußgeldvorschrift verweist.

Gericke

(4) In den Fällen des Absatzes 2 Nr. 2 und des Absatzes 3 Nr. 3 kann der Versuch der Ordnungswidrigkeit geahndet werden.

(5) Die Ordnungswidrigkeit kann in den Fällen des Absatzes 2a Nummer 1 mit einer Geldbuße bis zu fünfhunderttausend Euro, in den Fällen des Absatzes 2a Nummer 2, 3 und 4 mit einer Geldbuße bis zu dreißigtausend Euro, in den Fällen des Absatzes 2 Nr. 2 und des Absatzes 3 Nr. 1 mit einer Geldbuße bis zu fünftausend Euro, in den Fällen der Absätze 1 und 2 Nr. 1, 2a und 3 und des Absatzes 3 Nr. 3 mit einer Geldbuße bis zu dreitausend Euro und in den übrigen Fällen mit einer Geldbuße bis zu tausend Euro geahndet werden.

(6) Artikel 31 Abs. 1 des Abkommens über die Rechtsstellung der Flüchtlinge bleibt unberührt.

Übersicht

	Rn.
A. Überblick	1–3
B. Bußgeldtatbestände	4–29
I. Fahrlässige Begehung von Taten nach § 95 Abs. 1 Nr. 1, 2, Abs. 2 Nr. 1b (Abs. 1)	4
II. Verstöße gegen Abs. 2	5–12
1. Verletzung von § 4 Abs. 5 S. 1 (Abs. 2 Nr. 1)	5
2. Sich-Entziehen der grenzpolizeilichen Kontrolle (Abs. 2 Nr. 2)	6, 7
3. Verletzung von Mitwirkungspflichten nach § 47a (Abs. 2 Nr. 2a)	8
4. Verletzung ausweisrechtlicher Pflichten (Abs. 2 Nr. 3)	9
5. Keine Teilnahme am Integrationskurs (Abs. 2 Nr. 4)	10, 11
6. Subjektiver Tatbestand	12
III. Verstöße gegen Abs. 2a	13–16
1. Beauftragung mit einer Dienst- oder Werkleistung (Abs. 2a Nr. 1)	13
2. Verstoß gegen Mitteilungs- und Anzeigepflichten aus § 19c Abs. 1 Satz 2 oder 3, § 19d Abs. 7 (Abs. 2a Nr. 2 und 3)	14
3. Verstoß gegen Mitteilungspflichten aus § 60a Abs. 2 Satz 7 (Abs. 2a Nr. 4)	15
4. Subjektiver Tatbestand	16
IV. Verstöße gegen Abs. 3	17–29

	Rn.
1. Unerlaubte selbständige Erwerbstätigkeit (Abs. 3 Nr. 1)	17
2. Zuwiderhandlung gegen vollziehbare Auflagen nach § 12 Abs. 2 S. 2, Abs. 4 (Abs. 3 Nr. 2)	18
3. Verstoß gegen Wohnsitznahmeverpflichtung aus § 12a Abs. 1 Satz 1 (Abs. 3 Nr. 2a)	19
4. Zuwiderhandlung gegen vollziehbare Anordnungen nach § 12a Abs. 2, 3 oder 4 Satz 1 oder § 61 Abs. 1c (Abs. 3 Nr. 2b)	20
5. Verstoß gegen § 13 Abs. 1 (Abs. 3 Nr. 3)	21
6. Verstöße gegen vollziehbare Anordnungen nach § 46 Abs. 1, § 56 Abs. 1 S. 2 oder Abs. 3 oder § 61 Abs. 1e (Abs. 3 Nr. 4)	22, 23
7. Verstoß gegen § 56 Abs. 1 Satz 1 (Abs. 3 Nr. 5)	24
8. Zuwiderhandlung gegen räumliche Beschränkungen aus § 56 Abs. 2, § 61 Abs. 1 Satz 1 (Abs. 3 Nr. 5a)	25
9. Verstoß gegen die Antragspflicht aus § 80 Abs. 4 (Abs. 3 Nr. 6)	26
10. Verstoß gegen Rechtsverordnung (Abs. 3 Nr. 7)	27, 28
11. Subjektiver Tatbestand	29
C. Geldbuße (Abs. 5)	30
D. Flüchtlinge	31

A. Überblick

1 Die Vorschrift ahndet die **weniger gravierenden Verstöße** gegen Vorschriften des AufenthG als Ordnungswidrigkeiten. **Schutzgut** ist die Kontroll- und Steuerungsfunktion des ausländerrechtlichen Genehmigungsverfahrens. Ob die Bußgeldbehörde die Verstöße verfolgt, liegt in ihrem pflichtgemäßen Ermessen; es gilt der **Opportunitätsgrundsatz** und nicht – wie bei den Straftatbeständen – das Legalitätsprinzip gem. § 152 StPO.[1] Nach § 10 OWiG ist auch für Ordnungswidrigkeiten grundsätzlich Vorsatz erforderlich, wenn nicht das Gesetz eine fahrlässige Begehung für verfolgbar erklärt. Davon hat der Gesetzgeber

---
[1] Erbs/Kohlhaas/*Senge* Rn. 1.

in Abs. 1 und 3 Gebrauch gemacht, in Art. 2a wird neben vorsätzlichem auch leichtfertiges Handeln als Ordnungswidrigkeit eingestuft.

Die Regelungen in § 98 entsprachen bei ihrer Einführung durch das Zuwanderungsgesetz i. W. § 93 AuslG, neu eingeführt wurde die Ahndung des Nichtbesitzes einer Aufenthaltserlaubnis für türkische Staatsangehörige und eines Verstoßes gegen räumliche Beschränkungen.[2] Durch das Gesetz zur Umsetzung aufenthalts- und asylrechtlicher RL der Europäischen Union vom 16.8.2007[3] wurde mit Abs. 2 Nr. 4 bei Verstoß gegen die Verpflichtung zur Teilnahme an einem Integrationskurs ein neuer Bußgeldtatbestand geschaffen, in Abs. 3 Nr. 1 wurde die Sanktionierung einer unerlaubten selbständigen Tätigkeit, die durch das Zuwanderungsgesetz (versehentlich) weggefallen war, wieder eingeführt und zugleich durch Art. 2a auch die vorsätzliche oder leichtfertige Beauftragung zu einer solchen Dienstleistung mit einem Bußgeld bewehrt.[4] Durch Gesetz vom 12.4.2011[5] wurde in Abs. 3 Nr. 7 der Katalog der durch Rechtsverordnung festzulegenden Ordnungswidrigkeiten korrespondierend mit der Regelung in § 99 Abs. 1 Nr. 13a erweitert.[6] Zuletzt wurden in den Jahren 2016 und 2017 neue Mitwirkungs-, Mitteilungs- und Anzeigepflichten normiert, deren Nichtbefolgung als Ordnungswidrigkeit geahndet werden kann (→ Rn. 8, 14, 15).

2

Mit Ausnahme von Abs. 2a und Abs. 3 Nr. 6[7] und – teilweise – den über Abs. 3 Nr. 7 in Bezug genommenen Tatbeständen des § 77 AufenthV[8] können die **Ordnungswidrigkeiten** wegen ihrer Bezugnahme auf **nur für Ausländer** geltende Verhaltenspflichten nach dem AufenthG nur von diesen begangen werden.[9] Die **Beauftragung** eines Ausländers mit einer Dienst- oder Werkleistung nach Art. 2a kann hingegen auch von **Deutschen** und – wegen einer entsprechenden Bezugnahme in § 11 Abs. 1 FreizügG – von **Unionsbürgern** begangen werden.[10] Für Unionsbürger ist nach § 11 Abs. 1 FreizügG zudem Abs. 2 Nr. 2 (Sich-Entziehen der grenzpolizeilichen Kontrolle), Abs. 3 Nr. 2 (Umgehen von Grenzübergangsstellen) und Abs. 4 hinsichtlich des Versuchs dieser Tatbestände anwendbar, weil dieses Vorgehen auch für Deutsche nach passrechtlichen Vorschriften eine Ordnungswidrigkeit darstellt.[11] **Teilnahmehandlungen** im strafrechtlichen Sinn, die indes nur bei vorsätzlich begangenen Ordnungswidrigkeiten möglich sind,[12] führen nach § 14 Abs. 1 OWiG dazu, dass der Teilnehmer wegen der Ordnungswidrigkeit selbst bußgeldpflichtig wird (Einheitstäterprinzip);[13] sie können von **Jedermann** begangen werden.[14]

3

B. Bußgeldtatbestände

I. Fahrlässige Begehung von Taten nach § 95 Abs. 1 Nr. 1, 2, Abs. 2 Nr. 1b (Abs. 1)

Tathandlungen sind der pass- oder ausweislose Aufenthalt nach § 95 Abs. 1 Nr. 1,[15] der unerlaubte Aufenthalt nach § 95 Abs. 1 Nr. 2[16] oder der Aufenthalt entgegen einem

4

---

[2] BT-Drs. 14/420, 99.
[3] BGBl. I S. 1970.
[4] BT-Drs. 16/5065, 200.
[5] BGBl. I S. 610, mit Wirkung vom 1.9.2011.
[6] Dazu → Rn. 22 f.
[7] Dazu → Rn. 21.
[8] Dazu → Rn. 22 f.
[9] *Mosbacher* ZAR 2008, 329; *Hailbronner* Rn. 5.
[10] BT-Drs. 16/5065, 212.
[11] BT-Drs. 16/5065, 212 f.
[12] BeckOK AuslR/*Hohoff* Vor Rn. 1.
[13] *Mosbacher* ZAR 2008, 329.
[14] *Mosbacher* ZAR 2008, 329 f.; BeckOK AuslR/*Hohoff* Vor Rn. 1; GK/*Mosbacher* Rn. 8; Erbs/Kohlhaas/ Senge Rn. 1; aA offenbar *Hailbronner* Rn. 5, 7wohl auch Bergmann/Dienelt/*Winkelmann* Rn. 5.
[15] Dazu → § 95 Rn. 18 ff.
[16] Dazu → § 95 Rn. 24 ff.

Aufenthaltsverbot nach § 95 Abs. 2 Nr. 1b.[17] Da der **Tatbestand** dieser Strafvorschriften durch die **Rückführungsrichtlinie nicht eingeschränkt** wird,[18] ergeben sich auch für den objektiven Tatbestand von Abs. 1 Alt. 2 keine Besonderheiten.[19] Die Verhängung eines Bußgelds im Ordnungswidrigkeitenverfahren ist im Übrigen auch nicht geeignet, ein Rückführungsverfahren zu verzögern,[20] so dass die Rückführungsrichtlinie der Bußgeldvorschrift insgesamt nicht entgegensteht. Unterschiede bestehen nur im subjektiven Tatbestand, weil für Abs. 1 bereits **fahrlässiges Handeln** ausreicht. Ein solches liegt nach allgemeinen auch für § 98 geltenden[21] Grundsätzen vor, wenn der Täter die Tatbestandsverwirklichung aus vorhersehbaren und vermeidbaren Gründen nicht für möglich hält (**unbewusste Fahrlässigkeit**) oder sie zwar für möglich hält, aber – pflichtwidrig – darauf vertraut, dass die Rechtsgutverletzung trotzdem nicht eintreten werde (**bewusste Fahrlässigkeit**).[22] Nach diesen Grundsätzen kommt eine Verwirklichung von Abs. 1 etwa in Betracht, wenn der Ausländer nicht bemerkt oder nicht darauf achtet, dass sein zeitlich beschränkter Aufenthaltstitel abgelaufen bzw. zwischenzeitlich ungültig geworden ist.[23] Bei einem Verstoß gegen die ausweisrechtlichen Pflichten aus § 56 Abs. 1 Nr. 1–4 AufenthV, der gem. § 77 AufenthV als Ordnungswidrigkeit zu ahnden ist,[24] wird Abs. 1 hingegen auf Grund von Spezialität verdrängt.[25]

II. Verstöße gegen Abs. 2

5 **1. Verletzung von § 4 Abs. 5 S. 1 (Abs. 2 Nr. 1).** Nach § 4 Abs. 5 S. 1 sind Ausländer, die sich auf ein Aufenthaltsrecht nach dem **Assoziationsabkommen EWG/Türkei** berufen und die weder über eine Niederlassungserlaubnis noch eine Erlaubnis zum Daueraufenthalt-EG verfügen, verpflichtet, das Bestehen des Aufenthaltsrechts durch den Besitz einer Aufenthaltserlaubnis nachzuweisen. Die Vorschrift wendet sich damit an **türkische Staatsangehörige** und ihre (gegebenenfalls nicht türkischen) Familienangehörigen. Ein Verstoß kann zB daher rühren, dass der Ausländer einen Antrag nach § 4 Abs. 5 S. 2 auf Ausstellung der Aufenthaltserlaubnis nicht gestellt hat.[26] Gegen die Bußgeldbewehrung bestehen im Hinblick auf das Diskriminierungsverbot gem. Art. 37 des Zusatzprotokolls zu dem Assoziationsabkommen Bedenken, da es sich um ein gemeinschaftsrechtliches Aufenthaltsrecht handelt, eine vergleichbare Regelung für Unionsbürger erst im Jahr 2000 abgeschafft wurde und im Hinblick auf Sanktionen die rechtliche Gleichstellung zwischen assoziationsberechtigten Türken und Unionsbürgern anerkannt war.[27]

6 **2. Sich-Entziehen der grenzpolizeilichen Kontrolle (Abs. 2 Nr. 2).** In § 13 Abs. 1 S. 2 ist geregelt, dass Ausländer sich bei der Einreise der **polizeilichen Kontrolle** des **grenzüberschreitenden Verkehrs** zu unterziehen haben, was allerdings an den Schengen-Binnengrenzen nicht mehr gilt, weil dort nach Art. 20 des Schengener Grenzkodex (SGK),[28] der Art. 2 Abs. 1 SDÜ abgelöst hat, die Grenzkontrollen abgeschafft sind.[29] Damit verbleibt für die Vorschrift nur ein **geringer Anwendungsbereich,** weil sie im grenzüberschreitenden Verkehr an den deutschen Landgrenzen, die sämtlich Binnengrenzen darstellen, bei Binnenflügen sowie bei regelmäßigen Fährverbindungen über Binnengrenzen suspen-

---

[17] Dazu → § 95 Rn. 95 ff.
[18] Dazu → § 95 Rn. 30 ff.
[19] AA *Hörich/Bergmann* InfAuslR 2013, 252.
[20] So auch *Hörich/Bergmann* InfAuslR 2013, 252 (253).
[21] *Maaß* S. 98; *Westphal/Stoppa* S. 759 f.; Erbs/Kohlhaas/*Senge* Rn. 2.
[22] *Fischer* StGB § 15 Rn. 14a.
[23] *Maaß* S. 98 f.; *Hailbronner* Rn. 8.
[24] Dazu → Rn. 22.
[25] GK/*Mosbacher* Rn. 15.
[26] Erbs/Kohlhaas/*Senge* Rn. 3.
[27] Vgl. zum Ganzen Huber/*Bergmann* Rn. 5, 20 f.; Bedenken mit Blick auf Art. 18 AEUV auch bei Bergmann/Dienelt/*Winkelmann* Rn. 6; BeckOK AuslR/*Hohoff* Rn. 6; aA wohl GK/*Mosbacher* Rn. 19.
[28] VO (EG) Nr. 562/2006, ABl. 2006 L 105.
[29] *Westphal/Stoppa* S. 761; *Hailbronner* Rn. 12; auch → § 13 Rn. 1.

diert ist.[30] Kontrollen im grenznahen Bereich, die vom Zoll oder einer Landespolizei durchgeführt werden, stellen keine Kontrollen im grenzüberschreitenden Verkehr nach Abs. 2 Nr. 2 dar.[31] Nur bei Direktflügen, Seereisen aus einem Nicht-Schengen-Staat oder wenn ausnahmsweise in Anwendung von Art. 23–31 SGK doch Grenzkontrollen an den Binnengrenzen stattfinden, ist Abs. 2 Nr. 2 noch anwendbar.[32] Etwas anderes gilt allerdings, wenn – wie im Zuge der sog. Flüchtlingskrise im Herbst des Jahre 2015 an der Grenze zu Österreich – die Grenzkontrollen – grundsätzlich nur vorübergehend – wieder eingeführt werden.

Tathandlung ist das Sich-Entziehen der Kontrolle durch die Weigerung des Ausländers, sich kontrollieren zu lassen, das Verstecken im Transportfahrzeug, das Entweichen aus dem Transitbereich eines Flughafens oder heimliches von Bord gehen in einem Seehafen.[33] Die Tat kann auch von Unionsbürgern begangen werden,[34] der Versuch ist gem. Abs. 4 ebenfalls bußgeldpflichtig.

3. Verletzung von Mitwirkungspflichten nach § 47a (Abs. 2 Nr. 2a).

In dem erst zum 15.6.2017 in Kraft getretenen **§ 47a Satz 1 und 2** ist geregelt, dass Ausländer einer zur **Identitätsfeststellung** befugten Behörde (also etwa der **Polizei**) den Pass, den Passersatz, den Ausweisersatz oder die Bescheinigung über die Aufenthaltsgestattung nach § 63 Abs. 1 Satz 1 AsylG vorzulegen haben und es ermöglichen müssen, ihr Gesicht mit dem Lichtbild in dem jeweiligen Dokument abzugleichen. Gleiches gilt nach **§ 47a Satz 3** für **Ankunftsnachweise** im Sinne des § 63a Abs. 1 Satz 1 AsylG oder die in § 48 Abs. 1 Nr. 2 genannten Dokumente **(Aufenthaltstitel oder Duldungsbescheinigung),** die der zur Überprüfung der darin enthaltenen Angaben befugten Behörde vorzulegen sind, der ebenfalls der Lichtbildabgleich ermöglicht werden muss. Voraussetzung ist, dass die zuständigen Behörden die Vorlage bzw. die Ermöglichung des Abgleichs verlangen; dieses Verlangen muss eindeutig und verständlich geäußert werden, um die Verpflichtung auszulösen. Der Verstoß gegen die Pflicht erfüllt den objektiven Tatbestand.

4. Verletzung ausweisrechtlicher Pflichten (Abs. 2 Nr. 3).

In § 48 Abs. 1, Abs. 3 S. 1 ist die Pflicht geregelt, den mit dem Vollzug des Ausländerrechts betrauten Behörden auf Verlangen eine Vielzahl von Urkunden, die neben Pass, Passersatz, Aufenthaltstitel und Duldungsbescheinigung auch solche Unterlagen umfassen, die zur Identitätsfeststellung und Rückführung des Ausländers erforderlich sind,[35] **vorzulegen, auszuhändigen** oder **zu überlassen.** Bei Verstoß gegen diese Pflicht ist die Ordnungswidrigkeit verwirklicht. Voraussetzung ist, dass der Ausländer die Urkunde auch tatsächlich besitzt, und dass die **zuständige Behörde** die Vorlage verlangt.[36] Daran fehlt es, wenn es sich nicht um eine der in § 71 genannten Behörden handelt oder diese bei der jeweiligen Maßnahme nicht im Rahmen der ihr von § 71 verliehenen Zuständigkeit handelt, etwa wenn die Polizei im Inland einen Ausländer nach allgemeinem Polizeirecht zur Identitätsfeststellung anhält. Nicht nur das Unterlassen der Vorlage, also des aktiven Hinlegens der Urkunde, der Aushändigung und des Überlassens (Übergabe der Urkunde zum vorübergehenden Verbleib bei der Behörde), sondern auch die nicht rechtzeitige Erfüllung der Verpflichtung erfüllt den Tatbestand. Daraus folgt, dass die Pflicht so erfüllt werden muss, dass die von der Behörde beabsichtigte Maßnahme ohne nennenswerte Verzögerung durchgeführt, insbesondere nicht wegen des Zeitverzuges ihr Zweck nicht mehr erreicht werden kann.[37] In jedem Fall ist eine eindeutige und verständliche Aufforderung durch die Behörde erforderlich, um die

---

[30] *Huber/Bergmann* Rn. 25.
[31] *Westphal/Stoppa* S. 761; *Hailbronner* Rn. 12.
[32] *GK/Mosbacher* Rn. 26; *Hailbronner* Rn. 12.
[33] *Huber/Bergmann* Rn. 30.
[34] → Rn. 3.
[35] → § 48 Rn. 1.
[36] *Hailbronner* Rn. 16; Erbs/Kohlhaas/*Senge* Rn. 7.
[37] *Hailbronner* Rn. 18; enger GK/*Mosbacher* Rn. 36 (nur bei Fristsetzung durch die Behörde kann die Vorlagepflicht nicht rechtzeitig erfüllt werden).

Vorlagepflichten auszulösen, der Verstoß gegen weitere Mitwirkungspflichten stellt keine Ordnungswidrigkeit nach Abs. 2 Nr. 3 dar.[38]

10   **5. Keine Teilnahme am Integrationskurs (Abs. 2 Nr. 4).** Nach § 44a Abs. 1 Satz 1 Nr. 3, Satz 2 oder 3 besteht die Verpflichtung des Ausländers **zur Teilnahme an** einem **Integrationskurs,** wenn er in besonderer Weise integrationsbedürftig ist und die Ausländerbehörde ihn zur Teilnahme am Integrationskurs auffordert, er einen Anspruch auf Teilnahme hat, aber nicht über ausreichende Sprachkenntnisse verfügt, oder wenn er Sozialleistungen bezieht und der Träger der Grundsicherung für Arbeitsuchende ihn zur Teilnahme auffordert. Die Einführung des Bußgeldtatbestandes sollte es ermöglichen, differenzierter auf eine Verletzung der Teilnahmepflicht an einem Integrationskurs reagieren zu können. Denn die Festsetzung eines Bußgeldes stellt im Vergleich zu aufenthaltsrechtlichen Konsequenzen nach § 8 Abs. 3 und § 55 Abs. 2 Nr. 2 ein milderes Mittel dar. Die generelle Teilnahmepflicht aus § 44a muss durch einen **feststellenden Verwaltungsakt** konkretisiert werden.[39]

11   Befolgt der Ausländer diese Aufforderung nicht, macht er sich bußgeldpflichtig. Voraussetzung ist aber, dass der Verwaltungsakt **vollziehbar** ist. Da Sonderregelungen zur Vollziehbarkeit im AufenthG nicht vorgesehen sind, scheidet eine Ahndung vor Ablauf der Widerspruchsfrist aus § 58 VwGO regelmäßig aus.[40]

12   **6. Subjektiver Tatbestand.** Den Verstößen gegen Abs. 2 ist gemeinsam, dass sie **nur** bei **vorsätzlicher** Begehung eine Ordnungswidrigkeit darstellen, weil der Gesetzgeber die fahrlässige Begehungsweise im Gesetz nicht hat ausreichen lassen, vgl. § 10 OWiG. Der Ausländer muss die Verwirklichung des Tatbestandes also zumindest für möglich halten und sie billigend in Kauf nehmen.

III. Verstöße gegen Abs. 2a

13   **1. Beauftragung mit einer Dienst- oder Werkleistung (Abs. 2a Nr. 1).** Die Vorschrift belegt denjenigen mit einem Bußgeld, der entgegen § 4 Abs. 3 S. 2 einen Ausländer mit einer nachhaltigen entgeltlichen **Dienst- oder Werkleistung** beauftragt, die der Ausländer auf Gewinnerzielung gerichtet ausübt, obwohl ihm eine Erwerbstätigkeit in seinem Aufenthaltstitel nach § 4 Abs. 3 S. 1 nicht erlaubt ist. Täter kann Jedermann sein.[41] Der Auftraggeber ist gem. § 4 Abs. 3 S. 4 verpflichtet, das Vorliegen einer Erlaubnis eines Ausländers zur Ausübung einer Erwerbstätigkeit zu überprüfen. Diese Verpflichtung besteht allerdings nur bei einer **Nachhaltigkeit** der Dienst- oder Werkleistung, und damit nicht bei gelegentlichen Hilfeleistungen, Beauftragungen im Rahmen von Kontakten in Ladengeschäften oder in ähnlich flüchtigen Situationen, bei Gefälligkeiten gegen kein oder geringes Entgelt oder im Rahmen der Nachbarschaftshilfe.[42] Der Ausländer muss mit der beauftragten Dienst- oder Werkleistung bereits begonnen haben, was sich aus der Formulierung, dass er die Tätigkeit „**ausübt**", ergibt.[43] Bei der Dienst- oder Werkleistung muss es sich um eine selbständige Tätigkeit des Ausländers handeln, der Verstoß des Arbeitgebers gegen das Verbot, einen Ausländer ohne den erforderlichen Aufenthaltstitel abhängig zu beschäftigen, ist in § 404 Abs. 2 Nr. 3 SGB III geregelt.

14   **2. Verstoß gegen Mitteilungs- und Anzeigepflichten aus § 19c Abs. 1 Satz 2 oder 3, § 19d Abs. 7 (Abs. 2a Nr. 2 und 3).** Durch das **Gesetz zur Umsetzung aufenthaltsrechtlicher Richtlinien der Europäischen Union zur Arbeitsmigration** vom 12.5.2017, inkraftgetreten am 1.8.2017, sind Regelungen zur kurzfristigen Mobilität für

---

[38] Huber/*Bergmann* Rn. 40.
[39] BT-Drs. 16/5065, 200.
[40] Auch → § 95 Rn. 63.
[41] → Rn. 3.
[42] BT-Drs. 16/5065, 159.
[43] *Westphal/Stoppa* S. 769; wohl auch GK/*Mosbacher* Rn. 44.

unternehmensintern transferierte Arbeitnehmer und Führungskräfte eingeführt worden, mit denen die Richtlinie 2014/66/EU des Europäischen Parlaments und des Rates vom 15.5.2014 über die Bedingungen für die Einreise und den Aufenthalt von Drittstaatsangehörigen im Rahmen eines unternehmensinternen Transfers[44] umgesetzt wurde. **§ 19c** enthält eine **Ausnahme** vom **Erfordernis eines Aufenthaltstitels** für Ausländer, die einen gültigen nach der Richtlinie 2014/66/EU erteilten Aufenthaltstitel eines anderen Mitgliedstaates der Europäischen Union besitzen, in der Niederlassung eines Unternehmens oder einer Unternehmensgruppe in einem anderen Mitgliedstaat der Europäischen Union beschäftig sind und für die Dauer von maximal 90 Tagen innerhalb eines Zeitraums von 180 Tagen im Rahmen eines unternehmensinternen Transfers einer Beschäftigung in einer Niederlassung des Unternehmens oder der Unternehmensgruppe im Bundesgebiet nachgehen wollen. Die **Niederlassung in dem anderen Mitgliedstaat** hat diese Absicht dem **Bundesamt für Migration und Flüchtlinge** mitzuteilen und dabei die Unterlagen nach § 19c Abs. 1 Satz 1 Nr. 1–4 vorzulegen. Die Mitteilung ist zu machen, wenn der Ausländer in dem anderen Mitgliedstaat den Antrag auf Erteilung eines Aufenthaltstitels im Anwendungsbereich der Richtlinie 2014/66/EU stellt (§ 19c Abs. 1 Satz 2) oder spätestens, wenn der Niederlassung bekannt wird, dass der Ausländer einen Transfer in eine Niederlassung im Bundesgebiet beabsichtigt (§ 19c Abs. 1 Satz 3). Nach **§ 19d** wird **Führungskräften,** Spezialisten oder Trainees für einen länger andauernden unternehmensinternen Transfer unter den Voraussetzungen von § 19d Abs. 2 ein **Aufenthaltstitel, die Mobiler-ICT-Karte,** erteilt. Die **inländische aufnehmende Niederlassung** hat der zuständigen **Ausländerbehörde** alle Änderungen bezüglich der genannten Voraussetzungen **unverzüglich,** in der Regel binnen einer Woche, **anzuzeigen** (§ 19d Abs. 7). Kommen die jeweiligen Niederlassungen ihren Mitteilungs- oder Anzeigepflichten nicht nach, ist der objektive Tatbestand von Abs. 2a Nr. 2 oder Nr. 3 erfüllt.

3. Verstoß gegen Mitteilungspflichten aus § 60a Abs. 2 Satz 7 (Abs. 2a Nr. 4). Durch das **Integrationsgesetz** vom 31.7.2016 ist in § 60a Abs. 2 der Anspruch eines Ausländers auf Erteilung einer Duldung aus dringenden persönlichen Gründen eingeführt worden, der eine **qualifizierte Berufsausbildung** in einem staatlich anerkannten oder vergleichbar geregelten Ausbildungsberuf in Deutschland aufnimmt oder aufgenommen hat, und bei dem weitere Voraussetzungen nach § 60a Abs. 2 vorliegen. Wird diese Ausbildung **nicht betrieben** oder **abgebrochen,** erlischt die Duldung (§ 60a Abs. 2 Satz 9). Deshalb muss der **Ausbildungsbetrieb** dies nach § 60a Abs. 2 Satz 7 der Ausländerbehörde unverzüglich **mitteilen;** inhaltliche Einzelheiten der Mitteilung bestimmt § 60a Abs. 2 Satz 8. Kommt der Betrieb dieser Verpflichtung nicht nach, ist der Tatbestand von Abs. 2b erfüllt. Durch das **Integrationsgesetz** vom 31.7.2016 ist in § 60a Abs. 2 der Anspruch eines Ausländers auf Erteilung einer Duldung aus dringenden persönlichen Gründen eingeführt worden, der eine qualifizierte Berufsausbildung in einem staatlich anerkannten oder vergleichbar geregelten Ausbildungsberuf in Deutschland aufnimmt oder aufgenommen hat, und bei dem weitere Voraussetzungen nach § 60a Abs. 2 vorliegen. Wird diese Ausbildung nicht betrieben oder abgebrochen, erlischt die Duldung (§ 60a Abs. 2 Satz 9). Deshalb muss der Ausbildungsbetrieb dies nach § 60a Abs. 2 Satz 7 der Ausländerbehörde unverzüglich mitteilen; inhaltliche Einzelheiten der Mitteilung bestimmt § 60a Abs. 2 Satz 8. Kommt der Betrieb dieser Verpflichtung nicht nach, ist der Tatbestand von Abs. 2b erfüllt.

4. Subjektiver Tatbestand. In allen Varianten von Abs. 2a muss der Betroffene **vorsätzlich** oder **leichtfertig** handeln, eine nur fahrlässige Begehung reicht nicht aus. **Leichtfertigkeit** bezeichnet einen erhöhten Grad an Fahrlässigkeit und ist gegeben, wenn der Täter grob achtlos handelt – etwa einfachste und nahe liegende Überlegungen nicht anstellt – und dasjenige Maß an Sorgfalt nicht beachtet, was sich unter Berücksichtigung seiner individuellen Erkenntnisse und Fähigkeiten geradezu aufdrängen muss. Der Begriff

---

[44] ABl. L 157, 1.

AufenthG § 98 17–20   1. Kapitel. Ausländerstrafrecht

ist nicht mit dem der bewussten Fahrlässigkeit identisch. Leichtfertigkeit wird jedenfalls dann nicht vorliegen, wenn der Auftraggeber seine Prüfungspflicht aus § 4 Abs. 3 S. 4 erfüllt hat oder wenn eine solche mangels Nachhaltigkeit der Dienst- oder Werkleistung nicht gegeben ist.

IV. Verstöße gegen Abs. 3

17   **1. Unerlaubte selbständige Erwerbstätigkeit (Abs. 3 Nr. 1).** Nach § 92 Abs. 1 Nr. 3 AuslG war die Aufnahme jeglicher Erwerbstätigkeit entgegen einer vollziehbaren Auflage nach § 14 Abs. 2 Satz 2 AuslG strafbewehrt und stellte im Falle der fahrlässigen Begehung nach § 93 Abs. 1 AuslG eine Ordnungswidrigkeit dar. Gleichzeitig bestanden hinsichtlich der Ausübung einer unerlaubten Beschäftigung in § 404 SGB III Regelungen, die für die gleichen Sachverhalte eine Ordnungswidrigkeit normierten. Wegen dieser **Doppelregelung** wurde bei der Schaffung des Aufenthaltsgesetzes auf die Einführung eines Straf- oder Bußgeldtatbestandes der unerlaubten Erwerbstätigkeit verzichtet, was jedoch zur Folge hatte, dass eine unerlaubte selbständige Erwerbstätigkeit von Ausländern gar nicht sanktioniert werden konnte. Diese Regelungslücke schließt der durch „Gesetz zur Umsetzung aufenthalts- und asylrechtlicher Richtlinien der Europäischen Union" eingeführte Abs. 3 Nr. 1.[45] Die Vorschrift stellt das Gegenstück zur Bußgeldbewehrung des Auftraggebers in Art. 2a dar und belegt den Ausländer mit einer Geldbuße, der eine **selbständige Tätigkeit ausübt,** ohne über einen Aufenthaltstitel zu verfügen, der ihm die Erwerbstätigkeit erlaubt.[46] Der Ausländer muss im Besitz eines nationalen Aufenthaltstitels sein, verfügt er bei gleicher Tathandlung nur über ein Schengen-Visum macht er sich gem. § 95 Art. 1a strafbar,[47] der den Bußgeldtatbestand verdrängt.

18   **2. Zuwiderhandlung gegen vollziehbare Auflagen nach § 12 Abs. 2 S. 2, Abs. 4 (Abs. 3 Nr. 2).** Gemäß § 12 Abs. 2 S. 2 können ein Visum nach § 6 oder die Aufenthaltserlaubnis nach § 7 auch nachträglich noch mit Auflagen,[48] insbesondere einer **räumlichen Beschränkung** verbunden werden. Nach § 12 Abs. 4 können solche Auflagen oder räumlichen Beschränkungen auch gegenüber Ausländern ausgesprochen werden, die eines Aufenthaltstitels nicht bedürfen. Der Verstoß gegen eine solche Auflage oder eine räumliche Beschränkung, die **vollziehbar** sein müssen, erfüllt den Bußgeldtatbestand.

19   **3. Verstoß gegen Wohnsitznahmeverpflichtung aus § 12a Abs. 1 Satz 1 (Abs. 3 Nr. 2a).** Durch § 12a Abs. 1 Satz 1 werden **schutzbedürftige Ausländer,** also solche deren Aufenthaltsrecht auf der Gewährung von humanitärem oder internationalem Schutz beruht und deren Rückkehr aufgrund der Verhältnisse in ihren Herkunftsstaaten auf nicht absehbare Zeit unmöglich ist, zur Förderung ihrer nachhaltigen Integration verpflichtet, ihren Wohnsitz in dem Bundesland der Erstzuweisung im Asylverfahren bzw. im Aufnahmeverfahren nach den §§ 22, 23 oder 25 Abs. 1 bis 3 zu nehmen.[49] Der Verstoß gegen diese Verpflichtung ist bußgeldbewehrt.

20   **4. Zuwiderhandlung gegen vollziehbare Anordnungen nach § 12a Abs. 2, 3 oder 4 Satz 1 oder § 61 Abs. 1c (Abs. 3 Nr. 2b).** Ausländer, die einer Wohnsitznahmeverpflichtung gem. § 12a Abs. 1 Satz 1 unterliegen, können durch Anordnungen der Ausländerbehörde weiter verpflichtet werden, zur **Versorgung mit angemessenem Wohnraum,** falls sie noch in einer Aufnahmeeinrichtung wohnen (§ 12a Abs. 2) und zur **Förderung der nachhaltigen Integration** etwa durch Erleichterung der Versorgung mit angemessenem Wohnraum, des Erwerbs hinreichender Deutschkenntnisse oder der Aufnahme einer Erwerbstätigkeit (§ 12a Abs. 2) an einem bestimmten Ort ihren Wohnsitz zu

---

[45] BT-Drs. 16/5065, 200.
[46] GK/*Mosbacher* Rn. 48.
[47] → § 95 Rn. 90.
[48] Zu möglichen Auflagen s. § 12.
[49] Vgl. im Einzelnen BT-Drs. 18/8615, 42 ff.

nehmen. Umgekehrt können sie zur **Vermeidung von sozialer und gesellschaftlicher Ausgrenzung** auch verpflichtet werden, an einem bestimmten Ort nicht zu wohnen, insbesondere wenn zu erwarten ist, dass sie dort Deutsch nicht als wesentliche Verkehrssprache nutzen werden (§ 12a Abs. 4 Satz 1). Nach § 61 Abs. 1c kann der Aufenthalt **vollziehbar ausreisepflichtiger** Ausländer, die wegen einer nicht nur von Ausländern begehbaren **Straftat** rechtskräftig verurteilt worden sind, die aufgrund bestimmter Tatsachen verdächtig sind, gegen das **Betäubungsmittelgesetz** verstoßen zu haben, oder wenn konkrete Maßnahmen zur Beendigung ihres Aufenthalts bevorstehen, durch Anordnungen der Ausländerbehörde räumlich beschränkt werden. Kommt der Ausländer den genannten Anordnungen nicht nach, ist der Bußgeldtatbestand erfüllt. Der wiederholte vorsätzliche Verstoß gegen eine räumliche Beschränkung gem. § 61 Abs. 1c erfüllt den Straftatbestand von § 95 Abs. 1 Nr. 7.[50]

5. Verstoß gegen § 13 Abs. 1 (Abs. 3 Nr. 3). Nach § 13 Abs. 1 sind Einreise und 21 Ausreise grundsätzlich nur an den zugelassenen **Grenzübergangsstellen** und innerhalb der festgesetzten **Verkehrsstunden** zulässig. Nach § 13 Abs. 1 S. 2 sind Ausländer verpflichtet, bei Einreise und Ausreise einen anerkannten und gültigen **Pass oder Passersatz mitzuführen**. Der Verstoß gegen diese Verpflichtung erfüllt den Bußgeldtatbestand, der auch von Unionsbürgern verwirklicht werden kann.[51] Unter dem Mitführen des Passes oder Passersatzes ist zu verstehen, dass der Ausländer unmittelbar in der Lage ist, das Papier vorzuzeigen. Muss er es erst noch von seinem Aufbewahrungsort herbeischaffen, ist das Bußgeld verwirkt.[52] Andererseits ist erforderlich, dass der Ausländer überhaupt einen Pass besitzt. Ist dies nicht der Fall, ist der Straftatbestand des passlosen Aufenthalts nach § 95 Abs. 1 Nr. 1 oder der unerlaubten Einreise nach § 95 Abs. 1 Nr. 3 erfüllt. Reist ein Ausländer mit einem ungültigen Pass ein, etwa weil er einzelne Seiten daraus entfernt hat, ist ebenfalls der Straftatbestand der unerlaubten Einreise, nicht aber der Bußgeldtatbestand des Abs. 3 Nr. 3 erfüllt.[53] Weigert sich der Ausländer, seinen gültigen Pass vorzulegen, kommt eine Ordnungswidrigkeit nach Abs. 2 Nr. 2 in Betracht, nicht aber nach Abs. 3 Nr. 3.[54] Gemäß Abs. 4 ist bereits der **Versuch** bußgeldbewehrt.

6. Verstöße gegen vollziehbare Anordnungen nach § 46 Abs. 1, § 56 Abs. 1 S. 2 22 **oder Abs. 3 oder § 61 Abs. 1e (Abs. 3 Nr. 4).** Die Vorschrift bewehrt Verstöße gegen Bedingungen und Auflagen **vollziehbar ausreisepflichtiger Ausländer** mit einem Bußgeld. Gemäß § 46 Abs. 1 können bereits im Vorfeld einer denkbaren Abschiebung Maßnahmen zur Förderung der Ausreise getroffen werden, insbesondere kann der Ausländer verpflichtet werden, den Wohnsitz an einem von der Ausländerbehörde bestimmten Ort zu nehmen. Nach § 56 Abs. 1 Satz 2 kann zur Gefahrenabwehr bei Ausländern, die aus anderen Gründen als den in § 56 Abs. 1 Satz 1 genannten vollziehbar ausreisepflichtig sind, aber nicht abgeschoben werden können, eine **Meldepflicht** angeordnet werden. Erforderlich ist aber auch hier eine Gefährdung der **inneren Sicherheit**.[55] Ausländern, gegen die wegen ihrer Unterstützung von Terrorismus oder terroristischen Vereinigungen oder wegen ihrer Gewaltbereitschaft etc. eine vollziehbare Ausweisungsverfügung aufgrund eines Ausweisungsinteresses nach § 54 Abs. 1 Nr. 2 bis 5 oder eine vollziehbare Abschiebungsanordnung nach § 58a ergangen ist, kann aufgegeben werden, an einem anderen Wohnort oder in bestimmten Unterkünften auch außerhalb des Bezirks der Ausländerbehörde zu wohnen, wenn dies geboten erscheint, um die Fortführung von Bestrebungen, die zur Ausweisung geführt haben, zu erschweren oder zu unterbinden.[56] Nach § 61 Abs. 1e können gegenüber

---
[50] → § 95 Rn. 83.
[51] → Rn. 3.
[52] Erbs/Kohlhaas/*Senge* Rn. 17.
[53] *Hailbronner* Rn. 35; Erbs/Kohlhaas/*Senge* Rn. 17; aA OLG Schleswig 3.2.1994 – 1 Ss OWi 352/93, NStZ 1994, 348; *von Pollern* ZAR 1996, 175 (180); wohl auch Huber/*Bergmann* Rn. 69.
[54] *Hailbronner* Rn. 34; BeckOK AuslR/*Hohoff* Rn. 24.
[55] → § 95 Rn. 75.
[56] → § 95 Rn. 75, 78.

einem vollziehbar ausreisepflichtigen Ausländer, dessen Abschiebung ausgesetzt ist, weitere Bedingungen und Auflagen, insbesondere eine über die räumliche Beschränkung auf das Bundesland gem. § 61 Abs. 1 Satz 1 hinausgehende räumliche Beschränkung bestimmt werden.[57] Bei dem Verstoß gegen die **Verpflichtung** zur **Wohnsitznahme** aus § 56 Abs. 3 ist der Bußgeldtatbestand nur eröffnet, wenn der Ausländer noch nicht mehrfach darauf hingewiesen worden ist; andernfalls ist bei vorsätzlichem Handeln, das bei mehrfachem Hinweis vorliegen wird, der Straftatbestand des § 95 Abs. 1 Nr. 6a eröffnet,[58] der die Ordnungswidrigkeit verdrängt. In den drei anderen Alternativen von Abs. 3 Nr. 4 ist eine Strafbarkeit nach dem AufenthG nicht vorgesehen.

23   **Tathandlung** ist der Verstoß gegen die von der Ausländerbehörde durch Verwaltungsakt erlassene Auflage oder Bedingung, die **vollziehbar** sein muss. Die Wohnsitznahmeverpflichtung gem. § 56 Abs. 3 ist gem. § 56 Abs. 5 Satz 2 sofort vollziehbar, gegen eine Anordnung gem. § 61 Abs. 1e, in einer Ausreiseeinrichtung Wohnung zu nehmen, entfalten Widerspruch und Klage gem. § 84 Abs. 1 Nr. 2 ebenfalls keine aufschiebende Wirkung. In den beiden anderen Fällen kommt die Verhängung eines Bußgeldes vor Ablauf der Widerspruchs- bzw. Klagefrist nicht in Betracht, wenn nicht die sofortige Vollziehung gesondert angeordnet wird.

24   **7. Verstoß gegen § 56 Abs. 1 Satz 1 (Abs. 3 Nr. 5).** Soweit Abs. 3 Nr. 5 darauf abstellt, dass der von § 56 Abs. 1 Satz 1 betroffene, gefährliche Ausländer die ihm obliegende Meldung nicht macht, ist die **Tathandlung** mit dem Straftatbestand des § 95 Abs. 1 Art. 6a identisch, bei dem allerdings ein wiederholter Verstoß gegen die Meldepflicht vorliegen muss.[59] Darüber hinaus verwirklicht aber auch den Bußgeldtatbestand, wer seine Meldepflicht **nicht richtig** oder **nicht rechtzeitig** erfüllt.

25   **8. Zuwiderhandlung gegen räumliche Beschränkungen aus § 56 Abs. 2, § 61 Abs. 1 Satz 1 (Abs. 3 Nr. 5a).** Ordnungswidrig sind weiter Verstöße gegen die – gesetzlichen – räumlichen Beschränkungen von **besonders gefährlichen** oder anderen **vollziehbar ausreisepflichtigen Ausländern** gem. §§ 56 Abs. 2, 61 Abs. 1 S. 1. Die Tathandlungen entsprechen denen in § 95 Abs. 1 Nr. 6a[60] bzw. Nr. 7.[61] Bußgeldbewehrt ist im Gegensatz zur Strafbewehrung aber bereits der erste Verstoß, der etwa bei einer Reise eines ausreisepflichtigen Ausländers in die Niederlande verwirklicht ist, dessen Aufenthalt gemäß § 61 Abs. 1 Satz 1 auf das Gebiet eines Bundeslandes beschränkt ist.[62]

26   **9. Verstoß gegen die Antragspflicht aus § 80 Abs. 4 (Abs. 3 Nr. 6).** Die Vorschrift des Abs. 3 Nr. 6 sanktioniert die Verletzung der Antragspflicht aus § 80 Abs. 4, die die **gesetzlichen Vertreter** oder sonstigen zur Betreuung von Ausländern berufenen Personen trifft, die das 16. Lebensjahr noch nicht vollendet haben. Sie müssen für den in diesem Sinne Minderjährigen die **erforderlichen Anträge** auf Erteilung und Verlängerung des Aufenthaltstitels und auf Erteilung und Verlängerung des Passes, des Passersatzes und des Ausweisersatzes stellen. Gesetzlicher Vertreter und damit Täter der Ordnungswidrigkeit kann Jedermann sein. Im Gegensatz zu Deutschen fallen Unionsbürger aber mangels einer Verweisung in § 11 Abs. 1 FreizügG aus dem Kreis potentieller Täter heraus.[63] Ein Verstoß gegen die **Garantenpflicht**[64] aus Abs. 3 Nr. 6 begründet die Ordnungswidrigkeit.

27   **10. Verstoß gegen Rechtsverordnung (Abs. 3 Nr. 7).** Die Vorschrift belegt den Verstoß gegen eine **Rechtsverordnung** nach § 99 Abs. 1 Nr. 7, 10 oder 13a Satz 1 Buchst. j mit einem Bußgeld, soweit in der Verordnung für einen bestimmten Tatbestand auf Abs. 3

---

[57] → § 95 Rn. 83.
[58] → § 95 Rn. 78.
[59] Zum Verstoß gegen die Meldepflicht → § 95 Rn. 75.
[60] Dazu → § 95 Rn. 77 ff.
[61] Dazu → § 95 Rn. 82.
[62] OLG Düsseldorf 2.7.2009 – 2 Ss (OWi) 101/09 – (OWi) 84/09 IV, OLGSt § 61 Nr. 3.
[63] GK/*Mosbacher* Rn. 94.
[64] *Westphal/Stoppa* S. 775.

Nr. 7 verwiesen wird. Der Verordnungsgeber hat von dieser Möglichkeit in **§ 77 AufenthV** Gebrauch gemacht; die Vorschrift lautet:[65]

§ 77 AufenthV
Ordnungswidrig im Sinne des § 98 Abs. 3 Nr. 7 des Aufenthaltsgesetzes handelt, wer vorsätzlich oder fahrlässig
1. entgegen § 38c eine Mitteilung nicht, nicht richtig, nicht vollständig, nicht in der vorgeschriebenen Weise oder nicht rechtzeitig macht,
2. entgegen § 56 Abs. 1 Nr. 1 bis 3 oder 4 einen Antrag nicht oder nicht rechtzeitig stellt,
3. entgegen § 56 Abs. 1 Nr. 5 oder Abs. 2 Satz 1 eine Anzeige nicht, nicht richtig, nicht vollständig oder nicht rechtzeitig erstattet,
4. entgegen § 56 Abs. 1 Nr. 6 oder 7 oder § 57 eine dort genannte Urkunde nicht oder nicht rechtzeitig vorlegt,
5. entgegen § 57a Nummer 1 eine Anzeige nicht, nicht richtig, nicht vollständig oder nicht rechtzeitig erstattet oder ein Dokument nicht oder nicht rechtzeitig vorlegt oder
6. entgegen § 57a Nummer 2 ein Dokument nicht oder nicht rechtzeitig vorlegt oder die Neuausstellung nicht oder nicht rechtzeitig beantragt.

Nach § 38c AufenthV müssen **Forschungseinrichtungen** die Ausländerbehörde **28** benachrichtigen, wenn eine Aufnahmevereinbarung voraussichtlich nicht abgeschlossen werden kann oder wenn ein Ausländer seine Tätigkeit für ein Forschungsvorhaben beendet hat. Die Vorschriften der §§ 56, 57 AufenthV regeln im Einzelnen, wann spätestens die **Verlängerung** oder **Neuausstellung** eines Passes, Passersatzes oder Ausweisersatzes zu beantragen ist (§ 56 Abs. 1 Nr. 1–4 AufenthV), **Mitteilungspflichten** bei Verlust des Ausweises (§ 56 Abs. 1 Nr. 5 AufenthV), **Anzeigepflichten** von in das Bundesgebiet eingereisten **Schweizern** (§ 56 Abs. 2 Satz 1 AufenthV) sowie Vorlagepflichten beim Besitz mehrerer Ausweise oder eines deutschen Passersatzes (§§ 56 Abs. 1 Nr. 6, 7, 57 AufenthV). Die Vorschrift des § 57a AufenthV regelt vergleichbare Verpflichtungen für **Aufenthaltstitel mit elektronischem Speicher- und Verarbeitungsmedium;** als solche werden gemäß § 78 Abs. 1 Satz 1 die Aufenthaltserlaubnis nach § 7, die Niederlassungserlaubnis nach § 9 und die Erlaubnis zum Daueraufenthalt-EG nach § 9a ausgegeben. Ein Verstoß gegen diese Verpflichtungen begründet die Ordnungswidrigkeit.

11. Subjektiver Tatbestand. Die Bußgeldtatbestände des Abs. 3 sind auf Grund der **29** gesetzlichen Regelung gleichermaßen bei **vorsätzlicher** wie auch bei **fahrlässiger** Begehungsweise erfüllt. Der Täter muss also entweder die Tatbestandsverwirklichung zumindest für möglich halten und sie billigend in Kauf nehmen – bedingter Vorsatz ist ausreichend – oder er muss vorwerfbar die Tatbestandsverwirklichung ausschließen oder auf ihre Nichterfüllung vertrauen.

C. Geldbuße (Abs. 5)

Der Gesetzgeber hat in Abs. 5 von der in § 17 Abs. 1 OWiG vorgesehenen Möglichkeit **30** Gebrauch gemacht, für bestimmte Verstöße über den Höchstbetrag von 1.000 EUR hinausgehende Geldbußen zu bestimmen. Der Mindestbetrag beträgt nach § 17 Abs. 1 OWiG fünf EUR. Insbesondere im Hinblick auf erhebliche wirtschaftliche Vorteile, die der Auftraggeber aus der Beauftragung eines Ausländers mit einer Dienst- oder Werkleistung (Abs. 2a Nr. 1) ziehen kann, erscheint die Bewehrung mit einem Bußgeld bis zu 500.000 EUR folgerichtig. Für Verstöße gegen Abs. 2a Nr. 2–4, die ebenfalls nur vorsätzlich oder leichtfertig begangen werden können, kann ein Bußgeld bis 30.000 EUR verhängt werden. Bei den Tatbeständen der Abs. 2 Nr. 2 und Abs. 3 Nr. 1 beträgt die höchste Geldbuße 5.000 EUR, in den Fällen der Abs. 1 und 2 Nr. 1, 2a und 3 und des Abs. 3 Nr. 3 jeweils 3.000 EUR. In allen übrigen Fällen verbleibt es beim Grundsatz eines Höchstbetrages von 1.000 EUR. Für Ordnungswidrigkeiten, die wie die Verstöße gem. Art. 2a und Abs. 3

---

[65] Vgl. BGBl. 2007 I S. 1970 iVm BGBl. 2012 I S. 1224.

sowohl vorsätzlich als auch fahrlässig – Leichtfertigkeit zählt insoweit als Fahrlässigkeit – begangen werden können, sieht § 17 Abs. 2 OWiG vor, dass im Fall einer fahrlässigen Begehung ein Bußgeld allenfalls in Höhe der **Hälfte des** angedrohten **Höchstbetrages** verhängt werden kann. Diese Regelung gilt nicht für Ordnungswidrigkeiten nach Abs. 1, weil hier die Fahrlässigkeit ein Tatbestandsmerkmal des Bußgeldtatbestandes darstellt und nur deshalb die Herabstufung von der Straftat zur Ordnungswidrigkeit vorgenommen worden ist.[66] Bei der **Bemessung des Bußgeldes** im Einzelnen sind gem. § 17 Abs. 3 OWiG die Bedeutung der Ordnungswidrigkeit und der Vorwurf, der dem Täter gemacht werden kann, zu berücksichtigen. Seine wirtschaftlichen Verhältnis sind in die Abwägung ebenfalls einzubeziehen, wenn es sich nicht um nur geringfügige Verstöße handelt.

D. Flüchtlinge

31 Verstöße von Ausländern, die sich auf **Art. 31 Abs. 1 GFK** berufen können, bleiben von der Ahndung ausgenommen. Die Vorschrift entspricht § 95 Abs. 5, so dass auf die dortigen Erläuterungen Bezug genommen werden kann.[67]

Kapitel 9a. Rechtsfolgen bei illegaler Beschäftigung

§§ 98a–98c *(nicht abgedruckt)*

Kapitel 10. Verordnungsermächtigungen; Übergangs- und Schlussvorschriften

§ 99 Verordnungsermächtigung

(1) ¹**Das Bundesministerium des Innern wird ermächtigt, durch Rechtsverordnung mit Zustimmung des Bundesrates**
1. **zur Erleichterung des Aufenthalts von Ausländern Befreiungen vom Erfordernis des Aufenthaltstitels vorzusehen, das Verfahren für die Erteilung von Befreiungen und die Fortgeltung und weitere Erteilung von Aufenthaltstiteln nach diesem Gesetz bei Eintritt eines Befreiungsgrundes zu regeln sowie zur Steuerung der Erwerbstätigkeit von Ausländern im Bundesgebiet Befreiungen einzuschränken,**
2. **zu bestimmen, dass der Aufenthaltstitel vor der Einreise bei der Ausländerbehörde oder nach der Einreise eingeholt werden kann,**
3. **zu bestimmen, in welchen Fällen die Erteilung eines Visums der Zustimmung der Ausländerbehörde bedarf, um die Mitwirkung anderer beteiligter Behörden zu sichern,**
3a. **Näheres zum Verfahren zur Erteilung von Aufenthaltstiteln an Forscher nach § 20 zu bestimmen, insbesondere**
   a) **die Voraussetzungen und das Verfahren sowie die Dauer der Anerkennung von Forschungseinrichtungen, die Aufhebung der Anerkennung einer Forschungseinrichtung und die Voraussetzungen und den Inhalt des Abschlusses von Aufnahmevereinbarungen nach § 20 Abs. 1 Nr. 1 zu regeln,**
   b) **vorzusehen, dass die für die Anerkennung zuständige Behörde die Anschriften der anerkannten Forschungseinrichtungen veröffentlicht und in den Veröffentlichungen auf Erklärungen nach § 20 Abs. 3 hinweist,**

---

[66] Huber/*Bergmann* Rn. 83.
[67] → § 95 Rn. 122 ff.

I. Aufenthaltsgesetz § 99 AufenthG

- c) Ausländerbehörden und Auslandsvertretungen zu verpflichten, der für die Anerkennung zuständigen Behörde Erkenntnisse über anerkannte Forschungseinrichtungen mitzuteilen, die die Aufhebung der Anerkennung begründen können,
- d) anerkannte Forschungseinrichtungen zu verpflichten, den Wegfall von Voraussetzungen für die Anerkennung, den Wegfall von Voraussetzungen für Aufnahmevereinbarungen, die abgeschlossen worden sind, oder die Änderung sonstiger bedeutsamer Umstände mitzuteilen,
- e) beim Bundesamt für Migration und Flüchtlinge einen Beirat für Forschungsmigration einzurichten, der es bei der Anerkennung von Forschungseinrichtungen unterstützt und die Anwendung des § 20 beobachtet und bewertet,
- f) den Zeitpunkt des Beginns der Bearbeitung von Anträgen auf Anerkennung von Forschungseinrichtungen,

3b. selbständige Tätigkeiten zu bestimmen, für deren Ausübung stets oder unter bestimmten Voraussetzungen keine Erlaubnis nach § 4 Abs. 3 Satz 1 erforderlich ist,

4. Ausländer, die im Zusammenhang mit der Hilfeleistung in Rettungs- und Katastrophenfällen einreisen, von der Passpflicht zu befreien,

5. andere amtliche deutsche Ausweise als Passersatz einzuführen oder zuzulassen,

6. amtliche Ausweise, die nicht von deutschen Behörden ausgestellt worden sind, allgemein als Passersatz zuzulassen,

7. zu bestimmen, dass zur Wahrung von Interessen der Bundesrepublik Deutschland Ausländer, die vom Erfordernis des Aufenthaltstitels befreit sind und Ausländer, die mit einem Visum einreisen, bei oder nach der Einreise der Ausländerbehörde oder einer sonstigen Behörde den Aufenthalt anzuzeigen haben,

8. zur Ermöglichung oder Erleichterung des Reiseverkehrs zu bestimmen, dass Ausländern die bereits bestehende Berechtigung zur Rückkehr in das Bundesgebiet in einem Passersatz bescheinigt werden kann,

9. zu bestimmen, unter welchen Voraussetzungen ein Ausweisersatz ausgestellt werden kann und wie lange er gültig ist,

10. die ausweisrechtlichen Pflichten von Ausländern, die sich im Bundesgebiet aufhalten, zu regeln hinsichtlich der Ausstellung und Verlängerung, des Verlustes und des Wiederauffindens sowie der Vorlage und der Abgabe eines Passes, Passersatzes und Ausweisersatzes sowie der Eintragungen über die Einreise, die Ausreise, das Antreffen im Bundesgebiet und über Entscheidungen der zuständigen Behörden in solchen Papieren,

11. Näheres zum Register nach § 91a sowie zu den Voraussetzungen und dem Verfahren der Datenübermittlung zu bestimmen,

12. zu bestimmen, wie der Wohnsitz von Ausländern, denen vorübergehend Schutz gemäß § 24 Abs. 1 gewährt worden ist, in einen anderen Mitgliedstaat der Europäischen Union verlegt werden kann,

13. Näheres über die Anforderungen an Lichtbilder und Fingerabdrücke sowie für die Muster und Ausstellungsmodalitäten für die bei der Ausführung dieses Gesetzes zu verwendenden Vordrucke sowie die Aufnahme und die Einbringung von Merkmalen in verschlüsselter Form nach § 78a Absatz 4 und 5 festzulegen,

13a. Regelungen für Reiseausweise für Ausländer, Reiseausweise für Flüchtlinge und Reiseausweise für Staatenlose mit elektronischem Speicher- und Verarbeitungsmedium nach Maßgabe der Verordnung (EG) Nr. 2252/2004 des Rates vom 13. Dezember 2004 über Normen für Sicherheitsmerkmale und biometrische Daten in von den Mitgliedstaaten ausgestellten Pässen und Reisedokumenten (ABl. L 385 vom 29.12.2004, S. 1) und der Verordnung (EG) Nr. 444/2009 des Europäischen Parlaments und des Rates vom 28. Mai 2009 zur Änderung der Verordnung (EG) Nr. 2252/2004 des Rates über Normen für Sicherheitsmerkmale und biometrische Daten in von den Mitgliedstaaten ausgestellten Pässen und Reisedokumenten (ABl. L 142 vom 6.6.2009, S. 1) zu treffen sowie Näheres über die Ausfertigung von Dokumenten mit elektronischem Speicher- und Verarbeitungsmedium nach § 78 nach Maßgabe der Verordnung (EG) Nr. 1030/2002 des Rates vom 13. Juni 2002 zur einheitlichen Gestaltung des Aufenthaltstitels für Drittstaatenangehörige (ABl. L 157 vom 15.6.2002, S. 1) sowie der Verordnung (EG) Nr. 380/2008 des Rates vom 18. April 2008 zur Änderung der Verordnung (EG) Nr. 1030/2002 zur einheitlichen Gestaltung des Aufenthaltstitels für Drittstaatenangehörige (ABl. L 115 vom 29.4.2008, S. 1) zu bestimmen und insoweit für Reiseausweise und Dokumente nach § 78 Folgendes festzulegen:

a) das Verfahren und die technischen Anforderungen für die Erfassung und Qualitätssicherung des Lichtbildes und der Fingerabdrücke sowie den Zugriffsschutz auf die im elektronischen Speicher- und Verarbeitungsmedium abgelegten Daten,

b) Altersgrenzen für die Erhebung von Fingerabdrücken und Befreiungen von der Pflicht zur Abgabe von Fingerabdrücken und Lichtbildern,

c) die Reihenfolge der zu speichernden Fingerabdrücke bei Fehlen eines Zeigefingers, ungenügender Qualität des Fingerabdrucks oder Verletzungen der Fingerkuppe,

d) die Form des Verfahrens und die Einzelheiten über das Verfahren der Übermittlung sämtlicher Antragsdaten von den Ausländerbehörden an den Hersteller der Dokumente sowie zur vorübergehenden Speicherung der Antragsdaten bei der Ausländerbehörde und beim Hersteller,

e) die Speicherung der Fingerabdrücke und des Lichtbildes in der Ausländerbehörde bis zur Aushändigung des Dokuments,

f) das Einsichtsrecht des Dokumenteninhabers in die im elektronischen Speichermedium gespeicherten Daten,

g) die Anforderungen an die zur elektronischen Erfassung des Lichtbildes und der Fingerabdrücke, deren Qualitätssicherung sowie zur Übermittlung der Antragsdaten von der Ausländerbehörde an den Hersteller der Dokumente einzusetzenden technischen Systeme und Bestandteile sowie das Verfahren zur Überprüfung der Einhaltung dieser Anforderungen,

h) Näheres zur Verarbeitung der Fingerabdruckdaten und des digitalen Lichtbildes,

i) Näheres zur Seriennummer und zur maschinenlesbaren Personaldatenseite,

j) die Pflichten von Ausländern, die sich im Bundesgebiet aufhalten, hinsichtlich der Ausstellung, Neubeantragung und Verlängerung, des Verlustes und Wiederauffindens sowie der Vorlage und Abgabe von Dokumenten nach § 78.

Das Bundesministerium des Innern wird ferner ermächtigt, durch Rechtsverordnung mit Zustimmung des Bundesrates Einzelheiten des Prüfverfahrens entsprechend § 34 Nummer 4 des Personalausweisgesetzes und Einzelheiten zum elektronischen Identitätsnachweis entsprechend § 34 Nummer 5 bis 7 des Personalausweisgesetzes festzulegen,

14. zu bestimmen, dass die
   a) Meldebehörden,

b) Staatsangehörigkeits- und Bescheinigungsbehörden nach § 15 des Bundesvertriebenengesetzes,
c) Pass- und Personalausweisbehörden,
d) Sozial- und Jugendämter,
e) Justiz-, Polizei- und Ordnungsbehörden,
f) Bundesagentur für Arbeit,
g) Finanz- und Hauptzollämter,
h) Gewerbebehörden,
i) Auslandsvertretungen und
j) Träger der Grundsicherung für Arbeitsuchende

ohne Ersuchen den Ausländerbehörden personenbezogene Daten von Ausländern, Amtshandlungen und sonstige Maßnahmen gegenüber Ausländern sowie sonstige Erkenntnisse über Ausländer mitzuteilen haben, soweit diese Angaben zur Erfüllung der Aufgaben der Ausländerbehörden nach diesem Gesetz und nach ausländerrechtlichen Bestimmungen in anderen Gesetzen erforderlich sind; die Rechtsverordnung bestimmt Art und Umfang der Daten, die Maßnahmen und die sonstigen Erkenntnisse, die mitzuteilen sind; Datenübermittlungen dürfen nur insoweit vorgesehen werden, als die Daten zur Erfüllung der Aufgaben der Ausländerbehörden nach diesem Gesetz oder nach ausländerrechtlichen Bestimmungen in anderen Gesetzen erforderlich sind,

15. Regelungen über die fachbezogene elektronische Datenübermittlung zwischen den mit der Ausführung dieses Gesetzes beauftragten Behörden zu treffen, die sich auf Folgendes beziehen:
   a) die technischen Grundsätze des Aufbaus der verwendeten Standards,
   b) das Verfahren der Datenübermittlung und
   c) die an der elektronischen Datenübermittlung im Ausländerwesen beteiligten Behörden.

(2) ¹Das Bundesministerium des Innern wird ferner ermächtigt, durch Rechtsverordnung mit Zustimmung des Bundesrates zu bestimmen, dass
1. jede Ausländerbehörde eine Datei über Ausländer führt, die sich in ihrem Bezirk aufhalten oder aufgehalten haben, die bei ihr einen Antrag gestellt oder Einreise und Aufenthalt angezeigt haben und für und gegen die sie eine ausländerrechtliche Maßnahme oder Entscheidung getroffen hat,
2. jede Auslandsvertretung eine Datei über beantragte, erteilte, versagte, zurückgenommene, annullierte, widerrufene und aufgehobene Visa sowie zurückgenommene Visumanträge führen darf und die Auslandsvertretungen die jeweils dort gespeicherten Daten untereinander austauschen dürfen sowie
3. die mit der Ausführung dieses Gesetzes betrauten Behörden eine sonstige zur Erfüllung ihrer Aufgaben erforderliche Datei führen.

²Nach Satz 1 Nr. 1 werden erfasst die Personalien einschließlich der Staatsangehörigkeit und der Anschrift des Ausländers, Angaben zum Pass, über ausländerrechtliche Maßnahmen und über die Erfassung im Ausländerzentralregister sowie über frühere Anschriften des Ausländers, die zuständige Ausländerbehörde und die Abgabe von Akten an eine andere Ausländerbehörde. ³Erfasst werden ferner Angaben zur Nutzung eines Dokuments nach § 78 Absatz 1 zum elektronischen Identitätsnachweis einschließlich dessen Ein- und Ausschaltung sowie Sperrung und Entsperrung. ⁴Die Befugnis der Ausländerbehörden, weitere personenbezogene Daten zu speichern, richtet sich nach den datenschutzrechtlichen Bestimmungen der Länder.

(3) Das Bundesministerium des Innern wird ermächtigt, durch Rechtsverordnung im Einvernehmen mit dem Auswärtigen Amt ohne Zustimmung des Bun-

desrates die zuständige Stelle im Sinne des § 73 Absatz 1 und des § 73a Absatz 1 zu bestimmen.

(3a) Das Bundesministerium des Innern wird ermächtigt, durch Rechtsverordnung im Einvernehmen mit dem Auswärtigen Amt ohne Zustimmung des Bundesrates nach Maßgabe von Artikel 3 Absatz 2 der Verordnung (EG) Nr. 810/2009 die Staaten festzulegen, deren Staatsangehörige zur Durchreise durch die internationalen Transitzonen deutscher Flughäfen im Besitz eines Visums für den Flughafentransit sein müssen.

(4) ¹Das Bundesministerium des Innern kann Rechtsverordnungen nach Absatz 1 Nr. 1 und 2, soweit es zur Erfüllung einer zwischenstaatlichen Vereinbarung oder zur Wahrung öffentlicher Interessen erforderlich ist, ohne Zustimmung des Bundesrates erlassen und ändern. ²Eine Rechtsverordnung nach Satz 1 tritt spätestens drei Monate nach ihrem Inkrafttreten außer Kraft. ³Ihre Geltungsdauer kann durch Rechtsverordnung mit Zustimmung des Bundesrates verlängert werden.

1   Die Vorschrift enthält eine Vielzahl von **Verordnungsermächtigungen.** Von Bedeutung für die Straf- und Bußgeldvorschriften sind Abs. 1 Nr. 7, 10 und 13a Abs. 1 Buchst. j, weil § 98 Abs. 3 Nr. 7 bestimmt, dass die Zuwiderhandlung gegen Rechtsverordnungen nach diesen Vorschriften bußgeldbewehrt ist, wenn der in der Rechtsverordnung normierte Tatbestand auf die Bußgeldvorschrift verweist. Der Verordnungsgeber hat von der Möglichkeiten nach Abs. 1 Nr. 10 und 13a Buchst. j Gebrauch gemacht und in §§ 56–57a AufenthV **ausweisrechtliche Verpflichtungen** normiert, die gem. § 77 AufenthV eine **Ordnungswidrigkeit** darstellen (→ § 98 Rn. 27 f.).

§§ 100–107 [Sprachliche Anpassung und Übergangsregelungen] *(nicht abgedruckt)*

II. Gesetz über die allgemeine Freizügigkeit von Unionsbürgern (Freizügigkeitsgesetz/EU – FreizügG/EU)

Vom 30.7.2004, BGBl. I S. 1950
Zuletzt geändert durch Gesetz vom 20.7.2017, BGBl. I S. 2780

FNA 26-13

Schrifttum: *Dienelt,* Freizügigkeit nach der EU-Osterweiterung 2004; *Groß,* Das Gesetz über die allgemeine Freizügigkeit von Unionsbürgern, ZAR 2005, 81; *Huber/Göbel-Zimmermann,* Ausländer- und Asylrecht, 2. Aufl. 2008; *Kretschmer,* Ausländerstrafrecht, 2012; *Lüdke,* Die Irrungen und Wirrungen des neuen FreizügG/EU, InfAuslR 2005, 177; *Mansdörfer,* Einführung in das Europäische Umweltstrafrecht, Jura 2004, 297; *Marx,* Aktuelle Entwicklungen im gemeinschaftsrechtlichen Ausweisungsschutz, ZAR 2007, 142; *Westphal/Stoppa,* Ausländerrecht für die Polizei, 3. Aufl. 2007.

Vorbemerkung zu § 1

Bei der vorliegenden Kommentierung des FreizügG/EU stehen die Strafbestimmung des 1
§ 9 und die Bußgeldvorschrift des § 10 im Mittelpunkt. Soweit die Verwaltungsvorschriften und allgemeine verwaltungs- und europarechtliche Probleme für die strafrechtliche Beurteilung von Bedeutung sind, werden diese überwiegend bei der Kommentierung der Strafvorschriften behandelt. Die übrigen Normen werden nur kurz und zusammenfassend erläutert, um einen Überblick über die Verwaltungsvorschriften zu geben und gegebenenfalls die Kommentierung zu ergänzen. Von der Kommentierung von Bestimmungen, die für die Strafvorschriften ohne Bedeutung sind, wurde abgesehen.

§ 1 Anwendungsbereich

Dieses Gesetz regelt die Einreise und den Aufenthalt von Staatsangehörigen anderer Mitgliedstaaten der Europäischen Union (Unionsbürger) und ihrer Familienangehörigen.

Die Vorschrift beschreibt den **persönlichen Anwendungsbereich** des FreizügG/EU. 1
Die Unionsbürgerschaft folgt unmittelbar aus der Staatsangehörigkeit eines der Mitgliedstaaten der Europäischen Union, die wiederum Erwerb und Verlust ihrer Staatsangehörigkeit autonom regeln. Die Familienangehörigen von Unionsbürgern müssen nicht selbst aus einem Mitgliedstaat stammen.

Das FreizügG/EU stellt im Wesentlichen eine Umsetzung der europarechtlichen Bestim- 2
mungen insbesondere zur Freizügigkeit der Unionsbürger dar. Eine eigene Regelungsbefugnis verbleibt auf Grund des **Anwendungsvorrangs** des Gemeinschaftsrechts vor dem nationalen Recht nur für einzelne Regelungen, soweit sie vom Gemeinschaftsrecht verliehen ist. Dem sich aus der Unionsbürgerschaft ergebenden Sonderstatus trägt nunmehr auch die Gesetzessystematik Rechnung, die eine Anwendung des sonstigen Ausländerrechts im AufenthG nur noch gestattet, wenn darauf ausdrücklich verwiesen wird, wenn es günstiger ist oder wenn das Freizügigkeitsrecht nicht besteht (vgl. § 11).

§ 2 Recht auf Einreise und Aufenthalt

(1) Freizügigkeitsberechtigte Unionsbürger und ihre Familienangehörigen haben das Recht auf Einreise und Aufenthalt nach Maßgabe dieses Gesetzes.

(2) Unionsrechtlich freizügigkeitsberechtigt sind:
1. Unionsbürger, die sich als Arbeitnehmer oder zur Berufsausbildung aufhalten wollen,
1a. Unionsbürger, die sich zur Arbeitsuche aufhalten, für bis zu sechs Monate und darüber hinaus nur, solange sie nachweisen können, dass sie weiterhin Arbeit suchen und begründete Aussicht haben, eingestellt zu werden,
2. Unionsbürger, wenn sie zur Ausübung einer selbständigen Erwerbstätigkeit berechtigt sind (niedergelassene selbständige Erwerbstätige),
3. Unionsbürger, die, ohne sich niederzulassen, als selbständige Erwerbstätige Dienstleistungen im Sinne des Artikels 57 des Vertrages über die Arbeitsweise der Europäischen Union erbringen wollen (Erbringer von Dienstleistungen), wenn sie zur Erbringung der Dienstleistung berechtigt sind,
4. Unionsbürger als Empfänger von Dienstleistungen,
5. nicht erwerbstätige Unionsbürger unter den Voraussetzungen des § 4,
6. Familienangehörige unter den Voraussetzungen der §§ 3 und 4,
7. Unionsbürger und ihre Familienangehörigen, die ein Daueraufenthaltsrecht erworben haben.

(3) ¹Das Recht nach Absatz 1 bleibt für Arbeitnehmer und selbständig Erwerbstätige unberührt bei
1. vorübergehender Erwerbsminderung infolge Krankheit oder Unfall,
2. unfreiwilliger durch die zuständige Agentur für Arbeit bestätigter Arbeitslosigkeit oder Einstellung einer selbständigen Tätigkeit infolge von Umständen, auf die der Selbständige keinen Einfluss hatte, nach mehr als einem Jahr Tätigkeit,
3. Aufnahme einer Berufsausbildung, wenn zwischen der Ausbildung und der früheren Erwerbstätigkeit ein Zusammenhang besteht; der Zusammenhang ist nicht erforderlich, wenn der Unionsbürger seinen Arbeitsplatz unfreiwillig verloren hat.
²Bei unfreiwilliger durch die zuständige Agentur für Arbeit bestätigter Arbeitslosigkeit nach weniger als einem Jahr Beschäftigung bleibt das Recht aus Absatz 1 während der Dauer von sechs Monaten unberührt.

(4) ¹Unionsbürger bedürfen für die Einreise keines Visums und für den Aufenthalt keines Aufenthaltstitels. ²Familienangehörige, die nicht Unionsbürger sind, bedürfen für die Einreise eines Visums nach den Bestimmungen für Ausländer, für die das Aufenthaltsgesetz gilt. ³Der Besitz einer gültigen Aufenthaltskarte, auch der eines anderen Mitgliedstaates der Europäischen Union, entbindet nach Artikel 5 Abs. 2 der Richtlinie 2004/38/EG des Europäischen Parlaments und des Rates vom 29. April 2004 über das Recht der Unionsbürger und ihrer Familienangehörigen, sich im Hoheitsgebiet der Mitgliedstaaten frei zu bewegen und aufzuhalten und zur Änderung der Verordnung (EWG) Nr. 1612/68 und zur Aufhebung der Richtlinien 64/221/EWG, 68/360/EWG, 73/148/EWG, 75/34/EWG, 75/35/EWG, 90/364/EWG, 90/365/EWG und 93/96/EWG (ABl. EU Nr. L 229 S. 35) von der Visumpflicht.

(5) ¹Für einen Aufenthalt von Unionsbürgern von bis zu drei Monaten ist der Besitz eines gültigen Personalausweises oder Reisepasses ausreichend. ²Familienangehörige, die nicht Unionsbürger sind, haben das gleiche Recht, wenn sie im Besitz eines anerkannten oder sonst zugelassenen Passes oder Passersatzes sind und sie den Unionsbürger begleiten oder ihm nachziehen.

(6) Für die Ausstellung des Visums werden keine Gebühren erhoben.

(7) ¹Das Nichtbestehen des Rechts nach Absatz 1 kann festgestellt werden, wenn feststeht, dass die betreffende Person das Vorliegen einer Voraussetzung für dieses Recht durch die Verwendung von gefälschten oder verfälschten Dokumenten oder durch Vorspiegelung falscher Tatsachen vorgetäuscht hat. ²Das Nichtbestehen des

Rechts nach Absatz 1 kann bei einem Familienangehörigen, der nicht Unionsbürger ist, außerdem festgestellt werden, wenn feststeht, dass er dem Unionsbürger nicht zur Herstellung oder Wahrung der familiären Lebensgemeinschaft nachzieht oder ihn nicht zu diesem Zweck begleitet. ³Einem Familienangehörigen, der nicht Unionsbürger ist, kann in diesen Fällen die Erteilung der Aufenthaltskarte oder des Visums versagt werden oder seine Aufenthaltskarte kann eingezogen werden. ⁴Entscheidungen nach den Sätzen 1 bis 3 bedürfen der Schriftform.

Die Vorschrift nennt in Abs. 1 das gemeinschaftsrechtliche **Freizügigkeitsrecht**, das bei Vorliegen der Voraussetzungen das Recht auf Einreise und Aufenthalt, freie Wahl des Wohnsitzes und auf Niederlassung an einem frei gewählten Ort gewährt. Wer freizügigkeitsberechtigt ist und welche Rechte im Einzelnen daraus hervorgehen, ergibt sich unmittelbar aus EU-Recht, so dass die Aufzählung der Freizügigkeitsberechtigten in Abs. 2 sowie der weiteren Rechtspositionen, die in den Abs. 3–6 genannt werden, nur beschreibenden Charakter hat. Mit dem durch „Gesetz zur Änderung des Freizügigkeitsgesetzes/EU und weiterer aufenthaltsrechtlicher Vorschriften" neu eingeführten Abs. 7 ist – in Umsetzung von Art. 35 der Richtlinie 2004/38/EG die Möglichkeit geschaffen worden, in Fällen von Missbrauch oder Betrug, darunter fällt auch das Eingehen von Scheinehen, das Nichtbestehen des Freizügigkeitsrechts festzustellen (vgl. BT-Drs. 17/10746, 9). Eine Erweiterung der Strafbarkeit nach § 9 ist damit nicht verbunden, weil diese ausschließlich an Einreise oder Aufenthalt entgegen § 7 Abs. 2 Satz 1 anknüpft (→ § 9 Rn. 7), eine strafrechtliche Relevanz ergibt sich aber daraus, dass die Feststellung des **Verlustes des Freizügigkeitsrechts** auch nach dieser Vorschrift dazu führt, dass die strengeren Vorschriften des AufenthG anzuwenden sind (→ § 11 Rn. 2). 1

§ 3 Familienangehörige

(1) ¹Familienangehörige der in § 2 Abs. 2 Nr. 1 bis 5 genannten Unionsbürger haben das Recht nach § 2 Abs. 1, wenn sie den Unionsbürger begleiten oder ihm nachziehen. ²Für Familienangehörige der in § 2 Abs. 2 Nr. 5 genannten Unionsbürger gilt dies nach Maßgabe des § 4.

(2) Familienangehörige sind
1. der Ehegatte, der Lebenspartner und die Verwandten in gerader absteigender Linie der in § 2 Abs. 2 Nr. 1 bis 5 und 7 genannten Personen oder ihrer Ehegatten oder Lebenspartner, die noch nicht 21 Jahre alt sind,
2. die Verwandten in gerader aufsteigender und in gerader absteigender Linie der in § 2 Abs. 2 Nr. 1 bis 5 und 7 genannten Personen oder ihrer Ehegatten oder Lebenspartner, denen diese Personen oder ihre Ehegatten oder Lebenspartner Unterhalt gewähren.

(3) ¹Familienangehörige, die nicht Unionsbürger sind, behalten beim Tod des Unionsbürgers ein Aufenthaltsrecht, wenn sie die Voraussetzungen des § 2 Abs. 2 Nr. 1 bis 3 oder Nr. 5 erfüllen und sich vor dem Tod des Unionsbürgers mindestens ein Jahr als seine Familienangehörigen im Bundesgebiet aufgehalten haben. ²§ 3 Abs. 1 und 2 sowie die §§ 6 und 7 sind für Personen nach Satz 1 nicht anzuwenden; insoweit ist das Aufenthaltsgesetz anzuwenden.

(4) Die Kinder eines freizügigkeitsberechtigten Unionsbürgers und der Elternteil, der die elterliche Sorge für die Kinder tatsächlich ausübt, behalten auch nach dem Tod oder Wegzug des Unionsbürgers, von dem sie ihr Aufenthaltsrecht ableiten, bis zum Abschluss einer Ausbildung ihr Aufenthaltsrecht, wenn sich die Kinder im Bundesgebiet aufhalten und eine Ausbildungseinrichtung besuchen.

(5) ¹Ehegatten oder Lebenspartner, die nicht Unionsbürger sind, behalten bei Scheidung oder Aufhebung der Ehe oder Aufhebung der Lebenspartnerschaft ein

Aufenthaltsrecht, wenn sie die für Unionsbürger geltenden Voraussetzungen des § 2 Abs. 2 Nr. 1 bis 3 oder Nr. 5 erfüllen und wenn
1. die Ehe oder die Lebenspartnerschaft bis zur Einleitung des gerichtlichen Scheidungs- oder Aufhebungsverfahrens mindestens drei Jahre bestanden hat, davon mindestens ein Jahr im Bundesgebiet,
2. ihnen durch Vereinbarung der Ehegatten oder der Lebenspartner oder durch gerichtliche Entscheidung die elterliche Sorge für die Kinder des Unionsbürgers übertragen wurde,
3. es zur Vermeidung einer besonderen Härte erforderlich ist, insbesondere weil dem Ehegatten oder dem Lebenspartner wegen der Beeinträchtigung seiner schutzwürdigen Belange ein Festhalten an der Ehe oder der Lebenspartnerschaft nicht zugemutet werden konnte, oder
4. ihnen durch Vereinbarung der Ehegatten oder der Lebenspartner oder durch gerichtliche Entscheidung das Recht zum persönlichen Umgang mit dem minderjährigen Kind nur im Bundesgebiet eingeräumt wurde.
²§ 3 Abs. 1 und 2 sowie die §§ 6 und 7 sind für Personen nach Satz 1 nicht anzuwenden; insoweit ist das Aufenthaltsgesetz anzuwenden.

1   Die Vorschrift betrifft das Einreise- und Aufenthaltsrecht von **Familienangehörigen** (zu denen auch Lebenspartner gehören, vgl. BT-Drs. 17/10746, 10) erwerbstätiger Unionsbürger, die nicht bereits auf Grund ihres eigenen Status freizügigkeitsberechtigt sind. Für Familienangehörige nicht erwerbstätiger Freizügigkeitsberechtigter gilt § 4. Das Freizügigkeitsrecht der Angehörigen unterscheidet sich von dem der Unionsbürger nicht. Es ist grundsätzlich **akzessorisch,** kann sich aber unter den Voraussetzungen der Abs. 3–5 zu einem (eigenen) Aufenthaltsrecht verselbständigen.

2   In den Fällen der Abs. 3 und 5 ist allerdings in Entsprechung der Freizügigkeitsrichtlinie geregelt, dass nach dem Tod des oder der Scheidung von dem Unionsbürger – bzw. Aufhebung der Lebenspartnerschaft – die Angehörigen nicht in allen Belangen wie Unionsbürger behandelt werden. Sie erhalten ihr Aufenthaltsrecht ausschließlich auf persönlicher Grundlage und behalten grundsätzlich ihren Status. Im Hinblick auf Familiennachzug und den Schutz vor dem Verlust des Aufenthaltsrechts werden die privilegierenden Vorschriften des FreizügG/EU aber ausgeschlossen und das AufenthG für anwendbar erklärt.

§ 4 Nicht erwerbstätige Freizügigkeitsberechtigte

¹Nicht erwerbstätige Unionsbürger und ihre Familienangehörigen, die den Unionsbürger begleiten oder ihm nachziehen, haben das Recht nach § 2 Abs. 1, wenn sie über ausreichenden Krankenversicherungsschutz und ausreichende Existenzmittel verfügen. ²Hält sich der Unionsbürger als Student im Bundesgebiet auf, haben dieses Recht nur sein Ehegatte, Lebenspartner und seine Kinder, denen Unterhalt gewährt wird.

1   Die Vorschrift erhält zusätzliche Voraussetzungen für das Freizügigkeitsrecht von nicht erwerbstätigen Unionsbürgern und schränkt für Studenten in Satz 2 den Kreis der Familienangehörigen ein, die auf Grund der Freizügigkeit des Unionsbürgers das von ihm abgeleitete Recht ebenfalls haben.

§ 4a Daueraufenthaltsrecht

(1) ¹Unionsbürger, die sich seit fünf Jahren ständig rechtmäßig im Bundesgebiet aufgehalten haben, haben unabhängig vom weiteren Vorliegen der Voraussetzungen des § 2 Abs. 2 das Recht auf Einreise und Aufenthalt (Daueraufenthaltsrecht). ²Ihre Familienangehörigen, die nicht Unionsbürger sind, haben dieses Recht,

wenn sie sich seit fünf Jahren mit dem Unionsbürger ständig rechtmäßig im Bundesgebiet aufgehalten haben. ³§ 3 Absatz 1 und 2 ist für Personen nach Satz 2 nicht anzuwenden; insoweit sind die Vorschriften des Aufenthaltsgesetzes zum Familiennachzug zu Inhabern einer Erlaubnis zum Daueraufenthalt – EU entsprechend anzuwenden.

(2) ¹Abweichend von Absatz 1 haben Unionsbürger nach § 2 Abs. 2 Nr. 1 bis 3 vor Ablauf von fünf Jahren das Daueraufenthaltsrecht, wenn sie
1. sich mindestens drei Jahre ständig im Bundesgebiet aufgehalten und mindestens während der letzten zwölf Monate im Bundesgebiet eine Erwerbstätigkeit ausgeübt haben und
   a) zum Zeitpunkt des Ausscheidens aus dem Erwerbsleben das 65. Lebensjahr erreicht haben oder
   b) ihre Beschäftigung im Rahmen einer Vorruhestandsregelung beenden oder
2. ihre Erwerbstätigkeit infolge einer vollen Erwerbsminderung aufgeben,
   a) die durch einen Arbeitsunfall oder eine Berufskrankheit eingetreten ist und einen Anspruch auf eine Rente gegenüber einem Leistungsträger im Bundesgebiet begründet oder
   b) nachdem sie sich zuvor mindestens zwei Jahre ständig im Bundesgebiet aufgehalten haben oder
3. drei Jahre ständig im Bundesgebiet erwerbstätig waren und anschließend in einem anderen Mitgliedstaat der Europäischen Union erwerbstätig sind, ihren Wohnsitz im Bundesgebiet beibehalten und mindestens einmal in der Woche dorthin zurückkehren; für den Erwerb des Rechts nach den Nummern 1 und 2 gelten die Zeiten der Erwerbstätigkeit in einem anderen Mitgliedstaat der Europäischen Union als Zeiten der Erwerbstätigkeit im Bundesgebiet.

²Soweit der Ehegatte oder der Lebenspartner des Unionsbürgers Deutscher nach Artikel 116 des Grundgesetzes ist oder diese Rechtsstellung durch Eheschließung mit dem Unionsbürger bis zum 31. März 1953 verloren hat, entfallen in Satz 1 Nr. 1 und 2 die Voraussetzungen der Aufenthaltsdauer und der Dauer der Erwerbstätigkeit.

(3) Familienangehörige eines verstorbenen Unionsbürgers nach § 2 Abs. 2 Nr. 1 bis 3, die im Zeitpunkt seines Todes bei ihm ihren ständigen Aufenthalt hatten, haben das Daueraufenthaltsrecht, wenn
1. der Unionsbürger sich im Zeitpunkt seines Todes seit mindestens zwei Jahren im Bundesgebiet ständig aufgehalten hat,
2. der Unionsbürger infolge eines Arbeitsunfalls oder einer Berufskrankheit gestorben ist oder
3. der überlebende Ehegatte oder Lebenspartner des Unionsbürgers Deutscher nach Artikel 116 des Grundgesetzes ist oder diese Rechtsstellung durch Eheschließung mit dem Unionsbürger vor dem 31. März 1953 verloren hat.

(4) Die Familienangehörigen eines Unionsbürgers, der das Daueraufenthaltsrecht nach Absatz 2 erworben hat, haben ebenfalls das Daueraufenthaltsrecht, wenn sie bei dem Unionsbürger ihren ständigen Aufenthalt haben.

(5) Familienangehörige nach § 3 Abs. 3 bis 5 erwerben das Daueraufenthaltsrecht, wenn sie sich fünf Jahre ständig rechtmäßig im Bundesgebiet aufhalten.

(6) Der ständige Aufenthalt wird nicht berührt durch
1. Abwesenheiten bis zu insgesamt sechs Monaten im Jahr oder
2. Abwesenheit zur Ableistung des Wehrdienstes oder eines Ersatzdienstes sowie
3. eine einmalige Abwesenheit von bis zu zwölf aufeinander folgenden Monaten aus wichtigem Grund, insbesondere auf Grund einer Schwangerschaft und Entbindung, schweren Krankheit, eines Studiums, einer Berufsausbildung oder einer beruflichen Entsendung.

FreizügG/EU § 5 1. Kapitel. Ausländerstrafrecht

(7) Eine Abwesenheit aus einem seiner Natur nach nicht nur vorübergehenden Grund von mehr als zwei aufeinander folgenden Jahren führt zum Verlust des Daueraufenthaltsrechts.

1   In § 4a werden die Regelungen zum **Daueraufenthaltsrecht** zusammengefasst, das bereits auf Grund nationaler Bestimmungen unabhängig vom Vorliegen der Bedingungen des Freizügigkeitsrechts für Unionsbürger und ihre Familienangehörige nach fünf Jahren des rechtmäßigen Aufenthalts im Bundesgebiet bestand. Zudem waren Verbleiberechte nach den Ende der Erwerbstätigkeit vorgesehen. Durch die Freizügigkeitsrichtlinie wurden darüber hinausgehende Regelungen eingeführt, die in der Vorschrift umgesetzt werden.

2   Neben der Grundnorm in Abs. 1 werden in Abs. 2 für Erwerbstätige, die sich kürzer als fünf Jahre im Bundesgebiet aufhalten und ihre Erwerbstätigkeit beenden, die Bedingungen für den Erwerb des Daueraufenthaltsrechts festgelegt, etwa bei Erreichen des Rentenalters, durch eine Erwerbsminderung oder durch einen Wechsel des Arbeitsplatzes, der nun in einem anderen Mitgliedsstaat eingenommen wird. Die Abs. 3 und 4 regeln den Erwerb des Daueraufenthaltsrechts für Familienangehörige nach dem Tod des erwerbstätigen oder zum Daueraufenthalt berechtigten Unionsbürgers, Abs. 5 für Familienangehörige, die zunächst nach dem Tod des Unionsbürgers nach § 3 Abs. 3–5 ein Aufenthaltsrecht erworben hatten. In Abs. 6 wird bestimmt, unter welchen Voraussetzungen durch Abwesenheiten im Bundesgebiet der ständige Aufenthalt nicht berührt wird. Die genannten Regelungen dienen sämtlich der **Umsetzung von Gemeinschaftsrecht.**

3   Durch Abs. 7 wird schließlich eine Regelung zum **Verlust** des Daueraufenthaltsrechts eingeführt, die sich an der entsprechenden Vorschrift des § 51 Abs. 6 AufenthG zum Verlust eines Aufenthaltstitels bei einer Abwesenheit von mehr als zwei aufeinander folgenden Jahren orientiert und eingreift, wenn der Daueraufenthaltsberechtigte sich nicht nur zu einem vorübergehenden Zweck über diesen Zeitraum im Ausland aufhält.

§ 5 Aufenthaltskarten, Bescheinigung über das Daueraufenthaltsrecht

(1) ¹Freizügigkeitsberechtigten Familienangehörigen, die nicht Unionsbürger sind, wird von Amts wegen innerhalb von sechs Monaten, nachdem sie die erforderlichen Angaben gemacht haben, eine Aufenthaltskarte für Familienangehörige von Unionsbürgern ausgestellt, die fünf Jahre gültig sein soll. ²Eine Bescheinigung darüber, dass die erforderlichen Angaben gemacht worden sind, erhält der Familienangehörige unverzüglich.

(2) ¹Die zuständige Ausländerbehörde kann verlangen, dass die Voraussetzungen des Rechts nach § 2 Abs. 1 drei Monate nach der Einreise glaubhaft gemacht werden. ²Für die Glaubhaftmachung erforderliche Angaben und Nachweise können von der zuständigen Meldebehörde bei der meldebehördlichen Anmeldung entgegengenommen werden. ³Diese leitet die Angaben und Nachweise an die zuständige Ausländerbehörde weiter. ⁴Eine darüber hinausgehende Verarbeitung oder Nutzung durch die Meldebehörde erfolgt nicht.

(3) Das Vorliegen oder der Fortbestand der Voraussetzungen des Rechts nach § 2 Absatz 1 kann aus besonderem Anlass überprüft werden.

(4) ¹Sind die Voraussetzungen des Rechts nach § 2 Abs. 1 innerhalb von fünf Jahren nach Begründung des ständigen rechtmäßigen Aufenthalts im Bundesgebiet entfallen oder liegen diese nicht vor, kann der Verlust des Rechts nach § 2 Abs. 1 festgestellt und bei Familienangehörigen, die nicht Unionsbürger sind, die Aufenthaltskarte eingezogen werden. ²§ 4a Abs. 6 gilt entsprechend.

(5) ¹Auf Antrag wird Unionsbürgern unverzüglich ihr Daueraufenthaltsrecht bescheinigt. ²Ihren daueraufenthaltsberechtigten Familienangehörigen, die nicht

Unionsbürger sind, wird innerhalb von sechs Monaten nach Antragstellung eine Daueraufenthaltskarte ausgestellt.

(6) Für den Verlust des Daueraufenthaltsrechts nach § 4a Abs. 7 gilt Absatz 4 Satz 1 entsprechend.

§ 5a Vorlage von Dokumenten

(1) ¹Die zuständige Behörde darf in den Fällen des § 5 Absatz 2 von einem Unionsbürger den gültigen Personalausweis oder Reisepass und im Fall des
1. § 2 Abs. 2 Nr. 1 eine Einstellungsbestätigung oder eine Beschäftigungsbescheinigung des Arbeitgebers,
2. § 2 Abs. 2 Nr. 2 einen Nachweis über seine selbständige Tätigkeit,
3. § 2 Abs. 2 Nr. 5 einen Nachweis über ausreichenden Krankenversicherungsschutz und ausreichende Existenzmittel

verlangen. ²Ein nicht erwerbstätiger Unionsbürger im Sinne des § 2 Abs. 2 Nr. 5, der eine Bescheinigung vorlegt, dass er im Bundesgebiet eine Hochschule oder andere Ausbildungseinrichtung besucht, muss die Voraussetzungen nach Satz 1 Nr. 3 nur glaubhaft machen.

(2) Die zuständige Behörde darf von Familienangehörigen in den Fällen des § 5 Absatz 2 oder für die Ausstellung der Aufenthaltskarte einen anerkannten oder sonst zugelassenen gültigen Pass oder Passersatz und zusätzlich Folgendes verlangen:
1. einen Nachweis über das Bestehen der familiären Beziehung, bei Verwandten in absteigender und aufsteigender Linie einen urkundlichen Nachweis über Voraussetzungen des § 3 Abs. 2,
2. eine Meldebestätigung des Unionsbürgers, den die Familienangehörigen begleiten oder dem sie nachziehen.

Die Vorschrift des § 5 enthält die Regelungen zu den von den deutschen Ausländerbehörden **auszustellenden** Bescheinigungen über das gemeinschaftsrechtliche Aufenthaltsrecht des Unionsbürgers und den Aufenthaltskarten für dessen Familienangehörige. Die früher in Abs. 1 geregelte, rein deklaratorische Freizügigkeitsbescheinigung ist zur Senkung von Bürokratiekosten und Verwaltungsaufwand abgeschafft worden (BT-Drs. 17/10746, 11). Dem Umstand, dass auch die übrigen Rechte sich unmittelbar aus dem Gemeinschaftsrecht herleiten und die Bescheinigungen nur deklaratorischen Charakter haben, trägt der Wortlaut nunmehr Rechnung, nach dem die Papiere nicht mehr **erteilt** sondern **ausgestellt** werden. § 5a enthält Regelungen dazu, hinsichtlich welcher Dokumente die Behörden von dem Unionsbürger oder seinen Familienangehörigen für die Ausstellung verlangen können, dass sie vorgelegt werden.

In strafrechtlicher Hinsicht relevant ist § 5 Abs. 4, weil die Feststellung des **Verlustes des Freizügigkeitsrechts** auch nach dieser Vorschrift dazu führt, dass die strengeren Vorschriften des AufenthG anzuwenden sind (→ § 11 Rn. 2).

§ 6 Verlust des Rechts auf Einreise und Aufenthalt

(1) ¹Der Verlust des Rechts nach § 2 Abs. 1 kann unbeschadet des § 2 Absatz 7 und des § 5 Absatz 4 nur aus Gründen der öffentlichen Ordnung, Sicherheit oder Gesundheit (Artikel 45 Absatz 3, Artikel 52 Absatz 1 des Vertrages über die Arbeitsweise der Europäischen Union) festgestellt und die Bescheinigung über das Daueraufenthaltsrecht oder die Aufenthaltskarte oder Daueraufenthaltskarte eingezogen werden. ²Aus den in Satz 1 genannten Gründen kann auch die Einreise verweigert werden. ³Die Feststellung aus Gründen der öffentlichen Gesundheit

kann nur erfolgen, wenn es sich um Krankheiten mit epidemischem Potenzial im Sinne der einschlägigen Rechtsinstrumente der Weltgesundheitsorganisation und sonstige übertragbare, durch Infektionserreger oder Parasiten verursachte Krankheiten handelt, sofern gegen diese Krankheiten Maßnahmen im Bundesgebiet getroffen werden, und wenn die Krankheit innerhalb der ersten drei Monate nach Einreise auftritt.

(2) ¹Die Tatsache einer strafrechtlichen Verurteilung genügt für sich allein nicht, um die in Absatz 1 genannten Entscheidungen oder Maßnahmen zu begründen. ²Es dürfen nur im Bundeszentralregister noch nicht getilgte strafrechtliche Verurteilungen und diese nur insoweit berücksichtigt werden, als die ihnen zu Grunde liegenden Umstände ein persönliches Verhalten erkennen lassen, das eine gegenwärtige Gefährdung der öffentlichen Ordnung darstellt. ³Es muss eine tatsächliche und hinreichend schwere Gefährdung vorliegen, die ein Grundinteresse der Gesellschaft berührt.

(3) Bei der Entscheidung nach Absatz 1 sind insbesondere die Dauer des Aufenthalts des Betroffenen in Deutschland, sein Alter, sein Gesundheitszustand, seine familiäre und wirtschaftliche Lage, seine soziale und kulturelle Integration in Deutschland und das Ausmaß seiner Bindungen zum Herkunftsstaat zu berücksichtigen.

(4) Eine Feststellung nach Absatz 1 darf nach Erwerb des Daueraufenthaltsrechts nur aus schwerwiegenden Gründen getroffen werden.

(5) ¹Eine Feststellung nach Absatz 1 darf bei Unionsbürgern und ihren Familienangehörigen, die ihren Aufenthalt in den letzten zehn Jahren im Bundesgebiet hatten, und bei Minderjährigen nur aus zwingenden Gründen der öffentlichen Sicherheit getroffen werden. ²Für Minderjährige gilt dies nicht, wenn der Verlust des Aufenthaltsrechts zum Wohl des Kindes notwendig ist. ³Zwingende Gründe der öffentlichen Sicherheit können nur dann vorliegen, wenn der Betroffene wegen einer oder mehrerer vorsätzlicher Straftaten rechtskräftig zu einer Freiheits- oder Jugendstrafe von mindestens fünf Jahren verurteilt oder bei der letzten rechtskräftigen Verurteilung Sicherungsverwahrung angeordnet wurde, wenn die Sicherheit der Bundesrepublik Deutschland betroffen ist oder wenn vom Betroffenen eine terroristische Gefahr ausgeht.

(6) Die Entscheidungen oder Maßnahmen, die den Verlust des Aufenthaltsrechts oder des Daueraufenthaltsrechts betreffen, dürfen nicht zu wirtschaftlichen Zwecken getroffen werden.

(7) Wird der Pass, Personalausweis oder sonstige Passersatz ungültig, so kann dies die Aufenthaltsbeendigung nicht begründen.

(8) ¹Vor der Feststellung nach Absatz 1 soll der Betroffene angehört werden. ²Die Feststellung bedarf der Schriftform.

1 Bei § 6 handelt es sich um die zentrale Vorschrift, nach der das gemeinschaftsrechtliche Freizügigkeitsrecht aus Gründen der **öffentlichen Ordnung, Sicherheit oder Gesundheit** beschränkt werden kann. Bereits der Grundtatbestand in Abs. 1 enthält durch die Bezugnahme auf Art. 45 Abs. 3, 52 Abs. 1 AEUV einen Verweis auf das unmittelbar geltende Gemeinschaftsrecht, die Begriffe sind eigenständig nach europarechtlichen Grundsätzen auszulegen. Die weiteren Absätze enthalten materielle und formelle Regeln, die bei der von der Ausländerbehörde zu treffenden Entscheidung nicht übergangen werden dürfen (Abs. 2–7), sowie im Verfahren zu beachtende Grundsätze (Abs. 8). Auch diese Vorschriften entstammen dem Gemeinschaftsrecht, insbesondere der Freizügigkeitsrichtlinie, und setzen dieses in nationales Recht um.

2 Eine **Verlustfeststellung** nach § 6 Abs. 1 ist Voraussetzung des Einreise- und Aufenthaltsverbots nach § 7 Abs. 2 Satz 1; ein Verstoß dagegen begründet wiederum die Strafbar-

keit nach § 9. Damit kommt der Vorschrift für die strafrechtliche Beurteilung eine wesentliche Bedeutung zu (→ § 9 Rn. 7, 12 ff.).

§ 7 Ausreisepflicht

(1) ¹Unionsbürger oder ihre Familienangehörigen sind ausreisepflichtig, wenn die Ausländerbehörde festgestellt hat, dass das Recht auf Einreise und Aufenthalt nicht besteht. ²In dem Bescheid soll die Abschiebung angedroht und eine Ausreisefrist gesetzt werden. ³Außer in dringenden Fällen muss die Frist mindestens einen Monat betragen. ⁴Wird ein Antrag nach § 80 Abs. 5 der Verwaltungsgerichtsordnung gestellt, darf die Abschiebung nicht erfolgen, bevor über den Antrag entschieden wurde.

(2) ¹Unionsbürger und ihre Familienangehörigen, die ihr Freizügigkeitsrecht nach § 6 Abs. 1 verloren haben, dürfen nicht erneut in das Bundesgebiet einreisen und sich darin aufhalten. ²Unionsbürgern und ihren Familienangehörigen, bei denen das Nichtbestehen des Freizügigkeitsrechts nach § 2 Absatz 7 festgestellt worden ist, kann untersagt werden, erneut in das Bundesgebiet einzureisen und sich darin aufzuhalten. ³Dies soll untersagt werden, wenn ein besonders schwerer Fall, insbesondere ein wiederholtes Vortäuschen des Vorliegens der Voraussetzungen des Rechts auf Einreise und Aufenthalt, vorliegt oder wenn ihr Aufenthalt die öffentliche Ordnung und Sicherheit der Bundesrepublik Deutschland in erheblicher Weise beeinträchtigt. ⁴Bei einer Entscheidung nach den Sätzen 2 und 3 findet § 6 Absatz 3, 6 und 8 entsprechend Anwendung. ⁵Das Verbot nach den Sätzen 1 bis 3 wird von Amts wegen befristet. ⁶Die Frist ist unter Berücksichtigung der Umstände des Einzelfalles festzusetzen und darf fünf Jahre nur in den Fällen des § 6 Absatz 1 überschreiten. ⁷Die Frist beginnt mit der Ausreise. ⁸Ein nach angemessener Frist oder nach drei Jahren gestellter Antrag auf Aufhebung auf Verkürzung der festgesetzten Frist ist innerhalb von sechs Monaten zu bescheiden.

Die Ausreisepflicht nach Abs. 1 knüpft an die Feststellung nach § 2 Abs. 7, § 5 Abs. 5 **1** oder § 6 Abs. 1 an, dass der Unionsbürger sein Freizügigkeitsrecht verloren hat. Das Einreise- und Aufenthaltsverbot nach Abs. 2 tritt mittlerweile nicht mehr nur nach einer Verlustfeststellung nach § 6 Abs. 1 als dessen gesetzliche Folge ein, sondern kann infolge des „Gesetzes zur Änderung des Freizügigkeitsgesetzes/EU und weiterer Vorschriften" vom 2.12.2014[1] auch in den Fällen des Verlusts der Freizügigkeit nach § 2 Abs. 7 behördlich angeordnet werden. Die Vorschrift enthält weitere den gemeinschaftsrechtlichen Vorgaben entsprechende Regelungen zum zu beachtenden Verfahren und zu Rechtsschutzmöglichkeiten des Freizügigkeitsberechtigten. Die Vorschrift des § 7 stellt – wie auch § 6 – eine **Sonderregelung** dar, die auch dann Anwendung findet, wenn wegen des Verlusts des Freizügigkeitsrechts gemäß § 11 Abs. 2 das AufenthG Anwendung findet (→ § 11 Rn. 2). Der Verstoß gegen das gesetzlich eintretende Einreise- und Aufenthaltsverbot nach Abs. 2 Satz 1 führt zur Strafbarkeit nach § 9, nicht aber die Missachtung des behördlich ausgesprochenen nach Abs. 2 Satz 2 (→ § 9 Rn. 7 ff.).

§ 8 Ausweispflicht

(1) Unionsbürger und ihre Familienangehörigen sind verpflichtet,
1. bei der Einreise in das oder der Ausreise aus dem Bundesgebiet einen Pass oder anerkannten Passersatz
   a) mit sich zu führen und
   b) einem zuständigen Beamten auf Verlangen zur Prüfung vorzulegen,

---
[1] BGBl. I S. 1922.

2. für die Dauer des Aufenthalts im Bundesgebiet den erforderlichen Pass oder Passersatz zu besitzen,
3. den Pass oder Passersatz sowie die Aufenthaltskarte, die Bescheinigung des Daueraufenthalts und die Daueraufenthaltskarte den mit der Ausführung dieses Gesetzes betrauten Behörden auf Verlangen vorzulegen, auszuhändigen und vorübergehend zu überlassen, soweit dies zur Durchführung oder Sicherung von Maßnahmen nach diesem Gesetz erforderlich ist.

(1a) Unionsbürger und ihre Familienangehörigen sind verpflichtet, die in Absatz 1 Nummer 3 genannten Dokumente auf Verlangen einer zur Überprüfung der Identität befugten Behörde vorzulegen und es ihr zu ermöglichen, das Gesicht mit dem Lichtbild im Dokument abzugleichen.

(2) ¹Die mit dem Vollzug dieses Gesetzes betrauten Behörden dürfen unter den Voraussetzungen des Absatzes 1 Nr. 3 die auf dem elektronischen Speicher- und Verarbeitungsmedium eines Dokumentes nach Absatz 1 gespeicherten biometrischen und sonstigen Daten auslesen, die benötigten biometrischen Daten beim Inhaber des Dokumentes erheben und die biometrischen Daten miteinander vergleichen. ²Biometrische Daten nach Satz 1 sind nur die Fingerabdrücke, das Lichtbild und die Irisbilder. ³Die Polizeivollzugsbehörden, die Zollverwaltung und die Meldebehörden sind befugt, Maßnahmen nach Satz 1 zu treffen, soweit sie die Echtheit des Dokumentes oder die Identität des Inhabers überprüfen dürfen. ⁴Die nach den Sätzen 1 und 3 erhobenen Daten sind unverzüglich nach Beendigung der Prüfung der Echtheit des Dokumentes oder der Identität des Inhabers zu löschen.

1 Die Vorschrift regelt in Abs. 1 die Ausweispflicht der Unionsbürger und ihrer Familienangehörigen und enthält in Abs. 2 Befugnisse zur Erhebung von Daten. Der Verstoß gegen die ausweisrechtlichen Pflichten nach Abs. 1 Nr. 1 und 2 sowie derjenige gegen die Vorlage- und Mitwirkungspflichten nach Abs. 1a begründet eine Ordnungswidrigkeit nach § 10 Abs. 1–3, der Verstoß gegen die Verpflichtung aus Nr. 3 wird nicht sanktioniert (→ § 10 Rn. 2 ff.).

§ 9 Strafvorschriften

(1) Mit Freiheitsstrafe bis zu drei Jahren oder mit Geldstrafe wird bestraft, wer unrichtige oder unvollständige Angaben macht oder benutzt, um für sich oder einen anderen eine Aufenthaltskarte, eine Daueraufenthaltskarte oder eine Bescheinigung über das Daueraufenthaltsrecht zu beschaffen oder eine so beschaffte Urkunde wissentlich zur Täuschung im Rechtsverkehr gebraucht.

(2) Mit Freiheitsstrafe bis zu einem Jahr oder mit Geldstrafe wird bestraft, wer entgegen § 7 Abs. 2 Satz 1 in das Bundesgebiet einreist oder sich darin aufhält.

(3) Gegenstände, auf die sich eine Straftat nach Absatz 1 bezieht, können eingezogen werden.

Übersicht

	Rn.		Rn.
A. Überblick	1–5	B. Straftatbestände	6–22
I. Normzweck	1–3	I. Unrichtige Angaben zur Beschaffung einer Aufenthaltskarte etc. (Abs. 1)	6
1. Rechtsgut	1		
2. Verwaltungsakzessorietät	2, 3		
II. Historie	4	II. Zuwiderhandlung gegen gesetzliches Einreise- und Aufenthaltsverbot gem. § 7 Abs. 2 Satz 1 (Abs. 2)	7–22
III. Rechts- und kriminalpolitische Bedeutung	5	1. Objektiver Tatbestand	7–20

	Rn.		Rn.
a) Allgemeines	7, 8	2. Subjektiver Tatbestand	21
b) Tathandlung	9–11	3. Versuch, Teilnahme und Konkurrenzen	22
c) Verstoß der Verlustfeststellung gegen Gemeinschaftsrecht	12–20	C. Rechtsfolgen	23–25

A. Überblick

I. Normzweck

1. Rechtsgut. Durch die Vorschrift werden Verstöße gegen verwaltungsrechtliche Verhaltenspflichten sanktioniert. Sie verfolgt damit ebenso wie die Straftatbestände des AufenthG als **unmittelbaren Schutzzweck** die Stabilisierung der verwaltungsrechtlichen Ordnungssysteme;[1] dies gilt insbesondere für Abs. 1, der als **abstraktes Gefährdungsdelikt** dazu dient, dass die verwaltungsbehördliche Entscheidung zur Erteilung von Aufenthaltskarten, Daueraufenthaltskarten oder Bescheinigungen über das Daueraufenthaltsrecht im Interesse materiell richtiger Bescheinigungen frei von Irrtümern und sonstigen Willensmängeln bleibt.[2] Mittelbar dient Abs. 2 dem materiellen Zweck der §§ 6, 7, aus Gründen der öffentlichen Sicherheit, Ordnung oder Gesundheit ausgewiesene oder abgeschobene Unionsbürger bzw. ihre aus einem Drittstaat stammenden Familienangehörigen vom Bundesgebiet fernzuhalten.[3]   1

2. Verwaltungsakzessorietät. Während Abs. 1 den Straftatbestand vollständig normiert, ist die Vorschrift des Abs. 2 – wie die überwiegende Anzahl der Strafnormen des AufenthG – **verwaltungsakzessorisch** ausgestaltet.[4] Denn sie knüpft die Strafbarkeit an Einreise oder Aufenthalt eines Unionsbürgers oder dessen Familienangehörigen, der gemäß § 7 Abs. 2 Satz 1 mit einem Einreise- oder Aufenthaltsverbot belegt ist, weil er gemäß § 6 Abs. 1 das Recht auf Freizügigkeit verloren hat. Der Verlust des Freizügigkeitsrechts bedarf der Feststellung, also eines belastenden Verwaltungsakts. Es handelt sich damit um ein **Blankettgesetz**.[5]   2

Nach der in der strafrechtlichen Rechtsprechung und wohl auch im ausländerstrafrechtlichen Schrifttum herrschenden Meinung sowie der hier vertretenen Auffassung[6] ist die Frage der Abhängigkeit einer strafrechtlichen Sanktion von verwaltungsrechtlichen Vorgaben im Sinne einer **strengen Akzessorietät** zu beantworten: Ein formell wirksamer begünstigender Verwaltungsakt schließt die Begehung eines verwaltungsakzessorischen Delikts, das an sein Fehlen anknüpft, aus; umgekehrt ist ein formell wirksamer belastender Verwaltungsakt zur Meidung der Strafbarkeit zu befolgen. Im Strafverfahren kommt es danach auf die materielle Rechtmäßigkeit des Verwaltungshandelns nicht an.[7] Dies gilt grundsätzlich auch für § 9.[8]   3

II. Historie

Die Vorschrift wurde durch das **Zuwanderungsgesetz** vom 30.7.2004,[9] mit dem das Aufenthaltsrecht der Unionsbürger in Deutschland einer „Gesamtrevision" unterzogen   4

---

[1] → AufenthG § 95 Rn. 1.
[2] Vgl. OLG Karlsruhe 9.7.2004 – 3 Ws 10/04, NStZ-RR 2004, 376, noch zu § 92 Abs. 2 Nr. 2 AuslG, der Vorgängervorschrift zu § 95 Abs. 2 Nr. 2 AufenthG, dem wiederum § 9 Abs. 1 nachgebildet ist, vgl. dazu BeckOK AuslR/*Tewocht* Rn. 4; HK/*Fahlbusch* Rn. 3; BT-Drs. 18/2581, 18.
[3] Huber/*Brinkmann* Rn. 4; *Kretschmer* § 6 Rn. 23.
[4] OLG Hamburg 13.9.2005 – 1 Ws 212/05, StV 2006, 137 (138); *Kretschmer* § 6 Rn. 22; *Hailbronner* Rn. 5; zum Begriff und zur eigenständigen Bezeichnung des Tatbestands in Abs. 1 → AufenthG § 95 Rn. 2 ff.
[5] *Kretschmer* § 6 Rn. 22; dazu → AufenthG § 95 Rn. 6 ff.
[6] → AufenthG § 95 Rn. 4 f. sowie die dortigen Nachweise.
[7] → AufenthG § 95 Rn. 4 f., 96.
[8] *Kretschmer* § 6 Rn. 43; aA HK/*Fahlbusch* Rn. 24; *Westphal*/*Stoppa* S. 790, die allerdings auch im Fall einer Tat nach § 95 Abs. 2 Nr. 1 AufenthG die materielle Rechtmäßigkeit der Ausweisungsverfügung für erforderlich halten; zur Frage der gemeinschaftsrechtlichen Anforderungen an die Verlustfeststellung → Rn. 12 f.
[9] BGBl. I S. 1950.

FreizügG/EU § 9 5, 6   1. Kapitel. Ausländerstrafrecht

wurde,[10] neu geschaffen. Er stellt die Umsetzung von Art. 36 der Unionsbürgerrichtlinie[11] dar, nach der die Mitgliedsstaaten verpflichtet sind, wirksame und verhältnismäßige Sanktionen zu bestimmen, die bei einem Verstoß gegen einzelstaatliche Vorschriften, die der Umsetzung der Richtlinie dienen, zu verhängen sind.[12] In den bis dahin für Unionsbürger geltenden Regelungen des Aufenthaltsgesetz/EWG und der Freizügigkeitsverordnung/EG war eine Strafbestimmung nicht enthalten, jedoch kamen auf Grund von § 15 Aufenthaltsgesetz/EWG die Vorschriften des AuslG 1990 zur Anwendung.[13] Die gegenüber dem vergleichbaren § 95 Abs. 2 Nr. 1 AufenthG mildere Strafdrohung des Abs. 2 berücksichtigt die zunehmende Gleichstellung von Unionsbürgern mit Inländern und entspricht der aus § 24 Abs. 1 PassG, der Vorschrift, mit der Verstöße von Deutschen gegen ein Ausreiseverbot geahndet werden.[14] Das „**Gesetz zur Umsetzung aufenthalts- und asylrechtlicher Richtlinien der Europäischen Union**" vom 16.8.2007[15] ließ die Strafvorschrift unberührt, doch wurden die Regelungen der §§ 6, 7, an die der Straftatbestand anknüpft, geändert. Neben der teilweise noch erforderlichen Umsetzung einzelner Regelungen der Freizügigkeitsrichtlinie und der Anpassung von Vorschriften des nationalen Rechts an die Terminologie der Richtlinie, sind für die strafrechtliche Beurteilung wesentliche Änderungen in § 7 insbesondere darin zu sehen, dass das Entstehen der Ausreisepflicht nicht mehr die bestandskräftige Feststellung des Verlusts des Freizügigkeitsrechts erfordert. Den Anforderungen der Freizügigkeitsrichtlinie wird dadurch Rechnung getragen, dass die Abschiebung nicht erfolgen darf, so lange über einen Antrag auf einstweiligen Rechtsschutz noch nicht entschieden ist.[16] Durch das „Gesetz zur Änderung des Freizügigkeitsgesetzes/EU und weiterer Vorschriften" vom 2.12.2014[17] wurden zur Schließung einer Strafbarkeitslücke, die dadurch entstanden war, dass § 95 Abs. 2 Nr. 2 AufenthG sich nur auf Aufenthaltstitel und Duldungen bezieht, nicht indes auf Aufenthaltskarten[18] die Absätze 1 und 3 eingeführt.[19]

III. Rechts- und kriminalpolitische Bedeutung

5   Zur **rechtspolitischen Bedeutung** kann auf die entsprechend geltenden Ausführungen zu § 95 AufenthG[20] verwiesen werden. Die **kriminalpolitische Bedeutung** der Vorschrift ist gering: Die **polizeiliche Kriminalstatistik** weist für das Jahr 2016 gerade mal 463 wegen eines Verstoßes gegen § 9 geführte Verfahren auf (2015: 331; 2014: 384; 2013: 354); die Aufklärungsquote lag bei (annähernd) 100 %. Die **Strafverfolgungsstatistik** des Statistischen Bundesamtes für das Jahr 2015 führt 71 gerichtliche Verfahren auf, die in 63 Fällen zu einer Verurteilung führten (2014: 91 Verfahren mit 88 Verurteilungen).

B. Straftatbestände

I. Unrichtige Angaben zur Beschaffung einer Aufenthaltskarte etc. (Abs. 1)

6   Der Tatbestand ist § 95 Abs. 2 Nr. 2 AufenthG nachgebildet.[21] Hinsichtlich der Tathandlungen „Machen oder Benutzen **unrichtiger oder unvollständiger Angaben**" und

---
[10] BT-Drs. 15/420, 101.
[11] Richtlinie 2004/38/EG vom 29.4.2004 über das Recht der Unionsbürger und ihrer Familienangehörigen, sich im Hoheitsgebiet der Mitgliedstaaten frei zu bewegen und aufzuhalten, ABl. L 229, 35.
[12] Bergmann/Dienelt/*Dienelt* Rn. 2.
[13] Huber/*Brinkmann* Rn. 2.
[14] Vgl. BT-Drs. 15/420, 105; Bergmann/Dienelt/*Dienelt* Rn. 9.
[15] BGBl. I S. 1970.
[16] BT-Drs. 16/5065, 211 f.
[17] BGBl. I S. 1922.
[18] OLG Bamberg 19.2.2014 – 3 Ss 6/14, InfAuslR 2014, 210; → AufenthG § 95 Rn. 110.
[19] BT-Drs. 18/2581 S. 18; vgl. auch BeckOK AuslR/*Tewocht* Rn. 1; HK/*Fahlbusch* Rn. 2; Huber/*Brinkmann* Rn. 3.
[20] → AufenthG § 95 Rn. 15.
[21] HK/*Fahlbusch* Rn. 3; BeckOK AuslR/*Tewocht* Rn. 4.

„Gebrauchen einer so beschafften Urkunde zur **Täuschung im Rechtsverkehr**" kann deshalb auf die Erläuterungen zu dieser Vorschrift verwiesen werden.[22] Insbesondere müssen die Angaben nicht entscheidungserheblich oder auch nur konkret geeignet sein, um die Ausstellung der **Aufenthaltskarte,** der Daueraufenthaltskarte oder der Bescheinigung über das Daueraufenthaltsrecht zu bewirken, weil es sich auch bei Abs. 1 um ein **abstraktes Gefährdungsdelikt** handelt.[23] Auch hinsichtlich des **subjektiven Tatbestands** ist – wie bei § 95 Abs. 2 Nr. 2 AufenthG – in der 2. Alternative erforderlich, dass der Täter die auf inkriminierte Weise beschaffte Urkunde **wissentlich** im Rechtsverkehr einsetzt;[24] im Übrigen ist bedingter Vorsatz ausreichend.[25] Unter der Prämisse, dass Täter mit Blick auf § 1 nur **Unionsbürger und ihre Familienangehörigen** sein können, erschiene fraglich, ob die Strafvorschrift mit dem **Diskriminierungsverbot** aus Art. 18 AEUV vereinbar wäre, weil Deutsche oder Drittausländer, die falsche Angaben machen, um einem Unionsbürger eine Aufenthaltskarte etc. zu verschaffen, deswegen weder nach Abs. 1 noch § 95 Abs. 2 Nr. 2 AufenthG[26] bestraft werden können.[27] Der Wortlaut von Abs. 1 nimmt indes niemanden von der Strafbarkeit aus; § 1 regelt den Anwendungsbereich nur hinsichtlich Einreise und Aufenthalt abschließend, nicht aber mit Blick auf die nicht verwaltungsakzessorische Strafvorschrift. Infolgedessen kann sich **Jedermann** nach Abs. 1 strafbar machen.

II. Zuwiderhandlung gegen gesetzliches Einreise- und Aufenthaltsverbot gem. § 7 Abs. 2 Satz 1 (Abs. 2)

1. Objektiver Tatbestand. a) Allgemeines. Die Vorschrift bedroht Unionsbürger und 7 ihre Familienangehörigen mit Strafe, die einem – mittlerweile gemäß § 7 Abs. 2 Satz 5 von Amts wegen zu befristenden – **Einreise- oder Aufenthaltsverbot** nach § 7 Abs. 2 Satz 1 zuwider handeln. Da diese Norm wiederum auf § 6 Abs. 1 verweist, ist klargestellt, dass ein solches Verbot und damit auch eine Strafbarkeit nach Abs. 2 nur in Betracht kommen, wenn aus Gründen der öffentlichen Ordnung, Sicherheit oder Gesundheit der Verlust des Freizügigkeitsrechts festgestellt worden ist. Eine Verlustfeststellung nach § 5 Abs. 5 eröffnet den Anwendungsbereich des Straftatbestandes hingegen nicht.[28] Gleiches muss mangels ausdrücklichen Verweises für die neu geschaffene Möglichkeit der Verlustfeststellung nach § 2 Abs. 7 gelten, bezüglich derer – nicht strafbewehrt – nunmehr auch ein behördliches Einreise- und Aufenthaltsverbot ausgesprochen werden kann (§ 7 Abs. 2 Satz 2).[29]

Ebenso wenig kann Abs. 2 in Fällen angewendet werden, in denen ein Unionsbürger 8 entgegen einer Ausweisungsverfügung, die vor der Geltung des FreizügG/EU gemäß §§ 45, 46 AuslG erlassen worden war, wieder in das Bundesgebiet einreist. Nach der eindeutigen Bezugnahme ist ein Einreiseverbot gemäß § 7 Abs. 2 Satz 1 erforderlich, das wiederum die Verlustfeststellung nach § 6 Abs. 1 voraussetzt. Aufgrund des Blankettcharakters von Abs. 2 müssen sowohl der Wortlaut der strafrechtlichen Blankettnorm als auch der verwaltungsrechtlichen Ausfüllungsnorm erfüllt sein.[30] Andernfalls werden die an die Fassung von Straftatbeständen zu stellenden Bestimmtheitserfordernisse (Art. 103 Abs. 2 GG) nicht hinreichend beachtet.[31] **Altausweisungen** nach dem AuslG, in denen der Verlust der Freizügigkeit nicht festgestellt worden ist, fallen weder unter den Wortlaut der §§ 9, 7 Abs. 2 noch können sie wegen des mittlerweile strengeren Maßstabes, der an eine Verlustfeststellung nach § 6 Abs. 1 anzulegen ist, inhaltlich damit gleichgestellt werden; ebenso scheidet eine

---

[22] → AufenthG § 95 Rn. 104 ff.
[23] So im Grundsatz auch HK/*Fahlbusch* Rn. 9, der indes – wie bei § 95 Abs. 2 Nr. 2 AufenthG auch – eine konkrete Gefährdungseignung verlangt.
[24] HK/*Fahlbusch* Rn. 18.
[25] → AufenthG § 95 Rn. 116.
[26] → AufenthG § 95 Rn. 110.
[27] HK/*Fahlbusch* Rn. 4.
[28] *Kretschmer* § 6 Rn. 27; *Hailbronner* Rn. 10.
[29] HK/*Fahlbusch* Rn. 21.
[30] *Westphal/Stoppa* S. 791.
[31] → AufenthG § 95 Rn. 8; *Hailbronner* Rn. 9.

analoge Anwendung wegen des strafrechtlichen Analogieverbots aus.[32] Auf die insbesondere in der verwaltungsrechtlichen Rechtsprechung und Lehre diskutierte Frage, ob die nach dem AuslG ausgesprochenen Ausweisungsverfügungen nach der Einführung des FreizügG/EU fortgelten,[33] kommt es danach für die strafrechtliche Beurteilung nicht an. Da in den Fällen der Altausweisungen wegen des Vorrangs des FreizügG/EU[34] und der fehlenden Verweisung in § 11 Abs. 1 auch eine Strafbarkeit nach § 95 Abs. 2 Nr. 1 AufenthG nicht in Betracht kommt,[35] verbleibt eine allenfalls vom Gesetzgeber zu schließende Strafbarkeitslücke,[36] die im Gesetzgebungsverfahren auch angesprochen wurde; der Gesetzgeber hat von einer klarstellenden Regelung indes abgesehen.[37]

9 **b) Tathandlung.** Wie bei einem Verstoß eines Ausländers aus einem Drittstaat gegen das Einreise- und Aufenthaltsverbot aus § 11 Abs. 1 AufenthG[38] kommt eine Strafbarkeit nach Abs. 2 nur in Betracht, wenn der Unionsbürger infolge der Verlustfeststellung aus dem Bundesgebiet ausgereist oder abgeschoben worden war. Dies folgt aus dem Wortlaut und der Gesetzessystematik des § 7 Abs. 2 Satz 1, der nur die **erneute** Einreise und den sich daran anschließenden Aufenthalt verbietet.[39] Tatbestandsvoraussetzung ist zudem der Verstoß gegen die sich aus dem Verbot ergebende Sperrwirkung, die nach § 7 Abs. 2 Satz 7 erst mit der Ausreise beginnt, so dass auch aus diesem Grund eine Strafbarkeit aus Abs. 2 bei einem weiteren Aufenthalt im Bundesgebiet ohne vorangegangene Ausreise ausscheiden muss.[40]

10 Widerspruch und Klage gegen die Verlustfeststellung haben gemäß §§ 79 f. VwGO grundsätzlich **aufschiebende Wirkung,** wenn nicht gemäß § 80 Abs. 2 Nr. 4 VwGO die sofortige Vollziehung im öffentlichen Interesse angeordnet wird. Stellt der Unionsbürger in diesen Fällen einen Antrag auf Wiederherstellung des Suspensiveffekts, darf eine Abschiebung nicht erfolgen, bevor über den Antrag nicht eine verwaltungsgerichtliche Entscheidung ergangen ist (§ 7 Abs. 1 Satz 4).[41] Nicht geregelt ist, ob eine kurzfristige **freiwillige Ausreise** während des verwaltungsgerichtlichen Eilverfahrens die Sperrfrist in Lauf setzt und somit zur Strafbarkeit der Wiedereinreise nach Abs. 2 führt. Nach den Regelungen der §§ 9, 7 Abs. 2 ist eine solche Konstellation denkbar, denn der Unionsbürger hat mit dem Antrag auf einstweiligen Rechtsschutz gerade noch nicht erreicht, dass die Wirkung der Verlustfeststellung – das Einreise- und Aufenthaltsverbot – suspendiert wird, darüber ist vielmehr noch zu entscheiden. Unter Berücksichtigung der großen gemeinschaftsrechtlichen Bedeutung des Freizügigkeitsrechts und nicht zuletzt auch im Hinblick auf die Gewährung effektiven Rechtsschutzes nach Art. 19 Abs. 4 GG[42] ist Abs. 2 aber gemeinschafts- und grundrechtskonform dahin auszulegen, dass die Strafbarkeit einer etwaigen Einreise entfällt, wenn der Unionsbürger gegen eine für sofort vollziehbar erklärte Verlustfeststellung die Wiederherstellung der aufschiebenden Wirkung beantragt hat. Bereits die Regelung über das Abschiebungsverbot aus § 7 Abs. 1 Satz 4 macht deutlich, dass während der Dauer des verwaltungsgerichtlichen Eilverfahrens die Rechtsposition des Unionsbürgers gegen die

---

[32] OLG Hamburg 13.9.2005 – 1 Ws 212/05, StV 2006, 137 (138); OLG Nürnberg 17.6.2008 – 1 St OLG Ss 122, 08, InfAuslR 2008, 462; AG Passau 21.2.2006 – 2 Ds 310 Js 17754/05, NStZ-RR 2007, 273; *Kretschmer* § 6 Rn. 41; Bergmann/Dienelt/*Dienelt* Rn. 4; *Hailbronner* Rn. 9; BeckOK AuslR/*Tewocht* Rn. 8.
[33] Die Streitfrage ist mittlerweile vom Bundesverwaltungsgericht im Sinne der Fortgeltung der Sperrwirkung entschieden, vgl. BVerwG 4.9.2007 – 1 C 21/07, NVwZ 2008, 82; in diesem Sinne auch OVG Mannheim 24.1.2007 – 13 S. 451/06, ZAR 2007, 105; OVG Hamburg 22.3.2005 – 3 Bf 294/04, ZAR 2005, 251; *Groß* ZAR 2005, 81 (86); *Lüdke* InfAuslR 2005, 177 (178); aA OVG Berlin 15.3.2006 – 8 S. 123/05, NVwZ 2006, 953; *Westphal/Stoppa* S. 792; vgl. zu dieser Problematik auch *Dienelt* Rn. 385 ff.
[34] Dazu → § 1 Rn. 2.
[35] *Kretschmer* § 6 Rn. 39; → AufenthG § 95 Rn. 94.
[36] OLG Hamburg 13.9.2005 – 1 Ws 212/05, StV 2006, 137 (138); *Westphal/Stoppa* S. 791.
[37] Vgl. Bergmann/Dienelt/*Dienelt* Rn. 6.
[38] → AufenthG § 95 Rn. 94.
[39] *Kretschmer* § 6 Rn. 24; *Westphal/Stoppa* S. 790; HK/*Fahlbusch* Rn. 28.
[40] *Westphal/Stoppa* S. 790.
[41] S. zum Ganzen auch *Huber/Göbel-Zimmermann* Rn. 1479.
[42] Dazu → AufenthG § 95 Rn. 29.

mit der Abschiebung verbundenen erheblichen Nachteile geschützt werden soll. Er wird insoweit also behandelt, als habe er sein Freizügigkeitsrecht noch nicht vollziehbar verloren. Das rechtfertigt aber auch, die weitere nachteilige Folge der vollziehbaren Verlustfeststellung – den Beginn der Sperrwirkung – nicht eintreten zu lassen, so lange die verwaltungsgerichtliche Entscheidung über die Rechtmäßigkeit der Anordnung der sofortigen Vollziehbarkeit noch aussteht.[43]

Eine Strafbarkeit aus Abs. 2 entfällt schließlich auch dann, wenn der Unionsbürger trotz **11** bestehendem Einreise- und Aufenthaltsverbot aus anderen Gründen legal einreisen darf, etwa weil ihm eine **Betretenserlaubnis** nach § 11 Abs. 2 AufenthG erteilt worden ist.[44]

c) **Verstoß der Verlustfeststellung gegen Gemeinschaftsrecht.** Fraglich ist, ob – **12** insoweit abweichend von den Grundsätzen der strengen Verwaltungsakzessorietät – die verwaltungsrechtliche Verlustfeststellung auch als Voraussetzung der strafrechtlichen Sanktion **gemeinschaftsrechtlichen Anforderungen** entsprechen muss. Unter Berufung auf eine Entscheidung des EuGH, nach der auch bestandskräftige Verwaltungsakte, die gemeinschaftsrechtswidrig sind, bei der Beurteilung der Rechtmäßigkeit einer straf- oder ordnungswidrigkeitsrechtlichen Sanktion unangewendet bleiben müssen,[45] wird vertreten, dass auch im strafgerichtlichen Verfahren wegen einer Tat nach Abs. 2 eine Überprüfung der verwaltungsbehördlichen Verlustfeststellung nach § 6 Abs. 1 zu erfolgen habe. Es müsse festgestellt werden, ob sie im Hinblick auf das Gemeinschaftsrecht materiell rechtmäßig ergangen sei.[46] Dieser Auffassung kann jedoch in wesentlichen Punkten nicht gefolgt werden:

Das Urteil des EuGH betraf einen Fall, in dem im Zeitpunkt des Erlasses des belastenden **13** Verwaltungsaktes **Gemeinschaftsrecht nicht anwendbar** war, weil der betroffene Staat (Österreich) zu dieser Zeit noch nicht Mitglied der Europäischen Union war. Dementsprechend war ein etwaiger Verstoß gegen Gemeinschaftsrecht (dort: die Dienstleistungsfreiheit) im Zeitpunkt der Verwaltungsentscheidung von der Behörde nicht zu prüfen; umgekehrt konnte sich der Betroffene auch nicht darauf berufen. Durch den späteren Beitritt war im Zeitpunkt des Verstoßes gegen das Verbot und dessen Sanktionierung die aus dem Gemeinschaftsrecht resultierende Rechtsposition des Betroffenen zu berücksichtigen. In dieser Situation entschied der EuGH, dass die (nunmehr) gemeinschaftsrechtswidrige Verbotsverfügung nicht anzuwenden sei.[47]

Die Entscheidung kann auf die sich nach dem FreizügG/EU ergebende tatsächliche und **14** rechtliche Lage nicht übertragen werden und ist damit nicht einschlägig. Sie ist vor dem Hintergrund der **Besonderheit des zwischenzeitlichen Beitritts** Österreichs zur Europäischen Union ergangen, in der der Betroffene keine Möglichkeit hatte, den belastenden Verwaltungsakt vor dessen Bestandskraft unter Berufung auf das Gemeinschaftsrecht anzufechten.[48] Gerade diese Möglichkeit ist aber dem Täter eines Verstoßes gegen das Einreise- und Aufenthaltsverbot aus § 7 Abs. 2 Satz 1 gegeben: Denn bezüglich der das Freizügigkeitsrecht beschränkenden Maßnahmen ist eine den von der Freizügigkeitsrichtlinie geforderten Verfahrensgarantien entsprechende, weitgehende **gerichtliche Kontrolle** vorgesehen: Während gegenüber Drittausländern zahlreiche Maßnahmen, die zum Verlust eines Aufenthaltstitels führen, kraft Gesetzes sofort vollziehbar sind (vgl. § 84 Abs. 1 Nr. 1, 4, 6 AufenthG), haben Widerspruch und Anfechtungsklage gegen die Verlustfeststellung in aller Regel aufschiebende Wirkung. Über die Anforderungen von Art. 31 Abs. 2 der Freizügigkeitsrichtlinie hinausgehend[49] bestimmt § 7 Abs. 1 Satz 4, dass in den Fällen, in denen die

---

[43] Wie hier nunmehr auch HK/*Fahlbusch* Rn. 31.
[44] *Westphal/Stoppa* S. 790.
[45] EuGH 29.4.1999 – C-224/97, NJW 1999, 2355.
[46] *Hailbronner* Rn. 5 ff.; *Westphal/Stoppa* S. 790; so nunmehr auch BeckOK AuslR/*Tewocht* Rn. 7; HK/ *Fahlbusch* Rn. 24; für sog. Altausweisungen auch OLG Karlsruhe 6.12.2006 – 3 Ws 346/05, InfAuslR 2007, 118; für den Bereich des Umweltstrafrechts *Mansdörfer* Jura 2004, 297 (302 f.).
[47] EuGH 29.4.1999 – C-224/97, NJW 1999, 2355.
[48] Vgl. BVerwG 15.3.2005 – 3 B 86/04, DÖV 2005, 651; BFH 23.11.2006 – V R 67/05, BFHE 216, 357 (365 f.) = DStR 2007, 344, 347.
[49] Vgl. *Hailbronner* § 7 Rn. 36.

Behörde nach § 80 Abs. 2 Nr. 4 VwGO ausnahmsweise die sofortige Vollziehbarkeit der Verlustfeststellung anordnet, eine Abschiebung grundsätzlich nicht bis zur gerichtlichen Entscheidung erfolgen darf, wenn der Unionsbürger einstweiligen Rechtsschutz beantragt.

15 Der Gesetzgeber hat zudem durch die dynamische Verweisung in § 6 Abs. 1 auf Art. 39 Abs. 3, 46 Abs. 1 EGV sichergestellt, dass der Verlust des Freizügigkeitsrechts in materieller wie in verfahrensrechtlicher Hinsicht nur unter **Beachtung des Gemeinschaftsrechts** festgestellt werden kann. Bei der Schaffung des FreizügG/EU ist in besonderem Maße der Einhaltung der gemeinschaftsrechtlichen Vorgaben und deren Ausformung durch die Rechtsprechung des EuGH Rechnung getragen worden.[50] Weitere Regelungen der Freizügigkeitsrichtlinie sind durch das „Gesetz zur Umsetzung aufenthalts- und asylrechtlicher Richtlinien der Europäischen Union" vom 16.8.2007 berücksichtigt worden.[51] Dadurch hat die Bundesrepublik Deutschland – wesentlich deutlicher als im zuvor geltenden Recht[52] – für die Beachtung der gemeinschaftsrechtlichen Vorgaben zur Freizügigkeit der Unionsbürger durch die an das Gesetz gebundenen Ausländerbehörden Sorge getragen. Dass die maßgeblichen gesetzlichen Regelungen der §§ 6, 7 und 9 FreizügG/EU nicht mit Gemeinschaftsrecht vereinbar seien, wird – soweit ersichtlich – nicht vertreten.

16 Nach alledem kann eine **Strafbarkeit nach Abs. 2** regelmäßig nur in Betracht kommen, wenn der Verlust der Freizügigkeit in einem verwaltungsgerichtlichen Hauptsacheverfahren unanfechtbar festgestellt oder eine solche Feststellung zumindest – in Fällen der Anordnung der sofortigen Vollziehbarkeit – in einem verwaltungsgerichtlichen Eilverfahren bei einer inzidenten summarischen Prüfung für rechtmäßig befunden worden ist. Zu einer gerichtlichen Kontrolle kommt es nur dann nicht, wenn der Unionsbürger die Verlustfeststellung nicht angreift und sich somit nicht auf sein Freizügigkeitsrecht beruft. Da die nach § 7 Abs. 1 Satz 3 zu bestimmende Ausreisefrist außer in dringenden Ausnahmefällen mindestens einen Monat beträgt, wird in dieser Konstellation in aller Regel davon auszugehen sein, dass die Verlustfeststellung im Zeitpunkt der Ausreise oder der Abschiebung des Unionsbürgers bestandskräftig ist.

17 Bei dieser Ausgangslage ist eine (weitere) **Überprüfung** der Verlustfeststellung auf deren Vereinbarkeit mit Gemeinschaftsrecht **durch die Strafgerichte nicht geboten.** Allenfalls, wenn man Verstöße gegen Altausweisungen unter Abs. 2 oder aber unter § 95 Abs. 2 Nr. 1 AufenthG subsumieren wollte, könnte eine der Ausgangsentscheidung des EuGH ähnliche Situation eintreten, in der Verstöße gegen Gemeinschaftsrecht zu prüfen wären.[53] Dies ist aber schon nach einfachem nationalen Recht nicht möglich.[54] Für die Rechtslage nach dem FreizügG/EU gilt, dass für den Unionsbürger hinreichende, teilweise über die gemeinschaftsrechtlichen Anforderungen hinausgehende Rechtsschutzmöglichkeiten vor den Fachgerichten gegeben sind, mit denen er sein Freizügigkeitsrecht geltend machen kann. Damit ist zunächst dem gemeinschaftsrechtlichen **Effektivitätsprinzip** Genüge getan, das besagt, dass die Ausübung der von der Gemeinschaftsrechtsordnung verliehenen Rechte nicht praktisch unmöglich gemacht oder übermäßig erschwert werden darf.[55] Das gilt auch für die Fälle einer für sofort vollziehbar erklärten Verlustfeststellung, auf Grund der der Unionsbürger nach Abschluss des verwaltungsgerichtlichen Eilverfahrens, aber noch vor einer Hauptsacheentscheidung abgeschoben werden darf. Denn das Gemeinschaftsrecht sieht in Art. 31 Abs. 2 der Freizügigkeitsrichtlinie die Abschiebungsmöglichkeit nach Abschluss des Eilverfahrens ausdrücklich vor und erlaubt in Art. 31 Abs. 4 der Richtlinie das Aufenthaltsverbot während des Rechtsbehelfsverfahrens.

18 Auch für eine Verletzung des gemeinschaftsrechtlichen **Äquivalenzprinzips,** nach dem Unionsbürger durch Verfahrensregelungen gegenüber Inländern nicht benachteiligt werden

---

[50] BT-Drs. 15/420, 104 f.
[51] BT-Drs. 16/5065, 211 f.; vgl. dazu auch *Marx* ZAR 2007, 142.
[52] Vgl. *Groß* ZAR 2005, 81 (82).
[53] In diesem Sinne wohl OLG Karlsruhe 6.12.2006 – 3 Ws 346/05, InfAuslR 2007, 118.
[54] → Rn. 8.
[55] EuGH 7.1.2004 – C-201/02, NVwZ 2004, 593 (597) mwN.

dürfen, ist nichts ersichtlich. Deshalb verbleibt es bei dem Grundsatz, dass die Regelung der Verfahrensmodalitäten, die dem Schutz der aus dem Gemeinschaftsrecht erwachsenden Individualrechtsgüter dienen, der autonomen Verantwortung der Mitgliedsstaaten obliegt.[56] Wenn aber die verwaltungsrechtlichen Verfahrensregelungen ebenso wie die materiellen Bestimmungen zur Beschränkung des Freizügigkeitsrechts den gemeinschaftsrechtlichen Anforderungen genügen, ist es einem Unionsbürger – wie einem Deutschen – zumutbar, die durch Verwaltungs- und gegebenenfalls durch verwaltungsgerichtliche Entscheidungen geschaffene, einstweilige Rechtsordnung zur Meidung einer Strafbarkeit nach Abs. 2 zu respektieren. In vergleichbaren Verfahren gegenüber Deutschen, die gegen ein Ausreiseverbot gemäß § 24 Abs. 1 PassG[57] verstoßen haben, wird bei Anwendung der strengen Verwaltungsakzessorietät im Strafverfahren auch nicht die Rechtmäßigkeit des Ausreiseverbots überprüft. Ohne dass insoweit eine gemeinschaftsrechtswidrige **Diskriminierung** vorliegt, ist es demnach nicht erforderlich, im Strafverfahren die von der Verwaltungsbehörde getroffene Einzelfallentscheidung, die Verlustfeststellung nach § 6 Abs. 1, einer erneuten Prüfung zu unterziehen.

Dies gilt grundsätzlich auch für die Fälle, in denen der Unionsbürger die Verlustfeststellung nicht angreift und bestandskräftig werden lässt. Das Gemeinschaftsrecht kennt den **Grundsatz der Rechtssicherheit,** der nach der Rechtsprechung des EuGH nur in Ausnahmefällen verlangt, eine Verwaltungsentscheidung, die nach Ablauf angemessener Fristen oder durch Erschöpfung des Rechtsweges bestandskräftig geworden ist, zurückzunehmen.[58] Auch in diesen Fällen kann von dem Unionsbürger verlangt werden, dass er eine solche Ausnahme – etwa, dass die Aufrechterhaltung der Verlustfeststellung wegen deren offensichtlicher Gemeinschaftsrechtswidrigkeit „schlechthin unerträglich" sei – in einem Verfahren vor den Fachgerichten geltend macht und sich nicht einfach über das Einreiseverbot hinwegsetzt. Da er zunächst ausgereist sein muss, damit eine Strafbarkeit in Betracht kommt, geht es in diesen Fällen der Sache nach um eine Entscheidung über die Verweigerung der Einreise, für die Art. 31 Abs. 4 der Freizügigkeitsrichtlinie das Aufenthaltsverbot gerade erlaubt. 19

Dem hier gefundenen Ergebnis, nach dem eine Überprüfung der Verlustfeststellung auf einen etwaigen Verstoß gegen Gemeinschaftsrecht im Strafverfahren nicht zu erfolgen hat, steht auch nicht die Rechtsprechung des Bundesverfassungsgerichts zur Auslegung des § 92 Abs. 1 Nr. 1 AuslG 1990 im Zusammenhang mit Duldungsbescheinigungen[59] entgegen.[60] In jener Entscheidung hatte das Bundesverfassungsgericht die am Wortlaut orientierte Auslegung der Vorschrift, nach der es nur darauf ankommen sollte, ob der Ausländer auch tatsächlich im Besitz der förmlichen Bescheinigung war, für verfassungswidrig erklärt. Denn es bleibe nach dieser Auffassung allein der Behörde überlassen, ob und in welchem Umfang sich der Ausländer strafbar mache.[61] Das Vorgehen der Behörden stand zudem im offenen Widerspruch zur Rechtsprechung des Bundesverwaltungsgerichts.[62] Der Beschluss des Bundesverfassungsgerichts gibt indes für die Frage, ob die Rechtmäßigkeit der Verlustfeststellung nach § 6 Abs. 1 im Strafverfahren aufgeklärt werden muss, nichts her: Aus dem Umstand, dass das Freizügigkeitsrecht unmittelbar aus dem Gemeinschaftsrecht folgt und deshalb – wie der Anspruch auf Duldung – von einem Antrag des Ausländers unabhängig ist, kann eine Prüfungspflicht nicht gefolgert werden.[63] Denn anders, als in dem vom Bundesverfassungsgericht entschiedenen Fall geht es hier nicht darum, dass Bescheinigungen mit rein deklaratorischer Bedeutung nicht ausgestellt und die Strafbarkeit an das Fehlen eben dieser 20

---

[56] EuGH 19.9.2006 – C-329/04 u. C-244/04, NVwZ 2006, 1277 (1279) mwN; vgl. auch BVerwG 23.10.2007 – 1 C 10/07, BVerwGE 129, 367 (378) = NVwZ 2008, 326 (329).
[57] Vgl. BT-Drs. 15/420, 105.
[58] EuGH 19.9.2006 – C-329/04 u. C-244/04, NVwZ 2006, 1277 (1279).
[59] BVerfG 6.3.2003 – 2 BvR 397/02, NStZ 2003, 488.
[60] So aber *Hailbronner* Rn. 6, 8.
[61] BVerfG 6.3.2003 – 2 BvR 397/02, NStZ 2003, 488; → AufenthG § 95 Rn. 25 f.
[62] Vgl. BVerwG 21.3.2000 – 1 C 23/99, BVerwGE 111, 62 = NVwZ 2000, 938.
[63] AA *Hailbronner* Rn. 6.

Bescheinigung – nicht aber an das Bestehen des Anspruchs – geknüpft wurde. Vielmehr wird in einem gemeinschaftsrechtlichen Anforderungen genügenden Verfahren eine gerichtlich überprüfbare Verwaltungsentscheidung auf Grund von im Einzelnen ebenfalls dem Gemeinschaftsrecht entsprechenden gesetzlichen Regelungen getroffen, die gerade den Verlust des ansonsten bestehenden Freizügigkeitsrechts feststellt. Es kann also keine Rede davon sein, dass die Strafbarkeit der Unionsbürger in das Belieben der Verwaltungsbehörde gestellt sei.[64] Wollte man dies anders sehen, müsste konsequenter Weise jede fehlerhafte Rechtsanwendung der Verwaltungsbehörden und gegebenenfalls anschließend der Fachgerichte zum Ausschluss der Strafbarkeit führen. Die Auffassung, nach der strafrechtliche Sanktionen nur an materiell rechtmäßiges Verwaltungshandeln anknüpfen können, verkennt aber das Rechtsgut des Ausländerstrafrechts, das in erster Linie der Durchsetzung der verwaltungsrechtlichen Verhaltenspflichten dient und damit die von der Verwaltung gesetzte (einstweilige) Rechtsordnung schützt. Zudem wird die Gefährdung für die Einheitlichkeit der Rechtsordnung durch mögliche abweichende Entscheidungen im Verwaltungs- und Strafverfahren unberücksichtigt gelassen.[65]

21 **2. Subjektiver Tatbestand.** Der Verstoß gegen das Einreise- und Aufenthaltsverbot muss **vorsätzlich** erfolgen. Das erfordert insbesondere, dass der Unionsbürger Kenntnis von dem Verbot erlangt hat. Da die Verlustfeststellung dem Betroffenen schriftlich (§ 6 Abs. 8 Satz 2) in einer Weise mitgeteilt werden muss, dass er von ihrem Inhalt gegebenenfalls mittels einer Übersetzung Kenntnis nehmen kann,[66] wird von einer Kenntnis in aller Regel auszugehen sein.

22 **3. Versuch, Teilnahme und Konkurrenzen.** Da § 9 ein Vergehen im Sinne des § 12 Abs. 2 StGB darstellt und die Vorschrift den **Versuch** nicht ausdrücklich unter Strafe stellt, bleibt dieser nach § 23 Abs. 1 StGB **straflos**. Teilnehmer an einer Tat nach § 9 kann Jedermann sein, der zu den unrichtigen Erklärungen oder zur Einreise oder dem Aufenthalt entgegen dem Aufenthaltsverbot **anstiftet** (§ 26 StGB) oder dazu **Beihilfe** leistet (§ 27 StGB). Insoweit gelten die gleichen Grundsätze wie bei nach § 95 Abs. 2 AufenthG strafbaren Verstößen von Ausländern aus Drittstaaten.[67] Bei einer Tat nach Abs. 1 stellen Angaben zur Erlangung einer Urkunde und ihr anschließender Gebrauch regelmäßig nur eine Tat dar; Idealkonkurrenz kann insbesondere mit Urkundsdelikten bestehen.[68] Zwischen der Einreise und dem sich anschließenden Aufenthalt entgegen dem Einreise- bzw. Aufenthaltsverbot besteht nach allgemeinen Grundsätzen **Idealkonkurrenz**.[69]

C. Rechtsfolgen

23 Der **Strafrahmen** des Abs. 1 sieht **Freiheitsstrafe bis zu drei Jahren** oder Geldstrafe vor und entspricht damit demjenigen von § 95 Abs. 2 AufenthG. Bedenken gegen die Vereinbarkeit mit Europarecht bestehen deshalb nicht, insbesondere werden Unionsbürger gegenüber Deutschen, die sich wie Unionsbürger sowohl nach Abs. 1[70] als auch nach § 95 Abs. 2 Nr. 2 AufenthG[71] strafbar machen können, nicht diskriminiert.[72] Allerdings dürfte bei der Strafzumessung zu Gunsten der Täter des Abs. 1 zu beachten sein, dass der Aufenthaltskarte und den weiteren tatbestandsmäßigen Urkunden nur deklaratorische Bedeutung

---

[64] So aber *Hailbronner* Rn. 8.
[65] Näher → AufenthG § 95 Rn. 4 f., 96.
[66] Vgl. *Hailbronner* § 6 Rn. 96.
[67] Vgl. zu typischen Teilnahmehandlungen oben, AufenthG → § 96 Rn. 13–17, 22 f.
[68] → AufenthG § 95 Rn. 118.
[69] → AufenthG § 95 Rn. 100.
[70] → Rn. 6.
[71] → AufenthG § 95 Rn. 104.
[72] AA HK/*Fahlbusch* Rn. 3.

II. Freizügigkeitsgesetz/EU   § 10 FreizügG/EU

zukommt, sie mithin im Vergleich zur Aufenthaltstiteln und Duldungen von geringerem Wert sind.[73]

Freiheitsstrafe bis zu einem Jahr oder Geldstrafe kann für eine Tat nach Abs. 2 verhängt werden. Der Strafrahmen liegt damit deutlich unter dem des § 95 Abs. 2 AufenthG (bis zu drei Jahre Freiheitsstrafe), mit dem vergleichbare Verstöße von Ausländern aus Drittstaaten gegen ein Einreise- und Aufenthaltsverbot aus § 11 Abs. 1 AufenthG geahndet werden. Gleichzeitig entspricht er dem Strafrahmen des § 24 Abs. 1 PassG, der Verstöße von Deutschen gegen ein Ausreiseverbot sanktioniert. Durch die Wahl dieses Strafrahmens ist der zunehmenden Gleichstellung von Unionsbürgern mit Inländern Rechnung getragen, die eine gegenüber sonstigen Ausländern mildere Strafe rechtfertigt. Gleichzeitig entspricht die Sanktion der, die die Bundesrepublik bei vergleichbaren geringfügigen Verstößen gegen ihre eigenen Staatsbürger verhängt.[74] Die Norm erweist sich damit auch insoweit als gemeinschaftsrechtskonform.[75]

Nach **Abs. 3** unterliegen die Aufenthaltskarten und sonstigen Urkunden, die aus einer Tat nach Abs. 1 hervorgebracht wurden, sowie sonstige Gegenstände dir zu ihrer Erlangung verwendet wurden, der Einziehung. Die Regelung entspricht § 95 Abs. 4 AufenthG.[76]

§ 10 Bußgeldvorschriften

(1) Ordnungswidrig handelt, wer
1. entgegen § 8 Absatz 1 Nummer 1 Buchstabe b oder Nummer 3 ein dort genanntes Dokument nicht oder nicht rechtzeitig vorlegt oder
2. entgegen § 8 Absatz 1a ein dort genanntes Dokument nicht oder nicht rechtzeitig vorlegt oder einen Abgleich mit dem Lichtbild nicht oder nicht rechtzeitig ermöglicht.

(2) Ordnungswidrig handelt, wer vorsätzlich oder leichtfertig entgegen § 8 Abs. 1 Nr. 2 einen Pass oder Passersatz nicht besitzt.

(3) Ordnungswidrig handelt, wer vorsätzlich oder fahrlässig entgegen § 8 Abs. 1 Nr. 1 Buchstabe a einen Pass oder Passersatz nicht mit sich führt.

(4) Die Ordnungswidrigkeit kann in den Fällen der Absätze 1 und 3 mit einer Geldbuße bis zu dreitausend Euro, in den übrigen Fällen mit einer Geldbuße bis zu tausend Euro geahndet werden.

(5) Verwaltungsbehörde im Sinne des § 36 Abs. 1 Nr. 1 des Gesetzes über Ordnungswidrigkeiten ist in den Fällen der Absätze 1 und 3 die in der Rechtsverordnung nach § 58 Abs. 1 des Bundespolizeigesetzes bestimmte Bundespolizeibehörde.

I. Überblick

Durch § 10 wurden die Bußgeldvorschriften des früheren § 12a Aufenthaltsgesetz/EWG in das FreizügG/EU übernommen, die Verstöße gegen die **pass- und ausweisrechtlichen Pflichten** aus § 8 Abs. 1 Nr. 1, 2 sanktionieren. Erst mit Wirkung ab dem 15.6.2017 hinzugekommen ist die Bußgeldbewehrung eines Verstoßes gegen § 8 Abs. 1a. Zuwiderhandlungen gegen die Vorlagepflichten aus § 8 Abs. 1 Nr. 3 werden hingegen – anders als bei sonstigen Ausländern nach § 98 Abs. 2 Nr. 3 AufenthG – nicht geahndet.[1] Die ausweisrechtlichen Pflichten berühren das Aufenthaltsrecht der Unionsbürger und ihrer Familienangehörigen in materieller Hinsicht nicht, weshalb die Nichtbeachtung solcher bloßen Formvorschriften lediglich als Ordnungswidrigkeit geahndet werden kann und die Sanktion geeignet,

---
[73] BeckOK AuslR/*Tewocht* Rn. 5.
[74] Vgl. BT-Drs. 15/420, 105.
[75] Vgl. *Huber/Göbel-Zimmermann* Rn. 1487; Bergmann/Dienelt/*Dienelt* Rn. 8.
[76] → AufenthG § 95 Rn. 128.
[1] *Westphal/Stoppa* S. 793.

erforderlich und verhältnismäßig sein muss.² Nach der Gesetzesbegründung handelt es sich um eine „inländergleiche, diskriminierungsfreie bußgeldrechtliche Sanktionierung".³ Diese Einschätzung wird allerdings hinsichtlich des Verstoßes gegen § 8 Abs. 1 Nr. 1b in Zweifel gezogen, weil eine entsprechende Aushändigungspflicht für Deutsche bei der Ein- oder Ausreise nach den Vorschriften des PassG nicht bestehe. Die Verpflichtung und die in Abs. 1 für den Verstoß normierte Bußgeldvorschrift sei deshalb wegen Verstoßes gegen das **Diskriminierungsverbot** aus Art. 12 des EG-Vertrages unzulässig.⁴ Der Sache nach entspricht die Aushändigungspflicht aber der Pflicht, sich bei der Ein- oder Ausreise auszuweisen, die auch für Deutsche besteht und deren Verletzung ebenfalls eine Ordnungswidrigkeit darstellt (vgl. §§ 1 Abs. 1 Satz 1, 25 Abs. 3 Nr. 1 PassG). Ein Verstoß gegen Gemeinschaftsrecht liegt damit nicht vor.⁵

II. Bußgeldtatbestände

2 **1. Ordnungswidrigkeiten nach Abs. 1. a) Verstoß gegen § 8 Abs. 1 Nr. 1 lit. b oder § 8 Abs. 1 Nr. 3 (Abs. 1).** Ein Unionsbürger oder sein Familienangehöriger handelt nach Abs. 1 **Alt. 1** ordnungswidrig, wenn er bei der Einreise in das oder der Ausreise aus dem Bundesgebiet seinen Pass oder anerkannten Passersatz⁶ einem zuständigen Beamten auf Verlangen nicht oder nicht rechtzeitig aushändigt. Die Verpflichtung trägt Art. 5 Abs. 1 Satz 1 der Freizügigkeitsrichtlinie⁷ Rechnung und ist auf den Zeitraum der Ein- und Ausreise beschränkt, so dass damit die Aushändigung insbesondere im Rahmen einer **Grenzkontrolle** in Betracht kommt.⁸ Da die deutschen Landgrenzen sämtlich EU-Binnengrenzen darstellen, an denen gemäß Art. 20 des Schengener Grenzkodex (SGK) Grenzkontrollen abgeschafft sind, verbleibt in der Praxis für die Vorschrift nur ein geringer Anwendungsbereich.⁹ Andere polizeiliche Kontrollen im Bundesgebiet fallen nicht unter § 8 Abs. 1 Nr. 1 lit. b,¹⁰ allerdings ist insoweit die Verpflichtung, bei einer Identitätskontrolle mitzuwirken, gemäß § 111 Abs. 1 OWiG für Jedermann bußgeldbewehrt.¹¹ Nach der **Alt. 2** begeht eine Ordnungswidrigkeit, wer gegen § 8 Abs. 1 Nr. 3 verstößt, also seinen Pass oder Passersatz, die Aufenthaltskarte, die Bescheinigung des Daueraufenthalts oder die Daueraufenthaltskarte den mit der Ausführung dieses Gesetzes betrauten Behörden auf Verlangen nicht vorlegt, aushändigt oder vorübergehend überlässt, soweit dies zur Durchführung oder Sicherung von Maßnahmen nach diesem Gesetz erforderlich ist. Die Vorschrift ist mit dem „Gesetz zur Änderung des Freizügigkeitsgesetzes/EU und weiterer aufenthaltsrechtlicher Vorschriften" vom 21.1.2013 in das Gesetz eingeführt worden und soll eine Regelungslücke schließen, weil für eine Ahndung des Verstoßes gegen § 8 Abs. 1 Nr. 3 als Ordnungswidrigkeit in der Praxis Bedarf bestehe.¹² Tatbestandsvoraussetzung ist in beiden Alternativen ein **eindeutiges** und verständliches Verlangen des zuständigen Beamten,¹³ bei der Alt. 2 also eines Beamten der zuständigen Ausländerbehörde, der zu den in § 8 Abs. 1 Nr. 3 genannten Zwecken handeln muss. Die Zuwiderhandlung liegt in der Nichtvorlage oder der nicht rechtzeitigen Vorlage. **Rechtzeitig** bedeutet ohne schuldhaftes Zögern, wobei ein angemessener Zeitraum, etwa zum Heraussuchen der Papiere aus einer Reisetasche, zu berücksichti-

---

² EuGH 14.7.1977 – C-8/77, NJW 1977, 1579 (1581); *Hailbronner* Rn. 1.
³ BT-Drs. 15/420, 105.
⁴ *Westphal/Stoppa* S. 793.
⁵ Vgl. auch BT-Drs. 16/5065, 212.
⁶ Vgl. zum Begriff → AufenthG § 3 Rn. 1.
⁷ Richtlinie 2004/38/EG vom 29.4.2004 über das Recht der Unionsbürger und ihrer Familienangehörigen, sich im Hoheitsgebiet der Mitgliedstaaten frei zu bewegen und aufzuhalten, ABl. L 229, 35.
⁸ *Westphal/Stoppa* S. 793; BeckOK AuslR/*Tewocht* Rn. 2.
⁹ Näher → AufenthG § 98 Rn. 6.
¹⁰ *Hailbronner* Rn. 2.
¹¹ *Westphal/Stoppa* S. 793.
¹² BT-Drs. 17/10746, 12.
¹³ → AufenthG § 98 Rn. 9.

gen ist.[14] Auch eine gegebenenfalls provozierende kurze Verzögerung beseitigt die Rechtzeitigkeit noch nicht.[15]

b) Verstoß gegen § 8 Abs. 1a (Abs. 1 Nr. 2). Die in § 8 Abs. 1a durch das **Gesetz zu bereichsspezifischen Regelungen der Gesichtsverhüllung** mit Wirkung ab dem 15.6.2017 geschaffenen Vorlage- und Mitwirkungspflichten entsprechen denjenigen in § 47a AufenthG. Unionsbürger müssen einer zur **Identitätsfeststellung** befugten Behörde (also etwa der **Polizei**) den Pass oder Passersatz sowie die Aufenthaltskarte, die Bescheinigung des Daueraufenthalts und die Daueraufenthaltskarte vorlegen und es ermöglichen, dass ihr Gesicht mit dem Lichtbild in dem jeweiligen Dokument abgeglichen wird. Voraussetzung ist, dass die zuständigen Behörden die Vorlage bzw. die Ermöglichung des Abgleichs verlangen; dieses Verlangen muss eindeutig und verständlich geäußert werden, um die Verpflichtung auszulösen. Der Verstoß gegen die Pflicht erfüllt den objektiven Tatbestand.

c) Subjektiver Tatbestand. Nur der **vorsätzliche** Verstoß gegen die Aushändigungspflicht stellt eine Ordnungswidrigkeit dar; ein fahrlässiger Verstoß wäre nur ausreichend, wenn das Gesetz dies ausdrücklich bestimmte, vgl. § 10 OWiG.

2. Verstoß gegen § 8 Abs. 1 Nr. 2 (Abs. 2). a) Objektiver Tatbestand. In § 8 Abs. 1 Nr. 2 ist die **Passbesitzpflicht** des Freizügigkeitsberechtigten geregelt, die während des Aufenthalts im Bundesgebiet besteht. Der Pass muss nicht ständig mit sich geführt werden, ausreichend ist, dass er erforderlichenfalls zum Nachweis der Identität oder Staatsangehörigkeit vorgelegt werden kann. Das ist allerdings nicht der Fall, wenn der Pass verloren geht oder der Freizügigkeitsberechtigte ihn an eine Dritten zur unbefugten Nutzung weitergibt.[16] Erforderlich ist, dass der Pass oder Passersatz **gültig** ist, weshalb die Nichtverlängerung den objektiven Tatbestand des Abs. 2 erfüllt.[17]

b) Subjektiver Tatbestand. In subjektiver Hinsicht erfordert der Tatbestand eine **vorsätzliche** oder **leichtfertige** Begehung. Leichtfertigkeit liegt vor, wenn der Täter grob achtlos handelt. Damit wird ein erhöhter Grad an Fahrlässigkeit bezeichnet, der erfüllt ist, wenn nicht beachtet wird, was sich unter Berücksichtigung der individuellen Erkenntnisse und Fähigkeiten geradezu aufdrängen muss.[18] Eine nur einfach fahrlässige Begehung, etwa durch Übersehen oder Vergessen des Ablaufs der Gültigkeitsdauer, begründet den Verstoß hingegen nicht.

3. Verstoß gegen § 8 Abs. 1 Nr. 1 lit. a (Abs. 3). a) Objektiver Tatbestand. In Abs. 3 wird der Verstoß gegen die Verpflichtung, einen Pass- oder Passersatz **mit sich** zu **führen**, mit einem Bußgeld bewehrt. Wie im Fall des Abs. 1 ist die Verpflichtung auf den Zeitraum der Ein- oder Ausreise beschränkt (vgl. § 8 Abs. 1 Nr. 1). Sie besteht indes unabhängig von einer Aufforderung zur Vorlage oder einer etwaigen Kontrolle bei jedem Grenzübertritt, auch über eine sog. „grüne Grenze".[19] Ein Mitsichführen setzt voraus, dass der Freizügigkeitsberechtigte jederzeit in der Lage ist, auf das Dokument zuzugreifen; ein Verstoß liegt damit vor, wenn er den Pass oder Passersatz erst von seinem Aufbewahrungsort herbeischaffen muss.[20]

b) Subjektiver Tatbestand. Neben der **vorsätzlichen** Begehungsweise lässt Abs. 3 auch den **fahrlässigen** Verstoß gegen die Mitführungspflicht genügen. Fahrlässigkeit ist nach allgemeinen Grundsätzen gegeben, wenn der Täter die Tatbestandsverwirklichung aus vorhersehbaren und vermeidbaren Gründen nicht für möglich hält (unbewusste Fahrlässig-

---

[14] *Hailbronner* Rn. 2; BeckOK AuslR/*Tewocht* Rn. 2.
[15] *Westphal/Stoppa* S. 793.
[16] *Hailbronner* Rn. 4.
[17] *Hailbronner* Rn. 5.
[18] *Fischer* StGB § 15 Rn. 20 mwN.
[19] *Westphal/Stoppa* S. 794; *Hailbronner* Rn. 8.
[20] *Westphal/Stoppa* S. 793; BeckOK AuslR/*Tewocht* Rn. 5.

keit) oder sie zwar für möglich hält, aber pflichtwidrig darauf vertraut, dass die Rechtsgutsverletzung trotzdem nicht eintreten werde (bewusste Fahrlässigkeit).[21] Ein fahrlässiger Verstoß kommt nach diesen Grundsätzen bereits in Betracht, wenn der Unionsbürger seinen Pass vor Antritt der Fahrt, in deren Rahmen er in das Bundesgebiet ein- oder daraus ausreist, zu Hause vergisst. Denn es ist allgemein bekannt, dass für den Grenzübertritt auch an Binnengrenzen der Europäischen Union Pass- oder Passersatzpapiere mitgeführt werden müssen.[22]

III. Geldbuße (Abs. 4) und Zuständigkeit (Abs. 5)

9   Die in Abs. 4 vorgesehenen **Bußgeldrahmen** – für Verstöße gegen Abs. 1 und 3 bis zu 2.500 EUR, gegen Abs. 2 bis zu 1.000 EUR – entsprechen denen in § 25 Abs. 3 PassG bzw. § 5 Abs. 2 BPersAuswG iVm § 17 Abs. 1 OWiG, mit denen gleichartige Verstöße von Deutschen geahndet werden. Die Vorschrift achtet damit das gemeinschaftsrechtliche Diskriminierungsverbot aus Art. 12 EGV, das freilich auch bei der konkreten Bußgeldfestsetzung nicht übergangen werden darf.[23] Für die Verstöße nach Abs. 2 und 3 gilt, dass das Bußgeld für eine fahrlässige Begehung – wozu auch leichtfertiges Handeln zählt – gemäß § 17 Abs. 2 OWiG maximal auf die Hälfte des angedrohten Höchstmaßes festgesetzt werden darf.[24]

10 Abs. 5 sieht als zuständige Behörde für die Verfolgung und Ahndung von Verstößen gegen die Abs. 1 und 3 **Bundespolizeibehörden** vor, was der sachlichen Zuständigkeit der Bundespolizei für die Kontrolle des grenzüberschreitenden Verkehrs entspricht.[25] Für Zuwiderhandlungen gegen die Passbesitzpflicht verbleibt es bei der Zuständigkeit der Länder.

§ 11 Anwendung des Aufenthaltsgesetzes

(1) ¹Auf Unionsbürger und ihre Familienangehörigen, die nach § 2 Abs. 1 das Recht auf Einreise und Aufenthalt haben, finden § 3 Abs. 2, § 11 Absatz 8, die §§ 13, 14 Abs. 2, die §§ 36, 44 Abs. 4, die §§ 45a, 46 Absatz 2, § 50 Absatz 3 bis 6, § 59 Absatz 1 Satz 6 und 7, §§ 69, 73, 74 Abs. 2, § 77 Abs. 1, die §§ 80, 82 Abs. 5, die §§ 85 bis 88, 90, 91, 95 Abs. 1 Nr. 4 und 8, Abs. 2 Nr. 2, Abs. 4, die §§ 96, 97, 98 Abs. 2 Nr. 2, Abs. 2a, 3 Nr. 3, Abs. 4 und 5 sowie § 99 des Aufenthaltsgesetzes entsprechende Anwendung. ²§ 73 des Aufenthaltsgesetzes ist zur Feststellung von Gründen gemäß § 6 Abs. 1 anzuwenden. ³§ 78 des Aufenthaltsgesetzes ist für die Ausstellung von Aufenthaltskarten nach § 5 Absatz 1 Satz 1 und Daueraufenthaltskarten nach § 5 Absatz 5 Satz 2 entsprechend anzuwenden. ⁴Aufenthaltskarten nach § 5 Absatz 1 Satz 1 tragen die Bezeichnung „Aufenthaltskarte (Familienangehöriger EU)" und Daueraufenthaltskarten nach § 5 Absatz 5 Satz 2 die Bezeichnung „Daueraufenthaltskarte (Familienangehöriger EU)". ⁵Für Aufenthaltskarten nach § 5 Absatz 1 Satz 1 und Daueraufenthaltskarten nach § 5 Absatz 5 Satz 2 wird in der Zone für das automatische Lesen anstelle der Abkürzungen nach § 78 Absatz 2 Satz 2 Nummer 1 des Aufenthaltsgesetzes die Abkürzung „AF" verwandt. ⁶Unter den Voraussetzungen des § 78a Absatz 1 Satz 1 des Aufenthaltsgesetzes können Aufenthaltskarten nach § 5 Absatz 1 Satz 1 und Daueraufenthaltskarten nach § 5 Absatz 5 Satz 2 auf einem einheitlichen Vordruck ausgestellt werden. ⁷Für Aufenthaltskarten nach § 5 Absatz 1 Satz 1 und Daueraufenthaltskarten nach § 5 Absatz 5 Satz 2 gilt § 105b des Aufenthaltsgesetzes entsprechend. ⁸Die Verpflichtungen aus § 82 Abs. 5 Satz 1 Nr. 1 des Aufenthaltsgesetzes gelten

---

[21] *Fischer* StGB § 15 Rn. 14a.
[22] *Hailbronner* Rn. 9.
[23] *Hailbronner* Rn. 10 f.
[24] *Westphal/Stoppa* S. 795.
[25] *Hailbronner* Rn. 13.

entsprechend für Unionsbürger, deren Lichtbilder zur Führung der Ausländerdateien benötigt werden. [9]Die Mitteilungspflichten nach § 87 Absatz 2 Satz 1 Nummer 1 bis 3 des Aufenthaltsgesetzes bestehen insoweit, als die dort genannten Umstände auch für die Feststellung nach § 2 Absatz 7, § 5 Absatz 4 und § 6 Abs. 1 entscheidungserheblich sein können. [10]§ 88a Absatz 1 Satz 1, 3 und 4 des Aufenthaltsgesetzes findet entsprechende Anwendung, soweit die Übermittlung von teilnehmerbezogenen Daten im Rahmen der Durchführung von Integrationskursen nach § 44 Absatz 4 des Aufenthaltsgesetzes, zur Überwachung einer Eingliederungsvereinbarung nach dem Zweiten Buch Sozialgesetzbuch oder zur Durchführung des Einbürgerungsverfahrens erforderlich ist. [11]Das Aufenthaltsgesetz findet auch dann Anwendung, wenn es eine günstigere Rechtsstellung vermittelt als dieses Gesetz.

(2) Hat die Ausländerbehörde das Nichtbestehen oder den Verlust des Rechts nach § 2 Abs. 1 festgestellt, findet das Aufenthaltsgesetz Anwendung, sofern dieses Gesetz keine besonderen Regelungen trifft.

(3) Zeiten des rechtmäßigen Aufenthalts nach diesem Gesetz unter fünf Jahren entsprechen den Zeiten des Besitzes einer Aufenthaltserlaubnis, Zeiten über fünf Jahren dem Besitz einer Niederlassungserlaubnis.

Mit dem FreizügG/EU ist im Grundsatz ein **eigenständiges Recht** für die Unionsbürger und ihre Familienangehörigen geschaffen worden, das die Anwendung des allgemeinen Ausländerrechts im AufenthG ausschließt. Das ergibt sich zugleich auch § Abs. 2 Nr. 1 AufenthG. Um Wiederholungen zu vermeiden, ist für Sachverhalte, die bereits im AufenthG geregelt worden sind und die auch für Unionsbürger Geltung beanspruchen können, der Weg der **Verweisung auf** diese Vorschriften des **AufenthG** durch das FreizügG/EU gewählt worden. Diese ausdrücklichen Verweisungen finden sich in Abs. 1. Das dieser Verweisungstechnik innewohnende Risiko unvorhergesehener Regelungslücken hatte sich allerdings bei Erlass des FreizügG/EU mit dem Zuwanderungsgesetz zunächst verwirklicht, so dass die Vorschrift durch das „Gesetz zur Umsetzung aufenthalts- und asylrechtlicher Richtlinien der Europäischen Union" vom 16.8.2007 um einige Verweisungen insbesondere auf Strafvorschriften und Bußgeldtatbestände, aber auch auf Verfahrensregelungen des AufenthG erweitert wurde.[1] Nach Abs. 1 Satz 11 ist das AufenthG allerdings auch dann anzuwenden, wenn die dortigen Vorschriften für den Unionsbürger günstiger sind, als die des FreizügG/EU. Dieses **Günstigkeitsprinzip** greift ein, soweit etwa bei den Regelungen über Verbleiberechte nach den §§ 31, 34 und 35 AufenthG für Ehegatten und Kinder bereits unter geringeren Voraussetzungen als denen des § 3 FreizügG/EU ein eigenständiges Aufenthaltsrecht vorgesehen ist.[2] 1

In Abs. 2 ist bestimmt, dass für Unionsbürger, bezüglich derer das Nichtbestehen oder der Verlust des Freizügigkeitsrechts festgestellt worden ist, die Regelungen des AufenthG gelten. Es kommen insoweit sowohl die Feststellung nach § 2 Abs. 7, nach § 5 Abs. 5 als auch nach § 6 Abs. 1 in Betracht.[3] Das AufenthG greift jedoch nicht ein, soweit das FreizügG/EU – wie in §§ 6, 7 und 9 – Sonderregelungen enthält. Eine Bestrafung eines Unionsbürgers nach § 95 Abs. 2 Nr. 1 AufenthG scheidet deshalb auch dann aus, wenn das Fehlen oder der Verlust seines Freizügigkeitsrechts festgestellt worden ist.[4] 2

Abs. 3 enthält schließlich eine Regelung zur Anrechnung von Aufenthaltszeiten, die der **Besitzstandswahrung** des nicht oder nicht mehr freizügigkeitsberechtigten Unionsbürgers dient. Da das AufenthG vielfach an den Besitz eines Aufenthaltstitels anknüpft, der einem Unionsbürger während der Geltung der Freizügigkeit nicht erteilt wird, kann durch die 3

---

[1] Vgl. BT-Drs. 16/5065, 212, dazu auch → AufenthG § 95 Rn. 10 f.
[2] Dazu *Hailbronner* Rn. 35 f.
[3] Huber/*Brinkmann* Rn. 38; Bergmann/Dienelt/*Dienelt* Rn. 4.
[4] *Hailbronner* Rn. 42.

Fiktion des Besitzes einer Aufenthaltserlaubnis oder einer Niederlassungserlaubnis der weitere Aufenthalt auch nach dem AufenthG gesichert werden.

§ 11a Verordnungsermächtigung

Das Bundesministerium des Innern wird ermächtigt, durch Rechtsverordnung mit Zustimmung des Bundesrates die Einzelheiten der Ausstellung von Aufenthaltskarten nach § 5 Absatz 2 Satz 1 und Daueraufenthaltskarten nach § 5 Absatz 6 Satz 2 entsprechend § 99 Absatz 1 Nummer 13a Satz 1 des Aufenthaltsgesetzes sowie Einzelheiten des Prüfverfahrens entsprechend § 34 Nummer 4 des Personalausweisgesetzes und Einzelheiten zum elektronischen Identitätsnachweis entsprechend § 34 Nummer 5 bis 7 des Personalausweisgesetzes festzulegen.

§ 12 Staatsangehörige der EWR-Staaten

Dieses Gesetz gilt auch für Staatsangehörige der EWR-Staaten und ihre Familienangehörigen im Sinne dieses Gesetzes.

1   Die Vorschrift erweitert den Anwendungsbereich des FreizügG/EU auf die Staatsangehörigen der EWR-Staaten und ihrer Familienangehörigen, derzeit also auf die Staatsangehörigen von Island, Liechtenstein und Norwegen, nicht aber der Schweiz, die das EWR-Abkommen nicht ratifiziert hat. Für die Schweizer Staatsangehörigen gilt indes das Freizügigkeitsabkommen EU/Schweiz.

§ 13 Staatsangehörige der Beitrittsstaaten

Soweit nach Maßgabe des Beitrittsvertrages eines Mitgliedstaates zur Europäischen Union abweichende Regelungen anzuwenden sind, findet dieses Gesetz Anwendung, wenn die Beschäftigung durch die Bundesagentur für Arbeit nach § 284 Absatz 1 des Dritten Buches Sozialgesetzbuch genehmigt wurde.

§ 14 Bestimmungen zum Verwaltungsverfahren

Von den in § 11 Abs. 1 in Verbindung mit § 87 Absatz 1, 2 Satz 1 und 2, Abs. 4 Satz 1, 2 und 4, §§ 90, 91 Abs. 1 und 2, § 99 Abs. 1 und 2 des Aufenthaltsgesetzes getroffenen Regelungen des Verwaltungsverfahrens kann durch Landesrecht nicht abgewichen werden.

§ 15 Übergangsregelung

Eine vor dem 28. August 2007 ausgestellte Aufenthaltserlaubnis-EU gilt als Aufenthaltskarte für Familienangehörige eines Unionsbürgers fort.

III. Asylgesetz (AsylG)

In der Fassung der Bekanntmachung vom 2.9.2008, BGBl. I S. 1798
Zuletzt geändert durch Gesetz vom 20.7.2017, BGBl. I S. 2780

FNA 26-7
(Auszug)

Schrifttum:[1] *Aurnhammer,* Spezielles Ausländerstrafrecht, Die Straftatbestände des AuslG und des AsylVfG, 1996; *Baumüller/Brunn/Fritz/Hillmann,* Kommentar zum Asylverfahrensgesetz, 1983; *Bergmann/Dienelt,* Ausländerrecht, 11. Aufl. 2016; *Brandis,* Zur Strafbarkeit von Asylbewerbern bei Ausreise, InfAuslR 1988, 18; *Brocke,* Aktuelle Entwicklungen des Ausländerstrafrechts NStZ 2009, 546; *Dierichs,* Zur Verfassungsmäßigkeit von § 34 Abs. 1 Nr. 3 1. Alt. und § 35 Abs. 1 1. Alt. AsylVfG 82, ZAR 1986, 125; Gemeinschaftskommentar zum AsylVfG, *von Brunn/Fritz* (Hrsg.), Loseblattkommentar, 1986 ff. (bis 28. Ergänzungslieferung); Gemeinschaftskommentar zum AsylVfG, von *Fritz/Vormeier* (Hrsg.), Loseblattkommentar, 1992 ff. (ab 29. Ergänzungslieferung AsylVfG 92); *Huber/Göbel-Zimmermann,* Asyl- und Flüchtlingsrecht, 2. Aufl. 2008; *Hailbronner,* Ausländerrecht, Loseblattkommentar 1992 ff.; *Heldmann,* Ausländergesetz, Kommentar, 2. Aufl. 1993; *Henkel,* Das neue Asylrecht, NJW 1993. 2705; *Huber,* Ausländer- und Asylrecht, 1983; *Huber,* Die Entwicklung des Ausländer- und Erlaubnisrechts im Jahre 1980, NJW 1981, 1868; *Kanein,* Kommentar zum Ausländerrecht, 4. Aufl. 1988; *Kloesel/Christ,* Deutsches Ausländerrecht, Loseblattkommentar 1989 ff. (bis 2. Aufl.); *Kloesel/Christ/Häußer,* Deutsches Ausländerrecht, Loseblattkommentar, 1991 ff. (ab 3. Aufl.); *Krehl,* Missbräuchlich gestellter Asylantrag als Ansatzpunkt strafrechtlicher Verfolgung, NJW 1991, 1397 f.; *Kretschmer,* Rechtsprechungsübersicht zum Ausländerstrafrecht, NStZ 2013, 570; *Lutz,* Praktische Probleme des Ausländerstrafrechts, InfAuslR 1997, 384; *Marx/Strate/Pfaff,* Asylverfahrensgesetz, Kommentar, 2. Aufl. 1987; *Marx,* Asylverfahrensgesetz, Kommentar, 9. Aufl. 2017; *Odenthal,* Strafbewehrter Verwaltungsakt und verwaltungsrechtliches Eilverfahren, NStZ 1991, 418; *von Pollern,* Das Strafrecht für Ausländer, Asylbewerber und EG-Ausländer im Ausländergesetz, Asylverfahrensgesetz und EWG Aufenthaltsgesetz, ZAR 1987, 12; *von Pollern,* Das spezielle Strafrecht für Ausländer, Asylbewerber und EU-Ausländer im Ausländergesetz, Asylverfahrensgesetz und EWG-Aufenthaltsgesetz, ZAR 1996, 175; *Reermann,* Das Asylverfahrensgesetz vom 16.7.1982, ZAR 1982, 127; *Schenk,* Asylrecht und Asylverfahrensrecht, Systematische Darstellung für die Praxis, 1993; *Schiedermair/Wollenschläger,* Handbuch des Ausländerrechts der Bundesrepublik Deutschland, Loseblattsammlung, 1985 ff.; *Schulthinrichs,* Gewinnabschöpfung bei BtM-Delikten – Erweiterter Verfall, Diss. Mainz 1991; *Storr/Wenger/Eberle,* Kommentar zum ZuwG-Aufenthaltsgesetz und FreizügigkeitsgesetzEU, 2005; *Traulsen,* Die Kriminalität der Asylbewerber oder: Wie kriminell ist die Kriminalität der Asylbewerber, Kriminalistik 1993, 443; *Ventzke,* Strafverfolgung als Konsequenz der Asylantragsbegründung?, StV 1990, 279; *Westphal/Stoppa,* Ausländerrecht für die Polizei, 3. Aufl. 2007; *Wollenschläger/Weickhardt,* Entscheidungssammlung zum Ausländer- und Asylrecht, Loseblatt; *Wüterich,* Die Behandlung von Verwaltungsakten für die Strafbarkeit wegen Umweltvergehen, NStZ 1987, 106.

Vorbemerkung zu § 1

1 Die Kommentierung des AsylG ist streng auf die Strafbestimmungen der §§ 84–85 sowie die Bußgeldvorschrift des § 86 ausgerichtet. Soweit die verwaltungsrechtlichen Bestimmungen und allgemeine verwaltungsrechtliche Probleme ebenso wie verfassungsrechtliche Fragen für das Strafrecht bedeutsam sind, werden sie dort mit behandelt. Die §§ 1–83 sind daher nur mit einer kurzen allgemein gehaltenen Erläuterung versehen, die dem schnellen Verständnis dienen soll. Fragen der Ab- bzw. Zurückschiebungshaft sind als dem Verwaltungsrecht zugehörend nicht angesprochen. Vom Abdruck der Übergangs- und Schlussvorschriften wurde abgesehen.

2 In die 3. Aufl. eingearbeitet wurden neben dem Gesetz zur Umsetzung der RiLi 2011/95/EU vom 28.8.2013, BGBl. I S. 3474, zahlreiche mit Blick auf die Flüchtlingswelle des Jahres 2015 erforderlich gewordene Änderungen, die eine schnellere Bearbeitung von Asylgesuchen ermöglichen sollten: einerseits das sog. AsylverfahrensbeschleunigungsG vom

---
[1] Das Literaturverzeichnis ist beschränkt auf Kommentare und Abhandlungen, die sich zumindest auch mit den Strafbestimmungen befassen. Die umfangreiche verwaltungsrechtliche Literatur kann den genannten Kommentaren entnommen werden.

20.10.2015, BGBl. I S. 1722, mit welchem das bisherige „AsylverfahrensG" auch die Bezeichnung „AsylG" erhalten hat, um zu verdeutlichen, dass das Gesetz nicht nur verfahrensrechtliche Regelungen, sondern auch materiell-rechtliche Vorgaben enthält, andererseits zwei Gesetze vom 11.3.2016, BGBl. I S. 390 und 394 betr. die Einführung beschleunigter Asylverfahren und die Behandlung straffällig gewordener Asylbewerber.

Abschnitt 1. Geltungsbereich

§ 1 Geltungsbereich

(1) Dieses Gesetz gilt für Ausländer, die Folgendes beantragen:
1. **Schutz vor politischer Verfolgung nach Artikel 16a Absatz 1 des Grundgesetzes oder**
2. **internationalen Schutz nach der Richtlinie 2011/95/EU des Europäischen Parlaments und des Rates vom 13. Dezember 2011 über Normen für die Anerkennung von Drittstaatsangehörigen oder Staatenlosen als Personen mit Anspruch auf internationalen Schutz, für einen einheitlichen Status für Flüchtlinge oder für Personen mit Anrecht auf subsidiären Schutz und für den Inhalt des zu gewährenden Schutzes (ABl. L 337 vom 20.12.2011, S. 9); der internationale Schutz im Sinne der Richtlinie 2011/95/EU umfasst den Schutz vor Verfolgung nach dem Abkommen vom 28. Juli 1951 über die Rechtsstellung der Flüchtlinge (BGBl. 1953 II S. 559, 560) und den subsidiären Schutz im Sinne der Richtlinie; der nach Maßgabe der Richtlinie 2004/83/EG des Rates vom 29. April 2004 über Mindestnormen für die Anerkennung und den Status von Drittstaatsangehörigen oder Staatenlosen als Flüchtlinge oder als Personen, die anderweitig internationalen Schutz benötigen, und über den Inhalt des zu gewährenden Schutzes (ABl. L 304 vom 30.9.2004, S. 12) gewährte internationale Schutz steht dem internationalen Schutz im Sinne der Richtlinie 2011/95/EU gleich; § 104 Absatz 9 des Aufenthaltsgesetzes bleibt unberührt.**

(2) Dieses Gesetz gilt nicht für heimatlose Ausländer im Sinne des Gesetzes über die Rechtsstellung heimatloser Ausländer im Bundesgebiet in der im Bundesgesetzblatt Teil III, Gliederungsnummer 243-1, veröffentlichten bereinigten Fassung in der jeweils geltenden Fassung.

1 Seit dem Inkrafttreten des Gesetzes zur Umsetzung der RiLi 2011/95/EU vom 28.8.2013 erfasst das AsylG neben der politischen Verfolgung iSd GG, für die es das förmliche Verfahren abschließend regelt, alle Personen, denen iS dieser RiLi internationaler Schutz zukommt, nämlich einerseits einen durch § 3 umrissenen Kreis von Ausländern mit Flüchtlingseigenschaft iSd Genfer Flüchtlingskonvention und andererseits – nunmehr neu – solche, denen subsidiärer Schutz zu gewähren ist, weil ihnen ernsthafter lebensbedrohender Schaden droht. Dabei kommt § 1 vor allem deklaratorische Bedeutung zu, während sich die materiellrechtlichen Grundlagen der Asylanerkennung aus Art 16a GG, der Flüchtlingsanerkennung aus §§ 3–3e und des subsidiären Schutzes aus § 4 ergeben. Wird komplementärer Abschiebungsschutz nach § 60 AufenthG begehrt, greift das AsylG nicht ein, auch wenn das den Anerkennungsantrag selbst prüfende BAMF (siehe § 5) dieses Begehren mit zu prüfen hat. Damit ergibt sich folgender üblicher Prüfungs- und Bescheidaufbau: 1. Flüchtlingseigenschaft iSd § 3/ 2. Asylanerkennung iSd § 2/ 3. Subsidiärer Schutzstatus iSd § 4/ 4. Abschiebungsverbote iSd § 60 Abs. 5 und 7 AufenthG/ 5. Abschiebungsandrohung iSd § 59 AufenthG. Politisch Verfolgte können nur Ausländer sein, worunter aber auch Staatenlose und Personen mit ungeklärter Herkunft fallen. Politische Verfolgung ist dann anzunehmen, wenn der Person bei Rückkehr in die Heimat organisierte Verfolgungsmaßnahmen für Leib oder Leben oder Beeinträchtigungen der persönlichen Freiheit aus politischen Gründen drohen.

Für Kriegs- oder Bürgerkriegsflüchtlinge gelten vorrangig die Regelungen der §§ 2 Abs. 6, 24 AufenthG. Maßgebend für die Anwendung der Verfahrensregeln des AsylG ist grundsätzlich nicht eine materiellrechtliche Berechtigung, sondern die Zielrichtung des gestellten Gesuches. Der Begriff der Rückführung umfasst neben der Auslieferung die Verweigerung der Einreise sowie die Zurückschiebung.

Auf den in Abs. 2 genannten Personenkreis kann das AsylG **nicht angewendet** werden, weder im Rahmen der Anerkennung als Asylant noch als Flüchtling. Hierfür besteht auch kein Bedürfnis, weil heimatlose Ausländer nach dem in Abs. 2 genannten Gesetz bereits weitergehende Rechte genießen als anerkannte Asylbewerber. Eine Ausnahme für im Rahmen humanitärer Hilfsaktionen aufgenommener Flüchtlinge (HumHAG) ist im Hinblick auf die Einführung einer Sonderregelung nach § 23 AufenthG durch das Zuwanderungsgesetz überflüssig geworden. Keine Anwendung findet naturgemäß das AsylG auch auf Deutsche und Statusdeutsche, regelmäßig auch nicht Unionsbürger, weshalb sich die Qualifikationsrichtlinie 2004/83/EG auch nur auf Drittstaatsangehörige bezieht. 2

Abschnitt 2. Schutzgewährung

Unterabschnitt 1. Asyl

§ 2 Rechtsstellung Asylberechtigter

(1) Asylberechtigte genießen im Bundesgebiet die Rechtsstellung nach dem Abkommen über die Rechtsstellung der Flüchtlinge.

(2) Unberührt bleiben die Vorschriften, die den Asylberechtigten eine günstigere Rechtsstellung einräumen.

(3) Ausländer, denen bis zum Wirksamwerden des Beitritts in dem in Artikel 3 des Einigungsvertrages genannten Gebiet Asyl gewährt worden ist, gelten als Asylberechtigte.

Der subjektive **Asylanspruch** aus Art. 16a Abs. 1 GG **wird** unter Verweis auf die Genfer Flüchtlingskonvention in § 2 Abs. 1 ergänzt durch die staatliche Verpflichtung insbes. im Bereich des Arbeits- und Sozialrechts (zB Zugang zu Berufsausbildung, Recht auf Arbeitserlaubnis, Eingliederungsbeihilfen, Sozialversicherung, Wohnungsfürsorge) und der freien Persönlichkeitsentfaltung dem anerkannten Asylanten ein menschenwürdiges Dasein zu ermöglichen. Unmittelbarer Rechtsinhaber ist der anerkannte Asylbewerber bzw. derjenige, dem Familienasyl gewährt wurde (§ 26). Der das Vorliegen der Voraussetzungen des Art. 16a Abs. 1 GG feststellende Anerkennungsbescheid hat insofern nicht nur deklaratorische, sondern auch konstitutive Wirkung. Gemäß § 25 Abs. 1 AufenthG gilt der Aufenthalt als erlaubt und ist eine Aufenthaltserlaubnis zu erteilen, die wiederum die Berechtigung zur Erwerbstätigkeit einschließt. 1

Unterabschnitt 2. Internationaler Schutz

§ 3 Zuerkennung der Flüchtlingseigenschaft

(1) Ein Ausländer ist Flüchtling im Sinne des Abkommens vom 28. Juli 1951 über die Rechtsstellung der Flüchtlinge (BGBl. 1953 II S. 559, 560), wenn er sich
1. **aus begründeter Furcht vor Verfolgung wegen seiner Rasse, Religion, Nationalität, politischen Überzeugung oder Zugehörigkeit zu einer bestimmten sozialen Gruppe**
2. **außerhalb des Landes (Herkunftsland) befindet,**
   a) **dessen Staatsangehörigkeit er besitzt und dessen Schutz er nicht in Anspruch nehmen kann oder wegen dieser Furcht nicht in Anspruch nehmen will oder**

b) in dem er als Staatenloser seinen vorherigen gewöhnlichen Aufenthalt hatte und in das er nicht zurückkehren kann oder wegen dieser Furcht nicht zurückkehren will.

(2) ¹Ein Ausländer ist nicht Flüchtling nach Absatz 1, wenn aus schwerwiegenden Gründen die Annahme gerechtfertigt ist, dass er
1. ein Verbrechen gegen den Frieden, ein Kriegsverbrechen oder ein Verbrechen gegen die Menschlichkeit begangen hat im Sinne der internationalen Vertragswerke, die ausgearbeitet worden sind, um Bestimmungen bezüglich dieser Verbrechen zu treffen,
2. vor seiner Aufnahme als Flüchtling eine schwere nichtpolitische Straftat außerhalb des Bundesgebiets begangen hat, insbesondere eine grausame Handlung, auch wenn mit ihr vorgeblich politische Ziele verfolgt wurden, oder
3. den Zielen und Grundsätzen der Vereinten Nationen zuwidergehandelt hat.
²Satz 1 gilt auch für Ausländer, die andere zu den darin genannten Straftaten oder Handlungen angestiftet oder sich in sonstiger Weise daran beteiligt haben.

(3) ¹Ein Ausländer ist auch nicht Flüchtling nach Absatz 1, wenn er den Schutz oder Beistand einer Organisation oder einer Einrichtung der Vereinten Nationen mit Ausnahme des Hohen Kommissars der Vereinten Nationen für Flüchtlinge nach Artikel 1 Abschnitt D des Abkommens über die Rechtsstellung der Flüchtlinge genießt. ²Wird ein solcher Schutz oder Beistand nicht länger gewährt, ohne dass die Lage des Betroffenen gemäß den einschlägigen Resolutionen der Generalversammlung der Vereinten Nationen endgültig geklärt worden ist, sind die Absätze 1 und 2 anwendbar.

(4) Einem Ausländer, der Flüchtling nach Absatz 1 ist, wird die Flüchtlingseigenschaft zuerkannt, es sei denn, er erfüllt die Voraussetzungen des § 60 Abs. 8 Satz 1 des Aufenthaltsgesetzes oder das Bundesamt hat nach § 60 Absatz 8 Satz 3 des Aufenthaltsgesetzes von der Anwendung des § 60 Absatz 1 des Aufenthaltsgesetzes abgesehen.

1   Die Bestimmung **ergänzt** § 2 hinsichtlich der Ausländer, die nicht die Anerkennung als Asylsuchende, sondern den weitreichenderen internationalen Schutz als Flüchtlinge begehrt haben. Sie regelt den Begriff des Flüchtlings seit 2013 nicht mehr nur unter Verweis auf § 60 Abs. 1 AufenthG, sondern mit einer eigenen Definition, die praktisch identisch ist mit Art. 1 A Nr. 2 der Genfer Flüchtlingskonvention, und damit die materiell-rechtlichen Voraussetzungen für die Zuerkennung der Flüchtlingseigenschaft. So sind nunmehr in Umsetzung der sog. Qualifikationsrichtlinie 2004/83/EG des Rates vom 29.4.2004, ABl. L 304, 12, sämtliche ausländischen Flüchtlinge iSd Konvention in das AsylG einbezogen und erhalten den Flüchtlingsstatus mit der Folge, dass sie wie der anerkannte Asylant – auch wenn § 3 insoweit anders gefasst ist als § 2 – im Bereich des Arbeits- und Sozialrechts alle dort garantierten Rechte unmittelbar in Anspruch nehmen können. Für die Erteilung einer Aufenthaltserlaubnis gilt § 25 Abs. 2 AufenthG.

2   Die Voraussetzungen für die zwingende Annahme einer „**Flüchtlingsunwürdigkeit**" in Abs. 2 entsprechen den Regelungen der Genfer Flüchtlingskonvention sowie der Qualifikationsrichtlinie und sind weitgehend identisch mit § 60 Abs. 8 AufenthG. Das zeigt auch die Kollisionsnorm des § 30 Abs. 4, wonach die Ausschlussklauseln bei der Flüchtlingsanerkennung und bei der Anerkennung als Asylberechtigter in gleicher Weise anzuwenden sind.

3   Abs. 3 erfasst derzeit nur die sog. **Palästinaflüchtlinge.**

§ 3a Verfolgungshandlungen

(1) Als Verfolgung im Sinne des § 3 Absatz 1 gelten Handlungen, die
1. auf Grund ihrer Art oder Wiederholung so gravierend sind, dass sie eine schwerwiegende Verletzung der grundlegenden Menschenrechte darstellen, insbeson-

dere der Rechte, von denen nach Artikel 15 Absatz 2 der Konvention vom 4. November 1950 zum Schutze der Menschenrechte und Grundfreiheiten (BGBl. 1952 II S. 685, 953) keine Abweichung zulässig ist, oder
2. in einer Kumulierung unterschiedlicher Maßnahmen, einschließlich einer Verletzung der Menschenrechte, bestehen, die so gravierend ist, dass eine Person davon in ähnlicher wie der in Nummer 1 beschriebenen Weise betroffen ist.

(2) Als Verfolgung im Sinne des Absatzes 1 können unter anderem die folgenden Handlungen gelten:
1. die Anwendung physischer oder psychischer Gewalt, einschließlich sexueller Gewalt,
2. gesetzliche, administrative, polizeiliche oder justizielle Maßnahmen, die als solche diskriminierend sind oder in diskriminierender Weise angewandt werden,
3. unverhältnismäßige oder diskriminierende Strafverfolgung oder Bestrafung,
4. Verweigerung gerichtlichen Rechtsschutzes mit dem Ergebnis einer unverhältnismäßigen oder diskriminierenden Bestrafung,
5. Strafverfolgung oder Bestrafung wegen Verweigerung des Militärdienstes in einem Konflikt, wenn der Militärdienst Verbrechen oder Handlungen umfassen würde, die unter die Ausschlussklauseln des § 3 Absatz 2 fallen,
6. Handlungen, die an die Geschlechtszugehörigkeit anknüpfen oder gegen Kinder gerichtet sind.

(3) Zwischen den in § 3 Absatz 1 Nummer 1 in Verbindung mit den in § 3b genannten Verfolgungsgründen und den in den Absätzen 1 und 2 als Verfolgung eingestuften Handlungen oder dem Fehlen von Schutz vor solchen Handlungen muss eine Verknüpfung bestehen.

§ 3b Verfolgungsgründe

(1) Bei der Prüfung der Verfolgungsgründe nach § 3 Absatz 1 Nummer 1 ist Folgendes zu berücksichtigen:
1. der Begriff der Rasse umfasst insbesondere die Aspekte Hautfarbe, Herkunft und Zugehörigkeit zu einer bestimmten ethnischen Gruppe;
2. der Begriff der Religion umfasst insbesondere theistische, nichttheistische und atheistische Glaubensüberzeugungen, die Teilnahme oder Nichtteilnahme an religiösen Riten im privaten oder öffentlichen Bereich, allein oder in Gemeinschaft mit anderen, sonstige religiöse Betätigungen oder Meinungsäußerungen und Verhaltensweisen Einzelner oder einer Gemeinschaft, die sich auf eine religiöse Überzeugung stützen oder nach dieser vorgeschrieben sind;
3. der Begriff der Nationalität beschränkt sich nicht auf die Staatsangehörigkeit oder das Fehlen einer solchen, sondern bezeichnet insbesondere auch die Zugehörigkeit zu einer Gruppe, die durch ihre kulturelle, ethnische oder sprachliche Identität, gemeinsame geografische oder politische Herkunft oder ihre Verwandtschaft mit der Bevölkerung eines anderen Staates bestimmt wird;
4. eine Gruppe gilt insbesondere als eine bestimmte soziale Gruppe, wenn
   a) die Mitglieder dieser Gruppe angeborene Merkmale oder einen gemeinsamen Hintergrund, der nicht verändert werden kann, gemein haben oder Merkmale oder eine Glaubensüberzeugung teilen, die so bedeutsam für die Identität oder das Gewissen sind, dass der Betreffende nicht gezwungen werden sollte, auf sie zu verzichten, und
   b) die Gruppe in dem betreffenden Land eine deutlich abgegrenzte Identität hat, da sie von der sie umgebenden Gesellschaft als andersartig betrachtet wird;

als eine bestimmte soziale Gruppe kann auch eine Gruppe gelten, die sich auf das gemeinsame Merkmal der sexuellen Orientierung gründet; Handlungen, die nach deutschem Recht als strafbar gelten, fallen nicht darunter; eine Verfolgung wegen der Zugehörigkeit zu einer bestimmten sozialen Gruppe kann auch vorliegen, wenn sie allein an das Geschlecht oder die geschlechtliche Identität anknüpft;
5. unter dem Begriff der politischen Überzeugung ist insbesondere zu verstehen, dass der Ausländer in einer Angelegenheit, die die in § 3c genannten potenziellen Verfolger sowie deren Politiken oder Verfahren betrifft, eine Meinung, Grundhaltung oder Überzeugung vertritt, wobei es unerheblich ist, ob er auf Grund dieser Meinung, Grundhaltung oder Überzeugung tätig geworden ist.

(2) Bei der Bewertung der Frage, ob die Furcht eines Ausländers vor Verfolgung begründet ist, ist es unerheblich, ob er tatsächlich die Merkmale der Rasse oder die religiösen, nationalen, sozialen oder politischen Merkmale aufweist, die zur Verfolgung führen, sofern ihm diese Merkmale von seinem Verfolger zugeschrieben werden.

§ 3c Akteure, von denen Verfolgung ausgehen kann

Die Verfolgung kann ausgehen von
1. dem Staat,
2. Parteien oder Organisationen, die den Staat oder einen wesentlichen Teil des Staatsgebiets beherrschen, oder
3. nichtstaatlichen Akteuren, sofern die in den Nummern 1 und 2 genannten Akteure einschließlich internationaler Organisationen erwiesenermaßen nicht in der Lage oder nicht willens sind, im Sinne des § 3d Schutz vor Verfolgung zu bieten, und dies unabhängig davon, ob in dem Land eine staatliche Herrschaftsmacht vorhanden ist oder nicht.

§ 3d Akteure, die Schutz bieten können

(1) Schutz vor Verfolgung kann nur geboten werden
1. vom Staat oder
2. von Parteien oder Organisationen einschließlich internationaler Organisationen, die den Staat oder einen wesentlichen Teil des Staatsgebiets beherrschen,

sofern sie willens und in der Lage sind, Schutz gemäß Absatz 2 zu bieten.

(2) ¹Der Schutz vor Verfolgung muss wirksam und darf nicht nur vorübergehender Art sein. ²Generell ist ein solcher Schutz gewährleistet, wenn die in Absatz 1 genannten Akteure geeignete Schritte einleiten, um die Verfolgung zu verhindern, beispielsweise durch wirksame Rechtsvorschriften zur Ermittlung, Strafverfolgung und Ahndung von Handlungen, die eine Verfolgung darstellen, und wenn der Ausländer Zugang zu diesem Schutz hat.

(3) Bei der Beurteilung der Frage, ob eine internationale Organisation einen Staat oder einen wesentlichen Teil seines Staatsgebiets beherrscht und den in Absatz 2 genannten Schutz bietet, sind etwaige in einschlägigen Rechtsakten der Europäischen Union aufgestellte Leitlinien heranzuziehen.

§ 3e Interner Schutz

(1) Dem Ausländer wird die Flüchtlingseigenschaft nicht zuerkannt, wenn er
1. in einem Teil seines Herkunftslandes keine begründete Furcht vor Verfolgung oder Zugang zu Schutz vor Verfolgung nach § 3d hat und

2. sicher und legal in diesen Landesteil reisen kann, dort aufgenommen wird und vernünftigerweise erwartet werden kann, dass er sich dort niederlässt.

(2) ¹Bei der Prüfung der Frage, ob ein Teil des Herkunftslandes die Voraussetzungen nach Absatz 1 erfüllt, sind die dortigen allgemeinen Gegebenheiten und die persönlichen Umstände des Ausländers gemäß Artikel 4 der Richtlinie 2011/95/EU zum Zeitpunkt der Entscheidung über den Antrag zu berücksichtigen. ²Zu diesem Zweck sind genaue und aktuelle Informationen aus relevanten Quellen, wie etwa Informationen des Hohen Kommissars der Vereinten Nationen für Flüchtlinge oder des Europäischen Unterstützungsbüros für Asylfragen, einzuholen.

Mit Wirkung zum 1.12.2013 wurden zur besseren Lesbarkeit die vorgenannten Auslegungsbestimmungen für die Anwendung der einzelnen Elemente der **Flüchtlingsdefinition** neu in das AsylG eingefügt, weitgehend wortidentische Formulierungen der RiLi 2011/95/EG, während bis dahin über den früheren Verweis in § 3 Abs. 1 aF auf § 60 Abs. 1 AufenthG iVm der Vorgängerrichtlinie 2004/83/EG die dort genannten Abschiebungsverbote Grundlage der Entscheidungspraxis waren. Wichtig ist, dass gem. § 3a Abs. 3 zwischen den Verfolgungshandlungen iSd § 3a und den Verfolgungsgründen iSd § 3b eine Verknüpfung bestehen muss, andernfalls kommt nur subsidiärer Schutz nach § 4 in Betracht. Wenn die Flüchtlingseigenschaft aus Gründen, die im Herkunftsland aufgefangen werden können, abzulehnen ist, ergibt sich aus § 3e mit der Neuregelung, dass das Aufsuchen eines Zufluchtsgebietes auch tatsächlich möglich sein muss. 1

§ 4 Subsidiärer Schutz

(1) ¹Ein Ausländer ist subsidiär Schutzberechtigter, wenn er stichhaltige Gründe für die Annahme vorgebracht hat, dass ihm in seinem Herkunftsland ein ernsthafter Schaden droht. ²Als ernsthafter Schaden gilt:
1. die Verhängung oder Vollstreckung der Todesstrafe,
2. Folter oder unmenschliche oder erniedrigende Behandlung oder Bestrafung oder
3. eine ernsthafte individuelle Bedrohung des Lebens oder der Unversehrtheit einer Zivilperson infolge willkürlicher Gewalt im Rahmen eines internationalen oder innerstaatlichen bewaffneten Konflikts.

(2) ¹Ein Ausländer ist von der Zuerkennung subsidiären Schutzes nach Absatz 1 ausgeschlossen, wenn schwerwiegende Gründe die Annahme rechtfertigen, dass er
1. ein Verbrechen gegen den Frieden, ein Kriegsverbrechen oder ein Verbrechen gegen die Menschlichkeit im Sinne der internationalen Vertragswerke begangen hat, die ausgearbeitet worden sind, um Bestimmungen bezüglich dieser Verbrechen festzulegen,
2. eine schwere Straftat begangen hat,
3. sich Handlungen zuschulden kommen lassen hat, die den Zielen und Grundsätzen der Vereinten Nationen, wie sie in der Präambel und den Artikeln 1 und 2 der Charta der Vereinten Nationen (BGBl. 1973 II S. 430, 431) verankert sind, zuwiderlaufen oder
4. eine Gefahr für die Allgemeinheit oder für die Sicherheit der Bundesrepublik Deutschland darstellt.

²Diese Ausschlussgründe gelten auch für Ausländer, die andere zu den genannten Straftaten oder Handlungen anstiften oder sich in sonstiger Weise daran beteiligen.

(3) ¹Die §§ 3c bis 3e gelten entsprechend. ²An die Stelle der Verfolgung, des Schutzes vor Verfolgung beziehungsweise der begründeten Furcht vor Verfolgung

treten die Gefahr eines ernsthaften Schadens, der Schutz vor einem ernsthaften Schaden beziehungsweise die tatsächliche Gefahr eines ernsthaften Schadens; an die Stelle der Flüchtlingseigenschaft tritt der subsidiäre Schutz.

1 Die neue Bestimmung ist zum 1.12.2013 in Kraft getreten und formuliert im AsylG erstmals die Tatbestandsvoraussetzungen eines internationalen subsidiären Schutzes als **eigener Schutzstatus** entspr. Art. 15 und 17 Abs. 2 der RiLi 2011/95/EU. Über § 1 Abs. 1 Nr. 2 ist auch dieser Schutz Gegenstand des Asylverfahrens und gem. § 13 Abs. 2 zugleich in den Asylantragsbegriff aufgenommen. Bei Zuerkennung dieses subsidiären Schutzes ist wie bei der Flüchtlingsanerkennung nach § 25 Abs. 2 S. 1 AufenthG eine Aufenthaltserlaubnis zu erteilen. Die Ausschlussgründe sind ähnlich wie bei der Flüchtlingsanerkennung gem. § 3 Abs. 2 in normierten Fallgruppen geregelt.

Abschnitt 3. Allgemeine Bestimmungen

§ 5 Bundesamt

(1) ¹Über Asylanträge entscheidet das Bundesamt für Migration und Flüchtlinge (Bundesamt). ²Es ist nach Maßgabe dieses Gesetzes auch für ausländerrechtliche Maßnahmen und Entscheidungen zuständig.

(2) ¹Das Bundesministerium des Innern bestellt den Leiter des Bundesamtes. ²Dieser sorgt für die ordnungsgemäße Organisation der Asylverfahren.

(3) ¹Der Leiter des Bundesamtes soll bei jeder Zentralen Aufnahmeeinrichtung für Asylbewerber (Aufnahmeeinrichtung) mit mindestens 1000 dauerhaften Unterbringungsplätzen in Abstimmung mit dem Land eine Außenstelle einrichten. ²Er kann in Abstimmung mit den Ländern weitere Außenstellen einrichten.

(4) ¹Der Leiter des Bundesamtes kann mit den Ländern vereinbaren, ihm sachliche und personelle Mittel zur notwendigen Erfüllung seiner Aufgaben in den Außenstellen zur Verfügung zu stellen. ²Die ihm zur Verfügung gestellten Bediensteten unterliegen im gleichen Umfang seinen fachlichen Weisungen wie die Bediensteten des Bundesamtes. ³Die näheren Einzelheiten sind in einer Verwaltungsvereinbarung zwischen dem Bund und dem Land zu regeln.

(5) ¹Der Leiter des Bundesamtes kann mit den Ländern vereinbaren, dass in einer Aufnahmeeinrichtung Ausländer untergebracht werden, deren Verfahren beschleunigt nach § 30a bearbeitet werden sollen (besondere Aufnahmeeinrichtungen). ²Das Bundesamt richtet Außenstellen bei den besonderen Aufnahmeeinrichtungen nach Satz 1 ein oder ordnet sie diesen zu. Auf besondere Aufnahmeeinrichtungen finden die für Aufnahmeeinrichtungen geltenden Regelungen Anwendung, soweit nicht in diesem Gesetz oder einer anderen Rechtsvorschrift etwas anderes bestimmt wird.

1 Beim Bundesamt – früher für die Anerkennung ausländischer Flüchtlinge, seit 1.9.2004 – für Migration und Flüchtlinge handelt es sich einschließlich der Außenstellen um eine **Bundesoberbehörde ohne Mittel- oder Unterbehörden.** Auch wenn im Rahmen des Gesuches nach § 13 Abs. 1 Grenzdienststellen, Polizei und Ausländerbehörden bestimmte Maßnahmen zu treffen haben, bleibt die alleinige Sachentscheidungskompetenz beim Bundesamt. Dieses ist jedoch nicht nur für die Asyl-, Flüchtlingsanerkennung und den subsidiären Schutz iSd § 4 zuständig, sondern bei entspr. Ausländern auch für aufenthaltsbeendende Maßnahmen (s. zB § 24 Abs. 2, §§ 34 ff.). Weitere Aufgaben, insbes. solche, die bislang vom Bundesverwaltungsamt wahrgenommen wurden, sind nach § 75 AufenthG dem BAMF übertragen. Dazu gehören nationale Koordinierungsaufgaben, die Organisation von Integrationskursen, Angelegenheiten der Zusammenarbeit in Europa gem. Asylzuständigkeitsbe-

III. Asylgesetz

stimmungsVO vom 2.4.2008, BGBl. I S. 645, sowie nach Art. 4 des Zuwanderungsgesetzes seit 1.1.2005 die Führung des AZR. Die Zusammenarbeit mit den Ländern innerhalb der Bundesrepublik regelt sich nach Abs. 4 und 5, wobei Kompetenzprobleme nicht immer auszuschließen sind.

Aus Gründen der Verfahrensbeschleunigung entscheiden seit 2004 Mitarbeiter des Amtes nicht mehr weisungsunabhängig, sondern sind in die **monokratische Struktur** des Amtes eingebunden. Eines Bundesbeauftragten als Regulativ zur Durchsetzung staatlicher Interessen (bisher § 6 aF) bedarf es daher nicht mehr. 2

Zum Zwecke der besseren Koordinierung und Beschleunigung von Asylverfahren wurde im März 2016 mit Abs. 5 die Möglichkeit der Schaffung **besonderer Aufnahmeeinrichtungen** für Ausländer vorgesehen. Die Vorschrift steht in engem Zusammenhang mit §§ 30a und 46 Abs. 1, die ihrerseits neben der örtlichen Zuständigkeit Unterbringungsvoraussetzungen und Verweildauer regeln. Eine entspr. Einrichtung ist inzwischen in Bayern etabliert, in der im Frühjahr 2017 gut 300 Ausländer untergebracht waren. 3

§ 6 Verbindlichkeit asylrechtlicher Entscheidungen

¹Die Entscheidung über den Asylantrag ist in allen Angelegenheiten verbindlich, in denen die Anerkennung als Asylberechtigter oder die Zuerkennung des internationalen Schutzes im Sinne des § 1 Absatz 1 Nummer 2 rechtserheblich ist. ²Dies gilt nicht für das Auslieferungsverfahren sowie das Verfahren nach § 58a des Aufenthaltsgesetzes.

Grundsätzlich bindet ein VA ebenso wie eine gerichtliche Entscheidung nur die am Verfahren Beteiligten (§ 121 VwGO), also den Gesuchsteller und die BRD. Die weitreichende **Sonderregelung des S. 1** erfasst alle Eingriffs- und Leistungstatbestände zugunsten oder zulasten anerkannter oder abgelehnter Asylanten oder um Flüchtlingsanerkennung bzw. subsidiären Schutz nachsuchende Ausländer und sorgt so für Rechtssicherheit. Sie gilt auch für Fälle des Widerrufes und der Rücknahme. Die Bindungswirkung tritt regelmäßig mit dem Bescheid des Bundesamtes ein (vgl. § 75), sie entfällt mit dem Erlöschen der Anerkennung (§ 72 Abs. 1). Bei einem bestandskräftig gewordenen Ablehnungsbescheid bzw. bei einer Gerichtsentscheidung kommt es allein auf die niedergelegte Begründung an. 1

Eine **Ausnahme** gilt gem. S. 2 zunächst im Fall der Auslieferung, bei dem der Strafsenat des OLG unter Beachtung von § 1 Abs. 3 IRG sowie Art. 3 und 6 EMRK im Rahmen § 6 Abs. 1 und 2 IRG die Gefahr politischer Verfolgung selbständig zu prüfen hat. Hiervon muss sich das Gericht ein eigenes Bild machen, wird aber dabei die im Anerkennungsverfahren getroffenen Feststellungen berücksichtigen. Rechtsstaatlicher Vertrauensschutz wird davon regelmäßig nicht berührt werden, zumal das zur Entscheidung berufene Strafgericht nicht nur die Frage der politischen Verfolgung, sondern insbesondere die Einhaltung des Spezialitätsgrundsatzes zu prüfen hat. Die Verfassungsmäßigkeit und die Vereinbarkeit mit der Asylverfahrensrichtlinie 2005/85/EG des Rates vom 1.12.2005, ABl. EU Nr. L 326, 13, ist allerdings umstritten. 2

Eine **weitere Ausnahme** betr. die Abschiebungsanordnung für „Topgefährder" mit der Doppelfunktion der Aufenthaltsbeendigung und zugleich der Vollzugseinleitung iSd § 58a AufenthG. Die oberste Landesbehörde bzw. das Bundesministerium des Innern sind an Feststellungen aus anderen Verfahren nicht gebunden (§ 58a Abs. 3 S. 3 AufenthG). 3

§ 7 Erhebung personenbezogener Daten

(1) ¹Die mit der Ausführung dieses Gesetzes betrauten Behörden dürfen zum Zwecke der Ausführung dieses Gesetzes personenbezogene Daten erheben, soweit dies zur Erfüllung ihrer Aufgaben erforderlich ist. ²Daten im Sinne des § 3 Abs. 9 des Bundesdatenschutzgesetzes sowie entsprechender Vorschriften der Daten-

schutzgesetze der Länder dürfen erhoben werden, soweit dies im Einzelfall zur Aufgabenerfüllung erforderlich ist.

(2) ¹Die Daten sind beim Betroffenen zu erheben. ²Sie dürfen auch ohne Mitwirkung des Betroffenen bei anderen öffentlichen Stellen, ausländischen Behörden und nichtöffentlichen Stellen erhoben werden, wenn
1. dieses Gesetz oder eine andere Rechtsvorschrift es vorsieht oder zwingend voraussetzt,
2. es offensichtlich ist, dass es im Interesse des Betroffenen liegt und kein Grund zu der Annahme besteht, dass er in Kenntnis der Erhebung seine Einwilligung verweigern würde,
3. die Mitwirkung des Betroffenen nicht ausreicht oder einen unverhältnismäßigen Aufwand erfordern würde,
4. die zu erfüllende Aufgabe ihrer Art nach eine Erhebung bei anderen Personen oder Stellen erforderlich macht oder
5. es zur Überprüfung der Angaben des Betroffenen erforderlich ist.

³Nach Satz 2 Nr. 3 und 4 sowie bei ausländischen Behörden und nichtöffentlichen Stellen dürfen Daten nur erhoben werden, wenn keine Anhaltspunkte dafür bestehen, dass überwiegende schutzwürdige Interessen des Betroffenen beeinträchtigt werden.

(3) ¹Die Asylverfahrensakten des Bundesamtes sind spätestens zehn Jahre nach unanfechtbarem Abschluss des Asylverfahrens zu vernichten sowie in den Datenverarbeitungssystemen des Bundesamtes zu löschen. ²Die Fristen zur Vernichtung und Löschung aufgrund anderer Vorschriften bleiben davon unberührt.

§ 8 Übermittlung personenbezogener Daten

(1) Öffentliche Stellen haben auf Ersuchen (§ 7 Abs. 1) den mit der Ausführung dieses Gesetzes betrauten Behörden ihnen bekannt gewordene Umstände mitzuteilen, soweit besondere gesetzliche Verwendungsregelungen oder überwiegende schutzwürdige Interessen des Betroffenen nicht entgegenstehen.

(1a) Die für die Einleitung eines Strafverfahrens zuständigen Stellen haben in Strafsachen gegen den Betroffenen das Bundesamt unverzüglich zu unterrichten über
1. die Erhebung der öffentlichen Klage, wenn eine Freiheitsstrafe von mindestens drei Jahren zu erwarten ist,
2. die Erhebung der öffentlichen Klage wegen einer oder mehrerer vorsätzlicher Straftaten gegen das Leben, die körperliche Unversehrtheit, die sexuelle Selbstbestimmung, das Eigentum oder wegen Widerstands gegen Vollstreckungsbeamte, sofern die Straftat mit Gewalt, unter Anwendung von Drohung mit Gefahr für Leib oder Leben oder mit List begangen worden ist oder eine Straftat nach § 177 des Strafgesetzbuches ist, wenn eine Freiheits- oder Jugendstrafe von mindestens einem Jahr zu erwarten ist, und
3. die Erledigung eines Strafverfahrens
   a) durch eine rechtskräftige Verurteilung zu einer Freiheitsstrafe von mindestens drei Jahren,
   b) durch eine rechtskräftige Verurteilung zu einer Freiheits- oder Jugendstrafe von mindestens einem Jahr wegen einer oder mehrerer vorsätzlicher Straftaten gegen das Leben, die körperliche Unversehrtheit, die sexuelle Selbstbestimmung, das Eigentum oder wegen Widerstands gegen Vollstreckungsbeamte, sofern die Straftat mit Gewalt, unter Anwendung von Drohung mit Gefahr für Leib oder Leben oder mit List begangen worden ist oder eine Straftat nach § 177 des Strafgesetzbuches ist, oder

c) in sonstiger Weise im Falle einer vorausgegangenen Unterrichtung nach Nummer 1 oder 2.

(1b) ¹Die oberste Landesbehörde oder die von ihr bestimmte Stelle kann dem Bundesamt personenbezogene Informationen über körperliche, seelische, geistige oder Sinnesbeeinträchtigungen eines Ausländers übermitteln, deren Kenntnis für das Bundesamt zur ordnungsgemäßen Durchführung der Anhörung erforderlich ist. ²Die Daten dürfen nur zu diesem Zweck verwendet werden und sind anschließend zu löschen.

(1c) ¹Die Träger der Grundsicherung für Arbeitsuchende, die mit der polizeilichen Kontrolle des grenzüberschreitenden Verkehrs beauftragten Behörden, die Ausländerbehörden und die deutschen Auslandsvertretungen teilen den mit der Ausführung dieses Gesetzes betrauten Behörden mit, wenn sie von Umständen Kenntnis erlangt haben, dass ein Asylberechtigter oder ein Ausländer, dem internationaler Schutz im Sinne des § 1 Absatz 1 Nummer 2 zuerkannt worden ist, in sein Herkunftsland (§ 3 Absatz 1 Nummer 2) gereist ist. ²Die nach Satz 1 übermittelten Informationen dürfen nur für die Prüfung genutzt werden, ob die Voraussetzungen für einen Widerruf oder eine Rücknahme der Asylberechtigung oder des internationalen Schutzes vorliegen.

(2) Die zuständigen Behörden unterrichten das Bundesamt unverzüglich über ein förmliches Auslieferungsersuchen und ein mit der Ankündigung des Auslieferungsersuchens verbundenes Festnahmeersuchen eines anderen Staates sowie über den Abschluss des Auslieferungsverfahrens, wenn der Ausländer einen Asylantrag gestellt hat.

(2a) Die mit der Ausführung dieses Gesetzes betrauten Behörden teilen Umstände und Maßnahmen nach diesem Gesetz, deren Kenntnis für die Leistung an Leistungsberechtigte des Asylbewerberleistungsgesetzes erforderlich ist, sowie die ihnen mitgeteilten Erteilungen von Arbeitserlaubnissen an diese Personen und Angaben über das Erlöschen, den Widerruf oder die Rücknahme der Arbeitserlaubnisse den nach § 10 des Asylbewerberleistungsgesetzes zuständigen Behörden mit.

(3) ¹Die nach diesem Gesetz erhobenen Daten dürfen auch
1. zur Ausführung des Aufenthaltsgesetzes,
2. zur gesundheitlichen Betreuung und Versorgung von Asylbewerbern,
3. für Maßnahmen der Strafverfolgung,
4. zur Abwehr von erheblichen Gefahren für Leib und Leben des Asylbewerbers oder von Dritten und
5. auf Ersuchen zur Verfolgung von Ordnungswidrigkeiten

den damit betrauten öffentlichen Stellen, soweit es zur Erfüllung der in ihrer Zuständigkeit liegenden Aufgaben erforderlich ist, übermittelt und von diesen dafür verarbeitet und genutzt werden. ²Sie dürfen an eine in § 35 Abs. 1 des Ersten Buches Sozialgesetzbuch genannte Stelle übermittelt und von dieser verarbeitet und genutzt werden, soweit dies für die Aufdeckung und Verfolgung von unberechtigtem Bezug von Leistungen nach dem Zwölften Buch Sozialgesetzbuch, von Leistungen der Kranken- und Unfallversicherungsträger oder von Arbeitslosengeld oder Leistungen zur Sicherung des Lebensunterhalts nach dem Zweiten Buch Sozialgesetzbuch erforderlich ist und wenn tatsächliche Anhaltspunkte für einen unberechtigten Bezug vorliegen. ³Die nach diesem Gesetz erhobenen Daten dürfen der Bundesagentur für Arbeit übermittelt und von dieser verarbeitet und genutzt werden, soweit dies zur Erfüllung von Aufgaben nach dem Dritten Buch Sozialgesetzbuch erforderlich ist. ⁴§ 88 Abs. 1 bis 3 des Aufenthaltsgesetzes findet entsprechende Anwendung.

(4) Die Übermittlung und Verarbeitung der im Asylverfahren erfassten Daten sind zulässig, soweit dies für die Entscheidung des Bundesamtes über die Zulassung zum Integrationskurs nach § 44 Absatz 4 des Aufenthaltsgesetzes oder zu einer Maßnahme der berufsbezogenen Deutschsprachförderung nach § 45a Absatz 2 Satz 3 und 4 des Aufenthaltsgesetzes erforderlich ist.

(5) Eine Datenübermittlung auf Grund anderer gesetzlicher Vorschriften bleibt unberührt.

(6) Die Regelung des § 20 Abs. 5 des Bundesdatenschutzgesetzes sowie entsprechende Vorschriften der Datenschutzgesetze der Länder finden keine Anwendung.

1 Das Grundrecht auf informationelle Selbstbestimmung steht nicht nur Deutschen, sondern auch in Deutschland aufhältlichen Ausländern zu. Daher regeln §§ 7 und 8 Erhebung, Löschung und Übermittlung personenbezogener Daten als **lex specialis zu §§ 86–91e AufenthG,** Vorschriften, die wiederum dem BDSG und den Datenschutzgesetzen der Länder vorgehen. Der Kreis der zur Datenerhebung befugten Stellen ist weit gefächert – neben dem Bundesamt selbst auch Ausländer- und Grenzbehörden, Aufnahmeeinrichtungen, Justizbehörden und Polizeidienststellen. Gleiches gilt auf Grund der allgemein gehaltenen Formulierung in § 7 Abs. 2 für die auskunftspflichtigen Stellen. Dazu gehören beispielsweise auch durch verdeckte Ermittlungen gewonnene Erkenntnisse aus dem Verfolgerstaat.

2 Die **Übermittlung von Daten** erfolgt teilweise auf Ersuchen, teilweise spontan. Um auf strafrechtlich relevantes Verhalten von Asylbewerbern zügig und effektiv reagieren zu können (vgl. auch die Neuregelung in § 30a Abs. 1 Nr. 7), wurde nach den Ereignissen in Köln in der Sylvesternacht 2015/2016 mit § 8 Abs. 1a und 1b eine stringente Mitteilungspflicht der Strafverfolgungsbehörden und anderer Dienststellen eingeführt. Mit den Regelungen des § 8 Abs. 2a und 3 soll einerseits Gesundheitsgefahren vorgebeugt und der missbräuchliche Bezug von Sozialleistungen verhindert werden, andererseits mit S. 3 in Abs. 3 die Möglichkeit geschaffen werden, Gestattete und Geduldete mit hoher Bleibeperspektive schneller in den Arbeitsmarkt zu integrieren. Gleiches gilt für den neuen Abs. 4. Zur Frage der Datenübermittlung zu Zwecken der Strafverfolgung → § 84 Rn. 120 ff. Mit der Ausschlussregelung des Abs. 6 soll erheblichen Verfahrensverzögerungen vorgebeugt werden, die ein Widerspruchsverfahren gegen die rechtmäßige Datennutzung verursacht.

§ 9 Hoher Flüchtlingskommissar der Vereinten Nationen

(1) [1]Der Ausländer kann sich an den Hohen Flüchtlingskommissar der Vereinten Nationen wenden. [2]Dieser kann in Einzelfällen in Verfahren beim Bundesamt Stellung nehmen. [3]Er kann Ausländer aufsuchen, auch wenn sie sich in Gewahrsam befinden oder sich im Transitbereich eines Flughafens aufhalten.

(2) Das Bundesamt übermittelt dem Hohen Flüchtlingskommissar der Vereinten Nationen auf dessen Ersuchen die erforderlichen Informationen zur Erfüllung seiner Aufgaben nach Artikel 35 des Abkommens über die Rechtsstellung der Flüchtlinge.

(3) Entscheidungen über Asylanträge und sonstige Angaben, insbesondere die vorgetragenen Verfolgungsgründe, dürfen, außer in anonymisierter Form, nur übermittelt werden, wenn sich der Ausländer selbst an den Hohen Flüchtlingskommissar der Vereinten Nationen gewandt hat oder die Einwilligung des Ausländers anderweitig nachgewiesen ist.

(4) Die Daten dürfen nur zu dem Zweck verwendet werden, zu dem sie übermittelt wurden.

(5) Die Absätze 1 bis 4 gelten entsprechend für Organisationen, die im Auftrag des Hohen Flüchtlingskommissars der Vereinten Nationen auf der Grundlage einer Vereinbarung mit der Bundesrepublik Deutschland im Bundesgebiet tätig sind.

III. Asylgesetz §10 AsylG

Die sog. **Verfahrensrichtlinie 2005/85/EG des Rates vom 1.12.2005** forderte die 1
Ausweitung der Zusammenarbeit der Asylbehörden mit dem Hohen Flüchtlingskommissar
und machte eine weitgehende Neufassung dieser Vorschrift erforderlich. Ein allgemeines
Mitwirkungsrecht am Asylverfahren steht dem Hohen Kommissar der VN allerdings weiter
weder nach der Genfer Flüchtlingskonvention noch nach innerstaatlichem Recht zu. Aber
es gewähren ihm Abs. 1 einzelne Mitwirkungs- und Abs. 2–3 Informationsrechte. Daneben
eröffnet § 25 Abs. 6 S. 1 auch das Recht zur Teilnahme an der Anhörung durch das Bundesamt.

Der Asylbewerber kann sich jederzeit an den Hohen Kommissar wenden, was auch in 2
§ 57 Abs. 2 bzw. § 58 Abs. 2 seinen Niederschlag gefunden hat.

§ 10 Zustellungsvorschriften

(1) Der Ausländer hat während der Dauer des Asylverfahrens vorzusorgen, dass ihn Mitteilungen des Bundesamtes, der zuständigen Ausländerbehörde und der angerufenen Gerichte stets erreichen können; insbesondere hat er jeden Wechsel seiner Anschrift den genannten Stellen unverzüglich anzuzeigen.

(2) ¹Der Ausländer muss Zustellungen und formlose Mitteilungen unter der letzten Anschrift, die der jeweiligen Stelle auf Grund seines Asylantrags oder seiner Mitteilung bekannt ist, gegen sich gelten lassen, wenn er für das Verfahren weder einen Bevollmächtigten bestellt noch einen Empfangsberechtigten benannt hat oder diesen nicht zugestellt werden kann. ²Das Gleiche gilt, wenn die letzte bekannte Anschrift, unter der der Ausländer wohnt oder zu wohnen verpflichtet ist, durch eine öffentliche Stelle mitgeteilt worden ist. ³Der Ausländer muss Zustellungen und formlose Mitteilungen anderer als der in Absatz 1 bezeichneten öffentlichen Stellen unter der Anschrift gegen sich gelten lassen, unter der er nach den Sätzen 1 und 2 Zustellungen und formlose Mitteilungen des Bundesamtes gegen sich gelten lassen muss. ⁴Kann die Sendung dem Ausländer nicht zugestellt werden, so gilt die Zustellung mit der Aufgabe zur Post als bewirkt, selbst wenn die Sendung als unzustellbar zurückkommt.

(3) ¹Betreiben Familienangehörige im Sinne des § 26 Absatz 1 bis 3 ein gemeinsames Asylverfahren und ist nach Absatz 2 für alle Familienangehörigen dieselbe Anschrift maßgebend, können für sie bestimmte Entscheidungen und Mitteilungen in einem Bescheid oder einer Mitteilung zusammengefasst und einem Familienangehörigen zugestellt werden, sofern er volljährig ist. ²In der Anschrift sind alle volljährigen Familienangehörigen zu nennen, für die die Entscheidung oder Mitteilung bestimmt ist. ³In der Entscheidung oder Mitteilung ist ausdrücklich darauf hinzuweisen, gegenüber welchen Familienangehörigen sie gilt.

(4) ¹In einer Aufnahmeeinrichtung hat diese Zustellungen und formlose Mitteilungen an die Ausländer, die nach Maßgabe des Absatzes 2 Zustellungen und formlose Mitteilungen unter der Anschrift der Aufnahmeeinrichtung gegen sich gelten lassen müssen, vorzunehmen. ²Postausgabe- und Postverteilungszeiten sind für jeden Werktag durch Aushang bekannt zu machen. ³Der Ausländer hat sicherzustellen, dass ihm Posteingänge während der Postausgabe- und Postverteilungszeiten in der Aufnahmeeinrichtung ausgehändigt werden können. ⁴Zustellungen und formlose Mitteilungen sind mit der Aushändigung an den Ausländer bewirkt; im Übrigen gelten sie am dritten Tag nach Übergabe an die Aufnahmeeinrichtung als bewirkt.

(5) Die Vorschriften über die Ersatzzustellung bleiben unberührt.

(6) ¹Müsste eine Zustellung außerhalb des Bundesgebiets erfolgen, so ist durch öffentliche Bekanntmachung zuzustellen. ²Die Vorschriften des § 10 Abs. 1 Satz 2 und Abs. 2 des Verwaltungszustellungsgesetzes finden Anwendung.

(7) Der Ausländer ist bei der Antragstellung schriftlich und gegen Empfangsbestätigung auf diese Zustellungsvorschriften hinzuweisen.

1   Auch der Ausländer hat Anspruch auf die Gewährung **rechtlichen Gehörs** und **effektiven Rechtsschutzes**. Im Interesse der beschleunigten Durchführung des Asylverfahrens gelten daher umfangreiche Sonderregelungen für Zustellungen und Mitteilungen und besondere Mitwirkungspflichten des Antragstellers beschränkt auf das Verfahren nach dem AsylG für das Bundesamt, die Ausländerbehörde und das in Asylangelegenheiten entscheidende Gericht (vgl. Abs. 1).

§ 11 Ausschluss des Widerspruchs

Gegen Maßnahmen und Entscheidungen nach diesem Gesetz findet kein Widerspruch statt.

1   Die Vorschrift dient der **Verfahrensbeschleunigung** und verlagert Überprüfungsmaßnahmen auf die Gerichte. Sie gilt für sämtliche auf einer Rechtsgrundlage im AsylG basierenden VA'e, unabhängig vom Regelungsinhalt sowie davon, welche Behörde tätig geworden ist. Etwas anderes gilt nur für Maßnahmen, deren materielle Rechtsgrundlage – wie zB im Fall der Ausweisung – außerhalb des AsylG liegt. Soweit Maßnahmen den Regelungsgehalt des AsylG und des AufenthG betreffen – zB Abschiebungen – ist die Anwendung umstritten (vgl. auch § 80).

§ 11a Vorübergehende Aussetzung von Entscheidungen

¹Das Bundesministerium des Innern kann Entscheidungen des Bundesamtes nach diesem Gesetz zu bestimmten Herkunftsländern für die Dauer von sechs Monaten vorübergehend aussetzen, wenn die Beurteilung der asyl- und abschiebungsrelevanten Lage besonderer Aufklärung bedarf. ²Die Aussetzung nach Satz 1 kann verlängert werden.

1   Die mit der Verabschiedung des Zuwanderungsgesetzes neu eingefügte Vorschrift schafft eine **Rechtsgrundlage** für ein bereits praktiziertes Verwaltungsverfahren, wenn auf Grund außergewöhnlicher temporärer Situationen eine fundierte Lagebeurteilung zu den Verhältnissen in dem in Rede stehenden Land unmöglich ist.

Abschnitt 4. Asylverfahren

Unterabschnitt 1. Allgemeine Verfahrensvorschriften

§ 12 Handlungsfähigkeit

(1) Fähig zur Vornahme von Verfahrenshandlungen nach diesem Gesetz ist ein volljähriger Ausländer, sofern er nicht nach Maßgabe des Bürgerlichen Gesetzbuches geschäftsunfähig oder in dieser Angelegenheit zu betreuen und einem Einwilligungsvorbehalt zu unterstellen wäre.

(2) ¹Bei der Anwendung dieses Gesetzes sind die Vorschriften des Bürgerlichen Gesetzbuches dafür maßgebend, ob ein Ausländer als minderjährig oder volljährig anzusehen ist. ²Die Geschäftsfähigkeit und die sonstige rechtliche Handlungsfähigkeit eines nach dem Recht seines Heimatstaates volljährigen Ausländers bleiben davon unberührt.

(3) Im Asylverfahren ist vorbehaltlich einer abweichenden Entscheidung des Familiengerichts jeder Elternteil zur Vertretung eines minderjährigen Kindes

befugt, wenn sich der andere Elternteil nicht im Bundesgebiet aufhält oder sein Aufenthaltsort im Bundesgebiet unbekannt ist.

Seit dem AsylVfBeschlG 2015 beginnt die Handlungsfähigkeit im aktiven – zB das Stellen von Anträgen – wie im passiven – zB die Entgegennahme von Zustellungen – Sinn völkerrechtskonform mit der Volljährigkeit. Die Handlungsfähigkeit ist von Amts wegen zu prüfen, sie ist ausgeschlossen, wenn der Ausländer geschäftsunfähig ist. Diese Frage richtet sich gem. Abs. 2 S. 1 nicht nach dem Heimatrecht, sondern nach §§ 104 ff. BGB. Ggf. ist Betreuung anzuordnen.

Die grundsätzlich erforderliche gemeinschaftliche Vertretung durch beide Elternteile wird aus Vereinfachungsgründen mit Abs. 3 durchbrochen. Eine Verweigerung der Mitwirkung reicht allerdings nicht aus.

§ 13 Asylantrag

(1) Ein Asylantrag liegt vor, wenn sich dem schriftlich, mündlich oder auf andere Weise geäußerten Willen des Ausländers entnehmen lässt, dass er im Bundesgebiet Schutz vor politischer Verfolgung sucht oder dass er Schutz vor Abschiebung oder einer sonstigen Rückführung in einen Staat begehrt, in dem ihm eine Verfolgung im Sinne des § 3 Absatz 1 oder ein ernsthafter Schaden im Sinne des § 4 Absatz 1 droht.

(2) ¹Mit jedem Asylantrag wird die Anerkennung als Asylberechtigter sowie internationaler Schutz im Sinne des § 1 Absatz 1 Nummer 2 beantragt. ²Der Ausländer kann den Asylantrag auf die Zuerkennung internationalen Schutzes beschränken. ³Er ist über die Folgen einer Beschränkung des Antrags zu belehren. ⁴§ 24 Absatz 2 bleibt unberührt.

(3) ¹Ein Ausländer, der nicht im Besitz der erforderlichen Einreisepapiere ist, hat an der Grenze um Asyl nachzusuchen (§ 18). ²Im Falle der unerlaubten Einreise hat er sich unverzüglich bei einer Aufnahmeeinrichtung zu melden (§ 22) oder bei der Ausländerbehörde oder der Polizei um Asyl nachzusuchen (§ 19).

Zu unterscheiden ist zwischen dem **Asylgesuch** oder -wunsch iSd Abs. 1 und dem förmlichen **Asylantrag** iSd § 14. Unabhängig von der Form, der Formulierung und der Frage der Zuständigkeit der Behörde, bei welcher das Gesuch angebracht wurde, liegt ein Asylgesuch immer dann vor, wenn das Begehren deutlich wird, vor politischer Verfolgung Zuflucht zu erhalten oder sonst internationalen Schutz iSd §§ 3–4 zu erlangen. Eine kurze, wenn auch nur konkludente, Begründung ist deshalb erforderlich. So liegt kein Asylgesuch vor, wenn erkennbar lediglich nationaler Abschiebungsschutz nach § 60 Abs. 5 oder 7 AufenthG begehrt wird. Das kann beispielsweise dann der Fall sein, wenn nicht die Bedrohung durch eine – auch nur staatsähnlich organisierte – Herrschaftsmacht geltend gemacht wird. Eine Überprüfung im Materiellen findet allerdings in diesem Stadium nicht statt, denn alle damit zusammenhängenden Fragen sind dem Bundesamt vorbehalten. Auch wenn Art. 16a GG und das AsylG grundsätzlich davon ausgehen, dass ein Asylgesuch im Inland gestellt wird, zeigen §§ 18, 18a, dass der Ausländer das Gebiet der BRD noch nicht betreten haben muss, um ein Asylgesuch zu äußern. Auch das beispielsweise bei einer deutschen Auslandsvertretung angebrachte Gesuch kann einen Antrag iSd Abs. 1 darstellen.

Gemäß Abs. 2 ist die Gesuchstellung grundsätzlich eine einheitliche, jedoch hat der Flüchtling eine **Ausschlussmöglichkeit,** indem er entgegen der gesetzlichen Vermutung lediglich Flüchtlingsanerkennung bzw. subsidiären Schutz begehrt. Diese Regelung erscheint sinnvoll, weil sich damit bei negativem Ausgang des Asylanerkennungsverfahrens nicht ein gesondertes weiteres Verfahren zur Entscheidung über den internationalen Schutz anschließen muss. Das zeigt sich auch in dem Verweis auf § 24 Abs. 2.

AsylG § 14 1. Kapitel. Ausländerstrafrecht

3   Grundsätzlich gelten die **ausländerrechtlichen Bestimmungen** über Einreise und Aufenthalt auch für politische Flüchtlinge. Da es ihnen aber idR nicht möglich oder nicht zuzumuten sein wird, ein Visum zu beantragen, sind sie gem. Abs. 3 S. 1 gehalten, das Asylgesuch an der Grenze zu stellen. Damit soll illegalem Aufenthalt vorgebeugt und der Regelung des § 26a Geltung verschafft werden. Zur strafrechtlichen Ahndung einer Missachtung dieser Regelung kommt es nach § 95 Abs. 1 Nr. 2 und 3 AufenthG jedoch erst dann, wenn iSd Abs. 3 S. 2 nach unerlaubter Einreise bei einer der genannten Stellen nicht unverzüglich ein Asylgesuch angebracht wurde.

4   Zur strafrechtlichen Relevanz: siehe § 84.

§ 14 Antragstellung

(1) ¹Der Asylantrag ist bei der Außenstelle des Bundesamtes zu stellen, die der für die Aufnahme des Ausländers zuständigen Aufnahmeeinrichtung zugeordnet ist. ²Das Bundesamt kann den Ausländer in Abstimmung mit der von der obersten Landesbehörde bestimmten Stelle verpflichten, seinen Asylantrag bei einer anderen Außenstelle zu stellen. ³Der Ausländer ist vor der Antragstellung schriftlich und gegen Empfangsbestätigung darauf hinzuweisen, dass nach Rücknahme oder unanfechtbarer Ablehnung seines Asylantrags die Erteilung eines Aufenthaltstitels gemäß § 10 Abs. 3 des Aufenthaltsgesetzes Beschränkungen unterliegt. ⁴In Fällen des Absatzes 2 Satz 1 Nr. 2 ist der Hinweis unverzüglich nachzuholen.

(2) ¹Der Asylantrag ist beim Bundesamt zu stellen, wenn der Ausländer
1. einen Aufenthaltstitel mit einer Gesamtgeltungsdauer von mehr als sechs Monaten besitzt,
2. sich in Haft oder sonstigem öffentlichem Gewahrsam, in einem Krankenhaus, einer Heil- oder Pflegeanstalt oder in einer Jugendhilfeeinrichtung befindet, oder
3. minderjährig ist und sein gesetzlicher Vertreter nicht verpflichtet ist, in einer Aufnahmeeinrichtung zu wohnen.

²Die Ausländerbehörde leitet einen bei ihr eingereichten schriftlichen Antrag unverzüglich dem Bundesamt zu. ³Das Bundesamt bestimmt die für die Bearbeitung des Asylantrags zuständige Außenstelle.

(3) ¹Befindet sich der Ausländer in den Fällen des Absatzes 2 Satz 1 Nr. 2 in
1. Untersuchungshaft,
2. Strafhaft,
3. Vorbereitungshaft nach § 62 Absatz 2 des Aufenthaltsgesetzes,
4. Sicherungshaft nach § 62 Absatz 3 Satz 1 Nr. 1 des Aufenthaltsgesetzes, weil er sich nach der unerlaubten Einreise länger als einen Monat ohne Aufenthaltstitel im Bundesgebiet aufgehalten hat,
5. Sicherungshaft nach § 62 Absatz 3 Satz 1 Nr. 1a bis 5 des Aufenthaltsgesetzes,

steht die Asylantragstellung der Anordnung oder Aufrechterhaltung von Abschiebungshaft nicht entgegen. ²Dem Ausländer ist unverzüglich Gelegenheit zu geben, mit einem Rechtsbeistand seiner Wahl Verbindung aufzunehmen, es sei denn, er hat sich selbst vorher anwaltlichen Beistands versichert. ³Die Abschiebungshaft endet mit der Zustellung der Entscheidung des Bundesamtes, spätestens jedoch vier Wochen nach Eingang des Asylantrags beim Bundesamt, es sei denn, es wurde auf Grund von Rechtsvorschriften der Europäischen Gemeinschaft oder eines völkerrechtlichen Vertrages über die Zuständigkeit für die Durchführung von Asylverfahren ein Auf- oder Wiederaufnahmeersuchen an einen anderen Staat gerichtet oder der Asylantrag wurde als unzulässig nach § 29 Absatz 1 Nummer 4 oder als offensichtlich unbegründet abgelehnt.

III. Asylgesetz §§ 14a, 15 AsylG

Die Vorschrift regelt zunächst die **Zuständigkeit für den formellen Asylantrag**, mit 1 dem das asylrechtliche Verwaltungsverfahren eingeleitet wird. Im Interesse einer Verfahrensbeschleunigung sind Außenstelle und zuständige Aufnahmeeinrichtung (§ 46) miteinander verknüpft. Im Gegensatz zu den in Abs. 2 Nr. 2 genannten Fällen wird die Antragstellung grundsätzlich persönlich erfolgen müssen. Bei einer unzuständigen Behörde eingegangene Anträge sind umgehend dem Bundesamt zuzuleiten. Die nach Abs. 1 nunmehr vorzunehmende Belehrung soll dem Antragsteller schon zu diesem Zeitpunkt deutlich machen, dass bei Rücknahme oder Ablehnung ein Aufenthaltstitel nur unter den Voraussetzungen des 5. Abschn. in Kapitel 2 AufenthG, nämlich allein aus völkerrechtlichen, humanitären oder politischen Gründen, erteilt werden darf. Dh insbes., dass eine Aufenthaltserlaubnis nicht in Betracht kommt, wenn die Ausreise in einen anderen Staat möglich und zumutbar ist bzw. wenn der Ausländer Hindernisse selbst zu vertreten hat. Im Falle offensichtlich unbegründeter Asylanträge darf ein Aufenthaltstitel überhaupt nicht erteilt werden.

Der ursprüngliche Abs. 3 ist ersetzt durch die Regelung des § 51 Abs. 1 Nr. 8 AufenthG. 2 Mit dem jetzigen Abs. 3 soll verhindert werden, dass dem in öffentlichem Gewahrsam befindlichen Ausländer Gelegenheit zum „Untertauchen" allein dadurch gegeben wird, dass er zur rechten Zeit mit einem Asylantrag eine Freilassung erzwingt.

§ 14a Familieneinheit

(1) Mit der Asylantragstellung nach § 14 gilt ein Asylantrag auch für jedes minderjährige ledige Kind des Ausländers als gestellt, das sich zu diesem Zeitpunkt im Bundesgebiet aufhält, ohne freizügigkeitsberechtigt oder im Besitz eines Aufenthaltstitels zu sein, wenn es zuvor noch keinen Asylantrag gestellt hatte.

(2) [1]Reist ein minderjähriges lediges Kind des Ausländers nach dessen Asylantragstellung ins Bundesgebiet ein oder wird es hier geboren, so ist dies dem Bundesamt unverzüglich anzuzeigen, wenn ein Elternteil eine Aufenthaltsgestattung besitzt oder sich nach Abschluss seines Asylverfahrens ohne Aufenthaltstitel oder mit einer Aufenthaltserlaubnis nach § 25 Abs. 5 des Aufenthaltsgesetzes im Bundesgebiet aufhält. [2]Die Anzeigepflicht obliegt neben dem Vertreter des Kindes im Sinne von § 12 Abs. 3 auch der Ausländerbehörde. [3]Mit Zugang der Anzeige beim Bundesamt gilt ein Asylantrag für das Kind als gestellt.

(3) [1]Der Vertreter des Kindes im Sinne von § 12 Abs. 3 kann bis zur Zustellung der Entscheidung des Bundesamtes auf die Durchführung eines Asylverfahrens für das Kind verzichten, indem er erklärt, dass dem Kind keine Verfolgung im Sinne des § 3 Absatz 1 und kein ernsthafter Schaden im Sinne des § 4 Absatz 1 drohen. [2]§ 13 Absatz 2 Satz 2 gilt entsprechend.

(4) Die Absätze 1 bis 3 sind auch anzuwenden, wenn der Asylantrag vor dem 1. Januar 2005 gestellt worden ist und das Kind sich zu diesem Zeitpunkt im Bundesgebiet aufgehalten hat, später eingereist ist oder hier geboren wurde.

Die **Fiktionen der Abs. 1 und 2** für ledige und minderjährige Kinder dienen der 1 Verfahrensbeschleunigung. Für den Fall der Anerkennung kann eine Integration besser gefördert, für den Fall der fehlenden aufenthaltsrechtlichen Perspektive können anstelle sukzessiver Antragstellung Verweilzeiten verkürzt werden. Abs. 3 wahrt die Dispositionsbefugnis über das Asylgrundrecht.

§ 15 Allgemeine Mitwirkungspflichten

(1) [1]Der Ausländer ist persönlich verpflichtet, bei der Aufklärung des Sachverhalts mitzuwirken. [2]Dies gilt auch, wenn er sich durch einen Bevollmächtigten vertreten lässt.

(2) Er ist insbesondere verpflichtet,
1. den mit der Ausführung dieses Gesetzes betrauten Behörden die erforderlichen Angaben mündlich und nach Aufforderung auch schriftlich zu machen;
2. das Bundesamt unverzüglich zu unterrichten, wenn ihm ein Aufenthaltstitel erteilt worden ist;
3. den gesetzlichen und behördlichen Anordnungen, sich bei bestimmten Behörden oder Einrichtungen zu melden oder dort persönlich zu erscheinen, Folge zu leisten;
4. seinen Pass oder Passersatz den mit der Ausführung dieses Gesetzes betrauten Behörden vorzulegen, auszuhändigen und zu überlassen;
5. alle erforderlichen Urkunden und sonstigen Unterlagen, die in seinem Besitz sind, den mit der Ausführung dieses Gesetzes betrauten Behörden vorzulegen, auszuhändigen und zu überlassen;
6. im Falle des Nichtbesitzes eines gültigen Passes oder Passersatzes an der Beschaffung eines Identitätspapiers mitzuwirken und auf Verlangen alle Datenträger, die für die Feststellung seiner Identität und Staatsangehörigkeit von Bedeutung sein können und in deren Besitz er ist, den mit der Ausführung dieses Gesetzes betrauten Behörden vorzulegen, auszuhändigen und zu überlassen;
7. die vorgeschriebenen erkennungsdienstlichen Maßnahmen zu dulden.

(3) Erforderliche Urkunden und sonstige Unterlagen nach Absatz 2 Nr. 5 sind insbesondere
1. alle Urkunden und Unterlagen, die neben dem Pass oder Passersatz für die Feststellung der Identität und Staatsangehörigkeit von Bedeutung sein können,
2. von anderen Staaten erteilte Visa, Aufenthaltstitel und sonstige Grenzübertrittspapiere,
3. Flugscheine und sonstige Fahrausweise,
4. Unterlagen über den Reiseweg vom Herkunftsland in das Bundesgebiet, die benutzten Beförderungsmittel und über den Aufenthalt in anderen Staaten nach der Ausreise aus dem Herkunftsland und vor der Einreise in das Bundesgebiet sowie
5. alle sonstigen Urkunden und Unterlagen, auf die der Ausländer sich beruft oder die für die zu treffenden asyl- und ausländerrechtlichen Entscheidungen und Maßnahmen einschließlich der Feststellung und Geltendmachung einer Rückführungsmöglichkeit in einen anderen Staat von Bedeutung sind.

(4) ¹Die mit der Ausführung dieses Gesetzes betrauten Behörden können den Ausländer und Sachen, die von ihm mitgeführt werden, durchsuchen, wenn der Ausländer seinen Verpflichtungen nach Absatz 2 Nr. 4 und 5 nicht nachkommt sowie nicht gemäß Absatz 2 Nummer 6 auf Verlangen die Datenträger vorlegt, aushändigt oder überlässt und Anhaltspunkte bestehen, dass er im Besitz solcher Unterlagen oder Datenträger ist. ²Der Ausländer darf nur von einer Person gleichen Geschlechts durchsucht werden.

(5) Durch die Rücknahme des Asylantrags werden die Mitwirkungspflichten des Ausländers nicht beendet.

1 Grundsätzlich wird das Anerkennungsverfahren gem. § 24 vom Amtsermittlungsgrundsatz getragen, doch liegt die Darlegungs- und Nachweislast für das tatsächliche Vorliegen der asylrechtlichen Voraussetzungen beim Antragsteller. Der umfangreiche **Katalog von Mitwirkungs- und Duldungspflichten** liegt deshalb auch primär in seinem Interesse. Die Aufzählungen sind exemplarischer Art. Die Missachtung der Pflichten ist weder straf- noch bußgeldbewehrt. § 98 Abs. 2 Nr. 3 AufenthG kommt nach seinem Wortlaut nicht zur Anwendung soweit die Vorlage des Passes gem. Abs. 2 Nr. 4 verweigert wird. Die erkennungsdienstlichen Maßnahmen können nur mit unmittelbarem Zwang durchgesetzt werden. Der Verstoß gegen die Duldungspflicht des Abs. 2 Nr. 7 führt, ohne dass ein tragender Grund ersichtlich wäre, im Gegensatz zu dem gleichgelagerten Verstoß gegen § 49 Abs. 8 AufenthG nicht zu strafrechtlichen Konsequenzen. Die Durchsuchungsbefugnis dient vorwiegend der Sicherstellung von Abschiebung oder Zurückschiebung.

Neu eingeführt ist eine erweiterte Mitwirkungspflicht im Falle der Ausweislosigkeit, um die Auswertung von Datenträgern zur Feststellung von Identität und Staatsangehörigkeit zu ermöglichen. 2

§ 15a Auswertung von Datenträgern

(1) ¹Die Auswertung von Datenträgern ist nur zulässig, soweit dies für die Feststellung der Identität und Staatsangehörigkeit des Ausländers nach § 15 Absatz 2 Nummer 6 erforderlich ist und der Zweck der Maßnahme nicht durch mildere Mittel erreicht werden kann. ²§ 48 Absatz 3a Satz 2 bis 8 und § 48a des Aufenthaltsgesetzes gelten entsprechend.

(2) Für die in Absatz 1 genannten Maßnahmen ist das Bundesamt zuständig.

§ 16 Sicherung, Feststellung und Überprüfung der Identität

(1) ¹Die Identität eines Ausländers, der um Asyl nachsucht, ist durch erkennungsdienstliche Maßnahmen zu sichern. ²Nach Satz 1 dürfen nur Lichtbilder und Abdrucke aller zehn Finger aufgenommen werden; soweit ein Ausländer noch nicht das 14. Lebensjahr vollendet hat, dürfen nach Satz 1 nur Lichtbilder aufgenommen werden. ³Zur Bestimmung des Herkunftsstaates oder der Herkunftsregion des Ausländers kann das gesprochene Wort außerhalb der förmlichen Anhörung des Ausländers auf Ton- oder Datenträger aufgezeichnet werden. ⁴Diese Erhebung darf nur erfolgen, wenn der Ausländer vorher darüber in Kenntnis gesetzt wurde. ⁵Die Sprachaufzeichnungen werden beim Bundesamt aufbewahrt.

(1a) ¹Zur Prüfung der Echtheit des Dokumentes oder der Identität des Ausländers dürfen die auf dem elektronischen Speichermedium eines Passes, anerkannten Passersatzes oder sonstigen Identitätspapiers gespeicherten biometrischen und sonstigen Daten ausgelesen, die benötigten biometrischen Daten erhoben und die biometrischen Daten miteinander verglichen werden. ²Biometrische Daten nach Satz 1 sind nur die Fingerabdrücke, das Lichtbild und die Irisbilder.

(2) Zuständig für die Maßnahmen nach den Absätzen 1 und 1a sind das Bundesamt und, sofern der Ausländer dort um Asyl nachsucht, auch die in den §§ 18 und 19 bezeichneten Behörden sowie die Aufnahmeeinrichtung, bei der sich der Ausländer meldet.

(3) ¹Das Bundeskriminalamt leistet Amtshilfe bei der Auswertung der nach Absatz 1 Satz 1 erhobenen Daten zum Zwecke der Identitätsfeststellung. ²Es darf hierfür auch von ihm zur Erfüllung seiner Aufgaben gespeicherte erkennungsdienstliche Daten verwenden. ³Das Bundeskriminalamt darf den in Absatz 2 bezeichneten Behörden den Grund der Speicherung dieser Daten nicht mitteilen, soweit dies nicht nach anderen Rechtsvorschriften zulässig ist.

(3a) ¹Im Rahmen seiner Amtshilfe nach Absatz 3 Satz 1 darf das Bundeskriminalamt die nach Absatz 1 Satz 1 erhobenen Daten auch an die für die Überprüfung der Identität von Personen zuständigen öffentlichen Stellen von Drittstaaten mit Ausnahme des Herkunftsstaates der betroffenen Person sowie von Drittstaaten, in denen die betroffene Person eine Verfolgung oder einen ernsthaften Schaden zu befürchten hat, übermitteln. ²Die Verantwortung für die Zulässigkeit der Übermittlung trägt das Bundeskriminalamt. ³Das Bundeskriminalamt hat die Über-

mittlung und ihren Anlass aufzuzeichnen. ⁴Die empfangende Stelle personenbezogener Daten ist darauf hinzuweisen, dass sie nur zu dem Zweck genutzt werden dürfen, zu dem sie übermittelt worden sind. ⁵Ferner ist ihr der beim Bundeskriminalamt vorgesehene Löschungszeitpunkt mitzuteilen. ⁶Die Übermittlung unterbleibt, wenn tatsächliche Anhaltspunkte dafür vorliegen, dass
1. unter Berücksichtigung der Art der Daten und ihrer Erhebung die schutzwürdigen Interessen der betroffenen Person, insbesondere ihr Interesse, Schutz vor Verfolgung zu erhalten, das Allgemeininteresse an der Übermittlung überwiegen oder
2. die Übermittlung der Daten zu den Grundrechten, dem Abkommen vom 28. Juli 1951 über die Rechtsstellung der Flüchtlinge sowie der Konvention zum Schutz der Menschenrechte und Grundfreiheiten in Widerspruch stünde, insbesondere dadurch, dass durch die Nutzung der übermittelten Daten im Empfängerstaat Verletzungen von elementaren rechtsstaatlichen Grundsätzen oder Menschenrechtsverletzungen drohen.

(4) Die nach Absatz 1 Satz 1 erhobenen Daten werden vom Bundeskriminalamt getrennt von anderen erkennungsdienstlichen Daten gespeichert.

(4a) ¹Die nach Absatz 1 Satz 1 erhobenen Daten dürfen zur Feststellung der Identität oder Staatsangehörigkeit des Ausländers an das Bundesverwaltungsamt übermittelt werden, um sie mit den Daten nach § 49b des Aufenthaltsgesetzes abzugleichen. ²§ 89a des Aufenthaltsgesetzes findet entsprechende Anwendung.

(5) ¹Die Verarbeitung und Nutzung der nach Absatz 1 erhobenen Daten ist auch zulässig zur Feststellung der Identität oder Zuordnung von Beweismitteln für Zwecke des Strafverfahrens oder zur Gefahrenabwehr. ²Die Daten dürfen ferner für die Identifizierung unbekannter oder vermisster Personen verwendet werden.

(6) Die nach Absatz 1 erhobenen Daten sind zehn Jahre nach unanfechtbarem Abschluss des Asylverfahrens, die nach Absatz 1a erhobenen Daten unverzüglich nach Beendigung der Prüfung der Echtheit des Dokumentes oder der Identität des Ausländers zu löschen.

1 Die Bestimmung dient im Gegensatz zu § 49 AufenthG nicht nur der Identitätsfeststellung in besonderen oder zweifelhaften Einzelfällen, sondern – entspr. der Überschrift – der **generellen Identitätssicherung.** Damit sollen missbräuchliche Asylanträge aufgedeckt und verhindert sowie die Einhaltung der Zuständigkeitsregelungen in Art. 3 ff. des Dubliner Übereinkommens vom 15.6.1990, BGBl. 1994 II S. 791, das am 1.9.1997 in Kraft getreten ist und Art. 28–30 SDÜ abgelöst hat, sichergestellt werden. Neben der Fertigung von Lichtbildern und Fingerabdrücken dürfen inzwischen auch Tonaufnahmen sowie biometrische Daten erhoben und ausgelesen werden.

2 Die mit dem 1. Gesetz zur Änderung des AufenthG vom 14.6.2005, BGBl. I S. 721, erfolgte Schaffung einer **Fundpapier-Datenbank,** in welcher Angaben zu aufgefundenen und nicht einem Ausländer zuzuordnenden Identifikationspapieren gespeichert werden – beschränkt auf Papiere von in Anlage I der EU-Visumverordnung (VO 539/2001) genannten Staaten –, erforderte die Einfügung eines Abs. 4a. Speicherung, Datenabgleich und Löschung sind in §§ 49a, 49b und 89a AufenthG geregelt.

3 Die **Verwertung** für Zwecke der Strafverfolgung und der Gefahrenabwehr ist jederzeit möglich; die dahingehende Einschränkung, dass bestimmte Tatsachen vorliegen müssen, die die Aufklärung einer Straftat möglich erscheinen lassen, ist entfallen. Erkennungsdienstliche Maßnahmen darüber hinausgehender Art bleiben bei Vorliegen der Voraussetzungen zulässig (zB §§ 81b, 163b StPO).

4 Unmittelbarer Zwang kann angewendet werden, Rechtsschutz gewähren § 42 bzw. § 80 Abs. 5 VwGO.

§ 17 Sprachmittler

(1) Ist der Ausländer der deutschen Sprache nicht hinreichend kundig, so ist von Amts wegen bei der Anhörung ein Dolmetscher, Übersetzer oder sonstiger Sprachmittler hinzuzuziehen, der in die Muttersprache des Ausländers oder in eine andere Sprache zu übersetzen hat, deren Kenntnis vernünftigerweise vorausgesetzt werden kann und in der er sich verständigen kann.

(2) Der Ausländer ist berechtigt, auf seine Kosten auch einen geeigneten Sprachmittler seiner Wahl hinzuzuziehen.

Auf Kosten des Bundesamtes ist im Bedarfsfall ein Sprachmittler von Amts wegen hinzuzuziehen, der möglichst auch über gesellschaftliche und kulturelle Kenntnisse zum fraglichen Herkunftsland verfügt. Bei mangelnder Objektivität oder unzureichenden Sprachkenntnissen kommt in analoger Anwendung § 191 GVG wegen Besorgnis der Befangenheit ein Ablehnungsrecht in Betracht. Dem privat hinzugezogenen Sprachmittler kommt nur eine beobachtende und unterstützende Rolle zu. 1

Unterabschnitt 2. Einleitung des Asylverfahrens

§ 18 Aufgaben der Grenzbehörde

(1) Ein Ausländer, der bei einer mit der polizeilichen Kontrolle des grenzüberschreitenden Verkehrs beauftragten Behörde (Grenzbehörde) um Asyl nachsucht, ist unverzüglich an die zuständige oder, sofern diese nicht bekannt ist, an die nächstgelegene Aufnahmeeinrichtung zur Meldung weiterzuleiten.

(2) Dem Ausländer ist die Einreise zu verweigern, wenn
1. er aus einem sicheren Drittstaat (§ 26a) einreist,
2. Anhaltspunkte dafür vorliegen, dass ein anderer Staat auf Grund von Rechtsvorschriften der Europäischen Gemeinschaft oder eines völkerrechtlichen Vertrages für die Durchführung des Asylverfahrens zuständig ist und ein Auf- oder Wiederaufnahmeverfahren eingeleitet wird, oder
3. er eine Gefahr für die Allgemeinheit bedeutet, weil er in der Bundesrepublik Deutschland wegen einer besonders schweren Straftat zu einer Freiheitsstrafe von mindestens drei Jahren rechtskräftig verurteilt worden ist, und seine Ausreise nicht länger als drei Jahre zurückliegt.

(3) Der Ausländer ist zurückzuschieben, wenn er von der Grenzbehörde im grenznahen Raum in unmittelbarem zeitlichem Zusammenhang mit einer unerlaubten Einreise angetroffen wird und die Voraussetzungen des Absatzes 2 vorliegen.

(4) Von der Einreiseverweigerung oder Zurückschiebung ist im Falle der Einreise aus einem sicheren Drittstaat (§ 26a) abzusehen, soweit
1. die Bundesrepublik Deutschland auf Grund von Rechtsvorschriften der Europäischen Gemeinschaft oder eines völkerrechtlichen Vertrages mit dem sicheren Drittstaat für die Durchführung eines Asylverfahrens zuständig ist oder
2. das Bundesministerium des Innern es aus völkerrechtlichen oder humanitären Gründen oder zur Wahrung politischer Interessen der Bundesrepublik Deutschland angeordnet hat.

(5) Die Grenzbehörde hat den Ausländer erkennungsdienstlich zu behandeln.

Den Grenzbehörden steht **keinerlei materielles Prüfungsrecht** zu, vielmehr haben 1 sie lediglich festzustellen, ob iSd § 13 ein wirksames Asylgesuch gegeben ist oder die Voraussetzungen anderweitiger Verfolgungssicherheit vorliegen. Dazu sind insbesondere auf Grund von Angaben (§ 15) oder Dokumenten Erkenntnisse zum Reiseweg und Aufenthalt in anderen Ländern zu gewinnen. Eigene Ermittlungen dürfen nicht vorgenommen werden, die Vermutungsregelungen des § 27 sind zu beachten. Die Neufassung des Abs. 2 Nr. 2 stellt klar, dass schon vor Einreise die VO 343/2003/EG oder das Dubliner Übereinkommen angewendet werden und damit eine umgehende Rückführung in den für das Asylverfahren zuständigen Staat erfolgen kann. Ein entsprechendes Asylbegehren wäre gem. § 27a unzulässig. Auch die Frage schwerer Vorverurteilungen ist abzuklären (Abs. 2 Nr. 3), um eine Gefährdung der Allgemeinheit auszuschließen, wobei nach dem klaren Wortlaut eine Prognose nicht getroffen werden muss – und auch kaum könnte – und eine 3-jährige Gesamtfreiheitsstrafe ausreicht. Soweit gem. Art. 16a Abs. 2 GG kein Asylanspruch besteht, ist die Zurückweisung schon an der Grenze konsequent.

2   Da alle an die BRD angrenzenden Staaten sichere Drittstaaten sind, wäre im Grundsatz jeder auf dem Landweg einreisende Asylbewerber zurückzuweisen. Jedoch ist die **Ausnahmeregelung des Abs. 4** zu bedenken. Aufgrund der Abkommen von Schengen und nunmehr Dublin (vgl. § 16) bzw. der vorgenannten VO findet im Verhältnis zu den Vertragsstaaten die Einreiseverweigerung nach Abs. 2 Nr. 1 nicht mehr statt, denn die Prüfung und Feststellung, wer vertragsrechtlich zuständiger Asylstaat ist, geht vor.

§ 18a Verfahren bei Einreise auf dem Luftwege

(1) ¹Bei Ausländern aus einem sicheren Herkunftsstaat (§ 29a), die über einen Flughafen einreisen wollen und bei der Grenzbehörde um Asyl nachsuchen, ist das Asylverfahren vor der Entscheidung über die Einreise durchzuführen, soweit die Unterbringung auf dem Flughafengelände während des Verfahrens möglich oder lediglich wegen einer erforderlichen stationären Krankenhausbehandlung nicht möglich ist. ²Das Gleiche gilt für Ausländer, die bei der Grenzbehörde auf einem Flughafen um Asyl nachsuchen und sich dabei nicht mit einem gültigen Pass oder Passersatz ausweisen. ³Dem Ausländer ist unverzüglich Gelegenheit zur Stellung des Asylantrags bei der Außenstelle des Bundesamtes zu geben, die der Grenzkontrollstelle zugeordnet ist. ⁴Die persönliche Anhörung des Ausländers durch das Bundesamt soll unverzüglich stattfinden. ⁵Dem Ausländer ist danach unverzüglich Gelegenheit zu geben, mit einem Rechtsbeistand seiner Wahl Verbindung aufzunehmen, es sei denn, er hat sich selbst vorher anwaltlichen Beistands versichert. ⁶§ 18 Abs. 2 bleibt unberührt.

(2) Lehnt das Bundesamt den Asylantrag als offensichtlich unbegründet ab, droht es dem Ausländer nach Maßgabe der §§ 34 und 36 Abs. 1 vorsorglich für den Fall der Einreise die Abschiebung an.

(3) ¹Wird der Asylantrag als offensichtlich unbegründet abgelehnt, ist dem Ausländer die Einreise zu verweigern. ²Die Entscheidungen des Bundesamtes sind zusammen mit der Einreiseverweigerung von der Grenzbehörde zuzustellen. ³Diese übermittelt unverzüglich dem zuständigen Verwaltungsgericht eine Kopie ihrer Entscheidung und den Verwaltungsvorgang des Bundesamtes.

(4) ¹Ein Antrag auf Gewährung vorläufigen Rechtsschutzes nach der Verwaltungsgerichtsordnung ist innerhalb von drei Tagen nach Zustellung der Entscheidungen des Bundesamtes und der Grenzbehörde zu stellen. ²Der Antrag kann bei der Grenzbehörde gestellt werden. ³Der Ausländer ist hierauf hinzuweisen. ⁴§ 58 der Verwaltungsgerichtsordnung ist entsprechend anzuwenden. ⁵Die Entscheidung soll im schriftlichen Verfahren ergehen. ⁶§ 36 Abs. 4 ist anzuwenden. ⁷Im Falle der rechtzeitigen Antragstellung darf die Einreiseverweigerung nicht vor der gerichtlichen Entscheidung (§ 36 Abs. 3 Satz 9) vollzogen werden.

(5) ¹Jeder Antrag nach Absatz 4 richtet sich auf Gewährung der Einreise und für den Fall der Einreise gegen die Abschiebungsandrohung. ²Die Anordnung des

Gerichts, dem Ausländer die Einreise zu gestatten, gilt zugleich als Aussetzung der Abschiebung.

(6) Dem Ausländer ist die Einreise zu gestatten, wenn
1. das Bundesamt der Grenzbehörde mitteilt, dass es nicht kurzfristig entscheiden kann,
2. das Bundesamt nicht innerhalb von zwei Tagen nach Stellung des Asylantrags über diesen entschieden hat,
3. das Gericht nicht innerhalb von vierzehn Tagen über einen Antrag nach Absatz 4 entschieden hat oder
4. die Grenzbehörde keinen nach § 15 Abs. 6 des Aufenthaltsgesetzes erforderlichen Haftantrag stellt oder der Richter die Anordnung oder die Verlängerung der Haft ablehnt.

Das gesonderte Flüchtlingsverfahren erfasst Asylsuchende, die aus einem sicheren Herkunftsland stammen (§ 29a) oder solche, die tatsächlich ausweislos sind. Der Bewilligung ihrer Einreise hat die Entscheidung über das Asylbegehren vorauszugehen. Ist dieses offensichtlich unbegründet, muss die Einreise verweigert werden (Abs. 3). Zugleich wird vorsorglich die Abschiebung angedroht (Abs. 2), sodass sich für den Fall der unerlaubten Einreise der Ausländer nicht mehr auf Art. 31 der Genfer Flüchtlingskonvention berufen kann. **1**

Das Verfahren unterliegt einem besonderen Beschleunigungsgebot und kommt nicht zum Tragen, wenn abzusehen ist, dass die kurzen Fristen nicht eingehalten werden können (Abs. 6). **2**

§ 19 Aufgaben der Ausländerbehörde und der Polizei

(1) Ein Ausländer, der bei einer Ausländerbehörde oder bei der Polizei eines Landes um Asyl nachsucht, ist in den Fällen des § 14 Abs. 1 unverzüglich an die zuständige oder, soweit diese nicht bekannt ist, an die nächstgelegene Aufnahmeeinrichtung zur Meldung weiterzuleiten.

(2) Die Ausländerbehörde und die Polizei haben den Ausländer erkennungsdienstlich zu behandeln (§ 16 Abs. 1).

(3) ¹Ein Ausländer, der aus einem sicheren Drittstaat (§ 26a) unerlaubt eingereist ist, kann ohne vorherige Weiterleitung an eine Aufnahmeeinrichtung nach Maßgabe des § 57 Abs. 1 und 2 des Aufenthaltsgesetzes dorthin zurückgeschoben werden. ²In diesem Falle ordnet die Ausländerbehörde die Zurückschiebung an, sobald feststeht, dass sie durchgeführt werden kann.

(4) Vorschriften über die Festnahme oder Inhaftnahme bleiben unberührt.

Die Bestimmung regelt die Aufgaben von Landespolizei und Ausländerbehörden, soweit dort um Asyl nachgesucht wird. Da der aus einem sicheren Drittstaat Eingereiste mit dem bloßen Asylgesuch iSd § 13 noch keine Aufenthaltsgestattung erlangt (§ 55 Abs. 1 S. 3), kann er unter den Voraussetzungen des § 57 Abs. 1 AufenthG bereits von der Ausländerbehörde zurückgeschoben werden. **1**

§ 20 Weiterleitung an eine Aufnahmeeinrichtung

(1) ¹Der Ausländer ist verpflichtet, der Weiterleitung nach § 18 Abs. 1 oder § 19 Abs. 1 unverzüglich oder bis zu einem ihm von der Behörde genannten Zeitpunkt zu folgen. ²Kommt der Ausländer der Verpflichtung nach Satz 1 nicht nach, so findet § 33 Absatz 1, 5 und 6 entsprechende Anwendung. ³Dies gilt nicht, wenn der Ausländer unverzüglich nachweist, dass das Versäumnis auf Umstände zurückzuführen war, auf die er keinen Einfluss hatte. ⁴Auf die Verpflichtung nach Satz 1

sowie die Rechtsfolgen einer Verletzung dieser Verpflichtung ist der Ausländer von der Behörde, bei der er um Asyl nachsucht, schriftlich und gegen Empfangsbestätigung hinzuweisen. ⁵Kann der Hinweis nach Satz 4 nicht erfolgen, ist der Ausländer zu der Aufnahmeeinrichtung zu begleiten.

(2) ¹Die Behörde, die den Ausländer an eine Aufnahmeeinrichtung weiterleitet, teilt dieser unverzüglich die Weiterleitung, die Stellung des Asylgesuchs und den erfolgten Hinweis nach Absatz 1 Satz 4 schriftlich mit. ²Die Aufnahmeeinrichtung unterrichtet unverzüglich, spätestens nach Ablauf einer Woche nach Eingang der Mitteilung nach Satz 1, die ihr zugeordnete Außenstelle des Bundesamtes darüber, ob der Ausländer in der Aufnahmeeinrichtung aufgenommen worden ist, und leitet ihr die Mitteilung nach Satz 1 zu.

1   Die **Aufgaben** von Grenz- und Ausländerbehörden sowie Polizei iSd § 18 Abs. 1 bzw. § 19 Abs. 1 werden durch die Verpflichtung des Asylsuchenden, unverzüglich die ihm genannte Aufnahmeeinrichtung aufzusuchen, **ergänzt.** Alle Verzögerungen – auch durch das Aufsuchen eines Anwalts – sind zu vermeiden. Damit soll verhindert werden, dass bei jeder polizeilichen Kontrolle, wenn nicht zur Sicherung der Abschiebung Haftanordnung erfolgt, zwar ein Asylgesuch gestellt wird, aber der förmliche Antrag iSd § 14 infolge Untertauchens ausbleibt.

2   Entspr. Pflichtverletzungen führen aufgrund der 2016 erfolgten Neuregelung in Abs. 1 S. 2 zu verfahrens- (§ 33) und aufenthaltsrechtlichen (§ 67) Sanktionen; die frühere Folgeantragsfiktion nach § 71 ist ebenso entfallen wie die Unterscheidung, ob der Betreffende vorsätzlich oder nur leicht fahrlässig gehandelt hat. Bzgl. seiner Säumnis ist eine Beweislastumkehr eingeführt worden. Diese **verschärften Rechtsfolgen** setzen allerdings gem. Abs. 1 S. 4 eine schriftliche Belehrung voraus.

3   Im Übrigen ergänzt die Mitteilungspflicht des Abs. 2 die Weiterleitungspflichten, damit die Aufnahmeeinrichtung planen und im Falle des Nichterscheinens des Gesuchstellers eine Aufenthaltsermittlung veranlassen (§ 66 Abs. 1 Nr. 1) kann.

§ 21 Verwahrung und Weitergabe von Unterlagen

(1) Die Behörden, die den Ausländer an eine Aufnahmeeinrichtung weiterleiten, nehmen die in § 15 Abs. 2 Nr. 4 und 5 bezeichneten Unterlagen in Verwahrung und leiten sie unverzüglich der Aufnahmeeinrichtung zu.

(2) Meldet sich der Ausländer unmittelbar bei der für seine Aufnahme zuständigen Aufnahmeeinrichtung, nimmt diese die Unterlagen in Verwahrung.

(3) Die für die Aufnahme des Ausländers zuständige Aufnahmeeinrichtung leitet die Unterlagen unverzüglich der ihr zugeordneten Außenstelle des Bundesamtes zu.

(4) Dem Ausländer sind auf Verlangen Abschriften der in Verwahrung genommenen Unterlagen auszuhändigen.

(5) Die Unterlagen sind dem Ausländer wieder auszuhändigen, wenn sie für die weitere Durchführung des Asylverfahrens oder für aufenthaltsbeendende Maßnahmen nicht mehr benötigt werden.

1   Erlangte Unterlagen und Dokumente sind für den Ausgang des Anerkennungsverfahrens oft von tragender Bedeutung. Eine Vernichtung oder Weitergabe an dritte Personen muss daher ausgeschlossen werden. Soweit sie auch für ein Strafverfahren von Bedeutung sind, müssen sie im Hinblick auf Abs. 5 nach den Bestimmungen der StPO – insbes. § 95 Abs. 1 – gesichert werden.

III. Asylgesetz §§ 22–23 AsylG

§ 22 Meldepflicht

(1) ¹Ein Ausländer, der den Asylantrag bei einer Außenstelle des Bundesamtes zu stellen hat (§ 14 Abs. 1), hat sich in einer Aufnahmeeinrichtung persönlich zu melden. ²Diese nimmt ihn auf oder leitet ihn an die für seine Aufnahme zuständige Aufnahmeeinrichtung weiter; im Falle der Weiterleitung ist der Ausländer, soweit möglich, erkennungsdienstlich zu behandeln.

(2) ¹Die Landesregierung oder die von ihr bestimmte Stelle kann bestimmen, dass
1. die Meldung nach Absatz 1 bei einer bestimmten Aufnahmeeinrichtung erfolgen muss,
2. ein von einer Aufnahmeeinrichtung eines anderen Landes weitergeleiteter Ausländer zunächst eine bestimmte Aufnahmeeinrichtung aufsuchen muss.

²Der Ausländer ist während seines Aufenthaltes in der nach Satz 1 bestimmten Aufnahmeeinrichtung erkennungsdienstlich zu behandeln. ³In den Fällen des § 18 Abs. 1 und des § 19 Abs. 1 ist der Ausländer an diese Aufnahmeeinrichtung weiterzuleiten.

(3) ¹Der Ausländer ist verpflichtet, der Weiterleitung an die für ihn zuständige Aufnahmeeinrichtung nach Absatz 1 Satz 2 oder Absatz 2 unverzüglich oder bis zu einem ihm von der Aufnahmeeinrichtung genannten Zeitpunkt zu folgen. ²Kommt der Ausländer der Verpflichtung nach Satz 1 nicht nach, so findet § 33 Absatz 1, 5 und 6 entsprechend Anwendung. ³Dies gilt nicht, wenn der Ausländer unverzüglich nachweist, dass das Versäumnis auf Umstände zurückzuführen war, auf die er keinen Einfluss hatte. ⁴§ 20 Absatz 1 Satz 4 und Absatz 2 findet entsprechend Anwendung.

Mit der Meldepflicht soll sichergestellt werden, dass vor der formellen Antragstellung die Unterbringung des Ausländers sichergestellt ist. Nur die persönliche Meldung bei einer Aufnahmeeinrichtung lässt einen Aufnahmeanspruch entstehen. Mit Abs. 3 soll wie bei § 20 Abs. 2 ein Untertauchen verhindert werden. **1**

Zur strafrechtlichen Relevanz: siehe § 86 Abs. 1. **2**

§ 22a Übernahme zur Durchführung eines Asylverfahrens

¹Ein Ausländer, der auf Grund von Rechtsvorschriften der Europäischen Gemeinschaft oder eines völkerrechtlichen Vertrages zur Durchführung eines Asylverfahrens übernommen ist, steht einem Ausländer gleich, der um Asyl nachsucht. ²Der Ausländer ist verpflichtet, sich bei oder unverzüglich nach der Einreise zu der Stelle zu begeben, die vom Bundesministerium des Innern oder der von ihm bestimmten Stelle bezeichnet ist.

Als Folge von Art. 10, 11 des Dubliner Abkommens (§ 16) bzw. der Dublin II-VO Nr. 343/2003/EG bzw. Dublin III-VO Nr. 604/2013/EU bewirkt S. 1, dass ein in einem Vertragsstaat begonnenes Asylverfahren im Inland nach den Regelungen des AsylG fortgesetzt wird, wenn der Ausländer übernommen worden ist und an seinem Asylantrag festhalten will. Reist er illegal in die BRD ein oder nimmt er den Antrag zurück, entfällt dieser Status. Eine Begebenspflicht trifft ihn nach S. 2 wie die übrigen Ausländer nach § 20 Abs. 1. Da das Asylverfahren bereits förmlich eingeleitet ist, entfällt im Falle des Verstoßes nach S. 2 die verwaltungsrechtliche Sanktionsmöglichkeit der §§ 20 Abs. 1 bzw. 22 Abs. 3. **1**

Unterabschnitt 3. Verfahren beim Bundesamt

§ 23 Antragstellung bei der Außenstelle

(1) Der Ausländer, der in der Aufnahmeeinrichtung aufgenommen ist, ist verpflichtet, unverzüglich oder zu dem von der Aufnahmeeinrichtung genannten

Termin bei der Außenstelle des Bundesamtes zur Stellung des Asylantrags persönlich zu erscheinen.

(2) ¹Kommt der Ausländer der Verpflichtung nach Absatz 1 nicht nach, so findet § 33 Absatz 1, 5 und 6 entsprechend Anwendung. ²Dies gilt nicht, wenn der Ausländer unverzüglich nachweist, dass das Versäumnis auf Umstände zurückzuführen war, auf die er keinen Einfluss hatte. ³Auf diese Rechtsfolgen ist der Ausländer von der Aufnahmeeinrichtung schriftlich und gegen Empfangsbestätigung hinzuweisen. ⁴Die Aufnahmeeinrichtung unterrichtet unverzüglich die ihr zugeordnete Außenstelle des Bundesamtes über die Aufnahme des Ausländers in der Aufnahmeeinrichtung und den erfolgten Hinweis nach Satz 3.

§ 24 Pflichten des Bundesamtes

(1) ¹Das Bundesamt klärt den Sachverhalt und erhebt die erforderlichen Beweise. ²Nach der Asylantragstellung unterrichtet das Bundesamt den Ausländer in einer Sprache, deren Kenntnis vernünftigerweise vorausgesetzt werden kann, über den Ablauf des Verfahrens und über seine Rechte und Pflichten im Verfahren, insbesondere auch über Fristen und die Folgen einer Fristversäumnis. ³Es hat den Ausländer persönlich anzuhören. ⁴Von einer Anhörung kann abgesehen werden, wenn das Bundesamt den Ausländer als asylberechtigt anerkennen will oder wenn der Ausländer nach seinen Angaben aus einem sicheren Drittstaat (§ 26a) eingereist ist. ⁵Von einer Anhörung kann auch abgesehen werden, wenn das Bundesamt einem nach § 13 Absatz 2 Satz 2 beschränkten Asylantrag stattgeben will. ⁶Von der Anhörung ist abzusehen, wenn der Asylantrag für ein im Bundesgebiet geborenes Kind unter sechs Jahren gestellt und der Sachverhalt auf Grund des Inhalts der Verfahrensakten der Eltern oder eines Elternteils ausreichend geklärt ist.

(1a) ¹Sucht eine große Zahl von Ausländern gleichzeitig um Asyl nach und wird es dem Bundesamt dadurch unmöglich, die Anhörung in zeitlichem Zusammenhang mit der Antragstellung durchzuführen, so kann das Bundesamt die Anhörung vorübergehend von einer anderen Behörde, die Aufgaben nach diesem Gesetz oder dem Aufenthaltsgesetz wahrnimmt, durchführen lassen. ²Die Anhörung darf nur von einem dafür geschulten Bediensteten durchgeführt werden. ³Die Bediensteten dürfen bei der Anhörung keine Uniform tragen. ⁴§ 5 Absatz 4 gilt entsprechend.

(2) Nach Stellung eines Asylantrags obliegt dem Bundesamt auch die Entscheidung, ob ein Abschiebungsverbot nach § 60 Absatz 5 oder 7 des Aufenthaltsgesetzes vorliegt.

(3) Das Bundesamt unterrichtet die Ausländerbehörde unverzüglich über
1. die getroffene Entscheidung und
2. von dem Ausländer vorgetragene oder sonst erkennbare Gründe
    a) für eine Aussetzung der Abschiebung, insbesondere über die Notwendigkeit, die für eine Rückführung erforderlichen Dokumente zu beschaffen, oder
    b) die nach § 25 Abs. 3 Satz 2 Nummer 1 bis 4 des Aufenthaltsgesetzes der Erteilung einer Aufenthaltserlaubnis entgegenstehen könnten.

(4) Ergeht eine Entscheidung über den Asylantrag nicht innerhalb von sechs Monaten, hat das Bundesamt dem Ausländer auf Antrag mitzuteilen, bis wann voraussichtlich über seinen Asylantrag entschieden wird.

§ 25 Anhörung

(1) ¹Der Ausländer muss selbst die Tatsachen vortragen, die seine Furcht vor Verfolgung oder die Gefahr eines ihm drohenden ernsthaften Schadens begründen,

und die erforderlichen Angaben machen. ²Zu den erforderlichen Angaben gehören auch solche über Wohnsitze, Reisewege, Aufenthalte in anderen Staaten und darüber, ob bereits in anderen Staaten oder im Bundesgebiet ein Verfahren mit dem Ziel der Anerkennung als ausländischer Flüchtling, auf Zuerkennung internationalen Schutzes im Sinne des § 1 Absatz 1 Nummer 2 oder ein Asylverfahren eingeleitet oder durchgeführt ist.

(2) Der Ausländer hat alle sonstigen Tatsachen und Umstände anzugeben, die einer Abschiebung oder einer Abschiebung in einen bestimmten Staat entgegenstehen.

(3) ¹Ein späteres Vorbringen des Ausländers kann unberücksichtigt bleiben, wenn andernfalls die Entscheidung des Bundesamtes verzögert würde. ²Der Ausländer ist hierauf und auf § 36 Abs. 4 Satz 3 hinzuweisen.

(4) ¹Bei einem Ausländer, der verpflichtet ist, in einer Aufnahmeeinrichtung zu wohnen, soll die Anhörung in zeitlichem Zusammenhang mit der Asylantragstellung erfolgen. ²Einer besonderen Ladung des Ausländers und seines Bevollmächtigten bedarf es nicht. ³Entsprechendes gilt, wenn dem Ausländer bei oder innerhalb einer Woche nach der Antragstellung der Termin für die Anhörung mitgeteilt wird. ⁴Kann die Anhörung nicht an demselben Tag stattfinden, sind der Ausländer und sein Bevollmächtigter von dem Anhörungstermin unverzüglich zu verständigen. ⁵Erscheint der Ausländer ohne genügende Entschuldigung nicht zur Anhörung, entscheidet das Bundesamt nach Aktenlage, wobei auch die Nichtmitwirkung des Ausländers zu berücksichtigen ist.

(5) ¹Bei einem Ausländer, der nicht verpflichtet ist, in einer Aufnahmeeinrichtung zu wohnen, kann von der persönlichen Anhörung abgesehen werden, wenn der Ausländer einer Ladung zur Anhörung ohne genügende Entschuldigung nicht folgt. ²In diesem Falle ist dem Ausländer Gelegenheit zur schriftlichen Stellungnahme innerhalb eines Monats zu geben. ³Äußert sich der Ausländer innerhalb dieser Frist nicht, entscheidet das Bundesamt nach Aktenlage, wobei auch die Nichtmitwirkung des Ausländers zu würdigen ist. ⁴§ 33 bleibt unberührt.

(6) ¹Die Anhörung ist nicht öffentlich. ²An ihr können Personen, die sich als Vertreter des Bundes, eines Landes oder des Hohen Flüchtlingskommissars der Vereinten Nationen ausweisen, teilnehmen. ³Anderen Personen kann der Leiter des Bundesamtes oder die von ihm beauftragte Person die Anwesenheit gestatten.

(7) ¹Über die Anhörung ist eine Niederschrift aufzunehmen, die die wesentlichen Angaben des Ausländers enthält. ²Dem Ausländer ist eine Kopie der Niederschrift auszuhändigen oder mit der Entscheidung des Bundesamtes zuzustellen.

Entweder auf Vorladung oder sonst unverzüglich – die Sanktion ergibt sich aus der entspr. Anwendung von § 33 – ist der Asylantrag **persönlich** zu stellen, soweit nicht ein Ausnahmefall des § 14 Abs. 2 vorliegt. Das Bundesamt betreibt die Sachverhaltsaufklärung von Amts wegen, allerdings ist der Ausländer gem. §§ 15, 25 zu weitgehender Mitwirkung verpflichtet. Nur in eng begrenzten Ausnahmefällen kann auf die verfahrensbeschleunigende persönliche Anhörung verzichtet werden (§ 24 Abs. 1). Die Sachverhaltsaufklärung erfasst auch die Tatbestände des § 60 Abs. 5 und 7 AufenthG (§ 24 Abs. 2). Die Unterrichtungspflicht gewährleistet das Einfließen von Sachkunde und Erkenntnisquellen des Bundesamtes in die Prüfung der Ausschlussgründe nach § 25 Abs. 3 S. 2 Nr. 1–4 AufenthG durch die Ausländerbehörden (§ 24 Abs. 3). 1

Die nach § 25 Abs. 1 und 2 geforderten Angaben bilden die wesentliche **Grundlage für das asylrechtliche Verfahren** und die abschließende Entscheidung des Bundesamtes. Die Präklusionswirkung des Abs. 3 kann Auswirkungen bis in das gerichtliche Verfahren hinein haben (§ 36 Abs. 4 S. 3). In den Abs. 4–7 ist die Durchführung der Anhörung detailliert geregelt. Zur Verwertbarkeit der Angaben im Strafverfahren → § 84 Rn. 120 ff. 2

§ 26 Familienasyl und internationaler Schutz für Familienangehörige

(1) ¹Der Ehegatte oder der Lebenspartner eines Asylberechtigten wird auf Antrag als Asylberechtigter anerkannt, wenn
1. die Anerkennung des Asylberechtigten unanfechtbar ist,
2. die Ehe oder Lebenspartnerschaft mit dem Asylberechtigten schon in dem Staat bestanden hat, in dem der Asylberechtigte politisch verfolgt wird,
3. der Ehegatte oder der Lebenspartner vor der Anerkennung des Ausländers als Asylberechtigter eingereist ist oder er den Asylantrag unverzüglich nach der Einreise gestellt hat und
4. die Anerkennung des Asylberechtigten nicht zu widerrufen oder zurückzunehmen ist.

²Für die Anerkennung als Asylberechtigter nach Satz 1 ist es unbeachtlich, wenn die Ehe nach deutschem Recht wegen Minderjährigkeit im Zeitpunkt der Eheschließung unwirksam oder aufgehoben worden ist; dies gilt nicht zugunsten des im Zeitpunkt der Eheschließung volljährigen Ehegatten.

(2) Ein zum Zeitpunkt seiner Asylantragstellung minderjähriges lediges Kind eines Asylberechtigten wird auf Antrag als asylberechtigt anerkannt, wenn die Anerkennung des Ausländers als Asylberechtigter unanfechtbar ist und diese Anerkennung nicht zu widerrufen oder zurückzunehmen ist.

(3) ¹Die Eltern eines minderjährigen ledigen Asylberechtigten oder ein anderer Erwachsener im Sinne des Artikels 2 Buchstabe j der Richtlinie 2011/95/EU werden auf Antrag als Asylberechtigte anerkannt, wenn
1. die Anerkennung des Asylberechtigten unanfechtbar ist,
2. die Familie im Sinne des Artikels 2 Buchstabe j der Richtlinie 2011/95/EU schon in dem Staat bestanden hat, in dem der Asylberechtigte politisch verfolgt wird,
3. sie vor der Anerkennung des Asylberechtigten eingereist sind oder sie den Asylantrag unverzüglich nach der Einreise gestellt haben,
4. die Anerkennung des Asylberechtigten nicht zu widerrufen oder zurückzunehmen ist und
5. sie die Personensorge für den Asylberechtigten innehaben.

²Für zum Zeitpunkt ihrer Antragstellung minderjährige ledige Geschwister des minderjährigen Asylberechtigten gilt Satz 1 Nummer 1 bis 4 entsprechend.

(4) ¹Die Absätze 1 bis 3 gelten nicht für Familienangehörige im Sinne dieser Absätze, die die Voraussetzungen des § 60 Absatz 8 Satz 1 des Aufenthaltsgesetzes oder des § 3 Absatz 2 erfüllen oder bei denen das Bundesamt nach § 60 Absatz 8 Satz 3 des Aufenthaltsgesetzes von der Anwendung des § 60 Absatz 1 des Aufenthaltsgesetzes abgesehen hat. ²Die Absätze 2 und 3 gelten nicht für Kinder eines Ausländers, der selbst nach Absatz 2 oder Absatz 3 als Asylberechtigter anerkannt worden ist.

(5) ¹Auf Familienangehörige im Sinne der Absätze 1 bis 3 von international Schutzberechtigten sind die Absätze 1 bis 4 entsprechend anzuwenden. ²An die Stelle der Asylberechtigung tritt die Flüchtlingseigenschaft oder der subsidiäre Schutz. ³Der subsidiäre Schutz als Familienangehöriger wird nicht gewährt, wenn ein Ausschlussgrund nach § 4 Absatz 2 vorliegt.

(6) Die Absätze 1 bis 5 sind nicht anzuwenden, wenn dem Ausländer durch den Familienangehörigen im Sinne dieser Absätze eine Verfolgung im Sinne des § 3 Absatz 1 oder ein ernsthafter Schaden im Sinne des § 4 Absatz 1 droht oder er bereits einer solchen Verfolgung ausgesetzt war oder einen solchen ernsthaften Schaden erlitten hat.

III. Asylgesetz   1, 2   § 26a AsylG

Begünstigt durch das sog. Familienasyl bzw. den internationalen Flüchtlingsschutz sind **1** nicht nur Ehegatten und minderjährige unverheiratete Kinder bestandskräftig anerkannter Asylanten, sondern seit Umsetzung der RiLi 2011/95/EU auch Eltern minderjähriger Asylberechtigter und andere sorgeberechtigte Erwachsene sowie minderjährige ledige Geschwister. Auf diese Personengruppe der Familienangehörigen wird im Gesetzestext mehrfach verwiesen. Bis zum Eintritt der Unanfechtbarkeit für den Stammberechtigten wird das **Verfahren** für die Angehörigen **ausgesetzt.** Die integrationsfördernde Regelung dient insbes. der Erleichterung der Prüfungspflichten des Bundesamtes, zumal häufig eigenständige Verfolgungsgründe für die Angehörigen schwer festgestellt werden können. Aber sogar wenn solche nicht vorhanden sind, besteht der Anspruch auf Familienasyl solange wie jener des Stammberechtigten auch. Nach der Neufassung ist allerdings jeweils ein zweifacher Antrag erforderlich, nämlich das Asylgesuch iSd § 13 und ein ausdrücklich auf Gewährung von Familienasyl gerichtetes Begehren, das allerdings nur dann Erfolg haben kann, solange nicht für den Stammberechtigten oder die Angehörigen des Stammberechtigten in ihrer Person die Ausschlussgründe entspr. Abs. 4 und 6 vorliegen. Für Familienflüchtlingsschutz bzw. im Bereich subsidiären Schutzes für Familienangehörige gilt Entsprechendes. Die Sonderregelungen der §§ 18a, 26a finden keine Anwendung.

§ 26a Sichere Drittstaaten

(1) ¹**Ein Ausländer, der aus einem Drittstaat im Sinne des Artikels 16a Abs. 2 Satz 1 des Grundgesetzes (sicherer Drittstaat) eingereist ist, kann sich nicht auf Artikel 16a Abs. 1 des Grundgesetzes berufen.** ²**Er wird nicht als Asylberechtigter anerkannt.** ³**Satz 1 gilt nicht, wenn**
1. **der Ausländer im Zeitpunkt seiner Einreise in den sicheren Drittstaat im Besitz eines Aufenthaltstitels für die Bundesrepublik Deutschland war,**
2. **die Bundesrepublik Deutschland auf Grund von Rechtsvorschriften der Europäischen Gemeinschaft oder eines völkerrechtlichen Vertrages mit dem sicheren Drittstaat für die Durchführung des Asylverfahrens zuständig ist oder**
3. **der Ausländer auf Grund einer Anordnung nach § 18 Abs. 4 Nr. 2 nicht zurückgewiesen oder zurückgeschoben worden ist.**

(2) **Sichere Drittstaaten sind außer den Mitgliedstaaten der Europäischen Union die in Anlage I bezeichneten Staaten.**

(3) ¹**Die Bundesregierung bestimmt durch Rechtsverordnung ohne Zustimmung des Bundesrates, dass ein in Anlage I bezeichneter Staat nicht mehr als sicherer Drittstaat gilt, wenn Veränderungen in den rechtlichen oder politischen Verhältnissen dieses Staates die Annahme begründen, dass die in Artikel 16a Abs. 2 Satz 1 des Grundgesetzes bezeichneten Voraussetzungen entfallen sind.** ²**Die Verordnung tritt spätestens sechs Monate nach ihrem Inkrafttreten außer Kraft.**

Neben **Mitgliedstaaten der EU** sind derzeit nur **Norwegen** und die **Schweiz** als **1** sichere Drittstaaten anerkannt. Diese müssen gewisse Mindeststandards erfüllen, dh sowohl die Genfer Flüchtlingskonvention wie die Europäische Menschenrechtskonvention finden tatsächlich Beachtung und bieten dem Ausländer ähnlichen Schutz vor politischer Verfolgung.

Jeder **Gebietskontakt,** der Verfolgungssicherheit bieten konnte, reicht aus, um einen **2** Asylantrag in Anwendung § 31 Abs. 4 ohne weitere Feststellungen zum Vorliegen einer politischen Verfolgung abzulehnen. Gem. § 34a ist unmittelbar eine Abschiebungsanordnung zu erlassen und in den sicheren Drittstaat zurückzuführen. Der iSd § 13 Abs. 2 S. 1 zugleich mit beantragte internationale Schutz ist dann im Drittstaat mit zu prüfen. Die Ausnahmetatbestände des Abs. 1 S. 3 gewähren einen einfachgesetzlichen Asylanspruch, weil eigentlich Art. 16a Abs. 2 GG überhaupt keine Ausnahmen zulässt.

§ 27 Anderweitige Sicherheit vor Verfolgung

(1) Ein Ausländer, der bereits in einem sonstigen Drittstaat vor politischer Verfolgung sicher war, wird nicht als Asylberechtigter anerkannt.

(2) Ist der Ausländer im Besitz eines von einem sicheren Drittstaat (§ 26a) oder einem sonstigen Drittstaat ausgestellten Reiseausweises nach dem Abkommen über die Rechtstellung der Flüchtlinge, so wird vermutet, dass er bereits in diesem Staat vor politischer Verfolgung sicher war.

(3) ¹Hat sich ein Ausländer in einem sonstigen Drittstaat, in dem ihm keine politische Verfolgung droht, vor der Einreise in das Bundesgebiet länger als drei Monate aufgehalten, so wird vermutet, dass er dort vor politischer Verfolgung sicher war. ²Das gilt nicht, wenn der Ausländer glaubhaft macht, dass eine Abschiebung in einen anderen Staat, in dem ihm politische Verfolgung droht, nicht mit hinreichender Sicherheit auszuschließen war.

1 Während § 26a dem einreisenden Asylbewerber das Berufen auf Art. 16a Abs. 1 GG versagt, schließt § 27 Abs. 1 im Fall anderer Verfolgungssicherheit nur die Anerkennung als Asylberechtigter aus, weil insoweit ein **Schutzbedürfnis** nicht mehr besteht. Ein kurzer Gebietskontakt wie im Fall des § 26a reicht nicht aus, vielmehr muss auf Grund tatsächlichen Verhaltens ein Fluchtende in dem sonstigen Drittstaat ausgemacht werden und dieser in rechtlicher und effektiver Weise Verfolgungsschutz gewähren. Eine förmliche Asylanerkennung dort ist ebenso wenig erforderlich wie ein entspr. Antrag, die freiwillige Aufgabe des objektiv bestehenden Schutzes genügt zur Verneinung des Anspruchs.

2 Sofern die Voraussetzungen offenkundig vorliegen, ist gem. § 18 Abs. 2 Nr. 2 die Einreise zu verweigern.

§ 27a *(aufgehoben)*

§ 28 Nachfluchttatbestände

(1) ¹Ein Ausländer wird in der Regel nicht als Asylberechtigter anerkannt, wenn die Gefahr politischer Verfolgung auf Umständen beruht, die er nach Verlassen seines Herkunftslandes aus eigenem Entschluss geschaffen hat, es sei denn, dieser Entschluss entspricht einer festen, bereits im Herkunftsland erkennbar betätigten Überzeugung. ²Satz 1 findet insbesondere keine Anwendung, wenn der Ausländer sich auf Grund seines Alters und Entwicklungsstandes im Herkunftsland noch keine feste Überzeugung bilden konnte.

(1a) Die begründete Furcht vor Verfolgung im Sinne des § 3 Absatz 1 oder die tatsächliche Gefahr, einen ernsthaften Schaden im Sinne des § 4 Absatz 1 zu erleiden, kann auf Ereignissen beruhen, die eingetreten sind, nachdem der Ausländer das Herkunftsland verlassen hat, insbesondere auch auf einem Verhalten des Ausländers, das Ausdruck und Fortsetzung einer bereits im Herkunftsland bestehenden Überzeugung oder Ausrichtung ist.

(2) Stellt der Ausländer nach Rücknahme oder unanfechtbarer Ablehnung eines Asylantrags erneut einen Asylantrag und stützt diesen auf Umstände, die er nach Rücknahme oder unanfechtbarer Ablehnung seines früheren Antrags selbst geschaffen hat, kann in einem Folgeverfahren in der Regel die Flüchtlingseigenschaft nicht zuerkannt werden.

1 Regelmäßig müssen die Gründe für die politische Verfolgung zum Zeitpunkt der Flucht aus dem Heimatland vorgelegen haben und kausal für diese gewesen sein. Nachfluchtgründe sind demgegenüber Umstände, die erst **während des Aufenthaltes des Asylanten in der**

BRD entstanden sind, seien es objektive, wie die Änderung des politischen Regimes in der Heimat, seien es subjektive, die von hier aus auf Grund eigener Initiative geschaffen wurden. Zweck der Bestimmung ist es, der missbräuchlichen Schaffung von Nachfluchtgründen entgegenzuwirken. Dieses gilt nach Abs. 1a auch für die Flüchtlingsanerkennung bzw. den subsidiären Schutz iSd §§ 3–4, wodurch für den Betroffenen keine Schutzlücke entsteht, weil Abschiebungsverbote nach § 60 Abs. 5 oder 7 AufenthG weiterhin gem. § 24 Abs. 2 zu prüfen bleiben. Subjektive Nachfluchtgründe können nur ganz ausnahmsweise im Rahmen des Anerkennungsverfahrens Berücksichtigung finden.

§ 29 Unzulässige Anträge

(1) Ein Asylantrag ist unzulässig, wenn
1. ein anderer Staat
   a) nach Maßgabe der Verordnung (EU) Nr. 604/2013 des Europäischen Parlaments und des Rates vom 26. Juni 2013 zur Festlegung der Kriterien und Verfahren zur Bestimmung des Mitgliedstaats, der für die Prüfung eines von einem Drittstaatsangehörigen oder Staatenlosen in einem Mitgliedstaat gestellten Antrags auf internationalen Schutz zuständig ist (ABl. L 180 vom 29.6.2013, S. 31) oder
   b) auf Grund von anderen Rechtsvorschriften der Europäischen Union oder eines völkerrechtlichen Vertrages
   für die Durchführung des Asylverfahrens zuständig ist,
2. ein anderer Mitgliedstaat der Europäischen Union dem Ausländer bereits internationalen Schutz im Sinne des § 1 Absatz 1 Nummer 2 gewährt hat,
3. ein Staat, der bereit ist, den Ausländer wieder aufzunehmen, als für den Ausländer sicherer Drittstaat gemäß § 26a betrachtet wird,
4. ein Staat, der kein Mitgliedstaat der Europäischen Union und bereit ist, den Ausländer wieder aufzunehmen, als sonstiger Drittstaat gemäß § 27 betrachtet wird oder
5. im Falle eines Folgeantrags nach § 71 oder eines Zweitantrags nach § 71a ein weiteres Asylverfahren nicht durchzuführen ist.

(2) ¹Das Bundesamt hört den Ausländer zu den Gründen nach Absatz 1 Nummer 1 Buchstabe b bis Nummer 4 persönlich an, bevor es über die Zulässigkeit eines Asylantrags entscheidet. ²Zu den Gründen nach Absatz 1 Nummer 5 gibt es dem Ausländer Gelegenheit zur Stellungnahme nach § 71 Absatz 3.

(3) ¹Erscheint der Ausländer nicht zur Anhörung über die Zulässigkeit, entscheidet das Bundesamt nach Aktenlage. ²Dies gilt nicht, wenn der Ausländer unverzüglich nachweist, dass das in Satz 1 genannte Versäumnis auf Umstände zurückzuführen war, auf die er keinen Einfluss hatte. ³Führt der Ausländer diesen Nachweis, ist das Verfahren fortzuführen.

(4) Die Anhörung zur Zulässigkeit des Asylantrags kann gemäß § 24 Absatz 1a dafür geschulten Bediensteten anderer Behörden übertragen werden

Die Vorschrift ergänzt §§ 26a und 27. Sofern nicht die Anhörung des Abs. 2 anderes ergibt, wird ein Asylverfahren nicht durchgeführt und erfolgt keine materielle Prüfung mit Rechtsfolgen, die sich aus §§ 31, 36 Abs. 1 und 37 Abs. 1 ergeben. Die Prüfung der Voraussetzungen des § 60 AufenthG bleibt unberührt. 1

§ 29a[1] Sicherer Herkunftsstaat; Bericht; Verordnungsermächtigung

(1) Der Asylantrag eines Ausländers aus einem Staat im Sinne des Artikels 16a Abs. 3 Satz 1 des Grundgesetzes (sicherer Herkunftsstaat) ist als offensichtlich

---

[1] Siehe das Urt. des BVerfGesetz vom 14.5.1996 – 2 BvR 1507/93, 2 BvR 1508/93, BGBl. I S. 952, wonach § 29a Abs. 1 sowie die Aufnahme von Ghana in Anlage II (zu § 29a) mit dem Grundgesetz vereinbar sind.

unbegründet abzulehnen, es sei denn, die von dem Ausländer angegebenen Tatsachen oder Beweismittel begründen die Annahme, dass ihm abweichend von der allgemeinen Lage im Herkunftsstaat Verfolgung im Sinne des § 3 Absatz 1 oder ein ernsthafter Schaden im Sinne des § 4 Absatz 1 droht.

(2) Sichere Herkunftsstaaten sind die Mitgliedstaaten der Europäischen Union und die in Anlage II bezeichneten Staaten.

(2a) Die Bundesregierung legt dem Deutschen Bundestag alle zwei Jahre, erstmals zum 23. Oktober 2017 einen Bericht darüber vor, ob die Voraussetzungen für die Einstufung der in Anlage II bezeichneten Staaten als sichere Herkunftsstaaten weiterhin vorliegen.

(3) ¹Die Bundesregierung bestimmt durch Rechtsverordnung ohne Zustimmung des Bundesrates, dass ein in Anlage II bezeichneter Staat nicht mehr als sicherer Herkunftsstaat gilt, wenn Veränderungen in den rechtlichen oder politischen Verhältnissen dieses Staates die Annahme begründen, dass die in Artikel 16a Abs. 3 Satz 1 des Grundgesetzes bezeichneten Voraussetzungen entfallen sind. ²Die Verordnung tritt spätestens sechs Monate nach ihrem Inkrafttreten außer Kraft.

1 Sichere Herkunftsstaaten sind Länder mit demokratischen Strukturen, die die von Art. 16a Abs. 3 S. 1 GG vorgegebenen Kriterien erfüllen. Als solche betrachten sich gem. Protokoll Nr. 24 vom 30.3.2010 zum EU-Vertrag über die Gewährung von Asyl für Staatsangehörige die Mitgliedstaaten der EU. Daneben sind derzeit nur Bosnien und Herzegowina, Ghana, Mazedonien, Senegal und Serbien, seit November 2015 zusätzlich Albanien, Kosovo und Montenegro als solche anerkannt. Eine Aufnahme weiterer Staaten in diesen Kreis ist zur Vermeidung erneut steigender Flüchtlingszahlen in der politischen Diskussion. Die widerlegbare Regelvermutung geht dahin, dass Asylanträge mit den Folgen aus §§ 36, 37, 78 als offensichtlich unbegründet abgelehnt werden müssen. Durch einen substantiierten und mit Beweisen unterlegten Sachvortrag kann der **Gegenbeweis** geführt werden.

§ 30 Offensichtlich unbegründete Asylanträge

(1) Ein Asylantrag ist offensichtlich unbegründet, wenn die Voraussetzungen für eine Anerkennung als Asylberechtigter und die Voraussetzungen für die Zuerkennung des internationalen Schutzes offensichtlich nicht vorliegen.

(2) Ein Asylantrag ist insbesondere offensichtlich unbegründet, wenn nach den Umständen des Einzelfalles offensichtlich ist, dass sich der Ausländer nur aus wirtschaftlichen Gründen oder um einer allgemeinen Notsituation zu entgehen, im Bundesgebiet aufhält.

(3) Ein unbegründeter Asylantrag ist als offensichtlich unbegründet abzulehnen, wenn
1. in wesentlichen Punkten das Vorbringen des Ausländers nicht substantiiert oder in sich widersprüchlich ist, offenkundig den Tatsachen nicht entspricht oder auf gefälschte oder verfälschte Beweismittel gestützt wird,
2. der Ausländer im Asylverfahren über seine Identität oder Staatsangehörigkeit täuscht oder diese Angaben verweigert,
3. er unter Angabe anderer Personalien einen weiteren Asylantrag oder ein weiteres Asylbegehren anhängig gemacht hat,
4. er den Asylantrag gestellt hat, um eine drohende Aufenthaltsbeendigung abzuwenden, obwohl er zuvor ausreichend Gelegenheit hatte, einen Asylantrag zu stellen,
5. er seine Mitwirkungspflichten nach § 13 Abs. 3 Satz 2, § 15 Abs. 2 Nr. 3 bis 5 oder § 25 Abs. 1 gröblich verletzt hat, es sei denn, er hat die Verletzung der

III. Asylgesetz § 30a AsylG

Mitwirkungspflichten nicht zu vertreten oder ihm war die Einhaltung der Mitwirkungspflichten aus wichtigen Gründen nicht möglich,
6. er nach §§ 53, 54 des Aufenthaltsgesetzes vollziehbar ausgewiesen ist oder
7. er für einen nach diesem Gesetz handlungsunfähigen Ausländer gestellt wird oder nach § 14a als gestellt gilt, nachdem zuvor Asylanträge der Eltern oder des allein personensorgeberechtigten Elternteils unanfechtbar abgelehnt worden sind.

(4) Ein Asylantrag ist ferner als offensichtlich unbegründet abzulehnen, wenn die Voraussetzungen des § 60 Abs. 8 Satz 1 des Aufenthaltsgesetzes oder des § 3 Abs. 2 vorliegen oder wenn das Bundesamt nach § 60 Absatz 8 Satz 3 des Aufenthaltsgesetzes von der Anwendung des § 60 Absatz 1 des Aufenthaltsgesetzes abgesehen hat.

(5) Ein beim Bundesamt gestellter Antrag ist auch dann als offensichtlich unbegründet abzulehnen, wenn es sich nach seinem Inhalt nicht um einen Asylantrag im Sinne des § 13 Abs. 1 handelt.

Zu unterscheiden sind Asylanträge, bei denen die inhaltliche Sachprüfung ergeben hat 1 dass sie offensichtlich nicht begründet sind (Abs. 1 und 2) und solche, die wegen Vorliegens der Voraussetzungen der Abs. 3 und 4 als offensichtlich unbegründet verbeschieden werden. In den Fällen des Abs. 3 muss dabei zunächst die Gefahr politischer Verfolgung iSd Art. 16a Abs. 1 GG ausgeschlossen worden sein, um dann die offensichtliche Unbegründetheit aussprechen zu können, wenn sich im Verlaufe des Verfahrens eine der Fallvarianten ergeben hat. Demgegenüber kann im Fall des Abs. 4 sogleich ohne Abklärung der Verfolgungsgründe entsprechend entschieden werden, wenn ohnehin übergeordnete öffentliche Interessen der Bundesrepublik entgegenstehen (vgl. Art. 33 Abs. 2 Genfer Flüchtlingskonvention).

Die Bedeutung der offensichtlichen Unbegründetheit ergibt sich aus §§ 36, 37, 78. 2

§ 30a Beschleunigte Verfahren

(1) Das Bundesamt kann das Asylverfahren in einer Außenstelle, die einer besonderen Aufnahmeeinrichtung (§ 5 Absatz 5) zugeordnet ist, beschleunigt durchführen, wenn der Ausländer
1. Staatsangehöriger eines sicheren Herkunftsstaates (§ 29a) ist,
2. die Behörden durch falsche Angaben oder Dokumente oder durch Verschweigen wichtiger Informationen oder durch Zurückhalten von Dokumenten über seine Identität oder Staatsangehörigkeit offensichtlich getäuscht hat,
3. ein Identitäts- oder ein Reisedokument, das die Feststellung seiner Identität oder Staatsangehörigkeit ermöglicht hätte, mutwillig vernichtet oder beseitigt hat, oder die Umstände offensichtlich diese Annahme rechtfertigen,
4. einen Folgeantrag gestellt hat,
5. den Antrag nur zur Verzögerung oder Behinderung der Vollstreckung einer bereits getroffenen oder unmittelbar bevorstehenden Entscheidung, die zu seiner Abschiebung führen würde, gestellt hat,
6. sich weigert, der Verpflichtung zur Abnahme seiner Fingerabdrücke gemäß der Verordnung (EU) Nr. 603/2013 des Europäischen Parlaments und des Rates vom 26. Juni 2013 über die Einrichtung von Eurodac für den Abgleich von Fingerabdruckdaten zum Zwecke der effektiven Anwendung der Verordnung (EU) Nr. 604/2013 zur Festlegung der Kriterien und Verfahren zur Bestimmung des Mitgliedstaats, der für die Prüfung eines von einem Drittstaatsangehörigen oder Staatenlosen in einem Mitgliedstaat gestellten Antrags auf internationalen Schutz zuständig ist und über der Gefahrenabwehr und Strafverfolgung dienende Anträge der Gefahrenabwehr- und Strafverfolgungsbehörden der Mit-

gliedstaaten und Europols auf den Abgleich mit Eurodac-Daten sowie zur Änderung der Verordnung (EU) Nr. 1077/2011 zur Errichtung einer Europäischen Agentur für das Betriebsmanagement von IT-Großsystemen im Raum der Freiheit, der Sicherheit und des Rechts (ABl. L 180 vom 29.6.2013, S. 1) nachzukommen, oder
7. aus schwerwiegenden Gründen der öffentlichen Sicherheit oder öffentlichen Ordnung ausgewiesen wurde oder es schwerwiegende Gründe für die Annahme gibt, dass er eine Gefahr für die nationale Sicherheit oder die öffentliche Ordnung darstellt.

(2) ¹Macht das Bundesamt von Absatz 1 Gebrauch, so entscheidet es innerhalb einer Woche ab Stellung des Asylantrags. ²Kann es nicht innerhalb dieser Frist entscheiden, dann führt es das Verfahren als nicht beschleunigtes Verfahren fort.

(3) ¹Ausländer, deren Asylanträge im beschleunigten Verfahren nach dieser Vorschrift bearbeitet werden, sind verpflichtet, bis zur Entscheidung des Bundesamtes über den Asylantrag in der für ihre Aufnahme zuständigen besonderen Aufnahmeeinrichtung zu wohnen. ²Die Verpflichtung nach Satz 1 gilt darüber hinaus bis zur Ausreise oder bis zum Vollzug der Abschiebungsandrohung oder -anordnung bei
1. einer Einstellung des Verfahrens oder
2. einer Ablehnung des Asylantrags
   a) nach § 29 Absatz 1 Nummer 4 als unzulässig,
   b) nach § 29a oder § 30 als offensichtlich unbegründet oder
   c) im Fall des § 71 Absatz 4.
³Die §§ 48 bis 50 bleiben unberührt.

1 Beschleunigte Verfahren sollen bei Asylanträgen, denen nur geringe Erfolgsaussichten beizumessen sind, binnen einer Woche erledigt werden. Die Entscheidung liegt **im Ermessen** des Bundesamtes. Besondere Bedeutung hat die Vorschrift bislang nicht erlangt, weil der Umfang der sicheren Herkunftsstaaten (s. Anm. zu § 29a) in der politischen Diskussion steckengeblieben ist (insbes. hinsichtlich der Maghreb-Staaten). Für unbegleitete Minderjährige kommt mit Blick auf § 42 SGB VIII eine Anwendung nicht in Betracht. Abs. 1 Nr. 7 dient in Anlehnung an § 3 Abs. 2 und § 4 Abs. 2 sowie § 60 Abs. 8 AufenthG der Gefahren- und Terrorismusabwehr.

2 Bedeutsam ist die in Abs. 3 geregelte **Wohnverpflichtung** in besonderen Aufnahmeeinrichtungen. Für diese Zeit trifft den Antragsteller nämlich gem. § 59a Abs. 1 S. 2 die räumliche Beschränkung des § 56, deren Missachtung entspr. § 85 Nr. 2 strafrechtlich relevant werden kann. Das gilt in gleicher Weise für die Aufnahme einer Erwerbstätigkeit entgegen § 61 Abs. 1. Mit Überschreiten der Wochenfrist kommen wieder die allg. Regelungen des § 47 – insbes. auch entspr. Abs. 1a – zum Tragen.

§ 31 Entscheidung des Bundesamtes über Asylanträge

(1) ¹Die Entscheidung des Bundesamtes ergeht schriftlich. ²Sie ist schriftlich zu begründen. ³Entscheidungen, die der Anfechtung unterliegen, sind den Beteiligten unverzüglich zuzustellen. ⁴Wurde kein Bevollmächtigter für das Verfahren bestellt, ist eine Übersetzung der Entscheidungsformel und der Rechtsbehelfsbelehrung in einer Sprache beizufügen, deren Kenntnis vernünftigerweise vorausgesetzt werden kann; Asylberechtigte und Ausländer, denen internationaler Schutz im Sinne des § 1 Absatz 1 Nummer 2 zuerkannt wird oder bei denen das Bundesamt ein Abschiebungsverbot nach § 60 Absatz 5 oder 7 des Aufenthaltsgesetzes festgestellt hat, werden zusätzlich über die Rechte und Pflichten unterrichtet, die sich daraus ergeben. ⁵Wird der Asylantrag nur nach § 26a oder § 29 Absatz 1 Nummer 1 abge-

lehnt, ist die Entscheidung zusammen mit der Abschiebungsanordnung nach § 34a dem Ausländer selbst zuzustellen. ⁶Sie kann ihm auch von der für die Abschiebung oder für die Durchführung der Abschiebung zuständigen Behörde zugestellt werden. ⁷Wird der Ausländer durch einen Bevollmächtigten vertreten oder hat er einen Empfangsberechtigten benannt, soll diesem ein Abdruck der Entscheidung zugeleitet werden.

(2) ¹In Entscheidungen über zulässige Asylanträge und nach § 30 Abs. 5 ist ausdrücklich festzustellen, ob dem Ausländer die Flüchtlingseigenschaft oder der subsidiäre Schutz zuerkannt wird und ob er als Asylberechtigter anerkannt wird. ²In den Fällen des § 13 Absatz 2 Satz 2 ist nur über den beschränkten Antrag zu entscheiden.

(3) ¹In den Fällen des Absatzes 2 und in Entscheidungen über unzulässige Asylanträge ist festzustellen, ob die Voraussetzungen des § 60 Absatz 5 oder 7 des Aufenthaltsgesetzes vorliegen. ²Davon kann abgesehen werden, wenn der Ausländer als Asylberechtigter anerkannt wird oder ihm internationaler Schutz im Sinne des § 1 Absatz 1 Nummer 2 zuerkannt wird.

(4) Wird der Asylantrag nur nach § 26a als unzulässig abgelehnt, bleibt § 26 Absatz 5 in den Fällen des § 26 Absatz 1 bis 4 unberührt.

(5) Wird ein Ausländer nach § 26 Absatz 1 bis 3 als Asylberechtigter anerkannt oder wird ihm nach § 26 Absatz 5 internationaler Schutz im Sinne des § 1 Absatz 1 Nummer 2 zuerkannt, soll von der Feststellung der Voraussetzungen des § 60 Absatz 5 und 7 des Aufenthaltsgesetzes abgesehen werden.

(6) Wird der Asylantrag nach § 29 Absatz 1 Nummer 1 als unzulässig abgelehnt, wird dem Ausländer in der Entscheidung mitgeteilt, welcher andere Staat für die Durchführung des Asylverfahrens zuständig ist.

Die Bestimmung regelt Form, Inhalt und Zustellung von Entscheidungen des Bundesamtes. Sie ist nunmehr der sog. Verfahrensrichtlinie 2005/85/EG des Rates vom 1.12.2005 sowie der sog. Qualifikationsrichtlinie 2004/83/EG des Rates vom 29.4.2004 und der RiLi 2011/95/EU vom 13.12.2011 angepasst und erscheint zunächst verwirrend auf Grund der Vielzahl unterschiedlicher Ausgangslagen und des idR zweispurigen (§ 13 Abs. 2) Rechtsschutzzieles, nämlich neben der Frage der Asylanerkennung die Frage der Zuerkennung der Flüchtlingseigenschaft sowie des internationalen subsidiären Schutzes. 1

Widerspruch ist ausgeschlossen (§ 11). Der gerichtliche Rechtsschutz bestimmt sich nach Art und Inhalt der getroffenen Entscheidung. 2

§ 32 Entscheidung bei Antragsrücknahme oder Verzicht

¹Im Falle der Antragsrücknahme oder des Verzichts gemäß § 14a Abs. 3 stellt das Bundesamt in seiner Entscheidung fest, dass das Asylverfahren eingestellt ist und ob ein Abschiebungsverbot nach § 60 Absatz 5 oder 7 des Aufenthaltsgesetzes vorliegt. ²In den Fällen des § 33 ist nach Aktenlage zu entscheiden.

Die Antragsrücknahme, die auch das Asylersuchen iSd § 13 erfasst, bedarf keiner Form und kann auch konkludent (vgl. §§ 32a, 33) erfolgen. Die Entscheidung des Bundesamtes hat konstitutive Bedeutung iSd eines feststellenden VA. Damit wird verhindert, dass es zu Verzögerungen bei der Aufenthaltsbeendigung kommt, wenn der Asylantrag zurückgenommen bzw. auf einen solchen verzichtet wird. 1

§ 32a Ruhen des Verfahrens

(1) ¹Das Asylverfahren eines Ausländers ruht, solange ihm vorübergehender Schutz nach § 24 des Aufenthaltsgesetzes gewährt wird. ²Solange das Verfahren ruht, bestimmt sich die Rechtsstellung des Ausländers nicht nach diesem Gesetz.

(2) Der Asylantrag gilt als zurückgenommen, wenn der Ausländer nicht innerhalb eines Monats nach Ablauf der Geltungsdauer seiner Aufenthaltserlaubnis dem Bundesamt anzeigt, dass er das Asylverfahren fortführen will.

1 Die Bestimmung regelt das Verhältnis zu § 24 AufenthG in der Behandlung von Kriegs- und Bürgerkriegsflüchtlingen. Diese erhalten damit – jedenfalls vorübergehend – eine bessere Rechtsposition, die von der Feststellung der Voraussetzungen des Art. 16a Abs. 1 GG unabhängig ist, sodass für die Fortführung des Anerkennungsverfahrens kein Bedarf besteht.

§ 33 Nichtbetreiben des Verfahrens

(1) Der Asylantrag gilt als zurückgenommen, wenn der Ausländer das Verfahren nicht betreibt.

(2) ¹Es wird vermutet, dass der Ausländer das Verfahren nicht betreibt, wenn er
1. einer Aufforderung zur Vorlage von für den Antrag wesentlichen Informationen gemäß § 15 oder einer Aufforderung zur Anhörung gemäß § 25 nicht nachgekommen ist,
2. untergetaucht ist oder
3. gegen die räumliche Beschränkung seiner Aufenthaltsgestattung gemäß § 56 verstoßen hat, der er wegen einer Wohnverpflichtung nach § 30a Absatz 3 unterliegt.

²Die Vermutung nach Satz 1 gilt nicht, wenn der Ausländer unverzüglich nachweist, dass das in Satz 1 Nummer 1 genannte Versäumnis oder die in Satz 1 Nummer 2 und 3 genannte Handlung auf Umstände zurückzuführen war, auf die er keinen Einfluss hatte. ³Führt der Ausländer diesen Nachweis, ist das Verfahren fortzuführen. ⁴Wurde das Verfahren als beschleunigtes Verfahren nach § 30a durchgeführt, beginnt die Frist nach § 30a Absatz 2 Satz 1 neu zu laufen.

(3) Der Asylantrag gilt ferner als zurückgenommen, wenn der Ausländer während des Asylverfahrens in seinen Herkunftsstaat gereist ist.

(4) Der Ausländer ist auf die nach den Absätzen 1 und 3 eintretenden Rechtsfolgen schriftlich und gegen Empfangsbestätigung hinzuweisen.

(5) ¹In den Fällen der Absätze 1 und 3 stellt das Bundesamt das Asylverfahren ein. ²Ein Ausländer, dessen Asylverfahren gemäß Satz 1 eingestellt worden ist, kann die Wiederaufnahme des Verfahrens beantragen. ³Der Antrag ist persönlich bei der Außenstelle des Bundesamtes zu stellen, die der Aufnahmeeinrichtung zugeordnet ist, in welcher der Ausländer vor der Einstellung des Verfahrens zu wohnen verpflichtet war. ⁴Stellt der Ausländer einen neuen Asylantrag, so gilt dieser als Antrag im Sinne des Satzes 2. ⁵Das Bundesamt nimmt die Prüfung in dem Verfahrensabschnitt wieder auf, in dem sie eingestellt wurde. ⁶Abweichend von Satz 5 ist das Asylverfahren nicht wieder aufzunehmen und ein Antrag nach Satz 2 oder Satz 4 ist als Folgeantrag (§ 71) zu behandeln, wenn
1. die Einstellung des Asylverfahrens zum Zeitpunkt der Antragstellung mindestens neun Monate zurückliegt oder
2. das Asylverfahren bereits nach dieser Vorschrift wieder aufgenommen worden war.

⁷Wird ein Verfahren nach dieser Vorschrift wieder aufgenommen, das vor der Einstellung als beschleunigtes Verfahren nach § 30a durchgeführt wurde, beginnt die Frist nach § 30a Absatz 2 Satz 1 neu zu laufen.

(6) Für Rechtsbehelfe gegen eine Entscheidung nach Absatz 5 Satz 6 gilt § 36 Absatz 3 entsprechend.

Abs. 1 enthält – mit einer nach Abs. 2 widerlegbaren Vermutung – eine eigentlich selbstverständliche Fiktion, denn auch wenn das Betreiben des Anerkennungsverfahrens beim Bundesamt liegt, hat der Asylbewerber den Mitwirkungspflichten gem. §§ 15, 25 nachzukommen. Die Fiktion tritt allerdings gem. Abs. 4 nur nach entspr. Belehrung und nur dann ein, wenn die Betreibensaufforderung sachlich begründet war.

Unterabschnitt 4. Aufenthaltsbeendigung

§ 34 Abschiebungsandrohung

(1) ¹Das Bundesamt erlässt nach den §§ 59 und 60 Absatz 10 des Aufenthaltsgesetzes eine schriftliche Abschiebungsandrohung, wenn
1. der Ausländer nicht als Asylberechtigter anerkannt wird,
2. dem Ausländer nicht die Flüchtlingseigenschaft zuerkannt wird,
2a. dem Ausländer kein subsidiärer Schutz gewährt wird,
3. die Voraussetzungen des § 60 Absatz 5 und 7 des Aufenthaltsgesetzes nicht vorliegen oder die Abschiebung ungeachtet des Vorliegens der Voraussetzungen des § 60 Absatz 7 Satz 1 des Aufenthaltsgesetzes ausnahmsweise zulässig ist und
4. der Ausländer keinen Aufenthaltstitel besitzt.
²Eine Anhörung des Ausländers vor Erlass der Abschiebungsandrohung ist nicht erforderlich. ³Im Übrigen bleibt die Ausländerbehörde für Entscheidungen nach § 59 Absatz 1 Satz 4 und Absatz 6 des Aufenthaltsgesetzes zuständig.

(2) ¹Die Abschiebungsandrohung soll mit der Entscheidung über den Asylantrag verbunden werden. ²Wurde kein Bevollmächtigter für das Verfahren bestellt, sind die Entscheidungsformel der Abschiebungsandrohung und die Rechtsbehelfsbelehrung dem Ausländer in eine Sprache zu übersetzen, deren Kenntnis vernünftigerweise vorausgesetzt werden kann.

Aus Gründen der Verwaltungsvereinfachung und Verfahrensbeschleunigung ist auch für die Abschiebungsandrohung die Zuständigkeit des Bundesamtes begründet worden. Der Ausländer wird damit auf die selbstverständliche Pflicht hingewiesen, alsbald freiwillig die Bundesrepublik zu verlassen, um Zwangsmaßnahmen zu entgehen. Das Zielland soll angegeben werden (§ 59 Abs. 2 AufenthG). Die Ausreisefrist bemisst sich nach § 36 Abs. 1 bzw. § 38 Abs. 1. Dieses Vorgehen entspricht allgemeinen vollstreckungsrechtlichen Grundsätzen. Die miteinander verknüpften Entscheidungen können getrennt angefochten werden.

§ 34a Abschiebungsanordnung

(1) ¹Soll der Ausländer in einen sicheren Drittstaat (§ 26a) oder in einen für die Durchführung des Asylverfahrens zuständigen Staat (§ 29 Absatz 1 Nummer 1) abgeschoben werden, ordnet das Bundesamt die Abschiebung in diesen Staat an, sobald feststeht, dass sie durchgeführt werden kann. ²Dies gilt auch, wenn der Ausländer den Asylantrag in einem anderen auf Grund von Rechtsvorschriften der Europäischen Union oder eines völkerrechtlichen Vertrages für die Durchführung des Asylverfahrens zuständigen Staat gestellt oder vor der Entscheidung des Bundesamtes zurückgenommen hat. ³Einer vorherigen Androhung und Fristsetzung bedarf es nicht. ⁴Kann eine Abschiebungsanordnung nach Satz 1 oder 2 nicht ergehen, droht das Bundesamt die Abschiebung in den jeweiligen Staat an.

(2) ¹Anträge nach § 80 Absatz 5 der Verwaltungsgerichtsordnung gegen die Abschiebungsanordnung sind innerhalb einer Woche nach Bekanntgabe zu stellen. ²Die Abschiebung ist bei rechtzeitiger Antragstellung vor der gerichtlichen Entscheidung nicht zulässig. ³Anträge auf Gewährung vorläufigen Rechtsschutzes

gegen die Befristung des Einreise- und Aufenthaltsverbots durch das Bundesamt nach § 11 Absatz 2 des Aufenthaltsgesetzes sind innerhalb einer Woche nach Bekanntgabe zu stellen. ⁴Die Vollziehbarkeit der Abschiebungsanordnung bleibt hiervon unberührt.

1 Um dem Zweck der §§ 26a, 29 weiter Rechnung zu tragen, erlässt das Bundesamt ohne Androhung nach § 34 in diesen Fällen eine sofort vollziehbare Abschiebungsanordnung, die gem. § 31 Abs. 1 S. 5 zusammen mit dem Ablehnungsbescheid zugestellt wird. Unter den Voraussetzungen des § 62 Abs. 2 AufenthG kann der Ausländer damit sogleich in Abschiebehaft genommen werden.

2 Der weitergehende Ausschluss von Rechtsschutzmöglichkeiten ist infolge der Feststellung eines Verstoßes gegen die Grundrechtecharta durch den EuGH mit Gesetzen vom 28.8.2013 und 20.10.2015 (→ Vor § 1 Rn. 2) in Abs. 2 behoben worden.

§ 35 Abschiebungsandrohung bei Unzulässigkeit des Asylantrags

In den Fällen des § 29 Absatz 1 Nummer 2 und 4 droht das Bundesamt dem Ausländer die Abschiebung in den Staat an, in dem er vor Verfolgung sicher war.

1 Auf die Anmerkung zu § 34 wird Bezug genommen. Der Kreis der Zielstaaten ist hier klar definiert.

§ 36 Verfahren bei Unzulässigkeit nach § 29 Absatz 1 Nummer 2 und 4 und bei offensichtlicher Unbegründetheit

(1) In den Fällen der Unzulässigkeit nach § 29 Absatz 1 Nummer 2 und 4 und der offensichtlichen Unbegründetheit des Asylantrages beträgt die dem Ausländer zu setzende Ausreisefrist eine Woche.

(2) ¹Das Bundesamt übermittelt mit der Zustellung der Entscheidung den Beteiligten eine Kopie des Inhalts der Asylakte. ²Der Verwaltungsvorgang ist mit dem Nachweis der Zustellung unverzüglich dem zuständigen Verwaltungsgericht zu übermitteln.

(3) ¹Anträge nach § 80 Abs. 5 der Verwaltungsgerichtsordnung gegen die Abschiebungsandrohung sind innerhalb einer Woche nach Bekanntgabe zu stellen; dem Antrag soll der Bescheid des Bundesamtes beigefügt werden. ²Der Ausländer ist hierauf hinzuweisen. ³§ 58 der Verwaltungsgerichtsordnung ist entsprechend anzuwenden. ⁴Die Entscheidung soll im schriftlichen Verfahren ergehen; eine mündliche Verhandlung, in der zugleich über die Klage verhandelt wird, ist unzulässig. ⁵Die Entscheidung soll innerhalb von einer Woche nach Ablauf der Frist des Absatzes 1 ergehen. ⁶Die Kammer des Verwaltungsgerichtes kann die Frist nach Satz 5 um jeweils eine weitere Woche verlängern. ⁷Die zweite Verlängerung und weitere Verlängerungen sind nur bei Vorliegen schwerwiegender Gründe zulässig, insbesondere wenn eine außergewöhnliche Belastung des Gerichts eine frühere Entscheidung nicht möglich macht. ⁸Die Abschiebung ist bei rechtzeitiger Antragstellung vor der gerichtlichen Entscheidung nicht zulässig. ⁹Die Entscheidung ist ergangen, wenn die vollständig unterschriebene Entscheidungsformel der Geschäftsstelle der Kammer vorliegt. ¹⁰Anträge auf Gewährung vorläufigen Rechtsschutzes gegen die Befristung des Einreise- und Aufenthaltsverbots durch das Bundesamt nach § 11 Absatz 2 des Aufenthaltsgesetzes und die Anordnung und Befristung nach § 11 Absatz 7 des Aufenthaltsgesetzes sind ebenso innerhalb einer Woche nach Bekanntgabe zu stellen. ¹¹Die Vollziehbarkeit der Abschiebungsandrohung bleibt hiervon unberührt.

(4) ¹Die Aussetzung der Abschiebung darf nur angeordnet werden, wenn ernstliche Zweifel an der Rechtmäßigkeit des angegriffenen Verwaltungsaktes bestehen. ²Tatsachen und Beweismittel, die von den Beteiligten nicht angegeben worden sind, bleiben unberücksichtigt, es sei denn, sie sind gerichtsbekannt oder offenkundig. ³Ein Vorbringen, das nach § 25 Abs. 3 im Verwaltungsverfahren unberücksichtigt geblieben ist, sowie Tatsachen und Umstände im Sinne des § 25 Abs. 2, die der Ausländer im Verwaltungsverfahren nicht angegeben hat, kann das Gericht unberücksichtigt lassen, wenn andernfalls die Entscheidung verzögert würde.

Im Interesse einer besonders beschleunigten Erledigung des gerichtlichen Eilverfahrens (!) gelten dann Sonderregeln für Abschiebungsandrohungen, wenn Asylanträge unzulässig oder offensichtlich unbegründet iSd §§ 29, 29a, 30 – nicht iSd § 18a Abs. 3, wo die Sonderregelung des § 18a Abs. 4 gilt – sind. Während die Einführung von richterlichen Entscheidungsfristen (vgl. Abs. 3 S. 5–7) Bedenken begegnen muss, erscheinen der auf die Begründung ernstlicher Zweifel reduzierte Prüfungsumfang und die Präklusion verspätet vorgebrachter Tatsachen und Beweismittel als legitimes Anliegen zusätzlicher Verfahrensbeschleunigung.

§ 37 Weiteres Verfahren bei stattgebender gerichtlicher Entscheidung

(1) ¹Die Entscheidung des Bundesamtes über die Unzulässigkeit nach § 29 Absatz 1 Nummer 2 und 4 des Antrags und die Abschiebungsandrohung werden unwirksam, wenn das Verwaltungsgericht dem Antrag nach § 80 Abs. 5 der Verwaltungsgerichtsordnung entspricht. ²Das Bundesamt hat das Asylverfahren fortzuführen.

(2) Entspricht das Verwaltungsgericht im Falle eines als offensichtlich unbegründet abgelehnten Asylantrages dem Antrag nach § 80 Abs. 5 der Verwaltungsgerichtsordnung, endet die Ausreisefrist 30 Tage nach dem unanfechtbaren Abschluss des Asylverfahrens.

(3) Die Absätze 1 und 2 gelten nicht, wenn auf Grund der Entscheidung des Verwaltungsgerichts die Abschiebung in einen der in der Abschiebungsandrohung bezeichneten Staaten vollziehbar wird.

Bei einer erfolgreichen Anrufung des Gerichtes nach § 36 ist das weitere Verwaltungsverfahren unterschiedlich geregelt: in den Fällen des § 29 gilt Abs. 1, in den Fällen der §§ 29a, 30 gilt Abs. 2. Abs. 3 schafft eine Sonderregelung der aufschiebenden Wirkung nur für einen von mehreren in der Abschiebungsandrohung genannten Staat.

§ 38 Ausreisefrist bei sonstiger Ablehnung und bei Rücknahme des Asylantrags

(1) ¹In den sonstigen Fällen, in denen das Bundesamt den Ausländer nicht als Asylberechtigten anerkennt, beträgt die dem Ausländer zu setzende Ausreisefrist 30 Tage. ²Im Falle der Klageerhebung endet die Ausreisefrist 30 Tage nach dem unanfechtbaren Abschluss des Asylverfahrens.

(2) Im Falle der Rücknahme des Asylantrages vor der Entscheidung des Bundesamtes beträgt die dem Ausländer zu setzende Ausreisefrist eine Woche.

(3) Im Falle der Rücknahme des Asylantrags oder der oder des Verzichts auf die Durchführung des Asylverfahrens nach § 14a Absatz 3 kann dem Ausländer eine Ausreisefrist bis zu drei Monaten eingeräumt werden, wenn er sich zur freiwilligen Ausreise bereit erklärt.

§ 39 *(aufgehoben)*

§ 40 Unterrichtung der Ausländerbehörde

(1) ¹Das Bundesamt unterrichtet unverzüglich die Ausländerbehörde, in deren Bezirk sich der Ausländer aufzuhalten oder Wohnung zu nehmen hat, über eine vollziehbare Abschiebungsandrohung und leitet ihr unverzüglich alle für die Abschiebung erforderlichen Unterlagen zu. ²Das Gleiche gilt, wenn das Verwaltungsgericht die aufschiebende Wirkung der Klage wegen des Vorliegens der Voraussetzungen des § 60 Absatz 5 oder 7 des Aufenthaltsgesetzes nur hinsichtlich der Abschiebung in den betreffenden Staat angeordnet hat und das Bundesamt das Asylverfahren nicht fortführt.

(2) Das Bundesamt unterrichtet unverzüglich die Ausländerbehörde, wenn das Verwaltungsgericht in den Fällen des § 38 Absatz 2 die aufschiebende Wirkung der Klage gegen die Abschiebungsandrohung anordnet.

(3) Stellt das Bundesamt dem Ausländer die Abschiebungsanordnung (§ 34a) zu, unterrichtet es unverzüglich die für die Abschiebung zuständige Behörde über die Zustellung.

1   Um Abänderungsmaßnahmen schnell und effektiv durchsetzen zu können, treffen das Bundesamt die entsprechenden Informationspflichten.

§ 41 (weggefallen)

§ 42 Bindungswirkung ausländerrechtlicher Entscheidungen

¹Die Ausländerbehörde ist an die Entscheidung des Bundesamtes oder des Verwaltungsgerichts über das Vorliegen der Voraussetzungen des § 60 Absatz 5 oder 7 des Aufenthaltsgesetzes gebunden. ²Über den späteren Eintritt und Wegfall der Voraussetzungen des § 60 Abs. 4 des Aufenthaltsgesetzes entscheidet die Ausländerbehörde, ohne dass es einer Aufhebung der Entscheidung des Bundesamtes bedarf.

1   In Ergänzung zu § 6 statuiert § 42 die Verbindlichkeit von Entscheidungen des Bundesamtes für die Ausländerbehörde, gleichgültig, ob diese positiv oder negativ ausgefallen sind. Im Hinblick auf den Wegfall des § 41 tritt zwar eine gesetzliche Duldung nicht mehr ein, jedoch wird die Ausländerbehörde regelmäßig entspr. § 25 Abs. 3 S. 1 AufenthG eine befristete Aufenthaltserlaubnis erteilen. Der Ermessensspielraum ist damit auf das Vorliegen der Voraussetzungen des § 25 Abs. 3 S. 2 AufenthG reduziert. Sind diese zu bejahen und kommt die Erteilung einer Aufenthaltserlaubnis nicht in Betracht, bleibt nur die Entscheidung nach § 60 Abs. 2 und 4 AufenthG. Eine solche Duldung kann für die Dauer von 6 Monaten auch nach § 60a Abs. 1 AufenthG in Betracht kommen.
2   Grundsätzlich besteht die Bindungswirkung fort, solange der Bescheid existent ist. Lediglich S. 2 lässt eine Ausnahme zu.

§ 43 Vollziehbarkeit und Aussetzung der Abschiebung

(1) War der Ausländer im Besitz eines Aufenthaltstitels, darf eine nach den Vorschriften dieses Gesetzes vollziehbare Abschiebungsandrohung erst vollzogen werden, wenn der Ausländer auch nach § 58 Abs. 2 Satz 2 des Aufenthaltsgesetzes vollziehbar ausreisepflichtig ist.

(2) ¹Hat der Ausländer die Verlängerung eines Aufenthaltstitels mit einer Gesamtgeltungsdauer von mehr als sechs Monaten beantragt, wird die Abschiebungsandrohung erst mit der Ablehnung dieses Antrags vollziehbar. ²Im Übrigen steht § 81 des Aufenthaltsgesetzes der Abschiebung nicht entgegen.

(3) ¹Haben Familienangehörige im Sinne des § 26 Absatz 1 bis 3 gleichzeitig oder jeweils unverzüglich nach ihrer Einreise einen Asylantrag gestellt, darf die Ausländerbehörde die Abschiebung vorübergehend aussetzen, um die gemeinsame Ausreise der Familie zu ermöglichen. ²Sie stellt dem Ausländer eine Bescheinigung über die Aussetzung der Abschiebung aus.

Sofern der Asylantragsteller bei Gesuchstellung im Besitz eines Aufenthaltstitels war (vgl. § 55 Abs. 2), tritt Vollziehbarkeit der Ausreisepflicht erst mit Vorliegen der Voraussetzungen auch des § 58 Abs. 2 S. 2 AufenthG ein. Bei gestelltem Verlängerungsantrag ist dessen Ablehnung abzuwarten. In beiden Fällen ist gem. § 60a AufenthG eine Duldungsbescheinigung zu erteilen. Die Wirkungen des § 81 AufenthG treten nicht ein, wenn erst nach Abschiebungsandrohung Erstantrag gestellt wird, da die Bestimmung nur den Asylbewerber begünstigen soll, der unabhängig vom Ausgang des Asylverfahrens bereits eine sichere Aufenthaltsposition besaß. 1

Die Ausnahmeregelung des Abs. 3 dient dem Schutz der Familie und soll eine gemeinsame Ausreise ermöglichen. S. 2 ergänzt iS eines vergleichbaren Falles § 60a Abs. 4 AufenthG. 2

§§ 43a, 43b (weggefallen)

Abschnitt 5. Unterbringung und Verteilung

§ 44 Schaffung und Unterhaltung von Aufnahmeeinrichtungen

(1) Die Länder sind verpflichtet, für die Unterbringung Asylbegehrender die dazu erforderlichen Aufnahmeeinrichtungen zu schaffen und zu unterhalten sowie entsprechend ihrer Aufnahmequote die im Hinblick auf den monatlichen Zugang Asylbegehrender in den Aufnahmeeinrichtungen notwendige Zahl von Unterbringungsplätzen bereitzustellen.

(2) Das Bundesministerium des Innern oder die von ihm bestimmte Stelle teilt den Ländern monatlich die Zahl der Zugänge von Asylbegehrenden, die voraussichtliche Entwicklung und den voraussichtlichen Bedarf an Unterbringungsplätzen mit.

(3) ¹§ 45 des Achten Buches Sozialgesetzbuch (Artikel 1 des Gesetzes vom 26. Juni 1990, BGBl. I S. 1163) gilt nicht für Aufnahmeeinrichtungen. ²Träger von Aufnahmeeinrichtungen sollen sich von Personen, die in diesen Einrichtungen mit der Beaufsichtigung, Betreuung, Erziehung oder Ausbildung Minderjähriger oder mit Tätigkeiten, die in vergleichbarer Weise geeignet sind, Kontakt zu Minderjährigen aufzunehmen, betraut sind, zur Prüfung, ob sie für die aufgeführten Tätigkeiten geeignet sind, vor deren Einstellung oder Aufnahme einer dauerhaften ehrenamtlichen Tätigkeit und in regelmäßigen Abständen ein Führungszeugnis nach § 30 Absatz 5 und § 30a Absatz 1 des Bundeszentralregistergesetzes vorlegen lassen. ³Träger von Aufnahmeeinrichtungen dürfen für die Tätigkeiten nach Satz 2 keine Personen beschäftigen oder mit diesen Tätigkeiten ehrenamtlich betrauen, die rechtskräftig wegen einer Straftat nach den §§ 171, 174 bis 174c, 176 bis 180a, 181a, 182 bis 184g, 184i, 184j, 225, 232 bis 233a, 234, 235 oder 236 des Strafgesetzbuchs verurteilt worden sind. ⁴Nimmt der Träger einer Aufnahmeeinrichtung Einsicht in ein Führungszeugnis nach § 30 Absatz 5 und § 30a Absatz 1 des Bundeszentralregistergesetzes, so speichert er nur den Umstand der Einsichtnahme, das Datum des Führungszeugnisses und die Information, ob die das Führungszeugnis betreffende Person wegen einer in Satz 3 genannten Straftat rechtskräftig verurteilt

worden ist. ⁵Der Träger einer Aufnahmeeinrichtung darf diese Daten nur verändern und nutzen, soweit dies zur Prüfung der Eignung einer Person für die in Satz 2 genannten Tätigkeiten erforderlich ist. ⁶Die Daten sind vor dem Zugriff Unbefugter zu schützen. ⁷Sie sind unverzüglich zu löschen, wenn im Anschluss an die Einsichtnahme keine Tätigkeit nach Satz 2 wahrgenommen wird. ⁸Sie sind spätestens sechs Monate nach der letztmaligen Ausübung einer in Satz 2 genannten Tätigkeit zu löschen.

§ 45 Aufnahmequoten

(1) ¹Die Länder können durch Vereinbarung einen Schlüssel für die Aufnahme von Asylbegehrenden durch die einzelnen Länder (Aufnahmequote) festlegen. ²Bis zum Zustandekommen dieser Vereinbarung oder bei deren Wegfall richtet sich die Aufnahmequote für das jeweilige Kalenderjahr nach dem von dem Büro der Gemeinsamen Wissenschaftskonferenz im Bundesanzeiger veröffentlichten Schlüssel, der für das vorangegangene Kalenderjahr entsprechend Steuereinnahmen und Bevölkerungszahl der Länder errechnet worden ist (Königsteiner Schlüssel).

(2) ¹Zwei oder mehr Länder können vereinbaren, dass Asylbegehrende, die von einem Land entsprechend seiner Aufnahmequote aufzunehmen sind, von einem anderen Land aufgenommen werden. ²Eine Vereinbarung nach Satz 1 sieht mindestens Angaben zum Umfang der von der Vereinbarung betroffenen Personengruppe sowie einen angemessenen Kostenausgleich vor. ³Die Aufnahmequote nach Absatz 1 wird durch eine solche Vereinbarung nicht berührt.

§ 46 Bestimmung der zuständigen Aufnahmeeinrichtung

(1) ¹Für die Aufnahme eines Ausländers, bei dem die Voraussetzungen des § 30a Absatz 1 vorliegen, ist die besondere Aufnahmeeinrichtung (§ 5 Absatz 5) zuständig, die über einen freien Unterbringungsplatz im Rahmen der Quote nach § 45 verfügt und bei der die ihr zugeordnete Außenstelle des Bundesamtes Asylanträge aus dem Herkunftsland dieses Ausländers bearbeitet. ²Im Übrigen ist die Aufnahmeeinrichtung zuständig, bei der der Ausländer sich gemeldet hat, wenn sie über einen freien Unterbringungsplatz im Rahmen der Quote nach § 45 verfügt und die ihr zugeordnete Außenstelle des Bundesamtes Asylanträge aus dem Herkunftsland des Ausländers bearbeitet. ³Liegen die Voraussetzungen der Sätze 1 und 2 nicht vor, ist die nach Absatz 2 bestimmte Aufnahmeeinrichtung für die Aufnahme des Ausländers zuständig. ⁴Bei mehreren nach Satz 1 in Betracht kommenden besonderen Aufnahmeeinrichtungen (§ 5 Absatz 5) gilt Absatz 2 für die Bestimmung der zuständigen besonderen Aufnahmeeinrichtung entsprechend.

(2) ¹Eine vom Bundesministerium des Innern bestimmte zentrale Verteilungsstelle benennt auf Veranlassung einer Aufnahmeeinrichtung dieser die für die Aufnahme des Ausländers zuständige Aufnahmeeinrichtung. ²Maßgebend dafür sind die Aufnahmequoten nach § 45, in diesem Rahmen die vorhandenen freien Unterbringungsplätze und sodann die Bearbeitungsmöglichkeiten der jeweiligen Außenstelle des Bundesamtes in Bezug auf die Herkunftsländer der Ausländer. ³Von mehreren danach in Betracht kommenden Aufnahmeeinrichtungen wird die nächstgelegene als zuständig benannt.

(2a) ¹Ergibt sich aus einer Vereinbarung nach § 45 Absatz 2 Satz 1 eine von den Absätzen 1 und 2 abweichende Zuständigkeit, so wird die nach der Vereinbarung zur Aufnahme verpflichtete Aufnahmeeinrichtung mit der tatsächlichen Aufnahme des Ausländers zuständig. ²Soweit nach den Umständen möglich, wird die Vereinbarung bei der Verteilung nach Absatz 2 berücksichtigt.

(3) ¹Die veranlassende Aufnahmeeinrichtung teilt der zentralen Verteilungsstelle nur die Zahl der Ausländer unter Angabe der Herkunftsländer mit. ²Ausländer und ihre Familienangehörigen im Sinne des § 26 Absatz 1 bis 3 sind als Gruppe zu melden.

(4) Die Länder stellen sicher, dass die zentrale Verteilungsstelle jederzeit über die für die Bestimmung der zuständigen Aufnahmeeinrichtung erforderlichen Angaben, insbesondere über Zu- und Abgänge, Belegungsstand und alle freien Unterbringungsplätze jeder Aufnahmeeinrichtung unterrichtet ist.

(5) Die Landesregierung oder die von ihr bestimmte Stelle benennt der zentralen Verteilungsstelle die zuständige Aufnahmeeinrichtung für den Fall, dass das Land nach der Quotenregelung zur Aufnahme verpflichtet ist und über keinen freien Unterbringungsplatz in den Aufnahmeeinrichtungen verfügt.

Die Regelungen befassen sich mit den Aufgaben von Bund und Ländern im Rahmen 1
der Schaffung von zentralen Gemeinschaftsunterkünften als Erstaufnahmeeinrichtungen
sowie der Quotenverteilung. Eine Ländervereinbarung iSd § 45 Abs. 1 ist bislang nicht
getroffen worden. Die individuell zuständige Aufnahmeeinrichtung bestimmt sich zunächst
nach § 46 Abs. 1 sowohl für die besonderen Aufnahmeeinrichtungen bei beschleunigten
Verfahren wie für allgemeine Einrichtungen. Sodann hat hilfsweise eine zentrale Verteilungsstelle
nach den in Abs. 2 festgestellten Kriterien zu entscheiden. Im Hinblick auf § 55 Abs. 1
S. 2 ist der Asylbewerber hiervon in seinen Rechten nicht berührt.

§ 47 Aufenthalt in Aufnahmeeinrichtungen

(1) ¹Ausländer, die den Asylantrag bei einer Außenstelle des Bundesamtes zu stellen haben (§ 14 Abs. 1), sind verpflichtet, bis zu sechs Wochen, längstens jedoch bis zu sechs Monaten, in der für ihre Aufnahme zuständigen Aufnahmeeinrichtung zu wohnen. ²Das Gleiche gilt in den Fällen des § 14 Absatz 2 Satz 1 Nummer 2, wenn die Voraussetzungen dieser Vorschrift vor der Entscheidung des Bundesamtes entfallen.

(1a) ¹Abweichend von Absatz 1 sind Ausländer aus einem sicheren Herkunftsstaat (§ 29a) verpflichtet, bis zur Entscheidung des Bundesamtes über den Asylantrag und im Falle der Ablehnung des Asylantrags nach § 29a als offensichtlich unbegründet oder nach § 29 Absatz 1 Nummer 1 als unzulässig bis zur Ausreise oder bis zum Vollzug der Abschiebungsandrohung oder -anordnung in der für ihre Aufnahme zuständigen Aufnahmeeinrichtung zu wohnen. ²Die §§ 48 bis 50 bleiben unberührt.

(1b) ¹Die Länder können regeln, dass Ausländer abweichend von Absatz 1 verpflichtet sind, bis zur Entscheidung des Bundesamtes über den Asylantrag und im Falle der Ablehnung des Asylantrags als offensichtlich unbegründet oder als unzulässig bis zur Ausreise oder bis zum Vollzug der Abschiebungsandrohung oder -anordnung in der für ihre Aufnahme zuständigen Aufnahmeeinrichtung, längstens jedoch für 24 Monate, zu wohnen. ²Die §§ 48 bis 50 bleiben unberührt. ³Insbesondere ist § 50 Absatz 1 Satz 1 Nummer 1 zu beachten, wonach der Ausländer unverzüglich aus der Aufnahmeeinrichtung zu entlassen ist, wenn das Bundesamt nicht oder nicht kurzfristig entscheiden kann, dass der Asylantrag unzulässig oder offensichtlich unbegründet ist.

(2) Sind Eltern eines minderjährigen ledigen Kindes verpflichtet, in einer Aufnahmeeinrichtung zu wohnen, so kann auch das Kind in der Aufnahmeeinrichtung wohnen, auch wenn es keinen Asylantrag gestellt hat.

(3) Für die Dauer der Pflicht, in einer Aufnahmeeinrichtung zu wohnen, ist der Ausländer verpflichtet, für die zuständigen Behörden und Gerichte erreichbar zu sein.

(4) ¹Die Aufnahmeeinrichtung weist den Ausländer innerhalb von 15 Tagen nach der Asylantragstellung möglichst schriftlich und in einer Sprache, deren Kenntnis vernünftigerweise vorausgesetzt werden kann, auf seine Rechte und Pflichten nach dem Asylbewerberleistungsgesetz hin. ²Die Aufnahmeeinrichtung benennt in dem Hinweis nach Satz 1 auch, wer dem Ausländer Rechtsbeistand gewähren kann und welche Vereinigungen den Ausländer über seine Unterbringung und medizinische Versorgung beraten können.

1   Aus dem Wortlaut der Abs. 1, 1a, 1b und 2 sowie der Verbindung zu § 48 wird deutlich, dass entgegen der Überschrift die ausgesprochene Verpflichtung nicht nur den allgemeinen Aufenthalt, sondern das **tatsächliche Wohnen** meint. Über die sonstigen zT auch strafbewehrten Regelungen zur generellen Erreichbarkeit – insbesondere § 10 Abs. 1 – hinaus wird für den gesamten Personenkreis nach Abs. 3 die durchgehende persönliche Erreichbarkeit verlangt, die durch diese Verpflichtung sichergestellt werden soll. Sie erfordert allerdings keine fortlaufende persönliche Anwesenheit in der Aufnahmeeinrichtung, sondern soll nur sicherstellen, dass die nach § 24 Abs. 1 S. 2 vorgeschriebene Anhörung in dem von § 25 Abs. 4 gesetzten zeitlichen Rahmen stattfinden kann.

2   Die Unterkunftsverpflichtung des Abs. 1 dürfte, auch wenn die Entlassungsgründe der §§ 48–50 nicht rechtzeitig greifen, in ihrer zeitlichen Begrenzung auf 6 Monate nicht nur programmatischen Charakter haben. Das folgt aus dem Wortlaut des § 47 Abs. 1 und § 48. Insbes. mit der Einfügung des Abs. 1a im Zuge der Flüchtlingswelle des Jahres 2015 aus einigen Balkanstaaten dürfte neben der schnelleren Antragsbearbeitung auch ein **Abschreckungseffekt** beabsichtigt gewesen sein. Auch wenn nach Ablauf dieser Zeit eine Regelungs- und Zuständigkeitslücke entsteht, ist das hinzunehmen, zumal die Verpflichtung, in einer Aufnahmeeinrichtung zu wohnen, mit sonstigen Nachteilen verbunden ist (zB § 61 Abs. 1). Die hiervon zu trennende sich aus der Aufenthaltsgestattung ergebende räumliche Beschränkung (§§ 55, 56) dauert gem. § 59 Abs. 1 entspr. fort. Abs. 1a und 1b sind lex spec. zu § 49 Abs. 1.

3   Die Aufnahme eines Abs. 4 durch Gesetz vom 19.8.2007 beruht auf der Richtlinie 2003/9/EG des Rates vom 27.1.2003 zur Festlegung von Mindestnormen für die Aufnahme von Asylbewerbern.

§ 48 Beendigung der Verpflichtung, in einer Aufnahmeeinrichtung zu wohnen

Die Verpflichtung, in einer Aufnahmeeinrichtung zu wohnen, endet vor Ablauf von sechs Monaten, wenn der Ausländer
1. verpflichtet ist, an einem anderen Ort oder in einer anderen Unterkunft Wohnung zu nehmen,
2. als Asylberechtigter anerkannt ist oder ihm internationaler Schutz im Sinne des § 1 Absatz 1 Nummer 2 zuerkannt wurde oder
3. nach der Antragstellung durch Eheschließung oder Begründung einer Lebenspartnerschaft im Bundesgebiet die Voraussetzungen für einen Rechtsanspruch auf Erteilung eines Aufenthaltstitels nach dem Aufenthaltsgesetz erfüllt.

§ 49 Entlassung aus der Aufnahmeeinrichtung

(1) Die Verpflichtung, in der Aufnahmeeinrichtung zu wohnen, ist zu beenden, wenn eine Abschiebungsandrohung vollziehbar und die Abschiebung kurzfristig nicht möglich ist oder wenn dem Ausländer eine Aufenthaltserlaubnis nach § 24 des Aufenthaltsgesetzes erteilt werden soll.

(2) Die Verpflichtung kann aus Gründen der öffentlichen Gesundheitsvorsorge sowie aus sonstigen Gründen der öffentlichen Sicherheit oder Ordnung oder aus anderen zwingenden Gründen beendet werden.

§ 50 Landesinterne Verteilung

(1) ¹Ausländer sind unverzüglich aus der Aufnahmeeinrichtung zu entlassen und innerhalb des Landes zu verteilen, wenn das Bundesamt der zuständigen Landesbehörde mitteilt, dass
1. nicht oder nicht kurzfristig entschieden werden kann, dass der Asylantrag unzulässig oder offensichtlich unbegründet ist und ob die Voraussetzungen des § 60 Absatz 5 oder 7 des Aufenthaltsgesetzes in der Person des Ausländers oder eines seiner Familienangehörigen im Sinne des § 26 Absatz 1 bis 3 vorliegen, oder
2. das Verwaltungsgericht die aufschiebende Wirkung der Klage gegen die Entscheidung des Bundesamtes angeordnet hat.

²Eine Verteilung kann auch erfolgen, wenn der Ausländer aus anderen Gründen nicht mehr verpflichtet ist, in der Aufnahmeeinrichtung zu wohnen.

(2) Die Landesregierung oder die von ihr bestimmte Stelle wird ermächtigt, durch Rechtsverordnung die Verteilung zu regeln, soweit dies nicht durch Landesgesetz geregelt ist.

(3) Die zuständige Landesbehörde teilt innerhalb eines Zeitraumes von drei Arbeitstagen dem Bundesamt den Bezirk der Ausländerbehörde mit, in dem der Ausländer nach einer Verteilung Wohnung zu nehmen hat.

(4) ¹Die zuständige Landesbehörde erlässt die Zuweisungsentscheidung. ²Die Zuweisungsentscheidung ist schriftlich zu erlassen und mit einer Rechtsbehelfsbelehrung zu versehen. ³Sie bedarf keiner Begründung. ⁴Einer Anhörung des Ausländers bedarf es nicht. ⁵Bei der Zuweisung sind die Haushaltsgemeinschaft von Familienangehörigen im Sinne des § 26 Absatz 1 bis 3 oder sonstige humanitäre Gründe von vergleichbarem Gewicht zu berücksichtigen.

(5) ¹Die Zuweisungsentscheidung ist dem Ausländer selbst zuzustellen. ²Wird der Ausländer durch einen Bevollmächtigten vertreten oder hat er einen Empfangsbevollmächtigten benannt, soll ein Abdruck der Zuweisungsentscheidung auch diesem zugeleitet werden.

(6) Der Ausländer hat sich unverzüglich zu der in der Zuweisungsverfügung angegebenen Stelle zu begeben.

Abgesehen von der in § 47 Abs. 1 enthaltenen – in der Überschreitung folgenlosen – Frist endet die **Wohnungsverpflichtung in einer Aufnahmeeinrichtung** mit Eintritt der Voraussetzungen des § 48 von selbst. Ein Fall des § 48 Nr. 1 kann sich praktisch nur aus § 60 Abs. 2 S. 1 ergeben. Die Beendigung iSd § 48 Nr. 2 ist eigentlich eine Selbstverständlichkeit, nach gerichtlicher Entscheidung ist aber ein entspr. Bescheid des Bundesamtes erforderlich. Weitere Voraussetzungen der Beendigung der Wohnungsverpflichtung in einer Aufnahmeeinrichtung durch VA ergeben sich aus §§ 49 und 50 Abs. 1. Gegen die schriftliche, aber im zweitgenannten Fall nicht zu begründende, Zuweisungsentscheidung (§ 50 Abs. 4) sind, jedoch ohne aufschiebende Wirkung (§ 75), Anfechtungsklage nach § 42 Abs. 1 VwGO und Antrag nach § 80 Abs. 5 VwGO möglich. Die Entscheidung konkretisiert das vorübergehende Aufenthaltsrecht des Art. 16a Abs. 1 GG und ergeht nach pflichtgemäßem Ermessen unter Berücksichtigung Abs. 4 S. 5, dh auf den Aufenthaltsort von sonstigen Verwandten oder Freunden muss nicht abgestellt werden. Die Zuweisungsentscheidung soll gem. § 60 Abs. 1 verbunden werden mit einer Wohnsitzauflage, wenn der Lebensunterhalt nicht gesichert ist (§ 2 Abs. 3 AufenthG) und kann gem. § 60 Abs. 2 verbunden werden mit einer konkreten Unterkunftsverpflichtung.

2   Der Aufforderung in § 50 Abs. 6 ist unverzüglich, also binnen maximal drei Tagen, sofern nicht unaufschiebbare Angelegenheiten vorrangig sind, Folge zu leisten. Unmittelbarer Zwang ist zulässig.

3   Zur strafrechtlichen Relevanz siehe § 85 Nr. 1.

§ 51 Länderübergreifende Verteilung

(1) Ist ein Ausländer nicht oder nicht mehr verpflichtet, in einer Aufnahmeeinrichtung zu wohnen, ist der Haushaltsgemeinschaft von Familienangehörigen im Sinne des § 26 Absatz 1 bis 3 oder sonstigen humanitären Gründen von vergleichbarem Gewicht auch durch länderübergreifende Verteilung Rechnung zu tragen.

(2) ¹Die Verteilung nach Absatz 1 erfolgt auf Antrag des Ausländers. ²Über den Antrag entscheidet die zuständige Behörde des Landes, für das der weitere Aufenthalt beantragt ist.

1   In Ausnahmefällen ist auf Antrag auch eine länderübergreifende Verteilung möglich. Auch hier kommen familiäre Aspekte in Betracht, aber über § 50 Abs. 4 S. 4 hinaus auch humanitäre Gründe. Die Missachtung der Verteilung ist ohne strafrechtliche Konsequenz.

§ 52 Quotenanrechnung

Auf die Quoten nach § 45 wird die Aufnahme von Asylbegehrenden in den Fällen des § 14 Absatz 2 Satz 1 Nummer 2 und 3, des § 14a sowie des § 51 angerechnet.

§ 53 Unterbringung in Gemeinschaftsunterkünften

(1) ¹Ausländer, die einen Asylantrag gestellt haben und nicht oder nicht mehr verpflichtet sind, in einer Aufnahmeeinrichtung zu wohnen, sollen in der Regel in Gemeinschaftsunterkünften untergebracht werden. ²Hierbei sind sowohl das öffentliche Interesse als auch Belange des Ausländers zu berücksichtigen.

(2) ¹Eine Verpflichtung, in einer Gemeinschaftsunterkunft zu wohnen, endet, wenn das Bundesamt einen Ausländer als Asylberechtigten anerkannt oder ein Gericht das Bundesamt zur Anerkennung verpflichtet hat, auch wenn ein Rechtsmittel eingelegt worden ist, sofern durch den Ausländer eine anderweitige Unterkunft nachgewiesen wird und der öffentlichen Hand dadurch Mehrkosten nicht entstehen. ²Das Gleiche gilt, wenn das Bundesamt oder ein Gericht einem Ausländer internationalen Schutz im Sinne des § 1 Absatz 1 Nummer 2 zuerkannt hat. ³In den Fällen der Sätze 1 und 2 endet die Verpflichtung auch für die Familienangehörigen im Sinne des § 26 Absatz 1 bis 3 des Ausländers.

(3) § 44 Abs. 3 gilt entsprechend.

1   Anders als §§ 50, 51 regelt § 53 die aus finanziellen Gründen üblicherweise angezeigte Art und Weise der gemeinschaftlichen Unterbringung, soweit solche Einrichtungen geschaffen sind. Diese schließt sich regelmäßig an die Wohnungsverpflichtung des § 47 in einer Aufnahmeeinrichtung an und wird gem. § 60 Abs. 2 Nr. 1 zur Auflage der Aufenthaltsgestattung gemacht. Solange Mindeststandards menschenwürdiger Unterbringung eingehalten sind, erscheint die Regelung unbedenklich.

2   Trotz des Wortlautes endet die Unterkunftsverpflichtung aber nicht von Gesetzes wegen, sondern nur auf Grund einer Entscheidung der Ausländerbehörde, in der insbes. die Auflage

des § 60 Abs. 2 Nr. 1 zurückgenommen werden muss und die weiteren Voraussetzungen des § 53 Abs. 2 festzustellen sind.

Zur strafrechtlichen Relevanz siehe § 85 Nr. 4. **3**

§ 54 Unterrichtung des Bundesamtes

Die Ausländerbehörde, in deren Bezirk sich der Ausländer aufzuhalten oder Wohnung zu nehmen hat, teilt dem Bundesamt unverzüglich
1. die ladungsfähige Anschrift des Ausländers,
2. eine Ausschreibung zur Aufenthaltsermittlung
mit.

Die Bestimmung rundet die gegenseitigen Informationspflichten aller beteiligten Dienststellen (vgl. zB §§ 44 Abs. 2, 46, 50) ab. **1**

Abschnitt 6. Recht des Aufenthalts während des Asylverfahrens

§ 55 Aufenthaltsgestattung

(1) [1]Einem Ausländer, der um Asyl nachsucht, ist zur Durchführung des Asylverfahrens der Aufenthalt im Bundesgebiet ab Ausstellung des Ankunftsnachweises gemäß § 63a Absatz 1 gestattet (Aufenthaltsgestattung). [2]Er hat keinen Anspruch darauf, sich in einem bestimmten Land oder an einem bestimmten Ort aufzuhalten. [3]In den Fällen, in denen kein Ankunftsnachweis ausgestellt wird, entsteht die Aufenthaltsgestattung mit der Stellung des Asylantrags.

(2) [1]Mit der Stellung eines Asylantrages erlöschen eine Befreiung vom Erfordernis eines Aufenthaltstitels und ein Aufenthaltstitel mit einer Gesamtgeltungsdauer bis zu sechs Monaten sowie die in § 81 Abs. 3 und 4 des Aufenthaltsgesetzes bezeichneten Wirkungen eines Antrages auf Erteilung eines Aufenthaltstitels. [2]§ 81 Abs. 4 des Aufenthaltsgesetzes bleibt unberührt, wenn der Ausländer einen Aufenthaltstitel mit einer Gesamtgeltungsdauer von mehr als sechs Monaten besessen und dessen Verlängerung beantragt hat.

(3) Soweit der Erwerb oder die Ausübung eines Rechts oder einer Vergünstigung von der Dauer des Aufenthalts im Bundesgebiet abhängig ist, wird die Zeit eines Aufenthalts nach Absatz 1 nur angerechnet, wenn der Ausländer als Asylberechtigter anerkannt ist oder ihm internationaler Schutz im Sinne des § 1 Absatz 1 Nummer 2 zuerkannt wurde.

Die Aufenthaltsgestattung stellt ein **Aufenthaltsrecht besonderer Art** dar, das keiner **1** Anordnung bedarf, denn das Grundrecht des Art. 16a Abs. 1 GG entfaltet Wirkung – sozusagen automatisch – mit dem Erreichen der Grenze der Bundesrepublik und der Äußerung eines Asylgesuchs iSd § 13 Abs. 1 gegenüber einer mit ausländerrechtlichen Fragen befassten amtlichen Stelle. Sie sichert somit Einreise und Aufenthalt bis zur Feststellung der Asylberechtigung, unabhängig von der späteren Erteilung einer deklaratorischen Bescheinigung gem. § 63 Abs. 1. Nur bei unerlaubter Einreise aus einem sicheren Drittstaat iSd Art. 16a Abs. 2 GG entsteht dieses Aufenthaltsrecht erst mit Stellung des Asylantrags nach § 14 Abs. 1, sodass die nach §§ 18 bzw. 19 Abs. 3 vorzunehmende Zurückschiebung während des dazwischenliegenden Schwebezustandes sichergestellt ist. Da das Entstehen der Aufenthaltsgestattung keine Rückwirkung entfalten kann, sind unerlaubte Einreise und unerlaubter Aufenthalt an den Bestimmungen des AufenthG – freilich unter Berücksichtigung von Art. 31 Genfer Konvention – zu messen. Den Stellern eines Folgeantrages iSd § 71 bzw. eines Zweitantrages iSd § 71a steht eine Aufenthaltsgestattung erst mit der Entscheidung des Bundesamtes über die Einleitung eines weiteren Asylverfahrens zu. Für die Zwischenphase gilt der Zweitantragssteller gem. § 71a Abs. 3 als geduldet, womit im Hinblick auf die Aufhebung von § 56 AuslG und die nunmehrige Überschrift zu § 60a AufenthG nur eine Aussetzung der Abschiebung iVm einer entspr. Bescheinigung iSd § 60 Abs. 4 gemeint sein kann. Gleiches gilt für den Folgeantragsteller, dem aber mangels gesetzlicher Regelung auch aus den Gründen des § 22 AufenthG eine Aufenthaltserlaubnis oder doch schon eine Bescheinigung über eine Aufenthaltsgestattung ausgestellt werden kann.

2   Grundsätzlich erlöschen mit Stellung des Asylantrages, nach aM auch schon ab Äußerung des Gesuches, alle **anderen Aufenthaltsrechte** eines Ausländers und werden durch die Aufenthaltsgestattung ersetzt. Dabei handelt es sich um einen tatsächlichen Vorgang, der durch die Anbringung eines Ungültigkeitsstempels offenkundig gemacht wird. Das Erlöschen gilt insbes. auch für das Visum des § 6 AufenthG und folgt aus § 51 Abs. 1 Nr. 8 AufenthG für aus völkerrechtlichen, humanitären oder politischen Gründen erteilte Aufenthaltstitel. Etwas anderes bestimmt jedoch Abs. 2 S. 2 für Aufenthaltstitel mit einer Gesamtgeltungsdauer von über 6 Monaten einschließlich der mit einem Verlängerungsantrag verbundenen Erlaubnisfiktion des § 81 Abs. 4 AufenthG. Für diese Zeit überlagert der vom Asylverfahren unabhängige Aufenthaltstitel die Aufenthaltsgestattung, indem die mit ihr verbundenen Beschränkungen nicht zum Tragen kommen.

3   Mit der Anrechnungsklausel des Abs. 3 wird verhindert, dass jahrelang andauernde ergebnislose Asylverfahren bzw. auch Anerkennungsverfahren betr. den internationalen Schutz der §§ 3–4 zur Geltendmachung von Aufenthaltsrechten missbraucht werden.

4   Die Geltungsdauer der Aufenthaltsgestattung ergibt sich aus § 67, die der Bescheinigung aus § 63 Abs. 2.

5   Zur strafrechtlichen Relevanz siehe §§ 85 Nr. 2–4, 86.

§ 56 Räumliche Beschränkung

(1) Die Aufenthaltsgestattung ist räumlich auf den Bezirk der Ausländerbehörde beschränkt, in dem die für die Aufnahme des Ausländers zuständige Aufnahmeeinrichtung liegt.

(2) Wenn der Ausländer verpflichtet ist, in dem Bezirk einer anderen Ausländerbehörde Aufenthalt zu nehmen, ist die Aufenthaltsgestattung räumlich auf deren Bezirk beschränkt.

1   Aus Gründen einer besseren Überwachung und der Verfahrensbeschleunigung, aber in gewissem Umfang auch zum Zwecke der Abschreckung missbräuchlicher Asylgesuche wird das gesetzlich gem. § 55 Abs. 1 zugebilligte Aufenthaltsrecht durch diese Vorschrift **kraft Gesetzes räumlich stark beschränkt**. Darin liegt weder ein Verstoß gegen allgemeine Grundrechte noch das Asylgrundrecht; eine Verhältnismäßigkeitsprüfung muss jedoch am Einzelfall orientiert sein (→ § 85 Rn. 9). Gemeint ist der Aufenthalt schlechthin (→ § 85 Rn. 30). Ein Fall des Abs. 2 kann vorliegen bei länderübergreifender Zuweisung nach § 51 oder einer Verpflichtung, die aus § 60 Abs. 2 S. 1 Nr. 2 und 3 resultiert.

2   Ausnahmen sind nur unter den strengen Voraussetzungen der §§ 57, 58 im Einzelfall zulässig, weitergehende Beschränkungen nach § 60 möglich.

3   Mit Gesetz vom 23.12.2014, BGBl. I S. 2439, wurde der eine Geltungsdauer regelnde Abs. 3 aufgehoben und durch § 59a ersetzt. Gleichzeitig wurde mit § 59b eine Neuregelung getroffen, wonach eine räumliche Beschränkung auch durch VA bei Vorliegen bestimmter Gegebenheiten angeordnet werden kann.

4   Zur strafrechtlichen Relevanz siehe §§ 85 Nr. 2, 86.

§ 57 Verlassen des Aufenthaltsbereichs einer Aufnahmeeinrichtung

(1) Das Bundesamt kann einem Ausländer, der verpflichtet ist, in einer Aufnahmeeinrichtung zu wohnen, erlauben, den Geltungsbereich der Aufenthaltsgestattung vorübergehend zu verlassen, wenn zwingende Gründe es erfordern.

(2) **Zur Wahrnehmung von Terminen bei Bevollmächtigten, beim Hohen Flüchtlingskommissar der Vereinten Nationen und bei Organisationen, die sich mit der Betreuung von Flüchtlingen befassen, soll die Erlaubnis unverzüglich erteilt werden.**

(3) [1]**Der Ausländer kann Termine bei Behörden und Gerichten, bei denen sein persönliches Erscheinen erforderlich ist, ohne Erlaubnis wahrnehmen.** [2]**Er hat diese Termine der Aufnahmeeinrichtung und dem Bundesamt anzuzeigen.**

Entgegen der Überschrift befasst sich die Bestimmung mit der **Erlaubnis**, den in § 56 festgelegten und auf den Bezirk einer Ausländerbehörde beschränkten räumlichen Geltungsbereich der Aufenthaltsgestattung zu verlassen, soweit es sich um Ausländer handelt, die gem. § 47 Abs. 1 noch zum Wohnen in einer Aufnahmeeinrichtung verpflichtet sind. Nur iVm dieser Möglichkeit zur Lockerung der Bewegungsfreiheit, die – vgl. Abs. 3 – auch im öffentlichen Interesse erforderlich ist, kann deren weitgehende Beschränkung als verfassungsmäßig angesehen werden. Anders als beim Personenkreis des § 58 ist hier eine generelle Regelung ausgeschlossen, vielmehr kommt stets nur eine vom Bundesamt zu erteilende Einzelerlaubnis in Betracht, die allerdings auch ein mehrfaches Verlassen des Geltungsbereiches umfassen kann. 1

Während in den Fällen des Abs. 3 auf eine Erlaubnis ganz verzichtet wird (→ § 85 Rn. 31) besteht unter den Voraussetzungen des Abs. 2 ein Regelanspruch, über den ohne Verzögerung zu entscheiden ist. Der Kreis der Bevollmächtigten ist nicht auf zugelassene Rechtsanwälte beschränkt, sie können frei gewählt werden und brauchen nicht schon mandatiert zu sein. Eine Ablehnung wird nur in Betracht kommen, wenn tatsächliche Anhaltspunkte für einen Missbrauch vorliegen. 2

Soweit in **sonstigen Fällen** zwingende Gründe für eine Erlaubnis zum Verlassen erforderlich sind, ist über den subjektiven Wunsch auf Grund einer Interessenabwägung zu entscheiden, wobei die Grenzen deutlich enger gezogen sind als für den Personenkreis des § 58. Persönliche Umstände familiärer, religiöser, gesundheitlicher, politischer oder in besonderen Ausnahmefällen auch beruflicher oder schulischer Art können die Erlaubnis erfordern, wenn derartige rechtlich geschützte Bedürfnisse nicht anderweitig – zB innerhalb des Aufenthaltsbezirkes – befriedigt werden können. Im Hinblick auf den Sinn und Zweck sowie die zeitliche Befristung der Unterbringung in einer Aufnahmeeinrichtung erscheint diese Regelung sachgerecht. 3

Zur strafrechtlichen Relevanz siehe §§ 85 Nr. 2, 86. 4

§ 58 Verlassen eines zugewiesenen Aufenthaltsbereichs

(1) [1]**Die Ausländerbehörde kann einem Ausländer, der nicht oder nicht mehr verpflichtet ist, in einer Aufnahmeeinrichtung zu wohnen, erlauben, den Geltungsbereich der Aufenthaltsgestattung vorübergehend zu verlassen oder sich allgemein in dem Bezirk einer anderen Ausländerbehörde aufzuhalten.** [2]**Die Erlaubnis ist zu erteilen, wenn hieran ein dringendes öffentliches Interesse besteht, zwingende Gründe es erfordern oder die Versagung der Erlaubnis eine unbillige Härte bedeuten würde.** [3]**Die Erlaubnis wird in der Regel erteilt, wenn eine nach § 61 Absatz 2 erlaubte Beschäftigung ausgeübt werden soll oder wenn dies zum Zwecke des Schulbesuchs, der betrieblichen Aus- und Weiterbildung oder des Studiums an einer staatlichen oder staatlich anerkannten Hochschule oder vergleichbaren Ausbildungseinrichtung erforderlich ist.** [4]**Die Erlaubnis bedarf der Zustimmung der Ausländerbehörde, für deren Bezirk der allgemeine Aufenthalt zugelassen wird.**

(2) **Zur Wahrnehmung von Terminen bei Bevollmächtigten, beim Hohen Flüchtlingskommissar der Vereinten Nationen und bei Organisationen, die sich mit der Betreuung von Flüchtlingen befassen, soll die Erlaubnis erteilt werden.**

AsylG § 59

(3) Der Ausländer kann Termine bei Behörden und Gerichten, bei denen sein persönliches Erscheinen erforderlich ist, ohne Erlaubnis wahrnehmen.

(4) ¹Der Ausländer kann den Geltungsbereich der Aufenthaltsgestattung ohne Erlaubnis vorübergehend verlassen, wenn ein Gericht das Bundesamt dazu verpflichtet hat, den Ausländer als Asylberechtigten anzuerkennen, ihm internationalen Schutz im Sinne des § 1 Absatz 1 Nummer 2 zuzuerkennen oder die Voraussetzungen des § 60 Absatz 5 oder 7 des Aufenthaltsgesetzes festzustellen, auch wenn diese Entscheidung noch nicht unanfechtbar ist. ²Satz 1 gilt entsprechend für Familienangehörige im Sinne des § 26 Absatz 1 bis 3.

(5) Die Ausländerbehörde eines Kreises oder einer kreisangehörigen Gemeinde kann einem Ausländer die allgemeine Erlaubnis erteilen, sich vorübergehend im gesamten Gebiet des Kreises aufzuhalten.

(6) Um örtlichen Verhältnissen Rechnung zu tragen, können die Landesregierungen durch Rechtsverordnung bestimmen, dass sich Ausländer ohne Erlaubnis vorübergehend in einem die Bezirke mehrerer Ausländerbehörden umfassenden Gebiet, dem Gebiet des Landes oder, soweit Einvernehmen zwischen den beteiligten Landesregierungen besteht, im Gebiet eines anderen Landes aufhalten können.

1 Nur für Ausländer, die nicht mehr gem. §§ 47 ff. in einer Aufnahmeeinrichtung wohnen müssen, enthält die Bestimmung einen im Verhältnis zu § 57 erweiterten **Erlaubnistatbestand**. In den Fällen der Abs. 3, 4 und 6 ist eine Erlaubnis zum vorübergehenden Verlassen des Geltungsbereiches der Aufenthaltsgestattung überhaupt nicht erforderlich, während im Fall des Abs. 5 auf Grund Einzelerlaubnis zwar nicht der allgemeine Aufenthalt, wohl aber der vorübergehende Aufenthalt auf das gesamte Gebiet eines Kreises durch eine Ausländerbehörde ausgedehnt werden kann. Mit den Regelungen der Abs. 3 und 4 wird der Verfassungskonformität der räumlichen Beschränkung des § 56 Rechnung getragen. In beiden Fällen knüpft allerdings die Entbehrlichkeit einer Erlaubnis an vorangegangene behördliche oder gerichtliche Entscheidungen an, sodass Missbrauchsfälle leicht festgestellt und nachgewiesen werden können. Abs. 5 und 6 berücksichtigen geographische und verwaltungsmäßige Besonderheiten.

2 Zum Fall des **Abs. 2** gilt das bei § 57 Ausgeführte, allerdings mit der in der Praxis unwesentlichen Einschränkung, dass die Erlaubnis nicht unverzüglich erteilt werden muss. **Abs. 1** gibt zunächst die allgemeine Möglichkeit, das Verlassen des zugewiesenen Aufenthaltsbereiches zu gestatten. Er verpflichtet die Ausländerbehörde zur Erteilung einer Erlaubnis über die auch in § 57 Abs. 1 genannten zwingenden Gründe hinaus in Fällen dringenden öffentlichen Interesses und der unbilligen Härte als Auffangtatbestand, wenn eine besonders nachhaltige Beeinträchtigung persönlicher Belange dem Zweck der Regelung des § 56 gegenübersteht. Seine Neufassung bietet im Rahmen von Regelbeispielen weitere Flexibilität. In allen Fällen des Abs. 1 kann sogar die Verlegung des Daueraufenthaltes in einen angrenzenden Nachbarbezirk gestattet werden, was beispielsweise Unterbringungsschwierigkeiten in Stadtstaaten lösen hilft. Von der Möglichkeit des Abs. 6, durch VO den Aufenthaltsbezirk zu erweitern, wurde nur vereinzelt Gebrauch gemacht (Hessen VO v. 3.12.1991, GVBl. II 310-69; Rheinland-Pfalz VO v. 14.12.1999, GVBl. S. 450; Baden-Württemberg VO v. 14.2.2012, GBl. S. 59).

3 Zur strafrechtlichen Relevanz siehe §§ 85 Nr. 2, 86.

§ 59 Durchsetzung der räumlichen Beschränkung

(1) ¹Die Verlassenspflicht nach § 12 Abs. 3 des Aufenthaltsgesetzes kann, soweit erforderlich, auch ohne Androhung durch Anwendung unmittelbaren Zwangs durchgesetzt werden. ²Reiseweg und Beförderungsmittel sollen vorgeschrieben werden.

(2) Der Ausländer ist festzunehmen und zur Durchsetzung der Verlassenspflicht auf richterliche Anordnung in Haft zu nehmen, wenn die freiwillige Erfüllung der Verlassenspflicht, auch in den Fällen des § 59a Absatz 2, nicht gesichert ist und andernfalls deren Durchsetzung wesentlich erschwert oder gefährdet würde.

(3) Zuständig für Maßnahmen nach den Absätzen 1 und 2 sind
1. die Polizeien der Länder,
2. die Grenzbehörde, bei der der Ausländer um Asyl nachsucht,
3. die Ausländerbehörde, in deren Bezirk sich der Ausländer aufhält,
4. die Aufnahmeeinrichtung, in der der Ausländer sich meldet, sowie
5. die Aufnahmeeinrichtung, die den Ausländer aufgenommen hat.

Die Anwendung unmittelbaren Zwangs, Festnahme und Inhaftierung kommen bei allen Verstößen gegen die räumliche Beschränkung in Betracht, nicht jedoch bei der Verletzung bloßer Wohnverpflichtungen wie jene aus § 47 Abs. 1. Ein kurzfristiger unberechtigter Aufenthalt reicht aus, die Anwendung unmittelbaren Zwangs muss jedoch erforderlich und verhältnismäßig sein. Nur soweit **konkrete Anhaltspunkte** dafür vorliegen, dass der Verpflichtete sich weigert, ohne schuldhaftes Zögern seiner Verlassenspflicht nachzukommen und damit möglicherweise den Fortgang des Asylverfahrens verzögert, werden entsprechende Maßnahmen in Betracht kommen. Unmittelbarer Zwang und Festnahme obliegen den in Abs. 3 genannten Dienststellen, Widerstandshandlungen werden gem. § 113 iVm § 11 Abs. 1 Nr. 2 StGB zu ahnden sein. Die Anordnung der Haft obliegt nach §§ 1, 3 FrhEntzG dem AG als Gericht der freiwilligen Gerichtsbarkeit. 1

§ 59a Erlöschen der räumlichen Beschränkung

(1) ¹Die räumliche Beschränkung nach § 56 erlischt, wenn sich der Ausländer seit drei Monaten ununterbrochen erlaubt, geduldet oder gestattet im Bundesgebiet aufhält. ²Die räumliche Beschränkung erlischt abweichend von Satz 1 nicht, solange die Verpflichtung des Ausländers, in der für seine Aufnahme zuständigen Aufnahmeeinrichtung zu wohnen, fortbesteht.

(2) ¹Räumliche Beschränkungen bleiben auch nach Erlöschen der Aufenthaltsgestattung in Kraft bis sie aufgehoben werden, längstens aber bis zu dem in Absatz 1 bestimmten Zeitpunkt. ²Abweichend von Satz 1 erlöschen räumliche Beschränkungen, wenn der Aufenthalt nach § 25 Absatz 1 Satz 3 oder § 25 Absatz 2 Satz 2 des Aufenthaltsgesetzes als erlaubt gilt oder ein Aufenthaltstitel erteilt wird.

Die räumliche Beschränkung des § 56 ist zunächst klar zu trennen von der Wohnsitzauflage gem. §§ 47, 50, 51 oder 60, denn bei ersterer darf der räumliche Aufenthaltsbereich nur verlassen werden, wenn einer der Erlaubnistatbestände der §§ 57, 58 vorliegt. Beide den Asylbewerber in seiner Bewegungsfreiheit einschränkende Regelungen sind jedoch über § 59a Abs. 1 S. 2 in ihrer **Geltungsdauer** verknüpft. Zugleich stellt Abs. 2 fest, dass die im Entstehen mit der Aufenthaltsgestattung gesetzlich verbundene räumliche Beschränkung nicht automatisch mit dem Erlöschen der Aufenthaltsgestattung ebenfalls erlischt. Entspr. § 51 Abs. 6 AufenthG handelt es sich bei dieser räumlichen Beschränkung um eine selbständige nicht akzessorische Nebenfolge, die eine Besserstellung gegenüber der Zeit des Bestehens der Aufenthaltsgestattung verhindern soll. 1

§ 59b Anordnung der räumlichen Beschränkung

(1) Eine räumliche Beschränkung der Aufenthaltsgestattung kann unabhängig von § 59a Absatz 1 durch die zuständige Ausländerbehörde angeordnet werden, wenn

1. der Ausländer wegen einer Straftat, mit Ausnahme solcher Straftaten, deren Tatbestand nur von Ausländern verwirklicht werden kann, rechtskräftig verurteilt worden ist,
2. Tatsachen die Schlussfolgerung rechtfertigen, dass der Ausländer gegen Vorschriften des Betäubungsmittelgesetzes verstoßen hat,
3. konkrete Maßnahmen zur Aufenthaltsbeendigung gegen den Ausländer bevorstehen oder
4. von dem Ausländer eine erhebliche Gefahr für die innere Sicherheit oder für Leib und Leben Dritter ausgeht

(2) Die §§ 56, 58, 59 und 59a Absatz 2 gelten entsprechend.

1 Die neu eingefügte Vorschrift (→ § 56 Rn. 3) schafft über die gesetzliche Regelung des § 56 Abs. 1 hinaus nun auch die Möglichkeit, **durch VA räumliche Beschränkungen** anzuordnen, beispielsweise nach Vorliegen einer rechtskräftigen Verurteilung bzw. im Fall von Verstößen gegen das BtMG auch ohne eine solche, wenn entspr. konkrete Anhaltspunkte vorliegen.

2 Zur strafrechtlichen Relevanz siehe §§ 85 Nr. 2, 86.

§ 60 Auflagen

(1) ¹Ein Ausländer, der nicht oder nicht mehr verpflichtet ist, in einer Aufnahmeeinrichtung zu wohnen, und dessen Lebensunterhalt nicht gesichert ist (§ 2 Absatz 3 des Aufenthaltsgesetzes), wird verpflichtet, an dem in der Verteilentscheidung nach § 50 Absatz 4 genannten Ort seinen gewöhnlichen Aufenthalt zu nehmen (Wohnsitzauflage). ²Findet eine länderübergreifende Verteilung gemäß § 51 statt, dann ergeht die Wohnsitzauflage im Hinblick auf den sich danach ergebenden Aufenthaltsort. ³Der Ausländer kann den in der Wohnsitzauflage genannten Ort ohne Erlaubnis vorübergehend verlassen.

(2) ¹Ein Ausländer, der nicht oder nicht mehr verpflichtet ist, in einer Aufnahmeeinrichtung zu wohnen, und dessen Lebensunterhalt nicht gesichert ist (§ 2 Absatz 3 des Aufenthaltsgesetzes), kann verpflichtet werden,
1. in einer bestimmten Gemeinde, in einer bestimmten Wohnung oder Unterkunft zu wohnen,
2. in eine bestimmte Gemeinde, Wohnung oder Unterkunft umzuziehen oder
3. in dem Bezirk einer anderen Ausländerbehörde desselben Landes seinen gewöhnlichen Aufenthalt und Wohnung oder Unterkunft zu nehmen.
²Eine Anhörung des Ausländers ist erforderlich in den Fällen des Satzes 1 Nummer 2, wenn er sich länger als sechs Monate in der Gemeinde, Wohnung oder Unterkunft aufgehalten hat. ³Die Anhörung gilt als erfolgt, wenn der Ausländer oder sein anwaltlicher Vertreter Gelegenheit hatte, sich innerhalb von zwei Wochen zu der vorgesehenen Unterbringung zu äußern. ⁴Eine Anhörung unterbleibt, wenn ihr ein zwingendes öffentliches Interesse entgegensteht.

(3) ¹Zuständig für Maßnahmen nach Absatz 1 Satz 1 ist die nach § 50 zuständige Landesbehörde. ²Die Wohnsitzauflage soll mit der Zuweisungsentscheidung nach § 50 verbunden werden. ³Zuständig für Maßnahmen nach Absatz 1 Satz 2 ist die nach § 51 Absatz 2 Satz 2 zuständige Landesbehörde. ⁴Die Wohnsitzauflage soll mit der Verteilungsentscheidung nach § 51 Absatz 2 Satz 2 verbunden werden. ⁵Zuständig für Maßnahmen nach Absatz 2 ist die Ausländerbehörde, in deren Bezirk die Gemeinde oder die zu beziehende Wohnung oder Unterkunft liegt.

1 Anders als bei § 12 Abs. 2 AufenthG kann die Aufenthaltsgestattung seit der Neufassung zum 1.1.2015 nicht mehr allgemein mit Auflagen versehen werden. Aufenthaltsbeschrän-

kungen stellen entspr. dem gegenüber § 20 Abs. 2 Nr. 1 AsylVfG 1982 geänderten Wortlaut allerdings keine Auflagen dar, vielmehr gelten dafür die speziellen Regelungen in §§ 47 Abs. 1, 55 Abs. 1, 56–59b. Die allein gem. Abs. 1 und 2 noch zulässigen Wohnsitzauflagen sind **deutlich zu trennen** von Zuweisungsentscheidungen (§§ 50, 51) und räumlichen Beschränkungen (§ 56). Zweck der Residenzpflicht ist neben der gleichmäßigen Verteilung der Asylbewerber auch die gleichmäßige Verteilung der Soziallasten, soweit hier Beitrag zum Lebensunterhalt geleistet werden muss. Auch Streitigkeiten unter Bewohnern vor allem unterschiedlicher ethnischer Gruppierungen können auf diese Weise entschärft werden. Für Geduldete gilt Entsprechendes gem. § 61 Abs. 1d AufenthG. Das nur vorübergehende Verlassen des festgelegten Ortes ist im Gegensatz zur räumlichen Beschränkung zulässig, auch ein späterer Auflagenverstoß nicht strafbewehrt. Das Verwaltungsverfahren regelt sich nach Abs. 2 S. 2–4 und Abs. 3. Ein Widerspruchsverfahren findet gem. § 11 nicht statt; vorläufiger Rechtsschutz nach § 80 Abs. 5 VwGO sowie Anfechtungs- bzw. Verpflichtungsklage sind möglich, da es sich bei den Auflagen um Nebenbestimmungen iSd § 36 Abs. 1 und 2 Nr. 4 VwVfG bzw. den entspr. VwVfG der Länder handelt.

Wohnsitzauflagen sind **selbständige Auflagen,** die unabhängig von der Aufenthaltsgestattung fortbestehen können (siehe §§ 63, 67). Sie werden erst später, im Falle des Abs. 1 mit der Verteilentscheidung des § 50 Abs. 4, im Falle des Abs. 2 mit dem Entfallen der Verpflichtung aus § 47 Abs. 1 aufgegeben. Als bestimmte Unterkunft gilt insb. die Gemeinschaftsunterkunft iSd § 53 Abs. 1.

Zur strafrechtlichen Relevanz siehe § 85 Nr. 3.

§ 61 Erwerbstätigkeit

(1) Für die Dauer der Pflicht, in einer Aufnahmeeinrichtung zu wohnen, darf der Ausländer keine Erwerbstätigkeit ausüben.

(2) ¹Im Übrigen kann einem Asylbewerber, der sich seit drei Monaten gestattet im Bundesgebiet aufhält, abweichend von § 4 Abs. 3 des Aufenthaltsgesetzes die Ausübung einer Beschäftigung erlaubt werden, wenn die Bundesagentur für Arbeit zugestimmt hat oder durch Rechtsverordnung bestimmt ist, dass die Ausübung der Beschäftigung ohne Zustimmung der Bundesagentur für Arbeit zulässig ist. ²Ein geduldeter oder rechtmäßiger Voraufenthalt wird auf die Wartezeit nach Satz 1 angerechnet. ³Die §§ 39, 40 Absatz 1 Nummer 1 und Absatz 2 und die §§ 41 und 42 des Aufenthaltsgesetzes gelten entsprechend. ⁴Einem Ausländer aus einem sicheren Herkunftsstaat gemäß § 29a, der nach dem 31. August 2015 einen Asylantrag gestellt hat, darf während des Asylverfahrens die Ausübung einer Beschäftigung nicht erlaubt werden.

Das **absolute Verbot** selbständiger wie unselbständiger Erwerbstätigkeit soll bei offensichtlich unbegründeten Asylanträgen Verzögerungen im Falle der Abschiebung verhindern. Im Hinblick auf die zeitliche Befristung (§ 47 Abs. 1) erscheint ein solches Verbot vertretbar, weil es gleichzeitig dazu beiträgt, Wirtschaftsflüchtlinge abzuhalten, was mit Blick auf die Bedürfnisse des Arbeitsmarktes einerseits und die Beanspruchung der Sozialkassen andererseits sinnvoll erscheint.

Gemäß § 32 Abs. 1 der BeschäftigungsVO vom 6.6.2013 kann erstmalig Beschäftigten eine Arbeitserlaubnis dann erteilt werden, wenn sie sich auf Grund eines Aufenthaltstitels **wenigstens 3 Monate** erlaubt im Bundesgebiet aufgehalten haben. Darauf abgestimmt ist die Neufassung des Abs. 2, der nachrangig zu den Bestimmungen des AufenthG für Asylbewerber eine gleich lange Wartezeit vorsieht. Nur im Fall des Abs. 2 ist gegen den mehrstufigen VA Rechtsschutz wie zu § 60 ausgeführt möglich.

Zur strafrechtlichen Relevanz siehe § 85 Nr. 4.

§ 62 Gesundheitsuntersuchung

(1) ¹Ausländer, die in einer Aufnahmeeinrichtung oder Gemeinschaftsunterkunft zu wohnen haben, sind verpflichtet, eine ärztliche Untersuchung auf übertragbare Krankheiten einschließlich einer Röntgenaufnahme der Atmungsorgane zu dulden. ²**Die oberste Landesgesundheitsbehörde oder die von ihr bestimmte Stelle bestimmt den Umfang der Untersuchung und den Arzt, der die Untersuchung durchführt.**

(2) ¹Das Ergebnis der Untersuchung ist der für die Unterbringung zuständigen Behörde mitzuteilen. ²**Wird bei der Untersuchung der Verdacht oder das Vorliegen einer meldepflichtigen Krankheit nach § 6 des Infektionsschutzgesetzes oder eine Infektion mit einem Krankheitserreger nach § 7 des Infektionsschutzgesetzes festgestellt, ist das Ergebnis der Untersuchung auch dem Bundesamt mitzuteilen.**

1 Die Regelung liegt im Interesse der öffentlichen Gesundheit. Da die Untersuchung von einem Arzt durchzuführen ist, spielt, anders als im Fall des § 15 Abs. 4, das Geschlecht der Kontrollperson keine Rolle. Nach dem Wortlaut werden auch generelle Untersuchungen zB auf HIV oder AIDS zulässig sein.

§ 63 Bescheinigung über die Aufenthaltsgestattung

(1) ¹Dem Ausländer wird nach der Asylantragstellung innerhalb von drei Arbeitstagen eine mit den Angaben zur Person und einem Lichtbild versehene Bescheinigung über die Aufenthaltsgestattung ausgestellt, wenn er nicht im Besitz eines Aufenthaltstitels ist. ²**Im Falle des Absatzes 3 Satz 2 ist der Ausländer bei der Asylantragstellung aufzufordern, innerhalb der Frist nach Satz 1 bei der zuständigen Ausländerbehörde die Ausstellung der Bescheinigung zu beantragen.**

(2) ¹Die Bescheinigung ist zu befristen. ²**Solange der Ausländer verpflichtet ist, in einer Aufnahmeeinrichtung zu wohnen, beträgt die Frist längstens drei und im Übrigen längstens sechs Monate.**

(3) ¹Zuständig für die Ausstellung der Bescheinigung ist das Bundesamt, solange der Ausländer verpflichtet ist, in einer Aufnahmeeinrichtung zu wohnen. ²Im Übrigen ist die Ausländerbehörde zuständig, auf deren Bezirk die Aufenthaltsgestattung beschränkt ist oder in deren Bezirk der Ausländer Wohnung zu nehmen hat. ³Auflagen und Änderungen der räumlichen Beschränkung sowie deren Anordnung (§ 59b) können auch von der Behörde vermerkt werden, die sie verfügt hat.

(4) Die Bescheinigung soll eingezogen werden, wenn die Aufenthaltsgestattung erloschen ist.

(5) ¹Die Bescheinigung enthält folgende Angaben:
1. das Datum der Ausstellung des Ankunftsnachweises gemäß § 63a Absatz 1 Satz 2 Nummer 12 und
2. das Datum der Asylantragstellung.

²Im Übrigen gilt § 78a Absatz 5 des Aufenthaltsgesetzes entsprechend.

1 Da der Asylbewerber oder Flüchtling einerseits gem. § 15 Abs. 2 Nr. 4 zur Abgabe seines – wenn überhaupt vorhandenen – Passes bzw. Passersatzes verpflichtet ist, andererseits aber der allgemeinen Ausweispflicht des § 3 AufenthG nachkommen können muss, ist ihm über die mit dem Asylgesuch gem. § 13 Abs. 1 entstehende Aufenthaltsgestattung eine Bescheinigung **deklaratorischer Art** – hinsichtlich eventueller Auflagen nach § 60 Abs. 1 oder 2 allerdings konstitutiv – auszustellen, solange er nicht ausnahmsweise im Besitz einer Aufenthaltsgenehmigung und damit eines Passes ist. Die Erteilung der Bescheinigung ist

ebenso wie die Verlängerung ein von Amts wegen erlassener VA, der aus Kontrollgründen zugleich eine verhältnismäßig enge Geltungsdauer festsetzt. Dadurch wird verhindert, dass der Ausländer sich noch bis zu einer erfolgreichen Einziehung (Abs. 4) ausweisen kann, obgleich möglicherweise die Aufenthaltsgestattung gem. § 67 längst erloschen ist. Solange diese allerdings fortbesteht, wird wegen des nur deklaratorischen Charakters der Aufenthalt auch dann nicht unrechtmäßig, wenn die Bescheinigung ungültig geworden ist. Anforderungen an Aussehen und Inhalt entsprechen denjenigen der Bescheinigungen nach § 60a Abs. 4 und § 81 Abs. 5 AufenthG.

§ 63a Bescheinigung über die Meldung als Asylsuchender

(1) ¹Einem Ausländer, der um Asyl nachgesucht hat und nach den Vorschriften des Asylgesetzes oder des Aufenthaltsgesetzes erkennungsdienstlich behandelt worden ist, aber noch keinen Asylantrag gestellt hat, wird unverzüglich eine Bescheinigung über die Meldung als Asylsuchender (Ankunftsnachweis) ausgestellt. ²Dieses Dokument enthält folgende sichtbar aufgebrachte Angaben:
1. Name und Vornamen,
2. Geburtsname,
3. Lichtbild,
4. Geburtsdatum,
5. Geburtsort,
6. Abkürzung der Staatsangehörigkeit,
7. Geschlecht,
8. Größe und Augenfarbe,
9. zuständige Aufnahmeeinrichtung,
10. Seriennummer der Bescheinigung (AKN-Nummer),
11. ausstellende Behörde,
12. Ausstellungsdatum,
13. Unterschrift des Inhabers,
14. Gültigkeitsdauer,
15. Verlängerungsvermerk,
16. das Geschäftszeichen der Registerbehörde (AZR-Nummer),
17. Vermerk mit den Namen und Vornamen der begleitenden minderjährigen Kinder und Jugendlichen,
18. Vermerk, dass die Angaben auf den eigenen Angaben des Inhabers beruhen,
19. Vermerk, dass der Inhaber mit dieser Bescheinigung nicht der Pass- und Ausweispflicht genügt,
20. maschinenlesbare Zone und
21. Barcode.

³Die Zone für das automatische Lesen enthält die in Satz 2 Nummer 1, 4, 6, 7, 10 und 14 genannten Angaben, die Abkürzung „MED", Prüfziffern und Leerstellen. ⁴Der automatisch erzeugte Barcode enthält die in Satz 3 genannten Angaben, eine digitale Signatur und die AZR-Nummer. ⁵Die Unterschrift durch ein Kind ist zu leisten, wenn es zum Zeitpunkt der Ausstellung des Ankunftsnachweises das zehnte Lebensjahr vollendet hat.

(2) ¹Die Bescheinigung nach Absatz 1 ist auf längstens sechs Monate zu befristen. ²Sie soll ausnahmsweise um jeweils längstens drei Monate verlängert werden, wenn
1. dem Ausländer bis zum Ablauf der Frist nach Satz 1 oder der verlängerten Frist nach Halbsatz 1 kein Termin bei der Außenstelle des Bundesamtes nach § 23 Absatz 1 genannt wurde,
2. der dem Ausländer nach § 23 Absatz 1 genannte Termin bei der Außenstelle des Bundesamtes außerhalb der Frist nach Satz 1 oder der verlängerten Frist nach Halbsatz 1 liegt oder

3. der Ausländer den ihm genannten Termin aus Gründen, die er nicht zu vertreten hat, nicht wahrnimmt.

(3) ¹Zuständig für die Ausstellung, Änderung der Anschrift und Verlängerung einer Bescheinigung nach Absatz 1 ist die Aufnahmeeinrichtung, auf die der Ausländer verteilt worden ist, sofern nicht die dieser Aufnahmeeinrichtung zugeordnete Außenstelle des Bundesamtes eine erkennungsdienstliche Behandlung des Ausländers oder die Verarbeitung seiner personenbezogenen Daten vornimmt. ²Ist der Ausländer nicht mehr verpflichtet in der Aufnahmeeinrichtung zu wohnen, ist für die Verlängerung der Bescheinigung die Ausländerbehörde zuständig, in deren Bezirk der Ausländer sich aufzuhalten verpflichtet ist oder Wohnung zu nehmen hat; besteht eine solche Verpflichtung nicht, ist die Ausländerbehörde zuständig, in deren Bezirk sich der Ausländer tatsächlich aufhält.

(4) ¹Die Gültigkeit der Bescheinigung nach Absatz 1 endet mit Ablauf der Frist nach Absatz 2 Satz 1 oder der verlängerten Frist nach Absatz 2 Satz 2, mit Ausstellung der Bescheinigung über die Aufenthaltsgestattung nach § 63 oder mit dem Erlöschen der Aufenthaltsgestattung nach § 67. ²Bei Ausstellung der Bescheinigung über die Aufenthaltsgestattung wird die Bescheinigung nach Absatz 1 eingezogen. ³Zuständig für die Einziehung ist die Behörde, welche die Bescheinigung über die Aufenthaltsgestattung ausstellt.

(5) Der Inhaber ist verpflichtet, der zuständigen Aufnahmeeinrichtung, dem Bundesamt oder der Ausländerbehörde unverzüglich
1. den Ankunftsnachweis vorzulegen, wenn eine Eintragung unrichtig ist,
2. auf Verlangen den Ankunftsnachweis beim Empfang eines neuen Ankunftsnachweises oder der Aufenthaltsgestattung abzugeben,
3. den Verlust des Ankunftsnachweises anzuzeigen und im Falle des Wiederauffindens diesen vorzulegen,
4. auf Verlangen den Ankunftsnachweis abzugeben, wenn er eine einwandfreie Feststellung der Identität des Nachweisinhabers nicht zulässt oder er unerlaubt verändert worden ist.

1   Die Bescheinigung bestätigt lediglich, dass sich die Schutz suchende Person zwecks Asylantragstellung in Deutschland aufhält, also ein förmlicher Asylantrag iSd § 14 mit dem persönlichen Erscheinen beim Bundesamt noch nicht gestellt worden ist. Mit Blick auf die unerwartete Flüchtlingswelle, die eine zügige Bearbeitung der gestellten Asylanträge im früheren Rahmen unmöglich machte, wurde die Bestimmung mit Wirkung zum 24.10.2015 neu aufgenommen und bereits mit Gesetz vom 2.2.2016, BGBl. I S. 130, modifiziert. Dem noch ohne dokumententechnische Sicherungselemente ausgestellten Papier kommt im Rechtsverkehr nur **geringer Beweiswert** zu, auch wenn wenigstens eine erkennungsdienstliche Behandlung vorausgegangen sein muss. Die Identität wird regelmäßig nur auf den Angaben des Ausländers beruhen (vgl. Vermerk gem. Abs. 1 Ziffer 18) und nicht iSd § 16 gesichert sein.

§ 64 Ausweispflicht

(1) Der Ausländer genügt für die Dauer des Asylverfahrens seiner Ausweispflicht mit der Bescheinigung über die Aufenthaltsgestattung.

(2) Die Bescheinigung berechtigt nicht zum Grenzübertritt.

§ 65 Herausgabe des Passes

(1) Dem Ausländer ist nach der Stellung des Asylantrags der Pass oder Passersatz auszuhändigen, wenn dieser für die weitere Durchführung des Asylverfahrens nicht

benötigt wird und der Ausländer einen Aufenthaltstitel besitzt oder die Ausländerbehörde ihm nach den Vorschriften in anderen Gesetzen einen Aufenthaltstitel erteilt.

(2) ¹Dem Ausländer kann der Pass oder Passersatz vorübergehend ausgehändigt werden, wenn dies in den Fällen des § 58 Abs. 1 für eine Reise oder wenn es für die Verlängerung der Gültigkeitsdauer oder die Vorbereitung der Ausreise des Ausländers erforderlich ist. ²Nach Erlöschen der räumlichen Beschränkung (§ 59a) gilt für eine Reise Satz 1 entsprechend.

Der Ausweispflicht des § 48 Abs. 1 AufenthG genügt der Asylbewerber während der 1 Dauer des Asylverfahrens im Hinblick auf § 15 Abs. 2 Nr. 4 durch die Bescheinigung über die Aufenthaltsgestattung nach § 63 Abs. 1, nicht darüber hinaus. Damit wird zugleich ein Herantreten an den Heimatstaat zwecks eventuell erforderlicher Passverlängerung vermieden. Sofern der Asylbewerber jedoch einen Aufenthaltstitel besitzt und der Pass für das Asylverfahren nicht mehr benötigt wird, ist er aus der amtlichen Verwahrung (§ 21) zurückzugeben

Die Aufenthaltsgestattung berechtigt nicht zum Grenzübertritt (§ 64 Abs. 2). Deshalb 2 und aus sonstigen in § 65 Abs. 2 aufgezählten Gründen kann – für den Fall einer nach § 58 Abs. 1 genehmigten Reise wohl muss – der Pass auch vorübergehend ausgehändigt werden.

§ 66 Ausschreibung zur Aufenthaltsermittlung

(1) Der Ausländer kann zur Aufenthaltsermittlung im Ausländerzentralregister und in den Fahndungshilfsmitteln der Polizei ausgeschrieben werden, wenn sein Aufenthaltsort unbekannt ist und er
1. innerhalb einer Woche nicht in der Aufnahmeeinrichtung eintrifft, an die er weitergeleitet worden ist,
2. die Aufnahmeeinrichtung verlassen hat und innerhalb einer Woche nicht zurückgekehrt ist,
3. einer Zuweisungsverfügung oder einer Verfügung nach § 60 Abs. 2 Satz 1 innerhalb einer Woche nicht Folge geleistet hat oder
4. unter der von ihm angegebenen Anschrift oder der Anschrift der Unterkunft, in der er Wohnung zu nehmen hat, nicht erreichbar ist;
die in Nummer 4 bezeichneten Voraussetzungen liegen vor, wenn der Ausländer eine an die Anschrift bewirkte Zustellung nicht innerhalb von zwei Wochen in Empfang genommen hat.

(2) ¹Zuständig, die Ausschreibung zu veranlassen, sind die Aufnahmeeinrichtung, die Ausländerbehörde, in deren Bezirk sich der Ausländer aufzuhalten oder Wohnung zu nehmen hat, und das Bundesamt. ²Die Ausschreibung darf nur von hierzu besonders ermächtigten Personen veranlasst werden.

Voraussetzung einer Ausschreibung ist zunächst, dass auch nach Veranlassung der gebote- 1 nen Feststellungen allen beteiligten Dienststellen der Aufenthaltsort unbekannt ist und einer der Sachverhalte gem. Abs. 1 Nr. 1–4 vorliegt. Damit sollen Verfahrensverzögerungen vermieden werden. Neben der Ausschreibung im AZR kommen insbes. das BZR, das VZR, das Gewerbezentralregister, das Inpol-System der Polizei sowie das Schengener Informationssystem in Betracht.

§ 67 Erlöschen der Aufenthaltsgestattung

(1) ¹Die Aufenthaltsgestattung erlischt,
1. wenn der Ausländer nach § 18 Abs. 2 und 3 zurückgewiesen oder zurückgeschoben wird,

2. wenn der Ausländer innerhalb von zwei Wochen, nachdem ihm der Ankunftsnachweis ausgestellt worden ist, noch keinen Asylantrag gestellt hat,
3. im Falle der Rücknahme des Asylantrags mit der Zustellung der Entscheidung des Bundesamtes,
4. wenn eine nach diesem Gesetz oder nach § 60 Abs. 9 des Aufenthaltsgesetzes erlassene Abschiebungsandrohung vollziehbar geworden ist,
5. mit der Vollziehbarkeit einer Abschiebungsanordnung nach § 34a,
5a. mit der Bekanntgabe einer Abschiebungsanordnung nach § 58a des Aufenthaltsgesetzes,
6. im Übrigen, wenn die Entscheidung des Bundesamtes unanfechtbar geworden ist.

²Liegt in den Fällen des § 23 Absatz 1 der dem Ausländer genannte Termin bei der Außenstelle des Bundesamtes nach der sich aus Satz 1 Nummer 2 ergebenden Frist, dann erlischt die Aufenthaltsgestattung nach dieser Bestimmung erst, wenn der Ausländer bis zu diesem Termin keinen Asylantrag stellt.

(2) Die Aufenthaltsgestattung tritt wieder in Kraft, wenn
1. ein nach § 33 Absatz 5 Satz 1 eingestelltes Verfahren wieder aufgenommen wird oder
2. der Ausländer den Asylantrag nach Ablauf der in Absatz 1 Satz 1 Nummer 2 oder Satz 2 genannten Frist stellt.

1   Mit dem Vorliegen der Voraussetzungen der Nr. 1–6 in Abs. 1 S. 1 hat die Aufenthaltsgestattung ihren Zweck erfüllt und **erlischt kraft Gesetzes.** Die deklaratorische Bescheinigung bleibt hiervon unberührt und ist gem. § 63 Abs. 4 einzuziehen. Für das Fortgelten räumlicher Beschränkungen gilt § 59a Abs. 2. Im Verhältnis zu den Bestimmungen der §§ 48 ff. VwVfG, § 51 Abs. 1 AufenthG handelt es sich um eine lex specialis. Sofern nicht andere Aufenthaltstitel zum Tragen kommen, besteht Ausreisepflicht (§ 50 AufenthG), was idR durch die gleichzeitige Abschiebungsandrohung unterstrichen wird (§ 34 Abs. 2). Rechtsschutz ist im Wege der Feststellungsklage nach § 43 VwGO möglich. Im Einzelnen:

2   In den Fällen des § 18 Abs. 2 Nr. 2 und 3 sowie Abs. 3 bedingen sich Zurückweisung bzw. Zurückschiebung und die bei Asylgesuch von Gesetzes wegen entstandene Aufenthaltsgestattung in der Weise, dass diese unmittelbar **mit Vollzug erlischt.** Die Erlöschensregelung für § 18 Abs. 2 Nr. 1 geht ins Leere, weil in diesen Fällen mangels Asylrecht iSd Art. 16a Abs. 2 GG überhaupt keine Aufenthaltsgestattung entsteht. Der Erlöschensgrund der Nr. 2 stellt auf die Unterscheidung zwischen Asylgesuch des § 13 und dem formellen Antrag iSd § 14 ab und steht in engem Zusammenhang mit Abs. 2. Bedenklich erscheint die Regelung auch trotz der Einfügung eines S. 2 in Abs. 1 deshalb, weil sie auch im Falle unvertretbarer Verhinderungen eingreift. Allerdings zeigt Abs. 2, dass die Erlöschenswirkung nur vorübergehender Natur sein kann. Ähnlich begegnet der Erlöschensgrund der Nr. 3 deshalb Bedenken, weil von ihm nach Wortlaut auch die fingierte Rücknahme des § 33 Abs. 1 erfasst wird, denn – und das ergibt sich auch aus der Neufassung des Abs. 2 Nr. 1 – bis zur Entscheidung über die Verfahrenswiederaufnahme entfällt jeder aufenthaltsrechtliche Schutz. Dem Wortlaut der Nr. 4 ist zu entnehmen, dass nicht die Vollziehbarkeit der Ausreisepflicht des § 50 Abs. 2 AufenthG genügt, sondern eine vollziehbare Abschiebungsanordnung nach § 60 Abs. 9 AufenthG oder §§ 34, 35 AsylG erforderlich ist. Gleiches gilt im Falle einer Abschiebungsanordnung nach § 34a gem. Nr. 5. Schließlich bringen bestandskräftige anerkennende wie ablehnende Entscheidungen des Bundesamtes nach Nr. 6 Aufenthaltsgestattungen zum Erlöschen. Die Rechtsfolgen ergeben sich aus § 25 Abs. 1–3 AufenthG.

§§ 68–70 (weggefallen)

Abschnitt 7. Folgeantrag, Zweitantrag

§ 71 Folgeantrag

(1) ¹Stellt der Ausländer nach Rücknahme oder unanfechtbarer Ablehnung eines früheren Asylantrags erneut einen Asylantrag (Folgeantrag), so ist ein weiteres Asylverfahren nur durchzuführen, wenn die Voraussetzungen des § 51 Abs. 1 bis 3 des Verwaltungsverfahrensgesetzes vorliegen; die Prüfung obliegt dem Bundesamt. ²Das Gleiche gilt für den Asylantrag eines Kindes, wenn der Vertreter nach § 14a Abs. 3 auf die Durchführung eines Asylverfahrens verzichtet hatte.

(2) ¹Der Ausländer hat den Folgeantrag persönlich bei der Außenstelle des Bundesamtes zu stellen, die der Aufnahmeeinrichtung zugeordnet ist, in der er während des früheren Asylverfahrens zu wohnen verpflichtet war. ²Wenn der Ausländer das Bundesgebiet zwischenzeitlich verlassen hatte, gelten die §§ 47 bis 67 entsprechend. ³In den Fällen des § 14 Abs. 2 Satz 1 Nr. 2 oder wenn der Ausländer nachweislich am persönlichen Erscheinen gehindert ist, ist der Folgeantrag schriftlich zu stellen. ⁴Der Folgeantrag ist schriftlich bei der Zentrale des Bundesamtes zu stellen, wenn
1. die Außenstelle, die nach Satz 1 zuständig wäre, nicht mehr besteht,
2. der Ausländer während des früheren Asylverfahrens nicht verpflichtet war, in einer Aufnahmeeinrichtung zu wohnen.
⁵§ 19 Abs. 1 findet keine Anwendung.

(3) ¹In dem Folgeantrag hat der Ausländer seine Anschrift sowie die Tatsachen und Beweismittel anzugeben, aus denen sich das Vorliegen der Voraussetzungen des § 51 Abs. 1 bis 3 des Verwaltungsverfahrensgesetzes ergibt. ²Auf Verlangen hat der Ausländer diese Angaben schriftlich zu machen. ³Von einer Anhörung kann abgesehen werden. ⁴§ 10 gilt entsprechend.

(4) Liegen die Voraussetzungen des § 51 Abs. 1 bis 3 des Verwaltungsverfahrensgesetzes nicht vor, sind die §§ 34, 35 und 36 entsprechend anzuwenden; im Falle der Abschiebung in einen sicheren Drittstaat (§ 26a) ist § 34a entsprechend anzuwenden.

(5) ¹Stellt der Ausländer, nachdem eine nach Stellung des früheren Asylantrags ergangene Abschiebungsandrohung oder -anordnung vollziehbar geworden ist, einen Folgeantrag, der nicht zur Durchführung eines weiteren Verfahrens führt, so bedarf es zum Vollzug der Abschiebung keiner erneuten Fristsetzung und Abschiebungsandrohung oder -anordnung. ²Die Abschiebung darf erst nach einer Mitteilung des Bundesamtes, dass die Voraussetzungen des § 51 Abs. 1 bis 3 des Verwaltungsverfahrensgesetzes nicht vorliegen, vollzogen werden, es sei denn, der Ausländer soll in den sicheren Drittstaat abgeschoben werden.

(6) ¹Absatz 5 gilt auch, wenn der Ausländer zwischenzeitlich das Bundesgebiet verlassen hatte. ²Im Falle einer unerlaubten Einreise aus einem sicheren Drittstaat (§ 26a) kann der Ausländer nach § 57 Abs. 1 und 2 des Aufenthaltsgesetzes dorthin zurückgeschoben werden, ohne dass es der vorherigen Mitteilung des Bundesamtes bedarf.

(7) ¹War der Aufenthalt des Ausländers während des früheren Asylverfahrens räumlich beschränkt, gilt die letzte räumliche Beschränkung fort, solange keine andere Entscheidung ergeht. ²Die §§ 59a und 59b gelten entsprechend. ³In den Fällen der Absätze 5 und 6 ist für ausländerrechtliche Maßnahmen auch die Ausländerbehörde zuständig, in deren Bezirk sich der Ausländer aufhält.

(8) Ein Folgeantrag steht der Anordnung von Abschiebungshaft nicht entgegen, es sei denn, es wird ein weiteres Asylverfahren durchgeführt.

1 Unter klar definierten Voraussetzungen kommt die Stellung eines Folgeantrages in Betracht, für den die sich aus Abs. 2 ff. ergebenden besonderen Verfahrensregeln gelten. Zu den Gründen wird auf die allg. geltenden Vorschriften des VwVfG verwiesen. Ausgehend vom Tag der Anhörung nach § 25 bzw. dem Tag der letzten mündlichen Verhandlung können Änderungen in der Sach- und Rechtslage – ein Rechtsprechungswandel genügt nicht – bzw. das **Vorliegen neuer** – dh bislang nicht gekannter bzw. existenter – **Beweismittel** Grundlage für eine Verfahrensfortsetzung mit einem Folgeantrag sein (§ 51 Abs. 1 Nr. 1 und 2 VwVfG). Dabei muss der Antragsteller lediglich glaubhaft, substantiiert und schlüssig vortragen (Abs. 3), die sachliche Prüfung hat im Folgeverfahren zu erfolgen. Auch Wiederaufnahmegründe nach § 580 ZPO (§ 51 Abs. 1 Nr. 3 VwVfG) können in Betracht kommen. In allen Fällen ist die Frist des § 51 Abs. 3 VwVfG zu beachten und ebenso wie das fehlende Verschulden (§ 51 Abs. 2 VwVfG) darzulegen.

2 Falls der Antragsteller zwischenzeitlich das Land verlassen hatte (Abs. 6 S. 1), ist das nur insofern von Bedeutung, als ihn entspr. einer Ergänzung von Abs. 2 zur Entlastung der Kommunen eine Wohnverpflichtung in einer Erstaufnahmeeinrichtung trifft. Regelmäßig ist der Antrag bei der Außenstelle mündlich zu stellen, die auch den Erstantrag bearbeitet hat, nur in Ausnahmefällen (Abs. 2 S. 3 und 4) kommt ein schriftlicher Antrag bei der Zentrale des Bundesamtes in Betracht. Ist der Antrag nach Beurteilung durch das Bundesamt asylverfahrensrelevant, wird ein weiteres Asylverfahren durchgeführt, dh ab diesem Zeitpunkt steht dem Antragsteller wieder eine – räumlich beschränkte (Abs. 7) – Aufenthaltsgestattung zu. Andernfalls ergehen ablehnender Bescheid und Abschiebungsandrohung (Abs. 4), sofern nicht beschleunigende und vereinfachende Sonderregelungen (Abs. 5 und 6) eingreifen.

3 Zur strafrechtlichen Relevanz siehe § 84, § 85 Nr. 2, § 86.

§ 71a Zweitantrag

(1) Stellt der Ausländer nach erfolglosem Abschluss eines Asylverfahrens in einem sicheren Drittstaat (§ 26a), für den Rechtsvorschriften der Europäischen Gemeinschaft über die Zuständigkeit für die Durchführung von Asylverfahren gelten oder mit dem die Bundesrepublik Deutschland darüber einen völkerrechtlichen Vertrag geschlossen hat, im Bundesgebiet einen Asylantrag (Zweitantrag), so ist ein weiteres Asylverfahren nur durchzuführen, wenn die Bundesrepublik Deutschland für die Durchführung des Asylverfahrens zuständig ist und die Voraussetzungen des § 51 Abs. 1 bis 3 des Verwaltungsverfahrensgesetzes vorliegen; die Prüfung obliegt dem Bundesamt.

(2) [1]Für das Verfahren zur Feststellung, ob ein weiteres Asylverfahren durchzuführen ist, gelten die §§ 12 bis 25, 33, 44 bis 54 entsprechend. [2]Von der Anhörung kann abgesehen werden, soweit sie für die Feststellung, dass kein weiteres Asylverfahren durchzuführen ist, nicht erforderlich ist. [3]§ 71 Abs. 8 gilt entsprechend.

(3) [1]Der Aufenthalt des Ausländers gilt als geduldet. [2]Die §§ 56 bis 67 gelten entsprechend.

(4) Wird ein weiteres Asylverfahren nicht durchgeführt, sind die §§ 34 bis 36, 42 und 43 entsprechend anzuwenden.

(5) Stellt der Ausländer nach Rücknahme oder unanfechtbarer Ablehnung eines Zweitantrags einen weiteren Asylantrag, gilt § 71.

1 Die im Zusammenhang mit Art. 16a Abs. 5 GG sowie §§ 18 Abs. 4, 22a und 27a stehende Bestimmung setzt voraus, dass bereits in einem Land der EU (vgl. VO Nr. 343/2003/EG bzw. VO Nr. 604/2013/EU) oder einem Vertragsstaat des Dubliner Übereinkommens vom 15.6.1990 (siehe § 16), erfolglos ein Asylverfahren durchgeführt worden ist. Ein weiteres Verfahren kommt nur dann in Betracht, wenn die Zuständigkeit der Bundesrepublik gege-

III. Asylgesetz §§ 72, 73 AsylG

ben ist und wie bei § 71 (vgl. dort) die **Voraussetzungen des § 51 Abs. 1–3 VwVfG** vorliegen.

Für das Verfahren gelten Abs. 2 und 4. Der Ausländer ist zunächst geduldet (Abs. 3). In dieser Zeit gilt nicht § 60 AufenthG, sondern finden §§ 56–67 als lex specialis Anwendung. Mit der Entscheidung des Bundesamtes, ein weiteres Asylverfahren durchzuführen, tritt die Aufenthaltsgestattung in Kraft. Sämtliche strafrechtlich sanktionierten Pflichten treffen den Zweitantragsteller jedoch von Anfang an.

Zur strafrechtlichen Relevanz: siehe §§ 84–86.

Abschnitt 8. Erlöschen der Rechtsstellung

§ 72 Erlöschen

(1) Die Anerkennung als Asylberechtigter und die Zuerkennung der Flüchtlingseigenschaft erlöschen, wenn der Ausländer
1. sich freiwillig durch Annahme oder Erneuerung eines Nationalpasses oder durch sonstige Handlungen erneut dem Schutz des Staates, dessen Staatsangehörigkeit er besitzt, unterstellt,
1a. freiwillig in das Land, das er aus Furcht vor Verfolgung verlassen hat oder außerhalb dessen er sich aus Furcht vor Verfolgung befindet, zurückgekehrt ist und sich dort niedergelassen hat,
2. nach Verlust seiner Staatsangehörigkeit diese freiwillig wiedererlangt hat,
3. auf Antrag eine neue Staatsangehörigkeit erworben hat und den Schutz des Staates, dessen Staatsangehörigkeit er erworben hat, genießt oder
4. auf sie verzichtet oder vor Eintritt der Unanfechtbarkeit der Entscheidung des Bundesamtes den Antrag zurücknimmt.

(2) Der Ausländer hat einen Anerkennungsbescheid und einen Reiseausweis unverzüglich bei der Ausländerbehörde abzugeben.

Eine Neuregelung dieser gesetzlichen Erlöschenstatbestände entspr. Art. 44 und 45 Abs. 5 der Asylverfahrensrichtlinie 2011/95/EU ist bislang unterblieben mit der Folge, dass nach Ablauf der Umsetzungsfrist zum 20.7.2015 die **europarechtlichen Bestimmungen unmittelbar** anzuwenden sind. Damit greifen nur noch die Erlöschensregeln Nr. 3 und 4, in den anderen Fällen ist ein Widerrufsverfahren (§ 73) durchzuführen. Das Erlöschen kann nur für die Zukunft wirken und beruht auf der Unvereinbarkeit der Statusfeststellung mit neuen Gegebenheiten einer Gefährdungslage. Die Rückgabeverpflichtung des Abs. 2 kann einerseits mit Verwaltungszwang durchgesetzt und andererseits mit Rechtsbehelfen angefochten werden.

§ 73 Widerruf und Rücknahme der Asylberechtigung und der Flüchtlingseigenschaft

(1) ¹Die Anerkennung als Asylberechtigter und die Zuerkennung der Flüchtlingseigenschaft sind unverzüglich zu widerrufen, wenn die Voraussetzungen für sie nicht mehr vorliegen. ²Dies ist insbesondere der Fall, wenn der Ausländer nach Wegfall der Umstände, die zur Anerkennung als Asylberechtigter oder zur Zuerkennung der Flüchtlingseigenschaft geführt haben, es nicht mehr ablehnen kann, den Schutz des Staates in Anspruch zu nehmen, dessen Staatsangehörigkeit er besitzt, oder wenn er als Staatenloser in der Lage ist, in das Land zurückzukehren, in dem er seinen gewöhnlichen Aufenthalt hatte. ³Satz 2 gilt nicht, wenn sich der Ausländer auf zwingende, auf früheren Verfolgungen beruhende Gründe berufen kann, um die Rückkehr in den Staat abzulehnen, dessen Staatsangehörig-

keit er besitzt oder in dem er als Staatenloser seinen gewöhnlichen Aufenthalt hatte.

(2) ¹Die Anerkennung als Asylberechtigter ist zurückzunehmen, wenn sie auf Grund unrichtiger Angaben oder infolge Verschweigens wesentlicher Tatsachen erteilt worden ist und der Ausländer auch aus anderen Gründen nicht anerkannt werden könnte. ²Satz 1 ist auf die Zuerkennung der Flüchtlingseigenschaft entsprechend anzuwenden.

(2a) ¹Die Prüfung, ob die Voraussetzungen für einen Widerruf nach Absatz 1 oder eine Rücknahme nach Absatz 2 vorliegen, hat spätestens nach Ablauf von drei Jahren nach Unanfechtbarkeit der Entscheidung zu erfolgen. ²Liegen die Voraussetzungen für einen Widerruf oder eine Rücknahme vor, teilt das Bundesamt dieses Ergebnis der Ausländerbehörde spätestens innerhalb eines Monats nach dreijähriger Unanfechtbarkeit der begünstigenden Entscheidung mit. ³Anderenfalls kann eine Mitteilung an die Ausländerbehörde entfallen. ⁴Der Ausländerbehörde ist auch mitzuteilen, welche Personen nach § 26 ihre Asylberechtigung oder Flüchtlingseigenschaft von dem Ausländer ableiten und ob bei ihnen die Voraussetzungen für einen Widerruf nach Absatz 2b vorliegen. ⁵Ist nach der Prüfung ein Widerruf oder eine Rücknahme nicht erfolgt, steht eine spätere Entscheidung nach Absatz 1 oder Absatz 2 im Ermessen, es sei denn, der Widerruf oder die Rücknahme erfolgt, weil die Voraussetzungen des § 60 Abs. 8 Satz 1 des Aufenthaltsgesetzes oder des § 3 Abs. 2 vorliegen oder weil das Bundesamt nach § 60 Absatz 8 Satz 3 des Aufenthaltsgesetzes von der Anwendung des § 60 Absatz 1 des Aufenthaltsgesetzes abgesehen hat.

(2b) ¹In den Fällen des § 26 Absatz 1 bis 3 und 5 ist die Anerkennung als Asylberechtigter und die Zuerkennung der Flüchtlingseigenschaft zu widerrufen, wenn die Voraussetzungen des § 26 Absatz 4 Satz 1 vorliegen. ²Die Anerkennung als Asylberechtigter ist ferner zu widerrufen, wenn die Anerkennung des Asylberechtigten, von dem die Anerkennung abgeleitet worden ist, erlischt, widerrufen oder zurückgenommen wird und der Ausländer nicht aus anderen Gründen als Asylberechtigter anerkannt werden könnte. ³In den Fällen des § 26 Absatz 5 ist die Zuerkennung der Flüchtlingseigenschaft zu widerrufen, wenn die Flüchtlingseigenschaft des Ausländers, von dem die Zuerkennung abgeleitet worden ist, erlischt, widerrufen oder zurückgenommen wird und dem Ausländer nicht aus anderen Gründen die Flüchtlingseigenschaft zuerkannt werden könnte. ⁴§ 26 Absatz 1 Satz 2 gilt entsprechend.

(2c) Bis zur Bestandskraft des Widerrufs oder der Rücknahme entfällt für Einbürgerungsverfahren die Verbindlichkeit der Entscheidung über den Asylantrag.

(3) Bei Widerruf oder Rücknahme der Anerkennung als Asylberechtigter oder der Zuerkennung der Flüchtlingseigenschaft ist zu entscheiden, ob die Voraussetzungen für den subsidiären Schutz oder die Voraussetzungen des § 60 Absatz 5 oder 7 des Aufenthaltsgesetzes vorliegen.

(4) ¹Die beabsichtigte Entscheidung über einen Widerruf oder eine Rücknahme nach dieser Vorschrift oder nach § 48 des Verwaltungsverfahrensgesetzes ist dem Ausländer schriftlich mitzuteilen und ihm ist Gelegenheit zur Äußerung zu geben. ²Ihm kann aufgegeben werden, sich innerhalb eines Monats schriftlich zu äußern. ³Hat sich der Ausländer innerhalb dieser Frist nicht geäußert, ist nach Aktenlage zu entscheiden; der Ausländer ist auf diese Rechtsfolge hinzuweisen.

(5) Mitteilungen oder Entscheidungen des Bundesamtes, die eine Frist in Lauf setzen, sind dem Ausländer zuzustellen.

(6) Ist die Anerkennung als Asylberechtigter oder die Zuerkennung der Flüchtlingseigenschaft unanfechtbar widerrufen oder zurückgenommen oder aus einem anderen Grund nicht mehr wirksam, gilt § 72 Abs. 2 entsprechend.

Da das Asylrecht keinen auf Dauer unveränderbaren Status verleiht und die zugrundeliegenden Voraussetzungen Änderungen unterworfen sind, kommen neben gesetzlichen Erlöschenstatbeständen (§ 72) Widerruf und Rücknahme in Betracht. Die Voraussetzungen sind in § 73 in Anlehnung an Art. 1 Abschn. C der Genfer Flüchtlingskonvention besonders geregelt, §§ 48, 49 VwVfG können daneben subsidiär zur Anwendung kommen. Der Überschrift folgend gilt die Vorschrift nur für die Asyl- und Flüchtlingsanerkennung, nicht den subsidiären Schutz iSd § 4, über den gem. Abs. 3 mit zu entscheiden ist. 1

Die Widerrufsvoraussetzungen nach Abs. 1 liegen insbes. auch dann vor, wenn nachträglich die Ausschlusstatbestände nach § 3 Abs. 2 oder solche iSd § 60 Abs. 8 AufenthG eingetreten sind. Unter solchen Voraussetzungen ist gem. Abs. 2b auch eine abgeleitete (§ 26) Anerkennung zu widerrufen. Im Fall der Zurücknahme nach Abs. 2 kommt es auf ein Verschulden des Antragstellers nicht an. Spätestens innerhalb von drei Jahren hat das Bundesamt das Vorliegen der Anerkennungsvoraussetzungen erneut zu überprüfen. 2

Das Verfahren richtet sich nach Abs. 4–6, eine Anfechtungsklage hat ausnahmsweise aufschiebende Wirkung (§ 75). 3

§ 73a Ausländische Anerkennung als Flüchtling

(1) ¹Ist bei einem Ausländer, der von einem ausländischen Staat als Flüchtling im Sinne des Abkommens über die Rechtsstellung der Flüchtlinge anerkannt worden ist, die Verantwortung für die Ausstellung des Reiseausweises auf die Bundesrepublik Deutschland übergegangen, so erlischt seine Rechtsstellung als Flüchtling in der Bundesrepublik Deutschland, wenn einer der in § 72 Abs. 1 genannten Umstände eintritt. ²Der Ausländer hat den Reiseausweis unverzüglich bei der Ausländerbehörde abzugeben.

(2) ¹Dem Ausländer wird die Rechtsstellung als Flüchtling in der Bundesrepublik Deutschland entzogen, wenn die Voraussetzungen für die Zuerkennung der Flüchtlingseigenschaft nicht oder nicht mehr vorliegen. ²§ 73 gilt entsprechend.

Da die im Ausland erfolgte Anerkennung auch in der Bundesrepublik Wirkung entfaltet, müssen §§ 72, 73 unter gewissen Voraussetzungen auch für diesen Personenkreis Anwendung finden. 1

§ 73b Widerruf und Rücknahme des subsidiären Schutzes

(1) ¹Die Gewährung des subsidiären Schutzes ist zu widerrufen, wenn die Umstände, die zur Zuerkennung des subsidiären Schutzes geführt haben, nicht mehr bestehen oder sich in einem Maß verändert haben, dass ein solcher Schutz nicht mehr erforderlich ist. ²§ 73 Absatz 1 Satz 3 gilt entsprechend.

(2) Bei Anwendung des Absatzes 1 ist zu berücksichtigen, ob sich die Umstände so wesentlich und nicht nur vorübergehend verändert haben, dass der Ausländer, dem subsidiärer Schutz gewährt wurde, tatsächlich nicht länger Gefahr läuft, einen ernsthaften Schaden im Sinne des § 4 Absatz 1 zu erleiden.

(3) Die Zuerkennung des subsidiären Schutzes ist zurückzunehmen, wenn der Ausländer nach § 4 Absatz 2 von der Gewährung subsidiären Schutzes hätte ausgeschlossen werden müssen oder ausgeschlossen ist oder eine falsche Darstellung oder das Verschweigen von Tatsachen oder die Verwendung gefälschter Dokumente für die Zuerkennung des subsidiären Schutzes ausschlaggebend war.

(4) § 73 Absatz 2b Satz 3 und Absatz 2c bis 6 gilt entsprechend.

§ 73c Widerruf und Rücknahme von Abschiebungsverboten

(1) Die Feststellung der Voraussetzungen des § 60 Absatz 5 oder 7 des Aufenthaltsgesetzes ist zurückzunehmen, wenn sie fehlerhaft ist.

(2) Die Feststellung der Voraussetzungen des § 60 Absatz 5 oder 7 des Aufenthaltsgesetzes ist zu widerrufen, wenn die Voraussetzungen nicht mehr vorliegen.

(3) § 73 Absatz 2c bis 6 gilt entsprechend.

1   Die beiden in Umsetzung der RiLi 2011/95/EU neu eingefügten Vorschriften ergänzen mit einem eigenen materiellen Prüfungsmaßstab § 73 in der Folge seiner Beschränkung auf Widerruf und Rücknahme von Asylberechtigung und Flüchtlingseigenschaft.

Abschnitt 9. Gerichtsverfahren

Vorbemerkung zu § 74

1   Das Gerichtsverfahren ist durch zahlreiche Sonderregelungen geprägt, die insbes. der Verfahrensvereinfachung und der Beschleunigung dienen sollen. So sind zB Klagefristen verkürzt, verspäteter Sachvortrag präkludiert (§ 74), der Suspensiveffekt einer Klage weitenteils ausgeschlossen (§ 75), weitgehend der Einzelrichter zuständig (§ 76) und das Rechtsmittelsystem beschränkt (§§ 78 ff.). Verschiedene Vereinfachungsmaßnahmen sind aber inzwischen Gegenstand der allg. Reform des Verwaltungsprozesses vom 1.1.1997 geworden. Mangels Bedeutung für das Strafrecht wird von einer Einzelerläuterung abgesehen.

§ 74 Klagefrist, Zurückweisung verspäteten Vorbringens

(1) Die Klage gegen Entscheidungen nach diesem Gesetz muss innerhalb von zwei Wochen nach Zustellung der Entscheidung erhoben werden; ist der Antrag nach § 80 Abs. 5 der Verwaltungsgerichtsordnung innerhalb einer Woche zu stellen (§ 34a Absatz 2 Satz 1 und 3, § 36 Absatz 3 Satz 1 und 10), ist auch die Klage innerhalb einer Woche zu erheben.

(2) [1]Der Kläger hat die zur Begründung dienenden Tatsachen und Beweismittel binnen einer Frist von einem Monat nach Zustellung der Entscheidung anzugeben. [2]§ 87b Abs. 3 der Verwaltungsgerichtsordnung gilt entsprechend. [3]Der Kläger ist über die Verpflichtung nach Satz 1 und die Folgen der Fristversäumung zu belehren. [4]Das Vorbringen neuer Tatsachen und Beweismittel bleibt unberührt.

§ 75 Aufschiebende Wirkung der Klage

(1) Die Klage gegen Entscheidungen nach diesem Gesetz hat nur in den Fällen des § 38 Absatz 1 sowie der §§ 73, 73b und 73c aufschiebende Wirkung.

(2) [1]Die Klage gegen Entscheidungen des Bundesamtes, mit denen die Anerkennung als Asylberechtigter oder die Zuerkennung der Flüchtlingseigenschaft widerrufen oder zurückgenommen worden ist, hat in folgenden Fällen keine aufschiebende Wirkung:
1. bei Widerruf oder Rücknahme wegen des Vorliegens der Voraussetzungen des § 60 Absatz 8 Satz 1 des Aufenthaltsgesetzes oder des § 3 Absatz 2,
2. bei Widerruf oder Rücknahme, weil das Bundesamt nach § 60 Absatz 8 Satz 3 des Aufenthaltsgesetzes von der Anwendung des § 60 Absatz 1 des Aufenthaltsgesetzes abgesehen hat.

[2]Dies gilt entsprechend bei Klagen gegen den Widerruf oder die Rücknahme der Gewährung subsidiären Schutzes wegen Vorliegens der Voraussetzungen des § 4 Absatz 2. [3]§ 80 Abs. 2 Satz 1 Nr. 4 der Verwaltungsgerichtsordnung bleibt unberührt.

§ 76 Einzelrichter

(1) Die Kammer soll in der Regel in Streitigkeiten nach diesem Gesetz den Rechtsstreit einem ihrer Mitglieder als Einzelrichter zur Entscheidung übertragen, wenn nicht die Sache besondere Schwierigkeiten tatsächlicher oder rechtlicher Art aufweist oder die Rechtssache grundsätzliche Bedeutung hat.

(2) Der Rechtsstreit darf dem Einzelrichter nicht übertragen werden, wenn bereits vor der Kammer mündlich verhandelt worden ist, es sei denn, dass inzwischen ein Vorbehalts-, Teil- oder Zwischenurteil ergangen ist.

(3) [1]Der Einzelrichter kann nach Anhörung der Beteiligten den Rechtsstreit auf die Kammer zurückübertragen, wenn sich aus einer wesentlichen Änderung der Prozesslage ergibt, dass die Rechtssache grundsätzliche Bedeutung hat. [2]Eine erneute Übertragung auf den Einzelrichter ist ausgeschlossen.

(4) [1]In Verfahren des vorläufigen Rechtsschutzes entscheidet ein Mitglied der Kammer als Einzelrichter. [2]Der Einzelrichter überträgt den Rechtsstreit auf die Kammer, wenn die Rechtssache grundsätzliche Bedeutung hat oder wenn er von der Rechtsprechung der Kammer abweichen will.

(5) Ein Richter auf Probe darf in den ersten sechs Monaten nach seiner Ernennung nicht Einzelrichter sein.

§ 77 Entscheidung des Gerichts

(1) [1]In Streitigkeiten nach diesem Gesetz stellt das Gericht auf die Sach- und Rechtslage im Zeitpunkt der letzten mündlichen Verhandlung ab; ergeht die Entscheidung ohne mündliche Verhandlung, ist der Zeitpunkt maßgebend, in dem die Entscheidung gefällt wird. [2]§ 74 Abs. 2 Satz 2 bleibt unberührt.

(2) Das Gericht sieht von einer weiteren Darstellung des Tatbestandes und der Entscheidungsgründe ab, soweit es den Feststellungen und der Begründung des angefochtenen Verwaltungsaktes folgt und dies in seiner Entscheidung feststellt oder soweit die Beteiligten übereinstimmend darauf verzichten.

§ 78 Rechtsmittel

(1) [1]Das Urteil des Verwaltungsgerichts, durch das die Klage in Rechtsstreitigkeiten nach diesem Gesetz als offensichtlich unzulässig oder offensichtlich unbegründet abgewiesen wird, ist unanfechtbar. [2]Das gilt auch, wenn nur das Klagebegehren gegen die Entscheidung über den Asylantrag als offensichtlich unzulässig oder offensichtlich unbegründet, das Klagebegehren im Übrigen hingegen als unzulässig oder unbegründet abgewiesen worden ist.

(2) In den übrigen Fällen steht den Beteiligten die Berufung gegen das Urteil des Verwaltungsgerichts zu, wenn sie von dem Oberverwaltungsgericht zugelassen wird.

(3) Die Berufung ist nur zuzulassen, wenn
1. die Rechtssache grundsätzliche Bedeutung hat oder
2. das Urteil von einer Entscheidung des Oberverwaltungsgerichts, des Bundesverwaltungsgerichts, des Gemeinsamen Senats der obersten Gerichtshöfe des Bundes oder des Bundesverfassungsgerichts abweicht und auf dieser Abweichung beruht oder
3. ein in § 138 der Verwaltungsgerichtsordnung bezeichneter Verfahrensmangel geltend gemacht wird und vorliegt.

(4) [1]Die Zulassung der Berufung ist innerhalb eines Monats nach Zustellung des Urteils zu beantragen. [2]Der Antrag ist bei dem Verwaltungsgericht zu stellen.

³Er muss das angefochtene Urteil bezeichnen. ⁴In dem Antrag sind die Gründe, aus denen die Berufung zuzulassen ist, darzulegen. ⁵Die Stellung des Antrags hemmt die Rechtskraft des Urteils.

(5) ¹Über den Antrag entscheidet das Oberverwaltungsgericht durch Beschluss, der keiner Begründung bedarf. ²Mit der Ablehnung des Antrags wird das Urteil rechtskräftig. ³Lässt das Oberverwaltungsgericht die Berufung zu, wird das Antragsverfahren als Berufungsverfahren fortgesetzt; der Einlegung einer Berufung bedarf es nicht.

(6) § 134 der Verwaltungsgerichtsordnung findet keine Anwendung, wenn das Urteil des Verwaltungsgerichts nach Absatz 1 unanfechtbar ist.

(7) Ein Rechtsbehelf nach § 84 Abs. 2 der Verwaltungsgerichtsordnung ist innerhalb von zwei Wochen nach Zustellung des Gerichtsbescheids zu erheben.

§ 79 Besondere Vorschriften für das Berufungsverfahren

(1) In dem Verfahren vor dem Oberverwaltungsgericht gilt in Bezug auf Erklärungen und Beweismittel, die der Kläger nicht innerhalb der Frist des § 74 Abs. 2 Satz 1 vorgebracht hat, § 128a der Verwaltungsgerichtsordnung entsprechend.

(2) § 130 Abs. 2 und 3 der Verwaltungsgerichtsordnung findet keine Anwendung.

§ 80 Ausschluss der Beschwerde

Entscheidungen in Rechtsstreitigkeiten nach diesem Gesetz können vorbehaltlich des § 133 Abs. 1 der Verwaltungsgerichtsordnung nicht mit der Beschwerde angefochten werden.

§ 80a Ruhen des Verfahrens

(1) ¹Für das Klageverfahren gilt § 32a Abs. 1 entsprechend. ²Das Ruhen hat auf den Lauf von Fristen für die Einlegung oder Begründung von Rechtsbehelfen keinen Einfluss.

(2) ¹Die Klage gilt als zurückgenommen, wenn der Kläger nicht innerhalb eines Monats nach Ablauf der Geltungsdauer der Aufenthaltserlaubnis nach § 24 des Aufenthaltsgesetzes dem Gericht anzeigt, dass er das Klageverfahren fortführen will.

(3) Das Bundesamt unterrichtet das Gericht unverzüglich über die Erteilung und den Ablauf der Geltungsdauer der Aufenthaltserlaubnis nach § 24 des Aufenthaltsgesetzes.

§ 81 Nichtbetreiben des Verfahrens

¹Die Klage gilt in einem gerichtlichen Verfahren nach diesem Gesetz als zurückgenommen, wenn der Kläger das Verfahren trotz Aufforderung des Gerichts länger als einen Monat nicht betreibt. ²Der Kläger trägt die Kosten des Verfahrens. ³In der Aufforderung ist der Kläger auf die nach Satz 1 und 2 eintretenden Folgen hinzuweisen.

§ 82 Akteneinsicht in Verfahren des vorläufigen Rechtsschutzes

¹In Verfahren des vorläufigen Rechtsschutzes wird Akteneinsicht auf der Geschäftsstelle des Gerichts gewährt. ²Die Akten können dem bevollmächtigten

III. Asylgesetz   §§ 83–84 AsylG

Rechtsanwalt zur Mitnahme in seine Wohnung oder Geschäftsräume übergeben werden, wenn ausgeschlossen werden kann, dass sich das Verfahren dadurch verzögert. ³Für die Versendung von Akten gilt Satz 2 entsprechend.

§ 83 Besondere Spruchkörper

(1) Streitigkeiten nach diesem Gesetz sollen in besonderen Spruchkörpern zusammengefasst werden.

(2) ¹Die Landesregierungen können bei den Verwaltungsgerichten für Streitigkeiten nach diesem Gesetz durch Rechtsverordnung besondere Spruchkörper bilden und deren Sitz bestimmen. ²Die Landesregierungen können die Ermächtigung auf andere Stellen übertragen. ³Die nach Satz 1 gebildeten Spruchkörper sollen ihren Sitz in räumlicher Nähe zu den Aufnahmeeinrichtungen haben.

(3) ¹Die Landesregierungen werden ermächtigt, durch Rechtsverordnung einem Verwaltungsgericht für die Bezirke mehrerer Verwaltungsgerichte Streitigkeiten nach diesem Gesetz hinsichtlich bestimmter Herkunftsstaaten zuzuweisen, sofern dies für die Verfahrensförderung dieser Streitigkeiten sachdienlich ist. ²Die Landesregierungen können die Ermächtigung auf andere Stellen übertragen.

§ 83a Unterrichtung der Ausländerbehörde

¹Das Gericht darf der Ausländerbehörde das Ergebnis eines Verfahrens formlos mitteilen. ²Das Gericht hat der Ausländerbehörde das Ergebnis mitzuteilen, wenn das Verfahren die Rechtmäßigkeit einer Abschiebungsandrohung oder einer Abschiebungsanordnung nach diesem Gesetz zum Gegenstand hat.

§ 83b Gerichtskosten, Gegenstandswert

Gerichtskosten (Gebühren und Auslagen) werden in Streitigkeiten nach diesem Gesetz nicht erhoben.

§ 83c Anwendbares Verfahren für die Anordnung und Befristung von Einreise- und Aufenthaltsverboten

Die Bestimmungen dieses Abschnitts sowie § 52 Nummer 2 Satz 3 der Verwaltungsgerichtsordnung gelten auch für Rechtsbehelfe gegen die Entscheidungen des Bundesamtes nach § 75 Nummer 12 des Aufenthaltsgesetzes.

Abschnitt 10. Straf- und Bußgeldvorschriften

§ 84 Verleitung zur missbräuchlichen Asylantragstellung

(1) Mit Freiheitsstrafe bis zu drei Jahren oder mit Geldstrafe wird bestraft, wer einen Ausländer verleitet oder dabei unterstützt, im Asylverfahren vor dem Bundesamt oder im gerichtlichen Verfahren unrichtige oder unvollständige Angaben zu machen, um seine Anerkennung als Asylberechtigter oder die Zuerkennung internationalen Schutzes im Sinne des § 1 Absatz 1 Nummer 2 zu ermöglichen.

(2) ¹In besonders schweren Fällen ist die Strafe Freiheitsstrafe bis zu fünf Jahren oder Geldstrafe. ²Ein besonders schwerer Fall liegt in der Regel vor, wenn der Täter
1. für eine in Absatz 1 bezeichnete Handlung einen Vermögensvorteil erhält oder sich versprechen lässt oder

2. wiederholt oder zugunsten von mehr als fünf Ausländern handelt.

(3) Mit Freiheisstrafe von sechs Monaten bis zu zehn Jahren wird bestraft, wer in den Fällen des Absatzes 1
1. gewerbsmäßig oder
2. als Mitglied einer Bande, die sich zur fortgesetzten Begehung solcher Taten verbunden hat,
handelt.

(4) Der Versuch ist strafbar.

(5) Wer die Tat nach Absatz 1 zugunsten eines Angehörigen im Sinne des § 11 Abs. 1 Nr. 1 des Strafgesetzbuches begeht, ist straffrei.

Übersicht

	Rn.		Rn.
I. Normzweck und Historie	1–8	V. Besondere Begehungsformen (Abs. 2 und 3)	51–72
II. Täterschaft und Teilnahme	9–21	VI. Versuch (Abs. 4)	73–84
1. Täterschaft	9–18	VII. Gewinnabschöpfung	85–91
2. Teilnahme	19–21	VIII. Strafe bzw. Straffreiheit (Abs. 5)	92–100
III. Tathandlung	22–47	IX. Konkurrenzen im Bereich AsylG, AufenthG	101–106
1. Tatbestandsmerkmale	22–33	X. Urkundsdelikte, Betrug ua	107–119
2. Handlungsalternativen	34–39	XI. Verwertbarkeit von Angaben im Strafverfahren	120–125
3. Kausalzusammenhang	40–47		
IV. Innerer Tatbestand	48–50		

I. Normzweck und Historie

1   Mit der Vorschrift soll dem Grundsatz der **Gesetzmäßigkeit der Verwaltung** (Art. 20 Abs. 2 GG) Rechnung getragen werden, um die materielle Richtigkeit anstehender Asylentscheidungen sicherzustellen und um den Missbrauch des Asylrechts zu verhindern.[1] Nur berechtigtes Asyl für tatsächlich politisch Verfolgte wird vom Vertrauen der Allgemeinheit in die Funktionstüchtigkeit des Rechtsstaates getragen, nur insoweit hat das Gemeinwesen die damit verbundenen wirtschaftlichen Belastungen und zuweilen sozialen Spannungen zu übernehmen.[2] Die in den vergangenen Jahrzehnten erheblich verschärften Strafdrohungen machen darüber hinaus die Absicht deutlich, Missbrauchshandlungen durch Schlepper und dahinterstehende Organisationen, die aus menschlicher Not Millionengewinne ziehen, zu unterbinden. Gegenüber den korrespondierenden Bestimmungen der §§ 95–97 AufenthG genießt § 84 als lex specialis Vorrang mit Geltung für die Ausländer, die mit falschen oder auch nur nicht vollständigen Angaben die Anerkennung als Asylsuchende iSd § 1 Abs. 1 Nr. 1, § 2 oder die Zuerkennung internationalen Schutzes iSd § 1 Abs. 1 Nr. 2, nämlich Flüchtlingsschutz gem. §§ 3–3e oder subsidiären Schutz gem. § 4 begehren bzw. begehren sollen (→ Rn. 101 ff.).

2   Entgegen früherer Gesetzesentwürfe[3] ist dieser Personenkreis selbst jedoch seit dem AsylVfG 1982 auf Initiative des Rechtsausschusses von Strafsanktionen ausgenommen worden, um den für besonders bedeutsam erachteten Gesetzeszweck, nämlich sog. **Schlepper zu überführen,** nicht zu gefährden. Das Auskunftsverweigerungsrecht des § 55 StPO soll eingeschleusten Asylantragstellern nicht zur Seite stehen. Ob dieser Weg einer Strafbarkeit des Teilnehmers ohne die des Haupttäters und damit die Schaffung eines eigenständigen Teilnahmedeliktes rechtsdogmatisch haltbar ist und zu praktikablen Ergebnissen führt, darf mit guten Gründen bezweifelt werden. Zum Bereich des Menschenschmuggels entspr. den

---

[1] BT-Drs. 12/5683.
[2] *Aurnhammer* S. 84.
[3] § 32 Nr. 5 GesEntw. 1982, BT-Drs. 9/875, 8.

vorgenannten Bestimmungen des AufenthG hat die Praxis auch ohne eine korrespondierende Regelung gute Wege gefunden, die verantwortlichen Drahtzieher strafrechtlich zu verfolgen. Soweit in der Begründung des Entwurfes des Rechtsausschusses[4] darauf hingewiesen ist, der Nachweis, ein Asylbewerber sei in Wahrheit nicht politisch Verfolgter, könne von den Strafverfolgungsbehörden ohnehin nur äußerst schwierig und mit aufwändigen Ermittlungen geführt werden, vermag dieses Argument ohnehin nicht zu überzeugen, weil nicht ersichtlich ist, weshalb diese Schwierigkeiten bei der Überführung eines Schleppers nicht in gleicher Weise gegeben sein sollen.

Auch das Argument unterschiedlicher Beurteilung der Frage, ob politische Verfolgung vorliegt oder nicht, durch Strafgerichte einerseits und Verwaltungsbehörden bzw. -gerichte andererseits[5] erscheint – auch wenn sicherlich unterschiedliche Verfahrensgrundsätze vor allem im Sinne der Beweislastregeln gelten – wenig überzeugend mit Blick auf den Hauptanwendungsfall unrichtiger Angaben. Die falsche Angabe des Heimatlandes, die im Fall der vorzunehmenden Abschiebung den Verwaltungsbehörden oft erhebliche Probleme bereitet, ist bei dieser Gesetzesdiskussion offenbar nicht ausreichend bedacht worden. Allerdings bleibt doch häufig die Möglichkeit, mit den Strafvorschriften des StGB insbesondere aus dem Bereich der Urkundsdelikte Lücken zu füllen (→ Rn. 107 ff.). In dem häufigsten Fall der Angabe eines falschen Namens ist außerdem das Vorliegen einer Ordnungswidrigkeit nach § 111 OWiG zu bedenken.

Anders als die korrespondierenden Bestimmungen des AufenthG haben die beiden Bestimmungen des AsylG, die sich mit der missbräuchlichen Antragsstellung befassen, wesentliche **praktische Bedeutung** nicht erlangt, was im Hinblick auf die wenig klare Fassung der Bestimmung, die eingeschränkte Anwendbarkeit und die tatsächlichen Probleme des Tatnachweises nicht verwundern. Obergerichtliche Rechtsprechung existiert praktisch nicht.

Die **erste** seit Bestehen der Bundesrepublik Deutschland **geschaffene Strafbestimmung,** speziell falsche von Ausländern gemachte Angaben betreffend, fand sich in § 47 Abs. 1 Nr. 6 AuslG vom 28.4.1965.[6] Zuvor galt für Ausländer wie für Deutsche einheitlich das PassG 1952,[7] dessen § 11 Abs. 1 Nr. 4 und 5 falsche Angaben zur Erlangung von Urkunden und deren Gebrauch im Rahmen des Grenzübertrittes unter Strafe stellte. Die Neuregelung schloss Asylsuchende mit ein und unterstellte auch diese einer Strafdrohung, wenn sich der Betreffende beispielsweise Feststellungen zur Identität – insbesondere seiner Staatsangehörigkeit – entzog oder sonst unrichtige oder unvollständige Angaben machte. Durch Art. 6 des Gesetzes vom 15.12.1981[8] wurde erstmals zur Bekämpfung des Schlepperunwesens ein § 47a in das AuslG eingefügt. Mit nur geringfügigen Änderungen bezogen auf die Anerkennung als Asylberechtigter wurde diese Bestimmung auf Initiative des Bundesrates als § 36 in das AsylVfG 1982[9] übernommen, mit welchem das gesamte materielle und formelle Asylrecht unter Aufhebung der §§ 28–46 AuslG in ein eigenes Gesetz eingestellt wurde. Aus plakativen Gründen erschien es dem Bundesrat geboten, eine qualifizierte Strafandrohung gegen das Verleiten zu betrügerischen Manipulationen im Asylverfahren auch in den Regelungszusammenhang dieses Gesetzes aufzunehmen.[10]

Sowohl im alten § 47a AuslG als auch im neuen § 36 AsylVfG war Strafbarkeitsvoraussetzung zunächst, dass der Täter einen Vermögensvorteil erhielt oder sich versprechen ließ, eine Klausel, die mit Gesetz vom 6.1.1987[11] zur Erleichterung der Strafverfolgung wieder gestrichen wurde, sich aber nunmehr in § 84 Abs. 2 wiederfindet. Gleichzeitig wurde entspr. § 258 Abs. 6 StGB jedoch ein **Angehörigenprivileg** eingeführt, weil Schlepper im familiä-

---

[4] BT-Drs. 9/875, 26.
[5] BT-Drs. 9/1630, 28.
[6] BGBl. I S. 353.
[7] BGBl. I S. 290.
[8] BGBl. I S. 1390.
[9] BGBl. I S. 946.
[10] BT-Drs. 9/1705, 7; 9/1792, 4.
[11] BGBl. I S. 89.

ren Bereich durch das wegfallende Tatbestandsmerkmal des Vermögensvorteils nicht mehr ausreichend vor Strafverfolgung geschützt schienen.[12] Eine nochmalige Änderung erfuhr § 36 durch Art. 3 des Gesetzes zur Neuregelung des AuslG vom 9.7.1990,[13] indem die unrichtigen oder unvollständigen Angaben auch auf die Feststellungen des Abschiebungsverbotes politisch Verfolgter iSd § 51 Abs. 1 AuslG, jetzt § 60 Abs. 1 AufenthG, erstreckt wurden (seinerzeit bezeichnet als kleines Asyl).

7 Mit dem AsylVfG vom 26.6.1992[14] erhielt die Strafbestimmung unter Erhöhung des Strafrahmens auf 5 Jahre für besonders schwere Fälle bei Handeln aus grobem Eigennutz oder in der Form der Gewerbsmäßigkeit[15] ihre heutige Stellung als § 84. Die Formulierung ist dem neuen Verlauf des Antragsverfahrens, wonach der Asylantrag nicht mehr bei den Ausländerbehörden, sondern gem. § 14 direkt beim Bundesamt zu stellen ist, angepasst. Die gegenwärtig geltende Fassung datiert allerdings erst vom 28.10.1994.[16] Korrespondierend zu den §§ 92a, 92b AuslG 1990,[17] jetzt §§ 96, 97 AufenthG, führte das Verbrechensbekämpfungsgesetz weitere zahlreiche **Strafschärfungen** ein, ua erhielt der besonders schwere Fall erweiterte Regelvoraussetzungen. Geschaffen wurde außerdem in Abs. 3 bei banden- oder gewerbsmäßiger Vorgehensweise nicht nur ein Qualifikationstatbestand mit einem auf 10 Jahre erweiterten Strafrahmen, sondern auch in Abs. 5 die Möglichkeit, in weiterem Umfang sog. gewinnabschöpfende Maßnahmen zu treffen.

8 Mit der Ersetzung des AuslG durch das AufenthG zum 1.1.2005[18] wurde zwar Abs. 1 in seiner Bezugnahme auf § 60 Abs. 1 AufenthG redaktionell entspr. neu gefasst, jedoch wurde eine Anpassung an § 3 in seiner damaligen Fassung („Zuerkennung der Flüchtlingseigenschaft") vergessen. Mit Umsetzung der RiLi 2011/95/EU durch Gesetz vom 28.8.2013[19] wurde dieser **Mangel behoben** (→ Vor § 1 Rn. 2). Der jetzige Wortlaut verweist nicht mehr auf § 60 Abs. 1 AufenthG sondern dogmatisch zutr. auf § 1 Abs. 1 Nr. 2 dieses Gesetzes. Seit 24.10.2015 trägt das AyslVfG nur noch die Bezeichnung AsylG (→ Vor § 1 Rn. 2).

II. Täterschaft und Teilnahme

9 **1. Täterschaft.** Wie schon aus der Überschrift der Strafnorm ersichtlich, kann Täter **niemals der Asylsuchende** sein, der selbst mit unzutreffenden Angaben über die Verhältnisse seiner Person die Anerkennung als Asylberechtigter anstrebt. Gleiches gilt für den Flüchtling gem. §§ 3–3e, wobei es letztlich nicht mehr auf die Frage ankommt, welche Bedeutung Formulierungsunterschiede in Art. 1 Abschn. A Nr. 2 und Art. 33 Abs. 1 Genfer Flüchtlingskonvention für das Anerkennungsverfahren haben können, denn nach Entstehungsgeschichte und Normzweck der seit 1.7.1992 in Kraft befindlichen Neuregelung ist davon auszugehen, dass sich die Voraussetzungen aller drei Bestimmungen decken sollen.[20] Auch der iSd § 4 subsidiär Schutz Suchende kann niemals Täter sein.

10 Täter aber kann nicht nur ein deutscher Staatsangehöriger sein, sondern ebenso ein Ausländer und damit auch ein Asylbewerber,[21] soweit es nicht um falsche Angaben im Zusammenhang mit seiner eigenen Anerkennung geht. Hieraus resultiert die bislang in der Rspr. nicht diskutierte Frage, ob bei der gleichzeitigen Antragstellung einer Gruppe von Asylsuchenden mit jeweils gleichlautenden unzutreffenden Angaben **wechselseitige Strafbarkeit** in Betracht kommt, wenn dieses Vorgehen im Vorfeld abgesprochen ist. Eine aus-

---

[12] BT-Drs. 10/3678.
[13] BGBl. I S. 1354.
[14] BGBl. I S. 1126.
[15] BT-Drs. 12/2062, 42.
[16] BGBl. I S. 3186.
[17] BT-Drs. 12/6853, 32.
[18] BGBl. 2004 I S. 1950 (sog. ZuwanderungsG).
[19] BGBl. I S. 3474.
[20] Seit BVerwG 21.1.1992 – 1 C 21.87, BVerwG 89, 269 ff. = EZAR 232 Nr. 2 und *Huber/Göbel-Zimmermann* Rn. 180.
[21] AA *Hailbronner* Rn. 6.

drückliche Regelung findet sich in Abs. 6 nur für Angehörige iSd § 11 Abs. 1 Nr. 1 StGB (→ Rn. 93 ff.). Um dem Gesetzeszweck Rechnung zu tragen, darf daraus jedoch nicht der Schluss gezogen werden, in allen anderen Fällen seien falsche Angaben, die gleichzeitig zum eigenen Vorteil und zugunsten Dritter gemacht werden, unter Strafe gestellt. Vielmehr wird entspr. der Rspr. zu § 258 Abs. 5 StGB (→ § 258 Rn. 53)[22] zu unterscheiden sein, ob das unrichtige Vorbringen auch eigenen Zwecken dienen soll. Soweit dies der Fall und gem. erfolgter Absprache zwingend mit dem Vorbringen der weiteren Asylsuchenden verknüpft ist, wird eine Strafbarkeit insgesamt nicht in Betracht kommen. Anders jedoch, wenn im Vorfeld lediglich Tipps ausgetauscht oder Anregungen gegeben werden, die auf Grund eines persönlichen, zeitlichen und sachlichen Zusammenhangs keine derart enge Verknüpfung mit dem eigenen Asylbegehren darstellen. Lediglich in Fällen, die mit dem Rechtsinstitut der Mittäterschaft vergleichbar sind, wo also ein gemeinschaftlicher Wille vorhanden ist und sich die falschen Angaben gegenseitig bedingen, scheidet eine Strafbarkeit aus.[23] Die Aufnahme eines persönlichen Strafausschließungsgrundes in Abs. 6 steht dieser am Gesetzeszweck orientierten Betrachtung nicht entgegen, weil damit in sämtlichen Fällen des Verleitens von Angehörigen zur missbräuchlichen Asylantragsstellung – unabhängig von den eigenen Zielen des Handelnden – Straffreiheit garantiert werden soll.

Täterschaftliches Handeln ist bei demjenigen anzunehmen, der einen Ausländer anstiftet bzw. ihm dabei Hilfe leistet, im Anerkennungsverfahren falsche Angaben zu machen. **11**

Hierunter fallen nicht sämtliche Personen, die mit der Betreuung sowie insbesondere der Vertretung von Asylbewerbern im Verlauf des gesamten Anerkennungsverfahrens befasst sind, sondern auch solche, die schon im Vorfeld, also möglicherweise bereits im Heimatland des Ausländers, entsprechende Tätigkeiten entfalten. Täter können also **nicht nur Schlepper** im engeren Sinn sein, sondern auch Verwaltungsbeamte, Sozialhelfer, Dolmetscher und schließlich Rechtsanwälte, deren Auftrag darin besteht, das Vorbringen ihrer Mandanten Behörden oder Gerichten zur Kenntnis zu bringen. **12**

Eine Abgrenzung zwischen tatbestandlichem Handeln auf der einen und seriöser Hilfeleistung auf der anderen Seite wird nicht immer leicht zu treffen sein und wesentlich davon abhängen, welcher subjektive Kenntnisstand dem Unterstützer bzgl. der vorzutragenden Angaben nachgewiesen werden kann. Die drohende eigene Strafverfolgung des „Haupttäters" könnte in diesem Fall ohne Zweifel ein sehr viel effektiveres Druckmittel zur Aufklärung bedeuten, als die in der konkreten Situation abstrakt erscheinende Drohung, wegen Strafvereitelung oder eines Aussagedeliktes belangt zu werden. **13**

Rechtsanwälte als Inhaber eines staatlich gebundenen Vertrauensberufes mit einer der Wahrheit und Gerechtigkeit verpflichteten amtsähnlichen Stellung[24] einerseits und der Verpflichtung zu Verschwiegenheit und Treue gegenüber dem Auftraggeber andererseits, werden ihren Sachvortrag besonders dann sorgfältig abzuwägen haben, wenn sie die Unrichtigkeit und Unvollständigkeit der Angaben ihres Mandanten erkennen. **14**

Solche **Unrichtigkeit** wird der Rechtsanwalt einerseits nicht offenbaren müssen,[25] andererseits darf er aber auch nicht als falsch Erkanntes vorbehaltlos Entscheidungsträgern mit der eigenen – auch nur inzidenter erfolgenden – Behauptung der Richtigkeit vortragen.[26] Demzufolge kommt Strafbarkeit bereits dann in Betracht, wenn unzutreffende Angaben des Asylsuchenden als eigene ausgegeben werden, weil die Behörden auf Grund der Stellung des Rechtsanwalts davon ausgehen können und müssen, dass dessen eigener – dh nicht als der seines Mandanten ausgewiesene – Sachvortrag zutreffend ist. Gerade die darin liegende Hilfe, das Gegenüber, nämlich den einen Antrag aufnehmenden Beamten, nicht direkt und unmittelbar anlügen zu müssen, sondern diese Aufgabe einer dritten Person, dem Anwalt, **15**

---

[22] *Fischer* StGB § 258 Rn. 34.
[23] BGH 20.7.1962 – 4 StR 485/61, BGHSt 17, 369 (373 f.) = NJW 1962, 2260 ff. zu § 120 StGB.
[24] BVerfG 8.10.1974 – 2 BvR 747–753/73, BVerfGE 38, 105 (119) = NJW 1975, 103 (105).
[25] *Marx* Rn. 7 f.
[26] Schönke/Schröder/*Stree/Hecker* StGB § 258 Rn. 20.

schriftsätzlich zu überlassen, ist als psychische Unterstützung im Sinne der Vorschrift zu qualifizieren. Ein Recht auf Lüge steht dem Anwalt nicht zu.[27]

16 Umfassende **Aufklärung über die Sach- und Rechtslage** werden demgegenüber ebenso wenig tatbestandsmäßig sein wie das – zweckmäßigerweise als solches gekennzeichnete – schriftliche oder mündliche Weitergeben der vom Asylsuchenden erhaltenen Informationen. Da der Asylbewerber in der Regel von den asylrechtlich relevanten Tatsachen und der umfassenden Rechtsprechung keine Vorstellung hat, ist es vornehmliche Aufgabe des pflichtbewussten Rechtsanwalts, in einem umfassenden Vorgespräch zunächst den wahren Sachverhalt zu erforschen. Auch die Erkundung und Bewertung von Beweismitteln gehören hierzu.[28] Aktive Unterstützungshandlungen zur Verstärkung der Glaubhaftigkeit des unrichtigen Asylvorbringens oder eine bewusst verzerrte Darstellung des Sachverhalts können hingegen nicht hingenommen werden[29] und machen den Anwalt zum Täter, sobald zugleich die Absicht erkennbar wird, damit die Anerkennung als Asylbewerber oder sonst Schutz Suchenden zu ermöglichen. Demgegenüber zu fordern, dass der Anwalt selbst verleiten oder aus eigener Initiative falsch vortragen muss, und damit die Tatvariante des Unterstützens praktisch auszuschließen,[30] dürfte zu weit gehen. Ob für den Rechtsanwalt bedingter Vorsatz ausreicht, ist zweifelhaft, aus den Gründen der Rspr. des BVerfG zu § 261 StGB aber wohl zu verneinen.[31]

17 Im Hinblick auf § 9 Abs. 1 StGB kann Täter auch jede Person sein, die allein **vom Ausland** aus mit falschen Angaben das inländische Anerkennungsverfahren fördern möchte. Unabhängig davon, ob diese Angaben tatsächlich geeignet sind, ein positives Verfahrensergebnis herbeizuführen, tritt der zum Tatbestand gehörende Erfolg iSd § 9 Abs. 1 StGB bereits dann ein, wenn der Ausländer bzw. Flüchtling im Inland solche Angaben macht. Aber auch wenn es dazu nicht kommen sollte, ist der im Ausland verleitende oder unterstützende Täter einer – versuchten – Inlandstat strafbar, weil gem. § 9 Abs. 2 StGB eine Teilnahme auch dort begangen ist, wo nach der Vorstellung des Teilnehmers die Tat begangen werden sollte.

18 Schließlich setzen die unter Strafe gestellten Tathandlungen keine eigenhändige Begehung voraus, dh Täter kann auch der **mittelbare Täter** des § 25 Abs. 1 Alt. 2 StGB sein, sofern er erfolgreich auf eine gutgläubige Mittelsperson einwirkt.[32] Zumal nach allgM[33] der Anstifter den Haupttäter nicht kennen muss, kommt außerdem sogenannte Kettenanstiftung (→ § 26 Rn. 102) mit mehreren nicht zwingend als Mittäter agierenden Tätern des Verleitens zur missbräuchlichen Asylantragstellung in Betracht, eine Tatbestandsvariante, die insbes. im Bereich des organisierten Schlepperwesens zu prüfen sein wird.

19 **2. Teilnahme.** Die **Grenze zwischen** dem **Täter** des Verleitens oder Unterstützens und einem bloßen Teilnehmer dazu wird in der Praxis nicht leicht zu ziehen sein.

20 Derjenige, der mit dem Ausländer in direktem Kontakt steht, der – gegebenenfalls – von diesem direkt einen Vermögensvorteil erhält, dessen Handeln und Tatwille unmittelbar darauf gerichtet ist, die Asylanerkennung bzw. sonst internationalen Schutz zu erreichen, wird in der Regel der Anstifter oder Gehilfe sein, der von § 84 als Täter erfasst werden soll.

21 Außenstehende und solche, die nur mittelbar zur missbräuchlichen Asylantragstellung beitragen, also kein eigenes direktes Interesse an einem erfolgreichen Anerkennungsverfahren haben,[34] können demgegenüber nur als **Teilnehmer** an dem Verleiten durch andere

---

[27] *Fischer* StGB § 258 Rn. 16 ff. mit Rspr. nachweisen; allgemein s. *Müller/Gussmann*, Berufsrisiken des Strafverteidigers, 2007.
[28] GK-AsylVfG/*Franke* Rn. 16.
[29] BVerfG 2.7.1980 – 1 BvR 147, 181, 182/80, BVerfGE 54, 341 (359) = NJW 1980, 2641 (2642).
[30] *Marx* Rn. 8.
[31] *Fischer* StGB § 257 Rn. 10; BVerfG 30.3.2004 – 2 BvR 1520,21/01, BVerfGE 110, 226 (265) = NJW 2004, 1305 (1311).
[32] RG 13.11.1911 – I 955/11, RGSt 45, 282.
[33] BGH 8.7.1954 – 3 StR 796/53, BGHSt 6, 359 (360) = NJW 1954, 1896.
[34] ZB der Dokumentenfälscher; *Hailbronner* Rn. 10.

nach den allgemeinen Grundsätzen der Akzessorietät bestraft werden.[35] Wessen Handeln nicht zielbewusst auf einen bestimmten Flüchtling gerichtet ist, (→ § 26 Rn. 54 ff.)[36] wer lediglich die Tathandlung eines anderen – dh also nicht die des Flüchtlings als straflosem Haupttäter selbst – fördert und erleichtert (zB der eingeweihte Bote), wer nur generell mit Kenntnis der wesentlichen Merkmale und Grundzüge der Haupttat[37] eine Schleuserorganisation unterstützt ohne Kenntnis des konkreten Einzelfalles, der wird regelmäßig nur Teilnehmer sein. Die im AsylVfG 1982 in § 36 Abs. 3 enthaltene Klarstellung zur Strafbarkeit von Teilnehmern ist in die Neufassung nicht übernommen worden, weil sie im Hinblick auf die allgemeinen Bestimmungen der §§ 26, 27 StGB entbehrlich erscheint.[38]

III. Tathandlung

1. Tatbestandsmerkmale. Die Tathandlung besteht in der **Beeinflussung des Willens** 22 eines Ausländers dahin, mit unrichtigen oder unvollständigen Angaben Asylantrag zu stellen bzw. die Zuerkennung des internationalen Schutzes gem. §§ 3–4 zu begehren.

Ausländer ist zunächst jede Person, die nicht Deutscher oder Statusdeutscher – also als 23 Flüchtling oder Vertriebener deutscher Volkszugehörigkeit, gegebenenfalls einschließlich Ehegatten und Kind, in Deutschland Aufgenommener – iSd Art. 116 Abs. 1 GG ist. Auch wenn Staatsangehörigkeit oder Staatenlosigkeit ungeklärt bleiben, aber festgestellt ist, dass der Betreffende weder Deutscher noch Statusdeutscher sein kann, muss von **Ausländereigenschaft** ausgegangen werden.

Hinzu kommen muss in diesem Zusammenhang, dass dem Ausländer das Anerkennungs- 24 verfahren nach dem AsylG eröffnet ist, er also **politisch Verfolgter oder Schutzsuchender** iSd § 1 Abs. 1 ist. Heimatlose Ausländer fallen nicht unter diesen Ausländerbegriff, da für sie wegen des anderweitigen Schutzes nach HAG[39] zunächst das Anerkennungsverfahren nach dem AsylG gem. § 1 Abs. 2 nicht eröffnet ist. Dieser Ausschluss bedeutet allerdings nicht, dass grundsätzlich die Eigenschaft als politisch verfolgter Flüchtling iSd Art. 16a Abs. 1 GG nicht doch dann in Betracht kommen kann, wenn die Schutzmechanismen aus dem vorgenannten Gesetz entfallen sind.[40] Auch statutäre Flüchtlinge iSd Art. 1 Abschn. A Nr. 1 sowie Palästina-Flüchtlinge iSd Art. 1 Abschn. DII Genfer Flüchtlingskonvention, die nicht gleichzeitig die Voraussetzungen des Art. 33 Abs. 1 Genfer Flüchtlingskonvention bzw. Art. 16a Abs. 1 GG erfüllen, scheiden solange aus, als dieser Schutz andauert (§ 3 Abs. 3). Unter den Voraussetzungen des § 23 Abs. 1 AufenthG aufgenommene Kontingentflüchtlinge sowie Kriegs- oder Bürgerkriegsflüchtlinge, denen ein Aufenthaltsrecht basierend auf Entscheidungen nach § 23 Abs. 1 oder § 24 Abs. 1 AufenthG zugestanden wird, können vom Ausländerbegriff hier erfasst sein, weil sie jederzeit iS eines Optionsmodells auf diese Rechte verzichten und als politisch Verfolgte jene nach dem AsylG in Anspruch nehmen können. Dabei kommen die Strafbestimmungen des AsylG erst und nur dann zum Tragen, wenn und solange das Anerkennungsverfahren nach diesem Gesetz betrieben wird – zuvor und nach Abschluss gelten die allgemeinen Bestimmungen des AufenthG (→ AufenthG § 95). Der Irrtum über die Flüchtlingseigenschaft kann zur Strafbarkeit wegen untauglichen Versuchs führen (→ Rn. 82).

Vollendet ist die Tat bereits dann, wenn der Flüchtling entspr. dem gegebenen Rat bei 25 Antragstellung unzutreffende oder unzureichende Angaben macht, wobei nur äußere oder auch innere **Tatsachen** gemeint sein können, die dem Wahrheitsbeweis zugänglich sind, nicht jedoch eine rein wertende Antragsbegründung.[41] Entspr. den §§ 153 ff. StGB macht

---

[35] LK-StGB/*Rosenau* StGB § 120 Rn. 44 f.
[36] *Fischer* StGB § 26 Rn. 3.
[37] BGHSt 21.4.1986 – 2 StR 661/85, BGHSt 34, 63 (66) = NStZ 1986, 407 f.
[38] BT-Drs. 12/2062, 42.
[39] Gesetz über die Rechtsstellung heimatloser Ausländer im Bundesgebiet vom 25.4.1951, BGBl. I S. 269.
[40] Bergmann/Dienelt/*Bergmann* § 1 Rn. 3, 21.
[41] GK-AsylVfG/*Franke* Rn. 13.

26   **Unrichtig** sind alle Angaben, die nicht der objektiven Sachlage und damit den wirklichen Verhältnissen entsprechen, unabhängig von ihrer Bedeutung im Fortgang des Anerkennungsverfahrens. Unvollständig ist alles Vorbringen, das wesentliche Umstände und entscheidungserhebliche Bestandteile des Sachverhaltes nicht beinhaltet.[43] Um die entsprechende Anerkennung zu erreichen, muss deshalb das gesamte Verhalten des Antragstellers auf eine Täuschung der mit der Sache unmittelbar befassten Behörden bzw. später eventuell Gerichte über die wahren Tatsachen und Hintergründe der Flucht hinauslaufen.

sich demnach nicht schon der Verleitende oder Unterstützende strafbar, der nur wertende Äußerungen oder objektiv falsche Schlussfolgerungen des Antragstellers veranlasst.[42]

27   Der Umfang der **Mitwirkungs- und Erklärungspflichten** ergibt sich aus § 15 sowie § 25 Abs. 1 und 2. Diese Pflichten bilden die Grundlage des Anerkennungsverfahrens und binden den Ausländer persönlich auch dann, wenn und soweit er sich der Hilfe Dritter, insbesondere eines Rechtsanwalts, bedient. Obgleich der Asylanspruch grundgesetzlich garantiert ist, bestehen die Pflichten aus beiden Vorschriften vorrangig im Interesse des asylantragstellenden Ausländers selbst und beinhalten im Grunde genommen eine Selbstverständlichkeit. Gleichgültig ist in diesem Zusammenhang naturgemäß, ob die falschen Angaben im Rahmen einer mündlichen Anhörung (§ 25), der jederzeit möglichen schriftlichen Äußerung[44] bzw. der Klage- oder Rechtsmittelschrift (§§ 74 ff. iVm §§ 81 Abs. 1, 124a, 139 Abs. 1 VwGO) oder im Rahmen eines bloßen unterlassenden Handelns gemacht werden, indem entgegen § 15 Abs. 1 Nr. 4 u. 5 iVm Abs. 3 das Vorhandensein der vorzulegenden Dokumente verschwiegen wird.

28   Auch die Vorlage dem Antragsteller nicht tatsächlich zuzurechnender Dokumente unter **Zurückhalten** der zutreffenden kann für den tatbestandsmäßig sein, der dabei mitgeholfen hat. Typische Fallkonstellation ist in diesem Zusammenhang das Abnehmen **von Identitäts- und Reisepapieren** durch Schleuser mit der Folge, dass vom Antragsteller falsche Herkunftsangaben gemacht werden können und sollen (falls nicht, liegt jedenfalls untauglicher Versuch vor). Soweit Anhaltspunkte dafür bestehen, dass der Geschleuste im Besitz solcher Unterlagen ist, können die nach § 16 Abs. 2 zuständigen Behörden eine Durchsuchung gem. § 15 Abs. 4 durchführen bzw. kommt bei Vorliegen des Verdachts einer Straftat eine Beschlagnahme nach §§ 102 oder 103 StPO in Betracht.

29   Während § 15 mehr generalklauselartig die Mitwirkungspflichten beschreibt und exemplarisch die vorzulegenden Dokumente aufzählt, sind die Darlegungspflichten im Einzelnen in § 25 Abs. 1 und 2 genannt. Unterschieden werden kann zwischen dem Vorbringen hinsichtlich der **persönlichen Lage,** was den politischen Charakter der Verfolgungsmaßnahmen einschließt,[45] und jenem hinsichtlich der allgemeinen politischen Lage im Heimatland, wobei die Erklärungspflicht freilich immer nur soweit reichen kann wie sie auch praktisch erfüllbar ist.[46] Die Erforschung der allgemeinen politischen und rechtlichen Verhältnisse im entsprechenden Heimatland unterliegt dabei dem Amtsermittlungsgrundsatz.[47] Nach dem Schutzzweck der Norm werden demzufolge hierauf bezogene falsche Angaben regelmäßig nur dann strafrechtlich relevant sein können, wenn sie mit der persönlichen Verfolgungslage verknüpft worden sind. Die Vermutung des Art. 16a Abs. 3 GG betreffend die allgemeine politische Situation kann dabei jedoch durch die Schilderungen über die persönliche Lage widerlegt werden.

30   Im Hinblick auf die zum 30.7.1993 in Kraft getretene[48] Einfügung eines Art. 16a Abs. 2 GG bzw. die am 1.7.1993 in das AsylVfG/AsylG eingefügte Bestimmung[49] des § 26a über

---

[42] Schönke/Schröder/*Lenckner/Bosch* StGB Vor § 153 Rn. 11.
[43] Zweifelhaft *Marx* Rn. 3 ff. zum Verschweigen.
[44] Bergmann/Dienelt/*Bergmann* § 25 Rn. 22, 24.
[45] BVerwG 18.10.1983 – 9 C 473.82, EZAR 630 Nr. 8.
[46] BVerwG 23.11.1982 – 9 C 74.81, BVerwGE 66, 23 ff. = EZAR 630 Nr. 1.
[47] *Marx* Rn. 4.
[48] BGBl. I S. 1002.
[49] BGBl. I S. 1062.

sog. Sichere Drittstaaten hat die Verpflichtung zur Angabe des zutreffenden Reiseweges und des Aufenthaltes in anderen Staaten besondere Bedeutung erlangt.

Ungeklärt ist, ob vollendete Tat dann vorliegt, wenn der dazu verleitete Asylantrag- 31 steller die falschen Angaben bereits bei der **Grenzbehörde** (§ 18) oder einer Polizeidienststelle bzw. **Ausländerbehörde** (§ 19) macht. § 13 Abs. 3 spricht nämlich von einem Asylantrag iS eines Asylgesuches, welches bei Fehlen von Pass und Visum entweder an der Grenze oder unverzüglich nach erfolgter Einreise bei der Ausländerbehörde oder der Polizei anzubringen ist. Bereits dieses Gesuch führt zur Begründung eines Bleiberechts (Aufenthaltsgestattung), was sich sowohl aus dem Wortlaut des § 55 Abs. 1 S. 1 zum Entstehen wie aus dem Wortlaut des § 67 Abs. 1 Nr. 2 zum Erlöschen ergibt; es hat also rechtlich konstitutive Wirkung. Außerdem ist auch das Gesuch des § 13 wenigstens kurz zu begründen und mit Hinweisen auf die persönliche Situation als politischer Flüchtling zu unterlegen.[50] Auch wenn sich die Erklärungspflicht des § 25 – folgend aus der Zusammenschau mit § 24 – nur auf das Bundesamt bezieht, bleibt doch die allgemeine Mitwirkungspflicht des § 15 für das dem förmlichen Anerkennungsverfahren vorgeschaltete Gesuch bedeutsam. Unter den Voraussetzungen des § 18 Abs. 2 ist dem Asylsuchenden nämlich bereits die Einreise zu verweigern bzw. ist er gem. § 18 Abs. 3 bzw. § 19 Abs. 3 unmittelbar ohne Einschaltung des Bundesamtes zurückzuschieben. Grenz- und Ausländerbehörde sowie Polizei haben außerdem nach § 18 Abs. 5 bzw. § 19 Abs. 2 erkennungsdienstliche Behandlungen vorzunehmen und alle für das Asylverfahren erheblichen Unterlagen der Aufnahmeeinrichtung bzw. dem Bundesamt zukommen zu lassen (§ 21) und betreiben somit das Asylverfahren.

Obgleich solche Erwägungen eine Strafbarkeit wegen **vollendeten Verleitens** nahele- 32 gen,[51] kann diese nach dem klaren Wortlaut doch nicht angenommen werden. Während nämlich im § 36 AsylVfG 1982 ausdrücklich schon das mit falschen Angaben versehene Asylgesuch an der Grenze für den Anstifter bzw. Gehilfen strafbewehrt war, erwähnt § 84 Abs. 1 nur noch die falschen Angaben vor dem Bundesamt oder im gerichtlichen Verfahren. Der eindeutige Wortlaut erfasst also allein das mit dem förmlichen Antrag iSd § 14 beginnende Verwaltungsverfahren bzw. das Verfahren vor den Verwaltungsgerichten gem. §§ 74 ff.[52] Eine hierdurch entstandene Lücke muss als vom Gesetzgeber gewollt angenommen werden, wobei allerdings ohnehin stets die Versuchsstrafbarkeit zu prüfen bleibt.

Andererseits ist nicht erforderlich, dass die unzutreffenden Angaben stets bei Vorbringen 33 des Gesuches oder formeller Antragstellung gemacht werden. Vielmehr ergibt sich aus dem Wortlaut „im Asylverfahren" bzw. „im gerichtlichen Verfahren", dass solche Angaben auch nachgeschoben werden können, was insbesondere dann relevant wird, wenn der Antragsteller zunächst nur selbst tätig geworden ist und sich erst im weiteren Verfahrensverlauf von Landsleuten oder auch Anwälten entsprechend ergänzend dahin beraten lässt, wie dem Gesuch sicherer zum Erfolg verholfen werden kann. Weiter ergibt sich sowohl aus dem Gesetzeszweck wie aus der Benennung des Bundesamtes, dass der Straftatbestand nur auf das **in der BRD durchzuführende** Anerkennungs- bzw. Feststellungsverfahren ausgerichtet ist. Eine § 96 Abs. 4 AufenthG entsprechende Vorschrift für falsche Angaben im Rahmen eines Asylantrages in einem anderen SDÜ-Vertragsstaat existiert bislang nicht.

2. Handlungsalternativen. Der **Begriff des Verleitens** findet sich auch in verschiede- 34 nen Bestimmungen des besonderen Teils des Strafgesetzbuches, so in den §§ 120, 160, 357 StGB, hat aber keineswegs immer denselben Inhalt. Hier zu unrichtigen Angaben verleitet, wer den Willen eines Ausländers dahingehend beeinflusst,[53] dass sich dieser entschließt, durch falsches sachliches Vorbringen bei den mit seinem Asylbegehren befassten Behörden die erfolgreiche Verbescheidung seines Antrages zu fördern. Der Täter muss also auf einen Ausländer treffen, der selbst noch nicht endgültig zu entsprechendem Vorgehen entschlossen

---

[50] OVG Münster 30.12.1988 – 18 B 2036/88, NVwZ-RR 1989, 390.
[51] *von Pollern* ZAR 1996, 175 (180) und Erbs/Kohlhaas/*Senge* Rn. 5, allerdings ohne Begründung.
[52] So auch Bergmann/Dienelt/*Bergmann* Rn. 5, GK-AsylVfG/*Franke* Rn. 10 und *Marx* Rn. 19 ff., der allerdings offenbar auch die Versuchsstrafbarkeit verneint.
[53] RG 29.4.1918 – I 192/18, RGSt 52, 184 (185).

ist, vielmehr muss sein Beitrag mindestens mitursächlich sein. Andernfalls macht sich der Verleitende entweder des (untauglichen) Versuchs oder auch im Sinne einer psychischen Beihilfe der Unterstützung strafbar.

35 Verleiten wird in den meisten Fällen im Wesentlichen dasselbe wie **Anstiften** bedeuten,[54] nämlich entspr. § 26 StGB immer dann, wenn auch der Verleitete vorsätzlich falsche Angaben macht. Durchaus denkbar ist aber auch der Fall, dass der verleitete Ausländer unvorsätzlich und gutgläubig eine unzutreffende Angabe macht, was entsprechend dem Gesetzeszweck die Strafbarkeit für den Verleitenden nicht ausschließen würde (→ Rn. 50). Unter diesen Voraussetzungen ist der Begriff des Verleitens dem in § 160 StGB verwendeten gleichzusetzen, entspräche also eher dem Institut der mittelbaren Täterschaft.[55]

36 Die Willensbeeinflussung kann durch jedes beliebige **Mittel** erfolgen (→ § 26 Rn. 10 ff.),[56] also auch durch Drohung, mittels Täuschung oder durch sonst arglistiges Verhalten. Eine Täuschung des Asylbewerbers selbst ist nicht erforderlich. Entspr. dem Wortlaut des Abs. 1 muss sich das Verleiten stets auf einen bestimmten Ausländer und sein Vorbringen im Anerkennungsverfahren beziehen.[57]

37 Bei unrichtigen Angaben im Asylverfahren **unterstützen** – ebenfalls ein Begriff, der sich auch in verschiedenen Bestimmungen des allgemeinen Strafrechts findet, so in den §§ 84 Abs. 2, 85 Abs. 2, 129 Abs. 1, 129a Abs. 3 StGB – bedeutet das Leisten psychischer oder physischer Hilfe[58] zugunsten eines Ausländers, durch falsches sachliches Vorbringen oder Unterlassen ein positives Ergebnis für sein Ersuchen zu erzielen. Unterstützen ist zur Täterschaft verselbständigte Beihilfe,[59] wobei auch hier entgegen dem Wortlaut des § 27 Abs. 1 StGB festzuhalten ist, dass der Antragsteller selber nicht vorsätzlich handeln muss (→ Rn. 50). Andererseits kann der Ausländer aber auch selbst bereits dazu entschlossen sein, weil Beihilfehandlungen bis zur Beendigung der Haupttat in Betracht kommen können. Unterstützen meint nicht nur jedes Handeln, das geeignet ist, das Ansinnen und die Vorgehensweise des Asylsuchenden zu fördern, sondern auch alles, was ihn darin nur bestärken könnte.

38 Tatkräftige Unterstützung wird der im Ausland ansässige Täter vor allem durch das **Beschaffen gefälschter Dokumente** oder unrichtiger Bescheinigungen zB über Strafverfolgungsmaßnahmen politischer Art oder zur Staatsangehörigkeit (Staatsangehörigkeitsurkunde eines Verfolgerstaates tritt an die Stelle einer solchen eines sicheren Herkunftsstaates iSd § 29a Abs. 2) leisten können oder der Schleuser durch das Verbringen über die Grenze und das Einbehalten sämtlicher Personaldokumente zur Verschleierung von Herkunft und Reiseweg. Der inländische Täter unterstützt beispielsweise durch die Hilfe beim Ausfüllen von Antragsformularen mit unrichtigen Tatsachenangaben oder entsprechend abgefassten Schriftsätzen. Auch die ungetreue Übersetzung zugunsten eines Landsmannes kann täterschaftliches Unterstützen sein. Aber auch mit bloßen Ratschlägen ist diese Hilfeleistung möglich, sei es durch Hinweise, auf Grund derer mit unrichtigem Vorbringen der Antrag am ehesten erfolgreich verbeschieden werden wird, sei es durch die Hilfezusage für den Fall des Scheiterns des Asylbegehrens, indem zB zu Falschaussagen bereite Zeugen angekündigt und zur Verfügung gestellt werden, oder im Fall der strafrechtlichen Verfolgung – wegen Urkundsdelikten – die Finanzierung eines Anwaltes zugesichert wird.

39 Schließlich kann auch durch **Unterlassen** Unterstützung gewährt werden, indem etwa ein Landsmann als Dolmetscher tätig wird und dabei zwar wortgetreu übersetzt, auf Grund eigener Sachkenntnis aber merkt, dass die gemachten Angaben nicht zutreffend sein können. Sofern sich eine Garantenstellung nicht aus besonderer Verpflichtung oder Vertrag ergibt,

---

[54] Vgl. BGH 20.8.1953 – 1 Str 261/53, BGHSt 4, 303 (305) zu § 120 StGB und LK-StGB/*Rosenau* StGB § 120 Rn. 40.
[55] Vgl. *Hailbronner* Rn. 11.
[56] Vgl. *Fischer* StGB § 26 Rn. 6.
[57] So auch *Fischer* StGB § 160 Rn. 3 f. im Gegensatz zu StGB § 120 Rn. 6.
[58] *von Pollern* ZAR 1996, 175 (180).
[59] BGH 30.10.1964 – 3 StR 45/64, BGHSt 20, 89.

werden an eine solche aus besonderem Vertrauensverhältnis allerdings strenge Anforderungen zu stellen sein.

3. Kausalzusammenhang. Die auf Grund des Ein- oder Mitwirkens des Täters gemachten falschen Angaben müssen nur die Möglichkeit eröffnen, dass dem gestellten Antrag stattgegeben wird. Die Tat ist somit auch dann **vollendet,** wenn das Ziel der Anerkennung als Asylsuchender, Flüchtling oder sonst internationalen Schutz Suchender nicht erreicht wird oder auch gar nicht erreicht werden kann, weil dem Antragsteller ein entsprechender Anspruch überhaupt nicht zusteht bzw. er nicht als Flüchtling angesehen wird (→ Rn. 24). Der Begriff des Verleitens besagt nämlich nicht mehr, als dass falsche Angaben tatsächlich gemacht werden, also das Bestimmen hierzu – bzw. ebenso das Unterstützen dabei – erfolgreich war. Nicht jedoch ist damit der weitere Schritt verbunden, dass das Vorbringen von dem getäuschten Dritten (Entscheider bzw. Richter) für zutreffend und vollständig erachtet und damit schließlich die Anerkennung als Asylant erreicht bzw. die Zuerkennung internationalen Schutzes positiv festgestellt wird (→ Rn. 49, auch → StGB Vor § 153 Rn. 18). Der Täter handelt also mit subjektiv überschießender Innentendenz.[60] Der Schutzzweck der Norm ist schon dann tangiert, wenn Asylrecht oder Flüchtlingseigenschaft abstrakt gefährdet sind.[61] 40

Allerdings gebietet der Schutzzweck der Norm, dass die unrichtigen Angaben in der Antragsbegründung nicht offenkundig ohne jeden **relevanten Einfluss** auf die anstehende Asylentscheidung sind.[62] Ein Vortrag, der objektiv völlig ungeeignet ist, das Begehren zu stützen, kann somit nicht zu vollendeter Tat führen. 41

Geht allerdings der verleitende oder unterstützende Täter irrig davon aus, sein Handeln sei dazu angetan, sein unlauteres Mitwirken sei förderlich und entscheidungserheblich, so ist er entsprechend seinen Absichten wegen untauglichen Versuchs zu bestrafen. Weiß er dagegen, dass die auf Grund seines Tuns gemachten falschen Angaben völlig ungeeignet sein werden, kommt bei Erhalt einer entsprechenden Gegenleistung allenfalls Strafbarkeit nach § 263 StGB in Betracht. 42

Unerheblich für das Vorliegen des Straftatbestandes ist schließlich auch die Handlungsfähigkeit des Antragstellers (→ Rn. 50). 43

Gemäß § 12 kann grundsätzlich nur der volljährige Ausländer Verfahrenshandlungen vornehmen. Davon zu trennen ist die Anspruchsberechtigung, die auch jedes Kind haben kann, für das ein Verfahrensvertreter zu bestellen ist. Da der Täter des § 84 allein den materiellrechtlichen Anspruch beeinflussen will, kommt es auf seine Kenntnis vom Alter des Antragstellers nicht an. 44

Die Tathandlung wird sich zumeist auf den Erstantrag iSd § 14 beziehen. Der Tatbestand ist aber unabhängig von der Kenntnis des Täters in gleicher Weise erfüllt, wenn iSd § 71 ein **Folgeantrag** oder iSd § 71a ein **Zweitantrag** gestellt wird. In beiden Fällen wird nämlich entsprechend § 51 Abs. 1 Nr. 1 und 2 VwVfG ein weiteres Asylverfahren nur dann durchgeführt, wenn sich die Sach- oder Rechtslage geändert hat oder neue Beweismittel beigebracht werden können. Auf die Darlegung einer neuen Sachlage oder das Beibringen neuer Beweismittel kann der Täter des § 84 durchaus erheblichen Einfluss haben. Seine Strafbarkeit kommt in Betracht unabhängig davon, ob sich die falschen Angaben auf die erste Verfahrensstufe, nämlich die Prüfung der Wiederaufnahmevoraussetzungen und § 51 Abs. 1–3 VwVfG, oder auf die zweite Stufe, die materielle Prüfung des Folgeantrages, beziehen. Gleiches gilt für die Wiederaufnahmeklage nach § 153 VwGO iVm §§ 578, 580 ZPO.[63] 45

Dem Gesetzeswortlaut des § 84 ist schließlich zu entnehmen, dass eine Strafbarkeit danach nur in Betracht kommen kann, wenn und soweit die Anerkennung als Asylberechtigter, als 46

---

[60] *Hailbronner* Rn. 31.
[61] *Brocke* NStZ 2009, 546 (550); *Kretschmer* NStZ 2013, 570 (574) mwN zu § 95 Abs. 2 Nr. 2 AufenthG.
[62] GK-AsylVfG/*Franke* Rn. 13; vgl. auch Schönke/Schröder/*Lenckner*/*Bosch* StGB Vor §§ 153 ff. Rn. 15.
[63] GK-AsylVfG/*Funke-Kaiser* § 71 Rn. 202.

Flüchtling oder als subsidiär Schutz Suchender angestrebt wird, also **im Rahmen des Anerkennungsverfahrens**. Dabei schließt der Begriff des Asylverfahrens alle 3 Begehren mit ein (→ § 1 Rn. 1). Da das Bundesamt gem. §§ 5 Abs. 1 S. 2, 24 Abs. 2, 31 Abs. 3 Entscheidungskompetenzen auch für den Bereich der Feststellung von Abschiebungsverboten nach § 60 Abs. 5 oder 7 AufenthG – zur Unterscheidung des Verbotes nach Abs. 1 besser bezeichnet als Abschiebungshindernisse (so früher in § 53 AuslG 1990) – hat, ist bei falschen Angaben zu trennen:

47 Soweit die vorgetragenen Tatsachen nach Natur und Inhalt sich als nicht akzeptable staatliche Verhaltensweisen[64] allein auf Abschiebungsverbote entspr. § 60 Abs. 5 oder 7 AufenthG beziehen, kann Strafbarkeit nach **§ 95 Abs. 2 Nr. 2 AufenthG** auch für den Schutz suchenden Antragsteller selbst in Betracht kommen, wenn damit gleichzeitig ein Aufenthaltstitel angestrebt wird. Dabei ist es gleichgültig, ob die Entscheidungszuständigkeit beim Bundesamt oder den Ausländerämtern liegt, da ein Verfahren iSd § 1 Abs. 1 AsylG nicht gegeben ist. Wenn demgegenüber bei objektiver Betrachtung die geltend gemachten Verfolgungsmaßnahmen auch politischen, organisierten nichtstaatlichen[65] Charakter haben, was regelmäßig der Fall sein wird, und damit materiell ein Ersuchen nach § 13 Abs. 1 AsylG darstellen, geht die Zuständigkeit des Bundesamtes gem. § 60 Abs. 1 S. 3 AufenthG mit der Anwendung der Vorschriften des AsylG vor und gilt daher § 84 Abs. 1 mit der Folge, dass strafrechtliche Verfolgung des Antragstellers selbst nicht in Betracht kommt.

IV. Innerer Tatbestand

48 Hinsichtlich der Unrichtigkeit bzw. Unvollständigkeit der vom Antragsteller zu machenden Angaben sowie seines Verleitens bzw. Unterstützens ist zumindest **bedingter Vorsatz** erforderlich aber auch ausreichend.[66] Strafbar macht sich also nicht nur der Täter, der um die gegenständliche Tathandlung weiß und diese will, sondern auch schon jener, der mit dem Vorbringen falscher Angaben rechnet und dieses von ihm initiierte oder geförderte Vorgehen billigt. Als mit bedingt handelndem Vorsatz werden insbesondere Rechtsberater in Betracht kommen, die in größerer Anzahl – weil ihre Namen in entsprechenden Kreisen bereits bekannt sind – laufend Asylanträge stellen, ohne im Einzelfall ausreichend sorgfältig den vorgetragenen Sachverhalt hinterfragt oder ggf. auch recherchiert zu haben (auch → Rn. 16). Als sogar mit dolus directus handelnd werden solche Rechtsanwälte einzuordnen sein, die ohne vorangehende persönliche und sachliche Erörterung spekulativ für einen Asylbewerber nicht den tatsächlichen Gegebenheiten entsprechende Fakten politischer Verfolgung vortragen.

49 Der Täter muss außerdem die unbedingte **Absicht** haben, dem Ausländer mit den falschen Angaben, zu denen er verleitet oder bei denen er unterstützend mitwirkt, die Anerkennung als Asylberechtigter bzw. die Zuerkennung internationalen Schutzes zu ermöglichen, dh einen Erfolgseintritt fordert die vollendete Tat nicht (→ Rn. 40 f.). Ob der Täter für sein Wirken einen Gegenwert oder sonst einen Vorteil erhält, sich versprechen lässt oder erwartet, ist für das Vorliegen des Grundtatbestandes ebenso unerheblich wie das Tatmotiv. Auch wer uneigennützig oder auf Grund humanitären Pflichtbewusstseins handelt, macht sich bei Vorliegen der übrigen Voraussetzungen strafbar.[67] Soweit auch fahrlässiges Handeln denkbar ist, kommt eine Strafbarkeit im Hinblick auf § 15 StGB nicht in Betracht.

50 Ob der **Asylsuchende selbst** vorsätzlich, fahrlässig oder überhaupt schuldhaft handelt, ist entsprechend § 29 StGB unerheblich. Aus der Nähe der Begriffe des Verleitens und Unterstützens zu § 26 bzw. § 27 StGB kann nicht geschlossen werden (auch → Rn. 34,

---

[64] Storr/Wenger/Eberle/*Wenger* AufenthG § 60 Rn. 11 ff.
[65] BT-Drs. 14/7387, 85.
[66] Vgl. RG 2.2.1937 – 4 D 971/36, HRR 37, 773 s zum Verleiten in § 357 StGB; BGH 3.10.1979 – 3 StR 264/97, BGHSt 29, 99 (101) zum Unterstützen in § 129 StGB.
[67] Bergmann/Dienelt/*Bergmann* Rn. 9.

37), dass auch der Verleitete bzw. der Unterstützte vorsätzlich gehandelt haben muss.[68] Dieses war auch allgM zu § 47a AuslG 1981,[69] der im Gegensatz zu dem heute geltenden § 96 AufenthG ebenfalls die Begriffe des Verleitens bzw. Unterstützens verwendete.[70] Auch deshalb spielt das Alter des Asylbewerbers keine Rolle (→ Rn. 44), weil dieser keinen eigenen Vorsatz entwickeln muss. Ebenso ändert ein Irrtum des Verleiteten nichts an der Strafbarkeit des Verleitenden.[71]

V. Besondere Begehungsformen (Abs. 2 und 3)

In besonders schweren Fällen erhöht sich der Strafrahmen auf eine Freiheitsstrafe bis zu 5 Jahre oder Geldstrafe. Neben unbenannten besonders schweren Fällen erwähnt Abs. 2 in Nr. 1 und 2 drei unterschiedliche **Regelbeispiele,** bei denen eine widerlegbare Vermutung dafür besteht, dass sie als besonders schwer einzuordnen sind. Ob ein solcher Beispielsfall gegeben ist, bedarf der besonders gründlichen tatrichterlichen Prüfung im Hinblick auf die Regelwirkung. Maßgebend ist stets eine Gesamtwürdigung (→ § 46 Rn. 50 ff.)[72] aller festgestellten objektiven, subjektiven und in der Persönlichkeit des Täters liegenden Umstände, die der Tat selbst innewohnen oder zumindest mit ihr in Zusammenhang stehen. Soweit sich hiernach das Bild der Tat entsprechend dem Gewicht von Unrecht und Schuld vom Durchschnitt der normalerweise bekannt gewordenen und erfahrungsgemäß vorkommenden Fälle derart abhebt, dass die Anwendung des höheren Strafrahmens geboten erscheint,[73] ist die Anwendung des Abs. 2 angezeigt. Andererseits erfordert das Urteil aber auch Ausführungen dahin, dass die indizielle Bedeutung des Regelbeispiels nicht durch andere Strafzumessungsfaktoren kompensiert ist.[74] 51

Keine Besonderheiten gelten hinsichtlich der Analogiewirkung – besonders schwerer Fall auch dann, wenn bei gleichartiger Tatstruktur nur in einigen Merkmalen mit unwesentlicher Verringerung von Schuld und Unrecht abgewichen wird – sowie der rechtlichen Bedeutung der Regelbeispiele insbesondere für Versuch, Teilnahme und Konkurrenzen. Auf die im Rahmen der Versuchsstrafbarkeit strittige Frage, wo zwischen allgemeinen Strafzumessungsregeln und selbständigen Qualifikationstatbeständen Regelbeispiele einzuordnen sind, muss daher in diesem Zusammenhang nicht eingegangen werden.[75] Da Abs. 2 lediglich eine **Strafrahmenerweiterung** enthält, besteht an sich keine Akzessorietät, weshalb die Grundsätze des § 28 StGB lediglich analog anzuwenden sind mit der Folge, dass Teilnehmer und Mittäter mit ihrer Tathandlung selbst die Voraussetzungen des besonders schweren Falles erfüllen müssen.[76] Auch bei gleichzeitigem Vorliegen mehrerer Regelbeispiele liegt nur ein Vergehen in einem besonders schweren Fall vor. 52

Während im AsylVfG 1982 (→ Rn. 5) das Verleiten zur missbräuchlichen Antragsstellung überhaupt nur dann strafbar war, wenn der Täter einen **Vermögensvorteil** erhielt oder sich versprechen ließ, wird nunmehr dieses Tatbestandsmerkmal als besonders nachhaltiges Unrecht gewertet, das gem. Ziffer 1 regelmäßig einen erweiterten Strafrahmen rechtfertigt.[77] Das Erzielen eines Vermögensvorteils muss nicht alleiniges Tatmotiv sein, eine hierauf gerichtete Absicht ist nach dem Gesetzeswortlaut nicht erforderlich.[78] Ausreichend ist vielmehr, dass die Tat als Mittel zur Erlangung des Vermögensvorteils dienen soll.[79] 53

---

[68] *Hailbronner* Rn. 11 und 17.
[69] BGBl. I S. 1390.
[70] Erbs/Kohlhaas/*Meyer* 83. EL AuslG § 47a Rn. 2a.
[71] Bergmann/Dienelt/*Bergmann* Rn. 10.
[72] *Fischer* StGB § 46 Rn. 84 ff. mit Rechtsprechungsnachweisen.
[73] BGH 28.2.1997 – 3 StR 24/79, BGHSt 28, 318 (319); 31.5.1983 – 1 StR 277/83, NStZ 1983, 407.
[74] BGH 20.4.1989 – 4 StR 161/89, StV 1989, 432; 20.11.1990 – 1 StR 548/90, wistra 1991, 106.
[75] Vgl. ausführlich *Fischer* StGB § 46 Rn. 97 ff.
[76] Schönke/Schröder/*Heine/Weißer* StGB § 28 Rn. 8.
[77] BT-Drs. 12/5683, 8.
[78] AA – allerdings ohne Begründung – *Kanein* AsylVfG 1982 § 36 Rn. 5.
[79] BGH 26.2.1997 – 1 StR 698/86, BGHSt 34, 299 (303) zu § 272 StGB aF.

54 Wie bei § 263 StGB (→ § 263 Rn. 336 ff.)[80] stellt jede günstigere Gestaltung der Vermögenslage, jede Liquiditätserweiterung einen Vermögensvorteil dar. Somit fällt hierunter auch das Abwenden von wirtschaftlichen Nachteilen. Daraus wird deutlich, dass bei der Feststellung, ob ein Vermögensvorteil erzielt wurde und welche Höhe dieser gegebenenfalls hatte – was für die Strafzumessung bedeutsam sein mag –, eine **Saldierung** von Einnahmen und Aufwendungen durch den Schleuser vorzunehmen ist. Ob der Vermögensvorteil rechtmäßig oder rechtswidrig erlangt wird, ist ohne Bedeutung. Im Gegensatz zum Vorteilsbegriff der §§ 299, 331 StGB genügen immaterielle Vorteile den Anforderungen jedoch nicht. Die Unterscheidung in § 96 Abs. 1 Nr. 1 („Vorteil") und 2 („Vermögensvorteil") AufenthG macht das deutlich.

55 Nicht einheitlich beantworten lässt sich die Frage, ob Täter, die **im Rahmen** ihrer **Berufsausübung** gegen Honorar oder Entgelt am Asylverfahren beteiligt sind (zB Rechtsanwälte, Dolmetscher) bei dieser Tätigkeit die Voraussetzungen des Abs. 1 erfüllen, damit zugleich auch das Regelbeispiel des Abs. 2 verwirklichen. Die Differenzierung nach dem Vermögensvorteil auf Grund freier Abmachung oder gesetzlicher Gebührenpflicht[81] erscheint ungeeignet. Der Täter, der lediglich bei Gelegenheit der Ausübung seines Berufes zu falschen Angaben verleitet oder dabei unterstützt und hierfür ein angemessenes und übliches Honorar erhält bzw. vereinbart oder die gesetzlichen Gebühren abrechnet, erfüllt das Regelbeispiel des Abs. 2 nicht, denn er erlangt damit keinen Vermögensvorteil an sich und erst recht keinen solchen für sein Mitwirken am Tun des – straflos bleibenden – Asylsuchenden. Anders allerdings der Täter, der eine deutlich überhöhte Vergütung beansprucht, bewusst überhöhte Gebühren in Rechnung stellt oder gar ein Erfolgshonorar vereinbart. Ebenso zu behandeln sein würde der wohl schwer beweisbare Fall des Beraters, dessen Name in einschlägigen Kreisen bekannt ist und „gehandelt wird" als der einer Person, die mit unlauteren Mitteln erfolgreich Hilfe leistet, also vom Flüchtling nicht deshalb um Rat gebeten wird, weil sie sich erfolgreich auf Grund ihres Fachwissens der Belange annimmt, sondern allein deshalb, weil sie wegen der Unterstützung bei den falschen Angaben Erfolg erzielt und somit aus einem sittenwidrigen Rechtsgeschäft die eigene wirtschaftliche Lage verbessert. Ein Vermögensvorteil liegt allerdings dann nicht vor, wenn iSd Abs. 1 strafbare Hilfe sich dadurch vorteilhaft auswirkt, dass ein erweiterter Mandantenstamm für weiteren Vermögenserwerb sorgen kann.[82]

56 Zwischen dem Erstreben des Vermögensvorteils und dem Verleiten zu bzw. Unterstützen bei falschen Angaben im Rahmen des Anerkennungsverfahrens muss ein kausaler und ein finaler **Zusammenhang** bestehen, was sich aus dem Wort „für" ergibt. Im Gegensatz zum Begriff des Entgeltes iSd § 11 Abs. 1 Nr. 9 StGB ist erforderlich, dass der Vermögensvorteil für eine ganz bestimmte konkrete Handlung erlangt wird. Entspr. der Unterscheidung zwischen § 331 Abs. 1 und Abs. 2 StGB dürfen die Anforderungen an die Konkretheit der entgoltenen bzw. zu entgeltenden Handlungen nicht überspannt werden. Ausreichend ist jedenfalls, dass die inkriminierte Tathandlung und das Erzielen des Vermögensvorteils wirtschaftlich und aus der Sicht des Handelnden eine **Einheit** bilden.[83]

57 Einerseits muss der Vermögensvorteil dem Täter selbst zufließen und ist die Begünstigung Dritter vom Tatbestand nicht erfasst, andererseits ist nicht erforderlich, dass der aus der Tathandlung Begünstigte den Vermögensvorteil verschafft oder zusagt. Dieses kann vielmehr auch von einer **dritten Person,** also auch einer Organisation erfolgen.[84] Einen Vermögensvorteil erhält, wer einen solchen in Empfang nimmt bzw. wem ein solcher zufließt, wobei der Täter den Willen haben muss, den erlangten Vorteil für sich zu behalten und über ihn als eigenen zu verfügen.[85] Einen Vermögensvorteil lässt sich versprechen, wer die klare

---
[80] *Fischer* StGB § 263 Rn. 89 ff. mit Einzelbeispielen.
[81] Zu § 36 AsylVfG 1982 *Kanein* mwN.
[82] OLG Hamm 25.11.1955 – 3 Ss 1172/55, NJW 1956, 602 zu § 272 StGB aF.
[83] BGH 21.2.1989 – 1 StR 631/88, BGHSt 36, 124 (128) = NStZ 1989, 271 (272) zu § 47a AuslG aF.
[84] Vgl. *von Pollern* ZAR 1987, 12 (14); BayObLG 15.12.1988 – 4 St 217/88, DÖV 89, 997 = MDR 89, 1018.
[85] BGH 3.2.1960 – 4 StR 437/59, BGHSt 14, 123 (127).

III. Asylgesetz   58–61 § 84 AsylG

und ernst gemeinte konkrete Zusage auf eine künftige Leistung entgegennimmt, für das Gegenüber erkennbar akzeptiert und zur Grundlage seines Handelns macht. Auf die Erfüllbarkeit der gegebenen Zusage kommt es nicht an. Ausdrückliche Erklärungen sind in beiden Fällen nicht erforderlich, vielmehr genügt schlüssiges Handeln (siehe 2. Aufl., StGB § 331 Rn. 53 f.).[86]

Ein weiteres Regelbeispiel ist dann erfüllt, wenn der Täter **wiederholt** die in Abs. 1 **58** dargelegten Handlungsweisen erfüllt. Anders als zB im Fall des § 11 Abs. 1 Nr. 2 SchwarzArbG ist beharrliches Wiederholen, bei dem die subjektive Einstellung des Täters seine Gleichgültigkeit und die Missachtung gegenüber Rechtsnormen widerspiegelt, hier nicht erforderlich. Vorliegend wird die Rechtsfeindlichkeit schon in der Tatsache der bloßen Wiederholung gesehen, wobei die Zahl der vorangegangenen Fälle, die zurückliegende Zeit oder die Frage der erfolgten Ahndung unerheblich ist. Demzufolge muss der Täter auch nicht schon bei Begehung der ersten Tat zu einer weiteren entschlossen sein.[87] Auch wenn im Gegensatz zu § 15a Abs. 2 Nr. 2 AÜG oder § 12 Abs. 4 Nr. 2 JÖSchG nicht von der Wiederholung *einer* Zuwiderhandlung gesprochen wird, mag auch hier nach dem Wortlaut des Gesetzes eine einzige vorausgegangene Tat ausreichend sein, jedoch wird das Vorliegen des Regelbeispiels besonders kritisch überprüft werden müssen. Das gilt insbesondere mit Blick auf die Alternative 2 des Abs. 2 Nr. 2, wenn jeweils nur ein Asylbewerber zur missbräuchlichen Antragstellung verleitet wurde.

Rechtsfeindlichkeit, aber auch Sozialschädlichkeit, ist Grund für die Erweiterung des **59** Strafrahmens bei der Tathandlung zugunsten von **mehr als 5 Ausländern.** Die ursprüngliche Gesetzesinitiative wollte bereits das Handeln zugunsten von mehr als 3 Asylsuchenden als besonders schweren Fall gewertet wissen, was jedoch mit Blick auf ähnliche gesetzliche Regelungen (zB früher § 227a Abs. 2 Nr. 1 AFG, jetzt § 11 Abs. 1 Nr. 1 SchwarzArbG) im Gesetzgebungsverfahren nicht durchgesetzt wurde.[88] Die Voraussetzungen für die Strafrahmenerweiterung liegen allerdings dann nicht vor, wenn die Tat zugunsten einer aus mehr als 5 Mitgliedern bestehenden Familie begangen wird.[89] Das ergibt sich nicht nur daraus, dass eine Familie in der Regel übereinstimmende Verfolgungsgründe angeben wird, sondern für Ehegatten und minderjährige Kinder die Asylanträge ohnehin gem. § 26 eng miteinander verknüpft sind.

Das abgestufte System zur Bekämpfung des finanziell einträglichen Schlepperunwesens **60** und seiner zunehmenden Professionalität enthält mit den **Qualifikationstatbeständen** des **Abs. 3** eine weitere Strafschärfung. Die durch das Verbrechensbekämpfungsgesetz erfolgte Änderung (→ Rn. 7) steht im Gleichklang zu § 96 Abs. 2 AufenthG. Eine Erweiterung der Tatbestandsvarianten gem. dessen Nr. 3–5 sowie eine Hochstufung zu Verbrechen in den besonderen Fällen des § 97 durch das ZuwanderungsG[90] erschien im Hinblick auf die geringeren Gefahren und die deutlich reduzierte Anwendungsbreite der Verleitung zur missbräuchlichen Asylantragstellung entbehrlich.

Sowohl der Begriff der Gewerbsmäßigkeit (→ § 260 Rn. 4 ff., → BtMG § 29 Rn. 557 ff.)[91] **61** wie der der Bandenmitgliedschaft (→ § 260 Rn. 7 ff., → BtMG § 30 Rn. 24 ff.)[92] wird in Literatur und Rspr. zu korrespondierenden Bestimmungen im StGB ausführlich behandelt. Der Rspr. des RG folgend fordert der BGH in ständiger Rspr.[93] für das **gewerbsmäßige Handeln** weder das Vorliegen eines Gewerbebetriebes noch eine besondere Gewinnsucht, vielmehr liegen die Voraussetzungen bereits dann vor, wenn der Täter den Willen hat, sich durch das wiederholte Verleiten zur missbräuchlichen Antragstellung eine fortlaufende Einnahmequelle von einiger Dauer und einigem Umfang zu verschaffen. Dabei kann beim

---

[86] *Fischer* StGB § 331 Rn. 19.
[87] GK-AsylVfG/*Franke* Rn. 27.
[88] BT-Drs. 12/6853, 32.
[89] Erbs/Kohlhaas/*Senge* Rn. 25.
[90] BGBl. 2004 I S. 1950.
[91] Vgl. zB Schönke/Schröder/*Sternberg-Lieben*/*Bosch* StGB Vor §§ 52 ff. Rn. 95 ff.
[92] Vgl. zB Schönke/Schröder/*Eser*/*Bosch* StGB § 244 Rn. 23 ff.
[93] Vgl. seit BGH 8.11.1951 – 4 StR 563/51, BGHSt 1, 383 f. zu § 260 StGB.

Nachweis entsprechender Wiederholungsabsicht schon *eine* festgestellte Tat ausreichen, um den Qualifikationstatbestand als erfüllt anzusehen.[94] Die Gewerbsmäßigkeit wird also wesentlich von einem subjektiven Moment bestimmt, nämlich dem Vorsatz zu wiederholter Tatbegehung und dem Willen, hieraus Einnahmen zu erlangen. Allerdings wird sich diese Wiederholungsabsicht auf das Einschleusen von Ausländern bzw. Flüchtlingen oder Asylbewerbern beziehen müssen.[95] Jedenfalls seit Aufgabe des Rechtsinstitutes des Fortsetzungszusammenhangs[96] werden an diesen Nachweis besonders strenge Anforderungen zu stellen sein. Nicht erforderlich ist aber, dass die weiteren Taten nach Zeit, Ort und Tatausführung bereits gedanklich fest umrissen sind.

62 Die Einnahmequelle selbst schließt den Erhalt von Sachleistungen ein. Es muss sich dabei weder um regelmäßig wiederkehrende Einnahmen handeln, noch müssen diese die wesentliche Existenzgrundlage darstellen.[97] Von gewerbsmäßigem Handeln kann allerdings nur dann ausgegangen werden, wenn der Täter unmittelbar oder wenigstens mittelbar eigene **Einnahmen von gewissem Gewicht** erzielen will.[98] Daraus folgt zugleich, dass für das Vorliegen des Qualifikationstatbestandes die Realisierung des beabsichtigten Gewinns nicht erforderlich ist (→ § 260 Rn. 4, → BtMG § 29 Rn. 572). Nicht ausreichend ist schließlich, dass der Täter lediglich nach Bedarf sich zufällig bietende Gelegenheiten zur Erzielung entsprechender Einnahmen wahrzunehmen beabsichtigt.

63 Das Merkmal Gewerbsmäßigkeit ist kein strafbegründender Umstand. Vielmehr handelt es sich iSd § 28 Abs. 2 StGB um ein die Strafe schärfendes besonderes **persönliches Merkmal**.[99] Ein Irrtum über die rechtliche Bedeutung des Begriffs ist ein unbeachtlicher Subsumtionsirrtum.

64 Gleiches gilt für die 2. Tatbestandsalternative. Auch wenn der Strafschärfungsgrund in der von der Existenz der **Bande** ausgehenden Gefahr liegt, handelt es nicht um ein tatbezogenes Merkmal,[100] sondern entsprechend dem Wortlaut „als Mitglied einer Bande" um ein täterbezogenes Merkmal iSd § 28 Abs. 2 StGB.[101] Im Übrigen gelten die allgemeinen Teilnahmeregeln, dh nur für den Intraneus als Täter oder Teilnehmer gilt der Strafrahmen des Abs. 3 – gegebenenfalls gemildert über § 27 Abs. 2 StGB – während es für den Extraneus als Täter oder Teilnehmer bei dem Strafrahmen des Abs. 1 – gegebenenfalls ebenso gemildert – verbleibt.

65 Der **Bandenbegriff** selbst ist von Anfang an mangels gesetzlicher Definition umstritten gewesen. Im Hinblick auf den Wortlaut einerseits und mangels sachlicher Differenzierungsgründe andererseits besteht keine Veranlassung hier zu einer anderen Auslegung zu gelangen als in den mittlerweile zahlreichen Bestimmungen – so zB §§ 244, 250, 261 – des StGB. Nach ständiger Rspr.[102] und hM genügte schon der Zusammenschluss zweier Personen[103] allerdings, um eine Abgrenzung zu bestehenden sozialen Partnerschaften treffen zu können, nur, wenn ein auf Dauer angelegter und verbindlicher Gesamtwille festgestellt werden konnte, auf Grund dessen sich jedes Bandenmitglied im übergeordneten Interesse der bandenmäßigen Verbindung betätigte.[104]

66 Um eine praktikablere **Abgrenzung** von der Mittäterschaft einerseits und der kriminellen Vereinigung andererseits zu schaffen, hat der BGH, nachdem auch zwischen den Strafsenaten unterschiedliche Auffassungen vertreten wurden, durch den Großen Strafsenat[105] den

---

[94] BGH 11.10.1994 – 1 StR 522/94, NStZ 1995, 85 zu § 260 StGB.
[95] BGH 13.12.1995 – 2 StR 575/95, NJW 1996, 1069 zu § 30 Abs. 1 Nr. 2 BtMG.
[96] BGH 3.5.1994 – GSSt 2 u. 393, BGHSt 40, 138 = NJW 1994, 1663 = StV 1994, 306.
[97] LK-StGB/*Walter* StGB § 260 Rn. 2.
[98] BGH 14.9.1987 – 1 StR 163/87, BGHR BtMG § 29 Abs. 3 Nr. 1 gewerbsmäßig 1.
[99] BGH 27.8.1993 – 2 StR 394/93, StV 1994, 17 zu § 260 StGB.
[100] Schönke/Schröder/*Eser/Bosch* StGB § 244 Rn. 28; LK-StGB/*Roxin* StGB § 28 Rn. 73 (bis 11. Aufl.).
[101] Ständige Rspr. seit BGH 10.11.1958 – GSSt 1/58, BGHSt 12, 220 (226); siehe auch LK-StGB/*Schünemann* StGB § 28 Rn. 68.
[102] Seit BGH 3.4.1970 – 2 StR 419/69, BGHSt 23, 239.
[103] AA schon zB *Marx*, 4. Aufl. 1999, Rn. 27.
[104] BGH 9.10.1996 – 3 StR 220/96, BGHSt 42, 255 (259).
[105] BGH 22.3.2001 – GSSt 1/00, BGHSt 46, 321 = NStZ 2001, 421.

Bandenbegriff dahingehend umschrieben, dass er den Zusammenschluss von mindestens drei Personen voraussetze, die sich mit dem Willen verbunden haben, künftig für eine gewisse Dauer mehrere selbständige, im Einzelnen noch ungewisse, Straftaten des im Gesetz genannten Deliktstypus zu begehen. Ein gefestigter Bandenwille oder ein Tätigwerden in einem übergeordneten Bandeninteresse sei nicht erforderlich.

Wie schon bisher unterscheidet sich die Bande vom mittäterschaftlichen Handeln durch das Element der – tendenziell – auf Dauer angelegten Verbindung mindestens – nunmehr – dreier Personen zu künftiger gemeinsamer Deliktsbegehung, wobei diese Verbindung durch ausdrückliche oder stillschweigende Vereinbarung allgemeiner Art zustande kommen kann. In dieser engen Beziehung und dem daraus entsprungenen Anreiz zu krimineller Betätigung liegen Professionalisierung und **besondere Gefährlichkeit** und damit auch der Grund für den erhöhten Strafrahmen. Dabei reicht der Wille, sich – künftig – zusammen zu tun noch nicht aus, vielmehr muss die Verbindung tatsächlich spätestens bei Begehung der ersten Tat zustande gekommen sein (→ § 244 Rn. 43 ff.). Dann allerdings reicht bereits die – gegebenenfalls auch nur versuchsweise – Begehung einer einzigen Tat aus, wobei aber auch hier ein besonders strenger Beurteilungsmaßstab anzuwenden ist. 67

In Unterscheidung zur kriminellen Vereinigung muss eine Bande eine Organisationsstruktur gerade nicht aufweisen und ist insbesondere ein verbindlicher über die Individualinteressen hinausgehender Gesamtwille der Mitglieder nicht erforderlich. Auf die nicht unproblematische Differenzierung zwischen Bandeninteresse einerseits und Verbandszweck andererseits kommt es somit nicht mehr an, ein weiterer Grund, weshalb die klarstellende Entscheidung des Großen Strafsenats zu begrüßen ist. 68

Unerheblich ist, ob und in welcher Weise der Täter mit anderen Bandenmitgliedern oder auch Nichtmitgliedern **zusammenwirkt**. Die Zuweisung bestimmter Rollen innerhalb der Bande ist nicht erforderlich.[106] Ein arbeitsteiliges Vorgehen wird regelmäßig festzustellen sein und mag als Indiz für das Vorliegen einer *Bandenabrede* gewertet werden, jedoch ist zu bedenken, dass auch mittäterschaftliches Handeln nicht stets als gemeinsames, sondern oft auch als arbeitsteiliges Tun festzustellen ist. Im Gegensatz zu einer Vielzahl von Bandendelikten – zB §§ 244 Abs. 1 Nr. 2, 250 Abs. 1 Nr. 2 StGB, § 373 Abs. 2 AO, § 52 Abs. 5 WaffG – verlangt das bandenmäßige Verleiten zur missbräuchlichen Asylantragsstellung nicht die Begehung der Tat unter Mitwirkung eines anderen Bandenmitgliedes, wozu der Große Senat in der oben angesprochenen Entscheidung ebenfalls Grundlegendes ausgeführt hat. Über die mit der Bandenabrede verbundene Organisationsgefahr und damit die Existenz der Bande an sich hinaus ist nach dem Willen des Gesetzgebers ein Gefährlichkeitselement für die Strafbarkeit nicht erforderlich. 69

Offen bleibt schließlich noch, zur **Begehung** *welcher Taten* sich die Bandenmitglieder verbunden haben müssen. Die wenig präzise Formulierung „**solcher Taten**" – nämlich der in Abs. 1 beschriebenen – findet sich auch in anderen einschlägigen Bestimmungen des Nebenstrafrechts, wie in § 373 Abs. 2 Nr. 3 AO, § 52 Abs. 5 WaffG oder § 30a Abs. 1 BtMG. Im Rahmen dieser Gesetzesmaterien wird sie allerdings ausreichend sein, weil sich aus Stellung und Wortlaut ergibt, dass sich der Bandenzweck auf die Begehung von in diesen Gesetzen normierten Straftatbeständen beziehen muss. 70

Im gegebenen Fall stellt sich allerdings die Frage, ob sich die festzustellende **Bandenabrede** allein auf das Verleiten zur oder Unterstützen bei der missbräuchlichen Asylantragsstellung bzw. der Flüchtlingsanerkennung beziehen muss oder ob diese nicht auch weiter zu fassen ist und solche Straftatbestände iSd § 96 Abs. 2 Nr. 2 AufenthG einschließt. Letzteres wird zu bejahen sein, soweit überhaupt eine Bandenabrede derart konkret festgestellt werden kann. Das folgt zunächst aus der Entstehungsgeschichte des AsylG als ein aus dem AuslG entstandenes Spezialgesetz. Die Qualifikationstatbestände wurden zeitgleich mit identischem Wortlaut geschaffen, sie sollen in gleicher Weise das besondere Unrecht des professionellen Schlepperunwesens erfassen. Handlungsweise und Ziel der Schleuserbande sind gleich, sie 71

---

[106] BGH 27.6.2000 – 1 ARs 6/00, NJW 2000, 2907.

will über die Vorschriften des Asyl- oder des Ausländerrechts einem Ausländer mit unlauteren Mitteln den legalen Aufenthalt in der BRD ermöglichen, weshalb auch zwischen den entspr. Bestimmungen beider Gesetze ungleichartige Wahlfeststellung in Betracht käme.[107]

72 Diese Sichtweise wird außerdem durch einen **Blick auf** die zahlreichen **Bestimmungen** des besonderen Teils **des StGB** gestützt. In den meisten Fällen wird das Tatbestandsmerkmal dahin umschrieben, dass sich die Mitglieder „zur fortgesetzten Begehung" eines oder mehrerer bestimmter Straftatbestände – zB § 146 Abs. 2 StGB: „einer Geldfälschung", § 236 Abs. 4 StGB: „eines Kinderhandels" oder auch § 260 Abs. 1 Nr. 2 StGB: „von Raub, Diebstahl oder Hehlerei" – zusammengeschlossen haben müssen. In einigen Fällen wird diesbzgl. auf die Begehung der im jeweiligen Abs. 1 genannten Straftaten verwiesen (zB bei §§ 152a Abs. 3, 276 Abs. 2 StGB). Diese Formulierungsunterschiede müssen den Schluss zulassen, dass der Begriff „solcher Taten" iS der vorstehenden Ausführungen einer weitergehenden Auslegung zugänglich ist, was im Übrigen für die 1997 neu geschaffenen[108] §§ 300 Nr. 2 und 335 Abs. 2 Nr. 3 StGB, den einzigen Tatbeständen des StGB, in denen sich ein gleicher Wortlaut findet, ebenso gelten wird. Auch im Rahmen eines Korruptionssachverhaltes macht es für den Bandenzweck keinen Unterschied, ob der Bestochene Amtsträger oder Angestellter ist, denn der Deliktstyp bleibt identisch.

VI. Versuch (Abs. 4)

73 Die Besonderheit der gegenständlichen Bestimmung als zur selbständigen Straftat erhobener Teilnahmetatbestand ist insbesondere im Rahmen der Versuchsproblematik zu bedenken. Ähnlich wie § 30 StGB vom Grundsatz der Akzessorietät für bestimmte Vorbereitungshandlungen, die sich als Vorstufen einer Beteiligung darstellen, eine Ausnahmeregelung trifft[109] und aus Gründen der objektiven Gefährlichkeit und der inneren Bindung der Beteiligten bereits diese unter Strafe stellt,[110] wird hier schon das **vergebliche Einwirken** auf den Flüchtling vom Versuchstatbestand erfasst. In der logischen Konsequenz der Erfassung der Teilnahmehandlung als eigener Straftatbestand wird die eigentliche Vorbereitungshandlung für die – straflos gestellte – Haupttat des Asylbewerbers zum Versuchstatbestand erhoben und mit Blick auf § 23 Abs. 1 StGB (iVm § 1 Abs. 1 EGStGB) als Versuch eines Vergehens ausdrücklich unter Strafe gestellt.

74 Wie sich schon aus dem im Abschnitt Tathandlungen Ausgeführten (→ Rn. 40) ergibt, meint die Versuchsstrafbarkeit nicht, das vergebliche Bemühen des Asylbewerbers zur Erlangung seiner Anerkennung durch unrichtige oder unvollständige Angaben Bundesamt oder Gericht zu täuschen. Vielmehr sollen bereits die Anstrengungen des Verleitenden oder Unterstützenden erfasst werden, auf dessen Tätigwerden hin der Antragsteller falsche Angaben macht. Sobald dieser letzte Schritt vollzogen ist, ist Vollendung eingetreten. Auch diesem so zu verstehenden Versuch können natürlich **Vorbereitungshandlungen** des Verleitenden vorausgehen. Nach § 22 StGB beginnt das Versuchsstadium erst, wenn der Täter nach seiner Vorstellung zur Tatbestandsverwirklichung unmittelbar ansetzt. Sämtliche Handlungen, die zunächst nur dem Zweck dienen, das eigentliche tatbestandsmäßige Geschehen zu einem späteren Zeitpunkt zu ermöglichen,[111] sind damit noch nicht unter Strafe gestellt. Nach dem Wortlaut des Tatbestandes wird hier die wesentliche Unterscheidung danach vorzunehmen sein, ob der Täter schon an den entsprechenden Ausländer herangetreten ist oder nicht. So wird für den Täter, der zunächst allgemein lediglich falsche Identitätspapiere zum Nachweis der Herkunft aus einem Land oder Landesteil, in welchem bekanntermaßen politische Verfolgung betrieben wird, herstellt oder beschafft, nur eine straflose Vorbereitungshandlung in Betracht kommen, während er zur Tatbegehung ansetzt, sobald er mit einem solchen Dokument in Verleitungsabsicht an einen bestimmten Ausländer herantritt

---

[107] Dazu allg. Fischer StGB § 1 Rn. 32 ff.
[108] Gesetz zur Korruptionsbekämpfung vom 13.8.1997, BGBl. I S. 2038.
[109] LK-StGB/*Schünemann* StGB § 30 Rn. 2 ff.
[110] BGH 5.5.1998 – 1 StR 635/96, NJW 98, 2684 f.; 10.6.1998 – 3 StR 113/98, NJW 98, 2835.
[111] BGH 16.3.1983 – 2 StR 789/82, NStZ 83, 364.

oder einen solchen, der auf ihn zukommt, in Unterstützungsabsicht damit ausstattet. Das Versuchsstadium beginnt damit früher als im Fall der mittelbaren Täterschaft, bei welcher nach hM das Zugehen und Einwirken auf das Werkzeug allein noch dem Vorbereitungsstadium zuzuordnen ist und vielmehr erst dann die Schwelle zum Versuch überschritten ist, wenn der Hintermann bereits das Geschehen aus der Hand gegeben hat und eine unmittelbare Gefährdung des Rechtsgutes eingetreten ist (→ § 22 Rn. 128 ff.).[112]

Die **Begehungsformen** des Versuches sind vielfältig. Der häufigste Fall wird dahin **75** gehen, dass es dem Täter nicht gelingt, den Ausländer zu überzeugen oder dieser versteht den Verleitungsversuch nicht. Denkbar ist aber auch, dass der Täter zunächst erfolgreich auf den Ausländer einwirkt, dieser jedoch in Gegenwart des den Antrag aufnehmenden Beamten davon Abstand nimmt, falsche Angaben zu machen. Fraglich ist, ob nach einem erfolgreichen Verleiten durch das Überlassen gefälschter Dokumente oder das Ausstatten mit falschen Argumenten auch dann noch nur von einem Versuch ausgegangen werden kann, wenn der Antragsteller sich dieser Dokumente oder Argumente gar nicht bedient, sondern eigenständig mit falschen Angaben seinen Antrag unterlegt und es damit zur Vollendung kommt. Auf die Frage, ob die falschen Angaben erheblich oder nur unerheblich voneinander abweichen[113] – eine Unterscheidung, die im Rahmen der Akzessorietät für die Haftung des Anstifters bei Abweichungen vom **Kausalverlauf** von grundlegender Bedeutung ist – wird es in diesem Zusammenhang nicht ankommen, vielmehr ist nach dem Gesetzeswortlaut davon auszugehen, dass der Verleitende in einem solchen Fall wegen vollendeter Tat zu bestrafen ist. Auf den Inhalt der falsch vorgetragenen Tatsachen und das Ergebnis des Anerkennungsverfahrens kommt es – wie dargetan – nämlich nicht an. Sofern also der anstiftende Täter auch nur einen ernsthaften Anstoß gibt und sein Handeln für ein falsches Vorbringen jedenfalls mit ursächlich war, wird er sich dieses auch zurechnen lassen müssen.

Anders freilich für den Fall des bloßen Unterstützens. Soweit lediglich der Vortrag falscher **76** Tatsachen durch den bereits tatbereiten Antragsteller iS einer Beihilfehandlung gefördert werden soll, wozu es aber gar nicht kommt – der Unterstützende beschafft dem Antragsteller zur Unterlegung der falschen Angaben einen gefälschten Ausweis, den dieser dann aber nicht vorlegt –, so bleibt es bei der Strafbarkeit wegen Versuchs, weil sein Handeln insoweit nicht kausal war.

Sowohl vom Verleiten wie vom Unterstützen kann zunächst der mit Strafe bedrohte **77** eigentliche Täter zurücktreten – es sei denn, der angegangene Ausländer hat das an ihn herangetragene Ansinnen von vornherein abgelehnt, sodass der ernsthaft vorgebrachte Verleitungsversuch sogleich gescheitert war (fehlgeschlagener Versuch) (→ § 24 Rn. 52 ff.).[114] Zurücktreten kann freilich ebenso der nicht mit Strafe belegte Ausländer, was allerdings nur in besonderen Ausnahmefällen die Straffreiheit des Verleitenden zur Folge haben wird. Da die vorliegende Tatbegehung stets die Beteiligung zunächst zweier Personen voraussetzt, wäre der **Rücktritt** im Grundsatz nach § 24 Abs. 2 StGB zu beurteilen, entsprechend der hM (→ § 24 Rn. 162)[115] zum Rechtsinstitut der mittelbaren Täterschaft. Allerdings erscheint es bei der gegenständlichen Konstellation, die ein Unterscheiden zwischen beendetem und unbeendetem Versuch erfordert, angezeigt, die Rücktrittsvoraussetzungen anhand § 24 Abs. 1 StGB zu prüfen.[116] Das gilt umso mehr als der Zweitbeteiligte, der Ausländer, selbst im Zusammenhang mit seinem Tätigwerden gar nicht strafbar ist.[117]

Entspr. den allgemeinen Regeln liegt ein Fall des **unbeendeten Versuchs** vor, solange **78** der Täter entspr. seinem Tatplan und seinen Vorstellungen vom Erfolgseintritt noch ein

---

[112] BGH 26.1.1982 – 4 StR 631/81, BGHSt 30, 363 (365); Schönke/Schröder/*Eser/Bosch* StGB § 22 Rn. 54 f.
[113] Vgl. zB *Fischer* StGB § 26 Rn. 14 ff.
[114] BGH 19.5.1993 – GSSt 1/93, BGHSt 39, 221 (228) = NJW 1993, 2061 (2062).
[115] Vgl. Schönke/Schröder/*Eser/Bosch* StGB § 24 Rn. 106; LK-StGB/*Lilie/Albrecht* StGB § 24 Rn. 449 ff. jeweils zur mittelbaren Täterschaft.
[116] So noch LK-StGB/*Vogler*, 11. Aufl., StGB § 24 Rn. 145 ff.
[117] So auch Lackner/Kühl/*Kühl* StGB § 24 Rn. 25; *Hailbronner* Rn. 36 und Erbs/Kohlhaas/*Senge* Rn. 20.

weiteres Handeln durch seine Person für erforderlich erachtet, damit der Ausländer gegenüber Behörden oder Gericht unrichtige Angaben macht. Auf der Grundlage des in einer Gesamtbetrachtung festgestellten Rücktritthorizontes genügt dann zur Erlangung der Straflosigkeit das von Freiwilligkeit und Rücktrittswillen getragene Untätigbleiben des Täters. Sobald der Verleitende oder Unterstützende jedoch nach seiner persönlichen Bewertung der Entwicklung der von ihm initiierten Sachlage zur Tatvollendung alles Erforderliche getan hat oder auch nur in Verkennung der tatsächlichen Umstände hiervon ausgeht, ist der Versuch beendet. In diesem Fall erfordert der freiwillige Rücktritt das Verhindern der Tatvollendung durch aktives Handeln, also ein Eingreifen in den weiteren Geschehensverlauf. Die Trennungslinie wird im Regelfall dort zu ziehen sein, wo der Täter erfolgreich, also vom Ausländer in der angeratenen Vorgehensweise akzeptiert, auf diesen eingewirkt hat und nunmehr den zweiten Schritt, nämlich dessen Antragsstellung unter falschen Tatsachenbehauptungen, abwartet. Dort allerdings, wo nach der Überzeugungsphase im Rahmen der Antragstellung unmittelbar zusammengearbeitet wird (zB der Fall des ungetreuen Übersetzers), werden Versuchsbeendigung und Tatvollendung regelmäßig zusammenfallen.

79 Das die **Tatvollendung hindernde Eingreifen** des Täters der gegenständlichen Strafnorm kann in zwei Richtungen erfolgen. Am naheliegendsten ist das direkte Einwirken auf die Person des Antragstellers in entgegengesetzter Zielrichtung. In Betracht kommt aber auch das rechtzeitige Unterrichten der zuständigen Behörde, was allerdings nicht nur voraussetzen würde, dass eine falsche Entscheidung beispielsweise des Bundesamtes verhindert wird, sondern erfordert, dass schon vor oder spätestens während des unrichtigen Vorbringens des Antragstellers eine gegenteilige Erklärung erfolgt. In beiden Fällen sind strenge Anforderungen an das freiwillige Bemühen zu stellen, unter Ausschöpfung aller dem Täter bekannten Möglichkeiten das nach seiner Vorstellung Erforderliche zu tun, um die Tatvollendung zu verhindern.[118]

80 **Vollendet** ist die Tat im Rahmen der mündlichen Anhörung gem. § 25 entsprechend § 153 StGB mit dem Abschluss der Erklärungen des Antragstellers, dh wenn Fragen nicht mehr gestellt werden und die Niederschrift – idR mit dem Namenszug des Protokollierenden und des Gesuchsstellers – abgeschlossen wird. Bei schriftlicher Abgabe falscher Erklärungen tritt Vollendung im Zeitpunkt des Zugangs bei Behörde oder Gericht ein. Wird der Verleitende oder Unterstützende erst nach diesen Zeitpunkten aktiv und informiert über die Unrichtigkeit der Angaben, ist ein Rücktritt ausgeschlossen. Eine § 158 StGB entsprechende Norm existiert nicht, sodass lediglich nach allgemeinen Opportunitätsvorschriften (§§ 153, 153a StPO) bzw. Strafzumessungsregeln verfahren werden kann.

81 Macht der antragstellende **Flüchtling** wider Erwarten keine falschen Angaben oder nimmt er im Laufe der Anhörung hiervon Abstand und **berichtigt sich,** so bleibt die Versuchsstrafbarkeit des Täters hiervon unberührt, weil die Frage des Rücktritts nach allgemeinen Grundsätzen nur für jeden Tatbeteiligten einzeln geprüft werden kann.[119] Auch eine nachträgliche Genehmigung dieses Verhaltens durch den Verleitenden kann nicht zur Straflosigkeit wegen Rücktritts führen.

82 Weil es für die Strafbarkeit nicht darauf ankommt, ob die unrichtigen Angaben die Flüchtlingsanerkennung tatsächlich erleichtern oder ermöglichen, sondern lediglich ob der Täter in entsprechender Absicht gehandelt hat, kann das Verleiten zu oder Unterstützen bei falschen Angaben zumindest als **untauglicher Versuch** geahndet werden, wenn er beispielsweise hinsichtlich des Flüchtlingsbegriffs von falschen tatsächlichen Voraussetzungen ausgeht. Soweit nach dem Wortlaut des § 3 Abs. 2 die Flüchtlingseigenschaft als nicht zustehend gilt, geht der Täter allerdings nicht von falschen tatsächlichen Voraussetzungen zur Flüchtlingseigenschaft aus, sondern irrt über ein Begründetheitsmerkmal (→ Rn. 40). Dieser Täter ist nämlich nicht anders zu behandeln als der auf einen Asylsuchenden einwirkende. Dem Asylsuchenden aber wird bei Vorliegen der Gründe des § 3 Abs. 2 diese Position

---

[118] BGH 22.8.1985 – 4 StR 326/85, BGHSt 33, 295 (301 f.).
[119] Vgl. Schönke/Schröder/*Eser*/*Bosch* StGB § 24 Rn. 73 ff.

nicht genommen, vielmehr ist sein Antrag als offenkundig unbegründet gem. § 30 Abs. 4 abzulehnen.

Untauglicher Versuch kommt auch in Betracht, wenn der Asylsuchende schon von sich 83 aus zur Abgabe einer falschen Erklärung bereit ist, es sei denn, es liegt die Tatvariante des Unterstützens vor (→ Rn. 37).

Der freiwillige Rücktritt stellt einen persönlichen Strafaufhebungsgrund dar; er führt 84 nach § 24 Abs. 1 StGB auch für den Täter des § 84 zur Strafbefreiung. Im Falle des Versuchs gilt für die Ahndung § 23 Abs. 2 und 3 StGB mit der Folge der Milderungsgründe des § 49 StGB bzw. des Absehens von Strafe.

VII. Gewinnabschöpfung

Unter dem Eindruck wachsender Bedrohung durch die Zunahme der Organisierten 85 Kriminalität[120] und mit der Erkenntnis, dass durch hohe Freiheitsstrafen allein eine wirksame Bekämpfung auf Dauer nicht Erfolg versprechend sein würde, wurde Anfang der neunziger Jahre eine Reform der §§ 73 ff. StGB in Angriff genommen.[121] Zunächst trat im Frühjahr 1992 eine Änderung der §§ 73, 73b StGB in Kraft,[122] später wurden mit Wirkung vom 22.9.1992 durch das OrgKG[123] Bestimmungen zu einer Vermögensstrafe und dem erweiterten Verfall in das StGB eingefügt. Die Chance zu einer effektiven und praktikablen Gesamtlösung, die insbesondere auch die entscheidenden Maßnahmen der vorläufigen Sicherung nach §§ 111b ff. StPO mit erfasst, ist leider nicht genutzt worden,[124] wenngleich durch das Gesetz zur Stärkung der Rückgewinnungshilfe und der Vermögensabschöpfung bei Straftaten vom 24.10.2006[125] wenigstens einige bürokratische Hindernisse beseitigt wurden und mit Blick auf § 73 Abs. 2 S. 2 StGB ein sog. Auffangrechtserwerb des Staates eingeführt wurde. Dennoch war die Praxis stets bemüht, die laufend steigenden Gewinne im OK-Bereich[126] abzuschöpfen. Die Zukunft wird weisen, ob das neue Gesetz zur Reform der strafrechtlichen Vermögensabschöpfung vom 13.4.2017[127] diese Bemühungen der Praxis nachhaltig fördern kann.

Sowohl das Institut des Verfalls – nunmehr bezeichnet als **Einziehung von Taterträ-** 86 **gen** – wie jenes der Einziehung von Gegenständen gilt gem. Art. 1 Abs. 2 EGStGB für das gesamte Strafrecht, also auch für die nach dem sog. Nebenstrafrecht mit Strafe bedrohten rechtswidrigen Handlungen. Nach § 73 Abs. 1 StGB ist der erhaltene Schleuserlohn einzuziehen und zwar im Umfang des Erlangten, dh des erhaltenen Bruttobetrages (→ § 73 Rn. 8 ff.), ohne dass, wie entspr. der früheren Regelung, die hierzu erforderlichen Aufwendungen in Gestalt der Unkosten abziehbar wären. Zu beachten bleibt allerdings das Erfordernis des Nachweises, dass nur der konkret als erlangt festgestellte Gegenstand – beim Schleuserlohn die übergeben erhaltenen individuellen, also unvermischten Geldscheine – der Einziehung nach dieser Vorschrift unterliegt. Die Ausschlussregelung des § 73 Abs. 1 S. 2 StGB (alt) zugunsten des Verletzten gilt nicht mehr, weil die Opferentschädigung als staatsanwaltliche Aufgabe ins Vollstreckungsverfahren verlagert wurde.

Diese Einziehung bleibt nicht auf die unmittelbaren Tatvorteile beschränkt, sondern 87 erfasst nach § 73 Abs. 2 StGB neben **Nutzungen** – eine zwingende Regelung – auch im Wege der Kann-Vorschrift des Abs. 3 **Surrogate.** Allerdings ist auch hier zu beachten, dass es einen unmittelbaren und qualifizierten Zusammenhang zwischen dem aus der rechtswid-

---

[120] In den neunziger Jahren stieg die Zahl der sog. OK-Verfahren stark an und hat sich jetzt – bundesweit – bei um 600 eingependelt; vgl. Lagebilder OK, BKA Wiesbaden.
[121] Vgl. BT-Drs. 11/2597, 5; 11/6623, 4; 13/9742.
[122] AWG/StGBÄG vom 28.2.1992, BGBl. I S. 372.
[123] Gesetz zur Bekämpfung des illegalen Rauschgifthandels und anderer Erscheinungsformen der OK vom 15.7.1992, BGBl. I S. 1302.
[124] So auch Lackner/Kühl/*Heger* StGB Vor § 73 Rn. 1 f.
[125] BGBl. I S. 2350.
[126] Beispielsweise sind allein in Bayern im Jahr 2010 in 6 Ermittlungskomplexen 40 Mio. Euro Gewinne abgeschöpft worden; vgl. jährliche Berichte bzw. Lagebilder von LKA und Justiz zur OK-Lage in Bayern.
[127] BGBl. I S. 872.

rigen Tat Erlangten und dem damit korrespondierenden Surrogat geben muss. Hat sich also der Täter des § 84 von verschiedenen Asylbewerbern entlohnen lassen und unmittelbar und ausschließlich von diesem Lohn einen PKW erworben, so kann dieser – unabhängig von seinem tatsächlichen Wert – nach pflichtgemäßem richterlichem Ermessen als Surrogat eingezogen werden. Im Ergebnis bleibt dem Gericht für eine solche Einziehungsanordnung kaum ein Ermessensspielraum, weil es, will es nicht das Surrogat für eingezogen erklären, die Einziehung des Wertersatzes nach § 73c StGB anzuordnen hat. Diese Voraussetzungen sind immer dann zu prüfen, wenn die Einziehung nach § 73 StGB nicht möglich ist oder der Wert des tatsächlich Erlangten durch den effektiven Wert des für verfallen erklärten Gegenstandes nicht ausgeschöpft wird.

88   Eine noch bestehende **Bereicherung** ist nicht erforderlich, wohl aber § 73d StGB zu beachten. Die Einziehungsanordnung nach §§ 73, 73a StGB wird idR neben der Strafe im Urteil ausgesprochen, wenn nicht nach §§ 76, 76a StGB zu verfahren ist. Sie kann sich in den Fällen von § 73b StGB auch gegen Dritte richten, die ihrerseits weder Täter noch Teilnehmer sind; hinsichtlich der Verfahrensbeteiligung sind §§ 424 ff. StPO zu beachten. Mit Rechtskraft der Anordnung der Einziehung von Taterträgen entsteht ein staatlicher Zahlungsanspruch, der nach §§ 111e StPO rechtzeitig gesichert werden kann.

89   Die Bestimmungen zur **Einziehung von** durch die Tat hervorgebrachten **Gegenständen** (producta sceleris) bzw. den zur Begehung oder Vorbereitung der Tat gebrauchten Gegenständen (instrumenta sceleris) spielen beim Verleiten zu oder Unterstützen bei falschen Angaben im Rahmen des Anerkennungsverfahrens nur eine untergeordnete Rolle, sodass bezüglich näherer Ausführungen neben dem oben Gesagten auf die allgemeine Literatur zu den §§ 74 ff. StGB verwiesen werden kann. Von Bedeutung sein wird im Wesentlichen nur das Einziehen von Urkunden und sonstigen Dokumenten, mit denen falsche Angaben unterlegt worden sind oder werden sollten. Im Rahmen des Tatbestandes der Urkundenfälschung gem. § 267 StGB werden solche Schriftstücke als producta sceleris, im Rahmen des hier erörterten Tatbestandes als instrumenta sceleris einzuziehen sein. Die rechtlichen Wirkungen der Einziehung ergeben sich aus § 75 StGB dahin, dass mit Rechtskraft der Entscheidung Eigentum an Sache oder Recht auf den Staat übergehen, der unter den Voraussetzungen des § 111b Abs. 1 StPO durch eine Beschlagnahme gem. § 111c StPO zumeist rechtzeitig für die Vollstreckbarkeit dieses Anspruchs gesorgt hat. Weshalb im Gegensatz zu den korrespondierenden Bestimmungen des AufenthG in §§ 84, 84a zum Zwecke der Dritteinziehung nicht ebenfalls auf § 74a StGB verwiesen wird, ist unklar. Hier bestünde umso mehr Nachholbedarf, als auch § 282 StGB bei Vorliegen von § 267 StGB keine entspr. Anwendungsklausel enthält.

90   Der durch das Verbrechensbekämpfungsgesetz vom 28.10.1994[128] auch für Straftaten nach dem AsylG eröffnete Weg, den erweiterten Verfall durch einen Verweis in Abs. 5 (alt) ausdrücklich für anwendbar zu erklären, ist durch die Neuregelung überflüssig geworden, weil gem. § 73a StGB (neu) die **erweiterte Einziehung generell obligatorisch** zu erfolgen hat.[129] Die nunmehr seit 25 Jahren fortdauernden Versuche, die Sanktionsmöglichkeiten im Vermögensbereich auszudehnen,[130] begegneten von Anfang an heftigen rechtsstaatlichen und sonstigen verfassungsrechtlichen Bedenken, von der Verletzung der Eigentumsgarantie über das Bestimmtheitsgebot bis hin zu einem Verstoß gegen Beweis- und Unschuldsvermutung. Zunächst schon bzgl. des erweiterten Verfalls (jetzt § 73a StGB neu) hat sich der BGH solchen Einwänden nicht angeschlossen, lässt aber für die Annahme der deliktischen Herkunft der Gegenstände eine ganz hohe Wahrscheinlichkeit[131] nicht ausreichen, sondern fordert in verfassungskonformer Auslegung eine auf Grund umfassender Beweiserhebung und -würdigung uneingeschränkte Überzeugung der deliktischen Herkunft der in Rede

---

[128] BGBl. I S. 3186.
[129] BT-Drs. 18/9525, 100.
[130] BT-Drs. 11/6623, 4; 12/989, 23; 12/2720, 42.
[131] BT-Drs. 11/6623, 5.

III. Asylgesetz 91, 92 § 84 AsylG

stehenden Gegenstände.[132] Diese Rspr. hat das BVerfG bestätigt.[133] Die damit gestellten Beweisanforderungen öffnen vielfältigen Schutzbehauptungen das Tor und führen zu einer naturgemäß sehr eingeschränkten Anwendbarkeit der Bestimmung. Auch hinsichtlich der Vermögensstrafe des § 43a StGB (alt) hatte der BGH[134] lediglich auf das Erfordernis einer verfassungskonformen Auslegung verwiesen, während das BVerfG die Nichtigkeit der Norm festgestellt hat.[135]

Gleichgültig ob die erweiterte Einziehung als Nebenstrafe[136] oder als iSd § 11 Abs. 1 Nr. 8 StGB Maßnahme eigener Art qualifiziert wird, jedenfalls ist ihre Anordnung bei Vorliegen der entspr. Voraussetzungen **obligatorisch** – ausgenommen nur der Sonderfall des § 73 Abs. 3 StGB bzw. das Absehen in Anwendung des § 421 StPO – vorgeschrieben, wobei nach dem Wortlaut – „auch dann" – die Anwendung des § 73 StGB unter Anwendung aller Beweisregeln vorrangig zu prüfen ist.[137] Inwieweit sich durch die neue Verjährungsvorschrift des § 76b StGB im Falle der erweiterten Einziehung bzw. des selbständigen Einziehungsverfahrens Wertungswidersprüche zu Lasten des Täters auftun wegen kürzerer Verjährungszeit der zugrunde liegenden Tat, wird die zu erwartende Rechtsprechung weisen.[138] Grundsätzlich gelten aber die allgemeinen Bestimmungen zur Einziehung sinngemäß bzw. entsprechend für die erweiterte Einziehung, wobei allerdings zu beachten ist, dass sich die Maßnahme gerade nicht auf den Gegenstand beschränkt, der konkret aus einer zugrundeliegenden nachgewiesenen Straftat erlangt ist. Die Verweisung nach altem Recht auf § 73a StGB in Abs. 2 des § 73d StGB ermöglichte insbes. auch, im Rahmen des erweiterten Verfalls einen Wertersatz für verfallen zu erklären. Eine korrespondierende Regelung enthält § 73c StGB (neu) nicht. Die Frage, ob jedenfalls im Rahmen der Abschöpfung des Bruttogewinns der Strafcharakter der Bestimmung so weit in den Vordergrund tritt, dass auch eine Verschuldensprüfung über den eigentlichen Wortlaut hinaus erforderlich ist[139] oder sich der Charakter der Verfallsvorschriften durch die Einführung des Bruttoprinzips nicht geändert hat,[140] braucht an dieser Stelle nicht erörtert zu werden. Anzufügen bleibt somit nur der Hinweis auf die Anwendbarkeit der §§ 111b ff. StPO im Rahmen der vorläufigen Sicherungsmaßnahmen.

VIII. Strafe bzw. Straffreiheit (Abs. 5)

Der **Strafrahmen** für die normale Begehungsform iSd Abs. 1 bewegt sich zwischen 92 einem Monat (§ 38 Abs. 2 StGB) und 3 Jahren Freiheitsstrafe. Soweit Geldstrafe in Betracht kommt, liegt diese nach Maßgabe § 40 StGB zwischen 5 und 360 Tagessätzen. Die Verjährungsfrist beträgt damit nach § 78 Abs. 3 Nr. 4 StGB 5 Jahre, was in gleicher Weise auf Grund des Strafrahmens aber auch mit Blick auf § 78 Abs. 4 StGB für die besonders schweren Fälle des Abs. 2 gilt. Demgegenüber umfasst der Qualifikationstatbestand des Abs. 3 einen Strafrahmen von 6 Monaten bis zu 10 Jahren Freiheitsstrafe mit der Folge, dass sich gem. § 78 Abs. 3 Nr. 3 StGB die Verjährungsfrist auf 10 Jahre erhöht. Ein minder schwerer Fall ist ebenso wie in § 96 AufenthG nicht vorgesehen, was den Regelungen in beispielsweise §§ 244, 260 StGB entspricht. Da der Strafrahmen ohnehin erst bei 6 Monaten beginnt, ist ein Vergleich mit den Verbrechenstatbeständen der §§ 29a ff. BtMG nicht angezeigt[141] und

---

[132] BGH 22.11.1994 – 4 StR 516/94, BGHSt 40, 371 (372) = NStZ 95, 125.
[133] BVerfG 14.1.2004 – 2 BvR 564/95, NJW 2004, 2073.
[134] BGH 8.2.1995 – 5 StR 663/94, BGHSt 41, 20 = NStZ 95, 333 mAnm *Dierlamm*.
[135] BVerfG 20.3.2002 – 2 BvR 794/95, BVerfGE 105, 135 = NJW 2002, 1779 = StV 2002, 247.
[136] So *Schulthinrichs* S. 154.
[137] BT-Drs. 11/6623, 6.
[138] Lackner/Kühl/*Heger* StGB § 73d Rn. 11.
[139] Vgl. Schönke/Schröder/*Eser* StGB Vor §§ 73 ff. Rn. 19; *Fischer* StGB § 73 Rn. 2a ff.
[140] So BGH 1.3.1995 – 2 StR 691/94, NJW 95, 2235 f.; BVerfG 14.1.2004 – 2 BvR 564/95, NJW 04, 2073 (2074 ff.).
[141] AA GK-AsylVfG/*Franke* Rn. 39, wo die fehlende Milderung für minder schwere Fälle als zumindest ungewöhnlich bezeichnet wird.

das Fehlen einer solchen Regelung konsequent. Im Übrigen gelten zur Strafzumessung die allgemeinen Regeln des StGB.

93 Straffreiheit gewährt Abs. 5 dem verleitenden oder unterstützenden **Angehörigen**. Die zunächst als Abs. 4 in § 36 AsylVfG 1982 eingefügte Klausel (→ Rn. 5) wurde wortgleich als § 84 Abs. 3 in die Fassung des AsylVfG vom 26.6.1992[142] übernommen. Eingeschränkt wurde der Anwendungsbereich allerdings wieder durch das Verbrechensbekämpfungsgesetz vom 28.10.1994,[143] indem nicht mehr allgemein auf die Tat zugunsten eines Angehörigen verwiesen wird, sondern auf die Tat nach Abs. 1 zugunsten eines Angehörigen. Trotz dieses Wortlautes besteht logischerweise Straffreiheit auch für Fälle des Versuchs iSd Abs. 4 bzw. besonders schwere Fälle iSd Abs. 2,[144] nicht jedoch für Fälle die dem Qualifikationstatbestand des Abs. 3 unterliegen.

94 Der ganz hM zu § 258 Abs. 6 StGB (→ § 258 Rn. 55)[145] folgend ist auch hier entspr. dem Wortlaut von einem persönlichen **Strafausschließungsgrund** auszugehen.[146] Ein aus dem Gedanken der Unzumutbarkeit rechtmäßigen Verhaltens abgeleiteter Entschuldigungsgrund[147] ist demgegenüber nicht anzunehmen. Der anstiftende Täter kann sich hier nämlich nicht in einem vergleichbaren Fall der Pflichtenkollision befinden, weil er durch sein Handeln die Tat erst in Gang setzt. In Betracht kommt allenfalls eine aus der Angehörigeneigenschaft resultierende Interessenkollision, die der Gesetzgeber – nicht unbestritten[148] – mit ähnlichen Erwägungen wie bei der Regelung des § 258 Abs. 6 StGB[149] iS der Straffreiheit gelöst hat, zumal der Angehörige selbst, zu dessen Gunsten gehandelt wird und der als der eigentliche Haupttäter anzusehen ist, ohnehin für seine falschen Angaben nicht bestraft werden kann. Nur mit Blick hierauf ist wohl zu rechtfertigen, dass eine korrespondierende Bestimmung für gleichgelagerte Vorgehensweisen im Ausländerrecht nicht enthalten ist. Der gesetzgeberische Grundgedanke des § 258 Abs. 6 StGB, es nahen Angehörigen ersparen zu wollen, an der Überführung eines Straftäters mitwirken zu müssen[150] kann vorliegend – mit umgekehrten Vorzeichen, nämlich der Aussage des Antragstellers gegen den Verleitenden – allenfalls eine untergeordnete Rolle spielen.

95 Das Vorliegen der Angehörigeneigenschaft als besonderes **persönliches Merkmal** schließt gem. § 28 Abs. 2 StGB die Bestrafung von Mittätern oder Teilnehmern nicht aus. Denkbar ist sogar der Fall, dass der zu falschen Angaben verleitete – bzw. dabei unterstützte – Ausländer und sein dazu anstiftender Angehöriger straffrei bleiben, während der verleitende nichtangehörige Dritte strafrechtlich geahndet wird.[151]

96 Hinsichtlich der Angehörigeneigenschaft ist § 11 Abs. 1 Nr. 1 StGB ausdrücklich in Bezug genommen. Die Voraussetzungen müssen im Zeitpunkt der Tat (§ 8 StGB) gegeben sein.[152] Für die Straffreiheit als Angehöriger ist nicht nur die blutsmäßige Abstammung bzw. biologische Beziehung ausschlaggebend, sondern ebenso das Bestehen von Verlöbnis oder Ehe, die Adoption ua Die einmal begründeten Voraussetzungen für eine strafrechtliche Privilegierung bleiben entsprechend § 11 Abs. 1 Nr. 1a Hs. 2 StGB auf Dauer bestehen. Im Fall der Adoption entfällt also die Angehörigeneigenschaft zu den leiblichen Eltern nicht mit Begründung derselben Eigenschaft zu den Adoptiveltern. Die Frage des Bestehens von **Verlöbnis und Ehe** richtet sich bei Ausländern danach, ob unter Berücksichtigung der Bestimmungen des Heimatlandes[153] die Beziehung als nach deutschem Recht gültig anzuer-

---

[142] BGBl. I S. 1126.
[143] BGBl. I S. 3186.
[144] BT-Drs. 12/6853, 32.
[145] Vgl. zB LK-StGB/*Walter* StGB § 258 Rn. 136.
[146] *Hailbronner* Rn. 38; *Marx* Rn. 16.
[147] So für § 258 Abs. 6 StGB SK/*Rudolphi* StGB Vor § 19 Rn. 10, 14.
[148] Vgl. Erbs/Kohlhaas/*Senge* Rn. 28.
[149] BT-Drs. 10/3678, 6.
[150] BGH 29.5.1958 – 4 StR 62/58, BGHSt 11, 343 (345).
[151] Vgl. BGH 15.3.1960 – 1 StR 46/60, BGH 14, 172 zu § 258 Abs. 6 StGB.
[152] LK-StGB/*Hilgendorf* StGB § 11 Rn. 3.
[153] Palandt/*Brudermüller* BGB Vor § 1353 Rn. 1: auch eine nach Heimatrecht zulässige polygame Ehe ist anzuerkennen.

kennen ist. Dies gilt inzwischen auch für Lebenspartnerschaften nach § 1 Abs. 1 LPartG, nachdem Lebenspartner in den Katalog der Angehörigen von § 11 Abs. 1a StGB aufgenommen worden sind. Auch im Fall der materiellrechtlich für nichtig erklärten Ehe entfällt die Angehörigeneigenschaft nicht, nur im Fall der Nichtehe[154] entsteht diese Eigenschaft überhaupt nicht.

Eheähnliche **Lebensgemeinschaften** sind demgegenüber von § 11 Abs. 1 Nr. 1 StGB **97** nicht ausdrücklich erfasst. Soweit hier der Angehörigenbegriff in anderen Ländern – vgl. zB § 72 Abs. 2 öStGB – weiter gefasst ist, ist dieses für die Straffreiheit nach deutschem Recht unerheblich. Allerdings ist zunehmend umstritten, ob nicht in eng begrenzten Ausnahmefällen eine analoge Anwendung des § 11 Abs. 1 Nr. 1 StGB in Betracht kommt. Einerseits wird solches als kriminalpolitisch nicht geboten und allg. Auslegungsgrundsätzen widersprechend angesehen (→ § 258 Rn. 55),[155] andererseits erscheint es angezeigt, dass im Hinblick auf gesellschaftliche Veränderungen, wie sie auch im LPartG zum Ausdruck kommen, die persönliche Motivationslage im Rahmen eheähnlicher Gemeinschaften stärkere Berücksichtigung finden muss (für eine differenzierende Betrachtungsweise → § 11 Rn. 3, 13),[156] so wie in § 35 StGB nahe stehende Personen in den Kreis notstandsfähiger Dritter einbezogen sind. Abgesehen von Beweisproblemen beim Berufen auf die Angehörigeneigenschaft wird es im Hinblick auf unterschiedliche und vielfältige Lebensformen in anderen Ländern der Welt, aus denen Flüchtlinge Aufnahme begehren, oft schwierig sein, die menschliche Nähe zu erfassen, die dem Gedanken der Straffreiheit für Angehörige zugrunde liegt, sodass dem Grundsatz des in dubio pro reo besondere Bedeutung wird zukommen müssen. Diese Betrachtung wird schließlich gestützt durch den Hinweis auf § 11 Abs. 1 Nr. 1b StGB, wonach dem Angehörigenbegriff auch Pflegeverhältnisse unterfallen, langdauernde tatsächliche Verhältnisse, die auf Grund der persönlichen Verbundenheit dem Angehörigenverhältnis als sittlich gleichwertig einzustufen sind.[157]

Maßgebend für das Eingreifen des persönlichen Strafausschließungsgrundes des Abs. 5 **98** ist die wirkliche Lage, dh der **Irrtum** über die Angehörigeneigenschaft ist, da vorsatzunabhängig, unbeachtlich.[158] Soweit demzufolge der Täter nur irrig von einem Angehörigenverhältnis ausgeht, bleibt er strafbar, er kann sich aber erfolgreich auf Abs. 5 berufen, wenn tatsächlich ein Angehörigenverhältnis vorliegt, von dem er nicht wusste (→ § 258 Rn. 55).[159] Auf die subjektive Sicht[160] muss vorliegend nicht abgestellt werden, weil ein Zusammenhang mit dem Fall der Selbstbegünstigung (§ 258 Abs. 5 StGB) nicht hergestellt werden kann. Allerdings kann der Irrtum des Täters zu einem Verbotsirrtum führen, der im Fall der Unvermeidbarkeit ebenfalls zur Straflosigkeit führt (§ 17 StGB).

Eine genaue Einzelfallprüfung ist erforderlich, wenn die Tat nicht nur zugunsten eines **99** Angehörigen, sondern zugleich auch zugunsten einer Person begangen wird, die nicht dem Personenkreis des § 11 Abs. 1 Nr. 1 zuzuordnen ist. Das Angehörigenprivileg im Rahmen der Strafvereitelung ist zunächst sehr restriktiv ausgelegt worden,[161] indem Straflosigkeit versagt wurde, wenn **Angehöriger und Dritter** der Bestrafung entzogen werden sollten und die Begünstigung des Letzteren nicht lediglich das notwendige und unvermeidliche Mittel war, den Angehörigen begünstigen zu können. Im Hinblick auf denselben gesetzgeberischen Grundgedanken der notstandsähnlichen Konfliktlage bei Selbstbegünstigung iSd § 258 Abs. 5 StGB und Angehörigenbegünstigung iSd § 258 Abs. 6 StGB haben Rspr. und hM die zur Fremdbegünstigung entwickelten Grundsätze für beide Fälle in gleicher Weise für anwendbar erachtet. Danach bleibt unabhängig davon, welches Motiv Vorrang hat, schon derjenige straflos, der die Absicht hat, auch den Angehörigen zu schützen, wobei

---

154 Dazu Palandt/*Brudermüller* BGB Vor § 1313 Rn. 5 f.
155 Lackner/Kühl/*Heger* StGB § 11 Rn. 2; Schönke/Schröder/*Stree*/*Hecker* StGB § 258 Rn. 41.
156 *Fischer* § 11 Rn. 10; Schönke/Schröder/*Eser*/*Hecker* StGB § 11 Rn. 10.
157 RG 11.1.1924 – IV 858/23, RGSt 58, 61.
158 Vgl. BGH 16.6.1970 – 5 StR 261/70, BGHSt 23, 281 (283) zu § 247 StGB.
159 LK-StGB/*Walter* StGB § 258 Rn. 137 ff. (offengelassen).
160 Lackner/Kühl/*Kühl* StGB § 258 Rn. 17; nun auch *Fischer* StGB § 258 Rn. 39.
161 RG 14.1.1936 – 1 D 966/95, JW 36, 1606.

ein innerer Zusammenhang dahin bestehen muss, dass die Begünstigung des Angehörigen allein durch die gleichzeitige Fremdbegünstigung erreicht werden kann.[162] Diese Rspr. wird nicht ohne weiteres auf die Angehörigenbegünstigung im Fall des Verleitens zu falschen Angaben bei der Asylantragsstellung übertragen werden können, weil die Parallele zur Selbstbegünstigung nicht greift und die hier gegebene Interessenlage nicht ohne weiteres mit der notstandsähnlichen Lage des § 258 Abs. 5 und 6 StGB vergleichbar ist. Vielmehr werden strengere Anforderungen zu stellen sein, dh der persönliche Strafausschließungsgrund greift nicht schon dann ein, wenn neben dem Angehörigen vorrangig ein nichtangehöriger Dritter zugleich verleitet oder unterstützt wird.[163] Die Anerkennung des Angehörigen als Flüchtling muss ein das Handeln beherrschendes Tatmotiv sein, um das Privileg des Abs. 5 in Anspruch nehmen zu können.

100 Im Übrigen gilt die Straffreiheit nur für das Verleiten oder Unterstützen iSd Abs. 1, nicht jedoch für andere Straftatbestände, die gegebenenfalls gleichzeitig verwirklicht werden (→ Rn. 108, → StGB § 258 Rn. 55).

IX. Konkurrenzen im Bereich AsylG, AufenthG

101 Die Konkurrenzverhältnisse richten sich nach den allgemeinen Grundsätzen des StGB. Sofern nicht nur zur falschen Antragstellung verleitet, sondern diese auch unterstützt wird, ist regelmäßig vom Vorliegen einer natürlichen Handlungseinheit auszugehen. Wenn mehrere Ausländer mit falschen Angaben Asylantrag stellen, aber durch eine Handlung des Täters angestiftet werden bzw. eine gemeinsame Beihilfehandlung des Täters vorliegt, so ist dessen Tatbeitrag als **tateinheitlich** begangenes Vergehen iSd Abs. 1 zu werten (→ § 26 Rn. 97, → § 27 Rn. 118 ff.).[164] Bevor bei 6 und mehr Asylbewerbern die Schwelle zum besonders schweren Fall überschritten ist, wird eine erhöhte kriminelle Energie im Wege der Strafzumessung berücksichtigt werden müssen. Zwischen den Abs. 1 und 3 liegt Gesetzeskonkurrenz vor, wobei Abs. 1 vom Qualifikationstatbestand des Abs. 3 konsumiert wird.

102 Soweit der Antragsteller zu Namen, Geburtsdatum bzw. -ort, Staatsangehörigkeit ua persönlichen Verhältnissen falsche Angaben macht, ist das Vorliegen einer Ordnungswidrigkeit nach § 111 OWiG zu prüfen, zu welcher der Verleitende anstiften bzw. der Unterstützende Beihilfe leisten kann. Gegebenenfalls tritt diese allerdings gem. § 21 Abs. 1 OWiG hinter das Vergehen des Abs. 1 zurück.

103 Das Konkurrenzverhältnis zwischen den Strafbestimmungen des AufenthG und des AsylVfG ist im Schrifttum ungeklärt. Teilweise wird die Strafbarkeit von Asylbewerbern nach § 95 AufenthG bzw. § 92 AuslG (aF) bis zur Rechtskraft der Entscheidung über ihren Antrag insgesamt abgelehnt,[165] teilweise wird bei gleichem Unrechtsgehalt Konsumtion angenommen.[166] Richtiger wird sein, mit Blick auf § 1 Abs. S. 4 AufenthG sowie § 1 Abs. 1 den Strafvorschriften des **AsylG** als **leges speciales** Vorrang einzuräumen, soweit überhaupt gleichgelagerte Sachverhalte denkbar sind.[167] Tatsächlich sind nämlich im Rahmen der missbräuchlichen Antragstellung lediglich mit § 95 Abs. 1 Nr. 5 sowie Abs. 2 Nr. 2 AufenthG Überschneidungen möglich, weil sämtliche anderen Tatbestände einen eigenen Regelungsgehalt haben und größtenteils (zum Verhältnis mit § 85 s. dort) auch auf Asylbewerber Anwendung finden können, denn das AsylG erfasst nur einen Teilbereich der ausländerrechtlichen Regelungen insgesamt.[168]

---

[162] OLG Celle 16.4.1973 – 2 Ss 63/72, NJW 73, 1937; *Fischer* StGB § 258 Rn. 39 mwN.
[163] So für den Fall der Strafvereitelung LK-StGB/*Walter* StGB § 258 Rn. 142.
[164] RG 3.12.1935 – 1 D 1195/34, RGSt 70, 26; BGH 4.12.2008 – 3 StR 494/08, NStZ 2009, 443; LK-StGB/*Schünemann* StGB § 26 Rn. 103.
[165] Baumüller/Brunn/Fritz/*Hillmann* AsylVfG 1982 § 34 Anm. 6.
[166] GK-AsylVfG/*Schluckebier* AsylVfG 1982 Vor § Rn. 2 und AsylVfG 1982 § 34 Rn. 53; *von Pollern* ZAR 96, 175 (182).
[167] Marx/Strate/*Pfaff* AsylVfG 1982 § 34 Rn. 19.
[168] *Aurnhammer* S. 195 f.

Auch das **Verhältnis** von § 84 zu **§ 95 Abs. 1 Nr. 5 und Abs. 2 Nr. 2 AufenthG** 104
stützt den Spezialitätsgedanken (→ AufenthG § 95 Rn. 63),[169] weil nur die zweitgenannten Bestimmungen falsche Angaben zur Erlangung einer Aufenthaltsgenehmigung mit Strafe bedrohen – gleichgültig durch wen dieselben gemacht wurden. Fälle der Tateinheit[170] oder auch der Tatmehrheit[171] werden demgegenüber nur ausnahmsweise in Betracht kommen,[172] wenn Schlepper für Ausländer allgemein und für Asylbewerber gemeinsam tätig werden. Der gesetzliche Zweck des § 84 Abs. 1 wäre verfehlt, wenn der – straflos gestellte – Antragsteller im Anerkennungsverfahren auf dem Umweg über die Bestimmungen des AufenthG doch für falsche Angaben zur Verantwortung gezogen werden würde. Außerdem erfassen § 95 Abs. 1 Nr. 5 und Abs. 2 S. 2 AufenthG nicht falsche gegenüber der Asylbehörde gemachte Angaben, sondern nur solche, die im Verfahren nach dem AufenthG vor Ausländerbehörden gemacht werden.[173]

Für die Dauer des Asylverfahrens steht diesem Ausländer ein gesetzliches Aufenthalts- 105
recht, die Aufenthaltsgestattung (§ 55), zu, die von § 95 Abs. 2 Nr. 2 AufenthG ohnehin nicht erfasst ist, weil sie weder eine Duldung (§ 60a AufenthG) noch einen Aufenthaltstitel (§ 4 AufenthG) darstellt (zur Strafbarkeit von Asylbewerbern wegen unerlaubter Einreise → AufenthG § 95 Rn. 51, 116 ff.).[174] Auch die Aufenthaltserlaubnis nach § 25 Abs. 1 und 2 AufenthG ist dem anerkannten Asylbewerber bzw. Flüchtling im Hinblick auf § 5 Abs. 3 AufenthG sozusagen automatisch zu erteilen, weshalb, auch wenn unterschiedliche Rechtsgüter – nämlich der Missbrauch des Asylgrundrechts bzw. die Sicherheit des Rechtsverkehrs – geschützt werden sollen,[175] in der Regel davon auszugehen sein wird, dass falsche Angaben vorrangig auf die Anerkennung als Asylberechtigter und nicht allein auf die Erlangung einer Aufenthaltserlaubnis abzielen sollen. Im Übrigen entstünde ein Verhältnis der Ideal- oder Realkonkurrenz im Hinblick auf die Straflosigkeit des Asylantragstellers auch nur dann, wenn der verleitende oder unterstützende Täter des § 84 Abs. 1 auch an den gegenüber der Ausländerbehörde im Rahmen des Antrages des anerkannten Asylanten auf Erteilung einer Aufenthaltserlaubnis gemachten falschen Angaben beteiligt wäre. Ein solcher Fall läge beispielsweise vor, wenn sowohl im Anerkennungsverfahren wie später bei Beantragung einer Aufenthaltserlaubnis durch einen anerkannten Flüchtling zur Identität falsche Erklärungen abgegeben werden und der Schleuser auch hieran als Täter (für einen anderen) oder Teilnehmer mitwirkt. Das vorstehend Ausgeführte gilt in gleicher Weise für beide Tatbestandsalternativen des § 95 Abs. 2 Nr. 2 AufenthG, also auch für den Fall des Gebrauchens der mit falschen Angaben beschafften Urkunden zur Täuschung im Rechtsverkehr. Von dieser Alt. 2 können ebenfalls nach dem Wortlaut „so beschafft" nur solche Aufenthaltsgenehmigungen erfasst sein, die durch falsche Angaben vor der Ausländerbehörde erlangt werden. Unberührt bleibt allerdings stets eine Strafbarkeit von Schleuser und Geschleusten wegen Urkundsdelikten (vgl. dazu Abschnitt X).

Unproblematisch ist das Verhältnis **zu sonstigen Bestimmungen des AufenthG,** die 106
die unerlaubte Einreise und den unerlaubten Aufenthalt regeln. Entspr. den allgemeinen Abgrenzungsregeln kommt beim Zusammentreffen mit missbräuchlicher Asylantragstellung für den Schleuser ideales oder reales Zusammentreffen eines Vergehens nach § 84 mit den Tatbeständen des § 95 Abs. 1 Nr. 1–3, Abs. 2 Nr. 1 in der Form der Anstiftung oder Beihilfe bzw. der §§ 96, 97 AufenthG in Betracht. Demgegenüber findet die Regelung des § 95 Abs. 1 Nr. 6 AufenthG auf Asylbewerber keine Anwendung, denn die Duldungspflichten zur Sicherung der Identität ergeben sich für den Flüchtling gerade nicht aus § 49 AufenthG. Für das Anerkennungsverfahren des AsylG gilt vielmehr § 16, der eine Strafbewehrung

---

[169] OLG Bamberg 28.2.2014 – 2 Ss 99/13, NStZ-RR 2014, 142 f.; Erbs/Kohlhaas/*Senge* Rn. 29.
[170] So *Hailbronner* Rn. 41.
[171] GK-AsylVfG/*Franke* Rn. 40.
[172] *Marx* Rn. 18.
[173] OLG Düsseldorf 29.4.1992 – 2 Ss 55/92, NStE zu § 92 Abs. 2 Nr. 2 AuslG, Nr. 1.
[174] BGH 24.9.1996 – SStR 213/96, StV 97, 26; OLG Köln 19.3.1991 – Ss 6/91, NStZ 91, 498; Bergmann/Dienelt/*Winkelmann* AufenthG § 95 Rn. 112.
[175] *Hailbronner* Rn. 41.

nicht vorsieht. Dies ergibt sich aus dem unterschiedlich ausgestalteten Rechtsgüterschutz.[176] Wenn jedoch unter den Voraussetzungen des § 49 Abs. 5 Nr. 4 AufenthG erkennungsdienstliche Maßnahmen gegen einen Asylsuchenden aus einem sicheren Drittstaat (§ 26a) angeordnet werden, ist § 95 Abs. 1 Nr. 6 AufenthG anwendbar (→ AufenthG § 95 Rn. 66).[177] Hinzuweisen ist in diesem Zusammenhang auf § 95 Abs. 5 AufenthG, ein persönlicher Strafausschließungsgrund, dessen Vorliegen nicht den anstiftenden oder helfenden Schlepper straffrei stellt.

X. Urkundsdelikte, Betrug ua

107 Wenn auch der ein Anerkennungsverfahren betreibende Ausländer hinsichtlich falscher Angaben nicht nach den Bestimmungen des AsylG zur Verantwortung gezogen werden kann, bleibt jedoch stets die Strafbarkeit nach den Vorschriften des StGB zu prüfen. Mit einigen Besonderheiten für Asylbewerber und Flüchtlinge soll im Folgenden kurz auf Urkundsdelikte, insbes. die mittelbare Falschbeurkundung, eingegangen werden.

108 Für den Ausländer, der mit falschen Identitätspapieren einreist oder mit gefälschten Dokumenten, die die drohende politische Verfolgung unter Beweis stellen, seinen Antrag stützt, kommen vor allem **Vergehen nach §§ 267, 273, 276, 276a, 281 StGB** in Betracht, wobei der Täter des § 84 Abs. 1 Täter oder Teilnehmer auch dieser Delikte sein kann. Besondere Bedeutung hat in diesem Zusammenhang der zum 1.4.1998 in Kraft getretene § 273 StGB,[178] mit dem das Vornehmen von Änderungen in amtlichen Ausweisen erfasst wird. Er füllt eine Lücke zwischen dem Verfälschen einer Urkunde iSd § 276 StGB und dem Unterdrücken einer solchen iSd § 274 StGB, greift also ein, wenn die betreffende Eintragung – beispielsweise der Ausweisungsvermerk oder das Einreiseverbot – nicht Teil einer Gesamturkunde ist oder selbst eine Urkunde verkörpert. Wie schon die Tatsache der Einfügung durch das Verbrechensbekämpfungsgesetz vom 24.10.1994[179] zeigt, dient § 276 StGB als Unternehmensdelikt über die Vorbereitungshandlungen des § 275 StGB hinaus in besonderer Weise der Bekämpfung der organisierten Schleuserkriminalität,[180] indem er bereits den Umgang mit gefälschten oder inhaltlich unrichtigen Ausweisen mit Strafe bedroht. Dem Gesetzeswortlaut ist zu entnehmen, dass unabhängig vom Vorsatz des die falsche Beurkundung veranlassenden Vortäters jede objektiv unrichtige Beurkundung genügt, also – da unabhängig von der Strafbarkeit der Fälschung am Tatort – auch ausländische Ausweispapiere erfasst werden.[181] Demgegenüber greift § 274 StGB nicht ein, wenn der Asylbewerber seinen Pass vernichtet oder unterdrückt, obgleich er gem. § 15 Abs. 2 Nr. 4 zur Vorlage verpflichtet wäre. Öffentliche Urkunden wie Pässe oder Personalausweise gehören nämlich ausschließlich dem Inhaber, denn nicht die dinglichen Eigentumsverhältnisse sind entscheidend, sondern maßgebend ist das Recht, im Rechtsverkehr Beweis zu erbringen.[182]

109 Der Bestrafung des Flüchtlings wegen Urkundsdelikten stehen weder Art. 31 Genfer Flüchtlingskonvention noch Art. 16a Abs. 1 GG entgegen und nur in sehr begrenzten Ausnahmefällen wird § 34 StGB Anwendung finden können, da eine konkrete Bedrohung für Leben, Gesundheit und Freiheit bei Erreichen des Bundesgebietes gerade nicht mehr zu befürchten sein wird.[183] Eine unmittelbare **Straflosigkeit** kann aus der Genfer Flüchtlingskonvention nur herleiten, wer als politisch Verfolgter bereits unanfechtbar anerkannt ist, nicht jedoch ein Asylantragsteller mit vorläufigem Bleiberecht.[184] Anders als § 16a GG regelt

---

[176] AA teilweise, allerdings ohne Begründung *von Pollern* ZAR 96, 175 (182).
[177] *Westphal/Stoppa* S. 708.
[178] BGBl. I S. 164.
[179] BGBl. I S. 3106.
[180] BT-Drs. 12/6853, 20, 29.
[181] *Fischer* StGB § 276 Rn. 2; BGH 29.7.2000 – 1 StR 238/00, wistra 2000, 386.
[182] BayObLG 21.8.1989 – RReg 4 St 131/89, NJW 90, 264.
[183] AA AG Frankfurt 20.10.1987 – 40 Js 4418/87, StV 1988, 306.
[184] OLG Frankfurt a. M. 28.10.1996 – 1 Ss 232/96, StV 97, 78 unter Bezugnahme auf BVerfG 6.6.1989 – 2 BvL 6/89, BVerfGE 80, 182 (187).

die Genfer Konvention nämlich nicht das Recht auf Asyl, sondern das Recht im Asyl.[185] Art. 16a Abs. 1 GG kann – sofern nicht die Anwendung bei Einreise aus einem sicheren Drittstaat ohnehin gem. Abs. 2 S. 1 ausgeschlossen ist – Rechtfertigungsgrund allenfalls für Delikte im Zusammenhang mit unerlaubter Einreise bzw. unerlaubtem Aufenthalt sein, weil das Asylrecht unabhängig vom Vorhandensein von Pass oder Sichtvermerk[186] und unabhängig von der Begründetheit des Asylantrages[187] zu gewährleisten ist. Daher kann es auch nicht den Einsatz ge- oder verfälschter oder inhaltlich unrichtiger Urkunden zu seiner Durchsetzung rechtfertigen.[188] Nichts anderes folgt aus der gesetzgeberischen Entscheidung, bei falschen Angaben des Asylbewerbers diesen straflos zu stellen, denn die gesetzgeberischen Zwecke sind unterschiedlich: einerseits der Schutz der materiellen Richtigkeit der Asylentscheidung, andererseits die Beweiskraft öffentlicher Urkunden.[189] Ein Fall des rechtfertigenden Notstandes mag für den Einzelnen dann in Betracht kommen, wenn bei entspr. Repressalien für Leib und Leben in seinem Heimatland eine Flucht nur mit einem gefälschten Ausweispapier möglich ist und der Flüchtling davon ausgeht, zum Zwecke der Stellung eines Asylantrages ein Identitätspapier zu benötigen.[190]

Eine in der Praxis häufig festzustellende Tatvariante falscher Angaben im Anerkennungsverfahren ist die Antragstellung unter **falscher Identität,** insbesondere hinsichtlich des Namens und der Staatsangehörigkeit, sei es, dass ein erster Asylantrag unter dem zutreffenden Namen bereits gescheitert ist oder der Ausländer sich diese Option offen halten möchte – beides inzwischen durch § 16 erheblich erschwert – sei es, dass für das behauptete Herkunftsland eine leichtere Anerkennung erwartet wird oder im Falle des Scheiterns einer Zurückschiebung dadurch vorgebeugt wird, dass kein aufnahmebereites Land gefunden werden kann. In diesem Zusammenhang gewinnt **§ 271 StGB** besondere Bedeutung. 110

Das Vergehen der mittelbaren Falschbeurkundung setzt allerdings das Vorliegen einer öffentlichen Urkunde mit im Einzelfall zu bestimmender erhöhter Beweiswirkung für und gegen jedermann voraus.[191] Diese Wirkung wurde der Bescheinigung über die Aufenthaltsgestattung, die gem. § 20 Abs. 4 AsylVfG 1982 ausgestellt wurde, nicht zugebilligt, weil der die Bescheinigung ausstellende Beamte die Richtigkeit der behaupteten Identität nicht überprüfe und dazu auch keine Möglichkeit habe, wenn der Antragsteller keine Personalpapiere vorlege.[192] Ob diese Entscheidung Zustimmung verdient, mag dahingestellt bleiben – gewisse Überprüfungsmöglichkeiten bestanden gem. § 13 AsylVfG aF nämlich immer –, denn auf Grund der schon am 1.8.1992 in Kraft getretenen Neuregelung[193] wurde der Aufenthaltsgestattung des § 63 Abs. 1 alsbald die Qualität einer öffentlichen Urkunde iSd § 271 StGB nicht nur hinsichtlich des gesetzlichen Aufenthaltsrechtes, sondern auch hinsichtlich der Identität zuerkannt.[194] Um dem Asylmissbrauch vorzubeugen[195] sind nunmehr umfangreiche erkennungsdienstliche Maßnahmen in § 16 vorgeschrieben und ist die Bescheinigung mit einem Lichtbild zu versehen, sodass eine Identitätsprüfung unschwer möglich ist und dem Sinn und Zweck des Gesetzes Genüge getan ist. Es hieße die Anforderungen überspannen und würde die Ausstellung eines Identifikationspapiers mit öffentlichem Glauben iSd § 4 AufenthG weitgehend unmöglich machen, wenn nur Papieren mit einer amtlichen Richtigkeitsgewähr dieser Vertrauensschutz zukäme.[196] Insbesondere kann es schwerlich angehen, dass einheitliche Bescheinigungen über die Aufenthaltsgestattung 111

---
[185] Bergmann/Dienelt/*Bergmann* § 55 Rn. 4.
[186] BVerwG 19.5.1981 – 1 C 169.79, BVerwGE 62, 215 (223).
[187] BVerwG 15.5.1984 – 1 C 59/81, NVwZ 1984, 591.
[188] BVerfG 8.12.2014 – 2 BvR 450/11, NVwZ 2015, 361 = InfAuslR 2015, 218; OLG Bamberg – 24.9.2014 – 3 Ss 59/13, NStZ 15, 404 = StV 15, 358.
[189] *Aurnhammer* S. 200.
[190] Ähnlich auch *Kretschmer* NStZ 2013, 570 (572).
[191] LK-StGB/*Zieschang* StGB § 271 Rn. 22 ff.
[192] BGH 12.10.1995 – 4 StR 259/95, StV 1997, 351.
[193] BGBl. I S. 1126.
[194] BGH 16.4.1996 – 1 StR 127/96, NStZ 1996, 385 = StV 1997, 350 mit krit. Anm. *Müller-Tuckfeld.*
[195] BT-Drs. 12/2062, 30 f.
[196] So *Müller-Tuckfeld* Anm. zu BGH 16.4.1996 – 1 StR 127/96, StV 1997, 350.

unterschiedliche rechtliche Qualität iSd § 271 StGB haben, nämlich solche zu bejahen ist, wenn sie dem Asylbewerber nach Vorlage eines für echt befundenen ausländischen Passes ausgestellt wurde, aber verneint wird, wenn sie allein auf Grund seiner mündlich gemachten Identitätsangaben ausgestellt worden ist. Für dieses Ergebnis spricht schließlich auch § 64 Abs. 1, wonach die in Rede stehende Bescheinigung an die Stelle des Passes tritt, der entgegen § 3 Abs. 1 AufenthG nicht im Besitz des Asylbewerbers bleibt und regelmäßig nicht bleiben kann, weil er gem. § 15 Abs. 2 Nr. 4 den Behörden zu überlassen ist.[197]

112 Etwas anderes gilt aber in den Fällen, in denen die Aufenthaltsgestattung gem. § 63 Abs. 5 iVm § 78a Abs. 5 AufenthG entspr. einem einheitlichen **Vordruckmuster**[198] ausgestellt und das darauf angebrachte Klebeetikett mit dem Hinweis angekreuzt ist: „Die Angaben zur Person beruhen auf den eigenen Angaben der Inhaberin/des Inhabers. Ein Identifikationsnachweis durch Originaldokumente wurde nicht erbracht." In diesem Fall ergibt sich aus der öffentlichen Urkunde selbst, dass nur für die Tatsache der Aufenthaltsgestattung Beweis erbracht werden kann, nicht jedoch die eingetragenen Personalien öffentlichen Glauben genießen.[199] Fehlt dieser Hinweis, wird als Tatfrage abzuklären sein, ob Identität und insbesondere Staatsangehörigkeit des Ausländers überprüft wurden.[200]

113 Soweit dem Ausländer zunächst gem. § 63a eine **Bescheinigung über seine Meldung** als Asylsuchender nach §§ 13, 14 mit falschen Personalien ausgestellt wird, ist von einem Versuch gem. § 271 Abs. 4 StGB auszugehen.[201] Auch wenn diese Bescheinigung mit fixiertem Lichtbild, Personaldaten, Urkundennummer und Handzeichen des Ausstellers versehen ist, hat sie, in der Gültigkeit regelmäßig auf 6 Monate beschränkt, für einen Dritten ersichtlich vorläufigen Charakter.[202] Schon nach der äußeren Gestaltung handelt es sich nicht um ein der Pass- und Ausweispflicht genügendes Ausweispapier, worauf der Vermerk gem. § 63a Abs. 1 S. 1 Nr. 18 hinweist. Der Inhaber ist nur von einer gem. § 63a zuständigen Dienststelle als Asylsuchender erfasst, aber noch nicht über die zugewiesene Aufnahmeeinrichtung in das Asylverfahren aufgenommen und auf Grund erkennungsdienstlicher Maßnahmen in seiner Identität entspr. § 16 ausreichend abgeklärt. Daher kann diesem Ankunftsnachweis hinsichtlich der Identität die Urkundsqualität des § 271 StGB nicht zukommen, vielmehr beweist er lediglich, dass sich die betreffende Person als Asylbewerber gemeldet hat und als solche registriert wurde.

114 Zwischen der Täterschaft des § 84 Abs. 1 und jener des § 271 StGB wird regelmäßig **Idealkonkurrenz** in Betracht kommen, denn die Tatbestandsmerkmale sind verschieden. Während die erstgenannte Vorschrift lediglich die Abgabe falscher Erklärungen voraussetzt, verlangt die zweitgenannte das Entstandensein einer Urkunde.[203] Liegen die Voraussetzungen des § 271 Abs. 3 StGB vor, erweitert sich über die Mindeststrafe von 3 Monaten hinaus der Strafrahmen auf 5 Jahre Freiheitsstrafe. Bedeutsam im Zusammenhang mit der Neuregelung – Schaffung des Abs. 3 anstelle von § 272 StGB[204] – ist hier insbesondere die erhöhte Strafbarkeit bei Handeln gegen Entgelt (§ 11 Abs. 1 Nr. 4 StGB). Für einen beabsichtigten Vermögensvorteil gilt wie bei § 263 StGB,[205] dass insoweit ausreichend ist, wenn er aus Tätersicht als notwendiges Mittel für einen dahinterstehenden weiteren Zweck erstrebt wird, also nicht ausschließliches und primäres Ziel sein muss.

115 Der nach alter Rechtslage als schwere mittelbare Falschbeurkundung bezeichnete Tatbestand findet aber in Fällen falscher Identitätsangaben nicht nur im Zusammenhang mit § 84

---

[197] GK-AsylVfG/*Franke* Rn. 13.
[198] BGBl. 2004 I S. 3023.
[199] OLG Naumburg 18.10.2006 – 2 Ss 294/06, StV 2007, 134; allg. zum Streitstand § 271 StGB im Verhältnis zu § 95 Abs. 2 Nr. 2 AufenthG s. BGH 2.9.2009 – 5 StR 266/09, NStZ 2010, 171 (173).
[200] OLG Karlsruhe 16.7.2008 – 3 Ss 226/07, StV 2009, 133; OLG Brandenburg 4.8.2009 – 2 Ss 15/09, wistra 2010, 78.
[201] OLG Karlsruhe 5.8.1993 – 1 Ws 187/93, NStZ 1994, 135.
[202] AA *Mätzke* NStZ 1995, 501.
[203] BGH 16.11.1976 – 1 StR 607/76, MDR 77, 283; LK-StGB/*Tröndle*, 10. Aufl., StGB § 271 Rn. 68.
[204] 6. StRG vom 26.1.1998, BGBl. I S. 164.
[205] BGH 23.2.1961 – 4 StR 7/61, BGHSt 16, 1 (7).

bei Schleppern Anwendung, sondern auch – oft in Idealkonkurrenz mit § 263 StGB – bei Asylsuchenden selbst, sobald diese betrügerisch die Gewährung von wirtschaftlichen Hilfeleistungen beantragen. Seit Inkrafttreten des Asylbewerberleistungsgesetzes vom 30.6.1993[206] besteht für diesen Personenkreis gem. § 120 Abs. 2 BSHG bzw. nunmehr § 23 Abs. 2 SGB XII[207] nicht mehr Anspruch auf Sozialhilfe, sondern Anspruch auf Leistung zum Lebensunterhalt, der sich nach den Vorschriften dieses Gesetzes richtet. Gem. **§ 1 Abs. 1 Nr. 1 AsylbLG**[208] sind Anspruchsvoraussetzungen allein der tatsächliche Aufenthalt im Bundesgebiet und der Besitz einer Aufenthaltsgestattung bzw. nach Nr. 2 bei Flugreisenden auch die fehlende Einreisegestattung. Damit wird dieser Anspruch auch nicht dann ausgeschlossen, wenn der betr. Asylsuchende nur zum Zwecke des Erhalts von Sozialhilfeleistungen eingereist ist. Das folgt auch daraus, dass, anders als für sonstige Ausländer nach § 23 Abs. 3 SGB XII, diese Leistungseinschränkung gem. § 1a AsylbLG für Flüchtlinge nicht gilt. Ein anderes Ergebnis wäre auch mit § 16a Abs. 1 GG nicht vereinbar. Demgegenüber haben Folge- und Zweitantragsteller nach §§ 71, 71a Anspruch auf Leistungen zum Lebensunterhalt nach dem AsylbLG erst, wenn auf Grund einer Entscheidung des Bundesamtes ein weiteres Asylverfahren eingeleitet wird, weil erst dann gem. § 55 Abs. 1 S. 1 ein Anspruch auf Erteilung einer Aufenthaltsgestattung besteht.

Unter welchem Namen das Anerkennungsverfahren betrieben wird und auf welchen **116** Namen die Aufenthaltsgestattung lautet, ist für den Anspruch auf Hilfeleistung zunächst unerheblich. Durch die begangene mittelbare Falschbeurkundung stellt sich die wirtschaftliche Lage nicht günstiger dar, denn der Anspruch besteht und führt weder mittel- noch unmittelbar zu einer Bereicherung.[209] Auf die Rechtswidrigkeit kommt es in diesem Zusammenhang nicht an (→ StGB § 271 Rn. 49),[210] weshalb sich die vorgenannte Entscheidung mit dieser Streitfrage auch nicht befasst.[211] Im Übrigen wird durch die Neufassung des § 271 Abs. 3 StGB und die Gleichstellung von Entgelt und Bereicherung die hM dahin bestätigt, dass es auf die Rechtswidrigkeit des Vermögensvorteils nicht ankommt. Erst recht liegt **kein Fall des Betruges** vor. Für das Vorspiegeln falscher Tatsachen, aus denen die politische Verfolgung hergeleitet werden soll – gleichgültig ob ausdrücklich oder durch schlüssiges Verhalten – ist das offenkundig, denn Anspruch und Gewährung sozialer Hilfeleistungen sind unabhängig von den Erfolgsaussichten des Asylantrages.[212] Auch Sinn und Wortlaut des § 1a AsylbLG stellen dies – wie oben ausgeführt – noch einmal klar. Aber auch bei bloßer falscher Identitätsangabe gilt nichts anderes, denn der über den Leistungsantrag entscheidende Amtsträger braucht auf Grund der Leistungsbestimmungen die Identität des Antragstellers nicht zu prüfen, wird sich regelmäßig darüber auch keine Gedanken machen und somit auch nicht getäuscht werden können. Für ihn ist lediglich entscheidend, dass unter den sich aus der Aufenthaltsgestattung ergebenden Personalien ein Asylverfahren tatsächlich durchgeführt wird.[213]

Dagegen kommen die Tatbestände des § 271 Abs. 3 und des **§ 263 StGB** – idR tateinheit- **117** lich – in Betracht, **wenn** unter verschiedenen Identitäten Aufenthaltsgestattungen erlangt wurden, um gleichzeitig **mehrfach** soziale **Hilfeleistungen** in Anspruch zu nehmen. Bereicherung, Täuschung und Schädigung liegen dann zweifelsfrei mit entsprechender Absicht vor. Jedenfalls ein Fall des § 271 Abs. 3 StGB kann bei Vorspiegelung falscher Identität auch dann vorliegen, wenn Hilfeleistungen sukzessive bei anderen Sozialhilfeträgern als dem gem. § 10a AsylbLG örtlich zuständigen, nämlich der Behörde, deren Bezirk der Betreffende zugewiesen ist oder wo erstmals Antrag gestellt wurde, in Anspruch genommen werden. Leistungsberechtigte, die gegen asylverfahrensrechtliche- oder ausländerrecht-

---

[206] BGBl. I S. 2074.
[207] *Sartorius* Nr. 412.
[208] *Sartorius* Nr. 418.
[209] BayObLG 9.8.1994 – 5 StR 41/94, StV 95, 29.
[210] aA *Lutz* Inf AuslR 1997, 384 (388).
[211] Schönke/Schröder/*Heine/Schuster* bezieht sich zu Unrecht auf sie – StGB § 271 Rn. 42.
[212] *Krehl* NJW 91, 1397.
[213] BGH 10.7.1997 – 5 StR 276/97, StV 97, 635.

liche-Beschränkungen verstoßen, erhalten nämlich gem. § 11 AsylbLG nur die nach den Umständen erforderliche Hilfe. Eine Schädigungsabsicht ist ebenso zu bejahen wie das Ziel, einen Vermögensvorteil zu erlangen, insbesondere wenn die gewährten Hilfeleistungen in den Bezirken unterschiedlich hoch sind.

118 Ein abschließender Hinweis gilt im Rahmen der Urkundsdelikte **§ 282 StGB,** wonach die Bestimmungen über erweiterten Verfall und Einziehung in einzelnen Fällen zur Anwendung kommen können.

119 Im Zusammenhang mit **Aussagedelikten,** die nur im verwaltungsgerichtlichen Verfahren in Betracht kommen, ist unproblematisch die Falschaussage des Täters des § 84 zugunsten des Asylbewerbers, dessen Strafbarkeit nach §§ 153, 154 StGB mit § 84 tateinheitlich zusammentrifft. Nicht entschieden ist bislang die Frage, ob der Asylsuchende sich im Falle der eidlichen Einvernahme als Partei gem. § 98 VwGO, § 452 ZPO durch das Verwaltungsgericht nach § 154 StGB strafbar macht, wenn seine Angaben falsch sind. Mangels entsprechender Regelung – sei sie für überflüssig gehalten oder übersehen worden – wird jedoch der Gedanke der Straffreistellung des Asylbewerbers nach AsylG nicht auch ein solches Verhalten erfassen können, zumal davon nicht nur die materielle Richtigkeit einer Asylentscheidung (→ Rn. 1), sondern die staatliche Rechtspflege insgesamt betroffen ist. Außerdem kann die Eidesleistung abgelehnt werden (§ 453 Abs. 2 ZPO). Für den Täter des § 84 kommt insoweit Anstiftung oder Beihilfe zum Meineid – regelmäßig wohl in Tatmehrheit – in Betracht.

XI. Verwertbarkeit von Angaben im Strafverfahren

120 Der von den verfassungsrechtlichen Grundsätzen der Menschenwürde und der Rechtsstaatlichkeit geprägte Strafprozess verpflichtet niemanden, durch aktives Handeln zur eigenen Strafverfolgung beizutragen. Das **nemo-tenetur-Prinzip** (nemo tenetur se ipsum accusare und nemo tenetur se ipsum prodere) gilt als auf der Grundlage von Art. 1 Abs. 1 GG verfassungsrechtlich verbürgter Rechtsgrundsatz[214] und hat für den Beschuldigten in § 136 Abs. 1, 2 StPO sowie den Zeugen in § 55 Abs. 1 StPO seinen Niederschlag gefunden. Dem stehen Mitwirkungspflichten des Ausländers im Rahmen des Anerkennungsverfahrens nach §§ 15 und 25 gegenüber, die den Antragsteller in einen Interessenkonflikt bringen können, wenn die gegenüber dem Bundesamt gemachten Angaben, seien sie falsch – zB über die Einreisemodalitäten – oder seien sie richtig – zB über begangene Straftaten, die zu politischer Verfolgung geführt haben –, auch im eigenen Strafverfahren verwertet werden sollen.

121 Weder das Völkerrecht noch das Asylverfahrensgesetz oder andere Bestimmungen bieten eine ausdrückliche Regelung, die die strafrechtliche Aufklärungs- und Kognitionspflicht aus §§ 244 Abs. 2, 261 StPO entsprechend einschränken würde. Eine gewisse Ausnahme stellen in diesem Zusammenhang nur die **erkennungsdienstlichen Maßnahmen** zur Sicherung der Identität gem. § 16 als lex specialis zu § 49 AufenthG dar. Diese Maßnahmen hat der asylsuchende Flüchtling einerseits gem. § 15 Abs. 2 Nr. 7 zu dulden, dh sie können auch gegen seinen Willen zwangsweise durchgesetzt werden, wobei gem. §§ 11, 12 VwVG bzw. entsprechenden Landesgesetzen bei Tätigwerden von Landesbehörden nach §§ 18, 19, Zwangsgelder verhängt werden können oder unmittelbarer Zwang angewendet werden kann. Andererseits durften die in diesem Zusammenhang gewonnenen Erkenntnisse bislang nur dann gem. § 16 Abs. 5 zur Aufklärung einer Straftat verwendet werden, wenn bestimmte Tatsachen die Annahme begründen, dass sie dafür hilfreich waren. Im Rahmen der Terrorismusbekämpfung ist allerdings auch diese Hürde gefallen, was vertretbar erscheinen mag, weil es nur um Identitätsfeststellungen geht.[215]

122 Demgegenüber ist festzustellen, dass die Mitwirkungspflichten der §§ 15 und 25 nicht zwangsweise durchgesetzt werden können. Schon aus diesem Grund kann eine **analoge**

---

[214] Meyer-Goßner/Schmitt/*Meyer-Goßner* Einl. Rn. 29a; grundlegend BVerfG 13.1.1981 – 1 BvR 116/77, BVerfGE 56, 37 = NJW 81, 1431.
[215] Bergmann/Dienelt/*Bergmann* § 16 Rn. 22.

III. Asylgesetz   123, 124   § 84 AsylG

Anwendung von § 393 Abs. 2 AO, wonach die Verfolgungsbehörden keine Tatsachen oder Beweismittel verwerten dürfen, die der Steuerpflichtige mitgeteilt hat, bevor ihm die Einleitung eines Strafverfahrens bekannt gegeben worden war, nicht in Betracht kommen.[216] So kann nämlich beispielsweise die Mitwirkungspflicht nach § 90 AO mittels Verhängung von Zwangsgeld, Ersatzvornahme oder unmittelbaren Zwanges gem. §§ 328 ff. AO durchgesetzt werden, eine Möglichkeit die gerade beim Tatsachenvortrag zur Begründung der politischen Verfolgung nicht gegeben ist. Nicht einmal zum Erscheinen bei der Anhörung nach § 25 kann der Antragsteller gezwungen werden, wobei sich das Schweigen freilich kaum positiv auf die begehrte Entscheidung auswirken wird. Aber auch aus systematischen Gründen kann eine analoge Anwendung des § 393 Abs. 2 AO nicht in Betracht kommen. Insoweit handelt es sich nämlich um eine der analogen Anwendung regelmäßig nicht zugängliche Ausnahmevorschrift, die ein bereichsspezifisches Amtsgeheimnis, nämlich das Steuergeheimnis des § 30 AO – ähnlich wie gem. § 35 Abs. 1 SGB I iVm §§ 67 ff. SGB X das Sozialgeheimnis – schützt gegen die allg. Auskunftspflicht nach § 161 S. 1 StPO.[217] Außerdem ist eine Analogie regelmäßig nur dann zulässig, wenn bei vergleichbarer Ausgangslage eine planwidrige Regelungslücke festgestellt werden kann, die entspr. dem objektivierten Willen des Gesetzgebers ausgefüllt werden muss.[218] Im Hinblick auf die zahlreichen Änderungen des AsylVfG bzw. AsylG und die oben angesprochene (→ Rn. 121) Neufassung des § 16 durch das Gesetz vom 9.1.2002[219] mit seiner klaren Verwendungsregelung kann von einer solchen Regelungslücke gerade nicht ausgegangen werden.[220]

Nichts anderes ergibt sich schließlich auch aus der sog. Gemeinschuldnerentscheidung **123** des BVerfG[221] zur Aussagepflicht des Gemeinschuldners im – damals noch – Konkursverfahren und der Verwertbarkeit dieser Erkenntnisse im Strafverfahren. Im Gegenteil bestätigen die Bestimmungen der **Insolvenzordnung** die hier vertretene Ansicht. Die Auskunfts- und Mitwirkungspflichten des Gemeinschuldners aus §§ 20 und 97 InsO können nämlich bis hin zur Inhaftnahme nach § 98 InsO iVm §§ 904 ff. ZPO erzwungen werden. Demzufolge dürfen die zu offenbarenden Tatsachen, die geeignet sind die Strafverfolgung herbeizuführen, gem. § 97 Abs. 1 S. 2 und 3 InsO nur mit Zustimmung des Schuldners verwendet werden. Auch aus dieser Neuregelung wird deutlich, dass der nemo-tenetur-Grundsatz seinem Wortlaut entsprechend tatsächlich nur soweit zur Anwendung kommen soll, soweit Selbstbelastung unter direktem Zwang erfolgt, nicht aber wenn die Mitwirkungspflicht eine bloße Obliegenheit im eigenen Interesse darstellt. Demgegenüber kann nicht eingewendet werden, auch am Ende eines möglicherweise erfolglosen Asylverfahrens stünden häufig Zwangsmaßnahmen.[222]

Anders als in den vorgenannten Fällen sind beim Betreiben des Anerkennungsverfahrens **124** auch keine **Drittinteressen** – iS des staatlichen Steueraufkommens bzw. der Insolvenzgläubiger – berührt. Vielmehr besteht lediglich in der Person des Antragstellers ein nicht regelungsbedingter Interessenkonflikt, bei dem sich der Ausländer entscheiden muss zwischen der strafrechtlichen Selbstbelastung und dem Risiko der Ablehnung seiner Anerkennung. Derartige Konflikte sind grundsätzlich nicht geeignet, die Annahme eines strafrechtlichen Verwertungsverbotes zu rechtfertigen.[223] Das gilt umso mehr, als die Verweigerung belastender Angaben keinen direkten zwingenden Einfluss auf die Nichtanerkennung als Asylant oder Flüchtling hat. Das Verschweigen von Einreisemodalitäten mag im Rahmen der Gesamtbewertung als Beweisanzeichen zu würdigen sein, ein Rechtsgrund zur Ablehnung

---

[216] So aber OLG Hamburg 17.7.1985 – 1 Ss 96/85, NStZ 1985, 510 = InfAuslR 1985, 222.
[217] KK-StPO/*Müller* StPO § 161 Rn. 9 f.; Löwe/Rosenberg/*Erb* StPO § 161 Rn. 14, 20 ff.
[218] BVerfG 9.11.1988 – 1 BvR 243/86, BVerfGE 79, 106 (121).
[219] BGBl. I S. 361.
[220] OLG Düsseldorf 15.11.1991 – VI 14/89, StV 1992, 503 (504) mit differenzierender Anm. *Kadelbach* S. 506 ff.
[221] BVerfG 13.1.1981 – BvR 116/77, BVerfGE 56, 37 = NJW 81, 1431.
[222] *Ventzke* StV 1990, 279 (280).
[223] BGH 15.12.1989 – 2 StR 167/89, BGHSt 36, 328 = NJW 1990, 1426 = StV 1990, 243 mit abl. Anm. *Ventzke*.

folgt daraus allerdings nicht. Im Übrigen ist immer Art. 31 Abs. 1 Genfer Konvention zu beachten. Das Offenbaren insbes. sog. politischer im Herkunftsland begangener Straftaten kann sich im Einzelfall sogar zugunsten des Flüchtlings auswirken, sodass es der **Risikosphäre des Antragstellers** zugerechnet bleiben muss, in welchem Umfang er sich offenbaren will.[224] Die hier vertretene Ansicht wird letztlich auch gestützt durch die Entscheidung des Großen Senates für Strafsachen zur Verwertbarkeit der Erkenntnisse aus polizeilich veranlassten und mitgehörten Telefongesprächen, wenn darin ausgeführt ist, dass der Schutzgegenstand des nemo-tenetur-Grundsatzes auf die Freiheit von Aussage- und Mitwirkungszwang beschränkt ist.[225]

125   Der Auskunftspflicht nach § 161 S. 1 StPO und strafrechtlicher Verwertbarkeit von Erkenntnissen steht auch der gem. § 1 VwVfG gegenüber den verfahrensrechtlichen Bestimmungen des AsylG subsidiär anzuwendende **§ 30 VwVfG** – bzw. die entsprechenden zT gleichlautenden Bestimmungen in den Verwaltungsverfahrensgesetzen der Länder – nicht entgegen. Diese Vorschrift gehört gerade nicht zu den vorerwähnten besonderen Bestimmungen über gesteigerte Amtsgeheimnisse wie § 30 AO, § 35 SGB I ua[226] Sofern also nicht deren Regelungsbereich tangiert ist oder ein Ausnahmefall des § 96 StPO oder des § 5 Abs. 2 VwVfG vorliegt, muss auch der Ausländer damit rechnen, dass die von ihm gemachten Angaben den Strafverfolgungsbehörden mitgeteilt werden.[227] Da es sich bei der nach § 25 durch das Bundesamt vorgenommen Befragung nicht um eine Vernehmung iSd § 252 StPO handelt, dürfen die gemachten Angaben im Strafverfahren auch dann gegen einen Angehörigen des Ausländers verwendet werden, wenn dieser von seinem Aussageverweigerungsrecht nach § 52 StPO Gebrauch macht.[228]

§ 84a Gewerbs- und bandenmäßige Verleitung zur missbräuchlichen Asylantragstellung

(1) Mit Freiheitsstrafe von einem Jahr bis zu zehn Jahren wird bestraft, wer in den Fällen des § 84 Abs. 1 als Mitglied einer Bande, die sich zur fortgesetzten Begehung solcher Taten verbunden hat, gewerbsmäßig handelt.

(2) In minder schweren Fällen ist die Strafe Freiheitsstrafe von sechs Monaten bis zu fünf Jahren.

I. Normzweck und Historie

1   Ebenso wie § 84 soll auch dieser Tatbestand Missbräuche des Asylgrundrechts verhindern und die Lauterkeit der Motive im Asylverfahren fördern.[1] Mit Wirkung vom 1.12.1994 wurde durch Art. 3 des Verbrechensbekämpfungsgesetzes vom 28.10.1994[2] korrespondierend zu § 92b AuslG 1990 die Vorschrift in das AsylVfG/AsylG aufgenommen. Wie die strafschärfenden und mit erweiterten Gewinnabschöpfungsmaßnahmen angereicherten Änderungen des § 84 beruht auch diese neue Bestimmung auf einem Bundesratsentwurf für ein Gesetz zur Stärkung des Rechtsfriedens und zur Bekämpfung des Schlepperunwesens.[3] Der Tatbestand wurde ohne Änderung in den Gesetzesentwurf übernommen.

2   Auch wenn die praktische Bedeutung bislang eher gering geblieben ist und im Hinblick auf die hohe Strafdrohung Zweifel an einem Bedürfnis für die Gesetzesverschärfung angebracht werden können,[4] erscheint der **Gleichklang mit § 92b AuslG 1990**, jetzt § 97

---

[224] OLG Düsseldorf 15.11.1991 – VI 14/89, StV 1992, 503 (505).
[225] BGH 13.5.1996 – GSSt 1/96, BGHSt 42, 139 (151 ff.) = NStZ 96, 502 (504).
[226] Vgl. *Knack*/Busch ua Kommentar zum VwVfG 3.4.2. zu § 30.
[227] *K. Meyer* JR 1986, 170.
[228] Erbs/Kohlhaas/*Senge* § 25 Rn. 9.
[1] GK-AsylVfG/*Franke* Rn. 2.
[2] BGBl. I S. 3190.
[3] BT-Drs. 12/5683, 1.
[4] So Erbs/Kohlhaas/*Senge* Rn. 1.

Abs. 2 AufenthG, konsequent. Tragödien wie jene vom 19.6.2001 in Dover/GB (in einem niederländischen KühlLKW wurden die Leichen von 58 chinesischen Staatsangehörigen aufgefunden) und die ungezählten Flüchtlinge, die vor allem seit 2014 im Mittelmeer und auf verschiedenen Landwegen in ganz Europa umgekommen sind, machen überdies deutlich, mit welcher Skrupellosigkeit Schlepperbanden operieren und professionell Gewinne machen, ein Vorgehen, dessen Einordnung als Verbrechenstatbestand zwingend geboten erscheint. Derartige Fallgestaltungen gehören zum Bereich schwerster Kriminalität, die schuldangemessen und entspr. den Bedürfnissen von Spezial- und Generalprävention in Anwendung eines erhöhten Strafrahmens geahndet werden müssen.

Die sich aus der Mindeststrafe iVm § 12 Abs. 1 StGB ergebende Einstufung des Qualifikationstatbestandes als Verbrechen bewirkt außerdem, dass über **§ 30 StGB** bereits im Vorfeld begangene Taten strafrechtlich erfasst werden können. Dieses gilt mit Blickrichtung auf §§ 7 Abs. 1, 9 StGB sogar dann, wenn der Beteiligungsversuch im Ausland stattfindet. Somit können die beim „organisierten Schleppertum naturgemäß bis in die Heimatländer von Einreisewilligen reichenden Verbindungen" unterbrochen werden.[5] Schließlich wird die Bedeutung der Bestimmung auch daraus deutlich, dass im Falle des Vorliegens der Voraussetzungen sämtliche verdeckten Ermittlungen einschließlich des Einsatzes technischer Mittel in Wohnungen (vgl. §§ 100a, 100c, 110a StPO) möglich sind.   3

II. Tathandlungen (Abs. 1)

Voraussetzung für die Erfüllung des Tatbestandes sind zunächst die Tatbestandsmerkmale des § 84 Abs. 1, sodass auf die dazu gemachten Ausführungen Bezug genommen werden kann (→ § 84 Rn. 22 ff.). Dieses gilt in gleicher Weise für die Gewerbsmäßigkeit (→ § 84 Rn. 61 ff.) und das Handeln als Mitglied einer Bande, die sich zur fortgesetzten Begehung solcher Taten verbunden hat (→ § 84 Rn. 64 ff.), weil der Unterschied zu § 84 Abs. 3 lediglich darin besteht, dass die dort in Ziff. 1 und 2 genannten qualifizierenden Tatbestandsmerkmale hier nicht nur alternativ vorliegen, sondern kumulativ zusammentreffen müssen. Einer besonderen Erwähnung des Versuchs bedarf es nicht, weil sich dessen Strafbarkeit bereits aus § 23 Abs. 1 iVm § 12 Abs. 1 StGB ergibt.   4

Vorsätzliches Handeln ist auch hier erforderlich, wobei bedingter Vorsatz genügt. Dieser Vorsatz muss allerdings auch das Wissen und Wollen eines nicht nur gewerbs-, sondern auch bandenmäßigen Verleitens bzw. Unterstützens einschließen.   5

III. Minder schwere Fälle (Abs. 2)

Das Vorliegen eines minder schweren Falles führt zu einer Verschiebung des Strafrahmens, der mit 6 Monaten bis 5 Jahre im Höchstmaß unterhalb desjenigen von § 84 Abs. 3 liegt. Gemäß § 12 Abs. 3 StGB bleibt die Tat allerdings dennoch ein Verbrechen.[6] Insbesondere bei einzelnen Bandenmitgliedern, die unabhängig von ihrem konkreten Tatbeitrag erfasst sind, wird das Vorliegen eines minder schweren Falles genauer zu prüfen sein. Im Gegensatz zu den besonders schweren Fällen sind wegen der Vielfältigkeit der in Betracht kommenden Möglichkeiten und der Schwierigkeiten einer eindeutigen Umschreibung benannte minder schwere Fälle weder im StGB noch in den strafrechtlichen Nebengesetzen zu finden. Nach allgM[7] gilt jedoch für beide Fallvarianten derselbe Prüfungsmaßstab, dh es kommt darauf an, „ob das gesamte Tatbild nach einer Gesamtbewertung aller objektiven, subjektiven und die Persönlichkeit des Täters betreffenden Umstände, die der Tat selbst innewohnen oder die sonst im Zusammenhang mit ihr stehen, vom Durchschnitt der erfahrungsgemäß vorkommenden Fälle in einem Maße abweicht, dass die Anwendung des (niedrigeren) Strafrahmens geboten erscheint".[8] Wesentlich sind damit nicht nur die Tat begleitenden und ihr   6

---

[5] BT-Drs. 12/5683, 8.
[6] AA, aber wohl eher ein Redaktionsversehen, *Hailbronner* Rn. 3.
[7] Vgl. zB Schönke/Schröder/*Stree*/*Kinzig* StGB Vor §§ 38 ff. Rn. 48 ff.
[8] BGH 28.2.1979 – 3 StR 24/79, BGHSt 28, 318 (319) = MDR 1979, 511 zum besonders schweren Fall.

AsylG § 85 1

vorausgehenden Umstände, sondern auch nachfolgende, soweit diese für die Tat und das Täterbild relevant sind.[9]

IV. Gewinnabschöpfung

7 Die Ahndung der Tat mit den gewinnabschöpfenden Maßnahmen des erweiterten Verfalls war nach Abs. 3 (alt) zwingend vorgeschrieben. Wie im Fall des § 84 Abs. 5 konnte diese Norm aufgehoben werden, weil das Reformgesetz der strafrechtlichen Vermögensabschöpfung vom 13.4.2017[10] die erweiterte Einziehung von Taterträgen (= bisher erweiterter Verfall) generell vorsieht und ein gesonderter Gesetzesverweis nicht mehr erforderlich ist. Ein selbstständiges Einziehungsverfahren im Falle einer Straftat nach § 84a spricht § 76a Abs. 4 S. 3 Nr. 3b StGB an. Auf das in → § 84 Rn. 85 ff. Gesagte kann im Übrigen verwiesen werden.

V. Konkurrenzen

8 Auch für die Konkurrenzverhältnisse gelten hier keine Besonderheiten. Im Verhältnis zu § 84 besteht Gesetzeskonkurrenz, indem dieser durch die speziellere Norm des § 84a verdrängt wird.

§ 85 Sonstige Straftaten

Mit Freiheitsstrafe bis zu einem Jahr oder mit Geldstrafe wird bestraft, wer
1. entgegen § 50 Abs. 6, auch in Verbindung mit § 71a Abs. 2 Satz 1, sich nicht unverzüglich zu der angegebenen Stelle begibt,
2. wiederholt einer Aufenthaltsbeschränkung nach § 56 oder § 59b Absatz 1, jeweils auch in Verbindung mit § 71a Abs. 3, zuwiderhandelt,
3. einer vollziehbaren Anordnung nach § 60 Abs. 2 Satz 1, auch in Verbindung mit § 71a Abs. 3, nicht rechtzeitig nachkommt oder
4. entgegen § 61 Abs. 1, auch in Verbindung mit § 71a Abs. 3, eine Erwerbstätigkeit ausübt.

Übersicht

	Rn.		Rn.
I. Normzweck und Historie	1–8	2. Verstoß gegen die räumliche Beschränkung (§ 56 Abs. 1 und 2)	28–39
II. Verfassungsmäßigkeit und Verwaltungsakzessorietät	9–17	3. Verstoß gegen Wohnanordnung (§ 60 Abs. 2)	40–42
III. Täterschaft und Teilnahme	18–24	4. Verstoß gegen Erwerbstätigkeitsverbot (§ 61 Abs. 1)	43, 44
IV. Tathandlungen	25–44	V. Innerer Tatbestand	45–53
1. Verstoß gegen Zuweisungsentscheidung (§ 50 Abs. 6)	25–27	VI. Konkurrenzen	54–58
		VII. Sonstiges	59–61

I. Normzweck und Historie

1 In der Bestimmung sind unterschiedliche Tatbestände zusammengefasst, die vorrangig dem Zweck dienen, dass der Asylbewerber für Behörden und Gerichte jederzeit **leicht erreichbar** ist. Die auferlegten und im Falle von Verstößen strafrechtlich sanktionierten Verpflichtungen sollen eine möglichst zügige Durchführung des Asylverfahrens sicherstellen,[1] denn dessen teilweise überlange Dauer stellt eine erhebliche wirtschaftliche Belastung für die öffentliche Hand dar. So betrachtet ist die Norm von politischen Aspekten getragen,

---
[9] BGH 16.12.1988 – StR 563/88, StV 89, 152.
[10] BGBl. I S. 872.
[1] BT-Drs. 9/875, 26; 9/1630, 27.

III. Asylgesetz   2–6 § 85 AsylG

im Vordergrund ist jedoch als zu schützendes Rechtsgut das **reibungslose Funktionieren** einer Verwaltung zu sehen, die den meisten Asylbewerbern in ihrer subtilen Struktur unbekannt sein wird. Vor allem die Vornahme von Zustellungen und Vollstreckungsmaßnahmen muss fortlaufend möglich sein.

Zweck der Vorschrift ist darüber hinaus, die wirksame Durchsetzung des grundrechtlich 2 verbürgten Asylrechts zu schützen und im Interesse sozialer Stabilität den Missbrauch durch allzu weitgehende Freizügigkeit im Bundesgebiet zu verhindern.[2] Dieser Gedanke kommt insbesondere in der Sanktion der Nr. 4 zum Ausdruck, die sicherstellen will, dass nicht unbegründete und von Anfang an aussichtslose Asylanträge gestellt werden, nur um die Zeit bis zur Abschiebung für Verdienstzwecke nutzen zu können. Damit kann in der Bevölkerung die Akzeptanz des Asylrechts und seiner verfahrensrechtlichen Regelungen erhöht und zugleich die Integration von tatsächlich Asylberechtigten verbessert werden.[3]

Schließlich mag den Regelungen auch eine gewisse allgemeine **präventive Wirkung** 3 zukommen. Die Fälle der Praxis haben gezeigt, dass unkontrollierte Fluktuation[4] das betrügerische Stellen von Mehrfachanträgen auf Leistungen nach dem AsylbLG[5] ebenso fördert wie beispielsweise Schwarzarbeit. Aufenthaltsbeschränkungen und Arbeitsverbote zur Erhaltung der Funktionstüchtigkeit des deutschen Arbeitsmarktes ergänzen sich daher sinnvoll und erleichtern bei offensichtlich unbegründeten Asylbegehren die alsbaldige Abschiebung.[6]

Eine erste Bestimmung zur Sicherung der verwaltungsmäßigen Kontrolle über asylsu- 4 chende Ausländer[7] fand sich in **§ 25 AsylVO 1953**,[8] wonach bestraft werden konnte, wer seiner Meldepflicht nicht nachkam, indem er sich entgegen § 1 Abs. 1 dieser VO nicht unverzüglich in einem Sammellager meldete. Weitere strafrechtliche Bestimmungen ergaben sich aus § 47 Abs. 1 AuslG 1965,[9] zB das Verhindern der Durchführung erkennungsdienstlicher Maßnahmen gem. Nr. 3. In welchem Umfang das Missachten von Auflagen oder der Verstoß gegen räumliche Beschränkungen durch Asylbewerber nach dem allgemein für Ausländer geltenden § 47 Abs. 1 Nr. 5 AuslG 1965 geahndet werden konnte, war in Literatur und Rspr. heftig umstritten.[10]

Mit dem Herauslösen der Bestimmungen des Asylverfahrensrechts (§§ 28–46) aus dem 5 AuslG 1965 und der Schaffung eines eigenständigen **AsylVfG** per 16.7.**1982**[11] wurde als § 34 ein eigener Strafnormenkatalog geschaffen, durch den die Nichteinhaltung verschiedener Pflichten des Asylbewerbers im Interesse einer Straffung und Vereinfachung des verwaltungsrechtlichen Anerkennungsverfahrens strafrechtlich sanktioniert wurde. Hierzu gehörten Auflagen-, Weisungs- und Anordnungsverstöße vor allem im Zusammenhang mit der jederzeitigen Erreichbarkeit und aufgenommener Erwerbstätigkeit. Im Rahmen einer Neuregelung der Ausgestaltung der Aufenthaltsgestattung gem. § 20 AsylVfG 1982[12] erfuhr auch § 34 einige redaktionelle Änderungen.

Der **Regelungsgehalt** des § 34 wurde mit dem AsylVfG vom 26.6.**1992**[13] gestrafft und 6 in seinen wesentlichen Teilen in § 85 übernommen. Entfallen ist jedoch – wohl mangels Bedürfnisses – die Strafbarkeit nach § 34 Abs. 1 Nr. 1 AsylVfG 1982, wenn der Asylbewerber einer Weiterleitung von der Grenzbehörde zur zuständigen oder nächstgelegenen Aufnahmeeinrichtung nicht unverzüglich nachkommt. Ob der Verstoß gegen – nunmehr – § 20

---

[2] BVerfG 6.6.1989 – 2 BvL 6/89, BVerfGE 80, 182 (186) = NStZ 89, 478.
[3] GK-AsylVfG/*Franke* Rn. 1.
[4] BT-Drs. 9/875, 26.
[5] *Sartorius* Nr. 418.
[6] BT-Drs. 12/2062, 38.
[7] GK-AsylVfG/*Schluckebier* Vor §§ 34–36 AsylVfG 1982 Rn. 2.
[8] BGBl. I S. 3.
[9] BGBl. I S. 353 mit zahlreichen hier nicht einschlägigen Änderungen.
[10] Verneinend zB *Huber* NJW 1981, 1868 (1873); bejahend OLG Stuttgart 7.5.1982 – 3 Ss (12) 41/82, NStZ 1982, 385 mwN.
[11] BGBl. I S. 946.
[12] Gesetz zur Änderung asylverfahrensrechtlicher, arbeitserlaubnisrechtlicher und ausländerrechtlicher Vorschriften vom 6.1.1987, BGBl. I S. 89.
[13] BGBl. I S. 1126.

Abs. 2 demgegenüber heute als Ordnungswidrigkeit nach § 86 Abs. 1 geahndet werden kann, braucht an dieser Stelle nicht erörtert zu werden (→ Rn. 19). Ebenfalls entfallen ist die in § 34 Abs. 1 Nr. 2 AsylVfG 1982 enthaltene Strafbarkeit von Asylbewerbern, die sich Maßnahmen zur Identitätsfeststellung entziehen, obgleich sie diese weiterhin – jetzt – gem. § 15 Abs. 2 Nr. 7 iVm § 16 zu dulden haben. Das Argument, auf eine Strafbarkeit könne verzichtet werden, weil die erkennungsdienstliche Behandlung im Wege des unmittelbaren Zwanges nach dem UZwG vom 10.3.1961 bzw. entspr. ländergesetzlichen Regelungen durchzusetzen sei,[14] erscheint wenig konsequent, wenn gleichzeitig ein Ausländer – und hierzu zählt in diesem Zusammenhang auf Grund der lex specialis-Regelung nicht der Asylbewerber oder sonst internationalen Schutz Suchende – gem. § 49 Abs. 8 AufenthG in gleicher Weise zur Duldung erkennungsdienstlicher Maßnahmen verpflichtet ist und bei Weigerung nach § 95 Abs. 1 Nr. 6 AufenthG bestraft werden kann.

7   Der **Strafzweck** des § 85 Nr. 1 ist demgegenüber bei unterschiedlichen Primärnormen mit dem des § 34 Abs. 1 Nr. 5 AsylVfG 1982 identisch. Um den Gleichklang mit der Ausfüllungsnorm des § 50 Abs. 6 herzustellen, wurden die Worte „nicht rechtzeitig" auf Anregung des Rechtsausschusses ersetzt durch das Wort „unverzüglich".[15] § 85 Nr. 2 entspricht nach Anpassung an das mit § 56 neu geregelte System der Aufenthaltsbeschränkung der Vorgängerbestimmung des § 34 Abs. 1 Nr. 3 AsylVfG 1982. § 85 Nr. 3 in der Fassung des Gesetzes vom 26.6.1992 knüpfte an § 34 Abs. 1 Nr. 4 AsylVfG an, beschränkte sich allerdings aus den Gesetzesmaterialien nicht zu entnehmenden Gründen auf einen Verstoß gegen ortsbezogene Anordnungen. Die unterschiedliche Behandlung im Verhältnis zu anderen mit einem Verbot der Erwerbstätigkeit belegten Ausländern, die nicht Asylbewerber, aber gem. § 92 Abs. 1 Nr. 3 AuslG 1990 pönalisiert waren, war auch hier nicht ersichtlich und inkonsequent.

8   Dieses zu vermutende Versehen wurde mit Wirkung vom 1.7.1993 korrigiert durch Art. 1 Nr. 42 des Gesetzes zur Änderung asylverfahrens-, ausländer- und staatsangehörigkeitsrechtlicher Vorschriften vom 30.6.1993.[16] Diese Fassung, in der die bisherige Nr. 3 an 4. Stelle rückte und unter der freigewordenen Ziffer Zuwiderhandlungen gegen nach § 60 Abs. 1 ausgesprochene Verbote oder Beschränkungen einer Erwerbstätigkeit aufgenommen wurden sowie mit Nr. 5 die Ausübung einer Erwerbstätigkeit entgegen dem gesetzlichen Verbot des § 61 Abs. 1 unter Strafe gestellt wurde, galt bis zum 31.12.2014. Außerdem wurden mit dieser Gesetzesnovelle sämtliche als „sonstige Straftaten" bezeichneten Tatbestände des § 85 auf sogenannte Zweitantragsteller iSd § 71a erstreckt. Da ein solcher Ausländer während des Feststellungsverfahrens nach § 71a Abs. 2 noch keinen Asylbewerberstatus hat, sondern nach Abs. 3 lediglich als geduldet gilt, erschien die klarstellende Einbeziehung auch hinsichtlich der Sanktionsnormen erforderlich.[17] Mit dem **Gesetz** zur Verbesserung der Rechtsstellung von asylsuchenden und geduldeten Ausländern **vom 23.12.2014**[18] wurde die Nr. 3 in der Folge der Neufassung von § 60 Abs. 1 gestrichen; Nr. 4 und 5 rückten als Nr. 3 und 4 nach.

II. Verfassungsmäßigkeit und Verwaltungsakzessorietät

9   Da es sich bei den – nunmehr – in § 85 erfassten Verstößen um solche von untergeordneter Bedeutung im Zusammenhang mit Verwaltungsentscheidungen handelt, ist streitig, ob tatsächlich ein echtes kriminalpolitisches Bedürfnis für das Verhängen von Kriminalstrafen gegeben ist oder nicht die Ahndung als OWi ausreicht.[19] Wie beispielsweise die unterschiedliche Regelung bei Verweigerung erkennungsdienstlicher Maßnahmen im Verhältnis zu § 95 Abs. 1 Nr. 6 zeigt und aus der vorstehenden historischen Entwicklung in den Asylver-

---

[14] BT-Drs. 12/2062, 42.
[15] BT-Drs. 12/2718, 42.
[16] BGBl. I S. 1062.
[17] BT-Drs. 12/4450, 29.
[18] BGBl. I S. 2439.
[19] Vgl. *Aurnhammer* S. 87 ff. mit zahlreichen Literaturnachweisen.

fahrensgesetzen deutlich wird, ist diese Diskussion durchaus offen. Schließlich stehen auch noch unterhalb von Straf- und Bußgeldtatbeständen Mittel zur Verfügung, um Verstößen gegen die Primärordnung zu begegnen. Hierzu gehören ua Verwaltungszwang – wie bei der Verweigerung erkennungsdienstlicher Maßnahmen durch Asylsuchende – oder andere rechtliche Nachteile – wie die Zustellungsfiktion gem. § 10 Abs. 2 oder die Schlechterstellung im Verwaltungsverfahren bei der Verletzung von Meldepflichten gem. §§ 22 Abs. 3 S. 2; 20 Abs. 2 S. 1. Insgesamt ist nach allgM[20] jedenfalls im Rahmen des AsylG von einem **abgewogenen System** auszugehen. Die Meinung von Pfaff, es bestehe ein gesetzgeberischer „Drang nach Bestrafung einer in der öffentlichen Meinung stark diskriminierten sozialen Randgruppe",[21] ist jedenfalls auf einhellige Ablehnung gestoßen und wird auch in späteren Auflagen nicht wiederholt; allerdings wird nunmehr von Marx die Aufhebung der Vorschrift deshalb gefordert, weil sie nicht mit Art. 16 Abs. 3 der sog. Aufnahmerichtlinie[22] in Einklang stehe. Die Argumentation, in der Richtlinie seien strafrechtliche Sanktionen nicht genannt, überzeugt allerdings mit Blick auf den Regelungsgehalt von Richtlinien nicht.[23] Während die Schleusertatbestände eindeutig dem Kernbereich des Strafrechts zuzuordnen sind, lässt sich dieses für die Tatbestände des § 85 hinsichtlich einer Zuordnung zum Bußgeldrecht als ethisch neutrale Ordnungsverstöße keineswegs klar feststellen. Im Gegenteil spricht der dramatisch angestiegene Missbrauch des Asylrechts in den unterschiedlichsten Varianten Ende der achtziger Jahre, der das Schlagwort des Wirtschaftsflüchtlings geprägt hat, dafür, auch unter Berücksichtigung des Grundsatzes der **Verhältnismäßigkeit** bei einigen Verstößen mit moderaten Sanktionsrahmen strafrechtliche Ahndungen vorzusehen. Eine exakte Grenzlinie ist schwer zu ziehen und muss unter Berücksichtigung der jeweiligen konkreten historischen Situation durch den Gesetzgeber festgelegt werden.[24] Hierbei ist dem Gesetzgeber nach der Rspr. des BVerfG ein nicht unerheblicher Spielraum eigenverantwortlicher Bewertung zuzubilligen.[25] Auch in einer späteren Entscheidung zur Strafbarkeit eines Verstoßes gegen die räumliche Beschränkung der Aufenthaltsgestattung wurde die Grenze des Übermaßverbotes als nicht überschritten erachtet, weil ohnehin erst der zweite Verstoß strafrechtlich sanktioniert sei.[26]

Schon dem Gesetzeswortlaut und der Nennung einzelner Bezugsbestimmungen ist zu 10 entnehmen, dass die strafrechtliche Sanktion an verwaltungsrechtliche Normen und Tatbestände unmittelbar anknüpft. Das **Blankettstrafgesetz** bestimmt neben der Art der Strafe und dem Strafrahmen nur iVm auszufüllenden Geboten oder Verboten aus dem verwaltungsrechtlichen Bereich die Strafbarkeitsvoraussetzungen. Auch wenn von der Gesetzgebungstechnik her nicht unumstritten,[27] erfordern die Vielgestaltigkeit des Lebens einerseits und die Allgemeinheit und Abstraktheit von Strafnormen andererseits derartige Regelungen (→ AMG Vor § 95 Rn. 45 f.). Bei hinreichender Bestimmtheit in der Zusammenschau von Blankett- und Ausfüllungsnorm steht Art. 103 Abs. 2 GG nicht entgegen, wenn die Anforderungen an das Bestimmtheitsgebot vor allem bei Normen mit nur geringen Strafdrohungen nicht übersteigert werden.[28]

Trotz zahlreicher Entscheidungen des BVerfG in diesem Bereich[29] ist die **Verfassungs-** 11 **mäßigkeit** der einzelnen Regelungen des § 85 mit Blick auf Art. 103 Abs. 2 GG bislang

---

[20] Bergmann/Dienelt/*Bergmann* Rn. 2.
[21] Marx/Strate/*Pfaff* § 34 AsylVfG 1982 Rn. 2.
[22] RL 2003/9/EG des Rates vom 27.1.2003, ABl. L 31, 18.
[23] *Marx* 7. Aufl. Rn. 4 ff., weniger deutlich 8. Aufl. Rn. 3.
[24] BVerfG 16.7.1969 – 2 BvL 2/69, BVerfGE 27, 18 (29 f.) = NJW 1969, 1619 (1621).
[25] BVerfG 6.6.1989 – 2 BvL 6/89, BVerfGE 80, 182 (186) = NStZ 89, 478.
[26] BT-Drs. 9/1630, 27 f.; BVerfG 10.4.1997 – 2 BvL 45/92, BVerfGE 96, 10 (23) = NVwZ 1997, 1109.
[27] *Kühl* FS Lackner, 1987, 815; Lackner/Kühl/*Heger* StGB Vor § 324 Rn. 3 mwN insbesondere zum Umweltstrafrecht.
[28] BVerfG 22.6.1960 – 2 BvR 125/60, BVerfGE 11, 234 (237); 25.7.1962 – 2 BvL 4/62, BVerfGE 14, 245 (251) = MDR 1962, 794; vgl. allgemein hierzu Schmidt-Bleibtreu/Hofmann/Hopfauf, 12. Aufl., GG Art. 103 Rn. 26 ff.
[29] ZB BVerfG 6.5.1987 – 2 BvL 11/85, BVerfGE 75, 329 (340 ff.) zu § 327 Abs. 2 Nr. 1 StGB = NJW 1987, 3175 f.; 1.12.1992 – 1 BvR 88, 576/91, BVerfGE 87, 399 (407) = NJW 1993, 581 zu § 29 Abs. 1 Nr. 2 VersG.

nicht ernsthaft in Frage gestellt worden, was bei jenen der Vorgängervorschrift des § 34 Abs. 1 AsylVfG 82 durchaus der Fall war,[30] wenngleich es auch dort insoweit nicht zu einer höchstrichterlichen Entscheidung gekommen ist. Für die Tatbestände der Nummern 2 Alt. 1 und 4 sind Probleme schon deshalb nicht ersichtlich, weil sich die Strafbarkeit unmittelbar aus der gesetzlichen Regelung ergibt (= Verwaltungsrechtsakzessorietät).[31] So regeln § 56 die Aufenthaltsbeschränkung und § 61 Abs. 1 das Verbot der Erwerbstätigkeit für die Dauer des Wohnens in einer Aufnahmeeinrichtung kraft Gesetzes. Diese sog. einfachen Blankettstrafnormen (→ AMG Vor § 95 Rn. 52, 61 f.), deren Verhaltensnorm im Gegensatz zum Fall der sog. qualifizierten Blankettstrafnorm (zB § 96 Nr. 1 AMG, § 29 Abs. 1 Nr. 14 BtMG, § 58 Abs. 1 Nr. 18 LFGB) nicht nur vom Verordnungsgeber ausgefüllt wird, können daher nicht mit Art. 103 Abs. 2 GG kollidieren. Demgegenüber setzen die übrigen Tatalternativen mit Tatbeständen der Nummern 1 und 3 sowie 2 iVm. § 59b Abs. 1 den Erlass von – die Strafbarkeit überhaupt erst begründenden – Verwaltungsakten voraus (Verwaltungsaktsakzessorietät). Während im Fall der Nr. 1 ein Entschließungsermessen der Verwaltungsbehörde nach § 50 Abs. 6 praktisch ausgeschlossen ist, räumen in den Fällen der Nummern 2 Alt. 2 und 3 die ausfüllenden Bestimmungen der §§ 59b Abs. 1 und 60 Abs. 2 S. 1 ein durchaus weitgehendes, auch örtlich unterschiedlich gehandhabtes, Ermessen ein. Die Ausländerbehörden sind jedoch in jedem Fall an die Vorgaben des § 40 VwVfG gebunden. Darüber hinaus ist, wie bei der Auslegung unterschiedlicher Rechtsbegriffe auch, eine nicht immer einheitliche und sicher vorhersehbare Verwaltungspraxis hinzunehmen.[32] Dieses gilt auch für den materiellen Inhalt der Auflagen und Anordnungen, zumal den Gestaltungsspielräumen ohnehin enge Grenzen gezogen sind. Allein bei Missachtung der vollziehbaren Anordnung nach § 60 Abs. 2 S. 1 könnten Zweifel an Bestimmtheit und Voraussehbarkeit der Strafnorm iSd Art. 103 Abs. 2 GG angebracht sein, weil die Ausfüllungsnorm für die Befolgung der Anordnung keinen zeitlichen Rahmen vorgibt, während die Strafbarkeit nach § 85 Nr. 3 bereits dann drohen soll, wenn der Ausländer der Anordnung nicht rechtzeitig nachkommt (näher dazu → Rn. 40).

12   In den vorgenannten Fällen der Normen 1, 2 Alt. 2 und 3 stellen sich weitere gemeinsame Probleme der sog. **Verwaltungsakzessorietät,** nämlich wann die Strafbarkeit eines Verstoßes gegen einen VA beginnt, ob und in welchem Umfang der Tatbestand die Rechtmäßigkeit des VA voraussetzt und welche Auswirkungen ein später aufgehobener VA auf eine bereits erfolgte Verurteilung haben kann. Praktisch unstreitig und ständige Rspr. seit einer zur Missachtung von Verkehrszeichen getroffenen Entscheidung des BGH[33] ist die Straffreiheit für den Fall der Nichtigkeit einer Verfügung gem. § 44 VwVfG (so auch zB → WaffG § 52 Rn. 93), die der Strafrichter selbst überprüfen darf und muss. Ist die Verfügung zurückgenommen oder widerrufen (§§ 48, 49 VwVfG), kann tatbestandsmäßiges Handeln ebenso wenig vorliegen. Aber auch darüber hinaus kommt Strafbarkeit nur bzw. erst dann in Betracht, wenn der VA bestandskräftig oder mindestens vollziehbar ist (so auch zB → VersammlG § 23 Rn. 17 f.). Gemeint ist damit die Vollziehbarkeit nicht im materiellen, sondern allein im formellen, vollstreckungsrechtlichen Sinn, denn die auch im Verwaltungsprozessrecht eingeräumte Bedenkfrist zur Einlegung eines Rechtsmittels kann nicht durch Strafandrohungen genommen werden.[34] Von Bedeutung ist in diesem Zusammenhang allerdings § 75, wonach sämtliche der hier in Rede stehenden VA'e – um dem Beschleunigungsgrundsatz des Asylverfahrensrechts Rechnung zu tragen – unabhängig von einer Anfechtungsklage sogleich vollziehbar sind; Widerspruch ist gem. § 11 ohnehin nicht zulässig.

13   Grundsätzlich tritt also Strafbarkeit mit **Bekanntwerden des VA** ein. Ein Zuwiderhandeln gegen eine räumliche Beschränkung gem. § 59b Abs. 1 kann daher ab diesem Zeitpunkt nach § 85 Nr. 2 geahndet werden. Die vollziehbaren Handlungsgebote der Nr. 1 und 3

---

[30] Vgl. *Aurnhammer* S. 111 f. mwN.
[31] Maunz/Dürig/*Schmidt-Assmann* GG Art. 103 Rn. 202.
[32] BVerfG 6.5.1987 – 2 BvL 11/85, BVerfGE 75, 329 (347).
[33] BGH 23.7.1969 – 4 StR 371/68, BGHSt 23, 86 = NJW 1969, 2023 = MDR 1969, 947.
[34] BGH 23.7.1969 – 4 StR 371/68, BGHSt 23, 86 (91 f.); *Odenthal* NStZ 1991, 418 (419).

erfordern demgegenüber – sofern nicht die Voraussetzungen für Gefahr im Verzug gegeben sind – nach allgemeinem Verwaltungsvollstreckungsrecht eine angemessene Erfüllungsfrist, die genützt werden kann, bis Zwangsmittel angedroht und gegebenenfalls ergriffen werden können.[35] Der Betroffene, der innerhalb dieser Frist dem Gebot nachkommt, handelt unverzüglich (Nr. 1) bzw. rechtzeitig (Nr. 3) und macht sich demzufolge erst nach ergebnislosem Ablauf dieser weiteren Frist strafbar.

Die sofortige Vollziehbarkeit nach § 75 kann allerdings jederzeit durch einen erfolgreichen Antrag nach § 80 Abs. 5 VwGO in ihrer Wirkung beseitigt werden. Sofern der Antrag innerhalb der vorgenannten Handlungsfrist gestellt wird, entfällt eine Strafbarkeit im Hinblick auf Art. 19 Abs. 4 GG auch dann, wenn eine verwaltungsgerichtliche Entscheidung erst nach ihrem Ablauf ergeht.[36] Ein schuldhafter Verstoß gegen die alsbaldige Handlungspflicht kann in diesen Fällen nicht gesehen werden. Anders verhält es sich mit der Anordnung einer räumlichen Beschränkung im Fall der Nr. 2, 2. Alt., deren Nichtbefolgung unabhängig vom Zeitpunkt des Antrages auf Wiederherstellung der **aufschiebenden Wirkung** und ebenso unabhängig vom Zeitpunkt der gerichtlichen Entscheidung von Anfang an strafbefangen ist, denn aus der Beachtung dieser Einschränkung entstehen wesentliche Nachteile nicht.[37] Besonders sorgfältig wird in einem solchen Fall allerdings die Frage des Vorsatzes zu prüfen sein. 14

Dass die Strafbarkeit auch vom **Inhalt des VA** abhängt, ist eine Selbstverständlichkeit. Hierbei ist ausgehend vom Empfängerhorizont bei objektiver Würdigung in Anwendung § 133 BGB der erklärte Wille maßgebend. Unklarheiten wirken sich zugunsten des Beschuldigten aus.[38] 15

Durchaus streitig ist jedoch die Frage, ob die Strafbarkeit auch **Rechtmäßigkeit des VA** voraussetzt. Dieses hat der BGH iS einer strengen Akzessorietät der Strafbarkeit von einer verwaltungsrechtlichen Anordnung im Tatzeitpunkt verneint, weil nur die Verbindlichkeit Teil des strafrechtlichen Tatbestandes sei und jede Zuwiderhandlung sich als Ungehorsam gegen die staatliche Ordnung darstelle.[39] Sogar der rückwirkende Wegfall des VA könne die vollendete Zuwiderhandlung nicht beseitigen. Für ausländerrechtliche Auflagen gem. § 47 Abs. 1 Nr. 5 AuslG 1965 wurde dieser Standpunkt wiederholt,[40] was übertragen auf Fälle des § 85 insbesondere dem asylverfahrensrechtlichen Beschleunigungsgrundsatz Nachdruck verleiht. Eine inzidente Überprüfung der Rechtmäßigkeit des VA durch den Strafrichter[41] würde die Gefahr widersprechender Entscheidungen in sich bergen, somit in Extremfällen das Problem nicht lösen, weshalb bei anderer Ansicht nur eine verzögernde Aussetzung des Verfahrens in entsprechender Anwendung § 262 Abs. 2 StPO in Betracht käme.[42] Getragen wird die Rspr. des BGH wesentlich auch vom Wortlaut der in Rede stehenden Strafbestimmungen. Anders als beispielsweise § 113 Abs. 3 StGB erwähnen sie die Rechtmäßigkeit gerade nicht, sondern gehen von der bloßen Vollziehbarkeit aus. Ähnliches gilt für § 111 OWiG, der die Zuständigkeit für das Auskunftsverlangen mit der Rechtmäßigkeit desselben verknüpft und zur Strafbarkeitsvoraussetzung macht.[43] Vom Genügen bloßer Vollziehbarkeit ist auch bei dem VA nach § 50 auszugehen, wenngleich hiervon in § 85 Nr. 1 nicht explizit die Rede ist. Diese Lücke ergibt sich daraus, dass aus regelungstechnischen Gründen der VA erst in der Ausfüllungsnorm näher bezeichnet ist.[44] Damit ist davon auszugehen, dass der Gesetzgeber die Strafbarkeit von Verstößen gegen bestimmte 16

---

[35] S. § 6 Abs. 2 sowie §§ 13, 14 VwVG bzw. die korrespondierenden Vorschriften der Länder.
[36] *Aurnhammer* S. 132 f.
[37] GK-AsylVfG/*Schluckebier* AsylVfG 1982 § 34 Rn. 9 zur seinerzeit noch strafbewehrten verweigerten Identitätsfeststellung.
[38] BGH 12.4.1983 – 5 StR 513/82, BGHSt 31, 314 (315) = StV 1983, 366 = NStZ 1983, 321.
[39] BGH 23.7.1969 – 4 StR 371/68, BGHSt 23, 86 (90 ff.) zu § 16 Abs. 1 Nr. 1 StVO.
[40] BGH 12.4.1983 – 5 StR 513/82, BGHSt 31, 314 (315) = StV 1983, 366 = NStZ 1983, 321.
[41] So *Kühl* FS Lackner, 1987, 815.
[42] So *Wüterich* NStZ 1987, 106.
[43] BVerfG 7.3.1995 – 1 BvR 1564/92, BVerfGE 92, 191 (199 ff.).
[44] *Aurnhammer* S. 128.

den ordnungsgemäßen und schnellen Ablauf des Asylverfahrens regelnde VA'e nicht von deren formeller und materieller Richtigkeit und ihrer Bestandskraft abhängig machen und allein materiellen Rechtsgüterschutz bewirken wollte, sondern schon „die bloße Unbotmäßigkeit"[45] sanktioniert werden sollte.[46] Wenn demgegenüber beim Verstoß gegen § 23 VersammlG die Rechtmäßigkeit des Verbotes als objektive Strafbarkeitsbedingung betrachtet wird (→ VersammlG § 23 Rn. 22 f.), folgt das aus der verfassungsmäßigen Bedeutung des Versammlungsrechts.

17 Vereinzelt sind im Hinblick auf Art. 1 Abs. 1 und Art. 2 GG **verfassungsrechtliche Bedenken** auch **materiellrechtlicher Art** geltend gemacht worden, weil die sehr strengen Beschränkungen in menschenunwürdiger Weise die Freiheitsrechte von asylsuchenden Ausländern tangieren.[47] Dieser Meinung hat sich das BVerfG nicht angeschlossen, weil Art. 2 Abs. 2 S. 2 GG nicht die Befugnis einschließe, sich unbegrenzt überall aufhalten zu dürfen und die allgemeine Handlungsfreiheit des Art. 2 Abs. 1 GG durch das Gesetz in geeigneter und zumutbarer Weise eingeschränkt worden sei.[48]

III. Täterschaft und Teilnahme

18 Die Bestimmung gehört zum Kreis der **Sonderdelikte**,[49] bei denen allerdings der Täterkreis nicht in der üblichen Form durch bestimmte Charakteristiken des Handelnden im gesetzlichen Tatbestand, sondern über die Umschreibung der jeweiligen Tathandlung bestimmt wird. Täter können somit nur die in § 1 Abs. 1 bezeichneten Ausländer sein (→ § 84 Rn. 23 f.), die Schutz vor politischer Verfolgung suchen bzw. suchen können, also nicht heimatlose Ausländer iSd § 1 Abs. 2, solange sie nicht ausnahmsweise im Asylverfahren sind, und auch nicht Kriegs- und Bürgerkriegsflüchtlinge iSd §§ 2 Abs. 6, 24 AufenthG. Ob Asylanerkennung oder nur internationaler Schutz angestrebt wird, ist unerheblich. Deutsche Staatsangehörige und nicht asylsuchende Ausländer können demzufolge weder Täter noch Mittäter, sondern nur Teilnehmer sein. Die Altersgrenze des § 12 ist ohne Bedeutung. Da § 55 Abs. 1 Ausländer allgemein erfasst, greift die Strafbarkeitsgrenze des § 19 StGB.[50]

19 **Ab wann** der vorbezeichnete Ausländer Täter sein kann, ist strittig. Nach einer Ansicht muss entsprechend dem Gesetzeszusammenhang und dem Gesetzeszweck wirksam ein Antrag auf Anerkennung als Asylant bzw. Schutzsuchender – gemeint iSd § 14 Abs. 1 – gestellt sein.[51] Dieses wird damit begründet, dass anders als noch nach § 34 Abs. 1 Nr. 1 AsylVfG 1982 die Verpflichtung aus § 20 Abs. 1, nämlich der Weiterleitung unverzüglich Folge zu leisten, in § 85 nicht mehr strafbewehrt ist. Eine solche Schlussfolgerung ist allerdings nicht zutreffend, denn der Verstoß gegen die Weiterleitungsverpflichtung iSd § 20 Abs. 1 bzw. § 22 Abs. 3 kann durchaus auch, wenngleich erst im Wiederholungsfall, weiterhin, nämlich nach § 85 Nr. 2 – im Erstfall als Ordnungswidrigkeit nach § 86 –, geahndet werden.[52] Schon das bei einer Ausländerbehörde oder einer Polizeidienststelle angebrachte Asylgesuch nach § 13 Abs. 1 hat nämlich gem. § 55 Abs. 1 das Entstehen einer Aufenthaltsgestattung zur Folge, ein Bleiberecht, das der räumlichen Beschränkung des § 56 Abs. 1 unterliegt, sodass bereits ab diesem Zeitpunkt der Asylsuchende Täter sein kann. Daran

---

[45] BVerfG 1.12.1992 – 1 BvR 88, 576/91, BVerfGE 87, 399 (410) = NJW 1993, 581 (582).
[46] GK-AsylVfG/*Franke* Vor §§ 84–86 Rn. 15; *Marx* Rn. 3 ff.; Erbs/Kohlhaas/*Senge* Rn. 3, *Hailbronner* Rn. 4.
[47] AG Hattingen 28.1.1987 und 27.1.1989 – 2 Ds (634/86) 20 Js 555/86, InfAuslR 1987, 134 und 1989, 162; AG Kirchhain 28.2.1992 – 6 Js 671.9/92 – 2 Ds Hw, MDR 1992, 799; *Tiemann*, Der Schutzbereich des Art. 2 Abs. 2 S. 2 GG, NVwZ 1987, 10 – je zu §§ 20 Abs. 1 und 2, 34 Abs. 1 Nr. 3 AsylVfG 82.
[48] BVerfG 20.9.1983 – 2 BvR 1445/83, NJW 1984, 558 = EZAR 221 Nr. 21; 10.4.1997 – 2 BvL 45/92, BVerfGE 96, 10 = NVwZ 1997, 1109 (ergangen auf Vorlagebeschluss des AG Kirchhain – vgl. vorstehende Fn.).
[49] Schönke/Schröder/*Eisele* StGB Vor §§ 13 ff. Rn. 131 f.
[50] GK-AsylVfG/*Bodenbender* § 55 Rn. 39.
[51] *Marx* Rn. 22 f.; wohl auch GK-AsylVfG/*Schluckebier* AsylVfG 1982 § 34 Rn. 3.
[52] So im Ergebnis wohl Bergmann/Dienelt/*Bergmann* Rn. 4, allerdings ohne Begründung; aA *Westphal/Stoppa*, 2. Aufl., S. 590; offengelassen bei Erbs/Kohlhaas/*Senge* Rn. 5.

ändert auch nichts die Tatsache, dass ein Verstoß gegen die Weiterleitungsverpflichtung zugleich Konsequenzen für den Fortgang des Asylverfahrens hat, indem gem. § 20 Abs. 2 bzw. § 22 Abs. 3 ein Asylantrag wie ein Folgeantrag iSd § 71 behandelt wird.

Dieser Zeitraum dauert fort bis zum bestands- oder rechtskräftigen Abschluss des Aner- 20 kennungsverfahrens, dh nur für die Dauer der Eigenschaft als Asylbewerber, was aus § 1 Abs. 1 folgt. Danach hat er die allgemein für Ausländer geltende Stellung, die sich aus den Bestimmungen des AufenthG ergibt.[53] Mit Blick auf § 59a ergibt sich allerdings eine Sonderregelung bei räumlichen Beschränkungen (→ Rn. 34).

Täter sein kann auch der **Zweitantragssteller** iSd § 71a und zwar im Hinblick auf die 21 entsprechenden Verweisungen in § 85 vom Zeitpunkt der Antragstellung an. Für die Nr. 2– 4 folgt das letztlich auch schon daraus, dass im Rahmen des Zeitraumes der gesetzlichen Duldung §§ 56–67 als Sonderregelungen entspr. anzuwenden sind (§ 71a Abs. 3). Nach positivem Abschluss des Feststellungsverfahrens gem. § 71a Abs. 2 dahin, dass ein weiteres Asylverfahren durchzuführen ist, hat der Zweitantragssteller ohnehin dieselben Rechte und Pflichten wie ein Erstantragsteller. Demgegenüber wird der Steller eines **Folgeantrags** gem. § 71 mangels entsprechender Erwähnung regelmäßig erst ab diesem Zeitpunkt von den Strafbestimmungen des § 85 erfasst. Bis zur Entscheidung des Bundesaufsichtsamtes über die Durchführung eines Folgeverfahrens ist er faktisch geduldet,[54] aber seine Rechtsstellung nicht geregelt; lediglich aus § 71 Abs. 7 ergibt sich das Fortgelten der letzten räumlichen Beschränkung. Ein Verstoß dagegen ist jedoch nur dann strafbewehrt, wenn die räumliche Beschränkung des Erstantrages noch nicht aufgehoben wurde (§ 56 Abs. 3). Auch die übrigen Alternativen des § 85 finden auf den Folgeantragsteller vor der positiven Entscheidung über die Durchführung eines weiteren Asylverfahrens keine Anwendung. Etwas anderes gilt lediglich, wenn weder nach § 7 Abs. 1 iVm § 25 Abs. 4 AufenthG eine Aufenthaltserlaubnis noch nach § 60a Abs. 4 AufenthG eine Duldungsbescheinigung,[55] sondern sogleich mit Stellung des Folgeantrages doch eine Aufenthaltsgestattung erteilt wurde.[56] Hat der Folgeantragsteller überhaupt keinen Aufenthaltstitel, kommt auch ein Vergehen nach § 95 Abs. 1 Nr. 2 AufenthG nicht in Betracht, weil ihm von Amts wegen zumindest eine Duldung zu erteilen ist, da – im Umkehrschluss aus § 71 Abs. 5 S. 2 – die Abschiebung ausgesetzt ist.[57] Erst Verstöße gegen Auflagen einer erteilten Duldung unterfallen § 95 Abs. 1 Nr. 7 bzw. § 98 Abs. 3 Nr. 1 oder 3 AufenthG, sofern nicht § 85 Nr. 2 iVm § 59a als lex specialis vorgeht.

Mittelbare Täterschaft kommt nicht in Betracht, weil die Strafbarkeit im Vorliegen 22 besonderer persönlicher Merkmale begründet ist (§ 28 Abs. 1 StGB).

Teilnehmer kann demgegenüber jedermann sein, Deutscher wie sonstiger Ausländer. Da 23 dieser Personenkreis die eine Strafbarkeit des Täters begründenden persönlichen Merkmale niemals haben kann, ist gem. § 28 Abs. 1 StGB die Strafe nach § 49 Abs. 1 StGB zu mildern. In Anwendung §§ 26, 27 StGB haben außerdem die allgemeinen für Anstiftung und Beihilfe entwickelten Grundsätze Geltung. Das gilt auch hinsichtlich der nach § 27 Abs. 2 StGB obligatorischen Strafmilderung des § 49 Abs. 1 StGB, zumal § 34 Abs. 2 AsylVfG 1982 weggefallen und in die Neuregelungen nicht übernommen worden ist.[58] Eine doppelte Strafmilderung kommt allerdings für den Gehilfen nur dann in Betracht, wenn neben der aus § 28 Abs. 1 StGB folgenden Milderung auch der Tatbeitrag tatsächlich nur dem eines Gehilfen entspricht.[59] Der Ansicht, eine konkrete Tatförderung iSd § 27 StGB läge dann nicht mehr vor, wenn dem in seinem Tatentschluss gefestigten Täter lediglich Umstände geboten werden, zB die Aufenthaltsbeschränkung oder das Arbeitsverbot zu missachten, ist

---

[53] OLG Oldenburg 16.6.1994 – Ss 121/94, StV 1995, 139; *Renner/Bergmann* Rn. 4.
[54] OLG Düsseldorf 19.11.1997 – 2 Ss 326/97, StV 1998, 139.
[55] So Bergmann/Dienelt/*Bergmann* § 55 Rn. 10 f. und § 71 Rn. 14 f.
[56] So GK-AsylVfG/*Bodenbender* AsylVfG 1992 § 55 Rn. 29 ff.; *Marx* § 55 Rn. 23.
[57] Widersprüchlich Bergmann/Dienelt/*Winkelmann* AufenthG § 95 Rn. 40 und Bergmann/Dienelt/*Bergmann* AsylVfG § 86 Rn. 5.
[58] Bergmann/Dienelt/*Bergmann* Rn. 16.
[59] BGH 22.4.1988 – 2 StR 111/88, wistra 88, 303.

nicht zu folgen, weil auch bei Dauerdelikten – wie hier – eine Hilfeleistung nicht conditio sine qua non für die Fortsetzung der Haupttat ist.[60] Allerdings kann Beihilfe ausnahmsweise ausgeschlossen sein, wenn sie ausschließlich humanitärer Gesinnung entspringt.[61]

24   Beihilfe ist bis zur **Beendigung der Haupttat** möglich.[62] Die Feststellung dieses Zeitpunktes ist Tatfrage; der Verstoß gegen die räumliche Beschränkung wird erst bei Rückkehr in den zugewiesenen Bezirk beendet sein, der Verstoß gegen das Erwerbstätigkeitsverbot mit dem Arbeitsende, was den Heimtransport von der Arbeitsstelle einschließen kann.

IV. Tathandlungen

25   **1. Verstoß gegen Zuweisungsentscheidung (§ 50 Abs. 6).** Hinsichtlich der Verteilung von Asylbewerbern im Bundesgebiet ist die **landesinterne Verteilung** gem. § 50 zu trennen von der länderübergreifenden nach § 51. Letztere stellt eine Ausnahmeregelung dar, die zum Schutz familiärer Bindungen oder aus humanitären Gründen auf Antrag des Asylbewerbers greift.[63] Im Hinblick auf den eindeutigen Wortlaut des § 85 Nr. 1 fällt ein Verstoß gegen diese länderübergreifende Zuweisungsentscheidung nicht unter den Tatbestand.[64] Da die Gesetzesmaterialien für diese unterschiedliche Behandlung keine Erklärung geben, mag von einem redaktionellen Versehen des Gesetzgebers ausgegangen werden.[65] Vermutlich jedoch hielt der Gesetzgeber eine Strafbewehrung deshalb nicht für erforderlich, weil eine entsprechende Entscheidung nur auf Antrag ergeht und einen begünstigenden VA darstellt, von dessen Nichtbefolgung wohl kaum ausgegangen werden kann.

26   Voraussetzung für das Vorliegen des objektiven Tatbestandes ist zunächst der Erlass einer Zuweisungsentscheidung gem. § 50 Abs. 4 S. 1 mit gerade auch für einen Ausländer unmissverständlichen Zielangaben. Darüber hinausgehende Belehrungen und zB Hinweise zum Reiseweg sind nicht erforderlich, aber durchaus angezeigt, um Irrtümer auszuschließen. Die Anordnung muss aber jedenfalls vollziehbar sein, was gem. § 75 solange der Fall ist, als nicht nach § 80 Abs. 5 iVm Abs. 2 Nr. 3 VwGO die aufschiebende Wirkung wiederhergestellt ist (→ Rn. 14). Schließlich hat der Asylbewerber nach der § 50 Abs. 5 entsprechenden Zustellung der **Zuweisungsentscheidung** unverzüglich zu handeln und sich ohne schuldhaftes Zögern iSd § 121 BGB an den angegebenen Ort zu begeben.[66] Damit ist nicht gemeint, dass er zwingend sofort aufbrechen und den schnellsten und kürzesten Weg wählen muss, vielmehr werden ihm regelmäßig einige wenige Tage Zeit zuzubilligen sein.[67] Der unter den Voraussetzungen des § 10 AufenthG gestellte Antrag auf Erteilung eines Aufenthaltstitels kann infolge der Aufhebung des § 43a von dieser Verpflichtung mit Blick auf die Fiktionswirkung des § 81 Abs. 3 AufenthG nicht befreien.

27   **Tatbestandsausschließend** wirken Verzögerungsgründe, die unverschuldet sind und dem Verpflichteten nicht zugerechnet werden können. Hierzu zählen insbesondere Unfälle und nicht unbedeutende Erkrankungen. Aber auch andere Gründe können einen Verzug rechtfertigen, zB das Vorsprechen im Büro des Hohen Flüchtlingskommissars der Vereinten Nationen (UNHCR), was dem Ausländer nach § 9 Abs. 1 ebenso gestattet ist, wie aus rechtsstaatlichen Gründen das Gespräch mit einem Rechtsbeistand zu vorheriger Beratung.[68] Das Aufsuchen kirchlicher oder sozialer Einrichtungen[69] wird unter humanitären Aspekten des Einzelfalles ebenfalls zu akzeptieren sein (hierzu auch Anm. → § 57 Rn. 1 ff.).

---

[60] So BGH 2.9.2009 – 5 StR 266/09, NStZ 2010, 171 mit zust. Anm. *Mosbacher* NStZ 2010, 457 entgegen BayObLG 25.6.2001 – 4 StRR 77/01, NJW 2002, 1663 mit abl. Anm. *König* NJW 2002, 1623 je zu § 92 Abs. 1 Nr. 1 AuslG, nun § 95 Abs. 1 Nr. 2 AufenthG.
[61] BGH 12.6.1990 – 5 StR 614/89, NJW 1990, 2207 (2208).
[62] *Fischer* StGB § 27 Rn. 6.
[63] Bergmann/Dienelt/*Bergmann* § 51 Rn. 3 ff.
[64] AA *Marx* Rn. 6, allerdings ohne Begründung.
[65] Erbs/Kohlhaas/*Senge* § 51 Rn. 4.
[66] *Marx* § 85 Rn. 4.
[67] Erbs/Kohlhaas/*Senge* § 50 Rn. 11.
[68] AllgM; BVerfG 16.6.1987 – 2 BvR 911/85, NVwZ 1987, 1068.
[69] So *v. Pollern* ZAR 1996, 175 (181).

2. **Verstoß gegen die räumliche Beschränkung (§ 56 Abs. 1 und 2).** Einleitend 28
ist festzustellen, dass die erstmalige Zuwiderhandlung gegen die sich aus § 56 ergebende
Verpflichtung lediglich eine nach § 86 zu ahndende Ordnungswidrigkeit darstellt. Damit
wird dem Gedanken der Strafe als „ultima ratio" Rechnung getragen.[70] Von allen Strafbestimmungen des AsylVfG handelt es sich bei dem Verstoß gegen die räumliche Beschränkung um jene, die deutlich herausragend Ermittlungsbehörden und Strafgerichte am häufigsten beschäftigt. Die Ursache liegt zum einen in der teilweise umstrittenen Auslegung
der Tatbestandsmerkmale, insbesondere aber in der **Häufigkeit der Verstöße** gegen die
strenge Regelung der Aufenthaltsbeschränkung nach § 56. So waren beispielsweise lange
Jahre in München die einen Aufenthaltsgestattungen beschränkt auf die Landeshauptstadt,
die anderen auf den umliegenden Landkreis München, wobei der im Verwaltungsrecht
begründete Unterschied und die genauen Grenzen häufig nicht einmal Einheimischen
bekannt sind. In der Regel wurden derartige Strafanzeigen nach § 153 Abs. 1 StPO behandelt, was zu dem wenig befriedigenden Ergebnis führte, dass der Erstverstoß mit einer –
wenn auch meist nur geringfügigen – Geldbuße geahndet wurde, während der Zweitverstoß
ohne für den Beschuldigten spürbare Folgen blieb. Erst mit einer entsprechenden Erweiterung des § 58 Abs. 1 auf Nachbarbezirke konnte hier mit Wirkung vom 1.7.1993[71] Abhilfe
geschaffen werden.

Das tatbestandliche Handeln liegt entsprechend dem Wortlaut im Zuwiderhandeln gegen 29
die räumliche Beschränkung der Aufenthaltsgestattung und nicht darin, dass versäumt
wurde, eine Erlaubnis zum Verlassen einzuholen.[72] Verfassungsrechtliche Bedenken gegen
das Bestimmtheitsgebot sind deshalb auch nicht angezeigt. Insbesondere erscheint es nicht
zwingend, dass der besondere Erlaubnistatbestand in der Strafnorm erkennbar sein muss.[73]
Demzufolge erfasst ein Zuwiderhandeln nicht nur positives Tun, sondern ebenso das **Unterlassen** der rechtzeitigen Rückkehr nach erlaubtem zeitlich befristetem Aufenthalt außerhalb
des vorgeschriebenen Bezirkes.[74] Allerdings ist in derartigen Fällen besonders zu prüfen, ob
unvorhergesehene und unverschuldete Ereignisse nicht eventuell die rechtzeitige Rückkehr
verhindert haben und ob nicht die nach § 13 Abs. 2 StGB mögliche Strafmilderung vorzunehmen ist. Welcher zeitliche Rahmen dem Ausländer im Zusammenhang mit der Wahrnehmung von Terminen bei Behörden oder Gerichten zugebilligt wird, ist Tatfrage und
anhand der Gegebenheiten des Einzelfalles zu entscheiden. Eine großzügige Betrachtung
ist angezeigt, allerdings wird ein Übernachten außerhalb nicht akzeptiert werden können.

Die Bedeutung der räumlichen Beschränkung hat im Laufe der Jahre eine wesentliche 30
Veränderung erfahren. Ein Verstoß gegen die räumliche Beschränkung der sog. Duldungsbescheinigung durch Asylbewerber nach §§ 17, 7, 47 Abs. 1 Nr. 5 AuslG 1965 lag nur dann
vor, wenn der Betroffene seinen „gewöhnlichen" Aufenthalt verlegte, nicht jedoch schon
bei kurzfristigen Reisen in einen anderen Bezirk.[75] Für §§ 20 Abs. 1, 34 Abs. 1 Nr. 3
AsylVfG 1982 war die Frage umstritten, ob nur die Verlegung des „gewöhnlichen" Aufenthaltes von der Strafnorm erfasst sein sollte[76] oder bereits ein auch nur **kurzfristiges Verlassen** ausreichte.[77] Inzwischen ist allgM, dass nach der Gesetzessystematik die räumliche
Beschränkung des § 56 den Aufenthalt schlechthin erfasst,[78] denn die §§ 57, 58 enthalten
eine detaillierte Regelung zu den Voraussetzungen, unter denen das vorübergehende Verlassen des Bezirkes schon gesetzlich oder durch behördlichen VA erlaubt ist. Soweit diese vom
Richter zu prüfenden Voraussetzungen nicht gegeben sind, stellt unabhängig von Dauer

---

[70] Vgl. BT-Drs. 9/1630, 27; BVerfG 10.4.1997 – BvL 45/92, BVerfGE 96, 10 (23) = NVwZ 1997, 1109.
[71] Art. 1 Nr. 34 AsylVfÄndG vom 30.7.1993, BGBl. I S. 1062.
[72] OLG Köln 9.5.1984 – 3 Ss 165/84, StV 1985, 112.
[73] So aber *Dierichs* ZAR 1986, 125.
[74] AllgM seit OLG Celle 4.4.1984 – 1 Ss 125/84, NStZ 1984, 415.
[75] AllgM, vgl. BayObLG 20.11.1981 – 4 St 194/81, StV 1982, 25 = NVwZ 1982, 272.
[76] So Marx/*Strate* AsylVfG 1982 § 20 Rn. 2 ff.
[77] So *Huber* Rn. 560; OLG Köln 9.5.1984 – 3 Ss 165/84, StV 1985, 112; BayObLG 25.4.1984 – 3 ObOWi 39/84, BayObLGSt 1984, 50.
[78] Bergmann/Dienelt/*Bergmann* § 56 Rn. 4 ff.; GK-AsylVfG/*Franke* Rn. 15.

und Zweck jedes Verlassen auch einen Verstoß dar, andernfalls fehlt es mangels einer Zuwiderhandlung gegen die räumliche Beschränkung schon an der Tatbestandsmäßigkeit.

31 Eine **gesetzliche Erlaubnisfreiheit** ergibt sich aus **§ 57 Abs.** 3 für Asylbewerber, die in einer Aufnahmeeinrichtung zu wohnen verpflichtet sind, bzw. aus **§ 58 Abs.** 3 für alle übrigen. Es liegt im öffentlichen Interesse, dass ohne zusätzlichen Verwaltungsaufwand Termine bei Behörden und Gerichten wahrgenommen werden können, wobei dieser Kreis weit zu ziehen ist und nicht nur die Dienststellen umfasst, die für die Frage des Asylgesuches und Aufenthaltes zuständig sind. Auch Verfahren, die andere Personen betreffen, schließt diese Erlaubnisfreiheit ein.[79] Dabei ist § 57 Abs. 3 strenger gefasst, indem gegenüber der Aufnahmeeinrichtung eine – bei Unterlassen allerdings nicht sanktionierte – dem Regelungszweck und wohl auch dem Wortlaut nach vorherige[80] Anzeigepflicht besteht. Eine Anordnung zum persönlichen Erscheinen ist nicht geboten.[81] Wann ein persönliches Erscheinen erforderlich ist, ist Tatfrage. Es wird schon immer dann zu bejahen sein, wenn die Wahrnehmung eigener Interessen nicht nur notwendig, sondern auch zweckmäßig erscheint. Im Hinblick auf die grundlegende Bedeutung des Anerkennungsverfahrens für den Betroffenen wird eine Teilnahme an allen ihn selbst betreffenden Terminen zumindest stets zweckmäßig und damit erlaubnisfrei sein. Das Nichtvorliegen dieser Voraussetzungen wird im Regelfall zu einer Sachbehandlung nach den Opportunitätsbestimmungen der §§ 153 ff. StPO führen.

32 Gesetzliche Erlaubnisfreiheit für den Fall des vorübergehenden Aufenthaltes in anderen Bezirken ergibt sich auch aus **§ 58 Abs. 6** soweit eine entspr. LandesVO (vgl. dazu Anm. zu § 58) ergangen ist. Schließlich gewährt **§ 58 Abs. 4** dem politischen Flüchtling größeren Freiraum und **verzichtet auf eine Einzelfallerlaubnis,** wenn iS der 1. und 2. Befreiungsalternative das Anerkennungsverfahren mit einem für ihn positiven Ergebnis dem Ende zugeht. Diese Voraussetzungen sind leicht feststellbar, sodass auf eine gesonderte Erlaubnis zur vorübergehenden Abwesenheit verzichtet werden kann. Hinsichtlich des Zeitpunktes ist auf den Erlass eines Bescheides bzw. die Verkündung eines Urteils abzustellen, nicht auf die tatsächliche Zustellung.[82] Sehr viel schwieriger waren demgegenüber nach der bisherigen Fassung des Abs. 4 dauerhafte tatsächliche oder rechtliche Abschiebungshindernisse festzustellen, die ebenfalls vom Erholen einer Einzelfallerlaubnis befreien. Um erheblichen Missbrauch zu unterbinden, wurde deshalb mit Wirkung vom 28.8.2007 festgelegt,[83] dass als 3. Befreiungsalternative eine vom Bundesamt auf Grund seiner Zuständigkeit gem. § 24 Abs. 2 getroffene Entscheidung über die Gewährung von Abschiebungsschutz in Betracht kommt. Vorübergehende tatsächliche Abschiebungshindernisse, beispielsweise infolge selbst vorgenommener Vernichtung von Identitätspapieren, gewähren demzufolge keine Erlaubnisfreiheit mehr.[84]

33 In allen übrigen Fällen ist eine Erlaubnis erforderlich, die idR im Einzelfall erteilt werden wird – wobei mehrere Fälle in einer Einzelerlaubnis zusammengefasst werden können –, aber auch iSd § 58 Abs. 1 oder 5 allgemein gehalten sein kann. Nur das Vorliegen einer solchen **Genehmigung** als begünstigenden VA hat der Strafrichter zu überprüfen und deren Erteilung hinzunehmen, solange nicht erkennbar eine Fälschung vorliegt oder zB mangels behördlicher Zuständigkeit die Erlaubnis nichtig ist. Eine solche läge allerdings nur dann vor, wenn eine absolut unzuständige Behörde entschieden hätte, nicht schon anstelle der Ausländerbehörde das Bundesamt.[85] Die Rechtmäßigkeit der Erteilung unterliegt demgegenüber im Strafverfahren keiner Überprüfung (vgl. dazu → Rn. 16). Soweit eine Genehmigung zum Verlassen nicht nur zeitlich, sondern auch räumlich auf einen bestimm-

---

[79] Bergmann/Dienelt/*Bergmann* § 57 Rn. 10 f.
[80] AA *Marx* § 57 Rn. 8; GK-AsylVfG/*Bodenbender* § 57 Rn. 42.
[81] Bergmann/Dienelt/*Bergmann* § 57 Rn. 11.
[82] Erbs/Kohlhaas/*Senge* § 58 Rn. 6.
[83] Gesetz vom 19.8.2007, BGBl. I S. 1970.
[84] BT-Drs. 16/5065, 218.
[85] *Kopp/Ramsauer* VwVfG § 44 Rn. 14.

ten Landkreis beschränkt ist, umfasst sie naturgemäß auch die Durchreise durch andere Bezirke soweit dieses erforderlich ist.[86]

Voraussetzung der Strafbarkeit ist nach dem Gesetzeswortlaut zunächst stets das wirksame **Bestehen einer Aufenthaltsgestattung**;[87] im Hinblick auf den rein deklaratorischen Charakter der Bescheinigung sind demgegenüber deren Besitz und Geltungsdauer ohne Bedeutung.[88] Außerdem darf die Aufenthaltsgestattung nach § 55 Abs. 2 nicht durch einen asylverfahrensunabhängigen Aufenthaltstitel von mehr als sechs monatiger Dauer bzw. die Fiktion des § 81 Abs. 4 AufenthG überlagert sein. Für diesen Fall behält nämlich die Aufenthaltsgestattung Gültigkeit, wobei allerdings die damit verbundenen Beschränkungen einstweilen ohne Bedeutung bleiben.[89] Die gesetzlichen Erlöschensgründe für eine Aufenthaltsgestattung ergeben sich aus § 67. Nach bestandskräftiger Ablehnung gilt für den – bisherigen – Asylbewerber unabhängig vom Vorliegen einer Duldungsbescheinigung gem. § 60a Abs. 4 AufenthG[90] die räumliche Beschränkung des § 61 Abs. 1 S. 1 AufenthG mit der Folge eines – auch bei bloßer Fahrlässigkeit geahndeten – Ordnungswidrigkeitenverstoßes nach dessen § 98 Abs. 3 Nr. 1,[91] im Wiederholungsfall seit Inkrafttreten des AufenthG gem. § 95 Abs. 1 Nr. 7 eine Straftat. Sofern allerdings die räumliche Beschränkung des § 56 gem. § 59a noch nicht aufgehoben ist, wird die Strafbarkeit nach § 85 Nr. 2 als lex specialis vorgehen, auch wenn § 59a hier nicht ausdrücklich erwähnt ist. Nach dem Sachzusammenhang mit § 56 erscheint das nicht erforderlich. Die bisherige Rspr., die stets die räumliche Beschränkung mit dem Bestehen der Aufenthaltsgestattung verknüpft hatte, ist damit überholt.[92]

Bei **mehrfach gestellten Asylanträgen** unter Aliaspersonalien ist maßgebend die erste noch wirksame Aufenthaltsbeschränkung, weil jede spätere gem. § 44 Abs. 2 Nr. 5 VwVfG nichtig ist.

Strittig ist die Verfolgung der Zuwiderhandlung durch einen Asylbewerber, der in der Absicht, das Bundesgebiet endgültig zu verlassen, die Grenzen des Geltungsbereiches seiner Aufenthaltsgestattung überschreitet. Als Ausfluss der allgemeinen Handlungsfreiheit iSd Art. 2 Abs. 1 GG wird ihm dieses Recht auch vor Abschluss des Asylverfahrens nicht genommen werden können. Ob die teleologische Reduktion des Schutzzweckes der Norm, die Sicherung der Mitwirkungspflichten an einem schnellen und reibungslosen Verfahrensablauf, gegen[93] oder für[94] eine Strafbarkeit spricht, mag letztlich dahingestellt bleiben, jedenfalls aber kann eine stillschweigende **Ausreise** nicht ohne weiteres als konkludente Antragsrücknahme gewertet werden.[95] Abgesehen davon, dass die Endgültigkeit der Entscheidung sich häufig nur schwer feststellen ließe und Schutzbehauptungen breiten Raum eröffnet würde, ist festzustellen, dass ein Asylbegehren durchaus auch vom Ausland aus verfolgt werden kann und nicht ersichtlich ist, wie das konkludente Handeln dem Bundesamt bekannt werden soll. Außer dem Wortlaut des § 67 Abs. 1 Nr. 3, wonach eine Aufenthaltsgestattung mit der räumlichen Beschränkung im Falle der Rücknahme erst dann erlischt, wenn das Bundesamt die Einstellung des Verfahrens gem. § 32 festgestellt hat, spricht auch § 33 Abs. 2 gegen eine allgemeine konkludente Antragsrücknahme beim Verlassen des Bundesgebietes. Im Ergebnis dürfte die Streitfrage von geringer strafrechtlicher Relevanz sein, solange dem Opportunitätsprinzip genügend Raum zugemessen wird.

Das **Tatbestandsmerkmal der Wiederholung** ist nicht anders zu verstehen als in § 84 Abs. 2 Nr. 2 auch (→ § 84 Rn. 58). Ein beharrliches Wiederholen ist nach dem eindeutigen

---

[86] VGH Kassel 10.9.1983 – 10 TH 486/83, EZAR 611 Nr. 4.
[87] AM *Lutz* InfAuslR 1997, 384 (389).
[88] OLG Stuttgart 25.6.1998 – 1 Ws 107/98, StV 1999, 97.
[89] Bergmann/Dienelt/*Bergmann* § 55 Rn. 14.
[90] Storr/Wenger/Eberle/*Wenger* § 61 Rn. 3.
[91] Vgl. auch OVG Hamburg 27.3.1987 – OVG Bs IV 150/87, InfAuslR 1987, 262.
[92] Vgl. Bergmann/Dienelt/*Bergmann* § 67 Rn. 11.
[93] *Marx*, 4. Aufl., Rn. 19; *Brandis* InfAuslR 1988, 18.
[94] GK-AsylVfG/*Franke* Rn. 18.
[95] So *Brandis* InfAuslR 1988, 18 f.; aM Bergmann/Dienelt/*Bergmann* Rn. 9 und § 57 Rn. 6.

Gesetzeswortlaut auch hier nicht erforderlich.⁹⁶ Im Hinblick auf das Übermaßverbot ist aber durchaus streitig, ob der strafrechtlichen Ahndung eine Verfolgung als Ordnungswidrigkeit vorauszugehen hat. So wird von Befürwortern zum einen auf den verfassungsrechtlich verankerten Schuldgrundsatz verwiesen, der bei einer Sanktionsschärfung auch erhöhte Schuld voraussetze⁹⁷ und damit eine Warnfunktion fordere, wobei allerdings zumeist offen bleibt, worin diese bestehen kann bzw. muss, ob also ein bloßer behördlicher Hinweis oder eine polizeiliche Vernehmung bereits ausreichen. Lediglich das AG Bad Homburg⁹⁸ verlangt klar ein zuvor rechtskräftig verhängtes Bußgeld und verweist hierzu auf die Entstehungsgeschichte des AsylVfG 1982. Die darauf gestützte Argumentation, dem Vorschlag des Bundesrates, schon den Erstverstoß unter Strafe zu stellen⁹⁹ sei nicht gefolgt worden, erscheint allerdings keineswegs zwingend. Aus den Gesetzesmaterialien und dem Wortlaut des Berichts des Rechtsausschusses ergeben sich im Gegenteil deutliche Hinweise für die gegenteilige Ansicht, wenn ausgeführt ist, dass „die erste Zuwiderhandlung als Ordnungswidrigkeit geahndet werden *kann*".¹⁰⁰ Dem entspricht der Gesetzeswortlaut, welchem keinerlei Hinweis zu entnehmen ist, dass über die Vortat im materiellen Sinn hinaus nur auch eine formelle Rechtsfolge Grundlage der strafrechtlichen Ahndung sein könnte.¹⁰¹ Das gilt umso mehr, als eine andere Formulierung mit weitergehenden Anforderungen jederzeit möglich gewesen wäre¹⁰² und verfassungsrechtliche Bedenken gegen eine Norm, die allerdings das BVerfG nicht teilt,¹⁰³ nicht dadurch ausgeräumt werden können, dass Voraussetzungen hineininterpretiert werden, die dem eindeutigen Wortlaut entgegenstehen. Schließlich stellt nach allgM selbst bei Vergehen, die das beharrliche Wiederholen von im Einzelnen als Ordnungswidrigkeiten ahndbaren Zuwiderhandlungen unter Strafe stellen, die vorausgegangene Ahndung mit einem Bußgeld lediglich ein Indiz, aber nicht eine Tatbestandsvoraussetzung dar.¹⁰⁴ Allerdings muss auch der erste Verstoß vorsätzlich erfolgt sein,¹⁰⁵ da andernfalls mit Blick auf § 10 OWiG eine Vorahndung überhaupt nicht in Betracht kommen kann.

38 Das Tatbestandsmerkmal der Wiederholung erfordert aber zweifelsfreie tatrichterliche Feststellungen zum Vorliegen des **Erstverstoßes**. Sofern eine bestandskräftige Vorahndung nicht vorliegt, müssen entsprechende Erkenntnisse ermittelt und zur Überzeugung des Spruchrichters beweiskräftig erhoben werden, weil andernfalls lediglich wegen einer Ordnungswidrigkeit nach § 86 verurteilt werden kann. Die Unschuldsvermutung des Art. 6 Abs. 2 MRK steht einer solchen Berücksichtigung nicht entgegen.¹⁰⁶ Wie lange der Vorverstoß zurückliegt, ist unerheblich. Entgegen der Ansicht des OLG Stuttgart¹⁰⁷ spricht der Wortlaut von § 86 Nr. 2 („wiederholt *einer* Aufenthaltsbeschränkung") gerade nicht dafür, dass wiederholt dieselbe Aufenthaltsgestattung im verwaltungsrechtlichen Sinn betroffen sein muss, vielmehr reicht ein gleichgearteter Verstoß aus.¹⁰⁸

39 Wird die Zuwiderhandlung **ohne Unterbrechung fortgesetzt,** dh es erfolgt nach einem Aufgriff keine unverzügliche Rückkehr in den zugewiesenen Bezirk, ist nicht zwin-

---

⁹⁶ Erbs/Kohlhaas/*Senge* Rn. 8; aA für den Fall fehlender Vorahndung *Marx* Rn. 30 ff. unter Berufung auf die nicht einschlägige Entscheidung des BGH 18.11.1969 – 1 StR 361/69, BGHSt 23, 167 (172) zu § 361 Nr. 6c StGB aF.
⁹⁷ *Aurnhammer* S. 94 f.; *Marx* Rn. 12 ff.; Reermann ZAR 1982, 127 (138).
⁹⁸ AG Bad Homburg 2.4.1984 – 29 Js 21967/83, StV 1984, 381.
⁹⁹ BT-Drs. 9/1705, 6.
¹⁰⁰ BT-Drs. 9/1630, 27 f.
¹⁰¹ Bergmann/Dienelt/*Bergmann* Rn. 11; Erbs/Kohlhaas/*Senge* Rn. 8; BGH 5.7.2011 – 3 StR 87/11, NJW 2011, 3174 ff.; OLG Celle 20.2.1984 – 1 Ss 28/84, NStZ 1984, 324 = EZAR 355 Nr. 2; OLG Karlsruhe 4.8.1988 – 1 Ss 41/88, NStZ 1988, 560 = NStE Nr. 1 zu § 34 AsylVfG.
¹⁰² GK-AsylVfG/*Franke* Rn. 21.
¹⁰³ BVerfG 10.4.1997 – 2 BvL 45/92, BVerfGE 96, 10 = NVwZ 1997, 1109.
¹⁰⁴ Erbs/Kohlhaas/*Ambs* SchwarzArbG § 11 Rn. 6 ff.
¹⁰⁵ Vgl. BGH 18.11.1969 – 1 StR 361/69, BGHSt 23, 167 zu § 361 Nr. 6c StGB aF.
¹⁰⁶ Meyer-Goßner/Schmitt/*Schmitt* MRK Art. 6 Rn. 14; BGH 30.10.1986 – 4 StR 499/86, BGH 34, 209 = NStZ 87, 127 mit ablehnender Anm. *Vogler.*
¹⁰⁷ OLG Stuttgart 16.8.1999 – 3 Ss 256/99, NVwZ 2000, Beilage Nr. 2, S. 23; OLG Köln 16.7.2002 – Ss 289/02, StV 2003, 82.
¹⁰⁸ OLG Hamm 31.1.2007 – 1 Ss 500/06, StRR 2007, 114.

gend ein neuer Tatentschluss festzustellen, um den Verstoß bis dahin als abgeschlossene Vortat bewerten zu können.[109] Wiederholte Zuwiderhandlungen als Teilakte einer mit Gesamtvorsatz begangenen fortgesetzten Tat sind seit der Aufgabe des Rechtsinstitutes des Fortsetzungszusammenhanges nicht mehr denkbar.[110] Die freiwillige oder zwangsweise erfolgte Rückkehr in den zugewiesenen Aufenthaltsbereich ist nicht zwingende Voraussetzung für den Zweitverstoß; eine bloße Belehrung wird bei fortdauerndem Verstoß nicht ausreichen, wohl aber die Anhörung als Betroffener und damit die Bekanntgabe der Einleitung eines förmlichen Bußgeldverfahrens.[111]

3. Verstoß gegen Wohnanordnung (§ 60 Abs. 2). Die Vorschrift ist in ihrem Regelungsgehalt **missglückt** und hat deshalb in der Praxis nur eine sehr geringe Bedeutung. Nach ihrem Wortlaut erfasst sie lediglich das nicht rechtzeitige Befolgen einer vollziehbaren Anordnung nach § 60 Abs. 2 S. 1, gilt also nicht für die Fälle des späteren Verlassens einer „rechtzeitig" eingenommenen Unterkunft. Insofern kommt eine Strafbarkeit nicht in Betracht, solange sich der Ausländer sonst innerhalb des zugewiesenen Aufenthaltsbezirkes bewegt. Aufgrund des klaren Wortlautes der Strafbestimmung scheidet eine andere **Auslegung** aus.[112] Außerdem sind verfassungsrechtliche Bedenken angezeigt, weil – anders als im Fall von § 50 Abs. 6 und der Strafnorm des § 85 Nr. 1 – § 60 Abs. 2 keinerlei Aussagen dazu trifft, dass der Verpflichtung zu Umzug oder Wohnungsnahme innerhalb eines bestimmten Zeitraumes nachzukommen ist. 40

Der Begriff der fehlenden **Rechtzeitigkeit** wird üblicherweise gleichgesetzt mit jenem der Unverzüglichkeit iSd § 121 BGB wie er in Nr. 1 Verwendung findet.[113] Im Interesse einer verfassungskonformen Auslegung ist jedoch eine Unterscheidung angezeigt, zumal in der Praxis zum Zwecke der Vorbereitung einer zwangsweisen Durchsetzung derartiger Aufforderungen regelmäßig eine vollstreckungsrechtliche Frist gesetzt wird. Erst wenn diese Frist nicht eingehalten wird, handelt der Betroffene Ausländer nicht rechtzeitig (→ Rn. 13 f.).[114] Aber auch wenn eine konkrete Frist nicht gesetzt sein sollte, wird die Frage der Rechtzeitigkeit nicht abstrakt bestimmt werden können, sondern von den konkreten Gegebenheiten des Einzelfalles abhängig zu machen sein.[115] Persönliche und familiäre Verhältnisse werden ebenso Berücksichtigung finden müssen wie das bisherige soziale Umfeld. 41

Voraussetzung ist die **Vollziehbarkeit** der Auflage, was im Hinblick auf §§ 11, 75 nur dann nicht der Fall ist, wenn einstweiliger Rechtsschutz nach § 80 Abs. 5 VwGO beantragt wurde (→ Rn. 12 ff.). Bereits ein erster Verstoß ist nach dem Willen des Gesetzgebers unter Strafe gestellt, während insoweit nach § 35 Abs. 1 AsylVfG 1982 bzw. Abs. 1 Nr. 2 AsylVfG 1982 idF vom 14.1.1987[116] früher zunächst nur eine Ordnungswidrigkeit gegeben war. 42

4. Verstoß gegen Erwerbstätigkeitsverbot (§ 61 Abs. 1). Geahndet wird mit Nr. 4 der Verstoß gegen ein **absolutes Arbeitsverbot** kraft Gesetzes, welches jene Ausländer trifft, die noch nach § 47 Abs. 1 zur Wohnungsnahme in einer Aufnahmeeinrichtung verpflichtet sind. Ob das der Fall ist, wird sich anhand der Bescheinigung über die Aufenthaltsgestattung des § 63 Abs. 1 klären lassen, weil darin auch die Wohnverpflichtung nach § 47 Abs. 1 vermerkt ist. Dabei hat der Strafrichter die Rechtmäßigkeit dieser Verpflichtung regelmäßig nicht zu überprüfen,[117] ausgenommen den Fall, dass die Höchstdauer von 6 Monaten bereits überschritten ist bzw. solches behauptet wird. Soweit nämlich der Auslän- 43

---

[109] Vgl. Erbs/Kohlhaas/*Ambs* SchwarzarbG § 11 Rn. 11 ff.
[110] BGH 3.5.1994 – GSSt 2 u. 393, BGHSt 40, 138 = NJW 1994, 1663 = StV 1994, 306.
[111] AA *Westphal/Stoppa* S. 784.
[112] LG Lüneburg v. 23.6.1995 – 20 Qs 13/95, StV 1995, 535.
[113] Erbs/Kohlhaas/*Senge* Rn. 10; GK-AsylVfG/*Franke* Rn. 28.
[114] *Aurnhammer* S. 39 u. 131.
[115] *Marx* Rn. 16 ff.
[116] BGBl. I S. 92.
[117] *Marx* Rn. 15.

der unter Verstoß gegen § 47 Abs. 1 zum Verbleib in einer Aufnahmeeinrichtung verpflichtet wird und er damit zugleich dem gesetzlichen Arbeitsverbot unterliegt, kann ein Verstoß seinerseits dagegen nicht strafrechtlich geahndet werden. Im Hinblick auf die sich aus § 47 Abs. 1 ergebenden Rechtsfolgen, darf der gesetzlichen Befristung nicht nur programmatischer Charakter zukommen.[118]

44 Strafbar ist jeder Verstoß unabhängig von der Arbeitsdauer. Soweit das Vorliegen des Tatbestandes nicht festgestellt werden kann, ist das Vorliegen einer Ordnungswidrigkeit nach § 404 Abs. 2 Nr. 4 SGB III[119] bzw. einer Straftat nach § 11 Abs. 1 Nr. 2b SchwarzArbG[120] zu prüfen. Nur eine Einzelfallprüfung unter Würdigung sämtlicher Umstände wird häufig klären können, wann überhaupt ein Verstoß gegen ein Erwerbstätigkeitsverbot vorliegt. Zur Definition wird sinnvollerweise auf § 2 Abs. 2 AufenthG iVm § 7 SGB IV[121] zurückzugreifen sein, wobei der Begriff der selbständigen Tätigkeit gesetzlich nicht definiert ist, sich aber im Umkehrschluss aus den **Definitionsmerkmalen** für abhängige Beschäftigung ergibt.[122] Erwerbstätigkeit kann auch gegeben sein, wenn im Rahmen einer Ausbildung nur eine nicht auf Gewinnerzielung gerichtete Beschäftigung ausgeübt wird. Davon abzugrenzen sind Leistungen, die auf Grund familiärer Verbundenheit oder aus reiner Gefälligkeit erbracht werden und für die üblicherweise ein Entgelt nicht gewährt wird. Hierbei werden auch Bestimmungen ausländischen Familienrechts, insbesondere des Unterhaltsrechts, zu bedenken sein.[123] Art und Umfang der Tätigkeit werden gegen Art und Höhe der gewährten Gegenleistung abzuwägen sein. Ob mit Geld oder Sachleistungen vergütet wird, ist allerdings nicht entscheidend.[124] Hilfreich kann in diesem Zusammenhang auch sein, die Prüfung anhand der in der BeschVO[125] aufgeführten unterschiedlichen Beschäftigungen vorzunehmen.

V. Innerer Tatbestand

45 Für sämtliche Straftatbestände gilt, dass diese gem. § 15 StGB nur mit zumindest **bedingtem Vorsatz** verwirklicht werden können. Der Asylbewerber oder Zweitantragssteller muss daher die in Bezug genommenen Pflichten und Auflagen kennen, um die Strafbarkeit der Verstöße wissen oder wenigstens damit einverstanden sein. Eine besondere Absicht oder Gesinnung ist nicht erforderlich;[126] ebenso sieht das Gesetz an keiner Stelle besondere Belehrungspflichten vor.

46 Dennoch wird eine Bestrafung häufig davon abhängig gemacht werden müssen, ob und in welcher Weise der **Beschuldigte** auf die Rechtslage **hingewiesen** worden ist. Bei den Anordnungen iS der Nr. 1, Nr. 2, 2. Alt. und Nr. 3 werden hier wenig Probleme entstehen, wenn diese in verständlicher Sprache so abgefasst sind, dass sie der fremdsprachige Empfänger versteht (→ Rn. 15). Ohne besondere Schwierigkeiten werden regelmäßig die Verstöße gegen das gesetzliche Erwerbstätigkeitsverbot iSd § 61 Abs. 1 gelöst werden können, weil derartige Verbote zu Recht als allgemein bekannt gelten, sodass zumindest bedingter Vorsatz anzunehmen ist. Problematisch erscheinen jedoch Verstöße gegen die räumliche Beschränkung der Aufenthaltsgestattung, weshalb insoweit eine schriftliche Belehrung oder wenigstens ein Hinweis üblich ist.

47 Die ohnehin nicht immer einfache Unterscheidung zwischen **Tatbestands- und Verbotsirrtum** ist bei verwaltungsakzessorischen Strafnormen zusätzlich erschwert. Ob die verletzte Pflicht als Tatbestandsmerkmal vom Vorsatz umfasst sein muss oder außerhalb des

---

[118] AA Bergmann/Dienelt/*Bergmann* § 47 Rn. 3.
[119] Erbs/Kohlhaas/*Wache* S. 103.
[120] *Schönfelder* Nr. 94b.
[121] Erbs/Kohlhaas/*Wache* S. 104.
[122] S. hierzu auch die Allg. Verwaltungsvorschriften zu § 2 AufenthG unter 2.2, abgedruckt bei Bergmann/Dienelt nach dem Gesetzestext von § 2.
[123] OLG Düsseldorf 10.9.1993 – 2 Ss 294/93–111/93 II, NStZ 1994, 290.
[124] *Von Pollern* ZAR 1996, 175 (182).
[125] BeschäftigungsVO, *Sartorius* Nr. 566a.
[126] Bergmann/Dienelt/*Bergmann* Rn. 15.

Tatbestandes steht, ist im Rahmen der Verweisungstechnik nicht ohne weiteres erkennbar.[127] In der gesamten Kommentarliteratur zum AsylG finden sich dazu allenfalls marginale Hinweise.[128] Wesentlich wird auch hier die Unterscheidung zwischen verwaltungsrechts- und verwaltungsaktsakzessorischen Delikten sein (→ Rn. 11).

Nr. 2, 1. Alt. und **Nr. 4 ahnden reine Normverstöße** ohne Einzelverfügungen, bei 48 denen der Vorsatz lediglich die tatsächlichen Voraussetzungen der jeweiligen Ausfüllungsnorm erfassen muss. Ein den Vorsatz ausschließender Tatbestandsirrtum kommt demzufolge in Betracht, wenn beispielsweise ein Ausländer seinen Status als Asylbewerber nicht kennt, über die Grenzen des räumlichen Geltungsbereich seiner Aufenthaltsgestattung irrt (vgl. Nr. 2)[129] oder nichts von seiner Pflicht zum Wohnen in einer Aufnahmeeinrichtung weiß (vgl. Nr. 4). Über Art. 1 Abs. 1 EGStGB kommt § 16 StGB zur Anwendung, dh mangels Strafbarkeit fahrlässigen Handelns entfällt im Fall des Irrtums eine Strafbarkeit. Im Übrigen wird aber aus der in Bezug genommenen Ausfüllungsnorm nicht – sozusagen automatisch – ein Tatbestandsmerkmal der Strafnorm, weshalb der Asylbewerber, der die räumliche Beschränkung des § 56 Abs. 1 oder das allgemeine Verbot der Erwerbstätigkeit des § 61 Abs. 1 nicht kennt, allenfalls einen Verbotsirrtum iSd § 17 StGB geltend machen kann.

Einen Sonderfall stellt im Rahmen des Verstoßes gegen die räumliche Beschränkung 49 der Aufenthaltsgestattung der Sachverhalt dar, bei dem der Täter irrig glaubt, es läge ein Ausnahmefall der §§ 57, 58 vor, denn dieser ist kein Merkmal des gesetzlichen Tatbestandes. Nur soweit er die tatsächlichen Voraussetzungen der Erteilung einer Ausnahmebewilligung verkannt hat, subjektiv also – wie im Falle eines nichtigen VA – von einer Sachlage ausgeht, die sein Handeln rechtfertigen würde, wäre als Erlaubnistatbestandsirrtum entspr. der eingeschränkten Schuldtheorie[130] eine vorsätzliche Tatbegehung ausgeschlossen. Demgegenüber kommt ein Berufen auf § 16 StGB nicht in Betracht, wenn der Beschuldigte irrtümlich die Erteilung einer Ausnahmebewilligung annimmt oder davon ausgeht, dass ein Befreiungstatbestand iSd § 57 Abs. 3 oder § 58 Abs. 3 eingreift.

Die Genehmigungsfähigkeit kann nach allgM weder Strafausschließungs- noch Strafauf- 50 hebungsgrund sein (→ StGB § 324 Rn. 119 mwN). Eine nachträglich erteilte Erlaubnis wird aber regelmäßig strafmildernd zu berücksichtigen sein.

Nr. 1, Nr. 2, 2. Alt. und **Nr. 3 ahnden** demgegenüber Verstöße gegen **Einzelverfü-** 51 **gungen,** bei denen eine Auflage oder Anordnung Tatbestandsmerkmal ist. Insoweit handelt der Täter in einem den Vorsatz ausschließenden Tatbestandsirrtum, wenn beispielsweise der gegen ihn erlassene VA ihm gar nicht bekannt geworden ist oder er sich über die Vollziehbarkeit irrt (→ VereinsG § 20 Rn. 48, VersammlungsG § 23 Rn. 21).[131] Allerdings ist dabei zu beachten, dass verwaltungsrechtliche Zustellungsfiktionen nicht dazu führen können, dass ohne besondere Prüfung des Einzelfalles auch der strafrechtliche Vorsatz angenommen wird. Nichts anderes gilt schließlich für den Fall, dass der Ausländer die Zuweisungsanordnung des § 50 auf Grund mangelnder Sprachkenntnisse nicht richtig verstanden hat.[132]

Demgegenüber werden Fälle des **Verbotsirrtums** in diesem Zusammenhang selten sein, 52 denn sie sind nur dann denkbar, wenn infolge einer falschen rechtlichen Wertung der Ausländer sich trotz Kenntnis aller Tatsachen nicht an das wirksame Ge- bzw. Verbot gebunden fühlt. Da die Rechtmäßigkeit der Einzelverfügungen keine objektive Strafbarkeitsbedingung ist (→ Rn. 16), muss sich der Vorsatz auch darauf erstrecken, dh im Fall des Irrtums darüber, dass auch ein rechtswidriger VA Geltung beansprucht, ist die Vermeidbarkeit zu prüfen, denn in Kenntnis aller für ihn entscheidenden Tatsachen irrt er allein über die Rechtswirkung desselben.

---

[127] *Aurnhammer* S. 174.
[128] Erbs/Kohlhaas/*Senge* Rn. 13; GK-AsylVfG/*Franke* Rn. 10; *Marx* Rn. 48.
[129] Erbs/Kohlhaas/*Senge* Rn. 13; *Marx* § 86 Rn. 6 f.
[130] BGH 6.6.1952 – 1 StR 13/52, BGHSt 3, 12 (12 f.); Schönke/Schröder/*Sternberg-Lieben/Schuster* StGB § 16 Rn. 16 ff. mwN.
[131] BGH 26.1.1989 – 1 StR 740/88, NStZ 1989, 475 mit ablehnender Anm. *Dölp*; Lackner/Kühl/*Heger* StGB § 325 Rn. 16.
[132] Bergmann/Dienelt/*Bergmann* Rn. 6.

53 Die Frage der **Vermeidbarkeit** des Verbotsirrtums richtet sich nach dem Maß der erforderlichen Gewissensanspannung entspr. den individuellen Fähigkeiten des Täters einschließlich der intellektuellen Erkenntnismittel.[133] An die Unvermeidbarkeit werden hohe Anforderungen gestellt, insbesondere je länger der Betreffende bereits Gelegenheit hat, sich mit den Normen und Wertevorstellungen der Bundesrepublik – auch durch Erholung von Informationen – vertraut zu machen.[134] Insbesondere dürfen Ausländer die Maßstäbe von Recht und Unrecht in ihren Heimatländern nicht zur Handlungsmaxime hier machen.[135] Wer als Ausländer in ein fremdes Land kommt, weiß üblicherweise um das Bestehen spezifischer Regelungen und ist gehalten, notwendige Erkundigungen einzuholen, mangels derer jedenfalls bedingter Vorsatz nahe liegen wird. Vor allem wird regelmäßig außer Zweifel stehen, dass ein anordnender VA auch zu befolgen ist. Dennoch mag in Einzelfällen unter Berücksichtigung fehlender Bildung und Rechtskenntnis vor dem Hintergrund eines schweren Verfolgungsschicksals bei Asylsuchenden von der Unvermeidbarkeit ausgegangen werden.[136]

VI. Konkurrenzen

54 Die einzelnen **Tatbestände** können **untereinander** in Ideal- oder in Realkonkurrenz stehen. Ersteres kommt insbesondere dann in Betracht, wenn wiederholt außerhalb des zugewiesenen Aufenthaltsbereiches einer verbotenen Erwerbstätigkeit nachgegangen wird. Sofern in diesem Zusammenhang auch gefälschte Ausweisdokumente verwendet werden, kann ebenfalls rechtlich zusammentreffend der Tatbestand der Urkundenfälschung iSd § 267 StGB hinzutreten.[137] Beim Zusammentreffen mit einer Ordnungswidrigkeit nach § 404 Abs. 2 Nr. 4 SGB III wegen fehlender Arbeitserlaubnis (→ Rn. 44) ist § 21 OWiG zu beachten. Das gilt auch für Arbeitgeber oder Entleiher, die wegen Beihilfe zu bestrafen sind, soweit sie wissen – und insoweit wird regelmäßig zumindest bedingter Vorsatz gegeben sein –, dass der Beschäftigte gegen ein entspr. Verbot iSd Nr. 4 verstößt.

55 Tateinheit zwischen Nr. 2 und § 263 StGB kommt in Betracht, wenn der Asylbewerber sich außerhalb seines Aufenthaltsbezirkes ein weiteres Mal Sozialhilfeleistungen auszahlen lässt. Das gilt auch für den Fall, dass mit anderer Identität eine weitere Aufenthaltsgestattung erlangt wird.[138] Da es sich bei sämtlichen Tatbeständen allerdings um **Dauerdelikte** handelt, wird im Einzelfall zu prüfen sein, ob im Zusammenhang mit anderen Straftaten § 52 oder § 53 StGB anzuwenden ist. Soweit nur gelegentlich des Dauerdelikts eine andere Straftat begangen wird, ist von Tatmehrheit auszugehen, weil die weitere Straftat das Dauerdelikt sowohl materiell-rechtlich wie prozessual iSd § 264 StPO teilt.[139] Dient jedoch, wie im vorgeschilderten Fall des Sozialhilfebetruges das Dauerdelikt dazu, eine zusätzliche Straftat zu begehen, oder verlässt beispielsweise der Asylant den zugewiesenen Aufenthaltsbezirk, um zu stehlen, und war er von Anfang an auch dazu entschlossen, muss von tateinheitlichem Handeln ausgegangen werden.

56 Das **Verhältnis zu § 95 AufenthG** ist in der Literatur – soweit überhaupt bisher behandelt – unklar. Fälle der Gesetzeskonkurrenz sind in diesem Zusammenhang praktisch nicht denkbar, wenn richtigerweise die verwaltungsrechtlichen Ausfüllungsnormen bei der Erfassung des Anwendungsbereiches einbezogen werden. Dies zeigt sich zB bei § 85 Nr. 2 im Verhältnis zu § 95 Abs. 1 Nr. 7 AufenthG, weil das Gebot der räumlichen Beschränkung für Asylbewerber allein auf § 56 bzw. § 59a und nicht auf die in § 95 Abs. 1 Nr. 7 AufenthG in Bezug genommene Bestimmung jenes Gesetzes gestützt werden kann.

---

[133] BGH 18.3.1952 – GSSt. 2/51, BGHSt 2, 194 (201) = NJW 1952, 593 (594).
[134] S. zB OLG Köln 20.12.1977 – Ss 741/77, VRS 54, 364.
[135] BGH 23.12.1952 – 2 StR 612/52, BGHSt 4, 1 (5) = NJW 1953, 431 (432).
[136] Bergmann/Dienelt/*Bergmann* Rn. 14.
[137] Erbs/Kohlhaas/*Senge* Rn. 16.
[138] Auch → § 84 Rn. 116.
[139] BGH 16.3.1989 – 4 StR 60/89, BGHSt 36, 155 (158); Schönke/Schröder/*Stree*, 26. Aufl., StGB Vor §§ 52 ff. StGB Rn. 90 f.; an gleicher Stelle weniger deutlich Schönke/Schröder/*Sternberg-Lieben/Bosch*, 29. Aufl. unter Hinweis auf die uneinheitliche und unübersichtliche Rspr.

III. Asylgesetz 1, 2 § 86 AsylG

Auch für § 95 Abs. 1 Nr. 1 und 2 AufenthG ist bei einem Verstoß gegen § 56 kein Raum, 57
weil die Aufenthaltsgestattung gem. § 55 Abs. 1 für das Bundesgebiet insgesamt eintritt und
lediglich der tatsächliche Aufenthalt räumlich beschränkt ist. Nichts anderes gilt bzgl. § 95
Abs. 1 Nr. 3 AufenthG im Fall der Rückkehr nach kurzem Auslandsaufenthalt, weil entspr.
§ 67 die Aufenthaltsgestattung nicht dadurch erlischt, dass sie entgegen § 64 Abs. 2 zum
Grenzübertritt missbraucht wird.[140] Mit Blick auf § 1 Abs. 1 S. 4 AufenthG haben alle
Bestimmungen des AsylVfG, die sich mit Regelungen von Einreise und Aufenthalt befassen,
Vorrang vor jenen des AufenthG solange das Anerkennungsverfahren betrieben wird.[141]
Das folgt auch aus § 4 Abs. 1 AufenthG, der konsequenterweise die Aufenthaltsgestattung
nicht erwähnt.

Andererseits ist § 95 Abs. 1 Nr. 4 AufenthG auch auf Asylbewerber anwendbar, findet 58
allerdings in § 85 keine Parallele. Gleiches gilt für § 95 Abs. 1 Nr. 8 AufenthG[142] sodass
insofern Ideal- oder Realkonkurrenz wie im Verhältnis zu den allgemeinen Bestimmungen
des StGB in Betracht kommt. Hinsichtlich des Verhältnisses zu den sonstigen Strafbestimmungen des AufenthG wird auf § 84 Rn. 107 ff. Bezug genommen.

VII. Sonstiges

Fahrlässiges Handeln ist ebenso wie der Versuch nicht strafbar, was sich aus § 15 bzw. 59
§ 23 Abs. 1 StGB ergibt. Ein versuchter Verstoß gegen die in § 85 enthaltenen Ausfüllungsnormen würde auch nur in besonderen Fallkonstellationen in Betracht kommen, weil beispielsweise ein Verstoß gegen die räumliche Beschränkung in dem Moment bereits vollendet
ist, in dem die Bezirksgrenze überschritten wird. Im Fall der verbotenen Erwerbstätigkeit
wäre eine bloße Kontaktaufnahme noch Vorbereitungshandlung; das Verbringen zur
Arbeitsstelle durch den Arbeitgeber wird bereits als Arbeitsaufnahme zu werten sein.

Der **Strafrahmen** für die vorsätzliche Tatbegehung bewegt sich zwischen einem Monat 60
(§ 38 Abs. 2 StGB) und 1 Jahr Freiheitsstrafe bzw. nach Maßgabe des § 40 StGB zwischen
5 und 360 Tagessätzen Geldstrafe.

Die **Verjährungsfrist** beträgt damit nach § 78 Abs. 3 Nr. 5 StGB 3 Jahre. 61

§ 86 Bußgeldvorschriften

(1) Ordnungswidrig handelt ein Ausländer, der einer Aufenthaltsbeschränkung nach § 56 oder § 59b Absatz 1, jeweils auch in Verbindung mit § 71a Abs. 3, zuwiderhandelt.

(2) Die Ordnungswidrigkeit kann mit einer Geldbuße bis zu zweitausendfünfhundert Euro geahndet werden.

Die Vorschrift geht zurück auf § 35 AsylVfG 1982, ist allerdings reduziert auf den **erst-** 1
maligen Verstoß gegen die räumliche Beschränkung der Aufenthaltsgestattung, während
Verstöße gegen sonstige räumliche Beschränkungen heute unter den Voraussetzungen des
§ 85 Nr. 3 sogleich als Straftat geahndet werden können. Die Ordnungswidrigkeit ist auf
Grund ihres Regelungsgehaltes eng verknüpft mit § 85 Nr. 2, sodass auf die zu § 85 insgesamt
und § 85 Nr. 2 insbesondere gemachten Ausführungen verwiesen werden kann.

Täter kann auch hier, gegebenenfalls als Zweitantragssteller iSd § 71a, nur ein Asylbewer- 2
ber sein. Bei Folgeantragstellern iSd § 71 ist maßgebend, ob ein Aufenthaltstitel oder eine
Duldung iSd § 4 Abs. 1 bzw. § 60a AufenthG vorliegt oder aber doch sogleich eine Aufenthaltsgestattung erteilt wurde (→ § 85 Rn. 21). Dann bleibt es bei der Ahndung als Ordnungswidrigkeit im Fall des Erstverstoßes. Als **Teilnehmer** kommt jedermann in Betracht,
sei er Deutscher oder Ausländer bzw. ebenfalls Asylbewerber, wobei auch dieser entspr.

---

[140] AG Aachen 17.11.1994 – 50 G 50 Js 645/94, MDR 1995, 627.
[141] Vgl. zu Art. 31 Nr. 1 GFK → AufenthG § 95 Rn. 116 ff.
[142] *Aurnhammer* S. 197 zu den korrespondierenden Bestimmungen des AuslG.

dem Einheitstäterbegriff des § 14 Abs. 1 OWiG ordnungswidrig handelt. Der erste Verstoß gegen die Aufenthaltsbeschränkungen des § 56 ist als Verwaltungsunrecht qualifiziert, wobei unabhängig vom Zweck auch ein kurzes unerlaubtes Verlassen oder nach erlaubtem Verlassen die verspätete Rückkehr ausreicht (→ § 85 Rn. 28 ff.). Hierunter fällt auch das Nichtbeachten der Verpflichtung aus §§ 20 Abs. 1, 22 Abs. 3, 22a, nämlich sich unverzüglich in den Bezirk der Ausländerbehörde zu begeben, in dem die zuständige Aufnahmeeinrichtung liegt (→ § 85 Rn. 19).[1] Eine wirksame Aufenthaltsgestattung muss vorliegen.

3   **Versuch** ist straflos (§ 13 Abs. 2 OWiG), hinsichtlich **Vorsatz** (§ 10 OWiG) und **Irrtum** (§ 11 OWiG) gelten keine Besonderheiten, wenngleich die Vermeidbarkeit im Einzelfall besonders zu prüfen ist. Eine pauschale Überprüfung der Amtsakten dahin, ob eine behördliche Belehrung dokumentiert ist, wird nicht ausreichen, weil auch die Formulierung des ge- oder verbietenden VA sowie die individuelle Einsichtsfähigkeit des Betroffenen ausschlaggebende Beurteilungskriterien sind.[2] Bei fehlender Belehrung wird regelmäßig unvermeidbarer Verbotsirrtum anzunehmen sein.[3]

4   Für die Verfolgung zuständig sind gem. § 36 Abs. 1 Nr. 2 lit. a, Abs. 2 OWiG die fachlich berufenen obersten Landesbehörden bzw. die von ihnen bestimmten nachgeordneten Dienststellen. Die sachliche Entscheidung hat gem. § 47 Abs. 1 OWiG auch hier unter Opportunitätsgesichtspunkten zu erfolgen, wobei davon im Hinblick auf die verhältnismäßig geringe Bedeutung des Verstoßes und die Tatsache, dass eine strafrechtliche Verurteilung eines wiederholten Verstoßes die Ahndung mit einem Bußgeld nicht voraussetzt (→ § 85 Rn. 37), großzügig Gebrauch gemacht werden sollte.[4] Insbesondere sollte geprüft werden, ob nicht eine bloße Belehrung oder formlose Verwarnung ausreichend ist.[5] Das gilt umso mehr, als bei Zweitverstößen häufig nach § 153 Abs. 1 oder Abs. 2 StPO verfahren wird und diese Sanktionslosigkeit für den wiederholten Verstoß zu Missverständnissen führen kann, wenn der Erstverstoß mit einer Geldbuße belegt wurde. Sobald die Verwaltungsbehörde nämlich Anhaltspunkte dafür hat, dass – ob als solcher geahndet oder nicht – ein wiederholter Verstoß gegen die räumliche Beschränkung der Aufenthaltsgestattung vorliegen kann, ist der Vorgang zur weiteren Überprüfung gem. § 41 OWiG an die Staatsanwaltschaft abzugeben, die dann entscheidet, ob die Voraussetzungen des § 85 Nr. 2 vorliegen.

5   Der Bußgeldrahmen bewegt sich gem. § 17 Abs. 1 OWiG, § 86 Abs. 2 zwischen 5 und 2.500 Euro, sodass die Verjährungszeit gem. § 31 Abs. 2 Nr. 3 OWiG 1 Jahr beträgt.

Abschnitt 11. Übergangs- und Schlussvorschriften

(Vom Abdruck wurde abgesehen)

Anlagen I, II

(Vom Abdruck wurde abgesehen)

---

[1] Huber/*Göbel-Zimmermann*, 1. Aufl., Rn. 458.
[2] GK-AsylVfG/*Funke-Kaiser* Rn. 7.
[3] *Marx* Rn. 5.
[4] *Marx* Rn. 6; GK-AsylVfG/*Funke-Kaiser* Rn. 9.
[5] *Göhler* OWiG § 47 Rn. 11.

IV. Staatsangehörigkeitsgesetz (StAG)

Vom 22.7.1913, RGBl. I S. 583
Zuletzt geändert durch Gesetz vom 11.10.2016, BGBl. I S. 2218

FNA 102-1

(Auszug)

Schrifttum: *Walter*, Der Wille des Gesetzgebers als höchstes Auslegungsziel, verdeutlicht anhand des § 42 StAG, ZIS 2016, 746.

Vorbemerkung

Bei der vorliegenden Kommentierung von Auszügen des StAG steht die Strafbestimmung des § 42 im Mittelpunkt. Soweit die verwaltungsrechtlichen Vorschriften und allgemeinen verwaltungsrechtlichen Probleme für die strafrechtliche Beurteilung von Bedeutung sind, werden diese überwiegend bei der Kommentierung der Strafvorschrift behandelt. Weitere Vorschriften werden nur kurz und zusammenfassend erläutert, um einen Überblick über die Verwaltungsvorschriften zu geben und gegebenenfalls die Kommentierung zu ergänzen. Von der Kommentierung und vom Abdruck von Bestimmungen, die für die Strafvorschriften ohne Bedeutung sind, wurde abgesehen. 1

§§ 1–7 *(nicht abgedruckt)*

§ 8 [Einbürgerung eines Ausländers]

(1) Ein Ausländer, der rechtmäßig seinen gewöhnlichen Aufenthalt im Inland hat, kann auf seinen Antrag eingebürgert werden, wenn er
1. handlungsfähig nach § 37 Absatz 1 Satz 1 oder gesetzlich vertreten ist,
2. weder wegen einer rechtswidrigen Tat zu einer Strafe verurteilt noch gegen ihn auf Grund seiner Schuldunfähigkeit eine Maßregel der Besserung und Sicherung angeordnet worden ist,
3. eine eigene Wohnung oder ein Unterkommen gefunden hat und
4. sich und seine Angehörigen zu ernähren imstande ist.

(2) Von den Voraussetzungen des Absatzes 1 Satz 1 Nr. 2 und 4 kann aus Gründen des öffentlichen Interesses oder zur Vermeidung einer besonderen Härte abgesehen werden.

§ 9 [Einbürgerung von Ehegatten oder Lebenspartnern Deutscher]

(1) Ehegatten oder Lebenspartner Deutscher sollen unter den Voraussetzungen des § 8 eingebürgert werden, wenn
1. sie ihre bisherige Staatsangehörigkeit verlieren oder aufgeben oder ein Grund für die Hinnahme von Mehrstaatigkeit nach Maßgabe von § 12 vorliegt und
2. gewährleistet ist, dass sie sich in die deutschen Lebensverhältnisse einordnen, es sei denn, dass sie nicht über ausreichende Kenntnisse der deutschen Sprache verfügen (§ 10 Abs. 1 Satz 1 Nr. 6 und Abs. 4) und keinen Ausnahmegrund nach § 10 Abs. 6 erfüllen.

(2) Die Regelung des Absatzes 1 gilt auch, wenn die Einbürgerung bis zum Ablauf eines Jahres nach dem Tod des deutschen Ehegatten oder nach Rechtskraft des die Ehe auflösenden Urteils beantragt wird und dem Antragsteller die Sorge für die Person eines Kindes aus der Ehe zusteht, das bereits die deutsche Staatsangehörigkeit besitzt.

§ 10 [Einbürgerung]

(1) ¹Ein Ausländer, der seit acht Jahren rechtmäßig seinen gewöhnlichen Aufenthalt im Inland hat und handlungsfähig nach § 37 Absatz 1 Satz 1 oder gesetzlich vertreten ist, ist auf Antrag einzubürgern, wenn er
1. sich zur freiheitlichen demokratischen Grundordnung des Grundgesetzes für die Bundesrepublik Deutschland bekennt und erklärt, dass er keine Bestrebungen verfolgt oder unterstützt oder verfolgt oder unterstützt hat, die
   a) gegen die freiheitliche demokratische Grundordnung, den Bestand oder die Sicherheit des Bundes oder eines Landes gerichtet sind oder
   b) eine ungesetzliche Beeinträchtigung der Amtsführung der Verfassungsorgane des Bundes oder eines Landes oder ihrer Mitglieder zum Ziele haben oder
   c) durch Anwendung von Gewalt oder darauf gerichtete Vorbereitungshandlungen auswärtige Belange der Bundesrepublik Deutschland gefährden,
   oder glaubhaft macht, dass er sich von der früheren Verfolgung oder Unterstützung derartiger Bestrebungen abgewandt hat,
2. ein unbefristetes Aufenthaltsrecht oder als Staatsangehöriger der Schweiz oder dessen Familienangehöriger eine Aufenthaltserlaubnis auf Grund des Abkommens vom 21. Juni 1999 zwischen der Europäischen Gemeinschaft und ihren Mitgliedstaaten einerseits und der Schweizerischen Eidgenossenschaft andererseits über die Freizügigkeit, eine Blaue Karte EU oder eine Aufenthaltserlaubnis für andere als die in den §§ 16, 17, 17a, 20, 22, 23 Absatz 1, §§ 23a, 24 und 25 Abs. 3 bis 5 des Aufenthaltsgesetzes aufgeführten Aufenthaltszwecke besitzt,
3. den Lebensunterhalt für sich und seine unterhaltsberechtigten Familienangehörigen ohne Inanspruchnahme von Leistungen nach dem Zweiten oder Zwölften Buch Sozialgesetzbuch bestreiten kann oder deren Inanspruchnahme nicht zu vertreten hat,
4. seine bisherige Staatsangehörigkeit aufgibt oder verliert,
5. weder wegen einer rechtswidrigen Tat zu einer Strafe verurteilt noch gegen ihn auf Grund seiner Schuldunfähigkeit eine Maßregel der Besserung und Sicherung angeordnet worden ist,
6. über ausreichende Kenntnisse der deutschen Sprache verfügt und
7. über Kenntnisse der Rechts- und Gesellschaftsordnung und der Lebensverhältnisse in Deutschland verfügt.

²Die Voraussetzungen nach Satz 1 Nr. 1 und 7 müssen Ausländer nicht erfüllen, die nicht handlungsfähig nach § 37 Absatz 1 Satz 1 sind.

(2) Der Ehegatte und die minderjährigen Kinder des Ausländers können nach Maßgabe des Absatzes 1 mit eingebürgert werden, auch wenn sie sich noch nicht seit acht Jahren rechtmäßig im Inland aufhalten.

(3) ¹Weist ein Ausländer durch die Bescheinigung des Bundesamtes für Migration und Flüchtlinge die erfolgreiche Teilnahme an einem Integrationskurs nach, wird die Frist nach Absatz 1 auf sieben Jahre verkürzt. ²Bei Vorliegen besonderer Integrationsleistungen, insbesondere beim Nachweis von Sprachkenntnissen, die die Voraussetzungen des Absatzes 1 Satz 1 Nr. 6 übersteigen, kann sie auf sechs Jahre verkürzt werden.

(4) ¹Die Voraussetzungen des Absatzes 1 Satz 1 Nr. 6 liegen vor, wenn der Ausländer die Anforderungen der Sprachprüfung zum Zertifikat Deutsch (B1 des Gemeinsamen Europäischen Referenzrahmens für Sprachen) in mündlicher und schriftlicher Form erfüllt. ²Bei einem minderjährigen Kind, das im Zeitpunkt der Einbürgerung das 16. Lebensjahr noch nicht vollendet hat, sind die Voraussetzungen des Absatzes 1 Satz 1 Nr. 6 bei einer altersgemäßen Sprachentwicklung erfüllt.

(5) ¹Die Voraussetzungen des Absatzes 1 Satz 1 Nr. 7 sind in der Regel durch einen erfolgreichen Einbürgerungstest nachgewiesen. ²Zur Vorbereitung darauf werden Einbürgerungskurse angeboten; die Teilnahme daran ist nicht verpflichtend.

(6) Von den Voraussetzungen des Absatzes 1 Satz 1 Nr. 6 und 7 wird abgesehen, wenn der Ausländer sie wegen einer körperlichen, geistigen oder seelischen Krankheit oder Behinderung oder altersbedingt nicht erfüllen kann.

(7) Das Bundesministerium des Innern wird ermächtigt, die Prüfungs- und Nachweismodalitäten des Einbürgerungstests sowie die Grundstruktur und die Lerninhalte des Einbürgerungskurses nach Absatz 5 auf der Basis der Themen des Orientierungskurses nach § 43 Abs. 3 Satz 1 des Aufenthaltsgesetzes durch Rechtsverordnung, die nicht der Zustimmung des Bundesrates bedarf, zu regeln.

§ 11 [Ausschluss der Einbürgerung]

¹Die Einbürgerung ist ausgeschlossen, wenn
1. tatsächliche Anhaltspunkte die Annahme rechtfertigen, dass der Ausländer Bestrebungen verfolgt oder unterstützt oder verfolgt oder unterstützt hat, die gegen die freiheitliche demokratische Grundordnung, den Bestand oder die Sicherheit des Bundes oder eines Landes gerichtet sind oder eine ungesetzliche Beeinträchtigung der Amtsführung der Verfassungsorgane des Bundes oder eines Landes oder ihrer Mitglieder zum Ziele haben oder die durch die Anwendung von Gewalt oder darauf gerichtete Vorbereitungshandlungen auswärtige Belange der Bundesrepublik Deutschland gefährden, es sei denn, der Ausländer macht glaubhaft, dass er sich von der früheren Verfolgung oder Unterstützung derartiger Bestrebungen abgewandt hat, oder
2. nach § 54 Absatz 1 Nummer 2 oder 4 des Aufenthaltsgesetzes ein besonders schwerwiegendes Ausweisungsinteresse vorliegt.

²Satz 1 Nr. 2 gilt entsprechend für Ausländer im Sinne des § 1 Abs. 2 des Aufenthaltsgesetzes und auch für Staatsangehörige der Schweiz und deren Familienangehörige, die eine Aufenthaltserlaubnis auf Grund des Abkommens vom 21. Juni 1999 zwischen der Europäischen Gemeinschaft und ihren Mitgliedstaaten einerseits und der Schweizerischen Eidgenossenschaft andererseits über die Freizügigkeit besitzen.

§ 12 [Ausnahmen von § 10 Abs. 1 Satz 1 Nr. 4]

(1) ¹Von der Voraussetzung des § 10 Abs. 1 Satz 1 Nr. 4 wird abgesehen, wenn der Ausländer seine bisherige Staatsangehörigkeit nicht oder nur unter besonders schwierigen Bedingungen aufgeben kann. ²Das ist anzunehmen, wenn
1. das Recht des ausländischen Staates das Ausscheiden aus dessen Staatsangehörigkeit nicht vorsieht,
2. der ausländische Staat die Entlassung regelmäßig verweigert,
3. der ausländische Staat die Entlassung aus der Staatsangehörigkeit aus Gründen versagt hat, die der Ausländer nicht zu vertreten hat, oder von unzumutbaren Bedingungen abhängig macht oder über den vollständigen und formgerechten Entlassungsantrag nicht in angemessener Zeit entschieden hat,

4. der Einbürgerung älterer Personen ausschließlich das Hindernis eintretender Mehrstaatigkeit entgegensteht, die Entlassung auf unverhältnismäßige Schwierigkeiten stößt und die Versagung der Einbürgerung eine besondere Härte darstellen würde,
5. dem Ausländer bei Aufgabe der ausländischen Staatsangehörigkeit erhebliche Nachteile insbesondere wirtschaftlicher oder vermögensrechtlicher Art entstehen würden, die über den Verlust der staatsbürgerlichen Rechte hinausgehen, oder
6. der Ausländer einen Reiseausweis nach Artikel 28 des Abkommens vom 28. Juli 1951 über die Rechtsstellung der Flüchtlinge (BGBl. 1953 II S. 559) besitzt.

(2) Von der Voraussetzung des § 10 Abs. 1 Satz 1 Nr. 4 wird ferner abgesehen, wenn der Ausländer die Staatsangehörigkeit eines anderen Mitgliedstaates der Europäischen Union oder der Schweiz besitzt.

(3) Weitere Ausnahmen von der Voraussetzung des § 10 Abs. 1 Satz 1 Nr. 4 können nach Maßgabe völkerrechtlicher Verträge vorgesehen werden.

§ 12a [Verurteilungen]

(1) [1]Bei der Einbürgerung bleiben außer Betracht:
1. die Verhängung von Erziehungsmaßregeln oder Zuchtmitteln nach dem Jugendgerichtsgesetz,
2. Verurteilungen zu Geldstrafe bis zu 90 Tagessätzen und
3. Verurteilungen zu Freiheitsstrafe bis zu drei Monaten, die zur Bewährung ausgesetzt und nach Ablauf der Bewährungszeit erlassen worden ist.
[2]Bei mehreren Verurteilungen zu Geld- oder Freiheitsstrafen im Sinne des Satzes 1 Nr. 2 und 3 sind diese zusammenzuzählen, es sei denn, es wird eine niedrigere Gesamtstrafe gebildet; treffen Geld- und Freiheitsstrafe zusammen, entspricht ein Tagessatz einem Tag Freiheitsstrafe. [3]Übersteigt die Strafe oder die Summe der Strafen geringfügig den Rahmen nach den Sätzen 1 und 2, so wird im Einzelfall entschieden, ob diese außer Betracht bleiben kann. [4]Ist eine Maßregel der Besserung und Sicherung nach § 61 Nr. 5 oder 6 des Strafgesetzbuches angeordnet worden, so wird im Einzelfall entschieden, ob die Maßregel der Besserung und Sicherung außer Betracht bleiben kann.

(2) [1]Ausländische Verurteilungen zu Strafen sind zu berücksichtigen, wenn die Tat im Inland als strafbar anzusehen ist, die Verurteilung in einem rechtsstaatlichen Verfahren ausgesprochen worden ist und das Strafmaß verhältnismäßig ist. [2]Eine solche Verurteilung kann nicht mehr berücksichtigt werden, wenn sie nach dem Bundeszentralregistergesetz zu tilgen wäre. Absatz 1 gilt entsprechend.

(3) [1]Wird gegen einen Ausländer, der die Einbürgerung beantragt hat, wegen des Verdachts einer Straftat ermittelt, ist die Entscheidung über die Einbürgerung bis zum Abschluss des Verfahrens, im Falle der Verurteilung bis zum Eintritt der Rechtskraft des Urteils auszusetzen. [2]Das Gleiche gilt, wenn die Verhängung der Jugendstrafe nach § 27 des Jugendgerichtsgesetzes ausgesetzt ist.

(4) Im Ausland erfolgte Verurteilungen und im Ausland anhängige Ermittlungs- und Strafverfahren sind im Einbürgerungsantrag aufzuführen.

§ 12b [Auslandsaufenthalte]

(1) [1]Der gewöhnliche Aufenthalt im Inland wird durch Aufenthalte bis zu sechs Monaten im Ausland nicht unterbrochen. [2]Bei längeren Auslandsaufenthalten besteht er fort, wenn der Ausländer innerhalb der von der Ausländerbehörde bestimmten Frist wieder eingereist ist. [3]Gleiches gilt, wenn die Frist lediglich

IV. Staatsangehörigkeitsgesetz §§ 13–17 StAG

wegen Erfüllung der gesetzlichen Wehrpflicht im Herkunftsstaat überschritten wird und der Ausländer innerhalb von drei Monaten nach der Entlassung aus dem Wehr- oder Ersatzdienst wieder einreist.

(2) Hat der Ausländer sich aus einem seiner Natur nach nicht vorübergehenden Grund länger als sechs Monate im Ausland aufgehalten, kann die frühere Aufenthaltszeit im Inland bis zu fünf Jahren auf die für die Einbürgerung erforderliche Aufenthaltsdauer angerechnet werden.

(3) Unterbrechungen der Rechtmäßigkeit des Aufenthalts bleiben außer Betracht, wenn sie darauf beruhen, dass der Ausländer nicht rechtzeitig die erstmals erforderliche Erteilung oder die Verlängerung des Aufenthaltstitels beantragt hat.

§ 13 [Einbürgerung eines ehemaligen Deutschen]

Ein ehemaliger Deutscher und seine minderjährigen Kinder, die ihren gewöhnlichen Aufenthalt im Ausland haben, können auf Antrag eingebürgert werden, wenn sie den Erfordernissen des § 8 Abs. 1 Nr. 1 und 2 entsprechen.

§ 14 [Einbürgerung eines nicht im Inland niedergelassenen Ausländers]

Ein Ausländer, der seinen gewöhnlichen Aufenthalt im Ausland hat, kann unter den unter den sonstigen Voraussetzungen der §§ 8 und 9 eingebürgert werden, wenn Bindungen an Deutschland bestehen, die eine Einbürgerung rechtfertigen.

Die §§ 8 ff. regeln die Möglichkeiten einer Einbürgerung von Ausländern. Während § 8 **1** die **Ermessenseinbürgerung** und § 9 die **Solleinbürgerung** für Ehegatten oder Lebenspartner von Deutschen normiert, enthalten die §§ 10 ff. die Regelungen über einen **Einbürgerungsanspruch,** der unter den Voraussetzungen des § 10 besteht, wenn nicht eine der Ausnahmeregelungen des § 11 eingreift. In § 12 ist geregelt, wann ein Ausländer seine Staatsangehörigkeit nicht aufgeben oder verlieren muss (§ 10 Abs. 1 Satz 1 Nr. 4), um den Einbürgerungsanspruch zu erlangen. In den §§ 12a, 12b sind nähere Regelungen zum sog. Unbescholtenheitserfordernis nach § 10 Abs. 1 Satz 1 Nr. 5 (dazu → § 42 Rn. 6) bzw. zur notwendigen Aufenthaltsdauer im Sinne von § 10 Abs. 1 Satz 1, Abs. 3 zu finden. Die §§ 13, 14 enthalten schließlich Sonderregelungen für ehemalige Deutsche und Ausländer, die ihren gewöhnlichen Aufenthalt – anders als von § 8 Abs. 1 vorgesehen – im Ausland haben.

§§ 15–16 *(nicht abgedruckt)*

§ 17 [Verlust der Staatsangehörigkeit]

(1) Die Staatsangehörigkeit geht verloren
1. durch Entlassung (§§ 18 bis 24),
2. durch den Erwerb einer ausländischen Staatsangehörigkeit (§ 25),
3. durch Verzicht (§ 26),
4. durch Annahme als Kind durch einen Ausländer (§ 27),
5. durch Eintritt in die Streitkräfte oder einen vergleichbaren bewaffneten Verband eines ausländischen Staates (§ 28),
6. durch Erklärung (§ 29) oder
7. durch Rücknahme eines rechtswidrigen Verwaltungsaktes (§ 35).

(2) Der Verlust nach Absatz 1 Nr. 7 berührt nicht die kraft Gesetzes erworbene deutsche Staatsangehörigkeit Dritter, sofern diese das fünfte Lebensjahr vollendet haben.

(3) ¹Absatz 2 gilt entsprechend bei Entscheidungen nach anderen Gesetzen, die den rückwirkenden Verlust der deutschen Staatsangehörigkeit Dritter zur Folge hätten, insbesondere bei der Rücknahme der Niederlassungserlaubnis nach § 51 Abs. 1 Nr. 3 des Aufenthaltsgesetzes, bei der Rücknahme einer Bescheinigung nach § 15 des Bundesvertriebenengesetzes und bei der Feststellung des Nichtbestehens der Vaterschaft nach § 1599 des Bürgerlichen Gesetzbuches. ²Satz 1 findet keine Anwendung bei Anfechtung der Vaterschaft nach § 1600 Abs. 1 Nr. 5 und Abs. 3 des Bürgerlichen Gesetzbuches.

§§ 18–27 *(nicht abgedruckt)*

§ 28 [Verlust der Staatsangehörigkeit bei Wehrdienst in fremden Streitkräften]

¹Ein Deutscher, der auf Grund freiwilliger Verpflichtung ohne eine Zustimmung des Bundesministeriums der Verteidigung oder der von ihm bezeichneten Stelle in die Streitkräfte oder einen vergleichbaren bewaffneten Verband eines ausländischen Staates, dessen Staatsangehörigkeit er besitzt, eintritt, verliert die deutsche Staatsangehörigkeit. ²Dies gilt nicht, wenn er auf Grund eines zwischenstaatlichen Vertrages dazu berechtigt ist.

1   Die Vorschrift des § 28 regelt einen Fall des Verlusts der deutschen Staatsangehörigkeit (vgl. § 17 Abs. 1 Nr. 5). Strafrechtliche Relevanz kommt diesen Regelungen insoweit zu, als derzeit ein Reformvorhaben besteht, das die Verlustgründe in strafrechtlich relevanten Konstellationen erweitern will. Das Land **Bayern** hat den **Entwurf** eines „Gesetzes zur Änderung des Staatsangehörigkeitsgesetzes – **Verlust der Staatsangehörigkeit für Terrormilizionäre**" vorgelegt, das vorsieht, dass auch derjenige die deutsche Staatsangehörigkeit verliert, der „im Ausland für eine Terrormiliz an Kampfhandlungen teilnimmt oder im Ausland hierfür an einer Ausbildung teilnimmt." Der Begriff der „Terrormiliz" soll legal definiert werden als „ein paramilitärisch organisierter bewaffneter Verband, der das Ziel verfolgt, in völkerrechtswidriger Weise die Strukturen eines ausländischen Staates gewaltsam zu beseitigen und an deren Stelle neue staatliche Strukturen zu errichten."[1] Im Kern beschreibt das Handeln, das zum Verlust der deutschen Staatsangehörigkeit führen soll, damit **strafbare Handlungen** im Sinne von §§ 129a, 129b StGB (Anschluss an eine Terrormiliz und Teilnahme an Kampfhandlungen) bzw. im Sinne von § 89a Abs. 1, Abs. 2 Nr. 1 StGB (Teilnahme an einer Ausbildung).

§§ 29–34 *(nicht abgedruckt)*

§ 35 [Rücknahme einer rechtswidrigen Einbürgerung]

(1) Eine rechtswidrige Einbürgerung oder eine rechtswidrige Genehmigung zur Beibehaltung der deutschen Staatsangehörigkeit kann nur zurückgenommen werden, wenn der Verwaltungsakt durch arglistige Täuschung, Drohung oder Bestechung oder durch vorsätzlich unrichtige oder unvollständige Angaben, die wesentlich für seinen Erlass gewesen sind, erwirkt worden ist.

(2) Dieser Rücknahme steht in der Regel nicht entgegen, dass der Betroffene dadurch staatenlos wird.

(3) Die Rücknahme darf nur bis zum Ablauf von fünf Jahren nach der Bekanntgabe der Einbürgerung oder Beibehaltungsgenehmigung erfolgen.

(4) Die Rücknahme erfolgt mit Wirkung für die Vergangenheit.

---

[1] BR-Drs. 230/17, Entwurf S. 1 f.

IV. Staatsangehörigkeitsgesetz §§ 36–42 StAG

(5) ¹Hat die Rücknahme Auswirkungen auf die Rechtmäßigkeit von Verwaltungsakten nach diesem Gesetz gegenüber Dritten, so ist für jede betroffene Person eine selbständige Ermessensentscheidung zu treffen. ²Dabei ist insbesondere eine Beteiligung des Dritten an der arglistigen Täuschung, Drohung oder Bestechung oder an den vorsätzlich unrichtigen oder unvollständigen Angaben gegen seine schutzwürdigen Belange, insbesondere auch unter Beachtung des Kindeswohls, abzuwägen.

Die Vorschrift bestimmt, dass eine rechtswidrige Einbürgerung oder eine rechtswidrige Genehmigung zur Beibehaltung der deutschen Staatsangehörigkeit nur zurückgenommen werden kann, wenn der Verwaltungsakt durch arglistige Täuschung, Drohung oder Bestechung oder durch vorsätzlich unrichtige oder unvollständige Angaben, die wesentlich für seinen Erlass gewesen sind, erwirkt worden ist. Sie geht auf ein Urteil des Bundesverfassungsgerichts[1] zurück und ist lex specialis zu § 48 der Verwaltungsverfahrensgesetze des Bundes und der Länder.[2] § 35 wurde zeitgleich mit der Strafvorschrift des § 42 durch das Gesetz zur Änderung des Staatsangehörigkeitsgesetzes vom 5.2.2009[3] eingeführt und sollte die Strafnorm ergänzen.[4] Daraus ergibt sich ein systematischer Zusammenhang zwischen § 35 und § 42, der insbesondere hinsichtlich des Merkmals der Wesentlichkeit von Angaben („unrichtige oder unvollständige Angaben, die wesentlich für seinen Erlass gewesen sind" in § 35; „unrichtige oder unvollständige Angaben zu wesentlichen Voraussetzungen der Einbürgerung" in § 42) Bedeutung erlangt (→ § 42 Rn. 7).

§§ 36–41 *(nicht abgedruckt)*

§ 42 [Strafvorschrift]

Mit Freiheitsstrafe bis zu fünf Jahren oder mit Geldstrafe wird bestraft, wer unrichtige oder unvollständige Angaben zu wesentlichen Voraussetzungen der Einbürgerung macht oder benutzt, um für sich oder einen anderen eine Einbürgerung zu erschleichen.

A. Überblick

I. Normzweck

Durch die Vorschrift werden Verstöße gegen verwaltungsrechtliche Verhaltenspflichten sanktioniert. Sie verfolgt damit ebenso wie die Straftatbestände des AufenthG als **unmittelbaren Schutzzweck** die Stabilisierung der verwaltungsrechtlichen Ordnungssysteme.[1] Es handelt sich um ein **abstraktes Gefährdungsdelikt,**[2] das dazu dient, die verwaltungsbehördliche Entscheidung über die Einbürgerung im Interesse materiell richtiger Entscheidungen frei von Irrtümern und sonstigen Willensmängeln zu halten;[3] das Interesse des Staates, einen unredlichen Erwerb der deutschen Staatsangehörigkeit zu verhindern, soll auch strafrechtlich geschützt werden.[4] Die Vorschrift normiert den Tatbestand vollständig; auf Fragen der Verwaltungsakzessorietät[5] kommt es danach nicht an.

1

---

[1] BVerfG 24.5.2006 – 2 BvR 669/04, BVerfGE 116, 24 = NVwZ 2006, 807.
[2] BGH 20.12.2016 – 1 StR 177/16, NJW 2017, 899 (900 f.).
[3] BGBl. I S. 158.
[4] BT-Drs. 16/10528, 11.
[1] → AufenthG § 95 Rn. 1.
[2] *Kretschmer* NJW 2017, 901; HK/*Fahlbusch* Rn. 3.
[3] → FreizügG/EU § 9 Rn. 1.
[4] BT-Drs. 16/10528, 12.
[5] → AufenthG § 95 Rn. 2 ff.

II. Historie

2 Die Vorschrift wurde durch das **Gesetz zur Änderung des Staatsangehörigkeitsgesetzes** vom 5.2.2009[6] eingeführt; vorher war eine Strafvorschrift im StAG nicht vorgesehen. Sie geht auf eine **Anregung des Bundesrats** zurück, Täuschungsverhalten im Einbürgerungsverfahren auch strafrechtlich zu ahnden,[7] und wurde erst im Innenausschuss in die Beschlussempfehlung an den Bundestag aufgenommen. Sie stellt nur einen Teil des Verhaltens, das zu einem missbräuchlichen Erwerb der deutschen Staatsangehörigkeit führt, unter Strafe. Von der Vorschrift nicht erfasst werden Einbürgerungen, die durch Drohung oder Bestechung erreicht wurden. Gleiches gilt für Fälle der sog. „missbräuchlichen Vaterschaftsanerkennung" bzw. der „Scheinehe".[8] Der Vorschlag des Bundesrats hatte vorgesehen, die Vorschrift an § 95 Abs. 2 Nr. 2 AufenthG zu orientieren.[9] Im Innenausschuss wurde indes auf eine Vergleichbarkeit mit dem Unrechtsgehalt einer Täuschung, um für sich oder einen anderen Rechte oder Vergünstigungen, die Spätaussiedlern vorbehalten sind, zu erschleichen, abgestellt, was über § 7 ebenfalls zum Erwerb der deutschen Staatsangehörigkeit führen würde. Da solche Taten nach **§ 98 Bundesvertriebenengesetzes** (BVFG) mit Strafe bedroht sind, wurde § 42 dieser Norm **nachgebildet.**[10]

III. Anwendungsbereich

3 **Täter** oder Mittäter kann **Jedermann** sein, weil unrichtige oder unvollständige Angaben auch dann strafbar sind, wenn sie zur Erlangung der Einbürgerung für einen anderen gemacht werden. Wie bei der Regelung des § 98 BVFG ist die Rechtslage derjenigen bei der mittelbaren Falschbeurkundung vergleichbar. Deshalb müssen Mittäter regelmäßig selbst gegenüber der zuständigen Behörde tätig werden.[11]

IV. Rechts- und kriminalpolitische Bedeutung

4 Die rechts- und kriminalpolitische **Bedeutung** der Vorschrift erscheint **gering**. In der Polizeilichen Kriminalstatistik (PKS) werden Verstöße nicht gesondert ausgewiesen; in der Strafverfolgungsstatistik des Statistischen Bundesamts für das Jahr 2015 sind 264 gerichtliche Verfahren erfasst, die zu 182 Verurteilungen geführt haben.

B. Erläuterung

I. Objektiver Tatbestand

5 Der Täter muss **unrichtige oder unvollständige Angaben** machen oder benutzen, um für sich oder einen anderen eine Einbürgerung zu erlangen. Damit von einem „Machen" oder „Benutzen" gesprochen werden kann, müssen die Angaben der Behörde bekannt werden.[12] **Unrichtig** sind sie, wenn sie nicht dem wahren Sachverhalt entsprechen, **Unvollständigkeit** liegt vor, wenn die an sich richtigen Angaben den Eindruck erwecken, sie seien vollständig, dabei aber bewusst Ungünstiges übergangen wird, insbesondere weitere, in der Regel die Entscheidung potentiell nachteilig beeinflussende Tatsachen verschwiegen werden.[13]

---

[6] BGBl. I S. 158.
[7] BT-Drs. 16/10913, 15.
[8] Hailbronner/Renner/Maaßen/*Maaßen* Rn. 3; zur Problematik der Scheinehen und der Vaterschaftsanerkennungen → AufenthG § 95 Rn. 112, 113.
[9] Bt-Drs. 16/10528, 11.
[10] BT-Drs. 16/10913, 15.
[11] BGH 21.6.1990 – 4 StR 265/90, BGHR BFVG § 98 Erschleichen 2.
[12] BGH 22.7.2015 – 2 StR 389/13, NJW 2016, 419 (422) zu § 95 Abs. 2 Nr. 2 AufenthG.
[13] Erbs/Kohlhaas/*Wache*/*Lutz* BVFG § 98 Rn. 3.

Die unrichtigen oder unvollständigen Angaben müssen sich auf **wesentliche Voraussetzungen der Einbürgerung** beziehen. Insoweit war in der obergerichtlichen Rechtsprechung umstritten, ob – entsprechend der Rechtsprechung zu § 95 Abs. 2 Nr. 2 AufenthG – jede Falschangabe ausreicht, die mit Blick auf das Einbürgerungsverfahren rechtlich erheblich ist und sich allgemein zur Verschaffung einer Einbürgerung eignet,[14] oder ob – jedenfalls in Fällen, in denen ein Einbürgerungsanspruch besteht[15] – falsche Angaben zu unwesentlichen Punkten zur Tatbestandserfüllung nicht ausreichen.[16] Von Bedeutung ist insoweit insbesondere, dass § 12a Abs. 1 vorsieht, dass Erziehungsmaßregeln oder Zuchtmittel nach dem Jugendgerichtsgesetz, Geldstrafen bis zu 90 Tagessätzen und Freiheitsstrafen bis zu drei Monaten, deren Vollstreckung zur Bewährung ausgesetzt war, bei der Einbürgerung – entgegen § 10 Abs. 1 Satz 1 Nr. 5 – außer Betracht bleiben. In diesen Fällen hatte das Kammergericht gleichwohl eine Strafbarkeit unter Hinweis auf den Deliktscharakter als abstraktes Gefährdungsdelikt bejaht, wenn solche Bagatellstrafen nicht angegeben wurden.[17] 6

Der **Bundesgerichtshof** hat die Streitfrage auf Vorlage durch das OLG München mit eingehender und im Ergebnis zutreffender Begründung dahin entschieden, dass eine Strafbarkeit nach § 42 nicht gegeben ist, wenn im Einbürgerungsverfahren unrichtige oder unvollständige Angaben über inländische Strafverurteilungen gemacht werden, die gemäß § 12a Abs. 1 Satz 1 und Satz 2 bei der Einbürgerung außer Betracht bleiben. In der Begründung hat er wesentlich darauf abgestellt, dass dieses Ergebnis schon aus dem **verfassungsrechtlichen Bestimmtheitsgebot** und dem **Wortlaut** der Vorschrift folge, im Übrigen aber auch durch die Entstehungsgeschichte und den Normzweck der Vorschrift bestätigt werde.[18] Auch die Systematik spreche dafür, weil für die gleichzeitig geschaffene Möglichkeit der Rücknahme einer rechtswidrigen Einbürgerung nach § 35 Abs. 1 auch nur „wesentliche" Angaben unrichtig oder unvollständig gewesen sein müssen.[19] Dieser Argumentation ist zu folgen, bereits durch die gesetzgeberische Wertung, dass Bagatellstrafen außer Betracht zu bleiben haben, wird zum Ausdruck gebracht, dass sie gerade keine wesentlichen Voraussetzungen der Einbürgerung sind. Dies gilt indes nur bei der Einbürgerung infolge eines Einbürgerungsanspruchs nach § 10, weil nur insoweit § 12a das Unbescholtenheitserfordernis abändert. Im Rahmen einer Ermessens- oder einer Solleinbürgerung nach den §§ 8, 9 gilt dies nicht.[20] 7

II. Subjektiver Tatbestand

Nur der vorsätzliche Verstoß ist mit Strafe bedroht; bedingter Vorsatz ist ausreichend. 8

III. Versuch, Teilnahme

Da es sich bei der Tat um ein Vergehen handelt und die Versuchsstrafbarkeit nicht gesondert angeordnet ist, ist der **Versuch straflos** (§ 23 Abs. 1 StGB). Für die Abgrenzung von **Täterschaft und Teilnahme** gelten die allgemeinen Regeln. Täterschaftliche Verwirklichung ist ausweislich der eindeutigen Tatbestandsformulierung auch dem möglich, der – mit Täterwillen – einem anderen bei der Erschleichung der Einbürgerung behilflich ist; Täter kann aber nur sein, wer durch seine vorsätzlich unrichtigen oder unvollständigen Angaben die Behörde zu einer fehlerhaften Entscheidung veranlasst und dafür – in der 9

---

[14] So im Ergebnis KG 2.12.2015 – (5)161 Ss 231/15 (46/15), BeckRS 2016, 00532 Rn. 10 ff.; KG 12.8.2011 – (4) 1 Ss 268/11 (170/11), BeckRS 2011, 26229.
[15] Vgl. OLG Nürnberg 20.6.2016 – 1 OLG 8 Ss 65/16, BeckRS 2016, 20646; siehe auch *Walter* ZIS 2016, 747, der in diesen Fällen von einem – straflosen – untauglichen Versuch ausgeht.
[16] OLG München 8.3.2016 – 4 OLG 13 Ss 27/16.
[17] KG 2.12.2015 – (5)161 Ss 231/15 (46/15), BeckRS 2016, 00532 Rn. 10 ff.; KG 12.8.2011 – (4) 1 Ss 268/11 (170/11), BeckRS 2011, 26229.
[18] BGH 20.12.2016 – 1 StR 177/16, NJW 2017, 899 mAnm *Kretschmer*.
[19] BGH 20.12.2016 – 1 StR 177/16, NJW 2017, 899 (890); vgl. auch OVG Münster 17.3.2016 – 19 A 2330/11, BeckRS 2016, 47476.
[20] So im Ergebnis auch OLG Nürnberg 20.6.2016 – 1 OLG 8 Ss 65/16, BeckRS 2016, 20646.

Regel – selbst gegenüber der zuständigen Behörde tätig wird.[21] Beihilfe erscheint daher regelmäßig nur möglich, wenn sich die Hilfeleistung für den Haupttäter etwa in der Aufbereitung unrichtiger Informationen erschöpft, die dieser alsdann im Einbürgerungsverfahren verwendet.

IV. Rechtsfolgen

10 Der **Strafrahmen** reicht von Geldstrafe bis zu Freiheitsstrafe von fünf Jahren. Er liegt damit über demjenigen für Verstöße gegen § 95 Abs. 2 Nr. 2 AufenthG (Höchststrafe drei Jahre), entspricht aber demjenigen von § 98 BFVG. Dies belegt erneut die Einschätzung des Gesetzgebers, dass es sich um Taten von vergleichbarem Unrechtsgehalt handele.[22]

---

[21] BGH 21.6.1990 – 4 StR 265/90, BGHR BFVG § 98 Erschleichen 2 zu § 98 BFVG.
[22] BT-Drs. 16/10913, 15.

2. Kapitel. Waffenrecht

I. Waffengesetz (WaffG)

In der Fassung der Bekanntmachung vom 11.10.2002, BGBl. I S. 3970, ber. S. 4592 und BGBl. 2003 I S. 1957[1]

Zuletzt geändert durch Gesetz vom 30.6.2017, BGBl. I S. 2133

FNA 7133-4

Stichwortverzeichnis

Die angegebenen Zahlen beziehen sich auf die §§ und Randnummern bzw. die Fußnoten des Textes. Hauptfundstellen sind durch Fettdruck hervorgehoben.

A
ABC-Waffen → Vor § 1 Rn. 23; → § 57 Rn. 1
Abzug → § 1 Rn. 55
Abhandenkommen von Waffen, Munition oder Erlaubnisurkunden → § 53 Rn. 22, 47
Adapter s. Einsätze
Alarmwaffen → § 1 Rn. 91, 95, 103
Allgemein gebräuchliche Werkzeuge s. Werkzeuge
Angriffswaffen → § 1 Rn. 17
Anlagen zum WaffG → Vor § 1 Rn. 12
Anordnungen → § 9 Rn. 1; → § 15 Rn. 1; → § 25 Rn. 1; → § 27 Rn. 4; Verstöße gegen – → **§ 53 Rn. 19 ff.**, 104
Anscheinswaffe s. Scheinwaffen
Antiquarische Waffen → § 2 Rn. 54 ff.
Antriebsmittel → § 1 Rn. 12, 29
Antriebsvorrichtungen → § 1 Rn. 54
Anwendungsbereich des Waffengesetzes → Vor § 1 Rn. 24 ff.; → § 1 Rn. 211 f.; → § 2 Rn. 36, 59 f.; → § 51 Rn. 4; → § 52 Rn. 46; → § 55 Rn. 1; → § 56 Rn. 1; → § 57 Rn. 1 ff.
Austauschläufe s. Lauf
Anzeigen und Werbeschriften; Aufbewahrungs- und Vorzeigepflicht bei Veröffentlichung von – → § 53 Rn. 86 ff.
Anzeigepflichten → § 37 Rn. 1; Verletzung von – → **§ 53 Rn. 30 ff.**
Armbrust → § 1 Rn. 33 f.; → § 2 Rn. 34, 46, 58 f.; → § 53 Rn. 19
Aufbewahrung → § 36 Rn. 1; → **§ 52 Rn. 94 ff.**; → **§ 53 Rn. 21 f.**, 45, 91, 119; → § 57 Rn. 2
Auflagen → § 9 Rn. 1; → § 17 Rn. 1; → § 18 Rn. 1; Verstöße gegen – → **§ 53 Rn. 8 ff.**
Aufsichtsperson, Pflichten → § 53 Rn. 109, 177
Ausbildung in der Verteidigung → § 53 Rn. 105, 114 ff.
Ausfuhr → § 1 Rn. 187; s. auch Verbringen
Auskunftspflichten → § 39 Rn. 1 f.; Verletzung von – → § 53 Rn. 101

Austauschlauf s. Lauf
Ausübung der tatsächlichen Gewalt s. Besitzen
Ausweispflichten, Verletzung von – → § 53 Rn. 92 ff.
Automatische Schusswaffen → § 1 Rn. 77, 80 ff.
AWaffV → Vor § 1 Rn. 14 f., → § 53 Rn. 114 ff.

B
Bearbeiten → § 1 Rn. 150, 190, **192 f.**, 194; → § 53 Rn. 62; unbefugtes – → § 52 **Rn. 22 ff.**; unbefugtes nichtgewerbsmäßiges – → § 52 **Rn. 65**
Bedürfnis zum Umgang mit Waffen → § 8 Rn. 1; → § 19 Rn. 1
Beihilfe → § 52 Rn. 180
Beschussgesetz (BeschG) → **Vor § 1 Rn. 10**; → § 1 Rn. 79, 91, 101, 104, 107, 133; → § 2 Rn. 50 f., 62 f.; → § 53 Rn. 62, 67
Besitzdiener → § 1 Rn. 159
Besitzen → **§ 1 Rn. 150 ff.**, 180; → § 10 Rn. 1; mittelbarer Besitz → § 1 Rn. 157
Betäubungsstoffe → **§ 2 Rn. 25**, 26
Betreiber einer Schießstätte → § 53 Rn. 108, 116
Bewachungsunternehmer → § 28 Rn. 1; → § 52 Rn. 74 ff., 78 ff.; → **§ 53 Rn. 101**
Blasrohre → § 1 Rn. 12, 33
Bolzensetzwerkzeuge → § 1 Rn. 29; → § 2 Rn. 63
Brandmunition s. Munition
Brandsätze → § 1 Rn. 121; → § 2 Rn. 3, 15; → § 52 Rn. 49; Anleitung und Aufforderung zur Herstellung von -n („Molotow-Cocktails") → **§ 52 Rn. 45 ff.**; besonders schwerer Fall des unerlaubten Umgangs mit -n → § 52 **Rn. 130 f.**; Konkurrenz mit Brandstiftungsdelikten → **§ 52 Rn. 9, 144**; unerlaubter Umgang mit -n → **§ 52 Rn. 5 ff.**
Brauchtumsschützen → § 1 Rn. 71; → § 16 Rn. 1; **§ 53 Rn. 94 f.**
Bundeswehr → § 1 Rn. 211, → § 55 Rn. 1

---

[1] Verkündet als Art. 1 Gesetz zur Neuregelung des Waffenrechts (WaffRNeuRG) vom 11.10.2002, BGBl. I S. 3970.

WaffG   2. Kapitel. Waffenrecht

Bußgeld → § 53 Rn. 1
Butterflymesser s. Messer

C
„Chaku" s. Würgegeräte
CO_2-Waffen → § 1 Rn. 54, **106;** → **§ 2 Rn. 49;**
 → § 52 Rn. 33; → § 53 Rn. 77 f.

D
Dekorationswaffen → **§ 1 Rn. 59 ff.**, 114, → § 2 Rn. 47
Distanzinjektion, Waffe zur → § 1 Rn. 20; → § 2 Rn. 63
Double-action Revolver → § 1 Rn. 77, 84
Druckluftwaffen → § 1 Rn. 54, 77, **106 f.;** → § 2 Rn. **49;** → **§ 52 Rn. 33;** → § 53 Rn. 77 f.
Durchfuhr → § 1 Rn. 187; s. auch Verbringen
Durchführungsverordnung → Vor § 1 Rn. 8, 14 f.; landesrechtliche -n → Vor § 1 Rn. 19; s. auch Waffenverordnung

E
Ehemalige Kriegswaffen → § 52 Rn. 122
Einfuhr → § 1 Rn. 187; s. auch Verbringen
Einhandmesser → § 53 Rn. 102
Einsätze → § 1 Rn. 46; → § 2 Rn. 60
Einstecksysteme → § 1 Rn. 45; → § 2 Rn. 60
Einzelladerwaffen → § 1 Rn. 77, 79, 148
Einziehung → § 54 Rn. 1 ff.
Elektroimpulsgeräte → § 1 Rn. 114, 116, 124, 129; → **§ 2 Rn. 17, 24;** → § 52 Rn. 49; → § 53 Rn. 5
Elektromagnetische Waffen → § 1 Rn. 119
Erbe → § 1 Rn. 153, 160, 178; → § 20 Rn. 1; → § 52 Rn. 20, 56, 157; → **§ 53 Rn. 25 ff.,** 28, **50,** 52, **57 f.,** 85; → § 57 Rn. 4; Mit- → § 1 Rn. 158
Erlaubnis (allgemein) → **§ 52 Rn. 2 ff.;** → § 53 Rn. 103; behördliche Duldung → § 52 Rn. 3
Erlaubnisfreie Waffen → § 2 Rn. 1, 34, **37 ff.**
Erlaubnispflicht → § 2 Rn. 1, **32 f.;** Ausnahmen von der - → § 2 Rn. **32 ff.;** → § 12 Rn. 1
Erwerben → § 1 Rn. 150 f., 153, **168 ff.,** 173, 175; → § 10 Rn. 1; → **§ 53 Rn. 31 f.;** - mit Überlassungsabsicht an Nichtberechtigten → § **52 Rn. 10 ff.,** 58, 62, 64, 118, 142, 151
Europäischer Feuerwaffenpass → § 10 Rn. 1; → § 34 Rn. 2; → § 53 Rn. 40, 47, **52 ff.**

F
Fachkunde → § 22 Rn. 1
Fahrlässigkeit → **§ 51 Rn. 14;** → **§ 52 Rn. 126 ff.;** → § 53 Rn. 119; → § 54 Rn. 6, 11
Fahrtenmesser s. Messer
Fallmesser s. Messer
Faustfeuerwaffen → § 1 Rn. 79
Faustmesser s. Messer
Federdruckwaffen → § 1 Rn. 77, **106 f.;** → § 2 Rn. 47, **49;** → **§ 52 Rn. 33;** → § 53 Rn. 77 f.
Fernsehaufnahmen s. Theater- und Filmwaffen
Feuerwaffe → § 1 Rn. 12, 69 f., 76 ff.; Faust- → § 1 Rn. 79; Hand- → § 1 Rn. 79, 90, 92, 132; → § 2 Rn. 3; harmlose - → § 1 Rn. 79
Filmaufnahmen s. Theater- und Filmwaffen

Finder → § 52 Rn. 157; → § 53 Rn. 23, **25 ff., 46, 50,** 85; → § 57 Rn. 4
Flammenwerfer → § 1 Rn. 120
Führen → § 1 Rn. 91, 101, 150, 153, **180 ff.;** → § 2 Rn. 51; → § 10 Rn. 1; → § 19 Rn. 1; unerlaubtes – von Anscheinswaffen → § 53 Rn. 102; unerlaubtes – von Einhandmessern → § 53 Rn. 102; unerlaubtes – von Hieb- und Stoßwaffen → § 53 Rn. 102; unerlaubtes Führen von Messern → § 53 Rn. 102; unerlaubtes – von Schusswaffen → **§ 52 Rn. 54 ff.;** unerlaubtes – von Schusswaffen durch Bewachungspersonal → **§ 52 Rn. 74 ff.;** unerlaubtes – von Waffen bei öffentlichen Veranstaltungen → § **52 Rn. 109 ff.;** Verbot des -s → § 42 Rn. 1 f.; - von Waffenbüchern → § 53 Rn. 113
Fund s. Finder
Funkenzündung → § 1 Rn. 180; → § 2 Rn. 34, 55, **56;** → § 53 Rn. 19.
Funktionsfähigkeit → § 1 Rn. 13, 38, 59; s. auch Schusswaffe, Unbrauchbarmachung

G
Garotte → § 1 Rn. 122
Gaslauf s. Lauf
Gaspistole s. Pistole
Geldbuße → § 53 Rn. 120
Gefährdete Personen → § 19 Rn. 1
Geschichte des Waffenrechts → Vor § 1 Rn. 1 ff.
Geschoss → § 1 Rn. 11, 18, 39, 41, 77, 82, 98, 102, 104, 117, 130 ff., **140 ff.,** 189, 191; → § 2 Rn. 25 ff.; – mit Betäubungsstoffen → § 2 Rn. 25; – mit Leuchtspur-, Brand- oder Sprengsatz oder Hartkern → § 2 Rn. 28; – mit Reizstoffen → § 2 Rn. 26
Gesetzgebungskompetenz → Vor § 1 Rn. 5 ff.
Gewahrsam → § 1 Rn. 154 ff.
Gewerbsmäßigkeit → § 1 Rn. 205
Gleichgestellte Gegenstände → § 1 Rn. 37; den Schusswaffen – → **§ 1 Rn. 25 ff.,** 108 f., 124, 134; → § 2 Rn. 33 f., 45
Gotcha-Waffen → § 1 Rn. 21, 144
Griffstück → § 1 Rn. 55; → § 57 Rn. 1

H
Hahn → § 1 Rn. 55
Halbautomatische Schusswaffen → § 1 Rn. 77, 80, 83 ff., 148
Handfeuerwaffen → § 1 Rn. 78 f.; s. auch Feuerwaffen
Handeltreiben s. Waffenhandel
„Harmlose" Feuerwaffen → § 1 Rn. 79; → § 2 Rn. 38; → § 53 Rn. 69
Harpunen s. Unterwassersportgeräte
Hartkernmunition s. Munition
Herstellen s. Waffenherstellung
Hersteller s. Waffenhersteller
Hieb- und Stoßwaffen → **§ 1 Rn. 111 ff.;** → § 2 Rn. 14; → § 52 Rn. 98, 117; → § 53 Rn. 102; als solche nicht erkennbare - → § 2 Rn. 12; Verbot des Führens von - → § 53 Rn. 102
Hülsenlose Munition s. Munition

I
Instandsetzen → § 1 Rn. 150, **194;** → **§ 52 Rn. 22 ff., 65,** 151; → § 53 Rn. 62

I. Waffengesetz WaffG

Internationales Recht → Vor § 1 Rn. 20 ff.;
→ § 53 Rn. 43
Irrtum → § 51 Rn. 14; → **§ 52 Rn. 2 ff.**, 119

J
Jagdwaffen → § 1 Rn. 19; → § 53 Rn. 82, 98
Jäger → § 1 Rn. 19; → § 13 Rn. 1; → § 52
Rn. 87; → § 53 Rn. 3, 52 ff., 77, 82, 94 f., 98

K
Kalte Treibgase s. CO_2-Waffen
Kartuschenlager → § 1 Rn. 52, 56, 91, 95, 103
Kartuschenmunition s. Munition
Kennzeichnungspflicht → § 24 Rn. 1 f.; Verletzung der – → § 53 Rn. 66 ff.
Klappmesser → § 53 Rn. 102
Kleiner Waffenschein s. Waffenschein
Kleinschrotmunition s. Munition
Knallkorken → § 1 Rn. 146; -waffen → § 2 Rn. 36, 43 f.
Konkretes Gefährdungsdelikt → § 52 Rn. 94, 100
Konkurrenzen → § 51 Rn. 15; → **§ 52 Rn. 134 ff.**
Kontaktstäbe → § 1 Rn. 116
Kriegswaffen → Vor § 1 Rn. 24; → § 1 Rn. 80, 148, 199; → § 2 Rn. 3, 4; → § 51 Rn. 4; → § 52 Rn. 165; → **§ 57 Rn. 1 ff.;** Umgang mit ehemaligen – und -munition → § 2 Rn. 4; → § 52 Rn. 5, **121 ff.**, 130 f.
Kurzwaffen → § 1 Rn. 55, 77, 79, 84, 90; halbautomatische – → § 1 Rn. 148; → **§ 52 Rn. 18 ff.**, 54 f., 58, 142, 151; mehrschüssige → § 2 Rn. 11

L
Langwaffen → § 1 Rn. 63 f., 77, 90, 148; → § 2 Rn. 51
Laser → § 1 Rn. 58, 119; → § 2 Rn. 9
Laserdrom → § 1 Rn. 140
Lauf → § 1 Rn. 11, **39 ff.**, 50 ff., 56, 80 ff., 94, 99, 189, 192; Austausch- → **§ 1 Rn. 41,** 42, 44; → § 2 Rn. 59; Einsteck- → **§ 1 Rn. 43,** 45, 46; → § 2 Rn. 60; Gas- → § 1 Rn. 11, 39, **48,** 93; Wechsel- → **§ 1 Rn. 42,** 44; → § 2 Rn. 59
Laufrohlinge → § 1 Rn. 56
Leuchtpistole s. Pistole
Leuchtspurmunition s. Munition
Luftgewehre s. Druckluftwaffen
Luftpistole s. Druckluftwaffen
Luntenzündung → § 2 Rn. 55, **56 f.**

M
Markierungswaffen → § 1 Rn. 21
mehrschüssige Kurzwaffen → § 2 Rn. 11
Messer → **§ 1 Rn. 124 ff.;** → § 2 Rn. 3, 20 ff.; Butterfly- → § 1 Rn. 128; → § 2 Rn. 3, 23; Fahrten- → § 1 Rn. 112; Fall- → § 1 Rn. 124, 126; → § 2 Rn. 3, 21; Faust- → § 1 Rn. 124, 127; → § 2 Rn. 3, 22; Spring- → § 1 Rn. 124, 125; → § 2 Rn. 20; Taschen- → § 1 Rn. 112; unerlaubtes Führen von -n → § 53 Rn. 102
Minderjährige → § 51 Rn. 8; → § 52 Rn. 8, 51; → § 53 Rn. 2 f.; Aufbewahrungs- und Herausgabepflicht der Aufsichtsperson auf der Schießstätte → § 53 Rn. 79 ff.; Überlassen erlaubnisfreier Waffen oder Munition an – → § 53 Rn. **84 f.;**

Schießen von -n auf Schießstätten → § 27 Rn. 1; → **§ 53 Rn. 76 ff.**
Mitgliedstaaten → § 1 Rn. 210
Mitnehmen → § 1 Rn. 91, 101, 107, 150, **188,** 210; → § 2 Rn. 37, 49 ff., 55 ff., 64; → § 32 Rn. 1; → § 33 Rn. 1; → **§ 52 Rn. 30 ff.;** → **§ 53 Rn. 83, 94 f.**
Mittäterschaft → § 52 Rn. 179
Molotow-Cocktails s. Brandsätze
Munition → § 1 Rn. 4, 101, 104, **130 ff.**, 147 ff., 152 f., 168; → **§ 2 Rn. 61 ff.;** Erwerb oder Besitz von – entgegen vollziehbarer Verbotsanordnung → **§ 52 Rn. 98 ff.;** – von Kriegswaffen → § 2 Rn. 32; hülsenlose – → § 1 Rn. 130 f., **134;** Kartuschen- → § 1 Rn. 77, 91 f., 130 f., **133,** 134, 189; → § 2 Rn. 26, 29, 50 ff., 62 f.; → § 52 Rn. 117; kleinere Patronen- → § 2 Rn. 27; Kleinschrot- → § 2 Rn. 30; Leuchtspur-, Brand-, Spreng- oder Hartkern- → § 2 Rn. 28; – mit Expansivgeschossen → § 1 Rn. 148; – mit Randfeuerzündung → § 1 Rn. 148; – mit Zentralfeuerzündung → § 1 Rn. 148; nicht gewerbsmäßige Herstellung von – → § 2 Rn. 61; Patronen- → § 1 Rn. **130 f.,** 132, 136, 189; → § 2 Rn. 27; pyrotechnische – → § 1 Rn. 92, 103, 130 f., **135 ff.**, 189; → § 2 Rn. 28, 64; Überlassen erlaubnisfreier – an Minderjährigen → § 53 Rn. 84 f.; unerlaubter Erwerb und Besitz von – → **§ 52 Rn. 60 ff.;** unerlaubtes Überlassen von – an Bewachungspersonal → **§ 52 Rn. 78 ff.;** unerlaubtes Überlassen von – an Nichtberechtigte → **§ 52 Rn. 83 ff.;** unerlaubtes Verbringen von – → **§ 52 Rn. 70 ff.;** Wirkstoff- → § 2 Rn. 29
Munitionsabschussgeräte → § 1 Rn. 25, **26 ff.**, 77 f., 93, 100, 108, 139; → § 2 Rn. 63
Munitionserwerbsschein → § 1 Rn. 152, 168; → § 10 Rn. 1; → § 52 Rn. 10, 14, **60, 87**
Muskelkraft → § 1 Rn. 84; → § 2 Rn. 14; durch – angetriebene Gegenstände oder Waffen → § 1 Rn. 12, 25, 32 ff., 78, 108; → § 2 Rn. 46

N
Nachbildungen; – von Kriegswaffen → § 2 Rn. 3; – von Schusswaffen → § 1 Rn. 70, 73 ff.; → § 2 Rn. 36, 48, 59 f.
Nachschau → § 39 Rn. 1
Nachtsichtgeräte → § 1 Rn. 58; → § 2 Rn. 10
„Nun-Chaku" s. Würgegeräte

O
Öffentliche Veranstaltung, Führen von Waffen bei – → § 52 Rn. 107 ff.

P
Paintball-Waffen → § 1 Rn. 21, 106, 144; → § 53 Rn. 75 Fn. 300
Paralyser → § 1 Rn. 116
Patronenlager → § 1 Rn. 51 f., 56, 79, 88, 103
Patronenmunition s. Munition
Perkussionswaffen → § 1 Rn. 89, 134; → **§ 2 Rn. 34,** 55; → § 14; → § 53 Rn. 19
Persönliche Eignung → § 6 Rn. 1
Pistole → § 1 Rn. 79, 83, 92; Gas- → **§ 1 Rn. 96 ff.,** 133; → § 2 Rn. 16; Leucht- → § 1 Rn. 104; Starter- → § 1 Rn. 91

„Platzpatronen" → § 1 Rn. 92 f., 133
Präzisionsschleudern s. Schleudern
„Presslinge" s. Munition, hülsenlose
„Pumpgun" → § 1 Rn. 88; → § 2 Rn. 6; → § 51 Rn. 6, 14; → § 52 Rn. 49; s. auch Repetierwaffen
pyrotechnische Gegenstände → § 1 Rn. 30
pyrotechnische Munition s. Munition

Q
Quasar → § 1 Rn. 140

R
Randfeuerzündung → § 1 Rn. 89, 148; → § 14
Rechtfertigung → § 52 Rn. 177
Rechtsverordnungen, Verstöße gegen – → § 53 Rn. 104
Reizstoffe → § 1 Rn. 95
Reizstoffmunition, Reizstoffpatronen → § 1 Rn. 98, 143; → § 2 Rn. 25, **26,** 29
Reizstoffsprühgeräte → § 1 Rn. 98, **102, 117,** 142; → **§ 2 Rn. 16**
Reizstoffwaffen → § 1 Rn. 29, 39, 77, 92, **95 ff.,** 104, **118,** 142; → **§ 2 Rn. 16, 50;** → § 52 Rn. 33, 98; → § 53 Rn. 62, 89
Repetierwaffen → § 1 Rn. 77, **88,** 148, 192; s. auch Pumpgun
Revolver → § 1 Rn. 79, 84, 92; s. auch Double-action Revolver

S
Sachkunde → § 7 Rn. 1; → § 26 Rn. 1
Salutwaffen → § 1 Rn. 63 ff.; → § 2 Rn. 51 f.
Sammlerwaffen → § 1 Rn. 24, 64, 114, 133, 192; → § 2 Rn. 47, **53**
Schalldämpfer → § 1 Rn. 25, 35 f., **57,** 78
Scheinwaffen → **§ 1 Rn. 67 ff.;** → § 2 Rn. 3; unerlaubtes Führen von – → **§ 53 Rn. 102**
Scheinwerfer → § 2 Rn. 9
Schengener Übereinkommen → § 1 Rn. 210
„Schießbude" → § 1 Rn. 107; → § 52 Rn. 43; → § 53 Rn. 78, 85
Schießen → § 1 Rn. 150, 181, 183, **189,** 194; → § 10 Rn. 1; → **§ 53 Rn. 6 f., 76 ff.,** 82, 97
Schießerlaubnis → § 10 Rn. 1; → § 52 Rn. 119; → § 53 Rn. 88 f., 97, 103
Schießpulver → § 52 Rn. 147
Schießsportliche Vereine → § 15 Rn. 1; → § 53 Rn. 13 f., 51
Schießsportverbände s. Schießsportliche Vereine
Schießstätte → § 27 Rn. 1 ff.; → **§ 52 Rn. 43,** 118; → § 53 Rn. 3, 7, 19, **37 f., 75, 76 ff.,** 82, 97, 101, **106 ff.**
Schlagring → § 1 Rn. 112, 115; → § 2 Rn. 13, 14
Schlagwaffen → § 1 Rn. 113
Schleudern → § 1 Rn. 109, 110, **123;** → **§ 2 Rn. 18**
Schreckschusswaffen → § 1 Rn. 29, 39, 77, **91 ff.,** 101, 104, 133, 137, 192; → **§ 2 Rn. 50;** → § 52 Rn. 33; → § 53 Rn. 62, 89
Schützenfeste → § 1 Rn. 72; → § 52 Rn. 42 f., 109, 118
Schussapparate → § 2 Rn. 62 f.; → § 53 Rn. 62
Schussbereit → § 1 Rn. 207, 208
Schusswaffen → § 1 Rn. 3, **9 ff., 76 ff.,** 131, 147, 148, 174, **179 f.;** → § 11 Rn. 1; → § 34 Rn. 1 f.; automatische – → § 1 Rn. 80 ff., 90, 192; → § 2 Rn. 3, **4 f.;** → § 57 Rn. 1; Bearbeiten von – → § 1 Rn. 192; erlaubnispflichtige – → § 1 Rn. 174; → § 2 Rn. 1; Erwerb oder Besitz von – entgegen vollziehbarer Verbotsanordnung → **§ 52 Rn. 98 ff.;** „getarnte" – → § 2 Rn. 7, 10; – für Theateraufführungen, Film- und Fernsehaufnahmen → § 1 Rn. 65 f., 131; → § 2 Rn. 51; → § 52 Rn. 33, 117; – mit Lunten- oder Funkenzündung → § 2 Rn. 55 ff.; → § 53 Rn. 19; – mit Zündnadelzündung → § 2 Rn. 57; → § 53 Rn. 19; sonstige Vorrichtungen von – → § 1 Rn. 58; Umgang mit vollautomatischen – → § 1 Rn. 81; → § 2 Rn. 3, **5;** → § 51 Rn. 3 ff., 13 f.; → § 52 Rn. 49; Unbrauchbarmachung oder Zerstörung von – → § 1 Rn. 13, **59 ff.;** → § 2 Rn. 47, 51; → § 53 Rn. 48 f.; unerlaubtes Führen von – durch Bewachungspersonal → **§ 52 Rn. 74 ff.;** unerlaubtes Überlassen von – an Bewachungspersonal → **§ 52 Rn. 78 ff.;** unerlaubtes Überlassen von – an Nichtberechtigte → **§ 52 Rn. 83 ff.;** unerlaubtes Verbringen von – → **§ 52 Rn. 70 ff.;** verbotener Umgang mit – → **§ 52 Rn. 53 ff.;** wesentliche Teile von – → § 1 Rn. 25, 35 ff., 78, 192; → § 2 Rn. 59; → § 51 Rn. 5; → § 52 Rn. 97; zusammenklappbare – → § 2 Rn. 8
Schusswaffenattrappen → § 1 Rn. 73 f.; → § 2 Rn. 48
Selbstladewaffen → § 1 Rn. 80, 88
Selbstschussapparate → § 1 Rn. 28, 29
Signalwaffen → § 1 Rn. 18, 29, 77, 92, 101, **103 ff.,** 137; → § 2 Rn. 50; → § 52 Rn. 33; → § 53 Rn. 62, 89
Softair-Waffen → § 1 Rn. 23, 69; → § 2 Rn. 42
Soldaten → § 1 Rn. 211
Sonstige Vorrichtungen von Schusswaffen → § 1 Rn. 58
Spielzeugwaffen → § 1 Rn. 23; → **§ 2 Rn. 40 ff.,** 59
Sportschützen → § 14 Rn. 1; → § 53 Rn. 52, **56,** 94 f., 99; minderjährige – → § 53 Rn. 77
Sportwaffen → § 1 Rn. 22, 114
Sprengmunition s. Munition
Sprengstoffe → Vor § 1 Rn. 25 f.; → § 1 Rn. 139, 147
Sprühgeräte → § 1 Rn. 39, 98, 102, 117 f., 143; → § 2 Rn. 16
Springmesser s. Messer
Staatsgäste → § 1 Rn. 211
Stahlruten → § 2 Rn. 13, 14
Starterpistole s. Pistole
Stichwaffen → § 1 Rn. 113
Strafklageverbrauch → § 52 Rn. 142, 175 f.
Stoßwaffen s. Hieb- und Stoßwaffen

T
Täterschaft und Teilnahme → § 52 Rn. 179 f.
Taschenmesser s. Messer
Theater- und Filmwaffen → § 1 Rn. 65 f., 131; → § 2 Rn. 51, 53; → § 52 Rn. 33, 117
„Totschläger" → § 1 Rn. 115; → § 2 Rn. 13, 14
Tragbare Gegenstände → § 1 Rn. 3, 102, **108 ff.;** → § 2 Rn. 12, 14, 15 ff., 46; → § 52 Rn. 108, 117

I. Waffengesetz

Tragbare Waffen → § 1 Rn. 14, 28; → § 57 Rn. 2
Tränengassprühgeräte → § 1 Rn. 118
Treibladung → § 1 Rn. 130 ff.; 139
Treibmittel → § 1 Rn. 147

U
Überlassen → § 1 Rn. 150 f., **174 ff.**, 195, 200 ff.;
→ § 2 Rn. 33 f.; → § 24 Rn. 2; → § 34
Rn. 1 f.; → § 35 Rn. 2; → § 53 Rn. 59 f., 74; –
an Bewachungspersonal → **§ 52 Rn. 78 ff.**,
84; – an einen Nichtberechtigten → § 52
Rn. 15, 16, **83 ff.**, 154; → § 53 Rn. 84 f.; Verletzung von Anzeigepflichten → **§ 53 Rn. 40 f.,
42, 43 f.**
Umarbeitung → § 1 Rn. 192
Umgang mit Waffen und Munition → § 1 Rn. 6,
149 ff.; → § 2 Rn. 32 ff.
Umrüstbare Waffen → § 1 Rn. 86 f.
Unbrauchbar gemachte Schusswaffen s. Schusswaffen
Unbrauchbar gemachte vollautomatische Kriegswaffen s. § 13a KrWaffG, abgedruckt → KrWaffG
§ 22a Rn. 6
Unterwassersportgeräte → § 2 Rn. 39
Urteilstenor → § 52 Rn. 173

V
Veranstalter von Lehrgängen und Schießübungen
→ § 53 Rn. 110, 115
Verbotene Gegenstände → § 1 Rn. 153; → § 2
Rn. 3; → § 52 Rn. 165; → § 53 Rn. 29
Verbotene Waffen Vorb. → Vor § 1 Rn. 1; → § 1
Rn. 58, 81, 86, 88, 115 ff., 122 f., 125, 127 ff.,
140, 174; → **§ 2 Rn. 3 ff.;** → § 40 Rn. 1;
→ § 51 Rn. 8; → **§ 52 Rn. 2,** 8, 45, **48 ff.,**
55 f., 61, 74, 78, 84, 117; → § 53 Rn. 24,
25 ff., 29, **50**
Verbrennungskammer → § 1 Rn. 53
Verbringen → § 1 Rn. 91, 101, 104, 107, 150,
187, 188, 210; → § 2 Rn. 34, 37, 49 ff.; → § 29
Rn. 1; → § 30 Rn. 1; → § 31 Rn. 1; → § 33
Rn. 1; → **§ 52 Rn. 30 ff., 70 ff.,** 155, 166;
→ **§ 53 Rn. 35, 43 f., 83, 94 f.**
Verfall → § 54 Rn. 1, 8 ff.
Verjährung → § 52 Rn. 174
Vermächtnisnehmer → § 1 Rn. 178; → § 53
Rn. 58
Versammlung, Führen einer Waffe auf einer –
→ § 52 Rn. 112, 121
Verschluss → § 1 Rn. 41, **49 f.,** 64 f., 80, 90; vorgebohrter – → § 1 Rn. 56; Kammer- → § 1
Rn. 85
Vertragsstaaten des Schengener Übereinkommens
→ § 1 Rn. 210
Verwaltungsvorschrift, allgemeine – (WaffVwV)
→ Vor § 1 Rn. 8, 16 ff.; → § 59 Rn. 1
Versuchsstrafbarkeit → § 51 Rn. 1; → § 52 Rn. 1,
125
Verteidigungswaffen → § 1 Rn. 17
Vollautomatische Schusswaffen → § 1 Rn. 77,
80 ff., 148; → § 2 Rn. 5
Volljährigkeit → § 2 Rn. 2
Vorderschaftrepetierflinten s. Repetierwaffen und
„Pumpgun"
Vorgearbeitete Teile → § 1 Rn. 56

Vorsatz → § 1 Rn. 164; → § 51 Rn. 2.; → § 52
Rn. 59, 128, 159, 163; → § 53 Rn. 120
Vorzeigepflicht → § 39 Rn. 1

W
Wachpersonal → § 28 Rn. 1; → § 53 Rn. 96
Waffen → § 1 Rn. 7, 149 f.; → **§ 53 Rn. 84 f.;**
herrenlose – → § 1 Rn. 170
Waffenbesitzkarte → § 1 Rn. 153, 166; → § 2
Rn. 59; → § 10 Rn. 1; → § 13 Rn. 1; → § 14
Rn. 1; → § 20 Rn. 1; → § 34 Rn. 2; → § 52
Rn. 10, 14, 18, **54, 87,** 122, 124; → § 53
Rn. 13 f., 31, 40, 47, 51, **52 ff., 93,** 103
Waffenbesitzverbot → § 41 Rn. 1
Waffenhandel → § 1 Rn. 150, 176, **195 ff.;**
→ § 21 Rn. 1; → § 22 Rn. 1; → § 52
Rn. 22 ff., 153; → § 53 Rn. 19; Ankaufen
→ § 1 Rn. 150, 195 f.; Aufsuchen von Bestellungen → § 1 Rn. 150, 199; Entgegennahme von
Bestellungen → § 1 Rn. 150, 198; Feilhalten
→ § 52 Rn. 26; gewerbsmäßiger – → § 1
Rn. 205 f.; → § 52 Rn. 25; nicht gewerbsmäßiger – → § 53 Rn. 40; selbstständiger – im Rahmen einer wirtschaftlichen Unternehmung
→ § 1 Rn. 206; → § 52 Rn. 25; Überlassen
→ § 1 Rn. 150, 200; Vermitteln → § 1
Rn. 150, 201 f.; – auf Messen, Ausstellungen,
Jahrmärkten → § 52 Rn. 41, 120; – auf Volksfesten, Schützenfesten → § 52 Rn. 42 f.; – außerhalb fester Verkaufsstätten → § 52 Rn. 36 ff.; –
im Reisegewerbe → § 52 Rn. 40
Waffenhandelsbuch → § 23 Rn. 1; → § 53 Rn. 61,
64 f., 113
Waffenhandelserlaubnis → § 21 Rn. 1; → § 52
Rn. 22, 26 ff., 36; → § 53 Rn. 59, 88, 112
Waffenhändler → § 1 Rn. 91, 101; → § 53
Rn. 33 ff., 38 ff., 61, **64 f., 71, 74, 88 f.,** 101
Waffenhersteller → § 1 Rn. 24, 61; → § 53
Rn. 33 ff., 38 ff., 61 ff., 66 ff., 75
Waffenherstellung → § 1 Rn. 150, **190 f.,** 194 f.;
→ § 21 Rn. 1; → § 24 Rn. 1; → § 26 Rn. 1;
→ **§ 52 Rn. 22 ff.,** 26, **65 ff.,** 153; → § 53
Rn. 19, **40,** 62, 67 ff.
Waffenherstellungsbuch → § 23 Rn. 1; → § 53
Rn. 61 ff., 113
Waffenherstellungserlaubnis → § 21 Rn. 1; → § 52
Rn. 22, 26 ff.; → § 53 Rn. 59, 103
Waffenrechtsneuregelungsgesetz (WaffRNeuRegG)
Vorb. Rn. 10
Waffenrichtlinie → Vor § 1 Rn. 20; → § 1
Rn. 90 f., 148; → § 11 Rn. 1; → § 52 Rn. 70
Waffenschein → **§ 1 Rn. 180;** → § 52 Rn. 18, **54,**
74, 107; → § 53 Rn. **93,** 103; „kleiner "
→ § 1 Rn. 91, 101, 104; → § 10 Rn. 1
Waffenschrank → § 52 Rn. 98
Waffen- und Munitionssachverständige → § 18
Rn. 1; → § 53 Rn. 17, **31,** 38, 41, 75
Waffen- und Munitionssammler → § 17 Rn. 1;
→ § 53 Rn. 15; s. auch Sammlerwaffen
Waffenverordnung, allgemeine → Vor § 1
Rn. 14, 20; → § 53 Rn. 194 ff.
Wechselläufe s. Lauf
Wechselsysteme → § 1 Rn. 44, 45; → § 2 Rn. 59
Wechseltrommeln → § 1 Rn. 47; → § 2 Rn. 59

WaffG Vor § 1

Werkzeuge, allgemein gebräuchliche → § 1 **Rn. 60 ff.**, 65, 86 f., 148; → § 2 Rn. 51, 53
Wesentliche Teile von Schusswaffen s. Schusswaffe
Wirkstoffmunition s. Munition
Wurfsterne → § 1 Rn. 115; → § 2 Rn. 3, 14
Würgegeräte → § 1 Rn. 122; → § 2 Rn. 19

Z

Zielpunktprojektor → § 1 Rn. 58; → § 2 Rn. 9
Zielscheinwerfer → § 1 Rn. 58; → § 2 Rn. 9
Zierwaffen → § 1 Rn. 24, 64, 114, 133, 192; → § 2 Rn. 47, 53

Zündblättchenwaffen → § 1 Rn. 72; → § 2 Rn. 36, 43
Zündmittel → § 1 Rn. 147
Zündnadelzündung → § 2 Rn. 57
Zugriffsbereit → § 1 Rn. 207, 209
Zuständigkeit → Vor § 1 Rn. 5 ff., 19; → § 48 Rn. 1; → § 49 Rn. 1; → **§ 53 Rn. 121;** → § 59 Rn. 1
Zuverlässigkeit → § 5 Rn. 1
Zweckbestimmung → § 1 Rn. 16

Vorbemerkung zu § 1[1]

Schrifttum: 1. Allgemeine waffenrechtliche Literatur und (neuere) Monographien: *Böhm,* Nicht gemeldete erlaubnispflichtige Schusswaffen in Bayern, 2007; *Bury/Molzahn,* Waffenrecht und Waffentechnik, 2. Aufl. 1994; *Busche,* Waffenrecht, 7. Aufl. 2012; *Busche/Schorner,* Behördenhandbuch zum Waffenrecht, 7. Aufl. 2011; *Dobler,* Schußwaffen und Schußwaffenkriminalität in der Bundesrepublik Deutschland (ohne Berücksichtigung der neuen Länder), 1994; *Gade,* Basiswissen Waffenrecht, 3. Aufl. 2011;[2] *Heller/Soschinka,* Waffenrecht: Handbuch für die Praxis, 3. Aufl. 2013;[3] *Henning,* Das neue Waffenrecht in der Bundesrepublik Deutschland, 1973; *Hinze,* Handbuch zum Waffenrecht, 2. Aufl. 1991; *König/Papsthart,* Das neue Waffenrecht, 2004; *Langner/Weiß,* Waffen bei Versammlungen. Rechtliche Einordnung – Maßnahmen, 1995; *Martini,* Waffenrecht in der Praxis, 8. Aufl. 2013; *Ostgathe,* Waffenrecht Kompakt, 6. Aufl. 2015; *Ostgathe/Bode,* Waffengesetz und Allgemeine Verwaltungsvorschrift zum Waffengesetz, Textausgabe und Einführung zur WaffVwV 2012, 2012; *Schrötter,* Waffen und Waffenrecht von A–Z, 1981, mit Nachtrag 1988; *Schürer,* Polizei und Waffenrecht, 4. Aufl. 1981; *Schulz,* Neues Waffenrecht für Polizei, Bundesgrenzschutz und Zoll, 3. Aufl. 2009.

2. Waffenkunde: *Boeheim,* Handbuch der Waffenkunde, 2000; *Busche,* Waffensachkundeprüfung kompakt, 3. Aufl. 2009; *Dörflinger/Gantschnigg/J. Lorz/M. Lorz/Ochojski/Stroh,* Handbuch des Waffenrechts in Wort und Bild, 1987 (zitiert: *Dörflinger* u.a.); *Engelbrecht/Pries,* Waffenkunde für Polizeibeamte, 3. Aufl. 2004; *Götz,* Waffenkunde für Sammler, 1973; *Harding* (Hrsg.), Waffen-Enzyklopädie, 2001; *D. Heinrich,* Die Selbstlade- und automatischen Handfeuerwaffen, 1986; *Hennig,* Die Waffen-Sachkundeprüfung in Frage und Antwort, 24. Aufl. 2016; *Heymann,* Schußwaffen tunen und testen, 1991; *Hogg,* Moderne Handfeuerwaffen, Bd. 1: Waffen und Gerät, 2002; ders., Schußwaffen und wie sie funktionieren, 1986; *Lampel/Mahrholdt,* Waffenlexikon, 11. Aufl. 1998; *Martini,* Das Waffensachkundebuch, 19. Aufl. 2016; *Ochs/Boden,* Waffensachkundeprüfung leicht gemacht, 5. Aufl. 2009; *Pawlas,* Waffenhandbuch, 1973; ders., Munitions-Handbuch, 3. Aufl. 1998; *Schinmeyer,* Handfeuerwaffen gestern und heute, 1985; *Zhuk/Brukner,* Revolver und Pistolen, 1996.

3. Zur geschichtlichen Entwicklung des Waffenrechts: *Doumet,* Die Erlaubnistatbestände des Waffenrechts – Entwicklungsgeschichte, Umfang und Voraussetzungen, Diss. Bonn 2011; *Reiber,* Die Entwicklung des Deutschen Schußwaffenrechts zum 2. Bundeswaffengesetz in der Fassung vom 8. März 1976 und eine kriminalpolitische Kritik unter besonderer Berücksichtigung der Begriffe Erwerb, Besitz und Führen, Diss. Marburg 1981; *Schön,* Geschichte der Handfeuerwaffen, 1858 (unveränderter Nachdruck 1968); *Stute,* Der Erwerb, das Tragen und der Besitz von Schußwaffen nach dem Schußwaffenrecht im Deutschen Reiche, Diss. Köln 1933; *Werger,* Das Recht des Waffenbesitzes und Waffentragens vor und nach dem Reichsgesetz vom 12. April 1928, Diss. Gießen 1930.

4. Kommentare. a) Zum Schusswaffengesetz 1928: *Hagemann,* Gesetz über Schußwaffen und Munition, 1928; *Hoche,* Schußwaffengesetz, 3. Aufl. 1931; *Hoche/Schönner,* Gesetz gegen Waffenmißbrauch, 1931; *Koch,* Waffenrecht, 1931; *Kunze,* Das Waffenrecht im Deutschen Reiche unter besonderer Berücksichtigung des Reichsgesetzes über Schußwaffen und Munition vom 12. April 1928 nebst Ausführungsverordnungen der Länder, 4. Aufl. 1928; *Mattheck,* Deutsches Reichs- und Sächsisches Landeswaffenrecht, 1928; *Reich,* Das Schußwaffengesetz nebst Ausführungsverordnung und den übrigen in Bayern geltenden waffenrechtlichen Vorschriften, 1929; *Schäfer/Cohn,* Gesetz gegen Waffenmißbrauch, 1931; *Schneidewin,* in: Stenglein, Kommentar zu den strafrechtlichen Nebengesetzen des Deutschen Reiches, 2. Bd., 5. Aufl. 1931; *Wagemann/Delius,* Die Gesetze über Schußwaffen und Munition sowie gegen Waffenmißbrauch, 2. Aufl. 1931; *Wündisch,* Das Gesetz über Schußwaffen und Munition vom 12. April 1928 nebst der Ausführungsverordnung der Reichsregierung und dem Preußischen Erlaß zur Durchführung des Gesetzes, 1928.

b) Zum Reichswaffengesetz 1938: *Hoche,* Waffengesetz, 2. Aufl. 1938; *Holland,* Waffenrecht, 1944; *Kunze,* Das Waffenrecht im Deutschen Reiche unter besonderer Berücksichtigung des Waffengesetzes vom

---

[1] Mein besonderer Dank gilt meinen Mitarbeitern *Christian Bartelt* und *Roman Schneider* die die Kommentierung des Waffengesetzes mit betreut haben.
[2] Die 1. Aufl. 2005 wurde rezensiert von *Schäfer* NJW 2006, 1112.
[3] Die 2. Aufl. 2008 wurde rezensiert von *Stoppa* NVwZ 2009, 1024.

I. Waffengesetz   Vor § 1 WaffG

18. März 1938, 1938; *Meitz,* Waffenrecht des Bundes und der Länder, 5. Aufl. 1967; *Müller,* Das gesammelte Waffenrecht mit Erläuterungen und Verweisen, 1957; *Potrykus,* Waffengesetz, 1959.[4]

c) Zum Bundeswaffengesetz 1968: *Apel/Lötz,* Bundeswaffengesetz, Kommentar, 1969;[5] *Hinze,* Das Bundeswaffengesetz, 1974; *Kießig,* Bundeswaffengesetz, 1969;[6] Nachtrag: 1971;[7] *Müller/Klusak,* Das Waffenrecht des Bundes und der Länder, 2. Aufl. 1969;[8] *Potrykus,* Waffenrecht, 2. Aufl. 1969.[9]

d) Zum Waffengesetz 1972: *Apel,* Waffenrecht, Kommentar, 2. Aufl. 1977, Ergänzungsband zur 2. Aufl. 1980;[10] *ders.,* Waffenrecht, Band 1, Vorschriftensammlung mit einer erläuternden Einführung, 1992; *Ehmke,* Waffen und Waffenrecht. Text – Kommentar – Bilddokumentation, 2. Aufl. 1980;[11] Erbs/Kohlhaas/*Steindorf,* Strafrechtliche Nebengesetze, W 12, Loseblattsammlung, 145. Ergänzungslieferung, Stand 15.2.2002; *Frank,* Waffengesetz, 1973; *Hinze,* Waffenrecht, Textsammlung mit ausführlichem Kommentar, Loseblattsammlung, Stand 40. Lieferung November 1999 (zitiert: *Hinze*);[12] *ders.,* Handbuch zum Waffenrecht, 1991; *ders.,* Waffengesetz 1976 (Reine Textsammlung), 4. Aufl. 1992; *Lehmann/Lehle,* Aktuelles Waffenrecht, Loseblattsammlung, Stand 45. Lieferung 2002; *Münstedt,* Das neue Waffenrecht, 3. Aufl. 1973; *ders.,* Deutsches Waffenrecht, Loseblattsammlung; *Oswald,* Das neue Waffenrecht, 1980; *Schweers/Gerards,* Das neue Waffenrecht, 1973; *Steindorf,* Waffenrecht, Kommentar, 7. Aufl. 1999.[13]

e) Zum Waffengesetz 2002: *Apel/Bushart,* Waffenrecht, Bd. 1: Vorschriftensammlung, 3. Aufl. 2004; Bd. 2: Waffengesetz. Kommentar, 3 Aufl. 2004; Bd. 3: Allgemeine Waffengesetz-Verordnung, 2004; Erbs/Kohlhaas/*Pauckstadt-Maihold,* Strafrechtliche Nebengesetze, W 12, Loseblattsammlung, 212. Ergänzungslieferung, Stand Januar 2016 (Stand der Bearbeitung des WaffG: 1.10.2015); *Gade/Stoppa,* Waffengesetz Kommentar, 2011; *Hinze,* Waffenrecht, Textsammlung mit ausführlichem Kommentar, Loseblattsammlung, Stand 72. Lieferung 2017 (zitiert: Hinze/*Bearbeiter*); *Lehmann,* Aktuelles Waffenrecht, Loseblattsammlung, Stand: 133. Aktualisierung, 2017; *Steindorf,* Waffenrecht, 10. Aufl. 2015.

f) Deutschsprachiges Ausland: *Czeppan/Szirba/Szymanski/Grosinger,* Das neue österreichische Waffengesetz 1997 (Österreich); *Erben/Szirba,* Das Waffengebrauchsrecht in Österreich, 5. Aufl. 1998; *Gaisbauer,* Das Waffengesetz, 1967 (Österreich); *Häberling,* Waffenhandel, Erwerb, Besitz und Tragen von Waffen aus der Sicht des Nebenstrafrechts, Diss. Zürich 1990 (Schweiz); *Pappe,* Waffengesetzgebung in der Schweiz, 1971.

5. Ausgewählte Zeitschriftenaufsätze, Festschriftbeiträge und Beiträge aus Sammelbänden (vgl. ergänzend die umfassenden Übersichten bei *Hinze* vor § 1; *ders.,* Waffenrechtliche Literatur, 1980; Steindorf/ Gerlemann/B. Heinrich, Einleitung Rn 37 ff.):

a) vor 1973: *Hinze,* Anm. zum Beschluss des BayObLG vom 9.11.1970, NJW 1971, 1375; *Krüger,* Der Schußwaffenbegriff im Waffenrecht des Bundes und der Länder, DRiZ 1970, 88; *ders.,* Anm. zum Urteil des OLG Karlsruhe vom 18.12.1969, NJW 1970, 1615; *Kunze,* Zur Strafbarkeit des verbotenen Waffenführens, NJW 1969, 1653; *Potrykus,* Zum Begriff des Waffenführens nach § 14 Abs. 1 Satz 1 Waffengesetz, NJW 1965, 1164; *ders.,* Das neue Waffengesetz des Bundes, NJW 1968, 2220; *ders.,* Zur Frage der Strafbarkeit des Führens von kleinkalibrigen Druckluftwaffen, speziell in Hessen und Niedersachsen, MDR 1968, 466; *ders.,* Zur Strafbarkeit des verbotenen Waffenführens, NJW 1969, 2126; *Hinze,* Anm. zum Beschluss des BGH vom 30.10.1970, NJW 1971, 62.

b) 1972–2002: *Apel,* Novellierung des Waffenrechts, GewA 1976, 105; *ders.,* Änderungen des Waffenrechts, GewA 1979, 209; GewA 1981, 177; *ders.,* Die Gaspistole als Schußwaffe?, GewA 1985, 295; *Derksen,* Die Hinterlegung einer Anleitung zur Herstellung von Sprengstoffen in einer Mailbox – ein strafbarer Verstoß gegen das Waffengesetz?, NJW 1998, 3760; *Erb,* Anm. zum Beschluss des BGH vom 29.3.1994, JR 1995, 169; *Gänßle,* Anm. zum Beschluss des BayObLG vom 11.11.1997, NStZ 1999, 90; *Gröschner,* Die Gaspistole als Schußwaffe?, GewA 1984, 372; *Grünwald,* Anm. zum Urteil des OLG Hamm vom 9.9.1985, StV 1986, 242; *Hinze,* Waffenbesitzkarten und anmeldefreie Waffen, GewA 1973, 59; *ders.,* Die Amnestie nach dem 2. Bundeswaffengesetz, NJW 1973, 2273; *ders.,* Anm. zum Beschluss des BGH vom 29.10.1974, NJW 1975, 1287; *ders.,* Die Amnestiewirkung im neuen Waffenrecht, NJW 1977, 667; *ders.,* Anm. zum Urteil des BGH vom 22.1.1991, NStZ 1992, 287; *Holthausen,* Zum Verhältnis von Kriegswaffenrecht und Waffenrecht bei tragbaren Kriegswaffen (§ 6 III WaffG), NStZ 1982, 363; *ders.,* Anm. zum Urteil des OLG Karlsruhe vom 5.12.1991, NStZ 1992, 243; *Meyer,* Die neuere waffenrechtliche Rechtsprechung des Bundesverwaltungsgerichts, GewA 1998, 89; GewA 2001, 89; *Potrykus,* Das neue Waffengesetz, NJW 1973, 89; *ders.,* Neues Waffenrecht, NJW 1976, 883; *Richter,* Anm. zum Urteil des OLG Schleswig vom 15.11.1982, NStZ 1983,

---

[4] Rezensiert von *Bröcker* NJW 1959, 714.
[5] Rezensiert von *Potrykus* NJW 1969, 2130; *ders.* JZ 1970, 559.
[6] Rezensiert von *Potrykus* NJW 1969, 2130; *ders.* JZ 1970, 559.
[7] Rezensiert von *Potrykus* JZ 1972, 536.
[8] Rezensiert von *Potrykus* NJW 1969, 2130; *ders.* JZ 1970, 559.
[9] Rezensiert von *Hinze* NJW 1970, 798.
[10] Rezensiert von *Nitsche* DÖV 1978, 855.
[11] Rezensiert von *Prützel* NJW 1980, 2402; *Schoreit* GA 1981, 333.
[12] Rezensiert von *Meixner* NJW 1973, 2194 (1.–3. Lieferung); *ders.* NJW 1974, 892 (4. Lieferung); *Potrykus* JZ 1978, 732 (10. Lieferung).
[13] Rezensiert von *Meixner* NJW 1978, 150; *Nietsche* DÖV 1978, 855 (jeweils zur 4. Aufl. 1977 von *Potrykus*); *Prützel* NJW 1983, 24; *Riegel* DVBl 1983, 646 (jeweils zur 5. Aufl. 1982 von *Potrykus/Steindorf*); *Meyer* NJW 1999, 2102 (zur 7. Aufl.).

271; *Rothschild,* Zur Gefährlichkeit freiverkäuflicher Schreckschusswaffen, NStZ 2001, 407; *Rothschild/Krause,* Schreckschusswaffen – eine unterschätzte Waffengattung, ArchKrim 197 (1996), 65; *Runkel,* Anm. zum Urteil des BGH vom 24.4.1985, NStZ 1986, 415; *Schnerring,* Anm. zum Urteil des BGH vom 24.4.1985, NStZ 1986, 171; *Seelig,* Anm. zum Beschluss des OLG Köln vom 3.7.1981, NStZ 1982, 293; *Siller,* Anm. zum Urteil des BGH vom 14.2.1976, NStZ 1996, 553; *Steindorf,* Verbote und behördliche Genehmigungen im deutschen Waffenstrafrecht, FS Salger 1994, 167.

c) **nach 2002:** *Braun,* Das Gesetz zur Neuregelung des Waffenrechts, NVwZ 2003, 311; *ders.,* Konkretisierung des neuen Waffenrechts durch die Allgemeine Waffengesetz-Verordnung, NVwZ 2004, 828; *ders.,* Die Neuregelung des Waffenrechts, ZAP 2004, Fach 19, S. 619; *ders.,* Neuer Straftatbestand der vorschriftswidrigen Aufbewahrung von Waffen, StraFo 2010, 186; *ders.,* Konkretisierungen im Waffenrecht durch die Allgemeine Verwaltungsvorschrift zum Waffengesetz, ZAP 2012 Fach 19, S. 769; *Brennecke,* Neuregelung des Waffenrechts, Kriminalistik 2005, 331; *Dobat/Heubrock/Stöter,* Waffenbesitz und Waffenmissbrauch in Deutschland, Kriminalistik 2006, 724; *Gade,* Erlaubnisfreier Schusswaffentransport, NJW 2015, 3542; *Heghmanns,* Die Strafbestimmungen des neuen Waffengesetzes, NJW 2003, 3373; *B. Heinrich,* Anm. zum Urteil des BGH vom 19.2.2003, NStZ 2004, 459; *ders.,* Strafrechtliche Probleme im Zusammenhang mit dem Verbot des Führens von Anscheinswaffen und bestimmten tragbaren Gegenständen, § 42a WaffG, in *Gade/Stoppa* (Hrsg.), Waffenrecht im Wandel. Sorgfalts- und Erlaubnispflichten – Verbote – Straf- und Verwaltungsprozess, 2015, S. 107 *Klein,* Die Erlaubnis im waffenstrafrechtlichen Straftatbestand, JR 2008, 185; *Mengden,* 3D-Druck aus ordnungs- und strafrechtlicher Perspektive. Schutzumfang des Waffenrechts und staatliche Handlungsoptionen, MMR 2014, 150; *Scholzen,* Waffenrechtliche Fallgestaltungen in verwaltungs- und strafgerichtlichen Prozessen, in *Gade/Stoppa* (Hrsg.), Waffenrecht im Wandel. Sorgfalts- und Erlaubnispflichten – Verbote – Straf- und Verwaltungsprozess, 2015, S. 131; *Soschinka/Heller,* Das neue Waffenrecht, NJW 2002, 2690; *dies.,* Die Allgemeine Verwaltungsvorschrift zum Waffengesetz (WaffVwV), NVwZ 2012, 209; *Vahle,* Grundzüge des neuen Waffenrechts, Kriminalistik 2003, 129; *Ullrich,* Waffengesetz – Ausnahmen von der Erlaubnispflicht, Kriminalistik 2005, 238; *dies.,* Straftaten und Ordnungswidrigkeiten im Waffengesetz, Kriminalistik 2005, 537; *Weerth,* Das deutsche Waffenrecht wird neu geregelt, Kriminalistik 2003, 39; *Werner,* Das neue Waffenrecht, StraFo 2003, 110.

Hinzuweisen ist noch auf einige sich (auch) mit waffenrechtlichen Themen befassende **(Spezial)Zeitschriften.** Da sich die hier veröffentlichten Beiträge jedoch nicht schwerpunktmäßig mit strafrechtlichen Aspekten befassen und sie für den Strafrechtspraktiker zudem nur schwer zugänglich sein dürften, wurde auf ihre Einbeziehung im Rahmen der vorliegenden Kommentierung weitgehend verzichtet. Zu nennen sind: Der Büchsenmacher (BM), Deutsches Waffen-Journal (DWJ), Waffenfreund (WaffFr); Waffenmarkt (WaffM), Waffenumschau (WaffUmsch), Waffenkriminalistik (WKrim); speziell das Jagdrecht betreffend: Die Pirsch (DPi); Jägerbote (JägB), Wild und Hund (WuH), Deutsche Jägerzeitung.

Übersicht

	Rn.		Rn.
I. Historie	1–11	c) Landesrechtliche Durchführungsverordnungen	19
II. Das Waffengesetz im Regelungsgefüge der waffenrechtlichen Vorschriften	12–26	3. Internationale Verflechtungen	20–23
1. Überblick	12	4. Abgrenzung des Waffenrechts vom Kriegswaffenrecht	24
2. Durchführungsrecht	13–19	5. Abgrenzung des Waffenrechts vom Sprengstoffrecht	25, 26
a) Durchführungsverordnungen	14, 15	**III. Strafrechtliche Vorschriften**	27
b) Verwaltungsvorschriften	16–18		

I. Historie[14]

1 Seit jeher benutzen die Menschen Werkzeuge, die nicht nur zur Erleichterung des täglichen Daseins (zB Faustkeil zum Zerkleinern von Speisen), sondern auch als Angriffs- und Verteidigungsmittel gegenüber Menschen und Tieren eingesetzt werden konnten und auch eingesetzt wurden. Während die steinzeitlichen Waffen noch aus einer Bearbeitung vorgefundener Gegenstände (Stein, Holz etc) resultierten, verbesserte sich die Effektivität der Waffen spätestens zu dem Zeitpunkt, als man gelernt hatte, mit Metallen zu arbeiten. Einen entscheidenden Schritt stellte – nach der Erfindung des Schießpulvers – die Konstruktion von Feuerwaffen dar,[15] die etwa ab dem 15. Jahrhundert zu verzeichnen ist.[16]

---

[14] Die geschichtliche Entwicklung des Waffenrechts ist hier bewusst knapp gehalten; vgl. ausführlich neben den im Schrifttumsverzeichnis Genannten auch Apel/Bushart/*Bushart* Einl. Rn. 1–26; Erbs/Kohlhaas/*Pauckstadt-Maihold,* W 12, Vorbemerkungen Rn. 2–4; *Hinze,* Entwicklungsgeschichte, Rn. 1–141; Steindorf/*Gerlemann*/*B. Heinrich* Einl. Rn. 1–25b.

[15] Vgl. zum Begriff der Feuerwaffen → § 1 Rn. 78 ff.

[16] Vgl. hierzu Steindorf/*Gerlemann/B. Heinrich* Einl. Rn. 1; *Steindorf* FS Salger, 1994, 167.

Schon ab dem Mittelalter sind vereinzelt Vorschriften bekannt, die das Tragen und die Benutzung von Waffen reglementierten.[17] Dabei stellte das Recht, eine Waffe tragen zu dürfen, oft ein nach außen sichtbares Zeichen der sozialen Stellung der betreffenden Person dar.[18] Im Wesentlichen bildeten sich dabei zwei verschiedene „Zwecke" heraus, zu denen Waffen getragen und verwendet wurden: die militärische Verteidigung und die Jagd.[19] 2

Eine allgemeine **Kodifikation des Waffenrechts** erfolgte allerdings erst relativ spät. Zwar finden sich vereinzelte Edikte und landesrechtliche, später auch reichsrechtliche Bestimmungen.[20] Eine umfassende Regelung fand jedoch erst im **„Gesetz über Schusswaffen und Munition"** vom 12.4.1928 statt.[21] Hierdurch wurde erstmalig die Herstellung, der Erwerb, die Einfuhr, der Besitz und das Führen von sowie der Handel mit Schusswaffen einem grds. Verbot unterstellt. Gleichzeitig wurden verwaltungsrechtliche Instrumentarien geschaffen, die Befreiungen von diesem Verbot sowie behördliche Genehmigungen zum Betrieb des Waffengewerbes vorsahen.[22] Gut zwei Jahre später wurde eine vergleichbare Regelung auch für Hieb-, Stoß- und Stichwaffen geschaffen.[23] Zudem wurden die Vorschriften ua für das Waffentragen bei politischen Veranstaltungen verschärft. Daneben gab es jedoch auch Sonderregelungen für den Schusswaffengebrauch von Forst- und Jagdschutzberechtigten.[24] 3

---

[17] *Reiber* S. 4; vgl. auch zum Waffenrecht im Mittelalter *Doumet* S. 15 ff.
[18] *Reiber* S. 6; *Steindorf/Gerlemann/B. Heinrich* Einl. Rn. 2; *Steindorf* FS Salger, 1994, 167.
[19] *Reiber* S. 6; *Steindorf/Gerlemann/B. Heinrich* Einl. Rn. 2.
[20] Vgl. ua § 14 der Reichsgewerbeordnung idF vom 26.7.1900, RGBl. S. 871, wonach zwar weder das Herstellen von noch der Handel mit Waffen einer Erlaubnis bedurfte, die Tätigkeiten aber – wie jede Eröffnung eines Gewerbebetriebes – der zuständigen Behörde angezeigt werden mussten; ferner § 16 GewO aF, der eine Genehmigungspflicht für Gefahr bringende Anlagen und Schießpulverfabriken vorsah. Auch das Reichsstrafgesetzbuch vom 15.5.1871, RGBl. S. 195, enthielt nur vereinzelt waffenrechtliche Verbote, die jedoch großteils als Übertretungen ausgestaltet waren; vgl. § 360 Nr. 2, § 367 Nr. 8 und Nr. 9, § 368 Nr. 7 RStGB aF; vgl. schließlich noch das strafbewehrte Verbot des Führens von Waffen bei Versammlungen, Aufmärschen und Umzügen in § 11 und § 19 Nr. 2 des Vereinsgesetzes vom 19.4.1908, RGBl. S. 151, sowie das strafbewehrte Verbot, Schusswaffen im Rahmen des „Gewerbes im Umherziehen" feilzubieten oder anzukaufen, § 56 Abs. 2 Nr. 8, § 148 Abs. 1 Nr. 7a Reichsgewerbeordnung idF vom 26.7.1900, RGBl. S. 871; zum Ganzen *Doumet* S. 22 ff.; *Reiber* S. 7, 13 ff.; *Steindorf* FS Salger, 1994, 167 (167 f.).
[21] RGBl. I S. 143; hierzu Apel/Bushart/*Bushart* Einl. Rn. 3 f.; *Doumet* S. 31 ff.; *Reiber* S. 34 ff.; vgl. ergänzend die hierzu erlassene Ausführungsverordnung vom 13.7.1928, RGBl. I S. 198, geändert durch die Verordnung vom 2.6.1932, RGBl. I S. 253. Zu beachten ist allerdings die bereits zuvor unter dem Eindruck der Ereignisse des Ersten Weltkrieges vom Rat der Volksbeauftragten erlassene „Verordnung über die Zurückführung von Waffen und Heeresgut in den Besitz des deutschen Reichs" vom 14.12.1918, RGBl. I S. 1425, und die Verordnung über Waffenbesitz vom 13.1.1919, RGBl. I S. 31, 122, durch die grds. jeder private Waffenbesitz verboten wurde; hierzu *Stenglein*, Kommentar zu den strafrechtlichen Nebengesetzen des Deutschen Reiches, 1. Bd., 5. Aufl. 1928, Nr. 32. Hintergrund hierfür war, dass infolge der Wirren des Ersten Weltkrieges eine Vielzahl von Kriegswaffen in Privatbesitz gelangt war. Vgl. in diesem Zusammenhang auch das Gesetz über die Entwaffnung der Bevölkerung vom 7.8.1920, RGBl. I S. 1553, und § 7 Nr. 5 des Gesetzes zum Schutze der Republik vom 21.7.1922, RGBl. I S. 585; hierzu auch *Hinze*, Entwicklungsgeschichte, Rn. 5; *Scholzen* in *Gade/Stoppa*, S. 131 (131 f.).
[22] Hierzu *Reiber* S. 42; *Scholzen* in *Gade/Stoppa*, S. 131 (132).
[23] Verordnung des Reichspräsidenten auf Grund des Artikels 48 der Reichsverfassung gegen Waffenmissbrauch vom 25.7.1930, RGBl. I S. 352. Diese Verordnung wurde wenig später ersetzt durch das Gesetz gegen Waffenmissbrauch vom 28.3.1931, RGBl. I S. 77, samt Durchführungsverordnung vom 10.12.1931, RGBl. I S. 750; durch diese Vorschriften wurden in einigen Bereichen die Regelungen des Schusswaffengesetzes 1928 verdrängt; vgl. zu diesen Vorschriften aus strafrechtlicher Sicht RG 18.12.1931 – I 985/31, RGSt 66, 64; 21.4.1932 – II 338/32, RGSt 66, 218; 21.4.1932 – 2 D 395/32, JW 1932, 3066; 25.4.1932 – III 214/32, RGSt 66, 221; 23.5.1932 – II 496/32, RGSt 66, 262; 24.6.1932 – 1 D 685/32, JW 1933, 441; 26.9.1932 – 3 D 687/32, JW 1933, 438; 28.10.1932 – 1 D 718/1932, JW 1933, 437; 21.1.1937 – 5 D 763/36, RGSt 71, 40 (41); *Stenglein* Kommentar zu den strafrechtlichen Nebengesetzen des Deutschen Reiches, 5. Aufl. Ergänzungsband 1933 Nr. 14. Speziell zur rechtlichen Einordnung von Hieb-, Stoß und Stichwaffen RG 26.11.1931 – 2 D 1151/31, JW 1932, 954; 10.12.1931 – 2 D 555/31, JW 1932, 952; 7.4.1932 – III 100/32, RGSt 66, 191; 1.2.1934 – 2 D 1378/33, RGSt 68, 39.
[24] Vgl. das Gesetz über den Waffengebrauch der Forst- und Jagdschutzberechtigten sowie der Fischereibeamten und Fischereiaufseher vom 26.2.1935, RGBl. I S. 313, samt Durchführungsverordnung vom 7.3.1935, RGBl. I S. 377; hierzu RG 15.7.1938 – 4 D 259/38, RGSt 72, 305, zu den Vorgängervorschriften vgl. auch RG 10.10.1933 – I 1011/33, RGSt 67, 337.

4 Eine Lockerung dieser bis dahin recht strikten Vorschriften fand sich dann zur Zeit des Nationalsozialismus unter dem Vorwand der „Wehrhaftmachung des Deutschen Volkes", welche unter anderem in der Neufassung des **Reichswaffengesetzes** (RWaffG) vom 18.3.1938 sichtbar wurde.[25] Waffenherstellung und Waffenhandel wurden weitgehend liberalisiert und eine Vielzahl von Genehmigungspflichten wurde abgeschafft.

5 Nach vorübergehender – faktischer – Außerkraftsetzung der Vorschriften des RWaffG durch die Alliierten im Jahre 1950[26] fanden einzelne Bestimmungen des Gesetzes nach Wiedererlangung der Souveränität im Jahre 1955[27] erneut Anwendung.[28] Man stand allerdings vor dem Problem, dass auf Grund der nunmehr **veränderten Gesetzgebungskompetenz** von Bund und Ländern lediglich die Regelungen über die (gewerbliche) Herstellung, Bearbeitung und Instandsetzung von Waffen und Munition sowie die Einfuhr von und der Handel mit diesen Gegenständen vom Bund geregelt werden konnten (Art. 74 Nr. 11 GG aF = Art. 74 Abs. 1 Nr. 11 GG nF: Recht der Wirtschaft). Nur insoweit konnte also das RWaffG weiter gelten, während die übrigen (sicherheitsrechtlichen) Vorschriften in den Zuständigkeitsbereich der Länder fielen (insbes. die Regelungen über den Erwerb, das Führen sowie den Besitz von Schusswaffen und Munition).[29] Dies führte mit der Zeit zu einer weitgehenden Rechtszersplitterung, welche jedoch vorerst nicht behoben werden konnte.

6 Dennoch sah sich der Bund veranlasst, zumindest den in seinen Zuständigkeitsbereich fallenden (vorwiegend) gewerberechtlichen Teil des Waffenrechts neu zu regeln. Diese Bemühungen führten am 14.6.1968 zur Verkündung des **Bundeswaffengesetzes**[30] und

---

[25] Reichswaffengesetz vom 18.3.1938, RGBl. I S. 265, verkündet am 21.3.1938, in Kraft getreten am 1.4.1938. Vgl. ferner die auf Grund § 31 RWaffG erlassene Verordnung zur Durchführung des Waffengesetzes vom 19.3.1938, RGBl. I S. 270, die 2. DVO vom 23.5.1938, RGBl. I S. 597, die 3. DVO vom 31.3.1939, RGBl. I S. 656, und die 4. DVO vom 4.4.1940, RGBl. I S. 603. Zum Ganzen Apel/Bushart/*Bushart* Einl. Rn. 5 ff.; *Doumet* S. 35 ff.; *Hinze,* Entwicklungsgeschichte, Rn. 16 ff.; *Reiber* S. 68 ff.; *Scholzen* in *Gade/Stoppa,* S. 131 (132); unter strafrechtlichen und waffenrechtlichen Gesichtspunkten bedeutsam war auch die „Verordnung gegen Gewaltverbrecher" vom 5.12.1939, RGBl. I S. 2378; hierzu RG 12.9.1940 – 3 D 570/40, RGSt 74, 281; 8.10.1942 – 2 C 26/42 (2 StS 40/42), RGSt 76, 239.

[26] Vgl. ua das Gesetz Nr. 24 der Alliierten Hohen Kommission vom 30.3.1950, Amtsblatt der Alliierten Hohen Kommission für Deutschland, S. 251; vgl. auch die Zusammenstellung der relevanten Kontrollratsbefehle bei *Hinze,* Entwicklungsgeschichte, Rn. 24.

[27] Vgl. den Vertrag über die Beziehungen zwischen der Bundesrepublik und den Drei Mächten vom 26.5.1952 idF vom 30.3.1955, BGBl. II S. 301; zur Aufhebung des Besatzungsrechts vgl. Art. 2 des Gesetzes Nr. A-38 der Alliierten Hohen Kommission vom 5.5.1955, Amtsblatt der Alliierten Hohen Kommission für Deutschland, S. 3271.

[28] Vgl. allerdings die bereits zuvor vorgenommene Lockerung für Sportwaffen durch das Gesetz Nr. 70 der Alliierten Hohen Kommission vom 24.12.1951, Amtsblatt der Alliierten Hohen Kommission für Deutschland, S. 1366, sowie die Anordnungen der Bundesregierung vom 12.1.1951, BAnz. 1951 Nr. 9, und vom 17.3.1952, BAnz. 1952 Nr. 55 und 56; vgl. zur Regelung in Berlin und im Saarland *Hinze,* Entwicklungsgeschichte, Rn. 26 ff.

[29] Hierzu Steindorf/Gerlemann/B. *Heinrich* Einl. Rn. 12. Die Abgrenzung war im Einzelnen umstritten; zum damaligen Streitstand BT-Drs. IV/2883 A 1, 15; BVerfG 29.4.1958 – 2 BvO 3/56, BVerfGE 8, 143 = NJW 1959, 29 (zur Fortgeltung des Beschußgesetzes vom 7.6.1939, RGBl. I S. 1241, als Bundesrecht); 30.5.1972 – 2 BvO 1 und 2/69 und 2 BvO 1 und 2/70, NJW 1972, 1943 Ls.; OLG Celle 17.11.1970 – 3 Ss 174/70, OLGSt § 14 WaffG S. 9; OLG Frankfurt a. M. 24.4.1974 – 2 Ss 20/74, NJW 1974, 1717; OLG Hamm 25.3.1968 – 4 Ss 1750/67, NJW 1969, 107; OLG Karlsruhe 18.12.1969 – 1 Ss 375/69, NJW 1970, 1056; OLG Koblenz 30.5.1973 – 1 Ss 14/73, OLGSt § 53 WaffG S. 1 (2); OLG Köln 10.10.1972 – Ss 176/70, OLGSt § 26 WaffG S. 1 (2); grds. abweichend damals das BayObLG, welches davon ausging, dass das (Reichs-)Waffengesetz 1938 wegen seiner überwiegend sicherheitspolizeilichen Ausrichtung in seiner Gesamtheit als Landesrecht fortgelte; vgl. BayObLG 15.9.1954 – 1 St 380/53, BayObLGSt 1954, 86 (87); 13.7.1956 – 3 St 51/56, BayObLGSt 1956, 167 (167 f.); ferner BayObLG 1969 – RReg 4 b St 128/69, NJW 1970, 1056; zu diesem Komplex auch *Kunze* NJW 1969, 1653; *Potrykus* NJW 1968, 2219 (2220); *ders.* MDR 1968, 466; *ders.* NJW 1969, 2126; vgl. zu den einzelnen landesrechtlichen Verordnungen und (Änderungs-)Gesetzen *Hinze* Entwicklungsgeschichte Rn. 29 ff.

[30] Bundeswaffengesetz vom 14.6.1968, BGBl. I S. 633, nach § 44 BWaffG (zum größten Teil) in Kraft getreten am 1.12.1968; vgl. zur Entstehung BT-Drs. IV/2883 (Entwurf eines Bundeswaffengesetzes seitens der Bundesregierung samt Begründung und Stellungnahme des Bundesrates aus dem Jahre 1964); BT-Drs. V/528 (Entwurf eines Bundeswaffengesetzes seitens der Bundesregierung samt Begründung und Stellungnahme des Bundesrates und Gegenäußerung der Bundesregierung aus dem Jahre 1966); BT-Drs. V/2623 (Schriftlicher Bericht des Innenausschusses); hierzu *Hinze,* Entwicklungsgeschichte, Rn. 56 f.; *Potrykus* NJW 1968, 2219; vgl. auch *Doumet* S. 50 ff.

I. Waffengesetz   7, 8   **Vor § 1 WaffG**

zum alsbaldigen Erlass einer hierauf beruhenden Durchführungsverordnung[31] sowie einer allgemeinen Verwaltungsvorschrift.[32]

Da die Rechtszersplitterung infolge der weiterhin bestehenden landesrechtlichen Zuständigkeit im sicherheitsrechtlichen Bereich mit der Zeit unerträglich wurde,[33] sah man sich aber schließlich dazu veranlasst, dem Bund die (konkurrierende) Gesetzgebungszuständigkeit für das gesamte Waffenrecht zuzuweisen. Dies wurde durch die Einfügung des Art. 74 Nr. 4a GG aF (= Art. 74 Abs. 1 Nr. 4a GG nF) in das Grundgesetz im Jahre 1972 erreicht.[34] 7

Nunmehr war der Weg frei zum Erlass eines sämtliche Bereiche umfassenden **Waffengesetzes,** welches vom Bundesgesetzgeber am 19.9.1972 verabschiedet wurde[35] und das am 1.1.1973 in Kraft trat. Das Gesetz enthielt aber bereits zu Beginn den Geburtsfehler, dass dem bisherigen „gewerberechtlichen" Teil die (mehr sicherheitsrechtlich geprägten) Vorschriften über der privaten Erwerb und Besitz von Schusswaffen und Munition sowie das Führen und Schießen mit Waffen lediglich hinzugefügt wurden ohne dabei eine Harmonisierung der Vorschriften vorzunehmen.[36] Bedenkt man, dass darüber hinaus insgesamt sechs **Durchführungsverordnungen**[37] erlassen wurden, die den Anwendungsbereich des Gesetzes teilweise erheblich modifizierten sowie darüber hinaus (zumindest für die Verwaltungsbehörden) eine allgemeine **Verwaltungsvorschrift** (WaffVwV)[38] zum Waffengesetz zu beachten 8

---

[31] Durchführungsverordnung zum Bundeswaffengesetz vom 26.11.1968, BGBl. I S. 1199; hierzu BR-Drs. 520/68; *Hinze,* Entwicklungsgeschichte, Rn. 58.

[32] Allgemeine Verwaltungsvorschrift zum Bundeswaffengesetz vom 16.6.1970, Beilage zum BAnz. Nr. 111 vom 24.6.1970; vgl. ferner die Allgemeine Verwaltungsvorschrift des Bundesministers des Innern zum Bundeswaffengesetz (VwVBWaffG-BMI) vom 17.1.1969, GMBl. S. 66.

[33] Vgl. hierzu die bei *Apel* Einl. III 1; *Apel/Bushart/Bushart* Einl. Rn. 20 und *Steindorf/Gerlemann/B. Heinrich* Einl. Rn. 14 genannten Beispiele; zur Rechtsprechung auch *Krüger* DRiZ 1970, 88 (89); ferner *Kunze* NJW 1969, 1653 zur Frage, ob auf Grund Art. 74 Nr. 1 GG aF (Strafrecht = Art. 74 Abs. 1 Nr. 1 GG nF) wenigstens die *Straf*vorschriften des RWaffG in den Bereichen weiter gelten konnten, in denen die zugrunde liegende Materie (hier: das unerlaubte Führen von Waffen) in die Kompetenz des Landesgesetzgebers fiel; hierzu auch *Potrykus* NJW 1969, 2126; *ders.* NJW 1971, 62 (63); *ders.* NJW 1973, 89; zur Fortgeltung der dem Sicherheitsrecht zuzurechnenden Vorschriften des RWaffG 1938 als Landesrecht auch nach Inkrafttreten des BWaffG BayObLG 29.10.1973 – RReg 4 St 155/73, MDR 1974, 336 = VwRspr. 1974, 591.

[34] 31. Gesetz zur Änderung des Grundgesetzes vom 28.7.1972, BGBl. I S. 1305; vgl. zur Entstehung BR-Drs. 657/70; BT-Drs. VI/2653 und BT-Drs. VI/3539.

[35] BGBl. I S. 1797; vgl. zur Entstehung BR-Drs. 658/70 (Entwurf eines „Zweiten Bundeswaffengesetzes" seitens des Bundesrates nebst Begründung und Empfehlung der Ausschüsse); BT-Drs. VI/2678 (Stellungnahme der Bundesregierung); BT-Drs. VI/3566 (Schriftlicher Bericht des Innenausschusses); BR-Drs. 359/72 (Zustimmung des Bundesrates); zum Ganzen auch *Doumet* S. 54 ff.; *Hinze,* Entwicklungsgeschichte, Rn. 59 ff.; *Potrykus* NJW 1973, 89.

[36] Vgl. auch BT-Drs. 14/7758, 48.

[37] Im Einzelnen: die 1. WaffV vom 24.5.1976, BGBl. I S. 1285, idF vom 10.3.1987, BGBl. I S. 777 (FNA 7133-3-2-4); die VO ist am 30.11.2003 außer Kraft getreten; vgl. § 36 AWaffV vom 27.10.2003, BGBl. I S. 2123 (2138); vgl. zur Entstehung BR-Drs. 581/72; BR-Drs. 74/76 (jeweils zur 1. WaffV); BR-Drs. 423/78 (1. ÄndVO zur 1. WaffV); BR-Drs. 544/86 (2. ÄndVO zur 1. WaffV); die 2. WaffV vom 13.12.1976, BGBl. I S. 3387 (FNA 7133-3-2-7); die VO ist am 30.11.2003 außer Kraft getreten; vgl. § 36 AWaffV vom 27.10.2003, BGBl. I S. 2123 (2138); vgl. zur Entstehung BR-Drs. 572/76 (vgl. ferner die Vorgängervorschrift, die „Verordnung über die Anwendung des Bundeswaffengesetzes auf Angehörige der Mitgliedstaaten der Europäischen Wirtschaftsgemeinschaft" vom 8.12.1969, BGBl. I S. 2184); die 3. WaffV vom 20.12.1980, BGBl. I S. 2344, idF 2.9.1991, BGBl. I S. 1872 (FNA 7133-3-2-9); vgl. zur Entstehung BR-Drs. 572/76; BR-Drs. 554/80 (jeweils zur 3. WaffV); BR-Drs. 810/90 (1. ÄndVO zur 3. WaffV); die 4. WaffV vom 19.7.1976, BGBl. I S. 1810, zuletzt geändert am 31.10.1985, BGBl. I S. 2055, am 20.4.1990 neu bekannt gemacht und am 1.6.1990 in Kraft getreten unter dem Namen „Kostenverordnung zum Waffengesetz" (WaffKostV), BGBl. I S. 780 (FNA 7133-3-2-5), zuletzt geändert durch Art. 2 VO vom 10.1.2000, BGBl. S. 38, aufgehoben durch Art. 3 Abs. 13 Gesetz vom 7.8.2013, BGBl. I S. 3154 (3200) mit Wirkung vom 14.8.2016 (vgl. Art. 5 Abs. 2 des genannten Gesetzes); die „Kostenverordnung zum Waffengesetz" gilt allerdings nach der Übergangsregelung des § 60 WaffG in den Ländern noch bis zum 14.8.2018 fort, solange die Länder keine anderweitigen Regelungen getroffen haben; die 5. WaffV vom 11.8.1976, BGBl. I S. 2117 (FNA 7133-3-2-6), zuletzt geändert durch Art. 287 VO vom 31.8.2105, BGBl. I S. 1474 (1515); die 6. WaffV vom 18.6.1985, BGBl. I S. 1150 (FNA 7133-3-2-10); vgl. zum Außerkrafttreten dieser VO am 31.3.1999 die VO vom 25.5.1999, BGBl. I S. 1043 (zur Begründung BR-Drs. 131/99).

[38] WaffVwV vom 26.7.1976, Beilage zum BAnz. Nr. 143 vom 3.8.1976, idF vom 29.11.1979, Beilage zum BAnz. Nr. 229 vom 7.12.1979, berichtigt in Nr. 231, zuletzt geändert durch die Allgemeine Verwaltungsvorschrift zur Änderung der WaffVwV vom 20.10.1994, Beilage zum BAnz. Nr. 206 vom 29.10.1994,

WaffG Vor § 1 9, 10   2. Kapitel. Waffenrecht

war, wird deutlich, dass das Waffenrecht zwar nunmehr bundeseinheitlich geregelt, dennoch aber recht unübersichtlich gestaltet war.

9   Zudem stellte sich schon bald heraus, dass einige der getroffenen Regelungen zu einer übermäßigen Belastung sowohl der betroffenen Bürger als auch der Verwaltungsbehörden führten. Daher sah sich der Gesetzgeber zur Durchführung einiger verwaltungsmäßiger Vereinfachungen, insbes. bezüglich der Einfuhr, des Erwerbs und des Überlassens von Waffen und Munition gezwungen. Diese wurden durch das (Erste) **Gesetz zur Änderung des Waffengesetzes** vom 4.3.1976[39] vorgenommen, worauf das Waffengesetz am 8.3.1976 neu bekannt gemacht wurde.[40] Auch die das WaffG begleitenden Waffenverordnungen wurden durch dieses Änderungsgesetz teilweise neu gefasst.[41] Insbes. im Zuge der Terrorismusbekämpfung wurde dann aber bereits im Jahre 1978 das Waffengesetz erneut abgeändert und teilweise verschärft[42] und durch § 52a aF erstmals ein strafrechtlicher Verbrechenstatbestand eingeführt (vgl. heute § 51 nF). Durch das **Zweite Gesetz zur Änderung des Waffengesetzes** vom 14.7.1980,[43] in Kraft getreten am 1.1.1981, wurden schließlich Verpflichtungen umgesetzt, die die Bundesrepublik im Rahmen völkerrechtlicher Vereinbarungen eingegangen war.

10   Seit Beginn der achtziger Jahre fanden dann umfangreiche Diskussionen über eine tief greifende Veränderung und Umgestaltung des Waffenrechts statt.[44] Diese führten schließlich am 11.10.2002 zum Erlass eines **Gesetzes zur Neuregelung des Waffenrechts** (WaffRNeuRegG),[45] welches am 16.10.2002 verkündet wurde und in Art. 1 ein völlig neu

---

in Kraft getreten am 1.1.1995; vgl. zur Entstehung BR-Drs. 567/94; vgl. darüber hinaus die Allgemeine Verwaltungsvorschrift des Bundesministers des Innern zum Waffengesetz (WaffVwV – BMI) vom 6.12.1976, GMBl. 1977, S. 14. Eine entsprechende Verwaltungsvorschrift wurde am 18.4.1989 erlassen für das Bundesministerium der Verteidigung (nicht veröffentlicht) sowie am 30.12.1980 für das Bundesministerium der Justiz, Beilage 3/81 zum BAnz. Nr. 34 vom 19.2.1981.

[39] BGBl. I S. 417, in Kraft getreten am 1.7.1976; vgl. zur Entstehung BT-Drs. 7/2379 (Entwurf der Bundesregierung samt Begründung, Stellungnahme des Bundesrates und Gegenäußerung der Bundesregierung); BT-Drs. 7/4407 (Schriftlicher Bericht des Innenausschusses); hierzu *Apel* GewA 1976, 105; *Doumet* S. 60 ff.; *Potrykus* NJW 1976, 883; vgl. zu den Änderungen im Einzelnen *Hinze*, Entwicklungsgeschichte, Rn. 71 ff.; Steindorf/Gerlemann/B. Heinrich Einl. Rn. 17.

[40] BGBl. I S. 433.

[41] Vgl. den knappen Überblick bei *Potrykus* NJW 1976, 883.

[42] Gesetz zur Änderung des Waffenrechts vom 31.5.1978, BGBl. I S. 641, in Kraft getreten am 1.7.1978; hierzu BT-Drs. 8/977 (Entwurf der Bundesregierung samt Begründung, Stellungnahme des Bundesrates und Gegenäußerung der Bundesregierung); BT-Drs. 8/1614 (Schriftlicher Bericht des Innenausschusses); vgl. auch BT-Drs. 8/996 (Antrag der CDU/CSU-Fraktion); hierzu Steindorf/Gerlemann/B. Heinrich Einl. Rn. 19; vgl. auch *Doumet* S. 64 f.

[43] BGBl. I S. 956; hierzu BT-Drs. 8/3661 (Entwurf eines Zweiten Gesetzes zur Änderung des Waffengesetzes der Bundesregierung samt Begründung, Stellungnahme des Bundesrates und Gegenäußerung der Bundesregierung); damit im Wesentlichen übereinstimmend BR-Drs. 537/79 (hier zusätzlich abgedruckt die Empfehlungen der Ausschüsse des Bundesrates sowie die Stellungnahme des Bundesrates); BT-Drs. 8/4119 (Beschlussempfehlung und Bericht des Innenausschusses); vgl. auch BT-Drs. 8/3259; hierzu *Apel* GewA 1981, 177; *Doumet* S. 66 f.

[44] Bereits 1984 und 1987 wurden Entwürfe eines „Dritten Gesetzes zur Änderung des Waffengesetzes" eingebracht, die jedoch nicht verabschiedet wurden; vgl. BT-Drs. 10/1748; BT-Drs. 11/1556; BR-Drs. 375/87; ferner BR-Drs. 891/92 (Antrag des Landes Berlin); BR-Drs. 580/97 (Antrag des Freistaates Bayern); BR-Drs. 589/97 (Gesetzesantrag der Freien und Hansestadt Hamburg); BR-Drs. 764/99 (Antrag des Freistaates Bayern); BT-Drs. 12/5948 (Antrag der Gruppe Bündnis 90/DIE GRÜNEN); hierzu auch Apel/Bushart/Bushart Einl. Rn. 24; Steindorf/Gerlemann/B. Heinrich Einl. Rn. 21.

[45] BGBl. I S. 3970, berichtigt S. 4592, erneut berichtigt in BGBl. 2003 I S. 1957; vgl. zur Entstehung: BT-Drs. 14/7758 (Gesetzentwurf der Bundesregierung = BR-Drs. 596/01); BT-Drs. 14/763 (Gesetzentwurf des Bundesrates samt Stellungnahme der Bundesregierung); BT-Drs. 14/8886 (Beschlussempfehlung und Bericht des Innenausschusses); BR-Drs. 355/02 (Gesetzesbeschluss des Bundestages); BT-Drs. 14/9341 (Anrufung des Vermittlungsausschusses); BT-Drs. 14/9432 (Beschlussempfehlung des Vermittlungsausschusses); BR-Drs. 524/02 (Annahme der Beschlussempfehlung des Vermittlungsausschusses durch den Bundestag); zum Gesetzgebungsverfahren ausführlich *König/Papsthart* Rn. 8 ff.; *Lehmann/v. Grotthus* Einl. Rn. 23 ff.; zur Verfassungsmäßigkeit dieses Gesetzes vgl. BVerfG 1.4.2003 – 1 BvR 539/03, GewA 2003, 241 = NVwZ 2003, 855 = NJW 2003, 3046 Ls.; 23.10.2013 – 2 BvR 1677/10, NVwZ 2013, 502; vom 23.1.2013 – 2 BvR 1645/10, BayVbl. 2013, 334 mAnm *Muckel* JA 2013, 554 (insbes. dazu, dass Art. 2 Abs. 2 S. 1 GG keine weitergehenden Maßnahmen, wie etwa ein gänzliches Verbot von Sportwaffen, erfordert); zu den Neuerungen des Gesetzes allgemein *Braun* NVwZ 2003, 311; *ders.* ZAP 2004 Fach 19 S. 619; *Brenneke* Kriminalistik 2005, 331; *Heghmanns* NJW 2003, 3373; *Soschinka/Heller* NJW 2002, 2690; *Vahle* Kriminalistik 2003, 129; *Weerth* Kriminalistik 2003, 39.

I. Waffengesetz   **11**   Vor § 1 WaffG

gestaltetes Waffengesetz enthält. Das Gesetz trat nach Art. 19 Nr. 1 WaffRNeuRegG in seinen wesentlichen Teilen am 1.4.2003 in Kraft.[46] Ziel des Gesetzes war einerseits, den missbräuchlichen Umgang mit Waffen noch weiter einzuschränken,[47] andererseits war man zu der zutreffenden Erkenntnis gelangt, dass das bisherige Waffenrecht „von der Systematik und vom Regelungsgehalt her kompliziert, lückenhaft und schwer verständlich war",[48] so dass eine transparentere und verständlichere Regelung geschaffen werden sollte. Ob dies tatsächlich gelungen ist, bleibt fraglich.[49] Gleichzeitig wurden die Vorschriften über die technische Sicherheit von Waffen und Munition aus dem WaffG herausgenommen und in ein eigenes **Beschussgesetz** überführt.[50] Dies führte dazu, dass aus dem ehemals rein gewerberechtlichen Bundeswaffengesetz nunmehr ein „ausschließlich auf die öffentliche Sicherheit ausgerichtetes"[51] Gesetz geschaffen wurde. Ferner ist noch darauf hinzuweisen, dass die nach dem Inkrafttreten des WaffRNeuRegG zunächst weiter anwendbaren Bestimmungen der 1. und 2. WaffV bis auf wenige Ausnahmen[52] durch die neue Allgemeine Waffengesetz-Verordnung (AWaffV) vom 27.10.2003 abgelöst wurden.[53] Die AWaffV trat nach § 36 AWaffV am 1.12.2003 in Kraft.

Die erste größere Novellierung[54] fand durch das **Gesetz zur Änderung des Waffenge-** **11**
setzes und weiterer Vorschriften vom 26.3.2008 statt.[55] Das Gesetz diente in erster Linie dazu, Anforderungen aus dem internationalen Bereich in innerstaatliches Recht umzusetzen (VN-Schusswaffenprotokoll,[56] Resolution der Generalversammlung der Vereinten Nationen zum Markieren und Nachverfolgen von Kleinwaffen und leichten Waffen[57]). Daneben finden sich jedoch auch umfassende weitere kleinere Änderungen, welche die bei der Auslegung und beim Vollzug des Gesetzes zutage getretenen punktuellen Lücken, Schwachstellen und Unklarheiten des Gesetzes beseitigen sollen. Zu nennen sind hier ua die Wiedereinführung des Verbots des Führens von Anscheinswaffen und die Einführung einer Vielzahl neuer Informationspflichten. Eine weitere Änderung erfolgte dann durch Art. 3 Abs. 4 und Abs. 5 des Vierten Gesetzes zur Änderung des Sprengstoffgesetzes vom 17.7.2009.[58] Hierdurch

---

[46] Einige Verordnungsermächtigungen traten nach Art. 19 WaffRNeuRegG bereits zum 17.10.2002 in Kraft.
[47] Insbes. wurden die Anforderungen an die Zuverlässigkeit bei Waffenbesitzern verschärft, der so genannte „kleine Waffenschein" für Gas- und Schreckschusswaffen eingeführt und der Umgang mit gefährlichen Messern verboten.
[48] So ausdrücklich BT-Drs. 14/7758, 1; ferner S. 48.
[49] Kritisch insbes. *Heghmanns* NJW 2003, 3373, der das neue WaffG als Musterbeispiel „moderner" Gesetzgebung beschreibt, die mit Gesetzgebungskunst nur noch wenig zu tun habe; weit weniger kritisch hingegen *Braun* ZAP 2004 Fach 19 S. 619 (623); *König/Papsthart* Rn. 5; vgl. ferner *Scholzen* in *Gade/Stoppa*, S. 131 (134 f.).
[50] Art. 2 WaffRNeuRegG, BGBl. 2002 I S. 3970 (4003 ff.). Das Beschussgesetz wurde zuletzt geändert durch Art. 113 Gesetz vom 29.3.2017, BGBl. I S. 626 (644); hierzu auch die Allgemeine VO zum BeschussG (BeschussV) vom 13.7.2006, BGBl. I S. 1474 (FNA 7144-2-1), zuletzt geändert durch Art. 114 Gesetz vom 29.3.2017, BGBl. I 2017, S. 626 (644); vgl. zur Begründung für diese Trennung BT-Drs. 14/7758, 48 f.; ferner *Braun* NVwZ 2003, 311; es handelte sich dabei um die bisherigen Vorschriften der §§ 16–26 WaffG aF sowie der Regelungen in der 3. WaffV.
[51] BT-Drs. 14/7758, 1 und 51 f.; vgl. allerdings auch S. 103 (Nr. 2) und S. 127 (zu Nummer 2).
[52] Zu den Ausnahmen vgl. § 35 AWaffV.
[53] Vgl. hierzu noch → Rn. 14 f.
[54] Vgl. aber auch das bereits zuvor erlassene Gesetz zur Änderung des WaffenG vom 9.11.2007, BGBl. I S. 2557; vgl. zur Entstehung BT-Drs. 7717 (Gesetzentwurf der Bundesregierung) = BR-Drs. 838/07; BT-Drs. 16/8224 (Beschlussempfehlung und Bericht des Innenausschusses).
[55] BGBl. I S. 426, nach Art. 7 im Wesentlichen in Kraft getreten am 1.4.2008 (die Regelungen, die erst am 1.1.2010 in Kraft treten sollten, wurden durch das Gesetz vom 1.7.2009, BGBl. I S. 2062 [2088] noch vor dem Inkrafttreten wieder aufgehoben); vgl. zur Entstehung BT-Drs. 16/7717 (Entwurf der Bundesregierung samt Begründung); BT-Drs. 16/6961 (Antrag der Fraktion Bündnis 90/DIE GRÜNEN); BT-Drs. 16/8224 (Beschlussempfehlung und Bericht des Innenausschusses); BR-Drs. 129/08 (Gesetzesbeschluss des Bundestages); zu den Kernpunkten der Änderung vgl. Lehmann/*v. Grotthun* Einl. Rn. 55 ff.
[56] VN-Schusswaffenprotokoll vom 31.5.2001, ua abgedruckt bei *König/Papsthart* S. 355; Steindorf Nr. 12e.
[57] Vgl. die Resolution der VN-Generalversammlung vom 8.12.2005 (A/RES/60/81).
[58] BGBl. I S. 2062 (2088); vgl. zur Entstehung BT-Drs. 16/12597, 32 f., 60 f. (Gesetzentwurf der Bundesregierung); BT-Drs. 16/12395 (Antrag der Fraktion DIE LINKE); BT-Drs. 16/12477 (Antrag der Fraktion Bündnis 90/DIE GRÜNEN); BT-Drs. 16/12663 (Antrag der FDP Fraktion); BT-Drs. 16/13423 (Beschlussempfehlung und Bericht des Innenausschusses).

wurden teilweise noch nicht in Kraft getretene Regelungen des ÄndG 2008 wieder zurück genommen (Art. 3 Abs. 4) und einige andere bestehende Regelungen modifiziert (Art. 3 Abs. 5). Eine weitere größere Änderung wurde durch das **Zweite Gesetz zur Änderung des Waffengesetzes und weiterer Vorschriften** vom 30. Juni 2017 erreicht.[59] Hierdurch wurden insbesondere die Regelungen über die Aufbewahrung von Schusswaffen und Munition modifiziert und eine erneute Strafverzichtsregelung („befristete Amnestie") getroffen. Außerdem fanden weitere Angleichungen an das europäische Recht, insbesondere die EU-Deaktivierungsdurchführungsverordnung[60] statt.

II. Das Waffengesetz im Regelungsgefüge der waffenrechtlichen Vorschriften[61]

12   **1. Überblick.** Das WaffG enthält nunmehr im Wesentlichen Vorschriften über die **öffentliche Sicherheit** (vgl. § 1 Abs. 1). Dabei werden vorrangig der private Erwerb und Besitz sowie der private Waffengebrauch, darüber hinaus aber auch die Herstellung, der Handel und die sonstige gewerbliche Nutzung einer Regelung zugeführt, während die Fragen der **technischen Sicherheit** von Waffen und Munition im Beschussgesetz (BeschG)[62] geregelt sind. Für bestimmte Nutzergruppen wie Sportschützen, Jäger, gefährdete Personen, Waffensammler und Waffensachverständige wurden jeweils eigene Vorschriften geschaffen (§§ 13–20). Darüber hinaus enthält das WaffG zwei Anlagen, in denen zentrale Regelungen untergebracht sind.[63] In der **Anlage 1 zum WaffG** (vgl. hierzu § 1 Abs. 4)[64] finden sich für die Auslegung des Gesetzes wesentliche Begriffsdefinitionen, die sowohl waffen- und munitionstechnische Begriffe (Abschn. 1) als auch sonstige waffenrechtliche Begriffe (Abschn. 2) umfassen. Darüber hinaus findet sich hier eine Einteilung von Schusswaffen bzw. Munition in verschiedene Kategorien (Abschn. 3). In der **Anlage 2 zum WaffG** „Waffenliste" (vgl. hierzu § 2 Abs. 3)[65] findet sich einerseits eine enumerative Aufzählung der grds. **verbotenen Waffen** (Abschn. 1), andererseits eine detaillierte Regelung darüber, welche Personen mit welchen Waffen ohne die ansonsten erforderliche Erlaubnis umgehen dürfen (Abschn. 2). Schließlich wurde hier auch eine Regelung darüber getroffen, welche Waffen grds. vom Geltungsbereich des WaffG ausgenommen sind (Abschn. 3). Das – vom Ansatz her berechtigte – Anliegen des Gesetzgebers, Detailregelungen in Anlagen zu „verbannen", ist aber nicht nur im Hinblick auf die zentralen Regelungen und Begriffsdefinitionen (vgl. ua die Definitionen in Anl. 1 Abschn. 2 – waffenrechtliche Begriffe) fraglich, sondern führt auch zu einer fortan weitgehend unleserlichen Zitierweise der entsprechenden Normen. Der Straftatbestand des § 52 Abs. 3 Nr. 1 ist hierfür ein eindrückliches Beispiel.[66]

13   **2. Durchführungsrecht.** Obwohl das Waffenrecht durch die gesetzliche Änderung im Jahre 2002 vereinheitlicht wurde und sich die einschlägigen Regelungen nunmehr im WaffG selbst sowie den beiden Anlagen (und ergänzend hierzu im BeschG) finden, ist darüber hinaus noch auf einige ergänzende Vorschriften zu verweisen, die strafrechtlich jedoch eher geringe Bedeutung aufweisen und daher auch nicht weiter vertieft werden sollen.

---

[59] BGBl. I S. 2133; vgl. zur Entstehung BT-Drs. 18/11239 (Gesetzentwurf der Bundesregierung); BT-Drs. 18/11938 (Stellungnahme des Bundesrates und Gegenäußerung der Bundesregierung); BT-Drs. 18/12397 (Beschlussempfehlung und Bericht des Innenausschusses); BR-Drs. 393/17 (Gesetzesbeschluss des Deutschen Bundestages).
[60] Durchführungsverordnung (EU) 2015/2403 der Kommission vom 15. Dezember 2015 zur Festlegung gemeinsamer Leitlinien über Deaktivierungsstandards und -techniken, die gewährleisten, dass Feuerwaffen bei der Deaktivierung endgültig unbrauchbar gemacht werden, ABl. 2015 L 333, S. 62.
[61] Hierzu auch Steindorf/Gerlemann/B. Heinrich Einl. Rn. 34–35b.
[62] Vgl. Art. 2 WaffRNeuRegG, BGBl. 2002 I S. 3970 (4003 ff.).
[63] Kritisch zu dieser Systematik Heghmanns NJW 2003, 3373 (3374).
[64] Die Anl. 1 zum WaffG wurde nicht gesondert abgedruckt, sondern im Rahmen der Kommentierung zu § 1 mit eingearbeitet.
[65] Die Anl. 2 zum WaffG wurde nicht gesondert abgedruckt, sondern im Rahmen der Kommentierung zu § 2 mit eingearbeitet.
[66] So auch zutreffend Heghmanns NJW 2003, 3373 (3374).

a) Durchführungsverordnungen. Das WaffG enthält eine Vielzahl von Verordnungs- 14
ermächtigungen, die vom Verordnungsgeber weitgehend durch Erlass der AWaffV vom
27.10.2003,[67] nach § 36 AWaffV in Kraft getreten am 1.12.2003, umgesetzt wurden. Zu
nennen sind hier die Ermächtigungen in § 6 Abs. 4 (zur Erstellung von Gutachten über die
persönliche Eignung), § 7 Abs. 2 (zur Sachkundeprüfung), § 15 Abs. 7 (zur Regelung des
Schießsports), § 22 Abs. 2 (zur Fachkundeprüfung), § 25 Abs. 1 (zur Führung der Waffenbücher und zur Kennzeichnungspflicht), § 27 Abs. 7 S. 2 (zur Benutzung von Schießstätten
und zum Verteidigungsschießen), § 34 Abs. 6 (Anzeigepflichten im Zusammenhang mit
dem Überlassen von Waffen und Munition), § 36 Abs. 5 (Anforderungen an die Aufbewahrung von Waffen und Munition) und § 47 (zur Erfüllung internationaler Vereinbarungen
oder zur Angleichung an Gemeinschaftsrecht). Weitere, außerhalb der AWaffV umzusetzende Verordnungsermächtigungen enthalten ferner § 48 Abs. 1 (Bestimmung der zuständigen Behörden nach Landesrecht),[68] § 50 Abs. 2 und 3 (Erhebung von Gebühren und Auslagen)[69] und § 55 Abs. 5 und 6 (Ausnahmeregelungen für Behörden und Dienststellen des
Bundes und der Länder). Auch das Beschussgesetz enthält Verordnungsermächtigungen in
§ 1 Abs. 5 und 6 (Ausnahmen von der Beschusspflicht für Behörden und Dienststellen des
Bundes und der Länder), § 14 (allgemeine Beschussvorschriften), § 15 (Beschussrat), § 16
Abs. 2 S. 1 und Abs. 3 (Erhebung von Gebühren und Auslagen). Der Verordnungsgeber ist
diesem Auftrag teilweise durch Erlass der Allgemeinen Verordnung zum Beschussgesetz
(Beschussverordnung – BeschussV) vom 13.7.2006 nachgekommen.[70]

Die bereits angesprochene **Allgemeine Waffengesetz-Verordnung** (AWaffV) enthält – 15
im Gegensatz zum bisherigen Recht (vgl. § 42a der 1. WaffV zum WaffG aF) – keine
Straftatbestände mehr, sondern in § 34 lediglich einige Ordnungswidrigkeiten. Die bis zum
Inkrafttreten der AWaffV nach Art. 19 Nr. 3 WaffRNeuRegG noch weiter geltenden Vorschriften der 1. WaffV vom 10.3.1987, der 2. WaffV vom 13.12.1976 und der Kostenverordnung zum WaffG idF vom 20.4.1990,[71] traten weitgehend nach § 36 AWaffV am 1.12.2003
außer Kraft. Mit Erlass der BeschussV vom 13.7.2006[72] traten (vgl. § 43 BeschussV) auch
§ 35 AWaffV und die hier erklärte vorübergehende Weitergeltung einiger Vorschriften der
1. WaffV zum WaffG aF sowie die ebenfalls noch teilweise weitergeltenden (vgl. Art. 11
WaffRNeuRegG, § 22 Abs. 6 BeschussG) 3. WaffV zum WaffG aF vom 20.12.1980 idF
vom 2.9.1991[73] außer Kraft. Die Kostenordnung zum Waffengesetz (WaffKostV) vom
20.4.1990,[74] ehemals als 4. WaffV erlassen, gilt nach der ausdrücklichen Regelung in Art. 19
Nr. 3 Buchst. c WaffNeuRegG bis zum Erlass einer neuen Regelung weiter. Die 5. WaffV
vom 11.8.1976[75] wurde durch das WaffRNeuRegG ebenfalls nicht außer Kraft gesetzt und
findet somit auch weiterhin Anwendung.[76]

b) Verwaltungsvorschriften. Hinsichtlich der für das Waffenrecht einschlägigen Ver- 16
waltungsvorschriften ist zu unterscheiden zwischen den allgemeinen Verwaltungsvorschriften, die das gesamte WaffG betreffen und den Sonderregelungen für einzelne Behörden.

---

[67] BGBl. I S. 2123 (FNA 7133-4-1); zuletzt geändert durch Art. 3 Gesetz vom 30.6.2017, BGBl. I S. 2133 (2139 f.); vgl. zur Entstehung BR-Drs. 415/03; hierzu sogleich noch ausführlich → Rn. 15.
[68] Inzwischen haben alle Bundesländer entsprechende Durchführungsverordnungen erlassen; diese sind abgedruckt bei *Hinze*, Teil B/C; *Steindorf* Nr. 13; vgl. auch den Überblick bei *Gade/Stoppa* § 48 Rn. 5.
[69] Vgl. nunmehr die Regelung im Bundesgebührengesetz vom 7.8.2013, BGBl. I S. 3154, zuletzt geändert durch Art. 3 Gesetz vom 8.6.2015, BGBl. I S. 904.
[70] BGBl. I S. 1474 (FNA 7144-2-1); zuletzt geändert durch Art. 114 Gesetz vom 29.3.2017, BGBl. I S. 626 (644).
[71] Vgl. zu diesen Verordnungen → Rn. 8 mit Fn. 37.
[72] Hierzu → Rn. 14 aE.
[73] Vgl. zu dieser Verordnung → Rn. 8 mit Fn. 37.
[74] Vgl. zu dieser Verordnung → Rn. 8 mit Fn. 37.
[75] Vgl. zu dieser Verordnung → Rn. 8 mit Fn. 37.
[76] Hierzu auch Steindorf/*Gerlemann*/*B. Heinrich* Einl. Rn. 34; eine Ermächtigung zum Erlass einer der 5. WaffV (zum WaffG aF) entsprechenden Regelung findet sich nunmehr in § 55 Abs. 5 WaffG; geplant ist diesbezüglich der Erlass einer Verordnung über die Freistellung von Behörden und Dienststellen des Bundes vom Waffengesetz und seinen Verordnungen (WaffVBund).

WaffG Vor § 1 17–19   2. Kapitel. Waffenrecht

17   Unmittelbar aus Art. 84 Abs. 2 GG ergibt sich die Kompetenz der Bundesregierung zum Erlass von allgemeinen Verwaltungsvorschriften zum WaffG.[77] Diese besitzen zwar als reine Verwaltungsvorschriften keine normative Wirkung nach außen, enthalten aber in großem Umfang für die Durchführung des WaffG bedeutsame und hilfreiche Erläuterungen, die ihrerseits Grundlage der Verwaltungspraxis sind und damit zugleich sowohl Handel und Gewerbe als auch die allgemeine Verkehrsauffassung maßgeblich beeinflussen.[78] Sie kommen daher faktisch einer „amtlichen Kommentierung" nahe.[79] Zwar war man bemüht, zeitnah nach dem Erlass des WaffG 2002 eine neue Verwaltungsvorschrift zu erlassen, dies gelang jedoch erst – nach der erforderlichen Zustimmung des Bundesrates am 4.11.2011 – durch die Verabschiedung der **Allgemeinen Verwaltungsvorschrift (WaffVwV)** am 5.3.2012, die am 22.3.2012 im Bundesanzeiger veröffentlicht wurde und am 23.3.2012 in Kraft trat.[80] Bis zu diesem Zeitpunkt konnte allerdings die zum WaffG 1972 erlassene **Allgemeine Verwaltungsvorschrift zum Waffengesetz (WaffVwV)** vom 26.7.1976,[81] idF vom 29.11.1979[82] noch ergänzend herangezogen werden.

18   Darüber hinaus enthält § 59 eine Ermächtigungsvorschrift für das Bundesministerium des Innern sowie die anderen obersten Bundesbehörden und die Deutsche Bundesbank zum Erlass von allgemeinen Verwaltungsvorschriften. Hierdurch sollen der Erwerb und das Führen von Schusswaffen durch Behörden und Bedienstete in ihrem jeweiligen Geschäftsbereich sowie das Führen von Schusswaffen durch erheblich gefährdete Hoheitsträger (iS des § 55 Abs. 2) geregelt werden. Dies ist schon deswegen erforderlich, weil das WaffG nach § 55 Abs. 1 auf diese Behörden nur eingeschränkt anwendbar ist.[83] Auf dieser Grundlage wurde ua die Allgemeine Verwaltungsvorschrift des Bundesministeriums der Verteidigung zum Waffengesetz (WaffVwV-BMVg) vom 17.12.2004 erlassen.[84] Solange in den anderen Bereichen solche Verwaltungsvorschriften zum WaffG 2002 noch nicht erlassen sind, besitzen die zum WaffG 1972 erlassenen Vorschriften weiterhin Gültigkeit.[85]

19   **c) Landesrechtliche Durchführungsverordnungen.** Auf der Grundlage der allgemeinen Ermächtigung in § 48 Abs. 1 WaffG sowie der Regelungen in § 55 Abs. 6 WaffG, § 1 Abs. 6 BeschG (Ausnahmeregelungen für Behörden und Dienststellen der Länder) haben auch die Länder die Möglichkeit, im Rahmen ihres Kompetenzbereiches einzelne Durch-

---

[77] Vgl. hierzu BT-Drs. 14/7758, 87; eine ausdrückliche Ermächtigung, wie sie noch in § 51 Abs. 1 WaffG aF vorgesehen war, hielt der Gesetzgeber daher für entbehrlich; hierzu Steindorf/Papsthart/Heinrich/*Papsthart* § 59 sowie → § 59 Rn. 1.
[78] Zur Bedeutung solcher Auslegungsrichtlinien insbes. im Waffenrecht BGH 17.11.1988 – 1 StR 588/88, BGHR WaffG § 37 Springmesser 1.
[79] So zu Recht Steindorf/*Gerlemann/B. Heinrich* Einl. Rn. 35.
[80] Beilage 47a zum BAnz. Nr. 47 vom 22.3.2012; vgl. auch BR-Drs. 331/11 und 331/11 (Beschluss); der ursprüngliche Entwurf der Bundesregierung, BR-Drs. 81/06, wurde lange Jahre nicht weiter verfolgt, da der Bundesrat eine Vielzahl von Änderungsvorschlägen einbrachte, vgl. BR-Drs. 81/06 – Beschluss vom 13.10.2006; hierzu Steindorf/*Gerlemann/B. Heinrich* Einl. Rn. 35a; ferner *Braun* ZAP 2012 Fach 19 S. 769; *Heller/Soschinka* NVwZ 2012, 209.
[81] Beilage zum BAnz. Nr. 143 vom 3.8.1976.
[82] Beilage zum BAnz. Nr. 229a vom 7.12.1979, berichtigt in Nr. 231, zuletzt geändert durch die Allgemeine Verwaltungsvorschrift zur Änderung der WaffVwV vom 20.10.1994, Beilage zum BAnz. Nr. 206a vom 29.10.1994, in Kraft getreten am 1.1.1995. Hierzu auch die Begründung in BR-Drs. 567/94. Die WaffVwV ist ua abgedruckt bei *Steindorf*, 7. Aufl., Nr. 7a; vgl. zum Erlass einer Allgemeinen Verwaltungsvorschrift zum Waffengesetz 2002 auch BR-Drs. 81/06.
[83] Vgl. zur Einschränkung des Anwendungsbereiches des WaffG → WaffG § 1 Rn. 211.
[84] VMBl. 2005 S. 36.
[85] Hier ist insbes. die Allgemeine Verwaltungsvorschrift des Bundesministers des Innern zum Waffengesetz (WaffVwV – BMI) vom 6.12.1976, GMBl. 1977, S. 14, zu nennen. Diese ebenfalls im Außenverhältnis nicht bindende Verwaltungsvorschrift basiert auf der Ermächtigungsgrundlage der §§ 6 Abs. 2 S. 3, 51 Abs. 2 WaffG aF. Sie enthält Richtlinien über die Erteilung von Ausnahmegenehmigungen hinsichtlich des Erwerbs und des Führens von Schusswaffen durch Behördenmitarbeiter und Bedienstete des Bundesinnenministeriums sowie erheblich gefährdeter Personen nach § 6 Abs. 2 WaffG aF. Eine entsprechende Verwaltungsvorschrift wurde – auf der Grundlage des WaffG 1972 – am 18.4.1989 erlassen für das Bundesministerium der Verteidigung (nicht veröffentlicht) sowie am 30.12.1980 für das Bundesministerium der Justiz (Beilage 3/81 zum BAnz. Nr. 34 vom 19.2.1981).

führungsverordnungen zu erlassen, die jedoch der Sache nach vorwiegend Zuständigkeitsregelungen betreffen und strafrechtlich daher keine eigenständige Bedeutung erlangen.[86]

3. Internationale Verflechtungen.[87] Auch auf dem Gebiet des Waffenrechts existiert eine Vielzahl internationaler Abkommen, an denen die Bundesrepublik beteiligt ist. So wurde auf **europäischer Ebene** am 28.6.1978 durch den **Europarat** das „Europäische Übereinkommen über die Kontrolle des Erwerbs und Besitzes von Schusswaffen durch Einzelpersonen" abgeschlossen.[88] Hierdurch verpflichten sich die Vertragsstaaten, aus Gründen einer wirksamen Verbrechensbekämpfung ein Kontrollsystem für grenzüberschreitende Waffengeschäfte und endgültig verbrachte Schusswaffen von einem Vertragsstaat in einen anderen einzuführen. Ferner wird, insbes. im Zuge der Abschaffung der Kontrollen und Formalitäten an den Binnengrenzen der Europäischen Gemeinschaft, zunehmend eine Angleichung des Waffenrechts innerhalb der **Europäischen Union** angestrebt. Hierzu erließ der Rat der Europäischen Gemeinschaft am 18.6.1991 die „Richtlinie [...] über die Kontrolle des Erwerbs und des Besitzes von Waffen" (EU-Waffenrichtlinie).[89] Auf dieser Grundlage wurde ab dem 1.1.1993 auf Kontrollen des Waffenbesitzes an den innergemeinschaftlichen Grenzen verzichtet. Erforderlich ist nunmehr jedoch die Erteilung eines „Europäischen Feuerwaffenpasses" (vgl. § 32 Abs. 6).[90] Die heutigen Vorschriften der §§ 29–33 über das Verbringen und die Mitnahme von Schusswaffen und Munition iVm Anl. 1 Abschn. 3 (Einteilung der Schusswaffen oder Munition in die Kategorien A bis D nach der Waffenrichtlinie)[91] setzen die Regelungen der Richtlinie in nationales Recht um. Die Vorschriften der §§ 29–33 sollten dann an sich durch Art. 7 S. 3 des Gesetz zur Änderung des Waffengesetzes und weiterer Vorschriften vom 26.3.2008 mit Wirkung zum 1.1.2010 geändert werden.[92] Noch vor deren Inkrafttreten wurden diese Änderungen jedoch durch Art. 3 Abs. 4 des Vierten Gesetzes zur Änderung des Sprengstoffgesetzes vom 17.7.2009 wieder aufgehoben,[93] da nach Ansicht des Bundesgesetzgebers die bisherigen Vorschriften den internationalen Vorgaben bereits entsprechen würden.[94] Für Munition ist Art. 10 der Richtlinie 93/15/EWG vom 5.4.1993 (Sprengstoffrichtlinie),[95] neu gefasst durch die Richtlinie 2014/28/EU vom 26.2.2014,[96] zu beachten. Auf der Grundlage der EU-Waffenrichtli-

---

[86] Die landesrechtlichen Durchführungsverordnungen sind ua abgedruckt bei *Hinze*, Teil B/C; Steindorf Nr. 13.
[87] Vgl. hierzu Steindorf/*Gerlemann/B. Heinrich* Einl. Rn. 30.
[88] Vgl. das Ratifizierungsgesetz vom 16.8.1980, BGBl. II S. 953, für die Bundesrepublik in Kraft getreten am 1.6.1986; vgl. die Bekanntmachung vom 10.3.1986, BGBl. II S. 616; abgedruckt ua bei *König/Papsthart* S. 349; *Steindorf* Nr. 12a; hierzu Apel GewA 1981, 177 (178 f.); *König/Papsthart* Rn. 33; *Riegel* DVBl 1980, 397 (402).
[89] Richtlinie 91/477/EWG, ABl. 1991 L 256, S. 51, berichtigt ABl. 1991 L 299, S. 50 und ABl. 1993 L 54, S. 22, abgedruckt ua bei *König/Papsthart* S. 322; *Steindorf* Nr. 12b; hierzu *König/Papsthart* Rn. 35 ff.; die Vorschriften sind im Wesentlichen deckungsgleich mit Art. 77–91 des Schengener Durchführungsübereinkommens vom 19.6.1990, BGBl. 1993 II S. 1013, zuletzt geändert durch Art. 1 VO Nr. 265/2010 vom 25.3.2010, ABl. 2010 L 85/1; abgedruckt bei *Steindorf* Nr. 12d. Die EU-Waffenrichtlinie wurde geändert durch die Richtlinie 2008/51/EG des Europäischen Parlaments und des Rates vom 21.5.2008, ABl. 2008 L 179, 5. Hierdurch sollte die Richtlinie den Anforderungen des VN-Schusswaffenprotokolls (→ Rn. 21) angeglichen werden.
[90] Die Regelungen über den Europäischen Feuerwaffenpass fanden sich zuvor in §§ 9 ff. der 1. WaffV (zum WaffG aF); ergänzend Nr. 6.7 bis 6.13.4 der WaffVwV (zum WaffG aF); zum Europäischen Feuerwaffenpass vgl. auch die Empfehlungen der Kommission vom 25.2.1993 (93/215/EWG – ABl. 1993 L 93) und vom 12.1.1996 (96/129/EG – ABl. 1996 L 030); hierzu *König/Papsthart* Rn. 35.
[91] Die Vorschriften sind abgedruckt in → § 1 Rn. 148.
[92] BGBl. I S. 426 (440).
[93] BGBl. I S. 2062 (2088).
[94] BT-Drs. 16/12597, 49 f.
[95] Richtlinie 93/15/EWG des Rates vom 5.4.1993 zur Harmonisierung der Bestimmungen über das Inverkehrbringen und die Kontrolle von Explosivstoffen für zivile Zwecke, ABl. 1993 L 121, 20; berichtigt ABl. 1995 L 79, 34; abgedruckt bei *König/Papsthart* S. 331; Steindorf Nr. 12c.
[96] Richtlinie 2014/28/EU des Europäischen Parlaments und des Rates vom 26.2.2014 zur Harmonisierung der Rechtsvorschriften der Mitgliedstaaten über die Bereitstellung auf dem Markt und die Kontrolle von Explosivstoffen für zivile Zwecke, ABl. EU L 96, 1. Nach Art. 53 dieser Richtlinie tritt die Richtlinie 93/15/EWG mit Wirkung zum 20.4.2016 außer Kraft.

nie wurde am 28.6.2002 auch das Abkommen zwischen Deutschland und Österreich über die gegenseitige Anerkennung von Dokumenten für die Mitnahme von Schusswaffen und Munition durch Angehörige traditioneller Schützenvereinigungen und Sportschützen geschlossen.[97] Zu erwähnen sind ferner die am 30.9.2013 in Kraft getretene EU-Verordnung Nr. 258/2012 vom 14.3.2012 (Feuerwaffenverordnung)[98] und die EU-Deaktivierungsdurchführungsverordnung vom 15.12.2015.[99]

21 Wesentliche Regelungen finden sich auch im Übereinkommen der Vereinten Nationen über das „Verbot oder die Beschränkung des Einsatzes bestimmter konventioneller Waffen, die übermäßige Verletzungen verursachen oder unterschiedslos wirken können" (VN-Waffenübereinkommen) vom 10.10.1980[100] und den hierzu verabschiedeten Protokollen.[101] Besonders hervorzuheben ist in diesem Zusammenhang das im Jahre 2005 in Kraft getretene VN-Schusswaffenprotokoll von 2001.[102] Zudem wurde von der Generalversammlung der Vereinten Nationen am 2.4.2013 ein „Vertrag über den Waffenhandel" geschlossen,[103] der von der Bundesrepublik Deutschland am 3.6.2013 gezeichnet und durch Gesetz vom 19.10.2013 in nationales Recht umgesetzt wurde.[104] Der Vertrag trat daraufhin für Deutschland am 24.12.2014 in Kraft.[105] Ziel des Vertrages ist es, den internationalen Handel mit konventionellen Rüstungsgütern zu regulieren. Hierzu sollen rechtlich bindende und weltweit einheitlich geltende Mindeststandards, insbes. für den Export, geschaffen werden.[106]

22 Eine gegenseitige Anerkennung der Beschusszeichen ist im Übereinkommen über die gegenseitige Anerkennung der Beschusszeichen für Handfeuerwaffen vom 1.7.1969[107] ver-

[97] Das Abkommen wurde mit VO vom 5.1.2004 in nationales Recht umgesetzt, BGBl. II S. 63, und trat am 1.7.2004 in Kraft, BGBl. II S. 788.
[98] Verordnung (EU) Nr. 258/2012 des Europäischen Parlaments und des Rates vom 14.3.2012 zur Umsetzung des Artikels 10 des Protokolls der Vereinten Nationen gegen die unerlaubte Herstellung von Schusswaffen, dazugehörigen Teilen und Komponenten und Munition und gegen den unerlaubten Handel damit, in Ergänzung des Übereinkommens der Vereinten Nationen gegen die grenzüberschreitende organisierte Kriminalität (VN-Feuerwaffenprotokoll) und zur Einführung von Ausfuhrgenehmigungen für Feuerwaffen, deren Teile, Komponenten sowie Maßnahmen betreffend deren Einfuhr und Durchfuhr (ABl. 2012 L 94, 1); vgl. hierzu auch → § 53 Rn. 119.
[99] Durchführungsverordnung (EU) 2015/2403 der Kommission vom 15. Dezember 2015 zur Festlegung gemeinsamer Leitlinien über Deaktivierungsstandards und -techniken, die gewährleisten, dass Feuerwaffen bei der Deaktivierung endgültig unbrauchbar gemacht werden, ABl. 2015 L 333, S. 62.
[100] Vgl. das Ratifizierungsgesetz vom 17.9.1992, BGBl. II S. 958, berichtigt BGBl. 1993 II S. 935, für die Bundesrepublik in Kraft getreten am 25.5.1993; vgl. die Bekanntmachung vom 27.7.1993, BGBl. II S. 1813; hierzu auch das Gesetz zur Änderung des VN-Waffenübereinkommens vom 17.11.2004, BGBl. II S. 1507.
[101] Vgl. das Protokoll über nichtentdeckbare Splitter (Protokoll I), ratifiziert durch Gesetz vom 17.9.1992, BGBl. II S. 958, für die Bundesrepublik in Kraft getreten am 25.5.1993; vgl. die Bekanntmachung vom 27.7.1993, BGBl. II S. 1813; ferner das Protokoll über das Verbot oder die Beschränkung des Einsatzes von Minen, Sprengfallen und anderen Vorrichtungen in der am 3.5.1996 geänderten Fassung (Protokoll II), ratifiziert durch Gesetz vom 18.4.1997, BGBl. II S. 806, für die Bundesrepublik in Kraft getreten am 3.12.1998; vgl. die Bekanntmachung vom 9.11.1998, BGBl. 1999 II S. 2; ferner das Protokoll über das Verbot oder die Beschränkung des Einsatzes von Brandwaffen (Protokoll III), ratifiziert durch Gesetz vom 17.9.1992, BGBl. II S. 958, für die Bundesrepublik in Kraft getreten am 25.5.1993; vgl. die Bekanntmachung vom 27.7.1993, BGBl. II S. 1813, ferner das Protokoll vom 13.10.1995 über blindmachende Laserwaffen (Protokoll IV), ratifiziert durch Gesetz vom 3.5.1996, BGBl. 1997 II S. 806, für die Bundesrepublik in Kraft getreten am 30.7.1998; vgl. die Bekanntmachung vom 15.6.1998, BGBl. II S. 1632; ferner das Protokoll vom 28.11.2003 über explosive Kampfmittelrückstände (Protokoll V), ratifiziert durch Gesetz vom 6.2.2005, BGBl. II S. 122; vgl. zur Begründung ferner die Denkschrift zu den Protokollen, abgedruckt in BR-Drs. 969/96.
[102] Protokoll gegen die unerlaubte Herstellung von Schusswaffen, dazugehörigen Teilen und Komponenten und Munition und gegen den unerlaubten Handel damit, in Ergänzung des Übereinkommens der Vereinten Nationen gegen die grenzüberschreitende organisierte Kriminalität vom 31.5.2001 (VN-Schusswaffenprotokoll, Resolution 55/255, A/55/49 Bd. III), ua abgedruckt bei *König/Papsthart* S. 355; Steindorf Nr. 12e; das Protokoll ist im April 2005 in Kraft getreten.
[103] Der Vertrag ist abgedruckt in BGBl. 2013 II S. 1426 (1427 ff.).
[104] BGBl. II S. 1426.
[105] BGBl. II S. 1293; vgl. hierzu auch BT-Drs. 17/13834.
[106] BT-Druck. 17/13834, 1.
[107] BGBl. 1971 II S. 989 (990), zuletzt geändert durch Bekanntmachung vom 25.1.1995, BGBl. II S. 199, für die Bundesrepublik Deutschland in Kraft getreten am 1.10.1971, BGBl. II S. 1276; das Übereinkommen ist abgedruckt bei Steindorf Nr. 12g.

einbart. Hieran sind bzw. waren folgende Staaten beteiligt: Belgien, Chile, Finnland, Frankreich, Italien, das frühere Jugoslawien, Österreich, Russland, Spanien, die frühere Tschechoslowakei, Ungarn, Großbritannien (sowie, heute nicht mehr aktuell, die frühere DDR).

Hinzuweisen ist an dieser Stelle auch auf eine große Zahl internationaler Abkommen, die 23 Regelungen hinsichtlich **atomarer, biologischer** und **chemischer Waffen** (sog. „ABC-Waffen") sowie **Antipersonenminen** zum Gegenstand haben. Auf sie wurde im Rahmen der Kommentierung des KrWaffG näher eingegangen.[108]

4. Abgrenzung des Waffenrechts vom Kriegswaffenrecht. Vom Anwendungsbereich 24 des WaffG weitgehend ausgenommen sind nach § 57 Abs. 1 S. 1 die Kriegswaffen iS des **Kriegswaffenkontrollgesetzes** (KrWaffG).[109] Hierunter fallen sämtliche in der Anlage zu § 1 Abs. 1 KrWaffG (der sog. „Kriegswaffenliste")[110] aufgeführten Gegenstände, Stoffe und Organismen. Problematisch ist die Beurteilung lediglich bei tragbaren Schusswaffen, für die auf der Grundlage des § 59 Abs. 4 S. 2 WaffG aF eine Waffenbesitzkarte erteilt worden ist (vgl. hierzu nunmehr § 57 Abs. 1 S. 2) oder bei tragbaren Schusswaffen bzw. Munition, die infolge einer künftigen Änderung der Kriegswaffenliste die Kriegswaffeneigenschaft verlieren (vgl. § 57 Abs. 2 und 3). Auf die Kommentierung zu § 57 sei an dieser Stelle verwiesen.

5. Abgrenzung des Waffenrechts vom Sprengstoffrecht. Insbes. im Bereich der 25 Munition („Schießpulver") kann es zu Überschneidungen des Waffenrechts mit dem Sprengstoffrecht kommen. Hier ist – vorbehaltlich der sogleich noch zu erörternden Ausnahmen – grds. davon auszugehen, dass für Sprengstoffe allein das Sprengstoffgesetz (SprengG)[111] anwendbar ist.[112] Dieses enthält eine im Wesentlichen abschließende Regelung für sämtliche „explosionsgefährlichen Stoffe", worunter man nach der Legaldefinition des § 1 Abs. 1 SprengG feste oder flüssige Stoffe und Zubereitungen versteht, die durch eine nicht außergewöhnliche thermische, mechanische oder andere Beanspruchung zur Explosion gebracht werden können.[113]

Hinzuweisen ist allerdings auf die **Kollisionsregelung** des § 1 Abs. 4 Nr. 4 SprengG,[114] 26 wonach „an sich" für Schusswaffen und Munition iS des WaffG und des BeschG sowie für Kriegswaffen iS des KrWaffG das SprengG gerade nicht gilt, also ausschließlich die Vorschriften des WaffG, des KrWaffG und des BeschG anwendbar sind. Allerdings enthält das SprengG in § 1 Abs. 4 Nr. 4 Hs. 2 hiervon wiederum mehrere Ausnahmen. Hiernach ist das SprengG anwendbar (1) für den Erwerb und Besitz von auf Grund einer Erlaubnis nach dem SprengG selbst wiedergeladener Munition, (2) für das Bearbeiten und Vernichten von Munition einschließlich sprengkräftiger Kriegswaffen iS des WaffG und des KrWaffG, (3) für das Wiedergewinnen explosionsgefährlicher Stoffe aus solcher Munition, (4) für das Aufbewahren von pyrotechnischer Munition und von zur Delaborierung oder Vernichtung ausgesonderten sprengkräftigen Kriegswaffen, (5) bei Fundmunition auch für das Aufsuchen, Freilegen, Bergen und Aufbewahren und (6) bei nicht dem WaffG

---

[108] Vgl. ausführlich → KrWaffG Vor § 1 Rn. 17 ff.
[109] Ausführungsgesetz zu Artikel 26 Abs. 2 des Grundgesetzes (Gesetz über die Kontrolle von Kriegswaffen) vom 20.4.1961, BGBl. I S. 444, idF der Bekanntmachung vom 22.11.1990, BGBl. I S. 2506 (FNA 190-1); zur Kommentierung dieses Gesetzes vgl. unten 2. Kapitel II.
[110] IdF der Bekanntmachung vom 22.11.1990, BGBl. I S. 2506, 2515, zuletzt geändert durch die Neunte Verordnung zur Änderung der Kriegswaffenliste vom 26.2.1998, BGBl. I S. 385 sowie Art. 3 Nr. 7 WaffRNeuRegG vom 11.10.2002, BGBl. I S. 3970 (4011); die Kriegswaffenliste ist abgedruckt im Rahmen der Kommentierung des KrWaffG (vgl. unten 2. Kapitel II) im dortigen Anhang.
[111] Gesetz über explosionsgefährliche Stoffe vom 25.8.1969, BGBl. I S. 1358, in Kraft getreten am 1.1.1970, idF der Bekanntmachung vom 10.9.2002, BGBl. I S. 3518 (FNA 7134-2), zuletzt geändert durch Art. 626 Abs. 4 VO vom 31.8.2015, BGBl. I S. 1474; zur Kommentierung dieses Gesetzes vgl. unten 2. Kapitel III.
[112] Steindorf/*Gerlemann*/*B. Heinrich* Einl. Rn. 32.
[113] Hierzu näher → SprengG § 40 Rn. 3 ff.
[114] Abgedruckt in → SprengG § 40 Rn. 53.

oder KrWaffG unterliegender Munition auch für das grenzüberschreitende Verbringen dieser Munition.

III. Strafrechtliche Vorschriften

27 Das Waffengesetz gliedert sich in insgesamt 6 Abschnitte, von denen der 4. Abschn. die **Straf- und Bußgeldvorschriften** enthält. Dabei handelt es sich bei den in §§ 51, 52 genannten Strafvorschriften und bei den in § 53 aufgeführten Ordnungswidrigkeiten im Wesentlichen um sog. **Verweisungsvorschriften,** dh solche, die den Verstoß gegen andere Normen des WaffG unter Strafe stellen oder mit einem Bußgeld belegen. Daher ist die Kenntnis dieser – zumeist verwaltungsrechtlich geprägten – Vorschriften für eine sachgemäße strafrechtliche Beurteilung unerlässlich. Um eine leichtere Orientierung zu ermöglichen, wurden daher die gesetzlichen Regelungen des WaffG im Folgenden vollständig abgedruckt, wobei es sinnvoll erschien, jeweils einen kurzen Hinweis darauf anzubringen, in welcher Weise ein Verstoß gegen die jeweilige Vorschrift strafrechtlich sanktioniert wird. Bei einigen wesentlichen Vorschriften, die insbes. den Anwendungsbereich des WaffG oder die in Frage kommenden Tathandlungen (§§ 1, 2) betreffen, bot es sich an, eine Kommentierung bereits im Rahmen der jeweiligen Vorschrift vorzunehmen.

(Amtliche) Inhaltsübersicht

	§§		§§
Abschnitt 1. Allgemeine Bestimmungen		Erwerb und Besitz von Schusswaffen und Munition durch Sportschützen	14
Gegenstand und Zweck des Gesetzes, Begriffsbestimmungen	1	Schießsportverbände, schießsportliche Vereine	15
Grundsätze des Umgangs mit Waffen oder Munition, Waffenliste	2	Sportordnungen	15a
Umgang mit Waffen oder Munition durch Kinder und Jugendliche	3	Fachbeirat Schießsport	15b
Abschnitt 2. Umgang mit Waffen oder Munition		Erwerb und Besitz von Schusswaffen und Munition durch Brauchtumsschützen, Führen von Waffen und Schießen zur Brauchtumspflege	16
Unterabschnitt 1. Allgemeine Voraussetzungen für Waffen- und Munitionserlaubnisse		Erwerb und Besitz von Schusswaffen oder Munition durch Waffen- oder Munitionssammler	17
Voraussetzungen für eine Erlaubnis	4	Erwerb und Besitz von Schusswaffen oder Munition durch Waffen- oder Munitionssachverständige	18
Zuverlässigkeit	5		
Persönliche Eignung	6	Erwerb und Besitz von Schusswaffen und Munition, Führen von Schusswaffen durch gefährdete Personen	19
Sachkunde	7		
Bedürfnis, allgemeine Grundsätze	8		
Inhaltliche Beschränkungen, Nebenbestimmungen und Anordnungen	9	Erwerb und Besitz von Schusswaffen durch Erwerber infolge eines Erbfalls	20
Unterabschnitt 2. Erlaubnisse für einzelne Arten des Umgangs mit Waffen oder Munition, Ausnahmen		**Unterabschnitt 4. Besondere Erlaubnistatbestände für Waffenherstellung, Waffenhandel, Schießstätten, Bewachungsunternehmer**	
Erteilung von Erlaubnissen zum Erwerb, Besitz, Führen und Schießen	10	Gewerbsmäßige Waffenherstellung, Waffenhandel	21
Erwerb und Besitz von Schusswaffen oder Munition mit Bezug zu einem anderen Mitgliedstaat	11	Stellvertretererlaubnis	21a
		Fachkunde	22
Ausnahmen von den Erlaubnispflichten	12	Waffenbücher	23
Unterabschnitt 3. Besondere Erlaubnistatbestände für bestimmte Personengruppen		Kennzeichnungspflicht, Markenanzeigepflicht	24
Erwerb und Besitz von Schusswaffen und Munition durch Jäger, Führen und Schießen zu Jagdzwecken	13	Ermächtigungen und Anordnungen	25
		Nichtgewerbsmäßige Waffenherstellung	26

	§§
Schießstätten, Schießen durch Minderjährige auf Schießstätten	27
Erwerb, Besitz und Führen von Schusswaffen und Munition durch Bewachungsunternehmer und ihr Bewachungspersonal	28
Erwerb, Besitz und Führen von Schusswaffen und Munition durch Bewachungsunternehmen und ihr Bewachungspersonal für Bewachungsaufgaben nach § 31 Absatz 1 der Gewerbeordnung	28a

Unterabschnitt 5. Verbringen und Mitnahme von Waffen oder Munition in den, durch den oder aus dem Geltungsbereich des Gesetzes

Verbringen von Waffen oder Munition in den Geltungsbereich des Gesetzes	29
Verbringen von Waffen oder Munition durch den Geltungsbereich des Gesetzes	30
Verbringen von Waffen oder Munition aus dem Geltungsbereich des Gesetzes in andere Mitgliedstaaten	31
Mitnahme von Waffen oder Munition in den, durch den oder aus dem Geltungsbereich des Gesetzes, Europäischer Feuerwaffenpass	32
Anmelde- und Nachweispflichten, Befugnisse der Überwachungsbehörden beim Verbringen oder der Mitnahme von Waffen oder Munition in den, durch den oder aus dem Geltungsbereich dieses Gesetzes	33

Unterabschnitt 6. Obhutspflichten, Anzeige-, Hinweis- und Nachweispflichten

Überlassen von Waffen oder Munition, Prüfung der Erwerbsberechtigung, Anzeigepflicht	34
Werbung, Hinweispflichten, Handelsverbote	35
Aufbewahrung von Waffen oder Munition	36
Anzeigepflichten	37
Ausweispflichten	38
Auskunfts- und Vorzeigepflicht, Nachschau	39

Unterabschnitt 6a. Unbrauchbarmachung von Schusswaffen und Umgang mit unbrauchbar gemachten Schusswaffen

Verordnungsermächtigung	39a

Unterabschnitt 7. Verbote

Verbotene Waffen	40
Waffenverbote für den Einzelfall	41

	§§
Verbot des Führens von Waffen bei öffentlichen Veranstaltungen	42
Verbot des Führens von Anscheinswaffen und bestimmten tragbaren Gegenständen	42a

Abschnitt 3. Sonstige waffenrechtliche Vorschriften

Erhebung und Übermittlung personenbezogener Daten	43
Nationales Waffenregister	43a
Übermittlung an und von Meldebehörden	44
Behördliche Aufbewahrungspflichten	44a
Rücknahme und Widerruf	45
Weitere Maßnahmen	46
Verordnungen zur Erfüllung internationaler Vereinbarungen oder zur Angleichung an Gemeinschaftsrecht	47
Sachliche Zuständigkeit	48
Örtliche Zuständigkeit	49
Kosten	50

Abschnitt 4. Straf- und Bußgeldvorschriften

Strafvorschriften	51
Strafvorschriften	52
(weggefallen)	52a
Bußgeldvorschriften	53
Einziehung	54

Abschnitt 5. Ausnahmen von der Anwendung des Gesetzes

Ausnahmen für oberste Bundes- und Landesbehörden, Bundeswehr, Polizei und Zollverwaltung, erheblich gefährdete Hoheitsträger sowie Bedienstete anderer Staaten	55
Sondervorschriften für Staatsgäste und andere Besucher	56
Kriegswaffen	57

Abschnitt 6. Übergangsvorschriften, Verwaltungsvorschriften

Altbesitz	58
Verwaltungsvorschriften	59

Anlage 1 (zu § 1 Abs. 4) Begriffsbestimmungen *(Text wurde eingearbeitet in die Kommentierung zu § 1)*

Anlage 2 (zu § 2 Abs. 2 bis 4) Waffenliste *(Text wurde eingearbeitet in die Kommentierung zu § 2)*

Abschnitt 1. Allgemeine Bestimmungen

Vorbemerkung zu §§ 1–3

Im ersten Abschnitt des WaffG werden in den §§ 1–3 zuerst die zentralen Elemente des Waffenrechts „vor die Klammer" gezogen. Hier findet sich sowohl eine Umschreibung des Zwecks des Gesetzes (§ 1 Abs. 1) als auch eine Bestimmung seines Regelungsgegenstandes

1

(§ 1 Abs. 2 und 4 iVm Anl. 1 des Gesetzes: Waffen und Munition). Ferner werden die in der Regel genehmigungspflichtigen Handlungen (die zugleich Tathandlungen iS der §§ 51–53 darstellen) abschließend genannt und umschrieben (§ 1 Abs. 3 iVm Anl. 1 Abschn. 2 des Gesetzes). Schließlich wird geregelt, in welchen Fällen der Umgang mit Waffen und Munition erlaubnispflichtig ist (§ 2 und § 3 iVm Anl. 2 Abschn. 2 und 3 des Gesetzes – Waffenliste) und bei welchen Gegenständen der Umgang grds. untersagt ist (§ 2 Abs. 3 iVm Anl. 2 Abschn. 1 des Gesetzes – Verbotene Waffen).

§ 1 Gegenstand und Zweck des Gesetzes, Begriffsbestimmungen

(1) Dieses Gesetz regelt den Umgang mit Waffen oder Munition unter Berücksichtigung der Belange der öffentlichen Sicherheit und Ordnung.

(2) Waffen sind
1. Schusswaffen oder ihnen gleichgestellte Gegenstände und
2. tragbare Gegenstände,
   a) die ihrem Wesen nach dazu bestimmt sind, die Angriffs- oder Abwehrfähigkeit von Menschen zu beseitigen oder herabzusetzen, insbesondere Hieb- und Stoßwaffen;
   b) die, ohne dazu bestimmt zu sein, insbesondere wegen ihrer Beschaffenheit, Handhabung oder Wirkungsweise geeignet sind, die Angriffs- oder Abwehrfähigkeit von Menschen zu beseitigen oder herabzusetzen, und die in diesem Gesetz genannt sind.

(3) Umgang mit einer Waffe oder Munition hat, wer diese erwirbt, besitzt, überlässt, führt, verbringt, mitnimmt, damit schießt, herstellt, bearbeitet, instand setzt oder damit Handel treibt.

(4) Die Begriffe der Waffen und Munition sowie die Einstufung von Gegenständen nach Absatz 2 Nr. 2 Buchstabe b als Waffen, die Begriffe der Arten des Umgangs und sonstige waffenrechtliche Begriffe sind in der Anlage 1 (Begriffsbestimmungen) zu diesem Gesetze näher geregelt.

Übersicht

	Rn.		Rn.
I. Überblick, Zweck des Gesetzes (Abs. 1)	1–8	i) Vorgearbeitete Teile	56
		j) Schalldämpfer	57
II. Tatobjekte: Schusswaffen (Abs. 2 Nr. 1)	9–107	k) Sonstige Vorrichtungen	58
		4. Unbrauchbar gemachte Schusswaffen (Dekorationswaffen)	59–62
1. Schusswaffen (Abs. 2 Nr. 1 Alt. 1)	9–24	5. Salutwaffen	63–66
a) Objektive Schusswaffeneigenschaft	10–15	6. Anscheinswaffen	67–72
b) Subjektive Zweckbestimmung	16–23	7. Nachbildungen von Schusswaffen (Schusswaffenattrappen)	73–75
c) Bestimmung durch den Hersteller	24	8. Exkurs: Arten von Schusswaffen	76–107
2. Den Schusswaffen gleichgestellte Gegenstände (Abs. 2 Nr. 1 Alt. 2)	25–34	a) Feuerwaffen	78, 79
a) Munitionsabschussgeräte	26–30	b) Automatische Schusswaffen	80–87
b) Schussgeräte zu Schlachtzwecken etc.	31	c) Repetierwaffen	88
		d) Einzelladerwaffen	89
c) Durch Muskelkraft angetriebene Gegenstände	32–34	e) Langwaffen; Kurzwaffen	90
3. Wesentliche Teile von Schusswaffen	35–58	f) Schreckschusswaffen	91–94
a) Lauf	39–47	g) Reizstoffwaffen	95–102
b) Gaslauf	48	h) Signalwaffen	103–105
c) Verschluss	49, 50	i) Druckluft- und Federdruckwaffen; Waffen mit kalten Treibgasen	106, 107
d) Patronenlager	51	III. Tatobjekte: Tragbare Gegenstände (Abs. 2 Nr. 2)	108–129
e) Kartuschenlager	52		
f) Verbrennungskammer	53		
g) Andere Antriebsvorrichtung	54	1. Tragbare Gegenstände iS des Abs. 2 Nr. 2 Buchst. a	109–123
h) Griffstück	55		

	Rn.
a) Hieb- und Stoßwaffen	111–115
b) Elektroimpulsgeräte etc	116
c) Reizstoffsprühgeräte	117
d) Sonstige Reizstoffwaffen etc	118
e) Elektromagnetische Waffen etc	119
f) Flammenwerfer	120
g) Brandsätze (sog. „Molotow-Cocktails" und „USBV")	121
h) Würgegeräte	122
i) Präzisionsschleudern	123
2. Tragbare Gegenstände iS des Abs. 2 Nr. 2 Buchst. b	124–129
a) Springmesser	125
b) Fallmesser	126
c) Faustmesser	127
d) Butterflymesser	128
e) Elektroimpulsgeräte zur Verletzung von Tieren	129
IV. Tatobjekte: Munition	130–147
1. Munition	131–138
a) Patronenmunition	132
b) Kartuschenmunition	133
c) Hülsenlose Munition	134
d) Pyrotechnische Munition	135–138
2. Ladung	139
3. Geschosse	140–146
a) Feste Körper	141
b) Gasförmige Stoffe in Umhüllungen	142, 143
c) Flüssige Stoffe in Umhüllungen	144
d) Feste Stoffe in Umhüllungen	145
e) Knallkorken	146
4. Schießpulver, Treib- und Zündmittel	147
V. Waffen- und Munitionskategorien	148
VI. Tathandlungen (Abs. 3)	149–210
1. Überblick	149–151
2. Besitzen	152–167
a) Abgrenzung der Begriffe „Ausübung der tatsächlichen Gewalt", „Besitz" und „Gewahrsam"	154–160
b) Ausübung der tatsächlichen Sachherrschaft (objektiv)	161–163
c) Herrschaftswille (subjektiv)	164, 165
d) Ausübung der tatsächlichen Sachherrschaft durch mehrere Personen	166, 167
3. Erwerben	168–173
4. Überlassen	174–179
5. Führen	180–186
6. Verbringen	187
7. Mitnehmen	188
8. Schießen	189
9. Herstellen	190, 191
10. Bearbeiten	192, 193
11. Instandsetzen	194
12. Handeltreiben	195–206
a) Ankaufen	196
b) Feilhalten	197
c) Entgegennahme von Bestellungen	198
d) Aufsuchen von Bestellungen	199
e) Überlassen	200
f) Vermitteln	201–204
g) Gewerbsmäßigkeit	205
h) Selbstständigkeit im Rahmen einer wirtschaftlichen Unternehmung	206
13. Zusatzdefinition: schussbereit, zugriffsbereit	207–209
14. Zusatzdefinition: Mitgliedstaaten	210
VII. Ausnahmen vom Anwendungsbereich	211, 212

I. Überblick, Zweck des Gesetzes (Abs. 1)

In § 1 wird sowohl der **Zweck des Gesetzes** (Abs. 1) als auch dessen **Regelungsgegen-** 1
stand (§ 1 Abs. 2 und 4 iVm Anl. 1) umschrieben. Ferner werden die in der Regel **genehmigungspflichtigen Handlungen** (die zugleich Tathandlungen iS der §§ 51 ff. darstellen) abschließend bezeichnet (§ 1 Abs. 3 iVm Anl. 1 Abschn. 2).

Nach Abs. 1 dient das WaffG in erster Linie **sicherheitsrechtlichen Interessen**.[1] Dane- 2
ben werden zwar auch beschussrechtliche, zollrechtliche, allgemein gewerberechtliche oder umweltschutzrechtliche Aspekte berücksichtigt, sie treten aber hinter die nun ausdrücklich hervorgehobenen sicherheitsrechtlichen Aspekte gleichsam in die zweite Reihe.[2]

---

[1] Apel/Bushart/*Bushart* Rn. 6; Erbs/Kohlhaas/*Pauckstadt-Maihold*, W 12 Rn. 2; *Gade/Stoppa* Rn. 4; Steindorf/*B. Heinrich* Rn. 2; vgl. ausführlich Lehmann/*v. Grotthuss* Rn. 6 ff.; zu einer am Schutzzweck orientierten Auslegung vgl. zB BVerwG 16.5.2007 – 6 C 24/06, NVwZ 2007, 1201 (1203).

[2] BT-Drs. 14/7758, 52; einschränkend allerdings die Stellungnahme der Bundesregierung im Gesetzgebungsverfahren, BT-Drs. 14/7758, S. 127: „Der Zweck des Waffengesetzes, der in der Vorschrift umschrieben wird, ist die Regelung des Umgangs mit Waffen oder Munition durch Privatpersonen. Dieser Umgang kann aus Gründen der öffentlichen Sicherheit und Ordnung nicht schrankenlos sein. Danach ist die Gewährung der öffentlichen Sicherheit und Ordnung nicht der primäre Zweck des Gesetzes, sie steht vielmehr lediglich den privaten Interessen des Einzelnen am Umgang mit diesen Gegenständen gegenüber und begrenzt diesen." Insoweit wurde der Vorschlag des Bundesrates, BT-Drs. 14/7758, 103, die Worte „unter Berücksichtigung der Belange" durch die Wörter „insbesondere zum Zweck der Gewährleistung" zu ersetzen, abgelehnt.

3 Das WaffG regelt den Umgang mit Waffen und Munition (Abs. 1; hier allerdings: Waffen „oder" Munition). Dabei wird in Abs. 2 eine Kategorisierung der Waffen in **Schusswaffen** und ihnen gleichgestellte Gegenstände[3] einerseits und **tragbare Gegenstände**[4] andererseits vorgenommen. Bei letzteren ist entweder die **Zweckbestimmung** („ihrem Wesen nach" als Waffe bestimmt; vgl. Buchst. a) oder die **objektive Gefährlichkeit** („wegen ihrer Beschaffenheit, Handhabung oder Wirkungsweise" als Waffe geeignet; vgl. Buchst. b) ausschlaggebend. Diese Kategorisierung in verschiedene Waffenarten findet sich in Anl. 1 Abschn. 1 Unterabschn. 1 (Schusswaffen) und Unterabschn. 2 (Tragbare Gegenstände) zum WaffG wieder.[5]

4 Im Gegensatz zum früheren Recht (vgl. § 2 WaffG aF) fehlt jedenfalls im Gesetz selbst eine nähere Umschreibung des Begriffes der **Munition**. Dies ist jedoch insoweit unschädlich, als § 1 Abs. 4 zur näheren Begriffsbestimmung auf die Anl. 1 des WaffG verweist. Hier findet sich in Abschn. 1 Unterabschn. 3 eine umfassende Regelung für Munition und Geschosse.[6]

5 Die in der Anl. 1 des WaffG vorgenommenen Umschreibungen sollen nach Ansicht des Gesetzgebers an den herkömmlichen Waffenbegriff, der sich an dem durch das WaffG 1938 und das BWaffG 1968 geprägten Begriff der Waffe orientiert, anknüpfen und **keine materielle Änderung** enthalten.[7] Sie enthalten lediglich insoweit eine Konkretisierung, als nun die besonders gefährlichen Gegenstände iS des Abs. 2 Nr. 2 Buchst. b, die – auch ohne dass sie von ihrer Zweckbestimmung her gerade als „Waffe" bestimmt sind – dem Waffenbegriff unterfallen sollen, ausdrücklich („enumerativ") aufgeführt sein müssen. Entscheidend ist ferner, dass durch die Aufnahme in Abschn. 1 der Anl. 1 lediglich die grds. Eigenschaft eines Gegenstandes als Waffe festgelegt wird. Ob der Umgang mit einer solchen Waffe erlaubnisfrei, erlaubnispflichtig oder grds. verboten ist, richtet sich dann nach § 2 iVm Anl. 2 des WaffG.[8]

6 Gleiches gilt für die in Abs. 3 abschließend normierten unterschiedlichen Formen des **Umgangs** mit Waffen und Munition, die ebenfalls über § 1 Abs. 4 iVm Abschn. 2 der Anl. 1 eine nähere Ausgestaltung gefunden haben.[9]

7 Dabei ist darauf hinzuweisen, dass der „waffenrechtliche" Waffenbegriff des § 1 Abs. 2 iVm Anl. 1 eigenständig zu bestimmen und vom **allgemeinen strafrechtlichen Waffenbegriff,** wie er zB in §§ 224 Abs. 1 Nr. 2, 244 Abs. 1 Nr. 1 Buchst. a, 250 Abs. 1 Nr. 1 Buchst. a, Abs. 2 Nr. 1 StGB verwendet wird, zu unterscheiden ist,[10] wobei der waffenrechtliche Waffenbegriff allerdings auch für die Auslegung des Begriffes der „Waffe" in den Vorschriften des StGB eine gewisse Orientierung bietet.[11] Auch der in §§ 125a S. 2 Nr. 1, 292 Abs. 2 S. 2 Nr. 3 StGB verwendete Schusswaffenbegriff oder der in § 125a S. 2 Nr. 2 StGB verwendete Begriff der „anderen Waffe" deckt sich nicht mit demjenigen des

---

[3] → Rn. 9 ff.
[4] → Rn. 108 ff.
[5] Der Text der genannten Anlage ist im Folgenden im Rahmen der Erörterung der einzelnen Waffenkategorien mit abgedruckt.
[6] → Rn. 140 ff.
[7] BT-Drs. 14/7758, 52; Steindorf/*B. Heinrich* Rn. 3.
[8] Hierzu → § 2 Rn. 1 ff.
[9] Vgl. hierzu im Einzelnen noch → Rn. 149 ff.
[10] Vgl. Hinze/Runkel Rn. 8; König/Papsthart Rn. 832; Steindorf/*B. Heinrich* Rn. 3; so schon zum früheren Recht BGH 2.10.1952 – 5 StR 623/52, BGHSt 3, 229 = NJW 1953, 32; 3.8.1965 – 1 StR 277/65, NJW 1965, 2115; 6.5.1971 – 4 StR 114/71, BGHSt 24, 136 (138) = NJW 1971, 1223 (1224); 4.2.2003 – GSSt 2/02, BGHSt 48, 197 (203) = NJW 2003, 1677 (1678); RG 26.6.1934 – 1 D 404/34, RGSt 68, 238 (239); vgl. auch BGH 3.4.2002 – 1 ARs 5/02, NStZ-RR 2002, 265; 15.5.2002 – 2 StR 441/01, NJW 2002, 2889; BayObLG 30.9.1970 – RReg 3 St 145/70, NJW 1971, 392 (393); OLG Düsseldorf 25.9.1990 – 2 Ss 156/0–27/90 III, NStZ 1991, 40; OLG Hamm 25.3.1968 – 4 Ss 1750/67, NJW 1969, 107; 15.11.1974 – 1 Ss 432/74, MDR 1975, 426. Auch in anderen Gesetzen wird zuweilen der Begriff der „Waffe" verwendet, wobei auch hier eine eigenständige Beurteilung angezeigt ist; vgl. ua §§ 2 Abs. 3, 17a, 24 VersammlG, § 2 Abs. 1 und 4 UZwG.
[11] BGH 4.2.2003 – GSSt 2/02, BGHSt 48, 197 (203) = NJW 2003, 1677 (1678); hierzu *Fischer* NStZ 2003, 606.

allgemeinen Waffenrechts, sondern geht – so jedenfalls nach der früheren Rspr. – über diesen hinaus (so konnte strafrechtlich auch ein Pflasterstein oder eine Bierflasche als „Waffe" angesehen werden).[12] Dies wurde damit begründet, dass die gesetzgeberische Intention und Schutzrichtung des Waffenrechts regelmäßig eine andere sei als der infolge der besonderen Gefährlichkeit für das Tatopfer zumeist straferhöhend zu berücksichtigende Umstand, dass der Täter bei bestimmten allgemeinen Delikten eine Waffe bei sich führt.[13] Das BVerfG hat allerdings in einer jüngeren Entscheidung einer zu extensiven Auslegung des Waffenbegriffs in § 113 Abs. 2 Nr. 1 StGB einen Riegel vorgeschoben, jedenfalls sei eine Ausdehnung auf „andere gefährliche Werkzeuge" hier nicht möglich, da die Vorschrift diesen Begriff (im Gegensatz zB zu §§ 244 Abs. 1 Nr. 2, 244 Abs. 1 Nr. 1 Buchst. a, 250 Abs. 1 Nr. 1 Buchst. a, Abs. 2 Nr. 1 StGB) gerade nicht enthalte.[14] Dabei werden vom WaffG durchweg nur Waffen im „technischen Sinn" erfasst, also solche, die bereits ihrer Natur nach „objektiv" dazu bestimmt (Abs. 2 Nr. 1 und Nr. 2 Buchst. a) oder jedenfalls dazu geeignet (Abs. 2 Nr. 2 Buchst. b) sind, einen Menschen zu verletzen oder zu töten.[15] Hierdurch unterscheidet sich die „Waffe" vom (gefährlichen) Werkzeug, welches zwar möglicherweise in der konkreten Verwendungsart ebensolche Verletzungen hervorrufen kann, jedoch vorrangig anderen Zwecken zu dienen bestimmt ist (wie zB ein Brotmesser oder ein spitzer Bleistift).

Die Qualifikation eines Gegenstandes als „Waffe" stellt dabei ausschließlich eine Rechtsfrage dar.[16] Obwohl in Anl. 1 Abschn. 1 nunmehr eine umfangreiche Bestimmung des Waffenbegriffs getroffen wurde, handelt es sich dabei – im Gegensatz zum Kriegswaffenrecht[17] – nicht um eine abschließende Auflistung der einzelnen Waffen. Es ist also allein Sache der Gerichte – und nicht Sache der Verwaltungsbehörden –, zu prüfen, welche Gegenstände dem WaffG unterfallen. Allerdings kommt dem Bundeskriminalamt im Rahmen des § 2 Abs. 5 nunmehr eine gewisse Einordnungskompetenz zu.[18] Eine solche Einordnungskompetenz hinsichtlich einer verbotenen Waffe scheidet jedoch aus, wenn sich die Eigenschaft eines Gegenstandes als Schusswaffenzubehör (zB bei als Zielscheinwerfer verwendbaren Lampen) nicht aus seiner Konstruktion, sondern erst aus seiner Verwendung ergibt.[19] 8

II. Tatobjekte: Schusswaffen (Abs. 2 Nr. 1)

1. Schusswaffen (Abs. 2 Nr. 1 Alt. 1). Zentraler Begriff des gesamten Waffenrechts ist 9 der Begriff der „Schusswaffe".[20] Dieser Begriff, der eine objektive (Geschosse, die durch

---

[12] Vgl. hierzu BayObLG 3.10.1986 – RReg 1 St 95/86, JZ 1986, 1123 (Stein als „andere Waffe" iS des § 125a S. 2 Nr. 2 StGB); LG Berlin 13.8.1991 – (512) 66 Js 1512/90 Ls Ns (43/91), NStZ 1992, 37 (scharfkantige Schottersteine als „andere Waffe" iS des § 125a S. 2 Nr. 2 StGB); Steindorf/B. Heinrich Rn. 3; so auch schon zum Schusswaffenbegriff des § 250 Abs. 1 Nr. 1 StGB aF BGH 12.2.1987 – 4 StR 611/86, BGHR StGB § 250 Abs. 1 Nr. 1 Schusswaffe 1; 13.7.1989 – 4 StR 283/89, NStZ 1989, 476.
[13] OLG Düsseldorf 25.9.1990 – 2 Ss 156/0–27/90 III, NStZ 1991, 40; *Schröder* JR 1971, 382; vgl. auch BGH 3.8.1965 – 1 StR 277/65, NJW 1965, 2115.
[14] BVerfG 1.9.2008 – 2 BvR 2238/07, NJW 2008, 3627.
[15] BGH 3.8.1965 – 1 StR 277/65, NJW 1965, 2115; BayObLG 16.9.1993 – 4 St RR 155/93, NJW 1994, 335; so bereits RG 2.6.1880 – Rep 1265/80, RGSt 1, 443 (445); 22.11.1888 – Rep 1996/88, RGSt 18, 367 (368); 10.12.1931 – 2 D 555/31, JW 1932, 952 (953); 7.4.1932 – III 100/32, RGSt 66, 191; 1.2.1934 – 2 D 1378/33, RGSt 68, 39; 12.9.1940 – 3 D 570/40, RGSt 74, 281; 8.10.1942 – 2 C 26/42 (2 StS 40/42), RGSt 76, 239 (241); KG 29.7.1930 – 1 S. 384/30, JW 1930, 3443; hierzu hierzu auch → Rn. 112.
[16] VGH Mannheim 9.3.1972 – I 231/72, GewA 1972, 165.
[17] Im KrWaffG findet sich in der im Anhang abgedruckten Kriegswaffenliste eine enumerative Aufzählung derjenigen Gegenstände, die als „Kriegswaffen" anzusehen sind; hierzu → KrWaffG § 22a Rn. 2.
[18] Vgl. zur Weite dieser Einordnungskompetenz BVerwG 24.6.2009 – 6 C 21/08, NVwZ-RR 2009, 838 = GewA 2010, 47 Ls.
[19] BVerwG 24.6.2009 – 6 C 21/08, NVwZ-RR 2009, 838.
[20] Vgl. zu diesem Begriff Anl. I-A 1-UA 1-1.1 WaffVwV; ferner bereits BT-Drs. VI/2678, 25. Zur Auslegung vgl. auch Nr. 1.1 der WaffVwV (zu § 1 WaffG aF). Der Schusswaffenbegriff der Anl. 1 Abschn. 1 Unterabschn. 1 Nr. 1.1 entspricht dabei demjenigen des § 1 Abs. 1 WaffG aF.

einen Lauf getrieben werden) und eine subjektive Komponente (Zweckbestimmung) enthält, wird in **Anl. 1 Abschn. 1 Unterabschn. 1 Nr. 1.1** wie folgt umschrieben:

Schusswaffen
1. Schusswaffen im Sinne des § 1 Abs. 2 Nr. 1

1.1 Schusswaffen

Schusswaffen sind Gegenstände, die zum Angriff oder zur Verteidigung, zur Signalgebung, zur Jagd, zur Distanzinjektion, zur Markierung, zum Sport oder zum Spiel bestimmt sind und bei denen Geschosse durch einen Lauf getrieben werden.

10 a) **Objektive Schusswaffeneigenschaft.** Die objektive Schusswaffeneigenschaft setzt einen Gegenstand voraus, bei dem **Geschosse durch einen Lauf getrieben werden** können. Wesentlich ist insoweit, dass es dem Schützen ermöglicht wird, ohne eine körperliche Berührung mit dem Opfer über eine gewisse Entfernung hinweg eine gefährliche Wirkung zu erzielen.[21]

11 Dabei versteht man unter **Geschossen** nach Anl. 1 Abschn. 1 Unterabschn. 3 Nr. 3 „als Waffen oder für Schusswaffen bestimmte feste Körper oder gasförmige, flüssige oder feste Stoffe in Umhüllungen".[22] In Anl. 1 Abschn. 1 Unterabschn. 1 Nr. 1.3.1 wird ferner der Begriff des **Laufes** näher umschrieben.[23] Wesentlich ist, dass zB Schreckschuss- und Reizstoffwaffen in der Regel keinen solchen Lauf besitzen, durch den ein Geschoss getrieben werden kann. Sie besitzen lediglich einen Gaslauf (dh einen Lauf, der ausschließlich der Ableitung der Verbrennungsgase dient und nicht nach vorne gerichtet ist).[24] Diese Waffen können daher nicht als Schusswaffen angesehen werden, unterfallen aber als den Schusswaffen gleichgestellte Gegenstände (Munitionsabschussgeräte) ebenfalls dem Anwendungsbereich des WaffG.[25] Die Definition, dass Geschosse „durch einen Lauf getrieben werden", umfasst auch Schusswaffen, bei denen Geschosse **aus** einem Lauf getrieben werden (wie dies zB bei Vorderladern oder Saugnapfwaffen der Fall ist).[26]

12 In der Anl. I-A 1-UA 1-1.1 S. 4 WaffVwV[27] wird ausdrücklich darauf hingewiesen, dass es auf die **Art des Antriebsmittels** nicht ankommt. Antriebsmittel kann also sowohl der Druck von Verbrennungsgasen (bei Feuerwaffen)[28] als auch der Druck gespannter Gase (zB Luftdruck oder CO_2-Druck, dh Druck durch Kaltgase)[29] oder einfacher Federdruck sein.[30] Grundsätzlich käme auch der Antrieb durch reine Muskelkraft (zB bei Blasrohren) in Frage. Diese Fälle, die bereits durch § 1 Abs. 1 Nr. 2 der 1. WaffV (zum WaffG aF) vom Schusswaffenbegriff ieS ausgenommen wurden, sind jedoch auch nach geltendem Recht nicht erfasst (vgl. Anl. 2 Abschn. 3 Unterabschn. 2 Nr. 2).[31] Dies ergibt sich auch aus der ausdrücklichen Regelung in Anl. 1 Abschn. 1 Unterabschn. 1 Nr. 1.2.3. Hier werden solche Gegenstände den Schusswaffen lediglich gleichgestellt, deren Antriebsenergie durch Muskelkraft eingebracht wird **und** durch eine Sperrvorrichtung gespeichert werden kann, was zB bei den ausdrücklich genannten Armbrüsten, nicht aber den herkömmlichen Blasrohren der Fall sein kann.

13 Wenn nach der gesetzlichen Definition vorausgesetzt wird, dass Geschosse durch einen Lauf getrieben werden, so setzt dies eine grds. **Funktionsfähigkeit** der Waffe voraus.[32] Allerdings ist eine vorübergehende Funktionsunfähigkeit unschädlich. Eine nähere Rege-

---

[21] BayObLG 14.2.1990 – RReg 4 St 268/99, BayObLGSt 1990, 12 (14); *Apel* GewA 1985, 295 (297).
[22] Vgl. näher zum Begriff des Geschosses → Rn. 140 ff.
[23] Vgl. näher zum Begriff des Laufes → Rn. 39 ff.
[24] Vgl. BT-Drs. 14/7758, 87; zum Gaslauf → Rn. 48.
[25] Vgl. hierzu noch → Rn. 26 ff.
[26] So ausdrücklich Anl. I-A 1-UA 1-1.1 S. 6 WaffVwV.
[27] So schon Nr. 1.1.4 der WaffVwV (zum WaffG aF).
[28] Vgl. zum Begriff der Feuerwaffen → Rn. 78 f.
[29] Vgl. BT-Drs. V/528, 19, mit entsprechender Begründung, warum von der früheren Regelung des RWaffG, welches nur Gas- und Luftdruck erfasste (vgl. § 1 Abs. 1 RWaffG 1938), abgewichen wurde.
[30] Vgl. zu diesen Waffen § 2 Rn. 49.
[31] Vgl. auch Anl. I-A 1-UA 1-1.1 S. 5.
[32] Erbs/Kohlhaas/*Pauckstadt-Maihold*, W 12 Rn. 6; Steindorf/*B. Heinrich* Rn. 4.

lung im Hinblick auf die Funktionsfähigkeit findet sich in Anl. 1 Abschn. 1 Unterabschn. 1 Nr. 1.4 (unbrauchbar gemachte Schusswaffen).[33]

Im Gegensatz zum früheren Recht[34] findet sich nunmehr auch keine Beschränkung mehr auf **tragbare Waffen,** so dass zB auch Kanonen dem Schusswaffenbegriff unterfallen (sofern für sie nicht, was bei nicht tragbaren Waffen die Regel sein dürfte, das KrWaffG anwendbar ist).[35] 14

Ebenfalls nicht entscheidend ist es, ob die Schusswaffe insoweit für den Schützen „sicher" ist, als sie einer nach den Vorschriften des BeschG durchgeführten Beschussprüfung genügen würde, oder ob bei gegebener Handhabungssicherheit einem gewissenhaften Schützen noch zugemutet werden könnte, mit ihr zu schießen.[36] Denn es kommt – bei der Einordnung eines Gegenstandes als Waffe – allein auf die Gefahr für das mögliche Opfer und nicht darauf an, ob eine Gefahr für den Schützen ausgeschlossen ist. 15

b) Subjektive Zweckbestimmung. Die Schusswaffeneigenschaft wird jedoch erst dann begründet, wenn das entsprechende Gerät zum Angriff oder zur Verteidigung, zur Signalgebung, zur Jagd, zur Distanzinjektion, zur Markierung, zum Sport oder zum Spiel bestimmt ist. Der Anwendungsbereich ist trotz dieser Beschränkungen allerdings – was die subjektive Zweckbestimmung angeht – bewusst weit gehalten. Nicht erfasst sind allerdings Gegenstände, die lediglich gewerblichen oder technischen Zwecken dienen, wie zB Bolzensetzwerkzeuge oder Bolzenschussgeräte zur Tötung von Tieren.[37] 16

Zum **Angriff oder zur Verteidigung** dienen Schusswaffen dann, wenn sie dazu verwendet werden sollen, Menschen körperlich zu verletzen.[38] Dies scheidet beispielsweise bei solchen Gegenständen aus, die ausschließlich dazu dienen sollen, einen angreifenden Gegner zum Zwecke der Erleichterung seiner späteren Ermittlung zu „kennzeichnen", ohne ihm dabei erhebliche Verletzungen zuzufügen.[39] Diese Einschränkung ist jedoch nach Aufnahme auch der Waffen „zur Markierung" bedeutungslos geworden.[40] 17

Zur **Signalgebung** bestimmt sind Waffen, aus denen, wie insbes. bei Leuchtpistolen, eine Leuchtkugel als fester Körper (und somit als Geschoss iS der Anl. 1 Abschn. 1 Unterabschn. 3 Nr. 3)[41] durch den Lauf getrieben wird. Der Begriff der Signalwaffe selbst ist in Anl. 1 Abschn. 1 Unterabschn. 1 Nr. 2.8 definiert.[42] 18

Auch Schusswaffen, die (ausschließlich) **zur Jagd,** dh dem (rechtmäßigen) Nachstellen und Erbeuten von Wild eingesetzt werden sollen, fallen unter den Schusswaffenbegriff.[43] Zwar gelten für Jäger vielfach Sonderbestimmungen (vgl. nur § 13), diese schließen jedoch die Einordnung von Jagdwaffen in den Schusswaffenbegriff der Anl. 1 Abschn. 1 Unterabschn. 1 Nr. 1.1 nicht aus. Dabei handelt es sich bei Jagdwaffen regelmäßig um Flinten (mit glattem Lauf), Büchsen (mit gezogenem Lauf) oder entsprechenden Kombinationen. 19

Dem Schusswaffenbegriff unterfallen nunmehr auch Waffen zur **Distanzinjektion.** Hierzu zählen im Wesentlichen Narkosewaffen, die von Tierärzten (vgl. § 5 TierSchG) zur 20

---

[33] Vgl. hierzu noch → Rn. 59 ff.
[34] So noch § 1 Abs. 1 BWaffG 1968.
[35] Vgl. BT-Drs. VI/2678, 25; hierzu auch Hinze/*Runkel* Rn. 9; Steindorf/*B. Heinrich* Rn. 8.
[36] BayObLG 14.2.1990 – RReg 4 St 268/89, BayObLGSt 1990, 12 (14); Steindorf/*B. Heinrich* Rn. 4; aM *Hinze* § 1 Anm. 4.
[37] Apel/Bushart/*Bushart* Anl. 1 Rn. 4; Steindorf/*B. Heinrich* Rn. 8a; diese Geräte werden als „Schussapparate" von § 2 Abs. 4 BeschG (früher: § 1 Abs. 6 WaffG aF) erfasst; hierzu noch → § 2 Rn. 63.
[38] Vgl. bereits RG 2.6.1880 – Rep 1265/80, RGSt 1, 443 (445); ferner zu dieser früheren alleinigen Zweckbestimmung auch RG 10.12.1931 – 2 D 555/31, JW 1932, 952 (953).
[39] Vgl. RG 1.2.1934 – 2 D 1378/33, RGSt 68, 39 (40); hier wurde eine solche Einschränkung im Falle eines Siegelringes (als Stoßwaffe), aus dem sich zwei messerartige Schneiden von 6–7 mm Länge erhoben, jedoch abgelehnt.
[40] Zu diesen Markierungswaffen → Rn. 21.
[41] Hierzu → Rn. 140 ff.
[42] Hierzu noch → Rn. 103 ff.
[43] Vgl. auch Hinze/*Runkel* Rn. 13; die Einbeziehung von Jagdwaffen in den Schusswaffenbegriff hat dabei eine lange Tradition; vgl. bereits § 21 RWaffG, § 32 DVO RWaffG.

tierärztlichen Versorgung eingesetzt oder dazu benutzt werden, entlaufene Wildtiere zu betäuben.[44]

21 Waffen, die ausschließlich zur **Markierung** dienen, sind nunmehr ebenfalls erfasst. Damit soll erreicht werden, dass zB Farbmarkierungsgewehre zum Markieren von Tieren in einem Pferch aus der Distanz unter das WaffG fallen.[45] Darüber hinaus fallen aber auch die sog. „Gotcha-" bzw. „Paintball-Waffen" unter diese Zweckbestimmung.[46]

22 Auch Waffen, die (ausschließlich) zu sportlichen Zwecken eingesetzt werden sollen, fallen als **Sportwaffen** unter den Schusswaffenbegriff.[47] Zwar gelten auch für Sportschützen vielfach Sonderbestimmungen (vgl. nur § 14), diese schließen jedoch die grds. Einordnung von Sportwaffen in den Schusswaffenbegriff nicht aus. Aus § 6 AWaffV ergibt sich im Übrigen, welche Waffen vom sportlichen Schießen ausgeschlossen sind, wobei auch hier Ausnahmen zugelassen werden können.

23 Die Einbeziehung von **Spielzeugwaffen** in den Geltungsbereich des WaffG wurde wohl vor allem deswegen vorgenommen, weil eine eindeutige Grenzziehung von Sport- und Spielzeugwaffen oft schwierig sein dürfte.[48] Sie wurde vom (früheren) Gesetzgeber wie folgt begründet: „Die Spielzeugindustrie hat Spielzeugwaffen auf den Markt gebracht, die nicht nur wegen der täuschend ähnlichen Nachahmung, sondern auch wegen der mit ihnen zu erreichenden Bewegungsenergie der Geschosse eine Gefahr darstellen. Es erscheint notwendig, die gefährlichen Spielzeugwaffen, mit denen gezielt geschossen werden kann und die in den Händen von Jugendlichen eine nicht unerhebliche Gefahr für Menschen und Tiere darstellen, als Schusswaffen zu behandeln".[49] Zu beachten ist allerdings, dass **harmlose Spielzeugwaffen** nach Anl. 2 Abschn. 3 Unterabschn. 2 Nr. 1 und Nr. 3 (mit Ausnahme des § 42a – Verbot des Führens von Anscheinswaffen etc) nicht in den Anwendungsbereich des WaffG fallen.[50] In der Praxis ist dabei in den letzten Jahren insbes. die Einordnung der sog. „Softair-Waffen" umstritten gewesen.[51]

24 c) **Bestimmung durch den Hersteller.** Nach der Anl. I-A 1-UA 1-1.1 S. 2 und S. 3 WaffVwV[52] ist für „die Zweckbestimmung [...] der Wille des Herstellers maßgebend, soweit er in der Bauart der Waffe zum Ausdruck kommt. Eine abweichende Erklärung des Herstellers über die Verwendung ist unbeachtlich". Da insoweit auf die Bauart abzustellen ist, wird die Eigenschaft als Schusswaffe nicht dadurch ausgeschlossen, dass der Hersteller eine „scharfe" Waffe als Zier- oder Sammlerwaffe verkauft.[53] Hierdurch wird auch deutlich, dass es nicht darauf ankommt, zu welchem Zweck eine Schusswaffe dem jeweiligen Besitzer dient, sondern darauf, zu welchem Zweck sie zum Zeitpunkt ihrer Herstellung bestimmt und geeignet war. So kann eine „scharfe" Waffe nicht dadurch ihre Eigenschaft als Schusswaffe verlieren, dass ihr Besitzer sie sich an die Wand hängt und fortan nur noch als Zierwaffe benutzen will, sofern sie weiterhin zum Abschießen von Munition geeignet ist.[54]

25 **2. Den Schusswaffen gleichgestellte Gegenstände (Abs. 2 Nr. 1 Alt. 2).** Nach dieser Vorschrift fallen auch den Schusswaffen „gleichgestellte Gegenstände" unter den Waffen-

---

[44] Hierzu auch Hinze/Runkel Rn. 16 ff.; vgl. zur rechtlichen Einordnung von im veterinärmedizinischen Bereich verwendeten Narkosewaffen nach bisherigem Recht VGH Mannheim 21.12.1988 – 10 S. 2961/88, NVwZ-RR 1989, 370 Ls. = NuR 1990, 169; OVG Münster 28.11.1978 – X A 947/77, DVBl 1979, 730.
[45] Vgl. BT-Drs. 14/7758, 119 f.; BT-Drs. 14/8886, 119; Hinze/Runkel Rn. 20.
[46] Vgl. auch Gade/Stoppa Anl. 1 Rn. 5; Hinze/Runkel Rn. 21 f.; hierzu auch noch → Rn. 144.
[47] Vgl. hierzu Hinze/Runkel Rn. 23.
[48] Hierzu auch Hinze/Runkel Rn. 24.
[49] So BT-Drs. V/528, 19, zur erstmaligen Einbeziehung dieser Waffen in das BWaffG 1968; hierzu auch VGH Mannheim 17.12.2001 – 1 S. 196/00, GewA 2002, 168 zu den Softair-Waffen; hierzu ausführlich Hinze/Runkel Rn. 24 ff.
[50] Hierzu → § 2 Rn. 40 ff.
[51] Vgl. hierzu Hinze/Runkel Rn. 24 ff.; zu diesen Waffen noch → Rn. 69 und → § 2 Rn. 42.
[52] So bereits Nr. 1.1.3 der WaffVwV (zum WaffG aF).
[53] Hinze/Runkel Rn. 28 ff.; Lehmann/v. Grotthuss Rn. 15; Steindorf/B. Heinrich Rn. 8b; vgl. zu den Zier- und Sammlerwaffen noch → § 2 Rn. 53.
[54] Hierzu auch Hinze/Runkel Rn. 30.

begriff. Hiervon erfasst sind nach Anl. 1 Abschn. 1 Unterabschn. 1 Nr. 1.2 sowohl **Munitionsabschussgeräte** als auch **durch Muskelkraft** angetriebene Waffen. Ferner sind auch die in Anl. 1 Abschn. 1 Unterabschn. 1 Nr. 1.3 genannten **wesentlichen Teile von Schusswaffen**[55] sowie die **Schalldämpfer**[56] den Schusswaffen gleichgestellt.

a) Munitionsabschussgeräte. Nr. 1.2.1 der Anl. 1 Abschn. 1 Unterabschn. 1 enthält folgende Regelung: 26

Schusswaffen
1. Schusswaffen im Sinne des § 1 Abs. 2 Nr. 1
1.1 [...]
1.2 Gleichgestellte Gegenstände
Den Schusswaffen stehen gleich tragbare Gegenstände,
1.2.1 die zum Abschießen von Munition für die in Nummer 1.1[57] genannten Zwecke bestimmt sind,

Durch diese Vorschrift sollen **Schusswaffen im weiteren Sinne** in den Anwendungsbereich des WaffG mit einbezogen werden, die zwar in aller Regel wegen des **Fehlens eines Laufes** nicht von Anl. 1 Abschn. 1 Unterabschn. 1 Nr. 1.1 als Schusswaffen erfasst sind, aber infolge ihrer Gefährlichkeit ebenfalls dem Kontroll- und Regelungssystem des WaffG unterstellt werden sollen. Insofern muss es sich also um Geräte handeln, bei denen die Geschosse in einer Rinne oder auf andere Weise oder aber überhaupt nicht geführt werden.[58] Im Gegensatz zum früheren Recht[59] ist auch bei diesen Waffen nunmehr eine subjektive Zweckbestimmung erforderlich („für die in Nummer 1.1 genannten Zwecke").[60] Auch sie müssen also **zum Angriff oder zur Verteidigung, zur Signalgebung, zur Jagd, zur Distanzinjektion, zur Markierung, zum Sport oder zum Spiel bestimmt** sein.[61] Eine nähere Umschreibung des Anwendungsbereiches findet sich in der Anl. I-A 1-UA 1-1.2.1 S. 2 und S. 3 WaffVwV:[62] „Die Vorschrift erfasst hauptsächlich Geräte zum Abschießen von Kartuschenmunition. Zu den Geräten gehören Schreckschuss- und Reizstoffwaffen, die einen Gaslauf haben, sowie Signalwaffen." 27

Nach der insoweit eindeutigen Gesetzesfassung sind nur **tragbare** Geräte erfasst, wobei entscheidend ist, dass sie gerade von **einer** Person getragen werden können. In Anl. I-A 1-UA 1-1.2 WaffVwV[63] wird hierzu ausgeführt: „Den Schusswaffen gleichgestellte tragbare Geräte müssen ihrer Beschaffenheit nach dazu bestimmt sein, von einer Person üblicherweise getragen und bei der Schussauslösung in der Hand gehalten zu werden. Eine Waffe ist auch dann tragbar, wenn sie mit einer aufklappbaren Stütze versehen ist, um das Zielen zu erleichtern. Ihrer Bestimmung nach nicht tragbare Geräte, zB Selbstschussapparate zur Vertreibung von Tieren (zB in Obstplantagen), werden nicht erfasst". Nach der Begründung des Gesetzgebers[64] sollen dadurch Großgeräte, wie Standböller,[65] Salutkanonen, Abschussrohre für Großfeuerwerke, fest montierte Selbstschussapparate zum Vertreiben von Tieren 28

---

[55] Vgl. hierzu sogleich → Rn. 35 ff.
[56] Vgl. hierzu sogleich → Rn. 57.
[57] Die Vorschrift ist abgedruckt → Rn. 9.
[58] Hinze/Runkel Rn. 43.
[59] Vgl. § 1 Abs. 2 WaffG aF.
[60] Vgl. auch Anl. I-A 1-UA 1-1.2.1 S. 1 WaffVwV.
[61] Vgl. zu dieser subjektiven Zweckbestimmung im Einzelnen → Rn. 16 ff.
[62] Ähnlich bereits Nr. 1.2.1 S. 2 der WaffVwV (zum WaffG aF): „Die Vorschrift erfasst insbesondere Geräte zum Abschießen von Kartuschenmunition (zB Platzpatronen und Kartuschen zum Antrieb von Geschossen), pyrotechnische Munition und Patronenmunition (zB Patronen, deren Geschosse Reiz- und Betäubungsstoffe enthalten).
[63] Ähnlich bereits Nr. 1.2.1 S. 4 bis 6 der WaffVwV (zum WaffG aF).
[64] Vgl. BT-Drs. V/528, 19.
[65] Dagegen sind Handböller, die Kartuschenmunition verschießen, obwohl nicht mehr ausdrücklich im WaffG aufgeführt, als normale Schusswaffen anzusehen, sofern sie zu Zwecken der „Sportausübung" verwendet werden. Vgl. zur Einbeziehung von Böllern in das BeschG § 1 Abs. 1 Nr. 1, § 2 Abs. 3, § 3, § 5 Abs. 3, § 6 Abs. 1 BeschG.

oder zur Einbruchsicherung oder Tränengaswerfer der Polizei von der Gleichstellung ausgeschlossen werden.[66]

29 Erfasst werden nur solche Geräte („zum Abschießen von Munition bestimmt"), mit denen **gezielt oder wenigstens gerichtet** geschossen werden kann.[67] Notwendig ist dabei jedoch, dass **Munition** iS der Anl. 1 Abschn. 1 Unterabschn. 3 Nr. 1 verschossen werden kann,[68] dh heiße Pulvergase als Antriebsmittel dienen. Somit scheiden Geräte aus, die als Antriebsmittel Druckluft, Federdruck oder CO_2-Gas verwenden.[69] Gleichgültig ist dabei, ob die Geräte zum Abschießen von Patronenmunition oder von Kartuschen- oder Raketenmunition verwendet werden. So beachten ist allerdings Anl. I-A 1-UA 1-1.2.1 S. 4 WaffVwV: „Schussapparate zur Ausbildung und Dressur von Hunden, bei denen Geschosse (zB Dummys) mittels Kartuschen angetrieben werden, fallen auf Grund ihrer Zweckbestimmung nicht unter das WaffG; sie unterliegen der Zulassungspflicht nach dem BeschG." Unter die tragbaren Munitionsabschussgeräte fallen somit in erster Linie Schreckschusspistolen[70] und Reizstoffwaffen,[71] sofern sie keinen Lauf im technischen Sinne besitzen, darüber hinaus aber auch Schießbleistifte, Signalwaffen[72] und Selbstschussapparate,[73] die nicht fest montiert sind.[74] Ferner werden Bolzensetzwerkzeuge und Geräte, die zur Betäubung von Tieren dienen, erfasst, sofern diese nicht bereits als Schusswaffen unter Anl. 1 Abschn. 1 Unterabschn. 1 Nr. 1.1 fallen.[75] Zu beachten ist jedoch, dass sie den in Anl. 1 Abs. 1 Unterabschn. 1 Nr. 1.1 genannten Zwecken dienen müssen, dh nicht ausschließlich für gewerbliche oder technische Zwecke bestimmt sind.

30 Grundsätzlich erfasst sind auch Geräte, die zum Abschießen von **pyrotechnischen Gegenständen**[76] bestimmt sind (zB Handsignalpatronen). Es handelt sich hier um meist aus Metall bestehende Röhren, die vorwiegend zum Abbrennen von Großfeuerwerken verwendet werden.[77] Diese standen bereits nach Abs. 2 WaffG aF als tragbare Geräte den Schusswaffen gleich. Allerdings wurden solche Geräte, die zum **einmaligen** Abschließen pyrotechnischer Gegenstände bestimmt waren früher durch § 1 Abs. 1 Nr. 4 der 1. WaffV (zum WaffG aF) ausdrücklich vom Anwendungsbereich des WaffG ausgenommen: „Das Waffengesetz […] ist nicht anzuwenden auf […] Geräte nach § 1 Abs. 2 des Gesetzes, die zum einmaligen Abschießen von pyrotechnischen Gegenständen im Sinne des Sprengstoffgesetzes bestimmt sind". Es waren für diese Geräte allein die Vorschriften des SprengG einschlägig. Obwohl eine entsprechende Ausnahmeregelung nunmehr in Anl. 2 Abschn. 3 Unterabschn. 2 nicht mehr enthalten ist, wird man diese Gegenstände aber auch weiterhin ausschließlich dem Sprengstoffrecht zuordnen müssen.[78]

---

[66] Vgl. auch Erbs/Kohlhaas/*Pauckstadt-Maihold*, W 12 Rn. 9; *Gade/Stoppa* Rn. 7; Hinze/*Runkel* Rn. 46; Steindorf/*B. Heinrich* Rn. 16a.
[67] Vgl. hierzu BT-Drs. V/528, 19; Apel/Bushart/*Bushart* Rn. 8; *Ehmke* § 1 Abs. 2.
[68] Vgl. zum Begriff der Munition ausführlich → Rn. 130 ff.
[69] Apel/Bushart/*Bushart* Rn. 8; Hinze/*Runkel* Rn. 43; Steindorf/*B. Heinrich* Rn. 19; vgl. zu diesen Waffen noch ausführlich → § 2 Rn. 49.
[70] Hierzu → Rn. 91 ff. sowie Anl. I-A 1-UA 1-1.2.1 S. 3 WaffVwV; so bereits Nr. 1.2.1 S. 3 der WaffVwV (zum WaffG aF); vgl. auch *Gade/Stoppa* Anl. 1 Rn. 13; Hinze/*Runkel* Rn. 43.
[71] Hierzu → Rn. 95 ff. sowie Anl. I-A 1-UA 1-1.2.1 S. 3 WaffVwV; so bereits Nr. 1.2.1 S. 3 der WaffVwV (zum WaffG aF).
[72] Hierzu → Rn. 103 ff. sowie Anl. I-A 1-UA 1-1.2.1 S. 3 WaffVwV; so bereits Nr. 1.2.1 S. 3 der WaffVwV (zum WaffG aF).
[73] Zu den Schussapparaten → § 2 Rn. 63.
[74] Vgl. noch ausdrücklich Nr. 1.2.1 S. 3 der WaffVwV (zum WaffG aF).
[75] Zu Bolzenschussapparaten nach altem Recht vgl. OLG Hamm 15.11.1974 – 1 Ss 432/74, MDR 1975, 420; aM Hinze/*Runkel* Rn. 43, der die Bolzensetzwerkzeuge und Geräte ausnimmt, da sie nicht den in Anl. 1 Abschn. 1 Unterabschn. 1 Nr. 1.1 genannten Zwecken dienen.
[76] Vgl. § 3 Abs. 1 Nr. 2 SprengG: Pyrotechnische Gegenstände sind „solche Gegenstände, die Vergnügungs- oder technischen Zwecken dienen und in denen explosionsgefährliche Stoffe oder Stoffgemische enthalten sind, die dazu bestimmt sind, unter Ausnutzung der in diesen enthaltenen Energie Licht-, Schall-, Rauch-, Nebel-, Heiz-, Druck- oder Bewegungswirkungen zu erzeugen"; hierzu → SprengG § 40 Rn. 16 ff.
[77] *Hinze* § 1 der 1. WaffV Anm. 8.0.
[78] So auch Anl. I-A 1-UA 3-1.4 S. 3 WaffVwV: „Einzelne Leuchtspurgeschosse sind von der Definition nach Nummer 1.4 nicht erfasst (siehe Anlage III Nr. 3 zum SprengG)".

b) Schussgeräte zu Schlachtzwecken etc. Durch das Zweite Gesetz zur Änderung 31 des Waffengesetzes und weiterer Vorschriften vom 30.6.2017[79] wurden – in Umsetzung der Richtlinie 2006/42/EG[80] – die dort genannten technischen Geräte, die die EU-Feuerwaffenrichtlinie als Waffen ansieht, wenn sie nicht nachweislich nur zu technischen Zwecken verwendet werden können (zB Schussgeräte zu Schlachtzwecken, tragbare Befestigungsgeräte, die jeweils mit Treibladungen betrieben werden) den Schusswaffen gleichgestellt. Es findet sich für diese Waffen allerdings eine umfassende Befreiung in Anl. 2 Abschn. 3 Unterabschn. 1 Nr. 2.

Schusswaffen

1. Schusswaffen im Sinne des § 1 Abs. 2 Nr. 1

1.1 [...]

1.2 Gleichgestellte Gegenstände

Den Schusswaffen stehen gleich tragbare Gegenstände,

1.2.1 [...]

1.2.2 die in Anhang IV Nummer 18 der Richtlinie 2006/42/EG des Europäischen Parlaments und des Rates vom 17. Mai 2006 über Maschinen und zur Änderung der Richtlinie 95/16/EG (Neufassung) (ABl. L 157 vom 9.6.2006, S. 24; L 76 vom 16.3.2007, S. 35), die zuletzt durch die Verordnung (EU) Nr. 167/2013 (ABl. L 60 vom 2.3.2013, S. 1) geändert worden ist, aufgeführt sind und zum Abschießen von Munition für andere als die in Nummer 1.1 genannten Zwecke (insbesondere Schlachtzwecke, technische und industrielle Zwecke) bestimmt sind (tragbare Befestigungsgeräte mit Treibladung und andere Schussgeräte), sofern

a) sie nicht die Anforderungen des § 7 des Beschussgesetzes erfüllen und zum Nachweis das Kennzeichen der in § 20 Absatz 3 Satz 1 des Beschussgesetzes bezeichneten Stelle oder ein anerkanntes Prüfzeichen eines Staates, mit dem die gegenseitige Anerkennung der Prüfzeichen vereinbart ist, tragen oder

b) bei ihnen nicht die Einhaltung der Anforderungen nach Anhang I Nummer 2.2.2.1 der Richtlinie 2006/42/EG durch Bescheinigung einer zuständigen Stelle eines Mitgliedstaates oder des Übereinkommens über den Europäischen Wirtschaftsraum nachgewiesen ist,

c) Durch Muskelkraft angetriebene Gegenstände. Ausdrücklich den Schusswaffen 32 gleichgestellt sind nunmehr nach Anl. 1 Abschn. 1 Unterabschn. 1 Nr. 1.2.3 auch bestimmte, durch Muskelkraft angetriebene Gegenstände. Auf eine besondere Zweckbestimmung iS der **Anl. 1 Abschn. 1 Unterabschn. 1 Nr. 1.1** kommt es – anders als bei den zuvor genannten Munitionsabschussgeräten – nicht an. Die Vorschrift lautet:

Schusswaffen

1. Schusswaffen im Sinne des § 1 Abs. 2 Nr. 1

1.1 [...]

1.2 Gleichgestellte Gegenstände

Den Schusswaffen stehen gleich tragbare Gegenstände,

1.2.1 [...]

1.2.2 [...]

1.2.3 bei denen bestimmungsgemäß feste Körper gezielt verschossen werden, deren Antriebsenergie durch Muskelkraft eingebracht und durch eine Sperrvorrichtung gespeichert werden kann (z. B. Armbrüste). Dies gilt nicht für feste Körper, die mit elastischen Geschossspitzen (z. B. Saugnapf aus Gummi) versehen sind, bei denen eine maximale Bewegungsenergie der Geschossspitzen je Flächeneinheit von 0,16 J/cm² nicht überschritten wird;

Wesentlich für die Gleichstellung ist also, dass einerseits ein fester Körper (zB ein Pfeil, 33 ein Bolzen oder eine Kugel) **gezielt verschossen** werden kann und andererseits die durch Muskelkraft gewonnene Energie durch eine Sperrvorrichtung **„gespeichert"** werden

---

[79] BGBl. I S. 2133.
[80] ABl. 2006 L 157, 24 und ABl. 2007 L 76, 35.

kann.⁸¹ Dies wird am genannten Beispiel der Armbrüste deutlich.⁸² Hier wird der Bogen regelmäßig durch Muskelkraft (teilweise unter Zuhilfenahme einer Spannvorrichtung) gespannt und danach im Abzugssystem blockiert.⁸³ Anschließend kann dann (ebenfalls durch das Abzugssystem) die über die Spannung des Bogens gespeicherte Muskelkraft wieder freigegeben werden. Darüber hinaus sind aber auch Geräte erfasst, bei denen die Muskelkraft zB in einem blockierten Federwerk oder Druckluftbehälter gespeichert wird.⁸⁴ Nicht erfasst sind dagegen zB einfache Blasrohre.⁸⁵ Darüber hinaus wird in Nr. 1.2.3 S. 2 nunmehr⁸⁶ auch klar gestellt, dass dass die Regelung nicht für feste Körper gilt, die mit **elastischen Geschossspitzen** versehen sind, sofern diese eine bestimmte Bewegungsenergie nicht überschreiten können.⁸⁷ Bemerkenswert ist, dass die waffenrechtlichen Vorschriften auf diese gleichgestellten Gegenstände grundsätzlich ohne Einschränkung anwendbar sind, sodass beispielsweise auch die Vorschriften bezüglich der Erforderlichkeit einer Schießerlaubnis oder der Erlaubnispflicht für Schießstätten hier gelten (vgl. Anl. I-A 1-UA 1-1.2.2 S. 2 WaffVwV) obwohl mit den Gegenständen nicht im waffenrechtlichen Sinne geschossen wird (vgl. Anl. I-A 2–7 WaffVwV).

34 Was die genannten **Armbrüste** angeht, so ist darauf hinzuweisen, dass sie zwar grds. dem Waffenbegriff unterfallen, aber von der Erlaubnispflicht zum Erwerb und Besitz nach Anl. 2 Abschn. 2 Unterabschn. 2 Nr. 1.10 freigestellt wurden.⁸⁸ Ferner dürfen sie nach Nr. 3.2 der genannten Anlage erlaubnisfrei geführt werden. Nach Nr. 4.2 der genannten Anlage sind ferner der Handel und die Herstellung erlaubnisfrei. Schließlich dürfen diese Waffen nach Nr. 7.8 der genannten Anlage erlaubnisfrei in den, durch den oder aus dem Geltungsbereich des Gesetzes verbracht oder mitgenommen werden.⁸⁹

35 **3. Wesentliche Teile von Schusswaffen. Anl. 1 Abschn. 1 Unterabschn. 1 Nr. 1.3** enthält folgende Gleichstellungsregelung:⁹⁰

> 1.3 Wesentliche Teile von Schusswaffen, Schalldämpfer
>
> Wesentliche Teile von Schusswaffen und Schalldämpfer stehen, soweit in diesem Gesetz nichts anderes bestimmt ist, den Schusswaffen gleich, für die sie bestimmt sind. Dies gilt auch dann, wenn sie mit anderen Gegenständen verbunden sind und die Gebrauchsfähigkeit als Waffenteil nicht beeinträchtigt ist oder mit allgemein gebräuchlichen Werkzeugen wieder hergestellt werden kann. Teile von Kriegswaffen im Sinne des Gesetzes über die Kontrolle von Kriegswaffen in der Fassung der Bekanntmachung vom 22. November 1990 (BGBl. I S. 2506), zuletzt geändert durch Artikel 24 der Verordnung vom 31. Oktober 2006 (BGBl. I S. 2407), die nicht vom Gesetz über die Kontrolle von Kriegswaffen erfasst und nachstehend als wesentliche Teile aufgeführt sind, sowie Schalldämpfer zu derartigen Waffen werden von diesem Gesetz erfasst;
>
> Wesentliche Teile sind
>
> 1.3.1 der Lauf oder Gaslauf, der Verschluss sowie das Patronen- oder Kartuschenlager, wenn diese nicht bereits Bestandteil des Laufes sind; der Lauf ist ein aus einem ausreichend festen

---

⁸¹ Vgl. auch Anl. I-A 1-UA 1-1.2.2 S. 1 WaffVwV. Diese Gegenstände waren bereits durch § 1 Abs. 2 Nr. 1 BWaffG 1968 erfasst; vgl. dann aber die Herausnahme durch § 1 Abs. 2 WaffG aF (BGBl. 1972 I S. 1797) iVm § 1 Abs. 1 Nr. 2 und § 5 Abs. 2 der 1. WaffV (zum WaffG aF); begründet wurde diese Herausnahme damit, dass sich für eine Einbeziehung „kein praktisches Bedürfnis gezeigt" habe; vgl. BT-Drs. VI/2678, 25; missverständlich BT-Drs. 14/7758, 87; zum Rechtszustand unter Geltung des WaffG 1972 vgl. *Ehmke* § 1 Abs. 2; *Hinze* § 1 Anm. 11.
⁸² Vgl. zur ausdrücklichen Aufnahme des Beispiels der Armbrüste BT-Drs. 14/7758, 120; BT-Drs. 14/8886, 119: „dient der Verdeutlichung"; vgl. zu den Armbrüsten noch näher hierzu → § 2 Rn. 58.
⁸³ Hinze/*Runkel* Rn. 47; Steindorf/*B. Heinrich* Rn. 19a.
⁸⁴ Hinze/*Runkel* Rn. 47; Steindorf/*B. Heinrich* Rn. 19a.
⁸⁵ Hierzu schon → Rn. 12; vgl. auch *Gade*/*Stoppa* Anl. 1 Rn. 21.
⁸⁶ Eingefügt durch das Art. 1 Nr. 38 ÄndG 2008, BGBl. I S. 426 (433).
⁸⁷ Vgl. Anl. I-A 1-UA 1-1.2.2 S. 3 WaffVwV. Die Bestimmung des Saugnapfes ist der DIN EN 71-1 entnommen, die ihrerseits die Vorgaben der europäischen Spielzeug-Sicherheits-Richtlinie 88/378/EWG umgesetzt hat, vgl. auch Anl. I-A 1-UA 1-1.2.2 S. 4 WaffVwV. Der Gesetzgeber begründete diese Ausnahme damit, dass er einer „Kriminalisierung des Kinderzimmers" entgegenwirken wollte; vgl. BT-Drs. 16/7717, 23.
⁸⁸ Die Regelungen sind abgedruckt in → § 2 Rn. 34.
⁸⁹ Vgl. zu den Armbrüsten auch → § 2 Rn. 58.
⁹⁰ Eine vergleichbare Regelung fand sich früher in § 3 WaffG aF.

Werkstoff bestehender rohrförmiger Gegenstand, der Geschossen, die hindurchgetrieben werden, ein gewisses Maß an Führung gibt, wobei dies in der Regel als gegeben anzusehen ist, wenn die Länge des Laufteils, der die Führung des Geschosses bestimmt, mindestens das Zweifache des Kalibers beträgt; der Gaslauf ist ein Lauf, der ausschließlich der Ableitung der Verbrennungsgase dient; der Verschluss ist das unmittelbar das Patronen- oder Kartuschenlager oder den Lauf abschließende Teil;

1.3.2 bei Schusswaffen, bei denen zum Antrieb ein entzündbares flüssiges oder gasförmiges Gemisch verwendet wird, auch die Verbrennungskammer und die Einrichtung zur Erzeugung des Gemisches;

1.3.3 bei Schusswaffen mit anderem Antrieb auch die Antriebsvorrichtung, sofern sie fest mit der Schusswaffe verbunden ist;

1.3.4 bei Kurzwaffen auch das Griffstück oder sonstige Waffenteile, soweit sie für die Aufnahme des Auslösemechanismus bestimmt sind.

Als wesentliche Teile gelten auch vorgearbeitete wesentliche Teile von Schusswaffen sowie Teile/Reststücke von Läufen und Laufrohrlingen, wenn sie mit allgemein gebräuchlichen Werkzeugen fertiggestellt werden können. Schalldämpfer sind Vorrichtungen, die der wesentlichen Dämpfung des Mündungsknalls dienen und für Schusswaffen bestimmt sind.

36 Die vom Gesetz aufgezählten wesentlichen Teile von Schusswaffen werden somit den Schusswaffen, für die sie bestimmt sind, rechtlich **gleichgestellt,** sofern das WaffG nicht im Einzelfall eine anderweitige Regelung trifft.[91] Ausnahmen müssen durch das Gesetz selbst angeordnet werden, wie dies ua in § 23 Abs. 1 S. 2 geschehen ist. Diese allgemeine Gleichstellung soll eine effektive rechtliche Erfassung dieser Waffenteile unabhängig vom augenblicklichen Verwendungszweck gewährleisten, allerdings ausschließlich unter dem Gesichtspunkt, dass die Verwendung als Waffenzubehör weiterhin möglich ist.[92] Sie war erforderlich, da ansonsten die Möglichkeit bestanden hätte, Schusswaffen aus frei erhältlichen Teilen mit einfachen mechanischen Hilfsmitteln zusammenzusetzen oder umzuarbeiten und dadurch die Vorschriften des Gesetzes zu umgehen.[93] Die Bestimmung eines wesentlichen Teiles und eines Schalldämpfers richtet sich in der Regel danach, ob die Basiswaffe erlaubnispflichtig oder erlaubnisfrei ist.[94] Wesentliche Teile einer zerlegten Schusswaffe sind wie die ursprüngliche Schusswaffe zu behandeln.[95]

37 Fraglich ist, ob die Gleichstellung auch für wesentliche Teile der den Schusswaffen lediglich gleichgestellten Gegenstände nach Anl. 1 Abschn. 1 Unterabschn. 1 Nr. 1.2 (Munitionsabschussgeräte ua)[96] gilt, da in Anl. 1 Abschn. 1 Unterabschn. 1 Nr. 1.3 nur von wesentlichen Teilen **von Schusswaffen** die Rede ist. Da der Begriff der Schusswaffe allerdings in Nr. 1.1 der genannten Anlage legaldefiniert wird und Munitionsabschussgeräte etc den Schusswaffen in Nr. 1.2 der genannten Anlage eben nur „gleichgestellt" werden, können diese Geräte eben gerade nicht **als** Schusswaffen angesehen werden, so dass sie von Nr. 1.3 der genannten Anlage nicht erfasst werden.[97] Eine Auslegung, die den Begriff der Schusswaffe hier weiter fassen würde, wäre gerade unter strafrechtlichen Gesichtspunkten (Bestimmtheitsgrundsatz; Analogieverbot) bedenklich.[98]

38 Notwendig ist es allerdings, dass die jeweiligen Teile **funktionsfähig** sind oder jedenfalls problemlos gebrauchsfähig gemacht werden können. Dabei ist der jeweilige Zustand des Waffenteils, also zB die Intensität der Verrostung etc entscheidend. Hinzuweisen ist ferner

---

[91] Vgl. zum bisherigen Rechtszustand auch Nr. 3.2 WaffVwV (zum WaffG aF); ferner *Steindorf,* 7. Aufl. 1999, § 3 Rn. 2 und OLG Stuttgart 6.7.1981 – 3 Ss 220/81, NStZ 1982, 33.
[92] Vgl. BT-Drs. 14/7758, 87.
[93] Vgl. BT-Drs. V/2623, 3; hierzu auch Apel/Bushart/*Bushart* Anlage 1 Rn. 11; Steindorf/*B. Heinrich* Rn. 19b; vgl. zur weitergehenden Frage, ob auch wesentliche Teile von wesentlichen Teilen erfasst sind Hinze/*Runkel* Rn. 49.
[94] Anl. I-A 1-UA 1-1.3 S. 1 WaffVwV.
[95] Anl. I-A 1-UA 1-1.3 S. 6 WaffVwV.
[96] Vgl. zu diesen Gegenständen → Rn. 25 ff.
[97] Hinze/*Runkel* Rn. 48; Steindorf/*B. Heinrich* Rn. 19b; so auch zum alten Recht *Ehmke* § 3 Abs. 1; *Hinze* § 3 Anm. 2; aM Apel/Bushart/*Bushart* Anl. 1 Rn. 13; *Gade/Stoppa* Anl. 1 Rn. 23.
[98] Zu möglichen Verstößen gegen das Bestimmtheitsgebot im deutschen Waffenrecht vgl. auch *B. Heinrich* in *Gade/Stoppa* S. 107 (127 f.).

darauf, dass wesentliche Teile einer frei erwerbbaren Schusswaffe, die auch in eine Schusswaffe eingebaut werden können, für die es einer Waffenbesitzkarte bedarf, erst dann als gleichgestellt anzusehen sind, wenn sie von der frei erwerbbaren Schusswaffe dauernd (und nicht nur zum Zweck der Waffenpflege) getrennt werden.[99] Der durch das ÄndG 2008[100] neu eingeführte Satz 3 in Anl. 1 Abschn. 1 Unterabschn. 1 Nr. 1.3 stellt nunmehr klar, dass wesentliche Teile von Kriegswaffen, die selbst jedoch keine Kriegswaffeneigenschaft besitzen, dem WaffG unterfallen.[101]

39 **a) Lauf.** Eine gesetzliche Definition für den Begriff des Laufes,[102] der einen Grundbestandteil einer jeden Schusswaffe darstellt, findet sich nunmehr in Anl. 1 Abschn. 1 Unterabschn. 1 Nr. 1.3.1. Hiernach versteht man unter einem Lauf einen aus einem ausreichend festen Werkstoff bestehenden rohrförmigen Gegenstand, der Geschossen, die hindurchgetrieben werden, ein gewisses Maß an Führung gibt. Diese Voraussetzung wird seit dem ÄndG 2008[103] dahingehend konkretisiert, dass „dies in der Regel als gegeben anzusehen ist, wenn die Länge des Laufteils, der die Führung des Geschosses bestimmt, mindestens das Zweifache des Kalibers beträgt".[104] Unter Kaliber versteht man dabei den Innendurchmesser des Laufes bei Schusswaffen.[105] In Anl. I-A 1-UA 1-1.3.1 S. 2 WaffVwV[106] wird dies noch näher konkretisiert: „Ist der Innenquerschnitt des Laufs nicht kreisförmig, gilt der Durchmesser eines flächengleichen Kreises als Kaliber". Nach einer früheren, inhaltlich aber nicht abweichenden Definition, versteht man unter einem Lauf jedes durchbohrte, glatte oder mit Zügen versehene Metallrohr, das an beiden Seiten Öffnungen aufweist, den Geschossen eine Bewegungsrichtung gibt und in der Regel über eine gradlinige Seelenachse verfügt.[107] Wesentlich ist, dass Schreckschuss- und Reizstoffwaffen keinen solchen Lauf besitzen, durch den ein Geschoss getrieben werden kann. Sie besitzen lediglich einen sog. Gaslauf, durch den ausschließlich die Verbrennungsgase abgeleitet werden.[108] Eine ergänzende Regelung enthält ferner Anl. I-A 1-UA 1-1.3.1 S. 3 und S. 5 WaffVwV: „Bei Geschossspielzeugen (siehe DIN EN 71-1 Nr. 3.29) nach Anlage 2 Abschnitt 3 Unterabschnitt 2 gilt als Lauf auch eine Einrichtung, die es ermöglicht, dass die Geschosse aus dem Spielzeug gezielt verschossen werden können (zB Geschossführung durch leisten, Schienen). [...] Düsen von Sprühgeräten sind keine Läufe".[109]

---

[99] So Anl. I-A 1-UA 1-1.3 S. 7 WaffVwV; so bereits Nr. 3.2 S. 3 WaffVwV (zum WaffG aF); vgl. dazu auch Apel/Bushart/*Bushart* Anl. 1 Rn. 15, der zutreffend auf die lediglich klarstellende Funktion dieser Vorschrift hinweist.
[100] BGBl. 2008 I S. 426.
[101] Vgl. BT-Drs. 16/7717, 23; Anl. I-A 1-UA 1-1.3 S. 8 WaffVwV.
[102] Vgl. zum Begriff des Laufes nach altem Recht BGH 6.5.1971 – 4 StR 114/71, BGHSt 24, 136 (138 f.) = NJW 1971, 223 (1224); OLG Karlsruhe 5.12.1991 – 1 Ss 49/91, NJW 1992, 1057; vgl. auch die Abbildungen bei *Busche* S. 87 f., 422 f.
[103] BGBl. 2008 I S. 426 (433); zur Begründung BT-Drs. 16/7717, 23; so bereits Nr. 1.2.1. S. 2 WaffVwV zum WaffG aF.
[104] Vgl. auch Anl. I-A 1-UA 1-1.3.1 S. 1 WaffVwV; so bereits Nr. 1.1.2 S. 2 der WaffVwV (zum WaffG aF).
[105] Vgl. BT-Drs. 14/7758, 88.
[106] So auch bereits Nr. 1.1.2 S. 3 der WaffVwV (zum WaffG aF).
[107] BGH 6.5.1971 – 4 StR 114/71, BGHSt 24, 136 (139) = NJW 1971, 223 (1224); OLG Karlsruhe 5.12.1991 – 1 Ss 49/91, NJW 1992, 1057; so auch *Hinze* § 1 Anm. 6; Steindorf/*B. Heinrich* Rn. 4a; vgl. ferner BT-Drs. V/528, 19; BayObLG 30.4.1969 – Reg 4b St 31/69, OLGSt § 1 WaffenG S. 1 (2); zu einer weiteren Definition vgl. OLG Schleswig 20.3.1957 – Ss 460/56, SchlHA 1957, 312; Hinze/*Runkel* Rn. 37.
[108] Dies wird nunmehr in Anl. I-A 1-UA 1-1.3.1 S. 4 WaffVwV ausdrücklich festgestellt; vgl. auch BT-Drs. 14/7758, 87; Hinze/*Runkel* Rn. 38; hierzu noch → Rn. 48.
[109] Vgl. auch BT-Drs. V/528, 19; ferner Hinze/*Runkel* Rn. 37 f.; Steindorf/*B. Heinrich* Rn. 4a. Im Gegensatz dazu stand die Rspr. zum Waffenbegriff in § 250 Nr. 1 StGB aF; hier wurde die Sprühdose mit Tränengas als Waffe angesehen; vgl. in diese Richtung BGH 16.4.1953 – 4 StR 771/52, BGHSt 4, 125 (127 f.) = NJW 1953, 953; allerdings wurde die *Schusswaffen*eigenschaft bei „Flüssigkeiten, die unmittelbar aus Sprühgeräten versprüht werden", abgelehnt; so BGH 6.5.1971 – 4 StR 114/71, BGHSt 24, 136 (139) = NJW 1971, 223 (1224); zur Unterscheidung der verschiedenen Waffenbegriffe im Strafrecht und im allgemeinen Waffenrecht → Rn. 7.

Auch ein mit Blei gefüllter Lauf bleibt ein wesentlicher Teil, da das Blei durch Hitzeein- 40
wirkung problemlos wieder herausgelöst werden kann.[110] Läufe von Maschinenpistolen
ohne Patronenlager sind jedoch dann nicht erfasst, wenn sie nicht ohne besondere Maschinen wie Drehbänke, Fräs- und Schleifmaschinen zu Teilen einer Schusswaffe verarbeitet
werden können.[111] Zu den Läufen gehören auch die **Anl. 1 Abschn. 1 Unterabschn. 1
Nr. 3.1 bis 3.7** genannten Arten von Läufen. Die Vorschriften lauten:

3. Weitere Begriffe zu den wesentlichen Teilen

3.1 Austauschläufe sind Läufe für ein bestimmtes Waffenmodell oder -system, die ohne Nacharbeit ausgetauscht werden können.

3.2 Wechselläufe sind Läufe, die für eine bestimmte Waffe zum Austausch des vorhandenen
Laufes vorgefertigt sind und die noch eingepasst werden müssen.

3.3 Einsteckläufe sind Läufe ohne eigenen Verschluss, die in die Läufe von Waffen größeren
Kalibers eingesteckt werden können.

3.4 Wechseltrommeln sind Trommeln für ein bestimmtes Revolvermodell, die ohne Nacharbeit
gewechselt werden können.

3.5 Wechselsysteme sind Wechselläufe einschließlich des für sie bestimmten Verschlusses.

3.6 Einstecksysteme sind Einsteckläufe einschließlich des für sie bestimmten Verschlusses.

3.7 Einsätze sind Teile, die den Innenmaßen des Patronenlagers der Schusswaffe angepasst
und zum Verschießen von Munition kleinerer Abmessungen bestimmt sind.

aa) Austauschläufe. Als erstes werden in der genannten Aufzählung die Austauschläufe 41
genannt. Sie müssen für ein bestimmtes Waffenmodell (oder Waffensystem) bestimmt sein
und ohne Anwendung von besonderen Hilfsmitteln in jede Waffe dieses Modells eingebaut
werden können, ohne dass dadurch die Funktionen des Verschlusses oder der Zündung
beeinträchtigt werden.[112] Bei ihrer Verwendung kann derselbe Verschluss einer Waffe für
mehrere verschiedene Läufe benutzt werden.[113] Sie dienen in aller Regel dazu, dass entweder „Munition in einem anderen Kalibers verschossen oder bei Verwendung einer Munition
im gleichen Kaliber eine andere Wirkung, insbesondere eine Veränderung des ballistischen
Verhaltens der Geschosse erzielt werden" kann.[114] Für die Austauschläufe gelten vielfach
Sonderbestimmungen. So ist nach Anl. 2 Abschn. 2 Unterabschn. 2 Nr. 2.1 der Erwerb von
Austauschläufen gleichen oder geringeren Kalibers durch den Inhaber einer Waffenbesitzkarte erlaubnisfrei gestellt, wenn es sich um Austauschläufe für Schusswaffen handelt, die
in der Waffenbesitzkarte des Erlaubnisinhabers eingetragen sind.[115] Auf die Notwendigkeit
einer Eintragungspflicht nach § 10 Abs. 1a wurde dabei vom Gesetzgeber gesondert hingewiesen.

bb) Wechselläufe. Ferner sind in der genannten Aufzählung die Wechselläufe genannt 42
(Anl. 1 Abschn. 1 Unterabschn. 1 Nr. 3.2). Auch sie müssen für eine bestimmte Waffe
hergerichtet und zum Austausch des vorhandenen Laufes vorgefertigt sein. Sie müssen dabei
allerdings noch eingepasst werden und sind daher nur für diese Waffe geeignet.[116] Sie dienen
ähnlichen Zwecken wie die Austauschläufe,[117] weswegen für sie vielfach auch die gleichen

---

[110] *Ehmke* § 1 Abs. 1.
[111] *Ehmke* § 3 Abs. 2; *Steindorf,* 7. Aufl. 1999, § 3 Rn. 4, jeweils unter Hinweis auf OLG Koblenz 17.3.1977 – Ss 63/77, OLGSt § 6 WaffG S. 1.
[112] Vgl. *Apel* § 3 Anm. 2a; zur Vermeidung von Irritationen wurde die bisher in Nr. 3.3 S. 1 WaffVwV (zum WaffG aF) aufgenommene Begriffsumschreibung geringfügig modifiziert; vgl. BT-Drs. 14/7758, 88.
[113] Vgl. Anl. I-A 1-UA 1-3.1 S. 1 WaffVwV.
[114] Vgl. Anl. I-A 1-UA 1-3.2 S. 1 WaffVwV; so bereits Nr. 3.3 S. 3 WaffVwV (zum WaffG aF); ferner *Apel* § 3 Anm. 2a.
[115] Hierzu → § 2 Rn. 59; die Regelung ist abgedruckt in → § 2 Rn. 34; ursprünglich war auch der Besitz entsprechend freigestellt, diese Privilegierung wurde durch das ÄndG 2008 aufgehoben; vgl. BGBl. I S. 426 (436); zur Begründung BT-Drs. 16/7717, 14, 26: Damit soll klar gestellt werden, dass zwar der Erwerb freigestellt ist, Eintragungen in die Waffenbesitzkarte aber erforderlich sind.
[116] Vgl. Anl. I-A 1-UA 1-3.2 S. 1 WaffVwV; ähnlich bereits Nr. 3.3 S. 2 WaffVwV (zum WaffG aF).
[117] → Rn. 41.

Sonderbestimmungen gelten. Wie schon bei den Austauschläufen ist nach Anl. 2 Abschn. 2 Unterabschn. 2 Nr. 2.1 auch der Erwerb von Wechselläufen gleichen oder geringeren Kalibers durch den Inhaber einer Waffenbesitzkarte erlaubnisfrei gestellt, wenn es sich um Wechselläufe für Schusswaffen handelt, die in der Waffenbesitzkarte des Erlaubnisinhabers eingetragen sind.[118] Auch hier wurde aber auf die Notwendigkeit einer Eintragungspflicht nach § 10 Abs. 1a vom Gesetzgeber gesondert hingewiesen

43   cc) **Einsteckläufe.** Ebenfalls unter den Begriff des Laufes fallen Einsteckläufe (Anl. 1 Abschn. 1 Unterabschn. 1 Nr. 3.3). Es handelt sich dabei um Fangschussgeber oder Reduzierläufe, die in Läufe von Waffen größeren Kalibers eingesteckt werden können.[119] Sie werden verwendet, um aus ihnen (zumeist zu Übungszwecken) Patronenmunition (Kugel- oder Schrotpatronen) kleineren Kalibers zu verschießen.[120] Fangschussgeber werden darüber hinaus überwiegend von Jägern verwendet und dienen auch hier dem Verschießen von Munition kleinerer Abmessung aus Langwaffen.[121] Auch für Einsteckläufe gelten, obwohl sie als wesentliche Teile den Schusswaffen grds. gleichgestellt sind, teilweise Sonderbestimmungen. So sind sie nach Anl. 2 Abschn. 2 Unterabschn. 2 Nr. 2a im Hinblick auf den Erwerb und den Besitz durch den Inhaber einer Waffenbesitzkarte erlaubnisfrei gestellt, wenn sie für Schusswaffen bestimmt sind, die in der Waffenbesitzkarte des Erlaubnisinhabers eingetragen sind.[122]

44   dd) **Wechselsysteme.** Ferner sind hier die Wechselsysteme zu nennen (Anl. 1 Abschn. 1 Unterabschn. 1 Nr. 3.5). Hierunter versteht man die Kombination von Wechsel- bzw. Austauschläufen gleichen oder geringeren Kalibers mit den für diese Läufe erforderlichen Verschlüssen. Sie dienen dazu, dass aus dem Gehäuse einer Schusswaffe mehrere Munitionsarten bei Wechsel des jeweiligen Systems verschossen werden können. Diese Wechselsysteme sind nach Anl. 2 Abschn. 2 Unterabschn. 2 Nr. 2.1 im Hinblick auf den Erwerb durch den Inhaber einer Waffenbesitzkarte erlaubnisfrei gestellt, wenn es sich um Wechselsysteme für Schusswaffen handelt, die in der Waffenbesitzkarte des Erlaubnisinhabers eingetragen sind.[123] Auch hier wurde aber auf die Notwendigkeit einer Eintragungspflicht nach § 10 Abs. 1a vom Gesetzgeber gesondert hingewiesen.

45   ee) **Einstecksysteme.** Mit den Wechselsystemen vergleichbar sind die Einstecksysteme (Anl. 1 Abschn. 1 Unterabschn. 1 Nr. 3.6). Hierunter versteht man die Kombination von Einsteckläufen und den dazu gehörenden Verschlüssen. Diese Einstecksysteme sind – ebenso wie die Einsteckläufe – nach Anl. 2 Abschn. 2 Unterabschn. 2 Nr. 2a im Hinblick auf den Erwerb und den Besitz durch den Inhaber einer Waffenbesitzkarte erlaubnisfrei gestellt, wenn sie für Schusswaffen bestimmt sind, die in der Waffenbesitzkarte des Erlaubnisinhabers eingetragen sind.[124]

---

[118] Hierzu → § 2 Rn. 59; die Regelung ist abgedruckt in → § 2 Rn. 34; ursprünglich war auch der Besitz entsprechend freigestellt, diese Privilegierung wurde durch das ÄndG 2008 aufgehoben; vgl. BGBl. I S. 426 (436): zur Begründung BT-Drs. 16/7717, 14, 26: Damit soll klar gestellt werden, dass zwar der Erwerb freigestellt ist, Eintragungen in die Waffenbesitzkarte aber erforderlich sind.
[119] Vgl. Anl. I-A 1-UA 1-3.3 S. 1 WaffVwV.
[120] *Apel* § 3 Anm. 2a; Hinze/Runkel Rn. 76; *Steindorf*, 7. Aufl. 1999, § 3 Rn. 4.
[121] Vgl. Anl. I-A 1-UA 1-3.3 S. 2 WaffVwV.
[122] Hierzu → § 2 Rn. 59; die Regelung ist abgedruckt in → § 2 Rn. 34; die ursprünglich im Rahmen des Gesetzgebungsverfahrens zum ÄndG 2008 vorgesehene Streichung der Privilegierung des Besitzes, vgl. BT-Drs. 16/7717, 14, 26, wurde später fallen gelassen; zur Begründung vgl. BT-Drs. 16/8224, 10, 20. Es erfolgte lediglich ein andere Nummerierung; vgl. BGBl. I S. 426 (436 f.).
[123] Hierzu → § 2 Rn. 59; die Regelung ist abgedruckt in → § 2 Rn. 34; ursprünglich war auch der Besitz entsprechend freigestellt, diese Privilegierung wurde durch das ÄndG 2008 aufgehoben; vgl. BGBl. I S. 426 (436): zur Begründung BT-Drs. 16/7717, 14, 26: Damit soll klar gestellt werden, dass zwar der Erwerb freigestellt ist, Eintragungen in die Waffenbesitzkarte aber erforderlich sind.
[124] Hierzu → § 2 Rn. 59; die Regelung ist abgedruckt in → § 2 Rn. 34; die ursprünglich im Rahmen des Gesetzgebungsverfahrens zum ÄndG 2008 vorgesehene Streichung der Privilegierung des Besitzes, vgl. BT-Drs. 16/7717, 14, 26, wurde später fallen gelassen; zur Begründung vgl. BT-Drs. 16/8224, 10, 20. Es erfolgte lediglich ein andere Nummerierung; vgl. BGBl. I S. 426 (436 f.).

ff) Einsätze. Schließlich fallen auch die Einsätze unter den Oberbegriff des Laufes (Anl. 1 Abschn. 1 Unterabschn. 1 Nr. 3.7). Diese Einsätze (oder auch: Adapter) dienen, wie die Einsteckläufe, dazu, Munition mit kleinerer Abmessung bzw. schwächerer Ladung, jedoch mit gleichem Geschossdurchmesser zu verschießen.[125] Damit wird es ermöglicht, aus einer bestimmten Waffe Patronen unterschiedlicher Ladung zu Verschießen, was insbes. zu Übungszwecken die Beanspruchung der Waffe durch Verwendung der Munition herabsetzen kann.[126] Die Einsätze wurden dabei insbes. für Schusswaffen ohne Lauf entwickelt.[127] Sie besitzen zumeist die äußere Form der Originalmunition für die entsprechende Schusswaffe und enthalten ein Patronenlager für die Aufnahme einer kleineren Patrone. Sie sind den Einsteckläufen nicht gleichgestellt, sondern gesetzestechnisch als eigenständige waffenrechtlich relevante Gegenstände berücksichtigt worden.[128] Als Beispiel hierfür sind Einsätze für Kartuschenlager, zB für Salutwaffen zu nennen.[129] Der Begriff der „Abmessungen" wurde gewählt, um zu verdeutlichen, dass Einsätze auch Abweichungen im Hinblick auf die Patronenlänge enthalten können.[130] Diese Einsätze sind – ebenso wie die Einsteckläufe – nach Anl. 2 Abschn. 2 Unterabschn. 2 Nr. 2a im Hinblick auf den Erwerb und den Besitz durch den Inhaber einer Waffenbesitzkarte erlaubnisfrei gestellt, wenn sie dazu bestimmt sind, Munition mit kleinerer Abmessung zu verschießen. Weitere Voraussetzung ist, dass sie – aus den eben genannten Gründen – nicht dem Begriff des „Einsteckslaufes" unterfallen und für Schusswaffen bestimmt sind, die in der Waffenbesitzkarte des Erlaubnisinhabers eingetragen sind.[131]

46

gg) Wechseltrommeln. Ferner sind in diesem Zusammenhang die Wechseltrommeln zu nennen. Nach Anl. 1 Abschn. 1 Unterabschn. 1 Nr. 3.4 versteht man hierunter Trommeln für ein bestimmtes Revolvermodell, die ohne Nacharbeit gewechselt werden können (vgl. auch § 2 Abs. 2 Nr. 7 BeschG). Die Wechseltrommeln sind nach Anl. 2 Abschn. 2 Unterabschn. 2 Nr. 2.2 im Hinblick auf den Erwerb durch den Inhaber einer Waffenbesitzkarte erlaubnisfrei gestellt, wenn aus ihnen nur Munition verschossen werden kann, bei der gegenüber der für die Waffe bestimmten Munition Geschossdurchmesser und höchstzulässiger Gebrauchsgasdruck gleich oder geringer sind.[132] Weitere Voraussetzung ist, dass sie für Schusswaffen bestimmt sind, die in der Waffenbesitzkarte des Erlaubnisinhabers eingetragen sind.[133]

47

b) Gaslauf. Nach Anl. 1 Abschn. 1 Unterabschn. 1 Nr. 1.3.1 ist auch der Gaslauf als wesentlicher Teil einer Schusswaffe anzusehen.[134] Unter einem Gaslauf ist dabei ein Lauf zu verstehen, der ausschließlich der Ableitung der Verbrennungsgase dient.[135]

48

c) Verschluss. Nach Anl. 1 Abschn. 1 Unterabschn. 1 Nr. 1.3.1 ist auch der Verschluss als wesentlicher Teil einer Schusswaffe anzusehen, wenn dieser nicht bereits Bestandteil des Laufes ist.

49

---

[125] Vgl. Anl. I-A 1-UA 1-3.7 S. 1 WaffVwV.
[126] Hinze/Runkel Rn. 80.
[127] Vgl. Auch Anl. I-A 1-UA 1-3.7 S. 2: „Diese Einsätze (so genannte Reduzierhülsen) besitzen keinen Lauf".
[128] Vgl. zu ihrer Einbeziehung BT-Drs. 7/4407, 6; ferner Steindorf, 7. Aufl. 1999, § 21 Rn. 9.
[129] Vgl. BT-Drs. 14/7758, 88.
[130] Vgl. BT-Drs. 14/7758, 88; hierzu näher Hinze/Runkel Rn. 80.
[131] Hierzu → § 2 Rn. 59; die Regelung ist abgedruckt in → § 2 Rn. 34.
[132] Durch das ÄndG 2008, BGBl. I S. 426 (436), wurde der bisher in Anl. 2 Abschn. 2 Unterabschn. 2 Nr. 2.3 aF enthaltene Hinweis auf die Maßtafeln gestrichen.
[133] Hierzu → § 2 Rn. 59; die Regelung ist abgedruckt in → § 2 Rn. 34; ursprünglich war auch der Besitz entsprechend freigestellt, diese Privilegierung wurde durch das ÄndG 2008 aufgehoben; vgl. BGBl. I S. 426 (436): zur Begründung BT-Drs. 16/7717, 14, 26: Damit soll klar gestellt werden, dass zwar der Erwerb freigestellt ist, Eintragungen in die Waffenbesitzkarte aber erforderlich sind.
[134] Der Begriff des „Gaslaufes" sollte nach Ansicht des Bundesrates durch den Begriff des „Gasrohres" ersetzt werden, um klar zu stellen, dass Schreckschusswaffen lediglich als den Schusswaffen gleichgestellte Munitionsabschussgeräte, nicht aber als Schusswaffen selbst anzusehen sind, BT-Drs. 14/7758, 120; die Bundesregierung lehnte diesen Formulierungsvorschlag ab; vgl. BT-Drs. 14/7758, 137.
[135] Vgl. zu den Gasläufen auch Anl. I-A 1-UA 1-1.3.1 S. 4 WaffVwV.

50 Der Verschluss ist das letzte unmittelbar das Patronen- oder Kartuschenlager oder den Lauf hinten abschließende Teil.[136] Er ist regelmäßig ein wesentlicher Bestandteil von Schusswaffen, deren Geschosse durch Gase angetrieben werden. Er nimmt das Schloss auf, dient den Munitionshülsen als Gegenlager und verriegelt den Lauf nach hinten.[137] Dabei bewirkt der Verschluss, dass die Pulvergase die Ladung nach vorne durch die Laufmündung treiben. Erforderlich ist, dass es sich um den vollständigen Verschlussmechanismus handelt, der bloße Verschlussrahmen ist nicht ausreichend.[138]

51 **d) Patronenlager.** Nach Anl. 1 Abschn. 1 Unterabschn. 1 Nr. 1.3.1 ist auch das Patronenlager als wesentlicher Teil einer Schusswaffe anzusehen, wenn dieses nicht bereits Bestandteil des Laufes ist. Unter dem Patronenlager versteht man den hinteren Teil des Laufes, der die Patrone[139] aufnimmt. Bei Revolvern hat es die Form eines drehbaren Zylinders (Trommel). Voraussetzung für eine eigenständige waffenrechtliche Beurteilung ist jedoch, dass das Lager nicht mit dem Lauf verbunden ist.[140] Dagegen ist das bei herkömmlichen Handfeuerwaffen[141] für die Aufnahme der Patronen bestimmte Magazin kein wesentlicher Bestandteil, sondern lediglich Zubehör.[142]

52 **e) Kartuschenlager.** Nach Anl. 1 Abschn. 1 Unterabschn. 1 Nr. 1.3.1 ist auch das Kartuschenlager als wesentlicher Teil einer Schusswaffe anzusehen, wenn dieses nicht bereits Bestandteil des Laufes ist. Unter dem Kartuschenlager versteht man – wie schon beim Patronenlager – den hinteren Teil des Laufes, der die Kartusche[143] aufnimmt. Wechselbare Gaskartuschen gehören allerdings nicht zu den wesentlichen Teilen.[144]

53 **f) Verbrennungskammer.** Nach Anl. 1 Abschn. 1 Unterabschn. 1 Nr. 1.3.2 sind sowohl die Verbrennungskammer als auch die Einrichtung zur Erzeugung des Gemisches als wesentliche Teile anzusehen, wenn es sich um Schusswaffen handelt, bei denen zum Antrieb ein entzündbares flüssiges oder gasförmiges Gemisch[145] verwendet wird. Die praktische Bedeutung ist gering.[146]

54 **g) Andere Antriebsvorrichtung.** Nach Anl. 1 Abschn. 1 Unterabschn. 1 Nr. 1.3.3 ist bei Schusswaffen mit anderem Antrieb auch die Antriebsvorrichtung als wesentlicher Teil anzusehen, sofern sie fest mit der Schusswaffe verbunden ist.[147] Das Gesetz benennt die „anderen Antriebsvorrichtungen" hier nicht weiter. Aus der Systematik des Gesetzes („andere") folgt jedoch, dass es sich hier im Gegensatz zu den bereits aufgeführten Fällen um Antriebsvorrichtungen von Schusswaffen handeln muss, bei denen zum Antrieb keine heißen Gase erzeugt werden. In Betracht kommen hier Druckluft-, Federdruck- und CO_2-Waffen.[148] Voraussetzung ist jedoch, dass die Antriebsvorrichtungen fest mit der Schusswaffe verbunden sind.

55 **h) Griffstück.** Nach Anl. 1 Abschn. 1 Unterabschn. 1 Nr. 1.3.4 sind ferner bei Kurzwaffen (vgl. hierzu Anl. 1 Abschn. 1 Unterabschn. 1 Nr. 2.5)[149] auch das Griffstück oder sonstige Waffenteile als wesentliche Teile anzusehen, soweit sie für die Aufnahme des Auslöseme-

---

[136] Vgl. Anl. I-A 1-UA 1-1.3.1 S. 6 WaffVwV.
[137] Vgl. *Apel* § 3 Anm. 2a; zu den verschiedenen Arten von Verschlüssen Hinze/*Runkel* Rn. 51 ff.; vgl. auch *Gade/Stoppa* Anl. 1 Rn. 32; hierzu auch die Abbildungen bei *Busche* S. 86, 426 ff.
[138] *Ehmke* § 3 Abs. 2 Nr. 2; Hinze/*Runkel* Rn. 56.
[139] Vgl. zur Patronenmunition noch ausführlich → Rn. 132.
[140] Vgl. hierzu bereits BT-Drs. VI/3566, Begründung S. 3; ferner Hinze/*Runkel* Rn. 57.
[141] Vgl. zum Begriff der Feuerwaffen → Rn. 78.
[142] *Steindorf*, 7. Aufl. 1999, § 3 Rn. 5.
[143] Vgl. zur Kartuschenmunition noch ausführlich → Rn. 133.
[144] Anl. I-A 1-UA 1-1.3.3 S. 2 WaffVwV.
[145] Es kann sich hier zB um ein Äther-Luftgemisch handeln.
[146] Vgl. hierzu *Ehmke* § 3 Abs. 1 Anm. 3; *Hinze* § 3 Anm. 10.
[147] Hierzu auch § 3 Abs. 2 Nr. 3 WaffG aF.
[148] Vgl. Anl. I-A 1-UA 1-1.3.3 S. 1 WaffVwV; vgl. auch *Apel* § 3 Anm. 2c; Hinze/*Runkel* Rn. 59; vgl. zu diesen Waffen noch ausführlich → § 2 Rn. 49.
[149] Vgl. zum Begriff der Kurzwaffe → Rn. 90.

chanismus bestimmt sind.[150] Zu den genannten „sonstigen Waffenteilen, die für die Aufnahme des Auslösemechanismus bestimmt sind" zählen ua der Hahn (= eine um die Achse drehbare, durch Federdruck beschleunigte Schlagvorrichtung zum Auslösen der Zündung) und der Abzug.[151] Nicht erfasst sind Teile, aus denen sich der Auslösemechanismus selbst zusammensetzt, wie etwa Schlagbolzen, Federn oder Schrauben.[152] Denn diese können einer waffenrechtlichen Erlaubnispflicht deswegen nicht unterworfen werden, da sie regelmäßig auch für andere gewerbliche oder technische Zwecke Verwendung finden können.[153]

i) Vorgearbeitete Teile. In dem der Nr. 1.3.4 der Anl. 1 Abschn. 1 Unterabschn. 1 **56** nachgestellten Satz 1 wird klargestellt, dass auch vorgearbeitete wesentliche Teile von Schusswaffen sowie Teile und Reststücke von Läufen und Laufrohlingen als wesentliche Teile erfasst sind, wenn sie mit allgemein gebräuchlichen Werkzeugen fertiggestellt werden können.[154] Nach der ausdrücklichen Begründung des Gesetzgebers schließt diese Definition nunmehr auch die für Schusswaffen bestimmten und mit Innenprofilen versehenen Laufrohlinge unter der Einbeziehung von Teilen oder Reststücken mit ein, ebenso Teile oder Reststücke fertiger Läufe.[155] Vorgearbeitete Teile sind solche, die sich in einem so weit fortgeschrittenen Herstellungszustand befinden, dass sie ohne besondere maschinelle Vorrichtungen fertig verarbeitet und zur Zusammensetzung gebrauchsfähiger Schusswaffen verwendet werden können (in der Fachsprache spricht man diesbezüglich auch von „Weißfertigkeit").[156] Hierunter fallen ua vorgebohrte Verschlüsse, Trommeln und Läufe. Sie werden den fertigen wesentlichen Teilen gleichgestellt, wenn sie mit allgemein gebräuchlichen Werkzeugen[157] in einen einbau- und gebrauchsfertigen Zustand versetzt werden können.[158] Bedarf es zu ihrer Fertigstellung besonderer Vorrichtungen wie Drehbänke, Fräs- oder Schleifmaschinen, ist diese Voraussetzung nicht erfüllt.[159] Hinsichtlich der Läufe ist zu beachten, dass sie „innen" fertig gestellt sein müssen, dh dass das Patronen- oder Kartuschenlager, der Übergangskegel und, soweit es sich um Büchsenläufe handelt, die Felder und Züge fertig gestellt sein müssen. In Anl. I-A 1-UA 1-1.3.4 S. 2 und S. 3 WaffVwV[160] wird ferner festgelegt: „Mit Zügen oder anderen Innenprofilen versehene Laufrohlinge, Laufabschnitte oder Laufstücke, die noch kein Patronen- oder Kartuschenlager enthalten, sind

---

[150] Vgl. Anl. I-A 1-UA 1-1.3.4 S. 1 WaffVwV: „Als wesentliche Waffenteile werden entweder solche Griffstücke erfasst, die zur Aufnahme wesentlicher Elemente des Auslösemechanismus (auch bei einfach zu trennenden Auslöseeinheiten wie bei den Pistolen Tokarev, Mauser C 96 sowie zivilen HK MP-5 Abarten) bestimmt sind, oder sonstige Waffenteile, die zur Aufnahme wesentlicher Elemente des Auslösemechanismus dienen und die keine Griffstücke sind (zB Rahmen bei Single-Achtion-Revolvern)"; hierzu auch § 3 Abs. 2 Nr. 4 WaffG aF; ferner die Begründung in BT-Drs. 8/1614, 16 sowie bei Hinze/Runkel Rn. 61 und Steindorf, 7. Aufl. 1999, § 3 Rn. 8; zu verfassungsrechtlichen Bedenken im Hinblick auf die Erstreckung dieser Regelung auf Altbesitz Hinze § 3 Anm. 10a; dagegen Ehmke § 3 Abs. 2 Anm. 4.
[151] Vgl. hierzu die Begründung in BT-Drs. 8/1614, 14.
[152] BT-Drs. 8/1614, 14; Ehmke § 3 Abs. 2 Anm. 4; Hinze/Runkel Rn. 62; Schulz NJW 1978, 1510; Steindorf, 7. Aufl. 1999, § 3 Rn. 8.
[153] Vgl. hierzu BT-Drs. 8/1614, 14.
[154] Bis zum ÄndG 2008, BGBl. I S. 426 (433), war dies als Nr. 1.3.5 der Anl. 1 Abschn. 1 Unterabschn. 1 geregelt; vgl. auch § 3 Abs. 3 WaffG aF.
[155] Vgl. BT-Drs. 14/7758, 87, 120 (Nr. 83); BT-Drs. 14/8886, 119; offen gelassen noch in OLG Karlsruhe 5.12.1991 – 1 Ss 49/91, NJW 1992, 1057.
[156] Hinze/Runkel Rn. 63; vgl. auch die frühere Regelung in § 3 Abs. 2 der Verordnung zur Durchführung des Reichswaffengesetzes vom 19.3.1938, RGBl. I S. 270. zur „Weißfertigkeit" vgl. ferner § 2 Abs. 1 S. 3 der 3. WaffV (zum WaffG aF), wonach diese vorliegt, „wenn alle materialschwächenden oder -verändernden Arbeiten, ausgenommen die üblichen Gravurarbeiten, beendet sind"; vgl. ferner Nr. 3.1. S. 2 WaffVwV (zum WaffG aF).
[157] Vgl. Anl. I-A 1-UA 1-1.3 S. 3 WaffVwV; so bereits Nr. 1.8.6 WaffVwV (zum WaffG aF): „die unter Bastlern/Heimwerkern verbreiteten Werkzeuge"; ferner Hinze/Runkel Rn. 26, 64 ff.; zu den allgemein gebräuchlichen Werkzeugen → Rn. 61.
[158] Anl. I-A 1-UA 1-1.3 S. 2 WaffVwV.
[159] Vgl. Anl. I-A 1-UA 1-1.3 S. 4 WaffVwV; Ehmke § 3 Abs. 3; Hinze/Runkel Rn. 65; Steindorf, 7. Aufl. 1999, § 3 Rn. 9.
[160] Vgl. bereits Nr. 3.1 S. 3 und S. 4 der WaffVwV (zum WaffG aF).

dann wesentliche Teile, wenn sie für eine erlaubnispflichtige Schusswaffe bestimmt sind. Läufe ohne Züge und ohne Patronen- oder Kartuschenlager sind nur dann wesentliche Teile, wenn sie ohne wesentliche Nacharbeit in eine Waffe eingebaut oder mit einer Waffe verbunden werden können und damit eine gebrauchsfertige Waffe entsteht."[161]

57 **j) Schalldämpfer.** Nach Anl. 1 Abschn. 1 Unterabschn. 1 Nr. 1.3 S. 1 stehen auch Schalldämpfer den Schusswaffen gleich, für die sie bestimmt sind, sofern das WaffG nicht im Einzelfall eine anderweitige Regelung trifft. Nach Satz 2 der genannten Nr. 1.3 gilt dies auch dann, wenn sie mit anderen Gegenständen verbunden sind und die Gebrauchsfähigkeit als Waffenteil nicht beeinträchtigt ist oder mit allgemein gebräuchlichen Werkzeugen[162] wieder hergestellt werden kann. Schalldämpfer werden somit zwar nicht **als** „wesentliche Teile" von Schusswaffen angesehen, sind aber durch diese Vorschrift dennoch **wie** die wesentlichen Teile den Schusswaffen gleichgestellt. Die Einbeziehung der Schalldämpfer erschien dem Gesetzgeber „erforderlich, um einerseits den Erfordernissen der Lärmbekämpfung Rechnung tragen zu können ohne andererseits Sicherheitsinteressen zu gefährden", wobei festzuhalten ist, dass nach altem Recht (§ 25 Abs. 1 Nr. 2 RWaffG 1938) Schalldämpfer grds. als verboten galten.[163] Nach der gesetzlichen Definition, die sich nunmehr im zweiten nach der Nr. 1.3.4 Anl. 1 Abschn. 1 Unterabschn. 1 aufgenommenen Satz befindet,[164] versteht man unter Schalldämpfern „Vorrichtungen, die der wesentlichen Dämpfung des Mündungsknalls dienen und für Schusswaffen bestimmt sind".[165] Durch diese Definition wird deutlich, dass nicht alle dämpfenden Bauteile als Schalldämpfer einzuordnen sind. Insbes. Kompensatoren sind keine Schalldämpfer.[166] Erforderlich ist, dass es sich um eine Vorrichtung handelt, die gerade der Dämpfung des **Mündungsknalls** (dh nicht des Schussknalls) dient.[167] Sie können entweder fest mit der Schusswaffe verbunden oder zur Anbringung an einer Schusswaffe bestimmt sein.[168] Zur Dämpfung des Mündungsknalls ist es erforderlich, dass die Schalldämpfer dazu bestimmt sind, an der Laufmündung angebracht zu werden. Dabei muss es sich um Blechröhren mit Schallschluckeinrichtungen (Lamellen etc) handeln, die verhindern, dass der Mündungsknall durch den Schalldämpfer hindurch ins Freie gelangt, so dass bloße Schalltrichter oder Blechröhren nach dem Muster eines Kfz-Schalldämpfers nicht ausreichen.[169] Ebenso fallen sog. Mündungsfeuerbremsen und Schallschluckeinrichtungen auf Schießständen nicht hierunter.[170] Die Einbeziehung von Schalldämpfern in Anl. 1 Abschnitt 1 Unterabschn. 1 Nr. 1.3 führt dazu, dass ihr Erwerb nur auf Grund einer Waffenbesitzkarte gestattet ist, unabhängig davon, ob der Schalldämpfer mit einer Schusswaffe verbunden ist oder isoliert erworben werden kann.

---

[161] Näher hierzu *Apel* § 3 Anm. 3; *Ehmke* § 3 Abs. 3.
[162] Vgl. zu den allgemein gebräuchlichen Werkzeugen → Rn. 61.
[163] BT-Drs. VI/2678, 25; vgl. diesbezüglich auch die interessante Begründung in RT-Drs. III/4105, 12 zum damaligen Verbot der Schalldämpfer.
[164] Bis zum ÄndG 2008, BGBl. I S. 426 (433), befand sich eine gleichlautende Regelung in Anl. 1 Abschn. 1 Unterabschn. 1 Nr. 1.3.6.; hierzu BT-Drs. 16/7717, 35. Auch durch diese Nachstellung soll noch einmal verdeutlicht werden, dass es sich bei den Schalldämpfern gerade nicht um „wesentliche Teile" von Schusswaffen handelt.
[165] Vgl. auch Anl. I-A 1-UA 1-1.3 S. 5 WaffVwV: „Schalldämpfer für erlaubnisfreie Schusswaffen oder ihnen gleichgestellte tragbare Gegenstände sind entweder dem Kaliber sowie ihrer Konstruktion nach für Druckluft-, Federdruckwaffen und Waffen bestimmt, bei denen zum Antrieb der Geschosse kalte Treibgase Verwendung finden, oder nicht linear durchgängig sind"; vgl. bereits die Regelung in § 3 Abs. 4 WaffG aF; vgl. auch die Abbildungen bei *Busche* S. 463.
[166] Vgl. BT-Drs. 14/7758, 87; *Gade/Stoppa* Anl. 1 Rn. 23; *Hinze/Runkel* Rn. 72.
[167] *Hinze/Runkel* Rn. 67 f.; vgl. zur „wesentlichen Dämpfung des Mündungsknalls" Anl. I-A 1-UA 1-1.3.4 S. 5 WaffVwV: „Eine wesentliche Dämpfung des Mündungsknalls liegt dann vor, wenn bei Schießversuchen bereits sensitiv eine deutlich hörbare Schallminderung zwischen einer mit Schalldämpfer bestückter Schusswaffe und derselben Waffe ohne Schalldämpfer unter Verwendung gleicher Munition festgestellt werden kann".
[168] Vgl. hierzu Anl. I-A 1-UA 1-1.3.4 S. 4 WaffVwV; so bereits Nr. 3.4 S. 1 WaffVwV (zum WaffG aF).
[169] *Ehmke* § 3 Abs. 4; *Steindorf*, 7. Aufl. 1999, § 3 Rn. 10.
[170] *Ehmke* § 3 Abs. 4; *Hinze/Runkel* Rn. 72; *Steindorf*, 7. Aufl. 1999, § 3 Rn. 10.

I. Waffengesetz   58, 59   § 1 WaffG

k) Sonstige Vorrichtungen. Das Gesetz enthält in Anl. 1 Abschn. 1 Unterabschn. 1   **58**
Nr. 4 auch eine Bestimmung über „sonstige Vorrichtungen von Schusswaffen".[171] Durch
die Aufzählung von „wesentlichen Teilen" von Schusswaffen einerseits (vgl. Anl. 1
Abschn. 1 Unterabschn. 1 Nr. 1.3)[172] und „sonstigen Vorrichtungen" von Schusswaffen
andererseits soll deutlich gemacht werden, dass es sich bei den „sonstigen Vorrichtungen"
von Schusswaffen eben gerade nicht um „wesentliche Teile" im Rechtssinne handeln soll.[173]
Dennoch können diese Gegenstände nach Anl. 2 Abschn. 1 Nr. 1.2.4.1 und Nr. 1.2.4.2 als
verbotene Waffen angesehen werden.[174] Die Regelung in **Anl. 1 Abschn. 1 Unterabschn. 1 Nr. 4** lautet:

4. Sonstige Vorrichtungen für Schusswaffen

4.1 Zielscheinwerfer sind für Schusswaffen bestimmte Vorrichtungen, die das Ziel beleuchten.
Ein Ziel wird dann beleuchtet, wenn es mittels Lichtstrahlen bei ungünstigen Lichtverhältnissen
oder Dunkelheit für den Schützen erkennbar dargestellt wird. Dabei ist es unerheblich, ob das
Licht sichtbar oder unsichtbar (z. B. infrarot) ist und ob der Schütze weitere Hilfsmittel für die
Zielerkennung benötigt.

4.2 Laser oder Zielpunktprojektoren sind für Schusswaffen bestimmte Vorrichtungen, die das
Ziel markieren. Ein Ziel wird markiert, wenn auf diesem für den Schützen erkennbar ein Zielpunkt
projiziert wird.

4.3 Nachtsichtgeräte oder Nachtzielgeräte sind für Schusswaffen bestimmte Vorrichtungen, die
eine elektronische Verstärkung oder einen Bildwandler und eine Montageeinrichtung für Schusswaffen besitzen. Zu Nachtzielgeräten zählen auch Nachtsichtvorsätze und Nachtsichtaufsätze für
Zielhilfsmittel (Zielfernrohre).

4. Unbrauchbar gemachte Schusswaffen (Dekorationswaffen). In Anl. 1 Abschn. 1   **59**
Unterabschn. 1 Nr. 1.1 wird festgelegt, dass eine Schusswaffe nur dann vorliegt, wenn neben
der benannten (subjektiven) Zweckbestimmung „Geschosse durch einen Lauf getrieben werden" können. Dies setzt eine grds. Funktionsfähigkeit der Waffe voraus.[175] Mangels Funktionstauglichkeit sind daher unbrauchbar gemachte Schusswaffen – mit Ausnahme des § 42a (Verbot
des Führens von Anscheinswaffen etc) – nicht vom Anwendungsbereich des WaffG erfasst
(Anl. 2 Abschn. 3 Unterabschn. 2 Nr. 4.2). Da sie jedoch weiterhin eine gewisse Gefahr darstellen, insbes. wenn sie problemlos wieder funktionsfähig gemacht werden können,[176] enthält
Anl. 1 Abschn. 1 Unterabschn. 1 Nr. 1.4 eine detaillierte Regelung über die Voraussetzungen, die vorliegen müssen, um von einer dauerhaft unbrauchbar gemachten Schusswaffe sprechen zu können.[177] Die Vorschrift war bis zur gesetzlichen Änderung im Jahre 2017[178] präzise
gefasst, durch die nunmehr unmittelbar geltende EU-Deaktivierungsdurchführungsverord-

---

[171] Diese Gegenstände waren früher als verbotene Gegenstände iS des § 37 Abs. 1 S. 1 Nr. 2 und Nr. 3 WaffG aF aufgenommen.
[172] Hierzu → Rn. 35 ff.
[173] Vgl. Anl. I-A 1-UA 1-4 WaffVwV; so ausdrücklich auch BT-Drs. 14/7758, 137 (zu Nr. 87b). Durch das ÄndG 2008, BGBl. I S. 426 (434), wurde der bis dahin verwendete Begriff der „sonstigen Teile" zur besseren Verständlichkeit durch „sonstige Vorrichtungen" ersetzt; vgl. BT-Drs. 16/7717, 24; ferner wurden erläuternde Erklärungen für die einzelnen Vorrichtungen mit aufgenommen.
[174] → § 2 Rn. 3, 9 f.
[175] Hierzu schon → Rn. 13.
[176] Vgl. hierzu BR-Drs. 74/76, 52 f.; hierzu auch BayObLG 13.3.1997 – 4 St RR 26/97, BayObLGSt 1997, 59.
[177] Bis zum ÄndG 2008, BGBl. I S. 426 (433) war die Nr. 1.4 als Gleichstellungsregel ausgestaltet: „Die für Schusswaffen geltenden Vorschriften sind auf unbrauchbar gemachte Schusswaffen und auf aus Schusswaffen hergestellte Gegenstände anzuwenden […]". Es folgte daraufhin eine negative Umschreibung der einzelnen Voraussetzung der Unbrauchbarmachung (zB: „wenn […] das Patronenlager nicht dauerhaft so verändert ist, dass […]". Hierdurch wurden die bisherigen Regelungen des § 1 Abs. 3 WaffG aF und der Gleichstellungsvorschrift des § 7 Abs. 1 der 1. WaffV (zum WaffG aF) zusammengefasst; die nunmehr vorgenommene Änderung hatte nur deklaratorischen Charakter und trägt der „Entflechtung der definitorischen, den Anwendungsbereich des WaffG regelnden Bestimmungen der Anlage 1 zu den die Rechtsfolgenseite (Frage der Restriktionen des Umgangs) regelnden Bestimmungen der Anlage 2 Rechnung"; die Rechtsfolgen sind nunmehr ausschließlich in Anl. 2 Abschn. 3 Unterabschn. 2 Nr. 4.2 geregelt vgl. BT-Drs. 16/7717, 23; vgl. zu den einzelnen Anforderungen ausführlich Hinze/Runkel Rn. 92 ff.
[178] BGBl. I S. 2133 (2138).

nung[179] sah sich der Gesetzgeber aber gezwungen, mit einer weniger schönen Verweisungsvorschrift zu arbeiten.[180] Zum besseren Verständnis sollen im Folgenden sowohl die alte als auch die neue Vorschrift abgedruckt werden.

1.4 Unbrauchbar gemachte Schusswaffen (Dekorationswaffen) aF
Schusswaffen sind dann unbrauchbar, wenn

1.4.1 das Patronenlager[181] dauerhaft so verändert ist, dass weder Munition noch Treibladungen[182] geladen werden können,

1.4.2 der Verschluss[183] dauerhaft funktionsunfähig gemacht worden ist,

1.4.3 in Griffstücken[184] oder anderen wesentlichen Waffenteilen für Handfeuer-Kurzwaffen[185] der Auslösemechanismus dauerhaft funktionsunfähig gemacht worden ist,

1.4.4 bei Kurzwaffen[186] der Lauf auf seiner ganzen Länge, im Patronenlager[187] beginnend,
– bis zur Laufmündung einen durchgehenden Längsschlitz von mindestens 4 mm Breite oder
– im Abstand von jeweils 3 cm, mindestens jedoch 3 kalibergroße Bohrungen[188] oder
– andere gleichwertige Laufveränderungen

aufweist,

1.4.5 bei Langwaffen[189] der Lauf in dem dem Patronenlager zugekehrten Drittel
– mindestens 6 kalibergroße Bohrungen oder
– andere gleichwertige Laufveränderungen

aufweist und vor diesen in Richtung der Laufmündung mit einem kalibergroßen gehärteten Stahlstift dauerhaft verschlossen ist,

1.4.6 dauerhaft unbrauchbar gemacht oder geworden ist eine Schusswaffe dann, wenn mit allgemein gebräuchlichen Werkzeugen die Schussfähigkeit der Waffe oder die Funktionsfähigkeit der wesentlichen Teile nicht wieder hergestellt werden kann.

1.4 Unbrauchbar gemachte Schusswaffen (Dekorationswaffen) nF
Schusswaffen sind unbrauchbar, wenn sie gemäß ihrem Waffentyp und in jedem wesentlichen Bestandteil den Maßgaben des Anhangs I Tabelle I bis III der Durchführungsverordnung (EU) 2015/2403 der Kommission vom 15. Dezember 2015 zur Festlegung gemeinsamer Leitlinien über Deaktivierungsstandards und -techniken, die gewährleisten, dass Feuerwaffen bei der Deaktivierung endgültig unbrauchbar gemacht werden (ABl. L 333 vom 19.12.2015, S. 62), entsprechen.

60 Durch die frühere Regelung wurde ausdrücklich sichergestellt, dass eine Funktionsunfähigkeit nur dann vorliegt, wenn nicht nur die Waffe selbst, sondern auch alle wesentlichen Teile[190] so verändert wurden, dass sie mit allgemein gebräuchlichen Werkzeugen nicht wieder gebrauchsfähig gemacht werden können.[191] Insoweit bleibt die Schusswaffeneigenschaft bzw. die Funktionsfähigkeit (zumindest in Bezug auf die noch gebrauchsfähigen

---

[179] ABl. 2015 L 333, S. 62.
[180] BT-Drs. 18/11239, S. 53.
[181] Vgl. zum Begriff des Patronenlagers → Rn. 51.
[182] Vgl. zu den Begriffen Munition und Treibladungen → Rn. 130 ff. und Rn. 139; die Vorschrift stellt klar, dass nicht nur die Ladung von Munition, sondern auch von konfektioniertem Treibladungspulver zum Antrieb eines Geschosses nicht mehr möglich sein darf; vgl. BT-Drs. 14/7758, 88.
[183] Vgl. zum Begriff des Verschlusses → Rn. 49 f.
[184] Vgl. zum Begriff des Griffstückes → Rn. 55.
[185] Vgl. zu den wesentlichen Waffenteilen → Rn. 35 ff., zu den Feuerwaffen → Rn. 78 ff. und zu den Kurzwaffen → Rn. 90.
[186] Vgl. zum Begriff der Kurzwaffe → Rn. 90.
[187] Vgl. zum Begriff des Laufes → Rn. 39 ff.; zum Begriff des Patronenlagers → Rn. 51.
[188] Die Bohrung muss dabei nicht radial sein. Ist sie schräg, wird der Zweck regelmäßig sogar besser erreicht; vgl. BT-Drs. 14/7758, 88.
[189] Vgl. zum Begriff der Langwaffe → Rn. 90; zum Begriff des Laufes → Rn. 39 ff. und zum Begriff des Patronenlagers → Rn. 51.
[190] Vgl. zu den wesentlichen Teilen → Rn. 35 ff.
[191] Vgl. auch Anl. I-A 1-UA 1-1.4 S. 2 und 3 WaffVwV: „Sofern Schusswaffen durch Zerschmelzen, Zersägen oder Zusammenstauchen der wesentlichen Waffenteile so zerstört werden, dass sie mit allgemein gebräuchlichen Werkzeugen nicht wieder schießfähig gemacht werden können, gelten diese als unbrauchbar. Das Zerstören einer Schusswaffe stellt somit eine weitergehende Form der Unbrauchbarmachung dar, die darauf abzielt, die Waffe als Gegenstand zu vernichten".

wesentlichen Teile) erhalten, wenn auch nur **ein wesentlicher Teil** mit allgemein gebräuchlichen Mitteln wieder gebrauchsfähig gemacht werden kann.[192] Auch die jetzige Regelung erfasst nicht nur die Schusswaffe als solche, sondern ausdrücklich „jeden wesentlichen Bestandteil." In Anhang I der Durchführungsverordnung (EU) 2015/2403[193] finden sich – aufgegliedert nach einzelnen Bestandteilen – konkrete und detaillierte Verfahren zur Unbrauchbarmachung, wobei die „allgemein gebräuchlichen Werkzeuge" nicht mehr erwähnt werden. Ein Blick auf die bisherige Regelung erscheint dennoch sinnvoll.

Der Begriff der **allgemein gebräuchlichen Werkzeuge,** der auch noch an anderen Stellen des Gesetzes Verwendung findet, wird im WaffG selbst nicht näher konkretisiert. In der Begründung zum Gesetzentwurf wird darauf hingewiesen, dass hierzu „in mehrjähriger Arbeit in Zusammenarbeit mit dem Verband der Hersteller von Waffen von der Physikalisch-Technischen Bundesanstalt eine entsprechende Liste erarbeitet" wurde.[194] In Anl. I-A 1-UA 1-1.3 S. 3 und S. 4 WaffVwV findet sich allerdings der Versuch einer Umschreibung: „Als allgemein gebräuchlich anzusehen sind zB Hammer, Schraubendreher, Zange, Meißel, Durchschlag, Splintreiber, Feile, Handbohrmaschine auch mit Ständer, biegsame Welle und Schraubstock. Werkzeugmaschinen oder andere Geräte, die nur stationär betrieben werden (zB Drehbänke, Fräsmaschinen, Elektroschweißgeräte), sind keine allgemein gebräuchlichen Werkzeuge". Im Allgemeinen wird man also unter allgemein gebräuchlichen Werkzeugen solche verstehen, die üblicherweise in einem Haushalt vorkommen oder einem Bastler oder Heimwerker zur Verfügung stehen. Neben den genannten kommen zB noch Hartmetall-Steinbohrer, Maul- und Steckschlüssel, Kombizangen, Seitenschneider, Schleifsteine, Heißluftgebläse, Hammer oder (Eisen-)Sägen in Frage.[195] **61**

Die Einführung der Wörter „oder geworden" in Nr. 1.4.6 durch das ÄndG 2008[196] verdeutlicht, dass die dauerhafte Unbrauchbarkeit nicht nur durch Menschenhand, sondern auch durch natürliche Prozesse wie Korrosion oder Verrottung bewirkt werden kann.[197] Die Einbeziehung dieser unbrauchbar „gewordenen" Waffen war nach früherer Rechtslage nicht möglich.[198] Auch hier wird man aber eine Funktionsuntauglichkeit und somit den Verlust der Schusswaffeneigenschaft erst dann annehmen können, wenn die Waffe dauerhaft unbrauchbar und nicht mit den genannten allgemein gebräuchlichen Werkzeugen wieder leicht zu reparieren ist. Hinzuweisen ist an dieser Stelle noch auf die Regelung der Anl. 2 Abschn. 3 Unterabschn. 2 Nr. 4,[199] wonach Schusswaffen, die vor dem 1.4.2003 entsprechend den damaligen Anforderungen oder solche, die nach dem 1.4.2003 entsprechend den ab diesem Zeitpunkt geltenden Bestimmungen unbrauchbar gemacht wurden, ebenfalls aus dem Anwendungsbereich des WaffG herausfallen.[200] **62**

5. Salutwaffen. Nicht zu den unbrauchbar gemachten (Dekorations-)Waffen zählen die Salutwaffen, da sie noch eine Restschießfähigkeit besitzen.[201] Zwar kann mit ihnen keine **63**

---

[192] Vgl. bereits BT-Drs. VI/2678, 25; *Ehmke* § 1 Abs. 3; *Steindorf,* 7. Aufl. 1999, § 1 Rn. 23; anders *Hinze* § 1 Anm. 4 und 15, der eine Anwendbarkeit des WaffG erst nach Verselbstständigung des funktionsbereiten wesentlichen Teils annimmt; hierzu auch Anl. I-A 1-UA 1-1.4.6 S. 2 WaffVwV; ergänzend auch Anl. I-A 1-UA 1-1.4.6 S. 3: „Schnittmodelle verlieren ihre Eigenschaft als Schusswaffe, wenn der Lauf und die Patronenlager nach Anlage 1 Abschnitt 1 Unterabschnitt 1 Nummer 1.4 so geöffnet sind, dass Geschosse den Lauf nicht verlassen können, und der Verschluss einschließlich der Zündeinrichtung sowie das Griffstück bei Kurzwaffen soweit geändert sind, dass nur die mechanische Funktion noch erhalten bleibt, jedoch Munition nicht gezündet werden kann."
[193] ABl. 2015 L 333, S. 62 (66 ff.).
[194] BT-Drs. 14/7758, 88.
[195] BT-Drs. 16/7717, 24; vgl. auch Nr. 1.8.6 WaffVwV (zum WaffG aF); ferner Apel/Bushart/*Bushart* Anl. 1 Rn. 16; *Ehmke* § 1 Abs. 1; Steindorf/*B. Heinrich* Rn. 19c.
[196] BGBl. 2008 I S. 426 (433).
[197] BT-Drs. 16/7717, 23; vgl. auch Anl. I-A 1-UA 1-1.4.6 S. 1 WaffVwV.
[198] Vgl. bereits die 1. Aufl., Rn. 62.
[199] Die Vorschrift ist abgedruckt in → § 2 Rn. 36.
[200] Vgl. hierzu noch → § 2 Rn. 47; der Gesetzgeber hat auch diese Regelung durch das ÄndG 2008 umfassend reformiert; vgl. BGBl. I S. 426 (437); zur Begründung BT-Drs. 16/7717, 26; zur Problematik dieser Verweisung auch → § 53 Rn. 48; vgl. ferner Hinze/*Runkel* Rn. 100.
[201] Vgl. auch Anl. I-A 1-UA 1-1.5 S. 2 WaffVwV.

Geschossmunition, dh „scharfe" Munition mehr verschossen werden, sie sind jedoch darauf ausgelegt, dass jedenfalls Kartuschenmunition (in der Regel für die in der Vorschrift konkret aufgeführten Zwecke) verschossen werden kann, weshalb sie grundsätzlich (da die Voraussetzungen für die Unbrauchbarmachung nach Anl. 1 Abschn. 1 Unterabschn. 1 Nr. 1.4 nicht erfüllt ist) zu den Schusswaffen zählen, obwohl für sie mehrere Privilegierungen gelten. Die in **Anl. 1 Abschn. 1 Unterabschn. 1 Nr. 1.5** durch das ÄndG 2008[202] neu eingeführte Vorschrift lautet:

1.5 Salutwaffen

Salutwaffen sind veränderte Langwaffen, die u.a. für Theateraufführungen, Foto-, Film- oder Fernsehaufnahmen bestimmt sind, wenn sie die nachstehenden Anforderungen erfüllen:
- das Patronenlager muss dauerhaft so verändert sein,[203] dass keine Patronen- oder pyrotechnische Munition geladen werden kann,
- der Lauf muss in dem dem Patronenlager zugekehrten Drittel mindestens sechs kalibergroße, offene Bohrungen oder andere gleichwertige Laufveränderungen aufweisen und vor diesen in Richtung der Laufmündung mit einem kalibergroßen gehärteten Stahlstift dauerhaft verschlossen sein,
- der Lauf muss mit dem Gehäuse fest verbunden sein, sofern es sich um Waffen handelt, bei denen der Lauf ohne Anwendung von Werkzeugen ausgetauscht werden kann,
- die Änderungen müssen so vorgenommen sein, dass sie nicht mit allgemein gebräuchlichen Werkzeugen rückgängig gemacht und die Gegenstände nicht so geändert werden können, dass aus ihnen Geschosse, Patronen- oder pyrotechnische Munition verschossen werden können, und
- der Verschluss muss ein Kennzeichen nach Abbildung 11 der Anlage II zur Beschussverordnung tragen.

64 Bereits vor dem ÄndG 2008 fand sich eine nahezu wortgleiche Regelung in Anl. 2 Abschn. 2 Unterabschn. 2 Nr. 1.5 (erlaubnisfreier Erwerb und Besitz).[204] Im Zuge der gesetzlichen Änderung wurden diese Waffen nunmehr allerdings mit dem neu eingeführten Begriff „Salutwaffen" bezeichnet und die Definition in die Anlage 1 verschoben. Diese Verschiebung sollte nach Ansicht des Gesetzgebers der „Entflechtung der Anlagen"[205] dienen, obwohl nunmehr die Definition in Anlage 1, die Privilegierung allerdings weiterhin in Anlage 2 enthalten ist. Durch Anl. 1 Abschn. 1 Unterabschn. 1 Nr. 1.5 nicht erfasst sind nunmehr allerdings (im Gegensatz zu Anl. 2 Abschn. 2 Unterabschn. 2 Nr. 1.5 aF) veränderte Langwaffen, die für Zier- oder Sammlerzwecke bestimmt sind. Diese können jedoch, sofern sie keine Restschussfähigkeit mehr besitzen (also dauerhaft unbrauchbar gemacht wurden), als Dekorationswaffen nach Anl. 1 Abschn. 1 Unterabschn. 1 Nr. 1.4 eingeordnet werden. Allerdings ist die Neuregelung in Anl. 1 Abschn. 1 Unterabschn. 1 Nr. 1.5 durch den Zusatz „u.a." auch nicht mehr abschließend, sodass eine Erweiterung denkbar erscheint.[206] Inhaltlich neu ist zudem der 5. Spiegelstrich in Anl. 1 Abschn. 1 Unterabschn. 1 Nr. 1.5, wonach bei den Salutwaffen der Verschluss ein Kennzeichen nach Abb. 11 der Anl. 2 zur BeschVO tragen muss.

65 Bei den Salutwaffen müssen die in den Spiegelstrichen 1–3 aufgeführten technischen Anforderungen erfüllt sein, damit keine Geschosse, Patronen oder pyrotechnische Munition mehr verschossen werden kann. Dabei müssen die Änderungen gem. Spiegelstrich 4 so vorgenommen sein, dass die Funktionsunfähigkeit nicht mit allgemein gebräuchlichen

---

[202] BGBl. I S. 426 (433).
[203] Die frühere Regelung („dauerhaft verschlossen") wurde bereits durch das WaffG 1976 geändert, da es technisch möglich ist, das Patronenlager nicht nur durch Verschließen, sondern auch durch andere Maßnahmen so zu verändern, dass keine Patronen- oder pyrotechnische Munition mehr geladen werden kann; vgl. BR-Drs. 423/78, 9; Steindorf/*B. Heinrich* Rn. 19d.
[204] Anl. 2 Abschn. 2 Unterabschn. 2 Nr. 1.5 wurde durch das ÄndG 2008, BGBl. I S. 426 (436), entsprechend reduziert. Die Vorschrift verweist nunmehr nur noch auf die in Anl. 1 Abschn. 1 Unterabschn. 1 Nr. 1.5 umschriebenen Salutwaffen.
[205] BT-Drs. 16/7717, 26.
[206] Hierzu auch Steindorf/*B. Heinrich* Rn. 19d.

Werkzeugen[207] rückgängig gemacht werden können. Lediglich **Kartuschenmunition** (Knallkartuschen oder auch „Platzpatronen"[208]) die für Knall- und Schießeffekte zB bei Theateraufführungen eingesetzt wird, darf noch aus Salutwaffen verschossen werden können. Dazu muss aber der Verschluss weiterhin funktionsfähig sein.[209] Dies war auch der Grund, warum der Gesetzgeber nunmehr verlangt, dass der Verschluss (vgl. den Spiegelstrich 5) ein Kennzeichen nach Abb. 11 der Anl. 2 zur BeschVO (Zulassungszeichen nach Bauartprüfungen gem. § 9 Abs. 1 BeschVO) tragen muss. Wird der nach wie vor funktionsfähige Verschluss später von der Salutwaffe getrennt und anderweitig aufbewahrt oder verwendet, gelten diesbezüglich wieder die allgemeinen waffenrechtlichen Vorschriften.[210] Die in den Spiegelstrichen 1–5 aufgeführten Erfordernisse müssen alle nebeneinander erfüllt sein. Ausdrücklich hinzuweisen ist darauf, dass vom Begriff der Salutwaffen nur Langwaffen (vgl. zur Definition Anl. 1 Abschn. 1 Unterabschn. 1 Nr. 2.5) erfasst sein können.

Anl. 2 Abschn. 2 Unterabschn. 1 S. 3 bestimmt, dass bei der Umarbeitung einer erlaubnispflichtigen Feuerwaffe in eine Waffe, deren Erwerb und Besitz unter erleichterten und weggefallenen Erlaubnisvoraussetzungen möglich wäre, sich die Erlaubnispflicht dennoch nach der ursprünglichen Waffe richtet. Die gilt nach S. 4 jedoch ausdrücklich nicht für Salutwaffen. Bestimmte Umgangsarten mit Salutwaffen sind daher gem. Anl. 2 Abschn. 2 Unterabschn. 2 **privilegiert.** So können Salutwaffen nach Nr. 1.5 erlaubnisfrei erworben und besessen werden (wurden die Waffen vor dem 1.4.1976 entsprechend den damals geltenden Anforderungen des § 3 der 1. WaffV aF verändert, gilt hingegen die Privilegierung der Anl. 2 Abschn. 2 Unterabschn. 2 Nr. 1.6). Erlaubnisfrei sind zudem nach Nr. 7.3 das Verbringen und die Mitnahme in den, durch den oder aus dem Geltungsbereich des Gesetzes (auch hier gibt es eine entsprechende Privilegierung für vor dem 1.4.1976 umgebaute Waffen in Nr. 7.4). Nicht privilegiert ist dagegen das Führen. Eine Erlaubnisfreiheit für das Führen in zB fremden Theatern kann sich jedoch aus § 12 Abs. 3 Nr. 1 ergeben.

6. Anscheinswaffen. Seit dem ÄndG 2008[211] ist nun klargestellt, dass Anscheinswaffen als Waffen unter das WaffG fallen, obwohl von ihnen zumeist keine objektive Gefährlichkeit ausgeht und sie vielfach auch nicht als „Schusswaffen" anzusehen sind, da keine Geschosse durch den Lauf getrieben werden können. Eine Definition der Anscheinswaffen findet sich in **Anl. 1 Abschn. 1 Unterabschn. 1 Nr. 1.6** und lautet:

1.6 Anscheinswaffen

Anscheinswaffen sind

1.6.1 Schusswaffen, die ihrer äußeren Form nach im Gesamterscheinungsbild den Anschein von Feuerwaffen (Anlage 1 Abschnitt 1 Unterabschnitt 1 Nr. 2.1) hervorrufen und bei denen zum Antrieb der Geschosse keine heißen Gase verwendet werden,

1.6.2 Nachbildungen von Schusswaffen mit dem Aussehen von Schusswaffen nach Nummer 1.6.1 oder

1.6.3 unbrauchbar gemachte Schusswaffen mit dem Aussehen von Schusswaffen nach Nummer 1.6.1.

Ausgenommen sind solche Gegenstände, die erkennbar nach ihrem Gesamterscheinungsbild zum Spiel oder für Brauchtumsveranstaltungen bestimmt sind oder die Teil einer kulturhistorisch bedeutsamen Sammlung im Sinne des § 17 sind oder werden sollen oder Schusswaffen, für die

---

[207] Vgl. zum Begriff der allgemein gebräuchlichen Werkzeuge die spezielle Regelung in Anl. I-A 1-UA 1-1.5 S. 5 und 6 WaffVwV: „Unter ‚allgemein gebräuchlichen Werkzeugen' im Sinne der Vorschrift sind solche zu verstehen, die von der PTB im Zulassungsverfahren für Schreckschuss-, Reizstoff- und Signalwaffen nach § 8 Absatz 1 iVm. § 20 Absatz 3 BeschG eingesetzt werden. Die nicht abschließende Auflistung der dort eingesetzten Werkzeuge enthält u.a. die elektrische Handbohrmaschine, Hartmetall-, Steinbohrer, Maul- und Steckschlüssel, Kombizange, Seitenschneider, Schleifstein, Parallelschraubstock, Feilen und Heißluftgebläse"; vgl. ergänzend auch die Umschreibung in Anl. I-A 1-UA 1-1.3 S. 3 uns S. 4 WaffVwV (hierzu → Rn. 61) und BT-Drs. 16/7717, 24.
[208] Diese Munition ist nach Anl. 2 Abschn. 2 Unterabschn. 2 Nr. 1.11 ebenfalls erlaubnisfrei gestellt.
[209] Vgl. auch Hinze/*Runkel* Rn. 100a.
[210] Hinze/*Runkel* Rn. 100a unter Verweis auf AG Kiel 27.5.1986 – 39 Ds 609/84 (unveröffentlicht).
[211] BGBl. I S. 426 (433).

gemäß § 10 Abs. 4 eine Erlaubnis zum Führen erforderlich ist. Erkennbar nach ihrem Gesamterscheinungsbild zum Spiel bestimmt sind insbesondere Gegenstände, deren Größe die einer entsprechenden Feuerwaffe um 50 Prozent über- oder unterschreiten, neonfarbene Materialien enthalten oder keine Kennzeichnungen von Feuerwaffen aufweisen.

68 Regelungen über Anscheinswaffen waren dem deutschen WaffG auch in der Vergangenheit nicht fremd. Bereits nach § 37 Abs. 1 S. 1 Nr. 1 Buchst. e WaffG aF[212] waren Schusswaffen, die den **Anschein einer vollautomatischen Kriegsschusswaffe** erweckten als verbotene Gegenstände vom früheren WaffG erfasst. Nach § 37 Abs. 1 S. 1 Nr. 10 WaffG aF erstreckte sich das Verbot auch auf Nachbildungen von Kriegsschusswaffen sowie nach § 37 Abs. 1 S. 1 Nr. 11 WaffG aF[213] auf unbrauchbar gemachte vollautomatische Selbstladewaffen, die Kriegswaffen waren bzw. unbrauchbar gemachte Schusswaffen, die jedenfalls den Anschein vollautomatischer Kriegswaffen hervorriefen. Somit entsprachen die drei Varianten bereits der heutigen Systematik,[214] waren allerdings auf Kriegs(schuss)waffen beschränkt. Dieses Verbot wurde vielfach mit dem Argument kritisiert, dass allein die optische Ähnlichkeit dieser Waffen mit Kriegswaffen kaum zu einem Gefahrenpotential führen würde, das dem der sonstigen verbotenen Gegenstände vergleichbar wäre.[215] Durch das WaffRNeuRegG 2002[216] hob der Gesetzgeber nun nicht nur das Verbot der Anscheinskriegswaffen auf, sondern nahm diese Gegenstände – insoweit „über das Ziel „hinausschießend" – auch vollständig aus dem WaffG heraus, stufte sie also auch nicht mehr als Waffen iS des WaffG ein.[217] Diese pauschale Herausnahme der Anscheinswaffen aus dem WaffG wurde wiederum in der Folgezeit scharf kritisiert.[218] Denn diese Gegenstände besäßen auf Grund ihrer „Verwechselbarkeit mit wirklich gefährlichen Waffen" ein äußerst wirksames Drohpotential, das zB bei Flugzeugentführungen wirksam eingesetzt werden könne.[219] Dieser Argumentation schloss sich dann der Gesetzgeber im Rahmen des ÄndG 2008 an.[220] In diesem Zusammenhang wird in der Begründung weiter angeführt: „Hinzu kommt, dass die Polizei die täuschend echt wirkenden Nachbildungen im Einsatz mit echten Schusswaffen verwechseln und in der Annahme einer vermeintlichen Notwehr- oder Nothilfesituation mit verheerenden Folgen von der Dienstwaffe Gebrauch machen kann".[221] Dies treffe besonders auch auf solche Waffen zu, die den Anschein einer erlaubnispflichtigen Kurzwaffe erwecken, weshalb das Verbot nicht auf die Anscheinskriegswaffen zu beschränken sei, sondern alle Attrappen von Kurz- oder Langwaffen umfassen müsse.[222]

---

[212] Die Regelung wurde erstmals eingefügt im Jahre 1969 in den damaligen § 18 BWaffG, BGBl. I S. 1358 (1373); sie wurde ergänzt durch Nr. 37.2.4 WaffVwV aF.
[213] Eingefügt im Jahre 1976, BGBl. I S. 417 (425); vgl. zur Begründung BT-Drs. 7/2379, 22; BT-Drs. 7/4407, 3.
[214] Vgl. ausdrücklich BT-Drs. 16/7717, 24; hierzu auch *B. Heinrich* in *Gade/Stoppa*, S. 107 (110).
[215] Vgl. ua *Künneke* DWJ 1993, 996; *Scholzen* DWJ 1993, 992; dazu BT-Drs. 14/7758, 91.
[216] BGBl. 2002 I S. 3970.
[217] Vgl. zur Begründung BT-Drs. 14/7758, 91, 136; argumentiert wurde im Wesentlichen damit, dass der Vollzug der bisherigen Vorschrift „trotz oder wegen der Nummer 37.2.4 der Allgemeinen Verwaltungsvorschrift zum Waffengesetz (WaffVwV) praktisch in Folge kaum zu lösender Abgrenzungsfragen und einer unübersichtlichen Zuordnungs-Kasuistik äußerst schwierig" geworden sei; ferner wurde ausgeführt: „Kriminalistisch sind Anscheinskriegswaffen im Allgemeinen eine Randerscheinung gewesen. Der Einsatz von Kriegswaffen, dh. zB Maschinengewehren oder Maschinenpistolen, durch Flugzeugführer hat in der Vergangenheit keine praktische Bedeutung erlangt. Die Möglichkeit eines solchen Einsatzes erscheint angesichts ihrer Länge und Beschaffenheit, auf Grund derer sie leicht entdeckt werden können, eher unwahrscheinlich. Somit bleibt das Gefahrenpotential von Anscheins-Kriegswaffen deutlich hinter dem der sonstigen verbotenen Gegenstände zurück"; dagegen hatte sich der Bundesrat für eine Beibehaltung der Regelung ausgesprochen; vgl. BT-Drs. 14/7758, 115 f.
[218] Vgl. *Gade*, 1. Aufl., S. 9 Fn. 19; *Hinze/Runkel* § 2 Rn. 54; *Steindorf*, 8. Aufl. 2007, § 2 Rn. 28 f.
[219] So der Bundesrat in BT-Drs. 14/7758, 115 f.; zur Begründung bereits BT-Drs. 7/2379, 22; ferner BT-Drs. 7/4407, 3: „Solche Gegenstände sind in den letzten Jahren in großer Anzahl in den Verkehr gebracht worden"; ausführlicher dazu Steindorf/*B. Heinrich* Rn. 19e.
[220] BT-Drs. 16/7717, 22; vgl. auch bereits BT-Drs. 16/6961, 5.
[221] BT-Drs. 16/7717, 22; BT-Drs. 16/6961, 19.
[222] BT-Drs. 16/7717, 36; BT-Drs. 16/8224, 18 f.; diese Erweiterung war im ursprünglichen Gesetzentwurf noch nicht enthalten, dieser beschränkte die Anscheinswaffen weiterhin auf Kriegsschusswaffen und Pumpguns; vgl. BT-Drs. 16/7717, 11.

Seit dem ÄndG 2008[223] unterfallen nunmehr sämtliche Anscheinswaffen, insoweit also ohne Beschränkung auf Kriegs(schuss)waffen, als Waffen dem WaffG (Anl. 1 Abschn. 1 Unterabschn. 1 Nr. 1.6). Allerdings werden sie nicht (mehr) nach § 2 Abs. 3 iVm Anl. 2 Abschn. 1 als verbotene Waffen angesehen, sondern unterfallen lediglich dem „normalen" Waffenbegriff, werden allerdings vom Geltungsbereich des WaffG durch Anl. 2 Abschn. 3 Unterabschn. 2 bis auf das Verbot des „Führens" in § 42a Abs. 1 Nr. 1 wieder ausgenommen. Dennoch soll durch die Aufnahme der Anscheinswaffen in § 42a eine „gesellschaftliche Ächtung" dieser Gegenstände bewirkt werden.[224] Ein Verstoß gegen dieses Verbot des Führens von Anscheinswaffen wird nach § 53 Abs. 1 Nr. 21a lediglich als Ordnungswidrigkeit sanktioniert.[225]

Nach Anl. 1 Abschn. 1 Unterabschn. 1 Nr. 1.6 erfasst der Begriff der Anscheinswaffen **69 drei Varianten.** Nach Nr. 1.6.1 gelten als Anscheinswaffen solche Schusswaffen, die ihrer äußeren Form nach im Gesamterscheinungsbild den Anschein von Feuerwaffen (Anl. 1 Abschn. 1 Unterabschn. 1 Nr. 2.1) hervorrufen, bei denen aber zum Antrieb der Geschosse keine heißen Gase (sondern kalte Treibgase[226]) verwendet werden. Erfasst sind damit jedenfalls originalgetreue Imitate von Feuerwaffen, die aber keine scharfe Munition verschießen können.[227] Erfasst sind ebenfalls die sog. „Softair-Waffen", bei denen kleine Plastikkugeln verschossen werden (und die insoweit auch als „Schusswaffen" anzusehen sind, da Geschosse durch einen Lauf getrieben werden) und die oftmals Polizei-, Maschinenpistolen und Scharfschützengewehren täuschend ähneln.[228] Ob der Anschein einer Feuerwaffe gegeben ist, ist auf Grundlage einer objektiven Betrachtung zu bestimmen.[229] Es kommt also nicht darauf an, wie der Bedrohte, sei es ein waffentechnischer Laie oder ob ein ausgewiesener Waffenexperte die Waffe im konkreten Fall einordnet.[230]

Während es sich bei den Anscheinswaffen der Nr. 1.6.1. aber jedenfalls um „Schusswaffen" handeln muss (auch wenn mit ihnen keine „scharfe" Munition verschossen werden kann), werden von Nr. 1.6.2 darüber hinaus auch **reine Nachbildungen von Schusswaffen** erfasst, die jedoch das Aussehen von Schusswaffen nach Nr. 1.6.1 (Feuerwaffen) haben.[231] Diese Nachbildungen (oder auch: „Schusswaffenattrappen"; zum Begriff vgl. Anl. 1 Abschn. 1 Unterabschn. 1 Nr. 6[232]) haben zwar die äußere Form einer Schusswaffe, aus ihnen kann jedoch nicht geschossen werden. Mithin handelt es sich begrifflich – im Gegensatz zu Nr. 1.6.1 – gerade nicht um Schusswaffen, da kein Geschoss durch einen Lauf getrieben werden kann. Diese Gegenstände fallen daher an sich nicht unter den Regelungsbereich des WaffG.[233] In Anl. I-A 1-UA 1-1.6 Satz 3 und Satz 4 WaffVwV wird nun ausge- **70**

---

[223] BGBl. I S. 426 (433 f.).
[224] Dies wird in der WaffVwV zu § 42a unter 42a.1 ausdrücklich betont: „§ 42a erweitert das Führensverbot für Anscheinswaffen. Deren Transport ist nur noch in einem verschlossenen Behältnis (z.B. in einer eingeschweißten Verpackung oder in einer mit Schloss verriegelten Tasche) vom Erwerbsort zu oder zwischen befriedetem Besitztum möglich. Auf diese Weise sollen für den Transport von Anscheinswaffen hohe Hürden aufgebaut werden. Inhaber von Anscheinswaffen sollen es wesentlich schwerer haben, diese außerhalb des eigenen befriedeten Besitztums zu benutzen. Die hohe Hürde für den Transport von Anscheinswaffen ist ein Beitrag zu ihrer gesellschaftlichen Ächtung"; so wortgleich auch schon die Begründung des Gesetzgebers in BT-Drs. 16/8224, 17.
[225] Selbst diese Sanktionierung als bloße Ordnungswidrigkeit war im ursprünglichen Gesetzentwurf nicht vorgesehen; vgl. BT-Drs. 16/7717, 22: „Auf eine Bewehrung wird verzichtet". Ein entsprechender Tatbestand wurde dann erst im Laufe des Gesetzgebungsverfahrens eingefügt; vgl. BT-Drs. 16/8224, 7, 18.
[226] Es handelt sich insoweit also in der Regel um Druckluft-, Federdruck- oder CO_2-Waffen; vgl. auch Hinze/*Runkel* Rn. 101.
[227] Dazu Anl. I-A 1-UA 1-1.6 S. 1 und 2 WaffVwV; ferner *B. Heinrich* in *Gade/Stoppa*, S. 107 (113).
[228] BT-Drs. 16/8224, 19; *B. Heinrich* in *Gade/Stoppa*, S. 107 (113); Steindorf/*B. Heinrich* Rn. 19e; vgl. auch Hinze/*Runkel* Rn. 101.
[229] BT-Drs. 16/7717, 24; BT-Drs. 16/8224, 19; Erbs/Kohlhaas/*Pauckstadt-Maihold*, W 12, § 53 Rn. 42; Steindorf/*B. Heinrich* Rn. 19e.
[230] Hierzu auch *B. Heinrich* in *Gade/Stoppa*, S. 107 (113); ferner Hinze/*Runkel* Rn. 101 mit weiteren Nachweisen aus der früheren Rspr.; so ua auch BVerwG 19.5.1998 – 1 B 22/98, NVwZ-RR 1998, 559; OVG Münster 9.10.1997 – 20 A 877/96, GewA 1998, 204.
[231] Verfassungsrechtliche Bedenken im Hinblick auf die Kompetenz des Bundesgesetzgebers, diese Gegenstände mit einzubeziehen und als Ordnungswidrigkeit zu sanktionieren, äußert Hinze/*Runkel* Rn. 101a.
[232] Die Vorschrift ist abgedruckt → Rn. 73.
[233] *B. Heinrich* in *Gade/Stoppa*, S. 107 (114).

führt, die Begriffsbestimmung der „Anscheinswaffe" sei „insoweit konstitutiv, als in Nummer 1.6.2. Nachbildungen von Schusswaffen (Attrappen oder Dekorationswaffen) zu gekorenen Waffen erklärt und damit dem Anwendungsbereich des WaffG unterworfen werden. Dies ist notwendig, weil solche Gegenstände keine Funktion von Schusswaffen aufweisen; mit ihnen werden keine Geschosse durch den Lauf getrieben". Dieser „Erklärung zu gekorenen Waffen" (allein) durch Anl. 1 Abschn. 1 Unterabschn. 1 Nr. 1.6.2 ist jedoch zu widersprechen:[234] Denn nach § 1 Abs. 1 regelt das Gesetz nur den Umgang mit Waffen und Munition. Was unter einer Waffe zu verstehen ist, regelt § 1 Abs. 2. Hier sind die Nachbildungen von Schusswaffen nicht als eigene Kategorie erfasst. Um somit den Anwendungsbereich des WaffG auch für die Nachbildungen von Schusswaffen zu öffnen, wurde daher früher in Anl. 1 Abschn. 1 Unterabschn. 1 Nr. 1.5 aF ausdrücklich festgelegt, dass die für Schusswaffen geltenden Vorschriften auf Nachbildungen von Schusswaffen unter bestimmten Bedingungen anzuwenden sind. Eine solche (Gleichstellungs-)Regelung fehlt jedoch in der neuen Fassung, die lediglich in Anl. 1 Abschn. 1 Unterabschn. 1 Nr. 6 **definiert**, was unter einer Nachbildung einer Schusswaffe zu verstehen ist und in Anl. 1 Abschn. 1 Unterabschn. 1 Nr. 1.6.2 festlegt, dass diese Nachbildungen als Anscheinswaffen anzusehen sind.[235] Selbst wenn die Nachbildungen aber insoweit als Anscheinswaffen zählen und in § 42a ein bußgeldbewehrtes Verbot des Führens angeordnet ist, bleibt doch fraglich, ob die Nachbildungen überhaupt als Waffen dem Anwendungsbereich des Gesetzes (§ 1!) unterfallen.[236] Fraglich ist zudem, ob aus dem Verweis auf „Nachbildungen von Schusswaffen mit dem Aussehen von Schusswaffen nach Nummer 1.6.1" nicht zwingend folgt, dass es sich bei den Nachbildungen in Nr. 1.6.2 um „originalgetreue Nachbildungen" in dem Sinne handeln muss, dass hier eine optische Übereinstimmung mit einer Feuerwaffe erforderlich ist.[237] Dies könnte insbes. daraus gefolgert werden, dass in Nr. 1.6.1 bei den Anscheinswaffen ausdrücklich die Formulierung „Schusswaffen, die ihrer äußeren Form nach im Gesamterscheinungsbild den Anschein von Feuerwaffen [...] hervorrufen" verwendet wurde. Insoweit könnte man sich also auf den Standpunkt stellen, dass Nachbildungen gerade das „Aussehen von Feuerwaffen" (iS einer originalgetreuen Nachbildung einer bestimmten Waffe) haben müssen, während es bei Anscheinswaffen genügt, dass sie lediglich den „Anschein von Feuerwaffen" hervorrufen (dh dass allgemein der Eindruck erweckt wird, die Waffe sehe „wie eine Feuerwaffe" aus). Andererseits könnte man aber den in Nr. 1.6.2 vorgenommenen Verweis auf Nr. 1.6.1 auch dahingehend begreifen, dass eine Nachbildung zwar das „Aussehen" einer Anscheinswaffe haben muss, die aber ihrerseits wiederum nur „den Anschein" einer Feuerwaffe hervorrufen muss. Begreift man – in Anlehnung an die Begründung des Gesetzgebers – die heutige Regelung als umfassendes Verbot von Anscheinswaffen, ist der am Ende genannten weiten Auslegung zu folgen.[238] Darauf hinzuweisen ist allerdings, dass diese Nachbildungen – sieht man sie überhaupt als vom Anwendungsbereich des WaffG erfasst an – nach Anl. 2 Abschn. 3 Unterabschn. 2 Nr. 5 vom WaffG – mit Ausnahme des § 42a (Verbot des Führens von Anscheinswaffen) – wieder ausgenommen werden. Von § 42a sind sie hingegen – auch ohne dass sie tatsächlich als Schusswaffe eingesetzt werden können – deswegen erfasst, weil sie als Drohmittel werden können.[239]

---

[234] Zu dieser „Systemwidrigkeit" auch *B. Heinrich* in *Gade/Stoppa*, S. 107 (114 f., 126 f.).
[235] *B. Heinrich* in *Gade/Stoppa*, S. 107 (115, 127); der Gesetzgeber begründete die Änderung gleichwohl lediglich mit dem Argument der Angleichung der Systematik der Anlagen, die es erfordere, in Anl. 1 die Nachbildungen von Schusswaffen zu definieren, um sie dann in Anl. 2 (mit Ausnahme des § 42a WaffG) wieder vom Gesetz auszunehmen; vgl. BT-Drucks.16/7717, S. 24.
[236] Verfassungsrechtliche Bedenken im Hinblick auf die Gesetzgebungskompetenz des Bundes nach Art. 73 Nr. 12 GG äußert auch Hinze/Runkel Rn. 101a.
[237] In diese Richtung Hinze/Runkel Rn. 101a: Es komme darauf an, dass sie das Aussehen von Feuerwaffen haben und nicht, dass sie den Anschein von Feuerwaffen hervorrufen; ferner auch *B. Heinrich* in *Gade/Stoppa*, S. 107 (116).
[238] So auch *B. Heinrich* in *Gade/Stoppa*, S. 107 (116 f.).
[239] *B. Heinrich* in *Gade/Stoppa*, S. 107 (117); Hinze/Runkel Rn. 117a.

Zuletzt erfasst Nr. 1.6.3 **unbrauchbar gemachte Schusswaffen** mit dem Aussehen von 71
Schusswaffen nach Nr. 1.6.1, dh solche, die ihrer äußeren Form nach im Gesamterscheinungsbild den Anschein von Feuerwaffen hervorrufen. Da als Schusswaffen nur solche Waffen angesehen werden können, die **funktionstüchtig** sind,[240] fallen „unbrauchbar gemachte Schusswaffen" nicht unter die allgemeinen Bestimmungen des Waffenbegriffs im WaffG und sind daher an sich vom WaffG nicht erfasst. Dabei enthält Anl. 1 Abschn. 1 Unterabschn. 1 Nr. 1.4 eine Regelung über die Voraussetzungen, die vorliegen müssen, um von einer dauerhaft unbrauchbar gemachten Schusswaffe sprechen zu können.[241] Wiederum steht man hier somit vor dem Problem, dass die unbrauchbar gemachten Schusswaffen (Dekorationswaffen), die die genannten Voraussetzungen erfüllen, an sich dem Anwendungsbereich des WaffG gar nicht unterfallen und auch eine Gleichstellungsklausel, wie früher in Anl. 1 Abschn. 1 Unterabschn. 1 Nr. 1.4,[242] fehlt. Die jetzige Nr. 1.4 enthält lediglich eine **Definition** des Begriffes der unbrauchbar gemachten Schusswaffen, bezieht diese aber nicht ausdrücklich in das Waffengesetz mit ein. Darauf hinzuweisen ist wiederum (wie schon bei den Nachbildungen[243]), dass die unbrauchbar gemachten Schusswaffen – sieht man sie überhaupt als vom Anwendungsbereich des WaffG erfasst an – nach Anl. 2 Abschn. 3 Unterabschn. 2 Nr. 4.1 bzw. Nr. 4.2 vom WaffG – mit Ausnahme des § 42a – wieder ausgenommen werden.[244]

Anl. 1 Abschn. 1 Unterabschn. 1 Nr. 1.6 S. 2 enthält jedoch mehrere **Ausnahmen,** die sich 72
nicht nur auf die unbrauchbar gemachten Schusswaffen, sondern auf alle drei Nummern der Nr. 1.6 beziehen.[245] Nicht erfasst sind zunächst solche Gegenstände, die erkennbar nach ihrem Gesamterscheinungsbild zum Spiel bestimmt sind (zB Zündblättchenrevolver[246]). Dazu zählen nach Anl. 1 Abschn. 1 Unterabschn. 1 Nr. 1.6 S. 3 insbes. solche Gegenstände, deren Größe die einer entsprechenden Feuerwaffe um 50 Prozent über- oder unterschreiten, neonfarbene Materialien enthalten oder keine Kennzeichnungen von Feuerwaffen (gemeint sind damit Originalbeschriftungen wie zB ein Händlerlogo oder eine Modellbezeichnung[247]) aufweisen.[248] Die Aufzählung ist allerdings nicht abschließend („insbesondere"). Bei der Abgrenzung von Anscheinswaffen und Spielzeug ist dabei unter Berücksichtigung des objektiven Empfängerhorizonts auf das Gesamterscheinungsbild des Gegenstandes abzustellen.[249] Ferner fallen solche Gegenstände nicht unter die Anscheinswaffen, die erkennbar nach ihrem Gesamterscheinungsbild für Brauchtumsveranstaltungen (zB beim Karneval, bei öffentlichen Western-

---

[240] → Rn. 13, 59; Steindorf/*B. Heinrich* Rn. 4.
[241] → Rn. 59 ff.
[242] *B. Heinrich* in *Gade/Stoppa,* S. 107 (127); bis zum ÄndG 2008, BGBl. I 426 (433) war die Nr. 1.4 als Gleichstellungsregel ausgestaltet: „Die für Schusswaffen geltenden Vorschriften sind auf unbrauchbar gemachte Schusswaffen und auf aus Schusswaffen hergestellte Gegenstände anzuwenden […]".
[243] → Rn. 70, 73 ff.
[244] Hierzu auch *B. Heinrich* in *Gade/Stoppa,* S. 107 (117 f.).
[245] So auch *B. Heinrich* in *Gade/Stoppa,* S. 107 (118); Hinze/*Runkel* Rn. 101c.
[246] BT-Drs. 16/8224, 19.
[247] Vgl. BT-Drs. 16/8224, 19.
[248] Vgl. auch Anl. I-A 1-UA 1-1.6 S. 5–12 WaffVwV: „Satz 3 enthält konkrete Anhaltspunkte für Hersteller, Händler und Käufer von Spielzeugwaffen. Attrappen, deren Größe die des Originalvorbildes um die Hälfte über- oder unterschreitet, sind von echten Feuerwaffen unterscheidbar. Dies gilt insbesondere dann, wenn darüber hinaus beispielsweise an der Mündung des Laufes neonfarbene Kunststoffteile verarbeitet wurden und an der Attrappe keine Originalbeschriftungen wie z.B. Händlerlogo oder Modellbezeichnung aufgebracht sind. Bei der Abgrenzung von Anscheinswaffen und Spielzeug ist unter Berücksichtigung des objektiven Empfängerhorizonts auf das Gesamterscheinungsbild des Gegenstandes abzustellen. Erkennbar nach ihrem Gesamterscheinungsbild zum Spiel bestimmt dürften grundsätzlich nur solche Spielzeugwaffen und Waffenimitate sein, die Miniaturen sind oder auffällige Einfärbungen der Materialien aufweisen. Hierbei gilt es aber zu berücksichtigen, dass es ‚echte' Feuerwaffen gibt, die ebenfalls transparent sind oder auffällige Farbgebungen besitzen. Bei der Bewertung, wann eine Spielzeugwaffe oder ein Waffenimitat dem Erscheinungsbild nach erkennbar zum Spiel bestimmt ist, ist insbesondere auf die Merkmale Größe, neonfarbene Materialien oder fehlende Kennzeichnungen von Feuerwaffen abzustellen. Nicht zur Kennzeichnung von Feuerwaffen gerechnet werden beispielsweise Kaliberbezeichnungen oder angedeutete Beschusszeichen; hier sind nur Händlerlogos oder Modellbezeichnungen ‚echter' Schusswaffen maßgeblich."
[249] BT-Drs. 16/8224, 19; Anl. I-A 1-UA 1-1.6 S. 8 WaffVwV; vgl. auch BVerwG 19.5.1998 – 1 B 22/98, NVwZ-RR 1998, 559 *B. Heinrich* in *Gade/Stoppa,* S. 107 (119); Steindorf/*B. Heinrich* Rn. 19e.

Veranstaltungen oder Umzügen im Rahmen von Schützenfesten[250]) bestimmt sind oder die Teil einer historisch bedeutsamen Sammlung iS des § 17 sind oder werden sollen. Weiterhin werden auch Schusswaffen ausgenommen, für deren Führen ein Waffenschein nach § 10 Abs. 4 erforderlich ist. Ausgenommen sind daher die von Sportschützen verwendeten Druckluftwaffen (Luftpistole und Luftgewehr) sowie die in § 10 Abs. 4 S. 3 genannten Schreckschuss-, Reizstoff- und Signalwaffen, die (nur) nach Erteilung eines „kleinen Waffenscheins" in der Öffentlichkeit geführt werden dürfen (und die daher von der Regelung über die Anscheinswaffen nicht mehr erfasst werden mussten).[251]

73 **7. Nachbildungen von Schusswaffen (Schusswaffenattrappen).** Schusswaffenattrappen sind keine Schusswaffen, da aus ihnen keine Geschosse abgefeuert werden können. Eine Definition findet sich in **Anl. 1 Abschn. 1 Unterabschn. 1 Nr. 6:**

6. Nachbildungen von Schusswaffen sind Gegenstände,
- die nicht als Schusswaffen hergestellt wurden,
- die die äußere Form einer Schusswaffe haben,
- aus denen nicht geschossen werden kann und
- die nicht mit allgemein gebräuchlichen Werkzeugen so umgebaut oder verändert werden können, dass aus ihnen Munition, Ladungen oder Geschosse verschossen werden können.

74 Eine ähnliche Definition enthielt bereits § 7 Abs. 2 und 3 der 1. WaffV zum WaffG aF. Nach § 7 Abs. 2 der 1. WaffV wurden Nachbildungen den für Schusswaffen geltenden Vorschriften dann unterstellt, wenn es möglich war, sie mit allgemein gebräuchlichen Werkzeugen[252] so umzubauen oder zu verändern, dass aus ihnen Munition, Ladungen oder Geschosse verschossen werden konnten.[253] Diese **Gleichstellung** galt auch noch nach dem WaffRNeuRegG 2002 (vgl. die damalige Regelung in Anl. 1 Abschn. 1 Unterabschn. 1 Nr. 1.5) und wurde erst durch das ÄndG 2008[254] aufgehoben. Die damalige Regelung enthielt eine Fiktion dahingehend, dass Nachbildungen, die mangels Funktionstauglichkeit die Waffeneigenschaft nicht besaßen, dann wie Schusswaffen zu behandeln seine, wenn durch unkomplizierten Umbau die Waffeneigenschaft erfüllen würden. Mithin waren für diese umbaufähigen Nachbildungen auch ohne konkret durchgeführten Umbau die waffenrechtlichen Regelungen in vollem Umfang anwendbar. Eine solche ausdrückliche Gleichstellung fehlt nunmehr.[255] Insoweit ist – und hierauf wurde oben[256] bereits hingewiesen – fraglich, ob die Nachbildungen, obwohl sie unter bestimmten Bedingungen als Anscheinswaffen anzusehen sind, Anl. 1 Abschn. 1 Unterabschn. 1 Nr. 1.6.2 und ein Führen dieser Anscheinswaffen nach § 42a verboten und ein Verstoß hiergegen nach § 53 Abs. 1 Nr. 21a[257] bußgeldbewehrt ist – überhaupt dem Anwendungsbereich des WaffG (§ 1!) unterfallen. Nimmt man dies an, ist aber die gesetzliche Regelung noch aus einem weiteren Grund bedenklich:[258] Liegen die Voraussetzungen der Anl. 1 Abschn. 1 Unterabschn. 1 Nr. 6 vor, was ua voraussetzt, dass die Nachbildung nicht als Schusswaffe hergestellt wurde, aus ihr nicht geschossen werden kann und sie auch nicht mit allgemein gebräuchlichen Werkzeugen so umgebaut werden kann, dass aus ihr Munition, Ladungen oder Geschosse verschossen werden können, dann (und nur dann!) zählen sie als Nachbildungen zu den Anscheinswaffen iS der Anl. 1 Abschn. 1 Unterabschn. 1 Nr. 1.6.[259]

---
[250] BT-Drs. 16/8224, 19; Steindorf/*B. Heinrich* Rn. 19e.
[251] BT-Drs. 16/8224, 19; Steindorf/*B. Heinrich* Rn. 19e.
[252] Vgl. zum Begriff der allgemein gebräuchlichen Werkzeuge → Rn. 61 und BT-Drs. 16/7717, 24.
[253] Vgl. hierzu die Begründung des Gesetzgebers in BR-Drs. 581/72, Begründung S. 13.
[254] BGBl. I S. 426 (433); hier wurde die Nr. 1.5. völlig neu formuliert und dadurch die Salutwaffen (→ Rn. 63 ff.) an dieser Stelle neu definiert.
[255] *B. Heinrich* in *Gade/Stoppa*, S. 107 (126); der Gesetzgeber begründete die Änderung gleichwohl lediglich mit dem Argument der Angleichung der Systematik der Anlagen, die es erfordere, in Anlage 1 die Nachbildungen von Schusswaffen zu definieren, um sie dann in Anlage 2 (mit Ausnahme des § 42a) wieder vom Gesetz auszunehmen; vgl. BT-Drs. 16/7717, 24.
[256] → Rn. 70.
[257] → § 53 Rn. 102.
[258] Hierzu auch *B. Heinrich* in *Gade/Stoppa*, S. 107 (115 f.).
[259] Dazu → Rn. 67 ff.

Nur in diesem Fall, wenn es sich also um definitionsgemäße „Nachbildungen" handelt, werden diese auch nach Anl. 2 Abschn. 3 Unterabschn. 2 Nr. 5 vom Anwendungsbereich des Gesetzes mit Ausnahme des § 42a (Verbot des Führens von Anscheinswaffen) ausgenommen. Liegt nun aber ein Gegenstand vor, der nicht als Schusswaffe hergestellt wurde, aus dem nicht geschossen werden kann, der aber die äußere Form einer Schusswaffe hat, der aber – entgegen der Definition in Anl. 1 Abschn. 1 Unterabschnitt 1 Nr. 1.6 – mit allgemein gebräuchlichen Werkzeugen in eine „scharfe Waffe" umgebaut werden kann (und der insoweit weit gefährlicher ist), liegt begrifflich gerade keine Nachbildung und daher auch keine Anscheinswaffe vor. Während die für Schusswaffen geltenden Vorschriften durch Anl. 1 Abschn. 1 Unterabschn. 1 Nr. 1.5 aF auf solche Nachbildungen für anwendbar erklärt wurden, fehlt heute eine entsprechende Regelung. Soweit die Gegenstände nicht bereits als Schusswaffe anzusehen sind, werden sie daher vom WaffG – sinnwidrig – nicht erfasst.[260] Soweit man die Nachbildungen iS der Anl. 1 Abschn. 1 Unterabschn. 1 Nr. 6 überhaupt als vom Gesetz erfasst ansieht, werden sie allerdings – wie erwähnt – nach Anl. 2 Abschn. 3 Unterabschn. 2 Nr. 5 vom WaffG – mit Ausnahme des § 42a (Verbot des Führens von Anscheinswaffen) – ausgenommen. Unter § 42a wollte man sie hingegen – auch ohne dass sie tatsächlich als Schusswaffe eingesetzt werden können – deswegen einordnen, weil sie als Drohmittel eingesetzt werden können.[261]

Kennzeichnend für diese Nachbildungen ist, dass sie von Anfang an als Waffenattrappen hergestellt werden. Schusswaffen, die nachträglich unbrauchbar gemacht werden, und aus wesentlichen Teilen von Schusswaffen hergestellte Zierstücke gelten nicht als Nachbildungen.[262] Da das Gesetz in Anl. 1 Abschn. 1 Unterabschn. 1 Nr. 1.6.2 darauf abstellt, dass die Nachbildungen das „Aussehen von Schusswaffen" haben müssen (im Gegensatz zu Anl. 1 Abschn. 1 Unterabschn. 1 Nr. 1.6.1 also nicht bereits der „Anschein" einer Schusswaffe ausreicht), ist hier eine optische Übereinstimmung mit der Originalwaffe erforderlich.[263] Hinzuweisen ist schließlich noch darauf, dass der Gesetzgeber durch das WaffRNeuRegG 2002 in Anl. 2 Abschn. 2 Unterabschn. 2 Nr. 3.3 aF auch den Begriff der „Nachahmungen" eingeführt hatte, die man erlaubnisfrei führen durfte.[264] Im Zuge des ÄndG 2008[265] wurde diese Regelung allerdings wieder gestrichen.

8. Exkurs: Arten von Schusswaffen. Da für verschiedene Schusswaffenarten teilweise unterschiedliche Regelungen gelten, sah es der Gesetzgeber als erforderlich an, in Anl. 1 Abschn. 1 Unterabschn. 1 Nr. 2 die verschiedenen Arten von Schusswaffen eigenständig zu definieren. Während sämtliche hier in den Nummern 2.1 bis 2.9 genannten Waffen im Zuge des WaffRNeuRegG 2002 mit dem Begriff der „Feuerwaffen" umschrieben wurden („2. Feuerwaffen sind die nachfolgend genannten Waffen, bei denen zum Antrieb der Geschosse heiße Gase verwendet werden: 2.1 [...]")[266] änderte der Gesetzgeber diese – unzutreffende – Systematik durch das ÄndG 2008.[267] Denn tatsächlich fand sich – wie

---

[260] So auch B. Heinrich in Gade/Stoppa, S. 107 (116).
[261] Hinze/Runkel Rn. 117a; Steindorf/B. Heinrich Rn. 19 f.
[262] Vgl. Nr. 37.2.9 S. 2 WaffVwV aF; Steindorf/B. Heinrich Rn. 19 f.
[263] Hinze/Runkel Rn. 101a.
[264] Dies betraf Waffen nach Anl. 2 Abschn. 3 Unterabschn. 2 (dh Spielzeugwaffen, durch Muskelkraft angetriebene Waffen etc), die zwar an sich vom WaffG ausgenommen waren, im Einzelfall aber eben gerade deshalb doch vom WaffG erfasst waren, weil als „getreue Nachahmungen" erlaubnispflichtiger Schusswaffen angesehen werden konnten. Dennoch durfte man sie erlaubnisfrei führen.
[265] BGBl. I S. 426 (437); vgl. zur Begründung BT-Drs. 16/7717, 26: „Für die Regelung [...] besteht kein praktisches Bedürfnis mehr."
[266] BGBl. I S. 3970 (3995). Eine besondere Regelung war bereits in § 1 Abs. 4 WaffG aF enthalten, beschränkte sich hier jedoch auf eine Definition der „Handfeuerwaffen". Eine derartige Differenzierung, die letztlich auf die Tragbarkeit der Feuerwaffe bzw. des gleichgestellten Gegenstandes (dann „Hand"feuerwaffe) abstellte, erschien dem Gesetzgeber jedoch nicht mehr geboten; vgl. BT-Drs. 14/7758, 88.
[267] BGBl. I S. 426 (434); vgl. zur Begründung BT-Drs. 16/7717, 12, 24 „Die Umstellung und Umformulierung [...] dient dazu, die Kategorisierung der Waffenarten sprachlich-systematisch vom Kopf auf die Füße zu stellen und die bisherige Missverständlichkeit zu beseitigen: Wie jetzt klar zum Ausdruck kommt, sind die eigentlichen Waffenarten davon unabhängig, wie die Geschosse angetrieben werden. ‚Feuerwaffe' ist daher keine – vermeintliche – ‚Überschrift' der Waffenarten, sondern ein Sonderfall, der durch die Art und Weise

schon in der Vorauflage ausgeführt[268] – lediglich in den Nr. 2.1 und 2.2 aF eine nähere Bestimmung, die sich auf Gegenstände bezog, die unter den Begriff der Feuerwaffen fielen (nämlich Schusswaffen nach Anl. 1 Abs. 1 Unterabschn. 1 Nr. 1.1 und Munitionsabschussgeräte nach Anl. 1 Abs. 1 Unterabschn. 1 Nr. 1.2.1, bei denen zum Antrieb der Geschosse jeweils heiße Gase verwendet werden), während in den Nr. 2.3 bis 2.9 aF lediglich besondere Arten der in den Nr. 2.1 und 2.2 aF bezeichneten Waffen und Gegenstände aufgeführt wurden, die aber nicht zwingend immer Feuerwaffen sein mussten.[269] Durch die erfolgte Umstellung werden unter den Begriff der Feuerwaffen nunmehr zutreffend nur noch Schusswaffen nach Anl. 1 Abschn. 1 Unterabschn. 1 Nr. 1.1 (und nicht mehr die Munitionsabschussgeräte) gefasst. Da dadurch die Nr. 2.2 aF entbehrlich wurde, rückten die Nr. 2.3 bis 2.9 aF jeweils eine Nummer nach vorne. Darüber hinaus hielt es der Gesetzgeber für sinnvoll, Druckluft- und Federdruckwaffen sowie solche Waffen, bei denen zum Antrieb der Geschosse kalte Treibgase verwendet werden (und die schon von daher keine Feuerwaffen sind) in Nr. 2.9 neu mit aufzunehmen.

77 Durch die Neuregelung (und die Ausklammerung der Munitionsabschussgeräte) wurde allerdings die schon bisher bestehende gesetzliche Ungenauigkeit nicht beseitigt, dass die Waffenarten nach Nr. 2.6 und Nr. 2.7 aF (Schreckschusswaffen, Reizstoffwaffen) nur im Ausnahmefall als „Schusswaffen" anzusehen sind, in der Regel aber nur Munitionsabschussgeräte darstellen, da keine Geschosse durch einen Lauf getrieben werden. Als Schusswaffen können Sie nur dann angesehen werden, wenn der Lauf nicht verschlossen, also zB vorne aufgebohrt wurde bzw. das Gas durch den Lauf nach vorne entweicht. Es ist aber nicht ersichtlich, dass der Gesetzgeber nur solche Waffen in Anl. 1 Abschn. 1 Unterabschn. 1 Nr. 2.6 und Nr. 2.7 gemeint hat. Denn dies hätte die absurde Konsequenz, sieht man die Umschreibungen als Legaldefinitionen an, dass die Privilegierungen auch nur dann gelten würden, wenn die Schreckschuss- und Reizstoffwaffen gerade Schusswaffen darstellen. Das Gegenteil ist aber der Fall: Sind diese Waffen als Schusswaffen einzuordnen, gelten die Privilegierungen gerade nicht, diese gelten vielmehr nur dann, wenn es sich nicht um Schusswaffen handelt. Die Vorschrift der **Anl. 1 Abschn. 1 Unterabschn. 1 Nr. 2** lautet im Zusammenhang:

2. Arten von Schusswaffen:

2.1 Feuerwaffen; dies sind Schusswaffen nach Nummer 1.1, bei denen ein Geschoss mittels heißer Gase durch einen oder aus einem Lauf getrieben wird.

2.2 Automatische Schusswaffen; dies sind Schusswaffen, die nach Abgabe eines Schusses selbsttätig erneut schussbereit werden und bei denen aus demselben Lauf durch einmalige Betätigung des Abzuges oder einer anderen Schussauslösevorrichtung mehrere Schüsse abgegeben werden können (Vollautomaten) oder durch einmalige Betätigung des Abzuges oder einer anderen Schussauslösevorrichtung jeweils nur ein Schuss abgegeben werden kann (Halbautomaten). Als automatische Schusswaffen gelten auch Schusswaffen, die mit allgemein gebräuchlichen Werkzeugen in automatische Schusswaffen geändert werden können. Als Vollautomaten gelten auch in Halbautomaten geänderte Vollautomaten, die mit den in Satz 2 genannten Hilfsmitteln wieder in Vollautomaten zurückgeändert werden können. Double-Action-Revolver sind keine halbautomatischen Schusswaffen. Beim Double-Action-Revolver wird bei Betätigung des Abzuges durch den Schützen die Trommel weitergedreht, so dass das nächste Lager mit einer neuen Patrone vor den Lauf und den Schlagbolzen zu liegen kommt, und gleichzeitig die Feder gespannt. Beim weiteren Durchziehen des Abzuges schnellt der Hahn nach vorn und löst den Schuss aus.

2.3 Repetierwaffen; dies sind Schusswaffen, bei denen nach Abgabe eines Schusses über einen von Hand zu betätigenden Mechanismus Munition aus einem Magazin in das Patronenlager nachgeladen wird.

2.4 Einzelladerwaffen; dies sind Schusswaffen ohne Magazin mit einem oder mehreren Läufen, die vor jedem Schuss aus demselben Lauf von Hand geladen werden.

---

des Antriebs der Geschosse gekennzeichnet ist. Automaten, Halbautomaten usw. können daher Schusswaffen aller Art – wenn sie dem Anwendungsbereich des WaffG unterfallen – sein."

[268] Vorauflage Rn. 66.
[269] BT-Drs. 16/7717, 12, 24; vgl. auch Hinze/*Runkel* Rn. 103.

2.5 Langwaffen; dies sind Schusswaffen, deren Lauf und Verschluss in geschlossener Stellung insgesamt länger als 30 cm sind und deren kürzeste bestimmungsgemäß verwendbare Gesamtlänge 60 cm überschreitet; Kurzwaffen sind alle anderen Schusswaffen.

2.6 Schreckschusswaffen; dies sind Schusswaffen mit einem Kartuschenlager, die zum Abschießen von Kartuschenmunition bestimmt sind.

2.7 Reizstoffwaffen; dies sind Schusswaffen mit einem Patronen- oder Kartuschenlager, die zum Verschießen von Reiz- oder anderen Wirkstoffen bestimmt sind.

2.8 Signalwaffen; dies sind Schusswaffen mit einem Patronen- oder Katuschenlager oder tragbare Gegenstände nach Nummer 1.2.1, die zum Verschießen pyrotechnischer Munition bestimmt sind.

2.9 Druckluft- und Federdruckwaffen und Waffen, bei denen zum Antrieb der Geschosse kalte Treibgase verwendet werden; Federdruckwaffen sind Schusswaffen, bei denen entweder Federkraft direkt ein Geschoss antreibt (auch als Federkraftwaffen bezeichnet) oder ein federbelasteter Kolben in einem Zylinder bewegt wird und ein vom Kolben erzeugtes Luftpolster das Geschoss antreibt. Druckluftwaffen sind Schusswaffen, bei denen Luft in einen Druckbehälter vorkomprimiert und gespeichert sowie über ein Ventilsystem zum Geschossantrieb freigegeben wird. Waffen, bei denen zum Antrieb der Geschosse kalte Treibgase Verwendung finden, sind z. B. Druckgaswaffen.

a) Feuerwaffen. Nach der Definition in Anl. 1 Abschn. 1 Unterabschn. 1 Nr. 2.1 werden nunmehr zutreffend nur noch solche Schusswaffen nach Anl. 1 Abschn. 1 Unterabschn. 1 Nr. 1.1 als Feuerwaffen[270] angesehen, bei denen ein Geschoss mittels heißer Gase durch einen oder aus einem Lauf getrieben werden. Entscheidend ist es somit gerade, dass zum Antrieb der Geschosse[271] **heiße Gase** verwendet werden.[272] Insoweit scheiden Waffen mit Kaltgasantrieb, dh CO_2-Waffen, Druckluftwaffen und Federdruckwaffen aus.[273] Dabei wird zur Bestimmung des Begriffs ausdrücklich auf die Definition in Anl. 1 Abschn. 1 Unterabschn. 1 Nr. 1.1 verwiesen.[274] Hieraus folgt, dass zwar sämtliche Schusswaffen,[275] nicht aber die den Schusswaffen gleichgestellte Gegenstände als Feuerwaffen in Frage kommen. Ebenfalls nicht (mehr) erfasst sind die **Munitionsabschussgeräte** nach Anl. 1 Abschn. 1 Unterabschn. 1 Nr. 1.2.1.[276] Schließlich sind auch diejenigen Gegenstände, bei denen feste Körper durch **Muskelkraft** verschossen werden (Anl. 1 Abschn. 1 Unterabschn 1 Nr. 1.2.3)[277] sowie die **wesentlichen Teile von Schusswaffen** und die **Schalldämpfer** (Anl. 1 Abschn. 1 Unterabschn. 1 Nr. 1.3) nicht als Feuerwaffen anzusehen.[278]

Die Einordnung einer Waffe als Feuerwaffe spielt insbes. im Beschussrecht eine Rolle, da Feuerwaffen nach anderen Bestimmungen auf ihre Verwendersicherheit geprüft werden als sonstige Schusswaffen (vgl. § 3 BeschG).[279] Zudem hat der Gesetzgeber in Anl. 2

---

[270] Der Begriff der „Handfeuerwaffe" wurde bereits in § 1 Abs. 4 WaffG aF verwendet. Er fand seinen Niederschlag dann in der Richtlinie 91/477/EWG des Rates vom 18.6.1991 über die Kontrolle des Erwerbs und des Besitzes von Waffen (Waffenrichtlinie), ABl. 1991 L 256/51; der deutsche Gesetzgeber verwendete den Begriff daraufhin erstmals in § 9c Abs. 1 Satz 1 der 1. WaffV im Zusammenhang mit dem Europäischen Feuerwaffenpass.
[271] Vgl. zum Begriff des Geschosses → Rn. 140 ff.
[272] Notwendig ist also die Verbrennung eines festen Treibstoffes, wie zB Pulver, oder eines entzündbaren flüssigen oder gasförmigen Gemisches; vgl. Anl. I-A 1-UA 1-2.1 S. 1–4 WaffVwV; vgl. auch *Steindorf*, 7. Aufl., Rn. 26.
[273] Vgl. Anl. I-A 1-UA 1-2.1 S. 5 WaffVwV; vgl. zu diesen Waffen noch ausführlich → § 2 Rn. 49.
[274] Die Vorschriften ist abgedruckt oben in → Rn. 9.
[275] Vgl. zum Begriff der Schusswaffe → Rn. 9 ff.
[276] Vgl. zum Begriff der Munitionsabschussgeräte → Rn. 26 ff.; oben in → Rn. 75 wurde bereits darauf hingewiesen, dass diese bis zum ÄndG 2008 über Anl. 1 Abschn. 1 Unterabschn. 1 Nr. 2.2 aF unzutreffenderweise noch mit einbezogen wurden.
[277] Hierzu → Rn. 32 ff.
[278] Hierzu → Rn. 35 ff. und Rn. 57.
[279] BT-Drs. 14/7758, 88; vgl. ergänzend auch § 2 Abs. 1 BeschG (Beschusstechnische Begriffe): „Feuerwaffen im Sinne dieses Gesetzes sind 1. Schusswaffen, bei denen ein Geschoss mittels heißer Gase durch den Lauf getrieben wird, oder 2. Geräte zum Abschießen von Munition oder hülsenlosen Treibladungen, bei denen kein Geschoss durch den Lauf getrieben wird." Damit wird im BeschG eine vom WaffG unterschiedliche Definition verwendet (vgl. auch Steindorf/*N. Heinrich* BeschussG § 1 Rn. 4), da die Munitionsabschussgeräte nach der gesetzlichen Änderung im ÄndG 2008 keine Feuerwaffen im Sinne der Anl. 1 Abschn. 1 Unterabschn. 1 Nr. 2.1 mehr sind; hierzu → Rn. 75. Rechtfertigen lässt sich dies höchstens damit, dass der Gesetz-

Abschn. 2 Unterabschn. 3 Nr. 1.1 den Erwerb und Besitz sog. „harmloser" Feuerwaffen zwar nicht gänzlich erlaubnisfrei gestellt, er hat ihn jedoch ohne den Bedürfnisnachweis iS des § 4 Abs. 1 Nr. 4 ermöglicht.[280] Als „harmlose" Feuerwaffen sieht das Gesetz dabei solche Feuerwaffen an, deren Geschosse eine Bewegungsenergie von nicht mehr als 7,5 Joule erteilt wird und die ein Kennzeichen nach Anl. 1 Abb. 1 der 1. WaffV (zum WaffG aF) oder ein durch Rechtsverordnung nach § 25 Abs. 1 Nr. 1 Buchst. c WaffG bestimmtes Zeichen tragen. Nach Anl. 2 Abschn. 2 Unterabschn. 3 Nr. 1.2 gilt dies auch für die Munition für die genannten Waffen. Durch die Allgemeine Verordnung zum Beschussgesetz (BeschussV) vom 13.7.2006 wurde inzwischen eine solche Rechtsverordnung geschaffen. Hier findet sich in Anl. II Abbildung 10 BeschussV die nähere Beschreibung des (mit Anl. 1 Abb. 1 der 1. WaffV [zum WaffG aF] identischen) Kennzeichens.[281] Eine wesentliche – vom Gesetzgeber jedoch nicht mehr eigens hervorgehobene – Gruppe stellen die „Handfeuerwaffen"[282] bzw. „Faustfeuerwaffen"[283] dar. Hierunter versteht man Schusswaffen, die in erster Linie für den einhändigen Gebrauch bestimmt sind,[284] insbes. Pistolen und Revolver. **Pistolen** sind Kurzwaffen[285] mit einem zumeist stabförmigen Magazin im Griffstück.[286] **Revolver** hingegen verfügen über eine Trommel als Magazin,[287] Patronenlager und Rohr sind regelmäßig getrennt.

80   **b) Automatische Schusswaffen.** In Anl. 1 Abschn. 1 Unterabschn. 1 Nr. 2.2 findet sich eine Definition der automatischen Schusswaffen. Es wird hier unterschieden zwischen **vollautomatischen** und **halbautomatischen Waffen**. Die Vorschrift gleicht der Definition der „**Selbstladewaffe**" in § 1 Abs. 5 WaffG aF, worunter man Schusswaffen verstand, „bei denen nach dem ersten Schuss lediglich durch Betätigen des Abzuges weitere Schüsse aus demselben Lauf abgegeben werden können", ohne dass also die Waffe nach jedem Schuss von Hand nachgeladen und der Verschluss wieder gespannt werden muss.[288] Sie stellen oftmals, wie beispielsweise Maschinenpistolen oder Maschinengewehre, zugleich Kriegswaffen iS des KrWaffG dar. Der Begriff der Selbstladewaffe taucht im heutigen WaffG nicht mehr auf, ohne dass damit jedoch eine inhaltliche Veränderung verbunden wäre, da er waffentechnisch dem Begriff der automatischen Waffe entspricht.[289] Die Begriffe unterscheiden sich nur dadurch, dass der Begriff der „Selbstladewaffe" auf den Ladevorgang, der Begriff der „halb- bzw. vollautomatischen Schusswaffe" dagegen auf die Schussabgabe abstellt.[290]

81   **aa) Vollautomatische Schusswaffen.** Nach Nr. 2.2 Anl. 1 Abschn. 1 Unterabschn. 1 gelten als vollautomatische Schusswaffen (= Vollautomaten) solche, „die nach Abgabe eines Schusses selbsttätig erneut schussbereit werden und bei denen aus demselben Lauf durch einmalige Betätigung des Abzuges oder einer anderen Schussauslösevorrichtung mehrere

---

geber zwar die Munitionsabschussgeräte einer besonderen Beschussprüfung unterziehen will, ihre Einbeziehung in Anl. 1 Abschn. 1 Unterabschn. 1 Nr. 2 aber nicht (mehr) „passte", da hier nur (vgl. die Überschrift) „Arten von Schusswaffen" umschrieben werden sollten. Glücklich ist diese unterschiedliche Definition der Feuerwaffen in den beiden Gesetzen aber dennoch nicht.

[280] Vgl. hierzu noch → § 2 Rn. 38; Anl. 2 Abschn. 2 Unterabschn. 3 ist abgedruckt in → § 2 Rn. 35.
[281] BGBl. I S. 1474 (1503).
[282] Vgl. zu diesem Begriff noch § 1 Abs. 4 WaffG aF.
[283] Vgl. zu diesem Begriff noch § 11 Abs. 1 RWaffG 1938; zur geschichtlichen Entwicklung dieser Waffen *Götz*, Waffenkunde für Sammler, 1973, S. 205 ff.
[284] Zu den Ausnahmen *Häberling*, Waffenhandel, Erwerb, Besitz und Tragen von Waffen aus der Sicht des Nebenstrafrechts, Diss. Zürich, 1990, S. 30.
[285] Vgl. zum Begriff der Kurzwaffe → Rn. 90.
[286] Vgl. nur *Rothschild* NStZ 2001, 406 Fn. 1.
[287] Vgl. hierzu *Rothschild* NStZ 2001, 406 Fn. 1; *Rothschild/Krause* ArchKrim 197 (1996), 65, der zu Recht auf die Tautologie des Begriffes „Trommelrevolver" hinweist.
[288] Vgl. Anl. 1-A 1-UA 1-2.2 S. 1 und 2 WaffVwV; vgl. zu den Selbstladewaffen BT-Drs. VI/2678, 25; BGH 8.3.1984 – 1 StR 12/84, BGHSt 32, 300 = NJW 1984, 1693; ferner OLG Karlsruhe 5.12.1991 – 1 Ss 49/91, NJW 1992, 1057; BayObLG 6.12.1983 – RReg 4 St 212/83, NStZ 1984, 172 (172 f.); zu den einzelnen Modellen von Selbstladewaffen ausführlich *Dieter Heinrich*, Die Selbstlade- und automatischen Handfeuerwaffen, 1986, S. 25 ff., sowie mwN zu einschlägiger Literatur aaO S. 15 ff.; vgl. auch die Abbildungen von Voll- und Halbautomaten bei *Busche* S. 57, 59.
[289] OLG Karlsruhe 5.12.1991 – 1 Ss 49/91, NJW 1992, 1057 (1058).
[290] BayObLG 6.12.1983 – RReg 4 St 212/83, NStZ 1984, 172.

Schüsse abgegeben werden können". Diese Waffen sind insbes. zur Abgabe von Feuerstößen oder Dauerfeuer geeignet.[291] Erfasst werden dabei alle Arten automatischer Schusswaffen unabhängig von der Art der Schussauslösung (Abzugszüngel oder elektrischer Kontakt).[292] Vollautomatische Schusswaffen zählen nach Anl. 1 Abschn. 3 Nr. 1.2 zur Kategorie A der Waffenrichtlinie.[293] Die vollautomatischen Schusswaffen sind gleichzeitig **verbotene Waffen** iS des § 2 Abs. 3 iVm Anl. 2 Abschn. 1 Nr. 1.2.1.1.[294] Der verbotene Umgang mit diesen Waffen wird (mit Ausnahme des Schießens) in § 51 Abs. 1 als Verbrechen eigenständig unter Strafe gestellt.

Nach der durch das ÄndG 2008 erfolgten gesetzlichen Änderung ist es nunmehr – wie auch nach früherem Recht[295] – nicht mehr erforderlich, dass zum Antrieb der Geschosse heiße Gase verwendet werden, die vollautomatischen Schusswaffen also „Feuerwaffen" darstellen.[296] Somit können auch Schusswaffen, die zum Antrieb der Geschosse hochgespannte kalte Gase verwenden, automatischen Schusswaffen iS des WaffG darstellen, wenn die Antriebsgase und die Geschosse in einem Vorratsbehälter bereitgehalten werden und bei der Betätigung des Abzuges das neue Geschoss zugeführt und das Ventil geöffnet wird.[297] 82

bb) Halbautomatische Schusswaffen. Nach Anl. 1 Abschn. 1 Unterabschn. 1 Nr. 2.2 gelten als halbautomatische Schusswaffen (= Halbautomaten) solche, „die nach Abgabe eines Schusses selbsttätig erneut schussbereit werden und bei denen aus demselben Lauf [...] durch einmalige Betätigung des Abzuges oder einer anderen Schussauslösevorrichtung jeweils nur ein Schuss abgegeben werden kann". Dies ist bei **Gewehren** und **Pistolen**[298] dann der Fall, wenn nach der Auslösung eines Schusses selbsttätig mindestens die abgeschossene Hülse ausgeworfen, eine neue Patrone in das Patronenlager eingeführt und die Feder gespannt wird, so dass der nächste Schuss lediglich durch Betätigung des Abzuges ausgelöst werden kann.[299] 83

Dagegen zählen **Revolver**[300] regelmäßig nicht zu den Selbstladewaffen. Dies war nach früherem Recht allerdings für Revolver des Systems **„Double-Action"** umstritten.[301] In Anl. 1 Abschn. 1 Unterabschn. 1 Nr. 2.2 S. 4 und S. 5 wird nunmehr zur „Vermeidung 84

---

[291] Vgl. BT-Drs. VI/2678, 25; *Steindorf,* 7. Aufl., Rn. 29; vgl. auch Anl. II-A 1-1.2.1.1 S. 2 WaffVwV: „Hierbei handelt es sich um alle Arten von Reihen-/Dauerfeuer schießenden Waffen (zB Pistole Mauser C 96 M 712, Stecjkin APS)".
[292] BT-Drs. 14/7758, 88.
[293] Die Vorschriften sind abgedruckt → Rn. 148.
[294] Die Vorschrift ist abgedruckt in → § 2 Rn. 3; auch → § 2 Rn. 5.
[295] Vgl. Ziff. 1.5 S. 5 WaffVwV (zum WaffG aF).
[296] Dies ergab sich für die Zeit bis 2008 aus der durch das WaffRNeuRegG vorgenommenen Formulierung im Einleitungssatz der Anl. 1 Abschn. 1 Unterabschn. 1 Nr. 2; eben dies soll nun nicht mehr der Fall sein; vgl. BT-Drs. 16/7717, 24.
[297] Vgl. BT-Drs. 16/7717, 24; Anl. I-A 1-UA 1-2.2 S. 3 WaffVwV; ferner Anl. II-A 1-1.2.1.1 S. 3 WaffVwV: „Gleiches gilt für vollautomatisch schießende Druckluft-, Federdruckwaffen und Waffen, bei denen zum Antrieb der Geschosse kalte Treibgase verwendet werden, die auch unter Beachtung der Freistellungen der Anlage 2 Abschnitt 3 Unterabschnitt 2 überhaupt dem WaffG unterfallen, da es auf die Art des Geschossantriebs nicht ankommt".
[298] Zum Begriff der Pistole → Rn. 79.
[299] Ziff. 1.5 S. 1 WaffVwV (zum WaffG aF); vgl. ferner BayObLG 28.2.1989 – RReg 4 St 229/88, NStE Nr. 2 zu § 28 WaffG (zum Modell „Mini Ruger").
[300] Zum Begriff des Revolvers → Rn. 79.
[301] Vgl. hierzu Nr. 1.5 S. 2 und 3 WaffVwV (zum WaffG aF): „Revolver gehören zu den Selbstladewaffen nur in der Ausführung „double action", bei der mit der Betätigung des Abzuges zunächst die Trommel weitergedreht wird, so dass ein Lager mit einer neuen Patrone vor dem Lauf und dem Schlagbolzen zu liegen kommt; ferner wird dabei die Feder gespannt. Die Schussauslösung erfolgt erst nach vollständigem Durchziehen des Abzuges." Die Einstufung als (halbautomatische) Selbstladewaffe wurde angenommen für den Revolver „Double action" der Marke „Smith & Wesson" vgl. BGH 8.3.1984 – 1 StR 12/84, BGHSt 32, 300 = NJW 1984, 1693, mAnm *Pelchen,* LM Nr. 4 WaffenG 1976; vgl. ferner BGH 20.8.1997 – 2 StR 175/97 (unveröffentlicht); BayObLG 8.10.1981 – RReg 4 St 241/81, BayObLGSt 1981, 151 = BayVBl. 1981, 762 (Revolver „Beretta", Kaliber 38); 6.12.1983 – RReg 4 St 212/83, NStZ 1984, 172; 5.5.1993 – 4 StRR 29/93, NJW 1993, 2760 (2762); so auch *Apel* § 1 Anm. 6; *Steindorf,* 7. Aufl. 1999, § 1 Rn. 29; aM damals *Ehmke* § 1 Abs. 5; *Hinze* § 1 Anm. 23, 28a (der verlangte, der Selbstladevorgang müsse ohne Zutun menschlicher Kraft vor sich gehen); vgl. auch BR-Drs. 375/87, 61.

unnötiger Missverständnisse in der Rechtsprechung und im Vollzug"[302] festgelegt, dass die Revolver im System **„Double-action"** nicht zu den halbautomatischen Waffen gehören. Die Besonderheit bei diesen Revolvern besteht darin, dass nach dem vollständigen Durchziehen des Abzuges der Schuss ausgelöst und gleichzeitig die abgeschossene Hülse mit der Trommel weitergedreht und nicht ausgeworfen wird, sodass vor dem dann wieder gespannten Hahn eine neue Patrone schussbereit liegt. Insofern scheiden sie im Hinblick auf eine Einordnung als halbautomatische Waffen deswegen aus, weil bei ihnen das Ausziehen und Auswerfen der abgeschlossenen Hülse und das Nachladen nicht selbsttätig erfolgen, sondern durch die vom Schützen bei der Abzugsbetätigung aufgebrachte Muskelkraft.[303] Damit ist für sie zB die für halbautomatische Kurzwaffen einschlägige Strafvorschrift des § 52 Abs. 1 Nr. 2 Buchst. b nicht anwendbar.

85   Ebenfalls keine halbautomatischen Waffen sind Gewehre mit Kammerverschluss, bei denen im Magazin mehrere Patronen bereitgehalten werden und das Auswerfen der abgeschossenen Hülse, das Zuführen der neuen Patrone und das Spannen der Feder durch die Bewegung des Kammerstängels erfolgt.[304] Auch von Hand betriebene Maschinenwaffen (Gatling-Typ) sind keine automatischen Schusswaffen, weil diese nicht selbsttätig erneut schussbereit werden.[305] Ebenso gelten tragbare Gegenstände nach Anl. 2 Abschn. 2 Unterabschn. 2 Nr. 1.3 zum Abschießen von Munition, bei denen kein Geschoss durch den Lauf getrieben wird, nicht als halb- oder vollautomatische Schusswaffen.[306] Schließlich sind auch Waffen mit mehreren Läufen, bei denen zwar lediglich durch Betätigung des Abzuges mehrere Schüsse hintereinander abgegeben werden können, ohne nachladen und spannen zu müssen, bei denen aber unter diesen Voraussetzungen aus jedem Lauf nur ein Schuss erfolgen kann, keine halbautomatischen Waffen.[307] Nach Anl. 1 Abschn. 3 Nr. 2.1, Nr. 2.4, Nr. 2.5, Nr. 2.6 und Nr. 2.7 zählen halbautomatische Kurz-Schusswaffen, bestimmte halbautomatische Lang-Schusswaffen, halbautomatische Schusswaffen mit glattem Lauf, der nicht länger als 60 cm ist und zivile halbautomatische Schusswaffen, die wie vollautomatische Kriegswaffen aussehen, zur Kategorie B der Waffenrichtlinie.

86   **cc) Besonderheiten bei umrüstbaren Waffen.** Nach Anl. 1 Abschn. 1 Unterabschn. 1 Nr. 2.2 S. 2 und S. 3 gelten als automatische Schusswaffen „auch Schusswaffen, die mit allgemein gebräuchlichen Werkzeugen[308] in automatische Schusswaffen geändert werden können. Als Vollautomaten gelten auch in Halbautomaten geänderte Vollautomaten, die [mit allgemein gebräuchlichen Werkzeugen] wieder in Vollautomaten zurückgeändert werden können." Diese etwas umständlich klingende Formulierung hat folgenden Hintergrund: Erfasst werden sollen nur halbautomatische Schusswaffen, die – von Vollautomaten abgeleitet – als Halbautomaten hergestellt oder mangels Absatzchancen herstellerseits vor dem Verkauf von Vollautomaten in Halbautomaten umgebaut worden sind. Die Einbeziehung sämtlicher Halbautomaten, die zu Vollautomaten umgearbeitet werden können, würde hinsichtlich fabrikneuer Halbautomaten zu erheblichen Problemen und zu einer dem Gesetzgeber unvertretbar erscheinenden Ausweitung des Begriffes (insbes. wegen ihrer Einordnung als verbotene Waffen) führen. Daher stellt die Regelung ausdrücklich klar, dass die Bestimmung nur auf halbautomatische Waffen angewendet werden kann, die aus Vollautomaten entstanden sind.[309]

87   Zu beachten ist andererseits, dass halbautomatische Waffen selbst dann ihre Eigenschaft als automatische Waffen behalten, wenn sie so verändert werden, dass sie nur noch als

---

[302] BT-Drs. 14/7758, 120.
[303] BT-Drs. 14/7758, 88, 120; BT-Drs. 14/8886, 119; vgl. bereits BR-Drs. 375/87, 61; zu den Double-Action-Waffen vgl. auch Anl. I-A 1-UA 1-2.2 S. 4 WaffVwV.
[304] *Ehmke* § 1 Abs. 5; *Steindorf/B. Heinrich* § 2 Rn. 6a.
[305] Anl. I-A 1-UA 1-2.2 S. 5 WaffVwV.
[306] Anl. I-A 1-UA 1-2.2 S. 6 WaffVwV.
[307] Vgl. *Steindorf/B. Heinrich* § 2 Rn. 6a zum Modell „Derringer" mit Doppellauf.
[308] Vgl. zu diesem Begriff → Rn. 61.
[309] BT-Drs. 14/7758, 88.

Einzellader verwendet werden können, sofern die Veränderungen mit allgemein gebräuchlichen Werkzeugen leicht rückgängig gemacht werden können.[310]

c) Repetierwaffen. In Anl. 1 Abschn. 1 Unterabschn. 1 Nr. 2.3 findet sich eine entsprechende Definition der Repetierwaffen. Als solche gelten „Schusswaffen, bei denen nach Abgabe eines Schusses über einen von Hand zu betätigenden Mechanismus Munition aus einem Magazin in das Patronenlager nachgeladen wird" (sog. „Mehrladewaffen").[311] Damit stellen diese Handrepetierer, bei denen es sich regelmäßig um Flinten oder Büchsen, dh Waffen mit glattem bzw. gezogenem Lauf handelt, gerade keine Selbstladewaffen dar.[312] Für die Repetierwaffen, die erstmals gesetzlich definiert wurden, gelten einige Sonderregelungen (vgl. auch § 14 Abs. 4 S. 1, § 16 Abs. 1, § 32 Abs. 3 Nr. 3). So sind nach Anl. 2 Abschn. 1 Nr. 1.2.1.2 die hier genannten Vorderschaftrepetierflinten (sog. „Pumpguns") als verbotene Waffen anzusehen,[313] ein verbotener Umgang stellt ein Verbrechen iS des § 51 Abs. 1 dar. Kurze Repetier-Schusswaffen zählen nach Nr. 2.1, bestimmte lange Repetier-Schusswaffen nach Nr. 2.6 der Anl. 1 Abschn. 3 zur Kategorie B der Waffenrichtlinie.[314] Die restlichen langen Repetier-Schusswaffen zählen hingegen nach Nr. 3.1 der genannten Anlage zur Kategorie C der Waffenrichtlinie. **88**

d) Einzelladerwaffen. In Nr. Anl. 1 Abschn. 1 Unterabschn. 1 Nr. 2.4 findet sich eine entsprechende Definition der Einzelladerwaffen. Als solche gelten „Schusswaffen ohne Magazin mit einem oder mehreren Läufen, die vor jedem Schuss aus demselben Lauf von Hand geladen werden". Die erstmalig vorgenommene Definition der Einzelladerwaffen soll die Abgrenzung zum Begriff der „Mehrladewaffen" erleichtern.[315] Für Einzelladerwaffen finden sich Sonderregelungen in § 14 Abs. 1 S. 2, Abs. 4 S. 1, § 16 Abs. 1, § 27 Abs. 3 Nr. 2, § 32 Abs. 3 Nr. 3, § 34 Abs. 5 S. 1. Für antike einläufige Einzelladerwaffen mit Zündhütchenzündung (Perkussionswaffen) sind bestimmte Umgangsformen erlaubnisfrei, Anl. 2 Abschn. 2 Unterabschn. 2 Nr. 1.7, Nr. 5.1 und 7.6.[316] Kurze Einzellader-Schusswaffen für die in den Anl. 1 Abschn. 3 Nr. 2.2 und 2.3 genannten Zwecke fallen unter die Kategorie B der Waffenrichtlinie.[317] Lange Einzellader-Schusswaffen mit gezogenen Läufen und Einzellader-Schusswaffen für Munition mit Randfeuerzündung ab einer Gesamtlänge von 28 cm fallen nach Anl. 1 Abschn. 3 Nr. 3.2 und 3.4 unter die Kategorie C. Lange Einzellader-Schusswaffen mit glatten Läufen zählen dagegen nach Nr. 4.1 der genannten Anlage unter die Kategorie D der Waffenrichtlinie. Nach der Anl. I-A 1-UA 1-2.4 WaffVwV zählt auch die in der Seeschifffahrt verwendete Signalpistole (Leuchtpistole im Kaliber 4 = 26,5 mm) zu den Einzelladerwaffen. **89**

e) Langwaffen; Kurzwaffen. In Anl. 1 Abschn. 1 Unterabschn. 1 Nr. 2.5 findet sich eine entsprechende Definition der Langwaffen sowie der Kurzwaffen. Als Langwaffen gelten Schusswaffen, deren Lauf und Verschluss in geschlossener Stellung insgesamt länger als 30 cm sind und deren kürzeste bestimmungsgemäß verwendbare Gesamtlänge 60 cm überschreitet. Kurzwaffen sind alle anderen Schusswaffen. Da es auf die bestimmungsgemäße Verwendbarkeit ankommt, ist bei zusammenklappbaren oder -schiebbaren Waffen auf die Länge abzustellen, die benötigt wird, um die Waffe zum bestimmungsgemäßen Schießen zu verwenden. Die **90**

---

[310] BayObLG 28.2.1989 – RReg 4 St 229/88, NStE Nr. 2 zu § 28 WaffG; OLG Stuttgart 18.11.1986 – 4 St 368/86, Justiz 1987, 320 (allerdings im Hinblick auf eine Repetierwaffe); Steindorf/B. *Heinrich* § 2 Rn. 6a aE; vgl. zu den allgemein gebräuchlichen Werkzeugen → Rn. 61.
[311] Eine Abbildung von verschiedenen Repetierwaffen findet sich bei *Busche* S. 61.
[312] Vgl. auch BT-Drs. 8/977, Anlage 2 S. 6; ferner Nr. 1.5 S. 4 WaffVwV (zum WaffG aF); aus der Rspr. OLG Stuttgart 18.11.1986 – 4 Ss 368/86, Die Justiz 1987, 320; vgl. zur Technik bei den Repetierwaffen auch Hinze/*Runkel* Rn. 106 f.
[313] Die Vorschrift ist abgedruckt in → § 2 Rn. 3; → § 2 Rn. 6; zur waffenrechtlichen Einordnung einer Pumpgun BGH 2.7.2013 – 4 StR 187/13. NStZ-RR 2013, 320 (321).
[314] Die Vorschriften sind abgedruckt → Rn. 148.
[315] Vgl. aus der Rspr. BayObLG 28.2.1989 – RReg 4 St 229/88, NStE Nr. 2 zu § 28 WaffG; vgl. zur Technik bei den Einzelladerwaffen auch Hinze/*Runkel* Rn. 108 ff.; eine Abbildung von verschiedenen Einzelladewaffen findet sich bei *Busche* S. 63.
[316] Die Vorschriften sind abgedruckt in → § 2 Rn. 34.
[317] Die Vorschriften sind, ebenso wie die folgenden Vorschriften, abgedruckt in → Rn. 148.

Unterscheidung von Langwaffen und Kurzwaffen, der nach früherem Recht[318] noch entscheidende Bedeutung für die Erlaubnispflicht beim Erwerb zukam, ist heutzutage kaum noch bedeutsam. Sonderregelungen für (bestimmte) **Langwaffen** finden sich allerdings in § 12 Abs. 3 Nr. 3, Abs. 4 Nr. 2, § 13 Abs. 2 S. 2, Abs. 3 S. 1, Abs. 4 und Abs. 5, § 14 Abs. 1 S. 2, Abs. 3, Abs. 4, § 16 Abs. 1, § 27 Abs. 3 S. 1 Nr. 2; § 32 Abs. 3 Nr. 1 und Nr. 3, § 34 Abs. 5 S. 1, § 36 Abs. 2 S. 2. Ferner enthielt Anl. 1 Abschn. 1 Unterabschn. 1 Nr. 1.4.5 aF eine Sonderregelung für Langwaffen.[319] Für die Erlaubnispflicht von veränderten Langwaffen nach Anl. 1 Abschn. 1 Unterabschn. 1 Nr. 1.5 (Salutwaffen) ist Anl. 2 Abschn. 2 Unterabschn. 1 Satz 4 zu beachten. In Anl. 2 Abschn. 2 Unterabschn. 2 Nr. 1.5 und Nr. 7.3 sind bestimmte Langwaffen von der Erlaubnispflicht ausgenommen.[320] Sonderregelungen für **Kurzwaffen** finden sich in § 13 Abs. 2, § 14 Abs. 3, Abs. 4 S. 1. Auch die Strafvorschrift des § 52 Abs. 1 Nr. 2 Buchst. b[321] knüpft an den unerlaubten Umgang mit einer halbautomatischen Kurzwaffe an.[322] Nach Anl. 2 Abschn. 1 Nr. 1.2.5 sind mehrschüssige Kurzwaffen für Zentralfeuermunition in Kalibern unter 6,3 mm dann als verbotene Waffen anzusehen, wenn der Antrieb der Geschosse nicht ausschließlich durch den Zündsatz erfolgt und ihr Baujahr nach dem 1.1.1970 liegt. Bestimmte Formen des Umgangs mit diesen verbotenen Waffen werden nach § 52 Abs. 3 Nr. 1, Abs. 4 unter Strafe gestellt. Schließlich sind in Anl. 1 Abschn. 1 Unterabschn. 1 Nr. 1.3.4, Sonderregelungen für (Handfeuer-)Kurzwaffen enthalten.[323] Halbautomatische Kurzschusswaffen zählen nach Anl. 1 Abschn. 3 Nr. 2.1 zur Kategorie B der Waffenrichtlinie (vgl. auch die Einteilung der kurzen Einzellader-Schusswaffen in Anl. 1 Abschn. 3 Nr. 2.2, Nr. 2.3 und Nr. 3.4.[324]

91 **f) Schreckschusswaffen.** In Anl. 1 Abschn. 1 Unterabschn. 1 Nr. 2.6 findet sich eine entsprechende Definition der Schreckschusswaffen. Als solche gelten Schusswaffen mit einem Kartuschenlager, die zum Abschießen von Kartuschenmunition bestimmt sind.[325] Sie wurden im WaffG 2002 erstmalig definiert, da an vielen Stellen auf sie Bezug genommen wird. Zu beachten ist, dass auch Schreckschusswaffen einen Schussknall erzeugen, weshalb sie häufig auch als **Alarmwaffen** bezeichnet werden.[326] Für Schreckschusswaffen gelten vielfach Sonderregelungen. So ist der Erwerb und Besitz nach Anl. 2 Abschn. 2 Unterabschn. 2 Nr. 1.3 erlaubnisfrei, wenn eine Bauartzulassung nach § 8 BeschG erfolgte und sie das entsprechende Zulassungszeichen tragen.[327] Ist dies nicht der Fall, dann gelten für sie die allgemeinen Regelungen über Schusswaffen samt der entsprechenden Erlaubnispflichten und der jeweiligen Straftatbestände. Dies gilt auch für solche Waffen, deren Bauart zwar zugelassen ist, die aber verändert, also zB aufgebohrt wurden, da sie dann der zugelassenen Bauart nicht mehr entsprechen. Nach Anl. 2 Abschn. 2 Unterabschn. 2 Nr. 1.4 gilt diese Privilegierung auch für Munition, die aus Schreckschusswaffen verschossen werden kann. Nach Nr. 7.2 der genannten Anlage ist bei diesen Waffen auch das Verbringen oder Mitnehmen in den, durch den oder aus dem Geltungsbereich des WaffG erlaubnisfrei. Gleiches gilt nach Nr. 7.5 der genannten Anlage auch für die Munition für diese Waffen. Ferner ist auch nach Anl. 2 Abschn. 2 Unterabschn. 3 Nr. 2.1 das Führen dieser Waffen ohne Sachkunde-, Bedürfnis- und Haftpflichtversicherungsnachweis (§ 4 Abs. 1 Nr. 3–5)

---

[318] Vgl. zur Unterscheidung nach früherem Recht vgl. ua § 3 Abs. 2 Nr. 4 WaffG aF (hier wurde allein auf die Gesamtlänge abgestellt und die Grenze bei 60 cm gezogen) und § 1 Abs. 4 des BWaffG 1968 (damals wurde die Grenze noch bei einer Länge von 40 cm gezogen).
[319] Die Vorschrift ist abgedruckt → Rn. 59.
[320] Die Vorschrift ist abgedruckt in → § 2 Rn. 34.
[321] Hierzu → § 52 Rn. 18 ff.
[322] Erfasst ist hierbei auch das Griffstück als wesentlicher Teil der Schusswaffe nach Anl. 1 Abschn. 1 Unterabschn. 1 Nr. 1.3.4; die Vorschrift ist abgedruckt → Rn. 35.
[323] Die Vorschriften sind abgedruckt in → Rn. 35, 59.
[324] Die Vorschrift ist abgedruckt in → Rn. 148.
[325] Vgl. zum Begriff des Kartuschenlagers → Rn. 52, zur Kartuschenmunition → Rn. 133.
[326] BT-Drs. 14/7758, 88; Hinze/*Runkel* Rn. 111.
[327] Die Vorschrift ist – ebenso wie die im Folgenden zitierten Vorschriften – abgedruckt in → § 2 Rn. 34; → § 2 Rn. 50; hierzu auch Anl. 1-A 1-UA 1-2.6 S. 1 WaffVwV.

zulässig.³²⁸ Erforderlich ist also nur der sog. **"kleine Waffenschein"** (vgl. ergänzend § 10 Abs. 4 S. 4). Nach § 12 Abs. 3 Nr. 5 ist zudem das Führen einer Schreckschusswaffe gänzlich von der Erlaubnispflicht freigestellt, wenn dies zur Abgabe von Start- und Beendigungszeichen bei Sportveranstaltungen geschieht, sofern hier eine optische oder akustische Signalgebung erforderlich ist (Starterpistole). Gleiches gilt nach § 12 Abs. 4 Nr. 5 für das Schießen. Schließlich ist noch auf die besondere Hinweis- und Protokollierungspflicht des § 35 Abs. 2 S. 2 für den gewerblichen Waffenhändler hinzuweisen.³²⁹

Bei Schreckschusswaffen³³⁰ handelt es sich überwiegend um Imitationen bzw. Modelle **92** von echten Handfeuerwaffen, also Revolvern oder Pistolen,³³¹ die oftmals vom Original aus einiger Entfernung kaum unterschieden werden können. Da Schreckschusswaffen (im weiteren Sinne) oftmals mit unterschiedlicher Munition „geladen" werden können, ist eine begriffliche Differenzierung angebracht.³³² Wird aus ihnen Kartuschenmunition (Knallkartuschen, dh „Platzpatronen") verschossen, handelt es sich um eine Schreckschusswaffe (im engeren Sinne).³³³ Nur diese Waffen werden in Anl. 1 Abschn. 1 Unterabschn. 1 Nr. 2.6 als „Schreckschusswaffe" bezeichnet. Werden als Munition Reizstoffe (zB CN-Gas oder CS-Gas) verschossen, liegt eine Reizstoffwaffe (Gaspistole)³³⁴ vor, die unter Nr. 2.7 der genannten Anlage fällt. Schließlich kann aus ihnen auch pyrotechnische Munition verschossen werden. In diesen Fällen spricht man von einer Signalwaffe, die unter Nr. 2.8 der genannten Anlage einzuordnen ist.³³⁵

Schreckschusswaffen können nun zwar grds. unter den Schusswaffenbegriff fallen, dies **93** setzt jedoch – nach der Definition der Schusswaffe in Anl. 1 Abschn. 1 Unterabschn. 1 Nr. 1 – voraus, dass Geschosse durch einen Lauf getrieben werden.³³⁶ Daran fehlt es jedoch bei den meisten dieser Waffen, da diese regelmäßig nur eine Laufimitation besitzen.³³⁷ Denn bei vielen Schreckschusswaffen wird lediglich ein Lauf vorgetäuscht, indem das Laufrohr vorne ca. 1 bis 2 cm tief angebohrt wird. Die als Munition verwendeten Platzpatronen (Knallpatronen) können den Lauf somit nicht verlassen, die Pulvergase treten nach dem „Schuss" nicht nach vorne, sondern über einen Gaslauf³³⁸ seitlich oder nach oben aus. Hierdurch kann aber eine Schusswaffeneigenschaft nicht begründet werden, wenn der Lauf ansonsten geschlossen ist.³³⁹ Es handelt sich vielmehr „lediglich" um Munitionsabschussgeräte iS der Anl. 1 Abschn. 1 Unterabschn. 1 Nr. 1.2.1, die zwar als den Schusswaffen „gleichgestellte Gegenstände"³⁴⁰ dem WaffG unterfallen, jedoch gerade keine „Schusswaffen" sind. Insoweit ist an dieser Steller nochmals darauf hinzuweisen, dass die Umschreibung des Gesetzgebers in Anl. 1 Abschn. 1 Unterabschn. 1 Nr. 2.6 missglückt ist, weil er hier von „Schusswaffen" spricht, augenscheinlich aber sämtliche Schreckschusswaffen meint.³⁴¹

Allerdings ist es im Hinblick auf die Zulassung von Schreckschusswaffen nach § 8 BeschG **94** nicht erforderlich, dass das Laufrohr gänzlich geschlossen ist. Es dürfen aus ihnen nach § 8 Abs. 2 Nr. 1 und Nr. 2 BeschG lediglich keine Patronenmunition oder Geschosse verschossen werden können, denen eine Bewegungsenergie von mehr als 7,5 Joule (J) erteilt wird. In

---

[328] Die Vorschrift ist abgedruckt in → § 2 Rn. 35.
[329] Ein Verstoß hiergegen stellt eine Ordnungswidrigkeit nach § 53 Abs. 1 Nr. 18 dar; → § 53 Rn. 87 f.
[330] Vgl. hierzu ausführlich *Rothschild* NStZ 2001, 406; *Rothschild/Krause* ArchKrim 197 (1996), 65.
[331] Vgl. *Rothschild/Krause* ArchKrim 197 (1996), 65.
[332] Zur ersten Orientierung *Rothschild* NStZ 2001, 406.
[333] Vgl. zur Funktionsweise *Rothschild/Krause* ArchKrim 197 (1996), 65 (66).
[334] Hierzu → Rn. 95 ff.
[335] Hierzu → Rn. 103 f.
[336] → Rn. 9 ff.
[337] Vgl. *Hinze/Runkel* Rn. 112; *Krüger* DRiZ 1970, 88 (89); *Steindorf/B. Heinrich* Rn. 10.
[338] Vgl. zum Begriff des Gaslaufes → Rn. 48.
[339] *Rothschild/Krause* ArchKrim 197 (1996), 65 (67); *Steindorf/B. Heinrich* Rn. 10, 18; OLG Schleswig 20.3.1957 – Ss 460/56, SchlHA 1957, 312; aM *Hinze* § 1 Anm. 11a für solche Schreckschusspistolen, bei denen der Verbrennungsgasdruck dazu benutzt wird, vorgeladene Presslinge in Bewegung zu setzen; vgl. nunmehr aber *Hinze/Runkel* Rn. 113.
[340] BGH 22.2.1991 – 1 StR 44/91, BGHSt 37, 330 = NJW 1991, 2715; *Apel* GewA 1985, 295; *Hinze/Runkel* Rn. 112; *Steindorf*, 8. Aufl. 2007, § 1 Rn. 10; hierzu → Rn. 25 ff.
[341] Vgl. hierzu bereits → Rn. 76.

diesen Fällen kann eine Schreckschusswaffe somit eine Schusswaffe iS der Anl. 1 Abschn. 1 Unterabschn. 1 Nr. 1.1 darstellen (und nur insoweit ist die Definition in Anl. 1 Abschn. 1 Unterabschn. 1 Nr. 2.6 tatsächlich zutreffend).[342] Dies ist ferner auch dann der Fall, wenn die Schreckschusswaffe so konstruiert ist, dass die Gase konstruktionsbedingt nach vorne entweichen.[343] Denn in diesem Fall wird ein Geschoss durch den Lauf getrieben, da unter den Begriff des Geschosses nach Anl. 1 Abschn. 1 Unterabschn. 3 Nr. 3.2 auch gasförmige Stoffe in Umhüllungen anzusehen sind. Dabei ist es nicht erforderlich, dass das Gas mitsamt der Umhüllung den Lauf verlässt, es ist vielmehr ausreichend, dass das Gas aus der Umhüllung heraus verschossen wird.[344] Dagegen reicht es nicht aus, wenn lediglich Gase nach vorne austreten, die beim Abbrennen der Kartuschenmunition entstehen, da sich diese Gase zuvor nicht in Umhüllungen befanden. Auch Treibmittelteilchen und Pulverbestandteile, die durch den Lauf geschleudert werden, reichen zur Begründung der Schusswaffeneigenschaft nicht aus,[345] obwohl dies zB bei aufgesetzten Schüssen oder absoluten Nahschüssen sogar tödliche Verletzungen zur Folge haben kann.[346] Eine Schusswaffe liegt selbstverständlich auch dann vor, wenn die Waffe aufgebohrt ist.[347] In diesen Fällen kann möglicherweise auch „scharfe" Munition verschossen werden, so dass die Waffe ihre Eigenschaft als „Schreckschusswaffe" im eigentlichen Sinne verliert.[348]

95 **g) Reizstoffwaffen.** In Anl. 1 Abschn. 1 Unterabschn. 1 Nr. 2.7 findet sich eine entsprechende Definition der Reizstoffwaffen. Als solche gelten Schusswaffen mit einem Patronen- oder Kartuschenlager,[349] die zum Verschießen von Reiz- oder anderen Wirkstoffen bestimmt sind. Zu den anderen Wirkstoffen zählen solche, die mit den Reizstoffen in ihrer Wirkung vergleichbar sind.[350] Die Reizstoffwaffen wurden im WaffG 2002 erstmalig definiert, da an vielen Stellen auf sie Bezug genommen wird. Auch Reizstoffwaffen erzeugen einen Schussknall, weshalb auch sie häufig als **Alarmwaffen** bezeichnet werden.[351] Das Gesetz enthält nunmehr auch in **Anl. 1 Abschn. 1 Unterabschn. 1 Nr. 5** eine Definition des Begriffes des **Reizstoffes**.[352] Die Vorschrift lautet:

> **5. Reizstoffe** sind Stoffe, die bei ihrer bestimmungsgemäßen Anwendung auf den Menschen eine belästigende Wirkung durch Haut- und Schleimhautreizung, insbesondere durch einen Augenreiz ausüben und resorptiv nicht giftig wirken.

96 Reizstoffwaffen (Gaspistolen) sind demnach Waffen, die mit einer Gaspatrone (gefüllt mit Reizstoffen wie zB CN-Gas oder CS-Gas) geladen werden und bei denen nach Betätigung des Abzugs das frei werdende Gas entweder seitlich, nach oben oder (seltener) durch den Lauf nach vorne, jedenfalls aber gerichtet auf das sich vor der Waffe befindende Objekt, austritt.[353] Sie

---

[342] Hierzu → Rn. 77.
[343] *Hinze* § 1 Anm. 6; Steindorf/*B. Heinrich* Rn. 10; vgl. auch BGH 4.2.2003 – GSSt 2/02, BGHSt 48, 197 (200 f.) = NJW 2003, 1677 (1678); 15.3.2011 – 4 StR 40/11, NJW 2011, 1979 (1980); OLG Koblenz 30.5.1973 – 1 Ss 14/73, OLGSt § 53 WaffG S. 1 (2); aM Hinze/*Runkel* Rn. 113: „gleichgestellte Gegenstände".
[344] Vgl. hierzu noch → Rn. 99, 142.
[345] Zur Frage, ob Verbrennungsrückstände, die beim Abfeuern den Lauf verlassen als „feste Körper" anzusehen sind, vgl. noch → Rn. 141; ferner BayObLG 30.4.1969 – RReg 4 b St 31/69, OLGSt § 1 WaffG S. 1 (2); 30.9.1970 – RReg 3 St 145/70, NJW 1971, 392 (393); OLG Koblenz 30.5.1973 – 1 Ss 14/73, OLGSt § 53 WaffG S. 1 (2); OLG Schleswig 20.3.1957 – Ss 460/56, SchlHA 1957, 312; OLG Stuttgart 19.8.1970 – 1 Ss 396/70, GewA 1972, 228; 26.1.1972 – 1 Ss 704/71, OLGSt § 14 WaffenG, S. 11 (12).
[346] Vgl. nur *Rothschild* NStZ 2001, 406 (407 f.); *Rothschild/Krause* ArchKrim 197 (1996), 65 (69 ff.); ferner BGH 4.2.2003 – GSSt 2/02, BGHSt 48, 197 (200) = NJW 2003, 1677 (1678); hierzu *Fischer* NStZ 2003, 569; vgl. auch BGH 16.3.1962 – 4 StR 14/62, GA 1962, 337 (in BGHSt 17, 179 nicht abgedruckt).
[347] Hinze/*Runkel* Rn. 113; Steindorf/*B. Heinrich* Rn. 10.
[348] Hierzu auch BGH 26.11.1992 – 539/92, NStZ 1993, 192, sowie *Rothschild* NStZ 2001, 406 (410).
[349] Vgl. zum Begriff des Kartuschenlagers → Rn. 52.
[350] Anl. I-A 1-UA 1-2.7 WaffVwV.
[351] BT-Drs. 14/7758, 88.
[352] Vgl. zur nachträglichen Aufnahme dieser Definition in den Gesetzentwurf BT-Drs. 14/7758, 121; BT-Drs. 14/8886, 119.
[353] Vgl. zur Funktionsweise einer Reizstoffwaffe *Rothschild* NStZ 2001, 406.

sind regelmäßig dazu bestimmt, Menschen durch die austretenden Reizstoffe auf chemischem Wege zu verletzen, ohne sie dabei jedoch dauerhaft gesundheitlich zu schädigen.[354] Die Waffen sind dabei im Allgemeinen so konstruiert, dass durch einen Schuss in Richtung auf den Gegner freigegebenes Gas auf dessen Nervensystem einwirkt und ihn bestimmter Fähigkeiten, in der Regel der Sehfähigkeit – bei Verwendung von Tränengas – beraubt.[355]

Allerdings haben Gaspistolen, wie auch die oben beschriebenen Schreckschusswaffen (im engeren Sinne),[356] selbst dann, wenn die Gase nach vorne entweichen, in der Regel Vorrichtungen, wie Sperrhöcker, Querstifte oder Verengungen im Lauf, die verhindern, dass massive Geschosse, Verbrennungsrückstände oder Pulverkörner den Lauf verlassen können.[357] Dennoch können hier Nahschüsse auch auf mechanischem Wege körperliche Verletzungen des Gegners durch den Austrieb von Rückständen, den durch den Schuss entstehenden heißen Gasstrahl oder Pulverkörnern herbeiführen.[358] 97

Für die Beurteilung der Schusswaffeneigenschaft von Gaspistolen sind zwei Dinge wesentlich. Nach der gesetzlichen Definition in Anl. 1 Abschn. 1 Unterabschn. 1 Nr. 1.1 ist es erforderlich, dass **Geschosse,** dh nach Anl. 1 Abschn. 1 Unterabschn. 3 Nr. 3 feste Körper oder gasförmige, flüssige oder feste Stoffe **in Umhüllungen** abgefeuert werden.[359] Diese Voraussetzung fehlt jedenfalls bei den sogleich noch anzusprechenden **Reizstoffsprühgeräten,**[360] ist aber bei den üblichen **Reizstoffpatronen** zu bejahen. 98

Weitere Voraussetzung der Anl. 1 Abschn. 1 Unterabschn. 1 Nr. 1.1 ist es aber, dass die Geschosse **durch den Lauf getrieben** werden. Gaspistolen fallen somit dann nicht unter den Schusswaffenbegriff, wenn konstruktionsbedingt die Gase lediglich seitlich austreten und keine festen Geschosse den Lauf verlassen.[361] Dass auch bei seitlichem Austreten des Gases die Patrone zuerst – zumindest über eine kurze Strecke – innerhalb des Laufs mit der Bewegungsrichtung nach vorne getrieben wird, ist dabei unschädlich, wenn das Gas die Waffe nicht durch den Lauf nach vorne verlässt.[362] Tritt das Gas allerdings nach vorne aus, so wird die Eigenschaft als Schusswaffe überwiegend bejaht.[363] Die Einbeziehung in Nr. 1.1 99

---

[354] Apel/Bushart/*Bushart* Anl. 1 Rn. 29; Hinze/*Runkel* Rn. 115; vgl. auch BGH 16.3.1962 – 4 StR 14/62, GA 1962, 337 (in BGHSt 17, 179 nicht abgedruckt); BGH 6.5.1971 – 4 StR 114/71, BGHSt 24, 136 (137) = NJW 1971, 1223; 13.7.1989 – 4 StR 283/89, NStZ 1989, 476.
[355] BGH 6.5.1971 – 4 StR 114/71, BGHSt 24, 136 (137) = NJW 1971, 1223 = JR 1971, 381 mAnm *Schröder* JR 1971, 382.
[356] → Rn. 91 ff.
[357] BGH 6.5.1971 – 4 StR 114/71, BGHSt 24, 136 (139) = NJW 1971, 1223 (1224); 13.7.1989 – 4 StR 283/89, NStZ 1989, 476; 4.2.2003 – GSSt 2/02, BGHSt 48, 197 (201) = NJW 2003, 1677 (1678); BayObLG 30.9.1970 – RReg 3 St 145/70, NJW 1971, 392 (393); vgl. auch *Krüger* DRiZ 1970, 88 (89); Steindorf/*B. Heinrich* Rn. 11.
[358] BGH 6.5.1971 – 4 StR 114/71, BGHSt 24, 136 (137) = NJW 1971, 1223; 16.7.1988 – 3 StR 207/88, BGHR StGB § 250 Abs. 1 Nr. 1 Schusswaffe 2; 13.7.1989 – 4 StR 283/89, NStZ 1989, 476; 12.9.1989 – 1 StR 398/89, BGHR StGB § 250 Abs. 2 Gesamtbetrachtung 5; 12.6.1990 – VI ZR 297/89, NJW-RR 1991, 24; *Rothschild* NStZ 2001, 406 (407 f.); *Sattler/Wagner* Kriminalistik 1986, 485.
[359] Vgl. zum Begriff des Geschosses sogleich noch → Rn. 140 ff.
[360] Hierzu → Rn. 102 und Rn. 117.
[361] Vgl. hierzu *Krüger* Die Justiz 1968, 19 (20); Steindorf/*B. Heinrich* Rn. 11. Zur Rechtslage vor Erlass des Bundeswaffengesetzes 1968 vgl. OLG Karlsruhe 18.12.1969 – 1 Ss 375/69, NJW 1970, 1056 mAnm *Krüger* NJW 1970, 1615; OLG Karlsruhe 7.1.1971 – 1 Ss 202/70, GewA 1972, 24. Zur Frage der Beurteilung einer Gaspistole als Schusswaffe iS des §§ 244 Abs. 1 Nr. 1, 250 Abs. 1 Nr. 1 StGB (jeweils aF) vgl. BGH 16.4.1953 – 4 StR 771/52, BGHSt 4, 125 = NJW 1953, 952; 21.11.1961 – 1 StR 444/61, GA 1962, 145; 16.3.1962 – 4 StR 14/62, GA 1962, 337 (in BGHSt 17, 179 nicht abgedruckt); 3.8.1965 – 1 StR 277/65, NJW 1965, 2115; 6.5.1971 – 4 StR 114/71, BGHSt 24, 136 = NJW 1971, 1223 = JR 1971, 381 mAnm *Schneider* NJW 1971, 1663 und *Schröder* JR 1971, 382; 25.5.1976 – 1 StR 240/76 bei *Holtz* MDR 1976, 812 (813); 21.5.1981 – 4 StR 149/81, NStZ 1981, 301; 13.7.1989 – 4 StR 283/89, NStZ 1989, 476; 12.9.1995 – 1 StR 401/95, NStZ-RR 1996, 3; 11.5.1999 – 4 StR 380/98, BGHSt 45, 92 = NJW 1999, 2198; BayObLG 30.9.1970 – RReg 3 St 145/70, NJW 1971, 392 (393); OLG Düsseldorf 25.9.1990 – 2 Ss 156/90 – 27/90, NStZ 1991, 40; vgl. ferner OLG Stuttgart 19.8.1970 – 1 Ss 396/70, GewA 1972, 228.
[362] Anders allerdings OLG Düsseldorf 25.9.1990 – 2 Ss 156/90–27/90 III, NStZ 1991, 40 (41) – zumindest im Hinblick auf § 244 Abs. 1 Nr. 1 StGB.
[363] BGH 6.5.1971 – 4 StR 114/71, BGHSt 24, 136 (139) = NJW 1971, 1223 (1224); 25.5.1976 – 1 StR 240/76 bei *Holtz* MDR 1976, 812 (813); OLG Koblenz 30.5.1973 – 14/73, OLGSt § 53 WaffG S. 1 (2); OLG Stuttgart 26.1.1972 – 1 Ss 704/71, OLGSt § 14 WaffenG, S. 11 (12); vgl. auch BGH 4.2.2003 – GSSt

der genannten Anlage kann in diesen Fällen auch nicht mit dem Argument in Frage gestellt werden, dass bei Gaspistolen regelmäßig das sich in den Umhüllungen befindliche Gas bei der Verfeuerung von Gaskartuschen nicht **in diesen Umhüllungen** als Geschoss durch den Lauf getrieben, sondern nur **aus diesen Umhüllungen** heraus verschossen wird.[364]

100 Erfüllen die Gaspistolen im Einzelfall **nicht** die Anforderungen, die an eine Schusswaffe zu stellen sind, können sie aber jedenfalls nach Anl. 1 Abschn. 1 Unterabschn. 1 Nr. 1.2.1 als den Schusswaffen gleichgestellte Gegenstände (Munitionsabschussgeräte) angesehen werden,[365] die sich gerade dadurch auszeichnen, dass trotz Fehlen eines Laufes gezielt oder wenigstens gerichtet geschossen werden kann.[366]

101 Soweit Gaspistolen bzw. Reizstoffwaffen dem Schusswaffenbegriff unterfallen oder einer Schusswaffe gleichstehen, gelten aber – wie bei den Schreckschuss- und den Signalwaffen – einige Sonderregelungen. So ist der Erwerb und Besitz nach Anl. 2 Abschn. 2 Unterabschn. 2 Nr. 1.3 erlaubnisfrei, wenn eine Bauartzulassung nach § 8 BeschG erfolgte und sie das entsprechende Zulassungszeichen tragen.[367] Ist dies nicht der Fall, dann gelten für sie die allgemeinen Regelungen über Schusswaffen samt der entsprechenden Erlaubnispflichten und der jeweiligen Straftatbestände. Dies gilt auch für solche Waffen, deren Bauart zwar zugelassen ist, die aber verändert, also zB aufgebohrt wurden, da sie dann der zugelassenen Bauart nicht mehr entsprechen. Nach Anl. 2 Abschn. 2 Unterabschn. 2 Nr. 1.4 gilt diese Privilegierung auch für Munition, die aus Reizstoffwaffen verschossen werden kann. Nach Nr. 7.2 der genannten Anlage ist bei diesen Waffen auch das Verbringen oder Mitnehmen in den, durch den oder aus dem Geltungsbereich des WaffG erlaubnisfrei. Gleiches gilt nach Nr. 7.5 der genannten Anlage auch für die Munition für diese Waffen. Ferner ist auch nach Anl. 2 Abschn. 2 Unterabschn. 3 Nr. 2.1 das Führen dieser Waffen ohne Sachkunde-, Bedürfnis- und Haftpflichtversicherungsnachweis (§ 4 Abs. 1 Nr. 3–5) zulässig.[368] Erforderlich ist also nur der sog. **"kleine Waffenschein"** (vgl. ergänzend § 10 Abs. 4 S. 4). Schließlich ist noch auf die besondere Hinweis- und Protokollierungspflicht des § 35 Abs. 2 S. 2 für den gewerblichen Waffenhändler hinzuweisen.[369] Unter den besonderen Voraussetzungen der Anl. 2 Abschn. 1 Nr. 1.3.5, Nr. 1.5.2 und Nr. 1.5.5 sind bestimmte Gegenstände oder Geschosse mit Reizstoffen auch als verbotene Waffen anzusehen,[370] der insoweit verbotene Umgang mit diesen Waffen ist nach § 52 Abs. 3 Nr. 1 (in Bezug auf Waffen nach Nr. 1.3.5 und Nr. 1.5.5) strafbar.[371]

102 Von den Reizstoffwaffen zu unterscheiden sind **Reizstoffsprühgeräte,** also Sprühdosen und Sprühpistolen, aus denen Reizstoffe lediglich versprüht werden können.[372] Hier sind die zu versprühenden Stoffe vor dem „Abschuss" nicht in einer Umhüllung untergebracht (insofern liegt kein „Geschoss" vor) und zum Antrieb wird auch keine Munition verwendet. Sie fallen somit weder unter Nr. 1.1 noch unter Nr. 1.2.1 der Anl. 1 Abschn. 1 Unterabschn. 1. Die Reizstoffsprühgeräte fallen jedoch nach Anl. 1 Abschn. 1 Unterabschn. 2 Nr. 1.2.2 als

---

2/02, BGHSt 48, 197 (201) = NJW 2003, 1677 (1678); 15.3.2011 – 4 StR 40/11, NJW 2011, 1979 (1980); OLG Düsseldorf 25.9.1990 – 2 Ss 156/90–27/90 III, NStZ 1991, 40 (41). Zur Frage, ob Verbrennungsrückstände, die beim Abfeuern den Lauf verlassen als „feste Körper" anzusehen sind, → Rn. 94 sowie → Rn. 141.

[364] Vgl. hierzu BGH 13.7.1989 – 4 StR 283/89, NStZ 1989, 476 bzgl. des Gastrommelrevolvers „Röhm RG 89"; kritisch *Gröschner* GewA 1984, 372 (373); vgl. aber auch BGH 6.5.1971 – 4 StR 114/71, BGHSt 24, 136 (139) = NJW 1971, 1223 (1224): die in Umhüllungen befindlichen Gase würden in diesen Umhüllungen mittels eines Zünd- und Treibsatzes mit der Bewegungsrichtung „nach vorne" verschossen. Dass die leere Patronenhülse selbst den Lauf mit dem Schuss nicht verlasse, sei dagegen ohne Bedeutung; gegen diese Argumentation wiederum *Schröder* JR 1971, 382; hierzu auch *Hinze* § 1 Anm. 5.

[365] BGH 13.7.1989 – 4 StR 283/89, NStZ 1989, 476; 12.6.1990 – VI ZR 297/89, NJW-RR 1991, 24; *Apel* GewA 1985, 295; *Hinze/Runkel* Rn. 114; Steindorf/*B. Heinrich* Rn. 11.

[366] Vgl. hierzu *Steindorf,* 7. Aufl. 1999, § 1 Rn. 16, 19.

[367] Die Vorschrift ist – ebenso wie die im Folgenden genannten Vorschriften – abgedruckt in → § 2 Rn. 34; auch → § 2 Rn. 50.

[368] Die Vorschrift ist abgedruckt in → § 2 Rn. 35.

[369] Ein Verstoß hiergegen stellt eine Ordnungswidrigkeit nach § 53 Abs. 1 Nr. 18 dar; → § 53 Rn. 87 f.

[370] Der Text ist abgedruckt → § 2 Rn. 3; hierzu noch → § 2 Rn. 16, 26, 29.

[371] Hierzu → § 52 Rn. 48 ff.

[372] Anders aber *Gade/Stoppa* Anl. 1 Rn. 71.

"tragbare Gegenstände" unter § 1 Abs. 2 Nr. 2 Buchst. a.[373] Sonstige Reizstoffwaffen sind darüber hinaus von Anl. 1 Abschn. 1 Unterabschn. 2 Nr. 1.2.3 Buchst. a erfasst.[374] Andererseits sah der Gesetzgeber geprüfte Reizstoffsprühgeräte als so harmlos an, dass er sogar Jugendlichen den Umgang entgegen dem grds. Verbot in § 2 Abs. 1 gestattet (vgl. § 3 Abs. 2).

h) Signalwaffen. In Anl. 1 Abschn. 1 Unterabschn. 1 Nr. 2.8 findet sich eine entsprechende Definition der Signalwaffen. Als solche gelten Schusswaffen mit einem Patronen- oder Kartuschenlager oder tragbare Gegenstände nach Anl. 1 Abschn. 1 Unterabschn. 1 Nr. 1.2.1, die zum Verschießen von pyrotechnischer Munition bestimmt sind. Sie wurden im WaffG 2002 – noch ohne Bezugnahme auf die tragbaren Gegenstände nach nach Nr. 1.2.1[375] – erstmalig definiert, da an vielen Stellen auf sie Bezug genommen wird. Auch Signalwaffen erzeugen einen Schussknall, weshalb sie häufig auch als **Alarmwaffen** bezeichnet werden.[376]

Signalwaffen, insbes. Leuchtpistolen fallen stets unter den Schusswaffenbegriff der Anl. 1 Abschn. 1 Unterabschn. 1 Nr. 1.1.[377] Denn die Leuchtpistolen zeichnen sich gerade dadurch aus, dass eine Leuchtkugel als fester Körper (und somit als Geschoss iS der Anl. 1 Abschn. 1 Unterabschn. 3 Nr. 3)[378] durch den Lauf getrieben wird. Die Einbeziehung in den Schusswaffenbegriff ist insoweit gerechtfertigt, als auch hier die Bewegungsenergie erheblich ist und derjenigen von scharfen Waffen gleichkommt. Sogenannte Notsignalgeber, die kein eigenes Patronen- oder Kartuschenlager besitzen, sind nach Anl. 1 Abschn. 1 Unterabschn. 1 Nr. 1.2.1 als tragbare Gegenstände zum Abschießen von Munition den Schusswaffen und somit den Signalwaffen gleichgestellt.[379] Soweit Signalwaffen dem Schusswaffenbegriff unterfallen oder einer Schusswaffe gleichstehen, gelten aber – wie schon bei den Schreckschuss- und den Reizstoffwaffen – einige Sonderregelungen. So ist der Erwerb und Besitz nach Anl. 2 Abschn. 2 Unterabschn. 2 Nr. 1.3 erlaubnisfrei, wenn eine Bauartzulassung nach § 8 BeschG erfolgte und sie das entsprechende Zulassungszeichen tragen.[380] Sind sie nicht entsprechend zugelassen und gekennzeichnet, dann gelten für sie die allgemeinen Regelungen über Schusswaffen samt der entsprechenden Erlaubnispflichten und der jeweiligen Straftatbestände. Dies gilt auch für solche Waffen, deren Bauart zwar zugelassen ist, die aber verändert wurden, da sie dann der zugelassenen Bauart nicht mehr entsprechen. Nach Anl. 2 Abschn. 2 Unterabschn. 2 Nr. 1.4 gilt die oben genannte Privilegierung auch für Munition, die aus Signalwaffen verschossen werden kann. Nach Nr. 7.2 der genannten Anlage ist bei entsprechend zugelassenen und gekennzeichneten Waffen auch das Verbringen oder Mitnehmen in den, durch den oder aus dem Geltungsbereich des WaffG erlaubnisfrei. Gleiches gilt nach Nr. 7.5 der genannten Anlage für die Munition für diese Waffen. Ferner ist auch nach Anl. 2 Abschn. 2 Unterabschn. 3 Nr. 2.1 das Führen dieser Waffen ohne Sachkunde-, Bedürfnis- und Haftpflichtversicherungsnachweis (§ 4 Abs. 1 Nr. 3 bis Nr. 5) zulässig. Erforderlich ist also nur der sog. **"kleine Waffenschein"** (vgl. ergänzend § 10 Abs. 4 S. 4).[381]

Nach § 12 Abs. 1 Nr. 3 Buchst. d ist der **Erwerb** und **Besitz** von Signalwaffen für solche Personen erlaubnisfrei, die als Charterer von seegehenden Schiffen zur Abgabe von Seenotsignalen den Besitz über die Signalwaffe nur weisungsabhängig ausüben dürfen, sofern sie die Waffen gerade von einem oder für einen Berechtigten erwerben. Diese Waffen

---

[373] Vgl. hierzu noch → Rn. 117; die Vorschrift ist abgedruckt → Rn. 109.
[374] Vgl. hierzu noch → Rn. 118; die Vorschrift ist abgedruckt → Rn. 109.
[375] Anl. 1 Abschn. 1 Unterabschn. 1 Nr. 2.8 wurde durch das ÄndG 2008, BGBl. I S. 426, neu gefasst.
[376] BT-Drs. 14/7758, 88.
[377] Vgl. Hinze/*Runkel* Rn. 117; Steindorf/*B. Heinrich* Rn. 9; zum Schusswaffenbegriff → Rn. 9 ff.
[378] Vgl. zum Begriff des Geschosses → Rn. 140 ff.
[379] Vgl. I-A 1-UA 1-2.8 S. 2 WaffVwV; vgl. auch OVG Berlin-Brandenburg 28.9.2010 – OVG 11 B 26/08, BeckRS 2010, 55193.
[380] Die Vorschrift ist – ebenso wie die im Folgenden genannten Vorschriften – abgedruckt in → § 2 Rn. 34; auch → § 2 Rn. 50.
[381] Die Vorschrift ist abgedruckt in → § 2 Rn. 35.

(inklusive der dafür bestimmten Munition) sind auch im Hinblick auf die Mitnahme in den oder durch den Geltungsbereich des WaffG erlaubnisfrei gestellt, wenn dies aus Gründen der Sicherheit an Bord von Schiffen geschieht (§ 32 Abs. 5 Nr. 2). Nach § 12 Abs. 3 Nr. 4 und 5 ist zudem das **Führen** einer Signalwaffe gänzlich von der Erlaubnispflicht freigestellt, wenn dies beim Bergsteigen oder durch den verantwortlichen Führer eines Wasserfahrzeugs auf diesem Fahrzeug oder bei Not- und Rettungsübungen geschieht (Nr. 4) oder zur Abgabe von Start- und Beendigungszeichen bei Sportveranstaltungen dient, sofern hier eine optische oder akustische Signalgebung erforderlich ist (Nr. 5). Gleiches gilt nach § 12 Abs. 4 Nr. 4 und 5 für das **Schießen** bei Not- und Rettungsübungen (Nr. 4) und bei den bereits genannten Sportveranstaltungen (Nr. 5). Schließlich ist noch auf die besondere Hinweis- und Protokollierungspflicht des § 35 Abs. 2 S. 2 für den gewerblichen Waffenhändler hinzuweisen.[382]

106 i) **Druckluft- und Federdruckwaffen; Waffen mit kalten Treibgasen.** Durch das ÄndG 2008[383] wurde die Auflistung der Waffenarten in Anl. 1 Abschn. 1 Unterabschn. 1 Nr. 2 noch um die Nr. 2.9 ergänzt.[384] Hier werden mit den Druckluft-, den Federdruck- und den CO_2-Waffen drei Waffenarten genannt, die durch eine Vielzahl von Vorschriften, insbes. in der Anlage 2, privilegiert werden. Das Gesetz definiert in S. 2 der genannten Nr. 2.9 **Druckluftwaffen** als „Schusswaffen, bei denen Luft in einen Druckbehälter vorkomprimiert und gespeichert sowie über ein Ventilsystem zum Geschossantrieb freigegeben wird"[385] (vielfach sind diese Waffen auch unter dem Begriff „Luftgewehre" oder „Luftpistolen" bekannt). Zu den Druckluftwaffen zählen ua auch die bei den „Paintball"-Spielen verwendeten Waffen, aus denen mit Lebensmittelfarbe gefüllte Gelatinekugeln verschossen werden, um den Gegner zu markieren. **Federdruckwaffen** hingegen sind „Schusswaffen, bei denen entweder Federkraft direkt ein Geschoss antreibt (auch als Federkraftwaffen bezeichnet) oder ein federbelasteter Kolben in einem Zylinder bewegt wird und ein vom Kolben erzeugtes Luftpolster das Geschoss antreibt".[386] Hier erfolgt der Druck also durch das Entspannen einer gespannten oder arretierten Feder. Ebenfalls in diese Kategorie zählen Waffen, bei denen zum Antrieb der Geschosse **kalte Treibgase** Verwendung finden, wie zB Druckgaswaffen (auch als CO_2-Waffen bezeichnet[387]). Im Gegensatz zu den Feuerwaffen nach Anl. 1 Abschn. 1 Unterabschn. 1 Nr. 2.1[388] wird bei diesen Waffen zum Antrieb der Geschosse also kein heißes Gas verwendet.

107 Die genannten Waffen sind zwar regelmäßig als Schusswaffen iS des § 1 Abs. 2 Nr. 1 anzusehen,[389] es gelten jedoch infolge ihrer geringen Gefährlichkeit einige Sonderregelungen So wird zB selbst Kindern, die das zwölfte Lebensjahr vollendet haben und noch nicht 14 Jahre alt sind, das Schießen in Schießstätten mit solchen Waffen unter Obhut von Aufsichtsberechtigten gem. § 27 Abs. 3 Nr. 1 gestattet (vgl. ergänzend auch § 27 Abs. 6 S. 1: Zulässigkeit des Schießen für Minderjährige an „Schießbuden"). Ferner ist hinsichtlich dieser Waffen § 12 Abs. 4 S. 2 Nr. 1 Buchst. a anwendbar (Zulässigkeit des Schießens innerhalb des befriedeten Besitztums).[390] Nach Anl. 2 Abschn. 2 Unterabschn. 2 Nr. 1.1 und Nr. 1.2 ist der Erwerb und Besitz bestimmter solcher Waffen erlaubnisfrei. Nr. 7.1 der besagten Anlage stellt das Verbringen und die Mitnahme in den, durch den oder aus dem Geltungsbereich des Gesetzes für die in Nr. 1.1 und Nr. 1.2 genannten Waffen erlaubnis-

---

[382] Ein Verstoß hiergegen stellt eine Ordnungswidrigkeit nach § 53 Abs. 1 Nr. 18 dar; → § 53 Rn. 87 f.
[383] BGBl. I S. 426 (434).
[384] BT-Drs. 16/7717, 24.
[385] Vgl. wortgleich Anl. II-A 2-UA 2-1.4 S. 4 WaffVwV.
[386] Vgl. wortgleich Anl. II-A 2-UA 2-1.4 S. 3 WaffVwV.
[387] Hierzu auch Anl. II-A 2-UA 2-1.4 S. 5 WaffVwV.
[388] Vgl. zum Begriff der Feuerwaffen → Rn. 78 f.
[389] So bereits BGH 24.6.1963 – II ZR 51/61, NJW 1963, 2171 zu § 1 RWaffG 1938.
[390] Vgl. zur Strafbarkeit des *Führens* von Druckluftwaffen nach altem Recht BGH 30.10.1970 – 2 StR 390/70, BGHSt 23, 370 = NJW 1971, 62 m. zust. Anm. *Potrykus* NJW 1971, 64; OLG Hamm 25.3.1968 – 4 Ss 1750/67, NJW 1969, 107; OLG Schleswig 16.5.1968 – Ss 92/68, SchlHA 1969, 161; LG Frankfurt 11.9.1967 – 5/7 Qs 36/67, NJW 1964, 2419; *Potrykus* MDR 1968, 466.

frei.[391] Auch gilt für sie weder die Beschusspflicht nach § 3 BeschG (hier werden nur Feuerwaffen und Böller erfasst) noch eine Bauartzulassung nach § 8 BeschG (da diese Waffen hier nicht aufgeführt sind). Es gilt lediglich eine Kennzeichnungspflicht nach § 24 Abs. 2.[392]

III. Tatobjekte: Tragbare Gegenstände (Abs. 2 Nr. 2)

Neben den Schusswaffen (Abs. 2 Nr. 1) bilden die tragbaren Gegenstände nach Abs. 2 Nr. 2 die zweite große Gruppe der „Waffen" iS des WaffG. Sie unterfallen in zwei Untergruppen. Es handelt sich entweder um Gegenstände, die „ihrem Wesen nach [als Waffe] bestimmt" sind (Buchst. a), wobei hier ihre abstrakte Zweckbestimmung entscheidend ist, oder aber um Gegenstände, bei denen – ohne dass eine solche Bestimmung vorliegt – die **objektive Gefährlichkeit**, dh ihre objektive Tauglichkeit als Waffe (Buchst. b) ausschlaggebend ist. Entscheidend ist also entweder die **Bestimmung** oder die **Eignung** als Waffe, wobei im letzteren Fall eine ausdrückliche Aufnahme im Gesetz (bzw. in der Anlage) erforderlich ist. Nicht in diese Kategorie fallen die bereits oben genannten (ebenfalls tragbaren) **Munitionsabschussgeräte** oder sonstigen **durch Muskelkraft** betriebenen Geräte, mit denen gezielt geschossen werden kann und die daher den Schusswaffen nach § 1 Abs. 2 Nr. 1 iVm Nr. 1.2 Anl. 1 Abschn. 1 Unterabschn. 1 gleichgestellt sind.[393]

1. Tragbare Gegenstände iS des Abs. 2 Nr. 2 Buchst. a. Bei den Waffen dieser Kategorie darf es sich einerseits nicht um Schusswaffen oder diesen gleichgestellten Gegenständen nach § 1 Abs. 2 Nr. 1 handeln, andererseits müssen diese Gegenstände **ihrem Wesen** nach dazu bestimmt sein, die Angriffs- oder Abwehrfähigkeit von Menschen zu beeinträchtigen. Das Gesetz spricht hier davon, die Angriffs- oder Abwehrfähigkeit zu „beseitigen oder herabzusetzen". Durch diese Formulierung soll klar gestellt werden, dass Verteidigungsmittel, die ausschließlich dem **Passivschutz** dienen (zB Schutzwesten, Schutzschilde, Alarmanlagen, Panzerungen) nicht hierunter fallen.[394] In **Nr. 1 Anl. 1 Abschn. 1 Unterabschn. 2** werden diese tragbaren Gegenstände näher umschrieben. Die Vorschrift lautet:

Tragbare Gegenstände
1. Tragbare Gegenstände nach § 1 Abs. 2 Nr. 2 Buchstabe a sind insbesondere

1.1 Hieb- und Stoßwaffen (Gegenstände, die ihrem Wesen nach dazu bestimmt sind, unter unmittelbarer Ausnutzung der Muskelkraft durch Hieb, Stoß, Stich, Schlag oder Wurf Verletzungen beizubringen),

1.2 Gegenstände,

1.2.1 die unter Ausnutzung einer anderen als mechanischen Energie Verletzungen beibringen (z. B. Elektroimpulsgeräte),

1.2.2 aus denen Reizstoffe versprüht oder ausgestoßen werden, die eine Reichweite bis zu 2 m haben (Reizstoffsprühgeräte),

1.2.3 bei denen in einer Entfernung von mehr als 2 m bei Menschen
a) eine angriffsunfähig machende Wirkung durch ein gezieltes Versprühen oder Ausstoßen von Reiz- oder anderen Wirkstoffen oder
b) eine gesundheitsschädliche Wirkung durch eine andere als kinetische Energie, insbesondere durch ein gezieltes Ausstrahlen einer elektromagnetischen Strahlung,
hervorgerufen werden kann,

1.2.4 bei denen gasförmige, flüssige oder feste Stoffe den Gegenstand gezielt und brennend mit einer Flamme von mehr als 20 cm Länge verlassen,

1.2.5 bei denen leicht entflammbare Stoffe so verteilt und entzündet werden, dass schlagartig ein Brand entstehen kann, oder in denen unter Verwendung explosionsgefährlicher oder explosionsfähiger Stoffe eine Explosion ausgelöst werden kann,

---

[391] Vgl. hierzu noch → § 2 Rn. 50.
[392] Vgl. bereits § 26 Abs. 1 S. 1 Nr. 1 der 1. WaffV (zum WaffG aF): Anzeigepflicht bei Herstellung oder Einfuhr dieser Waffen.
[393] Hierzu → Rn. 25 ff.
[394] BT-Drs. 14/7758, 88; Hinze/*Runkel* Rn. 120; Lehmann/*v. Grotthuss* Rn. 19.

1.2.6 die nach ihrer Beschaffenheit und Handhabung dazu bestimmt sind, durch Drosseln die Gesundheit zu schädigen,

1.3 Schleudern, die zur Erreichung einer höchstmöglichen Bewegungsenergie eine Armstütze oder eine vergleichbare Vorrichtung besitzen oder für eine solche Vorrichtung eingerichtet sind (Präzisionsschleudern), sowie Armstützen und vergleichbare Vorrichtungen für die vorbezeichneten Gegenstände.

110 Bei den hier relevanten Gegenständen kommt es wesentlich auf ihre abstrakte **Zweckbestimmung** an, wobei das Gesetz hierfür in Nr. 1.1 (Hieb und Stoßwaffen), Nr. 1.2 (sonstige Gegenstände) und Nr. 1.3 (Präzisionsschleudern) der Anl. 1 Abschn. 1 Unterabschn. 2 einige Beispiele nennt. Dabei ist jedoch zu beachten, dass diese Aufzählung („insbesondere") nicht abschließend ist. Es werden lediglich diejenigen Gegenstände genannt, die nach dem bisherigen Entwicklungsstand im Waffenrecht als Waffen behandelt und geregelt wurden. Die Formulierung ermöglicht es jedoch, auch neu entwickelte Gegenstände ohne ausdrückliche Änderung des Gesetzes zu erfassen.[395]

111 **a) Hieb- und Stoßwaffen.** Nach Anl. 1 Abschn. 1 Unterabschn. 2 Nr. 1.1 fallen unter die tragbaren Gegenstände nach § 1 Abs. 2 Nr. 2 Buchst. a insbes. die Hieb- und Stoßwaffen. Nach der hier vorgenommenen Regelung versteht man hierunter „Gegenstände, die ihrem Wesen nach dazu bestimmt sind, unter unmittelbarer Ausnutzung der Muskelkraft durch Hieb, Stoß, Stich, Schlag oder Wurf Verletzungen beizubringen".[396] Zwar unterfallen diese Hieb- und Stoßwaffen nicht dem **Schusswaffenbegriff** des § 1 Abs. 2 Nr. 1 und sie werden den Schusswaffen auch nicht gleichgestellt. Das WaffG erfasst sie jedoch unter dem Oberbegriff der „Waffe".[397] Ferner existieren Vorschriften, die Hieb- und Stoßwaffen ausdrücklich neben den Schusswaffen mit einbeziehen.[398]

112 Unter den Begriff der Hieb- und Stoßwaffen fallen nur solche Waffen, die „ihrem Wesen" nach gerade, dh objektiv dazu bestimmt sind, durch Hieb, Stoß, Stich, Schlag oder Wurf Verletzungen (dh Körperverletzungen iS des § 223 StGB) herbeizuführen.[399] Insofern ist auch hier – wie bei der Bestimmung des Waffenbegriffs allgemein[400] – nur eine Waffe im technischen Sinn erfasst.[401] Es hat daher eine Abgrenzung zu erfolgen zu solchen Gegenständen, die ihrer Bestimmung nach vorrangig zu anderen Zwecken (zumeist Alltagstätigkeiten) gebraucht werden, wie dies bei Äxten, Beilen, Sensen und Sicheln der Fall ist. Zwar können auch diese Gegenstände durch einen Hieb Verletzungen verursachen, ihre Zweckbestimmung ist jedoch auf eine andere Verwendung gerichtet. Ihrer Bestimmung nach gerade zur Verletzung von Menschen bestimmt sind insbes. Degen, Säbel, geschliffene Florette, geschliffene studentische „Schläger",[402] Stockdegen, „Totschläger",[403] Stahlruten,[404] Schlagringe,[405] Gummiknüp-

---

[395] BT-Drs. 14/7758, 88.
[396] Vgl. ergänzend Anl. I-A 1-UA 2-1.1 S. 1 WaffVwV. Diese Formulierung entspricht im Wesentlichen § 1 Abs. 7 S. 1 WaffG aF; vgl. zu früheren Gesetzesfassungen Hinze/*Runkel* Rn. 122.
[397] Vgl. nur die Grundsatznormen für Waffen in § 1 Abs. 3, § 2 und § 3.
[398] Vgl. § 35 Abs. 3 (Vertriebs- und Überlassungsverbot außerhalb fester Verkaufsstätten).
[399] Vgl. Anl. I-A 1-UA 2-1.1 S. 1 WaffVwV; BGH 11.2.2003 – 5 StR 402/02, NStZ 2003, 439 (440); RG 2.6.1880 – Rep 1265/80, RGSt 1, 443 (445 – geschliffene Schläger); 10.12.1931 – 2 D 555/31, JW 1932, 952; 7.4.1932 – III 100/32, RGSt 66, 191 (Fahrtenmesser); 1.2.1934 – 2 D 1378/33, RGSt 68, 39; 12.9.1940 – 3 D 570/40, RGSt 74, 281 (der zum Treten verwendete Schuh ist keine Stoßwaffe): BayObLG 16.9.1993 – 4 St RR 155/93, NJW 1994, 335; KG 29.7.1930 – 1 S. 384/30, JW 1930, 3443 mAnm *Hoche* JW 1930, 3443; Apel/Bushart/*Bushart* Anlage 1 Rn. 32 f.; *Gade/Stoppa* Anl. 1 Rn. 93; Hinze/*Runkel* Rn. 122; Steindorf/*B. Heinrich* Rn. 22.
[400] Hierzu → Rn. 7.
[401] Vgl. Anl. I-A 1-UA 2-1.1 S. 1 WaffVwV.
[402] RG 2.6.1880 – Rep 1265/80, RGSt 1, 443 (445).
[403] Zu den Totschlägern auch → § 2 Rn. 13; die Totschläger sind zudem nach Anl. 2 Abschn. 1 Nr. 1.3.2 (abgedruckt in → § 2 Rn. 3) als verbotene Waffen anzusehen.
[404] KG 29.7.1930 – 1 S. 384/30, JW 1930, 3443; zu den Stahlruten auch → § 2 Rn. 13; die Stahlruten sind zudem nach Anl. 2 Abschn. 1 Nr. 1.3.2 (abgedruckt in → § 2 Rn. 3) als verbotene Waffen anzusehen.
[405] RG 1.2.1934 – 2 D 1378/33, RGSt 68, 39, zu einem Siegelring, aus dem sich zwei messerartige Schneiden herausheben ließen; zu den Schlagringen auch → § 2 Rn. 13; die Schlagringe sind zudem nach Anl. 2 Abschn. 1 Nr. 1.3.2 (abgedruckt in → § 2 Rn. 3) als verbotene Waffen anzusehen.

pel,[406] Schlagstöcke, sog. „Hampelmänner" (= mit Metall gefüllte Gummi- oder Plastikschläuche)[407] und Ochsenziemer.[408] Umstritten ist dies hingegen bei sog. Jagdnickern[409] und Hirschfängern,[410] die aber regelmäßig nicht dazu bestimmt sind, die Angriffs- oder Abwehrfähigkeit von Menschen herabzusetzen. Auch ein aus Alltagsgegenständen eigens hergestellter Gegenstand wie zB eine mit spitzen Nägeln versehene Holzlatte kann hierunter fallen, sofern eine bewusste Umgestaltung zu dem Zweck erfolgte, den Gegenstand nunmehr als Waffe einzusetzen.[411] Nicht vom Waffenbegriff erfasst sind hingegen einfache Zaunlatten, Äste oder Steine, selbst wenn sie von dem Betreffenden zum Schlagen oder Werfen verwendet werden.[412] Für die Abgrenzung entscheidend sind hierbei die Verkehrsanschauung und der Einzelfall,[413] was vor allem bei Taschenmessern[414] und Springmessern von einiger Relevanz ist.[415] Da die Einordnung insbes. bei Messern oftmals streitig war, hat der Gesetzgeber über § 1 Abs. 2 Nr. 2 Buchst. b iVm Anl. 1 Abschn. 1 Unterabschn. 2 Nr. 2.1 bestimmte Messer ausdrücklich als objektiv gefährliche tragbare Gegenstände dem Anwendungsbereich des WaffG unterstellt.[416] Darüber hinaus wird man davon ausgehen können, dass die im Normalfall verwendeten Taschenmesser (zB das „Schweizer Offiziersmesser") oder ein gewöhnliches Fahrtenmesser[417] nicht dem Waffenbegriff unterfallen. Anders ist es hingegen, wenn dem Messer schon bei seiner Herstellung eine auf die veränderte Bestimmung hindeutende äußere Gestalt gegeben wurde,[418] wozu jedoch die Tatsache, dass das Messer eine **feststehende Klinge** besitzt für sich allein ebenso wenig ausreicht wie die Tatsache, dass es durch eine

---

[406] KG 29.7.1930 – 1 S. 384/30, JW 1930, 3443.

[407] Vgl. hierzu AG Maulbronn 9.11.1988 – II Cs 390/88, MDR 1990, 1039: Die „Hampelmänner" seien zwar Waffen, aber nicht – wie Totschläger – verbotene Gegenstände.

[408] BGH 12.7.1932 – 1 D 785/32, JW 1933, 442 (zumindest nach einer bewussten „Zurüstung"); vgl. im Einzelnen auch Anl. I-A 1-UA 2-1.1 WaffVwV; Steindorf/*B. Heinrich* Rn. 23.

[409] Angenommen wurde dies noch von RG 7.4.1932 – III 100/32, RGSt 66, 191 (192); Steindorf/*B. Heinrich* Rn. 23; anders jetzt aber Anl. I-A 1-UA 2-1.1 S. 7 WaffVwV; Apel/Bushart/*Bushart* Anl. 1 Rn. 35; Erbs/Kohlhaas/*Pauckstadt-Maihold*, W 12 Rn. 19; *Gade/Stoppa* Rn. 11. In Anl. I-A 1-UA 2-1.1 S. 8 WaffVwV wird ausgeführt: „Die als Jagdnicker bezeichneten feststehenden Messer mit einseitig geschliffener Klinge und typischer Griffform (oft mit Horngriffen) stellen heute übliche Schneidwerkzeuge zum Aufschärfen und Abhäuten von Wild dar und sind demnach nicht dazu bestimmt, die Angriffs- oder Abwehrfähigkeit von Menschen herabzusetzen".

[410] Anl. I-A 1-UA 2-1.1 S. 7 WaffVwV; Apel/Bushart/*Bushart* Anl. 1 Rn. 35; Erbs/Kohlhaas/*Pauckstadt-Maihold*, W 12 Rn. 19; *Gade/Stoppa* Rn. 11; anders noch Steindorf/*B. Heinrich* Rn. 23. Unter einem Hirschfänger, der früher vielfach als „Scheinwaffe" bei den Jägertruppen diente, versteht man ein Werkzeug, welches zum Erlösen des verletzten Wildes verwendet wird. Er wurde früher auch als Standessymbol für den fertig ausgebildeten Jäger verliehen und als solches auch geführt. Insofern wird in Anl. I-A 1-UA 2-1.1 S. 9 WaffVwV auch davon ausgegangen, dass Hirschfänger „in der heutigen Zeit allenfalls noch als Bestandteil einer Jagd- und Forstuniform (Zierrat) Verwendung finden".

[411] RG 12.7.1932 – 1 D 785/32, JW 1933, 442; Lehmann/*v. Grotthuss* Rn. 30; Steindorf/*B. Heinrich* Rn. 23.

[412] RG 12.7.1932 – 1 D 785/32, JW 1933, 442.

[413] BGH 9.4.1991 – 1 StR 4/91 (unveröffentlicht), zitiert nach *Steindorf*, 7. Aufl. Rn. 38; vgl. auch BGH 11.2.2003 – 5 StR 402/02, NStZ 2003, 439 (440), ferner bereits RG 7.4.1932 – III 100/32, RGSt 66, 191 (192).

[414] Vgl. hierzu BGH 9.10.1997 – 3 StR 465/97, BGHSt 41, 266 (267 f.) = NJW 1998, 1504; ferner RG 10.12.1931 – 2 D 555/31, JW 1932, 952; 26.11.1931 – 2 D 1151/31, JW 1932, 954; 26.6.1934 – 1 D 404/34, RGSt 68, 238 (239).

[415] BGH 11.2.2003 – 5 StR 402/02, NStZ 2003, 439 (440); BayObLG 23.8.1962 – RevReg 4 St 208/62, BayObLGSt 1962, 183; vgl. auch Steindorf/*B. Heinrich* Rn. 23.

[416] Vgl. hierzu noch → Rn. 124 ff.; zur früheren Rechtslage bei Spring- und Fallmessern vgl. BayObLG 23.8.1962 – RevReg 4 St 208/62, BayObLGSt 1962, 183 (Waffeneigenschaft eines Springmessers mit einer 10,5 cm langen spitzen Klinge); anders BGH 8.6.1984 – 2 StR 880/93 (unveröffentlicht), bei einem 20 cm langen Fallmesser; vgl. zu den Spring- und Fallmessern auch Anl. I-A 1-UA 2-2.1 WaffVwV; Nr. 37.2.6 WaffVwV (zum WaffG aF).

[417] Fahrtenmesser sind in einer Scheide am Gürtel getragene, im Griff feststehende Messer mit stumpfen Rücken, die in der Regel zum Schneiden von Lebensmitteln oder Alltagsgegenständen benutzt werden; vgl. auch RG 7.4.1932 – III 100/32, RGSt 66, 191; das Gleiche gilt für Operationsbestecke von Chirurgen, vgl. Apel/Bushart/*Bushart* Anl. 1 Rn. 33; *Gade/Stoppa* Rn. 11, Anl. 1 Rn. 97; Lehmann/*v. Grotthuss* Rn. 32.

[418] So schon RG 10.12.1931 – 2 D 555/31, JW 1932, 952 (953).

besondere Vorrichtung **festgestellt** werden kann.[419] Dagegen sind Dolche[420] und Stilette[421] regelmäßig von Abs. 2 Nr. 2 Buchst. a erfasst.

113 Zwar nennt das Gesetz ausdrücklich nur die „Hieb-" und „Stoßwaffen". Begrifflich werden hiervon nach Anl. 1 Abschn. 1 Unterabschn. 2 Nr. 1.1 „Stich", „Schlag" und „Wurf" ebenfalls erfasst, weshalb auch **Schlagwaffen** unter § 1 Abs. 2 Nr. 2 Buchst. a fallen.[422] Die **Stichwaffen** fallen begrifflich unter die Stoßwaffen.[423] Schließlich werden auch **Schleuderwaffen** erfasst, bei denen die Verletzungen (wie zB bei Wurfsternen)[424] durch einen Wurf zugefügt werden.[425]

114 Die Verletzungen müssen ferner durch **unmittelbare Ausnutzung der Muskelkraft** herbeigeführt werden. Nicht erfasst sind daher solche Geräte, bei denen Verletzungen durch andere Energieformen als „mechanischer Energie" zugefügt werden können (wie dies zB bei Elektroimpulsgeräten der Fall ist).[426] Hier greift jedoch Anl. 1 Abschn. 1 Unterabschn. 2 Nr. 1.2.1 ein: Auch sie unterfallen als tragbare Gegenstände nach § 1 Abs. 2 Nr. 2 Buchst. a dem Anwendungsbereich des WaffG.[427] **Zier- und Dekorationswaffen,** die zwar wie Hieb- oder Stoßwaffen aussehen, aber infolge zB abgestumpfter Spitzen oder stumpfer Schneiden offensichtlich nur für den Sport oder zur Zierde geeignet, aber nicht zur Verletzung von Menschen bestimmt sind (zB Sportflorette, Sportdegen, Zierdegen), stellen dagegen keine Hieb- oder Stoßwaffen dar.[428]

115 Schließlich ist noch darauf hinzuweisen, dass Hieb- und Stoßwaffen oftmals auch verbotene Waffen darstellen können. So stellen Hieb- oder Stoßwaffen, die ihrer Form nach geeignet sind, einen anderen Gegenstand vorzutäuschen, oder die mit Gegenständen des täglichen Gebrauchs verkleidet sind, verbotene Waffen nach § 2 Abs. 3 iVm Anl. 2 Abschn. 1 Nr. 1.3.1 dar.[429] Stahlruten, Totschläger, Schlagringe und Wurfsterne sind von Nr. 1.3.2 und Nr. 1.3.3 der genannten Anlage erfasst.[430]

116 **b) Elektroimpulsgeräte etc.** Nach Anl. 1 Abschn. 1 Unterabschn. 2 Nr. 1.2.1 fallen unter die tragbaren Gegenstände nach § 1 Abs. 2 Nr. 2 Buchst. a auch Elektroimpulsgeräte („Elektroschockgeräte") oder Geräte mit ähnlicher Wirkung.[431] Der Gesetzgeber umschreibt diese Waffen als Gegenstände, die unter Ausnutzung einer anderen als mechanischen Energie Verletzungen beibringen. Hierunter fallen insbes. die Elektrokontaktgeräte, dh zur Verteidigung bestimmte Geräte, die nach Betätigen einer Auslösevorrichtung der mit dem Gerät in Berührung kommenden Person schmerzhafte elektrische Schläge versetzen, die zur vorübergehenden Kampfunfähigkeit führen sollen (zB die wie Gummiknüppel

---

[419] RG 10.12.1931 – 2 D 555/31, JW 1932, 952 (953); RG 7.4.1932 – III 100/32, RGSt 66, 191 (192); in Anl. I-A 1-UA 2-1.1 S. 10 und 11 WaffVwV wird dazu ausgeführt: „Bei Klappmessern und feststehenden Messern ist eine Waffeneigenschaft grundsätzlich dann zu verneinen, wenn die Klinge in ihren technischen Merkmalen (Länge, Breite, Form) der eines Gebrauchsmessers (zB Küchenmesser, Taschenmesser) entspricht. Hiervon kann in der Regel dann ausgegangen werden, wenn der aus dem Griff herausragende Teil der Klinge kürzer als 8,5 cm oder nicht zweischneidig ist".
[420] Vgl. Anl. I-A 1-UA 2-1.1 S. 4 WaffVwV; RG 26.11.1932 – 2 D 1151/31, JW 1932, 954; 10.12.1931 – 2 D 555/31, JW 1932, 952 (953); RG 7.4.1932 – III 100/32, RGSt 66, 191 (192).
[421] BayObLG 23.8.1962 – RevReg. 4 St 208/62, BayObLGSt 1962, 183; vgl. auch *Steindorf*, 7. Aufl. 1999, § 1 Rn. 41. Zu sog. „Kugelschreiberstiletten" als verbotene Gegenstände nach § 37 Abs. 1 S. 1 Nr. 4 WaffG aF vgl. BayObLG 16.9.1993 – 4 St RR 155/93, NJW 1994, 335.
[422] Vgl. Anl. I-A 1-UA 2-1.1 S. 3 WaffVwV: „Hierbei ist Hieb mit Schlag gleichzusetzen, so dass Schlagwaffen rechtlich Hieb- und Stoßwaffen gleichstehen".
[423] *Apel* § 1 Anm. 8.
[424] Die Wurfsterne stellen zugleich verbotene Waffen dar; vgl. Anl. 2 Abschn. 1 Nr. 1.3.3, abgedruckt in → § 2 Rn. 3; hierzu auch → § 2 Rn. 12.
[425] *Apel* § 1 Anm. 8.
[426] *Apel/Bushart/Bushart* Anl. 1 Rn. 34; *Gade/Stoppa* Anl. 1 Rn. 95; *Steindorf/B. Heinrich* Rn. 21.
[427] Vgl. hierzu → Rn. 116.
[428] Vgl. Anl. I-A 1-UA 2-1.1 S. 6 WaffVwV; so schon Nr. 1.9 WaffVwV (zum WaffG aF); *Gade/Stoppa* Rn. 11; *Lehmann/v. Grotthuss* Rn. 32.
[429] Hierzu → § 2 Rn. 12; die Vorschrift ist abgedruckt in → § 2 Rn. 3.
[430] Hierzu → § 2 Rn. 13 und Rn. 12; die Vorschriften sind abgedruckt in → § 2 Rn. 3.
[431] Diese Geräte wurden bereits nach altem Recht über § 1 Abs. 7 S. 2 WaffG aF den Hieb- und Stoßwaffen gleichgestellt.

aussehenden sog. „Kontaktstäbe" oder die „Paralyser").[432] Allerdings ist es nicht erforderlich, dass die Verletzung gerade durch eine körperliche Berührung zustande kommt.[433] Ausreichend ist jede Form der Impulsübertragung. Nicht erfasst, sind allerdings Laser sowie zur Anwendung als Scherzartikel dienende Gegenstände mit der äußeren Form zB eines Schreibgeräts oder Feuerzeugs, die elektrische Impulse geringer Stärke erzeugen, weil bei diesen eine Zweckbestimmung nach § 1 Abs. 2 Nr. 2 Buchst. a nicht gegeben ist.[434] Denn in diesem Zusammenhang ist die Einschränkung zu beachten, dass es sich bei den Waffen iS des § 1 Abs. 2 Nr. 2 Buchst. a um solche handeln muss, die ihrem Wesen nach dazu bestimmt sind, die Angriffs- oder Abwehrfähigkeit von **Menschen** zu beeinträchtigen. Insofern sind auch Elektroimpulsgeräte, die ihrem Wesen nach zur Verletzung von Tieren bestimmt sind, nicht erfasst. Diese Geräte werden aber von § 1 Abs. 2 Nr. 2 Buchst. b iVm Anl. 1 Abschn. 1 Unterabschn. 2 Nr. 2.2 als objektiv gefährliche Gegenstände vom WaffG erfasst.[435] Unter bestimmten Voraussetzungen sind die Elektroimpulsgeräte nach § 2 Abs. 3 iVm Anl. 2 Abschn. 1 Nr. 1.3.6 als verbotene Waffen einzuordnen,[436] ein Verstoß gegen dieses Verbot wird nach § 53 Abs. 1 Nr. 2 allerdings lediglich als Ordnungswidrigkeit geahndet.[437]

c) Reizstoffsprühgeräte. Nach Anl. 1 Abschn. 1 Unterabschn. 2 Nr. 1.2.2 fallen unter **117** die tragbaren Gegenstände nach § 1 Abs. 2 Nr. 2 Buchst. a auch die Reizstoffsprühgeräte. Nach der hier vorgenommenen Regelung versteht man darunter Gegenstände, aus denen Reizstoffe versprüht oder ausgestoßen werden, die eine Reichweite von **bis zu 2 m** haben. Diese Geräte können nicht als „Schusswaffen" iS des § 1 Abs. 2 Nr. 1 angesehen werden, da bei ihnen keine „Geschosse", dh nach Anl. 1 Abschn. 1 Unterabschn. 3 Nr. 3.2 „gasförmige, flüssige oder feste Stoffe **in Umhüllungen**" abgefeuert werden können.[438] Nicht erfasst werden sollen hingegen wiederum solche Reizstoffsprühgeräte, die ihrem Wesen nach nicht zur Beeinträchtigung der Angriffs- und Abwehrfähigkeit von **Menschen,** sondern lediglich zur Abwehr etwa von Tieren („Hundeabwehrsprays") gedacht sind. Diese Gegenstände könnten, da § 1 Abs. 2 Nr. 2 Buchst. a hier nicht greift, lediglich durch eine ausdrückliche Nennung im Gesetz auf der Grundlage des § 1 Abs. 2 Nr. 2 Buchst. b in den Anwendungsbereich des WaffG einbezogen werden. Der Gesetzgeber hat dies bislang aber abgelehnt.[439] Unter bestimmten Umständen können Reizstoffsprühgeräte nach Anl. 2 Abschn. 1 Nr. 1.3.5 als verbotene Waffen angesehen werden,[440] ein Verstoß gegen dieses Verbot wird nach § 52 Abs. 3 Nr. 1 unter Strafe gestellt.[441]

d) Sonstige Reizstoffwaffen etc. Nach Anl. 1 Abschn. 1 Unterabschn. 2 Nr. 1.2.3 **118** Buchst. a fallen unter die tragbaren Gegenstände nach § 1 Abs. 2 Nr. 2 Buchst. a insbes.

---

[432] Vgl. Anl. I-A 1-UA 2-1.2.1 S. 1 WaffVwV. Diese Geräte waren bereits nach Nr. 1.9 S. 2 WaffVwV (zum WaffG aF) als Waffen anzusehen; hierzu *Steindorf,* 7. Aufl. 1999, § 1 Rn. 45; ferner Hinze/*Runkel* Rn. 132.
[433] Vgl. auch Anl. I-A 1-UA 2-1.2.1 S. 2 WaffVwV: „Darunter zählen auch Geräte, mit deren Hilfe die Elektroden als Pfeile an Leitungen verschossen werden oder die Übertragung der elektrischen Impulse über Distanzen auf einem anderen Wege erfolgt". Der ursprüngliche Gesetzentwurf hatte eine solche Einschränkung (Notwendigkeit einer körperlichen Berührung) vorgesehen, vgl. BT-Drs. 14/7758, 30. Diese wurde aber später gestrichen; vgl. BT-Drs. 14/7758, 138, BT-Drs. 14/8886, 64, 119. Dagegen sind die sog. „Air-Taser", bei denen Elektroden aus Basisgerät aus „abgeschossen" werden können, als Distanzwaffen und nicht als Elektroimpulsgeräte anzusehen. Sie fallen daher unter Anl. 1 Abschn. 1 Unterabschn. 2 Nr. 1.2.3 Buchst. b; vgl. aber auch Apel/Bushart/*Bushart* Anl. 1 Rn. 37, der grundsätzlich auch weiterhin eine „körperliche Berührung" fordert.
[434] Vgl. Anl. I-A 1-UA 2-1.2.1 S. 3 und S. 4 WaffVwV.
[435] Vgl. hierzu noch → Rn. 129, der Text der Vorschrift ist abgedruckt → Rn. 124.
[436] Vgl. hierzu noch → § 2 Rn. 17; der Text der Vorschrift ist abgedruckt in → § 2 Rn. 3.
[437] → § 53 Rn. 4.
[438] Vgl. bereits BT-Drs. V/528, 21 und → Rn. 102. Zum Begriff des Geschosses → Rn. 140 ff.
[439] Vgl. BT-Drs. 14/7758, 89, in der darauf gerichteten Anregung des Bundesrates, BT-Drs. 14/7758, 121, wurde vom Bundestag abgelehnt, BT-Drs. 14/7758, 138; in der späteren Beschlussempfehlung findet sich der Passus daher nicht mehr; vgl. BT-Drs. 14/8886, 65, 119; kritisch hierzu Heller/Soschinka Rn. 306.
[440] → § 2 Rn. 16; der Text der Vorschrift ist abgedruckt in → § 2 Rn. 3.
[441] → § 52 Rn. 48 ff.

auch Gegenstände, bei denen in einer Entfernung von **mehr als 2 m** bei Menschen eine angriffsunfähig machende Wirkung durch ein gezieltes Versprühen oder Ausstoßen von Reiz- oder anderen Wirkstoffen hervorgerufen werden kann[442] (zB Tränengassprühgeräte). Besitzen die Geräte eine Reichweite von weniger als 2 m ist zumeist Anl. 1 Abschn. 1 Unterabschn. 2 Nr. 1.2.2 einschlägig.[443] Die Entfernung von 2 m ist gewählt worden, da solche Geräte auch zu Angriffszwecken geeignet erscheinen.[444] Diese Gegenstände sind unter bestimmten Voraussetzungen nach § 2 Abs. 3 iVm Anl. 2 Abschn. 1 Nr. 1.3.5 als verbotene Waffen einzuordnen,[445] ein Verstoß gegen das Verbot wird nach § 52 Abs. 3 Nr. 1 unter Strafe gestellt.[446]

119 **e) Elektromagnetische Waffen etc.** Nach Anl. 1 Abschn. 1 Unterabschn. 2 Nr. 1.2.3 Buchst. b fallen unter die tragbaren Gegenstände nach § 1 Abs. 2 Nr. 2 Buchst. a insbes. auch Gegenstände, bei denen in einer Entfernung von mehr als 2 m bei Menschen eine gesundheitsschädliche Wirkung durch eine andere als kinetische Energie, insbes. durch ein gezieltes Ausstrahlen einer elektromagnetischen Strahlung hervorgerufen werden kann.[447] Hierunter fallen in erster Linie Geräte, bei denen die Strahlen von Elektronen oder Neutronen, elektromagnetische Strahlen (Kurzwellen), energiereiche optische Strahlung (Laser) oder eine akustische Wirkung (zB Infraschall) zur Anwendung gelangen.[448]

120 **f) Flammenwerfer.** Nach Anl. 1 Abschn. 1 Unterabschn. 2 Nr. 1.2.4 fallen unter die tragbaren Gegenstände nach § 1 Abs. 2 Nr. 2 Buchst. a insbes. auch Gegenstände, bei denen gasförmige, flüssige oder feste Stoffe den Gegenstand gezielt und brennend mit einer Flamme von mehr als 20 cm Länge verlassen.[449] Da die Zweckbestimmung nach § 1 Abs. 2 Nr. 2 Buchst. a gegeben sein muss, werden bestimmungsgemäß in der Land- und Forstwirtschaft überwiegend zur Unkrautbekämpfung benutzbare Geräte nicht erfasst, wohl aber selbst gefertigte Geräte in der Art militärischer Flammenwerfer.[450]

121 **g) Brandsätze (sog. „Molotow-Cocktails" und „USBV").** Nach Anl. 1 Abschn. 1 Unterabschn. 2 Nr. 1.2.5 fallen unter die tragbaren Gegenstände nach § 1 Abs. 2 Nr. 2 Buchst. a zunächst solche, bei denen leicht entflammbare Stoffe so verteilt und entzündet werden, dass schlagartig ein Brand entstehen kann. Diese Gegenstände sind nach § 2 Abs. 3 iVm Nr. 1.3.4 Anl. 2 Abschn. 1 als verbotene Waffen einzuordnen.[451] Bei den hier insbes. erfassten sog. **„Molotow-Cocktails"** handelt es sich um mit Benzin, Benzin-Ölgemisch oder anderen leicht brennbaren Flüssigkeiten gefüllte Glasflaschen, die vor allem nach einem Wurf beim Auftreffen auf einen heißen Gegenstand zersplittern, wobei sich der dadurch freigewordene Brennstoff ohne Zuhilfenahme einer weiteren Zündvorrichtung entzün-

---

[442] Diese Geräte wurden bereits nach altem Recht über § 5 Abs. 1 Nr. 2 Buchst. a der 1. WaffV (zum WaffG aF) als Waffen in den Anwendungsbereich des Gesetzes mit einbezogen. Eine Änderung ergibt sich insoweit, als diese Gegenstände nach altem Recht den Schusswaffen gleichgestellt waren, nunmehr aber nur noch als tragbare Gegenstände nach § 1 Abs. 2 Nr. 2 erfasst werden; hierzu Apel/Bushart/*Bushart* Anl. 1 Rn. 40; Steindorf/*B. Heinrich* Rn. 23c. Der in BT-Drs. 14/7758, 89 aufgenommene Verweis, es würde sich hierbei um Waffen handeln, die bisher durch § 37 Abs. 1 [Satz 1] Nr. 7–9 WaffG geregelt waren, ist im Hinblick auf diese Gegenstände aber nicht zutreffend.
[443] Hierzu → Rn. 117.
[444] So schon BR-Drs. 74/76, 51; vgl. auch Steindorf/*B. Heinrich* Rn. 23c.
[445] Vgl. hierzu noch → § 2 Rn. 16; der Text der Vorschrift ist abgedruckt in → § 2 Rn. 3.
[446] → § 52 Rn. 48 ff.
[447] Diese Gegenstände wurden bereits nach altem Recht über § 5 Abs. 1 Nr. 2 Buchst. b der 1. WaffV (zum WaffG aF) in den Anwendungsbereich des Gesetzes mit einbezogen.
[448] Vgl. Anl. I-A 1-UA 2-1.2.3 WaffVwV; BR-Drs. 581/72, Begründung S. 11; *Steindorf,* 7. Aufl. 1999, § 5 der 1. WaffV Rn. 4.
[449] Diese Gegenstände wurden bereits nach altem Recht über § 5 Abs. 1 Nr. 1 der 1. WaffV (zum WaffG aF) in den Anwendungsbereich des Gesetzes mit einbezogen.
[450] Anl. I-A 1-UA 2-1.2.4 S. 1 und s. 2 WaffVwV.
[451] Diese Gegenstände waren bereits nach altem Recht über § 37 Abs. 1 S. 1 Nr. 7 WaffG aF als verbotene Gegenstände anzusehen; hierzu noch → § 2 Rn. 15; der Text der Vorschrift ist abgedruckt in → § 2 Rn. 3.

det.⁴⁵² Andererseits können Molotow-Cocktails aber auch in der Weise eingesetzt werden, dass sie mit einer Zündvorrichtung (Lunte etc) versehen und angezündet werden. In dieser Form werden sie vorwiegend zum Inbrandsetzen von Gebäuden verwendet.⁴⁵³ Oftmals werden diese „Molotow-Cocktails" auch mit Lappen gefüllt, die mit Benzin, Öl oder Alkohol (zumeist Ethanol oder Methanol) getränkt sind. Als weitere Stoffe werden mitunter in kleineren Mengen Phosphor oder Teer beigegeben.⁴⁵⁴ Militärische Brandgeschosse erfüllen die Anforderungen hinsichtlich der Verteilung leicht entflammbarer Stoffe in der Regel nicht.⁴⁵⁵ Durch den durch das ÄndG 2008⁴⁵⁶ eingefügten Zusatz „oder in denen unter Verwendung explosionsgefährlicher oder explosionsfähiger Stoffe eine Explosion ausgelöst werden kann" sind nun ebenfalls sog. **Unkonventionelle Spreng- und Brand-Vorrichtungen (USBV)** erfasst. Hierunter fallen selbst gebastelte Bomben „Marke Eigenbau".⁴⁵⁷ Enthalten die USBV Explosionsstoffe, unterliegen sie zudem dem SprengG, enthalten sie dagegen nur sonstige explosionsgefährliche Stoffe, die nicht dem SprengG unterstellt sind, fallen diese Brandsätze nur unter das WaffG.⁴⁵⁸ Strafrechtlich bedeutsam ist, dass sich der verbotene Umgang mit diesen Waffen gem. § 40 Abs. 1 auch auf die Anleitung oder Aufforderung zur Herstellung dieser Waffen bezieht. Ein Verstoß hiergegen wird nach § 52 Abs. 1 Nr. 4 eigenständig unter Strafe gestellt,⁴⁵⁹ während der sonstige Umgang mit diesen Waffen nach § 52 Abs. 1 Nr. 1 sanktioniert wird.⁴⁶⁰

h) Würgegeräte. Nach Anl. 1 Abschn. 1 Unterabschn. 2 Nr. 1.2.6 fallen unter die tragbaren Gegenstände nach § 1 Abs. 2 Nr. 2 Buchst. a insbes. auch Gegenstände, die nach ihrer Beschaffenheit und Handhabung dazu bestimmt sind, durch Drosseln die Gesundheit zu schädigen. Hierzu zählt in erster Linie das **„Nun-Chaku"** (welches in Anl. 2 Abschn. 1 Nr. 1.3.8 auch beispielhaft aufgezählt ist⁴⁶¹), ein Gerät, welches aus zwei Hartholzstäben oder Metallrohren besteht, die miteinander durch einen Lederriemen, eine Schnur oder eine Kette verbunden sind.⁴⁶² Auch die unter dem Namen „Garotte" bekannten Würgeschlingen aus Spezialdraht fallen hierunter.⁴⁶³ Diese Gegenstände sind nach § 2 Abs. 3 iVm Anl. 2 Abschn. 1 Nr. 1.3.8 auch als verbotene Waffen einzuordnen.⁴⁶⁴ Fraglich ist, ob hierunter auch die unter dem Namen „Soft-Nun-Chakus" bekannt gewordenen Sportgeräte fallen, die zur Verfeinerung der Reaktionsfähigkeit als Trainingsgeräte im asiatischen Kampfsport eingesetzt werden.⁴⁶⁵ Hierbei handelt es sich um zwei mit Schaumstoff ummantelte Kunststoffkernstäbe, welche durch eine Schnur verbunden sind und bei denen objektiv eine wesentlich geringere Verletzungsgefahr besteht. Gegen ihre Einbeziehung in den Waffenbegriff spricht – entgegen Anl. I-A 1-UA 2-Nr. 1.2.6 WaffVwV⁴⁶⁶ – dass sie als Sportgeräte

---

⁴⁵² Vgl. Anl. I-A 1-UA 2-1.2.5 S. 1 WaffVwV; Steindorf/B. Heinrich Rn. 23f; vgl. auch Hinze/Runkel Rn. 141; Lehmann/v. Grotthuss Rn. 44.
⁴⁵³ Steindorf/B. Heinrich Rn. 23f; vgl. auch die Begründung des Gesetzgebers in BT-Drs. VI/2678, 33.
⁴⁵⁴ Vgl. Ullrich Kriminalistik 2007, 537 (538 f.).
⁴⁵⁵ Anl. I-A 1-UA 2-1.2.5 S. 2 WaffVwV.
⁴⁵⁶ BGBl. 2008 I S. 426 (434 f.).
⁴⁵⁷ BT-Drs. 16/7717, 24.
⁴⁵⁸ BT-Drs. 16/7717, 24.
⁴⁵⁹ → § 52 Rn. 45 ff.
⁴⁶⁰ → § 52 Rn. 5 ff.
⁴⁶¹ Vgl. hierzu BT-Drs. 14/7758, 124.
⁴⁶² Gade/Stoppa Anl. 1 Rn. 125; Steindorf/B. Heinrich Rn. 23g; vgl. zur Begründung des Gesetzgebers, warum diese Gegenstände ins WaffG mit einbezogen werden sollten BR-Drs. 74/76, 54.
⁴⁶³ Anl. I-A 1-UA 2-1.2.6 WaffVwV; Heller/Soschinka Rn. 314; Gade/Stoppa Anl. 1 Rn. 125; Lehmann/v. Grotthuss Rn. 47; Steindorf/B. Heinrich Rn. 23g.
⁴⁶⁴ Diese Gegenstände waren bereits nach § 8 Abs. 1 Nr. 3 der 1. WaffV (zum WaffG aF) als verbotene Gegenstände anzusehen; hierzu noch → § 2 Rn. 19; der Text der Vorschrift ist abgedruckt in → § 2 Rn. 3; vgl. aus der Rspr. BGH 15.9.1983 – 4 StR 535/83, BGHSt 32, 84 (86) = NJW 1984, 1364; 5.9.2001 – 3 StR 175/01, BGHR (1.) WaffV § 8 Abs. 1 Nr. 3 Würgehölzer 1; VGH Kassel 17.5.1988 – 11 UE 317/88, GewA 1989, 72 Ls.
⁴⁶⁵ Heller/Soschinka Rn. 316; Steindorf/B. Heinrich Rn. 23g.
⁴⁶⁶ So auch der Feststellungsbescheid des BKA vom 20.2.2004, BAnz. 2004 Nr. 35 S. 3941, abgedruckt in Steindorf, 8. Aufl. 2007, S. 987.

nicht dazu bestimmt sind, die Gesundheit durch Drosseln zu schädigen, selbst wenn sie im Einzelfall dazu geeignet sein dürften.[467] Umstritten ist auch die Einordnung eines Kyoketsu-Shogei mit abgestumpfter Klinge.[468]

123 **i) Präzisionsschleudern.** Nach Anl. 1 Abschn. 1 Unterabschn. 2 Nr. 1.3 fallen auch bestimmte Schleudern und deren Hilfsmittel unter die tragbaren Gegenstände nach § 1 Abs. 2 Nr. 2 Buchst. a. Erfasst sind Schleudern, die zur Erreichung einer höchstmöglichen Bewegungsenergie eine Armstütze oder eine vergleichbare Vorrichtung besitzen oder für eine solche Vorrichtung eingerichtet sind (Präzisionsschleudern) sowie Armstützen und vergleichbare Vorrichtungen für die vorbezeichneten Gegenstände.[469] Diese Präzisions-Gummischleudern können, je nach Muskelkraft des Schützen, den Geschossen (zumeist Stahlkugeln, gebogene Nägel oder Glaskugeln) eine erhebliche Bewegungsenergie erteilen und sind daher geeignet, auch auf weitere Entfernungen treffgenau erhebliche Verletzungen zuzufügen.[470] Durch ihre leichte Verbergbarkeit werden sie vielfach bei Demonstrationen mitgeführt und dort gegen Sicherheitskräfte eingesetzt.[471] Nicht erfasst sind „normale" Schleudern (Zwillen, Katapulte), die keine besondere Vorrichtung zur Stabilisierung des Gerätes besitzen.[472] Die Präzisionsschleudern sind nach § 2 Abs. 3 iVm Anl. 2 Abschn. 1 Nr. 1.3.7 auch als verbotene Waffen einzuordnen.[473] Ein Verstoß gegen das Verbot des Umgangs mit diesen Schleudern wird nach § 52 Abs. 3 Nr. 1 unter Strafe gestellt.[474]

124 **2. Tragbare Gegenstände iS des Abs. 2 Nr. 2 Buchst. b.** Bei den Waffen dieser Kategorie darf es sich wiederum weder um Schusswaffen noch um diesen gleichgestellte Gegenstände nach Abs. 1 Nr. 1 handeln. Wesentlich ist darüber hinaus, dass sie zwar nicht von ihrer abstrakten Zweckbestimmung her („ihrem Wesen nach") als Waffe dienen sollen, aber infolge ihrer großen („objektiven") Gefährlichkeit im Einzelfall dennoch geeignet sind, die Angriffs- und Abwehrfähigkeit von Menschen zu beseitigen oder herabzusetzen. Diese Gefährlichkeit kann sich aus mehreren Umständen ergeben, das Gesetz nennt hier insbes. die „Beschaffenheit", „Handhabung" und „Wirkungsweise" des jeweiligen Gegenstandes. Stellt man allein auf die objektive Gefährlichkeit ab, wäre der Waffenbegriff uferlos, da jeder (Alltags-)Gegenstand (zB ein schwerer Stein) auch dann, wenn man ihn einsetzen würde, die „Angriffs- oder Abwehrfähigkeit eines Menschen herabzusetzen", vom Waffenbegriff erfasst wäre.[475] Daher wird in Abs. 2 Nr. 2 Buchst. b gefordert, dass der betreffende Gegenstand ausdrücklich im WaffG genannt ist (Enumerationslösung). Die Regelung wurde insbes. deswegen geschaffen, um bestimmte Arten von **Messern** in den Waffenbegriff mit einzubeziehen.[476] Es ist allerdings darauf hinzuweisen, dass – je nach Konstruktion und Einzelfall – solche Messer bereits unter die tragbaren Gegenstände des Abs. 2 Nr. 2 Buchst. a fallen können, wenn sie von ihrer Zweckbestimmung her gerade dazu bestimmt sind, als Angriffs- oder Verteidigungsmittel zu dienen.[477] Das Gesetz führt nun in **Anl. 1 Abschn. 1 Unterabschn. 2 Nr. 2** folgende Gegenstände auf:

---

[467] Vgl. ferner BT-Drs. 14/7758, 124 (Nr. 100); *Heller/Soschinka* Rn. 315.
[468] Hierzu BVerfG 26.10.2010 – 2 BvR 1774/10, BeckRS 2011, 56244; bejahend: BKA Feststellungsbescheid vom 13.10.2009, BAnz. Nr. 158 vom 21.10.2009, S. 3597.
[469] Diese Gegenstände waren bereits nach § 8 Abs. 1 Nr. 4 der 1. WaffV (zum WaffG aF) als verbotene Gegenstände anzusehen. Hiernach waren ebenfalls sowohl Präzisionsschleudern als auch dafür bestimmte Armstützen und vergleichbare Vorrichtungen sowie sonstige tragbare Schleudern und wesentliche Teile für diese Geräte verboten, sofern bei den Schleudern das halbe Produkt aus Auszugskraft und -länge einen Wert von 23 Joule überstieg (vgl. zur damaligen Erhöhung dieses Wertes von 17,5 Joule auf 23 Joule BR-Drs. 544/86, 17 sowie BR-Drs. 544/1/86, 3). Die Neuregelung verzichtet nun auf die Festlegung solcher Werte. Vgl. auch zu Armstützen Anl. I-A 1-UA 2-1.3 WaffVwV; vgl. auch die Abbildung bei *Busche* S. 103.
[470] *Heller/Soschinka* Rn. 310; Hinze/*Runkel* Rn. 146; Steindorf/*B. Heinrich* Rn. 23h.
[471] Vgl. BR-Drs. 423/78, 10 f.; *Heller/Soschinka* Rn. 310.
[472] Apel/Bushart/*Bushart* Anl. 1 Rn. 45; *Gade/Stoppa* Anl. 1 Rn. 129; Lehmann/*v. Grotthuss* Rn. 49.
[473] Vgl. hierzu noch → § 2 Rn. 18; der Text der Vorschrift ist abgedruckt in → § 2 Rn. 3.
[474] → § 52 Rn. 48 ff.
[475] Hierzu auch Steindorf/*B. Heinrich* Rn. 24; *Gade/Stoppa* Anl. 1 Rn. 134.
[476] Die hier aufgeführten Messer waren teilweise bereits unter Geltung des § 37 Abs. 1 S. 1 Nr. 5 WaffG aF als verbotene Gegenstände erfasst.
[477] So auch ausdrücklich BT-Drs. 14/7758, 89; hierzu bereits → Rn. 111 ff.

I. Waffengesetz   125, 126   § 1 WaffG

Tragbare Gegenstände
2. Tragbare Gegenstände im Sinne des § 1 Abs. 2 Nr. 2 Buchstabe b sind
  2.1 Messer,
    2.1.1 deren Klingen auf Knopf- oder Hebeldruck hervorschnellen und hierdurch oder beim Loslassen der Sperrvorrichtung festgestellt werden können (Springmesser),
    2.1.2 deren Klingen beim Lösen einer Sperrvorrichtung durch ihre Schwerkraft oder durch eine Schleuderbewegung aus dem Griff hervorschnellen und selbsttätig oder beim Loslassen der Sperrvorrichtung festgestellt werden (Fallmesser),
    2.1.3 mit einem quer zur feststehenden oder feststellbaren Klinge verlaufenden Griff, die bestimmungsgemäß in der geschlossenen Faust geführt oder eingesetzt werden (Faustmesser),
    2.1.4 Faltmesser mit zweigeteilten, schwenkbaren Griffen (Butterflymesser),
  2.2 Gegenstände, die bestimmungsgemäß unter Ausnutzung einer anderen als mechanischen Energie Tieren Schmerzen beibringen (z. B. Elektroimpulsgeräte), mit Ausnahme der ihrer Bestimmung entsprechend im Bereich der Tierhaltung oder bei der sachgerechten Hundeausbildung Verwendung findenden Gegenstände (z. B. Viehtreiber).

a) Springmesser. Nach Anl. 1 Abschn. 1 Unterabschn. 2 Nr. 2.1.1 fallen Springmesser 125
unter die tragbaren Gegenstände nach § 1 Abs. 2 Nr. 2 Buchst. b. Hierunter versteht das Gesetz Messer, deren Klingen auf Knopf- oder Hebeldruck hervorschnellen und hierdurch oder beim Loslassen der Sperrvorrichtung[478] festgestellt werden können. Diese Messer unterfallen somit nicht mehr wie bislang[479] dem sog. „Taschenmesserprivileg", sondern werden nun voll umfänglich vom Anwendungsbereich des WaffG erfasst. Der Gesetzgeber begründete diese Rechtsänderung mit kriminalistischen Erfahrungen und Beobachtungen.[480] Springt die Klinge nach vorne (und nicht seitlich) aus dem Griff heraus und ist der aus dem Griff herausragende Teil der Klinge länger als 8,5 cm oder zweiseitig geschliffen, dann liegt nach Anl. 2 Abschn. 1 Nr. 1.4.1 sogar eine verbotene Waffe vor.[481] Ein Umgang hiermit wird nach § 52 Abs. 3 Nr. 1 mit Strafe bedroht.[482] Das Verbot dieser Waffen wurde damit begründet, dass nach vorne aufschnappende Messer wegen ihrer Eignung zum heimtückischen Führen, das sogar einen plötzlichen Angriff „aus dem Ärmel heraus" ermögliche, nicht zuletzt im Bereich der Straßenkriminalität bei räuberischen Angriffen, aber auch bei Messerstechereien, häufig verwendet würden. Es befänden sich hier eine Reihe von Billigprodukten auf dem Markt, die einerseits zur Nutzung in Sport, Handwerk oder zu Basteltätigkeiten mangels Verarbeitungsqualität nicht taugen würden, für einen Einsatz im Kampf aber durchaus geeignet seien.[483]

b) Fallmesser. Nach Anl. 1 Abschn. 1 Unterabschn. 2 Nr. 2.1.2 zählen auch Fallmesser 126
zu den tragbaren Gegenständen nach § 1 Abs. 2 Nr. 2 Buchst. b. Hierunter versteht das Gesetz Messer, deren Klingen beim Lösen einer Sperrvorrichtung durch ihre Schwerkraft oder durch eine Schleuderbewegung aus dem Griff hervorschnellen und selbsttätig oder beim Loslassen der Sperrvorrichtung festgestellt werden. Die Problematik ist hier vergleichbar mit derjenigen der Springmesser. Der Unterschied besteht lediglich darin, dass die Klinge beim Fallmesser nicht durch einen Federmechanismus, sondern durch die Schwerkraft (beim Herausrutschenlassen durch senkrechtes Halten nach unten) oder Masseträgheit (beim Herausschleudern in einer Arm- oder Handbewegung) hervorschnellt.[484] Der Zusatz „oder beim Loslassen der Sperrvorrichtung" wurde in das Gesetz aufgenommen, da viele

---
[478] Diese Variante wurde erst durch das ÄndG 2008 eingefügt; vgl. BGBl. 2008 I S. 426 (435); zur Begründung BT-Drs. 16/7717, 24.
[479] Vgl. hierzu allerdings auch § 37 Abs. 1 S. 1 Nr. 5 WaffG aF iVm Nr. 37.2.6 WaffVwV (zum WaffG aF); hierzu BGH 17.11.1988 – 1 StR 588/88, BGHR WaffG § 37 Springmesser 1; 11.2.2003 – 5 StR 402/02, NStZ 2003, 439.
[480] BT-Drs. 14/7758, 90.
[481] Hierzu auch → § 2 Rn. 20; der Text der Vorschrift ist abgedruckt in → § 2 Rn. 3.
[482] → § 52 Rn. 48 ff.
[483] BT-Drs. 14/7758, 90 f.; hierzu *Heller/Soschinka* Rn. 324.
[484] BT-Drs. 14/7758, 91.

Fallmesser eine Mechanik besitzen, bei der die im Heft befindliche Klinge durch Drücken eines Knopfes zunächst entriegelt und dann ausgeschleudert werden kann. Das Feststellen der Klinge erfolgt hier nicht selbsttätig, weil der hier gedrückte Knopf willentlich losgelassen werden muss.[485] Diese Messer, auch als „Kappmesser" bezeichnet, finden hauptsächlich Verwendung beim Fallschirmspringen.[486] Der Gesetzgeber begründete die Aufnahme dieser Messer in den Waffenbegriff mit ihrer kriminellen Einsetzbarkeit und ihrer Vergleichbarkeit mit den Springmessern.[487] Wie auch die Springmessern stellen die Fallmesser nach Anl. 2 Abschn. 1 Nr. 1.4.1 verbotene Waffen dar.[488] Allerdings gilt auf Grund des eindeutigen Wortlauts des Satzes 2 der Nr. 1.4.1, der nur von „Springmessern" spricht, die dort genannte Privilegierung nicht.[489] Ein Umgang mit den verbotenen Fallmessern wird nach § 52 Abs. 3 Nr. 1 mit Strafe bedroht.[490]

127   **c) Faustmesser.** Nach Anl. 1 Abschn. 1 Unterabschn. 2 Nr. 2.1.3 fallen auch Faustmesser unter die tragbaren Gegenstände nach § 1 Abs. 2 Nr. 2 Buchst. b. Hierunter versteht das Gesetz Messer mit einem quer zur feststehenden oder feststellbaren[491] Klinge verlaufenden Griff, die bestimmungsgemäß in der geschlossenen Faust geführt oder eingesetzt werden. Diese Messer wurden eigentlich als Spezialwerkzeuge für Kürschner und Jäger zum Abziehen von Fellen entwickelt (sog. „Skinner").[492] Nach Anl. II-A 1-1.4.2 S. 2 WaffVwV zählen zu den Faustmessern auch Messer, deren Klinge abgeklappt und in einer Position im 90 Grad-Winkel quer zum Griff arretiert werden kann.[493] Der Gesetzgeber begründete die Aufnahme dieser Messer in den Waffenbegriff damit, dass sie sich infolge der Verwinkelung vom Griff zur Klinge einerseits zum Zufügen besonders schwerer Verletzungen auf Grund des Drucks, der auf die Klinge ausgeübt werden kann, eignen. Anderseits sei es bei ihnen auch besonders schwer, einem Angriff auszuweichen.[494] Sie sind daher nach Anl. 2 Abschn. 1 Nr. 1.4.2 auch als verbotene Waffen anzusehen.[495] Ein Umgang mit diesen Messern wird nach § 52 Abs. 3 Nr. 1 mit Strafe bedroht.[496] Eine Ausnahme von diesem Verbot findet sich allerdings in § 40 Abs. 3.

128   **d) Butterflymesser.** Nach Anl. 1 Abschn. 1 Unterabschn. 2 Nr. 2.1.4 fallen auch die sog. „Butterflymesser" unter die tragbaren Gegenstände nach § 1 Abs. 2 Nr. 2 Buchst. b. Hierunter versteht das Gesetz „Faltmesser mit zweigeteilten, schwenkbaren Griffen". Sind die Griffe scherenartig miteinander verbunden (wie zB bei den US-Bordmessern), so liegt kein Faltmesser vor.[497] Keine Butterflymesser sind auch Kombinationswerkzeuge (zB so genannte multitools), an denen die Messerklinge eines der Werkzeuge darstellt und zusätzlich aufgeklappt werden muss.[498] Der Gesetzgeber begründete die Aufnahme dieser Messer in den Waffenbegriff damit, dass sie insbes. in gewaltbereiten Kreisen von Jugendlichen eine weite Verbreitung gefunden hätten.[499] Sie sind daher auch nach Anl. 2 Abschn. 1 Nr. 1.4.3 als verbotene Waffen anzusehen.[500] Ein Umgang mit ihnen ist nach § 52 Abs. 3 Nr. 1 mit Strafe bedroht.[501]

---

[485] Vgl. hierzu BT-Drs. 14/7758, 121 (Nr. 89); BT-Drs. 14/8886, 119.
[486] Vgl. näher hierzu *Heller/Soschinka* Rn. 326.
[487] BT-Drs. 14/7758, 90; kritisch zur ausnahmslosen Einbeziehung der Fallmesser als verbotene Waffen *Heller/Soschinka* Rn. 326.
[488] Hierzu auch → § 2 Rn. 21; der Text der Vorschrift ist abgedruckt in → § 2 Rn. 3.
[489] So auch ausdrücklich BT-Drs. 14/7758, 90.
[490] → § 52 Rn. 48 ff.
[491] Diese Variante wurde erst durch das ÄndG 2008 eingefügt; vgl. BGBl. 2008 I S. 42 (435); zur Begründung BT-Drs. 16/7717, 24.
[492] Vgl. hierzu die Begründung des Gesetzgebers BT-Drs. 14/7758, 89.
[493] So auch bereits der Feststellungsbescheid des BKA vom 4.3.2005, BAnz. S. 4431.
[494] BT-Drs. 14/7758, 91.
[495] Hierzu auch → § 2 Rn. 22; der Text der Vorschrift ist abgedruckt in → § 2 Rn. 3.
[496] → § 52 Rn. 48 ff.
[497] Anl. II-A 1-1.4.3 WaffVwV.
[498] Anl. I-A 1-UA 2-2.1.4 WaffVwV.
[499] BT-Drs. 14/7758, 91; vgl. bereits BR-Drs. 589/1/97, 3, 7 f.; kritisch hierzu *Heller/Soschinka* Rn. 330, die darauf hinweisen, dass sich hieraus keine besondere konstruktionsbedingte Gefährlichkeit ergebe.
[500] Hierzu auch → § 2 Rn. 23; der Text der Vorschrift ist abgedruckt in → § 2 Rn. 3.
[501] → § 52 Rn. 48 ff.

e) **Elektroimpulsgeräte zur Verletzung von Tieren.** Während Elektroimpulsgeräte, 129
die ihrem Wesen nach dazu bestimmt sind, die Angriffs- oder Abwehrfähigkeit **von Menschen** zu beeinträchtigen, von § 1 Abs. 1 Nr. 2 Buchst. a iVm Anl. 1 Abschn. 1 Unterabschn. 2 Nr. 1.2.1 als Waffen erfasst sind,[502] bedurfte es für Elektroimpulsgeräte zur Verletzung von Tieren einer gesonderten Aufnahme, um sie als tragbare Gegenstände iS des § 1 Abs. 2 Nr. 2 Buchst. b zu erfassen. Dies hat der Gesetzgeber in Anl. 1 Abschn. 1 Unterabschn. 2 Nr. 2.2 getan.[503] Erfasst sind hiernach „Gegenstände, die bestimmungsgemäß unter Ausnutzung einer anderen als mechanischen Energie Tieren Schmerzen[504] beibringen". Ausdrücklich ausgenommen sind lediglich solche Geräte, die „ihrer Bestimmung entsprechend im Bereich der Tierhaltung und oder bei der sachgerechten Hundeausbildung[505] Verwendung" finden, wie zB Viehtriebstöcke.[506] Die Aufnahme dieser Vorschrift soll eine Umgehung der gesetzlichen Vorschriften verhindern, da insbes. Hersteller problemlos Geräte mit gleicher Wirkung durch die bloße Bezeichnung als Tierabwehrwaffe dem Anwendungsbereich des WaffG entziehen könnten.[507] Fraglich ist jedoch, ob die Herausnahme der bestimmungsgemäß in der Tierhaltung bzw. Hundeausbildung Verwendung findenden Gegenstände nicht dem eigentlichen Anliegen des Gesetzgebers nach einer möglichst umfassenden Restriktion in diesem Bereich gerade zuwiderläuft.[508] Die hier genannten Elektroimpulsgeräte sind unter bestimmten Voraussetzungen (vgl. Anl. 2 Abschn. 1 Nr. 1.4.4) auch als verbotene Waffen anzusehen.[509] Ein Umgang mit diesen Gegenständen wird nach § 52 Abs. 3 Nr. 1 mit Strafe bedroht.[510]

IV. Tatobjekte: Munition

Nach Abs. 1 regelt das WaffG den Umgang mit Waffen und **Munition,** wobei das Gesetz 130
den Munitionsbegriff (im Gegensatz zu § 2 WaffG aF) nicht, wie dies in Abs. 2 in Bezug auf den Waffenbegriff vorgenommen wurde, eigens definiert. Eine Regelung darüber, was im Einzelfall dem Munitionsbegriff unterfällt, findet sich allerdings in Anl. 1 Abschn. 1 Unterabschn. 3 unter der Überschrift „**Munition und Geschosse**".[511] Hier werden die Begriffe der „Munition", der „Ladung" und der „Geschosse" näher umschrieben. Bereits an dieser Stelle ist darauf hinzuweisen, dass bestimmte Arten von Munition und Geschossen nach Anl. 2 Abschn. 1 Nr. 1.5.1 bis 1.5.6 grds. als verbotene Waffen anzusehen sind.[512] Ferner ist anzumerken, dass nach Anl. 2 Abschn. 2 Unterabschn. 2 Nr. 6.1 die nichtgewerbliche Herstellung von Munition grds. erlaubnisfrei gestellt wurde.[513] Weitere Befreiungstatbestände finden sich in Anl. 2 Abschn. 2 Unterabschn. 2 Nr. 1.4, Nr. 1.11, Nr. 1.12, Nr. 7.5, Nr. 7.9, Nr. 7.10 sowie in Anl. 2 Abschn. 2 Unterabschn. 3 Nr. 1.2.[514] Die Begriffsbestimmung in **Anl. 1 Abschn. 1 Unterabschn. 3** lautet:

---

[502] Hierzu → Rn. 116.
[503] Die Vorschrift war im ursprünglichen Gesetzentwurf noch nicht enthalten; vgl. BT-Drs. 14/7758, 30; zur späteren Aufnahme vgl. BT-Drs. 14/7758, 121; BT-Drs. 14/8886, 65, 119.
[504] Durch das ÄndG 2008 wurde der Begriff „Verletzungen" durch „Schmerzen" ersetzt; vgl. BGBl. 2008 I S. 426 (435); zur Begründung BT-Drs. 16/7717, 24.
[505] Diese Variante kam erst durch das ÄndG 2008 ins Gesetz; vgl. BGBl. 2008 I S. 426 (435); vgl. dazu BT-Drs. 16/7717, 36, 41; vgl. allerdings zum Verbot des Einsatzes von Elektroreizgeräten, die erhebliche Leiden oder Schmerzen verursachen können, für Zwecke der Hundeausbildung nach § 3 Nr. 11 TierSchG BVerwG 23.2.2006 – 3 C 14/05, NJW 2006, 2134.
[506] Das ausdrücklich genannte Beispiel der „Viehtreiber" wurde erst durch das ÄndG 2008 eingefügt; vgl. BGBl. 2008 I S. 426 (435); zur Begründung BT-Drs. 16/7717, 24. Hierzu auch Anl. I-A 1-UA 2-2.2 S. 1 WaffVwV: „Bei solchen Geräten handelt es sich zB um Viehtreiber, nicht aber um Insektenfallen oder Halsbänder zur Tierabrichtung, da es bei diesen an der Eignung fehlt, die Angriffs- und Abwehrfähigkeit von Menschen herabzusetzen".
[507] So ausdrücklich BT-Drs. 14/7758, 122; vgl. auch BT-Drs. 14/8886, 119.
[508] So auch die Bedenken in BT-Drs. 14/7758, 138; vgl. auch Steindorf/*B. Heinrich* Rn. 29a.
[509] → § 2 Rn. 24; der Text der Vorschrift ist abgedruckt in → § 2 Rn. 3.
[510] → § 52 Rn. 48 ff.
[511] Die Vorschrift entspricht im Wesentlichen § 2 WaffG aF.
[512] Vgl. hierzu noch → § 2 Rn. 3 und Rn. 25 ff.
[513] Vgl. hierzu noch → § 2 Rn. 34.
[514] Vgl. hierzu im Einzelnen → § 2 Rn. 34 und Rn. 35.

Munition und Geschosse

1. Munition ist zum Verschießen aus Schusswaffen bestimmte

1.1 Patronenmunition (Hülsen mit Ladungen, die ein Geschoss enthalten, und Geschosse mit Eigenantrieb),

1.2 Kartuschenmunition (Hülsen mit Ladungen, die ein Geschoss nicht enthalten),

1.3 hülsenlose Munition (Ladung mit oder ohne Geschoss, wobei die Treibladung eine den Innenabmessungen einer Schusswaffe oder eines Gegenstandes nach Unterabschnitt 1 Nr. 1.2 angepasste Form hat),

1.4 pyrotechnische Munition (dies sind Gegenstände, die Geschosse mit explosionsgefährlichen Stoffen oder Stoffgemischen [pyrotechnische Sätze] enthalten, die Licht-, Schall-, Rauch-, Nebel-, Heiz-, Druck- oder Bewegungswirkungen erzeugen und keine zweckbestimmte Durchschlagskraft im Ziel entfalten); hierzu gehört

1.4.1 pyrotechnische Patronenmunition (Patronenmunition, bei der das Geschoss einen pyrotechnischen Satz enthält),

1.4.2 unpatronierte pyrotechnische Munition (Geschosse, die einen pyrotechnischen Satz enthalten),

1.4.3 mit der Antriebsvorrichtung fest verbundene pyrotechnische Munition.

2. Ladungen sind die Hauptenergieträger, die in loser Schüttung in Munition oder als vorgefertigte Ladung oder in loser Form in Waffen nach Unterabschnitt 1 Nr. 1.1 oder Gegenstände nach Unterabschnitt 1 Nr. 1.2.1 eingegeben werden und
– zum Antrieb von Geschossen oder Wirkstoffen oder
– zur Erzeugung von Schall- oder Lichtimpulsen

bestimmt sind, sowie Anzündsätze, die direkt zum Antrieb von Geschossen dienen.

3. Geschosse im Sinne dieses Gesetzes sind als Waffen oder für Schusswaffen bestimmte

3.1 feste Körper,

3.2 gasförmige, flüssige oder feste Stoffe in Umhüllungen.

131 **1. Munition.** Nach Anl. 1 Abschn. 1 Unterabschn. 3 wird der Begriff der Munition in vier verschiedene Kategorien eingeteilt, die „Patronenmunition", die „Kartuschenmunition", die „hülsenlose Munition" und die „pyrotechnische Munition". Dabei beschränkt sich die Vorschrift auf Munition, die zum Verschießen **aus Schusswaffen** iS des § 1 Abs. 2 Nr. 1 bestimmt ist.[515] Vom Begriff der Munition abzugrenzen sind ferner Ladungen und Geschosse, die zwar Bestandteile der Munition darstellen, aber eigenen Regelungen unterliegen. Durch das ÄndG 2008[516] wurde in Abschn. 1 Unterabschn. 3 Nr. 1.1 bis Nr. 1.3 der Begriff der Treibladung jeweils durch den weiteren und präziseren Begriff der Ladung ersetzt.[517]

132 **a) Patronenmunition.** Nach Anl. 1 Abschn. 1 Unterabschn. 3 Nr. 1.1 unterfallen dem Begriff der Patronenmunition die zum Verschießen aus Schusswaffen bestimmten Hülsen mit Ladungen, die ein Geschoss enthalten sowie auch Geschosse mit Eigenantrieb. Durch diese Formulierung wird gewährleistet, dass neben der „normalen" Patronenmunition auch andere Arten von Raketengeschossen (zB das Gyrojet-Geschoss) erfasst werden.[518] Nach der gesetzlichen Definition besteht „normale" Patronenmunition somit regelmäßig aus einer Hülse, die sowohl das Geschoss (Anl. 1 Abschn. 1 Unterabschn. 3 Nr. 3)[519] als auch die Ladung (Nr. 2 Anl. 1 Abschn. 1 Unterabschn. 3)[520] enthält. Dabei ist das Geschoss in der Regel fest in den Hülsenmund eingefügt.[521] Auch bei den Geschossen mit Eigenantrieb (Raketengeschosse)

---

[515] Vgl. zum Begriff der Schusswaffen → Rn. 9 ff.
[516] BGBl. 2008 I S. 426 (435).
[517] Insoweit sind nun auch Schall- und Lichtimpulse und Anzündsätze zum direkten Geschossantrieb erfasst; vgl. BT-Drs. 16/7717, 25; hierzu auch Hinze/*Runkel* Rn. 190.
[518] Vgl. BT-Drs. 14/7758, 89; *Gade/Stoppa* Anl. 1 Rn. 157; *Heller/Soschinka* Rn. 217; hierzu näher Hinze/*Runkel* Rn. 192.
[519] Vgl. hierzu → Rn. 140 ff.
[520] Vgl. hierzu → Rn. 139.
[521] Vgl. hierzu Apel/Bushart/*Bushart* Anl. 1 Rn. 51.

ist im Übrigen eine Hülse erforderlich, in die das Geschoss und die Ladung integriert sind.[522] Patronenmunition wird insbes. bei Handfeuerwaffen[523] verwendet. Aus der gesonderten Definition der pyrotechnischen Patronenmunition in Anl. 1 Abschn. 1 Unterabschn. 3 folgt im Übrigen, dass es kein Wesensmerkmal der Patronenmunition sein kann, dass diese eine gewisse „Durchschlagskraft" am Zielort entfalten kann.[524] Adapter mit Ladungen für Kammerladungswaffen (zB Gallager und Sharps), die nach Anl. 2 Abschn. 2 Unterabschn. 2 Nr. 1.7 von der Erlaubnispflicht zum Erwerb und Besitz befreit sind, sowie vorgefertigte Böllerladungen sind dabei nicht als Patronen oder pyrotechnische Munition anzusehen.[525]

b) Kartuschenmunition. Nach Anl. 1 Abschn. 1 Unterabschn. 3 Nr. 1.2 unterfallen **133** dem Begriff der Kartuschenmunition auch die zum Verschießen aus Schusswaffen bestimmten Hülsen mit Ladungen, die kein Geschoss enthalten.[526] Hier enthält also die Hülse (= Kartusche) zwar die Ladung, es ist jedoch kein Geschoss vorhanden. Kartuschenmunition kann dabei entweder als Antriebselement für ein vorgeladenes Geschoss dienen (wobei ein lediglich vorgeladenes Geschoss eine Kartusche nicht zur „Patronenmunition" macht)[527] oder als so genannte „Platzpatrone" zum bloßen Abschießen aus Schreckschusswaffen[528] zur Knallerzeugung oder zur Freisetzung von Gasen bei Gaspistolen[529] bestimmt sein. Auch Kartuschen für Schussapparate iS des § 7 BeschG[530] fallen hierunter. Hinzuweisen ist darauf, dass bestimmte Kartuschenmunition (für abgeänderte Zier- und Sammlerwaffen, Theaterwaffen, Schussapparate etc) nach Anl. 2 Abschn. 2 Unterabschn. 2 Nr. 1.11 von der Erlaubnispflicht für den Erwerb und Besitz und nach Anl. 2 Abschn. 2 Unterabschn. 2 Nr. 7.10 von der Erlaubnispflicht für das Verbringen und Mitnehmen freigestellt wurde.[531]

c) Hülsenlose Munition. Nach Anl. 1 Abschn. 1 Unterabschn. 3 Nr. 1.3 unterfällt auch **134** hülsenlose Munition (sog. „**Presslinge**") dem Munitionsbegriff. Es muss sich dabei um zum Verschießen aus Schusswaffen bestimmte Ladungen mit oder ohne Geschoss handeln, bei denen die Ladung eine den Innenabmessungen einer Schusswaffe oder eines einer Schusswaffe gleichgestellten Gegenstandes nach Anl. 1 Abschn. 1 Unterabschn. 1 Nr. 1.2[532] angepasste Form hat. Diese Regelung erfasst also gerade solche Ladungen, bei der eine Hülse nicht vorhanden ist und soll die Besonderheit der hülsenlosen Munition auch in Bezug auf die Ladung verdeutlichen.[533] Die früher in § 2 Abs. 2 WaffG aF aufgenommene Einschränkung, dass sie „zum Antrieb von Geschossen bestimmt" sein muss,[534] findet sich im geltenden Gesetzestext nicht mehr. Allerdings gilt auch für hülsenlose Munition die Einschränkung der Anl. 1 Abschn. 1 Unterabschn. 3 Nr. 1, dass sie nämlich „zum Verschießen aus Schusswaffen bestimmt" sein muss. Während die hülsenlose Munition im WaffG 2002[535] in Anl. 1 Abschn. 1 Unterabschn. 3 Nr. 1.3 noch definiert wurde als „**Treib**ladungen mit oder ohne Geschoss, wobei die **Treib**ladung eine den Innenabmessungen einer Schusswaffe oder eines Gegenstandes nach Unterabschnitt 1 Nr. 1.2 angepasste Form hat", wurde durch das ÄndG 2008[536] „in Nummer 1.3 das Wort ‚Treibladung' durch ‚Ladung'

---

[522] Vgl. Apel/Bushart/*Bushart* Anl. 1 Rn. 51; aM *Gade/Stoppa* Anl. 1 Rn. 157.
[523] Vgl. zum Begriff der Feuerwaffen → Rn. 78 f.
[524] Vgl. Apel/Bushart/*Bushart* Anl. 1 Rn. 51.
[525] Anl. 1-A 1-UA 3-1.1 WaffVwV.
[526] Vgl. hierzu *Rothschild* NStZ 2001, 406.
[527] Vgl. *Apel/Bushart* Anl. 1 Rn. 51.
[528] Vgl. zu Schreckschusswaffen → Rn. 91 ff.; ausführlich hierzu *Rothschild* NStZ 2001, 406.
[529] Vgl. zu Gaspistolen → Rn. 95 ff.; ausführlich hierzu *Rothschild* NStZ 2001, 406.
[530] Vgl. zu den Schussapparaten → § 2 Rn. 63.
[531] Hierzu → § 2 Rn. 34.
[532] Hierzu → Rn. 25 ff.
[533] Vgl. BT-Drs. 14/7758, 89. Die Vorschrift entspricht im Wesentlichen § 2 Abs. 2 WaffG aF; vgl. zur Motivation der Einbeziehung in den Munitionsbegriff bereits BT-Drs. VI/2678, 25.
[534] Vgl. auch Nr. 2.1 S. 1 WaffVwV (zum WaffG aF); ferner zur Behandlung von Presslingen nach altem Recht BayObLG 4.7.1974 – RReg 5/74, BayObLGSt 1974, 72 (73).
[535] BGBl. I S. 3970 (3996).
[536] BGBl. I S. 429 (435).

ersetzt". Obwohl nicht eindeutig formuliert, ist davon auszugehen, dass davon auch und gerade der Begriff der „Treibladungen" im ersten Satzteil eine Änderung erfahren sollte.[537] Die genannten Presslinge, die kein Geschoss enthalten aber zum Antrieb eines solchen dienen, werden in der Weise hergestellt, dass sie gepresst oder geklebt in eine feste Form gebracht und anstelle einer Kartusche benutzt werden. Sie werden vorwiegend zum Verschießen aus mehrschüssigen Vorderladerwaffen (Perkussionsrevolver) und bestimmten Schussapparaten verwendet.[538] Erfasst sind ferner bestimmte Anzündsätze, die direkt zum Antrieb von Geschossen dienen.[539] Die ebenfalls erfassten hülsenlosen Patronen, die ein **Geschoss** enthalten werden vor allem im militärischen Bereich verwendet.[540] Nicht zu verwechseln ist die hülsenlose Munition mit Ladungen, die **keine** den Innenabmessungen einer Schusswaffe, sondern eine den Innenabmessungen einer Hülse angepasste Form haben und zum Nachladen von Hülsen bestimmt sind.[541] Presslinge haben innerhalb des Munitionsbegriffes somit eine eigenständige Bedeutung.[542] Sie sind, auch wenn Geschoss und Pressling so miteinander verbunden sind, dass sie zusammen geladen werden müssen, nicht als Patronenmunition anzusehen und fallen, da sie eben **nicht** in Hülsen untergebracht sind, auch nicht unter die Kartuschenmunition.[543] Presslinge unterliegen dabei „als" Munition der Munitionserwerbsscheinspflicht nach § 10 Abs. 3 WaffG.[544]

135   **d) Pyrotechnische Munition.** Nach Anl. 1 Abschn. 1 Unterabschn. 3 Nr. 1.4 unterfällt schließlich auch pyrotechnische Munition dem Munitionsbegriff. Hierunter versteht man nunmehr Gegenstände, die Geschosse mit explosionsgefährlichen Stoffen oder Stoffgemischen (pyrotechnische Sätze) enthalten, die Licht-, Schall-, Rauch-, Nebel-, Heiz-, Druck- oder Bewegungswirkungen erzeugen und keine zweckbestimmte Durchschlagskraft im Ziel entfalten.[545] Hierunter fallen auch pyrotechnische Geschosse nach Anl. 2 Abschn. 2 Unterabschn. 2 Nr. 1.12, jedoch nicht einzelne Leuchtspurgeschosse (vgl. Anl. III Nr. 3 zum SprengG).[546] Durch die Vorschrift wird klar gestellt, dass diese Munition nicht dem Treffen eines Ziels, sondern der Erzeugung unterschiedlicher Effekte und daher in der Regel Vergnügungs- oder technischen Zwecken einschließlich Signalzwecken dient.[547] Pyrotechnische Munition ist in bestimmten Fällen (sofern sie das Zulassungszeichen nach Anl. II Abbildung 5 zur 3. WaffV [zum WaffG aF] mit der Klassenbezeichnung PM I trägt) nach Anl. 2 Abschn. 2 Unterabschn. 2 Nr. 1.12 von der Erlaubnispflicht in Bezug auf den Erwerb und den Besitz befreit und darf nach Anl. 2 Abschn. 2 Unterabschn. 2 Nr. 7.9 erlaubnisfrei in den, durch den oder aus dem Geltungsbereich dieses Gesetzes verbracht oder mitgenommen werden.[548] Pyrotechnische Munition kann in drei

---

[537] Vgl. die Begründung in BT-Drs. 16/7717, 25.
[538] *Apel* § 2 Anm. 3; *Ehmke* § 2 Abs. 2; *Hinze/Runkel* Rn. 195; *Steindorf,* 7. Aufl. 1999, § 2 Rn. 9.
[539] *Hinze/Runkel* Rn. 195.
[540] *Hinze/Runkel* Rn. 196.
[541] BayObLG 4.7.1974 – RReg 5/74, BayObLGSt 1974, 72 (74).
[542] Vgl. auch *Steindorf,* 7. Aufl. § 2 Rn. 3.
[543] *Steindorf,* 7. Aufl. 1999, § 2 Rn. 3.
[544] Vgl. zu Privilegierungen nach altem Recht BR-Drs. 554/80, 104; hierzu BayObLG 4.7.1974 – RReg 5/74, BayObLGSt 1974, 72.
[545] Vgl. Anl. I-A 1-UA 3-1.4 S. 1 WaffVwV. Zwecks Klarstellung wurde durch das ÄndG 2008 (BGBl. I S. 426, 435) die pyrotechnische Munition um pyrotechnische Geschosse ergänzt; vgl. BT-Drs. 16/7717, 24. Die Definition der pyrotechnischen Munition lautete früher: „Munition, in der explosionsgefährliche Stoffe oder Stoffgemische – pyrotechnische Sätze. Schwarzpulver – enthalten sind, die einen Licht-, Schall, Rauch- oder ähnlichen Effekt erzeugen und keine zweckbestimmte Durchschlagskraft im Ziel entfalten"; der Bundesrat hielt im Übrigen diese allgemeine Definition für entbehrlich und missverständlich, da die einzelnen Munitionsarten ohnehin in den nachfolgenden Nummern 1.4.1 bis 1.4.3 ausreichend umschrieben würden (vgl. BT-Drs. 14/7758, 123), der Bundestag hingegen lehnte eine Streichung ab (BT-Drs. 14/7758, 138); vgl. zu den explosionsgefährlichen Stoffen auch die Regelung des § 1 SprengG. In § 3 Abs. 1 Nr. 2 SprengG findet sich eine nahezu inhaltsgleiche Definition der pyrotechnischen Gegenstände; → SprengG § 40 Rn. 19; ferner Steindorf/*B. Heinrich* Rn. 17.
[546] Anl. I-A 1-UA 3-1.4 S. 2 und S. 3 WaffVwV.
[547] BT-Drs. 14/7758, 89; hierzu auch *Hinze/Runkel* Rn. 197.
[548] Die Vorschriften sind abgedruckt in → § 2 Rn. 34; vgl. zu den besonderen Anforderungen an die Zulassung von pyrotechnischer Munition § 10 BeschG.

Untergruppen eingeteilt werden, die in Anl. 1 Abschn. 1 Unterabschn. 3 Nr. 1.4.1, Nr. 1.4.2 und Nr. 1.4.3 genannt sind:

aa) Pyrotechnische Patronenmunition. Nach Anl. 1 Abschn. 1 Unterabschn. 3 **136** Nr. 1.4.1 fällt insbes. pyrotechnische Patronenmunition unter den Munitionsbegriff. Dies ist Patronenmunition, bei der das Geschoss einen pyrotechnischen Satz enthält.[549] Wie bei der Patronenmunition der Anl. 1 Abschn. 1 Unterabschn. 3 Nr. 1.1 ist es auch hier erforderlich, dass die Hülse sowohl die Ladung als auch das Geschoss beinhaltet. Das Geschoss enthält bei der pyrotechnischen Munition jedoch lediglich einen pyrotechnischen Satz, dh einen explosionsgefährlichen Stoff, die eine Licht-, Schall-, Rauch-, Nebel-, Heiz-, Druck- oder Bewegungswirkung erzeugen. Zu dieser pyrotechnischen Munition im engeren Sinne gehören Leucht- und Signalpatronen sowie Feuerwerkspatronen.[550] Ferner fällt hierunter auch Patronenmunition, die ein pyrotechnisches Raketengeschoss enthält.[551]

bb) Unpatronierte pyrotechnische Munition. Nach Anl. 1 Abschn. 1 Unter- **137** abschn. 3 Nr. 1.4.2 fällt auch unpatronierte pyrotechnische Munition unter den Munitionsbegriff. Hierunter sind Geschosse zu verstehen, die einen pyrotechnischen Satz enthalten.[552] Kennzeichnend für diese Munition ist es, dass die Geschosse selbst den pyrotechnischen Satz enthalten. Nach dem Entwurf zum WaffG 2002 sollte diese Definition noch durch den Zusatz „mit und ohne Eigenantrieb" ergänzt werden.[553] Bei den Geschossen **mit Eigenantrieb** handelt es sich regelmäßig um Raketen, die nach dem Abschuss durch die von ihnen mitgeführte Ladung angetrieben werden.[554] Die Besonderheit dieser Raketen liegt darin, dass sie einen brennbaren Satz enthalten, der auch während des Fluges noch abbrennt, so dass ein weiterer Antrieb des Geschosses nach dem Abschuss durch die mitgeführte Ladung erfolgt. Hierzu zählen ua Vogelschreckraketen, Pfeifraketen und Raketenknallgeschosse, die zum Verschießen aus Schreckschuss- oder Signalwaffen bestimmt sind.[555] Zu den Geschossen **ohne Eigenantrieb** zählen insbes. Leucht- und Signalsterne, Rauch- und Knallgeschosse, die zum Verschießen aus Schreckschuss- oder Signalwaffen bestimmt sind.[556] Bei Kartuschenmunition handelt es sich nicht um unpatronierte Munition.[557]

cc) Mit einer Antriebsvorrichtung fest verbundene pyrotechnische Munition. **138** Nach Anl. 1 Abschn. 1 Unterabschn. 3 Nr. 1.4.3 fällt unter den Begriff der pyrotechnischen Munition auch „die zum Verschießen aus Schusswaffen bestimmte und mit einer Antriebsvorrichtung fest verbundene pyrotechnische Munition". Hierzu gehören auch Raketen und Geschosse mit einem pyrotechnischen Satz, die mit einer Antriebsvorrichtung fest verbunden sind (§ 10 Abs. 1 BeschG).[558] Diese Gegenstände sind zum Abschießen aus einem besonderen Abschussgerät bestimmt, zB Licht-, Schall- und Rauchsignalpistolen für Signalstifte und für besondere Notsignalgeräte.[559]

---

[549] Die Begriffsbestimmung wurde durch das ÄndG 2008 (BGBl. I S. 426, 435) eingeführt; vgl. bereits BT-Drs. 14/7758, 30; eine entsprechende Begriffsbestimmung fand sich bereits in § 2 Abs. 1 S. 1 Nr. 3 WaffG aF; hierzu auch Anl. I-UA 3-1.4.1 WaffVwV; so ebenfalls Nr. 2.2.1 WaffVwV (zum WaffG aF).
[550] Vgl. auch Anl. I-UA 3-1.4.1 WaffVwV; Apel/Bushart/*Bushart* Anl. 1 Rn. 54; *Gade/Stoppa* Anl. 1 Rn. 161; *Steindorf*, 7. Aufl. 1999, § 2 Rn. 7.
[551] Vgl. auch Anl. I-UA 3-1.4.1 WaffVwV.
[552] Dazu Anl. I-UA 3-1.4.1 WaffVwV. Die Begriffsbestimmung wurde durch das ÄndG 2008 (BGBl. I S. 426, 435) eingeführt; vgl. bereits BT-Drs. 14/7758, 30; eine entsprechende Begriffsbestimmung fand sich bereits in § 2 Abs. 1 S. 2 WaffG aF; hierzu auch Nr. 2.2.2 (Geschosse mit Eigenantrieb) und Nr. 2.2.3 WaffVwV (Geschosse ohne Eigenantrieb), jeweils zum WaffG aF.
[553] BT-Drs. 14/7758, 30.
[554] So der frühere Gesetzestext in § 2 Abs. 1 S. 2 Var. 1 WaffG aF.
[555] Hierzu auch Anl. I-A 1-UA 3-1.4.3 S. 3 WaffVwV; ferner Nr. 2.2.2 WaffVwV (zum WaffG aF); *Gade/Stoppa* Anl. 1 Rn. 162; Hinze/*Runkel* Rn. 198; zu den Schreckschuss- und Signalwaffen → Rn. 91 ff.; 93 ff.
[556] Vgl. hierzu Anl. I-A 1-UA 3-1.4.2 S. 1 WaffVwV; ferner Nr. 2.2.3 WaffVwV (zum WaffG aF); ferner Apel/Bushart/*Bushart* Anl. 1 Rn. 54; zu den Schreckschuss- und Signalwaffen → Rn. 91 ff.; 103 ff.
[557] Vgl. Anl. I-A 1-UA 3-1.4.2 S. 2 WaffVwV.
[558] Vgl. hierzu Anl. I-A 1-UA 3-1.4.3 S. 1 WaffVwV.
[559] Vgl. hierzu Anl. I-A 1-UA 3-1.4.3 S. 2 WaffVwV; ferner Nr. 2.2.4 WaffVwV (zum WaffG aF); Hinze/*Runkel* Rn. 200; *Heller/Soschinka* Rn. 222.

139 **2. Ladung.** In Anl. 1 Abschn. 1 Unterabschn. 3 Nr. 2 wurde durch das WaffG 2002 erstmals im deutschen Waffenrecht der Begriff der Treibladung definiert und die unterschiedlichen Formen verdeutlicht. Durch das ÄndG 2008[560] wurde der Begriff der Treibladung dann durch den weiteren und präziseren Begriff der Ladung ersetzt[561] und inhaltlich ergänzt.[562] Unter Ladungen versteht man nunmehr die Hauptenergieträger, die in loser Schüttung in Munition oder als vorgefertigte Ladung oder in loser Form in Schusswaffen[563] oder Munitionsabschussgeräten[564] eingegeben werden und zum Antrieb von Geschossen oder Wirkstoffen oder zur Erzeugung von Schall- oder Lichtimpulsen bestimmt sind. Dabei ist zu beachten, dass vorgefertigte Ladungen, wie in Papier eingewickelte Schwarzpulverladungen mit Geschoss für Vorlader keine Munition nach Nr. 1 darstellen.[565] Ladungen gelten vielmehr nur dann als Munition, wenn sie als geometrisch geformte Presslinge eine den Innenmaßen einer Schusswaffe angepasste Form haben.[566] Diese müssen aber dazu bestimmt sein, aus Schusswaffen abgeschossen oder verschossen zu werden.[567] Nach Ansicht des Bundesrates, welcher der Aufnahme der Definition der „Treibladung" ins WaffG 2002 kritisch gegenüber stand[568] handelt es sich dabei allerdings regelmäßig um explosionsgefährliche oder explosionsfähige Stoffe iS des SprengG, die zum Antrieb von Geschossen in, zur Knallerzeugung mit und zum Freisetzen von Wirkstoffen aus Schusswaffen und Munitionsabschussgeräten nach Anl. 1 Abschn. 1 Unterabschn. 1 Nr. 1.2.1 bestimmt sind. Ferner sind seit dem ÄndG 2008[569] auch Anzündsätze zum direkten Antrieb von Geschossen erfasst.

140 **3. Geschosse.** In Anl. 1 Abschn. 1 Unterabschn. 3 Nr. 3 findet sich schließlich eine Definition des Begriffs der **Geschosse.**[570] Hierunter versteht man als Waffen oder für Schusswaffen bestimmte feste Körper sowie gasförmige, flüssige oder feste Stoffe in Umhüllungen. Es werden insoweit also vier unterschiedliche Fallgruppen gebildet. Nicht erfasst sind dagegen zB gebündelte Lichtstrahlen, wie sie insbes. bei den in den Laserdromen (Quasar) zum Einsatz kommenden Laserstrahlen verwendet werden.[571] Voraussetzung für das Vorliegen eines Geschosses ist in allen Fallgruppen, dass es zum Verschießen aus einer Schusswaffe **bestimmt** (dh nicht nur geeignet) ist.[572] Ferner darf das Geschoss die für den Antrieb erforderliche Ladung selbst nicht enthalten und ist somit zB von einer Rakete zu unterscheiden.[573] Da die Geschosse lediglich einen Teil der Munition darstellen und daher als solches nicht dem Munitionsbegriff unterfallen, sind sie für sich gesehen auch nicht nach § 10 Abs. 3 munitionserwerbsscheinpflichtig. Nach Anl. 2 Abschn. 1 Nr. 1.5.1 und Nr. 1.5.2 stellen die hier genannten Geschosse aber verbotene Waffen iS des § 2 Abs. 3 dar.[574]

---

[560] BGBl. 2008 I S. 426 (435).
[561] BT-Drs. 16/7717, 25.
[562] So war im WaffG 2002 der Zusatz „in loser Schüttung in Munition" noch nicht enthalten und auch die „Anzündsätze, die direkt zum Antrieb von Geschossen dienen" noch nicht genannt.
[563] Vgl. zum Begriff der Schusswaffe → Rn. 9 ff.
[564] Vgl. zum Begriff des Munitionsabschussgerätes → Rn. 26 ff.
[565] Vgl. auch Anl. I-A 1-UA 3-2 S. 1; ferner *Heller/Soschinka* Rn. 223.
[566] Anl. I-A 1-UA 3-2 S. 2 WaffVwV.
[567] Anl. I-A 1-UA 3-2 S. 3 WaffVwV.
[568] BT-Drs. 14/7758, 123; dagegen hielt die Bundesregierung eine entsprechende Definition für erforderlich, vgl. BT-Drs. 14/7758, 138 (jeweils Nr. 92).
[569] BGBl. I S. 426 (435).
[570] Die Vorschrift entspricht im Wesentlichen § 2 Abs. 3 des WaffG aF, der jedoch den Zusatz „als Waffen oder für Schusswaffen bestimmt" noch nicht enthielt.
[571] *Steindorf/B. Heinrich* Rn. 6.
[572] BT-Drs. V/528, 21; Anl. I-A 1-UA 3-3 S. 1 WaffVwV; BGH 3.11.2004 – IV ZR 250/03, NJW-RR 2005, 111 (113); Apel/Bushart/*Bushart* Anl. 1 Rn. 56; *Steindorf/B. Heinrich* Rn. 6; differenziert jedoch *Gade/Stoppa* Anl. 1 Rn. 165, der diese Voraussetzung nicht für zwingend hält.
[573] Apel/Bushart/*Bushart* Anl. 1 Rn. 56; Hinze/*Runkel* Rn. 36; *Steindorf/B. Heinrich* Rn. 6; vgl. auch Anl. I-A 1-UA 3-3 S. 2 WaffVwV.
[574] → § 2 Rn. 25 f.; der Text der Vorschriften ist abgedruckt in → § 2 Rn. 3.

a) Feste Körper. Bei den festen Körpern kann es sich entweder um Einzelgeschosse **141** (massive Körper) oder um eine gewisse Anzahl von festen Körpern, wie zB Schrotkugeln handeln.[575] Das Einzelgeschoss besteht im Allgemeinen aus einem Metallkörper. Verwendet werden hierbei Spitz-, Rund- und Langgeschosse. Allerdings können auch Holz, Kork oder Pappe[576] sowie Kartoffeln oder Tomaten, die aus selbstgebastelten „Kartoffelkanonen" verschossen werden, als Geschosse angesehen werden.[577] Die ebenfalls den Lauf verlassenden Verbrennungsrückstände können nicht als Geschosse iS dieser Vorschrift angesehen werden.[578]

b) Gasförmige Stoffe in Umhüllungen. Gase werden vom Gesetzgeber nur dann als **142** Geschosse angesehen, wenn sie sich **in Umhüllungen** befinden. Die zentrale Frage ist, ob es für die Einordnung als „Geschoss" erforderlich ist, dass die Gase auch gerade in diesen Umhüllungen verschossen werden, dh in diesen Umhüllungen durch den Lauf getrieben werden. Dies ist jedoch abzulehnen, es muss als ausreichend angesehen werden, wenn sie aus den Umhüllungen heraus verschossen werden,[579] wie dies zB bei Reizstoffwaffen der Fall ist, bei denen Gaspatronen verschossen werden.[580] Insoweit können die Umhüllungen also mit der Füllung im Ganzen verschossen werden oder aber auch in der Schusswaffe aufreißen und in Teilen getrennt von der Füllung aus der Laufmündung herausfliegen. Ausreichend ist also, dass das Gas lediglich vor dem Abschießen in einer Umhüllung untergebracht sein, nicht notwendig ist, dass es in dieser Umhüllung den Lauf verlässt.

Hinzuweisen ist in diesem Zusammenhang noch auf Nr. 2.4 WaffVwV (zum WaffG aF), **143** wonach diese Voraussetzung nur erfüllt ist, wenn die Umhüllung nur für einen einzigen Schuss verwendbar ist.[581] Insoweit ist man sich darüber einig gewesen, dass zB auswechselbare Reizstoffbehälter für Sprühmunition ebenso wenig erfasst sind, wie **Reizstoffsprühgeräte** an sich.[582] In Anl. I-A 1-UA 3-3.2 WaffVwV findet sich nunmehr allerdings die Regelung: „Bei Geschossen, bei denen flüssige Stoffe in Umhüllungen untergebracht sind, handelt es sich um solche, die entweder für einen einzelnen Schuss (zB Farbmarkierungsgeschosse oder flüssige Reizstoffe) oder aber als wiederfüllbare Behälter zB für die Tierimmobilisation, mehrfach verwendbar sind".

c) Flüssige Stoffe in Umhüllungen. Die Ausführungen zu den gasförmigen Stoffen, **144** die in Umhüllungen verschossen werden,[583] gelten auch für flüssige Stoffe, die sich in

---

[575] Vgl. BT-Drs. V/528, 21; Apel/Bushart/*Bushart* Anl. 1 Rn. 57; Hinze/*Runkel* Rn. 34; Steindorf/*B. Heinrich* Rn. 6; vgl. auch Anl. I-A 1-UA 3-3.1 WaffVwV.
[576] Vgl. hierzu OLG Schleswig 20.3.1957 – Ss 460/56, SchlHA 1957, 312.
[577] Steindorf/*B. Heinrich* Rn. 6; zweifelnd Hinze/*Runkel* Rn. 34, der jedenfalls „weiche" Körper ausklammern will, da diese nicht „die typische schusswaffentechnische Wirkung erzielbarer Auftreffenergie" erreichen kann.
[578] OLG Schleswig 20.3.1957 – Ss 460/56, SchlHA 1957, 312; Apel/Bushart/*Bushart* Anl. 1 Rn. 57; Hinze/*Runkel* Rn. 33 f.; *Krüger* Kriminalistik 1968, 410 (413); Steindorf/*B. Heinrich* Rn. 6; zweifelnd *Ehmke* § 2 Abs. 3; aM BayObLG 30.4.1969 – RReg 4b St 31/69, OLGSt § 1 WaffG S. 1 (2); OLG Koblenz 30.5.1973 – 1 Ss 14/76, OLGSt § 53 WaffG S. 1 (2); hierzu auch BayObLG 30.9.1970 – RReg 3 St 145/70, NJW 1971, 392 (393).
[579] OLG Stuttgart 26.1.1972 – 1 Ss 704/71, OLGSt § 14 WaffG, S. 11 (13); *Apel* § 2 Rn. 4; Steindorf/*B. Heinrich* Rn. 7; *Apel* § 2 Anm. 4; 12; wohl auch BGH 6.5.1971 – 4 StR 114/71, BGHSt 24, 136 (139) = NJW 1971, 1223 (1224): die in Umhüllungen befindlichen Gase würden in diesen Umhüllungen mittels eines Zünd- und Treibsatzes mit der Bewegungsrichtung „nach vorne" verschossen. Dass die leere Patronenhülse selbst den Lauf mit dem Schuss nicht verlasse, sei dagegen ohne Bedeutung; gegen diese Argumentation allerdings *Schröder* JR 1971, 382; kritisch *Gröschner* GewA 1984, 372 (373); *Hinze* § 1 Anm. 5; *ders.* NJW 1972, 565 (566); anders wohl auch Gade/Stoppa Anl. 1 Rn. 166; auch Apel/Bushart/*Bushart* Anl. 1 Rn. 58 Fn. 55 sieht hierdurch eine Abgrenzung zu den Reizstoffsprühgeräten als kaum mehr möglich an; vgl. zum Ganzen auch BGH 13.7.1989 – 4 StR 283/89, NStZ 1989, 476 bzgl. des Gastrommelrevolvers *Röhm* RG 89; hierzu → Rn. 94.
[580] Hierzu schon → Rn. 94, 99.
[581] Steindorf/*B. Heinrich* Rn. 7.
[582] Vgl. BT-Drs. V/528, 21; ferner Anl. I-A 1-UA 3-2 S. 4 WaffVwV; Apel/Bushart/*Bushart* Anl. 1 Rn. 58; Hinze/*Runkel* Rn. 35; Steindorf/*B. Heinrich* Rn. 7; vgl. zu den Reizstoffsprühgeräten als Waffen bereits → Rn. 117.
[583] → Rn. 142 f.

Umhüllungen befinden. Hierunter fallen insbes. die bei den „Paintball"-Spielen (bzw. „Gotcha") verwendeten, mit Lebensmittelfarbe zur Markierung des Gegners gefüllten Gelatinekugeln, die aus den „Paintball"-Waffen verschossen werden.[584] Wiederum ist auch hier die bereits angesprochene[585] Regelung in Anl. I-A 1-UA 3-3.2 WaffVwV zu beachten: Erfasst sind neben den nur für einen Schuss tauglichen Geschossen auch solche, die als wieder befüllbare Behälter, zB für die Tierimmobilisation, mehrfach verwendbar sind.

145   **d) Feste Stoffe in Umhüllungen.** Auch für diese Stoffe gelten die Ausführungen zu den gasförmigen Stoffen, die in Umhüllungen verschossen werden,[586] entsprechend.

146   **e) Knallkorken.** Vom Begriff her stellen auch Knallkorken „Geschosse" iS der Anl. 1 Abschn. 1 Unterabschn. 3 Nr. 3 dar. Sie waren bislang aber durch § 1 Abs. 1 Nr. 5 der 1. WaffV (zum WaffG aF) ausdrücklich aus dem Anwendungsbereich des WaffG ausgenommen, weil die Masse und Bewegungsenergie der beim Abschießen der Knallkorken entstehenden und wegfliegenden Korkstücke so gering sind, dass sie keine erhebliche Gefahr für den Menschen darstellen.

147   **4. Schießpulver, Treib- und Zündmittel.** Im Gegensatz zum früheren Recht[587] wird das für die jeweilige Munition verwendete Schießpulver an sich, wie auch Treib- und Zündmittel allgemein, vom WaffG nicht mehr eigenständig erfasst.[588] Diese Gegenstände fallen lediglich dann unter Anl. 1 Abschn. 1 Unterabschn. 3 Nr. 3, wenn die hier genannten Voraussetzungen erfüllt sind, das Schießpulver also in Hülsen oder Umhüllungen untergebracht ist. Ist dies nicht der Fall, findet für Schießpulver das Sprengstoffgesetz idF der Bekanntmachung vom 10.9.2002[589] Anwendung. Zu Überschneidungen kommt es nicht, da das SprengG nach § 1 Abs. 4 Nr. 4 SprengG auf Schusswaffen und Munition iS des WaffG bis auf wenige, hier im Einzelnen aufgezählte Ausnahmen, nicht anwendbar ist.

V. Waffen- und Munitionskategorien

148   In Anl. 1 Abschn. 3 findet sich eine Einteilung der Schusswaffen bzw. Munition in vier verschiedene Kategorien. Diese Kategorisierung betrifft zwar nicht den Anwendungsbereich des WaffG an sich, sie ist jedoch hinsichtlich einiger Regelungen des Waffenrechts und für die entsprechenden Straf- und Bußgeldvorschriften (§§ 11, 29 bis 32, 34 Abs. 4, 38 sowie §§ 51 ff.) von Bedeutung, weshalb sich eine Erwähnung an dieser Stelle anbietet. Die vorgenommene Einteilung in vier verschiedene Kategorien (A, B, C, D) entspricht derjenigen der **EG-Waffenrichtlinie 91/477/EWG**, insbes. des dortigen Anhangs I.[590] **Anl. 1 Abschn. 3** lautet:

Einteilung der Schusswaffen oder Munition in die Kategorien A bis D nach der Waffenrichtlinie

1. Kategorie A

1.1 Kriegsschusswaffen der Nummern 29 und 30 der Kriegswaffenliste (Anlage zu § 1 Abs. 1 des Gesetzes über die Kontrolle von Kriegswaffen),[591]

1.2 vollautomatische Schusswaffen,[592]

1.3 als anderer Gegenstand getarnte Schusswaffen,[593]

---

[584] Vgl. zur rechtlichen Einordnung solcher „Paintball"-Waffen *Gröpl/Brandt* VerwArch 2004, 223 (225 ff.); *Scheidler* GewA 2005, 312 (317).
[585] → Rn. 142.
[586] → Rn. 142.
[587] Vgl. § 1 Abs. 2 RWaffG 1938.
[588] Vgl. *Apel* § 2 Anm. 1.
[589] BGBl. I S. 3518.
[590] ABl. 1991 L 256/51; hierzu Vorb. Rn. 20.
[591] Vgl. Anhang KrWaffG; der Verweis auf die Kriegswaffen iS des KrWaffG erfolgt anstatt der Nummern II. A.1 und 4 des Anhangs 1 I der EG-Richtlinie 91/477/EWG.
[592] → Rn. 81 f.
[593] → § 2 Rn. 7.

1.4 Pistolen- und Revolvermunition mit Expansivgeschossen sowie Geschosse für diese Munition mit Ausnahme solcher für Jagd- und Sportwaffen von Personen, die zur Benutzung dieser Waffen befugt sind,[594]

1.5 panzerbrechende Munition, Munition mit Spreng- und Brandsätzen und Munition mit Leuchtspursätzen sowie Geschosse für diese Munition, soweit die Munition oder die Geschosse nicht von dem Gesetz über die Kontrolle von Kriegswaffen erfasst sind.[595]

2. Kategorie B

2.1 halbautomatische Kurz-Schusswaffen und kurze Repetier-Schusswaffen,[596]

2.2 kurze Einzellader-Schusswaffen für Munition mit Zentralfeuerzündung,

2.3 kurze Einzellader-Schusswaffen für Munition mit Randfeuerzündung mit einer Gesamtlänge von weniger als 28 cm,

2.4 halbautomatische Lang-Schusswaffen,[597] deren Magazin und Patronenlager[598] mehr als drei Patronen aufnehmen kann,

2.5 halbautomatische Lang-Schusswaffen,[599] deren Magazin und Patronenlager[600] nicht mehr als drei Patronen aufnehmen kann und deren Magazin auswechselbar ist oder bei denen nicht sichergestellt ist, dass sie mit allgemein gebräuchlichen Werkzeugen[601] nicht zu Waffen, deren Magazine und Patronenlager mehr als drei Patronen aufnehmen kann, umgebaut werden können,

2.6 lange Repetier-Schusswaffen und halbautomatische Schusswaffen[602] jeweils mit glattem Lauf, deren Lauf nicht länger als 60 cm ist,

2.7 zivile halbautomatische Schusswaffen, die wie vollautomatische Kriegswaffen aussehen.[603]

3. Kategorie C

3.1 andere lange Repetier-Schusswaffen als die unter Nummer 2.6 genannten,

3.2 lange Einzellader-Schusswaffen mit gezogenem Lauf/gezogenen Läufen,

3.3 andere halbautomatische Lang-Schusswaffen als die unter den Nummern 2.4 bis 2.7 genannten,

3.4 kurze Einzellader-Schusswaffen für Munition mit Randfeuerzündung, ab einer Gesamtlänge von 28 cm.

4. Kategorie D

4.1 Lange Einzellader-Schusswaffen mit glattem Lauf/glatten Läufen.[604]

VI. Tathandlungen (Abs. 3)

1. Überblick. Das WaffG dient dem Zweck, den Umgang mit Waffen und Munition einer verwaltungsrechtlichen Kontrolle zu unterwerfen und den unerlaubten Umgang mittels Strafvorschriften (§§ 51, 52) und Bußgeldtatbeständen (§ 53) zu sanktionieren. Dabei enthält das WaffG in § 1 Abs. 3 eine Umschreibung des Begriffes des „Umgangs".

---

[594] Der Bundesrat lehnte die Aufnahme dieser Vorschrift mit der Begründung ab, diese Nummer würde faktisch leer laufen, da alle auf dem Markt befindlichen Revolver und Pistolen zu Jagd- oder Sportzwecken verwendet werden *können* (vgl. BT-Drs. 14/7758, 123 [Nr. 94]). Der Bundestag lehnte dieses Ansinnen des Bundesrates jedoch seinerseits unter Berufung auf Anhang I Abschn. II.A Kategorie A Nr. 5 der Richtlinie 91/477/EWG ab (vgl. BT-Drs. 14/7758, 138).

[595] Diese Vorschrift wurde erst durch das ÄndG 2008 (BGBl. I S. 426, 435) eingeführt und schließt somit die Lücke in Bezug auf Anhang I Abschn. II.A Kategorie A Nr. 4 der Richtlinie 91/477/EWG.

[596] Vgl. zum Begriff der halbautomatischen Waffe → Rn. 83 ff.; zum Begriff der Kurzwaffe → Rn. 90; zum Begriff der Repetierwaffe → Rn. 88.

[597] Vgl. zum Begriff der halbautomatischen Waffe → Rn. 83 ff.; zum Begriff der Langwaffe → Rn. 90.

[598] Vgl. zum Begriff des Patronenlagers → Rn. 51.

[599] Vgl. zum Begriff der halbautomatischen Waffe → Rn. 83 ff.; zum Begriff der Langwaffe → Rn. 90.

[600] Vgl. zum Begriff des Patronenlagers → Rn. 51.

[601] Vgl. zu diesem Begriff → Rn. 61.

[602] Vgl. zum Begriff der halbautomatischen Waffe → Rn. 83 ff.; zum Begriff der Repetierwaffe → Rn. 88.

[603] Vgl. zum Begriff der halbautomatischen Waffe → Rn. 83 ff.; zum Begriff der vollautomatischen Waffe → Rn. 81 f.; zu den Kriegswaffen vgl. die in der Anlage zum KrWaffG abgedruckte Kriegswaffenliste.

[604] Hierzu zählen nur lange Einzellader-Schusswaffen mit *ausschließlich* glatten Läufen und nicht auch kombinierte lange Einzellader-Schusswaffen (zB Bockbüchsflinten); vgl. BT-Drs. 14/7758, 123, 139 (Nr. 96).

150 Wie schon bei den einzelnen Tatobjekten (Waffen und Munition),[605] so enthält das Gesetz auch hinsichtlich der einzelnen Formen des Umgangs in § 1 Abs. 4 zur näheren Begriffsbestimmung eine Verweisung auf die Anl. 1 (Begriffsbestimmungen) zum WaffG. Die entsprechenden Regelungen finden sich hier in **Anl. 1 Abschn. 2** (Waffenrechtliche Begriffe). Systematisch nicht ganz zutreffend finden sich in Nr. 10 und Nr. 11 dieser Anlage auch Definitionen der Begriffe „Kinder" und „Jugendliche Personen". Zudem sind durch das ÄndG 2008[606] die Begriffe „schussbereit" und „zugriffsbereit" neu ins Gesetz aufgenommen worden (Nr. 12 und Nr. 13), die ebenfalls keine Umgangsformen iS des § 1 Abs. 3 darstellen. Gleiches gilt für die in Nr. 14 aufgenommene Definition der „Mitgliedstaaten". Die Vorschriften lauten:

Waffenrechtliche Begriffe

Im Sinne dieses Gesetzes
1. erwirbt eine Waffe oder Munition, wer die tatsächliche Gewalt darüber erlangt,
2. besitzt eine Waffe oder Munition, wer die tatsächliche Gewalt darüber ausübt,
3. überlässt eine Waffe oder Munition, wer die tatsächliche Gewalt darüber einem anderen einräumt,
4. führt eine Waffe, wer die tatsächliche Gewalt darüber außerhalb der eigenen Wohnung, Geschäftsräume, des befriedeten Besitztums oder einer Schießstätte ausübt,
5. verbringt eine Waffe oder Munition, wer diese Waffe oder Munition über die Grenze zum dortigen Verbleib oder mit dem Ziel des Besitzwechsels in den, durch den oder aus dem Geltungsbereich des Gesetzes zu einer anderen Person oder zu sich selbst transportieren lässt oder selbst transportiert,
6. nimmt eine Waffe oder Munition mit, wer diese Waffe oder Munition vorübergehend auf einer Reise ohne Aufgabe des Besitzes zur Verwendung über die Grenze in den, durch den oder aus dem Geltungsbereich des Gesetzes bringt,
7. schießt, wer mit einer Schusswaffe Geschosse durch einen Lauf verschießt, Kartuschenmunition abschießt, mit Patronen- oder Kartuschenmunition Reiz- oder andere Wirkstoffe verschießt oder pyrotechnische Munition verschießt,
8.

8.1 werden Waffen oder Munition hergestellt, wenn aus Rohteilen oder Materialien ein Endprodukt oder wesentliche Teile eines Endproduktes erzeugt werden; als Herstellen von Munition gilt auch das Wiederladen von Hülsen,

8.2 wird eine Schusswaffe insbesondere bearbeitet oder instand gesetzt, wenn sie verkürzt, in der Schussfolge verändert oder so geändert wird, dass andere Munition oder Geschosse anderer Kaliber aus ihr verschossen werden können, oder wenn wesentliche Teile, zu deren Einpassung eine Nacharbeit erforderlich ist, ausgetauscht werden; eine Schusswaffe wird weder bearbeitet noch instand gesetzt, wenn lediglich geringfügige Änderungen, insbesondere am Schaft oder an der Zieleinrichtung, vorgenommen werden,
9. treibt Waffenhandel, wer gewerbsmäßig oder selbstständig im Rahmen einer wirtschaftlichen Unternehmung Schusswaffen oder Munition ankauft, feilhält, Bestellungen entgegennimmt oder aufsucht, anderen überlässt oder den Erwerb, den Vertrieb oder das Überlassen vermittelt,
10. sind Kinder Personen, die noch nicht 14 Jahre alt sind,
11. sind Jugendliche Personen, die mindestens 14, aber noch nicht 18 Jahre alt sind,
12. ist eine Waffe schussbereit, wenn sie geladen ist, das heißt, dass Munition oder Geschosse in der Trommel, im in die Waffe eingefügten Magazin oder im Patronen- oder Geschosslager sind, auch wenn sie nicht gespannt ist;
13. ist eine Schusswaffe zugriffsbereit, wenn sie unmittelbar in Anschlag gebracht werden kann; sie ist nicht zugriffsbereit, wenn sie in einem verschlossenen Behältnis mitgeführt wird;
14. sind Mitgliedstaaten die Mitgliedstaaten der Europäischen Union und gelten als Mitgliedstaaten auch die Vertragsstaaten des Schengener Übereinkommens.

151 Bei der näheren Erläuterung der einzelnen Formen des Umgangs wird in der folgenden Erörterung – entgegen der Nummerierung in Anl. 1 Abschn. 2 – der **„Besitz"** als Ausübung der tatsächlichen Gewalt dem „Erwerben" als der Erlangung der tatsächlichen Gewalt

---

[605] Hierzu → Rn. 9 ff., 130 ff.
[606] BGBl. 2008 I S. 426 (435).

vorangestellt, da die Ausübung der tatsächlichen Gewalt als zentraler Begriff der weiteren Umgangsformen anzusehen ist.

2. Besitzen. In Anl. 1 Abschn. 2 Nr. 2 wird bestimmt, dass derjenige eine Waffe (Gleiches gilt für die Munition) besitzt, der die tatsächliche Gewalt darüber ausübt.[607] Die Ausübung der tatsächlichen Gewalt über einen (waffenrechtlich einschlägigen) Gegenstand stellt dabei den zentralen Begriff im Waffenrecht dar, da sowohl die Umgangsformen des Erwerbens (**Erlangung** der tatsächlichen Gewalt) als auch des Überlassens (**Einräumung** der tatsächlichen Gewalt) und des Führens (**Ausübung** der tatsächlichen Gewalt außerhalb der in Anl. 1 Abschn. 2 Nr. 4 genannten Örtlichkeiten) hieran anknüpfen. Die Frage, ob und wann das Ausüben der tatsächlichen Gewalt über Waffen und Munition gestattet ist, richtet sich nach § 2 Abs. 2 iVm § 10 Abs. 1, 2 und 3, § 11. Von wenigen Ausnahmen (§ 12 Abs. 1 und 2; § 13 Abs. 3 S. 1, Abs. 4 und Abs. 5) abgesehen, setzt dies die Erlaubnis der zuständigen Behörde voraus, die in Form einer Waffenbesitzkarte oder eines Munitionserwerbsscheins erteilt wird. Zu beachten sind allerdings Anl. 2 Abschn. 2 Unterabschn. 2 Nr. 1 und Nr. 2a: der Besitz der hier genannten Waffen bzw. der hier genannten Munition ist grds. (Nr. 1) bzw. für die hier genannten Personen (Nr. 2a) erlaubnisfrei.[608] Schließlich ist der Besitz bei den in Anl. 2 Abschn. 2 Unterabschn. 3 Nr. 1 genannten Waffen ohne Bedürfnisnachweis nach § 4 Abs. 1 Nr. 4 möglich.

Eigenständigen Gehalt erlangt das Merkmal des Besitzes als Ausübung der tatsächlichen Gewalt in denjenigen Fällen, in denen der Betreffende eine Schusswaffe zu Hause aufbewahrt (insoweit also kein „Führen" vorliegt) und entweder die Frage, wie er in den Besitz der Waffe gelangt ist, ungeklärt bleibt (ihm ein unerlaubter Erwerb also nicht nachzuweisen ist), der unerlaubte Erwerb als Straftat verjährt[609] ist oder der Erwerb rechtmäßig war und die Ausübung der tatsächlichen Gewalt erst später rechtswidrig wurde (vgl. zB §§ 20, 37: hiernach ist der Erwerb einer Schusswaffe durch einen Erben erlaubnisfrei. Beantragt der Erbe aber nicht binnen Monatsfrist eine Waffenbesitzkarte, übt er nach § 20 Abs. 1 ab diesem Zeitpunkt unerlaubt die tatsächliche Gewalt über eine Schusswaffe aus).[610] Insoweit kann auch allein der (unerlaubte) Besitz als (sonstige) Ausübung der tatsächlichen Gewalt über eine Waffe, Munition oder einen verbotenen Gegenstand eine eigenständige Straftat oder Ordnungswidrigkeit begründen.[611]

a) Abgrenzung der Begriffe „Ausübung der tatsächlichen Gewalt", „Besitz" und „Gewahrsam". Zwar nennt § 1 Abs. 3 als Form des Umgangs nunmehr ausdrücklich den „Besitz". Die Tatsache, dass dieser jedoch in Anl. 1 Abschn. 2 Nr. 2 als „Ausübung der tatsächlichen Gewalt" eigens definiert wird, macht deutlich, dass sich der waffenrechtliche Besitzbegriff vom zivilrechtlichen Begriff des Besitzes unterscheiden muss. Es ist daher eine inhaltliche Abgrenzung der Begriffe „Ausübung der tatsächlichen Gewalt", „Besitz" und „Gewahrsam" vorzunehmen.[612] Dabei kann davon ausgegangen werden, dass sich **die Begriffe der Ausübung der tatsächlichen Gewalt und des zivilrechtlichen Besitzes zwar weitgehend decken,** in Randbereichen jedoch Abgrenzungen erforderlich sind, die es verbieten, die Ausübung der tatsächlichen Gewalt und den zivilrechtlichen Besitz gleich zu setzen.[613]

---

[607] Eine Regelung des „Besitzes" fand sich im WaffG 1972 nur mittelbar in § 28 Abs. 1 S. 1 WaffG aF: „Wer Schusswaffen erwerben und die tatsächliche Gewalt über sie ausüben will, bedarf der Erlaubnis der zuständigen Behörde"; vgl. BT-Drs. 14/7758, 90. Eine materielle Änderung sollte mit der Aufnahme dieser Definition ins WaffG jedoch nicht verknüpft sein.

[608] Die Vorschrift ist abgedruckt in → § 2 Rn. 34.

[609] Kritisch hierzu *Grünwald* StV 1986, 243 (245).

[610] Umstritten ist dabei, ob dieser unerlaubte Besitz eine Straftat oder, da die Verletzung der Anzeigepflicht eigenständig normiert ist, lediglich eine Ordnungswidrigkeit nach § 53 Abs. 1 Nr. 7 Alt. 3 darstellt; hierzu → § 52 Rn. 20, 56 und → § 53 Rn. 57.

[611] Vgl. § 51 Abs. 1, § 52 Abs. 1 Nr. 1, Nr. 2 Buchst. b, Abs. 3 Nr. 1, Nr. 2 Buchst. a und b, § 53 Abs. 1 Nr. 1, Nr. 2. Vgl. zum Begriff der Ausübung der tatsächlichen Gewalt auch §§ 19 Abs. Nr. 1, 20 Abs. 1 Nr. 1, 20a Abs. 1 Nr. 1, 22a Abs. 1 Nr. 6 KrWaffG; kritisch hierzu *Grünwald* StV 1986, 243 (245).

[612] Vgl. zur Abgrenzung von Besitz und Gewahrsam → StGB § 242 Rn. 49 ff.

[613] Vgl. bereits RG 23.5.1932 – III 235/32, RGSt 66, 249; ferner *Potrykus* NJW 1965, 1164 (1165).

155 Vom strafrechtlichen **Gewahrsam** (= ein von einem Herrschaftswillen getragenes tatsächliches Herrschaftsverhältnis einer Person über eine Sache)[614] soll sich der Begriff der Ausübung der tatsächlichen Gewalt nach Ansicht des BGH[615] „schon wegen der abweichenden Wortwahl" unterscheiden, eine Begründung, die kaum überzeugt. Wie noch gezeigt werden wird, sind hier im Ergebnis Abweichungen kaum zu erkennen, da beide Begriffe letztlich – mehr noch als der zivilrechtliche Besitz – auf ein tatsächliches und nicht auf ein rechtliches Herrschaftsverhältnis abstellen.[616] Völlig unabhängig gestaltet sich der Begriff des Ausübens der tatsächlichen Gewalt vom Begriff des Eigentums.[617]

156 Nach ganz überwiegender Ansicht, die durch die Neufassung des WaffG eher noch eine Unterstützung erfahren hat, wird zur Bestimmung des Begriffs der Ausübung der tatsächlichen Gewalt trotz der eigenständigen Definition – zumindest als erster Anknüpfungspunkt – der (zivilrechtliche) Begriff des **Besitzes** herangezogen. Dieser erfordert die Innehabung der tatsächlichen Gewalt über eine Sache (vgl. §§ 854 Abs. 1, 856 Abs. 1 BGB). Insoweit decken sich jedenfalls – und insoweit unstreitig – die „Ausübung der tatsächlichen Gewalt" und der **unmittelbare Besitz**.[618] Gleichgültig ist dabei, ob der Betreffende die tatsächliche Gewalt als Eigenbesitzer (§ 872 BGB) oder als Fremdbesitzer ausübt, solange er den unmittelbaren Besitz behält.

157 Umstritten ist hingegen, inwieweit auch der **mittelbare Besitz** (§ 868 BGB: mittelbarer Besitzer ist derjenige, der einem anderen eine Sache als Vermieter, Verpächter, Verleiher etc auf Zeit überlassen hat) als Ausübung der tatsächlichen Gewalt anzusehen ist. Dies wurde – zumindest im Hinblick auf die Auslegung dieses Begriffes in § 59 WaffG aF[619] – von der Rspr. mitunter angenommen.[620] Dagegen wird angeführt, dass der mittelbare Besitzer jede tatsächliche Möglichkeit verloren hat, auf die Sache einzuwirken und somit die tatsächliche Gewalt gerade nicht mehr ausübt.[621] Der BGH hat diese Frage zwar letztlich

---

[614] Vgl. hierzu ausführlich die Kommentierung zu StGB § 242 Rn. 49 ff.
[615] BGH 29.10.1974 – 1 StR 5/74, BGHSt 26, 12 (15) = NJW 1975, 226; ihm folgend *Hinze* NJW 1975, 1287; *ders.* NJW 1977, 667 (668); ebenso OLG Düsseldorf 26.11.1984 – 5 Ss 357/84–282/84 I, JZ 1985, 252; vgl. zur Abgrenzung der „Ausübung der tatsächlichen Gewalt" vom „Gewahrsam" auch *Hinze* NJW 1973, 2273 (2274 f.).
[616] Vgl. auch Steindorf/*B. Heinrich* Rn. 33.
[617] Vgl. nur Apel/Bushart/*Bushart* Anl. 1 Rn. 61; *Heller/Soschinka* Rn. 421; Steindorf/*B. Heinrich* Rn. 33; OLG Koblenz 17.3.1977 – 1 Ss 63/77, OLGSt § 6 WaffG S. 1 (2) sowie BT-Drs. 14/7758, 66.
[618] BGH 29.10.1974 – 1 StR 5/74, BGHSt 26, 12 (16) = NJW 1975, 226 mAnm *Pelchen*, LM Nr. 1 WaffenG 1976 und *Hinze* NJW 1975, 1287; BayObLG 4.7.1974 – RReg 4 St 57/74, BayObLGSt 1974, 72; 30.12.1976 – RReg 4 St 108/76, NJW 1977, 1737; OLG Braunschweig 12.12.1977 – Ss 141/77, GA 1978, 245 (247); OLG Celle 11.9.1973 – 1 Ss 130/73, NJW 1973, 1986 (1987); OLG Düsseldorf 26.11.1984 – 5 Ss 357/84–282/84 I, JZ 1985, 252; OLG Karlsruhe 5.12.1991 – 1 Ss 49/91, NJW 1992, 1057; OLG Stuttgart 22.9.1975 – 3 Ss (8) 403/75, OLGSt § 4 WaffG S. 1; Apel/Bushart/*Bushart* Anl. 1 Rn. 61; Erbs/Kohlhaas/*Pauckstadt-Maihold*, W 12 Rn. 22; *Heller/Soschinka* Rn. 421; *Hinze/Runkel* Rn. 154; Lehmann/*v. Grotthuss* Rn. 66, 76; Steindorf/*B. Heinrich* Rn. 33; als Indiz hierfür kann auch § 10 Abs. 1 herangezogen werden: die Erlaubnis zum Waffenerwerb bzw. Waffenbesitz wird seitens der Behörde durch eine Waffen„besitz"karte erteilt.
[619] § 59 Abs. 1 S. 1 WaffG aF lautete: „Hat jemand am 1. März 1976 die tatsächliche Gewalt über Schusswaffen ausgeübt, für die es ihrer Art nach auf Grund dieses Gesetzes einer Erlaubnis bedurfte, so hat er diese Schusswaffen bis zum 30. Juni 1976 der zuständigen Behörde schriftlich anzumelden und dabei seine Personalien, Art und Anzahl der Schusswaffen, deren Kaliber, Herstellerzeichen oder Marke und, wenn die Schusswaffen eine Herstellungsnummer haben, auch diese anzugeben".
[620] OLG Celle 11.9.1973 – 1 Ss 130/73, NJW 1973, 1986 (für beschlagnahmte Waffen; allerdings mit dem ausdrücklichen Hinweis, dass diese Auslegung nur für § 59 WaffG aF gerechtfertigt sei); OLG Frankfurt a. M. 22.3.1973 – 1 Ss 503/72, NJW 1973, 1514 (für freiwillig zu Ermittlungszwecken der Behörde überlassene Waffen); so auch *Hinze* NJW 1971, 2273 (2275); *ders.* NJW 1975, 1287; *ders.* NJW 1977, 667 (668) mwN in Fn. 6 und 10; wohl auch Lehmann/*v. Grotthuss* Rn. 76.
[621] So Apel/Bushart/*Bushart* Anl. 1 Rn. 61; Erbs/Kohlhaas/*Pauckstadt-Maihold*, W 12 Rn. 22; *Gade/Stoppa* Anl. 1 Rn. 172; *Heller/Soschinka* Rn. 421; Steindorf/*B. Heinrich* Rn. 33; so auch Anl. I-A 2-1 S. 7 WaffVwV; hierzu auch BGH 29.10.1974 – 1 StR 5/74, BGHSt 26, 12 (16) = NJW 1975, 226 mAnm *Hinze* NJW 1975, 1287; vgl. auch den Vorlagebeschluss des BayObLG 29.11.1973 – RReg 4 St 154/73, NJW 1974, 160 Ls.

offen gelassen, hegt aber „erhebliche Zweifel hinsichtlich einer möglichen Ausdehnung des Anwendungsbereiches [...] auf den mittelbaren Besitzer."[622]

Diese Zweifel sind berechtigt. Von einer Ausübung der tatsächlichen Gewalt kann lediglich dann gesprochen werden, wenn eine gewisse, jederzeit zu realisierende tatsächliche Herrschaftsmöglichkeit über die Sache besteht.[623] Dies scheidet aber beim mittelbaren Besitz regelmäßig deswegen aus, weil ein anderer (der Mieter, Pächter, Entleiher etc) die tatsächliche Herrschaftsgewalt innehat und der mittelbare Besitzer eben gerade nicht ohne weiteres auf die Sache zugreifen kann. Er ist hinsichtlich der Rückgabe der Sache auf die Geltendmachung seines Herausgabeanspruches angewiesen und steht daher im Hinblick auf die Möglichkeit des jederzeitigen Zugriffs nicht besser als der Käufer einer Sache, dem diese noch nicht übereignet wurde und der allein auf Grund des Abschlusses des Vertrages noch keine unmittelbare Sachherrschaft erlangt. Ist der mittelbare Besitzer aber auf die Geltendmachung seines Herausgabeanspruches angewiesen, dann gehen von ihm gerade nicht diejenigen Gefahren aus, denen der Gesetzgeber durch das Erlaubniserfordernis bei der Ausübung der tatsächlichen Gewalt entgegenwirken wollte.[624] Hier kann auch die Vorschrift des § 854 S. 2 BGB herangezogen werden, wonach eine Einigung des bisherigen Besitzers und des Erwerbers zum Erwerb des Besitzes (nur) dann genügt, wenn der Erwerber „in der Lage ist, die tatsächliche Gewalt über die Sache auszuüben".[625] Dieses Ergebnis wurde, zumindest was die Auslegung des Begriffes der Ausübung der tatsächlichen Gewalt in § 59 WaffG aF angeht, auch durch Nr. 59.3 S. 2 der zum WaffG aF erlassenen WaffVwV bestätigt. Denn hiernach galt als Inhaber der tatsächlichen Gewalt iS des § 59 WaffG aF ausdrücklich „nur der unmittelbare Besitzer". Daraus, dass der Gesetzgeber nunmehr in § 1 Abs. 3 ausdrücklich auf den „Besitz" abstellt, kann nichts anderes geschlossen werden, da in Anl. 2 Abschn. 2 Nr. 2 eben gerade wieder die Ausübung der tatsächlichen Gewalt zur Begriffsbestimmung herangezogen wird. Dieser gesonderten Definition im WaffG hätte es jedoch nicht bedurft, wenn hier der zivilrechtliche Begriff des Besitzes auch im Waffenrecht vollumfänglich hätte Anwendung finden sollen.

Stellt man nun bei der Frage, ob der Betreffende die tatsächliche Gewalt über einen Gegenstand erlangt hat, auf den zivilrechtlichen unmittelbaren Besitz ab, so erscheint es an sich konsequent, wenn der **Besitzdiener** (§ 855 BGB), der keine eigene Benutzungsbefugnis besitzt (etwa der überbringende Bote), hiervon nicht erfasst wird.[626] Überzeugender scheint es jedoch, mit dem BayObLG[627] auch hier ein Ausüben der tatsächlichen Gewalt anzunehmen, da auch der Besitzdiener regelmäßig die Sache „in der Hand" hat und somit die Möglichkeit des jederzeitigen Zugriffs besitzt. Darauf, ob ihm eine zivilrechtliche Nutzungsbefugnis zusteht oder nicht, kann es dabei nicht ankommen. Dies ergibt sich mittelbar auch aus § 12 Abs. 1 Nr. 3 Buchst. a. Denn die hier genannten Personen, die eine Waffe von einem Berechtigten (in aller Regel im Rahmen eines konzessionierten Waffengewerbebetriebes nach § 21 Abs. 1) auf Grund eines Arbeits- oder Ausbildungsverhältnisses erwerben und den „Besitz" nur nach den Weisungen des Berechtigten ausüben dürfen, werden regelmäßig – zivilrechtlich – nur Besitzdiener sein. Der Gesetzgeber geht aber davon aus, dass sie dennoch (als Besitzdiener) die tatsächliche Gewalt über die Waffen ausüben können,

---

[622] BGH 29.10.1974 – 1 StR 5/74, BGHSt 26, 12 (16) = NJW 1975, 226 (hinsichtlich polizeilich sichergestellter Schusswaffen); hierzu die abl. Anm. *Hinze* NJW 1975, 1287. Deutlicher allerdings BGH 21.12.1976 – 1 StR 538/76, MDR 1977, 511: hier wird die Ausübung der tatsächlichen Gewalt bei vorheriger Sicherstellung durch die Behörde abgelehnt; ebenso BGH 15.8.1979 – 2 StR 750/78, BGHSt 29, 91 (93) = NJW 1980, 195.
[623] Vgl. OLG Karlsruhe 5.12.1991 – 1 Ss 49/91, NJW 1992, 1057; so auch Steindorf/*B. Heinrich* Rn. 33; vgl. auch Anl. I-A 2-1 S. 2 WaffVwV.
[624] Steindorf/*B. Heinrich* Rn. 34.
[625] Steindorf/*B. Heinrich* Rn. 33.
[626] So Hinze/*Runkel* Rn. 155; ferner auch noch *Steindorf*, 7. Aufl. 1999, § 4 Rn. 10; § 28 Rn. 6; vgl. aber auch *Potrykus* NJW 1965, 1164 (1165).
[627] BayObLG 30.12.1976 – RReg 4 St 108/76, NJW 1977, 1737 (1738); vgl. nunmehr auch ausdrücklich Anl. I-A 2-1 S. 3 WaffVwV; ferner Steindorf/*B. Heinrich* Rn. 39; wohl auch *Heller/Soschinka* Rn. 422; offen gelassen (aber jedenfalls zweifelnd) BGH 24.5.2000 – 3 StR 38/00, NStZ 2000, 541.

denn ansonsten wäre die Vorschrift des § 12 Abs. 1 Nr. 3 Buchst. a überflüssig. Hier wird nämlich geregelt, dass diese weisungsabhängig tätig werdenden Personen für den Erwerb und Besitz einer Waffe (ausnahmsweise) keiner Erlaubnis bedürfen. Diese (Ausnahme-)Regelung ergibt jedoch nur Sinn, wenn der Besitzdiener überhaupt die tatsächliche Gewalt über eine Waffe ausüben kann. Insoweit ist als Ergebnis festzuhalten, dass auch der Besitzdiener die tatsächliche Gewalt über eine Waffe und somit den Besitz ausübt und lediglich von der Erlaubnispflicht nach § 12 Abs. 1 Nr. 3 Buchst. a freigestellt ist. Schließlich ist es auch nahezu unstreitig, dass derjenige, der mit einer Waffe auf Geheiß eines anderen in der Öffentlichkeit schießt, diese Waffe **führt**.[628] Dann muss er aber auch (zumindest kurzfristig) die tatsächliche Gewalt (und somit den Besitz) über die Waffe ausüben, selbst wenn man ihn zivilrechtlich nur als Besitzdiener ansieht.[629]

160   Vom zivilrechtlichen Begriff des Besitzes unterscheidet sich die Ausübung der tatsächlichen Gewalt ferner im Rahmen des § 857 BGB. In der reinen Besitzfiktion des **Erben** nach § 857 BGB kann allein noch keine Ausübung der tatsächlichen Gewalt gesehen werden (vgl. nunmehr auch die differenzierenden Regelungen in §§ 20, 37 Abs. 1).[630]

161   **b) Ausübung der tatsächlichen Sachherrschaft (objektiv).** Erforderlich für die Ausübung der tatsächlichen Gewalt ist demnach, vergleichbar mit der Innehabung des unmittelbaren Besitzes, die Innehabung der tatsächlichen Sachherrschaft, dh die Möglichkeit, über einen Gegenstand nach eigenem Willen zu verfügen.[631]

162   Somit übt aber nicht nur derjenige die tatsächliche Gewalt über einen Gegenstand aus, der diesen „in den Händen" hält, bzw. unmittelbaren Zugriff darauf hat. Auch hier hat – vergleichbar mit dem Begriff des Gewahrsams – eine Zuordnung bestimmter Herrschaftssphären zu erfolgen, so dass zB auch der abwesende Wohnungsinhaber bzw. derjenige, der seinen PKW auf einem Parkplatz abgestellt hat,[632] noch die tatsächliche Gewalt über Waffen ausübt, die sich an einem solchen Ort befinden.[633] Insoweit übt selbstverständlich auch derjenige, der eine Waffe in der Schreibtischschublade seiner Wohnung aufbewahrt, die tatsächliche Gewalt hierüber aus.[634] Andererseits kann bei demjenigen, der einen Gegenstand verloren hat, nicht mehr davon gesprochen werden, dass er noch die tatsächliche Gewalt hierüber ausübe.[635] Befinden sich Waffen in einem verschlossenen Behältnis, zB einem Waffenschrank, so übt derjenige die tatsächliche Gewalt über sie aus, der den (einzigen) Schlüssel hierzu besitzt.[636]

163   Die Ausübung der tatsächlichen Gewalt ist zudem üblicherweise von einer gewissen Dauer. Dies führt jedoch nicht dazu, dass, wie zuweilen geäußert wurde,[637] im unerlaubten Besitz sowohl Handlungs- als auch **Unterlassungsmomente** zu sehen sind. Es liegt vielmehr aus-

---

[628] Vgl. hierzu noch → Rn. 181.
[629] *Potrykus* NJW 1965, 1164 (1165); ähnlich Apel/Bushart/*Bushart* Rn. 62.
[630] Vgl. Anl. I-A 2-1 S. 7 WaffVwV; Hinze/*Runkel* Rn. 154; offen gelassen in BGH 29.10.1974 – 1 StR 5/74, BGHSt 26, 12 (16) = NJW 1975, 226; → § 52 Rn. 20.
[631] Vgl. die Begründung des Gesetzgebers in BT-Drs. VI/2678, 25 f.; vgl. auch Anl. I-A 2-1 S. 1 und 2 WaffVwV; dies wurde bereits in Nr. 4.1 S. 1 WaffVwV (zum WaffG aF) klargestellt; hierzu BGH 29.10.1974 – 1 StR 5/74, BGHSt 26, 12 (15) = NJW 1975, 226; 8.7.1997 – 5 StR 170/97, NStZ 1997, 604; 6.8.2007 – 4 StR 431/06, NStZ 2008, 158; OLG Karlsruhe 5.12.1991 – 1 Ss 49/91, NJW 1992, 1057; OLG Stuttgart 22.9.1975 – 3 Ss (8) 403/75, OLGSt § 4 WaffG S. 1; Apel/Bushart/*Bushart* Anl. 1 Rn. 61; *Gade/Stoppa* Anl. 1 Rn. 168; *Heller/Soschinka* Rn. 421.
[632] Vgl. hierzu OLG Braunschweig 12.12.1977 – Ss 141/77, GA 1978, 245 (247); so auch Anl. I-A 2-2 S. 2 WaffVwV.
[633] So ausdrücklich Anl. I-A 2-2 S. 2 WaffVwV: „Die tatsächliche Gewalt erfordert nicht die Anwesenheit des Inhabers; so bleiben zB Waffen, die in einer Wohnung eingeschlossen sind, in der tatsächlichen Gewalt des abwesenden Inhabers".
[634] BVerfG 6.7.1994 – 2 BvR 855/94, NJW 1995, 248.
[635] Vgl. ausdrücklich Anl. I-A 2-2 S. 3 WaffVwV; so bereits Nr. 4.1 S. 9 WaffVwV (zum WaffG aF); *Heller/Soschinka* Rn. 423.
[636] OLG Koblenz 17.3.1977 – 1 Ss 63/77, OLGSt § 6 WaffG S. 1 (3); *Heller/Soschinka* Rn. 421; Steindorf/*B. Heinrich* Rn. 36.
[637] OLG Zweibrücken 18.12.1985 – 1 Ws 407/85, NJW 1986, 2841 = MDR 1986, 692.

schließlich ein Tätigkeitsdelikt vor.[638] Die einmal erworbene tatsächliche Gewalt kann allerdings durch den unfreiwilligen Verlust der Sachherrschaft wieder verloren gehen,[639] etwa wenn einem die Sache entwendet wird oder die Sache auf andere Weise abhanden kommt.

c) Herrschaftswille (subjektiv). Neben der Erlangung der objektiven Sachherrschaft ist 164 subjektiv ein Herrschaftswille und somit zumindest die Kenntnis vom Entstehen der (objektiven) Sachherrschaft erforderlich.[640] Wer lediglich objektiv die Sachherrschaft ausübt ohne eine entsprechende Kenntnis zu besitzen, erfüllt bereits das (objektive) Tatbestandsmerkmal des Besitzes nicht.[641] Ein Herrschaftswille liegt zB noch nicht vor, wenn der Betreffende einem anderen lediglich kurzfristig Hilfe leistet.[642] Nicht erforderlich ist, dass der Herrschaftswille, insbes. bei Gegenständen, die sich in der eigenen Wohnung befinden, stets aktuell vorhanden ist.[643] Es reicht ein **genereller Herrschaftswille** über sämtliche Gegenstände, die sich im eigenen Herrschaftsbereich befinden, aus. Somit genügt es, wenn der Betreffende die tatsächliche Gewalt über sämtliche Waffen ausüben will, die sich in seinem Waffenschrank oder – zB im Rahmen einer Erbschaft oder eines Fundes – in einem bestimmten Behältnis befinden. Eine genaue Kenntnis, um wie viele und um welche Waffen es sich handelt, ist nicht erforderlich.[644] Vom Begriff des Vorsatzes (iS der strafrechtlichen Vorschriften) unterscheidet sich dieser Herrschaftswille dadurch, dass der Vorsatz zB hinsichtlich der Begehung eines Deliktes nach § 52 Abs. 3 Nr. 2 Buchst. a gerade darauf gerichtet sein muss, dass sich in dem Behältnis eine der dort genannten Schusswaffen befindet, für die der Betreffende keine Waffenbesitzkarte vorweisen kann. Für den Herrschaftswillen im Rahmen der Ausübung der tatsächlichen Gewalt reicht es aus, dass der Täter weiß, dass sich in dem Behältnis irgendwelche Gegenstände befinden, über die er die tatsächliche Gewalt ausüben will.

Der Täter kann seinen Herrschaftswillen aufgeben, wodurch er auch seine tatsächliche 165 Sachherrschaft verliert. Dies erfordert jedoch regelmäßig ein darauf gerichtetes äußerlich erkennbares Verhalten und einen konkreten Aufgabewillen.[645] Hieran fehlt es zB dann, wenn ein Wohnungsinhaber lediglich auf Grund einer großen Unordnung in seinem Haushalt den Überblick über die einzelnen Gegenstände verliert, die sich in seinem Herrschaftsbereich befinden.[646]

d) Ausübung der tatsächlichen Sachherrschaft durch mehrere Personen. Nach 166 den Umständen des Einzelfalles können auch mehrere Personen zusammen die tatsächliche Gewalt über einen Gegenstand ausüben,[647] zB Eheleute[648] oder Miterben.[649] Dies

---

[638] *Mitsch* NStZ 1987, 457 (458); *ders.* MDR 1988, 1005 (1007); Steindorf/*B. Heinrich* Rn. 6; so wohl auch Lehmann/*v. Grotthuss* Rn. 69; vgl. aber auch *Grünwald* StV 1986, 243 (245), der ebenfalls das Unterlassungsmoment betont.
[639] OLG Karlsruhe 5.12.1991 – 1 Ss 49/91, NJW 1992, 1057.
[640] Vgl. Anl. I-A 2-2 S. 1 WaffVwV; so bereits Nr. 4.1 S. 7 WaffVwV (zum WaffG aF); ferner Apel/Bushart/*Bushart* Anl. 1 Rn. 61; *Gade/Stoppa* Anl. 1 Rn. 168; *Heller/Soschinka* Rn. 423; Hinze/*Runkel* Rn. 154; Steindorf/*B. Heinrich* Rn. 35; vgl. auch OLG Düsseldorf 26.11.1984 – 5 Ss 357/84–282/84 I, JZ 1985, 252; OLG Karlsruhe 5.12.1991 – 1 Ss 49/91, NJW 1992, 1057; OLG Koblenz 17.3.1977 – 1 Ss 63/77, OLGSt § 6 WaffG S. 1 (3).
[641] Vgl. OLG Stuttgart 22.9.1975 – 3 Ss (8) 403/75, OLGSt § 4 WaffG S. 1 (hier hatte der Täter Schlagwerkzeug, welches in seinem Fahrzeug versteckt war, nicht bemerkt); OLG Braunschweig 12.12.1977 – Ss 141/77, GA 1978, 245 (247) = OLGSt § 53 WaffG S. 17 (21); Apel/Bushart/*Bushart* Anl. 1 Rn. 61; Hinze/*Runkel* Rn. 154; Lehmann/*v. Grotthuss* Rn. 67; Steindorf/*B. Heinrich* Rn. 35.
[642] BGH 7.2.1979 – 2 StR 523/78, BGHSt 28, 294 = NJW 1979, 2113; Erbs/Kohlhaas/*Pauckstadt-Maihold,* W 12 Rn. 22; Steindorf/*B. Heinrich* Rn. 35.
[643] OLG Karlsruhe 5.12.1991 – 1 Ss 49/91, NJW 1992, 1057.
[644] OLG Karlsruhe 5.12.1991 – 1 Ss 49/91, NJW 1992, 1057.
[645] OLG Braunschweig 12.12.1977 – Ss 141/77, GA 1978, 245 (247); OLG Karlsruhe 5.12.1991 – 1 Ss 49/91, NJW 1992, 1057.
[646] OLG Karlsruhe 5.12.1991 – 1 Ss 49/91, NJW 1992, 1057.
[647] So ausdrücklich Anl. I-A 2-2 S. 4 WaffVwV; ferner bereits Nr. 4.1 S. 5 WaffVwV (zum WaffG aF); vgl. auch BGH 12.2.1997 – 3 StR 467/96, NStZ-RR 1997, 283; 6.8.2007 – 4 StR 431/06, NStZ 2008, 158; BVerwG 6.12.1978 – 1 C 94/76, NJW 1979, 1564; BayObLG 30.12.1976 – RReg 4 St 108/76, NJW 1977, 1737 (1738); Apel/Bushart/*Bushart* Anl. 1 Rn. 61; *Heller/Soschinka* Rn. 424; Steindorf/*B. Heinrich* Rn. 34.

ergibt sich schon daraus, dass nach § 10 Abs. 2 S. 1 eine Waffenbesitzkarte auf mehrere Personen ausgestellt werden kann, wenn diese (gemeinsam) die tatsächliche Gewalt über eine Schusswaffe ausüben. Möglich ist auch, dass mehrere Mittäter im Rahmen der Begehung eines weiteren Delikts die tatsächliche Gewalt über eine Waffe gemeinsam ausüben, zB bei gleichzeitiger Anwesenheit in einem PKW auf der Fahrt zum Tatort.[650]

167 Andererseits ist auch hier daran festzuhalten, dass nur die tatsächliche Sachherrschaft über die Waffe entscheidend sein kann, so dass eine Zurechnung der Ausübung der tatsächlichen Gewalt eines Tatbeteiligten über § 25 Abs. 2 StGB im Wege der Mittäterschaft nicht möglich ist, sofern der Mittäter die Möglichkeit des jederzeitigen Zugriffs eben gerade nicht besitzt.[651] Die bloße Verabredung, Waffen zur Verwendung bei einem geplanten Überfall zu besorgen, reicht somit nicht aus, um das Merkmal des Besitzes zu begründen.[652]

168 **3. Erwerben.** Nach Anl. 1 Abschn. 2 Nr. 1 erwirbt derjenige eine Waffe oder Munition, der die tatsächliche Gewalt darüber **erlangt**.[653] Dabei wird der (unerlaubte) Erwerb als Anknüpfungspunkt für eine Sanktionierung bzw. das (unerlaubte) Erwerben als Tathandlung in mehreren Straf- und Bußgeldbestimmungen ausdrücklich erwähnt.[654] Die Frage, ob und wann der Erwerb von Waffen und Munition gestattet ist, richtet sich nach § 10 Abs. 1 und Abs. 3, § 11. Von wenigen Ausnahmen (§ 12 Abs. 1 und 2; § 13 Abs. 3 S. 1, Abs. 4 und 5) abgesehen, setzt der ordnungsgemäße Erwerb die Erlaubnis der zuständigen Behörde voraus, die in Form einer **Waffenbesitzkarte** oder eines **Munitionserwerbsscheins** erteilt wird. Zu beachten sind allerdings Anl. 2 Abschn. 2 Unterabschn. 2 Nr. 1 und Nr. 2: der Erwerb der hier genannten Waffen bzw. der hier genannten Munition ist grds. (Nr. 1) bzw. für die hier genannten Personen (Nr. 2) erlaubnisfrei.[655] Eine weitere Privilegierung findet sich in Anl. 2 Abschn. 2 Unterabschn. 3: Die hier genannten Waffen bzw. die hier genannte Munition kann ohne Bedürfnisnachweis nach § 4 Abs. 1 Nr. 4 erworben werden.

169 Nach dem Willen des Gesetzgebers umfasst der Begriff des „Erwerbens" die Erlangung der tatsächlichen Gewalt iS der **tatsächlichen Möglichkeit, über einen Gegenstand nach eigenem Willen zu verfügen,** ohne dass es darauf ankommt, in welcher Weise der Erwerb von statten geht.[656] Gleichgültig ist es daher, ob dem Erwerb – was allerdings der Regelfall sein dürfte – ein schuldrechtliches Rechtsverhältnis (Kaufvertrag,[657] Schenkungsvertrag etc) zu Grunde liegt oder nicht.[658]

---

[648] Vgl. hierzu BVerwG 6.12.1978 – 1 C 94/76, NJW 1979, 1564 sowie OVG Münster 11.3.1983 – 20 A 1132/82, MDR 1983, 960; hier wird allerdings klargestellt, dass allein die Tatsache, dass Eheleute einen gemeinsamen Hausstand führen, noch nicht ausreicht, um eine gemeinsame Ausübung der tatsächlichen Gewalt anzunehmen: „Denn auch in einer von mehreren Personen genutzten Wohnung ist es dem einzelnen möglich, Sachen – hier Waffen – so unterzubringen, daß sie dem Zugriff anderer entzogen sind."; vgl. ferner Anl. I-A 2-2 S. 4 WaffVwV.

[649] BayObLG 9.2.1996 – 4 St RR 14/96, NStZ-RR 1996, 184.

[650] BGH 12.2.1997 – 3 StR 467/96, NStZ-RR 1997, 283.

[651] BGH 6.8.2001 – 4 StR 431/06, NStZ 2008, 158; Lehmann/v. Grotthuss Rn. 68; Steindorf/B. Heinrich Rn. 34; vgl. auch BGH 8.7.1997 – 5 StR 170/97, NStZ 1997, 604 (605); 14.8.2009 – 2 StR 175/09, NStZ 2010, 456.

[652] BGH 8.7.1997 – 5 StR 170/97, NStZ 1997, 604 (605).

[653] Der Begriff des Erwerbens entspricht demjenigen des § 4 Abs. 1 WaffG aF; vgl. BT-Drs. 14/7758, 89.

[654] Vgl. § 51 Abs. 1, § 52 Abs. 1 Nr. 1, Nr. 2 Buchst. a und b, Abs. 3 Nr. 1, Nr. 2 Buchst. a und b, § 53 Abs. 1 Nr. 1 und Nr. 2.

[655] Die Vorschrift ist abgedruckt in → § 2 Rn. 34.

[656] Vgl. die Begründung des Gesetzgebers in BT-Drs. VI/2678, 25 f.; dies wird auch ausdrücklich in Anl. I-A 2-1 S. 1 WaffVwV klar gestellt; so auch bereits Nr. 4.1. S. 1 WaffVwV (zum WaffG aF); hierzu BayObLG 30.12.1976 – RReg 4 St 108/76, NJW 1977, 1737; 9.2.1996 – 4 St RR 14/96, NStZ-RR 1996, 184; OLG Koblenz 17.3.1977 – 1 Ss 63/77, OLGSt § 6 WaffG S. 1 (3); vgl. auch bereits RG 23.5.1932 – III 235/32, RGSt 66, 249 (250).

[657] Hinzuweisen ist in diesem Zusammenhang auch darauf, dass das „Ankaufen" früher in § 53 Abs. 1 S. 1 Nr. 1 Buchst. b WaffG aF als spezielle Form des „Erwerbens" eigenständig sanktioniert wurde; heute wird es ausdrücklich noch von Anl. 1 Abschn. 2 Nr. 9 als Unterfall des Betreibens des Waffenhandels erfasst; vgl. zu diesem Begriff → Rn. 195 ff.; vgl. zum Erwerb auf einer Auktion *Scholzen* DWJ 1997, 1900.

[658] Vgl. wiederum die Begründung des Gesetzgebers in BT-Drs. VI/2678, 26: „Allein eine solche Auslegung dieser Begriffe erscheint geeignet, den Umgang mit Waffen und Munition in übersehbaren Grenzen zu halten und es wenigstens zu erschweren, dass unter dem Vorwand von Leihe, Miete, Fund, Aneignung und

Abweichend vom früheren Recht, welches nur einen abgeleiteten Erwerb, dh einen **170**
Erwerb von einem bestimmten Vorbesitzer kannte (§ 11 Abs. 1 RWaffG 1938),[659] kommt
somit heute auch ein originärer Erwerb in Betracht. Dies folgt daraus, dass in der Bestimmung der Anl. 1 Abschn. 2 Nr. 1 lediglich verlangt wird, dass der Täter die tatsächliche
Gewalt über einen Gegenstand **erlangt** und nicht, dass er sie – wie zB in §§ 2 Abs. 2, 22a
Abs. 1 Nr. 2 KrWaffG – **von einem anderen erwirbt**. Unter den Begriff des Erwerbens
fällt somit auch der Fund[660] bzw. die Aneignung herrenloser Waffen oder Munition (vgl.
hierzu § 37 Abs. 1 S. 1 Nr. 1 Var. 2 und 3 WaffG, §§ 958 Abs. 1, 965 ff. BGB)[661] oder die
Erlangung der tatsächlichen Gewalt nach dem Tode des bisherigen Waffenbesitzers (§ 37
Abs. 1 S. 1 Nr. 1 Var. 1),[662] selbst wenn dies im Gegensatz zu §§ 28 Abs. 4 Nr. 1 und Nr. 2,
43 Abs. 1 WaffG aF nicht mehr ausdrücklich als „Erwerb", sondern vielmehr lediglich als
„Inbesitznahme" bezeichnet wird und dies in § 12 Abs. 1 auch nicht mehr ausdrücklich
von der Erlaubnispflicht beim Erwerb und Besitz ausgenommen wurde. Nach der Begründung des Gesetzgebers sollte diese Herausnahme des Fundes aus § 12 jedoch lediglich „zur
Entlastung der Vorschrift" dienen und keine materielle Rechtsänderung bewirken.[663] Allerdings ist in den genannten Fällen zu beachten, dass diese Form des Erwerbs nach § 37 Abs. 1
S. 1 auch weiterhin erlaubnisfrei ist und lediglich eine Anzeigepflicht zur Folge hat. Ein
Verstoß gegen diese Anzeigepflicht führt dabei nicht zu einer Strafbarkeit wegen unerlaubten
Erwerbs (oder späteren unerlaubten Besitzes) nach § 52 Abs. 3 Nr. 2 Buchst. a, sondern
stellt lediglich eine Ordnungswidrigkeit nach § 53 Abs. 1 Nr. 5 iVm § 37 Abs. 1 S. 1 dar.[664]

Nicht entscheidend ist es, ob der Erwerber **Eigentum** an dem Gegenstand erlangt.[665] **171**
Auch die **vorübergehende** Erlangung der tatsächlichen Gewalt, etwa durch Leihe[666] oder
Miete oder zum Zwecke der sicheren Verwahrung oder Beförderung (§ 12 Abs. 1 Nr. 1
Buchst. b) reicht aus.[667] Selbst derjenige, dem eine Waffe lediglich für kurze Zeit zum
Zwecke der Abgabe eines Schusses übergeben wird, „erwirbt" diese, was zumindest mittelbar aus § 12 Abs. 1 Nr. 5 folgt.[668] Insgesamt kann in sämtlichen Fällen des § 12 Abs. 1 und
2 (Ausnahmetatbestände für die Erlaubnispflicht im Hinblick auf den Erwerb und Besitz
von Waffen und Munition) im Umkehrschluss gefolgert werden, dass hier jedenfalls ein
Erwerb der genannten Gegenstände angenommen werden muss (auch wenn dieser im
konkreten Fall erlaubnisfrei gestellt wurde).[669]

---

dergleichen unerlaubter Waffenerwerb verdunkelt wird"; ferner Anl. I-A 2-1 S. 4 und 5 WaffVwV; vgl. auch
Nr. 4.1 S. 3 WaffVwV (zum WaffG aF) – hier wird (S. 4 Hs. 1) in Anlehnung an die Begründung des
Gesetzgebers klargestellt, dass ein zweiseitiges Rechtsgeschäft nicht erforderlich ist; hierzu ferner BGH
6.8.2007 – 4 StR 431/06, NStZ 2008, 158; vgl. auch Apel/Bushart/*Bushart* Anl. 1 Rn. 62; *Gade/Stoppa*
Anl. 1 Rn. 169; *Heller/Soschinka* Rn. 425; Lehmann/*v. Grotthuss* Rn. 74; Steindorf/*B. Heinrich* Rn. 38.

[659] BGH 16.1.1980 – 2 StR 692/79, BGHSt 29, 184 = NJW 1980, 1475 mAnm *Willms* LM WaffenG
1976 Nr. 3; OLG Hamm 23.5.1978 – 5 Ss 581/78, NJW 1979, 117 (118).

[660] Vgl. Anl. I-A 2-1 S. 6 WaffVwV; ferner BGH 16.1.1980 – 2 StR 692/79, BGHSt 29, 184 = NJW
1980, 1475; OLG Schleswig 15.11.1982 – 1 Ss 482/82, NStZ 1983, 271; *Gade/Stoppa* Anl. 1 Rn. 171; Hinze/
Runkel Rn. 155; Lehmann/*v. Grotthuss* Rn. 75; Steindorf/*B. Heinrich* Rn. 38.

[661] BGH 16.1.1980 – 2 StR 692/79, BGHSt 29, 184 (185) = NJW 1980, 1475; vgl. auch BT-Drs. VI/
2678, 26 sowie Nr. 4.1 S. 4 Hs. 2 WaffVwV (zum WaffG aF). Ferner *Hinze* NJW 1977, 667 (668); Steindorf/
B. Heinrich Rn. 38.

[662] Vgl. auch Anl. I-A 2-1 S. 6 WaffVwV. Hinzuweisen ist darauf, dass nach § 37 Abs. 1 S. 1 Nr. 1 nunmehr
auf die Inbesitznahme beim Tode des Waffenbesitzers und nicht mehr, wie in § 28 Abs. 4 Nr. 1 WaffG aF, auf
den „Erwerb von Todes wegen" dh auf den Erben abgestellt wird; zur Begründung vgl. BT-Drs. 14/7758,
75; zum alten Recht vgl. BT-Drs. VI/2678, 26 sowie Nr. 4.1 S. 4 Hs. 2 WaffVwV (zum WaffG aF). Das
BayObLG stellte in einem Beschl. 9.2.1996 – 4 St RR 14/76, NStZ-RR 1996, 184 zu § 28 Abs. 4 Nr. 1
WaffG aF aber zu Recht darauf ab, dass ein Miterbe eine zum Nachlass gehörende Schusswaffe erst dann
erwirbt, wenn er die Möglichkeit des tatsächlichen Zugriffs auf die Waffe erlangt.

[663] Vgl. BT-Drs. 14/7758, 60.

[664] Näher → § 53 Rn. 46; auch → § 52 Rn. 56.

[665] Vgl. BT-Drs. VI/2678, 26 sowie Anl. I-A 2-1 S. 5 WaffVwV; ferner OLG Koblenz 17.3.1977 – 1 Ss
63/77, OLGSt § 6 WaffG S. 1 (3); *Heller/Soschinka* Rn. 425.

[666] Vgl. bereits RG 23.5.1932 – III 235/32, RGSt 66, 249.

[667] Vgl. auch Anl. I-A 2-1 S. 3 WaffVwV.

[668] BayObLG 30.12.1976 – RReg 4 St 108/76, NJW 1977, 1737.

[669] Apel/Bushart/*Bushart* Anl. 1 Rn. 62.

172 Schließlich ist noch zu beachten, dass auch derjenige, der ohne Absprache eine Sache an sich nimmt, selbst wenn dies im Wege einer deliktischen Aneignung (Diebstahl, Unterschlagung) geschieht, diese Sache iS der Anl. 1 Abschn. 2 Nr. 1 „erwirbt".[670] Insoweit verwirklicht derjenige, der eine Schusswaffe stiehlt, neben §§ 242, 244 Abs. 1 Nr. 1 Buchst. a StGB regelmäßig auch tateinheitlich einen unerlaubten Erwerb einer Schusswaffe (je nach Art der Waffe § 52 Abs. 1 Nr. 1, Nr. 2 Buchst. a oder § 52 Abs. 3 Nr. 1, Nr. 2 Buchst. a).[671]

173 Die Erlangung der tatsächlichen Gewalt allein durch eine **Absprache** zwischen dem Überlassenden und dem Erwerber reicht dagegen nicht aus, sofern nicht, wie bei der Begründung des unmittelbaren Besitzes nach § 854 Abs. 2 BGB, „der Erwerber in der Lage ist, die tatsächliche Gewalt über die Sache auszuüben".[672] Insoweit genügt die Vereinbarung eines Verwahrungsverhältnisses für sich allein noch nicht.[673] Beim Eigentumserwerb durch Vereinbarung eines Besitzkonstituts als Übergabesurrogat (§ 930 BGB) oder durch Abtretung des Herausgabeanspruchs (§ 931 BGB) ist allein darauf abzustellen, ob der Erwerber dadurch in die Lage versetzt wird, die tatsächliche Gewalt über die Sache auszuüben. Es gelten die gleichen Überlegungen wie bei der (oben verneinten) Frage, ob allein der mittelbare Besitz zur Ausübung der tatsächlichen Gewalt ausreicht.[674] Da, wie eben gesehen,[675] auch mehrere Personen die tatsächliche Gewalt über einen Gegenstand ausüben können, kann ein Erwerben auch dann vorliegen, wenn dem Betreffenden lediglich die Mitverfügungsgewalt eingeräumt wird.[676]

174 **4. Überlassen.** Nach Anl. 1 Abschn. 2 Nr. 3 überlässt derjenige eine Waffe oder Munition, der die tatsächliche Gewalt darüber einem anderen einräumt.[677] Auch das (unerlaubte) Überlassen von waffenrechtlich relevanten Gegenständen ist vielfach Anknüpfungspunkt für eine Straftat oder Ordnungswidrigkeit.[678] Während das Überlassen verbotener Waffen iS der Anl. 2 Abschn. 1 bis auf die in § 40 Abs. 2–5 genannten Ausnahmefälle stets unzulässig ist (vgl. § 1 Abs. 3, § 2 Abs. 3), richtet sich die Zulässigkeit des Überlassens von erlaubnispflichtigen Schusswaffen und Munition nach § 34. Hinsichtlich des Überlassens ist allerdings die Besonderheit zu beachten, dass es nach Anl. 2 Abschn. 2 Unterabschn. 1 nicht gesondert erlaubnispflichtig ist, § 34 trifft demnach eine abschließende Spezialregelung. Dies hat seinen Grund darin, dass bereits der Erwerb (als unmittelbares Gegenstück zum Überlassen) einen erlaubnispflichtigen Vorgang darstellt.[679]

175 Unter einem Überlassen ist jede mit der Übertragung des unmittelbaren Besitzes verbundene Einräumung der tatsächlichen Möglichkeit zu verstehen, über einen Gegenstand nach eigener Entschließung zu verfügen, wobei es gleichgültig ist, ob die Verfügungsmöglichkeit als dauernd oder nur vorübergehend gedacht ist.[680] Da demnach an einem Überlassen notwendigerweise immer **zwei Personen** beteiligt sind,[681] stellen hier das Überlassen auf der einen und das Erwerben auf der anderen Seite spiegelbildlich sich entsprechende Verhaltensweisen dar, die regelmäßig in einem Akt zusammenfallen. Das Überlassen des einen

---

[670] Vgl. Anl. I-A 2-1 S. 6 WaffVwV; ferner BGH 16.1.1980 – 2 StR 692/79, BGHSt 29, 184 = NJW 1980, 1475 mAnm *Willms* LM WaffenG 1976 Nr. 3; OLG Hamm 23.5.1978 – 5 Ss 581/78, NJW 1979, 117; vgl. auch Apel/Bushart/*Bushart* Anl. 1 Rn. 62; *Heller/Soschinka* Rn. 425; Steindorf/*B. Heinrich* Rn. 38.
[671] BGH 16.1.1980 – 2 StR 692/79, BGHSt 29, 184 = NJW 1980, 1475; OLG Hamm 23.5.1978 – 5 Ss 581/78, NJW 1979, 117; vgl. zu den Konkurrenzen noch ausführlich → § 52 Rn. 134 ff., 136.
[672] Anl. I-A 2-1 S. 4 WaffVwV; so auch Steindorf/*B. Heinrich* Rn. 33 aE.
[673] BayObLG 4.7.1974 – RReg 4 St 57/74, BayObLGSt 1974, 72; Steindorf/*B. Heinrich* Rn. 33 aE.
[674] → Rn. 157 f.
[675] → Rn. 166 f.
[676] BGH 6.8.2007 – 4 StR 431/06, NStZ 2008, 158.
[677] Vgl. auch Anl. I-A 2-3 S. 2 WaffVwV. Der Begriff des Überlassens entspricht demjenigen des § 4 Abs. 2 WaffG aF; vgl. BT-Drs. 14/7758, 90; zur Abgrenzung der Begriffe „Überlassen" und „Inverkehrbringen" *Horn* NJW 1977, 2329 (2333).
[678] § 51 Abs. 1, § 52 Abs. 1 Nr. 1, Nr. 3, Abs. 3 Nr. 1, Nr. 6, Nr. 7, § 53 Abs. 1 Nr. 2, Nr. 10, Nr. 16; vgl. ferner auch § 52 Abs. 1 Nr. 2 Buchst. a.
[679] Steindorf/*B. Heinrich* Rn. 43.
[680] Vgl. Steindorf/*B. Heinrich* Rn. 43; ferner RG 23.5.1932 – III 235/32, RGSt 66, 249 (250).
[681] Apel/Bushart/*Bushart* Anl. 1 Rn. 64; *Gade/Stoppa* Anl. 1 Rn. 173; Steindorf/*B. Heinrich* Rn. 43.

setzt das Erwerben des anderen voraus.[682] Daher liegt es nahe, hierin nur zwei verschiedene Ausdrücke für ein und dasselbe Rechtsgeschäft zu sehen. Auf Grund der Tatsache, dass ein Erwerb nach dem eben Gesagten[683] aber auch durch einseitigen Akt (Fund etc) oder durch Inbesitznahme nach dem Tod des Waffenbesitzers möglich ist, folgt jedoch, dass beide Akte zwar zumeist, nicht aber notwendigerweise zusammenfallen, so dass beide Begriffe einen eigenständigen Gehalt aufweisen:[684] Erwerben ist ohne Überlassen möglich, Überlassen hingegen nicht ohne Erwerben.

Entscheidend für den Begriff des Überlassens ist es somit, dass derjenige, dem die tatsächliche Gewalt eingeräumt wird, die Möglichkeit erhält, über einen Gegenstand nach eigenem Willen zu verfügen.[685] Insoweit kommt es also auch hier nicht auf den Abschluss des schuldrechtlichen Vertrages, sondern auf die tatsächliche Übergabe an.[686] Das Überlassen wird zwar regelmäßig im Anschluss an einen Kaufvertrag stattfinden, möglich ist jedoch auch die Einräumung des unmittelbaren Besitzes im Rahmen einer Leihe, Vermietung, Verpfändung, Verwahrung oder eines Beförderungsvertrages. Voraussetzung ist stets, dass der Überlassende zum Zeitpunkt der Übergabe selbst die tatsächliche Gewalt innehat.[687] Dies ergibt sich aus Anl. 1 Abschn. 2 Nr. 9, wonach das **Vermitteln des Überlassens** einer Schusswaffe oder Munition als selbstständige Alternative des „Betreibens von Waffenhandel" neben dem Überlassen genannt wurde, was nicht erforderlich gewesen wäre, wenn eine solche Vermittlungstätigkeit bereits selbst als „Überlassen" angesehen werden könnte.[688]

Nicht notwendig ist es, dass der Überlassende selbst die tatsächliche Gewalt **aufgibt**.[689] Liegt ein Erwerben auch dann vor, wenn dem Erwerber die Mitverfügungsgewalt über einen Gegenstand eingeräumt wird,[690] so muss dies auch für das Tatbestandsmerkmal des Überlassens gelten. Dies folgt mittelbar auch aus § 10 Abs. 2, der die Möglichkeit vorsieht, dass eine Waffenbesitzkarte auch auf mehrere Personen ausgestellt werden kann, wenn diese die Waffe „Besitzen". Insoweit reicht es also aus, wenn der Überlassende einer weiteren Person die Möglichkeit einräumt, sich selbstständig der Waffe bedienen zu können.[691] Beispiele dafür sind die Begründung der gemeinschaftlichen Ausübung, der Mit- und Nebenbesitz im zivilrechtlichen Sinne und die Aushändigung von Zweitschlüsseln.[692] Ferner liegt ein Überlassen auch dann vor, wenn ein (berechtigter) Ehepartner dem anderen (nichtberechtigten) Ehepartner unter Aufrechterhaltung seiner eigenen Sachherrschaft die Möglichkeit gewährt, die Waffe ohne seine Mitwirkung selbstständig zu verwenden.[693] Dagegen soll es nicht ausreichen, wenn durch kurzfristiges Ablegen einer Waffe, zB auf einem Tisch, eine weitere anwesende Person die Möglichkeit bekommt, auf die Waffe zuzugreifen.[694] Denn erwirbt diese Person hier die Waffe (zumindest mangels aktuellem

---

[682] BayObLG 30.12.1976 – RReg 4 St 108/76, NJW 1977, 1737; Apel/Bushart Anlage 1 Rn. 64; Hinze/Runkel Rn. 157; Steindorf/B. Heinrich Rn. 43; hierzu bereits RG 23.5.1932 – III 235/32, RGSt 66, 249 (250).
[683] → Rn. 170.
[684] Vgl. auch Apel/Bushart/Bushart Anlage 1 Rn. 64; Steindorf/B. Heinrich Rn. 43.
[685] Vgl. Anl. I-A 2-3 S. 1 WaffVwV iVm Anl. I-A 2-1 S. 1 WaffVwV; so bereits Nr. 4.1 S. 2 WaffVwV (zum WaffG aF).
[686] So ausdrücklich Anl. I-A 2-3 S. 1 WaffVwV iVm Anl. I-A 2-1 S. 4 WaffVwV; so bereits Nr. 4.1 S. 3 WaffVwV (zum WaffG aF).
[687] BGH 7.2.1979 – 2 StR 523/78, BGHSt 28, 294 = NJW 1979, 2113; Gade/Stoppa Anl. 1 Rn. 173; Hinze/Runkel Rn. 157; Steindorf/B. Heinrich Rn. 43.
[688] BGH 7.2.1979 – 2 StR 523/78, BGHSt 28, 294 = NJW 1979, 2113.
[689] Vgl. Anl. I-A 2-3 S. 3 WaffVwV; ferner BVerwG 6.12.1978 – 1 C 94/76, NJW 1979, 1564; Apel/Bushart/Bushart Anlage 1 Rn. 64; Heller/Soschinka Rn. 456; Gade/Stoppa Anl. 1 Rn. 173; Hinze/Runkel Rn. 157; Lehmann/v. Grotthuss Rn. 79; Meyer GewA 1998, 89 (97); Steindorf/B. Heinrich Rn. 43.
[690] So ausdrücklich BayObLG 30.12.1976 – RReg 4 St 108/76, NJW 1977, 1737 (1738); hierzu bereits → Rn. 173.
[691] Vgl. Anl. I-A 2-3 S. 4 WaffVwV.
[692] Vgl. Anl. I-A 2-3 S. 4 WaffVwV.
[693] BVerwG 6.12.1978 – 1 C 94/76, NJW 1979, 1564; vgl. aber auch OVG Münster 11.3.1983 – 20 A 1132/82, MDR 1983, 960 (961).
[694] BGH 12.6.1990 – VI ZR 297/89, NJW-RR 1991, 24 = NJW 1991, 696 Ls.

Herrschaftswillen) noch nicht, kann andererseits auch kein Überlassen vorliegen. Dies soll selbst dann gelten, wenn der andere auf die Waffe tatsächlich zugreift, sie also erwirbt, sofern derjenige, der die Waffe auf dem Tisch abgelegt hat, nicht mit einem solchen Verhalten rechnete.[695] Dem ist jedoch zu widersprechen. Denn im letztgenannten Fall liegt – objektiv – ein Besitzwechsel vor, der Erwerber erhält die Möglichkeit der Ausübung der tatsächlichen Gewalt über die Sache, auch wenn dies durch einen Diebstahl oder eine unbefugte Gebrauchsanmaßung geschieht. Zwar wird es hier – strafrechtlich betrachtet – regelmäßig an einem **vorsätzlichen** Überlassen fehlen, eine Strafbarkeit wegen **fahrlässigen** Überlassens muss hier jedoch möglich sein.[696]

178   Während der Erbe, der einem Vermächtnisnehmer eine Waffe in Erfüllung des Vermächtnisses übergibt, ihm diese Waffe „überlassen" soll, soll dies im Hinblick auf den Erbschaftsbesitzer, der dem Erben nach § 2018 BGB eine Waffe herausgibt, nicht gelten. Dies wird damit begründet, dass der Erbe kraft der Fiktion des § 857 BGB die Waffe bereits mit dem Erbfall „erworben" habe.[697] Dies leuchtet jedoch nicht ein, wenn man, wie oben dargelegt,[698] davon ausgeht, dass auch der Erbe erst dann „erwirbt", wenn er die tatsächliche Gewalt über die Sache erlangt.[699] Insbes. da auch das Gesetz in § 17 Abs. 3, § 20 Abs. 1 den Erben und den Vermächtnisnehmer weitgehend gleichstellt, sollte hier nicht mehr differenziert werden.[700]

179   Schließlich stellt auch die Aushändigung einer Waffe an den Meistbietenden im Rahmen einer Zwangsversteigerung seitens des Gerichtsvollziehers (§ 871 ZPO) oder einer Versteigerung nach §§ 1235 ff. BGB seitens eines Versteigerers ein (erlaubnispflichtiges) Überlassen dar.[701] Wird die Waffe oder die Munition im Rahmen eines gewerbsmäßigen Transports an eine Transportperson übergeben, so stellt dies hingegen kein Überlassen an die Transportperson dar. Vielmehr gilt in diesem Fall die gesetzliche Fiktion der §§ 12 Abs. 1 Nr. 2 Abs. 2 Nr. 1, 34 Abs. 1 S. 5, sodass eine Überlassung an den vom Absender gekennzeichneten Empfänger erfolgt.[702] Ergänzend ist auch hier auf die Regelung des § 34 Abs. 3 hinzuweisen (Zulässigkeit des Überlassens von Schusswaffen und Munition an Personen im Ausland). Wird in diesen Fällen das „Überlassen" erlaubnisfrei gestellt, so setzt dies voraus, dass jedenfalls tatbestandlich ein Überlassen vorliegt.

180   **5. Führen.** Nach Anl. 1 Abschn. 2 Nr. 4 führt derjenige eine Waffe (ausgeklammert ist hier ausdrücklich die Munition!), der die tatsächliche Gewalt darüber außerhalb der eigenen Wohnung, Geschäftsräume, des eigenen befriedeten Besitztums oder einer Schießstätte ausübt.[703] Das (unerlaubte) Führen einer Waffe findet sich in mehreren Strafbestimmungen und Ordnungswidrigkeiten als eigenständige Tathandlung wieder.[704] Nach der ausdrücklichen gesetzlichen Bestimmung („tatsächliche Gewalt […] ausübt") entspricht das Führen dem Merkmal des Besitzens in Anl. 1 Abschn. 2 Nr. 2[705] mit der Besonderheit, dass beim Führen über das bloße Besitzen hinaus noch hinzutreten muss, dass der Betreffende die tatsächliche Gewalt **außerhalb der hier genannten (privaten) Räumlichkeiten** ausübt. Die Frage, ob und wann ein solches Führen von Waffen gestattet ist, richtet sich nach § 2 Abs. 2 iVm

---

[695] BGH 12.6.1990 – VI ZR 297/89, NJW-RR 1991, 24 = NJW 1991, 696 Ls.
[696] Dem zustimmend Erbs/Kohlhaas/*Pauckstadt-Maihold*, W 12 Rn. 25.
[697] So Apel/Bushart/*Bushart* Anl. 1 Rn. 64; so auch noch *Steindorf,* 7. Aufl. 1999, § 4 Rn. 14; anders nunmehr Steindorf/*B. Heinrich* Rn. 44.
[698] → Rn. 160.
[699] Offen gelassen in BGH 29.10.1974 – 1 StR 5/74, BGHSt 26, 12 (16) = NJW 1975, 226; vgl. Anl. I-A 2-3 S. 1 WaffVwV iVm Anl. I-A 2-1 S. 6 und 7 WaffVwV; vgl. auch BayObLG 9.2.1996 – 4 St RR 14/96, NStZ-RR 1996, 184; so auch Erbs/Kohlhaas/*Pauckstadt-Maihold*, W 12 Rn. 25.
[700] Vgl. zu dieser Argumentation auch Steindorf/*B. Heinrich* Rn. 44.
[701] Steindorf/*B. Heinrich* Rn. 45.
[702] Lehmann/*v. Grotthuss* Rn. 82.
[703] Der Begriff des Führens entspricht demjenigen des § 4 Abs. 4 WaffG aF; vgl. BT-Drs. 14/7758, 90; vgl. auch Anl. I-A 2-4 S. 4 WaffVwV.
[704] § 51 Abs. 1, § 52 Abs. 1 Nr. 1, Nr. 2 Buchst. b, Abs. 3 Nr. 1, Nr. 2 Buchst. a, Nr. 5, Nr. 9, § 53 Abs. 1 Nr. 2, Nr. 21a.
[705] Hierzu → Rn. 152 ff.

§ 10 Abs. 4. Von wenigen Ausnahmen abgesehen (vgl. § 12 Abs. 3 und Abs. 4; § 13 Abs. 6, Abs. 7 S. 2, Abs. 8; § 16 Abs. 4), bedarf es zum Führen von **Waffen** der Erlaubnis der zuständigen Behörde, die in Form eines **Waffenscheins** erteilt wird. Die früher in § 35 WaffG aF vorgesehen Beschränkung der Waffenscheinpflicht auf Schusswaffen ist aufgehoben worden, so dass nunmehr das Führen sämtlicher Waffen der Waffenscheinpflicht unterliegt.[706] Zu beachten ist allerdings Anl. 2 Abschn. 2 Unterabschn. 2 Nr. 3: Das Führen der hier genannten Waffen (alte Schusswaffen mit Lunten- oder Funkenzündung, Armbrüste) ist grds. erlaubnisfrei.[707] Andererseits gelten mit § 38 (wer zulässigerweise eine Waffe führt, muss seinen Personalausweis oder Pass oder seinen Jagdschein mit sich führen und Polizeibeamten etc auf Verlangen zur Prüfung aushändigen[708]) und § 42 (Verbot des Führens von Waffen bei öffentlichen Veranstaltungen[709]) Sonderregelungen.

Zum Führen einer Waffe ist es somit erforderlich (aber auch ausreichend), dass der **181** Betreffende die tatsächliche Gewalt über die Waffe ausübt.[710] Es kommt – im Gegensatz zum vor 1972 geltenden Recht[711] – nicht darauf an, ob die Waffe zugriffsbereit oder gebrauchsfertig (schussbereit) ist oder ob die zugehörige Munition mitgeführt wird.[712] Dies ergibt sich mittelbar aus § 12 Abs. 3 Nr. 2 und Nr. 3: Wenn in diesen Fällen das Führen erlaubnisfrei gestellt wird, sofern die Waffe nicht schussbereit bzw. zugriffsbereit transportiert wird, ergibt dies nur Sinn, wenn man hier begrifflich ein (wenn auch erlaubnisfreies) Führen annimmt.[713] Unerheblich ist es auch, ob die Waffe funktionsfähig ist.[714] Auch der Grund, warum der Betreffende die Waffe bei sich trägt, ist gleichgültig. Damit kommt es für den Begriff des „Führens" nicht darauf an, ob jemand eine Waffe in der Absicht und zu dem Zweck bei sich trägt, mit ihr ausgerüstet zu sein.[715] Insofern stellt – wiederum im Gegensatz zum früheren Recht[716] – auch der Transport einer Waffe von einem befriedeten Besitztum in ein anderes befriedetes Besitztum ein Führen dar, welches jedoch nach § 12 Abs. 3 Nr. 2 unter den hier genannten Bedingungen erlaubnisfrei ist. Wird eine Waffe einem anderen kurzfristig überlassen, damit dieser mit ihr – in Anwesenheit des Überlassenden – einige Schüsse abgeben kann, so führt auch der Schütze während der Zeit der Abgabe der Schüsse die Waffe, da das Schießen mit einer Waffe die intensivste Form der Ausübung der tatsächlichen Gewalt und somit des Führens darstellt.[717] Obwohl die **wesentlichen Teile** von Schusswaffen den Schusswaffen, für die sie bestimmt sind, nach Anl. 1 Abschn. Unterabschn. 1 Nr. 1.3 grundsätzlich gleich gestellt sind, gelten für sie die Vorschriften über das Führen nicht.[718] Dies hat seinen Grund darin, dass nach der ratio legis die besondere

---

[706] BT-Drs. 14/7758, 58.
[707] Die Vorschrift ist abgedruckt in → § 2 Rn. 34.
[708] Ein Verstoß hiergegen ist nach § 53 Abs. 1 Nr. 20 bußgeldbewehrt; hierzu → § 53 Rn. 92 ff.
[709] Ein Verstoß hiergegen ist nach § 52 Abs. 3 Nr. 9 strafbar; hierzu → § 52 Rn. 107 ff.
[710] BGH 19.7.1994 – 1 StR 362/94, BGHR StGB § 255 Versuch 1; OLG Oldenburg 1.2.1988 – Ss 652/87, NJW 1988, 3217; Apel/Bushart/*Bushart* Anl. 1 Rn. 65; ferner Anl. I-A 2-4 S. 2 WaffVwV; vgl. zum Begriff der Ausübung der tatsächlichen Gewalt → Rn. 161 ff.
[711] Vgl. RG 22.11.1888 – Rep 1996/88, RGSt 18, 367 (368); RG 7.4.1932 – III 100/32, RGSt 66, 191 (193); BayObLG 30.4.1960 – RReg 4 b St 31/69, OLGSt § 1 WaffG S. 1 (2); OLG Köln 26.3.1974 – 1 Ss 22/74, OLGSt § 53 WaffG S. 15; vgl. auch *Potrykus* NJW 1965, 1164 (1165).
[712] Vgl. ausdrücklich BT-Drs. VI/2678, 26 und Anl. I-A 2-4 S. 2 WaffVwV; so bereits Nr. 4.2 S. 2 und 3 WaffVwV (zum WaffG aF); vgl. auch OLG Oldenburg 1.2.1988 – Ss 652/87, NJW 1988, 3217; OLG Koblenz 24.6.1982 – 1 Ss 259/82, OLGSt § 1 KriegswaffenKG S. 5; Steindorf/*B. Heinrich* Rn. 46.
[713] Zu dieser Argumentation auch Steindorf/*B. Heinrich* Rn. 46.
[714] Anl. I-A 2-4 S. 3 WaffVwV.
[715] So ausdrücklich Anl. I-A 2-4 S. 1 WaffVwV; vgl. bereits Nr. 4.2 S. 1 WaffVwV (zum WaffG aF); ferner BT-Drs. VI/2678, 26; anders noch RG 22.11.1888 – Rep 1996/88, RGSt 18, 367 (368); RG 7.4.1932 – III 100/32, RGSt 66, 191 (193); OLG Hamburg 6.1.1930 – R II 309/29, JW 1930, 2150; (2050 f.); hierzu Apel/Bushart/*Bushart* Anl. 1 Rn. 65; Steindorf/*B. Heinrich* Rn. 46.
[716] Vgl. RG 22.11.1888 – Rep 1996/88, RGSt 18, 367 (368); RG 7.4.1932 – III 100/32, RGSt 66, 191 (193); OLG Braunschweig 31.7.1964 – Ss 126/64, JR 1965, 266 (267); *Potrykus* NJW 1965, 1164 (1165); hierzu auch § 35 Abs. 4 Nr. 2 Buchst. c WaffG aF.
[717] OLG Hamburg 6.1.1930 – R II 309/29, JW 1930, 2150 mAnm *Hoche* JW 1930, 2150; *Potrykus* NJW 1965, 1164 (1165); aM LG Braunschweig 12.2.1962 – 4 Ns 253/61, NdsRPfl 1964, 162.
[718] Steindorf/*B. Heinrich* Rn. 46a; vgl. auch Apel/Bushart/*Bushart* Anl. 1 Rn. 13; aM Hinze/*Runkel* Rn. 82.

Gefahr des Führens gerade in der Möglichkeit des schnellen Zugriffs und der tatsächlichen Verwendung der Waffe liegt. Dies ist aber dann ausgeschlossen, wenn (lediglich) ein wesentlicher Teil einer Waffe (zB der Lauf oder das Griffstück) geführt wird. Insoweit konsequent kommt auch die Erteilung einer Erlaubnis für das isolierte Führen eines solchen Teils in Form eines Waffenscheins nicht in Betracht. Dies ist lediglich dann anders zu beurteilen, wenn sämtliche Teile einer Waffe zusammensetzbar vorhanden sind.[719] Doch auch in diesem Fall wird regelmäßig der Ausnahmetatbestand des § 12 Abs. 3 Nr. 2 vorliegen, da davon auszugehen ist, dass der Täter die Waffe nicht schussbereit und nicht zugriffsbereit transportiert.[720] Zu beachten ist in diesem Zusammenhang aber auch der erst im Jahre 2017 ins Gesetz eingestellte[721] § 12 Abs. 3 Nr. 6. Hiernach bedarf derjenige keiner Erlaubnis zum Führen einer Waffe, wer in Fällen der vorübergehenden Aufbewahrung außerhalb der Wohnung diesen Waffen ein wesentliches Teil entnimmt und mit sich führt, wobei die Ausnahmeregelung dann nicht gilt, wenn mehrere mitgeführte wesentliche Teile zu einer schussfähigen Waffe zusammengefügt werden können. Diese Regelung ergibt aber nur dann Sinn, wenn man in diesen Fällen überhaupt von einem Führen einer Waffe bzw. eines wesentlichen Teiles ausgeht.[722] Problematisch ist lediglich die Situation, wenn der Betreffende den Lauf einer Schusswaffe derart in der Hand hält, dass der Eindruck entsteht, er würde eine komplette Waffe führen.[723]

182 Wie schon im Rahmen des Besitzes festgestellt,[724] muss auch das Führen einer Waffe eigenhändig verwirklicht werden, so dass eine Zurechnung des Führens einer Waffe durch einen anderen Tatbeteiligten über § 25 Abs. 2 StGB im Wege der Mittäterschaft nicht möglich ist, sofern der Betreffende die Möglichkeit des Zugriffs eben gerade nicht besitzt.[725] Dies führt ua dazu, dass in Fällen, in denen zB bei einem Raubüberfall nur ein Mittäter eine Waffe bei sich führt, es aber nicht geklärt werden kann, um welchen Mittäter es sich dabei handelte, nach dem Grundsatz in dubio pro reo keine Verurteilung erfolgen kann.[726] Hinzuweisen ist schließlich noch darauf, dass es im allgemeinen Waffenrecht nicht darauf ankommt, ob die Waffen **offen** oder **verdeckt** geführt wird.[727]

183 Vom Begriff des „Führens" ausgenommen ist die Ausübung der tatsächlichen Gewalt im privaten Bereich. Nach Anl. 1 Abschn. 2 Nr. 4 fallen hierunter die **Wohnung, Geschäftsräume, das eigene befriedete Besitztum oder Schießstätten**.[728] Nach dem ausdrücklichen Willen des Gesetzgebers deckt sich die Auslegung der Begriffe „Wohnung", „Geschäftsräume" und „befriedetes Besitztum" mit derjenigen des § 123 StGB (Hausfriedensbruch),[729] weswegen auf die entsprechenden Ausführungen verwiesen werden kann.[730]

---

[719] Apel/Bushart/*Bushart* Anl. 1 Rn. 13; Steindorf/*B. Heinrich* Rn. 46a.
[720] Apel/Bushart/*Bushart* Anl. 1 Rn. 13; Steindorf/*B. Heinrich* Rn. 46a.
[721] Durch das zweite Gesetz zur Änderung des Waffengesetzes und weiterer Vorschriften vom 30.6.2017, BGBl. I S. 2133.
[722] Vgl. BT.Drs. 18/11239, 39.
[723] Hierzu auch Steindorf/*B. Heinrich* Rn. 46a.
[724] → Rn. 167.
[725] BGH 8.7.1997 – 5 StR 170/97, NStZ 1997, 604 (605); BGH 6.8.2007 – 4 StR 431/06, NStZ 2008, 504; Steindorf/*B. Heinrich* Rn. 46a; vgl. auch BGH 14.8.2009 – 2 StR 175/09, NStZ 2010, 456.
[726] BGH 14.8.2009 – 2 StR 175/09, NStZ 2010, 456.
[727] Dagegen kennt das Kriegswaffenrecht in § 1 Abs. 3, § 2 Abs. 2 der „Verordnung über den Umgang mit unbrauchbar gemachten Kriegswaffen", BGBl. 2004 I S. 1448 den Begriff des „offenen" Führens; vgl. auch Steindorf/*B. Heinrich* Rn. 46b.
[728] Vgl. zur Auslegung dieser Begriffe im Zusammenhang mit waffenrechtlichen Gesichtspunkten RG 26.9.1932 – 3 D 687/32, JW 1933, 438; BGH 20.1.1981 – 5 StR 657/80, GA 1981, 382; BayObLG 13.2.1964 – RReg 4 St 293/1963, OLGSt § 14 RWaffG S. 1; OLG Celle 17.11.1970 – 3 Ss 174/70, OLGSt § 14 WaffG S. 9; OLG Frankfurt a. M. 24.4.1974 – 2 Ss 20/74, NJW 1974, 1717.
[729] Vgl. BT-Drs. VI/2678, 26; ferner auch Anl. I-A 2-4 S. 6 WaffVwV; so schon Nr. 4.2 S. 5 WaffVwV (zum WaffG aF); dem folgend Apel/Bushart/*Bushart* Anl. 1 Rn. 65; Gade/Stoppa Anl. 1 Rn. 176; Lehmann/*v. Grotthuss* Rn. 86; Steindorf/*B. Heinrich* Rn. 47; ferner bereits OLG Celle 4.8.1960 – 1 Ss 155/60, GA 1962, 188; BayObLG 13.2.1964 – RReg 4 St 293/1963, OLGSt § 14 RWaffG S. 1 (2 f.); OLG Düsseldorf 14.7.2003 – 2 Ss 91/03–44/03 II, StraFo 2004, 68; vgl. auch *Kuenzer* JZ 1933, 438; *Potrykus* NJW 1965, 1164 (1166).
[730] Vgl. nur Schönke/Schröder/*Lenckner/Sternberg-Lieben* StGB § 123 Rn. 4 ff.

I. Waffengesetz **184, 185 § 1 WaffG**

Insoweit ist zB auch das Treppenhaus eines Mehrfamilienhauses zur „Wohnung" zu zählen.[731] Problematisch wird dies allerdings insoweit, als im Rahmen des § 123 StGB die Tendenz zu beobachten ist, eine zunehmende Erweiterung der geschützten Räumlichkeiten vorzunehmen („offene" Zubehörsflächen, Garagenvorplatz[732]). Dies mag im Rahmen des § 123 StGB im Hinblick auf dessen Schutzzweck sinnvoll sein, im Waffenrecht trägt dieser Gedanken jedoch gerade nicht.[733] Ein unerlaubtes Führen muss hier auch dann vorliegen, wenn der Betreffende, ohne Inhaber eines Waffenscheines zu sein, die tatsächliche Gewalt über eine Waffe an Orten ausübt, die zwar seinem Hausrecht unterliegen, die aber allgemein einsehbar sind und faktisch auch von einer Vielzahl von Personen betreten werden können und dürfen. Neu hinzugekommen ist durch das ÄndG 2008[734] die Privilegierung der **Schießstätten** (vgl. hierzu § 27). Da es ausschließlich darauf ankommt, an welchem Ort sich der Handelnde **befindet** und nicht darauf, wo sich sein Verhalten **auswirkt**,[735] scheidet ein Führen zB dann aus, wenn der Betreffende aus dem Fenster seiner Wohnung oder aus seinem befriedeten Gartengrundstück nach draußen[736] oder wenn er im Treppenhaus eines Mehrfamilienhauses stehend, in welchem er selbst wohnt, in eine fremde Wohnung schießt.[737] In diesen Fällen kommt demnach lediglich ein unerlaubter Besitz[738] oder ein unerlaubtes Schießen (§ 53 Abs. 1 Nr. 3)[739] in Betracht.

Hervorzuheben ist lediglich, dass insbes. ein **Fahrzeug** regelmäßig nicht als befriedetes **184** Besitztum angesehen werden kann.[740] Insofern „führt" auch derjenige eine Waffe, der diese stets in seinem PKW aufbewahrt.[741] Möglich ist in Ausnahmefällen allerdings, wie zB beim Wohnwagen, die Einordnung des Fahrzeugs als Wohnung oder Geschäftsraum, wenn es zur ständigen Benutzung zu Wohnzwecken oder als Betriebs- oder Arbeitsstätte speziell hergerichtet ist (zB ein Wohn-, Betriebs- oder Verkaufsanhänger, unabhängig von der geschäftlichen Nutzung, jedoch nicht der private PKW oder der gewöhnliche Dienstwagen).[742]

Entscheidend ist ferner, dass der Betreffende sich in **seinen eigenen** Räumlichkeiten **185** aufhält (vgl. auch § 12 Abs. 3 Nr. 1: Wer lediglich mit Zustimmung eines anderen die

---

[731] BayObLG 13.2.1964 – RReg 4 St 293/1963, OLGSt § 14 RWaffG S. 1.
[732] Hierzu auch ablehnend BayObLG 17.11.2003 – 4 StRR 138/2003, BayObLGSt 2003, 130 hinsichtlich eines Garagenvorplatzes.
[733] BayObLG 17.11.2003 – 4 StRR 138/2003, BayObLGSt 2003, 130; Steindorf/*B. Heinrich* Rn. 47.
[734] BGBl. I S. 429 (435); diese Änderung war im ursprünglichen Gesetzentwurf noch nicht vorgesehen; vgl. BT-Drs. 16/7717, 13; zur Begründung BT-Drs. 8224, 9, 19.
[735] RGSt 65, 36 (37); RG 21.4.1932 – 2 D 395/32, JW 1932, 3066; OLG Braunschweig 31.7.1964 – Ss 126/64, JR 1965, 266 (267); Apel/Bushart/*Bushart* Anl. 1 Rn. 65.
[736] Vgl. RG 27.11.1930 – III 796/30, RGSt 65, 36 (37); 21.4.1932 – 2 D 395/32, JW 1932, 3066; BGH 8.9.1992 – 1 StR 585/92, NStZ 1993, 88; 27.5.1998 – 5 StR 717/97, NStZ-RR 1999, 8; BayObLG 13.2.1964 – RReg 4 St 293/1963, OLGSt § 14 RWaffG S. 1 (3); OLG Frankfurt a. M. 24.4.1974 – 2 Ss 20/74, NJW 1974, 1717; OLG Hamburg 6.1.1930 – R II 309/29, JW 1930, 2150 (2151) mit zust. Anm. *Hoche* JW 2130, 2150; Apel/Bushart/*Bushart* Anl. 1 Rn. 65; Lehmann/*v. Grotthuss* Rn. 88; Steindorf/*B. Heinrich* Rn. 48.
[737] BGH 28.5.1998 – 4 StR 31/98, NStZ-RR 1999, 7; BayObLG 13.2.1964 – RReg 4 St 293/1963, OLGSt § 14 RWaffG S. 1 (3); *Potrykus* NJW 1965, 1164 (1166); vgl. auch OLG Frankfurt a. M. 24.4.1974 – 2 Ss 20/74, NJW 1974, 1717; ferner OLG Düsseldorf 7.2.2003 – 2 Ss 91/03–44/03 II, StraFo 2004, 68: Dies gelte auch für den Hausflur eines im Miteigentum stehenden Hauses, selbst wenn der Täter dort nicht wohnt.
[738] Vgl. zu den strafrechtlichen Sanktionen → Rn. 153.
[739] Hierzu → § 53 Rn. 7.
[740] Vgl. aus der Rspr. BGH 8.10.2008 – 4 StR 233/08, NStZ 2009, 628 (629); OLG Stuttgart 14.6.2011 – 4 Ss 137/11, NStZ 2012, 453; *Heller/Soschinka* Rn. 486.
[741] Vgl. ua OLG Braunschweig 12.12.1977 – Ss 141/77, GA 1978, 245 (247); OLG Zweibrücken 18.12.1985 – 1 Ws 407/85, NJW 1986, 2841; Apel/Bushart/*Bushart* Anl. 1 Rn. 66; *Ullrich* Kriminalistik 2007, 537; Gleiches gilt nach LG Zweibrücken 6.11.1970 – 6 Ns 131/70, NJW 1971, 1377 auch für ein Taxi, welches keinen „Geschäftsraum" darstellt.
[742] Vgl. ausdrücklich Anl. I-A 2-4 S. 7 WaffVwV; so bereits Nr. 4.2 S. 6 WaffVwV (zum WaffG aF). Insofern bejahte das OLG Celle 4.8.1960–155/60, GA 1962, 188 das Vorliegen einer Wohnung auch für die Schlafkoje eines LKW, wenn sich hierin die ganze Habe des Betreffenden befindet; so auch Gade/Stoppa Anl. 1 Rn. 176; Hinze/*Runkel* Rn. 161; aM Steindorf/*B. Heinrich* Rn. 48. Vgl. ferner BayObLG 4.7.1974 – RReg 4 St 57/74, BayObLGSt 1974, 72 (76) – PKW mit Campingausstattung ist keine Wohnung.

tatsächliche Gewalt über eine Waffe in dessen Räumlichkeiten ausübt, „führt" eine Waffe, dieses Führen wird allerdings unter den hier genannten Voraussetzungen erlaubnisfrei gestellt). Entscheidend ist dabei, wie bei § 123 StGB, nicht das Eigentum, sondern das **Hausrecht,** welches vom Berechtigten auch auf andere Personen übertragen werden kann.[743] Demnach führt zB ein Arbeitnehmer eine Waffe, wenn er diese an seiner Arbeitsstelle aufbewahrt, da es sich hier nicht um **seinen** Geschäftsraum, sondern um denjenigen des Arbeitgebers handelt.[744] Anders kann der Fall dann liegen, wenn ein Soldat die tatsächliche Gewalt über eine Schusswaffe auf dem Kasernengelände ausübt, sofern er selbst dort wohnt.[745]

186 Zur Auslegung des Merkmals des „Führens" kann, wie bereits an mehreren Stellen erwähnt, auch hier die Vorschrift des § 12 Abs. 3 herangezogen werden: diese (Ausnahme-)Regelung, die den Betreffenden in den genannten Fällen von einer Waffenscheinpflicht freistellt, ergibt nur Sinn, wenn hier überhaupt ein tatbestandliches „Führen" angenommen wird.

187 **6. Verbringen.** In Anl. 1 Abschn. 2 Nr. 5 findet sich eine speziell auf das Waffenrecht zugeschnittene Definition des Verbringens. Hiernach verbringt derjenige eine Waffe oder Munition, der diese über die Grenze zum dortigen Verbleib oder mit dem Ziel des Besitzwechsels in den, durch den oder aus dem Geltungsbereich des Gesetzes zu einer anderen Person oder zu sich selbst transportiert oder selbst transportiert. Der Begriff des Verbringens, der gleichermaßen für grenzüberschreitende innergemeinschaftliche Ortsveränderungen wie für solche Ortsveränderungen in Bezug auf Drittstaaten gilt, ist nunmehr als Oberbegriff für die zuvor im WaffG 1972 verwendeten Begriffe der **„Einfuhr", „Durchfuhr"** und **„Ausfuhr"** gewählt worden.[746] Unter dem „Geltungsbereich dieses Gesetzes" ist dabei das Hoheitsgebiet der Bundesrepublik Deutschland und nicht das Wirtschafts- bzw. Zollgebiet der Bundesrepublik Deutschland zu verstehen. Letzteres unterscheidet sich vom Hoheitsgebiet im Hinblick auf die Einbeziehung von Zollanschluss- und Zollausschlussgebieten bzw. vorgeschobene Zollabfertigungsplätze.[747] Erforderlich ist also stets das **Überschreiten der Staatsgrenze** der Bundesrepublik Deutschland. Mit dem Überschreiten der Grenze nach Deutschland ist der objektive Verbringensvorgang abgeschlossen.[748] Dabei differenziert das Gesetz wie folgt: Der Transport über die Grenze muss entweder den Zweck haben, dass die Waffe oder Munition am Zielort (nicht nur vorübergehend) **verbleibt,** wobei ein Besitzwechsel nicht erforderlich ist (zB bei einem Umzug).[749] Oder aber der Transport über die Grenze soll gleichzeitig dem Besitzwechsel dienen, wobei hier sowohl die Einfuhr („in den"), die Durchfuhr („durch den") oder die Ausfuhr („aus dem Geltungsbereich des Gesetzes") erfasst wird. Dabei kommt es auf Grund der ausdrücklichen gesetzlichen Klarstellung weder darauf an, ob der Betreffende die Waffe oder Munition zu einer anderen Person oder „zu sich selbst" transportiert, noch darauf, ob er die Waffe oder Munition selbst transportiert oder von einem anderen (zB einem Transportunternehmen) transportieren lässt. Möglich ist aber auch ein vorübergehendes Verbringen (zB zu Reparatur- oder Ausstellungszwecken), bei dem nur ein befristeter Besitzwechsel stattfindet.[750] Der etwas umständlich formulierte Gesetzeswortlaut hat den Zweck, sämtliche Fälle des grenzüberschreitenden Verkehrs zu erfassen. Auf den bisherigen Streit, ob die Durchfuhr

---

[743] Vgl. ua RG 26.9.1932 – 3 D 687/32, JW 1933, 438 mit zust. Anm. *Kuenzer* JW 1933, 438; OLG Braunschweig 31.7.1964 – Ss 126/64, JR 1965, 266 (267); Hinze/*Runkel* Rn. 163; Steindorf/*B. Heinrich* Rn. 47.
[744] BayObLG 11.7.1989 – RReg 4 St 107/89, NStE Nr. 1 zu § 35 WaffG; vgl. ferner OLG Braunschweig 12.12.1977 – Ss 141/77, GA 1978, 245 (247); Apel/Bushart/*Bushart* Anl. 1 Rn. 66.
[745] OLG Celle 17.11.1970 – 3 Ss 174/70, OLGSt § 14 WaffG S. 9.
[746] BT-Drs. 14/7758, 90; vgl. in diesem Zusammenhang § 27 WaffG aF.
[747] Vgl. hierzu OLG Köln 3.7.1981 – 3 Ss 383/81, NStZ 1982, 122; *Apel* § 27 Anm. 3a.
[748] Vgl. Anl. I-A 2-5 S. 1 WaffVwV. In S. 3 wird ferner ergänzt: „Der Vorgang des Verbringens endet im Geltungsbereich des WaffG somit nicht erst am Ort der Empfängers der Waffe" (vgl. BT-Drs. 14/7758, 70).
[749] Anl. I-A 2-5 S. 4 WaffVwV.
[750] Anl. I-A 2-5 S. 5 WaffVwV.

gleichzeitig auch die Einfuhr und die Ausfuhr mit enthält,[751] kommt es nicht mehr an, da Anl. 1 Abschn. 2 Nr. 5 nunmehr alle Varianten gleichberechtigt nebeneinander stellt. Werden Waffen mit einem Kraftfahrzeug ins Bundesgebiet geschafft, so sind sämtliche Personen als „Verbringer" anzusehen, „die die Herrschaft über das Fahrzeug im Zeitpunkt der Verbringung haben, nämlich u.a. die Fahrer, und zwar derjenige, der das Fahrzeug lenkt, und sein Beifahrer oder Ersatzmann, sofern er sich im Fahrzeug befindet. [Ferner] eine andere sich im Fahrzeug befindende Person [...], wenn nachgewiesen ist, dass sie hinsichtlich der Verbringung der Waren Verantwortung trägt."[752] Mit dem Begriff der „Person" ist sowohl eine natürliche als auch eine juristische Person gemeint.[753] Grds. ist das Verbringen von Waffen und Munition als besondere Form des Umgangs (§ 1 Abs. 3) erlaubnispflichtig (§ 2 Abs. 2). Zu beachten sind aber die Ausnahmetatbestände für bestimmte Waffenarten in Anl. 2 Abschn. 2 Unterabschn. 2 Nr. 7 sowie die grds. Erlaubnisfreiheit des Verbringens von Waffen aus Deutschland in einen Drittstaat (dh einen Staat, der nicht Mitglied der Europäischen Union ist) nach Anl. 2 Abschn. 2 Unterabschn. 2 Nr. 8.[754] Das (unerlaubte) Verbringen stellt in mehreren Straf- und Bußgeldbestimmungen eine eigenständige Tathandlung dar.[755]

7. Mitnehmen. Nach Anl. 1 Abschn. 2 Nr. 6 nimmt derjenige eine Waffe oder Munition mit, der diese Waffe oder Munition **vorübergehend** auf einer Reise ohne Aufgabe des Besitzes zur Verwendung über die Grenze in den, durch den oder aus dem Geltungsbereich des Gesetzes bringt. Der Gesetzgeber begründet diese (erst nachträglich in den Gesetzentwurf zur Neufassung des WaffG aufgenommene) eigenständige Umgangsvariante damit, dass die Mitnahme von Waffen in den, durch den oder aus dem Geltungsbereich des Gesetzes nicht lediglich eine Unterart des Verbringens sei und sich ferner hieran auch unterschiedliche Rechtsfolgen knüpfen würden.[756] Das Mitnehmen erfasst im Gegensatz zum Verbringen den grenzüberschreitenden Transport ohne das Ziel des späteren Besitzwechsels und ohne dass die Waffe oder Munition (bei fortbestehendem eigenen Besitz) dauerhaft im Ausland verbleiben soll (Bsp.: Sportschütze, der seine Waffe zu einem Sportwettkampf im Ausland mitnimmt; Jäger, der zur Jagd ins Ausland eingeladen wird[757]). Wie auch das Verbringen ist das Mitnehmen von Waffen oder Munition als besondere Form des Umgangs (§ 1 Abs. 3) grds. erlaubnispflichtig (§ 2 Abs. 2). Zu beachten sind allerdings wiederum die Ausnahmen für bestimmte Waffenarten in Anl. 2 Abschn. 2 Unterabschn. 2 Nr. 7 sowie die grds. Erlaubnisfreiheit des Mitnehmens von Waffen aus Deutschland in einen Drittstaat (dh einen Staat, der nicht Mitglied der Europäischen Union ist) nach Anl. 2 Abschn. 2 Unterabschn. 2 Nr. 8.[758] Zu erwähnen ist auch der persönliche Ausnahmetatbestand in § 12 Abs. 1 Nr. 6, Abs. 2 Nr. 3. Das (unerlaubte) Mitnehmen ist als Tathandlung in mehreren Straf- und Bußgeldbestimmungen erwähnt.[759]

8. Schießen. Nach Anl. 1 Abschn. 2 Nr. 7 schießt derjenige mit einer Schusswaffe, der Geschosse durch einen Lauf verschießt, Kartuschenmunition abschießt, mit Patronen- oder

---

[751] Vgl. BGH 20.8.1996 – 1 StR 463/96, NStZ 1997, 79; *Steindorf*, 7. Aufl. 1999, § 53 Rn. 5.
[752] EuGH 4.3.2004 – C 238/02 und C 246/02, wistra 2004, 376; ebenso BGH 1.2.2007 – 5 StR 372/06, NJW 2007, 1294 (1296).
[753] Anl. I-A 2-5 S. 6 WaffVwV.
[754] Die genannten Vorschriften sind abgedruckt in → § 2 Rn. 34. Diese Privilegierung wurde kurzfristig – im Hinblick auf die geplante Änderung der §§ 29 ff. durch das ÄndG 2008 (BGBl. I S. 426, 437) – gestrichen (wobei die Streichung zum 1.4.2008 in Kraft trat, während die Änderungen der §§ 29 ff. erst zum 1.1.2010 in Kraft treten sollten, was dann aber nicht geschah). Die Vorschrift wurde dann aber nach dem Scheitern der Einführung der neuen §§ 29 ff. durch Art. 3 Abs. 5 Buchst. u des 4. ÄndGSprengG (BGBl. 2009 I S. 2062, 2089 f.) mit Wirkung zum 25.7.2009 wieder eingeführt.
[755] Vgl. § 51 Abs. 1, § 52 Abs. 1 Nr. 1, Nr. 2 Buchst. d, Abs. 3 Nr. 1, Nr. 4, § 53 Abs. 1 Nr. 2.
[756] BT-Drs. 14/8886, 67, 119; eine abweichende Behandlung findet das Mitnehmen ua in § 12 Abs. 1 Nr. 6, Abs. 2 Nr. 3 und § 32; vgl. ferner § 38 Satz 1 Nr. 1 Buchst. b und d.
[757] Hinze/*Runkel* Rn. 167; Lehmann/*v. Grotthuss* Rn. 95 f.; Steindorf/*B. Heinrich* Rn. 54a; vgl. auch Anl. I-A 2-6 WaffVwV.
[758] Die Vorschrift ist abgedruckt in → § 2 Rn. 34.
[759] Vgl. § 51 Abs. 1, § 52 Abs. 1 Nr. 1, Nr. 2 Buchst. d, Abs. 3 Nr. 1, § 53 Abs. 1 Nr. 2.

Kartuschenmunition Reiz- oder andere Wirkstoffe verschießt oder pyrotechnische Munition verschießt.[760] Durch diese Formulierung soll klar gestellt werden, dass das Abschießen eines Geschosses nur eine mögliche Form des Schießens darstellt.[761] Daneben ist auch die Zündung von Behältern mit Reiz- oder anderen Wirkstoffen oder die Erzeugung von Schall- oder Lichtimpulsen erfasst.[762] Zudem wird durch diese Definition deutlich, dass das „Schießen" mit anderen Geräten als Schusswaffen bzw. ihnen gem. § 1 Abs. 2 Nr. 1 gleichgestellten Gegenständen (also zB mit Böllerkanonen, Schleudern oder Armbrüsten) nicht als Schießen iS der Anl. 1 Abschn. 2 Nr. 7 erfasst wird.[763] Auch das Schießen ist als besondere Form des Umgangs (§ 1 Abs. 3) grds. erlaubnispflichtig (§ 2 Abs. 2). Zu beachten sind aber die Ausnahmen in § 12 Abs. 4; § 13 Abs. 6, Abs. 7 S. 2; § 16 Abs. 4. Das (unerlaubte) Schießen stellt allerdings lediglich eine Ordnungswidrigkeit nach § 53 Abs. 1 Nr. 3 dar.[764]

190   **9. Herstellen.** In Anl. 1 Abschn. 2 Nr. 8.1 findet sich nunmehr[765] im Hinblick auf das Herstellen folgende Regelung: „Im Sinne dieses Gesetzes [...] werden Waffen oder Munition hergestellt, wenn aus Rohteilen oder Materialien ein Endprodukt oder wesentliche Teile eines Endproduktes erzeugt werden; als Herstellen von Munition gilt auch das Wiederladen von Hülsen". Damit wird heute ein enger Begriff der Waffenherstellung benutzt: Während der Gesetzgeber im § 7 Abs. 1 Nr. 1 WaffG aF unter den Oberbegriff der „Waffenherstellung" noch das „herstellen, bearbeiten oder instandsetzen" fasste, wird auf diesen Oberbegriff der „Waffenherstellung" bzw. des „Waffenherstellung Betreibens" nunmehr verzichtet.[766] Der nunmehr verwendete (enge) Begriff des Herstellens erfasst das Bearbeiten und Instandsetzen daher nicht mehr.

191   Unter der Herstellung (im engeren Sinne) versteht man allgemein jedes von einem Menschen mittelbar oder unmittelbar bewirkte Geschehen, das ohne Weiteres oder in fortschreitender Entwicklung ein bestimmtes körperliches Ergebnis zustande bringt.[767] Das Gesetz konkretisiert nunmehr diese allgemeine Definition speziell für die Waffenherstellung dahingehend, dass eine Herstellung (im engeren Sinne) dann vorliegt, wenn aus Rohteilen oder Materialien ein Endprodukt oder wesentliche Teile eines Endproduktes erzeugt werden. Während der ursprüngliche Gesetzentwurf[768] die „wesentlichen Teile" noch nicht enthielt, wurde dieser Begriff später hinzugefügt, da auch die Fertigung von als solchen gebrauchsfertigen wesentlichen Teilen von der Erlaubnispflicht erfasst werden sollte.[769] Aus der Wendung „erzeugt wird" folgt, dass zB die bloße „Entwicklung" von Waffen noch keine Herstellung darstellt, solange noch keine funktionstaugliche Waffe produziert wurde.[770] In Anl. I-A 2-8.2 iVm Nr. 21.2 S. 1 WaffVwV wird noch ergänzend darauf hingewiesen, dass auch das Zusammensetzen fertiger wesentlicher Teile (die zB in anderen Betrieben vorgefertigt wurden) als „Herstellen" anzusehen ist.[771] Dagegen stellt die Zusammensetzung einer

---

[760] Der Begriff des Schießens war im WaffG aF nicht eigens definiert; vgl. BT-Drs. 14/7758, 90.
[761] Vgl. BT-Drs. 14/7758, 90.
[762] Apel/Bushart/*Bushart* Anl. 1 Rn. 69.
[763] Vgl. Anl. I-A 2-7 S. 1 und 2 WaffVwV; ferner *Heller/Soschinka* Rn. 526; *Hinze/Runkel* Rn. 169; so auch grundlegend *Gade/Stoppa* Anl. 1 Rn. 181; *Lehmann/v. Grotthuss* Rn. 98 f.
[764] Hierzu → § 53 Rn. 6 f.
[765] Diese Regelung fand erst durch das ÄndG 2008, BGBl. I S. 429, 435, Eingang in das Gesetz; vgl. zur Begründung BT-Drs. 16/7717, 13, 25, 36, 41. Zuvor enthielt Anl. 1 Abschn. 2 Nr. 8.1. lediglich die Fassung „Im Sinne dieses Gesetzes [...] gilt als Herstellen von Munition auch das gewerbsmäßige Wiederladen von Hülsen". Eine eigenständige Definition fand also nicht statt.
[766] So ausdrücklich BT-Drs. 14/8886, 109; vgl. dagegen noch BT-Drs. 14/7758, 31 (Nr. 7) und S. 90 (zu Nummer 7).
[767] RG 30.3.1908 – I 1012/07, RGSt 41, 205 (207); Steindorf/*B. Heinrich* Rn. 57.
[768] BT-Drs. 16/7717, 13.
[769] BT-Drs. 16/7717, 36.
[770] Apel/Bushart/*Apel* § 21 Rn. 25; *Mengden* MMR 2014, 150 (151).
[771] BayObLG 19.12.2003 – 4 StRR 149/03, BayObLGSt 2003, 148; Apel/Bushart/*Apel* § 21 Rn. 25; *Gade/Stoppa* Anl. 1 Rn. 182; Steindorf/*B. Heinrich* Rn. 57; eine vergleichbare Regelung fand sich bereits in Nr. 7.4 WaffVwV (zum WaffG aF).

lediglich zuvor zum Zweck der Pflege zerlegten Waffe keine Herstellung dar.[772] Die Herstellung umfasst dabei in gleicher Weise die industrielle als auch die handwerksmäßige Fertigung von Schusswaffen und Munition.[773] Auch die neuerdings mögliche Herstellung funktionsfähiger Waffen mittels 3D-Druck ist erfasst.[774] Fraglich ist, ob auch die Wiederherstellung funktionsuntauglicher Waffen als Herstellung anzusehen ist oder ob hierin ein „Instandsetzen"[775] liegt. Dabei ist wie folgt zu differenzieren: Ist die ursprünglich funktionstaugliche Waffe lediglich vorübergehend funktionsuntauglich, liegt eine Instandsetzung vor, war sie hingegen dauerhaft funktionsuntauglich (und hatte daher die Eigenschaft als Waffe verloren) ist ein Herstellen anzunehmen.[776] Als Herstellen von Munition gilt nach der ausdrücklichen gesetzlichen Definition auch das Wiederladen von Hülsen mit dem Zünd- und Treibsatz sowie bei Patronenmunition[777] auch das Einsetzen des Geschosses in die Hülse.[778] Während das WaffG 2002 nur das gewerbsmäßige Wiederladen von Hülsen dem WaffG unterstellte und das nichtgewerbsmäßige Wiederladen den Vorschriften des SprengG unterstellte,[779] wurde der Zusatz „gewerbsmäßig" durch das ÄndG 2008 gestrichen.[780] Auch das Herstellen ist als besondere Form des Umgangs (§ 1 Abs. 3) grds. erlaubnispflichtig (§ 2 Abs. 2). Zu beachten sind aber die Ausnahmetatbestände für bestimmte Waffenarten in Anl. 2 Abschn. 2 Unterabschn. 2 Nr. 4[781] und für die nichtgewerbsmäßige Herstellung von Munition in Nr. 6.1 der genannten Anlage. Nach § 21 Abs. 1 bedarf derjenige, der gewerbsmäßig oder selbstständig im Rahmen einer wirtschaftlichen Unternehmung die Herstellung von Schusswaffen oder Munition betreibt, einer Waffenherstellungserlaubnis (für die nichtgewerbsmäßige Waffenherstellung gilt hingegen § 26). Das (unerlaubte) Herstellen ist als Tathandlung in mehreren Straf- und Bußgeldbestimmungen erwähnt.[782]

10. Bearbeiten. Die Bearbeitung einer Schusswaffe ist nach Anl. 1 Abschn. 2 Nr. 8.2 als **192** Umgangsform eigenständig erfasst und zählt zur „Waffenherstellung im weiteren Sinne".[783] Hiernach wird eine Schusswaffe „insbesondere bearbeitet oder instand gesetzt, wenn sie verkürzt, in der Schussfolge verändert oder so geändert wird, dass andere Munition oder Geschosse anderer Kaliber aus ihr verschossen werden können, oder wenn wesentliche Teile, zu deren Einpassung eine Nacharbeit erforderlich ist, ausgetauscht werden".[784] Ferner enthält diese Vorschrift noch eine Negativabgrenzung: „eine Schusswaffe wird weder bearbeitet noch instand gesetzt, wenn lediglich geringfügige Änderungen, insbesondere am Schaft oder an der Zieleinrichtung vorgenommen werden".[785] Keine Bearbeitung stellt es zudem dar, wenn nur ein Einsteck- oder Austauschlauf eingesetzt wird.[786] Die Bearbeitung

---

[772] Steindorf/*B. Heinrich* Rn. 57; vgl. auch Anl. I-A 2-8.2 iVm Nr. 21.2 S. 1 WaffVwV; hier wird in S. 2 allerdings noch geregelt: „Das Zusammenfügen von Bausätzen erlaubnisfreier Schusswaffen nach Anlage 2 Abschnitt 2 Unterabschnitt 2 Nummer 1.7 bis 1.9 ist kein Herstellen".
[773] Apel/Bushart/*Apel* § 21 Rn. 25; Steindorf/*B. Heinrich* Rn. 56.
[774] Hierzu ausführlich *Mengden* MMR 2014, 150.
[775] Vgl. zum Instandsetzen → Rn. 194.
[776] BGH 21.10.1980 – 1 StR 477/80, NStZ 1981, 104; 17.6.2014 – 4 StR 71/14, NStZ-RR 2014, 291; → KrWaffG § 22a Rn. 37.
[777] Vgl. zur Patronenmunition → § 1 Rn. 132.
[778] Vgl. ergänzend Anl. I-A 2-8.1 WaffVwV: „Unter Herstellung von Munition ist ihre Fertigstellung zum Gebrauch (Schießen) zu verstehen, mithin das Laden von Hülsen mit dem Zünd- und bei Patronenmunition auch das Einsetzen des Geschosses in die Hülse"; ferner *Heller/Soschinka* Rn. 534; Hinze/Runkel Rn. 172; Steindorf/*B. Heinrich* Rn. 57. Wird das Wiederladen von Hülsen nicht gewerbsmäßig ausgeübt, so richtet sich die Erlaubnispflicht nach dem Sprengstoffrecht; vgl. BT-Drs. 14/7758, 90.
[779] BT-Drs. 14/7758, 90.
[780] BGBl. 2008 I S. 429 (435); das nichtgewerbsmäßige Herstellen von Munition ist allerdings nach Anl. 2 Abschn. 2 Unterabschn. 2 Nr. 6.1 erlaubnisfrei.
[781] Die Vorschrift ist abgedruckt in → § 2 Rn. 34.
[782] Vgl. § 51 Abs. 1, § 52 Abs. 1 Nr. 1, Nr. 2 Buchst. c, Abs. 3 Nr. 1, Nr. 3 § 53 Abs. 1 Nr. 2.
[783] Hierzu auch die Vorgängervorschrift in § 7 Abs. 2 WaffG aF.
[784] Hierzu auch Anl. I-A 2-8.2 WaffVwV iVm Nr. 21.2 S. 3 und S. 7 WaffVwV.
[785] Vgl. Anl. I-A 2-8.2 WaffVwV iVm Nr. 21.2 S. 9 WaffVwV. Der Begriff des Bearbeitens war früher in § 7 Abs. 1 Nr. 1 iVm Abs. 2 WaffG aF geregelt; vgl. auch BT-Drs. 14/7758, 90.
[786] Vgl. Anl. I-A 2-8.2 WaffVwV iVm Nr. 21.2 S. 5 WaffVwV.

setzt einen bereits fertigen oder zumindest vorgearbeiteten Gegenstand voraus, an dem Veränderungen vorgenommen werden.[787] Nach der gesetzlichen Bestimmung, die allerdings lediglich Beispiele aufzählt („insbesondere") fällt hierunter sowohl eine **Verkürzung** der Waffe[788] als auch eine **Veränderung der Schussfolge**.[789] Diese liegt zB vor, wenn ein Einzellader zu einer Repetierwaffe oder eine halbautomatische zu einer vollautomatischen Waffe umgebaut wird.[790] Das Zerlegen einer Waffe in ihre Einzelteile ist dabei nicht als Verkürzung anzusehen.[791] Ferner wird von dem Begriff der Bearbeitung auch eine **Umarbeitung** erfasst, die bewirkt, dass aus der Waffe andere Munition oder Geschosse anderen Kalibers verschossen werden können.[792] Auch das „Aufbohren" des Laufes einer Schreckschusswaffe fällt hierunter, wenn aus ihr nun „scharfe" Munition verschossen werden kann.[793] Schließlich ist auch die Auswechslung wesentlicher Teile einer Schusswaffe, zu deren Einpassung eine Nacharbeit erforderlich ist, als Bearbeitung (bzw. in den meisten Fällen: als Instandsetzung) anzusehen. Auch die Umarbeitung scharfer Waffen oder wesentlicher Teile einer Schusswaffe in Zier- oder Sammlerwaffen ist als Bearbeitung anzusehen.[794]

193 Dagegen fällt eine **Verschönerung** oder **Verzierung** der Waffe oder die Anbringung oder Veränderung von Teilen, die für die Funktionsfähigkeit, die Funktionsweise oder die Haltbarkeit der Waffe nicht wesentlich sind, nicht unter den Begriff der Bearbeitung.[795] In Anl. 1 Abschn. 2 Nr. 8.2 werden hierfür zB die lediglich geringfügigen Änderungen am Schaft und an der Zieleinrichtung genannt. Die Zerstörung von Schusswaffen oder Munition stellt ebenfalls keine Bearbeitung dar.[796] Auch die Bearbeitung ist als besondere Form des Umgangs (§ 1 Abs. 3) grds. erlaubnispflichtig (§ 2 Abs. 2). Die Erlaubnis richtet sich bei der gewerbsmäßigen Bearbeitung nach § 21, bei der nichtgewerbsmäßigen Bearbeitung nach § 26. Das (unerlaubte) Bearbeiten findet sich als eigenständige Tathandlung in mehreren Straf- und Bußgeldbestimmungen.[797]

194 **11. Instandsetzen.** Das Instandsetzen einer Waffe ist ebenfalls in Anl. 1 Abschn. 2 Nr. 8.2 als Umgangsform eigenständig aufgezählt und stellt einen Unterfall der Bearbeitung dar (und fällt daher ebenfalls unter den Begriff der Waffenherstellung im weiteren Sinne). Auch die Instandsetzung setzt eine bereits vorhandene, ehemals funktionstaugliche, nun

---

[787] BT-Drs. VI/2678, 26; Apel/Bushart/*Apel* § 21 Rn. 26; Steindorf/*B. Heinrich* Rn. 58.
[788] Dies wird insbes. im Hinblick auf verbotene Wildererwaffen relevant; vgl. Anl. 2 Abschn. 1 Nr. 1.2.3; ein bloßes Zerlegen einer Waffe in ihre Einzelteile stellt allerdings noch kein „verkürzen" dar; vgl. Hinze/Runkel Rn. 175.
[789] Vgl. ergänzend Anl. I-A 2-8.2 WaffVwV iVm Nr. 21.2 S. 3 WaffVwV: „Eine Schusswaffe wird bearbeitet, wenn ihre Funktionsweise geändert wird (zB Umarbeitung einer Schreckschusswaffe in eine Waffe für Patronenmunition, einer Repetierwaffe in eine halbautomatische Waffe, eine Schusswaffe für Einzelfeuer in eine für Dauerfeuer), wenn wesentliche Teile der Waffe (Anlage 1 Abschnitt 1 Unterabschnitt 1 Nummer 1.3) ausgetauscht, geändert oder in ihrer Haltbarkeit beeinträchtigt werden (zB Verkürzung des Laufs, Änderung des Patronenlagers) oder wenn das Aussehen der Waffe wesentlich geändert wird (zB Abänderung einer Langwaffe in eine Kurzwaffe durch Verkürzung des Schaftes, Montieren von Kühlrippen, Anbringung eines Zielfernrohrs durch mechanische Veränderung an der Waffe".
[790] Steindorf/*B. Heinrich* Rn. 58; vgl. zu den Repetierwaffen → Rn. 88, zu den halb- und vollautomatischen Waffen → Rn. 80 ff. und zu den Einzelladerwaffen → Rn. 89.
[791] BT-Drs. 14/7758, 90.
[792] Steindorf/*B. Heinrich* Rn. 58.
[793] Steindorf/*B. Heinrich* Rn. 58.
[794] Vgl. Anl. I-A 2-8.2 WaffVwV iVm Nr. 21.2 S. 4 WaffVwV; vgl. bereits Nr. 7.4 S. 3 WaffVwV (zum WaffG aF); Apel/Bushart/*Apel* § 21 Rn. 26; *Gade/Stoppa* Anl. 1 Rn. 185; Hinze/Runkel Rn. 174; Steindorf/*B. Heinrich* Rn. 58; zu den Zier- und Sammlerwaffen vgl. noch → § 2 Rn. 53.
[795] Vgl. Anl. I-A 2-8.2 WaffVwV iVm Nr. 21.2 S. 8 WaffVwV; hierzu bereits Nr. 7.4 S. 2 WaffVwV (zum WaffG aF): „Die Verschönerung oder Verzierung der Waffe oder die Anbringung oder Veränderung von Teilen, die für die Funktionsfähigkeit, die Funktionsweise oder die Haltbarkeit der Waffe nicht wesentlich sind, unterliegen nicht der Erlaubnispflicht, zB Einbau eines gekrümmten anstelle eines gerade Kammerstengels, geringfügige Änderungen am Schaft oder an der Visiereinrichtung."
[796] Vgl. Anl. I-A 2-8.2 WaffVwV iVm Nr. 21.2 S. 6 WaffVwV; ferner *Gade/Stoppa* Anl. 1 Rn. 184; Hinze/Runkel Rn. 175; so bereits Nr. 7.4 S. 4 WaffVwV (zum WaffG aF); vgl. allerdings die hier bestehende Anzeigepflicht nach § 37 Abs. 3, die nach § 53 Abs. 1 Nr. 5 bußgeldbewehrt ist; hierzu → § 53 Rn. 48 f.
[797] Vgl. § 51 Abs. 1, § 52 Abs. 1 Nr. 1, Nr. 2 Buchst. c, Abs. 3 Nr. 1, Nr. 3 § 53 Abs. 1 Nr. 2.

aber infolge Beschädigung oder aus anderem Grunde zum Schießen unbrauchbar gewordene Schusswaffe voraus.[798] Die Instandsetzung bedeutet insoweit also die Beseitigung von Mängeln oder Schäden.[799] Hierunter fällt in aller Regel die Auswechselung wesentlicher (funktionsunfähig gewordener) Teile. Es gelten im Wesentlichen dieselben Auslegungskriterien wie bei der Bearbeitung. Auch die Instandsetzung ist als besondere Form des Umgangs (§ 1 Abs. 3) grds. erlaubnispflichtig (§ 2 Abs. 2). Die Erlaubnis richtet sich bei der gewerbsmäßigen Instandsetzung nach § 21, bei der nichtgewerbsmäßigen Instandsetzung nach § 26. Das (unerlaubte) Instandsetzen stellt in mehreren Straf- und Bußgeldbestimmungen eine eigenständige Tathandlung dar.[800]

12. Handeltreiben. In Anl. 1 Abschn. 2 Nr. 9 findet sich die Regelung, dass derjenige Waffenhandel treibt, der gewerbsmäßig oder selbstständig im Rahmen einer wirtschaftlichen Unternehmung Schusswaffen oder Munition ankauft, feilhält, Bestellungen entgegennimmt oder aufsucht, anderen überlässt oder den Erwerb, den Vertrieb oder das Überlassen vermittelt.[801] Es werden hier also unter dem Oberbegriff „Treiben von Waffenhandel" mehrere einzelne Formen des Waffenhandels aufgezählt, wobei sowohl das „Handeltreiben" als auch die hier im Einzelnen genannten Handlungen (Ankaufen, Vertreiben, Überlassen, Vermitteln) in den Straf- und Bußgeldbestimmungen der §§ 51 ff. als eigenständige Tathandlungen auftauchen.[802] Dabei werden sämtliche Betriebsformen erfasst (Einzelhandel, Versandhandel, Großhandel, Außenhandel etc).[803] Die Erlaubnispflicht richtet sich hier – wie bei der Herstellung – nach § 21, es fehlt jedoch ein Erlaubnisstatbestand für den nichtgewerbsmäßigen Waffenhandel (sofern ein solcher begrifflich überhaupt denkbar ist). Zu beachten sind aber die Ausnahmetatbestände in Anl. 2 Abschn. 2 Unterabschn. 2 Nr. 4 und Nr. 5.[804]

a) Ankaufen. Unter dem Begriff des Ankaufens versteht man „alle geschäftlichen Handlungen [...], die darauf gerichtet sind, mit den angeschafften Gegenständen Waffenhandel zu betreiben".[805] Der Begriff ist daher einerseits weiter als der (noch in § 5 Abs. 1 Nr. 2 BWaffG 1968 verwendete) Begriff des „Erwerbens" iS der Anl. 1 Abschn. 2 Nr. 1, da auch das schuldrechtliche, nicht nur das dingliche Rechtsgeschäft erfasst wird, andererseits enger, da nur ein rechtsgeschäftlicher Erwerb hierunter fällt und der Erwerb zum eigenen Bedarf nicht erfasst ist.[806]

b) Feilhalten. Unter Feilhalten wird das Vorrätighalten von bestimmten, zum Verkauf vorgesehenen Schusswaffen oder Munition verstanden, sei es auch nur durch Ausstellen oder Auslegen zum Mitnehmen.[807] Damit unterscheidet sich das Feilhalten vom Feilbieten, welches nicht bereits das bloße Vorrätighalten, sondern erst die Aufforderung an einen anderen zum Kauf erfasst.[808]

---

[798] Vgl. Anl. I-A 2-8.2 WaffVwV iVm Nr. 21.2 S. 7 WaffVwV; Steindorf/*B. Heinrich* Rn. 60.
[799] BT-Drs. VI/2678, 26; Anl. I-A 2-8.2 WaffVwV iVm Nr. 21.2 S. 7 WaffVwV.
[800] Vgl. § 51 Abs. 1, § 52 Abs. 1 Nr. 1, Nr. 2 Buchst. c, Abs. 3 Nr. 1, Nr. 3 § 53 Abs. 1 Nr. 2.
[801] Eine entsprechende Regelung war in § 7 Abs. 1 Nr. 2 WaffG aF enthalten; vgl. auch BT-Drs. 14/7758, 90.
[802] Das „Handeltreiben" findet sich als Tatbestandsmerkmal in § 51 Abs. 1, § 52 Abs. 1 Nr. 1, Nr. 2 Buchst. c, Abs. 3 Nr. 1, § 53 Abs. 1 Nr. 2; das „Vertreiben" in § 52 Abs. 1 Nr. 3; das „Überlassen" in § 52 Abs. 1 Nr. 1, Nr. 2 Buchst. a, Nr. 3, Abs. 2 Nr. 1, Nr. 6, Nr. 7, § 53 Abs. 1 Nr. 2, Nr. 10, Nr. 16; vgl. hier auch das KrWaffG, welches ebenfalls das „Handeltreiben" als Tathandlung enthält; vgl. § 19 Abs. 1 Nr. 1, § 20 Abs. 1 Nr. 1, § 20a Abs. 1 Nr. 1 KrWaffG; hierzu → § 19 KrWaffG Rn. 9.
[803] Vgl. Ziff. 7.5 S. 1 WaffVwV (zum WaffG aF); hierzu auch BGH 9.3.1994 – 3 StR 723/93, BGHSt 40, 94 (96) = NJW 1994, 2102 (2103); Steindorf/*B. Heinrich* Rn. 61.
[804] Die Vorschrift ist abgedruckt in → § 2 Rn. 34.
[805] Vgl. BT-Drs. VI/2678, 26.
[806] Apel/Bushart/*Apel* § 21 Rn. 28; Hinze/*Runkel* Rn. 180; Steindorf/*B. Heinrich* Rn. 62.
[807] Apel/Bushart/*Apel* § 21 Rn. 29; Erbs/Kohlhaas/*Pauckstadt-Maihold,* W 12 Rn. 32; Steindorf/*B. Heinrich* Rn. 63; allgemein zum Begriff des Feilhaltens Horn NJW 1977, 2329 (2331 f.).
[808] Apel/Bushart/*Apel* § 21 Rn. 29; Hinze/*Runkel* Rn. 181; Steindorf/*B. Heinrich* Rn. 63; aA anscheinend Lehmann/*v. Grotthuss* Rn. 115.

198 c) **Entgegennahme von Bestellungen.** Das Merkmal der Entgegennahme von Bestellungen, betrifft in erster Linie den Versandhandel.[809] Mit der Zuordnung der bloßen Entgegennahme von Bestellungen zur Tathandlung des Handeltreibens wird letztlich eine reine Vorbereitungshandlung des späteren Vertriebs erfasst.

199 d) **Aufsuchen von Bestellungen.** Unter das Merkmal des Aufsuchens von Bestellungen fällt jede Tätigkeit, die darauf abzielt, von einem anderen einen festen Auftrag zur künftigen Lieferung bestimmter Schusswaffen oder Munition zu erhalten.[810] Darunter fällt auch bereits eine die Bestellung lediglich anbahnende Tätigkeit. Während beim eben genannten Feilhalten auf das äußerlich erkennbare Bereitstellen von Waren zum sofortigen Verkauf abgestellt wird, zielt das Aufsuchen von Bestellungen auf den Abschluss einer Vereinbarung über die künftige Lieferung von Waren. Ausreichend ist dabei die Übermittlung eines verbindlichen Angebotes über die Lieferung von auf Abruf zur Verfügung stehenden Waffen, wenn dabei die ausgehandelten Preise per Telefax bestätigt werden.[811] Nicht erforderlich ist, dass auf der Grundlage des unterbreiteten Angebots später auch tatsächlich ein Kaufvertrag zustande kommt.[812] Nicht erfasst sind bloße Vorbereitungshandlungen wie die bloße Werbung, das Verteilen von Prospekten, die bloße Vorführung von Geräten etc[813] Erfasst ist auch eine Handelstätigkeit, die sich darauf beschränkt, von Deutschland aus Vertragsverhandlungen hinsichtlich des Verkaufes von Waffen oder Munition zu führen, die sich im Ausland befinden und in ein anderes Land geliefert werden sollen, ohne dass sie das Bundesgebiet passieren.[814] Dies ergibt sich daraus, dass der Gesetzgeber den Waffenhandel im Hinblick auf die Gefahren für die öffentliche Sicherheit und Ordnung umfassend einer staatlichen Kontrolle unterwerfen wollte. Würde man insoweit aber bei Auslandsgeschäften, die vom Bundesgebiet aus vorgenommen werden, auf eine Erlaubnispflicht verzichten, bestünde die Gefahr, dass die entsprechenden Waffen letztlich doch ins Bundesgebiet gelangen.[815] Dass hinsichtlich einer solchen Tätigkeit in Bezug auf Kriegswaffen in § 4a KrWaffG eine eigenständige Vorschrift eingefügt wurde, bedeutet nicht, dass solche Auslandsgeschäfte hinsichtlich anderer Waffen mangels besonderer Regelung erlaubnisfrei sind, denn eine solche Regelung war im Kriegswaffenrecht deshalb erforderlich, weil dieses – im Gegensatz zum allgemeinen Waffenrecht – von seiner Konzeption her nicht an das Rechtsgeschäft an sich, sondern an den Wechsel der tatsächlichen Gewalt anknüpft.[816] Wie beim Waffenhandel insgesamt, so sind auch beim Aufsuchen von Bestellungen sämtliche Vertriebsformen erfasst, eine Beschränkung auf das Aufsuchen von Bestellungen im Reisegewerbe ist nicht vorzunehmen.[817] Dies gilt schon deshalb, weil diese Tätigkeit nach § 35 Abs. 3 Nr. 1 ohnehin im Regelfall nicht genehmigungsfähig ist, so dass eine entsprechende Nennung hier überflüssig gewesen wäre. Ferner ist in diesem Zusammenhang festzuhalten, dass unter dem Aufsuchen von Bestellungen nicht nur das persönliche Aufsuchen potentieller Interessenten verstanden werden kann, sodass auch ein schriftliches Angebot ausreichend sein kann.[818]

---

[809] Vgl. auch Apel/Bushart/*Apel* § 21 Rn. 29; Steindorf/*B. Heinrich* Rn. 63a.
[810] BGH 9.3.1994–723/93, BGHSt 40, 94 = NJW 1994, 2102; Steindorf/*B. Heinrich* Rn. 63a.
[811] BGH 9.3.1994 – 3 StR 723/93, BGHSt 40, 94 = NJW 1994, 2102; Erbs/Kohlhaas/*Pauckstadt-Maihold*, W 12, § 52 Rn. 18; Steindorf/*B. Heinrich* Rn. 63a.
[812] Vgl. auch Apel/Bushart/*Apel* § 21 Rn. 29; Steindorf/*B. Heinrich* Rn. 63a.
[813] Erbs/Kohlhaas/*Pauckstadt-Maihold*, W 12, § 52 Rn. 18; Steindorf/*B. Heinrich* Rn. 63a; vgl. auch zur entsprechenden Problematik im Rahmen des § 55 Abs. 1 GewO KG 15.10.1970 – (2) Ss 120/70 (61/70), NJW 1971, 815 (816).
[814] BGH 18.10.1995 – 3 StR 419/95, NJW 1996, 735; diese Entscheidung betraf ein Telefax-Preisangebot über die Lieferung von in Russland befindlichen russischen Pistolen samt Munition in die Türkei bzw. Griechenland.
[815] BGH 18.10.1995 – 3 StR 419/95, NJW 1996, 735.
[816] BGH 18.10.1995 – 3 StR 419/95, NJW 1996, 735.
[817] BGH 9.3.1994 – 3 StR 723/93, BGHSt 40, 94 (95) = NJW 1994, 2102; Hinze/*Runkel* Rn. 182; Steindorf/*B. Heinrich* Rn. 63a; aM wohl Apel/Bushart/*Apel* § 21 Rn. 29.
[818] BGH 9.3.1994 – 3 StR 723/93, BGHSt 40, 94 (95) = NJW 1994, 2102; hierzu auch Hinze/*Runkel* Rn. 182.

e) **Überlassen.** Das Merkmal des Überlassens deckt sich weitgehend mit dem der Anl. 1 Abschn. 2 Nr. 3, weswegen auf die dortigen Ausführungen verwiesen werden kann.[819]

f) **Vermitteln.** Diese Alternative erfasst das Vermitteln des Erwerbs, des Vertriebs oder des Überlassens von Schusswaffen oder Munition.[820] Hierunter versteht man die Mitwirkung am Zustandekommen dieser Rechtsgeschäfte (insbes. durch eine Maklertätigkeit). Diese kann in vielfältiger Form erfolgen. So kann eine Vermittlungstätigkeit durch die Herbeiführung des Abschlusses eines schuldrechtlichen Vertrages, durch den bloßen Nachweis einer Gelegenheit zum Vertragsschluss oder durch die Mitteilung eines Angebots an einen anderen vorgenommen werden.[821] Ein Vermitteln liegt auch dann vor, wenn lediglich einzelne Vermittlungshandlungen im Inland vorgenommen werden.[822] Zwar ist es zur Vollendung der Tat erforderlich, dass das schuldrechtliche Rechtsgeschäft zustande kommt (andernfalls ist allerdings an einen Versuch zu denken),[823] nicht entscheidend ist es jedoch, dass das konkrete Rechtsgeschäft später tatsächlich ausgeführt (die Waffe also überlassen) wird.[824] Insoweit ist also ein „Erfolg" der Vermittlungstätigkeit nur hinsichtlich des schulrechtlichen Teils erforderlich.

Noch keine Vermittlungstätigkeit in diesem Sinne stellt es dar, wenn sich der Betreffende lediglich zur Entfaltung einer entsprechenden Vermittlungstätigkeit erbietet.[825] In Frage kommt hier allerdings wiederum ein Versuch. Dieser liegt jedoch im Hinblick auf das Vermitteln eines Erwerbs oder eines Überlassens noch nicht darin, dass der Betreffende zunächst einmal versucht, einen potentiellen Käufer zu finden, zumindest dann, wenn sich die entsprechende Waffe im Ausland befindet und vor dem Besitzwechsel erst noch eingeführt werden muss.[826] Allerdings ist die Vermittlung von Geschäften mit Auslandsberührung ansonsten durchaus erfasst.[827]

In Nr. 7.5 S. 2 WaffVwV (zum WaffG aF) wurde darauf hingewiesen, dass als „Vermittler" sowohl Makler als auch selbstständige Handelsvertreter nach § 84 Abs. 1 HGB angesehen werden können, nicht jedoch unselbstständige Handelsreisende nach § 84 Abs. 2 HGB, die für einen bestimmten Auftraggeber tätig werden. Auch sie „vermitteln" jedoch Geschäfte, allerdings benötigen sie hierzu keine eigene Erlaubnis nach § 21. Ihre Tätigkeit ist regelmäßig von der Konzession des Geschäftsherrn gedeckt.

Fraglich ist schließlich, ob ein „Vermitteln" auch dann vorliegen kann, wenn es zwar zum Abschluss eines schuldrechtlichen Vertrages kommt, die Waffen jedoch gar **nicht existieren.** Dasselbe Problem kann auch bei anderen Formen des Waffenhandels auftreten, insbes. beim Entgegennehmen und Aufsuchen von Bestellungen, während beim Ankaufen, Feilhalten und Überlassen das Vorhandensein der Waffe begrifflich zwingend ist. Diese Frage wird in verschiedenen Rechtsgebieten durchaus unterschiedlich gesehen. So ist man sich – wenn auch vom Wortlaut her nicht zwingend vorgegeben – darüber einig, dass im Kriegswaffenrecht im Rahmen des § 4a KrWaffG (Vermittlung eines Vertrages über den Erwerb oder das Überlassen von Kriegswaffen) die entsprechende Waffe tatsächlich existieren muss. Andernfalls liegt höchstens ein (untauglicher) Versuch vor, sofern der Täter an die Existenz der Waffe glaubt.[828] Begründet wird dies damit, dass hier mangels Vorliegens eines taugli-

---

[819] → Rn. 174 ff.
[820] Vgl. bereits die Regelungen in § 5 Abs. 1 Nr. 2 BWaffG 1968, § 27 Abs. 1 Nr. 2 WaffG 1972; zum Vermitteln des Überlassens BGH 7.2.1979 – 2 StR 523/78, BGHSt 28, 294 = NJW 1979, 2113; 19.8.1993 – 1 StR 411/93, NStZ 1994, 62; vgl. ferner BGH 2.7.1981 – 1 StR 195/81, NStZ 1983, 172.
[821] Hinze/*Runkel* Rn. 185; Steindorf/*B. Heinrich* Rn. 65.
[822] Vgl. Nr. 7.5 S. 3 WaffVwV (zu WaffG aF); vgl. auch Apel/Bushart/*Apel* § 21 Rn. 31.
[823] BGH 2.7.1981 – 1 StR 195/81, NStZ 1983, 172; Hinze/*Runkel* Rn. 185.
[824] Erbs/Kohlhaas/*Pauckstadt-Maihold*, W 12, § 52 Rn. 18; Steindorf/*B. Heinrich* Rn. 65.
[825] BGH 20.2.1979 – 1 StR 670/78 (unveröffentlicht); zitiert nach Steindorf/*B. Heinrich* Rn. 65.
[826] BGH 19.8.1993 – 1 StR 411/93, NStZ 1994, 62.
[827] Erbs/Kohlhaas/*Pauckstadt-Maihold*, W 12 Rn. 32; Steindorf/*B. Heinrich* Rn. 65.
[828] → KrWaffG § 22a Rn. 88; so auch *Pottmeyer*, Kriegswaffenkontrollgesetz, 2. Aufl. 1994, § 22a Rn. 139 mwN; offen gelassen in BGH 27.7.1993 – 1 StR 339/93, NStZ 1994, 135 (136); hierzu *Achenbach* NStZ 1994, 421 (424).

chen Tatobjekts eine Gefährdung des Rechtsguts vollständig ausscheidet. Anders wird die Frage im Betäubungsmittelrecht gelöst. So kennt das BtMG (vgl. nur § 29 Abs. 1 Nr. 1 BtMG) ebenfalls den Begriff des Handeltreibens, jedoch ohne – wie Anl. 1 Abschn. 2 Nr. 9 – nach den einzelnen Unterformen zu differenzieren. Das vollendete Handeltreiben iS des BtMG setzt dabei allerdings lediglich ernsthafte, eigennützige und verbindliche Ankaufs- oder Verkaufserklärungen, jedoch nicht den Besitz von Betäubungsmitteln, nicht eine erfolgreiche Einigung und nicht eine Betäubungsmittelübergabe voraus.[829] Insoweit sind auch bloße Kaufs- oder Verkaufsbemühungen erfasst, selbst wenn dem Verkäufer das betreffende Betäubungsmittel überhaupt nicht zur Verfügung steht.[830] Eine solche weite Auslegung, die zu kaum messbaren Grenzen zwischen Vollendung, Versuch und Vorbereitungshandlungen führt, ist im Waffenrecht auf Grund der hier vorliegenden anderen Gefahrlage jedoch unangebracht. Denn im Gegensatz zu Waffen sind Betäubungsmittel in den einschlägigen Kreisen in der Regel kurzfristiger zu beschaffen als dies für Waffen der Fall ist. Daher ist für ein vollendetes Handeltreiben im Waffenrecht in jeder Variante die Existenz der Waffe zu fordern. Ist dies nicht der Fall, glaubt der Täter aber an ihre Existenz, so kommt lediglich ein Versuch in Betracht. Weiß hingegen der potentielle Verkäufer, dass er nicht im Besitz der Waffe ist, so handelt es sich lediglich um ein Scheinangebot, dass zwar den Tatbestand des Betruges, aber nicht den des Handeltreibens erfüllen kann.[831]

205 **g) Gewerbsmäßigkeit.** Der Erlaubnispflicht nach § 21 Abs. 1 (und auch der entsprechenden Strafvorschrift des § 52 Abs. 1 Nr. 2 Buchst. c) unterliegt nur die **gewerbsmäßige** oder **selbstständige** Tätigkeit im Rahmen einer wirtschaftlichen Unternehmung. Dieselbe Einschränkung findet sich auch in Anl. 1 Abschn. 2 Nr. 9. Hinsichtlich des Begriffs der **Gewerbsmäßigkeit** gelten die allgemeinen gewerberechtlichen Grundsätze (vgl. ausdrücklich Nr. 7.1 S. 1 WaffVwV [zum WaffG aF]). Ferner können – unter strafrechtlichen Gesichtspunkten – auch die Grundsätze herangezogen werden, die im Kernstrafrecht, ua zu §§ 243 Abs. 1 S. 2 Nr. 3, 253 Abs. 4 S. 2, 260 Abs. 1 Nr. 1, 263 Abs. 3 S. 2 Nr. 1, 267 Abs. 3 S. 2 Nr. 1 StGB entwickelt wurden.[832] Hiernach versteht man unter Gewerbsmäßigkeit jede selbstständige, auf eine gewisse (wenn auch begrenzte) Dauer angelegte und mit der Absicht der Gewinnerzielung ausgeübte erlaubte Tätigkeit mit Ausnahme der Urproduktion, der künstlerischen und wissenschaftlichen Tätigkeit und der Dienste höherer Art. Dabei ist es unbeachtlich, wenn sich das Handelsgewerbe ansonsten auf andere Gegenstände bezieht.[833]

206 **h) Selbstständigkeit im Rahmen einer wirtschaftlichen Unternehmung.** Neben der Gewerbsmäßigkeit wird in § 21 sowie in Anl. 1 Abschn. 2 Nr. 9 die **Selbstständigkeit** genannt, wobei diese im Rahmen einer wirtschaftlichen Unternehmung stattfinden muss. Selbstständig handelt dabei derjenige, der nach außen in eigener Verantwortung auftritt und (oder) nach innen die Leitung eines Betriebes innehat.[834] Dem Selbstständigen stehen nach §§ 45, 105 ff. GewO die Stellvertreter und gewerblichen Arbeitnehmer gegenüber. Für den Begriff der **wirtschaftlichen Unternehmung** gelten ebenfalls die allgemeinen gewerberechtlichen Grundsätze (dh eine bloße Tätigkeit wirtschaftlicher Art reicht nicht aus).[835] Man versteht hierunter jede von einer natürlichen oder juristischen Person vorgenommene Zusammenfassung persönlicher und sachlicher Mittel zur Erreichung eines wirtschaftlichen

---

[829] BGH 26.10.2005 – GSSt 1/05, BGHSt 50, 252 = NJW 2005, 3790.
[830] BGH 1.7.1954 – 3 StR 657/53, BGHSt 6, 246 (247) = NJW 1954, 1537; ferner → BtMG § 29 Rn. 283.
[831] Dazu aus dem BtMG BGH 25.3.2003 – 1 StR 9/03, NStZ-RR 2003, 185.
[832] Vgl. nur → StGB § 243 Rn. 39 ff.
[833] BGH 9.3.1994 – 3 StR 723/93, NJW 1994, 2102 (2103 – insoweit in BGHSt 40, 94 nicht abgedruckt); Steindorf/*Gerlemann* § 21 Rn. 3.
[834] Steindorf/*Gerlemann* § 21 Rn. 4; vgl. zur Selbstständigkeit des Leiters eines Forschungsprogrammes BGH 20.2.1979 – 1 StR 670/85 (unveröffentlicht).
[835] BGH 5.8.1993 – 4 StR 439/93, BGHR WaffG § 53 Abs. 1 Vertrieb 1; hierzu auch Nr. 7.1 S. 1 WaffVwV (zum WaffG aF); ferner Steindorf/Heinrich/Papsthart/*Papsthart* § 21 Rn. 4.

Zweckes, wenn hierdurch die Teilnahme am Wirtschaftsverkehr stattfindet.[836] Damit werden – im Gegensatz zur gewerbsmäßigen Tätigkeit – auch diejenigen Unternehmen erfasst, die nicht mit der Absicht der Gewinnerzielung betrieben werden, wie zB Genossenschaften oder Vereine.[837] Betroffen ist hiervon nicht nur das stehende, sondern auch das Reisegewerbe und der Marktverkehr (vgl. hier allerdings das grds. Vertriebs- und Überlassungsverbot in § 35 Abs. 3).

13. Zusatzdefinition: schussbereit, zugriffsbereit. Während durch das WaffG 2002 in Anl. 1 Abschn. 2 unter der Überschrift „Waffenrechtliche Begriffe" nur Handlungsmodalitäten bzw. Umgangsformen aufgenommen wurden, erweiterte der Gesetzgeber durch das ÄndG 2008[838] diesen Abschnitt um zwei weitere Definitionen, die zwar keine Umgangsformen beschreiben, aber dennoch im WaffG öfters erwähnt sind,[839] weshalb durch die Begriffsumschreibungen die „bestehende Rechtsunsicherheiten in der Praxis, die sich beim Transport von Schusswaffe" (insbes. beim Begriff „zugriffsbereit") ergeben hatten, ausgeräumt werden sollten.[840] 207

Nach Anl. 1 Abschn. 2 Nr. 12 ist eine Waffe **schussbereit,** wenn sie geladen ist, das heißt, dass Munition oder Geschosse in der Trommel, im in die Waffe eingefügten Magazin oder im Patronen- oder Geschosslager sind, auch wenn sie nicht gespannt ist.[841] 208

Nach Anl. 1 Abschn. 2 Nr. 13 ist eine Schusswaffe **zugriffsbereit,** wenn sie unmittelbar in Anschlag gebracht werden kann; sie ist nicht zugriffsbereit, wenn sie in einem verschlossenen Behältnis mitgeführt wird. Der Begriff „unmittelbar" soll dabei erfüllt sein, wenn die Waffe mit wenigen schnellen Handgriffen (der Gesetzgeber nennt hier als Faustformel: „in weniger als drei Handgriffen in unter drei Sekunden") in Anschlag gebracht werden kann.[842] Dies soll zB dann der Fall sein, wenn die Waffe am Körper in einem Holster getragen oder in einem Fahrzeug in unmittelbarer, leicht zugänglicher Reichweite des Fahrers ohne weitere Umhüllung in der Türablage oder im nur geschlossenen, aber nicht verschlossenen Handschuhfach mitgeführt wird.[843] Andererseits ist die Waffe nicht zugriffsbereit, wenn sie in einem verschlossenen Behältnis[844] mitgeführt wird. Aber auch wenn sich die Waffe beim Transport in einem nicht verschlossenen Behältnis, zB verpackt in einem geschlossenen Futteral oder einem Aktenkoffer auf der Rückbank oder im Kofferraum eines PKW befindet, kann dieses Merkmal ausscheiden.[845] Nicht zugriffsbereit ist eine Waffe auch dann, wenn sie in zerlegtem Zustand in einem nicht abgeschlossenen Koffer transportiert wird. 209

---

[836] Hierzu auch Nr. 7.1 S. 2 WaffVwV (zum WaffG aF); ferner Apel/Bushart/*Apel* § 21 Rn. 18.
[837] Vgl. Nr. 7.1 S. 3 WaffVwB (zum WaffG aF); weitere (Gegen-)Beispiele finden sich bei Apel/Bushart/*Apel* § 21 Rn. 19, der ua „Unternehmen, die wissenschaftliche, künstlerische, religiöse oder ähnliche Zwecke verfolgen", nennt.
[838] BGBl. 2008 I S. 429 (435).
[839] Das Merkmal „schussbereit" findet sich in § 12 Abs. 3 Nr. 2, Nr. 3, § 13 Abs. 6, Abs. 7. Abs. 8; das Merkmal „zugriffsbereit" wird in § 12 Abs. 3 Nr. 2 erwähnt.
[840] BT-Drs. 16/7717, 25.
[841] BT-Drs. 16/7717, 25; so bereits Nr. 35.6.1 WaffVwV (zum WaffG aF); ferner Hinze/*Runkel* § 12 Rn. 41; Steindorf/*N. Heinrich* § 12 Rn. 25.
[842] BT-Drs. 16/7717, 25, 36; so auch Anl. I-A 2-12u13 S. 1 und 2 WaffVwV; vgl. bereits Nr. 35.6.2 WaffVwV (zum WaffG aF); vgl. bereits BayObLG 11.7.1989 – RReg 4 St 107/89, NStE § 35 WaffG Nr. 1 S. 1 (2); Apel/Bushart/*Bushart* § 12 Rn. 39.
[843] BT-Drs. 16/7717, 25; vgl. auch Anl. I-A 2-12u13 S. 3 WaffVwV; so schon Nr. 35.6.2 WaffVwV (zum WaffG aF); ferner bereits BayObLG 11.7.1989 – RReg 4 St 107/89, NStE § 35 WaffG Nr. 1 S. 1 (2); Apel/Bushart/*Bushart* § 12 Rn. 39; Hinze/*Runkel* § 12 Rn. 41; Steindorf/*N. Heinrich* § 12 Rn. 25.
[844] Der ursprüngliche Gesetzentwurf sah hier die Wendung „geschlossenes Behältnis" vor; vgl. BT-Drs. 16/7717, 13, 25; die Bundesregierung wollte hieran auch nach einer entsprechenden Kritik des Bundesrates, der das „verschlossene Behältnis" befürwortete, zuerst festhalten; vgl. BT-Drs. 16/7717, 36 (Stellungnahme des Bundesrates), S. 41 (Ablehnung durch die Bundesregierung); ferner Gade/*Stoppa* Anl. 1 Rn. 192.
[845] BT-Drs. 16/7717, 25, 41; dagegen ist die Waffe zugriffsbereit, wenn sie sich in einer geschlossenen, aber nicht verschlossenen Aktentasche befindet, die auf dem Beifahrersitz abgestellt wurde; hierzu auch BayObLG 11.7.1989 – RReg 4 St 107/89, NStE § 35 WaffG Nr. 1 S. 1 (2); Gade/*Stoppa* Anl. 1 Rn. 197; Hinze/*Runkel* § 12 Rn. 41; Steindorf/*N. Heinrich* § 12 Rn. 25.

WaffG § 2

210 **14. Zusatzdefinition: Mitgliedstaaten.** Durch das zweite Gesetz zur Änderung des Waffengesetzes und weiterer Vorschriften vom 30.6.2017[846] wurde der im Gesetz an mehreren Stellen verwendete Begriff der „Mitgliedstaaten" verbindlich definiert. Hiernach sind als Mitgliedstaaten die Mitgliedstaaten der Europäischen Union anzusehen. Ferner „gelten" als Mitgliedstaaten auch die Vertragsstaaten des Schengener Übereinkommens. Damit wird „rechtsverbindlich festgestellt", dass auch diese als Mitgliedstaaten des WaffG gelten.[847]

VII. Ausnahmen vom Anwendungsbereich

211 In § 55 finden sich umfangreiche Ausnahmen vom Anwendungsbereich des Gesetzes für oberste Bundes- und Landesbehörden, Bundeswehr, Polizei und Zollverwaltung, sowie deren Bedienstete, soweit sie **dienstlich tätig werden.** Als dienstlich ist dabei jede Tätigkeit des Beamten oder Soldaten anzusehen, die zu seinem allgemeinen Aufgabenbereich gehört oder damit in unmittelbarem Zusammenhang steht, nach objektiven Gesichtspunkten äußerlich als Diensthandlung erscheint und auch subjektiv von dem Willen getragen ist, dienstliche Aufgaben zu erfüllen.[848] Dagegen liegt eine – den allgemeinen Vorschriften unterfallende – Privathandlung vor, wenn die Handlung in keinem Zusammenhang mit dienstlichen Aufgaben steht oder wenn sie nicht auf die – wenngleich unter Umständen vorschriftswidrige – Erfüllung der dem Betreffenden nach seiner dienstlichen Stellung und seiner allgemeinen Zuständigkeit obliegenden Pflichten oder auf die Erreichung dienstlicher Zwecke gerichtet ist, sondern allein privaten Zwecken dient.[849] Damit scheidet eine Diensthandlung nicht bereits dann aus, wenn der Handelnde gegen Dienstvorschriften verstößt, sondern erst dann, wenn sie keinen dienstlichen Bezug mehr aufweist.[850] Insoweit bejahte der BGH das Vorliegen einer Diensthandlung in einem Fall, in dem im Kosovo eingesetzte Soldaten entgegen ausdrücklicher Dienstanweisungen dort aufgefundene Waffen und Munition nicht vernichteten, sondern in die Bundesrepublik einführten, um sie hier zu Ausbildungszwecken zu gebrauchen.[851] Nach § 55 Abs. 2 und Abs. 3 ausgenommen sind ferner erheblich gefährdete Hoheitsträger sowie Bedienstete anderer Staaten. Darüber hinaus enthält § 56 gewisse Sondervorschriften für Staatsgäste und andere Besucher. Sie werden zwar nicht generell vom Anwendungsbereich des WaffG ausgenommen, die Erlaubnisvorschrift des § 10 sowie die Vorschriften über das Verbringen und die Mitnahme von Waffen oder Munition (§§ 29 ff.) sind jedoch nicht anzuwenden, wenn eine entsprechende Bescheinigung nach § 56 erteilt wurde.

212 Vom Anwendungsbereich des WaffG ebenfalls ganz oder teilweise ausgenommen sind die in Anl. 2 Abschn. 3 genannten Waffen, auf die noch gesondert eingegangen wird.[852]

§ 2 Grundsätze des Umgangs mit Waffen oder Munition, Waffenliste

(1) Der Umgang mit Waffen oder Munition ist nur Personen gestattet, die das 18. Lebensjahr vollendet haben.

(2) Der Umgang mit Waffen oder Munition, die in der Anlage 2 (Waffenliste) Abschnitt 2 zu diesem Gesetz genannt sind, bedarf der Erlaubnis.

(3) Der Umgang mit Waffen oder Munition, die in der Anlage 2 Abschnitt 1 zu diesem Gesetz genannt sind, ist verboten.

(4) ¹Waffen oder Munition, mit denen der Umgang ganz oder teilweise von der Erlaubnispflicht oder von einem Verbot ausgenommen ist, sind in der Anlage 2

---

[846] BGBl. I S. 2133 (2138).
[847] BT-Drs. 11239, 54.
[848] BGH 19.2.2003 – 2 StR 371/02, BGHSt 48, 213 mAnm *B. Heinrich* NStZ 2004, 459.
[849] BGH 19.2.2003 – 2 StR 371/02, BGHSt 48, 213 mAnm *B. Heinrich* NStZ 2004, 459.
[850] BGH 19.2.2003 – 2 StR 371/02, BGHSt 48, 213 (220) mAnm *B. Heinrich* NStZ 2004, 459.
[851] Hierzu ausführlich *Heinrich* NStZ 2004, 459 (460).
[852] → § 2 Rn. 36.

Abschnitt 1 und 2 genannt. ²Ferner sind in der Anlage 2 Abschnitt 3 die Waffen und Munition genannt, auf die dieses Gesetz ganz oder teilweise nicht anzuwenden ist.

(5) ¹Bestehen Zweifel darüber, ob ein Gegenstand von diesem Gesetz erfasst wird oder wie er nach Maßgabe der Begriffsbestimmungen in Anlage 1 Abschnitt 1 und 3 und der Anlage 2 einzustufen ist, so entscheidet auf Antrag die zuständige Behörde. ²Antragsberechtigt sind
1. Hersteller, Importeure, Erwerber oder Besitzer des Gegenstandes, soweit sie ein berechtigtes Interesse an der Entscheidung nach Satz 1 glaubhaft machen können,
2. die zuständigen Behörden des Bundes und der Länder.

³Die nach Landesrecht zuständigen Behörden sind vor der Entscheidung zu hören. ⁴Die Entscheidung ist für den Geltungsbereich dieses Gesetzes allgemein verbindlich. ⁵Sie ist im Bundesanzeiger bekannt zu machen.

Übersicht

	Rn.
I. Überblick	1, 2
II. Verbotene Gegenstände nach Anlage 2 Abschnitt 1	3–31
1. Frühere Kriegswaffen (Nr. 1.1)	4
2. Vollautomatische Schusswaffen (Nr. 1.2.1.1)	5
3. Vorderschaftrepetierflinten mit Kurzwaffengriff und geringer Länge, sog. „Pumpguns" (Nr. 1.2.1.2)	6
4. „Getarnte" Schusswaffen (Nr. 1.2.2)	7
5. Zusammenklappbare Schusswaffen (Nr. 1.2.3)	8
6. Scheinwerfer (Nr. 1.2.4.1)	9
7. Nachtsichtgeräte (Nr. 1.2.4.2)	10
8. Bestimmte mehrschüssige Kurzwaffen (Nr. 1.2.5)	11
9. „Getarnte" Hieb- und Stoßwaffen (Nr. 1.3.1)	12
10. Stahlruten, Totschläger, Schlagringe (Nr. 1.3.2)	13
11. Wurfsterne (Nr. 1.3.3)	14
12. Brandsätze, sog. „Molotow-Cocktails" und „USBV" (Nr. 1.3.4)	15
13. Bestimmte Reizstoffsprühgeräte (Nr. 1.3.5)	16
14. Elektroimpulsgeräte etc (Nr. 1.3.6)	17
15. Präzisionsschleudern (Nr. 1.3.7)	18
16. Würgegeräte, sog. „Nun-Chakus" etc (Nr. 1.3.8)	19
17. Springmesser (Nr. 1.4.1)	20
18. Fallmesser (Nr. 1.4.1)	21
19. Faustmesser (Nr. 1.4.2)	22
20. Butterflymesser (Nr. 1.4.3)	23
21. Elektroimpulsgeräte etc zur Verletzung von Tieren (Nr. 1.4.4)	24
22. Geschosse mit Betäubungsstoffen (Nr. 1.5.1)	25
23. Reizstoffgeschosse; Reizstoffmunition (Nr. 1.5.2)	26
24. Kleinere Patronenmunition (Nr. 1.5.3)	27
25. Hartkerngeschosse etc (Nr. 1.5.4)	28
26. Wirkstoffmunition (Nr. 1.5.5)	29
27. Kleinschrotmunition (Nr. 1.5.6)	30
28. Munition für Kriegswaffen oder von staatlichen Stellen (Nr. 1.5.7)	31
III. Ausnahmen von der grundsätzlichen Erlaubnispflicht	32–64
1. Überblick	32–36
a) Grundsatz	33
b) Freistellungen	34
c) Erleichterte Erlaubniserteilung	35
d) Einschränkungen des Anwendungsbereiches	36
2. Ergänzende Hinweise zu einzelnen Waffenarten	37–64
a) „Harmlose" Feuerwaffen	38
b) Unterwassersportgeräte; Schussgeräte zu Schlachtzwecken etc.	39
c) Spielzeugwaffen	40–45
d) Durch Muskelkraft betriebene Waffen	46
e) Unbrauchbar gemachte Schusswaffen (Dekorationswaffen)	47
f) Nachbildungen von Schusswaffen (Schusswaffenattrappen)	48
g) Druckluft- und Federdruckwaffen, Waffen mit kalten Treibgasen	49
h) Schreckschuss-, Reizstoff- und Signalwaffen	50
i) Salutwaffen	51, 52
j) Sonstige Zier- und Sammlerwaffen	53
k) Antiquarische Waffen	54–57
l) Armbrüste	58
m) Wechsel- und Austauschläufe, Wechselsysteme; Wechseltrommeln	59
n) Einsteckläufe, Einsteckstysteme und Einsätze	60
o) Munition	61–64

I. Überblick

1   Während in § 1 Abs. 2 iVm Anl. 1 Abschn. 1 der Anwendungsbereich des WaffG geregelt, dh festgelegt ist, welche Gegenstände als „Waffe" iS des WaffG gelten, wird in § 2 im Wesentlichen bestimmt, welche dieser Waffen bzw. welche Munition **grds. verboten** sind (§ 2 Abs. 3 iVm Anl. 2 Abschn. 1) sind.[1] Ferner wird bestimmt, bei welchen Waffen bzw. welcher Munition der Umgang ganz oder teilweise **erlaubnispflichtig** ist (§ 2 Abs. 2 und Abs. 4 S. 1 iVm Anl. 2 Abschn. 2 Unterabschn. 1 und 2). Da Anl. 2 Abschn. 2 Unterabschn. 1 die Erlaubnispflicht nur für Waffen nach § 1 Abs. 2 Nr. 1 normiert, gilt diese in vollem Umfang also nur für Schusswaffen und ihnen gleich gestellte Gegenstände und die dafür bestimmte Munition, nicht aber für die tragbaren Gegenstände nach § 1 Abs. 2 Nr. 2. Ferner ist geregelt, welche Waffen bzw. welche Munition einer **erleichterten Erlaubniserteilung** unterliegen (§ 2 Abs. 4 S. 1 iVm Anl. 2 Abschn. 2 Unterabschn. 3) und für welche Waffen bzw. welche Munition das WaffG ganz oder teilweise **nicht anwendbar** ist (§ 2 Abs. 4 S. 2 iVm Anl. 2 Abschn. 3).[2] Dabei geht das Gesetz in § 2 Abs. 2 von dem Grundsatz aus, dass alle in Anl. 2 Abschn. 2 genannten Waffen (dh nicht nur: alle Schusswaffen)[3] bzw. sämtliche der dort genannten Munition erlaubnispflichtig sind, sofern keine ausdrücklichen Ausnahmen aus dem Gesetz hervorgehen (Gleiches wird im Einleitungssatz der Anl. 2 Abschn. 2 Unterabschn. 1 nochmals wiederholt, wobei hier das Überlassen ausgeklammert wird, da in dieser Hinsicht § 34 eine abschließende Regelung trifft). Die Zuordnung von Waffen und Munition als verboten, erlaubnispflichtig oder erlaubnisfrei orientiert sich primär an der Zweckbestimmung des jeweiligen Gegenstandes sowie dessen Gefährlichkeit. Daneben ist für die Zuordnung aber vor allem auch von Bedeutung, welche Bedrohungswirkung der Gegenstand entfaltet, ferner die Häufigkeit seiner missbräuchlichen Verwendung oder auch nur die bloße Geeignetheit, bei Kindern und Jugendlichen eine bestimmte Aggressionsbereitschaft zu provozieren.[4] Bestehen Zweifel über die Einordnung eines Gegenstandes, so sieht Abs. 5 eine Einstufungskompetenz der zuständigen Behörde (= Bundeskriminalamt; vgl. § 48 Abs. 3) vor, die – im Wege einer sachbezogenen Allgemeinverfügung iS des § 36 Satz 2 VwVfG – eine solche (bundesweit verbindliche) Einstufung auf Antrag vorzunehmen hat.[5] Eine solche scheidet im Hinblick auf die Einordnung als verbotene Waffe jedoch dann aus, wenn sich die Einordnung eines Gegenstandes als Schusswaffenzubehör (zB bei als Zielscheinwerfer verwendeten Lampen) nicht aus der Konstruktion selbst, sondern erst aus der konkreten Verwendung ergibt.[6]

2   Neben dieser eher objektbezogenen Regelung findet sich in Abs. 1 noch eine **personenbezogene Regelung:** der gesamte Umgang, sei es mit erlaubnisfreien, sei es mit erlaubnispflichtigen Waffen bzw. Munition, ist nur **volljährigen Personen** gestattet.[7] Im Umkehr-

---

[1] Vgl. ergänzend sowie zu den Ausnahmen § 40.
[2] Nach der Begründung des Gesetzgebers, BT-Drs. 14/7758, 90, sollen die hier vorgenommenen Regelungen – mit Ausnahme der Spring-, Fall-, Faust- und Butterflymesser sowie der Schreckschuss-, Reizstoff- und Signalwaffen – inhaltlich im Wesentlichen den Vorschriften des WaffG aF iVm der 1. und 3. WaffV (zum WaffG aF) entsprechen.
[3] Zur Begründung vgl. BT-Drs. 14/7758, 52, 127 (zu Nummer 4); dagegen forderte der Bundesrat, BT-Drs. 14/7758 103 (Nr. 4), eine Beschränkung auf *Schusswaffen*, da der Umgang mit sonstigen Waffen nach § 1 Abs. 2 Nr. 2 in Anlage 2 (Waffenliste) entweder erlaubnisfrei gestellt oder aber verboten ist, so dass die Regelung in Bezug auf diese Waffen in § 2 Abs. 2 einen „Grundsatz" aufstelle, der in der Waffenliste wieder vollständig aufgehoben würde.
[4] So ausdrücklich BT-Drs. 14/7758, 53.
[5] Vgl. zum Hintergrund dieser Regelung BT-Drs. 14/7758, 104 (Nr. 5). Zu verfassungsrechtlichen Bedenken vgl. aber auch BT-Drs. 14/7758, 127 (zu Nr. 5); zum Verfahren nach § 2 Abs. 5 vgl. auch BVerwG 24.6.2009 – 6 C 21/08, NVwZ-RR 2009, 838 = GewA 2010, 47 Ls.; Apel/Bushart/*Bushart* Rn. 8 ff.; *König/Papsthart* Rn. 76 ff.
[6] BVerwG 24.6.2009 – 6 C 21/08, NVwZ-RR 2009, 838.
[7] Diese Regelung fand sich bislang in § 30 Abs. 1 S. 1 Nr. 1 und § 33 Abs. 1 WaffG aF an eher versteckter Stelle (vgl. auch BT-Drs. 14/7758, 52).

schluss heißt dies, dass Kindern und Jugendlichen – von wenigen Ausnahmen abgesehen[8] – der Umgang mit Waffen und Munition verboten wird. Bereits an dieser Stelle ist jedoch festzuhalten, dass §§ 13–20 noch eine Vielzahl weiterer **personenbezogener Ausnahmen** enthält.

II. Verbotene Gegenstände nach Anlage 2 Abschnitt 1

In Abs. 3 wird festgelegt, dass der Umgang mit Waffen und Munition, die in Anl. 2 Abschn. 1 enumerativ aufgezählt sind, **grds. als verboten** anzusehen ist.[9] Diese Regelung wird ergänzt durch § 40, der in Abs. 1 das Verbot – über die in § 1 Abs. 3 genannten Formen des Umgangs[10] hinaus – auch noch auf das „Anleiten" oder „Auffordern" zur Herstellung der in Anl. 2 Abschn. 1 Nr. 1.3.4 bezeichneten Gegenstände (sog. „Molotow-Cocktails")[11] erweitert. Allerdings finden sich in § 40 Abs. 2–4 auch einige Ausnahmen von dem in §§ 2 Abs. 3, 40 Abs. 1 aufgestellten Verbot. Nicht mehr als verbotene Gegenstände erfasst sind die so genannten „Anscheinskriegswaffen", dh Schusswaffen, die ihrer äußeren Form nach den Anschein einer vollautomatischen Kriegswaffe erwecken (§ 37 Abs. 1 S. 1 Nr. 1 Buchst. e WaffG aF), da die optische Ähnlichkeit dieser Waffen mit Kriegswaffen allein kaum zu einem Gefahrenpotential führt, das dem der sonstigen verbotenen Gegenstände vergleichbar ist.[12] Auch Nachbildungen von Kriegsschusswaffen (§ 37 Abs. 1 S. 1 Nr. 10 WaffG aF) und unbrauchbar gemachte Kriegsschusswaffen (§ 37 Abs. 1 S. 1 Nr. 11 WaffG aF) sind aus dem Katalog der verbotenen Gegenstände herausgefallen. Allerdings wurde durch die ÄndG 2008 ein Verbot des Führens von Anscheinswaffen in § 42a neu eingeführt.[13] Dieses Verbot betrifft jedoch ausschließlich das „Führen" und nicht die weiteren Umgangsformen, weshalb die Anscheinswaffen nicht pauschal zu den verbotenen Waffen gezählt werden können. Dagegen wurden ehemalige Kriegswaffen, mit Ausnahme halbautomatischer Handfeuerwaffen, die ihre Kriegswaffeneigenschaft verloren haben (Nr. 1.1) und Wurfsterne (Nr. 1.3.3) durch das WaffRNeuRegG 2002 neu in den Katalog der verbotenen Waffen aufgenommen. Änderungen ergaben sich auch bei den Fall-, Faust- und Butterflymessern.[14] Durch das ÄndG 2008 wurde die Liste der verbotenen Waffen geringfügig modifiziert.[15] **Anl. 2 Abschn. 1** lautet:

Verbotene Waffen

Der Umgang mit folgenden Waffen und Munition ist verboten:

1.1 Waffen (§ 1 Abs. 2), mit Ausnahme halbautomatischer tragbarer Schusswaffen, die in der Anlage zum Gesetz über die Kontrolle von Kriegswaffen (Kriegswaffenliste) in der Fassung der Bekanntmachung vom 22. November 1990 (BGBl. I S. 2506) oder deren Änderungen aufgeführt sind, nach Verlust der Kriegswaffeneigenschaft;

---

[8] Vgl. die Ausnahmen in § 3 sowie in § 13 Abs. 7 S. 2 und Abs. 8, § 27 Abs. 3–6.
[9] Die in Anl. 2 Abschn. 1 aufgenommenen verbotenen Gegenstände entsprechen weitgehend § 37 Abs. 1 WaffG aF, § 8 Abs. 1 der 1. WaffV (zum WaffG aF) und § 17 Abs. 2 der 3. WaffV (zum WaffG aF); vgl. BT-Drs. 14/7758, 90 f.
[10] → § 1 Rn. 149 ff.
[11] Hierzu → Rn. 15 und → § 1 Rn. 109.
[12] BT-Drs. 14/7758, 91, 136 (zu Nr. 62). Dagegen sprach sich der Bundesrat, BT-Drs. 14/7758, S. 115 f. (Nr. 62), für eine Beibehaltung der bisherigen Regelung aus: Das Gefahrenpotential liege hier in der Verwechselbarkeit mit wirklich gefährlichen Waffen und damit in einem äußerst wirksamen Drohpotential, das zB bei Flugzeugentführungen wirksam eingesetzt werden könne; vgl. aus der früheren Rspr. BVerwG 26.5.1998 – 1 C 27/97, GewA 1998, 476 = NVwZ-RR 1999, 17; BayObLG 13.3.1997 – 4 St RR 26/97, BayObLGSt 1997, 59. *Ullrich* Kriminalistik 2007, 537 (538) weist darauf hin, dass ein Grund für die Streichung dieser Anscheinskriegswaffen aus der Liste der verbotenen Waffen auch darin gelegen hat, dass bei Gerichtsverfahren die Beurteilung, ob es sich um eine Anscheinswaffe handele, immer wieder Anlass zu Streitigkeiten bot. Zudem hätte sich das Aussehen der Kriegswaffen so sehr gewandelt, dass für den optischen Anschein einer Kriegswaffe kaum mehr verbindliche Merkmale zu definieren seien.
[13] Hierzu → § 1 Rn. 67 ff. und unten § 42a.
[14] Vgl. hierzu noch → Rn. 21 ff. sowie → § 1 Rn. 126 ff.
[15] BGBl. I S. 429 (435 f.); insbes. wurde die Nr. 1.2.1 aF in 1.2.1.1 uns 1.2.1.2 aufgeteilt und ergänzt, Nr. 1.2.5 und Nr. 1.5.7 neu eingefügt und Nr. 1.3.4 und Nr. 1.3.6 ergänzt. Ferner ergaben sich Änderungen bei den Messern (Nr. 1.4.1 bis Nr. 1.4.3).

1.2 Schusswaffen im Sinne des § 1 Abs. 2 Nr. 1 nach den Nummern 1.2.1 bis 1.2.3 und deren Zubehör nach Nummer 1.2.4, die

1.2.1

1.2.1.1 Vollautomaten im Sinne der Anlage 1 Abschnitt 1 Unterabschnitt 1 Nr. 2.2 sind oder

1.2.1.2 Vorderschaftrepetierflinten, bei denen anstelle des Hinterschaftes ein Kurzwaffengriff vorhanden ist oder die Waffengesamtlänge in der kürzest möglichen Verwendungsform weniger als 95 cm oder die Lauflänge weniger als 45 cm beträgt, sind;

1.2.2 ihrer Form nach geeignet sind, einen anderen Gegenstand vorzutäuschen oder die mit Gegenständen des täglichen Gebrauchs verkleidet sind (z.B. Koppelschlosspistolen, Schießkugelschreiber, Stockgewehre, Taschenlampenpistolen);

1.2.3 über den für Jagd- und Sportzwecke allgemein üblichen Umfang hinaus zusammengeklappt, zusammengeschoben, verkürzt oder schnell zerlegt werden können;

1.2.4 für Schusswaffen bestimmte

1.2.4.1 Vorrichtungen sind, die das Ziel beleuchten (z.B. Zielscheinwerfer) oder markieren (z.B. Laser oder Zielpunktprojektoren);

1.2.4.2 Nachtsichtgeräte und Nachtzielgeräte mit Montagevorrichtung für Schusswaffen sowie Nachtsichtvorsätze und Nachtsichtaufsätze für Zielhilfsmittel (z.B. Zielfernrohre) sind, sofern die Gegenstände einen Bildwandler oder eine elektronische Verstärkung besitzen;

1.2.5 mehrschüssige Kurzwaffen, deren Baujahr nach dem 1. Januar 1970 liegt, für Zentralfeuermunition in Kalibern unter 6,3 mm, wenn der Antrieb der Geschosse nicht ausschließlich durch den Zündsatz erfolgt;

1.3 Tragbare Gegenstände im Sinne des § 1 Abs. 2 Nr. 2 Buchstabe a nach den Nummern 1.3.1 bis 1.3.8

1.3.1 Hieb- oder Stoßwaffen, die ihrer Form nach geeignet sind, einen anderen Gegenstand vorzutäuschen, oder die mit Gegenständen des täglichen Gebrauchs verkleidet sind;

1.3.2 Stahlruten, Totschläger oder Schlagringe;

1.3.3 sternförmige Scheiben, die nach ihrer Beschaffenheit und Handhabung zum Wurf auf ein Ziel bestimmt und geeignet sind, die Gesundheit zu beschädigen (Wurfsterne);

1.3.4 Gegenstände, bei denen leicht entflammbare Stoffe so verteilt und entzündet werden, dass schlagartig ein Brand entstehen kann oder in denen unter Verwendung explosionsgefährlicher oder explosionsfähiger Stoffe eine Explosion ausgelöst werden kann;

1.3.5 Gegenstände mit Reiz- oder anderen Wirkstoffen, es sei denn, dass die Stoffe als gesundheitlich unbedenklich amtlich zugelassen sind und die Gegenstände
– in der Reichweite und Sprühdauer begrenzt sind und
– zum Nachweis der gesundheitlichen Unbedenklichkeit, der Reichweiten- und der Sprühdauerbegrenzung ein amtliches Prüfzeichen tragen;

1.3.6 Gegenstände, die unter Ausnutzung einer anderen als mechanischen Energie Verletzungen beibringen (z.B. Elektroimpulsgeräte), sofern sie nicht als gesundheitlich unbedenklich amtlich zugelassen sind und ein amtliches Prüfzeichen tragen zum Nachweis der gesundheitlichen Unbedenklichkeit, sowie Distanz-Elektroimpulsgeräte, die mit dem Abschuss- oder Auslösegerät durch einen leitungsfähigen Flüssigkeitsstrahl einen Elektroimpuls übertragen oder durch Leitung verbundene Elektroden zur Übertragung eines Elektroimpulses am Körper aufbringen

1.3.7 Präzisionsschleudern nach Anlage 1 Abschnitt 1 Unterabschnitt 2 Nr. 1.3 sowie Armstützen und vergleichbare Vorrichtungen für die vorbezeichneten Gegenstände;

1.3.8 Gegenstände, die nach ihrer Beschaffenheit und Handhabung dazu bestimmt sind, durch Drosseln die Gesundheit zu schädigen (z.B. Nun-Chakus);

1.4 Tragbare Gegenstände im Sinne des § 1 Abs. 2 Nr. 2 Buchstabe b nach den Nummern 1.4.1 bis 1.4.4

1.4.1 Spring- und Fallmesser nach Anlage 1 Abschnitt 1 Unterabschnitt 2 Nr. 2.1.1 und 2.1.2. Hiervon ausgenommen sind Springmesser, wenn die Klinge seitlich aus dem Griff herausspringt und der aus dem Griff herausragende Teil der Klinge
– höchstens 8,5 cm lang ist und
– nicht zweiseitig geschliffen ist;

1.4.2 Faustmesser nach Anlage 1 Abschnitt 1 Unterabschnitt 2 Nr. 2.1.3,

1.4.3 Butterflymesser nach Anlage 1 Abschnitt 1 Unterabschnitt 2 Nr. 2.1.4,

1.4.4 Gegenstände, die unter Ausnutzung einer anderen als mechanischen Energie Tieren Verletzungen beibringen (z.B. Elektroimpulsgeräte), sofern sie nicht als gesundheitlich unbedenklich amtlich zugelassen sind und ein amtliches Prüfzeichen tragen zum Nachweis der gesundheitlichen Unbedenklichkeit oder bestimmungsgemäß in der Tierhaltung Verwendung finden;

1.5 Munition und Geschosse nach den Nummern 1.5.1 bis 1.5.7

1.5.1 Geschosse mit Betäubungsstoffen, die zu Angriffs- oder Verteidigungszwecken bestimmt sind;

1.5.2 Geschosse oder Kartuschenmunition mit Reizstoffen, die zu Angriffs- oder Verteidigungszwecken bestimmt sind ohne amtliches Prüfzeichen zum Nachweis der gesundheitlichen Unbedenklichkeit;

1.5.3 Patronenmunition für Schusswaffen mit gezogenen Läufen, deren Geschosse im Durchmesser kleiner sind als die Felddurchmesser der dazugehörigen Schusswaffen und die mit einer Treib- und Führungshülse umgeben sind, die sich nach Verlassen des Laufes vom Geschoss trennt;

1.5.4 Munition und Geschosse nach Anlage 1 Abschnitt 3 Nummer 1.5 sowie Munition mit Geschossen, die einen Hartkern (mindestens 400 HB 25 – Brinellhärte – bzw. 421 HV – Vickershärte –) enthalten, sowie entsprechende Geschosse, ausgenommen pyrotechnische Munition, die bestimmungsgemäß zur Signalgebung bei der Gefahrenabwehr dient;

1.5.5 Knallkartuschen, Reiz- und sonstige Wirkstoffmunition nach Tabelle 5 der Maßtafeln nach § 1 Abs. 3 Satz 3 der Dritten Verordnung zum Waffengesetz in der Fassung der Bekanntmachung vom 2. September 1991 (BGBl. I S. 1872), die zuletzt durch die Zweite Verordnung zur Änderung von waffenrechtlichen Verordnungen vom 24. Januar 2000 (BGBl. I S. 38) geändert wurde, in der jeweils geltenden Fassung (Maßtafeln), bei deren Verschießen in Entfernungen von mehr als 1,5 m vor der Mündung Verletzungen durch feste Bestandteile hervorgerufen werden können, ausgenommen Kartuschenmunition der Kaliber 16 und 12 mit einer Hülsenlänge von nicht mehr als 47 oder 49 mm;

1.5.6 Kleinschrotmunition, die in Lagern nach Tabelle 5 der Maßtafeln mit einem Durchmesser (P_1) bis 12,5 mm geladen werden kann;

1.5.7 Munition, die zur ausschließlichen Verwendung in Kriegswaffen oder durch die in § 55 Abs. 1 Satz 1 bezeichneten Stellen bestimmt ist, soweit die Munition nicht unter die Vorschriften des Gesetzes über die Kontrolle von Kriegswaffen oder des Sprengstoffgesetzes fällt.

1. Frühere Kriegswaffen (Nr. 1.1). Nach Anl. 2 Abschn. 1 Nr. 1.1 gelten Waffen als **4** verbotene Waffen, die ursprünglich Kriegswaffen iS der Kriegswaffenliste waren, später aber ihre Kriegswaffeneigenschaft verloren haben. Dabei muss es sich nicht um eine Kriegs**schuss**waffe handeln, sodass auch andere Waffen erfasst sind.[16] Ausdrücklich ausgenommen hiervon sind allerdings die **halbautomatischen tragbaren Schusswaffen**,[17] die nunmehr als „normale" Schusswaffen dem WaffG unterfallen und nach den hier aufgestellten Voraussetzungen verwendet werden können. Im Umkehrschluss unterfallen sämtliche **vollautomatischen tragbaren Kriegsschusswaffen** (darüber hinaus aber, wie dargelegt, auch sämtliche anderen Kriegswaffen) der vorliegenden Vorschrift.[18] Begrifflich kann der Verlust der Kriegswaffeneigenschaft daher rühren, dass die entsprechende Waffe aus der Kriegswaffenliste gestrichen wurde und daher (vgl. § 1 Abs. 1 KrWaffG) nicht mehr in den Anwendungsbereich des Kriegswaffenrechts fällt (vgl. hierzu auch § 57 Abs. 2).[19] Ferner kann diese

---

[16] Hinze/*Runkel* Rn. 52; Steindorf/*B. Heinrich* Rn. 5.

[17] Vgl. Anl. II-A 1-1.1 S. 3 WaffVwV. Diese Regelung ist neu und hat keinen Vorläufer im WaffG aF; zur Begründung der Aufnahme vgl. BT-Drs. 14/7758, 90; zu den halbautomatischen Schusswaffen → § 1 Rn. 83 ff.

[18] Vgl. ergänzend Anl. II-A 1-1.1 S. 1 und S. 2 WaffVwV: „Zu den verbotenen Waffen nach Anlage 2 Abschnitt 1 Nummer 1.1 zählen vollautomatische Kriegsschusswaffen, die nach der Änderung der KW-Liste in der Fassung der Bekanntmachung vom 22. November 1990 (BGBl. I S. 2506) ihre KW-Eigenschaft verloren haben, wenn sie vor dem 2. September 1945 eingeführt wurden. Maschinengewehre bleiben KW, es sei denn, es handelt sich um wassergekühlte Maschinengewehre".

[19] Hierauf wird in BT-Drs. 14/7758, 90 abgestellt; so auch *Gade* S. 38; *Heller/Soschinka* Rn. *256;* Hinze/*Runkel* Rn. 48 f.; *König/Papsthart* Rn. 841; Steindorf/*B. Heinrich* Rn. 5a; vgl. allerdings Apel/Bushart/*Bushart* Anl. 2 Rn. 3, der davon ausgeht, dass diese Waffen gerade *nicht* erfasst würden, da dann die Regelung des § 57 Abs. 2 ihren Sinn verlöre.

Voraussetzung dadurch erfüllt sein, dass die Kriegswaffe in eine zivile Waffe umgebaut wird oder dadurch, dass die Waffe dauerhaft funktionsunfähig wird und daher nicht mehr als Kriegswaffe angesehen werden kann.[20] In letzterem Fall ist allerdings auch die Qualität als Waffe (§ 1 Abs. 2) zu verneinen,[21] so dass auch keine „verbotene Waffe" vorliegen kann. Zudem enthält § 13a KrWaffG iVm der Verordnung über den Umgang mit unbrauchbar gemachten Kriegswaffen[22] für diesen Fall eine Spezialregelung, woraus sich ergibt, dass diese Waffen immer noch als „Kriegswaffen" iS des KrWaffG anzusehen sind, die auch weiterhin dem „Regime" des KrWaffG unterfallen sollen und ein unbefugter Umgang hiermit zudem über § 3 der genannten VO „nur" bußgeldbewehrt ist, während sonst, wären sie als verbotene Waffen anzusehen, eine Straftat nach § 52 Abs. 1 Nr. 1 vorläge.[23] Daher fallen unter diese Vorschrift lediglich die aus der Kriegswaffenliste entlassenen sowie die umgebauten Waffen.[24] Der Umgang mit solchen verbotenen Waffen wird gem. § 52 Abs. 1 Nr. 1, Abs. 4, Abs. 5, Abs. 6 sanktioniert.[25]

5 **2. Vollautomatische Schusswaffen (Nr. 1.2.1.1).** Nach Anl. 2 Abschn. 1 Nr. 1.2.1.1 gelten als verbotene Waffen sämtliche **Vollautomaten** im Sinne der Anl. 1 Abschn. 1 Unterabschn. 1 Nr. 2.2.[26] Hierunter versteht man Schusswaffen, die nach Abgabe eines Schusses selbsttätig erneut schussbereit werden und bei denen aus demselben Lauf durch einmalige Betätigung des Abzuges oder einer anderen Schussauslösevorrichtung mehrere Schüsse abgegeben werden können. Der verbotene Umgang mit Vollautomaten stellt gem. § 51 ein Verbrechen dar.[27]

6 **3. Vorderschaftrepetierflinten mit Kurzwaffengriff und geringer Länge, sog. „Pumpguns" (Nr. 1.2.1.2).** Anl. 2 Abschn. 1 Nr. 1.2.1.2 verbietet bestimmte **Vorderschaftrepetierflinten** (sog. „Pumpguns") und nennt hierbei zwei Varianten: Zum einen sind Vorderschaftrepetierflinten erfasst, bei denen anstelle des Hinterschaftes ein Kurzwaffengriff[28] vorhanden[29] ist. Zum anderen wurde durch das ÄndG 2008[30] das Verbot der Vorderschaftrepetierflinten auf solche Modelle erstreckt, bei denen die Waffengesamtlänge in der kürzest möglichen Verwendungsform[31] weniger als 95 cm oder die Lauflänge weniger als 45 cm beträgt. Dadurch sollten – der ratio legis der Norm entsprechend, die kurze und daher verdeckt führbare Pumpguns verbieten will – nun auch Vorderschaftrepetierflinten mit geringer Länge zu verbotenen Waffen erklärt.[32] Diese Flinten (die sich von Büchsen dadurch unterscheiden, dass sie mit glatten Läufen zum Verschießen von Schrot und nicht

---

[20] So Apel/Bushart/*Bushart* Anl. 2 Rn. 3; ferner *Gade* S. 38; Lehmann/*v. Grotthuss* Rn. 35, 36; zu den unbrauchbar gemachten Kriegswaffen → KrWaffG § 22a Rn. 6 ff.
[21] → § 1 Rn. 13, 38, 59 ff.
[22] VO vom 1.7.2004, BGBl. I S. 1448.
[23] Zu dieser Argumentation vgl. auch Steindorf/*B. Heinrich* Rn. 5a.
[24] Steindorf/*B. Heinrich* Rn. 5a; dagegen will *Gade* S. 38 alle drei Varianten von Nr. 1.1 erfasst ansehen; anders wiederum *Gade/Stoppa* Anl. 2 Rn. 2, die nur die aus der Kriegswaffenliste entlassenen Waffen als erfasst ansehen.
[25] → § 52 Rn. 5 ff. 117 ff.
[26] Anl. II-A 1-1.2.1.1 S. 1 WaffVwV. Diese Vorschrift entspricht § 37 Abs. 1 S. 1 Nr. 1 Buchst. d WaffG aF. Zu den vollautomatischen Waffen → § 1 Rn. 81 f.; die Vorschrift ist abgedruckt in → § 1 Rn. 77.
[27] → § 51 Rn. 4.
[28] Vgl. hierzu Anl. II-A 1-1.2.1.2 S. 3 WaffVwV: „Bei einem Kurzwaffengriff im Sinne dieser Vorschrift handelt es sich um einen Handgriff, der am Gehäuse hinter dem Abzug angebracht ist und nur von einer Hand des Schützen umfasst wird".
[29] Vgl. hierzu ergänzend Anl. II-A 1-1.2.1.2 S. 1 und S. 2 WaffVwV: „Ebenso fallen unter das Verbot Vorderschaftrepetierflinten mit Kurzwaffengriff, unabhängig davon, ob der Kurzwaffengriff bereits werksseitig an der Waffe angebracht wurde. Es ist nicht notwendig, dass die Waffe ursprünglich mit einem Hinterschaft versehen war, der nachträglich gegen den Kurzwaffengriff ausgetauscht wurde". Die frühere Fassung lautete noch „durch einen Pistolengriff ersetzt ist". Sie wurde durch das ÄndG 2008, BGBl. I S. 426 (435 f.) geändert, um dem Missverständnis vorzubeugen, dass nur die nachträgliche Anbringung erfasst sei; vgl. BT-Drs. 16/7717, 25.
[30] BGBl. I S. 426 (435 f.).
[31] Vgl. zu dieser Voraussetzung ausführlich Hinze/*Runkel* Rn. 56a.
[32] BT-Drs. 16/7717, 25.

mit gebogenen Läufen ausgestattet sind) zeichnen sich dadurch aus, dass das Nachladen mit Hilfe einer am Vorderschaft angebrachten Mechanik geschieht, was zur Folge hat, dass die Hand des Schützen – anders als beim Repetiergewehr mit Kammerstengel – beim Nachladen weiterhin am Schaft bleiben kann.[33] Da das Gesetz ausdrücklich auf die „Repetier"flinten abstellt, sind Selbstladeflinten mit einem Hinterschaft-Pistolengriff nicht erfasst.[34] Das Verbot dieser Waffen wird insgesamt damit begründet, dass diese – wie erwähnt üblicherweise zum Verschießen von Schrotmunition bestimmten – Waffen klassische „Unterwelt"-Waffen darstellen.[35] Sie werden hauptsächlich im kriminellen Milieu benutzt und sind neben ihrer Drohwirkung auf Grund ihrer vergleichsweise geringen Länge und ihrer verheerenden Wirkung im Nahbereich objektiv besonders gefährlich. Als Sport- und Jagdwaffen finden diese „Pumpguns" schon mangels Eignung zum gezielten Schießen keine Verwendung.[36] Hinzuweisen ist allerdings darauf, dass der Begriff „Pumpgun" missverständlich ist, da zumindest umgangssprachlich alle Vorderschaftrepetierflinten mit diesem Begriff bezeichnet werden, also auch diejenigen, die einen gewöhnlichen Hinterschaft in Form einer Schulterstütze besitzen.[37] Als verbotene Waffen sind jedoch nur die in Nr. 1.2.1.2 konkret aufgeführten Pumpguns anzusehen. Der unerlaubte Umgang mit diesen Waffen wird nach § 51 Abs. 1 als Verbrechen geahndet.[38]

4. „Getarnte" Schusswaffen (Nr. 1.2.2). Nach Anl. 2 Abschn. 1 Nr. 1.2.2 gelten **7** Schusswaffen iS des § 1 Abs. 2 Nr. 1, die ihrer Form nach geeignet sind, einen anderen Gegenstand vorzutäuschen (getarnte Schusswaffen) oder die mit Gegenständen des täglichen Gebrauchs verkleidet sind (verborgene Schusswaffen) als verbotene Waffen.[39] Das Gesetz nennt hierfür als Beispiele ausdrücklich die Koppelschlosspistolen, Schießkugelschreiber, Stockgewehre und Taschenlampenpistolen.[40] Hintergrund dieses Verbotes ist die besondere Gefährlichkeit dieser Waffen durch Erzielung und Ausnutzung des Überraschungseffektes. Auch ein Nichtfachmann soll eine Schusswaffe im Interesse seines eigenen Schutzes ohne weiteres auf den ersten Blick erkennen können.[41] Erfasst sind daher sowohl Schusswaffen, die in anderen Gegenständen zB in Stöcken, Schirmen, Röhren oder in ähnlicher Weise verborgen sind (so die Formulierung in § 25 Abs. 1 Nr. 1 RWaffG; ähnlich § 18 Abs. 1 S. 1 BWaffG 1968) als auch solche, die in ihrer Gesamtheit aussehen wie ein Gebrauchsgegenstand, zB wie ein Kugelschreiber, ein Feuerzeug oder eine Taschenlampe (so die Formulierung in Nr. 37.2.2 WaffVwV zum WaffG aF). Denkbar sind somit auch Aktenkoffer, in denen eine Waffe eingebaut ist und derart mit einer externen Abzugsvorrichtung versehen ist, dass sie direkt abgefeuert werden kann, ohne sie zuvor aus dem Koffer herausnehmen zu müssen.[42] Gerade diese sofortige Einsetzbarkeit kennzeichnet diese Form von Waffen. Nicht erfasst sind also diejenigen Fälle, in denen die Schusswaffe vor dem Einsatz aus dem Gegenstand herausgeholt werden muss.[43] Der verbotene Umgang mit getarnten Schusswaffen wird gem. § 52 Abs. 3 Nr. 1, Abs. 4 als Vergehen sanktioniert.[44]

---

[33] Apel/Bushart/*Bushart* Anl. 2 Rn. 7.
[34] *Heller/Soschinka* Rn. 275.
[35] *Heller/Soschinka* Rn. 273; Hinze/*Runkel* Rn. 56a; Steindorf/*B. Heinrich* Rn. 6b; *Ullrich* Kriminalistik 2007, 537 weist darauf hin, dass es sich bei diesen Waffen um solche handelt, die durch einen unter dem Lauf befindlichen beweglichen Griff nachgeladen werden und die auf Grund des ihr eigenen Repetiergeräusches eine psychisch einschüchternde Wirkung erzeugen.
[36] *Heller/Soschinka* Rn. 273; Hinze/*Runkel* Rn. 56a; ferner *Weerth* Kriminalistik 2003, 39 (49).
[37] *Heller/Soschinka* Rn. 274; vgl. auch Hinze/*Runkel* Rn. 56.
[38] → § 51 Rn. 6.
[39] Vgl. hierzu Anl. II-A 1-1.2.2 WaffVwV; diese Vorschrift entspricht § 37 Abs. 1 S. 1 Nr. 1 Buchst. c WaffG aF; hierzu auch Nr. 37.2.2 WaffVwV (zum WaffG aF) und aus der Rspr. BGH 1.8.1995 – 4 StR 424/95, BGHR WaffG § 53 Abs. 3 Tatsächliche Gewalt 2; 23.8.2002 – 2 StR 291/02, BeckRS 2002, 7854; eine Abbildung mit verschiedenen getarnten Schusswaffen findet sich bei *Busche* S. 71.
[40] Eine nähere Beschreibung dieser Waffen findet sich bei Hinze/*Runkel* Rn. 59 ff.
[41] *Heller/Soschinka* Rn. 278; Lehmann/v. *Grotthuss* Rn. 42; Steindorf/*B. Heinrich* Rn. 7.
[42] *Heller/Soschinka* Rn. 278.
[43] Gade/*Stoppa* Anl. 2 Rn. 13.
[44] Hierzu → § 52 Rn. 48 ff., 117 ff.

8 **5. Zusammenklappbare Schusswaffen (Nr. 1.2.3).** Nach Anl. 2 Abschn. 1 Nr. 1.2.3 gelten die zusammenklappbaren, zusammenschiebbaren, verkürzbaren oder schnell zerlegbaren Schusswaffen ebenfalls als verbotene Waffen.[45] Nach der Anl. II-A 1-1.2.3 S. 1 WaffVwV „soll das Verbot ein verdecktes Führen von Langwaffen unterbinden". Unter das Verbot fallen die genannten Schusswaffen jedoch nur dann, wenn die Veränderungen über das für Jagd- und Sportzwecke allgemein üblichen Umfang hinaus vorgenommen werden können, denn auch die meisten Jagdwaffen, vor allem die mehrläufigen Waffen, sind zerlegbare Kipplaufwaffen.[46] Erfasst werden sollen als verbotene Waffen jedoch nur die typischen **„Wilddiebsgewehre",** also diejenigen Schusswaffen, die eigens dafür konstruiert sind, mit wenigen Handgriffen und ohne erheblichen Zeitaufwand schneller als für Jagd- und Sportzwecke allgemein üblich durch die Trennung einzelner Teile in einen Zustand versetzt zu werden, in dem sie nach außen hin kaum oder gar nicht mehr als Schusswaffe erkennbar sind.[47] Dabei können zum Vergleich nur Schusswaffen der gleichen Waffen- und Munitionsart herangezogen werden.[48] Die Gefährlichkeit dieser Waffen beruht neben dem bereits genannten Zweck des „Wilddiebstahls" heutzutage auch darauf, dass diese Waffen häufig zu Attentatszwecken gebraucht werden.[49] Hinsichtlich der **Verkürzbarkeit** ist darauf hinzuweisen, dass es entscheidend darauf ankommt, dass die Waffe nach ihrer gegenwärtigen Beschaffenheit in schussfertigem Zustand verkürzbar ist und nicht darauf, ob sie im Vergleich zu ihrem früheren Zustand verkürzt worden ist, etwa durch Absägen des Laufes oder Schafts, ohne dass sie mit wenigen Handgriffen wieder verlängert werden kann.[50] Das Verbot schließt nicht eine Zerlegbarkeit zum bequemeren Transport der Waffe aus und auch nicht ein Zerlegen derselben zum Zwecke der Anbringung anderer Laufsysteme (zB der Anbringung von Büchsenläufen oder Laufsystemen anstelle der Flintenläufe).[51] Der verbotene Umgang mit solchen Waffen wird gem. § 52 Abs. 3 Nr. 1, Abs. 4 sanktioniert.[52]

9 **6. Scheinwerfer (Nr. 1.2.4.1).** Nach Anl. 2 Abschn. 1 Nr. 1.2.4.1 gelten als verbotene Waffen[53] auch die für Schusswaffen bestimmten Zielscheinwerfer[54] sowie weitere Vorrichtungen, die ein bestimmtes Ziel beleuchten oder markieren können, wie dies zB bei bestimmten Lasern[55] oder Zielpunktprojektoren[56] der Fall ist.[57] Das Erfordernis „für

---

[45] Diese Vorschrift entspricht § 37 Abs. 1 S. 1 Nr. 1 Buchst. a WaffG aF; vgl. auch bereits § 18 Abs. 1 Nr. 1 Buchst. a WaffG 1968.
[46] Hierzu auch Anl. II-A 1-1.2.3 S. 2 und 3 WaffVwV: „Es ist auf den für Jagd- und Sportzwecke üblichen Umfang abzustellen; üblich ist zB das Zerlegen einer Jagd- und Sportwaffe durch Entfernen des Laufes nach Abnehmen eines Vorderschaftes oder Lösen von Laufhalteschrauben mit Werkzeugen. Insbesondere bei modernen Sportwaffen entspricht ein Zusammenklappen oder -schieben des Hinterschaftes dem heute üblichen Umfang, wenn die bestimmungsgemäß verwendbar Länge im verkürzten Zustand mehr als 60 cm (siehe Anlage 1 Abschnitt 1 Unterabschnitt 1 Nummer 2.5 ‚Langwaffe') beträgt". Insoweit gehen *Gade/Stoppa* Anl. 2 Rn. 17 auch davon aus, dass sich die Verbotsnorm inzwischen überlebt habe und auf Grund der technischen Entwicklung im Bereich der Jagd- und Sportwaffen inzwischen ins Leere laufen würde.
[47] BT-Drs. V/528, 29; vgl. auch BVerwG 6.12.1978 – 1 C 55.76, DVBl 1979, 728 (729 – Kleinkalibergewehr „Trombone"); *Steindorf/B. Heinrich* Rn. 8; vgl. zu den einzelnen Systemen *Hinze/Runkel* Rn. 64 ff.; vgl. hierzu auch die Abbildung bei *Busche* S. 73.
[48] Vgl. Nr. 37.2.1 S. 3 WaffVwV (zum WaffG aF).
[49] *Gade/Stoppa* Anl. 2 Rn. 16; *Heller/Soschinka* Rn. 279; *Steindorf/B. Heinrich* Rn. 8.
[50] Vgl. Nr. 37.2.1 S. 4 WaffVwV (zum WaffG aF); *Apel/Bushart/Bushart* Anl. 2 Rn. 10; *Lehmann/v. Grotthuss* Rn. 49; *Steindorf/B. Heinrich* Rn. 8.
[51] BT-Drs. V/528, 29; vgl. Anl. II-A 1-1.2.3 S. 4 WaffVwV; *Heller/Soschinka* Rn. 280; *Hinze/Runkel* Rn. 63; *Lehmann/v. Grotthuss* Rn. 49; *Steindorf/B. Heinrich* Rn. 8.
[52] → § 52 Rn. 48 ff., 117 ff.
[53] Dabei fallen diese Gegenstände selbst nicht unter den Waffenbegriff, sondern können nach Anl. 1 Abschn. 1 Unterabschn. 1 Nr. 4 lediglich als „sonstige Teile von Schusswaffen" angesehen werden; → § 1 Rn. 58; vgl. auch Anl. II-A 1.2.4 S. 2 WaffVwV.
[54] Vgl. hierzu Anl. I-A 1-UA 1-4.1/4.2 S. 2 und 3 WaffVwV: „Bei den Zielscheinwerfern handelt es sich um Lampen, die mittels einer Montagevorrichtung an Schusswaffen befestigt sind. Oftmals können diese mittels Fernschalter angeschaltet werden".
[55] Vgl. hierzu Anl. I-A 1-UA 1-4.1/4.2 S. 4 WaffVwV: „Bei Lasern im Sinne dieser Vorschrift handelt es sich um Vorrichtungen, die mittels gebündelten Lichts das Ziel markieren und über eine Montagevorrichtung an der Waffe befestigt sind".
[56] Vgl. hierzu Anl. I-A 1-UA 1-4.1/4.2 S. 7 WaffVwV: „Bei den Zielpunktprojektoren handelt es sich um Lampen, die mittels einer Abschattung eines Teils des Lichtkegels den Zielpunkt markieren".

Schusswaffen bestimmt" ist bereits dann erfüllt, wenn die Vorrichtung auf eine gebräuchliche Schusswaffe montiert werden kann,[58] wobei es gleichgültig ist, ob eine feste Montage oder ein Anbringen mittels eines Adapters erfolgen soll.[59] Nicht notwendig ist dabei, dass das ausgestrahlte Licht im sichtbaren Bereich ist, sodass auch das Licht im Infrarot- oder Ultraviolett-Bereich (zB wie Infrarot-Zielscheinwerfer) erfasst sind.[60] Dagegen fallen Handscheinwerfer und Taschenlampen nicht unter diese Bestimmung, selbst wenn sie vom Schützen dazu verwendet werden und insoweit ausschließlich dazu bestimmt sind, ein Ziel zu beleuchten.[61] Nicht (mehr) erfasst sind ebenfalls sog. „Leuchtabsehen", dh Gegenstände, die nicht das Ziel, sondern die Zieleinrichtung (Visier, Korn) beleuchten.[62] Gleiches gilt für Laserentfernungsmesser.[63] Hintergrund dieser Regelung ist wiederum in erster Linie der Schutz vor **Wilddieben.** Denn die Benutzung von Scheinwerfern, zB Gewehrscheinwerfern, die vorwiegend von Wilderern benutzt werden, um das Wild zu blenden und fluchtunfähig zu machen, stellt nicht nur eine Gefahr für den Wildbestand, sondern auch für den Menschen, insbes. die Jagdberechtigten oder die mit dem Jagdschutz betrauten Personen dar.[64] Von Jägern und Sportschützen werden diese Gegenstände nicht verwendet.[65] Die Strafbarkeit des verbotenen Umgangs mit solchen Scheinwerfern bestimmt sich nach § 52 Abs. 3 Nr. 1, Abs. 4.[66]

7. Nachtsichtgeräte (Nr. 1.2.4.2). Nach Anl. 2 Abschn. 1 Nr. 1.2.4.2 gelten auch die für Schusswaffen bestimmten Nachtsichtgeräte und Nachtzielgeräte mit Montagevorrichtung für Schusswaffen sowie die für Zielhilfsmittel bestimmten Nachtsichtvorsätze und Nachtsichtaufsätze als verbotene Waffen.[67] Die Zielfernrohre selbst unterliegen hierbei nicht dem Verbot.[68] Voraussetzung ist allerdings, dass die betreffenden Geräte einen Bildwandler oder eine elektronische Verstärkung besitzen.[69] Durch diese Vorschrift werden die bisher vorwiegend militärischen Zwecken (Ermöglichung der Nachtkampffähigkeit) dienenden Nachtzielgeräte und vergleichbare Gegenstände einem umfassenden Verbot, insbes. auch einem Herstellungs- und Vertriebsverbot unterworfen. Dies dient vor allem dem Zweck, ihre Verbreitung im zivilen Bereich, insbes. zur Begehung von Straftaten (zB Wilderei) zu unterbinden.[70] Denn ein Bedürfnis für eine Ausgestaltung einer Schusswaffe mit Nachtsichtgeräten besteht in der Regelfall weder bei Jägern noch bei Sportschützen. Dabei versteht man unter **Nachtzielgeräten** solche, die für das menschliche Auge nicht sichtbare Strahlen, zB Ultrakurzwellen oder Infrarotstrahlen, aussenden und hierdurch das Ziel beleuchten. Um das Bild für das menschliche Auge sichtbar zu machen, bedarf es daher eines Bildwandlers.[71]

---

[57] Die Vorschrift entspricht im Wesentlichen § 37 Abs. 1 S. 1 Nr. 2 WaffG aF; dagegen erfasste § 25 Abs. 1 Nr. 2 RWaffG ausschließlich „Gewehrscheinwerfer".
[58] Vgl. auch Anl. II-A 1-1.2.4 S. 3 und 4 WaffVwV; Apel/Bushart/*Bushart* Anl. 2 Rn. 11; Hinze/*Runkel* Rn. 72; Steindorf/*B. Heinrich* Rn. 9; vgl. im Einzelnen mit einigen Beispielen *Gade/Stoppa* Anl. 2 Rn. 23 f.
[59] *Gade/Stoppa* Anl. 2 Rn. 23.
[60] Vgl. hierzu Anl. I-A 1-UA 1-4.1/4.2 S. 8 WaffVwV.
[61] Hierzu auch BVerwG 24.6.2009 – 6 C 21/08, NVwZ-RR 2009, 838 (840) = GewA 2010, 47 Ls.
[62] Ein solches vormals in § 37 Abs. 1 Nr. 2 WaffG aF geregeltes Verbot wurde durch Gesetz vom 21.11.1996, BGBl. I S. 1779, wieder gestrichen; vgl. auch *Heller/Soschinka* Rn. 284.
[63] *Heller/Soschinka* Rn. 284.
[64] Steindorf/*B. Heinrich* Rn. 9.
[65] Daher findet sich auch sogar noch weitergehendes Verbot in § 19 Abs. 1 Nr. 5.5 Buchst. a BJagdG.
[66] Hierzu näher → § 52 Rn. 48 ff., 117 ff.
[67] Diese Vorschrift entspricht im Wesentlichen § 37 Abs. 1 S. 1 Nr. 3 WaffG aF, wobei hier allerdings nur die Nachtzielgeräte, nicht die Nachtsichtgeräte bzw. Nachtsichtvorsätze. Nachtsichtaufsätze erfasst waren. Vgl. auch Anl. II-A 1-1.2.4 S. 5 WaffVwV: „Bei den Nachtsichtgeräten, Nachtsichtvorsätzen und -aufsätzen handelt es sich um Vorrichtungen, die mit üblichen Zielfernrohren kombiniert und dann als Nachtzielgeräte verwendet werden können"; vgl. hierzu auch die Abbildung bei *Busche* S. 91.
[68] Vgl. Anl. II-A 1-1.2.4 S. 6 WaffVwV.
[69] Dabei fallen diese Gegenstände selbst nicht unter den Waffenbegriff, sondern können nach Anl. 1 Abschn. 1 Unterabschn. 1 Nr. 4 lediglich als „sonstige Teile von Schusswaffen" angesehen werden; → § 1 Rn. 58.
[70] Steindorf/*B. Heinrich* Rn. 10.
[71] Hinze/*Runkel* § 1 Rn. 86; Steindorf/*B. Heinrich* Rn. 10.

Dagegen wird bei den **Nachtsichtgeräten** nicht das Ziel selbst beleuchtet, sondern es wird das für das menschliche Auge nicht mehr sichtbare Restlicht durch eine elektronische Verstärkung so verstärkt, dass es für das menschliche Auge wahrnehmbar wird.[72] Wiederum müssen die Geräte nur für eine Schusswaffe „bestimmt" sein, nicht erforderlich ist, dass die Vorrichtung bereits an der Waffe angebracht wurde.[73] Dagegen fallen Nachtsichtbrillen und Nachtsichtferngläser nicht unter das Verbot.[74] Der verbotene Umgang stellt gem. § 52 Abs. 3 Nr. 1, Abs. 4 ein Vergehen dar.[75]

11 **8. Bestimmte mehrschüssige Kurzwaffen (Nr. 1.2.5).** Durch das ÄndG 2008[76] wurden in Anl. 2 Abschn. 1 Nr. 1.2.5 als verbotene Waffen neu in das Gesetz aufgenommen: „mehrschüssige Kurzwaffen [...], deren Baujahr nach dem 1. Januar 1970 liegt, für Zentralfeuermunition in Kalibern unter 6,3 mm, wenn der Antrieb der Geschosse nicht ausschließlich durch den Zündsatz erfolgt". Hintergrund dieses Verbotes ist, dass die Munition solcher Waffen Schutzwesten der Polizei durchschlagen kann.[77] Sie wurden erst in jüngster Zeit, insbes. für das Militär zur Verwendung in Maschinenpistolen, entwickelt und finden derzeit weder bei der Jagdausübung noch im Schießsport Verwendung.[78] Die Strafbarkeit des verbotenen Umgangs mit diesen mehrschüssigen Kurzwaffen richtet sich nach § 52 Abs. 3 Nr. 1, Abs. 4.[79]

12 **9. „Getarnte" Hieb- und Stoßwaffen (Nr. 1.3.1).** Als tragbare Gegenstände iS des § 1 Abs. 2 Nr. 2 Buchst. a sind nach Anl. 2 Abschn. 1 Nr. 1.3.1 ebenfalls diejenigen Hieb- oder Stoßwaffen verboten, die ihrer Form nach geeignet sind, einen anderen Gegenstand vorzutäuschen (getarnte Hieb- und Stoßwaffen), oder die mit Gegenständen des täglichen Gebrauchs verkleidet sind (verborgene Hieb- und Stoßwaffen).[80] Die Formulierung entspricht derjenigen in Anl. 2 Abschn. 1 Nr. 1.2.2 in Hinblick auf getarnte oder verborgene Schusswaffen und auch die durch das Verbot verfolgten Zwecke (= Verbot von Waffen, die für den Angegriffenen als solche nicht erkennbar sind und daher heimtückisch einsetzbar sind) sind weitgehend identisch.[81] Erfasst sind zB **Stockdegen**[82] (Stoßwaffen, die wie Spazierstöcke aussehen), **Shikomizue** (ein verstecktes japanisches Schwert, welches als Gehstock getarnt ist), **Kugelschreiberstilette,**[83] **Taschenlampenmesser** (wie das Modell HL2R LED Tactical Flashlight)[84] oder **Gürtelschnallenmesser.**[85] An sich erfasst wären

---

[72] Hinze/Runkel § 1 Rn. 87; Steindorf/B. Heinrich Rn. 10; vgl. ergänzend Nr. 37.2.5 WaffVwV (zum WaffG aF).
[73] Steindorf/B. Heinrich Rn. 10; vgl. Anl. II-A 1-1.2.4 S. 3 WaffVwV; vgl. auch Nr. 37.2.5 S. 3 und 4 WaffVwV (zum WaffG aF).
[74] Gade/Stoppa Anl. 2 Rn. 26; Lehmann/v. Grotthuss Rn. 51.
[75] → § 52 Rn. 48 ff., 117 ff.
[76] BGBl. I S. 426 (436).
[77] BT-Drs. 16/8224, 10, 20; Anl. II-A 1-1.2.5 WaffVwV; eine Auflistung solcher Waffen findet sich bei Hinze/Runkel Rn. 73.
[78] Gade/Stoppa Anl. 2 Rn. 26. Heller/Soschinka Rn. 285.
[79] → § 52 Rn. 48 ff., 117 ff.
[80] Diese Vorschrift entspricht § 37 Abs. 1 S. 1 Nr. 4 WaffG aF (vgl. auch bereits § 18 Abs. 1 Nr. 4 BWaffG 1968: „Hieb- oder Stoßwaffen, die in Stöcken oder Schirmen oder in ähnlicher Weise verborgen sind"; ferner § 367 Abs. 1 Nr. 9 StGB aF: „[...] wer einem gesetzlichen Verbot zuwider Stoß-, Hieb- oder Schusswaffen, welche in Stöcken oder Röhren oder in ähnlicher Weise verborgen sind, feilhält oder mit sich führt"); vgl. aus der Rspr. BGH 11.2.2003 – 5 StR 402/02, NStZ 2003, 439 (Feuerzeugspringmesser); BGH 6.5.2014 – 1 StR 151/14, BeckRS 2014, 11492 (Feuerzeugspringmesser); BayObLG 16.9.1993 – 4 St RR 155/93, NJW 1994, 335 (Kugelschreiberstilett).
[81] → Rn. 7.
[82] Vgl. Anl. II-A 1-1.3.1 S. 1 WaffVwV; hierzu näher Hinze/Runkel Rn. 75.
[83] Hierzu BayObLG 16.9.1993 – 4 St RR 155/93, NJW 1994, 335; Steindorf/B. Heinrich Rn. 11; vgl. dazu auch Lehmann/v. Grotthuss Rn. 54.
[84] Gade/Stoppa Anl. 2 Rn. 29.
[85] Eine umfangreiche Auflistung der in Frage kommenden Gegenstände findet sich bei Gade/Stoppa Anl. 2 Rn. 29, 33 f.; weitere Gegenstände vgl. auch Lehmann/v. Grotthuss Rn. 55 ff.; vgl. hierzu auch die Abbildung bei Busche S. 112.

auch Feuerzeugspringmesser, bei denen die Klinge vorne herausschnellt.[86] Diese werden jedoch – unabhängig von der Klingenlänge und -form – vom Verbot der Anl. 2 Abschn. 1 Nr. 1.4.1 erfasst.[87] Fraglich ist die Beurteilung, wenn die Waffe zwar nicht auf den ersten Blick als solche erkennbar ist, aber auch nicht mit einem sonstigen Gebrauchsgegenstand verwechselt werden kann, wie zB bei einem **Teleskopschlagstock**.[88] Zu prüfen ist jedoch stets, ob es sich dabei auch um eine Waffe iS des § 1 Abs. 2 Buchst. a handelt, was voraussetzt, dass der betreffende Gegenstand nicht nur geeignet, sondern gerade dazu bestimmt ist die Angriffs- oder Abwehrfähigkeit von Menschen zu beseitigen oder herabzusetzen.[89] Erfasst sind gegebenenfalls auch getarnte Schlagwaffen, die durch Hiebe, Stoß oder Wurf zum Einsatz gebracht werden.[90] Wie schon bei den „getarnten" Schusswaffen iS der Anl. 2 Abschn. 1 Nr. 1.2.2[91] reicht es auch hier nicht aus, wenn die Gegenstände lediglich in einem Gebrauchsgegenstand verborgen sind, sie müssen vielmehr in diesen eingearbeitet sein.[92] Zuwiderhandlungen gegen dieses Verbot werden gem. § 52 Abs. 3 Nr. 1, Abs. 4 als Vergehen geahndet.[93]

10. Stahlruten, Totschläger, Schlagringe (Nr. 1.3.2). Als tragbare Gegenstände iS des § 1 Abs. 2 Nr. 2 Buchst. a fallen auch Stahlruten, Totschläger und Schlagringe nach Anl. 2 Abschn. 1 Nr. 1.3.2 unter die verbotenen Waffen.[94] Diese Gegenstände sind typische, von Kriminellen benutzte Angriffs- und Verteidigungswaffen.[95] **Stahlruten** sind biegsame längliche Gegenstände, die aus einem rohrförmigen Behältnis bestehen, aus dem durch eine Schleuderbewegung mehrere ineinander gesteckte Stahlfedern teleskopartig herausgetrieben werden. Sie können wieder zusammengeschoben werden und besitzen meistens einen Metallkopf.[96] Nicht hierunter fallen Teleskopschlagstöcke, die zwar auch zusammengeschoben werden können, die aber nicht biegsam, sondern starr sind.[97] **Totschläger** sind biegsame Gegenstände, wie zB Gummischläuche, Riemen oder Stricke, bei denen zumindest ein Ende mit einem Metallstück bzw. ein gleich hartes Material beschwert ist.[98] Die Biegsamkeit ist hierbei wie bei der Stahlrute von entscheidender Bedeutung, da nur dadurch die beabsichtige Verstärkung der Schlagwirkung gewährleistet wird.[99] Im Gegensatz zu Stahlruten können sie jedoch nicht zusammengeschoben werden. Beide Gegenstände zeichnen sich dadurch aus, dass sich die menschliche Hiebenergie durch eine Schleuderbewegung zu einer erheblichen, zielbaren Bewegungs- und Auftreffenergie potenzieren lässt.[100] Mit Sand gefüllte Ledersäckchen sind nicht als Totschläger, sondern nur als Hiebwaffen anzuse-

---

[86] Vgl. aus der Rspr. BGH 11.2.2003 – 5 StR 402/02, NStZ 2003, 439; 6.5.2014 – 1 StR 151/14, BeckRS 2014, 11492 (Feuerzeugspringmesser).
[87] Anl. II-A 1-1.3.1 S. 2 WaffVwV.
[88] Ablehnend Anl. II-A 1-1.3.1 S. 4 WaffVwV; Apel/Bushart/*Bushart* Anl. 2 Rn. 14; *Gade/Stoppa* Anl. 2 Rn. 35; *Heller/Soschinka* Rn. 293.
[89] BayObLG 16.9.1993 – 4 St RR 155/93, NJW 1994, 335.
[90] Anl. II-A 1-1.3.1 S. 3 WaffVwV.
[91] → Rn. 7.
[92] *Gade/Stoppa* Anl. 2 Rn. 29; anders wohl Hinze/*Runkel* Rn. 74.
[93] → § 52 Rn. 48 ff., 117 ff.
[94] Diese Vorschrift entspricht § 37 Abs. 1 S. 1 Nr. 6 WaffG aF; → § 1 Rn. 112.
[95] BT-Drs. IV 2883, 26; BT-Drs. V/528, 30; OLG Celle 13.9.1989 – 3 Ss 192/89, NStE Nr. 3 zu § 37 WaffG = MDR 1990, 273 = GewA 1990, 109; Hinze/*Runkel* Rn. 76; Lehmann/*v. Grotthuss* Rn. 60; Steindorf/*B. Heinrich* Rn. 11.
[96] Apel/Bushart/*Bushart* Anl. 2 Rn. 16; *Gade/Stoppa* Anl. 2 Rn. 39; Hinze/*Runkel* § 1 Rn. 125; Lehmann/*v. Grotthuss* Rn. 60; Steindorf/*B. Heinrich* Rn. 12; vgl. ferner KG 29.7.1930 – 1 S. 384/30, JW 1930, 3443; Anl. II-A 1-1.3.2 S. 1 WaffVwV.
[97] Vgl. Anl. II-A 1-1.3.2 S. 2 WaffVwV; BGH 24.6.2003 – 1 StR 25/03, NStZ 2004, 111 (112); 1.7.2009 – 2 StR 84/09, NStZ-RR 2009, 355; *Gade/Stoppa* Anl. 2 Rn. 39 f.; *Heller/Soschinka* Rn. 296; Hinze/*Runkel* § 1 Rn. 125; Lehmann/*v. Grotthuss* Rn. 63; Steindorf/*B. Heinrich* Rn. 12.
[98] OLG Stuttgart 22.9.1975 – 3 Ss 403/75, OLGSt § 37 WaffG Nr. 3; AG Maulbronn 9.11.1988 – II Cs 390/88, MDR 1990, 1039; Lehmann/*v. Grotthuss* Rn. 61; Steindorf/*B. Heinrich* Rn. 12; vgl. auch Anl. II-A 1-1.3.2 S. 3 WaffVwV.
[99] Anl. II-A 1-1.3.2 S. 4 WaffVwV.
[100] OLG Stuttgart 22.9.1975 – 3 Ss 403/75, OLGSt § 37 WaffG Nr. 3; *Gade/Stoppa* Anl. 2 Rn. 40; Hinze/*Runkel* § 1 Rn. 125; Steindorf/*B. Heinrich* Rn. 12.

hen.[101] **Schlagringe** sind in der Regel (aber nicht notwendigerweise) aus Metall hergestellte und der Hand angepasste Nahkampfwaffen, die wegen der vorhandenen Fingeröffnungen derart über die Hand gestreift werden können, dass bei geschlossener Faust das Griffstück in der Handinnenfläche anliegt, während über der Außenseite der Finger ein geschlossener Metallsteg liegt.[102] Sie befähigen den mit ihnen Ausgestatteten, die durch das Faustschleudern erzielbare Angriffswirkung wesentlich zu erhöhen. Voraussetzung ist, dass der Schlagring entweder eigens zu diesem Zweck hergestellt wurde oder aber zwar als sonstiger Gegenstand geschaffen, dann aber gezielt als Schlagring umgearbeitet wurde.[103] Hierunter fällt zB ein Siegelring, aus dem sich zwei messerartige Schneiden herausheben lassen. Ledermanschetten, die mit spitzen Nieten („Killernieten") besetzt sind, stellen Schlagringe dar, wenn es die an der Schlagseite über den Fingern angebrachten metallenen Spitzen ermöglichen, die Energie beim Auftreffen zu erhöhen und die daher geeignet sind, erhebliche Verletzungen zuzufügen.[104] Erfasst sind ebenfalls sog. **Schlagring- oder Fingergriffmesser,** dh Gegenstände, die äußerlich wie Schlagringe aussehen, die sich aber nach Aufklappen einer Schneide als Messer mit Griff darstellen.[105] Bei eingeklappter Schneide sind die Fingeröffnungen allerdings versperrt, sodass ein Einsatz als Schlagring nicht möglich ist, weshalb diesen Geräten teilweise die Eigenschaft als Schlagring abgesprochen wird.[106] **Nicht** als Schlagringe angesehen wurde ein mit (nicht spitzen) Nieten besetzter Lederhandschuh mit angrenzendem Lederarmband, welches seinerseits mit spitzen Nieten versehen ist.[107] Auch Armbänder und Gürtel sind, ungeachtet der Art der Nietenbesetzung, nicht als Schlagringe anzusehen.[108] Gleiches gilt für ein aus ungeklärten Gründen zerbrochenes Rändelrad (gusseisernes Gerät zum Auf- und Abdrehen von Schieberventilen), selbst wenn es wie ein Schlagring aussieht und auch als solcher eingesetzt werden kann. Dies gilt selbst dann, wenn im konkreten Fall keine andere Verwendungsmöglichkeit ersichtlich ist und zudem festgestellt wird, dass sein Besitzer es bei tätlichen Auseinandersetzungen auch als Schlagwaffe verwendete.[109] Der strafbare Umgang mit solchen Gegenständen wird nach § 52 Abs. 3 Nr. 1, Abs. 4 als Vergehen geahndet.[110]

14 **11. Wurfsterne (Nr. 1.3.3).** Als tragbare Gegenstände iS des § 1 Abs. 2 Nr. 2 Buchst. a sind nach Nr. 1.3.3 Anl. 2 Abschn. 1 ebenfalls die sog. „Wurfsterne" (oder auch: „Shuriken") als verbotene Waffen anzusehen.[111] Hierunter versteht man tragbare, als sternförmige Scheiben hergestellte Gegenstände, die nach ihrer Beschaffenheit und Handhabung zum Wurf auf ein Ziel bestimmt und geeignet sind, die Gesundheit zu beschädigen.[112] Insoweit fallen auch die Wurfsterne, wie schon die Stahlruten, Totschläger und Schlagringe,[113] unter

---

[101] Anl. II-A 1-1.3.2 S. 5 WaffVwV.
[102] Vgl. Anl. II-A 1-1.3.2 S. 6–8 WaffVwV; OLG Celle 29.2.1988 – 1 Ss 21/88, NStZ 1988, 280 (280 f.); OLG Celle 13.9.1989 – 3 Ss 192/89, NStE Nr. 3 zu § 37 WaffG = MDR 1990, 273 = GewA 1990, 109; Apel/Bushart/*Bushart* Anl. 2 Rn. 16; *Gade/Stoppa* Anl. 2 Rn. 41; *Hinze/Runkel* § 1 Rn. 126; Lehmann/*v. Grotthuss* Rn. 64; Steindorf/*B. Heinrich* Rn. 12.
[103] OLG Zweibrücken 11.12.1989 – 1 Ss 100/89, MDR 1990, 1039; hierzu Hinze/*Runkel* § 1 Rn. 126.
[104] Vgl. Anl. II-A 1-1.3.2 S. 9 und 10 WaffVwV; BayObLG 15.5.1986 – RReg 4 St 73/86, NStZ 1987, 29; Steindorf/*B. Heinrich* Rn. 12.
[105] Vgl. Anl. II-A 1-1.3.2 S. 12 WaffVwV; OLG Celle 13.9.1989 – 3 Ss 192/89, NStE Nr. 3 zu § 37 WaffG = MDR 1990, 273 = GewA 1990, 109; *Heller/Soschinka* Rn. 298; Lehmann/*v. Grotthuss* Rn. 65; Steindorf/*B. Heinrich* Rn. 12.
[106] Apel/Bushart/*Bushart* Anl. 2 Rn. 16, differenzierend auch *Gade/Stoppa* Anl. 2 Rn. 41; Hinze/*Runkel* § 1 Rn. 126.
[107] OLG Celle 29.2.1988 – 1 Ss 21/88, NStZ 1988, 280; vgl. auch die umfangreiche Übersicht bei *Gade/Stoppa* Anl. 2 Rn. 41; vgl. ferner Hinze/*Runkel* § 1 Rn. 126; Lehmann/*v. Grotthuss* Rn. 67.
[108] Vgl. Anl. II-A 1-1.32. S. 11 WaffVwV.
[109] OLG Zweibrücken 11.12.1989 – 1 Ss 100/89, MDR 1990, 1039; hierzu *Gade/Stoppa* Rn. 41; Hinze/*Runkel* § 1 Rn. 126.
[110] → § 52 Rn. 48 ff., 117 ff.
[111] Das Verbot von Wurfsternen wurde neu in das WaffG aufgenommen; vgl. BT-Drs. 14/7758, 90.
[112] Kritisch zu dieser gesetzlichen Definition *Gade/Stoppa* Anl. 2 Rn. 44; ähnlich Apel/Bushart/*Bushart* Anl. 2 Rn. 17.
[113] → Rn. 13.

die **Hieb- und Stoßwaffen** der Nr. 1.1 Anl. 1 Abschn. 1 Unterabschn. 2 („Gegenstände, die ihrem Wesen nach dazu bestimmt sind, unter unmittelbarer Ausnutzung der Muskelkraft durch [...] Wurf Verletzungen beizubringen").[114] Dabei müssen sie keine bestimmte Beschaffenheit oder ein bestimmtes Gewicht haben, sodass auch Wurfsterne aus Plastik unter die Vorschrift fallen, sofern sie geeignet sind, die Gesundheit zu beeinträchtigen.[115] Keine Wurfsterne sind indes Zahnräder oder Fahrradritzel.[116] Begründet wurde die Aufnahme der Wurfsterne mit ihrer besonderen Gefährlichkeit, die sich aus ihrer Handhabungsgenauigkeit ergibt.[117] Denn Wurfsterne treffen (anders als Wurfmesser oder Wurfpfeile) immer mit der Spitze voraus im Ziel auf und können schon mit stumpfen Spitzen und Kanten schwere Verletzungen herbeiführen.[118] Ferner resultiert ihre Gefährlichkeit aus ihrem oftmaligen Einsatz als „Schockwaffen", wenn zugleich oder in kurzer Folge mehrere Wurfsterne in Richtung des Ziels geworfen werden. Da Wurfsterne im Handel zumeist relativ billig angeboten werden, sinkt die Hemmschwelle für ihren Einsatz trotz des damit verbundenen Verlustrisikos oftmals stark ab, so dass sie insbes. auch im Rahmen öffentlicher Veranstaltungen oder Demonstrationen Verwendung finden.[119] Der Bundesrat hatte im Gesetzgebungsverfahren vorgeschlagen (BT-Drs. 14/7758 97, 123), das Wort „sternförmige" zu streichen sowie vor dem Wort „Wurfsterne" die Angabe „zB" einzufügen.[120] Zur Begründung wies er darauf hin, dass bei der einengenden Definition „sternförmig" die Gefahr bestehe, dass Anwender oder Hersteller auf Scheiben mit geschliffenem Rand mit derselben Wirkungsweise wie herkömmliche Wurfsterne ausweichen; dies sollte durch die Formulierungsänderung verhindert werden. Die Bundesregierung lehnte den Vorschlag jedoch mit der Begründung ab, die vorgeschlagene Änderung bewirke erhebliche Abgrenzungsprobleme von Wurfsternen (als Waffen) gegenüber handelsüblichen sonstigen Gebrauchsgegenständen.[121] Verboten sind die Wurfsterne nur dann, wenn sie – in Abgrenzung zu Sport- und Spielgeräten – dazu bestimmt und geeignet sind, die Gesundheit zu schädigen, was sich aus der besonderen Konstruktion (scharfe Kanten etc) ergeben muss.[122] Daher fallen auch Schmuck- und Dekorationsgegenstände aus dem Anwendungsbereich heraus.[123] Ein Verstoß gegen das Verbot hat eine Strafbarkeit nach § 52 Abs. 3 Nr. 1, Abs. 4 zur Folge.[124] Das Verbot der Wurfsterne ist erst 2002 ins WaffG[125] aufgenommen worden; für Altbesitz ist § 58 Abs. 7 zu beachten.

12. Brandsätze, sog. „Molotow-Cocktails" und „USBV" (Nr. 1.3.4). Ferner sind **15** als tragbare Gegenstände iS des § 1 Abs. 2 Nr. 2 Buchst. a nach Anl. 2 Abschn. 1 Nr. 1.3.4 Brandsätze sowie Spreng- und Brandvorrichtungen verboten. Das Gesetz umschreibt dabei die Brandsätze als „Gegenstände, bei denen leicht entflammbare Stoffe so verteilt und entzündet werden, dass schlagartig ein Brand entstehen kann."[126] Unter den Spreng- und Brandvorrichtungen versteht man hingegen „Gegenstände [...] in denen unter Verwendung explosionsgefährlicher oder explosionsfähiger Stoffe eine Explosion ausgelöst werden kann". Diese Gegenstände fallen nach Anl. 1 Abschn. 1 Unterabschn. 2 Nr. 1.2.5 unter den Waf-

---

[114] → § 1 Rn. 101.
[115] Anl. II-A 1-1.3.3 S. 1 und S. 2 WaffVwV; vgl. auch *Gade/Stoppa* Anl. 2 Rn. 43; *Lehmann/v. Grotthuss* Rn. 69.
[116] Anl. II-A 1-1.3.3 S. 3 WaffVwV.
[117] Vgl. BT-Drs. 14/763, 4: „Wurfsterne sind besonders gefährliche und heimtückische Waffen".
[118] Vgl. BT-Drs. 14/763, 4.
[119] Vgl. BT-Drs. 14/763, 4; *Gade/Stoppa* Anl. 2 Rn. 43; weiterführend *Heller/Soschinka,* Das neue Waffenrecht, 1. Aufl. 2003, Kap. 2 Rn. 87 ff.
[120] Vgl. BT-Drs. 14/7758, 123.
[121] Vgl. BT-Drs. 14/7758, 139.
[122] *Steindorf/B. Heinrich* Rn. 13; aM Apel/Bushart/*Bushart* Anl. 2 Rn. 17.
[123] Vgl. BT-Drs. 14/763, 5; *Steindorf/B. Heinrich* Rn. 13; dennoch wollen *Gade/Stoppa* Anl. 2 Rn. 44 auch diese Wurfsterne mit einbeziehen.
[124] → § 52 Rn. 48 ff., 117 ff.
[125] WaffRNeuRegG vom 11.10.2002, BGBl. I S. 3970.
[126] Diese Vorschrift entspricht § 37 Abs. 1 S. 1 Nr. 7 WaffG aF.

fenbegriff. Auf die dortigen Ausführungen ist an dieser Stelle zu verweisen.[127] Eine Ausnahme von diesem Verbot befindet sich seit dem 4. ÄndGSprengG[128] in § 40 Abs. 3 S. 2 und 3. Die Strafbarkeit des verbotenen Umgangs richtet sich nach § 52 Abs. 1 Nr. 1, Abs. 4, Abs. 5, Abs. 6.[129]

16 **13. Bestimmte Reizstoffsprühgeräte (Nr. 1.3.5).** Als tragbare Gegenstände iS des § 1 Abs. 2 Nr. 2 Buchst. a sind nach Anl. 2 Abschn. 1 Nr. 1.3.5 bestimmte „Gegenstände mit Reiz- oder anderen Wirkstoffen"[130] (zumeist: „Tränengas") ebenfalls als verbotene Waffen anzusehen.[131] Da das Gesetz in Nr. 1.3 der genannten Anlage ausdrücklich auf die tragbaren Gegenstände iS des § 1 Abs. 2 Nr. 2 Buchst. a verweist, fallen hierunter lediglich die **Reizstoffsprühgeräte** (Anl. 1 Abschn. 1 Unterabschn. 2 Nr. 1.2.2 und Nr. 1.2.3), nicht aber die den Schusswaffen nach § 1 Abs. 2 Nr. 1 gleichgestellten **Reizstoffwaffen** (Gaspistolen; Anl. 1 Abschn. 1 Unterabschn. 1 Nr. 2.7) an sich.[132] Allerdings enthält das Gesetz auch hinsichtlich der Reizstoffsprühgeräte eine entscheidende Ausnahme. Erlaubt sind nämlich solche Reizstoffsprühgeräte, die als Reizstoffe einen Stoff enthalten, der als gesundheitlich unbedenklich amtlich zugelassen ist. Erforderlich für die Herausnahme aus dem Verbot ist allerdings, dass die Reizstoffsprühgeräte in der Reichweite und Sprühdauer begrenzt sind und zum Nachweis der gesundheitlichen Unbedenklichkeit, der Reichweiten- und der Sprühdauerbegrenzung ein amtliches Prüfzeichen (vgl. Abb. 12/2 der Anl. II zur BeschussV[133]) tragen. Durch diese Regelung soll verhindert werden, dass Reizstoffsprühgeräte in den Umlauf gelangen, die nicht nur zu Verteidigungszwecken eingesetzt werden und hier zur vorübergehenden Kampfunfähigkeit des Gegners führen, sondern schwerwiegendere Folgen, insbes. eine dauerhafte Schädigung der Augen verursachen. Keine Reizstoffsprühgeräte sind Reizstoffsprays, die zur Tierabwehr bestimmt sind und auch als solche hergestellt und vertrieben werden.[134] Mit geprüften Reizstoffsprühgeräten dürfen Jugendliche gem. § 3 Abs. 2 abweichend von § 2 Abs. 1 Umgang haben. Der verbotene Umgang mit Reizstoffsprühgeräten wird gem. § 52 Abs. 3 Nr. 1, Abs. 4 sanktioniert.[135]

17 **14. Elektroimpulsgeräte etc (Nr. 1.3.6).** Als tragbare Gegenstände iS des § 1 Abs. 2 Nr. 2 Buchst. a sind nach Anl. 2 Abschn. 1 Nr. 1.3.6 ebenfalls die hier genannten Elektroimpulsgeräte etc als verbotene Waffen anzusehen, sofern sie nicht als gesundheitlich unbedenklich amtlich zugelassen sind[136] und ein amtliches Prüfzeichen zum Nachweis der gesundheitlichen Unbedenklichkeit (vgl. Abb. 12/1 der Anl. II zur BeschussV) tragen.[137] Durch das ÄndG 2008[138] wurde das Verbot auf die Distanz-Elektroimpulsgeräte erweitert. Diese kennzeichnen sich dadurch, dass sie mit dem Abschuss- oder Auslösegerät durch einen leitungsfähigen Flüssigkeitsstrahl einen Elektroimpuls übertragen oder durch Leitung verbundene Elektroden zur Übertragung eines Elektroimpulses am Körper aufbringen.[139] Die Elektro-

---

[127] → § 1 Rn. 121.
[128] Gesetz vom 24.7.2009, BGBl. I S. 2062 (2089).
[129] → § 52 Rn. 5 ff., 117 ff.; ferner Anl. II-A 1-1.3.4 WaffVwV.
[130] Vgl. hierzu bereits → § 1 Rn. 117 f.
[131] Diese Vorschrift hat ihren Vorläufer in § 37 Abs. 1 S. 1 Nr. 9 WaffG aF („sonstige Geräte mit Reizstoffen").
[132] Vgl. zu den Reizstoffwaffen allgemein → § 1 Rn. 95 ff.; zu Reizstoffsprühgeräten § 1 Rn. 117 f.
[133] Die Anforderungen an Reizstoffgeschosse, Reizstoffsprühgeräte und die dafür verwendeten Reizstoffe ergeben sich aus Anl. IV zur BeschussV; vgl. auch Anl. II-A 1-1.3.5 S. 1 WaffVwV.
[134] Anl. II-A 1-1.3.5 S. 2 WaffVwV; bereits → § 1 Rn. 117.
[135] → § 52 Rn. 48 ff., 117 ff.
[136] Vgl. auch Anl. II-A 1-1.3.6 S. 1 WaffVwV: „Die gesundheitliche Unbedenklichkeit ergibt sich aus dem in Anlage V zur BeschussV genannten Prüfungsverfahren"; hierzu auch Lehmann/*v. Grotthuss* Rn. 80.
[137] Die ausdrückliche Aufnahme dieser Gegenstände in die Liste der verbotenen Waffen ist neu.
[138] BGBl. I S. 426 (436).
[139] Vgl. zur Begründung BT-Drs. 16/7717, 25; vgl. zu den Distanz-Elektroimpulsgeräten auch Anl. II-A 1-1.3.6 S. 3 WaffVwV: „Distanz-Elektroimpulsgeräte sind verboten, denn sie weisen gegenüber herkömmlichen Elektroschockern eine objektiv und subjektiv erhöhte Gefährlichkeit auf: Die Hemmschwelle ihres (missbräuchlichen) Einsatzes ist wegen der Möglichkeit, aus einer gewissen Entfernung, also ohne unmittelbare Nahkampfsituation, und mit ferngesteuerter Auflösung zu agieren, herabgesetzt".

impulsgeräte (Elektroschockgeräte) oder Geräte mit ähnlicher Wirkung fallen nach Anl. 1 Abschn. 1 Unterabschn. 2 Nr. 1.2.1 als tragbare Gegenstände nach § 1 Abs. 2 Nr. 2 Buchst. a unter den Waffenbegriff. Auf die dortigen Ausführungen ist an dieser Stelle zu verweisen.[140] Nicht erfasst sind wiederum (auf Grund des eindeutigen Verweises in Anl. 2 Abschn. 1 Nr. 1.3 auf „Tragbare Gegenstände im Sinne des § 1 Abs. 2 Nr. 2 Buchst. a", der wiederum davon spricht, dass die hier genannten Gegenstände ihrem Wesen nach dazu bestimmt sein müssen, die Angriffs- und Abwehrfähigkeit von **Menschen** herabzusetzen) Elektroimpulsgeräte nach Anl. 1 Abschn. 1 Unterabschn. 2 Nr. 2.1.1, dh solche, die bestimmungsgemäß **Tieren** Verletzungen beibringen sollen.[141] Diese können aber nach Anl. 2 Abschn. 1 Nr. 1.4.4 als verbotene Waffen erfasst werden.[142] Der Verstoß gegen dieses Verbot stellt ein Vergehen nach § 52 Abs. 3 Nr. 1, Abs. 4 dar.[143]

15. Präzisionsschleudern (Nr. 1.3.7). Als tragbare Gegenstände iS des § 1 Abs. 2 Nr. 2 Buchst. a sind nach Anl. 2 Abschn. 1 Nr. 1.3.7 ebenfalls die Präzisionsschleudern iS der Anl. 1 Abschn. 1 Unterabschn. 2 Nr. 1.3. sowie die Armstützen und vergleichbare Vorrichtungen für diese Schleudern als verbotene Waffen anzusehen.[144] Auf die oben beim Waffenbegriff gemachten Ausführungen ist hier zu verweisen.[145] Der verbotene Umgang mit Präzisionsschleudern stellt ein Vergehen nach § 52 Abs. 3 Nr. 1, Abs. 4 dar.[146]

16. Würgegeräte, sog. „Nun-Chakus" etc (Nr. 1.3.8). Auch die sog. „Nun-Chakus" sowie vergleichbare Würgegeräte sind als tragbare Gegenstände iS des § 1 Abs. 2 Nr. 2 Buchst. a nach Anl. 2 Abschn. 1 Nr. 1.3.8 verboten.[147] Auf die oben beim Waffenbegriff zu Anl. 1 Abschn. 1 Unterabschn. 2 Nr. 2.1.6. gemachten Ausführungen ist hier zu verweisen.[148] Der verbotene Umgang mit solchen Waffen wird gem. § 52 Abs. 3 Nr. 1, Abs. 4 als Vergehen sanktioniert.[149]

17. Springmesser (Nr. 1.4.1). Als tragbare Gegenstände iS des § 1 Abs. 2 Nr. 2 Buchst. b sind nach Anl. 2 Abschn. 1 Nr. 1.4.1 die Springmesser (zu ihrer Einordnung als Waffe vgl. Anl. 1 Abschn. 1 Unterabschn. 2 Nr. 2.1.1) als verbotene Waffen anzusehen, sofern sie nicht die hier in Satz 2 genannten Ausnahmevoraussetzungen erfüllen.[150] Sie zählen demnach dann **nicht** zu den verbotenen Waffen, wenn die Klinge **seitlich** aus dem Griff herausspringt und der aus dem Griff herausragende Teil der Klinge höchstens 8,5 cm lang ist und nicht zweiseitig geschliffen ist[151] Diese Voraussetzungen müssen kumulativ vorliegen.[152] Auf die oben beim Waffenbegriff gemachten Ausführungen ist hier zu verweisen.[153] Der Umgang mit verbotenen Springmessern stellt ein Vergehen nach § 52 Abs. 3 Nr. 1, Abs. 4 dar.[154]

18. Fallmesser (Nr. 1.4.1). Auch die Fallmesser (zu ihrer Einordnung als Waffe vgl. Anl. 1 Abschn. 1 Unterabschn. 2 Nr. 2.1.2) sind als tragbare Gegenstände iS des § 1 Abs. 2

---

[140] → § 1 Rn. 116.
[141] Hierzu → § 1 Rn. 129.
[142] Hierzu → Rn. 24.
[143] → § 52 Rn. 48 ff., 117 ff.
[144] Diese Vorschrift entspricht § 8 Abs. 1 Nr. 4 der 1. WaffV (zum WaffG aF).
[145] → § 1 Rn. 123.
[146] → § 52 Rn. 48 ff., 117 ff.
[147] Diese Vorschrift entspricht § 8 Abs. 1 Nr. 3 der 1. WaffV (zum WaffG aF).
[148] Nach Anl. 1 Abschn. 1 Unterabschn. 2 Nr. 1.2.6 fallen Würgegeräte („Nun-Chakus") unter die tragbaren Gegenstände nach § 1 Abs. 2 Nr. 2 Buchst. a; hierzu bereits → § 1 Rn. 122.
[149] → § 52 Rn. 48 ff., 117 ff.
[150] Diese Vorschrift hat ihren Vorläufer in § 37 Abs. 1 S. 1 Nr. 5 WaffG aF.
[151] Durch das WaffRNeuRegG 2002 (BGBl. I S. 3970) wurden zwei weitere einschränkende Merkmale eingeführt („in der Mitte mindestens eine Breite von 20 vom Hundert ihrer Länge aufweist" und „einen durchgehenden Rücken hat, der sich zur Schneide hin verjüngt"), die jedoch durch das ÄndG 2008 (BGBl. I S. 426) auf Grund ihrer Praxisuntauglichkeit wieder gestrichen worden sind, vgl. dazu BT-Drs. 16/7717, 25.
[152] Vgl. Anl. II-A 1-1.4.1 S. 1 WaffVwV.
[153] Hierzu → § 1 Rn. 125.
[154] Hierzu → § 52 Rn. 48 ff., 117 ff.

Nr. 2 Buchst. b nach Anl. 2 Abschn. 1 Nr. 1.4.1 als verbotene Waffen anzusehen.[155] Auf die oben beim Waffenbegriff gemachten Ausführungen ist hier zu verweisen.[156] Anders als für Springmesser gilt für die Fallmesser nicht die Ausnahme nach Satz 2 von dem Verbot.[157] Der verbotene Umgang mit Fallmessern stellt ein Vergehen nach § 52 Abs. 3 Nr. 1, Abs. 4 dar.[158]

22 **19. Faustmesser (Nr. 1.4.2).** Ferner sind die Faustmesser (zu ihrer Einordnung als Waffe vgl. Anl. 1 Abschn. 1 Unterabschn. 2 Nr. 2.1.3) als tragbare Gegenstände iS des § 1 Abs. 2 Nr. 2 Buchst. b nach Anl. 2 Abschn. 1 Nr. 1.4.2 als verbotene Waffen anzusehen.[159] Auf die oben beim Waffenbegriff gemachten Ausführungen ist hier zu verweisen.[160] Hinzuweisen ist dabei allerdings auf die Ausnahme in § 40 Abs. 3. Inhaber einer jagdrechtlichen Erlaubnis und Angehörige von Leder oder Pelz verarbeitenden Berufen dürfen mit diesen Messern umgehen, sofern sie diese zur Ausübung ihrer Tätigkeit benötigen.[161] Der verbotene Umgang mit Faustmessern wird gem. § 52 Abs. 3 Nr. 1, Abs. 4 als Vergehen sanktioniert.[162]

23 **20. Butterflymesser (Nr. 1.4.3).** Schließlich gelten nach Anl. 2 Abschn. 1 Nr. 1.4.3 als verbotene Waffen auch die Butterflymesser (zu ihrer Einordnung als Waffe vgl. Anl. 1 Abschn. 1 Unterabschn. 2 Nr. 2.1.4), die ebenfalls zu den tragbaren Gegenständen iS des § 1 Abs. 2 Nr. 2 Buchst. b zählen.[163] Auf die oben beim Waffenbegriff gemachten Ausführungen ist hier zu verweisen.[164] Ein Verstoß gegen das Verbot hat eine Strafbarkeit nach § 52 Abs. 3 Nr. 1, Abs. 4 zur Folge.[165]

24 **21. Elektroimpulsgeräte etc zur Verletzung von Tieren (Nr. 1.4.4).** Als tragbare Gegenstände iS des § 1 Abs. 2 Nr. 2 Buchst. b sind nach Anl. 2 Abschn. 1 Nr. 1.4.4 auch die Elektroimpulsgeräte (zu ihrer Einordnung als Waffe vgl. Anl. 1 Abschn. 1 Unterabschn. 2 Nr. 2.2.1), die ausschließlich zur Verletzung von Tieren bestimmt sind, als verbotene Waffen anzusehen.[166] Auf die oben beim Waffenbegriff gemachten Ausführungen ist hier zu verweisen.[167] Dieses Verbot gilt jedoch nicht pauschal. Ausgenommen von dem Verbot sind diejenigen Elektroimpulsgeräte, die als gesundheitlich unbedenklich amtlich zugelassen sind und ein entsprechendes amtliches Prüfzeichen (vgl. Abb. 12 der Anl. II zur BeschussV) zum Nachweis der gesundheitlichen Unbedenklichkeit tragen oder bestimmungsgemäß in der Tierhaltung Verwendung finden.[168] Die zuletzt genannte Ausnahme ist infolge ihrer Unbestimmtheit problematisch, da sie bei nicht amtlich zugelassenen Geräten das Verbot (und daher auch die Strafbarkeit) von der konkreten Verwendung abhängig machen.[169] Der verbotene Umgang hat eine Strafbarkeit nach § 52 Abs. 3 Nr. 1, Abs. 4 zur Folge.[170]

25 **22. Geschosse mit Betäubungsstoffen (Nr. 1.5.1).** Als verbotene Waffen sind nach Anl. 2 Abschn. 1 Nr. 1.5.1 auch die Geschosse mit Betäubungsstoffen, die zu Angriffs- oder

---

[155] Diese Vorschrift hat ihren Vorläufer in § 37 Abs. 1 S. 1 Nr. 5 WaffG aF.
[156] Hierzu → § 1 Rn. 126.
[157] Vgl. Anl. II-A 1-1.4.1 S. 2 WaffVwV.
[158] → § 52 Rn. 48 ff., 117 ff.
[159] Diese Vorschrift hat keinen Vorläufer im WaffG aF.
[160] Hierzu → § 1 Rn. 127.
[161] Vgl. auch *Heller/Soschinka* Rn. 1371.
[162] → § 52 Rn. 48 ff., 117 ff.
[163] Diese Vorschrift hat keinen Vorläufer im WaffG aF; zum Anwendungsbereich des Verbots ausführlich *Apel/Bushart* Anl. 2 Rn. 29 ff.
[164] Hierzu → § 1 Rn. 128.
[165] → § 52 Rn. 48 ff., 117 ff.
[166] Diese Vorschrift hat keinen Vorläufer im WaffG aF.
[167] Hierzu → § 1 Rn. 129.
[168] Vgl. auch Anl. II-A 1-1.4.4 WaffVwV; kritisch zu dieser Regelung *Gade/Stoppa* Anl. 2 Rn. 83 f.
[169] So auch *Gade/Stoppa* Anl. 2 Rn. 84; ferner bereits → § 1 Rn. 129; zu möglichen Verstößen gegen das Bestimmtheitsgebot im deutschen Waffenrecht vgl. auch *B. Heinrich* in *Gade/Stoppa* S. 107 (127 f.).
[170] → § 52 Rn. 48 ff., 117 ff.

Verteidigungszwecken bestimmt sind, anzusehen.[171] Diese Geschosse sind – im Gegensatz zu den in der nächsten Nummer genannten Reizstoffgeschossen – ausnahmslos verboten. Voraussetzung ist jedoch, dass sie gerade dazu bestimmt sind, zum Angriff oder zur Verteidigung gegen Menschen eingesetzt zu werden. Nach der Anl. II-A 1-1.5.1 S. 2 WaffVwV muss „der in den Geschossen enthaltene gasförmige oder flüssige Stoff […] eine betäubende, die geistige oder die körperliche Reaktion beeinträchtigende Wirkung haben". Ausgenommen von dem Verbot sind aber solche Betäubungsmittelgeschosse, die im veterinär-medizinischen Bereich eingesetzt werden oder tierpflegerischen oder tierschützerischen (zB Großwildpflege) oder Tierforschungszwecken dienen.[172] In diesen Fällen findet nicht das Waffenrecht, sondern das Arzneimittel- oder Betäubungsmittelrecht Anwendung.[173] Ein Verstoß gegen das Verbot des Umgangs mit den Betäubungsmittelgeschossen wird allerdings derzeit nicht (mehr) sanktioniert, da die Nr. 1.5.1 der genannten Anlage in den §§ 51 ff. nicht erwähnt wird (vgl. insbes. die fehlende Aufzählung der Nr. 1.5.1 in § 52 Abs. 3 Nr. 1).[174]

23. Reizstoffgeschosse; Reizstoffmunition (Nr. 1.5.2). Als verbotene Waffen sind **26** nach Anl. 2 Abschn. 1 Nr. 1.5.2 auch die **Geschosse oder Kartuschenmunition mit Reizstoffen** anzusehen.[175] Dies gilt jedoch wiederum nur, wenn sie zu Angriffs- oder Verteidigungszwecken bestimmt sind. Allerdings enthält das Gesetz auch hier eine entscheidende Ausnahme. Das Verbot gilt nämlich nicht für solche Geschosse bzw. Munition, die ein amtliches Prüfzeichen (vgl. Abb. 12/2 der Anl. II zur BeschussV) zum Nachweis der gesundheitlichen Unbedenklichkeit[176] tragen (vgl. zum erlaubnisfreien Erwerb und Besitz von Kartuschenmunition für ihrer Bauart nach zugelassenen Reizstoffwaffen Anl. 2 Abschn. 2 Unterabschn. 2 Nr. 1.4). Wie schon bei den Betäubungsmittelgeschossen[177] so wird auch bei den Reizstoffgeschossen ein Verstoß gegen das Verbot nicht sanktioniert, da die Nr. 1.5.2 der genannten Anlage in §§ 51 ff. nicht erwähnt wird (vgl. insbes. die fehlende Aufzählung der Nr. 1.5.1 in § 52 Abs. 3 Nr. 1).[178]

24. Kleinere Patronenmunition (Nr. 1.5.3). Als verbotene Waffe ist nach Anl. 2 **27** Abschn. 1 Nr. 1.5.3 auch die hier genannte Patronenmunition für Schusswaffen mit gezogenen Läufen anzusehen. Das Entscheidende bei dieser Art von Munition ist, dass die Geschosse im Durchmesser kleiner sein müssen als die Felddurchmesser der dazugehörigen Schusswaffen und dass sie mit einer Treib- und Führungshülse umgeben sind, die sich nach Verlassen des Laufes vom Geschoss trennt.[179] Hierunter fallen Munition mit Treibspiegelgeschossen wie Nadelgeschosse und Accelerator-Geschosse.[180] Flinten mit speziellen Laufprofilen zählen dabei nicht zu den hier genannten Schusswaffen mit gezogenen Läufen.[181] Der Grund für das Verbot dieser, regelmäßig mit einer besonderen **Kunststoffummantelung** ausgestatteten Munition ist der, dass hier beim Verfeuern

---

[171] Vgl. Anl. II-1.5.1 S. 1 WaffVwV. Diese Vorschrift entspricht § 37 Abs. 1 S. 1 Nr. 8 WaffG aF.
[172] Vgl. Anl. II-1.5.1 S. 3 WaffVwV; Apel/Bushart/*Bushart* Anl. 2 Rn. 28; *Heller/Soschinka* Rn. 351; Steindorf/*B. Heinrich* Rn. 22; vgl. auch Lehmann/*v. Grotthuss* Rn. 108, der ausdrücklich auch noch die „Schädlingsbekämpfung" nennt.
[173] Vgl. aber auch OLG Münster 28.11.1978 – X A 947/77, DVBl 1979, 730 (731); ferner Lehmann/*v. Grotthuss* Rn. 108; Steindorf/*B. Heinrich* Rn. 22.
[174] Dagegen wurde nach alter Rechtslage ein Verstoß nach § 55 Abs. 1 Nr. 22 Buchst. a WaffG aF als Ordnungswidrigkeit geahndet; vgl. ferner → § 52 Rn. 49.
[175] Vgl. Anl. II-A 1-1.5.2 S. 1 WaffVwV, wonach die hier verbotenen Geschosse oder Kartuschen „vor allem im – vom durch § 55 Absatz 1 freigestellten – Bereich der Polizei und des Militärs Verwendung" finden; die Vorschrift entspricht im Wesentlichen § 37 Abs. 1 S. 1 Nr. 9 WaffG aF.
[176] Die gesundheitliche Unbedenklichkeit ergibt sich aus dem in Anl. V zur BeschussV genannten Prüfverfahren; vgl. auch Anl. II-A 1-1.5.2 S. 2 WaffVwV; vgl. auch §§ 10, 11 der 1. WaffV (zum WaffG aF).
[177] → Rn. 23.
[178] Dagegen wurde nach alter Rechtslage ein Verstoß nach § 55 Abs. 1 Nr. 22 Buchst. a WaffG aF als Ordnungswidrigkeit geahndet; vgl. ferner → § 52 Rn. 49.
[179] Diese Vorschrift entspricht § 8 Abs. 1 Nr. 5 der 1. WaffV (zum WaffG aF). Ein Verstoß hiergegen war nach § 42 Nr. 5 der 1. WaffV (zum WaffG aF) unter Strafe gestellt.
[180] Vgl. Anl. II-A 1-1.5.3 S. 1 WaffVwV.
[181] Vgl. Anl. II-A 1-1.5.3 S. 2 WaffVwV.

keine Zug- und Felderspuren des Laufes auf dem Geschoss mehr sichtbar sind und so die Feststellung, aus welchem Lauf ein solches Geschoss abgefeuert worden ist, unmöglich gemacht ist.[182] Da ein Bedürfnis für die Verwendung dieser Munition für legale Zwecke nicht ersichtlich ist, wurde diese Munition in die Liste der verbotenen Waffen aufgenommen.[183] Hieraus ergibt sich auch, dass das Geschoss selbst (dh ohne die Ummantelung) nicht dem Verbot unterfällt.[184] Auch delaborierte Patronen sind von dem Verbot nicht erfasst.[185] Ein Verstoß gegen dieses Verbot wird nach § 52 Abs. 3 Nr. 1, Abs. 4 unter Strafe gestellt.[186]

28 25. Hartkerngeschosse etc (Nr. 1.5.4). Als verbotene Waffen sind nach Anl. 2 Abschn. 1 Nr. 1.5.4 auch die hier genannte Munition und Geschosse nach Anl. 1 Abschn. 3 Nr. 1.5 sowie Munition mit Geschossen, die einen Hartkern enthalten, sowie entsprechende Geschosse – mit Ausnahme von pyrotechnischer Munition, die Bestimmungsgemäß zur Signalgebung bei der Gefahrenabwehr dient – anzusehen.[187] Zu der in Anl. 2 Abschn. 1 Nr. 1.5.4 noch ausdrücklich genannten Leuchtspurmunition zählen auch Schrotpatronen, bei denen in der Schrotvorlage ein Leuchtspursatz eingebettet ist.[188] Ausdrücklich ausgenommen ist jedoch pyrotechnische Munition, die bestimmungsgemäß zur Signalgebung bei der Gefahrenabwehr dient. Durch dieses Verbot soll dem Inverkehrbringen insbes. der mit diesen Eigenschaften versehenen besonders gefährlichen Pistolen- und Revolvermunition (auf die aber entgegen § 17 Abs. 2 Nr. 1 der 3. WaffV aF das Verbot nicht mehr beschränkt ist) entgegengewirkt werden. Ein Verstoß gegen dieses Verbot ist nach § 52 Abs. 3 Nr. 1, Abs. 4 unter Strafe gestellt.[189]

29 26. Wirkstoffmunition (Nr. 1.5.5). Als verbotene Waffen sind nach Anl. 2 Abschn. 1 Nr. 1.5.5 auch Knallkartuschen, Reiz- und sonstige Wirkstoffmunition anzusehen.[190] Es muss sich hierbei um solche Munition handeln, die nach Tabelle 5 der Maßtafeln nach § 1 Abs. 3 S. 3 der 3. WaffV (zum WaffG aF) in der jeweils geltenden Fassung verzeichnet ist. Voraussetzung ist, dass beim Verschießen dieser Munition in Entfernungen von mehr als 1,5 Metern vor der Mündung Verletzungen durch feste Bestandteile[191] hervorgerufen werden können.[192] Ausdrücklich von dem Verbot ausgenommen ist allerdings Kartuschenmunition der Kaliber 16 und 12 mit einer Hülsenlänge von nicht mehr als 47 oder 49 mm. Ein Verstoß gegen dieses Verbot ist nach § 52 Abs. 3 Nr. 1, Abs. 4 unter Strafe gestellt.[193]

30 27. Kleinschrotmunition (Nr. 1.5.6). Als verbotene Waffe ist nach Anl. 2 Abschn. 1 Nr. 1.5.6 auch die hier genannte Kleinschrotmunition anzusehen.[194] Während ein Verstoß gegen dieses Verbot mangels Bezugnahme in den §§ 51 ff. (vgl. insbes. die damalige fehlende

---

[182] Hierzu *Gade/Stoppa* Anl. 2 Rn. 91; Lehmann/*v. Grotthuss* Rn. 110; Steindorf/*B. Heinrich* Rn. 24.
[183] Zur Motivation BR-Drs. 423/1/78, 1 f.; ferner Lehmann/*v. Grotthuss* Rn. 110; Steindorf/*B. Heinrich* Rn. 24.
[184] *Gade/Stoppa* Anl. 2 Rn. 92.
[185] *Gade/Stoppa* Anl. 2 Rn. 92.
[186] → § 52 Rn. 48 ff.
[187] Vgl. Anl. II-A 1-1.5.4 S. 1 WaffVwV (hier wird in S. 2 auch darauf hingewiesen, dass sich die entsprechende Eigenschaft dieser Munition in der Regel durch eine besondere Kennzeichnung, zB mit einer Farbmarkierung der Geschossspitze, ergibt). Die Vorschrift entspricht § 17 Abs. 2 Nr. 1 der 3. WaffV (zum WaffG aF).
[188] Anl. II-A 1-1.5.4 S. 3 WaffVwV.
[189] → § 52 Rn. 48 ff., 117 ff.
[190] Diese Vorschrift entspricht § 17 Abs. 2 Nr. 2 der 3. WaffV (zum WaffG aF); vgl. ausführlich zur Geschichte der Vorschrift *Steindorf*, 8. Aufl. 2007, Rn. 26.
[191] Hierzu können zB auch Pulverrückstände zählen; vgl. BR-Drs. 810/90, 107 f.; *Steindorf*, 7. Aufl. 1999, § 17 der 3. WaffV Rn. 2.
[192] Eine Prüfung dieser Voraussetzungen erfolgt im Rahmen des Zulassungsverfahrens nach BeschussG, bei Kartuschenmunition mit Reizstoffen iVm einer Zulassung nach § 9 Abs. 2 Nr. 4 BeschussG. Auf nach § 20 BeschussG gekennzeichnete Munition dieser Art ist demnach das Verbot nicht anzuwenden, weil eine entsprechende Zulassung zu unterstellen ist; vgl. Anl. II-A 1-1.5.5 WaffVwV.
[193] → § 52 Rn. 48 ff., 117 ff.
[194] Diese Vorschrift entspricht § 17 Abs. 2 Nr. 3 der 3. WaffV (zum WaffG aF); vgl. dazu Anl. II-A 1-1.5.6 WaffVwV.

Aufzählung der Nummer in § 52 Abs. 3 Nr. 1) durch das WaffRNeuRegG 2002 weder strafrechtlich noch bußgeldrechtlich sanktioniert wurde, wurde diese Regelungslücke durch das ÄndG 2008 geschlossen.[195] Kleinschrotmunition nach Anl. 2 Abschn. 1 Nr. 1.5.6 ist nun ausdrücklich im Katalog des § 52 Abs. 3 Nr. 1 enthalten, ein Umgang mit dieser Munition wird daher als Straftat sanktioniert.[196]

28. Munition für Kriegswaffen oder von staatlichen Stellen (Nr. 1.5.7). Als verbotene Waffe gilt seit dem ÄndG 2008[197] schließlich nach Anl. 2 Abschn. 1 Nr. 1.5.7 auch solche Munition, die zur ausschließlichen Verwendung in Kriegswaffen oder durch die in § 55 Abs. 1 S. 1 bezeichneten Stellen bestimmt ist, sofern die Munition nicht unter das KrWaffG oder SprengG fällt. Die hier verbotene Munition soll damit staatlichen Stellen vorbehalten sein,[198] durch das Verbot soll insoweit verhindert werden, dass diese Munition in Privatbesitz gelangt. Erfasst ist hier insbes. die behördlicherseits eingeführte Munition mit Deformationsgeschossen. Der verbotene Umgang mit solcher Munition ist nach § 52 Abs. 3 Nr. 1, Abs. 4 unter Strafe gestellt.[199]

III. Ausnahmen von der grundsätzlichen Erlaubnispflicht

1. Überblick. Nach Abs. 2 ist grds. **jeder Umgang mit Waffen oder Munition erlaubnispflichtig.** Eine Einschränkung findet sich allerdings insoweit, als hiervon nur Waffen und Munition betroffen sind, **„die in der Anlage 2 (Waffenliste) Abschnitt 2"** genannt werden. Ferner findet sich ein Hinweis auf mögliche Einschränkungen dieser grds. Erlaubnispflicht in Abs. 4, der hinsichtlich der Ausnahmen von der Erlaubnispflicht ebenfalls auf Anl. 2 Abschn. 2 verweist (der hier vorgenommene Verweis auf Anl. 2 Abschn. 1 betrifft Ausnahmen vom Verbot des Umgangs mit den hier genannten verbotenen Waffen[200]). Zudem findet sich in Abs. 4 der Hinweis, dass in **Anl. 2 Abschn. 3** bestimmte Waffen und Munition genannt sind, für die von vorne herein das WaffG ganz oder teilweise nicht anzuwenden ist. Hieraus ergibt sich folgende Systematik:[201]

a) Grundsatz. Nach Anl. 2 Abschn. 2 **Unterabschn. 1** ist der Umgang mit **Schusswaffen und ihnen gleichgestellten Gegenständen** (§ 1 Abs. 2 Nr. 1 iVm Anl. 1 Abschn. 1 Unterabschn. 1 Nr. 1–4)[202] sowie der hierfür bestimmten **Munition** – bis auf die sogleich noch zu erörternden Ausnahmen – grds. erlaubnispflichtig.[203] Ausgenommen hiervon ist jedoch das **Überlassen**,[204] für das sich in § 34 eine abschließende Spezialregelung findet. Der durch das ÄndG 2008[205] eingeführte Satz 3 bestimmt darüber hinaus, dass sich bei der Umarbeitung einer erlaubnispflichtigen Feuerwaffe in eine Waffe, die entweder frei oder jedenfalls unter erleichterten Erlaubnisvoraussetzungen erworben und besessen werden kann, sich die Erlaubnispflicht dennoch nach derjenigen für die ursprüngliche Waffe richtet.[206] Damit soll der Tatsache begegnet werden, dass solche Waffen ohne nennenswerten

---

[195] BGBl. I S. 426.
[196] Hierzu → § 52 Rn. 48 ff.
[197] BGBl. I S. 426.
[198] BT-Drs. 16/7717, 25; *Heller/Soschinka* Rn. 357; *Steindorf/B. Heinrich* Rn. 28.
[199] → § 52 Rn. 48 ff., 117 ff.
[200] Vgl. hierzu bereits → Rn. 3. Dieser Verweis in § 2 Abs. 4 auch auf Anl. 2 Abschn. 1 ist an sich überflüssig, da die Nennung in Anl. 2 Abschn. 1 die hier genannten Waffen erst – und eben nur soweit sie hier genannt sind – zu „verbotenen Waffen" macht. Enthält also Anl. 2 Abschn. 1 eine Beschränkung des Verbots auf bestimmte Arten eines Waffentypus, so fallen die hiervon nicht erfassten Waffen bereits nach § 2 Abs. 3 und nicht erst nach § 2 Abs. 4 aus der grds. Verbotsnorm heraus.
[201] Ergänzend treten die persönlichen Ausnahmetatbestände des § 12 sowie die Sonderregelungen für bestimmte Personengruppen in §§ 13 ff. hinzu.
[202] Hierzu → § 1 Rn. 9 ff.
[203] Hierzu auch Anl. II-A 2-UA 1 WaffVwV.
[204] Vgl. zum Merkmal des Überlassens § 1 Rn. 174 ff.
[205] BGBl. I S. 426.
[206] Eine Ausnahme hiervon gilt aber nach Anl. 2 Abschn. 2 Unterabschn. 1 S. 4 wiederum für den Umbau scharfer Feuerwaffen in Salutwaffen (dh für veränderte Langwaffen nach Anl. 1 Abschn. 1 Unterabschn. 1 Nr. 1.5). Hier richtet sich die Erlaubnispflicht also nach dem „Endprodukt", dh nach der Waffe im umgearbeiteten Zustand; vgl. auch *Gade/Stoppa* Anl. 2 Rn. 103.

Aufwand wieder in Feuerwaffen zurückgebaut werden können.[207] Da sich diese Vorschrift auf den Umbau einer „erlaubnispflichtigen" Feuerwaffe bezieht, fällt der Umbau einer verbotenen Waffe (zB eines Vollautomaten nach Anl. 2 Abschn. 1 Nr. 1.2.1.1 iVm Anl. 1 Abschn. 1 Unterabschn. 1 Nr. 2.2) nicht hierunter mit der Folge, dass sich die Erlaubnispflicht dann nach der umgebauten Waffe richtet (was deswegen erforderlich ist, da für den Erwerb und Besitz der verbotenen Ausgangswaffe keine reguläre Erlaubnis erteilt werden kann).[208] Die Vorschrift der **Anl. 2 Abschn. 2 Unterabschn. 1** lautet:

Unterabschnitt 1. Erlaubnispflicht

Der Umgang, ausgenommen das Überlassen, mit Waffen im Sinne des § 1 Abs. 2 Nr. 1 (Anlage 1 Abschnitt 1 Unterabschnitt 1 Nr. 1 bis 4) und der dafür bestimmten Munition bedarf der Erlaubnis, soweit solche Waffen oder Munition nicht nach Unterabschnitt 2 für die dort bezeichneten Arten des Umgangs von der Erlaubnispflicht freigestellt sind. In Unterabschnitt 3 sind die Schusswaffen oder Munition aufgeführt, bei denen die Erlaubnis unter erleichterten Voraussetzungen erteilt wird. Ist eine erlaubnispflichtige Feuerwaffe in eine Waffe umgearbeitet worden, deren Erwerb und Besitz unter erleichterten und wegfallenden Erlaubnisvoraussetzungen möglich wäre, so richtet sich die Erlaubnispflicht nach derjenigen für die ursprüngliche Waffe. Dies gilt nicht für veränderte Langwaffen nach Anlage 1 Abschnitt 1 Unterabschnitt 1 Nr. 1.5 (Salutwaffen).

34 **b) Freistellungen.** Nach Anl. 2 Abschn. 2 **Unterabschn. 2** sind die hier bezeichneten Waffen bzw. die hier bezeichnete Munition für die jeweils genau bezeichnete Art des Umgangs (Besitzen, Erwerben, Führen etc) von der Erlaubnispflicht **freigestellt**.[209] Da es sich bei dieser Aufzählung um eine Einschränkung des in Unterabschnitt 1 der genannten Anlage aufgestellten Grundsatzes (Erlaubnispflicht für alle Waffen iS des § 1 Abs. 2 Nr. 1) handelt, finden sich hier auch lediglich Einschränkungen hinsichtlich der Schusswaffen und der ihnen gleichgestellten Gegenstände (nur dies sind Waffen iS des § 1 Abs. 2 Nr. 1). Ebenso fehlen – wie sich schon zwangsläufig aus dem Einleitungssatz in Anl. 2 Abschn. 2 Unterabschn. 1 ergibt – Regelungen hinsichtlich des Überlassens. Interessanterweise finden sich auch keine Freistellungen im Hinblick auf das Schießen, obwohl diese Form des Umgangs im Einleitungssatz in Anl. 2 Abschn. 2 Unterabschn. 1 – anders als das Überlassen – nicht erwähnt wird. Die im Folgenden der Übersichtlichkeit wegen **im Zusammenhang abgedruckten Regelungen** lauten:

Unterabschnitt 2. Erlaubnisfreie Arten des Umgangs

1. Erlaubnisfreier Erwerb und Besitz

1.1 Druckluft-, Federdruckwaffen und Waffen, bei denen zum Antrieb der Geschosse kalte Treibgase Verwendung finden, wenn den Geschossen eine Bewegungsenergie von nicht mehr als 7,5 Joule erteilt wird und die das Kennzeichen nach Anlage 1 Abbildung 1 zur Ersten Verordnung zum Waffengesetz vom 24. Mai 1976 (BGBl. I S. 1285) in der zum Zeitpunkt des Inkrafttretens dieses Gesetzes geltenden Fassung oder ein durch Rechtsverordnung nach § 25 Abs. 1 Nr. 1 Buchstabe c bestimmtes Zeichen tragen;

1.2 Druckluft-, Federdruckwaffen und Waffen, bei denen zum Antrieb der Geschosse kalte Treibgase Verwendung finden, die vor dem 1. Januar 1970 oder in dem in Artikel 3 des Einigungsvertrages genannten Gebiet vor dem 2. April 1991 hergestellt und entsprechend den zu diesem Zeitpunkt geltenden Bestimmungen in den Handel gebracht worden sind;

1.3 Schreckschuss-, Reizstoff- und Signalwaffen, die der zugelassenen Bauart nach § 8 des Beschussgesetzes entsprechen und das Zulassungszeichen nach Anlage 1 Abbildung 2 zur Ersten Verordnung zum Waffengesetz vom 24. Mai 1976 (BGBl. I S. 1285) in der zum Zeitpunkt des

---

[207] BT-Drs. 16/7717, 25 f. Hier wird darauf hingewiesen, dass für den „scharfen" Schuss ausgelegte Waffen in den Verkehr gekommen seien, in denen lediglich ein anderes „Innenleben" eingebaut wurde (was insbes. beiden so genannten „LEP-Waffen" der Fall war, in denen an Stelle heißer Gase eine Lufterzeugerpatrone verwandt wird), die aber ohne nennenswerten Aufwand in eine Feuerwaffe zurück gebaut werden könnten. Hier genüge es aber nicht, allein das unerlaubte Herstellen der Feuerwaffe zu sanktionieren. Vielmehr bedürfe es der Möglichkeit, derartige Produkte von vorne herein vom Markt zu drängen; hierzu auch *Gade/Stoppa* Anl. 2 Rn. 102.

[208] Vgl. auch *Gade/Stoppa* Anl. 2 Rn. 102.

[209] Näheres hierzu vgl. Anl. II-A 2-UA 2-1.1 bis 8 WaffVwV.

Inkrafttretens dieses Gesetzes geltenden Fassung oder ein durch Rechtsverordnung nach § 25 Abs. 1 Nr. 1 Buchstabe c bestimmtes Zeichen tragen;

1.4 Kartuschenmunition für die in Nummer 1.3 bezeichneten Schusswaffen;

1.5 veränderte Langwaffen, die zu Theateraufführungen, Foto-, Film- oder Fernsehaufnahmen bestimmt sind (Salutwaffen), wenn sie entsprechend den Anforderungen der Anlage 1 Abschnitt 1 Unterabschnitt 1 Nr. 1.5 abgeändert worden sind;

1.6 Schusswaffen, die vor dem 1. April 1976 entsprechend den Anforderungen des § 3 der Ersten Verordnung zum Waffengesetz vom 19. Dezember 1972 (BGBl. I S. 2522) verändert worden sind;

1.7 einläufige Einzelladerwaffen mit Zündhütchenzündung (Perkussionswaffen), deren Modell vor dem 1. Januar 1871 entwickelt worden ist;

1.8 Schusswaffen mit Lunten- oder Funkenzündung, deren Modell vor dem 1. Januar 1871 entwickelt worden ist;

1.9 Schusswaffen mit Zündnadelzündung, deren Modell vor dem 1. Januar 1871 entwickelt worden ist;

1.10 Armbrüste;

1.11 Kartuschenmunition für die nach Nummer 1.5 abgeänderten Schusswaffen sowie für Schussapparate nach § 7 des Beschussgesetzes;

1.12 pyrotechnische Munition, die das Zulassungszeichen nach Anlage II Abbildung 5 zur Dritten Verordnung zum Waffengesetz in der Fassung der Bekanntmachung vom 2. September 1991 (BGBl. I S. 1872) mit der Klassenbezeichnung PM I trägt.

2. Erlaubnisfreier Erwerb durch Inhaber einer Waffenbesitzkarte (unbeschadet der Eintragungspflicht nach § 10 Abs. 1a)

2.1 Wechsel- und Austauschläufe gleichen oder geringeren Kalibers einschließlich der für diese Läufe erforderlichen auswechselbaren Verschlüsse (Wechselsysteme);

2.2 Wechseltrommeln, aus denen nur Munition verschossen werden kann, bei der gegenüber der für die Waffe bestimmten Munition Geschossdurchmesser und höchstzulässiger Gebrauchsgasdruck gleich oder geringer sind;

für Schusswaffen, die bereits in der Waffenbesitzkarte des Inhabers einer Erlaubnis eingetragen sind.

2a. Erlaubnisfreier Erwerb und Besitz durch Inhaber einer Waffenbesitzkarte

Einstecklaufe und dazugehörige Verschlüsse (Einstecksysteme) sowie Einsätze, die dazu bestimmt sind, Munition mit kleinerer Abmessung zu verschießen, und die keine Einstecklaufe sind;

für Schusswaffen, die bereits in der Waffenbesitzkarte des Inhabers einer Erlaubnis eingetragen sind.

3. Erlaubnisfreies Führen

3.1 Schusswaffen mit Lunten- oder Funkenzündung, deren Modell vor dem 1. Januar 1871 entwickelt worden ist;

3.2 Armbrüste.

4. Erlaubnisfreier Handel und erlaubnisfreie Herstellung

4.1 Schusswaffen mit Lunten- oder Funkenzündung, deren Modell vor dem 1. Januar 1871 entwickelt worden ist;

4.2 Armbrüste.

5. Erlaubnisfreier Handel

5.1 Einläufige Einzelladerwaffen mit Zündhütchenzündung (Perkussionswaffen), deren Modell vor dem 1. Januar 1871 entwickelt worden ist;

5.2 Schusswaffen mit Zündnadelzündung, deren Modell vor dem 1. Januar 1871 entwickelt worden ist.

6. Erlaubnisfreie nichtgewerbsmäßige Herstellung

6.1 Munition.

7. Erlaubnisfreies Verbringen und erlaubnisfreie Mitnahme in den, durch den oder aus dem Geltungsbereich des Gesetzes

7.1 Druckluft-, Federdruckwaffen und Waffen, bei denen zum Antrieb der Geschosse kalte Treibgase Verwendung finden, sofern sie den Voraussetzungen der Nummer 1.1 oder 1.2 entsprechen;

7.2 Schreckschuss-, Reizstoff- und Signalwaffen, die der zugelassenen Bauart nach § 8 des Beschussgesetzes entsprechen und das Zulassungszeichen nach Anlage 1 Abbildung 2 zur Ersten Verordnung zum Waffengesetz vom 24. Mai 1976 (BGBl. I S. 1285) in der zum Zeitpunkt des Inkrafttretens dieses Gesetzes geltenden Fassung oder ein durch Rechtsverordnung nach § 25 Abs. 1 Nr. 1 Buchstabe c bestimmtes Zeichen tragen;

7.3 veränderte Langwaffen, die zu Theateraufführungen, Foto-, Film- oder Fernsehaufnahmen bestimmt sind (Salutwaffen), wenn sie entsprechend den Anforderungen der Anlage 1 Abschnitt 1 Unterabschnitt 1 Nr. 1.5 abgeändert worden sind;

7.4 Schusswaffen, die vor dem 1. April 1976 entsprechend den Anforderungen des § 3 der Ersten Verordnung zum Waffengesetz vom 19. Dezember 1972 (BGBl. I S. 2522) verändert worden sind;

7.5 Munition für die in Nummer 7.2 bezeichneten Waffen;

7.6 einläufige Einzelladerwaffen mit Zündhütchenzündung (Perkussionswaffen), deren Modell vor dem 1. Januar 1871 entwickelt worden ist;

7.7 Schusswaffen mit Lunten- oder Funkenzündung oder mit Zündnadelzündung, deren Modell vor dem 1. Januar 1871 entwickelt worden ist;

7.8 Armbrüste;

7.9 pyrotechnische Munition, die das Zulassungszeichen nach Anlage II Abbildung 5 zur Dritten Verordnung zum Waffengesetz in der Fassung der Bekanntmachung vom 2. September 1991 (BGBl. I S. 1872) mit der Klassenbezeichnung PM I trägt;

7.10 Kartuschenmunition für die nach Nummer 7.3 abgeänderten Schusswaffen sowie für Schussapparate nach § 7 des Beschussgesetzes.

8. Erlaubnisfreies Verbringen und erlaubnisfreie Mitnahme aus dem Geltungsbereich dieses Gesetzes in einen Staat, der nicht Mitgliedstaat ist (Drittstaat)

8.1 Sämtliche Waffen im Sinne des § 1 Absatz 2 und die hierfür bestimmte Munition. Außenwirtschaftsrechtliche Genehmigungspflichten, insbesondere nach der in § 48 Absatz 3a genannten Verordnung (EU) Nr. 258/2012, bleiben hiervon unberührt.

35 c) **Erleichterte Erlaubniserteilung.** In Anl. 2 Abschn. 2 **Unterabschn. 3** wird festgelegt, dass für die hier genannten Schusswaffen oder die hier genannte Munition die – grds. auch hier erforderliche – Erlaubnis unter erleichterten Voraussetzungen erteilt wird.[210] Die Vorschriften des genannten **Unterabschnitts 3** lauten:

Entbehrlichkeit einzelner Erlaubnisvoraussetzungen

1. Erwerb und Besitz ohne Bedürfnisnachweis (§ 4 Abs. 1 Nr. 4)

1.1 Feuerwaffen, deren Geschossen eine Bewegungsenergie von nicht mehr als 7,5 Joule erteilt wird und die das Kennzeichen nach Anlage 1 Abbildung 1 der Ersten Verordnung zum Waffengesetz vom 24. Mai 1976 (BGBl. I S. 1285) in der zum Zeitpunkt des Inkrafttretens dieses Gesetzes geltenden Fassung oder ein durch Rechtsverordnung nach § 25 Abs. 1 Nr. 1 Buchstabe c bestimmtes Zeichen tragen;

1.2 für Waffen nach Nummer 1.1 bestimmte Munition.

2. Führen ohne Sachkunde-, Bedürfnis- und Haftpflichtversicherungsnachweis (§ 4 Abs. 1 Nr. 3 bis 5) – Kleiner Waffenschein

2.1. Schreckschuss-, Reizstoff- und Signalwaffen nach Unterabschnitt 2 Nr. 1.3.

36 d) **Einschränkungen des Anwendungsbereiches.** In **Anl. 2 Abschn. 3** findet sich schließlich eine Aufzählung von Waffen, für die das WaffG entweder teilweise (**Unterabschn. 1**) oder aber vollständig (**Unterabschn. 2**) nicht anwendbar ist. Die Vorschriften lauten:

---

[210] Hierzu auch Anl. II-A 2-UA 3-1 bis 2.1 WaffVwV.

Abschnitt 3. Vom Gesetz ganz oder teilweise ausgenommene Waffen
Unterabschnitt 1. Vom Gesetz mit Ausnahme von § 2 Abs. 1 und § 41 ausgenommene Waffen

1. Unterwassersportgeräte, bei denen zum Antrieb der Geschosse keine Munition verwendet wird (Harpunengeräte).

2. Geräte nach Anhang IV Nummer 18 der Richtlinie 2006/42/EG, die zum Abschießen von Munition für andere als die in Anlage 1 Abschnitt 1 Unterabschnitt 1 Nummer 1.1 genannten Zwecke (insbesondere Schlachtzwecke, technische und industrielle Zwecke) bestimmt sind (tragbare Befestigungsgeräte mit Treibladung und andere Schussgeräte) und
a) die die Anforderungen nach § 7 des Beschussgesetzes erfüllen und zum Nachweis das Kennzeichen der in § 20 Absatz 3 Satz 1 des Beschussgesetzes bezeichneten Stelle oder ein anerkanntes Prüfzeichen eines Staates, mit dem die gegenseitige Anerkennung von Prüfzeichen vereinbart ist, tragen oder
b) bei denen die Einhaltung der Anforderungen nach Anhang I Nummer 2.2.2.1 der Richtlinie 2006/42/EG durch Bescheinigung einer zuständigen Stelle eines Mitgliedstaates oder des Übereinkommens über den Europäischen Wirtschaftsraum nachgewiesen ist.

Unterabschnitt 2. Vom Gesetz mit Ausnahme des § 42a ausgenommene Waffen

1. Schusswaffen (Anlage 1 Abschnitt 1 Unterabschnitt 1 Nr. 1.1, ausgenommen Blasrohre), die zum Spiel bestimmt sind, wenn aus ihnen nur Geschosse verschossen werden können, denen eine Bewegungsenergie von nicht mehr als 0,5 Joule (J) erteilt wird, es sei denn, sie können mit allgemein gebräuchlichen Werkzeugen so geändert werden, dass die Bewegungsenergie der Geschosse über 0,5 Joule (J) steigt.

2. Schusswaffen (Anlage 1 Abschnitt 1 Unterabschnitt 1 Nr. 1.1), bei denen feste Körper durch Muskelkraft ohne Möglichkeit der Speicherung der so eingebrachten Antriebsenergie durch eine Sperrvorrichtung angetrieben werden (z.B. Blasrohre).

3. Gegenstände, die zum Spiel bestimmt sind, wenn mit ihnen nur Zündblättchen, -bänder, -ringe (Amorces) oder Knallkorken abgeschossen werden können, es sei denn, sie können mit allgemein gebräuchlichen Werkzeugen in eine Schusswaffe oder einen anderen einer Schusswaffe gleichstehenden Gegenstand umgearbeitet werden.

4. Unbrauchbar gemachte Schusswaffen (Dekorationswaffen); dies sind

4.1 unbrauchbar gemachte Schusswaffen, die vor dem 1. April 2003 entsprechend den Anforderungen des § 7 der Ersten Verordnung zum Waffengesetz vom 24. Mai 1976 (BGBl. I S. 1285) in der bis zu diesem Zeitpunkt geltenden Fassung unbrauchbar gemacht worden sind;

4.2 unbrauchbar gemachte Schusswaffen, Zier- oder Sammlerwaffen, die in der Zeit vom 1. April 2003 an entsprechend den Anforderungen der Anlage 1 Abschnitt 1 Unterabschnitt 1 Nr. 1.4 unbrauchbar gemacht worden sind und die ein Zulassungszeichen nach Anlage II Abbildung 11 zur Beschussverordnung vom 13. Juli 2006 (BGBl. I S. 1474) aufweisen.

5. Nachbildungen von Schusswaffen nach Anlage 1 Abschnitt 1 Unterabschnitt 1 Nr. 6.

2. Ergänzende Hinweise zu einzelnen Waffenarten. Im Folgenden soll bei den einzelnen privilegierten Waffenarten eine Zusammenstellung der Befreiungen erfolgen, wie sie in Anl. 2 Abschn. 2 und 3 angeordnet sind. Zuvor ist anzumerken, dass nach Anl. 2 Abschn. 2 Unterabschn. 2 Nr. 8 das **Verbringen** und die **Mitnahme** aus dem Geltungsbereich des Gesetzes in einen Staat, der **nicht** Mitgliedstaat der Europäischen Union ist (dh in einen sog. „Drittstaat"), grds. erlaubnisfrei gestellt wurde.

a) „Harmlose" Feuerwaffen. Nach Anl. 2 Abschn. 2 Unterabschn. 3 Nr. 1.1 ist der Erwerb und Besitz (nicht aber das Führen und Schießen) sog. „harmloser" Feuerwaffen iS der Anl. 1 Abschn. 1 Unterabschn. 1 Nr. 2.1[211] zwar nicht gänzlich erlaubnisfrei gestellt, er ist jedoch ohne den Bedürfnisnachweis iS des § 4 Abs. 1 Nr. 4 möglich.[212] Erforderlich sind jedoch die weiteren Voraussetzungen des § 4 Abs. 1 (Alter, Zuverlässigkeit, persönliche Eignung, Sachkunde). Als „harmlose" Feuerwaffen sieht das Gesetz solche Feuerwaffen an, deren Geschossen eine Bewegungsenergie von nicht mehr als 7,5 Joule erteilt wird und die das Kennzeichen nach Anl. 1 Abbildung 1 der 1. WaffV (zum WaffG aF) oder ein durch Rechts-

---
[211] Vgl. zum Begriff der Feuerwaffen → § 1 Rn. 78 f.
[212] Die Vorschrift entspricht im Wesentlichen § 2 Abs. 5 der 1. WaffV (zum WaffG aF).

verordnung nach § 25 Abs. 1 Nr. 1 Buchst. c bestimmtes Zeichen tragen.[213] Nach Anl. 2 Abschn. 2 Unterabschn. 3 Nr. 1.2 gilt dies auch für die Munition für die genannten Waffen.

39 b) Unterwassersportgeräte; Schussgeräte zu Schlachtzwecken etc. Nach Anl. 2 Abschn. 3 Unterabschn. 1 Nr. 1 sind Unterwassersportgeräte, bei denen zum Antrieb der Geschosse keine Munition verwendet wird (Harpunengeräte) vom Anwendungsbereich des WaffG weitgehend ausgenommen.[214] Anwendbar sind lediglich § 2 Abs. 1 (Verbot des Umgangs durch Minderjährige) und § 41 (Waffenverbote für den Einzelfall).[215] Diese Harpunengeräte gelten deswegen als ungefährlich, weil sie wegen ihrer Form und schweren Handhabung für die Begehung von Straftaten regelmäßig nicht verwendet werden. Daher war ihre Freistellung aus Sicherheitsgründen unbedenklich. Sie sind ausschließlich zur Unterwasserjagd bestimmt.[216] Wird zum Antrieb der Geschosse hingegen Munition verwendet (wie zB bei manchen Haiabwehrgeräten – „Bangsticks") gilt die vorliegende Ausnahme nicht.[217] In gleicher Weise sind nach Anl. 2 Abschn. 3 Unterabschn. 1 Nr. 2 auch die in Anl. 1 Abschn. 1 Unterabschn. 1 Nr. 1.2.2 als den Schusswaffen gleichgestellten Geräte zum Abschießen von Munition zu anderen als in Anl. 1 Abschn. 1 Unterabschn. 1 Nr. 1.1 genannten Zwecken[218] vom Anwendungsbereich des WaffG – mit Ausnahme der §§ 2 Abs. 1, 41 – befreit.

40 c) Spielzeugwaffen. Nach Anl. 2 Abschn. 3 Unterabschn. 2 Nr. 1 und Nr. 3 sind zum Spiel bestimmte **Schusswaffen** und sonstige **Gegenstände,** welche die dort jeweils genannten Anforderungen erfüllen, vom Anwendungsbereich des WaffG mit Ausnahme des § 42a ausgenommen.[219] Diese Regelungen waren erforderlich, da jedenfalls manche Spielzeugwaffen die Anforderungen des Waffenbegriffes des § 1 Abs. 2 erfüllen.[220] Erforderlich für die Freistellung ist allerdings, dass es sich um „harmlose" Spielzeugwaffen handelt. Dies ist nach Anl. 2 Abschn. 3 Unterabschn. 2 Nr. 1 bei Spielzeugwaffen, die zugleich **Schusswaffen** darstellen nur der Fall, wenn aus ihnen nur Geschosse verschossen werden können, denen eine Bewegungsenergie von nicht mehr als 0,5 Joule erteilt wird. Zu beachten ist allerdings, dass diese Waffen dennoch dem WaffG unterfallen, wenn sie mit allgemein gebräuchlichen Werkzeugen[221] so geändert werden können, dass die Bewegungsenergie der Geschosse über 0,5 Joule steigt. Die Grenze von 0,5 Joule hat eine wechselvolle Geschichte.[222] Während § 1 Abs. 1 Nr. 1 der 1. WaffV (zum WaffG aF) die Grenze bereits bei 0,5 Joule ansetzte, wurde die Freistellungregelung durch das WaffRNeuRegG[223] erheblich eingeschränkt, indem man den Grenzwert auf 0,08 Joule festsetzte. Begründet wurde dies damit, dass hierdurch die Anforderungen der europäischen Spielzeugrichtlinie[224] in nationales Recht umgesetzt werden sollte. Diese erforderte aber den Grenzwert von 0,08 Joule nur bei starren Geschossen ohne elastischer Aufprallspitze, während sie bei elastischen Geschossen oder Geschossen mit elastischer Aufprallspitze einen Grenzwert von 0,5 Joule vorsah.[225] Das BKA hatte daher auch in einem

---

[213] Hierzu → § 1 Rn. 76. Nach Anl. II-A 2-UA 3-1.1 sind insbes. Feuerwaffen im Kaliber 4 mm mit der entsprechenden Kennzeichnung (Prüfzeichen nach Anlage II, Abb. 5 und Kennzeichen nach Anlage II, Abb. 10 der BeschussV) von der Befreiung umfasst.
[214] Hierzu auch Anl. II-A3-UA 1 WaffVwV.
[215] Die Vorschrift entspricht im Wesentlichen § 2 Abs. 2 der 1. WaffV (zum WaffG aF).
[216] BR-Drs. 581/72, Begründung S. 7.
[217] Hierzu auch Anl. II-A3-UA 1 S. 3 WaffVwV.
[218] Zu diesen Geräten → § 1 Rn. 31.
[219] Eine vergleichbare Regelung befand sich früher in § 1 Abs. 1 Nr. 1 und Abs. 3 Nr. 1 der 1. WaffV (zum WaffG aF).
[220] Vgl. zur Begründung der Einbeziehung der Spielzeugwaffen in den grds. Anwendungsbereich des Gesetzes → § 1 Rn. 23.
[221] Vgl. zu den allgemein gebräuchlichen Werkzeugen → § 1 Rn. 61.
[222] Vgl. zur geschichtlichen Entwicklung der Privilegierung der Spielzeugwaffen auch Lehmann/v. Grotthuss Rn. 121 ff.; Steindorf/B. Heinrich Rn. 70a ff.
[223] BGBl. 2002 I S. 3970.
[224] Richtlinie des Rates vom 3.5.1988 zur Angleichung der Rechtsvorschriften der Mitgliedstaaten über die Sicherheit von Spielzeug (88/378/EWG) – Spielzeugrichtlinie, ABl. 1988 L 187 S. 1.
[225] Fraglich ist allerdings ob es im Waffenrecht überhaupt möglich ist, entsprechende Parameter für harte oder elastische Kügelchen in Normen zu fassen; vgl. Steindorf/B. Heinrich Rn. 70c; ferner Heller/Soschinka Rn. 2653; dies. NVwZ 2007, 1386.

I. Waffengesetz 41–43 § 2 WaffG

Feststellungsbescheid vom 18.6.2004[226] unter Berufung auf europäische Gesichtspunkten (!) die Grenze wieder bei 0,5 Joule gesehen, was jedoch eklatant dem Gesetz widersprach.[227] Durch das ÄndG 2008[228] setzte der Gesetzgeber nunmehr die Grenze wieder pauschal auf 0,5 Joule herauf.[229]

Bis zum ÄndG 2008[230] unterfielen auch solche Spielzeugschusswaffen dem neuen WaffG, **41** die eine getreue Nachahmung einer Schusswaffe darstellten, deren Erwerb einer Erlaubnis bedarf.[231] Nunmehr wird eine sachgerechte Umgangsbeschränkung durch die Einführung des Verbots des Führens von Anscheinswaffen in § 42a erreicht, der auch für Spielzeugwaffen weiterhin Anwendung findet. Dabei gelten allerdings solche Spielzeugwaffen nach der Anl. 1 Abschn. 1 Unterabschn. 1 Nr. 1.6 Satz 2 nicht als Anscheinswaffen, die erkennbar nach ihrem Gesamterscheinungsbild zum Spiel bestimmt sind. Dies ist zB der Fall, wenn sie die Größe einer Originalwaffe um die Hälfte unter- oder überschreiten, neonfarbene Kunststoffteile oder keine Originalbeschriftungen enthalten.[232]

Insoweit fallen auch die meisten der sog. **„Softair-Waffen"** unter die hier genannten Privile- **42** gierung, selbst wenn aus ihnen gasförmige, flüssige oder feste Stoffe in Umhüllungen verschossen werden können.[233] Unter diesen „Softair-Waffen" versteht man überwiegend aus Kunststoff gefertigte Pistolen mit Repetiermechanismus, in der Regel in den Kalibern 5,5 mm und 6 mm, aus denen konstruktionsbedingt keine scharfe Munition, sondern lediglich Kunststoffrundkugeln verschossen werden können, wobei der Antrieb der Geschosse durch gespannte kalte Gase oder durch mechanischen Vortrieb erfolgt.[234] Sie stellen äußerlich meist täuschend echte Imitationen von realen Schusswaffen dar (sodass sie als Anscheinswaffen iS der Anl. 1 Abschn. 1 Unterabschn. 1 Nr. 1.6 anzusehen sind und daher § 42a für sie gilt), sind aber ausschließlich zum Spiel bestimmt und so konstruiert, dass ein Umbauversuch, zB zur Steigerung der Bewegungsenergie der Geschosse, zur Zerstörung der Waffe führt.[235] Sie fallen dann unter die Privilegierung, wenn aus ihnen nur Geschosse verschossen werden können, denen eine Bewegungsenergie von nicht mehr als 0,5 Joule erteilt wird, eine Grenze, die von den meisten der sich auf dem Markt befindlichen Soft-Air-Waffen nicht erreicht wird.[236]

Nach Anl. 2 Abschn. 3 Unterabschn. 2 Nr. 3 sind ferner zum Spiel bestimmte **Zünd-** **43** **blättchen-**[237] und **Knallkorkenwaffen**[238] – wiederum mit Ausnahme des § 42a – vom

---

[226] BAnz. Nr. 122 vom 2.7.2004, S. 14246; abgedruckt bei *Steindorf*, 8. Aufl. 2007, Nr. 14.1 Nr. 4.
[227] Vgl. zur Begründung Steindorf/*B. Heinrich* Rn. 70c.
[228] BGBl. I S. 426; vgl. zur Begründung BT-Drs. 16/8224, 20: „Die im Regierungsentwurf vorgesehene Beibehaltung des einheitlich geltenden Geschossenergiegrenzwerts von 0,08 Joule würde ein gemeinschaftsrechtwidriges Handelshemmnis für Geschossspielzeug fortschreiben, das nach europarechtlichen Vorgaben der EU-Spielzeug-Richtlinie und der ihr zuzuordnenden DIN EN 71-1 unter den dort festgelegten Voraussetzungen eine Geschossenergie von bis zu 0,5 Joule aufweisen darf. Folglich ist der Grenzwert auf 0,5 Joule anzuheben".
[229] Kritisch zum Grenzwert von 0,5 Joule allerdings *Gade/Stoppa* Anl. 2 Rn. 147; zum – jedenfalls bei Nahschüssen – nicht unerheblichen Verletzungspotential vgl. auch *Nadjem/Braunwarth/Pollak* ArchKrim 213 (2004), 15.
[230] BGBl. I S. 426.; vgl. zur Streichung BT-Drs. 16/7717, 26.
[231] Insoweit hatte der Gesetzgeber durch das WaffRNeuRegG die Anforderungen im Vergleich zum bisherigen Recht verschärft, denn nach § 1 Abs. 1 Nr. 3 der 1. WaffV (zum WaffG aF) durfte die Waffe lediglich nicht den Anschein einer Kriegswaffe iS des KrWaffG (Maschinenpistole etc) erwecken. Zum umstrittenen Merkmal der getreuen Nachahmung vgl. *Steindorf*, 8. Aufl. 2007, Rn. 70d. In Anl. II-A3-UA 2-1-3 WaffVwV wird ausgeführt, dass in der Anl. 2 Abschn. 3 Unterabschn. 2 Nr. 1–3 auf das Tatbestandsmerkmal der getreuen Nachahmung verzichtet wird, da dieser Begriff für das Waffenrecht unbrauchbar ist.
[232] BT-Drs. 16/8224, 19.
[233] Vgl. BT-Drs. 14/7758, 92; Hinze/*Runkel* § 1 Rn. 25 ff.; *König/Papsthart* Rn. 830; aM allerdings (noch zum WaffG aF) VGH Mannheim 17.12.2001 – S 196/00, GewA 2002, 168, jedenfalls hinsichtlich solcher Softair-Waffen, aus denen flüssige Stoffe in Umhüllungen (sog. Farbmarkierungskugeln) verschossen werden können; dieses Urteil wurde in der Revisionsinstanz aufgehoben; vgl. BGH 6.11.2002 – 6 C 8/02, *Buchholz* 402.5 WaffG Nr. 89.
[234] Hierzu auch Steindorf/*B. Heinrich* Rn. 70 f.
[235] Vgl. hierzu *Heller/Soschinka* Rn. 2660; Steindorf/*B. Heinrich* Rn. 70 f.
[236] Hierzu auch *Heller/Soschinka* Rn. 2661; Steindorf/*B. Heinrich* Rn. 70 f.
[237] Eine vergleichbare Regelung fand sich bereits in § 1 Abs. 1 Nr. 3 Buchst. a der 1. WaffV (zum WaffG aF).
[238] Eine vergleichbare Regelung fand sich bereits in § 1 Abs. 1 Nr. 3 Buchst. b der 1. WaffV (zum WaffG aF).

Anwendungsbereich des WaffG ausgenommen. Unter **Zündblättchenwaffen** versteht man Waffen, die lediglich zum Abschießen von **Amorces** (dh Zündblättchen, -bänder und -ringe) dienen. Typisch hierfür sind die als Karnevalsspielzeug vertriebenen Blech- oder Plastikgeräte, mit Hilfe derer kleine, in Papier eingewickelte und auf Pappe aufgeklebte Zündladungen gezündet werden können. Da hier regelmäßig keine festen Körper durch einen Lauf getrieben werden, fallen die Zündblättchenwaffen auch nicht unter den Begriff der Schusswaffe nach § 1 Abs. 2 Nr. 1,[239] was auch die Bezeichnung als „Gegenstand" im Gegensatz zur in Nr. 1 verwendeten Bezeichnung „Schusswaffe" verdeutlicht. Allerdings wäre eine Einbeziehung als tragbare Gegenstände iS des § 1 Abs. 2 Nr. 2 Buchst. a möglich. Da diese Waffen jedoch weitgehend ungefährlich sind, erschien dem Gesetzgeber eine Einbeziehung in den Geltungsbereich des Gesetzes – mit Ausnahme des § 42a – nicht angebracht. Die Gegenstände sind insbes. deshalb als harmlos einzustufen, weil die Zündladung der Amorces meist in einer aus Papier bestehenden Umhüllung verpackt ist und daher keine Splitter entstehen können.[240]

44 Unter **Knallkorkenwaffen** versteht man solche Waffen, aus der lediglich Knallkorken verschossen werden und die früher vielfach als Kinderspielzeug verwandt, heute zuweilen noch als Starterpistolen beim Sport benutzt werden. Auch diese Gegenstände sind regelmäßig nicht als Schusswaffen iS des § 1 Abs. 2 Nr. 1 anzusehen, da hier der Korken nicht „durch" den Lauf getrieben, sondern lediglich aus einem (kurzen) Lauf abgeschossen werden kann. Allerdings können sie unter die tragbaren Gegenstände nach § 1 Abs. 2 Nr. 2 Buchst. a fallen. Grund für die Herausnahme aus dem Anwendungsbereich des WaffG (wiederum allerdings mit der Ausnahme des § 42a) war hier, dass die Masse und Bewegungsenergie der beim Abschießen der Knallkorken entstehenden und wegfliegenden Korkstücke so gering ist, dass sie keine erhebliche Gefahr darstellen.[241]

45 Anzumerken ist, dass diese Waffen allerdings dann dem WaffG unterfallen, wenn sie mit allgemein gebräuchlichen Werkzeugen[242] in eine Schusswaffe oder einen anderen, einer Schusswaffe gleichstehenden Gegenstand umgearbeitet werden können. Auch für die Nr. 3 wurde die durch das WaffRNeuRegG vorgesehene Ausnahme von der Privilegierung für solche Spielzeugwaffen, die eine getreue Nachahmung einer Schusswaffe darstellen, deren Erwerb einer Erlaubnis bedarf, durch das ÄndG 2008 wieder gestrichen, da die neue Vorschrift des § 42a (Verbot des Führens von Anscheinswaffen), die auch auf Knallkorkenwaffen Anwendung findet, hier ausreichenden Schutz bietet (zu beachten ist aber auch hier wiederum die Ausnahmeregelung in Anl. 1 Abschn. 1 Unterabschn. 1 Nr. 1.6 S. 2.[243]

46 **d) Durch Muskelkraft betriebene Waffen.** Nach Anl. 2 Abschn. 3 Unterabschn. 2 Nr. 2 sind durch Muskelkraft betriebene Waffen, welche die hier genannten Anforderungen erfüllen, ebenfalls vom Anwendungsbereich des WaffG (wiederum allerdings mit der Ausnahme des § 42a) ausgenommen.[244] Diese Regelung war erforderlich, da manche dieser Waffen als Schusswaffen bzw. tragbare Gegenstände iS des § 1 Abs. 2 Nr. 1 oder Nr. 2 Buchst. a die Anforderungen des Waffenbegriffes erfüllen. Erforderlich ist allerdings, dass die durch Muskelkraft eingebrachte Antriebsenergie nicht durch eine Sperrvorrichtung gespeichert werden kann, wie dies zB bei Druckluft- und Federdruckwaffen und Armbrüsten[245] der Fall ist (dies ist allerdings nach Anl. 1 Abschn. 1 Unterabschn. 1 Nr. 1.2.3[246] bei den hier genannten Waffen auch die Voraussetzung zur Begründung der Waffeneigenschaft iS des § 1 Abs. 2 Nr. 2 Buchst. a, so dass es einer gesonderten Herausnahme dieser Gegenstände, die ohnehin dem

---

[239] *Steindorf*, 7. Aufl. 1999, § 1 Rn. 14.
[240] *Gade/Stoppa* Anl. 2 Rn. 150; Hinze/*Runkel* Rn. 116; Steindorf/*B. Heinrich* Rn. 72.
[241] Hinze/*Runkel* Rn. 116; Steindorf/*B. Heinrich* Rn. 72; gleiches gilt für die verwendeten Knallkorken selbst, → § 1 Rn. 146.
[242] Vgl. zu den allgemein gebräuchlichen Werkzeugen → § 1 Rn. 61.
[243] BGBl. I S. 426; bereits → Rn. 41.
[244] Eine vergleichbare Regelung befand sich früher in § 1 Abs. 1 Nr. 2 der 1. WaffV (zum WaffG aF).
[245] In Anl. 2 Abschn. 3 Unterabschn. 2 Nr. 2 wird seit der durch das ÄndG 2008, BGBl. I S. 426. geltende Fassung auf die ausdrückliche Nennung dieser nicht privilegierten Waffen verzichtet.
[246] Die Vorschrift ist abgedruckt in → § 1 Rn. 32.

WaffG schon vom Anwendungsbereich her nicht unterfallen, eigentlich gar nicht bedurft hätte). Als privilegiertes Beispiel nennt die Norm seit dem ÄndG 2008 ausdrücklich die Blasrohre. Auch hier erfolgte durch das ÄndG 2008 die Streichung der Ausnahme von der Privilegierung für solche durch Muskelkraft betriebene Schusswaffen, die eine getreue Nachahmung einer Schusswaffe darstellen, deren Erwerb einer Erlaubnis bedarf (da hier wiederum die auch für diese Waffen weiterhin anwendbare Regelung des § 42a ausreicht).[247]

e) Unbrauchbar gemachte Schusswaffen (Dekorationswaffen). Nach Anl. 2 Abschn. 3 Unterabschn. 2 Nr. 4 fallen auch unbrauchbar gemachte Schusswaffen aus dem Anwendungsbereich des WaffG – mit Ausnahme des § 42a – heraus, wobei seit dem ÄndG 2008[248] zwischen der Unbrauchbarmachung nach altem Recht (Nr. 4.1) und derjenigen nach geltendem Recht (Nr. 4.2) unterschieden wird. Nach Nr. 4.1 müssen die Schusswaffen, die **vor dem 1.4.2003** unbrauchbar gemacht wurden, entsprechend den Anforderungen des damals geltenden § 7 der 1. WaffV aF[249] unbrauchbar gemacht worden sein.[250] Die **ab dem 1.4.2003** unbrauchbar gemachten Schusswaffen sowie Zier- und Sammlerwaffen müssen nach Nr. 4.2 entsprechend den Anforderungen der Anl. 1 Abschn. 1 Unterabschn. 1 Nr. 1.4[251] unbrauchbar gemacht worden sein und zudem ein Zulassungszeichen nach Anl. II Abbild. 11 zur BeschussV tragen.[252]

f) Nachbildungen von Schusswaffen (Schusswaffenattrappen). Anl. 2 Abschn. 3 Unterabschn. 2 Nr. 5 nimmt schließlich auch Nachbildungen von Schusswaffen nach Anl. 1 Abschn. 1 Unterabschn. 1 Nr. 6[253] aus dem Anwendungsbereich des WaffG – wiederum mit Ausnahme des § 42a – heraus. Dabei handelt es sich um solche Gegenstände, die nicht als Schusswaffen hergestellt wurden und aus denen nicht geschossen werden kann, aber die die äußere Form eine Schusswaffe aufweisen. Zudem dürfen sie nicht mit allgemein gebräuchlichen Werkzeugen so umgebaut oder verändert werden, dass aus ihnen Munition, Ladungen und Geschosse verschossen werden können.

g) Druckluft- und Federdruckwaffen, Waffen mit kalten Treibgasen. Nach Anl. 2 Abschn. 2 Unterabschn. 2 Nr. 1.1 ist der **Erwerb** und der **Besitz** von Druckluft-, Federdruck- und Waffen, bei denen zum Antrieb der Geschosse kalte Treibgase Verwendung finden, dann erlaubnisfrei, wenn den Geschossen keine Bewegungsenergie von mehr als 7,5 Joule erteilt wird und diese entsprechend zugelassen und gekennzeichnet sind.[254] Die genannten Waffenarten sind nunmehr in Anl. 1 Abschn. 1 Unterabschn. 1 Nr. 2.9 eigen-

---

[247] Vgl. BT-Drs. 16/7717, 26; bereits → Rn. 41.
[248] BGBl. I S. 426 (437).
[249] BGBl. 1976 I S. 1285. § 7 der 1. WaffV setzte weitgehend die gleichen Anforderungen wie die heutige Nr. 1.4 Anl. 1 Abschn. 1 Unterabschn. 1 voraus; → § 1 Rn. 59 ff.
[250] Dagegen verwies Anl. 2 Abschn. 3 Unterabschnitt 2 Nr. 4 in der bis 2008 geltenden Fassung noch – und insoweit unsauber – für Schusswaffen, die vor dem 1.4.2003 unbrauchbar gemacht wurden auf eine Unbrauchbarmachung „entsprechend den Anforderungen der Anlage 1 Abschnitt 1 Unterabschnitt 1 Nr. 1.4 in der bis zu diesem Zeitpunkt geltenden Fassung". Diese Vorschrift hatte jedoch vor 2003 noch keine Geltung, weshalb nunmehr zutreffend auf die damals geltende Regelung des § 7 der 1. WaffV (zum WaffG aF) verwiesen wird; hierzu BT-Drs. 16/7717, 26; Apel/Bushart/*Bushart* Anl. 2 Rn. 65 ff.; Steindorf/*B. Heinrich* Rn. 74; ferner Anl. II-A3-UA 2-4 S. 2 WaffVwV.
[251] Dazu → § 1 Rn. 59 ff.
[252] Vgl. auch Anl. II-A3-UA 2-4 S. 3 WaffVwV.
[253] Dazu → § 1 Rn. 67 ff. Bis zum ÄndG 2008, BGBl. I S. 426, ergab sich die Nichtanwendung des WaffG bereits aus Anl. 1 Abschn. 1 Unterabschn. 1 Nr. 1.5 (Nachbildungen von Schusswaffen). Deren heutige Nachfolgenorm (Anl. 1 Abschn. 1 Unterabschn. 1 Nr. 6) definiert nunmehr allerdings lediglich die Nachbildungen, so dass eine Rechtsfolgenregelung – systematisch an richtiger Stelle – in Anl. 2 Abschn. 3 Unterabschn. 2 Nr. 5 erforderlich wurde; hierzu BT-Drs. 16/7717, 26; ferner Anl. II-A3-UA 2-5 WaffVwV; zu dieser Problematik auch *B. Heinrich* in Gade/Stoppa S. 107 (127).
[254] Vgl. zum früheren Recht § 2 Abs. 4 Nr. 3 Buchst. a der 1. WaffV (zum WaffG aF); vgl. auch § 19 iVm Anl. 1 Abb. 1 der 1. WaffV (zum WaffG aF); bei diesen Altwaffen kann somit der Erwerb und Besitz auch dann erlaubnisfrei sein, wenn ihnen eine Bewegungsenergie von mehr als 7,5 Joule erteilt wurde, da für diese Waffen vor 1970 noch keine Kennzeichnungspflicht bestand; zur alten Fassung der Verordnung auch OLG Frankfurt a. M. 28.9.1984 – 5 Ss 447/83, NStZ 1985, 368; LG Freiburg 2.7.1980 – 33 Ns 145/79 (unveröffentlicht); *Apel* § 2 der 1. WaffV Anm. 5c.

ständig definiert.[255] Es muss sich hierbei um Schusswaffen handeln, nicht um Schreckschuss-, Reizstoff- oder Signalwaffen, die in Nr. 1.3 der genannten Anlage eigenständig erfasst sind.[256] Ferner ist nach Anl. 2 Abschn. 2 Nr. 1.2 der Erwerb und Besitz von „Altwaffen" (dh von Waffen, die vor dem 1.1.1970 im Bundesgebiet oder vor dem 2.4.1991 im Gebiet der ehemaligen DDR hergestellt wurden[257]) erlaubnisfrei, wenn diese nach den damals geltenden Bestimmungen hergestellt und in den Handel gebracht worden sind.[258] Nach Anl. 2 Abschn. 2 Unterabschn. 2 Nr. 7.1 ist ferner auch das **Verbringen oder Mitnehmen** in den, durch den oder aus dem Geltungsbereich des WaffG erlaubnisfrei.

50 **h) Schreckschuss-, Reizstoff- und Signalwaffen.** Nach Anl. 2 Abschn. 2 Unterabschn. 2 Nr. 1.3 ist der **Erwerb** und **Besitz** von Schreckschuss-, Reizstoff- und Signalwaffen[259] erlaubnisfrei gestellt, wenn deren Bauart nach § 8 BeschG zugelassen ist und sie das entsprechende Kennzeichen[260] tragen. Dies gilt nach Nr. 1.4 der genannten Anlage auch für Kartuschenmunition dieser Waffen.[261] Nach Nr. 7.2 der genannten Anl. ist bei diesen Waffen zudem das **Verbringen oder Mitnehmen** in den, durch den oder aus dem Geltungsbereich des WaffG erlaubnisfrei, welches nach Nr. 7.5 der genannten Anlage ebenfalls für die **Munition** dieser Waffen gilt.[262] Schließlich ist auch nach Anl. 2 Abschn. 2 Unterabschn. 3 Nr. 2.1 das **Führen** dieser Waffen ohne Sachkunde-, Bedürfnis- und Haftpflichtversicherungsnachweis (§ 4 Abs. 1 Nr. 3–5) zulässig.[263] Erforderlich ist also nur der sog. **„kleine Waffenschein"**, dh ein Waffenschein, bei dessen Erteilung lediglich die Zuverlässigkeit und persönliche Eignung einer Person geprüft wird (§ 10 Abs. 4 S. 4). Dies stellt eine erhebliche Verschärfung im Vergleich zum bisherigen Recht da, wonach der Erwerb und Besitz sowie das Führen dieser Waffen für volljährige Personen grds. erlaubnisfrei war.[264] Besitzt jemand allerdings einen (umfänglichen) Waffenschein nach § 10 Abs. 4 S. 1, so ist daneben die Erteilung eines „kleinen Waffenscheins" nicht mehr erforderlich.

51 **i) Salutwaffen.** Auch der **Erwerb** und **Besitz** von veränderten Langwaffen,[265] die zu Theateraufführungen, Foto-, Film- oder Fernsehaufnahmen bestimmt sind (im Anl. 2 Abschn. 2 Unterabschn. 2 Nr. 1.5 werden diese Waffen in einem Klammerzusatz ausdrücklich als „Salutwaffen" bezeichnet), ist erlaubnisfrei, wenn an ihnen die in Nr. 1.5 Anl. 1 Abschn. 1 Unterabschn. 1 Nr. 1.5[266] genannten Veränderungen vorgenommen wurden.[267]

---

[255] → § 1 Rn. 106 f.
[256] Vgl. hierzu → Rn. 50.
[257] Vgl. zum Hintergrund dieser unterschiedlichen zeitlichen Grenzen Steindorf/B. Heinrich Rn. 33a.
[258] Vgl. zum früheren Recht § 2 Abs. 4 Nr. 3 Buchst. b und c der 1. WaffV (zum WaffG aF); hierzu OLG Frankfurt a. M. 28.9.1984 – 5 Ss 447/83, NStZ 1985, 368.
[259] Vgl. zu den Schreckschusswaffen → § 1 Rn. 91 ff.; zu den Reizstoffwaffen → § 1 Rn. 95 ff.; zu den Signalwaffen → § 1 Rn. 103 ff.
[260] Bei dem Zulassungskennzeichen handelt es sich um das PTB-Zeichen im Kreis nach Abb. 6 der Anlage II zur BeschussV; vgl. Anl. 1 Abschn. 1.2 und 1.3 WaffVwV.
[261] Vgl. hierzu Anl. II-A 2-UA 2-1.4 WaffVwV: „Anlage 2 Abschnitt 2 Unterabschnitt 2 Nummer 1.4 betrifft nur solche Kartuschenmunition, für die es tatsächlich entsprechend Nummer 1.3 zugelassene SRS-Waffen gibt. Die Munition bedarf eines Prüfzeichens nach Abb. 4 der Anlage II zur BeschussV. Das Prüfzeichen befindet sich auf der kleinsten Verpackungseinheit der Munition und nicht auf der Kartusche selbst. Bei pyrotechnischer Munition kommt diese Freistellung nur beim Tragen, soweit sie der Klasse PM I entspricht und von dem BAM zugelassen ist (siehe Anlage 2 Abschnitt 2 Unterabschnitt 2 Nummer 1.12)".
[262] Vgl. hierzu Anl. II-A 2-UA 2-7.5 WaffVwV: „Anlage 2 Abschnitt 2 Unterabschnitt 2 Nummer 7.5 betrifft nur solche Munition, für die es tatsächlich entsprechend Nummer 1.3 zugelassene SRS-Waffen gibt. Die Munition bedarf eines Zulassungszeichens eines Beschussamtes. Das Zulassungszeichen befindet sich auf der kleinsten Verpackungseinheit der Munition und nicht auf der Kartusche selbst".
[263] Vgl. hierzu Anl. II-A 2-UA 3-2.1 WaffVwV.
[264] Zur Begründung für diese Verschärfung BT-Drs. 14/7758, 91.
[265] Vgl. zum Begriff der Langwaffe → § 1 Rn. 90.
[266] Ausführlich → Rn. 63 ff.
[267] Die Regelung entspricht dabei nahezu wörtlich, jedenfalls aber vom Inhalt her § 3 Abs. 1 der 1. WaffV (zum WaffG aF), BGBl. 1976 I S. 1287 (zur früheren Fassung vgl. BGBl. 1972 I S. 2523; zur geschichtlichen Entwicklung vgl. auch Steindorf/B. Heinrich Rn. 36); die anschließende, durch das WaffRNeuRegG in Kraft getretene frühere Fassung der Anl. 2 Abschn. 2 Unterabschn. 2 Nr. 1.5 enthielt noch eine entsprechende Privilegierung für „Zier- und Sammlerwaffen".

Unter den gleichen Voraussetzungen sind diese Waffen auch nach Anl. 2 Abschn. 2 Unterabschn. 2 Nr. 7.3 der genannten Anlage im Hinblick auf das **Verbringen oder Mitnehmen** in den, durch den oder aus dem Geltungsbereich des Gesetzes erlaubnisfrei gestellt. Die Schusswaffe muss dabei jedenfalls insoweit dauerhaft unbrauchbar gemacht worden sein, als dass keine Patronen- oder pyrotechnische Munition mehr geladen werden kann. Das Verschießen von Kartuschenmunition (in der Regel für die in der Vorschrift konkret aufgeführten Zwecke) ist bei diesen Waffen jedoch weiterhin möglich. Ferner darf die Veränderung nicht mit allgemein gebräuchlichen Werkzeugen[268] wieder rückgängig gemacht werden können, dh die Waffe darf nicht mit allgemein gebräuchlichen Werkzeugen zu einer „scharfen" Waffen umgearbeitet werden können. Da aus diesen Waffen aber weiterhin Kartuschenmunition verschossen werden darf (die Veränderung muss nur dazu führen, dass keine Geschosse, Patronen- oder pyrotechnische Munition verschossen werden kann) unterfallen sie auch weiterhin grds. dem Schusswaffenbegriff des WaffG. Insoweit wird im Hinblick auf das **Führen** in Anl. II-A 2-UA 2-1.5 WaffVwV auch darauf hingewiesen, dass „zum Führen von veränderten Langwaffen als sogenannten Salutwaffen […] grundsätzlich ein Waffenschein nach § 10 Absatz 4 erforderlich [ist] unbeschadet der Ausnahmeregelungen nach §§ 12 und 42. Der Kleine Waffenschein reicht nicht aus".

Da, wie eben gesehen, aus den genannten Waffen noch Kartuschenmunition verschossen werden kann und darf, hat der Gesetzgeber in Anl. 2 Abschn. 2 Unterabschn. 2 Nr. 1.11 auch den Erwerb und den Besitz dieser Munition erlaubnisfrei gestellt. Dabei wird in Anl. II-A 2-UA 2-1.11 darauf hingewiesen, dass die hier genannte Munition nur solche Kartuschenmunition erfasst, „die tatsächlich in veränderten Laufwaffen nach Nr. 1.5 geladen werden kann. Daher fällt Kartuschenmunition zB in den Kalibern .308 Win. (= 7,62 mm × 51) oder 8 × 57 IS nicht unter diese Befreiung".

j) Sonstige Zier- und Sammlerwaffen. Nach Anl. 2 Abschn. 2 Unterabschn. 2 Nr. 1.6 wird die Erlaubnisfreiheit in Bezug auf den Erwerb und den Besitz sowie nach Anl. 2 Abschn. 2 Unterabschn. 2 Nr. 7.4 auch auf das Verbringen und das Mitnehmen auf solche Schusswaffen erweitert, die vor dem 1.4.1976 auf der Grundlage des § 3 der 1. WaffV (zum WaffG aF) verändert worden sind. Von § 3 der 1. WaffV (zum WaffG aF) waren solche veränderten Schusswaffen erfasst, die eine Länge von mehr als 60 cm aufwiesen und die für Zier- oder Sammlerzwecke, zu Theateraufführungen, Film- oder Fernsehaufnahmen bestimmt waren, sofern sie die hier ausdrücklich genannten Anforderungen erfüllten. Diese Anforderungen entsprechen im Wesentlichen denjenigen, die in Anl. 1 Abschn. 1 Unterabschn. 1 Nr. 1.5 heute für Salutwaffen vorgesehen sind (die Vorschrift enthielt lediglich noch die darüber hinausgehende Anforderung, dass die Schusswaffen ihrer äußeren Form nach nicht den Anschein einer vollautomatischen Selbstladewaffe, die Kriegswaffe ist, hervorrufen).[269]

k) Antiquarische Waffen. Auf antiquarische Schusswaffen findet das WaffG dann Anwendung, wenn sie noch den Voraussetzungen des § 1 Abs. 2 Nr. 1 entsprechen, dh funktionstüchtig sind.[270] Dennoch gelten für viele dieser antiquarischen Schusswaffen gewisse Privilegierungen. Diese greifen jeweils dann ein, wenn das **Modell** der jeweiligen Schusswaffe **vor dem 1.1.1871 entwickelt** wurde. Entscheidend ist also die Entwicklung des jeweiligen Waffenmodells. Auf den Zeitpunkt der Herstellung der konkreten Waffe kommt es daher nicht an. Drei Gruppen von Waffen sind hier zu nennen.

aa) Perkussionswaffen. Unter Perkussionswaffen versteht man **einläufige Einzelladerwaffen mit Zündhütchenzündung.** Nach Anl. 2 Abschn. 2 Unterabschn. 2 Nr. 1.7 sind diese „antiquarischen" Perkussionswaffen von der Erlaubnispflicht im Hinblick auf den **Erwerb** und den **Besitz** freigestellt. Nicht unter dieser Befreiung fallen hingegen ursprüng-

---

[268] Vgl. zum Begriff der allgemein gebräuchlichen Werkzeuge → § 1 Rn. 61.
[269] Ausführlich → Rn. 63 ff.
[270] Vgl. Steindorf/*B. Heinrich* Rn. 38.

lich mehrschüssige Perkussionsrevolver, die zu einschüssigen Einzelladerwaffen abgeändert worden sind.[271] Nach Anl. 2 Abschn. 2 Unterabschn. 2 Nr. 5.1 ist ferner der **Handel** mit diesen Waffen erlaubnisfrei. Schließlich dürfen diese Waffen nach Nr. 7.6 der genannten Anlage auch erlaubnisfrei in den, durch den oder aus dem Geltungsbereich des Gesetzes **verbracht** oder **mitgenommen** werden. Im Gegensatz zu den gleich noch zu erörternden antiquarischen Schusswaffen mit Lunten- oder Funkenzündung findet sich jedoch keine Freistellung der Herstellung und des Führens dieser Waffen.

56 **bb) Schusswaffen mit Lunten- oder Funkenzündung.** Nach Anl. 2 Abschn. 2 Unterabschn. 2 Nr. 1.8 sind „antiquarische" Schusswaffen mit Lunten- oder Funkenzündung von der Erlaubnispflicht im Hinblick auf den **Erwerb** und den **Besitz** freigestellt. Ferner dürfen sie nach Nr. 3.1 der genannten Anlage erlaubnisfrei **geführt** werden. Nach Nr. 4.1 der genannten Anlage sind ferner der **Handel** und die **Herstellung** erlaubnisfrei. Schließlich dürfen diese Waffen nach Nr. 7.7 der genannten Anlage erlaubnisfrei in den, durch den oder aus dem Geltungsbereich des Gesetzes **verbracht oder mitgenommen** werden. Damit sind – in Bezug auf diese Waffen – sämtliche Umgangsformen mit Ausnahme des **Schießens** erlaubnisfrei gestellt worden. Hinzuweisen ist noch darauf, dass die Befreiungsvorschriften der Anl. 2 Abschn. 2 Unterabschn. 2 Nr. 1.8 und Nr. 1.9 sowohl Originalwaffen als auch Repliken betreffen.[272]

57 **cc) Schusswaffen mit Zündnadelzündung.** Nach Anl. 2 Abschn. 2 Unterabschn. 2 Nr. 1.9 sind „antiquarische" Schusswaffen mit Zündnadelzündung ebenfalls von der Erlaubnispflicht im Hinblick auf den **Erwerb** und den **Besitz** freigestellt. Nach Nr. 5.2 der genannten Anlage ist ferner der **Handel** mit diesen Waffen und seit dem ÄndG 2008[273] nach Nr. 7.7 der genannten Anlage auch das **Verbringen** sowie **Mitnehmen** dieser Waffen in den, durch den oder aus dem Geltungsbereich des Gesetzes erlaubnisfrei. Im Gegensatz zu den zuvor erwähnten antiquarischen Schusswaffen mit Lunten- oder Funkenzündung findet sich jedoch keine Freistellung der Herstellung und des Führens dieser Waffen. Hinzuweisen ist noch darauf, dass die Befreiungsvorschriften der Anl. 2 Abschn. 2 Unterabschn. 2 Nr. 1.8 und Nr. 1.9 sowohl Originalwaffen als auch Repliken betreffen.[274]

58 **l) Armbrüste.** Armbrüste, die nach Anl. 1 Abschn. 1 Unterabschn. 1 Nr. 1.2.3 als Waffen iS des WaffG anzusehen sind,[275] werden durch Anl. 2 Abschn. 2 Unterabschn. 2 Nr. 1.10 von der Erlaubnispflicht für den **Erwerb** und **Besitz** ausgenommen. Ferner dürfen sie nach Nr. 3.2 der genannten Anlage erlaubnisfrei **geführt** werden. Nach Nr. 4.2 der genannten Anlage sind ferner der **Handel** und die **Herstellung** erlaubnisfrei. Schließlich dürfen diese Waffen nach Nr. 7.8 der genannten Anlage auch erlaubnisfrei in den oder aus dem Geltungsbereich des Gesetzes **verbracht oder mitgenommen** werden. Damit sind – in Bezug auf diese Waffen – sämtliche Umgangsformen mit Ausnahme des **Schießens** erlaubnisfrei gestellt. Hinzuweisen ist allerdings, dass das Schießen auch nur bei Schusswaffen erlaubnispflichtig ist (vgl. Nr. 7 Anl. 1 Abschn. 2).[276] Ihre Einbeziehung in den Anwendungsbereich des WaffG hat insoweit nur zur Folge, dass das Alterserfordernis des § 2 Abs. 1 greift: Nur volljährigen, nicht aber minderjährigen Personen ist der Umgang mit diesen Waffen gestattet.

59 **m) Wechsel- und Austauschläufe, Wechselsysteme; Wechseltrommeln.** Die genannten Gegenstände, die allesamt als „wesentliche Teile" dem Anwendungsbereich des

---

[271] Vgl. Anl. II-A 2-UA 2-1.7 WaffVwV.
[272] Vgl. Anl. II-A 2-UA 2-1.8 und 1.9 WaffVwV; vgl. auch *Gade/Stoppa* Anl. 2 Rn. 112.
[273] BGBl. I S. 426 (437); nach BT-Drs. 16/7717, 26 handelte es sich bei der Normierung der fehlenden Freistellung dieser Waffen für das Verbringen und das Mitnehmen durch das WaffRNeuRegG um ein „Redaktionsversehen".
[274] Vgl. Anl. II-A 2-UA 2-1.8 und 1.9 WaffVwV; vgl. auch *Gade/Stoppa* Anl. 2 Rn. 112.
[275] Hierzu → § 1 Rn. 32 ff.
[276] → § 1 Rn. 150, 189.

WaffG unterfallen (vgl. Anl. 1 Abschn. 1 Unterabschn. 1 Nr. 3.1, 3.2, 3.4, 3.5),[277] werden im Hinblick auf **Erwerb** nach Anl. 2 Abschn. 2 Unterabschn. 2 Nr. 2.1 und Nr. 2.2 dann für den Inhaber einer Waffenbesitzkarte erlaubnisfrei gestellt, wenn sie die hier genannten Voraussetzungen erfüllen.[278] Insbes. müssen sie für eine Schusswaffe erworben oder besessen werden, die in der Waffenbesitzkarte des Inhabers der Erlaubnis eingetragen ist.[279] Zudem weist das Gesetz ausdrücklich auf die Eintragungspflicht des § 10 Abs. 1a hin. Durch das ÄndG 2008[280] wurde nämlich die Privilegierung des Besitzes gestrichen und zudem durch den Klammerzusatz „unbeschadet der Eintragungspflicht nach § 10 Abs. 1a" klargestellt, dass trotz der Erlaubnisfreiheit des Erwerbs weiterhin eine Eintragungspflicht besteht. Dies beinhaltet entgegen des Wortlautes auch die in § 10 Abs. 1a normierte Anzeigepflicht. Werden die genannten wesentlichen Teile nicht binnen der in § 10 Abs. 1a genannten Frist angezeigt, bleibt zwar ihr Erwerb erlaubnisfrei, es liegt dann aber ein unrechtmäßiger Besitz vor.[281] Dies führt dazu, dass nicht lediglich eine Ordnungswidrigkeit nach § 53 Abs. 1 Nr. 5, sondern ein strafbarer Besitz nach § 52 Abs. 1 Nr. 2 Buchst. b bzw. § 52 Abs. 3 Nr. 2 Buchst. a, Abs. 4 möglich ist.

n) Einsteckläufe, Einstecksysteme und Einsätze. Diese Gegenstände werden im Hinblick auf **Erwerb und den Besitz** nach Anl. 2 Abschn. 2 Unterabschn. 2 Nr. 2a für den Inhaber einer Waffenbesitzkarte erlaubnisfrei gestellt, wenn sie die hier genannten Voraussetzungen erfüllen. Während des Gesetzgebungsverfahrens war ursprünglich vorgesehen, wie bei Anl. 2 Abschn. 2 Unterabschn. 2 Nr. 2.1 und Nr. 2.2 nur noch den Erwerb freizustellen (und die Gegenstände insoweit einer Anzeige- und Eintragungspflicht nach § 10 Abs. 1a zu unterwerfen).[282] Letztendlich wurde jedoch die Freistellung für beide Umgangsformen belassen und daher aus der ehemaligen Nr. 2.3 die neue Nr. 2a geschaffen. Dies wurde damit begründet, dass Einsteckläufe und -systeme lediglich Zubehör und keine wesentlichen Teile seien.[283] Dies steht allerdings in Widerspruch zu den Anl. 1 Abschn. 1 Unterabschn. 1 Nr. 3.3, 3.6 und 3.7[284] wonach diese Gegenstände gerade zu den „wesentlichen Teilen" zählen.[285]

o) Munition. Grundsätzlich gilt nach Anl. 2 Abschn. 2 Unterabschn. 2 Nr. 6.1 für sämtliche Formen der Munition,[286] dass ihre **nichtgewerbsmäßige Herstellung** erlaubnisfrei gestellt ist (sofern es sich nicht gleichzeitig um verbotene Munition iS der Anl. 2 Abschn. 1 Nr. 1.5.1 bis Nr. 1.5.7 handelt).[287]

aa) Bestimmte Kartuschenmunition. Wie eben gesehen, hat der Gesetzgeber Salutwaffen unter bestimmten Umständen im Hinblick auf den Erwerb und Besitz erlaubnisfrei gestellt (Anl. 2 Abschn. 2 Unterabschn. 2 Nr. 1.5).[288] Da aus diesen Waffen jedoch noch Kartuschenmunition[289] verschossen werden kann und darf, erklärt der Gesetzgeber in Anl. 2

---

[277] Vgl. zu diesen Gegenständen → § 1 Rn. 41, 21, 44, 47.
[278] Kritisch hinsichtlich der Einbeziehung von Wechselläufen *Gade/Stoppa* Anl. 2 Rn. 123., da diese Läufe durch einen Büchsenmacher angepasst werden müssten, wofür ohnehin eine Bearbeitungserlaubnis nach §§ 21, 26 erforderlich sei.
[279] Vgl. hierzu Anl. II-A 2-UA 2-2 WaffVwV.
[280] BGBl. I S. 426.
[281] Vgl. in diesem Zusammenhang auch die Übergangsfrist in § 58 Abs. 12.
[282] BT-Drs. 16/7717, 14; in Anl. II-A 2-UA 2-2 S. 2 WaffVwV wird allerdings darauf hingewiesen, dass diese Gegenstände aber auf Antrag in die Waffenbesitzkarte eingetragen werden *können*.
[283] BT-Drs. 16/8224, 20.
[284] Vgl. zu diesen Gegenständen → § 1 Rn. 43, 45, 46.
[285] So auch *Gade/Stoppa* Anl. 2 Rn. 125.
[286] Hierzu → § 1 Rn. 130 ff.
[287] Zur verbotenen Munition → Rn. 25 ff.; der Text der genannten Anlage ist abgedruckt in → Rn. 3; vgl. auch Anl. II-A 2-UA 2-6.1 WaffVwV: „Die Bestimmungen nach Anlage 2 Anschnitt 2 Unterabschnitt 2 Nummer 6.1 betreffen u. a. das Wiederladen von Munition; sprengstoffrechtliche Vorschriften sind zu beachten".
[288] Hierzu → Rn. 51 f.
[289] Hierzu → § 1 Rn. 133.

Abschn. 2 Unterabschn. 2 Nr. 1.11 auch den Erwerb und den Besitz dieser Munition für erlaubnisfrei.[290]

63 Ferner wird von diesem Erlaubnistatbestand Kartuschenmunition erfasst, die für **Schussapparate** nach § 7 BeschG bestimmt ist. Schussapparate sind tragbare Geräte, die für gewerbliche oder technische Zwecke bestimmt sind und bei denen zum Antrieb Munition verwendet wird (vgl. § 2 Abs. 4 BeschG und § 1 Abs. 6 WaffG aF). Sie dienen durchweg als Hilfsmittel bei gewerblichen oder technischen Arbeiten.[291] Sie müssen tragbar sein und zum Antrieb der Geschosse muss Munition verwendet werden. Insoweit sind sie – sofern man sie auf Grund ihrer Zweckbestimmung überhaupt unter das Waffengesetz fassen kann[292] – regelmäßig als Munitionsabschussgeräte iS des § 1 Abs. 2 Nr. 2 Buchst. b und nicht als Schusswaffen iS des § 1 Abs. 2 Nr. 1 anzusehen, da sie infolge ihrer Zweckbestimmung (gewerbliche oder technische Zwecke) jedenfalls nicht den in Anl. 1 Abschn. 1 Unterabschn. 1 Nr. 1.1 genannten Zwecken dienen.[293] Zu unterscheiden sind Schussapparate, bei denen das Geschoss das Gerät verlässt und solche, bei denen der angetriebene Gegenstand das Gerät nicht verlassen kann.[294] Als Munition wird in der Regel Kartuschenmunition verwendet. Als **Beispiele** für solche Schussapparate sind zu nennen: Bolzenschussapparate zur Betäubung oder Tötung von Tieren (diese können aber infolge ihrer Zwecksetzung auch als Schusswaffen angesehen werden, wenn sie zum Zwecke der Distanzinjektion bestimmt sind),[295] Bolzensetzwerkzeuge, die für Montagearbeiten verwendet werden,[296] Kabeltrenn-, Kabelschuh- und Kabelkerbgeräte (Blitzkerber). Für diese Schussapparate gelten vielfach privilegierende Sonderregelungen. So unterliegen sie ua nach § 7 BeschG lediglich der Bauartzulassung.

64 **bb) Bestimmte pyrotechnische Munition.** Schließlich ist auch pyrotechnische Munition (zur Begriffsbestimmung vgl. Anl. 1 Abschn. 1 Unterabschn. 3 Nr. 1.4),[297] die das Zulassungszeichen nach Anl. II Abb. 5 zur 3. WaffV (zum WaffG aF) in der Fassung der Bekanntmachung vom 2.9.1991[298] mit der Klassenbezeichnung PM I trägt („PM I im Sechseck"), teilweise privilegiert. So ist diese Munition nach Anl. 2 Abschn. 2 Unterabschn. 2 Nr. 1.12 von der Erlaubnispflicht in Bezug auf den **Erwerb** und den **Besitz** befreit und nach Anl. 2 Abschn. 2 Unterabschn. 2 Nr. 7.9 darf diese Munition erlaubnisfrei in den oder aus dem Geltungsbereich dieses Gesetzes **verbracht oder mitgenommen** werden. Anzumerken ist allerdings, dass die 3. WaffV (zum WaffG aF) inzwischen außer Kraft getreten ist,[299] was aber unbeachtlich ist, da in Anl. 2 Abschn. 2 Unterabschn. 2 Nr. 1.12 ausdrücklich auf das Zulassungszeichen verwiesen wird, welches in der 3. WaffV in der Fassung der Bekanntmachung vom 2.9.1991 normiert wurde. Die Kennzeichnung selbst kann sich auch lediglich auf der kleinsten Verpackungseinheit befinden.[300]

---

[290] Hierzu → Rn. 52; vgl. auch Anl. II-A 2-UA 2-1.11 WaffVwV.
[291] Der Gesetzgeber, BT-Drs. V/528, 20, begründet die Einbeziehung dieser Gegenstände ins WaffG aF damit, dass „in der Vergangenheit Geräte entwickelt worden sind, mit denen sehr wirkungsvoll in den freien Raum geschossen werden konnte". Im Gegensatz zu § 1 Abs. 2 Nr. 3 BWaffG 1968 war seit der Geltung des § 1 Abs. 6 WaffG aF eine alternative Zweckbestimmung ausreichend (gewerbliche „oder" technische Zweckbestimmung; früher „und"); damit sollten Geräte erfasst werden, die zwar technischen, aber nichtgewerblichen, dh privaten Zwecken zu dienen bestimmt sind. Im heutigen WaffG sind die Schussapparate nicht mehr eigens erwähnt.
[292] Zweifelnd *Gade/Stoppa* Anl. 1 Rn. 9, Anl. 2 Rn. 118.
[293] *Steindorf/N. Heinrich* BeschG § 7 Rn. 5.
[294] OLG Hamm 15.11.1974 – 1 Ss 432/74, MDR 1975, 420; *Gade/Stoppa* Anl. 2 Rn. 118.
[295] BT-Drs. V/528, 20; hierzu auch OLG Hamm 15.11.1974 – 1 Ss 432/74, MDR 1975, 420; → § 1 Rn. 20.
[296] BT-Drs. V/528, 20; *Gade/Stoppa* Anl. 2 Rn. 118.
[297] Hierzu → § 1 Rn. 135 ff.
[298] BGBl. I S. 1872.
[299] Vgl. § 43 der BeschussV vom 13.7.2006, BGBl. I S. 1474 (1487); zuvor wurde, was etwas verwirrend war, die Abbildung 5 durch Art. 1 Nr. 33 Buchst. i der VO vom 10.1.2000, BGBl. I S. 38 (45) zur Abbildung 7.
[300] Vgl. Anl. II-A 2-UA 2-1.12 WaffVwV.

I. Waffengesetz   §§ 3, 4 WaffG

§ 3 Umgang mit Waffen oder Munition durch Kinder und Jugendliche

(1) Jugendliche dürfen im Rahmen eines Ausbildungs- oder Arbeitsverhältnisses abweichend von § 2 Abs. 1 unter Aufsicht eines weisungsbefugten Waffenberechtigten mit Waffen oder Munition umgehen.

(2) Jugendliche dürfen abweichend von § 2 Abs. 1 Umgang mit geprüften Reizstoffsprühgeräten haben.

(3) Die zuständige Behörde kann für Kinder und Jugendliche allgemein oder für den Einzelfall Ausnahmen von Alterserfordernissen zulassen, wenn besondere Gründe vorliegen und öffentliche Interessen nicht entgegenstehen.

Ausgehend von dem in § 2 Abs. 1 geregelten Grundsatz, dass der Umgang mit Waffen (vgl. § 1 Abs. 3) nur volljährigen Personen gestattet ist, trifft § 3 einige Ausnahmeregelungen, um besondere Konstellationen zu erfassen.[1] Die Vorschrift ist strafrechtlich nur insoweit von Bedeutung, als sie Ausnahmen vom strikten Verbot des § 2 Abs. 1 und den hierauf aufbauenden Strafvorschriften zulässt.[2]   1

Abschnitt 2. Umgang mit Waffen oder Munition

Unterabschnitt 1. Allgemeine Voraussetzungen für Waffen- und Munitionserlaubnisse

§ 4 Voraussetzungen für eine Erlaubnis

(1) Eine Erlaubnis setzt voraus, dass der Antragsteller
1. das 18. Lebensjahr vollendet hat (§ 2 Abs. 1),
2. die erforderliche Zuverlässigkeit (§ 5) und persönliche Eignung (§ 6) besitzt,
3. die erforderliche Sachkunde nachgewiesen hat (§ 7),
4. ein Bedürfnis nachgewiesen hat (§ 8) und
5. bei der Beantragung eines Waffenscheins oder einer Schießerlaubnis eine Versicherung gegen Haftpflicht in Höhe von 1 Million Euro – pauschal für Personen- und Sachschäden – nachweist.

(2) Die Erlaubnis zum Erwerb, Besitz, Führen oder Schießen kann versagt werden, wenn der Antragsteller seinen gewöhnlichen Aufenthalt nicht seit mindestens fünf Jahren im Geltungsbereich dieses Gesetzes hat.

(3) Die zuständige Behörde hat die Inhaber von waffenrechtlichen Erlaubnissen in regelmäßigen Abständen, mindestens jedoch nach Ablauf von drei Jahren, erneut auf ihre Zuverlässigkeit und ihre persönliche Eignung zu prüfen sowie in den Fällen des Absatzes 1 Nr. 5 sich das Vorliegen einer Versicherung gegen Haftpflicht nachweisen zu lassen.

(4) ¹Die zuständige Behörde hat drei Jahre nach Erteilung der ersten waffenrechtlichen Erlaubnis das Fortbestehen des Bedürfnisses zu prüfen. ²Dies kann im Rahmen der Prüfung nach Absatz 3 erfolgen. ³Die zuständige Behörde kann auch nach Ablauf des in Satz 1 genannten Zeitraums das Fortbestehen des Bedürfnisses prüfen.

In § 4 werden die allgemeinen Voraussetzungen für die Erteilung einer waffenrechtlichen Erlaubnis geregelt.[1] Die Vorschrift hat strafrechtlich keine eigenständige Bedeutung.   1

---

[1] Vgl. ergänzend § 13 Abs. 7 (Sondervorschriften für die Inhaber eines Jugendjagdscheines), Abs. 8 (Sondervorschriften für Jäger in der Ausbildung) und § 27 Abs. 3–6 (Sonderregelungen für das Schießen auf Schießstätten).

[2] Hierzu auch → § 53 Rn. 3.

[1] Die Vorschrift hat ihre Vorläufer in §§ 30, 36 WaffG aF; vgl. auch § 8 Abs. 3 WaffG aF.

§ 5 Zuverlässigkeit

(1) Die erforderliche Zuverlässigkeit besitzen Personen nicht,
1. die rechtskräftig verurteilt worden sind
   a) wegen eines Verbrechens oder
   b) wegen sonstiger vorsätzlicher Straftaten zu einer Freiheitsstrafe von mindestens einem Jahr,
   wenn seit dem Eintritt der Rechtskraft der letzten Verurteilung zehn Jahre noch nicht verstrichen sind,[1]
2. bei denen Tatsachen die Annahme rechtfertigen, dass sie
   a) Waffen oder Munition missbräuchlich oder leichtfertig verwenden werden,
   b) mit Waffen oder Munition nicht vorsichtig oder sachgemäß umgehen oder diese Gegenstände nicht sorgfältig verwahren werden,
   c) Waffen oder Munition Personen überlassen werden, die zur Ausübung der tatsächlichen Gewalt über diese Gegenstände nicht berechtigt sind.

(2) Die erforderliche Zuverlässigkeit besitzen in der Regel Personen nicht,
1. a) die wegen einer vorsätzlichen Straftat,
   b) die wegen einer fahrlässigen Straftat im Zusammenhang mit dem Umgang mit Waffen, Munition oder explosionsgefährlichen Stoffen oder wegen einer fahrlässigen gemeingefährlichen Straftat,
   c) die wegen einer Straftat nach dem Waffengesetz, dem Gesetz über die Kontrolle von Kriegswaffen, dem Sprengstoffgesetz oder dem Bundesjagdgesetz
   zu einer Freiheitsstrafe, Jugendstrafe, Geldstrafe von mindestens 60 Tagessätzen oder mindestens zweimal zu einer geringeren Geldstrafe rechtskräftig verurteilt worden sind oder bei denen die Verhängung von Jugendstrafe ausgesetzt worden ist, wenn seit dem Eintritt der Rechtskraft der letzten Verurteilung fünf Jahre noch nicht verstrichen sind,
2. die Mitglied
   a) in einem Verein, der nach dem Vereinsgesetz als Organisation unanfechtbar verboten wurde oder der einem unanfechtbaren Betätigungsverbot nach dem Vereinsgesetz unterliegt, oder
   b) in einer Partei, deren Verfassungswidrigkeit das Bundesverfassungsgericht nach § 46 des Bundesverfassungsgerichtsgesetzes festgestellt hat,
   waren, wenn seit der Beendigung der Mitgliedschaft zehn Jahre noch nicht verstrichen sind,
3. bei denen Tatsachen die Annahme rechtfertigen, dass sie einzeln oder als Mitglied einer Vereinigung Bestrebungen verfolgen oder unterstützen oder in den letzten fünf Jahren verfolgt oder unterstützt haben, die
   a) gegen die verfassungsmäßige Ordnung oder
   b) gegen den Gedanken der Völkerverständigung, insbesondere gegen das friedliche Zusammenleben der Völker, gerichtet sind, oder
   c) durch Anwendung von Gewalt oder darauf gerichtete Vorbereitungshandlungen auswärtige Belange der Bundesrepublik Deutschland gefährden,
4. die innerhalb der letzten fünf Jahre mehr als einmal wegen Gewalttätigkeit mit richterlicher Genehmigung in polizeilichem Präventivgewahrsam waren,
5. die wiederholt oder gröblich gegen die Vorschriften eines der in Nummer 1 Buchstabe c genannten Gesetze verstoßen haben.

(3) In die Frist nach Absatz 1 Nr. 1 oder Absatz 2 Nr. 1 nicht eingerechnet wird die Zeit, in welcher der Betroffene auf behördliche oder richterliche Anordnung in einer Anstalt verwahrt worden ist.

---

[1] Nach VGH Mannheim 25.9.2003 – 5 S 1899/03, NVwZ 2004, 630, bezieht sich der letzte Hs. auch auf Nr. 1a; es liege diesbezüglich ein Redaktionsversehen des Gesetzgebers vor.

(4) Ist ein Verfahren wegen Straftaten im Sinne des Absatzes 1 Nr. 1 oder des Absatzes 2 Nr. 1 noch nicht abgeschlossen, so kann die zuständige Behörde die Entscheidung über den Antrag auf Erteilung einer waffenrechtlichen Erlaubnis bis zum rechtskräftigen Abschluss des Verfahrens aussetzen.

(5) ¹Die zuständige Behörde hat im Rahmen der Zuverlässigkeitsprüfung folgende Erkundigungen einzuholen:
1. die unbeschränkte Auskunft aus dem Bundeszentralregister;
2. die Auskunft aus dem zentralen staatsanwaltschaftlichen Verfahrensregister hinsichtlich der in Absatz 2 Nr. 1 genannten Straftaten;
3. die Stellungnahme der örtlichen Polizeidienststelle, ob Tatsachen bekannt sind, die Bedenken gegen die Zuverlässigkeit begründen; die örtliche Polizeidienststelle schließt in ihre Stellungnahme das Ergebnis der von ihr vorzunehmenden Prüfung nach Absatz 2 Nr. 4 ein.

²Die nach Satz 1 Nr. 2 erhobenen personenbezogenen Daten dürfen nur für den Zweck der waffenrechtlichen Zuverlässigkeitsprüfung verwendet werden.

In § 5 finden sich rein verwaltungsrechtliche Vorschriften über die erforderliche Zuverlässigkeit, die nach § 4 Abs. 1 Nr. 2 Voraussetzung für die Erteilung einer waffenrechtlichen Erlaubnis ist.² Die Vorschrift hat strafrechtlich keine eigenständige Bedeutung. **1**

§ 6 Persönliche Eignung

(1) ¹Die erforderliche persönliche Eignung besitzen Personen nicht, wenn Tatsachen die Annahme rechtfertigen, dass sie
1. geschäftsunfähig sind,
2. abhängig von Alkohol oder anderen berauschenden Mitteln, psychisch krank oder debil sind oder
3. auf Grund in der Person liegender Umstände mit Waffen oder Munition nicht vorsichtig oder sachgemäß umgehen oder diese Gegenstände nicht sorgfältig verwahren können oder dass die konkrete Gefahr einer Fremd- oder Selbstgefährdung besteht.

²Die erforderliche persönliche Eignung besitzen in der Regel Personen nicht, wenn Tatsachen die Annahme rechtfertigen, dass sie in ihrer Geschäftsfähigkeit beschränkt sind. ³Die zuständige Behörde soll die Stellungnahme der örtlichen Polizeidienststelle einholen. ⁴Der persönlichen Eignung können auch im Erziehungsregister eingetragene Entscheidungen oder Anordnungen nach § 60 Abs. 1 Nr. 1 bis 7 des Bundeszentralregistergesetzes entgegenstehen.

(2) Sind Tatsachen bekannt, die Bedenken gegen die persönliche Eignung nach Absatz 1 begründen, oder bestehen begründete Zweifel an vom Antragsteller beigebrachten Bescheinigungen, so hat die zuständige Behörde dem Betroffenen auf seine Kosten die Vorlage eines amts- oder fachärztlichen oder fachpsychologischen Zeugnisses über die geistige oder körperliche Eignung aufzugeben.

(3) ¹Personen, die noch nicht das 25. Lebensjahr vollendet haben, haben für die erstmalige Erteilung einer Erlaubnis zum Erwerb und Besitz einer Schusswaffe auf eigene Kosten ein amts- oder fachärztliches oder fachpsychologisches Zeugnis über die geistige Eignung vorzulegen. ²Satz 1 gilt nicht für den Erwerb und Besitz von Schusswaffen im Sinne von § 14 Abs. 1 Satz 2.

(4) Das Bundesministerium des Innern wird ermächtigt, durch Rechtsverordnung mit Zustimmung des Bundesrates Vorschriften über das Verfahren zur

---

² Die Vorschrift entspricht im Wesentlichen § 5 WaffG aF; allerdings wurden die Regelungen des § 5 Abs. 2 Nr. 3 und Nr. 4 WaffG aF ausgenommen und in den neuen § 6 eingestellt; vgl. aus der Rspr. VGH München 7.4.2003 – 21 Cs 02.3210, BayVBl. 2003, 595.

Erstellung, über die Vorlage und die Anerkennung der in den Absätzen 2 und 3 genannten Gutachten bei den zuständigen Behörden zu erlassen.

1   In § 6 finden sich rein verwaltungsrechtliche Vorschriften über die persönliche Eignung, die nach § 4 Abs. 1 Nr. 2 Voraussetzung für die Erteilung einer waffenrechtlichen Erlaubnis ist.[1] Von der Ermächtigung in Abs. 4 wurde in § 4 AWaffV vom 27.10.2003[2] Gebrauch gemacht. Die Vorschrift hat strafrechtlich keine eigenständige Bedeutung.

§ 7 Sachkunde

(1) Den Nachweis der Sachkunde hat erbracht, wer eine Prüfung vor der dafür bestimmten Stelle bestanden hat oder seine Sachkunde durch eine Tätigkeit oder Ausbildung nachweist.

(2) Das Bundesministerium des Innern wird ermächtigt, durch Rechtsverordnung mit Zustimmung des Bundesrates Vorschriften über die Anforderungen an die waffentechnischen und waffenrechtlichen Kenntnisse, über die Prüfung und das Prüfungsverfahren einschließlich der Errichtung von Prüfungsausschüssen sowie über den anderweitigen Nachweis der Sachkunde zu erlassen.

1   In § 7 finden sich rein verwaltungsrechtliche Vorschriften über die erforderliche Sachkunde, die nach § 4 Abs. 1 Nr. 3 Voraussetzung für die Erteilung einer waffenrechtlichen Erlaubnis ist.[1] Von der Ermächtigung in Abs. 2 wurde in §§ 1 ff. AWaffV vom 27.10.2003[2] Gebrauch gemacht. Die Vorschrift hat strafrechtlich keine eigenständige Bedeutung.

§ 8 Bedürfnis, allgemeine Grundsätze

Der Nachweis eines Bedürfnisses ist erbracht, wenn gegenüber den Belangen der öffentlichen Sicherheit oder Ordnung
1. besonders anzuerkennende persönliche oder wirtschaftliche Interessen, vor allem als Jäger, Sportschütze, Brauchtumsschütze, Waffen- oder Munitionssammler, Waffen- oder Munitionssachverständiger, gefährdete Person, als Waffenhersteller oder -händler oder als Bewachungsunternehmer, und
2. die Geeignetheit und Erforderlichkeit der Waffen oder Munition für den beantragten Zweck
glaubhaft gemacht sind.

1   § 8 enthält – als zentrales Element des deutschen Waffenrechts[1] – eine, allerdings rein verwaltungsrechtliche, Vorschrift über das Bedürfnis zum Umgang mit Waffen, welches nach § 4 Abs. 1 Nr. 4 Voraussetzung für die Erteilung einer waffenrechtlichen Erlaubnis ist.[2] Die Vorschrift hat strafrechtlich keine eigenständige Bedeutung.

---

[1] Die Vorschrift entspricht im Wesentlichen § 5 Abs. 2 Nr. 3 und Nr. 4 WaffG aF und enthält in Abs. 1 S. 1 Nr. 3 auch Fälle aus dem bisherigen § 5 Abs. 1 WaffG aF, bei denen sich eine Negativprognose aus gesundheitlichen Kriterien ergab.
[2] Vgl. hierzu → Vor § 1 Rn. 15.
[1] Die Vorschrift entspricht im Wesentlichen § 31 WaffG aF iVm §§ 29–32 der 1. WaffV (zum WaffG aF); hierzu ergänzend Nr. 31 WaffVwV (zum WaffG aF); ferner Zu § 7 AWaffVwV.
[2] Vgl. hierzu → Vor § 1 Rn. 15.
[1] Vgl. BT-Drs. 14/7758, 56; die Grundnorm des § 8 wird für bestimmte Personengruppen (Jäger, Sportschützen etc) konkretisiert in §§ 13–20, 26 und 28.
[2] Die Vorschrift wurde neu konzipiert; sie hatte ihren Vorläufer jedoch in § 32 WaffG aF; hierzu ergänzend Nr. 32 WaffVwV (zum WaffG aF); ferner Zu § 8 WaffVwV.

§ 9 Inhaltliche Beschränkungen, Nebenbestimmungen und Anordnungen

(1) Eine Erlaubnis nach diesem Gesetz kann zur Abwehr von Gefahren für die öffentliche Sicherheit oder Ordnung inhaltlich beschränkt werden, insbesondere um Leben und Gesundheit von Menschen gegen die aus dem Umgang mit Schusswaffen oder Munition entstehenden Gefahren und erheblichen Nachteile zu schützen.

(2) ¹Zu den in Absatz 1 genannten Zwecken können Erlaubnisse befristet oder mit Auflagen verbunden werden. ²Auflagen können nachträglich aufgenommen, geändert und ergänzt werden.

(3) Gegenüber Personen, die die Waffenherstellung oder den Waffenhandel nach Anlage 2 Abschnitt 2 Unterabschnitt 2 Nr. 4 bis 6 oder eine Schießstätte nach § 27 Abs. 2 ohne Erlaubnis betreiben dürfen, können Anordnungen zu den in Absatz 1 genannten Zwecken getroffen werden.

§ 9 fasst die bisher in mehreren Vorschriften verstreuten Regelungen über inhaltliche Beschränkungen und Nebenbestimmungen von Erlaubnissen sowie über Anordnungen in einer Vorschrift zusammen.[1] Ein Verstoß gegen eine (vollziehbare) Auflage nach § 9 Abs. 2 S. 1 stellt nach § 53 Abs. 1 Nr. 4 eine Ordnungswidrigkeit dar.[2] Ein Verstoß gegen eine (vollziehbare) Anordnung nach § 9 Abs. 3 stellt ebenfalls nach § 53 Abs. 1 Nr. 4 eine Ordnungswidrigkeit dar.[3]

Unterabschnitt 2. Erlaubnisse für einzelne Arten des Umgangs mit Waffen oder Munition, Ausnahmen

§ 10 Erteilung von Erlaubnissen zum Erwerb, Besitz, Führen und Schießen

(1) ¹Die Erlaubnis zum Erwerb und Besitz von Waffen wird durch eine Waffenbesitzkarte oder durch Eintragung in eine bereits vorhandene Waffenbesitzkarte erteilt. ²Für die Erteilung einer Erlaubnis für Schusswaffen sind Art, Anzahl und Kaliber der Schusswaffen anzugeben. ³Die Erlaubnis zum Erwerb einer Waffe gilt für die Dauer eines Jahres, die Erlaubnis zum Besitz wird in der Regel unbefristet erteilt.

(1a) Wer eine Waffe auf Grund einer Erlaubnis nach Absatz 1 Satz 1 erwirbt, hat binnen zwei Wochen der zuständigen Behörde unter Benennung von Name und Anschrift des Überlassenden den Erwerb schriftlich oder elektronisch anzuzeigen und seine Waffenbesitzkarte zur Eintragung des Erwerbs vorzulegen.

(2) ¹Eine Waffenbesitzkarte über Schusswaffen, die mehrere Personen besitzen, kann auf diese Personen ausgestellt werden. ²Eine Waffenbesitzkarte kann auch einem schießsportlichen Verein oder einer jagdlichen Vereinigung als juristischer Person erteilt werden. ³Sie ist mit der Auflage zu verbinden, dass der Verein der Behörde vor Inbesitznahme von Vereinswaffen unbeschadet des Vorliegens der Voraussetzung des § 4 Abs. 1 Nr. 5 eine verantwortliche Person zu benennen hat, für die die Voraussetzungen nach § 4 Abs. 1 Nr. 1 bis 3 nachgewiesen sind; diese benannte Person muss nicht vertretungsberechtigtes Organ des Vereins sein. ⁴Scheidet die benannte verantwortliche Person aus dem Verein aus oder liegen in ihrer Person nicht mehr alle Voraussetzungen nach § 4 Abs. 1 Nr. 1 bis 3 vor, so ist der Verein verpflichtet, dies unverzüglich der zuständigen Behörde mitzuteilen. ⁵Benennt der Verein nicht innerhalb von zwei Wochen eine neue verantwortliche Person, für die die Voraussetzungen nach § 4 Abs. 1 Nr. 1 bis 3 nachgewiesen werden, so ist die dem Verein erteilte Waffenbesitzerlaubnis zu widerrufen und die Waffenbesitzkarte zurückzugeben.

---

[1] Die Regelungen waren bisher enthalten in §§ 10 Abs. 1 S. 2 und 3, 10 Abs. 2, 28 Abs. 1 S. 5, 29 Abs. 1 S. 3, 35 Abs. 1 S. 3 und Abs. 2, 44 Abs. 1 S. 2 und 45 Abs. 2 WaffG aF.
[2] Hierzu → § 53 Rn. 9 ff.
[3] Hierzu → § 53 Rn. 19 f.

WaffG § 11

(3) ¹Die Erlaubnis zum Erwerb und Besitz von Munition wird durch Eintragung in eine Waffenbesitzkarte für die darin eingetragenen Schusswaffen erteilt. ²In den übrigen Fällen wird die Erlaubnis durch einen Munitionserwerbsschein für eine bestimmte Munitionsart erteilt; sie ist für den Erwerb der Munition auf die Dauer von sechs Jahren zu befristen und gilt für den Besitz der Munition unbefristet. ³Die Erlaubnis zum nicht gewerblichen Laden von Munition im Sinne des Sprengstoffgesetzes gilt auch als Erlaubnis zum Erwerb und Besitz dieser Munition. ⁴Nach Ablauf der Gültigkeit des Erlaubnisdokuments gilt die Erlaubnis für den Besitz dieser Munition für die Dauer von sechs Monaten fort.

(4) ¹Die Erlaubnis zum Führen einer Waffe wird durch einen Waffenschein erteilt. ²Eine Erlaubnis nach Satz 1 zum Führen von Schusswaffen wird für bestimmte Schusswaffen auf höchstens drei Jahre erteilt; die Geltungsdauer kann zweimal um höchstens je drei Jahre verlängert werden, sie ist kürzer zu bemessen, wenn nur ein vorübergehendes Bedürfnis nachgewiesen wird. ³Der Geltungsbereich des Waffenscheins ist auf bestimmte Anlässe oder Gebiete zu beschränken, wenn ein darüber hinausgehendes Bedürfnis nicht nachgewiesen wird. ⁴Die Voraussetzungen für die Erteilung einer Erlaubnis zum Führen von Schreckschuss-, Reizstoff- und Signalwaffen sind in der Anlage 2 Abschnitt 2 Unterabschnitt 3 Nr. 2 und 2.1 genannt (Kleiner Waffenschein).

(5) Die Erlaubnis zum Schießen mit einer Schusswaffe wird durch einen Erlaubnisschein erteilt.

1   Die Vorschrift des § 10 regelt die Form der Erteilung der Erlaubnis für solche Waffen und Munition, die einer Erlaubnis bedürfen. Für den Erwerb und Besitz einer Waffe bedarf es einer **Waffenbesitzkarte** (Abs. 1 und 2),[1] zum Erwerb und Besitz von Munition eines **Munitionserwerbsscheins** (Abs. 3),[2] zum Führen einer Waffe eines **Waffenscheins** (Abs. 4)[3] und zum Schießen mit einer Waffe eines besonderen **Erlaubnisscheins** (Abs. 5).[4] Wer entgegen § 10 Abs. 1a eine Anzeige nicht, nicht richtig, nicht vollständig, nicht in der vorgeschriebenen Weise oder nicht rechtzeitig erstattet, handelt ordnungswidrig nach § 53 Abs. 1 Nr. 5.[5] Dagegen ist die Pflicht zur Vorlage der Waffenbesitzkarte zur Eintragung des Erwerbs (§ 10 Abs. 1a) nach der Streichung der entsprechenden Norm in § 53 Abs. 1 Nr. 7 durch das 4. SprengÄndG[6] nicht mehr bußgeldbewehrt. Ein Verstoß gegen eine (vollziehbare) Auflage nach § 10 Abs. 2 S. 3 stellt nach § 53 Abs. 1 Nr. 4 eine Ordnungswidrigkeit dar.[7] Wer entgegen § 10 Abs. 2 S. 4 eine Mitteilung nicht, nicht richtig, nicht vollständig oder nicht rechtzeitig macht, handelt ordnungswidrig nach § 53 Abs. 1 Nr. 6.[8]

§ 11 Erwerb und Besitz von Schusswaffen oder Munition mit Bezug zu einem anderen Mitgliedstaat

(1) ¹Eine Erlaubnis zum Erwerb und Besitz einer Schusswaffe nach Anlage 1 Abschnitt 3 Nr. 1 bis 3 (Kategorien A bis C) oder von Munition für eine solche

---

[1] Die Vorschrift entspricht im Wesentlichen § 28 Abs. 1 S. 2 und 3, Abs. 6 WaffG aF; hierzu ergänzend Ziff. 28 WaffVwV (zum WaffG aF); ferner zu § 10–10.1 bis 10.13 WaffVwV.
[2] Die Vorschrift hat ihren Vorläufer in § 29 WaffG aF, der damals jedoch nur den Erwerb, nicht aber den Besitz erlaubnispflichtig stellte; hierzu ergänzend Ziff. 29 WaffVwV (zum WaffG aF); ferner zu § 10–10.14 WaffVwV.
[3] Die Vorschrift entspricht im Wesentlichen § 35 Abs. 1 und 2 WaffG aF; hierzu ergänzend Ziff. 35 WaffVwV (zum WaffG aF); ferner zu § 10–10.15 WaffVwV.
[4] Die Vorschrift entspricht im Wesentlichen § 45 Abs. 1 WaffG aF; hierzu ergänzend Ziff. 45 WaffVwV (zum WaffG aF); ferner zu § 10–10.16 WaffVwV.
[5] Hierzu → § 53 Rn. 31.
[6] BGBl. 2009 I S. 2062 (2089).
[7] Hierzu → § 53 Rn. 13 f.
[8] Hierzu → § 53 Rn. 51.

darf einer Person, die ihren gewöhnlichen Aufenthalt in einem anderen Mitgliedstaat hat, nur erteilt werden, wenn sie
1. die Schusswaffen oder die Munition in den Mitgliedstaat im Wege der Selbstvornahme verbringen wird oder
2. eine schriftliche oder elektronische Erklärung vorlegt, dass und aus welchen Gründen sie die Schusswaffen oder die Munition nur im Geltungsbereich dieses Gesetzes zu besitzen beabsichtigt.

²Die Erlaubnis zum Erwerb oder Besitz einer Schusswaffe nach Anlage 1 Abschnitt 3 Nr. 2 (Kategorie B) oder Munition für eine solche darf nur erteilt werden, wenn über die Voraussetzungen des Satzes 1 hinaus eine vorherige Zustimmung dieses Mitgliedstaates hierzu vorgelegt wird.

(2) Für eine Person mit gewöhnlichem Aufenthalt im Geltungsbereich dieses Gesetzes, die eine Schusswaffe nach Anlage 1 Abschnitt 3 Nr. 2 (Kategorie B) oder Munition für eine solche in einem anderen Mitgliedstaat mit einer Erlaubnis dieses Staates erwerben will, wird eine Erlaubnis erteilt, wenn die Voraussetzungen nach § 4 Abs. 1 Nr. 2 vorliegen.

§ 11 präzisiert die Vorgaben der Art. 6–9 der Waffenrichtlinie 91/477/EWG in Bezug auf den Erwerb und Besitz von Schusswaffen oder Munition innerhalb der Europäischen Union.[1] Die Vorschrift hat strafrechtlich keine eigenständige Bedeutung. 1

§ 12 Ausnahmen von den Erlaubnispflichten

(1) Einer Erlaubnis zum Erwerb und Besitz einer Waffe bedarf nicht, wer diese
1. als Inhaber einer Waffenbesitzkarte von einem Berechtigten
   a) lediglich vorübergehend, höchstens aber für einen Monat für einen von seinem Bedürfnis umfassten Zweck oder im Zusammenhang damit, oder
   b) vorübergehend zum Zweck der sicheren Verwahrung oder der Beförderung
   erwirbt;
2. vorübergehend von einem Berechtigten zur gewerbsmäßigen Beförderung, zur gewerbsmäßigen Lagerung oder zur gewerbsmäßigen Ausführung von Verschönerungen oder ähnlicher Arbeiten an der Waffe erwirbt;
3. von einem oder für einen Berechtigten erwirbt, wenn und solange er
   a) auf Grund eines Arbeits- oder Ausbildungsverhältnisses,
   b) als Beauftragter oder Mitglied einer jagdlichen oder schießsportlichen Vereinigung, einer anderen sportlichen Vereinigung zur Abgabe von Startschüssen oder einer zur Brauchtumspflege Waffen tragenden Vereinigung,
   c) als Beauftragter einer in § 55 Abs. 1 Satz 1 bezeichneten Stelle,
   d) als Charterer von seegehenden Schiffen zur Abgabe von Seenotsignalen
   den Besitz über die Waffe nur nach den Weisungen des Berechtigten ausüben darf;
4. von einem anderen,
   a) dem er die Waffe vorübergehend überlassen hat, ohne dass es hierfür der Eintragung in die Erlaubnisurkunde bedurfte, oder
   b) nach dem Abhandenkommen
   wieder erwirbt;
5. auf einer Schießstätte (§ 27) lediglich vorübergehend zum Schießen auf dieser Schießstätte erwirbt;
6. auf einer Reise in den oder durch den Geltungsbereich des Gesetzes nach § 32 berechtigt mitnimmt.

(2) Einer Erlaubnis zum Erwerb und Besitz von Munition bedarf nicht, wer diese

---

[1] Die Vorschrift hat ihren Vorläufer in § 9 der 1. WaffV (zum WaffG aF).

1. unter den Voraussetzungen des Absatzes 1 Nr. 1 bis 4 erwirbt;
2. unter den Voraussetzungen des Absatzes 1 Nr. 5 zum sofortigen Verbrauch lediglich auf dieser Schießstätte (§ 27) erwirbt;
3. auf einer Reise in den oder durch den Geltungsbereich des Gesetzes nach § 32 berechtigt mitnimmt.

(3) Einer Erlaubnis zum Führen von Waffen bedarf nicht, wer
1. diese mit Zustimmung eines anderen in dessen Wohnung, Geschäftsräumen oder befriedetem Besitztum oder dessen Schießstätte zu einem von seinem Bedürfnis umfassten Zweck oder im Zusammenhang damit führt;
2. diese nicht schussbereit und nicht zugriffsbereit von einem Ort zu einem anderen Ort befördert, sofern der Transport der Waffe zu einem von seinem Bedürfnis umfassten Zweck oder im Zusammenhang damit erfolgt;
3. eine Langwaffe nicht schussbereit den Regeln entsprechend als Teilnehmer an genehmigten Sportwettkämpfen auf festgelegten Wegstrecken führt;
4. eine Signalwaffe beim Bergsteigen, als verantwortlicher Führer eines Wasserfahrzeugs auf diesem Fahrzeug oder bei Not- und Rettungsübungen führt;
5. eine Schreckschuss- oder eine Signalwaffe zur Abgabe von Start- oder Beendigungszeichen bei Sportveranstaltungen führt, wenn optische oder akustische Signalgebung erforderlich ist;
6. in Fällen der vorübergehenden Aufbewahrung von Waffen außerhalb der Wohnung diesen ein wesentliches Teil entnimmt und mit sich führt; mehrere mitgeführte wesentliche Teile dürfen nicht zu einer schussfähigen Waffe zusammengefügt werden können.

(4) [1]Einer Erlaubnis zum Schießen mit einer Schusswaffe bedarf nicht, wer auf einer Schießstätte (§ 27) schießt. [2]Das Schießen außerhalb von Schießstätten ist darüber hinaus ohne Schießerlaubnis nur zulässig
1. durch den Inhaber des Hausrechts oder mit dessen Zustimmung im befriedeten Besitztum
   a) mit Schusswaffen, deren Geschossen eine Bewegungsenergie von nicht mehr als 7,5 Joule (J) erteilt wird oder deren Bauart nach § 7 des Beschussgesetzes zugelassen ist, sofern die Geschosse das Besitztum nicht verlassen können,
   b) mit Schusswaffen, aus denen nur Kartuschenmunition verschossen werden kann,
2. durch Personen, die den Regeln entsprechend als Teilnehmer an genehmigten Sportwettkämpfen nach Absatz 3 Nr. 3 mit einer Langwaffe an Schießständen schießen,
3. mit Schusswaffen, aus denen nur Kartuschenmunition verschossen werden kann,
   a) durch Mitwirkende an Theateraufführungen und diesen gleich zu achtenden Vorführungen,
   b) zum Vertreiben von Vögeln in landwirtschaftlichen Betrieben,
4. mit Signalwaffen bei Not- und Rettungsübungen,
5. mit Schreckschuss- oder mit Signalwaffen zur Abgabe von Start- oder Beendigungszeichen im Auftrag der Veranstalter bei Sportveranstaltungen, wenn optische oder akustische Signalgebung erforderlich ist.

(5) Die zuständige Behörde kann im Einzelfall weitere Ausnahmen von den Erlaubnispflichten zulassen, wenn besondere Gründe vorliegen und Belange der öffentlichen Sicherheit und Ordnung nicht entgegenstehen.

1 Die Vorschrift des § 12 enthält einen umfassenden Katalog von Ausnahmen von der Erlaubnispflicht.[1] Sie ist strafrechtlich insofern von Bedeutung, als in den genannten Fällen mangels Erlaubnispflicht auch der Verstoß gegen eine solche Erlaubnis nicht vorliegen kann.

---
[1] Vgl. hierzu *Ullrich* Kriminalistik 2005, 238; die Regelungen waren im bisherigen Waffenrecht in mehreren Vorschriften enthalten. So knüpft Abs. 1 an § 28 Abs. 4 WaffG aF an, Abs. 2 entspricht im Wesentlichen § 29

Unterabschnitt 3. Besondere Erlaubnistatbestände für bestimmte Personengruppen

§ 13 Erwerb und Besitz von Schusswaffen und Munition durch Jäger, Führen und Schießen zu Jagdzwecken

(1) Ein Bedürfnis für den Erwerb und Besitz von Schusswaffen und der dafür bestimmten Munition wird bei Personen anerkannt, die Inhaber eines gültigen Jagdscheines im Sinne von § 15 Abs. 1 Satz 1 des Bundesjagdgesetzes sind (Jäger), wenn
1. glaubhaft gemacht wird, dass sie die Schusswaffen und die Munition zur Jagdausübung oder zum Training im jagdlichen Schießen einschließlich jagdlicher Schießwettkämpfe benötigen, und
2. die zu erwerbende Schusswaffe und Munition nach dem Bundesjagdgesetz in der zum Zeitpunkt des Erwerbs geltenden Fassung nicht verboten ist (Jagdwaffen und -munition).

(2) ¹Für Jäger gilt § 6 Abs. 3 Satz 1 nicht. ²Bei Jägern, die Inhaber eines Jahresjagdscheines im Sinne von § 15 Abs. 2 in Verbindung mit Abs. 1 Satz 1 des Bundesjagdgesetzes sind, erfolgt keine Prüfung der Voraussetzungen des Absatzes 1 Nr. 1 sowie des § 4 Abs. 1 Nr. 4 für den Erwerb und Besitz von Langwaffen und zwei Kurzwaffen, sofern die Voraussetzungen des Absatzes 1 Nr. 2 vorliegen.

(3) ¹Inhaber eines gültigen Jahresjagdscheines im Sinne des § 15 Abs. 2 in Verbindung mit Abs. 1 Satz 1 des Bundesjagdgesetzes bedürfen zum Erwerb von Langwaffen nach Absatz 1 Nr. 2 keiner Erlaubnis. ²Der Jagdscheininhaber nach Satz 1 hat binnen zwei Wochen
1. der zuständigen Behörde unter Benennung von Name und Anschrift des Überlassenden den Erwerb schriftlich anzuzeigen und
2. bei der zuständigen Behörde die Ausstellung einer Waffenbesitzkarte oder die Eintragung des Erwerbs in eine bereits erteilte Waffenbesitzkarte zu beantragen.

(4) Für den Erwerb und vorübergehenden Besitz gemäß § 12 Abs. 1 Nr. 1 von Langwaffen nach Absatz 1 Nr. 2 steht ein Jagdschein im Sinne von § 15 Abs. 1 Satz 1 des Bundesjagdgesetzes einer Waffenbesitzkarte gleich.

(5) Jäger bedürfen für den Erwerb und Besitz von Munition für Langwaffen nach Absatz 1 Nr. 2 keiner Erlaubnis, sofern sie nicht nach dem Bundesjagdgesetz in der jeweiligen Fassung verboten ist.

(6) ¹Ein Jäger darf Jagdwaffen zur befugten Jagdausübung einschließlich des Ein- und Anschießens im Revier, zur Ausbildung von Jagdhunden im Revier, zum Jagdschutz oder zum Forstschutz ohne Erlaubnis führen und mit ihnen schießen; er darf auch im Zusammenhang mit diesen Tätigkeiten die Jagdwaffen nicht schussbereit ohne Erlaubnis führen. ²Der befugten Jagdausübung gleichgestellt ist der Abschuss von Tieren, die dem Naturschutzrecht unterliegen, wenn die naturschutzrechtliche Ausnahme oder Befreiung die Tötung durch einen Jagdscheininhaber vorsieht.

(7) ¹Inhabern eines Jugendjagdscheines im Sinne von § 16 des Bundesjagdgesetzes wird eine Erlaubnis zum Erwerb und Besitz von Schusswaffen und der dafür bestimmten Munition nicht erteilt. ²Sie dürfen Schusswaffen und die dafür bestimmte Munition nur für die Dauer der Ausübung der Jagd oder des Trainings im jagdlichen Schießen einschließlich jagdlicher Schießwettkämpfe ohne Erlaub-

---

Abs. 2 WaffG aF. Abs. 3 ist § 35 Abs. 4 WaffG aF nachgebildet (vgl. hierzu BGH 10.3.1993 – 2 StR 4/93, BGHR WaffG § 53 Abs. 1 Nr. 3a Führen 2). Die Regelung des Abs. 4 war bisher in § 45 Abs. 6 Nr. 2, Nr. 6 und Nr. 7 WaffG aF enthalten (die bisherigen Regelungen des § 45 Abs. 6 Nr. 3 und Nr. 4 WaffG aF sind entfallen).

nis erwerben, besitzen, die Schusswaffen führen und damit schießen; sie dürfen auch im Zusammenhang mit diesen Tätigkeiten die Jagdwaffen nicht schussbereit ohne Erlaubnis führen.

(8) [1]Personen in der Ausbildung zum Jäger dürfen nicht schussbereite Jagdwaffen in der Ausbildung ohne Erlaubnis unter Aufsicht eines Ausbilders erwerben, besitzen und führen, wenn sie das 14. Lebensjahr vollendet haben und der Sorgeberechtigte und der Ausbildungsleiter ihr Einverständnis in einer schriftlichen oder elektronischen Berechtigungsbescheinigung erklärt haben. [2]Die Person hat in der Ausbildung die Berechtigungsbescheinigung mit sich zu führen.

1   In § 13 werden sämtliche Sondervorschriften – in aller Regel Erleichterungen hinsichtlich der ansonsten wesentlich strengeren Vorschriften – für **Jäger** zusammengefasst.[1] Wer entgegen § 13 Abs. 3 S. 2 die Ausstellung einer Waffenbesitzkarte oder die Eintragung der Waffe in eine bereits erteilte Waffenbesitzkarte nicht beantragt, handelt ordnungswidrig nach § 53 Abs. 1 Nr. 7.[2] Darüber hinaus ist darauf hinzuweisen, dass dann, wenn ein Jäger ohne spezielle Erlaubnis mit einer Waffe umgeht und sein Verhalten im Einzelfall nicht von der privilegierenden Vorschrift des § 13 erfasst ist, die allgemeinen (Verbots-) Normen einschließlich der Strafvorschriften gelten.[3]

§ 14 Erwerb und Besitz von Schusswaffen und Munition durch Sportschützen

(1) [1]Die Erlaubnis zum Erwerb und Besitz von Schusswaffen und Munition zum Zweck des sportlichen Schießens wird abweichend von § 4 Abs. 1 Nr. 1 nur erteilt, wenn der Antragsteller das 21. Lebensjahr vollendet hat. [2]Satz 1 gilt nicht für den Erwerb und Besitz von Schusswaffen bis zu einem Kaliber von 5,6 mm lfB (.22 l. r.) für Munition mit Randfeuerzündung, wenn die Mündungsenergie der Geschosse höchstens 200 Joule (J) beträgt, und Einzellader-Langwaffen mit glatten Läufen mit Kaliber 12 oder kleiner, sofern das sportliche Schießen mit solchen Waffen durch die genehmigte Sportordnung eines Schießsportverbandes zugelassen ist.

(2) [1]Ein Bedürfnis für den Erwerb und Besitz von Schusswaffen und der dafür bestimmten Munition wird bei Mitgliedern eines Schießsportvereins anerkannt, der einem nach § 15 Abs. 1 anerkannten Schießsportverband angehört. [2]Durch eine Bescheinigung des Schießsportverbandes oder eines ihm angegliederten Teilverbandes ist glaubhaft zu machen, dass
1. das Mitglied seit mindestens zwölf Monaten den Schießsport in einem Verein regelmäßig als Sportschütze betreibt und
2. die zu erwerbende Waffe für eine Sportdisziplin nach der Sportordnung des Schießsportverbandes zugelassen und erforderlich ist.

[3]Innerhalb von sechs Monaten dürfen in der Regel nicht mehr als zwei Schusswaffen erworben werden.

(3) Ein Bedürfnis von Sportschützen nach Absatz 2 für den Erwerb und Besitz von mehr als drei halbautomatischen Langwaffen und mehr als zwei mehrschüssigen Kurzwaffen für Patronenmunition sowie der hierfür erforderlichen Munition wird unter Beachtung des Absatzes 2 durch Vorlage einer Bescheinigung des

---

[1] Die Regelungen waren bisher in mehreren Vorschriften enthalten. Abs. 1 hatte einen (partiellen) Vorgänger in § 32 Abs. 1 Nr. 1 und Abs. 2 S. 1 Nr. 2 WaffG aF; Abs. 2 orientiert sich im Wesentlichen an § 30 Abs. 1 S. 3 WaffG aF; Abs. 3 enthält ua Regelungen aus dem bisherigen § 28 Abs. 4 Nr. 7 und Abs. 5 S. 1 WaffG aF. Abs. 5 entspricht im Wesentlichen § 29 Abs. 2 Nr. 1 WaffG aF; Abs. 6 entspricht dem bisherigen § 35 Abs. 4 Nr. 2 Buchst. a sowie § 45 Abs. 2 Nr. 5 WaffG aF.

[2] Hierzu → § 53 Rn. 53 ff.

[3] Vgl. zB OLG Stuttgart 24.7.2007 – 4 Ss 185/07, NStZ 2008, 23: Wer eine geladene Jagdwaffe in seinem PKW auf einer öffentlichen Straße mit sich führt, ist selbst dann nicht nach § 13 Abs. 6 privilegiert, wenn die öffentliche Straße durch sein Jagdrevier führt.

Schießsportverbandes des Antragstellers glaubhaft gemacht, wonach die weitere Waffe
1. von ihm zur Ausübung weiterer Sportdisziplinen benötigt wird oder
2. zur Ausübung des Wettkampfsports erforderlich ist
und der Antragsteller regelmäßig an Schießsportwettkämpfen teilgenommen hat.

(4) ¹Sportschützen, die dem Schießsport in einem Schießsportverband nach § 15 Abs. 1 als gemeldetes Mitglied nachgehen, wird abweichend von § 10 Abs. 1 Satz 3 unter Beachtung des Absatzes 2 Satz 2 Nr. 1 und Satz 3 eine unbefristete Erlaubnis erteilt, die zum Erwerb von Einzellader-Langwaffen mit glatten und gezogenen Läufen, von Repetier-Langwaffen mit gezogenen Läufen sowie von einläufigen Einzellader-Kurzwaffen für Patronenmunition und von mehrschüssigen Kurz- und Langwaffen mit Zündhütchenzündung (Perkussionswaffen) berechtigt. ²Die Eintragung von Waffen, die auf Grund dieser unbefristeten Erlaubnis erworben wurden, in die Waffenbesitzkarte ist durch den Erwerber binnen zwei Wochen zu beantragen.

In § 14 werden sämtliche Sondervorschriften – in aller Regel Erleichterungen hinsichtlich der ansonsten wesentlich strengeren Vorschriften – für **Sportschützen** zusammengefasst.¹ Wer entgegen § 14 Abs. 4 S. 2 die Ausstellung einer Waffenbesitzkarte oder die Eintragung der Waffe in eine bereits erteilte Waffenbesitzkarte nicht beantragt, handelt ordnungswidrig nach § 53 Abs. 1 Nr. 7.² Darüber hinaus ist darauf hinzuweisen, dass dann, wenn ein Sportschütze ohne spezielle Erlaubnis mit einer Waffe umgeht und sein Verhalten im Einzelfall nicht von der privilegierenden Vorschrift des § 14 erfasst ist, die allgemeinen (Verbots-)Normen einschließlich der Strafvorschriften gelten.

1

§ 15 Schießsportverbände, schießsportliche Vereine

(1) Als Schießsportverband im Sinne dieses Gesetzes wird ein überörtlicher Zusammenschluss schießsportlicher Vereine anerkannt, der
1. wenigstens in jedem Land, in dem seine Sportschützen ansässig sind, in schießsportlichen Vereinen organisiert ist,
2. mindestens 10 000 Sportschützen, die mit Schusswaffen schießen, als Mitglieder insgesamt in seinen Vereinen hat,
3. den Schießsport als Breitensport und Leistungssport betreibt,
4. a) auf eine sachgerechte Ausbildung in den schießsportlichen Vereinen und
   b) zur Förderung des Nachwuchses auf die Durchführung eines altersgerechten Schießsports für Kinder oder Jugendliche in diesen Vereinen
   hinwirkt,
5. regelmäßig überregionale Wettbewerbe organisiert oder daran teilnimmt,
6. den sportlichen Betrieb in den Vereinen auf der Grundlage einer genehmigten Schießsportordnung organisiert und
7. im Rahmen eines festgelegten Verfahrens die ihm angehörenden schießsportlichen Vereine verpflichtet und regelmäßig darauf überprüft, dass diese
   a) die ihnen nach diesem Gesetz oder auf Grund dieses Gesetzes obliegenden Pflichten erfüllen,
   b) einen Nachweis über die Häufigkeit der schießsportlichen Aktivitäten jedes ihrer Mitglieder während der ersten drei Jahre, nachdem diesem erstmalig eine Waffenbesitzkarte als Sportschütze erteilt wurde, führen und

---

¹ Die Regelungen waren bisher in mehreren Vorschriften enthalten, wurden aber inhaltlich teilweise verändert; vgl. §§ 28 Abs. 2 S. 1 und 2, 32 Abs. 1 Nr. 2 und Abs. 2 Nr. 3 WaffG aF.
² Hierzu → § 53 Rn. 56.

c) über eigene Schießstätten für die nach der Schießsportordnung betriebenen Disziplinen verfügen oder geregelte Nutzungsmöglichkeiten für derartige Schießstätten nachweisen.

(2) ¹Von den Voraussetzungen des Absatzes 1 Nr. 1, 2 oder 4 Buchstabe b kann abgewichen werden, wenn die besondere Eigenart des Verbandes dies erfordert, öffentliche Interessen nicht entgegenstehen und der Verband die Gewähr dafür bietet, die sonstigen Anforderungen nach Absatz 1 an die geordnete Ausübung des Schießsports zu erfüllen. ²Ein Abweichen von dem Erfordernis nach Absatz 1 Nr. 2 ist unter Beachtung des Satzes 1 nur bei Verbänden zulässig, die mindestens 2000 Sportschützen, die mit Schusswaffen schießen, als Mitglieder in ihren Vereinen haben.

(3) Die Anerkennung nach Absatz 1 erfolgt durch das Bundesverwaltungsamt im Benehmen mit den nach § 48 Abs. 1 zuständigen Behörden des Landes, in dem der Schießsportverband seinen Sitz hat, und, soweit nicht der Schießsportverband nur auf dem Gebiet dieses Landes tätig ist, im Benehmen mit den nach § 48 Abs. 1 zuständigen Behörden der übrigen Länder.

(4) ¹Die zuständige Behörde hat das Recht, jederzeit den Nachweis über das Vorliegen der Voraussetzungen für die Anerkennung zu verlangen. ²Die Anerkennung kann zurückgenommen werden, wenn die Voraussetzungen nach Absatz 1 für ihre Erteilung nicht vorgelegen haben; sie ist zurückzunehmen, wenn die Voraussetzungen weiterhin nicht vorliegen. ³Die Anerkennung ist zu widerrufen, wenn eine der Voraussetzungen für ihre Erteilung nachträglich entfallen ist. ⁴Anerkennung, Rücknahme und Widerruf sind im Bundesanzeiger zu veröffentlichen. ⁵Vom Zeitpunkt der Unanfechtbarkeit der Aufhebung der Anerkennung an sind die Bescheinigungen des betreffenden Verbandes nach § 14 Abs. 2 und 3 nicht mehr als geeignete Mittel zur Glaubhaftmachung anzuerkennen. ⁶Sofern der Grund für die Aufhebung der Anerkennung Zweifel an der inhaltlichen Richtigkeit von Bescheinigungen aufkommen lässt, können die Behörden bereits ab der Einleitung der Anhörung von der Anerkennung der Bescheinigungen absehen. ⁷Die Anerkennungsbehörde unterrichtet die nach Absatz 3 an der Anerkennung beteiligten Stellen von der Einleitung und dem Abschluss des Verfahrens zur Aufhebung der Anerkennung.

(5) Der schießsportliche Verein ist verpflichtet, der zuständigen Behörde Sportschützen, die Inhaber einer Waffenbesitzkarte sind und die aus ihrem Verein ausgeschieden sind, unverzüglich zu benennen.

1 § 15 enthält eine umfangreiche Vorschrift im Hinblick auf das **Vereins- und Verbandswesen der Sportschützen** und das **Anerkenntnisverfahren der Schießsportverbände**.[1] Dieser Vorschrift kommt keine eigenständige strafrechtliche Bedeutung zu.

§ 15a Sportordnungen

(1) ¹Sportliches Schießen liegt dann vor, wenn nach festen Regeln einer genehmigten Sportordnung geschossen wird. ²Schießübungen des kampfmäßigen Schießens, insbesondere die Verwendung von Zielen oder Scheiben, die Menschen darstellen oder symbolisieren, sind im Schießsport nicht zulässig.

(2) ¹Das Bundesverwaltungsamt entscheidet über die erstmalige Genehmigung und die Änderung der Teile der Sportordnungen von Verbänden und Vereinen, die für die Ausführung dieses Gesetzes und der auf seiner Grundlage erlassenen Rechtsverordnungen erheblich sind. ²Die erstmalige Genehmigung oder die Genehmigung

---

[1] So BT-Drs. 16/7717, 20.

von Änderungen erfolt, wenn die zu prüfenden Teile der Sportordnungen den Anforderungen dieses Gesetzes und der auf Grundlage von Absatz 4 erlassenen Rechtsverordnung genügen. ³Eine Änderung gilt als genehmigt, wenn das Bundesverwaltungsamt nicht binnen drei Monaten nach Zugang aller erforderlichen Prüfunterlagen Änderungen verlangt oder dem Betroffenen mitteilt, dass die Prüfung aus anderen wichtigen Gründen nicht abgeschlossen werden kann.

(3) Die Genehmigung von Sportordnungen ohne gleichzeitige Anerkennung als Verband nach § 15 Absatz 1 erfolgt, wenn die Vorgaben des § 15 Absatz 1 Nummer 4 Buchstabe a und Nummer 7 sowie die Vorgaben des Absatzes 2 Satz 2 erfüllt sind.

(4) Das Bundesministerium des Innern wird ermächtigt, durch Rechtsverordnung mit Zustimmung des Bundesrates zur Abwehr von Gefahren für die öffentliche Sicherheit oder Ordnung unter Berücksichtigung der berechtigten Interessen des Schießsports Vorschriften über die Anforderungen und die Inhalte der Sportordnungen zum sportlichen Schießen zu erlassen und insbesondere zu bestimmen, dass vom Schießsport bestimmte Schusswaffen wegen ihrer Konstruktion, ihrer Handhabung oder Wirkungsweise ganz oder teilweise ausgeschlossen sind.

Durch das ÄndG 2008[1] wurde mit § 15a eine Norm geschaffen, die das sportliche Schießen auf Grund von Sportordnungen zusammenfasst.[2] Durch diese neue Systematik wird klar gemacht, dass sich die Frage des sportlichen Schießens und der Genehmigungsfähigkeit von Schießsportordnungen nicht auf anerkannte Schießsportverbände und die in ihnen organisierten Schießsportvereine und Sportschützen beschränkt, sondern grundsätzlich auch die so genannte isolierte Genehmigung von Schießsportordnungen statthaft ist.[3] Die Vorschrift hat strafrechtlich nur insofern Bedeutung, als Verstöße gegen eine nach Abs. 4 erlassene Rechtsverordnung oder gegen vollziehbare Anordnungen auf Grund einer solchen Rechtsverordnung dann, wenn diese Rechtsverordnung für einen bestimmten Tatbestand auf § 53 Abs. 1 Nr. 23 verweist, nach der genannten Vorschrift als Ordnungswidrigkeiten zu ahnden sind.[4] Dies ist durch Erlass der AWaffV vom 27.10.2003[5] geschehen. Hier finden sich in §§ 5–8 entsprechende Vorschriften, wobei ein Verstoß gegen § 7 Abs. 1 S. 2 AWaffV in § 34 Nr. 1 AWaffV,[6] der auf § 53 Abs. 1 Nr. 23 verweist, als Ordnungswidrigkeit zu ahnden ist.

§ 15b Fachbeirat Schießsport

Das Bundesministerium des Innern wird ermächtigt, durch Rechtsverordnung mit Zustimmung des Bundesrates einen Ausschuss zu bilden, in den neben Vertretern der beteiligten Bundes- und Landesbehörden auch Vertreter des Sports zu berufen sind und der das Bundesverwaltungsamt in Fragen der Anerkennung eines Schießsportverbandes und der Genehmigung von Schießsportordnungen nach § 15a Abs. 2 und 3 unter Berücksichtigung waffentechnischer Fragen berät.

Der durch das ÄndG 2008[1] neu geschaffene § 15b enthält die früher in § 15 Abs. 7 Satz 2 Nr. 2 enthaltene Regelung zur Einrichtung eines Fachbeirates für Schießsport beim Bundesministerium des Innern. Die Vorschrift hat strafrechtlich keine eigenständige Bedeutung.

---

[1] BGBl. 2008 I S. 426.
[2] Die durch das ÄndG 2008 gestrichenen Absätze 6 und 7 des § 15 finden sich größtenteils wortgleich im neuen § 15a.
[3] BT-Drs. 16/7717, 20.
[4] Vgl. zur Bußgeldvorschrift des § 53 Abs. 1 Nr. 23 → § 53 Rn. 104.
[5] Vgl. hierzu → Vor § 1 Rn. 15.
[6] Die Vorschrift ist abgedruckt → § 53 Rn. 104.
[1] BGBl. 2008 I S. 426.

§ 16 Erwerb und Besitz von Schusswaffen und Munition durch Brauchtumsschützen, Führen von Waffen und Schießen zur Brauchtumspflege

(1) Ein Bedürfnis für den Erwerb und Besitz von Einzellader-Langwaffen und bis zu drei Repetier-Langwaffen sowie der dafür bestimmten Munition wird bei Mitgliedern einer zur Brauchtumspflege Waffen tragenden Vereinigung (Brauchtumsschützen) anerkannt, wenn sie durch eine Bescheinigung der Brauchtumsschützenvereinigung glaubhaft machen, dass sie diese Waffen zur Pflege des Brauchtums benötigen.

(2) Für Veranstaltungen, bei denen es Brauch ist, aus besonderem Anlass Waffen zu tragen, kann für die Dauer von fünf Jahren die Ausnahmebewilligung zum Führen von in Absatz 1 Satz 1 genannten Schusswaffen sowie von sonstigen zur Brauchtumspflege benötigten Waffen im Sinne des § 1 Abs. 2 Nr. 2 einem verantwortlichen Leiter der Brauchtumsschützenvereinigung unter den Voraussetzungen des § 42 Abs. 2 erteilt werden, wenn gewährleistet ist, dass die erforderliche Sorgfalt beachtet wird.

(3) ¹Die Erlaubnis zum Schießen mit den in Absatz 1 Satz 1 genannten Schusswaffen außerhalb von Schießstätten mit Kartuschenmunition bei Veranstaltungen nach Absatz 2 kann für die Dauer von fünf Jahren einem verantwortlichen Leiter der Brauchtumsschützenvereinigung erteilt werden. ²Sie ist zu versagen, wenn
1. in dessen Person eine Voraussetzung nach § 4 Abs. 1 Nr. 1 bis 4 nicht vorliegt,
2. die Beachtung der erforderlichen Sorgfalt nicht gewährleistet ist,
3. Gefahren oder erhebliche Nachteile für Einzelne oder die Allgemeinheit zu befürchten sind und nicht durch Auflagen verhindert werden können oder
4. kein Haftpflichtversicherungsschutz gemäß § 4 Abs. 1 Nr. 5 nachgewiesen ist.
³Die Erlaubnis nach Satz 1 kann mit der Ausnahmebewilligung nach Absatz 2 verbunden werden.

(4) ¹Brauchtumsschützen dürfen in den Fällen der Absätze 2 und 3 oder bei Vorliegen einer Ausnahmebewilligung nach § 42 Abs. 2 die Schusswaffen ohne Erlaubnis führen und damit schießen. ²Sie dürfen die zur Pflege des Brauchtums benötigten Schusswaffen auch im Zusammenhang mit Veranstaltungen, bei denen es Brauch ist, aus besonderem Anlass Waffen zu tragen, für die eine Erlaubnis nach Absatz 2 oder nach § 42 Abs. 2 erteilt wurde, ohne Erlaubnis führen.

1   In § 16 werden sämtliche Sondervorschriften – in aller Regel Erleichterungen hinsichtlich der ansonsten wesentlich strengeren Vorschriften – für **Brauchtumsschützen** zusammengefasst.¹ Die Vorschrift hat strafrechtlich keine eigenständige Bedeutung.

§ 17 Erwerb und Besitz von Schusswaffen oder Munition durch Waffen- oder Munitionssammler

(1) Ein Bedürfnis zum Erwerb und Besitz von Schusswaffen oder Munition wird bei Personen anerkannt, die glaubhaft machen, dass sie Schusswaffen oder Munition für eine kulturhistorisch bedeutsame Sammlung (Waffensammler, Munitionssammler) benötigen; kulturhistorisch bedeutsam ist auch eine wissenschaftlich-technische Sammlung.

(2) ¹Die Erlaubnis zum Erwerb von Schusswaffen oder Munition wird in der Regel unbefristet erteilt. ²Sie kann mit der Auflage verbunden werden, der

---

[1] Die Regelungen waren bisher in mehreren Vorschriften enthalten, wurden aber inhaltlich teilweise verändert. Abs. 1 hatte einen Vorgänger in § 32 Abs. 1 Nr. 2 WaffG aF; Abs. 2 entspricht dem früheren § 39 Abs. 3 WaffG aF und Abs. 3 knüpft an die Regelung des bisherigen § 45 Abs. 4 WaffG aF an; vgl. ferner § 27 Abs. 3 Nr. 2 und § 28 Abs. 4 Nr. 5 WaffG aF.

Behörde in bestimmten Zeitabständen eine Aufstellung über den Bestand an Schusswaffen vorzulegen.

(3) Die Erlaubnis zum Erwerb und Besitz von Schusswaffen oder Munition wird auch einem Erben, Vermächtnisnehmer oder durch Auflage Begünstigten (Erwerber infolge eines Erbfalls) erteilt, der eine vorhandene Sammlung des Erblassers im Sinne des Absatzes 1 fortführt.

In § 17 werden sämtliche Sondervorschriften – in aller Regel Erleichterungen hinsichtlich der ansonsten wesentlich strengeren Vorschriften – für **Waffen- und Munitionssammler** zusammengefasst.[1] Ein Verstoß gegen eine (vollziehbare) Auflage nach § 17 Abs. 2 S. 2 stellt nach § 53 Abs. 1 Nr. 4 eine Ordnungswidrigkeit dar.[2]   1

§ 18 Erwerb und Besitz von Schusswaffen oder Munition durch Waffen- oder Munitionssachverständige

(1) Ein Bedürfnis zum Erwerb und Besitz von Schusswaffen oder Munition wird bei Personen anerkannt, die glaubhaft machen, dass sie Schusswaffen oder Munition für wissenschaftliche oder technische Zwecke, zur Erprobung, Begutachtung, Untersuchung oder zu einem ähnlichen Zweck (Waffen-, Munitionssachverständige) benötigen.

(2) ¹Die Erlaubnis zum Erwerb von Schusswaffen oder Munition wird in der Regel
1. für Schusswaffen oder Munition jeder Art und
2. unbefristet

erteilt. ²Sie kann mit der Auflage verbunden werden, der Behörde in bestimmten Zeitabständen eine Aufstellung über den Bestand an Schusswaffen vorzulegen. ³Auf den Inhaber einer Waffenbesitzkarte für Schusswaffen jeder Art findet im Fall des Erwerbs einer Schusswaffe § 10 Abs. 1a keine Anwendung, wenn der Besitz nicht länger als drei Monate ausgeübt wird.

In § 18 werden sämtliche Sondervorschriften – in aller Regel Erleichterungen hinsichtlich der ansonsten wesentlich strengeren Vorschriften – für **Waffen- und Munitionssachverständige** zusammengefasst.[1] Ein Verstoß gegen eine (vollziehbare) Auflage nach § 18 Abs. 2 S. 1 stellt nach § 53 Abs. 1 Nr. 4 eine Ordnungswidrigkeit dar.[2]   1

§ 19 Erwerb und Besitz von Schusswaffen und Munition, Führen von Schusswaffen durch gefährdete Personen

(1) Ein Bedürfnis zum Erwerb und Besitz einer Schusswaffe und der dafür bestimmten Munition wird bei einer Person anerkannt, die glaubhaft macht,
1. wesentlich mehr als die Allgemeinheit durch Angriffe auf Leib oder Leben gefährdet zu sein und
2. dass der Erwerb der Schusswaffe und der Munition geeignet und erforderlich ist, diese Gefährdung zu mindern.

(2) Ein Bedürfnis zum Führen einer Schusswaffe wird anerkannt, wenn glaubhaft gemacht ist, dass die Voraussetzungen nach Absatz 1 auch außerhalb der

---

[1] Abs. 1 dieser Vorschrift entspricht im Wesentlichen § 32 Abs. 1 Nr. 4 WaffG aF; Abs. 2 knüpft an die Regelung des bisherigen § 28 Abs. 2 S. 2 und S. 4 sowie an § 28 Abs. 7 S. 2 WaffG aF an.
[2] Hierzu → § 53 Rn. 15 f.
[1] Abs. 1 dieser Vorschrift entspricht im Wesentlichen § 28 Abs. 2 WaffG aF; Abs. 2 knüpft an die Regelung des bisherigen § 28 Abs. 2 S. 2 und § 28 Abs. 7 S. 2 WaffG aF an.
[2] Hierzu → § 53 Rn. 17 f.

eigenen Wohnung, Geschäftsräume oder des eigenen befriedeten Besitztums vorliegen.

1 § 19 stellt eine Sonderregelungen für **gefährdete Personen** dar und regelt in Ergänzung zu § 8 wann ein Bedürfnis zum Erwerb und Besitz (Abs. 1) bzw. zum Führen (Abs. 2) durch diese Personen gegeben ist.[1] Die Vorschrift hat strafrechtlich keine eigenständige Bedeutung.

§ 20 Erwerb und Besitz von Schusswaffen durch Erwerber infolge eines Erbfalls

(1) Der Erbe hat binnen eines Monats nach der Annahme der Erbschaft oder dem Ablauf der für die Ausschlagung der Erbschaft vorgeschriebenen Frist die Ausstellung einer Waffenbesitzkarte für die zum Nachlass gehörenden erlaubnispflichtigen Schusswaffen oder ihre Eintragung in eine bereits ausgestellte Waffenbesitzkarte zu beantragen; für den Vermächtnisnehmer oder durch Auflage Begünstigten beginnt diese Frist mit dem Erwerb der Schusswaffen.

(2) Dem Erwerber infolge eines Erbfalls ist die gemäß Absatz 1 beantragte Erlaubnis abweichend von § 4 Abs. 1 zu erteilen, wenn der Erblasser berechtigter Besitzer war und der Antragsteller zuverlässig und persönlich geeignet ist.

(3) [1]Für erlaubnispflichtige Schusswaffen und erlaubnispflichtige Munition, für die der Erwerber infolge eines Erbfalles ein Bedürfnis nach § 8 oder §§ 13 ff. geltend machen kann, sind die Vorschriften des § 4 Abs. 1 Nr. 1 bis 3 und des § 8 und der §§ 13 bis 18 anzuwenden. [2]Kann kein Bedürfnis geltend gemacht werden, sind Schusswaffen durch ein dem Stand der Technik entsprechendes Blockiersystem zu sichern und ist erlaubnispflichtige Munition binnen angemessener Frist unbrauchbar zu machen oder einem Berechtigten zu überlassen. [3]Einer Sicherung durch ein Blockiersystem bedarf es nicht, wenn der Erwerber der Erbwaffe bereits auf Grund eines Bedürfnisses nach § 8 oder §§ 13 ff. berechtigter Besitzer einer erlaubnispflichtigen Schusswaffe ist. [4]Für den Transport der Schusswaffe im Zusammenhang mit dem Einbau des Blockiersystems gilt § 12 Abs. 3 Nr. 2 entsprechend.

(4) [1]Das Bundesministerium des Innern erstellt nach Anhörung eines Kreises von Vertretern der Wissenschaft, der Betroffenen, der beteiligten Wirtschaft und der für das Waffenrecht zuständigen obersten Landesbehörden dem Stand der Sicherheitstechnik entsprechende Regeln (Technische Richtlinie – Blockiersysteme für Erbwaffen) für ein Blockiersystem nach Absatz 3 Satz 2 sowie für dessen Zulassungsverfahren und veröffentlicht diese im Bundesanzeiger. [2]Die Prüfung der Konformität und die Zulassung neu entwickelter Blockiersysteme gemäß der Technischen Richtlinie erfolgt durch die Physikalisch-Technische Bundesanstalt.

(5) [1]Der Einbau und die Entsperrung von Blockiersystemen dürfen nur durch hierin eingewiesene Inhaber einer Waffenherstellungserlaubnis oder einer Waffenhandelserlaubnis nach § 21 Abs. 1 oder durch deren hierzu bevollmächtigten Mitarbeiter erfolgen. [2]Die vorübergehende Entsperrung aus besonderem Anlass ist möglich. [3]Die Zeitpunkte aller Einbauten und Entsperrungen sind schriftlich oder elektronisch festzuhalten. [4]§ 39 Abs. 1 Satz 1 gilt entsprechend.

(6) In der Waffenbesitzkarte ist von der Waffenbehörde einzutragen, dass die Schusswaffe mit einem Blockiersystem gesichert wurde.

(7) [1]**Die Waffenbehörde hat auf Antrag Ausnahmen von der Verpflichtung, alle Erbwaffen mit einem dem Stand der Sicherheitstechnik entsprechenden Blockier-**

---

[1] Abs. 1 dieser Vorschrift entspricht im Wesentlichen § 32 Abs. 1 Nr. 3 WaffG aF; Abs. 2 knüpft an die Regelung des bisherigen § 35 WaffG aF an.; vgl. ergänzend die Verordnung über das Bewachungsgewerbe (Bewachungsverordnung) idF vom 10.7.2003, BGBl. I S. 1378 (FNA 7104-7); vgl. in diesem Zusammenhang auch § 34a GewO.

system zu sichern, zuzulassen, wenn oder so lange für eine oder mehrere Erbwaffen ein entsprechendes Blockiersystem noch nicht vorhanden ist. ²Eine Ausnahme kann auch für Erbwaffen erteilt werden, die Bestandteil einer kulturhistorisch bedeutsamen Sammlung gemäß § 17 sind oder werden sollen.

In § 20 werden sämtliche Sondervorschriften – in aller Regel Erleichterungen hinsichtlich der ansonsten wesentlich strengeren Vorschriften – für **Erben** zusammengefasst.[1] Wer entgegen § 20 Abs. 1 die Ausstellung einer Waffenbesitzkarte oder die Eintragung der Waffe in eine bereits erteilte Waffenbesitzkarte nicht beantragt, handelt ordnungswidrig nach § 53 Abs. 1 Nr. 7.[2]

1

Unterabschnitt 4. Besondere Erlaubnistatbestände für Waffenherstellung, Waffenhandel, Schießstätten, Bewachungsunternehmer

§ 21 Gewerbsmäßige Waffenherstellung, Waffenhandel

(1) ¹Die Erlaubnis zur gewerbsmäßig oder selbstständig im Rahmen einer wirtschaftlichen Unternehmung betriebenen Herstellung, Bearbeitung oder Instandsetzung von Schusswaffen oder Munition wird durch eine Waffenherstellungserlaubnis, die Erlaubnis zum entsprechend betriebenen Handel mit Schusswaffen oder Munition durch eine Waffenhandelserlaubnis erteilt. ²Sie kann auf bestimmte Schusswaffen- und Munitionsarten beschränkt werden.

(2) ¹Die Waffenherstellungserlaubnis nach Absatz 1 Satz 1 schließt für Schusswaffen oder Munition, auf die sich die Erlaubnis erstreckt, die Erlaubnis zum vorläufigen oder endgültigen Überlassen an Inhaber einer Waffenherstellungs- oder Waffenhandelserlaubnis sowie zum Erwerb für Zwecke der Waffenherstellung ein. ²Bei in die Handwerksrolle eingetragenen Büchsenmachern schließt die Waffenherstellungserlaubnis die Erlaubnis zum Waffenhandel ein.

(3) Die Erlaubnis ist zu versagen, wenn
1. der Antragsteller die erforderliche Zuverlässigkeit (§ 5) oder persönliche Eignung (§ 6) nicht besitzt,
2. der Antragsteller die für die erlaubnispflichtige Tätigkeit bei handwerksmäßiger Betriebsweise erforderlichen Voraussetzungen nach der Handwerksordnung nicht erfüllt, soweit eine Erlaubnis zu einer entsprechenden Waffenherstellung beantragt wird,
3. der Antragsteller nicht die erforderliche Fachkunde nachweist, soweit eine Erlaubnis zum Waffenhandel beantragt wird; dies gilt nicht, wenn der Antragsteller weder den Betrieb, eine Zweigniederlassung noch eine unselbstständige Zweigstelle selbst leitet.

(4) Die Erlaubnis kann versagt werden, wenn der Antragsteller
1. nicht Deutscher im Sinne des Artikels 116 des Grundgesetzes ist oder
2. weder seinen gewöhnlichen Aufenthalt noch eine gewerbliche Niederlassung im Geltungsbereich dieses Gesetzes hat.

(5) ¹Die Erlaubnis erlischt, wenn der Erlaubnisinhaber die Tätigkeit nicht innerhalb eines Jahres nach Erteilung der Erlaubnis begonnen oder ein Jahr lang nicht ausgeübt hat. ²Die Fristen können aus besonderen Gründen verlängert werden.

(6) Der Inhaber einer Erlaubnis nach Absatz 1 hat die Aufnahme und Einstellung des Betriebs sowie die Eröffnung und Schließung einer Zweigniederlassung oder

---

[1] Die Sonderregelungen für Erben waren bisher in mehreren Vorschriften verstreut; vgl. § 28 Abs. 4 Nr. 1, Abs. 5 S. 1 und S. 2, § 29 Abs. 2 Nr. 2 WaffG aF. Durch das ÄndG 2008 (BGBl. I S. 426) wuchs § 20 von einem auf sieben Absätze an.
[2] Hierzu → § 53 Rn. 57.

einer unselbstständigen Zweigstelle innerhalb von zwei Wochen der zuständigen Behörde anzuzeigen.

(7) Die zuständige Behörde unterrichtet das Bundeskriminalamt, die Landeskriminalämter und das Bundesamt für Wirtschaft und Ausfuhrkontrolle über das Erlöschen einer Erlaubnis nach Absatz 5 Satz 1 und über die Rücknahme oder den Widerruf einer Erlaubnis nach Absatz 1.

1 Die Vorschrift stellt die Grundnorm für die gewerbsmäßige Waffenherstellung und den gewerbsmäßigen Waffenhandel dar.[1] Wer Schusswaffen oder Munition herstellen will, bedarf einer **Waffenherstellungserlaubnis,** zum Handel mit Schusswaffen oder Munition ist eine **Waffenhandelserlaubnis** erforderlich. Dabei macht sich nach § 52 Abs. 1 Nr. 2 Buchst. c strafbar, wer eine (erlaubnispflichtige) Schusswaffe oder Munition ohne Erlaubnis nach § 21 Abs. 1 S. 1 herstellt, bearbeitet, instand setzt oder damit Handel treibt.[2] Wer entgegen § 21 Abs. 6 eine Anzeige nicht, nicht richtig, nicht vollständig, nicht in der vorgeschriebenen Weise oder nicht rechtzeitig erstattet, handelt ordnungswidrig nach § 53 Abs. 1 Nr. 5.[3]

§ 21a Stellvertretungserlaubnis

¹Wer ein erlaubnisbedürftiges Waffengewerbe durch einen Stellvertreter betreiben will, bedarf einer Stellvertretererlaubnis; sie wird dem Erlaubnisinhaber für einen bestimmten Stellvertreter erteilt und kann befristet werden. ²**Dies gilt auch für die Beauftragung einer Person mit der Leitung einer Zweigniederlassung oder einer unselbstständigen Zweigstelle.** ³Die Vorschriften des § 21 gelten entsprechend.

1 Das ÄndG 2008[1] hat für die zuvor in § 21 mitgeregelten **Stellvertreter** mit § 21a eine eigene Vorschrift geschaffen. Entgegen der Überschrift benutzt der Gesetzestext nicht den Begriff Stellvertretungserlaubnis, sondern den passenderen Begriff Stellvertretererlaubnis. Durch die Verweisung in Satz 3 auf § 21 ist klargestellt, dass die Anforderungen des § 21, wie die erforderliche Zuverlässigkeit, die persönliche Eignung und die Fachkunde (§ 21 Abs. 3), sowohl beim Vertretenen als auch beim Stellvertreter vorliegen müssen.[2] Dabei macht sich nach § 52 Abs. 1 Nr. 2 Buchst. c strafbar, wer eine (erlaubnispflichtige) Schusswaffe oder Munition ohne Erlaubnis „nach § 21 Abs. 1 S. 1 oder § 21a" herstellt, bearbeitet, instand setzt oder damit Handel treibt.[3] Die Strafnorm erwähnt also § 21a ausdrücklich. Dagegen fehlt ein solcher Hinweis auf § 21a in § 53 Abs. 1 Nr. 5. Hier ist lediglich normiert, dass derjenige ordnungswidrig handelt, der entgegen § 21 Abs. 6 S. 1 eine Anzeige nicht, nicht richtig, nicht vollständig, nicht in der vorgeschriebenen Weise oder nicht rechtzeitig erstattet.[4] Der fehlende Verweis auf § 21a kann nicht durch den Verweis in § 21a Satz 3 auf § 21 ersetzt werden, da dies dem in Art. 103 Abs. 2 GG geregelten Bestimmtheitsgebot widersprechen würde.[5]

---

[1] Die neue Vorschrift fasst die Bestimmungen der §§ 7, 8, 10 und 11 WaffG aF zusammen. Dabei entspricht Abs. 1 im Wesentlichen § 7 WaffG aF, Abs. 2 knüpft an § 7 Abs. 3 WaffG aF an. In Abs. 3 wurde die bisherige Vorschrift des § 8 Abs. 1 und 2 WaffG aF aufgenommen. Abs. 4 enthält den bisherigen § 8 Abs. 3 WaffG aF. Abs. 5 orientiert sich an § 10 Abs. 3 WaffG aF, Abs. 6 fasst die bisherigen Vorschriften der § 11 WaffG aF, § 26 der 1. WaffV (zum WaffG aF) zusammen.
[2] Hierzu → § 52 Rn. 22 ff.
[3] Hierzu → § 53 Rn. 34. Auffallend ist, dass § 53 Abs. 1 Nr. 5 auch auf § 21 Abs. 6 S. 4 verweist, ein Verweis, der ins Leere geht, da der Satz 4 durch des ÄndG 2008 (BGBl. I S. 426) gestrichen wurde. Insoweit ist auch der Verweis auf § 21 Abs. 6 S. 1 verwirrend, da Abs. 6 nur noch einen Satz enthält.

[1] BGBl. 2008 I S. 426.
[2] Hinze/*Runkel* Rn. 4; Steindorf/*Gerlemann* Rn. 4.
[3] Hierzu → § 52 Rn. 22 ff.
[4] Hierzu → § 53 Rn. 34.
[5] Steindorf/*Gerlemann* Rn. 4.

§ 22 Fachkunde

(1) ¹Die Fachkunde ist durch eine Prüfung vor der zuständigen Behörde nachzuweisen. ²Die Fachkunde braucht nicht nachzuweisen, wer die Voraussetzungen für die Eintragung eines Büchsenmacherbetriebes in die Handwerksrolle erfüllt.

(2) Das Bundesministerium des Innern wird ermächtigt, durch Rechtsverordnung mit Zustimmung des Bundesrates Vorschriften über
1. die notwendigen Anforderungen an die waffentechnischen und waffenrechtlichen Kenntnisse, auch beschränkt auf bestimmte Waffen- und Munitionsarten (Fachkunde),
2. die Prüfung und das Prüfungsverfahren einschließlich der Errichtung von Prüfungsausschüssen,
3. die Anforderungen an Art, Umfang und Nachweis der beruflichen Tätigkeit nach Absatz 1 Satz 2
zu erlassen.

In § 22 findet sich eine Regelung darüber, wann ein Antragsteller die für die Erlaubniserteilung zum **gewerblichen Waffenhandel** erforderliche (vgl. § 21 Abs. 2 Nr. 3) **Fachkunde** besitzt.[1] Von der Ermächtigung in § 22 Abs. 2 wurde in §§ 15 f. AWaffV vom 27.10.2003[2] Gebrauch gemacht. Der Vorschrift kommt keine eigenständige strafrechtliche Bedeutung zu. — 1

§ 23 Waffenbücher

(1) ¹Wer gewerbsmäßig Schusswaffen herstellt, hat ein Waffenherstellungsbuch zu führen, aus dem die Art und Menge der Schusswaffen sowie ihr Verbleib hervorgehen. ²Satz 1 ist nicht anzuwenden auf Schusswaffen, deren Bauart nach den §§ 7 und 8 des Beschussgesetzes zugelassen ist oder die der Anzeigepflicht nach § 9 des Beschussgesetzes unterliegen, sowie auf wesentliche Teile von erlaubnisfreien Schusswaffen.

(2) ¹Wer gewerbsmäßig Schusswaffen erwirbt, vertreibt oder anderen überlässt, hat ein Waffenhandelsbuch zu führen, aus dem die Art und Menge der Schusswaffen, ihre Herkunft und ihr Verbleib hervorgehen. ²Satz 1 ist nicht anzuwenden auf
1. Schusswaffen im Sinne des Absatzes 1 Satz 2, die vom Hersteller oder demjenigen, der die Schusswaffen in den Geltungsbereich dieses Gesetzes verbracht hat, mit dem auf Grund einer Rechtsverordnung nach § 25 Abs. 1 Nr. 1 Buchstabe c bestimmten Kennzeichen versehen sind,
2. Schusswaffen, über die in demselben Betrieb ein Waffenherstellungsbuch nach Absatz 1 zu führen ist.
³Für Verwahr-, Reparatur- und Kommissionswaffen kann ein gesondertes Buch geführt werden.

In § 23 wird die Pflicht zur Führung von Waffen**herstellungs**büchern (Abs. 1) und von Waffen**handels**büchern (Abs. 2) geregelt.[1] Die Pflicht zur Buchführung besteht allerdings nur bei **gewerblicher** Tätigkeit. Zudem wird eine Vielzahl von (ungefährlichen) Schusswaffen von der Buchführungspflicht ausgenommen. Während § 23 die grds. Pflicht zur Buchführung normiert, wird die **Art und Weise der Buchführung** in §§ 17 Abs. 1 bis Abs. 4, 18–20 AWaffV[2] geregelt (Ermächtigungsnorm: § 25 Abs. 1 Nr. 1 Buchst. a). Wer nun gegen — 1

---

[1] Die Vorschrift entspricht im Wesentlichen § 9 WaffG aF.
[2] Vgl. hierzu → Vor § 1 Rn. 15.
[1] Die Vorschrift entspricht im Wesentlichen § 12 WaffG aF. Auf die Pflicht zur Führung eines Munitionshandelsbuches, § 12 Abs. 3 WaffG aF, wurde verzichtet (vgl. die Begründung in BT-Drs. 14/7758, 67).
[2] Die Vorschriften waren früher in §§ 14 ff. der 1. WaffV (zum WaffG aF) geregelt.

die in § 23 Abs. 1 S. 1 oder Abs. 2 S. 1 geregelten grds. Buchführungspflichten insoweit verstößt, als er die Bücher gar nicht, nicht richtig oder nicht vollständig führt, begeht eine Ordnungswidrigkeit nach § 53 Abs. 1 Nr. 8. Darüber hinaus handelt nach § 53 Abs. 1 Nr. 8 iVm § 17 Abs. 1 bis Abs. 4 AWaffV derjenige ordnungswidrig, der gegen die Art und Weise der Buchführung verstößt.[3] Ein Verstoß gegen die Vorlage und Aufbewahrungspflichten (§ 17 Abs. 5 und Abs. 6 AWaffV) werden hingegen nach § 53 Abs. 1 Nr. 23 WaffG iVm § 34 Nr. 13–16 als Ordnungswidrigkeit geahndet.[4]

§ 24 Kennzeichnungspflicht, Markenanzeigepflicht

(1) ¹Wer Schusswaffen herstellt oder in den Geltungsbereich dieses Gesetzes verbringt, hat unverzüglich mindestens auf einem wesentlichen Teil der Waffe deutlich sichtbar und dauerhaft folgende Angaben anzubringen:
1. Im Fall
    a) der gewerbsmäßigen Herstellung den Namen, die Firma oder eine eingetragene Marke des Waffenherstellers oder -händlers, der im Geltungsbereich dieses Gesetzes eine gewerbliche Niederlassung hat,
    b) der nichtgewerbsmäßigen Herstellung nach § 26 den Namen des nicht gewerblichen Waffenherstellers,
2. das Herstellungsland (zweistelliges Landeskürzel nach ISO 3166),
3. die Bezeichnung der Munition oder, wenn keine Munition verwendet wird, die Bezeichnung der Geschosse,
4. bei Importwaffen zusätzlich das Einfuhrland (Landeskürzel nach ISO 3166) und das Einfuhrjahr und
5. eine fortlaufende Nummer (Seriennummer).

²Die Seriennummer nach Satz 1 Nr. 5 ist bei zusammengesetzten Langwaffen auf dem Lauf und bei zusammengesetzten Kurzwaffen auf dem Griffstück anzubringen. ³Satz 2 gilt nur für Schusswaffen, die ab dem 1. April 2008 hergestellt, auf Dauer erworben oder in den Geltungsbereich des Gesetzes verbracht werden. ⁴Auf erlaubnispflichtige Schusswaffen, die Bestandteil einer kulturhistorisch bedeutsamen Sammlung im Sinne des § 17 sind oder werden sollen, sind Satz 1 und 2 nicht anzuwenden. ⁵Auf Schusswaffen im Sinne des § 23 Abs. 1 Satz 2 ist Satz 1 Nr. 2, 4 und 5 nicht anzuwenden. ⁶Wesentliche Teile erlaubnispflichtiger Schusswaffen sind gesondert mit einer Seriennummer zu kennzeichnen und in Waffenbüchern nach § 23 zu erfassen, wenn sie einzeln gehandelt werden.

(2) Schusswaffen, deren Geschossen eine Bewegungsenergie von nicht mehr als 7,5 Joule erteilt wird, müssen eine Typenbezeichnung sowie das Kennzeichen nach Anlage 1 Abbildung 1 zur Ersten Verordnung zum Waffengesetz vom 24. Mai 1976 (BGBl. I S. 1285) in der zum Zeitpunkt des Inkrafttretens dieses Gesetzes geltenden Fassung oder ein durch Rechtsverordnung nach § 25 Abs. 1 Nr. 1 Buchstabe c bestimmtes Zeichen tragen.

(3) ¹Wer gewerbsmäßig Munition herstellt oder in den Geltungsbereich dieses Gesetzes verbringt, hat unverzüglich auf der kleinsten Verpackungseinheit Zeichen anzubringen, die den Hersteller, die Fertigungsserie (Fertigungszeichen), die Zulassung und die Bezeichnung der Munition erkennen lassen; das Herstellerzeichen und die Bezeichnung der Munition sind auch auf der Hülse anzubringen. ²Munition, die wiedergeladen wird, ist außerdem mit einem besonderen Kennzeichen zu versehen. ³Als Hersteller gilt auch derjenige, unter dessen Namen, Firma oder Marke die Munition vertrieben oder anderen überlassen wird und der die

---

[3] Hierzu → § 53 Rn. 104.
[4] Hierzu → § 53 Rn. 61 ff.

Verantwortung dafür übernimmt, dass die Munition den Vorschriften dieses Gesetzes entspricht.

(4) Wer Waffenhandel betreibt, darf Schusswaffen oder Munition anderen gewerbsmäßig nur überlassen, wenn er festgestellt hat, dass die Schusswaffen gemäß Absatz 1 gekennzeichnet sind, oder wenn er auf Grund von Stichproben überzeugt ist, dass die Munition nach Absatz 3 mit dem Herstellerzeichen gekennzeichnet ist.

(5) ¹Wer gewerbsmäßig Schusswaffen, Munition oder Geschosse für Schussapparate herstellt, Munition wiederlädt oder im Geltungsbereich dieses Gesetzes mit diesen Gegenständen Handel treibt und eine Marke für diese Gegenstände benutzen will, hat dies der Physikalisch-Technischen Bundesanstalt unter Vorlage der Marke vorher schriftlich oder elektronisch anzuzeigen. ²Verbringer, die die Marke eines Herstellers aus einem anderen Staat benutzen wollen, haben diese Marke anzuzeigen.

(6) Absatz 3 Satz 3 und Absatz 4 gelten nicht, sofern es sich um Munition handelt, die Teil einer Sammlung (§ 17 Abs. 1) oder für eine solche bestimmt ist.

§ 24 normiert im Wesentlichen eine Kennzeichnungspflicht für Schusswaffen und Munition.¹ Grds. sind auf jeder hergestellten oder eingeführten Schusswaffe die in § 24 Abs. 1 genannten Angaben anzubringen (Ausnahmen können durch Rechtsverordnung nach § 25 Abs. 1 Nr. 2 Buchst. b bestimmt werden).² Auch die Munition ist nach § 24 Abs. 3 von der Kennzeichnungspflicht erfasst. 1

Ein Verstoß gegen die in § 24 Abs. 1, Abs. 2 und Abs. 3 genannten Pflichten wird nach § 53 Abs. 1 Nr. 9³ und ein Verstoß gegen Abs. 4 (unerlaubtes gewerbsmäßige Überlassen von nicht gekennzeichneten Schusswaffen und Munition) nach § 53 Abs. 1 Nr. 10⁴ als Ordnungswidrigkeit geahndet. Wer entgegen § 24 Abs. 5 eine Anzeige nicht, nicht richtig, nicht vollständig, nicht in der vorgeschriebenen Weise oder nicht rechtzeitig erstattet, handelt ordnungswidrig nach § 53 Abs. 1 Nr. 5.⁵ Ebenfalls eine Ordnungswidrigkeit (nach § 53 Abs. 1 Nr. 9)⁶ stellt der Verstoß gegen die (die Kennzeichnungspflichten konkretisierende) Vorschrift des § 21 AWaffV vom 27.10.2003⁷ dar. 2

§ 25 Ermächtigungen und Anordnungen

(1) Das Bundesministerium des Innern wird ermächtigt, durch Rechtsverordnung mit Zustimmung des Bundesrates zur Durchführung der §§ 23 und 24
1. Vorschriften zu erlassen über
   a) Inhalt und Führung des Waffenherstellungs- und Waffenhandelsbuches,
   b) Aufbewahrung und Vorlage des Waffenherstellungs- und Waffenhandelsbuches,
   c) eine besondere Kennzeichnung bestimmter Waffen- und Munitionsarten sowie über die Art, Form und Aufbringung dieser Kennzeichnung,
2. zu bestimmen,
   a) auf welchen wesentlichen Teilen der Schusswaffe die Kennzeichen anzubringen sind und wie die Schusswaffen nach einem Austausch, einer Veränderung oder einer Umarbeitung wesentlicher Teile zu kennzeichnen sind,

---
¹ Die Vorschrift entspricht im Wesentlichen § 13 WaffG aF; hierzu auch ergänzend Ziff. 1.7.1 und Ziff. 13 WaffVwV (zum WaffG aF); ferner zu § 24 WaffVwV.
² Nähere Vorschriften über die erforderliche Kennzeichnung enthält § 21 AWaffV (früher: §§ 20, 21 der 1. WaffV [zum WaffG aF]).
³ Hierzu → § 53 Rn. 66 ff.
⁴ Hierzu → § 53 Rn. 74.
⁵ Hierzu → § 53 Rn. 35 f.
⁶ Hierzu → § 53 Rn. 67.
⁷ Vgl. hierzu → Vor § 1 Rn. 15.

b) dass bestimmte Waffen- und Munitionsarten von der in § 24 vorgeschriebenen Kennzeichnung ganz oder teilweise befreit sind.

(2) Ist eine kennzeichnungspflichtige Schusswaffe nicht mit einer fortlaufenden Nummer (§ 24 Abs. 1 Satz 1 Nr. 5) gekennzeichnet, so kann die zuständige Behörde – auch nachträglich – anordnen, dass der Besitzer ein bestimmtes Kennzeichen anbringen lässt.

1 § 25 enthält ausschließlich eine Ermächtigungsnorm zum Erlass von Rechtsverordnungen und Anordnungen im Einzelfall. Hiervon hat der Gesetzgeber in §§ 17–21 AWaffV vom 27.10.2003[1] teilweise Gebrauch gemacht. Dabei beruhen §§ 17 Abs. 1 bis Abs. 4, 18, 19, 20 AWaffV auf § 25 Abs. 1 Nr. 1 Buchst. a und § 17 Abs. 5 und Abs. 6 AWaffV auf § 25 Abs. 1 Nr. 1 Buchst. b.[2] Die – die Kennzeichnungspflicht für Schusswaffen regelnde – Vorschrift des § 21 AWaffV beruht auf § 25 Abs. 1 Nr. 1 Buchst. c und Nr. 2 Buchst. a. Im Hinblick auf die Kennzeichnung von Munition wurde von der Ermächtigung in § 25 Abs. 1 Nr. 1 Buchst. c in § 39 BeschussV Gebrauch gemacht. Gleiches gilt für die Ermächtigungsnorm des § 25 Abs. 2 Buchst. b, wonach Ausnahmen von der Kennzeichnungspflicht geregelt werden können. Die Vorschrift ist strafrechtlich nur insoweit von Bedeutung, als ein Verstoß gegen eine nach § 25 Abs. 1 Nr. 1 Buchst. a erlassene Rechtsverordnung nach § 53 Abs. 1 Nr. 8[3] und ein Verstoß gegen eine nach § 25 Abs. 1 Nr. 1 Buchst. c oder § 25 Abs. 1 Nr. 2 Buchst. a erlassene Rechtsverordnung nach § 53 Abs. 1 Nr. 9 als Ordnungswidrigkeit geahndet werden kann.[4] Ferner kann ein Verstoß gegen eine nach § 25 Abs. 1 Nr. 1 Buchst. b erlassene Rechtsverordnung oder gegen vollziehbare Anordnungen auf Grund einer solchen Rechtsverordnung dann, wenn diese Rechtsverordnung für einen bestimmten Tatbestand auf § 53 Abs. 1 Nr. 23 verweist, nach der genannten Vorschrift als Ordnungswidrigkeit geahndet werden.[5] Solche Ordnungswidrigkeiten enthalten nunmehr § 34 Nr. 14 bis Nr. 17 iVm § 17 Abs. 5 und Abs. 6 AWaffV.

§ 26 Nichtgewerbsmäßige Waffenherstellung

(1) ¹Die Erlaubnis zur nichtgewerbsmäßigen Herstellung, Bearbeitung oder Instandsetzung von Schusswaffen wird durch einen Erlaubnisschein erteilt. ²Sie schließt den Erwerb von zu diesen Tätigkeiten benötigten wesentlichen Teilen von Schusswaffen sowie den Besitz dieser Gegenstände ein.

(2) ¹Die Erlaubnis ist auf höchstens drei Jahre zu befristen und auf eine bestimmte Zahl und Art von Schusswaffen und wesentlichen Teilen zu beschränken. ²Personen, denen Schusswaffen zur Erprobung, Begutachtung, Untersuchung oder für ähnliche Zwecke, die insbesondere eine Bearbeitung oder Instandsetzung erforderlich machen können, überlassen werden, kann die Erlaubnis nach Absatz 1 ohne Beschränkung auf eine bestimmte Zahl und Art von Schusswaffen und wesentlichen Teilen erteilt werden.

1 Abs. 1 stellt auch die nichtgewerbsmäßige Herstellung, Bearbeitung oder Instandsetzung von Schusswaffen unter einen Erlaubnisvorbehalt (für die gewerbsmäßige Herstellung etc vgl. § 21).[1] Nicht erfasst ist die nichtgewerbsmäßige Herstellung etc von Munition (vgl. Anl. 2 Abschn. 2 Unterabschn. 2 Nr. 6.1). In Abs. 2 werden nähere Modalitäten (Befristung, Auflagen) für die Erlaubniserteilung geregelt. Hieraus wird auch ersichtlich, dass die Erteilung einer Erlaubnis zur nichtgewerblichen Waffenherstellung eher Ausnahmecharakter

---

[1] Vgl. hierzu → Vor § 1 Rn. 15.
[2] Vgl. BR-Drs. 415/03, 51 f.
[3] → § 53 Rn. 61 ff.
[4] → § 53 Rn. 66 ff. Die Vorschrift des § 25 entspricht im Wesentlichen § 15 WaffG aF.
[5] Vgl. zur Bußgeldvorschrift des § 53 Abs. 1 Nr. 23 → § 53 Rn. 104.
[1] Die Vorschrift entspricht im Wesentlichen § 41 WaffG aF.

haben wird.² Nach § 1 Abs. 3 AWaffV³ muss für die Erlaubniserteilung eine besondere Sachkunde nachgewiesen werden. Nach § 52 Abs. 3 Nr. 3, Abs. 4 macht sich strafbar, wer eine (erlaubnispflichtige) Schusswaffe ohne Erlaubnis iS des § 26 Abs. 1 S. 1 herstellt, bearbeitet oder instand setzt.⁴

§ 27 Schießstätten, Schießen durch Minderjährige auf Schießstätten

(1) ¹Wer eine ortsfeste oder ortsveränderliche Anlage, die ausschließlich oder neben anderen Zwecken dem Schießsport oder sonstigen Schießübungen mit Schusswaffen, der Erprobung von Schusswaffen oder dem Schießen mit Schusswaffen zur Belustigung dient (Schießstätte), betreiben oder in ihrer Beschaffenheit oder in der Art ihrer Benutzung wesentlich ändern will, bedarf der Erlaubnis der zuständigen Behörde. ²Die Erlaubnis darf nur erteilt werden, wenn der Antragsteller die erforderliche Zuverlässigkeit (§ 5) und persönliche Eignung (§ 6) besitzt und eine Versicherung gegen Haftpflicht für aus dem Betrieb der Schießstätte resultierende Schädigungen in Höhe von mindestens 1 Million Euro – pauschal für Personen- und Sachschäden – sowie gegen Unfall für aus dem Betrieb der Schießstätte resultierende Schädigungen von bei der Organisation des Schießbetriebs mitwirkenden Personen in Höhe von mindestens 10 000 Euro für den Todesfall und 100 000 Euro für den Invaliditätsfall bei einem im Geltungsbereich dieses Gesetzes zum Geschäftsbetrieb befugten Versicherungsunternehmen nachweist. ³§ 10 Abs. 2 Satz 2 bis 5 gilt entsprechend. ⁴Abweichend von Satz 2 richtet sich die Haftpflichtversicherung für Schießgeschäfte, die der Schaustellerhaftpflichtverordnung unterliegen, nach § 1 Abs. 2 Nr. 2 dieser Verordnung. ⁵Bei ortsveränderlichen Schießstätten ist eine einmalige Erlaubnis vor der erstmaligen Aufstellung ausreichend. ⁶Der Inhaber einer Erlaubnis nach Satz 5 hat Aufnahme und Beendigung des Betriebs der Schießstätte der örtlich zuständigen Behörde zwei Wochen vorher schriftlich oder elektronisch anzuzeigen.

(2) ¹Absatz 1 Satz 1 ist nicht anzuwenden auf Schießstätten, bei denen in geschlossenen Räumen ausschließlich zur Erprobung von Schusswaffen oder Munition durch Waffen- oder Munitionshersteller, durch Waffen- oder Munitionssachverständige oder durch wissenschaftliche Einrichtungen geschossen wird. ²Der Betreiber hat die Aufnahme und Beendigung des Betriebs der Schießstätte der zuständigen Behörde zwei Wochen vorher schriftlich oder elektronisch anzuzeigen.

(3) ¹Unter Obhut des zur Aufsichtsführung berechtigten Sorgeberechtigten oder verantwortlicher und zur Kinder- und Jugendarbeit für das Schießen geeigneter Aufsichtspersonen darf
1. Kindern, die das zwölfte Lebensjahr vollendet haben und noch nicht 14 Jahre alt sind, das Schießen in Schießstätten mit Druckluft-, Federdruckwaffen und Waffen, bei denen zum Antrieb der Geschosse kalte Treibgase verwendet werden (Anlage 2 Abschnitt 2 Unterabschnitt 2 Nr. 1.1 und 1.2),
2. Jugendlichen, die das 14. Lebensjahr vollendet haben und noch nicht 18 Jahre alt sind, auch das Schießen mit sonstigen Schusswaffen bis zu einem Kaliber von 5,6 mm lfB (.22 l.r.) für Munition mit Randfeuerzündung, wenn die Mündungsenergie höchstens 200 Joule (J) beträgt und Einzellader-Langwaffen mit glatten Läufen mit Kaliber 12 oder kleiner
gestattet werden, wenn der Sorgeberechtigte schriftlich oder elektronisch sein Einverständnis erklärt hat oder beim Schießen anwesend ist. ²Die verantwortlichen

---

² So auch Steindorf/*Gerlemann* § 26 Rn. 4.
³ Die Vorschrift entspricht im Wesentlichen § 29 Abs. 3 der 1. WaffV (zum WaffG aF).
⁴ Hierzu → § 52 Rn. 65 ff.

Aufsichtspersonen haben die schriftlichen Einverständniserklärungen der Sorgeberechtigten vor der Aufnahme des Schießens entgegenzunehmen und während des Schießens aufzubewahren. ³Sie sind der zuständigen Behörde oder deren Beauftragten auf Verlangen zur Prüfung auszuhändigen. ⁴Die verantwortliche Aufsichtsperson hat die Geeignetheit zur Kinder- und Jugendarbeit glaubhaft zu machen. ⁵Der in Satz 1 genannten besonderen Obhut bedarf es nicht beim Schießen durch Jugendliche mit Waffen nach Anlage 2 Abschnitt 2 Unterabschnitt 2 Nr. 1.1 und 1.2 und nicht beim Schießen mit sonstigen Schusswaffen durch Jugendliche, die das 16. Lebensjahr vollendet haben.

(4) ¹Die zuständige Behörde kann einem Kind zur Förderung des Leistungssports eine Ausnahme von dem Mindestalter des Absatzes 3 Satz 1 bewilligen. ²Diese soll bewilligt werden, wenn durch eine ärztliche Bescheinigung die geistige und körperliche Eignung und durch eine Bescheinigung des Vereins die schießsportliche Begabung glaubhaft gemacht sind.

(5) ¹Personen in der Ausbildung zum Jäger dürfen in der Ausbildung ohne Erlaubnis mit Jagdwaffen schießen, wenn sie das 14. Lebensjahr vollendet haben und der Sorgeberechtigte und der Ausbildungsleiter ihr Einverständnis in einer schriftlichen oder elektronischen Berechtigungsbescheinigung erklärt haben. ²Die Person hat in der Ausbildung die Berechtigungsbescheinigung mit sich zu führen.

(6) ¹An ortsveränderlichen Schießstätten, die dem Schießen zur Belustigung dienen, darf von einer verantwortlichen Aufsichtsperson Minderjährigen das Schießen mit Druckluft-, Federdruckwaffen und Waffen, bei denen zum Antrieb der Geschosse kalte Treibgase verwendet werden (Anlage 2 Abschnitt 2 Unterabschnitt 2 Nr. 1.1 und 1.2), gestattet werden. ²Bei Kindern hat der Betreiber sicherzustellen, dass die verantwortliche Aufsichtsperson in jedem Fall nur einen Schützen bedient.

(7) ¹Das kampfmäßige Schießen auf Schießstätten ist nicht zulässig. ²Das Bundesministerium des Innern wird ermächtigt, durch Rechtsverordnung mit Zustimmung des Bundesrates zur Abwehr von Gefahren für die öffentliche Sicherheit oder Ordnung sowie von sonstigen Gefahren oder erheblichen Nachteilen für die Benutzer einer Schießstätte, die Bewohner des Grundstücks, die Nachbarschaft oder die Allgemeinheit
1. die Benutzung von Schießstätten einschließlich der Aufsicht über das Schießen und der Anforderungen an das Aufsichtspersonal und dessen besondere Ausbildung für die Kinder- und Jugendarbeit zu regeln,
2. Vorschriften über den Umfang der Verpflichtungen zu erlassen, die bei Lehrgängen zur Ausbildung in der Verteidigung mit Schusswaffen und bei Schießübungen dieser Art einzuhalten sind; darin kann bestimmt werden,
    a) dass die Durchführung dieser Veranstaltungen einer Anzeige bedarf,
    b) dass und in welcher Weise der Veranstalter die Einstellung und das Ausscheiden der verantwortlichen Aufsichtsperson und der Ausbilder anzuzeigen hat,
    c) dass nur Personen an den Veranstaltungen teilnehmen dürfen, die aus Gründen persönlicher Gefährdung, aus dienstlichen oder beruflichen Gründen zum Besitz oder zum Führen von Schusswaffen einer Erlaubnis bedürfen,
    d) dass und in welcher Weise der Veranstalter Aufzeichnungen zu führen, aufzubewahren und der zuständigen Behörde vorzulegen hat,
    e) dass die zuständige Behörde die Veranstaltungen untersagen darf, wenn der Veranstalter, die verantwortliche Aufsichtsperson oder ein Ausbilder die erforderliche Zuverlässigkeit, die persönliche Eignung oder Sachkunde nicht oder nicht mehr besitzt,

3. Vorschriften über die sicherheitstechnische Prüfung von Schießstätten zu erlassen.

Die Vorschrift des § 27 enthält in Abs. 1 und 2 die rechtlichen Voraussetzungen für das Betreiben von **Schießstätten.**[1] Die Abs. 3–6 treffen – in Abweichung von § 2 Abs. 1 – Sonderregelungen für das Schießen durch Minderjährige auf Schießstätten. Abs. 7 enthält neben einem Verbot des kampfmäßigen Schießens auf Schießstätten eine Verordnungsermächtigung. Nach Abs. 1 darf eine Schießstätte nur betrieben oder in ihrer Beschaffenheit oder Nutzungsart wesentlich verändert werden, wenn hierfür eine Erlaubnis erteilt wurde. Diese ist nicht zuletzt deswegen erforderlich, weil nach § 12 Abs. 1 Nr. 5, Abs. 4 auf einer Schießstätte sowohl der vorübergehende Erwerb von an sich erlaubnispflichtigen Schusswaffen samt Munition zum Schießen in einer Schießstätte, als auch das an sich erlaubnispflichtige Schießen mit diesen Waffen selbst von der Erlaubnispflicht ausgenommen wird. Die Erlaubnis zum Betrieb einer Schießstätte selbst kann mit Auflagen verbunden werden und darf nur erteilt werden, wenn die Voraussetzungen des Abs. 1 S. 2 vorliegen. Lediglich in den speziell aufgezählten Fällen des Abs. 2 ist eine Erlaubnis nicht erforderlich.

Abs. 7 enthält eine Verordnungsermächtigung, von der der Bundesminister des Innern in §§ 9 ff. AWaffV[2] (hinsichtlich der in Nr. 1 genannten Schießstätten), in §§ 22 ff. AWaffV[3] (hinsichtlich der in Nr. 2 genannten Ausbildung im Verteidigungsschießen = „Combat-Schießen") und in § 12 Abs. 3–6 AWaffV[4] (hinsichtlich der in Nr. 3 genannten sicherheitstechnischen Prüfung) Gebrauch gemacht hat.

Wird eine Schießstätte ohne eine nach § 27 Abs. 1 S. 1 erforderliche Erlaubnis betrieben oder wird ihre Beschaffenheit oder die Art ihrer Benutzung wesentlich geändert, dann handelt der Betreiber ordnungswidrig nach § 53 Abs. 1 Nr. 11.[5] Wer entgegen § 27 Abs. 1 S. 6 oder Abs. 2 S. 2 eine Anzeige nicht, nicht richtig, nicht vollständig, nicht in der vorgeschriebenen Weise oder nicht rechtzeitig erstattet, handelt ordnungswidrig nach § 53 Abs. 1 Nr. 5.[6] Wer entgegen § 27 Abs. 3 S. 1 Nr. 1 und Nr. 2 einem Kind oder Jugendlichen das Schießen gestattet oder entgegen § 27 Abs. 6 S. 2 nicht sicherstellt, dass die Aufsichtsperson nur einen Schützen bedient, handelt ordnungswidrig nach § 53 Abs. 1 Nr. 12.[7] Wer entgegen § 27 Abs. 3 S. 2 die hier genannten Unterlagen nicht aufbewahrt oder entgegen § 27 Abs. 3 S. 3 diese nicht herausgibt, handelt ordnungswidrig nach § 53 Abs. 1 Nr. 13.[8] Wer entgegen § 27 Abs. 5 S. 2 die hier genannte Bescheinigung nicht mitführt, handelt ordnungswidrig nach § 53 Abs. 1 Nr. 14.[9]

Ferner kann ein Verstoß gegen eine nach § 27 Abs. 7 erlassene Rechtsverordnung oder gegen vollziehbare Anordnungen auf Grund einer solchen Rechtsverordnung dann, wenn diese Rechtsverordnung für einen bestimmten Tatbestand auf § 53 Abs. 1 Nr. 23 verweist, nach der genannten Vorschrift als Ordnungswidrigkeit geahndet werden.[10] Solche Vorschriften finden sich nunmehr in § 34 Nr. 1 bis Nr. 11 und Nr. 18 bis Nr. 23 iVm §§ 9 ff., 22 ff. AWaffV.[11]

§ 28 Erwerb, Besitz und Führen von Schusswaffen und Munition durch Bewachungsunternehmer und ihr Bewachungspersonal

(1) ¹Ein Bedürfnis zum Erwerb, Besitz und Führen von Schusswaffen wird bei einem Bewachungsunternehmer (§ 34a der Gewerbeordnung) anerkannt, wenn er

---

[1] Die Vorschrift knüpft an § 44 WaffG aF an, enthält aber wesentliche Änderungen.
[2] Die Vorschriften entsprechen im Wesentlichen §§ 33–37 der 1. WaffV (zum WaffG aF).
[3] Die Vorschriften entsprechen im Wesentlichen §§ 38–41 der 1. WaffV (zum WaffG aF).
[4] Die Vorschriften wurden eingeführt durch Art. 2 Nr. 5 des ÄndG 2008, BGBl. I S. 426.
[5] Hierzu → § 53 Rn. 75.
[6] Hierzu → § 53 Rn. 37 f.
[7] Hierzu → § 53 Rn. 76.
[8] Hierzu → § 53 Rn. 79 ff.
[9] Hierzu → § 53 Rn. 82.
[10] Vgl. zur Bußgeldvorschrift des § 53 Abs. 1 Nr. 23 → § 53 Rn. 104.
[11] Vergleichbare Bußgeldtatbestände waren früher in § 43 Abs. 1 Nr. 6 bis Nr. 12 iVm. §§ 33 ff. der 1. WaffV (zum WaffG aF) geregelt.

glaubhaft macht, dass Bewachungsaufträge wahrgenommen werden oder werden sollen, die aus Gründen der Sicherung einer gefährdeten Person im Sinne des § 19 oder eines gefährdeten Objektes Schusswaffen erfordern. ²Satz 1 gilt entsprechend für Wachdienste als Teil wirtschaftlicher Unternehmungen. ³Ein nach den Sätzen 1 und 2 glaubhaft gemachtes Bedürfnis umfasst auch den Erwerb und Besitz der für die dort genannten Schusswaffen bestimmten Munition.

(2) ¹Die Schusswaffe darf nur bei der tatsächlichen Durchführung eines konkreten Auftrages nach Absatz 1 geführt werden. ²Der Unternehmer hat dies auch bei seinem Bewachungspersonal in geeigneter Weise sicherzustellen.

(3) ¹Wachpersonen, die auf Grund eines Arbeitsverhältnisses Schusswaffen des Erlaubnisinhabers nach dessen Weisung besitzen oder führen sollen, sind der zuständigen Behörde zur Prüfung zu benennen; der Unternehmer soll die betreffende Wachperson in geeigneter Weise vorher über die Benennung unter Hinweis auf die Erforderlichkeit der Speicherung und Verarbeitung personenbezogener Daten bei der Behörde unterrichten. ²Die Überlassung von Schusswaffen oder Munition darf erst erfolgen, wenn die zuständige Behörde zugestimmt hat. ³Die Zustimmung ist zu versagen, wenn die Wachperson nicht die Voraussetzungen des § 4 Abs. 1 Nr. 1 bis 3 erfüllt oder die Haftpflichtversicherung des Bewachungsunternehmers das Risiko des Umgangs mit Schusswaffen durch die Wachpersonen nicht umfasst.

(4) In einen Waffenschein nach § 10 Abs. 4 kann auch der Zusatz aufgenommen werden, dass die in Absatz 3 bezeichneten Personen die ihnen überlassenen Waffen nach Weisung des Erlaubnisinhabers führen dürfen.

1   In § 28 finden sich Sondervorschriften – in aller Regel Erleichterungen hinsichtlich der ansonsten wesentlich strengeren Vorschriften – für **Bewachungsunternehmer und ihr Bewachungspersonal.**[1] Wer entgegen § 28 Abs. 2 S. 1 eine Schusswaffe führt, macht sich nach § 52 Abs. 3 Nr. 5 strafbar.[2] Dagegen macht sich nach § 52 Abs. 3 Nr. 6 strafbar, wer entgegen § 28 Abs. 3 S. 2 eine Schusswaffe oder Munition überlässt.[3]

§ 28a Erwerb, Besitz und Führen von Schusswaffen und Munition durch Bewachungsunternehmen und ihr Bewachungspersonal für Bewachungsaufgaben nach § 31 Absatz 1 der Gewerbeordnung

(1) ¹Für den Erwerb, Besitz und das Führen von Schusswaffen und Munition durch Bewachungsunternehmen und ihr Bewachungspersonal für Bewachungsaufgaben nach § 31 Absatz 1 der Gewerbeordnung auf Seeschiffen, die die Bundesflagge führen, ist § 28 entsprechend anzuwenden. ²Abweichend von § 28 Absatz 1 wird ein Bedürfnis für derartige Bewachungsaufgaben bei Bewachungsunternehmen anerkannt, die eine Zulassung nach § 31 Absatz 1 der Gewerbeordnung besitzen. ³Abweichend von § 28 Absatz 3 wird die Erlaubnis mit Auflagen erteilt, die die Unternehmer verpflichten,
1. als Bewachungspersonal nur Personen zu beschäftigen, welche die Voraussetzungen nach § 4 Absatz 1 Nummer 1 bis 3 erfüllen,
2. der zuständigen Behörde die eingesetzten Personen in einem von der Behörde bestimmten Zeitraum zu benennen und
3. auf Verlangen der zuständigen Behörde Nachweise vorzulegen, die belegen, dass die eingesetzten Personen die Anforderungen nach § 4 Absatz 1 Nummer 1 bis 3 erfüllen.

---

[1] Die Vorschrift hat keinen Vorläufer im WaffG aF; lediglich Abs. 4 knüpft an § 35 Abs. 3 WaffG aF an; vgl. zur Begründung der Aufnahme der Vorschrift ins WaffG BT-Drs. 14/7758, 69.
[2] Hierzu → § 52 Rn. 74 ff.
[3] Hierzu → § 52 Rn. 78 ff.

(2) ¹Die Erlaubnis ist auf die Dauer der Zulassung nach § 31 der Gewerbeordnung zu befristen. ²Sie kann verlängert werden. ³Die Verlängerung der Erlaubnis ist insbesondere zu versagen, wenn die Auflagen nach Absatz 1 Satz 3 nicht eingehalten wurden. ⁴Im Übrigen gelten die allgemeinen Bestimmungen dieses Gesetzes. ⁵Die Erlaubnis schließt die Erlaubnis zum Verbringen an Bord nach § 29 Absatz 1 ein.

(3) ¹Die zuständige Behörde kann zur Prüfung der Zuverlässigkeit, Eignung und Sachkunde der im Bewachungsunternehmen verantwortlichen Geschäftsleitung sowie der mit der Leitung des Betriebes oder einer Zweigniederlassung beauftragten Personen und der im Zusammenhang mit der Bewachungsaufgabe tätigen Personen auf die Erkenntnisse und Bewertungen der für die Zulassung nach § 31 Absatz 2 Satz 1 der Gewerbeordnung zuständigen Behörde zurückgreifen. ²Abweichend von § 7 Absatz 2 orientieren sich die Anforderungen an die Sachkunde an den auf der Grundlage von § 31 Absatz 4 Satz 1 Nummer 3 Buchstabe a der Gewerbeordnung in einer Rechtsverordnung festgelegten besonderen Anforderungen für den Einsatz auf Seeschiffen. ³Die für das gewerberechtliche Verfahren zuständige Behörde sowie die Bundespolizei dürfen der zuständigen Behörde auch ohne Ersuchen Informationen einschließlich personenbezogener Daten übermitteln, soweit dies zur Erfüllung der waffenbehördlichen Aufgaben erforderlich ist. ⁴Die Bundespolizei ist im Rahmen der Prüfung nach § 8 Nummer 2 zu beteiligen.

(4) Absatz 3 Satz 3 ist entsprechend anzuwenden auf die Übermittlung von Informationen einschließlich personenbezogener Daten durch die zuständige Behörde, soweit dies zur Erfüllung der Aufgaben nach § 31 Absatz 2 der Gewerbeordnung erforderlich ist.

(5) Hat das Bewachungsunternehmen seinen Sitz im Inland, so erfolgt die Erteilung der Erlaubnis durch die nach § 48 Absatz 1 Satz 2 bestimmte Behörde im Benehmen mit der für die gewerbliche Hauptniederlassung zuständigen Behörde.

(6) ¹Eine auf der Grundlage des § 28 erteilte Erlaubnis gilt befristet bis zum 31. Dezember 2013 für Aufträge nach § 31 der Gewerbeordnung mit der Maßgabe fort, dass der Inhaber der Erlaubnis der zuständigen Behörde unverzüglich anzuzeigen hat, dass er Aufträge im Sinne des § 31 der Gewerbeordnung wahrnimmt oder wahrnehmen möchte. ²Die nach § 48 Absatz 1 Satz 1 zuständige Behörde übermittelt der nach § 48 Absatz 1 Satz 2 zuständigen Behörde die Anzeige einschließlich der für die Entscheidung erforderlichen Unterlagen. ³Weist der in Satz 1 genannte Inhaber der Erlaubnis der nach § 48 Absatz 1 Satz 2 zuständigen Behörde bis zum 31. Dezember 2013 die Zulassung nach § 31 Absatz 1 der Gewerbeordnung und das Vorliegen der Voraussetzungen nach Absatz 1 nach, erteilt diese eine auf die Durchführung von Bewachungsaufgaben nach § 31 Absatz 1 der Gewerbeordnung beschränkte Erlaubnis. ⁴Absatz 1 Satz 3, Absatz 2 Satz 1, 4 und 5 sowie Absatz 5 gelten für diese Erlaubnis entsprechend.

In § 28a finden sich Sondervorschriften – wiederum, wie bei § 28, in der Regel Privilegierungen – für Bewachungsunternehmen nach § 31 Abs. 1 GewO (Bewachungsgewerbe auf Seeschiffen). Im Gegensatz zu § 28 ist ein Verstoß gegen § 28a nicht strafbewehrt.[1] Ein Verstoß gegen eine Auflage nach § 28a Abs. 1 S. 3 stellt jedoch eine Ordnungswidrigkeit nach § 53 Abs. 1 Nr. 4 dar.[2]

---

[1] Anders *Heller/Soschinka* NVwZ 2013, 476 (479), die infolge des Verweises in § 28a Abs. 1 auf § 28 die Strafnorm des § 52 Abs. 3 Nr. 5 für anwendbar halten; hierzu → § 52 Rn. 18.
[2] Hierzu → § 53 Rn. 18.

Unterabschnitt 5. Verbringen und Mitnahme von Waffen oder Munition in den, durch den oder aus dem Geltungsbereich des Gesetzes

§ 29 Verbringen von Waffen oder Munition in den Geltungsbereich des Gesetzes

(1) Die Erlaubnis zum Verbringen von Schusswaffen oder Munition nach Anlage 1 Abschnitt 3 (Kategorien A 1.2 bis D) und sonstiger Waffen oder Munition, deren Erwerb und Besitz der Erlaubnis bedürfen, in den Geltungsbereich des Gesetzes kann erteilt werden, wenn
1. der Empfänger zum Erwerb oder Besitz dieser Waffen oder Munition berechtigt ist und
2. der sichere Transport durch einen zum Erwerb oder Besitz dieser Waffen oder Munition Berechtigten gewährleistet ist.

(2) Sollen Schusswaffen oder Munition nach Anlage 1 Abschnitt 3 (Kategorien A 1.2 bis D) aus einem anderen Mitgliedstaat in den Geltungsbereich des Gesetzes verbracht werden, wird die Erlaubnis nach Absatz 1 als Zustimmung zu der Erlaubnis des anderen Mitgliedstaates für das betreffende Verbringen erteilt.

1   In § 29 ist geregelt, dass das Verbringen von erlaubnispflichtigen Waffen und Munition in das Bundesgebiet ebenfalls einer Erlaubnis bedarf und unter welchen Bedingungen eine solche Erlaubnis erteilt werden kann (Abs. 1). Sonderregelungen gelten für das Verbringen innerhalb der Europäischen Union (Abs. 2).[1] Dabei macht sich nach § 52 Abs. 1 Nr. 2 Buchst. d strafbar, wer eine (erlaubnispflichtige) Schusswaffe oder Munition ohne Erlaubnis iS des § 29 Abs. 1 in den Geltungsbereich dieses Gesetzes verbringt.[2]

§ 30 Verbringen von Waffen oder Munition durch den Geltungsbereich des Gesetzes

(1) [1]Die Erlaubnis zum Verbringen von Waffen oder Munition im Sinne des § 29 Abs. 1 durch den Geltungsbereich des Gesetzes kann erteilt werden, wenn der sichere Transport durch einen zum Erwerb oder Besitz dieser Waffen oder Munition Berechtigten gewährleistet ist. [2]§ 29 Abs. 2 gilt entsprechend.

(2) Sollen Schusswaffen oder Munition nach Anlage 1 Abschnitt 3 (Kategorien A 1.2 bis D) aus einem Staat, der nicht Mitgliedstaat ist (Drittstaat), durch den Geltungsbereich des Gesetzes in einen Mitgliedstaat verbracht werden, so bedarf die Erlaubnis zu dem Verbringen nach Absatz 1 auch, soweit die Zustimmung des anderen Mitgliedstaates erforderlich ist, dessen vorheriger Zustimmung.

1   § 30 erfasst diejenigen Fälle, in denen erlaubnispflichtige Waffen und Munition durch das Bundesgebiet **durchgeführt** werden sollen (§ 29 betrifft dagegen das Verbringen **in** das Bundesgebiet).[1] Dabei macht sich nach § 52 Abs. 1 Nr. 2 Buchst. d strafbar, wer eine (erlaubnispflichtige) Schusswaffe oder Munition ohne Erlaubnis iS des § 30 Abs. 1 S. 1 durch den Geltungsbereich dieses Gesetzes führt.[2]

---

[1] Die Vorschrift hat keinen unmittelbaren Vorläufer im WaffG aF; die Bestimmungen waren bisher in § 9a Abs. 1–3 und § 9b der 1. WaffV (zum WaffG aF) im Hinblick auf die den EG-Richtlinien unterfallenden Waffen und Munition geregelt. Vgl. zur Begründung der Aufnahme der Vorschrift ins WaffG BT-Drs. 14/7758, 69 ff.
[2] Hierzu → § 52 Rn. 30 ff.
[1] Die Vorschrift hat keinen unmittelbaren Vorläufer im WaffG aF; die Bestimmungen waren bisher in § 9c Abs. 1 und Abs. 2 der 1. WaffV (zum WaffG aF) geregelt.
[2] Hierzu → § 52 Rn. 30 ff.

§ 31 Verbringen von Waffen oder Munition aus dem Geltungsbereich des Gesetzes in andere Mitgliedstaaten

(1) Die Erlaubnis zum Verbringen von Schusswaffen oder Munition nach Anlage 1 Abschnitt 3 (Kategorien A 1.2 bis D) aus dem Geltungsbereich des Gesetzes in einen anderen Mitgliedstaat kann erteilt werden, wenn die nach dem Recht des anderen Mitgliedstaates erforderliche vorherige Zustimmung vorliegt und der sichere Transport durch einen zum Erwerb oder Besitz dieser Waffen oder Munition Berechtigten gewährleistet ist.

(2) ¹Gewerbsmäßigen Waffenherstellern oder -händlern (§ 21) kann allgemein die Erlaubnis nach Absatz 1 zum Verbringen aus dem Geltungsbereich des Gesetzes zu Waffenhändlern in anderen Mitgliedstaaten für die Dauer von bis zu drei Jahren erteilt werden. ²Die Erlaubnis kann auf bestimmte Arten von Schusswaffen oder Munition beschränkt werden. ³Der Inhaber einer Erlaubnis nach Satz 1 hat ein Verbringen dem Bundesverwaltungsamt vorher schriftlich anzuzeigen.

Während § 29 das Verbringen von Schusswaffen und Munition **in** das Bundesgebiet und § 30 die Durchfuhr **durch** das Bundesgebiet betreffen, regelt § 31 das Verbringen **aus** dem Bundesgebiet.[1] Die Norm ist jedoch nur anwendbar, wenn die Schusswaffen oder die Munition in einen anderen **Mitgliedsstaat der Europäischen Union**[2] verbracht werden. Dabei macht sich nach § 52 Abs. 3 Nr. 4 strafbar, wer eine (erlaubnispflichtige) Schusswaffe oder Munition ohne Erlaubnis iS des § 31 Abs. 1 in einen anderen Mitgliedstaat verbringt.[3] Wer entgegen § 31 Abs. 2 S. 3 eine Anzeige nicht, nicht richtig, nicht vollständig, nicht in der vorgeschriebenen Weise oder nicht rechtzeitig erstattet, handelt ordnungswidrig nach § 53 Abs. 1 Nr. 5.[4] Eine nähere Regelung über den Inhalt der Anzeige findet sich in § 31 Abs. 1 AWaffV. 1

§ 32 Mitnahme von Waffen oder Munition in den, durch den oder aus dem Geltungsbereich des Gesetzes, Europäischer Feuerwaffenpass

(1) ¹Die Erlaubnis zur Mitnahme von Schusswaffen oder Munition nach Anlage 1 Abschnitt 3 (Kategorien A 1.2 bis D) und sonstiger Waffen oder Munition, deren Erwerb und Besitz der Erlaubnis bedürfen, in den oder durch den Geltungsbereich des Gesetzes kann erteilt werden, wenn die Voraussetzungen des § 4 Abs. 1 Nr. 1 bis 4 vorliegen. ²Die Erlaubnis kann für die Dauer von bis zu einem Jahr für einen oder für mehrere Mitnahmevorgänge erteilt werden und kann mehrfach um jeweils ein Jahr verlängert werden. ³Für Personen aus einem Drittstaat gilt bei der Mitnahme von Schusswaffen oder Munition nach Anlage 1 Abschnitt 3 (Kategorien A 1.2 bis D) durch den Geltungsbereich des Gesetzes in einen anderen Mitgliedstaat § 30 Abs. 2 entsprechend.

(1a) Die Erlaubnis zur Mitnahme von Schusswaffen oder Munition nach Anlage 1 Abschnitt 3 (Kategorien A 1.2 bis D) und sonstiger Waffen oder Munition, deren Erwerb und Besitz der Erlaubnis bedürfen, in einen anderen Mitgliedstaat kann erteilt werden, wenn der Antragsteller
1. zum Erwerb und Besitz der Waffen nach Maßgabe dieses Gesetzes berechtigt ist,
2. die nach dem Recht des anderen Mitgliedstaates erforderliche vorherige Zustimmung vorliegt und

---

[1] Die Vorschrift hat keinen unmittelbaren Vorläufer im WaffG aF; die Bestimmungen waren bisher in §§ 9a Abs. 1 und Abs. 3, 9d Abs. 1 und Abs. 2 und § 28c Abs. 1 der 1. WaffV (zum WaffG aF) geregelt.
[2] Vgl. nunmehr die in Anl. 1 Abschn. 2 Nr. 14 aufgenommene Definition.
[3] Hierzu → § 52 Rn. 70 ff.
[4] Hierzu → § 53 Rn. 39.

3. der sichere Transport durch den Antragsteller gewährleistet ist.
Absatz 1 Satz 2 gilt entsprechend.

(2) Eine Erlaubnis nach Absatz 1 darf Personen, die ihren gewöhnlichen Aufenthalt in einem anderen Mitgliedstaat haben und Schusswaffen nach Anlage 1 Abschnitt 3 (Kategorien A 1.2 bis D) und die dafür bestimmte Munition nach Absatz 1 mitnehmen wollen, nur erteilt werden, wenn sie Inhaber eines durch diesen Mitgliedstaat ausgestellten Europäischen Feuerwaffenpasses sind und die Waffen in den Europäischen Feuerwaffenpass eingetragen sind.

(3) Sofern sie den Grund der Mitnahme nachweisen können, Inhaber eines Europäischen Feuerwaffenpasses sind und die Waffen in den Europäischen Feuerwaffenpass eingetragen sind, bedarf es einer Erlaubnis nach Absatz 1 oder Absatz 1a nicht für
1. Jäger, die bis zu drei Langwaffen nach Anlage 1 Abschnitt 3 der Kategorien C und D und die dafür bestimmte Munition im Sinne des § 13 Absatz 1 Nummer 2, Absatz 5 zum Zweck der Jagd mitnehmen,
2. Sportschützen, die bis zu sechs Schusswaffen nach Anlage 1 Abschnitt 3 der Kategorien B, C oder D und die dafür bestimmte Munition zum Zweck des Schießsports mitnehmen,
3. Brauchtumsschützen, die bis zu drei Einzellader- oder Repetier-Langwaffen nach Anlage 1 Abschnitt 3 Kategorien C und D und die dafür bestimmte Munition zur Teilnahme an einer Brauchtumsveranstaltung mitnehmen.

(4) Zu den in Absatz 3 Nr. 1 bis 3 beschriebenen Zwecken kann für die dort jeweils genannten Waffen und Munition Personen, die ihren gewöhnlichen Aufenthalt in einem Drittstaat haben, abweichend von Absatz 1 eine Erlaubnis erteilt werden, es sei denn, dass Tatsachen die Annahme rechtfertigen, dass die Voraussetzungen des § 4 Abs. 1 Nr. 2 nicht vorliegen.

(5) Einer Erlaubnis zur Mitnahme von Waffen oder Munition in den oder durch den Geltungsbereich des Gesetzes bedarf es nicht
1. für Waffen oder Munition, die durch Inhaber einer Erlaubnis zum Erwerb oder Besitz für diese Waffen oder Munition mitgenommen werden,
2. für Signalwaffen und die dafür bestimmte Munition, die aus Gründen der Sicherheit an Bord von Schiffen mitgeführt werden, oder
3. für Waffen und Munition, die an Bord von Schiffen oder Luftfahrzeugen mitgeführt, während des Aufenthalts im Geltungsbereich dieses Gesetzes unter Verschluss gehalten, der zuständigen Überwachungsbehörde unter Angabe des Hersteller- oder Warenzeichens, der Modellbezeichnung und, wenn die Waffen eine Herstellungsnummer haben, auch dieser, unverzüglich gemeldet und spätestens innerhalb eines Monats wieder aus dem Geltungsbereich des Gesetzes befördert werden.

Ein Jagdschein im Sinne von § 15 Absatz 1 Satz 1 des Bundesjagdgesetzes stellt keine Erlaubnis im Sinne des Satzes 1 Nummer 1 dar.

(6) Personen, die nach diesem Gesetz zum Besitz von Schusswaffen oder Munition nach Anlage 1 Abschnitt 3 (Kategorien A 1.2 bis D) berechtigt sind und diese Schusswaffen oder diese Munition in einen anderen Mitgliedstaat mitnehmen wollen, wird auf Antrag ein Europäischer Feuerwaffenpass ausgestellt.

1 § 32 betrifft die Erlaubniserteilung zur **Mitnahme** von erlaubnispflichtigen Waffen oder Munition aller Art. Erfasst sind dabei sowohl das Mitnehmen in die, durch die und aus der Bundesrepublik. Dabei macht sich nach § 52 Abs. 1 Nr. 2 Buchst. d strafbar, wer eine (erlaubnispflichtige) Schusswaffe oder Munition ohne Erlaubnis iS des § 32 Abs. 1 S. 1 in den oder durch den Geltungsbereich dieses Gesetzes mitnimmt.[1]

---

[1] Hierzu → § 52 Rn. 30 ff.

§ 33 Anmelde- und Nachweispflichten, Befugnisse der Überwachungsbehörden beim Verbringen oder der Mitnahme von Waffen oder Munition in den, durch den oder aus dem Geltungsbereich dieses Gesetzes

(1) ¹Waffen oder Munition im Sinne des § 29 Abs. 1 hat derjenige, der sie aus einem Drittstaat in den oder durch den Geltungsbereich dieses Gesetzes verbringen oder mitnehmen will, bei der nach Absatz 3 zuständigen Überwachungsbehörde beim Verbringen oder bei der Mitnahme anzumelden und auf Verlangen vorzuführen und die Berechtigung zum Verbringen oder zur Mitnahme nachzuweisen. ²Auf Verlangen sind diese Nachweise den Überwachungsbehörden zur Prüfung auszuhändigen.

(2) ¹Die nach Absatz 3 zuständigen Überwachungsbehörden können Beförderungsmittel und -behälter sowie deren Lade- und Verpackungsmittel anhalten, um zu prüfen, ob die für das Verbringen oder die Mitnahme in den, durch den oder aus dem Geltungsbereich dieses Gesetzes geltenden Bestimmungen eingehalten sind. ²Werden Verstöße gegen die in Satz 1 genannten Bestimmungen festgestellt, so können die zuständigen Überwachungsbehörden, soweit erforderlich, Vor-, Familien- und gegebenenfalls Geburtsname, Geburtsdatum und -ort, Wohnort und Staatsangehörigkeit der betroffenen Personen erheben und diese Daten sowie Feststellungen zum Sachverhalt den zuständigen Behörden zum Zweck der Ahndung übermitteln. ³Für Postsendungen gilt dies nur, wenn zureichende tatsächliche Anhaltspunkte für eine Straftat vorliegen. ⁴Das Brief- und Postgeheimnis nach Artikel 10 des Grundgesetzes wird nach Maßgabe der Sätze 2 und 3 eingeschränkt.

(3) ¹Das Bundesministerium der Finanzen bestimmt die Zolldienststellen, das Bundesministerium des Innern bestimmt die Behörden der Bundespolizei, die bei der Überwachung des Verbringens und der Mitnahme von Waffen oder Munition mitwirken. ²Soweit der grenzpolizeiliche Einzeldienst von Kräften der Länder wahrgenommen wird (§ 2 Abs. 1 und 3 des Bundespolizeigesetzes), wirken diese bei der Überwachung mit.

§ 33 normiert eine Anmeldepflicht für diejenigen, die Waffen oder Munition aus einem **Drittstaat** (dh einem Staat, der nicht Mitglied der Europäischen Union ist) in die bzw. durch die Bundesrepublik verbringen oder mitnehmen wollen.[1] Wer entgegen § 33 Abs. 1 S. 2 eine Schusswaffe oder Munition nicht anmeldet oder nicht richtig oder rechtzeitig vorführt, handelt ordnungswidrig nach § 53 Abs. 1 Nr. 15.[2]

Unterabschnitt 6. Obhutspflichten, Anzeige-, Hinweis- und Nachweispflichten

§ 34 Überlassen von Waffen oder Munition, Prüfung der Erwerbsberechtigung, Anzeigepflicht

(1) ¹Waffen oder Munition dürfen nur berechtigten Personen überlassen werden. ²Die Berechtigung muss offensichtlich sein oder nachgewiesen werden. ³Werden sie zur gewerbsmäßigen Beförderung überlassen, müssen die ordnungsgemäße Beförderung sichergestellt und Vorkehrungen gegen ein Abhandenkommen getroffen sein. ⁴Munition darf gewerbsmäßig nur in verschlossenen Packungen überlassen werden; dies gilt nicht im Fall des Überlassens auf Schießstätten gemäß § 12 Abs. 2 Nr. 2 oder soweit einzelne Stücke von Munitionssammlern erworben werden. ⁵Wer Waffen oder Munition einem anderen lediglich zur gewerbsmäßigen Beförderung (§ 12 Abs. 1 Nr. 2, Abs. 2 Nr. 1) an einen Dritten übergibt, überlässt sie dem Dritten.

---

[1] Die Vorschrift hat ihren Vorläufer in § 27 WaffG aF, wurde jedoch inhaltlich stark verändert.
[2] Hierzu → § 53 Rn. 83.

(2) ¹Der Inhaber einer Erlaubnis nach § 21 Abs. 1 Satz 1, der einem anderen auf Grund einer Erlaubnis nach § 10 Abs. 1 oder einer gleichgestellten anderen Erlaubnis zum Erwerb und Besitz eine Schusswaffe überlässt, hat in die Waffenbesitzkarte unverzüglich Herstellerzeichen oder Marke und – wenn gegeben – die Herstellungsnummer der Waffe, ferner den Tag des Überlassens und die Bezeichnung und den Sitz des Betriebs dauerhaft einzutragen und das Überlassen binnen zwei Wochen der zuständigen Behörde schriftlich oder elektronisch anzuzeigen. ²Überlässt sonst jemand einem anderen eine Schusswaffe, zu deren Erwerb es einer Erlaubnis bedarf, so hat er dies binnen zwei Wochen der zuständigen Behörde schriftlich oder elektronisch anzuzeigen und ihr, sofern ihm eine Waffenbesitzkarte oder ein Europäischer Feuerwaffenpass erteilt worden ist, diese zur Berichtigung vorzulegen; dies gilt nicht in den Fällen des § 12 Absatz 1 oder beim Überlassen an einen Erlaubnisinhaber nach § 21 Absatz 1 Satz 1 zum Zweck der Verwahrung, der Reparatur oder des Kommissionsverkaufs. ³In der Anzeige nach den Sätzen 1 und 2 sind anzugeben Name, Vorname, Geburtsdatum, Geburtsort und Wohnanschrift des Erwerbers sowie Art und Gültigkeitsdauer der Erwerbs- und Besitzberechtigung. ⁴Bei Nachweis der Erwerbs- und Besitzerlaubnis durch eine Waffenbesitzkarte sind darüber hinaus deren Nummer und ausstellende Behörde anzugeben. ⁵Bei Überlassung an einen Erlaubnisinhaber nach § 21 Abs. 1 Satz 1 sind in der Anzeige lediglich der Name der Firma und die Anschrift der Niederlassung anzugeben.

(3) ¹Die Absätze 1 und 2 gelten nicht für denjenigen, der Schusswaffen oder Munition einem anderen, der sie außerhalb des Geltungsbereichs des Gesetzes erwirbt, insbesondere im Versandwege unter eigenem Namen überlässt. ²Die Vorschriften des § 31 bleiben unberührt.

(4) Wer Personen, die ihren gewöhnlichen Aufenthalt in einem anderen Mitgliedstaat haben, eine Schusswaffe nach Anlage 1 Abschnitt 3 (Kategorien B und C) oder Munition für eine solche überlässt, hat dies unverzüglich dem Bundesverwaltungsamt schriftlich anzuzeigen; dies gilt nicht in den Fällen des § 12 Abs. 1 Nr. 1 und 5.

(5) ¹Wer erlaubnispflichtige Feuerwaffen nach Anlage 1 Abschnitt 1 Unterabschnitt 1 Nr. 2, ausgenommen Einzellader-Langwaffen mit nur glattem Lauf oder glatten Läufen, und deren wesentliche Teile, Schalldämpfer und tragbare Gegenstände nach Anlage 1 Abschnitt 1 Unterabschnitt 1 Nr. 1.2.1 einem anderen, der seinen gewöhnlichen Aufenthalt in einem Mitgliedstaat des Übereinkommens vom 28. Juni 1978 über die Kontrolle des Erwerbs und Besitzes von Schusswaffen durch Einzelpersonen (BGBl. 1980 II S. 953) hat, überlässt, dorthin versendet oder ohne Wechsel des Besitzers endgültig dorthin verbringt, hat dies unverzüglich dem Bundesverwaltungsamt schriftlich anzuzeigen. ²Dies gilt nicht
1. für das Überlassen und Versenden der in Satz 1 bezeichneten Gegenstände an staatliche Stellen in einem dieser Staaten und in den Fällen, in denen Unternehmen Schusswaffen zur Durchführung von Kooperationsvereinbarungen zwischen Staaten oder staatlichen Stellen überlassen werden, sofern durch Vorlage einer Bescheinigung von Behörden des Empfangsstaates nachgewiesen wird, dass diesen Behörden der Erwerb bekannt ist, oder
2. soweit Anzeigepflichten nach Absatz 4 oder nach § 31 Abs. 2 Satz 3 bestehen.

(6) Das Bundesministerium des Innern wird ermächtigt, durch Rechtsverordnung mit Zustimmung des Bundesrates zur Abwehr von Gefahren für Leben und Gesundheit von Menschen zu bestimmen, dass in den in den Absätzen 2, 4 und 5 bezeichneten Anzeigen weitere Angaben zu machen oder den Anzeigen weitere Unterlagen beizufügen sind.

I. Waffengesetz § 35 WaffG

Eine umfassende und sehr detaillierte Regelung hinsichtlich des Überlassens von Schusswaffen und Munition enthält § 34.[1] Von der Ermächtigung in Abs. 6 hat der Verordnungsgeber in § 31 Abs. 2 und Abs. 3 AWaffV vom 27.10.2003[2] Gebrauch gemacht (vgl. auch § 32 Abs. 2 Nr. 3 und 4 AWaffV). Wer entgegen § 34 Abs. 1 S. 1 eine erlaubnispflichtige Schusswaffe oder erlaubnispflichtige Munition einem Nichtberechtigten überlässt, macht sich nach § 52 Abs. 3 Nr. 7 strafbar.[3] Des Weiteren ist die Vorschrift strafrechtlich insoweit von Interesse, als sich bereits im Vorfeld derjenige, der eine (erlaubnispflichtige) Schusswaffe oder Munition ohne Erlaubnis erwirbt, um sie entgegen § 34 Abs. 1 S. 1 einem Nichtberechtigten zu überlassen, nach § 52 Abs. 1 Nr. 2 Buchst. a strafbar macht.[4] 1

Wer entgegen § 34 Abs. 1 S. 1 eine nicht erlaubnispflichtige Waffe oder nicht erlaubnispflichtige Munition einem Nichtberechtigten überlässt, handelt ordnungswidrig nach § 53 Abs. 1 Nr. 16.[5] Wer entgegen § 34 Abs. 2 S. 1 oder S. 2, Abs. 4 (auch iVm § 31 Abs. 2 AWaffV) oder Abs. 5 S. 1 (auch iVm § 31 Abs. 3 AWaffV) eine Anzeige nicht, nicht richtig, nicht vollständig, nicht in der vorgeschriebenen Weise oder nicht rechtzeitig erstattet, handelt ordnungswidrig nach § 53 Abs. 1 Nr. 5.[6] Wer entgegen § 34 Abs. 2 S. 2 den Europäischen Feuerwaffenpass nicht oder nicht rechtzeitig vorlegt, handelt ordnungswidrig nach § 53 Abs. 1 Nr. 7.[7] Nicht sanktioniert wird dagegen die Nichtvornahme der entsprechenden Eintragungen in die Waffenbesitzkarte nach § 34 Abs. 2 S. 1. 2

§ 35 Werbung, Hinweispflichten, Handelsverbote

(1) [1]Wer Waffen oder Munition zum Kauf oder Tausch in Anzeigen oder Werbeschriften anbietet, hat bei den nachstehenden Waffenarten auf das Erfordernis der Erwerbsberechtigung jeweils wie folgt hinzuweisen:
1. bei erlaubnispflichtigen Schusswaffen und erlaubnispflichtiger Munition: Abgabe nur an Inhaber einer Erwerbserlaubnis,
2. bei nicht erlaubnispflichtigen Schusswaffen und nicht erlaubnispflichtiger Munition sowie sonstigen Waffen: Abgabe nur an Personen mit vollendetem 18. Lebensjahr,
3. bei verbotenen Waffen: Abgabe nur an Inhaber einer Ausnahmegenehmigung, sowie seinen Namen, seine Anschrift und gegebenenfalls seine eingetragene Marke bekannt zu geben. [2]Anzeigen und Werbeschriften nach Satz 1 dürfen nur veröffentlicht werden, wenn sie den Namen und die Anschrift des Anbieters sowie die von ihm je nach Waffenart mitzuteilenden Hinweise enthalten. [3]Satz 2 gilt nicht für die Bekanntgabe der Personalien des nicht gewerblichen Anbieters, wenn dieser der Bekanntgabe widerspricht. [4]Derjenige, der die Anzeige oder Werbeschrift veröffentlicht, ist im Fall des Satzes 3 gegenüber der zuständigen Behörde verpflichtet, die Urkunden über den Geschäftsvorgang ein Jahr lang aufzubewahren und dieser auf Verlangen Einsicht zu gewähren.

(2) [1]Dürfen Schusswaffen nur mit Erlaubnis geführt oder darf mit ihnen nur mit Erlaubnis geschossen werden, so hat der Inhaber einer Erlaubnis nach § 21 Abs. 1 bei ihrem Überlassen im Einzelhandel den Erwerber auf das Erfordernis des Waffenscheins oder der Schießerlaubnis hinzuweisen. [2]Beim Überlassen von Schreckschuss-, Reizstoff- oder Signalwaffen im Sinne des § 10 Abs. 4 Satz 4 hat der Inhaber einer Erlaubnis nach § 21 Abs. 1 überdies auf die Strafbarkeit des

---

[1] Die Vorschrift übernimmt im Wesentlichen die Regelung des bisherigen § 34 WaffG aF. Zusätzlich wurden jedoch auch die Überlassungsvorschriften der §§ 28 Abs. 1, 28b Abs. 2 der 1. WaffV (zum WaffG aF) mit aufgenommen.
[2] Vgl. hierzu → Vor § 1 Rn. 15.
[3] Hierzu → § 52 Rn. 83 ff.
[4] Hierzu → § 52 Rn. 10 ff.
[5] Hierzu → § 53 Rn. 84 f.
[6] Hierzu → § 53 Rn. 40 ff.
[7] Hierzu → § 53 Rn. 59 f.

Führens ohne Erlaubnis (Kleiner Waffenschein) hinzuweisen und die Erfüllung dieser sowie der Hinweispflicht nach Satz 1 zu protokollieren.

(3) ¹Der Vertrieb und das Überlassen von Schusswaffen, Munition, Hieb- oder Stoßwaffen ist verboten:
1. im Reisegewerbe, ausgenommen in den Fällen des § 55b Abs. 1 der Gewerbeordnung,
2. auf festgesetzten Veranstaltungen im Sinne des Titels IV der Gewerbeordnung (Messen, Ausstellungen, Märkte), ausgenommen die Entgegennahme von Bestellungen auf Messen und Ausstellungen,
3. auf Volksfesten, Schützenfesten, Märkten, Sammlertreffen oder ähnlichen öffentlichen Veranstaltungen, ausgenommen das Überlassen der benötigten Schusswaffen oder Munition in einer Schießstätte sowie von Munition, die Teil einer Sammlung (§ 17 Abs. 1) oder für eine solche bestimmt ist.

²Die zuständige Behörde kann Ausnahmen von den Verboten für ihren Bezirk zulassen, wenn öffentliche Interessen nicht entgegenstehen.

1 Die Vorschrift des § 35 enthält sowohl Hinweispflichten für diejenigen, die Waffen oder Munition zum Kauf oder Tausch in Anzeigen etc anbieten (Abs. 1)[1] als auch für diejenigen, die erlaubnispflichtige Waffen einem anderen im Einzelhandel überlassen (Abs. 2).[2] Schließlich findet sich in Abs. 3 noch ein grds. Verbot bestimmter Vertriebs- bzw. Überlassungsformen.[3]

2 Derjenige, der entgegen § 35 Abs. 1 Waffen oder Munition in Anzeigen oder Werbeschriften anbietet, ohne die erforderlichen Hinweise zu geben wird nicht sanktioniert. Wer allerdings entgegen § 35 Abs. 1 S. 4 die Urkunden nicht aufbewahrt oder nicht, nicht vollständig oder nicht rechtzeitig Einsicht gewährt, handelt ordnungswidrig nach § 53 Abs. 1 Nr. 17.[4] Nach § 53 Abs. 1 Nr. 18 handelt ferner derjenige ordnungswidrig, der unter Verstoß gegen § 35 Abs. 2 einen Hinweis nicht, nicht richtig, nicht vollständig oder nicht rechtzeitig gibt oder die Erfüllung einer dort genannten Pflicht nicht, nicht richtig, nicht vollständig oder nicht rechtzeitig protokolliert.[5] Ein Verstoß gegen § 35 Abs. 3 S. 1 (unerlaubtes Vertreiben und Überlassen im Reisegewerbe oder auf bestimmten Veranstaltungen) stellt eine Straftat nach § 52 Abs. 1 Nr. 3 dar.[6]

§ 36 Aufbewahrung von Waffen oder Munition

(1) Wer Waffen oder Munition besitzt, hat die erforderlichen Vorkehrungen zu treffen, um zu verhindern, dass diese Gegenstände abhanden kommen oder Dritte sie unbefugt an sich nehmen.

(2) *(aufgehoben)*

(3) ¹Wer erlaubnispflichtige Schusswaffen, Munition oder verbotene Waffen besitzt oder die Erteilung einer Erlaubnis zum Besitz beantragt hat, hat der zuständigen Behörde die zur sicheren Aufbewahrung getroffenen oder vorgesehenen Maßnahmen nachzuweisen. ²Besitzer von erlaubnispflichtigen Schusswaffen, Munition oder verbotenen Waffen haben außerdem der Behörde zur Überprüfung der Pflichten aus Absatz 1 in Verbindung mit einer Rechtsverordnung nach Absatz 5 Zutritt zu den Räumen zu gestatten, in denen die Waffen und die Munition aufbewahrt werden. ³Wohnräume dürfen gegen den Willen des Inhabers nur zur Verhütung dringender

---

[1] Die Vorschrift entspricht im Wesentlichen § 34 Abs. 8 WaffG aF.
[2] Die Vorschrift entspricht im Wesentlichen § 34 Abs. 7 WaffG aF.
[3] Die Vorschrift entspricht im Wesentlichen § 38 WaffG aF, wurde jedoch in einigen Punkten geändert.
[4] Hierzu → § 53 Rn. 86.
[5] Hierzu → § 53 Rn. 87.
[6] → § 52 Rn. 36 ff.; das Gesetz differenziert nicht mehr, wie früher, bei der Strafbarkeit danach, ob es sich um erlaubnisfreie oder um erlaubnispflichtige Waffen gehandelt hat; vgl. § 53 Abs. 1 Nr. 6, Abs. 3 Nr. 4 WaffG aF.

Gefahren für die öffentliche Sicherheit betreten werden; das Grundrecht der Unverletzlichkeit der Wohnung (Artikel 13 des Grundgesetzes) wird insoweit eingeschränkt.

(4) ¹Die in einer Rechtsverordnung nach Absatz 5 festgelegten Anforderungen an die Aufbewahrung von Schusswaffen und Munition gelten nicht bei Aufrechterhaltung der bis zum 6. Juli 2017 erfolgten Nutzung von Sicherheitsbehältnissen, die den Anforderungen des § 36 Absatz 2 Satz 1 zweiter Halbsatz und Satz 2 in der Fassung des Gesetzes vom 11. Oktober 2002 (BGBl. I S. 3970, 4592; 2003 I S. 1957), das zuletzt durch Artikel 6 Absatz 34 des Gesetzes vom 13. April 2017 (BGBl. I S. 872) geändert worden ist, entsprechen oder die von der zuständigen Behörde als gleichwertig anerkannt wurden. ²Diese Sicherheitsbehältnisse können nach Maßgabe des § 36 Absatz 1 und 2 in der Fassung des Gesetzes vom 11. Oktober 2002 (BGBl. I S. 3970, 4592; 2003 I S. 1957), das zuletzt durch Artikel 6 Absatz 34 des Gesetzes vom 13. April 2017 (BGBl. I S. 872) geändert worden ist, sowie des § 13 der Allgemeinen Waffengesetz-Verordnung vom 27. Oktober 2003 (BGBl. I S. 2123), die zuletzt durch Artikel 108 des Gesetzes vom 29. März 2017 (BGBl. I S. 626) geändert worden ist,
1. vom bisherigen Besitzer weitergenutzt werden sowie
2. für die Dauer der gemeinschaftlichen Aufbewahrung auch von berechtigten Personen mitgenutzt werden, die mit dem bisherigen Besitzer nach Nummer 1 in häuslicher Gemeinschaft leben.

³Die Berechtigung zur Nutzung nach Satz 2 Nummer 2 bleibt über den Tod des bisherigen Besitzers hinaus für eine berechtigte Person nach Satz 2 Nummer 2 bestehen, wenn sie infolge des Erbfalls Eigentümer des Sicherheitsbehältnisses wird; die berechtigte Person wird in diesem Fall nicht bisheriger Besitzer im Sinne des Satzes 2 Nummer 1. ⁴In den Fällen der Sätze 1 bis 3 finden § 53 Absatz 1 Nummer 19 und § 52a in der Fassung des Gesetzes vom 11. Oktober 2002 (BGBl. I S. 3970, 4592; 2003 I S. 1957), das zuletzt durch Artikel 6 Absatz 34 des Gesetzes vom 13. April 2017 (BGBl. I S. 872) geändert worden ist, und § 34 Nummer 12 der Allgemeinen Waffengesetz-Verordnung vom 27. Oktober 2003 (BGBl. I S. 2123), die zuletzt durch Artikel 108 des Gesetzes vom 29. März 2017 (BGBl. I S. 626) geändert worden ist, weiterhin Anwendung.

(5) ¹Das Bundesministerium des Innern wird ermächtigt, nach Anhörung der beteiligten Kreise durch Rechtsverordnung mit Zustimmung des Bundesrates unter Berücksichtigung des Standes der Technik, der Art und Zahl der Waffen, der Munition oder der Örtlichkeit die Anforderungen an die Aufbewahrung oder an die Sicherung der Waffe festzulegen. ²Dabei können
1. Anforderungen an technische Sicherungssysteme zur Verhinderung einer unberechtigten Wegnahme oder Nutzung von Schusswaffen,
2. die Nachrüstung oder der Austausch vorhandener Sicherungssysteme,
3. die Ausstattung der Schusswaffe mit mechanischen, elektronischen oder biometrischen Sicherungssystemen
festgelegt werden.

(6) Ist im Einzelfall, insbesondere wegen der Art und Zahl der aufzubewahrenden Waffen oder Munition oder wegen des Ortes der Aufbewahrung, ein höherer Sicherheitsstandard erforderlich, hat die zuständige Behörde die notwendigen Ergänzungen anzuordnen und zu deren Umsetzung eine angemessene Frist zu setzen.

In § 36 findet sich ein umfangreiches und detailliertes Regelwerk über die Aufbewahrung von Waffen und Munition.[1] Ein Verstoß gegen eine (vollziehbare) Anordnung nach § 36

---

[1] Die Vorschrift hat einen Vorgänger in § 42 WaffG aF, geht jedoch weit über diesen hinaus; zur Aufbewahrung von Waffen und Munition vgl. auch ausführlich *Busche* S. 287 ff. mit vielen relevanten Abbildungen. Die Vorschrift wurde durch das Zweite Gesetz zur Änderung des Waffengesetzes und weiterer Vorschriften vom 30.6.2017, BGBl. I S. 2133 (2135), nicht unwesentlich geändert.

Abs. 3 S. 1 oder Abs. 6 stellt nach § 53 Abs. 1 Nr. 4 eine Ordnungswidrigkeit dar.[2] Wer entgegen § 36 Abs. 4 S. 2 eine Anzeige nicht, nicht richtig, nicht vollständig, nicht in der vorgeschriebenen Weise oder nicht rechtzeitig erstattet, handelt ordnungswidrig nach § 53 Abs. 1 Nr. 5.[3] Die Vorschrift hat strafrechtlich ferner insoweit Bedeutung, als Verstöße gegen eine nach § 36 Abs. 5 erlassene Rechtsverordnung oder gegen vollziehbare Anordnungen auf Grund einer solchen Rechtsverordnung dann, wenn diese Rechtsverordnung für einen bestimmten Tatbestand auf § 53 Abs. 1 Nr. 23 verweist, nach der genannten Vorschrift als Ordnungswidrigkeiten zu ahnden sind.[4] Dies ist durch § 34 Nr. 13 und Nr. 13 iVm § 13 Abs. 2, Abs. 4 AWaffV vom 27.12.2003[5] geschehen.

§ 37 Anzeigepflichten

(1) [1]Wer Waffen oder Munition, deren Erwerb der Erlaubnis bedarf,
1. beim Tode eines Waffenbesitzers, als Finder oder in ähnlicher Weise,
2. als Insolvenzverwalter, Zwangsverwalter, Gerichtsvollzieher oder in ähnlicher Weise

in Besitz nimmt, hat dies der zuständigen Behörde unverzüglich anzuzeigen. [2]Die zuständige Behörde kann die Waffen und die Munition sicherstellen oder anordnen, dass sie binnen angemessener Frist unbrauchbar gemacht oder einem Berechtigten überlassen werden und dies der zuständigen Behörde nachgewiesen wird. [3]Nach fruchtlosem Ablauf der Frist kann die zuständige Behörde die Waffen oder Munition einziehen. [4]Ein Erlös aus der Verwertung steht dem nach bürgerlichem Recht bisher Berechtigten zu.

(2) [1]Sind jemandem Waffen oder Munition, deren Erwerb der Erlaubnis bedarf, oder Erlaubnisurkunden abhanden gekommen, so hat er dies der zuständigen Behörde unverzüglich anzuzeigen und, soweit noch vorhanden, die Waffenbesitzkarte und den Europäischen Feuerwaffenpass zur Berichtigung vorzulegen. [2]Die örtliche Behörde unterrichtet zum Zweck polizeilicher Ermittlungen die örtliche Polizeidienststelle über das Abhandenkommen.

(3) [1]Wird eine Schusswaffe, zu deren Erwerb es einer Erlaubnis bedarf, oder eine verbotene Schusswaffe nach Anlage 2 Abschnitt 1 Nr. 1.2 nach den Anforderungen der Anlage 1 Abschnitt 1 Unterabschnitt 1 Nr. 1.4 unbrauchbar gemacht oder zerstört, so hat der Besitzer dies der zuständigen Behörde binnen zwei Wochen schriftlich oder elektronisch anzuzeigen und ihr auf Verlangen den Gegenstand vorzulegen. [2]Dabei hat er seine Personalien sowie Art, Kaliber, Herstellerzeichen oder Marke und – sofern vorhanden – die Herstellungsnummer der Schusswaffe anzugeben.

(4) Inhaber waffenrechtlicher Erlaubnisse und Bescheinigungen sind verpflichtet, bei ihrem Wegzug ins Ausland ihre neue Anschrift der zuletzt für sie zuständigen Waffenbehörde mitzuteilen.

1   Die Vorschrift des § 37 normiert eine Reihe von Anzeigepflichten. Abs. 1 regelt eine Anzeigepflicht für denjenigen, der in den hier genannten Fällen eine erlaubnispflichtige Waffe oder Munition in Besitz nimmt.[1] Abs. 2 betrifft denjenigen, dem erlaubnispflichtige Waffen oder Munition oder bestimmte Urkunden abhanden gekommen sind,[2] während Abs. 3 eine Anzeigepflicht desjenigen normiert, der eine der hier genannten Schusswaffen

---

[2] Hierzu → § 53 Rn. 21 f.
[3] Hierzu → § 53 Rn. 45.
[4] Vgl. zur Bußgeldvorschrift des § 53 Abs. 1 Nr. 23 → § 53 Rn. 104.
[5] Vgl. hierzu → Vor § 1 Rn. 15.
[1] Die Vorschrift hat einen Vorgänger in § 43 Abs. 1 WaffG aF, es wurden jedoch einige Änderungen vorgenommen.
[2] Die Vorschrift entspricht im Wesentlichen § 43 Abs. 2 WaffG aF.

unbrauchbar gemacht hat.[3] Der durch das ÄndG 2008[4] neu eingeführte Abs. 4 normiert eine Mitteilungspflicht für den Fall des Wegzugs ins Ausland, um dem Bundesverwaltungsamt einen unverhältnismäßigen Kosten- und Zeitaufwand bei der Ermittlung der aktuellen Anschrift zu ersparen.[5] Ein Verstoß gegen eine (vollziehbare) Anordnung nach § 37 Abs. 1 S. 2 stellt nach § 53 Abs. 1 N 4 eine Ordnungswidrigkeit dar.[6] Wer entgegen § 37 Abs. 1 S. 1 oder Abs. 2 S. 1 oder Abs. 3 S. 1 eine Anzeige nicht, nicht richtig, nicht vollständig, nicht in der vorgeschriebenen Weise oder nicht rechtzeitig erstattet, handelt ordnungswidrig nach § 53 Abs. 1 Nr. 5.[7]

§ 38 Ausweispflichten

(1) [1]Wer eine Waffe führt, muss folgende Dokumente mit sich führen:
1. seinen Personalausweis oder Pass und
    a) wenn es einer Erlaubnis zum Erwerb bedarf, die Waffenbesitzkarte oder, wenn es einer Erlaubnis zum Führen bedarf, den Waffenschein,
    b) im Fall des Verbringens einer Waffe oder von Munition im Sinne von § 29 Absatz 1 aus einem Drittstaat gemäß § 29 Absatz 1 oder § 30 Absatz 1 den Erlaubnisschein,
    c) im Fall der Mitnahme einer Waffe oder von Munition im Sinne von § 29 Absatz 1 aus einem Drittstaat gemäß § 32 Absatz 1 den Erlaubnisschein, im Fall der Mitnahme auf Grund einer Erlaubnis nach § 32 Absatz 4 auch den Beleg für den Grund der Mitnahme,
    d) im Fall des Verbringens einer Schusswaffe oder von Munition nach Anlage 1 Abschnitt 3 (Kategorien A 1.2 bis D) gemäß § 29 Absatz 2 oder § 30 Absatz 1 aus einem anderen Mitgliedstaat den Erlaubnisschein oder eine Bescheinigung, die auf diesen Erlaubnisschein Bezug nimmt,
    e) im Fall des Verbringens einer Schusswaffe oder von Munition nach Anlage 1 Abschnitt 3 (Kategorien A 1.2 bis D) aus dem Geltungsbereich dieses Gesetzes in einen anderen Mitgliedstaat gemäß § 31 den Erlaubnisschein oder eine Bescheinigung, die auf diesen Erlaubnisschein Bezug nimmt,
    f) im Fall der Mitnahme einer Schusswaffe oder von Munition nach Anlage 1 Abschnitt 3 (Kategorien A 1.2 bis D)
        aa) aus einem anderen Mitgliedstaat gemäß § 32 Absatz 1 und 2 den Erlaubnisschein und den Europäischen Feuerwaffenpass,
        bb) aus dem Geltungsbereich dieses Gesetzes gemäß § 32 Absatz 1a den Erlaubnisschein,
        cc) aus einem anderen Mitgliedstaat oder aus dem Geltungsbereich dieses Gesetzes gemäß § 32 Absatz 3 den Europäischen Feuerwaffenpass und einen Beleg für den Grund der Mitnahme,
    g) im Fall der vorübergehenden Berechtigung zum Erwerb oder zum Führen auf Grund des § 12 Absatz 1 Nummer 1 und 2 oder § 28 Absatz 4 einen Beleg, aus dem der Name des Überlassers und des Besitzberechtigten sowie das Datum der Überlassung hervorgeht, oder
    h) im Fall des Schießens mit einer Schießerlaubnis nach § 10 Absatz 5 diese und
2. in den Fällen des § 13 Absatz 6 den Jagdschein.
[2]In den Fällen des § 13 Absatz 3 und § 14 Absatz 4 Satz 2 genügt an Stelle der Waffenbesitzkarte ein schriftlicher Nachweis darüber, dass die Antragsfrist noch

---

[3] Die Vorschrift hat einen Vorgänger in § 28a Abs. 1 der 1. WaffV (zum WaffG aF).
[4] BGBl. 2008 I S. 426.
[5] BT-Drs. 16/7717, 22.
[6] Hierzu → § 53 Rn. 23.
[7] Hierzu → § 53 Rn. 46 ff.

nicht verstrichen oder ein Antrag gestellt worden ist. ³Satz 1 gilt nicht in Fällen des § 12 Absatz 3 Nummer 1.

(2) Die nach Absatz 1 Satz 1 und 2 mitzuführenden Dokumente sind Polizeibeamten oder sonst zur Personenkontrolle Befugten auf Verlangen zur Prüfung auszuhändigen.

1   § 38 normiert besondere Pflichten desjenigen, der (erlaubtermaßen) eine Waffe führt. Er muss die hier genannten Dokumente mit sich führen und den zur Personenkontrolle berechtigten Personen auf Verlangen zur Prüfung aushändigen.[1] Eine Ordnungswidrigkeit nach § 53 Abs. 1 Nr. 20 begeht, wer die hier bezeichneten Urkunden entgegen § 38 S. 1 nicht mit sich führt oder sie den dort genannten Personen auf Verlangen nicht oder nicht rechtzeitig aushändigt.[2]

§ 39 Auskunfts- und Vorzeigepflicht, Nachschau

(1) ¹Wer Waffenherstellung, Waffenhandel oder eine Schießstätte betreibt, eine Schießstätte benutzt oder in ihr die Aufsicht führt, ein Bewachungsunternehmen betreibt, Veranstaltungen zur Ausbildung im Verteidigungsschießen durchführt oder sonst den Besitz über Waffen oder Munition ausübt, hat der zuständigen Behörde auf Verlangen oder, sofern dieses Gesetz einen Zeitpunkt vorschreibt, zu diesem Zeitpunkt die für die Durchführung dieses Gesetzes erforderlichen Auskünfte zu erteilen; eine entsprechende Pflicht gilt ferner für Personen, gegenüber denen ein Verbot nach § 41 Abs. 1 oder 2 ausgesprochen wurde. ²Sie können die Auskunft auf solche Fragen verweigern, deren Beantwortung sie selbst oder einen der in § 383 Abs. 1 Nr. 1 bis 3 der Zivilprozessordnung bezeichneten Angehörigen der Gefahr strafrechtlicher Verfolgung oder eines Verfahrens nach dem Gesetz über Ordnungswidrigkeiten aussetzen würde. ³Darüber hinaus hat der Inhaber der Erlaubnis die Einhaltung von Auflagen nachzuweisen.

(2) ¹Betreibt der Auskunftspflichtige Waffenherstellung, Waffenhandel, eine Schießstätte oder ein Bewachungsunternehmen, so sind die von der zuständigen Behörde mit der Überwachung des Betriebs beauftragten Personen berechtigt, Betriebsgrundstücke und Geschäftsräume während der Betriebs- und Arbeitszeit zu betreten, um dort Prüfungen und Besichtigungen vorzunehmen, Proben zu entnehmen und Einsicht in die geschäftlichen Unterlagen zu nehmen; zur Abwehr dringender Gefahren für die öffentliche Sicherheit oder Ordnung dürfen diese Arbeitsstätten auch außerhalb dieser Zeit sowie die Wohnräume des Auskunftspflichtigen gegen dessen Willen besichtigt werden. ²Das Grundrecht der Unverletzlichkeit der Wohnung (Artikel 13 des Grundgesetzes) wird insoweit eingeschränkt.

(3) Aus begründetem Anlass kann die zuständige Behörde anordnen, dass der Besitzer von
1. Waffen oder Munition, deren Erwerb der Erlaubnis bedarf, oder
2. in Anlage 2 Abschnitt 1 bezeichneten verbotenen Waffen
ihr diese sowie Erlaubnisscheine oder Ausnahmebescheinigungen binnen angemessener, von ihr zu bestimmender Frist zur Prüfung vorlegt.

1   In § 39 werden verschiedene Nebenpflichten desjenigen geregelt, der (erlaubtermaßen) die hier genannten Tätigkeiten ausübt. Er hat in den Fällen des Abs. 1 die erforderlichen **Auskünfte** zu erteilen, in den Fällen des Abs. 2 das Betreten seines Grundstücks, seiner

---

[1] Die Vorschrift knüpft an die frühere Regelung des § 35 Abs. 5 WaffG aF an, es wurden jedoch zusätzlich die Ausweispflichten der § 9b Abs. 2 S. 3 und § 9c Abs. 3 der 1. WaffV (zum WaffG aF) mit aufgenommen.
[2] Hierzu → § 53 Rn. 92 ff.

Geschäftsräume und seiner Wohnung sowie die Vornahme der bezeichneten Untersuchungshandlungen zu dulden (sog. „Nachschau") und in den Fällen des Abs. 3 auf Anordnung die hier bezeichneten Gegenstände **vorzuzeigen**.[1]

Wer entgegen § 39 Abs. 1 S. 1 eine Auskunft nicht, nicht richtig, nicht vollständig oder nicht rechtzeitig erteilt, handelt ordnungswidrig nach § 53 Abs. 1 Nr. 21.[2] Ein Verstoß gegen eine nach § 39 Abs. 3 ergangene vollziehbare Anordnung kann nach § 53 Abs. 1 Nr. 4 ebenfalls als Ordnungswidrigkeit geahndet werden.[3]

Unterabschnitt 6a. Unbrauchbarmachung von Schusswaffen und Umgang mit unbrauchbar gemachten Schusswaffen

§ 39a Verordnungsermächtigung

(1) Das Bundesministerium des Innern wird ermächtigt, durch Rechtsverordnung, die nicht der Zustimmung des Bundesrates bedarf, nähere Regelungen zur Unbrauchbarmachung von Schusswaffen zu treffen; insbesondere kann es
1. **die Vornahme der Unbrauchbarmachung von bestimmten Qualifikationen abhängig machen,**
2. **darauf bezogene Dokumentationen und Mitteilungen verlangen und**
3. **Regelungen in Bezug auf vor Inkrafttreten dieser Bestimmung unbrauchbar gemachte Schusswaffen treffen.**

(2) ¹Das Bundesministerium des Innern wird ermächtigt, durch Rechtsverordnung, die nicht der Zustimmung des Bundesrates bedarf, die Anwendbarkeit von Vorschriften des Waffengesetzes auf unbrauchbar gemachte Schusswaffen zu regeln sowie den Umgang mit unbrauchbar gemachten Schusswaffen (Anlage 1 Abschnitt 1 Unterabschnitt 1 Nummer 1.4) zu verbieten oder zu beschränken oder mit bestimmten Verpflichtungen zu verbinden; insbesondere kann es
1. **bestimmte Arten des Umgangs mit unbrauchbar gemachten Schusswaffen verbieten oder unter Genehmigungsvorbehalt stellen und**
2. **Anzeigen oder Begleitdokumente vorschreiben.**

²Durch die Verordnung können diejenigen Teile der Anlage 2 zu diesem Gesetz, die unbrauchbar gemachte Schusswaffen betreffen, aufgehoben werden.

Der durch das Zweite Gesetz zur Änderung des Waffengesetzes und weiterer Vorschriften vom 30.6.2017[1] neu eingefügte § 39a enthält eine Verordnungsermächtigung im Hinblick auf die Unbrauchbarmachung von Schusswaffen. Die Vorschrift hat strafrechtlich keine eigenständige Bedeutung.

Unterabschnitt 7. Verbote

§ 40 Verbotene Waffen

(1) Das Verbot des Umgangs umfasst auch das Verbot, zur Herstellung der in Anlage 2 Abschnitt 1 Nr. 1.3.4 bezeichneten Gegenstände anzuleiten oder aufzufordern.

(2) Das Verbot des Umgangs mit Waffen oder Munition ist nicht anzuwenden, soweit jemand auf Grund eines gerichtlichen oder behördlichen Auftrags tätig wird.

(3) ¹Inhaber einer jagdrechtlichen Erlaubnis und Angehörige von Leder oder Pelz verarbeitenden Berufen dürfen abweichend von § 2 Abs. 3 Umgang mit Faust-

---
[1] Die Vorschrift entspricht im Wesentlichen § 46 WaffG aF, es wurden jedoch einige Änderungen vorgenommen; vergleichbare Vorschriften finden sich ua auch in § 14 Abs. 3 Nr. 1 KrWaffG und § 31 SprengG.
[2] Hierzu → § 53 Rn. 101 f.
[3] Hierzu → § 53 Rn. 24.
[1] BGBl. I S. 2133 (2136).

messern nach Anlage 2 Abschnitt 1 Nr. 1.4.2 haben, sofern sie diese Messer zur Ausübung ihrer Tätigkeit benötigen. ²Inhaber sprengstoffrechtlicher Erlaubnisse (§§ 7 und 27 des Sprengstoffgesetzes) und Befähigungsscheine (§ 20 des Sprengstoffgesetzes) sowie Teilnehmer staatlicher oder staatlich anerkannter Lehrgänge dürfen abweichend von § 2 Absatz 3 Umgang mit explosionsgefährlichen Stoffen oder Gegenständen nach Anlage 2 Abschnitt 1 Nummer 1.3.4 haben, soweit die durch die Erlaubnis oder den Befähigungsschein gestattete Tätigkeit oder die Ausbildung hierfür dies erfordern. ³Dies gilt insbesondere für Sprengarbeiten sowie Tätigkeiten im Katastrophenschutz oder im Rahmen von Theatern, vergleichbaren Einrichtungen, Film- und Fernsehproduktionsstätten sowie die Ausbildung für derartige Tätigkeiten.

(4) ¹Das Bundeskriminalamt kann auf Antrag von den Verboten der Anlage 2 Abschnitt 1 allgemein oder für den Einzelfall Ausnahmen zulassen, wenn die Interessen des Antragstellers auf Grund besonderer Umstände das öffentliche Interesse an der Durchsetzung des Verbots überwiegen. ²Dies kann insbesondere angenommen werden, wenn die in der Anlage 2 Abschnitt 1 bezeichneten Waffen oder Munition zum Verbringen aus dem Geltungsbereich dieses Gesetzes, für wissenschaftliche oder Forschungszwecke oder zur Erweiterung einer kulturhistorisch bedeutsamen Sammlung bestimmt sind und eine erhebliche Gefahr für die öffentliche Sicherheit nicht zu befürchten ist.

(5) ¹Wer eine in Anlage 2 Abschnitt 1 bezeichnete Waffe als Erbe, Finder oder in ähnlicher Weise in Besitz nimmt, hat dies der zuständigen Behörde unverzüglich anzuzeigen. ²Die zuständige Behörde kann die Waffen oder Munition sicherstellen oder anordnen, dass innerhalb einer angemessenen Frist die Waffen oder Munition unbrauchbar gemacht, von Verbotsmerkmalen befreit oder einem nach diesem Gesetz Berechtigten überlassen werden, oder dass der Erwerber einen Antrag nach Absatz 4 stellt. ³Das Verbot des Umgangs mit Waffen oder Munition wird nicht wirksam, solange die Frist läuft oder eine ablehnende Entscheidung nach Absatz 4 dem Antragsteller noch nicht bekannt gegeben worden ist.

1 Die Vorschrift erstreckt in Abs. 1 das Verbot des Umgangs bei den in Anlage 2 Abschnitt 1 (Waffenliste) genannten verbotenen Waffen auch darauf, zur Herstellung dieser Waffen oder dieser Munition anzuleiten oder aufzufordern. Ferner finden sich hier einige Sonderregelungen in Bezug auf die verbotenen Waffen, insbes. Ausnahmevorschriften (Abs. 2) und spezielle Anzeigepflichten für den Finder etc.[1] Im Rahmen des 4. Gesetzes zur Änderung des Sprengstoffgesetzes vom 17.7.2009[2] wurden die Sätze 2 und 3 des 3. Absatzes hinzugefügt. Die dort genannten Personen und Tätigkeiten sind von dem Verbot des Umgangs mit sog. unkonventionelle Spreng- und Brandvorrichtungen (USBV)[3] befreit. Damit möchte der Gesetzgeber die bisher unbeabsichtigte Kriminalisierung der in den Sätzen 2 und 3 aufgeführten Tätigkeiten aufheben und weiterhin nur den Umgang mit explosionsgefährlichen Stoffen ohne behördliche Kenntnis oder Erlaubnis kriminalisieren.[4] Wer entgegen § 40 Abs. 1 zur Herstellung einer verbotenen Waffe anleitet oder auffordert macht sich nach § 53 Abs. 1 Nr. 4 strafbar.[5] Wer entgegen § 40 Abs. 5 S. 2 eine Anzeige nicht, nicht richtig, nicht vollständig, nicht in der vorgeschriebenen Weise oder nicht rechtzeitig erstattet, handelt ordnungswidrig nach § 53 Abs. 1 Nr. 5.[6] Ein Verstoß gegen eine (vollziehbare) Anordnung nach § 40 Abs. 5 S. 2 stellt nach § 53 Abs. 1 Nr. 4 eine Ordnungswidrigkeit dar.[7]

---

[1] Die Vorschrift entspricht im Wesentlichen § 37 WaffG aF. Zur Streichung der § 37 Abs. 2 Nr. 1 und Nr. 3 WaffG aF vgl. BT-Drs. 14/7758, 75 f.
[2] BGBl. I S. 2062.
[3] Hierzu → § 1 Rn. 121.
[4] Vgl. BT-Drs. 16/12597, 50.
[5] Hierzu → § 52 Rn. 45 ff.
[6] Hierzu → § 53 Rn. 50.
[7] Hierzu → § 53 Rn. 25.

§ 41 Waffenverbote für den Einzelfall

(1) ¹Die zuständige Behörde kann jemandem den Besitz von Waffen oder Munition, deren Erwerb nicht der Erlaubnis bedarf, und den Erwerb solcher Waffen oder Munition untersagen,
1. soweit es zur Verhütung von Gefahren für die Sicherheit oder zur Kontrolle des Umgangs mit diesen Gegenständen geboten ist oder
2. wenn Tatsachen bekannt werden, die die Annahme rechtfertigen, dass der rechtmäßige Besitzer oder Erwerbswillige abhängig von Alkohol oder anderen berauschenden Mitteln, psychisch krank oder debil ist oder sonst die erforderliche persönliche Eignung nicht besitzt oder ihm die für den Erwerb oder Besitz solcher Waffen oder Munition erforderliche Zuverlässigkeit fehlt.

²Im Fall des Satzes 1 Nr. 2 ist der Betroffene darauf hinzuweisen, dass er die Annahme mangelnder persönlicher Eignung im Wege der Beibringung eines amts- oder fachärztlichen oder fachpsychologischen Zeugnisses über die geistige oder körperliche Eignung ausräumen kann; § 6 Abs. 2 findet entsprechende Anwendung.

(2) Die zuständige Behörde kann jemandem den Besitz von Waffen oder Munition, deren Erwerb der Erlaubnis bedarf, untersagen, soweit es zur Verhütung von Gefahren für die Sicherheit oder Kontrolle des Umgangs mit diesen Gegenständen geboten ist.

(3) Die zuständige Behörde unterrichtet die örtliche Polizeidienststelle über den Erlass eines Waffenbesitzverbotes.

Stellt die Behörde eine Gefährdung der öffentlichen Sicherheit oder die Gefahr der missbräuchlichen Verwendung einer Waffe oder von Munition seitens einer Einzelperson fest, so kann sie diesem nach § 41 Abs. 1 den Besitz dieser Waffen oder der Munition versagen, auch wenn diese an sich nicht erlaubnispflichtig ist.[1] Diese Versagung kann sich nach Abs. 2 auch auf eine erlaubnispflichtige Waffe oder auf erlaubnispflichtige Munition beziehen. Hier ist jedoch stets – und vorrangig – an eine Rücknahme oder einen Widerruf der entsprechenden Erlaubnis nach § 45 zu denken. Insofern erlangt § 41 nur bei an sich erlaubnisfreien Gegenständen oder im Rahmen von Sofortmaßnahmen Bedeutung. Nach § 52 Abs. 3 Nr. 8 macht sich strafbar, wer einer vollziehbaren Anordnung nach § 41 Abs. 1 oder Abs. 2 zuwiderhandelt.[2]

§ 42 Verbot des Führens von Waffen bei öffentlichen Veranstaltungen

(1) ¹Wer an öffentlichen Vergnügungen, Volksfesten, Sportveranstaltungen, Messen, Ausstellungen, Märkten oder ähnlichen öffentlichen Veranstaltungen teilnimmt, darf keine Waffen im Sinne des § 1 Abs. 2 führen. ²Dies gilt auch, wenn für die Teilnahme ein Eintrittsgeld zu entrichten ist, sowie für Theater-, Kino-, und Diskothekenbesuche und für Tanzveranstaltungen.

(2) Die zuständige Behörde kann allgemein oder für den Einzelfall Ausnahmen von Absatz 1 zulassen, wenn
1. der Antragsteller die erforderliche Zuverlässigkeit (§ 5) und persönliche Eignung (§ 6) besitzt,
2. der Antragsteller nachgewiesen hat, dass er auf Waffen bei der öffentlichen Veranstaltung nicht verzichten kann, und
3. eine Gefahr für die öffentliche Sicherheit oder Ordnung nicht zu besorgen ist.

---

[1] Die Vorschrift knüpft an § 40 WaffG aF an, geht jedoch wesentlich über diesen hinaus; vgl. zur Begründung BT-Drs. 14/7758, 76.
[2] Hierzu → § 52 Rn. 98 ff.

(3) Unbeschadet des § 38 muss der nach Absatz 2 Berechtigte auch den Ausnahmebescheid mit sich führen und auf Verlangen zur Prüfung aushändigen.

(4) Die Absätze 1 bis 3 sind nicht anzuwenden
1. auf die Mitwirkenden an Theateraufführungen und diesen gleich zu achtenden Vorführungen, wenn zu diesem Zweck ungeladene oder mit Kartuschenmunition geladene Schusswaffen oder Waffen im Sinne des § 1 Abs. 2 Nr. 2 geführt werden,
2. auf das Schießen in Schießstätten (§ 27),
3. soweit eine Schießerlaubnis nach § 10 Abs. 5 vorliegt,
4. auf das gewerbliche Ausstellen der in Absatz 1 genannten Waffen auf Messen und Ausstellungen.

(5) [1]Die Landesregierungen werden ermächtigt, durch Rechtsverordnung vorzusehen, dass das Führen von Waffen im Sinne des § 1 Abs. 2 auf bestimmten öffentlichen Straßen, Wegen oder Plätzen allgemein oder im Einzelfall verboten oder beschränkt werden kann, soweit an dem jeweiligen Ort wiederholt
1. Straftaten unter Einsatz von Waffen oder
2. Raubdelikte, Körperverletzungsdelikte, Bedrohungen, Nötigungen, Sexualdelikte, Freiheitsberaubungen oder Straftaten gegen das Leben

begangen worden sind und Tatsachen die Annahme rechtfertigen, dass auch künftig mit der Begehung solcher Straftaten zu rechnen ist. [2]In der Rechtsverordnung nach Satz 1 soll bestimmt werden, dass die zuständige Behörde allgemein oder für den Einzelfall Ausnahmen insbesondere für Inhaber waffenrechtlicher Erlaubnisse, Anwohner und Gewerbetreibende zulassen kann, soweit eine Gefährdung der öffentlichen Sicherheit nicht zu besorgen ist. [3]Im Falle des Satzes 2 gilt Absatz 3 entsprechend. [4]Die Landesregierungen können ihre Befugnis nach Satz 1 in Verbindung mit Satz 2 durch Rechtsverordnung auf die zuständige oberste Landesbehörde übertragen; diese kann die Befugnis durch Rechtsverordnung weiter übertragen.

1 Die Vorschrift des § 42, die das Führen von Waffen bei öffentlichen Veranstaltungen bis auf wenige Ausnahmen grds. untersagt,[1] ist als Ergänzung sowohl des Art. 8 Abs. 1 GG („Alle Deutschen haben das Recht, sich ohne Anmeldung oder Erlaubnis friedlich und **ohne Waffen** zu versammeln") als auch des § 2 Abs. 3 VersammlG zu sehen. Auch diejenigen, denen ein Waffenschein erteilt wurde, dürfen somit bei öffentlichen Veranstaltungen keine Waffen iS des § 1 Abs. 2 führen, sofern ihnen nicht nach Abs. 2 eine Einzelfallerlaubnis erteilt wurde. Von dem Verbot sind lediglich die Fälle des Abs. 4 ausgenommen.

2 Wer entgegen § 42 Abs. 1 eine Waffe führt, macht sich nach § 52 Abs. 3 Nr. 9 strafbar.[2] Ein Verstoß gegen eine nach § 42 Abs. 5 erlassene Rechtsverordnung (Verbot des Führens von Waffen auf bestimmten öffentlichen Straßen, Wegen oder Plätzen) kann nach § 53 Abs. 1 Nr. 23 als Ordnungswidrigkeit geahndet werden.[3] Hinzuweisen ist ergänzend auf die Strafvorschrift des § 27 VersammlG. Wer entgegen § 39 Abs. 3 die hier bezeichneten Urkunden nicht mit sich führt oder sie den genannten Personen auf Verlangen nicht zur Prüfung aushändigt, wird nicht sanktioniert.

§ 42a Verbot des Führens von Anscheinswaffen und bestimmten tragbaren Gegenständen

(1) Es ist verboten
1. Anscheinswaffen,
2. Hieb- und Stoßwaffen nach Anlage 1 Abschnitt 1 Unterabschnitt 2 Nr. 1.1 oder

---

[1] Die Vorschrift entspricht im Wesentlichen § 39 WaffG aF.
[2] Hierzu → § 52 Rn. 107 ff.
[3] Hierzu → § 53 Rn. 117a.

3. Messer mit einhändig feststellbarer Klinge (Einhandmesser) oder feststehende Messer mit einer Klingenlänge über 12 cm
zu führen.

(2) ¹Absatz 1 gilt nicht
1. für die Verwendung bei Foto-, Film- oder Fernsehaufnahmen oder Theateraufführungen,
2. für den Transport in einem verschlossenen Behältnis,
3. für das Führen der Gegenstände nach Absatz 1 Nr. 2 und 3, sofern ein berechtigtes Interesse vorliegt.
²Weitergehende Regelungen bleiben unberührt.

(3) Ein berechtigtes Interesse nach Absatz 2 Satz 1 Nr. 3 liegt insbesondere vor, wenn das Führen der Gegenstände im Zusammenhang mit der Berufsausübung erfolgt, der Brauchtumspflege, dem Sport oder einem allgemein anerkannten Zweck dient.

§ 42a wurde erst durch das Gesetz zur Änderung des WaffenG und weiterer Vorschriften vom 26.3.2008 in das WaffG eingefügt.[1] Die Norm ist sowohl eine Nachbildung als auch Ergänzung des § 2 Abs. 2 Verordnung über den Umgang mit unbrauchbar gemachten Kriegswaffen.[2] Der Abs. 1 der Norm regelt das Verbot des Führens von Anscheinswaffen (vgl. Anl. 1 Abschn. 1 Unterabschn. 1 Nr. 1.6), Hieb- und Stoßwaffen nach Anl. 1 Abschn. 1 Unterabschn. 2 Nr. 1.1 sowie Einhandmesser und feststehende Messer mit einer Klingenlänge über 12 cm. Mit dem Führensverbot von Anscheinswaffen sollen insbes. Situationen vermieden werden, in denen die Polizei auf Grund von täuschend echt wirkenden Schusswaffenattrappen eine vermeintliche Notwehr oder Nothilfesituation annimmt und irrtümlich ihre Dienstwaffen zum Einsatz bringen.[3] Die Ausnahmen zu den in Abs. 1 geregelten Verboten sind in Abs. 2 normiert. Der Verstoß gegen den § 42a stellt allerdings lediglich eine Ordnungswidrigkeit nach § 53 Abs. 1 Nr. 21a dar.[4]

Abschnitt 3. Sonstige waffenrechtliche Vorschriften

§ 43 Erhebung und Übermittlung personenbezogener Daten

(1) ¹Die für die Ausführung dieses Gesetzes zuständigen Behörden dürfen personenbezogene Daten auch ohne Mitwirkung des Betroffenen in den Fällen des § 5 Abs. 5 und des § 6 Abs. 1 Satz 3 und 4 erheben. ²Sonstige Rechtsvorschriften des Bundes- oder Landesrechts, die eine Erhebung ohne Mitwirkung des Betroffenen vorsehen oder zwingend voraussetzen, bleiben unberührt.

(2) Öffentliche Stellen im Geltungsbereich dieses Gesetzes sind auf Ersuchen der zuständigen Behörde verpflichtet, dieser im Rahmen datenschutzrechtlicher Übermittlungsbefugnisse personenbezogene Daten zu übermitteln, soweit die Daten nicht wegen überwiegender öffentlicher Interessen geheim gehalten werden müssen.

§ 43 stellt eine Regelung iS des § 4 Abs. 2 S. 2 Nr. 1 BDSG dar und gestattet die Erhebung und Übermittlung personenbezogener Daten in den hier genannten Fällen. Die Vorschrift ist strafrechtlich nicht von Bedeutung.

---
[1] BGBl. I S. 426 (431); vgl. zu dieser Vorschrift vgl. aus der Rspr. OLG Stuttgart 14.6.2011 – 4 Ss 137/11, NStZ 2012, 453 = VRS 121 (2011), 135; ausführlich hierzu B. Heinrich in Gade/Stoppa, S. 107.
[2] Vom 1.7.2004, BGBl. I S. 1448; vgl. zur Begründung BT-Drs. 16/7717, 2.
[3] Vgl. BT-Drs. 16/7717, 22.
[4] Hierzu → § 53 Rn. 102.

§ 43a Nationales Waffenregister

Bis zum 31. Dezember 2012 ist ein Nationales Waffenregister zu errichten, in dem bundesweit insbesondere Schusswaffen, deren Erwerb und Besitz der Erlaubnis bedürfen, sowie Daten von Erwerbern, Besitzern und Überlassern dieser Schusswaffen elektronisch auswertbar zu erfassen und auf aktuellem Stand zu halten sind.

1 § 43a wurde durch das 4. Gesetz zur Änderung des Sprengstoffgesetzes[1] in das WaffG aufgenommen. Damit wurde die Änderung der EU-Waffenrichtlinie 2008/51/EG vom 21.5.2008 in nationales Recht umgesetzt, welche die Mitgliedstaaten dazu verpflichtet, ein computergestütztes Waffenregister einzurichten, in dem für mindestens 20 Jahre alle Schusswaffen mit folgenden Daten gespeichert sind: Typ, Modell, Fabrikat, Kaliber, Seriennummer, Name und Anschrift des Verkäufers sowie Name und Anschrift des Waffenbesitzers. Mit dem Nationalen Waffenregister soll, insbes. nach dem tragischen Amoklauf von Winnenden, die Anzahl der legalen Waffenbesitzer und Schusswaffen in Deutschland besser erfasst werden.[2] Als Frist bestimmt § 43a den 31.12.2012. Damit soll das Waffenregister bereits 2 Jahre vor dem Ablauf der durch die EU-Waffenrichtlinie vorgegebenen Frist errichtet werden. Tatsächlich wurde das Nationale-Waffenregister-Gesetz am 25. Juni 2012 erlassen.[3]

§ 44 Übermittlung an und von Meldebehörden

(1) ¹Die für die Erteilung einer waffenrechtlichen Erlaubnis zuständige Behörde teilt der für den Antragsteller zuständigen Meldebehörde die erstmalige Erteilung einer Erlaubnis mit. ²Sie unterrichtet ferner diese Behörde, wenn eine Person über keine waffenrechtlichen Erlaubnisse mehr verfügt.

(2) Die Meldebehörden teilen den Waffenerlaubnisbehörden Namensänderungen, Zuzug, Änderungen der derzeitigen Anschrift im Zuständigkeitsbereich der Meldebehörde, Wegzug und Tod des Einwohners mit, für den das Vorliegen einer waffenrechtlichen Erlaubnis gespeichert ist.

1 § 44 regelt die Übermittlung bestimmter waffenrechtlich relevanter Tatbestände an und durch die Meldebehörden. Die Vorschrift ist strafrechtlich nicht von Bedeutung.

§ 44a Behördliche Aufbewahrungspflichten

(1) ¹Die für die Ausführung dieses Gesetzes zuständigen Behörden haben alle Unterlagen, die für die Feststellung der gegenwärtigen und früheren Besitzverhältnisse sowie die Rückverfolgung von Verkaufswegen erforderlich sind, aufzubewahren. ²Ferner haben die in Satz 1 genannten Behörden alle Unterlagen aufzubewahren, aus denen sich die Versagung einer waffenrechtlichen Erlaubnis
1. wegen fehlender Zuverlässigkeit nach § 4 Absatz 1 Nummer 2 in Verbindung mit § 5 Absatz 1 Nummer 2 oder Absatz 2 Nummer 2, 3 oder Nummer 4 oder
2. wegen fehlender persönlicher Eignung nach § 4 Absatz 1 Nummer 2 in Verbindung mit § 6 Absatz 1 Satz 1 und 2,
einschließlich der Gründe hierfür, ergibt.

(2) Die Aufbewahrungspflicht bezieht sich sowohl auf eigene Unterlagen als auch auf nach § 17 Abs. 6 Satz 2 und 3 der Allgemeinen Waffengesetz-Verordnung vom 27. Oktober 2003 (BGBl. I S. 2123), die zuletzt durch Artikel 2 des Gesetzes

---

[1] BGBl. 2009 I S. 2062 (2089).
[2] Vgl. BT-Drs. 16/13423, 71.
[3] BGBl. I S. 1366, zuletzt geändert durch Art. 4 Gesetz vom 30.6.2017, BGBl. I S. 2133 (2141).

vom 26. März 2008 (BGBl. I S. 426) geändert worden ist, übernommene Waffenherstellungs- und Waffenhandelsbücher.

(3) ¹Für die Waffenherstellungsbücher beträgt die Aufbewahrungsfrist mindestens 30 Jahre. ²Für alle anderen Unterlagen nach Absatz 1 Satz 1 einschließlich der Einfuhr- und Ausfuhraufzeichnungen beträgt die Aufbewahrungsfrist mindestens 20 Jahre. ³Für Unterlagen nach Absatz 1 Satz 2 beträgt die Aufbewahrungsfrist fünf Jahre.

Durch das Gesetz zur Änderung des Waffengesetzes und weiterer Vorschriften 2008 wurde § 44a neu hinzugefügt.[1] Die Vorschrift dient der Umsetzung des VN-Schusswaffenprotokolls und soll durch die vorgeschriebene Aufbewahrungspflicht von Unterlagen, die Rückverfolgung des Verkaufsweges sowie der Besitzverhältnisse von Waffen erleichtern.[2] Strafrechtlich ist die Vorschrift nicht vor Bedeutung.

§ 45 Rücknahme und Widerruf

(1) Eine Erlaubnis nach diesem Gesetz ist zurückzunehmen, wenn nachträglich bekannt wird, dass die Erlaubnis hätte versagt werden müssen.

(2) ¹Eine Erlaubnis nach diesem Gesetz ist zu widerrufen, wenn nachträglich Tatsachen eintreten, die zur Versagung hätten führen müssen. ²Eine Erlaubnis nach diesem Gesetz kann auch widerrufen werden, wenn inhaltliche Beschränkungen nicht beachtet werden.

(3) ¹Bei einer Erlaubnis kann abweichend von Absatz 2 Satz 1 im Fall eines vorübergehenden Wegfalls des Bedürfnisses, aus besonderen Gründen auch in Fällen des endgültigen Wegfalls des Bedürfnisses, von einem Widerruf abgesehen werden. ²Satz 1 gilt nicht, sofern es sich um eine Erlaubnis zum Führen einer Waffe handelt.

(4) ¹Verweigert ein Betroffener im Fall der Überprüfung des weiteren Vorliegens von in diesem Gesetz oder in einer auf Grund dieses Gesetzes erlassenen Rechtsverordnung vorgeschriebenen Tatbestandsvoraussetzungen, bei deren Wegfall ein Grund zur Rücknahme oder zum Widerruf einer Erlaubnis oder Ausnahmebewilligung gegeben wäre, seine Mitwirkung, so kann die Behörde deren Wegfall vermuten. ²Der Betroffene ist hierauf hinzuweisen.

(5) Widerspruch und Anfechtungsklage gegen Maßnahmen nach Absatz 1 und Absatz 2 Satz 1 haben keine aufschiebende Wirkung, sofern die Erlaubnis wegen des Nichtvorliegens oder Entfallens der Voraussetzungen nach § 4 Abs. 1 Nr. 2 zurückgenommen oder widerrufen wird.

In § 45 findet sich eine rein verwaltungsrechtliche Regelung über die Rücknahme (mit Wirkung ex tunc) und den Widerruf (mit Wirkung ex nunc) einer Erlaubnis nach dem Waffengesetz.[1] Dabei gehen die Möglichkeiten zur Rücknahme und zum Widerruf nach § 45 als spezielle und abschließende Regelung über die allgemeinen Vorschriften der Verwaltungsverfahrensgesetze hinaus. Eine eigenständige strafrechtliche Bedeutung besitzt § 45 nicht, es ist jedoch zu beachten, dass eine bestandskräftig gewordene Rücknahme oder ein bestandskräftig gewordener Widerruf die ursprünglich erteilte Erlaubnis oder Zulassung zum Erlöschen bringt, was zur Folge hat, dass die Fortführung der Tätigkeit nunmehr unerlaubt stattfindet und die entsprechenden straf- und bußgeldrechtlichen Sanktionen nach sich zieht.

---

[1] BGBl. 2008 I S. 426 (431).
[2] BT-Drs. 16/7717, 22.
[1] Die Vorschrift entspricht im Wesentlichen § 47 WaffG aF.

§ 46 Weitere Maßnahmen

(1) ¹Werden Erlaubnisse nach diesem Gesetz zurückgenommen oder widerrufen, so hat der Inhaber alle Ausfertigungen der Erlaubnisurkunde der zuständigen Behörde unverzüglich zurückzugeben. ²Das Gleiche gilt, wenn die Erlaubnis erloschen ist.

(2) ¹Hat jemand auf Grund einer Erlaubnis, die zurückgenommen, widerrufen oder erloschen ist, Waffen oder Munition erworben oder befugt besessen, und besitzt er sie noch, so kann die zuständige Behörde anordnen, dass er binnen angemessener Frist die Waffen oder Munition dauerhaft unbrauchbar macht oder einem Berechtigten überlässt und den Nachweis darüber gegenüber der Behörde führt. ²Nach fruchtlosem Ablauf der Frist kann die zuständige Behörde die Waffen oder Munition sicherstellen.

(3) ¹Besitzt jemand ohne die erforderliche Erlaubnis oder entgegen einem vollziehbaren Verbot nach § 41 Abs. 1 oder 2 eine Waffe oder Munition, so kann die zuständige Behörde anordnen, dass er binnen angemessener Frist
1. die Waffe oder Munition dauerhaft unbrauchbar macht oder einem Berechtigten überlässt oder
2. im Fall einer verbotenen Waffe oder Munition die Verbotsmerkmale beseitigt und
3. den Nachweis darüber gegenüber der Behörde führt.
²Nach fruchtlosem Ablauf der Frist kann die zuständige Behörde die Waffe oder Munition sicherstellen.

(4) ¹Die zuständige Behörde kann Erlaubnisurkunden sowie die in den Absätzen 2 und 3 bezeichneten Waffen oder Munition sofort sicherstellen
1. in Fällen eines vollziehbaren Verbots nach § 41 Abs. 1 oder 2 oder
2. soweit Tatsachen die Annahme rechtfertigen, dass die Waffen oder Munition missbräuchlich verwendet oder von einem Nichtberechtigten erworben werden sollen.
²Zu diesem Zweck sind die Beauftragten der zuständigen Behörde berechtigt, die Wohnung des Betroffenen zu betreten und diese nach Urkunden, Waffen oder Munition zu durchsuchen; Durchsuchungen dürfen nur durch den Richter, bei Gefahr im Verzug auch durch die zuständige Behörde angeordnet werden; das Grundrecht der Unverletzlichkeit der Wohnung (Artikel 13 des Grundgesetzes) wird insoweit eingeschränkt. ³Widerspruch und Anfechtungsklage haben keine aufschiebende Wirkung.

(5) ¹Sofern der bisherige Inhaber nicht innerhalb eines Monats nach Sicherstellung einen empfangsbereiten Berechtigten benennt oder im Fall der Sicherstellung verbotener Waffen oder Munition nicht in dieser Frist eine Ausnahmezulassung nach § 40 Abs. 4 beantragt, kann die zuständige Behörde die sichergestellten Waffen oder Munition einziehen und verwerten oder vernichten. ²Dieselben Befugnisse besitzt die zuständige Behörde im Fall der unanfechtbaren Versagung einer für verbotene Waffen oder Munition vor oder rechtzeitig nach der Sicherstellung beantragten Ausnahmezulassung nach § 40 Abs. 4. ³Der Erlös aus einer Verwertung der Waffen oder Munition steht nach Abzug der Kosten der Sicherstellung, Verwahrung und Verwertung dem nach bürgerlichem Recht bisher Berechtigten zu.

1 Regelt § 45 die Frage, wann eine Erlaubnis zurückgenommen oder widerrufen werden kann, so bestimmt § 46, welche Folgen eine solche Rücknahme oder ein solcher Widerruf nach sich zieht.[1] ¹Wer entgegen § 46 Abs. 1 Satz 1, auch iVm S. 2 eine Ausfertigung der

---

[1] In dieser Vorschrift wurden die Regelungen der §§ 37 Abs. 5, 40 Abs. 2 und 48 Abs. 2 WaffG aF zusammengefasst.

I. Waffengesetz §§ 47, 48 WaffG

Erlaubnisurkunde nicht oder nicht rechtzeitig zurückgibt, handelt ordnungswidrig nach § 53 Abs. 1 Nr. 22.² Ein Verstoß gegen eine vollziehbare Anordnung nach § 46 Abs. 2 S. 1 oder Abs. 3 S. 1, bestimmte Gegenstände unbrauchbar zu machen oder einem Berechtigten zu überlassen, wird als Ordnungswidrigkeit nach § 53 Abs. 1 Nr. 4 geahndet.³

§ 47 Verordnungen zur Erfüllung internationaler Vereinbarungen oder zur Angleichung an Gemeinschaftsrecht

Das Bundesministerium des Innern wird ermächtigt, mit Zustimmung des Bundesrates zur Erfüllung von Verpflichtungen aus internationalen Vereinbarungen oder zur Erfüllung bindender Beschlüsse der Europäischen Union, die Sachbereiche dieses Gesetzes betreffen, Rechtsverordnungen zu erlassen, die insbesondere
1. Anforderungen an das Überlassen und Verbringen von Waffen oder Munition an Personen, die ihren gewöhnlichen Aufenthalt außerhalb des Geltungsbereichs des Gesetzes haben, festlegen und
2. das Verbringen und die vorübergehende Mitnahme von Waffen oder Munition in den Geltungsbereich des Gesetzes sowie
3. die zu den Nummern 1 und 2 erforderlichen Bescheinigungen, Mitteilungspflichten und behördlichen Maßnahmen regeln.

§ 47 enthält eine weitere Ermächtigung zum Erlass von Rechtsverordnungen.¹ Von der **1** Ermächtigung hat der Verordnungsgeber in §§ 26 ff. AWaffV Gebrauch gemacht. Hier werden ua in § 31 AWaffV Inhalt und Umfang der Anzeigepflichten nach § 31 Abs. 2 S. 3 und § 34 Abs. 4 und Abs. 5 S. 1 konkretisiert. Dies ist wiederum für die Ordnungswidrigkeiten des § 53 Abs. 1 Nr. 5 in der Alt. 7, 9 und 10 relevant² (bußgeldbewehrt ist, wer eine der hier genannten Anzeigen nicht, nicht richtig, nicht vollständig, nicht in der vorgeschriebenen Weise oder nicht rechtzeitig erstattet). Dagegen ist ein Verstoß gegen §§ 26 ff. AWaffV in § 34 AWaffV iVm § 53 Abs. 1 Nr. 23 WaffG nicht eigens als Ordnungswidrigkeit erfasst.

§ 48 Sachliche Zuständigkeit

(1) ¹Die Landesregierungen oder die von ihnen durch Rechtsverordnung bestimmten Stellen können durch Rechtsverordnung die für die Ausführung dieses Gesetzes zuständigen Behörden bestimmen, soweit nicht Bundesbehörden zuständig sind. ²Abweichend von Satz 1 ist für die Erteilung von Erlaubnissen an Bewachungsunternehmen für Bewachungsaufgaben nach § 28a Absatz 1 Satz 1 die für das Gebiet der Freien und Hansestadt Hamburg bestimmte Waffenbehörde zuständig.

(1a) Die Landesregierungen oder die von ihnen durch Rechtsverordnung bestimmten Stellen bestimmen durch Rechtsverordnung die nach Artikel 6 Absatz 5 Satz 2 der Verordnung (EU) Nr. 1214/2011 des Europäischen Parlaments und des Rates vom 16. November 2011 über den gewerbsmäßigen grenzüberschreitenden Straßentransport von Euro-Bargeld zwischen den Mitgliedstaaten des Euroraums (ABl. L 316 vom 29.11.2011, S. 1) zuständige Kontaktstelle.

(2) Das Bundesverwaltungsamt ist die zuständige Behörde für
1. ausländische Diplomaten, Konsularbeamte und gleichgestellte sonstige bevorrechtigte ausländische Personen,
2. ausländische Angehörige der in der Bundesrepublik Deutschland stationierten ausländischen Streitkräfte sowie deren Ehegatten und unterhaltsberechtigte Kinder,

---

² Hierzu → § 53 Rn. 39, 42 ff.
³ Hierzu → § 53 Rn. 28 f.
¹ Die Vorschrift entspricht dem bisherigen § 6 Abs. 5 WaffG aF.
² Vgl. zur Bußgeldvorschrift des § 53 Abs. 1 Nr. 23 → § 53 Rn. 104.

3. Personen, die zum Schutze ausländischer Luftfahrzeuge und Seeschiffe eingesetzt sind,
4. Deutsche im Sinne des Artikels 116 des Grundgesetzes, die ihren gewöhnlichen Aufenthalt außerhalb des Geltungsbereichs dieses Gesetzes haben; dies gilt nicht für die in den §§ 21 und 28 genannten Personen, wenn sich der Sitz des Unternehmens im Geltungsbereich dieses Gesetzes befindet;
5. natürliche und juristische Personen, die im Geltungsbereich dieses Gesetzes im Sinne des § 21 Handel treiben, hier aber keinen Unternehmenssitz haben.

(3) Zuständig für die Entscheidungen nach § 2 Abs. 5 ist das Bundeskriminalamt.

(3a) Das Bundesamt für Wirtschaft und Ausfuhrkontrolle ist die zuständige Behörde zur Erteilung von Genehmigungen nach Artikel 4 der Verordnung (EU) Nr. 258/2012 des Europäischen Parlaments und des Rates vom 14. März 2012 zur Umsetzung des Artikels 10 des Protokolls der Vereinten Nationen gegen die unerlaubte Herstellung von Schusswaffen, dazugehörigen Teilen und Komponenten und Munition und gegen den unerlaubten Handel damit, in Ergänzung des Übereinkommens der Vereinten Nationen gegen die grenzüberschreitende organisierte Kriminalität (VN-Feuerwaffenprotokoll) und zur Einführung von Ausfuhrgenehmigungen für Feuerwaffen, deren Teile, Komponenten und Munition sowie von Maßnahmen betreffend deren Einfuhr und Durchfuhr (ABl. L 94 vom 30.3.2012, S. 1).

(4) Verwaltungsverfahren nach diesem Gesetz oder auf Grund dieses Gesetzes können über eine einheitliche Stelle nach den Vorschriften der Verwaltungsverfahrensgesetze abgewickelt werden.

1 § 48 regelt die sachliche Zuständigkeit der Behörden im Rahmen des Waffenrechts und hat als reine Zuständigkeitsvorschrift keine eigenständige strafrechtliche Bedeutung.[1]

§ 49 Örtliche Zuständigkeit

(1) Die Vorschriften der Verwaltungsverfahrensgesetze über die örtliche Zuständigkeit gelten mit der Maßgabe, dass örtlich zuständig ist
1. für einen Antragsteller oder Erlaubnisinhaber, der keinen gewöhnlichen Aufenthalt im Geltungsbereich dieses Gesetzes hat,
   a) die Behörde, in deren Bezirk er sich aufhält oder aufhalten will, oder,
   b) soweit sich ein solcher Aufenthaltswille nicht ermitteln lässt, die Behörde, in deren Bezirk der Grenzübertritt erfolgt.
2. für Antragsteller oder Inhaber einer Erlaubnis nach § 21 Abs. 1 sowie Bewachungsunternehmer die Behörde, in deren Bezirk sich die gewerbliche Hauptniederlassung befindet oder errichtet werden soll.

(2) Abweichend von Absatz 1 ist örtlich zuständig für
1. Schießerlaubnisse nach § 10 Abs. 5 die Behörde, in deren Bezirk geschossen werden soll, soweit nicht die Länder nach § 48 Abs. 1 eine abweichende Regelung getroffen haben,
2. Erlaubnisse nach § 27 Abs. 1 sowie für Maßnahmen auf Grund einer Rechtsverordnung nach § 27 Abs. 7 bei ortsfesten Schießstätten die Behörde, in deren Bezirk die ortsfeste Schießstätte betrieben wird oder betrieben oder geändert werden soll,
3. a) Erlaubnisse nach § 27 Abs. 1 sowie für Maßnahmen auf Grund einer Rechtsverordnung nach § 27 Abs. 7 bei ortsveränderlichen Schießstätten die Behörde, in deren Bezirk der Betreiber seinen gewöhnlichen Aufenthalt hat,

---

[1] Die Vorschrift fasst die bisherigen Regelungen der § 6 Abs. 1 S. 3 und 4, Abs. 2a, § 50 WaffG aF zusammen.

b) Auflagen bei den in Buchstabe a genannten Schießstätten die Behörde, in deren Bezirk die Schießstätte aufgestellt werden soll,
4. Ausnahmebewilligungen nach § 35 Abs. 3 Satz 2 die Behörde, in deren Bezirk die Tätigkeit ausgeübt werden soll,
5. Ausnahmebewilligungen nach § 42 Abs. 2 die Behörde, in deren Bezirk die Veranstaltung stattfinden soll oder, soweit Ausnahmebewilligungen für mehrere Veranstaltungen in verschiedenen Bezirken erteilt werden, die Behörde, in deren Bezirk die erste Veranstaltung stattfinden soll,
6. die Sicherstellung nach § 46 Abs. 2 Satz 2, Abs. 3 Satz 2 und Abs. 4 Satz 1 auch die Behörde, in deren Bezirk sich der Gegenstand befindet.

§ 49 regelt die örtliche Zuständigkeit für den Bereich des Waffenrechts.[1] Diese Norm hat als reine Zuständigkeitsvorschrift keine eigenständige strafrechtliche Bedeutung. **1**

§ 50 Gebühren und Auslagen

(1) Für individuell zurechenbare öffentliche Leistungen nach diesem Gesetz und nach den auf diesem Gesetz beruhenden Rechtsvorschriften werden Gebühren und Auslagen erhoben.

(2) ¹Das Bundesministerium des Innern wird ermächtigt, im Einvernehmen mit dem Bundesministerium für Wirtschaft und Energie für den Bereich der Bundesverwaltung durch Rechtsverordnung, die nicht der Zustimmung des Bundesrates bedarf, die gebührenpflichtigen Tatbestände näher zu bestimmen und dabei feste Sätze oder Rahmensätze vorzusehen. ²Die Gebührensätze sind so zu bemessen, dass der mit den individuell zurechenbaren öffentlichen Leistungen verbundene Personal- und Sachaufwand gedeckt wird. ³Bei begünstigenden Leistungen kann daneben die Bedeutung, der wirtschaftliche Wert oder der sonstige Nutzen für den Gebührenschuldner angemessen berücksichtigt werden. ⁴Soweit der Gegenstand der Gebühr in den Anwendungsbereich der Richtlinie 2006/123/EG des Europäischen Parlaments und des Rates vom 12. Dezember 2006 über Dienstleistungen im Binnenmarkt (ABl. L 376 vom 27.12.2006, S. 36) fällt, findet Satz 3 keine Anwendung; inländische Gebührenschuldner dürfen hierdurch nicht benachteiligt werden.

(3) ¹In der Rechtsverordnung nach Absatz 2 kann bestimmt werden, dass die für die Prüfung oder Untersuchung zulässige Gebühr auch erhoben werden darf, wenn die Prüfung oder Untersuchung ohne Verschulden der prüfenden oder untersuchenden Stelle und ohne ausreichende Entschuldigung des Bewerbers oder Antragstellers am festgesetzten Termin nicht stattfinden konnte oder abgebrochen werden musste. ²In der Rechtsverordnung können ferner die Gebühren- und Auslagenbefreiung, die Gebührengläubigerschaft, die Gebührenschuldnerschaft, der Umfang der zu erstattenden Auslagen und die Gebührenerhebung abweichend von den Vorschriften des Bundesgebührengesetzes geregelt werden.

In § 50 finden sich für die strafrechtliche Beurteilung irrelevante Kostenregelungen für **1** Amtshandlungen der zuständigen Behörden nach dem Waffengesetz.[1] Die Vorschrift tritt

---

[1] Die Vorschrift entspricht im Wesentlichen § 52 WaffG aF; Abs. 2 schreibt dabei die bisherigen Sonderzuständigkeitsregelungen des § 52 Abs. 3 WaffG aF fort.

[1] Die Vorschrift entspricht § 49 WaffG aF. Von den genannten Ermächtigungen hat der Bundesminister des Innern in der Vierten Verordnung zum WaffG (4. WaffV – zum WaffG aF) vom 19.7.1976 Gebrauch gemacht, BGBl. I S. 1810, die seit der Neubekanntmachung vom 20.4.1990, BGBl. I S. 780, in Kraft getreten am 1.6.1990, den Namen „Kostenverordnung zum Waffengesetz" (WaffKostV) trägt und die als Anlage auch ein umfangreiches Gebührenverzeichnis enthält; hierzu oben Vorb. WaffG Rn. 8. Die WaffKostV findet bis zum Inkrafttreten einer neuen Verordnung auf der Grundlage des § 50 Abs. 2 auch weiterhin entsprechende Anwendung (vgl. Art. 19 Nr. 3 Buchst. c WaffRNeuRegG).

nach Art. 3 Abs. 14 des Gesetzes zur Strukturreform des Gebührenrechts des Bundes (BGebRStrRefG) vom 7.8.2013[2] zum 13.8.2016 außer Kraft

Abschnitt 4. Straf- und Bußgeldvorschriften

Vorbemerkung zu § 51

1   Das Waffenrecht dient in erster Linie sicherheitsrechtlichen Interessen (vgl. § 1 Abs. 1).[1] Dabei soll dem unrechtmäßigen Umgang mit Waffen und Munition entgegengewirkt werden. Diesem Zweck dienen neben den verwaltungsrechtlichen Regelungen insbes. die strafrechtlichen und bußgeldrechtlichen Sanktionen in §§ 51 ff. Dabei handelt es sich um eine auf den ersten Blick unübersichtliche und aus sich heraus kaum verständliche Aneinanderreihung von Verstößen gegen Bestimmungen des WaffG (wobei auch über die Verweisungsvorschriften des § 53 Abs. 1 Nr. 8, Nr. 9 und Nr. 23 Verstöße gegen § 34 AWaffV mit einbezogen sind).

2   Hierbei sind die Verstöße – abgesehen von der Unterscheidung in Vorsatzdelikte (§ 51 Abs. 1, § 52 Abs. 1 und Abs. 3, § 53 Abs. 1) und Fahrlässigkeitstatbestände (§ 51 Abs. 4, § 52 Abs. 4, § 53 Abs. 1) – nach dem Schweregrad in **vier unterschiedliche Kategorien** einzuordnen:
– Verstöße nach **§ 51** sind als Verbrechen (vgl. zu diesem Begriff § 12 Abs. 1 StGB) mit einer Freiheitsstrafe von einem bis zu fünf Jahren (bei besonders schweren Fällen nach Abs. 2 sogar bis zu zehn Jahren) zu bestrafen;
– Verstöße nach **§ 52 Abs. 1** werden als Vergehen (vgl. zu diesem Begriff § 12 Abs. 2 StGB) mit einer Freiheitsstrafe von sechs Monaten bis zu fünf Jahren bestraft, wobei sich in Abs. 5 und Abs. 6 Abweichungen im Strafrahmen für besonders schwere und minder schwere Fälle finden);
– Ebenfalls als Vergehen, aber mit einer geringeren Strafdrohung (Freiheitsstrafe bis zu drei Jahren oder Geldstrafe), werden die Verstöße nach **§ 52 Abs. 3** geahndet;
– Letztlich sind in **§ 53 Abs. 1** Ordnungswidrigkeiten aufgezählt, die mit einer Geldbuße bis zu 10.000 Euro geahndet werden können.

3   **Besonders schwere Fälle** (§ 51 Abs. 2, § 52 Abs. 5) und **minder schwere Fälle** (§ 51 Abs. 3, § 52 Abs. 6) runden den Strafrahmen ab, ohne den jeweiligen Deliktscharakter zu verändern (vgl. § 12 Abs. 3 StGB). Schließlich findet sich in § 54 noch eine Regelung über die **Einziehung,** welche an die Vorschriften der § 74a StGB, § 23 OWiG anknüpfen.

§ 51 Strafvorschriften

(1) Mit Freiheitsstrafe von einem Jahr bis zu fünf Jahren wird bestraft, wer entgegen § 2 Abs. 1 oder 3, jeweils in Verbindung mit Anlage 2 Abschnitt 1 Nr. 1.2.1, eine dort genannte Schusswaffe zum Verschießen von Patronenmunition nach Anlage 1 Abschnitt 1 Unterabschnitt 3 Nr. 1.1 erwirbt, besitzt, überlässt, führt, verbringt, mitnimmt, herstellt, bearbeitet, instand setzt oder damit Handel treibt.

(2) [1]**In besonders schweren Fällen ist die Strafe Freiheitsstrafe von einem Jahr bis zu zehn Jahren.** [2]**Ein besonders schwerer Fall liegt in der Regel vor, wenn der Täter gewerbsmäßig oder als Mitglied einer Bande, die sich zur fortgesetzten Begehung solcher Straftaten verbunden hat, unter Mitwirkung eines anderen Bandenmitgliedes handelt.**

(3) In minder schweren Fällen ist die Strafe Freiheitsstrafe bis zu drei Jahren oder Geldstrafe.

---

[2] BGBl. I S. 3154 (3200).
[1] BT-Drs. 14/7758, 1.

(4) Handelt der Täter fahrlässig, so ist die Strafe Freiheitsstrafe bis zu zwei Jahren oder Geldstrafe.

Übersicht

	Rn.		Rn.
I. Überblick	1	2. Regelbeispiel: Gewerbsmäßigkeit	10
II. Tatbestand des Abs. 1	2–8	3. Regelbeispiel: Bandenmäßige Begehung	11
1. Tatobjekt	3–6		
2. Tathandlung	7	IV. Minder schwere Fälle (Abs. 3)	12, 13
3. Verweisung auf § 2 Abs. 1 und Abs. 3	8	V. Fahrlässigkeitstatbestand (Abs. 4)	14
III. Besonders schwere Fälle (Abs. 2)	9–11	VI. Konkurrenzen	15
1. Allgemeines	9		

I. Überblick

§ 51 enthält einen **Verbrechenstatbestand** (Mindestfreiheitsstrafe ein Jahr, vgl. § 12 Abs. 1 StGB). Eine **Versuchsstrafbarkeit** musste daher nicht gesondert angeordnet werden, sondern ergibt sich aus § 23 Abs. 1 StGB. Über § 30 StGB können dabei auch Vorbereitungshandlungen (Verbrechensverabredung, versuchte Anstiftung ua) erfasst werden. Die Tat verjährt nach § 78 Abs. 3 Nr. 4 StGB in fünf Jahren. Die Einordnung der Tat als Verbrechen hat ua zur Folge, dass sie nicht mehr nach §§ 153, 153a StPO eingestellt werden kann. Auch wurden die Taten nach § 51 Abs. 1–3 in den Straftatenkatalog des § 129a Abs. 2 Nr. 5 StGB (Bildung terroristischer Vereinigungen) aufgenommen.[1] Die Schaffung eines eigenständigen Verbrechenstatbestandes im Waffenrecht fand sich bereits in § 52a WaffG aF,[2] war jedoch im ursprünglichen Entwurf des WaffG 2002 nicht enthalten.[3] Die vorliegende Regelung kam erst kurz vor Abschluss des Gesetzgebungsverfahrens auf Vorschlag des Bundesrates[4] in den Gesetzentwurf[5] und soll im Hinblick auf den verbotenen Umgang mit vollautomatischen Schusswaffen an die bisherige Rechtslage anknüpfen.[6] Die Vorschrift wurde schließlich durch das ÄndG 2008 leicht geändert.[7]

II. Tatbestand des Abs. 1

Strafbar macht sich derjenige, der entgegen § 2 Abs. 1 oder Abs. 3, jeweils iVm Anl. 2 Abschn. 1 Nr. 1.2.1,[8] eine dort genannte Schusswaffe zum Verschießen von Patronenmunition erwirbt, besitzt, überlässt, führt, verbringt, mitnimmt, herstellt, bearbeitet, instand setzt oder damit Handel treibt. Dabei wurde der Zusatz „zum Verschießen von Patronenmunition nach Anlage 1 Abschnitt 1 Unterabschnitt 3 Nr. 1.1" erst durch das ÄndG 2008 in § 51 eingefügt.[9] Hiernach versteht man unter Patronenmunition Hülsen mit Ladungen, die ein

---

[1] Durch Gesetz vom 22.12.2003, BGBl. I S. 2836.
[2] Vgl. zur früheren Rechtslage und zur Entstehungsgeschichte des § 52a aF ausführlich Steindorf/B. Heinrich Rn. 2 ff.
[3] Vgl. hierzu die Begründung in BT-Drs. 14/7758, 81 f.
[4] Vgl. BT-Drs. 14/7758, 118; die Bundesregierung stimmte diesem Vorschlag in BT-Drs. 14/7758, 137 dann zu.
[5] Vgl. BT-Drs. 14/8886, 49 f., 118.
[6] Allerdings wurde lediglich die Regelung des bisherigen § 52a Abs. 1 Nr. 1 (betreffend vollautomatischer Schusswaffen), nicht jedoch diejenige der Nr. 2 (betreffend halbautomatischer Schusswaffen mit Kriegswaffenanschein) übernommen; vgl. auch zur Rspr. zu § 52a Abs. 1 Nr. 1 WaffG aF BGH 21.10.1980 – 1 StR 477/80, NStZ 1981, 104; 13.12.1983 – 1 StR 599/83, NStZ 1984, 171; 6.11.1991 – 3 StR 370/91, BGHR KrWaffG § 16 Konkurrenzen 2; 20.1.1995 – 3 StR 585/94, NJW 1995, 2500; 14.2.1996 – 3 StR 625/95, NJW 1996, 1483; 13.3.1996 – 3 StR 41/96, BGHR WaffG § 52a Abs. 1 Konkurrenzen 4; 22.8.1996 – 4 StR 280/96, NStZ-RR 1997, 1; 18.11.1999 – 1 StR 520/99, NStZ 2000, 150 = BGHR WaffG § 6 Gewehrverschlüsse 1; 24.5.2000 – 3 StR 38/00, NStZ 2000, 541; 11.10.2000 – 3 StR 267/00, NJW 2001, 354 = BGHR WaffG § 6 Abs. 3 Wesentliche Teile 1; OLG Stuttgart 6.7.1981 – 3 Ss 220/81, NStZ 1982, 33.
[7] BGBl. 2008 I S. 426, 432; zur Begründung vgl. BT-Drs. 16/7717, 10, 22.
[8] Die Vorschrift ist abgedruckt in → § 2 Rn. 3.
[9] BGBl. 2008 I S. 426, 432.

Geschoss enthalten, und Geschosse mit Eigenantrieb. Dadurch soll der Umgang mit vollautomatischen Kaltgaswaffen aus der Strafbarkeit nach § 51 Abs. 1 ausgeklammert werden.[10] Eine weitere – mittelbare – Änderung ergab sich durch das ÄndG 2008 insoweit, als Anl. 2 Abschn. 1 Nr. 1.2.1 modifiziert wurde.[11] Der Gesetzgeber trennte diese Ziffer, die nach der aF sowohl die vollautomatischen Waffen als auch die Vorderschaftrepetierflinten enthielt in die Nr. 1.2.1.1 (vollautomatische Waffen) und 1.2.1.2 (Vorderschaftrepetierflinten). Dadurch geht der Verweis in § 51 Abs. 1 auf die „Nr. 1.2.1", die in dieser Form nunmehr nicht mehr existiert, inzwischen fehl, weshalb diesbezüglich auch schon verfassungsrechtliche Bedenken geäußert wurden.[12]

3 **1. Tatobjekt.** Erfasst wird der (unerlaubte) Umgang mit einer Schusswaffe iS der Anl. 2 Abschn. 1 Nr. 1.2.1. Da diese Nummer in dieser Form nicht (mehr) existiert, dafür aber mit Nr. 1.2.1.1 und Nr. 1.2.1.2 (nunmehr) zwei Unternummern jeweils unterschiedliche Tatobjekte benennen, sind diese als Tatobjekte des § 51 Abs. 1 anzusehen. Es handelt sich dabei entweder um **vollautomatische Schusswaffen** (Nr. 1.2.1.1) oder um bestimmte Formen von **Vorderschaftrepetierflinten** (Nr. 1.2.1.2).[13]

4 Bei der **vollautomatischen Schusswaffe** muss es sich nach Nr. 1.2.1.1 der genannten Anlage um eine solche iS der Anl. 1 Abschn. 1 Unterabschn. 1 Nr. 2.2[14] handeln, also um eine Schusswaffe, die nach Abgabe eines Schusses selbsttätig erneut schussbereit wird und bei der aus demselben Lauf durch einmalige Betätigung des Abzuges oder einer anderen Schussauslösevorrichtung mehrere Schüsse abgegeben werden können **(vollautomatische Selbstladewaffe).** Nach Anl. 1 Abschn. 1 Unterabschn. 1 Nr. 2.2 Satz 3 zählen zu den Vollautomaten auch solche Halbautomaten, die früher Vollautomaten waren, dann geändert wurden, aber problemlos mit allgemein gebräuchlichen Werkzeugen wieder in Vollautomaten zurückgeändert werden können. Zu beachten ist in diesem Zusammenhang allerdings, dass diese vollautomatischen Waffen zumeist auch als Kriegswaffen dem Anwendungsbereich des KrWaffG unterfallen, da Maschinengewehre und -pistolen sowie vollautomatische Gewehre in Nr. 29 der Kriegswaffenliste aufgeführt sind.[15] Da nach § 57 für diese Waffen ausschließlich die Vorschriften des KrWaffG (mitsamt der entsprechenden Strafvorschrift des § 22a KrWaffG) anwendbar sind, greift § 51 nur noch in Ausnahmefällen ein. Dies kann entweder dann der Fall sein, wenn jemand die entsprechende Waffe bereits vor Inkrafttreten des neuen WaffG am 1.4.2003 illegal besessen hat, da diese Waffen früher nicht dem KrWaffG, sondern dem WaffG unterfielen (vgl. zudem auch die Übergangsregelung in § 57 Abs. 1 S. 2 und S. 3). Andererseits kommt § 51 Abs. 1 auch bei solchen vollautomatischen Waffen zur Anwendung, die aus anderen Gründen dem KrWaffG nicht unterfallen („zivile" automatische Schusswaffen), wie zB Maschinengewehre mit Wasserkühlung und Maschinenpistolen und vollautomatische Gewehre, die als Modell vor dem 2.9.1945 bei einer militärischen Streitmacht eingeführt worden sind.[16] Denn diese Waffen werden von Nr. 29 der Kriegswaffenliste gerade ausgenommen.

5 Auf Grund des klaren Wortlauts in Abs. 1 wird **Munition** als Tatobjekt nicht erfasst.[17] Dagegen ist § 51 auf **wesentliche Teile** von vollautomatischen Schusswaffen anwendbar. Dies ergibt sich aus dem allgemeinen Gleichstellungsgrundsatz in Anl. 1 Abschn. 1 Unter-

---

[10] Vgl. BT-Drs. 16/7717, 22; auffallend ist, dass für diese vollautomatischen Kaltgaswaffen keine Strafnorm existiert; zu dieser Problematik *Gade/Stoppa* Rn. 3.
[11] BGBl. 2008 I S. 426, 435 f.
[12] *Gade* S. 171, Fn. 341; *Gade/Stoppa* Rn. 8.
[13] Auffallend ist, dass sich das Verbot der Vorderschaftrepetierflinten im ursprünglichen Gesetzentwurf, BT-Drs. 14/7758, 23, 33, noch nicht findet und erst kurz vor Abschluss des Gesetzgebungsverfahrens aufgenommen wurde. Selbst im Beschluss des Innenausschusses des Bundestages, BT-Drs. 14/8886, 49 f., 70, waren diese Flinten noch nicht erwähnt.
[14] Die Vorschrift ist abgedruckt in → § 1 Rn. 77; zu den vollautomatischen Schusswaffen → § 1 Rn. 81 f.
[15] Die Kriegswaffenliste ist im Anhang zur Kommentierung des KrWaffG abgedruckt.
[16] Vgl. hierzu BT-Drs. 14/7758, 118; ferner *Steindorf/B. Heinrich* Rn. 7.
[17] *Gade/Stoppa* Rn. 7; *Lehmann/v. Grotthuss* Rn. 32; *Steindorf/B. Heinrich* Rn. 7.

abschn. 1 Nr. 1.3 Satz 1,[18] wonach wesentliche Teile einer Schusswaffe der Schusswaffe rechtlich gleichgestellt werden.[19] Dabei sind auch wesentliche Teile von Kriegsschusswaffen, die als solche keine Kriegswaffeneigenschaft besitzen, vom WaffG erfasst.[20] Dies ist seit dem ÄndG 2008 in Anl. 1 Abschn. 1 Unterabschn. 1 Nr. 1.3 S. 3 ausdrücklich klargestellt.[21] Auch sog. Bausätze werden von § 51 erfasst.[22] Von Bedeutung ist dabei die Funktionsfähigkeit der einzelnen Teile und nicht das Vorhandensein aller Bestandteile der Schusswaffe.[23]

Unter Abs. 1 fallen weiterhin auch Waffen iS der Anl. 2 A 1 Nr. 1.2.1.2. Dabei handelt es sich um **Vorderschaftrepetierflinten**, „bei denen anstelle des Hinterschaftes ein Kurzwaffengriff vorhanden ist" oder „die Waffengesamtlänge in der kürzest möglichen Verwendungsform weniger als 95 cm oder die Lauflänge weniger als 45 cm beträgt", sog. **„Pumpguns"**.[24] Anders als bei den Vollautomaten fallen die **wesentlichen Teile** einer Vorderschaftrepetierflinte jedoch nicht unter Abs. 1, sofern es sich nicht um solche Teile handelt, die gerade die Verbotseigenschaft begründen (wie zB der Lauf mit einer Mindestlänge von unter 45 cm). Denn wesentliche Teile dieser Schusswaffe können auch anderen, nicht verbotenen Waffen zugeordnet werden.[25] So wäre es nicht angebracht, denjenigen, der zB einen Verschluss einer Vorderschaftrepetierflinte ohne Erlaubnis erwirbt, nur deswegen der erhöhten Strafdrohung des § 51 zu unterwerfen, weil dieser Verschluss auch an einer Vorderschaftrepetierflinte angebracht werden kann, bei der anstelle des „normalen" Hinterschafts ein Kurzwaffengriff angebracht werden kann.

2. Tathandlung. In § 51 Abs. 1 werden mehrere Tathandlungen genannt, die im Wesentlichen der Definition des Umgangs mit Waffen und Munition iS des § 1 Abs. 3 entspricht. Nicht erfasst ist lediglich das unerlaubte **Schießen.** Diese Umgangsform wird jedoch regelmäßig durch die Handlungsalternativen des Besitzes oder des Führens mit abgedeckt sein. Hinsichtlich der einzelnen Tathandlungen kann auf die allgemeinen Ausführungen im Rahmen des § 1 verwiesen werden.[26]

3. Verweisung auf § 2 Abs. 1 und Abs. 3. In Abs. 1 findet sich schließlich noch die sehr umständlich formulierte, missverständliche und teilweise auch überflüssige[27] Voraussetzung, dass der Täter „entgegen § 2 Abs. 1 oder 3" handeln muss. Während § 2 Abs. 1 den Umgang mit Waffen grds. nur Personen gestattet, die das 18. Lebensjahr vollendet haben, dh Minderjährigen den Umgang mit Waffen und Munition vollständig untersagt (vgl. allerdings die Ausnahmen in §§ 3, 13 Abs. 7 S. 2 und Abs. 8 sowie in § 27 Abs. 3 bis Abs. 6) wird in § 2 Abs. 3 festgestellt, dass der Umgang mit den in Anl. 2 Abschn. 1 (Waffenliste) genannten Waffen und Munition (sog. „verbotene Waffen") grds., dh auch für volljährige Personen verboten ist. Erlaubnisse können also nicht nach den allgemeinen Voraussetzungen erteilt werden. Ausnahmen von dem strikten Verbot finden sich lediglich in § 40 Abs. 2–5. Liegt eine solche Ausnahme vor, schließt dies bereits den Tatbestand des § 51 Abs. 1 aus, die Ausnahmegenehmigung stellt nicht erst einen Rechtfertigungsgrund dar.[28]

---

[18] → § 1 Rn. 35 ff.
[19] BGH 18.11.1999 – 1 StR 520/99, NStZ 2000, 150; *Gade/Stoppa* Rn. 5; *Steindorf/B. Heinrich* Rn. 9.
[20] *Steindorf/B. Heinrich* Rn. 9; so bereits BGH 11.10.2000 – 3 StR 267/00, NJW 2001, 384.
[21] BGBl. I S. 426, 433; zur Begründung vgl. BT-Drs. 16/7717, 23: „Auffangregelung".
[22] OLG Hamm 26.11.2001 – 2 Ss OWi 985/01, NStZ-RR 2002, 147 (148); *Hinze/Runkel* Rn. 8; *Steindorf/B. Heinrich* Rn. 9.
[23] Vgl. hierzu bereits → § 1 Rn. 38; ferner *Steindorf/B. Heinrich* Rn. 9; aM OLG Stuttgart 6.7.1981 – 3 Ss 220/81, NStZ 1982, 33 (34).
[24] Hierzu → § 2 Rn. 6; aus der Rspr. zum WaffG aF BGH 26.8.1993 – 4 StR 326/93, BGHR WaffG § 53 Abs. 3 Konkurrenzen 3 = BGHR StGB § 52 Abs. 1 Handlung, dieselbe 27; aus der neuen Rspr. BGH 2.7.2013 – 4 StR 187/13, NStZ-RR 2013, 320.
[25] So auch *Hinze/Runkel* Rn. 8; *Lehmann/v. Grotthuss* Rn. 30; *Steindorf/B. Heinrich* Rn. 9a; aM *Gade/Stoppa* Rn. 5.
[26] → § 1 Rn. 149 ff.
[27] Vgl. hierzu *Steindorf/B. Heinrich* Rn. 11.
[28] Vgl. zu diesem Problemkreis ausführlich → § 52 Rn. 2.

III. Besonders schwere Fälle (Abs. 2)

9   1. Allgemeines. § 51 Abs. 2 enthält eine Strafschärfung für besonders schwere Fälle. Die Vorschrift enthält dabei keine eigenständige Qualifikation, sondern „lediglich" eine **Strafzumessungsregel** (für sämtliche Fälle des § 51 Abs. 1), bei der im Wege der Regelbeispielstechnik die besonders schweren Fälle einen anderen Strafrahmen eröffnen. Ist ein solches Regelbeispiel erfüllt, so gilt der Strafrahmen des Abs. 2, es sei denn, die Indizwirkung des Regelbeispiels entfällt, was (ausnahmsweise) dann der Fall ist, wenn im Verhalten oder der Person des Täters Umstände vorliegen, die das Unrecht seiner Tat oder seiner Schuld deutlich vom Regelfall abheben, so dass die Anwendung des erhöhten Strafrahmens unangemessen erschiene.[29] Dieser Strafrahmen weicht nun bei § 51 nicht, wie sonst im Allgemeinen üblich, im Hinblick auf die zu verhängende Mindeststrafe (jeweils Freiheitsstrafe nicht unter einem Jahr), sondern bei der möglichen Höchststrafe ab. Während nach Abs. 1 im Höchstmaß eine Freiheitsstrafe von bis zu fünf Jahren verhängt werden kann, ist bei Abs. 2 die Verhängung einer Freiheitsstrafe von bis zu 10 Jahren möglich. Neben dem „unbenannten" schweren Fall des Abs. 2 S. 1 werden in Abs. 2 S. 2 zwei **Regelbeispiele** ausdrücklich genannt, bei denen das Vorliegen eines besonders schweren Falles – widerlegbar – vermutet wird: die **gewerbsmäßige** und die **bandenmäßige** Begehung. Diese Merkmale decken sich weitgehend mit den gleich lautenden, im allgemeinen Strafrecht zunehmend als Regelbeispiele oder Qualifikationsmerkmale verwendeten Begriffen, weswegen auf die dortige Kommentierung verwiesen werden kann (vgl. nur §§ 243 Abs. 1 S. 2 Nr. 3; 244 Abs. 1 Nr. 2; 250 Abs. 1 Nr. 2; 263 Abs. 3 Nr. 1 StGB,[30] §§ 19 Abs. 2 Nr. 1, 20a Abs. 2 Nr. 1, 22a Abs. 2 KrWaffG).[31] Im Rahmen der Prüfung, ob ein unbenannter schwerer Fall vorliegt, können ua die Zahl der Waffen und die Umstände ihrer Aufbewahrung bei der Gesamtabwägung zu Lasten des Angeklagten mit berücksichtigt werden. Unzulässig ist es jedoch, die allgemeine Gefährlichkeit der Waffe strafschärfend zu berücksichtigen, da dieser Umstand bereits Grund der Strafbestimmungen des WaffG ist und in den einzelnen Strafdrohungen ihren differenzierten Ausdruck gefunden hat. Würde man sie zudem strafschärfend berücksichtigen, läge ein Verstoß gegen das Doppelverwertungsverbot des § 46 Abs. 3 StGB vor.[32] Gleiches gilt für die Funktionsfähigkeit einer Waffe: Da im WaffG grundsätzlich von einer Funktionsfähigkeit ausgegangen wird,[33] kann diesem Umstand keine strafschärfende Funktion beigemessen werden.[34]

10   2. Regelbeispiel: Gewerbsmäßigkeit. Gewerbsmäßig handelt, wer die Absicht hat, sich durch wiederholte Verstöße gegen das WaffG eine fortlaufende Haupt- oder Nebeneinnahmequelle von einiger (wenn auch möglicherweise begrenzter) Dauer und einigem Umfang zu schaffen.[35] Dabei ist es nicht erforderlich, dass der Täter den Gewinn für sich selbst erzielen möchte, es genügt vielmehr auch, wenn er zB alte kroatische Maschinenpistolen verkauft, um dadurch „Geld für den kroatischen Freiheitskampf" zu erlangen.[36] Erforderlich ist jedoch, dass es sich bei den Verstößen gerade um solche handelt, die nach § 51 mit Strafe bedroht sind, so dass sonstige (gewerbsmäßige) Verstöße gegen das WaffG ausscheiden.[37] Als strafschärfendes persönliches Merkmal gem. § 28 Abs. 2 StGB muss die Gewerbsmäßigkeit bei der Beihilfe auch für den Gehilfen vorliegen.[38]

---

[29] BGH 13.1.1987 – 1 StR 654/86, NJW 1987, 2450; 21.12.1993 – 1 StR 712/93, NStZ 1994, 193.
[30] → StGB § 243 Rn. 39 ff.; StGB § 244 Rn. 36 ff.; StGB § 250 Rn. 53 ff.
[31] → KrWaffG § 19 Rn. 17, KrWaffG § 20a Rn. 10 und KrWaffG § 22a Rn. 95 f.
[32] BGH 17.6.1988 – 1 StR 245/98, StV 1998, 658.
[33] Hierzu → § 1 Rn. 13.
[34] BayObLG 7.11.2001 – 4 StRR 114/2011, NStZ-RR 2002, 89 = BayObLGSt 2001, 147.
[35] Vgl. nur BGH 11.10.1994 – 1 StR 522/94, NStZ 1995, 85; 17.6.2004 – 3 StR 344/03, BGHSt 49, 177 = NJW 2004, 2840; speziell zu waffenrechtlichen Straftatbeständen BGH 4.11.1987 – 2 StR 480/87, NStZ 1988, 133; 21.12.1993 – 1 StR 712/93, NStZ 1994, 193 = BGHR WaffG § 52a Strafzumessung 1; 24.5.2000 – 3 StR 38/00, BeckRS 2000, 30113595 (insoweit in NStZ 2000, 541 nicht abgedruckt); zur Gewerbsmäßigkeit auch → § 1 Rn. 205.
[36] BGH 21.12.1993 – 1 StR 712/93, NStZ 1994, 193; Hinze/Runkel Rn. 12.
[37] Steindorf/B. Heinrich Rn. 14.
[38] BGH 27.8.1993 – 2 StR 394/93, StV 1994, 17; Hinze/Runkel Rn. 12; Steindorf/B. Heinrich Rn. 14.

3. Regelbeispiel: Bandenmäßige Begehung. Im Hinblick auf die bandenmäßige 11
Begehung ist die neuere Rspr. des BGH zu beachten, die für das Vorliegen einer Bande
nunmehr den Zusammenschluss von mindestens **drei Personen** fordert.[39] Darüber hinaus
erfordert Abs. 2 S. 2, dass der Täter im konkreten Fall gerade **unter Mitwirkung** eines
anderen Bandenmitgliedes handelt.[40] Für die Betäubungsmitteldelikte hat die Rspr. zur
Bestimmung des Bandenbegriffs bestimmte Kriterien festgelegt. Der BGH verlangt ua:
die Einbindung der Mitglieder in eine bandenmäßige Organisation, Kontrolle und Schutz
zwischen den Bandenmitgliedern, eine geschäftsmäßige Auftragsverwaltung, eine gemeinsame Kasse und die Beteiligung an dem gemeinschaftlich erwirtschafteten Gewinn.[41] So
liegt keine bandenmäßige Begehung vor, wenn sich Beteiligte des Drogengeschäfts, sei es
auch in einem eingespielten Bezugs- und Absatzsystem, lediglich jeweils auf der Verkäufer-
und Erwerberseite gegenüber stehen.[42] Diese aufgeführten Grundsätze im Bereich des
Betäubungsmittelrechts können jedoch nicht bedenkenlos für das Waffenrecht übernommen
werden. Denn die bandenmäßige Begehung im Waffenrecht kann zB auch auf terroristischen Motiven beruhen, sodass die Gewinnerzielung nicht zwingend angestrebt wird.[43]

IV. Minder schwere Fälle (Abs. 3)

Das Gesetz sieht in Abs. 3 für minder schwere Fälle des Abs. 1 (vgl. zur rechtlichen 12
Qualifikation § 12 Abs. 3 StGB) einen milderen Strafrahmen vor, der demjenigen des § 52
Abs. 3 bzw. des § 52 Abs. 6 entspricht. Insbes. entfällt die Mindeststrafdrohung von einem
Jahr Freiheitsstrafe und es wird die Möglichkeit vorgesehen, auch lediglich eine Geldstrafe
zu verhängen. Dennoch bleibt die Tat ein Verbrechen (§ 12 Abs. 3 StGB).[44]

Die Frage, wann ein minder schwerer Fall vorliegt, lässt sich nicht abstrakt bestimmen, 13
sondern richtet sich nach den Umständen des Einzelfalles.[45] Das Gesetz verzichtet auch
bewusst und im Gegensatz zu den besonders schweren Fällen des Abs. 2 auf – notwendigerweise abstrakt zu haltende – Regelbeispiele solcher minder schweren Fälle. Erforderlich für
das Vorliegen eines solchen minder schweren Falles ist, wie auch bei sonstigen Tatbeständen,
die eine solche Möglichkeit vorsehen, dass das gesamte Tatbild (objektiv) sowie die subjektiven Momente und die Beurteilung der Täterpersönlichkeit so weit vom Durchschnitt der
ansonsten von dieser Strafvorschrift erfassten Fälle abweichen, dass die relativ hohe Strafe
nicht mehr gerechtfertigt erscheint und die Anwendung des milderen Strafrahmens ausreicht.[46] Dies könnte zB in einem Fall gegeben sein, in dem die Witwe eines Kriegsveteranen eine vollautomatische Schusswaffe zu Hause an der Wand hängen hat, sich selbst aber mit
Waffen nicht auskennt.[47] Dabei sind weitere Rechtsfolgen, wie eine gleichzeitig angeordnete
Einziehung nach § 54 zu berücksichtigen. Dies ist im Urteil im Einzelnen auszuführen.

V. Fahrlässigkeitstatbestand (Abs. 4)

Abs. 4 enthält schließlich einen Fahrlässigkeitstatbestand im Hinblick auf die Begehung 14
einer Straftat nach Abs. 1. Der Strafrahmen wird auf Freiheitsstrafe von bis zu 2 Jahren oder
Geldstrafe abgesenkt und entspricht demjenigen eines fahrlässigen Verstoßes gegen § 52
Abs. 1 (vgl. § 52 Abs. 4 Alt. 1). Fahrlässig handelt beispielsweise derjenige, der für einen

---

[39] BGH 22.3.2001 – 1 StR 522/94, BGHSt 46, 321 = NJW 2001, 2266.
[40] Auch hierzu sind die Grundsätze zu beachten, die der BGH im Urt. vom 22.3.2001 – 1 StR 522/94, BGHSt 46, 321 = NJW 2001, 2266 aufgestellt hat; vgl. nur → StGB § 244 Rn. 35 ff.
[41] BGH 9.7.1991 – 1 StR 666790, BGHSt 38, 26 (31) = NStZ 1991, 535 (536 f.); 17.10.1005 – 1 StR 462/95, NStZ 1996, 443; 10.7.1997 – 4 StR 258/97, NStZ-RR 1997, 375 (376).
[42] BGH 6.2.2007 – 4 StR 612/06, NStZ-RR 2007, 153.
[43] Steindorf/*B. Heinrich* Rn. 14; aM Hinze/Runkel Rn. 13.
[44] Kritisch im Hinblick auf die Einordnung als Verbrechen Hinze/Runkel Rn. 14.
[45] Vgl. aus der Rspr. BGH 21.12.1993 – 1 StR 712/93, NStZ 1994, 193; 24.5.2000 – 3 StR 38/00, NStZ 2000, 541; Hinze/Runkel Rn. 14; Lehmann/v. Grotthuss Rn. 73.
[46] Vgl. zu minder schweren Fällen allgemein → StGB § 12 Rn. 14 ff.
[47] Vgl. auch *Ullrich* Kriminalistik 2007, 537 (539); ein ähnliches Beispiel findet sich bei Apel/Bushart/Apel Rn. 7.

anderen einen Koffer transportiert, in welchem sich, was der Täter nicht weiß, aber problemlos hätte feststellen können, eine vollautomatische Schusswaffe oder eine „Pumpgun" befindet.[48] Der Fahrlässigkeitstatbestand kommt häufig in den Fällen des Tatbestands- oder Erlaubnistatbestandsirrtums gem. § 16 Abs. 1 StGB (analog) zur Anwendung.[49] Die Verjährungsfrist für diesen Fahrlässigkeitstatbestand beträgt nach § 78 Abs. 3 Nr. 5 StGB drei Jahre.

VI. Konkurrenzen

15   Bezieht sich eine der hier genannten Tathandlungen (erwerben, besitzen, führen etc) neben einer der hier genannten Waffen (vollautomatische Schusswaffe, Vorderschaftrepetierflinte) zusätzlich auch auf andere Waffen, ist bei gleicher Tathandlung in der Regel Tateinheit (§ 52 StGB), beim unerlaubten Besitz sogar lediglich ein Gesetzesverstoß gegeben.[50] Auch der gleichzeitige Erwerb, Besitz etc von mehreren der hier genannten Waffen stellt nur eine Tat dar.[51] Im Verhältnis der Tathandlungen untereinander kann auf die Ausführungen zu § 52 verwiesen werden.[52]

§ 52 Strafvorschriften

(1) Mit Freiheitsstrafe von sechs Monaten bis zu fünf Jahren wird bestraft, wer
1. entgegen § 2 Abs. 1 oder 3, jeweils in Verbindung mit Anlage 2 Abschnitt 1 Nr. 1.1 oder 1.3.4, eine dort genannte Schusswaffe oder einen dort genannten Gegenstand erwirbt, besitzt, überlässt, führt, verbringt, mitnimmt, herstellt, bearbeitet, instand setzt oder damit Handel treibt,
2. ohne Erlaubnis nach
    a) § 2 Abs. 2 in Verbindung mit Anlage 2 Abschnitt 2 Unterabschnitt 1 Satz 1, eine Schusswaffe oder Munition erwirbt, um sie entgegen § 34 Abs. 1 Satz 1 einem Nichtberechtigten zu überlassen,
    b) § 2 Abs. 2 in Verbindung mit Anlage 2 Abschnitt 2 Unterabschnitt 1 Satz 1, eine halbautomatische Kurzwaffe zum Verschießen von Patronenmunition nach Anlage 1 Abschnitt 1 Unterabschnitt 3 Nr. 1.1 erwirbt, besitzt oder führt,
    c) § 2 Abs. 2 in Verbindung mit Anlage 2 Abschnitt 2 Unterabschnitt 1 Satz 1 in Verbindung mit § 21 Abs. 1 Satz 1 oder § 21a eine Schusswaffe oder Munition herstellt, bearbeitet, instand setzt oder damit Handel treibt,
    d) § 2 Abs. 2 in Verbindung mit Anlage 2 Abschnitt 2 Unterabschnitt 1 Satz 1 in Verbindung mit § 29 Abs. 1, § 30 Abs. 1 Satz 1 oder § 32 Abs. 1 Satz 1 eine Schusswaffe oder Munition in den oder durch den Geltungsbereich dieses Gesetzes verbringt oder mitnimmt,
3. entgegen § 35 Abs. 3 Satz 1 eine Schusswaffe, Munition oder eine Hieb- oder Stoßwaffe im Reisegewerbe oder auf einer dort genannten Veranstaltung vertreibt oder anderen überlässt oder
4. entgegen § 40 Abs. 1 zur Herstellung eines dort genannten Gegenstandes anleitet oder auffordert.

(2) Der Versuch ist strafbar.

(3) Mit Freiheitsstrafe bis zu drei Jahren oder mit Geldstrafe wird bestraft, wer
1. entgegen § 2 Abs. 1 oder 3, jeweils in Verbindung mit Anlage 2 Abschnitt 1 Nr. 1.2.2 bis 1.2.5, 1.3.1 bis 1.3.3, 1.3.5 bis 1.3.8, 1.4.1 Satz 1, Nr. 1.4.2

---

[48] Vgl. auch Lehmann/*v. Grotthuss* Rn. 17; zu einem weiteren Fall der Fahrlässigkeitstat nach § 52a WaffG aF BayObLG 13.3.1997 – 4 St RR 26/97, BayObLGSt 1997, 59.
[49] Vgl. auch Hinze/*Runkel* Rn. 17.
[50] ausführlich → § 52 Rn. 164 ff.
[51] BGH 3.8.2000 – 4 StR 290/00, NStZ 2001, 101; BayObLG 13.3.1997 – 4 St RR 26/97, BayObLGSt 1997, 59 (62); Steindorf/*B. Heinrich* Rn. 18.
[52] → § 52 Rn. 150 ff.

bis 1.4.4 oder 1.5.3 bis 1.5.7, einen dort genannten Gegenstand erwirbt, besitzt, überlässt, führt, verbringt, mitnimmt, herstellt, bearbeitet, instand setzt oder damit Handel treibt,
2. ohne Erlaubnis nach § 2 Abs. 2 in Verbindung mit Anlage 2 Abschnitt 2 Unterabschnitt 1 Satz 1
   a) eine Schusswaffe erwirbt, besitzt, führt oder
   b) Munition erwirbt oder besitzt,
   wenn die Tat nicht in Absatz 1 Nr. 2 Buchstabe a oder b mit Strafe bedroht ist,
3. ohne Erlaubnis nach § 2 Abs. 2 in Verbindung mit Anlage 2 Abschnitt 2 Unterabschnitt 1 Satz 1 in Verbindung mit § 26 Abs. 1 Satz 1 eine Schusswaffe herstellt, bearbeitet oder instand setzt,
4. ohne Erlaubnis nach § 2 Absatz 2 in Verbindung mit Anlage 2 Abschnitt 2 Unterabschnitt 1 Satz 1 in Verbindung mit
   a) § 31 Absatz 1 eine dort genannte Schusswaffe oder Munition in einen anderen Mitgliedstaat verbringt oder
   b) § 32 Absatz 1a Satz 1 eine dort genannte Schusswaffe oder Munition in einen anderen Mitgliedstaat mitnimmt,
5. entgegen § 28 Abs. 2 Satz 1 eine Schusswaffe führt,
6. entgegen § 28 Abs. 3 Satz 2 eine Schusswaffe oder Munition überlässt,
7. entgegen § 34 Abs. 1 Satz 1 eine erlaubnispflichtige Schusswaffe oder erlaubnispflichtige Munition einem Nichtberechtigten überlässt,
7a. entgegen § 36 Absatz 1 Satz 1 in Verbindung mit einer Rechtsverordnung nach § 36 Absatz 5 Satz 1 eine dort genannte Vorkehrung für eine Schusswaffe nicht, nicht richtig oder nicht rechtzeitig trifft und dadurch die Gefahr verursacht, dass eine Schusswaffe oder Munition abhandenkommt oder darauf unbefugt zugegriffen wird,
8. einer vollziehbaren Anordnung nach § 41 Abs. 1 Satz 1 oder Abs. 2 zuwiderhandelt,
9. entgegen § 42 Abs. 1 eine Waffe führt oder
10. entgegen § 57 Abs. 5 Satz 1 den Besitz über eine Schusswaffe oder Munition ausübt.

(4) Handelt der Täter in den Fällen des Absatzes 1 Nr. 1, 2 Buchstabe b, c oder d oder Nr. 3 oder des Absatzes 3 Nummer 1 bis 7, 8, 9 oder 10 fahrlässig, so ist die Strafe bei den bezeichneten Taten nach Absatz 1 Freiheitsstrafe bis zu zwei Jahren oder Geldstrafe, bei Taten nach Absatz 3 Freiheitsstrafe bis zu einem Jahr oder Geldstrafe.

(5) [1]In besonders schweren Fällen des Absatzes 1 Nr. 1 ist die Strafe Freiheitsstrafe von einem Jahr bis zu zehn Jahren. [2]Ein besonders schwerer Fall liegt in der Regel vor, wenn der Täter gewerbsmäßig oder als Mitglied einer Bande, die sich zur fortgesetzten Begehung solcher Straftaten verbunden hat, unter Mitwirkung eines anderen Bandenmitgliedes handelt.

(6) In minder schweren Fällen des Absatzes 1 ist die Strafe Freiheitsstrafe bis zu drei Jahren oder Geldstrafe.

Übersicht

	Rn.		Rn.
I. Überblick	1–4	a) Tatobjekt	6
1. Systematik	1	b) Tathandlung	7
2. Erlaubnis und Irrtum	2–4	c) Verweisung auf § 2 Abs. 1 und Abs. 3	8
II. Tatbestände des Abs. 1	5–47	d) Konkurrenzen	9
1. Unerlaubter Umgang mit ehemaligen Kriegswaffen oder Molotow-Cocktails etc. (Nr. 1)	5–9	2. Unerlaubter Erwerb von Schusswaffen oder Munition, um sie an Nichtbe-	

	Rn.
rechtigte zu überlassen (Nr. 2 Buchst. a)	10–17
a) Tatobjekt	11
b) Tathandlung: Erwerben	12
c) Fehlen einer Erlaubnis	13, 14
d) Besondere subjektive Voraussetzung	15, 16
e) Sonderfälle	17
3. Unerlaubtes Erwerben, Besitzen oder Führen einer halbautomatischen Kurzwaffe (Nr. 2 Buchst. b)	18–21
a) Tatobjekt	19
b) Tathandlung	20
c) Fehlen einer Erlaubnis	21
4. Unbefugte Herstellung von Waffen oder Munition bzw. unbefugtes Handeltreiben (Nr. 2 Buchst. c)	22–29
a) Tatobjekt	23
b) Tathandlung	24
c) Gewerbsmäßigkeit etc	25
d) Fehlen einer Erlaubnis	26–28
e) Schuldspruch	29
5. Unerlaubtes Verbringen von Schusswaffen und Munition (Nr. 2 Buchst. d)	30–35
a) Tatobjekt	31
b) Tathandlung	32
c) Fehlen einer Erlaubnis	33, 34
d) Konkurrenzen	35
6. Unerlaubter Handel mit Waffen oder Munition außerhalb fester Verkaufsstätten (Nr. 3)	36–44
a) Tatobjekt	37
b) Tathandlungen	38
c) Besonderheit: Geltung dieser Handelsverbote nur außerhalb fester Verkaufsstätten	39–43
d) Konkurrenzen	44
7. Die Anleitung bzw. das Auffordern zur unerlaubten Herstellung sog. „Molotow-Cocktails" (Nr. 4)	45–47
a) Tatobjekt	46
b) Tathandlung	47
III. Tatbestände des Abs. 3	**48–124**
1. Unerlaubter Umgang mit verbotenen Waffen (Nr. 1)	48–52
a) Tatobjekt	49
b) Tathandlung	50
c) Verweisung auf § 2 Abs. 1 und Abs. 3	51
d) Konkurrenzen	52
2. Unerlaubter Umgang mit Schusswaffen und Munition (Nr. 2)	53–64
a) Unerlaubtes Erwerben, Besitzen oder Führen von Schusswaffen (Nr. 2 Buchst. a)	54–59
b) Unerlaubtes Erwerben und Besitzen von Munition (Nr. 2 Buchst. b)	60–64
3. Unerlaubte nichtgewerbsmäßige Waffenherstellung (Nr. 3)	65–69
a) Tatobjekt	66
b) Tathandlung	67

	Rn.
c) Nichtgewerbsmäßige Waffenherstellung	68
d) Fehlen einer Erlaubnis	69
4. Unerlaubte Verbringung von Schusswaffen und Munition in einen anderen Mitgliedstaat (Nr. 4)	70–73
a) Tatobjekt	71
b) Tathandlung	72
c) Fehlen einer Erlaubnis	73
5. Unerlaubtes Führen einer Schusswaffe durch Bewachungspersonal (Nr. 5)	74–77
a) Tatobjekt	76
b) Tathandlung	77
6. Unerlaubtes Überlassen von Schusswaffen oder Munition an Bewachungspersonal (Nr. 6)	78–82
a) Tatobjekt	80
b) Tathandlung	81
c) Keine vorherige Zustimmung seitens der Behörde	82
7. Unerlaubtes Überlassen von Schusswaffen und Munition (Nr. 7)	83–88
a) Tatobjekt	85
b) Tathandlung	86
c) Nichtberechtigung des Erwerbers	87
d) Verstoß gegen § 34 Abs. 1 S. 1	88
8. Verstoß gegen die Pflicht, Schusswaffen sicher aufzubewahren (Nr. 7a)	89–97
a) Tatobjekt	91, 92
b) Tathandlung	93, 94
c) Gefahrverursachung	95
d) Vorsatz	96
e) Konkurrenzen	97
9. Unerlaubter Erwerb und Besitz von Schusswaffen und Munition entgegen eines vollziehbaren Verbots im Einzelfall (Nr. 8)	98–106
a) Verstoß gegen eine Anordnung nach § 41 Abs. 1 S. 1	99–102
b) Verstoß gegen eine Anordnung nach § 41 Abs. 2	103–106
10. Unerlaubtes Waffenführen bei öffentlichen Veranstaltungen (Nr. 9)	107–121
a) Tatobjekt	108
b) Tathandlung	109
c) Im Rahmen der Teilnahme an öffentlichen Veranstaltungen	110–113
d) Die Ausnahmevorschrift des § 42 Abs. 2 auch iVm § 16 Abs. 2	114, 115
e) Die Ausnahmevorschrift des § 42 Abs. 4	116–120
f) Konkurrenzen	121
11. Unerlaubter Besitz ehemaliger Kriegswaffen (Nr. 10)	122–124
a) Tatobjekt	123
b) Tathandlung	124
IV. Versuchstatbestand des Abs. 2	**125**
V. Fahrlässigkeitstatbestand des Abs. 4	**126–129**
1. Überblick	126
2. Abs. 4 Alt. 1	127, 128

I. Waffengesetz   1, 2   § 52 WaffG

	Rn.		Rn.
3. Abs. 4 Alt. 2	129	b) Konkurrenzen zwischen verschiedenen Umgangsformen	152–163
VI. Besonders schwere Fälle (Abs. 5)	130, 131	c) Verhältnisse beim verbotenen Umgang mit mehreren Waffen oder Munition	164–166
VII. Minder schwere Fälle (Abs. 6)	132, 133	3. Klammerwirkung von Dauerstraftaten (insbes. des Besitzes)	167–172
VIII. Konkurrenzen	134–172	a) Verklammerung mehrerer Waffendelikte	168, 169
1. Konkurrenz von Waffendelikten mit anderen Delikten	135–149	b) Verklammerung sonstiger Delikte	170–172
a) Zusammentreffen mit Delikten, bei denen der Umgang mit Waffen notwendiger Bestandteil ist	136–139	IX. Sonstiges	173–180
b) Zusammentreffen mit sonstigen Delikten	140–149	1. Schuldspruch	173
2. Konkurrenzen innerhalb der Waffendelikte	150–166	2. Verjährung	174
		3. Strafklageverbrauch	175, 176
a) Gesetzliches Vorrangverhältnis	151	4. Rechtfertigung	177, 178
		5. Täterschaft und Teilnahme	179, 180

I. Überblick

1. Systematik. § 52 erfasst eine Vielzahl von Verstößen gegen das WaffG, wobei der **1** Gesetzgeber eine Kategorisierung in **schwerere Straftaten** (Abs. 1; Freiheitsstrafe von sechs Monaten bis zu fünf Jahren) und **leichtere Verstöße** (Abs. 3; Freiheitsstrafe bis zu drei Jahren oder Geldstrafe) vorgenommen hat. Im Gegensatz zu § 51 handelt es sich bei den Delikten des § 52 also durchweg um **Vergehen**. Dies gilt nach § 12 Abs. 3 StGB auch für die in Abs. 5 genannten **besonders schweren Fälle** (Freiheitsstrafe von einem Jahr bis zu zehn Jahren), für die zwei Regelbeispiele vorgesehen sind. Nach Abs. 2 ist lediglich bei den schwereren Straftaten des Abs. 1 eine **Versuchsstrafbarkeit** vorgesehen. Somit bleibt der Versuch der Straftaten nach Abs. 3 straflos. Abs. 6 enthält ferner eine Regelung über **minder schwere Fälle** (Freiheitsstrafe bis zu drei Jahren oder Geldstrafe) für die allerdings keine Regelbeispiele genannt sind. Schließlich ist in Abs. 4 für die hier genannten Fälle eine **Fahrlässigkeitsbestrafung** vorgesehen.

2. Erlaubnis und Irrtum. Viele der nachfolgenden Tatbestände stellen Verhaltensweisen unter Strafe, bei denen der Täter „ohne Erlaubnis" handelt. Das Fehlen der behördlichen Erlaubnis ist hier – als sog. „negatives" Tatbestandsmerkmal[1] – auf Tatbestandsebene zu prüfen.[2] Denn es handelt sich bei den genannten Erlaubnisnormen jeweils um sog. **präventive Verbote mit Erlaubnisvorbehalt**.[3] Das Verhalten (im konkreten Fall: der Umgang mit Waffen und Munition) stellt nicht bereits als solches tatbestandliches Unrecht dar, sondern erst dann, wenn die erforderliche behördliche Erlaubnis fehlt. Diese Einordnung ist allerdings für diejenigen Tatbestände, die den Umgang mit verbotenen Waffen sanktionieren (§ 51, § 52 Abs. 1 Nr. 1, Abs. 3 Nr. 1, § 53 Abs. 1 Nr. 2) nicht unbestritten. Da verbotene Waffen regelmäßig nicht erlaubnisfähig sind und das Verbot nur „ausnahmsweise" in den Fällen des § 40 Abs. 2 bis Abs. 4 nicht gilt, wird hier teilweise angenommen, es handle sich um sog. **repressive Verbote mit Befreiungsvorbehalt**.[4] Der Umgang mit diesen Waffen sei grds. zu missbilligen und daher nur im Ausnahmefall erlaubt, was zur Folge haben müsse, dass die Erlaubnis bzw. Ausnahmebewilligung hier lediglich als **Rechtfertigungsgrund**

---

[1] OLG Frankfurt a. M. 18.10.2005 – 1 Ss 220/05, NStZ-RR 2006, 353; Apel/Bushart/*Apel* Rn. 12; Steindorf/*B. Heinrich* Vor § 51 Rn. 7.
[2] Hierzu auch Apel/Bushart/*Apel* Rn. 11; Steindorf/*B. Heinrich* Vor § 51 Rn. 8; teilweise abweichend aber Erbs/Kohlhaas/*Pauckstadt-Maihold*, W 12, Vor §§ 51–53 Rn. 2 f.; Hinze/Runkel Vorbem. zu §§ 51–54 Rn. 4 f.; *Klein* JR 2008, 185; *Steindorf*, 8. Aufl. 2007, Vor § 51 Rn. 8 ff.; ders., FS Salger, 1994, 167 (170 ff.).
[3] OLG Frankfurt a. M. 18.10.2005 – 1 Ss 220/05, NStZ-RR 2006, 353; LG Ravensburg 28.6.2007 – 2 Qs 67/06, NStZ-RR 2007, 353 (354); Steindorf/*B. Heinrich* Vor § 51 Rn. 7 f.
[4] Erbs/Kohlhaas/*Pauckstadt-Maihold*, W 12, Vor §§ 51–53 Rn. 2; Hinze/Runkel Vorbem. zu §§ 51–54 Rn. 5; *Klein* JR 2008, 185 (186); *Steindorf*, 8. Aufl. 2007, Vor § 51 Rn. 8 f.; ders., FS Salger, 1994, 167 (171, 184).

anzusehen sei. Der Umgang mit diesen Waffen sei damit in jedem Falle tatbestandsmäßig. Diese Differenzierung ist zwar vom Grundgedanken her durchaus nachvollziehbar, es besteht hierzu jedoch im Rahmen der §§ 51 ff. keine Notwendigkeit.[5] Im Gegenteil führt es eher zu Verwirrungen, wenn einer behördlichen Erlaubnis oder Ausnahmegenehmigung im Rahmen der Straftatbestände des Waffenrechts eine unterschiedliche Funktion zuerkannt wird, je nachdem welcher Erlaubnistatbestand betroffen ist. Auch aus Gefährlichkeitsüberlegungen heraus ergibt sich hierzu keine Notwendigkeit, wenn man bedenkt, dass die Vorschriften der § 52 Abs. 3 Nr. 1, § 53 Abs. 1 Nr. 2 in ihrem Unrechtsgehalt hinter denjenigen des § 52 Abs. 1 Nr. 2 bis Nr. 4 deutlich zurückbleiben, hier aber das Handeln ohne Erlaubnis unbestritten als (negatives) Tatbestandsmerkmal anzusehen ist.[6]

3   In denjenigen Fällen, in denen das tatbestandsmäßige Verhalten an das Fehlen einer erforderlichen Erlaubnis anknüpft, kann nur eine tatsächlich erteilte Erlaubnis den Tatbestand ausschließen. Ist eine Erlaubnis weder beantragt noch erteilt worden, spielt es keine Rolle, ob eine solche Erlaubnis entsprechend der materiellen Rechtslage hätte erteilt werden können (Fälle des zwar **genehmigungsfähigen** aber nicht genehmigten Verhaltens). Der Täter handelt auch in diesen Fällen ohne Genehmigung.[7] Gleiches gilt in den Fällen **behördlicher Duldung,** in denen ein bestimmtes Verhalten der Behörde bekannt ist, von ihr allerdings geduldet wird, ohne dass dem Betreffenden jedoch die erforderliche Erlaubnis erteilt wurde.[8] Hier ist jedoch insoweit Vorsicht geboten, als in einem ausdrücklichen Duldungsakt, der alle Kriterien der materiellen und formalen staatlichen Kontrollfunktion erfüllt, im Einzelfall durchaus auch eine Genehmigung durch schlüssiges Handeln gesehen werden kann. Zu beachten ist ferner, dass mit Ausnahme der infolge gravierender Mängel **nichtigen** Erlaubniserteilung (§ 44 VwVfG) infolge der insoweit bestehenden Verwaltungsakzessorietät des Strafrechts materiell rechtswidrige aber bestandskräftig gewordenen Erlaubnisse und Genehmigungen auch strafrechtlich als wirksame Verwaltungsakte anzusehen sind, die zwar nach § 45 zurückgenommen oder widerrufen werden können, bis zu diesem Zeitpunkt aber eine tatbestandsausschließende Wirkung entfalten.[9] Dies muss selbst für erschlichene bzw. durch Täuschung oder Kollusion erwirkte Erlaubnisse und Genehmigungen gelten, da eine den § 330d Nr. 5 StGB, § 34 Abs. 8 AWG, § 16 Abs. 4 CWÜAG entsprechende Regelung im Waffenrecht nicht existiert.[10]

4   Da das Vorliegen einer waffenrechtlichen Erlaubnis oder Ausnahmegenehmigung tatbestandsausschließende Wirkung besitzt, führt ein Irrtum darüber, dass eine solche Erlaubnis erteilt wurde, zu einem Tatbestandsirrtum nach § 16 StGB.[11] Im umgekehrten Falle (der Täter geht davon aus, dass keine Erlaubnis vorliegt, während diese aber tatsächlich erteilt wurde) liegt ein (untauglicher) Versuch vor, der in denjenigen Fällen, in denen der Versuch strafbar ist (§ 51, § 52 Abs. 2), auch sanktioniert wird.[12] Geht der Täter davon aus, dass eine Erlaubnis für den jeweiligen Umgang mit Waffen oder Munition bzw. die von ihm ausgeübte Tätigkeit nicht erforderlich sei, soll nach einer Ansicht ebenfalls ein Tatbestandsirrtum

---

[5] Anders *Klein* JR 2008, 185 (188), der jedenfalls im Hinblick auf die Einordnung des Irrtums über die Genehmigungspflicht, hierzu → Rn. 4, eine unterschiedliche Rechtsfolge (Tatbestandsirrtum oder Verbotsirrtum) zu erkennen glaubt.
[6] Vgl. auch Steindorf/*B. Heinrich* Vor § 51 Rn. 10.
[7] Erbs/Kohlhaas/*Pauckstadt-Maihold*, W 12, Vor §§ 51–53 Rn. 3; *Klein* JR 2008, 185 (188); Steindorf/*B. Heinrich* Vor § 51 Rn. 12; vgl. die ähnliche Lage im Kriegswaffenrecht, KrWaffG § 22a Rn. 31.
[8] Erbs/Kohlhaas/*Pauckstadt-Maihold*, W 12, Vor §§ 51–53 Rn. 3; Steindorf/*B. Heinrich* Vor § 51 Rn. 13; hierzu auch *Klein* JR 2008, 185 (188); *Rengier* ZStW 101 (1989), 874 (905 f.).
[9] Vgl. hierzu Erbs/Kohlhaas/*Pauckstadt-Maihold*, W 12, Vor §§ 51–53 Rn. 3, 4; Hinze/*Runkel* Vorbem. zu §§ 51–54 Rn. 6 ff.; *Klein* JR 2008, 185 (186 ff.); Steindorf/*B. Heinrich* Vor § 51 Rn. 13 f.
[10] Erbs/Kohlhaas/*Pauckstadt-Maihold*, W 12, Vor §§ 51–53 Rn. 4; Hinze/*Runkel* Vorbem. zu §§ 51–54 Rn. 10 ff.; *Klein* JR 2008, 185 (187 f.); Steindorf/*B. Heinrich* Vor § 51 Rn. 16 ff.
[11] Steindorf/*B. Heinrich* Vor § 51 Rn. 22 f.; anders allerdings noch RG 23.5.1932 – III 235/32, RGSt 66, 249 (251) für den Fall der irrtümlichen Annahme, dass ein erteilter Waffenschein den Erwerb der jeweiligen Schusswaffen erlaube; vgl. zu verschiedenen Irrtumskonstellationen auch *Ullrich* Kriminalistik 2007, 537 (540 f.).
[12] Hinze/*Runkel* Vorbem. zu §§ 51–54 Rn. 29; Steindorf/*B. Heinrich* Vor § 51 Rn. 24.

vorliegen.[13] Näher liegt es jedoch, hier einen Verbotsirrtum anzunehmen (§ 17 StGB), der regelmäßig vermeidbar sein wird.[14] Die Einordnung dieses Irrtums als Verbotsirrtum folgt daraus, dass sich der Täter letztlich über die rechtliche Bewertung eines in Bezug auf die tatsächlichen Umstände vollständig und richtig erkannten Sachverhaltes irrt: er weiß, dass er mit einer bestimmten Waffe umgeht und er weiß auch, dass er hierfür keine behördliche Erlaubnis oder Genehmigung besitzt. Zwar ist es anerkannt, dass bei überwiegend normativ geprägten Tatbestandsmerkmalen nach den Grundsätzen der „Parallelwertung in der Laiensphäre" im Einzelfall auch ein Irrtum über die rechtliche Bewertung als Tatbestandsirrtum angesehen werden kann.[15] Ein solcher Fall ist jedoch bei einem Irrtum über die grds. Erforderlichkeit einer Erlaubnis oder Genehmigung im Waffenrecht nicht gegeben, zumal das Gesetz nunmehr auch nicht mehr davon spricht, der Täter müsse ohne die „erforderliche" Erlaubnis handeln, sondern sich damit begnügt, dass der Täter „ohne Erlaubnis" handeln muss.

II. Tatbestände des Abs. 1

1. Unerlaubter Umgang mit ehemaligen Kriegswaffen oder Molotow-Cocktails etc (Nr. 1).
Nach dieser Vorschrift macht sich strafbar, wer entgegen § 2 Abs. 1 oder Abs. 3, jeweils iVm Anl. 2 Abschn. 2 Nr. 1.1 (ehemalige Kriegswaffen) oder 1.3.4 (Brandsätze, insbes. Molotow-Cocktails),[16] einen dort genannten Gegenstand erwirbt, besitzt, überlässt, führt, verbringt, mitnimmt, herstellt, bearbeitet, instand setzt oder damit Handel treibt.[17]

a) Tatobjekt. Mit den ehemaligen Kriegswaffen[18] der Nr. 1.1 und den Brandsätzen[19] der Nr. 1.3.4 („Gegenstände, bei denen leicht entflammbare Stoffe so verteilt und entzündet werden, dass schlagartig ein Brand entstehen kann; oder in denen unter Verwendung explosionsgefährlicher oder explosionsfähiger Stoffe eine Explosion ausgelöst werden kann") der Anl. 2 Abschn. 2[20] greift der Gesetzgeber aus der Liste der verbotenen Waffen zwei Gegenstände heraus, bei denen er den verbotenen Umgang als schwereres Unrecht ansieht und daher dem Abs. 1 des § 52 unterwirft.[21] Hinzuweisen ist darauf, dass Nr. 1.1 der genannten Anlage aus dem Kreis der ehemaligen Kriegswaffen (Waffen, die in der Kriegswaffenliste aufgenommen sind, nach Verlust der Kriegswaffeneigenschaft) die halbautomatischen tragbaren Schusswaffen ausdrücklich ausnimmt.[22]

---

[13] OLG Frankfurt a. M. 18.10.2005 – 1 Ss 220/05, NStZ-RR 2006, 353; LG Ravensburg 28.6.2007 – 2 Qs 67/06, NStZ-RR 2007, 353 (354); ferner *Klein* JR 2008, 185 (188) – jedenfalls im Hinblick auf die präventiven Verbote mit Erlaubnisvorbehalt; so auch Hinze/*Runkel* Vorbem. zu §§ 51–54 Rn. 31; *Steindorf*, 8. Aufl. 2007, Vor § 51 Rn. 43 ff.; vgl. für die Erlaubnis im Rahmen der GewO OLG Düsseldorf 20.1.1998 – 5 Ss (OWi) 341/97 – (OWi) 176/97 I, StraFo 1998, 169 (170).
[14] Aus der Rspr. OLG Karlsruhe 5.12.1991 – 1 Ss 49/91, NJW 1992, 1057; vgl. bereits RG 21.1.1937 – 5 D 763/36, RGSt 71, 40 (Unkenntnis der Bestimmungen des Schusswaffengesetzes schließt den Vorsatz nicht aus); ferner OLG Köln 26.3.1974 – 1 Ss 22/74, OLGSt § 53 WaffG S. 15 (16); vgl. aber zu Fällen des unvermeidbaren Verbotsirrtums BayObLG 28.2.1989 – RReg 4 St 229/88, NStE Nr. 2 zu § 28 WaffG; OLG Karlsruhe 18.12.1969 – 1 Ss 375/69, NJW 1970, 1056; aus der Literatur vgl. Steindorf/B. *Heinrich* Vor § 51 Rn. 25a; bzgl. der Vermeidbarkeit vgl. auch Hinze/*Runkel* Vorbem. zu §§ 51–54 Rn. 34.
[15] Gegen diese Rechtsfigur *Heinrich*, FS Roxin, 2011, Bd. 1, 449.
[16] Die Vorschrift ist abgedruckt in → § 2 Rn. 3.
[17] Die Vorschrift entspricht – im Hinblick auf die Molotow-Cocktails – im Wesentlichen § 53 Abs. 1 S. 1 Nr. 4 WaffG aF; hierzu aus der Rspr. BGH 6.7.1993 – 1 StR 260/93, BGHR WaffG § 37 Brand 1; 4.3.1998 – 5 StR 434/97, NStZ 1998, 362.
[18] Hierzu → § 2 Rn. 4.
[19] Hierzu → § 2 Rn. 15; auch → § 1 Rn. 121.
[20] Die Vorschriften sind abgedruckt in → § 2 Rn. 3.
[21] Bzgl. verbotener Waffen nach Nr. 1.2.1.1 und Nr. 1.2.1.2 der genannten Anl. liegt dagegen sogar der Verbrechenstatbestand des § 51 vor; → § 51 Rn. 2; zu leichteren Strafvorschriften im Hinblick auf den Umgang mit verbotenen Waffen vgl. § 52 Abs. 3 Nr. 1, → Rn. 48 ff.; zur Ordnungswidrigkeiten des § 53 Abs. 1 Nr. 2 → § 53 Rn. 4; hierzu auch *König/Papsthart* Rn. 841, die – de lege ferenda – die Aufnahme der ehemaligen Kriegswaffen sogar in den Verbrechenstatbestand des § 51 fordern; vgl. dazu auch *Gade/Stoppa* Rn. 4, die einen offensichtlichen Wertungswiderspruch sehen und ebenfalls die Einstufung als Verbrechen fordern.
[22] Vgl. auch Nr. 52.1 WaffVwV.

7   **b) Tathandlung.** In Abs. 1 Nr. 1 werden eine Vielzahl verschiedener Tathandlungen genannt. Diese entsprechen im Wesentlichen der Definition des Umgangs mit Waffen und Munition iS des § 1 Abs. 3. Nicht erfasst ist lediglich das unerlaubte **Schießen**.[23] Hinsichtlich der einzelnen Tathandlungen kann auf die allgemeinen Ausführungen im Rahmen des § 1 verwiesen werden.[24]

8   **c) Verweisung auf § 2 Abs. 1 und Abs. 3.** In Abs. 1 findet sich – wie schon in § 51 Abs. 1[25] – schließlich noch die Voraussetzung, dass der Täter „entgegen § 2 Abs. 1 oder 3" handeln muss. Während § 2 Abs. 1 den Umgang mit Waffen grds. nur Personen gestattet, die das 18. Lebensjahr vollendet haben, dh Minderjährigen den Umgang mit Waffen und Munition vollständig untersagt (vgl. allerdings die Ausnahmen in §§ 3, 13 Abs. 7 S. 2 und Abs. 8 sowie § 27 Abs. 3 bis Abs. 6) wird in § 2 Abs. 3 festgestellt, dass der Umgang mit den in Anl. 2 Abschn. 1 (Waffenliste) genannten Waffen und Munition (sog. „verbotene Waffen") grds., dh auch für volljährige Personen verboten ist. Erlaubnisse können also nicht nach den allgemeinen Voraussetzungen erteilt werden. Ausnahmen von dem strikten Verbot finden sich lediglich in § 40 Abs. 2 bis Abs. 5.

9   **d) Konkurrenzen.** Idealkonkurrenz (§ 52 StGB) kann im Hinblick auf den unerlaubten Umgang mit Molotow-Cocktails sowohl vorliegen mit einer versuchten[26] als auch mit einer vollendeten schweren Brandstiftung nach § 306a StGB.[27]

10   **2. Unerlaubter Erwerb von Schusswaffen oder Munition, um sie an Nichtberechtigte zu überlassen (Nr. 2 Buchst. a).** Nach § 2 Abs. 2 ist der Umgang mit Waffen oder Munition, die in der Waffenliste genannt sind, grds. erlaubnispflichtig. Unter den Begriff des Umgangs fällt dabei auch der Erwerb.[28] Die Erlaubnis zum Erwerb von Waffen und Munition wird in der Regel in Form einer Waffenbesitzkarte (§ 10 Abs. 1) oder eines Munitionserwerbsscheins (§ 10 Abs. 3) erteilt. Wer, ohne dass er eine solche Erlaubnis besitzt, eine erlaubnispflichtige Waffe oder erlaubnispflichtige Munition erwirbt, wird – je nach Art der Waffe – nach einer unterschiedlichen Strafnorm beurteilt.[29] **Unabhängig von der Art** der Schusswaffe oder der Munition macht sich jedoch nach § 52 Abs. 1 Nr. 2 Buchst. a strafbar, wer diese ohne eine entsprechende Erlaubnis erwirbt, um sie entgegen § 34 Abs. 1 S. 1 **an Nichtberechtigte** weiterzugeben.[30] Einzige Voraussetzung ist, dass es sich um eine **erlaubnispflichtige** Waffe bzw. um **erlaubnispflichtige** Munition nach Anl. 2 Abschn. 2 Unterabschn. 1 S. 1[31] handelt. Es kommt also entscheidend auf die vom Täter verfolgte Absicht an (weswegen dieser Verstoß auch nicht fahrlässig begangen werden kann; vgl. Abs. 4).[32] Nicht das Überlassen selbst, sondern bereits der Erwerb in der Absicht, den Gegenstand später einem Nichtberechtigten zu überlassen, wird also durch Nr. 2

---

[23] Im Gegensatz zu § 53 Abs. 1 S. 1 Nr. 5 WaffG aF ist es nach geltendem Recht nicht mehr strafbar, Bestandteile, die zur Herstellung von Molotow-Cocktails bestimmt sind, zu vertreiben oder anderen zu überlassen.
[24] → § 1 Rn. 149 ff.
[25] Hierzu → § 51 Rn. 8.
[26] Vgl. BGH 4.3.1998 – 5 StR 434/97, NStZ 1998, 362; OLG Stuttgart 9.10.1980 – 5 OJs 31/79 – Ceska 461 (unveröffentlicht).
[27] Vgl. hierzu und zur Möglichkeit einer Tateinheit des Herstellens eines Molotow-Cocktails und einer anschließenden gefährlichen Körperverletzung nach § 224 Abs. 1 Nr. 2 StGB BGH 6.7.1993 – 1 StR 260/93, BeckRS 1993, 31091128 (insoweit in BGHR WaffG § 37 Brand 1 nicht abgedruckt).
[28] Vgl. zum Begriff des Erwerbs → § 1 Rn. 168 ff.
[29] Der unerlaubte Erwerb ist, abhängig von der Art der Waffe, unter Strafe gestellt in § 51 Abs. 1 (→ § 51 Rn. 2 ff.), § 52 Abs. 1 Nr. 1 (→ Rn. 5 ff.) und Nr. 2 Buchst. b (→ Rn. 18 ff.), Abs. 3 Nr. 1 (→ Rn. 48 ff.) und Nr. 2 Buchst. a und b (→ Rn. 54 ff. und Rn. 60 ff.).
[30] Vgl. hierzu aus der Rspr. BGH 6.8.2007 – 4 StR 431/06, NStZ 2008, 158; die Vorschrift entspricht im Wesentlichen § 53 Abs. 1 S. 1 Nr. 3 WaffG aF; hierzu aus der Rspr. BGH 16.1.1980 – 2 StR 692/79, BGHSt 29, 184 = NJW 1980, 1475 = JZ 1980, 280 = MDR 1979, 1041 mAnm *Willms* LM WaffenG 1976 Nr. 3; BGH 22.12.1987 – 5 StR 394, 395/87, NStZ 1988, 133 = BGHR WaffG § 53 Abs. 1 S. 1 Nr. 3 Nichtberechtigte 1 = NStE Nr. 3 zu § 53 WaffG.
[31] Die Vorschrift ist abgedruckt in → § 2 Rn. 33.
[32] Vgl. hierzu noch → Rn. 118.

Buchst. a unter Strafe gestellt. Das spätere Überlassen hingegen stellt „lediglich" eine Straftat nach Abs. 3 Nr. 7 dar.³³

a) Tatobjekt. Erfasst sind sowohl erlaubnispflichtige Schusswaffen als auch erlaubnispflichtige Munition. Für die Begriffe der Schusswaffe und der Munition gelten dabei keine Abweichungen von den üblichen Begriffsbestimmungen.³⁴ **11**

b) Tathandlung: Erwerben. Es bestehen keine Abweichungen zur allgemeinen Auslegung dieses Begriffes.³⁵ Es ist jedoch entscheidend darauf abzustellen, ob es sich im Einzelfall um einen **erlaubnispflichtigen Erwerb** iS des § 10 Abs. 1 (Waffen) oder Abs. 3 (Munition) handelt.³⁶ **12**

c) Fehlen einer Erlaubnis. Der Täter muss die Schusswaffen bzw. die Munition ohne Erlaubnis nach § 2 Abs. 2 iVm Anl. 2 Abschn. 2 Unterabschn. 1 S. 1 erwerben.³⁷ Während nach § 2 Abs. 2 der Erwerb (als besondere Form des Umgangs iS des § 1 Abs. 3) grds. erlaubnispflichtig ist, modifiziert dies S. 1 der genannten Anlage insoweit, als der Erwerb jedenfalls dann der Erlaubnis bedarf, wenn die jeweiligen Waffen bzw. die Munition nicht nach Anl. 2 Abschn. 2 Unterabschn. 2 von der Erlaubnispflicht freigestellt sind. Dies ist im Hinblick auf den Erwerb in Anl. 2 Abschn. 2 Unterabschn. Nr. 1 und im Hinblick auf einen Erwerb durch Inhaber einer Waffenbesitzkarte in Anl. 2 Abschn. 2 Unterabschn. 2 Nr. 2 bez. der dort näher bezeichneten Waffen geschehen.³⁸ Auf Grund der Verweisung in § 2 Abs. 2 iVm Anl. 2 Abschn. 2 Unterabschn. 1 S. 1 auf alle Waffen des § 1 Abs. 2 Nr. 1 iVm Anl. 1 Abschn. 1 Unterabschn. 1 Nr. 1–4 fallen auch **„verbotene Waffen"** iS der Anl. 2 Abschn. 1 (zB Schusswaffen nach Anl. 2 Abschn. 1 Nr. 1.2) unter „erlaubnispflichtige Waffen". Hinsichtlich dieser Waffen ist jedoch (mit Ausnahme der in § 40 Abs. 2 bis Abs. 5 genannten Fälle) jeglicher Umgang verboten. Da der Umgang mit diesen verbotenen Waffen im WaffG auch gesondert unter Strafe gestellt ist (zB in § 51 und in § 52 Abs. 1 Nr. 1, Abs. 3 Nr. 1), könnte man davon ausgehen, dass verbotene Waffen nicht als Tatobjekte des § 52 Abs. 2 Nr. 1 erfasst werden.³⁹ Wäre dies der Fall, würde aber der Täter, der „verbotene Schusswaffen" nach Anl. 2 Abschn. 1 Nr. 1.2.2 und 1.2.3 oder „verbotene Munition" nach Anl. 2 Abschn. 1 Nr. 1.5.3 bis 1.5.7 erwirbt um sie einem Nichtberechtigten zu überlassen, lediglich aus dem „milderen" Abs. 3 Nr. 1 bestraft werden können.⁴⁰ **13**

Zu beachten ist aber, dass es sich für den Erwerber selbst um einen erlaubnispflichtigen Erwerb handeln muss ([…] wer […] ohne Erlaubnis […] erwirbt). In der Regel bedarf jeder, der eine Waffe oder Munition erwerben will, nach § 10 Abs. 1 (Waffenbesitzkarte) oder Abs. 3 (Munitionserwerbsschein) einer solchen Erlaubnis. Ausnahmen von dieser grds. Erlaubnispflicht des Erwerbs finden sich als sog. „personengebundene Ausnahmen" ua in § 12 Abs. 1 (Waffen), Abs. 2 (Munition)⁴¹ und in § 13 Abs. 3–5, Abs. 7 S. 2 und Abs. 8 S. 1 (Jäger).⁴² Zwar werden an eine solche personengebundene Ausnahme teilweise neue Pflichten, wie zB fristgebundene Antragspflichten geknüpft, der Verstoß hiergegen stellt jedoch regelmäßig lediglich eine Ordnungswidrigkeit dar (vgl. ua § 53 Abs. 1 Nr. 7 iVm § 13 Abs. 3 S. 2).⁴³ **14**

---

³³ Hierzu → Rn. 83 ff.
³⁴ Vgl. zu den Begriffen der Schusswaffe § 1 Rn. 9 ff. und der Munition § 1 Rn. 130 ff.
³⁵ Hierzu → § 1 Rn. 168 ff.; der Text der Vorschrift ist abgedruckt in → § 1 Rn. 150.
³⁶ Vgl. hierzu sogleich noch → Rn. 13.
³⁷ Die Vorschrift ist abgedruckt in → § 2 Rn. 33.
³⁸ Die Vorschriften sind abgedruckt in → § 2 Rn. 34; sie entsprechen im Wesentlichen § 2 Abs. 4, §§ 3, 4 der 1. WaffV (zum WaffG aF).
³⁹ So Hinze/*Runkel* Rn. 24.
⁴⁰ Vgl. auch Steindorf/*B. Heinrich* Rn. 9.
⁴¹ Zu § 12 vgl. auch *Ullrich* Kriminalistik 2005, 238.
⁴² Vgl. zu den in der Regel personengebundenen Ausnahmen nach früherem Recht § 28 Abs. 3 und 4 WaffG aF; ferner § 1 der 5. WaffV (zum WaffG aF).
⁴³ Hierzu → § 53 Rn. 53 ff.

15 **d) Besondere subjektive Voraussetzung.** Neben der üblichen Voraussetzung vorsätzlichen Verhaltens (der Täter muss also wissen, dass er eine erlaubnispflichtige Waffe oder erlaubnispflichtige Munition erwirbt und hierzu keine Erlaubnis besitzt) ist es zur Verwirklichung des Abs. 1 Nr. 2 Buchst. b erforderlich, dass der Täter die Waffe oder Munition erwirbt, **um sie entgegen § 34 Abs. 1 S. 1 an einen Nichtberechtigten weiterzugeben.** Diese Absicht muss der Täter von Anfang an, dh bereits zum Zeitpunkt des Erwerbs besitzen.[44] Dabei ist es nicht notwendig, dass er zum Zeitpunkt seines Erwerbs die Person näher konkretisiert hat.[45] Erwirbt er die Waffe (oder die Munition) für sich selbst und entschließt er sich erst später, diese weiterzugeben, ist je nach Art der Waffe oder Munition für deren unberechtigten Erwerb § 51 Abs. 1, § 52 Abs. 1 Nr. 1 bzw. Nr. 2 Buchst. b, Abs. 3 Nr. 1 bzw. Nr. 2 Buchst. a oder b einschlägig, nicht aber die Strafvorschrift des § 52 Abs. 1 Nr. 2 Buchst. a.

16 Der Täter muss dem Nichtberechtigten die Sache „entgegen § 34 Abs. 1 S. 1" überlassen wollen. Der Begriff des Überlassens entspricht im Wesentlichen der allgemeinen Tathandlung des Überlassens iS der Nr. 3 Anl. 1 Abschn. 2.[46] Erfasst sind somit sowohl die geplante entgeltliche als auch die unentgeltliche Überlassung. Auch die bloße Besitzüberlassung zum Schießen oder Aufbewahren ist daher erfasst. Täter kann zB auch ein Dieb sein, der bereits bei der Tatbegehung die Absicht hat, die entwendete Waffe später an einen Nichtberechtigten zu verkaufen.[47] Dabei ist es gleichgültig, ob er die Weitergabe an einen Hehler oder an einen nicht berechtigten Endabnehmer beabsichtigt. Die geplante Weitergabe muss dabei gegen § 34 Abs. 1 (unerlaubtes Überlassen von Schusswaffen oder Munition) verstoßen. Insoweit gelten die hierfür einschlägigen Regelungen und Ausnahmetatbestände, zB die Erlaubnisfreiheit des Versendens von Waffen und Munition ins Ausland, § 34 Abs. 3.[48]

17 **e) Sonderfälle.** Sind derjenige, der die Waffe (bzw. die Munition) in der hier notwendigen Absicht erwirbt und derjenige, der die Waffe dann tatsächlich einem anderen weitergibt, also überlässt, personenverschieden, ist lediglich der Erwerber, nicht aber der Überlassende nach dieser Vorschrift strafbar (für den Überlassenden greift Abs. 3 Nr. 7 ein). Auch derjenige, dem die Waffe letztlich überlassen wird, macht sich lediglich, je nach Art der Waffe, wegen eines unerlaubten Erwerbs strafbar.[49] Eine gleichzeitige Beteiligung an einer Straftat nach Abs. 1 Nr. 2 Buchst. a scheidet sowohl für den ursprünglich Überlassenden als auch für den späteren Erwerber aus, selbst wenn sie von der entsprechenden Absicht des Täters wissen. Für den Letzterwerber kann dieses Ergebnis schon aus dem Grundgedanken der **notwendigen Teilnahme** hergeleitet werden. Darüber hinaus sind die jeweils genannten Tatbestände als Spezialvorschriften anzusehen.

18 **3. Unerlaubtes Erwerben, Besitzen oder Führen einer halbautomatischen Kurzwaffe (Nr. 2 Buchst. b).** Nach § 2 Abs. 2 ist der Umgang mit Waffen, die in der Waffenliste genannt sind, grds. erlaubnispflichtig. Unter den Begriff des Umgangs fallen hierbei sowohl das Erwerben als auch das Besitzen und Führen einer Waffe. Die Erlaubnis zum Erwerb und Besitz von Waffen wird in der Regel in Form einer Waffenbesitzkarte (§ 10 Abs. 1), die Erlaubnis zum Führen von Waffen durch einen Waffenschein (§ 10 Abs. 4) erteilt. Erwirbt, besitzt[50] oder führt der Täter nun eine Schusswaffe ohne eine solche Erlaubnis zu

---

[44] *Gade/Stoppa* Rn. 12.
[45] *Gade/Stoppa* Rn. 13.
[46] Hierzu → § 1 Rn. 174 ff.
[47] Vgl. hierzu BGH 16.1.1980 – 2 StR 692/79, BGHSt 29, 184 (186) = NJW 1980, 1475; zu dieser konkurrenzrechtlich interessanten Fallkonstellation auch Steindorf/*B. Heinrich* Rn. 7; ferner OLG Hamm 23.5.1978 – 5 Ss 581/78, NJW 1979, 117 (118).
[48] Steindorf/*B. Heinrich* Rn. 7; hierzu noch → Rn. 83 ff.; speziell zur Ausnahmeregelung des § 34 Abs. 4 BGH 22.12.1987 – 5 StR 394, 395/87, NStZ 1988, 133.
[49] Hierzu auch Steindorf/*B. Heinrich* Rn. 7.
[50] Zur Verfassungsmäßigkeit der Bestrafung der bloßen Ausübung der tatsächlichen Gewalt, obwohl hierfür keine willensgetragene menschliche Körperbewegung erforderlich ist, BVerfG 6.7.1994 – 2 BvR 855/94, NJW 1995, 248.

besitzen, so macht er sich nach Abs. 1 Nr. 2 Buchst. b strafbar, wenn es sich dabei um eine halbautomatische Kurzwaffe handelt.[51] Handelt es sich dagegen um eine andere Schusswaffe, greift Abs. 3 Nr. 2 Buchst. a ein.[52]

a) Tatobjekt. Nicht jede Schusswaffe unterfällt dem Anwendungsbereich dieser Strafvorschrift. Erfasst werden nur halbautomatische Kurzwaffen.[53] Nach der Rspr. des BGH[54] sind dabei im Urteil stets Feststellungen über die Art und den Zustand der Waffe zu treffen. Werden Mängel in der Funktionstauglichkeit festgestellt, so sind diese im Einzelnen darzulegen und insbes. festzustellen, dass die Funktion der Waffe als Halbautomat nicht betroffen ist (ansonsten käme nur eine Bestrafung nach Abs. 3 Nr. 2 Buchst. a in Betracht). Hinzuweisen ist schließlich noch darauf, dass Schreckschuss-, Reizstoff- und Signalpistolen, selbst wenn sie technisch betrachtet nach den Mechanismen einer halbautomatischen Waffe funktionieren, nicht unter Abs. 1 Nr. 2 Buchst. b fallen. Dies ergab sich bis zum ÄndG 2008 daraus, dass sich die gesetzliche Definition der Halbautomaten in (damals) Anl. 1 Abschn. 1 Unterabschn. 1 Nr. 2.3. unter dem Oberbegriff der „Feuerwaffen" fand, worunter die Schreckschuss-, Reizstoff- und Signalwaffen aber gerade nicht fallen. Durch das ÄndG 2008[55] nahm der Gesetzgeber nun diesbezüglich zwar eine Konkretisierung dahingehend vor, dass er die Feuerwaffen in Anl. 1 Abschn. 1 Unterabschn. 1 Nr. 2.1 eigenständig definiert und die Halbautomaten als davon unabhängige Kategorie in der dortigen Nr. 2.2 erwähnt. Es wurde aber gleichzeitig in Abs. 1 Nr. 2 Buchst. b der Zusatz „zum Verschießen von Patronenmunition" mit aufgenommen.[56] Damit soll klargestellt werden, dass halbautomatische Schreckschuss-, Reizstoff-, Signal- oder Kaltgaswaffen (SRS-Waffen) zwar auch als „Halbautomaten" angesehen werden können, sie aber nicht von der verschärften Strafdrohung des Abs. 1 Nr. 2 Buchst. b erfasst werden.[57] Hinsichtlich dieser Waffen gilt somit für denjenigen, der sie ohne den „kleinen Waffenschein" führt, lediglich die Strafnorm des Abs. 3 Nr. 2 Buchst. a.

b) Tathandlung. Der Täter muss die Schusswaffe entweder **erwerben, besitzen** oder **führen**. Es bestehen keine Abweichungen zur allgemeinen Auslegung dieser Begriffe.[58] Anzumerken ist lediglich, dass eine mittäterschaftliche Zurechnung nach § 25 Abs. 2 StGB

---

[51] Die Vorschrift entspricht im Wesentlichen § 53 Abs. 1 S. 1 Nr. 3a Buchst. a und b WaffG aF; hierzu aus der Rspr. BVerfG 6.7.1994 – 2 BvR 855/94, NJW 1995, 248; BGH 13.12.1983 – 1 StR 599/83, NStZ 1984, 171; 24.4.1985 – 3 StR 45/85, NStZ 1985, 414 = NStE Nr. 2 zu § 53 WaffG; 30.10.1986 – 4 StR 368/86, BGHSt 34, 204 = NJW 1987, 1212; 23.9.1987 – 2 StR 477/87, BGHR StGB § 52 Abs. 1 Handlung, dieselbe 6 = NStE Nr. 7 zu § 52 StGB; 6.9.1988 – 1 StR 481/88, NStZ 1989, 20 = BGHR WaffG § 53 Abs. 1 Nr. 3a Konkurrenzen 1; 13.12.1988 – 5 StR 532/88, BGHR WaffG § 56 Abs. 1 Nr. 2 Tatmittel 1; 17.10.1989 – 4 StR 513/89, BGHR WaffG § 53 Abs. 1 Nr. 3a Führen 1 = NStE Nr. 5 zu § 27 StGB; 28.3.1990 – 2 StR 22/90, BGHR WaffG § 53 Abs. 3a Konkurrenzen 2; 6.11.1991 – 3 StR 370/91, BGHR KrWaffG § 16 Konkurrenzen 2; 10.3.1993 – 2 StR 4/93, NStE Nr. 2 zu § 35 WaffG = BGHR WaffG § 53 Abs. 1 Nr. 3a Führen 2; 29.3.1994 – 4 StR 108/94, JR 1995, 168; 20.1.1995 – 3 StR 585/94, NJW 1995, 2500 = NStZ 1995, 351; 8.7.1997 – 5 StR 170/97, NStZ 1997, 604 = BGHR WaffG § 40 Führen 2; 27.5.1998 – 5 StR 717/97, NStZ-RR 1999, 8 = BGHR WaffG § 53 Abs. 1 Konkurrenzen 7; 28.5.1998 – 4 StR 31/98, NStZ-RR 1999, 7 = BGHR WaffG § 53 Abs. 1 Nr. 3a Führen 3; 3.8.2000 – 4 StR 290/00, NStZ 2001, 101; 31.7.2003 – 5 StR 251/03, NStZ 2004, 44; 3 StR 226/09 – 3 StR 226/09, BGHR WaffG § 52 Konkurrenzen 2; BayObLG 4.7.1974 – RReg 4 St 57/74, BayObLGSt 1974, 72; 6.12.1983 – RReg 4 St 212/83, NStZ 1984, 172; 9.2.1996 – 4 St RR 14/96, NStZ-RR 1996, 184 = DÖV 1996, 1048 = BayVBl. 1997, 27; OLG Celle 8.10.1984 – 3 Ss 175/84, OLGSt WaffG § 53 Nr. 1; OLG Hamm 20.6.1983 – 4 Ss 798/83, NStZ 1984, 30 = NStE § 53 WaffG Nr. 1; 9.9.1985 – 1 Ws 83/85, NStZ 1986, 278; OLG Oldenburg 1.2.1988 – Ss 652/87, NJW 1988, 3217.
[52] Vgl. hierzu → Rn. 54 ff.
[53] Vgl. zu den halbautomatischen Waffen → § 1 Rn. 83 ff., zu den Kurzwaffen → § 1 Rn. 90; in der Vorgängervorschrift des § 53 Abs. 1 S. 1 Nr. 3a Buchst. a bzw. Buchst. b WaffG aF wurden die Waffen als „halbautomatische Selbstladewaffen mit einer Länge von nicht mehr als 60 cm" beschrieben.
[54] BGH 29.8.1995 – 1 StR 486/95, BEckRS 1995, 05663; vgl. auch Steindorf/*B. Heinrich* Rn. 11.
[55] BGBl. I S. 426 (434).
[56] BGBl. I S. 426 (432).
[57] Vgl. hierzu BT-Drs. 16/7717, 23; Steindorf/*B. Heinrich* Rn. 10.
[58] Vgl. zu den Begriffen des Erwerbens § 1 Rn. 168 ff., des Besitzens § 1 Rn. 152 ff. und des Führens § 1 Rn. 180 ff.; der Text der Vorschriften ist abgedruckt in → § 1 Rn. 150.

bei mehreren Tätern nicht möglich ist, wenn nicht festgestellt werden kann, wer von den Tätern die halbautomatische Kurzwaffe führte, da es sich bei Abs. 1 Nr. 2 Buchst. b um ein eigenhändiges Delikt handelt.[59] Zu beachten ist ferner die Sonderregelung für den **Erben** (§ 20) bzw. denjenigen, der eine Waffe nach einem Erbfall in Besitz nimmt (§ 37 Abs. 1). Nach § 20 S. 1 hat der Erbe binnen **eines Monats** nach der Annahme der Erbschaft (oder dem Ablauf der für die Ausschlagung der Erbschaft vorgesehenen Frist) die Ausstellung einer Waffenbesitzkarte für die zum Nachlass gehörenden erlaubnispflichtigen Schusswaffen (oder ihre Eintragung in eine bereits ausgestellte Waffenbesitzkarte) zu beantragen und zwar unabhängig davon, ob er die Waffe in Besitz genommen hat oder nicht. Versäumt der Erbe diese Frist, handelt er ordnungswidrig nach § 53 Abs. 1 Nr. 7.[60] Nach § 37 Abs. 1 S. 1 Nr. 1 hat zudem derjenige, der eine erlaubnispflichtige Waffe oder erlaubnispflichtige Munition beim Tode des Waffenbesitzers in Besitz nimmt (dabei kann es sich entweder um den Erben oder aber auch um eine dritte Person handeln) dies der zuständigen Behörde **unverzüglich** anzuzeigen. Versäumt er dies, liegt eine Ordnungswidrigkeit nach § 53 Abs. 1 Nr. 5 Alt. 12 vor.[61] Die Behörde kann nach § 37 Abs. 1 S. 2 ferner anordnen, dass derjenige, der beim Tode eines Waffenbesitzers erlaubnispflichtige Waffen oder erlaubnispflichtige Munition in Besitz genommen hat, diese unbrauchbar macht oder einem Berechtigten überlässt. Wird gegen diese Anordnung verstoßen, liegt eine Ordnungswidrigkeit nach § 53 Abs. 1 Nr. 4 Alt. 8 vor.[62] Für den Erben, der zugleich eine erlaubnispflichtige Schusswaffe in Besitz nimmt, bestehen somit zwei unterschiedlich begründete Anzeigepflichten. Nimmt der Erbe (oder eine andere Person) nun die Waffe oder die Munition in Besitz, liegt zugleich ein **Erwerb** vor (dagegen stellt die bloße Annahme der Erbschaft an sich noch keinen Erwerb dar, da hierdurch noch keine tatsächliche Gewalt über die Waffe ausgeübt wird; die Besitzfiktion des § 857 BGB reicht hierfür gerade nicht aus).[63] Dieser Erwerb durch den Erben oder eine dritte Person wird nun über § 37 Abs. 1 S. 1 erlaubnisfrei gestellt, da hier lediglich die genannte Anzeigepflicht normiert wurde (gesetzlich nicht geregelt ist, ob diese Privilegierung entgegen dem grundsätzlichen Verbot in § 2 Abs. 1 auch für Minderjährige gilt, was jedoch angenommen werden muss). Problematisch ist nun aber, dass derjenige, der die Waffe nach einem Erbfall (insoweit: erlaubterweise) in Besitz genommen hat, nach Ablauf der genannten Frist für die Anzeige der Inbesitznahme gegenüber der Behörde („unverzüglich") nunmehr unbefugt den **Besitz** über die Waffe ausübt. Denn hierdurch könnte – je nach Qualität der Waffe – eine Straftat wegen unerlaubtem Besitz nach § 52 Abs. 1 Nr. 2 Buchst. b (halbautomatische Kurzwaffe zum Verschießen von Patronenmunition) oder § 52 Abs. 3 Nr. 2 (sonstige erlaubnispflichtige Schusswaffen bzw. erlaubnispflichtige Munition) vorliegen.[64] Eine entsprechende Strafbarkeit wurde von der Rspr. (allerdings zum WaffG aF) bisher mit der Begründung abgelehnt, dass die Ordnungswidrigkeit sonst leer liefe.[65] Denn es sei anerkannt, dass in denjenigen Fällen, in denen der Gesetzgeber ein bestimmtes Verhalten speziell (nur) als Ordnungswidrigkeit ahnden will, die entsprechende Strafvorschrift zurücktrete. Die Bußgeldvorschrift sei daher in diesem Fall als lex specialis vorrangig. Dem kann jedoch nicht gefolgt werden, da ein „Leerlaufen" der Ordnungswidrigkeit (zumindest des) § 53 Abs. 1 Nr. 5 Alt. 12 nicht vorliegt. Denn es ist durchaus möglich, dass trotz eines Verstoßes gegen die Anzeigepflicht des § 37 Abs. 1 S. 1 der Besitz zB für den

---

[59] BGH 14.8.2009 – 2 StR 175/09, NStZ 2010, 456; *Gade/Stoppa* Rn. 16.
[60] → § 53 Rn. 57.
[61] → § 53 Rn. 46.
[62] → § 53 Rn. 23.
[63] Hierzu → § 1 Rn. 160, 178.
[64] Vgl. zu der vergleichbaren Problematik im Rahmen des § 52 Abs. 3 Nr. 2 → Rn. 56.
[65] BGH 24.11.1992 – 4 StR 539/92, NStZ 1993, 192; BayObLG 9.2.1996 – 4 St RR 14/96, NStZ-RR 1996, 184 (185); *Steindorf*, 8. Aufl. 2007, Rn. 15; anders nun aber Steindorf/*B. Heinrich* Rn. 15; aM bereits damals OVG Hamburg 26.3.1996 – Bf VI (VII) 48/94, GewA 1997, 338 (340); OLG Karlsruhe 24.6.1994 – 1 Ss 64/94, Justiz 1995, 209; vgl. auch Hinze/Runkel § 20 Rn. 1, § 37 Rn. 26; *König/Papsthart* Rn. 837; allgemein zum Vorrang der Ordnungswidrigkeit in solchen Fällen BayObLG 5.4.1990 – RReg 2 St 299/89, NStZ 1990, 440 (441); *Bohnert* NJW 2003, 3611 (3612); zu dieser Problematik auch noch → Rn. 56 und § 53 Rn. 23, 25 und 46, 50.

Inhaber eines Jahresjagdscheins für die in § 13 Abs. 3 genannten Waffen[66] nicht unberechtigt ist. Eine solche Privilegierung ist ferner auch aus sachlichen Gründen nicht gerechtfertigt.[67] Denn im Gegensatz zu einer Zuwiderhandlung gegen eine getroffene Anordnung nach § 37 Abs. 1 S. 2 erlangt die Behörde bei der Verletzung der Anzeigepflicht nach § 37 Abs. 1 S. 1 von der Existenz der Waffe regelmäßig keine Kenntnis und kann daher nicht entsprechend reagieren. Verstößt dagegen derjenige, der eine erlaubnispflichtige Schusswaffe oder erlaubnispflichtige Munition nach einem Erbfall in Besitz nimmt „lediglich" gegen eine Anordnung nach § 37 Abs. 1 S. 2 ist eine entsprechende Privilegierung gerechtfertigt (obwohl auch hier die Ordnungswidrigkeit nach § 53 Abs. 1 Nr. 4 Alt. 8 aus den genannten Gründen nicht „leer" liefe), da die Behörde hier regelmäßig Kenntnis vom Erwerb erlangt hat und Waffen und Munition im Bedarfsfall sicherstellen kann. Eben dies ist bei der Verletzung der Anzeigepflicht nach § 37 Abs. 1 S. 1 nicht der Fall. Auch im Hinblick auf die verbotenen Waffen (vgl. hier die Regelung in § 40 Abs. 5) ist eine entsprechende Differenzierung angebracht.[68] Hinzuweisen ist schließlich darauf, dass sich ein entsprechendes Problem bei einer Verletzung (allein) der Anzeigepflicht nach § 20 S. 1 nicht stellt, weil hier mangels Besitzerlangung des Erben weder ein Erwerb noch ein Besitz vorliegt.[69] Zusammenfassend gilt also: Während die Verletzung der Anzeigepflicht nach § 37 Abs. 1 S. 1, § 40 Abs. 5 S. 1 eine Bestrafung nach § 52 Abs. 3 Nr. 2 Buchst. a nicht ausschließt, kann das Zuwiderhandeln gegen die seitens der Behörde getroffene Anordnung nach § 37 Abs. 1 S. 2, § 40 Abs. 5 S. 2 nicht zu einer Bestrafung nach § 52 Abs. 3 Nr. 2 Buchst. a führen. Die Bußgeldvorschrift ist somit nur in letzterem Fall als lex specialis vorrangig.

c) Fehlen einer Erlaubnis. Der Täter muss die halbautomatische Kurzwaffe ohne **21** Erlaubnis nach § 2 Abs. 2 iVm S. 1 Anl. 2 Abschn. 2 Unterabschn. 1 erwerben, besitzen oder führen.[70] Während nach § 2 Abs. 2 der Erwerb, der Besitz und das Führen (als besondere Formen des Umgang iS des § 1 Abs. 3) grds. erlaubnispflichtig sind, wird dies in S. 1 der genannten Anl. insoweit modifiziert, als der Erwerb jedenfalls dann der Erlaubnis bedarf, wenn die jeweiligen Waffen bzw. die Munition nicht nach Anl. 2 Abschn. 2 Unterabschn. 2 von der Erlaubnispflicht freigestellt sind.[71] Dies ist für halbautomatische Kurzwaffen nicht geschehen, so dass grds. von einer Erlaubnispflicht auszugehen ist. Zu beachten sind aber auch hier die personengebundenen Ausnahmen in § 12 Abs. 1.[72] Die sonstigen personengebundenen Ausnahmen ua geregelt in § 13 Abs. 3 bis Abs. 8 (Jäger) spielen in Bezug auf die hier zu beurteilende Waffenart (halbautomatische Kurzwaffen) regelmäßig keine Rolle.

4. Unbefugte Herstellung von Waffen oder Munition bzw. unbefugtes Handel- **22** **treiben (Nr. 2 Buchst. c).** Nach § 21 Abs. 1 S. 1 bedarf derjenige, der gewerbsmäßig oder selbstständig im Rahmen einer wirtschaftlichen Unternehmung Schusswaffen oder Munition herstellt, bearbeitet oder instand setzt oder mit ihnen handelt, einer Erlaubnis in Form einer Waffenherstellungs- oder Waffenhandelserlaubnis. Gemäß § 21a Abs. 1 Satz 1 bedarf ferner derjenige, der ein erlaubnisbedürftiges Waffengewerbe durch einen Stellvertreter betreiben will, einer Stellvertretererlaubnis. Strafbar macht sich nach § 52 Abs. 1 Nr. 2 Buchst. c nun, wer ohne eine solche Erlaubnis nach § 2 Abs. 2 iVm Anl. 2 Abschn. 2 Unterabschn. 1 S. 1[73] iVm § 21 Abs. 1 Satz 1 oder § 21a Abs. 1 Satz 1 eine Schusswaffe

---

[66] Insoweit ist dieser Umstand für eine Strafbarkeit nach Abs. 1 Nr. 2 Buchst. b (halbautomatische Kurzwaffen) nicht relevant, da die Privilegierung des § 13 Abs. 3 nur Langwaffen erfasst. Vgl. zur Verletzung des § 13 Abs. 3 S. 2 auch noch → § 53 Rn. 53 f.
[67] So im Ergebnis auch *Gade/Stoppa* § 20 Rn. 6, § 53 Rn. 22; *Steindorf/B. Heinrich* Rn. 15; aM *Hinze/Runkel* § 20 Rn. 14, § 37 Rn. 26; *König/Papsthart* Rn. 847; *Schaefer* NJW Spezial 2008, 24.
[68] → § 53 Rn. 25 und Rn. 50.
[69] *Steindorf/B. Heinrich* Rn. 15; vgl. auch *Gade/Stoppa* § 40 Rn. 11; ferner bereits OLG Karlsruhe 24.6.1994 – 1 Ss 64/94, Justiz 1995, 209 (zum alten Recht).
[70] Der Text der Vorschrift ist abgedruckt in → § 2 Rn. 33.
[71] Die Vorschrift ist abgedruckt in → § 2 Rn. 34.
[72] Zu § 12 vgl. *Ullrich* Kriminalistik 2005, 238.
[73] Die Vorschrift ist abgedruckt in → § 2 Rn. 33.

oder Munition herstellt, bearbeitet, instand setzt oder damit Handel treibt.[74] Sofern die Herstellung von Waffen in einem größeren Betrieb stattfindet, richtet sich die strafrechtliche Verantwortlichkeit nach § 14 StGB mit der Folge, dass nach § 14 Abs. 1 StGB die Organe einer juristischen Person (Nr. 1) oder die vertretungsberechtigten Gesellschafter einer nicht-rechtsfähigen Personengesellschaft (Nr. 2) oder nach § 14 Abs. 2 StGB die Betriebsleiter persönlich verantwortlich.[75]

23 **a) Tatobjekt.** Erfasst sind sowohl erlaubnispflichtige Schusswaffen als auch erlaubnispflichtige Munition. Es bestehen dabei keine Abweichungen von den üblichen Begriffsbestimmungen.[76]

24 **b) Tathandlung.** Unter der Waffenherstellung iS des § 21 Abs. 1 Nr. 1 versteht man nach der hier vorgenommenen Umschreibung sowohl das Herstellen (im engeren Sinne) als auch das Bearbeiten oder Instandsetzen von Schusswaffen oder Munition. Es bestehen keine Abweichungen zur allgemeinen Auslegung dieser Begriffe.[77] Unter dem Begriff des „Handelns" mit Schusswaffen und Munition versteht man nach Anl. 1 Abschn. 2 Nr. 9 sowohl das Ankaufen und Feilhalten, als auch das Bestellungen entgegennehmen und aufsuchen, das Überlassen sowie das Vermitteln des Erwerbs, des Vertriebs oder des Überlassens von Schusswaffen und Munition. Es gelten hier keine Abweichungen zu den allgemeinen Begriffsbestimmungen.[78]

25 **c) Gewerbsmäßigkeit etc.** Die Strafvorschrift des § 52 Abs. 1 Nr. 2 Buchst. c iVm § 21 Abs. 1 S. 1 oder § 21a erfasst nur denjenigen, der **gewerbsmäßig** oder **selbstständig**[79] im Rahmen einer wirtschaftlichen Unternehmung Schusswaffen oder Munition herstellt, bearbeitet, instand setzt oder damit Handel treibt. Die nur gelegentliche Waffenherstellung durch eine Privatperson wird also ebenso wenig erfasst wie der gelegentliche An- und Verkauf von Waffen und Munition. Hier sind „lediglich" die entsprechenden Strafvorschriften des Abs. 3 einschlägig, so zB das unerlaubte nichtgewerbsmäßige Herstellen von Schusswaffen (Abs. 3 Nr. 3), der unerlaubte Erwerb von Schusswaffen oder Munition (Abs. 3 Nr. 2), das unerlaubte Führen von Schusswaffen (Abs. 3 Nr. 5) oder das unerlaubte Überlassen an einen Nichtberechtigten (Abs. 3 Nr. 7). Fraglich ist, ob die Gewerbsmäßigkeit oder die Selbstständigkeit im Rahmen dieser Strafnorm ein **besonderes persönliches Merkmal** iS des § 28 StGB darstellt. Der BGH verneinte dies im vorliegenden Zusammenhang mit dem Argument, die Gewerbsmäßigkeit kennzeichne hier die generell verstärkte Gemeingefährlichkeit des Waffenhandels und sei daher kein täterbezogenes, sondern ein tatbezogenes Merkmal.[80]

26 **d) Fehlen einer Erlaubnis.** Der Täter muss die Waffenherstellung bzw. der Waffenhandel ohne Erlaubnis nach § 2 Abs. 2 iVm Anl. 2 Abschn. 2 Unterabschn. 1 S. 1 betreiben.[81] Während nach § 2 Abs. 2 das Herstellen, Bearbeiten, Instandsetzen und Handeltreiben (als besondere Formen des Umgang iS des § 1 Abs. 3) grds. erlaubnispflichtig ist, modifiziert dies S. 1 der genannten Anlage insoweit, als diese Tätigkeiten jedenfalls dann der Erlaubnis

---

[74] Die Vorschrift entspricht im Wesentlichen § 53 Abs. 1 S. 1 Nr. 1 WaffG aF; hierzu aus der Rspr. BGH 5.8.1993 – 4 StR 439/93, NStZ 1994, 39 = BGHR WaffG § 53 Abs. 1 Vertrieb 1 = GewA 1994, 176; 19.8.1993 – 1 StR 411/93, NStZ 1994, 92 = BGHR WaffG § 53 Abs. 1 Nr. 1b Vermitteln 1; 18.10.1995 – 3 StR 419/95, NJW 1996, 735 = NStZ 1996, 286; 26.4.1996 – 3 StR 641/95, BGHR WaffG § 53 Abs. 1 Konkurrenzen 5; zum 1.4.2008 wurde der neu eingeführte § 21a WaffG mit in den Tatbestand aufgenommen, vgl. BT-Drs. 16/8224, 18.
[75] Vgl. auch Apel/Bushart/*Apel* Rn. 6.
[76] Vgl. zu den Begriffen der Schusswaffe → § 1 Rn. 9 ff. und der Munition → § 1 Rn. 130 ff.
[77] Vgl. zu den Begriffen des Herstellens → § 1 Rn. 190 f., des Bearbeitens → § 1 Rn. 192 f. und des Instandsetzens → § 1 Rn. 194; der Inhalt der Nr. 8 Anl. 1 Abschn. 2 ist abgedruckt in → § 1 Rn. 150.
[78] Hierzu → § 1 Rn. 195 ff.; die Vorschrift ist abgedruckt in → § 1 Rn. 150.
[79] Vgl. zu den Begriffen der Gewerbsmäßigkeit → § 1 Rn. 205 und der Selbstständigkeit → § 1 Rn. 206.
[80] BGH 21.3.1995 – 5 StR 71/95, BGHR StGB § 28 Abs. 1 Merkmal 5; vgl. auch Steindorf/*B. Heinrich* Rn. 18.
[81] Die Vorschrift ist abgedruckt in → § 2 Rn. 33.

bedürfen, wenn die jeweiligen Waffen bzw. die Munition nicht nach Anl. 2 Abschn. 2 Unterabschn. 2 von der Erlaubnispflicht freigestellt sind. Dies ist in Bezug auf bestimmte Waffen in Nr. 4 (erlaubnisfreier Handel und erlaubnisfreie Herstellung) und Nr. 5 (erlaubnisfreier Handel) der genannten Anlage geschehen.[82] Die bei den sonstigen Formen des Umgangs zu beachtenden personengebundenen Ausnahmen in § 12 sind im Hinblick auf die Waffenherstellung und den Waffenhandel nicht einschlägig.

Das Fehlen der behördlichen Erlaubnis ist auch hier auf Tatbestandsebene zu prüfen. **27** Liegt eine solche Erlaubnis vor, dann fehlt bereits die Tatbestandsmäßigkeit des Verhaltens, die Erlaubnis stellt nicht erst einen Rechtfertigungsgrund dar.[83]

Inhaber der Erlaubnis können sowohl natürliche als auch juristische Personen sein (vgl. **28** auch Nr. 21.1 WaffVwV; so bereits Nr. 7.3 WaffVwV – zum WaffG aF). Hinzuweisen ist schließlich darauf, dass hier nicht nur diejenigen Fälle erfasst sind, in denen die entsprechende behördliche Erlaubnis von Anfang an fehlt, sondern auch diejenigen Fälle, in denen der Täter die Waffenherstellung bzw. den Waffenhandel fortsetzt oder wieder aufnimmt, nachdem die Erlaubnis erloschen ist oder nach § 45 zurückgenommen oder widerrufen wurde.[84] Ebenfalls erfasst sind diejenigen Fälle, in denen der Täter zwar eine Erlaubnis besitzt, diese Erlaubnis aber die Herstellung der konkreten Schusswaffen oder der Munition nicht erfasst.[85] Dies ist möglich, denn nach § 21 Abs. 1 S. 2 kann die Erlaubnis entweder für Schusswaffen oder Munition **aller Art** oder aber nur für **bestimmte Arten** von Waffen oder Munition erteilt werden. Ist letzteres der Fall, so handelt derjenige, der andere Waffen oder Munition herstellt oder mit anderen Waffen handelt als diejenigen, auf die sich seine Erlaubnis erstreckt „ohne Erlaubnis". Ein Verstoß gegen anfängliche oder nachträglich hinzugefügte Auflagen stellt hingegen keine unerlaubte waffengewerbliche Tätigkeit dar, sondern ist nur als Ordnungswidrigkeit gem. § 53 Abs. 1 Nr. 4 Alt. 8 einzustufen.[86]

e) Schuldspruch. In den Fällen des Herstellens, Bearbeitens und Instandsetzens lautet **29** der Schuldspruch: Strafbar „wegen unerlaubter Waffenherstellung"[87] und im Übrigen: „wegen unerlaubten Waffenhandels" (nicht: wegen unerlaubten Ankaufens und Vertreibens von Schusswaffen).[88]

5. Unerlaubtes Verbringen von Schusswaffen und Munition (Nr. 2 Buchst. d). **30** Strafbar macht sich hiernach, wer ohne Erlaubnis nach § 2 Abs. 2 iVm Anl. 2 Abschn. 2 Unterabschn. 1 S. 1 iVm § 29 Abs. 1, § 30 Abs. 1 Satz 1 oder § 32 Abs. 1 Satz 1 eine Schusswaffe oder Munition in den oder durch den Geltungsbereich dieses Gesetzes verbringt oder mitnimmt.[89]

a) Tatobjekt. Erfasst sind sowohl Schusswaffen als auch Munition. Es gelten dabei keine **31** Abweichungen von den üblichen Begriffsbestimmungen.[90]

b) Tathandlung. Der Täter muss die Schusswaffen bzw. die Munition in den oder durch **32** den Geltungsbereich des Gesetzes verbringen oder mitnehmen. Es gelten dabei ebenfalls

---
[82] Der Text der Vorschriften ist abgedruckt in → § 2 Rn. 34.
[83] ausführlich → Rn. 2 ff.
[84] Steindorf/*B. Heinrich* Rn. 16.
[85] Vgl. hierzu BT-Drs. V/528, 37; ferner Steindorf/*B. Heinrich* Rn. 16; *Ullrich* Kriminalistik 2007, 537 (539); vgl. auch Hinze/*Runkel* Rn. 33.
[86] Hinze/*Runkel* Rn. 33; zu dieser Vorschrift → § 53 Rn. 9 ff.
[87] Steindorf/*B. Heinrich* Rn. 18; anders Hinze/*Runkel* Rn. 37.
[88] Hinze/*Runkel* Rn. 37; Steindorf/*B. Heinrich* Rn. 18.
[89] Die Vorschrift hatte ihren Vorgänger in § 53 Abs. 1 S. 1 Nr. 2 WaffG aF. Hiernach machte sich strafbar, wer Schusswaffen oder Munition, zu deren Erwerb es der Erlaubnis bedurfte, einführte oder sonst in den Geltungsbereich des Gesetzes verbrachte oder durch einen anderen einführen oder verbringen ließ, ohne seine Berechtigung zum Erwerb oder zur Ausübung der tatsächlichen Gewalt nachgewiesen zu haben; hierzu aus der Rspr. BGH 13.12.1983 – 1 StR 599/83, NStZ 1984, 171; 19.2.2003 – 2 StR 371/02, BGHSt 48, 213 = NStZ 2004, 459 = BGHR WaffG § 6 Abs. 1 Satz 1 Anwendungsbereich 1 (vgl. hierzu auch *B. Heinrich* NStZ 2004, 459); OLG Koblenz 24.6.1982 – 1 Ss 259/82, OLGSt § 1 KriegswaffKG S. 5.
[90] Vgl. zu den Begriffen der Schusswaffe → § 1 Rn. 9 ff. und der Munition → § 1 Rn. 130 ff.

keine Abweichungen zu den üblichen Begriffsbestimmungen in Anl. 1 Abschn. 2 Nr. 5 und Nr. 6.[91] Der Begriff des **Verbringens,** der gleichermaßen für grenzüberschreitende innergemeinschaftliche Ortsveränderungen wie für solche Ortsveränderungen in Bezug auf Drittstaaten gilt, umfasst die früheren Begriffe der „**Einfuhr**", „**Durchfuhr**" und „**Ausfuhr**".[92] Unter dem „Geltungsbereich dieses Gesetzes" ist dabei das Hoheitsgebiet der Bundesrepublik Deutschland zu verstehen. Der Begriff des **Mitnehmens** umfasst jeden grenzüberschreitenden Transport, sofern dieser nicht zum Zwecke des Besitzwechsels erfolgen soll, der Mitnehmende also die Waffe lediglich transportiert, um sie selbst im Ausland zu verwenden.[93]

33 c) **Fehlen einer Erlaubnis.** Der Täter muss die Schusswaffen oder die Munition ohne Erlaubnis nach § 2 Abs. 2 iVm Anl. 2 Abschn. 2 Unterabschn. 1 S. 1[94] iVm § 29 Abs. 1, § 30 Abs. 1 S. 1 oder § 32 Abs. 1 S. 1 verbringen oder mitnehmen. Während § 29 Abs. 1 das Verbringen von Waffen und Munition **in den** Geltungsbereich des Gesetzes und § 30 Abs. 1 S. 1 das Verbringen dieser Gegenstände **durch die** Bundesrepublik der Erlaubnispflicht unterwirft, regelt § 32 Abs. 1 die Mitnahme. Erlaubnispflichtig ist jeweils das Verbringen bzw. die Mitnahme von Schusswaffen und Munition nach Anl. 1 Abschn 3 (Kategorien A 1.2 bis D, dh sämtliche der hier aufgeführten Kategorien).[95] Zu beachten sind jedoch die Ausnahmen nach Anl. 2 Abschn. 2 Unterabschn. 2 Nr. 7 und Nr. 8.[96] Nach Nr. 7 der genannten Anlage ist das **Verbringen und Mitnehmen** der hier genannten Waffen (Druckluft-, Federdruck- und CO_2-Waffen, Schreckschuss-, Reizstoff- und Signalwaffen, Waffen, die zur Theater-, Film und Fernsehzwecken verwendet werden [Salutwaffen] etc) von der Erlaubnispflicht freigestellt. Nach Nr. 8 der genannten Anl. gilt die Erlaubnisfreiheit im Hinblick auf das Verbringen und Mitnehmen **aus dem** Geltungsbereich in einen Drittstaat (dh einen Staat, der nicht Mitgliedstaat der europäischen Union ist) für sämtliche Waffen iS des § 1 Abs. 2 (dh sämtliche Waffen iS des WaffG). Allerdings wäre diese Form des Umgangs von Abs. 1 Nr. 2 Buchst. d ohnehin nicht erfasst, da hier nur das unerlaubte Verbringen (und Mitnehmen) in den oder durch den, nicht aber aus dem Bundesgebiet unter Strafe gestellt wird.[97] § 32 Abs. 3 sieht ferner vor, das bestimmte Personen (Jäger, Sportschützen, Brauchtumsschützen) unter den dort genannten Umständen vor der Erlaubnispflicht freigestellt sind. Zu beachten ist ferner, dass eine Strafbarkeit auch dann vorliegt, wenn der Täter grundsätzlich dazu befugt ist, eine Waffe zu besitzen. Denn eine Erlaubnis nach § 10 (Erlaubnis zum Erwerb, Besitzen, Führen und Schießen) berechtigt ebenso wenig zum Verbringen oder Mitnehmen der Waffe wie eine Erlaubnis nach § 21 Abs. 1 (Erlaubnis zur Waffenherstellung oder zum Waffenhandel). Insoweit kann sich also auch ein Waffenhändler, der eine Erlaubnis nach § 21 Abs. 1 besitzt, strafbar machen, wenn er gewerbsmäßig oder selbstständig im Rahmen einer wirtschaftlichen Unternehmung handelt und Waffen oder Munition ohne Erlaubnis verbringt oder mitnimmt oder eine Verbringungserlaubnis nach § 31 Abs. 2 überschreitet.[98]

34 Im Hinblick auf das Verbringen ist ferner darauf hinzuweisen, dass hier bei einem Verbringen durch einen **Spediteur** oder **Frachtführer,** der im Auftrag eines anderen handelt, nicht der Spediteur oder Frachtführer, sondern der Auftraggeber, dh in der Regel der Importeur der Ware als Verbringer anzusehen ist.[99] Der Spediteur oder Frachtführer kann jedoch Mittäter oder Gehilfe sein, wenn er die Tatumstände kennt.[100]

---

[91] Hierzu näher → § 1 Rn. 187 (Verbringen) und Rn. 188 (Mitnehmen); die Vorschriften selbst sind abgedruckt in → § 1 Rn. 150.
[92] BT-Drs. 14/7758, 90; vgl. in diesem Zusammenhang § 27 WaffG aF.
[93] Vgl. näher BT-Drs. 14/8886, 109, 119; zum Begriff → § 1 Rn. 188.
[94] Die Vorschrift ist abgedruckt in → § 2 Rn. 33.
[95] Vgl. zu den genannten Kategorien → § 1 Rn. 148.
[96] Die Vorschrift ist abgedruckt in → § 2 Rn. 34.
[97] *Gade/Stoppa* Rn. 24; anders wohl AG Köln 2.11.2005 – 533 Ds 235/05 – 72 Js 478/05, BeckRS 2006, 07137.
[98] Hinze/*Runkel* Rn. 41.
[99] So auch Hinze/*Runkel* Rn. 41.
[100] Hinze/*Runkel* Rn. 41.

d) Konkurrenzen. Liegt neben dem unerlaubten Verbringen eine Straftat nach Abs. 1 35
Nr. 2 Buchst. c wegen unerlaubtem (gewerbsmäßigen) Waffenhandel vor, so tritt das unerlaubte Verbringen zurück.[101]

6. Unerlaubter Handel mit Waffen oder Munition außerhalb fester Verkaufsstät- 36
ten (Nr. 3). Nach dieser Vorschrift macht sich strafbar, wer entgegen dem Verbot des § 35
Abs. 3 S. 1 Schusswaffen, Munition, Hieb- oder Stoßwaffen im Reisegewerbe oder im
Rahmen der in § 35 Abs. 3 S. 1 Nr. 2 und Nr. 3 genannten Veranstaltungen vertreibt oder
anderen überlässt.[102] Hintergrund dieses Verbotes ist es, dass der Gesetzgeber den Waffenhandel außerhalb fester Verkaufsstätten generell unterbinden will, da diese Vertriebsformen erhöhte Gefahren für die Allgemeinheit mit sich bringen und erfahrungsgemäß keine Gewähr für die Einhaltung der waffenrechtlichen Vorschriften bieten.[103] Daher wird zB Händlern im **Gebrauchtwarenhandel** (iS des § 38 Abs. 1 S. 1 Nr. 1 GewO; früher: „Trödelhandel")[104] auch ohne ausdrückliche gesetzliche Regelung[105] regelmäßig keine Waffenhandelserlaubnis nach § 21 Abs. 1 erteilt.[106]

a) Tatobjekt. Nach § 35 Abs. 3 sind sowohl der Vertrieb als auch das Überlassen von 37
Schusswaffen und Munition sowie von Hieb- und Stoßwaffen in den genannten
Fällen verboten. Hinsichtlich dieser Gegenstände kann auf die allgemeinen Erörterungen
zurückgegriffen werden.[107] Nicht erfasst sind also lediglich die tragbaren Gegenstände nach
§ 1 Abs. 2 Nr. 2 iVm Anl. 1 Abschn. 1 Unterabschn. 2,[108] sofern es sich nicht um die
genannten Hieb- oder Stoßwaffen handelt. Im Gegensatz zu § 53 Abs. 1 S. 1 Nr. 6 WaffG
aF bezieht § 52 Abs. 1 Nr. 3 nunmehr auch erlaubnisfrei zu erwerbende Schusswaffen sowie
Hieb- und Stoßwaffen mit ein.[109]

b) Tathandlungen. Der Täter muss die genannten Gegenstände entweder **vertreiben** 38
oder aber anderen **überlassen**. Dabei stellt das Vertreiben einen Unterfall des Handeltreibens dar. Es bestehen keine Abweichungen zur allgemeinen Auslegung dieser Begriffe.[110]
Zu erwähnen ist lediglich, dass die bloße **Werbung** für Waffen oder Munition im Umherziehen hiervon nicht erfasst ist.[111] Ebenfalls nicht erfasst ist derjenige, der sich im Reisegewerbe zur **Instandsetzung** von Waffen erbietet.[112]

c) Besonderheit: Geltung dieser Handelsverbote nur außerhalb fester Verkaufs- 39
stätten. Nicht jeder Vertrieb oder jedes Überlassen der genannten Gegenstände ist nach
§ 52 Abs. 1 Nr. 3 iVm § 35 Abs. 3 S. 1 strafbar. Die Vorschrift normiert die entsprechenden
Handelsverbote nur für den Vertrieb und das Überlassen im Reisegewerbe oder auf einer
der in § 35 Abs. 3 S. 1 Nr. 2 und Nr. 3 genannten Veranstaltungen.[113] Zu beachten ist hier

---

[101] *Steindorf,* 7. Aufl. 1999, § 27 Rn. 17.
[102] Die Vorschrift des § 35 Abs. 3 entspricht im Wesentlichen § 38 WaffG aF; hierzu aus der Rspr. BayObLG 13.7.1993 – 4 St RR 70/73, OLGSt WaffG § 38 Nr. 1 = NStE Nr. 1 zu § 38 WaffG = MDR 1993, 1233 = GewA 1993, 417.
[103] Vgl. Apel/Bushart/*Apel* § 35 Rn. 1; sowie Steindorf/*Gerlemann* § 35 Rn. 10.
[104] Vgl. hierzu BT-Drs. V/528, 30 f., zu § 19 des Entwurfs.
[105] Vgl. hierzu BT-Drs. VI/2678, 33, zu § 35 des Entwurfs; Steindorf/*Gerlemann* § 35 Rn. 10.
[106] Die Vorschrift entspricht im Wesentlichen § 53 Abs. 1 S. 1 Nr. 6 WaffG aF; allerdings wurde nunmehr auch die bisherige (leichtere) Straftat des § 53 Abs. 3 Nr. 4 WaffG aF (erlaubnisfreie Waffen, Hieb- und Stoßwaffen) mit einbezogen, was insoweit nun zu einer Strafschärfung führt.
[107] Vgl. zum Begriff der Schusswaffe → § 1 Rn. 9 ff.; zum Begriff der Munition → § 1 Rn. 130 ff.; zum Begriff der Hieb- und Stoßwaffe → § 1 Rn. 111 ff.
[108] Hierzu → § 1 Rn. 108 ff.
[109] Vgl. BT-Drs. 14/7758, 82.
[110] Vgl. zu den Begriffen des Vertreibens als Unterfall des Handeltreibens → § 1 Rn. 195 ff.; zum Begriff des Überlassens → § 1 Rn. 174 ff.; der Text der Vorschriften ist abgedruckt in → § 1 Rn. 150.
[111] BayObLG 4.7.1978 – 3 Ob OWi 117/78, GewA 1978, 337; Steindorf/*Gerlemann* § 35 Rn. 14.
[112] Zwar unterfällt diese Tätigkeit prinzipiell dem § 55 Abs. 1 Nr. 1 GewO (gewerbsmäßiges Anbieten von Leistungen), sie stellt aber weder ein „Vertreiben" noch ein „Überlassen" dar; vgl. Apel/Bushart/*Apel* § 35 Rn. 11.
[113] Das Verbot, Schusswaffen im Rahmen des „Gewerbes im Umherziehen" feilzubieten oder anzukaufen, stellt eines der ältesten waffenrechtlichen Verbote dar; vgl. bereits § 56 Abs. 2 Nr. 8, § 148 Abs. 1 Nr. 7a der Reichsgewerbeordnung vom 26.7.1900, RGBl. S. 871.

allerdings die **Ausnahmevorschrift des § 35 Abs. 3 S. 2**. Das Verbot des S. 1 greift nicht ein, wenn die zuständige Behörde für ihren Bezirk eine Ausnahme zugelassen hat. Umstritten ist, ob durch die Zulassung einer Ausnahme nach Abs. 3 Satz 2 bereits der Tatbestand[114] oder erst die Rechtswidrigkeit[115] entfällt. Die erste Ansicht verdient hier den Vorzug, da, wie oben bereits ausgeführt,[116] die waffenrechtlichen Bestimmungen allesamt präventive Verbote mit Erlaubnisvorbehalt darstellen und insofern keine Differenzierung angebracht erscheint.

40 aa) **Reisegewerbe (§ 35 Abs. 3 S. 1 Nr. 1)**. Unter dem Begriff des Reisegewerbes wird (was der Verweis auf § 55b Abs. 1 GewO nahe legt) lediglich das Reisegewerbe iS der §§ 55 ff. GewO verstanden. Soweit ein Reisegewerbe nach § 55 Abs. 1 GewO vorliegt ist **grds**. eine Reisegewerbekarte erforderlich (§ 55 Abs. 2 GewO), sofern keine Ausnahme nach §§ 55a, 55b GewO eingreift. Die gewerberechtlichen Ausnahmen des § 55a GewO sind jedoch für die waffenrechtliche Beurteilung nach § 35 Abs. 3 S. 1 Nr. 1 nicht einschlägig, da in § 35 Abs. 3 S. 1 Nr. 1 lediglich auf die Ausnahme des § 55b Abs. 1 GewO verwiesen wird. Insofern werden auch die – im gewerberechtlichen Sinne – erlaubnisfreien Tätigkeiten nach § 55a GewO in das Verbot mit einbezogen (in Bezug auf den Vertrieb von Waffen und Munition könnten hier ohnehin nur die Vorschriften der Nr. 1 bis Nr. 3 greifen). Erlaubt ist es somit lediglich (§ 55b Abs. 1 GewO), wenn ein Gewerbetreibender, der eine Erlaubnis nach § 21 Abs. 1 besitzt, andere Personen im Rahmen ihres Geschäftsbetriebes entweder selbst aufsucht oder durch einen in seinem Auftrag tätig werdenden Handlungsreisenden oder andere Personen (Familienmitglieder, Arbeitnehmer etc) aufsuchen lässt.

41 bb) **Messen, Ausstellungen, Märkte (§ 35 Abs. 3 S. 1 Nr. 2)**. Der Vertrieb und das Überlassen sind ferner verboten auf festgesetzten Veranstaltungen iS des Titels IV der GewO (Messen, Ausstellungen, Märkte). Hierunter fallen in erster Linie **Jahrmärkte** iS des § 68 Abs. 2 GewO. Dies sind im Normalfall regelmäßige, in größeren Zeitabständen wiederkehrende, zeitlich begrenzte Veranstaltungen, auf der eine Vielzahl von Anbietern Waren aller Art feilbietet.[117] Dagegen stellt ein von einer Privatperson veranstalteter Flohmarkt[118] keine solche Veranstaltung dar. Auch reine **Ausstellungen** bei denen keine Waren verkauft, sondern lediglich zur Schau gestellt werden, sind nicht erfasst.[119] Ausdrücklich von dem Verbot des § 35 Abs. 3 S. 1 Nr. 2 ausgenommen ist allerdings die Entgegennahme von Bestellungen auf Messen und Ausstellungen. Nach früherem Recht (§ 38 Abs. 1 Nr. 2 WaffG aF) waren auch die **Mustermessen** (vgl. zum Begriff der „Messe" § 64 GewO) ausdrücklich ausgenommen, da hier regelmäßig nicht mit Waren, sondern nur mit Proben (Mustern) gehandelt wird (zB Waffenbörsen).[120] Lediglich dann, wenn ausnahmsweise Waren an Letztverbraucher abgegeben wurden (§ 64 Abs. 2 GewO), war die genannte Ausnahmeregelung nicht einschlägig.[121] Da § 35 Abs. 3 S. 1 Nr. 2 die Mustermessen nun nicht mehr als ausgenommene Veranstaltungen nennt, ist ein Vertrieb bzw. ein Überlassen bei solchen Veranstaltungen ebenfalls von dem Verbot umfasst. Umstritten ist die Einordnung bei Wochenmärkten (vgl. § 67 GewO), da Waffen üblicherweise nicht zu den Gegenständen des Wochenmarktverkehrs gehören.[122]

---

[114] So Apel/Bushart/*Apel* Rn. 8; Steindorf/*B. Heinrich* Rn. 26.
[115] Hinze/*Runkel* Rn. 45; *Steindorf*, 8. Aufl. 2007, Rn. 25.
[116] Hierzu → Rn. 2 ff.
[117] Steindorf/*Gerlemann* § 35 Rn. 16.
[118] BayObLG 13.7.1993 – 4 St RR 70/73, OLGSt WaffG § 38 Nr. 1 = NStE Nr. 1 zu § 38 WaffG = MDR 1993, 1233 = GewA 1993, 417, allerdings noch zu dem Begriff des „Marktverkehrs" iS des § 38 Abs. 1 Nr. 2 WaffG aF; so auch Steindorf/*Gerlemann* § 35 Rn. 16; vgl. auch Heller/Soschinka, Das neue Waffenrecht, 1. Aufl. 2003, Kap. 11 Rn. 44, die nichtgewerblich veranstaltete Flohmärkte jedenfalls unter § 35 Abs. 3 Nr. 3 fassen; dieser Passus findet sich jedoch in der 2. Aufl. Rn. 2358 nicht mehr.
[119] Apel/Bushart/*Apel* § 35 Rn. 13.
[120] Gegen eine Einbeziehung auch nach heutigem Recht Steindorf/*Gerlemann* § 35 Rn. 17.
[121] Steindorf/*Gerlemann* § 35 Rn. 16.
[122] Gegen eine Einbeziehung Steindorf/*Gerlemann* § 35 Rn. 16; dagegen für eine Einbeziehung Apel/Bushart/*Apel* § 35 Rn. 13.

cc) **Volksfeste, Schützenfeste, Märkte, Sammlertreffen und ähnliche öffentliche** 42
Veranstaltungen (§ 35 Abs. 3 S. 1 Nr. 3). Auch bei den hier genannten Veranstaltungen sind der Vertrieb und das Überlassen der genannten Waffen untersagt. Unter einem **Volksfest** versteht man eine Veranstaltung, die von allen Bevölkerungsschichten ohne Ansehung der Person, des Standes oder Vermögens auf Grund einer längeren Tradition gefeiert wird und zwar so, dass dem Sinngehalt des Festes entsprechend das Volk als Träger der Veranstaltung erscheint.[123] Eine gesetzliche Definition des Volksfestes findet sich ferner in § 60b GewO. Als Beispiele sind Karnevals- und Kirchweihveranstaltungen, aber auch die eigens aufgezählten **Schützenfeste** zu nennen,[124] die lediglich einen Unterfall der Volksfeste darstellen. Unter den Begriff der **Märkte** iS der Nr. 3 fallen nur diejenigen, die nicht bereits unter die Nr. 2 iVm §§ 66–68 GewO fallen. Auch **Sammlertreffen** werden nun ausdrücklich in § 35 Abs. 1 S. 1 Nr. 3 genannt. Als Beispiel für eine **ähnliche öffentliche Veranstaltung** sind Feste kulturhistorischer Prägung, also zB historische Märkte oder Veranstaltungen mit volkstümlichem Charakter wie Heimat- und Trachtenfeste zu verstehen.

Eine Ausnahme gilt kraft ausdrücklicher Regelung für die Überlassung der benötigten 43 Schusswaffe oder Munition in einer Schießstätte nach § 27, die im Rahmen eines Volksfestes (gleiches gilt für Schützenfeste und ähnliche Veranstaltungen, nicht aber für Jahrmärkte) errichtet werden (zB die „klassischen" Schießbuden). Diese Regelung soll es zB ermöglichen, dass Schützen die zum Schießen benötigte Munition vor Ort erwerben können.[125] Ferner ist Munition, die Teil einer Sammlung iS des § 17 Abs. 1 ist oder für eine solche bestimmt ist, von dem Verbot des § 35 ausgenommen.

d) **Konkurrenzen.** Eine Straftat nach § 52 Abs. 1 Nr. 3 kann mit einer Ordnungswidrig- 44 keit nach § 146 GewO konkurrieren. Geschieht dies durch eine Handlung und liegt daher Tateinheit iS des § 52 StGB, vor, so greift allerdings § 21 OWiG ein (Vorrang der Strafvorschrift).

7. Die Anleitung bzw. das Auffordern zur unerlaubten Herstellung sog. „Molo- 45
tow-Cocktails" (Nr. 4). Nach § 40 Abs. 1 umfasst der verbotene Umgang mit den hier genannten verbotenen Waffen (genannt sind die verbotenen Waffen nach Anl. 2 Abschn. 1 Nr. 1.3.4, dh die sog. „Molotow-Cocktails" sowie die hier aufgeführten sonstigen Brandsätze)[126] nicht nur die Herstellung an sich (vgl. § 1 Abs. 3), sondern auch das Verbot, zur Herstellung dieser Waffen anzuleiten oder aufzufordern. Wird hiergegen verstoßen, liegt eine Straftat nach § 52 Abs. 1 Nr. 4 vor.[127]

a) **Tatobjekt.** Tatobjekte sind ausschließlich die verbotenen Gegenstände iS der Anl. 2 46 Abschn. 1 Nr. 1.3.4, also sog. „Molotow-Cocktail" und die „Unkonventionellen Spreng- und Brand-Vorrichtungen" (USBV).[128] Diese Gegenstände fallen als tragbare Gegenstände iS des § 1 Abs. 2 Nr. 2 Buchst. a in den Anwendungsbereich des WaffG.[129]

b) **Tathandlung.** Der Täter muss zur Herstellung eines solchen Gegenstandes anleiten 47 oder hierzu auffordern.[130] Unter dem Begriff der **Anleitung** versteht man die Vermittlung

---

[123] BGH 6.12.1955 – I ZR 55/55, BGHZ 19, 235 (237) = NJW 1956, 379 (379 f.).
[124] Steindorf/*Gerlemann* § 35 Rn. 18.
[125] Vgl. zur Begründung BT-Drs. V/528, 31, zu § 19 des Entwurfs; vgl. auch Apel/Bushart/*Apel* § 35 Rn. 15.
[126] Die Vorschrift ist abgedruckt in → § 2 Rn. 3.
[127] Die Vorschrift entspricht im Wesentlichen § 53 Abs. 1 S. 1 Nr. 5 WaffG aF; vgl. aus der Rspr. BayObLG 11.11.1997 – 4 St RR 232/97, NJW 1998, 1087 = BayObLGSt 1997, 151 = OLGSt WaffG § 37 Nr. 4 = StraFo 1998, 1087 mAnm *Gänßle* NStZ 1999, 90.
[128] → § 2 Rn. 15.
[129] Ausführlich → § 1 Rn. 121.
[130] Nicht mehr eigenständig als Tathandlung erfasst ist der Vertrieb bzw. das Überlassen von Bestandteilen, die zur Herstellung dieser Gegenstände bestimmt sind; vgl. § 53 Abs. 1 S. 1 Nr. 5 iVm § 37 Abs. 1 S. 3 WaffG aF. Dies hat seinen Grund darin, dass die entsprechenden Bestandteile an sich frei erhältlich sind und ein entsprechendes Verbot daher kaum durchsetzbar ist; vgl. *Apel/Bushart* § 40 Rn. 2; Ullrich Kriminalistik 2007, 537 (539).

von Informationen, die dem Empfänger die Möglichkeit gibt, auf Grund der erworbenen Kenntnisse den entsprechenden Gegenstand selbst herzustellen,[131] was zB auch über das Internet möglich ist.[132] Hierunter fallen alle Ausführungen schriftlicher oder mündlicher Art, die insbes. durch Hinweise technischer Natur Möglichkeiten zur Begehung strafbarer Handlungen aufzeigen.[133] Unter einer **Aufforderung**[134] ist hier ein Verhalten zu verstehen, welches von einem anderen erkennbar die Herstellung von Molotow-Cocktails oder USBV verlangt.[135] Eine Aufforderung ist gegenüber der Anleitung eine – unterhalb der Schwelle zur Anstiftung bleibende – etwas stärker dosierte Äußerung, die erkennbar vom Adressaten ein Tun oder Unterlassen verlangt.[136] Sie muss sich nicht an einen individuellen Adressaten richten, sondern kann auch darin liegen, dass sie öffentlich in einer Versammlung oder durch Verbreiten von Schriften (zB Flugblättern) vor sich geht. Auch derjenige, der eine entsprechende Aufforderung in eine Mailbox im Internet einstellt, die anderen Personen zugänglich ist, kann daher den Tatbestand erfüllen. Wer dagegen eine Bauanleitung für einen Molotow-Cocktail ins Internet stellt, erfüllt die Tathandlung des Anleitens.[137] Bei der Weiterleitung fremder Texte ist jedoch einschränkend zu fordern, dass der Weiterleitende sich den Text zu Eigen macht und daher auch selbst zur Herstellung des verbotenen Gegenstandes anleitet.[138] Ist dies der Fall, kommt Idealkonkurrenz zur Strafvorschrift des § 111 StGB in Frage.[139]

III. Tatbestände des Abs. 3

48 **1. Unerlaubter Umgang mit verbotenen Waffen (Nr. 1).** Strafbar macht sich hiernach, wer entgegen § 2 Abs. 1 oder Abs. 3, jeweils iVm Anl. 2 Abschn. 1 Nr. 1 2.2 bis 1.2.5, 1.3.1 bis 1.3.3, 1.3.5, 1.3.6, 1.3.7, 1.3.8, 1.4.1 Satz 1, 1.4.2 bis 1.4.4 oder 1.5.3 bis 1.5.7, einen dort genannten Gegenstand erwirbt, besitzt, überlässt, führt, verbringt, mitnimmt, herstellt, bearbeitet, instand setzt oder damit Handel treibt.[140]

49 **a) Tatobjekt.** Als Tatobjekte werden in § 52 Abs. 3 Nr. 1 mehrere der nach § 2 Abs. 3 iVm Anl. 2 Abschn. 1 (Waffenliste) verbotenen Waffen genannt.[141] Der Katalog umfasst nahezu alle der hier aufgeführten Waffen. Nicht erfasst sind lediglich die vollautomatischen Schusswaffen nach Nr. 1.2.1.1 und bestimmte Vorderschaftrepetierflinten (zB die sog. „Pumpguns") der Nr. 1.2.1.2 (für sie gilt jeweils der Verbrechenstatbestand des § 51 Abs. 1)[142] sowie die ehemaligen Kriegswaffen der Nr. 1.1 und die sog. „Molotow-Cocktails" und „USBV" (Brandsätze) der Nr. 1.3.4 (für sie gilt jeweils die schwerere Strafvorschrift des § 52 Abs. 1 Nr. 1).[143] Die früher ebenfalls nicht erfassten Elektroimpulsgeräte der Nr. 1.3.6 (ein verbote-

---

[131] Vgl. auch die Definition bei Steindorf/*B. Heinrich* Rn. 26.
[132] Hierzu auch *Ullrich* Kriminalistik 2007, 537 (539).
[133] *Gade/Stoppa* Rn. 33; Steindorf/*B. Heinrich* Rn. 26.
[134] Zum Begriff des Aufforderns vgl. § 29 Abs. 1 Nr. 12 BtMG, § 23 VersammlG.
[135] RG 31.5.1929 – I 290/29, RGSt 63, 170 (173).
[136] Steindorf/*B. Heinrich* Rn. 26; vgl. auch *Gade/Stoppa* Rn. 34; Hinze/*Runkel* Rn. 47.
[137] Zu dieser Fallkonstellation vgl. BayObLG 11.11.1997 – 4 St RR 232/97, NJW 1998, 1087 mAnm *Gänßle* NStZ 1999, 90.
[138] BayObLG 11.11.1997 – 4 St RR 232/97, NJW 1998, 1087; kritisch hierzu *Gänßle* NStZ 1999, 90; vgl. auch *Derksen* NJW 1998, 3760; *Gade/Stoppa* Rn. 33; Hinze/*Runkel* Rn. 46.
[139] Hinze/*Runkel* Rn. 47; Steindorf/*B. Heinrich* Rn. 26.
[140] Die Vorschrift entspricht im Wesentlichen § 53 Abs. 3 Nr. 3 WaffG aF; vgl. aus der Rspr. hierzu BGH 15.9.1983 – 4 StR 535/83, BGHSt 32, 84 = NJW 1984, 1364 = NStZ 1984, 1364 = JZ 1983, 908; 17.11.1988 – 1 StR 588/88, BGHR WaffG § 37 Springmesser 2; 1.8.1995 – 4 StR 424/95, BGHR WaffG § 53 Abs. 3 Tatsächliche Gewalt 2; 5.9.2001 – 3 StR 175/01, BGHR (1.) WaffV § 8 Abs. 1 Nr. 3 Würgehölzer 1; 11.2.2003 – 5 StR 402/02, NStZ 2003, 439 = BGHR WaffG § 37 Springmesser 2 = BGHR WaffG § 37 Stoßwaffe, verdeckte 1; BayObLG 16.9.1993 – 4 St RR 155/93, NJW 1994, 335 = NStE Nr. 5 zu § 37 WaffG = BayObLGSt 1997, 167; OLG Celle 29.2.1988 – 1 Ss 21/88, NStZ 1988, 280 = NStE Nr. 2 zu § 37 WaffG; OLG Hamm 20.6.1983 – 4 Ss 798/83, NStZ 1984, 30 = NStE Nr. 1; OLG Stuttgart 22.9.1975 – 3 Ss 403/75, OLGSt § 4 WaffenG S. 1 und OLGSt § 37 WaffenG S. 1; AG Maulbronn 9.11.1988 – II Cs 390/88, MDR 1990, 1039.
[141] Die Vorschriften der Anl. 2 Abschn. 1 sind abgedruckt in → § 2 Rn. 3.
[142] Hierzu → § 51 Rn. 2 ff.
[143] Hierzu → Rn. 5 ff.

ner Umgang stellte hier lediglich eine Ordnungswidrigkeit nach § 53 Abs. 1 Nr. 2 dar) wurden 2017 in die Strafnorm mit aufgenommen.[144] Schließlich wurden im Hinblick auf die verbotene Munition nur die Nummern 1.5.3 bis 1.5.7 einbezogen. Der verbotene Umgang mit der in den Nummern 1.5.1, 1.5.2 genannten Munition wird nicht eigenständig sanktioniert. Insofern gelten hier die allgemeinen Bestimmungen für Munition, dh die Strafvorschrift für den unerlaubten Erwerb und Besitz (§ 52 Abs. 3 Nr. 2 Buchst. b).[145]

b) Tathandlung. In Abs. 3 Nr. 1 werden eine Vielzahl verschiedener Tathandlungen **50** genannt, die im Wesentlichen der Definition des Umgangs mit Waffen und Munition iS des § 1 Abs. 3 entsprechen. Nicht erfasst ist lediglich das unerlaubte **Schießen**. Hinsichtlich der einzelnen Tathandlungen kann auf die allgemeinen Ausführungen im Rahmen des § 1 verwiesen werden.[146]

c) Verweisung auf § 2 Abs. 1 und Abs. 3. In § 52 Abs. 1 findet sich – wie schon in **51** § 51 Abs. 1 und § 52 Abs. 1 Nr. 1[147] – schließlich noch die Voraussetzung, dass der Täter „entgegen § 2 Abs. 1 oder 3" handeln muss. Während § 2 Abs. 1 den Umgang mit Waffen grds. nur Personen gestattet, die das 18. Lebensjahr vollendet haben, dh Minderjährigen den Umgang mit Waffen und Munition vollständig untersagt (vgl. allerdings die Ausnahmen in §§ 3, 13 Abs. 7 S. 2 und Abs. 8 sowie § 27 Abs. 3 bis Abs. 6), wird in § 2 Abs. 3 festgestellt, dass der Umgang mit den in Anl. 2 Abschn. 1 (Waffenliste) genannten Waffen und Munition (sog. „verbotene Waffen") grds., dh auch für volljährige Personen verboten ist. Erlaubnisse können also nicht nach den allgemeinen Voraussetzungen erteilt werden. Ausnahmen von dem strikten Verbot finden sich lediglich in § 40 Abs. 2 bis Abs. 5. In diesen Fällen handelt der Täter bereits nicht tatbestandsmäßig.[148]

d) Konkurrenzen. Sofern im Hinblick auf die vorliegenden Waffen gleichzeitig § 52 **52** Abs. 3 Nr. 2 Buchst. a (verbotener Umgang mit Schusswaffen)[149] verwirklicht ist, stellt § 52 Abs. 3 Nr. 1 die Spezialvorschrift dar.[150]

2. Unerlaubter Umgang mit Schusswaffen und Munition (Nr. 2). In Abs. 3 Nr. 2 **53** werden verschiedene Formen des (verbotenen) Umgangs mit Schusswaffen und Munition unter Strafe gestellt. Im Hinblick auf Schusswaffen werden hier der unerlaubte Erwerb und Besitz sowie das Führen, im Hinblick auf die Munition das unerlaubte Erwerben und Besitzen erfasst. Nicht sanktioniert wird das (unerlaubte) Führen von Munition.

a) Unerlaubtes Erwerben, Besitzen oder Führen von Schusswaffen (Nr. 2 54 Buchst. a). Nach § 2 Abs. 2 sind der Erwerb, der Besitz und das Führen (als Formen des Umgangs iS des § 1 Abs. 3) von Schusswaffen erlaubnispflichtig. Die Erlaubnis wird durch eine Waffenbesitzkarte (§ 10 Abs. 1) bzw. einen Waffenschein (§ 10 Abs. 4) erteilt. Erwirbt, besitzt oder führt der Täter die Schusswaffe ohne eine solche Erlaubnis, macht er sich nach § 52 Abs. 1 Nr. 2 Buchst. b strafbar, wenn es sich bei der Schusswaffe um eine halbautomatische Kurzwaffe zum Verschießen von Patronenmunition handelt.[151] Handelt es sich um eine andere Schusswaffe, greift § 52 Abs. 3 Nr. 2 Buchst. a Alt. 1 ein.[152]

---

[144] Durch das Zweite Gesetz zur Änderung des Waffengesetzes und weiterer Vorschriften vom 30.6.2017, BGBl. I S. 2133 (2137).
[145] Hierzu → Rn. 60 ff.
[146] → § 1 Rn. 149 ff.
[147] Hierzu → § 51 Rn. 8 und → Rn. 8.
[148] bereits → Rn. 2; so auch Apel/Bushart/*Apel* Rn. 11; anders *Steindorf*, 8. Aufl. Rn. 47; so auch Hinze/Runkel Rn. 69.
[149] Hierzu → Rn. 53 ff.
[150] So schon zum WaffG aF BGH 9.11.1993 – 5 StR 617/93 – Kugelschreiberschießgerät (unveröffentlicht; jurion RS 1993, 17432).
[151] Hierzu → Rn. 18 ff.
[152] Die Vorschrift entspricht im Wesentlichen § 53 Abs. 3 Nr. 1 Buchst. a und b WaffG aF; hierzu aus der Rspr. (Erwerben und Besitzen) BGH 13.12.1983 – 1 StR 599/83, NStZ 1984, 171; 23.1.1991 – 2 StR 552/90, BGHR WaffG § 53 Abs. 3 Konkurrenzen 2; 24.11.1992 – 4 StR 539/92, NStZ 1993, 192 = BGHR § 53 Abs. 3 WaffG Tatsächliche Gewalt 1; 5.8.1993 – 4 StR 439/93, BGHR WaffG § 53 Abs. 1 Vertrieb 1;

55 aa) Tatobjekt. Als Tatobjekte sind nach dem Wortlaut des Gesetzes sämtliche Schusswaffen erfasst. Aus der Subsidiaritätsklausel[153] ergibt sich allerdings, dass halbautomatische Kurzwaffen zum Verschießen von Patronenmunition hier ausgenommen sind (ein Verstoß hiergegen wird über Abs. 1 Nr. 2 Buchst. b sanktioniert).[154] Auch sofern Schusswaffen als verbotene Waffen iS des § 2 Abs. 3 iVm Anl. 2 Abschn. 1 anzusehen sind, gelten die entsprechenden Spezialtatbestände der § 51, § 52 Abs. 1 Nr. 1 und Abs. 3 Nr. 1.[155] Hinsichtlich des Begriffes der Schusswaffe iS des § 1 Abs. 2 Nr. 1 iVm Anl. 1 Abschn. 1 Unterabschn. 1 Nr. 1.1 und Nr. 1.2 gelten dabei keine Abweichungen von der üblichen Begriffsbestimmung.[156] Das Führen von Schreckschuss-, Reizstoff- oder Signalwaffen ohne den dazu benötigten „Kleinen Waffenschein" nach § 10 Abs. 4 S. 4 wird nunmehr ebenfalls vom Tatbestand erfasst. Dies ist auch dann der Fall, wenn eine Waffe nach dem Prinzip eines Halbautomaten funktioniert, da es sich funktional um ein Munitionsabschussgerät mit Gaslauf handelt.[157] Diese Waffen werden von der Strafvorschrift des § 52 Abs. 1 Nr. 2 Buchst. b ausdrücklich ausgenommen (sie sind nicht „zum Verschießen von Patronenmunition" bestimmt).

56 bb) Tathandlung. Auch hinsichtlich der Tathandlungen des Erwerbens, Besitzens und Führens gelten die allgemeinen Regelungen.[158] Zu beachten ist hier – wie schon im Rahmen des Abs. 1 Nr. 2 Buchst. b[159] – die Sonderregelung für den **Erben** bzw. denjenigen, der eine Waffe nach einem Erbfall in Besitz nimmt (§ 37 Abs. 1 S. 1 Nr. 1). In diesen Fällen ist der **Erwerb** einer Schusswaffe erlaubnisfrei gestellt. Nach § 37 Abs. 1 S. 1 Nr. 1 besteht lediglich eine Anzeigepflicht („unverzüglich"), die als Ordnungswidrigkeit nach § 53 Abs. 1 Nr. 5 Alt. 12 geahndet wird.[160] Allerdings übt derjenige, der diese Anzeige versäumt ab diesem Zeitpunkt unbefugt den Besitz über die Waffe aus. Gleiches gilt dann, wenn er eine Anzeige tätigt und die Behörde daraufhin eine Anordnung nach § 37 Abs. 1 S. 2 trifft und der Betreffende der Anordnung nicht innerhalb der gesetzten Frist nachkommt (Ordnungswidrigkeit nach § 53 Abs. 1 Nr. 4 Alt. 8).[161] Im Ergebnis ist hier, wie bereits oben zu Abs. 1 Nr. 2 Buchst. b ausgeführt,[162] zu differenzieren: Während die Verletzung der Anzeigepflicht die Bestrafung nach Abs. 3 Nr. 2 Buchst. a nicht ausschließt,[163] kann das Zuwiderhandeln gegen die seitens der Behörde getroffene Anordnung nicht zu einer Bestrafung nach Abs. 3 Nr. 2 Buchst. a führen. Die Bußgeldvorschrift ist nur im letzten Fall als lex specialis

---

21.9.1993 – 4 StR 436/93, NStE Nr. 1 zu 3 29 WaffG = BGHR WaffG § 53 Abs. 3 Munition 1; 3.5.2000 – 1 StR 125/00, BeckRS 2000, 05241 (in NStZ 2000, 483, 494 nicht abgedruckt); BayObLG 28.7.1981 – 4 St 57/81, NStZ 1982, 385; OLG Celle 8.10.1984 – 3 Ss 175/84, OLGSt WaffG § 53 Nr. 1; OLG Frankfurt a. M. 28.9.1984 – 5 Ss 447/83, NStZ 1985, 368; OLG Hamm 23.5.1978 – 5 Ss 581/78, NJW 1979, 117; 20.6.1983 – 4 Ss 798/83, NStZ 1984, 30 = NStE § 53 WaffG Nr. 1; 9.9.1985 – 1 Ws 83/85, NStZ 1986, 278 = StV 1985, 141 = JR 1986, 203 mAnm *Puppe* JR 1986, 205; OLG Karlsruhe 5.12.1991 – 1 Ss 49/91, NJW 1992, 1057 = NStZ 1992, 242; 30.7.1997 – 3 Ss 95/97, NStZ-RR 1998, 30; OLG Koblenz 17.3.1977 – 1 Ss 63/77, OLGSt § 6 WaffG S. 1; 24.6.1982 – 1 Ss 259/82, OLGSt § 1 KriegswaffKG S. 5; OLG Schleswig 15.11.1982 – 1 St 482/82, NStZ 1983, 271; OLG Stuttgart 6.7.1981 – 3 Ss 220/81, NStZ 1982, 33; VG Aachen 28.8.2011 – 6 L 8/11, BeckRS 2011, 53879; zum Führen aus der früheren Rspr. BGH 16.1.1980 – 2 StR 692/79, BGHSt 29, 184 = NJW 1980, 1475; 8.7.1997 – 5 StR 170/97, NStZ 1997, 604 = BGHR WaffG § 4 Führen 2; BayObLG 5.5.1993 – 4 St RR 29/93, NJW 1993, 2760 = MDR 1993, 999; OLG Köln 26.3.1974 – 1 Ss 22/74, OLGSt § 53 WaffG S. 15.

[153] Vgl. hierzu noch → Rn. 58.
[154] Hierzu → Rn. 18 ff.
[155] Vgl. zu den hiervon erfassten Tatobjekten → § 51 Rn. 3 ff. und → Rn. 6, 49 und → § 53 Rn. 4 ff.
[156] Vgl. zum Begriff der Schusswaffe → § 1 Rn. 9 ff.
[157] Vgl. Nr. 52.2 WaffVwV.
[158] Vgl. zu den Begriffen des Erwerbens → § 1 Rn. 168 ff., des Besitzens → § 1 Rn. 152 ff. und des Führens → § 1 Rn. 180 ff.; der Text der Vorschriften ist abgedruckt in → § 1 Rn. 150.
[159] Hierzu → Rn. 20.
[160] Hierzu → § 53 Rn. 46.
[161] Hierzu → § 53 Rn. 23.
[162] Hierzu → Rn. 20.
[163] Anders allerdings BGH 24.11.1992 – 4 StR 539/92, NStZ 1993, 192; BayObLG 9.2.1996 – 4 St RR 14/96, NStZ-RR 1996, 184 (185); Hinze/*Runkel* § 20 Rn. 14; § 37 Rn. 26: Vorrang der Ordnungswidrigkeit; wie hier: *Gade/Stoppa* § 20 Rn. 6, § 53 Rn. 22; Steindorf/*B. Heinrich* Rn. 15.

vorrangig. Das Vorliegen einer Strafbarkeit neben der Ordnungswidrigkeit bei Verletzung der Anzeigepflicht nach § 37 Abs. 1 S. 1 kann damit begründet werden, dass die Bußgeldvorschrift des § 53 Abs. 1 Nr. 5 Alt. 12 hier nicht zwingend leer läuft. Denn ist es durchaus möglich, dass trotz eines Verstoßes gegen die Anzeigepflicht der Besitz zB für den Inhaber eines Jahresjagdscheins für die in § 13 Abs. 3 genannten Waffen[164] nicht unberechtigt ist und daher nur eine Ordnungswidrigkeit vorliegt. Eine solche Differenzierung ist ferner auch aus sachlichen Gründen gerechtfertigt. Denn im Falle des Zuwiderhandelns gegen die getroffene Anordnung weiß die Behörde von der Existenz der Waffe und kann diese entsprechend sicherstellen, während sie bei der Verletzung der Anzeigepflicht hiervon keine Kenntnis erlangt. Gleiches gilt für die weiteren in § 37 Abs. 1 S. 1 genannten Personen (Finder, Insolvenzverwalter etc). Auch im Hinblick auf die verbotenen Waffen (vgl. hier die Regelung in § 40 Abs. 5) ist eine entsprechende Differenzierung angebracht.[165] Schließlich ist im Hinblick auf den Erwerb die gesetzliche Subsidiaritätsklausel zu beachten. Erwirbt der Täter die Schusswaffe, um sie entgegen § 34 Abs. 1 an einen Nichtberechtigten zu überlassen, macht er sich nach der schwereren Strafvorschrift des Abs. 1 Nr. 2 Buchst. a strafbar.[166]

cc) Fehlen einer Erlaubnis. Der Täter muss die Schusswaffe ohne Erlaubnis nach § 2 Abs. 2 iVm Anl. 2 Abschn. 2 Unterabschn. 1 S. 1[167] erwerben, besitzen oder führen. Während nach § 2 Abs. 2 der Erwerb, der Besitz und das Führen (als besondere Formen des Umgangs iS des § 1 Abs. 3) grds. erlaubnispflichtig sind, wird dies in S. 1 der genannten Anlage insoweit modifiziert, als diese Formen des Umgangs jedenfalls dann der Erlaubnis bedürfen, wenn die jeweiligen Schusswaffen nicht nach Anl. 2 Abschn. 2 Unterabschn. 2 von der Erlaubnispflicht freigestellt sind. Solche Ausnahmevorschriften finden sind im Hinblick auf den Erwerb und Besitz in Nr. 1 und Nr. 2, im Hinblick auf das Führen in Nr. 3 der genannten Anlage.[168] Zu beachten sind aber auch hier die personengebundenen Ausnahmen in § 12 Abs. 1 (Erwerb und Besitz) und Abs. 3 (Führen)[169] sowie für Jäger in § 13 Abs. 3 bis Abs. 8. Wird hierdurch der Besitz von Schusswaffen vorübergehend gestattet, so ist allerdings zu beachten, dass dies nur für den angegebenen Zeitraum gilt. Wird dieser Zeitraum überschritten, ist eine Erlaubnis erforderlich. Für Jäger wurde dabei die Erlaubnisfreiheit zum Führen von Jagdwaffen in § 13 Abs. 6 im Vergleich zum früheren Recht restriktiver gestaltet. Zwar ist auch weiterhin der Transport zum bzw. vom Jagdrevier in die eigene Wohnung (§ 13 Abs. 6 S. 1 aE: „im Zusammenhang mit diesen Tätigkeiten") erlaubnisfrei gestellt, sofern die Waffen „nicht schussbereit" geführt werden. Diese Regelung (Pflicht zum „nicht schussbereiten" Führen) bezieht sich nunmehr jedoch auch – im Gegensatz zu § 35 Abs. 4 Nr. 2a, Nr. 2c WaffG aF – auf alle Tätigkeiten, die nicht unmittelbar die Jagdausübung betreffenden, sondern mit ihr lediglich in Zusammenhang stehen (umfasst ist nunmehr also zB auch einen kleinen Abstecher zur Bank oder Post während der Jagdausübung).[170] Dies hat zur Folge, dass die Waffe nun auch im Rahmen dieser Tätigkeiten entladen werden muss, um sie ohne Erlaubnis und daher straflos führen zu dürfen. Liegt eine Erlaubnis vor, so ist auch hier bereits die Tatbestandsmäßigkeit und nicht erst die Rechtswidrigkeit ausgeschlossen.[171]

dd) Gesetzliche Subsidiaritätsklausel. Die Tat ist nach dieser Vorschrift nur strafbar, wenn sie nicht in Abs. 1 Nr. 2 Buchst. a oder b mit (schwererer) Strafe bedroht ist. Hier sind sowohl diejenigen Fälle erfasst, in denen der Täter die Schusswaffe erwirbt, um sie

---

[164] Hierzu auch → § 53 Rn. 53 f.
[165] → § 53 Rn. 25 und Rn. 50.
[166] Hierzu → Rn. 10 ff.; hierzu auch sogleich noch → Rn. 58.
[167] Der Text der Vorschrift ist abgedruckt in → § 2 Rn. 33.
[168] Der Text der Vorschriften ist abgedruckt in → § 2 Rn. 34.
[169] Zu § 12 vgl. *Ullrich* Kriminalistik 2005, 238.
[170] Hierzu *Heghmanns* NJW 2003, 3373 (3375); ferner *König/Papsthart* Rn. 248.
[171] → Rn. 2 ff.; so auch *Hinze/Runkel* Rn. 72; *Steindorf/B. Heinrich* Rn. 50.

entgegen § 34 Abs. 1 S. 1 an einen Nichtberechtigten weiterzugeben als auch diejenigen, in denen es sich beim Tatobjekt um eine halbautomatische Kurzwaffe handelt.[172]

59   ee) Konkurrenzen. Erwirbt der Täter mehrere Waffen nacheinander, ist jeder **Erwerb** eigenständig nach Abs. 3 Nr. 2 Buchst. a zu beurteilen. Im Gegensatz dazu verletzt der Täter diese Bestimmung beim gleichzeitigen **Besitz** mehrerer Schusswaffen nur einmal. Erwirbt jemand eine erlaubnispflichtige Schusswaffe mit dem bereits zu diesem Zeitpunkt gefassten Vorsatz, sie später auch zu führen, dann ist hierin dieselbe Tat iS des § 52 StGB zu sehen. Die Taten stehen also in Idealkonkurrenz.[173]

60   **b) Unerlaubtes Erwerben und Besitzen von Munition (Nr. 2 Buchst. b).** Nach § 2 Abs. 2 sind Erwerb und Besitz (als Formen des Umgangs iS des § 1 Abs. 3) von Munition erlaubnispflichtig.[174] Die Erlaubnis wird durch einen Munitionserwerbsschein erteilt (§ 10 Abs. 3). Erwirbt oder besitzt der Täter die Munition ohne eine solche Erlaubnis, macht er sich nach § 52 Abs. 3 Nr. 2 Buchst. b strafbar.[175]

61   aa) Tatobjekt. Als Tatobjekte sind hier sämtliche Arten von Munition erfasst. Sofern allerdings die Munition als verbotene Waffe iS des § 2 Abs. 3 iVm Anl. 2 Abschn. 1 Nr. 1.5.3 bis 1.5.7[176] anzusehen ist, gilt der entsprechende Spezialtatbestand des § 52 Abs. 3 Nr. 1.[177] Hinsichtlich des Begriffes der Munition der Anl. 1 Abschn. 1 Unterabschn. 3 gelten dabei keine Abweichungen von der üblichen Begriffsbestimmung.[178] Der unerlaubte Besitz von Munition für vollautomatische Maschinenpistolen kann dann von der vorliegenden Strafvorschrift erfasst sein, wenn es sich um Patronenmunition mit Vollmantelweichkerngeschoss handelt, da diese vom KrWaffG gem. Teil B VIII Nr. 50 KWL ausgenommen sind.[179]

62   bb) Tathandlung. Im Hinblick auf die Tathandlungen des Erwerbens und Besitzens gelten die allgemeinen Regelungen.[180] Auch hier ist aber bzgl. des Erwerbs die gesetzliche Subsidiaritätsklausel[181] zu beachten. Erwirbt der Täter die Munition, um sie entgegen § 34 Abs. 1 einem Nichtberechtigten zu überlassen, macht er sich nach der schwereren Strafvorschrift des § 52 Abs. 1 Nr. 2 Buchst. a strafbar.[182]

63   cc) Fehlen einer Erlaubnis. Der Täter muss die Munition ohne Erlaubnis nach § 2 Abs. 2 iVm Anl. 2 Abschn. 2 Unterabschn. 1 S. 1[183] erwerben oder besitzen. Während nach § 2 Abs. 2 das Erwerben und Besitzen (als besondere Formen des Umgangs iS des § 1 Abs. 3) grds. erlaubnispflichtig sind, wird dies in S. 1 der genannten Anlage insoweit modifiziert,

---

[172] Zu § 52 Abs. 1 Nr. 2 Buchst. a → Rn. 10ff.; zu § 52 Abs. 1 Nr. 2 Buchst. b → Rn. 18ff.
[173] Vgl. zur Konkurrenzproblematik noch ausführlich → Rn. 143ff., 155ff.
[174] Vgl. zur (ursprünglichen) Motivation des Gesetzgebers, auch den Erwerb und den Besitz von Munition erlaubnispflichtig zu machen, BT-Drs. VI/2678, 30 (zu § 28 des Entwurfs); BT-Drs. VI/3566, Begründung S. 6; BT-Drs. 7/2379, 20.
[175] Die Vorschrift entspricht (im Hinblick auf das Erwerben von Munition) im Wesentlichen dem bisherigen § 53 Abs. 3 Nr. 1 Buchst. a WaffG aF. Der (unerlaubte) Besitz (= Ausübung der tatsächlichen Gewalt) von Munition war bislang nicht strafbewehrt; vgl. BGH 3.5.2000 – 1 StR 125/00, BeckRS 2000, 05241 (in NStZ 2000, 483, 494 nicht abgedruckt). Dies war aus sicherheitspolitischen Gründen nicht mehr hinzunehmen; vgl. BT-Drs. 14/7758, 82; hierzu aus der bisherigen Rspr. zum unerlaubten Erwerb BGH 21.9.1993 – 4 StR 436/93, NStE Nr. 1 zu § 29 WaffG = BGHR WaffG § 53 Abs. 3 Munition 1; 13.3.1996 – 3 StR 41/96, BGHR WaffG § 52a Abs. 1 Konkurrenzen 4; BGH 3.11.2004 – IV ZR 250/03, NJW-RR 2005, 111; BayObLG 9.2.1996 – 4 St RR 14/96, NStZ-RR 1996, 184 (185) DÖV 1996, 1048; OLG Celle 8.10.1984 – 3 Ss 175/84, OLGSt WaffG § 53 Nr. 1; aus der neueren Rspr. BGH 2.7.2013 – 4 StR 187/13, NStZ-RR 2013, 320.
[176] Der Text ist abgedruckt in → § 2 Rn. 3; zur verbotenen Munition auch ausführlich → § 2 Rn. 25ff.
[177] Vgl. zu den hiervon erfassten Tatobjekten → Rn. 49.
[178] Vgl. zu den Begriffen der Schusswaffe → § 1 Rn. 9ff. und der Munition → § 1 Rn. 130ff.
[179] Vgl. BGH 14.11.2007 – 2 StR 361/07, NStZ 2008, 154; *Gade/Stoppa* Rn. 45.
[180] Vgl. zu den Begriffen des Erwerbens → § 1 Rn. 168ff. und des Besitzens → § 1 Rn. 152ff.; der Text der Vorschriften ist abgedruckt in → § 1 Rn. 150.
[181] Vgl. hierzu noch → Rn. 64.
[182] Hierzu → Rn. 10ff.
[183] Der Text der Vorschrift ist abgedruckt in → § 2 Rn. 33.

als die genannten Formen des Umgangs jedenfalls dann der Erlaubnis bedürfen, wenn das jeweilige Verhalten im Hinblick auf die entsprechende Munition nicht nach Anl. 2 Abschn. 2 Unterabschn. 2 von der Erlaubnispflicht freigestellt wurde.[184] Dies ist in Nr. 1.4, Nr. 1.11 und Nr. 1.12 der genannten Anlage für die hier aufgeführten Munitionsarten geschehen. Zu beachten sind aber auch hier die personengebundenen Ausnahmen in § 12 Abs. 2.[185]

dd) Gesetzliche Subsidiaritätsklausel. Die Tat ist nach dieser Vorschrift nur strafbar, **64** wenn sie nicht in Abs. 1 Nr. 2 Buchst. a oder b mit (schwererer) Strafe bedroht ist. Hier sind diejenigen Fälle erfasst, in denen der Täter die Munition erwirbt, um sie entgegen § 34 Abs. 1 S. 1 an einen Nichtberechtigten weiterzugeben.[186] Der weitere Verweis auf § 52 Abs. 1 Nr. 2 Buchst. b geht fehl, da es sich hier um den unerlaubten Erwerb bzw. Besitz sowie das unerlaubte Führen einer halbautomatischen Kurzwaffe handelt und es insoweit keine Überschneidungen mit dem hier unter Strafe gestellten unerlaubten Erwerben oder Besitzen von Munition geben kann (diese Anordnung einer gesetzlichen Subsidiarität ergibt somit nur für Abs. 3 Nr. 2 Buchst. a, nicht aber für Buchst. b einen Sinn).

3. Unerlaubte nichtgewerbsmäßige Waffenherstellung (Nr. 3). Nach § 2 Abs. 2 **65** iVm Anl. 2 Abschn. 2 Unterabschn. 1 S. 1[187] iVm § 26 Abs. 1 Satz 1 benötigt auch derjenige, der nichtgewerbsmäßig[188] eine Schusswaffe herstellt, bearbeitet oder instand setzt, eine Erlaubnis der (nach Landesrecht) zuständigen Behörde.[189] Wer ohne eine solche Erlaubnis handelt, begeht eine Straftat nach Abs. 3 Nr. 3.[190]

a) Tatobjekt. Erfasst sind hier – im Gegensatz zur gewerbsmäßigen Waffenherstellung – **66** nur Schusswaffen. Die Ausdehnung der Erlaubnispflicht auf die nichtgewerbliche Herstellung von Munition erschien dem Gesetzgeber nicht erforderlich, „da nur der Inhaber eines Sprengstofferlaubnisscheines die benötigten Treibladungsstoffe erhält".[191]

b) Tathandlung. Der Täter muss eine Schusswaffe herstellen, bearbeiten oder instand **67** setzen iS von § 1 Abs. 3 iVm Anl. 1 Abschn. 2 Nr. 8. Es bestehen keine Abweichungen zur allgemeinen Auslegung dieser Begriffe.[192]

c) Nichtgewerbsmäßige Waffenherstellung. Der Täter muss die Schusswaffen außer- **68** halb des Anwendungsbereiches des § 21 herstellen, bearbeiten oder instand setzen. Er darf also weder gewerbsmäßig noch selbstständig im Rahmen einer wirtschaftlichen Unternehmung handeln (ansonsten greift die Strafvorschrift des § 52 Abs. 1 Nr. 2 Buchst. c iVm § 21 Abs. 1).[193] Es muss sich also um Personen handeln, die ohne die Absicht dauernder Gewinnerzielung, in der Regel also aus reiner Gefälligkeit handeln (zB wenn jemand für befreundete Mitgliedern des Schützenvereins oder im Rahmen der Jagdausübung deren

---

[184] Die Vorschrift ist abgedruckt in → § 2 Rn. 34.
[185] Zu § 12 vgl. *Ullrich* Kriminalistik 2005, 238; vgl. zum Vorliegen einer Erlaubnis → Rn. 57.
[186] Zu § 52 Abs. 1 Nr. 2 Buchst. a → Rn. 10 ff.
[187] Der Text der Vorschrift ist abgedruckt in → § 2 Rn. 33.
[188] Vgl. zum gewerbsmäßigen Herstellen, Bearbeiten oder Instandsetzen § 21 Abs. 1 iVm der Strafvorschrift des § 51 Abs. 1 Nr. 2 Buchst. c; hierzu → Rn. 22 ff.
[189] Die Vorschrift des § 26 entspricht im Wesentlichen der Regelung des § 41 WaffG aF; vgl. zur Begründung BT-Drs. VI/2678, 34 (zu § 38 des Entwurfs).
[190] Die Vorschrift entspricht im Wesentlichen § 53 Abs. 3 Nr. 1 Buchst. c WaffG aF. Zu beachten sind in diesem Zusammenhang allerdings die unterschiedlich ausgestalteten landesrechtlichen Freistellungsverordnungen, die hinsichtlich des Bearbeitens und Instandsetzens dienstlich überlassener Schusswaffen zuweilen unterschiedliche Freistellungsregelungen enthalten.
[191] Vgl. zur Begründung BT-Drs. VI/2578, 34, zu § 38 des Entwurfs; zum Begriff der Schusswaffe → § 1 Rn. 9 ff.; vgl. auch Hinze/*Runkel* Rn. 73.
[192] Der Text der Vorschrift ist abgedruckt in → § 1 Rn. 150; vgl. zu den Begriffen des Herstellens § 1 Rn. 190 f., des Bearbeitens § 1 Rn. 192 f. und des Instandsetzens § 1 Rn. 194; vgl. ergänzend Anl. I-A 2-8.2 WaffVwV iVm Nr. 21.2 WaffVwV iVm Nr. 26.1 WaffVwV; ferner bereits Nr. 41.1 bis Nr. 41.3 WaffVwV (zum WaffG aF).
[193] Zu den Begriffen der Gewerbsmäßigkeit und der Selbstständigkeit im Rahmen einer wirtschaftlichen Unternehmung → § 1 Rn. 205 f.; zur Strafbarkeit nach § 52 Abs. 1 Nr. 2 Buchst. c → Rn. 22 ff.

Waffen instand setzt). Ein nicht gewerbsmäßiges Herstellen liegt ferner dann vor, wenn die Herstellung im Rahmen der Forschung, der waffenrechtlichen Entwicklung, Begutachtung oder Untersuchung stattfindet.[194]

69   **d) Fehlen einer Erlaubnis.** Der Täter muss die Schusswaffe ohne Erlaubnis nach § 2 Abs. 2 iVm Anl. 2 Abschn. 2 Unterabschn. 1 S. 1[195] herstellen, bearbeiten oder instand setzen. Während nach § 2 Abs. 2 das Herstellen, Bearbeiten und Instandsetzen (als besondere Formen des Umgangs iS des § 1 Abs. 3) grds. erlaubnispflichtig sind, modifiziert dies S. 1 der genannten Anlage insoweit, als diese Formen des Umgangs jedenfalls dann der Erlaubnis bedürfen, wenn die jeweiligen Waffen bzw. die Munition nicht nach Anl. 2 Abschn. 2 Unterabschn. 2 von der Erlaubnispflicht freigestellt sind.[196] Dies ist nach Nr. 6 der genannten Anlage pauschal im Hinblick auf Munition geschehen, die daher konsequenter Weise bereits vom Wortlaut der vorliegenden Strafvorschrift nicht erfasst wird. Hinsichtlich der nichtgewerbsmäßigen Herstellung von Schusswaffen finden sich in der genannten Anlage keine speziellen Ausnahmen von der Erlaubnispflicht. Allerdings ist nach Anl. 2 Abschn. 2 Unterabschn. 2 Nr. 4 die Herstellung der dort genannten Waffen insgesamt erlaubnisfrei.[197] Nicht erfasst sind zudem die nach Anl. 2 Abschn. 3 Unterabschn. 2 vom Gesetz grundsätzlich ausgenommene Waffen. Die bei den sonstigen Formen des Umgangs zu beachtenden personengebundenen Ausnahmen in § 12 sind im Hinblick auf die Waffenherstellung nicht einschlägig. Liegt eine Erlaubnis zur nichtgewerbsmäßigen Waffenherstellung vor,[198] dann fehlt bereits die Tatbestandsmäßigkeit des Verhaltens, die Erlaubnis stellt somit nicht erst einen Rechtfertigungsgrund dar.[199]

70   **4. Unerlaubte Verbringung von Schusswaffen und Munition in einen anderen Mitgliedstaat (Nr. 4).** Nach § 2 Abs. 2 iVm Anl. 2 Abschn. 2 Unterabschn. 1 S. 1 iVm § 31 Abs. 1 bedarf auch derjenige, der eine dort genannte Schusswaffe oder Munition in einen anderen Mitgliedstaat der Europäischen Union verbringt, einer Erlaubnis. Dies gilt nach der Gesetzesänderung im Jahre 2017[200] auch für die Mitnahme von Schusswaffen und Munition in einen anderen Mitgliedstaat iS des § 32 Abs. 1a S. 1. Wer, ohne dass er eine solche Erlaubnis besitzt, eine erlaubnispflichtige Schusswaffe oder Munition in einen solchen Staat verbringt oder mitnimmt, begeht eine Straftat nach § 52 Abs. 3 Nr. 4.[201] Nach der Begründung des Gesetzgebers war eine Strafbewehrung notwendig, um das illegale Verbringen dieser Gegenstände innerhalb des EU-Raumes zu unterbinden, da hier in weiten Teilen keine Grenzkontrollen mehr stattfinden.[202] Eine entsprechende Verpflichtung ergab sich auch aus Art. 16 der Waffenrichtlinie 91/477/EWG.[203]

71   **a) Tatobjekt.** Erfasst sind sowohl Schusswaffen als auch Munition. Es gelten dabei keine Abweichungen von den üblichen Begriffsbestimmungen.[204] Es ist jedoch zu beachten, dass in § 31 Abs. 1 sowie in § 32 Abs. 1a eine Konkretisierung dahingehend stattfindet, dass nur Schusswaffen und Munition nach Anl. 1 Abschn. 3 Kategorien A 1.2 bis D erfasst sind.[205] Darüber hinaus sind aber nach beiden Vorschriften auch sonstige Waffen und Munition erfasst, deren Erwerb oder Besitz einer Erlaubnis bedürfen.

---

[194] *Ullrich* Kriminalistik 2007, 537 (540); vgl. auch BT-Drs. VI/2678, 34.
[195] Der Text der Vorschrift ist abgedruckt in → § 2 Rn. 33.
[196] Die Vorschrift ist abgedruckt in → § 2 Rn. 34.
[197] Vgl. *Gade/Stoppa* Rn. 47.
[198] Wann eine solche Erlaubnis erteilt werden kann, richtet sich nach § 26 Abs. 1; vgl. ferner ergänzend § 1 Abs. 3 AWaffV (früher: § 29 Abs. 3 der 1. WaffV [zum WaffG aF]); vgl. ferner Nr. 26.3 WaffVwV sowie bereits Nr. 41.4 der WaffVwV (zum WaffG aF).
[199] Vgl. hierzu bereits → Rn. 2 ff.
[200] BGBl. I S. 2133.
[201] Die Vorschrift hat keinen unmittelbaren Vorgänger im WaffG aF.
[202] BT-Drs. 14/7758, 82.
[203] ABl. 1991 L 256/51 (91/477/EWG), abgedruckt ua bei *König/Papsthart* S. 322; *Steindorf* Nr. 12b, S. 1120 ff.
[204] Vgl. zu den Begriffen der Schusswaffe § 1 Rn. 9 ff. und der Munition § 1 Rn. 130 ff.
[205] Die Vorschrift ist abgedruckt → § 1 Rn. 149.

b) Tathandlung. Der Täter muss eine Schusswaffe oder Munition in einen anderen Mit- 72
gliedstaat **verbringen** (§ 31 Abs. 1) oder **mitnehmen** (§ 32 Abs. 1a). Eine entsprechende
Begriffsdefinition für das Verbringen enthält § 1 Abs. 3 iVm Nr. 5 Anl. 1 Abschn. 2,[206] eine
Definition für das Mitnehmen ist in § 1 Abs. 3 iVm Nr. 6 Anl. 1 Abschn. 2 enthalten.[207] Es
bestehen keine Abweichungen zur allgemeinen Auslegung dieser Begriffe.

c) Fehlen einer Erlaubnis. Der Täter muss die Schusswaffe oder Munition ohne 73
Erlaubnis nach § 2 Abs. 2 iVm Anl. 2 Abschn. 2 Unterabschn. 1 S. 1[208] in einen anderen
Mitgliedstaat verbringen oder mitnehmen. Während nach § 2 Abs. 2 das Verbringen oder
Mitnehmen (als besondere Formen des Umgangs iS des § 1 Abs. 3) grds. erlaubnispflichtig
sind, modifiziert dies S. 1 der genannten Anlage insoweit, als das Verbringen und die Mitnahme jedenfalls dann der Erlaubnis bedarf, wenn dieses Verhalten im Hinblick auf die
entsprechenden Waffen und Munition nicht nach Anl. 2 Abschn. 2 Unterabschn. 2 von der
Erlaubnispflicht freigestellt ist.[209] Im Hinblick auf das Verbringen und die Mitnahme enthalten Nr. 7 und Nr. 8 der genannten Anlage allerdings einen umfangreichen Katalog von
Ausnahmen. Die bei den sonstigen Formen des Umgangs zu beachtenden personengebundenen Ausnahmen in § 12 sind im Hinblick auf das Verbringen und die Mitnahme nicht
einschlägig.

5. Unerlaubtes Führen einer Schusswaffe durch Bewachungspersonal (Nr. 5). 74
Grds. bedarf man zum Führen einer Schusswaffe (als Form des Umgangs iS des § 1 Abs. 3)
einer Erlaubnis, die nach § 10 Abs. 4 in Form eines Waffenscheines erteilt wird. Ausnahmen
von der Erlaubnispflicht sind in Bezug auf die hier genannten Waffen in Anl. 2 Abschn. 2
Unterabschn. 2 Nr. 3[210] geregelt. Personengebundene Ausnahmen von der Erlaubnispflicht
finden sich in § 12 Abs. 3.[211] Wer entgegen diesen Vorschriften eine Waffe führt, begeht –
je nachdem um welche Art von Waffe es sich handelt – eine Straftat nach § 52 Abs. 1 Nr. 2
Buchst. b oder Abs. 3 Nr. 2 Buchst. a.[212] Handelt es sich um eine verbotene Waffe nach
Anl. 2 Abschn. 1[213] iVm § 2 Abs. 1 und Abs. 3, wird das Führen, je nachdem um welche
Art von verbotenen Waffen es sich handelt, nach § 51 Abs. 1, § 52 Abs. 1 Nr. 1 oder Abs. 3
Nr. 1 als Straftat oder nach § 53 Abs. 1 Nr. 2 als Ordnungswidrigkeit geahndet.[214]

Im Hinblick auf den Erwerb, den Besitz und das Führen von Schusswaffen und Munition 75
durch **Bewachungsunternehmer** und ihr Bewachungspersonal enthält § 28 allerdings eine
umfangreiche Sondervorschrift. Diese trägt dem Umstand Rechnung, dass sich das private
Sicherheitsgewerbe in der Bundesrepublik in den vergangenen Jahrzehnten ausgeweitet hat
und verschiedene Dienste in immer weiteren Aufgabenfeldern angeboten wurden, was zu
einem starken Wachstum dieser Branche geführt hat. Dabei wird Bewachungspersonal mit
Schusswaffen insbes. bei der Begleitung von Geld- und Werttransporten sowie beim Perso-
nenschutz eingesetzt. Die neu geschaffene Vorschrift des § 28 soll dabei – neben den Vorschriften der Bewachungsverordnung (BewachV) – die Voraussetzungen von Bewachungspersonal mit Schusswaffen präzisieren.[215] Neben der Frage, unter welchen Voraussetzungen
ein Bewachungsunternehmer eine Erlaubnis zum Erwerb, Besitz und zum Führen von
Schusswaffen erhält (§ 28 Abs. 1), bestimmt § 28 Abs. 2 S. 1, dass Angehörige privater
Sicherheitsdienste Schusswaffen nur bei der **tatsächlichen Durchführung** eines konkreten
Bewachungsauftrages (iS des § 28 Abs. 1) führen dürfen und dies auch nur dann, wenn die
Sicherung der gefährdeten Person oder eines gefährdeten Objekts nur mit Schusswaffen

---

[206] Vgl. zum Begriff des Verbringens → § 1 Rn. 187; die Vorschrift ist abgedruckt in → § 1 Rn. 150.
[207] Vgl. zum Begriff des Mitnehmens → § 1 Rn. 188; die Vorschrift ist abgedruckt in → § 1 Rn. 150.
[208] Der Text der Vorschrift ist abgedruckt in → § 2 Rn. 33.
[209] Die Vorschrift ist abgedruckt in → § 2 Rn. 34.
[210] Die Vorschrift ist abgedruckt in → § 2 Rn. 34.
[211] Zu § 12 vgl. *Ullrich* Kriminalistik 2005, 238 (242 f.).
[212] Hierzu → Rn. 10 ff. bzw. Rn. 54 ff.
[213] Die Vorschriften sind abgedruckt in → § 2 Rn. 3.
[214] Hierzu → § 51 Rn. 2 ff., → Rn. 5 ff. und 48 ff. sowie → § 53 Rn. 4.
[215] Vgl. ausführlich hierzu BT-Drs. 14/7758, 69.

wirksam erfolgen kann. Bei Aufträgen, die das Führen von Schusswaffen aus Gründen der Sicherung nicht erfordern, dürfen die Wachpersonen außerhalb des eigenen befriedeten Besitztums somit keine Schusswaffen führen.[216] Wer hiergegen verstößt, dh entgegen den Voraussetzungen des § 28 Abs. 2 S. 1 eine Schusswaffe führt, begeht eine Straftat nach § 52 Abs. 3 Nr. 5.[217] Dann freilich wird zumeist auch eine Strafbarkeit nach § 52 Abs. 3 Nr. 2 Buchst. a vorliegen (unerlaubtes Führen). Fraglich ist, ob diese Strafvorschrift auch im Hinblick auf die neu geschaffene Vorschrift des § 28a (Bewachungspersonal auf Seeschiffen)[218] anwendbar ist. Zwar enthält § 28a Abs. 1 S. 1 einen Verweis auf die „entsprechend anwendbare" Vorschrift des § 28.[219] Dies kommt aber in der Strafvorschrift des § 52 Abs. 3 Nr. 5 nicht zum Ausdruck, der lediglich auf § 28 Abs. 2 S. 1 verweist.

76 **a) Tatobjekt.** Tatobjekte sind hier sämtliche erlaubnispflichtigen Schusswaffen. Es gelten dabei keine Abweichungen von den üblichen Begriffsbestimmungen.[220] Ausnahmen von der Erlaubnispflicht sind in Bezug auf das Führen von Schusswaffen in Anl. 2 Abschn. 2 Unterabschn. 2 Nr. 3[221] geregelt.

77 **b) Tathandlung.** Strafbar ist das **Führen** von Schusswaffen außerhalb der tatsächlichen Durchführung eines Bewachungsauftrages iS des § 28 Abs. 1. Im Hinblick auf das Tatbestandsmerkmal des Führens gelten keine Abweichungen zur allgemeinen Begriffsbestimmung nach § 1 Abs. 3 iVm Anl. 1 Abschn. 2 Nr. 4.[222] Ein unerlaubtes Führen liegt nur vor, wenn dies nicht von dem konkreten Bewachungsauftrag gedeckt ist. Dazu ist einerseits erforderlich, dass ein solcher Bewachungsauftrag überhaupt vorliegt und dass das Führen der Schusswaffe im konkreten Fall auch zum Zwecke der Durchführung dieses Auftrages vorgenommen wird. Ferner ist § 28 Abs. 1 S. 1 zu beachten: Der konkrete Bewachungsauftrag rechtfertigt nur dann das Führen von Schusswaffen, wenn die Sicherung der gefährdeten Person oder eines gefährdeten Objekts nur mit Schusswaffen wirksam erfolgen kann.[223] Da es sich beim Führen um ein eigenhändiges Delikt handelt, kann nur derjenige als Täter oder Mittäter angesehen werden, der die Waffe auch tatsächlich führt. Die Bewachungsunternehmer oder ihre verantwortlichen Mitarbeiter können jedoch Teilnehmer sein.[224]

78 **6. Unerlaubtes Überlassen von Schusswaffen oder Munition an Bewachungspersonal (Nr. 6).** Grds. dürfen Waffen und Munition nach § 34 Abs. 1 S. 1 nur berechtigten Personen überlassen werden. Zwar stellt das Überlassen eine Form des Umgangs nach § 1 Abs. 3 dar, weshalb diese Tätigkeit nach § 2 Abs. 2 iVm Anl. 2 Abschn. 2 (Waffenliste) grds. erlaubnispflichtig ist. Da in Anl. 2 Abschn. 2 Unterabschn. 1 S. 1[225] das Überlassen aber wiederum ausdrücklich von der Erlaubnispflicht ausgenommen wurde, ist diese Form des Umgangs mit Schusswaffen und Munition jedenfalls nicht grds. von einer vorherigen Erlaubniserteilung abhängig. Es verbleibt daher bei der Grundregel des § 34 Abs. 1 S. 1: Ein Überlassen ist grds. zulässig, der Überlassende hat sich aber davon zu überzeugen, dass er die Waffe oder Munition nur an einen Berechtigten aushändigt. Ein Verstoß gegen diese Pflicht wird nach § 52 Abs. 3 Nr. 7 als Straftat geahndet.[226] Handelt es sich um eine verbo-

---

[216] Vgl. BT-Drs. 14/7758, 69; vgl. auch *Gade/Stoppa* Rn. 52.
[217] Die Vorschrift hatte keinen Vorläufer im WaffG aF; im ursprünglichen Gesetzentwurf war ein entsprechender Verstoß lediglich als Ordnungswidrigkeit vorgesehen (vgl. BT-Drs. 14/7758, 24, 84 [zu Nr. 14], § 51 Abs. 1 Nr. 14 des Entwurfes). Erst auf Vorschlag des Bundesrates, BT-Drs. 14/7758, 118, Nr. 70, wurde der Verstoß als Straftat „aufgewertet"; vgl. BT-Drs. 14/7758, 136, zu Nr. 70.
[218] BGBl. 2013 I S. 362.
[219] Daher halten *Heller/Soschinka* NVwZ 2013, 476 (479) die Strafvorschrift auch im Hinblick auf § 28a für anwendbar.
[220] Vgl. zu dem Begriff der Schusswaffe → § 1 Rn. 9 ff.
[221] Die Vorschrift ist abgedruckt in → § 2 Rn. 34.
[222] Vgl. zum Begriff des Führens → § 1 Rn. 180 ff.; die Vorschrift ist abgedruckt in → § 1 Rn. 150.
[223] Vgl. auch *Gade/Stoppa* Rn. 52; *Hinze/Runkel* Rn. 75.
[224] Vgl. *Hinze/Runkel* Rn. 75; *Steindorf/B. Heinrich* Rn. 53.
[225] Die Vorschrift ist abgedruckt in → § 2 Rn. 31.
[226] Hierzu → Rn. 83 ff.

tene Waffe nach Anl. 2 Abschn. 1[227] iVm § 2 Abs. 1 und Abs. 3, wird das Überlassen, je nachdem um welche Art von verbotenen Waffen es sich handelt, nach § 51 Abs. 1, § 52 Abs. 1 Nr. 1 oder Abs. 3 Nr. 1 als Straftat oder nach § 53 Abs. 1 Nr. 2 als Ordnungswidrigkeit geahndet.[228]

Im Hinblick auf den Erwerb, den Besitz und das Führen von **Schusswaffen** und **Munition** durch Bewachungsunternehmer und ihr Bewachungspersonal enthält § 28 allerdings eine umfangreiche Sondervorschrift.[229] Im vorliegenden Zusammenhang ist zu beachten, dass der jeweilige **Bewachungsunternehmer,** dem im Rahmen seines Unternehmens eine Erlaubnis zum Erwerb, Besitzen und Führen von Schusswaffen und Munition erteilt wurde, diese Schusswaffen und Munition nur unter den Voraussetzungen des § 28 Abs. 3 S. 1 an seine Arbeitnehmer zur Erfüllung des Bewachungsauftrages weitergeben, dh überlassen darf. Nach dieser Vorschrift sind diejenigen – weisungsgebundenen – Wachpersonen, die auf der Grundlage des jeweiligen Bewachungsauftrages Schusswaffen besitzen oder führen sollen, der zuständigen Behörde vorab zu benennen, damit die Behörde eine entsprechende Überprüfung veranlassen kann. Schusswaffen und Munition darf diesen Personen seitens des Erlaubnisinhabers erst dann überlassen werden, wenn die zuständige Behörde zugestimmt hat (§ 28 Abs. 3 S. 2). Strafbar macht sich der Bewachungsunternehmer dann, wenn er entgegen dieser Vorschrift, dh ohne die entsprechende Zustimmung der Behörde, einer Wachperson eine Schusswaffe oder Munition überlässt.[230] Hinsichtlich der Anwendbarkeit des § 52 Abs. 3 Nr. 6 auf § 28a (Bewachungspersonal auf Seeschiffen) gilt das zu § 53 Abs. 3 Nr. 5 Gesagte:[231] Da § 52 Abs. 3 Nr. 6 nur auf § 28 Abs. 3 S. 2, nicht aber auf § 28a verweist, kann diese Norm trotz der Verweisungsklausel in § 28a Abs. 1 nicht mit einbezogen werden.

a) **Tatobjekt.** Erfasst sind sowohl Schusswaffen als auch Munition. Es gelten dabei keine Abweichungen von den üblichen Begriffsbestimmungen.[232]

b) **Tathandlung.** Tatbestandliche Handlung ist das **Überlassen** einer Schusswaffe bzw. Munition iS des § 1 Abs. 3 iVm Anl. 1 Abschn. 2 Nr. 3. Es bestehen dabei keine Abweichungen zur allgemeinen Begriffsbestimmung des Überlassens.[233] Auf Grund der tatbestandlichen Struktur des § 52 Abs. 3 Nr. 6 muss es sich allerdings um das Überlassen seitens eines Bewachungsunternehmers an sein Wachpersonal handeln. Beauftragt der Unternehmer unerlaubterweise einen Waffenhändler mit dem Überlassen, so ist, abhängig vom Kenntnisstand des Waffenhändlers, eine mittelbare Täterschaft des Unternehmers oder Mittäterschaft möglich. Der Umstand, dass allein der Unternehmer Antragsteller bez. der Zustimmung ist, schließt eine Mittäterschaft nicht aus, da das Überlassen kein eigenhändiges Delikt darstellt.[234]

c) **Keine vorherige Zustimmung seitens der Behörde.** Wie bereits erwähnt[235] verstößt das Überlassen von Schusswaffen und Munition nur dann gegen § 28 Abs. 2 S. 3, wenn die zuständige Behörde nicht zuvor zugestimmt hat. Diese Zustimmung (oder die Versagung derselben) erfolgt regelmäßig nach der erforderlichen Benennung des Wachpersonals durch den Unternehmer (vgl. § 28 Abs. 3 S. 1) und der daraufhin erfolgenden Überprüfung seitens der Behörde auf der Grundlage des § 28 Abs. 3 S. 4 (Prüfung der Volljährigkeit, der erforderlichen Zuverlässigkeit, der persönlichen Eignung und der erforderlichen Sachkunde, § 4 Abs. 1 Nr. 1–3, Bestehen einer entsprechenden Haftpflichtversicherung). Hier-

---

[227] Die Vorschrift ist abgedruckt in → § 2 Rn. 3.
[228] Hierzu → § 51 Rn. 2 ff. → Rn. 5 ff. und 48 ff. sowie → § 53 Rn. 4.
[229] Hierzu näher → Rn. 75.
[230] Die Vorschrift hat keinen entsprechenden Vorgänger im WaffG aF.
[231] → Rn. 75 aE.
[232] Vgl. zu den Begriffen der Schusswaffe → § 1 Rn. 9 ff., zum Begriff der Munition → § 1 Rn. 130 ff.
[233] Vgl. zum Begriff des Überlassens → § 1 Rn. 174 ff.; die Vorschrift ist abgedruckt in → § 1 Rn. 150.
[234] Zur Problematik Täterschaft und Teilnahme → Rn. 170; ferner Steindorf/*B. Heinrich* Rn. 54.
[235] → Rn. 79.

durch wird sichergestellt, dass die jeweiligen Wachpersonen selbst zuverlässig und dafür geeignet sind, eine Schusswaffe zu besitzen und zu führen.[236]

83 **7. Unerlaubtes Überlassen von Schusswaffen und Munition (Nr. 7).** Grds. dürfen Waffen und Munition nach § 34 Abs. 1 S. 1 nur an berechtigte Personen überlassen werden. Zwar stellt das Überlassen eine Form des Umgangs nach § 1 Abs. 3 dar, weshalb diese Tätigkeit nach § 2 Abs. 2 iVm Anl. 2 Abschn. 2 (Waffenliste) grds. erlaubnispflichtig ist. Da in Anl. 2 Abschn. 2 Unterabschn. 1 S. 1[237] das Überlassen aber wiederum ausdrücklich von der Erlaubnispflicht ausgenommen wurde, ist diese Form des Umgangs mit Schusswaffen und Munition jedenfalls nicht grds. von einer vorherigen Erlaubniserteilung abhängig. Es verbleibt daher bei der Grundregel des § 34 Abs. 1 S. 1: Ein Überlassen ist grds. zulässig, der Überlassende hat sich aber davon zu überzeugen, dass er die Waffe oder Munition nur an einen Berechtigten aushändigt. Ein Verstoß gegen diese Pflicht nach § 34 Abs. 1 S. 1 wird nach § 52 Abs. 3 Nr. 7 als Straftat geahndet.[238] Damit stellt diese Vorschrift das Gegenstück zum unerlaubten Erwerb dar (strafbar nach Abs. 1 Nr. 2 Buchst. b; Abs. 3 Nr. 2 Buchst. a).[239]

84 Anzumerken ist allerdings, dass ein Überlassen dann, wenn es sich um eine verbotene Waffe nach Anl. 2 Abschn. 1[240] iVm § 2 Abs. 1 und Abs. 3 handelt, je nachdem welche Art von verbotener Waffe im Einzelfall vorliegt, nach § 51 Abs. 1, § 52 Abs. 1 Nr. 1 oder Abs. 3 Nr. 1 als Straftat oder nach § 53 Abs. 1 Nr. 2 als Ordnungswidrigkeit geahndet wird.[241] Diese Vorschriften stellen Spezialtatbestände zu Abs. 3 Nr. 7 dar. Handelt es sich um das Überlassen einer Schusswaffe oder Munition seitens eines Bewachungsunternehmers an sein Bewachungspersonal ohne vorherige Zustimmung seitens der Behörde, ist Abs. 3 Nr. 6 einschlägig.[242] Hatte der Betreffende das Überlassen an den Nichtberechtigten bereits zum Zeitpunkt des Erwerbs beabsichtigt, greift – im Hinblick auf diesen Erwerb – sogar der Verbrechenstatbestand des Abs. 1 Nr. 2 Buchst. b ein.[243] Werden hingegen **nicht erlaubnispflichtige** Schusswaffen oder nicht erlaubnispflichtige Munition entgegen § 34 Abs. 1 Nr. 1 an einen Nichtberechtigten überlassen, findet lediglich der Bußgeldtatbestand des § 53 Abs. 1 Nr. 16 Anwendung.[244]

85 **a) Tatobjekt.** Erfasst sind sowohl erlaubnispflichtige Schusswaffen als auch erlaubnispflichtige Munition. Es gelten dabei keine Abweichungen von den üblichen Begriffsbestimmungen.[245] Allerdings ergibt sich aus dem Gesetzeswortlaut nicht eindeutig, worauf sich die Erlaubnis beziehen muss.[246] Da derjenige, dem die Waffe oder die Munition überlassen wird, diese erwirbt, ist hier auf die **Erlaubnis im Hinblick auf den Erwerb** abzustellen.[247] Während in § 2 Abs. 2 der Erwerb von Waffen und Munition (als besondere Form des Umgangs iS des § 1 Abs. 3) grds. erlaubnispflichtig ist, modifiziert dies Anl. 2 Abschn. 2

---

[236] Vgl. BT-Drs. 14/7758, 69; vgl. auch *Gade/Stoppa* Rn. 53; *Hinze/Runkel* Rn. 76.
[237] Die Vorschrift ist abgedruckt in → § 2 Rn. 33.
[238] Die Vorschrift entspricht im Wesentlichen § 53 Abs. 3 Nr. 2 iVm § 34 Abs. 1 S. 1 WaffG aF; hierzu aus der Rspr. BGH 22.12.1987 – 5 StR 394, 395/87, NStZ 1988, 133 = BGHR WaffG § 53 Abs. 1 S. 1 Nr. 3 Nichtberechtigte 1 = NStE Nr. 3 zu § 53 WaffG; 5.8.1993 – 4 StR 439/93, BGHR WaffG § 53 Abs. 1 Vertrieb 1; 5.5.2009 – 1 StR 737/08, NStZ 2010, 456; 30.11.2010 – 1 StR 574/10, StraFo 2011, 61; BayObLG 30.12.1976 – RReg 4 St 108/76, NJW 1977, 1737 = BayObLGSt 1976, 173; 28.2.1989 – RReg 4 St 229/88, NStE Nr. 2 zu § 28 WaffG = BayObLGSt 1989, 27 = GewA 1989, 301; VG Aachen 25.8.2011 – 6 L 8/11, BeckRS 2011, 53879.
[239] Hierzu → Rn. 18 ff. und Rn. 54 ff.
[240] Die Vorschriften sind abgedruckt in → § 2 Rn. 3.
[241] Hierzu → § 51 Rn. 2 ff., → Rn. 5 ff. und 48 ff. sowie → § 53 Rn. 4.
[242] Hierzu → Rn. 78 ff.; *Steindorf/B. Heinrich* Rn. 55.
[243] Hierzu → Rn. 10 ff.
[244] → § 53 Rn. 84; *Gade/Stoppa* Rn. 57; *Steindorf/B. Heinrich* Rn. 55.
[245] Vgl. zu den Begriffen der Schusswaffe → § 1 Rn. 9 ff. und der Munition → § 1 Rn. 130 ff.
[246] Eindeutig dagegen § 53 Abs. 3 Nr. 2 WaffG aF: „Schusswaffe oder Munition, zu deren Erwerb es einer Erlaubnis bedarf".
[247] Dies ergibt sich auch aus der Begründung des Gesetzentwurfes, BT-Drs. 14/7758, 83. Hier wird darauf hingewiesen, dass die Vorschrift der Regelung des § 53 Abs. 3 Nr. 2 WaffG aF entspreche.

Unterabschn. 1 S. 1[248] insoweit, als der Erwerb jedenfalls dann der Erlaubnis bedarf, wenn die jeweiligen Waffen bzw. die Munition nicht nach Anl. 2 Abschn. 2 Unterabschn. 2 von der Erlaubnispflicht freigestellt sind. Dies ist im Hinblick auf die in Nr. 1 und Nr. 2 der genannten Anlage bezeichneten Waffen und der hier bezeichneten Munition geschehen.[249]

b) Tathandlung. Tatbestandliche Handlung ist das **Überlassen** einer Schusswaffe iS des § 1 Abs. 3 iVm Anl. 1 Abschn. 2 Nr. 3 an einen Nichtberechtigten. Es bestehen dabei keine Abweichungen zur allgemeinen Begriffsbestimmung.[250] Im Rahmen des § 52 Abs. 3 Nr. 7 spielt es keine Rolle, ob der Überlassende gewerbsmäßig oder nichtgewerbsmäßig handelt.[251] Die Tathandlung des Überlassens ist jedoch nicht erfüllt, wenn eine Schusswaffe an einen V-Mann der Polizei übergeben wird.[252] Denn solche Scheingeschäfte schaffen im Hinblick auf das durch die Vorschrift geschützte Rechtsgut gerade keine Gefährdungslage, sondern verhindern vielmehr die Zirkulation von Waffen unter Missachtung des Waffenrechts.[253] Konstruktiv liegt hier lediglich ein Versuch vor, der jedoch bei den Vergehenstatbeständen des § 52 Abs. 3 nicht strafbar ist.

86

c) Nichtberechtigung des Erwerbers. Weitere Voraussetzung ist, dass die (im Hinblick auf den Erwerb grds. erlaubnispflichtige) Schusswaffe oder Munition entgegen § 34 Abs. 1 S. 1 an einen Nichtberechtigten überlassen wird. Hier sind folgende Grundsätze zu beachten: fällt die überlassene Waffe oder Munition nicht unter die Ausnahmeregelung der Anl. 2 Abschn. 2 Unterabschn. 2 Nr. 1 oder Nr. 2,[254] bedarf grds. jeder Erwerber nach § 10 Abs. 1 (Waffenbesitzkarte) oder § 10 Abs. 3 S. 2 (Munitionserwerbsschein) zum Erwerb einer Erlaubnis. Ausnahmen von dieser grds. Erlaubnispflicht finden sich als sog. „personengebundene Ausnahmen" aber ua in § 12 Abs. 1 (Waffen), Abs. 2 (Munition),[255] § 13 Abs. 3 bis Abs. 5, Abs. 7 S. 2 und Abs. 8 S. 1 (Jäger) und § 55 Abs. 2 S. 1 (gefährdete Personen).[256] Zwar werden an eine solche personengebundenen Ausnahme teilweise neue Pflichten, wie zB Pflichten zur Antragstellung innerhalb einer bestimmten Frist geknüpft, diese ändern jedoch nichts an der Tatsache, dass es sich insgesamt um einen erlaubnisfreien Erwerb im Einzelfall handelt, der Erwerber also als „Berechtigter" anzusehen ist.

87

d) Verstoß gegen § 34 Abs. 1 S. 1. Zu beachten ist ferner, dass die Schusswaffe oder Munition entgegen § 34 Abs. 1 S. 1 an einen Nichtberechtigten überlassen werden muss. Hier werden dem Überlassenden gewisse Prüfungspflichten auferlegt. Nach § 34 Abs. 1 S. 2 muss die Berechtigung desjenigen, dem die Waffe überlassen wird, offensichtlich sein oder nachgewiesen werden. Werden Waffen oder Munition einem anderen zur gewerbsmäßigen Beförderung an einen Dritten übergeben, kommt es nach § 34 Abs. 1 S. 5 nicht auf die Berechtigung des Beförderers, sondern auf diejenige des Dritten an, da hier kraft gesetzlicher Fiktion ein Überlassen an diesen Dritten und nicht an den Beförderer vorliegt. Ferner ist hier die Sonderregelung des § 34 Abs. 3 zu beachten, wonach das Verbot des Überlassens für denjenigen nicht gilt, der erlaubnispflichtige Schusswaffen oder Munition insbes. im Versandwege unter eigenem Namen ins Ausland liefert.[257]

88

---

[248] Die Vorschriften sind abgedruckt in → § 2 Rn. 33.
[249] Die genannten Vorschriften sind abgedruckt in → § 2 Rn. 34.
[250] Vgl. zum Begriff des Überlassens → § 1 Rn. 174 ff.; die Vorschrift ist abgedruckt in → § 1 Rn. 150.
[251] Allerdings knüpfen sich an die Frage der gewerbsmäßigen oder nicht gewerbsmäßigen Überlassung verschiedene Sonderpflichten (vgl. § 34 Abs. 2), deren Verletzung eigenständig als Ordnungswidrigkeiten nach § 53 Abs. 1 Nr. 5 und Nr. 7 erfasst sind; → § 53 Rn. 40 f. und 59 ff.
[252] BGH 5.5.2009 – 1 StR 737/08, NStZ 2010, 456 (456 f.); 30.11.2010 – 1 StR 574/10, StraFo 2011, 61.
[253] BGH 5.5.2009 – 1 StR 737/08, NStZ 2010, 456 (456); *Gade/Stoppa* Rn. 58.
[254] Die Vorschrift ist abgedruckt → § 2 Rn. 34.
[255] Zu § 12 vgl. *Ullrich* Kriminalistik 2005, 238.
[256] Vgl. zu den in der Regel personengebundenen Ausnahmen nach früherem Recht § 28 Abs. 3 und 4 WaffG aF; ferner § 1 der 5. WaffV (zum WaffG aF).
[257] Vgl. hierzu BGH 22.12.1987 – 5 StR 394, 395/87, NStZ 1988, 133 = BGHR WaffG § 53 Abs. 1 S. 1 Nr. 3 Nichtberechtigte 1.

89 **8. Verstoß gegen die Pflicht, Schusswaffen sicher aufzubewahren (Nr. 7a).** Das Waffenrecht hat die Aufgabe, die Bevölkerung vor den Gefahren, die von Waffen oder Munition ausgehen, zu schützen. Besonders wichtig erschien dem Gesetzgeber die sichere Aufbewahrung von Waffen und Munition vor allem unter dem Gesichtspunkt, eine unberechtigte Nutzung durch Dritte – auch und insbes. durch Angehörige des Berechtigten – möglichst zu verhindern.[258] Nach dem vor 2003 geltenden Recht (§ 42 WaffG aF) beschränkte sich der Gesetzgeber darauf, Personen, die die tatsächliche Gewalt über **Schusswaffen** oder **Munition** ausübten, zu verpflichten, die erforderlichen Vorkehrungen zu treffen, um zu verhindern, dass Dritte diese Gegenstände an sich nehmen konnten. Dazu konnte die Behörde die erforderlichen Maßnahmen anordnen. Nicht geregelt waren die sichere Aufbewahrung **anderer Waffen** und die Frage, welche Anforderungen im Einzelfall an eine sichere Aufbewahrung von Schusswaffen zu stellen waren. In Erweiterung der Vorläuferregelung verpflichtete dann der durch das WaffRNeuRegG[259] neu geschaffene § 36 Abs. 1 S. 1 den Waffenbesitzer nunmehr dazu, **sämtliche Waffen** und Munition sicher aufzubewahren. Ein Verstoß hiergegen war jedoch zuerst nicht strafrechtlich abgesichert, sondern stellte nach § 53 Abs. 1 Nr. 19 aF lediglich eine Ordnungswidrigkeit dar. Zudem wurde lediglich die unzureichende Aufbewahrung von Schusswaffen, geahndet, was sich daraus ergab, dass § 53 Abs. 1 Nr. 19 aF lediglich auf einen Verstoß gegen § 36 Abs. 1 S. 2 aF bzw. § 36 Abs. 2 aF verwies, § 36 Abs. 1 S. 1 aF aber in dem genannten Ordnungswidrigkeitentatbestand nicht genannt wurde.[260] Eine erste Verschärfung trat dann durch das 4. ÄndGSprengG im Jahre 2009 ein.[261] Es wurde der Tatbestand des § 52a aF geschaffen, wonach nunmehr der vorsätzliche Verstoß gegen die Ordnungswidrigkeit des § 53 Abs. 1 Nr. 19 aF, dh der Verstoß gegen die Pflicht zur sicheren Aufbewahrung von Schusswaffen (nicht genannt wurde hier die Munition) gem. § 36 Abs. 1 S. 2 oder Abs. 2 aF als Straftat eingestuft wurde, sofern durch die vorsätzliche Begehung der Ordnungswidrigkeit die Gefahr des Abhandenkommens einer Schusswaffe bzw. des unbefugten Zugriffs Dritter auf eine Schusswaffe verursacht wurde.[262] Insofern war diese Strafnorm als **konkretes Gefährdungsdelikt** konzipiert.[263] Die Vorschrift wurde als Reaktion auf den Amoklauf von Winnenden am 11.3.2009 erst gegen Ende des Gesetzgebungsverfahrens zum 4. ÄndGSprengG ins Gesetz mit aufgenommen und sollte solche Verstöße erfassen, die dem Amokläufer von Winnenden erst den Zugriff auf die Tatwaffe ermöglicht hatten.[264] Mit der Hochstufung der vorsätzlichen Begehung unter Verursachung einer konkreten Gefahr zum Straftatbestand wollte der Gesetzgeber signalisieren, dass solche Verstöße gegen die Aufbewahrungspflicht nicht lediglich „Kavaliersdelikte" sind.[265]

90 Dem Gesetzgeber erschien dies aber nicht ausreichend und er regelte die gesamten Vorschriften über die sichere Aufbewahrung durch das Zweite Gesetz zur Änderung des Waffengesetzes und weiterer Vorschriften im Jahre 2017 neu.[266] Hierdurch wurde § 36 insoweit geändert, als hinsichtlich der näheren Ausgestaltung der Aufbewahrung die Bezugnahmen auf technische Vorgaben für Sicherheitsbehältnisse, § 36 Abs. 2 S. 2 und Abs. 2 aF, im WaffG gestrichen und nunmehr über die Ermächtigungsvorschrift des § 36 Abs. 5 in die AWaffV (§ 13 AWaffV[267]) verlagert wurde (vgl. auch die Übergangsvorschrft des § 36

---

[258] Vgl. die Begründung in BT-Drs. 14/7758, 73.
[259] BGBl. 2002 I S. 3970.
[260] Zum Begriff der Schusswaffe → § 1 Rn. 9 ff.; die Vorschrift entspricht im Wesentlichen § 55 Abs. 1 Nr. 23 iVm § 42 Abs. 1 WaffG aF.
[261] Gesetz vom 24.7.2009, BGBl. I S. 2062; vgl. BT-Drs. 16/13423, 63 und 72 (Begründung); ferner § 52a WaffVwV.
[262] Vgl. hierzu aus der Rspr. VG Aachen 25.8.2011 – 6 L 8/11, BeckRS 2011, 53879; aus der Literatur *Braun* StraFo 2010, 186.
[263] Vgl. BT-Drs. 16/13423, 72; § 52a S. 11 WaffVwV; *Bauer/Fleck* GewA 2010, 16 (21); *Hinze/Runkel* Rn. 5; *Gade/Stoppa* Rn. 3; Steindorf/*B. Heinrich* Rn. 2.
[264] BT-Drs. 16/13423, 72; § 52a WaffVwV S. 4.
[265] BT-Drs. 16/13423, 72; § 52a WaffVwV S. 11; *Gade/Stoppa* Rn. 1.
[266] BGBl. I S. 2133.
[267] Die Vorschrift hatte keinen unmittelbaren Vorgänger in der 1. WaffV (zum WaffG aF).

Abs. 4!). Zudem wurde mit § 52 Abs. 3 Nr. 7a eine neue Strafnorm geschaffen, nach der es nunmehr als Straftat angesehen wird, wenn entgegen § 36 Abs. 1 S. 1 iVm einer Rechtsverordnung nach § 36 Abs. 5 S. 1 eine dort genannte Vorkehrung für eine **Schusswaffe** nicht, nicht richtig oder nicht rechtzeitig getroffen wird und dadurch die Gefahr verursacht wird, dass eine Schusswaffe oder Munition abhandenkommt oder darauf unbefugt zugegriffen wird. Der Verstoß gegen die Aufbewahrungsvorschriften muss weiterhin, wie schon bei § 52a aF **vorsätzlich** erfolgen, was sich aus der Regelung des § 52 Abs. 4 ergibt, die eine Fahrlässigkeitsbestrafung bei Verstößen gegen § 52 Abs. 3 Nr. 7a gerade nicht vorsieht.

a) Tatobjekt. Wer **Waffen**[268] oder **Munition**[269] besitzt, hat nach § 36 Abs. 1 die erforderlichen Vorkehrungen zu treffen, um zu verhindern, dass diese Gegenstände (dh. wiederum: Waffen und Munition) abhanden kommen oder Dritte sie unbefugt an sich nehmen. Dagegen bezieht sich die Strafnorm das § 52 Abs. 3 Nr. 7a lediglich darauf, dass der Täter entgegen § 36 Abs. 1 S. 1 iVm § 13 WaffV eine dort genannte Vorkehrung **für eine Schusswaffe** nicht, nicht richtig oder nicht rechtzeitig trifft. Es findet also eine ausdrückliche Begrenzung auf „Schusswaffen" statt.[270] Dadurch muss ferner eine Gefahr verursacht werden, dass **eine Schusswaffe oder Munition** abhandenkommt. Abgesehen davon, dass der Verweis in § 53 Abs. 3 Nr. 7 auf § 36 Abs. 1 S. 1 missverständlich ist, weil § 36 Abs. 1 nur einen Satz enthält (der Gesetzgeber hat augenscheinlich übersehen, dass er durch dasselbe Gesetz, durch das § 52 Abs. 3 Nr. 7a eingeführt wurde, den früheren § 36 Abs. 1 S. 2 aF gestrichen hat), ist die abwechselnde Nennung von Waffen, Schusswaffen und Munition äußerst verwirrend.

Für die Aufbewahrung von **wesentlichen Teilen von Schusswaffen,** die gem. der Anl. 1 Abschn. 1 Unterabschn. 1 Nr. 1.3 den Schusswaffen gleichstehen, forderten *Bauer/Fleck* im Hinblick auf § 52a aF eine teleologische Reduktion der Strafnorm.[271] Zwar seien wesentliche Teile von Schusswaffen den Schusswaffen gleichgestellt, es sei aber zu beachten, dass dann, wenn (lediglich) wesentliche Teile von Schusswaffen abhanden kommen, diese gerade nicht ohne Schwierigkeiten in ihrer Funktion als Schusswaffen eingesetzt werden könnten, so dass keine schusswaffenspezifische Gefahr bestehe.[272] Dem ist jedoch zu widersprechen. Wenn der Gesetzgeber die wesentlichen Teile den Schusswaffen grundsätzlich gleichstellt, bringt er dadurch zum Ausdruck, dass er sie insoweit auch grundsätzlich dem Regime des WaffG unterstellen möchte. Wo dies nicht der Fall ist, sind entsprechende Ausnahmen vorzusehen. Auch wenn zuzugeben ist, dass die besondere Gefährlichkeit nach einem Abhandenkommen einer Schusswaffe gerade darin liegt, dass sie von einem Unbefugten zeitnah und „schusswaffenspezifisch" eingesetzt wird,[273] sind dennoch Fälle denkbar, in denen der Unbefugte den wesentlichen Teil zur Herstellung einer funktionsfähigen Waffe benutzt.[274] Weder dem Gesetzeswortlaut noch der Begründung ist aber zu entnehmen, dass solche Fälle von der Strafvorschrift ausgeschlossen werden sollen (vgl. weitergehend auch § 13 Abs. 3 S. 1 Nr. 1 AWaffV).

b) Tathandlung. Der Täter muss entgegen § 36 Abs. 1 S. 1 iVm einer Rechtsverordnung nach § 36 Abs. 5 S. 1 eine dort genannte Vorkehrung für eine **Schusswaffe**[275] nicht, nicht richtig oder nicht rechtzeitig treffen. Entsprechende Regelungen enthalten §§ 13, 14 AWaffV, die hier aus Raumgründen nicht abgedruckt werden können. Entscheidend ist, dass der Waffenbesitzer nach § 13 Abs. 1 S. 1 AWaffV erlaubnispflichtige Schusswaffen (vgl. § 2 Abs. 2 iVm Anl. 2 Abschn. 2 Unterabschn. 1 S. 1 iVm Anl. 2 Abschn. 2 Unterabschn. 2

---

[268] Vgl. zum Waffenbegriff ausführlich → § 1 Rn. 9 ff.
[269] Vgl. zum Munitionsbegriff ausführlich → § 1 Rn. 130 ff.
[270] Zum Begriff der Schusswaffe → § 1 Rn. 9 ff.
[271] *Bauer/Fleck* GewA 2010, 16 (22).
[272] *Bauer/Fleck* GewA 2010, 16 (22); so auch *Gade/Stoppa* Rn. 2.
[273] Hierauf stellen *Bauer/Fleck* GewA 2010, 16 (22) ab, indem sie davon ausgehen, der Unbefugte könne zB einen Lauf oder Schaft eines Gewehres zwar als Schlagwaffe einsetzen, § 52a aF stelle aber gerade auf eine schusswaffenspezifische Verwendung ab und erfordere daher die funktionsfähige Waffe.
[274] Anders allerdings *Bauer/Fleck* GewA 2010, 16 (22).
[275] Zum Begriff der Schusswaffe → § 1 Rn. 9 ff.

Nr. 1),[276] verbotene Waffen und verbotene Munition (vgl. Anl. 2 Abschn. 1)[277] ungeladen in einem in dieser Vorschrift genau definierten Behältnis aufbewahren muss. Alternative Sicherungseinrichtungen, die keine Behältnisse oder Räume sind, sind zulässig, sofern sie entweder ein den jeweiligen Anforderungen mindestens gleichwertiges Schutzniveau aufweisen oder zum Nachweis dessen über eine Zertifizierung durch eine akkreditierte Stelle gem. § 13 Abs. 10 AWaffVO verfügen (vgl. § 13 Abs. 1 S. 4 AWaffV). Wer (sonstige) Waffen oder Munition besitzt, hat diese nach § 13 Abs. 2 AWaffV ungeladen und unter Beachtung der in dieser Vorschrift wiederum genau bezeichneten Sicherheitsvorkehrungen und zahlenmäßigen Beschränkungen aufzubewahren. Ein Verstoß hiergegen stellt allerdings lediglich eine Ordnungswidrigkeit nach § 34 Abs. 1 Nr. 12 AWaffV dar.[278] Zudem ist auch § 34 Abs. 1 Nr. 13 AWaffV zu beachten, wonach ein Verstoß gegen § 13 Abs. 4 S. 1 oder S. 2 ebenfalls nur eine Ordnungswidrigkeit darstellt. Nach dieser Vorschrift dürfen in einem nicht dauernd bewohnten Gebäude nur bis zu drei Langwaffen, zu deren Erwerb und Besitz es einer Erlaubnis bedarf, aufbewahrt werden. Insgesamt wurde der Aufbewahrungsstandard in der neuen Regelung des § 13 AWaffV angehoben. Die neue Regelung ermöglicht nun eine Vereinfachung der Aufbewahrungsvorschriften dahingehend, dass eine getrennte Aufbewahrung von Schusswaffen und Munition, wie sie noch in § 36 Abs. 1 S. 2 WaffG aF im Hinblick auf die Verwendung bestimmter Sicherheitsbehältnisse vorgesehen war, nunmehr entfallen konnte.[279]

94 Obwohl in § 13 AWaffV nicht ausdrücklich vermerkt, wird man davon ausgehen müssen, dass die entsprechenden Behältnisse verschlossen und – sofern es sich um ein mit einem Schlüssel abschließbares Behältnis handelt – der Schlüssel nicht allgemein zugänglich aufbewahrt wird. Grundsätzlich darf auch nur der Berechtigte (und nicht zB zusätzlich ein Familienangehöriger) wissen, an welchem Ort sich der Schlüssel befindet. Ratsam ist es sicherlich, den Schlüssel stets bei sich zu führen,[280] wobei dies nicht zwingend zu fordern ist, da auch hier ein Abhandenkommen des Schlüssels durch Verlust oder Diebstahl nie ausgeschlossen werden kann. Ist der Waffenschrank durch eine Zahlenkombination gesichert, darf auch nur der Berechtigte wissen, um welche Kombination es sich handelt. Findet sich die Kombination offen auf einem Zettel in der Nähe des Waffenschrankes oder sonstigen „typischen" Plätzen (zB der obersten Schreibtischschublade), kann ebenfalls nicht von einer sicheren Verwahrung gesprochen werden.

95 **c) Gefahrverursachung.** Durch die mangelhafte Aufbewahrung muss ferner die Gefahr verursacht werden, dass eine Schusswaffe oder Munition **abhandenkommt** oder darauf **unbefugt zugegriffen wird.** Insoweit sieht § 52 Abs. 3 Nr. 7a ein **konkretes Gefährdungsdelikt** vor. Bei diesen Delikten muss die Gefahr in so bedrohliche Nähe gerückt sein, dass sich das Ausbleiben der Rechtsgutverletzung nur noch als Zufall darstellt.[281] Es darf also nur noch vom Zufall abhängen, ob durch den Verstoß ein Zugriff eines unbefugten Dritten erfolgen kann.[282] Dies ist zB regelmäßig dann der Fall, wenn der Tresorschlüssel offen und für alle Familienmitglieder zugänglich am Schlüsselbrett aufgehängt oder auf dem Schreibtisch platziert wird.[283] Tritt dabei sogar die Verletzung (hier: das Abhandenkommen der Schusswaffen) ein, so stellt dies regelmäßig ein starkes Indiz für eine zuvor bestehende konkrete Gefahr dar. Auch die konkrete Gefährdung muss – als objektives Tatbestandsmerkmal – vom Vorsatz des Täters umfasst sein. Erforderlich ist daher, dass der Täter mit der Möglichkeit des unbefugten Zugriffs Dritter rechnet und diesen billigend in Kauf nimmt.[284]

---

[276] Die Vorschriften sind abgedruckt in → § 2 Rn. 33 f.
[277] Hierzu → § 2 Rn. 3 ff.
[278] Hierzu → § 53 Rn. 104 ff.
[279] Vgl. BT-Drs. 18/11239, 46.
[280] Hierzu auch *Braun* StraFo 2010, 186 (188).
[281] Vgl. BT-Drs. 16/13423, 72; § 52a S. 9 WaffVwV; *Bauer/Fleck* GewA 2010, 16 (21); *Gade/Stoppa* Rn. 4; *Hinze/Runkel* Rn. 4; *Steindorf/B. Heinrich* Rn. 3.
[282] Vgl. BT-Drs. 16/13423, 72; § 52a S. 10 WaffVwV; *Steindorf/B. Heinrich* Rn. 3.
[283] So auch *Bauer/Fleck* GewA 2010, 16 (21).
[284] *Gade/Stoppa* Rn. 4; *Hinze/Runkel* Rn. 5; *Steindorf/B. Heinrich* Rn. 3.

d) Vorsatz. Der Verstoß gegen § 36 Abs. 1 S. 1 muss **vorsätzlich,** dh wissentlich und **96** willentlich erfolgen, was sich daraus ergibt, dass § 52 Abs. 4 einen fahrlässigen Verstoß gegen § 52 Abs. 3 Nr. 7a gerade nicht unter Strafe stellt. Wie stets, wenn nichts anderes angeordnet ist, reicht bedingter Vorsatz aus.[285] Wird ein Waffenschrank versehentlich nicht abgeschlossen oder wird der Tresorschlüssel versehentlich offen liegen gelassen und kommt dadurch eine Waffe abhanden, griff nach früherem Recht § 53 Abs. 1 Nr. 19 aF ein, der Verstoß konnte also Ordnungswidrigkeit geahndet werden.[286] Durch die Streichung des § 53 Abs. 1 Nr. 19 aF ist diese Möglichkeit inzwischen entfallen.

e) Konkurrenzen. Werden mehrere Schusswaffen unsachgemäß verwahrt, liegt nur eine **97** Gesetzesverletzung vor, handelt es sich dagegen um Waffen verschiedener Kategorien (also etwa um Schusswaffen und verbotene Waffen) ist Tateinheit anzunehmen.[287]

9. Unerlaubter Erwerb und Besitz von Schusswaffen und Munition entgegen **98** **eines vollziehbaren Verbots im Einzelfall (Nr. 8).** Die Behörde kann bei Vorliegen der Voraussetzungen des § 41 Abs. 1 S. 1 Nr. 1 oder Nr. 2 auch bei Waffen und Munition, deren Erwerb an sich erlaubnisfrei ist, ein Verbot im Einzelfall aussprechen. In diesen Fällen ist sowohl der Erwerb als auch der Besitz, dh die Ausübung der tatsächlichen Gewalt über eine Schusswaffe oder Munition für denjenigen verboten, gegen den sich diese Anordnung richtet.[288] Nach § 41 Abs. 2 kann die zuständige Behörde ferner auch bei erlaubnispflichtigen Waffen und Munition eine entsprechende Anordnung treffen, sofern die hier genannten Voraussetzungen vorliegen. Nach § 52 Abs. 3 Nr. 8 macht sich strafbar, wer entgegen einer solchen vollziehbaren Anordnung nach § 41 Abs. 1 S. 1 oder Abs. 2 eine der hier genannten Waffen oder Munition erwirbt oder besitzt.[289]

a) Verstoß gegen eine Anordnung nach § 41 Abs. 1 S. 1. Nach § 41 Abs. 1 S. 1 **99** kann die Behörde bei Vorliegen der hier genannten Voraussetzungen den Besitz und Erwerb an sich erlaubnisfrei zu erwerbender Waffen oder Munition im Einzelfall untersagen.

aa) Tatobjekt. Tatobjekte sind hier Waffen und Munition, deren Erwerb nicht der **100** Erlaubnis bedarf. Grds. ist der Erwerb von Waffen und Munition iS des WaffG als besondere Form des Umgangs (§ 1 Abs. 3) nach § 2 Abs. 2 iVm Anl. 2 Abschn. 2 Unterabschn. 1 S. 1[290] erlaubnispflichtig, wenn hier keine Freistellung von der Erlaubnispflicht angeordnet ist. Solche Freistellungen finden sich hinsichtlich des Erwerbs und Besitzes in Anl. 2 Abschn. 2 Unterabschn. 2 Nr. 1.1 bis 1.12 und Nr. 2.1 bis 2a Anl. 2 Abschn. 2 Unterabschn. 2.[291] Im Hinblick auf den Erwerb und Besitz der hier genannten Waffen und Munition ist allerdings ein Verbot nach § 41 Abs. 1 S. 1 möglich. Erfasst werden können hier insbes. nicht verbotene Hieb- und Stoßwaffen sowie Schreckschuss- und Reizstoffwaffen.

bb) Tathandlung. Der Täter muss einer Anordnung nach § 41 Abs. 1 S. 1 **zuwiderhan-** **101** **deln.** Da eine solche Anordnung sich regelmäßig nur auf die Untersagung des Erwerbs und des Besitzes beziehen kann, ist ein Zuwiderhandeln nur in Form des (dann unerlaubten)

---

[285] Gade/Stoppa Rn. 3; Hinze/Runkel Rn. 4; Steindorf/B. Heinrich Rn. 3.
[286] Vgl. BT-Drs. 16/13423, 72; § 52a S. 8 WaffVwV; Gade/Stoppa Rn. 6; Hinze/Runkel Rn. 3; Steindorf/ B. Heinrich Rn. 3; vgl. auch Bauer/Fleck GewA 2010, 16 (22).
[287] Erbs/Kohlhaas/Pauckstadt-Maihold, W 12 Rn. 37; Hinze/Runkel Rn. 40; Steindorf/B. Heinrich Rn. 26.
[288] Die Vorschrift hat ihren Vorgänger in § 40 WaffG aF, geht aber wesentlich darüber hinaus; vgl. BT-Drs. 14/7758, 76; vgl. zu § 40 WaffG aF BVerwG 6.12.1978 – 1 C 94/76, NJW 1979, 1564; zu § 41 WaffG nF Humberg VerwRundschau 2004, 8.
[289] Die Vorschrift entspricht im Wesentlichen § 53 Abs. 3 Nr. 6 iVm § 40 Abs. 1 WaffG aF; vgl. aus der Rspr. hierzu BGH 24.11.1992 – 4 StR 539/92, NStZ 1993, 192 = BGHR WaffG § 53 Abs. 3 Tatsächliche Gewalt 1; zu § 40 WaffG aF auch VGH Mannheim 25.10.1993 – 1 S. 995/93, NJW 1994, 956 = NVwZ 1994, 247; VG Gera 12.9.2002 – 1 E 355/02, NuR 2003, 576.
[290] Die genannte Vorschrift ist abgedruckt in → § 2 Rn. 33.
[291] Die genannten Vorschriften sind abgedruckt in → § 2 Rn. 34.

Erwerbs und Besitzes möglich. Hinsichtlich dieser Tathandlungen gelten keine Abweichungen zu den üblichen Begriffsbestimmungen.[292]

102 **cc) Verstoß gegen eine vollziehbare Anordnung.** Die Behörde muss eine vollziehbare Anordnung erlassen haben, die dem Betreffenden den Erwerb und Besitz der genannten Waffen untersagt. Zu beachten ist hier, dass der das Verbot enthaltene Verwaltungsakt **vollziehbar** sein muss. Dies ist dann der Fall, wenn er entweder unanfechtbar, dh rechtskräftig geworden oder nach § 80 Abs. 2 Nr. 4 VwGO für sofort vollziehbar erklärt worden ist. Unerheblich ist es dabei, ob die Anordnung unter formellen oder sachlichen Mängeln leidet und deswegen anfechtbar ist. Sie ist – bei noch anfechtbaren Anordnungen, die aber für sofort vollziehbar erklärt wurden – zunächst, bei rechtskräftig gewordenen Anordnungen sogar dauerhaft rechtswirksam und muss daher vom Adressaten beachtet werden. Anders ist es lediglich dann, wenn der die Anordnung enthaltende Verwaltungsakt wegen schwerwiegender und unheilbarer Mängel nichtig ist.[293] Von Bedeutung ist jedoch, dass der Zuwiderhandelnde von der Verbotsverfügung auch tatsächlich Kenntnis haben muss.[294] Da die Strafbarkeit hier insbes. von verwaltungsrechtlichen Fragen abhängt, liegt ein klassischer Fall der Verwaltungsaktsakzessorietät vor.[295]

103 **b) Verstoß gegen eine Anordnung nach § 41 Abs. 2.** Nach § 41 Abs. 2 kann die Behörde bei Vorliegen der hier genannten Voraussetzungen den Besitz von Waffen und Munition, deren Erwerb erlaubnispflichtig ist, im Einzelfall untersagen. Betroffen sind hier diejenigen Fälle, in denen eine Person Waffen oder Munition auf Grund einer erteilten Erlaubnis oder gesetzlichen Sonderbestimmung zulässigerweise besitzt, es aber zur Verhütung von Gefahren für die Sicherheit oder Kontrolle des Umgangs mit diesen Gegenständen erforderlich ist, eine entsprechende Untersagungsverfügung im Einzelfall zu treffen.[296] Im Zusammenhang mit einer Anordnung nach § 41 Abs. 2 kann die Behörde die Waffen und Munition sowie die erteilten Erlaubnispapiere vorläufig sicherstellen (§ 46 Abs. 4 S. 1 Nr. 1). Der Anwendungsbereich des § 41 Abs. 2 ist aber insoweit beschränkt, als in den hier genannten Fällen oftmals auch an eine Rücknahme oder einen Widerruf der erteilten Erlaubnis zu denken ist.

104 **aa) Tatobjekt.** Tatobjekt sind hier Waffen und Munition, deren Erwerb erlaubnispflichtig ist. Grds. ist der Erwerb von Waffen und Munition iS des WaffG als besondere Form des Umgangs (§ 1 Abs. 3) nach § 2 Abs. 2 iVm Anl. 2 Abschn. 2 Unterabschn. 1 S. 1[297] erlaubnispflichtig, wenn keine Freistellung von der Erlaubnispflicht angeordnet ist. Solche Freistellungen finden sich hinsichtlich des Erwerbs und Besitzes in Anl. 2 Abschn. 2 Unterabschn. 2 Nr. 1.1 bis Nr. 1.12 und Nr. 2.1 bis Nr. 2.2a.[298] Ein Verbot nach § 41 Abs. 2 ist nun nur im Hinblick auf erlaubnispflichtige, nicht aber in Bezug auf erlaubnisfreie Waffen und Munition möglich, für die allerdings ein Verbot nach § 41 Abs. 1 S. 1 erlassen werden kann.[299]

105 **bb) Tathandlung.** Der Täter muss einer Anordnung nach § 41 Abs. 2 **zuwiderhandeln**. Da eine solche Anordnung sich regelmäßig nur auf die Untersagung des Besitzes beziehen kann, ist ein Zuwiderhandeln nur in Form des (unerlaubten) Besitzes möglich. Es gelten hier keine Abweichungen zur üblichen Begriffsbestimmung.[300]

---

[292] Vgl. zum Begriff des Erwerbs → § 1 Rn. 168 ff.; zum Begriff des Besitzes → § 1 Rn. 152 ff.; die Vorschriften sind abgedruckt in → § 1 Rn. 150.
[293] Vgl. auch Hinze/*Runkel* Rn. 78.
[294] Hinze/*Runkel* Rn. 78.
[295] Vgl. hierzu Steindorf/*B. Heinrich* Rn. 56.
[296] Die Vorschrift hat keinen unmittelbaren Vorläufer im bisher geltenden Waffenrecht, sie war aber inhaltlich in § 40 Abs. 1 mit enthalten; zur Motivation des Gesetzgebers BT-Drs. 14/7758, 77; kritisch hierzu *Apel/Bushart* § 41 Rn. 10.
[297] Die Vorschriften ist abgedruckt in → § 2 Rn. 33.
[298] Die genannten Vorschriften sind abgedruckt in → § 2 Rn. 34.
[299] Hierzu → Rn. 90 ff.
[300] Vgl. zum Begriff des Besitzes → § 1 Rn. 152 ff.; die Vorschrift ist abgedruckt in → § 1 Rn. 150.

cc) **Verstoß gegen eine vollziehbare Anordnung.** Die Behörde muss eine vollziehbare Anordnung erlassen haben, die dem Betreffenden den Besitz der genannten Waffen untersagt. Diese Anordnung muss darüber hinaus vollziehbar sein.[301]

10. Unerlaubtes Waffenführen bei öffentlichen Veranstaltungen (Nr. 9). Nach § 42 Abs. 1 ist das Führen von Waffen bei öffentlichen Veranstaltungen – von den in § 42 Abs. 2 und Abs. 4 geregelten Ausnahmen abgesehen – grds. untersagt.[302] Dieses Verbot gilt auch für diejenigen, denen ein Waffenschein nach § 10 Abs. 4 erteilt wurde und die daher grds. zum Führen einer Waffe berechtigt sind. Wird gegen dieses Verbot verstoßen, liegt eine Straftat nach § 52 Abs. 3 Nr. 9 vor.[303] Liegt hingegen eine der in § 42 Abs. 2 oder Abs. 4 normierten Ausnahmen von diesem Verbot vor, entfällt die Strafbarkeit.

a) **Tatobjekt.** Verboten ist das Führen von „Waffen iS des § 1 Abs. 2". Es findet also weder eine Beschränkung auf Schusswaffen oder Hieb- und Stoßwaffen,[304] noch auf erlaubnispflichtige Waffen statt. Erfasst sind daher auch die tragbaren Gegenstände iS des § 1 Abs. 2 Nr. 2. Es gelten auch hier keine Abweichungen von den üblichen Begriffsbestimmungen.[305]

b) **Tathandlung.** Verboten ist das **Führen** einer Waffe iS des § 1 Abs. 3 iVm Anl. 1 Abschn. 2 Nr. 4. Es bestehen keine Abweichungen zur allgemeinen Auslegung dieses Begriffes.[306]

c) **Im Rahmen der Teilnahme an öffentlichen Veranstaltungen.** Strafbar ist nur das Waffenführen bei den genannten öffentlichen **Veranstaltungen.** Dabei ist der Begriff der öffentlichen Veranstaltung nicht eindeutig. Er ist in der einen Richtung abzugrenzen von der „Versammlung" iS des VersammlG,[307] in der anderen Richtung von der bloßen zufälligen Menschenansammlung.[308] Der Gesetzgeber wollte durch den Begriff der „Veranstaltung" über die Versammlung hinaus auch solche Zusammenkünfte – beispielsweise zum Zwecke des Vergnügens, der Unterhaltung, des Kunstgenusses oder der wirtschaftlichen Werbung – erfassen, von denen eine ähnliche Gefahr für die öffentliche Sicherheit und Ordnung ausgeht.[309] Nicht ausreichend ist es allerdings, dass eine bestimmte Örtlichkeit lediglich öffentlich zugänglich ist, wie zB Spielhallen, Bahnhöfe, öffentliche Verkehrsmittel, Kaufhäuser oder Tierparks.[310] Die Veranstaltung muss sich somit sowohl von alltäglichen Vorgängen oder Ereignissen als auch von ständig zur Benutzung vorhandenen Einrichtungen und Lokalitäten abheben. Nach der Rspr. des BGH versteht man unter einer öffentlichen Veranstaltung iS der Vorgängervorschrift des § 39 Abs. 1 WaffG aF „planmäßige, zeitlich eingegrenzte, aus dem Alltag herausgehobene Ereignisse, welche nicht nach der Zahl der anwesenden Personen, sondern nach ihrem außeralltäglichen Charakter und jeweils spezifischem Zweck vom bloßen gemeinsamen Verweilen an einem Ort abgegrenzt und in der Regel jedermann zugänglich sind, auf einer besonderen Veranlassung beruhen und regelmäßig ein Ablaufprogramm haben".[311] Demnach sollte – jedenfalls nach bisheriger Gesetzes-

---

[301] Hierzu näher die Ausführungen in → Rn. 93.
[302] Die Vorschrift entspricht im Wesentlichen § 39 WaffG aF; dieser erfasste allerdings lediglich Schusswaffen sowie Hieb- und Stoßwaffen; auch waren die Ausnahmetatbestände anders gefasst.
[303] Die Vorschrift entspricht im Wesentlichen § 53 Abs. 3 Nr. 5 iVm § 39 Abs. 1 WaffG aF; hierzu aus der Rspr. BGH 22.2.1991 – 1 StR 44/91, BGHSt 37, 330 = NJW 1991, 2715 = NStZ 1991, 340 = BGHR WaffG § 39 Abs. 1 Veranstaltung 1; BGH 1.7.2009 – 2 StR 84/09, NStZ-RR 2009, 355; zur früheren Rechtslage RG 18.12.1931 – I 985/31, RGSt 66, 64.
[304] So noch § 39 Abs. 1 WaffG aF.
[305] Vgl. zum Waffenbegriff ausführlich → § 1 Rn. 9 ff.
[306] Vgl. zum Begriff des Führens → § 1 Rn. 168 ff.; die Vorschrift ist abgedruckt in → § 1 Rn. 150.
[307] Zum unerlaubten Waffenführen bei öffentlichen Versammlungen vgl. OLG Hamm 22.10.1997 – 2 Ss 735/97, NStZ-RR 1998, 87 = StraFo 1998, 282.
[308] BGH 22.2.1991 – 1 StR 44/91, BGHSt 37, 330 (331) = NJW 1991, 2715 mAnm *Hinze* NStZ 1992, 287.
[309] Vgl. zur Motivation des Gesetzgebers BT-Drs. VI/2678, 33, zu § 36 des Entwurfs; ferner BGH 22.2.1991 – 1 StR 44/91, BGHSt 37, 330 (331) = NJW 1991, 2715.
[310] BGH 22.2.1991 – 1 StR 44/91, BGHSt 37, 330 (330 f.) = NJW 1991, 2715.
[311] BGH 22.2.1991 – 1 StR 44/91, BGHSt 37, 330 (331) = NJW 1991, 2715.

lage – eine „Misswahl" in einer Diskothek dem Veranstaltungsbegriff unterfallen, nicht aber der regelmäßige Betrieb der Diskothek.[312] Das Gesetz nennt dabei stellvertretend mehrere Beispiele, enthält aber mit den „ähnlichen öffentlichen Veranstaltungen" letztlich einen Auffangtatbestand. Insoweit ist es fraglich, ob die Intention des Gesetzgebers, durch eine umfangreiche – aber eben nicht abschließende – „enumerative" Aufzählung der Veranstaltungen, den Anwendungsbereich der Vorschrift deutlicher als bisher zu kennzeichnen,[313] tatsächlich erreicht werden konnte. Um Abgrenzungsschwierigkeiten zu vermeiden hat der Gesetzgeber im Jahre 2017[314] den Anwendungsbereich des § 42 Abs. 1 jedoch erweitert und – entgegen der genannten Rechtsprechung des BGH – nunmehr auch auf „reguläre" Theater-, Kino-, Tanz- oder Diskothekenveranstaltungen erstreckt.[315] Nach § 42 Abs. 1 S. 2 „gilt" § 42 Abs. 1 S. 1 nun auch „wenn für die Teilnahme ein Eintrittsgeld zu entrichten ist, sowie für Theater-, Kino- und Diskothekenbesuche und für Tanzveranstaltungen.

111 **aa) Die genannten öffentlichen Veranstaltungen.** Als erstes werden allgemein **öffentliche Vergnügungen** genannt. Auch Schützenfeste, Kirchweihveranstaltungen und die eigens aufgezählten **Sportveranstaltungen** fallen hierunter. Besonders hervorgehoben sind auch die **Volksfeste.** Dieser Begriff deckt sich mit dem des § 35 Abs. 3 S. 1 Nr. 3.[316] Sie müssen sich dabei innerhalb eines bestimmten zeitlichen Rahmens halten, wobei es unschädlich ist, wenn sich ihre zeitliche Dauer über mehrere Tage erstreckt und die Teilnehmer und Besucher mehrfach wechseln.[317] Aus dem Bereich der wirtschaftlichen Werbung und des Verkaufs sind die **Messen, Ausstellungen** und **Märkte** herausgegriffen. Hier handelt es sich um festgesetzte Veranstaltungen im Sinne des Titels IV der Gewerbeordnung. Der Begriff deckt sich mit dem des § 35 Abs. 3 S. 1 Nr. 2.[318] Ob für die Veranstaltung ein Eintrittsgeld zu entrichten ist oder ob der Besuch kostenfrei ermöglicht wird, ist unbeachtlich (§ 42 Abs. 1 S. 2).

112 **bb) Ähnliche öffentliche Veranstaltungen.** Erfasst sind neben den öffentlichen Zusammenkünften zu Zwecken des Vergnügens auch solche der Unterhaltung, des Kunstgenusses oder der wirtschaftlichen Werbung, sofern sie nicht durch ausdrückliche Nennung bereits gesondert hervorgehoben sind. Als Beispiele sind Sammlerbörsen oder Wahlversammlungen zu nennen.[319] Ob die Aussage im Regierungsentwurf,[320] nicht erfasst seien Versammlungen iS des VersammlG, da für diese das VersammlG einschlägige Bestimmungen vorsehe, in ihrer Pauschalität zutrifft, ist fraglich. Schon im Hinblick auf die angeführten Wahlversammlungen und öffentlichen Kundgebungen muss das waffenrechtliche Verbot unmittelbar anwendbar sein. Durch die gesetzliche Klarstellung in § 42 Abs. 1 S. 2 wird deutlich, dass auch der reguläre Betrieb von Theater-, Tanz-, Kino- und Diskothekenveranstaltungen erfasst werden. Dadurch wurde die frühere Differenzierung, die den regulären Betrieb dieser Veranstaltungen ausnahm und nur „Sonderveranstaltungen" (zB „Misswahlen" oder den Auftritt von „Live-Bands") erfasste,[321] aufgehoben. Der Gesetzgeber sah – im Hinblick auf das Tragen von Waffen – hier ein vergleichbares Gefährdungspotenzial als gegeben an.[322]

113 **cc) Eigene Teilnahme an diesen Veranstaltungen.** Der Täter muss an dieser Veranstaltung selbst teilnehmen. Hierfür ist die persönliche Anwesenheit erforderlich, wobei es nicht darauf ankommt, ob die Zutrittsbedingungen (zB Zahlung des Eintrittsgeldes) erfüllt sind.

---

[312] BGH 22.2.1991 – 1 StR 44/91, BGHSt 37, 330 (332); vgl. auch BT-Drs. 18/11239, 50.
[313] BT-Drs. 14/7758, 77; vgl. zur Abgrenzung auch *Hinze* NStZ 1992, 287.
[314] BGBl. 2017 I S. 2133 (2136).
[315] BT-Drs. 18/11239, 49 f.
[316] → Rn. 42.
[317] BGH 22.2.1991 – 1 StR 44/91, BGHSt 37, 330 (332) = NJW 1991, 2715.
[318] → Rn. 41.
[319] Vgl. auch Apel/Bushart/*Bushart* § 42 Rn. 4.
[320] BT-Drs. 14/7758, 77.
[321] BGH 22.2.1991 – 1 StR 44/91, BGHSt 37, 330 (332).
[322] BT-Drs. 18/11239, 50.

d) Die Ausnahmevorschrift des § 42 Abs. 2 auch iVm § 16 Abs. 2. Das Verbot des 114
§ 42 Abs. 1 gilt nicht, wenn die Behörde eine entsprechende Ausnahme zugelassen hat.[323]
Eine solche kann nach Abs. 2 entweder **allgemein** oder für den **Einzelfall** erlassen werden.
Dies ist zB im Rahmen eines historischen Umzugs „aus dem Gesichtspunkt der traditionsgemäßen Üblichkeit" heraus denkbar.[324] Die Möglichkeit, eine allgemeine, dh für mehrere
gleichartige Veranstaltungen und für eine größere Zahl von Teilnehmern einschlägige Ausnahme zuzulassen, ermöglicht ua auch die Erteilung von Ausnahmegenehmigungen in der
Form einer Allgemeinverfügung.[325] Die bislang in § 39 Abs. 3 WaffG aF aufgenommene
Möglichkeit, für Brauchtumsveranstaltungen den hier genannten Vereinigungen Ausnahmen
für einen bestimmten Zeitraum[326] zu erteilen, findet sich nun in § 16 Abs. 2.

Im Hinblick auf die Ausnahmeregelungen gilt: entscheidend ist, dass die Behörde die 115
Ausnahme tatsächlich erteilt **hat**. Nicht ausreichend ist es, wenn lediglich die materiellen
Voraussetzungen vorliegen, auf Grund derer eine solche Bewilligung hätte erteilt werden
können.[327] Dagegen scheidet eine Strafbarkeit aus, wenn die Behörde eine Ausnahme zugelassen hat, obwohl die genannten Voraussetzungen nicht vorlagen (sofern kein Fall der
Nichtigkeit, Täuschung oder Kollusion vorliegt).[328]

e) Die Ausnahmevorschrift des § 42 Abs. 4. Dagegen ist das Verbot des § 42 Abs. 1 116
schon vom Anwendungsbereich her nicht einschlägig (mit der Folge, dass auch eine entsprechende Strafbarkeit entfällt), wenn einer der Ausnahmetatbestände des Abs. 4 vorliegt. Hier
bedarf es also keiner vorhergehenden verwaltungsrechtlichen Ausnahmebewilligung. Erfasst
sind:

aa) Theateraufführungen (§ 42 Abs. 4 Nr. 1). Die Mitwirkenden an einer Theater- 117
aufführung oder diesen gleich zu achtenden Vorführungen (zB Film- und Fernsehaufnahmen) dürfen ungeladene oder mit Kartuschenmunition geladene Schusswaffen[329] sowie
tragbare Gegenstände iS des § 1 Abs. 2 Nr. 2[330] (insbes. Hieb- oder Stoßwaffen) führen,
soweit dies dem „Zweck" der Veranstaltung dient. Erforderlich ist hier lediglich ein funktionaler Zusammenhang, ein Nachweis, dass die Verwendung der Waffe zur Durchführung
des Stückes unbedingt erforderlich war, ist nicht notwendig. Aus dieser Vorschrift ergibt
sich ferner, dass die genannten Veranstaltungen im Übrigen durchaus Veranstaltungen iS
des Abs. 1 sind, weswegen für **Zuschauer** die Strafvorschrift in vollem Umfang gilt. Zu
beachten ist jedoch, dass sich die Ausnahme nicht auf das Führen von **verbotenen Waffen**
iS des § 2 Abs. 3 iVm Anl. 2 Abschn. 1[331] bezieht. Die Ausnahmevorschrift des § 42 Abs. 4
Nr. 1 hat gegenüber der grds. Erlaubnisfreistellung zum Schießen mit Schusswaffen, aus
denen nur Kartuschenmunition verschossen werden kann (§ 12 Abs. 4 S. 2 Nr. 3) insoweit
einen eigenen Anwendungsbereich, als nach § 42 Abs. 4 Nr. 1 auch das Führen ungeladener
Schusswaffen sowie von tragbaren Gegenständen nach § 1 Abs. 2 Nr. 2 erfasst wird.[332]

---

[323] Fraglich ist, ob diese Ausnahmegenehmigung bereits den Tatbestand ausschließt oder ob erst die Rechtswidrigkeit des Verhaltens entfällt. Für Letzteres *Steindorf*, 8. Aufl. 2007, Vor § 51 Rn. 2 ff.; § 52 Rn. 58; *ders.*, FS Salger, 1994, 167 (178, 183 f.); Hinze/*Runkel* Rn. 79; zutreffend ist es hingegen, bereits die Tatbestandsmäßigkeit zu verneinen; → Rn. 2 ff. und Steindorf/*B. Heinrich* Rn. 58; zu den Voraussetzungen einer Ausnahmegenehmigung vgl. Apel/Bushart/*Bushart* § 42 Rn. 5 ff.
[324] BT-Drs. 14/7758, 77.
[325] BT-Drs. 14/7758, 77.
[326] Vgl. zur Motivation des Gesetzgebers BT-Drs. VI/2678, 33 (zu § 36 des Entwurfs). Nähere Regelungen zur Erlaubniserteilung fanden sich in Nr. 39.1 und 39.2 WaffVwV (zum WaffG aF), vgl. auch Nr. 16.1 und 16.2 WaffVwV.
[327] Zum vergleichbaren Problem des genehmigungsfähigen aber nicht genehmigten Verhaltens → Rn. 2.
[328] Vgl. hierzu bereits → Rn. 3.
[329] Vgl. zum Begriff der Schusswaffen § 1 Rn. 9 ff.; zur Kartuschenmunition § 1 Rn. 133; hierunter fallen insbes. nach § 8 BeschG zugelassene Schreckschusswaffen.
[330] → § 1 Rn. 108 ff.
[331] Die Vorschriften sind abgedruckt in → § 2 Rn. 3.
[332] So ausdrücklich BT-Drs. 14/7758, 77.

118   **bb) Schießstätten (§ 42 Abs. 4 Nr. 2).** Für Schießstätten gilt die Sonderregelung des § 27, weswegen das Führen von Waffen in Schießstätten auch dann aus dem Anwendungsbereich des § 42 heraus fällt, wenn es sich im konkreten Fall zugleich um eine öffentliche Veranstaltung iS des Abs. 1 handelt (zB bei Schützenfesten). Die grds. Freistellung von der Erlaubnispflicht für das Schießen auf Schießstätten ergibt sich allerdings auch bereits aus § 12 Abs. 4 S. 1.

119   **cc) Sonstige Schießerlaubnis (§ 42 Abs. 4 Nr. 3).** Ferner gilt auch eine Ausnahme für diejenigen, denen es nach § 10 Abs. 5 ausnahmsweise erlaubt ist, auch außerhalb von Schießstätten mit einer Schusswaffe zu schießen. Soweit diese Erlaubnis reicht (was selten der Fall sein wird),[333] brauchen sie auch zum Führen von Waffen bei öffentlichen Veranstaltungen keine zusätzliche Erlaubnis nach § 42 Abs. 1.

120   **dd) Gewerbliches Ausstellen auf Messen und Ausstellungen (§ 42 Abs. 4 Nr. 4).** Da nunmehr die Messen und Ausstellungen in § 42 Abs. 1 ausdrücklich genannt sind, würde sich das Verbot des Führens von Waffen auch auf das gewerbliche Ausstellen von Waffen beziehen. Dies wird durch § 42 Abs. 4 Nr. 4 ausgeschlossen. Nach Sinn und Zweck der Vorschrift ist hiervon auch der An- und Abtransport dieser Gegenstände dorthin und von dort seitens des gewerblichen Waffenhändlers erfasst.[334] Die Ausnahmebestimmung betrifft allerdings nur das Ausstellen von Waffen. Der Vertrieb ist hiervon nicht erfasst; hier greift zudem das Verbot des § 35 Abs. 3 S. 1 Nr. 2 ein (strafbar nach § 52 Abs. 1 Nr. 2).[335]

121   **f) Konkurrenzen.** Wird eine Waffe während einer öffentlichen Versammlung oder eines Aufzuges geführt, so kann zugleich § 27 VersammlG tatbestandlich erfüllt sein, der jedoch wegen seiner geringeren Strafdrohung hinter § 52 Abs. 3 Nr. 9 zurücktritt.[336] Allerdings werden durch § 27 Abs. 1 S. 2 VersammlG auch Vorbereitungshandlungen erfasst, die nicht unter § 52 Abs. 3 Nr. 9 fallen.

122   **11. Unerlaubter Besitz ehemaliger Kriegswaffen (Nr. 10).** Nach § 57 gilt das WaffG nicht für Kriegswaffen iS des KrWaffG, dh Waffen, die in der Kriegswaffenliste (Anl. 1 zum KrWaffG) enumerativ aufgeführt sind.[337] Wird diese Kriegswaffenliste geändert und verlieren deshalb **tragbare Schusswaffen** ihre Kriegswaffeneigenschaft, so hat der (bis dahin) berechtigte Besitzer nach § 57 Abs. 2 S. 1 die Berechtigung zum Besitz dieser Waffen der zuständigen Behörde vorzulegen, damit diese die Waffenbesitzkarte ändert. Die „übrigen" Besitzer solcher Waffen (in aller Regel solche, die die tragbare Kriegsschusswaffe zuvor unberechtigt besaßen), haben die Möglichkeit, nach § 57 Abs. 2 S. 2 innerhalb einer bestimmten Frist die Ausstellung einer Waffenbesitzkarte zu beantragen. Gleiches gilt nach § 57 Abs. 3 für Munition, die infolge der Änderung der Kriegswaffenliste ihre Kriegswaffeneigenschaft verliert. Diese „Legalisierungsmöglichkeit" gilt bei tragbaren Schusswaffen nach § 57 Abs. 2 S. 2 allerdings nur dann, wenn der (unberechtigte) Besitzer die Waffe nicht bereits auf der Grundlage des § 59 Abs. 2 WaffG aF (1972) oder § 58 Abs. 1 WaffG aF (1976) hätte legalisieren können,[338] da der Gesetzgeber für diese Waffen keine erneute Amnestiemöglichkeit eröffnen wollte.[339] Wird ein solcher Antrag nach § 57 Abs. 2 S. 2 oder Abs. 3 nicht gestellt oder wird (infolge des Antrags) die Waffenbesitzkarte oder Erlaubnis unanfechtbar versagt, so darf der Besitz über diese ehemaligen Kriegswaffen oder die ehema-

---

[333] In Steindorf/*Gerlemann* § 42 Rn. 12 wird das Beispiel eines Kunstschützen genannt, der bei öffentlichen Veranstaltungen seine Schießkunst unter Beweis stellt.
[334] BT-Drs. 14/7758, 78.
[335] Hierzu → Rn. 41.
[336] Vgl. auch Steindorf/*B. Heinrich* Rn. 58; zur Strafbarkeit wegen Tragens von Schusswaffen bei Versammlungen nach § 27 VersammlG vgl. OLG Hamm 22.10.1997 – 2 Ss 735/97, NStZ-RR 1998, 87 = StraFo 1998, 282.
[337] Die Kriegswaffenliste ist im Anhang zur Kommentierung des KrWaffG abgedruckt.
[338] Wann dies der Fall war, ist höchst problematisch. Zum Anwendungsbereich des § 57 Abs. 2 und der hiermit in Zusammenhang stehenden Problematik vgl. ausführlich BT-Drs. 14/7758, 86.
[339] Vgl. BT-Drs. 14/7758, 86.

lige Kriegswaffenmunition nach Ablauf der in § 57 Abs. 5 S. 1 genannten Frist nicht mehr ausgeübt werden. Der Besitz ist also fortan unberechtigt und wird nach § 52 Abs. 3 Nr. 10 als Straftat geahndet.[340]

a) Tatobjekt. Tatobjekte sind **tragbare Schusswaffen,** die Kriegswaffen iS des 123 KrWaffG waren, aber infolge einer Änderung der Kriegswaffenliste ihre Kriegswaffeneigenschaft verloren haben. Gleiches gilt für **Munition für tragbare Kriegswaffen,** die ihre Kriegswaffeneigenschaft nach Änderung der Kriegswaffenliste verloren hat. Die tragbaren Schusswaffen und die Munition stellen zwar nunmehr keine Kriegswaffen mehr dar, verlieren aber, ihre Funktionstauglichkeit vorausgesetzt, selbstverständlich nicht ihre Eigenschaft als Schusswaffen oder Munition iS des WaffG. Hinsichtlich der Bestimmung der Schusswaffeneigenschaft bzw. der Eigenschaft als Munition gelten die üblichen Voraussetzungen.[341]

b) Tathandlung. Untersagt ist die unberechtigte Ausübung des **Besitzes** über die ehe- 124 malige Kriegsschusswaffe oder Munition „entgegen § 57 Abs. 5 S. 1". Hinsichtlich des Begriffes des Besitzes als Ausübung der tatsächlichen Gewalt gelten keine besonderen Anforderungen.[342] Dieser Besitz ist nach § 57 Abs. 5 S. 1 dann unberechtigt, wenn der Besitzer der tragbaren Schusswaffe oder Munition den Antrag nach § 57 Abs. 2 S. 2 (Schusswaffen) oder § 57 Abs. 3 (Munition) nicht stellt und die Antragsfrist (jeweils sechs Monate nach Inkrafttreten der Änderung der Kriegswaffenliste) abgelaufen ist. Der Besitz ist ferner nach § 57 Abs. 5 unberechtigt, wenn der Besitzer zwar einen entsprechenden Antrag gestellt hat, die Waffenbesitzkarte oder die Erlaubnis aber unanfechtbar versagt wurde.

IV. Versuchstatbestand des Abs. 2

Da es sich im Gegensatz zu § 51 bei der Strafnorm des § 52 Abs. 1 um ein **Vergehen** 125 handelt, musste hier die Strafbarkeit des Versuches ausdrücklich angeordnet werden (vgl. § 23 Abs. 1 StGB). Aus der systematischen Stellung des Absatzes 2 ergibt sich, dass sich die Versuchsstrafbarkeit ausschließlich auf Delikte nach § 52 Abs. 1, nicht aber auf solche des § 52 Abs. 3 bezieht.[343] Straflos ist die bloße Vorbereitung einer Straftat, sofern der Täter zum Versuch noch nicht unmittelbar angesetzt hat (§ 22 StGB). Eine Vorbereitungshandlung liegt zB dann vor, wenn vom späteren Täter Spezialwerkzeuge beschafft werden, mit denen Schusswaffen hergestellt werden können.[344]

V. Fahrlässigkeitstatbestand des Abs. 4

1. Überblick. Abs. 4 enthält schließlich einen Fahrlässigkeitstatbestand im Hinblick auf 126 die Begehung einer Straftat nach § 52 Abs. 1 oder Abs. 3, wobei die Vorschrift im Strafrahmen danach differenziert, ob der Täter den (schwereren) Straftatbestand des § 52 Abs. 1 (dann Strafrahmen: Freiheitsstrafe bis zu zwei Jahren oder Geldstrafe) oder aber den (leichteren) Tatbestand des § 52 Abs. 3 (dann lediglich Freiheitsstrafe bis zu einem Jahr oder Geldstrafe) fahrlässig erfüllt hat.

2. Abs. 4 Alt. 1. Fahrlässige Verstöße nach § 52 Abs. 1 werden nach § 52 Abs. 4 Alt. 1 127 mit einer Freiheitsstrafe von bis zu 2 Jahren oder Geldstrafe geahndet. Damit entspricht der Strafrahmen demjenigen eines fahrlässigen Verstoßes gegen § 51 Abs. 1 (vgl. § 51

---

[340] Die Vorschrift hatte keinen entsprechenden Vorgänger im WaffG aF. Sie war neu in das Gesetz aufzunehmen, da mit der Entlassung der Waffe und Munition aus dem KrWaffG dieses keine Anwendung mehr finden kann, andererseits die Waffe aber (möglicherweise) berechtigt erworben wurde; vgl. BT-Drs. 14/7758, 83; ferner Steindorf/*B. Heinrich* Rn. 59.
[341] Vgl. zu den Schusswaffen → § 1 Rn. 9 ff.; zur Munition → § 1 Rn. 130 ff.
[342] → § 1 Rn. 152 ff.
[343] Vgl. auch BGH 5.5.2009 – 1 StR 737/08, NStZ 2010, 546 (547); 30.11.2010 – 1 StR 574/10, StraFo 2011, 61; Hinze/*Runkel* Rn. 48; Steindorf/*B. Heinrich* Rn. 27.
[344] *Gade/Stoppa* Rn. 35.

Abs. 4). Erfasst werden jedoch nicht sämtliche Straftaten des § 52 Abs. 1. Ausgeklammert bleibt Abs. 1 Nr. 2 Buchst. a. Nach dieser Vorschrift macht sich, unabhängig von der Art der Schusswaffe oder der Munition, derjenige strafbar, der eine Schusswaffe oder Munition ohne eine entsprechende Erlaubnis erwirbt, um sie entgegen § 34 Abs. 1 S. 1 an Nichtberechtigte weiterzugeben.[345] Einzige Voraussetzung ist, dass es sich um eine erlaubnispflichtige Waffe bzw. erlaubnispflichtige Munition nach Anl. 2 Abschn. 2 Unterabschn. 1 S. 1[346] handelt. Es kommt also entscheidend auf die vom Täter verfolgte **Absicht** an. Daher kann ein solcher Verstoß auch nicht fahrlässig begangen werden kann. Nicht erwähnt ist ferner § 52 Abs. 1 Nr. 4, dh die Anleitung oder Aufforderung zur Herstellung von verbotenen Waffen iS des § 40 Abs. 1. Der Gesetzgeber hat hier das fahrlässige Anleiten oder Auffordern von der Fahrlässigkeitsstrafbarkeit ausgenommen, obwohl ein solches denklogisch möglich wäre.[347]

128 Fahrlässig handelt, „wer eine objektive Pflichtwidrigkeit begeht, sofern er diese nach seinen subjektiven Kenntnissen und Fähigkeiten vermeiden konnte, und wenn gerade die Pflichtwidrigkeit objektiv und subjektiv vorhersehbar den Erfolg gezeitigt hat".[348] Dies ist beispielsweise bei demjenigen anzunehmen, der für einen anderen (nichtgewerbsmäßig, vgl. § 12 Abs. 1 Nr. 2) einen Koffer transportiert, in welchem sich, was der Täter nicht weiß, aber problemlos hätte feststellen können, eine erlaubnispflichtige halbautomatische Kurzwaffe befindet.[349] Mindestens fahrlässig handeln auch Waffenhersteller, -besitzer oder -händler, wenn sie sich überhaupt nicht über die gegebenen Vorschriften informieren und dadurch ihre Pflichten im Einzelnen verkennen.[350] Eine Fahrlässigkeitsbestrafung wird insbes. auch dann in Betracht kommen, wenn die Bestrafung aus dem Vorsatzdelikt wegen eines Tatbestandsirrtums (§ 16 StGB) nicht möglich ist.[351] Die Verjährungsfrist für diesen Fahrlässigkeitstatbestand beträgt nach § 78 Abs. 3 Nr. 5 StGB drei Jahre.

129 **3. Abs. 4 Alt. 2.** Fahrlässige Verstöße nach § 52 Abs. 3 Nr. 1 bis Nr. 7 und Nr. 8 bis Nr. 10 werden nach § 52 Abs. 4 Alt. 2 mit einer Freiheitsstrafe von bis zu einem Jahr oder Geldstrafe geahndet. Ausgenommen ist somit lediglich § 53 Abs. 3 Nr. 7a. Fahrlässig handelt beispielsweise derjenige, der für einen anderen einen Koffer transportiert, in welchem sich, was der Täter nicht weiß, aber problemlos hätte feststellen können, eine erlaubnispflichtige Schusswaffe oder Munition befindet.[352] Die Verjährungsfrist für diesen Fahrlässigkeitstatbestand beträgt nach § 78 Abs. 3 Nr. 5 StGB drei Jahre.

VI. Besonders schwere Fälle (Abs. 5)

130 Abs. 5 enthält eine Strafschärfung für besonders schwere Fälle einer Straftat nach Abs. 1 Nr. 1 (unerlaubter Umgang mit ehemaligen Kriegswaffen oder Molotow-Cocktails etc).[353] Für sämtliche anderen Tatbestände des § 52 ist eine Strafschärfung somit nicht vorgesehen. Die Norm ist auch nur insoweit in § 100c Abs. 2 Nr. 7 StPO aufgeführt, der es den Strafverfolgungsbehörden unter bestimmten Umständen gestattet, ohne Wissen des Betroffenen das

---

[345] Hierzu näher → Rn. 10 ff.
[346] Die Vorschrift ist abgedruckt in → § 2 Rn. 33.
[347] Über § 53 Abs. 4 iVm § 53 Abs. 1 S. 1 Nr. 5 WaffG aF war ein solches fahrlässiges Verhalten noch unter Strafe gestellt.
[348] BGH 13.11.2003 – 5 StR 327/03, BGHSt 49, 1 (5) = NJW 2004, 237 (238); vgl. auch BGH 26.5.2004 – 2 StR 505/03, BGHSt 49, 166 (174) = NJW 2004, 2458 (2460); ferner *B. Heinrich*, Strafrecht Allgemeiner Teil, 5. Aufl. 2016 Rn. 989.
[349] Vgl. ferner aus der Rspr. LG Ravensburg 28.6.2007 – 2 Qs 67/06, NStZ-RR 2007, 353 (354). Hier wurde ein Fahrlässigkeitsvorwurf bei einem Irrtum über die Erlaubnispflicht einer Softairwaffe infolge der undurchsichtigen Rechtslage verneint; vgl. zum Irrtum in diesen Fällen → Rn. 4.
[350] Vgl. Apel/Bushart/*Apel* Rn. 22; Steindorf/*B. Heinrich* Rn. 63.
[351] Vgl. zum Irrtum → Rn. 4.
[352] Steindorf/*B. Heinrich* Rn. 63.
[353] → Rn. 5 ff.

in einer Wohnung nichtöffentlich gesprochene Wort mit technischen Mitteln abzuhören und aufzuzeichnen.

Die Vorschrift enthält dabei, wie schon § 51 Abs. 2, keine eigenständige Qualifikation, sondern „lediglich" eine **Strafzumessungsregel,** die bei besonders schweren Fällen einen anderen Strafrahmen eröffnen. Dieser erhöhte Strafrahmen (Freiheitsstrafe von einem Jahr bis zu 10 Jahren) entspricht dabei sogar demjenigen des § 51 Abs. 2. Auch hier bedient sich der Gesetzgeber für die nähere Bestimmung der besonders schweren Fälle der bekannten **Regelbeispielstechnik.** Neben dem „unbenannten" schweren Fall des Abs. 5 S. 1, werden in Abs. 5 S. 2 – wie schon bei § 51 Abs. 2 S. 2 – zwei Regelbeispiele ausdrücklich genannt, bei denen das Vorliegen eines besonders schweren Falles – widerlegbar – vermutet wird: die **gewerbsmäßige** und die **bandenmäßige** Begehung. Diese Merkmale decken sich weitgehend mit den gleich lautenden, im allgemeinen Strafrecht zunehmend als Regelbeispiele oder Qualifikationsmerkmale verwendeten Begriffen, weswegen auf die dortige Kommentierung verwiesen werden kann.[354] Trotz der genannten Mindestfreiheitsstrafe von einem Jahr bleibt die Tat nach § 12 Abs. 3 StGB ein Vergehen. **131**

VII. Minder schwere Fälle (Abs. 6)

Das Gesetz sieht in Abs. 6 für minder schwere Fälle des Abs. 1 (vgl. zur rechtlichen Qualifikation wiederum § 12 Abs. 3 StGB) einen milderen Strafrahmen vor, der demjenigen des § 51 Abs. 3 entspricht (Freiheitsstrafe bis zu drei Jahren oder Geldstrafe). Insbes. entfällt die Mindeststrafdrohung von 6 Monaten Freiheitsstrafe und es wird die Möglichkeit vorgesehen, eine Geldstrafe zu verhängen. **132**

Die Frage, wann ein minder schwerer Fall vorliegt, lässt sich dabei – wie schon im Rahmen des § 51 ausgeführt[355] – nicht abstrakt bestimmen, sondern richtet sich nach den Umständen des Einzelfalles.[356] Das Gesetz verzichtet auch hier bewusst auf die Normierung von – notwendigerweise abstrakt zu haltenden – Regelbeispielen solcher minder schweren Fälle. Erforderlich für das Vorliegen eines minder schweren Falles ist, wie auch bei sonstigen Tatbeständen, die eine solche Möglichkeit vorsehen, dass das gesamte Tatbild (objektiv) sowie die subjektiven Momente und die Beurteilung der Täterpersönlichkeit so weit vom Durchschnitt der ansonsten von dieser Strafvorschrift erfassten Fälle abweicht, dass die relativ hohe Strafe nicht mehr gerechtfertigt erscheint und die Anwendung des milderen Strafrahmens ausreicht.[357] Dabei sind weitere Rechtsfolgen, wie eine gleichzeitig angeordnete Einziehung nach § 54, zu berücksichtigen.[358] Dies ist im Urteil im Einzelnen auszuführen. Ein minder schwerer Fall kannte zB vorliegen, wenn der Täter Schusswaffen ohne die erforderliche Verbringenserlaubnis in den oder durch den Geltungsbereich dieses Gesetzes verbringt (strafbar nach Abs. 1 Nr. 2 Buchst. d), jedoch für die verbrachten Schusswaffen in Besitz einer Waffenbesitzkarte ist.[359] **133**

VIII. Konkurrenzen

Die Konkurrenzen gehören mit zu den schwierigsten und undurchsichtigsten Bereichen im Waffenstrafrecht und stellen die Praxis oft vor nicht unerhebliche Probleme. Dies rührt einerseits daher, dass Waffendelikte häufig mit anderen Delikten des allgemeinen Strafrechts zusammentreffen, andererseits daher, dass oftmals mehrere waffenrechtliche Tatbestände gleichzeitig erfüllt sind, wobei manche Tathandlungen (zB das unerlaubte Besitzen oder Führen von Waffen) als Dauerdelikte ausgestaltet sind, andere (zB das unerlaubte Erwerben oder das unerlaubte Verbringen von Waffen) sich in einer einmaligen Tätigkeit erschöpfen. **134**

---

[354] → § 51 Rn. 9 ff.
[355] → § 51 Rn. 12 f.
[356] Vgl. aus der Rspr. BGH 10.3.1993 – 2 StR 4/93 (in BGHR WaffG § 53 Abs. 1 Nr. 3a Führen 2 nicht abgedruckt); OLG Koblenz 24.6.1982 – 1 Ss 259/82, OLGSt § 1 KriegswaffKG S. 5 (7).
[357] Vgl. zu minder schweren Fällen allgemein → StGB § 12 Rn. 14 ff.
[358] Steindorf/*B. Heinrich* Rn. 65.
[359] *Gade/Stoppa* Rn. 68.

WaffG § 52   135–139   2. Kapitel. Waffenrecht

135   **1. Konkurrenz von Waffendelikten mit anderen Delikten.** Verstöße gegen das Waffengesetz treffen besonders häufig mit Delikten des allgemeinen Strafrechts oder Delikten aus anderen Rechtsbereichen (Betäubungsmittelstrafrecht ua) zusammen. Dabei weisen die §§ 51 f. WaffG regelmäßig einen eigenen Unrechtsgehalt auf.

136   **a) Zusammentreffen mit Delikten, bei denen der Umgang mit Waffen notwendiger Bestandteil ist.** Enthält der gesetzliche Tatbestand eines anderen Deliktes, entweder als strafbegründendes Merkmal (vgl. § 127 StGB) oder als Strafschärfungsgrund (vgl. ua §§ 224 Abs. 1 Nr. 2; 243 Abs. 1 S. 2 Nr. 7; 244 Abs. 1 Nr. 1 Buchst. a; 250 Abs. 1 Nr. 1 Buchst. a StGB,[360] § 30a Abs. 2 Nr. 2 BtMG)[361] den gleichzeitigen Umgang (in aller Regel das Führen) mit einer Waffe, so liegt regelmäßig **Idealkonkurrenz,** § 52 StGB, vor. Das Waffendelikt wird also nicht etwa im Wege der Gesetzeskonkurrenz verdrängt.[362] Dies folgt daraus, dass zB das Führen einer Waffe zwar notwendiger Bestandteil des jeweiligen Deliktes ist, aber nicht in allen Fällen auch zwangsläufig zu einer Strafbarkeit nach dem WaffG führt, da es immerhin denkbar ist, dass der Täter eine Erlaubnis (hier in Form eines Waffenscheins) zum Führen der Waffe besitzt. Der **unerlaubte** Umgang mit Waffen weist also stets einen eigenständigen Unrechtsgehalt auf.

137   Entwendet ein Dieb eine Waffe, so ist regelmäßig neben den verwirklichten §§ 242, 243 Abs. 2 S. 2 Nr. 7, § 244 Abs. 1 Nr. 1 Buchst. a StGB ein unberechtigter **Erwerb** sowie ein anschließender unberechtigter **Besitz,** möglicherweise (wenn die Tat nicht in seinen eigenen Räumlichkeiten stattfindet) auch ein unberechtigtes **Führen** gegeben. Diese Delikte sind dabei nicht lediglich mitbestrafte Nachtaten, sondern stehen auch hier zu den §§ 242 ff. StGB in Idealkonkurrenz.[363]

138   Auch dann, wenn der Täter bei der Begehung eines Betäubungsmitteldeliktes unter den Voraussetzungen des § 30a Abs. 2 Nr. 2 BtMG eine Schusswaffe „mit sich führt" (dieses Merkmal entspricht im Wesentlichen dem „Führen" von Waffen im Sinne des WaffG), liegt Tateinheit vor, da es auch hier immerhin möglich ist, dass der Täter die Schusswaffe berechtigt führt.[364]

139   Dieser Grundsatz (Tateinheit) gilt jedoch nicht uneingeschränkt. Wird zB eine Waffe während einer öffentlichen Versammlung oder eines Aufzuges geführt, so kann neben den Straftaten nach dem WaffG (zB § 52 Abs. 3 Nr. 9) zugleich § 27 VersammlG tatbestandlich erfüllt sein. Die Straftat nach dem VersammlG tritt in diesem Fall zurück, da auch sie einerseits an eine fehlende „behördliche Ermächtigung" anknüpft, andererseits aber eine

---

[360] Vgl. hierzu BGH 10.8.1982 – 1 StR 416/82, JZ 1983, 216 mAnm *Hruschka* JZ 1983, 217 zur Frage, ob ein Beisichführen iS des § 250 auch vorliegt, wenn der Täter die Waffe lediglich auf der Fahrt zum Tatort und bei der Flucht (nach gescheitertem Raub) in seinem PKW führt. Wird dies verneint, liegt Tatmehrheit zwischen § 249 StGB und § 52 Abs. 3 Nr. 2 Buchst. a WaffG vor.
[361] Vgl. hierzu noch → Rn. 129.
[362] BGH 16.1.1980 – 2 StR 692/79, BGHSt 29, 184 = NJW 1980, 1475 (Erwerb einer Waffe durch Diebstahl derselben); 24.4.1985 – 3 StR 45/85, NStZ 1985, 414 (Waffendelikt und gefährliche Körperverletzung); 10.12.1987 – 1 StR 590/87, BGHR WaffG § 53 Abs. 3 Konkurrenzen 1 (Erwerben, Besitzen und Führen einer Waffe und schwere räuberische Erpressung); 6.9.1988 – 1 StR 481/88, NStZ 1989, 20 (Führen einer Waffe und versuchter Diebstahl mit Waffen); 21.12.1988 – 2 StR 508/88, BGHR StGB § 52 Abs. 3 Nr. 2 Handlung, dieselbe 14 (Besitz einer Waffe und Beihilfe zur schweren räuberischen Erpressung); 14.1.1992 – 5 StR 657/91, NStZ 1992, 276 (Herstellen, Besitzen und Führen einer Waffe und schwere räuberische Erpressung); 29.3.1994 – 4 StR 108/94, JR 1995, 168 (Besitzen und Führen einer Waffe und versuchte räuberische Erpressung sowie Nötigung); RG 28.1.1932 – II 1274/31, RGSt 66, 117 (Führen einer Waffe und Raub bzw. räuberische Erpressung); Steindorf/B. *Heinrich* Rn. 90.
[363] BGH 16.1.1980 – 2 StR 692/79, BGHSt 29, 184 = NJW 1980, 1475 mit zust. Anm. *Willms* LM WaffG 1976 Nr. 3; OLG Hamm 23.5.1978 – 5 Ss 581/78, NJW 1979, 117; Steindorf/B. *Heinrich* Rn. 90a; Schönke/Schröder/*Eser/Bosch* StGB § 244 Rn. 36; *Fischer* StGB § 244 Rn. 55.
[364] Vgl. zur Konkurrenz von Waffendelikten und § 30a Abs. 2 Nr. 2 BtMG BGH 20.9.1996 – 2 StR 300/96, NStZ-RR 1997, 16; 14.11.1996 – 1 StR 609/96, NStZ 1997, 137 = StV 1997, 189; 14.1.1997 – 1 StR 580/96, NJW 1997, 1083 = StV 1997, 189; 28.2.1997 – 2 StR 556/96, BGHSt 43, 8 = NJW 1997, 1717 = JR 1998, 254 mAnm *Zaczyk* JR 1998, 256; BGH 16.9.1997 – 1 StR 472/97, StV 1997, 638; vgl. ferner BGH 3.8.2000 – 4 StR 290/00, NStZ 2001, 101.

geringere Strafdrohung aufweist.³⁶⁵ Allerdings werden durch § 27 Abs. 1 S. 2 VersammlG auch Vorbereitungshandlungen erfasst, die nicht unter § 52 Abs. 3 Nr. 9 fallen. Kraft ausdrücklicher gesetzlicher Bestimmung (Subsidiarität) tritt auch der rechtswidrige Waffengebrauch nach § 46 WStG hinter die Delikte des WaffG zurück.

b) Zusammentreffen mit sonstigen Delikten. Auch im Verhältnis zu sonstigen Delikten des allgemeinen Strafrechts liegt zumeist Idealkonkurrenz vor.³⁶⁶ Zu beachten ist allerdings, dass dies nur dann gilt, wenn das Waffendelikt in irgendeinem Bezug zu der jeweiligen anderen Tat steht. Eine bloße zeitliche Überschneidung allein reicht nicht aus. Verwahrt also zB der Täter zu Hause unbefugt eine Waffe (= unbefugter Besitz) und begeht er an einem anderen Ort eine weitere Straftat (zB einen Diebstahl oder eine Körperverletzung), dann ist Tateinheit abzulehnen.³⁶⁷

aa) Waffendelikte und Tötungs- bzw. Körperverletzungsdelikte. Idealkonkurrenz ist regelmäßig im Verhältnis von Waffendelikten zu den Tötungs- oder Körperverletzungsdelikten gegeben, sofern die Verletzung bzw. Tötung gerade durch die Waffe geschieht.³⁶⁸ Dies gilt insbes. im Hinblick auf ein unerlaubtes **Führen** einer Waffe während der Tatbegehung, obwohl das Führen ein Dauerdelikt darstellt.³⁶⁹

Problematischer ist das Konkurrenzverhältnis dann, wenn es um den unrechtmäßigen **Besitz** von Waffen geht. Zwar stellt auch der Besitz – wie das Führen – ein Dauerdelikt dar, der unerlaubte Besitz kann jedoch einen wesentlich größeren Zeitraum umfassen, da das unerlaubte Führen stets dann endet, wenn der Täter mit der Waffe in seine Wohnung bzw. sein befriedetes Besitztum zurückkehrt. **Idealkonkurrenz** liegt jedenfalls (aus den gleichen Gründen wie beim unberechtigten Führen) im Hinblick auf **die konkrete Tötungs- oder Körperverletzungshandlung** vor.³⁷⁰ Tateinheit ist ferner auch dann anzunehmen, wenn der Täter bereits **zu Beginn des Besitzes** den Willen hat, die Waffe zur Tötung bzw. Körperverletzung einzusetzen.³⁷¹ Ist dies nicht der Fall, besitzt der Täter also unberechtigt eine Waffe und entschließt er sich erst während dieser Zeit zur Vornahme einer Tötung, ist das Ergebnis umstritten. Nach Ansicht der früheren Rspr. lag hier (aus materiell-strafrechtli-

---

³⁶⁵ Vgl. auch Steindorf/B. Heinrich Rn. 58; zur Strafbarkeit wegen Tragens von Schusswaffen bei Versammlungen nach § 27 VersammlG vgl. OLG Hamm 22.10.1997 – 2 Ss 735/97, NStZ-RR 1998, 87 = StraFo 1998, 282; ferner schon → Rn. 112.
³⁶⁶ Vgl. außer den sogleich noch näher erörterten Tatbeständen: Tateinheit eines Deliktes nach dem WaffG aF wurde angenommen im Verhältnis zu § 86 Abs. 1 Nr. 4 bzw. § 86a Abs. 1 Nr. 2 StGB (BGH 20.1.1995 – 3 StR 585/94, NJW 1995, 2500); § 129 StGB (BGH 11.6.1980 – 3 StR 9/80, BGHSt 29, 288 = NJW 1980, 2718); § 129a StGB (BGH 25.8.1986 – St 183/86, BGHR WaffG § 52a Abs. 1 Konkurrenzen 1 = NStE Nr. 1 zu § 52 WaffG); § 240 StGB (BGH 29.3.1994 – 4 StR 108/94, JR 1995, 168); § 242 StGB (BGH 6.9.1988 – 1 StR 481/88, NStZ 1989, 20); § 303 StGB (BGH 23.1.1991 – 2 StR 552/90, BGHR WaffG § 53 Abs. 3 Konkurrenzen 2; BGH 7.2.1996 – 5 StR 9/96, BGHR WaffG § 53 Abs. 1 Konkurrenzen 3); § 316c StGB (LK/König, 12. Aufl., StGB § 316c Rn. 53; Fischer StGB § 316c Rn. 20; vgl. bereits RG 21.1.1937 – 5 D 763/36, RGSt 71, 40 (41 f.): Tateinheit zwischen Jagdvergehen und dem unerlaubten Führen einer Schusswaffe; in diese Richtung auch RG 17.9.1915 – IV 348/15, RGSt 49, 272; zum Ganzen auch Steindorf/B. Heinrich Rn. 94 ff.
³⁶⁷ BGH 11.8.2000 – 3 StR 235/00, NStZ 2001, 641.
³⁶⁸ BGH 26.3.1982 – 2 StR 700/81, BGHSt 31, 29 (30) = NJW 1982, 2080; 24.4.1985 – 3 StR 45/85, NStZ 1985, 414; 15.9.1983 – 4 StR 535/83, BGHSt 32, 84 = NJW 1984, 1364; so bereits RG 25.4.1932 – III 214/32, RGSt 66, 221; Mitsch NStZ 1987, 457 (458).
³⁶⁹ BGH 26.3.1982 – 2 StR 700/81, BGHSt 31, 29 (30) = NJW 1982, 2080; 23.9.1987 – 2 StR 477/87, NStE Nr. 7 zu § 52 StGB; 6.9.1988 – 1 StR 364/88, NStE Nr. 16 zu § 213 StGB; OLG Hamm 9.9.1985 – 1 Ws 83/85, JR 1986, 203; Hinze/Runkel Anh. zu §§ 51, 52 Rn. 3, 4; Steindorf/B. Heinrich Rn. 91 ff.; vgl. allerdings zu möglichen Einschränkungen die vergleichbare Diskussion im Hinblick auf den unerlaubten Besitz sogleich → Rn. 133; insoweit differenzierend LK/Jähnke, 11. Aufl., StGB § 212 Rn. 44; aM noch RG 24.6.1932 – 1 D 685/32, JW 1933, 441 m. zust. Anm. Gerland JW 1933, 441.
³⁷⁰ BGH 16.3.1989 – 4 StR 60/89, BGHSt 36, 151 (154) = NJW 1989, 1810 (1810 f.); Steindorf/B. Heinrich Rn. 91 unter Hinweis auf BGH 20.8.1997 – 2 StR 175/97 (unveröffentlicht; abrufbar unter jurion).
³⁷¹ So schon RG 6.10.1925 – I 241/25, RGSt 59, 359; 26.9.1932 – 3 D 687/32, JW 1933, 438; 1.7.1941 – 4 D 332/41, HRR 1941, Nr. 945; LK/Jähnke, 11. Aufl., StGB § 212 Rn. 44; Steindorf/B. Heinrich Rn. 91; Fischer StGB § 211 Rn. 106.

cher Sicht) Tatmehrheit vor.[372] Dagegen nahm der BGH in einigen Entscheidungen materiellrechtlich Tateinheit an.[373] Nach neuerer Rspr. des BGH erfährt das Dauerdelikt des unerlaubten Waffenbesitzes (Gleiches gilt für das Führen) jedoch materiellrechtlich eine Zäsur, wenn der Waffenbesitzer später einen neuen Entschluss zur Begehung eines Delikts, insbes. einer Tötung mittels dieser Waffe fasst.[374] Das Dauerdelikt des unerlaubten Besitzes vor und nach der Tat sei jeweils selbstständig zu beurteilen, so dass jeweils Tatmehrheit vorliege.[375] Dies ändere jedoch nichts daran, dass der Totschlag selbst in Tateinheit mit dem unerlaubten Führen bzw. dem unerlaubten Besitz der Waffe stehe.[376] Hierfür spricht, dass jeder neue Tatentschluss zum Führen einer Waffe (insbes. wenn damit ein weiteres Verbrechen verübt werden soll) ein neues, im Vergleich zum bloßen Besitz intensiveres kriminelles Verhalten darstellt, welches materiell-rechtlich als neue eigene Handlung angesehen werden muss.[377] Dagegen spricht, dass der unerlaubte Besitz hierdurch nicht unterbrochen wird und eine Tötung auch auf Grund eines spontanen Entschlusses innerhalb des eigenen befriedeten Besitztums möglich ist, dh der „Zwischenschritt" des unerlaubten Führens nicht zwingend erforderlich ist. Doch selbst wenn ein zwischenzeitliches Führen vorliegt, kann argumentiert werden, das Führen stelle eben nur eine spezielle (wenn auch intensivere) Form der Ausübung der tatsächlichen Gewalt dar.[378] Die Problematik ist vor dem Hintergrund zu sehen, inwieweit eine Verurteilung wegen eines unerlaubten Waffenbesitzes die Strafklage im Hinblick auf ein während dieser Zeit begangenes (aber erst später entdecktes) Tötungsdelikt verbraucht.[379] Überträgt man hier die Grundsätze, die von der Rspr. im Hinblick auf die Organisationsdelikte der §§ 129, 129a StGB entwickelt wurden,[380] auch auf das Dauerdelikt des unerlaubten Waffenbesitzes, so käme man allerdings zu dem unbefriedigenden Ergebnis, eine Tat, die materiellrechtlich als eine Tat iS des § 52 StGB behandelt und abgeurteilt wird, prozessual in mehrere Taten aufzuspalten.[381] Bedenkt man zudem, dass nach gefestigter Rspr. zur Klammerwirkung eines Dauerdeliktes dieses zwar mehrere gleichschwere Delikte, möglicherweise auch mehrere gleichschwere und ein schwereres Delikt, nicht aber zwei schwerere Delikte (insbes. nicht zwei in zeitlichem Abstand begangene Tötungsdelikte) zu einer Tat im materiell-rechtlichen Sinne verbinden kann,[382] wird deutlich, dass die Annahme von Idealkonkurrenz im Hinblick auf das Verhältnis des unerlaubten Dauerdeliktes des Besitzes einer Waffe und den mittels dieser Waffe verübten weiteren Straftaten ohnehin nicht uneingeschränkt haltbar ist. Daher

---

[372] RG 6.10.1925 – I 241/25, RGSt 59, 359 (361); 24.6.1932 – 1 D 685/32, JW 1933, 441; vgl. auch RG 8.9.1932 – 2 D 985/32, JW 1933, 439 = GA 77 (1933), 113; zustimmend *Gerland* JW 1933, 441; so auch OLG Zweibrücken 18.12.1985 – 1 Ws 407/85, NJW 1986, 2842.
[373] BGH 26.3.1982 – 2 StR 700/81, BGHSt 31, 29 = NJW 1982, 2070; 24.9.1982 – 2 StR 474/82, StV 1983, 148; 11.7.1985 – 4 StR 274/85, NStZ 1985, 515; BayObLG 16.9.1975 – RReg 4 St 83/75, BayObLGSt 1975, 89 (90); OLG Hamm 9.9.1985 – 1 Ws 83/85, NStZ 1986, 278; so auch *Grünwald* StV 1986, 243 (245); *Neuhaus* NStZ 1987, 138 (139).
[374] BGH 16.3.1989 – 4 StR 60/89, BGHSt 36, 151 (154) = NJW 1989, 1810 (1810 f.); 15.4.1998 – 2 StR 670/97, NStZ-RR 1999, 8; 27.5.1998 – 5 StR 717/97, NStZ-RR 1999, 8; 17.8.2001 – 2 StR 69/01 (unveröffentlicht; zitiert nach *Altvater* NStZ 2003, 21 [26]); 13.1.2009 – 3 StR 543/08, BeckRS 2009, 05123; 27.12.2011 – 2 StR 380/11, NStZ 2012, 452; 20.10.2015 – 4 StR 343/15, NStZ 2016, 159; OLH Hamm 19.2.2013 – III-1 RVs 8/13, BeckRS 2013, 21182; so auch *Eser* NStZ 1984, 49 (58); LK/*Jähnke*, 11. Aufl., StGB § 212 Rn. 44; LK/*Rissing-van Saan*, 12. Aufl., § 52 Rn. 33; *Puppe* JR 1986, 205 (206 f.); Steindorf/*B. Heinrich* Rn. 91; vgl. auch BGH 7.2.1996 – 5 StR 9/96, BGHR WaffG § 53 Abs. 1 Konkurrenzen 3; 13.3.1997 – 1 StR 800/96, NStZ 1987, 446 (Entschluss zur Begehung einer schweren räuberischen Erpressung mittels einer Waffe).
[375] BGH 20.10.2015 – 4 StR 343/15, NStZ 2016, 159.
[376] BGH 16.3.1989 – 4 StR 60/89, BGHSt 36, 151 (154) = NJW 1989, 1810 (1810 f.); 15.4.1998 – 2 StR 670/97, NStZ-RR 1999, 8; 20.10.2015 – 4 StR 343/15, NStZ 2016, 159.
[377] BGH 16.3.1989 – 4 StR 60/89, BGHSt 36, 151 = NJW 1989, 1810; ferner Steindorf/*B. Heinrich* Rn. 73 vgl. auch *Puppe* JR 1986, 205.
[378] Vgl. BGH 26.3.1982 – 2 StR 700/81, BGHSt 31, 29 = NJW 1982, 2080 unter Hinweis auf BGH 15.10.1980 – 3 StR 342/80 (unveröffentlicht).
[379] Vgl. hierzu noch ausführlich → Rn. 166.
[380] BGH 11.6.1980 – 3 StR 9/80, BGHSt 29, 288 = NJW 1980, 2718.
[381] Vgl. zum Strafklageverbrauch ausführlich → Rn. 166.
[382] Vgl. hierzu noch ausführlich → Rn. 158 ff.

ist hier der Ansicht zu folgen, dass die reine Ausübung der tatsächlichen Gewalt über eine Waffe dann ihren deliktischen Charakter ändert, wenn mittels der Waffe eine andere Straftat, insbes. ein Tötungsdelikt begangen werden soll. Insoweit liegt hier eine andere Tat und daher Tatmehrheit vor.

bb) Waffendelikte und Vermögensdelikte. Führt der Täter während der Begehung 143 eines Vermögensdeliktes eine Waffe bei sich, so liegt regelmäßig Tateinheit vor. Dies gilt nicht nur für diejenigen Delikte, bei denen das Beisichführen einer Waffe einen Strafschärfungsgrund darstellt,[383] sondern auch bei sonstigen Vermögensdelikten, zB beim Betrug.[384]

cc) Waffendelikte und Brandstiftungsdelikte. Idealkonkurrenz (§ 52 StGB) kann fer- 144 ner vorliegen zwischen dem Waffendelikt des unerlaubten Umgangs mit Molotow-Cocktails (§ 52 Abs. 1 Nr. 1) und einer versuchten[385] oder vollendeten schweren Brandstiftung nach § 306a StGB.[386]

dd) Waffendelikte und Verkehrsdelikte. Umstritten ist das Verhältnis von Waffende- 145 likten und Verkehrsdelikten, insbes. das Zusammentreffen der beiden Dauerdelikte des unberechtigten Führens einer Waffe und der Trunkenheit im Verkehr (§ 316 StGB). Da beide Delikte schon von ihrer unterschiedlichen Tätigkeitsart her nicht „dieselbe Handlung" darstellen würden, nahm der BGH hier Tatmehrheit an.[387] Dies leuchtet nicht ein, wenn sich die Taten überschneiden, der Täter also die Waffe bei sich hat, wenn er in fahruntauglichem Zustand ein Kraftfahrzeug führt.

ee) Waffendelikte und Betäubungsmitteldelikte. Da sowohl die Waffendelikte des 146 § 52 WaffG (erwerben, besitzen, führen, verbringen etc) als auch die Betäubungsmittelstraftaten des § 29 BtMG (anbauen, einführen, erwerben, Handel treiben) sich vielfach überschneiden und teilweise als Dauerdelikte ausgestaltet sind, kann es auch zwischen §§ 51 f. WaffG und §§ 29 ff. BtMG in vielerlei Hinsicht zu Konkurrenzverhältnissen kommen. Überschneiden sich die Tathandlungen, liegt Tateinheit vor, wie zB zwischen der Einfuhr von Betäubungsmitteln und dem gleichzeitigen Führen einer Waffe im selben PKW,[388] dem gleichzeitigen Transport von Betäubungsmitteln und Waffen im Kofferraum eines PKW,[389] dem Handeltreiben mit Betäubungsmitteln und dem gleichzeitigen Erwerb, Besitz, Führen[390] oder Überlassen einer Waffe.[391]

ff) Waffendelikte und Verbrechensverabredung. Wer im Rahmen einer strafbaren 147 Verbrechensverabredung (§ 30 Abs. 2 StGB) unberechtigt eine Waffe bei sich führt (oder besitzt), begeht diese Delikte in Tateinheit, wenn die Waffe zur Begehung der Tat eingesetzt werden soll.[392] Dagegen liegt Tatmehrheit vor, wenn die Waffe mit dem verabredeten Verbrechen in keinem Zusammenhang steht.[393]

---

[383] Vgl. hierzu bereits → Rn. 127.
[384] BGH 21.2.1985 – 2 StR 52/85 (unveröffentlicht); vgl. auch Steindorf/*B. Heinrich* Rn. 95; ferner BGH 14.1.1992 – 5 StR 657/91, NStZ 1992, 276 (Herstellen, Besitzen und Führen einer Waffe und schwere räuberische Erpressung).
[385] Vgl. BGH 4.3.1998 – 5 StR 434/97, NStZ 1998, 362.
[386] Vgl. hierzu und zur Möglichkeit der Tateinheit des Herstellens eines Molotow-Cocktails und anschließender gefährlicher Körperverletzung nach § 224 Abs. 1 Nr. 2 StGB BGH 6.7.1993 – 1 StR 260/93, BeckRS 1993, 31091128 (insoweit in BGHR WaffG § 37 Brand 1 nicht abgedruckt).
[387] BGH 13.3.1975 – 4 StR 50/75 (unveröffentlicht, zitiert nach Steindorf/*B. Heinrich* Rn. 94a).
[388] BGH 7.9.1982 – 3 StR 295/82, NStZ 1982, 512; 26.8.1993 – 4 StR 326/93, BGHR WaffG § 53 Abs. 3 Konkurrenzen 2; 23.8.1988 – 1 StR 136/88, NStZ 1989, 38; Steindorf/*B. Heinrich* Rn. 90b.
[389] BGH 25.4.1994 – 5 StR 189/94 (unveröffentlicht; JurionRS 1994, 12665); Steindorf/*B. Heinrich* Rn. 90b mit der Einschränkung, dass zwischen beiden Delikten ein „funktioneller Zusammenhang" und nicht bloße „Gleichzeitigkeit" bestehen müsse.
[390] BGH 26.8.1993 – 4 StR 326/93, BGHR WaffG § 53 Abs. 3 Konkurrenzen 3; 28.10.1997 – 1 StR 501/97, StV 1998, 594; Steindorf/*B. Heinrich* Rn. 90b.
[391] BGH 16.9.1997 – 1 StR 472/97, StV 1997, 638; Steindorf/*B. Heinrich* Rn. 90b.
[392] BGH 4.3.1998 – 2 StR 7/98, NStZ 1998, 354; Steindorf/*B. Heinrich* Rn. 94.
[393] BGH 8.7.1997 – 5 StR 170/97, NStZ 1997, 604 (605); Steindorf/*B. Heinrich* Rn. 94.

148 **gg) Waffendelikte und Vollrausch.** Erwirbt und besitzt ein Täter unrechtmäßig eine Waffe und führt er diese anschließend im Zustand des Vollrausches, so liegt zwischen den Waffendelikten und dem Vollrauschtatbestand ebenfalls Tateinheit vor.[394]

149 **hh) Waffendelikte und Ordnungswidrigkeiten.** Trifft eine Straftat nach §§ 51 oder 52 mit einer Ordnungswidrigkeit zusammen, wird die Ordnungswidrigkeit regelmäßig verdrängt, § 21 OWiG. Eine Straftat nach § 52 Abs. 1 Nr. 3 kann allerdings zB mit einer Ordnungswidrigkeit nach § 146 GewO konkurrieren, sofern hier im konkreten Fall keine Tateinheit, § 52 StGB, sondern Tatmehrheit, § 53 StGB, angenommen wird.

150 **2. Konkurrenzen innerhalb der Waffendelikte.** Oftmals werden dem Täter nicht nur eine, sondern mehrere Formen des unerlaubten Umgangs mit Waffen oder Munition vorgeworfen werden (Erwerben, Besitzen, Führen, Verbringen etc).[395] Auch wird es sich nicht selten um mehrere Tatobjekte (mehrere Waffen, Waffen und Munition etc) handeln. Die Konkurrenzverhältnisse sind hier undurchsichtig und nicht einheitlich zu beurteilen. Auch die Rspr. erscheint hier oftmals uneinheitlich.[396] Es können jedoch folgende Leitlinien gegeben werden:

151 **a) Gesetzliches Vorrangverhältnis.** Kraft ausdrücklicher gesetzlicher Anordnung (Subsidiarität) tritt Abs. 3 Nr. 2 (unerlaubter Erwerb oder Besitz von Schusswaffen oder Munition; unerlaubtes Führen von Schusswaffen) hinter Abs. 1 Nr. 2 Buchst. a (unerlaubter Erwerb von Schusswaffen und Munition, um diese an einen Nichtberechtigten zu überlassen) oder Buchst. b (unerlaubter Erwerb, Besitz oder unerlaubtes Führen halbautomatischer Kurzwaffen) zurück.

152 **b) Konkurrenzen zwischen verschiedenen Umgangsformen.** Beim verbotenen Umgang ist zwischen den verschiedenen Tathandlungen zu differenzieren. Nach den allgemeinen konkurrenzrechtlichen Grundsätzen ist zuerst festzustellen, ob lediglich eine oder aber mehrere strafrechtlich relevante Handlungen vorliegen, wobei stets zu berücksichtigen ist, dass ein Dauerdelikt (wie zB der unerlaubte Besitz) mehrere Umgangsformen (Erwerb, Führen, Überlassen, Verbringen) zu einer Tat verklammern kann.[397] Dies gilt jedenfalls insoweit, als die anderen Straftaten keinen höheren Unrechtsgehalt aufweisen, was im Verhältnis der verschiedenen Umgangsformen untereinander regelmäßig nicht der Fall ist, da das Gesetz die Umgangsformen in ihrem Unrechtsgehalt im Wesentlichen gleich stellt. Kommt man zu dem Ergebnis, dass strafrechtlich lediglich eine Tat vorliegt, so ist zu prüfen, ob die verschiedenen Umgangsformen – obwohl sie strafrechtlich als gleich „schwer" zu beurteilen sind – unterschiedliches Unrecht verwirklichen und daher eine gesonderte Ahndung erforderlich ist (dann liegt Idealkonkurrenz nach § 52 StGB vor) oder ob durch die Bestrafung wegen einer Umgangsform der Unrechtsgehalt einer anderen Umgangsform bereits mit abgegolten ist, diese Umgangsform also kein weiteres Unrecht mehr darstellt (dann tritt diese Umgangsform im Wege der Gesetzeskonkurrenz zurück). Einen Anhaltspunkt hierfür stellt die Frage dar, ob der Täter für die entsprechenden Umgangsformen jeweils einer gesonderten Erlaubnis bedurft hätte.

153 **aa) Herstellen, Handeltreiben, Besitzen.** Nach diesen Grundsätzen begründen zB die Umgangsformen der unerlaubten **Waffenherstellung**, des unerlaubten **Waffenhandels** und des unerlaubten **Waffenbesitzes** jeweils einen eigenen Unrechtsvorwurf. Jede dieser

---

[394] BGH 27.5.1998 – 5 StR 717/97, NStZ-RR 1999, 8 = BGHR WaffG § 53 Abs. 1 Konkurrenzen 7; Steindorf/*B. Heinrich* Rn. 94, 96; kritisch hierzu *Altvater* NStZ 1999, 17 (20) mit Hinweis auf die – unveröffentlichte – abweichende Entscheidung des BGH 29.3.1983 – 5 StR 135/83, BeckRS 1983, 05631 – Tatmehrheit.

[395] Vgl. hierzu *Meyer-Goßner* NStZ 1986, 49 (52 f.); Steindorf/*B. Heinrich* Rn. 70a ff.

[396] Vgl. hier insbes. zur Frage, inwieweit der unerlaubte Besitz von Waffen und Munition weitere Delikte verklammern kann und dadurch möglicherweise ein Strafklageverbrauch eintritt, → Rn. 158 ff. und → Rn. 166 sowie bereits → Rn. 133.

[397] Vgl. hierzu noch → Rn. 158 ff.

Umgangsformen bedarf einer eigenständigen waffenrechtlichen Erlaubnis (vgl. § 10 Abs. 1, § 21 Abs. 1), so dass zwischen diesen Formen Tateinheit vorliegt.[398] Gleiches gilt für das unerlaubte **Instandsetzen** einer Waffe und den anschließenden **Besitz**.[399] Tateinheit ist jedoch nicht gegeben, wenn der Besitz einer Pistole mit keinem Handlungsteil eines Waffenhandels zusammentrifft, sondern lediglich gleichzeitig erfolgt.[400]

bb) Besitzen und Überlassen. Ebenfalls Tateinheit liegt vor, wenn der Täter eine **154** Waffe oder Munition unerlaubt **besitzt** und diese anschließend einem Nichtberechtigten **überlässt**.[401] Erwirbt der Täter allerdings die Waffe später auf Grund eines neuen Entschlusses wieder, so steht dieses spätere (Wieder-)Erwerben samt des anschließenden unerlaubten Besitzes zur vorherigen Tat in **Tatmehrheit,** da infolge der Zäsur keine Verklammerung zu einer Tat mehr erfolgen kann.[402]

cc) Besitzen und Verbringen. Ebenfalls in Tateinheit stehen die Umgangsformen des **155** unerlaubten **Verbringens** (zB in Form der Einfuhr) und dem anschließenden unerlaubten **Besitz**.[403] Dies ergibt sich schon daraus, dass ein unbefugtes Verbringen auch in der Weise möglich ist, dass der Täter zu keiner Zeit die tatsächliche Gewalt, dh den Besitz ausübt. Nach Ansicht des BGH[404] soll zudem der unerlaubte Besitz einen gravierenderen Unrechtsgehalt als das Verbringen aufweisen, da es sich um ein Dauerdelikt handele. Dies ist allerdings fraglich, zumal dieser Grundsatz auf das Zusammentreffen der Umgangsformen Erwerb und Besitz nicht übertragen wird.[405]

dd) Erwerben und Besitzen. Erwirbt jemand unbefugt eine erlaubnispflichtige Waffe **156** oder Munition, so steht dieser unbefugte Erwerb zum anschließenden unbefugten **Besitz** nach Ansicht der Rspr. ebenfalls in **Tateinheit**.[406] Dies folge daraus, dass nicht jedem unerlaubten Besitz notwendigerweise ein unerlaubter Erwerb vorausgehen müsse und dass sich der Erwerb in einer einmaligen Handlung erschöpfe, während der unerlaubte Besitz eine Dauerstraftat darstelle, von der täglich neu unkontrollierte Gefahren für die öffentliche Sicherheit ausgingen.[407] Eine Gegenansicht in der Literatur, die sich aber auch in der Rspr. wiederfindet, nimmt hier jedoch **Gesetzeskonkurrenz** an.[408] Innerhalb dieser

---

[398] BGH 3.3.1977 – 2 StR 390/76 BeckRS 9998, 105768 Rn. 33; insoweit in BGHSt 27, 135 = NJW 1977, 1545 nicht abgedruckt; 13.12.1983 – 1 StR 599/83, NStZ, 1984, 171; 14.1.1992 – 5 StR 657/91, NStZ 1992, 276 (Herstellen, Besitzen, Führen) – jeweils zu § 53 WaffG aF; 17.6.2014 – 4 StR 71/14, NStZ-RR 2014, 291.
[399] BGH 13.12.1983 – 1 StR 599/83, NStZ, 1984, 171.
[400] BGH 29.11.2005 – 3 StR 367/05, BeckRS 2006, 00013 unter Hinweis auf LK/*Rissing-van Saan,* 12. Aufl., StGB § 52 Rn. 8; vgl. Steindorf/*B. Heinrich* Rn. 70c.
[401] BGH 23.1.1991 – 2 StR 552/90, BGHR WaffG § 53 Abs. 3 Konkurrenzen 2; 20.6.1995 – 4 StR 273/95, BGHR WaffG § 53 Abs. 1 Konkurrenzen 1 = StV 1995, 587 Ls.; BGH 14.5.1996 – 1 StR 189/96, NStZ-RR 1996, 291 Ls.; BGH 24.5.2000 – 3 StR 38/00, NStZ 2000, 541 (542); *Meyer-Goßner* NStZ 1986, 49 (53); Steindorf/*B. Heinrich* Rn. 72.
[402] BGH 12.12.1997 – 3 StR 383/97, NStZ 1998, 251; Steindorf/*B. Heinrich* Rn. 72.
[403] BGH 13.12.1983 – 1 StR 599/83, NStZ 1984, 171; 23.8.1988 – 1 StR 136/88, NStZ 1989, 38; 28.3.1990 – 2 StR 22/90, BGHR WaffG § 53 Abs. 3a Konkurrenzen 2; 23.1.1991 – 2 StR 552/90, BGHR WaffG § 53 Abs. 3 Konkurrenzen 2; BayObLG 2.3.1994 – 4 St RR 18/94, NStZ Nr. 3 zu § 28 WaffG; Steindorf/*B. Heinrich* Rn. 71; das Gleiche gilt für das Verhältnis von unerlaubtem Verbringen und anschließendem Führen; vgl. OLG Koblenz 24.6.1982 – 1 Ss 259/82, OLGSt § 1 KriegswaffKG S. 5 (7).
[404] BGH 13.12.1983 – 1 StR 599/83, NStZ 1984, 171.
[405] Hierzu → Rn. 147 f.
[406] BGH 16.1.1980 – 2 StR 692/79, BGHSt 29, 184 (186) = NJW 1980, 1475; 13.12.1983 – 1 StR 599/83, NStZ 1984, 171; 22.11.1984 – 1 StR 517/84, NStZ 1985, 221; 23.9.1987 – 2 StR 477/87, NStE Nr. 7 zu § 52 StGB; 10.12.1987 – 1 StR 590/87, BGHR WaffG § 53 Abs. 3 Konkurrenzen 1; 23.1.1991 – 2 StR 552/90, BGHR WaffG § 53 Abs. 3 Konkurrenzen 2; 14.5.1996 – 1 StR 189/96, NStZ-RR 1996, 291 Ls.; 13.3.1997 – 1 StR 800/96, NStZ 1997, 446; 12.12.1997 – 3 StR 383/97, NStZ 1998, 251; OLG Celle 8.10.1984 – 3 Ss 175/84, OLGSt WaffG § 53 Nr. 1; OLG Hamm 23.5.1978 – 5 Ss 581/78, NJW 1979, 117 (118); Erbs/Kohlhaas/*Pauckstadt-Maihold,* W 12 Rn. 99; *Meyer-Goßner* NStZ 1986, 49 (53).
[407] OLG Celle 8.10.1984 – 3 Ss 175/84, OLGSt WaffG § 53 Nr. 1 S. 1 (2).
[408] Vgl. vor allem Steindorf/*B. Heinrich* Rn. 75 ff. mwN; aus der Rspr. BGH 20.7.1995 – 4 StR 112/95, NStZ-RR 1996, 20; OLG Stuttgart 18.11.1986 – 4 Ss 368/86 (insoweit in Justiz 1987, 320 nicht abgedruckt).

Ansicht ist wiederum streitig, ob der spätere unerlaubte Besitz den früheren unerlaubten Erwerb konsumiert[409] oder umgekehrt der spätere unerlaubte Besitz von der Strafbarkeit wegen unerlaubten Erwerbs mit abgegolten wird.[410] Dieser letzteren Ansicht ist zuzustimmen. Da einem unerlaubten Erwerb (= Erlangung der tatsächlichen Gewalt, Anl. 1 Abschn. 2 Nr. 1)[411] zwangsläufig ein unerlaubter Besitz (= Ausübung der tatsächlichen Gewalt, Anl. 1 Abschn. 2 Nr. 2)[412] nachfolgt, wird hierdurch kein zusätzliches Unrecht verwirklicht,[413] so dass hier Gesetzeskonkurrenz anzunehmen ist. Das Erlangen der tatsächlichen Gewalt stellt nämlich notwendigerweise den Beginn der Ausübung der tatsächlichen Gewalt und somit des Besitzes dar.[414] Dies ergibt sich auch daraus, dass eine Erlaubnis nach § 10 Abs. 1 (Waffenbesitzkarte) grds. zum Erwerb **und** Besitz einer Waffe berechtigt, Erwerb und Besitz also auch verwaltungsrechtlich lediglich **einer** Erlaubnis bedürfen und eine solche auch nicht etwa nur für den Erwerb oder nur für den Besitz erteilt werden kann.

157 Da ferner zwar ein unerlaubter Besitz ohne vorherigen unerlaubten Erwerb denkbar ist (man denke etwa an den Erben oder Finder, bzw. denjenigen, dem eine Waffe „untergeschoben" wird, ferner an zurückgenommene, widerrufene oder lediglich befristet erteilte Erlaubnisse), nicht aber umgekehrt, muss der unerlaubte Erwerb dem unerlaubten Besitz hier vorgehen. Der Unrechtsgehalt des unerlaubten Besitzes wird daher durch den Unrechtsgehalt des unerlaubten Erwerbs bereits vollständig mit abgegolten. Der dem unerlaubten Erwerb nachfolgende unerlaubte Besitz stellt keine zusätzliche Auflehnung gegen die Rechtsordnung dar, die eigenständig sanktioniert werden müsste. Dies ergibt sich auch unter Berücksichtigung der Entstehungsgeschichte des Waffen(straf)rechts, welches ursprünglich den Besitz bis auf wenige Ausnahmen (bei verbotenen Gegenständen oder im Einzelfall durch behördliche Anordnung) grds. erlaubnisfrei stellte und später (vgl. nur §§ 52a Abs. 1; 53 Abs. 1 S. 1 Nr. 4 WaffG aF) durch die gesetzliche Formulierung („wer […] ohne die erforderliche Erlaubnis […] herstellt, bearbeitet, instandsetzt, erwirbt, vertreibt, anderen überlässt oder sonst die tatsächliche Gewalt […] ausübt") klar stellte, dass der unerlaubte Besitz lediglich als Auffangtatbestand anzusehen war.[415] Dass der Gesetzgeber durch den Erlass des WaffG 2002 dem unerlaubten Besitz nun eine hervorgehobenere Rolle einräumen wollte, ist nicht ersichtlich.

158 **ee) Besitzen und Führen.** Fraglich ist dagegen das Verhältnis von unerlaubtem Besitz und unerlaubtem Führen einer Waffe. Hier wird ebenfalls überwiegend Tateinheit angenommen.[416] Dagegen könnte sprechen, dass das Führen nur eine (wenn auch besonders intensive) Form der Ausübung der tatsächlichen Gewalt darstellt und notwendigerweise

---

[409] So jedenfalls die frühere Ansicht des RG; vgl. RG 8.9.1932 – 2 D 985/32, JW 1933, 438 = GA 77 (1933), 113; vgl. ergänzend auch RG 21.4.1932 – II D 338/32, RGSt 66, 218 (220) = JW 1933, 439 mAnm Hoche JW 1933, 438; so auch BayObLG 29.10.1973 – RReg 4 St 155/73, MDR 1974, 336; OLG Koblenz 29.6.1978 – 1 Ss 270/78; OLG Stuttgart 18.11.1986 – 4 Ss 368/86 (insoweit in Justiz 1987, 320 nicht abgedruckt).
[410] Steindorf/B. Heinrich Rn. 76 und nunmehr auch BGH 20.7.1995 – 4 StR 112/95, NStZ-RR 1996, 20 = BGHR WaffG § 53 Abs. 1 Konkurrenzen 2.
[411] Vgl. zum Merkmal des Erwerbs → § 1 Rn. 168 ff.
[412] Vgl. zum Merkmal des Besitzes → § 1 Rn. 152 ff.
[413] So auch Steindorf/B. Heinrich Rn. 80.
[414] So zutreffend Steindorf/B. Heinrich Rn. 79.
[415] Vgl. hierzu ausführlich Steindorf/B. Heinrich Rn. 77 ff.
[416] BGH 16.1.1980 – 2 StR 692/79, BGHSt 29, 184 (186) = NJW 1980, 1475; 26.3.1982 – 2 StR 700/81, BGHSt 31, 29 (30) = NJW 1982, 2080; 13.12.1983 – 1 StR 599/83, NStZ 1984, 171 (172); 22.11.1984 – 1 StR 517/84, NStZ 1985, 221; 24.4.1985 – 3 StR 45/85, NStZ 1985, 414; 23.9.1987 – 2 StR 477/87, NStE Nr. 7 zu § 52 StGB; 17.10.1989 – 4 StR 513/89, BGHR WaffG § 53 Abs. 1 Nr. 3a Führen 1; 6.11.1991 – 3 StR 370/91, BGHR KrWaffG § 16 Konkurrenzen 2; 23.1.1991 – 2 StR 552/90, BGHR WaffG § 53 Abs. 3 Konkurrenzen 2; 29.3.1994 – 4 StR 108/94, JR 1995, 168; 8.10.2008 – 4 StR 233/08, NStZ 2009, 628 (629); OLG Celle 8.10.1984 – 3 Ss 175/84, OLGSt WaffG § 53 Nr. 1; vgl. auch BGH 22.8.2013 – 1 StR 378/13, NStZ-RR 2013, 387; 15.6.2015 – 5 StR 197/15, NStZ 2015, 529; Erbs/Kohlhaas/Pauckstadt-Maihold, W 12 Rn. 95; Steindorf/B. Heinrich Rn. 73, 74; aM OLG Braunschweig 12.12.1977 – Ss 141/77, OLGSt § 53 WaffG S. 17 ff. = GA 1978, 245.

zeitgleich mit dem unerlaubten Besitz stattfindet. Andererseits ist jedoch für das Führen und den Besitz jeweils eine gesonderte Erlaubnis erforderlich, so dass es durchaus Fälle geben kann, in denen ein unerlaubtes Führen zeitgleich mit einem erlaubten Besitz zusammenfällt, wenn nämlich der Täter lediglich eine Waffenbesitzkarte nach § 10 Abs. 1, nicht aber einen Waffenschein nach § 10 Abs. 4 besitzt. Mit der hM ist daher Tateinheit anzunehmen. Dies sieht der BGH jedoch in den Fällen des unerlaubten Führens in mehreren jüngeren Entscheidungen differenzierter: Eine Verurteilung wegen eines tateinheitlich verwirklichten Besitzes komme nur dann in Betracht, wenn der Täter die tatsächliche Gewalt über die Waffe nicht nur außerhalb (nur dann liege ein Führen vor), sondern auch innerhalb der eigenen Wohnung, eines Geschäftsraumes oder des eigenen befriedeten Besitztums ausgeübt habe.[417] Übe der Täter die tatsächliche Gewalt hingegen nur außerhalb der genannten Örtlichkeiten aus, komme nur eine Verurteilung wegen unerlaubten Führens in Betracht.[418] Umstritten ist hingegen, ob auch dann, wenn der Täter jahrelang eine Waffe unerlaubt besitzt, insgesamt Tateinheit (oder nicht vielmehr Tatmehrheit) angenommen werden kann, wenn er die Waffe zur Begehung eines weiteren Deliktes auf Grund eines neu gefassten Tatentschlusses führt. Aus den bereits genannten Gründen[419] ist hier von Tatmehrheit auszugehen.

ff) Erwerben und Führen. Problematischer gestaltet sich das Verhältnis des unerlaubten Erwerbs zum späteren unerlaubten Führen einer Waffe (im Hinblick auf die Munition stellt sich dieses Problem zumindest im Rahmen des § 52 Abs. 3 Nr. 2 nicht, da hier nur das unerlaubte Erwerben und Besitzen, nicht aber das Führen sanktioniert wird). Hier sind mehrere Konstellationen denkbar, insbes. deshalb, weil diese Umgangsformen nicht notwendigerweise zusammenfallen müssen (man stelle sich nur vor, der Täter erwirbt eine Waffe innerhalb seiner eigenen Räumlichkeiten). Da das Führen als besonders gefährliche Variante des Ausübens der tatsächlichen Gewalt (= des Besitzes) anzusehen ist und nach § 10 Abs. 4 auch einer eigenständigen Erlaubnis (Waffenschein) bedarf, liegt zwischen einem unerlaubten Erwerb und einem gleichzeitig damit verbundenen Führen (wenn sich der Erwerb außerhalb der eigenen Räumlichkeiten abspielt) jedenfalls **Tateinheit** vor. **Erwirbt** jemand eine erlaubnispflichtige Schusswaffe innerhalb seiner eigenen Räumlichkeiten aber mit dem bereits zu diesem Zeitpunkt gefassten Vorsatz, sie später auch zu **führen** wird ebenfalls regelmäßig dieselbe Tat iS des § 52 StGB vorliegen, die Taten stehen also auch hier in Idealkonkurrenz.[420] Obwohl der Erwerbsakt in diesem Fall mit der Begründung der tatsächlichen Gewalt abgeschlossen ist und durchaus einige Zeit verstreichen kann, bis der Täter die Waffe außerhalb der eigenen Räumlichkeiten „führt", kann dieses Ergebnis über die Klammerwirkung des unerlaubten Besitzes herbeigeführt werden.[421] Problematisch hingegen ist es, wenn der Täter eine Schusswaffe erwirbt, aber erst später den Vorsatz fasst, die Waffe zu führen.[422] Hier stellt sich die ebenfalls später noch zu erörternde Frage, inwieweit der Besitz als Dauerdelikt auch in diesen Fällen imstande ist, die beiden zeitlich getrennt liegenden Umgangsformen zu verklammern.[423] Der BGH hat dies im vorliegenden Fall im Ergebnis zu Recht abgelehnt.[424] Vergleichbar mit dem Verhältnis zwischen dem Erwerben und dem Führen ist das Verhältnis zwischen dem **Herstellen** und dem **Führen.** Nur dann,

---

[417] BGH 13.8.2009 – 3 StR 226/09, BGHR WaffG § 52 Konkurrenzen 2; 22.8.2013 – 1 StR 378/13, NStZ-RR 2013, 387; 15.6.2015 – 5 StR 197/15, NStZ 2015, 529.
[418] BGH 13.8.2009 – 3 StR 226/09, BGHR WaffG § 52 Konkurrenzen 2; 22.8.2013 – 1 StR 378/13, NStZ-RR 2013, 387; 15.6.2015 – 5 StR 197/15, NStZ 2015, 529; 20.10.2015 – 4 StR 343/15, NStZ 2016, 159.
[419] → Rn. 133 sowie → Rn. 150 und Rn. 160.
[420] BGH 16.1.1980 – 2 StR 692/79, BGHSt 29, 184 (186) = NJW 1980, 1475; 22.11.1984 – 1 StR 517/84, NStZ 1985, 221; OLG Celle 8.10.1984 – 3 Ss 175/84, OLGSt WaffG § 53 Nr. 1; Steindorf/*B. Heinrich* Rn. 74; aM OLG Braunschweig 12.12.1977 – Ss 441/77, OLGSt § 53 WaffenG S. 17 ff. = GA 1978, 245.
[421] Vgl. hierzu noch → Rn. 158 ff.
[422] Vgl. hierzu BGH 30.6.1982 – 3 StR 44/82, BeckRS 2016, 01125.
[423] → Rn. 158 ff.
[424] BGH 16.3.1989 – 4 StR 60/89, BGHSt 36, 151 (153 f.) = NJW 1989, 1810.

wenn jemand bereits zum Zeitpunkt der Herstellung einer Waffe die Absicht hat, diese später zu führen (zB um damit außerhalb seines befriedeten Besitztums zu schießen), stehen diese Delikte in Tateinheit.[425]

160 gg) **Sonstige Fälle**. § 52 Abs. 1 Nr. 2 Buchst. a (unerlaubter Erwerb von Schusswaffen und Munition, um diese an einen Nichtberechtigten zu überlassen) und § 52 Abs. 1 Nr. 2 Buchst. b (unerlaubter Erwerb, Besitz oder unerlaubtes Führen halbautomatischer Kurzwaffen) verwirklichen jeweils eigenes Unrecht, so dass auch hier Tateinheit vorliegt.[426]

161 Liegt dagegen neben dem unerlaubten Verbringen nach § 52 Abs. 1 Nr. 2 Buchst. d eine Straftat wegen § 52 Abs. 1 Nr. 2 Buchst. c wegen unerlaubten (gewerbsmäßigen) Waffenhandels vor, so tritt das unerlaubte Verbringen zurück.[427]

162 Sind gleichzeitig § 52 Abs. 3 Nr. 1 (unerlaubter Umgang mit den hier genannten verbotenen Waffen) und § 52 Abs. 3 Nr. 2 Buchst. a (verbotener Umgang mit Schusswaffen) verwirklicht, stellt § 52 Abs. 3 Nr. 1 die Spezialvorschrift dar.[428]

163 Verwahrt der Täter über eine längere Zeit hinweg eine Waffe bei sich zu Hause, ohne sie zu benutzen (= Besitz), und schießt er anschließend damit, dann soll zwischen diesen Umgangsformen nach den von der Rspr. entwickelten Kriterien zum Verhältnis zwischen dem unerlaubten Besitz und einem späteren unerlaubten Führen Tatmehrheit vorliegen, wenn der Täter nicht bereits zum Zeitpunkt des Erwerbs den Vorsatz hatte, mit der Waffe in entsprechender Weise zu schießen.[429]

164 c) **Verhältnisse beim verbotenen Umgang mit mehreren Waffen oder Munition**. Erwirbt der Täter mehrere Waffen, ist jeder **Erwerb** eigenständig nach § 51 Abs. 1, § 52 Abs. 1 Nr. 1 oder Nr. 2 Buchst. a oder b; Abs. 3 Nr. 1 oder Nr. 2 Buchst. a zu beurteilen.

165 Umstritten ist das Verhältnis beim gleichzeitigen **Besitz** mehrerer (gleichartiger oder verschiedener) Schusswaffen. Teilweise wird angenommen, der Täter verletze das Gesetz nur einmal,[430] die verschiedenen Verstöße würden nur „einen Verstoß" gegen das Waffengesetz darstellen,[431] teilweise wird hier aber auch ausdrücklich von Tateinheit ausgegangen.[432] Dabei sei es unschädlich, wenn der Besitz der verschiedenen Waffen unter verschiedene Strafbestimmungen, zB teilweise unter § 51 Abs. 1, teilweise unter § 52 Abs. 1 Abs. 1 Nr. 1 oder Nr. 2 Buchst. b oder § 52 Abs. 3 Nr. 1 oder Nr. 2 falle,[433] es sich zB um erlaubnispflichtige Schuss-

---

[425] BGH 14.1.1992 – 5 StR 657/91, NStZ 1992, 276.
[426] BGH 15.9.1992 – 4 StR 403/92 (unveröffentlicht, zitiert nach Steindorf/B. Heinrich Rn. 88).
[427] BGH 3.3.1977 – 2 StR 390/76, BeckRS 9998, 105768, (insoweit in BGHSt 27, 135 nicht abgedruckt, die Entscheidung erging allerdings zum alten Recht); vgl. auch Steindorf/B. Heinrich Rn. 88.
[428] So schon zum WaffG aF BGH 9.11.1993 – 5 StR 617/93 – Kugelschreiberschießgerät (unveröffentlicht; JurionRS 1993, 17432).
[429] BGH 7.2.1996 – 5 StR 9/96, BGHR WaffG § 53 Abs. 1 Konkurrenzen 3; Steindorf/B. Heinrich Rn. 73.
[430] BGH 13.12.1983 – 1 StR 599/83, NStZ 1984, 171 (unter Hinweis auf BGH 31.7.1980 – 4 StR 340/80 [unveröffentlicht]; 15.10.1980 – 3 StR 342/80 [unveröffentlicht] und 8.9.1983 – 1 StR 554/83 [unveröffentlicht]; 14.2.1996 – 3 StR 625/95, NJW 1996, 1483; 12.12.1997 – 3 StR 383/97, NStZ 1998, 251; differenzierend BayObLG 2.3.1994 – 4 St RR 18/94, NStE Nr. 3 zu § 28 WaffG.
[431] BGH 25.8.1986 – 3 StR 183/86, NStE Nr. 1 zu § 52 WaffG; 26.7.1995 – 3 StR 694/93, BGHR WaffG § 53 Abs. 3 Konkurrenzen 4; 20.2.1997 – 4 StR 641/96, NStZ-RR 1997, 260; 18.11.1999 – 1 StR 520/99, NStZ 2000, 150; 3.8.2000 – 4 StR 290/00, NStZ 2001, 101; 5.5.2009 – 1 StR 737/08, NStZ 2010, 456; 13.1.2009 – 3 StR 543/08, BeckRS 2009, 05123; BayObLG 13.3.1997 – 4 St RR 26/97, BayObLGSt 1997, 59 (62).
[432] BGH 24.4.1985 – 3 StR 45/85, NStZ 1985, 414 (unter Hinweis auf BGH 31.7.1980 – 4 StR 340/80 [unveröffentlicht] und BGH 15.10.1980 – 3 StR 342/80 [unveröffentlicht]); 28.3.1990 – 2 StR 22/90, BGHR WaffG § 53 Abs. 3a Konkurrenzen 2; 16.12.1998 – 3 StR 536/98, StV 1998, 645; 15.1.2013 – 4 StR 258/12, NStZ-RR 2013, 321 (322); BayObLG 2.3.1994 – 4 St RR 18/94, NStE Nr. 3 zu § 28 WaffG (Tateinheit jedenfalls dann, wenn gegen verschiedene waffenrechtliche Vorschriften verstoßen wurde); vgl. ferner BGH 27.9.1996 – 2 StR 297/96 (unveröffentlicht); 28.8.1997 – 1 StR 266/97 (unveröffentlicht); 16.6.1998 – 1 StR 206/98 (unveröffentlicht); 16.6.1998 – 1 StR 206/98 (unveröffentlicht); 28.3.2006 – 4 StR 595/05, BGHR WaffG § 52 Konkurrenzen 1; alle zitiert nach Steindorf/B. Heinrich Rn. 70c; BGH 30.11.2010 – 1 StR 574/10, StraFo 2011, 61; Meyer-Goßner NStZ 1986, 49 (52 f.); vgl. auch BGH 13.3.1997 – 1 StR 800/96, NStZ 1997, 446: eine tateinheitlich begangene waffenrechtliche Dauerstraftat.
[433] BGH 26.7.1995 – 3 StR 694/93, BGHR WaffG § 53 Abs. 3 Konkurrenzen 4; 13.3.1997 – 1 StR 800/96, NStZ 1997, 446; 16.2.1998 – 2 StR 536/98, StV 1998, 645; 14.1.2003 – 1 StR 457/02, NStZ-RR

waffen und verbotene Gegenstände[434] oder um Kriegswaffen iS des KrWaffG und erlaubnispflichtige Schusswaffen[435] handele. Tateinheit im Hinblick auf den **Besitz** mehrerer Waffen liegt auch dann vor, wenn der Täter gleichzeitig die tatsächliche Gewalt über mehrere Waffen ausübt, selbst wenn sich diese an verschiedenen Orten (zB in verschiedenen Waffendepots) befinden.[436] Dabei kann der unerlaubte Besitz mehrerer Waffen, die zu unterschiedlichen Zeitpunkten erworben wurden, die ansonsten in Tatmehrheit stehenden Erwerbsobjekte zu einer Tat verklammern.[437] Besitzt der Täter mehrere Waffen und führt er lediglich eine davon, so liegt zwischen diesem Führen und dem Besitz der anderen Waffen ebenfalls Tateinheit vor.[438] Da das neue Waffenrecht auch den Besitz von Munition unter Strafe stellt, besteht Tateinheit auch bei gleichzeitigem unerlaubtem Besitz von Waffe und Munition.[439]

Auch das gleichzeitige unerlaubte **Führen** mehrerer Waffen steht in Tateinheit.[440] Verbringt der Täter dagegen mehrerer Waffen (zB in Form der Einfuhr), liegt nur eine Tat, dh nur ein Verstoß gegen das WaffG vor.[441] Liegen dem Verbringen dieser Waffen jedoch mehrere Fahrten zugrunde, liegt Tatmehrheit vor, zumindest dann, wenn der Täter die Waffen zuvor nicht gemeinsam erworben hat.[442]

3. Klammerwirkung von Dauerstraftaten (insbes. des Besitzes). Da der unerlaubte **Besitz** (ebenso wie das unerlaubte **Führen**) eines waffenrechtlich einschlägigen Gegenstandes ein **Dauerdelikt** darstellt, kann ein entsprechender Verstoß im Hinblick auf dasselbe Tatobjekt nach den allgemeinen Grundsätzen über die Klammerwirkung andere, an sich durch mehrere Handlungen im Rechtssinne begangene und daher „eigentlich" in Tatmehrheit stehende Delikte zu einer Tat **verklammern**.[443]

a) Verklammerung mehrerer Waffendelikte. Eine solche Verklammerung ist dann möglich, wenn der Täter eine Waffe unerlaubt erwirbt, sie danach eine Zeit lang besitzt und anschließend an einen Nichtberechtigten überlässt.[444] Denn der unerlaubte Besitz einer

Waffe kann verschiedenartige Verstöße gegen das Waffengesetz, die zugleich eine Fortsetzung des Besitzes darstellen, zu einer Tat verbinden.[445]

169 Dies soll nach neuerer Rspr. des BGH jedoch dann nicht gelten, wenn jemand eine Waffe unerlaubt **erwirbt**, anschließend unerlaubt **besitzt** und zu einem späteren Zeitpunkt die Waffe auf Grund eines neuen Tatentschlusses **führt**.[446] Dies ist zutreffend. Denn dieser neue Tatentschluss zum Führen der Waffe (insbes. wenn damit ein weiteres Verbrechen verübt werden soll) stellt ein neues, intensiveres kriminelles Verhalten dar und muss materiell-rechtlich als neue eigene Handlung angesehen werden, die zu einer Tatmehrheit führt.[447] Während das unerlaubte Führen und gleichzeitige unerlaubte Besitzen bei der Begehung des geplanten Verbrechens in Tateinheit steht,[448] stellt das spätere weitere Besitzen ebenfalls eine neue, in Tatmehrheit zum vorigen Besitzen und Führen stehende Tat dar.[449] Insofern wird der Grundsatz, ein länger andauernder Besitz einer Waffe würde stets zur Tateinheit der in dieser Zeit begangenen Delikte führen, erheblich eingeschränkt.[450] Allerdings kann der unerlaubte Besitz mehrerer Waffen (zB in einem Waffenlager) unterschiedliche Erwerbs- und Überlassungsakte hinsichtlich einzelner Waffen zu einer Tat verklammern.[451]

170 **b) Verklammerung sonstiger Delikte.** Auch im Verhältnis zu anderen Delikten gelten die allgemeinen Grundsätze. Unproblematisch kann daher ein schwereres (Dauer-)Delikt des Waffengesetzes mehrere leichtere Delikte zu einer Tat verklammern. So ist zB eine Verklammerung möglich, wenn der Täter mit einer unberechtigt geführten vollautomatischen Schusswaffe (Verbrechen nach § 51 Abs. 1) durch mehrere Handlungen mehrere Menschen lediglich verletzt (§ 224 Abs. 2 Nr. 2 StGB), da das Waffendelikt hier das schwerere Delikt darstellt.[452] Insoweit kommt dem unterschiedlichen Strafrahmen der Waffendelikte also entscheidende Bedeutung zu.[453] Darüber hinaus kann auch die Dauerstraftat des unerlaubten Waffenbesitzes (gleiches gilt für das unerlaubte Führen einer Waffe) ihre Verbindungswirkung dann entfalten, wenn zwischen ihr und den weiteren selbstständigen Strafta-

---

[445] BGH 13.12.1983 – 1 StR 599/83, NStZ 1984, 171; 25.8.1986 – 3 StR 183/86, BGHR WaffG § 52a Abs. 1 Konkurrenzen 1; BayObLG 13.3.1997 – 4 St RR 26/97, BayObLGSt 1997, 59 (62); vgl. auch *Eser* NStZ 1984, 49 (57 f.).

[446] BGH 16.3.1989 – 4 StR 60/89, BGHSt 36, 151 = NJW 1989, 1810 = NStZ 1989, 540 = MDR 1989, 653 = JZ 1989, 804 = wistra 1989, 273 = DAR 1989, 270; 29.3.1994 – 4 StR 108/94, JR 1995, 168; 18.2.1999 – 5 StR 45/99, NStZ 1999, 347; so schon BGH 30.6.1982 – 3 StR 44/82, BeckRS 2016, 01125; 8.3.1983 – 5 StR 27/83, (unveröffentlicht, zitiert nach Steindorf, 8. Aufl. 2007, Rn. 74); vgl. auch Steindorf/ B. Heinrich Rn. 70d, 74; zustimmend *Peters* JR 1993, 265; kritisch *Erb* JR 1995, 169 (170); anders aber noch BGH 23.9.1987 – 2 StR 477/87, NStE Nr. 7 zu § 52 StGB; 10.12.1987 – 1 StR 590/87, BGHR WaffG § 53 Abs. 3 Konkurrenzen 1; OLG Celle 8.10.1984 – 3 Ss 175/84, OLGSt WaffG § 53 Nr. 1; hierzu bereits → Rn. 133 und Rn. 150.

[447] BGH 16.3.1989 – 4 StR 60/89, BGHSt 36, 151 = NJW 1989, 1810; Steindorf/B. Heinrich Rn. 73, 74; vgl. auch *Puppe* JR 1986, 205 (206 f.); so bereits RG 8.9.1932 – 2 D 985/32, JW 1933, 439 = GA 77 (1933), 113.

[448] Steindorf/B. Heinrich Rn. 73; hierzu bereits → Rn. 149 mwN.

[449] BGH 16.3.1989 – 4 StR 60/89, BGHSt 36, 151 = NJW 1989, 1810; Steindorf/B. Heinrich Rn. 70d; abweichend insoweit *Puppe* JR 1986, 205 (206 f.), die das Dauerdelikt des unerlaubten Besitzes stets als ein einheitliches (durchgehendes) Delikt ansieht, zu welchem das zwischenzeitliche Führen als intensivere Form (jeweils) in Realkonkurrenz steht; kritisch ebenfalls *Erb* JR 1995, 169 (170).

[450] So auch Steindorf/B. Heinrich Rn. 74.

[451] BGH 13.12.1983 – 1 StR 599/83, NStZ 1984, 170; 23.1.1991 – 2 StR 552/90, BGHR WaffG § 53 Abs. 3 Konkurrenzen 2; 13.3.1997 – 1 StR 800/96, NStZ 1997, 446; 16.12.1998 – 2 StR 536/98, StV 1999, 645; 28.3.2006 – 4 StR 596/05, BGHR WaffG § 52 Konkurrenzen 1;15.1.2013 – 4 StR 258/12, NStZ-RR 2013, 321 (322); 17.6.2014 – 4 StR 71/14, NStZ-RR 2014, 291.

[452] Vgl. BGH 31.5.1989 – 3 StR 99/89, BGHR StGB § 52 Abs. 1 Klammerwirkung 5 (zum Führen einer halbautomatischen Selbstladewaffe, § 53 Abs. 1 S. 1 Nr. 3a Buchst. b WaffG aF, und hierdurch begangener gefährlicher Körperverletzungen); Steindorf/B. Heinrich Rn. 93; so bereits zur alten Rechtslage RG 25.4.1932 – III 214/32, RGSt 66, 221.

[453] Vgl. ferner zur Klammerwirkung BGH 18.7.1984 – 2 StR 322/84, BGHSt 33, 4 (6) = NJW 1984, 2838; 19.8.1982 – 1 StR 749/81, NStZ 1982, 512 (513 – der Besitz von Betäubungsmitteln kann als minderschweres Delikt nicht mehrere Fälle des unerlaubten Handeltreibens verklammern); BGH 30.11.1988 – 3 StR 376/88, BGHR StGB § 52 Abs. 1 Klammerwirkung 4.

ten annähernde Wertgleichheit besteht.⁴⁵⁴ Dies wurde zB in einem Fall angenommen, in dem der Täter mittels einer unbefugt geführten Waffe zuerst einen (versuchten) Diebstahl beging und anschließend auf der Flucht mittels dieser Waffe mehrere Personen nötigte und verletzte.⁴⁵⁵

Fraglich ist, ob dies auch dann gilt, wenn eines der verklammerten Delikte schwerer **171** wiegt als das verklammernde Dauerdelikt des Waffengesetzes. Der BGH nahm hier in einer früheren Entscheidung⁴⁵⁶ an, dass weder das Dauerdelikt des unberechtigten **Besitzes** noch dasjenige des unberechtigten **Führens** den vorherigen unberechtigten **Erwerb** der Waffe und ein späteres **Tötungsdelikt** zu einer Tat verklammern könne, wenn nicht der Erwerb und die Tötungshandlung derart in zeitlichem und räumlichem Zusammenhang stehen, dass von einer natürlichen Handlungseinheit ausgegangen werden kann (Bsp.: der Täter entwendet eine Waffe, um sofort die tödlichen Schüsse abgeben zu können). Daher läge hier regelmäßig Tatmehrheit vor. Da dies jedoch den allgemeinen Grundsätzen der Konkurrenzlehre widerspricht, stellte der BGH in einer späteren Entscheidung zutreffend fest, dass auch bei einem dazwischen liegenden längeren Zeitraum der unerlaubte **Erwerb** und ein späterer **Totschlag** durch den unerlaubten **Besitz** zu einer Tat verbunden werden können.⁴⁵⁷ Gleiches gilt im Hinblick auf den unerlaubten Besitz von Schusswaffen und einer schweren räuberischen Erpressung,⁴⁵⁸ oder einer gemeinschädlichen Sachbeschädigung.⁴⁵⁹ Allerdings ist auch hier zu beachten, dass eine solche Verklammerung nur dann möglich ist, wenn der unerlaubte Besitz und das spätere unerlaubte Führen (zur Begehung eines Totschlages) selbst in Tateinheit stehen, was nach den oben dargelegten Grundsätzen dann nicht der Fall ist, wenn der Täter sich erst während eines länger andauernden unbefugten Waffenbesitzes zur Begehung eines schwereren Deliktes mittels dieser Waffe entschließt.⁴⁶⁰ Ferner können auch eine Nötigung und ein Totschlag, die an sich in Tatmehrheit stehen würden, dann zu einer Handlung im Rechtssinne verklammert werden, wenn der Täter bei Begehung der Taten (ununterbrochen) eine Waffe unerlaubt geführt und die Delikte mittels dieser Waffe begangen hat.⁴⁶¹

Unstreitig kann aber auch nach dieser Ansicht das Dauerdelikt des unberechtigten Besitzes **172** jedenfalls nicht mehrere unabhängig voneinander und auf einem neuen Willensentschluss beruhende schwerere Delikte (wie etwa mehrere Tötungshandlungen) zu einer Tat im Rechtssinne verklammern.⁴⁶² Hier gilt der allgemeine Grundsatz, dass ein weniger gravierendes Dauerdelikt nicht imstande ist, mehrere schwerere, durch verschiedene Handlungen begangene Delikte zu einer Tat zu verbinden.⁴⁶³ Führt jemand unberechtigter Weise **mehrere Waffen,** so können jedenfalls verschiedene Tötungsdelikte, die mit den unterschiedlichen Waffen begangen wurden, nicht zu einer Tat verklammert werden.⁴⁶⁴

---

⁴⁵⁴ Vgl. zu dieser Wertgleichheit BGH 12.2.1975 – 3 StR 7/74 I, NJW 1975, 986; 16.4.1980 – 3 StR 64/80, MDR 1980, 685.
⁴⁵⁵ Vgl. BGH 6.9.1988 – 1 StR 481/88, NStZ 1989, 20; vgl. zu einer ähnlichen Konstellation BGH 8.6.2004 – 4 StR 150/04, NStZ-RR 2004, 394 (Ls.; Volltext in BeckRS 2004, 7058).
⁴⁵⁶ BGH 26.7.1978 – 3 StR 224/78; vgl. auch BGH 20.1.1981 – 5 StR 657/80, GA 1981, 382; hierzu Steindorf/*B. Heinrich* Rn. 93.
⁴⁵⁷ BGH 26.3.1982 – 2 StR 700/81, BGHSt 31, 29 (30) = NJW 1982, 2080; hierzu *Hassemer* JuS 1983, 70; vgl. bereits BGH 19.12.1950 – 2 StR 30/50, BGHSt 1, 67; hierzu auch *Eser* NStZ 1984, 49 (58); ferner Steindorf/*B. Heinrich* Rn. 93.
⁴⁵⁸ BGH 10.12.1987 – 1 StR 590/87, BGHR WaffG § 53 Abs. 3 Konkurrenzen 1.
⁴⁵⁹ BGH 23.1.1991 – 2 StR 552/90, BGHR WaffG § 53 Abs. 3 Konkurrenzen 2.
⁴⁶⁰ ausführlich → Rn. 133.
⁴⁶¹ BGH 3.4.1996 – 3 StR 101/96, BGHR WaffG § 53 Abs. 1 Konkurrenzen 4; vgl. auch bereits RG 28.1.1932 – II 1274/31, RGSt 66, 117.
⁴⁶² BGH 30.11.1988 – 3 StR 376/88, BGHR StGB § 52 Abs. 1 Klammerwirkung 4; 26.3.1982 – 2 StR 700/81, BGHSt 31, 29 (30) = NJW 1982, 2080; 22.10.1992 – 1 StR 532/92, NStZ 1993, 133 (138); OLG Hamm 9.9.1985 – 1 Ws 83/85, NStZ 1986, 278; *Möll* LM § 52 StGB 1975 Nr. 11; Steindorf/*B. Heinrich* Rn. 74, 91.
⁴⁶³ Vgl. allgemein → StGB § 52 Rn. 96 ff.
⁴⁶⁴ Vgl. aber auch BGH 3.4.1996 – 3 StR 101/96, BGHR WaffG § 53 Abs. 1 Konkurrenzen 4 (Nötigung und Tötung mittels verschiedener Waffen); hierzu aber auch Steindorf/*B. Heinrich* Rn. 92.

IX. Sonstiges

173 **1. Schuldspruch.** Da die §§ 51, 52 eine Vielzahl verschiedener Strafvorschriften enthalten und im Urteilstenor das verwirklichte Delikt jeweils genau zu bezeichnen ist, reicht eine bloße Tenorierung „Der Angeklagte wird wegen eines Verstoßes gegen das Waffengesetz zu einer Freiheitsstrafe von [...] verurteilt" nicht aus.[465] Da andererseits aber auch die verletzte Gesetzesbestimmung selbst nicht in den Tenor, sondern in die Liste der angewendeten (Straf-)Vorschriften gehört,[466] steht der Richter vor der Aufgabe, hier eine passende und anschauliche Bezeichnung zu wählen.[467] In der Tenorierung muss ferner deutlich gemacht werden, ob es sich um einen vorsätzlichen (§ 51 Abs. 1 und Abs. 3) oder um einen fahrlässigen (§ 51 Abs. 4) Verstoß handelt.[468]

174 **2. Verjährung.** Nach § 78 Abs. 3 Nr. 4 StGB beträgt die Verjährung der Strafverfolgung regelmäßig **5 Jahre**. Lediglich die fahrlässige Verwirklichung der Strafnorm des § 52 Abs. 4 Alt. 2 iVm § 52 Abs. 3 weist eine Höchstrafe von Freiheitsstrafe bis zu einem Jahr auf und verjährt daher nach § 78 Abs. 3 Nr. 5 StGB in **drei Jahren**.

175 **3. Strafklageverbrauch.** Eng mit der Frage der Konkurrenzen[469] hängt die Frage des Strafklageverbrauchs zusammen, wenn der Täter wegen einer Dauerstraftat nach dem Waffenrecht verurteilt wurde (zB unerlaubtes Führen, unerlaubter Besitz) und sich nachträglich herausstellt, dass er während dieser Zeit (die sehr lange sein kann, man denke nur an den unerlaubten Besitz eine Waffe über mehrere Jahre hinweg) weitere Straftaten begangen hat.[470] Dies wird insbes. dann interessant, wenn es sich bei diesen noch nicht abgeurteilten Straftaten um schwerere Straftaten handelt, die mittels dieser Waffe oder jedenfalls unter gleichzeitigem Führen dieser Waffe begangen wurden. Hier wird überwiegend davon ausgegangen, dass **kein Strafklageverbrauch** vorliegt.[471] Die Begründung ist allerdings umstritten. Für diejenigen, die, wie mittlerweile auch die Rspr., nach den bereits oben dargestellten Grundsätzen[472] auch materiell-rechtlich im Führen einer Waffe zur Begehung eines weiteren Deliktes eine vom vorhergehenden unberechtigten Besitzen unabhängige und mit diesem in Realkonkurrenz stehende neue Tat erblicken,[473] ist die Ablehnung eines Strafklageverbrauchs unproblematisch. Schwieriger wird es dann, wenn materiell-rechtlich von Tateinheit ausgegangen wird.[474] Hier kommt man nur dann zur Ablehnung eines Strafklage-

---

[465] BGH 17.10.1989 – 4 StR 513/89, BGHR WaffG § 53 Abs. 1 Nr. 3a Führen 1 (unter Hinweis auf BGH 14.9.1989 – 4 StR 461/89 [unveröffentlicht]); 27.4.2005 – 2 StR 457/04, BGHSt 50, 105 (106) = NJW 2005, 2095 (2099 – unter Hinweis auf BGH 12.4.1994 – 4 StR 128/94 [unveröffentlicht; jurion] und BGH 6.9.2000 – 4 StR 226/00, BeckRS 2000, 30130181; 15.3.2011 – 4 StR 40/11, NJW 2011, 1979 (1981); *Meyer-Goßner* NStZ 1988, 529 (530); *Steindorf/B. Heinrich* Rn. 65a.

[466] BGH 21.9.1993 – 4 StR 436/93, BGH NStE Nr. 1 zu § 29 WaffG = BGHR WaffG § 53 Abs. 3 Munition 1; vgl. auch *Steindorf/B. Heinrich* Rn. 65a.

[467] Vgl. hierzu ua BGH 21.9.1993 – 4 StR 436/93, BGH NStE Nr. 1 zu § 29 WaffG = BGHR WaffG § 53 Abs. 3 Munition 1; 26.4.1996 – 3 StR 641/95, BGHR WaffG § 53 Abs. 1 Konkurrenzen 5 (unter Hinweis auf BGH 3.3.1977 – 2 StR 390/76, BGHSt 27, 135 = NJW 1977, 1545).

[468] *Meyer-Goßner* NStZ 1988, 529 (530); *Steindorf/B. Heinrich* Rn. 65a.

[469] Vgl. hierzu → Rn. 125 ff.

[470] Vgl. hierzu aus der Rspr. BGH 13.3.1997 – 1 StR 800/96, NStZ 1997, 446.

[471] BGH 16.3.1989 – 4 StR 60/89, BGHSt 36, 151 = NJW 1989, 1810; OLG Hamm 9.9.1985 – 1 Ws 83/85, NStZ 1986, 278 mAnm *Grünwald* StV 1986, 243; *Mitsch* NStZ 1987, 457 (der im Ergebnis hier einen Strafklageverbrauch ablehnt); *ders.* MDR 1988, 1005; *Neuhaus* NStZ 1987, 138; *Puppe* JR 1986, 205; OLG Zweibrücken 18.12.1985 – 1 Ws 407/85, NJW 1986, 2841; ferner *Kröpil* DRiZ 1986, 448; *Steindorf/B. Heinrich* Rn. 96.

[472] → Rn. 133.

[473] BGH 16.3.1989 – 4 StR 60/89, BGHSt 36, 151 = NJW 1989, 1810; OLG Zweibrücken 18.12.1985 – 1 Ws 407/85, NJW 1986, 2841 mit abl. Anm. *Mitsch* NStZ 1987, 457; so auch *Erbs/Kohlhaas/Pauckstadt-Maihold*, W 12 Rn. 100; *Puppe* JR 1986, 205; *Steindorf/B. Heinrich* Rn. 74; vgl. auch *Mitsch* MDR 1988, 1005 (1011 f.); *Werle* NJW 1980, 2674.

[474] Vgl. OLG Hamm 9.9.1985 – 1 Ws 83/85, NStZ 1986, 278; hierzu auch BGH 11.6.1980 – 3 StR 3/80, BGHSt 29, 288 = NJW 1980, 2718 mit abl. Anm. *Grünwald* StV 1986, 243 und *Puppe* JR 1986, 205; ferner *Krauth*, FS Kleinknecht, 1985, 215; zustimmend allerdings *Neuhaus* NStZ 1987, 138; *ders.* MDR 1988, 1012; *ders.* MDR 1989, 213 (217 f.).

verbrauches, wenn man die Grundsätze, die von der Rspr. im Hinblick auf die Organisationsdelikte der §§ 129, 129a StGB entwickelt wurden,⁴⁷⁵ auch auf das Dauerdelikt des unerlaubten Waffenbesitzes überträgt und dadurch zu einer Aufspaltung des materiell-rechtlichen Tatbegriffes iS des § 52 StGB und des prozessualen Tatbegriffes kommt.⁴⁷⁶

Andererseits soll Strafklageverbrauch vorliegen, wenn der Täter regelmäßig bei illegalen **176** Betäubungsmittelgeschäften eine Waffe mitgeführt hat und lediglich wegen unerlaubten Erwerbs und Besitzes einer Waffe verurteilt wurde.⁴⁷⁷ Dies ist allerdings nach den genannten Grundsätzen schwerlich einzusehen.⁴⁷⁸

4. Rechtfertigung. Auch Verstöße gegen das WaffG können im Einzelfall gerechtfertigt **177** sein. So kann zB derjenige, der unerlaubt eine Schusswaffe besitzt oder führt (auch) hinsichtlich des Waffendeliktes gerechtfertigt sein, wenn er einen Angreifer mittels dieser Waffe bedroht, verletzt oder gar tötet.⁴⁷⁹ Da der Verstoß gegen Vorschriften des Waffenrechts jedoch Rechtsgüter der Allgemeinheit verletzt, ist diesbezüglich auch bei einer durch Notwehr gerechtfertigten Verteidigung nicht § 32 StGB,⁴⁸⁰ sondern § 34 StGB einschlägig.⁴⁸¹ Gleiches gilt auch dann, wenn der Täter im konkreten Fall zwar nicht gerechtfertigt, aber entschuldigt handelt zB im Rahmen des § 33 StGB (Notwehrüberschreitung)⁴⁸² oder des § 35 StGB (entschuldigender Notstand).⁴⁸³

Kann in diesen Fällen der (unerlaubte) Besitz oder das (unerlaubte) Führen nicht als **178** rechtswidrig angesehen werden, stellt sich allerdings dennoch die Frage, ob und in welchem Umfang das vorherige oder spätere Besitzen (oder Führen) als eigenständige Straf-taten zu beurteilen sind, welche dann notwendiger Weise durch die Zäsur des rechtmäßigen Einsatzes der Waffe als mehrere Taten anzusehen sind (mit der Folge der Anwendung des § 53 StGB).⁴⁸⁴ Zumindest was den unrechtmäßigen Besitz angeht, wird dies regelmäßig dann der Fall sein, wenn der Täter die Waffe bereits zuvor in Besitz gehabt hat, dh nicht erst zum Zwecke der Verteidigung die Waffe an sich genommen hat.⁴⁸⁵ Gleiches ist auch für das unberechtigte Führen anzunehmen, wenn der Täter zB in Erwartung einer Auseinandersetzung die Waffe beim verlassen des Hauses mitnimmt und er dann später in einer Notwehrsituation gerät.⁴⁸⁶ Anders stellt sich die Sachlage hingegen dann dar, wenn der Täter erst unter dem Eindruck einer Dauergefahr (§§ 34, 35 StGB) unerlaubt eine Waffe erwirbt und

---

⁴⁷⁵ BGH 11.6.1980 – 3 StR 9/80, BGHSt 29, 288 = NJW 1980, 2718.

⁴⁷⁶ So OLG Hamm 9.9.1985 – 1 Ws 83/85, NStZ 1986, 278; *Kröpil* DRiZ 1986, 448; dagegen *Puppe* JR 1986, 205 (206).

⁴⁷⁷ LG Freiburg 13.2.1990 – 4 Qs 19/90, StV 1991, 16; hierzu auch Steindorf/*B. Heinrich* Rn. 96; ebenso für die umgedrehte Situation (Strafklageverbrauch hinsichtlich des Waffendelikts bei vorheriger Verurteilung wegen eines Betäubungsmitteldeliktes) BGH 23.8.1988 – 1 StR 136/88, NJW 1989, 726.

⁴⁷⁸ Vgl. zur Diskussion auch BGH 7.5.1997 – 1 ARs 8/97, NStZ 1997, 508.

⁴⁷⁹ Vgl. hierzu bereits RG 21.4.1932 – II 338/32, RGSt 66, 218 (220) = JW 1933, 438 mAnm *Hoche* JW 1933, 438.

⁴⁸⁰ So aber die Rspr. vgl. BGH 19.3.1986 – 2 StR 38/86, NJW 1986, 2716 (2717: „zumindest entschuldigt"); 5.10.1990 – 2 StR 347/90, NJW 1991, 503 (505); 26.10.1990 – 2 StR 310/90, StV 1991, 63; 11.7.1996 – 1 StR 285/96, StV 1996, 660; 18.2.1999 – 5 StR 45/99, NStZ 1999, 347; 21.3.2001 – 1 StR 48/01, NJW 2001, 3200 (3203); 13.1.2010 – 3 StR 508/09, NStZ-RR 2010, 140; 4.8.2010 – 2 StR 118/10, NStZ 2011, 82 (83); vgl. bereits RG 21.4.1932 – 2 D 395/32, JW 1932, 3066; BGH 27.12.2011 – 2 StR 380/11, NStZ 2012, 452; ferner Hinze/*Runkel* Rn. 28.

⁴⁸¹ *Maatz* MDR 1985, 881; *Mitsch* NStZ 1987, 457 (457 f.); Schönke/Schröder/*Perron* StGB § 32 Rn. 32/33; Steindorf/*B. Heinrich* Rn. 62; vgl. in diese Richtung bereits RG 21.4.1932 – II 338/32, JW 1933, 438 mAnm *Hoche*, JW 1933, 438 (in RGSt 66, 218 nicht abgedruckt).

⁴⁸² BGH 12.5.1981 – 5 StR 109/81, NStZ 1981, 299 mAnm *Maatz* MDR 1985, 881; 1.3.1989 – 3 StR 11/89, BGHR StGB § 32 Abs. 2 Angriff 3; Steindorf/*B. Heinrich* Rn. 62.

⁴⁸³ BGH 15.5.1979 – 1 StR 74/79, NJW 1979, 2053 (2054); Steindorf/*B. Heinrich* Rn. 62.

⁴⁸⁴ BGH 18.2.1999 – 5 StR 45/99, NStZ 1999, 347; 21.3.2001 – 1 StR 48/01, NJW 2001, 3200 (3203); hierzu bereits *Hoche* JW 1933, 440.

⁴⁸⁵ BGH 19.3.1986 – 2 StR 38/86, NJW 1986, 2716 (2717); vgl. zu dieser Problematik auch RG 21.4.1932 – 2 D 395/32, JW 1932, 3066; Hinze/*Runkel* Rn. 28.

⁴⁸⁶ BGH 4.8.2010 – 2 StR 118/10, NStZ 2011, 82 (83); vgl. zu dieser Problematik auch RG 21.4.1932 – 2 D 395/32, JW 1932, 3066; Hinze/*Runkel* Rn. 28.

diese später einsetzt.⁴⁸⁷ Hier wird sich allerdings regelmäßig die Frage stellen, ob die Gefahr für den Täter „nicht anders abwendbar" war.

179   **5. Täterschaft und Teilnahme.** Hinsichtlich der Abgrenzung von Täterschaft und Teilnahme gelten die allgemeinen Kriterien. Hinzuweisen ist allerdings darauf, dass es sich bei einigen Tatbeständen des Waffenrechts um **eigenhändige Delikte** handelt (zB bei den Tathandlungen des Besitzens und des Führens). Dies hat zur Folge, dass nur derjenige als Täter anzusehen ist, der sämtliche Tatbestandsmerkmale in seiner Person verwirklicht. So kann beim unerlaubten Besitz nur derjenige als Täter angesehen werden, der die tatsächliche Sachherrschaft ausübt, eine mittäterschaftliche Zurechnung über § 25 Abs. 2 StGB findet nicht statt, sofern der Beteiligte die Möglichkeit des jederzeitigen Zugriffs auf die Waffe nicht besitzt.⁴⁸⁸ Andererseits ist es aber durchaus möglich, dass mehrere Personen zusammen die tatsächliche Gewalt über eine Waffe ausüben⁴⁸⁹ wie zB Eheleute⁴⁹⁰ oder Insassen eines Pkw, die jederzeit die Möglichkeit des Zugriffs auf eine auf der Mittelkonsole des Fahrzeugs abgelegten Waffe besitzen.⁴⁹¹

180   Eine Beihilfe ist auch in denjenigen Fällen denkbar, in denen der Haupttäter die Waffe bereits im Besitz hat und der Gehilfe ihm zB die Funktionsweise der Waffe erklärt. Denn eine Beihilfe zu einem Dauerdelikt kann auch nach dessen Beginn während seiner Begehung noch so lange geleistet werden, wie der Haupttäter den rechtswidrigen Dauerzustand nicht beendet hat.⁴⁹²

§ 52a *(aufgehoben)*

§ 53 Bußgeldvorschriften

(1) **Ordnungswidrig handelt, wer vorsätzlich oder fahrlässig**
1. entgegen § 2 Abs. 1 eine nicht erlaubnispflichtige Waffe oder nicht erlaubnispflichtige Munition erwirbt oder besitzt,
2. *(aufgehoben)*
3. ohne Erlaubnis nach § 2 Abs. 2 in Verbindung mit Abs. 4, dieser in Verbindung mit Anlage 2 Abschnitt 2 Unterabschnitt 1 Satz 1, mit einer Schusswaffe schießt,
4. einer vollziehbaren Auflage nach § 9 Abs. 2 Satz 1, § 10 Abs. 2 Satz 3, § 17 Abs. 2 Satz 2, § 18 Absatz 2 Satz 2 oder § 28a Absatz 1 Satz 3 oder einer vollziehbaren Anordnung nach § 9 Abs. 3, § 36 Abs. 3 Satz 1 oder Abs. 6, § 37 Abs. 1 Satz 2, § 39 Abs. 3, § 40 Abs. 5 Satz 2 oder § 46 Abs. 2 Satz 1 oder Abs. 3 Satz 1 zuwiderhandelt,
5. entgegen § 10 Abs. 1a, § 21 Abs. 6 Satz 1 und 4, § 24 Abs. 5, § 27 Abs. 1 Satz 6, Abs. 2 Satz 2, § 31 Abs. 2 Satz 3, § 34 Absatz 2 Satz 1 oder Satz 2, Abs. 4 oder Abs. 5 Satz 1, § 37 Abs. 1 Satz 1, Abs. 2 Satz 1 oder Abs. 3 Satz 1 oder § 40 Abs. 5 Satz 1 eine Anzeige nicht, nicht richtig, nicht vollständig, nicht in der vorgeschriebenen Weise oder nicht rechtzeitig erstattet,
6. entgegen § 10 Absatz 2 Satz 4 oder § 37 Absatz 4 eine Mitteilung nicht, nicht richtig, nicht vollständig oder nicht rechtzeitig macht,
7. entgegen § 13 Abs. 3 Satz 2, § 14 Abs. 4 Satz 2 oder § 20 Absatz 1 die Ausstellung einer Waffenbesitzkarte oder die Eintragung der Waffe in eine bereits

---
⁴⁸⁷ BGH 15.5.1979 – 1 StR 74/79, NJW 1979, 2053 (2054); Hinze/*Runkel* Rn. 28.
⁴⁸⁸ Vgl. hierzu bereits → § 1 Rn. 167.
⁴⁸⁹ → § 1 Rn. 166.
⁴⁹⁰ OVG Münster 11.3.1983 – 20 A 1132/82, MDR 1983, 960.
⁴⁹¹ BGH 12.2.1997 – 3 StR 467/96, NStZ-RR 1997, 23.
⁴⁹² BGH 31.7.2003 – 5 StR 251/03, NStZ 2004, 44 (45); vgl. zur Beihilfe zur unerlaubten Herstellung durch Zurverfügungstellung einer 3D-Vorlage für einen 3D-Druck, der den Bauplan einer Waffe zum Gegenstand hat, *Mengden* MMR 2014, 150 (151).

erteilte Waffenbesitzkarte nicht beantragt oder entgegen § 34 Absatz 2 Satz 2 1. Halbsatz die Waffenbesitzkarte oder den Europäischen Feuerwaffenpass nicht oder nicht rechtzeitig vorlegt,

8. entgegen § 23 Abs. 1 Satz 1 oder Abs. 2 Satz 1, jeweils auch in Verbindung mit einer Rechtsverordnung nach § 25 Abs. 1 Nr. 1 Buchstabe a, das Waffenherstellungs- oder Waffenhandelsbuch nicht, nicht richtig oder nicht vollständig führt,
9. entgegen § 24 Abs. 1, auch in Verbindung mit einer Rechtsverordnung nach § 25 Abs. 1 Nr. 1 Buchstabe c oder Nr. 2 Buchstabe a, oder § 24 Abs. 2 oder 3 Satz 1 und 2, auch in Verbindung mit einer Rechtsverordnung nach § 25 Abs. 1 Nr. 1 Buchstabe c, eine Angabe, ein Zeichen oder die Bezeichnung der Munition auf der Schusswaffe nicht, nicht richtig, nicht vollständig, nicht in der vorgeschriebenen Weise oder nicht rechtzeitig anbringt oder Munition nicht, nicht richtig, nicht vollständig, nicht in der vorgeschriebenen Weise oder nicht rechtzeitig mit einem besonderen Kennzeichen versieht,
10. entgegen § 24 Abs. 4 eine Schusswaffe oder Munition anderen gewerbsmäßig überlässt,
11. ohne Erlaubnis nach § 27 Abs. 1 Satz 1 eine Schießstätte betreibt oder ihre Beschaffenheit oder die Art ihrer Benutzung wesentlich ändert,
12. entgegen § 27 Abs. 3 Satz 1 Nr. 1 und 2 einem Kind oder Jugendlichen das Schießen gestattet oder entgegen § 27 Abs. 6 Satz 2 nicht sicherstellt, dass die Aufsichtsperson nur einen Schützen bedient,
13. entgegen § 27 Abs. 3 Satz 2 Unterlagen nicht aufbewahrt oder entgegen § 27 Abs. 3 Satz 3 diese nicht herausgibt,
14. entgegen § 27 Abs. 5 Satz 2 eine Bescheinigung nicht mitführt,
15. entgegen § 33 Abs. 1 Satz 1 eine Schusswaffe oder Munition nicht anmeldet oder nicht oder nicht rechtzeitig vorführt,
16. entgegen § 34 Abs. 1 Satz 1 eine nicht erlaubnispflichtige Waffe oder nicht erlaubnispflichtige Munition einem Nichtberechtigten überlässt,
17. entgegen § 35 Abs. 1 Satz 4 die Urkunden nicht aufbewahrt oder nicht, nicht vollständig oder nicht rechtzeitig Einsicht gewährt,
18. entgegen § 35 Abs. 2 einen Hinweis nicht, nicht richtig, nicht vollständig oder nicht rechtzeitig gibt oder die Erfüllung einer dort genannten Pflicht nicht, nicht richtig, nicht vollständig oder nicht rechtzeitig protokolliert,
19. *(aufgehoben)*
20. entgegen § 38 Absatz 1 Satz 1 oder Absatz 2 eine dort genannte Urkunde nicht mit sich führt oder nicht oder nicht rechtzeitig aushändigt,
21. entgegen § 39 Abs. 1 Satz 1 eine Auskunft nicht, nicht richtig, nicht vollständig oder nicht rechtzeitig erteilt,
21a. entgegen § 42a Abs. 1 eine Anscheinswaffe, eine dort genannte Hieb- oder Stoßwaffe oder ein dort genanntes Messer führt,
22. entgegen § 46 Abs. 1 Satz 1, auch in Verbindung mit Satz 2, eine Ausfertigung der Erlaubnisurkunde nicht oder nicht rechtzeitig zurückgibt oder
23. einer Rechtsverordnung nach § 15a Absatz 4, § 25 Abs. 1 Nr. 1 Buchstabe b, § 27 Abs. 7, § 36 Abs. 5, § 39a, § 42 Abs. 5 Satz 1, auch in Verbindung mit Satz 2, oder § 47 oder einer vollziehbaren Anordnung auf Grund einer solchen Rechtsverordnung zuwiderhandelt, soweit die Rechtsverordnung für einen bestimmten Tatbestand auf diese Bußgeldvorschrift verweist.

(1a) Ordnungswidrig handelt, wer vorsätzlich oder fahrlässig ohne Genehmigung nach Artikel 4 Absatz 1 Satz 1 der Verordnung (EU) Nr. 258/2012 des Europäischen Parlaments und des Rates vom 14. März 2012 zur Umsetzung des Artikels 10 des Protokolls der Vereinten Nationen gegen die unerlaubte Herstellung von Schusswaffen, dazugehörigen Teilen und Komponenten und Munition und gegen den unerlaubten Handel damit, in Ergänzung des Übereinkommens der Vereinten Nationen gegen die grenzüberschreitende organisierte Kriminalität (VN-Feuerwaffenprotokoll) und zur Einführung von Ausfuhrgenehmigungen für Feuerwaffen, deren Teile, Komponenten und Munition sowie von Maßnahmen betreffend deren Einfuhr und Durchfuhr (ABl. L 94 vom 30.3.2012, S. 1) einen dort genannten Gegenstand ausführt.

(2) Die Ordnungswidrigkeit kann mit einer Geldbuße bis zu zehntausend Euro geahndet werden.

(3) Verwaltungsbehörden im Sinne des § 36 Absatz 1 Nummer 1 des Gesetzes über Ordnungswidrigkeiten sind
1. in den Fällen des Absatzes 1, soweit dieses Gesetz von der Physikalisch-Technischen Bundesanstalt, dem Bundesverwaltungsamt oder dem Bundeskriminalamt ausgeführt wird, die für die Erteilung von Erlaubnissen nach § 21 Absatz 1 zuständigen Behörden,
2. in den Fällen des Absatzes 1a die Hauptzollämter.

Übersicht

	Rn.		Rn.
I. Überblick	1	a) Verletzung der Anzeigepflicht nach § 10 Abs. 1a	31, 32
II. Einzelne Ordnungswidrigkeitentatbestände des Abs. 1	2–119	b) Verletzung der Anzeigepflicht nach § 21 Abs. 6	33
1. Erwerb oder Besitz erlaubnisfreier Waffen oder Munition durch einen Minderjährigen (Nr. 1)	2–4	c) Verletzung der Anzeigepflicht nach § 21 Abs. 6 S. 4	34
2. Unerlaubter Umgang mit Elektroimpulsgeräten etc (Nr. 2 aF)	5	d) Verletzung der Anzeigepflicht nach § 24 Abs. 5	35, 36
3. Unbefugtes Schießen (Nr. 3)	6, 7	e) Verletzung der Anzeigepflicht nach § 27 Abs. 1 S. 6	37
4. Zuwiderhandeln gegen eine vollziehbare Auflage oder vollziehbare Anordnung (Nr. 4)	8–29	f) Verletzung der Anzeigepflicht nach § 27 Abs. 2 S. 2	38
a) Zuwiderhandeln gegen eine Auflage nach § 9 Abs. 2 S. 1	9–12	g) Verletzung der Anzeigepflicht nach § 31 Abs. 2 S. 3	39
b) Zuwiderhandeln gegen eine Auflage nach § 10 Abs. 2 S. 3	13, 14	h) Verletzung der Anzeigepflicht nach § 34 Abs. 2 S. 1 oder S. 2	40, 41
c) Zuwiderhandeln gegen eine Auflage nach § 17 Abs. 2 S. 2	15, 16	i) Verletzung der Anzeigepflicht nach § 34 Abs. 4	42
d) Zuwiderhandeln gegen eine Auflage nach § 18 Abs. 2 S. 2	17	j) Verletzung der Anzeigepflicht nach § 34 Abs. 5 S. 1	43, 44
e) Zuwiderhandeln gegen eine Auflage nach § 28a Abs. 1 S. 3	18	k) Verletzung der Anzeigepflicht nach § 36 Abs. 4 S. 2 aF	45
f) Zuwiderhandeln gegen eine Anordnung nach § 9 Abs. 3	19, 20	l) Verletzung der Anzeigepflicht nach § 37 Abs. 1 S. 1	46
g) Zuwiderhandeln gegen eine Anordnung nach § 36 Abs. 3 S. 1	21	m) Verletzung der Anzeigepflicht nach § 37 Abs. 2 S. 1	47
h) Zuwiderhandeln gegen eine Anordnung nach § 36 Abs. 6	22	n) Verletzung der Anzeigepflicht nach § 37 Abs. 3 S. 1	48, 49
i) Zuwiderhandeln gegen eine Anordnung nach § 37 Abs. 1 S. 2	23	o) Verletzung der Anzeigepflicht nach § 40 Abs. 5	50
j) Zuwiderhandeln gegen eine Anordnung nach § 39 Abs. 3	24	6. Verletzung von Mitteilungspflichten (Nr. 6)	51
k) Zuwiderhandeln gegen eine Anordnung nach § 40 Abs. 5 S. 2	25–27	7. Nichtbeantragung der Eintragung in die Waffenbesitzkarte bzw. Nichtvorlage des Europäischen Waffenpasses (Nr. 7)	52–60
l) Zuwiderhandeln gegen eine Anordnung nach § 46 Abs. 2 S. 1	28	a) Verstoß gegen § 13 Abs. 3 S. 2 (Inhaber eines Jahresjagdscheins)	53–55
m) Zuwiderhandeln gegen eine Anordnung nach § 46 Abs. 3 S. 1	29	b) Verstoß gegen § 14 Abs. 4 S. 2 (Sportschützen)	56
5. Verletzung einer gesetzlichen Anzeigepflicht (Nr. 5)	30–50	c) Verstoß gegen § 20 Abs. 1 (Erben)	57, 58

	Rn.		Rn.
d) Verstoß gegen § 34 Abs. 2 S. 2 (nach rechtmäßiger Überlassung)	59, 60	b) Verstoß gegen die Herausgabepflicht nach § 27 Abs. 3 S. 3	81
8. Verstoß gegen die Pflicht, ein Waffenherstellungsbuch oder ein Waffenhandelsbuch zu führen (Nr. 8)	61–65	14. Verstoß gegen die Pflicht, die Bescheinigung iS des § 27 Abs. 5 S. 1 mitzuführen (Nr. 14)	82
a) Verstoß gegen die Pflicht, ein Waffenherstellungsbuch zu führen (§ 23 Abs. 1 S. 1)	62, 63	15. Verstoß gegen die Anmelde- und Vorführungspflicht beim Verbringen von Waffen oder Munition (Nr. 15)	83
b) Verstoß gegen die Pflicht, ein Waffenhandelsbuch zu führen (§ 23 Abs. 2 S. 1)	64, 65	16. Unerlaubtes Überlassen erlaubnisfreier Waffen an Minderjährige (Nr. 16)	84, 85
9. Verstoß gegen die Pflicht, hergestellte oder nach Deutschland verbrachte Schusswaffen oder Munition zu kennzeichnen (Nr. 9)	66–73	17. Verstoß gegen die Aufbewahrungs- und Vorzeigepflicht bei Veröffentlichung von Anzeigen und Werbeschriften (Nr. 17)	86, 87
a) Verstoß gegen § 24 Abs. 1 (hergestellte oder verbrachte Schusswaffen)	67, 68	18. Verstoß gegen die Hinweis- und Protokollierungspflichten nach § 35 Abs. 2 (Nr. 18)	88–90
b) Verstoß gegen § 24 Abs. 2 (harmlose Schusswaffen)	69, 70	19. Verstoß gegen die Pflicht, Schusswaffen sicher aufzubewahren (Nr. 19 aF)	91
c) Verstoß gegen § 24 Abs. 3 S. 1 (Kennzeichnung der Verpackung bei Munition)	71, 72	20. Verletzung der Ausweispflicht (Nr. 20)	92–100
d) Verstoß gegen § 24 Abs. 3 S. 2 (Kennzeichnung wiedergeladener Munition)	73	21. Verletzung einer Auskunftspflicht (Nr. 21)	101
10. Verstoß gegen die Pflicht zur Feststellung der ausreichenden Kennzeichnung beim gewerbsmäßigen Überlassen von Schusswaffen und Munition (Nr. 10)	74	22. Unerlaubtes Führen einer der in § 42a Abs. 1 genannten Waffe (Nr. 21a)	102
11. Unbefugtes Betreiben oder Ändern einer Schießstätte (Nr. 11)	75	23. Verstoß gegen die Rückgabepflicht bei zurückgenommenen, widerrufenen und erloschenen Erlaubnissen (Nr. 22)	103
12. Verstoß gegen Pflichten im Zusammenhang mit der Gestattung des Schießens durch Minderjährige auf Schießstätten (Nr. 12)	76–78	24. Zuwiderhandlung gegen Rechtsverordnungen oder hierauf beruhenden Anordnungen (Nr. 23)	104–118
a) Verstoß gegen die Voraussetzungen des § 27 Abs. 3 S. 1	77	25. Zuwiderhandlung gegen die VO (EU) Nr. 258/2012 (Abs. 1a)	119
b) Verstoß gegen die Pflicht des Betreibers aus § 27 Abs. 6 S. 2	78	**III. Vorsätzliche und fahrlässige Tatbegehung**	120
13. Verstoß gegen die Pflichten nach § 27 Abs. 3 S. 2 und S. 3 (Nr. 13)	79–81	**IV. Rechtsfolge (Abs. 2)**	121
a) Verstoß gegen die Aufbewahrungspflicht nach § 27 Abs. 3 S. 2	80	**V. Zuständigkeit (Abs. 3)**	122

I. Überblick

In § 53 findet sich ein umfangreicher Katalog von Ordnungswidrigkeiten, der, wie bereits angemerkt,[1] aus sich heraus kaum verständlich ist, da zumeist nur auf einen Verstoß gegen verwaltungsrechtliche Vorschriften des Waffengesetzes verwiesen wird. Anzumerken ist die im Vergleich zum Regelhöchstmaß in § 17 Abs. 1 OWiG eröffnete Möglichkeit, eine Geldbuße von bis zu **10.000 EUR** zu verhängen (Abs. 2). Damit wurde der Bußgeldrahmen im Vergleich zu § 55 Abs. 3 WaffG aF, der eine Geldbuße von bis zu 10.000 DM vorsah, nahezu verdoppelt.[2] 1

II. Einzelne Ordnungswidrigkeitentatbestände des Abs. 1

1. Erwerb oder Besitz erlaubnisfreier Waffen oder Munition durch einen Minderjährigen (Nr. 1). Nach § 2 Abs. 1 ist der Umgang mit Waffen und Munition,[3] der 2

---

[1] → Vor § 51 Rn. 1.
[2] Vgl. hierzu noch → Rn. 106.
[3] Vgl. zum Begriff der Waffen → § 1 Rn. 1 ff.; zum Begriff der Munition → § 1 Rn. 130 ff.

auch den Erwerb und den Besitz[4] umfasst (§ 1 Abs. 3), ausschließlich Personen gestattet, die das achtzehnte Lebensjahr vollendet haben. Das Verbot des § 2 Abs. 1 bezieht sich bzgl. minderjähriger Personen dabei grds. auf alle Waffen und jede Art von Munition, unabhängig davon, ob deren Erwerb und Besitz ansonsten (dh für volljährige Personen) erlaubnispflichtig oder erlaubnisfrei sind. Während nun aber der unerlaubte Erwerb und Besitz von **erlaubnispflichtigen** Waffen und Munition durch Minderjährige – je nach Art der Waffe oder Munition – eine Straftat (§ 51 Abs. 1 oder § 52 Abs. 1 Nr. 1, Nr. 2 Buchst. a oder Buchst. b; Abs. 3 Nr. 1 oder 2) darstellt, wird der unerlaubte Erwerb und Besitz **erlaubnisfreier** Waffen durch Minderjährige lediglich als Ordnungswidrigkeit nach § 53 Abs. 1 Nr. 1 geahndet.[5] Durch diese Vorschrift soll einerseits garantiert werden, dass Minderjährige nicht entgegen § 2 Abs. 1 in den Besitz von an sich (dh für volljährige Personen) erlaubnisfrei zu erwerbende Waffen oder Munition gelangen, andererseits soll aber auch klar gestellt werden, dass hierdurch kein strafbares Unrecht verwirklicht wird. Daher stellt auch das **Überlassen** solcher Gegenstände nach § 53 Abs. 1 Nr. 16 lediglich eine Ordnungswidrigkeit dar.[6] Eine hilfreiche Zusammenstellung, welche Waffen und Munition an sich erlaubnisfrei erworben oder besessen werden können, findet sich in Anl. 2 Abschn. 2 Unterabschn. 2 Nr. 1.1 bis Nr. 1.12.[7] Hervorzuheben sind hierbei insbes. die Schreckschuss-, Reizstoff- und Signalwaffen, die (von Erwachsenen) erlaubnisfrei erworben und besessen werden dürfen (lediglich zum Führen bedarf es des „kleinen Waffenscheins"). Dagegen sind die in Anl. 2 Abschn. 3 Unterabschn. 2 aufgeführten Waffen – mit Ausnahme des § 42a – insgesamt vom Gesetz ausgenommen, sodass für sie auch das Alterserfordernis des § 2 Abs. 1 (und somit auch die Bußgeldvorschrift des § 53 Abs. 1 Nr. 1) nicht gilt. § 53 Abs. 1 Nr. 1 stellt jedoch klar, das es sich um **ihrer Art nach** erlaubnisfreie Gegenstände handeln muss. Insofern sind persönliche Befreiungsgründe (etwa § 12 Abs. 1 und Abs. 2 sowie § 20 S. 1) hier irrelevant. Diese im Einzelfall für den betroffenen Volljährigen (ausnahmsweise) erlaubnisfrei zu erwerbenden Waffen oder Munition unterfallen also als grds. erlaubnispflichtige Gegenstände nicht dem § 53 Abs. 1 Nr. 1, sondern den genannten Strafnormen der §§ 51 und 52.

3 **Einzelne Ausnahmen** vom grds. Verbot des Umgangs mit Waffen und Munition sind in § 13 Abs. 7 S. 2 (Inhaber eines Jugendjagdscheins), § 13 Abs. 8 S. 1 (Ausbildung zum Jäger) und § 27 Abs. 3–6 (Schießen auf einer Schießstätte) geregelt. Zwar stellt § 27 lediglich einen Erlaubnistatbestand für das Schießen dar, dieses setzt jedoch begrifflich (arg. § 12 Abs. 1 Nr. 5) auch den vorübergehenden Erwerb und Besitz von Waffe und Munition voraus, so dass diese Umgangsformen vom genannten Erlaubnistatbestand ebenfalls umfasst sind.

4 Eine **generelle Ausnahme** vom Verbot des § 2 Abs. 1 findet sich dagegen in § 3 Abs. 1. Dabei geht es um den typischen Sonderfall, dass ein Minderjähriger im Rahmen eines Arbeits- oder Ausbildungsverhältnisses mit Waffen oder Munition umgehen und diese damit begrifflich auch erwerben bzw. besitzen[8] muss, etwa bei einer Ausbildung zum Büchsenmacher, Messerschmied oder einer Lehre im Waffenhandel bzw. anschließender entsprechender Berufstätigkeit.[9] Vollständig vom Umgangsverbot ausgenommen sind nach § 3 Abs. 2 dagegen geprüfte Reizstoffsprühgeräte. Eine Ausnahme vom Alterserfordernis gilt ferner dann, wenn sie von der nach Landesrecht zuständigen Behörde im Einzelfall zugelassen wurde (§ 3 Abs. 3). Gesetzlich nicht geregelt ist der Fall, dass ein Minderjähriger Waffen oder Munition unter den Bedingungen des § 37 Abs. 1 S. 1 (infolge eines Erbfalls, als Finder etc) erwirbt. Trotz des generellen Verbots in § 2 Abs. 1 wird man auch hier den Erwerb und (vorübergehenden) Besitz durch einen Minderjährigen als zulässig ansehen müssen.[10]

---

[4] Vgl. zum Begriff des Erwerbs → § 1 Rn. 168 ff.; zum Begriff des Besitzes → § 1 Rn. 152 ff.
[5] Die Vorschrift entspricht im Wesentlichen § 55 Abs. 1 Nr. 16 WaffG aF.
[6] → Rn. 84.
[7] Die Vorschriften sind abgedruckt in → § 2 Rn. 34; vgl. ergänzend die ebenfalls dort abgedruckte Anl. 2 Abschn. 2 Unterabschn. 2 Nr. 2.
[8] Hierzu auch → § 1 Rn. 159.
[9] BT-Drs. 14/7758, 53.
[10] So auch Steindorf/*B. Heinrich* Rn. 3; bereits → § 52 Rn. 20.

2. Unerlaubter Umgang mit Elektroimpulsgeräten etc (Nr. 2 aF). Der unerlaubte 5
Umgang mit Gegenständen nach Anl. 2 Abschn. 1 Nr. 1.3.6 (insbes. Elektroimpulsgeräte)[11]
stellte vor 2017 lediglich eine Ordnungswidrigkeit nach § 53 Abs. 1 Nr. 2 dar. Durch das
Zweite Gesetz zur Änderung des Waffengesetzes und weiterer Vorschriften vom 30.6.2017[12]
wurde der Ordnungwidrigkeitentatbestand zur Straftat nach § 53 Abs. 3 Nr. 1 hochgestuft.[13]

3. Unbefugtes Schießen (Nr. 3). Grds. darf mit einer **Schusswaffe** iS des § 1 Abs. 2 6
Nr. 1[14] nur geschossen werden, wenn eine behördliche Erlaubnis zum Schießen (Erlaubnisschein, § 2 Abs. 2 iVm § 10 Abs. 5) erteilt wurde. Dabei geht die in § 53 Abs. 1 Nr. 3
vorgenommene Verweisung auf § 2 Abs. 4 iVm Anl. 2 Abschn. 2 Unterabschn. 1 S. 1 fehl:[15]
In der genannten Anlage wird bestimmt, welche Formen des Umgangs ausnahmsweise
bei welchen Waffen keiner Erlaubnis bedürfen. Dabei sind jedoch bzgl. des Schießens in
Unterabschnitt 2 der genannten Anlage keine Ausnahmen vorgesehen.[16] Allerdings wird
durch den Verweis aus § 2 Abs. 2 klar gestellt, dass die Vorschrift nur das Schießen mit mit
„erlaubnispflichtigen" Schusswaffen erfasst. Ausgenommen von dem Verbot sind dagegen
die in Anl. 2 Abschn. 3 Unterabschn. 2 aufgeführten Waffen, da für sie – mit Ausnahme
des § 42a – das WaffG insgesamt nicht anwendbar ist und insofern werde das Alterserfordernis
des § 2 Abs. 1 noch die Pflicht zur Einholung einer behördlichen Erlaubnis (und somit auch
die Bußgeldvorschrift des § 53 Abs. 1 Nr. 3) gilt.

Die Ausnahmen vom Verbot des Schießens ohne Erlaubnis finden sich ausschließlich in 7
§ 12 Abs. 4.[17] Dabei erfasst § 12 Abs. 4 S. 1 generell das Schießen mit einer Schusswaffe auf
einer Schießstätte.[18] § 12 Abs. 4 S. 2 Nr. 1 stellt dagegen nur eine persönliche Ausnahme
für den Inhaber des Hausrechts und auch nur für das Schießen mit bestimmten Waffen dar.
Die weiteren Ausnahme in § 12 Abs. 4 Nr. 2 bis Nr. 5 betreffen ua das Schießen im Rahmen
genehmigter Schießsportwettkämpfe, bei Theateraufführungen, zum Vertreiben von
Vögeln, bei Not- und Rettungsübungen sowie als Startzeichen bei Sportwettkämpfen,
jeweils beschränkt auf die hier genannten Waffen. Wer nun, ohne dass ein Befreiungstatbestand des § 12 Abs. 4 oder Abs. 5 vorliegt und ohne eine Erlaubnis zu besitzen, mit einer
Schusswaffe schießt, handelt ordnungswidrig nach § 53 Abs. 1 Nr. 3.[19] Dies gilt auch dann,
wenn eine Gefährdung anderer nahezu ausgeschlossen ist, wie zB bei einem auf einem
Feldweg ausgeführten „Tontaubenschießen".[20]

4. Zuwiderhandeln gegen eine vollziehbare Auflage oder vollziehbare Anord- 8
nung (Nr. 4). In § 53 Abs. 1 Nr. 4 werden allgemein Verstöße gegen bestimmte vollzieh-

---

[11] Vgl. zum Begriff des Elektroimpulsgerätes § 1 Rn. 116. Diese Geräte fallen Anl. 1 Abschn. 1 Unterabschn. 2 Nr. 1.2.1 als tragbare Gegenstände unter den Waffenbegriff. Entgegen der Begründung des Gesetzgebers in BT-Drs. 14/7758, 83 werden nicht zugelassene Reizstoffsprühgeräte und Munition mit Reizstoffen von dieser Ziffer nicht erfasst. Die genannten Reizstoffsprühgeräte unterfallen als tragbare Gegenstände nach Anl. 1 Abschn. 1 Unterabschn. 2 Nr. 1.2.2 dem Waffenbegriff und werden von Anl. 2 Abschn. 1 Nr. 1.3.5 eigenständig als verbotene Waffen erfasst. Ein Verstoß gegen das Verbot des Umgangs mit Waffen ist nach § 52 Abs. 3 Nr. 1 strafbar; → § 52 Rn. 48. Geschosse oder Kartuschenmunition mit Reizstoffen werden von Anl. 2 Abschn. 1 Nr. 1.5.2 als verbotene Waffen erfasst. Ein Verstoß gegen das Verbot des Umgangs mit dieser Munition ist jedoch nicht straf- oder bußgeldbewehrt, da die Nr. 1.5.2 der Nr. 2 Abschn. 1 (ebenso wie die Nr. 1.5.1 der genannten Anlage) in § 51 Abs. 1, § 52 Abs. 1 Nr. 1, Abs. 3 Nr. 1, § 53 Abs. 1 Nr. 2 nicht erwähnt wird; → § 52 Rn. 49; anders noch § 55 Abs. 1 Nr. 22 Buchst. a WaffG aF, der hier eine Ordnungswidrigkeit vorsah; für eine dahingehende Änderung der Vorschrift als Auffangtatbestand für alle nicht strafbewehrten Verstöße König/Papsthart Rn. 867; vgl. auch die Kritik an der „nicht nachvollziehbaren" Wertung des Gesetzgebers bei Apel/Bushart/Bushart Rn. 2; Ullrich Kriminalistik 2007, 537 (541).
[12] BGBl. I S. 2133 (2137).
[13] → § 52 Rn. 48 ff.
[14] Vgl. zum Begriff der Schusswaffe § 1 Rn. 9 ff.
[15] Die Vorschrift ist abgedruckt in → § 2 Rn. 31.
[16] Vgl. auch Apel/Bushart/Bushart Rn. 7.
[17] Vgl. hierzu Ullrich Kriminalistik 2005, 238 (243).
[18] Vgl. hierzu bereits § 45 Abs. 1 WaffG aF.
[19] Die Vorschrift entspricht im Wesentlichen § 55 Abs. 1 Nr. 25 iVm § 45 Abs. 1 WaffG aF.
[20] OLG Köln 10.3.1989 – Ss 84–85/89 (B), NStZ 1989, 330.

bare Auflagen oder bestimmte vollziehbare Anordnungen als Ordnungswidrigkeit geahndet.[21]

9 a) **Zuwiderhandeln gegen eine Auflage nach § 9 Abs. 2 S. 1.** Gem. § 2 Abs. 2 bedarf derjenige, der mit Waffen oder Munition umgehen will, grds. einer Erlaubnis. Diese kann nach § 9 Abs. 2 S. 1 beim Vorliegen bestimmter Voraussetzungen auch befristet oder aber mit bestimmten Auflagen verbunden werden. Nach dem ausdrücklichen Verweis auf § 9 Abs. 1 ist eine solche Beschränkung aber nur zulässig, wenn sie der Abwehr von Gefahren für die öffentliche Sicherheit oder Ordnung dient, insbes. um Leben und Gesundheit von Menschen gegen die aus dem Umgang mit Schusswaffen oder Munition entstehenden Gefahren zu schützen. Das bedeutet also, es müssen grds. spezifisch aus dem Waffenumgang resultierende Gefährdungsmomente vorliegen. Nach § 9 Abs. 2 S. 2 können solche Auflagen auch nachträglich aufgenommen, geändert und ergänzt werden. § 9 Abs. 2 fasst damit die im alten WaffG an zahlreichen Stellen verstreuten Regelungen über die Verbindung der Erlaubnis mit einer Auflage[22] gewissermaßen in einer **Generalklausel** zusammen. Der Verstoß gegen eine Auflage nach § 9 Abs. 2 Satz 1 wird als Ordnungswidrigkeit nach § 53 Abs. 1 Nr. 4 Alt. 1 geahndet.[23] In dieser Vorschrift nicht erwähnt ist § 9 Abs. 2 S. 2, sodass nur ein Verstoß gegen die mit der Erlaubnis gleichzeitig verbundenen, nicht aber ein solcher gegen die nachträglich erteilten Auflagen von der Bußgeldvorschrift erfasst ist.[24]

10 Nicht zu verwechseln ist die Auflage nach § 9 Abs. 2 S. 1 mit einer nach derselben Vorschrift möglichen **Befristung** der Erlaubnis. Wird gegen eine solche Befristung verstoßen, dh geht der Betreffende mit Waffen oder Munition um, obwohl die in der Erlaubnis bestimmte Frist abgelaufen ist, dann handelt der Täter **ohne Erlaubnis**.[25] Ein solcher Verstoß ist dann nach den entsprechenden (zumeist: Straf-)Vorschriften des unerlaubten Umgangs mit Waffen und Munition zu beurteilen, also letztlich in gleicher Weise, wie wenn zuvor überhaupt keine Erlaubnis erteilt worden wäre. Gleiches gilt, wenn die Erlaubnis erloschen ist (zB nach § 21 Abs. 5 S. 1).

11 Die Auflagen[26] können ihrem Inhalt nach sehr unterschiedlich sein,[27] weswegen ein Verstoß stets nur nach dem Inhalt der jeweiligen Auflage im Einzelfall beurteilt werden kann. Zu beachten ist aber, dass, wie bei sonstigen Verstößen gegen § 53 Abs. 1 Nr. 4 auch, nicht nur die völlige Nichtbeachtung der Auflage, sondern auch ihre **nicht rechtzeitige** oder nur **unvollständige** Erfüllung erfasst wird. Dies ergibt sich zwar nicht mehr, wie in § 55 Abs. 1 Nr. 1 WaffG aF ausdrücklich normiert, aus dem Wortlaut des Gesetzes, ist aber aus dem in § 53 Abs. 1 Nr. 4 verwendeten Begriff des „Zuwiderhandelns" zu schließen.[28] Da in diesen Fällen allerdings ein geringeres Unrecht verwirklicht wird als bei der völligen Nichtbeachtung, ist dies bei der Bemessung der zu verhängenden Geldbuße zu berücksichtigen.[29]

---

[21] Die Vorschrift hat ihren Vorläufer in § 55 Abs. 1 Nr. 1 und Nr. 2 WaffG aF.
[22] Vgl. §§ 10 Abs. 1 S. 2, 21 Abs. 5 S. 2, 28 Abs. 1 S. 5, 29 Abs. 1 S. 3, 35 Abs. 1 S. 2, 44 Abs. 1 S. 2 und 45 Abs. 2 WaffG aF.
[23] Die Vorschrift entspricht im Wesentlichen § 55 Abs. 1 Nr. 1 WaffG aF iVm den in der vorigen Fn. genannten Vorschriften.
[24] So auch Steindorf/*B. Heinrich* Rn. 7.
[25] Vgl. auch Steindorf/*B. Heinrich* Rn. 6.
[26] Vgl. zur Begriffsbestimmung § 36 Abs. 2 Nr. 4 VwVfG. Hiernach versteht man unter einer Auflage eine „Bestimmung, durch die dem Begünstigten ein Tun, Dulden oder Unterlassen vorgeschrieben wird".
[27] Vgl. Nr. 9.1. S. 4 WaffVwV: „Denkbare Maßnahmen [...] sind örtliche oder zweckgebundene Nutzungsbeschränkungen sowie besondere Anforderungen an die sichere Aufbewahrung"; zum möglichen Inhalt von Auflagen auch Nr. 27.7.5.3 S. 5 WaffVwV: „Der Erlaubnisinhaber kann in der Erlaubnisurkunde für den Versand von Schusswaffen und Munition dazu verpflichtet werden, dass die Verpackung und ihre Verschlüsse in allen Teilen so fest und stark sein müssen, dass sie sich nicht lockern oder öffnen und dass sie allen Beanspruchungen zuverlässig standhalten, denen sie erfahrungsgemäß beim Transport ausgesetzt sind" (vgl. hierzu bereits Nr. 10.4.2 WaffVwV [zum WaffG aF]).
[28] Vgl. auch Apel/Bushart/*Bushart* Rn. 11; Hinze/*Runkel* Rn. 14; Steindorf/*B. Heinrich* Rn. 6.
[29] In Steindorf/*B. Heinrich* Rn. 6 wird darüber hinaus zutreffend darauf hingewiesen, dass im Falle der bloßen „Unpünktlichkeit" die Verwaltungsbehörde auch von § 56 OWiG (Verwarnung mit Verwarnungsgeld) oder der Einstellung nach § 47 OWiG Gebrauch machen kann.

Notwendig ist jedoch, dass der die Auflage enthaltende Verwaltungsakt **vollziehbar** ist 12 (dies wird insbes. relevant für die nach § 9 Abs. 2 S. 2 zulässige nachträgliche Auflagenerteilung, die allerdings von der Bußgeldvorschrift ohnehin nicht erfasst sind). Ein Verwaltungsakt ist dann vollziehbar, wenn er vollstreckt werden kann. Dies ist dann der Fall, wenn der die Auflage enthaltende Verwaltungsakt entweder unanfechtbar, dh rechtskräftig geworden oder nach § 80 Abs. 2 Nr. 4 VwGO für sofort vollziehbar erklärt worden ist.[30] Unerheblich ist es dabei, ob die Auflage unter formellen oder sachlichen Mängeln leidet und deswegen anfechtbar ist.[31] Sie ist jedenfalls – bei noch anfechtbaren Auflagen, die aber für sofort vollziehbar erklärt wurden – zunächst, bei rechtskräftig gewordenen Auflagen sogar dauerhaft rechtswirksam und muss daher vom Adressaten beachtet werden. Insoweit ist die den Bußgeldbescheid erlassende Behörde auch nicht verpflichtet, die Auflage daraufhin zu überprüfen, ob sie rechtmäßig erlassen wurde oder nicht. Anders ist es lediglich dann, wenn der die Auflage enthaltende Verwaltungsakt infolge schwerwiegender und unheilbarer Mängel nichtig ist.

b) Zuwiderhandeln gegen eine Auflage nach § 10 Abs. 2 S. 3. Nach dem in der 13 ursprünglichen Gesetzesfassung noch nicht enthaltenen § 10 Abs. 2 S. 2 kann die Erlaubnis zum Erwerb und Besitz von Waffen (Waffenbesitzkarte) auch einem **schießsportlichen Verein** oder einer **jagdlichen Vereinigung** als juristischer Person erteilt werden. Nach § 10 Abs. 2 S. 3 ist die Erlaubnis jedoch obligatorisch mit der Auflage zu verbinden, dass der Verein vor Inbesitznahme[32] von Vereinswaffen der Behörde eine verantwortliche Person zu benennen hat, für die die Voraussetzungen des § 4 Abs. 1 Nr. 1–3 (Volljährigkeit, Zuverlässigkeit, persönliche Eignung, Sachkunde) nachgewiesen sind. Auch diese Auflage muss vollziehbar sein. Dies ist jedoch regelmäßig deswegen der Fall, weil eine Erlaubnis ohne die Auflage gar nicht erteilt werden darf (vgl. § 10 Abs. 2 S. 3), ein Widerspruch gegen die Auflage also zugleich ein Widerspruch gegen den Grundverwaltungsakt der Erlaubniserteilung an sich darstellt.[33] Insoweit kann also die Situation, dass zwar die Erlaubnis erteilt, die Auflage aber infolge der Einlegung eines Widerspruchs nicht vollziehbar ist, nicht eintreten.

Dass eine Waffenbesitzkarte auch für eine juristische Person ausgestellt werden kann, ist 14 an sich ein Fremdkörper im Waffenrecht, insbes. angesichts des auf die Ausübung der tatsächlichen Gewalt abstellenden Besitzbegriffes des § 1 Abs. 3 iVm Anl. 1 Abschn. 2 Nr. 2.[34] Die Organe der juristischen Person üben zwar den (zivilrechtlichen) Besitz **für diese** aus, die tatsächliche Sachherrschaft liegt aber immer bei der jeweiligen Person selbst. Hieraus erklärt sich aber gerade, warum die Waffenbesitzkarte für den Verein **zwingend** mit der Auflage zu verbinden ist, eine verantwortliche Person zu benennen. Dafür, dass es, obwohl der Verein Inhaber der Waffenbesitzkarte ist, letztlich doch nicht auf den Verein, sondern auf die verantwortliche (natürliche) Person ankommt, spricht auch, dass die benannte Person kein vertretungsberechtigtes Organ des Vereins sein muss (§ 10 Abs. 2 S. 3 Hs. 2). Ein Zuwiderhandeln gegen diese Auflage stellt eine Ordnungswidrigkeit nach § 53 Abs. 1 Nr. 4 Alt. 2 dar. Die obligatorische Auflage richtet sich an den Verein selbst. Dieser muss die verantwortliche Person benennen. Die Ordnungswidrigkeit kann folglich nur von einem vertretungsberechtigten Organ begangen werden (§ 14 Abs. 1 Nr. 1 StGB).[35]

c) Zuwiderhandeln gegen eine Auflage nach § 17 Abs. 2 S. 2. Waffen- oder Muni- 15 tionssammlern wird die Erlaubnis zum Erwerb von Schusswaffen oder Munition abweichend von § 10 Abs. 1 S. 3 in der Regel unbefristet erteilt (§ 17 Abs. 2 S. 1).[36] Die Erlaubnis kann

---

[30] Vgl. ergänzend Apel/Bushart/*Bushart* Rn. 10; Steindorf/*B. Heinrich* Rn. 6.
[31] Vgl. auch Apel/Bushart/*Bushart* Rn. 11; Hinze/*Runkel* Rn. 14; Steindorf/*B. Heinrich* Rn. 6.
[32] Zum Begriff des Besitzes → § 1 Rn. 152 ff.
[33] So auch Apel/Bushart/*Bushart* Rn. 10; ferner → Rn. 12; die oben (→ Rn. 9 ff.) gemachten allgemeinen Ausführungen zum Verstoß gegen eine Auflage gelten hier entsprechend.
[34] Die Vorschrift ist abgedruckt in → § 1 Rn. 150.
[35] Dazu → StGB § 14 Rn. 78 ff.
[36] In § 17 Abs. 2 sind die Regelungen aus § 28 Abs. 2 S. 2 und S. 4 und § 28 Abs. 7 S. 2 WaffG aF aufgegangen; vgl. BT-Drs. 14/7758, 65.

mit der Auflage verbunden werden, in bestimmten Zeitabständen der zuständigen Behörde eine **Aufstellung über den Bestand an Schusswaffen** vorzulegen (§ 17 Abs. 2 S. 2). Abweichend zur Vorgängerregelung[37] sieht § 17 Abs. 2 S. 1 somit eine in der Regel unbefristete Erwerbserlaubnis vor. Dabei steht es – wieder im Gegensatz zum früheren Recht[38] – im pflichtgemäßen Ermessen („kann") der Behörde, ob und in welchen Zeitabständen der Waffen- oder Munitionssammler eine Aufstellung über den Bestand an Schusswaffen vorzulegen hat. Nach der Begründung des Gesetzgebers scheint allerdings nur die zeitliche Bestimmung zur Vorlage einer Aufstellung im Ermessen der Behörde zu stehen,[39] also gerade nicht das „ob". Der Wortlaut der Vorschrift lässt es aber auch zu, dass die Behörde überhaupt keine Bestandsaufstellung, dh keine entsprechende Auflage anordnet. Da die Auflagenermächtigung präventive Zwecke verfolgt, ist für die Auflagenerteilung allerdings eine konkrete Gefahrensituation nicht Voraussetzung.[40] Im Unterschied zu der Auflage nach der „Generalklausel" des § 9 Abs. 2 S. 1 ist der Inhalt der Auflage hier vorgegeben. Auch diese Auflage muss vollziehbar sein.[41] Wer einer solchen Auflage zuwiderhandelt, begeht eine Ordnungswidrigkeit nach § 53 Abs. 1 Nr. 4 Alt. 3[42]

16 Fraglich ist, ob § 9 Abs. 2 S. 2 auf diese Auflage Anwendung findet (nachträgliche Aufnahme, Änderung oder Ergänzung der Auflage). Dagegen könnte sprechen, dass § 17 eine nachträgliche Erteilung der Auflage nicht ausdrücklich erwähnt und ein Rückgriff auf § 9 angesichts der Natur des § 17 Abs. 2 als Spezialnorm zu § 9 problematisch erscheint. Dafür spricht allerdings, dass § 9 Grundsätze für alle Erlaubnisse und Ausnahmebewilligungen enthält und im Hinblick auf die nachträgliche Aufnahme, Änderung oder Ergänzung von Auflagen die Grundnorm des § 36 Abs. 2 Nr. 5 VwVfG für alle waffenrechtlichen Erlaubnisse etc modifizieren will.[43]

17 **d) Zuwiderhandeln gegen eine Auflage nach § 18 Abs. 2 S. 2.** Waffen- oder Munitionssachverständigen[44] wird die Erlaubnis zum Erwerb von Schusswaffen oder Munition abweichend von § 10 Abs. 1 S. 2 und S. 3 in der Regel für Schusswaffen bzw. Munition jeder Art und unbefristet[45] erteilt (§ 18 Abs. 2 S. 1).[46] Die Erlaubnis kann mit der Auflage verbunden werden, in bestimmten Zeitabständen der zuständigen Behörde eine Aufstellung über den Bestand an Schusswaffen vorzulegen (§ 18 Abs. 2 S. 2). Dabei steht es im pflichtgemäßen Ermessen („kann") der Behörde, ob und in welchen Zeitabständen die Waffen- oder Munitionssachverständige eine Aufstellung über den Bestand an Schusswaffen vorzulegen hat (§ 18 Abs. 2 S. 2). Nach der Begründung des Gesetzgebers scheint wiederum nur die zeitliche Bestimmung zur Vorlage im Ermessen der Behörde zu stehen,[47] also gerade nicht das „ob". Der Wortlaut der Vorschrift lässt es aber zu, dass die Behörde gar keine Bestandsaufstellung, dh keine entsprechende Auflage anordnet. Wie bei § 17 Abs. 2 dient die Auflagenermächtigung präventiven Zwecken, die Erteilung einer Auflage setzt auch hier nicht das Vorliegen einer konkreten Gefahrensituation voraus.[48] Im Unterschied zur

---

[37] Eine unbefristete Erlaubnis war gem. § 28 Abs. 2 S. 2 WaffG aF nur ausnahmsweise vorgesehen („kann"; „in begründeten Ausnahmefällen").
[38] Vgl. § 28 Abs. 2 S. 4 WaffG aF: obligatorische Auflage („ist"), mindestens einmal jährlich eine Bestandsaufstellung vorzulegen.
[39] Vgl. BT-Drs. 14/7758, 65.
[40] BT-Drs. 14/7758, 65.
[41] → Rn. 12; die oben (→ Rn. 9 ff.) gemachten allgemeinen Ausführungen zum Verstoß gegen eine Auflage gelten hier entsprechend.
[42] Die Vorschrift entspricht im Wesentlichen § 55 Abs. 1 Nr. 1 Alt. 8 und 9 iVm § 28 Abs. 2 S. 3 und S. 4 WaffG aF.
[43] Vgl. BT-Drs. 14/7758, 57.
[44] Vgl. zu diesem Personenkreis *Gade/Stoppa* § 18 Rn. 3; *Steindorf/N. Heinrich* § 18 Rn. 3.
[45] § 28 Abs. 2 S. 2 WaffG aF sah dagegen eine Erlaubnis für Schusswaffen jeder Art nur in begründeten Ausnahmefällen vor.
[46] In § 18 Abs. 2 sind im Wesentlichen die Regelungen aus § 28 Abs. 2 S. 2 und Abs. 7 S. 2 WaffG aF aufgegangen.
[47] Vgl. BT-Drs. 14/7758, 65.
[48] → Rn. 15.

„Generalklausel" des § 9 Abs. 2 S. 1 ist der Inhalt der Auflage wiederum vorgegeben. Auch diese Auflage muss vollziehbar sein.[49] Wer einer solchen Auflage zuwiderhandelt, begeht eine Ordnungswidrigkeit nach § 53 Abs. 1 Nr. 4 Alt. 4[50] Auch im Rahmen dieser Vorschrift ist fraglich, ob § 9 Abs. 2 S. 2 auf diese Auflage Anwendung findet (Möglichkeit der nachträglichen Aufnahme, Änderung oder Ergänzung der Auflage). Die Ausführungen zur Auflage nach § 17 Abs. 2 S. 2 gelten hier entsprechend.[51]

e) Zuwiderhandeln gegen eine Auflage nach § 28a Abs. 1 S. 3. Für denjenigen, der Bewachungsaufgaben nach § 34a Abs. 1 GewO auf Seeschiffen, die die Bundesflagge führen, auf hoher See wahrnehmen will, gilt die erst im Jahre 2013 eingeführte Vorschrift des § 31 GewO.[52] In § 28a WaffG findet sich eine hierzu korrespondierende Regelung. Durch diese Vorschrift soll ein einheitliches Verfahren für die Erteilung waffenrechtlicher Erlaubnisse in Anlehnung an das Verfahren nach § 31 GewO und unabhängig vom Sitz des Bewachungsunternehmens geschaffen werden.[53] Nach § 28a Abs. 1 S. 1 ist die Vorschrift des § 28 grundsätzlich auch auf den Erwerb, Besitz und das Führen von Waffen und Munition zum Schutz von Seeschiffen, die die Bundesflagge führen, anzuwenden. Abweichend von § 28 bestimmt § 28a Abs. 1 S. 2 jedoch, dass ein Bedürfnis für Bewachungsaufgaben nach § 28a stets dann anerkannt wird, wenn das Bewachungsunternehmen eine Zulassung nach § 31 Abs. 1 GewO besitzt. Die Erlaubnis nach § 28a ist allerdings auf die Dauer der Zulassung nach § 31 GewO zu befristen und sie schließt außerdem die Erlaubnis zum Verbringen an Bord nach § 29 Abs. 1 ein (§ 28a Abs. 2 S. 1 und S. 5). Anders als bei § 28 Abs. 3 ist die Erlaubnis aber zwingend mit Auflagen gegenüber dem Unternehmer zu erteilen (vgl. § 28a Abs. 1 S. 3 Nr. 1–3). Wer vorsätzlich oder fahrlässig gegen diese Auflagen verstößt, begeht eine Ordnungswidrigkeit gemäß § 53 Abs. 1 Nr. 4 Alt. 5

f) Zuwiderhandeln gegen eine Anordnung nach § 9 Abs. 3. Nach Anl. 2 Abschn. 2 Unterabschn. 2 Nr. 4 bis Nr. 6[54] dürfen ohne Erlaubnis alte Schusswaffen mit Lunten- oder Funkenzündung[55] sowie Armbrüste[56] hergestellt und mit ihnen gehandelt, alte Perkussionswaffen[57] und Schusswaffen mit Zündnadelzündung[58] gehandelt und Munition nichtgewerbsmäßig hergestellt werden. Gegenüber Personen, die in diesem Rahmen Waffenherstellung oder Waffenhandel erlaubnisfrei betreiben dürfen, können allerdings gem. § 9 Abs. 3 bestimmte Anordnungen getroffen werden.[59] Gleiches gilt für Betreiber einer nach § 27 Abs. 2 erlaubnisfreien Schießstätte.[60] Wie die Auflagen nach § 9 Abs. 2 müssen die Anordnungen zur Abwehr von Gefahren für die öffentliche Sicherheit oder Ordnung dienen (vgl. § 9 Abs. 1). Bei den Anordnungen selbst handelt es sich um Verwaltungsakte iS des § 35 VwVfG. Die Anordnungsbefugnis nach § 9 Abs. 3 ermöglicht es den Waffenbehörden, auch im erlaubnisfreien – in der Regel (vgl. insbes. § 27 Abs. 2 S. 2) allerdings anzeigepflichtigen – Bereich die notwendigen Anordnungen zu treffen.[61] Der Verstoß gegen eine solche Anordnung kann nach § 53 Abs. 1 Nr. 4 Alt. 6 als Ordnungswidrigkeit geahndet werden.[62]

---

[49] → Rn. 12; die oben (→ Rn. 9 ff.) gemachten allgemeinen Ausführungen zum Verstoß gegen eine Auflage gelten hier entsprechend.
[50] Die Vorschrift entspricht im Wesentlichen § 55 Abs. 1 Nr. 1 Alt. 8 iVm § 28 Abs. 2 S. 3 WaffG aF.
[51] → Rn. 16.
[52] BGBl. I S. 362; vgl. zur Begründung BT-Drs. 17/10960 (Gesetzentwurf der Bundesregierung); BT-Drs. 17/11887 (Beschlussempfehlung und Bericht); vgl. ferner BT-Drs. 17/9403 (Antrag der SPD-Fraktion); zu diesem Gesetz auch *Heller/Soschinka* NVwZ 2013, 476.
[53] Vgl. BT-Drs. 17/10960, 14 f.
[54] Die Vorschriften sind abgedruckt in → § 2 Rn. 34.
[55] Hierzu → § 2 Rn. 56.
[56] Hierzu → § 2 Rn. 58.
[57] Hierzu → § 2 Rn. 55.
[58] Hierzu → § 2 Rn. 57.
[59] Die Vorschrift entspricht im Wesentlichen § 10 Abs. 2 WaffG aF.
[60] Diese Regelung wurde neu in das WaffG aufgenommen.
[61] BT-Drs. 14/7758, 58.
[62] Die Vorschrift entspricht im Wesentlichen § 55 Abs. 1 Nr. 2 Alt. 1 iVm § 10 Abs. 2 WaffG aF.

20 Wie die in den bisherigen Bußgeldtatbeständen angeführten Auflagen, muss auch die hier vorliegende Anordnung „**vollziehbar**" sein, dh der Verwaltungsakt muss entweder unanfechtbar, dh rechtskräftig geworden oder nach § 80 Abs. 2 Nr. 4 VwGO für sofort vollziehbar erklärt worden sein.[63]

21 g) Zuwiderhandeln gegen eine Anordnung nach § 36 Abs. 3 S. 1. Derjenige, der eine Waffe oder Munition besitzt[64] oder die Erteilung einer Erlaubnis zum Besitz beantragt hat, hat der zuständigen Behörde die zur sicheren Aufbewahrung getroffenen oder vorgesehenen Maßnahmen (zB in Form eines Belegs über den Kauf eines Waffenschranks) nachzuweisen. Ein Zuwiderhandeln liegt hier regelmäßig in einem Unterlassen. Fraglich erscheint jedoch die systematische Platzierung dieser Sanktionsnorm. Denn im Gegensatz zur Regelung durch das WaffRNeuRegG 2002 („hat der zuständigen Behörde [...] auf Verlangen nachzuweisen") ist der Nachweis seit der Änderung des § 36 Abs. 3 S. 1 durch das 4. ÄndGSprengG[65] nun obligatorisch zu erbringen. Damit ist aus der „Holschuld" der Behörde („auf Verlangen") nun eine „Bringschuld" des Waffenbesitzers bzw. Antragstellers geworden.[66] Einer besonderen „Anordnung" seitens der Behörde bedarf es daher nicht mehr. Damit entfällt aber auch die Möglichkeit der Behörde durch eine Anordnung iS des § 36 Abs. 3 S. 1 ergänzende Anordnungen zur Erreichung des erforderlichen Sicherheitsstandards zu erlassen (insbes. eine Nachbesserung bereits bestehender Vorkehrungen für eine sichere Aufbewahrung zu verlangen). Auf Grund des eindeutigen Wortlauts des § 53 Abs. 1 Nr. 4, der (ausschließlich) das Zuwiderhandeln gegen eine vollziehbare Anordnung sanktioniert, kann ein Verstoß gegen diese „Bringschuld" daher den Tatbestand des § 53 Abs. 1 Nr. 4 nicht mehr erfüllen. Denn dieser verlangt ausdrücklich ein Zuwiderhandeln gegen eine vollziehbare Anordnung nach § 36 Abs. 3 S. 1, die nunmehr aber gerade nicht mehr vorgesehen ist.[67] Insoweit hat es der Gesetzgeber im Rahmen des 4. ÄndSprengG versäumt, die Sanktionsmöglichkeit anzupassen.[68] Die Ordnungswidrigkeit nach § 53 Abs. 1 Nr. 4 Alt. 7 läuft daher leer.[69]

22 h) Zuwiderhandeln gegen eine Anordnung nach § 36 Abs. 6. Derjenige, der eine Waffe oder Munition besitzt,[70] muss nach § 36 Abs. 1 dafür Sorge tragen, dass diese nicht abhanden kommen oder Dritte sie nicht unbefugt an sich nehmen können. Er hat dabei die zur sorgfältigen Aufbewahrung erforderlichen Vorkehrungen zu treffen. Sind die Vorkehrungen nicht ausreichend, weil ein höherer Sicherheitsstandard (insbes. aus den in § 36 Abs. 6 genannten Gründen: Art und Zahl der aufzubewahrenden Waffen, Ort der Aufbewahrung) erforderlich ist, so ist die Behörde verpflichtet, die notwendigen Ergänzungen anzuordnen. Liegt eine der genannten Voraussetzungen vor, ist der Erlass der Anordnung obligatorisch („hat [...] anzuordnen"). Der Behörde kommt dann nur ein Auswahlermessen hinsichtlich der notwendigen Ergänzungen zu, nicht aber ein Entschließungsermessen dahingehend, ob sie überhaupt eine entsprechende Anordnung trifft. Die Anordnung ist regelmäßig mit einer Fristsetzung zu verbinden. Handelt der Waffen- bzw. Munitionsbesitzer dieser Anordnung zuwider, stellt dies eine Ordnungswidrigkeit nach § 53 Abs. 1 Nr. 4 Alt. 8 dar.[71] Ein Zuwiderhandeln gegen eine Anordnung, die notwendigen Ergänzungen vorzunehmen, wird wiederum regelmäßig in einem Unterlassen liegen. Auch hier ist es allerdings erforderlich, dass die Anordnung vollziehbar ist.[72]

---

[63] Vgl. ergänzend → Rn. 12.
[64] Zum Begriff des Besitzes → § 1 Rn. 152 ff.
[65] BGBl. 2009 I S. 2062 (2088).
[66] BT-Drs. 16/13423, 70.
[67] Vgl. auch Steindorf/*B. Heinrich* Rn. 8.
[68] Vgl. Steindorf/*Gerlemann* § 36 Rn. 10.
[69] Die Vorschrift selbst entspricht im Wesentlichen § 55 Abs. 1 Nr. 2 Alt. 4 iVm § 42 Abs. 2 WaffG aF.
[70] Zum Begriff des Besitzes → § 1 Rn. 152 ff.
[71] Die Vorschrift hat keinen direkten Vorgänger. Ein Verstoß gegen eine entsprechende Anordnung wurde bisher über § 55 Abs. 1 Nr. 2 Alt. 4 iVm § 42 Abs. 2 WaffG aF sanktioniert.
[72] Vgl. ergänzend → Rn. 12.

i) Zuwiderhandeln gegen eine Anordnung nach § 37 Abs. 1 S. 2. Nach § 37 Abs. 1 **23** S. 1 ist derjenige, der Waffen oder Munition, deren Erwerb erlaubnispflichtig ist, entweder beim Tod des Waffenbesitzers oder als Finder, Insolvenzverwalter, Zwangsverwalter, Gerichtsvollzieher oder in ähnlicher Weise in Besitz nimmt,[73] verpflichtet, dies der Behörde anzuzeigen.[74] In den genannten Fällen kann die Behörde gem. § 37 Abs. 1 S. 2 die Waffen oder die Munition nun bei Bedarf sicherstellen oder aber anordnen, dass die Waffen oder die Munition unbrauchbar gemacht oder einem Berechtigten überlassen werden und dies der Behörde nachgewiesen wird. Der Behörde wird also ein Entschließungsermessen eingeräumt. Das Auswahlermessen beschränkt sich jedoch auf die genannten Möglichkeiten. Kommt der Adressat einer getroffenen Anordnung nicht oder nicht innerhalb der von der Behörde bestimmten Frist nach, liegt eine Ordnungswidrigkeit nach § 53 Abs. 1 Nr. 4 Alt. 9 vor.[75] Auch hier ist es allerdings erforderlich, dass die Anordnung vollziehbar ist.[76] Als Ergänzung ist in diesem Zusammenhang noch darauf hinzuweisen, dass der Betreffende dann, wenn er die von der Behörde gesetzte Frist verstreichen lässt (er der Anordnung also nicht innerhalb dieser Frist nachkommt), die Waffe oder Munition zwar unberechtigt besitzt und insofern auch eine entsprechende Strafbarkeit zB nach § 52 Abs. 3 Nr. 2 in Betracht käme. Da die Ordnungswidrigkeit des § 53 Abs. 1 Nr. 4 Alt. 9 in diesem Fall aber ihren Sinn verlöre (vgl. § 21 OWiG) und auch sachlich kein Bedürfnis dafür besteht, in diesem Fall eine Strafbarkeit anzunehmen, da im Gegensatz zur Verletzung der Anzeigepflicht nach § 37 Abs. 1 S. 1 die Behörde hier regelmäßig Kenntnis vom Besitzwechsel hat und die Waffe bzw. Munition entsprechend sicherstellen kann, ist die Ordnungswidrigkeit hier als lex specialis anzusehen.[77]

j) Zuwiderhandeln gegen eine Anordnung nach § 39 Abs. 3. Aus begründetem **24** Anlass kann die Behörde nach § 39 Abs. 3 gegenüber dem Inhaber waffenrechtlich relevanter Gegenstände anordnen, dass er diese binnen einer gewissen Frist zur Prüfung vorlegt.[78] Diese Anordnung kann sich sowohl auf Waffen und Munition, deren Erwerb erlaubnispflichtig[79] ist (§ 39 Abs. 3 Nr. 1) als auch auf verbotene Waffen[80] (§ 39 Abs. 3 Nr. 2) sowie auf Erlaubnisscheine und Ausnahmebescheinigungen beziehen. Kommt der Adressat dieser Anordnung nicht oder nicht innerhalb der bestimmten Frist nach, liegt eine Ordnungswidrigkeit nach § 53 Abs. 1 Nr. 4 Alt. 10 vor, die auch hier regelmäßig in einem Unterlassen besteht.[81] Auch hierbei ist es aber erforderlich, dass die Anordnung vollziehbar ist.[82]

k) Zuwiderhandeln gegen eine Anordnung nach § 40 Abs. 5 S. 2. Gem. § 40 **25** Abs. 5 S. 1 hat derjenige, der eine verbotene Waffe[83] als Erbe, Finder oder in ähnlicher Weise in Besitz nimmt,[84] dies der zuständigen Behörde unverzüglich anzuzeigen.[85] Die Behörde hat daraufhin, neben der (sofortigen) Sicherstellung, die Möglichkeit, eine Anordnung gegenüber dem Besitzer zu erlassen.[86] Nach § 40 Abs. 5 S. 2 kommen vier verschie-

---

[73] Dazu → § 1 Rn. 152 ff.
[74] Ein Verstoß gegen diese Anzeigepflicht kann als Ordnungswidrigkeit nach § 53 Abs. 1 Nr. 5 Alt. 12 geahndet werden. Dazu Dazu → Rn. 46.
[75] Die Vorschrift hat keinen entsprechenden Vorgänger im WaffG aF.
[76] Vgl. ergänzend → Rn. 12.
[77] Vgl. zu dieser Argumentation → § 52 Rn. 20, 56; ferner → Rn. 25, 46, 50.
[78] Die Vorschrift entspricht im Wesentlichen § 46 Abs. 3 WaffG aF.
[79] Zur Erlaubnispflichtigkeit siehe Anl. 2 Abschn. 2 Unterabschn. 2; → § 2 Rn. 32 ff.
[80] Zu den verbotenen Waffen siehe Anl. 2 Abschn. 1; → § 2 Rn. 3 ff.
[81] Die Vorschrift entspricht im Wesentlichen § 55 Abs. 1 Nr. 2 Alt. 5 iVm § 46 Abs. 3 WaffG aF.
[82] Vgl. ergänzend → Rn. 12.
[83] Zu den verbotenen Waffen siehe Anl. 2 Abschn. 1; → § 2 Rn. 3 ff.
[84] Zum Begriff des Besitzes → § 1 Rn. 140 ff.
[85] Ein Verstoß gegen die Anzeigepflicht wird in § 53 Abs. 1 Nr. 5 Alt. 15 als eigene Ordnungswidrigkeit sanktioniert; hierzu → Rn. 50.
[86] Damit weicht die Vorschrift entscheidend von der vorherigen Regelung des § 37 Abs. 4 WaffG aF ab. Hiernach musste die verbotene Waffe kraft Gesetz unbrauchbar gemacht, einem Berechtigten überlassen oder ein entsprechender Antrag gestellt werden. Einer besonderen Anordnung seitens der Behörde bedurfte es nicht.

dene Regelungsinhalte dieser Anordnung in Betracht: Unbrauchbarmachung der Waffen bzw. Munition, Befreiung von den Verbotsmerkmalen, Überlassung an einen Berechtigten oder Pflicht zur Stellung des stets möglichen Antrages auf eine Ausnahmebewilligung nach § 40 Abs. 4. Für diese Maßnahmen ist jeweils eine angemessene Frist zu bestimmen. Während des Laufes der Frist wird das Verbot des Umgangs mit den entsprechenden Waffen oder der entsprechenden Munition nicht wirksam. Der Erlass einer Anordnung steht im pflichtgemäßen Ermessen („kann") der Behörde. Kommt der Waffenbesitzer der Anordnung nicht oder nicht innerhalb der Frist nach, liegt eine Ordnungswidrigkeit nach § 53 Abs. 1 Nr. 4 Alt. 11 vor.[87] Auch hierbei ist es aber erforderlich, dass die Anordnung vollziehbar ist.[88] Aus der Systematik des Gesetzes folgt, dass der Besitzer die verbotene Waffe nach Ablauf der Frist bzw. Bekanntgabe einer ablehnenden Entscheidung nach § 40 Abs. 4 **unberechtigt** besitzt. Es käme daher in diesem Fall eigentlich auch – je nach Art der Waffe – eine Strafbarkeit nach § 51 Abs. 1, § 52 Abs. 1 Nr. 1 oder Abs. 3 Nr. 1 in Betracht. Da dann allerdings die Ordnungswidrigkeit des § 53 Abs. 1 Nr. 5 Alt. 15 ihren Sinn verlöre (sie träte stets nach § 21 OWiG zurück), ist hier – wie schon beim Verstoß gegen eine Anordnung nach § 37 Abs. 1 S. 2 bei erlaubnispflichtigen Waffen[89] – von einem Vorrang der Ordnungswidrigkeit auszugehen (lex specialis).[90]

26   Um Unklarheiten zu vermeiden, wird man allerdings verlangen müssen, dass die zuständige Behörde nach § 40 Abs. 5 S. 2 auch hinsichtlich der Anordnung, einen Antrag nach Abs. 4 zu stellen, eine angemessene Frist setzt. Zwar ist für einen solchen Antrag eine Frist in Abs. 4 nicht ausdrücklich vorgesehen, so dass dieser jederzeit gestellt werden kann. Der Suspensiveffekt eines solchen Antrags nach Abs. 5 S. 3 ergibt aber wenig Sinn, wenn der Betreffende zuvor die Frist nach Abs. 5 S. 1 oder S. 2 hat verstreichen lassen. Jedenfalls aber kann ein solcher verspäteter Antrag den Verbotstatbestand mit entsprechender Sanktionsmöglichkeit nicht mehr rückwirkend beseitigen.

27   Problematisch erscheint darüber hinaus, dass die Anordnungsermächtigung der Behörde nach § 40 Abs. 5 S. 2 in deren Ermessen („kann") gestellt ist. Erfüllt nämlich der Erbe oder Finder etc seine Anzeigepflicht nach Abs. 5 S. 1 so besitzt er die verbotene Waffe fortan berechtigt, der Besitz kann weder als Straftat noch als Ordnungswidrigkeit verfolgt werden. Unterlässt nun die Behörde eine entsprechende Anordnung, so kann der Besitz der verbotenen Waffe dauerhaft berechtigt ausgeübt werden. Daher wird man davon ausgehen müssen, dass die Behörde hier nur in Ausnahmefällen auf eine entsprechende Anordnung verzichten kann.

28   **l) Zuwiderhandeln gegen eine Anordnung nach § 46 Abs. 2 S. 1.** Waffenrechtliche Erlaubnisse können zurückgenommen oder widerrufen[91] werden oder auf andere Weise erlöschen.[92] Hat auf Grund einer solchen Erlaubnis jemand Waffen oder Munition erworben oder befugt besessen, so kann die zuständige Behörde gegenüber diesem Waffenbesitzer (sofern er die Waffen oder Munition noch besitzt[93]) nach § 46 Abs. 2 S. 1 die Unbrauchbarmachung oder Überlassung der Gegenstände an einen Berechtigten inner-

---

[87] Die Vorschrift hat keinen entsprechenden Vorgänger im WaffG aF.
[88] Vgl. ergänzend → Rn. 12; allerdings weisen *Apel/Bushart* § 40 Rn. 17 f. zutreffend darauf hin, dass nicht alle Anordnungen nach § 40 Abs. 5 S. 2 als vollziehbare Verwaltungsakte angesehen werden können (so ist eine [vollstreckbare!] Anordnung der Behörde, dass der Betreffende – möglicherweise gegen seinen Willen – einen Antrag auf Erteilung einer Ausnahmebewilligung nach Abs. 4 stellen soll, obwohl er kein Interesse and der Waffe hat, kaum vorstellbar). Dies wirkt sich auch auf den Ordnungswidrigkeitentatbestand aus.
[89] → Rn. 23.
[90] Hierzu auch → § 52 Rn. 20, 56; vgl. zum vergleichbaren Problem (unerlaubter Besitz durch Erben nach Ablauf der Anzeigefrist) nach altem Recht, § 28 Abs. 5 WaffG aF, BGH 24.11.1992 – 4 StR 539/92, NStZ 1993, 192; BayObLG 9.2.1996 – 4 St RR 14/96, NStZ-RR 1996, 184 (185); Steindorf/B. *Heinrich* Rn. 8.
[91] Vgl. zu Rücknahme und Widerruf § 45.
[92] Vgl. ua § 21 Abs. 5 S. 1; ein Erlöschen ist auch dann anzunehmen, wenn die Erlaubnis nur befristet erteilt wurde und die Frist abgelaufen ist.
[93] Vgl. zum Begriff des Besitzes § 1 Rn. 152 ff.

halb angemessener Frist anordnen.[94] Die Erfüllung dieser Anordnung ist durch den Besitzer der Behörde gegenüber nachzuweisen. Wie sich aus dem Wortlaut ergibt, erfasst § 46 Abs. 2 S. 1 ausschließlich erlaubnispflichtige Waffen und Munition, **für die eine Erlaubnis erteilt worden ist.** Eine Anordnungsermächtigung bzgl. solcher Waffen, die jemand ohne Erlaubnis oder entgegen eines vollziehbaren Verbots besitzt, ist dagegen in § 46 Abs. 3 enthalten.[95] Der Erlass einer Anordnung steht im pflichtgemäßen Ermessen („kann") der Behörde. Der fruchtlose Ablauf der Frist hat zwei Konsequenzen. Zum einen kann die Behörde die Waffen oder Munition nach § 46 Abs. 2 S. 3 sicherstellen, zum anderen kann das Nichtbefolgen der Anordnung nach § 53 Abs. 1 Nr. 4 Alt. 12[96] als Ordnungswidrigkeit geahndet werden. Auch hierbei ist es aber erforderlich, dass die Anordnung vollziehbar ist.[97] Im Gegensatz zu demjenigen, der die Waffe beim Tode des Waffenbesitzers in Besitz nimmt etc[98] kann die Tatsache, dass der Besitzer als Adressat der Anordnung nach § 46 Abs. 2 die Waffe oder Munition nach Rücknahme bzw. Widerruf oder sonstigem Erlöschen der Erlaubnis unbefugt besitzt und daher stets auch der Straftatbestand des unbefugten Besitzes erfüllt ist, nicht dazu führen, dass die Ordnungswidrigkeit hier als lex specialis den Straftatbestand verdrängt.[99] Zwar könnte man eine solche Sperrwirkung der Ordnungswidrigkeit auch hier diskutieren, denn im Gegensatz zum „Normalfall" des unerlaubten Waffenbesitzes weiß die Behörde hier von der Existenz der Waffe und könnte sie insoweit sofort sicherstellen, wenn sie eine Gefährdung der öffentlichen Sicherheit befürchtet. Dennoch unterscheidet sich dieser Fall vom genannten Erwerb durch den Erben bzw. den in § 37 Abs. 1 genannten Personen insoweit, als der Besitz der Waffe bereits vor Erlass der Anordnung mit Vollziehbarkeit der Rücknahme bzw. des Widerrufs auch im strafrechtlichen Sinne unbefugt ausgeübt wird, eine Strafbarkeit also bereits vor Erlass der Anordnung begründet war und der Verstoß gegen die Anordnung einen anderen Unrechtsgehalt aufweist.

m) Zuwiderhandeln gegen eine Anordnung nach § 46 Abs. 3 S. 1. Nach § 46 Abs. 3 S. 1 kann die zuständige Behörde gegenüber einem Waffenbesitzer, der Waffen oder Munition ohne die erforderliche Erlaubnis oder entgegen einem von der Behörde nach § 41 Abs. 1 oder 2 erlassenen – vollziehbaren – Verbot besitzt,[100] anordnen, die Gegenstände unbrauchbar zu machen, einem Berechtigten zu überlassen (§ 46 Abs. 3 S. 1 Nr. 1) oder, im Falle von verbotenen Waffen oder Munition, die Verbotsmerkmale zu beseitigen (Nr. 2). Für beide Alternativen gilt, dass eine angemessene Frist zu setzen ist und der Waffenbesitzer die Erfüllung der Anordnung der Behörde gegenüber nachzuweisen hat (Nr. 3). Im Unterschied zu § 46 Abs. 2 ist hier der Fall erfasst, dass erlaubnispflichtige Waffen oder Munition von Anfang an **ohne Erlaubnis besessen** wurden, also gerade keine vorherige Erlaubnis bestand, die zurückgenommen oder widerrufen wurde oder erloschen ist. Darüber hinaus werden durch diese Vorschrift auch nach § 41 Abs. 1 oder Abs. 2 verbotene Gegenstände erfasst. Der Erlass einer Anordnung steht im pflichtgemäßen Ermessen („kann") der Behörde. Der fruchtlose Ablauf der Frist hat zwei Konsequenzen. Zum einen kann die Behörde die Waffen oder Munition nach § 46 Abs. 3 S. 2 sicherstellen, zum anderen kann das Nichtbefolgen der Anordnung nach § 53 Abs. 1 Nr. 4 Alt. 13[101] als Ordnungswidrigkeit geahndet werden. Auch hierbei ist es aber erforderlich, dass die Anordnung vollziehbar ist.[102] Auch hier steht – wie schon bei einem Verstoß

---

[94] Die Vorschrift entspricht im Wesentlichen § 48 Abs. 2 WaffG aF; hierzu VG Göttingen 17.10.1995 – 1 B 1162/95, BeckRS 1995, 31216906.
[95] Zum Zuwiderhandeln gegen eine Anordnung nach § 46 Abs. 3 → Rn. 29.
[96] Die Vorschrift entspricht im Wesentlichen § 55 Abs. 1 Nr. 2 Alt. 6 iVm § 48 Abs. 2 WaffG aF.
[97] Vgl. ergänzend → Rn. 12.
[98] → Rn. 23, 25 ff. und ausführlich → Rn. 57.
[99] Steindorf/B. Heinrich Rn. 8.
[100] Zum Begriff des Besitzes → § 1 Rn. 152 ff.
[101] Die Vorschrift hat keinen entsprechenden Vorgänger im WaffG aF.
[102] Vgl. ergänzend → Rn. 12.

gegen § 46 Abs. 2[103] – die Verfolgung wegen dieser Ordnungswidrigkeit einer Verfolgung wegen einer Strafbarkeit wegen unerlaubten Erwerbs oder Besitzes der Waffe nicht entgegen. Denn die Strafbarkeit des unerlaubten Besitzes war hier regelmäßig bereits vor Erlass der Anordnung begründet.[104]

30   **5. Verletzung einer gesetzlichen Anzeigepflicht (Nr. 5).** Das WaffG normiert in verschiedenen Zusammenhängen Anzeigepflichten. Ein Verstoß gegen eine solche Anzeigepflicht kann als Ordnungswidrigkeit nach § 53 Abs. 1 Nr. 5 geahndet werden.[105] In allen Alternativen liegt ein Verstoß nach dieser Vorschrift nicht nur dann vor, wenn der Pflichtige die Anzeige **gar nicht,** sondern auch dann, wenn er sie **nicht richtig, nicht vollständig, nicht in der vorgeschriebenen Weise** oder **nicht rechtzeitig** erstattet. Unvollständig ist eine Anzeige nur dann, wenn in ihr Angaben fehlen, die gerade durch das WaffG verlangt werden.[106] Hinsichtlich der verspäteten Anzeigeerstattung ist zu beachten, dass die Verspätung vom Anzeigepflichtigen zu verantworten sein muss, er also selbst die Anzeigeerstattung schuldhaft verzögert haben muss.[107] Nicht in der vorgeschriebenen Weise wird eine Anzeige zB dann erstattet, wenn der Betreffende sie nur mündlich erstattet, obwohl, wie zB in § 10 Abs. 1a, Schriftform vorgesehen ist.[108] Da bei der unvollständigen oder nicht rechtzeitigen Anzeigeerstattung allerdings ein geringeres Unrecht verwirklicht wird als bei der gänzlichen Nichterstattung, wird die zu verhängende Geldbuße hier entsprechend niedriger ausfallen müssen.

31   **a) Verletzung der Anzeigepflicht nach § 10 Abs. 1a.** Wer Waffen, die in Anl. 2 Abschn. 2 genannt werden (erlaubnispflichtige Waffen), erwerben[109] will, benötigt nach § 2 Abs. 2 iVm § 10 Abs. 1 S. 1 eine Erlaubnis in Form der Erteilung einer Waffenbesitzkarte. Ist diese erteilt worden und erwirbt der Erlaubnisinhaber daraufhin – insoweit also: zulässigerweise – eine entsprechende Waffe, so muss er dies nach § 10 Abs. 1a binnen zwei Wochen der zuständigen Behörde unter Benennung von Name und Anschrift des Überlassenden anzeigen. Kommt er dieser Anzeigepflicht nicht nach,[110] liegt eine Ordnungswidrigkeit nach § 53 Abs. 1 Nr. 5 Alt. 1 vor.[111] Zu beachten ist hier die in § 10 Abs. 1a angeordnete Schriftform sowie die Ausnahmeregelung in § 18 Abs. 2 S. 3.[112] Hiernach sind Personen iS des § 18 Abs. 1 (Waffen- und Munitionssachverständige), denen eine Schusswaffe in ihrer Eigenschaft als Waffensachverständige kurzzeitig überlassen[113] wurde und denen zuvor eine Waffenbesitzkarte auf Schusswaffen jeder Art (§ 18 Abs. 1 S. 1 Nr. 1) ausgestellt worden ist, von der Anzeigepflicht befreit, sofern der Besitz der Schusswaffe nicht länger als drei Monate ausgeübt wird.[114] Wird die Dreimonatsfrist überschritten, so kann der Waffen- oder Munitionssachverständige seiner Anzeige- und Vorlagepflicht[115] auch noch innerhalb zweier weite-

---

[103] Hierzu → Rn. 28.
[104] Steindorf/*B. Heinrich* Rn. 8.
[105] Die Vorschrift entspricht im Wesentlichen § 55 Abs. 1 Nr. 28 Buchst. b WaffG aF iVm § 43 Abs. 1 Nr. 5 der 1. WaffV (zum WaffG aF). Darüber hinaus waren in § 55 Abs. 1 Nr. 3 weitere Verstöße gegen Anzeigepflichten als Ordnungswidrigkeiten ausgestaltet.
[106] Steindorf/*B. Heinrich* Rn. 9.
[107] Steindorf/*B. Heinrich* Rn. 9.
[108] Vgl. hierzu sogleich noch → Rn. 31.
[109] Zum Begriff des Erwerbens → § 1 Rn. 168 ff.; die Vorschriften der Anl. 2 Abschn. 2 sind abgedruckt in → § 2 Rn. 33 f.
[110] Vgl. ergänzend → Rn. 30.
[111] Die Vorschrift entspricht im Wesentlichen § 55 Abs. 1 Nr. 3 Alt. 2 iVm § 28 Abs. 7 S. 1 WaffG aF; vgl. aus der Rspr. zum WaffG aF OLG Koblenz 25.8.2000 – 2 Ss 190/00, NStZ 2001, 208.
[112] Die Vorschrift entspricht im Wesentlichen § 28 Abs. 7 S. 2 WaffG aF.
[113] Zum Begriff des Überlassens → § 1 Rn. 174 ff.
[114] Zum Begriff des Besitzes → § 1 Rn. 152 ff.; zur Motivation des Gesetzgebers für die Ausnahmeregelung des § 28 Abs. 7 S. 2 WaffG aF vgl. BT-Drs. 7/2379, 20.
[115] Es ist allerdings darauf hinzuweisen, dass der Gesetzgeber durch das 4. ÄndSprengG, BGBl. 2009 I S. 2062 (2089) die bisherige Ordnungswidrigkeit des § 53 Abs. 1 Nr. 7 Alt. 4 aF, welche die Verletzung der Vorlagepflicht des § 10 Abs. 1 S. 4 aF (nunmehr § 10 Abs. 1a) sanktionierte, ersatzlos gestrichen hat.

rer Wochen nachkommen.[116] § 10 Abs. 1a ist also nicht so zu verstehen, dass bei Überschreiten der Dreimonatsfrist die Ausnahmeregelung überhaupt nicht gilt mit der Folge, dass der Betreffende den Erwerb der Schusswaffe bereits binnen zwei Wochen nach dem tatsächlichen Erwerb hätte anzeigen und die Waffenbesitzkarte hätte vorlegen müssen. Denn dies würde den Bedürfnissen der Praxis zuwiderlaufen, da der Sachverständige dann innerhalb der ersten beiden Wochen nach dem Erwerb der Waffe entscheiden müsste, wie lange er diese zur Untersuchung benötigt.[117] Die Anzeigepflicht des § 10 Abs. 1a gilt im Übrigen nicht für den Erwerb als Finder oder von Todes wegen, da dieser Erwerb nicht auf Grund einer Erlaubnis erfolgt. Vielmehr sind hier die Anzeigepflichten auf Grund der Spezialvorschriften einschlägig (zB § 37 Abs. 1 S. 1, § 20 S. 1).

Hinsichtlich der Begehungsvariante der nicht vollständigen Anzeige ist darauf hinzuweisen, dass die Anzeigepflicht des § 10 Abs. 1a in Erweiterung der Vorgängervorschrift des § 28 Abs. 7 S. 1 WaffG aF die Benennung der Person, die einem die Schusswaffe überlassen hat, mit umfasst. Damit soll korrespondierend zu der entsprechenden Verpflichtung des nicht gewerblichen Überlassers bzgl. der Erwerbsperson nach § 34 Abs. 2 S. 2 und S. 3 eine möglichst lückenlose Erfassung des Besitzes von Schusswaffen ermöglicht werden.[118] 32

b) Verletzung der Anzeigepflicht nach § 21 Abs. 6. Nach § 21 Abs. 6 muss derjenige, der nach der Erteilung einer Erlaubnis nach § 21 Abs. 1 Schusswaffen oder Munition gewerblich herstellen oder damit handeln darf,[119] die Aufnahme oder Einstellung seines Betriebes innerhalb von zwei Wochen der Behörde anzeigen.[120] Schriftform ist nicht erforderlich (arg. § 10 Abs. 1a). Gleiches gilt für die Eröffnung oder Schließung einer Zweigniederlassung oder einer unselbstständigen Zweigstelle. Hiervon kann nach Sinn und Zweck der Vorschrift allerdings nur dann gesprochen werden, wenn von der Zweigstelle aus unmittelbare Geschäftsbeziehungen zu Dritten, insbes. Kunden, unterhalten werden, insoweit also eine „kaufmännische Selbstständigkeit" vorliegt.[121] Nach Nr. 21.10.1 S. 2 WaffVwV ist die Verlegung eines Betriebes in den Bezirk einer anderen Erlaubnisbehörde als Betriebseinstellung des alten und Aufnahme eines neuen Betriebes anzusehen und löst daher ebenfalls eine Anzeigepflicht aus.[122] Verletzt der Erlaubnisinhaber seine Anzeigepflicht,[123] kann dies als Ordnungswidrigkeit nach § 53 Abs. 1 Nr. 5 Alt. 2[124] geahndet werden. Die Bußgeldvorschrift verweist allerdings ausdrücklich auf „§ 21 Abs. 6 S. 1", was etwas verwirrend ist, da § 21 nach dem ÄndG 2008[125] nur noch einen Satz aufweist. Der Gesetzgeber hat augenscheinlich vergessen, die Bußgeldvorschrift dieser Änderung anzupassen.[126] 33

c) Verletzung der Anzeigepflicht nach § 21 Abs. 6 S. 4. Bei dem vorliegenden Verweis auf § 21 Abs. 6 S. 4 handelt es sich um eine redaktionelle Unaufmerksamkeit des Gesetzgebers.[127] Denn § 21 Abs. 6 S. 2 bis S. 4 WaffG aF, die vorsahen, dass in der Anzeige der Betriebsaufnahme bzw. Betriebseinstellung[128] auch die mit der Leitung des Betriebes oder einer Zweigniederlassung beauftragten Personen anzugeben seien (S. 2) und dass die Einstellung oder das Ausscheiden einer solchen Person (oder bei juristischen Personen den Wechsel der vertretungsberechtigten Personen) unverzüglich (dh ohne schuldhaftes 34

---

[116] Vgl. zum WaffG aF OLG Koblenz 25.8.2000 – 2 Ss 190/00, NStZ 2001, 208.
[117] OLG Koblenz 25.8.2000 – 2 Ss 190/00, NStZ 2001, 208.
[118] BT-Drs. 14/7758, 58.
[119] Vgl. näher zu den Begriffen der Waffenherstellung und des Waffenhandels § 1 Rn. 190 f. und 195 ff.
[120] Die Vorschrift entspricht § 11 WaffG aF.
[121] Vgl. BT-Drs. VI/2678, 27 zu § 10 des Entwurfs zum WaffG aF; Steindorf/*Gerlemann* § 21 Rn. 25.
[122] So bereits Nr. 11.1 S. 2 WaffVwV (zum WaffG aF).
[123] Vgl. ergänzend → Rn. 30.
[124] Die Vorschrift entspricht im Wesentlichen § 55 Abs. 1 Nr. 3 Alt. 1 iVm § 11 WaffG aF.
[125] BGBl. I S. 426 (428).
[126] Vgl. hierzu noch → Rn. 35 zum fehlgehenden Verweis auf § 26 Abs. 6 Satz 4.
[127] Vgl. auch *Gade/Stoppa* Rn. 6.
[128] Dazu → Rn. 33.

Zögern, § 121 Abs. 1 S. 1 BGB) ebenfalls anzuzeigen sei (S. 4), wurden durch das ÄndG 2008[129] gestrichen. Der Bußgeldtatbestand des § 53 Abs. 1 Nr. 5 Alt. 3[130] geht daher ins Leere.

35 **d) Verletzung der Anzeigepflicht nach § 24 Abs. 5.** Nach § 24 Abs. 5 S. 1 hat derjenige, der gewerbsmäßig Schusswaffen, Munition oder Geschosse für Schussapparate[131] herstellt, Munition wiederlädt oder im Geltungsbereich dieses Gesetzes mit diesen Gegenständen Handel treibt und dabei eine bestimmte **Marke** für diese Gegenstände benutzen will, dies unabhängig von der Erlaubnis nach § 21 Abs. 1 der Physikalisch-Technischen Bundesanstalt anzuzeigen.[132] Zu beachten ist hier die in § 24 Abs. 5 S. 1 angeordnete Schriftform. Hinsichtlich der Begehungsform der nicht in der vorgeschriebenen Weise erstatteten Anzeige ist darauf hinzuweisen, dass der Anzeige die Marke beizufügen ist, deren Benutzung beabsichtig wird.

36 Eine Anzeigepflicht besteht nach § 24 Abs. 5 S. 2 auch für denjenigen, der die in § 24 Abs. 5 S. 1 genannten Gegenstände verbringt[133] und dabei die Marke eines ausländischen Herstellers benutzen will. Fraglich ist hier, ob die Anzeige ebenfalls schriftlich und unter Vorlage der Marke erfolgen muss. Eine solche Anforderung ergibt sich jedenfalls nicht aus dem Gesetz. Wer einer Anzeigepflicht nach § 24 Abs. 5 nicht nachkommt,[134] begeht eine Ordnungswidrigkeit nach § 53 Abs. 1 Nr. 5 Alt. 4.[135]

37 **e) Verletzung der Anzeigepflicht nach § 27 Abs. 1 S. 6.** Wer eine ortsveränderliche Schießstätte (vgl. § 27 Abs. 1 S. 1) betreiben will, bedarf lediglich einer einmaligen Erlaubnis vor der erstmaligen Aufstellung (§ 27 Abs. 1 S. 5). Damit durch entsprechende Auflagen ein sicherer Betrieb der mobilen Schießstätte gewährleistet werden kann, hat der Erlaubnisinhaber allerdings bei jeder erneuten Aufnahme und Beendigung des Betriebs diesen Umstand bei der örtlich zuständigen Behörde, dh derjenigen Behörde, in deren Bezirk die Schießstätte betrieben werden soll, zwei Wochen im Voraus anzuzeigen. Zu beachten ist die erforderliche Schriftform. Eine Verletzung dieser Anzeigepflicht[136] kann als Ordnungswidrigkeit nach § 53 Abs. 1 Nr. 5 Alt. 5 geahndet werden.[137]

38 **f) Verletzung der Anzeigepflicht nach § 27 Abs. 2 S. 2.** Nach § 27 Abs. 2 S. 1 werden solche Schießstätten von der Erlaubnispflicht ausgenommen, in denen in geschlossenen Räumen Waffen- oder Munitionshersteller bzw. Waffen- oder Munitionssachverständige oder wissenschaftliche Einrichtungen mit Schusswaffen oder Munition ausschließlich zur Erprobung schießen. Damit die zuständigen Behörden dennoch Kenntnis von den Räumen bekommen, in denen die Schießanlagen betrieben werden, und etwa erforderliche Anordnungen nach § 9 erlassen können,[138] normiert § 27 Abs. 2 S. 2 für den Betreiber einer solchen Schießstätte die Pflicht, Aufnahme und Beendigung des Betriebs anzuzeigen. Die Anzeige hat zwei Wochen im Voraus und schriftlich zu erfolgen. Verletzt der Betreiber diese Anzeigepflicht,[139] liegt eine Ordnungswidrigkeit nach § 53 Abs. 1 Nr. 5 Alt. 6 vor.[140]

39 **g) Verletzung der Anzeigepflicht nach § 31 Abs. 2 S. 3.** Nach § 31 Abs. 1 bedarf derjenige, der Schusswaffen oder Munition nach Anl. 1 Abschn. 3[141] in einen anderen

---
[129] BGBl. I S. 426 (428).
[130] Die Vorschrift entspricht im Wesentlichen § 55 Abs. 1 Nr. 3 Alt. 1 iVm § 11 WaffG aF.
[131] Zum Begriff des Schussapparates → § 2 Rn. 63.
[132] Die Vorschrift entspricht § 27 der 1. WaffV (zum WaffG aF).
[133] Zum Begriff des Verbringens → § 1 Rn. 187.
[134] Vgl. ergänzend → Rn. 30.
[135] Die Vorschrift entspricht im Wesentlichen § 55 Abs. 1 Nr. 28 Buchst. b WaffG aF iVm § 43 Abs. 1 Nr. 5 Alt. 3, § 27 der 1. WaffV (zum WaffG aF).
[136] Vgl. ergänzend → Rn. 30.
[137] Die Vorschrift hat keinen entsprechenden Vorgänger im WaffG aF.
[138] Vgl. BT-Drs. 14/7758, 68.
[139] Vgl. ergänzend → Rn. 30.
[140] Die Vorschrift hat keinen Vorgänger im WaffG aF.
[141] Die genannte Anlage ist abgedruckt in → § 1 Rn. 148.

Mitgliedstaat der Europäischen Union verbringt,[142] der Erlaubnis. Eine solche Erlaubnis kann Waffenherstellern oder -händlern, die Schusswaffen oder Munition zu Waffenhändlern in anderen Mitgliedstaaten verbringen, nach § 31 Abs. 2 S. 1[143] allgemein für die Dauer von bis zu drei Jahren erteilt werden. Der Erlaubnisinhaber hat nach § 31 Abs. 2 S. 3 lediglich die Pflicht, dem Bundeskriminalamt das jeweilige Verbringen vorher anzuzeigen.[144] Die Anzeige hat schriftlich zu erfolgen, eine bestimmte Frist ist nicht vorgesehen. Hinsichtlich der Begehungsart der nicht richtigen bzw. nicht in der vorgeschriebenen Weise erstatteten Anzeige ist auf § 31 Abs. 1 AWaffV[145] hinzuweisen, der auf einen amtlichen Vordruck verweist.[146] Ein Verstoß gegen die Anzeigepflicht[147] des § 31 Abs. 2 S. 3 kann als Ordnungswidrigkeit nach § 53 Abs. 1 Nr. 5 Alt. 7[148] geahndet werden.

h) Verletzung der Anzeigepflicht nach § 34 Abs. 2 S. 1 oder S. 2. Erlaubnispflichtige Schusswaffen[149] dürfen nach § 34 Abs. 1 S. 1 einem anderen nur überlassen[150] werden, wenn dieser zum Erwerb berechtigt ist.[151] Wer nun als Inhaber einer Erlaubnis nach § 21 Abs. 1 S. 1 (dh einer Waffenherstellungs- oder einer Waffenhandelserlaubnis, die nur bei einer gewerbsmäßige Waffenherstellung oder einen gewerbsmäßigen Waffenhandel erteilt wird) eine Schusswaffe einer anderen berechtigten Person[152] überlässt, wird durch § 34 Abs. 2 S. 1 verpflichtet, unverzüglich gewisse Eintragungen in die Waffenbesitzkarte vorzunehmen und das Überlassen binnen zwei Wochen der zuständigen Behörde schriftlich anzuzeigen. Derjenige, der keine Erlaubnis nach § 21 Abs. 1 S. 1 besitzt, also in aller Regel nichtgewerblich handelt, muss (und darf) zwar keine Eintragungen in die Waffenbesitzkarte vornehmen, muss aber nach § 34 Abs. 2 S. 2 im Falle des Überlassens einer erlaubnispflichtigen Schusswaffe dieses Überlassen ebenfalls binnen zwei Wochen der zuständigen Behörde schriftlich anzeigen. Ferner hat er seine Waffenbesitzkarte (bzw. seinen Europäischen Feuerwaffenpass), sofern ihm ein solches Dokument erteilt wurde, vorzulegen, damit die Behörde das Überlassen der Schusswaffe vermerkt. In beiden Fälle muss der Überlassende nach § 34 Abs. 2 S. 3 in der Anzeige den Namen, Vornamen, das Geburtsdatum, den Geburtsort und die Wohnanschrift des Erwerbers sowie die Art und Gültigkeitsdauer der Erwerbs- und Besitzberechtigung angeben. Hinsichtlich der Begehungsweise der nicht richtigen oder unvollständigen Anzeigeerstattung sind ferner die Anforderungen des § 34 Abs. 2 S. 4 und S. 5 zu beachten. Weitere Anforderungen können auf Grund von § 34 Abs. 6 in einer entsprechenden Rechtsverordnung normiert werden. Dies ist bislang nicht geschehen. Die auf die Ermächtigungsvorschrift des § 34 Abs. 6 gestützte AWaffV enthält in § 31 AWaffV lediglich nähere Bestimmungen über die Anzeigepflicht des § 34 Abs. 4 und Abs. 5, nicht aber über diejenige des § 34 Abs. 2 S. 2. Kommt der gewerbsmäßig Handelnde (Abs. 2 S. 1) oder der nichtgewerbsmäßig Handelnde (Abs. 2 S. 2) der Anzeigepflicht nicht nach,[153] liegt eine Ordnungswidrigkeit nach § 53 Abs. 1 Nr. 5 Alt. 8[154] vor. Fraglich ist, ob auch die

---

[142] Zum Begriff des Verbringens → § 1 Rn. 187.
[143] Die Vorschrift entspricht § 9a Abs. 3 der 1. WaffV (zum WaffG aF).
[144] Die Vorschrift entspricht § 28c Abs. 1 der 1. WaffV (zum WaffG aF).
[145] § 31 Abs. 1 AWaffV lautet: „Eine Anzeige nach § 31 Abs. 2 Satz 3 des Waffengesetzes an das Bundeskriminalamt ist mit dem hierfür vorgesehenen amtlichen Vordruck in zweifacher Ausfertigung zu erstatten. Die Anzeige muss die in § 29 Abs. 5 Satz 3 genannten Angaben enthalten. Das Bundeskriminalamt bestätigt dem Anzeigenden den Eingang auf dem Doppel der Anzeige".
[146] Die Vorschrift hat ihren Vorläufer in § 28c Abs. 2 der 1. WaffV (zum WaffG aF).
[147] Vgl. ergänzend → Rn. 30.
[148] Da ein Verstoß gegen § 28c Abs. 1 der 1. WaffV (zum WaffG aF) in § 43 Abs. 1 Nr. 5 der 1. WaffV (zum WaffG aF) nicht genannt war, konnte ein solcher nach bisherigem Recht auch nicht sanktioniert werden.
[149] Zum Begriff der Schusswaffe → § 1 Rn. 9 ff.
[150] Zum Begriff des Überlassens → § 1 Rn. 174 ff.
[151] Dh einer Person, die eine Waffenbesitzkarte nach § 10 Abs. 1 oder eine gleich gestellte andere Erlaubnis zum Erwerb oder Besitz einer Schusswaffe besitzt.
[152] § 34 WaffG nF entspricht im Wesentlichen § 34 WaffG aF.
[153] Vgl. ergänzend → Rn. 30.
[154] Die Vorschrift entspricht im Wesentlichen § 55 Abs. 1 Nr. 3 Alt. 3 iVm § 34 Abs. 3 WaffG aF; nachdem es der Gesetzgeber im WaffNeuRegG 2002 zuerst versäumt hatte, einen Verstoß gegen § 34 Abs. 2 S. 1 (beim gewerbsmäßig Handelnden) zu sanktionieren, hat er dieses Versäumnis im ÄndG 2008, BGBl. I S. 426 (432)

Verletzung der in § 34 Abs. 2 geregelten Vorlagepflicht von diesem Tatbestand erfasst ist. Da § 53 Abs. 1 Nr. 5 sich nur auf die Verletzung von Anzeigepflichten bezieht, kann dies nur dann angenommen werden, wenn man eine Vorlage als „unvollständige Anzeige" betrachtet. Da Anzeigepflicht und Vorlagepflicht jedoch als selbstständige Pflichten anzusehen sind, die nicht, wie zB in § 24 Abs. 5 S. 1, miteinander verknüpft sind („unter Vorlage der Marke […] anzuzeigen"), ist dies abzulehnen.

41 Die Anzeigepflicht entfällt nach § 34 Abs. 2 S. 2 Hs. 2 allerdings „in den Fällen des § 12 Absatz 1 oder beim Überlassen an einen Erlaubnisinhaber nach § 21 Absatz 1 Satz 1 zum Zweck der Verwahrung, der Reparatur oder des Kommissionsverkaufs". In dieser Vorschrift werden also einerseits Sonderkonstellationen geregelt, in denen zum Erwerb und Besitz einer Waffe ausnahmsweise keine Erlaubnis erforderlich ist (§ 12 Abs. 1). Insoweit geht die früher in § 34 Abs. 3 S. 3 WaffG aF vorgesehene Ausnahme für Waffen- und Munitionssachverständige (keine Pflicht zur Anzeige beim Rücküberlassen an den Berechtigten), denen eine Erlaubnis zum Erwerb von Schusswaffen jeder Art erteilt worden ist und die den Besitz nicht länger als drei Monate ausüben, in dieser Ausnahmevorschrift auf. Da § 12 Abs. 1 Nr. 1 Buchst. a jedoch eine Ein-Monats-Frist enthält, die bei in Verwahrungs-, Reparatur- und Kommissionsverkaufsfällen oftmals überschritten wird, sich die danach erforderlichen Umtragungsvorgänge in der Waffenbesitzkarte jedoch als umständlich erwiesen haben,[155] nahm der Gesetzgeber auch diese Fälle von der Eintragungs- und daher auch von der Anzeigepflicht aus.[156] Eine weitere Ausnahme von der Anzeigepflicht enthält § 34 Abs. 3 S. 1 für denjenigen, der einem anderen eine Schusswaffe überlässt, die dieser aber erst im Ausland erwirbt. Damit ist insbes. das Überlassen im Versandwege angesprochen.

42 **i) Verletzung der Anzeigepflicht nach § 34 Abs. 4.** Gem. § 34 Abs. 4[157] hat derjenige, der Schusswaffen der Kategorie B oder C (Anl. 1 Abschn. 3)[158] an Personen überlässt, die ihren gewöhnlichen Aufenthalt in einem anderen Mitgliedstaat der Europäischen Union haben, dies dem Bundeskriminalamt unverzüglich (dh ohne schuldhaftes Zögern, § 121 Abs. 1 S. 1 BGB) anzuzeigen. Gleiches gilt für Munition für die genannten Schusswaffen. Die Anzeige hat schriftlich zu erfolgen. Die Anzeigepflicht gilt gem. § 34 Abs. 4 Hs. 2 nicht beim kurzfristigen Überlassen in den Fällen des § 12 Abs. 1 Nr. 1 und Nr. 5. Nähere Regelungen über den Inhalt der Anzeigepflicht finden sich in § 31 Abs. 2 AWaffV.[159] Kommt der Überlassende dieser Anzeigepflicht nicht oder nicht in dem erforderlich Umfang nach,[160] kann dies als Ordnungswidrigkeit nach § 53 Abs. 1 Nr. 5 Alt. 9[161] geahndet werden.

---

nachgeholt und in § 53 Abs. 1 Nr. 5 Alt. 8, auch einen Verstoß gegen § 34 Abs. 2 S. 1 mit aufgenommen. Er schloss dadurch eine sachlich nicht gerechtfertigte Sanktionslücke; vgl. zu diesem Versäumnis die 1. Aufl., § 34 Rn. 2 sowie BT-Drs. 16/7717, 23; ferner *König/Papsthart* Rn. 870. Auf Grund eines (erneuten) redaktionellen Fehlers in Art. 7 dieses Gesetzes sollte die Erweiterung aber erst zum 1.1.2010 in Kraft treten, vgl. BGBl. 2008 I S. 426 (440). Mit dem 4. ÄndGSprengG wurde der Fehler korrigiert, so dass die Erweiterung um den Abs. 2 S. 1 dann ab dem 25.7.2009 in Kraft trat, vgl. BGBl. 2009 I S. 2062 (2089, 2090); vgl. BT-Drs. 16/12597, 33, 51.

[155] BT-Drs. 18/11239, 45.

[156] Durch das Zweite Gesetz zur Änderung des Waffengesetzes und weiterer Vorschriften vom 30.6.2017, BGBl. I S. 2133 (2135).

[157] Die Vorschrift entspricht im Wesentlichen § 28b Abs. 2 der 1. WaffV (zum WaffG aF); zur Entstehungsgeschichte dieser Anzeigepflicht vgl. *Apel/Bushart* § 34 Rn. 3.

[158] Die Vorschriften sind abgedruckt in → § 1 Rn. 148.

[159] § 31 Abs. 2 AWaffV lautet: „Eine Anzeige nach § 34 Abs. 4, erster Halbsatz des Waffengesetzes an das Bundeskriminalamt ist mit dem hierfür vorgesehenen amtlichen Vordruck zu erstatten und muss folgende Angaben enthalten: 1. über die Person des Überlassers: Vor- und Familiennamen oder Firma, Wohnort oder Firmenanschrift, bei Firmen auch Telefon- oder Telefaxnummer, Datum der Überlassung; 2. über die Person des Erwerbers: Vor- und Familiennamen, Geburtsdatum und -ort, Anschriften in Mitgliedstaaten sowie Nummer, Ausstellungsdatum und ausstellende Behörde des Passes oder des Personalausweises; 3. über die Waffen oder die Munition: die Angaben nach § 29 Abs. 2 Satz 1 Nr. 2 und 3." Die Vorschrift des § 31 Abs. 2 AWaffV geht auf die Ermächtigungsnorm des § 34 Abs. 6 WaffG zurück und übernimmt den Regelungsgehalt des § 28b Abs. 2 S. 2 der 1. WaffV (zum WaffG aF).

[160] Vgl. ergänzend → Rn. 30.

[161] Da ein Verstoß gegen § 28b Abs. 2 der 1. WaffV (zum WaffG aF) in § 43 Abs. 1 Nr. 5 der 1. WaffV (zum WaffG aF) nicht genannt war, konnte ein solcher nach bisherigem Recht auch nicht sanktioniert werden.

j) Verletzung der Anzeigepflicht nach § 34 Abs. 5 S. 1. Nach § 34 Abs. 5 S. 1 muss 43 derjenige, der die hier genannten erlaubnispflichtigen Gegenstände[162] einer Person, die ihren gewöhnlichen Aufenthalt in einem Mitgliedstaat des hier genannten internationalen Übereinkommens[163] hat, überlässt,[164] an sie versendet oder ohne Wechsel des Besitzers endgültig dorthin verbringt,[165] dies dem Bundeskriminalamt unverzüglich schriftlich anzeigen.[166] Hinsichtlich der Begehungsweisen der unvollständig oder nicht in der vorgeschriebenen Weise erfolgten Anzeige ist der – auf die Ermächtigungsvorschrift des § 34 Abs. 6 zurückgehende – § 31 Abs. 5 AWaffV[167] zu beachten.[168] Mit der Vorschrift des § 34 Abs. 5 hat die Bundesrepublik ihre Verpflichtungen aus dem in § 34 Abs. 5 S. 1 genannten Abkommen umgesetzt. Kommt der Überlassende der genannten Anzeigepflicht nicht nach,[169] kann dies als Ordnungswidrigkeit nach § 53 Abs. 1 Nr. 5 Alt. 10 geahndet werden.[170]

Zu beachten sind die Ausnahmeregelungen des § 34 Abs. 5 S. 2.[171] Nach Nr. 1 der 44 genannten Vorschrift besteht keine Anzeigepflicht, wenn der Erwerber eine staatliche Stelle oder ein dort näher beschriebenes Unternehmen ist. Nr. 2 der genannten Vorschrift normiert eine Subsidiarität der Anzeigepflicht des § 34 Abs. 5 S. 1 gegenüber den – im Übrigen in gleicher Weise bußgeldbewehrten – Anzeigepflichten nach § 34 Abs. 4[172] und § 31 Abs. 2 S. 3.[173]

k) Verletzung der Anzeigepflicht nach § 36 Abs. 4 S. 2 aF. Infolge der Neuregelung 45 der Aufbewahrungsvorschriften durch das Zweite Gesetz zur Änderung des Waffengesetzes und weiterer Vorschriften vom 30.6.2017[174] ist die Anzeigepflicht nach § 36 Abs. 4 S. 2 aF entfallen, weshalb auch die Ahndung als Ordnungswidrigkeit entfällt.

---

[162] Es handelt sich um erlaubnispflichtige Feuerwaffen nach Anl. 1 Abschnitt 1 Unterabschn. 1 Nr. 2 (abgedruckt → § 1 Rn. 77), ausgenommen Einzellader-Langwaffen mit nur glattem Lauf oder glatten Läufen, und deren wesentliche Teile, Schalldämpfer und tragbare Gegenstände nach Anl. 1 Abschn. 1 Unterabschn. 1 Nr. 1.2.1 (abgedruckt → § 1 Rn. 26).
[163] Es handelt sich um das Übereinkommen vom 28.6.1978 über die Kontrolle des Erwerbs und Besitzes von Schusswaffen durch Einzelpersonen (BGBl. 1980 II S. 953); vgl. zu diesem Abkommen oben Vorb. WaffG Rn. 20.
[164] Zum Begriff des Überlassens → § 1 Rn. 174 ff.
[165] Zum Begriff des Verbringens → § 1 Rn. 187.
[166] Die Vorschrift entspricht im Wesentlichen § 28 Abs. 1 S. 1 der 1. WaffV (zum WaffG aF); zur Entstehungsgeschichte dieser Anzeigepflicht vgl. *Apel/Bushart* § 34 Rn. 3.
[167] Die Vorschrift des § 31 Abs. 3 AWaffV lautet: „Eine Anzeige nach § 34 Abs. 5 Satz 1 des Waffengesetzes an das Bundeskriminalamt ist mit dem hierfür vorgesehenen amtlichen Vordruck in zweifacher Ausfertigung zu erstatten und muss folgende Angaben enthalten: 1. über die Person des Erwerbers oder derjenigen, der eine Schusswaffe zum dortigen Verbleib in einen anderen Mitgliedstaat verbringt: Vor- und Familiennamen, Geburtsdatum und -ort, Wohnort und Anschrift, Beruf sowie Nummer, Ausstellungsdatum und ausstellende Behörde des Passes oder des Personalausweises, ferner Nummer, Ausstellungsdatum und ausstellende Behörde der Waffenerwerbsberechtigung; 2. über die Schusswaffe: Art der Waffe, Name, Firma oder eingetragene Marke des Herstellers, Modellbezeichnung, Kaliber und Herstellungsnummer; 3. über den Versender: Name und Anschrift des auf dem Versandstück angegebenen Versenders. Beim Erwerb durch gewerbliche Unternehmen sind die Angaben nach Satz 1 Nr. 1 über den Inhaber des Unternehmens, bei juristischen Personen über eine zur Vertretung des Unternehmens befugte Person mitzuteilen und deren Pass oder Personalausweis vorzulegen. Bei laufenden Geschäftsbeziehungen entfällt die wiederholte Vorlage des Passes oder des Personalausweises, es sei denn, dass der Inhaber des Unternehmens gewechselt hat oder bei juristischen Personen zur Vertretung des Unternehmens eine andere Person bestellt worden ist. Wird die Schusswaffe oder die Munition einer Person überlassen, die sie außerhalb des Geltungsbereichs des Waffengesetzes, insbesondere im Versandwege erwerben will, so ist die Angabe der Erwerbsberechtigung nach Satz 1 Nr. 1 nicht erforderlich, ferner genügt an Stelle des Passes oder des Personalausweises eine amtliche Beglaubigung dieser Urkunden. Das Bundeskriminalamt bestätigt dem Anzeigenden den Eingang auf dem Doppel der Anzeige."
[168] Die Vorschrift entspricht § 28 Abs. 2 und Abs. 3 der 1. WaffV (zum WaffG aF).
[169] Vgl. ergänzend → Rn. 30.
[170] Die Vorschrift entspricht im Wesentlichen § 55 Abs. 1 Nr. 28 Buchst. b WaffG aF iVm § 43 Abs. 1 Nr. 5 Alt. 4 iVm § 28 der 1. WaffV (zum WaffG aF).
[171] Die Vorschrift entspricht im Wesentlichen § 28 Abs. 1 S. 2 der 1. WaffV (zum WaffG aF).
[172] Dazu → Rn. 42.
[173] Dazu → Rn. 39.
[174] BGBl. I S. 2133.

46 l) Verletzung der Anzeigepflicht nach § 37 Abs. 1 S. 1. Wer eine Waffe oder Munition,[175] zu deren Erwerb es einer Erlaubnis bedarf, entweder beim Tod eines Waffenbesitzers, oder durch Fund oder in ähnlicher Weise (Nr. 1) oder als Insolvenzverwalter, Zwangsverwalter, Gerichtsvollzieher oder in ähnlicher Weise (Nr. 2) in Besitz nimmt,[176] hat diesen Umstand nach § 37 Abs. 1 S. 1 unverzüglich (dh ohne schuldhaftes Zögern, § 121 Abs. 1 S. 1 BGB) der zuständigen Behörde anzuzeigen.[177] Ausdrücklich wird in der Nr. 1 auf die Inbesitznahme „beim Tode des Waffenbesitzers" und nicht (mehr) auf die Inbesitznahme durch den „Erben" abgestellt. Dies hat seinen Grund darin, dass die Behörde im Todesfall des bisherigen Waffenbesitzers unverzüglich Kenntnis vom Erwerb einer erlaubnispflichtigen Waffe bekommen soll. Aus Sicherheitsgründen soll nicht zugewartet werden müssen, bis der Erbe festgestellt ist.[178] Daraus folgt, dass auch der Erbe, sobald er die tatsächliche Gewalt über eine Schusswaffe erlangt, seine Inbesitznahme unverzüglich anzeigen muss, unabhängig davon, ob er binnen eines Monats ab Annahme der Erbschaft die Ausstellung einer Waffenbesitzkarte beantragt (vgl. § 20 S. 1). Schriftform ist für die Anzeige nicht erforderlich. Eine Verletzung dieser Anzeigepflicht[179] kann als Ordnungswidrigkeit nach § 53 Abs. 1 Nr. 5 Alt. 12 geahndet werden.[180] Fraglich ist, ob daneben eine Strafbarkeit wegen unbefugten Besitzes einer erlaubnispflichtigen Schusswaffe oder Munition vorliegen kann (zB nach § 52 Abs. 3 Nr. 2). Dies ist aus den bereits genannten Gründen[181] anzunehmen: Einerseits ist es denkbar, dass der Täter (zB als Inhaber eines gültigen Jahresjagdscheins) die Waffe oder Munition berechtigt besitzt und daher die Strafnorm nicht zur Anwendung kommen kann (insoweit läuft die Ordnungswidrigkeit also nicht „leer", da sie durchaus einen eigenen Anwendungsbereich besitzt) und andererseits erlangt die Behörde – im Gegensatz zur Nichtbefolgung einer Anordnung nach § 37 Abs. 1 S. 2 – bei einer nicht vorgenommenen Anzeige keine Kenntnis vom Besitzwechsel und kann daher auch keine weiteren Schritte einleiten, sodass die Annahme einer Strafbarkeit durchaus gerechtfertigt erscheint.

47 m) Verletzung der Anzeigepflicht nach § 37 Abs. 2 S. 1.[182] Derjenige, dem erlaubnispflichtige Waffen oder Munition[183] oder Erlaubnisurkunden abhanden kommen, hat diesen Umstand unverzüglich[184] (dh ohne schuldhaftes Zögern, § 121 Abs. 1 S. 1 BGB) der zuständigen Behörde anzuzeigen.[185] Zudem ist er verpflichtet, seine Waffenbesitzkarte und seinen Europäischen Waffenpass, falls noch vorhanden, vorzulegen. Hinsichtlich der Begehungsweise der unvollständig oder nicht in der vorgeschriebenen Weise erstatteten Anzeige ist fraglich, ob diese Vorlagepflicht einen Teil der Anzeigepflicht oder eine eigenständige Pflicht darstellt, deren Verletzung nicht von § 53 Abs. 1 Nr. 5 Alt. 13 (und auch von keinem anderen Ordnungswidrigkeitentatbestand) erfasst wird. Da das Gesetz auch sonst zwischen Anzeige- und Vorlagepflichten trennt (vgl. § 53 Abs. 1 Nr. 5 einerseits und Nr. 7 andererseits), ist davon auszugehen, dass beide Pflichten getrennt voneinander zu beurteilen sind, die Verletzung der Vorlagepflicht also nicht sanktioniert wird.[186] Eine Schriftform ist für die Anzeige nicht erforderlich. Eine Verletzung der Anzeigepflicht[187] kann als Ordnungswidrigkeit nach § 53 Abs. 1 Nr. 5 Alt. 13 geahndet werden.[188]

---

[175] Vgl. zum Begriff der Waffe → § 1 Rn. 9 ff.; zur Munition → § 1 Rn. 130 ff.
[176] Zum Begriff des Besitzes → § 1 Rn. 152 ff.
[177] Die Vorschrift entspricht in Bezug auf die Personengruppe des § 37 Abs. 1 S. Nr. 1 im Wesentlichen § 28 Abs. 7 S. 1 WaffG aF; in Bezug auf die genannten Insolvenzverwalter, Zwangsverwalter, Gerichtsvollzieher etc (§ 37 Abs. 1 S. 1 Nr. 2) entspricht sie im Wesentlichen § 43 Abs. 1 WaffG aF.
[178] Vgl. BT-Drs. 14/7758, 75.
[179] Vgl. ergänzend → Rn. 30.
[180] Die Vorschrift entspricht im Wesentlichen § 55 Abs. 1 Nr. 3 Alt. 4 iVm § 43 Abs. 1 WaffG aF.
[181] Vgl. ausführlich → § 52 Rn. 20, 56; so auch Steindorf/*B. Heinrich* Rn. 10.
[182] Die Vorschrift entspricht im Wesentlichen § 43 Abs. 2 S. 1 WaffG aF.
[183] Zum Begriff der Waffe → § 1 Rn. 9 ff.; zum Begriff der Munition → § 1 Rn. 130 ff.
[184] § 43 Abs. 2 S. 1 WaffG aF räumte dem Pflichtigen noch eine Frist von einer Woche ab Kenntniserlangung ein.
[185] Die Vorschrift entspricht im Wesentlichen § 43 Abs. 2 WaffG aF.
[186] So auch Steindorf/*B. Heinrich* Rn. 10.
[187] Vgl. ergänzend → Rn. 30.
[188] Die Vorschrift entspricht im Wesentlichen § 55 Abs. 1 Nr. 3 Alt. 5 iVm § 43 Abs. 2 S. 1 WaffG aF.

n) Verletzung der Anzeigepflicht nach § 37 Abs. 3 S. 1. Nach § 37 Abs. 3 S. 1 muss **48** der Besitzer[189] einer erlaubnispflichtigen oder gem. Anl. 2 Abschn. 1 Nr. 1.2 verbotenen Schusswaffe[190] die **Unbrauchbarmachung** oder **Zerstörung** dieser Waffe der zuständigen Behörde anzeigen.[191] Bzgl. der Unbrauchbarmachung verweist § 37 Abs. 3. S. 1 auf Anl. 1 Abschn. 1 Unterabschn. 1 Nr. 1.4.[192] Dieser Verweis erscheint auf den ersten Blick widersinnig, da in Nr. 1.4 der genannten Anlage gerade der Fall geregelt ist, dass eine unbrauchbar gemachte Waffe auch weiterhin den Regelungen des WaffG unterfällt, wenn sie nicht nach Nr. 1.4.1 bis 1.4.6 **dauerhaft** unbrauchbar gemacht wurde. Gemeint ist in § 37 Abs. 3 S. 1 nun allerdings, dass nur in den Fällen der dauerhaften Unbrauchbarmachung (für die dann nach Nr. 1.4 der genannten Anlage die Regelungen des WaffG gerade nicht mehr gelten) eine Anzeigepflicht besteht. Die Anzeige hat schriftlich und innerhalb einer Frist von zwei Wochen zu erfolgen. Hintergrund dieser Regelung ist die Schaffung einer wirksameren Kontrollmöglichkeit in Bezug auf die tatsächliche Unbrauchbarmachung und den Verbleib von Waffen. Auf Verlangen hat der Waffenbesitzer auch den (unbrauchbar gemachten oder zerstörten) Gegenstand vorzulegen. Da dieses Verlangen im pflichtgemäßen Ermessen der Behörde steht, ist die Vorlagepflicht in Bezug auf den jeweiligen Gegenstand eine eigenständige (und im Falle des Verstoßes nicht sanktionierte) Pflicht und nicht Teil der Anzeigepflicht.[193] Hat der Waffenbesitzer die Anzeige bereits erstattet und verlangt die Behörde daraufhin die Vorlage der Waffe, so stellt eine entsprechende Weigerung des Besitzers keine Ordnungswidrigkeit nach § 53 Abs. 1 Nr. 5 Alt. 14 dar. Dies gilt auch für den Fall, dass die Behörde noch vor Erstattung der Anzeige ihr Verlangen äußert, der Besitzer aber innerhalb der Frist lediglich die Anzeige erstattet, nicht aber den Gegenstand vorlegt. Eine Verletzung der Anzeigepflicht[194] kann als Ordnungswidrigkeit nach § 53 Abs. 1 Nr. 5 Alt. 14[195] geahndet werden.

Hinsichtlich der Begehungsweise der unvollständig erstatteten Anzeige ist **§ 37 Abs. 3** **49** **S. 2** zu beachten, wonach der Besitzer bei der Anzeige seine Personalien sowie Art, Kaliber, Herstellerzeichen oder Marke und – falls vorhanden – die Herstellungsnummer der Schusswaffe anzugeben hat. Fraglich ist allerdings, ob diese Angaben im vorliegenden Zusammenhang Teil der bußgeldbewehrten Anzeigepflicht sind. Dafür spricht der Wortlaut („dabei"). Dagegen spricht, dass im alten Waffenrecht ein Verstoß gegen die Pflicht, die Personalien anzugeben, als eigenständige Ordnungswidrigkeit nach § 55 Abs. 1 Nr. 28 Buchst. b WaffG aF iVm § 43 Abs. 1 Nr. 5 Alt. 8 iVm § 28a Abs. 1 S. 2 der 1. WaffV (zum WaffG aF) geahndet wurde. Ein Verweis auf § 37 Abs. 3 S. 2 fehlt im neuen § 53 Abs. 1 Nr. 5 aber.

o) Verletzung der Anzeigepflicht nach § 40 Abs. 5. Derjenige, der eine verbotene **50** Waffe[196] als Erbe, Finder oder in ähnlicher Weise (zB als Vollstreckungsbeamter oder im Wege der Sicherstellung) in Besitz nimmt,[197] hat dies unverzüglich (dh ohne schuldhaftes Zögern, § 121 Abs. 1 S. 1 BGB) der zuständigen Behörde anzuzeigen. Schriftform ist dabei nicht erforderlich. Im Unterschied zu § 37 Abs. 1 S. 1,[198] der erlaubnispflichtige Waffen und Munition betrifft, werden von § 40 Abs. 5 S. 1 die **verbotenen Waffen** erfasst. Zu beachten ist, dass zwar in den Fällen des § 40 Abs. 5 S. 3 der Umgang mit den entsprechenden Waffen vorübergehend gestattet ist, dies aber die Anzeigepflicht des § 40 Abs. 5 S. 1

---

[189] Zum Begriff des Besitzes → § 1 Rn. 152 ff.
[190] Zum Begriff der Schusswaffe → § 1 Rn. 9 ff.; zu den verbotenen Waffen nach Anl. 2 Abschn. 1 Nr. 1.2 → § 2 Rn. 3.
[191] Die Vorschrift entspricht im Wesentlichen § 28a Abs. 1 S. 1 der 1. WaffV (zum WaffG aF).
[192] Hierzu → § 1 Rn. 59 ff.
[193] Steindorf/*B. Heinrich* Rn. 10.
[194] Vgl. ergänzend hierzu → Rn. 30.
[195] Die Vorschrift entspricht im Wesentlichen § 55 Abs. 1 Nr. 28 Buchst. b WaffG aF iVm § 43 Abs. 1 Nr. 5 Alt. 7 iVm § 28a Abs. 1 S. 1 der 1. WaffV (zum WaffG aF).
[196] Zum Begriff der verbotenen Waffe → § 2 Rn. 3 ff.
[197] Zum Begriff des Besitzes → § 1 Rn. 1452 ff.
[198] Vgl. zur Verletzung der Anzeigepflicht des § 37 Abs. 1 S. 1 → Rn. 46.

unberührt lässt. Diese besteht auch unabhängig davon, ob der Besitzer zuvor einen Antrag nach § 40 Abs. 4 gestellt oder die Behörde bereits eine Anordnung nach § 40 Abs. 5 S. 2 erlassen hat. In der Regel ist die Anzeige allerdings einer solchen Behördenanordnung vorgeschaltet, weil die Behörde regelmäßig erst durch diese Anzeige Kenntnis von der Inbesitznahme der Waffe erhält. Eine Verletzung dieser Anzeigepflicht[199] kann als Ordnungswidrigkeit nach § 53 Abs. 1 Nr. 5 Alt. 15[200] geahndet werden. Nicht eindeutig ist hier allerdings, warum der Gesetzgeber in § 40 Abs. 5 nicht die gleiche Formulierung wie in § 37 Abs. 1 S. 1 („beim Tode eines Waffenbesitzers" statt wie hier „Erbe") gewählt hat, da die dortigen Argumente, die für eine Loslösung von der Erbenstellung angeführt wurden,[201] an sich auch hier gelten. Auch hier gilt allerdings, dass der unbefugte Besitz der verbotenen Waffen auch bei Verstoß gegen die Anzeigepflicht als eigenständige Straftat nach den einschlägigen Strafvorschriften der § 51 Abs. 1, § 52 Abs. 1 Nr. 1 und Abs. 3 Nr. 1 verfolgt werden kann.[202]

51 **6. Verletzung von Mitteilungspflichten (Nr. 6).** Nach § 10 Abs. 2 S. 2 kann eine Waffenbesitzkarte auch einem schießsportlichen Verein oder einer jagdlichen Vereinigung als juristischer Person erteilt werden. Die Erteilung der Waffenbesitzkarte ist nach § 10 Abs. 2 S. 3 mit der Auflage zu verbinden, der zuständigen Behörde eine verantwortliche Person zu benennen, für die die Voraussetzungen des § 4 Abs. 1 Nr. 1 bis Nr. 3 (persönliche Zuverlässigkeit, Eignung, Sachkunde etc) nachgewiesen sind.[203] Scheidet diese (für die Vereinswaffen) verantwortliche Person aus dem schießsportlichen Verein aus oder erfüllt sie nicht mehr die genannten Voraussetzungen des § 4 Abs. 1 Nr. 1 bis Nr. 3, hat der Verein diesen Umstand nach § 10 Abs. 2 S. 4 der zuständigen Behörde unverzüglich mitzuteilen. Adressat dieser Vorschrift ist die vertretungsberechtigte Person im betreffenden Verein.[204] Eine weitere Mitteilungspflicht enthält der durch das ÄndG 2008[205] neu ins Gesetz aufgenommene § 37 Abs. 4. Dieser verpflichtet Inhaber waffenrechtlicher Erlaubnisse und Bescheinigungen bei einem Wegzug ins Ausland ihre neue Anschrift der zuletzt für sie zuständigen Behörde mitzuteilen. Mit dem 4. ÄndGSprengG wurde § 37 Abs. 4 in den Katalog des § 53 Abs. 1 Nr. 6 eingefügt.[206] Wer einer solchen Mitteilungspflicht nach § 10 Abs. 2 S. 4 oder nach § 37 Abs. 4 nicht, nicht richtig, nicht vollständig oder nicht rechtzeitig nachkommt, begeht eine Ordnungswidrigkeit nach § 53 Abs. 1 Nr. 6.[207] Hinsichtlich der letztgenannten Begehungsform („nicht rechtzeitig") ist zu beachten, dass die Mitteilung gem. § 10 Abs. 2 S. 4 unverzüglich, dh ohne schuldhaftes Zögern (§ 121 Abs. 1 S. 1 BGB), vorzunehmen ist. Eine Schriftform ist nicht erforderlich.

52 **7. Nichtbeantragung der Eintragung in die Waffenbesitzkarte bzw. Nichtvorlage des Europäischen Waffenpasses (Nr. 7).** Nach § 2 Abs. 2 iVm § 10 Abs. 1 S. 1 bedarf derjenige, der Schusswaffen erwerben will,[208] grds. einer Erlaubnis, die in Form einer Waffenbesitzkarte erteilt wird. Hiervon werden jedoch in bestimmten Fällen Ausnahmen gemacht, ua beim Erben (§ 20 S. 1) und beim Erwerb bestimmter Schusswaffen durch den Inhaber eines Jagdscheins (§ 13 Abs. 3 S. 1). Auch Sportschützen benötigen beim Erwerb einer der in § 14 Abs. 4 S. 1 genannten Waffen keiner vorherigen Erlaubnis (bzgl. einer konkreten Waffe), sofern ihnen zuvor eine unbefristete Erlaubnis nach § 14 Abs. 4 S. 1

---

[199] Vgl. ergänzend hierzu → Rn. 30.
[200] Die Vorschrift hat keinen Vorgänger im WaffG aF, da § 37 Abs. 4 WaffG aF eine Anzeigepflicht nicht vorsah.
[201] Vgl. BT-Drs. 14/7758, 75 und → Rn. 46.
[202] Zu dieser Problematik bereits → § 52 Rn. 20, 56 und → Rn. 46; ferner Steindorf/*B. Heinrich* Rn. 10.
[203] Der Verstoß hiergegen stellt eine Ordnungswidrigkeit nach § 53 Abs. 1 Nr. 4 Alt. 2 iVm § 10 Abs. 2 S. 3 dar; hierzu → Rn. 12 f.
[204] Hinze/*Runkel* Rn. 20; Steindorf/*B. Heinrich* Rn. 11.
[205] BGBl. I S. 426 (431).
[206] BGBl. 2009 I S. 2062 (2089).
[207] Die Vorschrift hat keinen Vorgänger im WaffG aF.
[208] Vgl. zum Begriff der Schusswaffe → § 1 Rn. 9 ff.; zum Begriff des Erwerbens → § 1 Rn. 168 ff.

erteilt wurde. In den genannten Fällen ist zwar der Erwerb der jeweiligen Waffe selbst erlaubnisfrei, der Erwerber muss aber, will er die Waffe dauerhaft behalten, nachträglich entweder die Ausstellung einer Waffenbesitzkarte oder die Eintragung der Schusswaffe in eine bereits erteilte Waffenbesitzkarte beantragen. In gleicher Weise hat derjenige, der einem anderen, ohne dabei gewerbsmäßig zu handeln, eine erlaubnispflichtige Schusswaffe nach § 34 Abs. 2 S. 2 überlässt, der zuständigen Behörde seine Waffenbesitzkarte oder seinen Europäischen Feuerwaffenpass zur Berichtigung vorzulegen. Wer dieser Pflicht, die Ausstellung oder die Eintragung zu beantragen bzw. die entsprechenden Dokumente nicht vorzulegen nicht oder nicht rechtzeitig nachkommt, handelt ordnungswidrig.[209] Ebenfalls ordnungswidrig handelt, wer in den in § 53 Abs. 1 Nr. 7 genannten Fällen seinen Europäischen Feuerwaffenpass der Behörde nicht vorlegt.[210]

a) Verstoß gegen § 13 Abs. 3 S. 2 (Inhaber eines Jahresjagdscheins). Nach § 13 **53** Abs. 3 S. 1 bedarf der Inhaber eines Jahresjagdscheins (§ 15 Abs. 2 BJagdG) für den Erwerb von Langwaffen, die nicht nach dem BJagdG verboten sind, keiner Erlaubnis. Gem. § 13 Abs. 3 S. 2 hat der Erwerber aber die Ausstellung einer Waffenbesitzkarte oder, falls er eine solche schon besitzt, die Eintragung der erworbenen Waffe in diese Waffenbesitzkarte zu beantragen. Die Frist hierfür beträgt zwei Wochen ab dem Zeitpunkt, in dem der Erwerber die tatsächliche Gewalt über die Waffe erlangt. Der Antrag kann formlos erfolgen, eine Schriftform ist nicht erforderlich. Wer dieser Pflicht, die Ausstellung oder die Eintragung zu beantragen, nicht nachkommt, handelt ordnungswidrig nach § 53 Abs. 1 Nr. 7 Alt. 1.[211] Bußgeldbewehrt ist allerdings nur die unterlassene Beantragung, nicht sanktioniert ist hingegen die unterlassene Vorlage einer bereits erteilten Waffenbesitzkarte.[212] Eine solche Pflicht ist auch in § 13 Abs. 3 S. 2 nicht ausdrücklich normiert.

Da der Erwerb in dem genannten Fall erlaubnisfrei war, kommt demnach keine Strafbar- **54** keit wegen eines unerlaubten Erwerbs in Frage. Zu denken wäre allerdings an eine Strafbarkeit wegen unerlaubten Besitzes gem. § 52 Abs. 3 Nr. 2 nach Ablauf der in § 13 Abs. 3 S. 2 genannten Frist. Dann aber würde die Ordnungswidrigkeit nach § 53 Abs. 1 Nr. 7 Alt. 1 leer laufen, da immer zugleich eine Straftat vorläge. Daraus folgt, dass § 53 Abs. 1 Nr. 7 Alt. 1 insoweit als **lex specialis** anzusehen ist. Eine Strafbarkeit wegen unerlaubten Besitzes kommt somit auch nach Überschreitung der Zwei-Wochen-Frist des § 13 Abs. 3 S. 2 nicht in Frage.[213]

Nachdem im Gegensatz zur Vorgängervorschrift (§ 55 Abs. 1 Nr. 15 WaffG aF) die **nicht 55 rechtzeitige Beantragung** in § 53 Abs. 1 Nr. 7 Alt. 1 nicht mehr ausdrücklich erwähnt wird, erscheint es fraglich, ob allein das Versäumen der Zwei-Wochen-Frist von der genannten Bußgeldvorschrift erfasst wird. Dagegen spricht der geänderte Wortlaut der Vorschrift und ein Vergleich mit § 53 Abs. 1 Nr. 5, wonach die nicht rechtzeitige Erfüllung der Anzeigepflicht ausdrücklich erwähnt wird (das Gleiche gilt für die Vorführungspflicht nach § 53 Abs. 1 Nr. 15). Auch die 4. und Alt. 5 des § 53 Abs. 1 Nr. 7 selbst könnten darauf hindeuten, erwähnen diese doch ausdrücklich die nicht rechtzeitige Vorlage der genannten Dokumente. Für die Sanktionierung der nicht rechtzeitigen Antragstellung spricht aber, dass die in § 13

---

[209] Nach BT-Drs. 14/7758, 83 (zu Nummer 6) war ein entsprechender Verstoß bisher nicht bußgeldbewehrt; dies trifft aber nur im Hinblick auf den Feuerwaffenpass zu, ein Verstoß gegen die Pflicht zur Beantragung der Eintragung in die Waffenbesitzkarte war nach § 55 Abs. 1 Nr. 15 WaffG aF bußgeldbewehrt; vgl. aus der Rspr. zum WaffG aF BGH 24.11.1992 – 4 StR 539/92, NStZ 1993, 192; BayObLG 9.2.1996 – 4 St RR 14/96, NStZ-RR 1996, 184.
[210] Näher → Rn. 59 f.
[211] Die Vorschrift entspricht im Wesentlichen § 55 Abs. 1 Nr. 15 Alt. 1 iVm § 28 Abs. 5 S. 1, Abs. 4 Nr. 7 WaffG aF.
[212] Steindorf/B. Heinrich Rn. 12.
[213] Vgl. zu § 55 Abs. 1 Nr. 15 Alt. 1 WaffG aF BGH 24.11.1992 – 4 StR 539/92, NStZ 1993, 192; BayObLG 9.2.1996 – 4 St RR 14/96, NStZ-RR 1996, 184 = DÖV 1996, 1048 = BayVBl. 1997, 27; so auch Gade/Stoppa § 13 Rn. 26; Hinze/Runkel Rn. 22; Steindorf/N. Heinrich § 13 Rn. 8c; Steindorf/B. Heinrich Rn. 12; anders König/Papsthart Rn. 101; zweifelnd auch Apel/Bushart/Bushart § 13 Rn. 17 Fn. 15; auch nach BVerwG 30.4.1985 – 1 C 12.83, DVBl 1985, 1311 erlischt mit Ablauf der Frist die Berechtigung zum Besitz.

Abs. 3 S. 2 genannte Frist ansonsten nahezu bedeutungslos würde. Der Betroffene könnte jederzeit, auch noch nachdem die Behörde anderweitig Kenntnis vom Erwerb und Besitz der Waffe erlangt hat, die Verhängung eines Bußgeldes durch die nachträgliche Beantragung der Eintragung bzw. der Ausstellung einer Waffenbesitzkarte verhindern. Dies ist sachlich jedoch nicht gerechtfertigt. Die Einbeziehung auch der nicht rechtzeitigen Beantragung lässt sich auch mit dem Wortlaut des § 53 Abs. 1 Nr. 7 wie folgt vereinbaren: § 53 Abs. 1 Nr. 7 Alt. 1 knüpft daran an, dass der Handelnde entgegen § 13 Abs. 3 S. 2 den Antrag nicht stellt. Da § 13 Abs. 3 S. 2 den Antrag an die Zwei-Wochen-Frist knüpft, liegt ein Verstoß gegen diese Vorschrift bereits bei Überschreitung dieser Frist vor.[214]

56 **b) Verstoß gegen § 14 Abs. 4 S. 2 (Sportschützen).** Für Sportschützen ist der Erwerb von Schusswaffen zwar nicht erlaubnisfrei, jedoch wird ihnen nach § 14 Abs. 4 S. 1 für die dort genannten Schusswaffen die Erlaubnis abweichend von § 10 Abs. 1 S. 3 **unbefristet** erteilt. Die Eintragung der auf Grund dieser unbefristeten Erlaubnis erworbenen Waffen in die Waffenbesitzkarte hat der Erwerber gem. § 14 Abs. 4 S. 2 zu beantragen. Die Frist für die Beantragung beträgt auch hier zwei Wochen ab dem Zeitpunkt, in dem der Erwerber die tatsächliche Gewalt über die Waffen erlangt. Die Nichtbeantragung der Eintragung kann als Ordnungswidrigkeit gem. § 53 Abs. 1 Nr. 7 Alt. 2 geahndet werden.[215] Obwohl auch hier die nicht rechtzeitige Beantragung der Eintragung in § 53 Abs. 1 Nr. 7 Alt. 2 nicht ausdrücklich erwähnt ist, ist diese dennoch bußgeldbewehrt, da ein Verstoß „entgegen" § 14 Abs. 4 S. 2 eben auch einen Verstoß gegen die dort vorgesehene Frist beinhaltet.[216] Die Beantragung der Ausstellung einer Waffenbesitzkarte wird in § 14 Abs. 4 S. 2 nicht erwähnt, da im Gegensatz zum Inhaber eines Jahresjagdscheins (§ 13 Abs. 3)[217] der Sportschütze zum Erwerb eben gerade einer (wenn auch unbefristet erteilten) vorherigen Erlaubnis in Form einer Waffenbesitzkarte bedarf. Eine solche muss also schon vor dem Erwerb vorliegen. Ist das nicht der Fall, so begeht der Erwerber eine Straftat nach § 52 Abs. 3 Nr. 2 Buchst. a wegen unerlaubten Waffenerwerbs und nicht etwa nur eine Ordnungswidrigkeit wegen Nichtbeantragung der Ausstellung einer Waffenbesitzkarte.[218] Zu denken wäre allerdings auch hier an eine Strafbarkeit wegen unerlaubten Besitzes gem. § 52 Abs. 3 Nr. 2 nach Ablauf der in § 14 Abs. 4 S. 2 genannten Frist. Dann aber würde die Ordnungswidrigkeit nach § 53 Abs. 1 Nr. 7 Alt. 2 leer laufen, da immer zugleich eine Straftat vorläge. Daraus folgt, dass § 53 Abs. 1 Nr. 7 Alt. 2 insoweit als **lex specialis** anzusehen ist. Eine Strafbarkeit wegen unerlaubten Besitzes kommt somit auch nach Überschreitung der Zwei-Wochen-Frist des § 14 Abs. 4 S. 2 nicht in Frage.[219]

57 **c) Verstoß gegen § 20 Abs. 1 (Erben).** Hinterlässt ein Erblasser in seinem Nachlass eine erlaubnispflichtige Schusswaffe, so hat der Erbe, sofern er die Waffe behalten möchte, für diese die Ausstellung einer Waffenbesitzkarte oder, falls er schon eine Waffenbesitzkarte besitzt, die Eintragung der Schusswaffe in diese zu beantragen (§ 20 Abs. 1).[220] Die Frist

---
[214] So auch Steindorf/*B. Heinrich* Rn. 12; im Ergebnis auch Apel/Bushart/*Bushart* Rn. 15.
[215] Die Vorschrift entspricht im Wesentlichen § 55 Abs. 1 Nr. 15 Alt. 2 iVm § 28 Abs. 7 S. 1 WaffG aF.
[216] Bzgl. der Berücksichtigung der nicht rechtzeitigen Beantragung bereits → Rn. 55.
[217] Dazu → Rn. 53 ff.
[218] Steindorf/*B. Heinrich* Rn. 12.
[219] So auch Hinze/*Runkel* Rn. 22; Steindorf/*B. Heinrich* Rn. 12.
[220] Die Vorschrift entspricht im Wesentlichen § 28 Abs. 5 S. 1 und S. 2 WaffG aF. Im Rahmen des ÄndG 2008, BGBl. I S. 426 (427), wurde § 20 um einige Absätze erweitert. Der Gesetzgeber hatte es jedoch versäumt den Verweis in § 53 Abs. 1 Nr. 7 anzupassen, so dass bis zum 25.7.2009 immer noch auf § 20 „Satz 1" verwiesen wurde, weshalb fraglich war, ob die Norm auf Grund des auch im Ordnungswidrigkeitenrecht geltenden Bestimmtheitsgebotes überhaupt noch zur Anwendung kommen konnte (vgl. hierzu auch Steindorf/*B. Heinrich* Rn. 12; allgemein zu möglichen Verstößen gegen das Bestimmtheitsgebot im deutschen Waffenrecht auch *B. Heinrich* in Gade/Stoppa S. 107 (127 f.). Diesen Fehler hat der Gesetzgeber nun mit dem 4. ÄndGSprengG, BGBl. 2009 I S. 2062 (2089), nachgebessert. In der heutigen Gesetzesfassung wird nun zutreffend auf § 20 Abs. 1 verwiesen. Fraglich ist allerdings, warum er dabei sprachlich von seiner sonstigen Zitierung („Absatz" statt „Abs.") abweicht, was nun leider zu einer uneinheitlichen Schreibweise in § 53 führt.

dafür beträgt gem. § 20 Abs. 1 einen Monat ab dem Zeitpunkt der Annahme der Erbschaft oder dem Ablauf der für die Ausschlagung der Erbschaft vorgeschriebenen Frist. Auf einen Erwerb iS des WaffG, also das Erlangen der tatsächlichen Gewalt,[221] kommt es nach dem Wortlaut des Gesetzes nicht an.[222] Allein die Erbenstellung zieht die Pflicht zur Beantragung nach sich (nimmt der Erbe die Waffe zudem in Besitz gilt darüber hinaus § 37 Abs. 1 mitsamt der entsprechenden Anzeigepflicht, deren Verletzung selbstständig sanktioniert werden kann).[223] Kommt nun der Erbe seiner Beantragungspflicht nicht nach, kann dies als Ordnungswidrigkeit nach § 53 Abs. 1 Nr. 7 Alt. 3 geahndet werden.[224] Obwohl auch hier die nicht rechtzeitige Beantragung der Eintragung in § 53 Abs. 1 Nr. 7 Alt. 3 nicht ausdrücklich erwähnt ist, ist diese dennoch bußgeldbewehrt, da ein Verstoß „entgegen" § 20 Abs. 1 eben auch einen Verstoß gegen die dort vorgesehene Frist beinhaltet.[225] Im Hinblick auf den nach Ablauf der Frist möglicherweise unberechtigt ausgeübten Besitz der Schusswaffe durch den Erben ist auf die vorrangig einschlägige Norm des § 37 Abs. 1 S. 1 und die hier einschlägige Ordnungswidrigkeit nach § 53 Abs. 1 Nr. 5 zu verweisen.[226] Denn § 20 normiert Pflichten des Erben unabhängig von einem möglichen Besitz der Waffe.

Anders als beim Erben stellt sich die Situation naturgemäß für den Vermächtnisnehmer **58** oder den durch eine Auflage Begünstigten dar. Nach § 20 Abs. 1 Hs. 2 beginnt bei ihnen die Monatsfrist erst zum Zeitpunkt des Erwerbs der Schusswaffe, was auch insofern konsequent ist, da sie durch den Erbfall lediglich einen schuldrechtlichen Anspruch auf die Herausgabe der Waffe besitzen. Auch wenn der Gesetzgeber mit dieser Regelung beabsichtigte, den Vermächtnisnehmer oder den durch eine Auflage Begünstigten durch diese Regelung zu verpflichten, binnen eines Monats nach dem Erwerb der Schusswaffen die Ausstellung einer Waffenbesitzkarte oder ihre Eintragung in eine bereits bestehende Waffenbesitzkarte zu beantragen, ist ihm dies – jedenfalls im Hinblick auf den Bußgeldtatbestand, der verfassungsrechtlichen Bestimmtheitsgrundsatz entsprechen muss, nicht gelungen. Denn § 20 Abs. 1 Hs. 2 spricht lediglich davon, dass für den Vermächtnisnehmer und für den durch eine Auflage Begünstigten „diese Frist" zu laufen beginnt. Dieser Frist liegt jedoch materiell überhaupt keine Pflicht zu Grunde, da in § 20 Abs. 1 Hs. 1 nur davon die Rede ist, dass „der Erbe" die Ausstellung einer Waffenbesitzkarte etc beantragen muss. Vom Vermächtnisnehmer oder dem durch eine Auflage Begünstigten ist hier gar nicht die Rede, sodass sie vom vorliegenden Bußgeldtatbestand nicht erfasst werden können.[227]

d) Verstoß gegen § 34 Abs. 2 S. 2 (nach rechtmäßiger Überlassung). Nach § 34 **59** Abs. 2 S. 2 ist derjenige, der einem anderen (ohne dass er als gewerbsmäßiger Waffenhersteller oder -händler eine Erlaubnis nach § 21 Abs. 1 S. 1 besitzt) eine erlaubnispflichtige Schusswaffe überlässt,[228] verpflichtet, diesen Umstand innerhalb von zwei Wochen der zuständigen Behörde anzuzeigen.[229] Darüber hinaus ist er nach § 34 Abs. 2 S. 2 verpflichtet, der zuständigen Behörde, soweit vorhanden, seine Waffenbesitzkarte oder seinen Europäischen Feuerwaffenpass vorzulegen.[230] Diese Pflicht trifft dabei nur den nicht gewerbsmäßig Handelnden,

---

[221] Dazu → § 1 Rn. 168 ff.
[222] Im ursprünglichen Gesetzentwurf (BT-Drs. 14/7758, 12) war noch von der Inbesitznahme durch den Erben (§ 20 Abs. 1 des Entwurfes) und vom Überlassen (das notwendigerweise einen vorherigen Besitz iS des WaffG beinhaltet) an einen Berechtigten (§ 20 Abs. 2 des Entwurfes) die Rede. Dafür, dass es nach der geltenden Fassung auf einen Besitz des Erben nicht ankommt, spricht auch ein Vergleich mit § 20 Abs. 1 Hs. 2, wonach für den Vermächtnisnehmer und den durch eine Auflage Begünstigten ausdrücklich der Erwerb als Beginn des Fristlaufs genannt wird.
[223] Zum Verstoß gegen diese Anzeigepflicht → Rn. 46.
[224] Die Vorschrift entspricht im Wesentlichen § 55 Abs. 1 Nr. 15 Alt. 1 iVm § 28 Abs. 5 S. 1 WaffG aF.
[225] Bzgl. der Berücksichtigung der nicht rechtzeitigen Beantragung bereits → Rn. 55.
[226] Hierzu → Rn. 46.
[227] So auch Hinze/*Runkel* Rn. 23; Steindorf/*B. Heinrich* Rn. 12; aM Erbs/Kohlhaas/*Pauckstadt-Maihold*, W 12 Rn. 24.
[228] Zum Begriff des Überlassens → § 1 Rn. 174 ff.
[229] Ein Verstoß hiergegen stellt eine Ordnungswidrigkeit nach § 53 Abs. 1 Nr. 5 Alt. 8 iVm § 34 Abs. 2 S. 2 dar; → Rn. 40.
[230] Die Vorschrift entspricht im Wesentlichen § 34 Abs. 3 S. 2 WaffG aF.

nicht hingegen den gewerbsmäßig handelnden Inhaber einer Waffenherstellungs- oder Waffenhandelserlaubnis nach § 21 Abs. 1 S. 1, der einem anderen eine Schusswaffe überlässt, die dieser seinerseits auf Grund einer Erwerbserlaubnis nach § 10 Abs. 1 die Waffe rechtmäßig erwirbt. Der Grund liegt darin, dass der gewerbsmäßig Handelnde die Eintragungen selbst vorzunehmen und das Überlassen der Behörde anzuzeigen hat.[231]

60 Die Vorlagepflicht entfällt nach § 34 Abs. 2 S. 2 Hs. 2 für denjenigen, der in den Fällen des § 12 Abs. 1 einem anderen eine Schusswaffe nur kurzfristig überlässt. Ferner entfällt die Vorlagepflicht nach § 34 Abs. 2 S. 2 Hs. 2 beim Überlassen an einen Erlaubnisinhaber nach § 21 Abs. 1 S. 1 (gewerbsmäßige Waffenherstellung etc.) zum Zweck der Verwahrung, der Reparatur oder des Kommissionsverkaufs.[232] Eine weitere Ausnahme von der Vorlagepflicht enthält § 34 Abs. 3 S. 1 für denjenigen, der einem anderen eine Schusswaffe überlässt, die dieser aber erst im Ausland erwirbt. Damit ist insbes. das Überlassen im Versandwege angesprochen. Obwohl der Betreffende nach § 34 Abs. 2 S. 2 der zuständigen Behörde, sofern erteilt, die Waffenbesitzkarte oder den Europäischen Feuerwaffenpass vorzulegen hat, wird seit dem 4. ÄndGSprengG durch § 53 Abs. 1 Nr. 7 nur noch ein Verstoß gegen die Vorlagepflicht bzgl. des Europäischen Feuerwaffenpasses und nicht mehr bzgl. der Waffenbesitzkarte sanktioniert.[233] Ordnungswidrig nach § 53 Abs. 1 Nr. 7 Alt. 4 handelt insoweit derjenige, der den Europäischen Feuerwaffenpasses nicht oder nicht rechtzeitig vorlegt.[234] Unterlässt der Betreffende sowohl die nach § 34 Abs. 2 S. 2 erforderliche Anzeige als auch die Vorlage des Europäischen Feuerwaffenpasses, stehen die Ordnungswidrigkeiten des § 53 Abs. 1 Nr. 5 Alt. 8 und des § 53 Abs. 1 Nr. 7 Alt. 4 nebeneinander.[235]

61 **8. Verstoß gegen die Pflicht, ein Waffenherstellungsbuch oder ein Waffenhandelsbuch zu führen (Nr. 8).** Nach § 23 haben Waffenhersteller und Waffenhändler ein Waffenherstellungs- bzw. ein Waffenhandelsbuch zu führen. Die noch in § 12 Abs. 3 WaffG aF vorgesehene Pflicht zur Führung eines Munitionshandelsbuches ist dagegen ersatzlos weggefallen.[236]

62 **a) Verstoß gegen die Pflicht, ein Waffenherstellungsbuch zu führen (§ 23 Abs. 1 S. 1).** Nach § 23 Abs. 1[237] ist derjenige, der gewerbsmäßig Schusswaffen herstellt,[238] verpflichtet, ein Waffenherstellungsbuch zu führen.[239] Aus diesem müssen die Art und Menge der hergestellten Schusswaffen sowie ihr Verbleib hervorgehen. Eine nähere Ausgestaltung der Buchführungspflicht findet sich in §§ 17 Abs. 1 bis Abs. 4, 18–20 AWaffV, die auf der Grundlage der Ermächtigungsnorm des § 25 Abs. 1 Nr. 1 Buchst. a erlassen wurden.[240] Nicht aufgenommen werden müssen Bearbeitungen und Instandsetzungen von Waffen.[241] Das ergibt sich aus dem Begriff des „Herstellens", der nach § 1 Abs. 3 iVm Anl. 1 Abschn. 2 Nr. 8[242] von der Bearbeitung und der Instandsetzung zu unterscheiden ist.[243] Ausgenommen sind die in § 23 Abs. 1 S. 2 genannten Schusswaffen iS der §§ 7–9 BeschG sowie

---

[231] Wobei ein Verstoß gegen die Anzeigepflicht des § 34 Abs. 2 S. 1 über § 53 Abs. 1 Nr. 5 Alt. 8 eigenständig als Ordnungswidrigkeit sanktioniert wird; hierzu → Rn. 40.
[232] Zum Hintergrund dieser erst seit 2017 ins Gesetz aufgenommenen Ausnahmevorschrift vgl. → Rn. 41.
[233] BGBl. 2009 I S. 2062 (2089).
[234] Die Verletzung der Vorlagepflicht wurde im WaffG aF nicht eigenständig sanktioniert. Der Gesetzgeber sah sich jedoch auf Grund Art. 16 der Waffenrichtlinie 91/477/EWG zur Regelung veranlasst; vgl. BT-Drs. 14/7758, 83.
[235] Erbs/Kohlhaas/*Paukstadt-Maihold*, W 12 Rn. 25; Hinze/*Runkel* Rn. 26.
[236] Zur Begründung vgl. BT-Drs. 14/7758, 67.
[237] Die Vorschrift entspricht im Wesentlichen § 12 Abs. 1 WaffG aF.
[238] Zum Begriff der Schusswaffe → § 1 Rn. 9 ff.; zum Begriff des Herstellens → § 1 Rn. 178 f.
[239] Zum Zweck dieser Pflicht vgl. OVG Bautzen 20.1.1997 – 3 S. 315/96, NVwZ-RR 1997, 411 (zum WaffG aF); ferner BT-Drs. V/528, 26 (ebenfalls zum WaffG aF).
[240] Von einem Abdruck der umfangreichen Vorschriften wurde abgesehen; sie entsprechen im Wesentlichen §§ 14–16 und § 18 der 1. WaffV (zum WaffG aF); vgl. ferner Nr. 23 WaffVwV; ferner bereits Nr. 12 WaffVwV (zum WaffG aF).
[241] Vgl. Apel/Bushart/*Apel* § 23 Rn. 4; Steindorf/*Gerlemann* § 23 Rn. 4.
[242] Die Vorschrift ist abgedruckt in → § 1 Rn. 150.
[243] Vgl. auch BT-Drs. 14/7758, 67.

wesentliche Teile von Schusswaffen.²⁴⁴ Dabei handelt es sich um (harmlose) Schusswaffen wie Schussapparate, Schreckschuss-, Reizstoff- und Signalwaffen²⁴⁵ sowie Schusswaffen, deren Geschossen eine Bewegungsenergie von nicht mehr als 7,5 J erteilt wird.²⁴⁶ Wird dieses Waffenherstellungsbuch entweder überhaupt nicht oder aber nicht richtig oder nicht vollständig geführt, liegt eine Ordnungswidrigkeit nach § 53 Abs. 1 Nr. 8 Alt. 1 vor.²⁴⁷ Die Vorschrift sanktioniert somit einen Verstoß gegen die inhaltliche Richtigkeit und Vollständigkeit der Buchführung. Ein **Nichtführen** liegt dabei nur vor, wenn das Führen der Bücher gänzlich unterlassen wird (also entweder kein Buch vorhanden ist oder aber in ein vorhandenes Buch keine Eintragungen gemacht werden). Eine **unrichtige Buchführung** liegt vor, wenn der Pflichtige falsche Eintragungen oder falsche Streichungen in den Büchern vornimmt, also zB einen falschen Erwerber einträgt. **Unvollständigkeit** hingegen liegt vor, wenn die Bücher zwar geführt werden und die vorgenommenen Eintragungen auch richtig sind, der Pflichtige aber wesentliche Eintragungen (teilweise) unterlässt.²⁴⁸ Soweit in § 53 Abs. 1 Nr. 8 auf eine Rechtsverordnung nach § 25 Abs. 1 Nr. 1 Buchst. a verwiesen wird, sind hier – wie bereits erwähnt – die Vorschriften über die nähere Ausgestaltung der Buchführungspflicht in §§ 17 Abs. 1 bis Abs. 4, 18–20 AWaffV gemeint. Ein Verstoß hiergegen wird ebenfalls über § 53 Abs. 1 Nr. 8 sanktioniert.

Die Vorschrift wird im Hinblick auf die Pflichten zur Aufbewahrung, Vorlage und **63** Herausgabe des Waffenherstellungsbuches ergänzt durch die Bußgeldvorschrift des § 53 Abs. 1 Nr. 23 Alt. 2 WaffG iVm § 34 Nr. 14 bis Nr. 17 AWaffV iVm § 17 Abs. 5 und Abs. 6 AWaffV.²⁴⁹ Die Vorschriften sind nebeneinander anwendbar und können sowohl tateinheitlich als auch in Tatmehrheit vorliegen (§§ 19, 20 OWiG).²⁵⁰

b) Verstoß gegen die Pflicht, ein Waffenhandelsbuch zu führen (§ 23 Abs. 2 64 S. 1). Nach § 23 Abs. 2²⁵¹ ist derjenige, der gewerbsmäßig Schusswaffen erwirbt, vertreibt oder anderen überlässt,²⁵² verpflichtet, ein Waffenhandelsbuch zu führen. Aus diesem müssen die Art und Menge der Schusswaffen sowie ihre Herkunft und ihr Verbleib hervorgehen.²⁵³ Ausgenommen sind lediglich die in § 23 Abs. 2 S. 2 genannten Waffen. Es handelt sich hier um die auf Grund einer Rechtsverordnung nach § 25 Abs. 1 Nr. 1 Buchst. c gekennzeichneten (harmloseren) Schusswaffen iS des § 23 Abs. 1 S. 2 (Nr. 1),²⁵⁴ ferner Schusswaffen, über die im selben Betrieb ein Waffenherstellungsbuch (nach § 23 Abs. 1) zu führen ist (Nr. 2) sowie Verwahr-, Reparatur- und Kommissionswaffen²⁵⁵ (Nr. 3). Wird dieses Waffenhandelsbuch entweder überhaupt nicht oder aber nicht richtig oder nicht vollständig geführt,²⁵⁶ liegt eine Ordnungswidrigkeit nach § 53 Abs. 1 Nr. 8 Alt. 2 vor.²⁵⁷

---

²⁴⁴ Zum Begriff des wesentlichen Teils einer Schusswaffe → § 1 Rn. 35 ff. Vgl. ferner § 2 Abs. 1 S. 1 und S. 3, § 3 der 1. WaffV (zum WaffG aF); hier wurden über § 12 Abs. 1 WaffG aF hinaus noch weitere Waffen von der Buchführungspflicht freigestellt.
²⁴⁵ Zu diesen Waffen → § 1 Rn. 91 ff. und → § 2 Rn. 50.
²⁴⁶ Von einem Abdruck der Vorschriften des BeschG wurde aus Platzgründen abgesehen.
²⁴⁷ Die Vorschrift entspricht im Wesentlichen § 55 Abs. 1 Nr. 4 Alt. 1 iVm § 12 Abs. 1 WaffG aF.
²⁴⁸ Vgl. hierzu Apel/Bushart/*Bushart* § 53 Rn. 16; Steindorf/*B. Heinrich* Rn. 14.
²⁴⁹ Hierzu → Rn. 104; zu den bisher geltenden Regelungen vgl. §§ 14 ff. der 1. WaffV (zum WaffG aF), deren Nichtbeachtung über § 55 Abs. 1 Nr. 28 Buchst. b WaffG aF iVm § 43 Abs. 1 Nr. 1 der 1. WaffV (zum WaffG aF) als Ordnungswidrigkeit geahndet werden konnte.
²⁵⁰ Vgl. Apel/Bushart/*Bushart* § 53 Rn. 16; Steindorf/*B. Heinrich* Rn. 14.
²⁵¹ Die Vorschrift entspricht im Wesentlichen § 12 Abs. 2 WaffG aF.
²⁵² Zum Begriff der Schusswaffe → § 1 Rn. 9 ff.; zum Begriff des Erwerbs → § 1 Rn. 168 ff.; zum Begriff des Vertreibens vgl. den Oberbegriff „Handeltreiben" → § 1 Rn. 195 ff.; zum Begriff des Überlassens → § 1 Rn. 184 ff.
²⁵³ Vgl. zum näheren Inhalt wiederum §§ 17–20 AWaffV (die Vorschriften entsprechen im Wesentlichen §§ 14 ff. der 1. WaffV [zum WaffG aF]) sowie Nr. 12 WaffVwV (zum WaffG aF).
²⁵⁴ Eine solche Rechtsverordnung wurde inzwischen in Form der BeschussV vom 13.7.2006, BGBl. I S. 1474 erlassen (vgl. hier Anl. II Abb. 10). Zwar sind auch in § 21 AWaffV nähere Regelungen über die Kennzeichnung von Schusswaffen enthalten, diese greifen jedoch nicht den vorliegenden Fall.
²⁵⁵ Zur Begründung der Aufnahme dieser Ausnahme ins Gesetz im Zuge des ÄndG 2008, BGBl. I S. 426 (428) vgl. BT-Drs. 16/7717, 7, 21.
²⁵⁶ Zur unrichtigen oder unvollständigen Buchführung → Rn. 62.
²⁵⁷ Die Vorschrift entspricht im Wesentlichen § 55 Abs. 1 Nr. 4 Alt. 2 iVm § 12 Abs. 2 WaffG aF.

Soweit in § 53 Abs. 1 Nr. 8 auf eine Rechtsverordnung nach § 25 Abs. 1 Nr. 1 Buchst. a verwiesen wird, sind hier wiederum die Vorschriften über die nähere Ausgestaltung der Buchführungspflicht in §§ 17 Abs. 1 bis Abs. 4, 18–20 AWaffV gemeint. Ein Verstoß hiergegen wird ebenfalls über § 53 Abs. 1 Nr. 8 sanktioniert.

65 Die Vorschrift wird im Hinblick auf die Aufbewahrung, die Vorlage und die Herausgabe des Waffenhandelsbuches ergänzt durch § 53 Abs. 1 Nr. 23 Alt. 2 iVm § 34 Nr. 14 bis Nr. 17 AWaffV iVm § 17 Abs. 5 und Abs. 6 AWaffV.[258] Die Vorschriften sind nebeneinander anwendbar und können sowohl tateinheitlich als auch in Tatmehrheit vorliegen (§§ 19, 20 OWiG).[259]

66 **9. Verstoß gegen die Pflicht, hergestellte oder nach Deutschland verbrachte Schusswaffen oder Munition zu kennzeichnen (Nr. 9).** Nach § 24 sind hergestellte oder in den Geltungsbereich dieses Gesetzes verbrachte Schusswaffen und Munition mit bestimmten Angaben, Zeichen, Bezeichnungen oder besonderen Kennzeichen zu versehen. Die frühere Beschränkung auf „gewerbsmäßig" hergestellte oder nach Deutschland verbrachte Schusswaffen und Munition wurde 2017 aufgehoben.[260] Im Falle des Herstellens gelten nach § 24 Abs. 1 S. 1 Nr. 1 jedoch unterschiedliche Regelungen hinsichtlich der zu machenden Angaben bei gewerbsmäßigem bzw. nichtgewerbsmäßigem Handeln. Wer dieser Pflicht nicht, nicht richtig, nicht vollständig, nicht in der vorgeschriebenen Weise[261] oder nicht rechtzeitig nachkommt, begeht eine Ordnungswidrigkeit nach § 53 Abs. 1 Nr. 9.[262] Hinsichtlich der Tatmodalität der nicht rechtzeitigen Erfüllung der entsprechenden Pflichten ist zu berücksichtigen, dass alle vier Kennzeichnungspflichten des § 24 unverzüglich (dh ohne schuldhaftes Zögern, § 121 Abs. 1 S. 1 BGB) zu erfüllen sind, also auch unter Umständen recht geringfügige „Verspätungen" schon den Tatbestand erfüllen können. Hinsichtlich der nicht richtigen, nicht vollständigen oder nicht in der vorgeschriebenen Weise erfüllten Kennzeichnungspflicht ist insbes. auf die Regelung des § 21 AWaffV[263] (Kennzeichnung von Schusswaffen) hinzuweisen, die auf Grund der Ermächtigungsvorschrift des § 25 Abs. 1 Buchst. c und § 25 Abs. 2 Buchst. a erlassen wurde. Bis zum Erlass der am 13.7.2006 in Kraft getretenen BeschussV,[264] die ebenfalls ergänzende Regelungen enthält, war darüber hinaus auch § 21 der 1. WaffV (zum WaffG aF) anzuwenden (vgl. § 35 AWaffV).

67 **a) Verstoß gegen § 24 Abs. 1 (hergestellte oder verbrachte Schusswaffen).** Wer gewerbsmäßig Schusswaffen herstellt oder in den Geltungsbereich dieses Gesetzes verbringt,[265] ist nach § 24 Abs. 1[266] dazu verpflichtet, unverzüglich (dh ohne schuldhaftes Zögern, § 121 Abs. 1 S. 1 BGB) die in § 24 Abs. 1 Nr. 1 bis Nr. 5 vorgesehenen Angaben mindestens auf einem wesentlichen Teil der Waffe[267] **deutlich sichtbar** und **dauerhaft** anzubringen.[268] Als Hersteller ist hier auch derjenige anzusehen, der in seinem Betrieb gewerbsmäßig Schusswaffen aus Teilen zusammensetzt, die in anderen Betrieben gefertigt und von ihm bezogen wurden.[269] Weitere Anforderungen bzgl. der anzubringenden Anga-

---

[258] Hierzu → Rn. 104; zu den bisher geltenden Regelungen vgl. §§ 14 ff. der 1. WaffV (zum WaffG aF), deren Nichtbeachtung über § 55 Abs. 1 Nr. 28 Buchst. b WaffG aF iVm § 43 Abs. 1 Nr. 1 der 1. WaffV (zum WaffG aF) als Ordnungswidrigkeit geahndet werden konnte.
[259] Vgl. Apel/Bushart/*Bushart* § 53 Rn. 16; Erbs/Kohlhaas/*Pauckstadt-Maihold*, W 12 Rn. 26; Steindorf/ *B. Heinrich* Rn. 14.
[260] Durch das Zweite Gesetz zur Änderung des Waffengesetzes und anderer Vorschriften vom 30.6.2017, BGBl. I S. 2133 (2134).
[261] Vgl. zu dieser Tathandlung auch § 97 Abs. 2 Nr. 19 AMG, § 32 Abs. 1 Nr. 8 BtMG, § 30 Abs. 1 Nr. 6 GÜG.
[262] Die Vorschrift entspricht im Wesentlichen § 55 Abs. 1 Nr. 5 iVm § 13 Abs. 2 S. 1 WaffG aF.
[263] Vom Abdruck dieser Vorschrift wurde abgesehen; sie entspricht im Wesentlichen § 20 der 1. WaffV (zum WaffG aF).
[264] BGBl. I S. 1474; vom Abdruck der entsprechenden Vorschriften wurde abgesehen.
[265] Vgl. zum Begriff der Schusswaffe → § 1 Rn. 9 ff.; zum Begriff der Gewerbsmäßigkeit → § 1 Rn. 205; zum Begriff des Herstellens → § 1 Rn. 180 f.; zum Begriff des Verbringens → § 1 Rn. 187.
[266] Die Vorschrift entspricht im Wesentlichen § 13 Abs. 1 WaffG aF.
[267] Vgl. zum Begriff des wesentlichen Teils einer Waffe § 1 Rn. 35 ff.
[268] Vgl. zur gesetzgeberischen Motivation BT-Drs. V/528, 27 (zu § 13 Abs. 1 WaffG aF).
[269] Steindorf/*Gerlemann* § 24 Rn. 2.

ben auf Schusswaffen sind in dem auf der Ermächtigungsnorm des § 25 Abs. 1 Nr. 1 Buchst. c und § 25 Abs. 1 Nr. 2 Buchst. a erlassenen § 21 AWaffV enthalten. Diese sind insbes. im Hinblick auf die Tathandlungen der nicht richtig, nicht vollständig und nicht in der vorgeschriebenen Weise angebrachten Angaben zu berücksichtigen (insoweit enthält auch § 53 Abs. 1 Nr. 23 iVm § 34 AWaffV konsequenter Weise keinen eigenen Bußgeldtatbestand für die Verletzung der Vorschrift des § 21 AWaffV, da eine solche Verletzung bereits über § 53 Abs. 1 Nr. 9 Alt. 1 sanktioniert werden kann). Mit dem ÄndG 2008[270] wurde der § 24 Abs. 1 erheblich ausgedehnt. Einerseits wurde Satz 1 um die Nr. 2 und 4 erweitert, andererseits wurde ein neuer Satz 2 eingefügt, wonach die Seriennummer nach Satz 1 Nr. 5 bei zusammengesetzten Langwaffen auf dem Lauf und bei zusammengesetzten Kurzwaffen auf dem Griffstück anzubringen ist. Satz 3 schränkt jedoch den Satz 2 insofern ein, dass nur Schusswaffen, die ab dem 1.4.2008 hergestellt, auf Dauer erworben oder in den Geltungsbereich des Gesetzes verbracht werden, hiervon erfasst sind. Ausnahmen und teilweise Ausnahmen von der Kennzeichnungspflicht befinden sich in Satz 4 und Satz 5 (so sind zB die Angaben nach § 23 Abs. 1 Nr. 2, 4 und 5 bei Schusswaffen, deren Bauart nach §§ 7 und 8 BeschG zugelassen ist oder die der Anzeigepflicht nach § 9 BeschG unterliegen, entbehrlich). Nach Satz 6 sind wesentliche Teile erlaubnispflichtiger Schusswaffen unverzüglich gesondert mit einer Seriennummer zu kennzeichnen und in Waffenbüchern nach § 23 zu erfassen, sofern diese einzeln gehandelt werden. Wer der Kennzeichnungspflicht des § 24 Abs. 1 nicht nachkommt,[271] begeht eine Ordnungswidrigkeit nach § 53 Abs. 1 Nr. 9 Alt. 1[272]

Darüber hinaus fanden sich bis zu dessen Außerkrafttreten am 14.6.2006 noch weitere, **68** die Kennzeichnung betreffende Regelungen in § 21 der 1. WaffV (zum WaffG aF), der nach § 35 AWaffV bis zum Erlass einer BeschussV[273] weiterhin Geltung beanspruchte. Fraglich war jedoch, ob ein Verstoß gegen diese Vorschrift bußgeldrechtlich noch relevant sein konnte, da § 53 Abs. 1 Nr. 9 nicht auf die 1. WaffV zum WaffG aF, sondern auf eine nach § 25 Abs. 1 Nr. 1 Buchst. c oder Nr. 2 Buchst. a zu erlassende Rechtsverordnung verweist. Gegen eine Anwendbarkeit sprach ein Vergleich mit § 24 Abs. 2,[274] der einen ausdrücklichen Verweis auf die 1. WaffV zum WaffG aF enthält. Nach dem nunmehrigen Inkrafttreten der BeschussV und dem entsprechenden Außerkrafttreten des § 35 AWaffV sowie § 21 der 1. WaffV (zum WaffG aF) hat sich dieses Verweisungsproblem nunmehr erledigt.

b) Verstoß gegen § 24 Abs. 2 (harmlose Schusswaffen). § 24 Abs. 2[275] bezieht sich **69** auf § 24 Abs. 1 und macht für bestimmte harmlose Schusswaffen (Schusswaffen, deren Geschosse eine Bewegungsenergie von nicht mehr als 7,5 J erteilt wird[276]) eine Ausnahme von der dort normierten strikten Kennzeichnungspflicht.[277]

Diese Waffen müssen lediglich eine Typenbezeichnung (Modellbezeichnung) sowie ein **70** bestimmtes Kennzeichen tragen (dieses Kennzeichen – ein „F" in einem gleichseitigen Fünfeck – ergab sich früher aus Anl. 1 Abb. 1 der 1. WaffV [zum WaffG aF] und ergibt sich heute aus Anl. II Abb. 10 der BeschussV, welche als Rechtsverordnung nach § 25 Abs. 1 Nr. 1 Buchst. c erlassen wurde). Wer der Kennzeichnungspflicht des § 24 Abs. 2 nicht nachkommt,[278] begeht eine Ordnungswidrigkeit nach § 53 Abs. 1 Nr. 9 Alt. 2[279]

c) Verstoß gegen § 24 Abs. 3 S. 1 (Kennzeichnung der Verpackung bei Muni- **71** **tion).** Wer gewerbsmäßig Munition herstellt oder nach Deutschland verbringt,[280] ist nach

---

[270] BGBl. I S. 426 (428, 429).
[271] Zu den verschiedenen Tathandlungen → Rn. 67.
[272] Die Vorschrift entspricht im Wesentlichen § 55 Abs. 1 Nr. 5 Alt. 1 iVm § 13 Abs. 1 WaffG aF.
[273] BeschussV vom 13.7.2006, BGBl. I S. 1474.
[274] Zum Verstoß gegen die Pflicht aus § 24 Abs. 2 → Rn. 69.
[275] Die Vorschrift entspricht im Wesentlichen § 13 Abs. 2 WaffG aF.
[276] Vgl. zum Begriff der Schusswaffe → § 1 Rn. 9 ff.
[277] Zur Kennzeichnungspflicht nach § 24 Abs. 2 → § 1 Rn. 67 f.
[278] Zu den verschiedenen Tathandlungen → Rn. 66.
[279] Die Vorschrift entspricht im Wesentlichen § 55 Abs. 1 Nr. 5 Alt. 2 iVm § 13 Abs. 2 S. 1 WaffG aF.
[280] Vgl. zum Begriff der Munition → § 1 Rn. 130 ff.; zum Begriff der Gewerbsmäßigkeit → § 1 Rn. 205; zum Begriff des Herstellens → § 1 Rn. 180 f.; zum Begriff des Verbringens → § 1 Rn. 187.

§ 24 Abs. 3 S. 1 dazu verpflichtet, unverzüglich (dh ohne schuldhaftes Zögern, § 121 Abs. 1 S. 1 BGB) auf der kleinsten Verpackungseinheit Zeichen anzubringen, die den Hersteller, die Fertigungsserie (Fertigungszeichen), die Zulassung und die Bezeichnung der Munition erkennen lassen. Das Herstellerzeichen und die Bezeichnung der Munition sind zudem auch auf der Hülse anzubringen.[281] Nach § 24 Abs. 3 S. 3 gilt auch der Waffenhändler insoweit als Hersteller.[282] Wer die Munition nicht, nicht richtig, nicht vollständig, nicht in der vorgeschriebenen Weise oder nicht rechtzeitig mit den entsprechenden Kennzeichen versieht,[283] begeht eine Ordnungswidrigkeit nach § 53 Abs. 1 Nr. 9 Alt. 3[284]

72 Die Vorschrift wurde früher ergänzt durch § 55 Abs. 1 Nr. 28 Buchst. b WaffG aF iVm § 43 Abs. 1 Nr. 2; § 23 der 1. WaffV (zum WaffG aF) sowie § 55 Abs. 2 WaffG aF iVm §§ 43 Abs. 3, 6 Abs. 2 der 1. WaffV (zum WaffG aF). Ferner war daneben § 55 Abs. 1 Nr. 28 Buchst. b WaffG aF iVm § 31 Nr. 4, § 20 der 3. WaffV (zum WaffG aF) anwendbar. Die Vorschriften standen nebeneinander und konnten sowohl tateinheitlich als auch in Tatmehrheit vorliegen (§§ 19, 20 OWiG).[285] Bis zum Inkrafttreten der BeschussV am 14.7.2006[286] waren diese die Vorschriften der §§ 19, 21, 23, 24, 25 sowie die Bußgeldvorschriften in § 43 Abs. 1 Nr. 2 bis Nr. 4 der 1. WaffV übergangsweise weiterhin anwendbar.[287] Heute finden sich nun die entsprechenden Ergänzungen hinsichtlich der Kennzeichnung von Verpackung und Munition in dem auf der Grundlage der Ermächtigungsvorschrift des § 25 Abs. 1 Nr. 1 Buchst. c erlassenen § 39 BeschussV. Verstöße hiergegen sind über § 21 Abs. 1 Nr. 11 BeschussG iVm § 42 BeschussV bußgeldrechtlich nicht abgesichert, was aber auch nicht erforderlich war, da hier (über den Verweis auf eine nach § 25 Abs. 1 Nr. 1 Buchst. c erlassene RechtsVO) die Bußgeldvorschrift des § 53 Abs. 1 Nr. 9 Alt. 3 unmittelbar zur Anwendung kommt.[288]

73 **d) Verstoß gegen § 24 Abs. 3 S. 2 (Kennzeichnung wiedergeladener Munition).** Das (gewerbsmäßige) Wiederladen von Hülsen gilt nach Anl. 1 Abschn. 2 Nr. 8 als Herstellen von Munition,[289] so dass die Kennzeichnungspflichten des § 24 Abs. 3 S. 1[290] auch denjenigen treffen, der das Wiederladen von Hülsen gewerbsmäßig betreibt. Gem. § 24 Abs. 3 S. 2 muss jedoch bei wiedergeladenen Hülsen **zusätzlich** ein weiteres Herstellerzeichen angebracht werden, sofern der Wiederladende nicht selbst Hersteller der Originalhülse ist. Wer dieser zusätzlichen Kennzeichnungspflicht des § 24 Abs. 3 S. 2 nicht nachkommt,[291] begeht eine Ordnungswidrigkeit nach § 53 Abs. 1 Nr. 9 Alt. 4[292]

74 **10. Verstoß gegen die Pflicht zur Feststellung der ausreichenden Kennzeichnung beim gewerbsmäßigen Überlassen von Schusswaffen und Munition (Nr. 10).** Wer Waffenhandel betreibt (das ist in aller Regel der Waffenhändler, nach § 21 Abs. 2 kann dies aber auch den Waffenhersteller betreffen) und infolgedessen anderen gewerbsmäßig Schusswaffen oder Munition überlässt,[293] ist nach § 24 Abs. 4 verpflichtet, festzustellen, ob die Gegenstände vorschriftsgemäß gekennzeichnet sind.[294] Bei Schusswaffen hat er die

---

[281] Die Vorschrift entspricht im Wesentlichen § 13 Abs. 3 S. 1 WaffG aF; vgl. zur gesetzlichen Begründung damals BT-Drs. V/2623, 27.
[282] Vgl. zum Hintergrund dieser Regelung (zum WaffG aF) BT-Drs. V/2623, 6.
[283] Zu den verschiedenen Tathandlungen → Rn. 66.
[284] Die Vorschrift entspricht im Wesentlichen § 55 Abs. 1 Nr. 5 Alt. 3 iVm § 13 Abs. 3 S. 1 WaffG aF.
[285] Vgl. *Steindorf*, 7. Aufl. 1999, § 55 Rn. 6.
[286] BGBl. I S. 1474.
[287] Gleiches galt nach Art. 11 WaffRNeuRegG für § 31 der 3. WaffV (zum WaffG aF); vgl. oben Vorb. Rn. 15; zur Problematik, die darauf resultierte, dass § 53 Abs. 1 Nr. 23 WaffG nicht auf die 1. WaffG (zum WaffG aF) verwies, vgl. die Vorauf. Rn. 72.
[288] Vgl. auch Steindorf/*N. Heinrich* BeschussV § 39 Rn. 4.
[289] Hierzu → § 1 Rn. 191; die Vorschrift ist abgedruckt → § 1 Rn. 150.
[290] Hierzu → Rn. 73.
[291] Zu den verschiedenen Tathandlungen → Rn. 66.
[292] Die Vorschrift entspricht im Wesentlichen § 55 Abs. 1 Nr. 5 Alt. 3 iVm § 13 Abs. 3 S. 2 WaffG aF.
[293] Vgl. zum Begriff der Schusswaffe § 1 Rn. 9 ff.; zum Begriff der Munition § 1 Rn. 130 ff.; zum Begriff der Gewerbsmäßigkeit § 1 Rn. 205; zum Begriff des Überlassens § 1 Rn. 174 ff.
[294] Die Vorschrift entspricht im Wesentlichen § 13 Abs. 4 WaffG aF.

erforderliche Kennzeichnung nach § 24 Abs. 1 bei jeder Waffe im Einzelfall festzustellen, bei der Munition muss er sich lediglich in Form von Stichproben davon überzeugen, dass diese Nach § 24 Abs. 3 ausreichend mit dem Herstellerkennzeichen gekennzeichnet sind. Diese Prüfung hat spätestens zu erfolgen, bevor die Gegenstände an den Letztverbraucher gelangen.[295] Fehlt ein solches Kennzeichen, so dürfen die Gegenstände anderen nicht überlassen werden. Tathandlung ist also das Überlassen (ohne vorherige Feststellung) und nicht bereits die mangelnde Feststellung ausreichender Kennzeichnung.[296] Ein Verstoß gegen diese Pflicht wird nach § 53 Abs. 1 Nr. 10 als Ordnungswidrigkeit geahndet.[297]

11. Unbefugtes Betreiben oder Ändern einer Schießstätte (Nr. 11). Nach § 27 Abs. 1 S. 1 bedarf derjenige, der eine Schießstätte[298] betreiben oder in ihrer Beschaffenheit oder in der Art ihrer Nutzung wesentlich ändern will,[299] grds. einer Erlaubnis.[300] Für die Erteilung der Erlaubnis müssen die Voraussetzungen des § 27 Abs. 1 S. 2 bis S. 4 gegeben sein.[301] Von der grds. Erlaubnispflicht macht § 27 Abs. 2 S. 1 eine Ausnahme für solche Schießstätten, in denen in geschlossenen Räumen Waffen- oder Munitionshersteller bzw. Waffen- oder Munitionssachverständige oder wissenschaftliche Einrichtungen Schusswaffen oder Munition ausschließlich erproben. Für diese Schießstätten gilt lediglich eine Anzeigepflicht (§ 27 Abs. 2 S. 2).[302] Wird die Schießstätte ohne Erlaubnis betrieben oder verändert, liegt eine Ordnungswidrigkeit nach § 53 Abs. 1 Nr. 11 vor.[303] Insoweit knüpft also die Ordnungswidrigkeit ausschließlich an das Vorliegen oder Nichtvorliegen der Erlaubnis an, ob ein Anspruch auf eine entsprechende Erteilung bestand oder diese erteilt wurde ist unbeachtlich.[304] Nähere Regelungen über den Betrieb von Schießstätten finden sich in §§ 9–12 AWaffV.[305] Ein Verstoß hiergegen wird über § 53 Abs. 1 Nr. 23 WaffG iVm § 34 Nr. 2 bis Nr. 11 AWaffV als Ordnungswidrigkeit sanktioniert.[306]

12. Verstoß gegen Pflichten im Zusammenhang mit der Gestattung des Schießens durch Minderjährige auf Schießstätten (Nr. 12). Grds. ist Kindern und Jugendlichen der Umgang mit Waffen oder Munition verboten (§ 2 Abs. 1). § 27 Abs. 3 und Abs. 6 sehen jedoch für das Schießen auf Schießstätten[307] Ausnahmen von diesem Verbot vor. Dabei ergeben sich allerdings besondere Pflichten für die Aufsichtspersonen und Betreiber der Schießstätten.[308] Ein Verstoß gegen diese Pflichten kann als Ordnungswidrigkeit nach § 53 Abs. 1 Nr. 12 geahndet werden.[309] Weitere Regelungen hinsichtlich des Schießens durch Minderjährige auf Schießstätten finden sich in § 10 AWaffV.[310] Ein Verstoß hiergegen wird über § 53 Abs. 1 Nr. 23 WaffV iVm § 34 Nr. 4 bis Nr. 7 AWaffV als eigenständige Ordnungswidrigkeit sanktioniert.[311]

---

[295] Vgl. Apel/Bushart/*Bushart* Rn. 18; Steindorf/*B. Heinrich* Rn. 16.
[296] Erbs/Kohlhaas/*Pauckstadt-Maihold*, W 12 Rn. 28; Steindorf/*B. Heinrich* Rn. 16.
[297] Die Vorschrift entspricht im Wesentlichen § 55 Abs. 1 Nr. 6 WaffG aF.
[298] Zum Begriff der Schießstätte vgl. die Legaldefinition in § 27 Abs. 1 S. 1; nicht hierunter fallen zB „Paintball"-Schießstätten, da diese nicht dem sportlichen Schießen dienen; vgl. *Gröpl/Brandt* VerwArch 2003, 233 (225 ff.).
[299] Vgl. zum Begriff der wesentlichen Änderung auch § 17 Abs. 6 SprengG.
[300] Die Vorschrift entspricht im Wesentlichen § 44 Abs. 1 S. 1 WaffG aF.
[301] Bzgl. ortsveränderlichen Schießstätten vgl. zusätzlich die Sonderregelungen in § 27 Abs. 1 S. 5 und S. 6.
[302] Ein Verstoß gegen diese Anzeigepflicht ist in § 53 Abs. 1 Nr. 5 Alt. 6 sanktioniert; → Rn. 38.
[303] Die Vorschrift entspricht im Wesentlichen § 55 Abs. 1 Nr. 24 iVm § 44 Abs. 1 S. 1 WaffG aF.
[304] Apel/Bushart/*Bushart* Rn. 19.
[305] Die Vorschriften entsprechen im Wesentlichen §§ 33 ff. der 1. WaffV (zum WaffG aF).
[306] Hierzu → Rn. 104.
[307] Zum Begriff der Schießstätte vgl. die Legaldefinition in § 27 Abs. 1 S. 1.
[308] Näher hierzu → Rn. 77 und Rn. 78.
[309] Die Vorschrift entspricht im Wesentlichen § 55 Abs. 1 Nr. 28 Buchst. b WaffG aF iVm § 43 Abs. 1 Nr. 9 iVm § 35 Abs. 1 der 1. WaffV (zum WaffG aF).
[310] Die Vorschrift entspricht im Wesentlichen § 34 der 1. WaffV (zum WaffG aF).
[311] Hierzu → Rn. 104.

77 **a) Verstoß gegen die Voraussetzungen des § 27 Abs. 3 S. 1.** Gem. § 27 Abs. 3 S. 1 darf Kindern zwischen 12 und 14 Jahren das Schießen in ortsfesten Schießstätten mit Druckluft-, Federdruckwaffen und Waffen, bei denen zum Antrieb der Geschosse kalte Treibgase verwendet werden (Nr. 1),[312] Jugendlichen zwischen 14 und 16 Jahren darüber hinaus auch das Schießen mit sonstigen, hier im Einzelnen aufgezählten Schusswaffen (Nr. 2)[313] gestattet werden.[314] Voraussetzung dafür ist, dass der Sorgeberechtigte sein Einverständnis entweder schriftlich erklärt hat oder beim Schießen anwesend ist. Das Schießen muss unter Obhut des zur Aufsichtsführung berechtigten Sorgeberechtigten oder einer verantwortlichen und zur Kinder- und Jugendarbeit für das Schießen geeigneten[315] Aufsichtsperson stattfinden. Aus § 27 Abs. 3 ergibt sich im Umkehrschluss, dass Kindern unter 12 Jahren das Schießen grds. nicht gestattet werden darf (vgl. aber auch die entsprechende Ausnahme in § 27 Abs. 4 S. 1).[316] Gestattet die Aufsichtsperson entgegen diesen Voraussetzungen einem Kind oder einem Jugendlichen das Schießen, so kann dies als Ordnungswidrigkeit nach § 53 Abs. 1 Nr. 12 Alt. 1 geahndet werden.[317] Dabei kann ein Verstoß gegen § 27 Abs. 3 S. 1 entweder in einer Missachtung der Altersgrenzen, der Waffenarten, der Obhutspflicht oder der Voraussetzung der Einverständniserklärung bzw. der Anwesenheit des Sorgeberechtigten liegen.[318] Zu beachten ist, dass es beim Schießen durch Jugendliche (dh Personen über 14 Jahren) mit den oben genannten Druckluft-, Federdruck- und Waffen, bei denen zum Antrieb der Geschosse heiße Gase verwendet werden und beim Schießen mit sonstigen Schusswaffen durch Jugendliche ab vollendetem 16. Lebensjahr keiner besonderen Obhut bedarf (§ 27 Abs. 3 S. 5). Als weitere Ausnahmen sind die gem. § 27 Abs. 4 mögliche Befreiung vom Mindestalter zur Förderung des Leistungssports (dh bei minderjährigen Sportschützen) sowie nach § 27 Abs. 5 das Schießen durch Jugendliche, die sich in einer Ausbildung zum Jäger befinden und das 14. Lebensjahr vollendet haben, zu berücksichtigen. Diese Ausnahmen lassen jedoch die Vorschriften zur Aufsicht und zur Einverständniserklärung unberührt.

78 **b) Verstoß gegen die Pflicht des Betreibers aus § 27 Abs. 6 S. 2.** Gem. § 27 Abs. 6 S. 1 darf eine verantwortliche Aufsichtsperson Minderjährigen das Schießen an einer **ortsveränderlichen Schießstätte**, die dem Schießen zur Belustigung dient („Schießbude"), mit den in Anl. 2 Abschn. 2 Unterabschn. 2 Nr. 1.1 und 1.2 genannten Waffen (Druckluck-, Federdruck- und Waffen, bei denen zum Antrieb der Geschosse kalte Treibgase verwendet werden) gestatten.[319] Diese Regelung betrifft insbes. das Schießen durch Minderjährige an Schießbuden auf Volksfesten.[320] Schießen Kinder (dh Personen unter 14 Jahren) an solchen ortsveränderlichen Schießstätten, so trifft den Betreiber der Schießstätte nach § 27 Abs. 6 S. 2 die Pflicht, sicherzustellen, dass die verantwortliche Aufsichtsperson (die mit dem Betreiber der Schießstätte nicht identisch sein muss) nur jeweils einen Schützen bedient. Verstößt der Betreiber gegen diese Pflicht, so kann dies als Ordnungswidrigkeit nach § 53 Abs. 1 Nr. 12 Alt. 2 geahndet werden.[321] Dabei kann der Verstoß sowohl durch aktives Tun (Anweisung an die verantwortliche Aufsichtsperson, mehrere Kinder zu bedienen) als auch

---

[312] Vgl. zu diesen, in Anl. 2 Abschn. 2 Unterabschn. 2 Nr. 1.1 und 1.2 aufgeführten Waffen → § 1 Rn. 106 f.; § 2 Rn. 49; vgl. ferner die inzwischen aufgenommene Legaldefinition in Anl. 1 Abschn. 1 Unterabschn. 1 Nr. 2.9, abgedruckt → § 1 Rn. 77.
[313] Hierbei handelt es sich um Schusswaffen bis zu einem Kaliber von 5,6 mm lfB (.22 l.r.) für Munition mit Randfeuerzündung, wenn die Mündungsenergie höchstens 200 Joule (J) beträgt sowie Einzellader-Langwaffen mit glatten Läufen mit Kaliber 12 oder kleiner.
[314] Die Vorschrift entspricht im Wesentlichen § 36 Abs. 2 der 1. WaffV (zum WaffG aF).
[315] Diese Geeignetheit ist von der Aufsichtsperson gem. § 27 Abs. 3 S. 4 der zuständigen Behörde gegenüber glaubhaft zu machen; hierzu näher Nr. 27.4.1 und Nr. 27.4.2 WaffVwV.
[316] So ausdrücklich noch § 36 Abs. 1 der 1. WaffV zum WaffG aF.
[317] Die Vorschrift entspricht im Wesentlichen § 55 Abs. 1 Nr. 28 Buchst. b WaffG aF iVm § 43 Abs. 1 Nr. 9 iVm §§ 35 Abs. 1, 36 Abs. 2 der 1. WaffV (zum WaffG aF).
[318] Vgl. hierzu Apel/Bushart/*Bushart* Rn. 20; Erbs/Kohlhaas/*Pauckstadt-Maihold*, W 12 Rn. 30; Hinze/Runkel Rn. 31; Steindorf/*B. Heinrich* Rn. 18.
[319] Die Vorschrift ist abgedruckt in → § 2 Rn. 31; zu diesen Waffen auch → § 2 Rn. 43 f.
[320] Vgl. BT-Drs. 14/7758, 69.
[321] Die Vorschrift hat keinen unmittelbaren Vorläufer im WaffG aF.

durch Unterlassen (kein Eingreifen bei Verstößen, keine Kontrolle der verantwortlichen Aufsichtsperson) bestehen.[322]

13. Verstoß gegen die Pflichten nach § 27 Abs. 3 S. 2 und S. 3 (Nr. 13). Kindern 79 und Jugendlichen kann das Schießen auf Schießstätten von einer geeigneten Aufsichtsperson gestattet werden, wenn der Sorgeberechtigte schriftlich sein Einverständnis erklärt hat (vgl. § 27 Abs. 3 S. 1).[323] Diese Einverständniserklärung hat die Aufsichtsperson vor der Aufnahme des Schießens entgegenzunehmen, während des Schießens aufzubewahren (§ 27 Abs. 3 S. 2) und der zuständigen Behörde auf Verlangen zur Prüfung auszuhändigen (§ 27 Abs. 3 S. 3).[324] Normadressat ist also die verantwortliche Aufsichtsperson, nicht der Betreiber.

a) Verstoß gegen die Aufbewahrungspflicht nach § 27 Abs. 3 S. 2. Bewahrt die 80 aufsichtspflichtige Person die Einverständniserklärung des Sorgeberechtigten nicht während des Schießens auf, so kann dies als Ordnungswidrigkeit nach § 53 Abs. 1 Nr. 13 Alt. 1 geahndet werden. Entscheidend ist, dass die Aufbewahrungspflicht nur **während** des Schießens besteht, danach aber erlischt.[325]

b) Verstoß gegen die Herausgabepflicht nach § 27 Abs. 3 S. 3. Verweigert die auf- 81 sichtspflichtige Person gegenüber der zuständigen Behörde die Herausgabe der Einverständniserklärung des Sorgeberechtigten, so kann dies als Ordnungswidrigkeit nach § 53 Abs. 1 Nr. 13 Alt. 2 geahndet werden. Erforderlich ist hierzu jedoch ein entsprechendes vorheriges Verlangen der Behörde oder des von der Behörde Beauftragten, die Einverständniserklärung auszuhändigen. Dabei reicht ein bloßes Vorzeigen für ein Aushändigen nicht aus, das Dokument muss vielmehr übergeben werden, um eine entsprechende Prüfung zu ermöglichen.[326] Dabei ist entscheidend, dass die Herausgabepflicht nur solange besteht, wie auch die Aufbewahrungspflicht gilt. Da diese nach dem Schießen erlischt, gilt auch die Herausgabepflicht nur bis zu diesem Zeitpunkt.[327]

14. Verstoß gegen die Pflicht, die Bescheinigung iS des § 27 Abs. 5 S. 1 mitzu- 82 **führen (Nr. 14).** Grds. bedarf das Schießen mit einer Schusswaffe einer Erlaubnis (§ 2 Abs. 2 iVm § 10 Abs. 5). Von dieser Erlaubnispflicht macht § 27 Abs. 5 S. 1 eine Ausnahme für Personen, die sich in der Ausbildung zum Jäger befinden und die das 14. Lebensjahr vollendet haben. Die Ausnahme bezieht sich allerdings lediglich auf das Schießen mit Jagdwaffen[328] auf Schießstätten.[329] Dabei bedarf es des Einverständnisses des Ausbildungsleiters in Form einer unterzeichneten Berechtigungsbescheinigung. Solange die in der Ausbildung zum Jäger befindliche Person das 18. Lebensjahr noch nicht vollendet hat, ist zusätzlich das Einverständnis des Sorgeberechtigten in Form der Unterzeichnung derselben Berechtigungsbescheinigung erforderlich. Diese von beiden (bzw. bei Volljährigen lediglich vom Ausbildungsleiter) unterzeichnete Berechtigungsbescheinigung hat die auszubildende Person während der Ausbildung mit sich zu führen (was wiederum voraussetzt, dass eine solche Bescheinigung überhaupt existiert). Kommt der Auszubildende dieser Pflicht nicht nach, so kann dies als Ordnungswidrigkeit nach § 53 Abs. 1 Nr. 14 geahndet werden.[330] Vom Wortlaut dieser Vorschrift nicht ausdrücklich erfasst ist im Übrigen die Pflicht, die Beschei-

---

[322] Apel/Bushart/*Bushart* Rn. 20; Steindorf/*B. Heinrich* Rn. 19.
[323] Hierzu → Rn. 76 ff.
[324] § 27 Abs. 3 S. 2 und S. 3 entspricht im Wesentlichen § 36 Abs. 4 der 1. WaffV (zum WaffG aF). Da diese Vorschrift in § 35 Abs. 1 der 1. WaffV (zum WaffG aF) nicht genannt war, war ein Verstoß nach bisherigem Recht nicht über § 55 Abs. 1 Nr. 28 Buchst. b WaffG aF iVm § 43 Abs. 1 Nr. 9 iVm § 35 Abs. 1 der 1. WaffV (zum WaffG aF) sanktioniert.
[325] Apel/Bushart/*Bushart* Rn. 21; Hinze/*Runkel* Rn. 33; Steindorf/*B. Heinrich* Rn. 20.
[326] Erbs/Kohlhaas/*Pauckstadt-Maihold*, W 12 Rn. 31; Steindorf/*B. Heinrich* Rn. 20.
[327] Steindorf/*B. Heinrich* Rn. 20.
[328] Zum Begriff der Jagdwaffe vgl. § 13 Abs. 1 Nr. 2.
[329] Das ergibt sich zwar nicht aus dem Wortlaut, aber aus der systematischen Stellung der Regelung innerhalb des § 27; vgl. auch BT-Drs. 14/7758, 68.
[330] Die Vorschrift hat keinen unmittelbaren Vorgänger im WaffG aF.

nigung der kontrollierenden Person vorzuzeigen oder gar herauszugeben. Zumindest eine Vorzeigepflicht wird man allerdings aus dem Umstand schließen können, dass andernfalls eine Kontrolle dahingehend, ob der Auszubildende die Bescheinigung mit sich führt, kaum möglich erscheint.[331] Die Vorschrift des § 27 Abs. 5 ergänzt im Übrigen diejenige des § 13 Abs. 8 S. 1, die es einer über 14 Jahre alten Person, die sich in der Jägerausbildung befindet, gestattet, unter Aufsicht eines Ausbilders eine nicht schussbereite Jagdwaffe zu erwerben, zu besitzen und zu führen. Auch hier müssen der Ausbildungsleiter und der Sorgeberechtigte ihr Einverständnis in einer Bescheinigung erklärt haben, die der Auszubildende nach § 13 Abs. 8 S. 2 mit sich zu führen hat. Interessanterweise ist ein entsprechender Verstoß gegen § 13 Abs. 8 S. 2 allerdings nicht bußgeldbewehrt.

83 **15. Verstoß gegen die Anmelde- und Vorführungspflicht beim Verbringen von Waffen oder Munition (Nr. 15).** Will jemand Schusswaffen oder Munition[332] nach § 29 Abs. 1 iVm Anl. 1 Abschn. 3 (Kategorien A 1.2 bis D) oder sonstige erlaubnispflichtige Waffen oder Munition aus einem Drittstaat[333] nach oder durch Deutschland verbringen oder mitnehmen,[334] so hat er nicht nur seine Berechtigung zum Verbringen oder zur Mitnahme (vgl. hierzu §§ 29 ff.) nachzuweisen, sondern er muss die Gegenstände auch nach § 33 Abs. 1 S. 1[335] bei der nach § 33 Abs. 3 zuständigen Überwachungsbehörde,[336] dh in der Regel bereits an der Grenze, anmelden,[337] sie auf Verlangen vorführen und seine Berechtigung zum Verbringen oder zur Mitnahme nachzuweisen. Eine Anmeldung ist also grds. erforderlich, eine Vorführung nur dann, wenn die Behörde dies ausdrücklich verlangt. Für Schusswaffen und Munition, deren Erwerb und Besitz nicht erlaubnispflichtig ist, besteht im Gegensatz zu § 27 Abs. 4 WaffG aF keine Anmelde- und Vorführpflicht.[338] Das Unterlassen der Anmeldung oder einer verlangten Vorführung kann als Ordnungswidrigkeit nach § 53 Abs. 1 Nr. 15 geahndet werden.[339] Die ebenfalls in § 33 Abs. 1 S. 1 genannte Pflicht zum Nachweis der Berechtigung zum Verbringen oder zur Mitnahme ist hingegen nicht bußgeldbewehrt.[340] Da im Hinblick auf die nicht rechtzeitige Vorführung kein zeitlicher Rahmen oder gar eine Frist normiert ist, ist das Vorführen „auf Verlangen" so zu verstehen, dass die Vorführung unverzüglich stattzufinden hat.[341]

84 **16. Unerlaubtes Überlassen erlaubnisfreier Waffen an Minderjährige (Nr. 16).** Gem. § 34 Abs. 1 S. 1 dürfen Waffen und Munition nur an Berechtigte überlassen werden.[342] Bei **erlaubnispflichtigen** Waffen und Munition sind Berechtigte in der Regel nur Personen, die eine Erlaubnis zum Erwerb und Besitz besitzen (§ 2 Abs. 2 iVm § 10 Abs. 1 und Abs. 3).[343] Im vorliegenden Ordnungswidrigkeitentatbestand geht es aber lediglich um

---

[331] Steindorf/B. Heinrich Rn. 21.
[332] Zum Begriff der Schusswaffe → § 1 Rn. 9 ff.; zum Begriff der Munition → § 1 Rn. 130 ff.
[333] Drittstaat ist ein Staat, der nicht Mitglied der Europäischen Union ist; vgl. die Legaldefinition in § 30 Abs. 2.
[334] Zum Begriff des Verbringens → § 1 Rn. 187; zum Begriff des Mitnehmens → § 1 Rn. 188.
[335] Die Vorschrift entspricht im Wesentlichen § 27 Abs. 4 S. 1 WaffG aF.
[336] Nach § 1 der Verordnung über die Zuständigkeit der Hauptzollämter zur Verfolgung und Ahndung bestimmter Ordnungswidrigkeiten nach dem WaffG und SprengG vom 1.6.1976 (BGBl. I S. 1616), zuletzt geändert durch das WaffRNeuRegG vom 11.10.2002 (BGBl. I S. 3970 [4012]) sind diese zur Verfolgung und Ahndung von Ordnungswidrigkeiten nach § 53 Abs. 1 Nr. 15 zuständig. In Art. 8 des WaffRNeuRegG steht irrtümlich „§ 51 Abs. 1 Nr. 15"; dabei handelt es sich offensichtlich um ein Redaktionsversehen, welches darauf beruht, dass der jetzige § 53 im früheren Entwurf noch § 51 war; vgl. BT-Drs. 14/7758, 24.
[337] Vgl. zur Tathandlung der unterlassenen Anmeldung auch § 38 Abs. 1 Nr. 5 GenTG.
[338] § 27 Abs. 4 WaffG aF enthielt keine Beschränkung auf erlaubnispflichtige Gegenstände; vgl. auch Nr. 27.5 S. 2 WaffVwV (zum WaffG aF).
[339] Die Vorschrift entspricht im Wesentlichen § 55 Abs. 1 Nr. 14 Alt. 2 iVm § 27 Abs. 4 S. 1 WaffG aF.
[340] Apel/Bushart/Bushart Rn. 23.
[341] Steindorf/B. Heinrich Rn. 22; vgl. aber auch Apel/Bushart/Bushart Rn. 23, der hinsichtlich einer nicht rechtzeitigen Vorführung eine vorherige Fristsetzung fordert.
[342] Zum Begriff des Überlassens → § 1 Rn. 174 ff.
[343] Das Überlassen erlaubnispflichtiger Waffen oder erlaubnispflichtiger Munition an einen Nichtberechtigten ist strafbar nach § 52 Abs. 3 Nr. 7; hierzu → § 52 Rn. 83 ff.

nicht erlaubnispflichtige Waffen und Munition, dh Waffen und Munition iS der Anl. 2 Abschn. 2 Unterabschn. 2 Nr. 1 (dh Waffen und Munition, deren Erwerb und Besitz keiner Erlaubnis bedarf, es kommt hier also nicht auf die Erlaubnispflicht hinsichtlich des Führend an).[344] Gemeint sind Gegenstände, die **ihrer Art nach** erlaubnisfrei sind. Insofern sind persönliche Befreiungsgründe (etwa § 12 Abs. 1) hier irrelevant. Erlaubnispflichtige Waffen und Munition, die im Einzelfall für den Betroffenen erlaubnisfrei zu erwerben sind, sind somit dennoch als grds. erlaubnispflichtige Gegenstände anzusehen. Nicht erlaubnispflichtige Gegenstände dagegen kann im Grunde jeder berechtigterweise erwerben und besitzen. Ausgenommen davon sind nur Minderjährige (dh Personen, die das 18. Lebensjahr nicht vollendet haben), weil § 2 Abs. 1 den Umgang mit Waffen und Munition den Minderjährigen grds. verbietet, dh sowohl für erlaubnispflichtige als auch für erlaubnisfreie Waffen und Munition gilt. Minderjährige sind daher stets Nichtberechtigte iS des § 53 Abs. 1 Nr. 16. Zu beachten sind aber die in § 3 vorgesehenen Ausnahmen (vgl. ferner die Ausnahmen in § 13 Abs. 7 S. 2 und § 27 Abs. 6). Darüber hinaus ist bei volljährigen Personen noch an ein Waffenverbot im Einzelfall nach § 41 Abs. 1 S. 1 zu denken. Wird ein solches – im Hinblick auf an sich nicht erlaubnispflichtige Waffen oder Munition – ausgesprochen, handelt es sich auch hier um Nichtberechtigte (der Überlassende muss allerdings, um vorsätzlich zu handeln, von der Anordnung eines solchen Waffenverbotes wissen oder jedenfalls damit rechnen und diesen Umstand billigend in Kauf nehmen).

Die in § 33 Abs. 1 S. 2 iVm § 28 Abs. 4 WaffG aF geregelten Ausnahmen (minderjähriger **85** Erbe, Finder etc) tauchen im geltenden WaffG nicht mehr auf.[345] Dennoch wird man auch einem Minderjährigen ein vorübergehendes Besitzrecht nach § 37 Abs. 1 S. 1 Nr. 1 einräumen müssen. In diesen Fällen werden ihnen aber gerade keine Waffen von einem Anderen überlassen. Der typische Fall des Minderjährigen, der auf einem Volksfest an einer Schießbude schießt, muss – etwas unsauber – über § 27 Abs. 6 konstruiert werden – unsauber deshalb, weil § 27 Abs. 6 nur die Gestattung durch die Aufsichtsperson, nicht aber die Berechtigung des Minderjährigen normiert. Eine Berechtigung des Minderjährigen zum vorübergehenden Erwerb der Waffe ist nirgendwo ausdrücklich normiert, es sei denn, man wendet § 12 Abs. 1 Nr. 5 auch auf erlaubnisfreie Waffen an und betrachtet diese Vorschrift zudem als Ausnahme zu § 2 Abs. 1, was allerdings zu weit gehen würde, zumal dann auch Kinder unter 12 Jahren zum Erwerb berechtigt wären. Wer einem Minderjährigen, bei dem kein Ausnahmetatbestand des § 3 vorliegt, eine erlaubnisfreie Waffe (insoweit also: nicht nur „Schusswaffe") oder erlaubnisfreie Munition überlässt,[346] begeht eine Ordnungswidrigkeit nach § 53 Abs. 1 Nr. 16.[347] Von dieser Vorschrift werden im Übrigen häufig Waffenhändler erfasst, die (zumeist fahrlässig) Minderjährigen an sich erlaubnisfreie Waffen oder Munition überlassen, weil sie sich über deren Alter irren.[348]

17. Verstoß gegen die Aufbewahrungs- und Vorzeigepflicht bei Veröffentli- 86 chung von Anzeigen und Werbeschriften (Nr. 17). Das Veröffentlichen von Anzeigen und Werbeschriften, in denen Waffen oder Munition zum Kauf oder Tausch angeboten werden, ist zwar nicht grds. verboten, jedoch sind dabei die Voraussetzungen des § 35 Abs. 1 S. 2 zu beachten. Danach ist die Veröffentlichung nur zulässig, wenn die Anzeigen oder Werbeschriften den Namen und die Anschrift des Anbieters sowie die von ihm nach § 35 Abs. 1 S. 1 mitzuteilenden Hinweise enthalten.[349] § 35 Abs. 1 S. 3 räumt allerdings dem **nicht gewerblichen Anbieter** (der in einem Publikationsorgan eine Anzeige veröffentli-

---

[344] Die Vorschrift ist abgedruckt in → § 2 Rn. 34; dagegen versteht Apel/Bushart/*Bushart* unter einer nicht erlaubnispflichtigen Waffe eine solche nach Anl. 2 Abschn. 2 Unterabschn. 2 Nr. 1.1 bis Nr. 2.3.
[345] Hierzu auch BT-Drs. 14/7758, 112 (Nr. 45), 133 (Nr. 45).
[346] Zum Begriff des Überlassens → § 1 Rn. 174 ff.
[347] Die Vorschrift entspricht im Wesentlichen § 55 Abs. 1 Nr. 16 Alt. 2 iVm § 34 Abs. 1 S. 2 WaffG aF.
[348] Hinze/*Runkel* Rn. 36; Steindorf/*B. Heinrich* Rn. 23.
[349] Auffallend ist in diesem Zusammenhang, dass weder eine Verletzung der in § 35 Abs. 1 S. 1 Nr. 1 bis Nr. 3 genannten Hinweispflichten noch die Pflicht zur Angabe des Namens, der Anschrift und gegebenenfalls der eingetragenen Marke bußgeldbewehrt sind; dies war früher anders, vgl. § 55 Abs. 1 Nr. 20 WaffG aF.

chen will) die Möglichkeit ein, der Bekanntgabe seiner Personalien zu widersprechen.[350] Sog Chiffreanzeigen sind damit für den nicht gewerblichen Anbieter zulässig.[351] Macht der nicht gewerbliche Anbieter von dieser Möglichkeit Gebrauch, so hat er aber jedenfalls seine Personalien dem Publikationsorgan mitzuteilen.[352] Dieses ist nach § 35 Abs. 1 S. 4 verpflichtet, die Urkunden über den Geschäftsvorgang[353] ein Jahr lang aufzubewahren und der zuständigen Behörde auf Verlangen Einsicht zu gewähren. Kommt derjenige, der die Anzeige oder die Werbeschrift veröffentlicht, dieser einjährigen Aufbewahrungspflicht nicht nach oder gewährt er der Behörde nicht, nicht vollständig oder nicht rechtzeitig die verlangte Einsicht, so kann dies als Ordnungswidrigkeit nach § 53 Abs. 1 Nr. 17 geahndet werden.[354]

87 Normadressat ist insoweit also der Veröffentlichende, dh die verantwortliche Person des jeweiligen Publikationsorgans.[355] Da im Hinblick auf die nicht rechtzeitige Einsichtsgewährung kein zeitlicher Rahmen oder gar eine Frist normiert ist, ist die Einsichtsgewährung „auf Verlangen" so zu verstehen, dass die Einsicht sofort zu gewähren ist. Nach der einjährigen Aufbewahrungspflicht erlischt naturgemäß auch die Pflicht, auf Verlangen Einsicht zu gewähren. Das Nichtbefolgen eines nach Jahresfrist geäußerten Verlangens kann daher keine Sanktionen nach sich ziehen.[356] Wird das Verlangen hingegen binnen Jahrespflicht geäußert, ist ihm auch dann noch zu entsprechen, wenn die Jahresfrist inzwischen abgelaufen ist.[357]

88 **18. Verstoß gegen die Hinweis- und Protokollierungspflichten nach § 35 Abs. 2 (Nr. 18).** Die in § 35 Abs. 2 normierten Hinweis- und Protokollierungspflichten richten sich ausschließlich an **Waffenhändler,** der im Besitz einer Waffenhandelserlaubnis nach § 21 Abs. 1 ist. Überlässt[358] ein solcher Waffenhändler im **Einzelhandel** (dh an den Endabnehmer[359]) eine Schusswaffe,[360] die nur mit einer Erlaubnis geführt[361] oder mit der nur mit einer Erlaubnis geschossen[362] werden darf, so ist er gem. § 35 Abs. 2 S. 1 verpflichtet, den Erwerber darauf hinzuweisen, dass er einen Waffenschein bzw. eine Schießerlaubnis benötigt, wenn er die Schusswaffe führen bzw. mit ihr schießen möchte.[363]

89 § 35 Abs. 2 S. 2 normiert zusätzliche Pflichten beim Überlassen von Schreckschuss-, Reizstoff- oder Signalwaffen.[364] Eine Erlaubnis zum Führen und Schießen ist auch bzgl. dieser Waffen erforderlich.[365] Auf diese **Erlaubnispflicht** hat der Waffenhändler hinzuweisen. Zusätzlich muss er den Erwerber nach § 35 Abs. 2 S. 2 auf die **Strafbarkeit** des Führens einer Schreckschuss-, Reizstoff- oder Signalwaffe ohne Erlaubnis hinweisen und die Erfüllung der beiden vorgenannten Hinweispflichten protokollieren (eine solche Protokollie-

---

[350] Zur Begründung vgl. ausführlich BT-Drs. 14/7758, 73.
[351] Anders noch die alte Rechtslage: § 34 Abs. 8 WaffG aF sah eine solche Ausnahme von der Pflicht, die Personalien zu veröffentlichen, nicht vor; daher waren Chiffreanzeigen grundsätzlich verboten; hierzu auch *Steindorf,* 7. Aufl. 1999, § 34 Rn. 12.
[352] Erbs/Kohlhaas/*Pauckstadt-Maihold,* W 12 Rn. 35.
[353] Darunter sind hier insb. der Vertrag zwischen dem Anbieter und dem Publikationsorgan über die Veröffentlichung einer Anzeige oder einer Werbeschrift und die Personalien des Inserenten zu verstehen.
[354] Die Vorschrift hat keinen Vorgänger im WaffG aF.
[355] In der Regel sind dies der verantwortliche Redakteur, der Anzeigenschriftleiter oder der Verleger.
[356] Apel/Bushart/*Bushart* Rn. 25.
[357] Apel/Bushart/*Bushart* Rn. 25; Steindorf/*B. Heinrich* Rn. 24.
[358] Zum Begriff des Überlassens → § 1 Rn. 174 ff.
[359] Dagegen entfällt eine solche Hinweispflicht, wenn die Waffe einem anderen Gewerbetreibenden überlassen wird; vgl. Hinze/*Runkel* Rn. 38.
[360] Zum Begriff der Schusswaffe → § 1 Rn. 9 ff.
[361] Zum Begriff des Führens → § 1 Rn. 180 ff.
[362] Zum Begriff des Schießens → § 1 Rn. 189.
[363] Die Vorschrift entspricht im Wesentlichen § 34 Abs. 7 WaffG aF, der aber nur bzgl. des erlaubnispflichtigen Führens eine entsprechende Hinweispflicht enthielt. Zur Begründung für diese Hinweispflicht vgl. BT-Drs. 14/7758, 73.
[364] Vgl. zu diesen Waffen → § 1 Rn. 91 ff., § 2 Rn. 50. Die Vorschrift des S. 2 des § 35 Abs. 2 war im ursprünglichen Gesetzentwurf noch nicht enthalten; vgl. BT-Drs. 14/7758, 19.
[365] Dazu § 10 Abs. 4 S. 4 (kleiner Waffenschein) und § 10 Abs. 5. Auch → § 1 Rn. 91, 101, 104 sowie → § 2 Rn. 50.

rungspflicht fehlt im Übrigen in den Fällen des § 35 Abs. 2 S. 1). Diese Pflichten gelten auch, wenn eine Waffe im Versandhandel überlassen wird.[366] Kommt der Waffenhändler einer der genannten Hinweis- oder Protokollierungspflichten nicht, nicht richtig, nicht vollständig oder nicht rechtzeitig nach, so kann dies als Ordnungswidrigkeit nach § 53 Abs. 1 Nr. 18 geahndet werden.[367]

Hinsichtlich der Tathandlungen der nicht richtigen, nicht vollständigen oder nicht rechtzeitigen Erfüllung der Protokollierungspflicht sind insbes. die Regelungen in Nr. 35.2 WaffVwV zu berücksichtigen.[368] Worauf sich die Tathandlung der nicht rechtzeitigen Pflichterfüllung bezieht, ist nicht recht klar, weil diesbezüglich kein zeitlicher Rahmen oder gar eine Frist normiert ist. Allerdings wird auch hier die Erfüllung der Hinweis- und Protokollierungspflichten „beim Überlassen" so zu verstehen sein, dass die Pflichten sofort zu erfüllen sind. 90

19. Verstoß gegen die Pflicht, Schusswaffen sicher aufzubewahren (Nr. 19 aF). 91
Die früher in § 53 Abs. 1 Nr. 19 enthaltene Ordnungswidrigkeit, die einen Verstoß gegen § 36 Abs. 1 S. 2 bzw. § 36 Abs. 2 (unsichere Aufbewahrung von Schusswaffen) sanktionierte ist nach der Neuregelung der Aufbewahrungsvorschriften durch das Zweite Gesetz zur Änderung des Waffengesetzes und weiterer Vorschriften vom 30.6.2017[369] entfallen.

20. Verletzung der Ausweispflicht (Nr. 20). Nach § 38 Abs. 1 S. 1 muss derjenige, 92
der erlaubtermaßen eine Waffe führt,[370] seinen Personalausweis oder Pass sowie die – je nach der Art des Umgangs – erforderliche Erlaubnis oder den erforderlichen Beleg mit sich führen.[371] Dabei wird selbstverständlich vorausgesetzt, dass die entsprechenden Erlaubnisse und Dokumente erteilt wurden. Ist dies nicht der Fall, liegen die entsprechenden Straftaten wegen unerlaubtem Erwerb, unerlaubtem Führen, unerlaubtem Verbringen bzw. unerlaubter Mitnahme etc vor.

Demnach hat der Erlaubnisinhaber, wenn es um Waffen geht, deren **Erwerb** oder **Füh-** 93
ren der Erlaubnis bedarf, nach § 38 Abs. 1 S. 1 Nr. 1 **Buchst. a** die Waffenbesitzkarte bzw. den Waffenschein mit sich zu führen.

Beim **Verbringen** oder **Mitnehmen**[372] einer erlaubnispflichtigen Waffe oder Munition 94
aus einem Drittstaat,[373] sind dies gem. § 38 Abs. 1 S. 1 Nr. 1 **Buchst. b und Buchst. c** die entsprechenden Erlaubnisscheine nach § 29 Abs. 1 (Verbringen nach Deutschland), § 30 Abs. 1 (Verbringen durch Deutschland), § 32 Abs. 1 (Mitnahme nach, durch oder aus Deutschland) oder § 32 Abs. 4 (Mitnahme von bestimmten Waffen durch Jäger, Sportschützen und Brauchtumsschützen, die ihren gewöhnlichen Aufenthalt in einem Drittstaat haben). Im letzteren Falle ist zusätzlich der Beleg für den Grund der Mitnahme mitzuführen.

§ 38 Abs. 1 S. 1 Nr. 1 **Buchst. d** betrifft den Fall des **Verbringens** einer Schusswaffe 95
oder von Munition nach Anl. 1 Abschn. 3 (Kategorien A 1.2 bis D)[374] aus einem anderen Mitgliedstaat der Europäischen Union nach (vgl. § 29 Abs. 2) oder durch Deutschland (vgl. § 30 Abs. 1). Hier ist der Erlaubnisschein dieses Mitgliedstaates oder die Bescheinigung, die auf einen solchen Bezug nimmt, mitzuführen. Im Falle des **Verbringens** einer solchen

---

[366] Erbs/Kohlhaas/*Pauckstadt-Maihold*, W 12 Rn. 36; Hinze/*Runkel* Rn. 39.
[367] Die Vorschrift entspricht im Wesentlichen § 55 Abs. 1 Nr. 19 iVm § 34 Abs. 7 WaffG aF, wobei hier allerdings lediglich ein Verstoß gegen die Pflicht, auf das Erfordernis eines Waffenscheins hinzuweisen, sanktioniert war.
[368] Dazu auch BT-Drs. 14/8886, 116.
[369] BGBl. I S. 2133.
[370] Zum Begriff des Führens → § 1 Rn. 180 ff.
[371] Die Vorschrift entspricht im Wesentlichen den Regelungen der §§ 35 Abs. 5 S. 1, 39 Abs. 5 und 45 Abs. 5 WaffG aF sowie § 9b Abs. 2 S. 3 und § 9c Abs. 3 der 1. WaffV (zum WaffG aF); die Vorschrift wurde durch das Zweite Gesetz zur Änderung des Waffengesetzes und weiterer Vorschriften vom 30.6.2017, BGBl. I S. 2133 (2135 f.), nicht unwesentlich geändert; vgl. aus der Rspr. BayObLG 24.11.1966 – RReg 4 b St 35/1966, OLGSt § 14 WaffG S. 5.
[372] Zum Begriff des Verbringens → § 1 Rn. 187; zum Begriff der Mitnahme → § 1 Rn. 188.
[373] Drittstaat ist ein Staat, der nicht Mitglied der Europäischen Union ist; vgl. § 30 Abs. 2.
[374] Hierzu → § 1 Rn. 148.

Schusswaffe oder Munition aus dem Geltungsbereich dieses Gesetzes in einen anderen Mitgliedstaat gem: § 31 ist nach § 38 Abs. 1 S. 1 Nr. 1 **Buchst. e** ebenfalls der Erlaubnisschein oder eine Bescheinigung die auf einen solchen Bezug nimmt, mitzuführen. Bei der **Mitnahme** einer solchen Schusswaffe oder von Munition aus Deutschland oder aus einem anderen Mitgliedstaat nach oder durch Deutschland ist nach § 38 S. 1 Nr. 1 **Buchst. f** ein von diesem Mitgliedstaat ausgestellter Europäischer Feuerwaffenpass (im Falle des § 38 Abs. 1 oder 2) mitzuführen. Bei einer Mitnahme aus dem Geltungsbereich dieses Gesetzes gem. § 32 Abs. 1a ist der Erlaubnisschein mit sich zu führen. Daneben haben Jäger, Sportschützen und Brauchtumsschützen beim Führen der in § 32 Abs. 3 genannten Waffen zusätzlich auch einen Beleg über den Grund der Mitnahme mitzuführen (zB in Form einer Einladung zur Jagd, zum Schießwettkampf oder zum Brauchtumsfest).[375]

96 Führt jemand eine Waffe berechtigter Weise nicht auf Grund einer Erlaubnis nach § 10 Abs. 4, sondern lediglich auf Grund einer vorübergehenden Erwerbs- oder Führungsberechtigung nach § 12 Abs. 1 Nr. 1 oder Nr. 2 (vorübergehender Erwerb von einem Berechtigten zu einem bestimmten Zweck) bzw. § 28 Abs. 4 (Führen von Schusswaffen des Erlaubnisinhabers nach dessen Weisung durch Wachpersonen), so hat er nach § 38 S. 1 Nr. 1 **Buchst. g** einen Beleg mit den in dieser Vorschrift genannten Informationen (Name des Überlassers, des Besitzberechtigten und Datum der Besitzüberlassung) mitzuführen. Die Vorschrift ist allerdings insoweit missverständlich, als § 12 Abs. 1 Nr. 1 und Nr. 2 die Erlaubnisfreiheit lediglich für den Erwerb und den Besitz und nicht für das Führen anordnet (diese ist in § 12 Abs. 3 geregelt).[376]

97 § 38 S. 1 Nr. 1 **Buchst. h** betrifft schließlich den Fall des **Schießens**.[377] Danach hat der Berechtigte auch die Schießerlaubnis nach § 10 Abs. 5 mitzuführen. Die Vorschrift erscheint auf den ersten Blick systematisch an falscher Stelle zu stehen, weil § 38 insgesamt lediglich das Führen betrifft (vgl. die einleitende Formulierung „Wer eine Waffe führt, muss [...]"). Das stellt jedoch keinen wesentlichen Widerspruch dar, weil das Schießen als intensivste Form des Umgangs auch das Führen beinhaltet (sofern es außerhalb der eigenen Räumlichkeiten stattfindet). Gemeint ist hier insbes. die Situation, dass Polizeibeamte oder andere zur Personenkontrolle Befugte eine Person beim Schießen antreffen, beispielsweise auf einer Schießstätte.

98 **Jäger** dürfen nach § 13 Abs. 6 Jagdwaffen[378] zu den dort genannten Tätigkeiten (in nicht schussbereitem Zustand, vgl. Hs. 2) erlaubnisfrei führen. In diesem Fall müssen sie aber nach § 38 Abs. 1 S. 1 Nr. 2 ihren Jagdschein mit sich führen.

99 Die genannten Urkunden werden mit sich geführt, wenn sie leicht erreichbar sind und dadurch ohne erhebliche Verzögerung überprüft werden können.[379] Alle genannten Urkunden sind Polizeibeamten oder sonst zur Personenkontrolle Berechtigten[380] auf Verlangen zur Prüfung **auszuhändigen** (§ 38 Abs. 2). Ein bloßes **Vorzeigen** genügt nicht, weil eine Kontrolle auf diese Weise nicht möglich ist.[381] Diese Ausweispflicht besteht gem. § 38 Abs. 1 S. 3 nicht im Falle des erlaubnisfreien Führens nach § 12 Abs. 3 Nr. 1. Da der Betroffene in diesen Fällen aber ohnehin keiner Erlaubnis bedarf, bezieht sich diese Ausnahme regelmäßig nur auf das Mitsichführen des Personalausweises und einer eventuell erforderlichen Erwerbs- oder Besitzerlaubnis. Da in den Fällen des § 13 Abs. 3 (erlaubnisfreier Erwerb bestimmter Waffen durch den Inhaber eines gültigen Jahresjagdscheins iS des § 15 Abs. 2 BJagdG) und § 14 Abs. 4 S. 2 (Erwerb bestimmter Waffen durch Sportschützen auf Grund einer unbefristeten Erlaubnis nach § 14 Abs. 4 S. 1) der Waffenbesitzer zwei Wochen Zeit hat, um die Eintragung der erworbenen Waffe in die Waffenbesitzkarte zu beantragen,[382] und folglich keine gültige Erlaubnis vorweisen kann, genügt gem. § 38 Abs. 1 Nr. 2 das

---

[375] Steindorf/*B. Heinrich* Rn. 27.
[376] Hierzu auch Steindorf/*B. Heinrich* Rn. 27.
[377] Hierzu → § 1 Rn. 189.
[378] Dazu § 13 Abs. 1 Nr. 2.
[379] Vgl. Steindorf/*Gerlemann* § 38 Rn. 1.
[380] An der Grenze sind dies zB Beamte der Bundespolizei und der Zollverwaltung; ferner fallen hierunter nicht uniformierte Beamte der Ordnungsämter.
[381] Vgl. Steindorf/*Gerlemann* § 38 Rn. 3.
[382] Zur Verletzung dieser Antragspflicht → Rn. 52 ff.

Mitsichführen eines schriftlichen Nachweises darüber, dass die Antragsfrist noch nicht verstrichen bzw. ein Antrag bereits gestellt worden ist (zB in Form eines Kaufbeleges).[383]

Wer die in § 38 Abs. 1 genannten Urkunden bzw. in den Fällen des § 13 Abs. 3 und § 14 Abs. 4 S. 2 den Nachweis nach § 38 Abs. 1 S. 2 nicht mit sich führt oder nicht oder nicht rechtzeitig aushändigt, begeht eine Ordnungswidrigkeit nach § 53 Abs. 1 Nr. 20.[384] Da im Hinblick auf die nicht rechtzeitige Aushändigung kein zeitlicher Rahmen oder gar eine Frist normiert ist, ist hier die Pflicht zur Aushändigung „auf Verlangen" so zu verstehen, dass die Urkunden sofort auszuhändigen sind, so dass auch geringfügige „Verspätungen" den Tatbestand schon erfüllen können. **100**

21. Verletzung einer Auskunftspflicht (Nr. 21). Nach § 39 Abs. 1 S. 1 sind die dort genannten Personen verpflichtet, der zuständigen Behörde die für die Durchführung des WaffG erforderlichen Auskünfte zu erteilen.[385] Dabei ist der Inhalt der Auskunftspflicht nicht gesondert umschrieben, wobei davon auszugehen ist, dass die zuständige Behörde sämtliche für die Durchführung des Gesetzes erforderlichen Auskünfte verlangen kann. Sie muss dieses Verlangen allerdings durch einen Verwaltungsakt konkretisieren.[386] Ist für die Erteilung der Auskünfte ein bestimmter Zeitpunkt im Gesetz vorgesehen, so hat der Auskunftspflichtige die Auskünfte zu diesem Zeitpunkt zu erstatten. Erstattet er sie nach Ablauf dieses Zeitpunktes, liegt eine nicht rechtzeitige Auskunftserteilung vor. In allen anderen Fällen ist er erst dann zur Erteilung der Auskünfte verpflichtet, wenn die zuständige Behörde diese verlangt (vollziehbarer Verwaltungsakt), d. h er muss nicht von sich aus tätig werden. In diesen Fällen liegt eine nicht rechtzeitige Erteilung dann vor, wenn diese Frist verstrichen ist. Im Unterschied zur Vorgängerregelung besteht die Auskunftspflicht unabhängig von einer Erlaubnispflicht. Sie besteht daher auch dann, wenn die Waffenherstellung, der Waffenhandel, die Schießstätten und die Bewachungsunternehmen erlaubnisfrei betrieben werden dürfen.[387] Dass es auf eine Erlaubnis nicht ankommt, wird auch dadurch deutlich, dass derjenige auskunftspflichtig ist, der „sonst den Besitz über Waffen oder Munition ausübt".[388] Es kommt folglich entscheidend auf die tatsächlichen Verhältnisse an. Nach der Begründung des Gesetzgebers gehört zu den Auskunftspflichten auch die Pflicht zur Herausgabe der nach § 27 Abs. 3 S. 1 und Abs. 5 S. 1 geforderten Unterlagen.[389] Dies erscheint insofern zweifelhaft als § 27 Abs. 3 S. 3 eine Pflicht zur Aushändigung dieser Unterlagen ausdrücklich normiert und ein entsprechender Verstoß nach § 53 Abs. 1 Nr. 13 Alt. 2 als eigenständige Ordnungswidrigkeit geahndet wird.[390] Es liegt daher näher, im Umkehrschluss anzunehmen, dass die Herausgabe von Unterlagen gerade nicht von der allgemeinen Auskunftspflicht des § 39 Abs. 1 S. 1 und somit (zusätzlich) von § 53 Abs. 1 Nr. 21 erfasst wird. Eine Pflicht zur Erteilung der Auskunft besteht nach § 39 Abs. 1 S. 2 lediglich dann nicht, wenn die ordnungsgemäße Erteilung der Auskunft den Auskunftspflichtigen oder einen seiner Angehörigen der Gefahr strafrechtlicher oder bußgeldrechtlicher Verfolgung aussetzen würde. Werden die Auskünfte vom Auskunftspflichtigen nicht, nicht richtig, nicht vollständig oder nicht rechtzeitig erteilt, liegt eine Ordnungswidrigkeit nach § 53 Abs. 1 Nr. 21 vor.[391] **101**

---

[383] Die Vorschrift entspricht im Wesentlichen § 35 Abs. 5 S. 2 WaffG aF.
[384] Die Vorschrift entspricht im Wesentlichen § 55 Abs. 1 Nr. 21 iVm §§ 35 Abs. 5, 39 Abs. 5 und 45 Abs. 5 WaffG aF.
[385] Die Vorschrift entspricht im Wesentlichen § 46 Abs. 1 WaffG aF.
[386] Apel/Bushart/*Bushart* Rn. 29.
[387] Vgl. BT-Drs. 14/7758, 75; vgl. auch Erbs/Kohlhaas/*Pauckstadt-Maihold,* W 12 Rn. 39; Steindorf/*B. Heinrich* Rn. 28.
[388] Zum Begriff des Besitzes → § 1 Rn. 152 ff.
[389] BT-Drs. 14/7758, 84.
[390] Hierzu → Rn. 81; hierauf wird auch zutreffend hingewiesen bei Apel/Bushart/*Bushart* Rn. 29; ferner Steindorf/*B. Heinrich:* Rn. 28.
[391] Die Vorschrift fasst die bisherigen Regelungen in § 55 Abs. 1 Nr. 17, Nr. 18, Nr. 26 Alt. 1 iVm § 46 Abs. 1 S. 1 WaffG aF sowie § 43 Abs. 1 Nr. 1 und Nr. 12 der 1. WaffV aF zusammen; vgl. BT-Drs. 14/7758, 84. Allerdings ist darauf hinzuweisen, dass diese Bußgeldtatbestände damals auch weitergehende Pflichtverletzungen, wie zB Pflichten zum Vorzeigen bestimmter Gegenstände oder zur Gestattung des Betretens von Wohnungen sanktionierten.

102 **22. Unerlaubtes Führen einer der in § 42a Abs. 1 genannten Waffe (Nr. 21a).** Die mit dem ÄndG 2008[392] neugeschaffene Nr. 21a des § 53 Abs. 1 sanktioniert einen Verstoß gegen den ebenfalls durch das ÄndG 2008[393] neu ins Gesetz aufgenommenen § 42a Abs. 1 als Ordnungswidrigkeit.[394] § 42a Abs. 1 verbietet das Führen[395] von Anscheinswaffen (vgl. Anl. 1 Abschn. 1 Unterabschn. 1 Nr. 1.6),[396] Hieb- und Stoßwaffen nach Anl. 1 Abschn. 1 Unterabschn. 2 Nr. 1.1[397] sowie Einhandmessern und feststehende Messern mit einer Klingenlänge über 12 cm. Mit dem Führensverbot von **Anscheinswaffen** sollen insbes. Situationen vermieden werden, in denen die Polizei auf Grund von täuschend echt wirkenden Schusswaffenattrappen eine vermeintliche Notwehr oder Nothilfesituation annimmt und irrtümlich ihre Dienstwaffen zum Einsatz bringen.[398] Hinsichtlich der **Hieb- und Stoßwaffen** werden insoweit also nur die „geborenen" (§ 1 Abs. 2 Nr. 2 Buchst. a) nicht aber die „gekorenen" (§ 1 Abs. 2 Nr. 2 Buchst. b) Hieb- und Stoßwaffen erfasst, dh „Gegenstände, die ihrem Wesen nach dazu bestimmt sind, unter unmittelbarer Ausnutzung der Muskelkraft durch Hieb, Stoß, Stich, Schlag oder Wurf Verletzungen beizubringen".[399] Diese Waffen stellen zwar – sofern es sich nicht um verbotene Waffen iS der Anl. 2 Abschn. 1 handelt – „erlaubnisfreie" Waffen dar, die bisher nur dem Alterserfordernis des § 2 Abs. 1 und dem Verbot des Führens bei öffentlichen Veranstaltungen, § 42 Abs. 1, unterlagen, für die nunmehr allerdings in § 42a ein allgemeines Führensverbot angeordnet wurde. Im Hinblick auf die **Einhandmesser** enthält das Gesetz keine weiterführende Definition.[400] Man versteht hierunter in aller Regel Klappmesser, welche auf Grund ihrer konstruktionsbedingten Bauart die Eigenschaft besitzen, dass die Klinge mit der das Messer führenden Hand (und insoweit: „einhändig") sowohl aufgeklappt (bzw. ausgefahren oder ausgeschwenkt) als auch festgestellt werden kann.[401] Dies kann technisch auf mehrfache Weise bewirkt werden, etwa durch ein Daumenloch in der Klinge, wodurch das Ausschwenken der Klinge mit dem Daumengelenk ermöglicht wird, durch einen sog. „Flipper", dh einen aus dem Messergriff herausstehenden und mit der Klingenachse verbundenen Öffnungshebel oder durch einen „Daumenpin" oder „Daumenstift", der seitlich an der Klinge angebracht ist und der das Öffnen ermöglicht.[402] Auf die Länge der Klinge kommt es dabei nicht an, sodass auch Einhandtaschenmesser erfasst sind.[403] Der Gesetzgeber begründete die Einbeziehung dieser Messer damit, dass diese „besonders in Gestalt von zivilen Varianten so genannter Kampfmesser bei vielen gewaltbereiten Jugendlichen den Kultstatus des 2003 verbotenen Butterflymessers übernommen" haben.[404] Als Einhandmesser werden aber begrifflich nicht nur diese „Kampfmesser",

---

[392] BGBl. I S. 426 (431).
[393] BGBl. I S. 426 (432).
[394] Vgl. aus der Rspr. OLG Stuttgart 14.6.2011 – 4 Ss 137/11, NStZ 2012, 453 = VRS 121 (2011), 135; vgl. ausführlich hierzu *B. Heinrich* in *Gade/Stoppa*, S. 107.
[395] Vgl. zum Führen → § 1 Rn. 180 ff.; dazu, dass der Begriff des „Führens" hier nicht anders zu verstehen ist als auch sonst im Rahmen des WaffG vgl. OLG Stuttgart 14.6.2011 – 4 Ss 137/11, NStZ 2012, 453 = VRS 121 (2011), 135 (136).
[396] Hierzu → § 1 Rn. 67 ff.
[397] Hierzu → § 1 Rn. 111 ff.
[398] Vgl. hierzu BT-Drs. 16/7717, 22.
[399] *B. Heinrich* in *Gade/Stoppa*, S. 107 (119 f.); *Steindorf/Gerlemann* § 42a Rn. 2.
[400] Dies wird kritisiert von *Gade/Stoppa* § 42a Rn. 39.
[401] OLG Stuttgart 14.6.2011 – 4 Ss 137/11, NStZ 2012, 453; Erbs/Kohlhaas/*Paukstadt-Maihold* Rn. 42; *Gade*, S. 48; *Gade/Stoppa* § 42a Rn. 12; *B. Heinrich* in *Gade/Stoppa*, S. 107 (120 f.); *Heller/Soschinka* Rn. 208; *Hinze/Runkel* § 42a Rn. 5; *Ullrich*, Waffenrechtliche Erlaubnisse, Verbringen, Mitnahme, 2008, S. 45; vgl. auch den Feststellungsbescheid des BKA vom 18.3.2013 (Az SO11-5164.01-Z-269); kritisch hierzu *Steindorf/Gerlemann* § 42a Rn. 2; vgl. zu den Einhandmessern auch die Abbildung bei *Busche* S. 108.
[402] *Gade*, S. 48; *Gade/Stoppa* § 42a Rn. 12; *B. Heinrich* in *Gade/Stoppa*, S. 107 (120).
[403] OLG Köln 24.5.2012 – 1 RBs 116/12, NStZ-RR 2014, 25; OLG Stuttgart 14.6.2011 – 4 Ss 137/11, NStZ 2012, 453; Erbs/Kohlhaas/*Paukstadt-Maihold* Rn. 42; *Gade/Stoppa* § 42a Rn. 12; *B. Heinrich* in *Gade/Stoppa*, S. 107 (120 f.); *Heller/Soschinka* Rn. 521; *Hinze/Runkel* § 42a Rn. 5.
[404] BT-Drs. 16/8224, 14; hierzu auch Nr. 42a-2 S. 2 WaffVwV; OLG Stuttgart 14.6.2011 – 4 Ss 137/11, NStZ 2012, 453; *Gade/Stoppa* § 42a Rn. 10; ferner Nr. 42a-2 S. 1 WaffVwV: „Zur Eindämmung von Gewalttaten mit Messern insbesondere in Großstädten wird das Führen von Hieb- und Stoßwaffen sowie bestimmter Messer verboten. Die in Absatz 1 Nummer 3 genannten Einhandmesser besonders in Gestalt von zivilen Varianten sogenannter Kampfmesser haben bei vielen gewaltbereiten Jugendlichen den Kultstatus des 2003 verbotenen Butterflymessers übernommen"; kritisch zu dieser Begründung *Ostgathe*, 5. Aufl. 2011, S. 95.

sondern auch normale Teppichmesser und Multifunktionswerkzeuge erfasst.[405] In aller Regel wird es sich bei den Einhandmesser aber um Springmesser handeln,[406] dh um Messer, deren Klingen auf Knopf- oder Hebeldruck hervorschnellen und hierdurch oder beim Loslassen der Sperrvorrichtung festgestellt werden können, und die nach Anl. 1 Abschn. 1 Unterabschn. 1 Nr. 2.1.1 als tragbare Gegenstände iS des § 1 Abs. 1 Nr. 2 Buchst. b eingestuft und nach Anl. 2 Abschn. 1 Nr. 1.4.1 auch als verbotene Waffen anzusehen sind, jedenfalls dann, wenn sie zweiseitig geschliffen sind, die Klinge nicht seitlich (sondern nach vorne) aus dem Griff herausspringt und der aus dem Griff herausragende Teil der Klinge länger als 8,5 cm lang ist. Teilweise wird allerdings auch vertreten, dass die Springmesser gerade nicht zu den Einhandmessern zählen, da beim Springmesser die Klinge gerade durch einen vorhandenen Federmechanismus und nicht durch die Hand selbst geöffnet wird.[407] Als letzte Kategorie sind **feststehende Messer mit einer Klingenlänge über 12 cm** von der Verbotsnorm des § 42a und somit auch von der Sanktionsnorm des § 53 Abs. 1 Nr. 21a erfasst. Auch hier fehlt – ebenso wie bei den Einhandmessern – eine gesetzliche Definition. Erfasst werden sollen insoweit alle Messer, welche eine Klinge besitzen, die länger als 12 cm ist, und bei denen die Klinge feststehend, d.h. nicht im Griff versenkbar oder auf sonstige Weise einklappbar ist.[408] Insoweit fallen hierunter vorwiegend Messer, die dem täglichen Gebrauch dienen, wie zB normale Brotschneide-, Fleisch-, Angler-, Taucher-, Camping- oder Freizeitmesser".[409] Was die Berechnung der Klingenlänge angeht, kann nur der aus dem Griff herausragende Teil der Klinge berücksichtigt werden.[410] Mit dem Verbot des Führens von Einhandmesser und feststehenden Messer verlässt der Gesetzgeber an sich die Systematik des Waffengesetzes, da es sich bei diesen Messern nicht zwingend um Waffen iS des WaffG, sondern auch um „normale" Gebrauchsgegenstände handeln kann, die ihrem Wesen nach nicht dazu bestimmt sind, die Angriffs- oder Abwehrfähigkeit von Menschen zu beseitigen oder herabzusetzen (vgl. § 1 Abs. 2 Nr. 2 Buchst. a).[411] Der Gesetzgeber begründete die Einstufung als Ordnungswidrigkeit damit, dass ein Verzicht auf eine Sanktionierung im Hinblick darauf, dass Verstöße gegen das WaffG insgesamt durch umfangreiche Straf- und Bußgeldbestimmungen bis hin zur als ordnungswidrig eingestuften Nichtmitführung von Bescheinigungen (vgl. § 53 Abs. 1 Nr. 14[412]), nicht nachvollziehbar und auch nicht gerechtfertigt sei. Die Möglichkeit einer eventuellen Einziehung nach dem allgemeinen Gefahrabwehrrecht sei nicht ausreichend und in der Praxis auch nicht zielführend.[413] Zudem schaffe die Einstufung des Führungsverbots für Hieb- und Stoßwaffen sowie für bestimmte Messer als Ordnungswidrigkeit für die Polizei die Voraussetzung, bereits im Vorfeld einer Gewalttat bei provokantem Verhalten gewaltbereiter Jugendlicher deren mitgeführte Messer einzuziehen.[414] Ausnahmen von dem Führensverbot nach Abs. 1 werden in § 42a Abs. 2 aufgezählt.[415] Das Verbot gilt nach § 42a

---

[405] *Gade* S. 48 f.; *Gade/Stoppa* § 42a Rn. 10, 15; *B. Heinrich* in *Gade/Stoppa* S. 107 (121).
[406] *Gade* S. 48 f.; *Gade/Stoppa* § 42a Rn. 15; *B. Heinrich* in *Gade/Stoppa* S. 107 (121); *Heller/Soschinka* Rn. 521.
[407] Vgl. die ausgiebige Diskussion bei *Gade/Stoppa* § 42a Rn. 12, die sich im Ergebnis aber einer weiten Auslegung anschließen.
[408] *Gade/Stoppa* § 42a Rn. 16; *B. Heinrich* in *Gade/Stoppa* S. 107 (122); vgl. hierzu auch die Abbildung bei *Busche* S. 109.
[409] *Gade/Stoppa* § 42a Rn. 10, 16; vgl. auch Nr. 42a-2 S. 3 und S. 4: „Auch größere feststehende Messer haben an Deliktsrelevanz gewonnen. Da derartige Messer jedoch auch nützliche Gebrauchsmesser sein können, wird von ihrer pauschalen Einordnung als Waffe in Anlage 1 des WaffG abgesehen"; vgl. wortgleich auch die Begründung des Gesetzgebers, BT-Drucks. 16/8224, 17 f.
[410] *Gade/Stoppa* Anl. 2 Rn. 73; *B. Heinrich* in *Gade/Stoppa* S. 107 (122); *Hinze/Runkel* § 42a Rn. 6; Anl. I-A 1-UA 2-Nr. 1.1 S. 11 WaffVwV.
[411] BT-Drs. 16/8224, 17 f.; *Erbs/Kohlhaas/Pauckstadt-Maihold*, W 12 Rn. 42; *Gade* S. 47 f., 51 f., 55; *Gade/Stoppa* § 42a Rn. 10, 39; *B. Heinrich* in *Gade/Stoppa*, S. 107 (121 f., 126 f.); *Heller/Soschinka* Rn. 521; *Steindorf/Gerlemann* § 42a Rn. 2.
[412] Hierzu → Rn. 82.
[413] BT-Drs. 16/7717, 34; vgl. auch BT-Drs. 16/8224, 18: „Die Vorschrift ermöglicht es der Polizei bei Verstößen gegen das Führensverbot zudem, die Anscheinswaffe dauerhaft einzuziehen (§ 54 Abs. 2 WaffG)".
[414] BT-Drs. 16/8224, 18; zum Ganzen auch *B. Heinrich* in *Gade/Stoppa*, S. 107 (108 f.).
[415] Zur Verfassungsmäßigkeit der Regelung des § 42a Abs. 2 vgl. aus der Rspr. OLG Stuttgart 14.6.2011 – 4 Ss 137/11, NStZ 2012, 453 (454).

Abs. 2 Nr. 1 nicht für die Verwendung bei Foto-, Film- oder Fernsehaufnahmen oder Theateraufführungen. Diese Ausnahme ist insbes. im Hinblick auf Anscheinswaffen deshalb gerechtfertigt, weil von diesen Gegenständen keine objektive Gefährlichkeit ausgeht und das Verbot des Führens hier in erster Linie deswegen angeordnet wird, um einer potentiellen psychischen Zwangswirkung entgegenzuwirken, die aber in den genannten Situationen schon deswegen nicht gegeben ist, weil hier offensichtlich ist, dass lediglich Anscheinswaffen verwendet werden und die Gefahr eines missbräuchlichen Umgangs daher unwahrscheinlich ist.[416] Eine Ausnahme gilt nach § 42a Abs. 2 Nr. 2 ferner nicht bei einem Transport in einem verschlossenen Behältnis, wobei der Begriff demjenigen in § 243 Abs. 1 S. 2 Nr. 2 StGB entspricht.[417] Hiernach ist ein verschlossenes Behältnis „ein zur Aufnahme von Sachen dienendes Raumgebilde, das nicht dazu bestimmt ist, von Menschen betreten zu werden".[418] Ein verschlossener PKW fällt – im Gegensatz zum verschlossenen Kofferraum oder dem verschlossenen Handschuhfach eines solchen – nicht hierunter.[419] Gemeint sind hier zB eingeschweißte Verpackungen oder mit einem Schloss verriegelte Taschen,[420] Zahlenschlosskoffer, Container oder verplombte Säcke.[421] Dabei ist es entscheidend, dass das Behältnis tatsächlich „verschlossen" (d.h. „abgeschlossen") und nicht nur „geschlossen" oder lediglich „verschließbar" ist.[422] Hintergrund dieser Regelung ist, dass Gegenstände, die in einem verschlossenen Behältnis transportiert werden, nicht zugriffsbereit sind und von daher keine erhöhte Gefährdung darstellen. Insoweit kann dieser Gesichtspunkt zur Auslegung dieser Regelung herangezogen werden.[423] Schließlich enthält § 42a Abs. 2 Nr. 3 eine Ausnahme (allerdings begrenzt auf das Führen von Gegenständen nach § 42a Abs. 1 Nr. 2 und Nr. 3, nicht erfasst sind also die Anscheinswaffen[424]), sofern ein **berechtigtes Interesse** für das Führen vorliegt. Abs. 3 definiert dieses berechtigte Interesse im Sinne von Abs. 2 Nr. 3. Ein solches soll insbes. dann vorliegen, wenn das Führen der Gegenstände im Zusammenhang mit der Berufsausübung erfolgt, der Brauchtumspflege, dem Sport oder einem allgemein anerkannten Zweck dient.[425] Diese Regelung ist im Hinblick auf den auch im Ordnungswidrigkeitenrecht geltenden Bestimmtheitsgrundsatz höchst bedenklich.[426] Denn der ohnehin in seinem

---

[416] So auch *Gade/Stoppa* § 42a Rn. 19; *B. Heinrich* in *Gade/Stoppa*, S. 107 (123); vgl. hierzu auch VGH Kassel 17.3.2011 – 8 A 1188/10, DVBl. 2011, 707 = NVwZ-RR 2011, 519, wo ausgeführt wird, dass der Begriff der Theateraufführung weit auszulegen ist und daher auch die Verwendung von Sturmgewehrattrappen bei öffentlichen Kundgebungen „mit Kunstbeitrag" zulässig ist.
[417] OLG Stuttgart 14.6.2011 – 4 Ss 137/11, NStZ 2012, 453 (453 f.); *Gade/Stoppa* § 42a Rn. 21; *B. Heinrich* in *Gade/Stoppa*, S. 107 (123 f.); vgl. zu diesem Begriff auch BGH 11.5.1951 – GSSt 1/51, BGHSt 1, 158 (163) = NJW 1951, 669.
[418] BGH 11.5.1951 – GSSt 1/51, BGHSt 1, 158 (163) = NJW 1951, 669; so auch OLG Stuttgart 14.6.2011 – 4 Ss 137/11, NStZ 2012, 453 (454); *B. Heinrich* in *Gade/Stoppa*, S. 107 (124).
[419] OLG Köln 24.5.2012 – 1 RBs 116/12, NStZ-RR 2014, 25; OLG Stuttgart 14.6.2011 – 4 Ss 137/11, NStZ 2012, 453 (453 f.); *B. Heinrich* in *Gade/Stoppa*, S. 107 (124).
[420] BT-Drs. 16/8824, 17; OLG Köln 24.5.2012 – 1 RBs 116/12, NStZ-RR 2014, 25; *B. Heinrich* in *Gade/Stoppa*, S. 107 (124).
[421] *Gade/Stoppa* § 42a Rn. 21.
[422] Erbs/Kohlhaas/*Pauckstadt-Maihold* Rn. 44; *Gade/Stoppa* § 42a Rn. 21; *B. Heinrich* in *Gade/Stoppa*, S. 107 (124).
[423] *Gade* S. 49 f.; *B. Heinrich* in *Gade/Stoppa*, S. 107 (124).
[424] Begründet wird dies damit, dass die Fälle eines „sozialadäquaten Führens" bei diesen Gegenständen – außer in den in § 42a Abs. 2 S. 1 Nr. 1 und Nr. 2 genannten Fällen – kaum in einem entsprechenden Maße vorkommen dürfte; vgl. auch *B. Heinrich* in *Gade/Stoppa* S. 107 (124).
[425] Vgl. ausführlich zu diesen Ausnahmen *Gade/Stoppa* § 42a Rn. 24 ff.; Hinze/*Runkel* § 42a Rn. 12 ff.
[426] Vgl. hierzu auch *B. Heinrich* in *Gade/Stoppa* S. 107 (128 f.); bezeichnend ist auch, dass die Bundesregierung in ihrer Gegenäußerung zu dem (später umgesetzten) Vorschlag des Bundesrates, einen entsprechenden Ordnungswidrigkeitentatbestand einzuführen, ausführt: „Die vom Bundesrat empfohlene bußgeldbewehrte Ahndung eines Verstoßes gegen das in § 42a WaffG vorgesehene Führensverbot für Anscheinswaffen ist zu unbestimmt gefasst. Für gefahrenabwehrrechtliche Regelungen im Waffengesetz ist der auslegungsbedürftige Begriff ‚Anscheinswaffe' noch vertretbar. Tatbestände, die mit einer Ordnungswidrigkeit oder einem Straftatbestand geahndet werden, müssen jedoch höhere Anforderungen an den Bestimmtheitsgrundsatz erfüllen. Eine Konkretisierung des Verbots, das den rechtsstaatlichen Vorgaben genügen würde, ist wegen der Vielfalt der im Umlauf befindlichen Waffenimitate kaum zu realisieren" (BT-Drs. 16/7717, 40). Was hier bereits im Hinblick auf die Anscheinswaffen als bedenklich angesehen wird, muss für die hier in Frage stehenden Messer erst recht gelten.

Anwendungsbereich schon bedenklich unbestimmte Begriff des „berechtigten Interesses" wird insoweit durch den nicht weniger unbestimmten Begriff des „allgemein anerkannten Zwecks" ersetzt, der selbst aber durch die einleitende Wendung „insbesondere" nicht einmal als abschließend anzusehen ist.[427] Von einer Konkretisierung des unbestimmten Rechtsbegriffs des „berechtigten Interesses" über § 42a Abs. 3 kann daher kaum gesprochen werden.[428] Nach der Ansicht des Gesetzgebers regeln diese Vorschriften „die für den Alltag erforderlichen Ausnahmeregelungen, um den sozialadäquaten Gebrauch von Messern nicht durch das Führensverbot zu beeinträchtigen".[429] In Nr. 42 Abs. 3 S. 2 WaffVwV werden hierzu genannt: das Mitführen nützlicher Gebrauchsmesser zB beim Picknick, Bergsteigen, der Gartenpflege, im Rettungswesen, bei der Brauchtumspflege, der Jagd oder der Fischerei.[430] Diese Ausnahmeregelungen sind allerdings, um den Zweck des Gesetzes nicht zu gefährden, restriktiv auszulegen.[431] Der Zweck, sich mit Waffen „verteidigen" zu wollen, reicht daher regelmäßig nicht aus, sofern nicht besondere Gründe im Einzelfall hinzutreten.[432] Nicht ausreichend ist die Absicht, in einem PKW im Notfall schnell den Sicherheitsgurt durchschneiden zu wollen.[433] Insgesamt wird man in diesem Bereich differenzieren müssen: Während ein berechtigtes Interesse (bzw. ein anerkannter Zweck) bei den Hieb- und Stoßwaffen (§ 42a Abs. 1 Nr. 2) kaum und bei Einhandmessern (§ 42a Abs. 1 Nr. 3 Alt. 1), sofern diese nicht berufstypisch eingesetzt werden, eher selten vorliegen wird, dürften bei den feststehenden Messern mit einer Klingenlänge über 12 cm (§ 42a Abs. 1 Nr. 3 Alt. 2) ein solches berechtigtes Interesse häufiger vorkommen.[434] Führt jemand unerlaubt eine Waffe, die in § 42a Abs. 1 genannt ist, begeht er eine Ordnungswidrigkeit nach § 53 Abs. 1 Nr. 21a.[435]

23. Verstoß gegen die Rückgabepflicht bei zurückgenommenen, widerrufenen und erloschenen Erlaubnissen (Nr. 22). Erlaubnisse nach dem Waffengesetz können unter den Voraussetzungen des § 45 zurückgenommen oder widerrufen werden. In diesem Fall hat der Inhaber nach § 46 Abs. 1 S. 1 sämtliche Ausfertigungen der jeweiligen Erlaubnisurkunde unverzüglich (dh ohne schuldhaftes Zögern, vgl. § 121 Abs. 1 S. 1 BGB) an die zuständige Behörde zurückzugeben.[436] Die gleiche Verpflichtung trifft gem. § 46 Abs. 1 S. 2 den Inhaber einer inzwischen (zB auf Grund Fristablaufs, vgl. § 9 Abs. 2 S. 1) erloschenen Erlaubnis.[437] Diese Pflichten dienen dazu, Missbrauch zu verhindern, daher sollen die Urkunden so schnell wie möglich „aus dem Verkehr gezogen" werden.[438] Um dies zu erreichen kann auch neben der Verhängung des Bußgeldes ein Zwangsgeld angeordnet werden.[439] Wer

---

[427] Vgl. hierzu auch *Gade/Stoppa* § 42a Rn. 27; *B. Heinrich* in *Gade/Stoppa* S. 107 (128 f.).
[428] Zweifel im Hinblick auf die Vereinbarkeit mit dem Bestimmtheitsgebot haben auch Hinze/*Runkel* § 42a Rn. 16; vgl. auch Steindorf/Heinrich/Papsthart/*Papsthart*, 9. Aufl. 2010, § 42a Rn. 3c: „Gummiparagraf"; ebenso *König/Papsthart*, Waffengesetz, 2. Aufl. 2012, § 42a Rn. 5; dagegen nahm das OLG Stuttgart 14.6.2010 – 4 Ss 137/11, NStZ 2012, 453 (454) ausdrücklich eine Vereinbarkeit mit dem Bestimmtheitsgebot an; hierzu auch *B. Heinrich* in *Gade/Stoppa* S. 107 (129).
[429] BT-Drs. 16/8224, 18; hierzu auch OLG Stuttgart 14.6.2011 – 4 Ss 137/11, NStZ 2012, 453 (454).
[430] BT-Drs. 16/8224, 18; vgl. zu einigen Beispielen Hinze/*Runkel* § 42a Rn. 11 ff.; kritisch zu dieser Unbestimmtheit *Braun* ZAP 2012 Fach 19 S. 769 (777 f.); ferner *B. Heinrich* in *Gade/Stoppa* S. 107 (128 f.).
[431] OLG Stuttgart 14.6.2011 – 4 Ss 137/11, NStZ 2012, 453 (454); *B. Heinrich* in *Gade/Stoppa* S. 107 (125); vgl. auch *Gade/Stoppa* § 42a Rn. 27; kritisch zu dieser restriktiven Auslegung Steindorf/*Gerlemann* § 42a Rn. 3c.
[432] OLG Stuttgart 14.6.2011 – 4 Ss 137/11, NStZ 2012, 453 (454 f.); vgl. auch *Gade* S. 50 f., der einige dieser Gründe aufzählt, zB beim Taxifahrer, der sich im Zuge seiner Berufsausübung typischerweise in „gefahrgeneigten" Situationen befände; ferner *Gade/Stoppa* § 42a Rn. 28.
[433] OLG Stuttgart 14.6.2011 – 4 Ss 137/11, NStZ 2012, 453; Hinze/*Runkel* § 42a Rn. 16.
[434] Vgl. zu einer entsprechenden Differenzierung auch *Gade/Stoppa* § 42a Rn. 27 a.E., 29, hier werden in Rn. 30 auch entsprechende Beispiele genannt; ferner *B. Heinrich* in *Gade/Stoppa* S. 107 (125 f.).
[435] Vgl. zur Frage des (vermeidbaren) Verbotsirrtums bei Unkenntnis des Verbots des § 42a OLG Stuttgart 14.6.2011 – 4 Ss 137/11, VRS 121 (2011), 135 (139 f.) – in NStZ 2012, 453 nicht abgedruckt.
[436] Die Vorschrift entspricht im Wesentlichen § 48 Abs. 1 S. 1 WaffG aF.
[437] Die Vorschrift entspricht im Wesentlichen § 48 Abs. 1 S. 2 WaffG aF.
[438] Steindorf/*B. Heinrich* Rn. 29.
[439] Apel/Bushart/*Bushart* Rn. 30; Erbs/Kohlhaas/*Pauckstadt-Maihold*, W 12 Rn. 45; Hinze/*Runkel* Rn. 45; Steindorf/*B. Heinrich* Rn. 29.

dieser Rückgabepflicht nicht oder nicht rechtzeitig (dh nicht unverzüglich) nachkommt, begeht eine Ordnungswidrigkeit nach § 53 Abs. 1 Nr. 22.[440]

104 24. Zuwiderhandlung gegen Rechtsverordnungen oder hierauf beruhenden Anordnungen (Nr. 23). § 53 Abs. 1 Nr. 23[441] erklärt ausdrücklich Verstöße gegen Rechtsverordnungen, die auf der Grundlage der hier genannten Ermächtigungsvorschriften erlassen wurden, dann, wenn in dieser Verordnung für einen bestimmten Tatbestand auf § 53 Abs. 1 Nr. 23 verwiesen wird, zu Verstößen gegen das WaffG. Eine entsprechende Vorschrift wurde mit § 34 AWaffV erlassen.[442] Ein Zuwiderhandeln gegen § 34 AWaffV sowie gegen eine entsprechende vollziehbare Anordnung,[443] die hierauf gestützt ist, gilt infolge der hier gewählten Konstruktion als unmittelbarer Verstoß gegen das WaffG (und nicht nur gegen die AWaffV), was die Möglichkeit der Anwendung der sonstigen Vorschriften des WaffG (insbes. des höheren Bußgeldrahmens) ermöglicht.[444] § 34 AWaffV lautet:

§ 34 AWaffV Ordnungswidrigkeiten
Ordnungswidrig im Sinne des § 53 Abs. 1 Nr. 23 des Waffengesetzes handelt, wer vorsätzlich oder fahrlässig
1. entgegen § 7 Abs. 1 Satz 2 oder § 22 Abs. 1 Satz 3 eine Schießübung veranstaltet oder an ihr teilnimmt,
2. entgegen § 9 Abs. 1 Satz 1 auf einer Schießstätte schießt,
3. entgegen § 9 Abs. 1 Satz 3 die Einhaltung der dort genannten Voraussetzungen nicht überwacht,
4. entgegen § 10 Abs. 1 Satz 4 den Schießbetrieb aufnimmt oder fortsetzt,
5. entgegen § 10 Abs. 2 Satz 1 oder 3 oder § 22 Abs. 2 Satz 1 oder 3 oder Abs. 3 Satz 3 eine Anzeige nicht, nicht richtig, nicht vollständig, nicht in der vorgeschriebenen Weise oder nicht rechtzeitig erstattet,
6. entgegen § 10 Abs. 3 Satz 4 das dort genannte Dokument nicht mitführt oder nicht oder nicht rechtzeitig aushändigt,
7. entgegen § 10 Abs. 3 Satz 5 Einblick nicht oder nicht rechtzeitig gewährt,
8. entgegen § 11 Abs. 1 Satz 1 das Schießen nicht beaufsichtigt,
9. entgegen § 11 Abs. 1 Satz 2 das Schießen oder den Aufenthalt in der Schießstätte nicht untersagt,
10. entgegen § 11 Abs. 2 eine Anordnung nicht befolgt,
11. entgegen § 12 Abs. 2 Satz 2 eine Schießstätte betreibt oder benutzt,
12. entgegen § 13 Absatz 2 eine Waffe oder Munition nicht richtig aufbewahrt,
13. entgegen § 13 Absatz 4 Satz 1 oder 2 eine Waffe oder Munition aufbewahrt,
14. entgegen § 17 Abs. 5, auch in Verbindung mit § 19 Abs. 5 oder § 20 Abs. 3 Satz 1, oder § 24 Abs. 3 das Buch, ein Karteiblatt oder das Verzeichnis nicht oder nicht rechtzeitig vorlegt,
15. entgegen § 17 Abs. 6 Satz 1, auch in Verbindung mit § 19 Abs. 5 oder § 20 Abs. 3 Satz 1, das Buch oder ein Karteiblatt nicht oder nicht mindestens zehn Jahre aufbewahrt,
16. entgegen § 17 Abs. 6 Satz 2, auch in Verbindung mit § 19 Abs. 5 oder § 20 Abs. 3 Satz 1, das Buch oder ein Karteiblatt nicht oder nicht rechtzeitig übergibt,
17. entgegen § 17 Abs. 6 Satz 3, auch in Verbindung mit § 19 Abs. 5 oder § 20 Abs. 3 Satz 1, oder § 24 Abs. 4 Satz 2 das Buch, ein Karteiblatt oder das Verzeichnis nicht oder nicht rechtzeitig übergibt oder nicht oder nicht rechtzeitig aushändigt,
18. entgegen § 22 Abs. 2 Satz 2 den Lehrgangsplan oder das Übungsprogramm nicht oder nicht rechtzeitig vorlegt,
19. entgegen § 22 Abs. 2 Satz 4 die Durchführung einer Veranstaltung zulässt,
20. entgegen § 23 Abs. 1 Satz 2 sich vom Vorliegen der dort genannten Erfordernisse nicht oder nicht rechtzeitig überzeugt,

---

[440] Die Vorschrift entspricht im Wesentlichen § 55 Abs. 1 Nr. 27 iVm § 48 Abs. 1 WaffG aF.
[441] Die Vorschrift entspricht im Wesentlichen § 55 Abs. 1 Nr. 28 WaffG aF.
[442] Die einzelnen Vorschriften der AWaffV beruhen hierbei zum großen Teil auf den in § 53 Abs. 1 Nr. 23 genannten Ermächtigungsnormen: Auf § 15a Abs. 4 WaffG gehen die §§ 5, 6, 7 AWaffV, auf § 25 Abs. 1 Nr. 1 Buchst. b WaffG geht § 17 Abs. 6, auf § 27 Abs. 7 WaffG gehen die §§ 9–12 und §§ 22–25 WaffV, auf § 36 Abs. 5 WaffG gehen die §§ 13, 14 WaffV und auf § 47 WaffG gehen die §§ 26–33 WaffV zurück. Schließlich findet in § 53 Abs. 1 Nr. 23 WaffG auch ein Hinweis auf mögliche landesrechtliche Bußgeldtatbestände auf der Grundlage der Ermächtigung nach § 42 Abs. 5 S. 1 und S. 2.
[443] Zur Vollziehbarkeit → Rn. 20 und ergänzend → Rn. 12.
[444] Apel/Bushart/*Bushart* Rn. 31; Erbs/Kohlhaas/*Pauckstadt-Maihold*, W 12 Rn. 46; Steindorf/*B. Heinrich* Rn. 30.

21. entgegen § 24 Abs. 1 ein Verzeichnis nicht, nicht richtig, nicht vollständig oder nicht in der vorgeschriebenen Weise führt,
22. entgegen § 24 Abs. 4 Satz 1 das Verzeichnis nicht oder nicht mindestens fünf Jahre aufbewahrt oder
23. entgegen § 25 Abs. 2 Satz 1 die Durchführung eines Lehrgangs oder einer Schießübung nicht oder nicht rechtzeitig einstellt.

Der Katalog des § 34 AWaffV lässt sich in fünf Abschnitte einteilen. Den ersten bildet **105** § 34 Nr. 1 AWaffV, der den Schießsport und die **Ausbildung in der Verteidigung** mit Schusswaffen betrifft. § 7 Abs. 1 S. 1 AWaffV sowie § 22 Abs. 1 S. 1 AWaffV verbieten bestimmte Schießübungen und Wettbewerbe. Sowohl die Veranstaltung solcher Schießübungen oder Wettbewerbe als auch die Teilnahme daran sind gem. § 7 Abs. 1 S. 2 bzw. § 22 Abs. 1 S. 3 AWaffV verboten und stellen eine Ordnungswidrigkeit nach § 34 Nr. 1 iVm § 53 Abs. 1 Nr. 23 WaffG dar. Die Sanktionsnorm richtet sich also gegen Veranstalter und Sportschützen.

Ein zweiter Abschnitt besteht in den Sanktionstatbeständen des § 34 Nr. 2 bis Nr. 11 **106** AWaffV, die den Betrieb und die Benutzung von **Schießstätten** betreffen. Die §§ 9–12 AWaffV regeln dabei Pflichten nicht nur der Betreiber, sondern auch der Schützen bzw. Benutzer der Schießstätte sowie der Veranstalter, die in einer Schießstätte einen Lehrgang oder eine Schießübung veranstalten. Ferner werden die Pflichten von Aufsichtspersonen erfasst, die auf der Schießstätte bzw. bei Veranstaltungen Aufsicht führen.

Ordnungswidrigkeiten für Schützen bzw. Benutzer werden dabei in § 34 Nr. 2, **107** Nr. 4 und Nr. 11 AWaffV geregelt. Ein Schütze darf auf einer Schießstätte nur schießen, wenn die Voraussetzungen des § 9 Abs. 1 S. 1 AWaffV vorliegen. Fehlt eine Voraussetzung, stellt das Schießen eine Ordnungswidrigkeit nach § 34 Nr. 2 AWaffV iVm § 53 Abs. 1 Nr. 23 WaffG dar. Der Schütze darf auch dann nicht schießen, wenn zu wenig Aufsichtspersonen anwesend sind (§ 10 Abs. 1 S. 4 AWaffV). Eine entsprechende Zuwiderhandlung wird durch § 34 Nr. 4 AWaffV iVm § 53 Abs. 1 Nr. 23 WaffG sanktioniert. Das Benutzen, dh auch das Schießen, ist ferner auch dann eine Ordnungswidrigkeit, wenn es von der zuständigen Behörde nach § 12 Abs. 2 S. 1 AWaffV untersagt worden ist (§ 34 Nr. 11 AWaffV iVm § 53 Abs. 1 Nr. 23 WaffG).

Ordnungswidrigkeiten für den Betreiber finden sich in § 34 Nr. 3 bis Nr. 5 und **108** Nr. 11 AWaffV. Dem Betreiber obliegt gem. § 9 Abs. 1 S. 3 AWaffV die Pflicht, das Vorliegen der Voraussetzungen des § 9 Abs. 1 S. 1 und 2 AWaffV zu überwachen. Die Verletzung dieser Pflicht wird durch § 34 Nr. 3 AWaffV iVm § 53 Abs. 1 Nr. 23 WaffG sanktioniert. Ordnungswidrig handelt der Betreiber auch, wenn er entgegen einer Untersagung durch die zuständige Behörde, die wegen Mängel der Schießstätte ausgesprochen wurde, diese dennoch weiter betreibt (§ 34 Nr. 11 iVm § 12 Abs. 2 S. 2 AWaffV iVm § 53 Abs. 1 Nr. 23 WaffG). Ist der Betreiber zugleich Erlaubnisinhaber, so hat er die Personalien der Aufsichtsperson zwei Wochen bevor diese die Aufsicht übernimmt (§ 10 Abs. 2 S. 1 Hs. 1 AWaffV) sowie einen Wechsel der Aufsichtspersonen (§ 10 Abs. 2 S. 3 AWaffV) anzuzeigen. Die Verletzung dieser Anzeigepflichten wird durch § 34 Nr. 5 Alt. 1 und 2 AWaffV iVm § 53 Abs. 1 Nr. 23 WaffG sanktioniert. Nach § 10 Abs. 1 S. 4 AWaffV darf der Schießbetrieb nicht aufgenommen bzw. fortgeführt werden, solange nicht Aufsichtspersonen in ausreichender Zahl anwesend sind. Eine Verletzung von § 10 Abs. 1 S. 4 AWaffV ist nach § 34 Nr. 4 AWaffV iVm § 53 Abs. 1 Nr. 23 WaffG bußgeldbewehrt. Allerdings könnte unklar sein, an wen sich diese Vorschrift wendet. Zwar betreibt der Betreiber die Schießstätte, jedoch ist zweifelhaft, ob auch er es ist, der den Schießbetrieb aufnimmt oder fortführt. Es könnten hier auch diejenigen gemeint sein, die die Schießstätte als Schützen benutzen, also tatsächlich dort schießen. Eine solche Auslegung würde jedoch der systematischen Stellung der Vorschrift des § 10 Abs. 1 S. 4 AWaffV widersprechen, da sich § 10 AWaffV ausschließlich an den Betreiber der Schießstätte als Erlaubnisinhaber richtet.[445]

---

[445] So auch Steindorf/*N. Heinrich* AWaffV § 34 Rn. 6.

109 **Ordnungswidrigkeiten für die Aufsichtsperson** sind in § 34 Nr. 5, Nr. 6, Nr. 8 und Nr. 9 AWaffV normiert. Die Hauptpflicht der Aufsichtsperson ist naturgemäß die Aufsichtspflicht. Diese ist in § 11 Abs. 1 S. 1 AWaffV festgehalten. Ihre Verletzung wird durch § 34 Nr. 8 AWaffV iVm § 53 Abs. 1 Nr. 23 WaffG sanktioniert. Die Aufsichtspflicht wandelt sich zu einer „Handlungspflicht", wenn tatsächlich eine Gefahrenlage auftritt. Zur Verhütung bzw. Beseitigung solcher Gefahren haben die Aufsichtspersonen das Schießen oder den Aufenthalt auf der Schießstätte zu untersagen (§ 11 Abs. 1 S. 2 AWaffV). Die entsprechende Sanktionsnorm findet sich in § 34 Nr. 9 AWaffV iVm § 53 Abs. 1 Nr. 23 WaffG. Für den Fall, dass die Aufsichtsperson von einer schießsportlichen oder jagdlichen Vereinigung bestellt wird, obliegt die Anzeige der Personalien der Aufsichtsperson nicht wie sonst dem Erlaubnisinhaber, sondern der Aufsichtsperson selbst (§ 10 Abs. 2 S. 1 Hs. 2 AWaffV). Wie für den Erlaubnisinhaber stellt eine Verletzung dieser Anzeigepflicht auch für die Aufsichtsperson eine Ordnungswidrigkeit nach § 34 Nr. 5 Alt. 1 AWaffV iVm § 53 Abs. 1 Nr. 23 WaffG dar. Eine Anzeigepflicht besteht für die Aufsichtsperson nur dann nicht, wenn sie von einem Schießsportverein eines Schießsportverbandes beauftragt ist und der Verein sie registriert hat. In diesem Falle ist die Aufsichtsperson aber verpflichtet, ein entsprechendes vom Verein auszustellendes Nachweisdokument mit sich zu führen und auf Verlangen zur Prüfung auszuhändigen (§ 10 Abs. 3 S. 4 AWaffV). Auch die Verletzung dieser Pflicht stellt eine Ordnungswidrigkeit dar (§ 34 Nr. 6 AWaffV iVm § 53 Abs. 1 Nr. 23 WaffG).

110 **Ordnungswidrigkeiten des Veranstalters** sind hingegen in § 34 Nr. 5 AWaffV geregelt. Den Veranstalter von Lehrgängen und Schießübungen treffen besondere Pflichten, zumal er nicht identisch mit dem Schießstättenbetreiber oder Erlaubnisinhaber zu sein braucht. Er hat geplante Lehrgänge oder Schießübungen zwei Wochen im Voraus anzuzeigen (§ 22 Abs. 2 S. 1 AWaffV). Die Beendigung dieser Veranstaltungen sowie die Einstellung und das Ausscheiden der dafür benötigten Aufsichtspersonen sind ebenfalls anzuzeigen (§ 22 Abs. 2 S. 3 und Abs. 3 S. 3 AWaffV). Die Verletzung einer dieser drei Anzeigepflichten ist bußgeldbewehrt (§ 34 Nr. 5 Alt. 3 bis 5 AWaffV iVm § 53 Abs. 1 Nr. 23 WaffG).

111 **Eine Ordnungswidrigkeit für den Verein** findet sich schließlich in § 34 Nr. 7 AWaffV. Registriert der schießsportliche Verein die Aufsichtsperson (vgl. § 10 Abs. 3 S. 1 AWaffV), so hat er bei einer Überprüfung derselben Einblick in die Registrierung zu gewähren (§ 10 Abs. 3 S. 5 AWaffV). Geschieht dies nicht, begeht der Verein (!) eine Ordnungswidrigkeit nach § 34 Nr. 7 AWaffV iVm § 53 Abs. 1 Nr. 23 WaffG.

112 Eine dritte Gruppe von Ordnungswidrigkeiten findet sich in § 34 Nr. 12, Nr. 13 AWaffV, der die **Verletzung von Aufbewahrungsbestimmungen** sanktioniert. § 13 AWaffV enthält Bestimmungen zur Aufbewahrung von Waffen und Munition. Bußgeldbewehrt sind aber nach § 34 Nr. 12 AWaffV lediglich Verstöße gegen die Bestimmungen des Abs. 2 (vgl. § 34 Nr. 12 AWaffV iVm § 53 Abs. 1 Nr. 23 WaffG). Diese Bestimmungen ergänzen die allgemeinen Bestimmungen zur sicheren Aufbewahrung von Schusswaffen und Munition in § 36 WaffG, wobei ein Pflichtverstoß hier nach § 52 Abs. 3 Nr. 7a strafbar ist.[446] Ferner wird nach § 34 Nr. 13 AWaffV iVm § 53 Abs. 1 Nr. 23 WaffG ein Verstoß gegen § 13 Abs. 4 S. 1 oder S. 2 AWaffV sanktioniert. Hiernach dürfen in einem nicht dauernd bewohnten Gebäude nur bis zu drei erlaubnispflichtige Langwaffen – in den in § 13 Abs. 4 S. 2 AWaffV genau bezeichneten Behältnissen – aufbewahrt werden.

113 Die Verletzung von Pflichten im Zusammenhang mit der **Führung von Waffenbüchern** wird als vierter Abschnitt in § 34 Nr. 14 bis Nr. 17 AWaffV geregelt. Während § 23 WaffG die Buchführungspflicht generell normiert, regeln §§ 17 ff. AWaffV detailliert, wie diese Pflicht zu erfüllen ist. Darüber hinaus finden sich hier Vorlage-, Aufbewahrungs- und Übergabepflichten. Waffenhersteller und -händler haben der zuständigen Behörde auf Verlangen die Bücher vorzulegen (§ 17 Abs. 5 AWaffV), diese zehn Jahre lang aufzubewahren (§ 17 Abs. 6 S. 1 AWaffV), sie nach Ablauf dieser Frist der zuständigen Behörde zu übergeben, es sei denn der Waffenhersteller bzw. -händler bewahrt das Buch weiterhin selbst auf

---

[446] Hierzu → § 52 Rn. 89 ff.

(§ 17 Abs. 6 S. 2 AWaffV) und sie schließlich bei einer Aufgabe des Gewerbes entweder ihrem Nachfolger oder aber der zuständigen Behörde zu übergeben (§ 17 Abs. 6 S. 3 AWaffV). Die Verletzung dieser Pflichten der Waffenhersteller und -händler sind nach § 34 Nr. 14–17 AWaffV iVm § 53 Abs. 1 Nr. 23 WaffG bußgeldbewehrt.

Schließlich findet sich noch eine **fünfte Gruppe** von Ordnungswidrigkeiten in § 34 Nr. 18 bis Nr. 23 AWaffV (Pflichten im Zusammenhang mit der Veranstaltung von Lehrgängen und Schießübungen zur Ausbildung in der Verteidigung mit Schusswaffen). Bei der Veranstaltung von Lehrgängen und Schießübungen haben insbes. der Veranstalter, aber auch der Betreiber der Schießstätte sowie die Aufsichtspersonen besondere Pflichten wahrzunehmen. 114

Ordnungswidrigkeiten des Veranstalters finden sich in § 34 Nr. 14, Nr. 17, Nr. 18, Nr. 21, Nr. 22 und Nr. 23 AWaffV. Neben den bereits oben erwähnten Anzeigepflichten[447] trifft den Veranstalter die Pflicht, auf Verlangen der Behörde einen Lehrgangsplan oder ein Übungsprogramm vorzulegen (§ 22 Abs. 2 S. 2 AWaffV). Sanktioniert wird die Verletzung dieser Pflicht in § 34 Nr. 18 AWaffV iVm § 53 Abs. 1 Nr. 23 WaffG. Des Weiteren hat der Veranstalter ein Verzeichnis der Aufsichtspersonen, Ausbilder und Teilnehmer der Veranstaltung zu führen (§ 24 Abs. 1 AWaffV). Hinsichtlich des Inhalts sowie der Art und Weise der Verzeichnisführung ist § 24 Abs. 2 AWaffV zu beachten. Ähnlich wie für Waffenhersteller und -händler im Hinblick auf die Waffenbücher besteht für den Veranstalter die Pflicht, das Verzeichnis aufzubewahren, allerdings nicht für zehn, sondern nur für fünf Jahre (§ 24 Abs. 4 S. 1 AWaffV). Ebenfalls parallel zu den Pflichten eines Waffenherstellers bzw. -händlers hat der Veranstalter eines Lehrgangs oder einer Schießübung sein Verzeichnis auf Verlangen der Behörde vorzulegen (§ 24 Abs. 3 AWaffV) und es nach Aufgabe der Durchführung der Veranstaltung entweder dem Nachfolger zu übergeben oder der Behörde auszuhändigen (§ 24 Abs. 4 S. 2 AWaffV). Die Verletzung dieser Pflichten stellt nach § 34 Nr. 14 Alt. 2, Nr. 17 Alt. 2, Nr. 21 und Nr. 22 AWaffV iVm § 53 Abs. 1 Nr. 23 WaffG eine Ordnungswidrigkeit dar. Schließlich handelt der Veranstalter ordnungswidrig, wenn er, obwohl die zuständige Behörde gem. § 25 Abs. 2 S. 2 AWaffV die einstweilige Einstellung verlangt hat, eine bestimmte Veranstaltung weiterhin durchführt (§ 34 Nr. 23 AWaffV iVm § 53 Abs. 1 Nr. 23 WaffG. 115

Ordnungswidrigkeiten für Betreiber einer Schießstätte finden sich in § 34 Nr. 19 AWaffV. Dieser ist verpflichtet, die Durchführung einer Veranstaltung zu verhindern, wenn der Veranstalter ihm gegenüber nicht zuvor schriftlich erklärt hat, die Durchführung der Veranstaltung zwei Wochen im Voraus der zuständigen Behörde angezeigt zu haben (§ 22 Abs. 2 S. 4 AWaffV). Bleibt der Betreiber untätig, dh lässt er die Veranstaltung dennoch zu, so ist dieses Unterlassen gem. § 34 Nr. 19 iVm § 53 Abs. 1 Nr. 23 WaffG ordnungswidrig. 116

Ordnungswidrigkeiten für Aufsichtspersonen finden sich schließlich in § 34 Nr. 20 AWaffV. An Lehrgängen oder Schießübungen zur Ausbildung in der Verteidigung mit Schusswaffen dürfen nur Personen teilnehmen, die auf Grund eines Waffenscheins (oder einer sonstigen in § 23 Abs. 1 S. 1 AWaffV genannten Bescheinigung) zum Führen einer Schusswaffe berechtigt sind. Vom Vorliegen dieser Voraussetzung hat sich die Aufsichtsperson vor Aufnahme des Schießbetriebes, dh vor Abgabe des ersten Schusses, zu überzeugen (§ 23 Abs. 1 S. 2 AWaffV). Unterlässt sie dies, begeht sie eine Ordnungswidrigkeit nach § 34 Nr. 20 AWaffV iVm § 53 Abs. 1 Nr. 23 WaffG. 117

Schließlich wurde in § 53 Abs. 1 Nr. 23 noch die Möglichkeit aufgenommen, einen Verstoß gegen eine nach § 42 Abs. 5 S. 1 (auch iVm S. 2) WaffG erlassene Rechtsverordnung als Ordnungswidrigkeit zu ahnden. Hiernach werden die **Landesregierungen** ermächtigt, durch Rechtsverordnungen das **Führen von Waffen** auf bestimmten öffentlichen Straßen, Wegen oder Plätzen allgemein oder im Einzelfall zu verbieten oder zu beschränken. 118

25. Zuwiderhandlung gegen die VO (EU) Nr. 258/2012 (Abs. 1a). Der Ordnungswidrigkeitentatbestand des § 53 Abs. 1a wurde durch Gesetz vom 25.12.2012[448] neu 119

---
[447] → Rn. 110.
[448] BGBl. II S. 1381 (1382); hierzu auch die Materialien BT-Drs. 17/10759 (Gesetzentwurf); BT-Drs. 17/11186 (Beschlussfassung und Bericht des Finanzausschusses).

ins WaffG eingestellt. Er sanktioniert einen Verstoß gegen Art. 4 Abs. 1 S. 1 der EU-Verordnung 258/2012.[449] Dieser bestimmt, dass „für die Ausfuhr der in Anhang I [der VO] aufgeführten Feuerwaffen, ihrer Teile, wesentlichen Komponenten und Munition [...] eine entsprechend dem Formblatt in Anhang II [...] erstellte Ausfuhrgenehmigung erforderlich" ist. Nach Art. 16 der genannten VO müssen die Mitgliedstaaten festlegen „welche Sanktionen bei Verstößen gegen diese Verordnung zu verhängen sind". Ferner werden die Mitgliedsaaten verpflichtet, „alle zu deren Durchsetzung erforderlichen Maßnahmen [zu treffen]. Die Sanktionen müssen wirksam, verhältnismäßig und abschreckend sein". Der deutsche Gesetzgeber entschied sich dazu, hier einen Bußgeldtatbestand zu schaffen.

III. Vorsätzliche und fahrlässige Tatbegehung

120 Die in Abs. 1 aufgeführten Tatbestandsmerkmale müssen entweder **vorsätzlich** oder **fahrlässig** verwirklicht werden.[450] Eine Einschränkung des Bußgeldrahmens für fahrlässig begangene Ordnungswidrigkeiten, wie es bei den fahrlässig begangenen Straftaten im Hinblick auf den Strafrahmen teilweise vorgesehen ist (vgl. § 51 Abs. 4 und § 52 Abs. 4), existiert nicht. Es gilt hier jedoch § 17 Abs. 2 OWiG, wonach dann, wenn ein Gesetz sowohl für vorsätzliches als auch für fahrlässiges Handeln eine Geldbuße androht, ohne im Höchstmaß zu unterscheiden, das fahrlässige Handeln im Höchstmaß nur mit der Hälfte des angedrohten Höchstbetrages Geldbuße geahndet werden kann.

IV. Rechtsfolge (Abs. 2)

121 Nach § 53 Abs. 2 kann eine Ordnungswidrigkeit mit einer Geldbuße bis zu **10.000 EUR** geahndet werden.[451] Damit wurde der Bußgeldrahmen im Vergleich zu § 55 Abs. 3 WaffG aF, der eine Geldbuße von bis zu 10.000 DM vorsah, nahezu verdoppelt.[452] § 53 Abs. 2 unterscheidet nicht zwischen vorsätzlicher und fahrlässiger Begehungsweise. Es gilt jedoch § 17 Abs. 2 OWiG: da § 53 für vorsätzliches und fahrlässiges Handeln Geldbuße androht, ohne im Höchstmaß zu unterscheiden, so kann fahrlässiges Handeln nur mit einer Geldbuße bis 5.000 EUR geahndet werden.[453]

V. Zuständigkeit (Abs. 3)

122 Nach § 36 Abs. 1 Nr. 1 OWiG ist für die Verfolgung und Ahndung von Ordnungswidrigkeiten diejenige Behörde sachlich zuständig, die durch das Gesetz bestimmt wird, welches den betroffenen Ordnungswidrigkeitentatbestand enthält.[454] Abweichend von diesem Grundsatz erklärt § 53 Abs. 3 die für die Erteilung von Erlaubnissen nach § 21 Abs. 1 zuständige Behörde auch für diejenigen Teile des WaffG zuständig, die von der Physikalisch-Technischen Bundesanstalt, dem Bundesverwaltungsamt oder dem Bundeskriminalamt ausgeführt werden.[455]

---

[449] Verordnung (EU) Nr. 258/2012 des Europäischen Parlaments und des Rates vom 14.3.2012 zur Umsetzung des Artikels 10 des Protokolls der Vereinten Nationen gegen die unerlaubte Herstellung von Schusswaffen, dazugehörigen Teilen und Komponenten und Munition und gegen den unerlaubten Handel damit, in Ergänzung des Übereinkommens der Vereinten Nationen gegen die grenzüberschreitende organisierte Kriminalität (VN-Feuerwaffenprotokoll) und zur Einführung von Ausfuhrgenehmigungen für Feuerwaffen, deren Teile, Komponenten und Munition sowie Maßnahmen betreffend deren Einfuhr und Durchfuhr (ABl. 2012 L 94, S. 1).
[450] Hierzu auch Steindorf/B. *Heinrich* Rn. 35.
[451] Die Vorschrift entspricht im Wesentlichen § 55 Abs. 3 WaffG aF.
[452] Zur Begründung vgl. BT-Drs. 14/7758, 84.
[453] Vgl. auch Apel/Bushart/*Bushart* § 53 Rn. 32.
[454] Vgl. zu den Zuständigkeiten im Waffenrecht die entsprechenden Durchführungsverordnungen der Länder; vgl. dazu auch → Vor § 1 Rn. 19.
[455] Die Vorschrift entspricht im Wesentlichen § 55 Abs. 4 WaffG aF; vgl. zur Zuständigkeit nach § 53 Abs. 3 auch Apel/Bushart/*Bushart* § 53 Rn. 33 f.

§ 54 Einziehung

(1) Ist eine Straftat nach den §§ 51, 52 Abs. 1, 2 oder 3 Nr. 1, 2 oder 3 oder Abs. 5 begangen worden, so werden Gegenstände,
1. auf die sich diese Straftat bezieht oder
2. die durch sie hervorgebracht oder zu ihrer Begehung oder Vorbereitung gebraucht worden oder bestimmt gewesen sind,
eingezogen.

(2) Ist eine sonstige Straftat nach § 52 oder eine Ordnungswidrigkeit nach § 53 begangen worden, so können in Absatz 1 bezeichnete Gegenstände eingezogen werden.

(3) [1]§ 74a des Strafgesetzbuches und § 23 des Gesetzes über Ordnungswidrigkeiten sind anzuwenden.

(4) Als Maßnahme im Sinne des § 74f Absatz 1 Satz 3 des Strafgesetzbuches kommt auch die Anweisung in Betracht, binnen einer angemessenen Frist eine Entscheidung der zuständigen Behörde über die Erteilung einer Erlaubnis nach § 10 vorzulegen oder die Gegenstände einem Berechtigten zu überlassen.

Übersicht

	Rn.		Rn.
I. Übersicht	1	4. Einziehung von Taterträgen	8–12
II. Einziehung	2–12	a) Einziehung von Taterträgen bei Tätern und Teilnehmern	9
1. Obligatorische Einziehung (Abs. 1)	4	b) Erweiterter Einziehung von Taterträgen bei Tätern und Teilnehmern	10, 11
2. Fakultative Einziehung (Abs. 2)	5, 6	c) Einziehung von Taterträgen bei anderen	12
3. Einziehung von Tatprodukten, Tatmitteln und Tatobjekten bei anderen Personen (Abs. 3)	7	III. Strafverfahrensrechtliche Besonderheiten	13

I. Übersicht

§ 54 bietet die gesetzliche Grundlage dafür, dass Gegenstände, die im Zusammenhang mit der Begehung eines Waffendeliktes Bedeutung erlangt haben, **eingezogen** werden können.[1] Dabei ist die Einziehung bei den in Abs. 1 genannten Strafnormen **obligatorisch** („werden [...] eingezogen"), während die Einziehung bei den in Abs. 2 genannten Straftaten sowie bei den Ordnungswidrigkeiten lediglich **fakultativ** ist („können [...] eingezogen werden"). In Abs. 3 wird die Anwendbarkeit der Einziehung von Tatprodukten, Tatmitteln und Tatobjekten bei anderen Personen nach § 74a StGB, § 23 OWiG angeordnet. Dem Grundsatz der Verhältnismäßigkeit entsprechend sieht Abs. 4 vor, dass an Stelle der Einziehung oder der Maßnahmen nach § 74a StGB, § 23 OWiG neben den in § 74f Abs. 1 S. 3 StGB genannten Maßnahmen auch die Anweisung getroffen werden kann, eine waffenrechtliche Erlaubnis (zu beantragen und) vorzulegen oder den Gegenstand einem Berechtigten zu überlassen.

II. Einziehung

Hinsichtlich der Einziehung von Gegenständen ist auf die allgemeinen Vorschriften der §§ 74 ff. StGB zu verweisen. Für das Waffen(straf)recht gelten insoweit keine Besonderheiten.

---

[1] Die Vorschrift entspricht im Wesentlichen § 56 WaffG aF; hierzu aus der Rspr. BGH 17.12.1980 – 3 StR 361/80, NStZ 1981, 104; 13.12.1988 – 5 StR 532/88, BGHR WaffG § 56 Abs. 1 Nr. 2 Tatmittel 1; 20.6.1990 – 3 StR 13/90, BGHR WaffG § 56 Straftat 1; BayObLG 23.3.2001 – 4 St RR 36/01, NStZ-RR 2001, 281 (282); OLG Hamm 8.11.1977 – 5 Ss 581/77, NJW 1978, 1018. Im Gesetzgebungsverfahren war ursprünglich die obligatorische Einziehung zugunsten einer fakultativen Einziehung gestrichen worden, vgl. BT-Drs. 14/7758, 23, 84. Nachdem sich der Bundesrat aber für eine Beibehaltung der bisherigen Differenzierung ausgesprochen hatte, BT-Drs. 14/7758, 119, stimmte die Bundesregierung dieser Anregung zu, BT-Drs. 14/7758, 136 (zu Nummer 75) sowie BT-Drs. 14/8886, 118; die Kommentierung gibt den Rechtszustand nach der Änderung durch das Gesetz zur Reform der strafrechtlichen Vermögensabschöpfung vom 13.4.2017, BGBl. I S. 872, in Kraft getreten am 1.7.2017, wieder.

Wird die Einziehung im Zusammenhang mit einer Straftat angeordnet, hat sie **nebenstrafähnlichen Charakter**[2] und ist insoweit im Rahmen der Strafzumessung zu berücksichtigen. Eingezogen werden können nach § 74 Abs. 1 StGB sämtliche Gegenstände (dh Sachen, wie zB unerlaubt hergestellte Schusswaffen, Munition, sonstige Tatwerkzeuge aber auch Rechte, wie zB Eigentumsanteile), die durch eine Straftat **hervorgebracht** werden (Tatprodukte) oder zu ihrer Vorbereitung oder Begehung **gebraucht** worden oder **bestimmt** gewesen sind (Tatmittel). Diese Voraussetzungen werden in § 54 Abs. 1 Nr. 2 wiederholt aber darüber hinaus durch § 54 Abs. 1 Nr. 1 auf diejenigen Gegenstände erweitert, „auf die sich diese Straftat bezieht". Dadurch können insbes. auch die Objekte der Straftat, also zB Schusswaffen oder Munition, die der Täter unerlaubt besitzt, als sog. „Beziehungsgegenstände" der Einziehung unterliegen.[3] Eine Einziehung setzt allerdings voraus, dass die jeweiligen Gegenstände tatsächlich zur Vorbereitung oder Begehung des abgeurteilten Deliktes gebraucht oder bestimmt gewesen sind oder sich jedenfalls darauf beziehen. Dies lehnte der BGH zB im Hinblick auf eine Pistolentasche und ein Reservemagazin im Rahmen einer Verurteilung wegen eines unerlaubten Munitionserwerbs ab, da die erworbene Munition nicht in die konkret mitgeführte Pistolentasche samt Reservemagazin passte, diese also für eine andere Waffe bzw. Munition vorgesehen war.[4] Abgelehnt wurde eine Einziehung ferner im Hinblick auf den im Anschluss an einen unerlaubten Waffenerwerb noch zu entrichtenden (Rest-)Kaufpreis, da dieser nicht zur Begehung der **Tat** (Erwerb = Erlangung der tatsächlichen Gewalt über die Waffe; dies war bereits geschehen) bestimmt war.[5] Zwar kann in diesem Fall die unerlaubt erworbene Waffe eingezogen werden, wird diese jedoch weiterveräußert, so scheitert eine Einziehung des Erlöses als Wertersatz nach § 74c StGB regelmäßig daran, dass dem Täter die Waffe auf Grund der Nichtigkeit des Kaufvertrages mit dem Veräußerer – welche im Falle des § 134 BGB auch auf das Verfügungsgeschäft durchschlägt – nicht gehörte oder sonst zugestanden hat.[6] Hat der Täter oder Teilnehmer den Einziehungsgegenstand vor Erlass der Einziehungsentscheidung bereits verwertet (dh veräußert oder verbraucht) oder hat er die Einziehung des Gegenstandes auf sonstige Weise vereitelt, so kann nach § 74c Abs. 1 StGB die Einziehung des **Wertersatzes** angeordnet werden.

3 Anzumerken ist, dass auch im Rahmen der obligatorischen Einziehung nach Abs. 1 der Grundsatz der **Verhältnismäßigkeit** (vgl. § 74f Abs. 1 StGB, § 24 OWiG) zu beachten ist.[7] Dies kann im Ausnahmefall dazu führen, dass weniger einschneidende Maßnahmen zu ergreifen sind. Insbes. ist daran zu denken, dem Täter nach § 54 Abs. 4 WaffG, § 74f Abs. 1 S. 3 StGB unter dem Vorbehalt der ansonsten stattfindenden Einziehung die Anweisung zu erteilen, eine waffenrechtliche Erlaubnis nach § 10 zu beantragen und anschließend vorzulegen oder den Gegenstand einem Berechtigten zu überlassen. Denn dies sichert ihm die Möglichkeit, insbes. bei teuren, aber unbefugt erworbenen Sammlerwaffen, einen gewissen Erlös zu erzielen, der ihm bei der Einziehung nicht zustünde (vgl. § 75 StGB).

4 **1. Obligatorische Einziehung (Abs. 1).** Bei der Begehung einer in § 54 Abs. 1 genannten Straftat schreibt das Gesetz die Einziehung zwingend vor, da hier regelmäßig vermutet wird, dass „durch den weiteren Besitz eine Gefahr für die öffentliche Sicherheit zu besorgen ist".[8] Insoweit sind die ansonsten nach §§ 74 Abs. 3, 74b Abs. 1 StGB zu prüfenden Voraussetzungen nicht im Einzelnen nachzuweisen. Allerdings ist – wie bereits erwähnt – der Verhältnismäßigkeitsgrundsatz zu beachten (§ 74f Abs. 1 StGB). Betroffen sind

---
[2] Vgl. auch OLG Hamm 8.11.1977 – 5 Ss 581/77, NJW 1978, 1018.
[3] *Gade/Stoppa* Rn. 10; Steindorf/*B. Heinrich* Rn. 6.
[4] BGH 20.6.1990 – 3 StR 13/90, BGHR WaffG § 56 Straftat 1.
[5] BGH 13.12.1988 – 5 StR 532/88, BGHR WaffG § 56 Abs. 1 Nr. 2 Tatmittel 1.
[6] BGH 13.12.1988 – 5 StR 532/88, BGHR WaffG § 56 Abs. 1 Nr. 2 Tatmittel 1.
[7] BGH 17.2.1980 – 3 StR 361/80, NStZ 1981, 104; BayObLG 2.3.1994 – 4 St RR 18/94, NStE Nr. 3 zu § 28 WaffG; BayObLG 23.3.2001 – 4 St RR 36/01, NStZ-RR 2001, 281 (282); OLG Hamm 8.11.1977 – 5 Ss 581/77, NJW 1978, 1018; Erbs/Kohlhaas/*Pauckstadt-Maihold*, W 12 Rn. 2; *Gade/Stoppa* Rn. 8; Hinze/Runkel Rn. 5; Steindorf/*B. Heinrich* Rn. 3.
[8] Vgl. den Ausschussbericht in BT-Drs. 8/1614, 15.

sämtliche Straftaten nach § 51, ferner diejenigen des § 52 Abs. 1 sowie die entsprechenden Versuchstaten (Abs. 2) und die besonders schweren Fälle (Abs. 5 iVm Abs. 1 Nr. 1). Ferner sind auch die Straftaten des § 52 Abs. 3 Nr. 1 bis Nr. 3 von der obligatorischen Einziehung erfasst, während die Strafvorschriften des § 52 Abs. 3 Nr. 4 bis Nr. 10 sowie die Fahrlässigkeitstatbestände des Abs. 4 lediglich der fakultativen Einziehung des § 54 Abs. 2 unterfallen.

2. Fakultative Einziehung (Abs. 2). Bei den in § 54 Abs. 2 genannten sonstigen Straftaten (§ 52 Abs. 3 Nr. 4–10, Fahrlässigkeitstaten nach Abs. 4) sowie bei Ordnungswidrigkeiten nach § 53 ist die Einziehung in das pflichtgemäße Ermessen des Richters gestellt, der eine Einziehung unter den Voraussetzungen des § 74 Abs. 3 (bei den genannten Straftaten nach § 52) bzw. des § 22 OWiG (bei den Ordnungswidrigkeiten nach § 53) anordnen kann.

Problematisch ist hierbei allerdings die Möglichkeit einer Einziehung bei den **Fahrlässigkeitstatbeständen** nach § 52 Abs. 4. Denn die allgemeine Einziehungsvorschrift des § 74 StGB lässt eine Einziehung an sich nur zu, wenn es sich um eine **vorsätzlich** begangene Straftat handelt. Eine entsprechende Beschränkung enthält § 54 Abs. 2 jedoch nicht, da hier pauschal von „sonstigen Straftaten" gesprochen wird. Aus den Gesetzesmaterialien[9] ist jedoch zu schließen, dass der Gesetzgeber sich des Problems durchaus bewusst war und eine Einziehung von Schusswaffen und Munition in weiterem Umfang ermöglichen wollte, als dies bei Straftaten nach allgemeinem Strafrecht möglich ist, weil solche Maßnahmen mit Rücksicht auf die hier möglichen Gefahren unerlässlich seien.[10] Dass eine solche Erweiterung über § 74 Abs. 1 StGB hinaus rechtlich zulässig ist, ergibt sich aus § 74 Abs. 3 S. 2 StGB.

3. Einziehung von Tatprodukten, Tatmitteln und Tatobjekten bei anderen Personen (Abs. 3). Da § 54 Abs. 3 auf die Vorschriften der § 74a StGB, § 23 OWiG verweist, dürfen auch Gegenstände eingezogen werden, die zurzeit der Entscheidung nicht dem Täter gehören oder ihm zustehen, sofern die weiteren Voraussetzungen dieser Vorschrift vorliegen. Eine entsprechende Einziehung ist daher auch dann möglich, wenn derjenige, dem die Gegenstände zur Zeit der Entscheidung gehören oder zustehen, mindestens leichtfertig dazu beigetragen hat, dass sie als Tatmittel verwendet worden oder Tatobjekt gewesen sind oder wenn er sie in Kenntnis der Umstände, welche die Einziehung zugelassen hätten, in verwerflicher Weise erworben hat.

4. Einziehung von Taterträgen. Keine eigenständige Regelung enthält das Waffen(straf)recht über die Einziehung von Taterträgen (früher: Verfall), die der Täter oder Teilnehmer aus der Tat erlangt hat. Insoweit gelten hier die allgemeinen Vorschriften der §§ 73 ff. StGB.

a) Einziehung von Taterträgen bei Tätern und Teilnehmern. Die Einziehung von Taterträgen bei Tätern und Teilnehmern (früher: einfacher Verfall) ist in § 73 StGB geregelt und ist auch für Straftaten des Waffengesetzes anwendbar.[11] Hiernach können materielle Werte (zB der Verkaufserlös) für verfallen erklärt werden, wenn eine rechtswidrige Tat begangen wurde und der Täter oder Teilnehmer für die Tat oder aus der Tat etwas erlangt hat. Die Anordnung des Verfalls setzt insoweit keine schuldhaft begangene Tat voraus und ist sowohl bei Vorsatzdelikten als auch bei Fahrlässigkeitsdelikten anwendbar.

b) Erweiterter Einziehung von Taterträgen bei Tätern und Teilnehmern. Die erweiterte Einziehung von Taterträgen bei Tätern und Teilnehmern (früher: erweiterter Verfall) hat durch die Änderung der Einziehungs- und Verfallsvorschriften im Jahre 2017[12] eine tiefgreifende Änderung erfahren. Während in § 54 Abs. 3 S. 2 aF die Regelung über

---

[9] Vgl. insoweit BT-Drs. V/28, 38; BT-Drs. V/2623, 11; so auch Hinze/*Runkel* Rn. 6; Steindorf/*B. Heinrich* Rn. 2.
[10] Missverständlich insoweit aber Nr. 54.2 S. 1 WaffVwV: „Einziehung und Verfall setzen eine vorsätzliche und rechtswidrige Straftat oder eine mit Bußgeld bedrohte Handlung bzw. eine Ordnungswidrigkeit voraus".
[11] *Gade/Stoppa* Rn. 2; Steindorf/*B. Heinrich* Rn. 15.
[12] Gesetz vom 13.4.2017, BGBl. I S. 872, in Kraft getreten am 1.7.2017.

den „erweiterten Verfall" (§ 73d StGB aF) nur für bestimmte Straftaten (§§ 51, 52 Abs. 1, Abs. 3 Nr. 1 bis Nr. 3) und auch nur dann für anwendbar erklärt wurde, „wenn der Täter gewerbsmäßig oder als Mitglied einer Bande handelt, die sich zur fortgesetzten Begehung solcher Straftaten verbunden hat", gilt nunmehr – auch im Waffenrecht – die allgemeine Vorschrift des § 73a StGB nF.

11 Im Gegensatz zur einfachen Einziehung von Taterträgen bei Tätern und Teilnehmern (§ 73 StGB) können über die erweiterte Einziehung auch Gegenstände eingezogen werden, die nicht nachweislich aus der abgeurteilten Tat stammen, sondern „durch andere rechtswidrige Taten oder für sie erlangt worden sind". Ausreichend ist, dass „das Gericht nach erschöpfender Beweiserhebung und -würdigung von der deliktischen Herkunft der betreffenden Gegenstände überzeugt ist.[13]

12 **c) Einziehung von Taterträgen bei anderen.** Sowohl die einfache als auch die erweiterte Einziehung von Taterträgen sind nach § 73b StGB nF auch bei anderen Personen unter den dort genannten Voraussetzungen zulässig. Es gelten keine waffenrechtlichen Besonderheiten.

III. Strafverfahrensrechtliche Besonderheiten

13 Gegenstände können durch Beschlagnahme nach § 111c StPO sichergestellt werden, wenn Gründe für die Annahme vorhanden sind, dass die Voraussetzungen der Einziehung oder Unbrauchbarmachung vorliegen (§ 111b Abs. 1 StPO). Eine solche Beschlagnahme hat nach § 111d Abs. 1 StPO ein Veräußerungsverbot hinsichtlich des Gegenstandes zur Folge. Sind Gründe für die Annahme vorhanden, dass die Voraussetzungen der Einziehung von Wertersatz vorliegen, kann zu deren Sicherung nach § 111e StPO der Vermögensarrest angeordnet werden. Zuständig für die Anordnung der Einziehung sind bei einer Straftat das erkennende Gericht und bei einer Ordnungswidrigkeit die zuständige Bußgeldbehörde.[14] Nach § 76a StGB (bzw. § 27 OWiG) kann die Einziehung auch im selbstständigen Verfahren angeordnet werden, wenn einer Verfolgung bestimmte tatsächliche oder rechtliche Gründe entgegen stehen oder das Verfahren eingestellt wird.[15] Zu beachten ist ferner § 76a Abs. 4 Nr. 8, wonach bei Straftaten nach §§ 51 Abs. 1 bis Abs. 3, 52 Abs. 1 Nr. 1 und Nr. 2 Buchst. c und d, Abs. 5, Abs. 6 WaffG auch Vermögen unklarer Herkunft unabhängig vom Nachweis einer konkreten rechtswidrigen Tat (selbstständig) eingezogen werden kann, wenn das Gericht davon überzeugt ist, dass der sichergestellte Gegenstand aus (irgend-)einer rechtswidrigen Tat stammt.[16] In Nr. 54.5 WaffVwV wird schließlich noch darauf hingewiesen, dass „ordnungsrechtliche Maßnahmen der Sicherstellung und Unbrauchbarmachung nach dem WaffG […] selbstständig neben den Regelungen über Einziehung und Verfall [stehen]. Während die Ersteren präventiver Natur sind, handelt es sich bei Letzteren um Sanktionen, also repressive Maßnahmen. Jede dieser Maßnahmen kann unabhängig voneinander ergriffen werden".

Abschnitt 5. Ausnahmen von der Anwendung des Gesetzes

§ 55 Ausnahmen für oberste Bundes- und Landesbehörden, Bundeswehr, Polizei und Zollverwaltung, erheblich gefährdete Hoheitsträger sowie Bedienstete anderer Staaten

(1) ¹Dieses Gesetz ist, wenn es nicht ausdrücklich etwas anderes bestimmt, nicht anzuwenden auf

---

[13] BT-Drs. 18/9525, 66.
[14] Nr. 54.1 S. 2 WaffVwV.
[15] Nr. 54.2 S. 2 WaffVwV.
[16] BR-Drs. 18/9525, 73.

I. Waffengesetz   1 § 55 WaffG

1. die obersten Bundes- und Landesbehörden und die Deutsche Bundesbank,
2. die Bundeswehr und die in der Bundesrepublik Deutschland stationierten ausländischen Streitkräfte,
3. die Polizeien des Bundes und der Länder,
4. die Zollverwaltung

und deren Bedienstete, soweit sie dienstlich tätig werden. ²Bei Polizeibediensteten und bei Bediensteten der Zollverwaltung mit Vollzugsaufgaben gilt dies, soweit sie durch Dienstvorschriften hierzu ermächtigt sind, auch für den Besitz über dienstlich zugelassene Waffen oder Munition und für das Führen dieser Waffen außerhalb des Dienstes.

(2) ¹Personen, die wegen der von ihnen wahrzunehmenden hoheitlichen Aufgaben des Bundes oder eines Landes erheblich gefährdet sind, wird an Stelle einer Waffenbesitzkarte, eines Waffenscheins oder einer Ausnahmebewilligung nach § 42 Abs. 2 eine Bescheinigung über die Berechtigung zum Erwerb und Besitz von Waffen oder Munition sowie eine Bescheinigung zum Führen dieser Waffen erteilt. ²Die Bescheinigung ist auf die voraussichtliche Dauer der Gefährdung zu befristen. ³Die Bescheinigung erteilt für Hoheitsträger des Bundes das Bundesministerium des Innern oder eine von ihm bestimmte Stelle.

(3) Dieses Gesetz ist nicht anzuwenden auf Bedienstete anderer Staaten, die dienstlich mit Waffen oder Munition ausgestattet sind, wenn die Bediensteten im Rahmen einer zwischenstaatlichen Vereinbarung oder auf Grund einer Anforderung oder einer allgemein oder für den Einzelfall erteilten Zustimmung einer zuständigen inländischen Behörde oder Dienststelle im Geltungsbereich dieses Gesetzes tätig werden und die zwischenstaatliche Vereinbarung, die Anforderung oder die Zustimmung nicht etwas anderes bestimmt.

(4) Auf Waffen oder Munition, die für die in Absatz 1 Satz 1 bezeichneten Stellen in den Geltungsbereich dieses Gesetzes verbracht oder hergestellt und ihnen überlassen werden, ist § 40 nicht anzuwenden.

(4a) ¹Auf den Waffen, die für die in Absatz 1 Satz 1 bezeichneten Stellen in den Geltungsbereich dieses Gesetzes verbracht oder hergestellt und ihnen überlassen werden, sind neben den für Waffen allgemein vorgeschriebenen Kennzeichnungen (§ 24) zusätzlich Markierungen anzubringen, aus denen die verfügungsberechtigte Stelle ersichtlich ist. ²Bei Aussonderung aus staatlicher Verfügung und dauerhafter Überführung in zivile Verwendung ist die zusätzliche Markierung durch zwei waagerecht dauerhaft eingebrachte Striche zu entwerten. ³Dabei muss erkennbar bleiben, welche nach Absatz 1 Satz 1 bezeichnete Stelle verfügungsberechtigt über die Waffe war.

(5) ¹Die Bundesregierung kann durch Rechtsverordnung, die nicht der Zustimmung des Bundesrates bedarf, eine dem Absatz 1 Satz 1 entsprechende Regelung für sonstige Behörden und Dienststellen des Bundes treffen. ²Die Bundesregierung kann die Befugnis nach Satz 1 durch Rechtsverordnung, die nicht der Zustimmung des Bundesrates bedarf, auf eine andere Bundesbehörde übertragen.

(6) ¹Die Landesregierungen können durch Rechtsverordnung eine dem Absatz 5 Satz 1 entsprechende Regelung für sonstige Behörden und Dienststellen des Landes treffen. ²Die Landesregierungen können die Befugnis nach Satz 1 durch Rechtsverordnung auf andere Landesbehörden übertragen.

In § 55 finden sich umfangreiche Ausnahmen vom Anwendungsbereich des Gesetzes für 1
oberste Bundes- und Landesbehörden, die Bundeswehr, die Polizei und Zollverwaltung sowie erheblich gefährdete Hoheitsträger und Bedienstete anderer Staaten.¹ Da das WaffG auf diese

---

¹ Die Vorschrift entspricht im Wesentlichen § 6 Abs. 1, Abs. 2 und Abs. 2b sowie § 37 Abs. 2 Nr. 1 WaffG aF; hierzu aus der Rspr. BGH 19.2.2003 – 2 StR 371/02, BGHSt 48, 213 mAnm *Heinrich* NStZ 2004, 459.

Personen insgesamt nicht anwendbar ist, gelten auch die entsprechenden Straf- und Bußgeldvorschriften nicht. Im Einzelfall kann es allerdings durchaus fraglich sein, ob bestimmte Personengruppen von der genannten Ausnahme betroffen sind. Dies gilt insbesondere für die in der Praxis durchaus relevanten Fälle, dass die Bundeswehr sich hinsichtlich der Bewachung der Kasernen privater Wachdienste bedient. Durch den Abschluss eines entsprechenden Werkvertrages werden die für die Bewachung der Kasernen eingesetzten Personen aber nicht zu „Bediensteten" der Bundeswehr, sodass die Ausnahmeregelung des § 55 höchstens dann greifen kann, wenn hier eine Beleihung konstruiert wird, die aber zweifelhaft ist.

§ 56 Sondervorschriften für Staatsgäste und andere Besucher

¹Auf
1. **Staatsgäste aus anderen Staaten,**
2. **sonstige erheblich gefährdete Personen des öffentlichen Lebens aus anderen Staaten, die sich besuchsweise im Geltungsbereich dieses Gesetzes aufhalten, und**
3. **Personen aus anderen Staaten, denen der Schutz der in den Nummern 1 und 2 genannten Personen obliegt,**

sind § 10 und Abschnitt 2 Unterabschnitt 5 nicht anzuwenden, wenn ihnen das Bundesverwaltungsamt oder, soweit es sich nicht um Gäste des Bundes handelt, die nach § 48 Abs. 1 zuständige Behörde hierüber eine Bescheinigung erteilt hat. ²Die Bescheinigung, zu deren Wirksamkeit es der Bekanntgabe an den Betroffenen nicht bedarf, ist zu erteilen, wenn dies im öffentlichen Interesse, insbesondere zur Wahrung der zwischenstaatlichen Gepflogenheiten bei solchen Besuchen, geboten ist. ³Es muss gewährleistet sein, dass in den Geltungsbereich dieses Gesetzes verbrachte oder dort erworbene Schusswaffen oder Munition nach Beendigung des Besuches aus dem Geltungsbereich dieses Gesetzes verbracht oder einem Berechtigten überlassen werden. ⁴Sofern das Bundesverwaltungsamt in den Fällen des Satzes 1 nicht rechtzeitig tätig werden kann, entscheidet über die Erteilung der Bescheinigung die nach § 48 Abs. 1 zuständige Behörde. ⁵Das Bundesverwaltungsamt ist über die getroffene Entscheidung zu unterrichten.

1 § 56 enthält Sondervorschriften für Staatsgäste anderer Staaten und andere Besucher.[1] Sie werden zwar nicht generell vom Anwendungsbereich des WaffG ausgeschlossen, die Erlaubnisvorschrift des § 10 sowie die Vorschriften über das Verbringen und die Mitnahme von Schusswaffen und Munition (§§ 27 ff.) sind auf sie jedoch nicht anzuwenden, wenn die in S. 1 genannte Bescheinigung erteilt wurde.

§ 57 Kriegswaffen

(1) ¹Dieses Gesetz gilt nicht für Kriegswaffen im Sinne des Gesetzes über die Kontrolle von Kriegswaffen. ²Auf tragbare Schusswaffen,[1] für die eine Waffenbesitzkarte nach § 59 Abs. 4 Satz 2 des Waffengesetzes in der vor dem 1. Juli 1976

---

[1] Die Vorschrift entspricht im Wesentlichen § 6 Abs. 2a WaffG aF.
[1] Tragbare Schusswaffen bzw. Munition, die sowohl dem WaffG als auch dem KrWaffG unterfallen, sind (in Klammern die jeweiligen Ziffern der Kriegswaffenliste): Maschinengewehre, ausgenommen solche mit Wasserkühlung (29a), Maschinenpistolen, ausgenommen solche, die als Modell vor dem 2. September 1945 bei einer militärischen Streitkraft eingeführt worden sind (29b), vollautomatische Gewehre, ausgenommen solche, die als Modell vor dem 2. September 1945 bei einer militärischen Streitkraft eingeführt worden sind (29c), halbautomatische Gewehre, mit Ausnahme derjenigen, die als Modell vor dem 2. September 1945 bei einer militärischen Streitkraft eingeführt worden sind, und der Jagd- und Sportgewehre (29d), Granatmaschinenwaffen, Granatgewehre, Granatpistolen (30), Rohre und Verschlüsse für die genannten Schusswaffen in den Nr. 29, 31 und 32 (34, 35), Rückstoßarme, ungelenkte, tragbare Panzerabwehrwaffen (37), bestimmte Munition für die Waffen der Nr. 29, 30, 37 und 39 (50 bis 52) und Gewehrgranaten (53).

geltenden Fassung[2] erteilt worden ist, sind unbeschadet der Vorschriften des Gesetzes über die Kontrolle von Kriegswaffen § 4 Abs. 3, § 45 Abs. 1 und 2 sowie § 36, die Vorschriften einer Rechtsverordnung nach § 36 Absatz 5 und § 52 Absatz 3 Nummer 7a[3] anzuwenden. [3]Auf Verstöße gegen § 59 Abs. 2 des Waffengesetzes in der vor dem 1. Juli 1976 geltenden Fassung[4] und gegen § 58 Abs. 1 des Waffengesetzes in der vor dem 1. April 2003 geltenden Fassung[5] ist § 52 Abs. 3 Nr. 1 anzuwenden. [4]Zuständige Behörde für Maßnahmen nach Satz 2 ist das Bundesamt für Wirtschaft und Ausfuhrkontrolle.

(2) [1]Wird die Anlage zu dem Gesetz über die Kontrolle von Kriegswaffen (Kriegswaffenliste) geändert und verlieren deshalb tragbare Schusswaffen ihre Eigenschaft als Kriegswaffen, so hat derjenige, der seine Befugnis zum Besitz solcher Waffen durch eine Genehmigung oder Bestätigung der zuständigen Behörde nachweisen kann, diese Genehmigung oder Bestätigung der nach § 48 Abs. 1 zuständigen Behörde vorzulegen; diese stellt eine Waffenbesitzkarte aus oder ändert eine bereits erteilte Waffenbesitzkarte, wenn kein Versagungsgrund im Sinne des Absatzes 4 vorliegt. [2]Die übrigen Besitzer solcher Waffen können innerhalb einer Frist von sechs Monaten nach Inkrafttreten der Änderung der Kriegswaffenliste bei der nach § 48 Abs. 1 zuständigen Behörde die Ausstellung einer Waffenbesitzkarte beantragen, sofern nicht der Besitz der Waffen nach § 59 Abs. 2 des Waffengesetzes in der vor dem 1. Juli 1976 geltenden Fassung anzumelden oder ein Antrag nach § 58 Abs. 1 des Waffengesetzes in der vor dem 1. April 2003 geltenden Fassung zu stellen war und der Besitzer die Anmeldung oder den Antrag unterlassen hat.

(3) Wird die Anlage zu dem Gesetz über die Kontrolle von Kriegswaffen (Kriegswaffenliste) geändert und verliert deshalb Munition für tragbare Kriegswaffen ihre Eigenschaft als Kriegswaffe, so hat derjenige, der bei Inkrafttreten der Änderung der Kriegswaffenliste den Besitz über sie ausübt, innerhalb einer Frist von sechs Monaten einen Antrag auf Erteilung einer Erlaubnis nach § 10 Abs. 3 bei der nach § 48 Abs. 1 zuständigen Behörde zu stellen, es sei denn, dass er bereits eine Berechtigung zum Besitz dieser Munition besitzt.

(4) Die Waffenbesitzkarte nach Absatz 2 und die Erlaubnis zum Munitionsbesitz nach Absatz 3 dürfen nur versagt werden, wenn Tatsachen die Annahme rechtfertigen, dass der Antragsteller nicht die erforderliche Zuverlässigkeit oder persönliche Eignung besitzt.

---

[2] § 59 Abs. 4 WaffG 1972 lautete: „Nach Ablauf der Anmeldefrist darf die tatsächliche Gewalt über anmeldepflichtige, jedoch nicht angemeldete Waffen nicht mehr ausgeübt werden. Zum Nachweis der Anmeldung stellt die Behörde eine Waffenbesitzkarte aus".

[3] § 4 Abs. 3 betrifft die periodischen Überprüfungen seitens des Behörde bei waffenrechtlichen Erlaubnissen, § 45 Abs. 1 und Abs. 2 betreffen die Rücknahme und den Widerruf waffenrechtlicher Erlaubnisse, § 36 betrifft die Aufbewahrungspflichten für Waffen und Munition und § 52 Abs. 3 Nr. 7a betrifft den entsprechenden Straftatbestand; zum Letzteren → § 53 Rn. 89 ff.

[4] § 59 Abs. 2 WaffG 1972 lautete: „Übt jemand zur Zeit des Inkrafttretens dieses Gesetzes die tatsächliche Gewalt über tragbare Schußwaffen aus, die Kriegswaffen im Sinne des Gesetzes über die Kontrolle von Kriegswaffen sind und zu deren Erwerb es nach dem genannten Gesetz einer Genehmigung bedarf, so hat er diese Gegenstände innerhalb von sechs Monaten nach Inkrafttreten dieses Gesetzes dem Bundesamt für gewerbliche Wirtschaft anzumelden, sofern er sie ohne die erforderliche Genehmigung erworben hat. Das gleiche gilt für die in Satz 1 genannten Schußwaffen, wenn sie ohne die nach dem genannten Gesetz erforderliche Beförderungsgenehmigung eingeführt oder sonst in den Geltungsbereich des Gesetzes verbracht worden sind. Absatz 1 Satz 2 gilt entsprechend." Der genannte S. 2 des Abs. 1 lautete: „ Im Falle der rechtmäßigen Anmeldung wird er nicht wegen unerlaubten Schußwaffenerwerbs oder unerlaubter Schusswaffeneinfuhr bestraft".

[5] § 58 Abs. 1 WaffG 1972 (Anzeigepflicht und Führungsverbot für verbotene Gegenstände) lautete: „Hat jemand am 1. März 1976 die tatsächliche Gewalt über einen nach § 37 Abs. 1 Satz 1 Nr. 1 bis 10 verbotenen Gegenstand ausgeübt, ohne einen Antrag nach § 37 Abs. 3 gestellt zu haben, so wird das Verbot nicht wirksam, wenn er diesen Gegenstand bis zum 30. Juni 1976 unbrauchbar macht, einem Berechtigten überläßt oder einen Antrag nach § 37 Abs. 3 stellt. § 37 Abs. 5 ist entsprechend anzuwenden".

WaffG § 57 1, 2 2. Kapitel. Waffenrecht

(5) ¹Wird der Antrag nach Absatz 2 Satz 2 oder Absatz 3 nicht gestellt oder wird die Waffenbesitzkarte oder die Erlaubnis unanfechtbar versagt, so darf der Besitz über die Schusswaffen oder die Munition nach Ablauf der Antragsfrist oder nach der Versagung nicht mehr ausgeübt werden. ²§ 46 Abs. 2 findet entsprechend Anwendung.

1 Vom Anwendungsbereich des WaffG weitgehend ausgenommen sind nach Abs. 1 S. 1 die Kriegswaffen iS des **Kriegswaffenkontrollgesetzes** (KrWaffG).[6] Hierunter fallen sämtliche in der Anl. zu § 1 Abs. 1 KrWaffG (der sog. „Kriegswaffenliste"),[7] aufgeführten Gegenstände, Stoffe und Organismen. Erfasst sind hierdurch insbes. bestimmte Maschinengewehre und -pistolen sowie vollautomatische und halbautomatische Gewehre (die als tragbare Schusswaffen „an sich" auch dem Anwendungsbereich des WaffG unterfallen würden), darüber hinaus aber auch ua Atomwaffen, biologische und chemische Waffen, Flugkörper, Torpedos, Bomben aller Art und Handgranaten. Für diese Waffen gilt das KrWaffG, welches in §§ 19 ff. auch eigene Straf- und Bußgeldvorschriften enthält,[8] als lex specialis. Insoweit ist die Abgrenzung des Waffenrechts vom Kriegswaffenrecht nunmehr eindeutig geregelt.[9] Allerdings ist zu beachten, dass für Teile von Kriegswaffen, die als solche nicht in der Kriegswaffenliste aufgeführt sind (und die daher nicht dem KrWaffG unterfallen), das WaffG Anwendung findet, wenn es sich zugleich um wesentliche Teile[10] einer (Kriegs-)Schusswaffe handelt. Dies hat der BGH[11] zB bei Griffstücken von Maschinenpistolen angenommen.

2 Notwendig erschien dem Gesetzgeber allerdings eine Sonderregelung im Hinblick auf diejenigen Kriegsschusswaffen, die unter der Geltung des WaffG 1972 oder des WaffG 1976 legalisiert worden sind und bei denen die erforderlichen Prüf- und Überwachungsmaßnahmen nicht nach dem KrWaffG getroffen werden können.[12] Für sie gilt auch weiterhin, dass für die periodische Überprüfung der Zuverlässigkeit und persönlichen Eignung alle drei Jahre (§ 4 Abs. 3) und das sichere Aufbewahren der Waffen (§ 36) das WaffG anwendbar bleibt (§ 57 Abs. 1).[13] Zudem bleiben die Vorschriften über die zwingende Rücknahme

---

[6] Ausführungsgesetz zu Artikel 26 Abs. 2 des Grundgesetzes (Gesetz über die Kontrolle von Kriegswaffen) vom 20.4.1961 (BGBl. I S. 444) idF der Bekanntmachung vom 22.11.1990, BGBl. I S. 2506 (FNA 190-1), s. u. II.
[7] IdF der Bekanntmachung vom 22.11.1990, BGBl. I S. 2506, 2515; zuletzt geändert durch die Neunte Verordnung zur Änderung der Kriegswaffenliste vom 26.2.1998 (BGBl. I S. 385) sowie Art. 3 Nr. 7 WaffRNeuRegG vom 11.10.2002, BGBl. I S. 3970 (4011); die Kriegswaffenliste ist abgedruckt im Rahmen der Kommentierung des KrWaffG (s. u. Anl. KrWaffG).
[8] Vgl. zur Kommentierung dieser Vorschriften §§ 19 ff. KrWaffG.
[9] Die Abgrenzung war nach früherem Recht undurchsichtig und umstritten, da nach § 6 Abs. 3 Hs. 2 WaffG aF für tragbare Schusswaffen und die dazugehörige Munition bestimmte Vorschriften des WaffG auch dann anwendbar waren, wenn diese an sich unter das KrWaffG fielen. Vgl. zu dieser Abgrenzung nach altem Recht BT-Drs. VI/2678, 26 (zu § 5 Abs. 2 des Entwurfes); BT-Drs. 7/2379, 15; BT-Drs. 7/4407, 4 f.; aus der Rspr. vgl. BGH 21.10.1980 – 1 StR 477/80, NStZ 1981, 104 Nr. 12; 15.11.1983 – 5 StR 795/83, StV 1984, 75 Ls.; 14.2.1996 – 3 StR 625/95, NJW 1996, 1483 = NStZ 1996, 553 mAnm *Siller*, NStZ 1996, 553; 13.3.1996 – 3 StR 41/96, BGHR WaffG § 52a Abs. 1 Konkurrenzen 4; BGH 22.8.1996 – 4 StR 280/96, NStZ-RR 1997, 1; 8.4.1997 – 1 StR 606/96, NStZ 1997, 552 mAnm *Runkel*, NStZ 1997, 552; 18.11.1999 – 1 StR 520/99, NStZ 2000, 150 = BGHR WaffG § 6 Gewehrverschlüsse 1; 11.10.2000 – 3 StR 267/00, NJW 2001, 384 = BGHR WaffG § 6 Abs. 3 Wesentliche Teile 1; BayObLG 28.7.1981 – 4 St 57/81, NStZ 1982, 385; OLG Karlsruhe 5.12.1991 – 1 Ss 49/91, NJW 1992, 1057 = NStZ 1992, 242 mit zust. Anm. *Holthausen* NStZ 1992, 243 (hierzu auch *Achenbach* NStZ 1992, 477 [481]); OLG Koblenz 17.3.1977 – 1 Ss 63/77, OLGSt § 6 WaffG S. 1 (4); 24.6.1982 – 1 Ss 259/82, OLGSt § 1 KriegswaffKG S. 5; OLG Köln 8.7.1983 – 2 Ws 378/83, OLGSt § 4a KriegswaffKG Nr. 1; OLG Schleswig 15.11.1982 – 1 Ss 482/82, NStZ 1983, 271 mit abl. Anm. *Richter*, NStZ 1983, 271; OLG Stuttgart 6.7.1981 – 3 Ss 220/81, NStZ 1982, 33; VG Berlin 8.4.2003 – 1 A 57/02, NJW 2004, 626; aus der Literatur insbes. *Apel* § 2 Anm. 1; *Holthausen* NStZ 1982, 363; *Holthausen/Hucko* NStZ-RR 1998, 193 (202 f.); *Pottmeyer*, Kriegswaffenkontrollgesetz (KrWaffG), Kommentar, 2. Aufl. 1994, Einl. Rn. 79 ff.; *Steindorf*, 7. Aufl. 1999, § 6 Rn. 11 und Einl. KrWaffG Rn. 8.
[10] Zu den wesentlichen Teilen → § 1 Rn. 35 ff.
[11] BGH 11.10.2000 – 3 StR 267/00, NJW 2001, 354.
[12] BT-Drs. 14/7758; hierzu auch *Heller/Soschinka* Rn. 45; *Hinze*, Entwicklungsgeschichte, Rn. 112.
[13] BT-Drs. 14/7758, 85.

und den zwingenden Widerruf der Waffenbesitzkarte (§ 45 Abs. 1 und Abs. 2) und die Bußgeldvorschrift des § 53 Abs. 1 Nr. 19 (Verstoß gegen die sichere Aufbewahrung einer Schusswaffe[14]) auf diese Waffen anwendbar. Erforderlich war darüber hinaus eine Regelung für tragbare Schusswaffen und Munition, die aus der Kriegswaffenliste herausgenommen werden und damit in den Anwendungsbereich des WaffG fallen (§ 57 Abs. 2 und 3).

Für die unter der Geltung des WaffG 1972 legalisierten Kriegsschusswaffen gelten zwar nach § 57 Abs. 1 S. 2 die angegebenen Vorschriften des WaffG, die Klausel „unbeschadet der Vorschriften über die Kontrolle von Kriegswaffen" soll jedoch klarstellen, dass die einzelnen Genehmigungstatbestände des KrWaffG (also zB für die Überlassung oder Beförderung dieser Waffen) weiterhin anwendbar bleiben.[15] Ferner wird in § 57 Abs. 1 S. 3 angeordnet, dass bei Zuwiderhandlungen von Personen, die ihre (Kriegs-)Schusswaffen nach dem WaffG 1972 und dem WaffG 1976 nicht angemeldet oder einen Antrag auf Erteilung einer Ausnahmegenehmigung nicht gestellt haben, die Strafnorm des § 52 Abs. 3 Nr. 1 anwendbar ist.[16] Darauf hinzuweisen ist in diesem Zusammenhang noch, dass bei Verstößen gegen die (frühere) Strafnorm des § 52a Abs. 1 Nr. 1 WaffG aF (unerlaubter Umgang mit einer vollautomatischen Selbstladewaffe, die in aller Regel zugleich eine Kriegswaffe darstellt) nunmehr nach § 2 Abs. 3 StGB als milderes Recht § 51 Abs. 1 WaffG nF Anwendung findet, wenn der Verstoß vor dem Inkrafttreten des WaffRNeuRegG stattfand. 3

Aus rechtsstaatlichen Gesichtspunkten (Besitzstandswahrung) geboten erschien es dem Gesetzgeber ferner, rechtmäßigen Besitzern von tragbaren Kriegsschusswaffen (einschließlich Munition) eine Erlaubnis nach dem WaffG zu erteilen, wenn diese Waffen ihre Kriegswaffeneigenschaft dadurch verlieren, dass sie aus der Kriegswaffenliste herausgenommen werden (und damit wieder in den Anwendungsbereich des WaffG fallen). Dabei kann der rechtmäßige Besitz von tragbaren Kriegsschusswaffen beruhen (1) auf einer Legalisierung nach den Überleitungsvorschriften des WaffG 1972 oder des WaffG 1976,[17] (2) aus einer Erteilung einer Erwerbsgenehmigung nach dem KrWaffG oder (3) auf einer Legalisierung durch eine Anzeige des Erwerbs seitens eines Erben oder Finders etc (vgl. §§ 12 Abs. 6, 26a KrWaffG).[18] In diesen Fällen soll eine waffenrechtliche Erlaubnis nach § 57 Abs. 2 und Abs. 3 ausnahmsweise ohne eine gesonderte Bedürfnisprüfung erteilt und nur unter den Voraussetzungen des § 57 Abs. 4 versagt werden können. Wird ein Antrag nach § 57 Abs. 2 S. 2 oder Abs. 3 nicht gestellt oder wird ein gestellter Antrag unanfechtbar abgelehnt, ist ein weiterer Besitz der Waffe oder der Munition nicht mehr zulässig (vgl. § 57 Abs. 5 S. 1). Wer entgegen § 57 Abs. 5 S. 1 den Besitz über eine Schusswaffe oder Munition ausübt, macht sich nach § 52 Abs. 3 Nr. 10 strafbar.[19] 4

Abschnitt 6. Übergangsvorschriften, Verwaltungsvorschriften

§ 58 Altbesitz

(1) ¹Soweit nicht nachfolgend Abweichendes bestimmt wird, gelten Erlaubnisse im Sinne des Waffengesetzes in der Fassung der Bekanntmachung vom 8. März 1976 (BGBl. I S. 432), zuletzt geändert durch das Gesetz vom 21. November 1996 (BGBl. I S. 1779), fort. ²Erlaubnisse zum Erwerb von Munition berechtigen auch zu deren Besitz. ³Hat jemand berechtigt Munition vor dem Inkrafttreten dieses Gesetzes erworben, für die auf Grund dieses Gesetzes eine Erlaubnis erforderlich

---

[14] Hierzu → § 53 Rn. 89 ff.
[15] BT-Drs. 14/7758, 85; Gade/Stoppa Rn. 3.
[16] Vgl. zu dieser Strafnorm → § 52 Rn. 48 ff.
[17] Nicht erfasst werden sollen dagegen solche Waffen, die bereits nach dem WaffG 1972, dem WaffG 1976 oder nach §§ 12 Abs. 6, 26a KrWaffG hätten angezeigt werden müssen aber nicht angezeigt wurden. Die (erneute) Möglichkeit einer Amnestie lehnte der Gesetzgeber ausdrücklich ab; vgl. BT-Drs. 14/7758, 86.
[18] Vgl. zu weiteren (bisherigen) Zweifelsfällen, die nunmehr erfasst werden sollen, BT-Drs. 14/7758, 86.
[19] Hierzu → § 52 Rn. 122 ff.

ist, und übt er über diese bei Inkrafttreten dieses Gesetzes noch den Besitz aus, so hat er diese Munition bis 31. August 2003 der zuständigen Behörde schriftlich anzumelden. ⁴Die Anmeldung muss die Personalien des Besitzers sowie die Munitionsarten enthalten. ⁵Die nachgewiesene fristgerechte Anmeldung gilt als Erlaubnis zum Besitz.

(2) Eine auf Grund des Waffengesetzes in der Fassung der Bekanntmachung vom 8. März 1976 (BGBl. I S. 432) erteilte waffenrechtliche Erlaubnis für Kriegsschusswaffen tritt am ersten Tag des sechsten auf das Inkrafttreten dieses Gesetzes folgenden Monats außer Kraft.

(3) Ist über einen vor Inkrafttreten dieses Gesetzes gestellten Antrag auf Erteilung einer Erlaubnis nach § 7 des Waffengesetzes in der Fassung der Bekanntmachung vom 8. März 1976 (BGBl. I S. 432) noch nicht entschieden worden, findet für die Entscheidung über den Antrag § 21 dieses Gesetzes Anwendung.

(4) Bescheinigungen nach § 6 Abs. 2 des Waffengesetzes in der Fassung der Bekanntmachung vom 8. März 1976 (BGBl. I S. 432) gelten im bisherigen Umfang als Bescheinigungen nach § 55 Abs. 2 dieses Gesetzes.

(5) Ausnahmebewilligungen nach § 37 Abs. 3 und § 57 Abs. 7 des Waffengesetzes in der Fassung der Bekanntmachung vom 8. März 1976 (BGBl. I S. 432) gelten in dem bisherigen Umfang als Ausnahmebewilligungen nach § 40 Abs. 4 dieses Gesetzes.

(6) Die nach § 40 Abs. 1 des Waffengesetzes in der Fassung der Bekanntmachung vom 8. März 1976 (BGBl. I S. 432) ausgesprochenen Verbote gelten in dem bisherigen Umfang als Verbote nach § 41 dieses Gesetzes.

(7) ¹Besitzt eine Person am 6. Juli 2017 ein Geschoss, das nicht dem bis zum 5. Juli 2017 geltenden Verbot der Anlage 2 Abschnitt 1 Nummer 1.5.4 unterfiel, so wird das Verbot nach Anlage 2 Abschnitt 1 Nummer 1.5.4 gegenüber dieser Person nicht wirksam, wenn
1. sie bis zum 1. Juli 2018 einen Antrag nach § 40 Absatz 4 stellt und
2. ihr daraufhin eine Erlaubnis nach § 40 Absatz 4 erteilt wird.
²§ 46 Abs. 3 Satz 2 und Abs. 5 findet entsprechend Anwendung

(8) ¹Wer eine am 6. Juli 2017 unerlaubt besessene Waffe oder unerlaubt besessene Munition bis zum 1. Juli 2018 der zuständigen Behörde oder einer Polizeidienststelle übergibt, wird nicht wegen unerlaubten Erwerbs, unerlaubten Besitzes, unerlaubten Führens auf dem direkten Weg zur Übergabe an die zuständige Behörde oder Polizeidienststelle oder wegen unerlaubten Verbringens bestraft. ²Satz 1 gilt nicht, wenn
1. vor der Unbrauchbarmachung, Überlassung oder Übergabe dem bisherigen Besitzer der Waffe die Einleitung des Straf- oder Bußgeldverfahrens wegen der Tat bekannt gegeben worden ist oder
2. der Verstoß im Zeitpunkt der Unbrauchbarmachung, Überlassung oder Übergabe ganz oder zum Teil bereits entdeckt war und der bisherige Besitzer dies wusste oder bei verständiger Würdigung der Sachlage damit rechnen musste.

(9) ¹Besitzt eine Person, die noch nicht das 25. Lebensjahr vollendet hat, am 1. April 2003 mit einer Erlaubnis auf Grund des Waffengesetzes in der Fassung der Bekanntmachung vom 8. März 1976 (BGBl. I S. 432) eine Schusswaffe, so hat sie binnen eines Jahres auf eigene Kosten der zuständigen Behörde ein amts- oder fachärztliches oder fachpsychologisches Zeugnis über die geistige Eignung nach § 6 Abs. 3 vorzulegen. ²Satz 1 gilt nicht für den Erwerb und Besitz von Schusswaffen im Sinne von § 14 Abs. 1 Satz 2 und in den Fällen des § 13 Abs. 2 Satz 1.

(10) Die Erlaubnispflicht für Schusswaffen im Sinne der Anlage 2 Abschnitt 2 Unterabschnitt 1 Satz 3 gilt für Schusswaffen, die vor dem 1. April 2008 erworben wurden, erst ab dem 1. Oktober 2008.

(11) ¹Hat jemand am 1. April 2008 eine bislang nicht nach Anlage 2 Abschnitt 1 Nr. 1.2.1.2 dieses Gesetzes verbotene Waffe besessen, so wird dieses Verbot nicht wirksam, wenn er bis zum 1. Oktober 2008 diese Waffe unbrauchbar macht, einem Berechtigten überlässt oder der zuständigen Behörde oder einer Polizeidienststelle überlässt oder einen Antrag nach § 40 Abs. 4 dieses Gesetzes stellt. ²§ 46 Abs. 3 Satz 2 und Abs. 5 findet entsprechend Anwendung.

(12) Besitzt der Inhaber einer Waffenbesitzkarte am 1. April 2008 erlaubnisfrei erworbene Teile von Schusswaffen im Sinne der Anlage 2 Abschnitt 2 Unterabschnitt 2 Nr. 2, so sind diese Teile bis zum 1. Oktober 2008 in die Waffenbesitzkarte einzutragen.

§ 58 enthält die durch die Neufassung des WaffG sowie durch die Änderungen des Zweiten Gesetzes zur Änderung des Waffengesetzes und weiterer Vorschriften am 30.6.2017¹ notwendigen Übergangsbestimmungen einschließlich der Fortgeltung von Munitionserwerbserlaubnissen auch für den Besitz. Ferner ist in Abs. 8 eine eingeschränkte Amnestieregelung enthalten.   1

§ 59 Verwaltungsvorschriften

Das Bundesministerium des Innern erlässt allgemeine Verwaltungsvorschriften über den Erwerb und das Führen von Schusswaffen durch Behörden und Bedienstete seines Geschäftsbereichs sowie über das Führen von Schusswaffen durch erheblich gefährdete Hoheitsträger im Sinne von § 55 Abs. 2; die anderen obersten Bundesbehörden und die Deutsche Bundesbank erlassen die Verwaltungsvorschriften für ihren Geschäftsbereich im Einvernehmen mit dem Bundesministerium des Innern.

In § 59 ist die Zuständigkeit für den Erlass von Verwaltungsvorschriften durch das Bundesministerium des Innern bzw. der anderen obersten Bundesbehörden und der Deutschen Bundesbank geregelt.¹ Derzeit liegt, soweit ersichtlich, lediglich eine Allgemeine Verwaltungsvorschrift des Bundesministeriums der Verteidigung zum Waffengesetz (WaffVwV-BMVg).² Im Gegensatz zu § 51 Abs. 1 WaffG aF ist im WaffG nunmehr keine ausdrückliche Ermächtigung zum Erlass einer Allgemeinen Verwaltungsvorschrift mehr enthalten. Der Gesetzgeber begründete dies damit, dass eine solche Ermächtigung bereits unmittelbar aus Art. 84 Abs. 2 GG folge.³ Zudem hat das BVerfG festgestellt, das eine solche Verwaltungsvorschrift nur durch die Bundesregierung als Kollegialorgan erlassen werden darf.⁴ Eine solche **Allgemeine Verwaltungsvorschrift (WaffVwV)** trat am 23.3.2012 in Kraft.⁵ § 59 hat als reine Zuständigkeitsvorschrift naturgemäß ebenfalls keine eigenständige strafrechtliche Bedeutung.   1

§ 60 Übergangsvorschrift

Die Kostenverordnung zum Waffengesetz in der Fassung der Bekanntmachung vom 20. April 1990 (BGBl. I S. 780), die zuletzt durch Artikel 2 der Verordnung vom 10. Januar 2000 (BGBl. I S. 38) geändert worden ist, gilt in den Ländern bis zum 1. Oktober 2021 fort, solange die Länder keine anderweitigen Regelungen

---

[1] BGBl. I S. 2133.
[1] Die Vorschrift entspricht § 51 Abs. 2 WaffG aF. Vgl. hierzu bisher die Allgemeine Verwaltungsvorschrift des Bundesministers des Innern zum Waffengesetz (WaffVwV-BMI) vom 6.12.1976, GMBl. 1977, 14. Die WaffVwV-BMI ist ua abgedruckt bei *Steindorf*, 7. Aufl., Nr. 7b.
[2] Allgemeine Verwaltungsvorschrift vom 17.12.2004, VMBl. 2005 S. 36.
[3] BT-Drs. 14/7758, 87.
[4] BVerfG 2.3.1999 – 2 BvF 1/94, BVerfGE 100, 249 = NVwZ 1999, 977.
[5] Beilage 47a zum BAnz. Nr. 47 vom 22.3.2012; hierzu → Vor § 1 Rn. 17.

getroffen haben; für die Erhebung von Auslagen ist insoweit § 10 des Verwaltungskostengesetzes vom 23. Juni 1970 in der bis zum 14. August 2013 geltenden Fassung weiter anzuwenden.

1 Die erst durch Art. 2 Abs. 84 Gesetz zur Strukturreform des Bundes (BGebRStrRefG) vom 7.8.2013 eingefügte Übergangsvorschrift[1] wurde durch Art. 4 Abs. 65 desselben Gesetzes wieder aufgehoben,[2] hat aber eine Gültigkeit bis zum 13.8.2016. Sie hat als reine Zuständigkeitsvorschrift keine eigenständige strafrechtliche Bedeutung

---

[1] BGBl. I S. 3154 (3177).
[2] BGBl. I S. 3154 (3205).

II. Ausführungsgesetz zu Artikel 26 Abs. 2 des Grundgesetzes (Gesetz über die Kontrolle von Kriegswaffen)

In der Fassung der Bekanntmachung vom 22.11.1990, BGBl. I S. 2506
Zuletzt geändert durch Art. 6 Abs. 2 Gesetz vom 13.4.2017, BGBl. I S. 872

FNA 190-1
(Auszug)

Stichwortverzeichnis

Die angegebenen Zahlen beziehen sich auf die §§ und Randnummern bzw. die Fußnoten des Textes. Hauptfundstellen sind durch Fettdruck hervorgehoben.

A
Ablieferung, freiwillige → § 22a Rn. 103
Abschluss eines Vertrages → § 22a Rn. 63, 82 ff., **90;** – bei Atomwaffen → § 19 Rn. 6, 9; Begriff → § 22a Rn. 90
Aktives Personalitätsprinzip → § 21 Rn. 1 ff., → § 22a Rn. 93
Akzessorietät → § 19 Rn. 11, 14
Allgemein gebräuchliche Werkzeuge → § 22a Rn. 6 ff., 13
Allgemeine Genehmigung → § 22a Rn. 62
Anstiftung → § 19 Rn. 12, → § 20 Rn. 8
Antipersonenminen → Vor § 1 Rn. 24, → § 20a Rn. 1 ff.; Begriff → § 20a Rn. 2; keine Genehmigungsfähigkeit von – → § 20a Rn. 1; Totalverbot → § 20a Rn. 1 f.
Anzeigepflichten → § 22a Rn. 41, **75 ff.**, → § 22b 15 ff.
Anzeigenerstattung bei genehmigungsfreiem Umgang → § 22b Rn. 15 f.
Atomwaffen → Vor § 1 Rn. 2, 17 ff., 20, → **§ 19 Rn. 1 ff., Anhang Nr. 1 f.**; atomrechtliche Genehmigung → § 19 Rn. 2; Begriff → § 19 Rn. 2; keine Genehmigungsfähigkeit von – → § 19 Rn. 1
Atomwaffensperrvertrag → Vor § 1 Rn. 20
Auflagen; modifizierende – → § 22b Rn. 3; Verstoß gegen – → § 22b Rn. 4, 18; Vollziehbarkeit → § 22b Rn. 6, 19, 24
Ausfuhr → § 22a Rn. 54 ff., 61; – von Atomwaffen → § 19 Rn. 10
Ausfuhrland → § 22a Rn. 57
Auskunftspflichten → § 22b Rn. 21 f., 23
Auskunftsverweigerungsrecht → § 22b Rn. 22
Auslandstaten → § 19 Rn. 11, 33, → § 20 Rn. 15, → § 20a Rn. 13, → **§ 21 Rn. 1 ff.**, → § 22a Rn. 82; personeller Anwendungsbereich → § 21 Rn. 2; sachlicher Anwendungsbereich → § 21 Rn. 4; – von Deutschen → § 21 Rn. 1
Ausnahmen von der Strafbarkeit → § 19 Rn. 30 ff., → § 20 Rn. 12, → § 22 Rn. 1 ff.
Außenwirtschaftsrecht, Abgrenzung → Vor § 1 Rn. 26
Ausübung der tatsächlichen Gewalt über Kriegswaffen → § 22a Rn. 71 ff.; Begriff → § 22a Rn. 73, 76

Auswärtige Beziehungen Deutschlands → Vor § 1 Rn. 3, → § 19 Rn. 23

B
Bandenmäßiges Handeln → § 19 Rn. 17, → § 22a Rn. 95
Bausätze → § 22a Rn. 2, **13 ff.**
Beaufsichtigte oder beschäftigte Personen → § 22a Rn. 23
Befördern; – von Atomwaffen → § 19 Rn. 6; – von Kriegswaffen → § 22a Rn. 45 ff., → § 22b Rn. 27, 29; örtlicher Anwendungsbereich → § 22a Rn. 48
Befördern zur Ein-, Aus- oder Durchfuhr → § 22a Rn. 50 ff.; – als echter Ein- bzw. Ausfuhrtatbestand → § 22a Rn. 52, **54 ff.**
Beförderung mit Seeschiffen oder Luftfahrzeugen → § 22a Rn. 65 ff.; räumlicher Anwendungsbereich → § 22a Rn. 68
Befristung → § 22b Rn. 5
Beihilfe → § 19 Rn. 13, → § 20 Rn. 9
Besondere persönliche Merkmale → § 20a Rn. 10, → § 22a Rn. 25
Besonders schwere Fälle → § 20a Rn. 1, 9, → § 22a Rn. 95 f.
Bestechung; s. Genehmigung, erschlichene
Bestimmtheitsgrundsatz → § 22a Rn. 18, 55
Biologische Waffen → Vor § 1 Rn. 2, 17 ff., 21 ff., → **§ 20 Rn. 1 ff.**, → § 22 Rn. 1, **Anhang Nr. 3 f.**; Begriff → § 20 Rn. 3; Totalverbot → § 20 Rn. 1 f.
Bundesminister für Wirtschaft → Vor § 1 Rn. 15, → § 22a Rn. 7
Bundeswehr → § 22a Rn. 26, 62
Bußgeldrahmen → § 22b Rn. 31

C
Chemiewaffen → Vor § 1 Rn. 2, 17 ff., 21 ff., → § **20 Rn. 1 ff., Anhang Nr. 5 f.**; Begriff → § 20 Rn. 4; Totalverbot → § 20 Rn. 1 f.
Chemiewaffenübereinkommen → Vor § 1 Rn. 23, → § 20 Rn. 13

D
Derivativer Erwerb → § 22a Rn. 74

KrWaffG

Deutsche Demokratische Republik (DDR)
→ § 22a Rn. 81
Dienstliche Handlungen → § 22 Rn. 3
Drohung; s. Genehmigung, erschlichene
Dual-use-Produkte → § 19 Rn. 2, → § 22a Rn. 10
Duldung des Betretens von Räumen und Grundstücken → § 22b Rn. 24
Durchführungsvorschriften → Vor § 1 Rn. 6 ff., → § 22a Rn. 16, 55, 87, → § 22b Rn. 10, 20 ff.
Durchfuhr → § 22a Rn. 61; – von Atomwaffen → § 19 Rn. 10

E

Einfuhr → § 22a Rn. 53, 61; – von Atomwaffen → § 19 Rn. 10; Begriff → § 22a Rn. 53; – von biologischen und chemischen Waffen → § 20 Rn. 6
Einsatz von Antipersonenminen → § 20a Rn. 5 f.
Einsatz von Streumunition → § 20a Rn. 5 ff.
Einziehung → § 24 Rn. 1 ff.
Endverbleibsland → § 22a Rn. 57
Entwicklung des Kriegswaffenkontrollrechts → Vor § 1 Rn. 1 ff.
Entwicklung; – von Atomwaffen → § 19 Rn. 7; – von biologischen und chemischen Waffen → § 20 Rn. 6
Enumerationsprinzip → § 22a Rn. 2
Ermittlungsverfahren → Vor § 1 Rn. 28
Erwerb von Kriegswaffen → § 22a Rn. 39 ff., 84
Erwerb von Todes wegen; s. originärer Erwerb

F

Fahrlässigkeit → § 19 Rn. 12, 25 ff., → § 20 Rn. 11, → § 20a Rn. 12, → § 22a Rn. 1, 98 ff.
Fördern des unerlaubten Umgangs; – mit Antipersonenminen → § 20a Rn. 8; – mit Atomwaffen → § 19 Rn. 13 ff.; – mit biologischen und chemischen Waffen → § 20 Rn. 9; – mit Streumunition → § 20a Rn. 8
Friedliches Zusammenleben der Völker → Vor § 1 Rn. 3, → § 19 Rn. 22, → § 22a Rn. 56, 60
Freiwillige Ablieferung → § 22a Rn. 103
Führung des Kriegswaffenbuchs → § 22b Rn. 7 ff.
Fund von Kriegswaffen → § 22a Rn. 41, → § 22b Rn. 17, 18
Funktionsfähigkeit von Kriegswaffen → § 22a Rn. 4 ff.

G

Gebrauchsfähigkeit von Kriegswaffen, s. Funktionsfähigkeit
Genehmigung → § 22a Rn. 22 ff.; allgemeine – → § 22a Rn. 62; erschlichene – → § 22a Rn. 32 ff., 59; Inhalt und Form → § 22b Rn. 3; mangelnde – → § 22a Rn. 38, 43, 49, 62, 69, 74, 91; Personengebundenheit → § 22a Rn. 24; – als Tatbestandsmerkmal → § **22a Rn. 27 ff.**, 34
Genehmigungsfähigkeit → § 19 Rn. 1, → § 20a Rn. 1; Unerheblichkeit der – → § 22a Rn. 31
Genehmigungsfiktion → § 19 Rn. 4
Genehmigungspflicht → § 22a Rn. 22; – des Beförderers → § 22a Rn. 69; – als besonderes persönliches Merkmal → § 22a Rn. 25
Genehmigungspflichtige Person → § 22a Rn. 23 ff.

2. Kapitel. Waffenrecht

Genehmigungsurkunde → § 22b Rn. 27 f.
Gewerbsmäßiges Handeln → § 19 Rn. 17, → § 20a Rn. 10, → § 22a Rn. 95
Grundgesetz → Vor § 1 Rn. 1 ff., → § 21 Rn. 3, → § 22a Rn. 55, 60
Grundlagenforschung → § 19 Rn. 7

H

Handeltreiben; – mit Atomwaffen → § 19 Rn. 9; – mit biologischen und chemischen Waffen → § 20 Rn. 6
Hauptzollämter, Zuständigkeit → Vor § 1 Rn. 28
Herstellung; – von Atomwaffen → § 19 Rn. 8; – von Chemiewaffen und biologischen Waffen → § 20 Rn. 6 f.; – von Kriegswaffen → § 22a Rn. 35

I

Internationales Strafrecht → § 19 Rn. 33, → § 21 Rn. 2; aktives Personalitätsprinzip → § 21 Rn. 3, → § 22a Rn. 93; Staatsschutzprinzip → § 21 Rn. 3; Weltrechtsprinzip → § 21 Rn. 3
Inverkehrbringen → Vor § 1 Rn. 1; → § 22a Rn. 56
Irrtum → § 22a Rn. 20, 27, 29 f., 100

K

Kampfstoffe → § 20 Rn. 6 ff., 9, 12, → § 22a Rn. 2
Kernbrennstoffe → § 19 Rn. 2
Kollusion; s. Genehmigung, erschlichene
Konkrete Gefährdungsdelikte → § 19 Rn. 19, 28
Konkurrenzen → Vor § 1 Rn. 26, → § 22a Rn. 64, **105 ff.**
Kriegsverbrechen → Vor § 1 Rn. 19
Kriegswaffen → Vor § 1 Rn. 5, **Anhang Nr. 1 ff.**; „Bausätze" als – → § 22a Rn. 2, **13 ff.**; Begriff → § 22a Rn. 2 ff.; Bestimmung zur Kriegsführung → § 22a Rn. 10 ff.; Funktionsfähigkeit der – → § 22a Rn. 4 ff., 15; Vollständigkeit der – → § 22a Rn. 3, 17; wesentliche Bestandteile von – → § 22a Rn. 3, 10, 12, 19
Kriegswaffenbuch → § 22b Rn. 7 ff.
Kriegswaffenliste → Vor § 1 Rn. 5, 14, → § 19 Rn. 1, → § 22a Rn. 2, **Anhang;** Vorläufer der – → Vor § 1 Rn. 1; Zivilklausel → § 19 Rn. 4

L

Leichtfertigkeit → § 19 Rn. 13, 27 ff., → § 20 Rn. 8, 11, → § 20a Rn. 12
Luftfahrzeuge; s. Beförderung mit Seeschiffen oder Luftfahrzeugen

M

Meldepflichten → § 22a Rn. 16, → § 22b Rn. 11 ff., 20
Minder schwere Fälle → § 19 Rn. 24, → § 20 Rn. 10, → § 20a Rn. 10, → § 22a Rn. 97
Minen; s. Antipersonenminen
Mitsichführen der Genehmigung bei Beförderung → § 22b Rn. 29
Munition → § 22a Rn. 5

N

Nachentwicklung; – als Entwicklung → § 19 Rn. 7, → § 20 Rn. 6

II. Kriegswaffenkontrollgesetz KrWaffG

Nachweis der Gelegenheit zum Abschluss eines Vertrages → § 22a Rn. 82 ff.; – bei Atomwaffen → § 19 Rn. 6, 9; – im Ausland → § 22a Rn. 82; Begriff → § 22a Rn. 89; Ursächlichkeit → § 22a Rn. 89
Nordatlantikpakt-Organisation (NATO) → § 19 Rn. 3 f., → § 22 Rn. 1 ff.
Normative Tatbestandsmerkmale → § 22a Rn. 20
Nuklearterrorismus → § 19 Rn. 1

O
Oberlandesgericht, erstinstanzliche Zuständigkeit → Vor § 1 Rn. 28
Ordnungswidrigkeiten → § 22b Rn. 1 ff.; Zuständigkeiten → § 22b Rn. 32
Originärer Erwerb → § 22a Rn. 74 ff., → § 22b Rn. 17, 18; Anzeigepflicht → § 22a Rn. 74 f.; Anzeigepflichtiger – → § 22a Rn. 80

P
Persönlicher Strafausschließungsgrund → § 22a Rn. 101 ff.
Politische Grundsätze der Bundesregierung Vorb. Rn. 16
Polizei → § 22a Rn. 26
Produktionsanlagen → § 19 Rn. 7, → § 20 Rn. 6

Q
Qualifikationen → § 19 Rn. 16 ff.

R
Rom-Statut → Vor § 1 Rn. 19, 23
Rücknahme von Genehmigungen → § 22a Rn. 32
Rüstungskontrolle Vorb. Rn. 4, 19

S
Schutzzweck → Vor § 1 Rn. 3 f.
Seeschiffe; s. Beförderung mit Seeschiffen oder Luftfahrzeugen
Sicherheit Deutschlands → Vor § 1 Rn. 3, → § 19 Rn. 21
Sonderdelikte → § 19 Rn. 5, → § 22a Rn. 24
Sprengstoffrecht, Abgrenzung → Vor § 1 Rn. 25
Strafbarkeitslücken → § 22a Rn. 92 f.
Strafzumessung → § 22a Rn. 108
Strafzumessungsregeln; s. besonders schwere Fälle und minder schwere Fälle
Streumunition → Vor § 1 Rn. 24, → § 20a Rn. 1 ff.; Begriff → § 20a Rn. 3; keine Genehmigungsfähigkeit von – → § 20a Rn. 1; Totalverbot → § 20a Rn. 1

T
Täterschaft und Teilnahme → § 22a Rn. 24
Tatbestandsirrtum → § 22a Rn. 20, 30, 100
Tateinheit; s. Konkurrenzen
Tatmehrheit; s. Konkurrenzen
Telefonüberwachung → Vor § 1 Rn. 28
Terrorismus → § 19 Rn. 1
Totalverbot; – von Antipersonenminen → § 20a Rn. 1; – biologischer und chemischer Waffen → § 20 Rn. 1 f., 5, → § 22 Rn. 1; – von Streumunition → § 20a Rn. 1;
Transport → § 19 Rn. 29, → § 20a Rn. 5, → § 22a Rn. 15, 47, 57, 61, 63

U
Übergabe einer Ausfertigung der Genehmigungsurkunde → § 22b Rn. 27 f.
Überlassen von Kriegswaffen → § 22a Rn. 39 ff., Rn. 84, 90
Umgang, unerlaubter; – mit Antipersonenminen → § 20a Rn. 5 f.; – mit Atomwaffen → § 19 Rn. 6 ff.; – mit biologischen und chemischen Waffen → § 20 Rn. 8; – mit Streumunition → § 22a Rn. 5 f.
Umgehungsausfuhr → § 22a Rn. 60
Umgehungsgeschäfte → § 22a Rn. 2
UN-Waffenrechtsübereinkommen → Vor § 1 Rn. 19
Unbrauchbarmachung von Kriegswaffen → Vor § 1 Rn. 13, → § 22a Rn. 3, 6
Unverzügliche Ablieferung → § 22a Rn. 103 f.

V
Verbot, repressives oder präventives → § 22a Rn. 28
Verbotsirrtum → § 22a Rn. 20, 29
Verbringen → § 22a Rn. 53; – von Atomwaffen in das Bundesgebiet → § 19 Rn. 10
Verfall → § 24 Rn. 4
Verfassungsrechtliche Bedenken → § 21 Rn. 3, → § 22a Rn. 82
Verleitung zum unerlaubten Umgang; – mit Antipersonenminen → § 20a Rn. 7; – mit Atomwaffen → § 19 Rn. 11 f.; – mit biologischen und chemischen Waffen → § 20 Rn. 8: – mit Streumunition → § 20a Rn. 7
Vermittlung eines Vertrages → § 22a Rn. 42, **82 ff.**; – bei Atomwaffen → § 19 Rn. 6, 9; – im Ausland → § 22a Rn. 82; Begriff → § 22a Rn. 85 ff.; Verbrechensverabredung → § 22a Rn. 87; Versuch → § 22a Rn. 86; Vollendung → § 22a Rn. 86
Vernichtung von oder Schutz vor ABC-Waffen → § 19 Rn. 30 ff., → § 20 Rn. 12
Versuchsstrafbarkeit → Vor § 1 Rn. 27, → § 19 Rn. 1, 11, 14, → § 20 Rn. 1, 8 f., 10, → § 20a Rn. 1, → § 22a Rn. 1, 63, 86 f., 89, 92, **94**
Verwaltungsakzessorietät → § 22a Rn. 22, 32
Verwenden → § 22a Rn. 11, 47
Völkerrechtliche Verpflichtungen → Vor § 1 Rn. 4, **17 ff.**, → § 20 Rn. 13
Völkerstrafgesetzbuch → Vor § 1 Rn. 19, 23, → § 20 Rn. 1
Vollständigkeit von Kriegswaffen → § 22a Rn. 3, 17
Vollziehbarkeit der Auflage → § 22b Rn. 6, 19, 24
Vorbereitungshandlungen → § 19 Rn. 11, 14, → § 20 Rn. 7, → § 22a Rn. 86
Vorlagepflichten → § 22b Rn. 23
Vorsatz → § 19 Rn. 1, 20, → § 20 Rn. 1, → § 20a Rn. 1, → § 22a Rn. 20, 29, 70, 100
Vorsatz-Fahrlässigkeits-Kombination → § 19 Rn. 28

W
Waffenrecht, Abgrenzung → Vor § 1 Rn. 25, → § 22a Rn. 21
Weltrechtsprinzip → § 21 Rn. 3
Wesentliche Bestandteile → § 22a Rn. 3, 10, 12, **19**

Westeuropäische Union (WEU) → Vor § 1 Rn. 19, → § 19 Rn. 3, → § 22 Rn. 1
Wiederherstellung als Herstellung → § 22a Rn. 37
Wirtschaftslenkung → Vor § 1 Rn. 4

Z
Zivilklausel → § 19 Rn. 4, → § 20 Rn. 3 f., 12
Zollfahndungsämter, Zuständigkeit Vorb. Rn. 28
Zollverwaltung → § 22a Rn. 26

Zuständigkeiten → § 22b Rn. 32
Zuwiderhandeln gegen eine Auflage → § 22b Rn. 3 ff.
Zuwiderhandeln gegen in Zusammenhang mit Ausnahmegenehmigungen erteilte Auflagen → § 22b Rn. 18
Zuwiderhandeln gegen Rechtsverordnungen → § 22b Rn. 20
Zweckbestimmung → § 22a Rn. 10 f.

Vorbemerkung zu § 1[1]

Schrifttum: 1. Allgemeine Darstellungen und (neuere) Monographien: *Alexander/Winkelbauer* in *Müller-Gugenberger/Bieneck,* Wirtschaftsstrafrecht. Handbuch des Wirtschaftsstraf- und -ordnungswidrigkeitenrecht, 6. Aufl. 2015, § 73; *Badelt,* Chemische Kriegsführung – Chemische Abrüstung. Die Bundesrepublik Deutschland und das Pariser Chemiewaffen-Übereinkommen, 1994; *Beckemper* in *Achenbach/Ransiek/ Rönnau,* Handbuch des Wirtschaftsstrafrechts, 4. Aufl. 2015, 4. Teil 4. Kapitel; *Bieneck* in *Müller-Gugenberger/ Bieneck,* Wirtschaftsstrafrecht. Handbuch des Wirtschaftsstraf- und -ordnungswidrigkeitenrecht, 6. Aufl. 2015, § 73 A; *Bothe,* Das völkerrechtliche Verbot des Einsatzes chemischer und bakteriologischer Waffen, 1973; *Bundscherer,* Deutschland und das Chemiewaffenübereinkommen. Wirtschaftsverwaltungsrecht als Instrument der Wirtschaftskontrolle, 1997; *von Burchard,* Das Umgehungsgeschäft beim Waffenexport in Drittländer aus strafrechtlicher Sicht, 1987;[2] *Epping,* Grundgesetz und Kriegswaffenkontrolle, 1993;[3] *Fehn/Fehn* in *Achenbach/Ransiek,* Handbuch des Wirtschaftsstrafrechts, 2. Aufl. 2008, Kap. IV Abschn. 4; *Gröger,* Die Vorverlegung des Strafrechtsschutzes im Exportkontrollrecht, 2001; *Harder,* in *Wabnitz/Janovsky,* Handbuch des Wirtschafts- und Steuerstrafrechts, 4. Aufl. 2014, 23. Kapitel Abschn. III; *Heinrich* in *Momsen/Grützner,* Wirtschaftsstrafrecht, 2013, 10. Kap. D; *Hinze,* Kriegswaffen, ihre Entwicklung, Reglementierung, Abgrenzung, Gesellschaftliche Stellung, 1990; *Hucko/Wagner,* Außenwirtschaftsrecht. Kriegswaffenkontrollrecht, Textsammlung mit Einführung, 9. Aufl. 2003 (ab 10. Aufl.: *Simonsen/Hucko*); *Marauhn,* Der deutsche Chemiewaffen-Verzicht. Rechtsentwicklungen seit 1945, 1994;[4] *Pathe/Wagner* in *Bieneck,* Handbuch des Außenwirtschaftsrechts mit Kriegswaffenkontrollrecht, 2. Aufl. 2005, §§ 33–43; *Peterson,* Die Strafbarkeit des Einsatzes von biologischen, chemischen und nuklearen Waffen als Kriegsverbrechen nach dem IStGH-Statut, 2009; *v. Poser und Groß Naedlitz,* Die Genehmigungsentscheidung nach dem Kriegswaffenkontrollgesetz, 1999; *Roeser,* Völkerrechtliche Aspekte des internationalen Handels mit konventionellen Waffen, 1988;[5] *Schünemann,* Artikel: Kriegswaffenkontrollgesetz, in *Krekeler/Tiedemann/Ulsenheimer/Weinmann,* Handwörterbuch des Wirtschaftsstrafrechts. Loseblattsammlung, Stand 9/1985; *Simonsen/Hucko,* Außenwirtschaftsrecht, Textsammlung mit Einführung für exportierende Unternehmen, Behörden und Berater, 10. Aufl. 2010.

2. Kommentare: Erbs/Kohlhaas/*Lampe,* Strafrechtliche Nebengesetze, K 189, Loseblattsammlung, 212. Lieferung, Stand 1/2017 (Stand der Bearbeitung des KrWaffG: 1.9.2009);[6] *Hinze,* Waffenrecht, Loseblattausgabe, Kommentierung des KrWaffG, Stand: 72. Lieferung 2017; *Hohmann/John,* Ausfuhrrecht, 2002, Teil 5;[7] *Potrykus,* Gesetz über die Kontrolle von Kriegswaffen, 1962; *Pottmeyer,* Kriegswaffenkontrollgesetz (KrWaffG), Kommentar, 2. Aufl. 1994;[8] Steindorf, Waffenrecht, 10. Aufl. 2015 (Kommentierung des KrWaffG von *Heinrich* unter Nr. 8).

3. Zeitschriftenaufsätze und Anmerkungen: *Achenbach,* Rechtsprechungsübersichten zum Wirtschaftsstrafrecht, NStZ 1989, 497; 1991, 409; 1993, 427, 477; 1994, 421; 1995, 430; 1996, 533; 1997, 536; 1998, 560; 2000, 524; 2009, 621; *Barthelmeß,* Strafbarkeit im Vorfeld des Fördertatbestandes des § 20 Abs. 1 Nr. 2 KrWaffG, wistra 2001, 14; *Bartholme,* Strafrechtliche Aspekte des „Plutoniumtourismus", JA 1996, 730; *Beschorner,* Die Ausfuhrkontrolle von Rüstungsgütern, ZVglRWiss 90 (1991), 262; *Bieneck,* Verurteilungen wegen Vertragsabschlüssen mit libyschen Stellen bezüglich einer Chemiewaffenanlage, AW-Prax 1995, 364; *ders.,* Erneute Verurteilung wegen der Lieferung von Anlagenteilen für eine Chemiewaffenfabrik in Libyen, AW-Prax 1997, 62; *ders.,* Kriegswaffenkontrollstrafrecht weiter entwickelt, AW-Prax 2001, 349; *ders.,* Kriegswaffenliste und Grundrechte, AW-Prax 2003, 309; *ders.,* Untauglicher Auslandsversuch ist strafbar, AW-Prax 2008, 22; *Braun/Ferchland,* Nuklearkriminalität, Kriminalistik 1993, 481; *Epping,* Die Novel-

---

[1] Mein besonderer Dank gilt meinem Mitarbeiter *Christian Bartelt,* der die Kommentierung des Kriegswaffenkontrollgesetzes mit betreut hat.
[2] Rezensiert von *Otto* ZStW 105 (1993), 571.
[3] Rezensiert von *Gusy* GA 1994, 550; *Holthausen* DVBl 1994, 1375; *ders.* JZ 1995, 284; auch *Hantke/ Holthausen/Hucko* NVwZ 1997, 1195.
[4] Rezensiert von *Partsch* ZaöRV 1995, 1263.
[5] Rezensiert von *Tiedemann* ZStW 105 (1993), 573.
[6] Rezensiert von *Otto* ZStW 105 (1993), 570.
[7] Rezensiert von *Hampel* ZfZ 2002, 251.
[8] Rezensiert von *Holthausen* NJW 1992, 34; *Otto* ZStW 105 (1993), 565; *Remien* RabelsZ 57 (1993), 389; *Spohn* DWiR 1991, 263; *Weidemann* GA 1992, 481 (alle zur 1. Aufl. 1991).

lierungen im Bereich des Rüstungsexportrechts, RIW 1991, 461; *ders.*, Exportfreiheit und Exportkontrolle, DWiR 1991, 276; *ders.*, Der Fall „Godewind", NZWehrr. 1993, 103; *ders.*, Novellierungsbedarf im Bereich des Kriegswaffenexportrechts, RIW 1996, 453; *Fehn*, Enumerationsprinzip und Bausatztheorie im Kriegswaffenkontrollrecht, ZfZ 2000, 333; *ders.*, Kriegswaffendelikte, Kriminalistik 2004, 635; *Glawe*, Der Bundessicherheitsrat als sicherheits- und rüstungspolitisches Koordinationselement, DVBl. 2012, 329; *Hermsdörfer*, Zur Strafbarkeit des Umgangs mit Antipersonenminen nach dem Kriegswaffenkontrollgesetz, FS Dau, 1999, 87; *Hinze*, Anm. zum Beschl. des BayObLG vom 9.11.1970, NJW 1971, 1375; *Holthausen*, Zum Verhältnis von Kriegswaffenrecht und Waffenrecht bei tragbaren Kriegswaffen (§ 6 III WaffG), NStZ 1982, 363; *ders.*, Anm. zum Urt. des AG Bergisch Gladbach vom 27.1.1981, NStZ 1982, 515; *ders.*, Anm. zum Urt. des BGH vom 2.7.1981, NStZ 1983, 172; *ders.*, Der kriegswaffenrechtliche Genehmigungstatbestand für die Ausfuhr, RIW 1987, 893; *ders.*, Die Strafbarkeit der Ausfuhr von Kriegswaffen und sonstigen Rüstungsgütern, NStZ 1988, 206, 256; *ders.*, Zum Tatbestand des Förderns in den neuen Strafvorschriften des Kriegswaffenkontrollgesetzes (§§ 16–21 KrWaffG), NJW 1991, 203; *ders.*, Zur Strafbarkeit von Auslandstaten Deutscher und die völkerrechtliche Interventionsverbot, NJW 1992, 214; *ders.*, Entgegnung zum Beitrag vom Pottmeyer „Die Strafbarkeit von Auslandstaten nach dem Kriegswaffenkontrollgesetz und dem Außenwirtschaftsrecht" (NStZ 1992, 57 ff.), NStZ 1992, 268; *ders.*, Zur Begriffsbestimmung der A-, B- und C-Waffen iS der Nrn. 2, 3 und 5 der Kriegswaffenliste des Kriegswaffenkontrollgesetzes, NJW 1992, 2113; *ders.*, Anm. zum Urt. des OLG München vom 28. September 1992, NStZ 1993, 243; *ders.*, Täterschaft und Teilnahme bei Verstößen gegen Genehmigungspflichten des KrWaffG und AWG, NStZ 1993, 568; *ders.*, Der Verfassungsauftrag des Art. 26 II GG und die Ausfuhr von Kriegswaffen, JZ 1995, 284; *ders.*, Anm. zum Urt. des BGH vom 23.11.1995, NStZ 1996, 284; *ders.*, Enumerative Listen im Kriegswaffenkontrollrecht und ihre „Umgehung" mittels technischer Manipulation, wistra 1997, 129; *ders.*, Anm. zum Urt. des LG Stuttgart vom 1.10.1996, NStZ 1997, 290; *ders.*, Das Kriegswaffenexportrecht als Verfassungsauftrag des Art. 26 Abs. 2 GG, RIW 1997, 369; *ders.*, Zum Tatbestand des Entwickelns atomarer, biologischer und chemischer Waffen (§§ 18–20 KrWaffG), wistra 1998, 209; *Holthausen/Hucko*, Das Kriegswaffenkontrollgesetz und das Außenwirtschaftsrecht in der Rechtsprechung, NStZ-RR 1998, 193, 225; *Ipsen*, Kriegswaffenkontrolle und Auslandsgeschäft, FS Bernhardt, 1995, 1041; *Kieninger/Bieneck*, Anm. zum Urt. des LG Stuttgart vom 19.6.2001, wistra 2001, 438; *Kirchner*, Das System der Rüstungsexportkontrolle, DVBl. 2012, 336; *Krause*, Trendwende in der deutschen Rüstungsexport-Politik?, Europa-Archiv 37 (1982), 527; *Kreuzer*, Anm. zum Urt. des BGH vom 23.11.1995, NStZ 1996, 555; *ders.*, Anm. zum Urt. des LG Stuttgart vom 1.10.1996, NStZ 1997, 292; *ders.*, Die Supergun-Entscheidung, AW-Prax 1998, 135; *Lohberger*, Höchstrichterliche Rechtsprechung zu den §§ 4a, 16 I Nr. 7 des Gesetzes über die Kontrolle von Kriegswaffen (KrWaffG), NStZ 1990, 61; *Mattausch/Baumann*, Nuklearkriminalität – Illegaler Handel mit radioaktiven Stoffen, NStZ 1994, 462; *Muhler*, Was der Gesetzgeber leider nicht bedacht hat, ZRP 1998, 4; *Nadler*, Anm. zum Urt. des BGH vom 2.7.1981, NStZ 1983, 510; *Oeter*, Neue Wege der Exportkontrolle im Bereich der Rüstungsgüter, ZRP 1992, 49; *Oswald*, Anm. zum Urt. des BayObLG vom 31.4.1989, NStZ 1991, 46; *ders.*, Die Novelle zum Kriegswaffenkontrollgesetz, über die Sperrwirkung des erfolgsprivilegierenden Delikts, NStZ 1991, 322; *Pietsch*, Das Verbot der „Entwicklung" von chemischen Waffen (§§ 18 Nr. 1, 20 I Nr. 1 und 2 KrWaffG), NStZ 2001, 234; *Potrykus*, Zur rechtlichen Würdigung der Tätigkeit deutscher Waffenfachleute in Ägypten, NJW 1963, 941; *Pottmeyer*, Die Strafbarkeit von Auslandstaten nach dem Kriegswaffenkontrollgesetz und dem Außenwirtschaftsrecht, NStZ 1992, 57; *ders.*, Hohe Freiheitsstrafen für illegale Irak-Geschäfte, AW-Prax 1995, 133; *ders.*, Höchstrichterliche Entscheidung zur Bausatztheorie, AW-Prax 1996, 98; *ders.*, Die Bausatztheorie im Kriegswaffenkontrollrecht, wistra 1996, 121; *ders.*, Neues Waffenrecht und Kriegswaffenkontrolle, AW-Prax 2003, 21; *Pottmeyer/Sinnwell*, Der Ausfuhrverantwortliche im Außenwirtschafts- und Kriegswaffenkontrollrecht, DWiR 1991, 133; *Puppe*, Anm. zum Urt. des BGH vom 22.7.1993, NStZ 1993, 594; *Runkel*, Anm. zum Beschl. des BGH vom 8.4.1997, NStZ 1997, 552; *Schulz*, Verschärftes Waffenrecht, NJW 1978, 1510; *Sohm*, Strukturen des deutschen Rüstungsexports, NZWehrr. 1994, 99; *Tiedemann*, Zur Geschichte eines Straftatbestandes des ungenehmigten Rüstungsexports, FS Spendel, 1992, 591; *Weber*, Die Genehmigungspflicht nach dem neuen Kriegswaffen-Kontrollgesetz, NJW 1979, 1282; *Willms*, Anm. zum Urt. des BGH vom 7.2.1979, LM Nr. 1 zum KrWaffG; *Witschel*, Chemische Waffen, NZWehrr 1989, 133; *Ziegenhain*, Extraterritoriale Reichwerte des US-amerikanischen und des reformierten deutschen Exportkontrollrechts, RIW 1993, 897.

4. Zur Geschichte der Kriegswaffen: *Demmin*, Die Kriegswaffen in ihren geschichtlichen Entwickelungen, Bd. 1, 1964 (unveränderter Nachdruck der 4. Aufl. von 1893); Bd. 2, 1964 (unveränderter Nachdruck der Ergänzung zu den vier Auflagen 1895 und 1896).

Übersicht

	Rn.		Rn.
I. Historie	1, 2	2. Durchführungsrecht	6–16
II. Schutzzweck	3, 4	3. Internationale Verflechtungen	17–24
III. Das KrWaffG im Regelungsgefüge der kriegswaffenrechtlichen Vorschriften	5–26	a) Allgemeine Verträge	18, 19
		b) Atomwaffen	20
		c) Biologische und chemische Waffen	21–23
1. Überblick	5	d) Antipersonenminen, Streumunition	24

	Rn.		Rn.
4. Abgrenzung des Kriegswaffenrechts vom allgemeinen Waffenrecht und vom Sprengstoffrecht	25	IV. Strafvorschriften des KrWaffG	27
5. Abgrenzung des Kriegswaffenrechts vom Außenwirtschaftsrecht	26	V. Strafverfahrensrechtliche Besonderheiten	28

I. Historie[9]

1   Obwohl bereits zu Zeiten des Norddeutschen Bundes[10] und während des Deutschen Reiches vor dem ersten Weltkrieg[11] Beschränkungen hinsichtlich der Ausfuhr und Durchfuhr von Kriegswaffen galten, können als Vorgänger des heutigen KrWaffG das infolge des Versailler Friedensvertrags[12] erlassene (restriktive) **Kriegsgerätegesetz** vom 22.12.1920[13] sowie das **Kriegsgerätegesetz** vom 27.7.1927[14] angesehen werden. Diese Gesetze wurde in der NS-Zeit abgelöst vom (Reichs-)Gesetz über die Aus- und Einfuhr von Kriegsgerät vom 6.11.1935,[15] welches nur noch den Außenhandel einer Regelung unterwarf, die sonstigen Verbote aber aufhob. Nach Beendigung des Zweiten Weltkrieges übten zuerst die Siegermächte die Kontrolle über den Besitz und die Herstellung von Kriegsgeräten aus.[16]

[9] Vgl. hierzu ausführlich *Hinze* Vorbemerkungen Rn. 1 ff.; *Pottmeyer* Einl. Rn. 1–61; ferner *Hinze*, Kriegswaffen, ihre Entwicklung, Reglementierung, Abgrenzung, Gesellschaftliche Stellung, 1990, S. 22 ff.; Hohmann/John/*Pietsch*, Teil 5, Einführung Rn. 1 ff.; *Pathe/Wagner* in Bieneck, § 33; *Roeser* S. 52 ff.

[10] Vgl. Norddeutscher Bund BGBl. Nr. 26 vom 17.7.1870 und Nr. 34 vom 9.8.1879; hierzu *Hinze* Vorbemerkungen Rn. 2.

[11] Vgl. die VO betreffend das Verbot der Ausfuhr und Durchfuhr von Waffen, Munition, Pulver und Sprengstoffen sowie von anderen Artikeln des Kriegsbedarfes und von Gegenständen, die zur Herstellung von Kriegsbedarfsartikeln dienen, vom 31.7.1914, RGBl. S. 265; hierzu *Hinze* Vorbemerkungen Rn. 2.

[12] Friedensvertrag zwischen Deutschland und den alliierten und assoziierten Mächten vom 28.6.1919, in innerstaatliches Recht transformiert durch Gesetz vom 16.7.1919, RGBl. S. 687; vgl. ferner das Ausführungsgesetz zum Friedensvertrage vom 31.8.1919, RGBl. S. 1530, welches in § 24 Verstöße gegen die in Art. 168 Abs. 1, 170, 171 des Versailler Vertrages geregelten Kriegswaffenbestimmungen unter Strafe stellte; ergänzend dazu auch das Gesetz zur Durchführung der Art. 169, 192, 202 und 238 des (Versailler) Friedensvertrages v. pm 26.3.1921, RGBl. S. 448; hierzu *Hinze* Vorbemerkungen Rn. 4 ff., 7.

[13] Gesetz Nr. 7905, betreffend die Ein- und Ausfuhr von Kriegsgerät, RGBl. S. 2167; vgl. im Anschluss hieran Gesetz Nr. 8175 zur Änderung des Gesetzes, betreffend die Ein- und Ausfuhr von Kriegsgerät vom 26.6.1921, RGBl. I S. 767; zuvor wurden allerdings bereits die VO über die Zurückführung von Waffen und Heeresgut in den Besitz des Reichs vom 14.12.1918, RGBl. S. 1425, sowie das Gesetz über die Entwaffnung der Bevölkerung vom 7.8.1920, RGBl. II S. 1553 sowie die hierauf bezogene zweite Ausführungsbestimmung vom 4.9.1920, RGBl. S. 1636, und die dritte Ausführungsbestimmung vom 5.9.1920, RGBl. S. 1637, erlassen; hierzu *Hinze* Vorbemerkungen Rn. 6 f.; Hohmann/John/*Pietsch*, Teil 5, Einführung Rn. 3; *Pathe/Wagner* in Bieneck, § 33 Rn. 4; *Pottmeyer* Einl. Rn. 4 f.; *Roeser* S. 99.

[14] Gesetz über Kriegsgerät, RGBl. I S. 239; ergänzt durch das Gesetz über den Waffenhandel nach China vom 31.3.1928, RGBl. I S. 149; hierzu *Hinze* Vorbemerkungen Rn. 8 ff.; Hohmann/John/*Pietsch*, Teil 5, Einführung Rn. 4; *Pottmeyer* Einl. Rn. 6 f.; *Roeser* S. 99.

[15] RGBl. I S. 1337; das Gesetz wurde ergänzt durch die Bekanntmachung des Reichskommissars für Aus- und Einfuhrbewilligung über die betreffend Liste der Kriegsgeräte vom 28.8.1939, RAnz. Nr. 198 vom 28.8.1939, sowie durch § 22 des (Reichs-)Waffengesetzes vom 18.3.1938, RGBl. I S. 265, wonach ebenfalls der Erwerb von Kriegsgerät erlaubnispflichtig war; zum Ganzen *Hinze* Vorbemerkungen Rn. 12; Hohmann/John/*Pietsch*, Teil 5, Einführung Rn. 5; *Pathe/Wagner* in Bieneck, § 33 Rn. 5; *Pottmeyer* Einl. Rn. 9; *Roeser* S. 99.

[16] Vgl. hinsichtlich des Handels und Verkehrs mit Waren die allgemeinen Vorschriften über die Devisenbewirtschaftung; für die amerikanische Zone: Militärregierungsgesetz Nr. 53 (Neufassung betr. Devisenwirtschaft und Kontrolle des Güterverkehrs); für die britische Zone: Militärregierungsgesetz Nr. 53 der britischen Militärregierung; für die französische Zone: VO Nr. 235 der Französischen Hohen Kommission (Fundstellen bei *Pottmeyer* Einl. Rn. 12). Diese Gesetze und Verordnungen wurden schließlich ergänzt und zusammengefasst im Gesetz Nr. 33 (Devisenbewirtschaftung) der Alliierten Hohen Kommission vom 2.8.1950 (Amtsblatt der Alliierten Hohen Kommission für Deutschland S. 514). Speziell kriegswaffenrechtliche Regelungen fanden sich im Kontrollratsbefehl Nr. 2 vom 7.1.1946 über die Einziehung und Ablieferung von Waffen und Munition (Amtsblatt des Kontrollrats in Deutschland Nr. 6 vom 30.4.1946, S. 129) sowie im Kontrollratsgesetz Nr. 43 vom 20.12.1946 über das Verbot der Herstellung, der Einfuhr, der Ausfuhr, der Beförderung und der Lagerung von Kriegsmaterial (Amtsblatt des Kontrollrats in Deutschland Nr. 13 vom 13.12.1946, S. 233). Diese Gesetze wurden (mit Ausnahme von Berlin/West) ersetzt durch Gesetz der Alliierten Hohen Kommission Nr. 24 (Überwachung bestimmter Gegenstände, Erzeugnisse, Anlagen und Geräte) vom 30.3.1950 (Amtsblatt der Alliierten Hohen Kommission für Deutschland S. 251) samt Durchführungsverordnungen (Amtsblatt der Alliierten Hohen Kommission für Deutschland S. 260); dieses Gesetz wurde erweitert durch Gesetz Nr. 61 vom

Allerdings wurde das Bundeswirtschaftsministerium mehr und mehr dazu ermächtigt, durch Runderlasse Ausnahmen von den ursprünglich strengen Regelungen des Besatzungsrechts zuzulassen. Die besatzungsrechtlichen Vorschriften traten am 6.5.1955 außer Kraft.[17] Im Hinblick auf die Herstellung, das Inverkehrbringen und die Beförderung von Kriegswaffen sowie für Verpflichtungsgeschäfte in Ansehung von Kriegswaffen galt danach die **Bekanntmachung des Bundesministers der Wirtschaft über das vorläufige Kriegswaffengenehmigungsverfahren nach Art. 26 Abs. 2 GG** vom 28.11.1957[18] im Zusammenhang mit einer bereits damals bekanntgemachten **Kriegswaffenliste**.[19]

Erst zwölf Jahre nach dem Inkrafttreten des Grundgesetzes wurde schließlich am 25.4.1961 das **Gesetz über die Kontrolle von Kriegswaffen**[20] vom 20.4.1961 als Ausführungsgesetz zu Art. 26 Abs. 2 S. 2 GG im Bundesgesetzblatt[21] verkündet. Es trat am 1.6.1961 in Kraft. Nach einigen kleineren Änderungen[22] wurde das KrWaffG infolge weitreichender Neuerungen durch den Einigungsvertrag vom 31.8.1990[23] sowie Art. 3 Gesetz zur Verbesserung der Überwachung des Außenwirtschaftsverkehrs und zum Verbot von Atomwaffen, biologischen und chemischen Waffen vom 5.11.1990[24] am 22.11.1990 neu bekanntgemacht.[25] Durch die in dieser Zeit vorgenommenen Änderungen wurden insbes. die Strafbestimmungen deutlich ausgeweitet und verschärft. Seither erfolgten lediglich geringfügige Änderungen wie ua durch Art. 2

2

19.7.1951 (Amtsblatt der Alliierten Hohen Kommission für Deutschland S. 1047) und wieder eingeschränkt durch Gesetz Nr. 78 vom 28.7.1952 (Amtsblatt der Alliierten Hohen Kommission für Deutschland S. 1830); zum Ganzen *Hinze* Vorbemerkungen Rn. 13 ff.; *Hohmann/John/Pietsch*, Teil 5, Einführung Rn. 7 ff.; *Pathe/Wagner* in *Bieneck*, § 33 Rn. 6 ff.; *Pottmeyer* Einl. Rn. 13 ff.; *Steindorf/Heinrich* Vorb. Rn. 2.

[17] Art. 2 Gesetz Nr. A-38 der Alliierten Hohen Kommission über die Beseitigung der Wirksamkeit und Aufhebung bestimmter Rechtsvorschriften auf den Gebieten der Abrüstung und Entmilitarisierung vom 5.5.1955 (Amtsblatt der Alliierten Hohen Kommission für Deutschland S. 3271 = BAnz. Nr. 92 vom 13.5.1955, S. 3); hierzu auch BT-Drs. III/1589, 12. Eine Ausnahme galt lediglich für Berlin/West: hier galt das Besatzungsrecht bis zur Wiedervereinigung beider deutscher Staaten am 3.10.1990; vgl. Gesetz zur Überleitung von Bundesrecht nach Berlin (West) vom 25.9.1990, BGBl. I S. 2106.

[18] BAnz. Nr. 233 vom 4.12.1957, S. 1; geändert durch die 2. Bekanntmachung vom 13.2.1958, BAnz. Nr. 40 vom 27.2.1958, S. 1, und die 3. Bekanntmachung vom 13.3.1959, BAnz. Nr. 64 vom 4.4.1959, S. 2; auch bereits BAnz. Nr. 92 vom 13.5.1955, S. 6; hierzu *Hinze* Vorbemerkungen Rn. 18; *Pottmeyer* Einl. Rn. 27.

[19] Anlage 1 zum Runderlass Außenwirtschaft Nr. 89/1954 (Beilage zum BAnz. Nr. 223 vom 20.11.1954), zuletzt in der Fassung des Runderlasses Außenwirtschaft Nr. 18/1960 (Beilage zum BAnz. Nr. 54 vom 18.3.1960); zu den einzelnen Änderungen *Pottmeyer* Einl. Rn. 28; ferner *Hinze* Vorbemerkungen Rn. 18; *Hohmann/John/Pietsch*, Teil 5, Einführung Rn. 12.

[20] BGBl. I S. 444; vgl. die hierzu vorliegenden Materialien BR-Drs. 329/59 (Regierungsentwurf eines Kriegswaffengesetzes); BT-Drs. III/1589 (Regierungsentwurf nebst amtlicher Begründung und Stellungnahme des Bundesrates sowie einer Erwiderung der Bundesregierung); BT-Drs. III/2433 (Schriftlicher Bericht des Wirtschaftsausschusses); BR-Drs. 81/61 (Zustimmung des Bundesrates); zur Entstehungsgeschichte des KrWaffG *Hinze* Vorbemerkungen Rn. 24; *Pathe/Wagner* in *Bieneck*, § 33 Rn. 25 ff.; *Pottmeyer* Einl. Rn. 32.

[21] Art. 26 GG lautet: (1) Handlungen, die geeignet sind und in der Absicht vorgenommen werden, das friedliche Zusammenleben der Völker zu stören, insbesondere die Führung eines Angriffskrieges vorzubereiten, sind verfassungswidrig. Sie sind unter Strafe zu stellen. (2) Zur Kriegsführung bestimmte Waffen dürfen nur mit Genehmigung der Bundesregierung hergestellt, befördert und in den Verkehr gebracht werden. Das Nähere regelt ein Bundesgesetz.

[22] Genannt werden sollen hier insbes. die Änderungen durch das (Zweite) Gesetz zur Änderung des Waffenrechts vom 31.5.1978, BGBl. I S. 641 (642 ff.); einen Überblick über die Änderungen findet sich bei *Steindorf/Heinrich* Vorb. Rn. 4; zu den einzelnen Änderungen des KrWaffG ausführlich *Hinze* Vorbemerkungen Rn. 25 ff.; *Pottmeyer* Einl. Rn. 35 ff.; vgl. ferner *Hohmann/John/Pietsch*, Teil 5, Einführung Rn. 13.

[23] Vgl. Anlage 1 Kapitel V Sachgebiet A Abschnitt II Nr. 2 Einigungsvertrag, BGBl. II S. 889 (996 f.).

[24] BGBl. I S. 2428; hierzu die Materialien BT-Drs. 10/3342 (Gesetzentwurf der SPD-Fraktion); BT-Drs. 10/4275 (Beschlussempfehlung und Bericht des Ausschusses für Wirtschaft); BT-Drs. 11/2920 (Gesetzentwurf der SPD-Fraktion); BT-Drs. 11/3995 (Bericht der Bundesregierung an den Deutschen Bundestag über eine mögliche Beteiligung deutscher Firmen an einer C-Waffen-Produktion in Libyen); BT-Drs. 11/4609 (Gesetzentwurf der Bundesregierung nebst amtlicher Begründung, Stellungnahme des Bundesrates und Gegenäußerung der Bundesregierung); BT-Drs. 11/6427 (Beschlussempfehlung und Bericht des Wirtschaftsausschusses); BT-Drs. 11/6430 (Bericht des Haushaltsausschusses); BT-Drs. 11/6609 (Änderungsantrag der SPD-Fraktion); BT-Drs. 11/7221 (Beschlussfassung und Bericht des Bundestagsausschusses für Wirtschaft); BT-Drs. 11/7507 = BR-Drs. 396/90 (Anrufung des Vermittlungsausschusses); BT-Drs. 11/7848 (Beschlussempfehlung des Vermittlungsausschusses); BR-Drs. 626/90 (Zustimmung des Bundesrates); zu diesem Gesetz *Epping* RIW 1991, 461; *Holthausen* NJW 1991, 203; *Oeter* ZRP 1992, 49; *Pottmeyer* DWiR 1992, 133.

[25] BGBl. I S. 2506.

des Ausführungsgesetzes zum Übereinkommen über das Verbot des Einsatzes, der Lagerung, der Herstellung und der Weitergabe von Antipersonenminen und über deren Vernichtung vom 6.7.1998,[26] Art. 3 **Waffenrechtsneuregelungsgesetz** vom 11.10.2002,[27] das Gesetz zu dem Übereinkommen vom 30.5.2008 über Streumunition vom 6.6.2009[28] und Art. 4 Gesetz zur Umsetzung der Richtlinie 2009/43/EG des Europäischen Parlaments und des Rates vom 6.5.2009 zur Vereinfachung der Bedingungen für die innergemeinschaftliche Verbringung von Verteidigungsgütern vom 24.7.2011.[29]

II. Schutzzweck

3   Der **primäre Schutzzweck** des Kriegswaffenrechts ergibt sich aus dem Verfassungsauftrag des Art. 26 GG. Mit dem KrWaffG wurde als Ausführungsgesetz zu Art. 26 Abs. 2 GG ein Regelwerk im Hinblick auf die notwendige Genehmigung der Herstellung, Beförderung und des Inverkehrbringens von Kriegswaffen geschaffen. Der Sinn dieser Genehmigungspflicht steht insoweit in einem engen Zusammenhang mit dem in Art. 26 Abs. 1 GG niedergelegten Grundsatz, Handlungen zu verbieten, die „geeignet sind und in der Absicht vorgenommen werden, das friedliche Zusammenleben der Völker zu stören, insbesondere einen Angriffskrieg vorzubereiten". Insoweit dient das KrWaffG also in erster Linie der **Friedenssicherung und Kriegsverhinderung.** Es soll friedensstörende Handlungen verhindern, das friedliche Zusammenleben der Völker schützen sowie Gefahren für den Völkerfrieden und die internationale Sicherheit abwehren, die bei einem nicht kontrollierten Verkehr mit Kriegswaffen bestehen.[30]

4   Ein **zweiter Schutzzweck** liegt im **Schutz des deutschen Ansehens im Ausland.**[31] Denn die Bundesrepublik soll gegenüber dem Ausland in keiner Weise mit aggressiven Tendenzen (iS einer Unterstützung oder Duldung friedensgefährdender Maßnahmen) in Verbindung gebracht werden. Zwar wird dieser Zweck in der Ermächtigungsnorm des Art. 26 Abs. 2 GG nicht genannt, da hier lediglich die Verhinderung friedensstörender Handlungen aufgeführt ist. Dies hindert den Gesetzgeber jedoch nicht, in der konkreten Umsetzung dieser Verpflichtung auch andere Zwecke mit zu berücksichtigen.[32] Schließlich dient das KrWaffG noch einem **dritten Zweck,** nämlich dem **Schutz der inneren Sicherheit** der Bundesrepublik.[33] Dage-

---

[26] BGBl. I S. 1778.
[27] BGBl. I S. 3970 (4011); hierzu die Materialien BT-Drs. 14/7758, 100; zu den Änderungen seit 1990 im Einzelnen Hohmann/John/*Pietsch,* Teil 5, Einführung Rn. 16, 18.
[28] BGBl. II S. 502.
[29] BGBl. I S. 1595 (1597); vgl. zur Begründung BT-Drs. 17/5262.
[30] BT-Drs. III/1589, 12; BT-Drs. III/2433, 1; BVerfG 12.2.1979 – 1 BvR 840/78 (nicht veröffentlicht); BayObLG 9.11.1970 – RReg 4 St 85/70, NJW 1971, 1375 (1376); OLG Düsseldorf 15.12.1983 – 1 Ws 1053–1055/83, NStZ 1987, 565 (566); OLG Düsseldorf 29.1.1993 – 1 Ws 10/93, NJW 1993, 2253 (2254); OLG München 28.9.1992 – 1 Ws 534–536 und 757–759/92, NStZ 1993, 243; LG Düsseldorf 27.5.1986 – X – 64/83, NStZ 1988, 231 (232); LG Hamburg 6.5.1993 – 616 Qs 72/92, MDR 1993, 1003; VG Berlin 8.4.2003 – 1 A 57/02, NJW 2004, 626; *Alexander/Winkelbauer* in *Müller-Gugenberger/Bieneck* § 73 Rn. 5; *Beckemper* in *Achenbach/Ransiek/Rönnau* Rn. 8; *Brauer,* Die strafrechtliche Behandlung genehmigungsfähigen, aber nicht genehmigten Verhaltens, 1988, S. 118 f.; vom *Burchard* S. 6, 141; *Fehn* Kriminalistik 2004, 635; *Hinze* Vorbemerkungen Rn. 17; *Pottmeyer* Einl. Rn. 63; *Roeser* S. 97, 99 f.; Steindorf/*Heinrich* Vorb. Rn. 5a.
[31] BVerfG 12.2.1979 – 1 BvR 840/78 (nicht veröffentlicht); OLG Düsseldorf 29.1.1993 – 1 Ws 10/93, NJW 1993, 2253 (2254); OLG München 28.9.1992 – 1 Ws 534–536 und 757–759/92, NStZ 1993, 243; *Alexander/Winkelbauer* in *Müller-Gugenberger/Bieneck* § 73 Rn. 5; *Beckemper* in *Achenbach/Ransiek/Rönnau* Rn. 8; *Fehn* Kriminalistik 2004, 635; *Hinze* Vorbemerkungen Rn. 29; Hohmann/John/*Pietsch,* Teil 5, Einführung Rn. 21; *Pottmeyer* Einl. Rn. 65; *Sohm* NZWehr 1994, 99 (104); Steindorf/*Heinrich* Vorb. Rn. 5a.
[32] BVerfG 12.2.1979 – 1 BvR 840/78 (nicht veröffentlicht); *Pottmeyer* Einl. Rn. 66; aM *Hinze,* 39. EL 4/1998, § 13 Anm. 5, der jedenfalls im Hinblick auf die Einziehungsvorschrift des § 13 Abs. 2 die Ansicht vertritt, die Aufgabenstellung des Gesetzes werde verfehlt, soweit im KrWaffG auch sicherheits- und ordnungsrechtliche Regelungen getroffen werden.
[33] BT-Drs. 8/1614, 1, 14; BVerfG 12.2.1979 – 1 BvR 840/78 (nicht veröffentlicht); OLG Düsseldorf 29.1.1993 – 1 Ws 10/93, NJW 1993, 2253 (2254); *Alexander/Winkelbauer* in *Müller-Gugenberger/Bieneck,* § 73 Rn. 5; *Hinze* Vorbemerkungen Rn. 29; Hohmann/John/*Pietsch,* Teil 5, Einführung Rn. 21; *Pathe/Wagner* in *Bieneck,* § 33 Rn. 5; *Pottmeyer* Einl. Rn. 64; *Schulz* NJW 1978, 1510; *Sohm* NZWehr 1994, 99 (104); auch BT-Drs. III/1589, 17: besondere Gefahren, die der Umgang mit Kriegswaffen [...] auf innenpolitische Belange haben kann.

gen kann man sowohl die **Rüstungskontrolle** allgemein (dh soweit sie nicht der konkreten Umsetzung völkerrechtlicher Verpflichtungen dient)[34] als auch die **Wirtschaftslenkung**[35] zwar als durch das KrWaffG mittelbar betroffen, nicht aber als Schutzzweck des KrWaffG an sich ansehen. In diesem Zusammenhang ist ferner darauf hinzuweisen, dass das KrWaffG noch einem **weiteren Zweck** dient, der jedoch nicht als „Schutzzweck" im eigentlichen Sinne angesehen werden kann, nämlich der **Umsetzung übernommener völkerrechtlicher Verpflichtungen** der Bundesrepublik sowohl im Hinblick auf die hierin festgelegte Rüstungskontrolle als auch hinsichtlich der Verpflichtung, bestimmte Waffen überhaupt nicht herzustellen.[36]

III. Das KrWaffG im Regelungsgefüge der kriegswaffenrechtlichen Vorschriften

1. Überblick. Das KrWaffG gliedert sich in sechs Abschnitte, wobei nur der **fünfte Abschnitt**, §§ 19–25, Straf- und Bußgeldvorschriften enthält. Im **ersten Abschnitt** (§§ 1–11) werden ausschließlich allgemeine verwaltungsrechtliche Regelungen über die Genehmigung der Herstellung, des Inverkehrbringens und der Beförderung von Kriegswaffen getroffen. Mit Ausnahme des § 1 Abs. 1,[37] der festlegt, dass unter Kriegswaffen iS des KrWaffG nur solche Gegenstände, Stoffe und Organismen zu verstehen sind, die in der Kriegswaffenliste aufgeführt sind, sind die Vorschriften unter strafrechtlichen Gesichtspunkten nur insoweit interessant, als sich hieraus ergibt, wann und für welche Handlungen eine Genehmigung erforderlich ist. Wird eine genehmigungspflichtige Handlung nämlich ohne Genehmigung vorgenommen, erfüllt dies regelmäßig einen der in § 22a genannten Straftatbestände. Der **zweite Abschnitt** enthält in §§ 12–15 ebenfalls ausschließlich verwaltungsrechtlich geprägte Vorschriften über die behördliche Überwachung genehmigungsbedürftiger Handlungen sowie – im Hinblick auf die grds. Genehmigungsbedürftigkeit – in § 15[38] eine Ausnahmevorschrift für die Bundeswehr und sonstige Organe. Im **dritten Abschnitt,** §§ 16, 17, sind besondere Vorschriften für Atomwaffen aufgenommen (vgl. die korrespondierende Strafvorschrift in § 19), im **vierten Abschnitt,** §§ 18, 18a, folgen besondere Vorschriften für biologische und chemische Waffen (vgl. hier die Strafvorschrift in § 20) sowie für Antipersonenminen und Streumunition (vgl. die entsprechende Strafvorschrift in § 20a). Übergangs- und Schlussvorschriften finden sich im abschließenden **sechsten Abschnitt** (§§ 26–29). Als Anlage zum Gesetz wurde die bereits angesprochene (im Anhang abgedruckte) **Kriegswaffenliste** aufgenommen.

2. Durchführungsrecht. Aufgrund diverser Ermächtigungsnormen im KrWaffG wurden mehrere Durchführungsverordnungen seitens der Exekutive erlassen, die hier kurz und unter Angabe der entsprechenden Fundstellen dargestellt werden. Von einem Abdruck dieser Verordnungen wurde aus Raumgründen abgesehen. Sofern sie jedoch strafrechtliche Relevanz besitzen, wurden die einschlägigen Regelungen im Rahmen der Kommentierung der Strafvorschriften des KrWaffG mit abgedruckt und erläutert.

– **Erste Verordnung zur Durchführung des Gesetzes über die Kontrolle von Kriegswaffen** vom 1.6.1961,[39] zuletzt geändert durch Art. 31 der 10. ZuständigkeitsanpassungsVO vom 31.8.2015.[40] Die VO betrifft ausschließlich Zuständigkeitsfragen hinsichtlich der Erteilung und des Widerrufs von Genehmigungen.

---

[34] Für die Rüstungskontrolle als eigenen Schutzzweck vom *Burchard* S. 6; *Pathe/Wagner* in *Bieneck*, § 34 Rn. 4; *Roeser* S. 100; dagegen *Alexander/Winkelbauer* in *Müller-Gugenberger/Bieneck*, § 73 Rn. 5; *Pottmeyer* Einl. Rn. 67. Vgl. allgemein zur Rüstungskontrolle *Högel* Rüstungskontrolle und Völkerrecht, 1990.
[35] Vgl. allerdings BT-Drs. 8/1614, 14; hierzu *Pottmeyer* Einl. Rn. 68; *Brauer* S. 118; *Remien* RabelsZ 57 (1993), 389; ablehnend ebenfalls *Alexander/Winkelbauer* in *Müller-Gugenberger/Bieneck*, § 73 Rn. 5; *Hohmann/John/Pietsch*, Teil 5, Einführung Rn. 21.
[36] BT-Drs. III/2433, 1; hinsichtlich der übernommenen völkerrechtlichen Verpflichtungen näher → Rn. 17 ff.
[37] § 1 Abs. 1 ist abgedruckt → § 22a Rn. 2.
[38] § 15 ist abgedruckt → § 22a Rn. 22.
[39] BGBl. I S. 649 (FNA 190-1-1). Die Verordnung ist ua abgedruckt bei Steindorf/*Heinrich* Nr. 8a.
[40] BGBl. I S. 1474 (1478).

8 – **Zweite Verordnung zur Durchführung des Gesetzes über die Kontrolle von Kriegswaffen** vom 1.6.1961,[41] zuletzt geändert durch Art. 31 des Gesetzes über die Zusammenlegung des Bundesamtes für Wirtschaft mit dem Bundesausfuhramt vom 21.12.2000.[42] Die Verordnung regelt ausschließlich verwaltungsrechtliche Fragen im Zusammenhang mit dem Genehmigungs- und Überwachungsverfahren.

9 – **Dritte Verordnung zur Durchführung des Gesetzes über die Kontrolle von Kriegswaffen** vom 11.7.1969,[43] zuletzt geändert durch Art. 32 der 10. ZuständigkeitsanpassungsVO vom 31.8.2015.[44] Die VO betrifft ausschließlich Zuständigkeitsfragen im Hinblick auf die Verfolgung und Ahndung von Ordnungswidrigkeiten.[45]

10 – **Erste Verordnung über Allgemeine Genehmigungen nach dem Gesetz über die Kontrolle von Kriegswaffen** vom 30.7.1961,[46] idF des Art. 1 der 1. ÄnderungsVO vom 8.1.1998,[47] zuletzt geändert durch Art. 2 Abs. 3 des Gesetzes vom 6.6.2013.[48] Die Verordnung betrifft rein verwaltungsrechtliche Fragen der Erteilung einer „Allgemeinen Genehmigung" nach §§ 3 Abs. 4, 4 Abs. 2, 8 KrWaffG.

11 – **Zweite Verordnung über eine Allgemeine Genehmigung nach dem Gesetz über die Kontrolle von Kriegswaffen** vom 29.1.1975.[49] Die Verordnung enthält eine Sonderregelung über die Erteilung einer Allgemeinen Genehmigung im Hinblick auf den Grenz- und Durchgangsverkehr mit der Schweiz.

12 – **Verordnung über Meldepflichten bei der Einfuhr und Ausfuhr bestimmter Kriegswaffen (Kriegswaffenmeldeverordnung – KWMV)** vom 24.1.1995,[50] geändert und neu bezeichnet als „Verordnung über Meldepflichten für bestimmte Kriegswaffen (Kriegswaffenmeldeverordnung – KWMV)" durch VO vom 9.6.1999,[51] zuletzt geändert durch Art. 33 des Gesetzes über die Zusammenlegung des Bundesamtes für Wirtschaft mit dem Bundesausfuhramt vom 21.12.2000.[52] Die Verordnung enthält in Umsetzung der Ermächtigung des § 12a Abs. 1 S. 1 KrWaffG besondere Meldepflichten. Sie dient dazu, der Bundesregierung die tatsächlichen Grundlagen zu verschaffen, ihrerseits ihren Meldepflichten nachzukommen, die sie gegenüber den Vereinten Nationen übernommen hat. Ein Verstoß hiergegen wird nach § 3 der VO iVm § 22b Abs. 1 Nr. 3a KrWaffG als Ordnungswidrigkeit geahndet.[53]

13 – **Verordnung über den Umgang mit unbrauchbar gemachten Kriegswaffen** vom 1.7.2004.[54] Die Verordnung enthält in Umsetzung der Ermächtigungsnorm des § 13a besondere Verbote enthält. Ein Verstoß hiergegen wird nach § 3 der VO iVm § 22b Abs. 1 Nr. 3a KrWaffG als Ordnungswidrigkeit geahndet.

14 – **Erläuterungen zur Kriegswaffenliste des Bundesministeriums der Finanzen.** In einer Dienstvorschrift, die jedoch keine Rechtsnormqualität besitzt, veröffentlichte das Bundesministerium für Finanzen mit Geltung ab dem 1.1.2004 eine amtliche Erläuterung „Verbote und Beschränkungen – Kriegswaffen", in der sich eine allgemeine Auslegungs-

---

[41] BGBl. I S. 649 (FNA 190-1-2). Die Verordnung ist ua abgedruckt bei Steindorf/*Heinrich* Nr. 8b.
[42] BGBl. I S. 1956 (1962).
[43] BGBl. I S. 841 (FNA 190-1-4). Die Verordnung ist ua abgedruckt bei Steindorf/*Heinrich* Nr. 8c.
[44] BGBl. I S. 1474 (1478).
[45] Vgl. hierzu noch → § 22b Rn. 32.
[46] BAnz. Nr. 150 vom 8.8.1961 (FNA 190-1-3). Die VO ist ua abgedruckt bei Erbs/Kohlhaas/*Lampe*, K 189b; Steindorf/*Heinrich* Nr. 8d.
[47] BGBl. I S. 59.
[48] BGBl. I S. 1482 (1494).
[49] BGBl. I S. 421 (FNA 190-3-2). Die VO ist ua abgedruckt bei Erbs/Kohlhaas/*Lampe*, K 189a; Steindorf/*Heinrich* Nr. 8e.
[50] BGBl. I S. 92.
[51] BGBl. I S. 1266 (FNA 190-1-5). Die VO ist ua abgedruckt bei Erbs/Kohlhaas/*Lampe*, K 189c; Steindorf/*Heinrich* Nr. 8 f.
[52] BGBl. I S. 1956 (1962).
[53] Vgl. hierzu noch ausführlich → § 22b Rn. 20.
[54] BGBl. I S. 1448; eine Erläuterung der VO enthält das Schreiben des BMWA 31.3.2003 – V B 3 – 10 17 01/2, auszugsweise abgedruckt bei Erbs/Kohlhaas/*Lampe*, K 189, Anh. zu § 13a; Steindorf/*Heinrich* Anh. b zu § 13a.

hilfe ua zum Begriff der Kriegswaffe, zu Verboten und Beschränkungen sowie zum Verfahren im Hinblick auf die Erteilung von Genehmigungen findet.[55] Ferner wurde – ebenfalls mit Geltung zum 1.1.2004 eine Dienstvorschrift mit dem Titel „Erläuterungen zur Kriegswaffenliste" des Bundesministeriums der Finanzen erlassen, die eine Auslegungshilfe zu einzelnen Nummern der Kriegswaffenliste gibt.[56]

– **Merkblätter und Richtlinien des Bundesministeriums für Wirtschaft und Techno-** 15 **logie.** In mehreren Merkblättern und Richtlinien, die allerdings ebenfalls keine Rechtsnormqualität besitzen, wurden nähere Erläuterungen ua im Hinblick auf die Kriegswaffeneigenschaft einzelner Gegenstände aufgenommen. So betrafen bereits das Merkblatt vom 14.2.1979[57] sowie die Richtlinie vom 21.4.1999[58] halbautomatische Gewehre iS der Nr. 29d der Kriegswaffenliste (KWL). Das Merkblatt vom 16.2.1979[59] sowie die Richtlinie vom 21.4.1999[60] enthielten „Kriterien für die Unbrauchbarmachung der Kriegswaffen der Nr. 29a–c der Kriegswaffenliste (KWL) sowie der Rohre und Verschlüsse für diese Kriegswaffen (Nummern 34 und 35 KWL)". Zu nennen ist ferner die Richtlinie vom 21.4.1999 über „Anforderungen an tragbare Handfeuerwaffen für Theateraufführungen, Film- und Fernsehzwecke, die Kartuschenmunition verfeuern können".[61] Diese drei Richtlinien wurden zum 1.4.2003 abgelöst durch ein Schreiben des Bundesministeriums für Wirtschaft und Arbeit vom 31.3.2003.[62] Zu nennen sind in diesem Zusammen ferner die Richtlinie vom 26.4.1999 über die „Unbrauchbarmachung (Demilitarisierung) und anderweitige Verwertung von Kriegswaffen (KW) der Nrn. 24 bis 28 und 33 der Kriegswaffenliste (KWL) zum KrWaffG",[63] die Richtlinie vom 27.4.1999 über „Unbrauchbarmachung (Demilitarisierung) von großkalibrigen Rohrwaffen, Sprengkörperwurfanlagen und dazu gehörigen Rohren und Verschlüssen",[64] die Richtlinie vom 28.4.1999 über „Demilitarisierung von Kriegsschiffen und schwimmenden Unterstützungsfahrzeugen",[65] die Richtlinie vom 28.4.1999 über „Unbrauchbarmachung (Demilitarisierung) von Kampfflugzeugen und Kampfhubschraubern"[66] und das Merkblatt vom 23.1.2001 mit dem Titel „Überlassung, Erwerb und Beförderung von Kriegswaffen innerhalb des Bundesgebietes (§§ 2 Abs. 2 und 3 iVm 5 Abs. 2 und 3 Kriegswaffenkontrollgesetz (KrWaffG)".[67] Die hier getroffenen Regelungen sind jedoch nicht abschließend.[68]

– **Grundsätze der Bundesregierung.** Ergänzend sind noch die „Politischen Grundsätze 16 der Bundesregierung für den Export von Kriegswaffen und sonstigen Rüstungsgütern" vom 28.4.1982 idF vom 19.1.2000[69] sowie die „Grundsätze der Bundesregierung zur

---

[55] Vorschriftensammlung der Bundes-Finanzverwaltung (VSF) III B 1 – S V 02 08 3/03 vom 8.12.2003, abgedruckt ua bei Steindorf/*Heinrich* Anhang 1 zur Kriegswaffenliste, Anh. KrWaffG.
[56] Vorschriftensammlung der Bundes-Finanzverwaltung (VSF) III B 1 – S V 02 08 3/03 vom 8.12.2003, abgedruckt ua bei Erbs/Kohlhaas/*Lampe*, K 189 Anhang B zu § 1; Steindorf/*Heinrich* Anhang 2 zur Kriegswaffenliste, Anh. KrWaffG; durch diese Vorschrift wurden die bisherigen – im Wesentlichen aber gleichlautenden – Erläuterungen zur Kriegswaffenliste vom 22.10.1993 abgelöst; die aF ist abgedruckt bei Hohmann/John/*Pietsch*, Teil 5, S. 2278 ff.
[57] Az.: IV B 4–10 1703; das Merkblatt ist abgedruckt *Steindorf,* Waffenrecht, 7. Aufl. 1999, Anhang A zu § 1.
[58] Az.: V B 3–10 17 03.
[59] Das Merkblatt ist abgedruckt bei *Steindorf,* Waffenrecht, 7. Aufl. 1999, Anhang B zu § 1; hierzu auch OLG Celle 31.7.1997 – 22 Ss 167/97, NStZ-RR 1998, 120.
[60] Az.: V B 3–10 17 03.
[61] Az.: V B 3–10 17 03.
[62] Az.: V B 3–10 17 01/02; das Schreiben ist auszugsweise abgedruckt bei Erbs/Kohlhaas/*Lampe* Anh. zu § 13a; Steindorf/Heinrich/Papsthart/*Heinrich*, Waffenrecht, 9. Aufl. 2010, Anh. b zu § 13a.
[63] Az.: V B 3–10 17 03.
[64] Az.: V B 3–10 17 03.
[65] Az.: V B 3–10 17 03.
[66] Az.: V B 3–10 17 03.
[67] Gesch.-Z: V B 3 – 10 17 02/3; das Merkblatt ist ua abgedruckt bei Erbs/Kohlhaas/*Lampe*, K 189 Anhang.
[68] OLG Celle 31.7.1997 – 22 Ss 167/97, NStZ-RR 1998, 120; *Runkel* NStZ 1997, 552 (553).
[69] Vgl. Presse- und Informationsdienst der Bundesregierung, Bulletin 38 vom 5.5.1982, S. 309 (vgl. hierzu *Krause* Europa-Archiv 37 [1982], 527) sowie Bulletin vom 19.1.2000 = BAnz. Nr. 19 vom 28.1.2000, S. 1299; abgedruckt bei *Bieneck* (Hrsg.), Handbuch des Außenwirtschaftsrechts mit Kriegswaffenkontrollrecht, 1. Aufl. 1998, S. 1145; *Hucko/Wagner*, Außenwirtschaftsrecht. Kriegswaffenkontrollrecht, 8. Aufl. 2001, S. 337 ff.; zu

Prüfung der Zuverlässigkeit von Exporteuren von Kriegswaffen und rüstungsrelevanten Gütern" vom 29.11.1990 idF vom 1.8.2001[70] zu nennen. In diesen „Grundsätzen", die zwar mangels Rechtsnormqualität ebenfalls keine Außenwirkung besitzen, aber teilweise über Art. 3 GG eine Selbstbindung der Verwaltung zur Folge haben können,[71] werden Richtlinien vorgegeben, nach denen Ausfuhrgenehmigungen nach dem KrWaffG und dem AWG erteilt werden können. Diese Selbstbindung der Verwaltung ist insbes. im Hinblick darauf von Bedeutung, dass nach § 6 Abs. 1 KrWaffG kein Rechtsanspruch auf die Erteilung einer Genehmigung nach dem KrWaffG besteht.

17 **3. Internationale Verflechtungen.** Im Umfeld der Kriegswaffen- und Rüstungskontrolle, insbes. im Bereich der atomaren, biologischen und chemischen Waffen, findet sich eine Vielzahl völkerrechtlicher Vereinbarungen, durch die sich die Bundesrepublik als Vertragsstaat verpflichtet hat, bestimmte Regelungen in nationales Recht umzusetzen. Diese Umsetzung erfolgte schwerpunktmäßig im KrWaffG.

18 **a) Allgemeine Verträge.** Die ersten internationalen Abkommen wurden bereits Ende des 19. Jh. geschlossen. Neben der Petersburger Erklärung aus dem Jahr 1868 und der (allerdings nie in Kraft getretenen) Brüsseler Deklaration vom 27.8.1874 ist dabei an erster Stelle auf die im Rahmen der Haager Friedenskonferenz am 29.7.1899 verabschiedete „Erklärung betreffend das Verbot von Geschossen, die sich leicht im menschlichen Körper ausdehnen oder platt drücken" hinzuweisen.[72]

19 Im Hinblick auf die Rüstungskontrolle entscheidend war der Beitritt der Bundesrepublik zur **Westeuropäischen Union (WEU)** im revidierten Brüsseler Vertrag vom 23.10.1954.[73] Im Rahmen dieses multilateralen Abkommens wurde eine Vereinbarung über die Begrenzung der Land-, Luft- und Seestreitkräfte[74] und eine Regelung über eine internationale Rüstungskontrolle (bzw. einen Verzicht auf die Herstellung bestimmter Waffen)[75] getroffen, die beim Erlass des KrWaffG im Jahre 1961 berücksichtigt wurden.[76] Diese Regelungen sind inzwischen aber, was die „allgemeinen Kriegswaffen" angeht, praktisch gegenstandslos

---

diesen „Politischen Grundsätzen" ausführlich *Epping* DWiR 1991, 277 (281 ff.); Hohmann/John/Pietsch, Teil 5, Anhang 2 und 3.
[70] In der alten Fassung veröffentlich in BAnz. Nr. 225 vom 5.12.1990, S. 6406, berichtigt durch BAnz. Nr. 23 vom 2.2.1991, S. 545, erweitert durch BAnz. vom 13.6.1995, S. 7153; vgl. desweiteren die Bekanntmachung vom 25.7.2001, BAnz. vom 25.7.2001, S. 17177, BAnz. vom 1.8.2001, S. 17281; abgedruckt bei *Hucko/Wagner* S. 346 ff.; vgl. nunmehr aber die „Bekanntmachung zu den Grundsätzen der Bundesregierung zur Prüfung von Exporteuren von Kriegswaffen und rüstungsrelevanten Gütern" des Bundesamtes für Wirtschaft und Ausfuhrkontrolle vom 27.7.2015.
[71] Vgl. *Glawe* DVBl 2012, 329 (331); *Pottmeyer* Einl. Rn. 228; *Sohm* NZWehrr 1984, 99 (105).
[72] RGBl. 1901 S. 478, 482; vgl. ferner die „Erklärung betreffend das Verbot der Verwendung von Geschossen mit erstickenden oder giftigen Gasen" vom 29.7.1899, RGBl. 1901, 474, 482 (vgl. hierzu noch → Rn. 21).
[73] Art. 1 Protokoll zur Änderung und Ergänzung des Brüsseler Vertrags (sog. „Pariser Protokolle") vom 23.10.1954, BGBl. 1955 II S. 258. Das Abkommen wurde ratifiziert durch das Gesetz betreffend den Beitritt der Bundesrepublik Deutschland zum Brüsseler Vertrag und zum Nordatlantikvertrag vom 24.3.1955, BGBl. II S. 256, und trat für die Bundesrepublik am 6.5.1955 in Kraft (vgl. die Bekanntmachung vom 9.5.1955, BGBl. II S. 630); hierzu BT-Drs. III/1589, 12; *Roeser* S. 100; *Pathe/Wagner* in Bieneck, § 33 Rn. 12 ff.; *Pottmeyer* Einl. Rn. 18 ff.
[74] Protokoll Nr. II über die Streitkräfte der Westeuropäischen Union vom 23.10.1954, BGBl. 1955 II S. 262.
[75] Protokoll Nr. III über die Rüstungskontrolle vom 23.10.1954, BGBl. 1955 II S. 266, sowie Protokoll Nr. IV über das Amt für Rüstungskontrolle der Westeuropäischen Union vom 23.10.1954, BGBl. 1955 II S. 274, ergänzt durch das Übereinkommen über Maßnahmen, die von den Mitgliedstaaten der Westeuropäischen Union zu treffen sind, um das Rüstungskontrollamt zu befähigen, seine Kontrolle wirksam auszuüben, sowie über die Einführung eines angemessenen Rechtsverfahrens gem. Protokoll Nr. IV zu dem durch die am 23.10.1954 zu Paris unterzeichneten Protokolle geänderten Brüsseler Vertrag vom 14.12.1954, samt dem entsprechenden Vertragsgesetz vom 10.4.1961, BGBl. II S. 384; vgl. in diesem Zusammenhang auch den Vertrag vom 5.8.1963 über das Verbot von Kernwaffenversuchen in der Atmosphäre, im Weltraum und unter Wasser und das hierzu erlassene Ratifizierungsgesetz vom 29.7.1964, BGBl. II S. 906.
[76] BT-Drs. III/1589, 12; BT-Drs. III/2433, 1; *Pottmeyer* Einl. Rn. 18.

II. Kriegswaffenkontrollgesetz | 20, 21 Vor § 1 KrWaffG

geworden.[77] Des Weiteren ist auf das Übereinkommen der Vereinten Nationen über das „Verbot oder die Beschränkung des Einsatzes bestimmter konventioneller Waffen, die übermäßige Verletzungen verursachen oder unterschiedslos wirken können" (**VN-Waffenübereinkommen**) vom 10.10.1980[78] und die hierzu verabschiedeten Protokolle[79] hinzuweisen.[80] Seit kurzem findet sich aber auch eine das Kriegswaffenrecht ergänzende Regelung im sog. „**Rom-Statut**".[81] In Art. 8 Abs. 2 Buchst. b (xvii) bis (xx) dieses Statuts werden als „Kriegsverbrechen" geächtet: die Verwendung von Gift oder vergifteten Waffen, die Verwendung erstickender, giftiger oder gleichartiger Gase sowie aller ähnlichen Flüssigkeiten, Stoffe oder Vorrichtungen und die Verwendung von Geschossen, die sich im Körper des Menschen leicht ausdehnen oder flachdrücken, beispielsweise Geschosse mit einem harten Mantel, der den Kern nicht ganz umschließt oder mit Einschnitten versehen ist (sog. „dumdum"-Geschosse). Der deutsche Gesetzgeber hat in § 12 des Völkerstrafgesetzbuches (VStGB)[82] eine auf dieser Regelung aufbauende, teilweise jedoch darüber hinausgehende Vorschrift geschaffen, die als eigenständige Strafvorschrift neben die Strafvorschriften des KrWaffG tritt.

b) Atomwaffen. Im Zuge des Beitritts zur Westeuropäischen Union[83] verpflichtete sich die Bundesrepublik, auf ihrem Gebiet keine Atomwaffen herzustellen.[84] Am 1.7.1968 wurde ferner der Vertrag über die Nichtverbreitung von Kernwaffen (Atomwaffensperrvertrag) abgeschlossen.[85] Darüber hinaus ist der Vertrag über das Verbot der Anbringung von Kernwaffen und anderen Meeresvernichtungswaffen auf dem Meeresboden und im Meeresuntergrund vom 11.2.1971[86] von Bedeutung. **20**

c) Biologische und chemische Waffen. Bereits seit langem finden sich internationale Regelungen, die eine Einschränkung bzw. das Verbot chemischer Waffen zum Ziel haben. Den Beginn setzte die im Rahmen der Haager Friedenskonferenz am 29.7.1899 verabschiedete Erklärung betreffend das Verbot der Verwendung von Geschossen mit erstickenden **21**

---

[77] Vgl. die Beschlüsse des Rats der Westeuropäischen Union vom 2.10.1968, BGBl. 1969 II S. 595, vom 15.9.1971, BGBl. 1972 II S. 767, vom 26.9.1973, BGBl. 1974 II S. 671, vom 21.7.1980, BGBl. II S. 1180, vom 27.6.1984, BGBl. II S. 680 und vom 23.1.1985, BGBl. 1986 II S. 1129; hierzu *Pottmeyer* Einl. Rn. 23.
[78] Vgl. das Ratifizierungsgesetz, BGBl. 1992 II S. 958, berichtigt BGBl. 1993 II S. 935, für die Bundesrepublik in Kraft getreten am 27.7.1993; vgl. die Bekanntmachung am 25.5.1993, BGBl. II S. 1813.
[79] Vgl. im Einzelnen → WaffG Vor § 1 Rn. 20 mwN.
[80] Vgl. ferner das Übereinkommen vom 18.5.1977 über das Verbot der militärischen oder einer sonstigen feindseligen Nutzung umweltverändernder Techniken (Umweltkriegsübereinkommen) und das hierzu erlassene Ratifizierungsgesetz, BGBl. 1983 II S. 125.
[81] Rome Statute of the International Criminal Court, UN Doc. A/CONF. 183/9 vom 17.7.1998; amtliche Übersetzung abgedruckt in BT-Drs. 14/2682, 9 ff.; das Statut wurde in nationales Recht umgesetzt durch das IStGH-Statutgesetz vom 4.12.2000, BGBl. II S. 1393; vgl. zu diesem Statut *Ambos* ZStW 111 (1999), 175; *Jescheck* FS Mangakis, 1999, 483; *Trifferer* FS Zipf, 1999, 493.
[82] Gesetz zur Einführung des Völkerstrafgesetzbuches vom 26.6.2002, BGBl. I S. 2254; hierzu die Materialien BT-Drs. 14/8524; BT-Drs. 14/8892; zu diesem Gesetz *Satzger* NStZ 2002, 125; *Werle* JZ 2001, 885; *Werle/Jeßberger* JZ 2002, 725; *Zimmermann* ZRP 2002, 97; vgl. zum Wortlaut des § 12 VGStGB unten § 12 VGStGB.
[83] → Rn. 19.
[84] Art. 1 Protokoll Nr. III über die Rüstungskontrolle, BGBl. 1955 II S. 266, iVm der Erklärung des Bundeskanzlers der Bundesrepublik Deutschland vom 3.10.1954 in der Anlage 1 des genannten Protokolls, BGBl. 1955 II S. 269.
[85] Vgl. das entsprechende Vertragsgesetz vom 4.6.1974, BGBl. II S. 785. Der Vertrag ist für die Bundesrepublik in Kraft getreten am 2.5.1975; vgl. die Bekanntmachung vom 22.3.1976, BGBl. II S. 552; hierzu auch das Verifikationsabkommen vom 5.4.1973, BGBl. 1974 II S. 794, für die Bundesrepublik in Kraft getreten am 21.2.1977; vgl. die Bekanntmachung vom 23.1.1980, BGBl. II S. 102, sowie das hierzu erlassene Zusatzprotokoll vom 22.9.1998 samt Ratifikationsgesetz, BGBl. 2000 II S. 70; vgl. in diesem Zusammenhang ferner den Vertrag über das Verbot von Kriegswaffenversuchen in der Atmosphäre, im Weltraum und unter Wasser (Teststop-Vertrag) vom 5.8.1963, BGBl. 1964 II S. 906.
[86] Vgl. das entsprechende Vertragsgesetz vom 12.5.1972, BGBl. II S. 325. Der Vertrag ist für die Bundesrepublik in Kraft getreten am 18.11.1975; vgl. die Bekanntmachung vom 10.1.1977, BGBl. II S. 29; vgl. ferner den Überblick über die völkerrechtlichen Verträge, die die Verbreitung und Herstellung von Nuklearwaffen betreffen, bei *Werle*, Völkerstrafrecht, 3. Aufl. 2012, Rn. 1377 Fn. 870.

oder giftigen Gasen.⁸⁷ Ergänzt und erweitert auf die biologischen Waffen wurde diese Erklärung durch das Genfer Protokoll vom 17.6.1925 über das Verbot der Verwendung von erstickenden, giftigen oder ähnlichen Gasen sowie von bakteriologischen Mitteln im Kriege (sog. „Genfer Giftgasprotokoll"), dem das Deutsche Reich am 25.4.1929 beitrat.⁸⁸ Dieses Protokoll untersagte allerdings nur den Einsatz chemischer Waffen, nicht aber deren Entwicklung, Herstellung, Lagerung, Besitz und Weitergabe.⁸⁹

22   Im Zuge des Beitritts zur Westeuropäischen Union⁹⁰ verpflichtete sich die Bundesrepublik auf ihrem Gebiet neben den atomaren Waffen⁹¹ auch keine biologischen und chemischen Waffen herzustellen.⁹² Eine weitere Regelung für biologische Waffen wurde im Übereinkommen über das Verbot der Entwicklung, Herstellung und Lagerung bakteriologischer (biologischer) Waffen und von Toxinwaffen sowie über die Vernichtung solcher Waffen vom 10.4.1972 getroffen.⁹³

23   Am 13.1.1993 wurde in Paris das Übereinkommen über das Verbot der Entwicklung, Herstellung, Lagerung und des Einsatzes chemischer Waffen und über die Vernichtung solcher Waffen (**Chemiewaffenübereinkommen**) unterzeichnet. Es ist für die Bundesrepublik am 29.4.1997 in Kraft getreten.⁹⁴ Der bundesdeutsche Gesetzgeber hatte das Übereinkommen jedoch bereits durch das Gesetz zum Chemiewaffenübereinkommen (CWÜ) vom 5.7.1994 in nationales Recht umgesetzt.⁹⁵ Auf Einzelheiten dieses Gesetzes, die hierzu erlassenen Ausführungsgesetze und -verordnungen sowie auf das Verhältnis zu den Strafvorschriften des KrWaffG in Bezug auf chemische Waffen wird an späterer Stelle eingegangen.⁹⁶ Ferner ist an dieser Stelle nochmals auf Art. 8 Abs. 2 Buchst. b xvii und xviii des Rom-Statuts und die darauf aufbauende Regelung in § 12 Abs. 1 Nr. 1 (Verwendung von Gift oder vergifteten Waffen) und Nr. 2 VStGB (Verwendung biologischer oder chemischer Waffen) hinzuweisen.⁹⁷

24   **d) Antipersonenminen, Streumunition.** Eine umfassende völkerrechtliche Vereinbarung im Hinblick auf Antipersonenminen findet sich erstmals in dem am 18.9.1997 in Oslo angenommenen und von der Bundesrepublik Deutschland auf der internationalen Zeichnungskonferenz in Ottawa am 3.12.1997 unterzeichneten Übereinkommen über das Verbot des Einsatzes, der Lagerung, der Herstellung und der Weitergabe von Antipersonenminen und über deren Vernichtung.⁹⁸ Die hierin übernommenen Verpflichtungen wurden wenig später durch die Einfügung der §§ 18a, 20a KrWaffG durch das Ausführungsgesetz zum Übereinkommen über das Verbot des Einsatzes, der Lagerung, der Herstellung und der Weitergabe von Antipersonenminen und über deren Vernichtung vom 6.7.1998 (Ausführungsgesetz zum Verbotsübereinkommen für Antipersonenminen)⁹⁹ in nationales Recht

---

⁸⁷ RGBl. 1901 S. 474, 482.
⁸⁸ Vgl. das Gesetz über das Genfer Protokoll wegen Verbot des Gaskrieges, RGBl. II S. 173, sowie die Bekanntmachung, betreffend die Ratifikation vom 14.6.1929, RGBl. II S. 405; hierzu auch die Bekanntmachung über den Geltungsbereich des Genfer Protokolls wegen Verbot des Gaskriegs vom 26.9.1956, BGBl. II S. 905.
⁸⁹ Vgl. hierzu *Badelt* S. 22 f.
⁹⁰ → Rn. 19.
⁹¹ Hierzu → Rn. 20.
⁹² Art. 1 Protokoll Nr. III über die Rüstungskontrolle, BGBl. 1955 II S. 266 iVm der Erklärung des Bundeskanzlers der Bundesrepublik Deutschland vom 3.10.1954 in der Anlage 1 des genannten Protokolls, BGBl. 1955 II S. 269.
⁹³ Vgl. das entsprechende Vertragsgesetz vom 21.2.1983, BGBl. II S. 132. Das Übereinkommen ist für die Bundesrepublik in Kraft getreten am 7.4.1983; vgl. die Bekanntmachung vom 9.3.1983, BGBl. II S. 436.
⁹⁴ Vgl. die Bekanntmachung vom 4.11.1996, BGBl. II S. 2618; das Übereinkommen ist abgedruckt in BGBl. 1994 II S. 807.
⁹⁵ BGBl. II S. 806.
⁹⁶ → § 20 Rn. 13 f.
⁹⁷ Hierzu → Rn. 19.
⁹⁸ Vgl. hierzu das Gesetz zum entsprechenden Übereinkommen vom 30.4.1998, BGBl. II S. 778; einzelne Regelungen fanden sich allerdings bereits in früheren Vereinbarungen, so ua im Protokoll II zum VN-Waffenübereinkommen, BGBl. 1997 II S. 806.
⁹⁹ Vgl. Art. 2 des Ausführungsgesetzes vom 6.7.1998, BGBl. I S. 1778, nach Art. 3 Abs. 1 dieses Gesetzes in Kraft getreten am 7.7.1998; zuletzt geändert durch Art. 27 der 10. ZuständigkeitsanpassungsVO vom 31.8.2015, BGBl. I S. 1474 (1477); hierzu die Materialien in BT-Drs. 13/10116; BT-Drs. 13/10691.

umgesetzt. Eine entsprechende Vereinbarung besteht nunmehr auch für **Streumunition**. Das „Übereinkommen über Streumunition" wurde von der internationalen Konferenz in Dublin am 30.5.2008 angenommen und von der Bundesrepublik Deutschland auf der internationalen Zeichnungskonferenz am 3.12.2008 unterzeichnet.[100] Eine entsprechende Erweiterung der §§ 1a, 20a KrWaffG fand durch das Gesetz vom 6.6.2009 statt.[101]

4. Abgrenzung des Kriegswaffenrechts vom allgemeinen Waffenrecht und vom Sprengstoffrecht. Was das Verhältnis zum allgemeinen Waffenrecht angeht, so gelten – bis auf wenige in § 57 WaffG genannte Ausnahmen – für die in der Kriegswaffenliste aufgeführten Gegenstände, Stoffe und Organismen allein die Vorschriften des KrWaffG. Überschneidungen ergeben sich nach § 57 Abs. 1 S. 2 WaffG lediglich für bestimmte Altwaffen, für die eine Waffenbesitzkarte nach altem Recht (§ 59 Abs. 4 S. 2 WaffG 1972) erteilt wurde. Von dieser Ausnahmeregelung sind allerdings nur tragbare Schusswaffen und Munition, die zugleich Kriegswaffen sind (zB Maschinengewehre), erfasst, die bis zum 30.6.1973 angemeldet wurden.[102] Im Hinblick auf das Sprengstoffrecht findet sich in § 1 Abs. 4 Nr. 4 eine vergleichbare Vorrangregelung für das KrWaffG in Bezug auf Kriegswaffen, die zugleich Sprengstoffe enthalten. Das KrWaffG gilt insoweit auch dann, wenn Kriegswaffen Substanzen oder Vorrichtungen enthalten, die an sich dem SprengG unterfallen.[103] Zu beachten sind allerdings die in § 1 Abs. 4 Nr. 4 Buchst. b, c und d SprengG ausdrücklich normierten Ausnahmen, bei denen wiederum das SprengG Anwendung findet.

5. Abgrenzung des Kriegswaffenrechts vom Außenwirtschaftsrecht.[104] Da im Kriegswaffenrecht grds. sowohl die (Beförderung zur) Ein- als auch die (Beförderung zur) Ausfuhr nach § 3 Abs. 3 genehmigungspflichtig und der Verstoß über § 22a Abs. 1 Nr. 4 strafbewehrt ist (vgl. auch die verschärften Sonderregelungen für atomare, biologische und chemische Waffen sowie Antipersonenminen und Streumunition in den §§ 17 ff. samt den entsprechenden Strafvorschriften in den §§ 19 ff.),[105] kommt es in diesen Bereichen zu Überschneidungen des KrWaffG mit dem **Außenwirtschaftsgesetz**,[106] insbes. mit der dortigen Strafbestimmung der §§ 17, 18 AWG (früher: § 34 AWG aF).[107] Soweit die Regelungen des KrWaffG mit denen des Außenwirtschaftsgesetzes im konkreten Fall kollidieren, sollen – nach einer Ansicht – die Regelungen des KrWaffG als lex specialis vorgehen.[108]

---

[100] Vgl. hierzu das Gesetz zum entsprechenden Übereinkommen vom 6.6.2009, BGBl. II S. 502; das Übereinkommen selbst ist mit deutscher Übersetzung abgedruckt in BGBl. 2009 II S. 504 ff.

[101] BGBl. II S. 502.

[102] Ausführlich → WaffG § 57 Rn. 2 ff.; auch Erbs/Kohlhaas/*Lampe*, K 189, Rn. 6 f.; *Hinze* Vorbemerkungen Rn. 64; Hohmann/John/*Pietsch*, Teil 5, Einführung Rn. 29 ff.

[103] Vgl. zur Abgrenzung im Detail *Hinze* Vorbemerkungen Rn. 67 ff.; ferner *Beckemper* in Achenbach/Ransiek/*Rönnau* Rn. 15; Erbs/Kohlhaas/*Lampe*, K 189, Rn. 7.

[104] Vgl. zu dieser Abgrenzung insbes. BGH 23.11.1995 – 1 StR 296/95, BGHSt 41, 348 = NJW 1996, 1355 = NStZ 1996, 137 = wistra 1996, 145; hierzu *Achenbach* NStZ 1996, 533 (536 f.); ferner *Dahlhoff* NJW 1991, 208; Hohmann/John/*Pietsch*, Teil 5, Einführung Rn. 35 ff.; *Oeter* ZRP 1992, 49 (50 f.); *Pottmeyer* Einl. Rn. 161 ff.; *ders.* wistra 1996, 121 (123); Steindorf/*Heinrich* Vorb. Rn. 7.

[105] Näher → § 22a Rn. 50 ff.

[106] Außenwirtschaftsgesetz (AWG) vom 28.4.1961, BGBl. I S. 481, neu bekannt gemacht am 6.6.2013, BGBl. I S. 1482 (FNA 7400-1), zuletzt geändert durch Art. 6 Gesetz vom 3.12.2015, BGBl. I S. 2178. Vgl. ferner die hierzu erlassene Außenwirtschaftsverordnung in der Fassung der Bekanntmachung vom 2.8.2013, BGBl. I S. 2865 (FNA 7400-1-6); zuletzt geändert durch Art. 1 der VO vom 13.10.2015, BAnz. 2015 AT 16.10.2015 V1. Ergänzend hierzu galt früher die VO zur Regelung von Zuständigkeiten im Außenwirtschaftsverkehr vom 18.7.1977, BGBl. I S. 1308 (FNA 7400-1-5), zuletzt geändert durch Art. 3 des Gesetzes vom 27.7.2011, BGBl. I S. 1595 (1597); aufgehoben durch Art. 2 Abs. 15 Gesetz zur Modernisierung des Außenwirtschaftsrechts vom 6.6.2013, BGBl. I S. 1482; vgl. zum AWG *Bieneck* wistra 1994, 173; *ders.* wistra 2000, 441; *Dahlhoff* NJW 1991, 208; Erbs/Kohlhaas/*Diemer*, A 217; *Hohmann/John*, Ausfuhrrecht, 2002, Teil 3; *Löffeler* wistra 1991, 121; *Pottmeyer* DWiR 1992, 133; ferner die Materialien in BT-Drs. III/1285; BT-Drs. III/2386.

[107] Vgl. hierzu ua Erbs/Kohlhaas/*Diemer*, A 217, § 34 AWG; *Gröger* S. 12 ff.; Hohmann/John/*John*, Teil 3, § 34 AWG; *Pottmeyer* DWiR 1992, 133; zur Verfassungsmäßigkeit vgl. BVerfG 21.7.1992 – 2 BvR 858/92, NJW 1993, 1909.

[108] Vgl. OLG München 28.9.1992 – 1 Ws 534–536 und 757–759/92, NStZ 1993, 243; Hohmann/John/*Pietsch*, Teil 5, § 20 Rn. 18; *Pathe/Wagner* in Bieneck, § 34 Rn. 48; auch BR-Drs. 191/59, 233, unter e); aM *Pottmeyer* Einl. Rn. 185.

Aus § 6 Abs. 4 KrWaffG[109] iVm § 1 Abs. 2 des AWG ergibt sich allerdings, dass eine Genehmigung nach dem KrWaffG eine solche nach dem AWG nicht ersetzt. Denn das Kriegswaffenrecht und das Außenwirtschafsrecht verfolgen im Wesentlichen unterschiedliche Zwecke.[110] Für den Außenwirtschaftsverkehr mit Kriegswaffen (dh die Ein- und Ausfuhr)[111] müssen daher, sofern die jeweiligen Voraussetzungen gegeben sind, beide Genehmigungen nebeneinander vorliegen.[112] Fehlt eine dieser Genehmigungen, kann sich hieraus eine Strafbarkeit nach dem jeweiligen Gesetz ergeben. Liegt gar keine Genehmigung vor, ist eine tateinheitliche Verletzung beider Gesetze gegeben.[113]

IV. Strafvorschriften des KrWaffG

27 Der durch Art. 3 Gesetz vom 5.11.1990[114] völlig umgestaltete fünfte Abschnitt des KrWaffG (Straf- und Bußgeldvorschriften) enthält in den §§ 19, 20 und 20a als **Verbrechen** ausgestaltete Strafvorschriften gegen Atomwaffen, biologische und chemische Waffen, Antipersonenminen sowie Streumunition, die nach § 21 in den hier genannten Fällen auch für Taten im Ausland gelten (die Überschrift der genannten Strafvorschriften ist leider missverständlich, da hier selbstverständlich nicht eine Strafandrohung für die genannten Waffen, sondern für den unerlaubten Umgang mit diesen Waffen vorgesehen ist). Da es sich durchweg um Verbrechen (vgl. § 12 Abs. 1 StGB) handelt, ist eine gesonderte Anordnung der Versuchsstrafbarkeit nicht erforderlich. Die Strafbarkeit des Versuches ergibt sich vielmehr aus § 23 Abs. 1 StGB. Ebenfalls als **Verbrechen** ist die Strafvorschrift des § 22a konzipiert, die sonstige schwerwiegende Verstöße gegen das KrWaffG unter Strafe stellt. Weniger gravierende Fälle werden nach § 22b als Ordnungswidrigkeiten geahndet.

V. Strafverfahrensrechtliche Besonderheiten

28 Neben der Polizei sind für die Erforschung und Verfolgung von Straftaten nach § 19 Abs. 1 bis Abs. 3, § 20 Abs. 1, 2 (jeweils auch iVm § 21), § 22a Abs. 1 Nr. 4, Nr. 5 und Nr. 7 auch die **Hauptzollämter** und die **Zollfahndungsämter** zuständig (§ 21 Abs. 1, 2 AWG). Die Mitarbeiter der Zollfahndung haben nach § 21 Abs. 3 AWG in diesen Fällen dieselben Rechte und Pflichten wie die Polizeibeamten und sind Ermittlungsbeamte der Staatsanwaltschaft. Im strafrechtlichen **Ermittlungsverfahren** besteht nach § 100a Abs. 2 Nr. 9 StPO bei Vorliegen eines Verdachts einer vorsätzlichen Straftatbegehung nach dem

---

[109] § 6 Abs. 4 KrWaffG lautet: „Andere Vorschriften, nach denen für die in den §§ 2 bis 4a genannten Handlungen eine Genehmigung erforderlich ist, bleiben unberührt".

[110] Hierzu Hohmann/John/*Pietsch,* Teil 5, Einführung Rn. 35 ff.; zu den Zwecken des KrWaffG → Rn. 3 f.

[111] Zur ungenehmigten Ausfuhr nach dem Außenwirtschaftsrecht vgl. ua BGH 20.8.1992 – 1 StR 229/92, NJW 1992, 3114.

[112] BGH 23.11.1995 – 1 StR 296/95, BGHSt 41, 348 (357) = NJW 1996, 1355; *Achenbach* ZStW 117 (2007), 789 (796); *Alexander/Winkelbauer* in *Müller-Gugenberger/Bieneck,* § 73 Rn. 45; *Beschorner* ZVglRWiss 90 (1991), 262 (269); *v. Burchard* S. 4 ff.; *Dichtl* BB 1994, 1726 (1728); *Erbs/Kohlhaas/Diemer,* A 217, Vorb. AWG Rn. 10; *Gröger* S. 17; *Hinze* Vorbemerkungen Rn. 66; *Hellmann/Beckemper,* Wirtschaftsstrafrecht, 4. Aufl. 2013, Rn. 897; *Holthausen* NStZ 1988, 206 (208); *Otto* ZStW 105 (1993), 571 (572); *Pathe/Wagner* in *Bieneck,* § 5 Rn. 46, § 34 Rn. 47; *Pottmeyer* Einl. Rn. 185 f., 191; *Schmidt/Wolff* NStZ 2006, 161 (162); auch *Holthausen* NJW 1988, 206 (208), *ders.* NStZ 1993, 204 (204); *ders.* NStZ 1993, 568; *Hucko/Wagner,* Außenwirtschaftsrecht. Kriegswaffenkontrollrecht, Textsammlung mit Einführung, 8. Aufl. 2001, S. 16; Steindorf/*Heinrich* Vorb. Rn. 7; ferner OLG Stuttgart 22.5.1997 – 1 Ws 87/97, NStZ-RR 1998, 63; LG Stuttgart 1.10.1996 – 3 KLs 47/96, NStZ 1997, 288; aM *Dahlhoff* NJW 1991, 208 Fn. 2.

[113] BGH 23.11.1995 – 1 StR 296/95, BGHSt 41, 348 (356 f.) = NJW 1996, 1355 (1356); OLG Stuttgart 17.10.1995 – 1 Ws 184/95, NStZ 1997, 288; *Alexander/Winkelbauer* in *Müller-Gugenberger/Bieneck,* § 73 Rn. 45; *Beckemper* in *Achenbach/Ransiek/Rönnau* Rn. 14; *Hinze* Vorbemerkungen Rn. 66; *Holthausen* NStZ 1993, 568; *Mätzke* NStZ 1999, 541; *Pathe/Wagner* in *Bieneck,* § 34 Rn. 48; *Pottmeyer* Einl. Rn. 191; *Schmidt/Wolff* NStZ 2006, 161 (162); Steindorf/*Heinrich* Vorb. Rn. 7; aM OLG München 28.9.1992 – 1 Ws 534–536 und 757–759/92, NStZ 1993, 243; auch BR-Drs. 191/59, 232 f., Nr. 4.

[114] Gesetz zur Verbesserung der Überwachung des Außenwirtschaftsverkehrs und zum Verbot von Atomwaffen, biologischen und chemischen Waffen vom 5.11.1990, BGBl. I S. 2428, in Kraft getreten am 11.11.1990; zu den Materialien siehe oben Fn. 24.

II. Kriegswaffenkontrollgesetz §19 KrWaffG

KrWaffG die Möglichkeit, eine Telefonüberwachung durchzuführen. Liegen Tatsachen vor, welche die Annahme rechtfertigen, dass Personen eine Straftat von erheblicher Bedeutung nach § 19 Abs. 1 oder 2, § 20 Abs. 1, § 20a Abs. 1 oder 2 oder § 22a Abs. 1 Nr. 4, 5 und 7 oder Abs. 2 KrWaffG planen, können nach §§ § 23a ff. ZFdG Brief-, Post und Telefonüberwachungsmaßnahmen ergriffen werden. Schließlich ist auf die Zuständigkeit des Oberlandesgerichte für die Verhandlung und Entscheidung im ersten Rechtszug nach **§ 120 Abs. 2 Nr. 4 GVG** für diejenigen Fälle hinzuweisen, in denen es sich um eine Straftat nach § 19 Abs. 2 Nr. 2 und § 20 Abs. 1 KrWaffG handelt und die Tat nach den Umständen entweder geeignet ist, die äußere Sicherheit oder die auswärtigen Beziehungen der Bundesrepublik Deutschland erheblich zu gefährden, oder bestimmt und geeignet ist, das friedliche Zusammenleben der Völker zu stören.[115] Dies gilt jedoch nur dann, wenn der Generalbundesanwalt wegen der besonderen Bedeutung des Falles die Verfolgung übernimmt.

§ 19 Strafvorschriften gegen Atomwaffen

(1) Mit Freiheitsstrafe von einem Jahr bis zu fünf Jahren wird bestraft, wer
1. Atomwaffen im Sinne des § 17 Abs. 2 entwickelt, herstellt, mit ihnen Handel treibt, von einem anderen erwirbt oder einem anderen überläßt, einführt, ausführt, durch das Bundesgebiet durchführt oder sonst in das Bundesgebiet oder aus dem Bundesgebiet verbringt oder sonst die tatsächliche Gewalt über sie ausübt,
1a. einen anderen zu einer in Nummer 1 bezeichneten Handlung verleitet oder
2. eine in Nummer 1 bezeichnete Handlung fördert.

(2) Mit Freiheitsstrafe nicht unter zwei Jahren wird bestraft, wer
1. eine in Absatz 1 bezeichnete Handlung gewerbsmäßig oder als Mitglied einer Bande, die sich zur fortgesetzten Begehung solcher Straftaten verbunden hat, unter Mitwirkung eines anderen Bandenmitglieds begeht oder
2. durch eine in Absatz 1 bezeichnete Handlung
   a) die Sicherheit der Bundesrepublik Deutschland,
   b) das friedliche Zusammenleben der Völker oder
   c) die auswärtigen Beziehungen der Bundesrepublik Deutschland erheblich
gefährdet.

(3) In minder schweren Fällen
1. des Absatzes 1 ist die Strafe Freiheitsstrafe bis zu drei Jahren oder Geldstrafe und
2. des Absatzes 2 Freiheitsstrafe von drei Monaten bis zu fünf Jahren.

(4) Handelt der Täter in den Fällen des Absatzes 1 Nr. 1 fahrlässig oder in den Fällen des Absatzes 1 Nr. 1a oder 2 leichtfertig, so ist die Strafe Freiheitsstrafe bis zu zwei Jahren oder Geldstrafe.

(5) Wer in den Fällen
1. des Absatzes 2 Nr. 2 die Gefahr fahrlässig verursacht oder
2. des Absatzes 2 Nr. 2 in Verbindung mit Absatz 1 Nr. 1 fahrlässig oder in Verbindung mit Absatz 1 Nr. 1a oder 2 leichtfertig handelt und die Gefahr fahrlässig verursacht,
wird mit Freiheitsstrafe bis zu drei Jahren oder mit Geldstrafe bestraft.

(6) Die Absätze 1 bis 5 gelten nicht für eine Handlung, die
1. zur Vernichtung von Atomwaffen durch die dafür zuständigen Stellen oder
2. zum Schutz gegen Wirkungen von Atomwaffen oder zur Abwehr dieser Wirkungen
geeignet und bestimmt ist.

---

[115] Vgl. hierzu OLG Stuttgart 30.10.2007 – 4-3 StE 1/07, NStZ 2009, 348.

Übersicht

	Rn.		Rn.
I. Überblick	1	a) Sicherheit der Bundesrepublik Deutschland	21
II. Zum Begriff der Atomwaffen	2–4	b) Friedliches Zusammenleben der Völker	22
III. Grundtatbestand des Abs. 1	5–15	c) Auswärtige Beziehungen der Bundesrepublik Deutschland	23
1. Unerlaubter täterschaftlicher Umgang mit Atomwaffen (Nr. 1)	6–10	**V. Die minder schweren Fälle des Abs. 3**	24
a) Entwicklung	7	**VI. Fahrlässigkeitstatbestände des Abs. 4 und Abs. 5**	25–29
b) Herstellung	8	1. Abs. 4 Alt. 1	26
c) Handeltreiben	9	2. Abs. 4 Alt. 2	27
d) Sonstige Tathandlungen	10	3. Abs. 5 Nr. 1	28
2. Verleiten zum unerlaubten Umgang mit Atomwaffen (Nr. 1a)	11, 12	4. Abs. 5 Nr. 2	29
3. Fördern des unerlaubten Umgangs mit Atomwaffen (Nr. 2)	13–15	**VII. Die Ausnahmevorschrift des Abs. 6**	30–32
IV. Qualifikationstatbestand des Abs. 2	16–23	1. Abs. 6 Nr. 1	31
1. Gewerbsmäßiges oder bandenmäßiges Handeln (Nr. 1)	17, 18	2. Abs. 6 Nr. 2	32
2. Besondere Gefährdungslagen (Nr. 2)	19–23	**VIII. Auslandsstraftaten**	33

I. Überblick

1 Der im Jahre 1990 eingeführte[1] § 19 ergänzt die im dritten Abschnitt (§§ 16, 17) enthaltenen „Besonderen Vorschriften über Atomwaffen", indem er den unerlaubten Umgang mit diesen Waffen umfassend unter Strafe stellt.[2] Hierdurch soll verhindert werden, dass sich Deutsche in irgendeiner Weise an der Errichtung von Anlagen zur Herstellung von Atomwaffen beteiligen,[3] zumal sich der **Nuklearterrorismus** nach Ansicht der Bundesregierung inzwischen zu einer ernsthaften Bedrohung entwickelt hat.[4] Zudem soll durch die Vorschriften der §§ 16 ff. allgemein die weitere Ausbreitung von Massenvernichtungswaffen verhindert werden.[5] Die Tat ist ein **Verbrechen** (Mindestfreiheitsstrafe ein Jahr), sodass sich die Strafbarkeit des Versuchs aus den §§ 23 Abs. 1, 12 Abs. 1 StGB ergibt. Im subjektiven Bereich ist jeweils **zumindest bedingter Vorsatz** erforderlich. Dieser muss sich sowohl auf das Vorliegen einer Atomwaffe als auch auf die entsprechende Tathandlung beziehen. § 19 stellt für die hier genannten Atomwaffen, die nach Ziff. 1 und 2 der Kriegswaffenliste[6] ebenfalls dem Kriegswaffenbegriff unterfallen, eine Spezialvorschrift zu § 22a („Sonstige" Strafvorschriften) dar.[7] Dabei ist entscheidend, dass der Umgang mit atomaren Stoffen ausnahmslos **nicht genehmigungsfähig** ist,[8] weshalb die in § 22a stets anzutreffende tatbestandliche

---

[1] Vgl. Art. 3 Gesetz zur Verbesserung der Überwachung des Außenwirtschaftsverkehrs und zum Verbot von Atomwaffen, biologischen und chemischen Waffen vom 5.11.1990, BGBl. I S. 2428.
[2] Aus der Rspr. BGH 31.1.1992 – 2 StR 250/91, BGHSt 38, 205 = NJW 1992, 1053 = NStZ 1992, 241 = ZfZ 1992, 184 = MDR 1992, 602 = BGHR KrWaffG § 16 Abs. 1 Nr. 4 Waffe 1; hierzu *Achenbach* NStZ 1993, 477 (480 f.); 28.1.1994 – 4 StR 65/94, NJW 1994, 2161 = BGHR KrWaffG § 19 Atomwaffen 1; 22.2.2005 – StB 2/05, BGHR KrWaffG § 19 Entwickeln 1; 26.6.2008 – AK 10/08, wistra 2008, 432 = BGHR KrWaffG § 19 Entwickeln 2; 26.3.2009 – StB 20/08, BGHSt 53, 238 = NStZ 2009, 640 = BGHR KrWaffG § 19 Fördern 1 = BGHR KrWaffG § 19 Abs. 2 Nr. 2 Gefährdung 1.
[3] BT-Drs. 11/4609, 6 f.; BT-Drs. 11/7221, 1, 7; *Epping* RIW 1991, 461 (462); *Fehn* Kriminalistik 2004, 635 (639); *Pietsch* NStZ 2001, 234 (235); *Pottmeyer* §§ 16–17 Rn. 3.
[4] Vgl. BT-Drs. 12/8441; vgl. zur Nuklearkriminalität auch *Braun/Ferchland* Kriminalistik 1993, 481; *Mattausch/Baumann* NStZ 1994, 462.
[5] *Holthausen* wistra 1998, 209 (210).
[6] Die Kriegswaffenliste (KWL) ist abgedruckt in der Anlage.
[7] *Steindorf/Heinrich* § 19 Rn. 18, 20; auch *Pottmeyer* §§ 19–22 Rn. 1; zu den Konkurrenzen bei Zusammentreffen mit anderen Vorschriften § 22a Rn. 105.
[8] Vgl. nur *Pottmeyer* §§ 16–17 Rn. 2.

Voraussetzung des „Handelns ohne Genehmigung" in § 19 entbehrlich war. Die Verbotsvorschrift des **§ 17,** auf die in § 19 Bezug genommen wird, lautet:

§ 17 Verbot von Atomwaffen
(1) Unbeschadet des § 16[9] ist es verboten,
1. Atomwaffen zu entwickeln, herzustellen, mit ihnen Handel zu treiben, von einem anderen zu erwerben oder einem anderen zu überlassen, einzuführen, auszuführen, durch das Bundesgebiet durchzuführen oder sonst in das Bundesgebiet oder aus dem Bundesgebiet zu verbringen oder sonst die tatsächliche Gewalt über sie auszuüben,
1a. einen anderen zu einer in Nummer 1 bezeichneten Handlung zu verleiten oder
2. eine in Nummer 1 bezeichnete Handlung zu fördern.

(2) ¹Atomwaffen im Sinne des Absatzes 1 sind
1. Waffen aller Art, die Kernbrennstoffe oder radioaktive Isotope enthalten oder eigens dazu bestimmt sind, solche aufzunehmen oder zu verwenden, und Massenzerstörungen, Massenschäden oder Massenvergiftungen hervorrufen können,
2. Teile, Vorrichtungen, Baugruppen oder Substanzen, die eigens für eine in Nummer 1 genannte Waffe bestimmt sind.

²Für die Begriffsbestimmung der Atomwaffen gelten außerdem Satz 2 der Einleitung und Abschnitt I Buchstabe c der Anlage II zum Protokoll Nr. III des revidierten Brüsseler Vertrages vom 23. Oktober 1954.[10]

II. Zum Begriff der Atomwaffen

Die §§ 16, 17, 19 enthalten Sondervorschriften über Atomwaffen. Welche Waffen hierunter fallen, ergibt sich aus der Legaldefinition des § 17 Abs. 2. Diese wird ergänzt durch Teil A Kapitel I Nr. 1 und Nr. 2 der Kriegswaffenliste (KWL).[11] Hier findet sich insbes. eine Auflistung und nähere Bestimmung des Begriffes der **„Kernbrennstoffe".**[12] Zu beachten ist, dass neben den „vollständigen" Atomwaffen (§ 17 Abs. 2 S. 1 Nr. 1), für die die Regelung in Deutschland bisher praktisch nicht relevant geworden ist, über § 17 Abs. 2 S. 1 Nr. 2 auch Teile, Vorrichtungen, Baugruppen und Substanzen, die eigens für Atomwaffen bestimmt (dh für diese konstruiert) sind, gesondert erfasst werden. Auffallend ist, dass sich der Begriff der Atomwaffe in § 17 Abs. 2 von demjenigen in Nr. 2 der Kriegswaffenliste unterscheidet. Denn § 17 Abs. 2 ist insoweit enger, als Nr. 2 der KWL neben den „Teilen, Vorrichtungen, Baugruppen oder Substanzen", die **eigens** für eine der in Nr. 1 genannten (Atom-)Waffen **bestimmt** sind,[13] auch solche erfasst, die zur Konstruktion einer solchen Waffe **wesentlich**[14] sind (sie sind allerdings nur dann als Kriegswaffen anzusehen, sofern keine atomrechtliche Genehmigung erteilt wurde). Die rein objektive Tauglichkeit („Wesentlichkeit") einer Substanz zur Konstruktion einer

---

[9] Die Vorschrift des § 16 ist abgedruckt in → Rn. 3.

[10] BGBl. 1955 II S. 266 (269); im genannten S. 2 findet sich eine Zivilklausel, die derjenigen des Teils A, Einl. S. 1 der KWL entspricht. Abschnitt I Buchst. c enthält eine Begriffsbestimmung für Kernbrennstoff, die wörtlich mit derjenigen in Teil A I der KWL übereinstimmt.

[11] Abgedruckt in der Anlage.

[12] Vgl. zur Eigenschaft von „Tritium" als Kernbrennstoff BGH 31.1.1992 – 2 StR 250/91, BGHSt 38, 205 (209) = NJW 1992, 1053; hierzu *Braun/Ferchland* Kriminalistik 1993, 481 (483); *Holthausen/Hucko* NStZ-RR 1998, 193 (195); vgl. zum Begriff des „Kernbrennstoffes" § 2 Abs. 1 AtomG und die Kommentierungen zu 328 StGB ua Schönke/Schröder/*Heine/Hecker* StGB § 328 Rn. 2.

[13] Vgl. zur Frage, wann diese Substanzen „eigens" für Atomwaffen bestimmt sind BGH 28.4.1994 – 4 StR 65/94, NJW 1994, 2161 (2161 f.); ferner BGH 31.1.1992 – 2 StR 250/91, BGHSt 38, 205 (209) = NJW 1992, 1053. „Eigens bestimmt" bedeutet, dass der Gegenstand gerade im Hinblick auf die Herstellung einer Atomwaffe konzipiert wurde, dh nach objektiven Merkmalen, der Bauart nach, ausschließlich für Atomwaffen bestimmt und zivil nicht verwendbar ist; auch *Holthausen/Hucko* NStZ-RR 1998, 193 (195).

[14] Die Frage der „Wesentlichkeit" beurteilt sich allein danach, ob die Substanz nach ihrer Beschaffenheit geeignet ist, in der Atomwaffe eine wesentliche Funktion zu erfüllen, unabhängig davon, ob im konkreten Fall die Menge ausreicht; hierzu BGH 31.1.1992 – 2 StR 250/91, BGHSt 38, 205 (209) = NJW 1992, 1053 (1054), bzgl. der Substanz „Tritium"; LG Hamburg 14.4.1993 – 614 KLs 11/93 (141 Js 614/92) – nicht veröffentlicht; vgl. ergänzend *Braun/Ferchland* Kriminalistik 1993, 481 (483); *Hohmann/John/Pietsch*, Teil 5, § 17 Rn. 17; *Holthausen* NJW 1991, 203 (204); *Holthausen/Hucko* NStZ-RR 1998, 193 (195); *Pottmeyer* §§ 16–17 Rn. 4.

KrWaffG § 19   3, 4   2. Kapitel. Waffenrecht

Atomwaffe kann somit die Kriegswaffeneigenschaft als Atomwaffe nach Nr. 2 KWL, nicht aber die Atomwaffeneigenschaft nach § 17 Abs. 2 zur Folge haben. Begründet wurde diese Einschränkung damit, dass die Herstellung und Entwicklung etc bestimmter Substanzen, die sowohl für erlaubte zivile Zwecke als auch zur Konstruktion von Atomwaffen verwendet werden können (**Dual-use-Produkte**) dann, wenn die Substanzen im letzteren Sinne verwandt werden, an sich eine „Förderung" iS des Abs. 1 Nr. 2 darstellen könnte. Dann aber wäre, sofern man diese Substanzen als „Atomwaffen" ansieht, der Umgang mit ihnen grundsätzlich nicht genehmigungsfähig und sie könnten daher auch nicht zu zivilen Zwecken genutzt werden. Daher sollten diese „Dual-use-Produkte" hier aus der Begriffsbestimmung des § 17 Abs. 2 herausfallen.[15] Dies hat zur Folge, dass in diesen Fällen nicht die Strafbestimmung des § 19 iVm § 17 Abs. 2, sondern (soweit keine atomrechtliche Genehmigung vorliegt) „lediglich" die Strafvorschrift des § 22a anwendbar ist. Denn Bestandteile, die für eine Atomwaffe wesentlich sind, können jedenfalls noch als Kriegswaffe iS des § 1 Abs. 1 iVm Ziff. 2 KWL angesehen werden.[16] Der Umgang hiermit kann jedoch – anders als bei Atomwaffen – genehmigt werden. Die praktische Bedeutung dieser Ausnahme ist allerdings gering.[17] Denn die Dual-use-Produkte werden regelmäßig bereits durch die im Einleitungssatz zu Teil A der KWL aufgenommene Zivilklausel aus dem Geltungsbereich des KrWaffG ausgenommen. Ist dies einmal nicht der Fall, liegt also keine „zivile Zweckbestimmung" vor, wird eine Genehmigung regelmäßig nach § 6 Abs. 3 Nr. 2 nicht erteilt werden können.

3   Das KrWaffG gilt jedoch nicht für sämtliche Atomwaffen, die der gesetzlichen Definition des § 17 Abs. 2 unterfallen. Zwei Ausnahmen sind zu verzeichnen: Nach § 17 Abs. 2 S. 2 werden einerseits solche Waffen nicht erfasst, die die Voraussetzungen der Ausnahmebestimmungen des revidierten Brüsseler Vertrages vom 23.10.1954 (WEU-Vertrag) erfüllen.[18] Andererseits werden Atomwaffen, die der Verfügungsgewalt von Mitgliedstaaten des Nordatlantischen Bündnisses (NATO)[19] unterstehen oder im Auftrag solcher Staaten entwickelt oder hergestellt werden, nach **§ 16** grds. vom Geltungsbereich des KrWaffG ausgenommen.[20] Die Vorschrift lautet:

§ 16 Nukleare Aufgaben im Nordatlantischen Bündnis
Die Vorschriften dieses Abschnitts und die Strafvorschriften der §§ 19 und 21 gelten, um Vorbereitung und Durchführung der nuklearen Mitwirkung im Rahmen des Nordatlantikvertrages vom 4. April 1949 oder für einen Mitgliedstaat zu gewährleisten, nur für Atomwaffen, die nicht der Verfügungsgewalt von Mitgliedstaaten dieses Vertrages unterstehen oder die nicht im Auftrag solcher Staaten entwickelt oder hergestellt werden.

4   Insofern unterscheidet sich die Regelung bei Atomwaffen von derjenigen bei biologischen und chemischen Waffen (§§ 18, 20), die eine solche Ausnahmevorschrift nicht enthalten.[21] Zu beachten ist aber auch hier, dass für Atomwaffen, die der Verfügungsgewalt der NATO unterstehen, durch § 16 lediglich die Anwendung der §§ 19 und 21 ausgeschlossen ist („Die Vorschriften dieses Abschnitts und die Strafvorschriften der §§ 19 und 21 […]").

---

[15] BT-Drs. 11/4609, 9; kritisch zu dieser Begründung *Pottmeyer* §§ 16–17 Rn. 5; vgl. zum Hintergrund auch *Holthausen/Hucko* NStZ-RR 1998, 193 (195).
[16] So ausdrücklich BGH 31.1.1992 – 2 StR 250/91, BGHSt 38, 205 (211) = NJW 1993, 1053 (1054); hierzu *Achenbach* NStZ 1993, 477 (480 f.); vgl. ferner BT-Drs. 11/4609, 8 f.; *Epping* RIW 1991, 461 (463 f. Fn. 30); *Fehn/Fehn* in *Achenbach/Ransiek*, 2. Aufl., Rn. 107, 109a; *Hohmann/John/Pietsch*, Teil 5, § 17 Rn. 17 f.; *Holthausen* NJW 1991, 203 (205); *ders.* NJW 1992, 2113 (2113 Fn. 2); *Pathe/Wagner* in *Bieneck*, § 34 Rn. 9; *Pottmeyer* §§ 16–17 Rn. 4; *Steindorf/Heinrich* § 17 Rn. 2.
[17] Vgl. auch *Pathe/Wagner* in *Bieneck*, § 39 Rn. 27.
[18] BGBl. 1955 II S. 253; hierzu hierzu → Vor § 1 Rn. 18; zur Begründung vgl. BT-Drs. 11/4609, 8.
[19] Nordatlantikvertrag vom 4.4.1949, BGBl. 1955 II S. 289, idF des Protokolls vom 17.10.1951 (BGBl. 1955 II S. 293); zur Umsetzung vgl. das Gesetz betreffend den Beitritt der Bundesrepublik Deutschland zum Brüsseler Vertrag und zum Nordatlantikvertrag vom 24.3.1955, BGBl. II S. 256, für die Bundesrepublik am 6.5.1955 in Kraft getreten; vgl. die Bekanntmachung vom 9.5.1955, BGBl. II S. 630.
[20] Vgl. zur Motivation des Gesetzgebers BT-Drs. 11/4609, 8 f.; auch *Hohmann/John/Pietsch*, Teil 5, § 16 Rn. 6 ff.
[21] BT-Drs. 11/4609, 7 f.; hierzu noch → § 20 Rn. 3 f.

Darüber hinaus handelt es sich bei den Atomwaffen aber um „normale" Kriegswaffen, für die es bei den üblichen Genehmigungstatbeständen der §§ 2 ff. mit den entsprechenden strafrechtlichen Sanktionen in § 22a verbleibt.[22] Hinzuweisen ist dabei allerdings auf die Einschränkung der Begriffsbestimmung im Einleitungssatz des Teil A der KWL (Gegenstände, die zivilen Zwecken oder der wissenschaftlichen, medizinischen oder der industriellen Forschung dienen, sog. „Zivilklausel"). Soweit die Voraussetzungen dieser Ausnahmebestimmung erfüllt sind, liegt bereits objektiv keine Kriegswaffe vor.[23] Ferner ist aber auch die Genehmigungsfiktion des § 27 zu beachten, wonach die (in diesen Fällen nun an sich erforderliche) Genehmigung als erteilt gilt, wenn es sich um ein Verhalten handelt, welches Verpflichtungen der Bundesrepublik auf Grund zwischenstaatlicher Verträge betrifft.[24]

III. Grundtatbestand des Abs. 1

Der Grundtatbestand des § 19 erfasst sowohl den unerlaubten täterschaftlichen Umgang mit Atomwaffen (Nr. 1) als auch eine diesbezügliche Verleitung (Nr. 1a) bzw. Förderung (Nr. 2). Im Gegensatz zu der Regelung bei „konventionellen" Kriegswaffen (vgl. § 22a) sollte hierdurch im Rahmen des § 19 (gleiches gilt für die §§ 20, 20a) klargestellt werden, dass jeder Beteiligte grds. als Täter anzusehen ist und nicht nur derjenige, der einer Genehmigung iS des KrWaffG bedurfte.[25] Nach der Begründung des Gesetzgebers ist dies insbes. für leitende Angestellte, Techniker und sonstige Arbeitnehmer bedeutsam, die in einem oder für einen Produktionsbetrieb tätig werden und daher nach § 5 selbst keiner Genehmigung bedürfen.[26] Während sie im Rahmen des Sonderdelikts des § 22a daher nur als Teilnehmer angesehen werden können, ist im Rahmen der §§ 19, 20, 20a Täterschaft möglich.[27]

1. Unerlaubter täterschaftlicher Umgang mit Atomwaffen (Nr. 1). In dieser Vorschrift werden verschiedene Ausprägungen der Ausübung der tatsächlichen Gewalt über Atomwaffen unter Strafe gestellt. Dies ergibt sich aus der Formulierung „oder sonst" am Ende der Nr. 1. Die hier genannten Tathandlungen decken sich weitgehend mit denen des allgemeinen Waffenrechts sowie den Tathandlungen bei den „konventionellen" Kriegswaffen in § 22a, weshalb ergänzend auf die dortigen Ausführungen verwiesen werden kann.[28] Im Gegensatz zu § 22a werden allerdings in den §§ 19 ff. (neben dem „Fördern" und „Verleiten") das „Entwickeln" sowie das „Handeltreiben" eigenständig unter Strafe gestellt. Dagegen findet sich im Gegensatz zu § 22a Abs. 1 Nr. 3 kein eigenständiger Beförderungstatbestand.[29] Auch auf die eigenständige Nennung der Vermittlung, des Nachweises einer Gelegenheit oder des Abschlusses eines Vertrages (§ 22a Abs. 1 Nr. 7) wurde in § 19 verzichtet.[30]

---

[22] Vgl. *Epping* RIW 1991, 461 (464); *Holthausen* NJW 1991, 203 (205); *Steindorf/Heinrich* § 16 Rn. 2.
[23] Vgl. BT-Drs. 11/4909, 8; zu dieser Zivilklausel Hohmann/John/*Pietsch,* Teil 5, § 16 Rn. 3; *Holthausen* NJW 1992, 2113; *ders.* wistra 1998, 209 (210).
[24] Die Vorschrift des § 27 ist abgedruckt → § 22a Rn. 22.
[25] Vgl. hierzu BT-Drs. 11/4609, 7; hierzu auch *Holthausen* NStZ 1993, 568 (569 Fn. 15).
[26] BT-Drs. 11/4609, 7; ebenso *Schünemann* in Krekeler/Tiedemann/Ulsenheimer/Weinmann Anm. III 2; kritisch zu dieser Begründung des Gesetzgebers *Pottmeyer* §§ 16–17 Rn. 3, der darauf hinweist, dass auch eine Straftat nach § 22a durch eine Person täterschaftlich begangen werden kann, die nach § 5 keiner Genehmigung bedurfte, da die Genehmigungspflicht und die strafrechtliche Verantwortlichkeit in Zusammenhang mit einer ungenehmigten Handlung durchaus auseinander fallen könne; hierzu noch → § 22a Rn. 23.
[27] Vgl. ausführlich → § 22a Rn. 23 f.; ferner *Pottmeyer* §§ 16–17 Rn. 3.
[28] Vgl. zu den Tathandlungen „Herstellen" → WaffG § 1 Rn. 190 f., → § 22a Rn. 37; zum „Erwerben" → WaffG § 1 Rn. 168 ff., → § 22a Rn. 41; zum „Überlassen" → WaffG § 1 Rn. 174 ff., → § 22a Rn. 42; zum „Einführen" → § 22a Rn. 53; „Ausführen" → § 22a Rn. 54; zum „Durchführen" → § 22a Rn. 61; zum „Verbringen" → WaffG § 1 Rn. 187; zum „sonst aus dem Bundesgebiet Verbringen" → § 22a Rn. 53; zum „sonstigen Ausüben der tatsächlichen Gewalt" → WaffG § 1 Rn. 152 ff., → § 22a Rn. 73.
[29] Die Beförderung soll nach Ansicht des Gesetzgebers durch das Merkmal der „sonstigen Ausübung der tatsächlichen Gewalt" erfasst werden. Gleiches gilt für die Merkmale des Zurückbehaltens und Lagerns; vgl. BT-Drs. 11/4909, 9; ferner *Pathe/Wagner* in Bieneck, § 44 Rn. 116; Hohmann/John/*Pietsch,* Teil 5, § 17 Rn. 11.
[30] Diese Verhaltensweisen sollen durch den Förderungs- und Verleitungstatbestand erfasst werden; vgl. BT-Drs. 11/4609, 9.

7   a) Entwicklung. Das Tatbestandsmerkmal des Entwickelns einer „konventionellen" **Kriegswaffe** setzt im Allgemeinen eine Tätigkeit voraus, die auf der Grundlage konkreter militärischer, technischer und wirtschaftlicher Forderungen darauf abzielt, eine Kriegswaffe zu schaffen, die es bisher entweder überhaupt noch nicht oder zumindest nicht mit ihren spezifischen Eigenschaften gegeben hat.[31] Fraglich ist, ob diese Begriffsbestimmung auf Atomwaffen (gleiches gilt für die in § 20 genannten biologischen und chemischen Waffen)[32] übertragbar ist.[33] Denn hier tritt die Besonderheit hinzu, dass viele Staaten der Erde (noch) nicht über die technischen Mittel und das Know-how verfügen, die genannten Waffen herzustellen. Wird nun seitens dieser Staaten versucht, sich entsprechende Mittel und Kenntnisse zu verschaffen, um die genannten Waffen selbst herstellen zu können, so muss in dieser **Nachentwicklung** ebenfalls eine „Entwicklung" iS des §§ 19 Abs. 1 Nr. 1, 20 Abs. 1 Nr. 1 gesehen werden (mit der entsprechenden Konsequenz, dass derjenige, der diesen Staaten die entsprechenden Mittel und Substanzen liefert, sich wegen einer Förderung dieser **Entwicklung** – und nicht erst wegen einer Förderung der späteren **Herstellung** der entsprechenden Waffen – strafbar machen kann).[34] Insofern ist neben der Neu- und Weiterentwicklung von atomaren Waffen (entsprechendes gilt für die biologischen und chemischen Waffen) auch die Nachentwicklung vom Tatbestandsmerkmal der Entwicklung erfasst. Unter den Begriff des Entwickelns fallen somit sämtliche Maßnahmen (insbes. ausländischer Organisationen) zur Schaffung der technologischen Voraussetzungen für eine eigene atomare (oder biologische bzw. chemische) Kampfstoffproduktion einschließlich der Planung und Errichtung der Produktionsanlagen.[35] Nicht erfasst ist hingegen die reine **Grundlagenforschung,** soweit es sich nicht um eine konkret waffenbezogene Forschung handelt.[36]

8   b) Herstellung. Zum Merkmal des Herstellens atomarer Waffen ist ergänzend anzumerken, dass hier im Gegensatz zum Entwickeln bereits ein verwendungsfähiger Prototyp vorliegen muss.[37] Auch kann im Bau einer Anlage, in der später Atomwaffen hergestellt werden sollen, noch keine (nicht einmal eine versuchte) Herstellung der Waffen selbst gesehen werden.[38] Insofern kommt eine Bestrafung lediglich dann in Betracht, wenn man hierin zugleich eine Entwicklung der entsprechenden Waffe sieht.[39]

---

[31] BGH 26.3.2009 – StB 20/08, BGHSt 53, 238 (245) = NStZ 2009, 640 (642); LG Stuttgart 1.10.1996 – 3 KLs 47/96, NStZ 1997, 288 (289); *Beckemper* in *Achenbach/Ransiek/Rönnau* Rn. 82; *Pathe/Wagner* in *Bieneck*, § 44 Rn. 117; *Pottmeyer* §§ 16–17 Rn. 7; vgl. zum „Entwickeln" ferner → § 20 Rn. 6.

[32] Vgl. hierzu ergänzend → § 20 Rn. 6.

[33] Vgl. hierzu ausführlich *Holthausen* NStZ 1997, 290 (291); *ders.* wistra 1998, 209; hierzu auch *Beckemper* in *Achenbach/Ransiek/Rönnau* Rn. 82.

[34] So überzeugend Hohmann/John/*Pietsch*, Teil 5, § 17 Rn. 4; *Holthausen* NStZ 1997, 290 (291); *ders.* wistra 1998, 209 und nunmehr auch BGH 26.6.2008 – AK 10/08, wistra 2008, 432 (433 – hierzu *Achenbach* NStZ 2009, 621 [625]); 26.3.2009 – StB 20/08, BGHSt 53, 238 (245) = NStZ 2009, 640 (642); OLG Düsseldorf 23.2.2000 – 2 Ws 16/00, NStZ 2000, 378 (379); ferner *Achenbach* NStZ 1997, 536 (538, Fn. 15); *Alexander/Winkelbauer* in *Müller-Gugenberger/Bieneck*, § 73 Rn. 22; *Beckemper* in *Achenbach/Ransiek/Rönnau* Rn. 82; Erbs/Kohlhaas/*Lampe*, K 189, § 17 Rn. 2, § 19 Rn. 3; *Fehn* Kriminalistik 2004, 635 (639); *Holthausen* NStZ 1997, 290 (291); *ders.* wistra 1998, 209; *Pietsch* NStZ 2001, 234 (235); *Ricke* ZfZ 1997, 138 (139); aM OLG Stuttgart 22.5.1997 – 1 Ws 87/97, NStZ-RR 1998, 63; LG Stuttgart 1.10.1996 – 3 KLs 47/96, NStZ 1997, 288 (289 – offen gelassen allerdings in LG Stuttgart 19.6.2001 – 6 KLs 144 Js 43314/94, wistra 2001, 436); *Kieninger/Bieneck* wistra 2001, 438 (439); *Muhler* ZRP 1998, 4; *Pottmeyer* §§ 16–17 Rn. 7; differenzierend *Pathe/Wagner* in *Bieneck*, § 44 Rn. 119: ein „Nachentwickeln" sei jedenfalls dann nicht mehr tatbestandsmäßig, wenn die Waffe „bei dem konkreten Land oder Auftraggeber bereits vollständig definiert, auf dem Reißbrett oder sogar als Prototyp vorhanden" sei und es nur noch um die anschließende Vorbereitung der Massenproduktion der Waffe gehe.

[35] OLG Düsseldorf 23.2.2000 – 2 Ws 16/00, NStZ 2000, 378 (379); *Beckemper* in *Achenbach/Ransiek/Rönnau* Rn. 82; *Fehn* Kriminalistik 2004, 635 (639 f.); *Holthausen* NStZ 1997, 290 (291); *ders.* wistra 1998, 209 (210); hierzu noch ausführlich → § 20 Rn. 6.

[36] *Beckemper* in *Achenbach/Ransiek/Rönnau* Rn. 82; Steindorf/*Heinrich* § 17 Rn. 3.

[37] *Holthausen* NJW 1991, 203 (204); auch *Beckemper* in *Achenbach/Ransiek/Rönnau*, Rn. 83.

[38] *Holthausen* NStZ 1997, 290; *ders.* wistra 1998, 209; auch *Beckemper* in *Achenbach/Ransiek/Rönnau*, Rn. 83.

[39] Vgl. ergänzend die Ausführungen zur Herstellung biologischer und chemischer Waffen → § 20 Rn. 6 f.

c) **Handeltreiben.** Der Begriff des Handeltreibens[40] wurde in Anlehnung an § 29 Abs. 1 **9** Nr. 1 BtMG in das KrWaffG übernommen. Hierdurch sollten die „bisherigen inlandsbezogenen Tathandlungen des Einführens und Ausführens namentlich im Hinblick auf verbotene Tätigkeiten im Ausland" ergänzt werden.[41] Das Handeltreiben umfasst ua die früheren Tatbestandsmerkmale des „Vermittelns", „Nachweisens" oder „Abschließens eines Vertrages". Unter den Voraussetzungen des § 21 können hier auch rein auslandsbezogene Tätigkeiten dem Tatbestand unterfallen. Dabei ist der Begriff des Handeltreibens – in Anlehnung an die Rechtsprechung zum BtMG – weit auszulegen. So reichen ernsthafte Verhandlungen mit einem potenziellen Verkäufer bereits aus, um das Merkmal zu erfüllen.[42] Erfasst sind darüber hinaus auch sämtliche Handlungen, die lediglich darauf gerichtet sind, einen späteren Umsatz zu ermöglichen oder zu fördern, sodass auch Vorfeldhandlungen mit einbezogen werden können. Einen „Erfolg" iS eines Übergangs der tatsächlichen Gewalt ist nicht erforderlich.[43]

d) **Sonstige Tathandlungen.** Die weiteren, in Abs. 1 Nr. 1 genannten Tathandlungen **10** (von einem anderen erwerben, einem anderen überlassen, einführen, ausführen, durchführen, verbringen, die tatsächliche Gewalt ausüben) entsprechen den Tathandlungen des allgemeinen Waffenrechts bzw. denjenigen des § 22a und werden dort erläutert.[44] Hinzuweisen ist lediglich darauf, dass § 17 iVm § 19[45] ausdrücklich nicht nur die **Einfuhr** und das **sonstige Verbringen in das Bundesgebiet,** sondern auch die **Ausfuhr** und das **sonstige Verbringen aus dem Bundesgebiet** unter Strafe stellt. Ferner wird auch das reine **Durchführen durch das Bundesgebiet** vom Verbot erfasst.

2. Verleiten zum unerlaubten Umgang mit Atomwaffen (Nr. 1a). In Nr. 1a wird **11** das „Verleiten" eigenständig unter Strafe gestellt.[46] Hierdurch wird eine Teilnahmehandlung, die ansonsten weitgehend der Anstiftung entspricht, als täterschaftliches Delikt verselbstständigt.[47] Die Notwendigkeit einer solchen Einstufung wurde damit begründet, dass eine strafbare Verleitung auch dann angenommen werden müsse, wenn – im Gegensatz zur Anstiftung nach § 26 StGB – keine vorsätzliche und rechtswidrige Haupttat vorliegt.[48] Denn in diesem sensiblen Bereich seien „Teilnahmehandlungen umfassend zu verbieten und unter Strafe zu stellen".[49] Nach den Regeln des allgemeinen Strafrechts könnten aber vielfach Anstiftungshandlungen (Gleiches gelte für Förderungshandlungen iS der Nr. 2) Deutscher beim Aufbau einer ABC-Waffenproduktion im Ausland nicht erfasst werden, da es (Akzessorietät!) an einer **strafbaren** Haupttat im Ausland fehle. Denn nach dem für die Haupttat geltenden Recht des Tatorts liege eben regelmäßig kein mit Strafe bedrohtes (sondern im Gegenteil von diesen Staaten gerade erwünschtes) Verhalten vor.[50] Dieser Begründung ist allerdings entgegenzuhalten, dass insoweit bereits eine konsequente Anwendung des § 9 Abs. 2 S. 2 StGB zu einer Teilnahmestrafbarkeit führen würde. Auch nach dem jetzigen

---

[40] Vgl. hierzu Hohmann/John/*Pietsch*, Teil 5, § 17 Rn. 6; *Holthausen* NJW 1991, 203 (204); ferner BGH 26.10.2005 – GSSt 1/05, BGHSt 50, 252 = NJW 2005, 3790; *Weber* NStZ 2004, 66.

[41] BT-Drs. 11/4609, 9; *Beckemper* in Achenbach/Ransiek/Rönnau, Rn. 84; *Holthausen* NJW 1991, 203 (204); Pathe/Wagner in Bieneck, § 44 Rn. 120.

[42] BGH 26.10.2005 – GSSt 1/05, BGHSt 50, 252 = NJW 2005, 3790.

[43] Hierzu auch *Beckemper* in Achenbach/Ransiek/Rönnau, Rn. 84; *Fehn* Kriminalistik 2004, 635 (640).

[44] Vgl. zu diesen Tathandlungen im Einzelnen → § 22a Rn. 53 ff.

[45] Gleiches gilt für § 18 iVm § 20; § 18a iVm § 20a und § 3 Abs. 3 iVm § 22a Abs. 1 Nr. 4.

[46] Vgl. zur Motivation des Gesetzgebers BT-Drs. 11/7721, 11.

[47] BT-Drs. 11/4609, 10; *Beckemper* in Achenbach/Ransiek/Rönnau, Rn. 88; *Fehn* Kriminalistik 2004, 635 (640); Erbs/Kohlhaas/*Lampe*, K 189, Rn. 4; *Epping* RIW 1991, 461 (463); *Pottmeyer* §§ 16–17 Rn. 11; Steindorf/*Heinrich* Rn. 4.

[48] Vgl. BT-Drs. 11/4909, 10; hierzu auch *Epping* RIW 1991, 461, (463); *Fehn* Kriminalistik 2004, 635 (640); Hohmann/John/*Pietsch*, Teil 5, § 17 Rn. 12; Pathe/Wagner in Bieneck, § 44 Rn. 122; *Pottmeyer* §§ 16–17 Rn. 1; *Sohm* NZWehrr 1994, 99 (110).

[49] Speziell zum Merkmal des „Verleitens" und dem Grund der erst nachträglichen Aufnahme dieses Merkmals in die Strafbestimmung BT-Drs. 11/4609, 13; BT-Drs. 11/7221, 11.

[50] LG Stuttgart 1.10.1996 – 3 KLs 47/96, NStZ 1997, 288 (289); *Holthausen* NJW 1991, 203; ders. wistra 1998, 209.

§ 19 Abs. 1 Nr. 1a gilt der Grundsatz der **Akzessorietät** aber insoweit, als die „Tat", zu der verleitet (oder die gefördert) wurde, tatsächlich stattgefunden haben muss, dh ein Verleiten setzt jedenfalls den Versuch einer der in § 19 Abs. 1 Nr. 1 genannten Verhaltensweisen voraus (selbst wenn diese im entsprechenden Land straflos sind). Eine Verleitung zu einer reinen Vorbereitungshandlung ist daher nicht erfasst,[51] es kommt hier allerdings ein Versuch der Verleitung in Frage.[52] Wenn man, wie oben dargelegt,[53] im bloßen Bau einer Produktionsanlage für Atomwaffen weder eine versuchte noch eine vollendete Herstellung, sondern – sofern die entsprechenden Voraussetzungen vorliegen – lediglich eine (versuchte) Entwicklung von Atomwaffen erblickt,[54] kann auch lediglich zu einer solchen Entwicklung, nicht aber zu einer Herstellung verleitet werden.[55] Darüber hinaus ist allerdings stets auch noch neben dem Versuch des Verleitens an die Vorfeldtatbestände des § 30 StGB zu denken, da es sich bei § 19 um ein Verbrechen handelt.[56]

12 Inhaltlich entspricht das Verleiten im Wesentlichen der Anstiftung iS des § 26 StGB.[57] Darüber hinaus werden aber auch diejenigen Fälle erfasst, in denen der Haupttäter bzw. unmittelbar Handelnde nicht vorsätzlich handelt.[58] In diesen Fällen wird aber regelmäßig – wenn der Verleitende vorsätzlich handelt – eine mittelbare Täterschaft vorliegen, sofern nicht der Charakter des Abs. 1 Nr. 1 als Sonderdelikt entgegen steht.[59] Ferner ist darauf hinzuweisen, dass nach Abs. 4 und Abs. 5 Nr. 2 auch ein „leichtfertiges" Verleiten strafbar ist, eine Anstiftung nach § 26 StGB begrifflich jedoch nur vorsätzliches Verhalten erfasst. Insoweit liegt hier eine von den Grundsätzen des Allgemeinen Teils des StGB abweichende Strafbarkeit auch der fahrlässigen Anstiftung vor.[60]

13 **3. Fördern des unerlaubten Umgangs mit Atomwaffen (Nr. 2).** In Nr. 2 wird ebenfalls, wie schon beim „Verleiten" in Nr. 1a, eine Teilnahmehandlung als täterschaftliches Handeln verselbstständigt.[61] Dies hat zur Folge, dass eine Förderung auch dann gegeben sein kann, wenn keine vorsätzliche und rechtswidrige Haupttat vorliegt.[62] Dabei

---

[51] OLG Düsseldorf 23.2.2000 – 2 Ws 16/00, NStZ 2000, 378 (379); hierzu *Achenbach* NStZ 2000, 524 (526 f.); OLG Stuttgart 17.10.1995 – 1 Ws 184/95, NStZ 1997, 288; 22.5.1997 – 1 Ws 87/97, NStZ-RR 1998, 63; LG Stuttgart 1.10.1996 – 3 KLs 47/96, NStZ 1997, 288 (289); 19.6.2001 – 6 KLs 144 Js 43314/94, wistra 2001, 436 (438) (jeweils zu § 20 Abs. 1 Nr. 2); *Barthelmeß* wistra 2001, 14 (15); *Beckemper* in *Achenbach/Ransiek/Rönnau*, Rn. 89; *Kieninger/Bieneck* wistra 2001, 438 (439); *Kreuzer* NStZ 1997, 292; Steindorf/*Heinrich* Rn. 4; auch (zu § 34 Abs. 4 AWG aF; § 69a Abs. 2 Nr. 3 AWV) OLG Stuttgart 17.10.1995 – 1 Ws 184/95, NStZ 1997, 288.
[52] Vgl. hierzu ausführlich *Barthelmeß* wistra 2001, 14 (15 f. – zu § 20 Abs. 1 Nr. 2); ferner *Beckemper* in *Achenbach/Ransiek/Rönnau*, Rn. 89; aM wohl OLG Stuttgart 22.5.1997 – 1 Ws 87/97, NStZ-RR 1998, 63; LG Stuttgart 1.10.1996 – 3 KLs 47/96, NStZ 1997, 288 (289).
[53] → Rn. 8.
[54] → Rn. 7.
[55] Das Gleiche gilt für das Tatbestandsmerkmal des „Förderns"; → Rn. 13 ff.
[56] *Barthelmeß* wistra 2001, 14 (16); *Beckemper* in *Achenbach/Ransiek/Rönnau*, Rn. 89.
[57] BGH 20.8.1953 – 1 StR 261/53, BGHSt 4, 303 (305) = NJW 1954, 1559; Erbs/Kohlhaas/*Lampe*, K 189, Rn. 4; *Hinze/Runkel* § 17 Rn. 8; *Epping* RIW 1991, 461 (463); *Pottmeyer* §§ 16–17 Rn. 13; Steindorf/*Heinrich* Rn. 4. Zur Anstiftung → StGB § 26 Rn. 1 ff.
[58] Vgl. auch Hohmann/John/*Pietsch*, Teil 5, § 17 Rn. 12.
[59] → Rn. 5.
[60] Vgl. *Tiedemann* FS Spendel, 1992, 591 (601).
[61] BGH 26.3.2009 – StB 20/08, BGHSt 53, 238 (247) = NStZ 2009, 640 (642); OLG Oldenburg 6.6.1994 – Ss 123/94, NJW 1994, 2908 = NStE Nr. 3 zu § 34 AWG aF; OLG Düsseldorf 23.2.2000 – 2 Ws 16/00, NStZ 2000, 378 (379); OLG Stuttgart 22.5.1997 – 1 Ws 87/97, NStZ-RR 1998, 63; LG Stuttgart 1.10.1996 – 3 KLs 47/96, NStZ 1997, 288 (289) mAnm *Holthausen* NStZ 1997, 290 und *Kreuzer* NStZ 1997, 292; LG Stuttgart 19.6.2001 – 6 KLs 144 Js 43314/94, wistra 2001, 436 (438) mAnm *Bieneck* AW-Prax 2001, 349 (jeweils zu § 20 Abs. 1 Nr. 2); auch BT-Drs. 11/4609, 10; ferner *Alexander/Winkelbauer* in *Müller-Gugenberger/Bieneck*. § 73 Rn. 29; *Barthelmeß* wistra 2001, 14 (15); *Epping* RIW 1991, 461 (463); *Hellmann/Beckemper*, Wirtschaftsstrafrecht, 4. Aufl. 2013, Rn. 899; Hohmann/John/*Pietsch*, Teil 5, § 17 Rn. 13; *Holthausen* NJW 1991, 203 (204); ders. wistra 1998, 209; *Pietsch* NStZ 2001, 234 (235); *Pottmeyer* §§ 16–17 Rn. 11; *Tiedemann*, Wirtschaftsstrafrecht BT, 3. Aufl. 2011, § 3 Rn. 79.
[62] Die Problematik ist hier dieselbe wie beim „Verleiten"; hierzu und zum Hintergrund dieser Regelung → Rn. 11.

entspricht das „Fördern" weitgehend der Beihilfe nach § 27 StGB.[63] Auch hier ist jedoch zu beachten, dass über Abs. 4 und Abs. 5 Nr. 2 bereits ein „leichtfertiges" Fördern erfasst wird. Zudem unterscheidet sich § 19 Abs. 1 Nr. 2 insofern von § 27 StGB, als hier keine (obligatorische) Strafmilderung vorgesehen ist (vgl. § 27 Abs. 2 S. 2 StGB) und auch der Versuch (Verbrechen) im Vergleich zur sonst straflosen versuchten Beihilfe strafbar ist. Durch das Tatbestandsmerkmal des Förderns sollen nicht nur Handlungen mit einbezogen werden, die als unmittelbare Hilfeleistung zB bei der Herstellung von Atomwaffen anzusehen sind, sondern auch solche, die mittelbar dem Aufbau einer Waffenproduktion dienen.[64] Der Begriff der Förderung kann im Einzelfall sehr weit gehen und umfasst ua die Planung und Einrichtung der für die Herstellung benötigten und bestimmten Fabrikationsanlagen, was auch die Herstellung und Einrichtung ihrer einzelnen Komponenten erfasst,[65] die Lieferung von Baumaterialien, Anlagen oder Einrichtungen für Fabriken, in denen Atomwaffen hergestellt werden, selbst wenn sie, wie zB Entlüftungsanlagen oder Fensterrahmen, mit dem unmittelbaren Produktionsprozess nichts zu tun haben.[66] Ferner können als Förderungshandlungen angesehen werden: die Beratung beim Bau derartiger Fabriken, Schulung des Bedienungspersonals, die finanzielle Unterstützung eines Atomwaffenprojekts (etwa in Form der kapitalmäßigen Beteiligung an einem ausländischen Unternehmen) und die Vermittlung von Know-how für die Produktion von Atomwaffen.[67] Insofern kann selbst die Verbreitung von Kenntnissen in Wissenschaft und Forschung durch Veröffentlichungen oder Vorträge hierunter fallen, selbst wenn hier lediglich Kenntnisse weitergegeben werden, die in allgemein zugänglichen Quellen bereits veröffentlicht sind (allerdings ist hier der subjektive Bereich einer besonders kritischen Würdigung zu unterziehen).[68]

Auch beim Fördern ist aber der für die Beihilfe ansonsten geltende Grundsatz der **Akzessorietät der Teilnahme** insoweit zu beachten, als die Förderung jedenfalls den Versuch der zu fördernden (möglicherweise im jeweiligen Staat aber straflosen) Tat nach § 19 Abs. 1 Nr. 1 voraussetzt, so dass die Förderung einer bloßen Vorbereitungshandlung nicht erfasst ist.[69] Hier kommt es allerdings entscheidend auf die einzelnen Tathandlungen der Haupttat an. So kann ein – nicht als Vollendungstat strafbares – Fördern einer in der Vorbereitung steckengebliebenen „Herstellung" von Atomwaffen ein – strafbares – Fördern der ins Versuchsstadium gelangten „Entwicklung" darstellen.[70] Darüber hinaus ist allerdings stets auch noch an eine versuchte Förderung zu denken.[71] Diese kann auch dann vorliegen, wenn es

---

[63] BGH 26.3.2009 – StB 20/08, BGHSt 53, 238 (247) = NStZ 2009, 640 (642); *Epping* RIW 1991, 461 (463); *Hinze*, 39. EL 4/1998, § 17 Anm. 4; *Hohmann/John/Pietsch*, Teil 5, § 17 Rn. 13; *Pottmeyer* §§ 16–17 Rn. 14; *Steindorf/Heinrich* Rn. 5. Vgl. zum Begriff des „Förderns" ausführlich *Holthausen* NJW 1991, 203 (204, 206 f.); *Pathe/Wagner* in *Bieneck*, § 44 Rn. 121 ff. – Ursprünglich verstand der Gesetzgeber das „Fördern" umfassender: es sollten auch sämtliche weiteren Teilnahmeformen (Anstiftung und Beihilfe), erfasst werden; vgl. BT-Drs. 11/4609. 10; BT-Drs. 11/7221, 11; nach der eigenständigen Aufnahme der Tathandlung des „Verleitens" in Nr. 1a hat sich dies jedoch erübrigt. Zur Beihilfe → StGB § 27 Rn. 1 ff.

[64] *Alexander/Winkelbauer* in *Müller-Gugenberger/Bieneck,* § 73 Rn. 30; *Holthausen* NJW 1991, 203 (204).

[65] LG Stuttgart 19.6.2001 – 6 KLs 144 Js 43314/94, wistra 2001, 436 (438 – zu § 20 KrWaffG).

[66] BT-Drs. 11/4609, 10; *Alexander/Winkelbauer* in *Müller-Gugenberger/Bieneck* § 73 Rn. 30; *Beckemper* in *Achenbach/Ransiek/Rönnau* Rn. 90; *Fehn* Kriminalistik 2004, 635 (640); *Hohmann/John/Pietsch*, Teil 5, § 17 Rn. 15 f.; *Holthausen* NJW 1991, 203 (204); *Müller-Gugenberger/Bieneck, Pottmeyer* §§ 16–17 Rn. 14.

[67] Vgl. aus der Rspr. BGH 22.2.2005 – StB 2/05, BGHR KrWaffG § 19 Entwickeln 1; LG Stuttgart 19.6.2001 – 6 KLs 144 Js 43314/94, wistra 2001, 436 (438 – zu § 20 KrWaffG); zu weiteren Beispielen vgl. *Beckemper* in *Achenbach/Ransiek/Rönnau* Rn. 90; *Fehn* Kriminalistik 2004, 635 (640); *Pottmeyer* §§ 16–17 Rn. 14; auch *Alexander/Winkelbauer* in *Müller-Gugenberger/Bieneck,* § 73 Rn. 30.

[68] Vgl. hierzu auch *Alexander/Winkelbauer* in *Müller-Gugenberger/Bieneck* § 73 Rn. 30; *Beckemper* in *Achenbach/Ransiek/Rönnau* Rn. 90; *Müller-Gugenberger/Bieneck, Fehn* Kriminalistik 2004, 635 (640); *Holthausen* NJW 1991, 203 (207); *Pottmeyer* §§ 16–17 Rn. 14.

[69] Die Problematik ist wiederum vergleichbar mit derjenigen des „Verleitens"; hierzu auch *Beckemper* in *Achenbach/Ransiek/Rönnau* Rn. 91 und → Rn. 11 f.

[70] OLG Düsseldorf 23.2.2000 – 2 Ws 16/00, NStZ 2000, 378 (379); *Beckemper* in *Achenbach/Ransiek/Rönnau* Rn. 91; Erbs/Kohlhaas/*Lampe,* K 189, Rn. 5; *Holthausen* NStZ 1997, 290; *Holthausen/Hucko* NStZ-RR 1998, 193 (198); *Steindorf/Heinrich* Rn. 5.

[71] Vgl. *Barthelmeß* wistra 2001, 14 (15).

noch nicht zum Versuch der Haupttat gekommen ist.[72] Ist selbst diese Schwelle noch nicht erreicht, ist schließlich eine Strafbarkeit wegen Verbrechensverabredung, § 30 Abs. 2 StGB, zu prüfen.

15 Erfasst wird auf Grund des eindeutigen Wortlauts nur das Fördern einer Handlung nach Abs. 1 Nr. 1, weswegen das alleinige Fördern einer Verleitungshandlung nach Nr. 1a nicht tatbestandsmäßig ist. Allerdings wird hierin zumeist auch mittelbar eine Förderung der Haupttat nach Nr. 1 liegen, die zu einer Strafbarkeit nach Nr. 2 führt.[73]

IV. Qualifikationstatbestand des Abs. 2

16 Abs. 2 stellt einen Qualifikationstatbestand zu Abs. 1 dar,[74] der die Mindeststrafe auf zwei Jahre Freiheitsstrafe anhebt (Strafrahmen also Freiheitsstrafe von 2 bis 15 Jahren; vgl. § 38 Abs. 2 StGB).[75] Zwei Fallgruppen sind erfasst:[76]

17 1. Gewerbsmäßiges oder bandenmäßiges Handeln (Nr. 1). Die qualifizierenden Merkmale des **gewerbsmäßigen** oder **bandenmäßigen** Handelns decken sich weitgehend mit den gleich lautenden, im allgemeinen Strafrecht zunehmend als Regelbeispiele oder Qualifikationsmerkmale verwendeten Begriffen, weswegen auf die dortige Kommentierung verwiesen werden kann (vgl. nur §§ 243 Abs. 1 S. 2 Nr. 3, 244 Abs. 1 Nr. 2, 250 Abs. 1 Nr. 2, 260 Abs. 1, 263 Abs. 3 Nr. 1 StGB,[77] §§ 51 Abs. 2, 52 Abs. 5 WaffG).[78] **Gewerbsmäßig** handelt hiernach, wer die Absicht hat, sich durch wiederholte Tatbegehung eine fortlaufende Haupt- oder Nebeneinnahmequelle von einiger (wenn auch möglicherweise begrenzter) Dauer und einigem Umfang zu verschaffen.[79] Im Hinblick auf die **bandenmäßige Begehung** ist die neuere Rechtsprechung des BGH zu beachten, die für das Vorliegen einer Bande nunmehr den Zusammenschluss von mindestens **drei Personen** fordert, die sich mit dem Willen verbunden haben, künftig für eine gewisse Zeit mehrere selbstständige, im Einzelnen noch ungewisse Straftaten des jeweiligen Deliktstypus zu begehen, wobei ein gefestigter Bandenwille oder ein Tätigwerden im übergeordneten Bandeninteresse nicht erforderlich ist.[80] Darüber hinaus erfordert Abs. 2 Nr. 1, dass die Tat gerade **unter Mitwirkung** eines anderen Bandenmitgliedes begangen wird.[81]

18 Durch die Wendung „eine in Absatz 1 bezeichnete Handlung" soll klar gestellt werden, dass nicht nur der Täter iS des Abs. 1 Nr. 1, sondern auch der „Verleitende" oder der „Fördernde" iS der Nr. 2 und Nr. 3 erfasst sind.

---

[72] Vgl. LG Stuttgart 19.6.2001 – 6 KLs 144 Js 43314/94, wistra 2001, 436; *Alexander/Winkelbauer* in *Müller-Gugenberger/Bieneck*, § 73 Rn. 31; *Barthelmeß* wistra 2001, 14 (15); *Kieninger/Bieneck* wistra 2001, 438; aM OLG Stuttgart 22.5.1997 – 1 Ws 87/97, NStZ-RR 1998, 63; LG Stuttgart 1.10.1996 – 3 KLs 47/96, NStZ 1997, 288 (290); wohl auch *Fehn/Fehn* in *Achenbach/Ransiek*, 2. Aufl., Rn. 117; *Pathe/Wagner* in *Bieneck*, § 44 Rn. 123 f.; unklar Erbs/Kohlhaas/*Lampe*, K 189, Rn. 5.

[73] Vgl. zum mittelbaren Fördern auch Steindorf/*Heinrich* Rn. 5; vgl. ferner *Beckemper* in *Achenbach/Ransiek/Rönnau* Rn. 91; Erbs/Kohlhaas/*Lampe*, K 189, Rn. 5.

[74] Kritisch zu dieser Regelung *Oswald* NStZ 1981, 322 (323), der hier, vergleichbar mit § 22a Abs. 2, eine Strafzumessungsvorschrift in Form der Normierung von besonders schweren Fällen für sinnvoller angesehen hätte.

[75] Vgl. zur Motivation des Gesetzgebers BT-Drs. 11/7721, 11; BT-Drs. 11/7507, 2: es soll das besondere Unrecht im Vergleich zu den „normalen" Verstößen gegen das KrWaffG betont werden.

[76] Ursprünglich sah der Gesetzentwurf keine entsprechenden Qualifikationen vor (vgl. BT-Drs. 11/4609, 4). Diese wurden erst im späteren Gesetzgebungsverfahren aufgenommen. Eine weitere vorgeschlagene Qualifikation „Einsatz von Atomwaffen gegen Menschen" (vgl. BT-Drs. 11/7721, 5, 11) wurde später wieder gestrichen; zur Gesetzgebung auch *Oswald* NStZ 1991, 322 (323).

[77] → StGB § 243 Rn. 39 ff.; StGB § 244 Rn. 36 ff.; StGB § 250 Rn. 53 ff.; StGB § 260 Rn. 4 ff.

[78] Vgl. hierzu die Kommentierung → WaffG § 51 Rn. 10 ff. und → WaffG § 52 Rn. 122.

[79] Vgl. nur BGH 11.10.1994 – 1 StR 522/94, NStZ 1995, 85.

[80] BGH 22.3.2001 – 1 StR 522/94, BGHSt 46, 321 = NJW 2001, 2266.

[81] Auch hierzu sind die Grundsätze zu beachten, die der BGH 22.3.2001 – 1 StR 522/94, BGHSt 46, 321 = NJW 2001, 2266 aufgestellt hat; vgl. nur → StGB § 244 Rn. 47 ff.: kritisch zur Aufnahme dieser Einschränkung in das Kriegswaffenrecht *Katholnigg* ZRP 1984, 173 (174).

2. Besondere Gefährdungslagen (Nr. 2). Der Qualifikationstatbestand der Nr. 2 ent- 19
hält ein **konkretes Gefährdungsdelikt.**[82] Der Täter muss wenigstens eines der in
Buchst. a–c genannten Schutzgüter „gefährden" (die „erhebliche" Gefährdung bezieht sich
nur auf Buchst. c).[83] Notwendig ist also, dass für das betroffene Schutzgut eine konkret
riskante Situation entsteht, bei der das Umschlagen in eine Verletzung unmittelbar bevorsteht und deren Ausbleiben nur vom Zufall abhängt.[84] Diese Feststellung, die schon bei der
Gefährdung von Individualrechtsgütern im Einzelfall schwer fällt, ist bei den hier genannten,
sehr abstrakt gehaltenen Rechtsgütern gegen die Allgemeinheit naturgemäß kaum mit ausreichender Sicherheit zu treffen.[85] Insofern wird in der Praxis wohl regelmäßig erst aus
einer tatsächlich eingetretenen Störung (bzw. Verletzung) auf eine vorliegende konkrete
Gefährdung zu schließen sein.[86]

Wie bei Abs. 2 Nr. 1 soll auch hier durch die Wendung „eine in Absatz 1 bezeichnete 20
Handlung" klar gestellt werden, dass nicht nur der Täter iS des Abs. 1 Nr. 1, sondern auch
der „Verleitende" und der „Fördernde" iS der Nr. 1a und Nr. 2 von dieser Qualifikation
betroffen sind. Die Tat ist insgesamt ein **Vorsatzdelikt,** so dass auch hinsichtlich der konkreten Gefährdung ein wenigstens bedingt vorsätzliches Verhalten erforderlich ist.[87]

a) Sicherheit der Bundesrepublik Deutschland. Vom Begriff der Sicherheit der Bun- 21
desrepublik Deutschland ist sowohl die innere als auch die äußere Sicherheit erfasst.[88] Die
Begriffsbestimmung des § 92 Abs. 3 Nr. 2 StGB gilt auch hier, weshalb auf die dortigen
Ausführungen verwiesen werden kann.[89] Im Wesentlichen wird hierunter die Fähigkeit eines
Staates verstanden, sich nach außen und innen gegen Störungen zur Wehr zu setzen.[90] So
wird die Sicherheit der Bundesrepublik jedenfalls dann gefährdet, wenn (Atom-)Waffen an
einen militärischen Gegner geliefert werden und sich dessen Militärpotential dadurch
erhöht.[91] Ferner ist die Sicherheit aber auch dann gefährdet, wenn die Bundesrepublik durch
Waffenexporte deutscher Unternehmen Gefahr läuft, in bestehende oder künftige militärische
oder wirtschaftliche Konflikte zwischen anderen Staaten mit hineingezogen zu werden.[92]

b) Friedliches Zusammenleben der Völker. Das friedliche Zusammenleben der Völ- 22
ker ist immer dann gefährdet, wenn eine kriegerische Aktion gegen ein anderes Land droht,

---

[82] BGH 26.3.2009 – StB 20/08, BGHSt 53, 238 (248 f.) = NStZ 2009, 640 (643); *Beckemper* in *Achenbach/Ransiek/Rönnau*, Rn. 97; Erbs/Kohlhaas/*Lampe*, K 189, Rn. 13; Hohmann/John/*Pietsch*, Teil 5, § 19 Rn. 5, 8; *Pottmeyer* §§ 19–22 Rn. 4; Steindorf/*Heinrich* Rn. 10; vgl. den Ausschussbericht in BT-Drs. 11/7721, 11 (hier wird allerdings unzutreffend davon gesprochen, dass die Vorschrift „nicht als Erfolgsdelikt, sondern als konkretes Gefährdungsdelikt formuliert" werden, auch konkrete Gefährdungsdelikte sind indes Erfolgsdelikte); der ursprüngliche Gesetzentwurf sah dagegen noch vor, im damaligen Abs. 1 Nr. 2 in Anlehnung an § 34 Abs. 1 AWG aF erfolgsqualifizierte Delikte zu normieren, also einen Verletzungserfolg zu verlangen; vgl. BT-Drs. 11/4609, 4, 9; dagegen wurde später im vergleichbaren § 34 Abs. 2 AWG aF ein *potentielles* Gefährdungsdelikt normiert; vgl. BGH 13.1.2009 – Ak 20/08, BGHSt 53, 128 (133) = NJW 2009, 1681 (1682 f.); kritisch zur Ausgestaltung als konkrete Gefährdungsdelikte *Oswald* NStZ 1991, 322.
[83] Vgl. *Holthausen* NJW 1991, 203 (205 f.).
[84] BGH 26.3.2009 – StB 20/08, BGHSt 53, 238 (248 f.) = NStZ 2009, 640 (643); so auch *Beckemper* in *Achenbach/Ransiek/Rönnau* Rn. 97; zum Begriff des konkreten Gefährdungsdeliktes vgl. ua *Fischer* StGB Vor § 13 Rn. 18.
[85] Vgl. hierzu auch BGH 26.3.2009 – StB 20/08, BGHSt 53, 238 (249) = NStZ 2009, 640 (643); *Oswald* NStZ 1991, 322.
[86] So für § 19 Abs. 2 Nr. 2 Buchst. b auch Steindorf/*Heinrich* Rn. 11; vgl. zu diesem Komplex ferner Hohmann/John/*Pietsch*, Teil 5, § 19 Rn. 5.
[87] Vgl. hierzu auch *Beckemper* in *Achenbach/Ransiek/Rönnau* Rn. 97; *Oswald* NStZ 1991, 322; *Safferling* NStZ 2009, 604 (609 f.).
[88] *Beckemper* in *Achenbach/Ransiek/Rönnau* Rn. 98; Erbs/Kohlhaas/*Lampe*, K 189, Rn. 10; Hohmann/John/*Pietsch*, Teil 5, § 19 Rn. 7; Steindorf/*Heinrich* Rn. 10; vgl. dagegen § 34 Abs. 2 Nr. 1 AWG aF: hier wurde nur die äußere Sicherheit geschützt.
[89] Vgl. hierzu ua Schönke/Schröder/*Sternberg-Lieben* § 92 Rn. 15.
[90] Vgl. nur BGH 28.2.1979 – 3 StR 14/79, BGHSt 28, 312 (316 f.) = NJW 1979, 1556 (1557); BGH 9.12.1987 – 3 StR 489/87, NStZ 1988, 215.
[91] *Beckemper* in *Achenbach/Ransiek/Rönnau* Rn. 98; *Pottmeyer* §§ 19–22 Rn. 5.
[92] BGH 23.11.1990 – 1 StR 296/95, BGHSt 41, 348 (351 f.) = NJW 1996, 1355 (1355 f.); so auch *Beckemper* in *Achenbach/Ransiek/Rönnau* Rn. 98; *Dahlhoff* NJW 1991, 208 (209) zu § 34 AWG aF.

die weder als Verteidigungshandlung noch als gemeinsame Aktion der Völkergemeinschaft rechtlich abgesichert ist.[93] Art. 26 Abs. 1 GG[94] nennt hier als Beispiel insbes. die Vorbereitung eines Angriffskrieges. Insoweit muss sich die Gefährdung nicht auf das Gebiet der Bundesrepublik Deutschland auswirken und erfasst vor allem auch die Lieferung von Waffen in Kriegs-, Krisen- oder Spannungsgebiete.[95] Dass der Empfänger der Atomwaffen bereits konkrete Pläne zum Einsatz der Waffen entwickelt hat, ist dabei nicht erforderlich.[96] Die Gefährdung des friedlichen Zusammenlebens **der Völker** wird bei rein innerstaatlichen Konflikten (Bürgerkriegen etc) oftmals ausscheiden.[97] Da jedoch das friedliche Zusammenleben **der Völker** und nicht **der Staaten** gefährdet sein muss, sind innerstaatliche Konflikte dann tatbestandsmäßig, wenn es sich um ethnische Konflikte handelt.[98]

23   **c) Auswärtige Beziehungen der Bundesrepublik Deutschland.** Die auswärtigen Beziehungen der Bundesrepublik Deutschland müssen „erheblich" gefährdet werden.[99] Dies wird insbes. dann der Fall sein, wenn durch Lieferungen von (Atom-)Waffen in Krisengebiete eine Störung der auswärtigen Beziehungen zu den anderen betroffenen Staaten möglich erscheint. Ausreichend ist es jedoch, wenn die Beziehungen zu einem einzigen Staat gefährdet werden.[100] Dies wird regelmäßig dann der Fall sein, wenn die (Atom-)Waffen unter Verletzung von völkerrechtlichen Verträgen oder Embargo-Vereinbarungen vom Staatsgebiet der Bundesrepublik aus oder unter Beteiligung von deutschen Staatsbürgern an andere Staaten geliefert werden.[101] Das Merkmal ist auch dann erfüllt, wenn Waffen an einen militärischen Gegner eines Bündnispartners der Bundesrepublik gelangen.[102] Eine Gefährdung liegt schließlich auch dann vor, wenn Waffen ausgeführt werden, hinsichtlich derer sich die Bundesrepublik im Wege der internationalen Zusammenarbeit der Durchführung einer gemeinsamen Exportkontrolle unterworfen hat, da ein illegaler Export der Bundesrepublik hier als Vollzugsdefizit angelastet werden dürfte.[103] In diesem Fall wird es nämlich der Bundesrepublik unmöglich gemacht oder zumindest ernsthaft erschwert, ihr Interesse an der effektiven Zusammenarbeit in einem System kollektiver Sicherheit glaubhaft zu vertreten.[104] Durch das Erfordernis der „erheblichen Gefährdung" wird allerdings klar gestellt, dass leichte Verstimmungen oder Klimaver-

---

[93] *Dahlhoff* NJW 1991, 208 (209 f.); Erbs/Kohlhaas/*Lampe*, K 189, Rn. 11; Hohmann/John/*Pietsch*, Teil 5, § 19 Rn. 8; Steindorf/*Heinrich* Rn. 11.
[94] Abgedruckt oben Vorb. Fn. 21.
[95] *Beckemper* in *Achenbach/Ransiek/Rönnau* Rn. 99; Erbs/Kohlhaas/*Lampe*, K 189, Rn. 11; *Pottmeyer* §§ 19–22 Rn. 5.
[96] *Beckemper* in *Achenbach/Ransiek/Rönnau*, Rn. 99; *Pottmeyer* §§ 19–22 Rn. 5.
[97] Erbs/Kohlhaas/*Lampe*, K 189, Rn. 11; Steindorf/*Heinrich* Rn. 11.
[98] *Beckemper* in *Achenbach/Ransiek/Rönnau*, Rn. 99; *Dahlhoff* NJW 1991, 208 (209) zu § 34 AWG aF; Steindorf/*Heinrich* Rn. 11.
[99] BGH 26.3.2009 – StB 20/08, BGHSt 53, 238 (248 f.) = NStZ 2009, 640 (643); so auch § 34 Abs. 2 Nr. 3 AWG aF, wobei es hiernach ausreiche, dass die Handlungen dazu „geeignet" sind, die auswärtigen Beziehungen zu gefährden; es liegt also im Gegensatz zu § 19 Abs. 2 Nr. 2 KrWaffG kein konkretes, sondern ein abstrakt-konkretes oder potenzielles Gefährdungsdelikt vor; hierzu BVerfG 21.7.1992 – 2 BvR 858/92, NJW 1993, 1909; BGH 13.1.2009 – AK 20/08, BGHSt 53, 128 (132 ff.) = NJW 2009, 1681 (1681 f. – hierzu *Achenbach* NStZ 2009, 621 [625]); 19.1.2010 – StB 27/09, BGHSt 54, 275(295 ff.); OLG Koblenz 11.5.2009 – 3 StE 1/09-4, NStZ 2009, 645; *Safferling* NStZ 2009, 604; ferner BVerfG 3.3.2004 – 1 BvF 3/92, BVerfGE 110, 33 (67) = NJW 2004, 2213 (2219); LG Düsseldorf 27.5.1986 – X – 64/83, NStZ 1988, 231 (233); nach OLG München 19.3.2009 – 6 St 10/09, BeckRS 2009, 11745 war § 34 Abs. 2 Nr. 3 AWG aF verfassungswidrig.
[100] *Beckemper* in *Achenbach/Ransiek/Rönnau*, Rn. 101; Erbs/Kohlhaas/*Lampe*, K 189, Rn. 12.
[101] BGH 26.3.2009 – StB 20/08, BGHSt 53, 238 (250) = NStZ 2009, 640 (643); *Beckemper* in *Achenbach/Ransiek/Rönnau*, Rn. 101; *Pottmeyer* §§ 19–22 Rn. 5; auch LG Düsseldorf 27.5.1986 – X – 64/83, NStZ 1988, 231 (233).
[102] BGH 26.3.2009 – StB 20/08, BGHSt 53, 238 (250) = NStZ 2009, 640 (643); *Beckemper* in *Achenbach/Ransiek/Rönnau*, Rn. 101; *Pottmeyer* §§ 19–22 Rn. 5.
[103] BGH 26.3.2009 – StB 20/08, BGHSt 53, 238 (250) = NStZ 2009, 640 (643); vgl. ferner LG Düsseldorf 27.5.1986 – X – 64/83, NStZ 1988, 231 (233); so auch *Dahlhoff* NJW 1991, 208 (210) zu § 34 AWG aF. Hier werden einige Beispiele gemeinsamer Exportkontrolle insbes. auch aus dem Bereich der Nuklearwaffen sowie der biologischen und chemischen Kampfstoffe genannt.
[104] *Safferling* NStZ 2009, 604 (609).

schlechterungen nicht ausreichen.[105] Es wird also nicht jede denkbare Reaktion irgendeines fremden Staates erfasst, es muss sich vielmehr um eine tiefgreifende Beeinträchtigung der Beziehungen handeln.[106] Nur durch eine entsprechend restriktive Auslegung dieser Voraussetzungen wird auch dem verfassungsrechtlichen Bestimmtheitsgebot (Art. 103 Abs. 2 GG) Genüge getan.[107] So wird zB eine Störung iS des § 34 Abs. 1 Nr. 3 AWG aF darin gesehen, dass „ein Akt starker diplomatischer Missbilligung oder auch eine feindselige Kampagne der führenden Medien eines wichtigen Landes feststellbar ist".[108] Weitere Beispiele sind der Abbruch diplomatischer Beziehungen, die Rückberufung des Botschafters oder nachdrückliche diplomatische Beschwerden.[109] Die Strafverfolgungsbehörden werden zur Klärung der Frage, ob eine erhebliche Gefährdung der auswärtigen Beziehungen vorliegt, regelmäßig gehalten sein, eine Stellungnahme des Auswärtigen Amtes einzuholen. Dieses hat dem Gericht jedoch nur die entsprechenden, für die Entscheidung relevanten Tatsachen mitzuteilen und kein „Rechtsgutachten" zu erstatten.[110]

V. Die minder schweren Fälle des Abs. 3

Abs. 3 enthält eine Strafzumessungsvorschrift für minder schwere Fälle, die jedoch im Gesetz nicht näher, etwa mittels Regelbeispielen, umschrieben werden. Je nachdem, ob ein Fall des Abs. 1 (Grundtatbestand) oder Abs. 2 (Qualifikation) gegeben ist, führt das Vorliegen eines minder schweren Falles zu einem anderen Strafrahmen. Liegt ein minder schwerer Fall des Abs. 1 vor, so ist sogar die Ahndung (lediglich) mit einer Geldstrafe möglich. Durch die Annahme eines minder schweren Falles ändert sich jedoch die Deliktsqualität nicht (vgl. § 12 Abs. 3 StGB). Die Tat bleibt ein **Verbrechen,** der Versuch ist also auch bei minder schweren Fällen strafbar. Ein minder schwerer Fall kann beispielsweise dann vorliegen, wenn sich die Tat lediglich auf eine geringe Menge an Atomwaffen (zB auf eine geringe Menge spaltbaren Materials) bezieht oder die Gefährdung iS des Abs. 2 gering ist.[111] Auch sind minder schwere Fälle im Bereich des § 19 Abs. 1 Nr. 1a (Verleiten) oder Nr. 2 (Fördern) möglich, wenn der Handelnde nur einen geringen Beitrag geleistet hat und seine kriminelle Energie als geringfügig anzusehen ist.[112]

VI. Fahrlässigkeitstatbestände des Abs. 4 und Abs. 5

Abs. 4 und 5 enthalten mehrere Fahrlässigkeitstatbestände, die unterschiedlich ausgestaltet sind. Sie betreffen sämtliche Tatbestandsvarianten der Abs. 1 und Abs. 2 mit Ausnahme des Abs. 2 Nr. 1. Das fahrlässige gewerbsmäßige oder bandenmäßige Verhalten wird somit,

---

[105] Erbs/Kohlhaas/*Lampe*, K 189, Rn. 12; Steindorf/*Heinrich* Rn. 12; auch Hohmann/John/*Pietsch*, Teil 5, § 19 Rn. 9.
[106] Auch hier können wiederum die Regelungen des AWG und die diesbezüglichen Begründungen des Gesetzgebers herangezogen werden; vgl. nur BT-Drs. III/1285 und BT-Drs. III/2386; ferner BGH 13.1.2009 – Ak 20/08, BGHSt 53, 128 (132) = NJW 2009, 1681 (1682); *Dahlhoff* NJW 1991, 208 (210 f.); Erbs/Kohlhaas/*Lampe*, K 189, Rn. 12.
[107] BGH 13.1.2009 – AK 20/08, BGHSt 53, 128 (132) = NJW 2009, 1681 (1682); 26.3.2009 – StB 20/08, BGHSt 53, 238 (249) = NStZ 2009, 640 (643); *Safferling* NStZ 2009, 604 (608 f.); hierzu auch BGH 19.1.2010 – StB 27/09, BGHSt 54, 275 (316 f.).
[108] BGH 13.1.2009 – AK 20/08, BGHSt 53, 128 (135) = NJW 2009, 1681 (1683); 19.1.2010 – StB 27/09, BGHSt 54, 275 (296); OLG Hamm 12.5.1992 – 3 Ws 212/92, ZfZ 1992, 291; hierzu *Achenbach* NStZ 1993, 477 (480), bzgl. Zulieferungen für das irakische Rüstungsprogramm; OLG Koblenz 11.5.2009 – 3 StE 1/09-4, NStZ 2009, 645 (646); ferner *Dahlhoff* NJW 1991, 208 (211); *Holthausen/Hucko* NStZ-RR 1998, 225 (230 f.). Diese Grundsätze wurden inzwischen auf § 19 Abs. 2 Nr. 2 KrWaffG übertragen; vgl. BGH 26.3.2009 – StB 20/08, BGHSt 53, 238 (250) = NStZ 2009, 640 (643); kritisch im Hinblick auf die Berücksichtigung von Reaktionen ausländischer Medien *Safferling* NStZ 2009, 604 (608 ff.).
[109] BGH 26.3.2009 – StB 20/08, BGHSt 53, 238 (250) = NStZ 2009, 640 (643).
[110] BGH 13.1.2009 – AK 20/08, BGHSt 53, 128 (136) = NJW 2009, 1681 (1683 f.); zustimmend *Safferling* NStZ 2009, 604 (606); auch BGH 19.1.2010 – StB 27/09, BGHSt 54, 275 (296 f.).
[111] *Beckemper* in *Achenbach/Ransiek/Rönnau* Rn. 102; *Pottmeyer* §§ 19–22 Rn. 7; vgl. aber auch Hohmann/John/*Pietsch*, Teil 5, § 19 Rn. 10.
[112] Vgl. hierzu *Pottmeyer* §§ 19–22 Rn. 7; ferner auch *Beckemper* in *Achenbach/Ransiek/Rönnau*, Rn. 102.

sofern dies denklogisch überhaupt möglich ist, lediglich als fahrlässiger Verstoß gegen den Grundtatbestand (Abs. 4 iVm Abs. 1) bestraft, sofern die hier genannten Voraussetzungen vorliegen.

26 **1. Abs. 4 Alt. 1.** Hinsichtlich des unerlaubten „täterschaftlichen" Umgangs mit Atomwaffen genügt dem Gesetzgeber **einfache Fahrlässigkeit** für eine Strafbarkeit nach § 19 Abs. 4. Fahrlässiges Verhalten liegt beispielsweise dann vor, wenn der Täter nicht gewusst hat, dass es sich bei denjenigen Gegenständen oder Substanzen, mit denen er umgegangen ist, um Atomwaffen iS des § 17 Abs. 2 gehandelt hat, er dies aber bei Beachtung der im Verkehr erforderlichen Sorgfalt hätte erkennen können.

27 **2. Abs. 4 Alt. 2.** Hinsichtlich des Verleitens iS des Abs. 1 Nr. 1a und des Förderns iS des Abs. 1 Nr. 2 wird hingegen – bei gleicher Strafdrohung wie in der Alt. 1! – **leichtfertiges Handeln** verlangt.[113] Hierunter wird ein erhöhter Grad der Fahrlässigkeit verstanden, der in etwa der groben Fahrlässigkeit im Zivilrecht entspricht.[114] Insofern handelt leichtfertig, wer die sich ihm aufdrängende Möglichkeit der Tatbestandsverwirklichung aus besonderem Leichtsinn oder aus besonderer Gleichgültigkeit außer Acht lässt.[115] Es wurde bereits darauf hingewiesen,[116] dass hier eine von den Grundsätzen des allgemeinen Teils des Strafrechts abweichende, gesetzlich ausdrücklich angeordnete Sonderregelung vorliegt. Denn das Verleiten und Fördern entspricht im Wesentlichen der Anstiftung bzw. der Beihilfe, die nach dem Grundsatz der §§ 26, 27 StGB an sich nur vorsätzlich begangen werden können. Der Gesetzgeber begründete die Beschränkung der Strafbarkeit auf leichtfertiges Verhalten mit der sehr weiten Fassung des Tatbestands des „Verleitens" und „Förderns".[117] Der im Gesetzgebungsverfahren diskutierte Vorschlag,[118] die leichtfertige Verbreitung von Kenntnissen hinsichtlich der Herstellung von Atomwaffen in Form von Veröffentlichungen, Vorträgen etc im Rahmen der wissenschaftlichen Zusammenarbeit von der Strafbarkeit auszunehmen, wurde nicht umgesetzt, sodass auch Wissenschaftler oder Forscher, denen sich aufdrängen muss, dass sie ihre Mitarbeit oder Wissensvermittlung für die Entwicklung oder Herstellung von Atomwaffen im In- oder Ausland genutzt werden, Gefahr laufen, sich nach dieser Vorschrift strafbar zu machen.[119]

28 **3. Abs. 5 Nr. 1.** Anknüpfend an das konkrete Gefährdungsdelikt des Abs. 2 Nr. 2 enthält Abs. 5 Nr. 1 eine typische **Vorsatz-Fahrlässigkeitskombination,** die nach § 11 Abs. 2 StGB insgesamt als Vorsatzdelikt anzusehen ist. Voraussetzung ist auch hier die vorsätzliche Verwirklichung des **Grundtatbestandes** des Abs. 1. Während der Täter aber im Falle des Abs. 2 Nr. 2 auch die **konkrete Gefährdung** wenigstens bedingt vorsätzlich verursacht haben muss, genügt dem Gesetzgeber hier auch (einfache) Fahrlässigkeit, die jedoch mit einem wesentlich geringeren Strafrahmen ausgestaltet ist. Dies führt zu einer seltsamen, vom Gesetzgeber sicherlich nicht beabsichtigten Konsequenz: Während der Täter des Abs. 1 (vorsätzliche Verwirklichung des Grunddeliktes) mit einer Freiheitsstrafe von einem bis zu fünf Jahren bestraft wird, wenn er **keine** der in Abs. 2 Nr. 2 genannten Gefährdungen

---

[113] Nach *Holthausen* NJW 1991, 203 war die Aufnahme leichtfertigen Handelns insbes. deswegen erforderlich, weil es vor allem bei Auslandstaten mangels effektiver Rechtshilfe oft am Nachweis vorsätzlichen Handelns fehlen dürfte; Bedenken gegen diese Regelung erhebt hingegen *Epping* RIW 1991, 461, (463) insbes. im Hinblick auf Dual-use Güter.

[114] Vgl. zum Begriff der Leichtfertigkeit → StGB § 15 Rn. 188 ff.

[115] BGH 9.11.1984 – 2 StR 257/84, BGHSt 33, 66 (67) = NJW 1985, 690; *Holthausen* NJW 1991, 203 (205).

[116] → Rn. 12.

[117] BT-Drs. 11/4609, 10; BT-Drs. 11/7721, 11 f.; hierzu Hohmann/John/*Pietsch*, Teil 5, § 19 Rn. 11; *Holthausen* NJW 1991, 203 (205 f.); *Pottmeyer* §§ 19–22 Rn. 9; der ursprüngliche Gesetzentwurf hatte dagegen noch einfache Fahrlässigkeit ausreichen lassen; vgl. BT-Drs. 11/4609, 4; vgl. zur Entstehungsgeschichte sowie zu weiteren, im Gesetzgebungsverfahren allerdings verworfenen Einschränkungen BT-Drs. 11/7721, 11 f.; BR-Drs. 396/90, 6; BT-Drs. 11/7848 = BR-Drs. 626/90.

[118] BT-Drs. 11/7721, 11 f.; BR-Drs. 396/90, 6; BT-Drs. 11/7848 = BR-Drs. 626/90; hierzu auch *Epping* RIW 1991, 461 (463).

[119] *Alexander/Winkelbauer* in *Müller-Gugenberger/Bieneck,* § 73 Rn. 36.

herbeiführt oder diesbezüglich jedenfalls nicht fahrlässig handelt, trifft denjenigen, der zusätzlich zur vorsätzlichen Begehung des Grunddeliktes auch eine solche Gefährdung fahrlässig verursacht, der mildere Strafrahmen des Abs. 5 Nr. 1 (Freiheitsstrafe bis zu drei Jahren). Der Täter steht also bei vorsätzlicher Verwirklichung des Grundtatbestandes besser, wenn er zusätzlich noch fahrlässig eine Gefährdung iS des Abs. 2 Nr. 2 herbeiführt. Rechtstechnisch stellt Abs. 2 Nr. 1 somit eine „Erfolgsprivilegierung" dar – ein insoweit unsinniges Ergebnis.[120] Zu lösen ist dieser Konflikt auf Grund des eindeutigen gesetzlichen Wortlauts lediglich auf Strafzumessungsebene. Allerdings darf die Strafobergrenze von drei Jahren Freiheitsstrafe nicht überschritten werden, sofern – in dubio pro reo – eine fahrlässige Gefährdung iS des Abs. 2 Nr. 2 nicht ausgeschlossen werden kann.

4. Abs. 5 Nr. 2. Während Abs. 5 Nr. 1 hinsichtlich der Verwirklichung des Grundtatbestandes des Abs. 1 weiterhin Vorsatz verlangt und lediglich hinsichtlich des Erfolges (= der konkreten Gefährdung der in Abs. 2 Nr. 2 genannten Rechtsgüter) Fahrlässigkeit ausreichen lässt, erweitert Abs. 5 Nr. 2 die Strafbarkeit auch auf die fahrlässige Verwirklichung des Grundtatbestandes. Jedoch wird auch hier, wie schon in Abs. 4 Alt. 2 hinsichtlich des Verleitens und des Förderns Abs. 1 Nr. 1a und Nr. 2), Leichtfertigkeit verlangt. Einfache Fahrlässigkeit genügt also nur für den „täterschaftlichen" Umgang mit Atomwaffen iS des Abs. 1 Nr. 1, welcher die konkrete Gefährdung eines der in Abs. 2 Nr. 2 genannten Rechtsgüter auslöst. Wer also fahrlässig Atomwaffen zB durch das Bundesgebiet transportiert und dabei fahrlässig die Sicherheit der Bundesrepublik Deutschland (konkret) gefährdet, ist ebenso nach Abs. 5 Nr. 2 zu bestrafen, wie derjenige, der einen anderen zu einem solchen, die Sicherheit der Bundesrepublik gefährdenden Transport leichtfertig verleitet. 29

VII. Die Ausnahmevorschrift des Abs. 6

Bereits tatbestandlich nicht erfasst werden sollen die in Abs. 6 genannten Handlungen, die gerade zur Vernichtung von oder zum Schutz gegen Atomwaffen dienen. Eine parallele Vorschrift findet sich in § 20 Abs. 4 hinsichtlich biologischer und chemischer Waffen, für die diese Regelungen eher einschlägig sein werden.[121] 30

1. Abs. 6 Nr. 1. Handlungen, die geeignet und dazu bestimmt sind, zur Vernichtung von Atomwaffen durch die zuständigen Stellen (Kampfmittelbeseitigungsanlagen) beizutragen, sind straflos. Der Anwendungsbereich ist gering. Erfasst werden sollen hier in aller Regel nur möglicherweise vorhandene Altwaffen aus dem 2. Weltkrieg, die unschädlich gemacht werden sollen.[122] Denn da die Bundesrepublik auf die Verfügung über Atomwaffen verzichtet hat, käme eine Vernichtung aktuell vorhandener Waffen allenfalls durch NATO-Partner in Frage. Nach § 16 sind Atomwaffen, die sich in der Verfügungsgewalt der NATO-Staaten befinden, aber ohnehin vom Geltungsbereich des KrWaffG ausgenommen. 31

2. Abs. 6 Nr. 2. Handlungen, die geeignet und dazu bestimmt sind, gerade zum Schutz gegen oder zur Abwehr von Wirkungen von Atomwaffen beizutragen, sind ebenfalls straflos. Diese Vorschrift soll in erster Linie die Erforschung und Erprobung solcher Schutzmaßnahmen zulassen. 32

VIII. Auslandsstraftaten

Nach § 21 findet der Qualifikationstatbestand des § 19 Abs. 2 Nr. 2 auch Anwendung auf Straftaten Deutscher, wenn diese im Ausland handeln und die Tat dort nicht mit Strafe bedroht 33

---

[120] Dieser Widerspruch wird in der Literatur stark kritisiert; vgl. *Fehn* Kriminalistik 2004, 635 (640); *Fehn/Fehn* in *Achenbach/Ransiek*, 2. Aufl., Rn. 122; *Oswald* NStZ 1991, 322; *Otto* ZStW 105 (1993), 565 (566); Steindorf/*Heinrich* Rn. 16; *Weidemann* GA 1992, 481 (483 f.); missverständlich, da sich auf § 19 Abs. 5 Nr. 2 beziehend, Hohmann/John/*Pietsch*, Teil 5, § 19 Rn. 12; auch *Beckemper* in *Achenbach/Ransiek/Rönnau*, Rn. 106.
[121] Vgl. zur Begründung BT-Drs. 11/4609, 10.
[122] Erbs/Kohlhaas/*Lampe*, K 189, Rn. 17.

(sondern in aller Regel sogar erwünscht) ist. Gleiches gilt für die sich an diese Qualifikation anschließenden minder schweren Fälle des Abs. 3 Nr. 2 sowie die Fahrlässigkeitstatbestände des Abs. 5.[123] Im Umkehrschluss ist zu folgern, dass § 21 auf den Umgang mit Atomwaffen iS des § 19 Abs. 1 (Grundtatbestand) nicht anwendbar sein soll, es diesbezüglich also bei den allgemeinen Grundsätzen des internationalen Strafrechts (§§ 3 ff. StGB) verbleibt.

§ 20 Strafvorschriften gegen biologische und chemische Waffen

(1) Mit Freiheitsstrafe nicht unter zwei Jahren wird bestraft, wer
1. biologische oder chemische Waffen entwickelt, herstellt, mit ihnen Handel treibt, von einem anderen erwirbt oder einem anderen überläßt, einführt, ausführt, durch das Bundesgebiet durchführt oder sonst in das Bundesgebiet oder aus dem Bundesgebiet verbringt oder sonst die tatsächliche Gewalt über sie ausübt,
1a. einen anderen zu einer in Nummer 1 bezeichneten Handlung verleitet oder
2. eine in Nummer 1 bezeichnete Handlung fördert.

(2) In minder schweren Fällen ist die Strafe Freiheitsstrafe von drei Monaten bis zu fünf Jahren.

(3) Handelt der Täter in den Fällen des Absatzes 1 Nr. 1 fahrlässig oder in den Fällen des Absatzes 1 Nr. 1a oder 2 leichtfertig, so ist die Strafe Freiheitsstrafe bis zu drei Jahren oder Geldstrafe.

(4) Die Absätze 1 bis 3 gelten nicht für eine Handlung, die
1. zur Vernichtung von chemischen Waffen durch die dafür zuständigen Stellen oder
2. zum Schutz gegen Wirkungen von biologischen oder chemischen Waffen oder zur Abwehr dieser Wirkungen
geeignet und bestimmt ist.

Übersicht

	Rn.		Rn.
I. Überblick	1, 2	3. Fördern des unerlaubten Umgangs mit biologischen und chemischen Waffen (Nr. 2)	9
II. Zum Begriff der biologischen Waffen	3	V. Die minder schweren Fälle des Abs. 2	10
III. Zum Begriff der chemischen Waffen	4	VI. Fahrlässigkeitstatbestand des Abs. 3	11
IV. Grundtatbestand des Abs. 1	5–9	VII. Ausnahmevorschrift des Abs. 4	12
1. Unerlaubter täterschaftlicher Umgang mit biologischen oder chemischen Waffen (Nr. 1)	6, 7	VIII. Verhältnis des § 20 zu den Bestimmungen des Chemiewaffenübereinkommens und ergänzender Bestimmungen	13, 14
2. Verleiten zum unerlaubten Umgang mit biologischen und chemischen Waffen (Nr. 1a)	8	IX. Auslandsstraftaten	15

I. Überblick

1 Die im Jahre 1990 – vor dem Hintergrund einer möglichen Beteiligung Deutscher am Bau von Chemiewaffenfabriken in Libyen und im Irak – eingeführte Bestimmung[1] knüpft

---

[123] Näher → § 21 Rn. 4.
[1] Art. 3 Gesetz zur Verbesserung der Überwachung des Außenwirtschaftsverkehrs und zum Verbot von Atomwaffen, biologischen und chemischen Waffen vom 5.11.1990, BGBl. I S. 2428, in Kraft getreten am 11.11.1990; hierzu *Holthausen* NJW 1991, 203; *Oeter* ZRP 1992, 49; vgl. ferner zur Motivation des Gesetzgebers, insbes. in Bezug auf biologische und chemische Waffen, BT-Drs. 11/4609, 11 f.; vgl. in diesem Zusammenhang auch den „Bericht der Bundesregierung über legale und illegale Waffenexporte in den Irak und die Aufrüstung des Irak durch Firmen der Bundesrepublik Deutschland", BT-Drs. 12/487.

an das in § 18 normierte **Totalverbot** des Umgangs mit biologischen und chemischen Waffen an und stellt einen Verstoß hiergegen unter Strafe.[2] Die Tat ist als **Verbrechen** mit einer Mindestfreiheitsstrafe von zwei Jahren bedroht. Die Strafe ist also höher als diejenige bei den Atomwaffen, was darauf zurückzuführen ist, dass biologische und chemische Waffen völkerrechtlich grds. geächtet sind, während dies bei Atomwaffen nicht der Fall ist. Die **Versuchsstrafbarkeit** ergibt sich aus den §§ 23 Abs. 1, 12 Abs. 1 StGB. Im subjektiven Bereich ist jeweils zumindest **bedingter Vorsatz** erforderlich. Dieser muss sich sowohl auf das Vorliegen einer biologischen oder chemischen Waffe als auch auf die Vornahme der entsprechenden Tathandlung beziehen. Ergänzend tritt für den Bereich der Kriegsverbrechen nunmehr auch § 12 Abs. 1 Nr. 2 VStGB (Verwendung biologischer oder chemischer Waffen im Zusammenhang mit einem internationalen oder nichtinternationalen bewaffneten Konflikt) idealkonkurrierend neben die Strafvorschrift des § 20.[3] Zu beachten ist allerdings die in § 22 vorgesehene Ausnahme für chemische Waffen in Hinblick auf dienstliche Handlungen von Angehörigen von NATO-Truppen oder Deutschen, die im Rahmen der NATO tätig werden.[4]

§ 20 stellt für die genannten biologischen und chemischen Waffen, die nach Ziff. 3 bis 6 der Kriegswaffenliste ebenfalls Kriegswaffen sind, eine **Spezialvorschrift zu § 22a** („Sonstige" Strafvorschriften) dar,[5] wobei auch hier darauf hinzuweisen ist, dass der Umgang mit biologischen und chemischen Waffen ausnahmslos **nicht genehmigungsfähig** ist, weshalb in § 20 die in § 22a stets anzutreffende Voraussetzung des „Handelns ohne Genehmigung" entbehrlich war. In ihrem Aufbau entspricht die Strafvorschrift der Regelung bei atomaren Waffen (§ 19). Es wird jedoch auf einen besonderen Qualifikationstatbestand verzichtet. Der Gesetzgeber sieht den Umgang mit biologischen und chemischen Waffen als derart gefährlich an, dass er bereits die Verwirklichung des Grundtatbestandes mit einer Mindestfreiheitsstrafe von zwei Jahren belegt, was dem Strafrahmen des Qualifikationstatbestandes bei atomaren Waffen (§ 19 Abs. 2) entspricht. Wie schon bei den atomaren Waffen soll auch hier durch das Totalverbot samt hoher Strafdrohung verhindert werden, dass sich deutsche Staatsangehörige oder Firmen in irgendeiner Weise an der Errichtung von Anlagen zur Herstellung von biologischen und chemischen Waffen beteiligen.[6] Die Verbotsvorschrift des § 18, an welche die Strafvorschrift des § 20 anknüpft, lautet:

§ 18 Verbot von biologischen und chemischen Waffen
Es ist verboten,
1. biologische oder chemische Waffen zu entwickeln, herzustellen, mit ihnen Handel zu treiben, von einem anderen zu erwerben oder einem anderen zu überlassen, einzuführen, auszuführen, durch das Bundesgebiet durchzuführen oder sonst in das Bundesgebiet oder aus dem Bundesgebiet zu verbringen oder sonst die tatsächliche Gewalt über sie auszuüben oder

---

[2] Vgl. aus der Rspr. OLG Düsseldorf 13.3.1997 – 2 Ws 47–48/97, NStZ-RR 1998, 153, hierzu *Achenbach* NStZ 1998, 560 (561 f.); 23.2.2000 – 2 Ws 16/00, NStZ 2000, 378 = NZWehrR 2000, 169 = OLGSt § 20 KrWaffG Nr. 1 (Lieferung bestimmter Schaltschrankanlagen und eines Prozessleitsystems für den Bau einer Giftgasfabrik in Libyen), hierzu *Achenbach* NStZ 2000, 524 (526 f.); OLG Stuttgart 17.10.1995 – 1 Ws 184/95, NStZ 1997, 288; 22.5.1997 – 1 Ws 87/97, NStZ-RR 1998, 63 = NStZ 1988, 562 Ls. = AWPrax 1997, 278; LG Stuttgart 1.10.1996– 3 KLs 47/96, NStZ 1997, 288 (Giftgasanlage in Rabta/Libyen) mAnm *Bieneck* AWPrax 1997, 62 (hierzu auch *Achenbach* NStZ 1997, 536 [538]; *Holthausen* NStZ 1997, 290; *Kreuzer* NStZ 1997, 292); LG Stuttgart 19.6.2001 – 6 KLs 144 Js 43314/94, wistra 2001, 436 (Giftgasanlage in Rabta/Libyen) mAnm *Bieneck* AW-Prax 2001, 349; *Kieninger/Bieneck* wistra 2001, 438.
[3] Vgl. hierzu → Vor § 1 Rn. 19.
[4] Zur Verfassungsmäßigkeit dieser Regelung vgl. BVerfG 29.10.1987 – 2 BvR 624, 1080, 2029/83, BVerfGE 77, 170 = NJW 1988, 1651 Ls. 4; hierzu → § 20 Rn. 1 ff.
[5] *Pottmeyer* §§ 19–22 Rn. 1; Steindorf/*Heinrich* Rn. 8; zur Konkurrenz mit Strafvorschriften des Außenwirtschaftsrechts OLG Stuttgart 17.10.1995 – 1 Ws 184/95, NStZ 1997, 288; OLG Düsseldorf 23.2.2000 – 2 Ws 16/00, NStZ 2000, 378 (379) – zugleich zur Frage, inwieweit beim Abschluss mehrerer Verträge mehrere Tathandlungen iS des § 20 vorliegen; zu den Konkurrenzen beim Zusammentreffen mit anderen Vorschriften des → § 22a Rn. 105; zu Konkurrenzen mit dem Chemiewaffenübereinkommen → Rn. 14.
[6] Vgl. OLG Düsseldorf 23.2.2000 – 2 Ws 16/00, NStZ 2000, 378 (379); BT-Drs. 11/4609, 7; ferner *Beckemper* in *Achenbach/Ransiek/Rönnau* Rn. 109; *Holthausen* wistra 1998, 209 (210); *Pietsch* NStZ 2001, 234 (235).

1a. einen anderen zu einer in Nummer 1 bezeichneten Handlung zu verleiten oder
2. eine in Nummer 1 bezeichnete Handlung zu fördern.

II. Zum Begriff der biologischen Waffen

3 Die hier in Frage kommenden **biologischen Waffen**[7] sind in Teil A Kapitel II der Kriegswaffenliste (KWL) unter den Nummern 3 (biologische Kampfmittel) und 4 (Einrichtungen und Geräte) abschließend aufgezählt.[8] Es handelt sich hierbei insbesondere um schädliche Insekten und deren toxische Produkte. Ferner werden biologische Agenzien (Mikroorganismen, Viren, Pilze und Toxine) erfasst. Als biologische Kampfmittel können ferner auch genetisch modifizierte Mikroorganismen und genetische Elemente angesehen werden.[9] Hinzuweisen ist allerdings auf die Einschränkung der Begriffsbestimmung im Einleitungssatz von Teil A der KWL (ausgenommen sind Gegenstände, die zivilen Zwecken oder der wissenschaftlichen, medizinischen oder der industriellen Forschung dienen). Soweit die Voraussetzungen dieser Ausnahmebestimmung gegeben sind, liegt bereits objektiv keine Kriegswaffe vor.[10]

III. Zum Begriff der chemischen Waffen

4 Die hier in Frage kommenden **chemischen Waffen**[11] sind in Teil A Kapitel III der Kriegswaffenliste (KWL) unter den Nummern 5 (toxische Chemikalien und Ausgangsstoffe) und 6 (Einrichtungen und Geräte) abschließend aufgezählt.[12] Auch hier ist – wie schon bei den atomaren und biologischen Waffen – auf die Einschränkung der Begriffsbestimmung im Einleitungssatz von Teil A der KWL (Gegenstände, die zivilen Zwecken oder der wissenschaftlichen, medizinischen oder der industriellen Forschung dienen) hinzuweisen. Soweit die Voraussetzungen dieser Ausnahmebestimmung erfüllt sind, liegt bereits objektiv keine Kriegswaffe vor.[13]

IV. Grundtatbestand des Abs. 1

5 Der Grundtatbestand des § 20 erfasst sowohl den unerlaubten täterschaftlichen Umgang mit biologischen und chemischen Waffen (Nr. 1) als auch eine diesbezügliche Verleitung (Nr. 1a) bzw. Förderung (Nr. 2). Zu beachten ist hierbei, dass im Gegensatz zur Regelung bei „konventionellen" Kriegswaffen (vgl. § 22a) jeder Beteiligte grds. als Täter angesehen werden kann, auch wenn er zB als Arbeitnehmer beim Umgang mit „konventionellen" Kriegswaffen nach § 5 keiner Genehmigung bedarf und daher auch nicht tauglicher Täter des § 22a sein kann. Denn § 20 stellt, da der Umgang mit biologischen und chemischen Waffen grds. nicht genehmigungsfähig ist, auch nicht auf des Fehlen einer solchen Genehmigung ab.[14]

---

[7] Vgl. hierzu auch das Protokoll Nr. III über die Rüstungskontrolle vom 23.10.1954, BGBl. 1955 II S. 266. Hier wird in Anlage II Ziff. III Buchst. a bestimmt: „Als biologische Waffen gelten alle Einrichtungen und Geräte, die eigens dazu bestimmt sind, schädliche Insekten oder andere lebende oder tote Organismen oder deren toxische Produkte für militärische Zwecke zu verwenden"; zur Definition auch *Witschel* NZWehrR 1989, 133 (134); vgl. ferner *Beschorner* ZVglRWiss 90 (1991), 262 (276 f.).
[8] Vgl. hierzu die in der Anlage abgedruckte Kriegswaffenliste.
[9] *Fehn* Kriminalistik 2004, 635 (639).
[10] Vgl. BT-Drs. 11/4909, 8; zu dieser „Zivilklausel" *Holthausen* NJW 1992, 2113; *ders.* wistra 1998, 209 (210).
[11] Vgl. hierzu auch das Protokoll Nr. III über die Rüstungskontrolle vom 23.10.1954, BGBl. 1955 II S. 266. Hier wird in Anlage II Ziff. II Buchst. a bestimmt: „Als chemische Waffen gelten alle Einrichtungen und Geräte, die eigens dazu bestimmt sind, die erstickenden, toxischen, reizerregenden, lähmenden, wachstumsregelnden, die Schmerzwirkung zerstörenden und katalytischen Eigenschaften irgendeiner chemischen Substanz für militärische Zwecke auszunutzen".
[12] Vgl. hierzu die in der Anlage abgedruckte Kriegswaffenliste.
[13] Vgl. BT-Drs. 11/4909, 8; zu dieser „Zivilklausel" *Holthausen* NJW 1992, 2113; *ders.* wistra 1998, 209 (210).
[14] Vgl. hierzu bereits → Rn. 1; ferner BT-Drs. 11/4609, 7; vgl. in Bezug auf atomare Waffen → § 19 Rn. 1.

II. Kriegswaffenkontrollgesetz								6, 7 § 20 KrWaffG

1. Unerlaubter täterschaftlicher Umgang mit biologischen oder chemischen 6
Waffen (Nr. 1). Ebenso wie in § 19 werden in den §§ 18, 20 verschiedene Ausprägungen der Ausübung der tatsächlichen Gewalt über biologische und chemische Waffen unter Strafe gestellt. Hinsichtlich der Auslegung der genannten Tathandlungen kann weitgehend auf die Ausführungen zu § 19 verwiesen werden.[15] Insofern ist im Rahmen der **Entwicklung** auch hier nicht nur die Neu- und Weiterentwicklung, sondern auch die **Nachentwicklung** von biologischen und chemischen Waffen tatbestandsmäßig.[16] Was für die Errichtung von Produktionsanlagen und Verfahren gilt, muss auch für die Entwicklung der einzelnen Kampfstoffe gelten.[17] Obwohl die Mehrzahl der als Kampfstoffe in Betracht kommenden chemischen Verbindungen bereits „entdeckt" und erstmalig synthetisiert ist, verfügen dennoch nur wenige Staaten über entsprechende Kenntnisse und Möglichkeiten zu ihrer Herstellung.[18] Auch hier muss also, um dem Gesetzeszweck Genüge zu tun, eine **Nachentwicklung** im Sinne der Schaffung der technologischen Voraussetzungen, diese Kampfstoffe selbst entwickeln und produzieren zu können, als „Entwicklung" iS des Abs. 1 Nr. 1 angesehen werden. Eine Überschreitung der Wortlautgrenze ist hierin nicht zu erblicken.[19] Als Entwicklung sind damit neben der Neu- und Weiterentwicklung auch sämtliche Handlungen anzusehen, die darauf gerichtet sind, die für die Kampfstoffherstellung erforderlichen Kenntnisse zu erlangen, die Prozessabläufe und die dafür notwendigen Installationen zu konzipieren, die dafür benötigten Einsatzstoffe, Anlagenelemente und Geräte zu beschaffen, diese zu einer Prozesseinheit miteinander zu verbinden und aufeinander abzustimmen sowie schließlich auch die Errichtung der nach all diesen Vorgaben entworfenen Produktionsanlagen.[20]

Die Errichtung einer Anlage zur Herstellung von biologischen oder chemischen Waffen 7
bedeutet andererseits aber auch hier – ebenso wie bei den atomaren Waffen – noch nicht den Beginn der **Herstellung** der Kampfstoffe selbst, sondern stellt lediglich eine bloße Vorbereitungshandlung dar.[21] Eine Anlage, welche zur Herstellung chemischer Waffen dient, ist ferner auch keine Einrichtung iS von Nr. 6 der Kriegswaffenliste.[22] Denn hierunter fallen nur Einrichtungen und Geräte, die eigens dazu bestimmt sind, die genannten chemischen Kampfstoffe zu **verwenden,** also beispielsweise Befüllungsmaschinen für Artilleriegranaten und Versprühungseinrichtungen.[23] Wer also lediglich den Bau einer Herstellungsanlage betreibt (bzw. fördert), macht sich nicht nach Abs. 1 (bzw. Abs. 2) strafbar, sofern hierin nicht gleichzeitig eine „Entwicklung" zu sehen ist.[24]

---

[15] → § 19 Rn. 7 ff.
[16] So auch OLG Düsseldorf 23.2.2000 – 2 Ws 16/00, NStZ 2000, 378 (379) im Anschluss an *Holthausen* NStZ 1997, 290 (291); vgl. ferner BGH 26.6.2008 – AK 10/08, wistra 2008, 432 (433); BGH 26.3.2009 – StB 20/08, BGHSt 53, 238 (245 f.) in NStZ 2009, 640 (642); *Alexander/Winkelbauer* in *Müller-Gugenberger/Bieneck,* § 73 Rn. 22; *Beckemper* in *Achenbach/Ransiek/Rönnau,* Rn. 110; *Hohmann/John/Pietsch,* Teil 5, § 20 Rn. 3 ff.; ferner *Pietsch* NStZ 2001, 234 (235); aM OLG Stuttgart 22.5.1997 – 1 Ws 87/97, NStZ-RR 1998, 63; LG Stuttgart 1.10.1996 – 3 KLs 47/96, NStZ 1997, 288 (289 – offen gelassen nunmehr allerdings in LG Stuttgart 19.6.2001 – 6 KLs 144 Js 43314/94, wistra 2001, 436); *Kieninger/Bieneck* wistra 2001, 438 (439); *Pottmeyer* §§ 16–17 Rn. 7; abweichend auch *Muhler* ZRP 1998, 4 (5), der dem Entwicklungsbegriff nur noch für die Entwicklung von bisher unbekannten biologischen Waffen Bedeutung beimisst; dagegen überzeugend *Holthausen* wistra 1998, 209, der darauf hinweist, dass der Normzweck verfehlt würde, wenn man im biologischen Bereich das Entwickeln auf die Erzeugung völlig neuer Agenzien zurückschrauben würde, mit der Folge, dass praktisch nur noch die Erzeugung völlig neuer Erreger mittels Gentechnologie übrig bliebe; ebenso *Hohmann/John/Pietsch,* Teil 5, § 20 Rn. 10; differenzierend *Pathe/Wagner* in *Bieneck,* § 44 Rn. 119.
[17] *Holthausen/Hucko* NStZ-RR 1998, 193 (198).
[18] Hierzu *Holthausen/Hucko* NStZ-RR 1998, 193 (198).
[19] So aber *Muhler* ZRP 1998, 4 (5), vgl. zu diesem Problem bereits → § 19 Rn. 7.
[20] So *Beckemper* in *Achenbach/Ransiek/Rönnau,* Rn. 110; *Hohmann/John/Pietsch,* Teil 5, § 20 Rn. 7 f.; *Holthausen* NJW 1991, 203 (204); *ders.* NStZ 1997, 290 (291); *ders.* wistra 1998, 209; *Pietsch* NStZ 2001, 234 (235); ferner OLG Düsseldorf 23.2.2000 – 2 Ws 16/00, NStZ 2000, 378 (379) LG Stuttgart 1.10.1996 – 3 KLs 47/96, NStZ 1997, 288.
[21] Vgl. hierzu *Holthausen* NStZ 1997, 290; vgl. zu den atomaren Waffen → Rn. 8.
[22] Hierzu LG Stuttgart 1.10.1996 – 3 KLs 47/96, NStZ 1997, 288 (289); zustimmend *Holthausen* NStZ 1997, 290; *Kreuzer* NStZ 1997, 292.
[23] *Kreuzer* NStZ 1997, 292.
[24] Insoweit fordert allerdings *Ricke* ZfZ 1997, 138 (139) auch den Begriff der Herstellungsanlage ausdrücklich in § 20 mit aufzunehmen; ebenso *Muhler* ZRP 1998, 4 (5 f.).

8 **2. Verleiten zum unerlaubten Umgang mit biologischen und chemischen Waffen (Nr. 1a).** Wie schon bei § 19 Abs. 1, so wird auch hier das „Verleiten" eigenständig unter Strafe gestellt. Hierdurch werden Teilnahmehandlungen, die ansonsten weitgehend der Anstiftung entsprechen, zu täterschaftlichem Handeln hochgestuft.[25] Inhaltlich entspricht das Verleiten auch hier im Wesentlichen der Anstiftung, § 26 StGB.[26] Die unterschiedliche Wortwahl ist wiederum darauf zurückzuführen, dass nach Abs. 3 auch ein „leichtfertiges" Verleiten erfasst ist, eine Anstiftung nach § 26 StGB jedoch nur bei vorsätzlichem Verhalten möglich ist. Wie schon bei § 19 Abs. 1 Nr. 1a, so ist auch hier der Versuch strafbar. Darüber hinaus ist – sofern eine (versuchte) Verleitung noch nicht feststellbar ist – stets auch an die Vorfeldtatbestände des § 30 StGB zu denken, die hier anwendbar sind, da es sich bei § 20 KrWaffG um ein Verbrechen handelt.[27]

9 **3. Fördern des unerlaubten Umgangs mit biologischen und chemischen Waffen (Nr. 2).** Wie schon bei der Verleitung in Nr. 1a, wird auch bei der Förderung in Nr. 2 eine Teilnahmehandlung als täterschaftliches Handeln verselbstständigt.[28] Dabei entspricht das „Fördern" weitgehend der Beihilfe nach § 27 StGB.[29] Allerdings ist zu beachten, dass über Abs. 3 auch „leichtfertiges" Fördern erfasst wird. Auf die Ausführungen zu § 19 Abs. 1 Nr. 2 kann an dieser Stelle verwiesen werden.[30] Wie auch bei atomaren Waffen setzt eine Förderung der Herstellung biologischer und chemischer Waffen voraus, dass es tatsächlich zu einer Herstellung solcher Waffen gekommen ist bzw. die Haupttat zumindest das Versuchsstadium erreicht hat.[31] Ist dies nicht der Fall, kann allerdings ein Versuch des Abs. 1 Nr. 2 vorliegen.[32] Ferner kann auch hier in denjenigen Fällen, in denen (im Hinblick auf die Haupttat) eine (wenigstens versuchte) **Herstellung** von biologischen oder chemischen Waffen nicht nachgewiesen ist, jedenfalls eine (versuchte) Förderung der (versuchten) **Entwicklung** solcher Waffen anzunehmen sein, die eine Bestrafung nach Abs. 1 Nr. 2 ermöglicht.[33] Denn mit der gesetzgeberischen Intention, sämtliche Hilfeleistungen deutscher Staatsangehöriger oder Firmen beim Aufbau einer ausländischen ABC-Waffenproduktion zu erfassen, wäre es nicht vereinbar, einen Technologietransfer für den Bau einer ausländischen Fabrik zur Herstellung bereits bekannter biologischer oder chemischer Kampfstoffe erst mit dem Beginn der tatsächlichen Produktion (= Förderung der Herstellung) im Ausland als vollendetes Fördern zu erfassen.[34] Darüber hinaus ist auch hier an eine Strafbarkeit nach § 30 Abs. 2 StGB zu denken, wenn die Schwelle zur versuchten Förderung noch nicht überschritten wurde.

V. Die minder schweren Fälle des Abs. 2

10 Abs. 2 enthält, wie auch § 19 Abs. 3 (für atomare Waffen), Strafzumessungsvorschriften bei minder schweren Fällen, die jedoch im Gesetz nicht näher, etwa mittels Regelbeispielen, umschrieben werden. Durch die Annahme eines minder schweren Falles ändert sich auch hier die Deliktsqualität nicht (vgl. § 12 Abs. 3 StGB). Die Tat bleibt **Verbrechen,** der

---

[25] Vgl. ergänzend die Ausführungen → § 19 Rn. 11 f.
[26] Vgl. zu den Unterschieden die Ausführungen in → § 19 Rn. 12.
[27] Vgl. hierzu Barthelmeß wistra 2001, 14 (16).
[28] LG Stuttgart 1.10.1996 – 3 KLs 47/96, NStZ 1997, 288 (289); Holthausen/Hucko NStZ-RR 1998, 193 (198); Holthausen NJW 1991, 203; OLG Düsseldorf 13.3.1997 – 2 Ws 47–48/97, NStZ-RR 1998, 153 (154).
[29] Vgl. zum Begriff des „Förderns" ausführlich Holthausen NJW 1991, 203.
[30] → § 19 Rn. 13 ff.
[31] OLG Düsseldorf 13.3.1997 – 2 Ws 47–48/97, NStZ-RR 1998, 153; 23.2.2000 – 2 Ws 16/00, NStZ 2000, 378 (379); OLG Stuttgart 22.5.1997 – 1 Ws 87/97, NStZ-RR 1998, 63; LG Stuttgart 1.10.1996 – 3 KLs 47/96, NStZ 1997, 288 (289); Holthausen NStZ 1997, 290; Pietsch NStZ 2001, 234 (235).
[32] OLG Düsseldorf 13.3.1997 – 2 Ws 47–48/97, NStZ-RR 1998, 153; LG Stuttgart 19.6.2001 – 6 KLs 144 Js 43314/94, wistra 2001, 436 (438); hierzu Holthausen/Hucko NStZ-RR 1998, 193 (198); ferner Barthelmeß wistra 2001, 14 (15); aM OLG Stuttgart 22.5.1997 – 1 Ws 87/97, NStZ-RR 1998, 63; LG Stuttgart 1.10.1996 – 3 KLs 47/96, NStZ 1997, 288.
[33] OLG Düsseldorf 23.2.2000 – 2 Ws 16/00, NStZ 2000, 378 (379).
[34] So auch das OLG Düsseldorf 23.2.2000 – 2 Ws 16/00, NStZ 2000, 378 (379); anders auf der Grundlage des geltenden Rechts Muhler ZRP 1998, 4 (5).

Versuch ist auch hier strafbar. Ein minder schwerer Fall liegt dann vor, wenn die konkrete Tat in ihrem Unrechtsgehalt im Vergleich zu den durchschnittlichen Fällen so erheblich zu Gunsten des Täters abweicht, dass der durch den Grundtatbestand angedrohte Strafrahmen als nicht mehr angemessen erscheint.

VI. Fahrlässigkeitstatbestand des Abs. 3

Abs. 3 enthält einen dem § 19 Abs. 4 bis auf den höheren Strafrahmen entsprechenden **11** Fahrlässigkeitstatbestand, der unterschiedliche Anforderungen an den Grad der Fahrlässigkeit stellt, je nachdem, welche Variante des § 20 Abs. 1 vorliegt. Hinsichtlich des unerlaubten „täterschaftlichen" Umgangs mit biologischen und chemischen Waffen genügt dem Gesetzgeber einfache Fahrlässigkeit (Abs. 3 Alt. 1). Hinsichtlich des Verleitens iS des Abs. 1 Nr. 1a und des Förderns iS des Abs. 1 Nr. 2 wird hingegen – bei gleicher Strafdrohung wie in der Alt. 1! – leichtfertiges Handeln verlangt (Abs. 3 Alt. 2). Auch hier wird unter Leichtfertigkeit ein erhöhter Grad der Fahrlässigkeit verstanden, der in etwa der groben Fahrlässigkeit im Zivilrecht entspricht.[35]

VII. Ausnahmevorschrift des Abs. 4

Wie bereits § 19 Abs. 6 (für atomare Waffen), so erklärt auch § 20 Abs. 4 bestimmte **12** Verhaltensweisen für nicht tatbestandsmäßig. Von der Strafnorm nicht erfasst werden sollen die hier genannten Handlungen, die gerade zur Vernichtung von chemischen Waffen oder zum Schutz gegen die Wirkungen von biologischen und chemischen Waffen dienen.[36] Gedacht ist hierbei in erster Linie an die Vernichtung von Altbeständen an C-Waffen aus der Zeit der beiden Weltkriege durch die dafür zuständigen Stellen (zB in Kampfmittelbeseitigungsanlagen der Bundeswehr).[37] Abs. 4 Nr. 2 erfasst dagegen den Umgang mit biologischen und chemischen Waffen, um Schutzmaßnahmen gegen die Wirkungen dieser Waffen zu entwickeln oder zu testen (zB Prüfung von Schutzmaterial gegen chemische Waffen wie Gasmasken, Schutzanzüge und Gegenmittel). Soweit hierfür Proben von biologischen oder chemischen Kampfstoffen benötigt werden, ist jedoch zu beachten, dass hier regelmäßig schon die „Zivilklausel" des Einleitungssatzes im Teil A der Kriegswaffenliste[38] eingreifen wird, so dass diese Substanzen und Organismen bereits keine Kriegswaffen iS des § 20 darstellen.

VIII. Verhältnis des § 20 zu den Bestimmungen des Chemiewaffenübereinkommens und ergänzender Bestimmungen

Am 13.1.1993 wurde in Paris das Übereinkommen über das Verbot der Entwicklung, **13** Herstellung, Lagerung und des Einsatzes chemischer Waffen und über die Vernichtung solcher Waffen unterzeichnet. Es ist für die Bundesrepublik am 29.4.1997 in Kraft getreten.[39] Der bundesdeutsche Gesetzgeber hatte das Übereinkommen jedoch bereits durch das Gesetz zum Chemiewaffenübereinkommen – CWÜ vom 5.7.1994 in nationales Recht umgesetzt[40]

---

[35] Vgl. die Ausführungen zu § 19 Abs. 4; → § 19 Rn. 25 ff.
[36] Vgl. zur Begründung BT-Drs. 11/4609, 10.
[37] BT-Drs. 11/4609, 10; auch *Beckemper* in *Achenbach/Ransiek/Rönnau* Rn. 113.
[38] Vgl. hierzu die in der Anlage abgedruckte Kriegswaffenliste.
[39] Vgl. die Bekanntmachung vom 4.11.1996, BGBl. II S. 2618; hierzu *Badelt*, Chemische Kriegsführung – Chemische Abrüstung. Die Bundesrepublik Deutschland und das Chemiewaffen-Übereinkommen, 1996; *Kelle*, Das Chemiewaffen-Übereinkommen und seine Umsetzung – einführende Darstellung und Stand der Diskussion, HSFK Report 12/1996, 1996.
[40] Gesetz zu dem Übereinkommen vom 13.1.1993 über das Verbot der Entwicklung, Herstellung, Lagerung und des Einsatzes chemischer Waffen und über die Vernichtung solcher Waffen (Gesetz zum Chemiewaffenübereinkommen – CWÜ) vom 5.7.1994, BGBl. II S. 805 iVm der Bekanntmachung vom 4.11.1996, BGBl. II S. 2618; abgedruckt ua bei Steindorf/*Heinrich* Nr. 8h.

und am 2.8.1994 ein entsprechendes Ausführungsgesetz erlassen (CWÜ-AG).[41] Ergänzend hierzu erging schließlich am 20.11.1996 eine AusführungsVO (CWÜV).[42]

14 Das genannte Ausführungsgesetz enthält in den §§ 16, 17 etliche Straf- und in § 15 einige Bußgeldvorschriften.[43] Insbes. § 17 CWÜ-AG entspricht in seinem Aufbau weitgehend § 20 KrWaffG und stellt die Entwicklung, Herstellung etc von „toxischen Chemikalien, Munition, Geräten oder Ausrüstungen" iS des Chemiewaffenübereinkommens unter Strafe, sofern dies für andere als die dort erlaubten Zwecke geschieht. Treffen diese Strafvorschriften mit § 20 KrWaffG zusammen, treten sie infolge des niedrigeren Strafrahmens und der formellen Subsidiarität des § 17 Abs. 1 CWÜ-AG hinter den Strafnormen des KrWaffG zurück.[44] Eigenständige Bedeutung haben die Strafnormen daher nur dann, wenn es sich um chemische Waffen handelt, die ausschließlich dem CWÜ bzw. CWÜ-AG, nicht aber dem KrWaffG unterfallen. Dies ist deswegen möglich, da der Begriff der chemischen Waffen im CWÜ bzw. CWÜ-AG weiter reicht als der im KrWaffG.[45] Auch die genannte AusführungsVO enthält in § 13 einige Straftaten sowie in § 12 Ordnungswidrigkeiten, welche die im CWÜ-AG getroffenen Bestimmungen ergänzen.[46]

IX. Auslandsstraftaten

15 Nach § 21 gilt die Strafvorschrift des § 20 auch für Taten, die ein Deutscher im Ausland begeht, selbst wenn diese dort nicht mit Strafe bedroht sind.[47]

§ 20a Strafvorschriften gegen Antipersonenminen und Streumunition

(1) Mit Freiheitsstrafe von einem Jahr bis zu fünf Jahren wird bestraft, wer
1. entgegen § 18a Antipersonenminen oder Streumunition einsetzt, entwickelt, herstellt, mit ihnen Handel treibt, von einem anderen erwirbt oder einem anderen überläßt, einführt, ausführt, durch das Bundesgebiet durchführt oder sonst in das Bundesgebiet oder aus dem Bundesgebiet verbringt oder sonst die tatsächliche Gewalt über sie ausübt, insbesondere sie transportiert, lagert oder zurückbehält,
2. einen anderen zu einer in Nummer 1 bezeichneten Handlung verleitet oder
3. eine in Nummer 1 bezeichnete Handlung fördert.

(2) ¹In besonders schweren Fällen ist die Strafe Freiheitsstrafe nicht unter einem Jahr. ²Ein besonders schwerer Fall liegt in der Regel vor, wenn
1. der Täter in den Fällen des Absatzes 1 gewerbsmäßig handelt oder
2. sich die Handlung nach Absatz 1 auf eine große Zahl von Antipersonenminen oder Streumunition bezieht.

(3) In minder schweren Fällen des Absatzes 1 ist die Strafe Freiheitsstrafe von drei Monaten bis zu drei Jahren.

(4) Handelt der Täter in den Fällen des Absatzes 1 Nr. 1 fahrlässig oder in den Fällen des Absatzes 1 Nr. 2 oder 3 leichtfertig, so ist die Strafe Freiheitsstrafe bis zu drei Jahren oder Geldstrafe.

---

[41] Ausführungsgesetz zu dem Übereinkommen vom 13.1.1993 über das Verbot der Entwicklung, Herstellung, Lagerung und des Einsatzes chemischer Waffen und über die Vernichtung solcher Waffen (Ausführungsgesetz zum Chemiewaffenübereinkommen – CWÜAG) vom 2.8.1994, BGBl. I S. 1954 (FNA 188-59), zuletzt geändert durch Art. 24 VO vom 31.8.2015, BGBl. I S. 1474 abgedruckt ua bei Steindorf/*Heinrich* Nr. 8i.

[42] Ausführungsverordnung zum Chemiewaffenübereinkommen (CWÜV) vom 20.11.1996, BGBl. I S. 1794 (FNA 188-59-1), zuletzt geändert durch Art. 1 VO vom 5.7.2011, BGBl. I S. 1349; die VO ist ua abgedruckt bei Steindorf/*Heinrich* Nr. 8k.

[43] Vom Abdruck wurde abgesehen.

[44] Steindorf/*Heinrich* Rn. 8; ausführlich zu den Konkurrenzen Hohmann/John/*Pietsch*, Teil 5, § 20 Rn. 17.

[45] Vgl. *Alexander/Winkelbauer* in *Müller-Gugenberger/Bieneck*, § 73 Rn. 75; *Bieneck* in *Müller-Gugenberger/Bieneck*, 5. Aufl., § 73 Rn. 58.

[46] Vom Abdruck dieser Vorschriften wurde abgesehen.

[47] Vgl. näher hierzu die Kommentierung zu § 21.

Übersicht

	Rn.		Rn.
I. Überblick	1	3. Fördern des unerlaubten Umgangs mit Antipersonenminen oder Streumunition (Nr. 3)	8
II. Zum Begriff der Antipersonenminen und der Streumunition	2, 3		
III. Grundtatbestand des Abs. 1	4–8	IV. Strafzumessungsregel des Abs. 2	9, 10
1. Unerlaubter täterschaftlicher Umgang mit Antipersonenminen oder Streumunition (Nr. 1)	5, 6	V. Die minder schweren Fälle des Abs. 3	11
		VI. Fahrlässigkeitstatbestand des Abs. 4	12
2. Verleiten zum unerlaubten Umgang mit Antipersonenminen oder Streumunition (Nr. 2)	7	VII. Auslandsstraftaten	13

I. Überblick

Die Bestimmung geht auf das „Übereinkommen über das Verbot des Einsatzes, der Lagerung, der Herstellung und der Weitergabe von Antipersonenminen und über deren Vernichtung" vom 3.12.1997[1] zurück und wurde am 6.7.1998 ins KrWaffG eingefügt.[2] Sie wurde durch Art. 2 Nr. 5 des Gesetzes vom 6.6.2009, durch welches die Verpflichtung aus dem „Übereinkommen über Streumunition" vom 3.12.2008 in nationales Recht umgesetzt wurde, auf Streumunition erweitert.[3] Die Vorschrift knüpft an das in § 18a normierte (Total-)Verbot von Antipersonenminen und Streumunition an und stellt einen Verstoß hiergegen unter Strafe. Die Tat ist als **Verbrechen** mit einer Mindestfreiheitsstrafe von einem Jahr bedroht. Die **Versuchsstrafbarkeit** ergibt sich aus den §§ 23 Abs. 1, 12 Abs. 1 StGB. § 20a stellt für die hier genannten Antipersonenminen, die nach Ziff. 43 der Kriegswaffenliste ebenfalls Kriegswaffen sind, sowie für Streumunition eine Spezialvorschrift zu § 22a („Sonstige" Strafvorschriften) dar,[4] wobei auch hier darauf hinzuweisen ist, dass der Umgang mit Antipersonenminen und Streumunition ausnahmslos **nicht genehmigungsfähig** ist, weshalb – wie schon in den vorgenannten Bestimmungen zum Verbot der ABC-Waffen – das in § 22a stets anzutreffende Tatbestandsmerkmal des „Handelns ohne Genehmigung" entbehrlich war. Auch im Rahmen des § 20a gilt im Hinblick auf den Täterkreis das bereits oben zu § 19 ausgeführte.[5] Als Täter kann jeder Mitwirkende angesehen werden, auch wenn er selbst zB als Arbeitnehmer in einem Rüstungsbetrieb für den Umgang mit „konventionellen" Kriegswaffen nach § 5 keine Genehmigung benötigen würde und er daher im Einzelfall auch nicht tauglicher Täter des § 22a sein könnte.[6] Im **subjektiven Bereich** ist jeweils zumindest bedingter Vorsatz erforderlich. Dieser muss sich sowohl auf das Vorliegen einer Antipersonenmine oder von Streumunition als auch auf die entsprechende Tathandlung beziehen. In ihrem Aufbau entspricht die Strafvorschrift im Wesentlichen der

---

[1] Vgl. hierzu das Gesetz zum Übereinkommen über das Verbot des Einsatzes, der Lagerung, der Herstellung und der Weitergabe von Antipersonenminen und über deren Vernichtung vom 30.4.1998, BGBl. II S. 778; das Übereinkommen ist abgedruckt in BGBl. 1998 II S. 779 und BT-Drs. 13/9817. Es ist für Deutschland in Kraft getreten am 1.3.1999; vgl. BGBl. 1998 II S. 3004; zum Inkrafttreten hinsichtlich anderer Staaten vgl. BGBl. 1998 II S. 3004; BGBl. 1999 II S. 79, 181; zur historischen Entwicklung *Hermsdörfer*, FS Dau, 1999, 87.

[2] Vgl. Art. 2 Nr. 5 Ausführungsgesetz vom 6.7.1998 zum Übereinkommen über das Verbot des Einsatzes, der Lagerung, der Herstellung und der Weitergabe von Antipersonenminen und über deren Vernichtung vom 3.12.1997, BGBl. 1998 I S. 1778 (FNA 188-84), nach Art. 3 Abs. 1 dieses Gesetzes in Kraft getreten am 10.7.1998. Vgl. hierzu die Materialien BT-Drs. 13/9817 (Gesetzentwurf der Bundesregierung); BT-Drs. 13/10116 (Gesetzentwurf der Bundesregierung); BT-Drs. 13/10691 (Beschlussempfehlung und Bericht des Auswärtigen Ausschusses).

[3] BGBl. II S. 502; nach Art. 3 Abs. 1 dieses Gesetzes trat die Regelung am 11.6.2009 in Kraft; das „Übereinkommen über Streumunition" ist abgedruckt in BGBl. 2009 II S. 504.

[4] Zu den Konkurrenzen beim Zusammentreffen mit anderen Vorschriften → § 22a Rn. 105.

[5] Hierzu → § 19 Rn. 5.

[6] Zum Charakter des § 22a als Sonderdelikt → § 22a Rn. 23 f.

Regelung bei atomaren Waffen (§ 19).[7] Es wird jedoch in Abs. 2 auf einen besonderen Qualifikationstatbestand verzichtet und lediglich eine Strafzumessungsregelung für besonders schwere Fälle getroffen. Die dem § 20a zu Grunde liegende Verbotsnorm des § 18a lautet:

§ 18a Verbot von Antipersonenminen und Streumunition
(1) Es ist verboten,
1. Antipersonenminen oder Streumunition einzusetzen, zu entwickeln, herzustellen, mit ihnen Handel zu treiben, von einem anderen zu erwerben oder einem anderen zu überlassen, einzuführen, auszuführen, durch das Bundesgebiet durchzuführen oder sonst in das Bundesgebiet oder aus dem Bundesgebiet zu verbringen oder sonst die tatsächliche Gewalt über sie auszuüben, insbesondere sie zu transportieren, zu lagern oder zurückzubehalten,
2. einen anderen zu einer in Nummer 1 bezeichneten Handlung zu verleiten oder
3. eine in Nummer 1 bezeichnete Handlung zu fördern.

(2) ¹Für Antipersonenminen gilt die Begriffsbestimmung des Artikels 2 des Übereinkommens über das Verbot des Einsatzes, der Lagerung, der Herstellung und der Weitergabe von Antipersonenminen und über deren Vernichtung vom 3. Dezember 1997. ²Für Streumunition gilt die Begriffsbestimmung des Artikels 2 Absatz 2 des Übereinkommens über Streumunition vom 3. Dezember 2008.

(3) Absatz 1 gilt nicht für Handlungen, die nach den Bestimmungen der in Absatz 2 genannten Übereinkommen zulässig sind.

II. Zum Begriff der Antipersonenminen und der Streumunition

2   In § 18a Abs. 2 S. 1 wird hinsichtlich der Begriffsbestimmung von **Antipersonenmine** auf Art. 2 des Übereinkommens über das Verbot des Einsatzes, der Lagerung, der Herstellung und der Weitergabe von Antipersonenminen und über deren Vernichtung vom 3.12.1997[8] verwiesen. Hiernach versteht man unter einer Antipersonenmine eine „Mine,[9] die dazu bestimmt ist, durch die Gegenwart, Nähe oder Berührung einer Person zur Explosion gebracht zu werden, und die eine oder mehrere Personen kampfunfähig macht, verletzt oder tötet" (Art. 2 Abs. 1 S. 1 des Übereinkommens).[10] In Art. 2 Abs. 1 S. 2 des Übereinkommens wird klargestellt, dass Minen dann nicht erfasst sind, wenn sie **nicht** „dazu bestimmt sind, durch die Gegenwart, Nähe oder Berührung einer Person, sondern eines Fahrzeugs zur Detonation gebracht zu werden, und die mit Aufhebesperren ausgestattet sind". Unter einer der hier genannten „Aufhebesperren" versteht man „eine Vorrichtung, die eine Mine schützen soll und Teil der Mine, mit ihr verbunden, an ihr befestigt oder unter ihr angebracht ist und die bei dem Versuch, sich an der Mine zu schaffen zu machen oder sie anderweitig gezielt zu stören, aktiviert wird" (Art. 2 Abs. 3 des Übereinkommens). Insoweit wird klargestellt, dass Panzerabwehrminen und Sprengfallen nicht unter das Verbot fallen, sondern dass als Antipersonenminen nur diejenigen Minen erfasst werden, die speziell darauf abzielen, gegen Menschen eingesetzt zu werden.[11]

3   Für den Begriff der **Streumunition** ist nach § 18 Abs. 2 S. 2 die Begriffsbestimmung in Art. 2 Nr. 2 des Übereinkommens über Streumunition vom 3.12.2008 maßgeblich. Hier-

---

[7] Vgl. zur Begründung BT-Drs. 13/10 116, 8, 10; BT-Drs. 13/10691, 2.
[8] Vgl. BGBl. 1998 II S. 778 (781).
[9] Ganz allgemein definiert Art. 2 Abs. 2 dieses Übereinkommens eine „Mine" als „Kampfmittel, das dazu bestimmt ist, unter, auf oder nahe dem Erdboden oder einer anderen Oberfläche angebracht und durch die Gegenwart, Nähe, Berührung einer Person oder eines Fahrzeugs zur Explosion gebracht zu werden; eine ähnliche Definition findet sich bereits in Art. 2 Nr. 1 des „Protokolls über das Verbot oder die Beschränkung des Einsatzes von Minen, Sprengfallen und anderen Vorrichtungen", BGBl. 1992 II S. 968 sowie in Art. 2 Nr. 1 des in der nachfolgenden Fn genannten Protokolls.
[10] Eine identische Definition findet sich auch in Art. 2 Nr. 3 des „Protokolls über das Verbot oder die Beschränkung des Einsatzes von Minen, Sprengfallen und anderen Vorrichtungen in der am 3.5.1996 geänderten Fassung (Protokoll II in der am 3.5.1996 geänderten Fassung) zu dem Übereinkommen vom 10.10.1980 über das Verbot oder die Beschränkung des Einsatzes bestimmter konventioneller Waffen, die übermäßige Leiden verursachen oder unterschiedslos wirken können", BGBl. 1998 II S. 806 (807).
[11] *Pathe/Wagner* in *Bieneck,* § 44 Rn. 139; *Steindorf/Heinrich* § 18a Rn. 2; vgl. näher zum Begriff der Antipersonenmine Hohmann/John/*Pietsch,* Teil 5, § 20a Rn. 3 ff.

nach versteht man unter Streumunition „konventionelle Munition, die dazu bestimmt ist, explosive Submunition mit jeweils weniger als 20 Kilogramm Gewicht zu verstreuen oder freizugeben". Der Begriff „schließt diese explosive Submunitionen ein". **Nicht** als Streumunition bezeichnet werden nach Art. 2 Nr. 2 S. 2 dieses Übereinkommens „a) Munition oder Submunition, die dazu bestimmt ist, Täuschkörper, Rauch, pyrotechnische Mittel oder Düppel freizusetzen bzw. auszustoßen, oder Munition, die ausschließlich für Flugabwehrzwecke bestimmt ist; b) Munition oder Submunition, die dazu bestimmt ist, elektrische oder elektronische Wirkungen zu erzeugen; c) Munition, die zur Vermeidung von unterschiedslosen Flächenwirkungen und von Gefahren, die von nicht zur Wirkung gelangter Submunition ausgehen, alle nachstehenden Merkmale aufweist: i) die Munition enthält weniger als zehn explosive Submunitionen, ii) jede explosive Submunition wiegt mehr als vier Kilogramm, iii) jede explosive Submunition ist dazu bestimmt, ein einzelnes Zielobjekt zu erfassen und zu bekämpfen, iv) jede explosive Submunition ist mit einem elektronischen Selbstzerstörungsmechanismus ausgestattet, v) jede explosive Submunition ist mit einer elektronischen Selbstdeaktivierungseigenschaft ausgestattet". Dabei wird unter „explosiver Submunition" nach Art. 2 Nr. 3 des genannten Übereinkommens bezeichnet: „konventionelle Munition, die zur Erfüllung ihres Zwecks durch Streumunition verstreut oder freigegeben wird und dazu bestimmt ist, durch Auslösung einer Sprengladung vor, bei oder nach dem Aufschlag zur Wirkung zu gelangen".

III. Grundtatbestand des Abs. 1

Der Grundtatbestand des § 20a erfasst sowohl den unerlaubten täterschaftlichen Umgang 4 mit Antipersonenminen oder Streumunition (Nr. 1) als auch eine diesbezügliche Verleitung (Nr. 2) bzw. Förderung (Nr. 3).

1. Unerlaubter täterschaftlicher Umgang mit Antipersonenminen oder Streu- 5 **munition (Nr. 1).** Die in den §§ 18a, 20a genannten Tathandlungen decken sich weitgehend mit den Tathandlungen der §§ 19, 20, weshalb auf die dortigen Ausführungen verwiesen werden kann.[12] Zusätzlich aufgenommen ist lediglich das Merkmal des **„Einsetzens"** von Antipersonenminen oder Streumunition. Hinsichtlich der (sonstigen) Ausübung der tatsächlichen Gewalt werden ausdrücklich die Beispiele **„Transportieren, Lagern und Zurückbehalten"** genannt.[13] Durch diese weite Formulierung soll sichergestellt werden, dass praktisch jeder Umgang mit einer Antipersonenmine erfasst ist und zwar auch bereits in der Produktionsstätte oder im Lager eines Munitionsdepots.[14]

Durch die Aufnahme des Merkmals des **Einsetzens** wurde nicht nur dem Wortlaut des 6 genannten und umzusetzenden Übereinkommens entsprochen, sondern es sollte auch klar gestellt werden, dass die verheerende, in der Regel heimtückisch vorgenommene schadenstiftende tatsächliche Verwendung solcher Minen dem Verbot unterfällt.[15] Das Merkmal des Einsetzens ist erfüllt, wenn die Mine verlegt und so vorbereitet ist, dass die vorgesehene Wirkung eintreten kann.[16] Der bloße Befehl, eine solche Mine zu verlegen, reicht hierfür nicht aus und stellt eine bloße Vorbereitungshandlung dar.[17] Durch die ausdrückliche Aufnahme des Merkmals des **Zurückbehaltens** als Unterfall der Ausübung der tatsächlichen Gewalt soll dem Ziel des genannten Übereinkommens, zur Vernichtung sämtlicher Minen dieser Kategorie beizutragen, besondere Aufmerksamkeit geschenkt werden.[18]

---

[12] → § 19 Rn. 7 ff., § 20 Rn. 6 f.
[13] Vgl. hierzu BT-Drs. 13/10116, 10; ferner *Fehn/Fehn* in *Achenbach/Ransiek*, 2. Aufl., Rn. 138; kritisch *Pathe/Wagner* in *Bieneck*, § 44 Rn. 137.
[14] Vgl. hierzu BR-Drs. 34/98; *Hermsdörfer* FS Dau, 1999, 87; *Steindorf/Heinrich* § 18a Rn. 3.
[15] *Beckemper* in *Achenbach/Ransiek/Rönnau*, Rn. 117; *Erbs/Kohlhaas/Lampe*, K 189, Rn. 4; *Steindorf/Heinrich* § 18a Rn. 3.
[16] *Hermsdörfer* FS Dau, 1991, 87 (95).
[17] *Hermsdörfer* FS Dau, 1991, 87 (96).
[18] Vgl. hierzu Steindorf/*Heinrich* Rn. 3; auch *Beckemper* in *Achenbach/Ransiek/Rönnau* Rn. 117; Hohmann/ John/*Pietsch*, Teil 5, § 18a Rn. 2.

7 **2. Verleiten zum unerlaubten Umgang mit Antipersonenminen oder Streumunition (Nr. 2).** Wie schon bei § 19 Abs. 1 Nr. 1a und § 20 Abs. 1 Nr. 1a, so wird auch hier mit dem „Verleiten" ein Verhalten, welches ansonsten im Wesentlichen einer Anstiftung entspricht, als täterschaftliches Verhalten verselbstständigt.[19]

8 **3. Fördern des unerlaubten Umgangs mit Antipersonenminen oder Streumunition (Nr. 3).** Auch durch die Nr. 3 wird, wie schon bei § 19 Abs. 1 Nr. 2 und § 20 Abs. 1 Nr. 2, eine Teilnahmehandlung als täterschaftliches Handeln verselbstständigt. Dabei entspricht das „Fördern" weitgehend der Beihilfe nach § 27 StGB.[20]

IV. Strafzumessungsregel des Abs. 2

9 Im Gegensatz zu § 19 Abs. 2 stellt § 20a Abs. 2 keine eigenständige Qualifikation, sondern „lediglich" eine **Strafzumessungsregel** (für sämtliche Fälle des § 20a Abs. 1) dar, bei der im Wege der Regelbeispielstechnik besonders schwere Fälle einen anderen Strafrahmen eröffnen. Dieser Strafrahmen weicht nun nicht, wie sonst im Allgemeinen üblich, im Hinblick auf die zu verhängende Mindeststrafe (jeweils Freiheitsstrafe nicht unter einem Jahr), sondern bei der möglichen Höchststrafe ab. Während nach Abs. 1 im Höchstmaß eine Freiheitsstrafe von bis zu fünf Jahren verhängt werden kann, ist bei Abs. 2, da keine ausdrückliche Höchststrafe angegeben ist, nach § 38 Abs. 2 StGB die Verhängung einer Freiheitsstrafe von bis zu 15 Jahren möglich.

10 Als benannte besonders schwere Fälle werden – als strafschärfendes besonderes persönliches Merkmal (vgl. § 28 Abs. 2 StGB) – das **gewerbsmäßige Handeln** (Nr. 1) und – als objektives Merkmal – der Umstand genannt, dass sich die Tat **auf eine große Zahl von Antipersonenminen oder Streumunition** bezieht (Nr. 2). Während für die Auslegung des Begriffes der Gewerbsmäßigkeit auf die Kriterien zu verweisen ist, die hinsichtlich dieses Begriffes in anderen Vorschriften entwickelt wurden,[21] ist die „große Zahl" unter Berücksichtigung des hier zu beurteilenden Tatbestandes auszulegen. Trotz seiner Unschärfe ist der Begriff noch verfassungsgemäß.[22] In Hinblick auf die Gefährlichkeit jeder einzelnen Mine wird die Zahl nicht zu hoch anzusetzen sein; die Grenze wird man bei etwa 20 Minen zu ziehen haben.[23]

V. Die minder schweren Fälle des Abs. 3

11 Abs. 3 enthält, wie schon § 19 Abs. 3 und § 20 Abs. 2, **Strafzumessungsvorschriften** bei minder schweren Fällen, die jedoch im Gesetz nicht näher, etwa durch Regelbeispiele, umschrieben werden. Allerdings reichten – im Gegensatz zu § 19 Abs. 3 – ein einheitlicher Strafrahmen und ein bloßer Verweis auf Abs. 1 aus. Auf § 20a Abs. 2 musste nicht verwiesen werden, da es sich – im Gegensatz zu § 19 Abs. 2 – bei dieser Vorschrift „lediglich" um eine Strafzumessungsvorschrift für besonders schwere Fälle handelt. Bemerkenswert ist allerdings, dass der Strafrahmen des § 20a Abs. 3 im Vergleich zu § 19 Abs. 3 Nr. 1 von einer höheren Mindeststrafe (Freiheitsstrafe nicht unter 3 Monaten) ausgeht. Durch die Annahme eines minder schweren Falles ändert sich auch hier die Deliktsqualität nicht (vgl. § 12 Abs. 3 StGB). Die Tat bleibt ein **Verbrechen,** der Versuch ist auch hier strafbar.

---

[19] Auf die Ausführungen → § 19 Rn. 11 f. und → § 20 Rn. 8 kann hier verwiesen werden.
[20] Vgl. hierzu die Ausführungen → § 19 Rn. 13 ff. und → § 20 Rn. 9; enger allerdings *Hermsdörfer* FS Dau, 1991, 87 (96 f.).
[21] Vgl. zur Auslegung des Begriffes der Gewerbsmäßigkeit § 19 Rn. 17.
[22] *Fehn/Fehn* in *Achenbach/Ransiek*, 2. Aufl., Rn. 140; Hohmann/John/*Pietsch*, Teil 5, § 20a Rn. 4; Steindorf/*Heinrich* Rn. 5; kritisch hingegen *Pottmeyer* AW-Prax 1997, 45 (46).
[23] Steindorf/*Heinrich* Rn. 5; dagegen nennt *Fehn* Kriminalistik 2004, 635 (641) die Zahl 10; ebenso *Beckemper* in *Achenbach/Ransiek/Rönnau* Rn. 118; anders Erbs/Kohlhaas/*Lampe*, K 189, Rn. 6, der eine große Zahl erst dann als erreicht ansieht, wenn sie sich für einen „operativen Einsatz" eignen, was erst „jenseits der Hundert anzunehmen" ist.

VI. Fahrlässigkeitstatbestand des Abs. 4

Abs. 4 enthält einen dem § 19 Abs. 4 bis auf den höheren Strafrahmen entsprechenden Fahrlässigkeitstatbestand, der unterschiedliche Anforderungen an den Grad der Fahrlässigkeit stellt, je nachdem, welche Variante des § 20a Abs. 1 vorliegt. Hinsichtlich des unerlaubten „täterschaftlichen" Umgangs mit Antipersonenminen oder Streumunition genügt dem Gesetzgeber **einfache Fahrlässigkeit** (Abs. 4 Alt. 1), hinsichtlich des Verleitens iS des § 20a Abs. 1 Nr. 2 und des Förderns iS des § 20a Abs. 1 Nr. 3 wird hingegen – bei gleicher Strafdrohung wie in der Alt. 1! – leichtfertiges Handeln verlangt (Abs. 4 Alt. 2). Auch hier wird unter **Leichtfertigkeit** ein erhöhter Grad der Fahrlässigkeit verstanden, der in etwa der groben Fahrlässigkeit im Zivilrecht entspricht.[24]

VII. Auslandsstraftaten

Nach § 21 gilt die Strafvorschrift des § 20a auch für eine Tat, die ein Deutscher im Ausland begeht, auch wenn diese dort nicht mit Strafe bedroht ist.[25]

§ 21 Taten außerhalb des Geltungsbereichs dieses Gesetzes

§ 19 Abs. 2 Nr. 2, Abs. 3 Nr. 2, Abs. 5 und 6, § 20 sowie § 20a gelten unabhängig vom Recht des Tatorts auch für Taten, die außerhalb des Geltungsbereichs dieser Vorschriften begangen werden, wenn der Täter Deutscher ist.

I. Allgemeines

Die im Jahre 1990 eingefügte Bestimmung[1] regelt die Anwendbarkeit der Strafvorschriften der §§ 19 ff. auf Auslandstaten (nicht erfasst sind die Straftatbestände des § 22a). Der Gesetzgeber wollte hierdurch sicherstellen, dass sämtliche Personen, sofern sie die deutsche Staatsangehörigkeit besitzen und eine der hier aufgezählten Verhaltensweisen verwirklichen, strafrechtlich verantwortlich gemacht werden können. Hierdurch soll die Mitwirkung Deutscher am Bau ausländischer Atom-, Bio- und Chemiewaffenanlagen auch mit den Mitteln des Strafrechts unterbunden werden.[2] Dabei geht § 21 über den üblichen Anwendungsbereich des internationalen Strafrechts, §§ 3 ff. StGB, insoweit hinaus, als hierdurch auch und gerade **Taten Deutscher im Ausland** erfasst werden, die am Tatort nicht mit Strafe bedroht sind (obwohl der Tatort an sich der Strafgewalt eines anderen Staates unterliegt). Diese Fälle werden nämlich nach der Regelung des § 7 Abs. 2 Nr. 1 StGB nicht erfasst, denn hiernach gilt das deutsche Strafrecht bei Auslandstaten Deutscher regelmäßig nur dann, wenn die Tat auch am Tatort mit Strafe bedroht ist oder der Tatort keiner Strafgewalt unterliegt.

Keines Rückgriffs auf § 21 bedarf es, wenn der Täter die strafbare Handlung von Deutschland aus vornimmt (§§ 3, 9 StGB), die Tat also bereits nach den allgemeinen Prinzipien eine „Inlandstat" darstellt. Insofern eröffnet § 21 lediglich in denjenigen Fällen einen neuen Anwendungsbereich, in denen sich der deutsche Täter bei der Tatbegehung im Ausland aufhält und die Tat dort nicht mit Strafe bedroht ist (Bsp.: der deutsche Techniker, der sich im Auftrag einer fremden Regierung im Ausland aufhält und diesen Staat bei der Entwicklung und Herstellung chemischer Waffen unterstützt).[3]

---

[24] Vgl. die Ausführungen zu § 19 Abs. 4; hierzu → § 19 Rn. 25 ff.
[25] Vgl. hierzu ausführlich die Kommentierung zu § 21.
[1] Art. 3 Gesetz zur Verbesserung der Überwachung des Außenwirtschaftsverkehrs und zum Verbot von Atomwaffen, biologischen und chemischen Waffen vom 5.11.1990, BGBl. I S. 2428, in Kraft getreten am 11.11.1990; hierzu *Holthausen* NJW 1991, 203; vgl. aus der Rspr. BGH 22.2.2005 – StB 2/05, BGHR KrWaffG § 19 Entwickeln 1. Mit dieser Regelung sollte nach Ansicht des Gesetzgebers eine empfindliche Strafbarkeitslücke im Kriegswaffenrecht geschlossen werden, da nach § 16 KrWaffG aF im Ausland begangene Straftaten nicht erfasst wurden; vgl. BT-Drs. 11/4609, 7.
[2] Vgl. zur Begründung BT-Drs. 11/4609, 10.
[3] Vgl. hierzu auch *Holthausen* NJW 1991, 203 (205).

3 Gegen die Ausweitung der Anwendbarkeit des deutschen Strafrechts wurden insbes. im Hinblick auf das völkerrechtliche Interventionsverbot **verfassungsrechtliche Bedenken** geltend gemacht (Vereinbarkeit mit Art. 25 GG).[4] Denn das Prinzip der territorialen Souveränität sowie das völkerrechtliche Interventionsverbot würden (als allgemeine Regeln des Völkerrechts und somit Bestandteil des Bundesrechts) eine Einmischung, ein „Hineinregieren" in die inneren Angelegenheiten eines fremden souveränen Staates untersagen. Diese Souveränität sei nämlich dann verletzt, wenn ein anderer Staat von seinen Staatsangehörigen für seine Normen auf fremdem Hoheitsgebiet Gehorsam fordere und den entsprechenden Ungehorsam unter Strafe stelle, obwohl der andere Staat dieses Verhalten erlaube, möglicherweise sogar ausdrücklich gut heiße.[5] Eine Ausdehnung der Strafgewalt im Wege des **aktiven Personalitätsprinzips** auf Verhaltensweisen im Ausland, die dort nicht strafbar sind, könne nur unter dem Gesichtspunkt des **(Staats-)Schutzprinzips** zulässig sein.[6] Schutzzweck des § 21 sei es jedoch gerade nicht, den Bestand der Bundesrepublik zu schützen,[7] die Norm diene vielmehr vor allem dazu, allgemein friedensstörende Handlungen zu verhindern und Beeinträchtigungen des Ansehens der Bundesrepublik im Ausland entgegenzuwirken.[8] Diese Bedenken können jedenfalls nach dem Inkrafttreten des Chemiewaffenübereinkommens hinsichtlich chemischer Waffen[9] und in Bezug auf die Antipersonenminen und Streumunition nicht (mehr) gelten, da diesbezüglich völkerrechtliche Vereinbarungen vorliegen bzw. der Gesetzgeber (wie bei den Antipersonenminen und der Streumunition) gerade auf Grund einer völkerrechtlichen Verpflichtung tätig geworden ist. Insoweit ist die Ausdehnung der Strafgewalt jedenfalls nach dem **Weltrechtsprinzip** zum Schutz international geschützter Rechtsgüter völkervertragsrechtlich abgesichert.[10] Aber auch hinsichtlich atomarer und biologischer Waffen sind die Bedenken nicht begründet.[11] Einerseits erscheint es bereits fraglich, ob eine allgemeine völkerrechtliche Regel, die der Anwendung des aktiven Personalitätsprinzips entgegensteht, überhaupt existiert.[12] Denn es ist weitgehend anerkannt, dass der sachliche Anwendungsbereich einer Rechtsnorm (und somit auch und gerade einer Strafrechtsnorm) über den durch das eigene Hoheitsgebiet begrenzten räumlichen Geltungsbereich hinaus auf Auslandssachverhalte erstreckt werden darf, sofern hierfür ein ausreichender (inländischer) Anknüpfungspunkt

---

[4] *Pottmeyer* §§ 19–22 Rn. 20ff.; *ders.* NStZ 1992, 57 (hierzu *Lindenau* wistra 1993, 101 [102]); kritisch auch *Hinze/Runkel* Rn. 4; *Michalke* StV 1993, 262 (266); *Merten* MDR 1964, 806 (809); gegen diese Kritik wenden sich Erbs/Kohlhaas/*Lampe*, K 189, Rn. 2; *Fehn/Fehn* in *Achenbach/Ransiek*, 2. Aufl., Rn. 143ff.; Hohmann/John/*Pietsch*, Teil 5, § 21 Rn. 5ff.; *Holthausen* NJW 1991, 203 (203 f.); *ders.* NJW 1992, 34; *ders.* NJW 1992, 214; *ders.* NStZ 1992, 268; *ders.* DVBl 1994, 1375 (1376); *Holthausen/Hucko* NStZ-RR 1998, 193 (200); *Pathe/Wagner* in *Bieneck*, § 34 Rn. 25; *Remien* RabelsZ 57 (1993), 389 (391); *Sohm* NZWehr 1994, 99 (111); *Spohn* DWiR 1991, 263 (264); Steindorf/*Heinrich* Rn. 1; *Otto* ZStW 105 (1993), 566 f.; *Weidemann* GA 1994, 481 (484); *Ziegenhain* RIW 1993, 897 (899 Fn. 16); auch der Gesetzgeber geht von einer verfassungsrechtlichen Unbedenklichkeit aus; vgl. BT-Drs. 11/7221, 8 unter IV; zum Ganzen auch *Epping* S. 143 ff.; *ders.* RIW 1991, 461 (465 ff.); allgemein zum völkerrechtlichen Interventionsverbot in diesem Zusammenhang *Mayer* JZ 1952, 609 (610); *Oehler*, Internationales Strafrecht, 2. Aufl. Rn. 139 ff.; *Schorn* JR 1964, 205 (206).
[5] *Pottmeyer* §§ 19–22 Rn. 22, im Anschluss an *Mayer* JZ 1952, 609 (610).
[6] *Pottmeyer* §§ 19–22 Rn. 23; hierzu auch BGH 8.4.1987 – 3 StR 11/87, BGHSt 34, 334 (339) = NJW 1987, 2168 (2170); *Epping* S. 149 ff.; dagegen Hohmann/John/*Pietsch*, Teil 5, § 21 Rn. 16 ff.
[7] *Epping* RIW 1991, 461 (466 f.); *Pottmeyer* §§ 19–22 Rn. 23; *ders.* NStZ 1992, 57 (59); aM *Fehn/Fehn* in *Achenbach/Ransiek*, 2. Aufl., Rn. 145; Hohmann/John/*Pietsch*, Teil 5, § 21 Rn. 19; *Holthausen* NJW 1992, 214 (215); *ders.* NStZ 1992, 268 (269); *Pathe/Wagner* in *Bieneck*, § 34 Rn. 25.
[8] *Pottmeyer* §§ 19–22 Rn. 23; *ders.* NStZ 1992, 57 (59); hierzu auch *Holthausen* NJW 1991, 203 (203 f.); *ders.* NStZ 1992, 268 (269), der allerdings gerade aus dem Schutz des Ansehens der Bundesrepublik im Ausland eine Berechtigung dieser Regelung ableitet; vgl. zum Schutzzweck des KrWaffG bereits → Vor § 1 Rn. 3 f.
[9] Dies erkennt auch *Pottmeyer* §§ 19–22 Rn. 21, 24b ausdrücklich an.
[10] Weitergehend – Geltung des Weltrechtsprinzips für alle Massenvernichtungswaffen – Hohmann/John/*Pietsch*, Teil 5, § 21 Rn. 23. Vgl. zu weiteren Fällen der Ausdehnung deutscher Strafgewalt auf Auslandstaten gegen international geschützte Rechtsgüter die Vorschrift des § 6 StGB; auch *Holthausen* NStZ 1992, 268 (269).
[11] Vgl. hierzu auch BGH 26.3.2009 – StB 20/08, BGHSt 53, 238 (253 f.) = NStZ 2009, 640 (644).
[12] Zweifelnd auch *Otto* ZStW 105 (1993), 565 (567); ferner *Dreher* JZ 1953, 421 (423); *Holthausen* NStZ 1992, 268; *ders.* NJW 1992, 214 (215 f.), der darauf hinweist, dass in einer nicht unbedeutenden Anzahl von Staaten das aktive Personalitätsprinzip fester Bestandteil des eigenen Strafanwendungsrechts ist; ebenso *Sohm* NZWehrR 1994, 99 (111); auch die Nachweise bei *Pottmeyer* NStZ 1997, 57 (60 Fn. 59).

II. Kriegswaffenkontrollgesetz 4, 5 § 21 KrWaffG

vorhanden ist.[13] Dieser Anknüpfungspunkt ist aber regelmäßig darin zu sehen, dass der Täter die Staatsangehörigkeit des betreffenden Staates besitzt.[14] Doch selbst wenn man diese allgemeine Zulässigkeit in Zweifel ziehen sollte, so dürfte es kaum fraglich sein, dass auch und gerade im Bereich der atomaren und biologischen Waffen eine völkergewohnheitsrechtliche Gestattung der Ausweitung der Strafbefugnis vorliegt.[15] Berücksichtigt man schließlich, dass durch die genannten Waffen nicht nur der Weltfriede an sich, sondern durch ihren möglichen Einsatz auch die Bundesrepublik unmittelbar betroffen sein kann, so folgt die Zulässigkeit der Ausweitung der Strafgewalt ferner schon unmittelbar aus dem Staatsschutzprinzip.

II. Sachlicher Anwendungsbereich

Während die Strafvorschriften gegen biologische und chemische Waffen (§ 20) und Antipersonenminen sowie Streumunition (§ 20a) vollständig auf Auslandstaten Deutscher anwendbar sind, wird bei den Strafvorschriften gegen Atomwaffen (§ 19) differenziert. Ausgeklammert wird der Grundtatbestand des § 19 Abs. 1 sowie die Qualifikation des Abs. 2 Nr. 1 (gewerbsmäßiges und bandenmäßiges Handeln). Ebenso nicht erfasst sind die hierauf aufbauenden minder schweren Fälle (§ 19 Abs. 3 Nr. 1) und Fahrlässigkeitstatbestände (§ 19 Abs. 4).[16] Dagegen ist die Qualifikation des § 19 Abs. 2 Nr. 2 (sicherheits- und friedensgefährdende Maßnahmen) von § 21 erfasst. Darauf aufbauend werden auch die sich auf diese Qualifikation beziehenden minder schweren Fälle (§ 19 Abs. 3 Nr. 2) und Fahrlässigkeitstatbestände (§ 19 Abs. 5) mit einbezogen. Konsequenterweise gilt für die einbezogenen Auslandsstraftaten aber auch der Ausnahmetatbestand des § 19 Abs. 6.

III. Personeller Anwendungsbereich

Die Ausdehnung der deutschen Staatsgewalt bezieht sich nur auf **Deutsche,** dh deutsche 5 Staatsangehörige.[17] Wesentliches Kriterium ist somit die Deutsche Staatsangehörigkeit, die sich nach den Vorschriften des Staatsangehörigkeitsgesetzes (StAG)[18] richtet. Nicht erforderlich ist es, dass die betreffenden Personen neben der deutschen Staatsangehörigkeit auch (wie etwa in § 5 Nr. 8 und Nr. 9 StGB vorgesehen) ihre Lebensgrundlage im Inland haben.[19]

---

[13] Vgl. BGH 20.10.1976 – 3 StR 298/76, BGHSt 27, 30 (32) = NJW 1977, 507 (508); BGH 8.4.1987 – 3 StR 11/87, BGHSt 34, 334 (339) = NJW 1987, 2168 (2170); BGHSt 34, 334 (336) = NJW 1987, 2168 (2169 f.); *Holthausen* NJW 1992, 214.

[14] Hohmann/John/*Pietsch,* Teil 5, § 21 Rn. 11 ff.; *Holthausen* NJW 1992, 214 (215), der darüber hinaus als weitere Anknüpfungspunkte die Schädigung des deutschen Ansehens im Ausland durch die Mitwirkung Deutscher an einer ausländischen ABC-Waffenproduktion sowie den Schutz der eigenen Sicherheit, die durch eine ungehinderte Verbreitung von Massenvernichtungswaffen bedroht werde, anerkennt.

[15] Anders allerdings *Pottmeyer* §§ 19–22 Rn. 24c; *ders.* NStZ 1992, 57 (61); dagegen *Spohn* DWiR 1991, 263 (264); zu den Bio-Waffen auch das Abkommen vom 10.4.1972, hierzu → Vor § 1 Rn. 22.

[16] Diese Einschränkungen waren im ursprünglichen Gesetzentwurf noch nicht enthalten; vgl. BT-Drs. 11/4609, 5.

[17] Die bis zum 10.7.1998 geltende Fassung des § 21 sah hier insofern eine Abweichung vor, als nur Deutsche erfasst waren, die entweder Inhaber eines Personaldokuments der Bundesrepublik Deutschland waren oder aber verpflichtet gewesen wären, einen Personalausweis zu besitzen, falls sie eine Wohnung im Geltungsbereich des KrWaffG gehabt hätten. Die damalige Regelung erklärte sich ausschließlich daraus, dass Bürger der ehemaligen DDR ausgenommen werden sollten; dies hat sich nunmehr erledigt; vgl. zur Begründung BT-Drs. 11/4609, 10; vgl. ferner *Holthausen* NJW 1991, 203 (206); Steindorf/*Heinrich* Rn. 2; *Pottmeyer* §§ 19–22 Rn. 19.

[18] Reichs- und Staatsangehörigkeitsgesetz vom 22.7.1913, RGBl. S. 583 (FNA 102-1), Gesetzesüberschrift neu gefasst mit Wirkung vom 1.1.2000 durch Gesetz vom 15.7.1999, BGBl. I S. 1618, seither nur noch „Staatsangehörigkeitsgesetz (StAG)".

[19] Steindorf/*Heinrich* Rn. 2; Pathe/*Wagner* in Bieneck, § 34 Rn. 39; kritisch zu dieser Regelung *Epping* RIW 1991, 468 (469); gegen diese Kritik *Holthausen* NJW 1992, 214 (215); missverständlich auch BT-Drs. 11/4609, 10: „[...] daß die Vorschrift grundsätzlich nur diejenigen Deutschen erfassen soll, die sich zur Zeit der Auslandstat in erkennbarer Weise der Bundesrepublik Deutschland zuordnen oder ihr zuzuordnen sind".

§ 22 Ausnahmen

Die §§ 18, 20 und 21 gelten nicht für eine auf chemische Waffen bezogene dienstliche Handlung
1. **des Mitglieds oder der zivilen Arbeitskraft einer Truppe oder eines zivilen Gefolges im Sinne des Abkommens zwischen den Parteien des Nordatlantikvertrages über die Rechtsstellung ihrer Truppen vom 19. Juni 1951 oder**
2. **eines Deutschen in Stäben oder Einrichtungen, die auf Grund des Nordatlantikvertrages vom 4. April 1949 gebildet worden sind.**

I. Sachlicher Anwendungsbereich

1 In § 22 werden die hier genannten Personen ausdrücklich vom Verbot des Umgangs mit chemischen Kriegswaffen (§ 18), der entsprechenden Strafvorschrift (§ 20) sowie der Bestimmung für Taten im Ausland (§ 21) ausgenommen. Trotz der an sich vorliegenden weltweiten Ächtung dieser Waffen[1] sah sich der Bundesgesetzgeber auf Grund der völkerrechtlich übernommenen Verpflichtungen aus dem Vertrag vom 23.10.1954 (WEU-Vertrag)[2] veranlasst, diese Ausnahmeregelung zu schaffen, da auf der Basis dieses Vertrages die Vertragspartner berechtigt seien, auf dem Boden der Bundesrepublik C-Waffen zu stationieren.[3] Das BVerfG hat diese Regelung durch einen Beschluss aus dem Jahre 1987 grundsätzlich gebilligt: „Die Stationierung chemischer Waffen in der Bundesrepublik Deutschland mit dem Ziel, einen möglichen Gegner von einem C-Waffen-Einsatz abzuhalten, und ein etwaiger völkerrechtsgemäßer Zweiteinsatz dieser Waffen halten sich im Rahmen des dem NATO-Vertrag zugrundeliegenden Bündnisprogramms."[4] Da die genannten Vorschriften Spezialvorschriften zu den allgemeinen Vorschriften des KrWaffG, insbes. zu § 22a, darstellen, bleiben diese allgemeinen Regelungen zwar theoretisch anwendbar. Da die Genehmigungen, die für den rechtmäßigen Umgang mit Kriegswaffen erforderlich sind, jedoch gem. § 27 S. 2[5] im Rahmen von Verpflichtungen der Bundesrepublik auf Grund zwischenstaatlicher Verträge grds. „als erteilt" gelten, ist die an sich mögliche Anwendbarkeit der sonstigen Vorschriften des KrWaffG praktisch bedeutungslos. Von § 22 nicht erfasst sind **biologische Waffen,** da diese nach dem Übereinkommen vom 10.4.1972[6] vollständig und weltweit geächtet und daher der Umgang mit ihnen auch für Angehörige von NATO-Truppen mit einem Totalverbot belegt ist.[7]

II. Personeller Anwendungsbereich

2 Zwei Personengruppen werden hier ausdrücklich vom Anwendungsbereich der genannten Vorschriften ausgenommen:

3 **1. Angehörige von NATO-Truppen (Nr. 1).** Nach dem Vertrag über den Aufenthalt ausländischer Streitkräfte in der Bundesrepublik Deutschland vom 23.10.1954 (WEU-Vertrag)[8] sind, wie bereits ausgeführt, die Vertragspartner im Rahmen der NATO[9] grds. berechtigt, auf deutschem Staatsgebiet[10] (auch) chemische Waffen zu stationieren. Auf

---

[1] Vgl. hierzu → Vor § 1 Rn. 21 ff.; → § 20 Rn. 13 f.
[2] Vgl. hierzu auch das entsprechende Vertragsgesetz vom 24.3.1955, BGBl. II S. 263; hierzu → Vor § 1 Rn. 19.
[3] BT-Drs. 11/4609, 11; hierzu auch Steindorf/*Heinrich* Rn. 1.
[4] BVerfG 29.10.1987 – 2 BvR 624, 1080, 2029/83, BVerfGE 77, 170 = NJW 1988, 1651, Ls. 4.
[5] Die Vorschrift ist abgedruckt in → § 22a Rn. 22.
[6] BGBl. 1983 II S. 132; → Vor § 1 Rn. 22.
[7] Vgl. hierzu BT-Drs. 11/4609, 11; Hohmann/John/*Pietsch* Teil 5, § 22 Rn. 1, weist darauf hin, dass § 22 auch für chemische Waffen keine praktische Bedeutung mehr habe, da alle Zeichnerstaaten des NATO-Truppenstatuts auch Vertragsstaaten des CWÜ seien; dem folgend Steindorf/*Heinrich* Rn. 2.
[8] Vgl. das entsprechende Vertragsgesetz vom 24.3.1955, BGBl. II S. 253; hierzu → Vor § 1 Rn. 19.
[9] Nordatlantikvertrag vom 4.4.1949; hierzu → Vor § 1 Rn. 19.
[10] Nach Art. 8 und 11 Anlage I Kapitel I Abschnitt I Nr. 3 Einigungsvertrag, BGBl. 1990 II S. 889 (908), gilt dies jedoch nur für das Gebiet der ehemaligen Bundesrepublik, nicht jedoch für das Gebiet der ehemaligen DDR.

Grund dieser völkerrechtlichen Verpflichtung war es dem deutschen Gesetzgeber somit verwehrt, das Verbot des Umgangs mit chemischen Waffen samt der entsprechenden Strafvorschriften auch auf Handlungen zu erstrecken, die im Rahmen des Bündnisauftrages der NATO erfolgen.[11] Von dem Verbot ausgenommen sind daher dienstliche Handlungen eines Mitglieds oder einer zivilen Arbeitskraft einer Truppe oder eines zivilen Gefolges ausländischer Streitkräfte, die sich im Auftrag der NATO im Staatsgebiet der Bundesrepublik Deutschland aufhalten. Auch deutsche (zivile) Arbeitskräfte, die auf der Grundlage des Art. IX Abs. 4 des NATO-Truppenstatuts[12] bei den Streitkräften tätig sind, fallen hierunter. Als **dienstliche Handlungen** gelten sämtliche Verhaltensweisen, die im weitesten Sinne mit dem Bündnisauftrag der jeweils stationierten NATO-Truppe im Zusammenhang stehen.[13]

2. Deutsche, die im Rahmen der NATO tätig werden (Nr. 2). Schließlich werden 4 über Nr. 2 auch deutsche Soldaten und Beamten, die in Stäben oder Einrichtungen der NATO tätig werden, vom vorliegenden Ausnahmetatbestand erfasst.

§ 22a Sonstige Strafvorschriften

(1) Mit Freiheitsstrafe von einem Jahr bis zu fünf Jahren wird bestraft, wer
1. Kriegswaffen ohne Genehmigung nach § 2 Abs. 1 herstellt,
2. die tatsächliche Gewalt über Kriegswaffen ohne Genehmigung nach § 2 Abs. 2 von einem anderen erwirbt oder einem anderen überläßt,
3. im Bundesgebiet außerhalb eines abgeschlossenen Geländes Kriegswaffen ohne Genehmigung nach § 3 Abs. 1 oder 2 befördern läßt oder selbst befördert; dies gilt nicht für Selbstbeförderungen in den Fällen des § 12 Absatz 6 Nummer 1 sowie für Inhaber einer Waffenbesitzkarte für Kriegswaffen gemäß § 59 Absatz 4 des Waffengesetzes von 1972 im Rahmen von Umzugshandlungen durch den Inhaber der Erlaubnis,
4. Kriegswaffen einführt, ausführt, durch das Bundesgebiet durchführt oder aus dem Bundesgebiet verbringt, ohne daß die hierzu erforderliche Beförderung genehmigt ist,
5. mit Seeschiffen, welche die Bundesflagge führen, oder mit Luftfahrzeugen, die in die Luftfahrzeugrolle der Bundesrepublik Deutschland eingetragen sind, absichtlich oder wissentlich Kriegswaffen ohne Genehmigung nach § 4 befördert, die außerhalb des Bundesgebietes ein- und ausgeladen und durch das Bundesgebiet nicht durchgeführt werden,
6. über Kriegswaffen sonst die tatsächliche Gewalt ausübt, ohne daß
   a) der Erwerb der tatsächlichen Gewalt auf einer Genehmigung nach diesem Gesetz beruht oder
   b) eine Anzeige nach § 12 Abs. 6 Nr. 1 oder § 26a erstattet worden ist, oder
7. einen Vertrag über den Erwerb oder das Überlassen ohne Genehmigung nach § 4a Abs. 1 vermittelt oder eine Gelegenheit hierzu nachweist oder einen Vertrag ohne Genehmigung nach § 4a Abs. 2 abschließt.

(2) ¹In besonders schweren Fällen ist die Strafe Freiheitsstrafe von einem Jahr bis zu zehn Jahren. ²Ein besonders schwerer Fall liegt in der Regel vor, wenn der Täter in den Fällen des Absatzes 1 Nr. 1 bis 4, 6 oder 7 gewerbsmäßig oder als Mitglied einer Bande, die sich zur fortgesetzten Begehung solcher Straftaten verbunden hat, unter Mitwirkung eines anderen Bandenmitglieds handelt.

---

[11] Vgl. BT-Drs. 11/4609, 11.
[12] Abkommen zwischen den Parteien des Nordatlantikvertrages vom 19.6.1951 über die Rechtsstellung ihrer Truppen (sog. NATO-Truppenstatut), BGBl. 1961 II S. 1183 (1190).
[13] *Pottmeyer* § 18 Rn. 3.

KrWaffG § 22a   2. Kapitel. Waffenrecht

(3) In minder schweren Fällen ist die Strafe Freiheitsstrafe bis zu drei Jahren oder Geldstrafe.

(4) Wer fahrlässig eine in Absatz 1 Nr. 1 bis 4, 6 oder Nummer 7 bezeichnete Handlung begeht, wird mit Freiheitsstrafe bis zu zwei Jahren oder mit Geldstrafe bestraft.

(5) ¹Nach Absatz 1 Nr. 3 oder 4 wird nicht bestraft, wer Kriegswaffen, die er in das Bundesgebiet eingeführt oder sonst verbracht hat, freiwillig und unverzüglich einer Überwachungsbehörde, der Bundeswehr oder einer für die Aufrechterhaltung der öffentlichen Sicherheit zuständigen Behörde oder Dienststelle abliefert. ²Gelangen die Kriegswaffen ohne Zutun desjenigen, der sie in das Bundesgebiet eingeführt oder sonst verbracht hat, in die tatsächliche Gewalt einer der in Satz 1 genannten Behörden oder Dienststellen, so genügt sein freiwilliges und ernsthaftes Bemühen, die Kriegswaffen abzuliefern.

Übersicht

	Rn.
I. Überblick	1
II. Begriff der Kriegswaffe	2–21
1. Allgemeine Begriffsbestimmung	3
2. Funktionsfähigkeit	4, 5
3. Verlust der Kriegswaffeneigenschaft; Unbrauchbarmachung von Kriegswaffen	6–9
4. Zur Kriegsführung bestimmt	10–12
5. Kriegswaffeneigenschaft so genannter Bausätze	13–18
6. Wesentliche Bestandteile	19
7. Vorsatz und Irrtumsfragen hinsichtlich der Kriegswaffeneigenschaft	20
8. Sonstiges	21
III. Besondere Genehmigung	22–34
1. Allgemeines und Ausnahmen	22–26
2. Fehlende Genehmigung als Tatbestandsmerkmal	27, 28
3. Irrtumsfragen	29, 30
4. Genehmigungsfähigkeit	31
5. Erschlichene Genehmigung	32–34
IV. Einzelne Tatbestände des Abs. 1	35–93
1. Unerlaubte Herstellung von Kriegswaffen (Nr. 1)	35–38
a) Tatobjekt	36
b) Tathandlung	37
c) Mangelnde Genehmigung	38
2. Unerlaubter Erwerb und unerlaubtes Überlassen von Kriegswaffen (Nr. 2)	39–44
a) Tatobjekt	40
b) Tathandlung	41, 42
c) Mangelnde Genehmigung	43, 44
3. Unerlaubtes Befördern von Kriegswaffen (Nr. 3)	45–49
a) Tatobjekt	46
b) Tathandlung	47
c) Örtliche Einschränkung	48
d) Mangelnde Genehmigung	49
4. Unerlaubte Beförderung zur Einfuhr, Ausfuhr und Durchfuhr von Kriegswaffen (Nr. 4)	50–64
a) Tatobjekt	51
b) Tathandlung	52–61
c) Mangelnde Genehmigung	62
d) Versuch	63
e) Konkurrenzen	64
5. Unerlaubte Beförderung von Kriegswaffen mit Seeschiffen oder Luftfahrzeugen (Nr. 5)	65–70
a) Tatobjekt	66
b) Tathandlung	67
c) Räumliche Eingrenzung	68
d) Mangelnde Genehmigung	69
e) Subjektive Erfordernisse	70
6. Unerlaubte sonstige Ausübung der tatsächlichen Gewalt über Kriegswaffen nach derivativem Erwerb (Nr. 6 Buchst. a)	71–74
a) Tatobjekt	72
b) Tathandlung	73
c) Mangelnde Genehmigung	74
7. Unerlaubte sonstige Ausübung der tatsächlichen Gewalt über Kriegswaffen ohne Erstattung der notwendigen Anzeige nach originärem Erwerb (Nr. 6 Buchst. b)	75–81
a) Tatobjekt	76
b) Tathandlung	77
c) Mangelnde Genehmigungspflicht	78
d) Unterlassen der erforderlichen Anzeige	79–81
8. Unerlaubte Vermittlung, unerlaubter Nachweis oder unerlaubter Abschluss eines Vertrages über den Erwerb oder das Überlassen von Kriegswaffen (Nr. 7)	82–93
a) Tatobjekt	83
b) Tathandlung	84–90
c) Mangelnde Genehmigung	91
d) Strafbarkeitslücken	92, 93
V. Versuchsstrafbarkeit	94
VI. Besonders schwere Fälle (Abs. 2)	95, 96
VII. Minder schwere Fälle (Abs. 3)	97

II. Kriegswaffenkontrollgesetz 1, 2 § 22a KrWaffG

	Rn.		Rn.
VIII. Fahrlässigkeitstatbestände (Abs. 4)	98–100	2. Freiwilliges ernsthaftes Bemühen (Abs. 5 S. 2)	104
IX. Persönlicher Strafaufhebungsgrund (Abs. 5)	101–104	X. Konkurrenzen	105–107
1. Freiwillige unverzügliche Ablieferung (Abs. 5 S. 1)	103	XI. Strafzumessung	108

I. Überblick

§ 22a (früher: § 16 aF)[1] enthält allgemeine Strafbestimmungen im Hinblick auf den unerlaubten Umgang mit Kriegswaffen. Die Norm gilt im Wesentlichen nur für diejenigen Kriegswaffen, die nicht unter die §§ 16 ff. (atomare, biologische und chemische Waffen sowie Antipersonenminen und Streumunition) fallen, dh für die in Teil B (Nr. 7 ff.) der Kriegswaffenliste (KWL)[2] aufgeführten Waffen. Die (Vorsatz-)Tat des Abs. 1 ist als **Verbrechen** mit Freiheitsstrafe von einem bis zu fünf Jahren bedroht. Die **Versuchsstrafbarkeit** ergibt sich aus §§ 23 Abs. 1, 12 Abs. 1 StGB. In Abs. 2 werden besonders schwere Fälle (Freiheitsstrafe von einem bis zu zehn Jahren), in Abs. 3 minder schwere Fälle (Freiheitsstrafe bis zu drei Jahren oder Geldstrafe) geregelt. Wie schon in den §§ 19 ff., so findet sich auch in § 22a Abs. 4 eine Strafbarkeit bei **fahrlässiger Tatbegehung** (ausgenommen hiervon ist lediglich § 22a Abs. 1 Nr. 4). Abs. 5 enthält schließlich einen persönlichen Strafaufhebungsgrund. 1

II. Begriff der Kriegswaffe

Im Gegensatz zum WaffG[3] enthält das KrWaffG in § 1 und der in Umsetzung der Ermächtigungsvorschrift des § 1 Abs. 2 erlassenen **Kriegswaffenliste (KWL)**[4] eine Aufzählung der dem Anwendungsbereich des KrWaffG unterfallenden Gegenstände, Stoffe und Organismen. Die KWL ist abschließend, Gegenstände, die in der Liste nicht verzeichnet sind, etwa weil es sich um neu entwickelte Waffen handelt oder weil sie dem Gesetzgeber unbekannt waren, sind daher nicht erfasst.[5] Insoweit ist es an dieser Stelle auch nicht erforderlich, den Begriff der Kriegswaffe abstrakt zu definieren,[6] da insbes. im Hinblick auf die strafrechtliche Beurteilung allein die KWL einschlägig ist. Die Auflistung der als Kriegswaffen in Frage kommenden Waffen dient in erster Linie der **Rechtsklarheit** und zugleich dem verfassungsrechtlich in Art. 103 Abs. 2 GG normierten Bestimmtheitsgebot.[7] Vor allem im Hinblick auf den hohen Strafrahmen der jeweiligen Delikte wollte man das Kriegswaffenrecht nicht mit einem – naturgemäß mit großen Auslegungsunsicherheiten behafteten – abstrakten Waffenbegriff belasten.[8] Dies führt nun allerdings, wie vor allem die Diskussion um die 2

---

[1] Durch Art. 3 Nr. 5 Gesetz zur Verbesserung der Überwachung des Außenwirtschaftsverkehrs und zum Verbot von Atomwaffen, biologischen und chemischen Waffen vom 5.11.1990, BGBl. I S. 2428, wurde der ehemalige § 16 aF unverändert als § 22a übernommen.
[2] Abgedruckt in der Anlage.
[3] → WaffG § 1 Rn. 8.
[4] Abgedruckt in der Anlage.
[5] BT-Drs. III/1589, 13; BVerwG 16.9.1980 – 1 C 1/77, BVerwGE 61, 24 (29); *Beckemper* in *Achenbach/Ransiek/Rönnau*, Rn. 16; *Epping* DWiR 1991, 276 (277); Erbs/Kohlhaas/*Lampe* K 189, § 1 Rn. 1; *Holthausen* wistra 1997, 129; *Pottmeyer* § 1 Rn. 14 f.; Steindorf/*Heinrich* § 1 Rn. 1. Einen ähnlichen Weg ging der Gesetzgeber im Außenwirtschaftsrecht, auch hier werden die der Ausfuhrgenehmigungspflicht unterliegenden Waren in der Ausfuhrliste zur Außenwirtschaftsverordnung enumerativ und abschließend aufgeführt; kritisch gegenüber dieser Enumerationslösung *Epping* S. 94 ff.; dagegen *Hantke/Holthausen/Hucko* NVwZ 1997, 1195 (1196); *Holthausen* DVBl 1994, 1375.
[6] Vgl. für eine solche abstrakte Definition Jarass/Pieroth/*Jarass* GG Art. 26 Rn. 8.
[7] Vgl. auch BT-Drs. 11/6427, 6 f.; *Beckemper* in *Achenbach/Ransiek/Rönnau*, Rn. 17; Hohmann/John/*Pietsch* Teil 5, § 1 Rn. 11; *Holthausen* wistra 1997, 129; *Pottmeyer* wistra 1996, 121 (124); allerdings wirft *Epping* DWiR 1991, 276 (277) in diesem Zusammenhang die Frage auf, ob hierdurch der Verfassungsauftrag des Art. 26 Abs. 2 GG wirksam umgesetzt wird, da hiernach *alle* zur Kriegsführung bestimmten Waffen der Genehmigungspflicht zu unterstellen sind, also zB auch neu entwickelte Waffen, die noch nicht in die KWL aufgenommen wurden.
[8] Vgl. auch *Holthausen* NStZ 1993, 243.

sog. „Bausätze" gezeigt hat,[9] zu Auslegungsschwierigkeiten, insbes. wenn versucht wird, mittels Umgehungsgeschäften die Schwächen einer solchen abschließenden Auflistung auszunutzen. Hinzuweisen ist in diesem Zusammenhang allerdings darauf, dass in der KWL insbes. die biologischen Waffen (Nr. 3) lediglich gattungsmäßig bezeichnet wurden, so dass hier eine Erweiterung auf neu entwickelte Kampfstoffe in gewissem Umfang möglich erscheint.[10] § 1 lautet:

§ 1 Begriffsbestimmung

(1) Zur Kriegsführung bestimmte Waffen im Sinne dieses Gesetzes (Kriegswaffen) sind die in der Anlage zu diesem Gesetz (Kriegswaffenliste) aufgeführten Gegenstände, Stoffe und Organismen.

(2) Die Bundesregierung wird ermächtigt, durch Rechtsverordnung mit Zustimmung des Bundesrates die Kriegswaffenliste entsprechend dem Stand der wissenschaftlichen, technischen und militärischen Erkenntnisse derart zu ändern und zu ergänzen, daß sie alle Gegenstände, Stoffe und Organismen enthält, die geeignet sind, allein, in Verbindung miteinander oder mit anderen Gegenständen, Stoffen oder Organismen Zerstörungen oder Schäden an Personen oder Sachen zu verursachen und als Mittel der Gewaltanwendung bei bewaffneten Auseinandersetzungen zwischen Staaten zu dienen.

(3) Für Atomwaffen im Sinne des § 17 Abs. 2, für biologische und chemische Waffen im Sinne der Kriegswaffenliste sowie für Antipersonenminen und Streumunition im Sinne von § 18a Abs. 2 gelten die besonderen Vorschriften des Dritten und Vierten Abschnitts[11] sowie die Strafvorschriften der §§ 19 bis 21.

3 1. Allgemeine Begriffsbestimmung. Der Gesetzgeber wählte in § 1 Abs. 1 einen rein formalen Ansatz: Unter den Begriff Kriegswaffe fallen ausschließlich diejenigen Waffen, die in der Kriegswaffenliste (KWL) enumerativ genannt sind. Insoweit soll eine nähere Beschreibung der einzelnen Waffen auch dort vorgenommen werden.[12] Daher werden an dieser Stelle lediglich allgemeine Probleme behandelt, die für sämtliche Kriegswaffen in gleicher Weise gelten. Allgemein lässt sich sagen, dass insbes. der gesamte Bereich der so genannten Militärtechnologie (Radaranlagen, Feuerleitsysteme, Nachtsichtgeräte und Nachrichtenmittel) von der KWL ebenso wenig erfasst ist wie das militärisch verwertbare „know-how" (Konstruktionszeichnungen, Computerprogramme etc).[13] Nach Ziff. 1 bis 3 der (amtlichen) Erläuterungen zur KWL des Bundesministeriums für Finanzen[14] beruht die begriffliche Abgrenzung der Kriegswaffen gegenüber zivilen Gegenständen und historischen Waffen auf § 1 Abs. 2 KrWaffG. Es kommt – trotz der missverständlichen Formulierung „zur Kriegsführung bestimmt" – „auf die **objektive Eignung** als Mittel der Gewaltanwendung bei bewaffneten Auseinandersetzungen zwischen Staaten an, gemessen am Stand der wissenschaftlichen, technischen und militärischen Erkenntnisse". Ferner wird angeführt: „In der Kriegswaffenliste (KWL) aufgeführte Gegenstände sind Kriegswaffen, sobald sie so weit fertig bearbeitet oder zusammengesetzt sind, dass sie ihrem Verwendungszweck entsprechend eingesetzt werden können (erster einsatzfähiger Prototyp)". Dabei erfasst die KWL grds. nur **vollständige Kriegswaffen,** soweit nicht ausdrücklich oder erkennbar auch einzelne Bestandteile mit aufgenommen worden sind. Allerdings können wesentliche Teile von Kriegswaffen, die nicht eigenständig in die KWL aufgenommen wurden und daher vom KrWaffG nicht erfasst sind, als wesentliche Teile von Schusswaffen unter das WaffG fallen.[15] In Nr. 3 der (amtlichen) Erläuterungen wird weiter ausgeführt: „Vollständig-

---

[9] Hierzu → Rn. 13 ff.
[10] BT-Drs. 423/89, 13; Steindorf/*Heinrich* § 1 Rn. 1.
[11] Die Vorschriften des Dritten und Vierten Abschnittes des KrWaffG (§§ 16 ff.) sind in die Strafvorschriften der §§ 19 ff. eingearbeitet und dort abgedruckt.
[12] Vgl. hierzu die in der Anlage abgedruckte KWL samt den in den Fußnoten vorgenommenen Kommentierungen.
[13] Vgl. *Bieneck* in *Müller-Gugenberger/Bieneck,* 5. Aufl., § 73 Rn. 5b; hierzu auch *Sohm* NZWehrr 1994, 99 (103) vgl. darüber hinaus → Rn. 21; hier sind einzelne Gegenstände genannt, die nicht als Kriegswaffen iS der KWL anzusehen sind.
[14] → Vor § 1 Rn. 14.
[15] BGH 11.10.2000 – 3 StR 267/00, NJW 2001, 354; *Beckemper* in *Achenbach/Ransiek/Rönnau,* Rn. 13; hierzu → WaffG § 1 Rn. 35 ff.

keit verlangt bei komplexen Waffen (zB Kriegsschiffen) nicht das Vorhandensein aller typmäßig vorgesehenen Kampf- und Einsatzfähigkeiten; es genügt, wenn überhaupt schon ein militärischer Einsatz – ggf. nach leichter Herrichtung – möglich ist. Eine nur vorübergehende Unvollständigkeit hebt die Kriegswaffeneigenschaft selbst dann nicht auf, wenn die Waffe gebrauchsunfähig ist (zB während der Instandsetzung der Waffe, ggf. auch nur von Teilen)".

2. Funktionsfähigkeit. Eng mit dem Komplex der „Vollständigkeit" einer Kriegswaffe 4 hängt die Frage zusammen, ob nur vollständig funktionierende Kriegswaffen unter die KWL fallen oder ob und inwieweit diese auch Gegenstände erfasst, die entweder vorübergehend oder dauerhaft unbrauchbar geworden oder gemacht worden sind. Da funktionsunfähige Waffen keine Gefahr darstellen, ist mit der hM[16] grds. die Funktionsfähigkeit zu fordern. Allerdings hebt, wie eben schon gesehen, eine lediglich vorübergehende Funktionsstörung die Eigenschaft einer Waffe als Kriegswaffe nicht auf.[17] So entfällt die Kriegswaffeneigenschaft einer Waffe nicht bereits dann, wenn eine einfach zu entfernende und wieder anzubringende Vorrichtung vorübergehend entfernt und daher die Einsatztauglichkeit der Waffe (vorübergehend) behindert wird,[18] bzw. wenn fehlende Teile leicht zu beschaffen oder vorhandene Mängel leicht wieder zu beheben sind.[19] Insoweit wurde die Kriegswaffeneigenschaft einer halbautomatischen Schusswaffe, mit der gegenwärtig kein Dauerfeuer abgegeben werden konnte, weil infolge einer besonderen Vorrichtung vor jedem Schuss der Abzug betätigt werden musste, deswegen bejaht, weil sie mit verhältnismäßig geringem Aufwand (das Abflachen eines eingebauten Sicherheitshügels mittels einer Feile) und verhältnismäßig einfachen Mitteln auf Dauerfeuer umgerüstet werden konnte.[20]

Die Kriegswaffeneigenschaft entfällt somit erst dann, wenn die Waffe dauernd und end- 5 gültig funktionsuntauglich geworden ist.[21] Dies ist bei **Munition** dann der Fall, wenn das Pulver oder der Zündstoff durch chemische Zersetzung nicht mehr funktionsfähig ist.[22] Hierbei kommt es auf die tatsächliche Funktionstauglichkeit an, dh darauf, ob die Munition störungsfrei verschossen werden kann. Nicht ausschlaggebend für die Funktionstauglichkeit sind die Dauer der Garantiezusagen des Munitionsherstellers oder die Sicherheitsvorschriften der Streitkräfte über die maximale Lagerzeit.[23] Auch die bloße Gefahr von Zündversagern kann nicht zur Aufhebung der Kriegswaffeneigenschaft führen.[24]

3. Verlust der Kriegswaffeneigenschaft; Unbrauchbarmachung von Kriegswaf- 6 **fen.** Nach Ziff. 6 und 7 der (amtlichen) Erläuterungen zur KWL[25] geht die Kriegswaffenei-

---

[16] BGH 8.4.1997 – 1 StR 606/96, NStZ 1997, 552; *Kreuzer* NStZ 1997, 292; *Pottmeyer* § 1 Rn. 19; *Richter* NStZ 1983, 271 (271 f.); auch BGH 18.11.1999 – 1 StR 520/99, NStZ 2000, 150.

[17] BGH 19.2.1985 – 5 StR 780 und 796/84, NStZ 1985, 367; 23.11.1995 – 1 StR 296/95, BGHSt 41, 348 (355) = NJW 1996, 1355 (1356); BayObLG 2.4.1990 – RReg 4 St 54/90, VRS 79 (1990), 149 (150); OLG Celle 8.1.1973 – 2 Ss 277/72, NdsRpfl. 1973, 76; OLG Stuttgart 6.7.1981 – 3 Ss 220/81, NStZ 1982, 33 (34); *Fehn* Kriminalistik 2004, 635 (636); Hohmann/John/*Pietsch*, Teil 5, § 1 Rn. 17 f.; *Holthausen* NStZ 1988, 206 (208); *Pottmeyer* wistra 1996, 121 (122).

[18] BGH 19.2.1985 – 5 StR 780 und 796/84, NStZ 1985, 367; auch BGH 23.11.1995 – 1 StR 296/95, BGHSt 41, 348 (355) = NJW 1996, 1355 (1356); BayObLG 2.4.1990 – RReg 4 St 54/90, VRS 79 (1990), 149 (150); OLG Celle 8.1.1973 – 2 Ss 277/72, NdsRpfl. 1973, 76; OLG Koblenz 24.6.1982 – 1 Ss 259/82, OLGSt § 1 KriegswaffKG S. 5; hierzu auch Hinze/*Runkel* § 1 Rn. 13.

[19] OLG Stuttgart 6.7.1981 – 3 Ss 220/81, NStZ 1982, 33 (34).

[20] BGH 19.2.1985 – 5 StR 780 und 796/84, NStZ 1985, 367; auch OLG Celle 8.1.1973 – 2 Ss 277/72, NdsRpfl. 1973, 76 (vorübergehende Umstellung eines Maschinengewehrs der Bundeswehr auf Manövermunition).

[21] OLG Stuttgart 6.7.1981 – 3 Ss 220/81, NStZ 1982, 33 (34); LG Hamburg 6.5.1993 – 616 Qs 72/92, MDR 1993, 1003; *Pottmeyer* § 1 Rn. 46 ff.; *ders.* wistra 1996, 121 (122); vgl. zur Unbrauchbarmachung von Kriegswaffen sogleich → Rn. 6 ff.

[22] BGH 8.4.1997 – 1 StR 606/96, NStZ 1997, 552; zustimmend *Runkel* NStZ 1997, 552.

[23] BGH 8.4.1997 – 1 StR 606/96, NStZ 1997, 552.

[24] BGH 8.4.1997 – 1 StR 606/96, NStZ 1997, 552; anders aber BayObLG 16.5.1984 – RReg 4 St 58/84 (nicht veröffentlicht) in Bezug auf Patronen für Maschinengewehre, die erst durch ihre störungsfreie Zündung den vollautomatischen Ladevorgang der Rückstoßlader auslösen und dadurch die Kriegswaffeneigenschaft dieser Munition begründen.

[25] → Vor § 1 Rn. 14.

genschaft verloren, „sobald der Gegenstand als Kriegswaffe dauernd funktionsunfähig geworden ist. Dauernde Funktionsunfähigkeit liegt insbesondere dann vor, wenn die Wiederherstellung der Einsatzfähigkeit entweder unmöglich ist oder einen technischen und finanziellen Aufwand erfordert, der in keinem sinnvollen Verhältnis zum Wert einer funktionsfähigen Waffe steht (zB bei einem der Neuherstellung nahekommenden Aufwand)".[26] Dagegen geht die Kriegswaffeneigenschaft „grundsätzlich nicht verloren, wenn die Kriegswaffe mit einem in der KWL nicht genannten Gegenstand derart verbunden worden ist, dass sie ihre wesentlichen Eigenschaften behalten hat".[27] Eine spezielle Regelung über den Umgang mit unbrauchbar gemachten Kriegswaffen enthält nunmehr auch § 13a, der jedoch selbst nicht festlegt, **unter welchen Bedingungen** von einer unbrauchbar gemachten Kriegswaffe gesprochen werden kann, sondern diesbezüglich lediglich eine Ermächtigungsgrundlage zum Erlass einer entsprechenden Rechtsverordnung enthält:[28]

§ 13a Umgang mit unbrauchbar gemachten Kriegswaffen

¹Der Umgang mit unbrauchbar gemachten Kriegswaffen kann durch Rechtsverordnung des Bundesministeriums für Wirtschaft und Energie, die der Zustimmung des Bundesrates bedarf, beschränkt werden; insbesondere kann der Umgang verboten oder unter Genehmigungsvorbehalt gestellt werden. ²Unbrauchbar gemachte Kriegswaffen sind Kriegswaffen, die durch technische Veränderungen endgültig die Fähigkeit zum bestimmungsgemäßen Einsatz verloren haben und nicht mit allgemein gebräuchlichen Werkzeugen wieder funktionsfähig gemacht werden können. ³Durch Rechtsverordnung, die der Zustimmung des Bundesrates nicht bedarf, kann bestimmt werden, auf welche Weise Kriegswaffen unbrauchbar zu machen sind und in welcher Form ihre Unbrauchbarmachung nachzuweisen ist.

7 Die Kriterien über die Unbrauchbarmachung von Kriegswaffen waren früher in den – nicht abschließenden[29] – Merkblättern bzw. Richtlinien des Bundesministers für Wirtschaft und Technologie[30] (Merkblatt vom 14.2.1979,[31] ersetzt durch die Richtlinie vom 21.4.1999[32] betreffend halbautomatischer Gewehre iS der Nr. 29d KWL; Merkblatt vom 16.2.1979,[33] ersetzt durch die Richtlinie vom 21.4.1999[34] betreffend vollautomatischer Gewehre und Karabiner, Maschinenpistolen und -gewehre sowie Rohre und Verschlüsse) näher festgelegt. Waren diese Voraussetzungen erfüllt, lag regelmäßig keine Kriegswaffe iS des KrWaffG (und auch keine Schusswaffe iS des WaffG) mehr vor. Diese Richtlinien verloren durch das Schreiben des Bundesministeriums für Wirtschaft und Arbeit vom 31.3.2003[35] allerdings ihre Geltung. Es ist beabsichtigt, alsbald eine entsprechende, nunmehr auf Grund des Satzes 3 mögliche Rechtsverordnung zu erlassen.[36]

8 Die in den genannten Merkblättern aufgeführten Voraussetzungen dafür, dass bei den genannten Waffen die Kriegswaffeneigenschaft durch Unbrauchbarmachung oder Unbrauchbarkeit verloren geht, können aber auch heute noch zur Auslegung herangezogen

---

[26] Vgl. hierzu auch Hinze/*Runkel* § 1 Rn. 15; *Pottmeyer* § 1 Rn. 55 ff.
[27] Hierzu auch BGH 18.11.1999 – 1 StR 520/99, NStZ 2000, 150.
[28] Vgl. hierzu die Begründung des Gesetzgebers BT-Drs. 14/7758, 100 (hinsichtlich der Ermächtigung in Satz 1) und BT-Drs. 17/5262, 17 (hinsichtlich der Ermächtigung in Satz 3); hierzu auch die auf Grund der Ermächtigungsvorschrift des § 13a Satz 1 bereits erlassene Verordnung über den Umgang mit unbrauchbar gemachten Kriegswaffen vom 1.7.2004, BGBl. I S. 1448; eine Erläuterung der VO enthält das Schreiben des BMWA 31.3.2003 – V B 3 – 10 17 01/2, auszugsweise abgedruckt bei Erbs/Kohlhaas/*Lampe*, K 189, Anh. zu § 13a; vgl. zu dieser VO bereits → Vor § 1 Rn. 13.
[29] OLG Celle 31.7.1997 – 22 Ss 167/97, NStZ-RR 1998, 120; Hinze/*Runkel* § 1 Rn. 13.
[30] Vgl. hierzu → Vor § 1 Rn. 15; hier sind auch noch weitere Merkblätter und Richtlinien aufgeführt, welche die Demilitarisierung von Kriegswaffen betreffen.
[31] Az.: IV B 4–10 1703; das Merkblatt ist abgedruckt *Steindorf* Waffenrecht, 7. Aufl. 1999, Anhang A zu § 1.
[32] Az.: V B 3–10 17 03.
[33] Das Merkblatt ist abgedruckt bei *Steindorf* Waffenrecht, 7. Aufl. 1999, Anhang B zu § 1; hierzu auch OLG Celle 31.7.1997 – 22 Ss 167/97, NStZ-RR 1998, 120.
[34] Az.: V B 3–10 17 03.
[35] Az.: V B 3–10 17 01/02; das Schreiben ist auszugsweise abgedruckt bei Erbs/Kohlhaas/*Lampe* Anh. zu § 13a; Steindorf/*Heinrich* Anh. b zu § 13a.
[36] § 13a S. 3 wurde eingefügt durch das Gesetz vom 27.7.2011, BGBl. I S. 1595 (1597); hierzu auch die entsprechende Begründung in BT-Drs. 17/5262, 17.

II. Kriegswaffenkontrollgesetz

werden. Hiernach sind folgende Kriterien entscheiden:[37] 1. Das Patronenlager muss dauernd so verändert sein, dass das Laden von Munition oder von Treibladungen unmöglich ist, 2, das Rohr muss in dem dem Patronenlager zugekehrten Drittel seiner Länge mindestens 6 kalibergroße Bohrungen oder gleichwertige Laufveränderungen aufweisen und vor diesen mit einem kalibergroßen gehärteten Stahlstift dauerhaft verschlossen sein oder auf seiner ganzen Länge, beginnend unmittelbar vor dem Patronenlager bis zur Rohrmündung, einen Längsschlitz von mindestens 4 mm Breite aufweisen, 3. das Rohr muss mit dem Waffengehäuse fest verbunden sein, sofern es sich um Waffen handelt, bei denen das Rohr ohne Anwendung von Werkzeugen ausgetauscht werden kann,[38] 4. der Verschluss[39] muss dauerhaft funktionsunfähig sein. Dies ist anzunehmen, wenn der Verschluss an seiner dem Rohr zugewandten Seite um mindestens 45 Grad, an einer Seite beginnend, so weit abgearbeitet ist, dass Auszieher und Stoßboden abgetrennt sind; die Führungsbohrung für den Schlagbolzen muss zugeschweißt sein. Bei einem teilbaren Verschluss ist durch Schweißungen oder Abtrennungen sicherzustellen, dass kein Original-Verschlusskopf eingesetzt werden kann, 5. das Waffengehäuse ist bei nicht vorhandenen Wechselrohren durch Einschweißen von Stahlteilen im Bereich der vorderen und hinteren Rohrlagerung bzw. der Verschlussverriegelung so zu verändern, dass Rohre nicht mehr eingesetzt werden und Verschlüsse nicht die vordere Endstellung einnehmen können. Eine etwa vorhandene Zuführeinrichtung für gegurtete Patronenmunition muss mittels Verschweißung ihrer beweglichen Teile funktionsunfähig, ein Trommelmagazin darf nicht ansetzbar sein. Ein vorhandenes Magazin muss mit dem Waffengehäuse verschweißt sein. Die Magazinhalterung muss unbrauchbar gemacht sein, sofern das Magazin fehlt.

Insgesamt gilt, dass die Veränderungen so auszuführen sind, dass sie nicht mit allgemein gebräuchlichen Werkzeugen[40] rückgängig gemacht und die Gegenstände nicht so geändert werden können, dass aus ihnen Munition, Ladungen oder Geschosse verschossen werden können.[41]

4. Zur Kriegsführung bestimmt. Nach § 1 Abs. 1 sind nur „zur Kriegsführung bestimmte Waffen", die in der KWL aufgenommen sind, als Kriegswaffen anzusehen. Die Aufnahme einer Waffe in die KWL stellt nun regelmäßig eine Vermutung dafür auf, dass die jeweilige Waffe auch zur Kriegsführung bestimmt ist. Hinsichtlich mancher durch die eigenständige Aufnahme in die KWL als selbstständige Kriegswaffe anzusehender wesentlicher Bestandteile kann dies jedoch mitunter zweifelhaft sein. So geben die Ziff. 4 und 5 der (amtlichen) Erläuterungen zur KWL[42] den Hinweis, dass die oftmals mit „für" ausgedrückte

---
[37] Vgl. hierzu den nahezu wortgleichen Abschnitt III des Merkblatts vom 14.2.1979 und den Abschnitt II des Merkblatts vom 16.2.1979.
[38] Einzelrohre für die genannten Waffen, die nach Nr. 34 der KWL als selbstständige Kriegswaffen anzusehen sind, sind entsprechend den unter den Nr. 1. und 2. genannten Bedingungen unbrauchbar zu machen.
[39] Verschlüsse für die genannten Waffen, die nach Nr. 35 der KWL als selbstständige Kriegswaffen anzusehen sind, sind nach den unter Nr. 4 genannten Bedingungen unbrauchbar zu machen.
[40] Vgl. zu den allgemein gebräuchlichen Werkzeugen WaffG § 1 Rn. 61.
[41] Vgl. ergänzend auch Nr. 24 der (amtlichen) Erläuterungen zur KWL (hierzu → Vor § 1 Rn. 14): „(24) Aus militärischen Halbautomaten umgebaute Gewehre und Karabiner, die dem Waffengesetz unterliegen, haben ihre Kriegswaffeneigenschaft verloren, wenn ihre spezifisch militärischen Eigenschaften beseitigt worden sind. Die umgebauten Waffen müssen folgenden Anforderungen entsprechen; a) das Rohr muß mit dem Gehäuse des demilitarisierten halbautomatischen Gewehres fest verbunden sein; b) der Verschluß muß so verändert sein, daß er mit dem Original-Kriegswaffenverschluß nicht identisch ist und in einem unveränderten militärischen halb- oder vollautomatischen Gewehr nicht funktionsfähig ist; c) die Führungsbahn für den Verschluß muß so verändert worden sein (zB durch Einschweißen von zusätzlichen Stahlteilen), daß ein Original-(Kriegswaffen-)Verschluß nicht mehr verriegeln bzw. die vordere Endstellung einnehmen kann; d) vollautomatisches Schießen bzw. die Abgabe von Feuerstößen darf nicht möglich sein; e) Mündungsbremse, Mündungsfeuerdämpfer oder Kombination davon sowie Seitengewehr – (Bajonett) – oder Gewehrgranataufnahmevorrichtungen müssen entfernt sein; f) die Halterung des Magazins muß so verändert sein, daß ein Magazin mit einer Aufnahmekapazität von mehr als 5 Patronen nicht eingeführt werden kann; g) das Visier muß auf einen Bereich bis maximal 300 m begrenzt sein. Die vorgenannten Veränderungen müssen so vorgenommen sein, daß sie nicht mit allgemein gebräuchlichen Werkzeugen beseitigt und die Gegenstände nicht wieder in den Originalzustand versetzt werden können".
[42] Vgl. hierzu → Vor § 1 Rn. 14.

Zuordnung von Teilen zu anderen Waffen (zB Ziff. 34 bis 36 der KWL) als objektive Eignung zu verstehen sei. Teile, die nicht eindeutig in Funktion zu einer Kriegswaffe stehen (in der Regel bezogen auf konstruktive Merkmale), vielmehr ambivalent sind (dh gleichermaßen für Kriegswaffen und Nicht-Kriegswaffen verwendbar sind; Stichwort: **Dual-use Waren**) werden wie folgt erfasst: Handelt es sich um eine ursprüngliche Entwicklung als Kriegswaffe und ist deren Verwendung als Kriegswaffe noch üblich oder möglich, wird zunächst die Kriegswaffeneigenschaft vermutet, bis durch objektive Umstände die dauernde Zuordnung zu einem für zivile Zwecke bestimmten Gegenstand nachgewiesen wird (zB durch spezielle Produktion für zivile Abnehmer). Handelt es sich dagegen um eine zivile Entwicklung oder um eine technisch-konstruktiv bedingte Ambivalenz (zB bei gewissen Schiffsrümpfen), beginnt die Behandlung als Kriegswaffe mit dem Zeitpunkt, in dem durch objektive Umstände die Zweckbestimmung als Kriegswaffe erkennbar wird (zB Auftragserteilung, Beginn spezifisch militärischen Innenausbaues, Anbringung von Zusatzvorrichtungen).

11 Fraglich ist darüber hinaus jedoch, ob allgemein auch solche Kriegswaffen (noch) dem Anwendungsbereich des KrWaffG unterfallen, die zwar in der KWL aufgeführt sind, die aber **im Einzelfall** nicht mehr „zur Kriegsführung bestimmt sind",[43] da sie bei kriegerischen Auseinandersetzungen üblicherweise nach dem Stand der wissenschaftlichen und militärischen Technik nicht mehr als Mittel der Gewaltanwendung zwischen den Staaten verwendet werden (vgl. die Definition in § 1 Abs. 2). In diesem Sinne argumentierte das BayObLG,[44] welches noch im Jahre 1970 darauf hinwies, dass unter die – allerdings recht weit gefassten – Begriffe „Gewehre und Karabiner" iS der Nr. 29a der KWL aF nur solche fielen, die tatsächlich „zur Kriegsführung bestimmt sind" (= materieller oder subjektiver Kriegswaffenbegriff). Dies folge daraus, dass das KrWaffG als Ausführungsgesetz zu Art. 26 Abs. 2 GG nur solche Gegenstände erfassen könne, die tatsächlich für eine bewaffnete Auseinandersetzung zwischen Staaten geeignet seien. Dagegen stellte der BGH[45] zutreffend fest, dass es im Hinblick auf die Kriegswaffeneigenschaft der in Nr. 50 KWL aufgeführten Kriegswaffenmunition nicht darauf ankomme, „dass diese Munition von regulären Streitkräften heute nicht mehr verwendet wird". Insoweit ist es ausreichend, wenn der betreffende Gegenstand in der KWL wirksam erfasst ist. Eine darüber hinausgehende Prüfung dahingehend, ob der konkret zur Beurteilung gestellte Waffentyp oder die einzelne Waffe nach den in § 1 Abs. 2 normierten Maßstäben geeignet ist, als Mittel der Gewaltanwendung bei bewaffneten Auseinandersetzungen zwischen Staaten zu dienen, ist weder erforderlich noch zulässig, da es gerade Sinn der KWL ist, mit Wirkung für und gegen jedermann abschließend zu bestimmen, welche Gegenstände die Anforderungen des § 1 Abs. 2 erfüllen (= formeller oder objektiver Kriegswaffenbegriff).[46] Der Zweck der KWL, Rechtssicherheit und -klarheit zu schaffen, kann nur erfüllt werden, wenn sich die Kriegswaffeneigenschaft eines Gegenstandes grundsätzlich allein danach richtet, ob er nach seiner Gattung in der Liste erfasst ist.[47] Die Kriegswaffeneigenschaft entfällt erst dann, wenn – wie oben ausgeführt[48] – die jeweilige Kriegswaffe objektiv funktionsuntüchtig geworden ist.[49]

---

[43] Hierzu BGH 8.4.1997 – 1 StR 606/96, NStZ 1997, 552 mAnm *Runkel* NStZ 1997, 552 BayObLG 9.11.1970 – RReg 4 St 85/70, NJW 1971, 1375 mAnm *Hinze* NJW 1971, 1375; ausführlich zum Meinungsstreit *Pottmeyer* § 1 Rn. 16 ff.

[44] BayObLG 9.11.1970 – RReg 4 St 85/70, NJW 1971, 1375 (1376); zustimmend *Hinze* NJW 1971, 1375; ähnlich OLG Celle 8.1.1973 – 2 Ss 277/72, NdsRpfl. 1973, 76 (77); in diese Richtung auch Hinze/*Runkel* § 1 Rn. 6.

[45] BGH 8.4.1997 – 1 StR 606/96, NStZ 1997, 552 mwN; ebenso BVerwG 16.9.1980 – 1 C 1/77, BVerwGE 61, 24; OLG Karlsruhe 5.12.1991 – 1 Ss 49/91, NJW 1992, 1057 (1058); *Alexander/Winkelbauer* in *Müller-Gugenberger/Bieneck*, § 73 Rn. 11; *Epping* DWiR 1991, 277 (279); Erbs/Kohlhaas/*Lampe*, K 189, § 1 Rn. 1; *Fehn/Fehn* in *Achenbach/Ransiek*, 2. Aufl., Rn. 16; *Pathe/Wagner* in Bieneck, § 38 Rn. 1, 4; Steindorf/*Heinrich* § 1 Rn. 1.

[46] BVerwG 16.9.1980 – 1 C 1/77, BVerwGE 61, 24 (29); zustimmend *Beckemper* in *Achenbach/Ransiek/Rönnau* Rn. 17, 21); *Fehn* Kriminalistik 2004, 635 (635 f.); Hohmann/John/*Pietsch* Teil 5, § 1 Rn. 15; aM *Hinze* NJW 1971, 1375 (1376).

[47] OLG Karlsruhe 5.12.1991 – 1 Ss 49/91, NJW 1992, 1057 (1058); *Beckemper* in *Achenbach/Ransiek/Rönnau*, Rn. 17.

[48] → Rn. 4.

[49] BGH 8.4.1997 – 1 StR 606/96, NStZ 1997, 552.

Ferner wird teilweise darauf hingewiesen, dass es auf die Absicht, die vorliegende Kriegs- **12** waffe zur Kriegsführung zu benutzen, schon deswegen nicht ankommen könne, weil in der KWL auch wesentliche Bestandteile von Kriegswaffen „als Kriegswaffen" erfasst werden, diese für sich gesehen aber zur Kriegsführung gar nicht tauglich seien, da sie erst zusammen mit anderen Gegenständen eine vollständige Kriegswaffe ergäben.[50] Dieses Argument kann allerdings schon deswegen nicht überzeugen, weil es letztlich für die Bestimmung und Tauglichkeit „zur Kriegsführung" nicht darauf ankommen kann, ob ein Gegenstand für sich allein gesehen oder erst zusammen mit anderen Gegenständen tatsächlich verwendet werden kann.

5. Kriegswaffeneigenschaft so genannter Bausätze. Umstritten ist die Kriegswaffen- **13** eigenschaft so genannter Bausätze. Hierunter versteht man eine in mehrere Teile zerlegte Kriegswaffe (= Sachgesamtheit von Einzelteilen), die – so zumindest die gängige Definition – mit allgemein gebräuchlichen Werkzeugen[51] (wieder) zusammengefügt werden kann und nach dem Zusammenbau als Kriegswaffe iS der KWL anzusehen ist (zu unterscheiden hiervon ist die Frage, inwieweit bereits einzelne **wesentliche Teile** von Kriegswaffen für sich genommen die Kriegswaffeneigenschaft besitzen).[52] Unter Berufung auf den Sinn und Zweck des KrWaffG geht die überwiegende Ansicht – wie noch zu zeigen sein wird: zu Recht – davon aus, dass eine solche gewollte künstliche Aufspaltung in mehrere Teile der Waffe nicht ihre Eigenschaft als Kriegswaffe nehmen kann.[53] Entscheidend sei einzig, ob die Waffe dem Besitzer (oder Empfänger) einsatzbereit zur Verfügung stehe, was jedenfalls dann gegeben sei, wenn die Teile mit allgemein gebräuchlichen Werkzeugen ohne großen Aufwand zusammengesetzt werden können (Prinzip der leichten Herrichtbarkeit).[54] Lediglich eine Minderansicht sieht in der Einbeziehung von Bausätzen eine Überschreitung der Wortlautgrenze und insoweit eine verbotene Analogie.[55] Insbes. die Erweiterung der KWL auf bestimmte Waffenteile[56] zeige, dass der Gesetzgeber das Problem der Einzelteillieferungen abschließend habe regeln wollen.[57] Daher müssten, um auch Bausätze zu erfassen, sämtliche wesentlichen Teile von Kriegswaffen gesondert in die KWL mit aufgenommen werden. Ansonsten sei jedenfalls die Lieferung einer Waffe, die zuvor noch nicht zu einer kompletten Waffe zusammengebaut war und somit erstmals montiert werden müsse, nicht als Lieferung einer kompletten Kriegswaffe anzusehen.[58]

---

[50] *Epping* S. 85, 87.
[51] In BGH 23.11.1995 – 1 StR 296/95, BGHSt 41, 348 (354) = NJW 1996, 1355 (1356), werden hier als Beispiel „Schraubendreher, Zange und Lötkolben" genannt; vgl. ferner OLG München 28.9.1992 – 1 Ws 534–536 und 757–759/92, NStZ 1993, 243 („ohne großen technischen Aufwand" zusammenfügbar); zu diesen Werkzeugen vgl. → WaffG § 1 Rn. 61.
[52] Hierzu → Rn. 19.
[53] BGH 23.11.1995 – 1 StR 296/95, BGHSt 41, 348 (354 ff.) = NJW 1996, 1355 (1356); hierzu *Achenbach* NStZ 1996, 533 (536 f.); BayObLG 13.3.1997 – 4 St RR 26/97, BayObLGSt 1997, 59 (61); OLG Düsseldorf 15.12.1983 – 1 Ws 1053–1055/83, NStZ 1987, 565; OLG München 28.9.1992 – 1 Ws 534–536 und 757–759/92, NStZ 1993, 243; hierzu *Achenbach* NStZ 1994, 421 (423); LG Düsseldorf 27.5.1986 – X – 64/83, NStZ 1988, 231; LG Rottweil 20.6.1994 – KLs 2/93 (unveröffentlicht; referiert von *Pottmeyer* AWPrax 1995, 174); *Alexander/Winkelbauer* in *Müller-Gugenberger/Bieneck*, § 73 Rn. 13; *Beckemper* in *Achenbach/Ransiek/Rönnau* Rn. 23; *Erbs/Kohlhaas/Lampe*, K 189, § 1 Rn. 1a; *Fehn* Kriminalistik 2004, 635 (636); *Harder* in *Wabnitz/Janovsky*, 23. Kap. Rn. 58; *Hinze/Runkel* § 1 Rn. 7; *Hohmann/John/Pietsch* Teil 5, § 1 Rn. 19 ff.; *Holthausen* NStZ 1988, 206 (208); *ders.* NStZ 1993, 243; *ders.* NStZ 1996, 284; *ders.* wistra 1997, 129 (130); *Holthausen/Hucko* NStZ-RR 1998, 193; Steindorf/*Heinrich* § 1 Rn. 1a; auch BVerwG 26.5.1998 – 1 C 27/97, GewA 1998, 476 = NVwZ-RR 1999, 117 im Hinblick auf Bausätze von Nachbildungen vollautomatischer Kriegswaffen.
[54] BGH 23.11.1995 – 1 StR 296/95, BGHSt 41, 348 (354 ff.) = NJW 1996, 1355 (1356); auch OLG Düsseldorf 15.12.1983 – 1 Ws 1053–1055/83, NStZ 1987, 565 (566); zum Begriff der leichten Handhabbarkeit Hohmann/John./*Pietsch* Teil 5, § 1 Rn. 23.
[55] *Epping* DWiR 1991, 277 (279); *Pottmeyer* § 1 Rn. 89 f.; *ders.* wistra 1996, 121; in diese Richtung auch *Epping* S. 87 f., 93; *Dichtl* BB 1994, 1726 (1728).
[56] Vgl. zur Motivation des Gesetzgebers BT-Drs. III/1589, 14.
[57] Vgl. (ablehnend) zu dieser Argumentation BGH 23.11.1995 – 1 StR 296/95, BGHSt 41, 348 (355 f.) = NJW 1996, 1355 (1356).
[58] *Pottmeyer* wistra 1996, 121 (122).

14 Für die hM spricht einerseits der **Sinn und Zweck des KrWaffG,** die Herstellung, den Verkehr und den Handel mit allen zur Kriegsführung geeigneten und deshalb in die KWL aufgenommenen Waffen und Waffenteilen der staatlichen Kontrolle zu unterwerfen.[59] Andererseits würde bei einer anderen Auslegung dem Missbrauch Tür und Tor geöffnet und die Regelungen des KrWaffG könnten ohne größere Schwierigkeiten umgangen werden.[60] Eine Aufnahme sämtlicher Einzelteile, die sich zu einer Kriegswaffe zusammensetzen lassen, in die KWL, wäre nicht nur technisch kaum durchführbar,[61] sie hätte auch eine nahezu uferlose Ausweitung der KWL zur Folge, die zudem viele an sich beanstandungsfrei zivil zu nutzenden Teile umfassen müsste.[62] Der BGH weist zudem zu Recht darauf hin, dass eine Einbeziehung von Einzelteillieferungen den Wortlaut der KWL nicht überschreite, da es gerade bei der Übersendung von Industrieprodukten im Interesse eines wirtschaftlichen und sicheren Transportes üblich geworden sei, die Ware in Einzelteilen oder Bausätzen zu verpacken, eine solche Lieferung im Wirtschaftsleben aber regelmäßig als Lieferung „der kompletten Ware" angesehen werde.[63]

15 Auch das Argument, dass in der KWL einige wesentliche Teile explizit aufgeführt sind, kann zu keiner anderen Beurteilung führen. Denn dieses Vorgehen sollte vor allem dem Zweck dienen, bereits den ungenehmigten Umgang mit diesen Einzelteilen an sich unter Strafe zu stellen, auch wenn sie für sich gesehen noch keine gebrauchsfertigen Kriegswaffen darstellen.[64] Insofern soll hier also bereits der Umgang mit für sich gesehen zwar noch nicht einsatzfähigen, jedoch den Zugang zur Gesamtwaffe ermöglichenden Teilen geregelt werden, ohne dass – im Gegensatz zu den hier zu behandelnden „Bausätzen" – die Sachgesamtheit Betrachtungsgegenstand ist. Die von der Gegenansicht vorgenommene Differenzierung zwischen einer Kriegswaffe, die zuvor noch nicht zusammengesetzt war und einer solchen, die lediglich zum Transport auseinandergebaut wurde (und die nach den oben genannten Grundsätzen – lediglich vorübergehende Aufhebung der Funktionstauglichkeit – auch weiterhin als Kriegswaffe anzusehen ist), kann zudem nicht überzeugen. Denn stellt man wiederum auf den Sinn und Zweck des KrWaffG ab, kann es hinsichtlich der Gefährlichkeit solcher Waffen nicht darauf ankommen, ob sie bereits vor einem Transport testweise zusammengebaut wurden oder nicht.

16 Schließlich kann auch der Umstand, dass sich in § 2 der KriegswaffenmeldeVO („Der Meldepflicht unterliegen auch nicht zusammengebaute oder zerlegte Kriegswaffen [...]. Werden Kriegswaffen nach und nach ein- oder ausgeführt, unterliegt die Gesamtwaffe der Meldepflicht, wenn das letzte Teil ein- oder ausgeführt wird") im Gegensatz zur KWL eine Regelung für die hier zu diskutierende Bausatzproblematik findet, nicht als Argument dafür angeführt werden, um die Kriegswaffeneigenschaft von in Einzelteilen zerlegten Waffen zu leugnen.[65] Dies folgt daraus, dass die 1995 erlassene VO gerade deswegen geschaffen wurde, weil bis dahin vermehrt die Tendenz zu beobachten war, mittels der Lieferung von Bausätzen die Vorschriften des KrWaffG zu umgehen und daher jedenfalls in Bezug auf die **Meldepflicht** eine eindeutige Regelung getroffen werden sollte. Dies kann aber nicht dazu führen, nun im Umkehrschluss das Fehlen einer solchen klarstellenden Regelung im KrWaffG in der Weise zu interpretieren, dass der Gesetzgeber die Bausätze schon gar nicht als Kriegswaffe ansehen will. Denn wären die Bausätze nicht als Kriegswaffe anzusehen, wäre die Termino-

---

[59] BGH 23.11.1995 – 1 StR 296/95, BGHSt 41, 348 (354 f.) = NJW 1996, 1355 (1356); 19.2.1985 – 5 StR 780 und 796/84, NStZ 1985, 367; OLG München 28.9.1992 – 1 Ws 534–536 und 757–759/92, NStZ 1993, 243.

[60] OLG München 28.9.1992 – 1 Ws 534–536 und 757–759/92, NStZ 1993, 243; Steindorf/*Heinrich* § 1 Rn. 1a.

[61] Vgl. hierzu *Holthausen* NStZ 1996, 284; *ders.* wistra 1997, 129 (131).

[62] Erbs/Kohlhaas/*Lampe*, K 189, § 1 Rn. 1a; *Holthausen* NStZ 1993, 243 (244); *ders.* NStZ 1996, 284; *ders.* wistra 1997, 129 (131); Steindorf/*Heinrich* § 1 Rn. 1a.

[63] BGH 23.11.1995 – 1 StR 296/95, BGHSt 41, 348 (355) = NJW 1996, 1355 (1356); so auch OLG München 28.9.1992 – 1 Ws 534–536 und 757–759/92, NStZ 1993, 243; *Holthausen* wistra 1997, 129 (130); Steindorf/*Heinrich* § 1 Rn. 1a.

[64] BGH 23.11.1995 – 1 StR 296/95, BGHSt 41, 348 (355 f.) = NJW 1996, 1355 (1356).

[65] So aber *Pottmeyer* wistra 1996, 121 (122); dagegen wie hier *Holthausen* wistra 1997, 129 (131).

logie des § 2 der KriegswaffenmeldeVO, die darauf abstellt, dass „Kriegswaffen" nach und nach ein- oder ausgeführt werden, unsinnig.

Im Einzelnen ist im Hinblick auf die Bausätze noch Folgendes zu bedenken: Im Gegensatz zur oben behandelten Frage der Funktionsfähigkeit von Kriegswaffen[66] kann bei den Bausätzen nicht darauf abgestellt werden, ob sie mit „allgemein gebräuchlichen Werkzeugen und ohne großen Arbeitsaufwand" zu Kriegswaffen zusammengesetzt werden können.[67] Hier ist vielmehr – wie *Holthausen* zutreffend bemerkt[68] – darauf abzustellen, ob ein Unternehmen der wehrtechnischen Industrie bei Einsatz seines Know-hows und seiner technischen Möglichkeiten den Zusammenbau ohne besondere Schwierigkeiten bewältigen kann. Ein weiteres Problem stellt sich bei der Prüfung der Vollständigkeit des Bausatzes. Wurde darauf hingewiesen, dass ein Bausatz nur dann als Kriegswaffe anzusehen ist, wenn er „komplett" ist, dh sich ohne Beifügung weiterer Materialien zu einer vollständigen und funktionsfähigen Kriegswaffe zusammensetzen lässt, so dürfen hierbei nicht zu enge Maßstäbe angesetzt werden. Im Hinblick auf die **Vollständigkeit** muss jedenfalls davon ausgegangen werden, dass ein Fehlen unbedeutender und leicht beschaffbarer (insbes. genormter und marktgängiger) Teile nicht ins Gewicht fallen kann.[69] Entscheidend ist allein, ob der vorliegende Bausatz alle funktional wichtigen waffenspezifischen Bauelemente der Kriegswaffe enthält.[70] Schließlich können die Vorschriften des KrWaffG auch nicht dadurch umgangen werden, dass die in Einzelteile zerlegte Kriegswaffe in mehreren zeitlich versetzten Teillieferungen versendet wird.[71]

Insofern fallen auch nach geltendem Recht neben der fertig zusammengesetzten und funktionsfähigen Kriegswaffe auch Bausätze von Kriegswaffen unter den Kriegswaffenbegriff, wenn auch eine entsprechende Klarstellung seitens des Gesetzgebers wünschenswert erscheint.[72] Einen Verstoß gegen den Bestimmtheitsgrundsatz des Art. 103 Abs. 2 GG stellt dies nicht dar, dient doch gerade die Aufzählung der Kriegswaffen in der KWL der Rechtsklarheit. Diese Enumerationslösung kann jedoch nur dann aufrechterhalten werden, wenn durch eine an Sinn und Zweck orientierte Auslegung gewährleistet wird, dass sie nicht durch technische Manipulationen unterlaufen wird.[73] Denn andernfalls müsste dem Gesetzgeber angeraten werden, auch im Kriegswaffenrecht auf einen vom Bestimmtheitsgrundsatz noch gedeckten, insgesamt aber weniger aussagekräftigen abstrakten Waffenbegriff umzuschwenken.

6. Wesentliche Bestandteile. Im Gegensatz zum allgemeinen Waffenrecht (vgl. Anlage 1 Abschnitt 1 Unterabschnitt 1 Nr. 1.3 zum WaffG) kennt das Kriegswaffenrecht keine Vorschrift, die wesentliche Bestandteile von Kriegswaffen den Kriegswaffen insgesamt gleichstellt.[74] Um zumindest manche wesentlichen Bestandteile dennoch dem Kriegswaffenrecht zu unterwerfen, müssen diese gesondert in der KWL mit aufgeführt werden, was teilweise auch bereits geschehen ist (vgl. ua Nr. 27 und Nr. 28 KWL: Fahrgestelle und Türme für Kampfpanzer; Nr. 34 und Nr. 35: Rohre und Verschlüsse für Maschinenge-

---

[66] → Rn. 4 f.
[67] Vgl. auch Hohmann/John/*Pietsch,* Teil 5, § 1 Rn. 24; *Holthausen* NStZ 1993, 243 (244); so aber OLG Düsseldorf 15.12.1983 – 1 Ws 1053–1055/83, NStZ 1987, 565; NStZ 1987, 565 (566).
[68] *Holthausen* NStZ 1993, 243 (244); *ders.* NStZ 1996, 284 (285); *ders.* wistra 1987, 129 (131); *Holthausen/Hucko* NStZ-RR 1998, 193 (194); differenzierend Hohmann/John/*Pietsch* Teil 5, § 1 Rn. 23.
[69] So auch *Fehn* Kriminalistik 2004, 635 (636); *Holthausen* NStZ 1993, 243 (244); *ders.* NStZ 1996, 284 (285); *ders.* wistra 1987, 129 (132); *Holthausen/Hucko* NStZ-RR 1998, 193 (194 f.); ablehnend *Pottmeyer* wistra 1996, 121 (125).
[70] *Holthausen* NStZ 1993, 243 (244).
[71] So auch *Holthausen* wistra 1997, 129 (133).
[72] Vgl. *Holthausen* NStZ 1993, 243 (244), der folgende Formulierung vorschlägt: „Kriegswaffeneigenschaft besitzen auch nicht zusammengebaute oder zerlegte Kriegswaffen, wenn sie ohne besondere Schwierigkeit zu Kriegswaffen zusammengebaut werden können. Satz 1 gilt sinngemäß wenn nur unbedeutende und leicht beschaffbare Teile fehlen"; vgl. *ders.* NStZ 1996, 284 (285); *ders.* wistra 1997, 129 (131, 135); ähnliche Formulierung auch bei Steindorf/*Heinrich* § 1 Rn. 1a.
[73] Vgl. auch Hohmann/John/*Pietsch* Teil 5, § 1 Rn. 20; *Holthausen* wistra 1997, 129 (134).
[74] Bereits → Rn. 2.

wehre).[75] Dadurch ist klargestellt, dass nicht in der KWL aufgenommene Bestandteile für sich gesehen auch keine Kriegswaffeneigenschaft besitzen.

20 **7. Vorsatz und Irrtumsfragen hinsichtlich der Kriegswaffeneigenschaft.** Der Täter muss im Hinblick auf das Vorliegen des Tatbestandsmerkmales der Kriegswaffe vorsätzlich handeln, also wissen oder es wenigstens für möglich halten und darüber hinaus jedenfalls billigend in Kauf nehmen, dass der betreffende Gegenstand eine Kriegswaffe iS der Kriegswaffenliste darstellt. Dabei ist fraglich, ob es ausreicht, wenn der Täter den Gegenstand, mit dem er umgeht, als solchen erkennt, oder ob und inwieweit er auch wissen muss, dass es sich bei dem vorliegenden Gegenstand um eine dem KrWaffG unterfallende Kriegswaffe handelt, er also zusätzlich zur tatsächlichen Kenntnis den jeweiligen Gegenstand auch rechtlich zutreffend einordnen muss. Geht man davon aus, beim Kriegswaffenbegriff handele es sich um ein **normatives Tatbestandsmerkmal,** müsste der Täter den jedenfalls „Begriffskern" im Wege der „Parallelwertung in der Laiensphäre" erkennen, ansonsten läge ein Tatbestandsirrtum nach § 16 StGB vor, der lediglich eine Fahrlässigkeitsstrafbarkeit ermöglicht.[76] Ein solcher Irrtum sei zwar – so die Vertreter dieser Ansicht – bei „konventionellen Kriegswaffen" (wie zB Panzern, Kriegsschiffen und Kampfflugzeugen) kaum denkbar, könne aber bei nicht eindeutig als Kriegswaffen einzustufenden Gegenständen (wie zB Rohren, Verschlüssen, Zündern, Dispensern etc) durchaus in Frage kommen.[77] Deutet man den Begriff der Kriegswaffe hingegen als rein **deskriptives Tatbestandsmerkmal,** läge lediglich ein Verbotsirrtum vor, sofern der Täter den Gegenstand als solchen erkennt und sich lediglich über die rechtliche Bewertung irrt.[78] Lediglich diese letzte Sichtweise kann überzeugen. Dabei ist als erstes klarzustellen, dass die Frage, ob der Täter vorsätzlich im Hinblick auf die Kriegswaffeneigenschaft des entsprechenden Gegenstandes handelt, von der Frage, ob er auch die Genehmigungspflicht für den Umgang mit derselben kennt, strikt zu trennen ist.[79] Für die Einordnung einer Waffe als Kriegswaffe kann aber lediglich verlangt werden, dass der Täter diejenigen technischen Eigenschaften einer Waffe oder eines wesentlichen Bestandteils sowie deren daraus resultierende Funktions- und Wirkungsweise als solche erkennt, die erforderlich sind, um eine Waffe als Kriegswaffe einzuordnen. Er muss also zB wissen, dass es sich bei einem Rohr oder einem Verschluss um den Bestandteil eines Maschinengewehrs handelt. Darüber hinaus ist die Annahme, ein Maschinengewehr unterfalle nicht der KWL als reiner Verbotsirrtum zu behandeln. Da auch die Vollständigkeit und die Funktionsfähigkeit wesentliche Merkmale einer Kriegswaffe darstellen, muss sich der Vorsatz auch darauf beziehen.[80] Eine Fehlvorstellung darüber, dass eine bestimmte Menge eines Kernbrennstoffes bereits als „wesentlich" iS der Nr. 2 KWL anzusehen ist, auch wenn die betreffende Menge allein noch nicht ausreicht, um eine funktionsfähige Waffe zu konstruieren, stellt dagegen einen Verbotsirrtum dar.[81]

21 **8. Sonstiges.** An dieser Stelle ist nochmals darauf hinzuweisen, dass für bestimmte Altwaffen, die in der KWL aufgeführt sind, die aber zudem **tragbare Schusswaffen** sind, in bestimmten Fällen nach § 57 WaffG die allgemeinen waffenrechtlichen Vorschriften anwendbar sind.[82] Aus den (amtlichen) Erläuterungen zur KWL[83] ergibt sich ferner eine

---

[75] Vgl. hierzu auch die Auflistung bei Hinze/Runkel § 1 Rn. 8.
[76] So *Fehn* Kriminalistik 2004, 635 (638); *Pottmeyer* Rn. 79; dagegen wohl *Puppe* NStZ 1993, 595; zu dieser Problematik auch *Achenbach* NStZ 1994, 421 (424); *Tiedemann* Wirtschaftsstrafrecht BT, 3. Aufl. 2011, § 3 Rn. 80.
[77] So *Fehn* Kriminalistik 2004, 635 (638); ferner Hohmann/John/*Pietsch* Teil 5, § 33a Rn. 38 f.
[78] In diese Richtung *Beckemper* in Achenbach/Ransiek/Rönnau Rn. 25; *Pathe/Wagner* in Bieneck, § 44 Rn. 79; dagegen ebenfalls *Puppe* NStZ 1993, 595, die den Begriff der Kriegswaffe letztlich als reinen „Blankett-Begriff" ohne deskriptiven Gehalt ansieht; auch Hohmann/John/*Pietsch* Teil 5, § 22a Rn. 39.
[79] Hierzu → Rn. 29; im Hinblick auf diese Trennung unklar BGH 22.7.1993 – 4 StR 322/93, NJW 1994, 61; ebenso unklar *Puppe* NStZ 1993, 595 (596).
[80] *Pathe/Wagner* in Bieneck, § 44 Rn. 79.
[81] AM *Holthausen/Hucko* NStZ-RR 1998, 193 (196).
[82] Hierzu ausführlich → WaffG § 57 Rn. 2 ff.
[83] Vgl. hierzu → Vor § 1 Rn. 14.

Zusammenstellung derjenigen Gegenstände, die **nicht als Kriegswaffen** anzusehen sind. Zwar betreffen die genannten Erläuterungen noch die KWL in ihrer alten Fassung, sie können aber dennoch als Auslegungshilfe herangezogen werden. Hiernach fallen nicht unter die KWL: Detonatoren für Zünder und Übertragungsladungen (Nr. 14), Gewehre mit Handrepetiereinrichtung (Nr. 30), Nebelmittelwurfanlagen (Nr. 50), Panzerabwehrminen (Nr. 51) und Schützenminen (Nr. 57), da sie nur einen Rauchsatz enthalten und keine Sprengwirkung entfalten, Spreng- und Detonationsschnüre als solche (Nr. 58), Torpedoablaufrohre (Nr. 59), Wasserbombenablauf- sowie Minenlegeeinrichtungen, die außerhalb eines Schiffes kein komplettes Gerät darstellen (Nr. 70). Ebenso fallen Zündhütchen als nicht sprengfähiges bzw. sprengkräftiges Zündmittel nicht unter das KrWaffG (Nr. 75). Gleiches gilt für pyrotechnische Zünd- und Schnellzündschnüre (Nr. 76).

III. Besondere Genehmigung

1. Allgemeines und Ausnahmen. Bis auf wenige sogleich noch näher zu erörternde Ausnahmen ist der Umgang mit Kriegswaffen grds. **genehmigungspflichtig.**[84] Da sämtliche Tatbestände des § 22a voraussetzen, dass der Täter „ohne Genehmigung" handelt, und insoweit die Grundsätze der **Verwaltungsakzessorietät** des Strafrechts anwendbar sind, ist es angebracht, sich vorab mit dem Begriff der Genehmigung im Kriegswaffenrecht zu befassen.[85] Die Genehmigungspflicht richtet sich im Wesentlichen nach §§ 2–4a.[86] Zu beachten ist hier jedoch, dass in §§ 5, 15 allgemeine Freistellungen vom Genehmigungszwang enthalten sind. Die Vorschriften lauten:

§ 5 Befreiungen

(1) ¹Einer Genehmigung nach den §§ 2 bis 4a bedarf nicht, wer unter der Aufsicht oder als Beschäftigter eines anderen tätig wird. ²In diesen Fällen bedarf nur der andere der Genehmigung nach den §§ 2 bis 4a.

(2) und (3) [...] (Spezielle Genehmigungsvorschriften bzgl. § 2 Abs. 2).[87]

§ 15 Bundeswehr und andere Organe

(1) Die §§ 2 bis 4a und 12 gelten nicht für die Bundeswehr, die Polizeien des Bundes und die Zollverwaltung.

(2) ¹Die übrigen für die Aufrechterhaltung der öffentlichen Sicherheit zuständigen Behörden oder Dienststellen, das Beschaffungsamt des Bundesministeriums des Innern, die Beschussämter sowie die Behörden des Strafvollzugs bedürfen keiner Genehmigung
1. für den Erwerb der tatsächlichen Gewalt über Kriegswaffen,
2. für die Überlassung der tatsächlichen Gewalt über Kriegswaffen an einen anderen zur Instandsetzung, zur Erprobung, nach Beschuss oder zur Beförderung und
3. für die Beförderung von Kriegswaffen in den Fällen des § 3 Abs. 2.
²§ 12 findet insoweit keine Anwendung.

(3) § 4a gilt nicht für Behörden oder Dienststellen im Rahmen ihrer amtlichen Tätigkeit.

§ 27 Zwischenstaatliche Verträge

¹Verpflichtungen der Bundesrepublik auf Grund zwischenstaatlicher Verträge bleiben unberührt. ²Insoweit gelten die nach Artikel 26 Abs. 2 des Grundgesetzes und die nach diesem Gesetz erforderlichen Genehmigungen als erteilt.[88]

---

[84] Vgl. hierzu auch das vor dem Erlass des KrWaffG angewendete „Vorläufige Kriegswaffengenehmigungsverfahren nach Art. 26 II Grundgesetz" in der Fassung der Bekanntmachung des Bundesministeriums für Wirtschaft vom 28.11.1957 – BAnz. Nr. 233 vom 4.12.1957, S. 1.
[85] Vgl. hierzu auch *Weidemann* GA 1992, 481 (482).
[86] Die Vorschriften sind im nachfolgenden Text im Rahmen der jeweiligen Strafbestimmungen abgedruckt, → Rn. 35 (§ 2 Abs. 1), → Rn. 39 (§ 2 Abs. 2), → Rn. 45 (§ 3 Abs. 1 und 2), → Rn. 50 (§ 3 Abs. 3), → Rn. 65 (§ 4) und → Rn. 82 (§ 4a).
[87] Die Vorschriften sind abgedruckt → Rn. 43.
[88] Zu verfassungsrechtlichen Bedenken gegen diese Genehmigungsfiktion Jarass/Pieroth/*Jarass* GG Art. 26 Rn. 10.

KrWaffG § 22a 23, 24   2. Kapitel. Waffenrecht

23   **§ 5 Abs. 1** trägt dem Umstand Rechnung, dass Kriegswaffen regelmäßig industriell gefertigt werden und bei ihrer Herstellung und ihrem Vertrieb regelmäßig verschiedene Personen arbeitsteilig zusammenwirken.[89] Es wäre nun mit einem erheblichen Verwaltungsaufwand verbunden, wenn allen diesen am Herstellungs- oder Vertriebsprozess beteiligten Personen eine besondere Genehmigung erteilt werden müsste. Daher bestimmt § 5 Abs. 1, dass lediglich derjenige, in dessen Verantwortungsbereich die genehmigungspflichtigen Handlungen vorgenommen werden, einer Genehmigung bedarf.[90] Dagegen bedarf derjenige keiner Genehmigung, der „unter Aufsicht oder als Beschäftigter eines anderen tätig wird". Das **Aufsichtsverhältnis** setzt weder ein Beschäftigungsverhältnis noch eine mit einem Arbeitnehmerverhältnis vergleichbare Abhängigkeit voraus.[91] Ausreichend ist es zB, wenn Aufträge an einen Subunternehmer vergeben werden, der unter der verantwortlichen Leitung der Herstellerfirma tätig wird. Diese muss allerdings eine (in ihrem Umfang umstrittene) Weisungs- und Kontrollmöglichkeit behalten.[92] Im Gegensatz zum Aufsichtsverhältnis setzt das **Beschäftigungsverhältnis** ein bestehendes Arbeitsverhältnis voraus. Erfasst sind neben Arbeitern und Angestellten auch leitende Angestellte, aber auch Auszubildende und Praktikanten.[93] § 5 greift allerdings nur dann, wenn der Handelnde tatsächlich im Rahmen seines ihm zugewiesenen Aufgabenbereiches (dh unter Aufsicht oder als Beschäftigter) tätig wird. Handelt er insoweit eigenmächtig, dass er zB Kriegswaffen im Betrieb unterschlägt, kommt dennoch eine täterschaftliche Bestrafung in Frage.[94]

24   Problematisch ist in diesem Zusammenhang die Frage, welche Personen bei **Fehlen** der erforderlichen Genehmigung strafrechtlich verantwortlich sind. Zutreffend wird überwiegend davon ausgegangen, dass nur diejenigen als Täter des § 22a angesehen werden können, die als verantwortliche Personen auch einer Genehmigung bedurft hätten, während für die weisungsabhängigen Personen (sofern sie tatsächlich in dieser Funktion tätig werden) lediglich eine Teilnehmerstrafbarkeit in Frage kommt.[95] Insoweit handelt es sich bei § 22a um ein **Sonderdelikt** (Pflichtdelikt).[96] Nach anderer Ansicht sind Genehmigungsbedürftigkeit und strafrechtliche Verantwortlichkeit strikt zu trennen, letztere richte sich ausschließlich nach § 14 StGB.[97] Dies kann im Einzelfall, insbes. über § 14 Abs. 2 Nr. 2 StGB zu einer Ausweitung der (Täter-)Strafbarkeit auch auf Personen führen, die selbst keiner Genehmigung nach dem KrWaffG bedürfen. § 22a wäre insoweit als **Allgemeindelikt** anzusehen.[98] Diese Ansicht ist jedoch abzulehnen. Da die Genehmigung personengebunden ist und das Nichtvorliegen einer Genehmigung in § 22a, wie noch zu zeigen sein wird,[99] als strafbegründendes Merkmal des Tatbestandes anzusehen ist, kann auch nur derjenige Täter eines Deliktes nach § 22a sein, der für sein Handeln einer Genehmigung bedurfte.[100] Dies ist

---

[89] Vgl. hierzu *Pottmeyer* § 5 Rn. 2.
[90] Zur Begründung BT-Drs. III/1589, 16 f.; *Hinze/Runkel* § 5 Rn. 1; *Pottmeyer* § 5 Rn. 3.
[91] *Beschorner* ZVglRWiss 90 (1991), 262 (283); *Hinze/Runkel* § 5 Rn. 3.
[92] *Beschorner* ZVglRWiss 90 (1991), 262 (283); *Hinze/Runkel* § 5 Rn. 3; im Einzelnen *Pottmeyer* § 5 Rn. 10 ff.
[93] *Hinze/Runkel* § 5 Rn. 5; *Pottmeyer* § 5 Rn. 4.
[94] *Pottmeyer* § 5 Rn. 9.
[95] BT-Drs. 11/4609, 7; *Holthausen* NJW 1991, 203 (in Fn. 5); *ders.* NStZ 1993, 568; *Merten* MDR 1964, 806 (808); *Potrykus* NJW 1963, 941 (942); auch *Deinert* ArbuR 2003, 104 (106); wohl auch *Schünemann* in *Krekeler/Tiedemann/Ulsenheimer/Weinmann* Anm. III 2, der davon spricht, § 5 Abs. 1 schränke den Täterkreis ein, dann aber doch wieder auf „die von § 14 StGB umfassten Personen" abstellt.
[96] *Beckemper* in *Achenbach/Ransiek/Rönnau* Rn. 29; *Bieneck* in *Müller-Gugenberger/Bieneck*, 5. Aufl., § 73 Rn. 39; *Holthausen* NStZ 1993, 568; *Holthausen/Hucko* NStZ-RR 1998, 193 (201 f.); *Potrykus* NJW 1963, 941 (942); *Steindorf/Heinrich* Rn. 15b; auch BT-Drs. 11/4609, 7.
[97] *Epping* RIW 1991, 461 (464); *Pathe/Wagner* in *Bieneck*, § 34 Rn. 41; *Pottmeyer* § 5 Rn. 3; § 22a Rn. 142 ff.
[98] So wohl BGH 20.8.1992 – 1 StR 229/92, NJW 1992, 3114, für den vergleichbaren Straftatbestand der ungenehmigten Ausfuhr iS der §§ 34, 33 Abs. 1 AWG aF; sowie BGH 9.7.1997 – 5 StR 544/96, BGHSt 43, 129 (145 f.) = wistra 1997, 303 (308), im Hinblick auf Embargoverstöße nach Art. VIII MRG Nr. 53; ferner *Fehn* Kriminalistik 2004, 635; *Hohmann/John/Pietsch* Teil 5, § 22a Rn. 15; *Pathe/Wagner* in *Bieneck*, § 34 Rn. 41.
[99] → Rn. 27 f.
[100] *Holthausen* NStZ 1993, 568 (569).

jedoch nach der eindeutigen Regelung des § 5 Abs. 1 nur der Betriebsinhaber. Begeht also der Betriebsinhaber gemeinsam mit einem Angestellten eine Straftat nach § 22a, so scheidet Mittäterschaft aus, der Angestellte kann, da er selbst nicht Genehmigungsempfänger sein kann, lediglich wegen Beihilfe bestraft werden.

Inhaber der Genehmigung kann sowohl eine **natürliche** als auch eine **juristische Person** sein. In letzteren Fällen ist bei der Frage, welche Personen sich wegen einer täterschaftlichen Begehung strafbar gemacht haben, § 14 StGB heranzuziehen.[101] Dies werden regelmäßig entweder die vertretungsberechtigten Organe (§ 14 Abs. 1 Nr. 1 StGB) oder die ausdrücklich Beauftragten (§ 14 Abs. 2 StGB) sein. Die Genehmigungspflicht ist dabei ein „besonderes persönliches Merkmal" sowohl iS des § 14 StGB als auch iS des § 28 StGB.[102]   25

Nach § 15 gilt das Genehmigungserfordernis nicht für die Bundeswehr, die Polizeien des Bundes und die Zollverwaltung (Abs. 1) sowie unter den Voraussetzungen des Abs. 2, dh gegenständlich beschränkt, für die hier genannten sonstigen Behörden oder Dienststellen (zB die Polizeien der Länder oder Strafvollzugsbehörden). Die Vorschrift dient in erster Linie der Verwaltungsvereinfachung.[103] Hinzuweisen ist in diesem Zusammenhang darauf, dass nicht nur „die Bundeswehr", sondern auch die einzelnen Beschäftigten der Bundeswehr (Entsprechendes gilt für die anderen in § 15 genannten Organe) keiner Genehmigung bedürfen.[104] Dies ergibt sich – im Gegensatz zu § 55 Abs. 1 S. 1 Nr. 2 WaffG – zwar nicht eindeutig aus dem Wortlaut des § 15, folgt aber iVm § 5 Abs. 1 daraus, dass Angestellte und Beschäftigte von der Genehmigungspflicht freigestellt sind.[105] Diese Freistellung gilt jedoch nur für **dienstliche Handlungen**. Eine solche liegt vor, wenn die vorgenommene Tätigkeit zum allgemeinen Aufgabenbereich des Soldaten oder Amtsträgers etc gehört oder damit in unmittelbaren Zusammenhang steht, nach objektiven Gesichtspunkten äußerlich als Diensthandlung erscheint und von dem Willen getragen ist, dienstliche Aufgaben zu erfüllen.[106] Schließlich wird in § 27 festgelegt, dass für den Umgang mit Kriegswaffen, der im Rahmen von Verpflichtungen der Bundesrepublik auf Grund völkerrechtlicher Verträge vorgenommen wird, die erforderlichen Genehmigungen „als erteilt" gelten.[107] Dies kann insbes. dann in Betracht kommen, wenn die Bundesrepublik auf der Grundlage völkerrechtlicher Verpflichtungen zur Gewährleistung einer ungehinderten Durchfuhr oder eines ungehinderten Verkehrs im Bundesgebiet verpflichtet ist.[108]   26

2. Fehlende Genehmigung als Tatbestandsmerkmal. Zu fragen ist an dieser Stelle, ob das Vorliegen der Genehmigung bereits den Tatbestand des jeweiligen Delikts ausschließt[109] oder lediglich einen Rechtfertigungsgrund darstellt.[110] Dies kann insbes. im Irrtumsbereich eine gewisse Relevanz besitzen.[111] Ganz allgemein kann davon ausgegangen werden, dass die   27

---

[101] Vgl. hierzu *Epping* DWiR 1991, 277 (281); *Holthausen* NStZ 1993, 568 (569).
[102] Zu dieser Frage ausführlich *Holthausen* NStZ 1993, 568 (569 f.).
[103] Vgl. BT-Drs. III/1589, 23; *Hinze* 39. EL 4/1998, § 15 Anm. 1; *Pottmeyer* § 15 Rn. 1; vgl. zur Genehmigungsfreiheit von Handlungen, die durch private Unternehmen zur Demilitarisierung von Kriegswaffen im Auftrag der Bundeswehr durchgeführt werden *Frodl*, Recht und Politik, 1995, 27 (31).
[104] BGH 19.2.2003 – 2 StR 371/02, BGHSt 48, 213 = NJW 2003, 2036 mAnm *Heinrich* NStZ 2004, 459.
[105] Vgl. hierzu *Heinrich* NStZ 2004, 459.
[106] BGH 19.2.2003 – 2 StR 371/02, BGHSt 48, 213 = NJW 2003, 2036; hierzu auch *Heinrich* NStZ 2004, 459.
[107] Vgl. zur Begründung BT-Drs. III/1589, 27 (zu § 28 des Entwurfs).
[108] Vgl. hierzu insbes. Art. 1 Abs. 4 des Vertrages über den Aufenthalt ausländischer Streitkräfte in der Bundesrepublik Deutschland vom 23.10.1954, BGBl. 1955 II S. 253; hierzu Vorb. Rn. 19; zu weiteren Beispielen *Pottmeyer* § 27 Rn. 2.
[109] So *Beckemper* in *Achenbach/Ransiek/Rönnau* Rn. 31; *vom Burchard* S. 27; *Holthausen* NStZ 1993, 568 (569); *Holthausen/Hucko* NStZ-RR 1998, 193 (196, 200 f.); *Pottmeyer* Rn. 11, 88; *Puppe* NStZ 1993, 595 (596); *Schünemann* in *Krekeler/Tiedemann/Ulsenheimer/Weinmann*, Anm. III 4; Steindorf/*Heinrich* Rn. 1.
[110] So BGH 22.7.1993 – 4 StR 322/93, NJW 1994, 61 (62); AK/GG/*Frank* Art. 26 Rn. 47; *Brauer* S. 118 ff., 162; Dreier/*Wollenschläger* GG Art. 26 Rn. 46; Erbs/Kohlhaas/*Lampe*, K 189, Rn. 3; *Fehn* Kriminalistik 2004, 635; Hohmann/John/*Pietsch*, Teil 5, Einführung Rn. 24 f.; Pathe/*Wagner* in Bieneck, § 34 Rn. 2; *Steindorf*, 8. Aufl. Rn. 3; *ders.* FS Salger, 1994, 167; auch *Gusy* GA 1994, 150.
[111] Vgl. hierzu noch → Rn. 29 ff.

Frage, ob das Erfordernis der Genehmigung den Tatbestand oder die Rechtswidrigkeit betrifft, insbes. im Nebenstrafrecht nur differenzierend nach dem jeweils in Betracht kommenden gesetzlichen Tatbestand entschieden werden kann.[112] Von den Vertretern der Rechtfertigungslösung[113] wird nun vorgebracht, der vom KrWaffG erfasste Umgang mit Kriegswaffen stelle bereits auf Grund seiner besonderen Gefährlichkeit ein so schweres Unrecht dar, dass dies allenfalls durch Erteilung einer besonderen Genehmigung im Wege der Rechtfertigung ausgeräumt werden könne **(= repressives Verbot mit Befreiungsvorbehalt).** Keineswegs handle es sich hierbei um ein an sich sozialadäquates Verhalten, das seinen typischen Unrechtsgehalt erst aus dem Fehlen einer behördlichen Genehmigung herleite.[114] Dies ergebe sich nicht zuletzt auch aus der Tatsache, dass § 22a ein Verbrechen darstelle.

28   Von der Gegenansicht wird eingewandt, es handle sich bei den Straftaten des § 22a nicht um repressive Verbote mit Befreiungsvorbehalt, bei denen der Unwertgehalt der Tat bereits in der – grds. verbotenen, da sozialschädlichen – Handlung selbst liege, sondern um **präventive Verbote mit Erlaubnisvorbehalt.**[115] Letztere lägen immer dann vor, wenn die Handlungen zwar grds. erlaubt seien, jedoch wegen der von ihnen ausgehenden Gefahren der behördlichen Kontrolle bedürfen. Dies ist hier zutreffend. Im Gegensatz zu den biologischen und chemischen Waffen – sowie mit Abstrichen auch den atomaren Waffen –, die grds. geächtet sind bzw. deren Umgang grds. als verboten anzusehen ist,[116] sieht der Gesetzgeber den Umgang mit konventionellen Kriegswaffen nicht uneingeschränkt als verboten an, sondern unterwirft diese lediglich einer umfassenden behördlichen Kontrolle. Strafgrund des § 22a ist daher vor allem die Missachtung des den staatlichen Kontrollanspruch sichernden Genehmigungserfordernisses.[117] Das Fehlen der Genehmigung stellt somit ein **Tatbestandsmerkmal** dar.

29   **3. Irrtumsfragen.** Im vorliegenden Zusammenhang sind in Bezug auf die erforderliche Genehmigung mehrere Irrtumsfragen zu beachten. Da sich der Vorsatz des Täters im Rahmen des § 22a Abs. 1 grds. auch auf die Genehmigungsbedürftigkeit der Handlung bzw. das Nichtvorliegen der Genehmigung beziehen muss (Tatbestandsmerkmal!), ist hier zu differenzieren: Kennt der Täter die Genehmigungspflicht für die von ihm durchgeführte (und als solche auch erkannte Tathandlung) nicht, glaubt der Täter also, keiner Genehmigung zu bedürfen, liegt ein Verbotsirrtum vor,[118] der im Hinblick auf die Möglichkeit, qualifizierten Rechtsrat einzuholen, in aller Regel als vermeidbar angesehen werden muss.[119] Zu einer anderen Beurteilung kann man hingegen gelangen, wenn der Täter nicht über die Genehmigungspflicht an sich, sondern darüber irrt, dass es sich bei dem jeweiligen Gegenstand um eine Kriegswaffe handelt (verkennt der Täter die Kriegswaffeneigenschaft,

---

[112] BGH 22.7.1993 – 4 StR 322/93, NJW 1994, 61 (62); vgl. zu dieser Problematik auch AK/*Neumann* § 17 Rn. 91; *Rengier* ZStW 101 (1989), 874 (884).
[113] Vgl. insbes. BGH 22.7.1993 – 4 StR 322/93, NJW 1994, 61 (62); *Brauer* S. 119 f.; ferner *Dreier/Wollenschläger* GG Art. 26 Rn. 46; *Fehn* Kriminalistik 2004, 635 (638); *Fehn/Fehn* in *Achenbach/Ransiek*, 2. Aufl., Rn. 9; *Jarass/Pieroth/Jarass* GG Art. 26 Rn. 11; *Mangoldt v./Klein/Starck/Fink* GG Art. 26 Abs. 2 Rn. 74; *Poser und Groß Naedlitz* S. 38 ff.; *Sachs/Streinz* GG Art. 26 Rn. 45; wohl auch *Harder* in *Wabnitz/Janovsky*, 23. Kap. Rn. 55; vgl. ferner BT-Drs. 10/4275, 5.
[114] BGH 22.7.1993 – 4 StR 322/93, NJW 1994, 61 (62).
[115] *Alexander/Winkelbauer* in *Müller-Gugenberger/Bieneck*, § 73 Rn. 96; vom *Burchard* S. 27; *Epping* S. 121 ff.; *Holthausen* NStZ 1993, 568 (569); *ders.* DVBl 1994, 1375; *Holthausen/Hucko* NStZ-RR 1998, 193 (201); *Pottmeyer* Rn. 11, 88; *Sohm* NZWehrR 1994, 99 (109); zu dieser Differenzierung insgesamt mwN *Hohmann/John/Pietsch* Teil 5, Einführung Rn. 22 ff.
[116] Zutreffend *Holthausen/Hucko* NStZ-RR 1998, 193 (201).
[117] So auch *Puppe* NStZ 1993, 595 (596); *Schünemann* in *Krekeler/Tiedemann/Ulsenheimer/Weinmann* Anm. IV.
[118] BGH 22.7.1993 – 4 StR 322/93, NJW 1994, 61 (62); *Beckemper* in *Achenbach/Ransiek/Rönnau* Rn. 25; *Fehn* Kriminalistik 2004, 635 (638); *Hohmann/John/Pietsch* Teil 5 § 22a Rn. 39; *Pottmeyer* Rn. 94 ff.; Steindorf/*Heinrich* Rn. 13; *Tiedemann* Wirtschaftsstrafrecht BT, 3. Aufl. 2011, § 3 Rn. 80; aM *Holthausen/Hucko* NStZ-RR 1997, 193 (201); unklar AG Bergisch Gladbach 7.11.1981 – E 43 – Ls 121 Js 215/80 – E 124/80, NStZ 1982, 515; zur Frage, inwieweit der Betreffende im Rahmen eines Verbotsirrtums auf die Auskunft eines Rechtsanwalts vertrauen darf, vgl. LG Mannheim 19.9.2003 – 22 KLs 626 Js 7671/02, ZfZ 2004, 99.
[119] BGH 22.7.1993 – 4 StR 322/93, NJW 1994, 61 (62).

wird er auch regelmäßig nicht von einer Genehmigungspflicht ausgehen).[120] Von dem Irrtum über die Genehmigung ebenfalls zu trennen ist die Frage, ob der Täter sich im Hinblick auf eine bestimmte Tathandlung irrt, er also zB meint, es handele sich um eine bloße Durchfuhr von Kriegswaffen, obwohl tatsächlich eine Einfuhr mit anschließender Ausfuhr vorliegt[121] oder wenn er meint, die erstmalige Montage einer Kriegswaffe stelle keine „Herstellung" dar. Hier gelten die allgemeinen Grundsätze der Abgrenzung von Tatbestands- und Verbotsirrtum, es kommt also im Wesentlichen darauf an, ob der Täter von den tatsächlichen Umständen Kenntnis hat. Nur ein diesbezüglicher Irrtum schließt den Vorsatz aus. Irrt er lediglich über die rechtliche Qualifizierung einer als solchen erkannten Tathandlung, ist ein in der Regel vermeidbarer Verbotsirrtum gegeben.

Geht der Täter hingegen vom Vorliegen einer wirksamen Genehmigung in dem zu **30** beurteilenden Fall aus, obwohl diese tatsächlich nicht vorliegt oder aus irgendwelchen Gründen unwirksam ist, liegt – da wie bereits erörtert die mangelnde Genehmigung ein Tatbestandsmerkmal darstellt[122] – ein Tatbestandsirrtum nach § 16 StGB vor, der den Vorsatz ausschließt.[123] Es kommt lediglich eine Bestrafung wegen Fahrlässigkeit in Betracht. Gleiches gilt, wenn der Täter sich über den Inhalt, den Umfang oder die Reichweite der Genehmigung irrt.[124]

4. Genehmigungsfähigkeit. Erforderlich ist, dass die Genehmigung tatsächlich erteilt **31** wurde. Stellt sich später heraus, dass eine Genehmigung zwar nicht vorliegt aber im Falle der Beantragung erteilt worden wäre, kann dies an der Beurteilung nichts ändern. Die bloße „Genehmigungsfähigkeit" steht einer Strafbarkeit also nicht entgegen.[125] Das Problem ist hier ähnlich gelagert wie im allgemeinen Strafrecht, wo sich die Frage insbes. im Umweltstrafrecht stellt. Auch hier wird jedoch überwiegend angenommen, dass eine bloße „Genehmigungsfähigkeit" einer Strafbarkeit nicht entgegenstehen kann.[126] Nach der Gegenansicht fehlt einem solchen nicht genehmigten aber genehmigungsfähigen Verhalten der Erfolgsunwert. Im Falle des Verstoßes allein gegen die Genehmigungsvorschriften des KrWaffG fehle also die Eignung, das friedliche Zusammenleben der Völker zu gefährden, weshalb eine Strafbarkeit ausscheiden müsse. Denn hier sei lediglich noch der Ungehorsam in Bezug auf die Einholung einer verwaltungsrechtlichen Genehmigung Anknüpfungspunkt für eine strafrechtliche Beurteilung, dieses Verhalten weise aber keine derartige Sozialschädlichkeit auf, dass eine Einordnung als Verbrechen angezeigt sei.[127] Diese Ansicht kann jedoch nicht überzeugen. Denn wegen der besonderen Gefährlichkeit – auch im Hinblick auf das geschützte Rechtsgut der Friedenssicherung und Kriegsverhinderung –, die der Umgang mit Kriegswaffen mit sich bringt, ist eine behördliche Kontrolle, die über das Erfordernis der **vorherigen** Genehmigung gesichert ist, notwendig. Dieser Grundsatz der behördlichen Präventivkontrolle würde umgangen, würde die Strafbarkeit davon abhängen, ob der jeweilige Umgang genehmigungsfähig war oder nicht (dazu kämen noch Fragen der Nachweisbarkeit – in-dubio-pro-reo-Grundsatz – und die entsprechenden Irrtumsprobleme, wenn der Handelnde an eine Genehmigungsfähigkeit geglaubt hat). Die Genehmigungsfähigkeit ist daher lediglich auf Strafzumessungsebene zu berücksichtigen.

---

[120] Hierzu → Rn. 20.
[121] Vgl. hierzu Hohmann/John/*Pietsch* Teil 5, § 22a Rn. 41.
[122] → Rn. 27 f.
[123] *Beckemper* in *Achenbach/Ransiek/Rönnau* Rn. 33; *Pottmeyer* Rn. 89; *Puppe* NStZ 1993, 595 (596); Steindorf/*Heinrich* Rn. 1, 13.
[124] *Pottmeyer* Rn. 91.
[125] LG Bremen 16.1.1980–18 Ns 71 Js 146/77, NStZ 1982, 163; *Beckemper* in *Achenbach/Ransiek/Rönnau* Rn. 32; *Breuer* DÖV 1987, 169 (179 ff.); vom *Burchard* S. 104, 121; *Epping* DWiR 1991, 277 (278); Erbs/Kohlhaas/*Lampe* K 189, Rn. 3; *Pottmeyer* Rn. 16; Steindorf/*Heinrich* Rn. 5.
[126] Vgl. nur Schönke/Schröder/*Heine/Hecker* StGB Vorb. §§ 324 ff. Rn. 19 mwN; allgemein Schönke/Schröder/*Lenckner/Sternberg-Lieben* StGB Vorb. §§ 32 ff. Rn. 62.
[127] *Brauer* S. 123; *Otto* ZStW 105 (1993), 565 (567). Dann wäre im Anschluss die Frage zu erörtern, ob der Täter straflos bleibt oder aber eine Strafbarkeit wegen Versuches vorliegt.

32 **5. Erschlichene Genehmigung.** Über das Kriegswaffenrecht hinaus bedeutsam ist die Frage, inwieweit eine „erschlichene Genehmigung" im Hinblick auf die strafrechtliche Beurteilung Wirksamkeit entfalten kann oder als unwirksam angesehen werden muss mit der Folge, dass ein Handeln ohne Genehmigung vorliegt. Diese Frage hängt eng mit der allgemeinen Problematik der Verwaltungsakzessorietät des Strafrechts zusammen. Wird eine Genehmigung durch Drohung, Bestechung oder Kollusion erwirkt oder durch unrichtige oder unvollständige Angaben erschlichen, so führt dies verwaltungsrechtlich zwar zur Rechtswidrigkeit, in den seltensten Fällen hingegen zur Nichtigkeit der entsprechenden Genehmigung. Ein „lediglich" rechtswidriger Verwaltungsakt kann von der Behörde zwar nach § 48 VwVfG zurückgenommen werden, er ist jedoch bis zur Rücknahme existent. Die Rücknahme selbst erfolgt in aller Regel mit Wirkung ex tunc. Dies aber bedeutet, dass der Handelnde zum Zeitpunkt der Tat zwar eine rechtlich fehlerhafte, aber jedenfalls rechtlich existierende Genehmigung besitzt und somit nicht „ohne Genehmigung" handelt, sofern man allein auf die faktische Existenz der Genehmigung abstellt.

33 Eine gesetzliche Regelung dieses Problems findet sich nur vereinzelt. So wird in § 330d Nr. 5 StGB ausdrücklich angeordnet, dass für die Umweltstraftaten des StGB („im Sinne dieses Abschnitts") ein Handeln auf Grund einer derart „fehlerhaften" Genehmigung als „Handeln ohne Genehmigung" anzusehen ist. Im Außenwirtschaftsrecht findet sich eine entsprechende Regelung in den §§ 17 Abs. 6, 18 Abs. 9. Im Kriegswaffenrecht sucht man hingegen eine solche Regelung vergebens. Insoweit geht die wohl überwiegende Ansicht hier – insbes. im Hinblick darauf, dass die Genehmigung ein Tatbestandsmerkmal darstellt – davon aus, dass auch eine erschlichene oder durch **Drohung, Kollusion** oder **Bestechung** erwirkte Genehmigung tatbestandsausschließend wirkt.[128]

34 Die Gegenansicht spricht hingegen der erschlichenen bzw. durch sonstige unlautere Machenschaften erlangten Genehmigung ihre rechtliche Wirksamkeit ab.[129] Eigenes vorsätzliches, teilweise sogar deliktisches Verhalten könne nicht zu einer Entlastung des Handelnden führen. Dem stehe allgemein der Gedanke des Rechtsmissbrauchs entgegen. Diese Ansicht kann sich sicherlich auf gute Argumente stützen. So kann jedenfalls eine Differenzierung danach, ob das Vorliegen der Genehmigung bereits den **Tatbestand** ausschließt oder lediglich einen **Rechtfertigungsgrund** darstellt, alleine noch nicht dazu führen, dem rechtswidrigen Erschleichen einer Genehmigung in einem Fall eine strafausschließende Wirkung zu gewähren, im anderen Fall hingegen zu versagen. Gewichtiger ist jedoch die Tatsache, dass der Gesetzgeber in mehreren Bereichen ausdrücklich eine Regelung angeordnet hat (§ 330d Nr. 5 StGB, §§ 17 Abs. 6, 18 Abs. 9 AWG), während eine solche im KrWaffG gerade nicht vorliegt. Zwar könnte man argumentieren, dass der Gesetzgeber in diesen besonders anfälligen Bereichen lediglich einen allgemeinen verwaltungsrechtlichen Grundsatz gleichsam deklaratorisch niedergelegt hat. Solange dieser „allgemeine Grundsatz" in dieser Form allerdings nicht existiert (was sich aus den unterschiedlichen Stellungnahmen in der Literatur deutlich ablesen lässt) muss sich der Gesetzgeber aber mit Blick auf das

---

[128] *Beckemper* in *Achenbach/Ransiek/Rönnau* Rn. 34; vom *Burchard* S. 130 ff.; *Pottmeyer* Rn. 22 ff.; Steindorf/*Heinrich* Rn. 1; auch *Fehn* Kriminalistik 2004, 635 (636); *Holthausen* RIW 1987, 893 (900); *ders.* NStZ 1988, 256 (256 f.); allgemein für die Wirksamkeit von Genehmigungen in diesem Fall, sofern es sich beim Handeln ohne Genehmigung um ein Tatbestandsmerkmal handelt *Dolde* NJW 1988, 2329 (2330 f.); *Lenckner* FS Pfeiffer, 1988, 27 (35, 39); *Rogall* GA 1995, 299 (315 f.); *Scheel* Zur Bindung des Strafrichters an fehlerhafte behördliche Genehmigungen im Umweltstrafrecht, 1993, S. 125 ff.; Schönke/Schröder/*Heine/Hecker* StGB Vorb. §§ 324 ff. Rn. 17a; Schönke/Schröder/*Lenckner/Sternberg-Lieben* StGB Vorb. §§ 32 ff. Rn. 63a; *Tiedemann/Kindhäuser* NStZ 1988, 337 (343 f.); *Winkelbauer* Zur Verwaltungsakzessorietät des Umweltstrafrechts, 1985, S. 67; *ders.* DÖV 1988, 723 (726 f.); offen gelassen bei *Pathe/Wagner* in *Bieneck*, § 44 Rn. 54.

[129] *Otto* ZStW 105 (1993), 565 (568); *Tiedemann* Wirtschaftsstrafrecht BT, 3. Aufl. 2011, § 3 Rn. 78; so auch noch die Voraufl.; allgemein *Frisch* Verwaltungsakzessorietät und Tatbestandsverständnis im Umweltstrafrecht, 1993, S. 112 ff.; *Otto* JURA 1991, 313; *Schmitz* Zur Verwaltungshandeln und Strafrecht, 1992, S. 62 f.; *Schwarz* GA 1993, 318 (327 f.); in diese Richtung auch *Rudolphi* ZfW 1982, 197 (202); zu dieser Problematik auch *Holthausen* NStZ 1988, 256 (257 f.). Hohmann/John/*Pietsch*, Teil 5, § 22a Rn. 30 f., will nicht auf den Rechtsmissbrauch abstellen, sondern geht davon aus, dass nach den allgemeinen verwaltungsrechtlichen Grundsätzen eine Genehmigung auf die zu Grunde gelegten Tatsachen beschränkt sei.

Bestimmtheitsgebot des Art. 103 Abs. 2 GG beim Wort nehmen lassen: Ordnet er nicht ausdrücklich die Unwirksamkeit einer erschlichenen Genehmigung an, ist diese als wirksame Genehmigung anzusehen, solange sie nicht entweder nichtig ist oder aufgehoben wurde.[130] Auf diese Weise kommt man allerdings in der Praxis zu teilweise unsinnigen Ergebnissen, zB wenn der Täter für die Ausfuhr von Kriegswaffen sowohl die erforderliche Genehmigung nach dem AWG als auch diejenige nach dem KrWaffG erschleicht. In diesem Fall kann man ihn auf Grund §§ 17 Abs. 6, 18 Abs. 9 AWG ausschließlich nach §§ 17, 18 AWG bestrafen, eine Bestrafung nach § 22a KrWaffG würde hingegen entfallen. Es ist daher dem Gesetzgeber dringend anzuraten, eine mit §§ 17 Abs. 6, 18 Abs. 9 AWG vergleichbare Regelung auch im KrWaffG zu schaffen.[131]

IV. Einzelne Tatbestände des Abs. 1

1. Unerlaubte Herstellung von Kriegswaffen (Nr. 1). Strafbar ist hiernach die Herstellung von Kriegswaffen gleich welcher Art, sofern dem Täter keine Genehmigung zur Herstellung nach **§ 2 Abs. 1** erteilt wurde.[132] Die hier in Bezug genommene Vorschrift lautet:

§ 2 Abs. 1 Herstellung und Inverkehrbringen

(1) Wer Kriegswaffen herstellen will, bedarf der Genehmigung.

a) Tatobjekt. Erfasst sind sämtliche Kriegswaffen, die in der KWL[133] aufgeführt sind, wobei zu beachten ist, dass für ABC-Waffen und Antipersonenminen sowie Streumunition die Sondervorschriften der §§ 16 ff. gelten.

b) Tathandlung. Strafbar ist das **Herstellen** von Kriegswaffen. Dieser Begriff deckt sich weitgehend mit dem Begriff des Herstellens in § 1 Abs. 3 iVm Anlage 1 Abschnitt 2 Nr. 8.1 WaffG[134] und erfasst in erster Linie die **Neuanfertigung** von Kriegswaffen.[135] Reine Forschungs- und Entwicklungstätigkeit ist nicht erfasst, solange noch keine einsatzfähige Waffe produziert wurde.[136] Eine Herstellung einer Kriegswaffe kann auch dadurch bewirkt werden, dass eine zivile Waffe durch **Umbau** zur Kriegswaffe wird,[137] zB ein Sportgewehr in ein halbautomatisches Gewehr (Nr. 27 Buchst. d der KWL) umgearbeitet wird. Fraglich ist, inwieweit die **Wiederherstellung** einer unbrauchbar gewordenen Kriegswaffe als „Herstellung" anzusehen ist. Hinzuweisen ist in diesem Zusammenhang darauf, dass nach § 1 Abs. 3 WaffG als genehmigungspflichtige Handlung sowohl das „Herstellen" als auch das „Bearbeiten" und „Instandsetzen" von Waffen verstanden wird. § 2 Abs. 1 KrWaffG unterwirft jedoch nur die „Herstellung" einer Genehmigungspflicht, die „Bearbeitung" und „Instandsetzung" sind hingegen genehmigungsfrei und somit auch nicht strafbar.[138] Bearbeitung und Instandsetzung sind daher von der Wiederherstellung abzugrenzen. Entscheidend ist hier, ob die (ursprünglich funktionstaugliche) Kriegswaffe lediglich vorübergehend funktionsuntauglich war (dann genehmigungsfreie Instandsetzung = Reparatur) oder ob sie dauerhaft funktionsuntauglich war und daher ihre Eigenschaft als Kriegswaffe verloren hatte (dann

---

[130] Steindorf/*Heinrich* Rn. 1.
[131] *Hohmann/John/Pietsch,* Teil 5, § 22a Rn. 29; Steindorf/*Heinrich* Rn. 1; *Wimmer* JZ 1993, 67 (69).
[132] Vgl. aus der Rspr. BGH 21.10.1980 – 1 StR 477/80, NStZ 1981, 104; OLG München 28.9.1992 – 1 Ws 534–536 und 757–759/92, NStZ 1983, 243.
[133] Vgl. zum Begriff der Kriegswaffen → Rn. 2 ff.; die KWL ist abgedruckt in der Anlage.
[134] → WaffG § 1 Rn. 190 f.
[135] Hinze/*Runkel* § 2 Rn. 5; *Pottmeyer* § 2 Rn. 4; Steindorf/*Heinrich* Rn. 3.
[136] Vgl. hierzu bereits → § 19 Rn. 8 (zu atomaren Waffen); § 20 Rn. 7 (zu biologischen und chemischen Waffen); ferner *Beckemper* in *Achenbach/Ransiek/Rönnau* Rn. 37; Hinze/*John/Pietsch,* Teil 5, § 22a Rn. 3; Jarass/Pieroth/*Jarass* Grundgesetz, 13. Aufl. 2014, Art. 26 Rn. 9.
[137] Vgl. hierzu *Beckemper* in *Achenbach/Ransiek/Rönnau* Rn. 39; *Fehn* Kriminalistik 2004, 635 (636); Jarass/Pieroth/*Jarass* GG Art. 26 Rn. 9; *Pottmeyer* § 2 Rn. 5.
[138] *Beckemper* in *Achenbach/Ransiek/Rönnau,* Rn. 36; Hinze/*Runkel* § 2 Rn. 6; *Pottmeyer* § 2 Rn. 6.

genehmigungspflichtige Wiederherstellung).[139] Dagegen kann die (erstmalige) Montage einer Kriegswaffe, die aus Einzelteilen zusammengesetzt wird, problemlos als Herstellung angesehen werden.[140] Hinzuweisen ist schließlich noch darauf, dass die Herstellung insoweit einen „Erfolg" voraussetzt, als eine funktionstaugliche Kriegswaffe entstanden sein muss, es wird also nicht die Tätigkeit des Herstellens an sich erfasst.[141]

38   c) **Mangelnde Genehmigung.** Der Täter muss die Kriegswaffen ohne die nach § 2 Abs. 1 erforderliche Genehmigung herstellen. Lediglich in den Ausnahmefällen gemäß § 5 Abs. 1 (Aufsichts- und Beschäftigungsverhältnis) und § 15 (Bundeswehr und andere Organe) ist eine Genehmigung entbehrlich.[142] Dabei ist darauf hinzuweisen, dass im Gegensatz zu § 21 Abs. 1 WaffG eine Genehmigung grds. erforderlich ist und nicht nur dann, wenn die Herstellung „gewerbsmäßig" erfolgt. Liegt eine Genehmigung vor, entfällt bereits der Tatbestand, ihr Vorliegen stellt nicht lediglich einen Rechtfertigungsgrund dar.[143]

39   **2. Unerlaubter Erwerb und unerlaubtes Überlassen von Kriegswaffen (Nr. 2).** Strafbar macht sich hiernach, wer entweder die tatsächliche Gewalt über eine Kriegswaffe von einem anderen erwirbt oder diese einem anderen überlässt, sofern ihm keine entsprechende Genehmigung nach **§ 2 Abs. 2** erteilt wurde.[144] Die hier in Bezug genommene Vorschrift lautet:

§ 2 Abs. 2 Herstellung und Inverkehrbringen
(2) Wer die tatsächliche Gewalt über Kriegswaffen von einem anderen erwerben oder einem anderen überlassen will, bedarf der Genehmigung.

40   **a) Tatobjekt.** Erfasst sind sämtliche Kriegswaffen, die in der KWL[145] aufgeführt sind, wobei auch hier zu beachten ist, dass für ABC-Waffen, Antipersonenminen und Streumunition die Sondervorschriften der §§ 16 ff. gelten.

41   **b) Tathandlung.** Tathandlung ist das **Erwerben** der tatsächlichen Gewalt von einem anderen sowie das **Überlassen** der tatsächlichen Gewalt an einen anderen. Diese Begriffe decken sich im Wesentlichen mit den Begriffen des „Erwerbens" sowie des „Überlassens" im allgemeinen Waffenrecht.[146] Einschränkend ist jedoch zu beachten, dass der Erwerb **von einem anderen** stattfinden muss, so dass der (originäre) Erwerb kraft Fundes hier ausgenommen wird.[147] Der Finder hat allerdings nach § 12 Abs. 6 Nr. 1 eine Anzeigepflicht, deren Verletzung eigenständig nach § 22a Abs. 1 Nr. 6 Buchst. b[148] sanktioniert ist. Überlässt der Finder eine Kriegswaffe ohne Genehmigung einem anderen, so greift zudem die Vor-

---

[139] BGH 21.10.1980 – 1 StR 477/80, NStZ 1981, 104; OLG Stuttgart 6.7.1981 – 3 Ss 220/81, NStZ 1982, 33 (34); *Beckemper* in *Achenbach/Ransiek/Rönnau*, Rn. 36; *Epping* S. 130; Erbs/Kohlhaas/*Lampe* K 189, Rn. 3; *Fehn* Kriminalistik 2004, 635 (636); Hinze/*Runkel* § 2 Rn. 7; Hohmann/John/*Pietsch,* Teil 5, § 2 Rn. 2; *Pottmeyer* § 2 Rn. 6 ff.; Steindorf/*Heinrich* Rn. 3.
[140] *Beckemper* in *Achenbach/Ransiek/Rönnau*, Rn. 39; Hinze/*Runkel* § 2 Rn. 10; *Schünemann* in *Krekeler/Tiedemann/Ulsenheimer/Weinmann* Anm. III 3 a, auch Jarass/Pieroth/*Jarass* Grundgesetz, 13. Aufl. 2014, GG Art. 26 Rn. 9.
[141] *Beckemper* in *Achenbach/Ransiek/Rönnau* Rn. 38; Steindorf/*Heinrich* Rn. 3.
[142] Hierzu → Rn. 22 ff.
[143] → Rn. 27 f.
[144] Vgl. aus der Rspr. BGH 7.2.1979 – 2 StR 523/78, BGHSt 28, 294 = NJW 1979, 2113 = MDR 1979, 513 mAnm *Willms* LM Nr. 1 KrWaffG; 8.4.1997 – 1 StR 606/96, NStZ 1997, 552 (mAnm *Runkel* NStZ 1997, 552) = BGHR KrWaffG § 22a Abs. 1 Nr. 2 Patronen 1 (hierzu *Achenbach* NStZ 1998, 560 [562]); 18.11.1999 – 1 StR 520/99, NStZ 2000, 150; 18.7.2006 – 3 BJs 22/05-4 (9), NStZ 2007, 117 = NStZ-RR 2006, 303; 6.8.2007 – 4 StR 431/06, NStZ 2008, 158 = StV 2008, 82; 14.11.2007 – 2 StR 361/07, NStZ-RR 2008, 154; BayObLG 28.7.1981 – 4 St 57/81, NStZ 1982, 385; OLG Celle 8.1.1973 – 2 Ss 277/72, NdsRpfl. 1973, 76; OLG Köln 8.7.1983 – 2 Ws 378/83, OLGSt § 4a KrWaffG Nr. 1 = JMBlNW 1984, 34.
[145] Vgl. zum Begriff der Kriegswaffen → Rn. 2 ff.; die KWL ist abgedruckt in der Anlage.
[146] Vgl. zum Begriff des Erwerbens WaffG § 1 Rn. 168 ff.; zum Begriff des Überlassens WaffG § 1 Rn. 174 ff.; zum Begriff der Ausübung der tatsächlichen Gewalt WaffG § 1 Rn. 152 ff.
[147] Vgl. auch *Beckemper* in *Achenbach/Ransiek/Rönnau*, Rn. 40; Erbs/Kohlhaas/*Lampe,* K 189, Rn. 4; *Fehn* Kriminalistik 2004, 635 (637); Hinze/*Runkel* § 2 Rn. 16; Steindorf/*Heinrich* Rn. 4; ferner OLG Schleswig 15.11.1982 – 1 Ss 482/82, NStZ 1983, 271.
[148] Hierzu → Rn. 75 ff.; ferner → § 22b Rn. 15.

schrift des Abs. 1 Nr. 2 Alt. 2 (Strafbarkeit wegen unerlaubtem Überlassen) ein. Zu berücksichtigen ist noch, dass sowohl der Erwerb als auch das Überlassen in der Bundesrepublik stattfinden müssen. Auslandstätigkeiten sind daher nicht erfasst.[149]

Ein **Überlassen**[150] setzt auch hier voraus, dass der Täter die tatsächliche Gewalt zuvor 42 selbst ausgeübt hat, so dass das bloße Vermitteln des Überlassens von Kriegswaffen, die ein anderer von einem Dritten erwirbt, ausscheidet.[151] Dabei ist es unschädlich, wenn der Täter die Waffe während des konkreten Übergabeaktes kurzfristig in den Händen hält, um sie dem Empfänger zu übergeben, da hierin noch keine Ausübung der tatsächlichen Gewalt zu sehen ist.[152] Während das **„Vermitteln"** des Überlassens im Waffenrecht von dem Begriff des „Handeltreibens" iS § 1 Abs. 3 iVm Anlage 1 Abschnitt 1 Nr. 9 WaffG erfasst und über §§ 51 Abs. 1, 52 Abs. 1 Nr. 1, Nr. 2 Buchst. b; Abs. 3 Nr. 1 WaffG bei einem Verstoß gegen das Erlaubniserfordernis auch strafrechtlich sanktioniert wird, kann dies im Kriegswaffenrecht täterschaftlich nur über § 22a Abs. 1 Nr. 7 verwirklicht werden. Voraussetzung hierfür ist, dass es sich um Auslandsgeschäfte handelt. Für Inlandsgeschäfte kommt nur eine Teilnehmerstrafbarkeit (zB eine Strafbarkeit wegen Beihilfe zum unerlaubten Überlassen) in Betracht.[153]

c) Mangelnde Genehmigung. Der Täter muss die Kriegswaffen ohne die nach § 2 43 Abs. 2 erforderliche Genehmigung erwerben oder überlassen. Eine solche ist wiederum in den Ausnahmefällen des § 5 Abs. 1 (Aufsichts- und Beschäftigungsverhältnis) und des § 15 (Bundeswehr und andere Organe) entbehrlich.[154] Zusätzlich findet sich eine Freistellung von der Genehmigungspflicht in § 5 Abs. 2 und 3. Die Vorschriften lauten:

§ 5 Befreiungen

(1) [...] (allgemeine Befreiungen).[155]

(2) Wer Kriegswaffen auf Grund einer Genehmigung nach § 3 Abs. 1, § 3 Absatz 2 oder einer Allgemeinen Genehmigung nach § 3 Absatz 4 befördert, bedarf für den Erwerb der tatsächlichen Gewalt über diese Kriegswaffen von dem Absender und die Überlassung der tatsächlichen Gewalt an den in der Genehmigungsurkunde genannten oder von einer Allgemeinen Genehmigung umfassten Empfänger keiner Genehmigung nach § 2 Abs. 2.

(3) Einer Genehmigung nach § 2 Absatz 2 bedarf ferner nicht, wer die tatsächliche Gewalt über Kriegswaffen
1. demjenigen, der Kriegswaffen auf Grund einer Genehmigung nach § 3 Absatz 1, 2 oder einer Allgemeinen Genehmigung nach § 3 Absatz 4 befördert, überlassen oder von ihm erwerben will, sofern der Absender und der Empfänger in der Genehmigungsurkunde genannt oder von einer Allgemeinen Genehmigung nach § 3 Absatz 4 umfasst sind,
2. der Bundeswehr überlassen oder von ihr erwerben will,
3. dem Beschaffungsamt des Bundesministeriums des Innern, den Polizeien des Bundes, der Zollverwaltung, einer für die Aufrechterhaltung der öffentlichen Sicherheit zuständigen Behörde oder Dienststelle, einem Beschussamt oder einer Behörde des Strafvollzugs überlassen oder von diesen zur Instandsetzung, zur Erprobung oder zur Beförderung erwerben will.

Liegt eine Genehmigung vor, entfällt auch hier bereits der Tatbestand, ihr Vorliegen stellt 44 nicht lediglich einen Rechtfertigungsgrund dar.[156]

---

[149] OLG Köln 8.7.1983 – 2 Ws 378/83, OLGSt § 4a KrWaffG S. 2 f.
[150] Vgl. hierzu auch OLG Köln 8.7.1983 – 2 Ws 378/83, OLGSt § 4a KrWaffG Nr. 1 S. 2.
[151] BGH 7.2.1979 – 2 StR 523/78, BGHSt 28, 294 = NJW 1979, 2113; 6.8.2007 – 4 StR 431/06, NStZ 2008, 158; *Beckemper* in *Achenbach/Ransiek/Rönnau*, Rn. 40; Erbs/Kohlhaas/*Lampe* K 189, Rn. 4; Steindorf/*Heinrich* Rn. 4.
[152] BGH 7.2.1979 – 2 StR 523/78, BGHSt 28, 294 (295) = NJW 1979, 2113.
[153] Vgl. BGH 7.2.1979 – 2 StR 523/78, BGHSt 28, 294 (295) = NJW 1979, 2113; BT-Drs. 8/1614, 16; Steindorf/*Heinrich* Rn. 4; vgl. aber auch Hohmann/John/*Pietsch* Teil 5, § 22a Rn. 13: das Vermitteln eines Vertragsabschlusses über in Deutschland hergestellte Kriegswaffen sei im Inland grundsätzlich straffrei.
[154] Hierzu → Rn. 22 ff.; vgl. zur Problematik des Erwerbs zum Zwecke der Demilitarisierung von Waffen aus ehemaligen NVA-Beständen *Frodl* Recht und Politik 1995, 27 (31).
[155] Abgedruckt → Rn. 22.
[156] → Rn. 27 f.

45 **3. Unerlaubtes Befördern von Kriegswaffen (Nr. 3).** Strafbar ist hiernach die unerlaubte Beförderung von Kriegswaffen im Bundesgebiet, sofern dies außerhalb eines abgeschlossenen Geländes geschieht und dem Täter keine Genehmigung nach § 3 Abs. 1 oder 2 erteilt wurde.[157] Die hier in Bezug genommene Vorschrift lautet:

§ 3 Beförderung innerhalb des Bundesgebietes

(1) Wer Kriegswaffen im Bundesgebiet außerhalb eines abgeschlossenen Geländes befördern lassen will, bedarf der Genehmigung.

(2) Der Genehmigung bedarf ferner, wer Kriegswaffen, die er hergestellt oder über die er die tatsächliche Gewalt erworben hat, im Bundesgebiet außerhalb eines abgeschlossenen Geländes selbst befördern will.

46 **a) Tatobjekt.** Erfasst sind wiederum sämtliche Kriegswaffen, die in der KWL[158] aufgeführt sind, wobei auch hier zu beachten ist, dass für ABC-Waffen, Antipersonenminen und Streumunition die Sondervorschriften der §§ 16 ff. gelten.

47 **b) Tathandlung.** Der Täter muss die Kriegswaffen entweder **befördern lassen** (§ 3 Abs. 1) oder selbst **befördern** (§ 3 Abs. 2). Dabei versteht man unter einer **Beförderung** jedes Verbringen eines Gegenstandes von einem Ort zu einem bestimmten anderen Ort, mithin also jede Art des Transports.[159] Erfasst ist somit auch ein Befördern (insbes. bei tragbaren Gegenständen) durch das „Führen" einer Waffe im Sinne des Waffenrechts.[160] Auch kann, zB bei Kampffahrzeugen (Nr. 24–26 der KWL) die Kriegswaffe selbst Mittel des Ortswechsels sein.[161] Keine Beförderung liegt hingegen vor, wenn zB Kriegswaffenmunition (Nr. 49 ff. der KWL) mitgeführt wird, um sie zu **verwenden,** da sie nach der Verwendung die Eigenschaft als Kriegswaffe verloren hat.[162] Zu beachten ist nunmehr allerdings die durch Gesetzesänderung von 24.7.2011[163] eingefügte Ausnahme: Die Strafvorschrift des § 22a Abs. 1 Nr. 3 „gilt nicht für Selbstbeförderungen in den Fällen des § 12 Absatz 6 Nummer 1 sowie für Inhaber einer Waffenbesitzkarte für Kriegswaffen gemäß § 59 Absatz 4 des Waffengesetzes von 1972 im Rahmen von Umzugshandlungen durch den Inhaber der Erlaubnis". Der Gesetzgeber begründete diese Ausnahme mit praktischen Bedürfnissen:[164] Es gäbe „einfach gelagerte Fälle der ungenehmigten Beförderung von Kriegswaffen […], bei denen eine Bestrafung aus dem Verbrechenstatbestand nicht angezeigt erscheint". So sei die die Bestrafung von Erben, Findern oder ähnliche Personen, die ihrer Anzeigepflicht nach § 12 Abs. 6 Nr. 1 nachkommen wollen und die Kriegswaffe ohne zuvor erteilte Genehmigung beispielsweise zur Polizei befördern, nicht angebracht. Gleiches gilt für solche Kriegswaffenbesitzer, die ihre (Alt-)Waffe auf der Grundlage des § 59 Abs. 4 WaffG 1972 legal besitzen und diese bei einem Umzug mitnehmen, ohne hierfür die an sich erforderliche Beförderungsgenehmigung beantragt zu haben. Statt als Straftat ist ein solches Verhalten nunmehr lediglich als Ordnungswidrigkeit nach § 22b Abs. 1 Nr. 3 bzw. Nr. 7 anzusehen.[165]

48 **c) Örtliche Einschränkung.** Die Tat ist nach dieser Vorschrift nur strafbar, wenn die Beförderung einerseits **im Bundesgebiet,** andererseits aber **außerhalb eines abgeschlossenen Geländes** stattfindet. Unter dem Begriff des **Bundesgebietes** ist hier das **Hoheitsgebiet** (und nicht das Zollgebiet) der Bundesrepublik zu verstehen.[166] Zur Auslegung des

---

[157] Aus der Rspr. BGH 20.1.1981 – 5 StR 657/80, GA 1981, 382 Ls.; 6.11.1991 – 3 StR 370/91, BGHR KrWaffG § 16 Konkurrenzen 2; BayObLG 28.7.1981 – 4 St 57/81, NStZ 1982, 385.
[158] Vgl. zum Begriff der Kriegswaffen → Rn. 2 ff.; die KWL ist abgedruckt in der Anlage.
[159] *Epping* S. 164; *Fehn* Kriminalistik 2004, 635 (637); Hinze/*Runkel* § 3 Rn. 2; *Pottmeyer* § 3 Rn. 2; Steindorf/*Heinrich* Rn. 5.
[160] Vgl. zum Begriff des „Führens" WaffG § 1 Rn. 180 ff.
[161] *Epping* S. 165; *Pottmeyer* § 3 Rn. 3.
[162] *Pottmeyer* § 3 Rn. 4.
[163] BGBl. I S. 1595 (1597).
[164] BT-Drs. 17/5262, 17.
[165] Hierzu → § 22b Rn. 17, 25.
[166] OLG Düsseldorf 29.1.1993 – 1 Ws 10/93, NJW 1993, 2253 (2254); Hinze/*Runkel* § 3 Rn. 1; *Pottmeyer* § 3 Rn. 13 ff., 20 ff.; Steindorf/*Heinrich* Rn. 6; anders noch *Hinze* 39. EL 4/1998, § 3 Anm. 7, der den

abgeschlossenen Geländes ist Anlage 1 Abschnitt 2 Nr. 4 zum WaffG heranzuziehen.[167] Die hier genannten Örtlichkeiten (Wohnung, Geschäftsraum, befriedetes Besitztum) stellen jedenfalls abgeschlossene Gelände dar.[168]

d) Mangelnde Genehmigung. Der Täter muss die Kriegswaffen ohne die nach § 3 Abs. 1 oder Abs. 2 erforderliche Genehmigung befördern lassen oder selbst befördern. Eine solche Genehmigung ist wiederum in den Ausnahmefällen von § 5 Abs. 1 (Aufsichts- und Beschäftigungsverhältnis) und § 15 (Bundeswehr und andere Organe) entbehrlich.[169] Aus § 3 Abs. 1 (auch iVm § 5 Abs. 1) ergibt sich, dass regelmäßig der Auftraggeber (dh der Hersteller oder der Erwerber, also derjenige, der befördern lassen will) und nicht das Beförderungsunternehmen oder der angestellte Fahrer die Genehmigung einholen muss (anders die Regelung bei den §§ 19 ff. im Hinblick auf ABC-Waffen, Antipersonenminen und Streumunition).[170] Hieraus folgt, dass nur der Geschäftsherr, nicht aber der Angestellte Täter des § 22a Abs. 1 Nr. 3 sein kann. Für die Angestellten verbleibt lediglich eine Strafbarkeit wegen Teilnahme.[171]

4. Unerlaubte Beförderung zur Einfuhr, Ausfuhr und Durchfuhr von Kriegswaffen (Nr. 4). Während Abs. 1 Nr. 3 die unerlaubte Beförderung **innerhalb des Bundesgebietes** unter Strafe stellt, erfasst die Nr. 4 die unerlaubte Beförderung **mit Auslandsbezug**.[172] Auch diese bedarf nach § 3 Abs. 3 einer Genehmigung. Nachdem der Gesetzgeber im Jahre 2011 – im Gegensatz zu den meisten anderen Tatbeständen des § 22a – eine fahrlässige Tatbegehung nicht mehr als strafbar ansah[173] führte er bereits 2013 einen entsprechenden Fahrlässigkeitstatbestand wieder ein (vgl. die Aufnahme von Abs. 1 Nr. 4 in den Katalog des § 22a Abs. 4).[174] Die in Bezug genommene Vorschrift des **§ 3 Abs. 3** lautet:[175]

49

50

Begriff mit demjenigen des „Zollgebietes" gleichsetzt (was bedeutet, dass Zollausschlüsse, vor allem aber die Zollfreigebiete, wie etwa Freihäfen, nicht erfasst wären); auf das Zollgebiet stellt auch das AG Bergisch Gladbach 27.1.1981 – E 43 – Ls 121 Js 215/80 – E 124/80, NStZ 1982, 515, ab.

[167] So auch *Beckemper* in *Achenbach/Ransiek/Rönnau*, Rn. 42; Hinze/*Runkel* § 3 Rn. 5; *Pottmeyer* § 3 Rn. 5 ff.; Steindorf/*Heinrich* Rn. 5; anders noch *Hinze*, 39. EL 4/1998, § 3 Anm. 3 (Beschränkung auf das befriedete Besitztum); zur Auslegung auch BT-Drs. III/1589, 15.

[168] Nach BGH 20.1.1981 – 5 StR 657/80, GA 1981, 382 Ls., ist eine jedermann zugängliche „Feldmark" kein abgeschlossenes Gelände.

[169] Hierzu → Rn. 22 f.; vgl. zur Problematik der Beförderung zum Zwecke der Demilitarisierung von Waffen aus ehemaligen NVA-Beständen *Frodl* Recht und Politik 1995, 27 (31).

[170] So auch Hinze/*Runkel* § 3 Rn. 4; *Holthausen* NStZ 1993, 568; *Pottmeyer* § 3 Rn. 28 ff.; Steindorf/*Heinrich* Rn. 5; anders wohl *Epping* S. 169 ff., der auch den Frachtführer selbst für genehmigungspflichtig hält.

[171] Vgl. zur Einordnung des § 22a als Sonderdelikt bereits → Rn. 24.

[172] Aus der Rspr. BGH 31.1.1992 – 2 StR 250/91, BGHSt 38, 205 = NJW 1992, 1053 = NStZ 1992, 241 = ZfZ 1992, 184 = MDR 1992, 602 = BGHR KrWaffG § 16 Abs. 1 Nr. 4 Waffe 1; 22.7.1993 – 4 StR 322/93, NJW 1994, 61 = NStZ 1993, 594 (mAnm *Puppe* NStZ 1993, 595) = StV 1994, 128 = BGHR KrWaffG § 22a Einfuhr 1 (hierzu *Achenbach* NStZ 1994, 421 [424]); 23.11.1995 – 1 StR 296/95, BGHSt 41, 348 = NJW 1996, 1335 = NStZ 1996, 137 = wistra 1996, 145 = MDR 1996, 514 = BGHR KrWaffG § 1 Kriegswaffe 1 (hierzu *Achenbach* NStZ 1996, 533 [536 f.]; *Pottmeyer* AW-Prax 1996, 98); 14.2.1996 – 3 StR 625/95, NJW 1996, 1483 = NStZ 1996, 553 = MDR 1996, 516 = BGHR WaffG § 52a Abs. 1 Konkurrenzen 3; 19.2.2003 – 2 StR 371/02, BGHSt 48, 213 = NJW 2003, 2036 Ls. = NStZ 2004, 459 Ls. = BGHR KrWaffG § 15 Abs. 1 Anwendungsbereich 1 mAnm *Heinrich* NStZ 2004, 459; BayObLG 28.11.1996 – 4 St RR 181/96, NStZ-RR 1997, 134 = BayObLGSt 1996, 167 = StraFo 1997, 217 (hierzu *Achenbach* NStZ 1997, 536); OLG Düsseldorf 15.12.1983 – 1 Ws 1053–1055/83, NStZ 1987, 565 = NStE Nr. 1 zu § 16 KriegswaffKG mAnm *Holthausen* NStZ 1988, 206, 256; OLG Düsseldorf 29.1.1993 – 1 Ws 10/93, NJW 1993, 2253 = wistra 1993, 195 = StV 1993, 478 = NStE Nr. 1 zu § 4a KriegswaffKG = OLGSt § 4a KrWaffG Nr. 2 (hierzu *Achenbach* NStZ 1994, 421 [424]); OLG Koblenz 24.6.1982 – 1 Ss 259/82, OLGSt § 1 KriegswaffKG S. 5; OLG München 28.9.1992 – 1 Ws 534–536 und 757–759/82, NStZ 1993, 243; LG Düsseldorf 27.5.1986 – X – 64/83, MDR 1988, 231 = NStE Nr. 3 zu § 16 KriegswaffKG (hierzu *Achenbach* NStZ 1989, 497 [504]; *Holthausen* RIW 1987, 893; *ders.* NStZ 1988, 206, 256).

[173] Gesetz vom 24.7.2011, BGBl. I S. 1595.

[174] Art. 2 Abs. 2 Nr. 2 des Gesetzes zur Modernisierung des Außenwirtschaftsrechts vom 6.6.2013, BGBl. I S. 1482 (1494).

[175] Die Vorschrift wurde durch Art. 4 Nr. 1 Buchst. a des Gesetzes vom 24.7.2011, BGBl. I S. 1595 (1597) dahingehend geändert, dass der Zusatz „oder sonst in das Bundesgebiet oder aus dem Bundesgebiet verbringt" gestrichen wurde. Die Bezugnahme auf das Bundesgebiet war durch die Wiedervereinigung überholt, da sie

§ 3 Abs. 3 Beförderung innerhalb des Bundesgebietes

(3) Kriegswaffen dürfen nur eingeführt, ausgeführt oder durch das Bundesgebiet durchgeführt werden, wenn die hierzu erforderliche Beförderung im Sinne des Absatzes 1 oder 2 genehmigt ist oder hierzu eine Allgemeine Genehmigung gemäß Absatz 4 erteilt wurde.[176]

51 **a) Tatobjekt.** Erfasst sind wiederum sämtliche Kriegswaffen, die in der KWL[177] aufgeführt sind, wobei auch hier zu beachten ist, dass für ABC-Waffen, Antipersonenminen und Streumunition die Sondervorschriften der §§ 16 ff. gelten.

52 **b) Tathandlung.** Abs. 1 Nr. 4 ist im Hinblick auf die Tathandlung mehrdeutig, was in der Praxis zu erheblichen Auslegungsschwierigkeiten geführt hat. Denn betrachtet man den Wortlaut dieser Vorschrift genauer, so kann man entweder an die Einfuhr (bzw. an die Ausfuhr oder Durchfuhr) als Tathandlung anknüpfen oder aber an die „hierzu erforderliche Beförderung", auf die sich die konkrete Genehmigung bezieht. Betrachtet man die Vorschrift des § 3 Abs. 3, an welcher sich die Formulierung in § 22a Abs. 1 Nr. 4 anlehnt, so ist auch hier nicht die **Einfuhr** etc genehmigungspflichtig, sondern die **Beförderung zur Einfuhr** etc. Dies wird durch den dortigen Verweis auf die Absätze 1 und 2 des § 3 sowie durch die (Gesamt-)Überschrift des § 3 „**Beförderung** innerhalb des Bundesgebietes" eher noch bestätigt. Insofern ist der Streit vorgezeichnet, ob man in Abs. 1 Nr. 4 einen **echten Einfuhr- bzw. Ausfuhrtatbestand** oder vielmehr lediglich einen **Beförderungstatbestand** zu erblicken hat. Da dieser Streit insbes. bei der Ausfuhr zu unterschiedlichen Ergebnissen führen kann, soll erst dort dazu Stellung genommen und nachgewiesen werden, dass in Anbetracht des Schutzzwecks des KrWaffG allein die Annahme eines echten Ausfuhrtatbestandes überzeugt.[178]

53 **aa) (Beförderung zur) Einfuhr.** Die Kriegswaffe muss „**eingeführt**" werden. Dieser Begriffe deckt sich mit demjenigen des allgemeinen Waffenrechts.[179] Man versteht hierunter das Verbringen eines Gegenstandes aus einem fremden Hoheitsgebiet ins Bundesgebiet, wobei unter dem **Bundesgebiet** auch hier das Hoheitsgebiet (und nicht etwa das Zoll- oder Wirtschaftsgebiet) der Bundesrepublik Deutschland zu verstehen ist.[180] Die **Einfuhr** ist vollendet, wenn die Kriegswaffe in das bestimmte Zielgebiet, hier das Hoheitsgebiet der Bundesrepublik, verbracht wurde, dh die Grenze der Bundesrepublik überschritten hat.[181]

54 **bb) (Beförderung zur) Ausfuhr.** Die zweite Variante knüpft an die Ausfuhr (aus dem Bundesgebiet) an.[182] Im Rahmen der (Beförderung zur) Ausfuhr wird nun die oben angespro-

---

sich auf Sachverhalte bezog, die durch die Teilung Deutschlands bedingt waren. Zugleich wurde durch die Ergänzung „oder hierzu eine allgemeine Genehmigung [...] erteilt wurde" die Nutzung einer solchen Genehmigung zum Zweck der Beförderung von Kriegswaffen innerhalb Deutschlands im Zusammenhang mit Ein-, Aus- oder Durchfuhren ermöglicht; Vgl. BT-Drs. 17/5262, 17.

[176] Die Vorschrift des § 3 Abs. 1 und 2 sind abgedruckt → Rn. 45; der Verweis bezieht sich auf die beiden Varianten des „Beförderlassens" (§ 3 Abs. 1) und des „Selbst-Beförderns" (§ 3 Abs. 2).
[177] Vgl. zum Begriff der Kriegswaffen → Rn. 2 ff.; die KWL ist abgedruckt in der Anlage.
[178] → Rn. 54 ff.
[179] Vgl. zum Begriff der „Einfuhr" als Unterfall des „Verbringens" → WaffG § 1 Rn. 187.
[180] OLG Düsseldorf 29.1.1993 – 1 Ws 10/93, NJW 1993, 2253 (2254); *Beschorner* ZVglRWiss 90 (1991), 262 (282); Erbs/Kohlhaas/*Lampe* K 189, Rn. 6; Hinze/*Runkel* § 3 Rn. 13; Steindorf/*Heinrich* Rn. 6; auch *Holthausen/Hucko* NStZ-RR 1998, 193 (197); *Pottmeyer* § 3 Rn. 20 ff.; aM noch *Hinze* 39. EL 4/1998, § 3 Anm. 7.
[181] BGH 22.7.1993 – 4 StR 322/93, NJW 1994, 61; OLG Düsseldorf 29.1.1993 – 1 Ws 10/93, NJW 1993, 2253 (2255); ferner BGH 22.2.1983 – 5 StR 877/82, BGHSt 31, 252 = NJW 1983, 1275; BGH 9.3.1983 – 3 StR 6/83, StV 1983, 242 (die beiden letztgenannten Entscheidungen betrafen zwar das Betäubungsmittelstrafrecht, sie sind jedoch auf die Einfuhr von Kriegswaffen übertragbar); der bis zur Gesetzesänderung am 24.7.2011, BGBl. I S. 1595, hier noch genannten Tatvariante des „sonst in das Bundesgebiet verbringen" kam neben der „Einfuhr" seit der deutschen Wiedervereinigung keine eigenständige Bedeutung mehr zu, da die Aufnahme dieser Tathandlung nur sicherstellen sollte, dass auch der Transport von Waffen zwischen der Bundesrepublik und der ehemaligen DDR rechtlich wie eine Einfuhr behandelt werden kann; hierzu OLG Düsseldorf 29.1.1993 – 1 Ws 10/93, NJW 1993, 2253 (2254); *Beschorner* ZVglRWiss 90 (1991) 262 (282); *Hinze*, 39. EL 4/1998, § 3 Anm. 7; *Pottmeyer* § 3 Rn. 130; Steindorf/*Heinrich* Rn. 6; auch BT-Drs. III/1589, 15.
[182] Vgl. zum deutschen Rüstungsexportrecht *Sohm* NZWehrr 1994, 99; wie schon im Hinblick auf die frühere Tatvariante des (sonstige) Verbringens in das Bundesgebiet, hatte auch das (sonstige) Verbringen aus dem Bundesgebiet nach Wiederherstellung der deutschen Einheit keine eigenständige Bedeutung mehr und wurde daher durch die Gesetzesänderung vom 24.7.2011, BGBl. I S. 1595, jedenfalls in § 3 Abs. 3 gestrichen; vgl. BT-Drs. 17/5262, 17; eine entsprechende Streichung in § 22a Abs. 1 Nr. 4 erfolgte hingegen nicht.

chene Problematik[183] bedeutsam, ob es sich bei Abs. 1 Nr. 4 um einen echten **Ausfuhrtatbestand** oder lediglich um einen **Beförderungstatbestand für das Inland** handelt.[184] Diese Frage spielt insbes. in denjenigen Fällen eine Rolle, in denen der Täter zwar eine „Ausfuhrgenehmigung" nach § 3 Abs. 3 besitzt, der hierin genannte Empfänger bzw. das hierin genannte Empfängerland jedoch nur vorgetäuscht sind, sei es, dass die Kriegswaffen zwar ausgeführt werden, der genannte Empfänger aber gar nicht existiert, sei es, dass der genannte Empfänger zwar existiert, die Waffen aber dennoch in ein ganz anderes Land als das angegebene ausgeführt werden oder sei es, dass die Waffen zwar den angegebenen Empfänger im angegebenen Land erreichen, aber von vorneherein dazu bestimmt sind, von dort aus weiterbefördert zu werden (sog. Umwegsausfuhr).[185] Dabei kann – wie noch zu zeigen sein wird – allein die Ansicht, die hier einen echten Ausfuhrtatbestand annimmt, überzeugen.

Diejenigen, die in Abs. 1 Nr. 4 einen **reinen Beförderungstatbestand** sehen, argumentieren – ausgehend vom Wortlaut der Vorschrift – im Wesentlichen wie folgt:[186] Wenn der Gesetzgeber im Gegensatz zu anderen Vorschriften, insbes. den in etwa zur gleichen Zeit gesetzlich fixierten Vorschriften des Außenwirtschaftsrechts (vgl. § 5 Abs. 1a WV: „die Ausfuhr […] bedarf der Genehmigung") einen anderen Wortlaut gewählt habe, so könne dies nur bedeuten, dass dies auch einen unterschiedlichen Regelungsgehalt zur Folge haben sollte.[187] Dies lege auch die amtliche Überschrift des § 3 nahe, die ausdrücklich von einer „**Beförderung innerhalb** des Bundesgebietes" spreche.[188] Eine Auslegung über den eindeutigen Wortlaut hinaus in dem Sinne, dass auch Auslandssachverhalte mit einbezogen werden sollen, stelle aber einen Verstoß gegen den Bestimmtheitsgrundsatz dar.[189] Die Anknüpfung an die Beförderung entspreche auch dem Verfassungsauftrag des Art. 26 Abs. 2 GG, der lediglich die Herstellung, die **Beförderung** und das Inverkehrbringen, nicht aber die Ein- und Ausfuhr unter einen Genehmigungsvorbehalt gestellt habe.[190] Schließlich spreche auch der Verweis in § 3 Abs. 3 auf die „hierzu erforderliche Beförderung im Sinne des Absatz 1 und 2" dafür, dass lediglich die Beförderung im Inland der Genehmigungspflicht unterliege, da § 3 Abs. 1 und 2 eben nur diese regele.[191] Ein echter Ausfuhrtatbestand im KrWaffG sei auch gar nicht erforderlich, da bereits über § 7 Abs. 2 Nr. 1 Buchst. a AWG (aF) sowie § 5 Abs. 1 S. 1a WV ein derartiger Ausfuhrtatbestand für Kriegswaffen normiert sei. Es sei aber unsinnig, dem Gesetzgeber zu unterstellen, er habe denselben Sachverhalt doppelt regeln wollen – schon allein deswegen, weil dies zwei gleichlautende, aber rechtlich selbstständige Genehmigungsverfahren zur Folge haben würde.[192] Beiden Rechtsmaterien müsse daher ein unterschiedlicher Regelungsbereich zukommen, was nur dann gewährleistet sei, wenn das KrWaffG die Beförderung (im Inland), das Außenwirtschaftsrecht die

---

[183] → Rn. 52.
[184] Vgl. allerdings *Weidemann* GA 1992, 481 (482 f.), der dieser Entscheidung eine strafrechtliche Relevanz abspricht und zudem betont, es handele sich hierbei vom Grundsatz her lediglich um die Frage, inwieweit eine „erschlichene" Genehmigung tatbestandsausschließende oder rechtfertigende Wirkung besitzen kann.
[185] Vgl. zu diesem Komplex OLG Düsseldorf 15.12.1983 – 1 Ws 1053–1055/83, NStZ 1987, 565 (566); LG Düsseldorf 27.5.1986 – X – 64/83, NStZ 1988, 231 (beide Fälle betreffen die Konstellation, dass der Täter Waffen mit Genehmigung nach Italien und Spanien exportierte, die aber, wie von Anfang an geplant, letztlich nach Saudi-Arabien und Argentinien gelangten – für den Export in diese Länder wäre eine Genehmigung jedoch nicht erteilt worden); hierzu auch vom *Burchard* S. 1 ff.; *Holthausen* NJW 1988, 206 (256); *Tiedemann* FS Spendel, 1992, 591 (603 f.).
[186] Vgl. *Beschorner* ZVglRWiss 90 (1991), 262 (269, 281 f.) *Epping* S. 173 ff.; *ders.* RIW 1996, 453 (453 f.); *Pottmeyer* § 3 Rn. 136 ff.; *Schünemann* in *Krekeler/Tiedemann/Ulsenheimer/Weinmann*, Anm. III 3c; *Tiedemann* FS Spendel, 1992, 591 (600); *Weber* DRiZ 1991, 181; in diese Richtung auch *Sohm* NZWehrr 1994, 99 (107).
[187] *Pottmeyer* § 3 Rn. 137.
[188] *Epping* S. 179; *ders.* RIW 1996, 453 (454); *Pottmeyer* § 3 Rn. 139; diesen Aspekt sieht auch *Holthausen* RIW 1987, 893 (894).
[189] *Epping* S. 181 f.; *ders.* RIW 1996, 453 (458).
[190] *Pottmeyer* § 3 Rn. 140, unter Hinweis auf die amtliche Begründung in BT-Drs. III/1589, 15; ferner *Epping* RIW 1996, 453 (457).
[191] *Epping* RIW 1996, 453 (453 f.).
[192] *Epping* RIW 1996, 453 (457).

Ausfuhr selbst zum Gegenstand habe.[193] Auch könne der Genehmigungstatbestand des § 3 Abs. 3 nur dann die Ausfuhr als solche zum Gegenstand haben, wenn die Genehmigung auch den Endverbleib bzw. das Endverbleibsland erfassen würde, dh dieses als Inhalt der Genehmigung anzusehen sei. Dies sei jedoch nach geltendem Recht nicht der Fall, da die Endverbleibsangabe zwar eine wichtige Entscheidungsgrundlage (Genehmigungsvoraussetzung) für die Behörde darstelle, jedoch nicht zum Regelungsinhalt der Genehmigung selbst gehöre.[194] Denn sie sei im KrWaffG nicht vorgesehen und ergebe sich lediglich aus § 4 Abs. 2 der 2. DVO.[195] Zum Inhalt der Genehmigung könne der Endverbleib schon deswegen nicht gehören, weil dieser letztlich vom späteren Verhalten des Ausfuhrempfängers abhänge und daher nicht bestimmbar sei. Schließlich sei eine Regelung der Ausfuhr in Anbetracht des im Völkerrecht geltenden Territorialitätsprinzips sogar unzulässig, da sie Sachverhalte betreffen würde die zumindest teilweise auf fremdem Hoheitsgebiet stattfänden und daher von deutschen Verwaltungsbehörden gar nicht geregelt werden dürften.[196] Deshalb habe der Gesetzgeber gut daran getan, mit der Beförderung nur einen Inlandssachverhalt unter die Genehmigungspflicht zu stellen. Denn es könne nicht mehr als eine Angelegenheit der deutschen Behörden angesehen werden, „was mit den Kriegswaffen innerhalb des Landes geschieht, in das sie verbracht worden sind".[197]

56 Dagegen sieht die Gegenansicht in Abs. 1 Nr. 4 einen **echten Ausfuhrtatbestand**.[198] Nur dies entspreche dem Sinn und Zweck des KrWaffG als Ausführungsgesetz des Art. 26 GG, welcher letztlich von dem Gedanken getragen ist, friedensstörenden Handlungen entgegenzuwirken.[199] Die missglückte Formulierung in §§ 3 Abs. 3, 22a Abs. 1 Nr. 4 sei lediglich aus Vereinfachungs- und Abkürzungsgründen gewählt worden,[200] ihr könne aber nicht die Bedeutung zukommen, die Ausfuhr selbst der Genehmigungspflicht zu entziehen. Dies ergebe sich aus einer notwendigen weiten Auslegung des Art. 26 Abs. 2 GG, welcher die Ausfuhr als einen Unterfall des (hier: grenzüberschreitenden) **Inverkehrbringens** erfasse.[201] Inverkehrbringen bedeute aber jede Form der Abgabe von Kriegswaffen an andere sowie deren Erwerb.[202] Jede Ausfuhr sei aber darauf gerichtet, einem anderen die Verfügungsgewalt

---

[193] *Epping* S. 185; *ders.* RIW 1996, 453 (457 f.); *Pottmeyer* § 3 Rn. 146.
[194] So *Selmer* und *Schünemann* in jeweils unveröffentlichten Gutachten im Vorfeld des Urteils des LG Düsseldorf 27.5.1986 – X – 64/83, NStZ 1988, 231, zitiert nach *Holthausen* RIW 1987, 893 (895).
[195] Die Vorschrift lautet: „In den Fällen der Beförderung von Kriegswaffen zum Zwecke der Ausfuhr oder der Durchfuhr (§ 3 Abs. 3 des Gesetzes) muss der Antrag außerdem Angaben über den Endverbleib der Kriegswaffen enthalten. Die Angaben sind glaubhaft zu machen".
[196] *Epping* S. 175 ff.; *ders.* RIW 1996, 453 (456 f.); so auch *Pottmeyer* § 3 Rn. 165; hiergegen *Holthausen* JZ 1995, 284 (286 f.), mit den zutreffenden Hinweis, dies dann auch für das deutsche Außenwirtschaftsrecht gelten müsse, obwohl dort eindeutig ein Ausfuhrtatbestand normiert sei; auch *Hantke/Holthausen/Hucko* NVwZ 1997, 1195 (1196); *Holthausen/Hucko* NStZ-RR 1998, 193 (198).
[197] *Pottmeyer* § 3 Rn. 165.
[198] OLG Düsseldorf 15.12.1983 – 1 Ws 1053–1055/83, NStZ 1987, 565 (566); LG Düsseldorf 27.5.1986 – X – 64/83, NStZ 1988, 231; *Beckemper* in *Achenbach/Ransiek/Rönnau*, Rn. 43; vom *Bogdandy* VerwArch. 1992, 53 (81 f.); *Harder* in *Wabnitz/Janovsky* 23. Kap. Rn. 62; *Hohmann/John/Pietsch* Teil 5, § 3 Rn. 22; *Holthausen* RIW 1987, 893; *ders.* NStZ 1988, 206 (256); *ders.* NJW 1992, 34; *ders.* JZ 1995, 284; *ders.* RIW 1997, 369 (373 f.); *Holthausen/Hucko* NStZ-RR 1998, 193 (197 f.); *Oeter* Neutralität und Waffenhandel, 1992, S. 194; *Pathe/Wagner* in *Bieneck*, § 44 Rn. 26; *Spohn* DWiR 1991, 263; *Steindorf/Heinrich* § 3 Rn. 4; § 22a Rn. 6; *Weber* JA 1990, 73 (79); auch die Bundesregierung in BT-Drs. 11/4928, 1 f.
[199] Vgl. OLG Düsseldorf 15.12.1983 – 1 Ws 1053–1055/83, NStZ 1987, 565; *Hohmann/John/Pietsch*, Teil 5, § 3 Rn. 12 ff.; *Holthausen* JZ 1995, 284 (285 f.).
[200] LG Düsseldorf 27.5.1986 – X – 64/83, NStZ 1988, 231; 1988, 231 (232); *Holthausen* JZ 1995, 284 (285); dies erkennt auch *Epping* S. 174 an; auch *ders.* RIW 1996, 453 (455 f.).
[201] *Hantke/Holthausen/Hucko* NVwZ 1997, 1195 (1196); *Holthausen* JZ 1995, 284 (285 ff.); *Holthausen/Hucko* NStZ-RR 1998, 193 (197 f.); *Merten* MDR 1964, 806 (809); *Steindorf/Heinrich* Rn. 6; dagegen *Epping* S. 176, der davon ausgeht, allein die Ausfuhr aus dem Bundesgebiet führe noch nicht notwendigerweise dazu, dass einem anderen die tatsächliche Verfügungsgewalt über die Kriegswaffe übertragen werde, was jedoch die wesentliche Voraussetzung für ein Inverkehrbringen darstelle; zudem sei wiederum eine Regelung, die das Inverkehrbringen im Ausland einer Genehmigungspflicht unterwerfe, auf Grund des Territorialitätsprinzips völkerrechtlich unzulässig; ebenso *ders.* RIW 1996, 453 (457).
[202] Vgl. hierzu *Jarass/Pieroth/Jarass* GG Art. 26 Rn. 9 (im Hinblick auf ein Inverkehrbringen im Inland); vgl. zum Begriff des „Inverkehrbringens" im Nebenstrafrecht allgemein *Horn* NJW 1977, 2329.

über die Kriegswaffe zu verschaffen, weswegen jedenfalls im Wege verfassungskonformer Auslegung §§ 3 Abs. 3, 22a Abs. 1 Nr. 4 trotz des auf den ersten Blick entgegenstehenden Wortlauts als Ausfuhrtatbestand angesehen werden müsse.[203] Dies ergebe sich bereits daraus, dass im vorläufigen Genehmigungsverfahren vor dem Inkrafttreten des KrWaffG[204] die Ein- und Ausfuhr als Unterfälle des Inverkehrbringens aufgeführt wurden.[205]

Auch käme es dem deutschen Gesetzgeber gerade nicht ausschließlich auf eine Kontrolle der Beförderung im Inland, sondern darauf an, **wohin** die Waffe gelange. Dies ergebe sich daraus, dass derjenige, der einen Antrag auf Erteilung einer Beförderungsgenehmigung zum Zwecke der Ausfuhr stelle, nicht nur den Namen und die Anschrift des Empfängers (§ 4 Abs. 1 Nr. 3 der 2. DVO) sowie den Zielort (§ 4 Abs. 1 Nr. 10 der 2. DVO) dh das **Ausfuhrland** in seinem Antrag angeben müsse, sondern darüber hinaus auch Angaben über den Endverbleib der Kriegswaffe erforderlich seien (§ 4 Abs. 2 der 2. DVO). Es seien also gerade auch Angaben darüber zu machen, in welchem Land die Waffe letztlich dauerhaft verbleiben solle **(Endverbleibsland)**.[206] Diese Angaben seien nach § 4 Abs. 2 S. 2 der 2. DVO zwar lediglich glaubhaft zu machen, dies sei aber dadurch bedingt, dass die Endverbleibserklärung von dem jeweiligen ausländischen Vertragspartner abzugeben sei und von diesem zB die Abgabe einer eidesstattlichen Versicherung nicht erzwungen werden könne. Insofern könne also jedenfalls das Land, in welches die Kriegswaffe tatsächlich laut Genehmigung verbracht werden soll **(Ausfuhrland)** als wesentlicher Bestandteil der Genehmigung anzusehen sei, da hierauf der Absender unmittelbaren Einfluss besäße.[207] Werde aber die Waffe von vorne herein in ein anderes Land geliefert oder sei das angegebene Land nur Durchgangsstation zum (unmittelbar stattfindenden und von vorne herein geplanten) Weitertransport, liege eine entsprechende Ausfuhrgenehmigung mangels korrekter Angabe des Ausfuhrlandes nicht vor, die Tat sei daher strafbar. Das zuletzt genannte Argument ist allerdings kaum haltbar. Denn es ist durchaus fraglich, inwieweit das tatsächliche **Endverbleibsland** (= dasjenige Land, in welchem die Waffe letztlich verbleibt und welches mit demjenigen Land, in das die Waffe unmittelbar – und nicht nur zum sofortigen Weitertransport – verbracht wird, nicht identisch sein muss) als wesentlicher Teil der Genehmigung anzusehen ist. Während das LG Düsseldorf dies ohne Einschränkung annimmt,[208] wird von anderen gefordert, dass die Endverbleibsangabe, um wesentlicher Bestandteil der Genehmigung zu werden, ausdrücklich zB in Form einer Nebenstimmung oder inhaltlichen Beschränkung in die Genehmigung mit einbezogen werden muss.[209] Auch diejenigen, die in Abs. 1 Nr. 4 einen echten Ausfuhrtatbestand sehen, können den Endverbleib somit schwerlich als objektive Genehmigungsvoraussetzung ansehen, da sonst der Exporteur auf einen dauerhaften

---

[203] *Holthausen* NStZ 1988, 206 (207); *ders.* JZ 1995, 284 (285).

[204] Vgl. das „Vorläufige Kriegswaffengenehmigungsverfahren nach Art. 26 II Grundgesetz", Bekanntmachung des Bundesministers für Wirtschaft vom 28.11.1957, BAnz. Nr. 233 vom 4.12.1957, S. 1.

[205] So *Holthausen* RIW 1987, 893 (894); *ders.* JZ 1995, 284 (285), mit dem weiteren Hinweis, dass dies auch während der Beratungen des Art. 26 GG im parlamentarischen Rat nicht streitig war; hierzu auch den früheren „Entwurf Eberhard", abgedruckt bei *Doemming/Füßlein/Matz* JÖR 1 (1951), 241; in dieser Richtung auch *Epping* S. 174; hiergegen *Pottmeyer* § 3 Rn. 138, mit dem Argument, wenn der Gesetzgeber diese Regelung im KrWaffG so gewollt hätte, dann hätte er die Ein- und Ausfuhr als eigene Tatbestände und nicht lediglich als Unterfall der Variante der Beförderung (und somit gerade nicht des Inverkehrbringens) geregelt.

[206] OLG Düsseldorf 15.12.1983 – 1 Ws 1053–1055/83, NStZ 1987, 565; LG Düsseldorf 27.5.1986 – X – 64/83, NStZ 1988, 231 (232); *Holthausen* RIW 1987, 893 (899); *ders.* NStZ 1988, 206 (207 f.); dagegen *Epping* S. 180; *ders.* RIW 1996, 453 (455), mit dem Argument, eine in der Normenhierarchie tiefer stehende Rechtsverordnung könne nicht zur Auslegung des höherrangigen formellen Gesetzes herangezogen werden.

[207] So *Holthausen* NStZ 1988, 206 (207).

[208] OLG Düsseldorf 15.12.1983 – 1 Ws 1053–1055/83, NStZ 1987, 565; LG Düsseldorf 27.5.1986 – X – 64/83, NStZ 1988, 231, NStZ 1988, 231 (231 f.).

[209] So *Holthausen* RIW 1987, 893 (900 f.); *ders.* NStZ 1988, 256 (258); selbst diejenigen, die in § 22a Abs. 1 Nr. 4 lediglich einen Beförderungstatbestand sehen, schließen im Übrigen nicht durchweg aus, dass die Aufnahme einer solchen Endverbleibserklärung (zumindest in Form einer Endverbleibsangabe) zu einem wesentlichen Bestandteil der Genehmigung gemacht werden kann, vgl. *Pottmeyer* § 3 Rn. 156; diese Ansicht erscheint allerdings kaum konsequent, da der tatsächliche Endverbleib für die Frage der Beförderungskontrolle völlig irrelevant ist.

"good will" des Empfängers angewiesen wäre.[210] In der Praxis wird in den Genehmigungsbescheiden allerdings inzwischen überwiegend die Formulierung gebraucht, dass die Angaben des Antragstellers als „Bestandteil der Genehmigung" anzusehen sind. Nach § 4 Abs. 1 Nr. 10 und Abs. 2 der 2. DVO hat der Antragsteller dabei zwingend sowohl den Versand- und Zielort als auch den Endverbleib der zu liefernden Waffe anzugeben, wobei bei Ausfuhren auch hier als Versand- und Zielort zumeist lediglich das Land angegeben und in den Genehmigungen auch entsprechend beschieden wird. Dies kann jedoch nicht bedeuten, dass die entsprechende Lieferung dann – möglicherweise rückwirkend – als nicht genehmigt angesehen werden kann, wenn der Empfänger der Waffe diese, möglicherweise Jahre später, absprachewidrig an einen anderen Ort verschafft, da der (deutsche) Lieferant hierauf meist keinen Einfluss mehr besitzt. Ferner ist fraglich, ob die Endverbleibserklärung, die regelmäßig vom ausländischen Empfänger ausgestellt wird und die der Antragsteller nach § 4 Abs. 2 S. 2 der 2. DVO lediglich zur Glaubhaftmachung seiner Angaben beifügt, dadurch zum Bestandteil seiner eigenen Angaben wird. Zu weiteren Problemen führt es, wenn – wie in der Praxis insbesondere bei Lieferungen nach Indien oder nach Mexiko – als Endverbleibsland ein konkreter Bundesstaat angegeben wird. Taucht dieser Bundesstaat lediglich in der Endverbleibserklärung, nicht aber in den Angaben des Antragsstellers oder im Genehmigungsbescheid der Behörde auf (wie dies in den vergangenen Jahren insbesondere bei Lieferungen nach Mexiko der Fall war), kann der konkrete Bundesstaat aber kaum als Inhalt der Genehmigung angesehen werden.

58 Als weiteres Argument wird angeführt, dass § 3 Abs. 3 praktisch leer liefe, wenn man ihn auf die bloße Pflicht zur Beförderungsgenehmigung im Inland reduziere, da diese Fälle bereits nach § 3 Abs. 1 und 2 genehmigungspflichtig seien.[211] Schließlich sei ein Wertungswiderspruch zu § 4a zu erkennen.[212] Denn wenn hierdurch sogar bestimmte Handlungen in Bezug auf Kriegswaffen, die sich im Ausland befinden und das Bundesgebiet nicht berühren sollen, von einer Genehmigung abhängig gemacht werden, müsse erst Recht das Verbringen von Kriegswaffen vom Inland ins Ausland einer solchen Genehmigungspflicht unterliegen.[213] Schließlich gehe der Hinweis auf die parallele Regelung des Ausfuhrtatbestandes durch die genannten Vorschriften des AWG fehl. Einerseits würden die (Straf-)Vorschriften des AWG lediglich Vergehen darstellen, andererseits wäre es seltsam, wenn zur Erteilung der Genehmigung der Ausfuhr von Kriegswaffen im Gegensatz zu den sonstigen Regelungen des KrWaffG nicht die Bundesregierung bzw. der zuständige Bundesminister, sondern eine nachgeordnete Behörde zuständig wäre.[214]

59 Bei der Frage nach möglichen **Konsequenzen** dieses Meinungsstreits ist nun zu beachten, dass die Entscheidung darüber, ob man hier einen reinen Beförderungstatbestand oder aber einen echten Ausfuhrtatbestand annimmt, jedenfalls nicht allein ausschlaggebend ist im Hinblick auf die Strafbarkeit oder Straflosigkeit eines bestimmten Verhaltens. Denn letztlich stellt sich hier die allgemein zu entscheidende und bereits aus anderen Bereichen des Verwaltungsrechts (insbes. dem Umweltrecht) bekannte Frage nach der Wirksamkeit einer „erschlichenen" Genehmigung.[215] Dennoch: Für die Frage, inwieweit man hier überhaupt von einer „erschlichenen" Genehmigung sprechen kann, spielt es eine entscheidende Rolle, was durch die Genehmigung konkret umfasst wird. Weist man der Genehmigung

---

[210] In diese Richtung auch *Holthausen* NStZ 1988, 256 (259 f.), der zumindest im Hinblick auf die Strafvorschriften des AWG eine subjektive Sichtweise befürwortet.
[211] So Hohmann/John/*Pietsch*, Teil 5, § 3 Rn. 22; *Holthausen* RIW 1987, 893 (898).
[212] Die Vorschrift des § 4a ist abgedruckt in → Rn. 82.
[213] *Holthausen* RIW 1987, 893 (898 f.); dagegen *Epping* S. 180; *ders.* RIW 1996, 453 (454 f.); *Pottmeyer* § 3 Rn. 145, jeweils mit dem Argument, § 4a sei erst nachträglich ins KrWaffG aufgenommen worden und könne daher zur Auslegung des § 3 Abs. 3 nicht herangezogen werden.
[214] So *Holthausen* RIW 1987, 893 (899), der in einer solchen Regelung sogar einen Verstoß gegen den ausdrücklichen Wortlaut des Art. 26 Abs. 2 GG sähe; ebenso *ders.* JZ 1995, 284 (289); anders *Epping* S. 184; vgl. zur Zuständigkeit nach dem KrWaffG § 11 Abs. 1 und 2 KrWaffG iVm § 1 der 1. DVO zum KrWaffG; zur Zuständigkeit nach dem AWG § 13 AWG.
[215] So zu Recht *Weidemann* GA 1992, 461 (462); hierzu ausführlich → Rn. 32 ff.

lediglich die Funktion zu, die Beförderung der Kriegswaffe im Inland zu kontrollieren, kann ihre Wirksamkeit höchstens davon abhängig gemacht werden, dass die Waffe wenigstens in einen bestimmten Empfängerstaat ausgeführt wird (wobei man selbst hieran zweifeln könnte, denn man könnte durchaus auch vertreten, den deutschen Behörden könne und müsse es letztlich gleichgültig sein, was mit den Waffen geschehe, sobald sie das Bundesgebiet an der vorgesehene Grenzkontrollstelle verlassen haben). Das Endverbleibsland wird man dann aber, selbst wenn dem Antrag, welcher der Genehmigung zu Grunde liegt, eine solche Endverbleibserklärung beigefügt wurde, nur schwer als wesentlichen Bestandteil der **Beförderungs**genehmigung ansehen können. Mag der Gesetzgeber die Angabe des Endverbleibs auch zu einer Genehmigungsvoraussetzung machen, so kann sie doch nur schwerlich als Inhalt bzw. Bestandteil der Genehmigung zu einer bloßen **Beförderung** angesehen werden.[216] Zu einem anderen Ergebnis könnte man nur dann gelangen, wenn man hier von einer echten Ausfuhrgenehmigung ausgeht **und zugleich** das Endverbleibsland als wesentlichen Bestandteil der Genehmigung ansieht **und** zu dem Ergebnis gelangt, dass eine erschliche Genehmigung unwirksam ist und daher keine tatbestandsausschließende Wirkung entfalten kann. Nach der Ansicht, die hier lediglich einen Beförderungstatbestand anerkennt, könnte daher selbst dann, wenn man einer erschlichenen Genehmigung die Wirksamkeit abspricht, lediglich eine Strafbarkeit nach §§ 17, 18 AWG, nicht aber eine solche nach § 22a Abs. 1 Nr. 4 KrWaffG in Frage kommen.

Diese Ansicht kann jedoch nicht überzeugen, denn nur dann, wenn man in Abs. 1 Nr. 4 **60** einen **echten Ausfuhrtatbestand** sieht, wird die – zugegebenermaßen von der Wortwahl her missglückte – Regelung dem verfassungsrechtlichen Auftrag des Art. 26 GG gerecht. Nach dem Sinn und Zweck des KrWaffG, friedensgefährdende Handlungen zu verhindern[217] soll die Genehmigungspflicht des § 3 Abs. 3 nicht lediglich dazu dienen, eine Beförderung von Kriegswaffen im Bundesgebiet zu überwachen. Dem Verfassungsauftrag wird man nur gerecht, wenn auch und gerade die Kriegswaffenlieferungen ins Ausland der vorherigen Genehmigung durch die zuständige Behörde unterstellt werden, da diese Handlungen, wahrscheinlich noch mehr als der unkontrollierte Umgang mit Kriegswaffen im Inland dazu geeignet sind, den Weltfrieden zu stören.[218] Insoweit ist eine Kontrolle **der Ausfuhr** von Kriegswaffen bereits infolge des Verfassungsauftrages schon im Interesse des friedlichen Zusammenlebens der Völker geboten.[219] Das Argument, dem Gesetzgeber habe es ausgereicht, die Beförderung tatbestandlich zu erfassen, da jede Ausfuhr notwendigerweise immer mit einer Beförderung innerhalb des Bundesgebietes verbunden sei – unter dem gleichzeitigen Hinweis, der Gesetzgeber habe dieses Vorgehen gewählt, um die Überwachung der Beförderung so wirksam wie möglich durchzuführen und bereits an den Grenzen des Bundesgebietes beginnen zu lassen[220] – geht fehl, wenn gerade dadurch, wie die aufgezeigten Fälle der Umgehungsausfuhr zeigen, dem Missbrauch Tür und Tor geöffnet wird. Schließlich kann selbstverständlich auch das völkerrechtliche Territorialitätsprinzip der Regelung einer Ausfuhr nicht entgegenstehen, da dieses lediglich dann betroffen sein könnte, wenn **ausschließlich** ausländische Sachverhalte ohne Bezug zum Inland der Genehmigungspflicht bzw. der strafrechtlichen Ahndung unterworfen würden.[221] Ein Eingriff in fremde Hoheitsrechte liegt hingegen nicht vor, wenn die Ausfuhr eines Gegenstandes vom Gebiet der Bundesrepublik aus untersagt bzw. von einer Genehmigungspflicht abhängig gemacht wird.[222] Die unterschiedliche Formulierung der Tatbestände im KrWaffG und im AWG

---

[216] Vgl. hierzu BGH 19.2.1985 – 5 StR 780 und 796/84, NStZ 1985, 367; *Tiedemann* FS Spendel, 1992, 591 (600), jeweils zum Außenwirtschaftsrecht.
[217] Vgl. hierzu → Vor § 1 Rn. 3 f.
[218] So auch OLG Düsseldorf 15.12.1983 – 1 Ws 1053–1055/83, NStZ 1987, 565 (566); in diese Richtung auch *Hantke/Holthausen/Hucko* NVwZ 1997, 1195 (1196); *Hohmann/John/Pietsch*, Teil 5, § 3 Rn. 18; *Holthausen* JZ 1995, 284 (286, 289).
[219] So auch OLG Düsseldorf 15.12.1983 – 1 Ws 1053–1055/83, NStZ 1987, 565 (566).
[220] *Pottmeyer* § 3 Rn. 140, unter Hinweis auf die amtliche Begründung in BT-Drs. III/1589, 15.
[221] Hierzu schon → § 21 Rn. 3.
[222] So im Ergebnis auch *Holthausen* JZ 1995, 284 (286 f.).

lässt sich im Übrigen dadurch erklären, dass das genehmigungsbedürftige und daher bei Fehlen oder Unwirksamkeit der Genehmigung tatbestandsmäßige Verhalten im KrWaffG früher ansetzen soll, nämlich bereits mit Beginn der Beförderung der Kriegswaffen, während nach dem AWG lediglich die Ausfuhr, dh die Überschreitung der Landesgrenze tatbestandsmäßig ist.[223] Dies wäre auch bei einer im Übrigen wünschenswerten Klarstellung durch den Gesetzgeber zu berücksichtigen.[224] Auch wenn man in § 22 Abs. 1 Nr. 4 einen echten Ausfuhrtatbestand sieht, ist dabei allerdings noch nicht entschieden, ob und inwieweit der Endverbleib der Waffe dadurch auch tatsächlich zum Genehmigungsinhalt dergestalt wird, dass die Lieferung (nachträglich) als nicht genehmigt gilt, wenn der Empfänger der Waffe diese – möglicherweise absprachewidrig – Jahre später an einen anderen Ort verschafft.[225]

61   **cc) (Beförderung zur) Durchfuhr.** Schließlich ist auch die bloße Durchfuhr von Kriegswaffen durch das Bundesgebiet genehmigungspflichtig. Unter einer Durchfuhr versteht man die Beförderung von Kriegswaffen aus einem Hoheitsgebiet außerhalb der Bundesrepublik durch das Hoheitsgebiet der Bundesrepublik hindurch in das Hoheitsgebiet eines anderen Staates, ohne dass die Kriegswaffen in Deutschland in den freien Warenverkehr gelangen.[226] Hierzu ist es erforderlich, dass die Waffe ohne einen weiteren als den durch die Beförderung oder den Umschlag bedingten Aufenthalt und ohne dass sie zu irgendeinem Zeitpunkt während des Verbringens dem Durchführenden oder einem Dritten tatsächlich zur Verfügung steht, durch das Bundesgebiet transportiert wird.[227] Insoweit besteht der wesentliche **Unterschied zur Einfuhr** darin, dass die Waffe während des Transports zu keiner Zeit irgendeiner Person zur Disposition gelangt. Besteht dagegen im Inland die Möglichkeit, dass jemand Verfügungsgewalt über den Gegenstand erlangt, liegen sowohl eine Einfuhr als auch eine anschließende Ausfuhr der Waffe vor.

62   **c) Mangelnde Genehmigung.** Der Täter muss die Kriegswaffen ohne die nach § 3 Abs. 3 oder Abs. 4 erforderliche Genehmigung einführen, ausführen oder durchführen.[228] Eine solche Genehmigung ist wiederum in den Ausnahmefällen der § 5 Abs. 1 (Aufsichts- und Beschäftigungsverhältnis) und § 15 (Bundeswehr und andere Organe) entbehrlich.[229] Einen Sonderfall (Möglichkeit der Erteilung einer **Allgemeinen Genehmigung**) enthält **§ 3 Abs. 4:**[230]

---

[223] Hierzu *Holthausen* JZ 1995, 284 (287).
[224] *Holthausen* JZ 1995, 284 (289) schlägt daher folgende Gesetzesfassung des § 3 Abs. 3 mit entsprechender Konsequenz in § 22a Abs. 1 Nr. 4 vor: „Kriegswaffen dürfen nur mit Genehmigung eingeführt, ausgeführt oder durchgeführt werden. Der Genehmigung nach Satz 1 bedarf, wer die Kriegswaffen zur Einfuhr, Ausfuhr oder Durchfuhr befördern lassen (Abs. 1) oder selbst befördern (Abs. 2) will".
[225] Vgl. zu dieser Problematik bereits oben Rn. 57 aE.
[226] BGH 22.7.1993 – 4 StR 322/93, NJW 1994, 61 (61 f.); *Holthausen/Hucko* NStZ-RR 1998, 193 (196 f.); *Pottmeyer* § 3 Rn. 125 f.
[227] BGH 22.7.1993 – 4 StR 322/93, NJW 1994, 61; hierzu *Achenbach* NStZ 1994, 421 (424); *Beckemper* in *Achenbach/Ransiek/Rönnau* Rn. 45; *Fehn* Kriminalistik 2004, 635 (637); auch für das Betäubungsmittelstrafrecht BGH 4.5.1983 – 2 StR 661/82, BGHSt 31, 374 (375) = NJW 1983, 1985; 1.10.1986 – 2 StR 335/86, BGHSt 34, 180 (183) = NJW 1987, 721.
[228] Nach *Epping* RIW 1996, 453 (454) soll, vorbehaltlich einer entsprechenden Änderung des KrWaffG, eine Genehmigung zur Ausfuhr nur nach dem AWG erteilt werden. Denn nach seiner Ansicht ist, wie → Rn. 55 bereits ausgeführt, § 3 Abs. 3 nur für inländische Transportvorgänge mit dem Ziel der Ausfuhr relevant; dagegen Steindorf/*Heinrich* Rn. 6.
[229] Hierzu → Rn. 22 f.
[230] § 3 Abs. 4 wurde geändert durch das Gesetz vom 27.7.2011, BGBl. I S. 1595 (1597). Der Gesetzgeber führte in BT-Drs. 17/5262, 17 hierzu aus: „[In dieser Vorschrift] wird festgelegt, für welche Fallgestaltungen Allgemeine Genehmigungen erteilt werden können. Die in den Nummern 1 bis 3 und 6 genannten Fälle ergeben sich zwingend aus den Vorgaben der Verteidigungsgüterrichtlinie. Zugleich wird durch die Aufnahme der Nummern 4 und 5 sichergestellt, dass rein innerdeutsche Beförderungsvorgänge, die von der Verteidigungsgüterrichtlinie nicht erfasst werden, gegenüber Beförderungsvorgängen mit Bezügen zu anderen Mitgliedstaaten der Europäischen Union keine Schlechterbehandlung erfahren". Die bis dahin geltende Fassung lautete: „Für die Beförderung von Kriegswaffen, die außerhalb des Bundesgebiets ein- und ausgeladen werden und unter Zollüberwachung ohne Wechsel des Frachtführers oder im Schiffsverkehr über Freihäfen ohne Lagerung durch das Bundesgebiet durchgeführt werden, kann auch – unbeschadet der Regelung des § 27 – eine Allgemeine Genehmigung erteilt werden".

§ 3 Abs. 4 Beförderung innerhalb des Bundesgebietes

(4) Unbeschadet der Regelung des § 27[231] kann eine Allgemeine Genehmigung erteilt werden[232]
1. für die Beförderung von Kriegswaffen zum Zweck der Durchfuhr durch das Bundesgebiet,
2. für die Beförderung von Kriegswaffen zum Zweck der Einfuhr an die Bundeswehr,
3. für die Beförderung von Kriegswaffen zum Zweck der Einfuhr an im Bundesgebiet ansässige Unternehmen, die gemäß § 9 des Außenwirtschaftsgesetzes in Verbindung mit einer auf Grund dieser Vorschrift erlassenen Rechtsverordnung zertifiziert sind,
4. für die Beförderung von Kriegswaffen zwischen im Bundesgebiet ansässigen Unternehmen, die gemäß § 9 des Außenwirtschaftsgesetzes in Verbindung mit einer auf Grund dieser Vorschrift erlassenen Rechtsverordnung zertifiziert sind,
5. für die Beförderung von Kriegswaffen innerhalb des Bundesgebietes von Unternehmen, die gemäß § 9 des Außenwirtschaftsgesetzes in Verbindung mit einer auf Grund dieser Vorschrift erlassenen Rechtsverordnung zertifiziert sind, an die Bundeswehr sowie von der Bundeswehr durch diese Unternehmen an sich sowie
6. für die Beförderung von Kriegswaffen zum Zweck der Verbringung an Unternehmen, die in einem anderen Mitgliedstaat der Europäischen Union ansässig sind und in diesem Mitgliedstaat gemäß Artikel 9 der Richtlinie 2009/43/EG des Europäischen Parlaments und des Rates vom 6. Mai 2009 zur Vereinfachung der Bedingungen für die innergemeinschaftliche Verbringung von Verteidigungsgütern (ABl. L 146 vom 10.6.2009, S. 1) zertifiziert sind.

d) Versuch. Der Versuch der Tat beginnt nach § 22 StGB dann, wenn der Täter nach seiner Vorstellung von der Tat zur Verwirklichung des Tatbestandes unmittelbar ansetzt. Dies ist bei Einfuhrdelikten erst bei Vornahme einer Handlung anzunehmen, die nach dem Tatplan in ungestörtem Fortgang ohne weitere Zwischenschritte unmittelbar zur Tatbestandserfüllung führen soll und das geschützte Rechtsgut somit unmittelbar gefährdet.[233] Dies kann im bloßen Abschluss eines Vertrages jedenfalls noch nicht gesehen werden, sondern setzt zumindest den Beginn des Transportes voraus. Bei einem längeren Anfahrtsweg im Ausland ist ein solches unmittelbares Ansetzen erst dann gegeben, wenn der Täter sich entweder der Grenze nähert oder vor dem Erreichen des deutschen Hoheitsgebietes jedenfalls kein längerer Zwischenaufenthalt mehr geplant ist.[234] Beim Transport auf dem Seeweg muss der Täter das Auslaufen des Schiffes aus dem letzten geplanten Auslegehafen veranlasst haben.[235] Ein unmittelbares Ansetzen zur unerlaubten Ausfuhr ist nach denselben Kriterien zu beurteilen, liegt also jedenfalls dann vor, wenn sich das mit Kriegswaffen beladene Transportmittel der Landesgrenze nähert.[236] Dagegen stellt das Beladen des Transportmittels selbst dann noch kein unmittelbares Ansetzen dar, wenn in unmittelbarem zeitlichem Abstand der Transport über die Grenze ohne weiteren Zwischenstopp geplant ist.[237]

e) Konkurrenzen. Im Falle der unerlaubten (Beförderung zur) Ausfuhr kann neben § 22a Abs. 1 Nr. 4 auch §§ 17, 18 AWG einschlägig sein, da in diesen Fällen regelmäßig sowohl eine Genehmigung nach § 3 Abs. 3 KrWaffG als auch eine solche nach dem AWG erforderlich ist.[238] Die Verstöße stehen dann in Tateinheit.

5. Unerlaubte Beförderung von Kriegswaffen mit Seeschiffen oder Luftfahrzeugen (Nr. 5).
Strafbar ist hiernach die unerlaubte Beförderung von Kriegswaffen auf deut-

---

[231] In § 27 (Zwischenstaatliche Verträge) findet sich folgende Regelung: „Verpflichtungen der Bundesrepublik auf Grund zwischenstaatlicher Verträge bleiben unberührt. Insoweit gelten die nach Artikel 26 Abs. 2 des Grundgesetzes und die nach diesem Gesetz erforderlichen Genehmigungen als erteilt."
[232] Vgl. hierzu die Erste und Zweite VO über Allgemeine Genehmigungen nach dem KrWaffG, → Vor § 1 Rn. 10 f.
[233] BGH 6.9.1989 – 3 StR 268/89, BGHSt 36, 249 (250) = NJW 1990, 654; 15.5.1990 – 5 StR 152/90, NJW 1990, 2072; OLG Düsseldorf 29.1.1993 – 1 Ws 10/93, NJW 1993, 2253 (2254 f.).
[234] *Beckemper* in *Achenbach/Ransiek/Rönnau* Rn. 45; *Fehn* Kriminalistik 2004, 635 (637); *Steindorf/Heinrich* Rn. 6.
[235] OLG Düsseldorf 29.1.1993 – 1 Ws 10/93, NJW 1993, 2253 (2254); *Pottmeyer* Rn. 130.
[236] *Fehn* Kriminalistik 2004, 635 (637); Hohmann/John/*Pietsch* Teil 5, § 22a Rn. 36.
[237] Hohmann/John/*Pietsch*, Teil 5, § 22a Rn. 36; aM BGH 28.4.1961 – 1 StR 541/64, BGHSt 20, 150 = NJW 1965, 769 (zum AWG); *Fehn* Kriminalistik 2004, 635 (637).
[238] Vgl. hierzu bereits → Vor § 1 Rn. 26.

schen Schiffen oder in deutschen Luftfahrzeugen, selbst wenn das Bundesgebiet nicht betroffen ist.[239] Unerlaubt ist die Beförderung auch hier nur in den Fällen, in denen keine Genehmigung (hier: nach § 4) vorliegt. Die hier in Bezug genommene Vorschrift lautet:

§ 4 Beförderung außerhalb des Bundesgebietes

(1) Wer Kriegswaffen, die außerhalb des Bundesgebietes ein- und ausgeladen und durch das Bundesgebiet nicht durchgeführt werden, mit Seeschiffen, die die Bundesflagge führen, oder mit Luftfahrzeugen, die in die Luftfahrzeugrolle der Bundesrepublik eingetragen sind, befördern will, bedarf der Genehmigung.

(2) Für die Beförderung von Kriegswaffen im Sinne des Absatzes 1 in und nach bestimmten Gebieten kann auch eine Allgemeine Genehmigung erteilt werden.

66 **a) Tatobjekt.** Erfasst sind wiederum sämtliche Kriegswaffen, die in der KWL[240] aufgeführt sind, wobei auch hier zu beachten ist, dass für ABC-Waffen, Antipersonenminen und Streumunition die Sondervorschriften der §§ 16 ff. gelten.

67 **b) Tathandlung.** Der Täter muss die Kriegswaffen **befördern.** Zur Auslegung dieses Merkmals ist auf die Ausführungen im Rahmen des Abs. 1 Nr. 3 zu verweisen.[241] Dabei kommt als Täter regelmäßig der Fahrzeugeigentümer oder Reeder in Betracht, der über das Beförderungsmittel verfügt und über dessen Einsatz für einen bestimmten Transport entscheidet.

68 **c) Räumliche Eingrenzung.** Da die unerlaubte Beförderung von Kriegswaffen in denjenigen Fällen, in denen das Bundesgebiet betroffen ist, nach § 3 genehmigungspflichtig und bereits durch Abs. 1 Nr. 3 und Nr. 4 unter Strafe gestellt ist, beschränkt sich die Strafbarkeit nach der Nr. 5 auf Fälle der Beförderung, die das Bundesgebiet nicht betreffen. Die Kriegswaffen müssen mit **Seeschiffen,** welche die Bundesflagge führen,[242] oder mit **Luftfahrzeugen,** die in die Luftfahrzeugrolle der Bundesrepublik Deutschland eingetragen sind,[243] befördert werden. Diese Einbeziehung folgt daraus, dass diese Schiffe und Flugzeuge grds. deutscher Hoheitsgewalt und daher auch deutscher Strafgewalt (vgl. § 4 StGB) unterliegen.[244] Wesentlich ist, dass die Waffen **außerhalb** des Bundesgebietes ein- und ausgeladen worden sein müssen und – da die gesamte Tat vollständig außerhalb des Bundesgebietes stattfinden muss – zu keiner Zeit durch das Bundesgebiet durchgeführt wurden.[245] Dabei müssen nicht notwendigerweise verschiedene Staaten betroffen sein. Ausreichend ist also, wenn das Einladen, Ausladen und Befördern lediglich in einem Staat stattfindet.[246] Im Umkehrschluss ergibt sich, dass die Beförderung von konventionellen Kriegswaffen außerhalb des Bundesgebietes auf ausländischen Schiffen oder Flugzeugen (oder sonstigen Transportfahrzeugen) nicht genehmigungsbedürftig und daher nach deutschem Strafrecht nicht strafbewehrt ist, selbst wenn sie im Auftrag oder unter Mitwirkung eines Deutschen durchgeführt wird.[247]

69 **d) Mangelnde Genehmigung.** Der Täter muss die Kriegswaffen ohne die nach § 4 Abs. 1 oder Abs. 2 erforderliche Genehmigung befördern. Eine solche Genehmigung ist wiederum in den Ausnahmefällen des § 5 Abs. 1 (Aufsichts- und Beschäftigungsverhältnis)

---

[239] Zur Begründung des Gesetzgebers BT-Drs. III/2433, 3; hierzu auch den Fall „Godewind", analysiert von *Epping* NZWehrr 1993, 103.
[240] Vgl. zum Begriff der Kriegswaffen → Rn. 2 ff.; die KWL ist abgedruckt in der Anlage.
[241] → Rn. 47.
[242] Vgl. hierzu das Gesetz über das Flaggenrecht der Seeschiffe und die Flaggenführung der Binnenschiffe (Flaggenrechtsgesetz) vom 8.2.1951, BGBl. I S. 79 idF vom 26.10.1994, BGBl. I S. 3140 (FNA 9514-1); ausführlich hierzu *Hinze/Runkel* § 4 Rn. 6.
[243] Vgl. hierzu das Luftverkehrsgesetz vom 1.8.1922, RGBl. I S. 681, idF vom 10.5.2007, BGBl. I S. 698 (FNA 96-1); hierzu auch *Hinze/Runkel* § 4 Rn. 7.
[244] *Hinze/Runkel* § 4 Rn. 1.
[245] *Fehn* Kriminalistik 2004, 635 (637); *Hinze/Runkel* § 4 Rn. 1; auch *Pathe/Wagner* in *Bieneck,* § 34 Rn. 17 ff.
[246] *Pottmeyer* § 4 Rn. 11.
[247] Vgl. BT-Drs. III/1589, 16; *Pottmeyer* § 4 Rn. 4; *Steindorf/Heinrich* Rn. 7.

und § 15 (Bundeswehr und andere Organe) entbehrlich.[248] Hinzuweisen ist in diesem Zusammenhang allerdings darauf, dass hier regelmäßig der **Beförderer selbst** einer Genehmigung bedarf, während bei einer innerdeutschen Beförderung oftmals nur der Auftraggeber, in dessen Interesse die Beförderung durchgeführt wird, genehmigungspflichtig ist.[249] Dies folgt daraus, dass bei einer Beförderung die ausschließlich im Ausland stattfindet, sich auch der Auftraggeber regelmäßig im Ausland aufhalten wird und daher keiner Genehmigungspflicht nach deutschem Recht unterworfen werden kann.[250] Als Beförderer ist dabei derjenige anzusehen, der die Beförderung als Unternehmer ausführt.[251] Es muss nicht die deutsche Staatsangehörigkeit besitzen.[252]

e) Subjektive Erfordernisse. Während für die Verwirklichung der übrigen Tatbestände des § 22a mangels besonderer Anordnung ein bedingter Vorsatz ausreichend ist (vgl. § 15 StGB), erfordert Abs. 1 Nr. 5 ein absichtliches oder wissentliches Handeln. Dabei müssen sich die Absicht (als zielgerichtetes **Wollen** der Tat) und die Wissentlichkeit (als **Wissen** im Hinblick auf die Tatbestandsverwirklichung) sowohl auf das **Befördern von Kriegswaffen** als auch auf die **fehlende Genehmigung** beziehen.[253] Grund hierfür ist, dass der Beförderer regelmäßig keine Möglichkeit und keine Handhabe hat, die Ladung zu prüfen und sich daher auf die Angaben in den Frachtpapieren verlassen können muss, selbst wenn er im Einzelfall mit der Möglichkeit rechnet, dass diese unwahr sind und die Ladung tatsächlich Kriegswaffen enthalten könnte.[254] Eben dieses nur **bedingt vorsätzliche Handeln** soll von der Strafbarkeit ausgeschlossen werden.[255] Darüber hinaus sind an die „Wissentlichkeit" keine gesteigerten Anforderungen zu stellen.[256] Eine fahrlässige Tatbegehung ist – vgl. den Wortlaut des Abs. 4 – ausgeschlossen. 70

6. Unerlaubte sonstige Ausübung der tatsächlichen Gewalt über Kriegswaffen nach derivativem Erwerb (Nr. 6 Buchst. a). Strafbar ist hiernach die „sonstige" Ausübung der tatsächlichen Gewalt, sofern für den Erwerb der tatsächlichen Gewalt keine Genehmigung vorlag.[257] Da auch die übrigen Strafvorschriften des § 22a letztlich Formen der Ausübung der tatsächlichen Gewalt betreffen, stellt die Nr. 6 lediglich einen subsidiären Auffangtatbestand („sonstige" Ausübung der tatsächlichen Gewalt) dar.[258] Er greift insbes. dann ein, wenn ein ungenehmigter Erwerbsvorgang (strafbar nach § 22a Abs. 1 Nr. 2) nicht mehr festgestellt bzw. nachgewiesen werden kann oder infolge Verjährung nicht mehr verfolgbar ist.[259] Da nicht der (unerlaubte) Erwerbsakt zum Gegenstand des strafrechtlichen Vorwurfs gemacht wurde, handelt es sich bei der unerlaubten Ausübung der tatsächlichen Gewalt um ein Dauerdelikt.[260] 71

---

[248] Hierzu → Rn. 22 f.
[249] Hinze/Runkel § 4 Rn. 3.
[250] Hierzu BT-Drs. III/1589, 16.
[251] Vgl. im Einzelnen BT-Drs. III/1589, 16, insbes. zu der Frage, wer bei der Vercharterung von Schiffen und Flugzeugen als Beförderer anzusehen ist; hierzu auch Hinze/Runkel § 4 Rn. 3.
[252] Hinze/Runkel § 4 Rn. 4.
[253] Pottmeyer Rn. 74; Steindorf/Heinrich Rn. 7.
[254] Vgl. hierzu BT-Drs. III/1589, 24.
[255] Vgl. weiter zur Begründung des Gesetzgebers BT-Drs. 7/550, 362.
[256] So auch Beckemper in Achenbach/Ransiek/Rönnau, Rn. 48; Pottmeyer Rn. 74; Steindorf/Heinrich Rn. 7.
[257] Vgl. aus der Rspr. BGH 25.8.1986 – 3 StR 183/86, BGHR KrWaffG § 16 Konkurrenzen 1 = NStE Nr. 1 zu § 52 WaffG; BGH 12.9.1997 – 3 StR 467/96, NStZ-RR 1997, 283 (hierzu Achenbach NStZ 1998, 560 [562]); BGH 8.6.2004 – 4 StR 150/04, NStZ-RR 2004, 294; BayObLG 2.4.1990 – RReg 4 St 54/90, VRS 79 (1990), 149 (150) = MDR 1990, 745 = BayVBl. 1990, 729 = NZV 1990, 364; 25.9.2000 – 4 St RR 108/2000, OLGSt KrWaffG § 22a Nr. 1 = BayObLGSt 2000, 129.
[258] Vgl. Beckemper in Achenbach/Ransiek/Rönnau, Rn. 49; Fehn Kriminalistik 2004, 635 (637); Hohmann/John/Pietsch Teil 5, § 22a Rn. 8; Pottmeyer Rn. 29; Schünemann in Krekeler/Tiedemann/Ulsenheimer/Weinmann, Anm. III 3d; Steindorf/Heinrich Rn. 8; ferner BGH 6.11.1991 – 3 StR 370/91, BGHR KrWaffG § 16 Konkurrenzen 2; BayObLG 2.4.1990 – RReg 4 St 54/90, VRS 79 (1990), 149 (150).
[259] Zu den Motiven des Gesetzgebers, der durch die Schaffung des § 22a Abs. 1 Nr. 6 Strafbarkeitslücken schließen wollte vgl. BT-Drs. 8/1614, 13 f.; ferner Beckemper in Achenbach/Ransiek/Rönnau, Rn. 49; Hohmann/John/Pietsch, Teil 5, § 22a Rn. 9; Pottmeyer Rn. 27; Schulz NJW 1978, 1510; Steindorf/Heinrich Rn. 8.
[260] Beckemper in Achenbach/Ransiek/Rönnau Rn. 49; Fehn Kriminalistik 2004, 635 (637); Hohmann/John/Pietsch Teil 5, § 22a Rn. 8; Pottmeyer Rn. 28.

72 **a) Tatobjekt.** Erfasst sind wiederum sämtliche Kriegswaffen, die in der KWL[261] aufgeführt sind, wobei auch hier zu beachten ist, dass für ABC-Waffen und Antipersonenminen die Sondervorschriften der §§ 16 ff. gelten.

73 **b) Tathandlung.** Der Täter muss die **tatsächliche Gewalt** über eine Kriegswaffe ausüben. Der Begriff entspricht demjenigen des allgemeinen Waffenrechts[262] und ist im Wesentlichen gleichbedeutend mit den Begriffen des unmittelbaren Besitzes und des Gewahrsams.[263] Insbes. ist zu beachten, dass keine alleinige Ausübung der tatsächlichen Gewalt erforderlich ist.[264] Allerdings ist eine Mittäterschaft nur dann möglich, wenn jeder Beteiligte eine ausreichende Zugriffsmöglichkeit auf die Waffe besitzt, was zB dann der Fall sein kann, wenn mehrere Personen in einem PKW eine Handgranate transportieren.[265] Die tatsächliche Gewalt übt auch derjenige aus, der Kriegswaffen in einem Erddepot lagert, zu dem er selbst unmittelbaren Zugang besitzt.[266]

74 **c) Mangelnde Genehmigung.** Der Täter muss die tatsächliche Gewalt über die Kriegswaffen ausüben, ohne dass der Erwerb der tatsächlichen Gewalt auf einer Genehmigung nach dem KrWaffG beruht. Die Strafvorschrift stellt also nicht auf eine fehlende Genehmigung „zur Ausübung der tatsächlichen Gewalt" ab, da das KrWaffG – im Gegensatz zum allgemeinen Waffenrecht – eine solche Genehmigung nicht kennt (das KrWaffG sieht lediglich eine Genehmigung der Herstellung, des Erwerbs oder der Beförderung etc vor).[267] Da Abs. 1 Nr. 6 Buchst. a aber voraussetzt, dass zum Zeitpunkt des Erwerbs keine Genehmigung vorlag, muss es sich insoweit um einen **derivativen Erwerb** handeln. Im Falle des **originären Erwerbs** (Erwerb von Todes wegen, Fund, Herstellung etc), welcher nach § 2 Abs. 2 nicht genehmigungspflichtig ist, ist dagegen § 22a Abs. 1 Nr. 6 Buchst. b anwendbar.[268] Keine Genehmigung zum Erwerb liegt beispielsweise auch dann vor, wenn eine solche Genehmigung zum damaligen Zeitpunkt noch gar nicht erteilt werden konnte, weil der Gegenstand noch gar nicht in der KWL aufgenommen war.[269] Anders ist jedoch zu entscheiden, wenn eine Genehmigung zum Erwerb auf Grund der Ausnahmevorschriften der § 5 (Aufsichts- und Beschäftigungsverhältnis, Beförderer etc) und § 15 (Bundeswehr und andere Organe) zum damaligen Zeitpunkt entbehrlich war.[270]

75 **7. Unerlaubte sonstige Ausübung der tatsächlichen Gewalt über Kriegswaffen ohne Erstattung der notwendigen Anzeige nach originärem Erwerb (Nr. 6 Buchst. b).** Während Abs. 1 Nr. 6 Buchst. a die Ausübung der tatsächlichen Gewalt über eine Kriegswaffe betrifft, bei der der Täter zum Erwerb einer Genehmigung bedurft hätte, eine solche aber nicht vorliegt, erfasst Nr. 6 Buchst. b diejenigen Fälle, in denen der Täter zum Erwerb der Waffe zwar keiner Genehmigung bedurfte, ihn aber jedenfalls eine **Anzeigepflicht** nach **§ 12 Abs. 6 Nr. 1** oder **§ 26a** traf und er diese Anzeige unterlassen hat.[271]

---

[261] Vgl. zum Begriff der Kriegswaffen → Rn. 2 ff.; die KWL ist abgedruckt in der Anlage.
[262] Hierzu → WaffG § 1 Rn. 152 ff.
[263] Anders allerdings *Fehn/Fehn* in *Achenbach/Ransiek*, 2. Aufl., Rn. 64 (zweifelnd auch *Pathe/Wagner* in *Bieneck*, § 44 Rn. 15), die auch den mittelbaren Besitzer hier als erfasst ansehen.
[264] *Hohmann/John/Pietsch* Teil 5 § 22a Rn. 10; *Pathe/Wagner* in *Bieneck*, § 44 Rn. 15.
[265] BGH 12.2.1997 – 3 StR 467/96, NStZ-RR 1997, 283.
[266] BGH 25.8.1986 – 3 StR 183/86, BGHR KrWaffG § 16 Konkurrenzen 1.
[267] Vgl. hierzu BayObLG 2.4.1990 – RReg 4 St 54/90, VRS 79 (1990), 149 (150); ferner *Fehn/Fehn* in *Achenbach/Ransiek*, 2. Aufl., Rn. 63; *Hohmann/John/Pietsch* Teil 5, § 22a Rn. 9; *Steindorf/Heinrich* Rn. 8.
[268] Vgl. *Beckemper* in *Achenbach/Ransiek/Rönnau*, Rn. 49; *Pottmeyer* Rn. 35; *Steindorf/Heinrich* Rn. 6; kritisch zu einer Bestrafung in diesen Fällen *Otto* ZStW 105 (1993), 565 (569); hierzu noch → Rn. 75 ff.
[269] Zu diesem Problemkreis *Pottmeyer* Rn. 57 ff., der bei den nachträglich in die KWL aufgenommenen Gegenständen danach differenziert, ob dieser zuvor derivativ erworben (dann greift die Strafnorm ein) oder originär hergestellt wurde (dann liege ein strafloses Verhalten vor).
[270] *Hohmann/John/Pietsch* Teil 5, § 22a Rn. 10; *Pottmeyer* Rn. 36 ff.; vgl. zu den Ausnahmevorschriften → Rn. 22 f.
[271] Vgl. hierzu BT-Drs. 8/1614, 17; aus der Rspr. BGH 6.11.1991 – 3 StR 370/91, BGHR KrWaffG § 16 Konkurrenzen 2; 24.1.2006 – 1 StR 357/05, BGHSt 50, 347 = NJW 2006, 1297; OLG Karlsruhe 5.12.1991 – 1 Ss 49/41, NJW 1992, 1057 = NStZ 1992, 242 mAnm *Holthausen* NStZ 1992, 243; hierzu auch *Achenbach* NStZ 1993, 477 (481); OLG Schleswig 15.11.1982 – 1 Ss 482/82, NStZ 1983, 271.

Insoweit werden also Fälle des sogenannten **originären Erwerbs** erfasst. Die hier in Bezug genommenen Vorschriften lauten:

§ 12 Abs. 6 Pflichten im Verkehr mit Kriegswaffen
(6) ¹Wer
1. als Erwerber von Todes wegen, Finder oder in ähnlicher Weise die tatsächliche Gewalt über Kriegswaffen erlangt,
2. als Insolvenzverwalter, Zwangsverwalter oder in ähnlicher Weise die tatsächliche Gewalt über Kriegswaffen erlangt,
3. die tatsächliche Gewalt über Kriegswaffen verliert,
4. Kenntnis vom Verbleib einer Kriegswaffe erlangt, über die niemand die tatsächliche Gewalt ausübt,

hat dies der zuständigen Überwachungsbehörde oder einer für die Aufrechterhaltung der öffentlichen Sicherheit zuständigen Behörde oder Dienststelle unverzüglich anzuzeigen. ²Im Falle der Nummer 1 hat der Erwerber der tatsächlichen Gewalt über die Kriegswaffen innerhalb einer von der Überwachungsbehörde zu bestimmenden Frist die Kriegswaffen unbrauchbar zu machen oder einem zu ihrem Erwerb Berechtigten zu überlassen und dies der Überwachungsbehörde nachzuweisen. ³Die Überwachungsbehörde kann auf Antrag Ausnahmen von Satz 2 zulassen, wenn ein öffentliches Interesse besteht. ⁴Die Ausnahmen können befristet und mit Bedingungen und Auflagen verbunden werden. ⁵Nachträgliche Befristungen und Auflagen sind jederzeit zulässig.

§ 26a Anzeige der Ausübung der tatsächlichen Gewalt
¹Wer am Tage des Wirksamwerdens des Beitritts in dem in Artikel 3 des Einigungsvertrages[272] genannten Gebiet die tatsächliche Gewalt über Kriegswaffen ausübt, die er zuvor erlangt hat, hat dies dem Bundesamt für Wirtschaft und Ausfuhrkontrolle (BAFA) unter Angabe von Waffenart, Stückzahl, Waffennummer oder sonstiger Kennzeichnung binnen zwei Monaten nach dem Wirksamwerden des Beitritts anzuzeigen,[273] sofern er nicht von dem Genehmigungserfordernis für den Erwerb der tatsächlichen Gewalt freigestellt oder nach § 26b[274] angewiesen ist. ²Nach Ablauf dieser Frist darf die tatsächliche Gewalt über anmeldepflichtige, jedoch nicht angemeldete Kriegswaffen nicht mehr ausgeübt werden.

a) Tatobjekt. Erfasst sind wiederum sämtliche Kriegswaffen, die in der KWL[275] aufgeführt sind, wobei auch hier zu beachten ist, dass für ABC-Waffen, Antipersonenminen und Streumunition die Sondervorschriften der §§ 16ff. gelten.

b) Tathandlung. Der Täter muss die **tatsächliche Gewalt** über eine Kriegswaffe ausüben. Der Begriff entspricht demjenigen des allgemeinen Waffenrechts.[276]

c) Mangelnde Genehmigungspflicht. Erfasst werden von dieser Auffangvorschrift nur Kriegswaffen, bei denen der Handelnde hinsichtlich des Erwerbs der tatsächlichen Gewalt **keiner Genehmigung** bedurfte (dh insbes. die in § 12 Abs. 6 Nr. 1 genannten Personen). Denn in denjenigen Fällen, in denen der Erwerb der tatsächlichen Gewalt genehmigungspflichtig war, greifen andere Strafvorschriften, insbes. der Auffangtatbestand des § 22a Abs. 1 Nr. 6 Buchst. a ein.

d) Unterlassen der erforderlichen Anzeige. War der Erwerb der tatsächlichen Gewalt über eine Kriegswaffe ausnahmsweise ohne Genehmigung möglich, so trifft den Erwerber aber in den Fällen des § 12 Abs. 6 und des § 26a regelmäßig eine Anzeigepflicht. Eine Straftat nach § 22a Abs. 1 Nr. 6 Buchst. b begeht nun allerdings nur derjenige, der seiner Anzeigepflicht nach § 12 Abs. 6 **Nr. 1** oder § 26a nicht nachkommt. Ausdrücklich nicht erfasst sind zB diejenigen, die als Insolvenzverwalter, Zwangsverwalter oder auf ähnliche Weise die tatsächliche Gewalt über eine Kriegswaffe erlangen. Zwar sind diese nach § 12 Abs. 6 Nr. 2 ebenfalls anzeigepflichtig, § 22a Abs. 1 Nr. 6 Buchst. b erwähnt diese Anzeigepflicht jedoch nicht. Ein Verstoß hiergegen stellt lediglich eine Ordnungswidrigkeit nach

---
[272] Vgl. BGBl. 1990 II S. 889 (890).
[273] Der Einigungsvertrag trat am 3.10.1990 in Kraft. Die Frist endete somit mit dem Ablauf des 3.12.1990.
[274] § 26b betrifft Übergangsregelungen für das Gebiet der ehemaligen DDR. Von einem Abdruck wurde abgesehen.
[275] Vgl. zum Begriff der Kriegswaffen → Rn. 2ff.; die KWL ist abgedruckt in der Anlage.
[276] Hierzu → WaffG § 1 Rn. 152ff.

§ 22b Abs. 1 Nr. 3 dar.[277] Eine Strafbarkeit liegt dabei nicht nur dann vor, wenn der Anzeigepflichtige die Anzeige vollständig unterlassen hat, sondern auch dann, wenn er sie verspätet (vgl. § 12 Abs. 6: „unverzüglich") vornimmt.[278]

80 Anzeigepflichtig nach **§ 12 Abs. 6 Nr. 1** ist insbes. der Erwerber von Todes wegen (dh der Erbe, nicht aber der Vermächtnisnehmer, da dieser derivativ vom Erben erwirbt)[279] sowie der Finder. Ferner ist derjenige anzeigepflichtig, der die Waffe „in ähnlicher Weise" erwirbt, worunter weitere Fälle des **originären** Erwerbs zu fassen sind. Hierunter fällt insbes. derjenige, der die Sache **originär** durch (ungenehmigte) Herstellung oder deliktisch durch Diebstahl oder Unterschlagung erlangt.[280]

81 Nach § 26a ist derjenige anzeigepflichtig, der zum Zeitpunkt des Beitritts im Gebiet der ehemaligen DDR die tatsächliche Gewalt über eine Kriegswaffe ausübte, wobei gleichgültig ist, auf welchem Wege er diese Waffe erlangt hat. Von der Anzeigepflicht **ausgenommen** sind allerdings diejenigen, die nach § 15 keine Genehmigung für den Erwerb von Kriegswaffen benötigen. Über § 27 sind ferner diejenigen von einer Anzeigepflicht freigestellt, die als Mitglieder der Streitkräfte des Warschauer Paktes zum Zeitpunkt des Beitritts (noch) auf dem Gebiet der ehemaligen DDR stationiert waren.

82 **8. Unerlaubte Vermittlung, unerlaubter Nachweis oder unerlaubter Abschluss eines Vertrages über den Erwerb oder das Überlassen von Kriegswaffen (Nr. 7).** Strafbar ist hiernach die Vermittlung, der Nachweis über eine Gelegenheit des Abschlusses oder der Abschluss selbst von sogenannten Auslandskriegswaffengeschäften, die nach § 4a ebenfalls der Genehmigung bedürfen,[281] sofern der Beteiligte vom Gebiet der Bundesrepublik aus handelt.[282] Im Gegensatz zu Inlandsverträgen, bei denen es ausreicht, die Genehmigungspflicht und die entsprechende Strafbarkeit ausschließlich an den Wechsel der tatsächlichen Gewalt und die hierzu erforderliche Beförderung, nicht aber an den Vertragsschluss

---

[277] Hierzu → § 22b Rn. 15 f.
[278] *Beckemper* in *Achenbach/Ransiek/Rönnau* Rn. 51; *Fehn* Kriminalistik 2004, 635 (637); Hohmann/John/Pietsch Teil 5, § 22a Rn. 12; *Pottmeyer* Rn. 44.
[279] Vgl. hierzu *Pottmeyer* § 12 Rn. 73.
[280] Hohmann/John/Pietsch, Teil 5, § 12 Rn. 8; *Pottmeyer* § 12 Rn. 75 ff.
[281] Vgl. zur gesetzgeberischen Motivation dieser im Jahre 1978 eingefügten Vorschrift BT-Drs. 8/1614, 16.
[282] Aus der Rspr. BGH 7.2.1979 – 2 StR 523/78, BGHSt 28, 294 = NJW 1979, 2113 = MDR 1979, 513 mAnm *Willms* LM Nr. 1 KrWaffG; 2.7.1981 – 1 StR 195/81, NStZ 1983, 172 = MDR 1981, 950 mAnm *Holthausen* NStZ 1983, 172 und *Nadler* NStZ 1983, 510; BGH 19.2.1985 – 5 StR 780 und 796/84, NStZ 1985, 367 = NJW 1985, 2096 Ls. = ZfZ 1989, 345 = NStE Nr. 1 zu § 33 AWG aF; 14.4.1987 – 1 StR 75/87, NStE Nr. 2 zu § 16 KriegswaffKG = BGHR KrWaffG § 16 Abs. 1 Nr. 7 Nachweis 1; 12.2.1988 – 3 StR 573/87, NStE Nr. 5 zu § 16 KriegswaffKG = BGHR KrWaffG § 16 Abs. 1 Nr. 7 Vertragsabschluss 1; 9.6.1988 – 1 StR 225/88, NJW 1988, 3109 = NStZ 1988, 507 = wistra 1988, 357 = MDR 1988, 792 = NStE Nr. 4 zu § 16 KriegswaffKG = BGHR KrWaffG § 16 Abs. 1 Nr. 7 Versuch 1 (hierzu *Achenbach* NStZ 1989, 497 [504]); 23.9.1988 – 2 StR 460/88, NJW 1989, 2139 = MDR 1989, 81 = wistra 1989, 17 = BGHR KrWaffG § 16 Abs. 1 Nr. 7 Vermitteln 1; 17.2.1989 – 3 StR 468/88, BGHR KrWaffG § 16 Abs. 1 Nr. 7 Versuch 2; 19.1.1990 – 2 StR 625/89, wistra 1990, 196 (hierzu *Achenbach* NStZ 1991, 409 [415]); 27.6.1993 – 1 StR 339/93, NStZ 1994, 135 = NJW 1994, 62 Ls. = wistra 1993, 343 = BGHR KrWaffG § 22a Abs. 1 Vertragsschluss 1 (hierzu *Achenbach* NStZ 1994, 421 [423]); 19.8.1993 – 1 StR 411/93, NStZ 1994, 92 = StV 1994, 21 = BGHR KrWaffG § 22a Abs. 1 Vermitteln 1 = BGHR KrWaffG § 53 Abs. 1 Nr. 1b Vermitteln 1; 21.2.1996 – 3 StR 374/95, BeckRS 1996, 02344; 13.11.2008 – 3 StR 403/08, NStZ 2009, 497; BayObLG 31.1.1989 – RReg 4 St 244/88, NJW 1991, 855 = NStZ 1990, 85 = NStE Nr. 6 zu § 16 KriegswaffKG; OLG Düsseldorf 29.1.1993 – 1 Ws 10/93, NJW 1993, 2253 = wistra 1993, 195 = StV 1993, 478 = NStE Nr. 1 zu § 4a KriegswaffKG = OLGSt § 4a KrWaffG Nr. 2 (hierzu *Achenbach* NStZ 1994, 421 [423]); 25.10.2006 – III 1 Ws 391/06, NStZ 2007, 647 = wistra 2007, 192; OLG Frankfurt a. M. 24.6.1988 – 2 Ausl I 23–25/98, AW-Prax 1999, 222; OLG Köln 8.7.1983 – 2 Ws 378/83, OLGSt § 4a KrWaffG Nr. 1 = JMBlNW 1984, 34; OLG Stuttgart 31.10.1991 – 3 Ws 274/91, wistra 1992, 75 = ZfZ 1992, 151 mAnm *Ricke* ZfZ 1992, 152 (hierzu *Achenbach* NStZ 1993, 477 [480]); LG Mannheim 19.9.2003 – 22 KLs 626 Js 7671/02, ZfZ 2004, 99; AG Bergisch Gladbach 27.1.1981 – E 43 – Ls 121 Js 215/80 – E 124/80, NStZ 1982, 515 m. abl. Anm. *Holthausen;* zu diesen Urteilen ferner *Lohberger* NStZ 1990, 61; *Weber* NJW 1979, 1282; ferner BVerwG 7.12.1995 – 2 WD 20/95, BVerwGE 103, 283 = NVwZ 1997, 184; vgl. schließlich auch den Gesetzentwurf des Bundesrates vom 13.5.1998, BT-Drs. 13/10714, welcher eine Erweiterung des § 4a vorsieht.

II. Kriegswaffenkontrollgesetz   83   § 22a KrWaffG

anzuknüpfen, war eine solche Regelung bei Auslandsgeschäften notwendig, da die Übertragungs- und Beförderungsakte hier keiner Genehmigungspflicht nach deutschem Recht unterstellt werden konnten.[283] Der Gesetzgeber wollte durch die Aufnahme dieser Vorschriften verhindern, dass sich die Bundesrepublik zu einem Drehpunkt des internationalen Waffenhandels entwickelt.[284] Eine ausschließlich **im Ausland** vorgenommene Vermittlung von Verträgen, die die Bundesrepublik nicht berühren, bedarf hingegen keiner Genehmigung und ist daher nach deutschem Recht straffrei.[285] Dies folgt aus der Entscheidung des Gesetzgebers für das Territorialitätsprinzip in §§ 3 ff. StGB, welches nur in den gesetzlich angeordneten Fällen auf Verhaltensweisen mit Auslandsbezug ausgedehnt werden kann. Eine solche Erweiterung im Hinblick auf das passive Personalitätsprinzip enthält § 21 für die dort genannten Tatbestände. § 22a ist hierin nicht aufgeführt. Dennoch war die Vorschrift, was ihre Verfassungsmäßigkeit angeht, umstritten, das BVerfG hat sich jedoch als mit dem Grundgesetz vereinbar angesehen.[286] Die hier in Bezug genommene Vorschrift lautet:

§ 4a Auslandsgeschäfte

(1) Wer einen Vertrag über den Erwerb oder das Überlassen von Kriegswaffen, die sich außerhalb des Bundesgebietes befinden, vermitteln oder die Gelegenheit zum Abschluß eines solchen Vertrags nachweisen will, bedarf der Genehmigung.

(2) Einer Genehmigung bedarf auch, wer einen Vertrag über das Überlassen von Kriegswaffen, die sich außerhalb des Bundesgebietes befinden, abschließen will.

(3) Die Absätze 1 und 2 sind nicht anzuwenden, wenn die Kriegswaffen in Ausführung des Vertrags in das Bundesgebiet eingeführt oder durchgeführt werden sollen.

(4) Für Vermittlungs- und Überlassungsgeschäfte im Sinne der Absätze 1 und 2 von Unternehmen, die selbst Kriegswaffen innerhalb der Europäischen Union herstellen, kann eine Allgemeine Genehmigung erteilt werden.

a) Tatobjekt. Erfasst sind auch hier sämtliche Kriegswaffen, die in der KWL[287] aufgeführt sind.[288] Wiederum ist zu beachten, dass für ABC-Waffen, Antipersonenminen und Streumunition die Sondervorschriften der §§ 16 ff. gelten. Einschränkend ist hier jedoch zu berücksichtigen, dass nur Kriegswaffen betroffen sind, die sich **im Ausland** befinden. Befinden sich die Waffen im Inland oder sollen sie ins Inland verbracht werden, so scheidet Abs. 1 Nr. 7 aus (vgl. ausdrücklich § 4a Abs. 3),[289] da hier bereits das Genehmigungserfordernis   83

---

[283] Vgl. hierzu näher BT-Drs. 8/1614, 16; Hinze/*Runkel* § 4a Rn. 2; ferner BGH 18.10.1995 – 3 StR 419/95, NJW 1996, 735.

[284] BT-Drs. 8/1614, 14, 16; auch BGH 2.7.1981 – 1 StR 195/81, NStZ 1983, 172; OLG Düsseldorf 29.1.1993 – 1 Ws 10/93, NJW 1993, 2253 (2254); Hinze/*Runkel* § 4a Rn. 1; *Holthausen* NStZ 1982, 515 (516); *Pathe/Wagner* in *Bieneck*, § 44 Rn. 34.

[285] OLG Stuttgart 31.10.1991 – 3 Ws 274/91, wistra 1992, 75 (76); AG Bergisch Gladbach 27.1.1981 – E 43 – Ls 121 Js 215/80 – E 124/80, NStZ 1982, 515; *Beckemper* in *Achenbach/Ransiek/Rönnau*, Rn. 52; Erbs/Kohlhaas/*Lampe*, K 189, § 4a; *Fehn* Kriminalistik 2004, 635 (638); *Harder* in *Wabnitz/Janovsky* 23. Kap. Rn. 63; Hinze/*Runkel* § 4a Rn. 2; Hohmann/John/*Pietsch* Teil 5, § 4a Rn. 12; *Lohberger* NStZ 1990, 61 (65); *Pottmeyer* § 4a Rn. 62 f.; Steindorf/*Heinrich* § 4a Rn. 1; § 22a Rn. 9; *Weber* NJW 1979, 1282 (1282 f.); aM *Holthausen* NStZ 1982, 515 (516) zumindest hinsichtlich des § 4a Abs. 2 (Abschluss von Verträgen), da hier die Rechtswirkung der abgeschlossenen Verträge im Bundesgebiet einträten, wenn der deutsche Staatsangehörige seinen Wohnsitz im Bundesgebiet habe; ähnlich *Remien* RabelsZ 54 (1990), 431 (449 Fn. 82); auch *ders.* RabelsZ 57 (1993), 389 (390); sympathisierend wohl auch *Pathe/Wagner* in *Bieneck*, § 44 Rn. 35; kritisch im Hinblick auf die sich hieraus ergebende Strafbarkeitslücke *Achenbach* NStZ 1993, 477 (481); Hohmann/John/*Pietsch* Teil 5, § 4a Rn. 23 aE; *Ricke* ZfZ 1992, 152.

[286] BVerfG 12.2.1979 – 1 BvR 840/78 (nicht veröffentlicht); BGH 2.7.1981 – 1 StR 195/81, NStZ 1983, 172, hierzu auch Erbs/Kohlhaas/*Lampe*, K 189, § 22a Rn. 12; Hohmann/John/*Pietsch* Teil 5, § 4a Rn. 5; *Pathe/Wagner* in *Bieneck*, § 44 Rn. 34; *Pottmeyer* § 4a Rn. 6 ff.; kritisch *Nadler* NStZ 1983, 150.

[287] Vgl. zum Begriff der Kriegswaffen → Rn. 2 ff.; die KWL ist abgedruckt in der Anlage.

[288] Zum Spezialproblem des (versuchten) Vermittelns eines Vertrages über Kriegswaffen, wenn unklar ist, ob die entsprechende Kriegswaffe vor der Lieferung demilitarisiert werden soll, BGH 13.11.2008 – 3 StR 403/08, NStZ 2009, 497.

[289] BT-Drs. 8/1614, 16; BGH 2.7.1981 – 1 StR 195/81, NStZ 1983, 172; *Lohberger* NStZ 1990, 61 (64); *Schulz* NJW 1978, 1510 (1510 f.); *Weber* NJW 1979, 1282; vgl. in Bezug auf die beabsichtigte Einfuhr BGH 19.8.1993 – 1 StR 411/93, NStZ 1994, 92; OLG Düsseldorf 29.1.1993 – 1 Ws 10/93, NJW 1993, 2253 (2254); hierzu auch *Achenbach* NStZ 1994, 421 (423).

für den Erwerb der tatsächlichen Gewalt (§ 2 Abs. 2; Sanktion: § 22a Abs. 1 Nr. 2)[290] bzw. die Einfuhr oder Durchfuhr (§ 3 Abs. 3; Sanktion: § 22a Abs. 1 Nr. 4)[291] bzw. die Strafvorschrift über die unerlaubte Ausübung der tatsächlichen Gewalt, § 22a Abs. 1 Nr. 6 Buchst. a eingreift.[292]

84 **b) Tathandlung.** Abs. 1 Nr. 7 enthält mehrere Tathandlungen, die auf den Abschluss von Verträgen über den **Erwerb**[293] oder das **Überlassen**[294] von Kriegswaffen gerichtet sein müssen. Der Begriff des Überlassens erfasst dabei nicht nur die Veräußerung, sondern auch andere Übertragungsakte, die – unabhängig von der rechtlichen Einkleidung – darauf gerichtet sind, einem anderen die tatsächliche Verfügungsgewalt über Kriegswaffen zu verschaffen.[295] Ein gewerbsmäßiges Handeln ist dabei nicht erforderlich.[296] Bereits hingewiesen wurde darauf, dass die Tathandlung in der Bundesrepublik stattfinden muss. Handelt der Täter ausschließlich im Ausland, ist sein Verhalten nach deutschem Recht straflos.[297]

85 **aa) Vermitteln eines Vertrages (genehmigungspflichtig nach § 4a Abs. 1 Alt. 1).** Der Täter muss – vom Bundesgebiet aus – Verträge über den Erwerb oder das Überlassen von Kriegswaffen vermitteln, die sich im Ausland befinden. Unter der Vermittlung versteht man dabei ein Verhalten, das auf den Abschluss eines Vertrages gerichtet ist.[298] Dies setzt ein Verhandeln mit beiden Parteien voraus,[299] wobei der Vermittler auf deren Geschäftswillen einwirken und die Abschlussbereitschaft fördern muss.[300] Ferner müssen die Tätigkeiten gerade auf den **Abschluss** eines Vertrages abzielen, wer lediglich zur Abwicklung eines bereits geschlossenen Vertrages eingeschaltet wird – etwa indem er nach Vertragsabschluss die für die Lieferung der Kriegswaffen erforderlichen „end-user" Zertifikate beschafft – handelt daher nicht tatbestandsmäßig. Auch eine Beteiligung ist in diesem Fall weder in Form der sukzessiven Mittäterschaft noch der sukzessiven Beihilfe möglich.[301] Dagegen wurde eingewandt, dass das Gesetz das Vermitteln des Erwerbs ausdrücklich neben dem Vermitteln des Überlassens nennt, hierin also zwei getrennte Sachverhalte zu erblicken sind.[302] Insoweit sei also auch dann, wenn der Vertrag über den Erwerb bereits vermittelt wurde, immer noch ein Vermitteln der Überlassung möglich.[303] Dem ist indes zu widersprechen: Durch die unterschiedlichen Varianten wollte der Gesetzgeber lediglich klar stellen, dass der Vermittler sowohl im Auftrag des Erwerbers als auch des Überlassenden tätig werden kann.[304]

---

[290] Hierzu → Rn. 39 ff.
[291] Hierzu → Rn. 50 ff.
[292] → Rn. 71 ff.; zu einem Fall des „Vermittelns" von Kriegswaffen, die sich im Inland befinden, BGH 7.2.1979 – 2 StR 523/78, BGHSt 28, 294 = NJW 1979, 2113.
[293] Vgl. zum Begriff des „Erwerbs" von (Kriegs-)Waffen → Rn. 41 und → WaffG § 1 Rn. 168 ff.
[294] Vgl. zum Begriff des „Überlassen" von (Kriegs-)Waffen → Rn. 42 und → WaffG § 1 Rn. 174 ff.
[295] BT-Drs. 8/1614, 16; *Schulz* NJW 1978, 1510 (1511); kritisch zu dieser Differenzierung *Hinze* 39. EL 4/1998, § 4a Anm. 1.
[296] BT-Drs. 8/1614, 16; *Harder* in *Wabnitz/Janovsky*, 23. Kap. Rn. 63; *Hinze/Runkel* § 4a Rn. 7.
[297] → Rn. 82.
[298] BGH 2.7.1981 – 1 StR 195/81, NStZ 1983, 172; BayObLG 31.1.1989 – RReg 4 St 244/88, NJW 1991, 855; OLG Stuttgart 31.10.1991 – 3 Ws 274/91, wistra 1992, 75; *Hinze/Runkel* § 4a Rn. 6; *Holthausen* NStZ 1983, 172 (173); *Pottmeyer* § 4a Rn. 23.
[299] BGH 17.2.1989 – 3 StR 468/88, BGHR KrWaffG § 16 Abs. 1 Nr. 7 Versuch 2; *Beckemper* in *Achenbach/Ransiek/Rönnau*, Rn. 53; *Hinze/Runkel* § 4a Rn. 6; vgl. ausführlich hierzu *Pottmeyer* § 4a Rn. 23; zum Begriff des Vermittelns ferner → WaffG § 1 Rn. 201 ff.
[300] BGH 2.7.1981 – 1 StR 195/81, NStZ 1983, 172; *Beckemper* in *Achenbach/Ransiek/Rönnau*, Rn. 53; *Hinze/Runkel* § 4a Rn. 6; *Hohmann/John/Pietsch*, Teil 5, § 4a Rn. 8; *Pathe/Wagner* in *Bieneck*, § 44 Rn. 37.
[301] Vgl. OLG Stuttgart 31.10.1991 – 3 Ws 274/91, wistra 1992, 75; *Beckemper* in *Achenbach/Ransiek/Rönnau*, Rn. 53; *Hinze/Runkel* § 4a Rn. 6; *Lohberger* NStZ 1990, 61 (63); *Pathe/Wagner* in *Bieneck*, § 44 Rn. 39; aM *Hohmann/John/Pietsch* Teil 5, § 4a Rn. 8.
[302] So ausdrücklich *Hohmann/John/Pietsch* Teil 5, § 4a Rn. 8 gegen eine frühere, von *Hinze* 39. EL 4/1998, § 4a Anm. 1 geäußerte Ansicht, der gesetzliche Wortlaut sei insoweit missverständlich ist, als es kaum einmal um das Vermitteln lediglich des Erwerbs „oder" des Überlassens gehe, sondern beides regelmäßig zusammenfallen würde; vgl. aber auch *Pathe/Wagner* in *Bieneck*, § 44 Rn. 37, nach denen der Erwerb immer die notwendige Entsprechung des Überlassens darstellt und umgekehrt.
[303] *Hohmann/John/Pietsch* Teil 5, § 4a Rn. 8.
[304] So auch *Pathe/Wagner* in *Bieneck*, § 44 Rn. 37.

Das Delikt ist erst dann **vollendet** (und gleichzeitig beendet),[305] wenn es tatsächlich zum **Vertragsabschluss** gekommen ist, selbst wenn der Vertrag nach § 134 BGB nichtig sein sollte.[306] Dies ergibt sich aus dem Wortlaut des § 22a Abs. 1 Nr. 7, der nicht lediglich eine bloß vermittelnde Tätigkeit oder den „Verstoß gegen die Genehmigungsvorschrift des § 4a", sondern die Vermittlung eines bestimmten Vertrages fordert.[307] Bis zum Zeitpunkt des Vertragsabschlusses liegt lediglich ein **Versuch** vor. Insoweit wird deutlich, dass die Frage, welches Verhalten (bereits) eine Genehmigungspflicht nach § 4a auslöst und welches Verhalten nach § 22a Abs. 1 Nr. 7 strafrechtliche Sanktionen auszulösen vermag, unterschiedlich zu beurteilen ist.[308] Denn nach § 4a Abs. 1 benötigt der Vermittler bereits dann eine Genehmigung, wenn er einen Vertrag vermitteln **will** (Gleiches gilt für § 4a Abs. 2), dh er muss die Genehmigung einholen, bevor er überhaupt tätig werden darf, also zB Vertragsverhandlungen aufnimmt.[309] Eine vollendete Strafbarkeit liegt dagegen erst mit dem tatsächlichen Vertragsabschluss vor.

Abzugrenzen ist der Versuchsbeginn vom bloßen Vorbereitungsstadium.[310] Die Abgrenzung richtet sich nach den allgemeinen Grundsätzen des § 22 StGB.[311] Danach ist entscheidend, ob der Täter nach seiner Vorstellung von der Tat zur Verwirklichung des Tatbestandes unmittelbar ansetzt. Dabei ist zu beachten, dass auch dann, wenn in vorausgehenden Gesprächen lediglich Vorbereitungshandlungen zu sehen sind, immer noch eine Strafbarkeit wegen Verbrechensverabredung, § 30 Abs. 2 StGB, möglich ist, wenn mehrere Personen gemeinschaftlich handeln, zur Vermittlung des Geschäftes fest entschlossen sind und der in Aussicht genommene Vertrag hinreichend konkret ist.[312] So kann sich auch der „Makler", der sich einem potentiellen Käufer oder Verkäufer gegenüber dazu bereit erklärt zu sondieren, ob eine Vertragsbereitschaft besteht, nach § 30 Abs. 2 StGB strafbar machen.[313] Die Grenze zum Versuch wird erst dann überschritten, wenn der Täter über die bloße Sondierung hinaus, ob überhaupt eine Vertragsbereitschaft besteht, in eigenem oder fremdem Namen bindende,

---

[305] *Lohberger* NStZ 1990, 61 (63); *Pathe/Wagner* in *Bieneck*, § 44 Rn. 37; *Pottmeyer* Rn. 139; auch OLG Stuttgart 31.10.1991 – 3 Ws 274/91, wistra 1992, 75. Dies hat zur Folge, dass eine Teilnahme ab diesem Zeitpunkt weder in Form der sukzessiven Mittäterschaft noch in der Form der Beihilfe möglich ist.

[306] BGH 2.7.1981 – 1 StR 195/81, NStZ 1983, 172; 14.4.1987 – 1 StR 75/87, NStE Nr. 2 zu § 16 KriegswaffKG; 9.6.1988 – 1 StR 225/88, NJW 1988, 3109; 27.6.1993 – 1 StR 339/93, NStZ 1994, 135; BayObLG 31.1.1989 – RReg 4 St 244/88, NJW 1991, 855; OLG Düsseldorf 25.10.2006 – III-1 Ws 391/06, NStZ 2007, 647 (648); OLG Stuttgart 31.10.1991 – 3 Ws 274/91, wistra 1992, 75; *Alexander/Winkelbauer* in *Müller-Gugenberger/Bieneck*, § 73 Rn. 103; *Beckemper* in *Achenbach/Ransiek/Rönnau*, Rn. 53; *Erbs/Kohlhaas/Lampe*, K 189, § 22a Rn. 11; *Hinze/Runkel* § 4a Rn. 6; *Hohmann/John/Pietsch*, Teil 5, § 4a Rn. 15; *Holthausen* NStZ 1983, 172 (173); *Lohberger* NStZ 1990, 61; *Pathe/Wagner* in *Bieneck*, § 44 Rn. 39; *Pottmeyer* Rn. 139 mwN; *Schünemann* in *Krekeler/Tiedemann/Ulsenheimer/Weinmann*, Anm. III 3e; *Steindorf/Heinrich* Rn. 9; aM *Nadler* NStZ 1983, 510 (511).

[307] So ausdrücklich BGH 2.7.1981 – 1 StR 195/81, NStZ 1983, 172; vgl. ferner *Lohberger* NStZ 1990, 61 (62); BT-Drs. 8/1614, 16.

[308] BGH 9.6.1988 – 1 StR 225/88, NJW 1988, 3109; *Lohberger* NStZ 1990, 61; anders wohl *Holthausen* NStZ 1983, 172 (173), bei dem eine Verwaltungsrechtsakzessorietät der strafrechtlichen Bestimmung anklingt. Für eine Akzessorietät auch *Nadler* NStZ 1983, 510 (511).

[309] Kritisch zu dieser – seiner Ansicht nach zu früh angesetzten – Genehmigungspflicht *Hinze* 39. EL/1998, § 4a Anm. 1; insoweit konsequent will *Nadler* NStZ 1983, 510 (511), ausgehend vom Akzessorietätsgedanken, auch den Vollendungszeitpunkt der Strafvorschrift wesentlich früher ansiedeln, zweifelt aber dann gerade auf Grund dieses frühen Vollendungszeitpunktes die Verfassungsmäßigkeit der Vorschrift an.

[310] Zur Abgrenzung BGH 12.2.1988 – 3 StR 573/87, NStE Nr. 5 zu § 16 KriegswaffKG; 9.6.1988 – 1 StR 225/88, NJW 1988, 3109; 17.2.1989 – 3 StR 468/88, BGHR KrWaffG § 16 Abs. 1 Nr. 7 Versuch 2; 19.1.1990 – 2 StR 625/89, wistra 1990, 196; 27.6.1993 – 1 StR 339/93, NStZ 1994, 135; 19.8.1993 – 1 StR 411/93, NStZ 1994, 92; BayObLG 31.1.1989 – RReg 4 St 244/88, NJW 1991, 855 m. krit. Anm. *Oswald* NStZ 1991, 46; OLG Düsseldorf 25.10.2006 – III-1 Ws 391/06, NStZ 2007, 647; OLG Köln 8.7.1983 – 2 Ws 378/83, OLGSt § 4a KrWaffG Nr. 1; *Achenbach* NStZ 1994, 421 (423); *Holthausen* NStZ 1983, 172 (173); *Lohberger* NStZ 1990, 61 (62); *Pottmeyer* Rn. 140.

[311] BGH 9.6.1988 – 1 StR 225/88, NJW 1988, 3109; OLG Düsseldorf 25.10.2006 – III-1 Ws 391/06, NStZ 2007, 647 (648).

[312] Vgl. hierzu BGH 27.7.1993 – 1 StR 339/93, NStZ 1994, 135 (136); OLG Düsseldorf 25.10.2006 – III-1 Ws 391/06, NStZ 2007, 647; *Erbs/Kohlhaas/Lampe*, K 189, § 22a Rn. 13; *Oswald* NStZ 1991, 46; *Steindorf/Heinrich* Rn. 9a; auch *Barthelmeß* wistra 2001, 14 (16).

[313] OLG Düsseldorf 25.10.2006 – III-1 Ws 391/06, NStZ 2007, 647.

alle wesentlichen für den Vertragsabschluss notwendige Angaben enthaltende Angebote von Lieferfirmen an Interessenten übermittelt, die ihm gegenüber bereits ihr ernsthaftes Interesse am Erwerb der Kriegswaffen bekundet haben.[314] Dies ist insbes. dann der Fall, wenn bereits Unterlagen mit konkreten Preisangaben übergeben werden.[315] Liegt dagegen in einem für den Vertragsabschluss wesentlichen Punkt, also etwa dem Preis, noch keine Einigung vor und hängt hiervon der Abschluss des Vertrages ab, so reicht dies für den Versuchsbeginn noch nicht aus.[316] Andererseits kommt es für eine Überschreitung der Schwelle zum Versuch nicht darauf an, ob der Täter bereits alle Angaben machen konnte, die für einen Genehmigungsantrag nach § 5a Abs. 1 der 2. DVO zum KrWaffG[317] vorgeschrieben sind.[318] Allerdings reicht es noch nicht aus, wenn lediglich Informationen eingeholt werden, die erst dazu dienen sollen, die nach § 5a der 2. DVO zum KrWaffG erforderlichen Antragsangaben zu ermitteln.[319] Ferner ist es im Hinblick auf den Versuchsbeginn unbeachtlich, wenn der potentielle Käufer nach Empfang des Angebots kein weiteres Interesse an einem Vertragsschluss mehr hat.[320]

88   Unbeachtlich ist ferner, ob es infolge des Vertragsabschlusses auch tatsächlich zur Lieferung von Waffen gekommen ist.[321] Allerdings wird man verlangen müssen, dass die Waffen, auf die sich der Vertragsabschluss bezieht, auch tatsächlich existieren oder jedenfalls von demjenigen, der sich zur Lieferung verpflichtet, tatsächlich beschafft werden wollen. Andernfalls liegt für denjenigen, der an die Lieferung der Waffen glaubt, lediglich ein (untauglicher) Versuch eines Vertragsabschlusses vor.[322] Begründet werden kann dies damit, dass hier mangels Vorliegens eines tauglichen Tatobjekts eine Gefährdung des Rechtsguts vollständig ausscheidet.

89   **bb) Nachweis einer Gelegenheit zum Abschluss eines Vertrages (genehmigungspflichtig nach § 4a Abs. 1 Alt. 2).** Diese Tatvariante wird vielfach lediglich als Unterfall des Vermittelns angesehen und zwar als Vermitteln mit geringerer Intensität.[323] Dies ist nicht ganz zutreffend, denn darüber hinaus erfasst der „Nachweis einer Gelegenheit" auch Verhaltensweisen, die lediglich als Vorstufe des Vermittelns anzusehen sind, nämlich den bloßen Hinweis auf eine vertragsbereite Person, die dem Gegenüber bislang unbekannt war.[324] Insoweit setzt der „Nachweis einer Gelegenheit" lediglich das Zusammenführen von Angebot und Nachfrage, dh die Benennung einer der Gegenseite bisher nicht bekann-

---

[314] BGH 12.2.1988 – 3 StR 573/87, NStE Nr. 5 zu § 16 KriegswaffKG; 9.6.1988 – 1 StR 225/88, NJW 1988, 3109 (3109 f.); 17.2.1989 – 3 StR 468/88, BGHR KrWaffG § 16 Abs. 1 Nr. 7 Versuch 2; 19.1.1990 – 2 StR 625/89, wistra 1990, 196; 27.6.1993 – 1 StR 339/93, NStZ 1994, 135 (136); OLG Düsseldorf 25.10.2006 – III-1 Ws 391/06, NStZ 2007, 647; *Alexander/Winkelbauer* in *Müller-Gugenberger/Bieneck*, § 73 Rn. 103; *Beckemper* in *Achenbach/Ransiek/Rönnau*, Rn. 54; *Fehn* Kriminalistik 2004, 635 (638); *Lohberger* NStZ 1990, 61 (62 f.); *Pottmeyer* Rn. 140; *Schünemann* in *Krekeler/Tiedemann/Ulsenheimer/Weinmann* Anm. III 3 e.

[315] BGH 12.2.1988 – 3 StR 573/87, NStE Nr. 5 zu § 16 KriegswaffKG.

[316] BayObLG 31.1.1989 – RReg 4 St 244/88, NJW 1991, 855 (856); zustimmend *Alexander/Winkelbauer* in *Müller-Gugenberger/Bieneck*, § 73 Rn. 103; *Lohberger* NStZ 1990, 61 (63); aM *Nadler* NStZ 1983, 510 (511); auch BGH 19.8.1993 – 1 StR 411/93, NStZ 1994, 92.

[317] Zweite Verordnung zur Durchführung des Gesetzes über die Kontrolle von Kriegswaffen vom 1.6.1961, BGBl. I S. 649 (FNA 190-1-2); hierzu → Vor § 1 Rn. 8.

[318] BGH 9.6.1988 – 1 StR 225/88, NJW 1988, 3109; 27.6.1993 – 1 StR 339/93, NStZ 1994, 135 (136); *Fehn/Fehn* in *Achenbach/Ransiek*, 2. Aufl., Rn. 72; *Hohmann/John/Pietsch*, Teil 5, § 22a Rn. 37; *Pathe/Wagner* in *Bieneck*, § 44 Rn. 41; aM *Holthausen* NStZ 1983, 172 (173); *Pottmeyer* § 4a Rn. 89; hierzu auch *Fehn* Kriminalistik 2004, 635 (638): Angaben nach § 5a der 2. DVO seien jedenfalls eine „Richtschnur".

[319] BGH 12.2.1988 – 3 StR 573/87, NStE Nr. 5 zu § 16 KriegswaffKG.

[320] BGH 17.2.1989 – 3 StR 468/88, BGHR KrWaffG § 16 Abs. 1 Nr. 7 Versuch 2.

[321] BGH 21.2.1996 – 3 StR 374/95, BeckRS 1996, 02344; Erbs/Kohlhaas/*Lampe*, K 189, § 22a Rn. 11; *Pathe/Wagner* in *Bieneck*, § 44 Rn. 39; *Steindorf/Heinrich* Rn. 9.

[322] So auch *Beckemper* in *Achenbach/Ransiek/Rönnau*, Rn. 54; *Pathe/Wagner* in *Bieneck*, § 44 Rn. 42; *Pottmeyer* Rn. 139 mwN; *Steindorf/Heinrich* Rn. 9; offen gelassen in BGH 27.6.1993 – 1 StR 339/93, NStZ 1994, 135 (136); hierzu *Achenbach* NStZ 1994, 421 (424).

[323] So *Holthausen* NStZ 1983, 172 (173), der zudem ein Handeln auf rechtsgeschäftlicher Grundlage verlangt und bloße „Auskünfte" daher ausklammert; wohl auch *Lohberger* NStZ 1990, 61; ferner *Hinze/Runkel* § 4a Rn. 8; auch BGH 2.7.1981 – 1 StR 195/81, NStZ 1983, 172.

[324] BGH 2.7.1981 – 1 StR 195/81, NStZ 1983, 172; 22.10.1986 – IV a ZR 4/85, NJW-RR 1987, 172 (173); *Pottmeyer* § 4a Rn. 24.

ten und vertragsbereiten Person voraus.[325] Dabei müssen Name und Anschrift der anderen Partei genannt werden, sodass der Betroffene unmittelbar Vertragsverhandlungen mit diesem aufnehmen kann.[326] Ein weiteres Verhandeln mit den potentiellen Vertragspartnern ist darüber hinaus – im Gegensatz zum Vermitteln – nicht erforderlich. Insoweit muss der Nachweisende auch am konkreten Vertragsabschluss selbst nicht mitwirken.[327] Notwendig ist allerdings stets eine **Ursächlichkeit** der Tätigkeit des „Nachweisenden" für den späteren Vertragsabschluss („hierzu").[328] Die Tat ist dabei auch in dieser Tatbestandsalternative erst dann vollendet, wenn es zum Abschluss des Vertrags gekommen ist.[329] Zuvor kommt lediglich ein Versuch in Frage. Auch hier fallen somit die Frage, welches Verhalten (bereits) eine Genehmigungspflicht nach § 4a auslöst und welches Verhalten nach § 22 Abs. 1 Nr. 7 strafrechtliche Sanktionen auszulösen vermag, auseinander.[330] Denn nach § 4a Abs. 1 benötigt bereits derjenige eine Genehmigung, der die Gelegenheit zum Abschluss eines Vertrages nachweisen **will,** dh er muss die Genehmigung einholen, bevor er überhaupt tätig werden darf.

cc) **Abschluss eines Vertrages (genehmigungspflichtig nach § 4a Abs. 2).** Strafbar ist auch das Eigengeschäft, dh der Abschluss eines Vertrages in eigenem Namen, da ein solches Verhalten ansonsten dazu dienen könnte, Vermittlungstätigkeiten zu umgehen, indem der Täter die sich im Ausland befindlichen Kriegswaffen, statt sie zwischen Dritten zu vermitteln, selbst erwirbt und dann weiterveräußert.[331] Da eine Strafbarkeit nach § 22a Abs. 1 Nr. 7 voraussetzt, dass die Waffen zu keiner Zeit auf das Gebiet der Bundesrepublik gelangen, erfasst diese Variante regelmäßig nur diejenigen Verträge, in denen ein deutsches Unternehmen Kriegswaffen, die sich im Ausland befinden, erwirbt und diese in einem weiteren Vertrag an den Endabnehmer veräußert, wobei vereinbart wird, dass die Waffen direkt vom ursprünglichen Veräußerer an den späteren Erwerber geliefert werden, ohne zu irgendeinem Zeitpunkt in das Gebiet der Bundesrepublik zu gelangen. Folgendes ist dabei zu beachten: der Tatbestand des § 22a Abs. 1 Nr. 7 setzt voraus, dass ein Vertrag „ohne Genehmigung nach § 4a Abs. 2" abgeschlossen wird. § 4a Abs. 2 normiert eine Genehmigungspflicht für einen „Vertrag über das Überlassen von Kriegswaffen, die sich außerhalb des Bundesgebietes befinden". Insoweit wird also nicht der **Erwerb,** sondern lediglich das weitere **Überlassen** erfasst.[332] Werden zwei Verträge geschlossen, ist nach dem Wortlaut des § 4a Abs. 2 nicht auf den Vertrag mit dem ursprünglichen Veräußerer, sondern nur auf denjenigen Vertrag abzustellen, der auf das Überlassen an den späteren Endabnehmer gerichtet ist. Nur derjenige der einen solchen (Überlassungs-)Vertrag abschließen will, bedarf einer Genehmigung.[333] Auch hier ist allerdings nach dem insoweit eindeutigen Wortlaut des Abs. 1 Nr. 7 für die Vollendung der tatsächliche Abschluss des (Überlassungs-) Vertrages erforderlich.[334] Insoweit fallen auch hier die Genehmigungspflicht und die Vollendung der

---

[325] Hinze/Runkel § 4a Rn. 8; *Pathe/Wagner* in *Bieneck,* § 44 Rn. 37.
[326] Hinze/Runkel § 4a Rn. 8.
[327] *Fehn/Fehn* in *Achenbach/Ransiek,* 2. Aufl., Rn. 70.
[328] BGH 2.7.1981 – 1 StR 195/81, NStZ 1983, 172; *Holthausen* NStZ 1983, 172 (173); *Pathe/Wagner* in *Bieneck,* § 44 Rn. 37.
[329] BGH 2.7.1981 – 1 StR 195/81, NStZ 1983, 172; 14.4.1987 – 1 StR 75/87, NStE Nr. 2 zu § 16 KriegswaffKG; 9.6.1988 – 1 StR 225/88, NJW 1988, 3109; *Holthausen* NStZ 1983, 172 (173); *Lohberger* NStZ 1990, 61.
[330] Vgl. hierzu bereits → Rn. 86.
[331] Vgl. hierzu BT-Drs. 8/1614, 16; OLG Köln 8.7.1983 – 2 Ws 378/83, OLGSt § 4a KrWaffG Nr. 1; Hinze/Runkel § 4a Rn. 9; *Holthausen* NStZ 1982, 515 (516); *Lohberger* NStZ 1990, 61 (65); *Pathe/Wagner* in *Bieneck,* § 44 Rn. 38.
[332] Dagegen wurde der bloße Erwerb von Kriegswaffen, die im Ausland verbleiben, nicht als problematisch angesehen, da dies nicht geeignet sei, das Ansehen der Bundesrepublik zu schädigen; vgl. BT-Drs. 8/1614, 16; OLG Köln 8.7.1983 – 2 Ws 378/83, OLGSt § 4a KrWaffG Nr. 1 S. 2; Hinze/Runkel § 4a Rn. 9; Hohmann/John/Pietsch, Teil 5, § 4a Rn. 13; *Holthausen* NStZ 1982, 515 (517); *Pathe/Wagner* in *Bieneck,* § 44 Rn. 38.
[333] Hierzu *Lohberger* NStZ 1990, 61 (64 f.); ferner OLG Köln 8.7.1983 – 2 Ws 378/83, OLGSt § 4a KrWaffG Nr. 1.
[334] OLG Köln 8.7.1983 – 2 Ws 378/83, OLGSt § 4a KrWaffG Nr. 1; *Lohberger* NStZ 1990, 61.

Strafbarkeit auseinander.³³⁵ Im Abschluss des Vertrages über den Erwerb ist dabei allein noch kein unmittelbares Ansetzen im Hinblick auf den strafbewehrten Überlassungsvertrag zu sehen.³³⁶ Dieses Verhalten stellt eine reine Vorbereitungshandlung dar, die allerdings unter den Voraussetzungen des § 30 Abs. 2 StGB strafrechtlich erfasst werden kann.³³⁷

91   **c) Mangelnde Genehmigung.** Der Täter muss handeln, ohne die nach § 4a Abs. 1 oder Abs. 2 erforderliche Genehmigung zu besitzen. Eine solche Genehmigung ist wiederum in den Ausnahmefällen der § 5 Abs. 1 (Aufsichts- und Beschäftigungsverhältnis) und § 15 (Bundeswehr und andere Organe) entbehrlich.³³⁸

92   **d) Strafbarkeitslücken.** Nach dem eben Ausgeführten, stellt das Vermitteln von Kriegswaffengeschäften dann eine Straftat da, wenn es zum Abschluss des Vertrages gekommen ist und es sich um ein reines Auslandsgeschäft handelt. Eine tatsächliche Lieferung ist nicht erforderlich. Abs. 1 Nr. 7 ist jedoch dann unanwendbar, wenn die entsprechenden Waffen in die Bundesrepublik eingeführt oder durchgeführt werden sollen (§ 4 Abs. 3).³³⁹ Die in diesem Fall einschlägigen Abs. 1 Nr. 2, Nr. 4 und Nr. 6 Buchst. a sind jedoch erst dann vollendet, wenn die Waffen tatsächlich das Bundesgebiet erreichen. Versucht ist die Tat erst dann, wenn ein unmittelbares Ansetzen im Hinblick auf die Einfuhr etc festgestellt werden kann. Kommt es lediglich zum Vertragsabschluss, werden die Waffen dann jedoch nicht ausgeliefert, ist die Versuchsschwelle noch nicht erreicht, obwohl bei einem reinen Auslandsgeschäft bereits ein vollendetes Vermitteln durch den Vertragsabschluss vorläge.³⁴⁰ Dies ist unbefriedigend und kann auch kaum mit dem Hinweis auf eine mögliche Anwendbarkeit des § 30 StGB entkräftet werden.³⁴¹

93   Eine weitere Strafbarkeitslücke besteht in denjenigen Fällen, in denen ein deutscher Vermittler lediglich bei der Abwicklung des Vertrages, nicht jedoch beim Vertragsschluss selbst mitwirkt.³⁴² Auch wird vielfach kritisiert, dass der Gesetzgeber dem aktiven Personalitätsprinzip in § 21 lediglich bei den dort genannten Waffen Geltung verschafft hat, § 22a hiervon aber ausklammerte und Handlungen Deutscher im Ausland nicht unter Strafe stellte.³⁴³

V. Versuchsstrafbarkeit

94   § 22a stellt ein Verbrechen (Mindestfreiheitsstrafe ein Jahr) dar, was zur Folge hat, dass nach §§ 23 Abs. 1, 12 Abs. 1 StGB der Versuch auch ohne gesonderte Anordnung im Gesetz strafbar ist. Es gelten hier die allgemeinen Regeln, insbes. zur Frage des unmittelbaren Ansetzens zur Tatbestandsverwirklichung iS des § 22 StGB.³⁴⁴

VI. Besonders schwere Fälle (Abs. 2)

95   Abs. 2 enthält eine Strafschärfung für besonders schwere Fälle. Betroffen ist dabei nicht die auch für Abs. 1 geltende Mindestfreiheitsstrafe von einem Jahr, sondern die im Höchstmaß zu verhängende Strafe. Während der Grundtatbestand des Abs. 1 eine Höchststrafe von 5 Jahren Freiheitsstrafe vorsieht, kann nach Abs. 2 eine Verurteilung von bis zu 10 Jahren Freiheitsstrafe erfolgen. Ein besonders schwerer Fall liegt regelmäßig dann vor, wenn die

---

³³⁵ Vgl. hierzu bereits → Rn. 86.
³³⁶ OLG Köln 8.7.1983 – 2 Ws 378/83, OLGSt § 4a KrWaffG Nr. 1; Hohmann/John/*Pietsch*, Teil 5, § 4a Rn. 13; *Lohberger* NStZ 1990, 61 (65).
³³⁷ *Pathe/Wagner* in *Bieneck*, § 44 Rn. 38.
³³⁸ Hierzu → Rn. 22 f.; hinzuweisen ist in diesem Zusammenhang insbes. auf § 15 Abs. 3.
³³⁹ → Rn. 82.
³⁴⁰ Vgl. hierzu OLG Düsseldorf 29.1.1993 – 1 Ws 10/93, NJW 1993, 2253 (2254).
³⁴¹ Zu den Schwierigkeiten im Zusammenhang mit der Anwendung des § 30 StGB vgl. OLG Düsseldorf 29.1.1993 – 1 Ws 10/93, NJW 1993, 2253 (2255).
³⁴² → Rn. 85.
³⁴³ Vgl. hierzu *Achenbach* NStZ 1993, 477 (481); *Ricke* ZfZ 1992, 152.
³⁴⁴ → StGB § 22 Rn. 102 ff.; zur Versuchsstrafbarkeit im Rahmen des § 22a Abs. 1 Nr. 7 bereits → Rn. 86 f.; ferner *Pottmeyer* Rn. 109 ff.

objektiven und subjektiven Umstände der Tat die bereits im Grundtatbestand geregelten gewöhnlichen Fälle im Hinblick auf die Strafwürdigkeit derart übertreffen, dass bei einer Gesamtwürdigung der Tat der Strafrahmen des Abs. 1 als nicht (mehr) ausreichend angesehen werden kann.[345] Der Gesetzgeber bedient sich für die nähere Bestimmung der besonders schweren Fälle der auch im „allgemeinen" Strafrecht bekannten **Regelbeispielstechnik.** Neben dem „unbenannten" schweren Fall des Abs. 2 S. 1[346] werden in Abs. 2 S. 2 zwei Regelbeispiele ausdrücklich genannt, bei denen das Vorliegen eines besonders schweren Falles – widerlegbar – vermutet wird: die **gewerbsmäßige** und die **bandenmäßige**[347] Begehung. Diese Merkmale entsprechen denjenigen des § 19 Abs. 2 Nr. 1, weshalb auf die dortigen Ausführungen verwiesen werden kann.[348] Die Gewerbsmäßigkeit muss sich dabei auf einen Verstoß gegen die Strafvorschrift des § 22a beziehen. Nicht ausreichend ist, dass der Täter gewerbsmäßig mit Kriegswaffen handelt (und dabei in den überwiegenden Fällen über eine wirksame Genehmigung verfügt).[349]

Festzuhalten bleibt lediglich, dass die genannten Regelbeispiele den § 22a Abs. 1 Nr. 5 **96** (Beförderung von Kriegswaffen außerhalb des Bundesgebietes mit deutschen Seeschiffen oder Luftfahrzeugen) ausdrücklich ausklammern. Dies deutet darauf hin, dass der Gesetzgeber jedenfalls vermutet, dass in diesen Fällen kaum einmal der Unrechts- und Schuldgehalt der Tat wesentlich über dem Durchschnitt liegen könne. Dennoch ist darauf hinzuweisen, dass auch im Rahmen des § 22a Abs. 1 Nr. 5 ein (unbenannter) schwerer Fall des § 22a Abs. 2 S. 1 zumindest möglich bleibt.[350]

VII. Minder schwere Fälle (Abs. 3)

Abs. 3 enthält eine Strafzumessungsvorschrift für minder schwere Fälle, die jedoch im **97** Gesetz nicht näher, etwa mittels Regelbeispielen, umschrieben werden. Liegt ein minder schwerer Fall des Abs. 1 vor, so kann lediglich eine Freiheitsstrafe bis zu drei Jahren (vgl. dagegen den Grundtatbestand: von einem bis zu fünf Jahren) verhängt werden. Es ist aber auch die Ahndung (lediglich) mit einer Geldstrafe möglich. Durch die Annahme eines minder schweren Falles ändert sich im Übrigen die Deliktsqualität nicht (vgl. § 12 Abs. 3 StGB). Die Tat bleibt Verbrechen,[351] der Versuch ist also auch beim Vorliegen eines minder schweren Falles strafbar. Ein minder schwerer Fall liegt – nach den allgemein geltenden Grundsätzen – vor, wenn die Intensität des Unrechts und der Schuld wesentlich hinter dem zurückbleibt, was der Gesetzgeber als den gewöhnlichen Fall einer nach § 22a zu ahndenden Straftat angesehen hat und für den er den Strafrahmen des Abs. 1 konzipiert hat, wobei eine umfassende Gesamtwürdigung der Tat vorzunehmen ist.[352]

VIII. Fahrlässigkeitstatbestände (Abs. 4)

Wie bei den Spezialvorschriften der §§ 19 ff., so erfasst auch der Tatbestand des § 22a in **98** Abs. 4 fahrlässiges Verhalten.[353] Die Fahrlässigkeitsstrafbarkeit erstreckt sich auf sämtliche Varianten des Grundtatbestandes des Abs. 1 mit Ausnahme des Abs. 1 Nr. 5 (Beförderung von Kriegswaffen außerhalb des Bundesgebietes mit deutschen Seeschiffen oder Luftfahrzeu-

---

[345] Vgl. hierzu auch *Pottmeyer* Rn. 177.
[346] Beispiele hierfür finden sich bei *Pottmeyer* Rn. 182.
[347] Vgl. hierzu *Katholnigg* ZRP 1984, 173.
[348] → § 19 Rn. 17; ferner → WaffG § 1 Rn. 205; → WaffG § 52 Rn. 25.
[349] *Pottmeyer* Rn. 180.
[350] *Beckemper* in *Achenbach/Ransiek/Rönnau*, Rn. 58; Erbs/Kohlhaas/*Lampe*, K 189, § 22a Rn. 16; Hohmann/John/*Pietsch*, Teil 5, § 22a Rn. 42; *Pottmeyer* Rn. 179; Steindorf/*Heinrich* Rn. 11; vgl. ergänzend OLG Koblenz 23.1.1985 – 1 StE 5/84 (nicht veröffentlicht); vgl. zu weiteren Aspekten, die im Rahmen der Strafzumessung zu berücksichtigen sind, → Rn. 108.
[351] Vgl. hierzu *Pottmeyer* Rn. 183, der dies für verfassungswidrig hält.
[352] Vgl. zu einzelnen Beispielen *Pottmeyer* Rn. 183; ferner aus der Rspr. BGH 14.4.1987 – 1 StR 75/87, NStE Nr. 2 zu § 16 KriegswaffKG.
[353] Aus der Rspr. BGH 8.4.1997 – 1 StR 606/96, NStZ 1997, 552 (mAnm *Runkel* NStZ 552) = BGHR KrWaffG § 22a Abs. 1 Nr. 2 Patronen 1.

gen). Dies erklärt sich problemlos daraus, dass hier bereits tatbestandlich eine absichtliche oder wissentliche Beförderung notwendig ist, was eine Fahrlässigkeitsbestrafung regelmäßig ausschließt (man käme sonst zu dem widersinnigen Ergebnis, dass die mit bedingtem Vorsatz begangene Tat straflos, die fahrlässige Begehung hingegen strafbar wäre). Die erst im Jahre 2011 gestrichene[354] Fahrlässigkeitsbestrafung im Hinblick auf Straftaten nach § 22a Abs. 1 Nr. 4 (unerlaubte Beförderung zur Einfuhr, Ausfuhr und Durchfuhr von Kriegswaffen) wurde vom Gesetzgeber bereits zwei Jahre später wieder rückgängig gemacht.[355] Der Gesetzgeber begründete die Streichung damals damit, dass in der Vergangenheit vielfach Fälle ungenehmigter Beförderungshandlungen zu verzeichnen waren, die auf einfache Arbeitsfehler der beteiligten Personen in den Unternehmen oder Behörden zurückzuführen waren. Die entsprechenden Verfahren wurden von der Justiz regelmäßig eingestellt. Daher erschien es ihm folgerichtig, die fahrlässige ungenehmigte Beförderung von Kriegswaffen künftig nicht mehr als Straftat, sondern nur noch als Ordnungswidrigkeit zu erfassen.[356] Ein entsprechender Ordnungswidrigkeitentatbestand wurde in § 22b Abs. 2 aF eingestellt.[357] Diese Begründung scheint den Gesetzgeber nicht lange überzeugt zu haben, denn er begründete die (Wieder-)Einführung der entsprechenden Fahrlässigkeitsstrafbarkeit schlicht mit „systematischen Gründen".[358]

99 Verstöße sind sowohl in der Form der bewussten als auch der unbewussten Fahrlässigkeit bzw. hinsichtlich des Grades von der einfachen Fahrlässigkeit bis hin zur Leichtfertigkeit möglich.[359] Fahrlässig handelt, wer die im Verkehr erforderliche Sorgfalt, zu der er nach den Umständen und nach seinen persönlichen Fähigkeiten und Kenntnissen verpflichtet und imstande ist, bewusst oder unbewusst außer acht lässt und infolgedessen den tatbestandsmäßigen Erfolg nicht voraussieht, obwohl dieser objektiv und subjektiv voraussehbar und vermeidbar gewesen wäre.[360] Der Fahrlässigkeitstatbestand ist mit einem Strafmaß von Freiheitsstrafe bis zu zwei Jahren oder Geldstrafe ausgestaltet, stellt also ein Vergehen dar.

100 Die Fahrlässigkeitsstrafbarkeit wird im Kriegswaffenrecht häufig in denjenigen Fällen in Frage kommen, in denen der Täter infolge des Vorliegens eines Tatbestandsirrtums nicht wegen einer Vorsatztat verurteilt werden kann (vgl. § 16 Abs. 1 S. 2 StGB), insbes. dann, wenn er sich über die Kriegswaffeneigenschaft eines Gegenstandes irrt und daher fälschlicherweise davon ausgeht, es läge kein genehmigungspflichtiges Handeln vor oder aber wenn er vom Vorliegen einer Genehmigung ausgeht, die im konkreten Fall jedoch die von ihm vorgenommene Handlung nicht erfasst.[361] Dagegen lehnte das BayObLG eine Fahrlässigkeitsstrafbarkeit desjenigen ab, der im Auftrag seiner Ehefrau, die einen genehmigten Waffenhandel betrieb, Munitionskisten verwahrte und er ohne Vorliegen von Anzeichen einer Unzuverlässigkeit seiner Ehefrau die verwahrten Gegenstände nicht daraufhin untersuchte, ob sich hierunter genehmigungspflichtige Kriegswaffen befanden.[362]

IX. Persönlicher Strafaufhebungsgrund (Abs. 5)

101 Nach Abs. 5 wird derjenige nicht bestraft, der eine Kriegswaffe unverzüglich abliefert, nachdem er sie unbefugt in das Bundesgebiet eingeführt oder sonst verbracht hat. Praktische Anwendungsfälle wird es hier nur selten geben, ein solcher ist aber zB dann denkbar,

---

[354] Gesetz vom 24.7.2011, BGBl. I S. 1595.
[355] Art. 2 Abs. 2 Nr. 3 des Gesetzes zur Modernisierung des Außenwirtschaftsrechts, BGBl. I S. 1482 (1494).
[356] BT-Drs. 17/5262, 17.
[357] Hierzu → § 22b Rn. 26.
[358] BT-Drs. 17/11127, 30.
[359] Es gelten hierbei die allgemeinen Grundsätze, weshalb auf die Ausführungen zu § 15 StGB verwiesen werden kann.
[360] So speziell zu § 22a Abs. 4 das BayObLG 25.9.2000 – 4 St RR 108/2000, OLGSt KrWaffG § 22a Nr. 1; ferner *Pottmeyer* Rn. 188 ff.; *Steindorf/Heinrich* Rn. 12.
[361] *Steindorf/Heinrich* Rn. 12; hierzu bereits → Rn. 29 f.
[362] BayObLG 25.9.2000 – 4 St RR 108/2000, OLGSt KrWaffG § 22a Nr. 1, S. 1 (2).

wenn ein Flugzeug mit Kriegswaffen an Bord in der Bundesrepublik notlanden muss.[363] Ursprünglich war die Vorschrift dafür gedacht, denjenigen Personen Straffreiheit zu verschaffen, die mit einer Kriegswaffe über die deutsch-deutsche Grenze flüchten und sich danach der Polizei stellen (vor allem Volkspolizisten, Soldaten und andere berufsmäßige Waffenträger der ehemaligen DDR).[364] Dennoch sind auch heute noch Einzelfälle denkbar, wobei eine restriktive Auslegung angezeigt ist, insbes. was die Unverzüglichkeit der Ablieferung angeht.[365] Betroffen sind in diesem Fall naturgemäß nur die Strafvorschriften des Abs. 1 Nr. 4 (unerlaubte Beförderung zur Einfuhr, Ausfuhr, Durchfuhr etc) sowie Abs. 1 Nr. 3 (unerlaubtes innerstaatliches Befördern). Nachdem der Gesetzgeber ausdrücklich nur diese beiden Vorschriften nennt und nicht auf Abs. 4 verweist, ist somit eine Straffreiheit vom Wortlaut her nur für den Vorsatztäter, nicht jedoch für den Fahrlässigkeitstäter gegeben, was nicht recht einleuchtet, da gerade in diesem Bereich durchaus Anwendungsfälle denkbar sind (etwa wenn der Täter fahrlässig Kriegswaffen einführt und dies unmittelbar danach, etwa beim Auspacken der Ladung, bemerkt). Einer – zugunsten des Täters zulässigen – analogen Anwendung des Strafaufhebungsgrundes auch auf die Fahrlässigkeitstaten des Abs. 4 steht aber der an sich eindeutige Wortlaut des Abs. 5 entgegen, der es ausschließt, dass hier eine vom Gesetzgeber nicht beachtete Gesetzeslücke vorliegt.[366] Eine denkbare Lösungsmöglichkeit bestünde hier lediglich darin, den Strafaufhebungsgrund des Abs. 5 in erster Linie auf die rein objektive Tathandlung des Abs. 1 Nr. 3 und Nr. 4 zu beziehen, um dadurch sowohl die vorsätzliche als auch die fahrlässige Begehung zu erfassen (auch Abs. 4 verweist ja hinsichtlich der Fahrlässigkeitsbestrafung auf die „Handlung" iS des Abs. 1). Dem steht aber entgegen, dass Abs. 5 gerade nicht auf die **Tathandlung** verweist, sondern eine **Strafbarkeit** nach Abs. 1 Nr. 3 oder Nr. 4 (und eben nicht nach Abs. 4) ausschließt. Werden über die genannten Vorschriften hinaus weitere Straftaten verwirklicht, so erstreckt sich Abs. 5 ebenfalls nicht auf diese. Dagegen ist eine analoge Anwendung auf Abs. 1 Nr. 6 Buchst. a insoweit möglich, als die Ausübung der tatsächlichen Gewalt mit den Tathandlungen der Nr. 3 oder Nr. 4 notwendigerweise zusammenfällt.[367] Denn die Vorschrift über die tätige Reue verlöre ihren Sinn, wenn in diesen Fällen stets die Auffangnorm des Abs. 1 Nr. 6 Buchst. a anwendbar wäre.

Zwei Varianten sind im Rahmen des Abs. 5 zu unterscheiden, wobei beide voraussetzen, **102** dass der Täter eine Kriegswaffe zuvor (vorsätzlich) in das Bundesgebiet eingeführt oder sonst verbracht hat.[368]

1. Freiwillige unverzügliche Ablieferung (Abs. 5 S. 1). Der Täter muss die Kriegs- **103** waffe einer für die öffentliche Sicherheit zuständigen Behörde oder Dienststelle (das Gesetz nennt in Abs. 5 S. 1 hier exemplarisch die Überwachungsbehörde sowie die Bundeswehr) abliefern. Unter Abliefern versteht man, dass der Täter einer dieser Behörden die tatsächliche Gewalt über die Waffe verschafft.[369] Dies muss **unverzüglich** (dh ohne schuldhaftes Zögern, § 121 Abs. 1 S. 1 BGB) im Anschluss an die unerlaubte Einfuhr oder das unerlaubte Verbringen geschehen. Die Ablieferung muss ferner **freiwillig** erfolgen. Es gelten hier die zu § 24 StGB entwickelten Grundsätze.[370] Die Freiwilligkeit scheidet zB aus, wenn die Ablieferung erst auf eine Drohung mit einer Anzeige hin erfolgt.[371]

---

[363] Vgl. zu den Anwendungsfällen *Beckemper* in *Achenbach/Ransiek/Rönnau*, Rn. 63; Erbs/Kohlhaas/*Lampe*, K 189, § 22a Rn. 20; *Fehn* Kriminalistik 2004, 635 (639); Hohmann/John/*Pietsch*, Teil 5, § 22a Rn. 45; Steindorf/*Heinrich* Rn. 14.
[364] BT-Drs. III/1589, 24; hierzu auch *Beckemper* in *Achenbach/Ransiek/Rönnau*, Rn. 63; *Pathe/Wagner* in *Bieneck*, § 44 Rn. 86; *Pottmeyer* Rn. 193; Steindorf/*Heinrich* Rn. 14.
[365] Hohmann/John/*Pietsch* Teil 5, § 22a Rn. 45; *Pathe/Wagner* in *Bieneck*, § 44 Rn. 86.
[366] So auch *Pottmeyer* Rn. 194; Steindorf/*Heinrich* Rn. 14.
[367] *Fehn* Kriminalistik 2004, 635 (639); *Fehn/Fehn* in *Achenbach/Ransiek*, 2. Aufl., Rn. 88; *Pathe/Wagner* in *Bieneck*, § 44 Rn. 87; auch Steindorf/*Heinrich* Rn. 14.
[368] Vgl. zum Begriff der Einfuhr → Rn. 53; zum Begriff des Verbringens → WaffG § 1 Rn. 187 und → Rn. 53.
[369] *Pottmeyer* Rn. 195.
[370] → StGB § 24 Rn. 137 ff.
[371] Vgl. auch Erbs/Kohlhaas/*Lampe* K 189, § 22a Rn. 21; *Pottmeyer* Rn. 197; Steindorf/*Heinrich* Rn. 15.

104   **2. Freiwilliges ernsthaftes Bemühen (Abs. 5 S. 2).** Satz 2 betrifft diejenigen Fälle, in denen die Kriegswaffe ohne Zutun desjenigen, der sie eingeführt oder ins Bundesgebiet verbracht hat, in die tatsächliche Gewalt einer der in Satz 1 genannten Behörden gelangt.[372] Hier kann der Täter die Waffe naturgemäß nicht mehr abliefern. Straffreiheit erlangt er hier aber dadurch, dass er sich **freiwillig** und **ernsthaft** bemüht, die Waffe abzuliefern. Es gelten auch hier die zu § 24 StGB entwickelten Grundsätze,[373] wobei hinsichtlich des ernsthaften Bemühens ein strenger Maßstab anzulegen ist.[374] Denkbar ist zB der Fall, dass der Täter nach unerlaubter Einfuhr auf dem Weg zur Behörde, bei der er die Waffen abliefern will, festgenommen und die Waffen beschlagnahmt werden.

X. Konkurrenzen

105   Während die §§ 19–20a Spezialtatbestände zu § 22a darstellen, dh letzterer bei Vorliegen einer atomaren, biologischen oder chemischen Waffe bzw. einer Antipersonenmine oder Streumunition zurücktritt,[375] ist Idealkonkurrenz nach § 52 StGB möglich, wenn durch dieselbe Handlung neben einer der genannten Waffen auch eine andere Kriegswaffe, die lediglich dem § 22a unterfällt, betroffen ist.[376]

106   Umstritten ist das Konkurrenzverhältnis zwischen den verschiedenen Tathandlungen des Abs. 1. So könne nach einer frühen Entscheidung des BGH der unerlaubte Erwerb von Kriegswaffen (Abs. 1 Nr. 2) sowie das (anschließende) unerlaubte Befördern derselben außerhalb eines geschlossenen Geländes (Abs. 1 Nr. 3) nicht durch das Ausüben der tatsächlichen Gewalt über diese Waffen (Abs. 1 Nr. 6a oder Buchst. b) zu einer Tat im Rechtssinne verklammert werden.[377] Dies kann in dieser Allgemeinheit heute sicherlich nicht mehr gelten. Es sind vielmehr dieselben Grundsätze anzuwenden, die im Bereich des allgemeinen Waffenrechts entwickelt wurden.[378] Insoweit ist stets dann Idealkonkurrenz anzunehmen, wenn durch dieselbe Handlung mehrere Tatbestandsvarianten erfüllt sind.[379] Ob noch „dieselbe Handlung" vorliegt, richtet sich danach, ob die Taten räumlich und zeitlich eine Einheit bilden und von einem einheitlichen Willensentschluss getragen sind. Da es sich beim unerlaubten Ausüben der tatsächlichen Gewalt um eine Dauerstraftat handelt, genügt hierfür, dass sich die Taten zeitlich überschneiden.[380] Unstreitig ist allerdings, dass die Auffangtatbestände des Abs. 1 Nr. 6 Buchst. a und Buchst. b („sonstige" Ausübung der tatsächlichen Gewalt) hinter die speziellen Erscheinungsformen derselben (zB dem „Befördern" nach Abs. 1 Nr. 3) zurücktreten.[381]

107   Dagegen liegt in der Regel Tateinheit vor, wenn der Täter mehrere Waffen unerlaubt erwirbt oder die tatsächliche Gewalt über mehrere Kriegswaffen unerlaubt ausübt.[382] Eine

---

[372] Vgl. zu möglichen Konstellationen *Pottmeyer* Rn. 199; Steindorf/*Heinrich* Rn. 15a.
[373] Vgl. zum Begriff der Freiwilligkeit StGB § 24 Rn. 137 ff.; zum Begriff der Ernsthaftigkeit StGB § 24 Rn. 179 ff.
[374] *Pottmeyer* Rn. 199.
[375] Vgl. hierzu *Oswald* NStZ 1991, 322 (323), der auf den Widerspruch hinweist, dass in den Fällen, in denen § 19 Abs. 2 nicht greift, beim unerlaubten Umgang mit Atomwaffen nach § 19 Abs. 1 lediglich eine Freiheitsstrafe von bis zu 5 Jahren verhängt werden kann, während es andererseits möglich wäre, im Rahmen des § 22a Abs. 2 einen unbenannten schweren Fall anzunehmen, der eine Freiheitsstrafe bis zu 10 Jahren ermöglicht.
[376] *Fehn* Kriminalistik 2004, 635 (641); *Pottmeyer* §§ 19–22 Rn. 1; Steindorf/*Heinrich* § 19 Rn. 20.
[377] BGH 20.1.1981 – 5 StR 657/80, GA 1981, 382 Ls.; so auch *Pathe/Wagner* in Bieneck, § 44 Rn. 93.
[378] Ausführlich → WaffG § 52 Rn. 141 ff., insbes. → Rn. 158 ff.; inzwischen wurde die Möglichkeit der Klammerwirkung des § 22a Abs. 1 Nr. 6 in einem Einzelfall auch ausdrücklich anerkannt; vgl. BGH 8.6.2004 – 4 StR 150/04, NStZ-RR 2004, 294.
[379] Erbs/Kohlhaas/*Lampe* K 189, § 22a Rn. 27; *Pathe/Wagner* in Bieneck, § 44 Rn. 91; Steindorf/*Heinrich* Rn. 20.
[380] Vgl. hierzu BGH 25.8.1986 – 3 StR 183/86, BGHR KrWaffG § 16 Konkurrenzen 1; Steindorf/*Heinrich* Rn. 20; ferner → WaffG § 52 Rn. 155 ff.
[381] BGH 6.11.1991 – 3 StR 370/91, BGHR KrWaffG § 16 Konkurrenzen 2; Erbs/Kohlhaas/*Lampe* K 189, § 22a Rn. 27; *Pathe/Wagner* in Bieneck, § 44 Rn. 93; Steindorf/*Heinrich* Rn. 20.
[382] Vgl. *Beckemper* in Achenbach/Ransiek/Rönnau, Rn. 67; Erbs/Kohlhaas/*Lampe*, K 189, § 22a Rn. 27; *Pathe/Wagner* in Bieneck, § 44 Rn. 94; Steindorf/*Heinrich* Rn. 20; hierzu → WaffG § 52 Rn. 155 ff.

einheitliche Tat kann auch bei einer über eine längere Zeit hinweg andauernden Lieferung angenommen werden, wenn die Lieferung auf einem einheitlichen Willensentschluss beruht. Diese kann auch dann noch gegeben sein, wenn sich in der Zwischenzeit entscheidende tatsächliche Veränderungen ergeben haben, beispielsweise bei der Ausfuhr von Kriegswaffen gegen den Empfängerstaat ein Embargo verhängt wird und daher neue konspirative Handelswege geschaffen werden müssen.[383] Dagegen liegen mehrere Handlungen und daher Tatmehrheit (§ 53 StGB) vor, wenn eine Waffe zuerst unerlaubt erworben und später einem anderen unerlaubt überlassen wurde.[384]

XI. Strafzumessung

Fraglich ist, ob die besondere Gefährlichkeit einer Kriegswaffe bei der Strafzumessung strafschärfend Berücksichtigung finden darf oder ob hierin ein Verstoß gegen das Doppelverwertungsverbot des § 46 Abs. 3 StGB zu sehen ist.[385] Da § 22a lediglich das Vorliegen einer der in der KWL genannten Kriegswaffe tatbestandsmäßig erfasst, ohne dass auf die konkrete Gefährlichkeit der einzelnen Waffen- oder Munitionsart abgestellt wird, kann auf Strafzumessungsebene die besondere Gefährlichkeit einer Waffe durchaus straferhöhend ins Gewicht fallen. Das BayObLG bejahte dies in einem Fall, in dem bei einer Handgranate zur Erhöhung der Splitterwirkung Stahlkugeln in die Kunststoffummantelung der Sprengkörper eingegossen wurden. Allerdings wurde betont, dass dieser Umstand, um ihn straferhöhend berücksichtigen zu können, vom Vorsatz des Täters umfasst sein muss.[386] Dennoch ist hierbei Vorsicht geboten. Eine Berücksichtigung ist nur dann zulässig, wenn es sich um eine besondere Gefährlichkeit im Vergleich mit anderen Kriegswaffen handelt. Nicht zulässig ist es, bei der Strafzumessung auf die allgemeine Gefährlichkeit von Kriegswaffen an sich abzustellen, da diese bereits Grund der Strafbestimmungen des WaffG und des KrWaffG ist und in den einzelnen Strafdrohungen ihren differenzierten Ausdruck gefunden hat.[387]

108

§ 22b Verletzung von Ordnungsvorschriften

(1) Ordnungswidrig handelt, wer vorsätzlich oder fahrlässig
1. eine Auflage nach § 10 Abs. 1 nicht, nicht vollständig oder nicht rechtzeitig erfüllt,
2. das Kriegswaffenbuch nach § 12 Abs. 2 nicht, unrichtig oder nicht vollständig führt,
3. Meldungen nach § 12 Abs. 5 oder Anzeigen nach § 12 Abs. 6 nicht, unrichtig, nicht vollständig oder nicht rechtzeitig erstattet sowie in den Fällen des § 12 Absatz 6 Nummer 1 Kriegswaffen im Bundesgebiet ohne Genehmigung nach § 3 Absatz 2 selbst befördert oder eine Auflage nach § 12 Abs. 6 Satz 4 oder 5 nicht erfüllt,
3a. einer nach § 12a Abs. 1 oder § 13a erlassenen Rechtsverordnung zuwiderhandelt, soweit sie für einen bestimmten Tatbestand auf diese Bußgeldvorschrift verweist,
4. Auskünfte nach § 14 Abs. 5 nicht, unrichtig, nicht vollständig oder nicht rechtzeitig erteilt,
5. Betriebsaufzeichnungen und sonstige Unterlagen entgegen § 14 Abs. 5 nicht, nicht vollständig oder nicht rechtzeitig vorlegt,

---

[383] BGH 23.11.1995 – 1 StR 296/95, BGHSt 41, 348 (356) = NJW 1996, 1355 (1356).
[384] OLG Celle 8.1.1973 – 2 Ss 277/72, NdsRpfl. 1973, 76 (77).
[385] Vgl. hierzu BayObLG 28.11.1996 – 4 St RR 181/96, NStZ-RR 1997, 134; hierzu *Achenbach* NStZ 1997, 536.
[386] Vgl. hierzu BayObLG 28.11.1996 – 4 St RR 181/96, NStZ-RR 1997, 134.
[387] BGH 17.6.1998 – 1 StR 245/98, StV 1998, 658; so auch BGH 8.8.1994 – 1 StR 278/94, BeckRS 1994, 31096055.

6. der Pflicht nach § 14 Abs. 5 zur Duldung des Betretens von Räumen und Grundstücken zuwiderhandelt,
7. als Inhaber einer Erlaubnis gemäß § 59 Absatz 4 des Waffengesetzes von 1972 außerhalb eines befriedeten Besitztums Kriegswaffen ohne Genehmigung nach § 3 Absatz 2 selbst befördert.

(2) Die Ordnungswidrigkeit kann mit einer Geldbuße bis zu fünftausend Euro geahndet werden.

(3) ¹Ordnungswidrig handelt ferner, wer vorsätzlich oder fahrlässig entgegen § 12 Abs. 3 bei der Übergabe zur Beförderung von Kriegswaffen eine Ausfertigung der Genehmigungsurkunde nicht übergibt oder entgegen § 12 Abs. 4 bei der Beförderung eine Ausfertigung der Genehmigungsurkunde nicht mitführt. ²Die Ordnungswidrigkeit kann mit einer Geldbuße geahndet werden.

Übersicht

	Rn.		Rn.
I. Überblick	1	8. Zuwiderhandeln gegen die Pflicht zur ordnungsgemäßen Auskunftserteilung gem. § 14 Abs. 5 (Abs. 1 Nr. 4)	21, 22
II. Einzelne Ordnungswidrigkeiten des Abs. 1	2–30	9. Zuwiderhandeln gegen die Pflicht zur rechtzeitigen Vorlage von Betriebsaufzeichnungen oder sonstigen Unterlagen gem. § 14 Abs. 5 (Abs. 1 Nr. 5)	23
1. Zuwiderhandeln gegen eine Auflage im Zusammenhang mit einer kriegswaffenrechtlichen Genehmigung gem. § 10 Abs. 1 (Abs. 1 Nr. 1)	3–6	10. Zuwiderhandeln gegen die Pflicht, das Betreten von Räumen und Grundstücken zu dulden gem. § 14 Abs. 5 (Abs. 1 Nr. 6)	24
2. Zuwiderhandeln gegen die Pflicht zur ordnungsgemäßen Führung des Kriegswaffenbuches gem. § 12 Abs. 2 (Abs. 1 Nr. 2)	7–10	11. Zuwiderhandeln gegen die Pflicht, nach dem WaffG 1972 „legalisierte" Kriegswaffen nur mit Genehmigung selbst zu befördern (Abs. 1 Nr. 7)	25
3. Zuwiderhandeln gegen die Pflicht, Meldungen über den Bestand an Kriegswaffen sowie dessen Veränderungen zu erstatten gem. § 12 Abs. 5 (Abs. 1 Nr. 3 Alt. 1)	11–14	12. Fahrlässiges Zuwiderhandeln gegen die Pflicht, Kriegswaffen nicht ohne Genehmigung einzuführen, auszuführen und durchzuführen (Abs. 2 in der bis zum 31.8.2013 geltenden Fassung)	26
4. Zuwiderhandeln gegen die Pflicht, Anzeigen in den Fällen des genehmigungsfreien Umgangs mit Kriegswaffen zu erstatten gem. § 12 Abs. 6 (Abs. 1 Nr. 3 Alt. 2)	15, 16	13. Zuwiderhandeln gegen die Pflicht, bei der Übergabe von Kriegswaffen zur Beförderung eine Ausfertigung der Genehmigungsurkunde zu übergeben gem. § 12 Abs. 3 (Abs. 3 Alt. 1)	27, 28
5. Zuwiderhandeln gegen die Pflicht, Kriegswaffen auch als Erbe oder Finder etc im Inland nur mit Genehmigung selbst zu befördern gem. § 12 Abs. 6 Nr. 1 iVm § 3 Abs. 2 (Abs. 1 Nr. 3 Alt. 3)	17	14. Zuwiderhandeln gegen die Pflicht, bei der Beförderung von Kriegswaffen eine Ausfertigung der Genehmigungsurkunde mit sich zu führen gem. § 12 Abs. 4 (Abs. 3 Alt. 2)	29, 30
6. Zuwiderhandeln gegen eine im Zusammenhang mit einer Ausnahmegenehmigung erteilten Auflage gem. § 12 Abs. 6 S. 4 oder 5 (Abs. 1 Nr. 3 Alt. 4)	18, 19	III. Bußgeldrahmen	31
7. Zuwiderhandlung gegen Rechtsverordnungen (Abs. 1 Nr. 3a)	20	IV. Zuständigkeiten	32

I. Überblick

1 In § 22b werden leichtere Verstöße gegen das KrWaffG als Ordnungswidrigkeiten geahndet. Die Sanktion knüpft dabei zumeist[1] nicht an ein Verhalten ohne Genehmigung, sondern an Verstöße gegen Nebenpflichten im Rahmen einer rechtmäßig erteilten Genehmigung zum Umgang mit Kriegswaffen an und stellt somit typisches Verwaltungsunrecht dar, dessen

---

[1] Vgl. allerdings die allesamt durch die Gesetzesänderung 2011, BGBl. I S. 1595, neu geschaffen Ordnungswidrigkeiten in § 22a Abs. 1 Nr. 3 Alt. 3 Nr. 7 und Abs. 2, die an ein Fehlen der Genehmigung anknüpfen.

Ahndung als Straftat unangemessen wäre.[2] Auffallend ist in diesem Zusammenhang, dass nicht jeder Verstoß gegen eine Vorschrift des Kriegswaffenrechts als Straftat oder Ordnungswidrigkeit eingestuft wird. So bleiben ua Verstöße gegen § 12 Abs. 1 Nr. 1 KrWaffG (Pflichten im Verkehr mit Kriegswaffen) sowie gegen die §§ 9 Abs. 1 S. 2 (Pflicht zur unverzüglichen Vornahme von Eintragungen ins Kriegswaffenbuch), 11 Abs. 1 (Pflicht zur Aufbewahrung des Kriegswaffenbuches), 11 Abs. 2 (Aufbewahrung von Genehmigungsurkunden), 12 Abs. 1 (Meldung an die Behörde, dass eine Genehmigung nicht oder nur teilweise ausgenutzt wird) der 2. DVO zum KrWaffG ohne Sanktion.[3] Infolge des Anknüpfens an eine Genehmigung stellen auch diese durchgehend Sonderdelikte dar. Wirken mehrere Personen bei der Begehung der Ordnungswidrigkeit zusammen, sind §§ 9, 14 OWiG zu beachten.

II. Einzelne Ordnungswidrigkeiten des Abs. 1

Abgestuft nach dem Unrechtsgehalt sind in § 22b in Abs. 1 einerseits sowie in Abs. 4 andererseits verschiedene Ordnungswidrigkeitstatbestände normiert. Dabei kann das das ordnungswidrige Verhalten in Abs. 1 und Abs. 3 sowohl vorsätzlich als auch fahrlässig begangen werden.

1. Zuwiderhandeln gegen eine Auflage im Zusammenhang mit einer kriegswaffenrechtlichen Genehmigung gem. § 10 Abs. 1 (Abs. 1 Nr. 1). Durch das KrWaffG wird jeglicher Umgang mit Kriegswaffen (Herstellung, Erwerb, Ausübung der tatsächlichen Gewalt, Überlassung, Beförderung etc) von der Erteilung einer Genehmigung abhängig gemacht. Diese kann nach § 10 mit Auflagen versehen werden, ein Verstoß gegen eine solche Auflage wird als Ordnungswidrigkeit nach § 22b Abs. 1 Nr. 1 geahndet. Die hier in Bezug genommene Vorschrift lautet:

§ 10 Inhalt und Form der Genehmigung

(1) Die Genehmigung kann inhaltlich beschränkt, befristet und mit Auflagen verbunden werden.

(2) ¹Nachträgliche Befristungen und Auflagen sind jederzeit zulässig. ²§ 9 gilt entsprechend.[4]

(3) ¹Die Genehmigung bedarf der Schriftform; sie muß Angaben über Art und Menge der Kriegswaffen enthalten. ²Die Genehmigung zur Herstellung der in Teil B der Kriegswaffenliste genannten Kriegswaffen kann ohne Beschränkung auf eine bestimmte Menge, die Genehmigung zur Beförderung von Kriegswaffen kann ohne Beschränkung auf eine bestimmte Art und Menge erteilt werden.

Die Auflagen[5] können ihrem Inhalt nach sehr unterschiedlich sein, weswegen ein Verstoß stets nur nach dem Inhalt der jeweiligen Auflage im Einzelfall beurteilt werden kann. Dabei muss es sich jeweils um Auflagen im rechtstechnischen Sinne handeln, dh um erzwingbare hoheitliche Anordnungen, die selbstständig zum Hauptinhalt des Verwaltungsaktes (hier: der Genehmigung) hinzutreten.[6] Dies setzt voraus, dass die Auflage hinreichend **bestimmt** ist, der Adressat also erkennen und verstehen kann, was von ihm verlangt wird.[7] Zu beachten ist aber, dass nicht nur die völlige Nichtbeachtung der Auflage, sondern auch ihre nicht rechtzeitige oder nur unvollständige Erfüllung erfasst wird. Da in letzteren Fällen allerdings ein geringeres Unrecht verwirklicht wird als bei der völligen Nichtbeachtung, ist dies bei

---

[2] Vgl. BR-Drs. 329/59, 25; Erbs/Kohlhaas/*Lampe* K 189, § 22b Rn. 1; *Pathe/Wagner* in *Bieneck*, § 45 Rn. 3; Steindorf/*Heinrich* Rn. 1.

[3] Vgl. hierzu auch den Entwurf eines Dritten Gesetzes zur Änderung des Waffengesetzes (BT-Drs. 11/1556, 25, 54), der eine Erweiterung der Ordnungswidrigkeitentatbestände vorsah. So sollte ua das Erschleichen von Genehmigungen als Ordnungswidrigkeit geahndet werden, wenn dieses Verhalten nicht bereits eine Straftat nach § 22a darstellt.

[4] § 9 enthält eine Regelung für die Entschädigung im Falle des Widerrufs einer erteilten Genehmigung. Vom Abdruck wurde abgesehen, da die Vorschrift strafrechtlich ohne Bedeutung ist.

[5] Vgl. zur Begriffsbestimmung § 36 Abs. 2 Nr. 4 VwVfG. Hiernach versteht man unter einer Auflage eine „Bestimmung, durch die dem Begünstigten ein Tun, Dulden oder Unterlassen vorgeschrieben wird"; aus der Rspr. VG Berlin 8.4.2003 – 1 A 57/02, NJW 2004, 626.

[6] Erbs/Kohlhaas/*Lampe* K 189, § 22b Rn. 2; Steindorf/*Heinrich* Rn. 2.

[7] Erbs/Kohlhaas/*Lampe* K 189, § 22b Rn. 2; *Pathe/Wagner* in *Bieneck*, § 45 Rn. 7; Steindorf/*Heinrich* Rn. 2.

5   Nicht zu verwechseln ist die **Auflage** nach § 10 Abs. 1 mit einer nach derselben Vorschrift möglichen **Befristung** der Genehmigung. Wird die Genehmigung in zeitlicher Hinsicht überschritten, dann handelt der Täter **ohne Genehmigung** und begeht eine Straftat nach § 22a. Gleiches gilt, wenn die Genehmigung nach § 7 widerrufen wird. Von der „echten" Auflage ebenfalls zu unterscheiden sind Bedingungen, inhaltliche Beschränkungen oder sog. „modifizierende" Auflagen. Wird hiergegen verstoßen liegt ebenfalls ein Handeln **ohne Genehmigung** mit den entsprechenden strafrechtlichen Konsequenzen vor.[10]

6   Notwendig ist jedoch – obwohl dies im Tatbestand im Gegensatz zB zu § 53 Abs. 1 Nr. 4 WaffG nicht eigens erwähnt ist –, dass der die Auflage enthaltene Verwaltungsakt **vollziehbar** ist (dies wird insbes. relevant für die nach § 10 Abs. 2 zulässige nachträgliche Auflagenerteilung).[11] Eine Vollziehbarkeit liegt dann vor, wenn der Verwaltungsakt entweder unanfechtbar, dh bestandskräftig geworden ist oder nach § 80 Abs. 2 Nr. 4 VwGO für sofort vollziehbar erklärt wurde. Unerheblich ist dabei, ob die Auflage unter formellen oder sachlichen Mängeln leidet und deswegen anfechtbar ist. Sie ist – bei noch anfechtbaren Auflagen, die aber für sofort vollziehbar erklärt wurden – zunächst, bei rechtskräftig gewordenen Auflagen sogar dauerhaft rechtswirksam und muss daher vom Adressaten beachtet werden. Anders ist es lediglich dann, wenn der die Auflage enthaltene Verwaltungsakt infolge schwerwiegender und unheilbarer Mängel nichtig ist.

7   **2. Zuwiderhandeln gegen die Pflicht zur ordnungsgemäßen Führung des Kriegswaffenbuches gem. § 12 Abs. 2 (Abs. 1 Nr. 2).** Nach **§ 12 Abs. 2** haben die hier genannten Personen die Pflicht, ein Kriegswaffenbuch zu führen. Der Verstoß gegen diese Pflicht wird als Ordnungswidrigkeit nach § 22b Abs. 1 Nr. 2 geahndet. Die hier in Bezug genommene Vorschrift lautet:

> **§ 12 Abs. 2 Pflichten im Verkehr mit Kriegswaffen**
>
> (2) ¹Wer Kriegswaffen herstellt, befördern läßt oder selbst befördert oder die tatsächliche Gewalt über Kriegswaffen von einem anderen erwirbt oder einem anderen überläßt, hat ein Kriegswaffenbuch zu führen, um den Verbleib der Kriegswaffen nachzuweisen. ²Dies gilt nicht in den Fällen des § 5 Abs. 1 und 2 sowie für Beförderungen in den Fällen des § 5 Abs. 3 Nr. 2.

8   Die Pflicht des § 12 Abs. 2 trifft denjenigen, der als Inhaber einer Genehmigung Kriegswaffen herstellt (§ 2 Abs. 1), befördern lässt (§ 3 Abs. 1), selbst befördert (§ 3 Abs. 2), die tatsächliche Gewalt von einem anderen erwirbt (§ 2 Abs. 2) oder diese einem anderen überlässt.[12] Ausnahmen von der Pflicht zur Führung eines Kriegswaffenbuches gelten nach § 12 Abs. 2 S. 2 lediglich für die Fälle des § 5 Abs. 1 (Aufsicht- und Beschäftigungsverhältnis),[13] Abs. 2 (Beförderung von Kriegswaffen) sowie Abs. 3 Nr. 2 (Erwerb zur Überlassung an die Bundeswehr).[14]

9   Ordnungswidrig handelt derjenige, der das Kriegswaffenbuch entweder gar nicht, unrichtig oder nicht vollständig führt. Ein **Nichtführen** liegt nur vor, wenn das Führen des Buches gänzlich unterlassen wird. Eine **unrichtige** Buchführung liegt vor, wenn der Pflichtige Eintragungen oder Streichungen im Kriegswaffenbuch vornimmt, die sich mit den tatsächlichen Vorgängen nicht decken.[15] **Unvollständigkeit** hingegen liegt vor, wenn der Pflichtige

---

[8] Erbs/Kohlhaas/*Lampe* K 189, § 22b Rn. 2; *Pottmeyer* Rn. 5; Steindorf/*Heinrich* Rn. 2. Im Falle der bloßen „Unpünktlichkeit" kann die Verwaltungsbehörde auch von § 56 OWiG (Verwarnung mit Verwarnungsgeld) oder der Einstellung nach § 47 OWiG Gebrauch machen.
[9] *Pottmeyer* Rn. 4.
[10] Vgl. hierzu Erbs/Kohlhaas/*Lampe* K 189, § 22b Rn. 2; *Pottmeyer* Rn. 3; Steindorf/*Heinrich* Rn. 2.
[11] Vgl. Erbs/Kohlhaas/*Lampe* K 189, § 22b Rn. 2; *Pottmeyer* Rn. 4; Steindorf/*Heinrich* Rn. 2.
[12] Vgl. zu den Begriffen des „Herstellens" → § 22a Rn. 37; des Befördern-Lassens bzw. Selbst-Beförderns → § 22a Rn. 47; des „Erwerbens" → § 22a Rn. 41 und des „Überlassens" → § 22a Rn. 42.
[13] § 5 Abs. 1 ist abgedruckt → § 22a Rn. 22.
[14] § 5 Abs. 2 und Abs. 3 sind abgedruckt → § 22a Rn. 43.
[15] Zu Beispielen vgl. *Pottmeyer* Rn. 6.

wesentliche Eintragungen (teilweise) unterlässt, dh bestimmte eintragungspflichtige Vorgänge nicht erfasst werden.[16] In der Regel wird zwar bei der unrichtigen sowie der unvollständigen Buchführung ein geringeres Unrecht verwirklicht werden als beim vollständigen Unterlassen der Führung eines Buches, was dann wiederum bei der Bemessung der zu verhängende Geldbuße zu berücksichtigen ist.[17] Entscheidendes Gewicht wird hier jedoch der subjektiven Komponente zuzumessen sein. So rechtfertigt die bewusste Falschführung sicherlich die Festsetzung einer höheren Geldbuße als die nur fahrlässige völlige Nichtführung.[18]

Zu beachten ist in diesem Zusammenhang noch der auf der Grundlage der Ermächtigungsvorschrift des § 12 Abs. 7 erlassene § 9 der 2. DVO zum KrWaffG.[19] Hier finden sich nähere Vorschriften über die Führung und den Inhalt des Kriegswaffenbuches, die im Hinblick auf die Unvollständigkeit und Unrichtigkeit der Buchführung Bedeutung erlangen können. Allerdings finden sich hierin auch Pflichten, deren Verstoß **nicht sanktioniert** wird, so zB die Regelung des § 9 Abs. 1 S. 2 der 2. DVO zum KrWaffG, wonach die Eintragungen **unverzüglich** vorzunehmen sind.[20] Die „nicht rechtzeitige" Vornahme von Eintragungen im Kriegswaffenbuch wird somit nicht sanktioniert.[21] Nach § 9 Abs. 9 der 2. DVO zum KrWaffG ist derjenige nicht verpflichtet, ein Kriegswaffenbuch zu führen, der „Kriegswaffen innerhalb des Bundesgebietes für einen anderen befördert oder Kriegswaffen außerhalb des Bundesgebietes mit deutschen Seeschiffen oder Luftfahrzeugen befördert oder im Geltungsbereich des Gesetzes keinen Wohnsitz und keine gewerbliche Niederlassung hat". 10

3. Zuwiderhandeln gegen die Pflicht, Meldungen über den Bestand an Kriegswaffen sowie dessen Veränderungen zu erstatten gem. § 12 Abs. 5 (Abs. 1 Nr. 3 Alt. 1). Nach **§ 12 Abs. 5** ist derjenige, der berechtigt ist, über Kriegswaffen zu verfügen, verpflichtet, der Behörde in bestimmten Fällen Meldungen über seinen Bestand an Kriegswaffen zu erstatten. Der Verstoß gegen diese Pflicht wird als Ordnungswidrigkeit nach § 22b Abs. 1 Nr. 3 Alt. 1 geahndet. Die hier in Bezug genommene Vorschrift lautet: 11

§ 12 Abs. 5 Pflichten im Verkehr mit Kriegswaffen
(5) Wer berechtigt ist, über Kriegswaffen zu verfügen, hat der zuständigen Überwachungsbehörde den Bestand an Kriegswaffen sowie dessen Veränderungen unter Angabe der dazu erteilten Genehmigungen innerhalb der durch Rechtsvorschrift oder durch Anordnung der zuständigen Überwachungsbehörde bestimmten Fristen zu melden.

Hinsichtlich des Meldezeitpunkts ist der auf der Grundlage der Ermächtigungsvorschrift des § 12 Abs. 7 erlassene **§ 10 Abs. 2 der 2. DVO** zum KrWaffG[22] bedeutsam: 12

§ 10 Abs. 2 der 2. DVO zum KrWaffG
(2) ¹Jede Bestandsveränderung und die am 31. März und 30. September eines jeden Jahres (Meldestichtage) vorhandenen Kriegswaffenbestände sind dem Bundesamt für Wirtschaft und Ausfuhrkontrolle (BAFA) nach Waffentypen getrennt und mit den in § 9 Abs. 4 und 5 vorgeschriebenen Angaben binnen zwei Wochen nach den Meldestichtagen zu melden. ²Dieser Meldepflicht genügt, wer eine Durchschrift oder Ablichtung der einzelnen Blätter des Kriegswaffenbuches übersendet oder gegebenenfalls mitteilt, daß seit dem letzten Meldestichtag keine Bestandsveränderung eingetreten ist.

Weitere Meldepflichten – die jedoch nicht von § 12 Abs. 5 erfasst und daher auch nicht bußgeldbewehrt sind[23] – ergeben sich aus § 6 des Ausführungsgesetzes zum KSE-Vertrag.[24] 13

---

[16] Vgl. hierzu *Pottmeyer* Rn. 6.
[17] *Pottmeyer* Rn. 6; auch Steindorf/*Heinrich* Rn. 3.
[18] Erbs/Kohlhaas/*Lampe* K 189, § 22b Rn. 3; Steindorf/*Heinrich* Rn. 3.
[19] Vgl. → Vor § 1 Rn. 8. Von einem Abdruck dieser Vorschrift wurde aus Platzgründen abgesehen.
[20] → Rn. 1.
[21] So auch *Fehn/Fehn* in Achenbach/Ransiek, 2. Aufl., Rn. 95; *Pathe/Wagner* in Bieneck, § 45 Rn. 11; Steindorf/*Heinrich* Rn. 3.
[22] Vgl. hierzu → Vor § 1 Rn. 8.
[23] *Pathe/Wagner* in Bieneck, § 45 Rn. 15.
[24] Vgl. das Gesetz zum Vertrag vom 19.11.1990 über konventionelle Streitkräfte in Europa (KSE-Vertrag) vom 24.1.1992 sowie das Ausführungsgesetz zu dem Vertrag vom 19.11.1990 über konventionelle Streitkräfte in Europa vom 24.1.1992, BGBl. II S. 1154 (Gesetz), BGBl. I S. 181 (Ausführungsgesetz). Der Vertrag ist in Kraft getreten am 9.11.1992, vgl. die Bekanntmachung vom 10.11.1992, BGBl. II S. 1175.

Ferner kann sich eine solche Meldepflicht aus einer Anordnung der zuständigen Behörde im Einzelfall (dh durch Verwaltungsakt) ergeben.

14 Ordnungswidrig handelt, wer als Pflichtiger die erforderlichen Angaben über den Bestand entweder **gar nicht** oder aber **unrichtig, nicht vollständig** oder **nicht rechtzeitig**, dh nicht innerhalb der vorgeschriebenen Frist[25] vornimmt. Nicht vollständig ist die Angabe zB dann, wenn der Meldepflichtige einen geringeren Bestand angibt, als tatsächlich vorhanden ist. Täter kann naturgemäß nur derjenige sein, der überhaupt verpflichtet ist, ein Kriegswaffenbuch zu führen (vgl. § 12 Abs. 2)[26] und zugleich auch berechtigt ist, über Kriegswaffen zu **verfügen**, dh eine Genehmigung zum Überlassen von Kriegswaffen nach § 2 Abs. 2 besitzt.[27] Der bloße berechtigte Erwerb (= das Gegenstück zum Überlassen und damit zum „Verfügen") oder die berechtigte Ausübung der tatsächlichen Gewalt von Kriegswaffen ist hiervon nicht erfasst.[28]

15 **4. Zuwiderhandeln gegen die Pflicht, Anzeigen in den Fällen des genehmigungsfreien Umgangs mit Kriegswaffen zu erstatten gem. § 12 Abs. 6 (Abs. 1 Nr. 3 Alt. 2).** Da nach § 2 Abs. 2 nur der derivative Erwerb einer Kriegswaffe der Genehmigungspflicht unterliegt[29] kann in bestimmten Fällen eine Kriegswaffe auch ohne Genehmigung (originär) erworben werden. Gleiches gilt hinsichtlich des Verlustes der tatsächlichen Gewalt über eine Kriegswaffe, wenn diese nicht einem anderen überlassen (vgl. § 2 Abs. 2), sondern zB verloren wird. In diesen Fällen muss der Betroffene den Erwerb bzw. den Verlust der Waffe jedoch nach § 12 Abs. 6 der Behörde anzeigen.[30] Der Verstoß gegen diese Pflicht wird als Ordnungswidrigkeit nach § 22b Abs. 1 Nr. 3 Alt. 2 geahndet. Allerdings ist darauf hinzuweisen, dass derjenige, der eine Anzeigepflicht nach § 12 Abs. 6 **Nr. 1** besitzt (dh derjenige, der die tatsächliche Gewalt über Kriegswaffen als Erwerber von Todes wegen, Finder oder in ähnlicher Weise, also zB als Hersteller erlangt), bereits von der Strafnorm des § 22a Abs. 1 Nr. 6 Buchst. b (Ausübung der tatsächlichen Gewalt über eine Kriegswaffe ohne die erforderliche Anzeige nach § 12 Abs. 6 Nr. 1 zu erstatten) erfasst wird,[31] so dass die Verletzung der Anzeigepflicht in diesen Fällen nicht eigenständig als Ordnungswidrigkeit zu ahnden ist. Daher werden hier nur diejenigen erfasst, die ihre Anzeigepflicht nach § 12 Abs. 6 Nr. 2–4 verletzen.

16 Täter können also nur diejenigen sein, die als Insolvenzverwalter, Zwangsverwalter oder in ähnlicher Weise[32] die tatsächliche Gewalt über Kriegswaffen erlangen (Nr. 2), die die tatsächliche Gewalt über Kriegswaffen verlieren (Nr. 3) oder die Kenntnis vom Verbleib einer Kriegswaffe erlangen, über die niemand die tatsächliche Gewalt ausübt (Nr. 4). Der Begriff des „Verlustes" ist hier weit zu fassen und schließt sämtliche Fälle mit ein, in denen dem bisherigen Besitzer die tatsächliche Gewalt ohne seinen Willen abhanden kommt, also zB auch durch Diebstahl.[33] Der Täter muss die Anzeige wiederum entweder **gar nicht** oder aber **unrichtig, nicht vollständig** oder **nicht rechtzeitig** (dh nicht „unverzüglich", also ohne schuldhaftes Zögern, § 12 Abs. 6 S. 1 KrWaffG iVm § 121 Abs. 1 S. 1 BGB) erstatten.

17 **5. Zuwiderhandeln gegen die Pflicht, Kriegswaffen auch als Erbe oder Finder etc im Inland nur mit Genehmigung selbst zu befördern gem. § 12 Abs. 6 Nr. 1**

---

[25] Vgl. hierzu näher *Pottmeyer* § 12 Rn. 60; Steindorf/*Heinrich* Rn. 3.
[26] Die Vorschrift ist abgedruckt → Rn. 7.
[27] *Pathe/Wagner in Bieneck*, § 45 Rn. 14.
[28] *Hinze*, 39. EL 4/1998, § 12 Anm. 10.
[29] Die entsprechende Strafvorschrift findet sich in § 22a Abs. 1 Nr. 2; hierzu → § 22a Rn. 41.
[30] Die Vorschrift des § 12 Abs. 6 ist abgedruckt → § 22a Rn. 75.
[31] Hierzu → Rn. 75 ff.
[32] Gedacht ist hierbei in erster Linie an den Gerichtsvollzieher, der eine Kriegswaffe pfändet; vgl. BT-Drs. 8/1614, 17; *Pottmeyer* § 12 Rn. 83. Dieser benötigt demnach keine (Erwerbs-)Genehmigung nach § 2 Abs. 2, es ist jedoch eine Beförderungsgenehmigung nach § 3 Abs. 1 erforderlich.
[33] *Pottmeyer* § 12 Rn. 84; aM *Hinze* 39. EL 4/1998, § 12 Anm. 13, der hier nur den Verlust iS des §§ 965 ff. BGB erfasst sehen will.

II. Kriegswaffenkontrollgesetz

iVm § 3 Abs. 2 (Abs. 1 Nr. 3 Alt. 3). Wer Kriegswaffen im Inland außerhalb eines abgeschlossenen Geländes befördern will, bedarf einer Genehmigung nach § 3 Abs. 2. Ein Verstoß hiergegen ist strafbar nach § 22a Abs. 1 Nr. 3.[34] Dies gilt auch für denjenigen, der als Erbe, Finder oder auf ähnliche Weise die tatsächliche Gewalt über eine Kriegswaffe erlangt. Dieser ist lediglich insoweit privilegiert, als er zur Erlangung der tatsächlichen Gewalt keiner Genehmigung bedarf (denn er erwirbt nicht „von einem anderen"; vgl. § 2 Abs. 2[35]) und ihn in diesen Fällen lediglich eine Anzeigepflicht nach § 12 Abs. 6 Nr. 1 trifft (deren Verletzung allerdings ebenfalls – und zwar nach § 22a Abs. 1 Nr. 6 Buchst. b[36] – strafbewehrt ist). Diese Privilegierung bezieht sich jedoch nicht auf die Beförderung im Inland. In der Praxis zeigte sich nun, dass, dass es immer wieder vorkam, dass die betreffenden Personen, um ihrer Anzeigepflicht nachzukommen, die Kriegswaffen – selbstverständlich ohne zuvor erteilte Genehmigung – mit zur Polizei nahmen.[37] Da der Gesetzgeber dieses Verhalten nicht als strafwürdig ansah, nahm er diese Fälle durch Gesetzesänderung von 24.7.2011[38] von der Strafbarkeit aus, indem er in diese Norm den Zusatz einfügte: „[Die Strafvorschrift] gilt nicht für Selbstbeförderungen in den Fällen des § 12 Absatz 6 Nummer 1 […]." Statt als Straftat wurde ein solches Verhalten nunmehr lediglich als Ordnungswidrigkeit nach § 22b Abs. 1 Nr. 3 eingestuft. Hinzuweisen ist in diesem Zusammenhang allerdings darauf, dass eine solche Privilegierung lediglich in Fällen der Selbstbeförderung gilt. Vom Wortlaut her ist sie allerdings auch dann anwendbar, wenn der Täter seiner Anzeigepflicht als Erbe oder Finder etc nach § 12 Abs. 1 Nr. 1 nicht nachgekommen ist. Zwar macht er sich in diesen Fällen nach § 22a Abs. 1 Nr. 6 Buchst. b[39] strafbar, zu Problemen könnte diese Regelung aber dann führen, wenn diese Straftat verjährt ist (in diesen Fällen kommt auch der Auffangtatbestand des § 22a Abs. 1 Nr. 6 Buchst. a nicht zur Anwendung, da dieser einen vorherigen derivativen Erwerb voraussetzt, hier aber ein originärer Erwerb vorlag[40]). Auch in diesen Fällen kann eine anschließende Beförderung im Bundesgebiet nur als Ordnungswidrigkeit verfolgt werden.

6. Zuwiderhandeln gegen eine im Zusammenhang mit einer Ausnahmegenehmigung erteilten Auflage gem. § 12 Abs. 6 S. 4 oder 5 (Abs. 1 Nr. 3 Alt. 4). Erlangt jemand als Erwerber von Todes wegen, als Finder oder in ähnlicher Weise die tatsächliche Gewalt über eine Kriegswaffe,[41] so ist dieser Erwerb nach § 2 Abs. 2 zwar nicht genehmigungspflichtig, der Betroffene muss den Erwerb nach § 12 Abs. 6 S. 1 jedoch der zuständigen Behörde anzeigen (ein Verstoß ist strafbewehrt nach §§ 22a. Abs. 1 Nr. 6 Buchst. b)[42] und die Kriegswaffe innerhalb einer bestimmten Frist unbrauchbar machen oder einem Berechtigten überlassen (§ 12 Abs. 6 S. 2). Von dieser Pflicht zur Unbrauchbarmachung oder zur Überlassung an einen Erwerbsberechtigten kann die Überwachungsbehörde nach § 12 Abs. 6 S. 3 jedoch Ausnahmen zulassen,[43] die wiederum befristet oder mit Auflagen und Bedingungen verbunden werden können (§ 12 Abs. 6 S. 4). Als mögliche Auflagen können zB Maßnahmen angeordnet werden, die sicherstellen sollen, dass die Kriegswaffe nicht abhandenkommt oder durch Unbefugte verwendet wird.[44] Sanktioniert wird nun über § 22b Abs. 1 Nr. 3 Alt. 3 nur ein Zuwiderhandeln gegen **Auflagen.** Wird die Ausnahmegenehmigung dagegen befristet oder bedingt erteilt, so liegt mit Ablauf der Frist oder Eintritt der Bedingung keine Ausnahmegenehmigung mehr vor mit der Folge, dass der Täter ab diesem Zeitpunkt die

---

[34] Hierzu → § 22a Rn. 45 ff.
[35] Hierzu → § 22a Rn. 39 ff.
[36] Hierzu → § 22a Rn. 75 ff., hier ist auch die Vorschrift des § 12 Abs. 6 abgedruckt.
[37] BT-Drs. 17/5262, 17.
[38] BGBl. I S. 1595 (1597).
[39] Hierzu → § 22a Rn. 75 ff.
[40] Hierzu → § 22a Rn. 74.
[41] Zum Begriff der Ausübung der tatsächlichen Gewalt → WaffG § 1 Rn. 152 ff. und → § 22a Rn. 73.
[42] Hierzu → § 22a Rn. 75 ff.; hier ist auch die Vorschrift des § 12 Abs. 6 abgedruckt.
[43] Die Erteilung von Ausnahmen ist an strenge Bedingungen geknüpft und wird nur in seltenen Fällen möglich sein; vgl. BT-Drs. 8/1614, 17.
[44] Vgl. *Pottmeyer* § 12 Rn. 97.

tatsächliche Gewalt über die Kriegswaffe (wieder) unbefugt ausübt. Dies hat aber wiederum nur zur Folge, dass er die Waffe innerhalb einer von der Behörde zu bestimmenden Frist unbrauchbar zu machen oder einem Erwerbsberechtigten zu überlassen hat. Kommt er dem nicht nach, so kann die Behörde diese Maßnahmen zwar im Wege des Verwaltungszwanges, §§ 6 ff. VwVfG, durchsetzen, eine weitere Sanktion knüpft sich hieran jedoch nicht.

19   Im Gegensatz zu Abs. 1 Nr. 1 ist in Nr. 3 nur davon die Rede, dass die Auflage „nicht erfüllt" wird, während in Nr. 1 bußgeldbewehrt ist, wer die Auflage „nicht, nicht vollständig oder nicht rechtzeitig erfüllt". Eine sachliche Änderung dürfte dies allerdings nicht bedeuten. Wiederum ist auch hier entscheidend, dass die Auflage vollziehbar ist, was insbes. bei nachträglichen Auflagen von Bedeutung sein kann.[45]

20   **7. Zuwiderhandlung gegen Rechtsverordnungen (Abs. 1 Nr. 3a).** Die im Jahre 1994 eingefügte Vorschrift[46] normiert einen Bußgeldtatbestand für das Zuwiderhandeln gegen eine nach § 12a Abs. 1 S. 1 (Besondere Meldepflichten im Zusammenhang mit der Ein- und Ausfuhr von Kriegswaffen des Teil B der Kriegswaffenliste) oder § 13a (Unbrauchbar gemachte Kriegswaffen) erlassene Rechtsverordnung, soweit diese für einen bestimmten Tatbestand auf § 22b Abs. 1 Nr. 3a verweist. In Umsetzung der Ermächtigung des § 12a Abs. 1 S. 1 wurde die Verordnung über Meldepflichten bei der Einfuhr und Ausfuhr bestimmter Kriegswaffen (Kriegswaffenmeldeverordnung – KWMV) vom 24.1.1995[47] und in Umsetzung der Ermächtigung des § 13a S. 3 die Verordnung über den Umgang mit unbrauchbar gemachten Kriegswaffen v. 1.7.2004 erlassen.[48] Zu melden ist hiernach allerdings im Wesentlichen nur das, was ohnehin der Meldepflicht nach § 12 Abs. 2 und Abs. 5 iVm §§ 9, 10 der 2. DVO zum KrWaffG zu melden ist, die Regelungen stellen insoweit keine materielle Rechtsänderung dar.[49] Die Vorschriften enthalten folgende Regelungen:

§ 1 KWMV Allgemeine Meldepflichten

(1) Unternehmen, die nach § 2 dieser Rechtsverordnung meldepflichtige Kriegswaffen gemäß § 3 Abs. 3 in Verbindung mit Abs. 1 oder 2 des Gesetzes über die Kontrolle von Kriegswaffen in das Bundesgebiet einführen oder aus dem Bundesgebiet ausführen, haben dem Bundesamt für Wirtschaft und Ausfuhrkontrolle (BAFA) schriftlich Anzahl, Kriegswaffennummer, Typenbezeichnung, Datum der Ein- oder Ausfuhr sowie bei der Einfuhr den Verwendungszweck und bei der Ausfuhr den Verwendungszweck und das Bestimmungsland zu melden.

(2) Die Meldungen sind spätestens bis zum Ablauf der sechsten Woche eines Kalenderjahres für das vorangegangene Kalenderjahr, erstmals für das Jahr 1994, zu erstatten.

§ 2 KWMV Meldepflichtige Kriegswaffen

(1) Kriegswaffen der folgenden Kategorien unterliegen der Meldepflicht:
1. Kampfpanzer der Nummer 24 der Kriegswaffenliste mit einem Leergewicht von mindestens 16,5 metrische t und einer Panzerkanone mit einem Kaliber von mindestens 75 mm,
2. gepanzerte Kampffahrzeuge der Nummer 25 der Kriegswaffenliste, die entweder für den Transport einer Infanteriegruppe von mindestens 4 Soldaten oder mit einer Rohrwaffe von mindestens 12,5 mm Kaliber oder mit einer Abfeuereinrichtung für Flugkörper ausgerüstet sind,
3. Kanonen, Haubitzen, Mörser der Nummer 31 der Kriegswaffenliste sowie Mehrfachraketenwerfer der Nummern 10 und 11 der Kriegswaffenliste mit einem Kaliber von jeweils mindestens 100 mm,
4. Kampfflugzeuge der Nummer 13 der Kriegswaffenliste,
5. Kampfhubschrauber der Nummer 14 der Kriegswaffenliste,
6. Kriegsschiffe der Nummern 17 bis 22 der Kriegswaffenliste mit einer typenmäßigen Wasserverdrängung von mindestens 750 metrische t oder Ausrüstung mit Flugkörpern oder Torpedos von mindestens 25 km Reichweite,

---

[45] Vgl. darüber hinaus zur Nichterfüllung von Auflagen → Rn. 4 ff.
[46] Eingefügt durch Gesetz vom 9.8.1994, BGBl. I S. 2068 (2070).
[47] Kriegswaffenmeldeverordnung vom 24.1.1995, BGBl. I S. 92 (FNA 190-1-5); hierzu → Vor § 1 Rn. 12.
[48] Verordnung über den Umgang mit unbrauchbar gemachten Kriegswaffen vom 1.7.2004, BGBl. I S. 1448 (FNA 190-1-6); hierzu → Vor § 1 Rn. 13.
[49] *Fehn/Fehn* in *Achenbach/Ransiek* 2. Aufl., Rn. 99; Hohmann/John/*Pietsch* Teil 5, § 22b Rn. 5; *Pathe/Wagner* in *Bieneck*, § 45 Rn. 21.

7. Flugkörper der Nummern 7 bis 9 der Kriegswaffenliste mit einer Reichweite von mindestens 25 km, ausgenommen Boden-Luft-Flugkörper; Abfeuereinrichtungen der Nummern 10 und 11 der Kriegswaffenliste für solche Flugkörper.

(2) [1]Der Meldepflicht unterliegen auch nicht zusammengebaute oder zerlegte Kriegswaffen nach Absatz 1. [2]Werden Kriegswaffenteile nach und nach ein- oder ausgeführt, unterliegt die Gesamtwaffe der Meldepflicht, wenn das letzte Teil ein- oder ausgeführt wird.

§ 3 KWMV Meldepflichten nach § 7 des Ausführungsgesetzes zum Übereinkommen über das Verbot des Einsatzes, der Lagerung, der Herstellung und der Weitergabe von Antipersonenminen und über deren Vernichtung vom 3. Dezember 1997

(1) Unternehmen oder Privatpersonen, die Antipersonenminen im Sinne von Absatz 2 in ihrem Eigentum oder Besitz haben oder in sonstiger Weise die tatsächliche Gewalt über sie ausüben, haben dem Bundesamt für Wirtschaft und Ausfuhrkontrolle (BAFA) Meldungen abzugeben über
1. die Gesamtzahl aller gelagerten Antipersonenminen, aufgeschlüsselt nach Art und Menge und wenn möglich unter Angabe der Losnummern jeder Art von gelagerten Antipersonenminen,
2. die Art, Menge und nach Möglichkeit über die Losnummern aller für die Entwicklung von Verfahren zur Minensuche, Minenräumung und Minenvernichtung und die Ausbildung in diesen Verfahren zurückbehaltenen oder weitergegebenen oder zum Zweck der Vernichtung weitergegebenen Antipersonenminen,
3. den Stand der Programme zur Vernichtung von Antipersonenminen, einschließlich ausführlicher Methoden, die bei der Vernichtung nach Artikel 4 des Übereinkommens über das Verbot des Einsatzes, der Lagerung, der Herstellung und der Weitergabe von Antipersonenminen und über deren Vernichtung vom 3. Dezember 1997 angewandt werden, die Lage aller Vernichtungsstätten und die zu beachtenden einschlägigen Sicherheits- und Umweltschutznormen,
4. die Art und Menge aller Antipersonenminen, die seit dem 1. März 1999 nach Artikel 4 des Übereinkommens über das Verbot des Einsatzes, der Lagerung, der Herstellung und der Weitergabe von Antipersonenminen und über deren Vernichtung vom 3. Dezember 1997 vernichtet worden sind, aufgeschlüsselt nach der Menge der einzelnen Arten und nach Möglichkeit unter Angabe der Losnummern der einzelnen Arten von Antipersonenminen,
5. die technischen Merkmale jeder hergestellten Art von Antipersonenminen, soweit sie bekannt sind, und die Weitergabe von Informationen, die geeignet sind, die Identifizierung und Räumung von Antipersonenminen zu erleichtern; dazu gehören zumindest die Abmessungen, die Zündvorrichtung, der Sprengstoff- und der Metallanteil, Farbfotos und sonstige Informationen, welche die Minenräumung erleichtern können.

(2) Für Antipersonenminen gilt die Begriffsbestimmung des Artikels 2 des Übereinkommens über das Verbot des Einsatzes, der Lagerung, der Herstellung und der Weitergabe von Antipersonenminen und über deren Vernichtung vom 3. Dezember 1997.

(3) Die Meldungen sind spätestens binnen 2 Wochen nach dem 31. März eines jeden Kalenderjahres für das vorangegangene Kalenderjahr, erstmals am 28. Juni 1999 abzugeben.

(4) § 2 Abs. 2 Satz 1 dieser Verordnung gilt entsprechend.

§ 4 KWMV Ordnungswidrigkeiten

Ordnungswidrig im Sinne des § 22b Abs. 1 Nr. 3a des Gesetzes über die Kontrolle von Kriegswaffen handelt, wer vorsätzlich oder fahrlässig entgegen § 1 eine Meldung nicht, nicht richtig, nicht vollständig oder nicht rechtzeitig erstattet.

§ 1 VO über den Umgang mit unbrauchbar gemachten Kriegswaffen: Gegenstand der Verordnung, Begriffsbestimmungen

(1) Diese Verordnung regelt den Umgang mit Kriegswaffen des Teils B der Anlage zum Gesetz über die Kontrolle von Kriegswaffen (Kriegswaffenliste), die unbrauchbar gemacht wurden.

(2) Umgang mit einer unbrauchbar gemachten Kriegswaffe hat, wer diese erwirbt, besitzt, überlässt, führt, verbringt, mitnimmt, herstellt, bearbeitet oder damit Handel treibt.

(3) Offen führt eine Kriegswaffe der Nummer 29, 30, 37 oder 46 der Kriegswaffenliste, die unbrauchbar gemacht wurde, wer diese für Dritte erkennbar führt.

(4) Im Übrigen gelten die Begriffsbestimmungen des Abschnitts 2 der Anlage 1 zum Waffengesetz in der jeweils geltenden Fassung entsprechend.

§ 2 VO über den Umgang mit unbrauchbar gemachten Kriegswaffen: Verbote

(1) Kindern und Jugendlichen ist der Umgang mit unbrauchbar gemachten Kriegswaffen verboten.

(2) [1]Es ist verboten, unbrauchbar gemachte Kriegswaffen, die, bevor sie unbrauchbar gemacht wurden, Kriegswaffen nach Nummer 29, 30, 37 oder 46 der Kriegswaffenliste waren, offen zu

führen. ²Dies gilt nicht für die Verwendung bei Film- oder Fernsehaufnahmen oder Theateraufführungen.

(3) Das Bundesamt für Wirtschaft und Ausfuhrkontrolle (BAFA) kann für den Einzelfall Ausnahmen von den Verboten nach den Absätzen 1 und 2 genehmigen, wenn besondere Gründe vorliegen und öffentliche Interessen nicht entgegenstehen.

§ 3 VO über den Umgang mit unbrauchbar gemachten Kriegswaffen: Bußgeldvorschrift

(1) Ordnungswidrig im Sinne des § 22b Abs. 1 Nr. 3a des Gesetzes über die Kontrolle von Kriegswaffen handelt, wer vorsätzlich oder fahrlässig entgegen § 2 Abs. 1 oder Abs. 2 mit unbrauchbar gemachten Kriegswaffen umgeht.

(2) Die Zuständigkeit für die Verfolgung und Ahndung von Ordnungswidrigkeiten nach § 3 wird auf das Bundesamt für Wirtschaft und Ausfuhrkontrolle (BAFA) übertragen.

21   **8. Zuwiderhandeln gegen die Pflicht zur ordnungsgemäßen Auskunftserteilung gem. § 14 Abs. 5 (Abs. 1 Nr. 4).** § 14 Abs. 5 enthält eine Reihe von Nebenpflichten für denjenigen, der eine Genehmigung zum Umgang mit Kriegswaffen erhalten hat. Ein Verstoß gegen diese Pflichten wird in § 22b Abs. 1 Nr. 4–6 als Ordnungswidrigkeit geahndet. Die Vorschrift des § 14 lautet:

§ 14 Überwachungsbehörden

(1) und (2) ... (betreffen Zuständigkeiten)

(3) Die Überwachungsbehörden (Absatz 1 und 2) können zur Erfüllung ihrer Aufgaben, insbesondere zur Überwachung der Bestände an Kriegswaffen und deren Veränderungen,
1. die erforderlichen Auskünfte verlangen,
2. Betriebsaufzeichnungen und sonstige Unterlagen einsehen und prüfen,
3. Besichtigungen vornehmen.

(4) ¹Die von den Überwachungsbehörden beauftragten Personen dürfen Räume und Grundstücke betreten, soweit es ihr Auftrag erfordert. ²Das Grundrecht des Artikels 13 auf Unverletzlichkeit der Wohnung wird insoweit eingeschränkt.

(5) ¹Wer einer Genehmigung nach §§ 2 bis 4a bedarf, ist verpflichtet, die erforderlichen Auskünfte zu erteilen, die Betriebsaufzeichnungen und sonstige Unterlagen zur Einsicht und Prüfung vorzulegen und das Betreten von Räumen und Grundstücken zu dulden. ²Das gleiche gilt für Personen, denen die in § 12 genannten Pflichten obliegen.

(6) Der zur Erteilung einer Auskunft Verpflichtete kann die Auskunft auf solche Fragen verweigern, deren Beantwortung ihn selbst oder einen der in § 383 Abs. 1 Nr. 1 bis 3 der Zivilprozeßordnung bezeichneten Angehörigen der Gefahr strafgerichtlicher Verfolgung oder eines Verfahrens nach dem Gesetz über Ordnungswidrigkeiten aussetzen würde.

(7) und (8) ... (betreffen Rechtsverordnungsermächtigungen)

22   Nach § 22b Abs. 1 Nr. 4 handelt ordnungswidrig, wer der Überwachungsbehörde die erforderlichen Auskünfte iS des § 14 Abs. 5 nicht erteilt. Dabei wird nicht nur die vollständige **Nichterteilung,** sondern auch die **unrichtige,** die **nicht vollständige** sowie die **nicht rechtzeitige** Erteilung der Auskünfte sanktioniert. Diese Sanktion kann allerdings nur dann greifen, wenn der Genehmigungsinhaber nicht berechtigterweise nach § 14 Abs. 6 von seinem **Auskunftsverweigerungsrecht** Gebrauch macht.[50] Im Hinblick auf die nicht rechtzeitige Erteilung von Auskünften ist zu beachten, dass eine Ahndung nur erfolgen kann, wenn das Auskunftsverlangen eine Fristsetzung enthält und der Genehmigungsinhaber diese Frist hat verstreichen lassen.[51]

23   **9. Zuwiderhandeln gegen die Pflicht zur rechtzeitigen Vorlage von Betriebsaufzeichnungen oder sonstigen Unterlagen gem. § 14 Abs. 5 (Abs. 1 Nr. 5).** Im Rahmen der umfassenden Auskunftspflicht des Genehmigungsinhabers nach § 14 Abs. 5[52] hat dieser der Behörde die hier bezeichneten Unterlagen (Betriebsaufzeichnungen und sonstige Unterlagen) zur Einsicht und Prüfung vorzulegen. Wird gegen diese Pflicht verstoßen,

---

[50] Vgl. *Pottmeyer* Rn. 8; Steindorf/*Heinrich* Rn. 5.
[51] Erbs/Kohlhaas/*Lampe* K 189, § 22b Rn. 6; Steindorf/*Heinrich* Rn. 5.
[52] Die Vorschrift des § 14 ist abgedruckt → Rn. 21.

handelt der Genehmigungsinhaber nach Abs. 1 Nr. 5 ordnungswidrig. Dabei wird auch hier nicht nur die vollständige **Nichtvorlage,** sondern auch die **nicht vollständige** sowie die **nicht rechtzeitige** Vorlage der erforderlichen Unterlagen sanktioniert. Da § 14 Abs. 5 keinen Zeitpunkt für die Vorlagepflichten benennt, ist auch hier jeweils eine Aufforderung mit Fristbestimmung seitens der zuständigen Behörde erforderlich. Erst wenn der Genehmigungsinhaber die ihm gesetzte Frist verstreichen lässt, liegt eine **nicht rechtzeitige** Vorlage der Urkunden vor.[53]

10. Zuwiderhandeln gegen die Pflicht, das Betreten von Räumen und Grund- 24 **stücken zu dulden gem. § 14 Abs. 5 (Abs. 1 Nr. 6).** Nach § 14 Abs. 4[54] haben die Überwachungsbehörden das Recht, zur Überwachung von nach dem KrWaffG genehmigungsbedürftigen Handlungen Räume und Grundstücke des Genehmigungsinhabers zu betreten. Dieser hat das Betreten nach § 14 Abs. 5 zu dulden. Handelt er dieser Duldungspflicht zuwider, begeht er eine Ordnungswidrigkeit nach § 22b Abs. 1 Nr. 6. Voraussetzung ist allerdings, dass die Behörde zuvor eine wirksame und vollziehbare **Duldungsverfügung** erlässt.[55] Vollziehbar ist die Duldungsverfügung, wenn sie entweder unanfechtbar, dh rechtskräftig geworden ist oder nach § 80 Abs. 2 Nr. 4 VwGO für sofort vollziehbar erklärt wurde.[56] Liegt eine solche vollziehbare Duldungsverfügung vor, ist bereits eine ernsthafte Weigerung des Genehmigungsinhabers, das Betreten der Räumlichkeiten zu gestatten, tatbestandsmäßig. Ein gewaltsames Leisten von Widerstand ist nicht erforderlich.[57] Auch bedarf es keiner mehrfachen Aufforderung seitens der Behörde. Die einmalige Weigerung, den zur Überwachung berechtigten Personen den Zutritt auf deren Ersuchen hin zu gestatten, genügt.[58] Eine Duldung liegt nicht vor, wenn die Behörde erst im Wege der zulässigen Verwaltungsvollstreckung gegen den Willen des Genehmigungsinhabers die Räumlichkeiten betritt.

11. Zuwiderhandeln gegen die Pflicht, nach dem WaffG 1972 „legalisierte" 25 **Kriegswaffen nur mit Genehmigung selbst zu befördern (Abs. 1 Nr. 7).** Wer Kriegswaffen im Inland außerhalb eines abgeschlossenen Geländes befördern will, bedarf einer Genehmigung nach § 3 Abs. 2. Ein Verstoß hiergegen ist strafbar nach § 22a Abs. 1 Nr. 3.[59] Dies gilt auch für denjenigen, der seine Kriegswaffen nach § 59 Abs. 4 des WaffG 1972 „legalisiert" hat, indem er die damals bestehende Möglichkeit in Anspruch nahm, seine Waffe rechtzeitig bei der Behörde anzumelden und sich hierfür eine Waffenbesitzkarte (nach altem Recht) ausstellen zu lassen. Von dieser Ausnahmeregelung sind allerdings nur tragbare Schusswaffen und Munition, die zugleich Kriegswaffen sind (zB Maschinengewehre), erfasst, die bis zum 30.6.1973 angemeldet wurden.[60] Hat er seine Kriegswaffe insoweit „legalisiert", berechtigt ihn dies jedoch nur, die tatsächliche Gewalt über die Waffe in seinem befriedeten Besitztum auszuüben. Für eine Beförderung „im Bundesgebiet außerhalb eines abgeschlossenen Geländes" bedarf er aber weiterhin einer Genehmigung nach § 3 Abs. 2. In der Praxis zeigte sich nun, dass die legalen Besitzer solcher Altwaffen diese oftmals bei einem Umzug mitnahmen, ohne für diese Beförderung zur neuen Wohnung eine Genehmigung nach § 3 Abs. 2 zu beantragen.[61] Da der Gesetzgeber dieses Verhalten nicht als strafwürdig ansah, nahm er diese Fälle durch Gesetzesänderung von 24.7.2011[62]

---

[53] *Erbs/Kohlhaas/Lampe* K 189, § 22b Rn. 6; *Hohmann/John/Pietsch* Teil 5, § 22b Rn. 6; *Pottmeyer* Rn. 9; *Steindorf/Heinrich* Rn. 5.
[54] Die Vorschrift des § 14 ist abgedruckt → Rn. 21.
[55] *Pottmeyer* Rn. 10.
[56] Vgl. näher → Rn. 6.
[57] *Beckemper* in *Achenbach/Ransiek/Rönnau* Rn. 75; *Erbs/Kohlhaas/Lampe* K 189, § 22b Rn. 6; *Pathe/Wagner* in § 45 Rn. 24; *Steindorf/Heinrich* Rn. 5, jeweils auch mit dem Hinweis, dass eine solche gewaltsame Weigerung eine zusätzliche Strafbarkeit nach § 113 StGB begründen kann.
[58] *Erbs/Kohlhaas/Lampe* K 189, § 22b Rn. 6; *Steindorf/Heinrich* Rn. 5.
[59] Hierzu → § 22a Rn. 45 ff.
[60] Ausführlich → WaffG § 57 Rn. 2 ff.
[61] BT-Drs. 17/5262, 17.
[62] BGBl. I S. 1595 (1597).

von der Strafbarkeit aus, indem er in diese Norm den Zusatz einfügte: „[Die Strafvorschrift] gilt nicht für Inhaber einer Waffenbesitzkarte für Kriegswaffen gemäß § 59 Absatz 4 des Waffengesetzes von 1972 im Rahmen von Umzugshandlungen durch den Inhaber der Erlaubnis." Statt als Straftat wurde ein solches Verhalten nunmehr lediglich als Ordnungswidrigkeit nach § 22b Abs. 1 Nr. 3 eingestuft. Wenn hiernach derjenige ordnungswidrig handelt, der als „Inhaber einer Erlaubnis gemäß § 59 Absatz 4 des Waffengesetzes von 1972 außerhalb eines befriedeten Besitztums Kriegswaffen ohne Genehmigung nach § 3 Absatz 2 selbst befördert", findet sich hierin zwar keine Beschränkung auf die in § 22a Abs. 1 Nr. 3 angesprochene „Umzugstätigkeit", sodass auch Fälle der sonstigen Beförderung erfasst sind, die noch dem Anwendungsbereich des § 22a Abs. 1 Nr. 3 unterfallen. Dies ist aber deswegen unschädlich, da die Strafnorm hier aufgrund § 21 Abs. 1 OWiG Vorrang besitzt.

26 **12. Fahrlässiges Zuwiderhandeln gegen die Pflicht, Kriegswaffen nicht ohne Genehmigung einzuführen, auszuführen und durchzuführen (Abs. 2 in der bis zum 31.8.2013 geltenden Fassung).** Nach § 22a Abs. 4[63] können in der Regel alle Straftaten des § 22a Abs. 1 nicht nur vorsätzlich, sondern auch fahrlässig begangen werden. Bis zum Jahre 2011 galt § 22a Abs. 1 Nr. 5 (Unerlaubte Beförderung von Kriegswaffen mit Seeschiffen oder Luftfahrzeugen) als einzige Ausnahme, da dieser Tatbestand ohnehin „absichtlich oder wissentlich" verwirklicht werden musste und daher eine Fahrlässigkeitsbestrafung widersprüchlich gewesen wäre. Durch die am 24.7.2011 vorgenommene Gesetzesänderung[64] wurde dann aber auch (vorübergehend) auf die Fahrlässigkeitsbestrafung für die in § 22a Abs. 1 Nr. 4 vorgesehenen Straftaten der unerlaubten Beförderung zur Einfuhr, Ausfuhr und Durchfuhr von Kriegswaffen verzichtet. Der Gesetzgeber begründete dies damit, dass in der Vergangenheit vielfach Fälle ungenehmigter Beförderungshandlungen zu verzeichnen waren, die auf einfache Arbeitsfehler der beteiligten Personen in den Unternehmen oder Behörden zurückzuführen waren. Die entsprechenden Verfahren wurden von der Justiz regelmäßig eingestellt. Daher erschien es dem Gesetzgeber folgerichtig, die fahrlässige ungenehmigte Beförderung von Kriegswaffen künftig nicht mehr als Straftat, sondern nur noch als Ordnungswidrigkeit zu erfassen.[65] Ein entsprechender Ordnungswidrigkeitentatbestand wurde in § 22b Abs. 2 aF eingestellt, wonach derjenige ordnungswidrig handelte, der fahrlässig Kriegswaffen einführt, ausführt, durch das Bundesgebiet durchführt, aus dem Bundesgebiet oder innerhalb des Bundesgebietes verbringt, ohne dass die hierzu erforderlich Beförderung genehmigt ist. Keine zwei Jahre später hob der Gesetzgeber diese Regelung durch Gesetz vom 6.6.2013 mit Wirkung zum 1.9.2013 jedoch wieder auf.[66] Nunmehr stellt die fahrlässige Einfuhr, Ausfuhr oder Durchfuhr von Kriegswaffen ohne Genehmigung nach § 22a Abs. 4 iVm § 22a Abs. 1 Nr. 4 wieder eine Straftat dar.[67] Der Gesetzgeber gab hierfür lediglich „systematische Gründe" an.[68]

27 **13. Zuwiderhandeln gegen die Pflicht, bei der Übergabe von Kriegswaffen zur Beförderung eine Ausfertigung der Genehmigungsurkunde zu übergeben gem. § 12 Abs. 3 (Abs. 3 Alt. 1).** Einen weiteren Ordnungswidrigkeitentatbestand mit allerdings geringerem Bußgeldrahmen enthält Abs. 3 Alt. 1, der einen Verstoß gegen § 12 Abs. 3 mit einer Geldbuße belegt. Die Vorschrift lautet:

§ 12 Abs. 3 Pflichten im Verkehr mit Kriegswaffen

(3) Wer Kriegswaffen befördern lassen will, hat bei der Übergabe zur Beförderung eine Ausfertigung der Genehmigungsurkunde zu übergeben.

28 Die Pflicht trifft somit den Auftraggeber, der einen anderen (dabei kann es sich sowohl um eigene Angestellte als auch um ein selbstständiges Beförderungsunternehmen handeln)

---
[63] Vgl. hierzu → § 22a Rn. 98 ff.
[64] BGBl. I S. 1595 (1597).
[65] BT-Drs. 17/5262, 17.
[66] Art. 2 Abs. 2 Nr. 3 des Gesetzes zur Modernisierung des Außenwirtschaftsrechts, BGBl. I S. 1482 (1494).
[67] Hierzu → § 22a Rn. 98 f.
[68] BT-Drs. 17/11127, 30.

mit der Beförderung von Kriegswaffen beauftragt. Wenn in § 12 Abs. 3 davon die Rede ist, dass in diesen Fällen eine „Ausfertigung der Genehmigungsurkunde" übergeben werden muss, so wird deutlich, dass die stattdessen übergebene und vom Beförderer mitgeführte einfache oder beglaubigte Abschrift der Genehmigungsurkunde nicht ausreicht. In diesen Fällen bietet sich allerdings eine Einstellung des Verfahrens nach § 47 Abs. 1 S. 2 OWiG an.[69]

14. Zuwiderhandeln gegen die Pflicht, bei der Beförderung von Kriegswaffen 29 **eine Ausfertigung der Genehmigungsurkunde mit sich zu führen gem. § 12 Abs. 4 (Abs. 3 Alt. 2).** Während § 12 Abs. 3 die Pflicht zur Übergabe von Genehmigungsurkunden desjenigen normiert, der Kriegswaffen befördern lassen will, betrifft § 12 Abs. 4 Pflichten des Beförderers, der die ihm übergebenen Urkunden mitzuführen und ggf. vorzuzeigen hat. § 12 Abs. 4 lautet:

§ 12 Abs. 4 Pflichten im Verkehr mit Kriegswaffen
(4) Wer eine Beförderung von Kriegswaffen ausführt, hat eine Ausfertigung der Genehmigungsurkunde mitzuführen, den zuständigen Behörden oder Dienststellen, insbesondere den Eingangs- und Ausgangszollstellen, unaufgefordert vorzuzeigen und auf Verlangen zur Prüfung auszuhändigen.

Nach Abs. 3 Alt. 2 handelt nun derjenige ordnungswidrig, der als Beförderer von Kriegs- 30 waffen die ihm übergebene Ausfertigung der Genehmigungsurkunde nicht mit sich führt. Allein dieses Verhalten erfüllt den Tatbestand, dagegen bleibt ein Verstoß gegen die in § 12 Abs. 4 normierte Pflicht zum (unaufgeforderten) Vorzeigen und Aushändigen der Urkunden sanktionslos.[70] Hinzuweisen ist darauf, dass die Pflicht des § 12 Abs. 4 auch denjenigen trifft, der sich keines Beförderers bedient, sondern die Kriegswaffen selbst befördert.[71]

III. Bußgeldrahmen

§ 22b enthält, was die Schwere des Verstoßes angeht, zwei verschiedene Tatbestandsgrup- 31 pen. Für die Ordnungswidrigkeiten nach Abs. 1 kann eine Geldbuße von bis zu 5.000 EUR verhängt werden (vgl. Abs. 2). Dagegen ist die höchst mögliche Geldbuße bei einer Ordnungswidrigkeit nach Abs. 3 nur 1.000 EUR (=Regelbußgeldrahmen nach § 17 Abs. 1 OWiG, da der Gesetzgeber seit der Änderung 2013[72] auf die Nennung eines konkreten Betrages verzichtet).[73] Damit weicht der Bußgeldrahmen für Verstöße gegen Ordnungswidrigkeiten des Abs. 1 erheblich vom Regelbußgeldrahmen des § 17 Abs. 1 OWiG (Geldbuße bis zu 1.000 EUR) ab, was insbes. darauf zurückzuführen ist, dass es sich bei den Betroffenen überwiegend um zahlungskräftige Personen oder Unternehmen handeln wird.[74] Allerdings wird auch der durch § 22b eröffnete Bußgeldrahmen vielfach als zu niedrig kritisiert.[75] Im Hinblick auf die mögliche Höchstgrenze der Geldbuße für fahrlässiges Verhalten ist auf § 17 Abs. 2 OWiG zu verweisen, wonach dann, wenn das Gesetz – wie hier – für vorsätzliches und fahrlässiges Verhalten denselben Bußgeldrahmen vorsieht, fahrlässiges Verhalten im Höchstmaß nur mit der Hälfte des angedrohten Höchstbetrages der Geldstrafe geahndet

---

[69] Beckemper in Achenbach/Ransiek/Rönnau, Rn. 76; Erbs/Kohlhaas/Lampe K 189, § 22b Rn. 8; Steindorf/Heinrich Rn. 6.
[70] Vgl. auch Pottmeyer Rn. 12; Erbs/Kohlhaas/Lampe K 189, § 22b Rn. 8; Steindorf/Heinrich Rn. 6; allerdings war vorgesehen auch diese Verhaltensweisen künftig zu sanktionieren; vgl. den in BT-Drs. 11/1556, 25, 54 abgedruckten Gesetzentwurf eine Dritten Gesetzes zur Änderung des Waffengesetzes. Dies ist bislang jedoch noch nicht geschehen.
[71] Fehn/Fehn in Achenbach/Ransiek, 2. Aufl., Rn. 104; Hohmann/John/Pietsch Teil 5, § 22b Rn. 8; Pathe/Wagner in Bieneck, § 45 Rn. 25.
[72] Art. 2 Abs. 2 Nr. 3 lit. c des Gesetzes zur Modernisierung des Außenwirtschaftsrechts vom 6.6.2013, BGBl. I S. 1482 (1494); bis dahin betrug der Bußgeldrahmen für Verstöße gegen Abs. 3 lediglich 500 EUR.
[73] Der Bußgeldrahmen sollte nach dem Entwurf eines Dritten Gesetzes zur Änderung des Waffengesetzes wesentlich erhöht werden; vgl. BT-Drs. 11/1556, 25, 54.
[74] Erbs/Kohlhaas/Lampe K 189, § 22b Rn. 10; Steindorf/Heinrich Rn. 8.
[75] Hohmann/John/Pietsch Teil 5, § 22b Rn. 10.

werden kann. Sind mehrere Verstöße festzustellen, so wird nach § 20 OWiG für jeden Verstoß eine gesonderte Geldbuße festgesetzt.[76] Die Taten nach Abs. 1 verjähren in zwei Jahren (vgl. § 31 Abs. 2 Nr. 2 OWiG), diejenigen nach Abs. 3 in sechs Monaten (§ 31 Abs. 2 Nr. 4 OWiG). Schließlich ist noch darauf hinzuweisen, dass die Ahndung von Ordnungswidrigkeiten – im Gegensatz zu Straftaten – nach § 47 Abs. 1 OWiG im pflichtgemäßen Ermessen der Verwaltungsbehörde steht. Nach § 30 OWiG können Geldbußen auch gegen juristische Personen und Personenvereinigungen verhängt werden. Zu beachten ist schließlich auch § 130 OWiG der die vorsätzliche oder fahrlässige Verletzung von Aufsichtspflichten durch den Betriebsinhaber sanktioniert.

IV. Zuständigkeiten

32   Hinsichtlich der Zuständigkeiten zur Verfolgung und Ahndung der Ordnungswidrigkeiten ist **§ 23 KrWaffG** iVm der **Dritten VO** zur Durchführung des Gesetzes über die Kontrolle von Kriegswaffen[77] zu beachten. Wesentlich ist hier insbes. die Zuständigkeit der genannten **Bundesbehörden** (in Abweichung zur sonstigen Regelzuständigkeit der Länder bei der Verfolgung und Ahndung von Ordnungswidrigkeiten). Die einschlägigen Vorschriften lauten:

§ 23 Verwaltungsbehörden

¹Das Bundesministerium für Wirtschaft und Energie, das Bundesministerium für Verkehr und digitale Infrastruktur und das Bundesministerium der Finanzen sind, soweit sie nach § 14 Abs. 1 und 2 für die Überwachung zuständig sind, zugleich Verwaltungsbehörde im Sinne des § 36 Abs. 1 Nr. 1 des Gesetzes über Ordnungswidrigkeiten. ²§ 36 Abs. 3 des Gesetzes über Ordnungswidrigkeiten gilt entsprechend.

§ 1 3. VO zur Durchführung des Gesetzes über die Kontrolle von Kriegswaffen [Zuständigkeitsübertragung]

(1) Die Zuständigkeit des Bundesministeriums für Wirtschaft und Energie zur Verfolgung und Ahndung von Ordnungswidrigkeiten nach § 18 des Gesetzes über die Kontrolle von Kriegswaffen wird dem Bundesamt für Wirtschaft und Ausfuhrkontrolle (BAFA) übertragen.

(2) Die Zuständigkeit des Bundesministeriums der Finanzen zur Verfolgung und Ahndung von Ordnungswidrigkeiten nach § 18 des Gesetzes über die Kontrolle von Kriegswaffen wird den örtlich zuständigen Hauptzollämtern übertragen.

§ 24 Einziehung

(1) ¹Kriegswaffen, auf die sich eine Straftat nach §§ 19, 20, 21 oder 22a bezieht, können zugunsten des Bundes eingezogen werden; § 74a des Strafgesetzbuches ist anzuwenden. ²Sie werden auch ohne die Voraussetzungen des § 74 Absatz 3 Satz 1 des Strafgesetzbuches eingezogen, wenn das Wohl der Bundesrepublik Deutschland es erfordert; dies gilt auch dann, wenn der Täter ohne Schuld gehandelt hat.

(2) Die Entschädigungspflicht nach § 74b Absatz 2 und 3 des Strafgesetzbuches trifft den Bund.

1   § 24 Abs. 1 regelt die Zuständigkeit der Einziehung von Kriegswaffen, auf die sich eine Strafbarkeit nach dem KrWaffG bezieht.[1] Erfasst sind dabei sämtliche Strafnormen des

---

[76] Ansonsten gelten die allgemeinen Vorschriften des Ordnungswidrigkeitenrechts; hierzu im Hinblick auf das Kriegswaffenrecht Erbs/Kohlhaas/*Lampe* K 189, § 22b Rn. 11; Steindorf/*Heinrich* Rn. 10.
[77] Vgl. hierzu → Vor § 1 Rn. 9.
[1] Die Kommentierung gibt den Rechtszustand nach der Änderung durch das „Gesetz zur Reform der strafrechtlichen Vermögensabschöpfung" vom 13.4.2017, BGBl. I S. 872, in Kraft getreten am 1.7.2017, wieder.

II. Kriegswaffenkontrollgesetz § 24 KrWaffG

Kriegswaffenkontrollgesetzes (dh im Gegensatz zu § 74 StGB auch die Fahrlässigkeitsdelikte).[2] Ausgenommen ist hingegen der Bußgeldtatbestand des § 22b. Mangels gesonderter Anordnung (vgl. § 22 OWiG) ist hier eine Einziehung (im Gegensatz zur Einziehung des Wertes von Tatträgern; vgl. § 29a OWiG) nicht möglich. Die Vorschrift war neben den allgemeinen Einziehungsvorschriften der §§ 74 ff. StGB erforderlich, weil die Kriegswaffen im Rahmen der Straftaten nach dem KrWaffG (mit Ausnahme der ohne Genehmigung hergestellten Kriegswaffen) nicht durch die Taten „hervorgebracht" oder zu ihrer „Begehung oder Vorbereitung gebraucht worden oder bestimmt gewesen sind", sondern selbst das **Objekt** darstellen, auf das sich die Straftat bezieht (wie zB beim unerlaubten Erwerb oder dem unerlaubten Überlassen oder Befördern).[3] In diesen Fällen ist aber § 74 Abs. 1 StGB aufgrund seines eindeutigen Wortlauts nicht anwendbar (dagegen gelten die sonstigen Vorschriften der §§ 74 ff. StGB auch ohne gesonderte Verweisung, vgl. § 74 Abs. 3 S. 2 StGB; dies gilt insbes. für den Verhältnismäßigkeitsgrundsatz, § 74f StGB). Ein wesentlicher Unterschied besteht zudem darin, dass nach § 24 Abs. 1 S. 1 Hs. 2 auf die Anwendbarkeit des § 74a StGB verweist: Hiernach ist eine Einziehung in Abweichung von § 74 Abs. 3 S. 1 auch dann möglich, wenn die Kriegswaffe zur Zeit der Entscheidung nicht dem Täter oder Teilnehmer, sondern einem Dritten gehört oder zusteht, sofern dieser entweder wenigstens leichtfertig dazu beigetragen hat, dass die Kriegswaffe Mittel oder Gegenstand der Tat oder ihrer Vorbereitung gewesen ist (sog. „Beihilfeklausel"), oder die Kriegswaffe in Kenntnis der Umstände, welche die Einziehung zugelassen hätten, in verwerflicher Weise erworben hat (sog. „Erwerbsklausel").[4]

Darüber hinaus ist eine Einziehung nach Abs. 1 S. 2 auch dann möglich, wenn **das** 2 **Wohl der Bundesrepublik Deutschland** die Einziehung erfordert.[5] Es muss also keine **Gefährdung der Allgemeinheit** iS des § 74b StGB vorliegen, die nach den allgemeinen Regelungen erforderlich ist, um einen Gegenstand unabhängig von den Eigentumsverhältnissen einziehen zu können. In diesen Fällen kommt es bei täterfremden Kriegswaffen also auch nicht darauf an, ob derjenige, dem die Kriegswaffen zum Zeitpunkt der Tat gehören oder zustehen iS des § 74a leichtfertig gehandelt hat oder die Kriegswaffe bösgläubig erworben hat. In Übereinstimmung mit dem Grundsatz des § 74b Abs. 1 Nr. 1 StGB genügt auch hier auch das Vorliegen einer rechtswidrigen Tat, diese muss also nicht schuldhaft begangen worden sein. Die Einziehung ist allerdings in sämtlichen Fällen des § 24 nicht zwingend, sondern – im Gegensatz zu § 54 Abs. 1 WaffG – **fakultativ** („können [...] eingezogen werden"),[6] wobei der in § 74f Abs. 1 StGB normierte **Verhältnismäßigkeitsgrundsatz** zu beachten ist.[7] Hat der Täter oder der Teilnehmer die Kriegswaffe zuvor verwertet (also zB verkauft) oder die Einziehung auf andere Weise vereitelt, so kann das Gericht nach § 74c Abs. 1 StGB „gegen ihn die Einziehung eines Geldbetrages anordnen, der dem Wert des Gegenstandes entspricht" (Einziehung des **Wertersatzes**). Hinzuweisen ist auch darauf, dass die Einziehung einer Kriegswaffe auf Antrag der Staatsanwaltschaft auch im **objektiven Verfahren** – dh außerhalb eines Strafverfahrens – vom Gericht angeordnet werden kann (§ 435 StPO). Dieses Verfahren ist immer dann erforderlich, wenn wegen der Straftat aus tatsächlichen Gründen keine bestimmte Peron verfolgt oder verurteilt werden kann (§ 76a StGB).

§ 24 Abs. 2 regelt die Entschädigungspflicht gegenüber Dritten iS des § 74b Abs. 2 StGB, 3 deren Kriegswaffen eingezogen wurden. Ihnen steht eine angemessene Entschädigung in Geld unter Berücksichtigung des Verkehrswertes der Kriegswaffe zu. Nach § 74b Abs. 3 StGB ist eine Entschädigung unter den dort genannten Voraussetzungen, die sich im Wesentlichen mit denen des § 74a StGB decken, ausgeschlossen.

---

[2] Vgl. hierzu *Hohmann/John/Pietsch* Teil 5, § 24 Rn. 2.
[3] Vgl. hierzu Steindorf/*Heinrich* Rn. 2; ferner *Beckemper* in *Achenbach/Ransiek/Rönnau* Rn. 124.
[4] *Hohmann/John/Pietsch* Teil 5, § 24 Rn. 4; Steindorf/*Heinrich* Rn. 8.
[5] Vgl. zu einigen Beispielsfällen Steindorf/*Heinrich* Rn. 9.
[6] Vgl. *Beckemper* in *Achenbach/Ransiek/Rönnau* Rn. 125; Hohmann/John/*Pietsch*, Teil 5, § 24 Rn. 3; Steindorf/*Heinrich* Rn. 3.
[7] Vgl. hierzu LG Hamburg 6.5.1993 – 616 Qs 72/92, MDR 1993, 1003; auch Steindorf/*Heinrich* Rn. 2.

4 Nach dem bis zum 30.6.2017 geltenden § 24 Abs. 3 aF war in bestimmten Fällen zudem über den Verfall nach den allgemeinen Vorschriften (§§ 73 ff. StGB)[8] hinaus auch der erweiterte Verfall nach § 73d StGB aF zugelassen. Im Gegensatz zur sicheren Überzeugung des Gerichts, dass es sich um Kriegswaffen handelt, auf die sich eine rechtswidrige Straftat bezieht, reichte hier also bereits das Vorliegen von Umständen aus, welche die Annahme rechtfertigten, dass die Kriegswaffen im Zusammenhang mit rechtswidrigen Taten standen. Da der frühere „erweiterte Verfall" nach § 73d StGB aF inzwischen in der „erweiterten Einziehung von Taterträgen" in § 73a StGB nF aufgegangen ist, der den Anwendungsbereich nunmehr für alle Straftaten eröffnet, konnte § 24 Abs. 3 aF gestrichen werden.

5 Nach § 76a StGB (bzw. § 27 OWiG) kann die Einziehung auch im selbstständigen Verfahren angeordnet werden, wenn einer Verfolgung bestimmte tatsächliche oder rechtliche Gründe entgegen stehen oder das Verfahren eingestellt wird. Zu beachten ist ferner § 76a Abs. 4 Nr. 7 StGB, wonach bei Straftaten nach §§ 19 Abs. 1 bis Abs. 3, 20 Abs. 1 und Abs. 2, 20a Abs. 1 bis Abs. 3, jeweils auch iVm. § 21 auch Vermögen unklarer Herkunft unabhängig vom Nachweis einer konkreten rechtswidrigen Tat (selbstständig) eingezogen werden kann, wenn das Gericht davon überzeugt ist, dass der sichergestellte Gegenstand aus (irgend-)einer rechtswidrigen Tat stammt.[9]

Anlage (zu § 1 Abs. 1) Kriegswaffenliste

In der Fassung der Bekanntmachung vom 22. November 1990, BGBl. I S. 2506, 2515, zuletzt geändert[1] durch die Neunte Verordnung zur Änderung der Kriegswaffenliste vom 26.2.1998, BGBl. I S. 385 sowie Art. 3 Nr. 7 Waffenrechtsneuregelungsgesetz vom 11.10.2002, BGBl I S. 3970 (4011).[2]

Teil A. Kriegswaffen, auf deren Herstellung die Bundesrepublik Deutschland verzichtet hat (Atomwaffen, biologische und chemische Waffen)[3]

Von der Begriffsbestimmung der Waffen ausgenommen sind alle Vorrichtungen, Teile, Geräte, Einrichtungen, Substanzen und Organismen, die zivilen Zwecken oder der wissenschaftlichen, medizinischen oder industriellen Forschung auf den Gebieten der reinen und angewandten Wissenschaft dienen.[4] **Ausgenommen**

---

[8] Vgl. hierzu BGH 23.9.1988 – 2 StR 460/88, NJW 1989, 2139.
[9] BT-Drs. 18/9525, 73.
[1] Vgl. zur ursprünglichen Fassung die KWL vom 10.4.1961, BGBl. I S. 451; zu den nachfolgenden Änderungen der KWL vgl. die Erste VO zur Änderung des KWL vom 17.7.1963 samt Neubekanntmachung, BGBl. I S. 484, 487, die VO zur Änderung des KWL vom 18.7.1969, BGBl. I S. 842, die Dritte VO zur Änderung der KWL vom 28.8.1973, BGBl. I S. 1050, die VO zur Änderung kriegswaffenrechtlicher Vorschriften vom 3.10.1986, BGBl. I S. 1625, die Fünfte VO zur Änderung des KWL vom 22.7.1987, BGBl. I S. 1683, die Sechste VO zur Änderung der KWL vom 10.10.1989, BGBl. I S. 1853; hierzu BR-Drs. 423/89), die Siebte VO zur Änderung der KWL vom 19.4.1991, BGBl. I S. 913, die Achte VO zur Änderung der KWL vom 14.5.1997, BGBl. I S. 1059 und die Neunte VO zur Änderung der KWL vom 26.2.1998, BGBl. I S. 385; hierzu BR-Drs. 1037/97; die letzte Änderung erfolgte durch Art. 3 Nr. 7 WaffRNeuRegG vom 11.10.2002, BGBl. I S. 3970 (4011); zum Inhalt der Änderungen vgl. *Hinze* Vorbemerkungen Rn. 45 ff.; *Hohmann/John/Pietsch* Teil 5, Einführung Rn. 17.
[2] Vgl. ergänzend die (amtlichen) Erläuterungen zur Kriegswaffenliste des Bundesministeriums für Finanzen samt entsprechender Dienstanweisung (vgl. hierzu → Vor § 1 Rn. 14).
[3] Teil A der KWL ist durch die 6. und 9. Verordnung zur Änderung der Kriegswaffenliste entscheidend umgestaltet und zeitgerecht formuliert worden; hierzu BR-Drs. 423/89, 11 ff.; BR-Drs. 1037/97, 8 ff.; vgl. zur Begriffsbestimmung auch *Holthausen* NJW 1992, 2113.
[4] Während die „fertigen" Atomwaffen, biologischen und chemischen Waffen infolge der von der Bundesrepublik übernommenen Nichtherstellungsverpflichtung kaum eine wesentliche Rolle spielen, ist die Beurteilung der in den Nr. 2, 3b, 4 und 5 genannten Teile, Substanzen und Organismen, die zur Herstellung dieser Waffen erforderlich sind und die nach der KWL selbst als Kriegswaffen anzusehen sind, weitaus problematischer. Denn diese Substanzen werden oftmals auch für rein zivile Zwecke genutzt. Ein Totalverbot wäre hier nicht zu rechtfertigen, könnten doch dann zB Impfstoffe, die aus Krankheitserregern gewonnen werden, die auch zur Herstellung von biologischen Waffen verwendet werden können, nur unter erschwerten Bedingungen oder möglicherweise gar nicht mehr hergestellt werden. Im Gegensatz zu den „konventionellen Waffen"

sind auch die Substanzen und Organismen der Nummern 3 und 5, soweit sie zu Vorbeugungs-, Schutz- oder Nachweiszwecken dienen.[5]

I. Atomwaffen[6]

1. Waffen aller Art, die Kernbrennstoffe oder radioaktive Isotope enthalten oder eigens dazu bestimmt sind, solche aufzunehmen oder zu verwenden, und Massenzerstörungen, Massenschäden oder Massenvergiftungen hervorrufen können[7]
2. Teile, Vorrichtungen, Baugruppen oder Substanzen, die eigens für eine in Nummer 1 genannte Waffe bestimmt[8] sind oder die für sie wesentlich sind,[9] soweit keine atomrechtlichen Genehmigungen erteilt sind[10]

---

in Teil B der KWL, wird bei den für die Herstellung von ABC-Waffen relevanten Substanzen auf den *subjektiven Verwendungszweck* abgestellt. Insofern kann eine Substanz allein durch die Änderung der inneren Willensrichtung ihres Besitzers zur Kriegswaffe werden, so etwa wenn ein Impfstoffproduzent Krankheitserreger statt der Produktion von Impfstoffen nunmehr zur Produktion biologischer Waffen verwenden will; zu dieser „Zivilklausel" ausführlich *Holthausen* NJW 1992, 2113; *ders.* wistra 1998, 208 (209); *Holthausen/Hucko* NStZ-RR 1998, 193 (196); kritisch hierzu *Epping* S. 99 f.

[5] Vgl. hierzu auch die amtliche Anmerkung: „Für die unter Nummer 3 Buchstabe b genannten biologischen Agenzien sind im Falle ihrer zivilen Verwendung die Ausfuhrbeschränkungen auf Grund der Verordnung (EG) Nr. 3381/94 des Rates vom 19. Dezember 1994 über eine Gemeinschaftsregelung der Ausfuhrkontrolle von Gütern mit doppeltem Verwendungszweck, ABl. EG Nr. L 367 S. 1, iVm. dem Beschluss des Rates vom 19. Dezember 1994 über die vom Rat gemäß Artikel J.3 des Vertrages über die Europäische Union angenommene gemeinsame Aktion zur Ausfuhrkontrolle von Gütern mit doppeltem Verwendungszweck, ABl. EG Nr. L 367 S. 8, sowie der Regelungen der Außenwirtschaftsverordnung, insbesondere der §§ 5 und 7 Abs. 4, zu beachten. Für Ricin und Saxitoxin (Nummer 3.1 Buchstabe d und Nummer 4 und 5) gelten zusätzlich die Beschränkungen, Meldepflichten und Inspektionsvorschriften des Ausführungsgesetzes zum Chemiewaffenübereinkommen vom 2. August 1994, BGBl. I S. 1954, und der Ausführungsverordnung zum Chemiewaffenübereinkommen vom 20. November 1996, BGBl. I S. 1794." Satz 2, der auf die Zivilklausel des B-Waffen-Übereinkommens vom 10.4.1972, BGBl. 1983 II S. 133, zurückgeht (vgl. Art. I Nr. 1), stellt eine über den Satz 1 hinausgehende Erweiterung (und nicht etwa eine den Satz 1 verdrängende lex specialis hinsichtlich der in den Nrn. 3 und 5 genannten Gegenstände) dar. Hier wird u.a. die Verwendung von chemischen Substanzen oder biologischen Agenzien zum Test militärischer Gasmasken, Schutzkleidung oder Spürgerät ausgeschlossen; hierzu *Holthausen* NJW 1992, 2113.

[6] Vgl. hierzu *Holthausen* NJW 1992, 2113 (2116). Die atomaren Waffen, insbes. diejenigen der Nr. 2, sind dabei nicht enumerativ aufgeführt, sondern in einer Art „Generalklausel" in die KWL aufgenommen worden.

[7] Diese Folgen werden bei der Verwendung von Atomwaffen regelmäßig durch die Explosion oder andere unkontrollierte Kernumwandlung des Kernbrennstoffes oder der radioaktiven Isotope bewirkt.

[8] Nach *Holthausen* NJW 1992, 2113 (2116) ist diese Variante allerdings nicht als rein subjektive Zweckbestimmung zu interpretieren, sondern bedeutet, dass die Teile etc im Sinne einer objektiven Betrachtungsweise ihrer Bauart nach ausschließlich für Atomwaffen bestimmt sein müssen und für zivile Zwecke untauglich sind. Die Dual-use-Güter seien hingegen ausschließlich von der Alternative 2, dh als (bloß) wesentliche Bestandteile einzustufen. Zu beachten ist, dass nur diejenigen Teile etc, die für die genannten Atomwaffen „bestimmt" sind, nicht aber diejenigen, die für sie wesentlich sind, als Atomwaffen iS des § 17 angesehen werden können. Die übrigen Teile gelten als konventionelle Kriegswaffen, die lediglich eine Strafbarkeit nach § 22a, nicht aber eine solche nach § 19 eröffnen; hierzu ausführlich → § 19 Rn. 2.

[9] Hierunter fallen sämtliche Teile etc, die auch zu zivilen Zwecken nutzbar sind, also zB in der Kernkrafttechnologie eingesetzt werden können; neben der objektiven Eignung „wesentlich" ist hier weiterhin eine subjektive Zweckbestimmung zu fordern, um der Zivilklausel des Einleitungssatzes des Teiles A der KWL Genüge zu tun; hierzu BGH 31.1.1992 – 2 StR 250/91, BGHSt 38, 205 (208 f.) = NJW 1992, 1053; *Holthausen* NJW 1992, 2113 (2116); *Holthausen/Hucko* NStZ-RR 1998, 193 (195). Ist die „Wesentlichkeit" hier gegeben, kommt es, wie auch bei den biologischen und chemischen Waffen, nicht darauf an, ob die vorliegende Menge ausreichend ist.

[10] Vgl. das Gesetz über die friedliche Verwendung der Kernenergie und den Schutz gegen ihre Gefahren (Atomgesetz) idF vom 15.7.1985 (FNA 751-1). Erfasst sind auch atomrechtliche Genehmigungen nach Verordnungen, die auf das Atomgesetz zurückgehen; vgl. BR-Drs. 423/89, 17 f.; *Steindorf/Heinrich* § 1 Rn. 4. Liegt eine solche atomrechtliche Genehmigung vor, dann steht der „zivile" Zweck des betreffenden Gegenstandes fest, womit zugleich negativ festgestellt ist, dass es sich nicht um eine atomare Waffe iS der Nr. 2 KWL handelt; vgl. dazu Hohmann/John/*Pietsch,* Teil 5, § 17 Rn. 19. Liegt eine solche atomrechtliche Genehmigung nicht vor, heißt dies jedoch nicht, dass damit die Kriegswaffeneigenschaft des Gegenstandes feststeht; in diesem Fall muss dann konkret festgestellt werden, ob die „Wesentlichkeit" gegeben ist; hierzu *Holthausen* NJW 1992, 2113 (2117).

KrWaffG Anl.

Begriffsbestimmung:
Als Kernbrennstoff gilt Plutonium, Uran 233, Uran 235 (einschließlich Uran 235, welches in Uran enthalten ist, das mit mehr als 2,1 Gewichtsprozent Uran 235 angereichert wurde)[11] sowie jede andere Substanz, welche geeignet ist, beträchtliche Mengen Atomenergie durch Kernspaltung oder -vereinigung oder eine andere Kernreaktion der Substanz freizumachen. Die vorstehenden Substanzen werden als Kernbrennstoff angesehen, einerlei in welchem chemischen oder physikalischen Zustand sie sich befinden.

II. Biologische Waffen[12]

3. Biologische Kampfmittel[13]
   a) schädliche Insekten und deren toxische Produkte;
   b) biologische Agenzien (Mikroorganismen, Viren, Pilze sowie Toxine); insbesondere:[14]
3.1 human- und tierpathogene Erreger sowie Toxine
   a) Viren wie folgt:
      1. Chikungunya-Virus,
      2. Haemorrhagisches Kongo-Krim-Fieber-Virus,
      3. Dengue-Fiebervirus,
      4. Eastern Equine Enzephalitis-Virus,
      5. Ebola-Virus,
      6. Hantaan-Virus,
      7. Junin-Virus,
      8. Lassa-Virus,
      9. Lymphozytäre Choriomeningitis-Virus,
      10. Machupo-Virus,
      11. Marburg-Virus,
      12. Affenpockenvirus,
      13. Rift-Valley-Fieber-Virus,
      14. Zeckenenzephalitis-Virus (Virus der russischen Frühjahr-/Sommerenzephalitis),

---

[11] Vgl. § 2 des AtomG, hierzu die Begründung in BT-Drs. III/759, 18 f. sowie BGH 28.4.1994 – 4 StR 65/94, NJW 1994, 2161; vgl. ferner *Mattausch/Baumann* NStZ 1994, 462 (463).

[12] Da biologischen Waffen nahezu ausnahmslos auch für zivile Zwecke verwendbar sind (insbes. für die Impfstoffproduktion, Arzneimittel), hat hier – im Gegensatz zu den chemischen Waffen – die im Einleitungssatz des Teils A der KWL aufgenommene Zivilklausel eine große Bedeutung; vgl. zu den biologischen Waffen *Holthausen* NJW 1992, 2113 (2115 f.); hierzu auch *Beckemper* in *Achenbach/Ransiek/Rönnau* Rn. 19.

[13] Vgl. zu den biologischen Waffen auch die von der Weltgesundheitsorganisation im Jahre 1969 aufgestellte und vom Generalsekretär der UN übernommene Liste „biologischer Kampfstoffe", abgedruckt in BT-Drs. 10/6775, 261 f.; ferner *Buder* (Hrsg.), Möglichkeit und Grenzen der Konversion von B-Waffen-Einrichtungen, 2000, S. 65 ff.; *Holthausen* wistra 1998, 209. Die Einstufung dieser Stoffe als biologische Waffen gilt darüber hinaus mangels einer Mengenklausel ohne Einschränkung für die hier genannten Substanzen, ein Überschreiten einer bestimmten Mindestmenge ist daher nicht erforderlich; vgl. *Holthausen* NJW 1992, 2113 (2115).

[14] Auffallend ist, dass die biologischen Kampfmittel – im Gegensatz zu den chemischen Waffen – lediglich gattungsmäßig bestimmt sind. Dies ermöglich eine Anpassung an die jeweiligen Verhältnisse auch ohne ausdrückliche Änderung der KWL; erforderlich war diese Regelung, da infolge der Gentechnologie eine Vielzahl neuer biologischer Kampfstoffe entwickelt werden kann, was einer enumerativen Aufzählung entgegensteht; vgl. näher zur Begründung der Aufnahme einzelner Agenzien in die KWL BR-Drs. 423/89, 11 ff.; *Steindorf/Heinrich* § 1 Rn. 2, 5; vgl. zu Nr. 3 Buchst. b auch die Fußnote, S. 1, in der amtlichen Anmerkung: „Für die unter Nummer 3 Buchstabe b genannten biologischen Agenzien sind im Falle ihrer zivilen Verwendung die Ausfuhrbeschränkungen auf Grund der Verordnung (EG) Nr. 3381/94 des Rates vom 19. Dezember 1994 über eine Gemeinschaftsregelung der Ausfuhrkontrolle von Gütern mit doppeltem Verwendungszweck (ABl. EG Nr. L 367 S. 1) iVm. dem Beschluss des Rates vom 19. Dezember 1994 über die vom Rat gemäß Artikel J.3 des Vertrages über die Europäische Union angenommene gemeinsame Aktion zur Ausfuhrkontrolle von Gütern mit doppeltem Verwendungszweck, ABl. EG Nr. L 367 S. 8, sowie der Regelungen der Außenwirtschaftsverordnung, insbesondere der §§ 5 und 7 Abs. 4, zu beachten".

15. Variola-Virus,[15]
16. Venezuelan Equine Enzephalitis-Virus,
17. Western Equine Enzephalitis-Virus,
18. Whitepox-Virus,
19. Gelbfieber-Virus,
20. Japan-B-Enzephalitis-Virus;

b) **Rickettsiae wie folgt:**
   1. Coxiella burnetii,[16]
   2. Bartonella quintana (Rochalimaea quintana, Rickettsia quintana),
   3. Rickettsia prowazekii,[17]
   4. Rickettsia rickettsii;[18]

c) **Bakterien wie folgt:**
   1. Bacillus anthracis,[19]
   2. Brucella abortus,[20]
   3. Brucella melitensis,
   4. Brucella suis,
   5. Chlamydia psittaci,[21]
   6. Clostridium botulinum,
   7. Francisella tularensis,[22]
   8. Burkholderia mallei (Pseudomonas mallei),[23]
   9. Burkholderia pseudomallei (Pseudomonas pseudomallei),[24]
   10. Salmonella typhi,[25]
   11. Shigella dysenteriae,
   12. Vibrio cholerae,[26]
   13. Yersinia pestis;[27]

d) **Toxine wie folgt:**
   1. Clostridium-botulinum-Toxine,
   2. Clostridium-perfringens-Toxine,
   3. Conotoxin,
   4. Ricin,[28]
   5. Saxitoxin,[29]
   6. Shiga-Toxin,
   7. Staphylococcus-aureus-Toxine,
   8. Tetrodotoxin,

---

[15] Bekannt unter dem Namen „Pocken".
[16] Bekannt unter dem Namen „Q-Fieber".
[17] Bekannt unter dem Namen „Fleckfieber".
[18] Bekannt unter dem Namen „Rocky-Mountains-Fleckfieber".
[19] Bekannt unter dem Namen „Milzbrand".
[20] Die Brucella-Bakterien sind auch bekannt unter dem Namen „Brucellose".
[21] Bekannt unter dem Namen „Psittacose".
[22] Bekannt unter dem Namen „Tularämie".
[23] Bekannt unter dem Namen „Rotz".
[24] Bekannt unter dem Namen „Pseudorotz".
[25] Bekannt unter dem Namen „Typhus".
[26] Bekannt unter dem Namen „Cholera".
[27] Bekannt unter dem Namen „Pest".
[28] Vgl. hierzu auch die Fußnote, S. 2, der amtliche Anmerkung: „Für Ricin und Saxitoxin (Nummer 3.1 Buchstabe d und Nummer 4 und 5) gelten zusätzlich die Beschränkungen, Meldepflichten und Inspektionsvorschriften des Ausführungsgesetzes zum Chemiewaffenübereinkommen vom 2. August 1994 (BGBl. I S. 1954) und der Ausführungsverordnung zum Chemiewaffenübereinkommen vom 20. November 1996 (BGBl. I S. 1794)."
[29] Vgl. hierzu auch die Fußnote, S. 2, der amtliche Anmerkung: „Für Ricin und Saxitoxin (Nummer 3.1 Buchstabe d und Nummer 4 und 5) gelten zusätzlich die Beschränkungen, Meldepflichten und Inspektionsvorschriften des Ausführungsgesetzes zum Chemiewaffenübereinkommen vom 2. August 1994 (BGBl. I S. 1954) und der Ausführungsverordnung zum Chemiewaffenübereinkommen vom 20. November 1996, (BGBl. I S. 1794)."

KrWaffG Anl.

9. Verotoxin,
10. Microcystin (Cyanoginosin);
3.2 tierpathogene Erreger
   a) Viren wie folgt:
      1. Afrikanisches Schweinepest-Virus,
      2. Aviäre Influenza Viren wie folgt:
         a) uncharakterisiert oder
         b) Viren mit hoher Pathogenität gemäß Richtlinie 92/40/EWG des Rates vom 19. Juni 1992 mit Gemeinschaftsmaßnahmen zur Bekämpfung der Geflügelpest (ABl. EG Nr. L 167 S. 1) wie folgt:
            aa) Typ-A-Viren mit einem IVPI (intravenöser Pathogenitätsindex) in 6 Wochen alten Hühnern größer als 1,2 oder
            bb) Typ-A-Viren vom Subtyp H5 oder H7, für welche die Nukleotid-Sequenzierung an der Spaltstelle für Hämagglutinin multiple basische Aminosäuren aufweist,
      3. Bluetongue-Virus,
      4. Maul- und Klauenseuche-Virus,
      5. Ziegenpockenvirus,
      6. Aujeszky-Virus,
      7. Schweinepest-Virus (Hog cholera-Virus),
      8. Lyssa-Virus,
      9. Newcastle-Virus,
      10. Virus der Pest der kleinen Wiederkäuer,
      11. Schweine-Entero-Virus vom Typ 9 (Virus der vesikulären Schweinekrankheit),
      12. Rinderpest-Virus,
      13. Schafpocken-Virus,
      14. Teschen-Virus,
      15. Vesikuläre Stomatitis-Virus;
   b) Bakterien wie folgt:
   Mycoplasma mycoides;
3.3 pflanzenpathogene Erreger
   a) Bakterien wie folgt:
      1. Xanthomonas albilineans,
      2. Xanthomonas campestries pv. citri einschließlich darauf zurückzuführender Stämme wie Xanthomonas campestris pv. citri Typen A, B, C, D, E oder anders klassifizierte wie Xanthomonas citri, Xanthomonas campestris pv. aurantifolia oder Xanthomonas pv. campestris pv. citromelo;
   b) Pilze wie folgt:
      1. Colletotrichum coffeanum var. virulans (Colletotrichum kahawae),
      2. Cochliobolus miyabeanus (Helminthosporium oryzae),
      3. Micricyclus ulei (syn. Dothidella ulei),
      4. Puccina graminis (syn. Puccina graminis f. sp. tritici),
      5. Puccina striiformis (syn. Puccina glumarum),
      6. Magnaporthe grisea (Pyricularia grisea/Pyricularia oryzae);
3.4 genetisch modifizierte Mikroorganismen wie folgt:
   a) genetisch modifizierte Mikroorganismen oder genetische Elemente, die Nukleinsäuresequenzen enthalten, welche mit der Pathogenität der in Unternummer 3.1 Buchstabe a, b oder c oder Unternummer 3.2 oder 3.3 genannten Organismen assoziiert sind,
   b) genetisch modifizierte Mikroorganismen oder genetische Elemente, die eine Nukleinsäuresequenz-Kodierung für eines der in Unternummer 3.1 Buchstabe d genannten Toxine enthalten.

II. Kriegswaffenkontrollgesetz Anl. KrWaffG

4. Einrichtungen oder Geräte, die eigens dazu bestimmt sind, die in Nummer 3 genannten biologischen Kampfmittel für militärische Zwecke zu verwenden, sowie Teile oder Baugruppen, die eigens zur Verwendung in einer solchen Waffe bestimmt sind.

III. Chemische Waffen[30]

5. A. Toxische Chemikalien[31]
(Registriernummer nach Chemical Abstracts Service; CAS-Nummer)
    a) O-Alkyl($\leq C_{10}$ einschließlich Cycloalkyl)-alkyl-(Me, Et, n-Pr oder i-Pr)-phosphonofluoride, zum Beispiel:
Sarin:
O-Isopropylmethylphosphonofluorid (107–44–8),
Soman:
O-Pinakolylmethylphosphonofluorid (96–64–0),
    b) O-Alkyl($\leq C_{10}$ einschließlich Cycloalkyl)-N,N-dialkyl(Me, Et, n-Pr oder i-Pr)-phosphoramidocyanide, zum Beispiel:
Tabun:
O-Ethyl-N,N-dimethylphosphoramidocyanid (77–81–6),
    c) O-Alkyl(H oder $\leq C_{10}$ einschließlich Cycloalkyl)-S-2-dialkyl(Me, Et, n-Pr oder i-Pr)-aminoethylalkyl(Me, Et, n-Pr oder i-Pr)-phosphonothiolate sowie entsprechende alkylierte und protonierte Salze, zum Beispiel:
VX:
O-Ethyl-S-2-diisopropylaminoethylmethylphosphonothiolat (50782–69–9),
    d) Schwefelloste:
2-Chlorethylchlormethylsulfid (2625–76–5),
Senfgas:
Bis-(2-chlorethyl)-sulfid (505–60–2),
Bis-(2-chlorethylthio)-methan (63869-13-6),
Sesqui-Yperit (Q):
1,2-Bis-(2-chlorethylthio)-ethan (3563–36–8),
1,3-Bis-(2-chlorethylthio)-n-propan (63905-10-2),
1,4-Bis-(2-chlorethylthio)-n-butan (142868-93-7),
1,5-Bis-(2-chlorethylthio)-n-pentan (142868-94-8),
Bis-(2-chlorethylthiomethyl)-ether (63918-90-1),
O-Lost:
Bis-(2-chlorethylthioethyl)-ether (63918-89-8),
    e) Lewisite:
Lewisit 1:
2-Chlorvinyldichlorarsin (541–25–3),
Lewisit 2:
Bis-(2-chlorvinyl)-chlorarsin (40334-69-8),

---

[30] Im Gegensatz zu den biologischen Waffen werden die chemischen Waffen nicht nur gattungsmäßig bestimmt, sondern enumerativ aufgelistet. Dies hat seinen Grund darin, dass eine unvorhergesehene Entwicklung neuer, bisher unbekannter Kampfstoffe anders als bei den biologischen Waffen kaum denkbar ist. Die Einstufung dieser Stoffe als chemische Waffen gilt darüber hinaus mangels einer Mengenklausel ohne Einschränkung für die hier genannten Substanzen, ein Überschreiten einer bestimmten Mindestmenge ist daher nicht erforderlich; vgl. Hohmann/John/*Pietsch*, Teil 5, § 18 Rn. 8; *Holthausen* NJW 1992, 2113 (2114 f.); *Pottmeyer* § 1 Rn. 13, §§ 16, 17 Rn. 6.
[31] Vgl. hierzu *Holthausen* NJW 1992, 2113 (2114 f.); *ders.* wistra 1998, 209. Hier wird darauf hingewiesen, dass im Bereich der chemischen Waffen (im Gegensatz zu den biologischen Waffen) im Rahmen der Nummer 5 kaum einmal die genannte „Zivilklausel" eingreifen wird, da die hier genannten Substanzen bis auf wenige Ausnahmen keinerlei zivile Verwendung finden.

Lewisit 3:
Tris-(2-chlorvinyl)-arsin (40334-70-1),
f) Stickstoffloste:
HN1:
Bis-(2-chlorethyl)-ethylamin (538-07-8),
HN2:[32]
Bis-(2-chlorethyl)-methylamin (51-75-2),
HN3:
Tris-(2-chlorethyl)-amin (555-77-1),
g) BZ:
3-Chinuclidinylbenzilat (6581-06-2).

B. Ausgangsstoffe
a) Alkyl(Me, Et, n-Pr oder i-Pr)-phosphonsäurediflouride, zum Beispiel: DF:
Methlyphosphonsäurediflourid (676-99-3),
b) O-Alkyl(H oder $\leq C_{10}$ einschließlich Cycloalkyl)-O-2-Dialkyl(Me, Et, n-Pr oder i-Pr)-aminoethylalkyl(Me, Et, n-Pr oder i-Pr)-phosphonite und entsprechende alkylierte und protonierte Salze, zum Beispiel: QL:
O-Ethyl-O-2-diisopropylaminoethylmethylphosphonit (57856-11-8),
c) Chlor-Sarin:
O-Isopropylmethylphosphonochlorid (1445-76-7),
d) Chlor-Soman:
O-Pinakolylmethylphosphonochlorid (7040-57-5).

6. Einrichtungen oder Geräte, die eigens dazu bestimmt sind, die in Nummer 5 genannten chemischen Kampfstoffe für militärische Zwecke zu verwenden, sowie Teile oder Baugruppen, die eigens zur Verwendung in einer solchen Waffe bestimmt sind.[33]

Teil B. Sonstige Kriegswaffen

I. Flugkörper

7. Lenkflugkörper[34]
8. ungelenkte Flugkörper (Raketen)[35]

---

[32] Das Stickstofflost HN 2 wird in geringen Mengen unter der Bezeichnung CA-Ryolsine bei der Krebstherapie eingesetzt und unterfällt daher in dieser Verwendung der Zivilklausel; hierzu *Holthausen* NJW 1992, 2113 (2114).

[33] Vgl. hierzu LG Stuttgart 1.10.1996 – 3 KLs 47/96, NStZ 1997, 288 (289 f.): von dieser Vorschrift werden sämtliche Gegenstände erfasst, „mittels deren die bereits hergestellten zerstörerischen Substanzen zum Kampfeinsatz gebracht werden können", wie zB Befüllungsmaschinen für Artilleriegranaten oder Versprühungseinrichtungen, allgemeine Produktionsanlagen oder Werkzeugmaschinen; auch Hohmann/John/*Pietsch* Teil 5, § 18 Rn. 16; *Kreuzer* NStZ 1997, 292; *Oeter* ZRP 1992, 49 (51 f.).

[34] Es handelt sich hier im Wesentlichen um Flugkörper, die mittels Draht (wie beim „Milan") oder mittels Funk (wie beim „Kormoran" oder „Patriot") gegen gepanzerte Fahrzeuge, Flugobjekte oder Schiffsziele gelenkt werden; vgl. Hinze/*Runkel* § 1 Rn. 24. Nach Nr. 9 der (amtlichen) Erläuterungen zur KWL 2003 des BMF (vgl. hierzu → Vor § 1 Rn. 14) sind unter dem Begriff der „Flugkörper" der Nr. 7-9 KWL alle militärischen Flugkörper erfasst. Nach Nr. 39 der (amtlichen) Erläuterungen zur KWL 1993 des BMF (vgl. hierzu → Vor § 1 Rn. 14) sind Lenkflugkörper mit Übungskopf ohne Gefechtskopf keine Kriegswaffen; daher werden die als Kriegswaffen zu behandelnden Teile von Lenkflugkörpern mit einem das äußere Erscheinungsbild eines Flugkörpers kennzeichnenden Zusatz versehen (zB Marsch- und Starttriebwerke, eingebaut in Panzerabwehrlenkflugkörper).

[35] Es handelt sich hier im Wesentlichen um Raketen, die zur Beförderung von Explosivstoffen dienen; sie können aber auch zur Beförderung von atomaren, biologischen oder chemischen Stoffen bestimmt sein. Nach Nr. 9 der (amtlichen) Erläuterungen zur KWL 2003 des BMF (vgl. hierzu → Vor § 1 Rn. 14) sind unter dem Begriff der „Flugkörper" der Nr. 7-9 KWL alle militärischen Flugkörper erfasst. Nicht hierunter fallen also Raketen, die in der zivilen Raumfahrt Verwendung finden. Ebenfalls erfasst sind nach Nr. 10 der genannten Erläuterungen Artillerieraketen; so auch Hinze/*Runkel* § 1 Rn. 25.

II. Kriegswaffenkontrollgesetz Anl. KrWaffG

9. **sonstige Flugkörper**[36]
10. **Abfeuereinrichtungen (Startanlagen und Startgeräte) für die Waffen der Nummern 7 und 9 einschließlich der tragbaren Abfeuereinrichtungen für Lenkflugkörper zur Panzer- und Fliegerabwehr**[37]
11. **Abfeuereinrichtungen für die Waffen der Nummer 8 einschließlich der tragbaren Abfeuereinrichtungen sowie der Raketenwerfer**[38]
12. **Triebwerke für die Waffen der Nummern 7 bis 9**[39]

II. Kampflugzeuge und -hubschrauber[40]

13. **Kampfflugzeuge, wenn sie mindestens eines der folgenden Merkmale besitzen:**[41]

---

[36] Nach Nr. 9 der (amtlichen) Erläuterungen zur KWL 2003 des BMF (vgl. hierzu → Vor § 1 Rn. 14) sind unter dem Begriff der „Flugkörper" der Nr. 7–9 KWL alle militärischen Flugkörper erfasst. Nach Nr. 11 der genannten Erläuterungen fallen unter diese Nummer auch sog. „Kampfdrohnen", dh unbemannte Luftfahrzeuge mit Zerstörungswirkung. In den Erläuterungen wird noch darauf hingewiesen, dass folgende Teile von Kampfdrohnen von der KWL eigenständig als Kriegswaffen angesehen werden: Gefechtsköpfe (Nr. 56 KWL); Zünder (Nr. 57 KWL), Zielsuchköpfe (Nr. 58 KWL), Submunition (Nr. 59/60 KWL) und Abfeuerungen (Startanlagen und Startgeräte Nr. 10 KWL). Im Gegensatz hierzu sind die reinen Aufklärungsdrohnen keine Kriegswaffen; vgl. zum Ganzen auch Hinze/Runkel § 1 Rn. 26.

[37] Vgl. hierzu Nr. 12 der (amtlichen) Erläuterung zur KWL 2003 des BMF (vgl. hierzu → Vor § 1 Rn. 14): „Abfeuerungseinrichtungen der Nrn. 10 und 11 KWL sind die mechanischen Halte- und Richtvorrichtungen für Flugkörper einschließlich der elektronischen Ankoppelung, mit welcher die Start- und ggfs. Lenksignale in den Flugkörper eingeleitet werden. Nicht gemeint sind elektronische Einrichtungen, wie zB die für die Zielverfolgung und ggf. Lenkung erforderlichen Einrichtungen der Feuerleitung". Diese Einrichtungen müssen für die genannten Waffen bestimmt sein. Erfasst sind zB die sog. „Booster" oder „Launcher"; vgl. Hinze/Runkel § 1 Rn. 27. Auch Abfeuereinrichtungen für Lenkflugkörper zur Panzer- oder Fliegerabwehr fallen hierunter.

[38] Vgl. hierzu wiederum Nr. 12 der (amtlichen) Erläuterung zur KWL 2003 des BMF (vgl. hierzu → Vor § 1 Rn. 14): „Abfeuerungseinrichtungen der Nrn. 10 und 11 KWL sind die mechanischen Halte- und Richtvorrichtungen für Flugkörper einschließlich der elektronischen Ankoppelung, mit welcher die Start- und ggfs. Lenksignale in den Flugkörper eingeleitet werden. Nicht gemeint sind elektronische Einrichtungen, wie zB die für die Zielverfolgung und ggf. Lenkung erforderlichen Einrichtungen der Feuerleitung". Nach Hinze/Runkel § 1 Rn. 28 fallen hierunter auch die „tragbaren Abfeuerungseinrichtungen sowie Abschussgestelle für Raketenwerfer einschließlich der elektronischen Ankopplung, mit welcher die Start- und ggf. Lenksignale in den Flugkörper eingeleitet werden".

[39] Vgl. hierzu Nr. 13 der (amtlichen) Erläuterung zur KWL 2003 des BMF (vgl. hierzu → Vor § 1 Rn. 14): „Raketentriebwerke sind als Triebwerke für Flugkörper unter Nr. 12 KWL erfasst. Ihre einzelnen Komponenten sind keine Kriegswaffen. Voraussetzung für den Begriff Triebwerk als Kriegswaffe ist, dass der Treibstoff mit Umhüllung und Düse versehen sein muss, die den bestimmungsgemäßen Schub ermöglichen". Insoweit müssen die Triebwerke für die genannten Waffen jedenfalls die Eigenschaft aufweisen, dass sie den zum Start und zum Flug benötigten Schub erzeugen; auch Hinze/Runkel § 1 Rn. 29.

[40] Vgl. hierzu Nr. 14 der (amtlichen) Erläuterung zur KWL 2003 des BMF (vgl. hierzu → Vor § 1 Rn. 14): „Bei den Kampfflugzeugen der Nrn. 13 und 14 ist unter ‚Schnittstellen zur Avionik' die Gesamtheit der konzeptionellen, technischen und technologischen Maßnahmen zur Abstimmung der äußerst komplexen Wechselwirkungen und Zusammenhänge zwischen dem Leistungsbereich der Waffensysteme und ihrem Träger, dem Flugzeug oder Hubschrauber zu verstehen. Bei den Schnittstellen handelt es sich nur zum geringen Teil um reale Vorrichtungen (Hardware), überwiegend um konzeptionelle Maßnahmen (Software). So müssen zB die für den elektronischen Einsatz der Waffen erforderlichen Informationen über Fluglage und Position des Flugzeuges im Raum, ferner Geschwindigkeit, Flugbewegungen und Schwingungseigenschaften in die Feuerleitrechnung eingehen. Die Feuerleitung muss diesen Gegebenheiten angepasst werden. Mittels integrierter elektronischer Kampfmittel kann zB die gegnerische Feuerleitung gestört und damit das gegnerische Waffensystem nicht wirksam werden. Ein mit elektronischem Kampfführungssystem ausgestattetes Aufklärungsflugzeug verarbeitet die von ihm gesammelten Daten selbst und gibt sie in Form von Ziel- und Einsatzparametern unmittelbar an die Kampfmaschinen ab, in deren Zielauffassungs-, Feuerleit- und Waffensysteme diese Informationen eingespeist werden". Insoweit ist das AWACS-System kein elektronisches Kampfführungssystem, da es sich darauf beschränkt, Aufklärungsdaten zu sammeln und diese an die Bodenstation weiter zu geben, wo sie anschließend verarbeitet werden; hierzu Hinze/Runkel § 1 Rn. 30. Dieser weist auch darauf hin, dass Schulflugzeuge nicht über die genannte Einrichtung verfügen, auch dann nicht zur Kriegswaffe werden, wenn sie mit Bordwaffen umgerüstet werden.

[41] Zur Frage der möglichen Demilitarisierung von Kampfflugzeugen BGH 13.11.2008 – 3 StR 403/08, NStZ 2009, 497.

1. integriertes Waffensystem, das insbesondere über Zielauffassung, Feuerleitung und entsprechende Schnittstellen zur Avionik verfügt,
2. integrierte elektronische Kampfmittel,
3. integriertes elektronisches Kampfführungssystem
14. Kampfhubschrauber, wenn sie mindestens eines der folgenden Merkmale besitzen:
   1. integriertes Waffensystem, das insbesondere über Zielauffassung, Feuerleitung und entsprechende Schnittstellen zur Avionik verfügt,
   2. integrierte elektronische Kampfmittel,
   3. integriertes elektronisches Kampfführungssystem
15. Zellen für die Waffen der Nummern 13 und 14[42]
16. Strahl-, Propellerturbinen- und Raketentriebwerke für die Waffen der Nummer 13[43]

III. Kriegsschiffe und schwimmende Unterstützungsfahrzeuge

17. Kriegsschiffe einschließlich solcher, die für die Ausbildung verwendet werden[44]
18. Unterseeboote[45]
19. kleine Wasserfahrzeuge mit einer Geschwindigkeit von mehr als 30 Knoten, die mit Angriffswaffen ausgerüstet sind[46]
20. Minenräumboote, Minenjagdboote, Minenleger, Sperrbrecher sowie sonstige Minenkampfboote[47]

---

[42] Vgl. hierzu Nr. 15 der (amtlichen) Erläuterung zur KWL 2003 des BMF (vgl. hierzu → Vor § 1 Rn. 14): „Mit dem Begriff ‚Zellen für Kampfflugzeuge oder Kampfhubschrauber' der Nr. 15 KWL sind die kompletten Zellen für Kampfflugzeuge oder Kampfhubschrauber ohne Triebwerk und Bewaffnung, nicht aber einzelne Teile des Flugzeuges (zB Rumpf, Leitwerk, Flügel, Fahrgestell) gemeint"; so bereits Nr. 72 der (amtlichen) Erläuterungen zur KWL 1993 des BMF (hierzu → Vor § 1 Rn. 14). Die Zellen müssen auf die Integration von Waffensystemen hin konzipiert sein; vgl. Hinze/Runkel § 1 Rn. 31.

[43] Vgl. hierzu auch BGH 22.7.1993 – 4 StR 322/93, NJW 1994, 61 (62); ferner Nr. 16 der (amtlichen) Erläuterung zur KWL 2003 des BMF (vgl. hierzu → Vor § 1 Rn. 14): „Unter der Nr. 16 KWL werden nur solche Triebwerke erfasst, die als Haupttriebwerke für Kampfflugzeuge dienen. Triebwerke ambivalenter Art sind Kriegswaffen. Sie verlieren diese Eigenschaft bei objektiv ausschließlich zivilem Einsatz, zB im Gasturbinenkraftwerk oder im Zivilflugzeug"; vgl. bereits Nr. 63, 64 der (amtlichen) Erläuterungen zur KWL 1993 des BMF (vgl. hierzu → Vor § 1 Rn. 14).

[44] Vgl. hierzu Nr. 17 der (amtlichen) Erläuterung zur KWL 2003 des BMF (vgl. hierzu → Vor § 1 Rn. 14): „Kriegsschiffe der Nr. 17 KWL ist eine umfassende Position für alle Kriegsschiffe, die nicht im Einzelnen unter die nachfolgenden Nrn. fallen, zB evtl. auch Luftkissenwasserfahrzeuge oder Tragflügelboote für den militärischen Einsatz"; hierzu bereits Nr. 42 der (amtlichen) Erläuterungen zur KWL 1993 des BMF (vgl. hierzu → Vor § 1 Rn. 14), wonach Luftkissenfahrzeuge je nach ihrer Eignung als Wasserfahrzeuge (Kriegsschiffe) oder Landfahrzeuge zu behandeln sind. Insoweit zählen alle diejenigen Schiffe zu den Kriegsschiffen, die ihrer Konstruktion nach als Einsatzmittel bewaffneter Seestreitkräfte dienen ohne dass es auf den jeweiligen Konstruktionstyp ankommt; auch Hinze/Runkel § 1 Rn. 33. Der Grund für die Einbeziehung (auch) der Schulschiffe liegt darin, dass diese sich von den Kriegsschiffen nur dadurch unterscheiden, dass sie zusätzlich zur normalen Ausrüstung (auch) mit Schulungseinrichtungen versehen sind.

[45] Hierbei versteht man unter einem Unterseeboot regelmäßig ein bewaffnetes Boot, welches imstande ist, längere Strecken unter Wasser zurückzulegen und währenddessen auch Kampfhandlungen einzuleiten und durchzuführen; vgl. Hinze/Runkel § 1 Rn. 34.

[46] Vgl. hierzu Nr. 18 der (amtlichen) Erläuterung zur KWL 2003 des BMF (vgl. hierzu → Vor § 1 Rn. 14): „Bei den kleinen Wasserfahrzeugen der Nr. 19 KWL gelten als untere Grenze der Angriffswaffen Maschinenkanonen (Kal. 20 mm und mehr)". Früher lag die entsprechende Grenze bei Kal. 15 mm; vgl. Hinze/Runkel § 1 Rn. 35. Bei kleineren Schiffen, die eine Geschwindigkeit von mehr als 30 Knoten erreichen können, spricht man üblicherweise auch von „Schnellbooten".

[47] Diese Boote müssen eigens für militärische Zwecke konstruiert worden sein. In Nr. 19 der (amtlichen) Erläuterung zur KWL 2003 des BMF (vgl. hierzu → Vor § 1 Rn. 14) wird darauf hingewiesen, dass diese Boote „häufig schwer von Zivilschiffen abzugrenzen [sind]. Kriterien sind u.a. besondere Minenabsetzvorrichtungen oder Vorrichtungen zum Aufspüren und Räumen von Minen sowie deren Vernichtung und Unbrauchbarmachung; vgl. Hinze/Runkel § 1 Rn. 36.

II. Kriegswaffenkontrollgesetz Anl. KrWaffG

21. **Landungsboote, Landungsschiffe**[48]
22. **Tender, Munitionstransporter**[49]
23. **Rümpfe**[50] **für die Waffen der Nummern 17 bis 22**

IV. Kampffahrzeuge[51]

24. **Kampfpanzer**[52]
25. **sonstige gepanzerte Kampffahrzeuge einschließlich der gepanzerten kampfunterstützenden Fahrzeuge**[53]
26. **Spezialfahrzeuge aller Art,**[54] **die ausschließlich für den Einsatz der Waffen der Nummern 1 bis 6 entwickelt sind**

---

[48] Diese Boote zeichnen sich regelmäßig durch eine besonders flache Konstruktion aus, die es ermöglicht, an Küsten Kampftruppen, Waffen und sonstiges Kriegsgerät abzusetzen oder aufzunehmen. Hinze/*Runkel* § 1 Rn. 37 weist darauf hin, dass es für diese Boote charakteristisch sei, „dass meist der Bug aus einem mehrflügeligen oder absenkbaren Tor besteht, welches beim Anlanden geöffnet wird".

[49] Vgl. hierzu Nr. 20 der (amtlichen) Erläuterung zur KWL 2003 des BMF (vgl. hierzu → Vor § 1 Rn. 14): „Tender der Nr. 22 KWL sind Schiffe, die von vornherein auf die Versorgung von Kriegsschiffen ausgelegt und eingerichtet sind. Munitionstransporter sind Schiffe, die durch Konstruktion und Sicherheitseinrichtungen für den Munitionstransport geeignet und bestimmt sind". Entscheidend ist also, dass die Schiffe speziell zu diesem Zweck konstruiert sind. Werden andere Schiffe zu diesen Zwecken eingesetzt, werden sie dadurch nicht zu Kriegswaffen; auch Hinze/*Runkel* § 1 Rn. 38.

[50] Vgl. hierzu Nr. 21 der (amtlichen) Erläuterung zur KWL 2003 des BMF (vgl. hierzu → Vor § 1 Rn. 14): „Rümpfe von Kriegsschiffen der Nr. 23 KWL sind Kriegswaffen, wenn der Bauzustand ‚Stapellauf' (Baureife Umslippen) erreicht ist. Hiermit gemeint ist der schwimmfähige Schiffsrumpf/Schiffskörper, mit oder ohne Antriebsaggregaten. Einzelne so genannte Sektionen als Bestandteile von Rümpfen sind für sich allein genommen keine Kriegswaffen. Jedoch ist die Zusammenstellung derartiger einzelner Sektionen zu kompletten Rümpfen gleichwohl Kriegswaffe iS von Nr. 23 KWL, auch wenn sie noch nicht miteinander verbunden sind. Der Begriff ‚Bausatz' ist zu beachten"; Hinze/*Runkel* § 1 Rn. 39 weist allerdings darauf hin, dass es erforderlich ist, die Teile, um Kriegswaffe zu sein, ohne größeren Aufwand zusammensetzen zu können, was insbes. bei größeren Schiffsrümpfen zu verneinen sein dürfte, da hier ein erheblicher materieller und personeller Aufwand erforderlich sei, um einen schwimmfähigen Rumpf zu erzeugen; vgl. zur Definition bereits Nr. 56 der (amtlichen) Erläuterungen zur KWL 1993 des BMF (vgl. hierzu → Vor § 1 Rn. 14).

[51] Vgl. zur Demilitarisierung von Kampffahrzeugen allgemein Hinze/*Runkel* § 1 Rn. 45.

[52] Im Allgemeinen versteht man unter einem Kampfpanzer ein gepanzertes Fahrzeug, welches sowohl über einen Turm als auch über eine Kanone verfügt. Ferner sind regelmäßig eine Waffenanlage und eine gepanzerte Wanne mit einem Antriebsaggregat vorhanden. Kampfpanzer können dabei regelmäßig auch im Fahren Schüsse abgeben; vgl. Hinze/*Runkel* § 1 Rn. 40.

[53] Vgl. hierzu Nr. 22 der (amtlichen) Erläuterung zur KWL 2003 des BMF (vgl. hierzu → Vor § 1 Rn. 14): „Für die Einstufung als gepanzertes Kampffahrzeug nach Nr. 25 KWL sind die drei Kriterien Geländegängigkeit, Panzerung (undurchlässig für Gewehrbeschuss bei Auftreffwinkel 90°) und Bewaffnung/Waffenaufnahmevorrichtung(en) in ihrer Interdependenz für den jeweiligen Fahrzeugtyp entscheidend. Das Vorhandensein oder Fehlen eines der Kriterien kann nie allein ausschlaggebend sein. Es kommt somit nicht allein auf die Stärke/Art der Panzerung und die Waffenausstattung an. Eine stärkere Panzerung und die Ausrüstung zB mit geschützten Waffenanlagen (zB Rohrwaffen wie MG oder MK im Panzerturm oder im gepanzerten Bereich des Fahrzeuges) oder mit Raketenwerfern oder Flugkörperstartanlagen, sind aber ebenso wie die Fähigkeit zur Erfüllung kampfunterstützender Aufgaben in der Regel Indizien für die Kriegswaffeneigenschaft. Eine Verkleidung mit handelsüblichem Blech reicht zur Bejahung des Kriteriums ‚Panzerung' nicht aus. Zu gepanzerten Kampffahrzeugen gehören auch gepanzerte geländegängige Fahrzeuge mit Kampfunterstützungsfunktion (zB Führungs-, Funk-, Feuerleit-, Eloka- (Elektronische Kampfführung), Nachschub-, Brückenlege- und Minenräumpanzer sowie Bergepanzer). Mannschaftstransportwagen (MTW) sind dann Kriegswaffen, wenn sie als gepanzerte Kampffahrzeuge einzustufen sind"; hierzu bereits Nr. 35, 36, 41 der (amtlichen) Erläuterungen zur KWL 1993 des BMF (vgl. hierzu → Vor § 1 Rn. 14). Hier fand sich noch der Hinweis, dass Einbau-Waffensysteme zB unter Nr. 31 und 32 der KWL fallen. Hinze/*Runkel* § 1 Rn. 41 weist noch darauf hin, dass Transportpanzer nicht von der Nr. 25 KWL erfasst werden, soweit sie nach deutschen Verhältnissen als Polizeifahrzeuge konzipiert sind.

[54] Vgl. hierzu Nr. 23 der (amtlichen) Erläuterung zur KWL 2003 des BMF (vgl. hierzu → Vor § 1 Rn. 14): „Fahrzeuge der Nr. 26 KWL sind für den Einsatz von A-, B- oder C-Waffen bestimmt. Es sind unter Nr. 26 KWL auch Fahrzeuge ohne Eigenantrieb zu verstehen, die als Anhänger konstruiert von anderen Fahrzeugen gezogen werden müssen"; vgl. bereits Nr. 17 der (amtlichen) Erläuterungen zur KWL 1993 des BMF (vgl. hierzu → Vor § 1 Rn. 14); vgl. aus der Rspr. LG Hamburg 6.5.1993 – 616 Qs 72/92, MDR 1993, 1003.

KrWaffG Anl. 2. Kapitel. Waffenrecht

27. **Fahrgestelle**[55] **für die Waffen der Nummern 24 und 25**
28. **Türme für Kampfpanzer**[56]

V. Rohrwaffen[57]

29. a) **Maschinengewehre,**[58] **ausgenommen solche mit Wasserkühlung,**[59]
    b) **Maschinenpistolen,**[60] **ausgenommen solche, die als Modell vor dem 2.9.1945 bei einer militärischen Streitkraft eingeführt worden sind,**

---

[55] Vgl. hierzu Nr. 24 der (amtlichen) Erläuterung zur KWL 2003 des BMF (vgl. hierzu → Vor § 1 Rn. 14): „Fahrgestelle der Nr. 27 KWL für Kampfpanzer (Nr. 24 KWL) und für gepanzerte Kampffahrzeuge (Nr. 25 KWL) bestehen aus Wanne und Laufwerk (Kette oder Rad) mit oder ohne Antriebsaggregaten"; auch Nr. 16 der (amtlichen) Erläuterungen zur KWL 1993 des BMF (vgl. hierzu → Vor § 1 Rn. 14).

[56] Vgl. hierzu Nr. 25 der (amtlichen) Erläuterung zur KWL 2003 des BMF (vgl. hierzu → Vor § 1 Rn. 14): „Türme für Kampfpanzer der Nr. 28 KWL aus Panzerstahl können gegossen oder geschweißt sein. Das Vorhandensein der kompletten Waffenanlage ist für die KW-Eigenschaft des KPz-Turms nicht maßgeblich. Unbearbeitete Rohlinge fallen nicht unter das KrWaffG, sie müssen mechanisch fertig bearbeitet sein"; vgl. bereits Nr. 66 der (amtlichen) Erläuterungen zur KWL 1993 des BMF (hierzu → Vor § 1 Rn. 14); zur Demilitarisierung von Türmen von Kampfpanzern vgl. Hinze/*Runkel* § 1 Rn. 45.

[57] Allgemein ist anzumerken, dass es auf das Kaliber der Rohrwaffen nicht ankommt.

[58] Vgl. hierzu Nr. 26 der (amtlichen) Erläuterung zur KWL 2003 des BMF (vgl. hierzu → Vor § 1 Rn. 14) „Luftgekühlte Maschinengewehre (MG) der Nr. 29a) KWL sind vollautomatische Waffen mit einem Kaliber unter Kal. 20 mm (ab 20 mm Nr. 32 KWL). Wassergekühlte Maschinengewehre sind keine Kriegswaffen, sondern verbotene Waffen nach Anlage 2 WaffG" (nach Nr. 44 der [amtlichen] Erläuterung zur KWL 1993 des BMF [vgl. hierzu → Vor § 1 Rn. 14] wurde die Grenze zwischen Maschinenwaffen [Nr. 29 KWL] und Maschinenkanonen [Nr. 32 KWL] noch bei 15 mm Kaliber gesehen); vgl. ferner Nr. 27 der (amtlichen) Erläuterung zur KWL 2003 des BMF (vgl. hierzu → Vor § 1 Rn. 14): „Bei vollautomatischen Kriegswaffen der Nr. 29a–c) KWL können mit einer Betätigung des Abzugs entsprechend dem Munitionsvorrat an der Schusswaffe mehrere Schüsse aus demselben Rohr (Feuerstoß, Dauerfeuer) abgegeben werden". Insoweit wird klar gestellt, dass es sich bei den in Nr. 29a–c KWL genannten Waffen durchweg um vollautomatische Selbstladewaffen handelt. Hier findet sich auch eine entsprechende Definition im WaffG: Nach Anlage 1 Abschnitt 1 Unterabschnitt 1 Nr. 2.2 fallen unter den Begriff der automatischen Waffen diejenigen Schusswaffen, „bei denen aus demselben Lauf durch einmalige Betätigung des Abzuges oder einer anderen Schussauslösevorrichtung mehrere Schüsse abgegeben werden können (Vollautomaten)", ohne dass also die Waffe nach jedem Schuss von Hand nachgeladen und der Verschluss wieder gespannt werden muss; → WaffG § 1 Rn. 80 ff.; Handfeuerwaffen, also Pistolen und Revolver, werden von Nr. 29 der KWL nicht erfasst und stellen daher keine Kriegswaffen dar; das Gleiche gilt für Gewehre (einschließlich Karabiner) mit Handrepetiereinrichtung; vgl. zur Erfassung von Karabinern nach altem Recht OLG Hamm 7.10.1970 – 4 Ss 78/70, NJW 1971, 394 Ls.; zur MG 34 BayObLG 19.12.2003 – 4 StRR 149/2003, BayObLGSt 2003, 148; hinsichtlich der Dekorationswaffen enthält Nr. 30 der (amtlichen) Erläuterung zur KWL 2003 des BMF (vgl. hierzu → Vor § 1 Rn. 14) noch folgende, allgemein für alle Kriegswaffen der Nr. 29 KWL geltende Regelung: „Alle Kriegswaffen der Nr. 29 KWL sind seit dem 1. April 2003 im unbrauchbar gemachten Zustand grundsätzlich nur noch als ‚Dekorationswaffen' erhältlich. Bei einer Abnahme der unbrauchbar gemachten Kriegswaffen (Dekowaffen) durch ein deutsches Beschussamt kann unwiderlegbar davon ausgegangen werden, dass die Kriegswaffeneigenschaft der betreffenden Dekowaffen untergegangen ist".

[59] Vgl. hierzu auch die bis zum Jahre 2003 geltende amtliche Anmerkung in der KWL: „Wassergekühlte Maschinengewehre (Buchstabe a), Maschinenpistolen, die als Modell vor dem 1.9.1939 bei einer militärischen Streitkraft eingeführt worden sind (Buchstabe b), vollautomatische und halbautomatische Gewehre, die als Modell vor dem 2.9.1945 bei einer militärischen Streitkraft eingeführt worden sind (Buchstaben c und d), werden erst an dem Tage aus der KWL ausgenommen, an dem das Dritte Gesetz zur Änderung des Waffengesetzes gem. dessen Artikel 5 Satz 1 in Kraft tritt". Diese Anmerkung wurde durch Art. 3 Nr. 7 Buchst. a des WaffRNeuRegG vom 11.10.2002 (BGBl I S. 3970 [4011]), in Kraft getreten am 1.4.2003, gestrichen. Insofern sind die hier genannten Waffen nunmehr von der KWL nicht mehr erfasst; hierzu auch BGH vom 8.4.1997 – 1 StR 606/96, NStZ 1997, 552; OLG Celle vom 31.7.1997–22 Ss 167/97, NStZ-RR 1998, 120. Die militärischen Handrepetierer wurden durch die 3. VO zur Änderung der KWL vom 28.8.1973, BGBl. I S. 1050, aus der Nr. 29a der KWL herausgenommen.

[60] Vgl. hierzu Nr. 27 der (amtlichen) Erläuterung zur KWL 2003 des BMF (vgl. hierzu → Vor § 1 Rn. 14): „Maschinenpistolen der Nr. 29b) KWL sind stets Kriegswaffen. Pistolen mit Reihenfeuer (vollautomatische Pistolen, wie zB Glock 18) sind keine Kriegswaffen. Sie fallen unter den Verbotstatbestand der Anlage 2 zum WaffG Textziffer 1. 2. 1". Im Gegensatz zu Maschinengewehren zeichnen sich Maschinenpistolen durch eine bessere Handhabbarkeit aus, da sie leicht und kompakt sind, meist mit einschiebbaren Schulterstützen versehen und zum beidhändigen Schießen bestimmt sind. Im Gegensatz zu den Selbstladewaffen weisen sie eine erhöhte Feuerkraft auf; hierzu Hinze/*Runkel* § 1 Rn. 47; vgl. aus der Rspr. BGH 19.2.1985 – 5 StR 780 und 796/84, NStZ 1985, 367 (Pistolenkarabiner Fabrikat Kommando); OLG Stuttgart 6.7.1981 – 2 Ss 220/81, NStZ 1982, 33 (Maschinenpistole Fabrikat Walther).

II. Kriegswaffenkontrollgesetz   Anl. KrWaffG

c) **vollautomatische Gewehre,**[61] ausgenommen solche, die als Modell vor dem 2. September 1945 bei einer militärischen Streitkraft eingeführt worden sind,[62]

d) **halbautomatische Gewehre**[63] mit Ausnahme derjenigen, die als Modell vor dem 2. September 1945 bei einer militärischen Streitkraft eingeführt worden sind, und der Jagd- und Sportgewehre[64]

---

[61] Vollautomatische Selbstladewaffen sind solche Waffen, bei denen die weiteren Schüsse selbsttätig ausgelöst werden, ohne dass der Abzug erneut betätigt werden muss, und die daher zur Abgabe von Feuerstößen oder Dauerfeuer geeignet sind; → WaffG § 1 Rn. 81 f.; im Gegensatz zu Maschinenpistolen sind die vollautomatischen Gewehre auf Grund ihrer Funktionsweise, Einsatzbestimmung und ihrer taktischen und technischen Parameter zumeist als typische Infanteriewaffen konzipiert; hierzu und zur Funktionsweise Hinze/*Runkel* § 1 Rn. 48; ferner BayObLG 19.12.2003 – 4 StRR 149/2003, BayObLGSt 2003, 148. Nach Nr. 27 der (amtlichen) Erläuterung zur KWL 2003 des BMF (vgl. hierzu → Vor § 1 Rn. 14) sind „vollautomatische Gewehre der Nr. 29c) KWL […] stets Kriegswaffen; hiervon ausgenommen sind vollautomatische Gewehre im Kal. .22 l. f. B. oder mit Schrotpatronen".

[62] Vgl. hierzu BGH 18.11.1999 – 1 StR 520/99, BGHR WaffG § 6 Gewehrverschlüsse 1; OLG Koblenz 17.3.1977 – 1 Ss 63/77, OLGSt § 6 WaffG S. 1.

[63] Vgl. hierzu Nr. 28 der (amtlichen) Erläuterung zur KWL 2003 des BMF (vgl. hierzu → Vor § 1 Rn. 14): „Halbautomatische Gewehre der Nr. 29d) KWL sind Selbstladeschusswaffen, bei denen nach dem ersten Schuss lediglich durch erneutes Betätigen des Abzuges weitere Einzelschüsse aus demselben Rohr abgegeben werden können. Eine Umstellvorrichtung für Dauerfeuer darf nicht vorhanden sein". Nach Nr. 29 der genannten Erläuterung gehören zu den halbautomatischen Gewehren der Nr. 29d) KWL „insbesondere folgende Modelle sowie weitere, die bei militärischen Verbänden eingeführt sind": Belgien (Selbstladegewehr SAFN 49 8 mm × 57 IS und 30–06; FN G 1, Kal. 7,62 mm × 51; FN FAL, Kal. 7,62 mm × 51); Brasilien (MD2 7,62 mm × 51 S. A. Rifle [baugleich mit Springfield SAR-48]; Volksrepublik China (Norinco M 305, Kal. 7,62 mm × 51 [baugleich mit Springfield M 1 A]; CSSR (Selbstladegewehr Modell 52 7,62 mm); Frankreich (Selbstladegewehr M 1949 und 1949/56 [MAS] 7,5 mm); Großbritannien (Selbstladegewehr L1A1, Kal. 7,62 mm × 51); Israel (Selbstladegewehr Galil, Kal. 5,56 mm × 45 od 7,62 mm × 51); Österreich (Selbstladegewehr Steyr AUG-P, Kal. 5,56 mm × 45); Schweiz (Selbstladegewehr SK 46 Mod. 11 7,5 mm; S. tgw. SIG 57 PE, Kal. 7,5 mm; Stgw. SIG 90 PE [GP 90], Kal. 5,56 mm × 45 [nicht aber das Gewehr SIG-Kempf SG 550 Zivil-Match, Kal. 223 Rem. und das Gewehr SAR Europa Sport, Kal. 222 Rem. und 223 Rem.]; frühere UdSSR (Selbstladekarabiner SKS Simonow 7,62 mm; Dragunov, 7,62 mm × 54R); Deutschland (Selbstladegewehr HK PSG 1; Selbstladegewehr HK 9 l, Kal. 7,62 mm × 51; Selbstladegewehr HK 93, Kal. 5,56 mm × 45); USA (M 1 A 1 Kal. 308 Win. [nicht aber das SLG „Springfield M 1 A National Match" und das SLG „Springfield M 1 A Typ Loaded"]; Springfield SAR-48, Kal. 7,62 mm × 51); ferner findet sich in der genannten Erläuterung noch der Zusatz: „andere halbautomatische Gewehre rechnen im Zweifel nicht zu den Kriegswaffen, wenn sie eines der folgenden Merkmale aufweisen: Vorhandensein von einem oder mehreren glatten oder mehreren gezogenen Läufen (Rohren) sowie Kombinationen von glatten und gezogenen Läufen; Eignung nur für Randfeuer- oder Schrotpatronen. Bei der im Übrigen notwendigen Einzelfallprüfung ist insbesondere das Vorliegen mehrerer der folgenden Merkmale ein Indiz für die Kriegswaffeneigenschaft: Entwicklung für militärische Zwecke, Umstellbarkeit oder Umrüstbarkeit mittels allgemein gebräuchlicher Werkzeuge auf die Abgabe von Dauerfeuer/Feuerstößen, Handschutz mit Lüftungsöffnungen, Kühlrippen am Waffenrohr, Seitengewehr- oder Bajonettaufnahmevorrichtung, Mündungsfeuerdämpfer, Mündungsbremse, Gewehrgranataufnahmemöglichkeit, abklappbare oder einschiebbare Schulterstütze oder Wechselmöglichkeit für Magazine mit mehr als 10 Patronen"; hierzu auch bereits die Regelung in Nr. 19–22 der (amtlichen) Erläuterungen zur KWL 1993 des BMF (vgl. hierzu → Vor § 1 Rn. 14). Die dortige Nr. 20 enthielt eine teilweise abweichende Auflistung der halbautomatischen militärischen Gewehre. Genannt waren: Belgien (Selbstladegewehr FN-SALVE 7 mm, 7,65 mm, 7,92 mm, 30 M1 U. S.); CSSR (Selbstladegewehr Modell 52 7,62 mm; Selbstladegewehr ZH 7,92 mm; Selbstladegewehr ZK 420 7,92 mm); Frankreich (Selbstladegewehr M 1917 und 1918 8 mm; Selbstladegewehr M 1949 und 1949/56 [MAS] 7,5 mm); Italien (Selbstladekarabiner Beretta 9 mm); Schweden (Selbstladegewehr AG 42 B 6 mm); Schweiz (Selbstladegewehr SK 46 Mod. 11 7,5 mm); UdSSR (Selbstladegewehr M 1938 [SVT] und M 1940 [SVT] Tokarev 7,62 mm; Selbstladekarabiner SKS Simonow 7,62 mm); Deutschland (Selbstladegewehre 41, 41 W, 41 7,92 mm; Selbstladegewehr und -karabiner 43, 7,92 mm; Volkssturmgewehr Spezial 7,92 mm [kurz]); USA (U. S. Carbine Cal. 30 M1 und M1 A 1; U. S. Rifle Cal. 30 M1 Garand; Selbstladegewehr Johnson Cal. 30 M 1941); vgl. zum Begriff des „halbautomatischen Gewehres" auch BVerwG 16.9.1980 – 1 C 1/77, BVerwGE 61, 24 (27 ff.); Selbstladegewehr SKS (Simonov); OLG Koblenz 24.6.1982 – 1 Ss 259/82, OLGSt § 1 KriegswaffKG S. 5 (US-Karabiner 30 M 1 als halbautomatisches Gewehr).

[64] Vgl. zum Grund für die Herausnahme von Jagd- und Sportwaffen und zur Abgrenzung im Einzelfall Steindorf/*Heinrich* § 1 Rn. 10 f.; hier wird auch darauf hingewiesen, dass auch aus Militärgewehren und Militärkarabinern mit einem Kaliber von bis zu 9 mm hergestellte Jagdwaffen nicht unter die Nr. 29 der KWL fallen. Auch hierzu findet sich ein näherer Hinweis in Nr. 30 der (amtlichen) Erläuterung zur KWL 2003 des BMF (vgl. hierzu → Vor § 1 Rn. 14): „Als Kennzeichen für Jagd- und Sportgewehre, die in Nr. 29d) KWL ausdrücklich als ausgenommen bezeichnet werden und zu denen alle Gewehre mit anderer Antriebsenergie

KrWaffG Anl. 2. Kapitel. Waffenrecht

30. Granatmaschinenwaffen, Granatgewehre, Granatpistolen[65]
31. Kanonen, Haubitzen, Mörser jeder Art[66]
32. Maschinenkanonen[67]
33. gepanzerte Selbstfahrlafetten für die Waffen der Nummern 31 und 32[68]
34. Rohre für die Waffen der Nummern 29, 31 und 32[69]
35. Verschlüsse für die Waffen der Nummern 29, 31 und 32[70]
36. Trommeln für Maschinenkanonen[71]

VI. Leichte Panzerabwehrwaffen, Flammenwerfer, Minenleg- und Minenwurfsysteme

37. rückstoßarme, ungelenkte, tragbare Panzerabwehrwaffen[72]
38. Flammenwerfer[73]

---

als heiße Gase (Luft- und Federdruck sowie CO2) rechnen, zählen insbesondere: Glatter Lauf, so genannte Flinten für Schrotpatronen, Eignung für Randfeuer- oder Schrotpatronen, Kipplauf, Mehrläufigkeit, Abzug mit Stecher, Sportschäftung, Gravuren an Schaft oder System. Im Übrigen fehlen in der Regel die Merkmale, die im Zweifel für ein halbautomatisches militärisches Gewehr sprechen"; hierzu bereits Nr. 23 der (amtlichen) Erläuterungen zur KWL 1993 des BMF (hierzu → Vor § 1 Rn. 14).

[65] Vgl. hierzu Nr. 31 der (amtlichen) Erläuterung zur KWL 2003 des BMF (vgl. hierzu → Vor § 1 Rn. 14) „Granatwerfer der Nr. 39 [richtig: Nr. 30] KWL sind tragbare Mörser. Granatgewehre idR Anbaugeräte für Gewehre"; vgl. näher zu diesen Waffen Hinze/*Runkel* § 1 Rn. 52.

[66] Vgl. hierzu Nr. 32 der (amtlichen) Erläuterung zur KWL 2003 des BMF (vgl. hierzu → Vor § 1 Rn. 14): „Artilleriewaffen fallen auch dann unter Nr. 31 KWL, wenn sie vollständig einbaufähig, aber nur iVm. einem geeigneten Trägersystem einsatzfähig sind. Nach Einbau zB in ein selbstfahrendes Trägersystem geht ihre Kriegswaffeneigenschaft in diesem Trägersystem auf (zB im gepanzerten Kampffahrzeug Nr. 25 oder im Kriegsschiff Nrn. 17–22 KWL)"; vgl. bereits Nr. 10 der (amtlichen) Erläuterungen zur KWL 1993 des BMF (vgl. hierzu → Vor § 1 Rn. 14); unter die „Mörser" fallen ua auch Granatwerfer; Hinze/*Runkel* § 1 Rn. 53 weist zutreffend darauf hin, dass die hier erwähnte Gattung von Artilleriewaffen keine zeitliche Begrenzung enthält, sodass auch Waffen, die heutzutage nicht mehr dem Stand der militärischen Forschung entsprechen und daher von militärischen Streitkräften nicht mehr genutzt werden, erfasst werden.

[67] Vgl. hierzu Nr. 33 der (amtlichen) Erläuterung zur KWL 2003 des BMF (vgl. hierzu → Vor § 1 Rn. 14): „Unter Maschinenkanonen der Nr. 32 KWL sind vollautomatische Waffen mit hoher Kadenz ab Kal. 20 mm einschließlich erfasst"; vgl. bereits Nr. 44 der (amtlichen) Erläuterungen zur KWL 1993 des BMF (vgl. hierzu → Vor § 1 Rn. 14), hier war allerdings noch eine Grenze von 15 mm Kaliber vorgesehen. Hinze/*Runkel* § 1 Rn. 54 weist darauf hin, dass diese Maschinenkanonen wegen des starken Rückstoßes in der Regel von Lafetten (zB auf Fahrzeugen oder Schiffen) abgefeuert werden.

[68] Vgl. hierzu Nr. 34 der (amtlichen) Erläuterung zur KWL 2003 des BMF (vgl. hierzu → Vor § 1 Rn. 14): „Gepanzerte Selbstfahrlafetten der Nr. 33 KWL sind bestimmt für Waffen der Nrn. 31 oder 32 KWL, deren Beweglichkeit hierdurch erhöht wird. Sie sind ohne die Waffen der Nrn. 31 oder 32 KWL Kriegswaffen nach Nr. 33 KWL. Das Gesamtsystem nach Komplettierung ist Kriegswaffe nach Nr. 31 oder 32 KWL". Bei den gepanzerten Selbstfahrlafetten handelt es sich regelmäßig um motorisierte, gepanzerte Fahrgestelle, die zur Aufnahme der genannten Waffen bestimmt sind und dadurch deren Beweglichkeit insbes. auf dem Gefechtsfeld erhöhen; vgl. Hinze/*Runkel* § 1 Rn. 55.

[69] Vgl. hierzu Nr. 35 der (amtlichen) Erläuterung zur KWL 2003 des BMF (vgl. hierzu → Vor § 1 Rn. 14): „Rohre der Nr. 34 KWL sind Kriegswaffen, sobald sie so weit fertig bearbeitet sind, dass sie zum scharfen Schuss in der Kriegswaffe verwendet werden können, für die sie bestimmt sind. Die Veredelung des Rohrinnern (zB durch Nitrieren, Verchromen) ist nicht ausschlaggebend. MG-Rohre sind auch ohne Verriegelungsstück Kriegswaffe der Nr. 34 KWL"; hierzu bereits Nr. 54 und Nr. 55 der (amtlichen) Erläuterungen zur KWL 1993 des BMF (vgl. hierzu → Vor § 1 Rn. 14); hierzu aus der Rspr. BGH 19.2.1985 – 5 StR 780 und 796/84, NStZ 1985, 367; BayObLGSt 19.12.2003 – 4 StRR 149/2003, BayObLGSt 2003, 148; OLG Stuttgart 6.7.1981 – 2 Ss 220/81, NStZ 1982, 33.

[70] Vgl. hierzu BGH 19.2.1985 – 5 StR 780 und 796/84, NStZ 1985, 367; 18.11.1999 – 1 StR 520/99, BGHR WaffG § 6 Gewehrverschlüsse 1; OLG Düsseldorf 15.12.1983 – 1 Ws 1053–1055/83, NStZ 1987, 565; OLG Hamm 19.7.1991 – 26 U 91/88, MDR 1992, 24; vgl. ferner bereits Nr. 53 der (amtlichen) Erläuterungen zur KWL 1993 des BMF (vgl. hierzu → Vor § 1 Rn. 14), wonach die sog. „PT-Verschlüsse" (Plastik-Trainings-Verschlüsse) bezeichneten Übungsverschlüsse nicht unter die KWL fallen, sofern sie nicht auch für Gefechtsmunition (scharfe Munition) geeignet sind; während Rohre und Verschlüsse ausdrücklich in die KWL aufgenommen wurden, fehlt eine Erwähnung anderer wesentlicher Teile, zB von Griffstücken. Diese können aber als wesentliche Teile von Schusswaffen dem WaffG unterfallen; vgl. BGH 11.10.2000 – 3 StR 267/00, NJW 2001, 354; auch → WaffG § 1 Rn. 35 ff.

[71] Vgl. hierzu Nr. 36 der (amtlichen) Erläuterung zur KWL 2003 des BMF (vgl. hierzu → Vor § 1 Rn. 14): „Trommeln für Maschinenkanonen der Nr. 36 KWL können bei modernen Maschinenkanonen anstelle eines Verschlusses verwendet werden iVm. Patronenlagern, die dann im Waffenrohr nicht mehr enthalten sind".

39. Minenleg- und Minenwurfsysteme für Landminen[74]

VII. Torpedos, Minen, Bomben, eigenständige Munition

40. Torpedos[75]
41. Torpedos ohne Gefechtskopf (Sprengstoffteil)
42. Rumpftorpedos (Torpedos ohne Gefechtskopf – Sprengstoffteil – und ohne Zielsuchkopf)
43. Minen aller Art[76]
44. Bomben aller Art einschließlich der Wasserbomben[77]
45. Handflammpatronen[78]
46. Handgranaten[79]
47. Pioniersprengkörper, Hohl- und Haftladungen sowie sprengtechnische Minenräummittel[80]

---

[72] Vgl. hierzu Nr. 37 der (amtlichen) Erläuterung zur KWL 2003 des BMF (vgl. hierzu → Vor § 1 Rn. 14): „Zu den Panzerabwehrwaffen der Nr. 37 KWL gehören insbesondere Panzerfäuste"; vgl. zu diesen Waffen näher Hinze/*Runkel* § 1 Rn. 59.

[73] Ein Flammenwerfer erzeugt lange Flammenstrahlen unter Verwendung von Flammöl, welches mit Pressgas vorgetrieben wird; Vgl. zu diesen Waffen näher Hinze/*Runkel* § 1 Rn. 60.

[74] Vgl. hierzu Nr. 38 der (amtlichen) Erläuterung zur KWL 2003 des BMF (vgl. hierzu → Vor § 1 Rn. 14): „Minenleg- und Minenwurfsysteme für Seeminen sind keine Kriegswaffen. Bangalore-Torpedos (Sprengrohre) dienen aus Räumen von Gassen in Hindernissen und Minenfeldern. Sie fallen ebenfalls unter Nr. 39 KWL". Die Beschränkung auf Landminen unter gleichzeitiger Ausklammerung der Seeminen folgt aus dem eindeutigen Wortlaut der Nr. 39; vgl. zu diesen Waffen Hinze/*Runkel* § 1 Rn. 61.

[75] Vgl. hierzu Nr. 39 der (amtlichen) Erläuterung zur KWL 2003 des BMF (vgl. hierzu → Vor § 1 Rn. 14): „Torpedos iSd. Nr. 40 KWL sind die vollständigen, für den Einsatz als Unterwasserwaffe bestimmten Kriegswaffen. Sie enthalten folgende wesentliche Bestandteile: Gefechtsköpfe/Sprengstoffteile (Nr. 56 KWL), Zünder (Nr. 57 KWL), Zielsuchköpfe (Nr. 58 KWL). Aus den Gegebenheiten der Praxis hat sich die Einführung der in den Nrn. 41 und 42 KWL genannten teilausgerüsteten Torpedos ergeben"; vgl. ausführlich zu den Torpedos Hinze/*Runkel* § 1 Rn. 62 ff.

[76] Aus Nr. 40 der (amtlichen) Erläuterung zur KWL 2003 des BMF (vgl. hierzu → Vor § 1 Rn. 14) ergibt sich, dass Minen aller Art der Nr. 43 KWL, die Sprengwirkung entfalten – auch Seeminen, deren Verlegeeinrichtungen selbst keine Kriegswaffen sind – als Kriegswaffen anzusehen sind. Voraussetzung ist allerdings, dass die Minen eine Sprengladung enthalten, enthalten sie lediglich einen Rauchsatz, sind sie nicht als Kriegswaffen anzusehen; vgl. zu den Land- und Seeminen ausführlich Hinze/*Runkel* § 1 Rn. 64 f.

[77] Aus Nr. 41 der (amtlichen) Erläuterung zur KWL 2003 des BMF (vgl. hierzu → Vor § 1 Rn. 14) ergibt sich, dass Wasserbombenablaufeinrichtungen keine Kriegswaffen iS der Nr. 44 darstellen; vgl. ferner Hinze/*Runkel* § 1 Rn. 66.

[78] Hierzu zählen Handflammpatronen (zB DM 14) als Werfer- und Munitionskombination; zu den Handflammpatronen ausführlich Hinze/*Runkel* § 1 Rn. 67.

[79] Unter einer Handgranate versteht man ein mit einer Sprengladung gefüllter und mit einem Zünder (Zeit- oder Aufschlagzünder) versehener Metall- oder Kunststoffhohlkörper, der mit der Hand in Richtung auf ein Ziel geworfen werden kann; zu diesen Waffen ausführlich Hinze/*Runkel* § 1 Rn. 68 ff., der auch darauf hinweist, dass reine Brandsätze, wie zB „Molotow-Cocktails" keine Handgranaten in diesem Sinne darstellen; vgl. ferner Nr. 42 der (amtlichen) Erläuterung zur KWL 2003 des BMF (vgl. hierzu → Vor § 1 Rn. 14): „Zu den Handgranaten der Nr. 46 KWL zählen auch solche, die unter Wasser sprengkräftig sind. Gas-Handgranaten, die bei ihrem Einsatz (dh nach Zündung,) zB nur Nebel, Tränengas oder Rauch ohne Flammenwirkung entwickeln, sind nicht als Kriegswaffen anzusehen"; vgl. bereits Nr. 28 der (amtlichen) Erläuterungen zur KWL 1993 des BMF (hierzu → Vor § 1 Rn. 14). In der dortigen Nr. 12 wird auch klargestellt, dass Blendbrandhandgranaten (zB DM 19) als Handgranaten anzusehen sind; dagegen unterliegt der dazu gehörende, keinen Sprengsatz zündende Reibzünder (Handgranatenzünder DM 52) nicht der Kriegswaffenkontrolle; aus der Rechtsprechung vgl. BGH 6.11.1991 – 3 StR 370/91, BGHR KrWaffG § 16 Konkurrenzen 2; BayObLG 28.11.1996 – 4 St RR 181/96, NStZ 1997, 134.

[80] Vgl. hierzu Nr. 43 der (amtlichen) Erläuterung zur KWL 2003 des BMF (vgl. hierzu → Vor § 1 Rn. 14): „Die sprengtechnischen Minenräummittel der Nr. 47 KWL bringen Minen dadurch zur Detonation, indem die im Minenräummittel enthaltenen Sprengmittel detonieren. So wird zB die Sprengpäckchen enthaltende Minenräumschnur vor den vorrückenden Panzer geschleudert. Die Zündung der Sprengpäckchen lässt zugleich die (bereits ausgemachten oder vermuteten) Minen detonieren. Ähnlich funktioniert die mittels einer Rakete verschossene Minenräumleiter. Sprengschnüre sind schnurartig angeordneter Sprengstoff, die auch als Bestandteile von Pioniersprengkörpern bzw. von sprengtechnischen Minenräummitteln keine Kriegswaffen sind. Im Übrigen sind mechanische Minenräummittel keine KW. Es fallen nicht unter die Genehmigungspflicht des KrWaffG: a) alle Hohlladungen mit bis zu 40 g Sprengstoff; b) solche Hohlladungen, die zwar über 40 g Sprengstoff besitzen, jedoch in der ‚Liste der zugelassenen Sprengstoffe, Zündmittel und des zugelassenen

KrWaffG Anl.   2. Kapitel. Waffenrecht

48. Sprengladungen für die Waffen der Nummer 43[81]

VIII. Sonstige Munition[82]

49. Munition für die Waffen der Nummern 31 und 32

50. Munition für die Waffen der Nummer 29,[83] **ausgenommen Patronenmunition**[84] **mit Vollmantelweichkerngeschoss,**[85] **sofern**

Sprengzubehörs' der Bundesanstalt für Materialforschung und -prüfung (BAM) aufgeführt sind", vgl. ferner Nr. 46 der (amtlichen) Erläuterungen zur KWL 1993 des BMF (hierzu → Vor § 1 Rn. 14), wonach „Minenräumschnüre" unter Nr. 34 der KWL aF fielen, der „Minenräumvorrichtungen" pauschal erfasste; zu diesen Waffen ausführlich Hinze/*Runkel* § 1 Rn. 72 ff.

[81] Vgl. hierzu Nr. 44 der (amtlichen) Erläuterung zur KWL 2003 des BMF (vgl. hierzu → Vor § 1 Rn. 14): „Unter Sprengladungen der Nr. 48 KWL sind Minen ohne Zünder gemeint".

[82] Vgl. hierzu Nr. 45 der (amtlichen) Erläuterung zur KWL 2003 des BMF (vgl. hierzu → Vor § 1 Rn. 14): „Munition fällt nur dann unter Nr. 49 ff. KWL, wenn sie Zerstörung im Ziel hervorrufen kann. Keine Kriegswaffe sind daher: inerte Munition, Kartuschenmunition = Manövermunition (nicht zu verwechseln mit französischer Bezeichnung „cartouche" = Patrone im weitesten Sinne, auch scharfe Munition), Übungsmunition, Kurzbahngeschosse zur Funktionserprobung, Signalmunition für Gefechtsfeldbeleuchtung, Nebelmunition, Platzpatronen, Überdruck- und Beschusspatronen. Übungsmunition mit pyrotechnischer Markierungsladung (Blitz/Rauch), Kurzbereich (KB) und Plastiktrainingsmunition sind keine Kriegswaffen, wenn ihnen eine sprengkräftige Ladung fehlt"; vgl. ferner bereits die Regelung in Nr. 47–49 sowie 67 bis 69 der amtlichen Erläuterungen zur KWL 1993 des BMF (vgl. hierzu → Vor § 1 Rn. 14), die von der heutigen Fassung teilweise abweichen: „(47) Kartuschenmunition (Platzpatronen) ist keine Kriegswaffe. (48) Leucht- und Signalmunition, Ziel- und Wirkungsdarstellungsmittel fallen nicht unter das KrWaffG, sofern sie nicht Zerstörungswirkung im Kampfeinsatz besitzen. (49) Manöverzerfallmunition und Manöverpatronen fallen nicht unter das KrWaffG. Übungsmunition kann aber Kriegswaffe sein, wenn sie eine sprengfähige Ladung hat. [...] (67) Die durch Rändelung des Hülsenbodens gekennzeichneten Überdruckpatronen zu Beschußzwecken sind keine Kriegswaffen. (68) Übungsmunition, die als solche gekennzeichnet ist, fällt nicht unter die Kriegswaffenkontrolle. (69) Übungsmunition mit pyrotechnischer Markierungsladung (Blitz/Rauch), Kurzbereich- (KB) und Plastiktrainingsmunition, sind keine Kriegswaffen, sofern ihnen eine sprengkräftige Ladung fehlt."

[83] Vgl. hierzu aus der Rspr. BGH 14.2.1996 – 3 StR 625/95, NJW 1996, 1483; 8.4.1997 – 1 StR 606/96, NStZ 1997, 552; 14.11.2007 – 2 StR 361/07, NStZ-RR 2008, 154; ausführlich hierzu Hinze/*Runkel* § 1 Rn. 77 ff.

[84] Vgl. hierzu Nr. 46 der (amtlichen) Erläuterung zur KWL 2003 des BMF (vgl. hierzu → Vor § 1 Rn. 14): „Patronen der Nr. 50 KWL sind unabhängig vom Kaliber nur dann Kriegswaffen, wenn sie entweder einen Hartkern besitzen, dh. die Kernhärte 400 HB (Brinellhärte) bzw. 421 HV 10 (Vickershärte) übersteigt oder die in Nr. 50 KWL genannten Zusätze (insbesondere einen Lichtspur-, Brand- oder Sprengsatz) enthalten. Bei farbigen Geschossspitzen bedarf es im Zweifel einer Einzelfallprüfung. [...]".

[85] Vgl. hierzu Nr. 46 der (amtlichen) Erläuterung zur KWL 2003 des BMF (vgl. hierzu → Vor § 1 Rn. 14): „[...] Hinsichtlich der Abgrenzung der Weichkernpatronen zu Hartkernpatronen iS der Nr. 50 KWL gilt Folgendes: Nach Nr. 50 KWL sind Patronen, die nicht für Jagd- und Sportzwecke verwendet werden, stets Kriegswaffen iS des KrWaffG. Hiervon ausgenommen sind spezielle Patronen, die ausschließlich bei der Polizei verwendet werden. Patronen im Kaliber über .50 BMG (12,7 mm × 99) bis zu einem Kaliber unter 20 mm (siehe Nr. [26]) sind auch mit Weichkerngeschoss Kriegswaffen iS der Nr. 50 KWL. Hiervon ausgenommen sind speziell für die Jagd entwickelte und hergestellte Patronen. In Zweifelsfällen ist als Hartkerngeschoss (= Kriegswaffe) dasjenige anzusehen, dessen Kern-Härte 400 HB (Brinellhärte) bzw. 421 HV 10 (Vickershärte) übersteigt. Eine Geschosskernhärte unter den genannten Werten (entsprechend Vollmantelweichkern) begründet die Nicht-Kriegswaffeneigenschaft der Patronen, es sei denn, sie enthalten die in Nr. 50 KWL genannten Zusätze. Als Prüfstellen kommen in Betracht: Materialprüfämter der Länder, Beschussämter, Landeskriminalämter."; vgl. ferner Nr. 25 der (amtlichen) Erläuterungen zur KWL 1993 des BMF (hierzu → Vor § 1 Rn. 14) die noch folgende Anmerkung enthielt: „[...] Hinsichtlich der Abgrenzung der Weichkernmunition zur Hartkernmunition iS der Nr. 50 der KWL gilt folgendes: a) Nach Nr. 50 der KWL ist Gewehrmunition, die nicht für Jagd- und Sportzwecke verwendet wird, stets Kriegswaffe iS des KrWaffG. b) Ambivalente Munition, dh. solche, die auch aus Jagd- und Sportgewehren verschossen werden kann, ist immer dann als Kriegswaffe anzusehen, wenn die Geschoßspitze farblich gekennzeichnet ist. Ist bei ambivalenter Gewehrmunition die Geschoßspitze farblich nicht gekennzeichnet, so ist bei Munition, die in einem NATO-Staat, Warschauer-Pakt-Staat, Israel, Japan, Schweden, Frankreich oder Österreich hergestellt wurde, von ihrer Nicht-Kriegswaffeneigenschaft auszugehen. Bei ernsthaften Zweifeln an der Nicht-Kriegswaffeneigenschaft sollten Stichproben vorgenommen werden. Ambivalente Munition aus anderen als den vorgenannten Ländern bedarf grundsätzlich der Einzelfallprüfung. c) In Zweifelsfällen ist als Hartkerngeschoß (= Kriegswaffe) dasjenige anzusehen, dessen Kern-Härte 400 HB (Brinellhärte) bzw. 421 HV 19 (Vickershärte) übersteigt. Eine Geschoßkernhärte unter den genannten Werten (entsprechend Vollmantelweichkern begründet die Nicht-Kriegswaffeneigenschaft der

1. das Geschoss keine Zusätze, insbesondere keinen Lichtspur-, Brand- oder Sprengsatz, enthält und
2. Patronenmunition gleichen Kalibers für Jagd- oder Sportzwecke verwendet wird.[86]
51. Munition für die Waffen der Nummer 30
52. Munition für die Waffen der Nummern 37 und 39
53. Gewehrgranaten
54. Geschosse für die Waffen der Nummern 49 und 52
55. Treibladungen für die Waffen der Nummern 49 und 52[87]

IX. Sonstige wesentliche Bestandteile

56. Gefechtsköpfe für die Waffen der Nummern 7 bis 9 und 40[88]
57. Zünder[89] für die Waffen der Nummern 7 bis 9, 40, 43, 44, 46, 47, 49, 51 bis 53 und 59, ausgenommen Treibladungsanzünder
58. Zielsuchköpfe für die Waffen der Nummern 7, 9, 40, 44, 49, 59 und 60[90]

Munition, es sei denn, sie enthält die in Nr. 50 der KWL genannten Zusätze. Als Prüfstellen kommen in Betracht: Materialprüfämter der Länder, Beschußämter, Landeskriminalämter, Bundeskriminalamt."

[86] Insoweit wird deutlich, dass nunmehr auch Munition für Maschinenpistolen (Nr. 29b der KWL) als Kriegswaffe angesehen wird. Diese Munition war vor 2003 ausdrücklich von Nr. 50 KWL ausgenommen, was damals mit der Begründung geschah, dass diese Munition häufig dasselbe Kaliber besitze wie die von der KWL nicht erfassten Handfeuerwaffen (Kal. 9 mm); vgl. Steindorf/*Heinrich* § 1 Rn. 12; vgl. ferner zur Kriegswaffeneigenschaft für Patronen mit panzerbrechendem Hartkerngeschoß für das halbautomatische US-Militärgewehr „Garand" BGH 8.4.1997 – 1 StR 606/96, NStZ 1997, 552; hierzu auch die kritische Anmerkung von *Runkel* NStZ 1997, 552 (553), der darauf hinweist, dass es für die Kriegswaffeneigenschaft der Munition nicht ausreicht, wenn sie lediglich zum Einzelfeuer aus halbautomatischen Gewehren bestimmt und geeignet ist. Hinsichtlich der Gewehrmunition fand sich in Nr. 25 der (amtlichen) Erläuterungen zur KWL 1993 des BMF (hierzu → Vor § 1 Rn. 14) noch folgende Anmerkung: Gewehrmunition ist die für Waffen der Nr. 29a, c und d der KWL entwickelte und noch verwendbare Zentralfeuer-Patronenmunition und Vollmantelspitzgeschoß.

[87] Vgl. hierzu Nr. 47 der (amtlichen) Erläuterung zur KWL 2003 des BMF (vgl. hierzu → Vor § 1 Rn. 14: „Mit Pulver gefüllte Kartuschbeutel fallen als Treibladungen unter Nr. 55 KWL, sofern sie für Gefechtsmunition (scharfe Munition) bestimmt sind." vgl. bereits Nr. 65 der (amtlichen) Erläuterungen zur KWL 1993 des BMF (vgl. hierzu → Vor § 1 Rn. 14).

[88] Vgl. hierzu Nr. 48 der (amtlichen) Erläuterung zur KWL 2003 des BMF (vgl. hierzu → Vor § 1 Rn. 14): „Unter Gefechtsköpfe der Nr. 56 KWL ist der Sprengstoffteil von Raketen und Torpedos gemeint", hierzu ausführlich Hinze/*Runkel* § 1 Rn. 51.

[89] Unter einem Zünder versteht man eine Vorrichtung zur Einleitung der Zündung (meist von Explosivstoffen, zB Gefechtsladungen) an einem bestimmten Ort und zu einem gewünschten Zeitpunkt; hierzu BGH 23.11.1995 – 1 StR 296/95, BGHSt 41, 348 (353 f.) = NJW 1996, 1355 (1356); ferner Hinze/*Runkel* § 1 Rn. 92 ff. Möglich sind Zünder zB in Form von Aufschlagzündern oder Beharrungszündern, die nach dem Aufprall von Raketen entweder sofort oder nach einer gewissen zeitlichen Verzögerung eine Explosion verursachen. Mehrere Zünder können zu einem Zündsystem zusammengesetzt werden, wobei allerdings auch hier jeder einzelne Zünder die Kriegswaffeneigenschaft besitzt (vgl. BGH 23.11.1995 – 1 StR 296/95, BGHSt 41, 348 (353 f.) = NJW 1996, 1355 (1356). Ausgenommen sind lediglich „nicht sprengkräftige Zünder, die ausschließlich für Übungsmunition ohne Kriegswaffeneigenschaft, nicht aber für Gefechtsmunition (scharfe Munition) bestimmt sind"; hierzu Nr. 74 der (amtlichen Erläuterungen) zur KWL 1993 des BMF (vgl. hierzu → Vor § 1 Rn. 14). Ferner Nr. 49 der (amtlichen) Erläuterung zur KWL 2003 des BMF (vgl. hierzu → Vor § 1 Rn. 14): „Unter Zünder der Nr. 57 KWL fallen nicht Booster, Detonatoren, Übertragungsladungen und Zündhütchen als Teile von Zündern. Sprengkapseln sind dann Kriegswaffen (Zünder), wenn sie so vollständig sind, dass sie aus sich heraus die Zünderfunktion erfüllen können, dh. die für die Einleitung des Zündvorganges erforderliche Energiequelle muss integriert sein (zB vorgespannte Feder, Kondensator, Piezoquarzanordnung). Sprengkapseln als Teil einer bergtechnischen Sprenganordnung sind keine Kriegswaffen"; ferner aus der Rspr. OLG München 28.9.1992 – 1 Ws 534–536 und 757–759/92, NStZ 1993, 243.

[90] Vgl. hierzu Nr. 50 der (amtlichen) Erläuterung zur KWL 2003 des BMF (vgl. hierzu → Vor § 1 Rn. 14): „Zielsuchköpfe der Nr. 58 KWL sind Elektrooptische oder elektronische Einrichtungen in Flugkörpern, Torpedos, Bomben oder Munition, die die Zielansteuerung – auch mit Hilfe von Bodenkontaktstellen – ermöglichen". Nr. 73 der (amtlichen) Erläuterungen zur KWL 1993 des BMF (hierzu → Vor § 1 Rn. 14) enthielt noch die Regelung: „Zielgeräte, gleich welcher Art, aber mit Ausnahme des Zielsuchkopfes (Nr. 50 KWL) sind keine Kriegswaffen"; vgl. ferner zu den Zielsuchköpfen Hinze/*Runkel* § 1 Rn. 97 ff.

KrWaffG Anl.

59. **Submunition für die Waffen der Nummern 7 bis 9, 44, 49 und 61**[91]
60. **Submunition ohne Zünder für die Waffen der Nummern 7 bis 9, 44, 49 und 61**

X. Dispenser

61. **Dispenser zur systematischen Verteilung von Submunition**[92]

XI. Laserwaffen

62. **Laserwaffen, besonders dafür konstruiert, dauerhafte Erblindung zu verursachen**[93]

---

[91] Vgl. hierzu Nr. 51 der (amtlichen) Erläuterung zur KWL 2003 des BMF (vgl. hierzu → Vor § 1 Rn. 14): „Submunition (Bomblets) der Nrn. 59 und 60 KWL für die Waffen der Nm. 7 bis 9, 44, 49 und 61 KWL bezeichnet die für Flächenfeuer entwickelten Munitionsarten. Submunition kann Teil der oben aufgeführten Kriegswaffen sein, die die Beförderung in das Zielgebiet ausführen"; ferner Hinze/*Runkel* § 1 Rn. 100.

[92] Vgl. hierzu Nr. 52 der (amtlichen) Erläuterung zur KWL 2003 des BMF (vgl. hierzu → Vor § 1 Rn. 14): „Dispenser zur systematischen Verteilung von Submunition der Nr. 61 KWL können am Trägerflugzeug fest montiert oder abwerfbar/absetzbar oder mittels Eigenantrieb in das Zielgebiet gelangen. Sie sind auch ohne Munitionsinhalt Kriegswaffen im Sinne von Nr. 61 KWL"; vgl. ferner Hinze/*Runkel* § 1 Rn. 102.

[93] Vgl. hierzu Hinze/*Runkel* § 1 Rn. 103.

III. Gesetz über explosionsgefährliche Stoffe (Sprengstoffgesetz – SprengG)

In der Fassung der Bekanntmachung vom 10.9.2002, BGBl. I S. 3518
Zuletzt geändert durch Gesetz vom 11.6.2017, BGBl. I S. 1586

FNA 7134–2
(Auszug)

Stichwortverzeichnis

Die angegebenen Zahlen beziehen sich auf die §§ und Randnummern bzw. die Fußnoten des Textes. Hauptfundstellen sind durch Fettdruck hervorgehoben.

A

Anwendungsbereich → Vor § 40 Rn. 10, 12, → § 40 Rn. 2; Einschränkung des – → § 40 Rn. 55; sachlicher – → § 40 Rn. 3 ff.
Anzeigepflicht für neu entwickelte Stoffe → § 41 Rn. 2 ff., 25 ff.; Verstoß gegen die – → § 41 Rn. 25 ff.
Anzündmittel → § 40 Rn. 28
Arbeitnehmer → § 40 Rn. 62, 69
Aufbewahrung/Aufbewahren → Vor § 40 Rn. 10, 13, → **§ 40 Rn. 36**
Auflage/Anordnung → § 41 Rn. 18 ff.
Aufsichtsperson → § 41 Rn. 37, 43
Aufsuchen von Bestellungen → § 40 Rn. 52
Aufzeichnungspflicht → § 41 Rn. 35
Ausfuhr/Ausführen → § 40 Rn. 53 f.

B

Bearbeitung/Bearbeiten → **§ 40 Rn. 33,** 43
Befähigungsschein → § 40 Rn. 62, 91, → § 41 Rn. 31, 37 f., 42 f.
Beförderung/Befördern → § 40 Rn. 39; unerlaubte – → § 40 Rn. 59
Begriffsdefinitionen objektbezogene, objektive – → § 40 Rn. 3 ff.; verhaltensbezogene → § 40 Rn. 30 ff.
Besitz/Besitzen → Vor § 40 Rn. 2
Bestimmungsgemäßer Gebrauch → § 40 Rn. 40
Betreiben eines Lagers; unerlaubtes – → § 40 Rn. 74
Betriebsstätte → § 40 Rn. 42
Bundesanstalt für Materialforschung und -prüfung → Vor § 40 Rn. 10
Bußgeldrahmen → § 41 Rn. 56

C

CE-Kennzeichnung → § 40 Rn. 13; → **§ 41 Rn. 7 ff.**

D

Durchfuhr/Durchführen → **§ 40 Rn. 53 f.,** → § 41 Rn. 33; unerlaubte/s – → § 40 Rn. 70 ff.
Durchführungsbestimmungen; bundesrechtliche – → Vor § 40 Rn. 11 ff.; landesrechtliche – → Vor § 40 Rn. 2

E

EG-Recht → Vor § 40 Rn. 6 ff., → § 40 Rn. 7, 11 ff.
EG-Sprengstoffrichtlinie → Vor § 40 Rn. 6 f., → § 40 Rn. 11 ff.
Einfuhr/Einführen → Vor § 40 Rn. 2, → **§ 40 Rn. 53 f.,** → § 41 Rn. 33; unerlaubte/s – → § 40 Rn. 70 ff.
Einziehung → § 43 Rn. 1 ff.
Empfangen/Empfangnahme innerhalb der Betriebsstätte → § 40 Rn. 42
Entgegennehmen → § 40 Rn. 52
Enumerationslösung → § 40 Rn. 5
Erlaubnis/Erlaubnispflicht → § 40 Rn. 57; Befreiung von der – → § 40 Rn. 62; Fehlen der – → § 40 Rn. 62, 69
Erlaubnisschein → § 41 Rn. 43
Errichtung eines Lagers → § 41 Rn. 36
Erwerb/Erwerben → Vor § 40 Rn. 2, → § 40 Rn. 1, → **§ 40 Rn. 49,** 68; Vermitteln des Erwerbs → § 40 Rn. 51
Explosionsfähige Stoffe → § 40 Rn. 4
Explosionsgefährliche Stoffe → **§ 40 Rn. 3 ff.;** mangelhafte – → § 41 Rn. 24; sonstige – → § 40 Rn. 3, **19 ff.;** Zulassung → § 41 Rn. 16; zur Herstellung von Explosivstoffen bestimmte – → § 40 Rn. 20
Explosivstoffe → § 40 Rn. 3; **10 ff.;** gleichgestellte Stoffe → § 40 Rn. 4, 14
Explosivstoffliste → § 40 Rn. 5, 11 ff.

F

Fahrlässigkeit → § 40 Rn. 103
Feilbieten → § 40 Rn. 52
Feststellungsbescheid → § 41 Rn. 6
Feuerwerkskörper → § 40 Rn. 16 f.
Fundmunition → § 40 Rn. 29

G

Gasförmige Stoffe → § 40 Rn. 6
Gebrauchsanleitung → § 41 Rn. 44
Gefährdung; konkrete – → § 40 Rn. 101, → § 42 Rn. 2
Gesetzgebungskompetenz → Vor § 40 Rn. 2 ff.
Gewerblicher Bereich → Vor § 40 Rn. 10

SprengG

Gewerbsmäßiges Handeln → § 40 Rn. 60
Gesetzeszweck → § 40 Rn. 1
Gleichgestellte Stoffe (nach früherem Recht) → § 40 Rn. 4, 14, 15, 28

H
Herstellung/Herstellen → § 40 Rn. 32
Hilfsstoffe → § 40 Rn. 32
Historie → Vor § 40 Rn. 1 ff.

I
Inverkehrbringen → § 40 Rn. 46 f.; – nicht-konformer Explosivstoffe und pyrotechnischer Gegenstände → § 41 Rn. 10
Irrtum § 40 Rn. 99, – über das Vorliegen einer Zulassung → § 41 Rn. 15

J
Juristische Personen → § 40 Rn. 62

K
Kriegswaffenkontrollgesetz; Verhältnis zum – → § 40 Rn. 55
Konformitätsnachweis → § 41 Rn. 7 ff.
Konkurrenzen → § 40 Rn. 105 ff.

L
Lagerung/Lagern → Vor § 40 Rn. 7
Lagergenehmigung → § 40 Rn. 74; Fehlen der – → § 40 Rn. 77; unbefugte Errichtung eines Lagers → § 41 Rn. 36

M
Mitsichführen von Urkunden → § 41 Rn. 42 f.

N
Nachschau; Duldungspflicht → § 41 Rn. 45
Nachweis der Berechtigung; fehlender – → § 40 Rn. 73
Nachweispflichten → § 41 Rn. 32
Neu entwickelte Stoffe → § 41 Rn. 2
Nichtanmeldung/-vorführung explosionsgefährlicher Stoffe im Falle der Ein-/Durchfuhr → § 41 Rn. 33
Nichtanzeige neu entwickelter explosionsgefährlicher Stoffe → § 41 Rn. 2
Nichtgewerblicher Bereich → Vor § 40 Rn. 10, → **§ 40 Rn. 66 ff.**
Nichtkonforme Explosivstoffe; Kennzeichnung → § 41 Rn. 10 f.
Nichtvorlage der Verbringungsgenehmigung → § 41 Rn. 34

O
Ordnungswidrigkeiten → Vor § 40 Rn. 12 ff., 19

P
Plastiksprengstoff → Vor § 40 Rn. 6
Prüfverfahren → § 40 Rn. 5, **7**
Pyrotechnische Gegenstände → Vor § 40 Rn. 12, → § 40 Rn. 15 ff., → § 41 Rn. 7 f., 10, 12 f., Konformitätsnachweis → § 41 Rn. 7
Pyrotechnische Sätze → § 40 Rn. 4, **Rn. 15, 18**

R
Rechtszersplitterung → Vor § 40 Rn. 5

Regelungskompetenz → Vor § 40 Rn. 96 ff.
Reisegewerbe → § 40 Rn. 94 ff.

S
Sonstige explosionsgefährliche Stoffe → § 40 Rn. 3, **19 ff.**; gleichgestellte Stoffe → § 40 Rn. 4
Sonstige Tätigkeiten → § 40 Rn. 43
Sprengung → Vor § 40 Rn. 14, § 41 Rn. 51
Sprengstofflager → § 40 Rn. 77
Sprengzubehör → § 40 Rn. 22, **23 f.**; mangelhaftes – → § 41 Rn. 24; Zulassung → § 41 Rn. 14
Stand der Technik → § 41 Rn. 44

T
Täterkreis → § 40 Rn. 84, 88, 92, → § 41 Rn. 1
Transport/Transportieren → § 40 Rn. 42
Treibstoffe → § 40 Rn. 3

U
Überlassen → **§ 40 Rn. 50**; – innerhalb der Betriebsstätte → § 40 Rn. 42; – neu entwickelter sonstiger explosionsgefährlicher Stoffe → § 41 Rn. 6; – nicht konformer Explosivstoffe und pyrotechnischer Gegenstände → § 41 Rn. 10; unbefugtes – durch nicht verantwortliche Person → § 41 Rn. 39; unerlaubtes – → § 40 Rn. 79 f., → § 41 Rn. 39 f.; unerlaubtes – an Minderjährige → § 40 Rn. 93 ff.; unerlaubtes – im Rahmen einer Verbringung → § 40 Rn. 89 ff.; unerlaubtes – im Reisegewerbe → § 40 Rn. 96 ff.; unerlaubtes – innerhalb der Betriebsstätte → § 40 Rn. 85 ff.; verantwortliche Person → § 40 Rn. 84, 88
Umhüllungen → § 40 Rn. 15
Umgang → Vor § 40 Rn. 4, 10; → **§ 40 Rn. 31 ff.**; unerlaubter – → **§ 40 Rn. 57 ff.; 68,** → § 41 Rn. 7;
Untersagungsverfügung → § 41 Rn. 46
Urkunden; Mitsichführen von – → § 41 Rn. 42

V
Verantwortliche Personen → Vor § 40 Rn. 10; Bestellung ohne Vorliegen der Voraussetzungen → § 41 Rn. 38; Mitsichführen von Urkunden → § 41 Rn. 43; Tätigwerden ohne Befähigungsschein → § 41 Rn. 37
Verarbeitung/Verarbeiten → § 40 Rn. 34
Verbringen → § 40 Rn. 37 f.; unerlaubtes – → § 40 Rn. 70 ff., → § 41 Rn. 34
Verbringenlassen → § 40 Rn. 72
Verjährung → § 40 Rn. 109
Verkehr mit Sprengstoffen → Vor § 40 Rn. 10; → § 40 Rn. 1, **48 ff.**; unerlaubter – → **§ 40 Rn. 57 ff., 66**
Verletzung von Schutzvorschriften → § 42 Rn. 1 ff.
Vermittlung/Vermitteln → § 40 Rn. 51
Vernichtung/Vernichten → **§ 40 Rn. 41,** 43
Verstoß; – gegen landesrechtliche Vorschriften → § 41 Rn. 52; – gegen die Pflicht, Nachschau zu dulden → § 41 Rn. 45; – gegen Rechtsverordnungen → § 41 Rn. 48; – gegen Untersagungsverfügung → § 41 Rn. 46
Versuchsstrafbarkeit; fehlende – → § 40 Rn. 1, → § 41 Rn. 1

III. Sprengstoffgesetz   **Vor § 40 SprengG**

Vertrieb/Vertreiben → Vor § 40 Rn. 2; → **§ 40 Rn. 52;** – neu entwickelter sonstiger explosionsgefährlicher Stoffe → § 41 Rn. 4; unbefugtes – durch nicht verantwortliche Person → § 41 Rn. 39; unerlaubter/s – → § 40 Rn. 79 ff.; unerlaubter/s – im Reisegewerbe → § 40 Rn. 96 ff.; verantwortliche Person → § 40 Rn. 84; Vermitteln des – → § 40 Rn. 51
Verwaltungsvorschriften → Vor § 40 Rn. 17
Verwendung/Verwenden → § 40 Rn. 40
Verwendungszweck vgl. Zweckbestimmung
Vollziehbarkeit → § 41 Rn. 18, 46
Vorsatz → § 40 Rn. 99, 102

W
Waffengesetz; Verhältnis zum – → § 40 Rn. 55
Wiedergewinnung/-gewinnen → **§ 40 Rn. 35,** 43

Z
Zündmittel → § 40 Rn. 4, **26 f.**
Zündstoff → § 40 Rn. 3
Zulassung → § 40 Rn. 70, → § 41 Rn. 8, 14, 19 f., 18, 50
Zuverlässigkeit → Vor § 40 Rn. 2
Zweckbestimmung; – bei explosionsgefährlichen Stoffen → § 40 Rn. 8, 10, 17, 20
Zwischenerzeugnisse §→ 40 Rn. 32
Zuwiderhandlung; – gegen Auflagen oder Anordnungen → § 41 Rn. 18 ff.; – gegen Rechtsverordnungen → § 41 Rn. 48 ff.

Vorbemerkung zu § 40[1]

Schrifttum: 1. Kommentare und Monographien. *Apel/Keusgen,* Sprengstoffgesetz, Loseblattsammlung, Bd. 1: Sprengstoffrechtliche Vorschriften, Stand: 80. Lieferung, 12/2016; Bd. 2: Kommentar, Stand: 27. Lieferung, 6/2015; *Au,* Schutz vor explosionsgefährlichen Stoffen, 2003; *Breitel/Au,* Sprengstoffrecht, Loseblattsammlung, Stand 128. Lieferung, 6/2014; *Conrad,* Reichsgesetz vom 9. Juni 1884 gegen den verbrecherischen und gemeingefährlichen Gebrauch von Sprengstoffen, in: *Stenglein,* Kommentar zu den strafrechtlichen Nebengesetzen des deutschen Reichs, Bd I, 5. Aufl. 1928, Ziff. 18; *Denker/Täglich/Wiesner,* Der Verkehr mit Sprengstoffen, 16. Aufl. 1966; Erbs/Kohlhaas/Steindorf/Pauckstadt-Maihold, Strafrechtliche Nebengesetze, Kommentierung des Sprengstoffgesetzes samt Verordnungen, S 169 – S 169c, Stand: 212. Lieferung 1/2017 (Stand der Bearbeitung des SprengG: 206. Lieferung 1.10.2015); soweit konkret angegeben (160. EL) wurde auch noch die Kommentierung von Erbs/Kohlhaas/*Steindorf,* Stand 160. Lieferung 1.1.2005, zitiert; Graf/Jäger/Wittig/*Grommes,* Wirtschafts- und Steuerstrafrecht, Kommentar, Nr. 685, 2. Aufl. 2017; *Hinze,* Waffenrecht, Loseblattsammlung, Kommentierung des Sprengstoffgesetzes, Stand: 70. Lieferung 8/2015 (Stand der Kommentierung des Sprengstoffgesetzes: 38. Lieferung April 1997); *Klein,* Sprengstoffgesetz, Kommentar, 1971;[2] *Koller,* Neuregelung des Rechts der explosionsgefährlichen Stoffe, 1977; *Köhler/Meyer/Homburg,* Explosivstoffe, 10. Aufl. 2008; *Landmann/Rohmer,* Gewerbeordnung, Loseblattsammlung, Stand: 73. Ergänzungslieferung, 8/2016; *Schmatz/Nöthlichs,* Sprengstoffgesetz, Gesetz über explosionsgefährliche Stoffe. Ergänzbare Textsammlung und Kommentar, 2. Aufl., Stand: 38. Lieferung, 3/2016.

2. Aufsätze und Anmerkungen. *Apel,* Das neue Sprengstoffgesetz, GewA 1970, 29; *ders.,* Anm. zum Urt. des VG Hannover v. 20.3.1979, GewA 1980, 351; *ders.,* Anm. zum Urt. des VG Koblenz v. 24.10.1988, GewA 1989, 204; *Apel/Keusgen,* Novellierung des Sprengstoffgesetzes, GewA 1988, 73; *Cramer,* Die Neuregelung der Sprengstoffdelikte durch das 7. Strafrechtsänderungsgesetz, NJW 1964, 1835; *Herzberg,* Anm. zum Urt. des BGH v. 15.12.1976, JR 1977, 469; *Keusgen,* Das Bundessprengstoffgesetz, Zeitschrift für Bergrecht (ZfB) 1970, 408; *ders., Durchführungsvorschriften zum Sprengstoffgesetz 1976, ZfB 1978, 300; *Lackner,* Das Siebte Strafrechtsänderungsgesetz, JZ 1964, 674; *Lorenz,* Die Zuverlässigkeit im Sprengstoffrecht, GewA 1991, 170; *Meier,* Sprengstoffe und Sprengstoffdelikte aus kriminaltechnischer Sicht, Kriminalistik 1972, 113, 173; *ders.,* Sprengstoffdelikte, Kriminalistik 1975, 299; *Potrykus,* Die neue Sprengstoffgesetzgebung unter besonderer Berücksichtigung der Fortgeltung des bisherigen Rechts, GewA 1972, 2.

Übersicht

	Rn.		Rn.
I. Überblick und Historie	1–9	b) 2. SprengV	13
II. Das SprengG im Regelungsgefüge der sprengstoffrechtlichen Vorschriften	10–18	c) 3. SprengV	14
		d) SprengKostV	15
		e) 5. SprengV	16
1. Allgemeines	10	f) SprengVwV	17
2. Durchführungsrecht	11–17	3. Europäische Vorgaben	18
a) 1. SprengV	12	**III. Strafrechtliche Vorschriften**	19

---

[1] Mein besonderer Dank gilt meinen Mitarbeitern, Herrn *Christian Bartelt* und Herrn *Martin Schäfer,* die die Kommentierung des Sprengstoffgesetzes mit betreut haben.
[2] Rezensiert von *Potrykus* JZ 1971, 799.

I. Überblick und Historie[3]

1 Schon seit jeher dienten Sprengstoffe als Mittel zur Begehung von Straftaten. Dabei lassen sich im Wesentlichen zwei Kriminalitätsrichtungen unterscheiden. Einerseits war der Einsatz von Sprengstoffen schon seit dem Ende des 19. Jh. ein beliebtes Mittel radikaler politischer Gruppierungen, um durch gezielte Anschläge auf bestimmte Einrichtungen Aufmerksamkeit zu erregen.[4] Andererseits dienten Sprengstoffdelikte auch oft dazu, Straftaten im Bereich der allgemeinen Kriminalität zu ermöglichen.

2 Ziel des Gesetzgebers war es daher schon früh, durch eine **umfassende behördliche Kontrolle** den Verkehr und den Umgang mit Sprengstoffen (bzw. genauer: „explosionsgefährlichen Stoffen") unter staatliche Aufsicht zu stellen und nur zuverlässigen Personen den Umgang mit diesen Stoffen zu gestatten. Dies wurde anfangs allerdings lediglich mittels gewerberechtlicher Vorschriften zu erreichen versucht.[5] Als erstes umfassendes Regelwerk schuf der Gesetzgeber dann – als unmittelbarer Auslöser diente ein Attentat auf Kaiser Wilhelm I. – am 9.6.1884 das Gesetz gegen den verbrecherischen und gemeingefährlichen Gebrauch von Sprengstoffen,[6] wonach die Herstellung, der Vertrieb, die Einfuhr sowie der Besitz von Sprengstoffen genehmigungspflichtig wurden. Wer eine Genehmigung zur Herstellung und zum Vertrieb besaß, hatte ein Register zu führen, aus welchem sich die Mengen und der Verbleib der hergestellten und vertriebenen Sprengstoffe ergeben mussten. Das Gesetz war als typisches Polizei- und Strafgesetz konzipiert[7] und enthielt daher auch eine Reihe von Strafvorschriften mit teilweise recht hohen Strafandrohungen (regelmäßig Zuchthausstrafe, bei Herbeiführung des Todes eines Menschen war nach § 5 Abs. 3 sogar die Verhängung der Todesstrafe möglich,[8] wenn der Täter einen solchen Erfolg voraussehen konnte).[9] Nicht anwendbar war es allerdings auf Sprengstoffe, die in erster Linie als „Schießmittel" dienten.[10] Da das Deutsche Reich von der ihm durch § 2 des Gesetzes eingeräumten Befugnis zum Erlass von Durchführungsbestimmungen bis zuletzt keinen Gebrauch machte, blieb das Sprengstoffrecht allerdings weitgehend der Umsetzung durch die Länder vorbehalten und war entsprechend unterschiedlich ausgestaltet.[11]

3 Dieser Rechtszustand blieb auch nach dem Ende des Zweiten Weltkrieges erhalten,[12] wobei auffallend war, dass einige süddeutsche Länder nach 1945 entscheidende Änderungen ihrer

---

[3] Vgl. ausführlich hierzu Apel/Keusgen, Bd. 2, Einleitung I–V; ferner Erbs/Kohlhaas/Steindorf/Pauckstadt-Maihold, S 169, Vorb. Rn. 2 ff.; Hinze Einleitung.

[4] Vgl. hierzu Erbs/Kohlhaas/Steindorf/Pauckstadt-Maihold, S 169, Vorb. Rn. 2, mit Hinweis auf das erste entsprechende Gesetz im europäischen Raum in England am 10.4.1883; ferner Hörtreiter Kriminalistik 1972, 57.

[5] Vgl. §§ 14, 16, 56 Abs. 2 Nr. 6, 146 Abs. 1 Nr. 4 GewO aF.

[6] RGBl. S. 61, geändert durch VO vom 8.8.1941, RGBl. I S. 531, zuletzt geändert durch Art. 2 des 7. StrÄndG vom 1.6.1964, BGBl. I S. 337 (338); hierzu aus der Rspr. RG 22.12.1913 – III 389/12, RGSt 48, 72; 13.9.1924 – IV 739/24, RGSt 58, 276; 8.12.1932 – III 872/32, RGSt 67, 35; BGH 23.12.1953 – VI ZR 141/52, LM Nr. 4 zu § 823 BGB; Erbs/Kohlhaas/Steindorf/Pauckstadt-Maihold, S 169, Vorb. Rn. 2; Hälschner GS 38 (1886), 161; vgl. in diesem Zusammenhang auch die Bekanntmachung betreffend das Gesetz gegen den verbrecherischen und gemeingefährlichen Gebrauch von Sprengstoffen vom 29.4.1903, RGBl. S. 211, zuletzt geändert durch Verordnung vom 13.7.1940, RGBl. I S. 995, sowie die Verordnung über Ausnahmen von der Genehmigungs- und Registerführungspflicht nach § 1 des Gesetzes gegen den verbrecherischen und gemeingefährlichen Gebrauch von Sprengstoffen vom 20.11.1941, RGBl. I S. 721.

[7] Erbs/Kohlhaas/Steindorf/Pauckstadt-Maihold, S 169, Vorb. Rn. 2.

[8] Erbs/Kohlhaas/Steindorf/Pauckstadt-Maihold, S 169, Vorb. Rn. 2, weist darauf hin, dass diese z.B. auch in zwei Fällen verhängt wurde, um einen – wegen der feuchten Witterung allerdings fehlgeschlagenen – Anschlagsversuch auf den deutschen Kaiser und die versammelten Fürsten im Rahmen der Einweihung des Niederwalddenkmals am 28.9.1883 zu ahnden.

[9] Vgl. §§ 5–8, 10 und 12 des genannten Gesetzes; zur Kritik an den sehr hohen Strafdrohungen dieses Gesetzes Cramer NJW 1964, 1835; Hälschner GS 38 (1886), 161 (165); Lackner JZ 1964, 674; Raiser JZ 1963, 663; hierzu auch BT-Drs. IV/2186, 1. Ferner fanden sich Strafvorschriften mit sprengstoffrechtlichem Bezug in § 367 Abs. 1 Nr. 4, Nr. 5 und Nr. 8 StGB aF; hierzu Apel/Keusgen, Bd. 2, Einl. Anm. I 1; Hinze Einleitung.

[10] Erbs/Kohlhaas/Steindorf/Pauckstadt-Maihold, S 169, Vorb. Rn. 2.

[11] Vgl. Apel/Keusgen, Bd. 2, Einl. Anm. I 2; Erbs/Kohlhaas/Steindorf/Pauckstadt-Maihold, S 169, Vorb. 2; ferner BVerfG 31.1.1962 – 2 BvO 1/59, BVerfGE 13, 367 (367 f.) = NJW 1962, 789.

[12] Vgl. allerdings zur vorübergehenden Nichtanwendung das Gesetz Nr. 43 des Alliierten Kontrollrats vom 20.12.1946 (Amtsblatt des Alliierten Kontrollrats Nr. 13 vom 31.12.1946, S. 234) und das Gesetz Nr. 24 der

III. Sprengstoffgesetz **4, 5 Vor § 40 SprengG**

Gesetzeslage vornahmen.[13] Dies hatte seinen Grund darin, dass dem Bundesgesetzgeber bis 1976 eine ausdrückliche Kompetenz zur Regelung des Sprengstoffrechts fehlte. Da man das Sprengstoffrecht im Wesentlichen immer noch dem Polizeirecht (und somit kompetenzmäßig den Ländern) zuordnete,[14] konnte lediglich in Teilbereichen eine bundeseinheitliche Regelung erfolgen. Aus strafrechtlicher Sicht interessant ist dabei, dass infolge der Kompetenz des Bundesgesetzgebers zum Erlass von Strafnormen (Art. 74 Nr. 1 GG) die früheren Strafbestimmungen des Gesetzes von 1884 durch das Siebte Strafrechtsänderungsgesetz vom 1.6.1964[15] als § 311 StGB aF (nunmehr § 308 StGB nF: Herbeiführen einer Sprengstoffexplosion), § 311a StGB aF (nunmehr § 310 Abs. 1 Nr. 2 StGB nF: Vorbereitung eines Explosions- oder Strahlungsverbrechens), § 311b StGB aF (nunmehr § 320 StGB nF: Tätige Reue) und § 311c StGB aF (nunmehr § 322 StGB nF: Einziehung) ins StGB eingestellt wurden.

Auf der Grundlage der Bundeskompetenz aus Art. 74 Nr. 11, 12, 17, 21, 22 GG und **4** Art. 73 Nr. 5 GG (Wirtschaft, Arbeitsschutz, Land- und Forstwirtschaft, Verkehr, Export)[16] wurde dann im Jahre 1969 das Gesetz über explosionsgefährliche Stoffe (Sprengstoffgesetz)[17] erlassen, welches allerdings als „gewerberechtliches Erlaubnis- und Überwachungsgesetz"[18] lediglich den Umgang und den Verkehr mit explosionsgefährlichen Stoffen regeln konnte und keine rein polizeilichen Vorschriften enthielt. So blieb der gesamte private (= nichtgewerbliche) Bereich ausgespart, für den weiterhin das Gesetz von 1884 mit seinen zahlreichen landesrechtlichen Ergänzungsvorschriften galt, wobei bemerkenswert ist, dass diese teilweise sogar mit einem unterschiedlichen Sprengstoffbegriff arbeiteten.[19]

Da auch diese Lösung die Rechtszersplitterung nicht beseitigen konnte,[20] wurde dem **5** Bundesgesetzgeber schließlich im Jahre 1976 die konkurrierende Gesetzgebungszuständigkeit für das gesamte Sprengstoffrecht eingeräumt (Art. 74 Nr. 4a GG).[21] Diese Kompetenz setzte der Bundesgesetzgeber schon wenige Monate später im Rahmen einer umfassenden Änderung und Neufassung im Gesetz über explosionsgefährliche Stoffe (Sprengstoffgesetz – SprengG) vom 13.9.1976 um, welches zum 1.1.1977 in Kraft trat.[22] Dieses Gesetz wurde

---

Alliierten Hohen Kommission vom 30.3.1950 (Amtsblatt der Alliierten Hohen Kommission S. 251); ferner die hierzu erlassene 8. DVO zum Gesetz vom 8.5.1950 (Amtsblatt der Alliierten Hohen Kommission S. 366, geändert S. 1083). Das Gesetz Nr. 24 wurde aufgehoben durch das Gesetz Nr. 38 der Alliierten Hohen Kommission vom 5.5.1955 (Amtsblatt der Alliierten Hohen Kommission S. 3271); vgl. zum Ganzen *Hinze* Einleitung.

[13] Erbs/Kohlhaas/*Steindorf/Pauckstadt-Maihold*, S 169, Vorb. Rn. 2.
[14] Vgl. BVerfG 31.1.1962 – 2 BvO 1/59, BVerfGE 13, 367 (371 f.) = NJW 1962, 789; vgl. zur Entwicklung bis 1969 *Apel/Keusgen*, Bd. 2, Einl. Anm. I 4; vgl. zur Rechtszersplitterung in dieser Zeit auch *Hinze* Einleitung.
[15] BGBl. I S. 337, in Kraft getreten am 6.6.1964; hierzu *Cramer* NJW 1964, 1835; *Lackner* JZ 1964, 674.
[16] Vgl. zur Gesetzgebungskompetenz des Bundes in diesem Bereich BT-Drs. V/1268, 44 f.; hierzu auch *Potrykus* GewA 1972, 2 (3).
[17] Gesetz vom 25.8.1969, BGBl. I S. 1358; in Kraft getreten am 1.1.1970; hierzu die Materialien BT-Drs. V/1268 (Gesetzentwurf der Bundesregierung samt Begründung und Stellungnahme des Bundesrates und Gegenäußerung der Bundesregierung; entspricht im Wesentlichen BR-Drs. 252/66, das lediglich zusätzlich noch die ursprüngliche Stellungnahme des Wirtschaftsausschusses des Bundesrates enthält); BT-Drs. V/4297 (Schriftlicher Bericht des Innenausschusses); BR-Drs. 363/69 (abschließende Stellungnahme des Bundesrates); hierzu *Apel* GewA 1970, 29; *Keusgen* ZfB 1970, 408; *Potrykus* GewA 1972, 2; zu diesem Gesetz auch die umfassende Kommentierung von *Klein*, Sprengstoffgesetz, 1971. Vgl. ferner die zum SprengG 1969 erlassene 1. Durchführungsverordnung, BR-Drs. 536/69, und die 2. Durchführungsverordnung, BR-Drs. 611/69 (hierzu auch *Keusgen* ZfB 1972, 100).
[18] So wörtlich BT-Drs. V/1268, 45; ferner *Apel* GewA 1970, 29; Erbs/Kohlhaas/*Steindorf/Pauckstadt-Maihold*, S 169, Vorb. 3; *Klein* Einführung B I; *Potrykus* JZ 1971, 799 (800).
[19] Erbs/Kohlhaas/*Steindorf/Pauckstadt-Maihold*, S 169, Vorb. Rn 3
[20] Vgl. hierzu BT-Drs. 7/5102, 1, 6; ferner Erbs/Kohlhaas/*Steindorf/Pauckstadt-Maihold*, S 169, Vorb. Rn. 3; in sehr beschränktem Umfang galt auch das Reichsgesetz von 1884 noch fort; vgl. *Potrykus* GewA 1972, 2 (3).
[21] 34. Gesetz zur Änderung des Grundgesetzes (Artikel 74 Nr. 4a) vom 23.8.1976, BGBl. I S. 2383; Materialien BR-Drs. 76/76 = BT-Drs. 7/5101 (Gesetzentwurf des Bundesrates); BT-Drs. 7/5491 (Bericht und Antrag des Rechtsausschusses); BR-Drs. 491/76 (Zustimmung des Bundesrates).
[22] BGBl. I S. 2737; hierzu die Materialien BT-Drs. 7/4824 = BR-Drs. 677/75 (Entwurf der Bundesregierung samt Begründung und Stellungnahme des Bundesrates); BR-Drs. 77/76 (Änderungsantrag des Landes Niedersachsen, der zu einem eigenen Gesetzentwurf des Bundesrates führte, samt Begründung; der Gesetzent-

in der Folgezeit mehrfach geändert. Hervorzuheben ist insbes. das Erste Gesetz zur Änderung des Sprengstoffgesetzes vom 18.2.1986,[23] in dessen Folge das SprengG am 17.4.1986 neu bekanntgemacht wurde.[24]

6 Eine erhebliche Änderung brachte ferner das Gesetz zur Änderung des Sprengstoffgesetzes und anderer Vorschriften (SprengÄndG 1997) vom 23.6.1998, in Kraft getreten am 1.9.1998.[25] Hierin wurden im Wesentlichen europäische Vorgaben in nationales Recht umgesetzt: einerseits die EG-Sprengstoffrichtlinie 93/15/EWG aus dem Jahre 1993,[26] andererseits das Übereinkommen vom 1.3.1991 über die Markierung von Plastiksprengstoffen zum Zweck des Aufspürens.[27] Auch wurde durch dieses Gesetz der bisherige Anhang I des SprengG (Prüfverfahren) gestrichen und stattdessen (durch § 1 Abs. 1 S. 2 SprengG in der damals geltenden Fassung)[28] der Anhang I Teil A. 14 der Richtlinie 92/69/EWG[29] für unmittelbar anwendbar erklärt (in der daraufhin [bis 2017] geltenden Fassung verwies § 1 Abs. 1 S. 2 aF auf den Anhang Teil A. 14 der Verordnung (EG) Nr. 440/2008 der Kommission vom 30.5.2008[30]). Damit wurde für den Bereich der Explosivstoffe das bisherige Verfahren im Hinblick auf die Prüfung, die Zulassung und den Umgang durch das Konformitätsbewertungs- und das Qualitätssicherungsverfahren nach Gemeinschaftsrecht ersetzt.

7 Durch das Zweite Gesetz zur Änderung des Sprengstoffgesetzes und anderer Vorschriften (2. SprengÄndG) vom 1.9.2002,[31] im Wesentlichen in Kraft getreten am 6.9.2002, wurde eine weitere Anpassung des SprengG an die EG-Sprengstoffrichtlinie 93/15/EWG[32] vorgenommen und die Bestimmungen über die Lagerung explosionsgefährlicher Stoffe ergänzt. Das SprengG wurde daraufhin am 10.9.2002 neu bekannt gemacht.[33] Im Anschluss daran wurden durch das Dritte Gesetz zur Änderung des Sprengstoffgesetzes und anderer Vorschriften (3. SprengÄndG) v. 15.6.2005[34] erneut Anpassungen an die genannte Richtlinie

---

wurf [BR-Drs. 77/76 (Beschluss)] entspricht BT-Drs. 7/5102); BT-Drs. 7/5474 = BR-Drs. 463/76 (Bericht und Antrag des Innenausschusses, zusammengefasster Entwurf); hierzu Erbs/Kohlhaas/*Steindorf/Pauckstadt-Maihold*, S 169, Vorb. Rn. 4.

[23] BGBl. I S. 275; Materialien BT-Drs. 10/2621 = BR-Drs. 428/84 (Gesetzentwurf der Bundesregierung samt Begründung); BT-Drs. 10/4269 (Beschlussempfehlung und Bericht des Innenausschusses); BR-Drs. 3/86 (Zustimmung des Bundesrates); hierzu auch *Apel/Keusgen* GewA 1988, 73; *Hinze* Einleitung S. 7 f.

[24] BGBl. I S. 577.

[25] BGBl. I S. 1530; hierzu die Materialien BT-Drs. 13/8935 (Gesetzentwurf der Bundesregierung); BR-Drs. 607/97 (Stellungnahme des Bundesrates); BT-Drs. 13/10065 (Beschlussempfehlung und Bericht des Innenausschusses); BR-Drs. 337/98 (Zustimmung des Bundesrates); hierzu Erbs/Kohlhaas/*Steindorf/Pauckstadt-Maihold*, S 169, Vorb. Rn. 6.

[26] Richtlinie 93/15/EWG des Rates vom 5.4.1993 zur Harmonisierung der Bestimmungen über das Inverkehrbringen und die Kontrolle von Explosivstoffen für zivile Zwecke – Sprengstoffrichtlinie (ABl. 1993 L 121, S. 20, berichtigt ABl. 1995 L 79, S. 34); ua abgedruckt bei *König/Papsthart*, Das neue Waffenrecht, 2004, S. 331; hierzu BT-Drs. 13/8935, 55; vgl. nunmehr die Richtlinie 2014/28/EU des Europäischen Parlaments und des Rates vom 26.2.2014 zur Angleichung der Rechtsvorschriften der Mitgliedstaaten über die Bereitstellung auf dem Markt und die Kontrolle von Explosivstoffen für zivile Zwecke, ABl. 2014, L 96, 1.

[27] BGBl. 1998 II S. 2301; hierzu die Materialien BT-Drs. 13/10741 (Gesetzentwurf der Bundesregierung samt Begründung); BT-Drs. 13/11103 (Beschlussempfehlung und Bericht des Verkehrsausschusses); BR-Drs. 630/98 (Zustimmung des Bundesrates). Dieses Übereinkommen wurde durch die Aufnahme der Verordnungsermächtigung in § 6 Abs. 1 Nr. 7 umgesetzt; vgl. BT-Drs. 13/8935, 56, 59 f.

[28] Die Vorschrift ist abgedruckt in der 2. Aufl., § 40 Rn. 3.

[29] Richtlinie der Kommission vom 31.7.1992 zur Siebzehnten Anpassung der Richtlinie 67/548/EWG des Rates zur Angleichung der Rechts- und Verwaltungsvorschriften für die Einstufung Verpackung und Kennzeichnung gefährlicher Stoffe an den technischen Fortschritt, ABl. 1992 L 383, 113; ABl. 1992 L 383 A, 1 (87).

[30] Die bis 2017 geltende Fassung ging auf das 4. SprengÄndG vom 17.7.2009, BGBl. I S. 2062, zurück.

[31] BGBl. I S. 3434; Materialien BT-Drs. 14/8771 = BR-Drs. 106/02 (Gesetzentwurf der Bundesregierung samt Stellungnahme des Bundesrates und Gegenäußerung der Bundesregierung); BT-Drs. 14/9048 (Beschlussempfehlung und Bericht des Innenausschusses); BR-Drs. 449/02 (Gesetzesbeschluss des Bundestages).

[32] Richtlinie 93/15/EWG des Rates vom 5.4.1993 zur Harmonisierung der Bestimmungen über das Inverkehrbringen und die Kontrolle von Explosivstoffen für zivile Zwecke – Sprengstoffrichtlinie (ABl. 1993 L 121, S. 20, berichtigt ABl. 1995 L 79, S. 34).

[33] BGBl. I S. 3518 (FNA 7134-2).

[34] BGBl. I S. 1626; Materialien BR-Drs. 15/05; BT-Drs. 15/5002 (Gesetzentwurf der Bundesregierung samt Stellungnahme des Bundesrates und Gegenäußerung der Bundesregierung); BT-Drs. 15/5129 (Beschlussempfehlung und Bericht des Innenausschusses); BR-Drs. 208/05 und 208/05 (Beschluss); hierzu ausführlich Erbs/Kohlhaas/*Steindorf/Pauckstadt-Maihold*, S 169, Vorb. Rn. 8.

sowie weitere EG-Richtlinien durchgeführt. Insbesondere sollten die Entscheidung 2004/ 388/EWG der Europäischen Kommission vom 15.4.2004[35] und die Richtlinie 2004/57/ EG[36] in deutsches Recht umgesetzt werden. Darüber hinaus wurden die sprengstoffrechtlichen Vorschriften aber auch an diejenigen des Waffenrechts angeglichen.[37]

Eine weitere Änderung erfolgte durch das **Vierte Gesetz zur Änderung des Sprengstoffgesetzes** (4. SprengÄndG) v. 17.7.2009.[38] Ausgangspunkt war wiederum die Umsetzung europäischer Vorgaben.[39] Darüber hinaus wurden punktuelle Lücken und Unklarheiten des bisherigen Rechts beseitigt.[40] Eine wesentliche Änderung erfolgte dabei im Hinblick auf die Umsetzung der Richtlinie 2007/23/EG des Europäischen Parlaments und des Rates v. 23.5.2007 über das Inverkehrbringen pyrotechnischer Gegenstände:[41] Die bisherigen §§ 5, 5a wurden zu einem neuen § 5 zusammengefasst. Damit wurde das EU-Konformitätsverfahren auf pyrotechnische Gegenstände ausgedehnt bzw. diese den Explosivstoffen gleichgestellt. Dem nationalen Zulassungsverfahren unterlagen seitdem nur noch sonstige explosionsgefährliche Stoffe und Sprengzubehör.

Die derzeit letzte Änderung fand am 11.6.2017 durch das **Fünfte Gesetz zur Änderung des Sprengstoffgesetzes** (5. SprengÄndG) statt,[42] die im Wesentlichen[43] am 1.7.2017 in Kraft trat. Das Gesetz geht wiederum auf europäische Vorgaben zurück und dient der Umsetzung der Richtlinie 2013/29/EU des Europäischen Parlaments und des Rates vom 12.6.2013 zur Harmonisierung der Rechtsvorschriften der Mitgliedstaaten über die Bereitstellung pyrotechnischer Gegenstände auf dem Markt,[44] der Richtlinie 2014/28/EU des Europäischen Parlaments und des Rates vom 26.2.2014 zur Harmonisierung der Rechtsvorschriften der Mitgliedstaaten über die Bereitstellung auf dem Markt und die Kontrolle von Explosivstoffen für zivile Zwecke[45] und der Durchführungsrichtlinie 2014/58/EU der Kommission vom

---

[35] Diese Entscheidung betraf ein Begleitformular für das innergemeinschaftliche Verbringen von Explosivstoffen, welches nunmehr als einheitliches Verbringensdokument zusätzliche Sicherheitsmerkmale zum Schutz vor Fälschungen aufwies und dessen Verwendung durch die genannte Entscheidung nunmehr vorgeschrieben wurde; vgl. ABl. 2004 L 120, 43; hierzu auch Erbs/Kohlhaas/*Steindorf/Pauckstadt-Maihold*, S 169, Vorb. Rn. 8.

[36] Richtlinie 2004/57/EG der Kommission vom 23.4.2004 zur Definition pyrotechnischer Gegenstände und bestimmter Munition für die Zwecke der Richtlinie 93/15/EWG des Rates zur Harmonisierung der Bestimmungen über das Inverkehrbringen und die Kontrolle von Explosivstoffen für zivile Zwecke (ABl. 2004 L 127, 73 vom 29.4.2004). Hierdurch wird nunmehr klargestellt, dass auch pyrotechnische Sätze der Richtlinie 93/15/EWG und damit der Regelung des europäischen Rechts unterfallen.

[37] Vgl. hierzu im Einzelnen Erbs/Kohlhaas/*Steindorf/Pauckstadt-Maihold*, S 169, Vorb. Rn. 3.

[38] BGBl. I S. 2062; Materialien BT-Drs. 16/12597 (Gesetzentwurf der Bundesregierung); BT-Drs. 16/ 13423 (Beschlussempfehlung und Bericht des Innenausschusses); hierzu auch Graf/Jäger/Wittig/*Grommes* Vorb. Rn. 3.

[39] Das Gesetz diente der Umsetzung folgender Richtlinien: Richtlinie 2007/23/EG des Europäischen Parlaments und des Rates vom 23.5.2007 über das Inverkehrbringen pyrotechnischer Gegenstände (ABl. 2007 L 154, 1); Richtlinie 2008/43/EG der Kommission vom 4.4.2008 zur Kennzeichnung und Nachverfolgung von Explosivstoffen für zivile Zwecke gemäß der Richtlinie 93/15/EWG des Rates (ABl. 2008 L 94, 8); ferner diente das Gesetz der weiteren Umsetzung folgender Richtlinien: Richtlinie 2005/36/EG des Europäischen Parlaments und des Rates vom 7.9.2005 über die Anerkennung von Berufsqualifikationen (ABl. 2005 L 255, 22); Richtlinie 2006/123/EG des Europäischen Parlaments und des Rates vom 12.12.2006 über Dienstleistungen im Binnenmarkt (ABl. 2006 L 376, 36).

[40] BT-Drs. 16/12597, 1; vgl. auch zu den Änderungen im Detail die kurze Zusammenstellung bei Erbs/ Kohlhaas/*Steindorf/Pauckstadt-Maihold*, S 169, Vorb. Rn. 9.

[41] ABl. 2007 L 154.

[42] BGBl. I S. 1586; Materialien BT-Drs. 18/10455 = BR-Drs. 651/16 (Gesetzentwurf der Bundesregierung); BT-Drs. 18/10821 (Unterrichtung durch die Bundesregierung; Stellungnahme des Bundesrates und Gegenäußerung der Bundesregierung); BT-Drs. 18/11005 (Beschlussempfehlung und Bericht des Innenausschusses); BT-Drs. 137/17 (Änderungsvorschläge des Deutschen Bundestages); BR-Drs. 137/1/17 (Empfehlungen des Ausschusses für Innere Angelegenheiten); BR-Drs. 136/17 (Beschluss des Bundesrates).

[43] Nach Art. 2 Abs. 2 des 5. SprengÄndG traten die neuen §§ 5–5g bereits einen Tag nach der Verkündung des Gesetzes, also am 17.6.2017 im Kraft.

[44] ABl. 2013 L 178, 27; hierdurch wurde die Richtlinie 2007/23/EG des Europäischen Parlaments und des Rates vom 23.5.2007 über das Inverkehrbringen pyrotechnischer Gegenstände, ABl. 2007 L 154, 1, neu gefasst.

[45] ABl. 2014 L 96, 1; hierdurch wurde die Richtlinie 93/15/EWG des Rates vom 5.4.1993 zur Harmonisierung der Bestimmungen über das Inverkehrbringen und die Kontrolle von Explosivstoffen für zivile Zwecke – Sprengstoffrichtlinie, ABl. 1993 L 121, 20, berichtigt ABl. 1995 L 79, 34, neu gefasst.

16.4.2014 über die Errichtung eines Systems zur Rückverfolgbarkeit von pyrotechnischen Gegenständen gemäß der Richtlinie 2007/23/EG des Europäischen Parlaments und des Rates über das Inverkehrbringen pyrotechnischer Gegenstände.[46] Im Wesentlichen wurden dabei die Bestimmungen zur Konformitätsbewertung konkretisiert und neu gefasst. Ebenso wurden die Regelung über die Marktüberwachung harmonisierter Produkte im Binnenmarkt (§§ 33a–33d) und die Kennzeichnung von Explosivstoffen weitgehend geändert (Einführung einer Registrierungsnummer für pyrotechnische Gegenstände und Führen eines Verzeichnisses durch den Hersteller). Ziel war es zum Schutz der Verbraucher die den einzelnen Wirtschaftsakteuren (Hersteller, deren Bevollmächtigte, Importeure, Händler) im Rahmen der Produktverantwortung obliegenden Pflichten eindeutig zuzuordnen, sodass jeder der genannten Wirtschaftakteure detailliert an einer Stelle erkennen kann, welche Pflichten er im Zusammenhang mit der Bereitstellung von Explosivstoffen und pyrotechnischen Gegenständen am Gemeinschaftsmarkt zu erfüllen hat.[47] Darüber hinaus wurde eine Vielzahl von zuvor in der 1. SprengV getroffenen Freistellungsregelungen oder zusätzlichen Bestimmungen zum Umgang und Verkehr mit explosionsgefährlichen Stoffen in das SprengG verlagert. Dadurch sollte die Rechtsanwendung für die Bürger, die Wirtschaft und die Verwaltung vereinfacht werden.[48] Daneben wurden – ohne dass es dabei zu großen inhaltlichen Änderungen kam – der Anwendungsbereich des SprengG sowie die sprengstoffrechtlich relevanten Begriffe neu definiert. Aus dem bisher auf Anhieb kaum verständlichen § 1 aF mit fünf sehr detaillierten aufgefächerten Absätzen wurde ein neuer „schlanker" und weit besser verständlicher § 1 nF.

II. Das SprengG im Regelungsgefüge der sprengstoffrechtlichen Vorschriften

10 1. **Allgemeines.** Das SprengG gliedert sich in 10 Abschnitte, wobei der **achte Abschnitt**, §§ 40–43, Straf- und Bußgeldvorschriften enthält. Im **ersten Abschnitt** (§§ 1–6) finden sich allgemeine Vorschriften über den Anwendungsbereich des Gesetzes, Begriffsbestimmungen sowie Ermächtigungsvorschriften. Der **zweite Abschnitt** (§§ 7–16l) enthält rein verwaltungsrechtliche Regelungen über den Umgang und Verkehr mit Sprengstoffen im gewerblichen Bereich (zum nichtgewerblichen Bereich vgl. den **fünften Abschnitt**, §§ 27–29). Besonderen Regelungen über die Aufbewahrung im **dritten Abschnitt** (§§ 17, 18) folgen im **vierten Abschnitt** (§§ 19–26) umfangreiche Vorschriften über die verantwortlichen Personen und ihre Pflichten. Im **sechsten Abschnitt**, „Überwachung des Umgangs und des Verkehrs" (§§ 30–33d), und im **siebten Abschnitt**, „Sonstige Vorschriften" (§§ 34–39a), finden sich weitere in erster Linie verwaltungsrechtlich geprägte Regelungen. Im **neunten Abschnitt** (§§ 44, 45) folgen Vorschriften über die Bundesanstalt für Materialforschung und -prüfung. Übergangs- und Schlussvorschriften im **zehnten Abschnitt** (§§ 46–51) runden das Gesetz ab.[49]

11 2. **Durchführungsrecht.** Aufgrund diverser Ermächtigungsnormen im SprengG wurden mehrere Durchführungsverordnungen seitens der Exekutive erlassen, die hier nur kurz und unter Angabe der entsprechenden Fundstellen dargestellt werden sollen. Von einem Abdruck dieser Verordnungen wurde aus Raumgründen abgesehen. Sofern diese jedoch strafrechtliche Relevanz besitzen, sind die einschlägigen Regelungen im Rahmen der Kommentierung der Straf- und Bußgeldvorschriften des SprengG eingearbeitet worden.

12 a) 1. **SprengV.** Erste Verordnung zum Sprengstoffgesetz (1. SprengV) vom 23.11.1977[50] idF vom 31.1.1991.[51] Die Verordnung enthält wesentliche Regelungen im Hinblick auf

---
[46] ABl. 2014 L 115, 28; die Richtlinie 2007/23/EG wurde veröffentlicht in ABl. 2007 L 154, 1.
[47] BT-Drs. 18/1045, 52.
[48] BT-Drs. 18/1045, 53.
[49] Einen Überblick über die Regelungen des SprengG geben auch *Landmann/Rohmer,* 63. EL 2/2013, Vorb. Rn. 2.
[50] BGBl. I S. 2141 (Materialien BR-Drs. 370/77); auch die hierzu erlassene 1. ÄndVO vom 3.7.1980, BGBl. I S. 828 (Materialien BR-Drs. 236/80); die 2. ÄndVO samt Neubekanntmachung vom 20.6.1983, BGBl. I S. 741, berichtigt S. 937 (Materialien BR-Drs. 138/83); die 3. ÄndVO vom 26.11.1986, BGBl. I S. 2080 (Materialien BR-Drs. 380/86); vgl. zu den Durchführungsvorschriften zum Sprengstoffgesetz allgemein *Keusgen* ZfB 1978, 300.

III. Sprengstoffgesetz 13–17 **Vor § 40 SprengG**

den **Anwendungsbereich** des SprengG (Nichtanwendbarkeit auf bestimmte Stoffe und Gegenstände und Freistellung bestimmter Personen und Stellen). Auch finden sich in dieser VO umfassende Regelungen über pyrotechnische Gegenstände. Die 1. SprengV enthält in § 46 einen umfangreichen Katalog von Ordnungswidrigkeiten iS des § 41 Abs. 1 Nr. 16 SprengG.[52]

b) 2. SprengV. Zweite Verordnung zum Sprengstoffgesetz (2. SprengV) vom 23.11.1977[53] idF der Bekanntmachung vom 10.9.2002.[54] Die Verordnung enthält Regelungen über die Aufbewahrung von explosionsgefährlichen Stoffen, deren Verletzung in § 7 als Ordnungswidrigkeit iS des § 41 Abs. 1 Nr. 16 SprengG geahndet wird.[55] **13**

c) 3. SprengV. Dritte Verordnung zum Sprengstoffgesetz (3. SprengV) vom 23.6.1978.[56] Hier wird im Wesentlichen eine besondere, bei Verstoß nach § 4 der VO bußgeldbewehrte, schriftliche **Anzeigepflicht** normiert, sofern mit explosionsgefährlichen Stoffen Sprengungen durchgeführt werden sollen.[57] **14**

d) SprengKostV. Kostenverordnung zum Sprengstoffgesetz (SprengKostV), ursprünglich erlassen als „Vierte Verordnung zum Sprengstoffgesetz (4. SprengV)" vom 14.4.1978[58] idF vom 31.1.1991.[59] Die Verordnung wird nach Art. 2, Art. 3 des Gesetzes vom 18.7.2016 am 30.9.2019 außer Kraft treten.[60] Bis dahin gilt die Übergangsvorschrift des § 47b, die besagt, dass die SprengKostV in den Ländern bis zum 1.10.2021 fortgilt, solange die Länder insoweit keine anderweitigen Regelungen getroffen haben.[61] **15**

e) 5. SprengV. Fünfte Verordnung zum Sprengstoffgesetz (5. SprengV), vom 31.10.1984.[62] Diese Verordnung wurde durch Art. 4 des SprengÄndG 1997 vom 23.6.1998[63] mit Wirkung zum 1.9.1998 aufgehoben. **16**

f) SprengVwV. Allgemeine Verwaltungsvorschrift zum Sprengstoffgesetz (SprengVwV) vom 18.7.1978,[64] neu gefasst am 10.3.1987.[65] Diese Verwaltungsvorschrift, die auf der **17**

---

[51] BGBl. I S. 169 (170) (FNA 7134-2-1), zuletzt umfassend geändert durch die Zweite Verordnung zur Änderung der Ersten Verordnung zum Sprengstoffgesetz vom 11.6.2017, BGBl. I S. 1617; Materialien BR-Drs. 647/16. Die derzeit geltende Fassung beruht auf der Verordnung zur Änderung sprengstoffrechtlicher Vorschriften (SprengÄndV) vom 19.11.1990 (BGBl. I S. 2531), zu den Materialien BR-Drs. 586/90; zu weiteren Änderungen vgl. ferner BR-Drs. 200/93; BT-Drs. 13/8935, 17 ff., 63 ff. Die 1. SprengV ist ua abgedruckt bei *Apel/Keusgen*, Bd. 1, A II 1; *Erbs/Kohlhaas/Steindorf/Pauckstadt-Maihold*, S 169a.
[52] → § 41 Rn. 49.
[53] BGBl. I S. 2189, berichtigt am 18.4.1978 BGBl. I S. 590, zuletzt geändert durch Art. 2 VO vom 26.11.2010, BGBl. I S. 1643 (1677); zu den Materialien vgl. BR-Drs. 385/77; ferner BR-Drs. 244/89.
[54] BGBl. I S. 3543 (FNA 7134–2–2), zuletzt geändert durch Art. 111 Gesetz vom 29.3.2017, BGBl. I S. 626 (644). Die Verordnung ist ua abgedruckt bei *Apel/Keusgen*, Bd. 1, A II 2; *Erbs/Kohlhaas/Steindorf/Pauckstadt-Maihold*, S 169b.
[55] → § 41 Rn. 50.
[56] BGBl. I S. 783 (FNA 7134–2–3); zuletzt geändert durch Art. 21 Gesetz vom 25.7.2013, BGBl. I S. 2749 (2758); hierzu BR-Drs. 198/78. Die Verordnung ist ua abgedruckt bei *Apel/Keusgen*, Bd. 1, A II 3; *Erbs/Kohlhaas/Steindorf/Pauckstadt-Maihold*, S 169c.
[57] → § 41 Rn. 51.
[58] BGBl. I S. 503; hierzu BR-Drs. 68/78; auch die hierzu erlassene 1. ÄndVO vom 10.6.1983, BGBl. I S. 702 (Materialien BR-Drs. 139/83), und die 2. ÄndVO vom 20.4.1990, BGBl. I S. 786 (Materialien BR-Drs. 131/90).
[59] BGBl. I S. 216 (217) (FNA 7134-2-4); zuletzt geändert durch Art. 4 des 3. SprengÄndG vom 15.6.2005, BGBl. I S. 1626 (1640); die Verordnung ist ua abgedruckt bei *Apel/Keusgen*, Bd. 1, A II 4.
[60] BGBl. I S. 1666.
[61] Eingeführt durch Art. 2 Abs. Nr. 3 Gesetz vom 7.8.2013, BGBl. I S. 3154 (3178), wobei die Übergangsnorm durch dasselbe Gesetz mit Wirkung zum 14.8.2018 wieder aufgehoben wurde, vgl. Art. 4 Abs. 67 Nr. 2, Art. 5 Abs. 3 Gesetz vom 7.8.2013, BGBl. 2015 I, S. 3154 (3205, 3211).
[62] BGBl. I S. 1323 (FNA 7134-2-5).
[63] BGBl. I S. 1530 (1537).
[64] BAnz. Nr. 137 vom 26.7.1978, Beilage 15/78; hierzu BR-Drs. 127/78. Ferner die Erste Allgemeine Verwaltungsvorschrift zur Änderung der SprengVwV vom 27.3.1981, BAnz. Nr. 63 vom 1.4.1981 (hierzu BR-Drs. 27/81), sowie die Zweite Allgemeine Verwaltungsvorschrift zur Änderung der Allgemeinen Verwaltungsvorschrift zum SprengG vom 17.12.1986, BAnz. Nr. 238 vom 23.12.1986, S. 17202 (hierzu BR-Drs. 381/86).
[65] BAnz. Nr. 60a vom 27.3.1987, Beilage. Die SprengVwV ist ua abgedruckt bei *Apel/Keusgen*, Bd. 1, A III 1.

Grundlage des § 38 SprengG aF[66] (gültig bis einschließlich zum 30.9.2009) erlassen wurde, besitzt zwar als reine Verwaltungsvorschrift keine normative Wirkung nach außen,[67] enthält aber in großem Umfang für die Durchführung des SprengG bedeutsame und hilfreiche Erläuterungen, die ihrerseits Grundlage der Verwaltungspraxis sind und damit zugleich sowohl Handel und Gewerbe als auch die allgemeine Verkehrsauffassung maßgeblich beeinflussen[68] und faktisch einer „amtlichen Kommentierung" nahe kommen.[69]

18 **3. Europäische Vorgaben.** Was europarechtliche Vorgaben angeht, so kann festgestellt werden, dass gerade im Bereich des Sprengstoffrechts inzwischen eine Harmonisierung stattgefunden hat und die europäischen Vorgaben das deutsche Sprengstoffrecht wesentlich prägen. Die europäischen Vorgaben waren daher in den letzten Jahren auch immer wieder Anlass für den Gesetzgeber, das Strengstoffrecht teilweise entscheidenden Änderungen zu unterziehen. Zu nennen sind hier die folgenden Rechtsakte:

- Richtlinie 67/548/EG des Rates zur Angleichung der Rechts- und Verwaltungsvorschriften für die Einstufung, Verpackung und Kennzeichnung gefährlicher Stoffe (Stoffrichtlinie),[70] sowie die Richtlinie 1999/45/EG des Europäischen Parlaments und des Rates vom 31.5.1999 zur Angleichung der Rechts- und Verwaltungsvorschriften der Mitgliedstaaten für die Einstufung, Verpackung und Kennzeichnung gefährlicher Zubereitungen (Zubereitungsrichtlinie),[71] beide neu gefasst durch die Verordnung (EG) Nr. 1272/2008 des Europäischen Parlaments und des Rates vom 16.12.2008 über die Einstufung, Kennzeichnung und Verpackung von Stoffen und Gemischen, zur Änderung und Aufhebung der Richtlinien 67/548/EWG und 1999/45/EG und zur Änderung der Verordnung (EG) Nr. 1907/2006.[72]
- Richtlinie 92/69/EWG der Kommission vom 31.7.1992 zur Siebzehnten Anpassung der Richtlinie 67/548/EWG zur Angleichung der Rechts- und Verwaltungsvorschriften für die Einstufung, Verpackung und Kennzeichnung gefährlicher Stoffe an den technischen Fortschritt.[73]
- Richtlinie 93/15/EWG des Rates vom 5.4.1993 zur Harmonisierung der Bestimmungen über das Inverkehrbringen und die Kontrolle von Explosivstoffen für zivile Zwecke,[74] neu gefasst durch die Richtlinie 2014/28/EU des Europäischen Parlaments und des Rates vom 26.2.2014 zur Harmonisierung der Rechtsvorschriften der Mitgliedstaaten über die Bereitstellung auf dem Markt und die Kontrolle von Explosivstoffen für zivile Zwecke.[75]

---

[66] § 38 SprengG wurde durch das 4. SprengÄndG vom 17.7.2009 mit Wirkung zum 30.9.2009 aufgehoben; vgl. BGBl. I S. 2062 (2063). Sie wurde auf Grund der allgemeinen Regelung in Art. 84 Abs. 2 GG entbehrlich; vgl. BT-Drs. 16/12597, 42.

[67] So ausdrücklich für die SprengVwV VGH München 25.3.1991 – 21 B 90.3491, GewA 1992, 119; VGH Mannheim 30.3.1992 – 1 S 1176/91 (unveröffentlicht); VG Mainz 27.3.1986 – 1 K 161/85, GewA 1986, 397 (398); auch VG Minden 15.2.1989 – 2 K 1051/88, GewA 1990, 429; OVG Koblenz 10.5.1989 – 2 A 121/88, GewA 1989, 304; jeweils zu Ziff. 8.3 der SprengVwV.

[68] Zur Bedeutung solcher Auslegungsrichtlinien im Waffenrecht BGH 17.11.1988 – 1 StR 588/88, BGHR WaffG § 37 Springmesser 1.

[69] So zu Recht Steindorf/*Gerlemann*/*B. Heinrich* Einleitung WaffG Rn. 35 für die WaffVwV; auch VG Koblenz 24.10.1988 – 9 K 240/87, GewA 1989, 203 (204): „norminterpretierende Bestimmung"; *Apel* GewA 1989, 204 (204 f.); *Lorenz* GewA 1991, 170 (171); ferner VG Frankfurt 13.4.1987 – V/V E 104/87, GewA 1988, 140.

[70] ABl. 1967 L 196, 1.

[71] ABl. 1999 L 200, 1.

[72] ABl. 2008 L 353, 1.

[73] Richtlinie der Kommission vom 31.7.1992 zur Siebzehnten Anpassung der Richtlinie 67/548/EWG des Rates zur Angleichung der Rechts- und Verwaltungsvorschriften für die Einstufung Verpackung und Kennzeichnung gefährlicher Stoffe an den technischen Fortschritt, ABl. 1992 L 383, 113; ABl. 1992 L 383 A, 1 (87).

[74] Richtlinie 93/15/EWG des Rates vom 5.4.1993 zur Harmonisierung der Bestimmungen über das Inverkehrbringen und die Kontrolle von Explosivstoffen für zivile Zwecke – Sprengstoffrichtlinie (ABl. 1993 L 121, S. 20, berichtigt ABl. 1995 L 79, S. 34), zuletzt geändert durch die Verordnung (EU) Nr. 1025/2012, ABl. 2012 L 316, 12; ua abgedruckt bei *König/Papsthart*, Das neue Waffenrecht, 2004, S. 331; vgl. BT-Drs. 13/8935, 55.

[75] ABl. 2014 L 96, 1.

III. Sprengstoffgesetz   **Vor § 40 SprengG**

- Richtlinie 2004/57/EG der Kommission vom 23.4.2004 zur Definition pyrotechnischer Gegenstände und bestimmter Munition für die Zwecke der Richtlinie 93/15/EWG des Rates zur Harmonisierung der Bestimmungen über das Inverkehrbringen und die Kontrolle von Explosivstoffen für zivile Zwecke;[76] durch diese Richtlinie wurde klargestellt, dass auch pyrotechnische Sätze der Richtlinie 93/15/EWG und damit der Regelung des europäischen Rechts unterfallen.
- Richtlinie 2005/36/EG des Europäischen Parlaments und des Rates vom 7.9.2005 über die Anerkennung von Berufsqualifikationen.[77]
- Richtlinie 2006/123/EG des Europäischen Parlaments und des Rates vom 12.12.2006 über Dienstleistungen im Binnenmarkt.[78]
- Richtlinie 2007/23/EG des Europäischen Parlaments und des Rates vom 23.5.2007 über das Inverkehrbringen pyrotechnischer Gegenstände,[79] neu gefasst durch die Richtlinie 2013/29/EU des Europäischen Parlaments und des Rates vom 12.6.2013 zur Harmonisierung der Rechtsvorschriften der Mitgliedstaaten über die Bereitstellung pyrotechnischer Gegenstände auf dem Markt.[80]
- Richtlinie 2008/43/EG der Kommission vom 4.4.2008 zur Kennzeichnung und Nachverfolgung von Explosivstoffen für zivile Zwecke gemäß der Richtlinie 93/15/EWG des Rates[81] geändert durch die Richtlinie 2012/4/EU zur Änderung der Richtlinie 2008/43/EG zur Einführung eines Verfahrens zur Kennzeichnung und Rückverfolgung von Explosivstoffen für zivile Zwecke gemäß der Richtlinie 93/15/EWG des Rates.[82]
- Verordnung (EG) Nr. 440/2008 der Kommission vom 30.5.2008 zur Festlegung der Prüfmethoden gemäß der Verordnung (EG) Nr. 1907/2006 des Europäischen Parlaments und des Rates zur Registrierung, Bewertung. Zulassung und Beschränkung chemischer Stoffe (REACH),[83] zuletzt geändert durch die Verordnung (EU) 2016/266.[84]
- Verordnung (EU) Nr. 98/2013 des Europäischen Parlaments und des Rates vom 15.1.2013 über die Vermarktung und Verwendung von Ausgangsstoffen für Explosivstoffe.[85]
- Durchführungsrichtlinie 2014/58/EU der Kommission vom 16.4.2014 über die Errichtung eines Systems der Rückverfolgbarkeit von pyrotechnischen Gegenständen gemäß der Richtlinie 2007/23/EG des Europäischen Parlaments und des Rates.[86] Hierdurch wurde eine Registriernummer für pyrotechnische Gegenstände eingeführt.

III. Strafrechtliche Vorschriften

Der achte Abschnitt des SprengG (Straf- und Bußgeldvorschriften) enthält in § 40 mehrere als **Vergehen** ausgestaltete Straftatbestände. Weniger gravierende Fälle werden nach § 41 als Ordnungswidrigkeiten geahndet. Wer einen der in § 41 besonders aufgeführten Ordnungswidrigkeitentatbestände vorsätzlich erfüllt und dadurch Leib oder Leben eines Menschen oder Sachen von bedeutendem Wert gefährdet, macht sich darüber hinaus nach § 42 strafbar. Außerhalb des SprengG finden sich allerdings noch weitere Strafbestimmungen mit sprengstoffrechtlichem Bezug in § 126 Abs. 1 Nr. 6 StGB (iVm § 308 Abs. 1–3 StGB – Störung des öffentlichen Friedens durch Androhung der Herbeiführung einer Sprengstoff-

---

[76] ABl. 2004 L 127, 73; die Richtlinie wurde durch das 2. SprengÄndG vom 1.9.2002 in nationales Recht umgesetzt.
[77] ABl. 2005 L 255, 22.
[78] ABl. 2006 L 376, 36.
[79] ABl. 2007 L 154, 1, zuletzt geändert durch die Verordnung (EU) Nr. 1025/2012, ABl. 2012, L 316, 12.
[80] ABl. 2013 L 178, 27.
[81] ABl. 2008 L 94, 8.
[82] ABl. 2012 L 50, 18.
[83] ABl. 2008 L 142, 1.
[84] ABl. 2016 L 54, 1.
[85] ABl. 2013 L 39, 1.
[86] ABl. 2014 L 115, 28; die Richtlinie 2007/23/EG wurde veröffentlicht in ABl. 2007 L 154, 1.

explosion), § 129a Abs. 2 Nr. 2 StGB (iVm § 308 Abs. 1–4 StGB – Bildung terroristischer Vereinigungen), § 130a StGB (iVm § 126 Abs. 1 Nr. 6 iVm § 308 Abs. 1–3 StGB – Anleitung zur Herbeiführung einer Sprengstoffexplosion), § 308 StGB (Herbeiführen einer Sprengstoffexplosion; vormals § 311 StGB aF), § 310 StGB (Vorbereitung eines Explosions- oder Strahlungsverbrechens; Vorgängervorschrift: § 311a StGB aF) und § 316c Abs. 1 S. 1 Nr. 2 und Abs. 4 StGB (Angriff auf den Luft- und Seeverkehr durch Herbeiführung einer Explosion).

Abschnitt VIII. Straf- und Bußgeldvorschriften

§ 40 Strafbarer Umgang und Verkehr sowie strafbare Einfuhr

(1) Wer ohne die erforderliche Erlaubnis
1. entgegen § 7 Abs. 1 Nr. 1 mit explosionsgefährlichen Stoffen umgeht,
2. entgegen § 7 Abs. 1 Nr. 2 den Verkehr mit explosionsgefährlichen Stoffen betreibt oder
3. entgegen § 27 Abs. 1 explosionsgefährliche Stoffe erwirbt oder mit diesen Stoffen umgeht,

wird mit Freiheitsstrafe bis zu drei Jahren oder mit Geldstrafe bestraft.

(2) Ebenso wird bestraft, wer
1. entgegen § 15 Abs. 1 Satz 1 explosionsgefährliche Stoffe einführt, durchführt oder verbringt oder durch einen anderen einführen, durchführen oder verbringen lässt, ohne seine Berechtigung zum Umgang mit explosionsgefährlichen Stoffen oder zu deren Erwerb nachgewiesen zu haben,
2. ein Lager ohne Genehmigung nach § 17 Abs. 1 Satz 1 Nr. 1 oder nach einer wesentlichen Änderung ohne Genehmigung nach § 17 Abs. 1 Satz 1 Nr. 2 betreibt,
3. explosionsgefährliche Stoffe
    a) entgegen § 22 Abs. 1 Satz 2 an Personen vertreibt oder Personen überlässt, die mit diesen Stoffen nicht umgehen oder den Verkehr mit diesen Stoffen nicht betreiben dürfen,
    b) entgegen § 22 Abs. 1 Satz 3 innerhalb einer Betriebsstätte einer Person, die nicht unter Aufsicht oder nach Weisung einer verantwortlichen Person handelt oder noch nicht 16 Jahre alt ist, oder einer Person unter 18 Jahren ohne Vorliegen der dort bezeichneten Voraussetzungen überlässt,
    c) entgegen § 22 Abs. 2 einer anderen als dort bezeichneten Person oder Stelle überlässt,
    d) entgegen § 22 Abs. 3 einer Person unter 18 Jahren überlässt oder
    e) entgegen § 22 Abs. 4 Satz 1 vertreibt oder anderen überlässt.

(3) Wer wissentlich durch eine der in den Absätzen 1 oder 2 bezeichneten Handlungen Leib oder Leben eines anderen oder fremde Sachen von bedeutendem Wert gefährdet, wird mit Freiheitsstrafe bis zu fünf Jahren oder mit Geldstrafe bestraft.

(4) Handelt der Täter in den Fällen des Absatzes 1 oder 2 fahrlässig, so ist die Strafe Freiheitsstrafe bis zu einem Jahr oder Geldstrafe.

(5) Die Tat ist nicht nach Absatz 1 Nummer 3 oder Absatz 2 Nummer 3 strafbar, wenn eine dort bezeichnete Handlung in Bezug auf einen nach § 5 Absatz 1 Nummer 1 konformitätsbewerteten oder nach § 47 Absatz 2 oder Absatz 4 zugelassenen pyrotechnischen Gegenstand begangen wird. Satz 1 gilt nicht für einen pyrotechnischen Gegenstand nach § 3a Absatz 1 Nummer 1 Buchstabe d.

§ 40 SprengG

Übersicht

	Rn.
I. Überblick	1, 2
II. Objektbezogene Begriffsdefinitionen (sachlicher Anwendungsbereich)	3–29
1. Explosionsgefährliche Stoffe (§ 1 Abs. 1)	3–9
a) Grundsatz: Objektive Begriffsbestimmung	5, 6
b) Prüfverfahren	7
c) Subjektive Zweckbestimmung	8, 9
2. Explosivstoffe	10–14
3. Pyrotechnische Gegenstände	15–18
4. Sonstige explosionsgefährliche Stoffe	19–22
5. Sprengzubehör (§ 3 Abs. 1 Nr. 13)	23, 24
6. Explosionsfähige Stoffe (§ 1 Abs. 3)	25
7. Zündmittel (§ 3 Abs. Nr. 10)	26, 27
8. Anzündmittel (§ 3 Abs. 1 Nr. 7)	28
9. Munition und Fundmunition (§ 3 Abs. 1 Nr. 15, 16)	29
III. Verhaltensbezogene Begriffsdefinitionen (Tathandlungen)	30–54
1. Umgang mit explosionsgefährlichen Stoffen (§ 3 Abs. 2 Nr. 1)	31–43
a) Herstellen	32
b) Bearbeiten	33
c) Verarbeiten	34
d) Wiedergewinnen	35
e) Aufbewahren	36
f) Verbringen	37, 38
g) Befördern	39
h) Verwenden	40
i) Vernichten	41
j) Transport, Überlassen und Empfangnahme innerhalb der Betriebsstätte	42
k) Sonstige Tätigkeiten iS des § 1b Abs. 1 Nr. 3 Buchst. a–e	43
2. Bereitstellung auf dem Markt (§ 3 Abs. 2 Nr. 2)	44, 45
3. Inverkehrbringen (§ 3 Abs. 2 Nr. 3)	46, 47
4. Verkehr mit explosionsgefährlichen Stoffen (§ 3 Abs. 2 Nr. 4)	48–52
5. Einfuhr, Ausfuhr und Durchfuhr explosionsgefährlicher Stoffe (§ 3 Abs. 2 Nr. 6 bis Nr. 8)	53, 54
IV. Einschränkung des Anwendungsbereiches	55
V. Straftatbestände des Abs. 1	56–69
1. Unerlaubter Umgang bzw. unerlaubter Verkehr im gewerblichen Bereich (Nr. 1 und Nr. 2 iVm § 7)	57–65
a) Tatobjekt	58
b) Tathandlungen	59
c) Einschränkungen auf gewerbsmäßiges Handeln etc	60, 61
d) Fehlen der erforderlichen Erlaubnis	62–65
2. Unerlaubter Erwerb bzw. unerlaubter Umgang im nichtgewerblichen Bereich (Nr. 3 iVm § 27)	66–69
a) Tatobjekt	67
b) Tathandlungen	68
c) Fehlen der erforderlichen Erlaubnis	69
VI. Straftatbestände des Abs. 2	70–98
1. Unerlaubte Einfuhr, Durchfuhr bzw. unerlaubtes Verbringen (Nr. 1 iVm § 15 Abs. 1 S. 1)	70–73
a) Tatobjekt	71
b) Tathandlung	72
c) Fehlender Nachweis einer Berechtigung	73
2. Unerlaubtes Betreiben eines Lagers (Nr. 2 iVm § 17 Abs. 1)	74–78
a) Tatobjekt	75
b) Tathandlung	76
c) Fehlen der erforderlichen Genehmigung	77, 78
3. Unerlaubter Vertrieb oder unerlaubtes Überlassen explosionsgefährlicher Stoffe an Nichtberechtigte (Nr. 3 Buchst. a iVm § 22 Abs. 1 S. 2)	79–84
a) Tatobjekt	80
b) Tathandlung	81–83
c) Täterkreis	84
4. Unerlaubtes Überlassen innerhalb einer Betriebsstätte (Nr. 3 Buchst. b iVm § 22 Abs. 1 S. 3)	85–88
a) Tatobjekt	86
b) Tathandlung	87
c) Täterkreis	88
5. Unerlaubtes Überlassen im Rahmen einer Verbringung (Nr. 3 Buchst. c iVm § 22 Abs. 2)	89–92
a) Tatobjekt	90
b) Tathandlung	91
c) Täterkreis	92
6. Unerlaubtes Überlassen an Minderjährige (Nr. 3 Buchst. d iVm § 22 Abs. 3)	93–95
a) Tatobjekt	94
b) Tathandlung	95
7. Unerlaubtes Vertreiben bzw. unerlaubtes Überlassen im Reisegewerbe etc (Nr. 3 Buchst. e iVm § 22 Abs. 4 S. 1)	96–98
a) Tatobjekt	97
b) Tathandlung	98
VII. Subjektiver Tatbestand	99
VIII. Qualifikationstatbestand des Abs. 3	100–102
IX. Fahrlässigkeitstatbestand des Abs. 4	103
X. Ausnahmetatbestand (Abs. 5)	104
XI. Konkurrenzen	105–108
XII. Verjährung	109

I. Überblick

1 Das Sprengstoffrecht dient, obwohl es in erster Linie ein gewerberechtliches Erlaubnis- und Überwachungsgesetz[1] darstellt, auch und vor allem sicherheitsrechtlichen Interessen.[2] Dabei soll dem unrechtmäßigen Erwerb von und dem unrechtmäßigen Verkehr mit explosionsgefährlichen Stoffen entgegengewirkt werden.[3] Diesem Zweck dienen neben den verwaltungsrechtlichen Regelungen insbes. die strafrechtlichen Sanktionen in §§ 40, 42. Diese erfassen eine Vielzahl von Verstößen gegen das SprengG. Dabei handelt es sich bei den Sprengstoffdelikten des SprengG ausschließlich um **Vergehen**. Mangels besonderer gesetzlicher Bestimmung ist der **Versuch** eines der in §§ 40, 42 genannten Delikte **nicht strafbar**.

2 Bevor auf die einzelnen Tatbestände des § 40 näher eingegangen wird, bietet es sich an, sowohl den sachlichen Anwendungsbereich des SprengG („explosionsgefährliche Stoffe"; → Rn. 3 ff.; Sprengzubehör → Rn. 23 ff.) als auch die unter verwaltungsrechtliche Kontrolle gestellten Handlungen (→ Rn. 30 ff.), die zugleich Tathandlungen der strafrechtlichen Tatbestände darstellen, näher zu beleuchten und „vor die Klammer" zu ziehen, da diese Begriffsdefinitionen für mehrere Tatbestände relevant werden. Auch soll bereits an dieser Stelle auf die Ausnahmen vom Anwendungsbereich des Gesetzes eingegangen werden (→ Rn. 55). Letztere sind auch unter strafrechtlichen Gesichtspunkten relevant, denn werden bestimmte Bereiche oder Institutionen von der Geltung des SprengG ausgenommen, führt dies dazu, dass nicht nur die verwaltungsrechtlichen, sondern eben auch die strafrechtlichen Regelungen nicht anwendbar sind

II. Objektbezogene Begriffsdefinitionen (sachlicher Anwendungsbereich)

3 **1. Explosionsgefährliche Stoffe (§ 1 Abs. 1).** Regelungsgegenstand des Sprengstoffrechts sind „explosionsgefährliche Stoffe" (§ 1 Abs. 1 Nr. 1, Abs. 2 iVm. § 3 Abs. 1 Nr. 2) und „Sprengzubehör" (§ 1 Abs. 1 Nr. 2 iVm. § 3 Abs. 1 Nr. 13). Dabei dient der Begriff der „explosionsgefährlichen Stoffe" als **Oberbegriff**[4] und umfasst – nach ihrem Verwendungszweck unterteilt – die Kategorien „Explosivstoffe" (§ 1 Abs. 2 Nr. 1 iVm. § 3 Abs. 1 Nr. 2),[5] „pyrotechnische Gegenstände" (§ 1 Abs. 2 Nr. 2 iVm. § 3 Abs. 1 Nr. 3)[6] und „sonstige explosionsgefährliche Stoffe" (§ 1 Abs. 2 Nr. 2 iVm. § 3 Abs. 1 Nr. 9).[7] Die genannten Stoffe unterliegen jedoch unterschiedlichen Regelungen. Während das SprengG auf **Explosivstoffe**[8] und **pyrotechnische Gegenstände**[9] in vollem Umfang anwendbar ist, gilt es nach § 1 Abs. 4 im Hinblick auf **„sonstige explosionsgefährlichen Stoffe"**[10] (§ 1 Abs. 2 Nr. 3 iVm. § 2 Abs. 3) nur eingeschränkt.[11] Darüber hinaus ist das SprengG aber nach § 1 Abs. 3 auch für explosionsfähige Stoffe anwendbar, die nicht explosionsgefährlich sind, jedoch für Sprengarbeiten bestimmt sind, soweit nicht durch oder auf Grund des SprengG Abweichungen geregelt sind. Die hier in Bezug genommenen Vorschriften des **§ 1 Abs. 1 bis Abs. 3** lauten:

§ 1 Anwendungsbereich

(1) Dieses Gesetz regelt den Umgang und den Verkehr mit sowie die Einfuhr und die Durchfuhr von
1. explosionsgefährlichen Stoffen und
2. Sprengzubehör.

---

[1] Vgl. *Apel/Keusgen,* Bd. 2, § 40 Anm. 1.1.
[2] Vgl. *Landmann/Romer,* 63. EK 2/2013, Vorb. Nr. 1.
[3] Hierzu Erbs/Kohlhaas/*Steindorf,* S 169, 160. EL, Vorb. Rn. 6.
[4] BT-Drs. 13/8935, 57; Erbs/Kohlhaas/*Steindorf,* S 169, § 1 Rn. 2.
[5] → Rn. 10 ff.
[6] → Rn. 15 ff.
[7] → Rn. 19 ff.
[8] → Rn. 10 ff.
[9] → Rn. 15 ff.
[10] → Rn. 19 ff.
[11] Der in § 1 Abs. 4 vorgenommene Verweis auf „sonstige explosionsgefährliche Stoffe nach § 2 Abs. 3" ist missverständlich. Denn die „sonstigen explosionsgefährlichen Stoffe" werden in § 1 Abs. 2 Nr. 3 sowie in § 3 Abs. 1 Nr. 9 definiert. In § 2 Abs. 3 findet sich nur die Einteilung in verschiedene Stoffgruppen.

III. Sprengstoffgesetz   4   § 40 SprengG

(2) Explosionsgefährliche Stoffe werden nach ihrem Verwendungszweck unterteilt in
1. Explosivstoffe (§ 3 Absatz 1 Nummer 2),
2. pyrotechnische Gegenstände (§ 3 Abs. 1 Nummer 3) und
3. sonstige explosionsgefährliche Stoffe (§ 3 Absatz 1 Nummer 9).

(3) Mit Ausnahme des § 2 gilt dieses Gesetz auch für explosionsfähige Stoffe, die nicht explosionsgefährlich sind, jedoch für Sprengarbeiten bestimmt sind, soweit nicht durch dieses Gesetz oder auf Grund dieses Gesetzes Abweichendes bestimmt wird.

Im Vergleich zum SprengG aF hat der Gesetzgeber den Anwendungsbereich des SprengG   4
somit wesentlich schlanker definiert. Nach der vor dem 1.7.2017 geltenden Fassung galt das SprengG nach § 1 Abs. 1 aF „für den Umgang und Verkehr mit sowie die Einfuhr von [explosionsgefährlichen Stoffen] soweit sie zur Verwendung als Explosivstoffe oder als pyrotechnische Sätze bestimmt sind, sowie im Anwendungsbereich des Abschnitts V [= Umgang und Verkehr im nichtgewerblichen Bereich] auch für explosionsgefährliche Stoffe mit anderer Zweckbestimmung". Nach § 1 Abs. 2 S. 1 aF wurden diesen explosionsgefährlichen Stoffen (bis auf wenige Ausnahmen, insbesondere im Hinblick auf § 2 – neue sonstige explosionsgefährliche Stoffe) gleichgestellt: „1. explosionsfähige Stoffe, die nicht explosionsgefährlich, jedoch zur Verwendung als Explosivstoffe bestimmt sind, 1a. pyrotechnische Sätze, soweit nicht durch dieses Gesetz oder auf Grund dieses Gesetzes Abweichendes bestimmt ist, 2. explosionsgefährliche Stoffe, die zur Herstellung von Explosivstoffen oder pyrotechnischen Sätzen bestimmt sind, 3. Zündmittel, 4. andere Gegenstände, ausgenommen pyrotechnische Gegenstände, in denen explosionsgefährliche Stoffe nach Absatz 1 oder explosionsfähige Stoffe nach Nummer 1 für die bestimmungsgemäße Verwendung ganz oder teilweise fest eingeschlossen sind und in denen die Explosion eingeleitet wird.[12]" Ferner galt das SprengG nach § 1 Abs. 2 S. 2 aF (wiederum mit Ausnahme des § 2 Abs. 1 – neue sonstige explosionsgefährliche Stoffe) hinsichtlich der in § 1 Abs. 1 aF bezeichneten Tätigkeiten auch für „1. pyrotechnische Gegenstände, 2. Anzündmittel." Dabei wurden nach § 1 Abs. 2 S. 3 aF den pyrotechnischen Gegenständen bei der Anwendung des Gesetzes die Anzündmittel gleichgestellt. Diese komplizierte Gleichstellungssystematik entfällt durch die neue Gesetzesfassung, wonach Explosivstoffe, pyrotechnische Gegenstände und sonstige explosionsgefährliche Stoffe nunmehr eindeutig unter den Oberbegriff der „explosionsgefährlichen Stoffe" gefasst werden. Eine entsprechende Gleichstellungsklausel, wie sie in § 1 Abs. 2 S. 1 aF zu finden war, gibt es im heutigen Gesetz nicht mehr. Die „explosionsfähigen Stoffe, die nicht explosionsgefährlich, jedoch zur Verwendung als Explosivstoffe bestimmt sind" finden sich nunmehr in § 1 Abs. 3.[13] Sie werden dem Anwendungsbereich des SprengG – mit Ausnahme des § 2 – vollständig unterstellt. Die „pyrotechnischen Sätze" sind nunmehr in § 1 Abs. 2 Nr. 2 iVm. § 3 Abs. 1 Nr. 3 unmittelbar als Kategorie der explosionsgefährlichen Stoffe eingeordnet.[14] Die „explosionsgefährlichen Stoffe, die zur Herstellung von Explosivstoffen oder pyrotechnischen Sätzen bestimmt sind" (also zB bestimmte Ausgangsstoffe sowie Vor- und Zwischenprodukte[15]), sind inzwischen nicht mehr eigenständig geregelt. Die „Zündmittel" finden sich nun eigenständig definiert in § 3 Abs. 1 Nr. 10.[16] Da es sich hiernach um Gegenstände handelt, die „explosionsgefährliche

---

[12] In Nr. 1.2.3. S. 1 SprengVwV werden im Einzelnen genannt: Detonatoren zur Auslösung von Sicherheitseinrichtungen, Kartuschen mit Treibladungspulver zur Sprengverformung, militärische Simulatoren und Sprengkörper aus den Weltkriegen (mit Ausnahme der Sprengkörper, die Munition iS des WaffG oder Kriegswaffen iS des KrWaffG sind). Infolge des Erfordernisses, dass in den Umhüllungen „die Explosion eingeleitet" werden muss, fallen zB Sprengstoffpatronen, die lediglich aus Gründen der Formstabilität und der Handhabbarkeit umhüllt sind, aus dem Anwendungsbereich heraus (Nr. 1.2.3. S. 2 SprengVwV). Ist der Gegenstand Bestandteil einer größeren Vorrichtung, so fällt nur derjenige Teil unter diese Bestimmung, in dem die Explosion tatsächlich eingeleitet wird. Dies ist im Allgemeinen nur der Teil der Vorrichtung, der dem Druck der bei der Explosion entstehenden Gase unmittelbar ausgesetzt ist (Nr. 1.2.3 S. 3 und 4 SprengVwV); vgl. zum Ganzen BT-Drs. 7/4824, 16.
[13] → Rn. 25.
[14] → Rn. 15.
[15] *Apel/Keusgen*, Bd. 2, § 1 Anm. 4.3.
[16] → Rn. 26 f..

Stoffe enthalten", sind sie unmittelbar dem § 1 unterstellt. Die anderen „Gegenstände, ausgenommen pyrotechnische Gegenstände, in denen explosionsgefährliche Stoffe nach Absatz 1 oder explosionsfähige Stoffe nach Nummer 1 für die bestimmungsgemäße Verwendung ganz oder teilweise fest eingeschlossen sind und in denen die Explosion eingeleitet wird", sind nunmehr nicht mehr eigenständig geregelt.

5   a) **Grundsatz: Objektive Begriffsbestimmung.** Der Begriff des „explosionsgefährlichen Stoffes" wird dabei objektiv bestimmt. Der Gesetzgeber stand dabei vor der Wahl, diese Stoffe entweder – vergleichbar mit dem Kriegswaffenkontrollrecht oder dem Außenwirtschaftsrecht – durch eine **enumerative Aufzählung** in einer dem Gesetz als Anhang beigegebenen Liste zu bestimmen[17] oder eine **abstrakte Begriffsdefinition** zu wählen. Er entschied sich im Hinblick auf den Oberbegriff der „explosionsgefährlichen Stoffe" iS des §§ 1 Abs. 2 iVm. § 3 Abs. 1 Nr. 1 für eine lediglich abstrakte Begriffsdefinition, knüpfte die Eigenschaft eines Stoffes als „explosionsgefährlich" jedoch zusätzlich an ein bestimmtes **Prüfverfahren** (vgl. § 3 Abs. 1 Buchst. a Unterbuchstabe bb).[18] Dagegen wählte der Gesetzgeber für die Explosivstoffe als Untergruppe der explosionsgefährlichen Stoffe[19] die Enumerationslösung (vgl. § 3 Abs. 2 Buchst. a iVm der Richtlinie 2014/28/EU des Europäischen Parlaments und des Rates vom 26.2.2014 zur Harmonisierung der Rechtsvorschriften der Mitgliedstaaten über die Bereitstellung auf dem Markt und die Kontrolle von Explosivstoffen für zivile Zwecke[20] sowie § 3 Abs. 2 Buchst. b iVm der Anlage III – Explosivstoffliste).[21]

6   Inhaltlich definiert das Gesetz die **explosionsgefährlichen Stoffe** in § 3 Abs. 1 Nr. 1[22] als feste oder flüssige Stoffe und Gemische (Stoffe), die durch eine gewöhnliche thermische, mechanische oder andere Beanspruchung zur Explosion gebracht werden können, sofern sie sich in einem bestimmten Prüfverfahren[23] als explosionsgefährlich erwiesen haben, sowie Gegenstände, die Stoffe nach Buchstabe a enthalten.[24] Nicht erfasst sind somit **gasförmige** Stoffe, für die aber andere Schutzvorschriften bestehen.[25] Die Einschränkung auf die

---

[17] So die Lösung in § 1 Abs. 1 SprengG 1976, welches vom 1.1.1977 bis zum 31.12.1986 Geltung hatte (zu den Nachteilen vgl. BT-Drs. 10/2621, 9); auch *Apel/Keusgen* GewA 1988, 73. Dagegen verfolgte das SprengG 1969 noch eine gemischte Lösung (nicht abschließende Auflistung der explosionsgefährlichen Stoffe in den Anlagen I und II des Gesetzes kombiniert mit einer abstrakten Begriffsdefinition in § 2 Abs. 1, welche an ein bestimmtes Prüfverfahren nach Anlage III des Gesetzes geknüpft war); bereits im SprengG 1884 war von einer enumerativen Aufzählung der „Sprengstoffe" abgesehen worden, „weil bei dem Fortschreiten der Technik die Gefahr nahe liegt, daß eine derartige Aufzählung sich bald als lückenhaft erweisen möchte"; vgl. RG 22.12.1913 – III 389/12, RGSt 48, 72 (74).

[18] Vgl. hierzu sogleich → Rn. 7.

[19] Zu den Explosivstoffen → Rn. 10 ff.

[20] ABl. 2014 L 96, 1; hierdurch wurde die Richtlinie 93/15/EWG des Rates vom 5.4.1993 zur Harmonisierung der Bestimmungen über das Inverkehrbringen und die Kontrolle von Explosivstoffen für zivile Zwecke – Sprengstoffrichtlinie, ABl. 1993 L 121, 20, berichtigt ABl. 1995 L 79, 34, neu gefasst.

[21] Von einem Abdruck dieser – umfangreichen – Explosivstoffliste wurde abgesehen. Ein Abdruck der aktuellen Fassung findet sich in BGBl. 2014 I S. 1586 (1604 f. unter Nr. 29).

[22] Aus der Rspr. OLG Düsseldorf 18.11.1997 – 4 U 194/96, NStZ-RR 1998, 190 (Schwarzpulver als explosionsgefährlicher Stoff); LG Cottbus 18.2.2004 – 24 Qs 73/04 (unveröffentlicht).

[23] Vgl. hierzu sogleich → Rn. 7.

[24] Vgl. auch die Definition in § 2 Abs. 1 des SprengG 1969: „Explosionsgefährliche Stoffe sind feste oder flüssige Stoffe, die [...] 1. durch Erwärmung ohne vollständigen festen Einschluß oder 2. durch eine nicht außergewöhnliche Beanspruchung durch Schlag oder Reibung ohne zusätzliche Erwärmung [...] zu einer chemischen Umsetzung gebracht werden, bei der hochgespannte Gase in so kurzer Zeit entstehen, dass eine plötzliche Druckwirkung hervorgerufen wird (Explosion)"; ferner *Meier* Kriminalistik 1972, 113, der unter einer Explosion eine chemische Umsetzung eines Materials versteht, dessen Reaktionsgeschwindigkeit so hoch ist, dass daraus eine Explosionswelle resultiert; dagegen wiederum zum Begriff der Explosion auch KG 1.6.1989 – 3 AR 46/89 – 2 Ws 1–2/89, NStZ-RR 1989, 369; vgl. in diesem Zusammenhang auch die Definition des Begriffes „Sprengstoff" im Hinblick auf das SprengG 1884 in RG 22.12.1913 – III 389/12, RGSt 48, 72 (74): Sprengstoffe sind hiernach „alle explosiven Stoffe, dh. alle diejenigen, die bei Entzündung eine gewaltsame und plötzliche Ausdehnung dehnbarer (elastischer) Flüssigkeiten und Gase hervorrufen, [...], sofern sie sich zur Verwendung als Sprengmittel eignen, dh. den Erfolg einer Zerstörung herbeiführen"; ebenso RG 8.12.1932 – III 872/32, RGSt 67, 35 (37) mit der Klarstellung, dass eine Explosion, die durch bloßen Überdruck bewirkt wird, keine „Entzündung" darstellt und dem SprengG 1884 daher nicht unterfiel.

[25] Zur Begründung bereits BT-Drs. V/1268, 47 f. (zum SprengG 1969); *Apel/Keusgen*, Bd. 2, § 1 Anm. 3.1.

„gewöhnliche Beanspruchung (welche den früher in § 1 Abs. 1 S. 1 aF enthaltenen Begriff der „nicht außergewöhnliche Beanspruchung" ablöste) sollen ferner diejenigen Stoffe aus dem Anwendungsbereich des SprengG ausscheiden, bei denen üblicherweise keine Gefahr einer Explosion droht und daher besondere Schutzmaßnahmen nicht erforderlich sind. Die in Bezug genommene Vorschrift des § 3 Abs. 1 Nr. 1 lautet:

§ 3 Abs. 1 Nr. 1 Begriffsbestimmungen

(1) Im Sinne dieses Gesetzes sind
1. explosionsgefährliche Stoffen:
    a) feste oder flüssige Stoffe und Gemische (Stoffe), die
        aa) durch eine gewöhnliche thermische, mechanische oder andere Beanspruchung zur Explosion gebracht werden können und
        bb) sich bei der Durchführung des Prüfverfahren nach Anhang Teil A.14 der Verordnung (EG) Nr. 440/2008 der Kommission vom 30. Mai 2008 zur Festlegung der Prüfmethoden gemäß der Verordnung (EG) Nr. 1907/2006 des Europäischen Parlaments und des Rates zur Registrierung, Bewertung, Zulassung und Beschränkung chemischer Stoffe (REACH) (ABl. 2008 L 142 vom 31.5.2008, S. 1), die zuletzt durch die Verordnung (EU) 2016/266 (ABl. 2016 L 54 vom 1.3.2016, S. 1) geändert worden ist, in der jeweils jüngsten im Amtsblatt der Europäischen Union veröffentlichten Fassung als explosionsgefährlich erwiesen haben,
    b) Gegenstände, die Stoffe nach Buchstabe a enthalten.

b) Prüfverfahren. Durch § 3 Abs. 1 Nr. 1 Buchst. a Unterbuchst. bb (vgl. auch § 1 Abs. 1 S. 2 aF) wird klargestellt, dass nur solche Stoffe als explosionsgefährlich anzusehen sind, die sich bei der Durchführung eines bestimmten Prüfverfahrens als explosionsgefährlich erwiesen haben. Das Prüfverfahren folgt ausschließlich EU-rechtlichen Vorschriften,[26] die jeweiligen Änderungen des Prüfverfahrens werden im Amtsblatt der Europäischen Union veröffentlicht.[27] Die Anknüpfung an ein bestimmtes Prüfverfahren hat zur Folge, dass ein neu entwickelter Stoff dem SprengG solange nicht unterfällt, bis er dem geschilderten Prüfverfahren unterzogen und als explosionsgefährlich eingestuft wird. Wurde ein solches Prüfverfahren durchgeführt und der Stoff als explosionsgefährlich angesehen, so unterfällt er dagegen unmittelbar dem Anwendungsbereich des Gesetzes, ohne dass es einer gesonderten Aufnahme in eine Liste bedarf (anders die gesetzlich angeordnete Enumerationslösung bei den Explosivstoffen; vgl. § 3 Abs. 1 Nr. 2).[28] Die nach § 2 Abs. 6 S. 2 vorgesehene Veröffentlichung im Bundesanzeiger betrifft nur „sonstige" explosionsgefährliche Stoffe und hat lediglich deklaratorischen Charakter.[29]

c) Subjektive Zweckbestimmung. Zusätzlich zur objektiven Begriffsbestimmung kommt dem **subjektiven Verwendungszweck** eines Stoffes aber dennoch eine gewisse Bedeutung zu. Dieser ist zwar für die grds. Einordnung eines Stoffes als „explosionsgefährlich" nicht entscheidend, wohl aber für die Frage, ob der explosionsgefährliche Stoff als

---

[26] Seit Inkrafttreten des 4. SprengÄndG 2009 am 1.10.2009 gilt das Prüfverfahren nach Anhang I Teil A. 14 der „REACH-Verordnung" = Verordnung (EG) Nr. 440/2008 der Kommission vom 30.5.2008 zur Festlegung der Prüfmethoden gemäß der Verordnung (EG) Nr. 1907/2006 des Europäischen Parlaments und des Rates zur Registrierung, Bewertung, Zulassung und Beschränkung chemischer Stoffe, ABl. 2008 L 142, S. 1, zuletzt geändert durch die Verordnung (EU) 2016/266, ABl. 2016 L 54, 1; bis dahin wurde auf das Prüfverfahren nach Anhang I Teil A. 14 der Richtlinie 92/69/EWG der Kommission vom 31.7.1992 zur Siebzehnten Anpassung der Richtlinie 67/548/EWG zur Angleichung der Rechts- und Verwaltungsvorschriften für die Einstufung, Verpackung und Kennzeichnung gefährlicher Stoffe an den technischen Fortschritt, ABl. 1992 L 383 A, S. 1 (87) in der jeweils geltenden Fassung verwiesen.

[27] Eine solche Anknüpfung an ein Prüfverfahren findet sich bereits im SprengG 1986, welches mit Wirkung zum 1.1.1987 ein neues Erfassungssystem für explosionsgefährliche Stoffe einführte. Das Prüfverfahren erfolgte damals auf der Grundlage nationalen Rechts, welches in der früheren Anlage I (aF) des SprengG näher umschrieben war; hierzu BT-Drs. 10/2621, 9 f.

[28] Erbs/Kohlhaas/*Steindorf*, S 169, § 1 Rn. 2; zu den Explosivstoffen → Rn. 9 ff.

[29] *Apel/Keusgen* GewA 1988, 73 (77); Erbs/Kohlhaas/*Steindorf*, S 169, § 1 Rn. 2; die Vorschrift des § 2 ist abgedruckt in → § 41 Rn. 2.

"Explosivstoff",[30] "pyrotechnischer Gegenstand"[31] oder "sonstiger explosionsgefährlicher Stoff"[32] anzusehen ist. Diese Einteilung ist deswegen bedeutsam, weil sich daran teilweise unterschiedliche Rechtsfolgen knüpfen. Denn unter Berücksichtigung der Regelung § 1 Abs. 4 gilt das SprengG uneingeschränkt nur für Explosivstoffe und pyrotechnische Gegenstände.[33] Liegt dieser Verwendungszweck nicht vor (insbes. dann, wenn die Explosionsgefährlichkeit eines Stoffes bloße – zumeist unerwünschte – Nebenfolge ist und die Verwendung des Stoffes in erster Linie anderen Zwecken dient, wie zB bei bestimmten Härtern und Lösungsmitteln), dann handelt es sich um "sonstige explosionsgefährliche Stoffe" nach § 1 Abs. 2 Nr. 3, für die das SprengG nur eingeschränkt gilt (vgl. § 1 Abs. 4).[34] Der Verwendungszweck richtet sich dabei nach dem Willen des Herstellers, wie er in dem jeweiligen Stoff zum Ausdruck kommt.[35] Ferner stellt auch § 1 Abs. 3 auf eine subjektive Komponente ab. Hier wird das SprengG – mit Ausnahme des § 2 (neue sonstige explosionsgefährliche Stoffe) – auch im Hinblick auf lediglich "explosionsfähige" Stoffe[36] für anwendbar erklärt, die "für Sprengarbeiten bestimmt sind".

9 Nach § 1 Abs. 1 aF galt die über den Verwendungszweck vorgenommene Einschränkung in Bezug auf die "sonstigen explosionsgefährlichen Stoff" jedoch nicht für die Vorschriften des V. Abschnittes des SprengG, dh für den Umgang und Verkehr mit explosionsgefährlichen Stoffen im **nichtgewerblichen Bereich** (§§ 27 ff.). Hier wurden auch Stoffe "mit anderer Zweckbestimmung" (dh "sonstige explosionsgefährliche Stoffe" iS des § 1 Abs. 3 aF) in vollem Umfang von den Vorschriften des Gesetzes erfasst. Die Privilegierung des § 1 Abs. 3 aF galt somit dann nicht mehr, wenn mit "sonstigen explosionsgefährlichen Stoffen" (idR Hilfsstoffe in der chemischen Industrie) entgegen ihrer ursprünglichen Zweckbestimmung im nichtgewerblichen Bereich umgegangen wurde.[37] Eine entsprechende Regelung findet sich im heutigen SprengG hingegen nicht mehr.

10 **2. Explosivstoffe.** Die Explosivstoffe sind ein Unterfall der "explosionsgefährlichen Stoffe" (vgl. § 1 Abs. 2 Nr. 1) und werden in § 3 Abs. 1 Nr. 2 näher umschrieben.[38] Es handelt sich hierbei im Wesentlichen um Stoffe, die von ihrer Zweckbestimmung her gerade **zum Sprengen** bestimmt sind. Für sie ist es kennzeichnend, dass es sich um feste oder flüssige Stoffe oder Stoffgemische handelt, die bei der Zusetzung einer ausreichenden Aktivierungsenergie eine starke chemische Reaktion mit expandierender Wirkung durchlaufen. Hierbei entwickeln sich Wärmeenergie und Gase, die zerstörerische oder lebensbedrohliche Auswirkungen zeigen können.[39] Für sie gilt das SprengG in vollem Umfang.

11 Da die (in § 3 Abs. 1 S. 1 Nr. 1 aF genannte) Sprengstoffrichtlinie (93/15/EWG)[40] keine präzise Bestimmung der Explosivstoffe enthielt, stand der Bundesgesetzgeber – wie auch bei der Umschreibung der "explosionsgefährlichen Stoffe" allgemein[41] – vor der Frage, ob er es entweder bei einer **abstrakten Begriffsdefinition** belassen oder die in Frage kommenden Explosivstoffe **enumerativ aufzählen** sollte. Er entschied sich aus Gründen der Rechtsklarheit für Letzteres und verwies in § 3 Abs. 1 S. 1 Nr. 1 aF auf die in Anlage III

---

[30] → Rn. 10 ff.
[31] → Rn. 15 ff.
[32] → Rn. 19 ff.
[33] Zu diesen Begriffen vgl. sogleich noch → Rn. 10 ff. und Rn. 15 ff.
[34] Hierzu → Rn. 19 ff.
[35] *Apel/Keusgen* GewA 1988, 73 (74).
[36] → Rn. 25 ff.
[37] *Apel/Keusgen*, Bd. 2, § 1 Anm. 3.2; dies. GewA 1988, 73 (74); vgl. ergänzend Nr. 1.1 SprengVwV; auch KG 1.6.1989 – 2 Ws 1–2/89, NStZ 1989, 369.
[38] Vgl. zu den Explosivstoffen *Apel/Keusgen* GewA 1988, 73 (74).
[39] Vgl. hierzu auch *Müggenborg* NVwZ 2010, 479 (482).
[40] Richtlinie 93/15/EWG des Rates vom 5.4.1993 zur Harmonisierung der Bestimmungen über das Inverkehrbringen und die Kontrolle von Explosivstoffen für zivile Zwecke – Sprengstoffrichtlinie (ABl. 1993 L 121, 20, berichtigt ABl. 1995 L 79, 34); ua abgedruckt bei *König/Papsthart*, Das neue Waffenrecht, 2004, S. 331; vgl. BT-Drs. 13/8935, 55.
[41] → Rn. 3 ff.

zum SprengG aufgenommene **Explosivstoffliste**.[42] Gleichzeitig wurde aber festgelegt, dass als Explosivstoffe auch diejenigen Gegenstände anzusehen sind, die in der genannten Sprengstoffrichtlinie (93/15/EWG) „als solche betrachtet werden oder diesen in Zusammensetzung und Wirkung ähnlich sind". Diese Regelung wurde in § 3 Abs. 1 Nr. 2 übernommen, wobei nun aber auf die, die Sprengstoffrichtlinie (93/15/EWG) ablösende Richtlinie 2014/28/EU des Europäischen Parlaments und des Rates vom 26.2.2014 zur Harmonisierung der Rechtsvorschriften der Mitgliedstaaten über die Bereitstellung auf dem Markt und die Kontrolle von Explosivstoffen für zivile Zwecke[43] verwiesen wird. Die entsprechende Vorschrift des **§ 3 Abs. 2** lautet nun:

§ 3 Abs. 1 S. 1 Nr. 1 Begriffsbestimmungen

(1) Im Sinne dieses Gesetzes sind
2. Explosivstoffe:
   a) Stoffe und Gegenstände, die nach der Richtlinie 2014/28/EU des Europäischen Parlaments und des Rates vom 26. Februar 2014 zur Harmonisierung der Rechtsvorschriften der Mitgliedstaaten über die Bereitstellung auf dem Markt und die Kontrolle von Explosivstoffen für zivile Zwecke (Neufassung) (ABl. L 96 vom 29.3.2014, S. 1) als Explosivstoffe für zivile Zwecke betrachtet werden oder diesen in Zusammensetzung und Wirkung ähnlich sind,
   b) die in Anlage III genannten Stoffe und Gegenstände.

Die Definition der Explosivstoffe erfasst somit durch die Bezugnahme auf die Richtlinie (EU) 2014/28 Stoffe und Gegenstände, die nach der 18. Revidierten Fassung der Empfehlungen der Vereinten Nationen über die Beförderung gefährlicher Güter[44] als Güter der Klasse 1 eingestuft sind und weder pyrotechnische Gegenstände noch Munition sind.[45] Darüber hinaus werden die Explosivstoffe aber weiterhin in der Anlage III zum SprengG (Explosivstoffliste)[46] definiert. Dabei wird nach § 6 Abs. 1 Nr. 6 das Bundesministerium des Innern ermächtigt, die genannte Explosivstoffliste durch Rechtsverordnung dem Stand der neuesten wissenschaftlichen und technischen Erkenntnis anzupassen.

Dieses kombinierte Vorgehen erklärt sich daraus, dass weder die Richtlinie 93/15/EWG des Rates vom 5. April 1993 zur Harmonisierung der Bestimmungen über das Inverkehrbringen und die Kontrolle von Explosivstoffen für zivile Zwecke[47] noch die nunmehr geltende Richtlinie 2014/28/EU des Europäischen Parlaments und des Rates vom 26.2.2014 zur Harmonisierung der Rechtsvorschriften der Mitgliedstaaten über die Bereitstellung auf dem Markt und die Kontrolle von Explosivstoffen für zivile Zwecke[48] die Explosivstoffe abschließend und eindeutig bestimmt. Insoweit ging der Gesetzgeber in Anlage II des SprengG auch weit über die gemeinschaftsrechtliche Regelung in den genannten Richtlinien hinaus und führt in Anlage II eine Vielzahl von Stoffen auf, die lediglich nach nationalem Recht als Explosivstoffe gelten. Diese Erweiterung erschien dem Gesetzgeber deswegen erforderlich, weil sich die genannten Richtlinien lediglich auf diejenigen Stoffe beziehen, die in den „Empfehlungen der UN über die Beförderung gefährlicher

---

[42] BGBl. I S. 1530 (1538); die aktuelle Fassung ist abgedruckt in BGBl. 2005 I S. 1626 (1631 ff.); vgl. in diesem Zusammenhang auch BT-Drs. 13/8935, 55; diesem Verfahren zustimmend Erbs/Kohlhaas/*Steindorf*, S 169, § 3 Rn. 2.
[43] ABl. 2014 L 96, 1.
[44] UN-Dokument ST/SG/AC.10/1/Rev. 18 – United Nations Recommendations on the Transport of Dangerous Goods, Eighteenth Revised Edition.
[45] Vgl. auch BT-Drs. 18/19455, S. 60.
[46] Anlage III zum SprengG enthält dabei zwei unterschiedliche Listen: „1. Liste der Explosivstoffe nach § 3 Absatz 1 Nummer 2 Buchstabe b, die zu empfindlich für den Transport sind und daher nicht von Artikel 2 Nummer 1 der Richtlinie 2014/28/EU erfasst werden. 2. Explosivstoffe und Gegenstände nach § 3 Absatz 1 Nummer 2 Buchstabe b mit ausschließlich militärischer Verwendung, für die das Sprengstoffgesetz bei Tätigkeiten nach § 1b Absatz 1 Nummer 3 Anwendung findet.
[47] Richtlinie 93/15/EWG des Rates vom 5.4.1993 zur Harmonisierung der Bestimmungen über das Inverkehrbringen und die Kontrolle von Explosivstoffen für zivile Zwecke – Sprengstoffrichtlinie (ABl. 1993 L 121, 20, berichtigt ABl. 1995 L 79, 34); ua abgedruckt bei *König/Papsthart*, Das neue Waffenrecht, 2004, S. 331; vgl. BT-Drs. 13/8935, 55.
[48] ABl. 2014 L 96, 1.

Güter" in der damals geltenden Fassung[49] genannt waren. Hierin waren jedoch nur solche Stoffe aufgeführt, deren Beförderung zwar als zulässig angesehen wurde, aber infolge ihrer Gefährlichkeit an bestimmte Voraussetzungen geknüpft werden sollte. Hochexplosive Stoffe, die infolge ihrer hohen Gefährlichkeit überhaupt nicht transportiert werden dürfen, sind in den „Empfehlungen" hingegen nicht aufgelistet (und tragen daher auch keine „UN-Nummer"), müssen aber selbstverständlich auch als Explosivstoffe eingestuft werden.[50] Aus diesen Überlegungen heraus entwickelte sich auch die heute geltende Regelung mit einem nunmehr allerdings alternativen Verweis auf die Richtlinie 2014/28/EU. Nach § 5 Abs. 1 ist der Umgang mit Explosivstoffen nur zulässig, wenn der Hersteller den Konformitätsnachweis erbracht hat und die Gegenstände mit einem CE-Zeichen versehen sind.[51]

14 Das frühere Gesetz enthielt in § 1 Abs. 2 S. 1 aF noch eine spezielle Gleichstellungsklausel.[52] Diese ist auf Grund der jetzigen geänderten gesetzlichen Systematik entbehrlich geworden.

15 **3. Pyrotechnische Gegenstände.** Das SprengG aF unterschied deutlich zwischen pyrotechnischen Sätze und pyrotechnischen Gegenstände. Die **pyrotechnischen Sätze**[53] wurden seit der Änderung durch das 3. SprengÄndG 2005 durch § 1 Abs. 2 S. 1 Nr. 1a aF den Explosivstoffen gleichgestellt. Diese Gleichstellung betraf, soweit nicht ausdrücklich etwas anderes bestimmt war, den gesamten Anwendungsbereich des SprengG mit Ausnahme des § 2 (neue sonstige explosionsgefährliche Stoffe).[54] Dagegen wurden die **pyrotechnischen Gegenstände**[55] (in aller Regel: die „Umhüllungen" zur Aufnahme pyrotechnischer Sätze) den Explosivstoffen zwar nicht gleichgestellt, jedoch waren nach § 1 Abs. 2 S. 2 Nr. 1 aF das SprengG auf sie im Hinblick auf den Umgang, den Verkehr und die Einfuhr gleichermaßen anzuwenden. Den pyrotechnischen Gegenständen wiederum wurden durch diese Vorschrift die Anzündmittel (vgl. § 3 Abs. 1 S. 1 Nr. 4 aF), dh die selbst nicht sprengkräftigen Zündmittel, gleichgestellt. Diese differenzierte Gesetzeslage wurde mittlerweile erheblich vereinfacht. § 1 Abs. 2 Nr. 2 nennt nunmehr die „pyrotechnischen Gegenstände" als eigenständige und einheitliche Gruppe und fasst sie unter den Oberbegriff der „explosionsgefährlichen Stoffe". Was unter einem pyrotechnischen Gegenstand zu verstehen ist, folgt nunmehr kraft ausdrücklicher Verweisung in § 1 Abs. 2 Nr. 2 aus § 3 Abs. 1 Nr. 3. Hierin werden die „pyrotechnischen Gegenstände" nun allerdings definiert als solche, die „explosionsgefährliche Stoffe oder Stoffgemische enthalten (pyrotechnische Sätze)" wodurch die Unterscheidung zwischen dem „pyrotechnischen Gegenstand" und dem „pyrotechnischen Satz" faktisch aufgehoben wird. Die Vorschrift lautet:

§ 3 Abs. 1 Nr. 3 Begriffsbestimmungen
(1) Im Sinne dieses Gesetzes sind
3. pyrotechnische Gegenstände: Gegenstände, die explosionsgefährliche Stoffe oder Stoffgemische enthalten (pyrotechnische Sätze), mit denen auf Grund selbsterhaltender, exotherm ablaufender chemischer Reaktionen Wärme, Licht, Schall, Gas oder Rauch oder eine Kombination dieser Wirkungen erzeugt werden soll.

---

[49] UN-Document ST/SG/AC. 10/1/Rev. 8 – United Nations Recommendations on the Transport of Dangerous Goods, Eighth Revised Edition (sog. „Orange Book").
[50] Vgl. hierzu BT-Drs. 13/8935, 55, 58 f.; ferner Erbs/Kohlhaas/*Steindorf,* S 169, § 1 Rn. 3, § 3 Rn. 2.
[51] Die Vorschrift des § 5 Abs. 1 ist abgedruckt → § 41 Rn. 7.
[52] Zum Inhalt vgl. → Rn. 4 ff.
[53] § 3 Abs. 1 S. 1 Nr. 1a aF enthielt folgende Begriffsdefinition: „Im Sinne dieses Gesetzes sind pyrotechnische Sätze explosionsgefährliche Stoffe oder Stoffgemische, die zur Verwendung in pyrotechnischen Gegenständen oder zur Erzeugung pyrotechnischer Effekte bestimmt sind.
[54] § 2 betraf – und betrifft auch heute noch – neue (sonstige) explosionsgefährliche Stoffe, die noch nicht nach § 2 Abs. 6 veröffentlicht worden sind; die Vorschrift ist abgedruckt in → § 41 Rn. 2.
[55] § 3 Abs. 1 Nr. 2 aF enthielt folgende Begriffsdefinition: Im Sinne dieses Gesetzes sind pyrotechnische Gegenstände solche Gegenstände, die Vergnügungs- oder technischen Zwecken dienen und in denen explosionsgefährliche Stoffe oder Stoffgemische enthalten sind, die dazu bestimmt sind, unter Ausnutzung der in diesen enthaltenen Energie Licht-, Schall-, Rauch-, Nebel-, Heiz-, Druck- oder Bewegungswirkungen zu erzeugen.

Daneben finden sich in § 3 Abs. 1 Nr. 4–8 aber auch noch eigene Definitionen für 16
einzelne pyrotechnische Gegenstände, die jedoch allesamt unter den Begriff der pyrotechnischen Gegenstände des § 3 Abs. 1 Nr. 3 fallen. Die Vorschriften lauten:

§ 3 Abs. 1 Nr. 4–8 Begriffsbestimmungen
(1) Im Sinne dieses Gesetzes sind
4. Feuerwerkskörper: pyrotechnische Gegenstände für Unterhaltungszwecke,
5. pyrotechnische Gegenstände für Fahrzeuge: Komponenten von Sicherheitsvorrichtungen in Fahrzeugen, die pyrotechnische Sätze enthalten, die zur Aktivierung dieser oder anderer Vorrichtungen verwendet werden,
6. pyrotechnische Gegenstände für Bühne und Theater: pyrotechnische Gegenstände für die Verwendung auf Bühnen im Innen- und Außenbereich, bei Film- und Fernsehproduktionen oder für eine ähnliche Verwendung,
7. Anzündmittel: pyrotechnische Gegenstände, die explosionsgefährliche Stoffe enthalten und die zur nichtdetonativen Auslösung von Explosivstoffen oder pyrotechnischen Gegenständen bestimmt sind,
8. sonstige pyrotechnische Gegenstände: pyrotechnische Gegenstände, die technischen Zwecken dienen,

Entscheidendes Kriterium für die Einstufung eines explosionsgefährlichen Stoffes als 17
pyrotechnischer Gegenstand ist nach § 1 Abs. 2 die **subjektive Zweckbestimmung** (= Verwendungszweck). Nicht die Verwendung des Stoffes als Sprengstoff, sondern die Verwendung als pyrotechnischen Gegenstand (dh zur Erzeugung pyrotechnischer Effekte zB zu Vergnügungszwecken, als Feuerwerkskörper, oder zu technischen Zwecken) ist maßgeblich. Pyrotechnische Effekte sind im Wesentlichen die in § 3 Abs. 1 Nr. 3 genannten „Wirkungen" (Erzeugung von Wärme, Licht, Schall, Gas oder Rauch). Während bis zur gesetzlichen Änderung durch das 3. SprengÄndG 2005 eine nationale Zulassung der pyrotechnischen Sätze erfolgte, hat nunmehr eine EG-Baumusterprüfung stattzufinden.

In § 3a werden die pyrotechnischen Gegenstände und die pyrotechnischen Sätze nunmehr 18
in verschiedene Kategorien eingeteilt. Die Vorschrift lautet:

§ 3a Kategorien von pyrotechnischen Gegenständen und pyrotechnischen Sätzen; Klassen von Wettersprengstoffen und Wettersprengschnüren
(1) Pyrotechnische Gegenstände werden nach dem Grad der von ihnen ausgehenden Gefährdung und ihrem Verwendungszweck in folgende Kategorien eingeteilt:
1. Feuerwerkskörper
   a) Kategorie F1: Feuerwerkskörper, von denen eine sehr geringe Gefahr ausgeht, die einen vernachlässigbaren Lärmpegel besitzen und zur Verwendung in geschlossenen Bereichen vorgesehen sind, einschließlich Feuerwerkskörpern, die zur Verwendung innerhalb von Wohngebäuden vorgesehen sind,
   b) Kategorie F2: Feuerwerkskörper, von denen eine geringe Gefahr ausgeht, die einen geringen Lärmpegel besitzen und zur Verwendung in abgegrenzten Bereichen im Freien vorgesehen sind,
   c) Kategorie F3: Feuerwerkskörper, von denen eine mittlere Gefahr ausgeht, deren Lärmpegel die menschliche Gesundheit jedoch nicht gefährdet und die zur Verwendung in weiten offenen Bereichen im Freien vorgesehen sind,
   d) Kategorie F4: Feuerwerkskörper, von denen eine große Gefahr ausgeht, die zur Verwendung nur durch Personen mit Fachkenntnissen vorgesehen sind, deren Lärmpegel die menschliche Gesundheit jedoch nicht gefährdet,
2. pyrotechnische Gegenstände für Bühne und Theater
   a) Kategorie T1: pyrotechnische Gegenstände für die Verwendung auf Bühnen, von denen eine geringe Gefahr ausgeht,
   b) Kategorie T2: pyrotechnische Gegenstände für die Verwendung auf Bühnen, die zur Verwendung nur durch Personen mit Fachkenntnissen vorgesehen sind,
3. sonstige pyrotechnische Gegenstände
   a) Kategorie P1: pyrotechnische Gegenstände, von denen eine geringe Gefahr ausgeht, außer Feuerwerkskörpern und pyrotechnischen Gegenständen für Bühne und Theater,
   b) Kategorie P2: pyrotechnische Gegenstände, die zur Handhabung oder Verwendung nur durch Personen mit Fachkenntnissen vorgesehen sind, außer Feuerwerkskörpern und pyrotechnischen Gegenständen für Bühne und Theater.

(2) Pyrotechnische Sätze werden nach ihrer Gefährlichkeit in folgende Kategorien eingeteilt:
a) Kategorie S1: pyrotechnische Sätze, von denen eine geringe Gefahr ausgeht und die insbesondere zur Verwendung auf Bühnen, in Theatern oder in vergleichbaren Einrichtungen, zur Strömungsmessung oder zur Ausbildung von Rettungskräften vorgesehen sind,
b) Kategorie S2: pyrotechnische Sätze, von denen eine große Gefahr ausgeht und deren Umgang oder Verkehr an die Erlaubnis oder den Befähigungsschein gebunden ist.

(3) Wettersprengstoffe und Wettersprengschnüre werden nach ihrer Schlagwettersicherheit in folgende Klassen eingeteilt:
a) Klasse I: geringe Gefahr der Zündung eines zündfähigen Methan-Luft- oder Kohlenstaub-Luft-Gemisches,
b) Klasse II: sehr geringe Gefahr der Zündung eines zündfähigen Methan-Luft- oder Kohlenstaub-Luft-Gemisches,
c) Klasse III: äußerst geringe Gefahr der Zündung eines zündfähigen Methan-Luft- oder Kohlenstaub-Luft-Gemisches."

19   **4. Sonstige explosionsgefährliche Stoffe.** Auch „sonstige explosionsgefährliche Stoffe",[56] also solche, die nicht in die Kategorien der Explosivstoffe oder pyrotechnischen Sätze[57] einzuordnen sind, fallen in den Anwendungsbereich des SprengG. Sie sind nunmehr in § 3 Abs. 1 Nr. 9 eigenständig definiert. Zu beachten ist hierbei aber, dass das SprengG auf sie nicht vollständig anzuwenden ist (vgl. die in § 1 Abs. 4 genannten Ausnahmen). Die in Bezug genommene Vorschrift des § 3 Abs. 1 Nr. 9 lautet:

§ 3 Abs. 1 Nr. 9 Begriffsdefinitionen
(1) Im Sinne dieses Gesetzes sind
9. sonstige explosionsgefährliche Stoffe: explosionsgefährliche Stoffe, die weder Explosivstoff noch pyrotechnischer Gegenstand sind; als sonstige explosionsgefährliche Stoffe gelten auch Explosivstoffe, die zur Herstellung sonstiger explosionsgefährlicher Stoffe bestimmt sind.

20   In der Definition wird insoweit eine Negativabgrenzung vorgenommen. Es muss sich um einen explosionsgefährlichen Stoff[58] handeln, der in erster Linie zu anderen Zwecken bestimmt ist als zur Sprengung (wie bei den Explosivstoffen) oder zur Erzeugung der in § 3 Abs. 1 Nr. 3 (pyrotechnische Gegenstände) genannten Wirkungen. Bei ihnen stellt die Explosionsgefährlichkeit regelmäßig eine eher **unerwünschte Begleiterscheinung** dar, die bei der Herstellung, Bearbeitung und Verwendung in keiner Weise genutzt werden kann bzw. soll, die aber mit zusätzlichen Gefahren verbunden ist.[59] Es handelt sich dabei vor allem um Stoffe, die für wissenschaftliche, analytische, medizinische oder pharmazeutische Zwecke oder als Hilfsstoffe bei der Herstellung chemischer Produkte verwendet werden.[60] Durch § 3 Abs. 1 Nr. 9 2. Hs. wird ferner klargestellt, dass als sonstige explosionsgefährliche Stoffe auch Explosivstoffe gelten, die zur Herstellung sonstiger explosionsgefährlicher Stoffe bestimmt sind.[61] Sinn dieser Vorschrift ist die Anwendbarkeit der milderen Regelungen über die (sonstigen) explosionsgefährlichen Stoffe für die genannten Explosivstoffe. Es handelt sich hierbei regelmäßig um Vorprodukte der chemischen Industrie zur Herstellung von Nichtexplosivstoffen wie zB Lacke oder Arzneimittel.[62] Insoweit ist zur Beurteilung dieser (Vor)Produkte also nicht das Produkt selbst, sondern das damit herzustellende Endprodukt ausschlaggebend.

21   Für die sonstigen explosionsgefährlichen Stoffe gelten die Vorschriften des SprengG jedoch nicht uneingeschränkt. Vielmehr wird der Anwendungsbereich des SprengG für diese Stoffe in § 1 Abs. 4 eigenständig definiert und – je nachdem, um welche der in § 2

---

[56] Vgl. hierzu KG 1.6.1989 – 3 AR 46/89 – 2 Ws 1–2/89, NStZ 1989, 369.
[57] Vgl. zu den Explosivstoffen → Rn. 10 ff., zu den pyrotechnischen Sätzen → Rn. 15, 18.
[58] Vgl. zum Begriff des explosionsgefährlichen Stoffes → Rn. 3 ff.
[59] BT-Drs. 10/2621, 10; *Apel/Keusgen* GewA 1988, 73 (74); Erbs/Kohlhaas/*Steindorf*, S 169, § 1 Rn. 8.
[60] Vgl. BT-Drs. 10/2621, 10; ferner Nr. 1.3 SprengVwV sowie *Apel/Keusgen*, Bd. 2, § 1 Anm. 6.4; *dies.* GewA 1988, 73 (74); Erbs/Kohlhaas/*Steindorf*, S 169, § 1 Rn. 8.
[61] Diesbezüglich fand sich in § 1 Abs. 3a aF eine eigenständige Gleichstellungsregelung, die insoweit entbehrlich wurde.
[62] Vgl. BT-Drs. 13/8935, 58; ferner Erbs/Kohlhaas/*Steindorf*, S 169, § 1 Rn. 9.

III. Sprengstoffgesetz 22, 23 § 40 SprengG

Abs. 3 genannten Kategorien der sonstigen explosionsgefährlichen Stoffe es sich handelt – nur einzelne Vorschriften des SprengG für anwendbar erklärt. Diese Regelung war – verbunden mit einer sehr umständlichen Regelungssystematik[63] – auch in dem vor dem 1.7.2017 geltenden SprengG enthalten, wobei damals allerdings die Ausnahmen (§ 1 Abs. 3 S. 1 aF) nach § 1 Abs. 1 S. 1 aF nicht für den V. Abschnitt des SprengG (Umgang und Verkehr im nicht gewerblichen Bereich, §§ 27 ff.) galten. Diese Regelung ist inzwischen entfallen. Die in Bezug genommene Regelung des § 1 Abs. 4 lautet:

§ 1 Abs. 4 Anwendungsbereich
Für sonstige explosionsgefährliche Stoffe nach § 2 Absatz 3 gelten bei den in Absatz 1 bezeichneten Tätigkeiten
1. bei Zuordnung der sonstigen explosionsgefährlichen Stoffe zur Stoffgruppe A alle Vorschriften dieses Gesetzes mit Ausnahme derer, die sich ausschließlich auf Explosivstoffe, pyrotechnische Gegenstände oder Sprengzubehör beziehen,
2. bei Zuordnung der sonstigen explosionsgefährlichen Stoffe zur Stoffgruppe B die §§ 5f, 6, 14, 17 und 25 sowie § 26 Absatz 2, die §§ 30 bis 32, § 33 Absatz 3, § 33b sowie die §§ 34 bis 39,
3. bei Zuordnung der sonstigen explosionsgefährlichen Stoffe zur Stoffgruppe C § 6 Absatz 1 Nummer 3 Buchstabe b und Nummer 4, die §§ 17 bis 19, 24, 25 sowie § 26 Absatz 2, die §§ 30 bis 32, § 33 Absatz 3, § 33b sowie die §§ 34 und 36 bis 39.

Für **neu entwickelte „sonstige explosionsgefährliche Stoffe"** enthält § 2 eine entsprechende Regelung.[64] Wer mit einem solchen Stoff, sofern er nicht zur Verwendung als Explosivstoff bestimmt ist, umgehen möchte, hat dies der Bundesanstalt für Materialforschung und -prüfung unverzüglich anzuzeigen und eine Stoffprobe vorzulegen (§ 2 Abs. 1 S. 1). Dabei werden diese Stoffe in **drei verschiedene Kategorien** eingeteilt, die sich aus § 2 Abs. 3 iVm Anlage II des Gesetzes ergeben:[65] Zur **Stoffgruppe A** gehören Stoffe höchster Gefährlichkeit, dh Stoffe mit hoher Empfindlichkeit und großer Wirkung. Für sie gelten nach § 1 Abs. 4 Nr. 1 alle Vorschriften des SprengG, sofern hierin nicht ausdrücklich nur Explosivstoffe, pyrotechnische Sätze, pyrotechnische Gegenstände oder Sprengzubehör genannt sind.[66] **Stoffgruppe B** umfasst Stoffe hoher Gefährlichkeit, dh Stoffe mit hoher Empfindlichkeit aber lediglich mittlerer Wirkung. Für sie gelten nach § 1 Abs. 4 Nr. 2 die hier genannten Vorschriften des SprengG sowie die sich hierauf beziehenden Straf- und Bußgeldvorschriften.[67] **Stoffgruppe C** schließlich erfasst Stoffe mit verhältnismäßig geringer Gefährlichkeit, dh geringer Empfindlichkeit und mäßiger Wirkung. Für sie gelten nach § 1 Abs. 4 Nr. 3 lediglich einige spezielle Regelungen des SprengG.[68] Die einzelnen zu den Stoffgruppen A, B und C zählenden Stoffe sind in **Anlage II zum SprengG** aufgezählt.

5. Sprengzubehör (§ 3 Abs. 1 Nr. 13). Im Gegensatz zum früheren Gesetz regelt § 1 Abs. 1 Nr. 2 nun ausdrücklich, dass auch Sprengzubehör in den Anwendungsbereich des SprengG fällt. Eine solche ausdrückliche Erwähnung ist sinnvoll, handelt es sich beim Sprengzubehör doch gerade nicht um explosionsfähiges oder explosionsgefährliches Material. Dabei findet sich eine eigene Begriffsbestimmung für Sprengzubehör, welches von den Zündmitteln und Anzündmitteln abzugrenzen ist, in **§ 3 Abs. 1 Nr. 13**. Die Aufnahme des Sprengzubehörs in den Anwendungsbereich des SprengG war deswegen erforderlich, weil das Gesetz das Sprengzubehör an einigen Stellen ausdrücklich erwähnt (vgl. § 5f, 5g, 6, 25, 34 Abs. 4 Nr. 1, 39 Abs. 2 sowie die Ordnungswidrigkeit in § 41 Abs. 1 Nr. 2a[69]) Die Vorschrift lautet:

---

[63] Siehe hierzu → Rn. 4.
[64] Die Vorschrift des § 2 ist auszugsweise abgedruckt → § 41 Rn. 2.
[65] BT-Drs. 10/2621, 10 f.; Nr. 1.3 SprengVwV.
[66] Ein Beispiel hierfür ist Nitroglyzerin, welches in kleinen Dosen als Heilmittel bei Bluthochdruck und als Krampflösungsmittel Verwendung findet, in größeren Dosen aber höchst explosive Wirkung besitzt; vgl. zu dieser Stoffgruppe näher *Apel/Keusgen*, Bd. 2, § 1 Anm. 6.1; *dies.* GewA 1988, 73 (75).
[67] Vgl. zu dieser Stoffgruppe auch *Apel/Keusgen*, Bd. 2, § 1 Anm. 6.2; *dies.* GewA 1988, 73 (75).
[68] Vgl. zu dieser Stoffgruppe auch *Apel/Keusgen*, Bd. 2, § 1 Anm. 6.3; *dies.* GewA 1988, 73 (75).
[69] → § 41 Rn. 2.

§ 3 Abs. 1 Nr. 13 Begriffsbestimmungen

(1) Im Sinne dieses Gesetzes sind [...]
5. Sprengzubehör:
   a) Gegenstände, die zur Auslösung einer Sprengung oder zur Prüfung der zur Auslösung einer Sprengung erforderlichen Vorrichtung bestimmt sind und die keine explosionsgefährlichen Stoffe enthalten,
   b) Ladegeräte und Mischladegeräte für explosionsgefährliche oder explosionsfähige Stoffe, die für Sprengarbeiten verwendet werden.

24 Nach der hier vorgenommenen Umschreibung fallen unter Sprengzubehör sämtliche Hilfsmittel, die ihrer Art nach **mittelbar** zur Auslösung einer Sprengung bestimmt sind, ohne dass sie selbst explosionsgefährliche oder explosionsfähige Stoffe enthalten. Zu nennen sind zB die nicht scharfen elektrischen Zünder, Schießleitungen und Zündmaschinen, nicht aber der Ladestock, die Abwürgezange, der Tagessprengstoffkasten oder das Horn. Ferner fallen hierunter diejenigen Gegenstände, die zur Prüfung der zur Auslösung einer Sprengung erforderlichen Vorrichtung bestimmt sind, also zB Zündmaschinenprüfgeräte und Zündkreisprüfer.[70] Nicht erfasst sind dagegen Gummischlauchleitungen, Kabel und Sprengleitungen für Tiefbohrungen (vgl. Nr. 1.3 Abs. 2 der SprengVwV).

25 **6. Explosionsfähige Stoffe (§ 1 Abs. 3).** § 1 Abs. 3[71] erklärt nunmehr das SprengG – mit Ausnahme des § 2 – auch für explosionsfähige Stoffe für anwendbar, die nicht explosionsgefährlich sind, jedoch für Sprengarbeiten[72] bestimmt sind, soweit nicht durch dieses Gesetz oder auf Grund dieses Gesetzes Abweichungen bestimmt sind. Hierunter fallen zB schwer explosionsfähige Sprengstoffe,[73] die als solche nicht unter die explosions**gefährlichen** Stoffe des § 1 Abs. 1 Nr. 1 fallen, aber vom Verwendungszweck her dennoch **zum Sprengen** bestimmt sind. Nach Nr. 1.2.1 der SprengVwV sind explosionsfähige Stoffe iS des § 1 Abs. 2 S. 1 Nr. 1 aF „feste oder flüssige Stoffe, die durch außergewöhnliche thermische Einwirkungen (zB Flamme, glühende Gegenstände), mechanische Beanspruchung (zB Schlag, Reibung), Detonationsstoß (zB Sprengkapsel) oder durch eine andere außergewöhnliche Einwirkung zu einer chemischen Umsetzung gebracht werden können, bei der hochgespannte Gase in so kurzer Zeit entstehen, dass eine plötzliche Druckwirkung hervorgerufen wird (Explosion)". Kennzeichnend für diese Stoffe ist, dass sie bei der Durchführung entsprechender Prüfverfahren nicht reagieren.[74]

26 **7. Zündmittel (§ 3 Abs. Nr. 10).** Während früher bei den Zündmitteln nicht zwischen sprengkräftigen und nicht sprengkräftigen Mitteln unterschieden wurde, fallen nunmehr nur noch die sprengkräftigen Zündmittel unter diesen Begriff. Sie wurden nach § 1 Abs. 2 S. 1 Nr. 3 aF ausdrücklich den **Explosivstoffen** gleichgestellt.[75] Eine solche ausdrückliche Gleichstellung fehlt im nunmehr geltenden Gesetz. Sie war aber insoweit auch nicht erforderlich, da die Zündmittel kraft Definition explosionsgefährliche Stoffe enthalten. Dagegen sind die nicht sprengkräftigen Zündmittel als „Anzündmittel" iS des § 3 Abs. 1 S. 1 Nr. 4 anzusehen.[76] Die Vorschrift des **§ 3 Abs. 1 S. 1 Nr. 3** lautet:

---

[70] Vgl. bereits BT-Drs. V/1268, 48; *Hinze* § 3 Anm. 4.
[71] Die Vorschrift ist abgedruckt → Rn. 3 ff.; die Vorschrift war früher in § 1 Abs. 2 S. 1 Nr. 1 aF enthalten. Allerdings fand sich hier keine ausdrückliche Beschränkung auf „Sprengarbeiten". Es musste sich hiernach um explosionsfähige Stoffe handeln, die nicht explosionsgefährlich sind, aber (allgemein) „zur Verwendung als Explosivstoffe bestimmt sind". Dies war dann gegeben, wenn sie zur Durchführung von Sprengarbeiten (hierauf beschränkt sich nun der heute geltende Gesetzestext), zur Verwendung als Treib- oder Zündstoffe oder zum Verformen, Perforieren, Schweißen oder Schneiden von Metallen verwendet werden sollen.
[72] Bei *Apel/Keusgen*, Bd. 2, § 1 Anm. 4.1 werden hier als Beispiel die „Sprengschlämme" (Slurries) und „Emulsionssprengstoffe" genannt.
[73] Vgl. BT-Drs. 7/4824, 15, unter A; Erbs/Kohlhaas/*Steindorf*, S 169, § 1 Rn. 6.
[74] Vgl. Nr. 1.2.1 S. 2 der SprengVwV.
[75] Hierzu → Rn. 10 ff.
[76] → Rn. 28; zur Begründung vgl. BT-Drs. 13/8935, 57.

§ 3 Abs. 1 Nr. 10 Begriffsbestimmungen
(1) Im Sinne dieses Gesetzes sind
10. Zündmittel: Gegenstände, die explosionsgefährliche Stoffe enthalten und die zur detonativen Auslösung von Explosivstoffen bestimmt sind.[77]

Zur Unterscheidung von Zündmitteln und Anzündmitteln ist demnach auf die unterschiedliche Wirkungsweise abzustellen.[78] Zündmittel sind dabei Hilfsmittel, die ihrer Art nach unmittelbar zur Auslösung einer Sprengung bestimmt sind. Hierunter fallen zB Sprengkapseln, Sprengverzögerer, scharfe elektrische Zünder und Sprengschnüre.[79] Eine nähere Aufzählung von Zündmitteln findet sich in Ziff. III der Anlage 2 zur 1. SprengV.[80]

8. Anzündmittel (§ 3 Abs. 1 Nr. 7). Die Anzündmittel,[81] die früher nach § 1 Abs. 2 S. 2 Nr. 2 aF den pyrotechnischen Gegenständen gleichgestellt waren und heute durch § 3 Abs. 1 Nr. 7 „als" pyrotechnische Gegenstände definiert sind,[82] müssen von den sprengkräftigen (detonativen) Zündmitteln iS des § 3 Abs. 1 Nr. 10 unterschieden werden.[83] Die genannte Vorschrift lautet:

§ 3 Abs. 1 Nr. 7 Begriffsbestimmungen
(1) Im Sinne dieses Gesetzes sind [...]
7. Anzündmittel pyrotechnische Gegenstände, die explosionsgefährliche Stoffe enthalten und die zur nichtdetonativen Auslösung von Explosivstoffen oder pyrotechnischen Gegenständen bestimmt sind.[84]

9. Munition und Fundmunition (§ 3 Abs. 1 Nr. 15, 16). Eine nähere Begriffsbestimmung der Begriffe Munition und Fundmunition findet sich in **§ 3 Abs. 1 Nr. 14 und Nr. 15.** Der Gesetzgeber hielt dabei die Aufnahme der Definition des Begriffes „Fundmunition" lediglich „aus Klarstellungsgründen" für geboten.[85] Die Vorschrift lautet:

§ 3 Abs. 1 Nr. 15, 16 Begriffsbestimmungen
(1) Im Sinne dieses Gesetzes sind [...]
15. Munition: Geschosse, Treibladungen und Übungsmunition für Handfeuerwaffen, andere Schusswaffen, Artilleriegeschütze und technische Geräte,
16. Fundmunition: Munition oder sprengkräftige Kriegswaffen, die nicht ununterbrochen verwahrt, überwacht oder verwaltet worden sind.

III. Verhaltensbezogene Begriffsdefinitionen (Tathandlungen)

In § 3 Abs. 2 findet sich eine Vielzahl an verschiedenen Begriffsdefinitionen, die als Tathandlungen in den Straf- und Ordnungswidrigkeitentatbeständen auftauchen und bei denen es sich daher anbietet, sie vorab zu beschreiben.[86]

---

[77] Der frühere § 3 Abs. 1 S. 1 Nr. 3 aF lautete hingegen: „Im Sinne dieses Gesetzes [...] sind Zündmittel Gegenstände, die explosionsgefährliche Stoffe enthalten und die ihrer Art nach zur detonativen Auslösung von Sprengstoffen oder Sprengschnüren bestimmt sind."

[78] BT-Drs. 13/8935, 59; auch Erbs/Kohlhaas/*Steindorf*, S 169, § 3 Rn. 5.

[79] BT-Drs. V/1268, 48; nach dem ursprünglichen Gesetzentwurf sollte sich in § 3 Abs. 1 Nr. 10 noch eine ausdrückliche Erwähnung der „Sprengschnüre" finden: „Gegenstände, die explosionsgefährliche Stoffe enthalten und die zur detonativen Auslösung von Explosivstoffen oder Sprengschnüren bestimmt sind"; vgl. BT-Drs. 18/10455, S. 13. Nach dem Einwand des Bundesrates, diese Sprengschnüre seien nach § 3 Abs. 1 Nr. 2 bereits unter den Begriff „Explosivstoffe" zu subsumieren, vgl. BT-Drs. 18/10821, S. 1, wurden diese aus dem Entwurf gestrichen und tauchen insoweit in § 3 Abs. 1 Nr. 10 nicht mehr auf; vgl. BT-Drs. 18/10821, S. 10; BT-Drs. 18/11005, S. 3.

[80] Vgl. zu den einzelnen Zündmitteln ausführlich *Hinze* § 3 Anm. 1.

[81] Vgl. auch LG Chemnitz 8.8.1994 – 2 O 2783/94, ZfSchR 1995, 307: als Anzündmittel gilt auch ein Feuerlöscher, der mit explosionsgefährlichem Gemisch gefüllt wird.

[82] Hierzu → Rn. 15 ff.

[83] Hierzu → Rn. 26 f.

[84] Der frühere § 3 Abs. 1 S. 1 Nr. 4 aF lautete hingegen: „Im Sinne dieses Gesetzes [...] sind Anzündmittel Gegenstände, die explosionsgefährliche Stoffe enthalten und die ihrer Art nach zur nichtdetonativen Auslösung von Explosivstoffen oder pyrotechnischen Gegenständen bestimmt sind."

[85] BT-Drs. 13/8935, 59; zur Kritik an dieser gesonderten Begriffsbestimmung Erbs/Kohlhaas/*Steindorf*, S 169, § 3 Rn. 8.

[86] Die Regelungen waren zuvor – mit einigen wenigen Abweichungen – auch in § 3 Abs. 2 und Abs. 3 aF enthalten.

31 1. Umgang mit explosionsgefährlichen Stoffen (§ 3 Abs. 2 Nr. 1). Der in einigen straf- und bußgeldrechtlichen Vorschriften als Tatbestandsmerkmal aufgenommene Begriff des „Umgangs" mit explosionsgefährlichen Stoffen (vgl. § 40 Abs. 1 Nr. 1, Nr. 3; § 41 Abs. 1 Nr. 17; vgl. auch § 40 Abs. 2 Nr. 3 Buchst. a)[87] erfasst eine Vielzahl von Verhaltensweisen, die in § 3 Abs. 2 Nr. 1 im Wege einer abschließenden gesetzlichen Definition aufgezählt sind.[88] Vom SprengG nicht mehr ausdrücklich erfasst ist seit dem SprengÄndG 1997 das „Befördern",[89] welches, von wenigen Ausnahmen abgesehen, nunmehr den Regelungen über die Beförderung gefährlicher Güter unterfällt. Die noch im Gesetzentwurf[90] vorgeschlagene Aufnahme des Begriffes des „Erprobens" wurde auf Vorschlag des Bundesrates[91] wieder gestrichen,[92] da diese Tätigkeit als Bestandteil des Herstellens bereits im Begriff des Umgangs erfasst sei und auch „in keiner Weise der Umsetzung der EU-Richtlinien" diene.[93] Die Vorschrift des § 3 Abs. 2 Nr. 1 lautet:

> **§ 3 Abs. 2 Nr. 1 Begriffsbestimmungen**
> (2) Im Sinne dieses Gesetzes ist
> 1. Umgang mit explosionsgefährlichen Stoffen: das Herstellen, Bearbeiten, Verarbeiten, Wiedergewinnen, Aufbewahren, Verbringen, Verwenden und Vernichten sowie innerhalb der Betriebsstätte den Transport, das Überlassen und die Empfangnahme explosionsgefährlicher Stoffe sowie die weiteren in § 1b Abs. 1 Nr. 3 Buchstabe a bis e bezeichneten Tätigkeiten,

32 a) Herstellen. Unter dem Begriff des Herstellens ist jede Tätigkeit zu verstehen, die die Erzeugung oder die Entwicklung explosionsgefährlicher Stoffe bezweckt.[94] Erfasst ist auch die Produktion explosionsgefährlicher Hilfsstoffe sowie von Stoffen, die als explosionsgefährliche Zwischenerzeugnisse entstehen (vgl. aber die Ausnahme in § 1b Abs. 1 Nr. 5).[95] Als Hilfsstoffe versteht man diejenigen Stoffe, die bei chemischen Verfahren zu dem Zweck zugesetzt werden, den Verfahrensablauf zu erleichtern oder die Eigenschaften des Endproduktes zu beeinflussen.[96] Dagegen sind Zwischenerzeugnisse solche Stoffe, die bei einem Verfahrensgang innerhalb eines Werksgeländes als explosionsgefährliche Stoffe entstehen und in diesem Verfahrensgang ihre explosionsgefährliche Eigenschaft wieder verlieren.[97] Unter den Begriff des Herstellens fällt auch die Erforschung explosionsgefährlicher Stoffe, die auf die Entwicklung oder Entdeckung neuer Stoffe gerichtet ist.[98] Durch das 4. SprengÄndG 2009[99] wurde zudem in § 3 Abs. 3 Nr. 3 aF[100] eine Definition des „Herstellers" aufgenommen, die sich nunmehr in **§ 3 Abs. 3 Nr. 1** findet. Die Vorschrift lautet:

> **§ 3 Abs. 3 Nr. 1 Begriffsbestimmungen**
> (3) Im Sinne dieses Gesetzes ist oder sind
> 1. Hersteller: jede natürliche oder juristische Person, die einen Explosivstoff oder pyrotechnischen Gegenstand herstellt oder entwickelt oder herstellen lässt und diesen Explosivstoff oder pyrotechnischen Gegenstand unter ihrem eigenen Namen oder ihrer eigenen Marke vermarktet,

---

[87] Als Anknüpfungspunkt für eine Straftat bzw. Ordnungswidrigkeit ist der „Umgang" ferner genannt in §§ 40 Abs. 2 Nr. 1; 41 Abs. 1 Nr. 15, Nr. 17.
[88] Vgl. ergänzend auch Nr. 3.1 SprengVwV; sowie *Hinze* § 3 Anm. 5.
[89] → Rn. 39.
[90] BT-Drs. 18/10455, 14.
[91] BT-Drs. 18/10821, 2.
[92] BT-Drs. 18/11005, 3.
[93] BT-Drs. 18/10821, 2.
[94] Vgl. hierzu Nr. 3.1.1 S. 1 SprengVwV; ferner Erbs/Kohlhaas/*Steindorf*, S 169, § 3 Rn. 10.
[95] Vgl. hierzu Nr. 3.1.1 S. 2 SprengVwV; ferner Erbs/Kohlhaas/*Steindorf*, S 169, § 3 Rn. 10.
[96] Vgl. hierzu Nr. 3.1.1 S. 3 SprengVwV; ferner Erbs/Kohlhaas/*Steindorf*, S 169, § 3 Rn. 10.
[97] Vgl. hierzu Nr. 3.1.1 S. 4 SprengVwV; ferner Erbs/Kohlhaas/*Steindorf*, S 169, § 3 Rn. 10.
[98] BT-Drs. V/1268, 48; vgl. zum Begriff des Herstellens → WaffG § 1 Rn. 178 f.
[99] BGBl. I S. 2062.
[100] § 3 Abs. 3 Nr. 3 aF lautete: „Im Sinne dieses Gesetzes ist […] Hersteller jede natürliche oder juristische Person, die einen explosionsgefährlichen Stoff gestaltet oder herstellt oder einen explosionsgefährlichen Stoff gestalten oder herstellen lässt, um ihn unter dem eigenen Namen oder der eigenen Marke in Verkehr zu bringen. Als Hersteller gilt auch derjenige, unter dessen Namen oder Firma der explosionsgefährliche Stoff vertrieben oder anderen überlassen wird und der die Verantwortung dafür übernimmt, dass der Stoff entsprechend einer auf Grund dieses Gesetzes erlassenen Verordnung gekennzeichnet und verpackt ist".

III. Sprengstoffgesetz   33–36   § 40 SprengG

b) Bearbeiten. Als Bearbeitung sind diejenigen Arbeitsvorgänge anzusehen, durch die   33
ein explosionsgefährlicher Stoff in eine andere Form gebracht wird.[101] Zu nennen sind hier
zB die Vorgänge des Pressens und Patronierens.[102] Ferner fallen hierunter Vorgänge, die
zum Zwecke des Versands (Verpacken in die kleinste Verpackungseinheit) oder deswegen
vorgenommen werden, um den Stoff gebrauchsfertig zu machen.[103]

c) Verarbeiten. Dagegen ist unter einer Verarbeitung ein Verfahren oder Arbeitsvorgang   34
zu verstehen, der entweder den Stoff in seiner chemischen Substanz verändert oder ihn mit
anderen Stoffen vermengt oder vermischt oder ihn mit anderen Stoffen löst oder zum
Schmelzen bringt.[104]

d) Wiedergewinnen. Unter der Wiedergewinnung explosionsgefährlicher Stoffe versteht   35
man eine besondere Form der Be- oder Verarbeitung insbes. von Munition, die ursprünglich
für militärische Zwecke bestimmt war. Hierunter fallen in erster Linie das Entladen (Delaborieren) von Fund- oder Lagermunition oder von anderen Gegenständen, die explosionsgefährliche Stoffe enthalten, sowie das Wiederbrauchbarmachen des hierin enthaltenen Sprengstoffes
(Umkristallisieren, Reinigen) für zivile Zwecke (vgl. auch § 1b Abs. 1 Nr. 3 Buchst. b).[105]

e) Aufbewahren. Unter Aufbewahren versteht man in einem umfassenden Sinn jeden   36
Zustand der Innehabung der tatsächlichen Gewalt über einen explosionsgefährlichen Stoff von
seiner Herstellung bis zu seiner Abgabe oder Verwendung.[106] Das Aufbewahren umfasst als
Oberbegriff zB auch das Lagern eines Stoffes. Während dieses allerdings schon vom Wortlaut
her auf einen bestimmten längeren Zeitraum ausgerichtet ist, erfordert der Begriff des Aufbewahrens ein solches Zeitmoment nicht. Allerdings ist ein lediglich vorübergehendes, kurzfristiges Abstellen oder Bereithalten eines Gegenstandes noch nicht erfasst.[107] Die Ausübung der
tatsächlichen Gewalt ist auch dann noch gegeben, wenn der Inhaber eines Lagers oder eines
anderen Raumes nicht vor Ort anwesend ist.[108] Sie endet jedoch dann, wenn eine Sache verloren geht oder gestohlen wird.[109] Unter Umständen können auch mehrere Personen gemeinsam
die tatsächliche Gewalt über einen Gegenstand ausüben, was insbes. bei Eheleuten relevant
werden kann.[110] Das Lagern kann sowohl in besonderen, eben zu diesem Zwecke errichteten
Lagern, an der Herstellungsstätte, an dem Ort der Verwendung oder auch in einem Zwischenlager stattfinden. Auch eine Zwischenlagerung während der Beförderung, etwa zum Zweck
des Umschlags von einem Fahrzeug in ein anderes, fällt hierunter.[111] Nähere Regelungen über
das Aufbewahren explosionsgefährlicher Stoffe finden sich in der 2. SprengV. Nach Nr. 3.1.5
SprengVwV liegt ein sprengstoffrechtlich relevantes „Aufbewahren" nicht vor, wenn einer der
in § 1 Abs. 2 der 2. SprengV genannten Fälle vorliegt.[112]

---

[101] Vgl. zum Begriff des Bearbeitens ausführlich → WaffG § 1 Rn. 180 f.; ferner Nr. 3.1.2 S. 1 SprengVwV; ferner Erbs/Kohlhaas/*Steindorf*, S 169, § 3 Rn. 10.
[102] OLG Düsseldorf 18.11.1997 – 4 U 194/96, NStZ-RR 1998, 190 (Umfüllen von Schwarzpulver aus Feuerwerkskörpern in ein Eisenrohr zur Erzeugung eines „Megaknalls"); ferner BT-Drs. V/1268, 48; Nr. 3.1.2 S. 2 SprengVwV; Erbs/Kohlhaas/*Steindorf*, S 169, § 3 Rn. 10.
[103] Vgl. hierzu BT-Drs. V/1268, 48; ferner Nr. 3.1.2 S. 2 SprengVwV.
[104] Vgl. Nr. 3.1.3 SprengVwV sowie BT-Drs. V/1268, 48; ferner Erbs/Kohlhaas/*Steindorf*, S 169, § 3 Rn. 10; *Hinze* § 3 Anm. 5.
[105] Vgl. Nr. 3.1.4 SprengVwV sowie BT-Drs. V/1268, 48; ferner Erbs/Kohlhaas/*Steindorf*, S 169, § 3 Rn. 10.
[106] Vgl. KG 5.2.1997 – 2 Ss 253/96 – 5 Ws (B) 722/96, NStZ-RR 1998, 252 = GewA 1998, 163; *Hinze* § 3 Anm. 5.
[107] Vgl. auch § 1 Abs. 2 Nr. 5 der 2. SprengV (abgedruckt unten Fn. 112); ferner KG 5.2.1997 – 2 Ss 253/96 – 5 Ws (B) 722/96, NStZ-RR 1998, 252 = GewA 1998, 163.
[108] Vgl. Nr. 3.1.5 S. 2 SprengVwV; ferner Erbs/Kohlhaas/*Steindorf*, S 169, § 3 Rn. 10.
[109] Vgl. Nr. 3.1.5 S. 3 SprengVwV; ferner Erbs/Kohlhaas/*Steindorf*, S 169, § 3 Rn. 10; *Hinze* § 3 Anm. 5.
[110] Vgl. Nr. 3.1.5 S. 4 SprengVwV; *Hinze* § 3 Anm. 5.
[111] BT-Drs. V/1268, 48.
[112] Diese Vorschrift lautet: „Die Verordnung gilt nicht für explosionsgefährliche Stoffe 1. auf Straßen-, Schienen-, Wasser- und Luftfahrzeugen während der Beförderung, 2. auf den in Nummer 1 genannten Fahrzeugen, soweit die Stoffe zu Zwecken des Fahrzeugbetriebs aufbewahrt werden, 3. die sich im Arbeitsgang befinden, 4. die in der für den Fortgang der Arbeiten erforderlichen Menge bereitgehalten werden, 5. die als Fertig- oder Zwischenprodukte kurzzeitig abgestellt werden". Zu § 1 Abs. 2 Nr. 5 auch KG 5.2.1997 – 2 Ss 253/96 – 5 Ws (B) 722/96, NStZ-RR 1998, 252 = GewA 1998, 163.

37 **f) Verbringen.** Hinsichtlich des Verbringens (vgl. hier die besondere Aufnahme als Tatbestandsmerkmal in §§ 40 Abs. 2 Nr. 1; 41 Abs. 1 Nr. 1d, Nr. 2, Nr. 10) enthält **§ 3 Abs. 2 Nr. 9** eine eigene Begriffsdefinition.[113] Die Vorschrift lautet:

§ 3 Abs. 2 Nr. 9 Begriffsbestimmungen
(3) Im Sinne dieses Gesetzes ist
1. Verbringen: jede Ortsveränderung von Stoffen oder Gegenständen außerhalb einer Betriebsstätte
   a) im Geltungsbereich dieses Gesetzes,
   b) aus einem anderen Mitgliedstaat der Europäischen Union in den Geltungsbereich dieses Gesetzes,
   c) aus einem Geltungsbereich dieses Gesetzes in einen anderen Mitgliedstaat der Europäischen Union,
einschließlich der Empfangnahme und das Überlassen durch den Verbringer,

38 Das Verbringen umfasst somit jede Ortsveränderung von explosionsgefährlichen Stoffen innerhalb des Bundesgebietes ohne Rücksicht darauf, um welches Beförderungsmittel es sich handelt.[114] Erfasst sind ferner auch Transportvorgänge mit Auslandsbezug, sofern es sich um einen (Mitglied-)Staat der Europäischen Union handelt.[115] In letzteren Fällen liegt nämlich nach der in § 3 Abs. 2 Nr. 6 und Nr. 7 vorgenommen Begriffsumschreibung[116] gerade keine Ein- oder Ausfuhr (mehr) vor. Ausgenommen sind lediglich Vorgänge innerhalb einer Betriebsstätte.[117]

39 **g) Befördern.** Nicht mehr eigenständig im SprengG aufgeführt ist die Tathandlung des Beförderns von explosionsgefährlichen Stoffen.[118] Das Gesetz verzichtet inzwischen auf eine eigenständige Regelung, da diese Handlung allein dem Gefahrgutrecht, dh dem Recht der Beförderung gefährlicher Güter mit Eisenbahnen, Straßen-, Wasser- und Luftfahrzeugen vorbehalten bleiben soll.[119] Allerdings sollen bestimmte Beförderungsvorgänge, soweit sie sprengstoffrechtlich relevant sind, vom Merkmal des Verbringens mit umfasst sein.[120]

40 **h) Verwenden.** Unter dem Begriff des Verwendens (vgl. hier die eigenständige Nennung als Tatbestandsmerkmal in § 41 Abs. 1 Nr. 1a, Nr. 1d, Nr. 2, Nr. 2a) ist jede andere Art des Umgangs mit explosionsgefährlichen Stoffen zu verstehen, die nicht unter eine der übrigen Arten des Umgangs fällt, insbes. auch der bestimmungsgemäße **Ge- bzw. Verbrauch** explosionsgefährlicher Stoffe zB zum Sprengen, Zünden oder Schießen.[121] Erfasst sind auch die hierzu erforderlichen Vorbereitungshandlungen wie zB das Fertigen von Schlagpatronen, der Einbau von pyrotechnischen Gegenständen in Flugkörper und Geräte sowie das Laden von Kartuschen, Vorderladerwaffen und Böllern.[122] Zum Verwenden gehört auch der Einsatz von fertigen explosionsgefährlichen Hilfsstoffen zur Erzeugung nichtexplosionsgefährlicher Stoffe.[123]

---

[113] Vgl. zur Herkunft der Begriffsumschreibung BT-Drs. 13/8935, 59; insoweit unterscheidet sich der Begriff des Verbringens auch von demjenigen des Waffenrechts; → WaffG § 1 Rn. 175.
[114] Vgl. Erbs/Kohlhaas/*Steindorf*, S 169, § 3 Rn. 13.
[115] Vgl. *Apel/Keusgen*, Bd. 2, § 5 Anm. 2.7.
[116] → Rn. 50.
[117] Vorgänge innerhalb einer Betriebsstätte, insbes. der Transport, sind zwar nicht von dem Begriff des „Verbringens" erfasst, werden aber in § 3 Abs. 2 Nr. 1 als eigenständige Formen des „Umgangs" genannt; → Rn. 42.
[118] Vgl. hierzu noch VG Arnsberg 26.10.1990 – 3 K 2453/89 (unveröffentlicht) und ausführlich *Hinze* § 3 Anm. 7.
[119] Vgl. BT-Drs. 13/8935, 55 f., 59; Erbs/Kohlhaas/*Steindorf*, S 169, 160. EL, § 7 Rn. 2; vgl. in diesem Zusammenhang auch Nr. 3.3 SprengVwV zu § 3 Abs. 6 aF. Hiernach umfasste die Beförderung auch das Umladen von Stoffen von einem Beförderungsmittel in ein anderes sowie das transportbedingte Zwischenlagern. Ferner war auch das Überlassen explosionsgefährlicher Stoffe an andere und die Empfangnahme dieser Stoffe von anderen durch den Beförderer erfasst; ferner Erbs/Kohlhaas/*Steindorf*, S 169, § 3 Rn. 13.
[120] BT-Drs. 13/8935, 55 f.; auch Erbs/Kohlhaas/*Steindorf*, S 169, § 1 Rn. 1.
[121] BT-Drs. V/1268, 48; hierzu auch Nr. 3.1.6 S. 1 der SprengVwV; *Hinze* § 3 Anm. 5.
[122] Vgl. Nr. 3.1.6 S. 3 SprengVwV; Erbs/Kohlhaas/*Steindorf*, S 169, § 3 Rn. 10; *Hinze* § 3 Anm. 5.
[123] Vgl. Nr. 3.1.6 S. 3 SprengVwV; *Hinze* § 3 Anm. 5.

III. Sprengstoffgesetz 41–45 § 40 SprengG

i) Vernichten. Vom Begriff des „Umgangs" ebenfalls erfasst ist das Vernichten, worunter 41
man einen Vorgang versteht, durch den der explosionsgefährliche Stoff unwirksam gemacht
wird, ohne dabei für seine bestimmungsgemäßen Zweck verwendet werden zu müssen.[124]

j) Transport, Überlassen und Empfangnahme innerhalb der Betriebsstätte. Zum 42
Umgang mit explosionsgefährlichen Stoffen zählt ferner der **Transport,** jedoch mit der
Einschränkung, dass dieser innerhalb der Betriebsstätte stattfinden muss. Ebenfalls mit dieser
Einschränkung wird das **Überlassen**[125] und die **Empfangnahme** dieser Stoffe erfasst.
Hintergrund dieser eigenständigen Regelung ist, dass Vorgänge innerhalb von Betriebsstätten vielfach von den üblichen Umgangsformen (Verbringen, Überlassen) nicht erfasst bzw.
ausdrücklich ausgenommen wurden.[126]

k) Sonstige Tätigkeiten iS des § 1b Abs. 1 Nr. 3 Buchst. a–e. Schließlich erfasst 43
der Umgang mit explosionsgefährlichen Stoffen auch die „weiteren in § 1b Abs. 1 Nr. 3
Buchst. a–e bezeichneten Tätigkeiten",[127] also zB den Erwerb und Besitz selbst geladener
oder wiedergeladener Munition (Buchst. a), das Bearbeiten und Vernichten von Munition
(einschließlich sprengkräftiger Kriegswaffen im Sinne des WaffG, des BeschussG und des
KrWaffG) sowie das Wiedergewinnen explosionsgefährlicher Stoffe aus solcher Munition
(Buchst. b). Ferner das Aufbewahren von pyrotechnischer Munition und von zur Delaborierung oder Vernichtung ausgesonderter sprengkräftiger Kriegswaffen (Buchst. c), bei Fundmunition über den Erwerb, den Besitz, das Überlassen, das Verbringen, das Bearbeiten und
das Vernichten hinaus auch das Aufsuchen, Freilegen, Bergen und Aufbewahren sowie den
innerbetrieblichen Transport (Buchst. d) und bei Munition, die nicht dem WaffG oder dem
KrWaffG unterfallen den Erwerb, den Besitz, das Bearbeiten, das Vernichten, das Aufsuchen,
das Freilegen, das Bergen und das Aufbewahren, die Einfuhr, die Durchfuhr und das Verbringen sowie den innerbetrieblichen Transport (Buchst. e). Da die meisten der genannten
Tätigkeiten bereits von anderen Begriffsdefinitionen abgedeckt sind, hat die Regelung nur
bezüglich der zuletzt genannten Umgangsformen eine eigenständige Bedeutung.

2. Bereitstellung auf dem Markt (§ 3 Abs. 2 Nr. 2). Im Jahre 2017 neu in das 44
SprengG aufgenommen wurde der Begriff der Bereitstellung auf dem Markt,[128] die an die
frühere, in § 3 Abs. 3 Nr. 2 aF aufgenommene, Definition des Begriffs des Inverkehrbringens
erinnert.[129] Der Begriff ist als Tathandlung erwähnt in § 41 Abs. 1 Nr. 1c. Die Vorschrift
des § 3 Abs. 2 Nr. 2 lautet:

§ 3 Abs. 2 Nr. 2 Begriffsbestimmungen
(2) Im Sinne dieses Gesetzes ist [...]
2. Bereitstellung auf dem Markt: jede entgeltliche oder unentgeltliche Abgabe eines Stoffes oder
Gegenstandes zum Vertrieb oder zur Verwendung auf dem Markt im Rahmen einer gewerblichen oder wirtschaftlichen Tätigkeit,

Die „Bereitstellung auf dem Markt" erfasst Tätigkeiten im Vorfeld des Vertriebs oder 45
der Verwendung explosionsgefährlicher Stoffe auf dem Markt. Sie erfasst jede (entgeltliche
oder unentgeltliche) Abgabe eines Stoffes oder Gegenstandes, die dem späteren Vertrieb
oder der Verwendung auf dem Markt dienen soll. Damit greift der Gesetzgeber auf eine
Definition zurück, die sich bereits in anderen Gesetzen findet, so zB in § 2 Nr. 4 des

---

[124] Vgl. Nr. 3.1.7. SprengVwV; ferner Erbs/Kohlhaas/*Steindorf*, S 169, § 3 Rn. 10; *Hinze* § 3 Anm. 5.
[125] Vgl. zum Begriff des Überlassens noch ausführlich → Rn. 50.
[126] → Rn. 37 f. und → Rn. 50.
[127] Die Vorschrift des § 1b Abs. 1 Nr. 3 Buchst. a–e ist abgedruckt → Rn. 55.
[128] BGBl. 2017 I S. 1586.
[129] § 3 Abs. 3 Nr. 2 aF lautet: „Im Sinne dieses Gesetzes ist [...] Inverkehrbringen jede entgeltliche oder unentgeltliche erstmalige Bereitstellung von explosionsgefährlichen Stoffen im Geltungsbereich dieses Gesetzes zum Zwecke des Vertriebs oder der Verwendung dieser Stoffe"; vgl. zum heutigen Begriff des Inverkehrbringens, § 3 Abs. 2 Nr. 3, → Rn. 46.

Produktsicherheitsgesetzes.[130] Ausgangspunkt sind auch hier europarechtliche Vorgaben.[131]

46 **3. Inverkehrbringen (§ 3 Abs. 2 Nr. 3).** Hinsichtlich des Inverkehrbringens (vgl. § 41 Abs. 1 Nr. 1d) ist auf die Begriffsdefinition in **§ 3 Abs. 2 Nr. 3** zu verweisen. Die Vorschrift lautet:

> **§ 3 Abs. 2 Nr. 3 Begriffsbestimmungen**
> Im Sinne dieses Gesetzes ist [...]
> 3. **Inverkehrbringen**: die erstmalige Bereitstellung eines Stoffes oder Gegenstandes auf dem Markt,[132]

47 Der Begriff des Inverkehrbringens knüpft insoweit an den in § 3 Abs. 2 Nr. 2 neu ins Gesetz eingeführten Begriff der „Bereitstellung auf dem Markt"[133] an, macht aber deutlich, dass es sich um die **erstmalige** Bereitstellung handeln muss.

48 **4. Verkehr mit explosionsgefährlichen Stoffen (§ 3 Abs. 2 Nr. 4).** Auch der Begriff des „Verkehrs" mit explosionsgefährlichen Stoffen ist in mehrfacher Hinsicht straf- und bußgeldrechtlich von Bedeutung (vgl. § 40 Abs. 1 Nr. 2 [den Verkehr betreibt]; § 41 Abs. 1 Nr. 1d [in Verkehr bringt], Nr. 15).[134] Daher hat der Gesetzgeber auch hier eine gesonderte Begriffsbestimmung vorgenommen. Die Vorschrift lautet:

> **§ 3 Abs. 2 Nr. 4 Begriffsbestimmungen**
> (2) Im Sinne dieses Gesetzes ist [...]
> 2. **der Verkehr mit explosionsgefährlichen Stoffen**: Die Bereitstellung auf dem Markt, der Erwerb, das Überlassen und das Vermitteln des Erwerbs, des Vertriebs und des Überlassens explosionsgefährlicher Stoffe,[135]

49 Während der Begriff der **„Bereitstellung auf dem Markt"** in § 3 Abs. 2 Nr. 2 eigenständig definiert ist,[136] findet sich im SprengG keine Definition des Begriffs des **Erwerbs** (vgl. aber die strafrechtliche Relevanz in § 40 Abs. 1 Nr. 3; § 41 Abs. 1 Nr. 17). Hierunter fällt nicht nur der rechtsgeschäftliche Erwerb, sondern, ebenso wie im Waffenrecht, jegliche Form der Erlangung der tatsächlichen Gewalt.[137] Ein wirksamer Eigentumserwerb ist somit nicht erforderlich. Sofern eine verantwortliche Person (§ 19 Abs. 1 Nr. 2 bis Nr. 4) einen explosionsgefährlichen Stoff für den Erlaubnisinhaber erwirbt, wird diesem die tatsächliche

---

[130] Gesetz über die Bereitstellung von Produkten auf dem Markt (Produktsicherheitsgesetz – ProdSG) vom 8.11.2001, BGBl. I S. 2178, 2179; BGBl. 2012 I S. 131, zuletzt geändert durch Artikel 435 der Verordnung vom 31.8.2015, BGBl. I S. 1474.

[131] Richtlinie 2013/29/EU des Europäischen Parlaments und des Rates vom 12.6.2013 zur Harmonisierung der Rechtsvorschriften der Mitgliedstaaten über die Bereitstellung pyrotechnischer Gegenstände auf dem Markt; ABl. 2013, L 178, 27; Richtlinie 2014/28/EU des Europäischen Parlaments und des Rates vom 26.2.2014 zur Harmonisierung der Rechtsvorschriften der Mitgliedstaaten über die Bereitstellung auf dem Markt und die Kontrolle von Explosivstoffen für zivile Zwecke, ABl. 2014, L 96, 1.

[132] Dagegen definierte § 3 Abs. 3 Nr. 2 aF den Begriff des Inverkehrbringens abweichend: „Im Sinne dieses Gesetzes ist [...] Inverkehrbringen jede entgeltliche oder unentgeltliche erstmalige Bereitstellung von explosionsgefährlichen Stoffen im Geltungsbereich dieses Gesetzes zum Zwecke des Vertriebs oder der Verwendung dieser Stoffe,".

[133] Vgl. hierzu → Rn. 44.

[134] Als Anknüpfungspunkt für eine Straftat bzw. Ordnungswidrigkeit ist der „Verkehr" ferner genannt in § 40 Abs. 2 Nr. 3a und § 41 Abs. 1 Nr. 15, Nr. 17; vgl. zur fehlenden Systematik der entsprechenden Tatbestandlungen im Nebenstrafrecht *Horn* NJW 1977, 2329.

[135] Dagegen definierte § 3 Abs. 2 Nr. 2 aF den Begriff des Verkehrs mit explosionsgefährlichen Stoffen abweichend: „Im Sinne dieses Gesetzes umfasst [...] der Verkehr mit explosionsgefährlichen Stoffen das Inverkehrbringen, Erwerben, Vertreiben (Feilbieten, Entgegennehmen und Aufsuchen von Bestellungen), Überlassen und das Vermitteln des Erwerbs, des Vertriebs und des Überlassens dieser Stoffe".

[136] § 3 Abs. 3 Nr. 2 aF lautete: „Im Sinne dieses Gesetzes ist [...] Inverkehrbringen jede entgeltliche oder unentgeltliche erstmalige Bereitstellung von explosionsgefährlichen Stoffen im Geltungsbereich dieses Gesetzes zum Zwecke des Vertriebs oder der Verwendung dieser Stoffe"; vgl. zum heutigen Begriff des Inverkehrbringens, § 3 Abs. 2 Nr. 3, → Rn. 46.

[137] Vgl. Nr. 3.2.1 S. 1 SprengVwV; ferner BT-Drs. V/1268, 48; vgl. zum Begriff des Erwerbens ausführlich → WaffG § 1 Rn. 156 ff.; ferner Erbs/Kohlhaas/*Steindorf*, S 169, § 3 Rn. 11; *Hinze* § 3 Anm. 6.

Gewalt zugerechnet.[138] Im strafrechtlichen Sinne vollendet ist der Erwerb dann, wenn der Erwerber die tatsächliche Gewalt erlangt hat, dh Verfügungsgewalt besitzt.[139]

Unter den Begriff des **Überlassens** (vgl. § 40 Abs. 2 Nr. 3a, Nr. 3b, Nr. 3c, Nr. 3d, Nr. 3e; § 41 Abs. 1 Nr. 1a, Nr. 1b, Nr. 1c, Nr. 1d, Nr. 1f, Nr. 2, Nr. 10, Nr. 17) fällt jede Form der Übertragung (bzw. Einräumung) der tatsächlichen Gewalt über einen explosionsgefährlichen Stoff auf einen anderen, so dass dieser die Möglichkeit erlangt, über diesen Gegenstand nach eigenem Willen zu verfügen.[140] Dabei muss der Überlassende im Regelfall die tatsächliche Gewalt vollständig aufgeben. Ausreichend ist jedoch auch die Einräumung einer Mitverfügungsgewalt insbes. im Rahmen enger Lebensgemeinschaften. So liegt ein Überlassen bereits dann vor, wenn dem anderen die Möglichkeit eingeräumt wird, den Gegenstand selbstständig an sich zu nehmen, ohne dass der Überlassende die tatsächliche Gewalt aufgibt.[141] Einschränkend ist jedoch zu beachten, dass es sich um ein **Überlassen an Dritte** handeln muss. Als Dritte zählen hierbei nicht die Beschäftigten innerhalb der Betriebsstätte.[142] Ein Überlassen iS des § 3 Abs. 2 Nr. 2 scheidet daher bei rein innerbetrieblichen Vorgängen aus (in diesem Fall liegt aber auf Grund der ausdrücklichen Nennung in § 3 Abs. 2 Nr. 1 ein „Umgang" mit explosionsgefährlichen Stoffen vor).[143] Im strafrechtlichen Sinne vollendet ist das Überlassen dann, wenn der Erwerber die tatsächliche Gewalt erlangt hat, dh Verfügungsgewalt besitzt.[144]

Ferner fallen unter den Begriff des Verkehrs mit explosionsgefährlichen Stoffen auch das **Vermitteln des Erwerbs,** das **Vermitteln des Vertriebs** und das **Vermitteln des Überlassens** dieser Stoffe an andere. Erfasst werden hierdurch sämtliche Mitwirkungshandlungen am Zustandekommen dieser Rechtshandlungen.[145] Im strafrechtlichen Sinne vollendet ist das Vermitteln bereits dann, wenn der Täter die Vermittlung zwischen den Parteien aufgenommen, den Nachweis einer Gelegenheit dem Interessenten mitgeteilt oder die Vertragsverhandlungen mit einer Partei begonnen hat.[146] Im Gegensatz zu der Vorschrift des § 22a Abs. 1 Nr. 7 iVm § 4a Abs. 1 des KrWaffG[147] ist es somit zur Vollendung nicht erforderlich, dass ein Vertrag auch tatsächlich abgeschlossen wurde. Dies folgt daraus, dass § 22a Abs. 1 Nr. 7 KrWaffG ausdrücklich daran anknüpft, dass ein „Vertrag […] vermittelt" wurde, während in § 40 Abs. 1 Nr. 2 SprengG lediglich der Verstoß gegen die Erlaubnispflicht des § 7 Abs. 1 Nr. 2 unter Strafe gestellt wird. § 7 Abs. 1 Nr. 2 knüpft die Erlaubnispflicht aber bereits an die Absicht des Täters, einen Vertrag vermitteln zu wollen (als Tathandlung iS des § 40 Abs. 1 Nr. 2 kommt allerdings erst ein Verhalten mit Außenwirkung in Frage) und nicht an den Abschluss eines bestimmten Rechtsgeschäfts.

Im Gegensatz zu § 3 Abs. 2 Nr. 3 aF nicht mehr eigenständig aufgeführt ist der **Vertrieb,** der aber über die Tathandlung des „Vertreibens" weiterhin straf- bzw. ordnungswidrigkeitenrechtliche Relevanz besitzt (vgl. § 40 Abs. 2 Nr. 3a, Nr. 3e; § 41 Abs. 1 Nr. 1a, Nr. 1d, Nr. 2, Nr. 10, Nr. 17). Hinsichtlich des Vertriebs explosionsgefährlicher Stoffe wurden in § 3 Abs. 3 Nr. 2 aF verschiedene Handlungen aufgezählt, die auch heute noch zur Begriffsdefinition herangezogen werden können. Danach fallen hierunter sowohl das **Feilbieten** als auch das **Entgegennehmen** (dh die Annahme) und **Aufsuchen von Bestellungen.**[148] Das Entgegennehmen von Bestellungen erfasst den Vertrieb explosionsgefährlicher Stoffe

---

[138] Vgl. Nr. 3.2.1 S. 2 SprengVwV; ferner Erbs/Kohlhaas/*Steindorf,* S 169, § 3 Rn. 11.
[139] *Apel/Keusgen,* Bd. 2, § 40 Anm. 2.2.
[140] Vgl. Nr. 3.2.3 S. 1 SprengVwV; vgl. zum Begriff des Überlassens ausführlich → WaffG § 1 Rn. 162 ff.; ferner *Apel/Keusgen,* Bd. 2, § 40 Anm. 2.2; Erbs/Kohlhaas/*Steindorf,* S 169, § 3 Rn. 11; *Hinze* § 3 Anm. 6.
[141] *Apel/Keusgen,* Bd. 2, § 40 Anm. 3.3.1.
[142] Vgl. Nr. 3.2.3 S. 2 SprengVwV; ferner Erbs/Kohlhaas/*Steindorf,* S 169, § 3 Rn. 11.
[143] Vgl. hierzu Nr. 3.2.3 S. 3 SprengVwV.
[144] *Apel/Keusgen,* Bd. 2, § 40 Anm. 2.2.
[145] Vgl. hierzu Nr. 3.2.4 SprengVwV; ferner Erbs/Kohlhaas/*Steindorf,* S 169, § 3 Rn. 11; *Hinze* § 3 Anm. 6; vgl. zum Begriff des Vermittelns ausführlich → WaffG § 1 Rn. 189 ff.
[146] *Apel/Keusgen,* Bd. 2, § 40 Anm. 2.2.
[147] → KrWaffG § 22a Rn. 82 ff.
[148] → WaffG § 1 Rn. 186 f.; speziell zum Feilbieten auch *Horn* NJW 1977, 2329 (2330 ff.).

nach Mustern oder Proben und im Versandhandel.[149] Das Aufsuchen von Bestellungen ist eine Vertriebsform im Reisegewerbe (vgl. § 55 GewO).[150] Es muss sich dabei stets um einen rechtsgeschäftlichen Vertrieb handeln, worunter letztlich jedes Umsatzgeschäft fällt.[151] Im strafrechtlichen Sinne vollendet ist das Feilbieten – im Gegensatz zum „Feilhalten" – dann, wenn die Ware zum Mitnehmen bereitgestellt ist.[152]

53 **5. Einfuhr, Ausfuhr und Durchfuhr explosionsgefährlicher Stoffe (§ 3 Abs. 2 Nr. 6 bis Nr. 8).** Schließlich findet sich auch für die Einfuhr (vgl. § 40 Abs. 2 Nr. 1; § 41 Abs. 1 Nr. d, Nr. 2), die Ausfuhr und die Durchfuhr (vgl. § 40 Abs. 2 Nr. 1) explosionsgefährlicher Stoffe eine gesetzliche Umschreibung in § 3 Abs. 2 Nr. 6 bis Nr. 8.[153] Darüber hinaus enthält § 3 Abs. 3 Nr. 2 eine Definition des „Einführers". Die Vorschriften lauten:

§ 3 Abs. 2 Nr. 6 bis Nr. 8, Abs. 3 Nr. 2 Begriffsbestimmungen

(2) Im Sinne dieses Gesetzes ist [...]
6. Einfuhr jede Ortsveränderung von explosionsgefährlichen Stoffen aus einem Drittstaat in den Geltungsbereich dieses Gesetzes einschließlich der Überführung zur Überlassung in den zollrechtlich freien Verkehr nach vorheriger Durchfuhr,
7. Ausfuhr jede Ortsveränderung von explosionsgefährlichen Stoffen aus dem Geltungsbereich dieses Gesetzes in einen Drittstaat,
8. Durchfuhr: jede Ortsveränderung von explosionsgefährlichen Stoffen aus einem Drittstaat in einen anderen Drittstaat durch den Geltungsbereich dieses Gesetzes unter zollamtlicher Überwachung einschließlich
   a) der Überführung in das Zolllagerverfahren,
   b) des Verbringens in eine Freizone,
   c) des Versandverfahrens mit anschließender Überführung in das Zolllagerverfahren oder anschließendem Verbringen in eine Freizone,
   d) des Versandverfahrens durch das Zollgebiet der Europäischen Union oder mit Bestimmungsstelle in einem anderen Mitgliedstaat der Europäischen Union,

(3) Im Sinne dieses Gesetzes ist oder sind [...]
3. Einführer: jede in einem Mitgliedstaat der Europäischen Union ansässige natürliche oder juristische Person, die einen Explosivstoff oder pyrotechnischen Gegenstand aus einem Drittstaat in den Geltungsbereich dieses Gesetzes einführt,

54 Die Vorschrift stellt klar, dass unter den genannten Begriffen nur noch Ortsveränderungen von Stoffen im Hinblick auf sog. **„Drittstaaten"** erfasst sind, dh Staaten, die nicht Mitglied der Europäischen Union sind. Eine Ortsveränderung innerhalb der Europäischen Union stellt hingegen (lediglich) ein „Verbringen" iS des § 3 Abs. 2 Nr. 9 dar.[154] Unter dem Geltungsbereich dieses Gesetzes ist dabei das Hoheitsgebiet, nicht hingegen das Wirtschaftsgebiet der Bundesrepublik Deutschland zu verstehen.[155] Die Einfuhr ist erst dann vollendet, wenn die deutsche Hoheitsgrenze überschritten ist. Bei einer im Ausland liegenden vorgeschobenen deutschen Grenzkontrollstelle ist der jeweilige völkerrechtliche Vertrag dafür maßgeblich, ob die Einfuhr bereits vor Übertreten der deutschen Hoheitsgrenze anzunehmen ist.[156] Ansonsten ist zu fordern, dass der Täter die Grenzkontrollstelle passiert hat, zuvor ist lediglich ein – im Sprengstoffstrafrecht strafloser – Versuch anzunehmen.[157]

---

[149] Vgl. hierzu Nr. 3.2.2 S. 1 SprengVwV.
[150] Vgl. hierzu Nr. 3.2.2 S. 2 SprengVwV.
[151] BT-Drs. V/1268, 48; ferner Erbs/Kohlhaas/*Steindorf*, S 169, § 3 Rn. 11; *Hinze* § 3 Anm. 6.
[152] Apel/Keusgen, Bd. 2, § 40 Anm. 2.2.
[153] Vgl. auch die Ordnungswidrigkeit in § 41 Abs. 1 Nr. 5, die an die Einfuhr bzw. Durchfuhr anknüpft.
[154] Vgl. hierzu BT-Drs. 13/8935, 59; *Apel/Keusgen*, Bd. 2, § 5 Anm. 2.7; Erbs/Kohlhaas/*Steindorf*, S 169, § 3 Rn. 12; → Rn. 37 f.
[155] Anders noch Nr. 3.4 der SprengVwV im Hinblick auf § 3 Abs. 7 aF.
[156] LG Cottbus 18.2.2004 – 24 Qs 73/04 (unveröffentlicht); auch OLG Köln 3.7.1981 – 3 Ss 383/81, NStZ 1982, 122 (zur Einfuhr im WaffG); wesentlich weiter BGH 9.2.2000 – 5 StR 650/99, NStZ 2000, 321 (zur Einfuhr im Betäubungsmittelrecht); zum Inhalt der jeweiligen bilateralen Abkommen → BtMG § 2 Rn. 43 ff.
[157] LG Cottbus 18.2.2004 – 24 Qs 73/04 (unveröffentlicht).

III. Sprengstoffgesetz   55   § 40 SprengG

IV. Einschränkung des Anwendungsbereiches

Eine Einschränkung des Anwendungsbereiches des SprengG ergibt sich aus §§ 1a, 1b **55** Abs. 1 bis Abs. 3.[158] In § 1b Abs. 4 wird darüber hinaus klargestellt, welche Vorschriften von den Regelungen des SprengG unberührt bleiben.[159] Die Vorschriften lauten:

§ 1a Ausnahmen für Behörden und sonstige Einrichtungen des Bundes und der Länder und für deren Bedienstete sowie für Bedienstete anderer Staaten; Verordnungsermächtigungen

(1) Dieses Gesetz ist, soweit nicht durch dieses Gesetz oder auf Grund dieses Gesetzes ausdrücklich etwas anderes bestimmt ist, nicht anzuwenden auf
1. die obersten Bundes- und Landesbehörden,
2. die Bundeswehr und die in der Bundesrepublik Deutschland stationierten ausländischen Streitkräfte,
3. die Polizeien des Bundes und der Länder,[160]
4. die Zollverwaltung,
5. die für die Kampfmittelbeseitigung zuständigen Dienststellen der Länder,
6. die Bediensteten der in den Nummern 1 bis 5 genannten Behörden und Einrichtungen, wenn sie dienstlich tätig werden,
7. die Bediensteten anderer Staaten, die dienstlich mit explosionsgefährlichen Stoffen oder Sprengzubehör ausgerüstet sind, wenn sie im Rahmen einer zwischenstaatlichen Vereinbarung oder auf Grund einer Anforderung oder einer allgemein oder für den Einzelfall erteilten Zustimmung einer zuständigen inländischen Behörde oder Dienststelle im Geltungsbereich dieses Gesetzes tätig werden und die zwischenstaatliche Vereinbarung, die Anforderung oder die Zustimmung nicht etwas anderes bestimmt.

(2) Dieses Gesetz ist, soweit nicht durch dieses Gesetz oder auf Grund dieses Gesetzes ausdrücklich etwas anderes bestimmt ist, nicht anzuwenden auf den Umgang mit sowie auf den Erwerb, das Überlassen und die Einfuhr von explosionsgefährlichen Stoffen durch
1. die Bundesanstalt für Materialforschung und -prüfung,
2. die auf Grund des § 36 Absatz 1 für Prüf- und Überwachungsaufgaben zuständigen Behörden,
3. das Fraunhofer-Institut für Kurzzeitdynamik – Ernst-Mach-Institut –,
4. das Fraunhofer-Institut für Chemische Technologie,
5. den obersten Bundesbehörden nachgeordnete Dienststellen, zu deren Aufgaben die Beschaffung explosionsgefährlicher Stoffe und Gegenstände gehört,

soweit diese Tätigkeiten zur Erfüllung ihrer jeweiligen öffentlichen Aufgaben erforderlich sind.

(3) Dieses Gesetz ist, soweit nicht durch dieses Gesetz oder auf Grund dieses Gesetzes ausdrücklich etwas anderes bestimmt ist, nicht anzuwenden auf das Bearbeiten, das Verarbeiten, das Wiedergewinnen, das Aufbewahren, das Verwenden, das Vernichten, den Erwerb, das Überlassen, die Einfuhr oder das Verbringen explosionsgefährlicher Stoffe und Sprengzubehör durch
1. die Physikalisch-Technische Bundesanstalt und
2. die Beschussämter,

soweit diese Tätigkeiten zur Erfüllung ihrer jeweiligen öffentlichen Aufgaben erforderlich sind.

---

[158] Die Vorschriften ersetzen den bisherigen § 1 Abs. 4 Nr. 1 SprengG aF (jetzt: § 1a Abs. 1), § 1 Abs. 4 Nr. 2 bis Nr. 4 SprengG aF (jetzt § 1b Abs. 1), § 4 Abs. 1 S. 1 Nr. 4, S. 2 SprengG aF (jetzt § 1a Abs. 5 und Abs. 6); § 1 Abs. 1 aF der 1. SprengV (jetzt § 1b Abs. 3); § 1 Abs. 5 aF der 1. SprengV (jetzt § 1b Abs. 4); § 5 Abs. 1 und Abs. 2 aF der 1. SprengV (jetzt § 1a Abs. 2 und Abs. 3), § 5 Abs. 2a aF der 1. SprengV (jetzt § 1a Abs. 4), § 5 Abs. 3 aF der 1. SprengV (jetzt § 1b Abs. 2), § 5 Abs. 4 aF der 1. SprengV (jetzt § 1a Abs. 5) und Die Regelungen wurden terminologisch an § 55 Abs. 5 und Abs. 6 WaffG angepasst, vgl. BT-Drs. 18/10455, S, 59.
[159] Die Vorschriften ersetzen den bisherigen § 1 Abs. 5.
[160] Vgl. hierzu aus der Rspr. BGH 19.2.2003 – 2 StR 371/02, BGHSt 48, 213 = NJW 2003, 2036 mAnm *B. Heinrich* NStZ 2004, 459; zur Begründung BT-Drs. V/1268, 46: diese Einrichtungen sind vom Geltungsbereich des SprengG ausgenommen, da die notwendigen Sicherheits- und Kontrollvorschriften durch innerdienstliche Anweisungen getroffen werden können und die im SprengG vorgesehenen Maßnahmen und Verpflichtungen die genannten Dienststellen bei der Erfüllung ihrer hoheitlichen Aufgaben in unzumutbarer Weise behindern würden. Befreit sind allerdings stets nur die jeweiligen Behörden selbst und nicht die von ihnen beauftragten Stellen; hierzu Nr. 1.4.1 SprengVwV und Erbs/Kohlhaas/*Steindorf*, S 169, § 1 Rn. 11. Darüber hinaus sind nach Nr. 1.4.3 SprengVwV grds. alle zum Vollzug des SprengG berufenen Behörden im Rahmen der Wahrnehmung ihrer Aufgaben von den Erlaubnisvorbehalten sowie den sonstigen Pflichten und Verboten des Gesetzes freigestellt.

(4) Dieses Gesetz ist mit Ausnahme der §§ 8 bis 8c nicht anzuwenden auf das Bearbeiten, das Aufbewahren, das Verwenden, das Vernichten, den Erwerb, das Überlassen, die Empfangnahme und das Verbringen explosionsgefährlicher Stoffe sowie innerhalb der Betriebsstätte auf den Transport explosionsgefährlicher Stoffe durch die Bundesanstalt Technisches Hilfswerk, soweit diese Tätigkeiten zur Erfüllung ihrer öffentlichen Aufgaben erforderlich sind. Dieses Gesetz ist mit Ausnahme der §§ 8 bis 8c auch nicht anzuwenden auf das Herstellen, Verarbeiten, Wiedergewinnen und die Einfuhr explosionsgefährlicher Stoffe durch die Bundesschule des Technischen Hilfswerks, soweit diese Tätigkeiten zur Erfüllung ihrer öffentlichen Aufgaben erforderlich sind.

(5) Soweit die nachfolgenden Tätigkeiten zur Erfüllung ihrer jeweiligen öffentlichen Aufgaben erforderlich sind, sind die §§ 7 bis 14 und § 27 nicht anzuwenden auf das Aufbewahren, das Verwenden, das Vernichten, den Erwerb, das Überlassen und das Verbringen explosionsgefährlicher Stoffe durch
1. die Einheiten und Ausbildungseinrichtungen des Katastrophenschutzes
   a) der Länder und
   b) der kommunalen Gebietskörperschaften und
2. die Behörden der Wasserstraßen- und Schifffahrtsverwaltung des Bundes.

(6) Die Bundesregierung kann durch Rechtsverordnung, die nicht der Zustimmung des Bundesrates bedarf, sonstige Behörden und Einrichtungen des Bundes vom Anwendungsbereich dieses Gesetzes ausnehmen. Die Bundesregierung kann die Befugnis zum Erlass einer Rechtsverordnung nach Satz 1 durch Rechtsverordnung, die nicht der Zustimmung des Bundesrates bedarf, auf eine andere Bundesbehörde übertragen.

(7) Die Landesregierungen können durch Rechtsverordnung sonstige Behörden und Einrichtungen der Länder vom Anwendungsbereich dieses Gesetzes ausnehmen. Die Landesregierungen können die Befugnis zum Erlass einer Rechtsverordnung nach Satz 1 durch Rechtsverordnung auf andere Landesbehörden übertragen.

§ 1b Ausnahmen für den Umgang und den Verkehr mit sowie für die Einfuhr, für die Durchfuhr und für die Beförderung von explosionsgefährlichen Stoffen

(1) Dieses Gesetz gilt nicht für
1. die Beförderung von explosionsgefährlichen Stoffen im Schienenverkehr der Eisenbahnen des öffentlichen Verkehrs, mit Seeschiffen und mit Luftfahrzeugen, jedoch mit Ausnahme des § 22 Absatz 2 und § 24 Absatz 2 Nummer 1,[161]
2. den Umgang mit explosionsgefährlichen Stoffen in den der Bergaufsicht unterliegenden Betrieben, jedoch mit Ausnahme der §§ 3 bis 16a, 19 bis 24 Absatz 1 hinsichtlich der Gebrauchsanleitung, soweit bergrechtliche Vorschriften nicht entgegenstehen, der §§ 33 und 33b sowie der §§ 34 bis 39a,[162]
3. Munition im Sinne des Waffengesetzes und des Beschussgesetzes sowie für Kriegswaffen im Sinne des Gesetzes über die Kontrolle von Kriegswaffen;[163] das Gesetz gilt jedoch

---

[161] Vgl. zur Begründung BT-Drs. V/1268, 43, 46: eine Anwendung des SprengG erscheint infolge der für diese Bereiche geltenden Spezialgesetze nicht erforderlich. Die Anwendbarkeit der § 22 Abs. 2 (Überlassen explosionsgefährlicher Stoffe an andere) und § 24 Abs. 2 Nr. 4 (erforderliche Schutzmaßnahmen gegen Abhandenkommen) sowie der sich hierauf beziehenden Strafvorschrift (§ 40 Abs. 2 Nr. 3c; die Verletzung des § 24 Abs. 2 Nr. 4 ist nicht strafbewehrt) folgt daraus, dass diese Bereiche in den Spezialgesetzen nicht geregelt sind; kritisch zur Anwendbarkeit dieser Vorschriften allerdings *Apel/Keusgen,* Bd. 2, § 1 Anm. 9.2; hierzu auch Erbs/Kohlhaas/*Steindorf,* S 169, § 1 Rn. 12.

[162] Vgl. zur Begründung BT-Drs. V/1268, 46: eine Einschränkung des Anwendungsbereichs erschien deswegen geboten, weil es sonst zu Überschneidungen mit den bergrechtlichen Vorschriften kommen würde. Denn der (betriebsinterne) „Umgang" (vgl. § 3 Abs. 2 Nr. 1; → Rn. 32 ff.) mit explosionsgefährlichen Stoffen ist im Bundesberggesetz vom 13.8.1980, BGBl. I S 1310, umfassend geregelt. Für die in § 1 Abs. 4 Nr. 3 genannten (nicht ausgeschlossenen) Vorschriften, insbes. die Einfuhr und den Verkehr, gilt das SprengG in vollem Umfang; vgl. ergänzend BT-Drs. 13/8935, 58.

[163] Zur Abgrenzung des Sprengstoffrechts vom allgemeinen Waffenrecht sowie vom Kriegswaffenrecht vgl. Vorb. WaffG Rn. 23 und ergänzend BT-Drs. 13/8935, 58. Ferner wird in Nr. 1.4.2 SprengVwV ausgeführt: Als Schusswaffen iS des WaffG gelten auch Geräte, die den Schusswaffen nach § 1 Abs. 2 WaffG (aF) gleichgestellt sind (§ 1 Abs. 4 Nr. 4 SprengG) oder auf die die für Schusswaffen geltenden Vorschriften anzuwenden sind (§§ 5 und 7 der 1. WaffV aF). Zur Munition gehören nach § 2 Abs. 2 WaffG (aF) auch Treibladungen, die nicht in Hülsen untergebracht sind, deren Abmessungen den Innenmaßen einer Schusswaffe entsprechen und die zum Verschießen aus Schusswaffen bestimmt sind. Die Kriegswaffen iS des § 1 Abs. 4 Nr. 4 SprengG sind die in der Kriegswaffenliste aufgeführten Gegenstände. Diese Kriegswaffen (zB Minen, Bomben, Granaten, Raketen, Munition) verlieren ihre Kriegswaffeneigenschaft, wenn sie dauernd funktionsunfähig geworden sind. Die Funktionsunfähigkeit kann insbes. aufgrund des Alters und durch Einwirkung von außen, zB infolge

a) für den Erwerb und Besitz selbst geladener oder wiedergeladener Munition auf Grund einer Erlaubnis nach diesem Gesetz,
b) für das Bearbeiten und Vernichten von Munition einschließlich sprengkräftiger Kriegswaffen im Sinne des Waffengesetzes, des Beschussgesetzes und des Gesetzes über die Kontrolle von Kriegswaffen sowie für das Wiedergewinnen explosionsgefährlicher Stoffe aus solcher Munition,
c) für das Aufbewahren von pyrotechnischer Munition und von zur Delaborierung oder Vernichtung ausgesonderter sprengkräftiger Kriegswaffen,
d) für den Erwerb, den Besitz, das Überlassen, das Verbringen, das Bearbeiten, das Vernichten, das Aufsuchen, das Freilegen, das Bergen und das Aufbewahren sowie den innerbetrieblichen Transport von Fundmunition,
e) für den Erwerb, den Besitz, das Bearbeiten, das Vernichten, das Aufsuchen, das Freilegen, das Bergen und das Aufbewahren, die Einfuhr, die Durchfuhr und das Verbringen sowie den innerbetrieblichen Transport von Munition, die nicht den Bestimmungen des Waffengesetzes oder des Gesetzes über die Kontrolle von Kriegswaffen unterliegt.

(2) Dieses Gesetz gilt, soweit die nachfolgenden Tätigkeiten zur Erfüllung ihrer öffentlichen Aufgaben erforderlich sind, nicht für
1. den Umgang mit sowie den Erwerb und das Überlassen von explosionsgefährlichen Stoffen durch Hochschulen und Fachhochschulen
   a) bis zu einer Gesamtmenge von 100 Gramm,
   b) bis zu einer Gesamtmenge von 3 Kilogramm, sofern die explosionsgefährlichen Stoffe Forschungszwecken dienen,
2. das Aufbewahren, das Verwenden, das Vernichten, den Erwerb, das Überlassen und das Verbringen von explosionsgefährlichen Stoffen bis zu einer Gesamtmenge von 100 Gramm durch allgemein- oder berufsbildende Schulen.

(3) Dieses Gesetz gilt nicht für
1. den Erwerb, das Aufbewahren, das Verwenden, das Vernichten, das Verbringen, das Überlassen, die Einfuhr und die Durchfuhr, wobei jeweils das Inverkehrbringen und der Konformitätsnachweis nach § 5 Absatz 1 ausgenommen sind, von
   a) Schallmessvorrichtungen zur Bestimmung der Wassertiefe mit einem Knallsatz von nicht mehr als 2 Gramm, wenn diese Gegenstände vom Schiffsführer oder von einer von ihm schriftlich beauftragten Person erworben oder verwendet werden,
   b) Schnellauslösevorrichtungen mit nicht mehr als 2 Gramm explosionsgefährlichen Stoffen, wenn diese Vorrichtungen gegen ein unbefugtes Öffnen gesichert sind sowie druckfest und splittersicher sind und von dem Leiter eines Betriebes oder einer von ihm schriftlich beauftragten Person erworben oder verwendet werden, wobei Auslöser für Gasgeneratoren nicht als Schnellauslösevorrichtungen gelten,
   c) Anzünder für Verbrennungskraftmaschinen,
2. den Verkehr mit sowie die Einfuhr, die Durchfuhr, das Verbringen, das Aufbewahren, das Verwenden und das Vernichten, wobei jeweils das Inverkehrbringen und der Konformitätsnachweis nach § 5 Absatz 1 ausgenommen sind, von
   a) Anzündpillen und Anzündlamellen,
   b) Anzündhütchen mit einem Anzündsatz von nicht mehr als 0,2 Gramm,
3. den Umgang und den Verkehr mit explosionsgefährlichen Stoffen, die an Sicherheitszündhölzern und Überallzündhölzern verarbeitet sind, sowie für die Einfuhr der an derartigen Anzündern verarbeiteten explosionsgefährlichen Stoffe,
4. den Umgang, wobei das Bearbeiten, das Verarbeiten, das Wiedergewinnen und das Vernichten ausgenommen sind, und den Verkehr mit sowie die Einfuhr von
   a) Fertigerzeugnissen, die aus Zellhorn hergestellt sind oder in denen Zellhorn verarbeitet ist, und die mit Membranfiltern aus Cellulosenitraten versehen sind, und
   b) Kine- und Röntgenfilmen auf Cellulosenitratbasis mit photographischer Schicht mit der Maßgabe, dass deren Aufbewahrung im Zusammenhang mit der Wiedergewinnung von der Anwendung dieses Gesetzes nicht ausgenommen ist,

---

der Zersetzung der in der Munition enthaltenen Explosivstoffe oder durch Korrosion des Hülsen- bzw. Geschosskörpermaterials, eingetreten sein. Bei Fundmunition aus den Weltkriegen ist von einer Funktionsunfähigkeit und damit dem Verlust der Kriegswaffeneigenschaft dann auszugehen, wenn sie durch lange ungeschützte Lagerung im Freien, im Erdreich oder in Gewässern äußere Korrosionsschäden aufweist oder wenn anzunehmen ist, dass sie ihre Wirksamkeit oder Handhabungssicherheit aus sonstigen Gründen verloren hat; vgl. zum Verlust der Kriegswaffeneigenschaft → KrWaffG § 22a Rn. 6 ff.; vgl. ferner zum Hintergrund der durch das 3. SprengÄndG 2005 veränderten Fassung des § 1 Abs. 4 Nr. 4 BT-Drs. 15/5002, 22.

5. das Herstellen, das Bearbeiten, das Verarbeiten oder das Vernichten explosionsgefährlicher Zwischenerzeugnisse,
6. das Verwenden explosionsgefährlicher Hilfsstoffe, die keine Explosivstoffe sind, und
7. den Transport, das Überlassen und die Empfangnahme explosionsgefährlicher Zwischenerzeugnisse und explosionsgefährlicher Hilfsstoffe, die keine Explosivstoffe sind, innerhalb der Betriebsstätte, soweit die Zwischenerzeugnisse und Hilfsstoffe in einer oder mehreren nach § 4 des Bundes-Immissionsschutzgesetzes genehmigungsbedürftigen Anlagen in einer Betriebsstätte zu nicht explosionsgefährlichen Stoffen verarbeitet werden.

(4) Dieses Gesetz berührt nicht
1. Rechtsvorschriften, die im Zusammenhang mit der Beförderung gefährlicher Güter aus Gründen der Sicherheit erlassen sind,[164]
2. auf örtlichen Besonderheiten beruhende Vorschriften über den Umgang und den Verkehr mit explosionsgefährlichen Stoffen und über deren Beförderung in Seehäfen und auf Flughäfen,
3. Rechtsvorschriften, die aus Gründen der Sicherheit im Zusammenhang mit dem Inverkehrbringen von oder dem Umgang mit Gefahrstoffen erlassen sind,[165]
4. Rechtsvorschriften, die zum Schutz vor schädlichen Umwelteinwirkungen erlassen worden sind oder deren Entstehen vorbeugen sollen,
5. Rechtsvorschriften über die Förderung der Kreislaufwirtschaft und Sicherung der umweltverträglichen Bewirtschaftung von Abfällen.

V. Straftatbestände des Abs. 1

56 In Abs. 1 und Abs. 2 finden sich mehrere Strafnormen, die allesamt bestimmte (schwerere) Verstöße gegen Vorschriften des SprengG mit Kriminalstrafe bedrohen. In Abs. 1 finden sich dabei drei Tatbestände, die jeweils voraussetzen, dass der Täter bestimmte Handlungen „ohne die erforderliche Erlaubnis" vornimmt. Abs. 2 enthält darüber hinaus weitere Tatbestände, die keine strukturellen Gemeinsamkeiten aufweisen.[166]

57 **1. Unerlaubter Umgang bzw. unerlaubter Verkehr im gewerblichen Bereich (Nr. 1 und Nr. 2 iVm § 7).** Die ersten beiden Tatbestände des § 40 Abs. 1 knüpfen an einen Verstoß gegen § 7 an.[167] Die in Bezug genommene Vorschrift lautet:

§ 7 Erlaubnis

(1) Wer gewerbsmäßig, selbständig im Rahmen einer wirtschaftlichen Unternehmung oder eines land- oder forstwirtschaftlichen Betriebes oder bei der Beschäftigung von Arbeitnehmern
1. mit explosionsgefährlichen Stoffen umgehen will oder
2. den Verkehr mit explosionsgefährlichen Stoffen betreiben will,

bedarf der Erlaubnis.

(2) ¹Die Erlaubnis zur Herstellung, Bearbeitung, Verarbeitung oder zur Wiedergewinnung explosionsgefährlicher Stoffe schließt die Erlaubnis ein, explosionsgefährliche Stoffe, auf die sich die Erlaubnis bezieht, zu vertreiben und anderen zu überlassen. ²Die Erlaubnis zur Herstellung pyrotechnischer Gegenstände schließt die Erlaubnis ein, pyrotechnische Munition herzustellen.

58 **a) Tatobjekt.** Als Tatobjekt werden in § 40 Abs. 1 Nr. 1 und Nr. 2 (ebenso in § 7 Abs. 1 Nr. 1 und Nr. 2) **explosionsgefährliche Stoffe** genannt. Dabei gelten die allgemeinen Bestimmungen (vgl. § 1),[168] wobei insbes. auch auf die Ausnahmen vom Anwendungsbe-

---

[164] Dies ist insbes. für die Beförderung von explosionsgefährlichen Stoffen im Schienenverkehr und Eisenbahnen des öffentlichen Verkehrs relevant, die ansonsten nach § 1b Abs. 1 Nr. 1 vom Anwendungsbereich des SprengG ausgenommen sind. Hier finden sich Regelungen ua im Gesetz über die Beförderung gefährlicher Güter vom 6.8.1975, BGBl. I S. 2121, neu bekannt gemacht am 7.7.2009, BGBl. I S. 1774, 3975. Der Grund der Herausnahme liegt darin, dass sich das SprengG nur mit Fragen der öffentlichen Sicherheit befasst (BT-Drs. 7/5474, 3), während die Regelungen über den Transport gefährlicher Güter mehr auf die technische Sicherheit des Transportvorganges abzielen.
[165] Dies betrifft die Vorschriften des Chemikalienrechts, insbes. die GefahrstoffVO, die gem. der Richtlinie 67/548/EG (Stoffrichtlinie) und der Richtlinie 1999/45/EG (Zubereitungsrichtlinie) auch für Explosivstoffe gelten, vgl. BT-Drs. 14/9048, 6.
[166] Erbs/Kohlhaas/*Steindorf*, S 169, § 40 Rn. 7.
[167] Vgl. aus der Rspr. OLG Karlsruhe 5.12.1991 – 1 Ss 49/91, NJW 1992, 1057 = NStZ 1992, 242 = MDR 1992, 63 = BGHR StGB § 323a Abs. 1 Konkurrenzen 2.
[168] Hierzu → Rn. 3 ff.

III. Sprengstoffgesetz

reich des SprengG in §§ 1a, 1b SprengG, §§ 1, 2, 4 der 1. SprengV hinzuweisen ist. Sonstige explosionsgefährliche Stoffe sind nur nach § 1 Abs. 4 Nr. 1 (= Stoffgruppe A)[169] erfasst, da § 1 Abs. 4 Nr. 2 und Nr. 3 den hier einschlägigen § 7 nicht erwähnen. Ebenso nicht erfasst ist Sprengzubehör.[170]

b) Tathandlungen. § 40 Abs. 1 Nr. 1 stellt iVm § 7 Abs. 1 Nr. 1 den unerlaubten **59 Umgang** mit explosionsgefährlichen Stoffen unter Strafe. Der Begriff des „Umgangs" wird in § 3 Abs. 2 Nr. 1 definiert und umfasst sämtliche dort aufgenommenen Tathandlungen.[171] Dagegen betrifft § 40 Abs. 1 Nr. 2 iVm § 7 Abs. 1 Nr. 2 den unerlaubten **Verkehr** bzw. genauer das „Betreiben des Verkehrs" mit explosionsgefährlichen Stoffen. Der Begriff des „Verkehrs" wird in § 3 Abs. 2 Nr. 1 umschrieben, wobei auch hier sämtliche der genannten Tathandlungen einschlägig sind.[172] Nicht mehr – weder von § 7 Abs. 1 noch von § 40 Abs. 1 – ausdrücklich erfasst ist die **Beförderung**, die, sofern eine entsprechende Erlaubnis nicht vorlag, bis 1997 in § 40 Abs. 1 Nr. 3 aF[173] eigenständig unter Strafe gestellt war, inzwischen aber ausschließlich nach dem Gefahrgutrecht zu beurteilen ist.

c) Einschränkungen auf gewerbsmäßiges Handeln etc. Erlaubnispflichtig ist der **60** Umgang bzw. Verkehr mit explosionsgefährlichen Stoffen nach § 7 Abs. 1 nur dann, wenn der Betreffende gewerbsmäßig und selbstständig im Rahmen einer wirtschaftlichen Unternehmung (Var. 1) oder eines land- oder forstwirtschaftlichen Betriebes (Var. 2) oder bei der Beschäftigung von Arbeitnehmern (Var. 3) handelt.[174] Die Begriffe der Gewerbsmäßigkeit bzw. der Selbstständigkeit im Rahmen einer wirtschaftlichen Unternehmung decken sich mit denjenigen des allgemeinen Waffenrechts.[175] Es gelten die allgemeinen gewerberechtlichen Grundsätze. Wirtschaftliche Unternehmung ist jede von einer natürlichen oder juristischen Person vorgenommene Zusammenfassung persönlicher und sächlicher Mittel zur Erreichung eines wirtschaftlichen Zwecks, wenn hierdurch eine Teilnahme am Wirtschaftsverkehr stattfindet (vgl. Nr. 7.4 S. 2 der SprengVwV). Nicht erfasst sind also die Arbeitnehmer eines nicht konzessionierten Herstellerbetriebes.

Die Beschäftigung von Arbeitnehmern (3. Var.) ist somit nicht auf Fälle **wirtschaftlicher 61 Betätigung** beschränkt, so dass auch Universitäten, Schulen, wissenschaftliche Einrichtungen oder die öffentliche Verwaltung hiervon erfasst sind.[176] Auch Unternehmen, die zwar am Wirtschaftsverkehr teilnehmen aber nicht mit der Absicht der Gewinnerzielung betrieben werden, wie zB kommunale Versorgungsbetriebe, die überwiegend der Daseinsvorsorge dienen, sind betroffen (vgl. Nr. 7.4 S. 3 der SprengVwV).[177]

d) Fehlen der erforderlichen Erlaubnis. Das Verhalten ist nur strafbar, wenn der Täter **62** ohne die erforderliche (personengebundene,[178] schriftlich zu erteilende; vgl. Nr. 10.1 der SprengVwV) Erlaubnis nach § 7 Abs. 1 handelt. Normadressat der Vorschrift kann somit nur derjenige sein, der einer Erlaubnis bedarf. Dies ist regelmäßig der Unternehmer, auch wenn die entsprechenden Tätigkeiten nicht von ihm persönlich ausgeübt werden (vgl. Nr. 7.2 der SprengVwV).[179] Ist das Unternehmen eine juristische Person, so ergibt sich die

---

[169] → Rn. 21 f.
[170] Zum Begriff des Sprengzubehörs → Rn. 23 f.
[171] Ausführlich → Rn. 31 ff.
[172] Ausführlich → Rn. 48 ff.; vgl. ergänzend Nr. 7.5 SprengVwV.
[173] Vgl. die Aufhebung des § 40 Abs. 1 Nr. 3 aF durch das Sprengstoffänderungsgesetz 1997, BGBl. 1998 I S. 1530 (1537, Nr. 38b bb); vgl. zum Befördern ergänzend → Rn. 39; zu § 40 Abs. 1 Nr. 3 aF auch *Hinze* § 40 Anm. 1.
[174] Vgl. zu einem – straflosen – privaten Umgang mit Sprengstoffen OLG Düsseldorf 18.11.1997 – 4 U 194/96, NStZ-RR 1998, 190. Im nichtgewerblichen Bereich gilt § 27, → Rn. 64 ff.
[175] → WaffG § 1 Rn. 192 f.; hierzu auch Nr. 7.4 S. 1 SprengVwV.
[176] Erbs/Kohlhaas/*Steindorf*, S 169, § 40 Rn. 4.
[177] Vgl. auch *Hinze* § 7 Anm. 2.
[178] Vgl. hierzu BVerwG 22.9.1976 – I C 9/71, MDR 1977, 253 (254).
[179] Vgl. ferner Nr. 7.1 SprengVwV: „Inhaber der Erlaubnis können sowohl natürliche als auch juristische Personen (AG, GmbH, Genossenschaften, Vereine, Länder und Gemeinden) sein. Ist eine Behörde Antragsteller, so ist die Erlaubnis auf den Bund, das Land oder die sonstige öffentlich-rechtliche Körperschaft, vertreten durch die betreffende Behörde, auszustellen. Bei Gesellschaften des bürgerlichen Rechts und bei Offenen

strafrechtliche Verantwortung von Einzelpersonen aus § 14 Abs. 1 StGB. Nicht ausdrücklich geregelt, aber aus der gesetzlichen Systematik zu erschließen, ist, dass die in einem solchen Betrieb angestellten oder beschäftigten Arbeitnehmer keiner besonderen Erlaubnis bedürfen. Für sie gilt auch nicht ergänzend § 27 Abs. 1, obwohl dies der Wortlaut nahelegen könnte, da die Arbeitnehmer gerade nicht unter § 7 Abs. 1 fallen.[180] Das Vorliegen einer Erlaubnis nach § 7 Abs. 1 schließt dabei den **Tatbestand** aus und stellt nicht lediglich einen Rechtfertigungsgrund dar.[181] Dabei ist stets zu klären, ob der Umgang bzw. das Betreiben des Verkehrs mit explosionsgefährlichen Stoffen im konkreten Fall überhaupt erlaubnispflichtig war. Eine solche Erlaubnispflicht scheidet (neben den in §§ 1 Abs. 3, 1a, 1b SprengG und §§ 1, 2, 4 der 1. SprengV genannten Fällen, die bereits den Anwendungsbereich des SprengG nicht eröffnen) in den in **§ 13** genannten Fällen aus. Die Vorschrift lautet:

§ 13 Befreiung von der Erlaubnispflicht

(1) Einer Erlaubnis nach § 7 Abs. 1 bedarf nicht, wer den Umgang und den Verkehr mit explosionsgefährlichen Stoffen betreibt, soweit hierfür eine Erlaubnis nach dem Waffengesetz erforderlich ist.

(2) Einer Erlaubnis nach § 7 Abs. 1 Nr. 1 bedarf nicht, wer explosionsgefährliche Stoffe in den oder aus dem Geltungsbereich dieses Gesetzes einführt, ausführt oder verbringt oder durch den Geltungsbereich dieses Gesetzes durchführt und keinen Wohnsitz, ständigen Aufenthaltsort oder keine Niederlassung im Geltungsbereich dieses Gesetzes hat, sofern eine Person diese Stoffe begleitet, die einen Befähigungsschein nach § 20 besitzt oder die der Bund oder ein Land mit der Begleitung schriftlich beauftragt hat.

(3) [...] [Absehen von der erforderlichen Begleitung iS des Abs. 2]

63   § 13 Abs. 1 will überflüssigen Doppelgenehmigungsverfahren entgegenwirken, wenn das entsprechende Verhalten bereits nach dem Waffengesetz erlaubnispflichtig ist.[182] Dies betrifft zB die Bearbeitung von explosionsgefährlichen Stoffen bei der Endfertigung von Munition[183] oder den Handel mit Munition. § 13 Abs. 2 nimmt ausländische Beförderer explosionsgefährlicher Stoffe von der Erlaubnispflicht aus, sofern der Transport von bestimmten (zuverlässigen) Personen begleitet wird.[184]

64   War das entsprechende Handeln erlaubnispflichtig, so macht sich der Handelnde strafbar, wenn ihm zum Zeitpunkt des strafrechtlich zu beurteilenden Verhaltens eine solche Erlaubnis nicht erteilt worden ist. Eine nachträgliche Erteilung der Erlaubnis oder eine „Erlaubnisfähigkeit" des Verhaltens schließt eine Strafbarkeit nicht aus.[185]

65   Liegt eine Erlaubnis vor, so ist das Verhalten des Täters dennoch unbefugt, wenn dieses im Einzelfall nicht von dieser Erlaubnis erfasst wird, der Täter also zB Stoffe herstellt, deren Herstellung nicht von der Erlaubnis gedeckt wird.[186] Bedeutsam wird dies insbes. dann,

---

Handelsgesellschaften wird die Erlaubnis den zur Vertretung berechtigten oder zur Geschäftsführung befugten Gesellschaftern erteilt. Sind mehrere Gesellschafter zur Geschäftsführung befugt, so muss jeder dieser Gesellschafter die Erlaubnis erwerben. Bei Kommanditgesellschaften bedarf der zur Vertretung berechtigte oder zur Geschäftsführung befugte, persönlich haftende Gesellschafter der Erlaubnis; der Kommanditist nur, soweit er zur Geschäftsführung befugt ist."

[180] Zu § 27 vgl. noch → Rn. 66 ff.
[181] So auch *Apel/Keusgen*, Bd. 2, § 40 Anm. 2.1.
[182] Nach § 21 Abs. 1 WaffG ist die (gewerbsmäßige) Herstellung von und der (gewerbsmäßige) Handel mit Munition erlaubnispflichtig. Zur Herstellung von Munition gehören das unmittelbare Einfüllen des Treibladungspulvers und das Einsetzen des Zündhütchens in die Patronenhülse. Nicht unter die Erlaubnispflicht nach dem WaffG fallen die Herstellung der für die Munition verwendeten Zünd- und Treibstoffe und das Bearbeiten dieser Stoffe zu Teilen von Munition. Für die Herstellung von Treibladungspulver, von explosionsgefährlichen Stoffen für Zündhütchen und für das Einpressen dieser Stoffe ist eine Erlaubnis nach § 7 SprengG erforderlich (vgl. Nr. 13.1 S. 1 der SprengVwV).
[183] Vgl. Nr. 13.1 S. 2 SprengVwV: „Erwerben und Einfüllen von Treibladungspulver in Patronenhülsen zum Zwecke der Herstellung von Munition".
[184] Vgl. hierzu Nr. 13.2 SprengVwV.
[185] So auch *Apel/Keusgen*, Bd. 2, § 40 Anm. 2.1; vgl. zur entsprechenden Problematik im Kriegswaffenkontrollrecht → KrWaffG § 22a Rn. 31.
[186] BT-Drs. V/1268, 63; hierzu auch *Apel/Keusgen*, Bd. 2, § 40 Anm. 2.1; Erbs/Kohlhaas/*Steindorf*, S 169, § 40 Rn. 2.

wenn die Erlaubnis mit Beschränkungen, Bedingungen oder Befristungen (vgl. § 10) versehen ist. Auch eine zurückgenommene oder widerrufene Erlaubnis deckt das entsprechende Verhalten nicht mehr ab. Strafbar ist deshalb auch die Fortsetzung oder die Wiederaufnahme eines Herstellungs- oder Verwendungsbetriebes nach Erlöschen, Rücknahme oder Widerruf der Erlaubnis.[187] Im Gegensatz dazu berührt der Verstoß gegen (mit der Erlaubnis verbundene) **Auflagen** die Wirksamkeit der Erlaubnis nicht, weswegen eine Strafbarkeit in diesen Fällen ausscheidet.[188] Es kommt dann jedoch eine Ordnungswidrigkeit nach § 41 Abs. 1 Nr. 3 in Betracht.[189]

2. Unerlaubter Erwerb bzw. unerlaubter Umgang im nichtgewerblichen Bereich (Nr. 3 iVm § 27). Während die Strafvorschriften des Abs. 1 Nr. 1 und Nr. 2 den unerlaubten Umgang bzw. den unerlaubten Verkehr mit explosionsgefährlichen Stoffen **im gewerblichen Verkehr** etc unter Strafe stellen, bezieht sich Abs. 1 Nr. 3 auf den **nichtgewerblichen Bereich** und sanktioniert einen Verstoß gegen **§ 27 Abs. 1**.[190] Die in Bezug genommene Vorschrift lautet: 66

§ 27 Erlaubnis zum Erwerb und zum Umgang

(1) Wer in anderen als den in § 7 Abs. 1 bezeichneten Fällen
1. explosionsgefährliche Stoffe erwerben oder
2. mit explosionsgefährlichen Stoffen umgehen will,

bedarf der Erlaubnis.

(1a) Eine Erlaubnis nach Absatz 1 zum Laden und Wiederladen von Patronenhülsen gilt auch als Erlaubnis zum Erwerb und Besitz der dabei hergestellten Munition nach § 10 Abs. 3 des Waffengesetzes in der jeweils geltenden Fassung.

(2) ¹Die Erlaubnis ist in der Regel für die Dauer von fünf Jahren zu erteilen. ²Sie kann inhaltlich und räumlich beschränkt und mit Auflagen verbunden werden, soweit dies zur Verhütung von Gefahren für Leben, Gesundheit oder Sachgüter oder von erheblichen Nachteilen oder erheblichen Belästigungen für Dritte erforderlich ist. ³Die nachträgliche Beifügung, Änderung und Ergänzung von Auflagen ist zulässig.

(3)–(5) [...] [Versagungsgründe und Ausnahmen]

(6) Absatz 1 gilt nicht für die bestimmungsgemäße Verwendung zugelassener pyrotechnischer Gegenstände zur Gefahrenabwehr und bei Rettungsübungen.[191]

a) Tatobjekt. Tatobjekte sind auch hier allgemein explosionsgefährliche Stoffe.[192] Während das Gesetz früher in § 40 Abs. 1 Nr. 3 aF die nach § 5 Abs. 1 S. 1 aF zugelassenen **pyrotechnischen Gegenstände**[193] noch ausdrücklich aus der Strafbarkeit ausklammerte,[194] 67

---
[187] *Apel/Keusgen*, Bd. 2, § 40 Anm. 2.1.
[188] Erbs/Kohlhaas/*Steindorf*, S 169, § 40 Rn. 2.
[189] → § 41 Rn. 18 ff.
[190] Die Strafvorschrift des § 40 Abs. 1 Nr. 3 war früher in § 40 Abs. 1 Nr. 4 SprengG aF enthalten. Vgl. hierzu aus der Rspr. BGH 25.9.1991 – 2 StR 399/91, NJW 1992, 584 = NStZ 1992, 37 = MDR 1992, 63; 17.6.1992 – 2 BJs 191/91 – 4 – StB 11/92, BGHR GVG § 24 Abs. 1 Bedeutung 1; 21.9.1995 – 5 StR 366/95, NStZ-RR 1996, 132; OLG Düsseldorf 18.11.1997 – 4 U 194/96, NStZ-RR 1998, 190; OLG Karlsruhe 30.7.1997 – 3 Ss 95/97, NStZ-RR 1998, 30; OLG Hamm 20.5.2008 – 3 Ws 198/08, BeckRS 2008, 11800; KG 1.6.1989– 3 AR 46/89 – 2 Ws 1–2/89, NStZ 1989, 369 = StV 1989, 438; 20.1.2004 – 6 U 225/02, BeckRS 9998/04898; LG Chemnitz 8.8.1994 – 2 O 2783/94, ZfSchR 1995, 307 = RuS 1995, 200; LG München 22.6.1993– 23 O 25 487/92, ZfSchR 1994, 24 = RuS 1993, 479 = VersR 1994, 589; auch BGH 15.12.1976 – 3 StR 432/76 (S), NJW 1977, 540 = JR 1977, 468 mAnm *Herzberg*.
[191] Vgl. zu dieser Ausnahme ergänzend Nr. 27.4 SprengVwV und § 1 Abs. 2 der 1. SprengV. Während dieser Ausnahmevorschrift bis zur Gesetzesänderung 2009 strafrechtlich keine Bedeutung zukam, da die pyrotechnischen Gegenstände in § 40 Abs. 1 Nr. 3 ohnehin vollständig ausgenommen waren (vgl. hierzu sogleich → Rn. 67), spielt die Regelung nunmehr auch strafrechtlich eine gewisse Rolle.
[192] Vgl. zu diesem Begriff → Rn. 3 ff.
[193] Zu diesem Begriff § 3 Abs. 1 Nr. 3; → Rn. 15 f.
[194] Der Gesetzgeber sah den unerlaubten Erwerb bzw. unerlaubten Umgang mit diesen Gegenständen als weniger gefährlich an, da pyrotechnische Gegenstände im Allgemeinen nicht zu kriminellen Zwecken verwendet würden und daher eine Ahndung als Ordnungswidrigkeit (§ 41 Abs. 1 Nr. 13 aF) ausreiche; vgl. BT-Drs. 7/4824, 25 (zu Art. 1 Nr. 27). Diese Privilegierung galt (seit dem Jahre 2002; vgl. das 2. SprengÄndG

wurde diese Ausnahme durch die zum 1.10.2009 in Kraft getretenen Änderung des SprengG nunmehr gestrichen.[195] Der Gesetzgeber setzte dadurch die Anforderungen der Richtlinie 2007/23/EG über das Inverkehrbringen pyrotechnischer Gegenstände[196] in nationales Recht um. Gleichzeitig wurde allerdings in Abs. 5 klargestellt, dass eine Strafbarkeit nach § 40 Abs. 1 Nr. 3 ausscheidet, wenn eine dort bezeichnete Handlung in Bezug auf einen nach § 5 Abs. 1 Nummer 1 konformitätsbewerteten oder nach § 47 Abs. 2 oder Abs. 4 zugelassenen pyrotechnischen Gegenstand (§ 3 Abs. 1 Nr. 3[197]) begangen wird. In diesen Fällen kommt lediglich eine Ordnungswidrigkeit nach dem ebenfalls neu geschaffenen § 41 Abs. 1a in Frage.[198] Zu beachten ist allerdings auch die „Ausnahme der Ausnahme": Die Einschränkung des § 40 Abs. 1 Nr. 3 auf der Grundlage des § 40 Abs. 5 S. 1 gilt nach § 40 Abs. 5 S. 2 dann nicht, wenn es sich um einen pyrotechnischen Gegenstand nach § 3a Abs. 1 Nr. 1 Buchst. d handelt (Feuerwerkskörper der Kategorie F4, also solche, von denen eine große Gefahr ausgeht, die zur Verwendung nur durch Personen mit Fachkenntnissen vorgesehen sind, deren Lärmpegel die menschliche Gesundheit jedoch nicht gefährdet).[199]

68 **b) Tathandlungen.** Abs. 1 Nr. 3 nennt als Tathandlungen den **Erwerb** und den **Umgang**[200] mit explosionsgefährlichen Stoffen.[201] Aus dem Bereich des **Verkehrs** mit explosionsgefährlichen Stoffen (§ 3 Abs. 2 Nr. 4) ist also lediglich das Erwerben tatbestandsmäßig, das Bereitstellen auf dem Markt, das Überlassen und das Vermitteln sind somit ausgenommen. Der Gesetzgeber ging davon aus, dass diese Handlungen regelmäßig als Ausformungen gewerblicher Tätigkeit unter Abs. 1 Nr. 1 und Nr. 2 fallen und das Überlassen über § 40 Abs. 2 Nr. 3 iVm §§ 28, 22 bestraft werden kann. Nicht erfasst ist allerdings der Erwerb im Ausland.[202]

69 **c) Fehlen der erforderlichen Erlaubnis.** Wie schon im Rahmen des Abs. 1 Nr. 1 und Nr. 2 ist die Tat auch hier nur strafbar, wenn der Täter ohne die erforderliche Erlaubnis handelt.[203] Die Erlaubnis richtet sich nach § 27. Keiner Erlaubnis bedürfen – hierauf wurde bereits hingewiesen[204] – die Arbeitnehmer oder Beschäftigten eines Erlaubnisinhabers nach § 7 Abs. 1, obwohl sie vom Wortlaut her an sich unter § 27 Abs. 1 fallen würden.

---

vom 1.9.2002, BGBl. I S. 3434; zur Begründung BT-Drs. 14/8771, 12) allerdings nur für (nach § 5 Abs. 1 S. 1 SprengG aF) zugelassene pyrotechnische Gegenstände. Bei nicht zugelassenen pyrotechnischen Gegenständen sowie solchen für die ausschließlich militärische Verwendung wurde dagegen ein Gefährdungspotential gesehen, das dem von Explosivstoffen entspreche, weshalb man hier die Anwendung der Strafvorschrift schon damals für angebracht hielt. Bereits unter Geltung des § 40 Abs. 1 Nr. 3 aF war jedoch zu beachten, dass ein pyrotechnischer Gegenstand durch eine entsprechende Tathandlung (zB Bearbeitung) seine Eigenschaft als solcher verlieren konnte, sofern die Sprengladung dadurch nicht mehr dazu bestimmt war, Vergnügungs- oder technischen Zwecken zu dienen (vgl. BGH 21.9.1995 – 5 StR 366/95, NStZ-RR 1996, 132 [133]; OLG Hamm 20.5.2008 – 3 Ws 198/08, BeckRS 2008, 11800). So machte sich zB auch nach früherem Recht derjenige nach § 40 Abs. 1 Nr. 3 aF strafbar, der die explosionsgefährlichen Stoffe oder Stoffgemische (zB Schwarzpulver) aus mehreren im Handel frei erhältlichen pyrotechnischen Gegenständen (zB Böllern) entnahm, um damit einen Sprengkörper zu basteln, da er hierdurch die Eigenschaft des Böllers als pyrotechnischem Gegenstand aufhob; hierzu BGH 21.9.1995 – 5 StR 366/95, NStZ-RR 1996, 132 [133]; OLG Hamm 20.5.2008 – 3 Ws 198/08, BeckRS 2008, 11800; aM allerdings OLG Düsseldorf 18.11.1997 – 4 U 194/96, NStZ-RR 1998, 190, zum Sammeln von Schwarzpulver aus mehreren im Handel erhältlichen Böllern zur Vorbereitung eines „Megaknalls"; hierzu Erbs/Kohlhaas/*Steindorf*, S 169, 160. EL, § 40 Rn. 7. Lediglich der unveränderte Einbau eines pyrotechnischen Gegenstandes in einen Sprengkörper konnte daher noch die frühere Privilegierung auslösen und führte zu einer Ahndung wegen einer Ordnungswidrigkeit nach § 41 Abs. 1 Nr. 13 aF.
[195] 4. SprengÄndG vom 17.7.2009, BGBl. I S. 2062 (2066); vgl. zur Begründung BT-Drs. 16/12597, 43.
[196] ABl. 2007 L 154.
[197] Vgl. zum Begriff des pyrotechnischen Gegenstandes → Rn. 15 ff.
[198] Hierzu → § 41 Rn. 53.
[199] Die Vorschrift des § 3a ist abgedruckt → Rn. 18.
[200] Vgl. zum Begriff des Erwerbs → Rn. 49; zum Begriff des Umgangs → Rn. 31 ff.
[201] Vgl. zur Ergänzung Nr. 27 SprengVwV.
[202] Erbs/Kohlhaas/*Steindorf*, S 169, § 40 Rn. 6, unter Verweis auf BGH 21.2.1989 – 1 StR 697/88, BeckRS 1989, 31092302.
[203] → Rn. 62 ff.
[204] → Rn. 62.

VI. Straftatbestände des Abs. 2

1. Unerlaubte Einfuhr, Durchfuhr bzw. unerlaubtes Verbringen (Nr. 1 iVm § 15 Abs. 1 S. 1). Abs. 2 Nr. 1 knüpft an einen Verstoß gegen § 15 Abs. 1 S. 1 an, der die Zulässigkeit der Einfuhr, der Durchfuhr und des Verbringens explosionsgefährlicher Stoffe davon abhängig macht, dass der Betreffende einen Nachweis darüber erbringen kann, dass er zum Umgang oder zum Erwerb dieser Stoffe berechtigt ist.[205] Die in Bezug genommene Vorschrift lautet: 70

§ 15 Einfuhr, Durchfuhr und Verbringen

(1) ¹Wer explosionsgefährliche Stoffe einführen, durchführen oder verbringen oder durch einen anderen einführen, durchführen oder verbringen lassen will, hat nachzuweisen, dass er zum Umgang mit explosionsgefährlichen Stoffen oder zum Erwerb dieser Stoffe berechtigt ist. ²Der Einführer oder Verbringer hat auf Verlangen der zuständigen Behörde nachzuweisen, dass für die explosionsgefährlichen Stoffe eine auf Grund einer Rechtsverordnung nach § 25 dieses Gesetzes vorgeschriebene Lager- und Verträglichkeitsgruppenzuordnung durch die zuständige Stelle erfolgt ist; dies gilt nicht für die Einfuhr oder das Verbringen zum Zwecke der Zulassung, der EU-Baumusterprüfung oder der Lager- und Verträglichkeitsgruppenzuordnung. ³Das Erfordernis des Konformitätsnachweises und der CE-Kennzeichnung nach § 5 Absatz 1a oder der Zulassung nach § 5f bleiben unberührt.

(2) Die Nachweispflicht des Absatzes 1 Satz 3 gilt nicht für die Durchfuhr von explosionsgefährlichen Stoffen einschließlich ihrer Lagerung in verschlossenen Zolllagern oder in Freizonen.

(3)–(7) [...] [im vorliegenden Zusammenhang nicht relevant][206]

a) Tatobjekt. Tatobjekte sind auch hier sämtliche explosionsgefährliche Stoffe.[207] Es gelten die allgemeinen Regelungen. Zu beachten sind auch hier die Ausnahmen in §§ 1, 2, 4 der 1. SprengV. 71

b) Tathandlung. Tathandlung ist sowohl das Einführen, Durchführen bzw. das Verbringen explosionsgefährlicher Stoffe als auch deren Einführen-, Durchführen- bzw. Verbringenlassen. Das Gesetz definiert die Begriffe der Einfuhr, Ausfuhr und Durchfuhr in § 3 Abs. 2 Nr. 6, Nr. 7, Nr. 8,[208] den des Verbringens in § 3 Abs. 2 Nr. 9.[209] Strafbar macht sich dabei nicht nur derjenige, der explosionsgefährliche Stoffe selbst einführt, durchführt bzw. in den Geltungsbereich des SprengG verbringt, sondern auch derjenige, der explosionsgefährliche Stoffe durch andere (zB einen Spediteur) einführen, durchführen bzw. verbringen lässt. Ist der Spediteur hier eingeweiht und insoweit bösgläubig, kommt für ihn Mittäterschaft nach § 25 Abs. 2 StGB in Betracht.[210] Unschädlich ist dabei, dass der Auftraggeber die Variante des Einführenlassens und der Spediteur die Variante des Einführens erfüllt. Von der Strafvorschrift ist nach der Änderung durch das 3. SprengÄndG inzwischen auch die **Durchfuhr** explosionsgefährlicher Stoffe erfasst, die früher in § 15 Abs. 2 aF ausdrücklich ausgenommen wurde. Hinsichtlich der Durchfuhr gelten nach § 15 Abs. 2 nF allerdings Sonderregelungen. 72

c) Fehlender Nachweis einer Berechtigung. Der Gesetzgeber hat die Einfuhr, die Durchfuhr bzw. das Verbringen explosionsgefährlicher Stoffe selbst nicht der Erlaubnispflicht unterworfen. Er verlangt in § 15 Abs. 1 S. 1 nur, dass derjenige, der diese Stoffe einführen, durchführen oder verbringen will, einen **Nachweis** darüber erbringt, dass er zum Umgang oder zum Erwerb dieser Stoffe berechtigt ist.[211] Nach § 15 Abs. 1 S. 2 hat der Einführer oder Verbringer darüber hinaus auf Verlangen der zuständigen Behörde nachzuweisen, dass für die betreffenden Stoffe eine Lager- und Verträglichkeitsgruppenzuordnung erfolgt ist. Da § 40 Abs. 2 Nr. 1 allerdings nur den Verstoß gegen § 15 Abs. 1 S. 1 erwähnt, ist die 73

---

[205] Vgl. aus der Rspr. LG Cottbus 18.2.2004 – 24 Qs 73/04 (unveröffentlicht).
[206] § 15 Abs. 3 ist abgedruckt in → § 41 Rn. 33; § 15 Abs. 6 ist abgedruckt in → § 41 Rn. 34.
[207] Vgl. zu diesem Begriff → Rn. 3 ff.
[208] Hierzu → Rn. 53 f.
[209] Hierzu → Rn. 37 f.
[210] Erbs/Kohlhaas/*Steindorf*, S 169, § 40 Rn. 10.
[211] Vgl. zur erlaubnisfreien Einfuhr bzw. Durchfuhr § 1b Abs. 3 Nr. 1 und Nr. 2.

Einfuhr bzw. das Verbringen unter Verstoß gegen die Nachweispflicht des § 15 Abs. 1 S. 2 nicht strafbewehrt (vgl. aber den diesbezüglichen Ordnungswidrigkeitentatbestand in § 41 Abs. 1 Nr. 4a[212]). Aus der Formulierung des § 40 Abs. 2 Nr. 1 („ohne seine Berechtigung [....] nachgewiesen zu haben") iVm § 15 Abs. 1 S. 1 („Wer einführen [...] will, hat nachzuweisen [...]") ergibt sich ferner, dass der Nachweis **vor** dem Überschreiten der zuständigen Grenzdienststelle (vgl. auch Nr. 15.3 S. 2 SprengVwV) zu erbringen ist (zB durch Vorlage einer Erlaubnis nach § 7 oder § 27[213]) – und zwar von sich aus und ohne vorheriges Verlangen seitens der Mitarbeiter der Grenzdienststelle. Strafbar macht sich daher auch derjenige, der die Nachweisurkunde zwar bei sich führt, diese aber vor der Einfuhr bzw. dem Verbringen nicht vorgelegt und insoweit den Nachweis nicht erbracht hat. Eine nachträgliche Erfüllung der Nachweispflicht beseitigt die Strafbarkeit nicht, sondern kann allenfalls zu einer Einstellung nach § 153 StPO führen.[214] Normadressat des § 40 Abs. 2 Nr. 1 ist in erster Linie der Erlaubnis- oder Betriebsinhaber.[215] Zu prüfen ist aber stets, ob ein solcher Nachweis auch tatsächlich erforderlich ist. So bedarf zB derjenige, der im nichtgewerblichen Bereich mit Feuerwerkskörpern umgehen will, grundsätzlich einer Erlaubnis nach § 27, wovon jedoch bei Kleinst- und Kleinfeuerwerk nach § 4 Nr. 2 SprengG iVm § 4 Abs. 1 S. 1 der 1 SprengV abgesehen wird.[216]

74 **2. Unerlaubtes Betreiben eines Lagers (Nr. 2 iVm § 17 Abs. 1).** Die Strafvorschrift des Abs. 2 Nr. 2 betrifft sowohl den ungenehmigten Betrieb eines **neuen Lagers** als auch den Betrieb eines **bereits bestehenden** (genehmigten) **Lagers** nach einer nicht genehmigten wesentlichen Änderung und soll sicherstellen, dass die Vorschriften über die (anlagenbezogene)[217] Genehmigung eingehalten werden.[218] Die in Bezug genommene Vorschrift lautet:

§ 17 Lagergenehmigung
(1) ¹Der Genehmigung bedürfen
1. die Errichtung und der Betrieb von Lagern, in denen explosionsgefährliche Stoffe zu gewerblichen Zwecken, im Rahmen einer wirtschaftlichen Unternehmung oder eines land- oder forstwirtschaftlichen Betriebes oder bei der Beschäftigung von Arbeitnehmern aufbewahrt werden sollen,
2. die wesentliche Änderung der Beschaffenheit oder des Betriebes solcher Lager.
²Die Genehmigung schließt andere das Lager betreffende behördliche Entscheidungen, insbesondere Entscheidungen auf Grund baurechtlicher Vorschriften ein. ³Für Lager, die nach § 4 des Bundes-Immissionsschutzgesetzes einer Genehmigung bedürfen oder die Bestandteil einer nach § 4 des Bundes-Immissionsschutzgesetzes genehmigungsbedürftigen Anlage sind, gilt die Genehmigung nach § 4 des Bundes-Immissionsschutzgesetzes als Genehmigung nach Satz 1.
(2) [...] [Versagungsgründe im Hinblick auf die Erteilung einer Genehmigung]
(3) [...] [Beschränkungen, Bedingungen, Auflagen][219]
(4) [...] [Keine Prüfungspflicht für Bauteile, deren Bauart zugelassen ist]
(5) [...] [Versagungsgründe für die Bauartzulassung nach Abs. 4]
(6) ¹Als wesentlich im Sinne des Absatzes 1 Nr. 2 ist eine Änderung anzusehen, die besorgen lässt, dass zusätzliche oder andere Gefahren für Leben, Gesundheit oder Sachgüter Beschäftigter oder Dritter herbeigeführt werden. ²Eine Änderung ist nicht als wesentlich anzusehen, wenn Teile

---

[212] Vgl. → § 41 Rn. 32.
[213] Vgl. Nr. 15.2.1 SprengVwV; zu beachten ist ferner auch Nr. 15.2.2 SprengVwV.
[214] Erbs/Kohlhaas/*Steindorf*, S 169, § 40 Rn. 11.
[215] *Apel/Keusgen*, Bd. 2, § 40 Anm. 3.
[216] Hierzu LG Cottbus 18.2.2004 – 24 Qs 73/04 (unveröffentlicht).
[217] Vgl. Nr. 17.3 SprengVwV: „Die Genehmigung nach § 17 SprengG ist keine Personalerlaubnis, sondern anlagebezogen. Die Genehmigung ist daher nur zu versagen, wenn das Lager und dessen Betrieb den nach § 17 Abs. 2 SprengG zu stellenden Anforderungen an den Standort, die Bauweise und die Einrichtung nicht entsprechen."
[218] Vgl. zur Begründung BT-Drs. 7/4824, 21 (zu § 15a des Entwurfes); zur Ergänzung Nr. 17 SprengVwV; aus der Rspr. KG 12.11.1998 – 1 Ss 51/98 (26/98), BeckRS 1998, 15419; VGH Mannheim 20.2.2008 – 1 S 2814/07, BeckRS 2008, 33474.
[219] Die Vorschrift ist abgedruckt in → § 41 Rn. 22.

der Anlage durch der Bauart nach gleiche oder ähnliche, jedoch sicherheitstechnisch mindestens gleichwertige Teile ausgewechselt werden oder die Anlage im Rahmen der erteilten Genehmigung instand gesetzt wird.

a) Tatobjekt. Gegenstand des strafrechtlichen Vorwurfs ist hier das Betreiben eines **Lagers,** in dem explosionsgefährliche Stoffe aufbewahrt werden sollen. Ein Lager iS des § 17 liegt vor, wenn in dieser Stätte explosionsgefährliche Stoffe zu den Zwecken und in den Formen aufbewahrt werden sollen, die § 17 Abs. 1 S. 1 Nr. 1 im Einzelnen umschreibt. Die Aufbewahrung muss also zu gewerblichen Zwecken im Rahmen einer wirtschaftlichen Unternehmung oder eines land- oder forstwirtschaftlichen Betriebes oder bei der Beschäftigung von Arbeitnehmern erfolgen. Der Begriff des Lagers ist im SprengG nicht definiert. Man versteht hierunter eine abgeschlossene und besonders gesicherte ortsfeste oder auch ortsveränderliche Aufbewahrungsstätte für bestimmte Gegenstände.[220] **Ortsfeste Lager** sind betretbare oder nicht betretbare Stätten, die mit dem Erdboden fest verbunden sind oder länger als sechs Monate an demselben Ort verbleiben.[221] Dagegen versteht man unter **ortsbeweglichen Lagern** solche, die mit dem Erdboden nicht fest verbunden sind und nicht länger als sechs Monate an demselben Ort verbleiben.[222] Insgesamt ist ein gewisses Zeitmoment Voraussetzung für das Vorliegen eines Lagers, so dass Orte einmaliger, kurzfristiger oder auch nur gelegentlicher Aufbewahrung von Gegenständen einen Aufbewahrungsort noch nicht zum Lager machen.[223] Neben der Herausnahme der Lagerungen zu nichtgewerblichen Zwecken finden sich weitere Ausnahmen in § 1 Abs. 2 Nr. 2–5 und § 6 iVm Nr. 4 des Anhangs der 2. SprengV.

b) Tathandlung. Als Tathandlung nennt Abs. 2 Nr. 2 das **Betreiben** eines Lagers. Zwar sind nach § 17 Abs. 1 S. 1 Nr. 1 sowohl die Errichtung als auch der Betrieb eines Lagers genehmigungsbedürftig. § 40 Abs. 2 Nr. 2 sanktioniert jedoch ausschließlich den genehmigungslosen **Betrieb.** Die genehmigungslose Errichtung ist somit nicht strafbewehrt und stellt lediglich eine Ordnungswidrigkeit nach § 41 Abs. 1 Nr. 7 dar.[224] Das **Betreiben** umfasst die gesamte Betriebsweise einschließlich der Unterhaltung des Lagers (vgl. Nr. 17.4.2 SprengVwV).[225] Dabei muss der Betrieb nach Erstellung des Lagers jedenfalls insoweit aufgenommen worden sein, als wenigstens eine Teileinlagerung explosionsgefährlicher Stoffe vorgenommen worden sein muss.[226] Ein Wechsel der gelagerten Stoffe ist hingegen nicht erforderlich, es genügt vielmehr jedes Einbringen der Stoffe in das Lager.[227]

c) Fehlen der erforderlichen Genehmigung. Als weiteres Tatbestandsmerkmal nennt Abs. 2 Nr. 2 das Fehlen der Genehmigung zum Betrieb eines Lagers. Hierzu ist als erstes festzustellen, ob überhaupt ein Fall der Genehmigungsbedürftigkeit vorliegt. Das Gesetz nennt hierfür zwei Fälle: Nach § 17 Abs. 1 Nr. 1 ist der **Betrieb** eines (neu) errichteten Lagers genehmigungsbedürftig, nach § 17 Abs. 1 Nr. 2 unterfällt ferner die **wesentliche Änderung** der Beschaffenheit oder des Betriebes eines solchen Lagers[228] der Genehmigungspflicht. Dagegen bedarf der Betrieb von sog. **Altlagern** nach **§ 48** keiner Genehmigung.[229] Die Vorschrift lautet:

---

[220] *Apel/Keusgen*, Bd. 2, § 17 Anm. 3.1; Erbs/Kohlhaas/*Steindorf,* S 169, § 40 Rn. 13; Graf/Jäger/Wittig/ Grommes § 41 Rn. 23; auch BT-Drs. 7/4824, 21 (zu § 15a des Entwurfs).
[221] Erbs/Kohlhaas/*Steindorf,* S 169, Rn. 13; hierzu Nr. 1.8 des Anhangs zu § 2 der 2. SprengV, BGBl. 2002 I S. 3543 (3546) – hier noch Nr. 1.6; abgedruckt ua bei *Apel/Keusgen,* Bd. 1, A II 2.
[222] Erbs/Kohlhaas/*Steindorf,* S 169, Rn. 13; hierzu Nr. 1.9 des Anhangs zu § 2 der 2. SprengV, BGBl. 2002 I S. 3543 (3546) – hier noch Nr. 1.7; abgedruckt ua bei *Apel/Keusgen,* Bd. 1, A II 2.
[223] KG 5.2.1997 – 2 Ss 253/96 – 5 Ws (B) 722/96, NStZ-RR 1998, 252; Erbs/Kohlhaas/*Steindorf,* S 169, § 40 Rn. 13.
[224] → § 41 Rn. 36.
[225] VGH Mannheim 20.2.2008 – 1 S. 2814/07, BeckRS 2008, 33474.
[226] *Apel/Keusgen,* Bd. 2, § 40 Anm. 3.2; Erbs/Kohlhaas/*Steindorf,* S 169, § 40 Rn. 14.
[227] VGH Mannheim 20.2.2008 – 1 S. 2814/07, BeckRS 2008, 33474.
[228] Vgl. hierzu ergänzend § 17 Abs. 6 und Nr. 17.4.3 SprengVwV.
[229] Erbs/Kohlhaas/*Steindorf,* S 169, § 40 Rn. 15.

§ 48 Bereits errichtete Sprengstofflager

¹Lager für explosionsgefährliche Stoffe, die bei Inkrafttreten dieses Gesetzes bereits errichtet oder genehmigt waren, bedürfen keiner Genehmigung nach § 17 Abs. 1. ²Soweit nach § 17 und den auf Grund des § 25 erlassenen Rechtsverordnungen an die Errichtung und den Betrieb von Lagern für explosionsgefährliche Stoffe Anforderungen zu stellen sind, die über die vor Inkrafttreten dieses Gesetzes gestellten Anforderungen hinausgehen, kann die zuständige Behörde verlangen, dass die bereits errichteten oder genehmigten Lager den Vorschriften dieses Gesetzes entsprechend geändert werden, wenn
1. die Lager erweitert oder wesentlich verändert werden sollen,
2. Beschäftigte oder Dritte gefährdet sind oder
3. dies zur Abwehr von sonstigen erheblichen Gefahren für die öffentliche Sicherheit erforderlich ist.

78 Liegt ein Fall der Genehmigungsbedürftigkeit vor, so ist weiter zu prüfen, ob die erforderliche Genehmigung wirksam erteilt wurde und ob die vorgenommene Lagerung der entsprechenden Gegenstände vom Inhalt der Genehmigung gedeckt ist.[230] Eine Strafbarkeit liegt sowohl dann vor, wenn überhaupt keine (Anfangs-)Genehmigung vorlag als auch dann, wenn eine erforderliche Änderungsgenehmigung nicht eingeholt wurde. Sie ist schließlich auch dann gegeben, wenn zwar eine Genehmigung vorlag, das Verhalten aber von der Genehmigung nicht gedeckt ist.[231] Letzteres kann insbes. dann vorkommen, wenn in dem (genehmigten) Lager andere als die genehmigten Stoffe oder größere als die in der Genehmigung vorgesehenen Mengen gelagert werden.[232] Wird hingegen nur gegen eine vollziehbare Auflage nach § 17 Abs. 3 verstoßen, stellt die Tat lediglich eine Ordnungswidrigkeit nach § 41 Abs. 1 Nr. 3 dar.[233]

79 **3. Unerlaubter Vertrieb oder unerlaubtes Überlassen explosionsgefährlicher Stoffe an Nichtberechtigte (Nr. 3 Buchst. a iVm § 22 Abs. 1 S. 2).** In § 40 Abs. 2 Nr. 3 werden in Buchst. a–e fünf verschiedene Verstöße gegen Überlassungsverbote des § 22 unter Strafe gestellt.[234] Diese Vorschriften sind durchweg von dem Gedanken getragen, dass explosionsgefährliche Stoffe nicht an unzuverlässige Personen gelangen sollen. Tatobjekte des § 40 Abs. 2 Nr. 3 sind in allen fünf Alternativen explosionsgefährliche Stoffe.[235] Die früher an dieser Stelle vorgesehene Ausnahme für „nach § 5 Abs. 1 Satz 1 zugelassene pyrotechnische Gegenstände" wurde durch das 4. SprengÄndG im Jahre 2009 gestrichen.[236] Gleichzeitig wurde allerdings in § 40 Abs. 5 klargestellt, dass eine Strafbarkeit nach § 40 Abs. 2 Nr. 3 ausscheidet, wenn eine dort bezeichnete Handlung in Bezug auf einen nach § 5 Abs. 1 Nr. 1 konformitätsbewerteten oder nach § 47 Abs. 2 oder Abs. 4 zugelassenen pyrotechnischen Gegenstand (§ 3 Abs. 1 Nr. 3[237]) begangen wird.[238] In diesen Fällen kommt lediglich eine Ordnungswidrigkeit nach § 41 Abs. 1a in Frage.[239] Die für § 40 Abs. 2 Nr. 3 Buchst. a und Buchst. b relevante Vorschrift des **§ 22 Abs. 1** lautet:[240]

§ 22 Vertrieb und Überlassen

(1) ¹Explosionsgefährliche Stoffe dürfen nur von verantwortlichen Personen vertrieben oder an andere überlassen werden. ²Die verantwortlichen Personen dürfen diese Stoffe nur an Personen vertreiben oder Personen überlassen, die nach diesem Gesetz, einer auf Grund dieses Gesetzes erlassenen Rechtsverordnung oder nach landesrechtlichen Vorschriften damit umgehen oder den

---

[230] *Apel/Keusgen*, Bd. 2, § 40 Anm. 3.2; ergänzend ist auf die Ausführungen zum Fehlen der erforderlichen Erlaubnis, → Rn. 62 ff., hinzuweisen.
[231] *Apel/Keusgen*, Bd. 2, § 40 Anm. 3.2; Erbs/Kohlhaas/*Steindorf*, S 169, § 40 Rn. 15.
[232] *Apel/Keusgen*, Bd. 2, § 40 Anm. 3.2.
[233] → § 41 Rn. 22.
[234] Vgl. aus der (zivilrechtlichen) Rspr. LG Marburg 25.2.1986 – 5 O 12/97, NJWE-VHR 1998, 215.
[235] Vgl. zum Begriff des explosionsgefährlichen Stoffes → Rn. 3 ff.
[236] Gesetz vom 17.7.2009, BGBl. I S. 2062 (2066).
[237] Vgl. zum Begriff des pyrotechnischen Gegenstandes → Rn. 15 ff.
[238] Zu beachten ist allerdings, dass diese Ausnahmeklausel für Feuerwerkskörper der Kategorie F4 nicht gilt; vgl. § 40 Abs. 5 S. 2 iVm § 3a Abs. 1 Nr. 1 Buchst. b.
[239] Hierzu → § 41 Rn. 47.
[240] Vgl. zur näheren Begründung BT-Drs. V/1268, 58 ff. (zu § 19 des Entwurfs).

Verkehr mit diesen Stoffen betreiben dürfen. ³Innerhalb einer Betriebsstätte dürfen explosionsgefährliche Stoffe auch anderen Personen überlassen oder von anderen Personen in Empfang genommen werden, wenn diese unter Aufsicht handeln und mindestens 16 Jahre alt sind; das Überlassen an Personen unter 18 Jahren ist nur zulässig, soweit dies zur Erreichung ihres Ausbildungszieles erforderlich, ihr Schutz durch die Aufsicht einer verantwortlichen Person gewährleistet und die betriebsärztliche und sicherheitstechnische Betreuung sichergestellt ist.

(1a)–(6) [...]²⁴¹

a) Tatobjekt. Tatobjekt des Abs. 2 Nr. 3 Buchst. a sind explosionsgefährliche Stoffe.²⁴² **80**
Zu beachten ist allerdings die Ausnahme in Abs. 5: Eine Strafbarkeit scheidet aus, wenn es sich um einen nach § 5 Abs. 1 Nr. 1 konformitätsbewerteten oder nach § 47 Abs. 2 oder Abs. 4 zugelassenen pyrotechnischen Gegenstand (§ 3 Abs. 1 Nr. 3) handelt.²⁴³ In diesen Fällen kommt lediglich eine Ordnungswidrigkeit nach § 41 Abs. 1a in Frage.²⁴⁴ Zu beachten ist allerdings auch die „Ausnahme der Ausnahme": Die Einschränkung des § 40 Abs. 2 Nr. 3 auf der Grundlage des § 40 Abs. 5 S. 1 gilt nach § 40 Abs. 5 S. 2 dann nicht, wenn es sich um einen pyrotechnischen Gegenstand nach § 3a Abs. 1 Nr. 1 Buchst. d handelt (Feuerwerkskörper der Kategorie F4, also solche, von denen eine große Gefahr ausgeht, die zur Verwendung nur durch Personen mit Fachkenntnissen vorgesehen sind, deren Lärmpegel die menschliche Gesundheit jedoch nicht gefährdet).²⁴⁵

b) Tathandlung. Tathandlung der Nr. 3 Buchst. a ist das **Vertreiben** oder **Überlassen** **81**
der explosionsgefährlichen Stoffe an Personen, die nach § 22 Abs. 1 S. 2 mit diesen Stoffen nicht **umgehen** (vgl. § 3 Abs. 2 Nr. 1) oder den Verkehr mit diesen Stoffen nicht **betreiben** dürfen,²⁴⁶ also in der Regel Personen, die keine entsprechende Genehmigung nach § 7 oder § 27 besitzen. Hinsichtlich der Begriffe des Vertreibens und des Überlassens gelten keine Besonderheiten.²⁴⁷ Allerdings ist hier das rein innerbetriebliche Überlassen (vgl. § 3 Abs. 2 Nr. 1) nicht erfasst.²⁴⁸ Dies ergibt sich daraus, dass § 40 Abs. 2 Nr. 3 Buchst. b iVm § 22 Abs. 1 S. 3 für **innerbetriebliche Vorgänge** eine Sonderregelung enthält.

Dem Betreffenden wird dabei eine Prüfungspflicht im Hinblick auf die Berechtigung **82** des Empfängers auferlegt. Er muss sich vergewissern, dass der Empfänger nach dem SprengG, nach einer auf Grund des SprengG erlassenen Rechtsverordnung oder nach einer landesrechtlichen Vorschrift mit den überlassenen Stoffen umgehen oder den Verkehr mit diesen Stoffen betreiben darf. Sofern der Empfänger nicht ausnahmsweise keine Erlaubnis benötigt, muss der Überlassende sich die entsprechende Urkunde (nach § 7 oder § 27) vorlegen lassen und feststellen, ob der Inhalt der Erlaubnis den beabsichtigten Umgang mit den konkret zu überlassenden explosionsgefährlichen Stoffen deckt (vgl. Nr. 22.2.1 der SprengVwV). Von der Prüfungspflicht nicht erfasst ist jedoch die Frage, ob der (berechtigte) Empfänger mit den überlassenen Gegenständen auch ordnungsgemäß umgeht, insbes. eine Lagergenehmigung nach § 17 besitzt.

Die Tat ist vollendet, wenn der Täter dem Empfänger die tatsächliche Gewalt über die **83** Stoffe eingeräumt hat bzw. ihm die Möglichkeit eingeräumt hat, die Stoffe selbstständig an sich zu nehmen.²⁴⁹ Unschädlich ist es dabei, wenn der Überlassende seinerseits die tatsächliche Gewalt nicht aufgibt.

---

²⁴¹ Die Vorschriften des § 22 Abs. 2–5 sind abgedruckt in → Rn. 89, Rn. 93 und Rn. 96; § 22 Abs. 1a enthält eine Sondervorschrift für die Bediensteten der an sich gar nicht dem SprengG unterfallenden Stellen nach § 1a Abs. 1 Nr. 3–5, Abs. 2–5; § 22 Abs. 6 enthält eine Ermächtigungsvorschrift zum Erlass einer Rechtsverordnung.
²⁴² Vgl. zum Begriff des explosionsgefährlichen Stoffes → Rn. 3 ff.
²⁴³ Zu beachten ist allerdings, dass diese Ausnahmeklausel für Feuerwerkskörper der Kategorie F4 nicht gilt; vgl. § 40 Abs. 5 S. 2 iVm § 3a Abs. 1 Nr. 1 Buchst. b; vgl. zum Begriff des pyrotechnischen Gegenstandes → Rn. 15 f.
²⁴⁴ Hierzu → § 41 Rn. 53.
²⁴⁵ Die Vorschrift des § 3a ist abgedruckt → Rn. 18.
²⁴⁶ Vgl. zum Umgang → Rn. 31 ff.; zum Verkehr mit explosionsgefährlichen Stoffen → Rn. 48 ff.
²⁴⁷ Vgl. zum Begriff des Vertreibens → Rn. 52; zum Begriff des Überlassens → Rn. 50.
²⁴⁸ Erbs/Kohlhaas/*Steindorf*, S 169, § 40 Rn. 18.
²⁴⁹ *Apel/Keusgen*, Bd. 2, § 40 Anm. 3.3.1.

84 **c) Täterkreis.** Nach § 40 Abs. 2 Nr. 3 Buchst. a knüpft eine Strafbarkeit daran an, dass der Täter die Stoffe „entgegen § 22 Abs. 1 S. 2" vertreibt oder überlässt. § 22 Abs. 1 S. 2 knüpft seinerseits an die **„verantwortliche Person"** des § 22 Abs. 1 S. 1 an, worunter wiederum der in § 19 aufgezählten Personenkreis zu verstehen ist.[250] Denn Aufgabe dieser Personen ist es gerade, dafür zu sorgen, dass explosionsgefährliche Stoffe nicht in falsche Hände gelangen und dass die Gefahr, die aus dem Umgang mit diesen Stoffen resultiert, gering gehalten wird. Insoweit soll also der „Kreislauf der Zuverlässigkeit" erhalten bleiben.[251] Nur diese verantwortlichen Personen können demnach taugliche Täter des § 40 Abs. 2 Nr. 3 Buchst. a sein (Sonderdelikt). Begeht eine andere Person eine der hier genannten Tathandlungen des Vertreibens oder Überlassens, kann lediglich eine Ordnungswidrigkeit nach § 41 Abs. 1 Nr. 10 vorliegen.[252]

85 **4. Unerlaubtes Überlassen innerhalb einer Betriebsstätte (Nr. 3 Buchst. b iVm § 22 Abs. 1 S. 3).** Während § 40 Abs. 2 Nr. 3 Buchst. a das Überlassen von explosionsgefährlichen Stoffen **außerhalb** der Betriebsstätte an unzuverlässige Personen unter Strafe stellt, regelt § 40 Abs. 2 Nr. 3 Buchst. b iVm § 22 Abs. 1 S. 3[253] das Überlassen an unzuverlässige Personen **innerhalb** einer Betriebsstätte.

86 **a) Tatobjekt.** Tatobjekt sind auch hier explosionsgefährliche Stoffe.[254] Zu beachten ist allerdings wiederum die Ausnahme in Abs. 5: Eine Strafbarkeit scheidet aus, wenn es sich um einen nach § 5 Abs. 1 Nr. 1 konformitätsbewerteten oder nach § 47 Abs. 2 oder Abs. 4 zugelassenen pyrotechnischen Gegenstand (§ 3 Abs. 1 Nr. 3) handelt.[255] In diesen Fällen kommt lediglich eine Ordnungswidrigkeit nach § 41 Abs. 1a in Frage.[256]

87 **b) Tathandlung.** Als Tathandlung nennt Abs. 2 Nr. 3 Buchst. b ausschließlich das **Überlassen** (und nicht auch das Vertreiben).[257] Dieses muss **innerhalb einer Betriebsstätte** stattfinden (ansonsten greift § 40 Abs. 2 Nr. 3 Buchst. a ein). Innerhalb einer solchen Betriebsstätte ist es nun nach § 22 Abs. 1 S. 3 – im Gegensatz zu § 22 Abs. 1 S. 2 – auch zulässig, explosionsgefährliche Stoffe an Personen zu überlassen, die selbst keine behördliche Erlaubnis zum Umgang mit diesen Stoffen besitzen. Das Überlassen ist nur dann strafbar, wenn es gegenüber einer der in § 40 Abs. 2 Nr. 3 Buchst. b iVm § 22 Abs. 1 S. 3 ausdrücklich aufgeführten **drei Personengruppen** stattfindet:
– Personen, die nicht **„unter Aufsicht oder nach Weisung"** einer verantwortlichen Person iS des § 19 handeln. Insofern findet in der Strafbestimmung des § 40 Abs. 2 Nr. 3 Buchst. b eine gewisse Lockerung der Voraussetzungen im Vergleich zur verwaltungsrechtlichen Vorschrift des § 22 Abs. 1 statt. Denn nach § 22 Abs. 1 S. 3 dürfen Stoffe nur an Personen überlassen werden, die „unter Aufsicht" handeln. Das Überlassen an Personen, die lediglich „nach Weisung" handeln, nicht aber einer (ständigen) Aufsicht unterstehen, ist somit zwar nach § 22 Abs. 1 nicht gestattet, ein entsprechendes Verhalten ist jedoch nicht strafbewehrt.[258]
– Personen, die noch nicht 16 Jahre alt sind.
– Personen, die **zwar bereits 16 aber noch nicht 18 Jahre alt** sind, sofern die in § 22 Abs. 1 S. 3 bezeichneten Voraussetzungen nicht vorliegen. Nach dieser Vorschrift wird die Überlassung von explosionsgefährlichen Stoffen an minderjährige Personen, die mindestens 16 Jahre alt sind, dann für zulässig angesehen, wenn dies zur Erreichung ihres

---

[250] Die Vorschrift des § 19 ist abgedruckt in → § 41 Rn. 37.
[251] Erbs/Kohlhaas/*Steindorf*, S 169, § 40 Rn. 20.
[252] Hierzu → § 41 Rn. 39.
[253] Die Vorschrift ist abgedruckt → Rn. 79.
[254] Vgl. zum Begriff des explosionsgefährlichen Stoffes → Rn. 3 ff.
[255] Zu beachten ist allerdings, dass diese Ausnahmeklausel für Feuerwerkskörper der Kategorie F4 nicht gilt; vgl. § 40 Abs. 5 S. 2 iVm § 3a Abs. 1 Nr. 1 Buchst. b; vgl. zum Begriff des pyrotechnischen Gegenstandes → Rn. 15 ff.
[256] Hierzu → § 41 Rn. 53.
[257] Vgl. zum Begriff des Überlassens → Rn. 50.
[258] Erbs/Kohlhaas/*Steindorf*, S 169, § 40 Rn. 19.

Ausbildungszieles **erforderlich** ist (ein bloßes Überlassen „zu Ausbildungszwecken" ohne den Nachweis einer spezifischen Erforderlichkeit reicht daher nicht aus[259]). Ferner muss ihr Schutz durch die Aufsicht einer verantwortlichen Person gewährleistet und die betriebsärztliche und sicherheitstechnische Betreuung sichergestellt sein (vgl. hierzu auch § 22 JArbSchG). Liegen diese Voraussetzungen vor, so ist eine Überlassung zulässig, sofern die weitere Voraussetzung „Handeln unter Aufsicht oder nach Weisung einer verantwortlichen Person" gegeben ist.

c) Täterkreis. Wie schon in § 40 Abs. 2 Nr. 3 Buchst. a, so knüpft auch hier die Strafbarkeit ausdrücklich an einen Verstoß gegen § 22 an. Obwohl in § 22 Abs. 1 S. 3 – im Gegensatz zu § 22 Abs. 1 S. 2 – die „verantwortlichen Personen" nicht ausdrücklich genannt sind, ergibt sich doch aus dem systematischen Zusammenhang, dass sich der gesamte § 22 ausschließlich an **verantwortliche Personen** nach § 19 richtet. Nur diese können im Rahmen des § 40 Abs. 2 Nr. 3 Buchst. b daher als taugliche Täter angesehen werden.[260]   88

5. Unerlaubtes Überlassen im Rahmen einer Verbringung (Nr. 3 Buchst. c iVm § 22 Abs. 2). Durch **§ 22 Abs. 2** soll gewährleistet werden, dass auch im Rahmen einer zulässigen Verbringung (dh Beförderung) explosionsgefährlicher Stoffe der Kreislauf der Zuverlässigkeit der beteiligten Personen nicht unterbrochen wird. Daher wird auch hier festgelegt, dass die Stoffe nur an bestimmte Personen weitergegeben (= überlassen) werden dürfen. Ein Verstoß hiergegen wird in Abs. 2 Nr. 3 Buchst. c unter Strafe gestellt. Die in Bezug genommene Vorschrift lautet: 89

§ 22 Abs. 2 Vertrieb und Überlassen
(1) [...]
(1a) [...]
(2) Verbringer dürfen Stoffe, die im Beförderungspapier nach gefahrgutrechtlichen Vorschriften oder, falls ein Beförderungspapier nicht vorgeschrieben ist, auf dem Versandstück als explosionsgefährliche Stoffe gekennzeichnet sind, nur überlassen
1. dem vom Auftraggeber bezeichneten Empfänger, einer Person, die einen Befähigungsschein besitzt, oder einer verantwortlichen Person nach § 19 Abs. 1 Nr. 4 Buchstabe b,
2. den in § 1 Abs. 4 Nr. 1 bezeichneten Stellen,[261]
3. anderen Verbringern oder Lagerern, die in den Verbringensvorgang eingeschaltet sind.
(3)–(6) [...]

a) Tatobjekt. Tatobjekt sind auch hier auf Grund der eindeutigen Formulierung in § 40 Abs. 2 Nr. 3 nur explosionsgefährliche Stoffe.[262] Zu beachten ist wiederum die Ausnahme in Abs. 5: Eine Strafbarkeit scheidet aus, wenn es sich um einen pyrotechnischen Gegenstand (§ 3 Abs. 1 Nr. 3)[263] handelt, für den nach § 5 Abs. 1 Nr. 1 der Konformitätsnachweis erbracht wurde oder eine Zulassung nach § 47 Abs. 2 oder Abs. 4 erfolgt ist.[264] Für letztere ist eine Tathandlung iS des § 40 Abs. 2 Nr. 3 iVm § 22 nicht strafbar. Es kommt lediglich eine Ordnungswidrigkeit nach § 41 Abs. 1a in Frage.[265]   90

b) Tathandlung. Als Tathandlung nennt Abs. 2 Nr. 3 Buchst. c ausschließlich das **Überlassen**.[266] Dieses Überlassen muss „entgegen § 22 Abs. 2" stattfinden, dh im Rahmen einer   91

---
[259] Erbs/Kohlhaas/*Steindorf*, S 169, § 40 Rn. 19.
[260] Vgl. ergänzend → Rn. 84.
[261] Auffallend ist, dass § 22 Abs. 2 Nr. 2 weiterhin noch auf die „in § 1 Abs. 4 Nr. 1 bezeichneten Stellen" verweist. Nach der durch das „Fünfte Gesetz zur Änderung des Sprengstoffgesetzes" vom 11.6.2017, BGBl. I S 1586, ab dem 1.7.2017 geltenden Fassung geht dieser Verweis jedoch fehl, da sich die in § 1 Abs. 4 Nr. 1 aF aufgezählten Stellen (Bundeswehr, Vollzugspolizeien, Zollgrenzdienst etc.) nunmehr in § 1a Abs. 1 finden; der Text ist abgedruckt in → Rn. 55.
[262] Vgl. zum Begriff des explosionsgefährlichen Stoffes → Rn. 3 ff.
[263] Vgl. zum Begriff des pyrotechnischen Gegenstandes → Rn. 15 ff.
[264] Zu beachten ist allerdings, dass diese Ausnahmeklausel für Feuerwerkskörper der Kategorie F4 nicht gilt; vgl. § 40 Abs. 5 S. 2 iVm § 3a Abs. 1 Nr. 1 Buchst. b.
[265] Hierzu → § 41 Rn. 53.
[266] Vgl. zum Begriff des Überlassens → Rn. 50.

Beförderung gegenüber einer Person oder Stelle erfolgen, die in § 22 Abs. 2 Nr. 1–3 nicht aufgezählt ist. Der Verbringer muss sich dabei von der Empfangsberechtigung derjenigen Personen oder Stellen überzeugen, denen er die jeweiligen Stoffe überlässt.[267] In Frage kommen folgende Personen oder Stellen:
- der vom Auftraggeber bezeichnete Empfänger (Nr. 1 Alt. 1). Hier ist zu verlangen, dass der Nachweis durch Vorlage des Erlaubnisbescheides und eines amtlichen Ausweispapiers (Pass, Personalausweis) geführt wird.[268]
- eine Person, die einen Befähigungsschein besitzt (Nr. 1 Alt. 2). Hier ist zu verlangen, dass der Nachweis durch Vorlage dieses Befähigungsscheines (vgl. § 20) und eines amtlichen Ausweispapiers geführt wird.[269]
- eine verantwortliche Person iS des § 19 Abs. 1 Nr. 4 Buchstabe b[270] (Nr. 1 Alt. 3). Hier ist zu verlangen, dass sich der Verbringer einerseits die schriftliche Vollmacht des Empfängers, andererseits dessen Ausweis vorlegen lässt.[271]
- eine Stelle iS des § 1 Abs. 4 Nr. 1[272] (Nr. 2). Auffallend ist, dass § 22 Abs. 2 Nr. 2 weiterhin noch auf die „in § 1 Abs. 4 Nr. 1 bezeichneten Stellen" verweist, ein Verweis, der nach der durch das „Fünfte Gesetz zur Änderung des Sprengstoffgesetzes" vom 11.6.2017[273] ab dem 1.7.2017 geltenden Fassung jedoch fehl geht, da die sich in § 1 Abs. 4 Nr. 1 aF aufgezählten Stellen (Bundeswehr, Vollzugspolizeien, Zollgrenzdienst etc.) nunmehr in § 1a Abs. 1[274] finden; aufgeführt waren in § 1 Abs. 4 Nr. 1 aF die Bundeswehr, die in der Bundesrepublik Deutschland stationierten ausländischen Streitkräfte, die Vollzugspolizei des Bundes und der Länder, der Zollgrenzdienst sowie die für die Kampfmittelbeseitigung zuständigen Dienststellen der Länder. Sofern man diese Vorschrift insoweit heute überhaupt noch für anwendbar erachtet, ist auch hier zu verlangen, dass sich der Verbringer einerseits die schriftliche Vollmacht des Empfängers, andererseits dessen Ausweis vorlegen lässt. Gleiches gilt für einen Bediensteten der in § 1a Abs. 2 (früher § 5 der 1. SprengV aF) genannten Stellen.[275]
- ein anderer Verbringer, der in den Verbringungsvorgang eingeschaltet ist (Nr. 3 Alt. 1). Auch hier muss sich der Verbringer davon überzeugen, dass derjenige, dem er die Stoffe übergibt, tatsächlich derjenige ist, der ihm als Zwischenempfänger seitens seines Auftraggebers benannt worden ist. Insofern soll also auch innerhalb einer **Transportkette** sichergestellt werden, dass explosionsgefährliche Stoffe nicht in falsche Hände geraten.[276]
- ein anderer Lagerer, der in den Verbringungsvorgang eingeschaltet ist (Nr. 3 Alt. 2).

92 **c) Täterkreis.** Da § 40 Abs. 2 Nr. 3 Buchst. c ausdrücklich an einen Verstoß gegen § 22 Abs. 2 anknüpft, kommt als Täter nur derjenige in Frage, der die Stoffe „verbringt".[277] Als Verbringer kann dabei nur derjenige Beförderer angesehen werden, der den Vorschriften des SprengG unterliegt (Beförderung mit Straßenfahrzeugen, Binnenschiffen, Schienenverkehr der Eisenbahnen des öffentlichen Verkehrs, Seeschiffe, Luftfahrzeuge, nicht aber bei der Beförderung durch die Post, § 1b Abs. 1 Nr. 1).[278] Ferner wird vorausgesetzt, dass die Art des Transportguts für den Verbringer erkennbar war, also kenntlich gemacht wurde, dass es sich bei dem zu transportierenden Gut um explosionsgefährliche Stoffe handelt, dh

---

[267] Vgl. ergänzend Nr. 22.2.2 S. 3 SprengVwV.
[268] Vgl. auch Erbs/Kohlhaas/*Steindorf*, S. 169, § 40 Rn. 20 sowie Nr. 22.2.2 S. 3, erster Spiegelstrich SprengVwV.
[269] Vgl. auch Erbs/Kohlhaas/*Steindorf*, S. 169, § 40 Rn. 20 sowie Nr. 22.2.2 S. 3, erster Spiegelstrich SprengVwV.
[270] Die Vorschrift des § 19 Abs. 1 Nr. 4 ist abgedruckt in § 41 Rn. 37.
[271] Vgl. Nr. 22.2.2 S. 3, dritter Spiegelstrich SprengVwV.
[272] Die Vorschrift des § 1 Abs. 4 ist abgedruckt in der Voraufl. → Rn. 53.
[273] BGBl. I S. 1586.
[274] Der Text des § 1a ist abgedruckt in → Rn. 55.
[275] Vgl. Nr. 22.2.2 S. 3, vierter Spiegelstrich SprengVwV.
[276] Vgl. auch Erbs/Kohlhaas/*Steindorf*, S. 169, § 40 Rn. 20.
[277] Zum Merkmal des „Verbringens" → Rn. 37 f.
[278] Vgl. Nr. 22.2.2 S. 1 SprengVwV.

die explosionsgefährlichen Stoffe müssen im Beförderungspapier nach gefahrgutrechtlichen Vorschriften oder, falls ein Beförderungspapier nicht vorgeschrieben ist, auf dem Versandstück als explosionsgefährliche Stoffe gekennzeichnet sein.[279]

6. Unerlaubtes Überlassen an Minderjährige (Nr. 3 Buchst. d iVm § 22 Abs. 3). 93
Diese Vorschrift will sicherstellen, dass – über die Fälle des § 40 Abs. 2 Nr. 3 Buchst. b hinaus – nicht nur im internen Betriebsbereich, sondern auch darüber hinaus explosionsgefährliche Stoffe nicht an Minderjährige gelangen. Dies wird in **§ 22 Abs. 3** ausdrücklich festgelegt. Die Vorschrift lautet:

§ 22 Vertrieb und Überlassen

(1)–(2) [...][280]

(3) Personen unter 18 Jahren dürfen explosionsgefährliche Stoffe, außer pyrotechnische Gegenstände der Kategorie F1 oder den Fällen des Absatzes 1 Satz 3, nicht überlassen werden.

(4)–(6) [...]

a) Tatobjekt. Tatobjekt sind auch hier auf Grund der eindeutigen Formulierung in 94
Abs. 2 Nr. 3 nur explosionsgefährliche Stoffe.[281] Zu beachten ist wiederum die Ausnahme in Abs. 5: Eine Strafbarkeit scheidet aus, wenn es sich um einen pyrotechnischen Gegenstand (§ 3 Abs. 1 Nr. 3)[282] handelt, für den nach § 5 Abs. 1 Nr. 1 der Konformitätsnachweis erbracht wurde oder eine Zulassung nach § 47 Abs. 2 oder Abs. 4 erfolgt ist.[283] In diesen Fällen kommt lediglich eine Ordnungswidrigkeit nach § 41 Abs. 1a in Frage.[284] Das Überlassen pyrotechnischer Gegenstände an Minderjährige ist daher nicht strafbar.

b) Tathandlung. Als Tathandlung nennt § 40 Abs. 2 Nr. 3 Buchst. d ausschließlich das 95
Überlassen.[285] Dieses Überlassen muss „entgegen § 22 Abs. 3" stattfinden. In beiden Vorschriften ist übereinstimmend das Überlassen an eine Person unter 18 Jahren, dh an einen Minderjährigen untersagt. § 22 Abs. 3 stellt jedoch darüber hinaus klar, dass ein Überlassen an Minderjährige in den Fällen des § 22 Abs. 1 S. 3 (Überlassen innerhalb eines Betriebes zum Zwecke der Ausbildung etc) unter den hier genannten Bedingungen zulässig ist.[286] Ausgenommen sind ferner pyrotechnische Gegenstände der Kategorie F1.[287]

7. Unerlaubtes Vertreiben bzw. unerlaubtes Überlassen im Reisegewerbe etc 96
(Nr. 3 Buchst. e iVm § 22 Abs. 4 S. 1). Durch das Verbot des § 22 Abs. 4 S. 1 soll sichergestellt werden, dass explosionsgefährliche Stoffe nicht im Rahmen des „fahrenden Gewerbes" oder einer vergleichbaren Veranstaltung an den Letztverbraucher gelangen.[288] Die hier relevanten Vorschriften lauten:

§ 22 Abs. 4 und Abs. 5 Vertrieb und Überlassen

(4) ¹Der Vertrieb und das Überlassen explosionsgefährlicher Stoffe ist verboten
1. im Reisegewerbe, soweit eine Reisegewerbekarte erforderlich wäre oder die Voraussetzungen des § 55a Abs. 1 Nr. 1 oder 3 der Gewerbeordnung vorliegen,
2. auf Veranstaltungen im Sinne des Titels IV der Gewerbeordnung mit Ausnahme der Entgegennahme von Bestellungen auf Messen und Ausstellungen.

²Satz 1 findet keine Anwendung auf den Vertrieb und das Überlassen von pyrotechnischen Gegenständen der Kategorie F1.

---

[279] Vgl. hierzu näher Erbs/Kohlhaas/*Steindorf*, S 169, 160. EL, § 22 Rn. 5.
[280] Die Vorschrift des § 22 Abs. 1 und Abs. 2 ist abgedruckt → Rn. 79 und 89.
[281] Vgl. zum Begriff des explosionsgefährlichen Stoffes → Rn. 3 ff.
[282] Vgl. zum Begriff des pyrotechnischen Gegenstandes → Rn. 15 ff.
[283] Zu beachten ist allerdings, dass diese Ausnahmeklausel für Feuerwerkskörper der Kategorie F4 nicht gilt; vgl. § 40 Abs. 5 S. 2 iVm § 3a Abs. 1 Nr. 1 Buchst. b.
[284] Hierzu → § 41 Rn. 53.
[285] Vgl. zum Begriff des Überlassens → Rn. 50.
[286] Hierzu → Rn. 85 ff.
[287] Vgl. hierzu § 3a Abs. 1 Nr. 1 Buchst. a; die Vorschrift ist abgedruckt → Rn. 18.
[288] Vgl. Erbs/Kohlhaas/*Steindorf*, S 169, § 40 Rn. 22.

(5) Die zuständige Behörde kann im Einzelfall Ausnahmen von dem Verbot des Absatzes 4 Satz 1 Nr. 1 mit Wirkung für den Geltungsbereich dieses Gesetzes und von dem Verbot des Absatzes 4 Satz 1 Nr. 2 für ihren Bezirk zulassen, soweit der Schutz von Leben oder Gesundheit Beschäftigter oder Dritter sowie sonstige öffentliche Interessen nicht entgegenstehen.

97 **a) Tatobjekt.** Tatobjekt sind auch hier auf Grund der eindeutigen Formulierung in § 40 Abs. 2 Nr. 3 nur explosionsgefährliche Stoffe.[289] Zu beachten ist wiederum die Ausnahme in Abs. 5: Eine Strafbarkeit scheidet aus, wenn es sich um einen pyrotechnischen Gegenstand (§ 3 Abs. 1 Nr. 3)[290] handelt, für den nach § 5 Abs. 1 Nr. 1 der Konformitätsnachweis erbracht wurde oder eine Zulassung nach § 47 Abs. 2 oder Abs. 4 erfolgt ist.[291] In diesen Fällen kommt lediglich eine Ordnungswidrigkeit nach § 41 Abs. 1a in Frage.[292] Dies ergibt sich insoweit auch aus dem durch das 4. SprengÄndG[293] neu eingefügten und durch das 5. SprengÄndG[294] geänderten § 22 Abs. 4 S. 2, wonach die Vorschrift des § 22 Abs. 4 S. 1 auf den Vertrieb und das Überlassen von pyrotechnischen Gegenständen der Kategorie F1 keine Anwendung findet.[295]

98 **b) Tathandlung.** Tathandlung ist das **Vertreiben** oder **Überlassen** explosionsgefährlicher Stoffe im Rahmen der genannten Gewerbe. Hinsichtlich der Begriffe des Vertreibens und des Überlassens gelten keine Besonderheiten.[296] Durch die Vorschrift soll verhindert werden, dass explosionsgefährliche Stoffe durch die genannten Vertriebsarten an **Letztverbraucher** gelangen. Daher ist das Aufsuchen anderer Gewerbetreibender im Rahmen ihres Geschäftsbetriebes zur Aufnahme von Bestellungen nicht erfasst (vgl. Nr. 22.4 der SprengVwV). Während durch § 22 Abs. 4 S. 1 Nr. 1 das Vertreiben und Überlassen **im Reisegewerbe**[297] untersagt ist, sind über die Nr. 2 **Messen** (§ 64 GewO), **Ausstellungen** (§ 65 GewO), **Großmärkte** (§ 66 GewO), **Wochenmärkte** (§ 67 GewO) sowie **Spezial- und Jahrmärkte** (§ 68 GewO) erfasst.[298] Laut ausdrücklicher gesetzlicher Bestimmung dürfen jedoch **Bestellungen** auf Messen und Ausstellungen entgegengenommen werden. Untersagt ist jedoch auch hier das **Feilhalten bzw. Feilbieten** explosionsgefährlicher Stoffe.[299] Allerdings kann die Behörde nach § 22 Abs. 5 im Einzelfall Ausnahmen zulassen.

VII. Subjektiver Tatbestand

99 Sämtliche Tatbestände des Abs. 1 und Abs. 2 erfordern ein **vorsätzliches** Verhalten. Bedingter Vorsatz reicht aus. Der Vorsatz muss sich im Rahmen des Abs. 1 auch auf das Tatbestandsmerkmal[300] der fehlenden Erlaubnis erstrecken. Hält der Täter eine solche irrtümlich für erteilt, liegt ein vorsatzausschließender Tatbestandsirrtum nach § 16 Abs. 1 S. 1 StGB vor.[301] Anders hingegen, wenn der Täter sein Verhalten irrtümlich für nicht erlaubnispflichtig hält, da hier lediglich eine falsche rechtliche Bewertung eines vom tatsächlichen her zutreffend erkannten Sachverhaltes vorliegt. Hier ist lediglich § 17 StGB anwendbar.[302]

---

[289] Vgl. zum Begriff des explosionsgefährlichen Stoffes → Rn. 3 ff.
[290] Vgl. zum Begriff des pyrotechnischen Gegenstandes → Rn. 15 f.
[291] Zu beachten ist allerdings, dass diese Ausnahmeklausel für Feuerwerkskörper der Kategorie F4 nicht gilt; vgl. § 40 Abs. 5 S. 2 iVm § 3a Abs. 1 Nr. 1 Buchst. b.
[292] Hierzu → § 41 Rn. 53.
[293] BGBl. 2017 I S. 1586 (1601).
[294] BGBl. 2009 I S. 2062 (2065); die Regelung war früher in § 22 Abs. 3 der 1. SprengV aF enthalten; vgl. BT-Drs. 16/12597, 41.
[295] Vgl. hierzu § 3a Abs. 1 Nr. 1 Buchst. a; die Vorschrift ist abgedruckt → Rn. 18.
[296] Vgl. zum Begriff des Vertreibens → Rn. 52; zum Begriff des Überlassens → Rn. 50.
[297] Zum Begriff des Reisegewerbes → WaffG § 52 Rn. 40.
[298] Zu den Begriffen Messen, Ausstellungen und Märkte → WaffG § 52 Rn. 41.
[299] Vgl. Nr. 22.5 SprengVwV; ferner Erbs/Kohlhaas/*Steindorf*, S 169, § 40 Rn. 22.
[300] Zur Einordnung der fehlenden Erlaubnis als Tatbestandsmerkmal bereits → Rn. 62.
[301] *Apel/Keusgen*, Bd. 2, § 40 Anm. 7; Erbs/Kohlhaas/*Steindorf*, S 169, § 40 Rn. 23.
[302] Erbs/Kohlhaas, S 169, § 40 Rn. 23; anders noch Erbs/Kohlhaas/*Steindorf*, S 169, 160. EL, § 40 Rn. 8, der auch hier § 16 StGB anwenden wollte; zu einem Fall des (vermeidbaren) Verbotsirrtums im Sprengstoffrecht vgl. OLG Karlsruhe 5.12.1991 – 1 Ss 49/91, NJW 1992, 1057 (1059).

Ebenso unterliegt zB derjenige einem (in aller Regel vermeidbaren) Verbotsirrtum, der im Rahmen des Abs. 2 Nr. 1 über seine Nachweispflicht irrt.[303]

VIII. Qualifikationstatbestand des Abs. 3

Abs. 3 stellt einen Qualifikationstatbestand sowohl zu Abs. 1 als auch zu Abs. 2 dar. Der Strafrahmen wird von Freiheitsstrafe bis zu drei Jahren (oder Geldstrafe) auf Freiheitsstrafe bis zu fünf Jahren (oder Geldstrafe) erhöht. Voraussetzung ist, dass durch eine der in Abs. 1 oder Abs. 2 genannten Straftaten **Leib** oder **Leben** oder **fremde Sachen von bedeutendem Wert** gefährdet werden. Bei der Gefährdung von Sachgütern ist es also entscheidend, dass sie im Eigentum eines anderen stehen.

Abs. 3 verlangt dabei eine **konkrete Gefährdung** der genannten Rechtsgüter. Eine bloß abstrakte Gefährdung reicht nicht aus. Es handelt sich somit um ein **konkretes Gefährdungsdelikt**.[304] Der bedeutende Wert einer (fremden) Sache richtet sich dabei nach dem Verkehrswert, nicht nach der funktionellen Bedeutung der Sache.[305] Allerdings ist nicht der Wert der Sache als solcher, sondern der des ihr drohenden Schadens entscheidend. Bei der Frage, ab wann ein solcher bedeutender Wert anzunehmen ist, kann auf die zu § 315c StGB entwickelten Grundsätze zurückgegriffen werden. Die Grenze liegt derzeit bei etwa 1.300 Euro.[306] Bei der gleichzeitigen Gefährdung mehrerer Sachen ist deren Wert zusammenzurechnen.

Im subjektiven Bereich verlangt Abs. 3 **Wissentlichkeit**. Erforderlich ist somit ein **direkter Vorsatz** in Form eines „gesteigerten Wissens". Lediglich bedingter Vorsatz iS eines bloßen „Fürmöglich-Haltens" genügt demnach nicht.[307] Dabei bezieht sich das Erfordernis der Wissentlichkeit nicht auf die in Abs. 1 und Abs. 2 genannte Tathandlung, sondern auf die hierdurch verursachte **konkrete Gefährdung** der genannten Rechtsgüter.

IX. Fahrlässigkeitstatbestand des Abs. 4

Abs. 4 normiert einen Fahrlässigkeitstatbestand im Hinblick auf die beiden Grundtatbestände des Abs. 1 und Abs. 2.[308] Der Strafrahmen ist hierbei deutlich geringer. Er wird von Freiheitsstrafe bis zu drei Jahren (oder Geldstrafe) beim Vorsatzdelikt auf Freiheitsstrafe bis zu einem Jahr (oder Geldstrafe) gesenkt. Hinsichtlich der Beurteilung der Fahrlässigkeit als objektivem und subjektivem Sorgfaltspflichtverstoß sind die allgemeinen Grundsätze heranzuziehen.[309] Fahrlässiges Verhalten kommt insbesondere auch dann in Betracht, wenn der Täter irrtümlich vom Vorliegen einer Erlaubnis für sein vorgenommenes Handeln ausgeht (vgl. § 16 Abs. 1 S. 2 StGB).

X. Ausnahmetatbestand (Abs. 5)

Abs. 5 enthält eine, erst durch das 4. SprengÄndG in das Gesetz aufgenommene Strafausschlussregelung hinsichtlich **pyrotechnischer Gegenstände**.[310] Während sich in den Tatbeständen der Abs. 1 Nr. 3 und Abs. 2 Nr. 3 bis zur Gesetzesänderung im Jahre 2009 eine ausdrückliche Herausnahme der „nach § 5 Abs. 1 Satz 1 zugelassene pyrotechnische Gegenstände" fand, hat der Gesetzgeber nun für diese Tatbestände eine ausdrückliche Ausnahmeklausel in Abs. 5 normiert, in der klar gestellt wird, dass die Tat nicht nach Abs. 1 Nr. 3 oder Abs. 2 Nr. 3 strafbar ist, wenn eine dort bezeichnete Handlung in Bezug auf einen

---

[303] Erbs/Kohlhaas/*Steindorf*, S 169, § 40 Rn. 11.
[304] *Apel/Keusgen*, Bd. 2, § 40 Anm. 4.
[305] *Apel/Keusgen*, Bd. 2, § 40 Anm. 4; Lackner/Kühl/*Heger* StGB § 315c Rn. 24; Schönke/Schröder/*Sternberg-Lieben*/*Hecker* StGB § 315c Rn. 31.
[306] Vgl. Schönke/Schröder/*Sternberg-Lieben*/*Hecker* StGB § 315c Rn. 31.
[307] *Apel/Keusgen*, Bd. 2, § 40 Anm. 7.
[308] Vgl. hierzu aus der Rspr. LG Cottbus 18.2.2004 – 24 Qs 73/04 (unveröffentlicht).
[309] → StGB § 15 Rn. 105 ff.
[310] BGBl. 2009 I S. 2062 (2066); vgl. zur Begründung BT-Drs. 16/12597, 43.

nach § 5 Abs. 1 Nr 1 konformitätsbewerteten oder nach § 47 Abs. 2 oder Abs. 4 zugelassenen pyrotechnischen Gegenstand begangen wird. Insoweit wird also auch nach geltendem Recht nur der unberechtigte Umgang mit nicht zugelassenen bzw. nicht konformitätsbewerteten pyrotechnischen Gegenständen strafrechtlich sanktioniert, während der unberechtigte Umgang mit zugelassenen bzw. konformitätsbewerteten pyrotechnischen Gegenständen nur als Ordnungswidrigkeit (§ 41 Abs. 1a) verfolgt wird. Zu beachten ist hier aber auch die erst durch das 5. SprengÄndG[311] im Jahre 2017 eingeführte „Rückausnahme". Die Herausnahme der genannten pyrotechnischen Gegenstände aus der Strafbarkeit gilt nicht für solche nach § 3a Abs. 1 Nr. 1 Buchst. d, dh Feuerwerkskörper der Kategorie F4 (Feuerwerkskörper, von denen eine große Gefahr ausgeht, die zur Verwendung nur durch Personen mit Fachkenntnissen vorgesehen sind, deren Lärmpegel die menschliche Gesundheit jedoch nicht gefährdet). Der Gesetzgeber begründete dies damit, dass diese pyrotechnischen Gegenstände das Gefahrpotenzial von Explosivstoffen hätten und daher besonders gefährlich seien.[312]

XI. Konkurrenzen

105   Im Sprengstoffrecht sind mehrere Konkurrenzverhältnisse denkbar. Verstößt der Täter durch dieselbe Handlung gegen mehrere der in Abs. 1 oder Abs. 2 genannten Tatbestände, liegt Tateinheit (§ 52 StGB) vor.[313] Dies ist zB dann der Fall, wenn der Täter (ohne Erlaubnis) im Rahmen seines gewerblichen Betriebes explosionsgefährliche Stoffe Minderjährigen überlässt (Abs. 1 Nr. 2 und Abs. 2 Nr. 3 Buchst. d). Der unerlaubte Umgang in Form der unerlaubten Aufbewahrung (Besitz) von explosionsgefährlichen Stoffen (Abs. 1 Nr. 1, Nr. 3) über eine längere Zeit hinweg stellt ein einheitliches Delikt (Dauerstraftat) dar. Begeht der Täter in diesem Zusammenhang im Zustand eines Vollrausches (§ 323a StGB) eine Straftat mittels der aufbewahrten explosionsgefährlichen Stoffe, so steht der Vollrausch und der Verstoß gegen § 40 SprengG ebenfalls in Tateinheit (§ 52 StGB).[314]

106   Tatmehrheit (§ 53 StGB) liegt hingegen vor, wenn der Täter durch mehrere Handlungen mehrere Strafvorschriften des SprengG erfüllt, zB explosionsgefährliche Stoffe entgegen § 27 Abs. 1 ohne Erlaubnis erwirbt (§ 40 Abs. 1 Nr. 3) und später entgegen § 22 Abs. 3 Minderjährigen überlässt (§ 40 Abs. 2 Nr. 3 Buchst. d).[315]

107   Führt eine Straftat nach Abs. 1 oder Abs. 2 nicht nur zur (konkreten) Gefährdung, sondern sogar zu Verletzung der in Abs. 3 genannten Rechtsgüter, so liegt ebenfalls Idealkonkurrenz (§ 52 StGB) zu diesen Delikten (zB zu §§ 212, 223 oder 303 StGB) vor.[316] Gleiches gilt für das Verhältnis des Fahrlässigkeitstatbestandes des § 40 Abs. 4 zu den fahrlässig begangenen Erfolgsdelikten der §§ 222, 229 StGB.[317]

108   Umstritten ist das Verhältnis der Strafbestimmungen des SprengG zu den Strafbestimmungen der Sprengstoffdelikte des StGB (insbes. § 308 StGB). Während hier teilweise von einem grds. Zurücktreten der Bestimmungen des SprengG ausgegangen wird,[318] nehmen andere in diesen Fällen ebenfalls Idealkonkurrenz (§ 52 StGB) an.[319] Dagegen treten nach § 21 OWiG Ordnungswidrigkeiten hinter eine nach §§ 40, 42 SprengG begangene Straftat zurück.

---

[311] BGBl. 2017 I S. 1586 (1603).
[312] BT-Drs 18/10455, 71.
[313] *Apel/Keusgen*, Bd. 2, § 40 Anm. 8; Erbs/Kohlhaas/*Steindorf,* S 169, § 40 Rn. 27.
[314] BGH 25.9.1991 – 2 StR 399/91, NJW 1992, 584 = NStZ 1992, 37; Erbs/Kohlhaas/*Steindorf,* S 169, § 40 Rn. 27.
[315] *Apel/Keusgen*, Bd. 2, § 40 Anm. 9.
[316] Erbs/Kohlhaas/*Steindorf,* S 169, § 40 Rn. 27.
[317] Erbs/Kohlhaas/*Steindorf,* S 169, § 40 Rn. 27.
[318] LK-StGB/*Wolff*, 11. Aufl., § 311 Rn. 13; § 311b Rn. 18; LK-StGB/*Wolff*, 12. Aufl., § 310 Rn. 21; Schönke/Schröder/*Heine/Bosch* § 310 Rn. 11; auch BayObLG 28.6.1973 – RReg 4 St 67/73, BayObLGSt 1973, 117 (119), zur Strafbestimmung des § 30 Abs. 2 SprengG 1969 im Verhältnis zu § 311a StGB aF; differenzierend → StGB § 311 Rn. 15 sowie *Fischer* StGB § 310 Rn. 9: § 40 Abs. 1 und Abs. 2 treten hinter § 310 StGB zurück, dagegen bestehe zwischen § 40 Abs. 3 und Abs. 4 und § 311 StGB Tateinheit.
[319] Erbs/Kohlhaas/*Steindorf,* S 169, § 40 Rn. 27.

XII. Verjährung

Nach § 78 Abs. 3 Nr. 4 StGB beträgt die Verjährungsfrist sowohl für die Grundtatbestände des § 40 Abs. 1 und Abs. 2 als auch für die Qualifikation des § 40 Abs. 3 jeweils **5 Jahre**. Der Fahrlässigkeitstatbestand des § 40 Abs. 4 verjährt hingegen nach § 78 Abs. 3 Nr. 5 StGB in **drei Jahren**.

§ 41 Ordnungswidrigkeiten

(1) Ordnungswidrig handelt, wer vorsätzlich oder fahrlässig
1. entgegen § 2 Abs. 1 eine Anzeige nicht, nicht richtig, nicht vollständig oder nicht rechtzeitig erstattet,
1a. entgegen § 2 Abs. 4 Satz 1 Stoffe vertreibt, anderen überlässt oder verwendet,
1b. entgegen § 2 Abs. 4 Satz 2 oder 3 explosionsgefährliche Stoffe einem anderen überlässt, ohne ihm einen Abdruck des Feststellungsbescheides zu übergeben,
1c. entgegen § 5 Absatz 1 in Verbindung mit einer Rechtsverordnung nach § 6 Absatz 1 Nummer 2 Buchstabe a oder Buchstabe c Explosivstoffe oder pyrotechnische Gegenstände auf dem Markt bereitstellt.
1d. entgegen § 5 Absatz 1a Explosivstoffe oder pyrotechnische Gegenstände einführt, verbringt, vertreibt, anderen überlässt oder verwendet,
1e. entgegen § 5 Absatz 3 Nummer 1 Explosivstoffe oder pyrotechnische Gegenstände mit der CE-Kennzeichnung versieht,
1f. entgegen § 5 Absatz 3 Nummer 2 Explosivstoffe oder pyrotechnische Gegenstände einer anderen Person überlässt
2. entgegen § 5f Absatz 1 Satz 1 Nummer 1 oder 2 in Verbindung mit einer Rechtsverordnung nach § 6 Absatz 1 Nummer 1, sonstige explosionsgefährliche Stoffe einführt, verbringt, vertreibt, anderen überlässt oder verwendet,
2a. entgegen § 5f Absatz 2 Satz 1 Sprengzubehör verwendet,
3. einer vollziehbaren Auflage oder Anordnung nach
   a) § 5f Absatz 4 Satz 1 oder 2 oder
   b) § 5f Absatz 4 Satz 3, § 10, § 17 Absatz 3, § 32 Absatz 1, 2, 3, 4 oder 5 Satz 1 oder § 33b Absatz 2 Satz 2, auch in Verbindung mit § 33b Absatz 4 zuwiderhandelt
3a. *(aufgehoben)*
3b. *(aufgehoben)*
4. eine Anzeige nach § 12 Abs. 1 Satz 3, § 14, § 21 Abs. 4 Satz 1 oder 2, § 26 Abs. 1 oder Abs. 2 Satz 1 oder § 35 Abs. 1 Satz 1 nicht, nicht richtig, nicht vollständig oder nicht rechtzeitig erstattet,
4a. entgegen § 15 Absatz 1 Satz 2 Halbsatz 1 in Verbindung mit einer Rechtsverordnung nach § 25 Nummer 5 einen Nachweis nicht oder nicht rechtzeitig erbringt,
5. entgegen § 15 Abs. 3 Satz 1 explosionsgefährliche Stoffe bei den zuständigen Behörden nicht anmeldet oder auf Verlangen nicht vorführt,
5a. entgegen § 15 Abs. 6 Satz 1 und 2 die Verbringungsgenehmigung nicht oder nicht rechtzeitig vorlegt,
6. gegen die Aufzeichnungspflicht nach § 16 Abs. 1 verstößt,
7. ohne Genehmigung nach § 17 Abs. 1 ein Lager errichtet oder wesentlich ändert,
8. als verantwortliche Person nach § 19 Abs. 1 Nr. 3 oder 4 Buchstabe a tätig wird, ohne einen Befähigungsschein zu besitzen,
9. gegen die Vorschrift des § 21 Abs. 2 oder 3 über die Bestellung verantwortlicher Personen verstößt,

10. explosionsgefährliche Stoffe vertreibt, verbringt oder anderen überlässt, ohne als verantwortliche Person bestellt zu sein (§ 22 Abs. 1 Satz 1),
11. entgegen § 22 Absatz 1a Satz 2 oder 4 eine Eintragung nicht, nicht richtig oder nicht rechtzeitig vornimmt oder eine Bescheinigung nicht oder nicht mindestens drei Jahre aufbewahrt,
12. gegen die Vorschrift des § 23 über das Mitführen von Urkunden verstößt,
12a. entgegen § 24 Abs. 1 Satz 2 eine Anleitung oder den Stand der Technik nicht oder nicht richtig anwendet,
13. (aufgehoben)
14. gegen die Vorschrift des § 31 Abs. 2 Satz 4 über die Duldung der Nachschau verstößt,
15. eine für den Umgang oder Verkehr verantwortliche Person weiterbeschäftigt, obwohl ihm dies durch vollziehbare Verfügung nach § 33 untersagt worden ist,
16. einer Rechtsverordnung nach § 6 Abs. 1, § 16 Abs. 3, § 25 oder § 29 Nr. 1 Buchstabe b, Nummer 2 oder 3 zuwiderhandelt, soweit sie für einen bestimmten Tatbestand auf diese Bußgeldvorschrift verweist,
17. entgegen einer landesrechtlichen Vorschrift über den Umgang oder den Verkehr mit explosionsgefährlichen Stoffen, auf den das Sprengstoffgesetz vom 25. August 1969 nicht anzuwenden war, oder entgegen einer auf Grund einer solchen Rechtsvorschrift ergangenen vollziehbaren Anordnung mit explosionsgefährlichen Stoffen umgeht, diese Stoffe erwirbt, vertreibt oder anderen überlässt, soweit die Rechtsvorschrift für einen bestimmten Tatbestand auf diese Bußgeldvorschrift verweist; die Verweisung ist nicht erforderlich, wenn die Rechtsvorschrift vor Inkrafttreten dieses Gesetzes erlassen worden ist.

(1a) Ordnungswidrig handelt, wer vorsätzlich oder fahrlässig eine in § 40 Absatz 1 Nummer 3 oder Absatz 2 Nummer 3 bezeichnete Handlung in Bezug auf einen nach § 5 Absatz 1 Nummer 1 konformitätsbewerteten oder nach § 47 Absatz 2 oder Absatz 4 zugelassenen pyrotechnischen Gegenstand begeht.

(2) Die Ordnungswidrigkeit kann in den Fällen des Absatzes 1 Nr. 1, 1b, 4, 6 oder 12 sowie 16, soweit sich die Rechtsverordnung auf Auskunfts-, Mitteilungs- oder Anzeigepflichten bezieht, mit einer Geldbuße bis zu zehntausend Euro, in den übrigen Fällen des Absatzes 1 und in den Fällen des Absatzes 1a mit einer Geldbuße bis zu fünfzigtausend Euro geahndet werden.

(3) Wird eine Zuwiderhandlung nach Absatz 1 Nummer 5a oder Nummer 12 von einem Unternehmen begangen, das im Geltungsbereich des Gesetzes weder seinen Sitz noch seine geschäftliche Niederlassung hat, und hat auch der Betroffene im Geltungsbereich des Gesetzes keinen Wohnsitz, so ist Verwaltungsbehörde im Sinne des § 36 Absatz 1 Nummer 1 des Gesetzes über Ordnungswidrigkeiten das Bundesamt für Güterverkehr.

Übersicht

	Rn.
I. Überblick	1
II. Einzelne Ordnungswidrigkeitentatbestände des Abs. 1 und Abs. 1a im Überblick	2–55
1. Nichtanzeige neu entwickelter sonstiger explosionsgefährlicher Stoffe (Abs. 1 Nr. 1)	2, 3
2. Vertrieb, Überlassen oder Verwenden neu entwickelter sonstiger explosionsgefährlicher Stoffe vor Bekanntgabe einer entsprechenden Feststellung durch das Bundesamt (Abs. 1 Nr. 1a)	4, 5
3. Überlassen neu entwickelter sonstiger explosionsgefährlicher Stoffe ohne Übergabe des Feststellungsbescheids (Abs. 1 Nr. 1b)	6
4. Verstoß gegen die Vorschriften über den Konformitätsnachweis und die CE-Kennzeichnung bei Explosivstoffen und pyrotechnischen Gegenständen (Abs. 1 Nr. 1c)	7–9

III. Sprengstoffgesetz   1   § 41 SprengG

	Rn.		Rn.
5. Einführen, Verbringen, in Verkehr bringen, Vertreiben, Überlassen oder Verwenden von Explosivstoffen und pyrotechnischen Gegenstände (Abs. 1 Nr. 1d)	10, 11	15. Verstoß gegen Aufzeichnungspflichten (Abs. 1 Nr. 6)	35
		16. Unbefugte Errichtung eines Lagers (Abs. 1 Nr. 7)	36
6. Unzulässiges Versehen von Explosivstoffen oder pyrotechnischen Gegenständen mit der CE-Kennzeichnung (Abs. 1 Nr. 1e)	12	17. Tätigwerden als verantwortliche Aufsichtsperson in einem Betrieb ohne Vorliegen eines Befähigungsscheines (Abs. 1 Nr. 8)	37
7. Überlassen nichtkonformer Explosivstoffe und pyrotechnischer Gegenstände an eine andere Person (Abs. 1 Nr. 1f)	13	18. Bestellung verantwortlicher Personen, ohne dass die hierzu erforderlichen Voraussetzungen vorliegen (Abs. 1 Nr. 9)	38
8. Unbefugter Umgang mit nicht zugelassenen sonstigen explosionsgefährlichen Stoffen (Abs. 1 Nr. 2)	14, 15	19. Unbefugtes Vertreiben oder Überlassen explosionsgefährlicher Stoffe durch nicht verantwortliche Personen (Abs. 1 Nr. 10)	39
9. Unbefugtes Verwenden von Sprengzubehör (Abs. 1 Nr. 2a)	16, 17	20. Unterlassene Eintragung bzw. Verstoß gegen Aufbewahrungspflichten hinsichtlich einer Bescheinigung nach § 22 Abs. 1a (Abs. 1 Nr. 11)	40, 41
10. Zuwiderhandlung gegen eine vollziehbare Auflage oder Anordnung (Abs. 1 Nr. 3)	18–24		
a) § 5f Abs. 4 S. 1 oder 2	19	21. Verstoß gegen die Pflicht zum Mitsichführen bestimmter Urkunden (Abs. 1 Nr. 12)	42, 43
b) § 5f Abs. 4 S. 3	20		
c) § 10	21	22. Nichtanwendung einer Gebrauchsanleitung (Abs. 1 Nr. 12a)	44
d) § 17 Abs. 3	22		
e) § 32 Abs. 1, 2, 3, 4 oder 5 S. 1	23	23. Verstoß gegen die Pflicht, eine Nachschau zu dulden (Abs. 1 Nr. 14)	45
f) § 33b Abs. 2 S. 2 iVm. § 33b Abs. 4	24		
11. Verstoß gegen eine Anzeigepflicht (Abs. 1 Nr. 4)	25–31	24. Verstoß gegen eine vollziehbare Untersagungsverfügung hinsichtlich der Beschäftigung verantwortlicher Personen (Abs. 1 Nr. 15)	46, 47
a) Anzeigepflicht nach § 12 Abs. 1 S. 3	26, 27		
b) Anzeigepflicht nach § 14	28	25. Verstoß gegen Rechtsverordnungen (Abs. 1 Nr. 16)	48–51
c) Anzeigepflicht nach § 21 Abs. 4 S. 1 oder 2	29		
d) Anzeigepflicht nach § 26 Abs. 1 oder Abs. 2 S. 1	30	26. Verstoß gegen landesrechtliche Vorschriften (Abs. 1 Nr. 17)	52
e) Anzeigepflicht nach § 35 Abs. 1 S. 1	31	27. Unerlaubtes Vertreiben oder Überlassen sowie unerlaubter Erwerb von bzw. unerlaubter Umgang mit pyrotechnischen Gegenständen (Abs. 1a)	53–55
12. Verstoß gegen Nachweispflichten (Abs. 1 Nr. 4a)	32		
13. Nichtanmeldung bzw. Nichtvorführung explosionsgefährlicher Stoffe im Falle der Einfuhr oder Durchfuhr (Abs. 1 Nr. 5)	33	**III. Rechtsfolge (Abs. 2)**	56
14. Nichtvorlage der Verbringungsgenehmigung (Abs. 1 Nr. 5a)	34	**IV. Verfolgung bei ausländischen Unternehmen (Abs. 3)**	57

I. Überblick

§ 41 enthält einen umfassenden[1] Katalog an Ordnungswidrigkeiten, der über Abs. 1 **1**
Nr. 16 auch noch die Ordnungswidrigkeitentatbestände des § 46 der 1. SprengV, des § 7
der 2. SprengV und des § 4 der 3. SprengV mit einbezieht.[2] Die in § 41 aufgeführten Tatbestandsmerkmale müssen entweder **vorsätzlich** oder **fahrlässig** verwirklicht werden.[3]
Normadressat ist jeweils derjenige, an den sich die im entsprechenden Tatbestand in Bezug
genommene verwaltungsrechtliche Vorschrift des SprengG richtet. Der Kreis der Normadressaten wird allerdings durch § 9 OWiG auf diejenigen erweitert, die als vertretungsberechtigtes Organ, gesetzlicher Vertreter etc für einen anderen handeln. Wie auch schon bei der
Strafvorschrift des § 40, so ist auch bei den Ordnungswidrigkeiten des § 41 der **Versuch**
nicht sanktioniert. Wird durch eine vorsätzlich begangene Ordnungswidrigkeit nach Abs. 1

---

[1] Vgl. zur Kritik an dieser Überregulierung Graf/Jäger/Wittig/*Grommes* Rn. 1.
[2] → Rn. 48 ff.
[3] Vgl. hierzu auch *Apel/Keusgen*, Bd. 2, § 41 Anm. 5.

Nr. 1a, Nr. 1c, Nr. 1d, Nr. 2, Nr. 2a, Nr. 3, Nr. 15 oder Abs. 1a vorsätzlich oder fahrlässig eine (konkrete) Gefahr für Leib oder Leben eines anderen Menschen oder für Sachen von bedeutendem Wert herbeigeführt, so liegt nach § 42 allerdings eine Straftat vor. Hinzuweisen ist ferner auf § 130 OWiG, wonach eine Aufsichtspflichtverletzung des Inhabers eines Betriebes oder Unternehmens eigenständig als Ordnungswidrigkeit sanktioniert werden kann, und auf § 30 OWiG, der die Möglichkeit der Verhängung einer Geldbuße gegen juristische Personen vorsieht.

II. Einzelne Ordnungswidrigkeitentatbestände des Abs. 1 und Abs. 1a im Überblick

2 **1. Nichtanzeige neu entwickelter sonstiger explosionsgefährlicher Stoffe (Abs. 1 Nr. 1).** Der Gesetzgeber hat sich bei der Festlegung des Anwendungsbereiches des SprengG gegen eine abstrakte Definition der explosionsgefährlichen Stoffe und für ein kombiniertes System der Erfassung entschieden. Während dem Gesetz unterfallende Explosivstoffe (§ 3 Abs. 1 Nr. 2) entweder in der Richtlinie 2014/28/EU als Explosivstoffe für zivile Zwecke betrachtet werden oder diesen in Zusammensetzung und Wirkung ähnlich sind oder in der Explosivstoffliste (Anlage III zum SprengG) enumerativ aufgeführt werden müssen,[4] wurde für explosionsgefährliche Stoffe allgemein in § 1 Abs. 2 iVm § 3 Abs. 1 Nr. 1 eine abstrakte Definition gewählt, allerdings kombiniert mit einem Prüfverfahren nach § 3 Abs. 1 Nr. 2 Buchst. a Unterbuchst. aa.[5] Wird in diesem Prüfverfahren die Explosionsgefährlichkeit festgestellt, so werden die Stoffe nach § 2 Abs. 6 im Bundesanzeiger veröffentlicht und in einer Liste geführt. Dies birgt den Nachteil in sich, dass neu entwickelte Stoffe erst nach Durchführung dieses Prüfverfahrens vom Gesetz erfasst werden. Ergänzend normiert § 2 daher eine **Anzeigepflicht** für neu entwickelte Stoffe, deren Explosionsgefährlichkeit bislang noch nicht geprüft wurde, bei denen aber der Verdacht besteht, es könne sich um (neue) explosionsgefährliche Stoffe handeln.[6] Diese Anzeigepflicht soll den zuständigen Stellen die Möglichkeit eröffnen, die neu entwickelten Stoffe zu prüfen und ggf. dem Geltungsbereich des Gesetzes zu unterstellen. Allerdings betrifft die Anzeigepflicht auf Grund des eindeutigen gesetzlichen Wortlauts (vgl. § 2 Abs. 1 S. 1) **nur sonstige explosionsgefährliche Stoffe** (§ 1 Abs. 2 Nr. 3).[7] Neu entwickelte Explosivstoffe sind daher nicht erfasst. Auch ist der im Jahre 2017 neu eingefügte[8] § 2 Abs. 1 S. 3 zu beachten: „Satz 1 ist nicht anzuwenden auf das gewerbsmäßige Herstellen von sonstigen explosionsgefährlichen Stoffen, die in der Betriebsstätte weiterverarbeitet, gegen Abhandenkommen gesichert und nicht aufbewahrt werden". Ordnungswidrig handelt, wer entgegen § 2 Abs. 1 eine Anzeige entweder gar nicht, nicht richtig (sofern in ihr zB falsche Angaben enthalten sind), nicht vollständig (sofern wesentliche Angaben fehlen) oder nicht rechtzeitig (dh nicht „unverzüglich", dh ohne schuldhaftes Zögern) erstattet.[9] Welche Angaben in der Anzeige enthalten sein müssen, regelt **§ 2 Abs. 1 S. 2**. Die in Bezug genommene Vorschrift lautet:

§ 2 Anwendung auf neue sonstige explosionsgefährliche Stoffe

(1) ¹Wer einen in einer Liste nach Absatz 6 nicht aufgeführten Stoff, bei dem die Annahme begründet ist, dass er explosionsgefährlich ist und der nicht zur Verwendung als Explosivstoff

---
[4] Hierzu → § 40 Rn. 5, 11.
[5] → § 40 Rn. 5 ff.
[6] Vgl. hierzu näher Nr. 2.1 S. 3 SprengVwV: Die Annahme, ein fester oder flüssiger Stoff könne explosionsgefährlich sein, ist begründet, wenn der Stoff eine Zubereitung aus oxydierenden (brandfördernden) und verbrennlichen Komponenten ist oder durch die Fähigkeit zum exothermen Zerfall (positive Bildungsenthalpie, negative Zersetzungsenthalpie, reaktive Gruppen im Molekül) charakterisiert ist. Die Prüfungen sind entbehrlich, sofern thermodynamische Daten für die Stoffe und Zubereitungen (Bildungs-, Zersetzungsenthalpie, Fehlen von reaktiven Gruppen im Molekül) bekannt sind, die außer jedem Zweifel erkennen lassen, dass der Stoff oder die Zubereitung sich nicht unter schneller, wärmeliefernder Bildung von Gasen zersetzen kann, dh die Substanz keine Explosionsgefahr darstellt.
[7] Vgl. zu diesem Begriff → § 40 Rn. 19 ff.
[8] BGBl. 2017 I S. 1586 (1588).
[9] Der Verstoß gegen § 2 Abs. 4 (Vertriebs- und Überlassungsverbot für neu entwickelte Stoffe) wird in § 41 Abs. 1 Nr. 1a und Nr. 1b ebenfalls als Ordnungswidrigkeit sanktioniert; → Rn. 4–6.

bestimmt ist, einführt, aus einem anderen Mitgliedstaat der Europäischen Union in den Geltungsbereich dieses Gesetzes verbringt, herstellt, ihn vertreiben, anderen überlassen oder verwenden will, hat dies der Bundesanstalt für Materialforschung und -prüfung (Bundesanstalt) unverzüglich anzuzeigen und ihr auf Verlangen eine Stoffprobe vorzulegen. ²In der Anzeige sind die Bezeichnung, die Zusammensetzung und der Verwendungszweck anzugeben. ³Satz 1 ist nicht anzuwenden auf das gewerbsmäßige Herstellen von sonstigen explosionsgefährlichen Stoffen, die in der Betriebsstätte weiterverarbeitet, gegen Abhandenkommen gesichert und nicht aufbewahrt werden.

(2) [...] [betrifft das Verfahren]

(3) [...] [betrifft die Einordnung des Stoffes in die Stoffgruppen A, B oder C durch die Bundesanstalt][10]

(4) ¹Vor der Feststellung nach Absatz 3 darf der Stoff nicht vertrieben, anderen überlassen oder verwendet werden. ²Überlässt der Hersteller oder Einführer den Stoff einem anderen, bevor die Feststellung im Bundesanzeiger bekannt gemacht worden ist, so hat er ihm spätestens beim Überlassen des Stoffes einen Abdruck des Feststellungsbescheides zu übergeben. ³In gleicher Weise ist verpflichtet, wer den explosionsgefährlichen Stoff einem weiteren Erwerber überlässt.

(5) Das Gesetz ist im Übrigen auf den nach Absatz 3 als explosionsgefährlich festgestellten Stoff erst anzuwenden
1. gegenüber dem Anzeigenden, wenn ihm die Feststellung nach Absatz 3 Satz 5 bekannt gegeben worden ist,
2. gegenüber den in Absatz 4 Satz 2 und 3 genannten Personen, wenn ihnen ein Abdruck des Feststellungsbescheides übergeben worden ist,
3. gegenüber Dritten, die den Stoff erwerben oder mit ihm umgehen, wenn die Feststellung nach Absatz 3 Satz 6 im Bundesanzeiger bekannt gemacht worden ist.

(6) ¹Die Absätze 1 bis 5 finden mit Ausnahme von Absatz 3 Satz 2 bis 4 keine Anwendung auf sonstige explosionsgefährliche Stoffe, die vom Bundesministerium des Innern mit Bekanntmachung vom 3. Dezember 1986 (BAnz. Nr. 233a vom 16. Dezember 1986), berichtigt mit Bekanntmachung vom 5. März 1987 (BAnz. Nr. 51 S. 2635 vom 14. März 1987), veröffentlicht worden sind. ²Die Bundesanstalt veröffentlicht die Stoffe, deren Explosionsgefährlichkeit sie nach den Absätzen 2 und 3 festgestellt hat, im Bundesanzeiger. [...] [S. 3 betrifft Verfahrensfragen]

Die Anzeigepflicht des Abs. 1 wird somit bereits ausgelöst, wenn ein bloßer **Verdacht** besteht, dass es sich um einen neuen sonstigen explosionsgefährlichen Stoff iS des § 1 Abs. 3 handelt. Bei der Beurteilung ist ein **objektiver Maßstab** anzulegen.[11] Anzeigepflichtig ist nach § 2 Abs. 1 derjenige, der – gleichgültig ob im gewerblichen oder nichtgewerblichen Bereich – die neu entwickelten Stoffe **einführt**, in den Geltungsbereich des Gesetzes **verbringt, herstellt**[12] oder wer den Stoff **vertreiben,** anderen **überlassen** oder **verwenden** will.[13] Durch das 4. SprengÄndG 2009[14] trat insoweit eine Verschärfung ein, als die objektiven (einführen, verbringen, herstellen) und die subjektiven Komponenten (vertreiben, überlassen oder verwenden will) nicht mehr kumulativ gegeben sein müssen, sondern eine Anzeigepflicht bereits dann entsteht, wenn eine dieser Komponenten vorliegt. Der Gesetzgeber begründete diese Verschärfung mit der notwenigen Bekämpfung terroristischer Aktivitäten.[15] Erfasst ist auch derjenige, der den Vertrieb und das Überlassen nur vermitteln will, weil auch sein Wille auf das Vertreiben bzw. Überlassen gerichtet ist.[16] Vom Begriff der Herstellung nicht erfasst ist die Be- und Verarbeitung des Stoffes. Nicht anzeigepflichtig ist somit derjenige, der den verdächtigen Stoff lediglich bearbeitet oder verarbeitet, sofern er diesen nicht vertreiben, überlassen oder verwenden will.[17] Die Pflicht zur Anzeige entsteht dagegen auch für Stoffe, die als Bestandteil eines Gegenstands, zB eines Zünders oder eines

---

[10] Hierzu → § 40 Rn. 22.
[11] Vgl. auch Erbs/Kohlhaas/*Steindorf,* S 169, § 2 Rn. 3.
[12] Vgl. zum Begriff des Einführens → § 40 Rn. 53 f.; zum Begriff des Verbringens → § 40 Rn. 37 f. und zum Begriff des Herstellens → § 40 Rn. 32.
[13] Vgl. zu diesen Begriffen die gesetzliche Umschreibung in § 3 Abs. 2; → § 40 Rn. 52 (Vertreiben), → § 40 Rn. 50 (Überlassen) und → § 40 Rn. 40 (Verwenden).
[14] BGBl. 2009 I S. 2062.
[15] BT-Drs. 16/12597, 41.
[16] Erbs/Kohlhaas/*Steindorf,* S 169, § 2 Rn. 3.
[17] BT-Drs. 677/1/75, 1 f.; Erbs/Kohlhaas/*Steindorf,* S 169, § 2 Rn. 3.

pyrotechnischen Gegenstandes vertrieben, anderen überlassen oder verwendet werden sollen (vgl. näher Nr. 2.1. S. 2 SprengVwV). Im Gegensatz zu § 1 Abs. 4 S. 1 SprengG 1969 findet sich in § 2 Abs. 1 keine Regelung darüber, ob die Anzeige schriftlich zu erfolgen hat.[18]

4 **2. Vertrieb, Überlassen oder Verwenden neu entwickelter sonstiger explosionsgefährlicher Stoffe vor Bekanntgabe einer entsprechenden Feststellung durch das Bundesamt (Abs. 1 Nr. 1a).** Nach § 2 Abs. 1 hat derjenige, der einen neuen explosionsgefährlichen Stoff vertreiben, anderen überlassen oder verwenden will, diesen bei der Bundesanstalt für Materialforschung und -prüfung anzuzeigen, die daraufhin eine entsprechende Feststellung über die Gefährlichkeit dieses Stoffes trifft.[19] Der Anzeigeerstatter muss nun abwarten, bis die Bundesanstalt eine entsprechende Einordnung vornimmt. Nach § 2 Abs. 4 S. 1 darf der Stoff in der Zwischenzeit, dh bis zur individuellen Bekanntgabe der Feststellung nach § 2 Abs. 3 (entscheidend: Zustellung des Feststellungsbescheides), weder **vertrieben** noch anderen **überlassen** oder **verwendet** werden.[20] Wer hiergegen verstößt, handelt ordnungswidrig nach § 41 Abs. 1 Nr. 1a.

5 Hinzuweisen ist in diesem Zusammenhang darauf, dass dann, wenn der Handelnde vorsätzlich gegen diesen Ordnungswidrigkeitentatbestand verstößt und dadurch vorsätzlich oder fahrlässig eine Gefahr für Leib oder Leben eines Menschen oder für Sachen von bedeutendem Wert herbeiführt, eine Straftat nach § 42 vorliegt.

6 **3. Überlassen neu entwickelter sonstiger explosionsgefährlicher Stoffe ohne Übergabe des Feststellungsbescheids (Abs. 1 Nr. 1b).** Nach § 2 Abs. 1 hat derjenige, der einen neuen explosionsgefährlichen Stoff hergestellt, verbringt oder einführt oder ihn vertreiben, anderen überlassen oder verwenden will, dies bei der Bundesanstalt für Materialforschung und -prüfung anzuzeigen, die daraufhin eine entsprechende Feststellung über die Gefährlichkeit dieses Stoffes trifft.[21] Diese Feststellung ist nach § 2 Abs. 3 S. 5 und 6 dem Anzeigeerstatter schriftlich oder elektronisch bekannt zu geben **und** im Bundesanzeiger bekannt zu machen. Nach Zustellung des Feststellungsbescheides darf der Hersteller oder Einführer (nicht ausdrücklich erwähnt ist der Verbringer) den neuen Stoff nach § 2 Abs. 4 zwar einem anderen **überlassen**,[22] er ist jedoch nach § 2 Abs. 4 S. 2 verpflichtet, in der Übergangszeit, dh bis zur Bekanntgabe der Feststellung im Bundesanzeiger demjenigen, dem er den Stoff überlässt, spätestens zum Zeitpunkt des tatsächlichen Überlassens des Stoffes einen **Abdruck des Feststellungsbescheides** als obligatorisches Begleitpapier zu übergeben. Nach § 2 Abs. 4 S. 3 gilt dies auch für den Erwerber, der den Stoff einem weiteren Erwerber überlässt. Sinn dieser Regelung ist es, dass der Inhaber der tatsächlichen Gewalt in jedem Falle über den Charakter des neuen Stoffes und dessen rechtlicher Einordnung informiert ist.[23] Wer den Stoff einem anderen überlässt, ohne ihm einen entsprechenden Abdruck des Bescheides zu übergeben, handelt ordnungswidrig nach Abs. 1 Nr. 1b.

7 **4. Verstoß gegen die Vorschriften über den Konformitätsnachweis und die CE-Kennzeichnung bei Explosivstoffen und pyrotechnischen Gegenständen (Abs. 1 Nr. 1c).** Nach dieser Vorschrift handelt ordnungswidrig, wer entgegen § 5 Abs. 1 iVm einer Rechtsverordnung nach § 6 Abs. 1 Nr. 2 Buchst. a oder c Explosivstoffe[24] oder pyrotechnische Gegenstände[25] auf dem Markt bereitstellt[26] Die in Bezug genommene Vorschrift des **§ 5 Abs. 1** lautet:

---

[18] Dennoch sieht Erbs/Kohlhaas/*Steindorf*, S 169, § 2 Rn. 3 eine solche Schriftform als erforderlich an.
[19] Die Vorschrift des § 2 ist abgedruckt → Rn. 2; der Verstoß gegen diese Anzeigepflicht stellt eine Ordnungswidrigkeit nach § 41 Abs. 1 Nr. 1 dar.
[20] Vgl. zum Begriff des Vertreibens → § 40 Rn. 52, zum Überlassen § 3 Abs. 2 Nr. 1 (→ § 40 Rn. 50), zum Verwenden § 3 Abs. 2 Nr. 1 (→ § 40 Rn. 40).
[21] Die Vorschrift des § 2 ist abgedruckt → Rn. 2; der Verstoß gegen diese Anzeigepflicht stellt eine Ordnungswidrigkeit nach § 41 Abs. 1 Nr. 1 dar.
[22] Vgl. zum Begriff des Überlassens § 3 Abs. 2 Nr. 1 (→ § 40 Rn. 49).
[23] Erbs/Kohlhaas/*Steindorf*, S 169, § 41 Rn. 4.
[24] Vgl. zu den Explosivstoffen → § 40 Rn. 10 ff.
[25] Vgl. zu den pyrotechnischen Gegenständen → § 40 Rn. 15 ff.
[26] Vgl. zum Merkmal der „Bereitstellung auf dem Markt" § 3 Abs. 2 Nr. 2 → § 40 Rn. 44 f.

III. Sprengstoffgesetz	8 § 41 SprengG

§ 5 Konformitätsnachweis und CE-Kennzeichnung für Explosivstoffe und pyrotechnische Gegenstände

(1) ¹Explosivstoffe und pyrotechnische Gegenstände dürfen nur auf dem Markt bereitgestellt werden, wenn
1. der Hersteller den Konformitätsnachweis erbracht hat und
2. sie mit der CE-Kennzeichnung versehen sind.

(1a) Explosivstoffe und pyrotechnische Gegenstände dürfen nur eingeführt, verbracht, in Verkehr gebracht, vertrieben, anderen überlassen oder verwendet werden, wenn sie die Anforderungen des Absatzes 1 erfüllen.

(2) Der Konformitätsnachweis ist durch eine Konformitätserklärung erbracht, die bestätigt, dass die Konformität in einer Einzelprüfung überprüft worden ist oder
1. die Baumuster den wesentlichen Anforderungen entsprechen, die für Explosivstoffe in Anhang II der Richtlinie 2014/28/EU und für pyrotechnische Gegenstände in Anhang I der Richtlinie 2013/29/EU des Europäischen Parlaments und des Rates vom 12. Juni 2013 zur Harmonisierung der Rechtsvorschriften der Mitgliedstaaten über die Bereitstellung pyrotechnischer Gegenstände auf dem Markt (Neufassung) (ABl. L 178 vom 28.6.2013, S. 27) festgelegt sind und
2. die den Baumustern nachgefertigten Explosivstoffe und pyrotechnischen Gegenstände den Baumustern entsprechen.

(3) Es ist verboten, nicht konforme Explosivstoffe oder nicht konforme pyrotechnische Gegenstände
1. mit der CE-Kennzeichnung zu versehen,
2. anderen Personen außerhalb der Betriebsstätte außer zur Ausfuhr oder zur Vernichtung zu überlassen.

(4) Nicht der Pflicht zur CE-Kennzeichnung unterliegen
1. pyrotechnische Gegenstände zur ausschließlichen Verwendung nach den Anlagen A.1 und A.2 der Richtlinie 96/98/EG des Rates vom 20. Dezember 1996 über Schiffsausrüstung (ABl. L 46 vom 17.2.1997, S. 25), die zuletzt durch die Richtlinie (EU) 2015/559 (ABl. L 95 vom 10.4.2015, S. 1) geändert worden ist,
2. Zündplättchen, die speziell konzipiert sind für Spielzeug und sonstige Gegenstände im Sinne der Richtlinie 2009/48/EG des Europäischen Parlaments und des Rates vom 18. Juni 2009 über die Sicherheit von Spielzeug (ABl. L 170 vom 30.6.2009, S. 1, 2013 L 355 vom 31.12.2013, S. 92), die zuletzt durch die Richtlinie (EU) 2015/2117 (ABl. L 306 vom 24.11.2015, S. 23) geändert worden ist.

Die Vorschrift trägt dem Umstand Rechnung, dass für **Explosivstoffe** und **pyrotechnische Gegenstände** nicht (mehr) das frühere Zulassungsverfahren nach § 5 aF durchzuführen, sondern der „**Konformitätsnachweis**" (vgl. zum Begriff der „Konformitätsbewertung" § 3 Abs. 4 Nr. 3)[27] zu erbringen und die „**CE-Kennzeichnung**" (vgl. zum Begriff der CE-Kennzeichnung § 3 Abs. 4 Nr. 4)[28] vorzunehmen ist.[29] Einer gesonderten Zulassung bedarf es nunmehr nach § 5f (§ 5 Abs. 3, 4 aF) nur noch für sonstige explosionsgefährliche Stoffe oder Sprengzubehör. Zu beachten sind allerdings die vielfältigen Ausnahmen, wie etwa die in § 5a (früher: § 3 der 1. SprengV aF) geregelten „Ausnahmen vom Erfordernis des Konformitätsnachweises und der CE-Kennzeichnung" sowie die in § 5g (früher § 5 Abs. 3 S. 3 und 4, Abs. 5 Nr. 2 und Abs. 6 aF) geregelten „Ausnahmen vom Zulassungserfor-

---

[27] Vgl. zum Konformitätsnachweis ausführlich *Apel/Keusgen,* Bd. 2, § 5 Anm. 2 ff.
[28] Vgl. zur CE-Kennzeichnung ausführlich *Apel/Keusgen,* Bd. 2, § 5 Anm. 2.5 ff.
[29] Bis zur gesetzlichen Änderung durch das 4. SprengÄndG vom 17.9.2009, BGBl. I S. 2062 (in Kraft getreten am 1.10.2009), war der Konformitätsnachweis nach § 5a aF nur für Explosivstoffe vorgesehen, während pyrotechnische Gegenstände, sonstige explosionsgefährliche Stoffe und Sprengzubehör nach § 5 aF von der Bundesanstalt oder durch Rechtsverordnung allgemein zugelassen worden waren. Der Wechsel vom nationalen Zulassungsverfahren zum europäischen Konformitätsnachweis für pyrotechnische Gegenstände basierte auf den Richtlinien 2004/57/EG und 2007/23/EG. Der Gesetzgeber passte die Vorschriften im Jahre 2009 entsprechend an, wobei er die §§ 5, 5a aF zu einem neuen § 5 nF zusammenfügte; vgl. BT-Drs. 16/12597, 40. Durch das 5. SprengÄndG, BGBl. 2017 I S. 1586 (1592 ff.), wurde eine neue Anpassung vollzogen. In §§ 5–5g finden sich nunmehr die früher in den §§ 5 und 6 Abs. 3 bis Abs. 7 sowie in den §§ 12a–12c der 1. SprengV enthaltenen Bestimmungen; vgl. BT-Drs. 18/10455, 61. Der Konformitätsnachweis für Explosivstoffe war bereits durch das SprengÄndG 1997, BGBl. I S. 1530 (1532) eingeführt worden; vgl. zur Begründung BT-Drs. 13/8935, 59. Er ging auf die Richtlinie 93/15/EWG zurück.

dernis für sonstige explosionsgefährliche Stoffe und Sprengzubehör".[30] Zudem sieht § 5 Abs. 4 (früher § 5 Abs. 2) für bestimmte pyrotechnische Gegenstände Ausnahmen von der CE-Kennzeichnungspflicht vor.[31] Eine nähere Regelung über die Ausgestaltung des Konformitätsnachweises findet sich in § 5b (Konformitätsbewertung für Explosivstoffe und pyrotechnische Gegenstände vor dem Inverkehrbringen; Baumusterprüfung; Einzelprüfung; früher geregelt in § 12a der 1. SprengV aF), § 5c (Konformitätsbewertung für Explosivstoffe und pyrotechnische Gegenstände in der Serienfertigung; Qualitätssicherungsverfahren; CE-Kennzeichnung; früher geregelt in § 12b der 1. SprengV aF).

9 Hinzuweisen ist noch darauf, dass dann, wenn der Handelnde vorsätzlich gegen diesen Ordnungswidrigkeitentatbestand verstößt und dadurch vorsätzlich oder fahrlässig eine Gefahr für Leib oder Leben eines anderen Menschen oder für Sachen von bedeutendem Wert herbeiführt, eine Straftat nach § 42 vorliegt.

10 **5. Einführen, Verbringen, in Verkehr bringen, Vertreiben, Überlassen oder Verwenden von Explosivstoffen und pyrotechnischen Gegenstände (Abs. 1 Nr. 1d).** Nach § 5 Abs. 1a dürfen Explosivstoffe und pyrotechnische Gegenstände nur eingeführt, verbracht, in Verkehr gebracht, vertrieben, anderen überlassen oder verwendet werden,[32] wenn die Anforderungen des § 5 Abs. 1 vorliegen, dh der Hersteller für sie den Konformitätsnachweis erbracht hat und die Stoffe und Gegenstände mit der CE-Kennzeichnung (CE-Zeichen) versehen sind. Ein Verstoß hiergegen wird nach § 41 Abs. 1 Nr. 1d als Ordnungswidrigkeit geahndet.

11 Hinzuweisen ist noch darauf, dass dann, wenn der Handelnde vorsätzlich gegen diesen Ordnungswidrigkeitentatbestand verstößt und dadurch vorsätzlich oder fahrlässig eine Gefahr für Leib oder Leben eines anderen Menschen oder für Sachen von bedeutendem Wert herbeiführt, eine Straftat nach § 42 vorliegt.

12 **6. Unzulässiges Versehen von Explosivstoffen oder pyrotechnischen Gegenständen mit der CE-Kennzeichnung (Abs. 1 Nr. 1e).** Nach § 5 Abs. 1 dürfen Explosivstoffe und pyrotechnische Gegenstände nur auf dem Markt bereit gestellt werden und nach § 5 Abs. 1a nur eingeführt, verbracht, in Verkehr gebracht, vertrieben, anderen überlassen oder verwendet werden, wenn die Anforderungen des § 5 Abs. 1 vorliegen, dh der Hersteller für sie den Konformitätsnachweis erbracht hat und die Stoffe und Gegenstände mit der CE-Kennzeichnung (CE-Zeichen) versehen sind. Ein Verstoß hiergegen wird nach § 41 Abs. 1 Nr. 1c als Ordnungswidrigkeit geahndet.[33] Nach § 5 Abs. 3 Nr. 1[34] ist die Kennzeichnung nicht konformer Explosivstoffe oder pyrotechnischer Gegenstände mit dem CE-Zeichen verboten. Wer hiergegen verstößt handelt ordnungswidrig nach Abs. 1 Nr. 1e.

13 **7. Überlassen nichtkonformer Explosivstoffe und pyrotechnischer Gegenstände an eine andere Person (Abs. 1 Nr. 1f).** Nach § 5 Abs. 1 dürfen Explosivstoffe und pyrotechnische Gegenstände nur auf dem Markt bereit gestellt werden und nach § 5 Abs. 1a nur eingeführt, verbracht, in Verkehr gebracht, vertrieben, anderen überlassen oder verwendet werden, wenn die Anforderungen des § 5 Abs. 1 vorliegen, dh der Hersteller für sie den Konformitätsnachweis erbracht hat und die Stoffe und Gegenstände mit der CE-Kennzeichnung (CE-Zeichen) versehen sind. Ein Verstoß hiergegen wird nach § 41 Abs. 1 Nr. 1c als Ordnungswidrigkeit geahndet.[35] Nach § 5 Abs. 3 Nr. 1[36] ist die Kennzeichnung nicht

---

[30] Vom Abdruck dieser umfangreichen Vorschriften wurde aus Raumgründen abgesehen; vgl. hierzu auch *Apel/Keusgen*, Bd. 2, § 5 Anm. 2.9 ff. sowie Anm. 4.1 zusammenfassend zu den vom Konformitätsnachweis freigestellten Stoffen und Gegenständen.
[31] Vgl. hierzu auch *Apel/Keusgen*, Bd. 2, § 5 Anm. 2.5.2 f.
[32] Vgl zu den Begriffen einführen → § 40 Rn. 53 f., verbringen → § 40 Rn. 37 f., in Verkehr bringen → § 40 Rn. 46 f., vertreiben → § 40 Rn. 52, anderen überlassen → § 40 Rn. 50 und verwenden → § 40 Rn. 40.
[33] Hierzu → Rn. 7 ff.
[34] Die Vorschrift des § 5 Abs. 3 ist abgedruckt → Rn. 7.
[35] Hierzu → Rn. 7 ff.
[36] Die Vorschrift des § 5 Abs. 3 ist abgedruckt → Rn. 7.

III. Sprengstoffgesetz   14, 15   § 41 SprengG

konformer Explosivstoffe oder pyrotechnischer Gegenstände mit dem CE-Zeichen verboten. Wer hiergegen verstößt, handelt ordnungswidrig nach Abs. 1 Nr. 1e.[37] Wer nun einen derart unzulässig gekennzeichneten nicht konformen Explosivstoff oder nicht konforme pyrotechnische Gegenstände anderen Personen außerhalb der Betriebsstätte außer zur Ausfuhr oder zur Vernichtung überlässt,[38] verstößt gegen § 5 Abs. 3 Nr. 2.[39] Ein solcher Verstoß stellt eine Ordnungswidrigkeit nach § 40 Abs. 1 Nr. 1f dar.[40]

8. Unbefugter Umgang mit nicht zugelassenen sonstigen explosionsgefährlichen Stoffen (Abs. 1 Nr. 2). Nach § 5f Abs. 1 S. 1 bedürfen sonstige explosionsgefährliche Stoffe[41] einer stoffbezogenen (dh nicht personenbezogenen) Prüfung und einer anschließenden **Freigabeerklärung** durch die Bundesanstalt. Diese erfolgt entweder durch **Verwaltungsakt** (§ 5f Abs. 1 S. 1 Nr. 1 SprengG iVm § 12 der 1. SprengV) oder durch **Rechtsverordnung** (§ 5f Abs. 1 S. 1 Nr. 2 SprengG iVm § 6 Abs. 1 Nr. 1 SprengG), die zugunsten des Herstellers oder Importeurs ergeht.[42] Nicht einschlägig ist diese Bestimmung für die (gefährlicheren) Explosivstoffe und die pyrotechnischen Gegenstände, für die ein Konformitätsnachweis nach § 5 Abs. 1 erforderlich ist. Eine nähere Regelung der Details zum Zulassungsverfahrens findet sich in §§ 9 ff. der 1. SprengV. Hinzuweisen ist ferner auf § 5g SprengG, § 2 Abs. 1 und Abs. 4 der 1. SprengV. Hier wird eine Vielzahl von Stoffen aus dem Anwendungsbereich des § 5f SprengG ausgenommen.[43] Wer nun ohne eine erforderliche vorherige Zulassung sonstige explosionsgefährliche Stoffe einführt, verbringt, anderen überlässt oder verwendet,[44] begeht eine Ordnungswidrigkeit nach § 41 Abs. 1 Nr. 2. Die hier in Bezug genommene Vorschrift des **§ 5f** lautet:

§ 5f Zulassung von sonstigen Stoffen und Sprengzubehör
(1) Sonstige explosionsgefährliche Stoffe dürfen nur eingeführt, verbracht, vertrieben, anderen überlassen oder verwendet werden, wenn sie
1. nach ihrer Zusammensetzung, Beschaffenheit und Bezeichnung von der Bundesanstalt für Materialforschung und -prüfung zugelassen sind oder
2. durch Rechtsverordnung nach § 6 Absatz 1 Nummer 1 allgemein zugelassen sind.
Die Zulassung nach Nummer 1 wird dem Hersteller, seinem Bevollmächtigten, dem Einführer oder dem Verbringer auf schriftlichen oder elektronischen Antrag erteilt.

(2) Sprengzubehör darf nur verwendet werden, wenn es nach seiner Zusammensetzung, Beschaffenheit und Bezeichnung von der Bundesanstalt für Materialforschung und -prüfung zugelassen worden ist. Die Zulassung wird dem Hersteller oder dem Einführer auf schriftlichen oder elektronischen Antrag erteilt.

(3) [regelt Versagungsgründe im Hinblick auf die Zulassung]

(4) Die Zulassung nach Absatz 1 oder Absatz 2 kann befristet, inhaltlich beschränkt sowie mit Bedingungen und Auflagen verbunden werden, soweit dies zum Schutz von Leben und Gesundheit oder von Sachgütern erforderlich ist. Die nachträgliche Verbindung der Zulassung mit Auflagen sowie die Änderung und die Ergänzung von Auflagen sind zulässig. Nebenbestimmungen und inhaltliche Beschränkungen der Zulassung, die die Verwendung der sonstigen explosionsgefährlichen Stoffe und des Sprengzubehörs betreffen, sind vom Verwender zu beachten.

Ohne Zulassung handelt auch derjenige, der gegen inhaltliche Beschränkungen oder Bedingungen nach § 5f Abs. 4 verstößt oder eine lediglich befristete Zulassung besitzt, die

---
[37] Vgl. hierzu → Rn. 12.
[38] Vgl. zum Überlassen → § 40 Rn. 50.
[39] Die Vorschrift des § 5 Abs. 1 ist abgedruckt → Rn. 7.
[40] Vgl. zur vor 2017 geltenden Rechtslage auch Erbs/Kohlhaas/*Steindorf* S 169, 160. EL, § 41 Rn. 7a (zu § 41 Abs. 1 Nr. 3b aF); Graf/Jäger/Wittig/*Grommes* Rn. 5; anders allerdings BT-Drs. 13/8935, 61 (zu § 41 Abs. 1 Nr. 3b aF); *Apel/Keusgen*, Bd. 2, § 5 Anm. 2.5.1.
[41] Vgl. zu den sonstigen explosionsgefährlichen Stoffen → § 40 Rn. 19 ff.
[42] Vgl. zum Zulassungserfordernis auch ausführlich *Apel/Keusgen*, Bd. 2, § 5 Anm. 3 ff.
[43] Die Vorschriften der 1. SprengV konnten aus Raumgründen nicht abgedruckt werden; vgl. ferner ausführlich *Apel/Keusgen*, Bd. 2, § 5 Anm. 3.11 ff. sowie Anm. 4.1 zusammenfassend zu den vom Zulassungserfordernis freigestellten Stoffen und Gegenständen.
[44] Vgl. zum Merkmal des Einführens → § 40 Rn. 53 f.; zum Verbringen → § 40 Rn. 37 f.; zum Überlassen → § 40 Rn. 50 und zum Verwenden → § 40 Rn. 40.

abgelaufen ist.⁴⁵ Das Fehlen der Zulassung stellt ein **Tatbestandsmerkmal** dar, das Vorliegen einer Zulassung ist somit nicht lediglich als Rechtfertigungsgrund anzusehen.⁴⁶ Geht der Täter irrtümlich vom Vorliegen einer Zulassung aus, liegt daher ein **Tatbestandsirrtum** vor. Irrt er hingegen über die Zulassungspflicht an sich, unterliegt er einem Verbotsirrtum. Hinzuweisen ist noch darauf, dass dann, wenn der Handelnde vorsätzlich gegen diesen Ordnungswidrigkeitentatbestand verstößt und dadurch vorsätzlich oder fahrlässig eine Gefahr für Leib oder Leben eines Menschen oder für Sachen von bedeutendem Wert herbeiführt, eine Straftat nach § 42 vorliegt.

16   **9. Unbefugtes Verwenden von Sprengzubehör (Abs. 1 Nr. 2a).** Nach § 5f Abs. 2⁴⁷ darf Sprengzubehör nur verwendet werden,⁴⁸ wenn es nach seiner Zusammensetzung, Beschaffenheit und Bezeichnung von der Bundesanstalt für Materialforschung und -prüfung zugelassen worden ist. Der Begriff des Sprengzubehörs wird definiert in § 3 Abs. 1 Nr. 13 und umfasst sowohl Gegenstände, die zur Auslösung einer Sprengung oder zur Prüfung der zur Auslösung einer Sprengung erforderlichen Vorrichtung bestimmt sind und keine explosionsgefährlichen Stoffe enthalten als auch Ladegeräte und Mischladegeräte für explosionsgefährliche oder explosionsfähige Stoffe, die für Sprengarbeiten verwendet werden.⁴⁹ Wer nun ohne eine erforderliche vorherige Zulassung solches Sprengzubehör verwendet, begeht eine Ordnungswidrigkeit nach § 41 Abs. 1 Nr. 2a.

17   Hinzuweisen ist in diesem Zusammenhang darauf, dass dann, wenn der Handelnde vorsätzlich gegen diesen Ordnungswidrigkeitentatbestand verstößt und dadurch vorsätzlich oder fahrlässig eine Gefahr für Leib oder Leben eines Menschen oder für Sachen von bedeutendem Wert herbeiführt, eine Straftat nach § 42 vorliegt.

18   **10. Zuwiderhandlung gegen eine vollziehbare Auflage oder Anordnung (Abs. 1 Nr. 3).** In einer Reihe von Vorschriften des SprengG wird der Verwaltung die Möglichkeit eröffnet, Zulassungen, Erlaubnisse und Genehmigungen mit Auflagen oder Anordnungen im Einzelfall zu verbinden (vgl. auch § 36 Abs. 2 Nr. 4 VwVfG). Ordnungswidrig nach § 41 Abs. 1 Nr. 3 handelt, wer einer solchen Auflage oder Anordnung, sofern sie **vollziehbar** ist, nicht, nicht vollständig oder nicht rechtzeitig nachkommt. Die Auflage oder Anordnung ist vollziehbar, wenn sie entweder unanfechtbar geworden ist oder ihre Vollziehbarkeit seitens der zuständigen Behörde im Einzelfall angeordnet wurde (§ 80 VwGO). Auf die Rechtmäßigkeit der Auflage oder Anordnung kommt es in diesem Falle nicht an, es darf nur keine Nichtigkeit wegen besonders schwerer und offensichtlicher Mängel vorliegen (§ 44 VwGO).⁵⁰ Der Betreffende muss dieser Auflage oder Anordnung „zuwiderhandeln". Er muss sie also dabei entweder völlig ignorieren, sie lediglich teilweise erfüllen oder ihr verspätet nachkommen, wobei Letzteres die vorhergegangene Setzung einer entsprechenden Frist durch die Behörde voraussetzt.⁵¹ Insoweit forderte auch § 41 Abs. 1 Nr. 2 aF, dass der Betreffende der Auflage oder Anordnung „nicht, nicht vollständig oder nicht rechtzeitig nachkommt". Die Ersetzung dieser Varianten durch die allgemeine Formulierung „zuwiderhandelt" in § 41 Abs. 1 Nr. 3 nF sollte dabei keine Rechtsänderung bewirken. Abzugrenzen ist der Verstoß gegen eine Auflage von der Nichteinhaltung einer Bedingung sowie der Nichtbeachtung inhaltlicher Beschränkungen, die regelmäßig dazu führt, dass der Handelnde **ohne** Genehmigung tätig wird und daher die entsprechenden Straftaten bzw. Ordnungswidrigkeiten erfüllt. Hinzuweisen ist noch darauf, dass dann, wenn der Handelnde vorsätzlich gegen diesen Ordnungswidrigkeitentatbestand verstößt und dadurch vorsätzlich oder fahrlässig eine Gefahr für Leib oder Leben eines Menschen oder für Sachen von

---

⁴⁵ Vgl. zu § 5 Abs. 4 auch *Apel/Keusgen*, Bd. 2, § 5 Anm. 3.10 ff.
⁴⁶ So auch *Apel/Keusgen*, Bd. 2, § 41 Anm. 2.2; Erbs/Kohlhaas/*Steindorf*, S 169, § 41 Rn. 8.
⁴⁷ Die Vorschrift des § 5f Abs. 2 ist abgedruckt → Rn. 14.
⁴⁸ Zum Merkmal des Verwendens → § 40 Rn. 40.
⁴⁹ Vgl. zum Sprengzubehör → § 40 Rn. 43 f.
⁵⁰ Vgl. hierzu auch Graf/Jäger/Wittig/*Grommes* Rn. 22.
⁵¹ Erbs/Kohlhaas/*Steindorf*, S 169, § 41 Rn. 9.

bedeutendem Wert herbeiführt, eine Straftat nach § 42 vorliegt. Im Einzelnen handelt es sich um folgende Vorschriften:

a) § 5f Abs. 4 S. 1 oder 2. Die hier mögliche **Auflage** betrifft die Zulassung sonstiger explosionsgefährlicher Stoffe und Sprengzubehörs nach § 5 f. Diese kann nach § 5f Abs. 4 S. 1 befristet, inhaltlich beschränkt sowie mit Bedingungen und Auflagen verbunden werden, soweit dies zum Schutz von Leben und Gesundheit Beschäftigter, Dritter oder Sachgütern erforderlich ist.[52] Nach § 5f Abs. 4 S. 2 ist auch die nachträgliche Verbindung der Zulassung mit Auflagen sowie die Änderung und die Ergänzung von Auflagen zulässig. Wer hiergegen verstößt, begeht eine Ordnungswidrigkeit nach § 41 Abs. 1 Nr. 3 Buchst. a.

b) § 5f Abs. 4 S. 3. Die hier möglichen **Nebenbestimmungen und inhaltlichen Beschränkungen** betreffen die Zulassung sonstiger explosionsgefährlicher Stoffe und Sprengzubehörs nach § 5 f. Diese kann nach § 5f Abs. 4 S. 1 befristet, inhaltlich beschränkt sowie mit Bedingungen und Auflagen verbunden werden, soweit dies zum Schutz von Leben und Gesundheit Beschäftigter, Dritter oder Sachgütern erforderlich ist.[53] Darüber hinaus sind aber nach § 5f Abs. 4 S. 3 auch Nebenbestimmungen und inhaltliche Beschränkungen der Zulassung, die die Verwendung der sonstigen explosionsgefährlichen Stoffe und des Sprengzubehörs betreffen, vom Verwender zu beachten. Wer hiergegen verstößt, begeht eine Ordnungswidrigkeit nach § 41 Abs. 1 Nr. 3 Buchst. b Var. 1.

c) § 10. Die hiernach mögliche **Auflage** betrifft die Erlaubnis für den Umgang oder Verkehr mit explosionsgefährlichen Stoffen nach § 7 Abs. 1.[54] Sie kann auch nachträglich erlassen oder geändert werden (**§ 10 S. 2**). Verstößt der Betreffende gegen eine solche Auflage, liegt eine Ordnungswidrigkeit nach § 41 Abs. 1 Nr. 3 Buchst. b Var. 2 vor. Die Vorschrift lautet:

§ 10 Inhalt der Erlaubnis

¹Die Erlaubnis kann inhaltlich beschränkt, befristet und mit Auflagen verbunden werden, soweit dies erforderlich ist, um Leben, Gesundheit und Sachgüter Beschäftigter oder Dritter gegen die aus dem Umgang und dem Verkehr mit explosionsgefährlichen Stoffen entstehenden Gefahren zu schützen. ²Die nachträgliche Beifügung, Änderung und Ergänzung von Auflagen ist zulässig.

d) § 17 Abs. 3. Die hier mögliche Auflage betrifft die Genehmigung zur Errichtung, zum Betrieb und zur wesentlichen Änderung eines Lagers nach § 17 Abs. 1.[55] Sie kann auch nachträglich erlassen oder geändert werden (**§ 17 Abs. 3 S. 2**). Verstößt der Betreffende gegen eine solche Auflage, liegt eine Ordnungswidrigkeit nach § 41 Abs. 1 Nr. 3 Buchst. b Var. 3 vor. Die Vorschrift lautet:

§ 17 Abs. 3 Lagergenehmigung

(3) ¹Die Genehmigung kann inhaltlich beschränkt, unter Bedingungen erteilt und mit Auflagen verbunden werden, soweit dies erforderlich ist, um die Erfüllung der in Absatz 2 genannten Anforderungen sicherzustellen. ²Die nachträgliche Beifügung, Änderung und Ergänzung von Auflagen ist zulässig.

e) § 32 Abs. 1, 2, 3, 4 oder 5 S. 1. Die hier möglichen **Anordnungen** betreffen Maßnahmen, die die Behörde nach § 24 (Schutzvorschriften) und auf Grund von nach § 25 und § 29 erlassenen Rechtsverordnungen im Einzelfall erlässt. Von den Ermächtigungen hat der Verordnungsgeber in der 1., der 2. und der 3. SprengV Gebrauch gemacht. Vom Abdruck der Vorschriften wurde hier aus Raumgründen abgesehen. **§ 32 Abs. 1** betrifft behördliche Maßnahmen im Einzelfall, **§ 32 Abs. 2** regelt das einstweilige Umgangs-, Verkehrs- oder Beförderungsverbot bei gefährlichen Zuständen im Einzelfall, **§ 32 Abs. 3** betrifft die Untersagung erlaubnislosen Handhabens von explosionsgefährlichen Stoffen, **§ 32 Abs. 4** regelt die Untersagung an sich erlaubnisfreien Handhabens mit explosionsgefährlichen Stoffen bei

---

[52] Die Vorschrift des § 5f Abs. 2 ist abgedruckt → Rn. 14.
[53] Die Vorschrift des § 5f Abs. 2 ist abgedruckt → Rn. 14.
[54] Die Vorschrift ist abgedruckt in → § 40 Rn. 57.
[55] Die Vorschrift ist abgedruckt in → § 40 Rn. 74.

einer auf fehlender persönlicher Unzuverlässigkeit oder fehlender persönlicher Eignung beruhenden Gefährdung Beschäftigter oder Dritter und **§ 32 Abs. 5 S.** 1 betrifft ua Maßnahmen zur Verhinderung missbräuchlicher Verwendung von explosionsgefährlichen Stoffen und pyrotechnischen Gegenständen bei einem nachträglichen Wegfall der personenbezogenen Erlaubnis oder dem Fehlen des erforderlichen Konformitätsnachweises. Verstößt der Betreffende gegen eine solche Anordnung, liegt eine Ordnungswidrigkeit nach § 41 Abs. 1 Nr. 3 Buchst. b Var. 4 vor.

24 **f) § 33b Abs. 2 S. 2 iVm. § 33b Abs. 4.** Die hier möglichen **Anordnungen** betreffen Maßnahmen, die die Marktüberwachungsbehörde nach **§ 33b** (früher: § 33a aF) in Bezug auf Stoffe treffen kann, die nach § 5 konformitätsbewertet oder nach § 5f Abs. 1 oder Abs. 2 zugelassen und entsprechend gekennzeichnet sind, bei denen aber dennoch der begründete Verdacht besteht, dass sie bei bestimmungsgemäßer Verwendung eine Gefahr für Leben, Gesundheit von Beschäftigten oder Dritten oder für Sachgüter oder die Umwelt darstellen kann. Die Vorschrift des § 33b (§ 32a aF; diese setzte damals Art. 8 der Richtlinie 93/15/EWG in nationales Recht um) soll insbesondere dazu dienen, dass nicht konforme und damit unsichere Stoffe nicht auf den Markt kommen oder dort bleiben können. Auch soll (durch Abs. 4) verhindert werden, dass Explosivstoffe oder pyrotechnische Gegenstände als sicher (= konform) gekennzeichnet werden, obwohl eine entsprechende Prüfung und Bewerbung nicht erfolgt ist. Stellt nun die Behörde bei der Stichprobe fest, dass der entsprechende Verdacht begründet ist, trifft sie nach § 33b Abs. 2 S. 1 alle notwendigen vorläufigen Maßnahmen, um den Umgang und den Verkehr mit dem explosionsgefährlichen Stoff oder dem Sprengzubehör sowie die Einfuhr dieser Stoffe oder Gegenstände zu verhindern oder zu beschränken. Dabei kann sie nach § 33b Abs. 2 S. 2 Personen, die den explosionsgefährlichen Stoff oder das Sprengzubehör einführen, verbringen, vertreiben, anderen überlassen oder verwenden, diese Tätigkeit vorläufig **untersagen,** wenn andere Maßnahmen nicht ausreichen. Verstößt der Betreffende gegen eine solche (vorläufige) Untersagung, liegt eine Ordnungswidrigkeit nach § 41 Abs. 1 Nr. 3 Buchst. b Var. 5 vor. Die Vorschrift des § 33b lautet (auszugsweise):

§ 33b Maßnahmen bei mangelhaften explosionsgefährlichen Stoffen und mangelhaftem Sprengzubehör

(1) Besteht der begründete Verdacht, dass bei bestimmungsgemäßer Verwendung eines nach § 5 konformitätsbewerteten oder eines nach § 5f Absatz 1 oder 2 zugelassenen und entsprechend gekennzeichneten explosionsgefährlichen Stoffes oder Sprengzubehörs eine Gefahr für Leben und Gesundheit, für Sachgüter oder für die Umwelt besteht, prüft die zuständige Behörde anhand einer Stichprobe, ob diese dem bei der Zulassung vorgelegten Prüfmuster oder dem Baumuster entspricht. Stellt die zuständige Behörde die Übereinstimmung fest, so prüft sie, ob die Stichprobe die Anforderungen einer Rechtsverordnung nach § 6 Absatz 1 Nummer 2 Buchstabe a erfüllt.

(2) Stellt die zuständige Behörde die Übereinstimmung nach Absatz 1 Satz 1 mit dem Prüfmuster oder dem Baumuster nicht fest oder sind die Anforderungen einer Rechtsverordnung nach § 6 Absatz 1 Nummer 2 Buchstabe a nicht erfüllt, trifft die zuständige Behörde alle notwendigen vorläufigen Maßnahmen, um den Umgang und den Verkehr mit dem explosionsgefährlichen Stoff oder dem Sprengzubehör sowie die Einfuhr des explosionsgefährlichen Stoffes oder des Sprengzubehörs zu verhindern oder zu beschränken. Die zuständige Behörde kann Personen, die den explosionsgefährlichen Stoff oder das Sprengzubehör einführen, verbringen, vertreiben, anderen überlassen oder verwenden, diese Tätigkeit vorläufig untersagen, wenn andere Maßnahmen nicht ausreichen.

(3) [...] [Unterrichtungspflichten der Bundesanstalt]

(4) Besteht der begründete Verdacht, dass ein Explosivstoff oder ein pyrotechnischer Gegenstand entgegen § 5 Absatz 1 Nummer 2 gekennzeichnet und in den Verkehr gebracht oder anderen überlassen worden ist, sind die Absätze 2 und 3 sowie § 33a Absatz 3 Satz 1 entsprechend anzuwenden.

25 **11. Verstoß gegen eine Anzeigepflicht (Abs. 1 Nr. 4).** Das SprengG sieht an mehreren Stellen Anzeigepflichten vor. Der Verstoß gegen einige dieser Anzeigepflichten ist über § 41 Abs. 1 Nr. 4 bußgeldbewehrt. Ordnungswidrig handelt dabei nicht nur derjenige, der

die Anzeige gänzlich unterlässt, sondern auch derjenige, der die Anzeige nicht richtig, nicht vollständig oder nicht rechtzeitig (dh verspätet) erstattet. Es handelt sich hierbei um folgende Anzeigepflichten:

a) **Anzeigepflicht nach § 12 Abs. 1 S. 3.** Die Vorschrift des § 12 betrifft die Fortführung eines Betriebes nach dem Tode des Erlaubnisinhabers. Sie lautet:

§ 12 Fortführung des Betriebes

(1) ¹Nach dem Tode des Erlaubnisinhabers dürfen der Ehegatte, die Ehegattin, der Lebenspartner, die Lebenspartnerin oder der minderjährige Erbe den Umgang und den Verkehr mit explosionsgefährlichen Stoffen auf Grund der bisherigen Erlaubnis fortsetzen. ²Das Gleiche gilt bis zur Dauer von zehn Jahren nach dem Erbfall für den Nachlassverwalter, Nachlassinsolvenzverwalter, Nachlasspfleger oder Testamentsvollstrecker. ³Die in Satz 1 und 2 bezeichneten Personen haben der zuständigen Behörde unverzüglich anzuzeigen, ob sie den Betrieb fortsetzen wollen.

(2) ¹Die Fortsetzung des Betriebes ist zu untersagen, wenn bei der mit der Leitung des Betriebes beauftragten Person Versagungsgründe nach § 8 Abs. 1 vorliegen. ²Die Fortsetzung kann untersagt werden, wenn bei dieser Person Versagungsgründe nach § 8 Abs. 2 Nr. 1 vorliegen.

Anzeigepflichtig sind der Ehegatte, die Ehegattin, der Lebenspartner, die Lebenspartnerin (auch wenn diese Personen nicht Erbe geworden sind) und der minderjährige Erbe (auch wenn es sich dabei nicht um einen Abkömmling handelt), sofern sie den Betrieb des Erblassers, der eine sprengstoffrechtliche Erlaubnis besaß, weiterführen wollen. Die Anzeigepflicht knüpft somit an den **Entschluss** zur Fortsetzung, nicht erst an die tatsächliche Aufnahme des Betriebes, an. In § 12 Abs. 2 iVm § 8 sind obligatorische („ist zu untersagen") und fakultative („kann untersagt werden") Untersagungsgründe aufgelistet. Die Fortsetzung eines Betriebes entgegen einer hierauf gestützten Untersagungsverfügung seitens der Behörde wird jedoch nicht sanktioniert.[56]

b) **Anzeigepflicht nach § 14.** In § 14 ist eine Anzeigepflicht für denjenigen normiert, der erlaubtermaßen mit explosionsgefährlichen Stoffen umgeht. Die Pflicht bezieht sich im Wesentlichen auf die Anzeige der (beabsichtigten) Aufnahme oder der Schließung von Betrieben etc, darüber hinaus aber auch auf die Bestellung der verantwortlichen Personen. Die Vorschrift soll die Voraussetzung für eine wirksame behördliche Überwachung schaffen. Sie lautet:

§ 14 Anzeigepflicht

¹Der Inhaber einer Erlaubnis und der Inhaber eines Betriebes, der auf Grund einer nach § 4 erlassenen Rechtsverordnung ohne Erlaubnis mit explosionsgefährlichen Stoffen umgeht oder den Verkehr mit diesen Stoffen betreibt, haben die Aufnahme des Betriebes, die Eröffnung einer Zweigniederlassung und einer unselbständigen Zweigstelle mindestens zwei Wochen vor Aufnahme dieser Tätigkeit, die Einstellung und Schließung unverzüglich der zuständigen Behörde anzuzeigen. ²In der Anzeige über die Aufnahme oder die Eröffnung haben sie die mit der Leitung des Betriebes, einer Zweigniederlassung oder einer unselbständigen Zweigstelle beauftragten Personen anzugeben. ³Die spätere Bestellung oder Abberufung einer für die Leitung des Betriebes, einer Zweigniederlassung oder einer unselbständigen Zweigstelle verantwortlichen Person und bei juristischen Personen den Wechsel einer nach Gesetz, Satzung oder Gesellschaftsvertrag zur Vertretung berufenen Person hat der Erlaubnisinhaber unverzüglich der zuständigen Behörde anzuzeigen.

c) **Anzeigepflicht nach § 21 Abs. 4 S. 1 oder 2.** Nach § 21 Abs. 1 S. 1 iVm § 19 ist der Inhaber einer Erlaubnis nach § 7 Abs. 1 (bzw. der kraft Delegation zuständige Verantwortliche) verpflichtet, eine unter Berücksichtigung der jeweiligen betrieblichen Bedürfnisse erforderliche Anzahl verantwortlicher Personen zu bestellen.[57] Nach § 21 Abs. 4 ist er darüber hinaus verpflichtet, die Namen der in § 19 Abs. 1 Nr. 3 und Nr. 4 bezeichneten verantwortlichen Personen der zuständigen Behörde unverzüglich mitzuteilen (S. 1) sowie das Erlöschen der Bestellung unverzüglich anzuzeigen. Zweck dieser Regelung ist die

---

[56] Vgl. Erbs/Kohlhaas/*Steindorf*, S 169, § 41 Rn. 12.
[57] Die Vorschrift des § 19 ist abgedruckt → Rn. 37; § 21 ist abgedruckt → Rn. 38.

Sicherstellung der behördlichen Überwachungstätigkeit.[58] Hierfür ist neben der angegebenen Nennung des **Namens** auch die Angabe der üblichen Personalien erforderlich.[59]

30   d) **Anzeigepflicht nach § 26 Abs. 1 oder Abs. 2 S. 1.** Die hier relevanten Anzeigepflichten betreffen das Abhandenkommen (vgl. hierzu auch § 935 BGB) von explosionsgefährlichen Stoffen (Abs. 1) und Unfälle im Umgang mit diesen Stoffen (Abs. 2).[60] Dabei betrifft die Mitteilungspflicht des Satzes 1 alle verantwortlichen Personen, während sich Abs. 2 nur an die Führungskräfte iS des § 19 Abs. 1 Nr. 1 und Nr. 2 richtet.[61] Die Meldung muss in beiden Fällen unverzüglich erfolgen. Wiederum sind hier sowohl die Nichtmeldung, die fehlerhafte, die unvollständige und die verspätete Meldung bußgeldbewehrt. Die Vorschrift lautet:

> **§ 26 Anzeigepflicht**
>
> (1) Die verantwortlichen Personen haben das Abhandenkommen von explosionsgefährlichen Stoffen der zuständigen Behörde unverzüglich anzuzeigen.
>
> (2) ¹Die verantwortlichen Personen nach § 19 Abs. 1 Nr. 1 und 2 haben jeden Unfall, der bei dem Umgang oder bei dem Verkehr mit explosionsgefährlichen Stoffen eintritt, der zuständigen Behörde und dem Träger der gesetzlichen Unfallversicherung unverzüglich anzuzeigen. ²Die Anzeige entfällt, soweit ein Unfall bereits auf Grund anderer Rechtsvorschriften anzuzeigen ist.

31   e) **Anzeigepflicht nach § 35 Abs. 1 S. 1.** Die hier genannte Anzeigepflicht betrifft das Abhandenkommen wichtiger Unterlagen.[62] Sie dient dazu, einen Missbrauch der genannten behördlichen Gestattungspapiere durch nicht befugte Personen zu unterbinden. Die Vorschrift lautet:

> **§ 35 Abhandenkommen des Erlaubnisbescheides und des Befähigungsscheines**
>
> (1) Der Erlaubnis- und der Befähigungsscheininhaber haben der zuständigen Behörde den Verlust des Erlaubnisbescheides oder des Befähigungsscheines oder einer Ausfertigung unverzüglich anzuzeigen.
>
> (2) ¹Ist der Erlaubnisbescheid, der Befähigungsschein oder eine Ausfertigung in Verlust geraten, so sollen der Erlaubnisbescheid, der Befähigungsschein und sämtliche Ausfertigungen für ungültig erklärt werden. ²Die Erklärung der Ungültigkeit wird im Bundesanzeiger bekannt gemacht.

32   **12. Verstoß gegen Nachweispflichten (Abs. 1 Nr. 4a).** Nach § 15 Abs. 1 S. 1 hat derjenige, der explosionsgefährliche Stoffe einführen, durchführen oder verbringen oder durch einen anderen einführen, durchführen oder verbringen lassen will, nachzuweisen, dass er zum Umgang mit explosionsgefährlichen Stoffen oder zum Erwerb dieser Stoffe berechtigt ist. Wird dagegen verstoßen, liegt eine Straftat nach § 40 Abs. 2 Nr. 1 vor.[63] Der Einführer oder Verbringer (nicht hingegen derjenige der lediglich durchführt![64]) hat darüber hinaus auf Verlangen der zuständigen Behörde nachzuweisen, dass für die explosionsgefährlichen Stoffe die nach § 4 der 2. SprengV vorgeschriebene Lager- und Verträglichkeitsgruppenzuordnung durch die zuständige Stelle erfolgt ist (§ 15 Abs. 1 S. 2). Eine Ausnahme besteht lediglich in denjenigen Fällen, in denen die Einfuhr oder das Verbringen zum Zwecke der Zulassung, der EU-Baumusterprüfung oder der Lager- und Verträglichkeitsgruppenzuordnung vorgenommen wurde. Wird entgegen § 15 Abs. 1 S. 2 iVm § 4 der

---

[58] Vgl. auch BT-Drs. V/1268, 58.
[59] Erbs/Kohlhaas/*Steindorf*, S 169, § 41 Rn. 14.
[60] Vgl. hierzu BT-Drs. V/1268, 61 (zu § 23 des Entwurfs); zum Begriff der explosionsgefährlichen Stoffe → § 40 Rn. 3 ff.; zum Merkmal des Umgangs → § 40 Rn. 31 ff.
[61] Die Vorschrift des § 19 ist abgedruckt → Rn. 37.
[62] Die ausdrückliche Bezugnahme in § 41 Abs. 1 Nr. 4 auf den Satz 1 des § 35 Abs. 1 ist dabei überflüssig, da § 35 Abs. 1 (in seiner jetzigen Fassung) nur einen Satz enthält.
[63] Hierzu → § 40 Rn. 70 ff.; hier findet sich auch ein Abdruck der Vorschrift des § 15 Abs. 1 und 2.
[64] Durch das 4. SprengÄndG vom 17.7.2009, BGBl. I S. 2062 (2064) wurde der „Durchführer" hier ausdrücklich ausgenommen. Zudem sollte die Voraussetzung aufgenommen werden, dass der Nachweis (nur) 2 auf Verlangen der zuständigen Behörde zu erbringen ist; vgl. zur Begründung BT-Drs. 16/12597, 41: eine Lagergruppenzuordnung sei nur im Falle des Stoffverbleibs in Deutschland erforderlich.

2. SprengV dieser Nachweis nicht oder nicht rechtzeitig erfasst, liegt eine Ordnungswidrigkeit nach § 41 Abs. 1 Nr. 4a vor.[65]

13. Nichtanmeldung bzw. Nichtvorführung explosionsgefährlicher Stoffe im **33** **Falle der Einfuhr oder Durchfuhr (Abs. 1 Nr. 5).** Nach § 15 Abs. 1 S. 1 hat derjenige, der explosionsgefährliche Stoffe einführen, durchführen oder verbringen oder durch einen anderen einführen, durchführen oder verbringen lassen will, nachzuweisen, dass er zum Umgang mit explosionsgefährlichen Stoffen oder zum Erwerb dieser Stoffe berechtigt ist. Wird dagegen verstoßen, liegt eine Straftat nach § 40 Abs. 2 Nr. 1 vor.[66] Liegt dagegen ein Fall der **rechtmäßigen Einfuhr** bzw. **Durchfuhr** explosionsgefährlicher Stoffe vor,[67] müssen diese nach § 15 Abs. 3 bei der nach § 15 Abs. 5 zuständigen Überwachungsbehörde angemeldet und auf Verlangen vorgeführt werden. Dies soll nach Nr. 15.5 SprengVwV im Übrigen für sämtliche Fälle des § 15 Abs. 2 gelten, dh nicht nur für die Einfuhr und die Durchfuhr, sondern auch für die Lagerung in verschlossenen Zolllagern oder den genannten Freizonen. Diese Erweiterung ist jedoch vom Wortlaut des § 15 Abs. 3 nicht mehr gedeckt, da dieser ausdrücklich nur auf die Durchfuhr und nicht auf § 15 Abs. 2 verweist. Andererseits stellt § 15 Abs. 3 nur auf „explosionsgefährliche Stoffe" und nicht darauf ab, dass der Einführer oder Durchführer für diesen Vorgang einer Erlaubnis bedarf. Daher sind auch erlaubnisfreie Vorgänge (zB nach § 1b SprengG, § 1, 2, 4 der 1. SprengV) von § 15 Abs. 3 erfasst.[68] Wird gegen die Anmelde- bzw. Vorführungspflicht aus § 15 Abs. 3 S. 1 verstoßen, liegt eine Ordnungswidrigkeit nach § 41 Abs. 1 Nr. 5 vor. Die Vorschrift des **§ 15 Abs. 3** lautet:

> **§ 15 Abs. 3 Einfuhr, Durchfuhr und Verbringen**
>
> (3) ¹Explosionsgefährliche Stoffe sind im Falle der Einfuhr oder Durchfuhr bei den nach Absatz 5 zuständigen Überwachungsbehörden anzumelden und auf Verlangen vorzuführen. ²Die Befreiung auf Grund einer Rechtsverordnung nach § 4 Nr. 4 ist durch eine Bescheinigung der einführenden Stelle, eine Berechtigung zum Umgang mit explosionsgefährlichen Stoffen oder zum Erwerb dieser Stoffe durch den Erlaubnisbescheid nach § 7 oder § 27 oder des Befähigungsscheines nach § 20 nachzuweisen. ³Auf Verlangen sind diese Nachweise den nach Absatz 5 zuständigen Überwachungsbehörden zur Prüfung auszuhändigen.

14. Nichtvorlage der Verbringungsgenehmigung (Abs. 1 Nr. 5a). Nach § 15 **34** Abs. 6 S. 1 dürfen Explosivstoffe nur verbracht werden,[69] wenn der Verbringungsvorgang von der zuständigen Behörde (vgl. hierzu § 15 Abs. 7) genehmigt ist. Nach § 15 Abs. 6 S. 2 ist eine Ausfertigung der nach § 15 Abs. 6 S. 1 ausgestellten Genehmigungsurkunde beim Verbringen mitzuführen und Polizeibeamten oder sonst zur Personen- oder Warenkontrolle Befugten auf Verlangen vorzulegen. Wird eine solche Genehmigung nicht oder nicht rechtzeitig[70] vorgelegt, liegt eine Ordnungswidrigkeit nach § 41 Abs. 1 Nr. 5a vor (die sich insoweit entgegen dem Wortlaut nur auf § 15 Abs. 6 S. 2 und nicht auf Satz 1 bezieht). Von der Ordnungswidrigkeit nicht gesondert erfasst ist dagegen die Verpflichtung, die

---

[65] Diese Ordnungswidrigkeit wurde erst durch das 4. SprengÄndG vom 17.7.2009, BGBl. I S. 2062 (2066), geschaffen; vgl. zur Begründung BT-Drs. 16/12597, 43: „Bei Einfuhren oder Verbringensvorgängen über Binnengrenzen werden immer wieder Transporte mit nicht oder falsch gekennzeichneten explosionsgefährlichen Stoffen (zB pyrotechnischen Gegenständen) festgestellt. Nur eine Sanktionierung der Verstöße gegen die Nachweispflicht entsprechend der Sanktionierung der Einfuhr ohne Zulassung oder Konformitätsbewertung ist geeignet, die Täter abzuschrecken und dadurch die Gefährdung der Öffentlichkeit zu mindern. Die Sanktionsnorm stellt klar, dass die Verpflichtung zum Nachweis gegenüber einer zuständigen Behörde besteht. Dies kann zB die Zolldienststelle sein, bei der der Gegenstand bei Einfuhr zu gestellen ist"; hierzu auch Graf/Jäger/Wittig/*Grommes* Rn. 12.
[66] Hierzu → § 40 Rn. 70 ff.; hier findet sich auch ein Abdruck der Vorschrift des § 15 Abs. 1 und 2.
[67] Vgl. zu den Begriffen Einfuhr und Durchfuhr → § 40 Rn. 53 f.; zu den explosionsgefährlichen Stoffen → § 40 Rn. 3 ff.
[68] *Apel/Keusgen*, Bd. 2, § 41 Anm. 2.5.1.
[69] Vgl. zum Merkmal des Verbringens → § 40 Rn. 37 f.; zu den Explosivstoffen → § 40 Rn. 10 ff.
[70] Vgl. hierzu Erbs/Kohlhaas/*Steindorf*, S 169, § 41 Rn. 19, der im Hinblick auf die nicht rechtzeitige Vorlage eine vorherige Fristsetzung der Behörde verlangt.

Verbringungsgenehmigung **einzuholen** und **mit sich zu führen,** da der Verstoß lediglich an die **Nichtvorlage** anknüpft.[71] Die Vorschrift des **§ 15 Abs. 6** lautet:

> **§ 15 Abs. 6 Einfuhr, Durchfuhr und Verbringen**
>
> (6) ¹Explosivstoffe dürfen nur verbracht werden, wenn der Verbringungsvorgang von der zuständigen Behörde genehmigt ist. ²Eine Ausfertigung der Genehmigungsurkunde nach Satz 1 ist beim Verbringen mitzuführen und Polizeibeamten oder sonst zur Personen- oder Warenkontrolle Befugten auf Verlangen vorzulegen. ³Eine Erlaubnis nach § 7 oder § 27 oder ein Befähigungsschein nach § 20 dieses Gesetzes berechtigen den Erlaubnisinhaber oder Befähigungsscheininhaber zum Verbringen der in der Erlaubnis oder dem Befähigungsschein bezeichneten Explosivstoffe innerhalb des Geltungsbereichs dieses Gesetzes. ⁴Sie berechtigen nicht zum Verbringen von Explosivstoffen allgemein.

35 **15. Verstoß gegen Aufzeichnungspflichten (Abs. 1 Nr. 6).** Ordnungswidrig handelt hiernach, wer gegen die Aufzeichnungspflicht nach § 16 Abs. 1 verstößt.[72] Zu beachten ist in diesem Zusammenhang auch die nähere Ausgestaltung der genannten Pflichten in den §§ 41–44 der 1. SprengV. Ein Verstoß hiergegen wird nach § 46 Nr. 14 der 1. SprengV iVm § 41 Abs. 1 Nr. 16 SprengG ebenfalls als Ordnungswidrigkeit geahndet.[73] Die Vorschrift des § 16 lautet:

> **§ 16 Aufzeichnungspflicht**
>
> (1) ¹Der Inhaber einer Erlaubnis nach § 7 Abs. 1 hat in jedem Betrieb oder Betriebsteil ein Verzeichnis zu führen, aus dem die Art und Menge der hergestellten, wiedergewonnenen, erworbenen, eingeführten, aus einem anderen Mitgliedstaat verbrachten, überlassenen, verwendeten oder vernichteten explosionsgefährlichen Stoffe sowie ihre Herkunft und ihr Verbleib hervorgehen. ²Der Erlaubnisinhaber kann sich zur Erfüllung der ihm nach Satz 1 obliegenden Pflichten einer anderen Person bedienen. ³Der Erlaubnisinhaber hat das Verzeichnis ab dem Zeitpunkt der Eintragung für die Dauer von zehn Jahren zu verwahren und der zuständigen Behörde auf Verlangen Einsicht zu gewähren. ⁴Bei Einstellung des Betriebes hat er das Verzeichnis der zuständigen Behörde zu übergeben.
>
> (1a) (1a) Absatz 1 ist nicht anzuwenden auf
> 1. explosionsgefährliche Stoffe, die von dem Inhaber einer Erlaubnis nach § 27 in einer Menge hergestellt, wiedergewonnen, erworben, eingeführt, verbracht, verwendet oder vernichtet werden, für die auf Grund einer Rechtsverordnung nach § 18 keine Genehmigung zur Aufbewahrung nach § 17 erforderlich ist,
> 2. Explosivstoffe und sonstige explosionsgefährliche Stoffe der Stoffgruppe A, die in einer nach § 4 des Bundes-Immissionsschutzgesetzes genehmigungsbedürftigen Anlage zur Bearbeitung oder Verarbeitung hergestellt werden, sofern sie weder vertrieben noch anderen überlassen werden,
> 3. pyrotechnische Gegenstände.
>
> (2) Absatz 1 ist nicht anzuwenden auf Personen, die den Erwerb, das Überlassen oder den Vertrieb dieser Stoffe vermitteln, außer wenn sie explosionsgefährliche Stoffe einführen oder aus einem anderen Mitgliedstaat in den Geltungsbereich dieses Gesetzes verbringen.
>
> (3) [...] [Ermächtigungsvorschrift zum Erlass der §§ 41 ff. der 1. SprengV]

36 **16. Unbefugte Errichtung eines Lagers (Abs. 1 Nr. 7).** Während sich derjenige, der entgegen der Vorschrift des § 17 Abs. 1 ein Lager, in dem explosionsgefährliche Stoffe zu den hier genannten Zwecken aufbewahrt werden sollen, **betreibt,** nach § 40 Abs. 2 Nr. 2 strafbar macht,[74] begeht derjenige, der ein solches Lager ohne eine entsprechende Genehmigung **errichtet** (§ 17 Abs. 1 S. 1 Nr. 1) oder die Beschaffenheit oder den Betrieb eines bereits bestehenden Lagers ohne Genehmigung **wesentlich ändert,** lediglich eine Ordnungswidrigkeit nach § 41 Abs. 1 Nr. 7. Die Errichtung oder wesentliche Änderung eines solchen Lagers sind als Vorbereitungshandlungen für das spätere Betreiben zwar ebenfalls nach § 17 genehmigungspflichtig, ein Verstoß hiergegen wird aber von seinem Unrechtsgehalt her als weniger schwerwiegend angesehen. Unter der **Errichtung** versteht man dabei

---

[71] Erbs/Kohlhaas/*Steindorf,* S 169, § 41 Rn. 19.
[72] Vgl. zur Begründung BT-Drs. V/1268, 56 (zu § 15 des Entwurfs).
[73] Hierzu → Rn. 49.
[74] → § 40 Rn. 74; hier ist auch die Vorschrift des § 17 auszugsweise abgedruckt.

III. Sprengstoffgesetz

den Bau und die Einrichtung in ihrer gesamten technisch-konstruktiven Beschaffenheit.[75] Wann eine Änderung iS des § 17 Abs. 1 S. 1 Nr. 2 als wesentlich anzusehen ist, regelt § 17 Abs. 6.[76] Ist das Lager allerdings Bestandteil einer nach § 4 BImSchG genehmigungsbedürftigen Anlage, ist eine entsprechende Genehmigung nach § 4 BImSchG ausreichend (§ 17 Abs. 1 S. 1).[77]

17. Tätigwerden als verantwortliche Aufsichtsperson in einem Betrieb ohne Vorliegen eines Befähigungsscheines (Abs. 1 Nr. 8). In § 19 werden abschließend diejenigen Personen umschrieben, die als „verantwortliche Personen" iS der hier genannten Abschnitte des SprengG angesehen werden können. Erfasst sind einerseits die **Erlaubnisinhaber** nach den §§ 7 oder 27 (Nr. 1), die von diesen mit der **Leitung** des Betriebes oder eines Betriebsteils beauftragten Personen (Nr. 2), die als **Aufsichtspersonen** oder für **sonstige Tätigkeiten** bestellten Personen (Nr. 3) sowie darüber hinaus bei Betrieben, die der **Bergaufsicht** unterliegen, weitere Aufsichtspersonen (Nr. 4 Buchst. a), zu anderen Tätigkeiten bestellte Personen (Nr. 4 Buchst. b) sowie diejenigen, die selbst mit den explosionsgefährlichen Stoffen umgehen (Nr. 4 Buchst. c).[78] Diejenigen, die als **Aufsichtspersonen** nach § 19 Abs. 1 Nr. 3 oder Nr. 4 Buchst. a tätig werden, bedürfen nach § 20 eines sog. „**Befähigungsscheines**". Damit soll sichergestellt werden, dass alle Personen, die tatsächlich mit explosionsgefährlichen Stoffen umgehen, vor Aufnahme ihrer Tätigkeit auf ihre Zuverlässigkeit und Fachkunde überprüft werden.[79] Werden sie in ihrer Funktion tätig, ohne einen entsprechenden Befähigungsschein zu besitzen, liegt eine Ordnungswidrigkeit nach § 41 Abs. 1 Nr. 8 vor. Diese knüpft somit erst an das **Tätigwerden** des Betroffenen in seiner Funktion als verantwortliche Aufsichtsperson und nicht bereits an die **Beauftragung** bzw. **Bestellung** an (insoweit ist § 41 Abs. 1 Nr. 8 auch unpräzise formuliert, da er an sich einen Verstoß gegen § 20 Abs. 1 S. 1 sanktioniert).[80] Keinen Befähigungsschein besitzt nicht nur derjenige, dem ein solcher nie erteilt wurde, sondern auch derjenige, dessen Befähigungsschein erloschen ist, zurück genommen oder widerrufen wurde.[81] Die in Bezug genommenen Vorschriften lauten:

§ 19 Verantwortliche Personen

(1) Verantwortliche Personen im Sinne der Abschnitte IV, V und VI sind
1. der Erlaubnisinhaber oder der Inhaber eines Betriebes, der nach dem Gesetz oder einer auf Grund des § 4 erlassenen Rechtsverordnung ohne Erlaubnis den Umgang oder den Verkehr mit explosionsgefährlichen Stoffen betreiben darf, im Falle des § 8 Abs. 3 die mit der Gesamtleitung der genannten Tätigkeiten beauftragte Person,
2. die mit der Leitung des Betriebes, einer Zweigniederlassung oder einer unselbständigen Zweigstelle beauftragten Personen,
3. Aufsichtspersonen, insbesondere Leiter einer Betriebsabteilung, Sprengberechtigte, Betriebsmeister, fachtechnisches Aufsichtspersonal in der Kampfmittelbeseitigung und Lagerverwalter sowie Personen, die zum Verbringen explosionsgefährlicher Stoffe, zu deren Überlassen an andere oder zum Empfang dieser Stoffe von anderen bestellt sind,
4. in Betrieben, die der Bergaufsicht unterliegen, neben den in den Nummern 1 und 2 bezeichneten Personen
    a) die zur Beaufsichtigung aller Personen, die explosionsgefährliche Stoffe in Empfang nehmen, überlassen, aufbewahren, verbringen oder verwenden, bestellten Personen,
    b) die zum Überlassen von explosionsgefährlichen Stoffen an andere oder zum Empfang dieser Stoffe von anderen bestellten Personen,

---

[75] Vgl. BT-Drs. 7/4824, 21; VGH Mannheim 20.2.2008 – 1 S. 2814/07, BeckRS 2008, 33474; vgl. ferner auch § 4 BImSchG.
[76] Die Vorschrift ist ebenfalls abgedruckt → § 40 Rn. 74.
[77] Vgl. auch Graf/Jäger/Wittig/*Grommes* Rn. 23.
[78] Vgl. insgesamt zu diesen Personenkreisen gerade im Hinblick auf die besonderen Regelungen im Bergrecht BT-Drs. V/1268, 57.
[79] Hierzu bereits BT-Drs. V/1268, 57; ferner Erbs/Kohlhaas/*Steindorf* S 169, 160. EL, § 21 Rn. 2.
[80] *Apel/Keusgen*, Bd. 2, § 41 Anm. 2.8; Erbs/Kohlhaas/*Steindorf*, S 169, § 41 Rn. 22.
[81] *Apel/Keusgen*, Bd. 2, § 41 Anm. 2.8.

c) die innerhalb der Betriebsstätte die tatsächliche Gewalt über explosionsgefährliche Stoffe bei der Empfangnahme, dem Überlassen, dem Transport, dem Aufbewahren und dem Verwenden ausübenden Personen.

(2) Bei dem Umgang und dem Verkehr mit explosionsgefährlichen Stoffen außerhalb der Betriebsstätte ist ferner die Person verantwortlich, die die tatsächliche Gewalt über die explosionsgefährlichen Stoffe ausübt.

§ 20 Befähigungsschein

(1) ¹Die in § 19 Abs. 1 Nr. 3 und 4 Buchstabe a bezeichneten verantwortlichen Personen dürfen ihre Tätigkeit nur ausüben, wenn sie einen behördlichen Befähigungsschein besitzen. ²Satz 1 ist auf die mit der Leitung des Betriebes, einer Zweigniederlassung oder einer unselbständigen Zweigstelle beauftragten Personen anzuwenden, wenn sie zugleich verantwortliche Personen nach § 19 Abs. 1 Nr. 3 oder 4 Buchstabe a sind.

(2)–(4) [...] [enthalten rein verwaltungsrechtliche Regelungen]

18. Bestellung verantwortlicher Personen, ohne dass die hierzu erforderlichen Voraussetzungen vorliegen (Abs. 1 Nr. 9). Nach § 21 Abs. 1 ist der Inhaber einer Erlaubnis nach § 7 Abs. 1 (bzw. der kraft Delegation zuständige Verantwortliche) verpflichtet, eine unter Berücksichtigung der jeweiligen betrieblichen Bedürfnisse erforderliche Anzahl verantwortlicher Personen zu bestellen (Satz 1) und dafür zu sorgen, dass sie ihre Pflichten ordnungsgemäß erfüllen können (Satz 2). Ein Verstoß gegen diese genannten Pflichten ist jedoch nicht bußgeldbewehrt. Nach Abs. 1 Nr. 9 (der insoweit den Bußgeldtatbestand des Abs. 1 Nr. 8 ergänzt) handelt jedoch derjenige ordnungswidrig, der entgegen § 21 Abs. 2 oder 3 bei der Bestellung der hier aufgeführten verantwortlichen Personen die genannten Voraussetzungen nicht einhält (also Aufsichtspersonen bestellt, die keinen Befähigungsschein besitzen, § 21 Abs. 2, oder eine Person mit der Leitung eines Betriebes etc beauftragt, die iS des § 8 Abs. 1 ungeeignet ist, § 21 Abs. 3, wobei es sich in diesen Fällen regelmäßig um Personen handelt, die keinen Befähigungsschein benötigen).[82] Die hier in Bezug genommene Vorschrift des **§ 21** lautet:

§ 21 Bestellung verantwortlicher Personen

(1) ¹Verantwortliche Personen sind in der Anzahl zu bestellen, die nach dem Umfang des Betriebes und der Art der Tätigkeit für einen sicheren Umgang und Verkehr mit explosionsgefährlichen Stoffen erforderlich ist. ²Durch innerbetriebliche Anordnungen ist sicherzustellen, dass die bestellten verantwortlichen Personen die ihnen obliegenden Pflichten erfüllen können.

(2) ¹Zu verantwortlichen Personen nach § 19 Abs. 1 Nr. 3 und 4 Buchstabe a dürfen nur Personen bestellt werden, die für ihre Tätigkeit einen behördlichen Befähigungsschein besitzen. ²Satz 1 ist auch auf verantwortliche Personen nach § 19 Abs. 1 Nr. 2 anzuwenden, die zugleich verantwortliche Personen nach § 19 Abs. 1 Nr. 3 oder 4 Buchstabe a sind.

(3) ¹Zu verantwortlichen Personen nach § 19 Abs. 1 Nr. 2 und 4 Buchstabe b und c dürfen nur Personen bestellt werden, bei denen Versagungsgründe nach § 8 Abs. 1 nicht vorliegen. ²Die Zuverlässigkeit und die persönliche Eignung sind durch eine Unbedenklichkeitsbescheinigung der für die Erteilung der Erlaubnis zuständigen Behörde nachzuweisen. ³Erfolgt die Bestellung innerhalb eines Jahres nach Ausstellung einer Unbedenklichkeitsbescheinigung oder wird innerhalb eines Jahres nach Ausstellung der Unbedenklichkeitsbescheinigung eine Erlaubnis oder ein Befähigungsschein für die bestellte Person beantragt, so ist die erneute Prüfung der Zuverlässigkeit und der persönlichen Eignung nicht erforderlich, sofern nicht neue Tatsachen die Annahme rechtfertigen, dass die Person die erforderliche Zuverlässigkeit und die persönliche Eignung nicht mehr besitzt. ⁴§ 8 Abs. 4 gilt entsprechend. ⁵Die Bestellung erlischt, wenn die Voraussetzungen nach § 8 Abs. 1 nicht mehr gegeben sind.

---

[82] Vgl. zur näheren Begründung BT-Drs. V/1268, 58 (zu § 18 des Entwurfs); zur sprengstoffrechtlichen Unzuverlässigkeit iS der §§ 8, 8a vgl. aus der Rspr. VGH München 25.5.1991 – 21 B 90.3491, GewA 1992, 119; VGH Mannheim 20.2.2008 – 1 S. 2814/07, BeckRS 2008, 33474;VG Frankfurt 13.4.1987 – V/V E 104/87, GewA 1988, 140; VG Göttingen 17.10.1995 – 1 B 1162/95, BeckRS 1995, 31216906; VG Kassel 11.12.2009 – 4 K 395/07.KS, BeckRS 2010, 51094; VG Mainz 27.3.1986 – 1 K 161/85, GewA 1986, 397; VG Minden 15.2.1989 – 2 K 1051/88, GewA 1990, 429; OVG Koblenz 10.5.1989 – 2 A 121/88, GewA 1989, 304.

(4) ¹Die Namen der in § 19 Abs. 1 Nr. 3 und 4 bezeichneten verantwortlichen Personen sind der zuständigen Behörde unverzüglich nach der Bestellung mitzuteilen. ²Das Erlöschen der Bestellung einer dieser Personen ist unverzüglich der zuständigen Behörde anzuzeigen.[83]

19. Unbefugtes Vertreiben oder Überlassen explosionsgefährlicher Stoffe durch nicht verantwortliche Personen (Abs. 1 Nr. 10). Nach § 22 Abs. 1 S. 1 dürfen explosionsgefährliche Stoffe nur von verantwortlichen Personen (vgl. § 19) vertrieben oder anderen überlassen werden.[84] Wird nun das Vertreiben oder Überlassen durch nicht verantwortliche Personen iS des § 19 vorgenommen, stellt dies eine Ordnungswidrigkeit nach § 41 Abs. 1 Nr. 10 dar. Ein Verstoß gegen diese Vorschrift begeht also derjenige, der die besagten Handlungen ohne die erforderliche Bestellung vornimmt.[85] Hierdurch soll sichergestellt werden, dass nur Personen explosionsgefährliche Stoffe vertreiben oder überlassen, die eine Garantie dafür bieten, dass die mit der jeweiligen Tätigkeit verbundenen Gefahren so klein wie möglich gehalten werden. Während eine Vielzahl von Verstößen gegen die Vorschrift des § 22 als Straftaten ausgestaltet sind,[86] wird ein Verstoß gegen § 22 Abs. 1 S. 1 lediglich als Ordnungswidrigkeit nach § 41 Abs. 1 Nr. 10 geahndet.

20. Unterlassene Eintragung bzw. Verstoß gegen Aufbewahrungspflichten hinsichtlich einer Bescheinigung nach § 22 Abs. 1a (Abs. 1 Nr. 11). Nach § 22 Abs. 1 S. 1 dürfen explosionsgefährliche Stoffe nur von verantwortlichen Personen (vgl. § 19) vertrieben oder anderen überlassen werden.[87] Wird das Vertreiben oder Überlassen durch nicht verantwortliche Personen iS des § 19 vorgenommen, stellt dies eine Ordnungswidrigkeit nach § 41 Abs. 1 Nr. 10 dar. Der im Jahre 2017 neu ins SprengG eingeführte § 22 Abs. 1a[88] enthält nun eine Sondervorschrift für die Bediensteten der an sich gar nicht dem SprengG unterfallenden Stellen nach § 1a Abs. 1 Nr. 3–5, Abs. 2–5. Ihnen dürfen explosionsgefährliche Stoffe nur gegen Aushändigung einer Bescheinigung der betreffenden Stellen überlassen werden. Hieraus müssen die Art und die Menge der explosionsgefährlichen Stoffe hervorgehen, die der Bedienstete erwerben darf. Nach § 22 Abs. 1a S. 2 hat der Überlasser zum Zeitpunkt des Überlassens die Art und die Menge der Stoffe, das Datum sowie seinen Namen und seine Anschrift in die Bescheinigung dauerhaft einzutragen. Nimmt er entgegen dieser Vorschrift die Eintragung nicht, nicht richtig oder nicht rechtzeitig vor, wird dieser Verstoß als Ordnungswidrigkeit nach § 41 Abs. 1 Nr. 11 Var. 1 geahndet

Nach § 22 Abs. 1 S. 3 hat der Bedienstete ferner die Pflicht, die Bescheinigung dem Erwerber nur zurückzugeben, wenn dieser die angegebene Menge noch nicht vollständig erworben hat. Anderenfalls hat er die Bescheinigung nach § 22 Abs. 1a S. 4 vom Zeitpunkt des Überlassens für die Dauer von drei Jahren aufzubewahren. Bewahrt er sie nicht oder lediglich eine kürzere Zeit auf, so wird dieser Verstoß als Ordnungswidrigkeit nach § 41 Abs. 1 Nr. 11 Var. 2 geahndet. Die Vorschrift des § 22 Abs. 1a lautet:

§ 22 Vertrieb und Überlassen

(1) [...][89]

(1a) ¹Den Bediensteten der in § 1a Absatz 1 Nummer 3 bis 5 sowie Absatz 2 bis 5 genannten Stellen dürfen explosionsgefährliche Stoffe nur gegen Aushändigung einer Bescheinigung dieser Stellen überlassen werden, aus der die Art und die Menge der explosionsgefährlichen Stoffe hervorgehen, die der Bedienstete erwerben darf. ²Der Überlasser hat zum Zeitpunkt des Überlassens die Art und die Menge der Stoffe, das Datum sowie seinen Namen und seine Anschrift in die

---

[83] Ein Verstoß gegen diese Vorschrift ist nach § 41 Abs. 1 Nr. 4 bußgeldbewehrt; → Rn. 29.
[84] Die Vorschrift des § 22 Abs. 1 ist abgedruckt → § 40 Rn. 79; zum Merkmal des Vertreibens → § 40 Rn. 52; zum Verbringen → § 40 Rn. 37 f. und zum Überlassen → § 40 Rn. 50.
[85] Graf/Jäger/Wittig/*Grommes* Rn. 19.
[86] § 40 Abs. 2 Nr. 3a–Nr. 3e; hierzu → § 40 Rn. 79 ff.
[87] Die Vorschrift des § 22 Abs. 1 ist abgedruckt → § 40 Rn. 79; zum Merkmal des Vertreibens → § 40 Rn. 52; zum Verbringen → § 40 Rn. 37 f. und zum Überlassen → § 40 Rn. 50.
[88] BGBl. 2017 I S. 1586 (1601). Die Regelung war früher in § 5 Abs. 5 der 1. SprengV enthalten und durch § 46 Nr. 1 der 1. SprengV als Ordnungswidrigkeit erfasst.
[89] Die Vorschrift des § 22 Abs. 1 ist abgedruckt → § 40 Rn. 79; zum Merkmal des Vertreibens → § 40 Rn. 52; zum Verbringen → § 40 Rn. 37 f. und zum Überlassen → § 40 Rn. 50.

Bescheinigung dauerhaft einzutragen. ³Er hat die Bescheinigung dem Erwerber nur zurückzugeben, wenn dieser die angegebene Menge noch nicht vollständig erworben hat. ⁴Anderenfalls hat er die Bescheinigung vom Zeitpunkt des Überlassens für die Dauer von drei Jahren aufzubewahren.

(2)–(6) [...]⁹⁰

42 **21. Verstoß gegen die Pflicht zum Mitsichführen bestimmter Urkunden (Abs. 1 Nr. 12).** Damit sich die Überwachungsbehörde in denjenigen Fällen, in denen der Betreffende außerhalb seines Betriebes mit explosionsgefährlichen Stoffen umgeht, ein schnelles Bild darüber verschaffen kann, ob dieser hierzu befugt ist, schreibt § 23 vor, dass sowohl die verantwortlichen Personen nach § 19 Abs. 1 Nr. 1 als auch diejenigen, die nach § 20 im Besitz eines Befähigungsscheines sein müssen, die entsprechenden Urkunden, aus denen sich ihre Berechtigung ergibt, mit sich führen (und auf Verlangen vorlegen) müssen. Ein Verstoß gegen die Pflicht, die entsprechenden Urkunden mit sich zu führen, stellt eine Ordnungswidrigkeit nach Abs. 1 Nr. 12 dar (der Verstoß gegen die Vorlagepflicht ist nicht bußgeldbewehrt).⁹¹ Die in Bezug genommene Vorschrift lautet:

§ 23 Mitführen von Urkunden

¹Außerhalb des eigenen Betriebes haben die verantwortlichen Personen nach § 19 Abs. 1 Nr. 1 bei dem Umgang und dem Verkehr mit explosionsgefährlichen Stoffen die Erlaubnisurkunde und die verantwortlichen Personen, die nach § 20 im Besitz eines Befähigungsscheines sein müssen, den Befähigungsschein mitzuführen und auf Verlangen den Beauftragten der zuständigen Behörden vorzulegen. ²In den Fällen des § 13 Abs. 3 genügt eine in deutscher Sprache abgefasste Bescheinigung über die Befugnis zur Verbringung explosionsgefährlicher Stoffe der zuständigen Behörde des Landes, in dem der Verbringer seinen Wohnsitz, seinen ständigen Aufenthaltsort oder seine Niederlassung hat.

43 Erfasst sind einerseits verantwortliche Personen nach § 19 Abs. 1 Nr. 1, die einen Erlaubnisschein nach den §§ 7 oder 27 benötigen oder verantwortliche Personen, die eines Befähigungsscheines nach § 20 bedürfen. Nicht erfasst sind dagegen verantwortliche Personen nach § 19 Abs. 1 Nr. 2 (soweit sie keine Aufsichtspersonen iS des § 20 Abs. 1 S. 2 sind) sowie verantwortliche Personen nach § 19 Abs. 1 Nr. 4b und Nr. 4c bzw. § 19 Abs. 2 (da ihnen kein Befähigungsschein erteilt werden kann). Bei ausländischen Verbringern genügt nach § 23 S. 2 auch die hier genannte Bescheinigung.

44 **22. Nichtanwendung einer Gebrauchsanleitung (Abs. 1 Nr. 12a).** In § 24 wird normiert, dass die verantwortlichen Personen (vgl. § 19)⁹² beim Umgang mit explosionsgefährlichen Stoffen verschiedene **Schutzpflichten** sowie – seit der Gesetzesänderung durch das 4. SprengÄndG 2009⁹³ – den **Stand der Technik** zu beachten haben. Diese Pflichten werden in § 24 Abs. 1 S. 2 und Abs. 2 näher konkretisiert. Dabei sind insbes. zu beachten: (1) die vom Hersteller oder Einführer festgelegte Gebrauchsanleitung, (2) die von der Bundesanstalt für Materialforschung und -prüfung festgelegte Gebrauchsanleitung, (3) die nach § 6 Abs. 4 bekannt gemachten Regeln und Erkenntnisse, (4) die sonstigen gesicherte arbeitswissenschaftlichen Erkenntnisse, (5) die allgemein anerkannten Regeln der Sicherheitstechnik und (6) die in § 24 Abs. 2 beispielhaft („insbesondere") aufgezählten Verhaltensvorschriften. Nach § 41 Abs. 1 Nr. 12a wird nun lediglich ein Zuwiderhandeln gegen eine Gebrauchsanleitung (des Herstellers oder der Bundesanstalt) sowie gegen den „Stand der Technik" iS des § 24 Abs. 1 S. 2 als Ordnungswidrigkeit geahndet. Ein Verstoß gegen die in § 24 Abs. 2 einzeln genannten Pflichten wird dagegen nicht eigenständig sanktioniert,

---

⁹⁰ Die Vorschriften des § 22 Abs. 2–5 sind abgedruckt in → Rn. 90, Rn. 94 und Rn. 97; § 22 Abs. 6 enthält eine Ermächtigungsvorschrift zum Erlass einer Rechtsverordnung.
⁹¹ Erbs/Kohlhaas/*Steindorf*, S 169, § 41 Rn. 26; aM *Klein* § 20 Rn. 1 (der die Vorlagepflicht als eine von der Mitführungspflicht miterfasste Nebenverpflichtung ansieht); unklar Graf/Jäger/Wittig/*Grommes* Rn. 16.
⁹² Die Vorschrift ist abgedruckt in → Rn. 37.
⁹³ BGBl. I S. 2062 (2066); zwar war die Änderung des § 41 Abs. 1 Nr. 12a im ursprünglichen Gesetzentwurf bereits enthalten (vgl. BT-Drs. 16/1597, 12, 43), die gleichzeitige Erweiterung des § 24 Abs. 1 S. 2 kam jedoch erst auf Anregung des Bundesrates ins Gesetz (vgl. BT-Drs. 16/1597, 54); auch BT-Drs. 16/13423, 16.

sondern hat lediglich Einfluss auf die Konkretisierung des Sorgfaltsmaßstabes im Rahmen der allgemeinen Fahrlässigkeitsdelikte (vgl. §§ 222, 229 StGB)[94] sowie auf zivilrechtliche Schadensersatzansprüche. Tathandlung ist entweder die vollständige Nichtanwendung oder aber die fehlerhafte Anwendung der Gebrauchsanleitung oder des Standes der Technik. Die Vorschrift lautet:

§ 24 Schutzvorschriften

(1) [1]Die verantwortlichen Personen haben bei dem Umgang und dem Verkehr mit explosionsgefährlichen Stoffen Beschäftigte und Dritte vor Gefahren für Leben, Gesundheit und Sachgüter zu schützen, soweit die Art des Umgangs oder des Verkehrs dies zulässt. [2]Sie haben hierbei die vom Hersteller oder vom Einführer oder die von einer auf Grund dieses Gesetzes bestimmten Stelle festgelegte Gebrauchsanleitung, die nach § 6 Absatz 4 bekannt gemachten Regeln und Erkenntnisse, die sonstigen gesicherten arbeitswissenschaftlichen Erkenntnisse sowie die allgemein anerkannten Regeln der Sicherheitstechnik anzuwenden. [3]Bei Einhaltung der nach § 6 Absatz 4 bekannt gemachten Regeln ist davon auszugehen, dass die im Gesetz oder einer Verordnung zum Gesetz gestellten Anforderungen diesbezüglich erfüllt sind. [4]Werden die Regeln nicht angewendet, muss durch andere Maßnahmen die gleiche Sicherheit und der gleiche Gesundheitsschutz der Beschäftigten erreicht werden.

(2) Die verantwortlichen Personen haben zum Schutze der in Absatz 1 bezeichneten Rechtsgüter insbesondere
1. Betriebsanlagen und Betriebseinrichtungen den Anforderungen des Absatzes 1 entsprechend einzurichten und zu unterhalten, insbesondere den erforderlichen Schutz- und Sicherheitsabstand der Betriebsanlagen untereinander und zu betriebsfremden Gebäuden, Anlagen und öffentlichen Verkehrswegen einzuhalten,
2. Vorsorge- und Überwachungsmaßnahmen im Betrieb zu treffen, insbesondere den Arbeitsablauf zu regeln,
3. Beschäftigten oder Dritten im Betrieb ein den Anforderungen des Absatzes 1 entsprechendes Verhalten vorzuschreiben,
4. die erforderlichen Maßnahmen zu treffen, damit explosionsgefährliche Stoffe nicht abhanden kommen oder Beschäftigte oder Dritte diese Stoffe nicht unbefugt an sich nehmen,
5. die Beschäftigten vor Beginn der Beschäftigung über die Unfall- und Gesundheitsgefahren, denen sie bei der Beschäftigung ausgesetzt sind, sowie über die Einrichtungen und Maßnahmen zur Abwendung dieser Gefahren zu belehren; die Belehrungen sind in angemessenen Zeitabständen zu wiederholen.

23. Verstoß gegen die Pflicht, eine Nachschau zu dulden (Abs. 1 Nr. 14). Nach 45 § 31 ist der Erlaubnisinhaber, der befugterweise mit explosionsgefährlichen Stoffen umgeht, verpflichtet, der zuständigen Behörde bestimmte Auskünfte zu erteilen (Abs. 1) sowie zu dulden, dass Mitarbeiter der Behörde seine Betriebsräume betreten und Proben entnehmen (Abs. 2 S. 4).[95] Lediglich die zuletzt genannte Pflicht zur Duldung dieser Nachschau (inklusive der Probenentnahme), nicht aber die Verweigerung der Auskunft nach § 31 Abs. 1, ist bußgeldbewehrt.[96] Normadressat ist hierbei der Betriebsinhaber bzw. Beauftragte, nicht hingegen der Erlaubnisinhaber nach § 7.[97] Ordnungswidrig handelt, wer gegen die Pflicht zur Duldung der Nachschau verstößt. Dies kann auch dadurch geschehen, dass der Betreffende durch passives Verhalten die Nachschau verhindert oder erschwert, etwa indem er sich weigert, die Betriebs- und Geschäftsräume oder bestimmte Behältnisse zu öffnen.[98] Darüber hinaus wird man aber aktive Mitwirkungshandlungen des Betriebsinhabers etc nicht verlangen können, wie etwa die Herausgabe von Geschäftsunterlagen, deren Aufenthaltsort den Durchsuchenden nicht bekannt ist.[99] Die Vorschrift lautet:

§ 31 Auskunft, Nachschau

(1) Der Inhaber eines Betriebes, der mit explosionsgefährlichen Stoffen umgeht oder den Verkehr mit ihnen betreibt und die mit der Leitung des Betriebes, einer Zweigniederlassung oder einer

---
[94] Erbs/Kohlhaas/*Steindorf*, S 169, 160. EL, § 24 Rn. 2.
[95] Vgl. hierzu BT-Drs. V/1268, 61 (zu § 25 des Entwurfs).
[96] Vgl. auch Erbs/Kohlhaas/*Steindorf*, S 169, § 41 Rn. 28; Graf/Jäger/Wittig/*Grommes* Rn. 17.
[97] Erbs/Kohlhaas/*Steindorf* S 169, 160. EL, § 31 Rn. 1.
[98] *Apel/Keusgen*, Bd. 2, § 41 Anm. 2.14.
[99] Erbs/Kohlhaas/*Steindorf*, S 169, § 41 Rn. 28.

unselbständigen Zweigstelle beauftragten Personen sowie Personen, die einer Erlaubnis nach § 27 bedürfen, haben der zuständigen Behörde die für die Durchführung des Gesetzes erforderlichen Auskünfte zu erteilen.

(2) ¹Die von der zuständigen Behörde mit der Überwachung beauftragten Personen sind befugt, Grundstücke, Betriebsanlagen, Geschäftsräume, Beförderungsmittel und zur Verhütung dringender Gefahren für die öffentliche Sicherheit und Ordnung auch Wohnräume des Auskunftspflichtigen zu betreten, dort Prüfungen und Besichtigungen vorzunehmen und die geschäftlichen Unterlagen des Auskunftspflichtigen einzusehen. ²Die Beauftragten sind berechtigt, gegen Empfangsbescheinigung Proben nach ihrer Auswahl zu fordern oder zu entnehmen, soweit dies zur Überwachung erforderlich ist. ³Soweit der Betriebsinhaber nicht ausdrücklich darauf verzichtet, ist ein Teil der Probe amtlich verschlossen oder versiegelt zurückzulassen. ⁴Der Auskunftspflichtige hat die Maßnahmen nach Satz 1 und 2 zu dulden. [...] [betrifft Einschränkung des Art. 13 GG]

(3) [...] [betrifft Auskunftsverweigerungsrechte]

(4) Die Absätze 1 bis 3 sind entsprechend anzuwenden auf Personen, bei denen Tatsachen die Annahme rechtfertigen, dass sie unbefugterweise mit explosionsgefährlichen Stoffen umgehen oder den Verkehr mit diesen Stoffen betreiben.

46 **24. Verstoß gegen eine vollziehbare Untersagungsverfügung hinsichtlich der Beschäftigung verantwortlicher Personen (Abs. 1 Nr. 15).** Nach § 33 kann die Behörde eine Untersagungsverfügung hinsichtlich der Beschäftigung bestimmter Personen als „verantwortlicher Personen" (§ 19) treffen. Ordnungswidrig handelt nach Abs. 1 Nr. 15 derjenige, der entgegen einer solchen Untersagungsverfügung eine für den Umgang oder Verkehr verantwortliche Person weiterbeschäftigt. Erforderlich ist lediglich, dass die entsprechende Verfügung vollziehbar ist. Erfasst ist allerdings lediglich die Weiterbeschäftigung gerade als „verantwortliche Person", eine Weiterbeschäftigung des Betreffenden mit anderen betrieblichen Aufgaben ist hingegen sanktionslos möglich.[100] Die Vorschrift des § 33 lautet:

§ 33 Beschäftigungsverbot

(1) Beschäftigt der Erlaubnisinhaber als verantwortliche Person entgegen § 21 Abs. 2 eine Person, die nicht im Besitz eines Befähigungsscheines ist, so kann die zuständige Behörde dem Erlaubnisinhaber untersagen, diese Person beim Umgang oder Verkehr mit explosionsgefährlichen Stoffen zu beschäftigen.

(2) Die Beschäftigung einer der in § 19 Abs. 1 Nr. 2 und 4 Buchstabe b und c bezeichneten Personen als verantwortliche Person kann dem Erlaubnisinhaber untersagt werden, wenn bei dieser Person ein Versagungsgrund nach § 8 Abs. 1 vorliegt.

(3) ¹In den Fällen der Absätze 1 und 2 kann die zuständige Behörde die Beschäftigung einer verantwortlichen Person auch dem Inhaber eines Betriebes untersagen, der nach dem Gesetz oder auf Grund einer Rechtsverordnung nach § 4 ohne Erlaubnis den Umgang oder den Verkehr mit explosionsgefährlichen Stoffen betreiben darf. ²Die Untersagung nach Satz 1 ist auch zulässig, wenn die verantwortliche Person ihre Tätigkeit auf Grund einer Rechtsverordnung nach § 4 ohne Befähigungsschein ausüben darf.

47 Hinzuweisen ist noch darauf, dass dann, wenn der Handelnde vorsätzlich gegen diesen Ordnungswidrigkeitentatbestand verstößt und dadurch vorsätzlich oder fahrlässig eine Gefahr für Leib oder Leben eines Menschen oder für Sachen von bedeutendem Wert herbeiführt, eine Straftat nach § 42 vorliegt.[101]

48 **25. Verstoß gegen Rechtsverordnungen (Abs. 1 Nr. 16).** Nach dieser Vorschrift handelt derjenige ordnungswidrig, der einer Rechtsverordnung nach § 6 Abs. 1, § 16 Abs. 3, § 25 oder § 29 Nr. 1 Buchstabe b Nr. 2 oder Nr. 3 zuwiderhandelt, soweit sie für einen bestimmten Tatbestand auf diese Bußgeldvorschrift verweist. Aufgrund der genannten Ermächtigungsnormen wurden erlassen: die 1. SprengV,[102] die in § 46 einen entsprechenden

---

[100] Erbs/Kohlhaas/*Steindorf*, S 169, § 41 Rn. 29.
[101] Nach Erbs/Kohlhaas/*Steindorf*, S 169, 160. EL, § 42 Rn. 2, handelt es sich bei der Aufnahme dieser Norm in den Katalog des § 42 um ein Redaktionsversehen; aM Graf/Jäger/Wittig/*Grommes* § 42 Rn. 1, mit dem zutreffenden Argument, dass trotz Änderung des § 42 durch das 4. SprengÄndG 2009, bei der einige Ziffern gestrichen wurden, weder eine Streichung des Verweises noch eine Umbenennung hinsichtlich des § 42 Abs. 1 Nr. 15 erfolgte.
[102] → Vor § 40 Rn. 12.

III. Sprengstoffgesetz

Bußgeldtatbestand enthält, die **2. SprengV**,[103] die in § 7 einen Bußgeldtatbestand enthält und schließlich die 3. SprengV,[104] die in § 4 einen Bußgeldtatbestand aufweist. Alle drei Tatbestände verweisen ausdrücklich auf die Vorschrift des § 41 Abs. 1 Nr. 16, sodass die dort genannte Voraussetzung erfüllt ist. Diese Konstruktion hat zur Folge, dass sämtliche Verstöße gegen die genannten Rechtsverordnungen als Verstöße gegen das SprengG selbst anzusehen sind, was ua bewirkt, dass der (höhere) Bußgeldrahmen des § 41 Abs. 2 SprengG anwendbar ist.[105]

Neben umfangreichen Regelungen, die in erster Linie den Anwendungsbereich des SprengG betreffen, enthält die 1. SprengV[106] auch eine Vielzahl von Verhaltensvorschriften, deren Verstoß in § 46 1. SprengV als Ordnungswidrigkeit geahndet wird. Die Vorschrift lautet: **49**

§ 46 1. SprengV [Ordnungswidrigkeiten]

Ordnungswidrig im Sinne des § 41 Abs. 1 Nr. 16 des Sprengstoffgesetzes handelt, wer vorsätzlich oder fahrlässig
1. entgegen § 14 Absatz 1, 5 oder 6, § 18 Absatz 1 oder § 18b einen pyrotechnischen Gegenstand, einen explosionsgefährlichen Stoff, Treibladungspulver oder Schwarzpulver einem anderen überlässt,
2. entgegen § 18c Satz 1 ein Sprengzubehör verwendet,
3. entgegen § 20 Absatz 4 Satz 1 einen pyrotechnischen Gegenstand überlässt,
3a. (weggefallen)
4. (weggefallen)
5. (weggefallen)
6. (weggefallen)
6a (weggefallen)
7. entgegen § 21 Absatz 2, Absatz 3 Satz 1 oder Absatz 5 oder § 22 Absatz 2 ein Sortiment oder einen pyrotechnischen Gegenstand überlässt,
8. entgegen § 21 Absatz 3 oder Absatz 5 einen pyrotechnischen Gegenstand vertreibt,
8a. entgegen § 21 Absatz 4 Satz 1 einen pyrotechnischen Gegenstand ausstellt,
8b. entgegen § 23 Absatz 1 oder Absatz 2 Satz 1 einen pyrotechnischen Gegenstand abbrennt,[107]
8c. entgegen § 23 Absatz 3 Satz 1 oder Absatz 7 Satz 1 eine Anzeige nicht oder nicht rechtzeitig erstattet,
9. entgegen einer Anordnung nach § 24 Abs. 2 pyrotechnische Gegenstände abbrennt,
10. entgegen § 25 Abs. 1 Satz 1 explosionsgefährliche Stoffe ohne Vorlage des Erlaubnisbescheides oder einer Ausfertigung des Erlaubnisbescheides überläßt oder entgegen § 25 Abs. 1 Satz 2 beim Überlassen der Stoffe die vorgeschriebenen Angaben in der Erlaubnisurkunde nicht dauerhaft einträgt,
11. einer Vorschrift des § 26 Abs. 1 über das Verhalten beim Umgang mit Treibladungspulver oder Anzündhütchen, des § 26 Abs. 2 oder 3 über das Laden oder Entladen von Patronenhülsen oder des § 26 Abs. 4 über den höchstzulässigen Gasdruck zuwiderhandelt,
12. entgegen § 27 Abs. 1 Brückenzünder Klasse I oder Brückenanzünder A zum Sprengen verwendet oder entgegen § 27 Abs. 2 Brückenzünder Klasse I oder Brückenanzünder A unterschiedlicher Widerstandsgruppen in einer Lieferung einem anderen überläßt,
13. entgegen § 28 explosionsgefährliche Stoffe, die aus Fund- oder Lagermunition stammen, vertreibt, einem anderen überläßt oder verwendet oder
14. einer Vorschrift des §§ 41, 42 oder § 43 über das Verzeichnis nach § 16 oder § 28 des Gesetzes zuwiderhandelt.

Die 2. SprengV regelt die Aufbewahrung von explosionsgefährlichen Stoffen (Explosivstoffe und sonstige explosionsgefährliche Stoffe), § 1 Abs. 1. Die Aufbewahrung muss nach den Vorschriften des Anhangs zur 2. SprengV und darüber hinaus nach den allgemein anerkannten sicherheitstechnischen Regeln erfolgen, § 2 Abs. 1. Für Bauteile oder Systeme eines Lagers, insbes. für Schranklager, muss eine Bauartzulassung erteilt werden, § 5 Abs. 1. **50**

---

[103] → Vor § 40 Rn. 13; vgl. aus der Rspr. zu § 7 der 2. SprengV aF KG 5.2.1997 – 2 Ss 253/96 – 5 Ws (B) 722/96, NStZ-RR 1998, 252 = GewA 1998, 163.
[104] → Vor § 40 Rn. 14.
[105] Hierzu → Rn. 56.
[106] Die einzelnen Vorschriften der 1. SprengV konnten aus Raumgründen nicht abgedruckt werden.
[107] Vgl. hier z. B. zum Abbrennen pyrotechnischer Gegenstände in Fußballstadien („bengalische Feuer") Steinsiek SpuRt 2013, 11 (12).

Nach § 5 Abs. 5 muss der Inhaber einer Bauartzulassung ein Zulassungszeichen dauerhaft und deutlich sichtbar auf jedem nachgebauten Stück anbringen.[108] Ein Verstoß gegen diese Pflicht zur Anbringung des Zulassungszeichens stellt nach § 7 eine Ordnungswidrigkeit dar. Die Vorschrift lautet:

§ 7 2. SprengV [Ordnungswidrigkeiten]

Ordnungswidrig im Sinne des § 41 Abs. 1 Nr. 16 des Sprengstoffgesetzes handelt, wer vorsätzlich oder fahrlässig entgegen § 5 Abs. 5 das Zulassungszeichen nicht oder nicht in der vorgeschriebenen Weise anbringt.

51 In der 3. SprengV wird in § 1 Abs. 1 eine Pflicht zur vorherigen schriftlichen Anzeige für denjenigen normiert, der mit explosionsgefährlichen Stoffen eine **Sprengung** durchführen will. In § 1 Abs. 2 der 3. SprengV ist niedergelegt, welche Angaben die Anzeige enthalten muss und welche Unterlagen ihr beigefügt werden müssen.[109] Treten nachträglich Veränderungen im Hinblick auf die bereits erstattete Anzeige ein, hat der Verantwortliche diese nach § 2 der 3. SprengV mitzuteilen und vor der tatsächlichen Durchführung der Sprengung neue Fristen einzuhalten. § 3 der 3. SprengV enthält schließlich Ausnahmen von der üblicherweise geltenden Anzeigepflicht. § 4 enthält den hier relevanten Ordnungswidrigkeitentatbestand. Die Vorschrift lautet:

§ 4 3. SprengV Ordnungswidrigkeiten

Ordnungswidrig im Sinne des § 41 Abs. 1 Nr. 16 des Sprengstoffgesetzes handelt, wer vorsätzlich oder fahrlässig
1. entgegen § 1 Abs. 1 eine Anzeige nicht oder nicht rechtzeitig erstattet oder entgegen § 1 Abs. 2 Angaben nicht, nicht vollständig, nicht rechtzeitig oder unrichtig macht oder Unterlagen nicht, nicht vollständig oder nicht rechtzeitig vorlegt,
2. entgegen § 2 eine Veränderung nicht, nicht rechtzeitig, unvollständig oder unrichtig anzeigt oder eine Sprengung vor Ablauf der vorgeschriebenen Fristen durchführt.

52 **26. Verstoß gegen landesrechtliche Vorschriften (Abs. 1 Nr. 17).** § 41 Abs. 1 Nr. 17 enthält einen (im Wege der Übergangslösung) bundesrechtlichen Bußgeldtatbestand für Verstöße gegen landesrechtliche Vorschriften über den Umgang oder den Verkehr mit explosionsgefährlichen Stoffen in denjenigen Bereichen, in denen das Sprengstoffgesetz vom 25.8.1969 nicht anzuwenden war (nicht erfasst war insbes. der nichtgewerbliche Bereich). Ferner sind Verstöße gegen eine auf Grund einer solchen landesrechtlichen Vorschrift ergangenen vollziehbaren Anordnung erfasst. Die Norm hat inzwischen praktisch keine Bedeutung mehr.[110]

53 **27. Unerlaubtes Vertreiben oder Überlassen sowie unerlaubter Erwerb von bzw. unerlaubter Umgang mit pyrotechnischen Gegenständen (Abs. 1a).** Der in einem eigenen Absatz normierte Bußgeldtatbestand trägt dem Umstand Rechnung, dass der unerlaubte Umgang mit bestimmten **pyrotechnischen Gegenständen** (§ 3 Abs. 1 Nr. 3)[111] über § 40 Abs. 5 aus zwei Strafnormen des § 40 explizit herausgenommen wurde: Nach **§ 40 Abs. 1 Nr. 3** macht sich strafbar, wer explosionsgefährliche Stoffe entgegen § 27 Abs. 1 ohne Erlaubnis erwirbt oder mit diesen Stoffen umgeht.[112] Dabei verbietet jedoch § 27 Abs. 1 an sich – als verwaltungsrechtliche Ausgangsnorm – ein solches Verhalten im Hinblick auf **sämtliche** explosionsgefährlichen Stoffe. Nach **§ 40 Abs. 2 Nr. 3 Buchst. a bis Buchst. e** macht sich darüber hinaus derjenige strafbar, der explosionsgefährliche Stoffe entgegen den in § 22 aufgeführten Verboten an die hier genannten Personen vertreibt oder ihnen überlässt.[113] Auch § 22 verbietet somit – als verwaltungsrechtliche Ausgangsnorm –

---

[108] Die Vorschrift konnte aus Raumgründen nicht abgedruckt werden.
[109] Die Vorschrift konnte aus Raumgründen nicht abgedruckt werden.
[110] So auch *Apel/Keusgen*, Bd. 2, § 41 Anm. 2.17; Graf/Jäger/Wittig Rn. 7.
[111] Vgl. zum Begriff des pyrotechnischen Gegenstandes → § 40 Rn. 15 f.
[112] Hierzu → § 40 Rn. 66 ff.; hier ist auch die Vorschrift des § 27 abgedruckt; vgl. zum Merkmal des Erwerbens → § 40 Rn. 49; zum Merkmal des Umgehens → § 40 Rn. 31 ff.
[113] Hierzu → § 40 Rn. 79 ff.

ein solches Vertreiben oder Überlassen im Hinblick auf **sämtliche** explosionsgefährliche Stoffe.

Über § 40 Abs. 5 hat der Gesetzgeber nun aber für beide Strafnormen einen Strafausschluss im Hinblick auf die nach § 5 Abs. 1 Nr. 1[114] konformitätsbewerteten oder nach § 47 Abs. 2 oder Abs. 4 zugelassenen **pyrotechnischen Gegenstände** normiert[115] und hierfür durch das 4. SprengÄndG[116] in § 41 Abs. 1a einen eigenen Ordnungswidrigkeitentatbestand geschaffen.[117] Zu beachten ist allerdings, dass die Ausschlussklausel des § 40 Abs. 5 nach dem dortigen Satz 2 für pyrotechnische Gegenstände nach § 3a Abs. 1 Nr. 1 Buchst., also Feuerwerkskörper der Kategorie F4, nicht gilt. Da diese das Gefahrpotenzial von Explosivstoffen aufweisen,[118] werden entsprechende Verstöße als Straftaten nach § 40 Abs. 1 Nr. 3 bzw. § 40 Abs. 2 Nr. 3 geahndet. In den übrigen Fällen, in denen die Strafnorm des § 40 infolge der Ausnahmeklausel des § 40 Abs. 5 nicht anwendbar ist, sieht § 41 Abs. 1a einen entsprechenden Bußgeldtatbestand vor. 54

Hinzuweisen ist in diesem Zusammenhang noch darauf, dass dann, wenn der Handelnde vorsätzlich gegen diesen Ordnungswidrigkeitentatbestand verstößt und dadurch vorsätzlich oder fahrlässig eine Gefahr für Leib oder Leben eines Menschen oder für Sachen von bedeutendem Wert herbeiführt, eine Straftat nach § 42 vorliegt. 55

III. Rechtsfolge (Abs. 2)

Abs. 2 enthält unterschiedliche Bußgeldrahmen, je nachdem, gegen welche Vorschrift des Abs. 1 verstoßen wurde. Der Bußgeldrahmen übersteigt den nach § 17 Abs. 1 OWiG vorgesehenen Regelbußgeldrahmen erheblich. So kann für die in Abs. 2 ausdrücklich genannten Verstöße, denen der Gesetzgeber infolge ihrer eher formalen Art ein geringeres Gewicht beigemessen hat,[119] eine Geldbuße von bis zu 10.000 Euro verhängt werden (Verjährungsfrist nach § 31 Abs. 2 Nr. 2 OWiG: 2 Jahre). Die in dieser Vorschrift nicht ausdrücklich aufgeführten (übrigen) Verstöße gegen Abs. 1 und Abs. 1a können sogar mit einer Geldbuße von bis zu 50.000 Euro geahndet werden (Verjährungsfrist nach § 31 Abs. 2 Nr. 1 OWiG: 3 Jahre). Der Gesetzgeber erstrebt mit diesem erhöhten Bußgeldrahmen eine stärkere Beachtung der Vorschriften, um dadurch der Bedeutung der sicherheitstechnischen Regeln des Gesetzes besser gerecht zu werden.[120] Insbes. die erheblichen Gewinnspannen im Bereich der Pyrotechnik führten nämlich bisher oftmals dazu, dass Verstöße bewusst erfolgten, da der erwartete Gewinn wesentlich höher war als das angedrohte Bußgeld. Der reine Verstoß gegen Anzeige- oder Meldepflichten wird daher – insoweit konsequent – mit einer deutlich geringeren Bußgeldandrohung sanktioniert. Diese Bußgeldrahmen betreffen allerdings nur **vorsätzliche** Verstöße. Für **fahrlässige** Verstöße gilt § 17 Abs. 2 OWiG, wonach lediglich die Hälfte der für vorsätzliche Verstöße angedrohten Höchstbeträge möglich ist. Bei der Festsetzung der jeweiligen Geldbuße sind nach § 17 Abs. 3 OWiG auch die wirtschaftlichen Verhältnisse des Täters zu berücksichtigen. Die Geldbuße kann nach § 17 Abs. 4 OWiG über diesen Höchstbetrag hinausgehen, wenn dies zur Abschöpfung der aus der Tat gezogenen wirtschaftlichen Vorteile erforderlich ist. 56

---

[114] Die Vorschrift des § 5 ist abgedruckt in → Rn. 7.
[115] So schon zum alten Recht BT-Drs. 7/4824, 25: „Pyrotechnische Gegenstände werden im Regelfall nicht zu kriminellen Zwecken verwendet. Die Ausgestaltung als Ordnungswidrigkeiten wird dem Unrechtsgehalt der genannten Handlungen im Regelfalle besser gerecht"; hierzu auch Erbs/Kohlhaas/*Steindorf* S 169, 160. EL, Vorb. Rn. 6. Rechtstechnisch setzte der Gesetzgeber dies dadurch um, dass er in den Strafnormen des § 40 Abs. 1 Nr. 3 aF und § 40 Abs. 2 Nr. 3 aF eine ausdrückliche Herausnahme der „nach § 5 Abs. 1 Satz 1 zugelassene pyrotechnische Gegenstände" normierte.
[116] BGBl. 2009 I S. 2062 (2066); vgl. zur Begründung BT-Drs. 16/12597, 43.
[117] Eine vergleichbare Regelung fand sich allerdings früher in § 41 Abs. 1 Nr. 11 aF und Nr. 13 aF; insoweit ist in der gesetzlichen Begründung zum neuen § 41 Abs. 1a auch nur von einer „redaktionellen Anpassung" die Rede; vgl. BT-Drs. 16/12597, 43.
[118] Vgl. BT-Drs. 18/10455, 71.
[119] Vgl. *Apel/Keusgen*, Bd. 2, § 41 Anm. 6.
[120] BT-Drs. 13/8935, 61.

IV. Verfolgung bei ausländischen Unternehmen (Abs. 3)

57 Durch das 4. SprengÄndG[121] neu in § 41 aufgenommen wurde die Regelung, dass dann, wenn eine Zuwiderhandlungen nach Abs. 1 Nr. 5a (Nichtvorlage der Verbringungsgenehmigung) oder Nr. 12 (Verstoß gegen die Pflicht zum Mitsichführen bestimmter Urkunden) von einem Unternehmen begangen wurde, welches im Geltungsbereich des Gesetzes weder seinen Sitz noch eine geschäftliche Niederlassung hat, jedenfalls dann, wenn auch der Betroffene in Deutschland keinen Wohnsitz hat, das Bundesamt für Güterverkehr als Verwaltungsbehörde iS des § 36 Abs. 1 Nr. 1 OWiG anzusehen ist (vgl. auch § 11 Abs. 2 GüKG).[122]

§ 42 Strafbare Verletzung von Schutzvorschriften

> Wer durch eine der in § 41 Absatz 1 Nummer 1a, 1c, 1d, 2, 2a, 3 oder Nummer 15 oder eine in § 41 Absatz 1a bezeichnete vorsätzliche Handlung das Leben oder die Gesundheit eines anderen oder fremde Sachen von bedeutendem Wert gefährdet, wird mit Freiheitsstrafe bis zu einem Jahr oder mit Geldstrafe bestraft.

1 § 42 enthält einen sogenannten „unechten Mischtatbestand".[1] Wer einen der hier aufgeführten Ordnungswidrigkeitentatbestände **vorsätzlich** erfüllt und dabei eine Gefahr für Leib oder Leben eines Menschen oder für Sachen von bedeutendem Wert herbeiführt,[2] begeht eine Straftat nach § 42. Bis zum Inkrafttreten des 4. SprengÄndG[3] im Jahre 2009 fand sich in § 42 noch der ausdrückliche Hinweis, dass im Hinblick auf die Verursachung der Gefahr sowohl **vorsätzliches** als auch **fahrlässiges** Verhalten möglich ist. Dieser Hinweis wurde im Wege der redaktionellen Korrektur[4] gestrichen, ohne dass eine materielle Änderung erfolgen sollte. Da es sich um einen Mischtatbestand handelt, gelten die allgemeinen Vorschriften des Strafrechts, nicht des Ordnungswidrigkeitenrechts.[5]

2 Das Erfordernis der **Herbeiführung einer Gefahr** prägt den Charakter dieses Delikts als **konkretes Gefährdungsdelikt**.[6] Unter einer Gefahr ist dabei ein regelwidriger Zustand zu verstehen, der den Eintritt eines Schadens **wahrscheinlich** macht. Der Eintritt des Schadens muss dabei wahrscheinlicher sein als dessen Ausbleiben, eine bloße Möglichkeit des Schadenseintritts reicht daher nicht aus. Das Delikt ist bereits durch den Eintritt der konkreten Gefahr vollendet, tritt tatsächlich ein Schaden ein, ist dies lediglich auf Strafzumessungsebene zu berücksichtigen. Die Möglichkeit einer **tätigen Reue** ist nicht vorgesehen.

3 Erforderlich ist jedoch, dass der Täter eine Gefahr für Leib oder Leben **anderer Personen** herbeiführt. Gefährdet er lediglich sich selbst, wird hierdurch eine Strafbarkeit nach § 42 nicht begründet. Diese Einschränkung des Tatbestandes folgt daraus, dass das Strafrecht üblicherweise nur in ganz bestimmten, eng umrissenen Ausnahmefällen eine Eigengefährdung unter Strafe stellt.[7] Ergänzend ist noch darauf hinzuweisen, dass der Verweis auf § 41 Abs. 1 Nr. 15 fragwürdig erscheint (gemeint war wohl ursprünglich Nr. 16).[8] Nachdem der

---

[121] BGBl. 2009 I S. 2062 (2066).
[122] Vgl. zur Begründung BT-Drs. 16/12597, 43.
[1] BT-Drs. 7/4825, 25; Erbs/Kohlhaas/*Steindorf*, S 169, § 41 Rn. 1; § 42 Rn. 1; vgl. aus der Rspr. zu § 42 OLG Hamm 22.8.1994 – 6 U 203/93, NJW-RR 1995, 157 = VersR 1996, 893 = RuS 1995, 58; AG Dortmund 11.7.2005 – 73 Ls 163 Js 64/04 ua, SpuRt 2005, 257.
[2] Vgl. zu diesen Merkmalen Schönke/Schröder/*Sternberg-Lieben*/*Hecker* StGB § 315c Rn. 31.
[3] BGBl. 2009 I S. 2062.
[4] BT-Drs. 16/12597, 43.
[5] *Apel/Keusgen*, Bd. 2, § 42 Anm. 1.
[6] So auch *Apel/Keusgen*, Bd. 2, § 42 Anm. 2; Graf/Jäger/Wittig/*Grommes* Rn. 1.
[7] OLG Düsseldorf 18.11.1997 – 4 U 194/96, NStZ-RR 1998, 190 (190 f.); Erbs/Kohlhaas/*Steindorf*/*Pauckstadt-Maihold*, S 169, § 42 Rn. 1.
[8] So auch Erbs/Kohlhaas/*Steindorf*, S 169, 160. EL, § 42 Rn. 2 mit dem Hinweis, dass in der früheren Fassung auf § 32 Abs. 1 Nr. 13 aF verwiesen wurde, der die Tatbestände in den Rechtsverordnungen betraf. Nach der Neufassung des Gesetzes hätte insoweit auf § 41 Abs. 1 Nr. 16 verwiesen werden müssen. Im Hinblick darauf, warum der Gesetzgeber nun statt auf die Tatbestände der Rechtsverordnungen auf die Nr. 15 verweisen wollte, der ganz andere Sachverhalte betrifft, findet sich in der Gesetzesbegründung kein Hinweis.

Gesetzgeber durch das 4. SprengÄndG[9] die Vorschrift des § 42 jedoch reformiert hat, die Nr. 15 sich aber weiterhin im Gesetzestext findet, kann allerdings kaum mehr von einem Redaktionsversehen ausgegangen werden.[10]

§ 43 Einziehung

[1]Ist eine Straftat nach § 40 oder § 42 oder eine Ordnungswidrigkeit nach § 41 begangen worden, so können
1. Gegenstände, auf die sich die Straftat oder Ordnungswidrigkeit bezieht, und
2. Gegenstände, die zu ihrer Begehung oder Vorbereitung gebraucht worden oder bestimmt gewesen sind,

eingezogen werden. [2]§ 74a des Strafgesetzbuchs und § 23 des Gesetzes über Ordnungswidrigkeiten sind anzuwenden.

Die Einziehungsvorschrift des § 43 stellt eine zweifache Erweiterung der allgemeinen Vorschrift des § 74 Abs. 1 StGB dar.[1] Erstens können nach § 43 auch Gegenstände eingezogen werden, die sich auf einen **fahrlässigen Verstoß** gegen eine der in §§ 40–42 genannten Normen beziehen. Zweitens ist eine Einziehung nach § 43 S. 1 Nr. 1 auch zulässig im Hinblick auf Gegenstände, auf die sich die Straftat oder Ordnungswidrigkeit (lediglich) „bezieht" (die Vorschrift des § 74 Abs. 1 StGB erfordert, dass die Gegenstände durch die Straftat „hervorgebracht" wurden).[2] Ein solcher **Bezug** liegt vor, wenn der jeweilige Gegenstand Objekt der Zuwiderhandlung war. Insoweit unterliegen die ohne Erlaubnis hergestellten oder verwendeten **explosionsgefährlichen Stoffe,** die Gegenstand der Tat waren, stets der Einziehung.[3] Die Einziehung steht im Ermessen des Gerichts („können").[4] Die eingezogenen Gegenstände sind in der Urteilsformel oder einer mit zu verkündenden Anlage konkret zu bezeichnen.

Ferner erweitert § 43 S. 2 die Einziehung insoweit, als ein Verweis auf § 74a StGB und § 23 OWiG vorgenommen wird, dh dass nach den hier vorgesehenen Voraussetzungen auch eine Einziehung täterfremder Gegenstände möglich ist.[5] Dies ist erforderlich um zB explosionsgefährliche Stoffe, die ohne die erforderliche Erlaubnis hergestellt oder verwendet wurden, einziehen zu können, auch wenn sie nachweislich nicht dem Täter oder einem Teilnehmer gehören.[6] Werden explosionsgefährliche Stoffe erlaubterweise unter Eigentumsvorbehalt von einem Großhändler an eine Person geliefert, die erkennbar diese Stoffe in unzureichender Weise aufbewahrt, so können diese Gegenstände im Strafverfahren gegen den Abnehmer nach § 40 Abs. 2 Nr. 2 (Unerlaubtes Betreiben eines Lagers) eingezogen werden, sofern der Lieferant diesen Umstand leichtfertig verkannt hat. Allerdings ist auch hier der Verhältnismäßigkeitsgrundsatz zu beachten.[7]

---

[9] BGBl. 2009 I S. 2062.
[10] So auch Graf/Jäger/Wittig/*Grommes* Rn. 1.
[1] Aus der Rspr. KG 12.11.1998 – 1 Ss 51/98 (26/98), BeckRS 1998, 15419.
[2] Vgl. auch Graf/Jäger/Wittig/*Grommes* § 43 Rn. 1.
[3] Vgl. ergänzend *Apel/Keusgen*, Bd. 2, § 43 Anm. 3.
[4] Vgl. hierzu näher *Apel/Keusgen*, Bd. 2, § 43 Anm. 9; Graf/Jäger/Wittig/*Grommes* § 43 Rn. 1.
[5] Vgl. auch Graf/Jäger/Wittig/*Grommes* § 43 Rn. 1.
[6] Vgl. zur Begründung BT-Drs. V/1268, 64.
[7] KG 12.11.1998 – 1 Ss 51/98 (26/98), BeckRS 1998, 15419.

3. Kapitel. Wehrstrafrecht

I. Wehrstrafgesetz (WStG)

In der Fassung der Bekanntmachung vom 24.5.1974, BGBl. I S. 1213
Zuletzt geändert durch Gesetz vom 23.4.2014, BGBl. I S. 410

FNA 452-2

Inhaltsübersicht

	§§
Erster Teil. Allgemeine Bestimmungen	
Geltungsbereich	1
Auslandstaten	1a
Begriffsbestimmungen	2
Anwendung des allgemeinen Strafrechts	3
Militärische Straftaten gegen verbündete Streitkräfte	4
Handeln auf Befehl	5
Furcht vor persönlicher Gefahr	6
Selbstverschuldete Trunkenheit	7
(weggefallen)	8
Strafarrest	9
Geldstrafe bei Straftaten von Soldaten	10
Ersatzfreiheitsstrafe	11
Strafarrest statt Freiheitsstrafe	12
Zusammentreffen mehrerer Straftaten	13
Strafaussetzung zur Bewährung bei Freiheitsstrafe	14
Strafaussetzung zur Bewährung bei Strafarrest	14a
Zweiter Teil. Militärische Straftaten	
Erster Abschnitt. Straftaten gegen die Pflicht zur militärischen Dienstleistung	
Eigenmächtige Abwesenheit	15
Fahnenflucht	16
Selbstverstümmelung	17
Dienstentziehung durch Täuschung	18
Zweiter Abschnitt. Straftaten gegen die Pflichten der Untergebenen	
Ungehorsam	19
Gehorsamsverweigerung	20
Leichtfertiges Nichtbefolgen eines Befehls	21
Verbindlichkeit des Befehls; Irrtum	22
Bedrohung eines Vorgesetzten	23
Nötigung eines Vorgesetzten	24
Tätlicher Angriff gegen einen Vorgesetzten	25
(weggefallen)	26
Meuterei	27
Verabredung zur Unbotmäßigkeit	28
Taten gegen Soldaten mit höherem Dienstgrad	29
Dritter Abschnitt. Straftaten gegen die Pflichten der Vorgesetzten	
Mißhandlung	30
Entwürdigende Behandlung	31
Mißbrauch der Befehlsbefugnis zu unzulässigen Zwecken	32
Verleiten zu einer rechtswidrigen Tat	33
Erfolgloses Verleiten zu einer rechtswidrigen Tat	34
Unterdrücken von Beschwerden	35
Taten von Soldaten mit höherem Dienstgrad	36
Beeinflussung der Rechtspflege	37
Anmaßen von Befehlsbefugnissen	38
Mißbrauch der Disziplinarbefugnis	39
Unterlassene Mitwirkung bei Strafverfahren	40
Mangelhafte Dienstaufsicht	41
Vierter Abschnitt. Straftaten gegen andere militärische Pflichten	
Unwahre dienstliche Meldung	42
Unterlassene Meldung	43
Wachverfehlung	44
Pflichtverletzung bei Sonderaufträgen	45
Rechtswidriger Waffengebrauch	46
(weggefallen)	47
Verletzung anderer Dienstpflichten	48

Schrifttum: *Arndt,* Grundriß des Wehrstrafrechts, 2. Aufl. 1966; *Bartmann,* Strafrechtliche Verantwortlichkeit innerhalb militärischer Weisungsverhältnisse nach der Rechtslage des Deutschen Reiches, der DDR und der Bundesrepublik Deutschland, 2000;*Bauer,* Selbstverstümmelung und Dienstentziehung durch Täuschung im deutschen Strafrecht, 1997; Bettendorf, Die strafrechtliche Verantwortlichkeit deutscher Soldaten bei der Anwendung militärischer Gewalt, 2015; *Bornemann,* Rechte und Pflichten des Soldaten, 1989; *Brinkkötter,* Feigheit – Die Verletzung der soldatischen Gefahrtragungspflicht als Wehrstraftatbestand in rechtshistorischer Betrachtung, Diss. Marburg 1983; *Busch,* Die Pflicht des Vorgesetzten zum Einschreiten bei mit Strafe bedrohten Handlungen des Untergebenen, Diss. Bonn 1965; *Buth,* Die Entwicklung des militärischen Befehlsrechts unter besonderer Berücksichtigung des Militärstrafrechts der DDR, Diss. Köln 1985; *Bülte, Vorgesetztenverantwortlichkeit im Strafrecht, 2015; ders.,* Strafrechtliche Vorgesetztenverantwortlichkeit für Misshandlungen von Untergebenen in der Bundeswehr, NZWehrr 2016, 45; *Dau,* Wehrbeschwerdeordnung, 6. Aufl. 2013; *ders.,* Wehrdisziplinarordnung, 6. Aufl. 2013; *Eiselt,* Die Behandlung des Irrtums über die Verbindlichkeit eines Befehls nach § 22 WStG, Diss. Göttingen, 1974; *Eisenberg,* Jugendgerichtsgesetz, 18. Aufl. 2015; *Fleck* (Hrsg.), Handbuch des humanitären Völkerrechts in bewaffneten Konflikten, 1994; *Fürst/Arndt,* Soldatenrecht, 1992; *Fürst/Vogelgesang,* Soldatengesetz, Gesamtkommentar für das öffentliche Dienstrecht, Teil 5, Yk, 2015; *Gronimus,* Die Beteiligungsrechte der Vertrauenspersonen in der Bundeswehr, 7. Aufl. 2012; *Heinen,* Rechtsgrundlagen Feldjägerdienst, 10. Aufl. 2013; *Hertel,* Die Zukunft des Wehrstrafrechts, 2014; *Hirschmann,* Der Ungehorsam im Wehrrecht, Diss. Erlangen 1970; *Höges,* Soldatenbeteiligungsgesetz, 2016; *Hoyer,* Die strafrechtliche Verantwortlichkeit innerhalb von Weisungsverhältnissen: Sonderregeln für Amts- und Wehrdelikte und ihre Übertragbarkeit auf privatrechtliche Organisationen; in Individuelle Verantwortung und Beteiligungsverhältnisse bei Straftaten in bürokratischen Organisationen des Staates, der Wirtschaft und der Gesellschaft, vom Amelung (Hrsg.), 2000; *Huber,* Die Grenzen der Gehorsamspflicht des Soldaten, Diss. Göttingen 1973; *Huth,* Die Gegenvorstellung im Spannungsverhältnis von Befehl und Gehorsam des geltenden Wehrstraf- und Wehrdisziplinarrechts, Diss. Köln 1988; *Jescheck,* Befehl und Gehorsam in der Bundeswehr, in Bundeswehr und Recht, 1965; *Karst,* Die strafrechtliche Verantwortlichkeit des nicht-militärischen Vorgesetzten,2011; *Kohlhaas/Schwenck,* Rechtsprechung in Wehrstrafsachen, ab 1967; *Korte,* Das Handeln auf Befehl als Strafausschließungsgrund, 2004; Lehleiter, Der rechtswidrige verbindliche Befehl, 1995; *Lingens/Korte,* Wehrstrafgesetz, 5. Aufl. 2012; *Lingens/Marignoni,* Vorgesetzter und Untergebener, 3. Aufl., 1987; *Lenckner,* Der „rechtswidrige verbindliche Befehl" im Strafrecht – nur ein Relikt?, FS Stree/Wessels, 1993, 223; *Lüke,* Die Immunität staatlicher Funktionsträger, 2000; *Mellmann,* Der rechtswidrige verbindliche Befehl nach dem Soldatengesetz in der Fassung vom 22.4.1969, Diss. Hamburg 1972; *Neubert,* Der Einsatz tödlicher Waffengewalt durch die deutsche auswärtige Gewalt, 2016; *Frhr. von Richthofen,* Wehrstrafgesetz, 1957; *Rosteck,* Der rechtlich unverbindliche Befehl, 1971; *Scherer/Alff/Poretschkin,* Soldatengesetz, 9. Aufl. 2013; Schnell/Ebert, Disziplinarrecht, Strafrecht, Beschwerderecht in der Bundeswehr, 30. Aufl. 2016; *Schölz,* Zur Verbindlichkeit des Befehls und zum Irrtum über die Verbindlichkeit (§ 22 WStG), FS Dreher 1977, 479;*ders.,* Wehrstrafgesetz, 2. Aufl. 1975; *Schwaiger,* Handeln auf Befehl und militärischer Ungehorsam nach dem Wehrstrafgesetz vom 30.3.1957, Diss. Heidelberg, 1962; *Schwartz,* Handeln aufgrund eines militärischen Befehls und einer beamtenrechtlichen Weisung, 2007; *Schwenck,* Wehrstrafrecht im System des Wehrrechts und in der gerichtlichen Praxis, 1973; *ders.,* Die Gegenvorstellung im System von Befehl und Gehorsam, FS Dreher, 1977, 496; *ders.,* Rechtsordnung und Bundeswehr, Bd. 4 der Gesamtdarstellung Die Bundeswehr, hrsg. von Reinfried/Walitschek, 1978; *Spring,* Brauchen wir in Deutschland eine Militärgerichtsbarkeit?, 2008; *Stam,*Strafverfolgung bei Straftaten von Bundeswehrsoldaten im Auslandseinsatz, 2014; *Stauf,* Wehrrecht I, II, 2002; *Stein,* Der Schutz des Staates durch wehrrechtliche Normen; in Der strafrechtliche Schutz des Staates, Bemmann/Manoledakis (Hrsg.), 1986; *Stratenwerth,* Verantwortung und Gehorsam, 1958; *Strube,* Die Bindung des Strafrichters bei der Berücksichtigung selbstverschuldeter Trunkenheit durch § 7 WStG, Diss. München 1967; *Walz/Eichen/Sohm,* Soldatengesetz, 3. Aufl. 2016; *Wipfelder/Schwenck,* Wehrrecht in der Bundesrepublik Deutschland, 1991; *Wiesner,* Der Irrtum im Wehrstrafrecht, Diss. Münster 1973.

Vorbemerkung zu § 1

1 **1. Grundlagen der Strafbarkeit des Soldaten.** Das Wehrstrafrecht ist **Teil des allgemeinen Strafrechts** einschließlich des Nebenstrafrechts.[1] Es gilt und wirkt im besonderen Bereich des militärischen Dienstverhältnisses und leistet dort seinen Rechtsschutzbeitrag zur Funktionsfähigkeit der Streitkräfte, ihrer inneren Ordnung und Schlagkraft.

2 Das WStG ermöglicht die Bestrafung von Soldaten. Dabei trägt es der besonderen Situation des Soldaten Rechnung, der unvergleichbar einer Zivilperson bei der Erfüllung seines militärischen Auftrags, insbesondere im bewaffneten Auslandseinsatz, Gefahr läuft, in strafrechtlich erheblichen Konflikt mit seinen Dienstpflichten zu geraten. Daher lässt das WStG eine mildere Beurteilung einiger Delikte zu, als es im allgemeinen Strafrecht möglich wäre, ferner erfahren die allgemeinen Rechtfertigungs- und Schuldausschließungsgründe im Wehrstrafrecht durch militärische Notwendigkeiten und Eigengesetzlichkeiten bedingte Erweiterungen und Einschränkungen, und schließlich müssen Strafensystem und Strafvollzug den spezifischen militärischen Erfordernissen entsprechen.

---

[1] Vgl. Begr. zum Entwurf eines WStG und EGWStG, BT-Drs. 2/3040, 16.

Die früher unter dem **Verbot der Doppelbestrafung** lebhaft diskutierte Frage des 3 Verhältnisses von Straf-(Wehrstraf-)recht und Disziplinarrecht ist durch die Rechtsprechung des BVerfG[2] und einfachgesetzliche Anrechnungsgebote[3] beantwortet worden. Die Strafen des WStG sind echte Kriminalstrafen; damit unterscheiden sich Straf- und Disziplinarrecht nach Rechtsgrund und Zweckbestimmung.[4] Die Ahndung einer Wehrstraftat mit einer Kriminalstrafe und die disziplinare Maßregelung eines sachgleichen Dienstvergehens nach den Vorschriften der WDO verstoßen daher nicht gegen das Verbot der Doppelbestrafung nach Art. 103 Abs. 3 GG.

Das WStG ist das kodifizierte **Sonderstrafrecht für die Soldaten der Bundeswehr.** 4 Sein nur geringer Umfang rechtfertigt zwar nicht die Bezeichnung als Wehrstrafgesetz*buch,* erklärt sich indes aus einem rechtspolitischen Ordnungsprinzip. In Rechtsvoraussetzung und -folge lässt das Gesetz alles unberücksichtigt, was der Sache nach nicht *nur* militärische Straftat ist, sondern zwar auch im militärischen Bereich begangen, begrifflich *auch* ziviles kriminelles Unrecht darstellt (zB der aus dem MStGB nicht übernommene Kameradendiebstahl bleibt Delikt nach allgemeinem Strafrecht)[5] und wird deshalb auch bei Soldaten wie bei jedem anderen Staatsbürger nach allgemeinem Strafrecht geahndet.

Diese kodifikatorische Zurückhaltung im Bereich des Wehrstrafrechts gilt auch gegen- 5 über solchen Straftatbeständen, die nicht die Aufrechterhaltung der inneren Ordnung, sondern den **Schutz der bewaffneten Macht als Institution** berühren. Jenes Regelungswerk darf begrifflich auch als Wehrstrafrecht in einem weiteren Sinne verstanden werden.[6] Hierzu gehören vornehmlich die Straftaten gegen die Landesverteidigung (§§ 109 ff. StGB), aber auch die verfassungsfeindliche Einwirkung auf die Bundeswehr (§ 89 StGB), die Straftaten der Verunglimpfung des Staates und seiner Symbole (§ 90a StGB) und der Missbrauch von Titeln, Berufsbezeichnungen und Abzeichen (§ 132a StGB). Diese Vorschriften haben als für jedermann geltendes Strafrecht ihren Platz im StGB.

Einem eigenen Regelungswerk ist das spezifische Unrecht der **Verbrechen gegen das** 6 **Völkerrecht** vorbehalten.[7]

Mit dem **Völkerstrafgesetzbuch** (VStGB) vom 26.6.2002, BGBl. I S. 2254, hat der 7 Gesetzgeber die Voraussetzungen für eine innerstaatliche Strafverfolgung spezifischen Unrechts der Verbrechen gegen das Völkerrecht geschaffen. Wegen Völkermord, Verbrechen gegen die Menschlichkeit (§§ 6, 7 VStGB), Kriegsverbrechen (§§ 8–12 VStGB) sowie Verletzung der Aufsichtspflicht (§ 13 VStGB) und Unterlassung der Meldung einer Straftat (§ 14 VStGB) hat sich auch der Soldat der Bundeswehr nach diesem Gesetz zu verantworten. Das völkerrechtliche Handeln auf Befehl oder Anordnung (§ 3 VStGB) entspricht im Wesentlichen der Regelung des § 5 WStG. Zum Verhältnis des WStG zum VStGB → § 3 Rn. 4 und VStGB § 2 Rn. 4. Zur erstinstanzlichen Zuständigkeit der OLG für sämtliche Straftatbestände des VStGB s. Art. 96 Abs. 5 GG und § 120 Abs. 1 GVG.

2. Regelungswerk des WStG. Als Sonderstrafrecht für die Angehörigen der bewaffne- 8 ten Macht des Staates und damit dem öffentlichen Recht zugehörig steht das Wehrstrafrecht in einem vielfältigen Beziehungsgeflecht mit dem Wehrverfassungsrecht und den Grundlagen des militärischen Dienstrechts.[8] Von geringfügigen Ausnahmen (§ 1 Abs. 2, 4) abgesehen gilt das WStG nur für Soldaten. Ob jemand als Soldat tauglicher Täter einer Wehrstraftat

---

[2] BVerfG 2.5.1967 – 2 BvR 391/64, BVerfGE 21, 378 = NJW 1967, 1651; 2.5.1967 – 2 BvL 1/66, BVerfGE 21, 391 = NJW 1967, 1654 jeweils mAnm *Rupp* NJW 1967, 1651.
[3] Hierzu s. *Dau* WDO § 16 Rn. 21 ff.; *Lingens/Korte* § 13 Rn. 14; *Fischer* StGB § 51 Rn. 5 jeweils mN.
[4] BVerfG 2.5.1967 – 2 BvR 391/64, BVerfGE 21, 378 = NJW 1967, 1651; 2.5.1967 – 2 BvL 1/66, BVerfGE 21, 391 = NJW 1967, 1654 jeweils mAnm *Rupp* NJW 1967, 1651; kritisch *Heinemann*, Ne bis in idem, Zur Vereinbarkeit von Disziplinararrest mit Kriminalstrafen unter Art. 103 Abs. 3 GG, NZWehrr 2014,11.
[5] *Arndt* S. 33; *Wipfelder/Schwenck* Rn. 720; *von Richthofen* S. 9.
[6] *Arndt* S. 18; *Stein* S. 92; *Bauer* S. 11 (13, 30); *Hertel* S. 20 f.
[7] Hierzu im Einzelnen → VStGB Einl. Rn. 19 ff.
[8] *Schwenck* WStR S. 25 ff., 57 ff.

sein kann, entscheidet das militärische Statusrecht des Soldatengesetzes. Die strafrechtliche Verantwortung des Täters ist immer von der verlässlichen Prüfung dieser Vorfrage abhängig.

9   Die Beschreibung normwidrigen Verhaltens ist am **Verfassungsauftrag der Streitkräfte** sowie an den besonderen Lebensgesetzen einer Armee, insbesondere unter dem Prinzip von Befehl und Gehorsam als verpflichtender Ordnungshierarchie ausgerichtet. Die Verpflichtung der Bundesrepublik Deutschland zur Verteidigung im Bündnis wird an dem wehrstrafrechtlichen Schutz verbündeter Streitkräfte (§ 4) sichtbar. Die soldatischen Pflichten (§§ 7 ff. SG) bestimmen schließlich den Umfang der Dienstpflichten und damit wesentliche Tatbestandsvoraussetzungen einer Wehrstraftat, auch und besonders hier in den Problemfeldern von Befehl und Gehorsam.[9]

10 Auf dieser Grundlage hat das WStG nur solche Verhaltensweisen als wehrstrafrechtlich erheblich kodifiziert, die im Hinblick auf die folgenschwere Bedeutung der Verletzung wichtiger militärischer Dienstpflichten regelmäßig über disziplinares Unrecht hinausgehen und daher als kriminelles Unrecht angesehen werden müssen.[10] Die in das WStG als Straftatbestände aufgenommenen Dienstvergehen sind nicht als solche pönalisiert worden, sondern vor allem um der Bedeutung willen, die sie für die allgemeine Rechtsordnung haben. Damit nimmt das WStG an der Schutzfunktion des Strafrechts gegenüber sozialschädlichen Störungen der nach außen wirkenden Funktionsfähigkeit der Bundeswehr teil.[11] Dies äußert sich in der Tatbestandsmäßigkeit und dem schuldbezogenen Strafrahmen des WStG,[12] vor allem aber in den Vorschriften, die mit dem Tatbestandsmerkmal der **„schwerwiegenden Folge"** iS des § 2 Nr. 3 disziplinares und kriminelles Unrecht deutlich voneinander abgrenzen.[13]

11 Das WStG gilt unterschiedslos für militärische Straftaten, die der Soldat im Frieden oder während eines bewaffneten Konflikts begeht.[14] Von der in Art. 96 Abs. 2 GG enthaltenen Ermächtigung, Wehrstrafgerichte für die Streitkräfte als Bundesgerichte zu errichten, hat der Gesetzgeber bisher keinen Gebrauch gemacht.[15] Wehrdienstgerichte bestehen nur für gerichtliche Disziplinarverfahren gegen Soldaten und für Verfahren über Beschwerden von Soldaten; es sind dies die Truppendienstgerichte und das Bundesverwaltungsgericht (Wehrdienstsenate; § 68 WDO).

12 **3. Historie.** Das WStG steht in der Überlieferung des deutschen Wehrrechts.[16] Das MStGB vom 20.6.1872, RGBl. I S. 173, war die unter dem Einfluss des preußischen und bayerischen MStGB geschaffene erste reichsrechtliche Regelung. Dieses Gesetz, zwischenzeitlich mehrmals geändert und schließlich mit Wirkung vom 1.12.1940 neu gefasst, wurde durch das Kontrollratsgesetz Nr. 34 mit Wirkung vom 20.8.1946 ebenso aufgehoben wie die Verordnung über das Sonderstrafrecht im Kriege und bei besonderem Einsatz vom 17.8.1938, RGBl. I S. 1455, 1482.

---

[9] *Schwenck* WStR S. 57; *Schölz* FS Dreher, 1977, 479.
[10] Begr. zum Entwurf eines WStG und EGWStG BT-Drs. 2/3040, 16; zum früheren Recht s. *Schwenck* WStR S. 43 ff.; *Dau*, Die Abgrenzung von Strafgewalt und Diziplinargewalt im Wehrdisziplinarrecht, NZWehr 1976, 200 (204 f.).
[11] *Fiedler*, Kriminalpolitische Zielvorstellungen im Umfeld der Armee, NZWehr 1977, 209; *Schwenck*, Kriminalität in der Bundeswehr, NZWehr 1976, 208; *ders.*, Zur kriminologischen Untersuchung militärischer Straftaten, GA 1968, 10.
[12] Kritisch insoweit gegenüber der rechtspolitischen Zielrichtung des § 20 WStG *Hagedorn*, Verbot der Doppelbestrafung nach Wehrdisziplinarrecht und (Wehr-) Strafrecht?, NJW 1967, 902.
[13] BVerfG 2.5.1967 – 2 BvR 391/64, BVerfGE 21, 378 = NJW 1967, 1651; 2.5.1967 – 2 BvL 1/66, BVerfGE 21, 391 = NJW 1967, 1654 jeweils mAnm *Rupp* NJW 1967, 1651; *Lingens/Korte* § 2 Rn. 49.
[14] *Stam* S. 30 (33); *Stein* S. 92.
[15] Vgl. *E. Steinkamm*, Die Wehrstrafgerichtsbarkeit im Grundgesetz der Bundesrepublik Deutschland, 1974; *Thurn*, Die verfassungsrechtlichen Grundlagen einer Wehrstrafgerichtsbarkeit im Verteidigungsfall, NZWehr 1976, 223; *Heuer*, Wehrstrafgerichtsbarkeit für ins Ausland entsandte Soldaten der Bundeswehr?, NZWehr 1991, 189; *Spring*, Brauchen wir in Deutschland eine Militärgerichtsbarkeit, 2008?; *Bauer* S. 12; *Stam* S. 117 ff.
[16] Zum früheren Recht insbesondere *Arndt* S. 20 ff.; *Schwenck* WStR S. 43 ff. mwN; *Bülte* S. 247 ff., s. auch *Binz*, Der strafrechtliche Wehrschutz, WWR 1954,175 (182 f.) sowie für die Zeit der Germanen bis zum 18. Jahrhundert *Brinkkötter*, Feigheit, Diss. Marburg, 1983.

I. Wehrstrafgesetz §1 WStG

Die Diskussionen um das künftige Recht für die Soldaten der Bundeswehr begannen 13 nicht erst mit der Wehrgesetzgebung, die im Anschluss an das Gesetz über die vorläufige Rechtsstellung der Freiwilligen in den Streitkräften vom 23.7.1955, BGBl. I S. 449, – Freiwilligengesetz – und die Wehrverfassung von 1956 einsetzten. Auch die Vorstellungen zu einem neuen Wehrstrafgesetz waren schon eng verknüpft mit dem Prozess der politischen Auseinandersetzung um die Sicherheit der Bundesrepublik Deutschland und ihre Wiederbewaffnung zu Beginn der fünfziger Jahre des vergangenen Jahrhunderts. Vor allem im gedanklichen Ringen um die künftige Sozial- und Rechtsfigur des neuen deutschen Soldaten beherrschte zunehmend das Reformkonzept des **Staatsbürgers in Uniform** die Vorstellungen einer freiheitlich-demokratischen Wehrrechtsordnung. So ist es nicht überraschend, dass schon die Himmeroder Denkschrift vom 9.10.1950,[17] dem für die militärischen Konzeptionen und Orientierungen eines deutschen Verteidigungsbeitrages maßgeblichen Dokument, im Abschnitt „C. Ethisches" forderte, militärische Vergehen und Verbrechen durch Militärgerichte abzuurteilen. In seiner Regierungserklärung vom 27.6.1955 zu Grundsätzen der Wehrverfassung und Wehrpolitik hielt der Bundesminister *für* Verteidigung, Blank, ein besonderes Gesetz über Wehrstrafrecht für unentbehrlich.[18]

Das WStG vom 30.3.1957, BGBl. I S. 298,[19] und das Einführungsgesetz zum WStG 14 vom 30.3.1957[20] sind am 1.5.1957 in Kraft getreten.[21] Die Gesetzgebungskompetenz des Bundes folgt aus Art. 74 Abs. 1 Nr. 1 GG (konkurrierende Zuständigkeit für das Strafrecht) und aus Art. 73 Abs. 1 Nr. 1 GG (ausschließliche Zuständigkeit für die Verteidigung).

Erster Teil. Allgemeine Bestimmungen

§1 Geltungsbereich

(1) Dieses Gesetz gilt für Straftaten, die Soldaten der Bundeswehr begehen.
(2) Es gilt auch für Straftaten, durch die militärische Vorgesetzte, die nicht Soldaten sind, ihre Pflichten verletzen (§§ 30 bis 41).

---

[17] Abgedruckt in Schriftenreihe Innere Führung, Beiheft 4/85 zur Information für die Truppe. Von Himmerod bis Andernach, Dokumente der Entstehungsgeschichte der Bundeswehr, 1985, S. 64 ff.; dazu *Dau*, Die Himmeroder Denkschrift vom 9.10.1950, BWV 2016, 73.
[18] Abgedruckt in Schriftenreihe Innere Führung, Beiheft 4/85 zur Information für die Truppe, Von Himmerod bis Andernach, Dokumente der Entstehungsgeschichte der Bundeswehr, 1985, S. 239 (253). „Im öffentlichen Bewußtsein lebt, zumal nach einer militärischen Niederlage, die Vorstellung, daß das Militärstrafrecht ausschließlich dazu bestimmt sei, dem militärischen Befehl strafrechtlich Nachdruck zu verleihen. Dabei wird übersehen, daß das Militärstrafrecht auch den Untergebenen vor Machtmißbrauch seiner Vorgesetzten schützt. Die Bestimmungen über Mißbrauch der Befehlsgewalt nehmen darin einen breiten und bedeutungsvollen Raum ein. Daher ist ein besonderes Gesetz über Wehrstrafrecht unentbehrlich. Es werden hierbei die wesentlichen militärischen Straftatbestände zusammengefaßt werden, bei deren Festsetzung neue rechtswissenschaftliche und rechtspolitische Erkenntnisse Berücksichtigung finden sollen."
[19] *Dreher*, Das neue Wehrstrafrecht, JZ 1957, 393.
[20] *Schwalm*, Das Einführungsgesetz zum Wehrstrafgesetz, JZ 1957, 398.
[21] Zu den Materialien s. BT-Drs. 2/3040, Schriftlicher Bericht des Ausschusses für Rechtswesen und Verfassungsrecht – 16. Ausschuss – über den Entwurf eines Wehrstrafgesetzes und eines Einführungsgesetzes zum Wehrstrafgesetz – Hassler Bericht – BT-Drs. 2/3295 sowie Protokoll über die 190. Sitzung des Bundestages vom 6.2.1957 und der 199. Sitzung vom 20.3.1957. Die durch Art. 12 1. StRG vom 25.6.1969, BGBl. I S. 645, zum 1.4.1970 bewirkten Änderungen des WStG und des EGWStG führten zur Neubekanntmachung des WStG am 1.9.1969, BGBl. I S. 502. Art. 27 EGStGB vom 2.3.1974 BGBl. I S. 469, 530, brachte die bis dahin umfangreichste Änderung des WStG, so dass dieses am 24.5.1974, BGBl. I S. 1213, mit Wirkung vom 1.1.1975 (Art. 326 Abs. 1 EGStGB) wiederum erneut bekannt gemacht wurde (*Schölz*, Wehrstrafrecht und Strafrechtsreform, NZWehr 1975, 41). Weitere Änderungen enthielt Art. 1 Gesetz zur Änderung des Wehrstrafgesetzes vom 21.12.1979, BGBl. I S. 2326; dazu *Möhrenschlager*, Erweiterung des strafrechtlichen Schutzes von Wehrdienstgeheimnissen, NZWehr 1980, 81, Art. 6 Gesetz zur Bekämpfung der Korruption vom 13.8.1997, BGBl. I S. 2038, 2040, Art. 2 Abs. 14 Begleitgesetz zum Telekommunikationsgesetz vom 17.12.1997, BGBl. I S. 3108, 3114, Art. 4 Abs. 5 6. StrRG vom 26.1.1998, BGBl. I S. 164, 187, Art. 8 2. Gesetz zur Neuordnung des Wehrdisziplinarrechts und zur Änderung anderer Vorschriften vom 16.8.2001, BGBl. I S. 2093, Art. 15 Gesetz zur Neuausrichtung der Bundeswehr vom 20.12.2001, BGBl. I S. 4013, 4026, Art. 15 Streitkräftereserve – Neuordnungsgesetz vom 22.4.2005, BGBl. I S. 1106, 1125 und zuletzt Art. 4 des 48. Strafrechtsänderungsgesetzes – Erweiterung des Straftatbestandes der Abgeordnetenbestechung vom 23.4.2014, BGBl. I S. 410, 411.

(3) **Wegen Verletzung von Privatgeheimnissen (§ 203 Abs. 2, 4, 5, §§ 204, 205 des Strafgesetzbuches), wegen Verletzung des Post- oder Fernmeldegeheimnisses (§ 206 Abs. 4 des Strafgesetzbuches) und wegen Verletzung des Dienstgeheimnisses (§ 353b Abs. 1 des Strafgesetzbuches) sind nach Maßgabe des § 48 auch frühere Soldaten strafbar, soweit ihnen diese Geheimnisse während des Wehrdienstes anvertraut worden oder sonst bekannt geworden sind.**

(4) **Wegen Anstiftung und Beihilfe zu militärischen Straftaten sowie wegen Versuchs der Beteiligung an solchen Straftaten ist nach diesem Gesetz auch strafbar, wer nicht Soldat ist.**

Schrifttum: *Alff,* Zur Rechtsstellung der in ein Parlament gewählten Soldaten, NZWehrr 1980, 201; *Burmester,* Das militärische Vorgesetzten – Untergebenen Verhältnis, NZWehrr 1990, 89; *Dreher,* Das neue Wehrstrafrecht, JZ 1957, 393; *Dreist,* Zur neuen Spitzengliederung der Bundeswehr, NZWehrr 2012, 133; *ders.,* Neue Unterstellungsverhältnisse in der Bundeswehr nach dem Dresdner Erlass, NZWehrr 2012, 221; *Eichen,* Anmerkungen zur Vorgesetztenverordnung und zu Unterstellungsverhältnissen, NZWehrr 2011, 177 (235); *Lingens,* Die Überschreitung der Befehlsbefugnis und die Anwendung auf die Vorgesetzteneigenschaft, NZWehrr 1978, 55; *ders.,* Befehlsbefugnis und Vorgesetzteneigenschaft, NZWehrr 1993, 19; *ders.,* Zur Befehlsbefugnis militärischer Dienststellen, NZWehrr 1997, 248; *Möhrenschlager,* Erweiterung des wehrstrafrechtlichen Schutzes von Wehrdienstgeheimnissen, NZWehrr 1980, 81; *Rogall,* Der neue strafrechtliche Schutz der staatlichen Geheimsphäre, NJW 1980, 751; *Scherer,* Zur Änderung der Vorgesetztenverordnung, NZWehrr 1959, 92; *Schütz,* Notwendigkeit und Möglichkeit eines wehrstrafrechtlichen Soldatenbegriffes, NZWehrr 1984, 177; *Vurgun/Poretschkin,* EU-Recht und Soldatenstatus, NZWehrr 2012, 64; *Walz,* „Aussetzung der Wehrpflicht" – Anmerkungen zum Wehrrechtsänderungsgesetz 2011, NZWehrr 2011, 133, *ders.,* Finis Wehrpflicht – Zum Entwurf des Wehrrechtsänderungsgesetzes, UBWV 2011, 86.

Übersicht

	Rn.		Rn.
I. Allgemeines	1–3	h) Wehrdienstverhältnis besonderer Art	28
1. Normzweck	1, 2	i) Kriegsdienstverweigerer	29
2. Historie	3	4. Zivilpersonen als militärische Vorgesetzte (Abs. 2)	30–32
II. Erläuterung	4–70	5. Begriff des militärischen Vorgesetzten	33–65
1. Sachlicher Geltungsbereich	4	a) Wehrstrafrechtliche Bedeutung	33, 34
2. Persönlicher Geltungsbereich (Abs. 1)	5–7	b) Vorgesetztenverhältnis auf Grund der Dienststellung	35–47
3. Begriff des Soldaten	8–29	c) Vorgesetztenverhältnis auf Grund des Dienstgrades	48–54
a) Berufssoldat und Soldat auf Zeit	11–16	d) Vorgesetztenverhältnis auf Grund besonderer Anordnung	55–60
b) Wehrdienstverhältnis des freiwillig Wehrdienstleistenden	17–21	e) Vorgesetztenverhältnis auf Grund eigener Erklärung	61–65
c) Reservewehrdienstverhältnis	22, 23	6. Frühere Soldaten als Täter (Abs. 3)	66, 67
d) Soldat während einer dienstlichen Veranstaltung	24	7. Teilnahme von Zivilpersonen (Abs. 4)	68–70
e) Zu Dienstleistungen herangezogene Personen	25	**III. Irrtum**	71, 72
f) Eignungsübende	26		
g) Faktisches Wehrdienstverhältnis	27		

I. Allgemeines

1 **1. Normzweck.** Abs. 1 bezeichnet den sachlichen und persönlichen Geltungsbereich des Gesetzes. Abs. 2–4 treffen Ausnahmeregelungen für einen Personenkreis, der nicht oder nicht mehr Soldat ist, gleichwohl aber als Täter (Abs. 2, 3) oder als ziviler Teilnehmer einer militärischen Straftat (Abs. 4) in Frage kommt.

2 Das Statusrecht des Soldatengesetzes entscheidet unter Beachtung der Vorschriften des VwVfG zu anfechtbaren und nichtigen Verwaltungsakten, ob der Täter Soldat oder früherer Soldat oder – abgesehen von dem Sonderfall des § 1 Abs. 2 – nur als Zivilperson Teilnehmer einer militärischen Straftat ist. Für die Feststellung, ob ein militärischer Vorgesetzter, der nicht Soldat ist, eine Straftat gegen die Pflichten des Vorgesetzten begehen kann, muss auf verfassungsrechtliche Festlegungen zur Befehls- und Kommandogewalt (Art. 65a GG) sowie

zur Zulässigkeit einer Stellvertretung im Oberbefehl zurückgegriffen werden. Das allgemeine Strafrecht ist anzuwenden, soweit das WStG nichts anderes bestimmt (§ 3 Abs. 1).

2. Historie. Abs. 3 ist durch Art. 1 Gesetz zur Änderung des WStG vom 21.12.1979, BGBl. I S. 2326, eingefügt[1] worden. Art. 2 Abs. 14 BegleitG zum TKG vom 17.12.1997, BGBl. I S. 3108, 3114, passte diese Vorschrift an die gleichzeitige Änderung des StGB an, soweit es den früheren § 354 StGB betraf, der in den neuen § 206 StGB übernommen wurde. Die Änderung war erforderlich, weil die Verletzung des Post- oder Fernmeldegeheimnisses den Charakter als Amtsdelikt verlor.[2] Der Wortlaut des Abs. 4 (des früheren Abs. 3) ist durch Art. 27 EGStGB vom 2.3.1974, BGBl. I S. 469, 530, um die Worte „Versuch der Beteiligung an solchen Straftaten" ergänzt worden.

II. Erläuterung

1. Sachlicher Geltungsbereich. Das WStG gilt für Straftaten, die **Soldaten der Bundeswehr** begehen. Straftat iS des WStG bedeutet rechtswidrige Tat (§ 11 Abs. 1 Nr. 5 StGB).[3] Dieser Begriff ist weiter als die in Abs. 4 aufgenommene „militärische Straftat". Er umfasst auch Straftaten außerhalb des WStG, für die insbesondere die im Ersten Teil des Gesetzes enthaltenen wehrrechtsspezifischen allgemeinen Bestimmungen deshalb gelten, weil der Täter ein Soldat ist, zB §§ 3 Abs. 2, 10, aber auch §§ 5, 6, 13. Bei den Tatbeständen des WStG handelt es sich nach den angedrohten Strafen um Vergehen, in nur wenigen Fällen um Verbrechen (§§ 27 Abs. 3, 33, 34, 48).

2. Persönlicher Geltungsbereich (Abs. 1). Täter des WStG ist der **Soldat der Bundeswehr.** Dabei bezeichnet der Begriff „Bundeswehr" den aus dem Heer, der Luftwaffe, der Marine, der Streitkräftebasis, dem Zentralen Sanitätsdienst und dem Cyber- und Informationsraum bestehenden militärischen Organisationsbereich der Streitkräfte (Art. 87a GG) und die zivilen Organisationsbereiche (Infrastruktur, Umweltschutz und Dienstleistungen; Ausrüstung, Informationstechnik und Nutzung; Personal, Rechtspflege, Militärseelsorge) sowie die dem BMVg unmittelbar unterstellten Dienststellen (ZDv A-550/1 Nr. 1 und die dazu ergangene Fußnote). Das BMVg ist kein Teil der Bundeswehr, sondern ihre politische Spitze → § 15 Rn. 10. Wer kein Soldat ist, kann – vorbehaltlich der Regelung in Abs. 2 und 3 – kein Täter sein, allenfalls Teilnehmer gem. Abs. 4.

Das WStG gilt nicht für **Angehörige ausländischer Streitkräfte.** Diese unterliegen zwar während eines vorübergehenden Aufenthalts in der Bundesrepublik Deutschland für Übungen, Dienstreisen auf dem Landweg und Ausbildung von Einheiten hinsichtlich der Strafgerichtsbarkeit grds. deutschem – allgemeinem – Strafrecht, nicht jedoch dem Wehrstrafrecht.[4] Zur Ausübung der Strafgerichtsbarkeit über die auf dem Gebiet der Bundesrepublik Deutschland stationierten ausländischen Truppen nach dem NATO-Truppenstatut s. dort Art. VII und Art. 17 des Zusatzabkommens zum NATO-Truppenstatut, das jedoch gem. Art. 11 des Einigungsvertrages iVm Kapitel I Anlage I vom 31.8.1990, BGBl. II S. 889, im Beitrittsgebiet und gem. § 3 Gesetz vom 25.9.1990, BGBl. I S. 2106, in Berlin-West nicht gilt.[5] Zu militärischen Straftaten gegen verbündete Streitkräfte s. § 4.

---

[1] Vgl. hierzu *Möhrenschlager* NZWehrr 1980, 81.
[2] Begr. zum BegleitG TKG, BT-Drs. 13/8016, 28 f.
[3] So auch *Lingens/Korte* Rn. 3.
[4] S. Art. 2 § 7 Abs. 1 Gesetz über die Rechtsstellung ausländischer Streitkräfte bei vorübergehenden Aufenthalten in der Bundesrepublik Deutschland (Streitkräfteaufenthaltsgesetz) vom 20.7.1995, BGBl. II S. 554, zuletzt geändert durch Art. 229 VO vom 31.8.2015, BGBl. I S. 1474). Dazu *Fleck,* Zur Neuordnung des Aufenthaltsrechts für ausländische Streitkräfte in Deutschland, ZaöRV 1996, 389; *Reszat,* Aufenthalt und Rechtsstatus ausländischer Streitkräfte in der Bundesrepublik Deutschland. Neuere Entwicklungen des Streitkräfteaufenthaltsrechts, NZWehrr 2010, 133. Gem. Art. 2 § 7 Abs. 2 S. 1 soll von der Ausübung der deutschen Gerichtsbarkeit bei Strafsachen abgesehen werden, es sei denn, dass wesentliche Belange der deutschen Rechtspflege die Ausübung erfordern. Den Verzicht auf die Ausübung der deutschen Gerichtsbarkeit erklärt die Staatsanwaltschaft (Art. 3 § 2 Streitkräfteaufenthaltsgesetz).
[5] Jedoch → StGB Vor § 3 Rn. 113.

7 Voraussetzung jeder wehrstrafrechtlichen Verantwortung ist die Eigenschaft des **Täters als Soldat zur Zeit der Tat** (§ 8 StGB). Er bleibt auch Täter ungeachtet einer nach Begehung der Tat, aber rückwirkend auf einen Zeitpunkt vor der Tat verfügten Entlassung.[6] Die Strafverfolgung ist vom Fortbestehen eines Wehrdienstverhältnisses unabhängig.[7] Auf Straftaten, die der Täter vor Beginn des Wehrdienstverhältnisses begangen hat, findet das WStG keine Anwendung, für diese **vormilitärischen Straftaten** enthält Art. 4 EGWStG Sonderregelungen zu Bewährungsauflagen, Weisungen und die Überwachung durch ehrenamtliche Bewährungshelfer.

8   **3. Begriff des Soldaten.** Soldat ist, wer auf Grund der Wehrpflicht oder freiwilliger Verpflichtung in einem Wehrdienstverhältnis steht (§ 1 Abs. 1 S. 1 SG).[8]

9   Art. 1 WehrRÄndG 2011 vom 28.4.2011[9] hat die Pflicht, Wehrdienst zu leisten, auf den Spannungs- und Verteidigungsfall (Art. 80a, 115a GG) beschränkt. Täter einer Wehrstraftat sind daher in Zeiten ohne eine entsprechende parlamentarische Feststellung (Art. 80a Abs. 1, 115a Abs. 1 GG) nur der Berufssoldat (§ 39 SG), der Soldat auf Zeit (§ 40 SG), Männer und Frauen, die sich gem. § 58b Abs. 1 SG verpflichtet haben, freiwillig Wehrdienst als besonderes staatsbürgerliches Engagement zu leisten, Reservisten, die auf Grund freiwilliger Verpflichtung in ein Reservewehrdienstverhältnis berufen worden sind (§§ 4, 5 ResG),[10] Personen, die zu dienstlichen Veranstaltungen zugezogen (§ 81 Abs. 2 S. 2 SG), zu den in § 60 SG genannten Dienstleistungen herangezogen werden (§ 59 SG) oder zu einer Eignungsübung (§ 87 SG) einberufen sind. In einem Spannungs- oder Verteidigungsfall gelten die §§ 3–53 WPflG (§ 2 WPflG) mit der Folge, dass nunmehr auch wieder Soldaten, die auf Grund der Wehrpflicht Wehrdienst leisten, Täter iS von Abs. 1 sein können. Mit der gesetzlichen Entscheidung für einen freiwilligen Wehrdienst haben im Übrigen die §§ 109, 109a StGB außerhalb des Spannungs- oder Verteidigungsfalles ihre rechtspolitische Aufgabe, die Erfüllung der Wehrpflicht zu sichern, verloren.[11]

10   Das **Wehrdienstverhältnis** ist das öffentlich-rechtliche Dienstverhältnis, das durch einen Staatshoheitsakt, die Einberufung (§ 87 SG), die Berufung (§ 4 Abs. 1 Nr. 1 SG), die Heranziehung (§§ 59, 69, 72, 73 SG) oder durch Zuziehung (§ 81 Abs. 2; § 9 ResG) begründet wird und alles umfasst, was zur Erfüllung des Verfassungsauftrags der Bundeswehr erforderlich ist.[12] Auch der Soldat, der außerhalb des Geschäftsbereichs des Bundesministers der Verteidigung verwendet wird, zB im Bundesnachrichtendienst oder im Militärattachédienst des Auswärtigen Amtes, befindet sich weiterhin in einem Wehrdienstverhältnis, obwohl er aus den Befehlsstrukturen der Streitkräfte herausgelöst ist.[13]

11   **a) Berufssoldat und Soldat auf Zeit. aa) Begründung des Wehrdienstverhältnisses.** Das Wehrdienstverhältnis eines **Berufssoldaten** und eines **Soldaten auf Zeit** wird

---

[6] OLG Düsseldorf 19.4.1967 – OJs 85/64, NZWehr 1967, 31.
[7] BVerfG 2.5.1967 – 2 BvL 1/66, BVerfGE 21, 391 (405) = NJW 1967, 1654.
[8] Der Soldat ist kein Amtsträger iS des § 11 Abs. 1 Nr. 2 StGB (s. auch § 48); BGH 15.3.2011 – 4 StR 40/11, 38 (39) mAnm *Dau* NZWehr 2012, 40; 2. Aufl. StGB, § 331 Rn. 40; Zu der kriminalpolitischen Forderung von *Schütz* NZWehr 1984, 177, einen eigenen wehrstrafrechtlichen Soldatenstatus zu schaffen, zu Recht ablehnend *Lingens/Korte* Rn. 5. *Scherer/Alff/Poretschkin* ResG § 5 Rn. 1 behaupten zu Unrecht, dass nur nach einer Aktivierung gem. § 8 ResG ein Wehrdienstverhältnis für einen Reservewehrdienstleistenden (→ Rn. 22) begründet werden könne. Dem steht allein schon der Wortlaut des § 22 Abs. 4 WDO entgegen.
[9] BGBl. I S. 678, dazu *Walz* NZWehr 2011, 133.
[10] Zum ResG *Walz*, Das Gesetz über die Rechtsstellung der Reservistinnen und Reservisten der Bundeswehr, NZWehr 2012,190; *Poretschkin*, Neue Pflichtenkollisionen von Beamten und Reservisten? – Probleme mit dem ResG?, ZBR 2015, 84.
[11] Vgl. auch die Begr. zum Entwurf des WehrRÄndG 2011 BT-Drs. 17/4821, 21; *Dau*, Nullum crimen sine lege – ist § 109 StGB im Frieden ein ius nudum?, NZWehr 2013, 252; aA *Ladiges*, Die Wehrpflichtentziehung durch Verstümmelung gemäß § 109 StGB – eine im Frieden obsolete Vorschrift?, NZWehr 2013, 203; *Hertel*, Die Zukunft des Wehrstrafrechts, S. 35; zweifelnd → StGB § 109 Rn. 5.
[12] *Scherer/Alff/Poretschkin* § 1 Rn. 3; *Walz/Eichen/Sohm/Hucul* § 1 Rn. 19.
[13] BVerwG 16.10.2008 – 2 A 9.07, BVerwG 132, 110 (120) = ZBR 2009, 199 (203); 30.6.2011 – 2 A 3.10, NZWehr 2011, 256 (258) mAnm *Bayer;* VGH Bayern 5.8.2015 – GBV 14.2122, ZBR 2016, 387; s. auch *Eichen* NZWehr 2011, 235 (243 ff.); kritisch *Dreist* NZWehr 2012, 221 (230 ff.); *Scherer/Alff/Poretschkin* § 1 Rn. 48a ff.

durch die Berufung (§ 4 Abs. 1 Nr. 1 SG) begründet. Hierbei handelt es sich um einen einseitigen, zustimmungsbedürftigen und empfangsbedürftigen Verwaltungsakt. Zur Begründung eines rechtswirksamen Dienstverhältnisses bedarf es der Aushändigung der Ernennungsurkunde mit dem durch § 41 SG vorgeschriebenen Wortlaut, sodann formlose Mitwirkung des Soldaten, der sich durch seine Zustimmung dem Wehrdienstverhältnis unterwirft.[14] Nimmt der Betroffene die Urkunde nicht entgegen, kommt eine Ernennung nicht zustande.[15] Die Begründung des Wehrdienstverhältnisses wird mit dem Tag der Aushändigung der Ernennungsurkunde wirksam, wenn nicht in der Urkunde ausdrücklich ein späterer Tag bestimmt ist (§ 41 Abs. 2 SG).

Die Ernennungsurkunde muss den in § 41 SG vorgeschriebenen Wortlaut haben. Entspricht sie nicht den Formvorschriften, gilt die Ernennung gleichwohl als von Anfang an wirksam, wenn sich aus der Urkunde oder dem Akteninhalt auf einen entsprechenden Willen der Ernennungsdienststelle schließen lässt (§ 41 Abs. 5 SG). Die Wirksamkeit der Ernennung hängt nicht davon ab, ob der Soldat den Diensteid geleistet hat (§ 9 Abs. 1 SG). Ist eine Entscheidung, auf Grund derer der Soldat entlassen worden ist, aufgehoben, braucht keine neue Ernennungsurkunde ausgestellt zu werden (vgl. §§ 5, 52 SG), auch nicht in den Fällen des § 6 AbgG, dh wenn ein Berufssoldat oder ein Soldat auf Zeit nach Beendigung seiner Mitgliedschaft im Deutschen Bundestag oder im Europäischen Parlament den Antrag stellt, ihn wieder in das frühere Dienstverhältnis zurückzuführen.[16] Eine Teilzeitbeschäftigung gem. § 30a Abs. 1 SG hat auf die Rechtsstellung eines Berufssoldaten oder Soldaten auf Zeit keinen Einfluss. **12**

bb) Ende des Wehrdienstverhältnisses. Das Wehrdienstverhältnis eines **Berufssoldaten** endet außer durch Tod durch **13**
– Eintritt oder Versetzung in den Ruhestand wegen Erreichens der Altersgrenze oder wegen Dienstunfähigkeit (§ 44 SG),
– Umwandlung in das Dienstverhältnis eines Soldaten auf Zeit (§ 45a SG), wobei der für das WStG maßgebliche Soldatenstatus unverändert bleibt,
– Versetzung in den einstweiligen Ruhestand (§ 50 SG),
– Entlassung (§ 46 SG),
– Verlust der Rechtsstellung eines Berufssoldaten (§ 48 SG),
– Entfernung aus dem Dienstverhältnis eines Berufssoldaten durch disziplinargerichtliches Urteil (§ 43 Abs. 2 Nr. 4 SG iVm § 63 WDO),
– Entlassung kraft Gesetzes, wenn er zum Beamten ernannt wird (§ 46 Abs. 3a SG),
– Entlassung mit dem Ende einer Beurlaubung gem. § 1 Abs. 2 PersStruktAnpG.

Das Wehrdienstverhältnis eines **Soldaten auf Zeit** endet entsprechend den für einen Berufssoldaten geltenden Regelungen (§ 55 Abs. 1 SG). Es endet ferner mit Ablauf des Monats, in dem das Erlöschen der Rechte aus dem Eingliederungsschein (§ 9 Abs. 3 S. 2 Nr. 1–3 SVG) rechtskräftig festgestellt worden ist (§ 54 Abs. 1 S. 2 SVG) sowie bei Entlassung in den ersten vier Dienstjahren wegen schwerer Dienstpflichtverletzungen (§ 55 Abs. 5 SG). **14**

cc) Rechtswirksamkeit des Wehrdienstverhältnisses. Einer Berufung in das Wehrdienstverhältnis eines Berufssoldaten oder Soldaten auf Zeit dürfen keine Hindernisse iS des § 38 SG entgegenstehen. Sind diese außer Acht gelassen, ist der Ernannte zwar Soldat geworden, er ist jedoch zu entlassen, wenn das Hindernis noch fortbesteht (§§ 46 Abs. 2 Nr. 1, 55 Abs. 1 SG). Lagen die persönlichen Einstellungsvoraussetzungen nach § 37 SG und den Vorschriften der SLV nicht vor, ist eine Korrektur der Berufung in das Wehrdienstverhältnis nur möglich, wenn der Soldat seine Ernennung durch Zwang, arglistige Täuschung oder Bestechung herbeigeführt hat (§§ 46 Abs. 2 Nr. 2, 55 Abs. 1).[17] Auch derjenige **15**

---

[14] BVerwG 8.7.1969 – II WD 8/69, BVerwGE 43, 71 = NZWehrr 1969, 227; 15.6.2007 – 2 WD 17.06, NZWehrr 2008, 73; OVG Münster 14.12.1961 – VIII A 577/61, NJW 1962, 758.
[15] Scherer/Alff/Poretschkin § 4 Rn. 7.
[16] S. auch § 54 Abs. 4 SG und Alff NZWehrr 1980, 201.
[17] Zu den Rechtsfolgen der Ernennung eines Nichtdeutschen s. Walz/Eichen/Sohm/Sohm § 37 Rn. 17; Scherer/Alff/Portschkin § 37 Rn. 13.

bleibt Soldat, dessen einmal wirksam begründetes Wehrdienstverhältnis nur durch schlüssiges Verhalten der personalbearbeitenden Dienststellen verlängert worden ist.[18]

16 Keine wirksame Ernennung liegt vor, wenn ein Minderjähriger nur mit Zustimmung eines Elternteils Soldat auf Zeit werden will. Ebenso ist die Verpflichtung eines Minderjährigen als Soldat auf Zeit nur mit Zustimmung seines Vormundes unwirksam.[19] Der Vormund bedarf hierzu der Genehmigung des Familiengerichts; § 1822 Nr. 7 BGB.[20] Bis zur Genehmigung durch das Familiengericht ist die Ernennung schwebend unwirksam. Wird der Minderjährige volljährig, tritt seine Genehmigung an die Stelle des Familiengerichts; § 1829 Abs. 3 BGB. Ein wirksames Wehrdienstverhältnis als Soldat auf Zeit wird begründet, wenn der Soldat sich bei Eintritt der Volljährigkeit weiterverpflichtet. Die Genehmigung seiner bisherigen Dienstzeit wirkt auf den Zeitpunkt ihres Beginns zurück (§ 184 Abs. 1 BGB), ohne jedoch die Pflichten eines Soldaten rückwirkend begründen zu können.[21] Für die Begründung des Wehrdienstverhältnisses ist es dabei unerheblich, wenn zwischen der Aushändigung der Ernennungsurkunde und der Zustimmung des Soldaten größere Zeiträume liegen. Denn es gibt keine Vorschrift, die bestimmt, dass für die Begründung eines Dienstverhältnisses auf Zeit beide Voraussetzungen gleichzeitig vorliegen müssen. Die Genehmigung muss jedoch ausdrücklich erklärt werden, eine stillschweigende Genehmigung, etwa durch williges Weiterdienen oder durch Vorlage eines Versetzungsgesuchs, reicht nicht aus, weil Genehmigung einen Genehmigungswillen voraussetzt und ein solcher nur vorhanden sein kann, wenn die Genehmigungsbedürftigkeit bekannt ist.

17 **b) Wehrdienstverhältnis des freiwillig Wehrdienstleistenden. aa) Dienstantritt.**
Das Karrierecenter der Bundeswehr fordert den Bewerber mit einem Bescheid zum freiwilligen Dienstantritt auf (§ 58g Abs. 1 SG). Dieser Bescheid enthält Ort und Zeitpunkt des Dienstantritts sowie die Dauer des zu leistenden Wehrdienstes. Personen, die der Aufforderung zum Dienstantritt als freiwillig Wehrdienstleistende nachgekommen sind (§ 58g Abs. 1 SG), werden mit diesem Zeitpunkt Soldat (§ 2 Abs. 1 Nr. 3 SG). Da sie mit ihrem Dienstantritt weder ein Wehrdienstverhältnis als Berufssoldat noch als Soldat auf Zeit begründet haben, leisten sie ihren Wehrdienst nach dem Dritten Abschnitt des SG in einem Wehrdienstverhältnis eigener Art.[22] Ein minderjähriger Bewerber bedarf der Zustimmung seines gesetzlichen Vertreters, ist dieser zugleich Vormund auch der Zustimmung des Familiengerichts.

18 Die in Form eines „Bescheides" gekleidete Aufforderung zum Dienstantritt hat für den Bewerber keine wehrstrafrechtlichen Folgen, wenn er der Aufforderung nicht nachkommt.[23] Abweichend von der mit dem früheren Einberufungsbescheid verbundenen rechtlichen Verpflichtung, den Wehrdienst anzutreten und ihn abzuleisten, haben die Angaben zu Ort und Zeitpunkt des Dienstantritts nur den Charakter einer unverbindlichen Einladung ohne rechtsgestaltende Wirkung.[24] Tritt der Bewerber den Dienst nicht an, bringt er damit nur zum Ausdruck, dass er keinen freiwilligen Wehrdienst leisten will.[25]

19 **bb) Ende des Wehrdienstverhältnisses.** Das Wehrdienstverhältnis eines freiwillig Wehrdienstleistenden endet durch Entlassung entspr. § 75 SG (§ 58h Abs. 1 SG) oder durch Ausschluss entspr. § 76 SG (§ 58h Abs. 1 SG) und zwar mit Ablauf des Tages (24 Uhr), an dem der Soldat aus der Bundeswehr ausscheidet (§ 2 Abs. 2 SG). Während der Probezeit des freiwilligen Wehrdienstes kann der Soldat zum 15. oder zum Letzten eines Monats entlassen werden (§ 58h Abs. 2 SG). Die Entlassungsverfügung ist ihm spätestens zwei

---

[18] BDH 10.2.1965 – II (I) 115/65, NZWehr 1967, 121; AG Lübeck 20.8.1965 – 3 Ms 46/65, NZWehr 1971, 80.
[19] BVerwG 5.3.1970 – II WD 91, 69, BVerwGE 43, 71.
[20] BVerwG 8.7.1969 – II WD 8/69, NZWehr 1969, 227; OLG Oldenburg 29.1.1963 – 1 Ss 303/62, NZWehr 1963, 132; AG Cochem 14.9.1960 – 21 Ms 71/60, NZWehr 1961, 44.
[21] *Dau* WDO § 1 Rn. 17 mwN.
[22] Vgl. Walz/Eichen/Sohm/*Eichen* § 59 Rn. 27, *Scherer/Alff/Poretschkin* § 59 Rn. 10.
[23] *Walz* NZWehr 2011, 133 (142); *Lingens/Korte* Rn. 12.
[24] Begr. zum Entwurf des WehrRÄndG 2011, BT-Drs. 17/4821 zu § 60; *Walz* UBWV 2011, 86 (89).
[25] *Walz* NZWehr 2011, 133 (142).

Wochen vor dem Entlassungstermin bekannt zu geben (§ 58h Abs. 2 S. 2 SG). Auf schriftlichen Antrag des Soldaten ist er während der Probezeit jederzeit zu entlassen (§ 58h Abs. 2 S. 3 SG). Bei der Entpflichtung von einer besonderen Auslandsverwendung (§ 58e Abs. 3 SG) kann der Soldat entlassen werden, wenn eine andere Verwendung nicht möglich ist (§ 58h Abs. 3 SG).

Bei bestimmten gerichtlichen Strafen, Maßregeln oder Nebenfolgen (§ 58b Abs. 2 iVm 20 § 38 Abs. 1 SG) ist auch der freiwillig Wehrdienstleistende kraft Gesetzes mit Wirkung vom Tag der Rechtskraft des strafgerichtlichen Urteils vom Wehrdienst ausgeschlossen.

Nur Frauen und Männer, die Deutsche iS des Grundgesetzes sind, können sich verpflich- 21 ten, freiwilligen Wehrdienst nach dem Dritten Abschnitt des SG zu leisten. Tritt ein nichtdeutscher Bewerber den Dienst an, ist sein Wehrdienstverhältnis fehlerhaft. Er ist mit Dienstantritt zwar rechtswirksam Soldat geworden, jedoch zu entlassen, weil mit einem Nichtdeutschen grundsätzlich kein Wehrdienstverhältnis begründet werden kann.[26]

c) Reservewehrdienstverhältnis. Ein Reservewehrdienstverhältnis auf Grund freiwilli- 22 ger Verpflichtung begründen Reservisten, die eine Funktion in der Reserveorganisation der Bundeswehr ehrenamtlich wahrnehmen (§ 4 ResG). Für ihre Berufung in dieses Wehrdienstverhältnis gelten die Vorschriften über die Berufung eines Soldaten auf Zeit (§ 5 Abs. 1 ResG) entsprechend. Mangels regelmäßiger Tagesdienste ist der Beginn des Reservewehrdienstverhältnisses durch den Zeitpunkt der Ernennung bestimmt (§ 5 Abs. 2 ResG). Soldaten in einem Reservewehrdienstverhältnis können für eine Dienstleistung nach § 60 SG aktiviert werden (§ 8 Abs. 1 ResG). Für die Dauer der Aktivierung gelten sie als Dienstleistende iS des Vierten Abschnitts des SG (§ 8 Abs. 4 ResG). Die Umwandlung eines Reservewehrdienstverhältnisses in das Dienstverhältnis eines Soldaten auf Zeit oder eines Berufssoldaten hat auf den persönlichen Geltungsbereich des WStG keinen Einfluss.

Das Reservewehrdienstverhältnis endet (§ 12 ResG) 23
– mit Ablauf der Zeit, für die der Reservist in das Reservewehrdienstverhältnis berufen wird,
– durch Umwandlung in das Dienstverhältnis eines Soldaten auf Zeit oder eines Berufssoldaten,
– im Spannungs- und Verteidigungsfall durch Heranziehung oder Einberufung zu einem unbefristeten Wehrdienst,
– durch Verlust der Rechtsstellung eines Soldaten im Reservewehrdienstverhältnis,
– durch Entlassung (§ 13 ResG).

d) Soldat während einer dienstlichen Veranstaltung. Personen, die dienstfähig und 24 das 65. Lebensjahr noch nicht vollendet haben, können zu dienstlichen Veranstaltungen zugezogen werden (§ 81 Abs. 1 GG).[27] Sie erhalten ein Zuziehungsschreiben, das indes noch kein Wehrdienstverhältnis begründet, sondern nur zur Teilnahme an der dienstlichen Veranstaltung auffordert und den Rahmen der jeweiligen Dienstleistung festlegt.[28] Ein Wehrdienstverhältnis beginnt erst mit dem Zeitpunkt der tatsächlichen Teilnahme (§ 81 Abs. 2 SG) und endet mit dem Schluss der dienstlichen Veranstaltung (§ 2 Abs. 1 Nr. 4 SG). Verlässt der Soldat die dienstliche Veranstaltung vorzeitig, endet das Wehrdienstverhältnis schon zu diesem Zeitpunkt.[29]

e) Zu Dienstleistungen herangezogene Personen. Bei den zu Dienstleistungen (§ 60 25 SG) herangezogenen Personen (§ 59 SG) wird das Wehrdienstverhältnis durch einen Heranziehungsbescheid begründet (§ 2 Abs. 1 Nr. 1 SG). Das Wehrdienstverhältnis beginnt mit dem darin festgesetzten Zeitpunkt. Es endet mit der Entlassung (§ 75 SG), dem Ausschluss

---

[26] Zur Rechtslage bei Berufssoldaten und Soldaten auf Zeit s. Walz/Eichen/Sohm/*Sohm* § 37 mwN. Vgl. auch *Vurgun/Poretschkin* NZWehrr 2012, 64.
[27] Zu Begriff der dienstlichen Veranstaltung s. auch *Scherer/Alff/Poretschkin* § 81 Rn. 3; *Walz,* Dienstliche Veranstaltungen gem. § 81 des Soldatengesetzes (SG), NZWehrr 2006, 103.
[28] *Scherer/Alff/Poretschkin* § 81 Rn. 6; *Walz* NZWehrr 2006, 103 (108).
[29] *Scherer/Alff/Poretschkin* § 81 Rn. 8; Walz/Eichen/Sohm/*Sohm* § 81 Rn. 34.

(§ 75 SG) oder durch Ablauf der für den Wehrdienst festgesetzten Zeit, wenn der Endzeitpunkt kalendermäßig bestimmt ist.

26   **f) Eignungsübende.** Bewerber, die die für einen höheren Dienstgrad erforderliche militärische Eignung durch Lebens- und Berufserfahrung außerhalb der Bundeswehr erworben haben, können auf Grund freiwilliger Verpflichtung zu einer Eignungsübung von vier Monaten einberufen werden (§ 87 Abs. 1 S. 1 SG). Für die Dauer der Eignungsübung haben sie die Rechtsstellung eines Soldaten auf Zeit (§ 87 Abs. 1 S. 5 SG). Ihr Wehrdienstverhältnis beginnt mit ihrem Dienstantritt (§ 2 Abs. 1 Nr. 3 SG), dh mit der persönlichen Meldung und der Aufnahme der Dienstgeschäfte,[30] frühestens mit dem im Einberufungsbescheid festgelegten Zeitpunkt.[31] Es endet mit der Entlassung von Amts wegen, durch Entlassung auf eigenen Antrag oder durch Zeitablauf der Übung.

27   **g) Faktisches Wehrdienstverhältnis.** Leistet jemand Wehrdienst, ohne dass rechtswirksam ein Wehrdienstverhältnis begründet worden ist, liegt ein nur faktisches Wehrdienstverhältnis vor.[32] Der Betroffene ist kein Soldat nach § 1 Abs. 1 SG und kann daher keine Straftaten iS des WStG begehen.[33] Der faktische Soldat besitzt jedoch auf Grund der ihm tatsächlich eingeräumten Stellung Befehlsbefugnis,[34] von ihm gegebene Befehle sind daher jedenfalls aus diesem Grund nicht unverbindlich.

28   **h) Wehrdienstverhältnis besonderer Art.** Ein Wehrdienstverhältnis besonderer Art begründet die Rechtsstellung eines Soldaten auf Zeit als Einsatzgeschädigter gem. § 6 Abs. 2 EinsatzWVG; es endet unter den Voraussetzungen des § 6 Abs. 3 oder 4 EinsatzWVG.

29   **i) Kriegsdienstverweigerer.** Der Soldat, der einen Antrag auf Kriegsdienstverweigerung gestellt hat, kann vor, aber auch nach seiner rechtskräftigen Anerkennung zB wegen Gehorsamsverweigerung oder Fahnenflucht bestraft werden,[35] und zwar auch dann, wenn sein Verhalten auf dem schon vor der ersten Straftat gefassten fortwährenden Beschluss beruht, niemals Dienst mit der Waffe zu leisten.[36]

30   **4. Zivilpersonen als militärische Vorgesetzte (Abs. 2).** Abs. 2 durchbricht den Grundsatz, dass ausschließlich Soldaten Täter des WStG sein können. Nachdem die Regeln der militärischen Hierarchie es grds. zulassen, dass auch Zivilpersonen Vorgesetzte sein und befehlen können (§ 1 Abs. 3 S. 2 SG; Art. 65a GG), ist Abs. 2 die strafrechtliche Sicherung, dass sie die ihnen obliegenden besonderen Pflichten (§§ 30–40) einhalten. Der Klammerverweis der Vorschrift ist abschließend; als Täter anderer Wehrstraftaten kommen zivile Vorgesetzte nicht in Betracht. Möglich bleibt eine Strafbarkeit wegen Anstiftung oder Beihilfe gem. Abs. 4. Zur Erweiterung des Täterkreises auf frühere Soldaten s. Abs. 3.

31   Von der in § 1 Abs. 3 S. 2 SG enthaltenen Ermächtigung, durch Rechtsverordnung auch Zivilpersonen zu militärischen Vorgesetzten zu erklären, hat der BMVg bisher keinen Gebrauch gemacht.[37] Die Vorschrift hat daher gegenwärtig nur für ihn in seiner verfassungsrechtlichen Stellung als **Inhaber der Befehls- und Kommandogewalt** (Art. 65a GG)

---

[30] So Walz/Eichen/Sohm/*Eichem* § 2 Rn. 14.
[31] *Scherer/Alff/Poretschkin* § 87 Rn. 3.
[32] Dazu s. im Einzelnen *Scherer/Alff/Poretschkin* § 1 Rn. 19 ff.; Walz/Eichen/Sohm/*Hucul* § 1 Rn. 39 ff.
[33] OLG Celle 25.7.1961 – Ojs 32/61, MDR 1962, 327; OLG Oldenburg 29.1.1963 – 1 Ss 303/62, NZWehrr 1963, 132; AG Cochem 14.9.1960 – 21 Ms 71/60, NZWehrr 1961, 44.
[34] *Scherer/Alff/Poretschkin* § 1 Rn. 47.
[35] BVerfG 12.10.1971 – 2 BvR 65/71, NJW 1972, 93; 20.12.1982 – 2 BvR 1272/82, NJW 1983, 1600; BGH 21.5.1968 – 1 StR 354/67, BGHSt 22, 146 = NJW 1968, 1636 = RWStR § 20 Nr. 13 mAnm *Kohlhaas*; BayObLG 25.5.1973 – RReg 4 St 12/73, NZWehrr 1973, 234; OLG Celle 14.5.1985 – 1 Ss 14/85, NZWehrr 1987, 34; LG Münster 21.10.1986 – 9 Ns 47 Js 24/86, NZWehrr 1987, 122.
[36] OLG Frankfurt a. M. 24.4.1974 – 2 S. 79/74, NZWehrr 1974, 237.
[37] *Bülte* S. 271 hält diese Ermächtigung für verfassungsrechtlich nicht unproblematisch.

Bedeutung – mit Verkündung des Verteidigungsfalles (Art. 115b GG) auch für den Bundeskanzler[38] – sowie in Vertretung des BMVg der beamtete Staatssekretär.[39]

Für Zivilpersonen als militärische Vorgesetzte gelten die Strafen des WStG, soweit diese **32** nicht ausdrücklich die Straftat eines Soldaten voraussetzen (§§ 10, 12).

5. Begriff des militärischen Vorgesetzten. a) Wehrstrafrechtliche Bedeutung. **33** Der Begriff des – militärischen – Vorgesetzten (§ 1 Abs. 3 S. 1 SG) und sein inhaltliches Verständnis sind wesentlicher Bestandteil der gesetzlichen Befehlsdefinition iS des § 2 Nr. 2 und damit neben seiner dienstrechtlichen Bedeutung tatbestandsbegründend für die Straftaten gegen die Pflichten der Untergebenen (§§ 19 ff.), gegen die Pflichten der Vorgesetzten (§§ 30 ff.), der Wachverfehlung (§ 44) sowie der Pflichtverletzung bei Sonderaufträgen gem. § 45. **Vorgesetzter** ist, wer befugt ist, einem Soldaten Befehle zu erteilen (§ 1 Abs. 3 S. 1 SG). Die Vorgesetzteneigenschaft knüpft somit an die Befehlsbefugnis an, ein allgemeines Vorgesetztenverhältnis gibt es für die Soldaten der Bundeswehr nicht mehr.[40]

Die Befehlsbefugnis ist durch die Vorgesetztenverordnung vom 4.6.1959[41] personell auf **34** bestimmte Soldaten und sachlich auf besondere Aufgaben und Zeiträume sowie gegenüber einem bestimmten Personenkreis beschränkt. Ihre rechtlichen Grenzen folgen aus § 10 Abs. 4 SG. Die Vorgesetztenverordnung bestimmt im Einzelnen, wer auf Grund der Dienststellung, des Dienstgrades, besonderer Anordnung oder auf Grund eigener Erklärung als Vorgesetzter befugt ist, Befehle zu erteilen. Verfassungsrechtliche Sonderregelungen zum Inhaber der Befehls- und Kommandogewalt enthalten die Art. 65a, 115b GG[42] und für die Vorgesetzteneigenschaft im Rahmen einer disziplinaren vorläufigen Festnahme § 21 Abs. 2 S. 2 WDO. Für die Beurteilung wehrstrafrechtlicher Tatbestände ist daher regelmäßig die vorgängige Prüfung des Vorgesetzten – Untergebenenverhältnisses auf der Grundlage der VorgV unabdingbar.[43]

b) Vorgesetztenverhältnis auf Grund der Dienststellung. aa) Unmittelbarer Vor- 35 gesetzter. Unmittelbarer, auch als truppendienstlicher Vorgesetzter bezeichnet, ist der Soldat, der einen militärischen Verband, eine militärische Einheit oder Teileinheit führt oder der eine militärische Dienststelle leitet (§ 1 Abs. 1 VorgV).[44] Er ist damit Teil der militärischen Hierarchie, die im Frieden ihre Spitze im Inhaber der Befehls- und Kommandogewalt, dem BMVg, hat (Art. 65a GG). Der Generalinspekteur der Bundeswehr ist unter dem Bundesminister der Verteidigung truppendienstlicher Vorgesetzter aller in den Streitkräften eingesetzten Soldaten, die Inspekteure der Teilstreitkräfte, der Streitkräftebasis, des Zentralen Sanitätsdienstes der Bundeswehr und des Cyber- und Informationsraums sind unmittelbare Vorgesetzte der Soldaten ihrer Organisationsbereiche, die Leiter der dem BMVg unmittelbar unterstellten Dienststellen der Streitkräfte sind unmittelbare Vorgesetzte der Soldaten ihres Bereichs.[45]

Der **militärische Verband** ist ein Truppenteil von der Größe eines Bataillons an aufwärts, **36** der sich aus mehreren Einheiten zusammensetzt. **Militärische Einheit** ist die unterste militärische Gliederungsform, deren Führer grds. Disziplinarbefugnis hat.[46] Die Grundform der Ein-

---

[38] Vgl. dazu *Lingens/Korte* Rn. 25.
[39] BVerwG 10.1.1973 – I WDB 1/72, BVerwGE 46, 55 = NJW 1973, 865; *Dau*, Der Parlamentarische Staatssekretär – Stellvertreter im Oberbefehl?, FS Fleck, 2004, 81 (89).
[40] *Scherer* NZWehrr 1965, 162; zur Befehlsbefugnis militärischer Dienststellen vgl. *Lingens* NZWehrr 1997, 248. Grundsätzlich s. *Eichen* NZWehrr 2011, 177 (179 ff.).
[41] BGBl. I S. 459 idF der VO vom 7.10.1981, BGBl. I S. 1129; auch *Scherer/Alff/Poretschkin* Rn. 56; *Walz/Eichen/Sohm/Hucul* Anh. zu § 1 Rn. 1 ff.
[42] → Rn. 31.
[43] *Burmester* NZWehrr 1990, 89; *Lingens* NZWehrr 1993, 19.
[44] § 1 VorgV Unmittelbare Vorgesetzte. (1) Ein Soldat, der einen militärischen Verband, eine militärische Einheit oder Teileinheit führt oder der eine militärische Dienststelle leitet, hat die allgemeine Befugnis, den ihm unterstellten Soldaten in und außer Dienst Befehle zu erteilen. (2) In den Fachdienst der Untergebenen, die der Leitung und Dienstaufsicht von Fachvorgesetzten unterliegen, darf der unmittelbare Vorgesetzte nicht eingreifen. Zu § 1 VorgV eingehend *Eichen* NZWehrr 2011, 177 (181 ff.).
[45] S. Dresdner Erlass vom 21.3.2012 Abschn. II, BWV 2012, 83 und *Dreist* NZWehrr 2012, 133 (139 f.).
[46] ZDv 1/50 Grundbegriffe zur militärischen Organisation, Unterstellungsverhältnisse, Dienstliche Anweisungen Nr. 109 – in *Schnell/Ebert* B19.

heit ist die Kompanie; ihr entsprechende Einheiten sind beispielsweise die Batterie, die Staffel, die Inspektion. **Teileinheit** ist jede Gliederung innerhalb der Einheit, zB Zug, Gruppe.

37 Eine **militärische Dienststelle** ist eine organisatorisch selbstständige Einrichtung im Geschäftsbereich des BMVg, die einen zugewiesenen Aufgabenbereich im Rahmen erteilter Befugnisse eigenverantwortlich wahrnimmt.[47] Zu den militärischen Dienststellen gehören zB Verbindungsstäbe, Kommandobehörden, das Zentrum für Luftoperationen, das Streitkräfteamt, die Schulen und Akademien der Bundeswehr, das Zentrum Innere Führung. Das Bundesministerium der Verteidigung ist eine nach außen einheitliche Behörde, die durch den Minister repräsentiert wird. Als oberste politische Spitze der Bundeswehr gehört es nicht zu den militärischen Dienststellen.[48]

38 **Führer eines Verbandes** sind zB der Bataillonskommandeur, Geschwaderkommodore, Regiments- und Brigadekommandeur, Divisionskommandeur, Befehlshaber, Inspekteur einer Teilstreitkraft oder der Streitkräftebasis. **Führer einer Einheit** sind beispielsweise der Kompaniechef, Staffelchef, Batteriechef, **Führer einer Teileinheit** der Zug- und Gruppenführer. **Leiter einer militärischen Dienststelle** sind ihre Amtschefs.[49]

39 Die **Befehlsbefugnis** als Vorgesetzter besteht gegenüber den truppendienstlich unterstellten Soldaten. Die truppendienstliche Unterstellung ergibt sich aus der Gliederung der Bundeswehr, den Aufstellungsbefehlen und der Stärke- und Ausrüstungsnachweisung (STAN). Jede Teileinheit, Einheit, jeder Verband und jede militärische Dienststelle der Bundeswehr ist truppendienstlich in das organisatorische Gesamtgefüge der Streitkräfte eingegliedert mit der Folge, dass jeder Soldat einen unmittelbaren, dh truppendienstlichen Vorgesetzten hat.

40 Die **truppendienstliche Unterstellung** ist die Unterstellung für jeden dienstlichen Zweck. Sie begreift alle den Dienst des Soldaten betreffenden Angelegenheiten im Verhältnis vom Vorgesetzten zum Untergebenen. Der Begriff der Unterstellung ist umfassend. Sie wird als das Verhältnis zwischen dem Soldaten und seinem militärischen Vorgesetzten (persönliches Unterstellungsverhältnis) und als das Verhältnis zwischen nachgeordneten und übergeordneten Dienststellen (institutionelles Unterstellungsverhältnis) verstanden.[50] Diese Regelung ist sinnvoll, weil sie an die hierarchische Ordnung der Streitkräfte anschließt.[51] Sie sichert der militärischen Führung einen einheitlichen Befehlsstrang bis zur kleinsten Einheit und Teileinheit und garantiert so eine lückenlose Befehlsregelung, die für die Einsatzbereitschaft der Truppe, aber auch für die strafrechtliche Verantwortlichkeit des Vorgesetzten unerlässlich ist.

41 **Unmittelbarer Vorgesetzter kann nur ein Soldat der Bundeswehr sein,** der organisatorisch in ihren Aufbau eingegliedert ist und in einem festen Zuordnungsverhältnis zu ihr steht.[52] Ein Soldat ausländischer Streitkräfte, zB innerhalb der deutsch-französischen Brigade, dem I. deutsch-niederländischen Korps, dem Multinationalen Korps Nordost oder innerhalb einer multinationalen Friedenstruppe, kann gegenüber einem deutschen Soldaten kein truppendienstlicher Vorgesetzter sein und keine Befehle erteilen.[53]

---

[47] ZDv 1/50 Grundbegriffe zur militärischen Organisation, Unterstellungsverhältnisse, Dienstliche Anweisungen Nr. 105 – in *Schnell/Ebert* B19.
[48] Vgl. Walz/Eichen/Sohm/*Hucul* Anh. zu § 1 Rn. 11; s. auch Dresdner Erlass vom 21.3.2012, BWV 2012, 83.
[49] ZDv 1/50 Grundbegriffe zur militärischen Organisation, Unterstellungsverhältnisse, Dienstliche Anweisungen – in *Schnell/Ebert* B19 Nr. 125.
[50] ZDv 1/50 Grundbegriffe zur militärischen Organisation, Unterstellungsverhältnisse, Dienstliche Anweisungen Nr. 201 – in *Schnell/Ebert* B19.
[51] → Rn. 35.
[52] BDH 6.8.1964 – II WB 24/63, BDHE 7, 160 = NZWehr 1967, 65; BVerwG 30.1.2003 – 2 C 12.02, ZBR 2003, 387 = RiA 2004, 91.
[53] Zur verfassungsrechtlichen Problematik s. *Dau*, Rechtliche Rahmenbedingungen einer deutsch-französischen Brigade, NZWehr 1989, 177; *F. Kirchhof*, Deutsche Verfassungsvorgaben für die Befehlsgewalt und Wehrverwaltung in multinationalen Verbänden, NZWehr 1998, 152; *Wieland*, Ausländische Vorgesetzte deutscher Soldaten in multinationalen Verbänden, NZWehr 1999, 133; *Fleck* in *Rudolf Geiger* (Hrsg.), Völkerrechtlicher Vertrag und staatliches Recht vor dem Hintergrund zunehmender Verdichtung der internationalen Beziehungen, S. 163 ff.; *Poretschkin*, Internationalität zu Lasten der Soldaten, NZWehr 2016, 208 (210).

bb) Fachvorgesetzter. Die Fälle fachdienstlicher Unterstellung (§ 2 VorgV)[54] sind auf folgende drei Fachdienste beschränkt: Sanitätsdienst, Militärmusikdienst, Geoinformationsdienst der Bundeswehr. 42

Die fachdienstliche Unterstellung ist das Verhältnis zwischen einem Soldaten und einem Vorgesetzten, dem nach seiner durch entsprechende Qualifikation begründeten Dienststellung die Leitung von Fachdiensten obliegt.[55] Sie besteht neben und unabhängig von der truppendienstlichen Unterstellung. 43

Die Befehlsbefugnis des **Fachvorgesetzten** ist inhaltlich auf Zwecke des Fachdienstes beschränkt, und Vorgesetzter und Untergebener müssen sich im Dienst befinden. Die Grenzen des Befehlsrechts aus § 10 Abs. 4 SG im Übrigen bleiben unberührt. 44

cc) Vorgesetzter mit besonderem Aufgabenbereich. Soldaten, denen auf Grund ihrer Dienststellung ein besonderer Aufgabenbereich zugewiesen ist, bedürfen zur Durchsetzung dieser Aufgaben einer Befehlsbefugnis und damit einer Vorgesetztenfunktion. Die Rechtsgrundlage hierfür enthält § 3 VorgV für eine Befehlsbefugnis im Dienst und – wenn der besondere Aufgabenbereich dies erfordert – gegenüber Soldaten außer Dienst.[56] Auf den Dienstgrad kommt es nicht an, so dass Befehlsbefugnis auch gegenüber einem dienstgradhöheren Soldaten bestehen kann. Sie ist **sachlich** allein auf den besonderen Aufgabenbereich **beschränkt** und endet, wenn die Anweisung in keinem Zusammenhang mit ihr steht. 45

Dienststellung bezeichnet eine organisatorisch auf Dauer oder auf ständige Wiederkehr angelegte Einrichtung eines besonderen militärischen Pflichtenkreises.[57] Welche Dienststellung mit einem besonderen Aufgabenbereich verbunden ist, ergibt sich regelmäßig aus Zentralen Dienstvorschriften oder Dienstanweisungen. Vorgesetzte mit besonderem Aufgabenbereich sind beispielsweise der Kompaniefeldwebel[58] gegenüber allen Unteroffizieren und Mannschaften seiner Einheit, der Feldwebel/Bootsmann vom Wochendienst[59] gegenüber allen Unteroffizieren und Mannschaften der Einheit mit Ausnahme seiner unmittelbaren Vorgesetzten, des Kompaniefeldwebels sowie der Stabs-/Oberstabsfeldwebel und Soldaten in entsprechendem Dienstgrad, der Unteroffizier vom Dienst (UvD) gegenüber allen Soldaten der Einheit, die der gleichen oder einer niedrigeren **Dienstgradgruppe**[60] angehören, mit Ausnahme seiner unmittelbaren Vorgesetzten,[61] der Kasernenkommandant,[62] die Angehörigen des militärischen Ordnungsdienstes – Feldjäger, Truppen- oder Standortstreifen – gegenüber allen Soldaten der Bundeswehr mit Ausnahme der Soldaten, die nach den §§ 1, 3 und 5 VorgV ihre Vorgesetzten sind, aber auch der Kommandant eines Schiffes gegenüber jedem an Bord befindlichen Soldaten, der nicht schon sein unmittelbarer Untergebener ist sowie der Feldlagerkommandant.[63] Vorgesetzte im besonderen Aufgabenbereich 46

---

[54] § 2 VorgV Fachvorgesetzte. Ein Soldat, dem nach seiner Dienststellung die Leitung des Fachdienstes von Soldaten obliegt, hat die Befugnis, ihnen im Dienst zu fachdienstlichen Zwecken Befehle zu erteilen.
[55] ZDv 1/50 Grundbegriffe zur militärischen Organisation, Unterstellungsverhältnisse, Dienstliche Anweisungen Nr. 205 – in *Schnell/Ebert* B19.
[56] § 3 VorgV Vorgesetzte mit besonderem Aufgabenbereich. Ein Soldat, dem nach seiner Dienststellung ein besonderer Aufgabenbereich zugewiesen ist, hat im Dienst die Befugnis, anderen Soldaten Befehle zu erteilen, die zur Erfüllung seiner Aufgaben notwendig sind. Wenn sich dies aus seinem Aufgabenbereich ergibt, hat er Befehlsbefugnis auch gegenüber Soldaten, die sich nicht im Dienst befinden. Zum Begriff „Dienst" *Lingens,* Wie ist der Begriff „Dienst" in der Vorgesetztenverordnung zu verstehen?, NZWehr 1982, 82. Zu § 3 VorgV näher *Eichen* NZWehrr 2011, 177 (190 ff.); gegen ihn *Dreist* NZWehrr 2012, 221 (226, 236).
[57] *Scherer/Alff/Poretschkin* § 1 Rn. 79b; *Walz/Eichen/Sohm/Hucul* Nach § 1 Rn. 21 ff.; *Dreist,* Wehrverwaltung im Auslandseinsatz, UBWV 2015,51.
[58] ZentralRL A2-2630/0-0-2 Nr. 307 Anl. 7.2, Leben in der militärischen Gemeinschaft.
[59] ZentralRL A2-2630/0-0-2 Nr. 324, Leben in der militärischen Gemeinschaft; vgl. LG Stuttgart 1.7.1959 – 1 Ns 313/59, NZWehrr 1960, 88 mAnm *Meyer.*
[60] Dienstgradgruppen sind: Mannschaften, Unteroffiziere ohne Portepee, Unteroffiziere mit Portepee, Leutnante, Hauptleute, Stabsoffiziere, Generale; ZDv A-1420/24.
[61] ZentralRL A2-2630/0-0-2 Nr. 324 Anl. 7.3.
[62] Zentralvorschrift A1-250/0-1 Nr. 2067.
[63] *Walz/Eichen/Sohm/Hucul* Anh. zu § 1 Rn. 23, 42.

sind insbesondere die **im Wachdienst eingesetzten Soldaten.** Hierzu im Einzelnen → § 44 Rn. 9, 12 f.

47 Gegenüber **Soldaten, die in Dienststellen der Bundeswehrverwaltung verwendet werden,** ist der Generalinspekteur der Bundeswehr Vorgesetzter nach § 3 VorgV mit dem besonderen Aufgabenbereich Wahrung der militärischen Ordnung und Disziplin, der militärische Amtschef des Personalamtes der Bundeswehr ist mit demselben Aufgabenbereich ebenfalls Vorgesetzter nach § 3 VorgV gegenüber den Soldaten seiner Dienststelle und den Dienststellen der Bundeswehrverwaltung, die ihm in diesem Aufgabenbereich darüber hinaus unterstellt sind. Vorgesetzter mit besonderem Aufgabenbereich gegenüber den **Soldaten, die außerhalb des Geschäftsbereichs des BMVg verwendet werden** (→ Rn. 10), ist der jeweils eingesetzte Beauftragte für die Angelegenheiten des militärischen Personals.

48 **c) Vorgesetztenverhältnis auf Grund des Dienstgrades.** Ein Vorgesetztenverhältnis allein auf Grund des Dienstgrades[64] kennt das Befehlsrecht nur noch in den folgenden Fällen:[65]
– in den Kompanien und entsprechenden Einheiten sowie innerhalb der Besatzung eines Schiffes (§ 4 Abs. 1 VorgV),
– in Stäben und anderen militärischen Dienststellen (§ 4 Abs. 2 VorgV),
– innerhalb umschlossener militärischer Anlagen (§ 4 Abs. 3 VorgV).

49 **Vorgesetzter nach § 4 Abs. 1 S. 1 VorgV** ist innerhalb derselben Einheit sowie innerhalb der Besatzung eines Schiffes
– jeder Offizier gegenüber allen Unteroffizieren und Mannschaften,
– jeder Unteroffizier mit Portepee gegenüber allen Unteroffizieren ohne Portepee und Mannschaften,
– jeder Unteroffizier ohne Portepee gegenüber allen Mannschaften.

50 Die Befehlsbefugnis nach § 4 Abs. 1 S. 1 VorgV besteht nur während des Dienstes, dh Vorgesetzter und Untergebener müssen sich im Dienst befinden. Sie kann innerhalb und außerhalb umschlossener militärischer Anlagen ausgeübt werden, entscheidend ist, dass Vorgesetzter und Untergebener Angehörige der gleichen Einheit oder der Besatzung sind; in diesem Fall unabhängig davon, ob sich das Besatzungsmitglied an Bord oder an Land befindet. Zum Begriff der Einheit → Rn. 36.[66] Schiffe umfassen begrifflich auch Boote der Marine, dh Kriegsschiffe, für die kein Erster Offizier vorgesehen ist.

51 § 4 Abs. 1 S. 2 VorgV trifft eine **Sonderregelung für die mit dem Dienstgrad verbundene Befehlsbefugnis an Bord von Schiffen.** Im Gegensatz zu der innerhalb der Besatzung eines Schiffes nach § 4 Abs. 1 S. 1 VorgV bestehenden Befehlsbefugnis ausschließlich im Dienst besteht an Bord Befehlsbefugnis für die Angehörigen der Besatzung und deren unmittelbaren Vorgesetzten auch außer Dienst und zwar gegenüber jedem Soldaten,

---

[64] § 4 VorgV Vorgesetztenverhältnis auf Grund des Dienstgrades. (1) In den Kompanien und in den entsprechenden Einheiten sowie innerhalb der Besatzung eines Schiffes steht die Befugnis, im Dienst Befehle zu erteilen, zu.
1. den Offizieren gegenüber allen Unteroffizieren und Mannschaften,
2. den Unteroffizieren vom Feldwebel an aufwärts gegenüber allen Stabsunteroffizieren, Unteroffizieren und Mannschaften,
3. den Stabsunteroffizieren und den Unteroffizieren gegenüber allen Mannschaften. An Bord von Schiffen haben die Angehörigen der Besatzung und deren unmittelbare Vorgesetzte in und außer Dienst Befehlsbefugnis nach Satz 1 auch gegenüber Soldaten, die sich nicht im Dienst befinden oder nicht zu bestimmten Diensten eingeteilt sind, und gegenüber Soldaten, die nicht zur Besatzung gehören.
(2) In Stäben und anderen militärischen Dienststellen gilt Absatz 1 Satz 1 entsprechend, jedoch kann der Kommandeur oder der Leiter der Dienststelle die Befehlsbefugnis auf Untergliederungen des Stabes oder der Dienststelle beschränken.
(3) Innerhalb umschlossener militärischer Anlagen können Soldaten einer höheren Dienstgradgruppe den Soldaten einer niedrigeren Dienstgradgruppe in und außer Dienst Befehle erteilen.
[65] S. auch § 31 WDO; eingehend zu § 4 VorgV *Metzger*, Zur Konkurrenz der Befehlsbefugnisse nach § 4 der Vorgesetztenverordnung, NZWehrr 2016, 194.
[66] *Scherer/Alff/Poretschkin* § 1 Rn. 71.

der sich an Bord befindet, also auch gegenüber demjenigen, der nicht zur Besatzung gehört, sich aber dienstlich an Bord aufhält. Dagegen hat ein Soldat, der nicht zur Besatzung gehört, keine Befehlsbefugnis auf Grund seines Dienstgrades gegenüber Angehörigen der Besatzung. Der Verweis auf die nach § 4 Abs. 1 S. 1 VorgV bestehende Befehlsbefugnis macht im Übrigen deutlich, dass sie auch an Bord nur in den Grenzen des § 4 Abs. 1 Nr. 1–3 VorgV ausgeübt werden kann; so kann beispielsweise kein Bootsmann einem an Bord befindlichen Major einen Befehl geben.

§ 4 Abs. 2 VorgV überträgt das Vorgesetztenverhältnis auf Grund des Dienstgrades auf **Stäbe und andere militärische Dienststellen.** In einem Stab sind die Unterstützungselemente des militärischen Führers zur Führung von unterstellten Einheiten, Verbänden, Großverbänden oder sonstigen Dienststellen der Bundeswehr zusammengefasst.[67] Zum Begriff der militärischen Dienststelle → Rn. 37. Der Kommandeur oder Leiter der Dienststelle kann jedoch die Befehlsbefugnis auf Angehörige des Stabes oder der Dienststelle beschränken.[68] 52

Befehlsbefugnis besteht nach § 4 Abs. 3 VorgV **innerhalb umschlossener militärischer Anlagen** für Soldaten einer höheren Dienstgradgruppe gegenüber Soldaten einer niedrigeren Dienstgradgruppe in und außer Dienst. Diese Vorgesetzteneigenschaft ist nicht davon abhängig, dass sie der Angehörige der höheren Dienstgradgruppe konkret wahrnimmt, es genügt vielmehr, dass sich Dienstgradhöherer und Dienstgradniedrigerer gleichzeitig innerhalb einer umschlossenen militärischen Anlage befinden.[69] 53

Eine **militärische Anlage** ist eine Zusammenfassung militärischer bodenständiger Objekte zu einem einheitlichen Zweck, zB Kaserne, Fliegerhorst, Hafenanlage, Truppenübungsplatz. Sie muss umschlossen, dh durch Schutzvorrichtungen gegen unbefugtes Betreten gesichert sein. Ein Trassenband zur Kennzeichnung reicht aus, nicht dagegen nur Verbotsschilder. Auch ein vor Anker liegender schwimmender Verband ist keine umschlossene militärische Anlage, weil den Schiffen die Bodenständigkeit als wesentliches Merkmal einer Anlage fehlt.[70] Dagegen erfüllt das im Auslandseinsatz eingerichtete Feldlager unter deutscher Leitung den Begriff der Anlage iS der VorgV.[71] 54

d) Vorgesetztenverhältnis auf Grund besonderer Anordnung. Das Vorgesetztenverhältnis auf Grund besonderer Anordnung (§ 5 VorgV)[72] schafft eine von einem Vorgesetzten (§ 1 Abs. 3 S. 1 SG) abgeleitete Befehlsbefugnis. Nur ein Soldat, der schon Vorgesetzter ist, kann eine – vorübergehende – Vorgesetzteneigenschaft für einen anderen Soldaten begründen. Dies setzt keine besondere Dienststellung auf Dauer voraus (insoweit abweichend von § 3 VorgV), sondern verlangt nur die Erfüllung einer bestimmten Aufgabe und ist abhängig von der Anordnung einer vorübergehenden Unterstellung (§ 5 Abs. 2 VorgV). 55

Der anordnende Soldat muss **Vorgesetzter des zu unterstellenden Soldaten** sein, er braucht nicht auch Vorgesetzter desjenigen zu sein, dem unterstellt wird. Der Vorgesetzte auf Grund besonderer Anordnung muss jedoch mit der Befehlsbefugnis einverstanden sein, wenn er dem anordnenden Vorgesetzten truppendienstlich nicht untersteht,[73] zB für die 56

---

[67] ZDv 1/50 Grundbegriffe der militärischen Organisation, Unterstellungsverhältnisse, Dienstliche Anweisungen Nr. 116 – in *Schnell/Ebert* B19.
[68] *Scherer/Alff/Poretschkin* § 1 Rn. 94b; Walz/Eichen/Sohm/*Hucul* Anh. zu § 1 Rn. 35.
[69] AA AG Verden 24.11.1976 – 2 Ls 190/76, NZWehrr 1977, 113 m. abl. Anm. *Hennings* S. 114.
[70] LG Flensburg 25.1.1999 – III Ns 36/98, NZWehrr 1999, 126.
[71] Ob es auch mit dem Begriff „Kaserne" gleichgestellt werden kann, vgl. *Höges* Die Soldatenbeteiligung im Auslandseinsatz der Streitkräfte, NZWehrr 2006, 221 (229 f.); *Scherer/Alff/Poretschkin* § 1 Rn. 99; Walz/Eichen/Sohm/*Hucul* Anh. zu § 1 Rn. 42.
[72] § 5 VorgV Vorgesetztenverhältnis auf Grund besonderer Anordnung. (1) Ein Vorgesetzter kann innerhalb seiner Befehlsbefugnis Untergebene einem Soldaten für eine bestimmte Aufgabe vorübergehend unterstellen. Dabei soll ein im Dienstgrad niedrigerer Soldat einem im Dienstgrad höheren Soldaten nur vorgesetzt werden, wenn besondere dienstliche Gründe dies erfordern. (2) Durch die Anordnung der Unterstellung, die den Untergebenen dienstlich bekanntzugeben ist, erhält der Soldat die Befugnis, den unterstellten Soldaten Befehle zu erteilen, die zur Erfüllung seiner Aufgaben notwendig sind.
[73] So auch *Scherer/Alff/Poretschkin* § 1 Rn. 103; Walz/Eichen/Sohm/*Hucul* Anh. zu § 1 Rn. 43.

Dauer einer Übung unterstellt der Bataillonskommandeur A dem Schulkommandeur X einen Zug der 1. Kompanie, X muss dieser Unterstellung zustimmen.

57 Es darf sich nur um eine **vorübergehende Unterstellung** handeln, und sie darf nur für eine bestimmte Aufgabe angeordnet werden. Eine Unterstellung „bis auf weiteres" wäre unzulässig. Die Aufgabe kann in einer einzelnen Dienstverrichtung bestehen oder die Erfüllung mehrerer Aufträge in einer gewissen Zeit mit einem bestimmten, vorgegebenen Ergebnis sein.

58 Nur wenn besondere dienstliche Gründe dies erfordern, soll ein im Dienstgrad niedrigerer Soldat einem im Dienstgrad höheren Soldaten vorgesetzt werden (§ 5 Abs. 1 S. 2 VorgV). Diese Anordnung ist gerechtfertigt, wenn der dienstgradniedrigere Soldat zur Erfüllung der bestimmten Aufgabe über eine besondere Qualifikation verfügt und die Aufgabe nicht schon mit einer Anweisung auf Zusammenarbeit erfüllt werden kann.

59 Die Vorgesetzteneigenschaft entsteht mit der **Anordnung der Unterstellung,** die zu ihrer Wirksamkeit dem Untergebenen dienstlich bekannt zu geben ist (§ 5 Abs. 2 VorgV). Eine bestimmte Form ist für die Bekanntgabe nicht vorgeschrieben.

60 Die Befehlsbefugnis ist auf die Erfüllung der Aufgabe beschränkt; wird sie zu anderen Zwecken eingesetzt, entsteht kein Vorgesetztenverhältnis.[74] Innerhalb der sachlichen Beschränkung durch die Aufgabe sind Befehle im und außer Dienst zulässig.

61 **e) Vorgesetztenverhältnis auf Grund eigener Erklärung.** Das Vorgesetztenverhältnis auf Grund eigener Erklärung (§ 6 VorgV)[75] ist **subsidiärer Natur** und damit ein Not-Vorgesetztenverhältnis. Es beschreibt eine zeitlich beschränkte Vorgesetztenstellung für Krisensituationen.[76] Im Gegensatz zu den allgemeinen oder besonderen Aufgabenzuweisungen an einen Vorgesetzten entsteht die Vorgesetzteneigenschaft auf Grund eigener Erklärung „durch eine akute situative Notwendigkeit aufgrund eines Notrechts zur Befehlsausübung".[77] Die Erklärung zum Vorgesetzten darf daher nur abgegeben werden, wenn ein unmittelbarer Vorgesetzter,[78] ein Fachvorgesetzter[79] oder ein Vorgesetzter mit besonderem Aufgabenbereich[80] nicht erreichbar ist und auch kein Vorgesetztenverhältnis auf Grund besonderer Anordnung[81] besteht. Über einen Vorgesetzten nach § 4 VorgV ist eine Befehlsbefugnis auf Grund eigener Erklärung ohnehin nicht möglich, weil dieser stets dienstgradhöher und damit nach § 6 Abs. 1 VorgV als Untergebener auch in Notfällen (§ 6 Abs. 1 Nr. 1–3 VorgV) ausgeschlossen ist (§ 6 Abs. 2 VorgV). Zulässig bleibt somit die Erklärung zum Vorgesetzten gegenüber Soldaten, die im Dienstgrad unter dem Erklärenden stehen, auch gegenüber einem dienstgradgleichen, selbst dienstrangälteren Soldaten. Eine entgegen § 6 Abs. 2 VorgV abgegebene Erklärung ist wirkungslos.

62 Erklärungsbefugt ist nur ein Offizier oder Unteroffizier mit oder ohne Portepee. Die Unterstellung ist im und außer Dienst zulässig. An die Erklärung zum Vorgesetzten im

---

[74] *Lingens* NZWehrr 1978, 55.
[75] § 6 VorgV Vorgesetztenverhältnis auf Grund eigener Erklärung. (1) Ein Offizier oder Unteroffizier kann sich in und außer Dienst über andere Soldaten, die im Dienstgrad nicht über ihm stehen, zum Vorgesetzten erklären, wenn er dies für notwendig hält, weil
1. eine Notlage sofortige Hilfe erfordert,
2. zur Aufrechterhaltung der Disziplin oder Sicherheit ein sofortiges Einschreiten unerläßlich ist oder
3. eine einheitliche Befehlsgebung an Ort und Stelle unabhängig von der gliederungsmäßigen Zusammengehörigkeit der Soldaten zur Behebung einer kritischen Lage hergestellt werden muß.
(2) Niemand kann sich zum Vorgesetzten von Soldaten erklären, die auf Grund der §§ 1–3 und 5 Befehlsbefugnis über ihn haben.
(3) Mit der Erklärung erhält der Offizier oder Unteroffizier die Befugnis, den Soldaten, an die er die Erklärung gerichtet hat, Befehle zu erteilen, die nach der Lage erforderlich sind. In eine fachliche Tätigkeit soll nur ein facherfahrener Offizier oder Unteroffizier eingreifen.
[76] *Bülte* S. 271.
[77] *Bülte* S. 271.
[78] § 1 VorgV.
[79] § 2 VorgV.
[80] § 3 VorgV.
[81] § 5 VorgV.

Dienst ist allerdings unter dem Gesichtspunkt der Subsidiarität (→ Rn. 61) ein besonders strenger Maßstab zu legen.

Das Vorgesetztenverhältnis auf Grund eigener Erklärung setzt voraus, dass der Erklärende sich angesichts der in § 6 Abs. 1 Nr. 1–3 VorgV genannten Ausnahmesituationen zum Handeln berechtigt glaubt. Ob eine Ausnahmesituation tatsächlich vorgelegen hat, ist unerheblich; entscheidend ist, dass der Erklärende sie als vorliegend ansehen durfte.[82] Die Erklärung ist auch wirksam, wenn sie zum Erreichen des angestrebten Zweckes nicht unerlässlich war (§ 6 Abs. 1 Nr. 2 VorgV), vielmehr andere Mittel zur Verfügung gestanden hätten.[83] **63**

Das Vorgesetztenverhältnis entsteht mit der Erklärung des Offiziers oder Unteroffiziers gegenüber den Soldaten, die er sich unterstellen will (§ 6 Abs. 3 VorgV). Sie bedarf keiner Begründung. Bei der Erklärung muss die Inanspruchnahme von Befehlsbefugnis allerdings unzweideutig zum Ausdruck kommen. Der Gebrauch einer bestimmten Formel (wie „Ich erkläre mich zum Vorgesetzten" oder „Alles hört auf mein Kommando") ist jedoch nicht erforderlich. Auch der Ausdruck „Befehl" braucht nicht verwendet zu werden,[84] die Bedeutung einer Erklärung als Inanspruchnahme der Befehlsbefugnis kann sich auch aus den Umständen des Einzelfalles ergeben.[85] Nur wenn *offensichtlich* keine Ausnahmesituation vorliegt und die Inanspruchnahme von Befehlsbefugnis *willkürlich* ist, entsteht kein Vorgesetztenverhältnis. **64**

Die Befehlsbefugnis ist sachlich auf solche Befehle beschränkt, die der Vorgesetzte der Lage nach für erforderlich hält. Befehlsbefugnis und damit Vorgesetzteneigenschaft enden, wenn die sie begründenden Voraussetzungen zum Eingreifen entfallen sind oder die Anweisungen in keinem Verhältnis zu der Lage stehen, die die Erklärung zum Vorgesetzten ausgelöst hat. **65**

6. Frühere Soldaten als Täter (Abs. 3). Für die Verletzung von Privatgeheimnissen (§§ 203 Abs. 2, 4, 5, 204, 205 StGB), wegen Verletzung des Post- oder Fernmeldegeheimnisses (§ 206 Abs. 4 StGB) und wegen Verletzung des Dienstgeheimnisses (§ 353b StGB) unterstellt Abs. 3 auch den früheren Soldaten der erhöhten Strafbarkeit des § 48.[86] Die Versuchsregelungen des Allgemeinen Teils sowie seine jeweiligen Verfahrensvoraussetzungen (Strafantrag bei §§ 203, 205 StGB, Strafverfolgungsermächtigung bei § 353b StGB; diese erteilt der BMVg)[87] finden ebenfalls Anwendung. **66**

Auch die Regelung des Abs. 3 ist eine Ausnahme von dem Grundsatz des Abs. 1, dass der Täter des WStG zurzeit der Tat Soldat sein muss. **Frühere Soldaten** sind diejenigen, die in einem Wehrdienstverhältnis gestanden haben (§ 1 Abs. 2 S. 2 WDO; s. auch § 1 ResG), dh Soldaten im Ruhestand und Angehörige der Reserve. Der frühere Soldat hat die Pflicht zur Verschwiegenheit (§ 14 Abs. 1 SG), er begeht ein Dienstvergehen, wenn er dieser Dienstpflicht zuwider handelt (§ 23 Abs. 2 Nr. 1 SG). Mit Abs. 3 ist sie auch strafrechtlich gesichert. Allerdings ist der frühere Soldat für die Verletzung seiner Verschwiegenheitspflicht nicht unbeschränkt auch strafrechtlich verantwortlich. Entscheidend ist, dass er Soldat gewesen sein muss, als ihm das Geheimnis anvertraut wurde oder es ihm sonst bekannt geworden ist. Als er es unbefugt offenbarte, war er früherer Soldat und als solcher der Strafdrohung des Abs. 3 ausgesetzt. Erlangte der Täter noch während seiner Wehrdienstzeit Kenntnis vom Geheimnis und offenbarte es unbefugt als Soldat, gilt § 48 unmittelbar. **67**

7. Teilnahme von Zivilpersonen (Abs. 4). Die Bestrafung einer Zivilperson als Täter, Mittäter oder als mittelbarer Täter (§ 25 StGB) einer militärischen Straftat (§ 2 Nr. 3) ist ausgeschlossen. Unabhängig von einem denkbaren Täterwillen muss sich die Zivilperson bei einer Beteiligung an einer militärischen Straftat wegen Anstiftung (§ 26 StGB) oder **68**

---

[82] BayObLG 28.1.1960 – RReg 4 St 351/59, NZWehr 1960, 136.
[83] BayObLG 28.1.1960 – RReg 4 St 351/59, NZWehr 1960, 136.
[84] BVerwG 12.10.1983 – 1 WB 128/82, NZWehr 1984, 118.
[85] BDH 7.2.1964 – WD 116/63, NZWehr 1965, 168.
[86] Dazu *Möhrenschlager* NZWehr 1980, 81.
[87] *Rogall* NJW 1980, 751 (753); *Möhrenschlager* NZWehr 1980, 84.

Beihilfe (§ 27 StGB) verantworten. Diese durch Abs. 4 vorgesehene Regelung entspricht den allgemeinen strafrechtlichen Teilnahmeformen an einem Sonderdelikt, wenn für den Teilnehmer die strafbegründenden besonderen persönlichen Merkmale nicht vorliegen.[88] Beteiligt sich die Zivilperson an einer Tat, die nach allgemeinem Strafrecht strafbar ist, hat sie sich dagegen als Täter zu verantworten.

69 Auch der Versuch der Beteiligung an einem Verbrechen nach § 30 StGB ist für den früheren Soldaten strafbar, jedoch angesichts der Strafdrohung für militärische Straftaten[89] als im Wesentlichen Vergehen weitgehend bedeutungslos. In den Tatbeständen der Fahnenflucht (§ 16 Abs. 4), des Ungehorsams (§ 19 Abs. 4), der Wachverfehlung (§ 44 Abs. 6) und der Pflichtverletzung bei Sonderaufträgen (§ 45) ist die Regelung des § 30 StGB entsprechend auf diese Vergehen erweitert worden. Besondere wehrrechtliche Tatbestände der versuchten Beteiligung sind darüber hinaus in § 28 (Verabredung zur Unbotmäßigkeit) und § 34 (erfolgloses Verleiten zu einer rechtswidrigen Tat) enthalten.[90]

70 Für die Teilnahme einer Zivilperson an einer militärischen Straftat gelten die Regeln für die Teilnahme an einem Amtsdelikt.[91] Das bedeutet zunächst, dass die Teilnahme an einer militärischen Straftat für die Zivilperson nicht selbst zu einer militärischen Straftat wird; diese kann nur durch einen Soldaten oder den Vorgesetzten des § 1 Abs. 2 begangen werden. Nimmt die Zivilperson an einer militärischen Straftat teil, ist die Strafe dem wehrstrafrechtlichen Rahmen zu entnehmen; die Zivilperson ist jedoch gem. § 28 Abs. 1 StGB milder zu bestrafen. Bei der Teilnahme an einer Straftat, der sich der Soldat nach allgemeinem Strafrecht schuldig macht, richtet sich die Strafe für die Zivilperson nach dem dort angedrohten Strafrahmen (§ 28 Abs. 2 StGB). Strafbarkeit des zivilen Teilnehmers „nach diesem Gesetz" bezeichnet die Erweiterung des persönlichen Geltungsbereichs über den Grundsatz des Abs. 1 hinaus; sie bedeutet nicht, dass § 28 StGB durch Abs. 4 als verdrängt anzusehen ist.[92] Abs. 4 trifft daher keine wehrrechtsspezifische Sonderregelung gegenüber dem allgemeinen Strafrecht (§ 3 Abs. 1).

III. Irrtum

71 Ein Irrtum über den persönlichen Geltungsbereich des WStG ist in der Weise denkbar, dass sich eine Zivilperson innerhalb eines Tatbestandes irrtümlich für einen Soldaten hält, für den die Soldateneigenschaft tatbestandsbegründend ist, oder ein Soldat nimmt irrig an, kein Soldat zu sein.[93] Die irrige Annahme einer Zivilperson, Soldat zu sein, führt zu einem Wahndelikt; da das WStG – von den Ausnahmen des § 1 Abs. 2 und 4 abgesehen – für Straftaten von Zivilpersonen nicht gilt, kommt eine Bestrafung wegen untauglichen Versuchs nicht in Frage.[94]

72 Irrt sich ein Soldat über die tatsächlichen Umstände, die sein Wehrdienstverhältnis begründen, befindet er sich in einem Tatbestandsirrtum (§ 16 StGB), er ist allenfalls wegen fahrlässiger Begehung strafbar. Dagegen liegt ein Verbotsirrtum vor, wenn er die rechtliche Bedeutung der Umstände, die seine Soldateneigenschaft begründen, zB Aushändigung der Ernennungsurkunde, falsch beurteilt.

§ 1a Auslandstaten

(1) Das deutsche Strafrecht gilt, unabhängig vom Recht des Tatorts, für Taten, die nach diesem Gesetz mit Strafe bedroht sind und im Ausland begangen werden, wenn der Täter

---

[88] *Fischer* StGB Vor § 331 Rn. 2; 2. Aufl., StGB § 331 Rn. 188.
[89] → Rn. 4.
[90] S. auch *Lingens/Korte* Rn. 39.
[91] *Fischer* StGB Vor § 331 Rn. 2; 2. Aufl., StGB § 331 Rn. 188.
[92] *Lingens/Korte* Rn. 41; Lackner/Kühl/*Kühl* StGB § 109 Rn. 6; LK-StGB/*Schroeder* StGB § 109 Rn. 24.
[93] Vgl. auch *Lingens/Korte* Rn. 19 ff.
[94] *Lingens/Korte* Rn. 20.

1. **Soldat ist oder zu den in § 1 Abs. 2 bezeichneten Personen gehört oder**
2. **Deutscher ist und seine Lebensgrundlage im räumlichen Geltungsbereich dieses Gesetzes hat.**

(2) Das deutsche Strafrecht gilt, unabhängig vom Recht des Tatorts, auch für Taten, die ein Soldat während eines dienstlichen Aufenthalts oder in Beziehung auf den Dienst im Ausland begeht.

Schrifttum: *Bettendorf,* Die strafrechtliche Verantwortlichkeit deutscher Soldaten bei der Anwendung militärischer Gewalt, 2015; *Heinen,* Rechtsgrundlagen Feldjägerdienst, 2013; *Hermsdörfer,* Zur Immunität der Angehörigen einer Friedenstruppe der Vereinten Nationen, NZWehrr 1997, 100; *Lüke,* Die Immunität staatlicher Funktionsträger, 2000; *Spring,* Brauchen wir in Deutschland eine Militärgerichtsbarkeit ?, 2008; *Stam,* Strafverfolgung von Bundeswehrsoldaten im Auslandseinsatz, ZIS 2010,628; *ders.,* Strafverfolgung bei Straftaten von Bundeswehrsoldaten im Auslandseinsatz, 2014; *Talmon,* Die Geltung deutscher Rechtsvorschriften bei Auslandseinsätzen der Bundeswehr mit Zustimmung des Aufenthaltsstaates, NZWehrr 1997, 221; *Wagner,* Gewässerverunreinigung und Auslandseinsätze der Bundeswehr, UBWV 2008, 441; *Wentzeck,* Zur Geltung des deutschen Strafrechts im Auslandseinsatz, NZWehrr 1997, 25.

Übersicht

	Rn.		Rn.
I. Allgemeines	1–4	2. Historie	4
1. Normzweck	1–3	II. Erläuterung	5–11
a) Ergänzungsfunktion	1	1. Militärische Auslandsstraftat	5–8
b) Besondere Auslandsverwendung	2	2. Sonstige Auslandsstraftaten eines Solda-	
c) Immunität	3	ten (Abs. 2)	9–11

I. Allgemeines

1. Normzweck. a) Ergänzungsfunktion. Die Vorschrift verbindet das Personalitäts- 1 und Schutzprinzip des allgemeinen Strafrechts und ergänzt somit das allgemeine Strafanwendungsrecht. Sie sichert über die §§ 3, 7 StGB hinaus den staatlichen Strafanspruch gegenüber militärischen Straftaten (§ 2 Nr. 1), Teilnahmehandlungen iS von § 1 Abs. 4 und – entsprechend der für Amtsträger in § 5 Nr. 12 StGB getroffenen Regelung – den von einem Soldaten im Ausland begangenen Straftaten, die nicht im Katalog der Auslandstaten nach den §§ 5–7 StGB enthalten sind.[1] Der Soldat ist daher auch für Straftaten nach dem WStG verantwortlich, wenn er sich privat im Ausland aufhält und die Tat nicht in Beziehung zu seinem Dienst steht.[2] Zur Ausübung deutscher Strafgewalt über Soldaten der Bundeswehr auf dem Gebiet eines NATO-Vertragsstaates s. Art. 17 NATO-Truppenstatut, BGBl. 1961 II S. 1183, 1190, iVm Art. 17 ff. Zusatzabkommen zum NATO-Truppenstatut, BGBl. 1961 II S. 1183, 1218, idF des Gesetzes vom 23.11.1994, BGBl. II S. 3710. Zu den völkerrechtlichen Bedenken gegenüber einem Anwendungsbefehl deutschen Strafrechts im Ausland → StGB § 5 Rn. 10 f.

b) Besondere Auslandsverwendung. Die Entscheidung des BVerfG vom 12.7.1994[3] 2 hat den Soldaten der Bundeswehr die verfassungsrechtlich sichere Grundlage gewiesen, sich an internationalen bewaffneten Auslandseinsätzen im Rahmen und nach den Regeln eines Systems gegenseitiger kollektiver Sicherheit beteiligen zu können. Die durch die VN mandatierte und durch den Deutschen Bundestag förmlich gebilligte Präsenz deutscher Streitkräfte in unterschiedlichen Einsatzorten im Ausland[4] hat den einzelnen Soldaten mehr als nach dem traditionellen Auftragsverständnis der Landesverteidigung der Gefahr ausgesetzt,

---
[1] *Stam* S. 25.
[2] LK-StGB/*Werle/Jeßberger* § 5 Rn. 191.
[3] BVerfG 12.7.1994 – 2 BvE 3/92, 5/93, 8/93, BVerfGE 90, 286 = NJW 1994, 2207; dazu jüngst *Stock,* Verfassungswandel in der Außenverfassung, 2017, S. 31 ff.
[4] S. hierzu die Bestimmungen des Gesetzes über die parlamentarische Beteiligung bei der Entscheidung über den Einsatz bewaffneter Streitkräfte im Ausland – Parlamentsbeteiligungsgesetz – vom 18.3.2005, BGBl. I S. 776.

insbesondere mit den Strafrechtsnormen des Aufnahmestaates in Konflikt zu geraten. Die Bundeswehr hat dieser Situation administrativ Rechnung getragen; besonders schwere Straftaten iS der Anlage 1 des Erlasses „Abgabe an die Staatsanwaltschaft",[5] die ein Soldat während einer besonderen Auslandsverwendung (§ 62 SG) begeht, muss der Kontingentführer im Einsatzland an die zuständige deutsche Staatsanwaltschaft abgeben.[6]

3   **c) Immunität.** Soldaten der Bundeswehr bleiben wegen einer im Ausland begangenen Straftat national strafrechtlich verantwortlich. Sie müssen indes nicht befürchten, auch oder nur für im Einsatzland begangene Straftaten von den dortigen Strafverfolgungsbehörden verfolgt zu werden. Vor einer Strafverfolgung sind sie regelmäßig durch Stationierungsabkommen von der Strafgewalt des Aufnahmestaates befreit.[7] Deutsche Gerichte und Strafverfolgungsbehörden sind hieran nicht gebunden. Als Mitglied von Friedenstruppen der VN genießt der deutsche Soldat zwar Immunität,[8] ist dadurch aber nicht deutscher Strafverfolgung entzogen.[9]

4   **2. Historie.** Die Vorschrift ist durch Art. 27 EGStGB vom 2.3.1974, BGBl. I S. 469, 530, in das Gesetz eingefügt worden.

II. Erläuterung

5   **1. Militärische Auslandsstraftat.** Das deutsche Strafrecht gilt auch für solche nach dem WStG mit Strafe bedrohte Taten, die ein in Abs. 1 Nr. 1 und 2 bezeichneter Täter im Ausland begangen hat. „Nach diesem Gesetz" mit Strafe bedrohte Taten sind die militärischen Straftaten des Zweiten Teils (§ 2 Nr. 1) einschließlich § 48 sowie die Teilnahmehandlungen des § 1 Abs. 4.

6   Täter muss ein Soldat (der Bundeswehr) sein,[10] zu den in § 1 Abs. 2 bezeichneten Personen gehören (Abs. 1 Nr. 1)[11] oder Deutscher sein, der seine Lebensgrundlage im räumlichen Geltungsbereich des WStG hat (Abs. 1 Nr. 2).[12]

7   Da Täter einer militärischen Straftat – vom Sonderfall des § 1 Abs. 2 abgesehen – nur ein Soldat der Bundeswehr sein kann, kommt **ein Deutscher** (Art. 16 Abs. 1 GG; § 1 StAG), **der keinen Soldatenstatus hat,** nur als Teilnehmer (§ 1 Abs. 4) einer militärischen Straftat in Betracht. Seine Lebensgrundlage in Deutschland, wo sich sein ausschließlicher Wohnsitz oder jedenfalls sein gewöhnlicher Aufenthaltsort, der Schwerpunkt seiner persönlichen und wirtschaftlichen Beziehungen befindet,[13] rechtfertigt es, ihn als deutschen Staatsbürger auch für die Teilnahme an einer militärischen Auslandsstraftat zur Verantwortung zu ziehen;[14] für seine Teilnahme an einer im Inland begangenen militärischen Straftat hat er ohnehin nach § 1 Abs. 4 einzustehen. Besitzt der Teilnehmer die deutsche und eine

---

[5] ZDv A-2160/6, Abschn. 1.9 in *Schnell/Ebert* C 11 a; s. auch § 40.
[6] Zu den staatsanwaltlichen Ermittlungen bei einer Auslandsstraftat s. *Heinen* NZWehrr 2000, 133 (138); zur Verfolgung von Straftaten gegen das Völkerrecht auf der Grundlage des Weltrechtsprinzips § 1 VStGB. Zur Zuständigkeit der Staatsanwaltschaft bei Auslandsstraftaten s. auch *Spring* S. 52 f.; *Stam* ZIS 2010, 628; *ders.* Strafverfolgung S. 140; *Ladiges*, Der strafprozessuale Gerichtsstand bei besonderen Auslandsverwendungen – Alles neu macht § 11a StPO?, NZWehrr 2013, 66; *ders.*, Strafprozessuale Gerichtsstandsregelungen bei besonderen Auslandsverwendungen der Bundeswehr, in Das Zeitalter der Einsatzarmee, *Forster/Vugrin/Wessendorf* (Hrsg.), 2014, S. 258.
[7] Vgl. *Talmon* NZWehrr 1997, 221; *Lüke*, Die Immunität staatlicher Funktionsträger, S. 138; *Heinen* S. 300 f.; *Bettendorf* S. 339 ff.(416 f.).
[8] Zu den Rechtsquellen s. *Hermsdörfer* NZWehrr 1997, 100; auch *Spring* S. 91.
[9] S. jedoch § 6 S. 2 Jugoslawien-Gerichtshof-Gesetz vom 10.4.1995, BGBl. I S. 485 ff. iVm Art. VI Abschn. 22 Übereinkommen vom 13.2.1946 über die Vorrechte und Immunitäten der Vereinten Nationen, BGBl. 1981 II S. 34, der ua Soldaten von jeder Gerichtsbarkeit freistellt, wenn sie an einem vom Tribunal geführten Verfahren beteiligt sind und ihre Immunität auch vor deutschen Gerichten für die reibungslose Wahrnehmung der Aufgaben des Gerichtshofs erforderlich ist.
[10] → § 1 Rn. 5 ff.
[11] → § 1 Rn. 30 f.
[12] Zu diesem Begriff → § 15 Rn. 26; missverständlich *Spring* S. 66.
[13] Schönke/Schröder/*Eser* StGB § 5 Rn. 9.
[14] Kritisch → StGB Vor § 3 Rn. 145.

fremde Staatsangehörigkeit (Doppel- oder Mehrstaater), gelten für ihn die Strafdrohungen des WStG (vgl. § 4 Abs. 3 StAG). Unterstützt ein **Ausländer** im Ausland den Täter einer militärischen Straftat durch Anstiftung oder Beihilfe, bleibt er nach deutschem Recht straflos. Ein Ausländer, der gem. § 37 Abs. 2 SG in das Dienstverhältnis eines Berufssoldaten oder Soldaten auf Zeit berufen worden ist, ist unabhängig von seiner Staatsangehörigkeit Täter als Soldat der Bundeswehr.

Das Recht des Tatorts (§ 9 StGB) hat auf die Geltung deutschen Strafrechts keinen Einfluss,[15] jedoch muss der **Tatort im Ausland** liegen. Ausland sind alle Gebiete außerhalb des Inlands einschließlich des offenen Meeres und Gebiete, die keiner Staatshoheit unterliegen.[16]

2. Sonstige Auslandsstraftaten eines Soldaten (Abs. 2). Die Regelung ist dem für deutsche Amtsträger geltenden § 5 Nr. 12 StGB nachgebildet.[17] Sie gilt für alle die Straftaten, die nicht schon als militärische Straftaten dem Abs. 1 unterliegen. Abs. 2 erstreckt mithin die gesamte Strafrechtsordnung auf Straftaten des Soldaten im Ausland.[18] Täter ist hier ausschließlich der Soldat der Bundeswehr. Zu Auslandstaten *gegen* einen Soldaten der Bundeswehr während der Ausübung seines Dienstes oder in Beziehung auf seinen Dienst s. § 5 Nr. 14 StGB.

Die Geltung deutschen Strafrechts setzt voraus, dass die Tat im Ausland (→ Rn. 8), während eines dienstlichen Aufenthalts dort oder in Beziehung auf den Dienst begangen worden ist. Der Soldat befindet sich **dienstlich im Ausland,** wenn er eine Dienstreise dorthin durchführt (§§ 2, 14 Abs. 1 BRKG), auf Grund eines Einsatzbefehls an einer besonderen Auslandsverwendung teilnimmt oder an einen militärischen Standort oder eine deutsche Dienststelle kommandiert oder versetzt ist. Strafbegründend ist allein der dienstliche Aufenthalt, ob auch ein Zusammenhang mit dem dienstlichen Auftrag besteht, ist unerheblich.[19]

Eine **Tat nur in Beziehung auf den Dienst** ist als jedes strafbare Verhalten eines Soldaten zu verstehen, das er während eines nichtdienstlichen, also privaten Aufenthalts im Ausland zeigt und ihm nicht als Privatperson vorgeworfen wird, sondern in Beziehung auf den Dienst stehen muss. Der Begriff „Dienst" bestimmt sich nach objektiven Kriterien. Er umfasst die Gesamtheit der Verrichtungen, denen sich die Angehörigen der Bundeswehr in ihrer Eigenschaft als Soldaten zu unterziehen haben, um die zu den Angelegenheiten der Bundeswehr gehörenden Aufgaben zu erfüllen. Zu diesen Aufgaben zählen nicht nur der eigentliche Verteidigungsauftrag und die Erfüllung der Bündnisverpflichtungen, sondern alle zu ihrer Durchführung unmittelbar oder mittelbar zugeordneten Angelegenheiten.[20] Daher richtet sich die Feststellung, ob die Tätigkeit eines Soldaten als Dienst anzusehen ist, stets nach der Zweckrichtung des jeweils zu Grunde liegenden Motivs. Eine Beziehung auf den Dienst allein dadurch herstellen zu wollen, dass der Soldat im Ausland durch ein außerdienstliches Fehlverhalten zB Ladendiebstahl am Urlaubsort, zugleich seine soldatische Wohlverhaltenspflicht nach § 17 Abs. 2 S. 2 SG verletzt, läge außerhalb des Normzwecks.[21] Da die dienstbezogen möglichen Delikte schon über Abs. 1 durch § 48 erfasst sind, hat Abs. 2 Alt. 2 im Gegensatz zum Beamtenstrafrecht (§ 5 Nr. 12 StGB) kaum Bedeutung.

§ 2 Begriffsbestimmungen

Im Sinne dieses Gesetzes ist
1. eine militärische Straftat eine Handlung, die der Zweite Teil dieses Gesetzes mit Strafe bedroht;

---

[15] Dazu näher *Stam* Strafverfolgung S. 25 ff.
[16] Lackner/Kühl/*Heger* StGB Vor § 3–7 Rn. 6; s. auch *Wagner* UBWV 2008, 441.
[17] LK-StGB/*Werle/Jeßberger* StGB § 5 Rn. 191.
[18] *Stam* Strafverfolgung S. 28.
[19] Lackner/Kühl/*Heger* StGB § 5 Rn. 3; Schönke/Schröder/*Eser* StGB § 5 Rn. 9; auch LK-StGB/*Werle/Jeßberger* StGB § 5 Rn. 189.
[20] BVerwG 26.9.2006 – 2 WD 2.06, NZWehrr 2007, 79; *Bettendorf* S. 226.
[21] So aber wohl Lingens/Korte § 1a Rn. 8, dazu auch *Stauf* WR II WStG § 1a Rn. 3.

WStG § 2 3. Kapitel. Wehrstrafrecht

2. ein Befehl eine Anweisung zu einem bestimmten Verhalten, die ein militärischer Vorgesetzter (§ 1 Abs. 3 des Soldatengesetzes) einem Untergebenen schriftlich, mündlich oder in anderer Weise, allgemein oder für den Einzelfall und mit dem Anspruch auf Gehorsam erteilt;

3. eine schwerwiegende Folge eine Gefahr für die Sicherheit der Bundesrepublik Deutschland, die Schlagkraft der Truppe, Leib oder Leben eines Menschen oder Sachen von bedeutendem Wert, die dem Täter nicht gehören.

Schrifttum: *Althaus,* Zur Verbindlichkeit von Therapiebefehlen, NZWehr 1996, 110; *Ambos,* Zur strafbefreienden Wirkung des „Handelns auf Befehl" aus deutscher und völkerrechtlicher Sicht, JR 1998,221; *ders.,*Afghanistan-Einsatz der Bundeswehr und Völker(straf)recht, NJW 2010,1725; *Arndt,* Die strafrechtliche Wirkung des militärischen Befehls nach dem Entwurf des Wehrstrafgesetzes, GA 1957, 46; *ders.,* Die strafrechtliche Bedeutung des militärischen Befehls, NZWehr 1960, 145; *Bettendorf,* Die strafrechtliche Verantwortlichkeit deutscher Soldaten bei der Anwendung militärischer Gewalt, 2015; *Bringewat,* Der rechtswidrige Befehl, NZWehr 1971, 126; *Bülte,* Vorgesetztenverantwortlichkeit im Strafrecht, 2015; *ders.,* Strafrechtliche Vorgesetztenverantwortlichkeit für Misshandlungen von Untergebenen in der Bundeswehr, NZWehr 2016, 45; *Buth,* Die Entwicklung des militärischen Befehlsrechts unter besonderer Berücksichtigung des Militärstrafrechts der DDR, Diss. Köln 1985; *Burmester,* Das militärische Vorgesetzten-Untergebenen-Verhältnis, NZWehr 1990, 89; *Busse,* Der Kosovo-Krieg vor deutschen Strafgerichten, NStZ 2000, 631; *Dau,* Unfälle durch Übermüdung, NZWehr 1986, 198; *Dreher,* Das neue Wehrstrafrecht, JZ 1957, 393; *Dreist,* Rules of Engagement in multinationalen Operationen, ausgewählte Rechtsfragen, NZWehr 2007,45, 99, 146; *ders.,* Rules of Engagement in NATO-Operationen, UBWV 2008, 93; *ders.,* Rechtsgrundlagen für den Einsatz militärischer Gewalt bei Auslandseinsätzen der Bundeswehr, UBWV 2015, 365 (367 ff.); *Frister/Korte/Kreß,* Die strafrechtliche Rechtfertigung militärischer Gewalt in Auslandseinsätzen auf der Grundlage eines Mandats der Vereinten Nationen, JZ 2010, 10; *Heinen,* Die Begriffe „Schlagkraft" und „Einsatzbereitschaft" der Truppe, NZWehr 1988, 252; *ders.,* Rechtsgrundlagen Feldjägerdienst, 2013; *Huth,* Der sog. „gefährliche" Befehl im geltenden Wehrrecht, NZWehr 1988, 252; *ders.,* Möglichkeiten eines militärischen Vorgesetzten, die außerdienstliche Freizeitgestaltung seiner Untergebenen durch einen Befehl einzuschränken, NZWehr 1990, 107; *Krieger,* Deutschland im asymetrischen Konflikt, Grenzen der Anwendung militärischer Gewalt gegen Taliban-Kämpfer in Afghanistan, in Weingärtner (Hrsg.), Die Bundeswehr als Armee im Einsatz, 2010, 39; *Ladiges,* Flugzeugabschuss auf Grundlage des übergesetzlichen Notstands? – Verfassungs- und befehlsrechtliche Bedeutung, NZWehr 2008, 1; *ders.,* Erlaubte Tötungen, JuS 2011, 879; *Lammich,* Befehl ohne Gehorsam, NZWehr 1970, 47; *ders.,* Der Präventivbefehl, NZWehr 1970, 98; *Lingens,* Militärischer Befehl und Gesetzesbefehl, NZWehr 1992, 58; *ders.,* Befehlsbefugnis und Vorgesetzteneigenschaft, NZWehr 1993, 19; *Mann,* Grundrechte und militärisches Statusverhältnis, DÖV 1960, 409; *F. Meyer,* Ausschluss und Minderung strafrechtlicher Verantwortung bei Handeln auf Weisung, GA 2012, 556 (561 ff.); *Neubert,* Der Einsatz tödlicher Waffengewalt durch die Bundeswehr gegen die sog. feindliche auswärtige Gewalt, 2016; *Peterson,* Der sogenannte „gefährliche" Befehl im geltenden Wehrrecht, NZWehr 1971, 126; *Safferling/Kirsch,* Die Strafbarkeit von Bundeswehrangehörigen bei Auslandseinsätzen: Afghanistan ist kein rechtsfreier Raum, JA 2010, 81; *Scherer,* Zur Frage der Befehle für den dienstfreien Bereich, NZWehr 1961, 97; *Schott,* Brauchen wir eine einfachgesetzliche Regelung für die Mandatserfüllung mit militärischen Mitteln in den Auslandseinsätzen der Bundeswehr?, in Weingärtner (Hrsg.), Die Bundeswehr als Armee im Einsatz, 2010, 79; *Schwartz,* Handeln aufgrund eines militärischen Befehls und einer beamtenrechtlichen Weisung 2007; *Schwenck,* Literaturbericht Wehrstrafrecht, ZStW 1971, 468; *Spieß,* Die Bedeutung von „Rules of Engagement" in multinationalen Operationen: Vom Rechtskonsens der truppenstellenden Staaten zu den nationalen Dienstanweisungen für den Einsatz militärischer Gewalt, in Weingärtner (Hrsg.), Einsatz der Bundeswehr im Ausland, 2007, S. 115; *Steinkamm,* Zur Frage der Verbindlichkeit eines Befehls an studierende Soldaten, nicht in einer schlagenden Verbindung aktiv zu werden, NZWehr 1976, 127; *Vitt,* Rechtsprobleme des sogenannten „gefährlichen Befehls", NZWehr 1994, 45; *Wagner,* Zur Anwendung des Humanitären Völkerrechts in Nordafghanistan, NZWehr 2011,45; *Weingärtner,* „Wehrrecht" – ein Rechtsgebiet in Bewegung, in ders. (Hrsg), Die Bundeswehr als Armee im Einsatz, 2010, 79; *Wolf,* Gewaltmaßnahmen der Vereinten Nationen und die Grenzen der strafrechtlichen Rechtfertigung der beteiligten deutschen Soldaten, NZWehr 1996, 9.

Übersicht

	Rn.		Rn.
I. Allgemeines	1, 2	b) Begriffsmerkmale des Befehls	8–15
1. Normzweck	1	3. Rechtmäßigkeit des Befehls	16–24
2. Historie	2	a) Dienstlicher Zweck	18–20
II. Erläuterung	3–56	b) Regeln des Völkerrechts	21
1. Militärische Straftat (Nr. 1)	3–6	c) Bindung an Gesetze und Dienstvorschriften	22–24
2. Begriff des Befehls (Nr. 2)	7–15	4. Verbindlichkeit des Befehls	25–37
a) Normbedeutung	7	a) Dienstlicher Zweck	30, 31
		b) Menschenwürde	32, 33

	Rn.		Rn.
c) Verbrechen und Vergehen (strafrechtswidriger Befehl)	34, 35	6. Schwerwiegende Folge (Nr. 3)	48–56
d) Weitere Fälle der Unverbindlichkeit	36, 37	a) Gefahr	51
5. Rechtsfolgen	38–47	b) Sicherheit der Bundesrepublik Deutschland	52
a) Irrtum	38–40	c) Schlagkraft der Truppe	53
b) Rechtfertigungs- und Entschuldigungsgründe beim Handeln auf Befehl	41–47	d) Leib oder Leben eines Menschen	54
		e) Sachen von bedeutendem Wert	55, 56

I. Allgemeines

1. Normzweck. Die Vorschrift enthält drei für die wehrstrafrechtlichen Tatbestände 1 des Zweiten Teils verbindliche Begriffsbestimmungen. Sie dient damit ihrer deskriptiven Entlastung.[1] Die Definition der militärischen Straftat (Nr. 1), des Befehls (Nr. 2) und der schwerwiegenden Folge (Nr. 3) hat daher zunächst wehrstrafrechtliche Bedeutung. Ob insbesondere die Beschreibung des Befehls in Nr. 2 mangels eines eigenen soldatenrechtlichen Befehlsbegriffs über das Wehrstrafrecht hinaus auch für die Grenzen der Befehlsbefugnis gem. § 10 Abs. 4 SG und die Gehorsamspflicht des Untergebenen (§ 11 SG) gilt, ist bestritten.[2] In der Praxis hat dieser Streit wenig Bedeutung, denn ein Befehl iS des § 2 Nr. 2 ist immer auch ein Befehl im Verständnis des § 10 Abs. 4 SG.[3]

2. Historie. § 2 ist in seiner Nr. 2 durch Art. 8 Zweites Gesetz zur Neuordnung des 2 Wehrdisziplinarrechts und zur Änderung anderer Vorschriften vom 16.8.2001, BGBl. I S. 2125, redaktionell an den Wortlaut des damaligen § 1 Abs. 5 SG angepasst worden. Die Änderung durch Art. 15 des Gesetzes vom 22.4.2005, BGBl. I S. 1106, 1125, trägt dem erneuten Wechsel in der Nummerierung der soldatenrechtlichen Vorschrift Rechnung.

II. Erläuterung

1. Militärische Straftat (Nr. 1). Der Begriff der militärischen Straftat beschreibt alle 3 im Zweiten Teil des WStG enthaltenen Straftatbestände (§§ 15 ff.). Eingeschlossen sind die Tatbestände, die nur auf den Tatbestand des allgemeinen Strafrechts verweisen (§§ 33, 34, 47, 48). Tatbestände, die nicht im Zweiten Teil des Gesetzes mit Strafe bedroht sind, können daher ebenso wenig eine *militärische* Straftat sein wie die Teilnahmehandlung einer Zivilperson (§ 1 Abs. 4) an einer militärischen Straftat.[4] Auch die Teilnahme eines Soldaten der Bundeswehr an der Fahnenflucht (desertion) oder am Ungehorsam (disobidience) des Soldaten eines NATO-Vertragsstaates[5] ist keine militärische Straftat.[6]

Die militärische Straftat ist ein Sonderdelikt, das bei dem Täter bestimmte persönliche 4 Eigenschaften, Soldat oder militärischer Vorgesetzter (§ 1 Abs. 1, 2), voraussetzt. Insofern entspricht sie den echten Amtsdelikten des Beamtenstrafrechts (vgl. zB §§ 331, 332 StGB).

Die Qualifizierung einer Straftat als militärische Straftat nimmt dem Täter die Möglich- 5 keit, selbstverschuldete Trunkenheit als Strafmilderungsgrund geltend zu machen (§ 7); sie erweitert seine strafrechtliche Verantwortlichkeit im Übrigen, wenn sich die Tat gegen Streitkräfte eines verbündeten Staates oder eines ihrer Mitglieder richtet (§ 4) oder wenn sie von einem Soldaten oder Deutschen im Ausland (§ 1a Abs. 1) begangen wird.

---

[1] *Lingens/Korte* Rn. 1.
[2] Zustimmend BVerwG 13.9.2005 – 2 WD 31.04, NZWehrr 2006, 247, 248; *Scherer/Alff/Poretschkin* § 10 Rn. 40; *Fürst/Arndt* § 10 Rn. 2; *Fürst/Vogelgesang* GKÖD Yk § 10 Rn. 2, 12; *Walz/Eichen/Sohm/Sohm* § 10 Rn. 42; *Bringewat* NZWehrr 1971, 126; *Mellmann,* Der rechtswidrige verbindliche Befehl nach dem Soldatengesetz in der Fassung vom 22.4.1969, 1972, S. 6 ff.; verneinend *Stauf* WR I SG § 10 Rn. 18; *Burmester* NZWehrr 1980, 89 (97); *Lehleiter,* Der rechtswidrige verbindliche Befehl, 1995, S. 39.
[3] *Burmester* NZWehrr 1980, 89 (97 f. Fn. 19).
[4] → § 1 Rn. 70.
[5] → § 16 Rn. 24.
[6] *Lingens/Korte* § 4 Rn. 5.

6 Bei tateinheitlichem Zusammentreffen einer militärischen Straftat und einer nichtmilitärischen Straftat ist die Strafe nach § 3 Abs. 1 iVm § 52 Abs. 2 StGB dem Strafgesetz für die nichtmilitärische Straftat zu entnehmen, wenn es die schwerere Strafdrohung enthält.[7]

7 **2. Begriff des Befehls (Nr. 2). a) Normbedeutung.** Die begriffliche Klärung des Befehls ist für die Ungehorsamsstraftaten der §§ 19, 21, 27, 28, 44 und 45, den Missbrauch der Befehlsbefugnis (§§ 32, 38) sowie für die Strafausschließungs- und Strafmilderungsgründe bei einem Handeln auf Befehl (§ 5 Abs. 1) die entscheidende tatbestandsbegründende Voraussetzung. Liegen schon die formellen Merkmale eines Befehls nicht vor, fehlt es allein aus diesem Grund am objektiven Tatbestand der befehlsabhängigen Strafnorm. Dagegen ist der jeweilige Inhalt des Befehls auf die Legaldefinition ohne Einfluss; die Rechtmäßigkeit des Befehls und seine Verbindlichkeit gehören nicht zu seinen begrifflichen Voraussetzungen.[8] Diese sind vielmehr ausschließlich in der Legal- und Formaldefinition der Nr. 2 enthalten. Ob ein Befehl rechtmäßig und verbindlich ist, wird erst bei der Prüfung erheblich, ob sich der Untergebene strafbar gemacht hat,[9] diese setzt den Befehl begrifflich also voraus. Wegen des engen sachlichen Zusammenhangs werden die Rechtmäßigkeit und Verbindlichkeit des Befehls jedoch bereits hier behandelt (→ Rn. 16 ff.).

8 **b) Begriffsmerkmale des Befehls. aa) Anweisung zu einem bestimmten Verhalten.** Der Befehl ist die Anweisung zu einem bestimmten Verhalten. Nach der Befehlsart wird in der militärischen Praxis zwischen dem Vor-, Einzel-, Gesamt- und Dauerbefehl, dem Kommando und der Weisung unterschieden, wobei diese wiederum in Form der Besonderen Anweisung oder einer Fachdienstlichen Weisung möglich ist. Der Befehl enthält das an den Untergebenen gerichtete Gebot oder Verbot, zu handeln oder ein Handeln zu unterlassen. Der Ausdruck „Befehl" braucht dabei nicht verwendet zu werden, die Anweisung kann auch in die Form einer Bitte gekleidet sein, wenn sie nur den Willen des Vorgesetzten deutlich macht, dass er ein bestimmtes Verhalten erwartet (→ Rn. 15).[10] Die für einen Befehl erforderliche Anweisung eines Vorgesetzten mit dem Anspruch auf Gehorsam liegt also nur dann vor, wenn dieser Anspruch nach Zusammenhang und objektivem Erklärungsgehalt der Äußerung des Vorgesetzten eindeutig erkennbar ist.[11]

9 Der Befehl muss den Untergebenen zu einem bestimmten Verhalten anweisen, von dem dieser unter gleich bleibenden Umständen nicht abweichen darf. Unbestimmte Anweisungen für einen unübersehbaren Fall sind keine Befehle. Die Anweisung kann dem Untergebenen Weg und Mittel der Durchführung bindend vorschreiben, der insoweit keinen Ermessensspielraum besitzt, oder sie lässt ihm Handlungsfreiheit in Durchführung und Wahl der anzuwendenden Mittel (zB der Befehl, den Fluss je nach Wetterlage am Ort A oder B zu überschreiten). Zulässig ist es, die Anweisung an eine Bedingung zu binden (zB der Befehl, mit der Einheit nach A durchzubrechen, wenn am nächsten Morgen Nebel herrscht).

10 Der Befehl ist das für die Erfüllung des militärischen Auftrags **entscheidende Gestaltungsmittel,** mit dem der Vorgesetzte auf den Willen und das Verhalten des Untergebenen einwirkt und für diesen eine besondere Dienstpflicht, nämlich die Gehorsamspflicht, begründet. Anspruch auf Gehorsam löst nur die Anweisung aus, die einen eigenen, konkreten und selbstständigen Regelungsinhalt hat. Daran fehlt es, wenn der Vorgesetzte den Untergebenen nur über seine gesetzlichen Pflichten belehrt.[12] Auch die Anweisung, mit

---

[7] BGH 9.12.1958 – 1 StR 479/58, BGHSt 12, 244 = NJW 1959, 444 zum früheren § 73 StGB.
[8] OLG Frankfurt a. M. 6.7.1960 – 2 Ss 495/60, NJW 1961, 39 mAnm *Rittau*; *Schölz* FS Dreher, 1977, 482; *Korte*, Das Handeln auf Befehl als Strafausschließungsgrund, S. 89.
[9] *Arndt* NZWehrr 1960, 145.
[10] BVerwG 12.10.1983 – I WB 128/82, BVerwGE 76, 122 = NZWehrr 1984, 118; 22.8.2007 – 2 WD 27.06, NZWehrr 2008, 76 (77).
[11] BVerwG 22.3.2006 – 2 WD 7.05.
[12] OLG Schleswig 27.8.1958 – Ss 216/58, NZWehrr 1959, 144; *Lingens* NZWehrr 1992, 58.

der der Vorgesetzte nur eine gesetzliche Regelung wiedergibt, ist kein Befehl.[13] Der Gehorsam wird hier schon dem Gesetzesbefehl geschuldet, so dass eine inhaltlich gleiche Anweisung des Vorgesetzten keine eigene pflichtenbegründende und im Falle der Zuwiderhandlung sogar strafbegründende Funktion haben kann. Nur wenn die Anweisung des Vorgesetzten über die Wiederholung des Gesetzesbefehls einen eigenen selbstständigen Regelungsinhalt hat, kann sie formell auch ein Befehl sein.

bb) Vorgesetzter. Die Anweisung muss ein militärischer Vorgesetzter erteilt haben. Wer kein militärischer Vorgesetzter ist, kann keine Befehle iS des § 2 Nr. 2 geben, zB Anordnungen eines Beamten, der auf Grund seiner Dienststellung einem Soldaten gegenüber weisungsbefugt ist (§ 11 Abs. 3 SG), sind keine Befehle, die im Fall des Nichtgehorchens zu wehrstrafrechtlichen Folgen führten. Die Personen des § 1 Abs. 2 gehören dagegen zum Kreis militärischer Vorgesetzter (→ § 1 Rn. 30).

§ 1 Abs. 3 S. 1 SG enthält den Begriff des Vorgesetzten.[14] Für die Legaldefinition des Befehls ist es unerheblich, ob der in Nr. 2 enthaltene Vorgesetztenbegriff ein konkretes Vorgesetztenverhältnis gegenüber dem Untergebenen voraussetzt oder ein abstraktes, von den zeitlichen, örtlichen, personellen und sachlichen Beschränkungen unabhängiges Vorgesetztenverhältnis.[15] Entscheidend ist, ob der durch § 1 Abs. 3 S. 1 SG vorgegebene Vorgesetztenbegriff formell erfüllt ist. Dazu bedarf es keiner Feststellung, welches nach der VorgV konkrete Vorgesetztenverhältnis im Einzelfall besteht. Es reicht vielmehr aus, dass ein Vorgesetzter mit Befehlsbefugnis nach der VorgV befohlen hat.[16] Ob der Vorgesetzte im konkreten Fall auch befugt war, einen Befehl zu erteilen, wird erst bei der Frage nach der Verbindlichkeit des Befehls zu klären sein.[17]

cc) Form des Befehls. Der Befehl kann schriftlich, mündlich oder in anderer Weise erteilt werden. In anderer Weise bedeutet, dass der Vorgesetzte den Befehl auch durch Arm- oder Lichtzeichen, Schießen, Pfeifen oder mit den Mitteln der Informationstechnik geben kann. In jedem Fall muss der Befehl dem Soldaten zugehen.[18] Unerheblich ist es, ob der Untergebene die Übermittlung als Befehl verstanden hat; dies bleibt bei der Feststellung seiner Schuld zu prüfen.[19]

Befehle können allgemein oder für den Einzelfall erteilt werden. Dienstvorschriften, Dienstanweisungen, auch Sicherheitsbestimmungen, allgemein erteilte Befehle regeln ein bestimmtes Verhalten in gleich bleibenden und wiederkehrenden Lagen, zB für die militärische Wache den Umgang mit Waffen. Charakteristisch für den Dauerbefehl ist, dass er täglich neue Rechtswirkungen entfaltet, wie etwa ein allgemeines Verbot, bei dem jede Zuwiderhandlung eigenständige Bedeutung gewinnt.[20] Dienstvorschriften insbesondere sind Befehle, wenn sie Anordnungen in Gebots- oder Verbotsform enthalten.[21] Eine

---

[13] Bestr.; wie hier BVerwG 3.12.1980 – 2 WD 69/79; 30.7.1980 – 2 WD 20/80; 13.5.1986 – 2 WD 44/85; 12.6.1974 – II WD 45/73, NZWehr 1975, 27 (28); AG Celle 16.9.1981 – 19 Ls 40 Js 152/81, 47/81, NZWehr 1982, 158 m. abl. Anm. *Peterson*; *Scherer/Alff/Poretschkin* § 11 Rn. 2a; *Arndt* S. 186; aA *Lingens* NZWehr 1992, 58; *Stauf* WR I SG § 10 Rn. 21.
[14] Im Einzelnen → § 1 Rn. 35 ff. sowie *Walz/Eichen/Sohm/ Sohm* § 10 Rn. 50 ff.
[15] Zu der im Soldatenrecht streitigen Frage s. *Walz/Eichen/Sohm/ Sohm* § 10 Rn. 56 ff. mN.
[16] Wie hier *Schwenck* WStR S. 74; *Scherer/Alff/Poretschkin* § 10 Rn. 43; auch *Dau* WBO § 1 Rn. 138 und *Buth*, Die Entwicklung des militärischen Befehlsrechts unter besonderer Berücksichtigung des Militärstrafrechts der DDR, 1985, S. 225.
[17] Ebenso *Schwenck* WStR S. 74; wohl auch *Jescheck* S. 63 (78); aA *Walz/Eichen/Sohm/Hucul* § 1 Rn. 76, der zu Unrecht den Vorwurf erhebt, eine von der Befehlsbefugnis losgelöste eigenständige Befehlsbefugnis zu konstruieren. Nur einem Soldaten, der kein in der VorgV angelegtes Vorgesetztenprofil beanspruchen kann, fehlt jede Befehlsbefugnis und damit Vorgesetzteneigenschaft. Vgl. auch *Lingens/Korte* Rn. 15. Zur Verbindlichkeit des Befehls → Rn. 25 ff.
[18] *Arndt* NZWehr 1960, 145.
[19] *Schwenck* WStR S. 144; *Huth* Gegenvorstellung S. 29 f.
[20] BVerwG 3.5.1984 – 1 WB 98, 134/83, NZWehr 1984, 214 f. Ls.
[21] → Rn. 8; BVerwG 13.9.2005 – 2 WD 31.04, NZWehr 2006, 247; BGH 31.7.1962 – 1 StR 221/62, NZWehr 1962, 176; OLG Schleswig 27.8.1958 – Ss 216/58, NZWehr 1959, 144. Vgl. auch *Poretschkin*, ZDv als Befehl?, NZWehr 2013, 115.

dienstliche Anordnung ist dagegen kein Befehl; sie erteilt im militärischen Bereich ein Beamter oder Arbeitnehmer, dem ein Soldat unterstellt oder ein Soldat, dem ein Beamter/Arbeitnehmer unterstellt ist (→ Rn. 11). Auch die sog. Tagesbefehle anlässlich eines besonderen Ereignisses oder zum Jahreswechsel sind keine Befehle iS der Nr. 2; das gilt auch für statusrechtliche Erlasse, durch die ein Dienstverhältnis begründet, umgewandelt oder beendet wird. Ebenso wenig sind Akte der Gesetzgebung Befehle, auch wenn sie als Rechtsverordnung durch den BMVg erlassen werden. Auch vom Bundesministerium der Verteidigung herausgegebene Richtlinien und Erlasse, die nicht vom BMVg oder dem Staatssekretär als seinem Vertreter unterzeichnet sind, stellen keine, Gehorsam auslösende Befehle dar.[22]

15   **dd) Anspruch auf Gehorsam.** Im Anspruch auf Gehorsam unterscheidet sich der Befehl grds. von der Bitte, dem Rat, der Empfehlung, einer Belehrung oder einer bloßen Richtlinie. Diese Äußerungen eines Vorgesetzten sind selbst dann keine Befehle, wenn sie sich an einen Soldaten wenden und als Befehle bezeichnet werden.[23] Der Anspruch auf Gehorsam richtet sich an einen **Untergebenen;** Untergebener iS einer militärischen Straftat gegen die Gehorsamspflicht ist immer nur ein Soldat der Bundeswehr.[24] Mit dem Anspruch auf Gehorsam verbindet der Vorgesetzte den Willen, ihn auch ernsthaft durchzusetzen (vgl. § 10 Abs. 5 S. 2 SG).[25] Damit verbietet sich jede Debatte oder Diskussion mit dem Untergebenen.[26] Das setzt allerdings voraus, dass der vom Vorgesetzten erhobene Anspruch auf Gehorsam dem Untergebenen auch klar erkennbar ist[27] und keine Zweifel offen bleiben, ob es sich nicht doch um eine Bitte des Vorgesetzten handelte. Unklarheiten in der Befehlsgebung gehen zu Lasten des Vorgesetzten.[28]

16   **3. Rechtmäßigkeit des Befehls.** Im Rahmen seiner Befehlsbefugnis ist der Vorgesetzte dafür verantwortlich, dass der von ihm gegebene Befehls rechtmäßig ist (§ 10 Abs. 4, 5 S. 1 SG). Die Rechtmäßigkeit des Befehls gehört jedoch nicht zu der ihm in Nr. 2 gegebenen Legaldefinition,[29] braucht daher auch vom Vorsatz des Täters nicht umfasst zu sein. Ob ein Befehl rechtmäßig ist oder nicht entscheidet darüber, ob der Vorgesetzte seine Befehlsbefugnis missbraucht hat. Eine Berufung auf die allgemeinen Notrechte (§§ 32, 34 StGB) kann er zur Rechtfertigung nicht in Anspruch nehmen,[30] sie ist ihm erst bei der strafrechtlichen Prüfung seines Handlungsunrechts möglich.[31] Zur Verbindlichkeit des Befehls → Rn. 25 ff.

17   Maßstab für die Rechtmäßigkeit eines Befehls ist § 10 Abs. 4 SG. Der Vorgesetzte darf Befehle nur zu dienstlichen Zwecken und nur unter Beachtung der Regeln des Völkerrechts, der Gesetze und der Dienstvorschriften erteilen. Jeder Befehl, der diese Grenzen einhält, ist ein rechtmäßiger Befehl. Verletzt der Vorgesetzte dagegen diese Grenzen seiner Befehlsbefugnis, ist sein Befehl rechtswidrig. **Irrt sich der Vorgesetzte über die Rechtmäßigkeit des Befehls,** bleibt dieser rechtswidrig. Im Gegensatz zu der subjektiven Rechtferti-

---

[22] BVerwG 26.9.2006 – 2 WD 2.06, BVerwGE 127, 1 = NZWehrr 2007, 79; *Dreist,* Das neue Regelungsmanagement der Bundeswehr, NZWehrr 2015, 133 (190).
[23] OLG Hamm 14.3.1962 – 4 OJs, RWStR § 2 Nr. 5; OLG Schleswig 27.8.1958 – Ss 216/58, NZWehrr 1959, 144.
[24] LG Augsburg 4.9.1981 – 4 Ns 32 Js 13080, NZWehrr 1982, 34.
[25] BVerwG 13.9.2005 – 2 WD 31.04, NZWehrr 2006, 247; *Schwenck* WStR S. 74; *Lingens/Korte* Rn. 9; *Stauf* WR I SG § 10 Rn. 20. Auch die Entscheidung, den Auslandseinsatz eines Soldaten vorzeitig abzubrechen – Repatriierung – ist ein Befehl: BVerwG 12.8.2008 – 1 WB 35.07, NZWehrr 2009, 69.
[26] OLG Celle 22.10.1962 – 2 Ss 383/62, NZWehrr 1963, 127.
[27] → Rn. 13; BVerwG 12.10.1983 – I WB 128/82, BVerwGE 76, 122 = NZWehrr 1984, 118; 22.3.2006 – 2 WD 7.05; LG Lüneburg 23.6.1964 – 6 Ms 237/63, NZWehrr 1965, 141; auch BVerwG 4.7.2001 – 2 WD 52.00, NZWehrr 2002, 76.
[28] *Stauf* WR I SG § 10 Rn. 20.
[29] → Rn. 7.
[30] So auch *Lingens/Korte* Rn. 28; *Walz/Eichen/Sohm/Sohm* § 10 Rn. 67; auch *Schwartz* S. 73; aA *Scherer/Alff/Poretschkin* § 10 Rn. 51.
[31] *Walz/Eichen/Sohm/Sohm* § 10 Rn. 64.

gung im Strafrecht für den Täter durch § 113 Abs. 3, 4 StGB[32] beurteilt sich im Dienstrecht der Soldaten die Rechtmäßigkeit eines Befehls allein danach, ob er objektiv der Rechtsordnung entspricht.[33] Irrtümliche Vorstellungen des Vorgesetzten hierüber belasten mithin die Rechtmäßigkeit seines Befehls. Dies gilt auch für Befehle, die eine pflichtgemäße Prüfung des Sachverhalts und seine gesetzliche Subsumtion voraussetzen (zB der Befehl zur vorläufigen Festnahme gem. § 21 WDO). Hat der Vorgesetzte irrtümlich angenommen, der Soldat habe ein Dienstvergehen begangen oder er hat den falschen Soldaten festgenommen, ist sein Befehl rechtswidrig; er muss aufgehoben werden und in einem Beschwerdeverfahren ist festzustellen, dass er nicht hätte ergehen dürfen (§ 13 Abs. 1 S. 3 WBO).[34] Dagegen macht der Fehlgriff in der Wahl des Mittels, der zur Unzweckmäßigkeit des Befehls führt, ihn allein nicht rechtswidrig, solange er sich innerhalb der Grenzen der Rechtsordnung, insbesondere im Rahmen der Verhältnismäßigkeit hält.

a) Dienstlicher Zweck. Die Befehlsbefugnis ermächtigt den Vorgesetzten nur zu einem Befehl, der dienstlichen Zwecken dient. Zu dienstlichen Zwecken bestimmt sind alle Befehle, die der Erfüllung des Verfassungsauftrags der Streitkräfte dienen (Art. 87a Abs. 1, 3 und 4, Art. 35 Abs. 2 und 3 sowie Art. 24 Abs. 2 GG für den bewaffneten Auslandseinsatz,[35] einschließlich aller zur Erfüllung dieses Auftrags unmittelbar oder mittelbar zugeordneter Angelegenheiten.[36]

Dienstliche Zwecke dürfen nur mit dienstlichen Mitteln erreicht werden. Die Befehlsbefugnis endet grds. (→ Rn. 20) an der Privatsphäre des Untergebenen. So darf diesem nicht befohlen werden, Vorhängeschlösser für das Spind aus Privatmitteln zu bezahlen; auch der Befehl, das Verpflegungsgeld zu entrichten, eine verhängte Disziplinarbuße zu begleichen oder an einem dienstlichen Abendessen teilzunehmen und dafür einen Kostenbeitrag zu leisten, ist rechtswidrig, nach Auffassung des BVerwG aber verbindlich.[37]

Die Befugnis des Vorgesetzten, die außerdienstliche Freizeitgestaltung des Untergebenen durch Befehle einzuschränken, um für die Einsatzbereitschaft der Truppe nachteilige Ausfälle, zB durch Sportunfälle an Wochenenden, auszuschließen, verbindet sich mit dem Begriff des **Präventivbefehls.** Hierbei handelt es sich um Befehle, die die Verhütung von Dienstpflichtverletzungen im außerdienstlichen Bereich bezwecken, deren tatsächlicher Eintritt aber ungewiss ist.[38] Sie dienen nur dann einem dienstlichen Zweck, wenn sie die ohnehin schon bestehenden außerdienstlichen Pflichten des Untergebenen konkretisieren, im Regelfall die Pflicht zur Gesunderhaltung nach § 17 Abs. 4 S. 1 SG. Auflagen für die dienstfreie Zeit durch Befehle dürfen dem Untergebenen im Übrigen nur gegeben werden, wenn sie dem Gebot der Verhältnismäßigkeit entsprechen. Präventivbefehle sind daher rechtswidrig, wenn sie dem Untergebenen ein sozialtypisches Verhalten in der außerdienstlichen Zeit völlig verbieten, zB Fußballspielen, oder die drohende Gesundheitsbeeinträchtigung nicht geeignet ist, den Soldaten bei der Erfüllung seines dienstlichen Auftrags ernstlich zu behindern.[39]

b) Regeln des Völkerrechts. Zu den Regeln des Völkerrechts, die der Befehlsbefugnis Grenzen setzen, gehören die allgemein anerkannten Regeln des Völkerrechts iS des Art. 25

---

[32] *Schwenck* WStR S. 76 Fn. 18. S. im Übrigen *Fischer* § 113 Rn. 11, 30 f., demgegenüber kritisch schon beim Handeln auf Befehl → StGB § 113 Rn. 52, auch *Schwaiger* S. 55.
[33] So auch: Walz/Eichen/Sohm/*Sohm* § 10 Rn. 63; *Schwartz* S. 73.
[34] *Dau* WDO § 21 Rn. 6.
[35] BVerfG 12.7.1994 – 2 BvE 3/92, 5/93, 8/93, BVerfGE 90, 286 = NJW 1994, 2207; BVerwG 31.7.1996 – 2 WD 21.96, NZWehrr 1997, 117.
[36] BVerwG 26.9.2006 – 2 WD 2.06, BVerwGE 127, 1 = NZWehrr 2007, 79; Walz/Eichen/Sohm/*Sohm* § 10 Rn. 67.
[37] BVerwG 20.9.1978 – 2 WDB 26/76, NZWehrr 1978, 224 mAnm *Alff* S. 227.
[38] *Huth* NZWehrr 1990, 10 mwN; *Stauf* WR I SG § 10 Rn. 30.
[39] *Scherer/Alff/Poretschkin* § 17 Rn. 50; auch BDH 13.3.1961 – WB 17/60, NZWehrr 1961, 85; BVerwG 4.11.1975 – I WB 59/74, NZWehrr 1976, 20; *Scherer* NZWehrr 1961, 97 (98); *Lammich* NZWehrr 1970, 98 (100).

GG, dh das universell geltende Völkergewohnheitsrecht sowie die allgemeinen Rechtsgrundsätze[40] und das Völkervertragsrecht.[41]

22   c) **Bindung an Gesetze und Dienstvorschriften.** Jeder Befehl muss sich innerhalb der verfassungsmäßigen Ordnung, der Gesetze, Rechtsverordnungen und des Gewohnheitsrechts halten. Die Bindung der Befehlsbefugnis an das Grundgesetz, die Geltung der Grundrechte auch im militärischen Bereich, der Verfassungsvorbehalt für den bewaffneten Einsatz der Streitkräfte sowie die Beachtung des Grundsatzes der Verhältnismäßigkeit und des Willkürverbots ergeben sich schon aus Art. 1 Abs. 3, 20 Abs. 3, 24 Abs. 2, 87a GG; die Gesetze bezeichnen die gesamte nationale Rechtsordnung, für die Bindung der Befehlsbefugnis dabei besonders wichtig das Wehrrecht vor allem in den Bestimmungen des SG, der WDO, dem SBG, dem UZwGBw und der VorgV. Dienstvorschriften sind die Zentralen Dienstvorschriften (ZDv) des BMVg (das Aktive Regelungsmanagement) sowie die teilstreitkraftbezogenen Dienstvorschriften der militärischen Führungskommandos. Sie schränken das Ermessen des Vorgesetzten nach Inhalt und Zuständigkeit ein.[42]

23   Rechtmäßig ist der Befehl, sich anlässlich einer dienstlichen Truppeninformation ein – politisch ausgewogenes – Video-Band anzusehen,[43] das Verbot, mit politischen Parolen versehene Privatkraftfahrzeuge auf Bundeswehrgelände abzustellen[44] oder Vorträge und Veröffentlichungen eines hochrangigen Offiziers zu verteidigungs- und sicherheitspolitischen Themen vorher mit dem BMVg abzustimmen.[45] Befehle über Haar- und Barttracht beeinträchtigen nicht die Menschenwürde, das Grundrecht auf freie Entfaltung der Persönlichkeit und das Grundrecht auf körperliche Unversehrtheit.[46] Der einem Soldaten des Wachbataillons gegebene Befehl, sich den Schnurrbart abzurasieren, ist daher rechtmäßig.[47] Auch der Befehl, dass jeder Soldat zur Früherkennung von TBC an einer Röntgenreihenuntersuchung teilzunehmen hat, ist rechtmäßig.[48]

24   Rechtswidrig, weil nicht im Einklang mit dem Gebot der Verhältnismäßigkeit, ist dagegen das Verbot, an Veranstaltungen des Deutschen Bundeswehr-Verbandes eV in Uniform teilzunehmen;[49] der Befehl, Veranstaltungen der Militärseelsorge zu besuchen, verstößt gegen die Glaubens- und Gewissensfreiheit des Soldaten (Art. 4 Abs. 1, 2 GG iVm Art. 140 GG) und ist deshalb rechtswidrig.[50]

25   **4. Verbindlichkeit des Befehls.** Auch die Verbindlichkeit des Befehls gehört nicht zu seinen Begriffsmerkmalen (→ Rn. 7). Die Verbindlichkeit entscheidet vielmehr über die

---

[40] General principles of law recognized by civilized nations, BVerfG 30.10.1962 – 2 BvM 1/60, BVerfGE 15, 25 (34); 14.5.1968 – 2 BvR 544/63, BVerfGE 23, 288 (317); 16.12.1983 – 2 BvR 1160, 1555, 1714/83, BVerfGE 66, 39 (64 f.);BVerwG 21.6.2005 – 2 WD 12.04, NJW 2006,77 (82); auch Walz/Eichen/Sohm/Sohm § 10 Rn. 77 ff.

[41] Eine Textsammlung völkerrechtlicher Verträge über die Kriegführung, die Kriegsmittel und den Schutz der Verwundeten, Kriegsgefangenen und Zivilpersonen im Krieg enthält das von *Schwenck/Weidinger* herausgegebene Handbuch des Wehrrechts Nr. 1500 ff.; s. auch *Fleck,* Handbuch des humanitären Völkerrechts in bewaffneten Konflikten, 1994.

[42] *Scherer/Alff/Poretschkin* § 10 Rn. 50; *Schwenck* WStR S. 76; *Dreist,* Das neue Regelungsmanagement der Bundeswehr, NZWehrr 2015, 133.

[43] BVerwG 17.12.1975 – 1 WB 112/74, BVerwGE 53, 112 (114) = NZWehr 1976, 98.

[44] BVerwG 31.8.1977 – I WB 119/77, BVerwGE 53, 327 = NZWehr 1978, 213.

[45] BVerwG 28.5.1991 – 1 WB 87.90, NZWehr 1991, 248.

[46] BVerwG 17.5.1972 – I WB 125/71, BVerwGE 43, 354; 25.7.1972 – I WB 127/72, BVerwGE 46, 1 = NJW 1972, 1726; 30.10.1991 – I WB 2.91, BVerwGE 1992, 72; 13.4.1994 – 1 WB 64.93, BVerwGE 103, 99 = NZWehrr 1994, 161; TDG Süd 14.3.2007 – S1 BLa 3/06, mAnm 2008, 40 mAnm *Dreist*.

[47] BVerwG 27.1.1983 – 2 WDB 17/82, BVerwGE 76, 60 = NZWehrr 1983, 142; s. auch BVerwG 22.5.1979 – 1 WB 236/77, NZWehrr 1980, 149; zum sog. Irokesenschnitt s. BVerwG 14.4.1983 – 2 WDB 1/83, BVerwGE 76, 66 = NZWehrr 1983, 145.

[48] BVerwG 24.6.1986 – 1 WB 170/84, BVerwGE 83, 191 = NZWehrr 1986, 209; zur Verbindlichkeit von Therapiebefehlen s. *Althaus* NZWehrr 1996, 110.

[49] BVerwG 8.12.1982 – 1 WB 62/81, NZWehrr 1983, 105; s. auch BVerfG 18.4.1979 – 2 BvR 1070/77, NZWehrr 1979, 173.

[50] BVerwG 20.8.1981 – 1 WB 59/81, NZWehrr 1982, 31.

Frage, ob ein Befehl Anspruch auf Gehorsam auslöst und deshalb befolgt werden muss (§ 11 SG).[51]

Der nach § 10 Abs. 4 SG **rechtmäßige Befehl** (→ Rn. 16 ff.) ist immer verbindlich und von dem Untergebenen nach besten Kräften, vollständig, gewissenhaft und unverzüglich auszuführen.[52] Verweigert der Soldat einem rechtmäßigen Befehl den Gehorsam, begeht er ein Dienstvergehen und unter den Voraussetzungen der §§ 19 ff. auch eine militärische Straftat.[53] Die sog. „Gewissensentscheidung" des BVerwG[54] hat jedoch erneut die Frage stellen lassen, ob es einen **rechtmäßigen, gleichwohl unverbindlichen Befehl** gibt. In jener Entscheidung hatte es das Gericht zugelassen, dass ein Soldat unter Berufung auf das Grundrecht der Gewissensfreiheit die Ausführung eines Befehls selbst dann verweigern dürfe, wenn der Befehl rechtmäßig sei. Das Urteil des BVerwG ist unter verschiedenen Aspekten hart kritisiert worden,[55] befehlsrechtlich hat es sich jedenfalls in Widerspruch zu der nahezu einhellig vertretenen Auffassung[56] gesetzt, dass dem deutschen Wehrrecht die Konstruktion eines rechtmäßigen und unverbindlichen Befehls fremd ist.[57] Daran ist festzuhalten. Die Vorstellung ist in der Tat absurd, dass eine in Übereinstimmung mit der Rechtsordnung erlassene staatliche Machtäußerung durch einen ihr Unterworfenen nicht befolgt zu werden braucht, wenn schon im Falle ihrer Rechtswidrigkeit (→ Rn. 27) Gehorsam verlangt werden kann. Sie verliert überdies an Überzeugung durch die Feststellung, dass ein anfänglich rechtmäßig erteilter Befehl nicht allein durch eine subjektive Lage des Untergebenen rechtswidrig werden kann, zB wenn der Untergebene weiß, dass sich der Vorgesetzte beim Erteilen des Befehls in einem Irrtum über die tatsächlichen Voraussetzungen befand[58] oder er sich auf das Grundrecht der Gewissensfreiheit beruft. Der Befehl ist entweder von Beginn an rechtmäßig oder rechtswidrig, seine Verbindlichkeit folgt einem eigenen Regelungssystem. Ob der Befehl rechtmäßig ist, beurteilt sich an den Kategorien des § 10 Abs. 4 SG und ist ausschließlich nach objektiven Gesichtspunkten zu entscheiden,[59] über die Verbindlichkeit des Befehls entscheidet § 11 Abs. 1 Satz 3, Abs. 2 SG.

Auch einem **rechtswidrigen Befehl** schuldet der Soldat grds. Gehorsam.[60] Rechtswidrige Befehle haben wie fehlerhafte Verwaltungsakte die Vermutung der Rechtmäßigkeit für sich und sind daher zu befolgen.[61] Der Soldat darf zunächst auf die Autorität seiner Vorgesetzten vertrauen, weil er davon ausgehen darf, dass sie befähigt sind, richtige Entscheidungen zu treffen und die durch § 10 Abs. 4 SG gezogenen rechtlichen Grenzen einzuhalten.[62]

Soweit die Vermutung der Rechtmäßigkeit reicht, hat der Soldat daher auch rechtswidrige Befehle zu befolgen. Seine Gehorsamspflicht endet gegenüber solchen Befehlen, die

---

[51] § 11 SG selbst enthält den Begriff der Verbindlichkeit nicht, sondern erst die strafrechtliche Transformationsnorm des § 22 Abs. 1; vgl. *Schwenck* WStR S. 78; *ders.* Rechtsordnung S. 67.
[52] *Schwenck* WStR S. 78; *Lingens/Korte* Rn. 34.
[53] *Schwartz* S. 65.
[54] BVerwG 21.6.2005 – 2 WD 12.04 – BVerwGE 127, 302 = NJW 2006, 77.
[55] Vgl. etwa *Lemhöfer*, Anm. zu BVerwG 21.6.2005 – 2 WD 12.04, RiA 2005, 292; *Schafranek*, Die Gewissensfreiheit des Soldaten – Anmerkung zum Urteil des Bundesverwaltungsgerichts vom 21.6.2005 (2 WD 12.04), NZWehr 2005, 234; *Dau*, Anm. zu BVerwG 21.6.2005 – 2 WD 12.04, NZWehr 2005, 255; *Sohm*, Vom Primat der Politik zum Primat des Gewissens, NZWehr 205, 1; *Battis*, Anm. zu BVerwG 21.6.2005 – 2 WD 12.04, DVBl 2005, 1462; *Ladiges*, Das BVerwG und die Gewissensfreiheit des Soldaten, NJW 2006, 956.
[56] Die Rechtsfigur eines rechtmäßigen und unverbindlichen Befehls vertritt im neueren Schrifttum ersichtlich nur *Bartmann* S. 113. Vgl. kritisch auch *Lingens/Korte* Rn. 36; *Fürst/Vogelgesang*, GKÖD YK § 11 Rn. 37.
[57] So zuletzt ausführlich *Schwartz* S. 66 ff.; auch *Arndt* S. 78; *Schwenck* WStR S. 78; *Rosteck* S. 70 ff., *Huth* S. 90 ff.; *Ladiges* NJW 2006, 956 (958).
[58] So im Lehrbuchfall der vorläufigen Festnahme gemäß § 21 WDO eines zu Unrecht verdächtigten Soldaten; dazu siehe *Arndt* S. 79; *Lingens/Korte* § 2 Rn. 30; *Schwartz* S. 66 sowie Rn. 17.
[59] → Rn. 17.
[60] Zu der dogmatischen Konfliktlage zwischen Gesetzesgehorsam und militärischem Gehorsam sowie ihrer gesetzlichen Auflösung s. insbesondere *Schwaiger* S. 2 ff. mwN; *Schwenck* WStR S. 78 ff.; *Jescheck* S. 78 f.; *Stratenwerth* S. 165 ff.; *Bringewat* NZWehr 1971, 126; auch *Hoyer* S. 184 ff.; *Schwartz* S. 75.
[61] BVerwG 8.10.1968 – I WDB 10/68, NZWehr 1969, 65 (66); *Stratenwerth* S. 165; *Mann* DÖV 1960, 409 (415); *Jescheck* S. 77 f.
[62] S. auch BVerfG 8.4.1993 – 2 BvE 5/93; 2 BvQ 11/93, BVerfGE 88, 173 (184) = NZWehr 1993, 116 (118); *Hoyer* S. 187; *Bülte* S. 278; *ders.*, NZWehr 2016, 45 (64 f.).

kraft Gesetzes (§ 11 Abs. 1 S. 3, Abs. 2 SG) oder durch die Rechtsprechung entwickelt für unverbindlich erklärt werden.[63] Dem rechtswidrigen und unverbindlichen Befehl *muss* der Soldat im Fall des § 11 Abs. 2 SG den Gehorsam verweigern, in allen anderen Fällen *kann* er es, ohne rechtliche Folgen zu befürchten.

29 Zur Frage, ob ein rechtswidriger verbindlicher Befehl einen Schuldausschließungsgrund darstellt oder den Untergebenen rechtfertigt, → Rn. 42.

30 **a) Dienstlicher Zweck.** Befehle sind unverbindlich, die nicht zu dienstlichen Zwecken erteilt sind. Zum dienstlichen Zweck → Rn. 18 f. und § 32 Rn. 9.

31 Unverbindlich, weil nicht zu dienstlichen Zwecken erteilt ist beispielsweise der Befehl, die während einer Gefechtsübung aus eigenen Mitteln beschaffte Verpflegung abzuliefern,[64] der Befehl, Flugsicherungskontrolldienst auf einem Flugplatz durchzuführen, der nur dem Flugbetrieb der Kurgemeinde dient,[65] dienstwidrig ist der Befehl, eine unwahre dienstliche Meldung abzugeben,[66] oder der Befehl an den Soldaten, sich die Haare schneiden zu lassen, obwohl dieser bereits einen den Erfordernissen des Dienstes entsprechenden Haarschnitt trägt,[67] der Befehl an eine Ordonnanz, die zum Schabernack aus dem Fenster des Kasinos geworfene Mütze wieder hereinzuholen,[68] der Befehl, Personal und Dienstfahrzeuge zum Bau des Privathauses einzusetzen.[69] Auch der Befehl eines offensichtlich unzuständigen Vorgesetzten ist dienstwidrig und daher unverbindlich,[70] zB der Fachvorgesetzte nach § 2 VorgV befiehlt Gefechtsdienst oder der Wachhabende als Vorgesetzter nach § 3 VorgV ordnet eine allgemeine erzieherische Maßnahme an. Dagegen ist ein nur unzweckmäßiger Befehl verbindlich, solange ihm nur ein dienstlicher Zweck zu Grunde liegt (→ Rn. 17).[71] Der Befehl, zur Durchführung einer Dienstreise ein bestimmtes Beförderungsmittel zu benutzen[72] oder an einem Fototermin zur Erinnerung an die Wehrdienstzeit teilzunehmen,[73] dient dienstlichen Zwecken. Auch der einem angetrunkenen Soldaten gegebene Befehl, sich an einem Samstag schon um 20.30 Uhr ins Bett zu legen, ist verbindlich.[74]

32 **b) Menschenwürde.** Kein Befehl rechtfertigt den Eingriff in die Menschenwürde des Soldaten (Art. 1 Abs. 1 GG). Deshalb ist ein Befehl, der die Menschenwürde verletzt, unverbindlich (§ 11 Abs. 1 S. 3 SG). Für seine Unverbindlichkeit kommt es nicht darauf an, ob er ausschließlich die Menschenwürde des Untergebenen oder durch seine Ausführung die Menschenwürde eines Dritten verletzt.[75] Ein Befehl ist mit der Menschenwürde des von ihm Betroffenen unvereinbar, wenn er diesen zum Objekt, zu einem bloßen Mittel, zur vertretbaren Größe herabwürdigt und damit den sozialen Wert- und Achtungsanspruch, den jeder Einzelne vor dem Menschenbild des Grundgesetzes besitzt, missachtet.[76]

---

[63] BVerwG 8.10.1968 – I WDB 10/68, NZWehr 1969, 65 (66); 21.6.2005 – 2 WD 12.04, BVerwGE 127, 302 = NJW 2006, 77.; *Scherer/Alff/Poretschkin* § 11 Rn. 12; *Stauf* WR I SG § 11 Rn. 5; *Hoyer* S. 187.
[64] TDG Mitte 21.12.1981 – M 4 BL b 13/81, NZWehr 1982, 154.
[65] BDH 16.2.1967 – I (II) WB 73/64, NZWehr 1967, 128.
[66] *Scherer/Alff/Poretschkin* § 11 Rn. 15.
[67] TDG A 5.3.1968 – A 3 BL (c) 76/67, NZWehr 1969, 67; aA BVerwG 8.10.1968 – I WDB 10/68, NZWehr 1969, 65; die Verbindlichkeit des Befehls ist aber, im Ergebnis zutreffend, aus anderen Gründen verneint. Zur Kritik an diesem Beschluss s. *Lammich* NZWehr 1970, 4.
[68] BVerwG 14.12.1983 – 2 WDB 13/83, NZWehr 1984, 74.
[69] BVerwG 20.4.1983 – 2 WD 28.92, NZWehr 1993, 246.
[70] *Stratenwerth* S. 157; *Schwenck* WStR S. 84; *Scherer/Alff/Poretschkin* § 11 Rn. 15.
[71] BayObLG 24.10.1989 – RReg 4 St 197/89, NZWehr 1990, 39.
[72] BVerwG 1.10.1991 – 1 WB 148.90, NZWehr 1992, 70.
[73] BVerwG 4.7.2001 – 2 WD 52.00, NZWehr 2002, 76.
[74] AA LG München I 3.11.1960 – II Qs 280/60, NZWehr 1961, 179 m. abl. Anm. *Scherer* S. 180.
[75] So auch *Lingens/Korte* Rn. 38; *Schwenck* WStR S. 81.
[76] *Maunz/Dürig/Herdegen* GG Art. 1 Rn. 33 f.; *Jarass/Pieroth* GG Art. 1 Rn. 4; auch *Rensmann*, Vom Staatsbürger zum Unionsbürger in Uniform, NZWehr 2002, 111 (126). Nach Auffassung des AG Tiergarten 4.11.1999 – 254 Cs 883/99, NStZ 2000, 144 (146), dazu *Busse* NStZ 2001, 631, verstößt die Führung eines völkerrechtswidrigen Krieges und die Teilnahme hieran gegen die Menschenwürde. Für den den Gegenstand des Verfahrens betreffenden Kosovo-Konflikt jedenfalls fehlt es insoweit schon am objektiven Tatbestand der Völkerrechtsverletzung. S. *Dreist*, Völkerrecht und humanitäre Intervention, Truppenpraxis 2000, 308.

Ein Befehl verstößt gegen die Menschenwürde, wenn er den Untergebenen der Lächer- 33 lichkeit preisgibt und preisgeben soll,[77] ihn an den „Pranger stellt";[78] er ist menschenunwürdig, wenn es der Vorgesetzte nach dem pflichtwidrig angeordneten Zubereiten und dem Verzehr von Regenwürmern zulässt, dass sich der Soldat vor seinen Kameraden in Ekel und Abscheu erbricht,[79] der Soldat gezwungen wird, auf einem Bambusstab in Blickrichtung auf die Truppenfahne niederzuknien,[80] wenn Arrestanten beim „Aufenthalt im Freien" Handfesseln angelegt werden[81] oder Untergebene militärischen „Bestrafungsritualen" unterzogen werden.[82] Jeder noch so offenbare vermeintliche militärische oder technische Ausbildungserfolg ist bedeutungslos, wenn er auf Kosten einer Verletzung der Würde, Ehre und/oder der körperlichen Unversehrtheit des Soldaten erkauft wird. Auch jeder „Spaß" gegenüber dem Kameraden endet dort, wo er ihn in diesen Rechtsgütern verletzt.[83]

c) Verbrechen und Vergehen (strafrechtswidriger Befehl). Der Befehl ist unver- 34 bindlich, der dem Untergebenen ansinnt, eine Tat zu begehen, die nach den Vorschriften des allgemeinen Strafrechts (§ 12 Abs. 1, 2 StGB) einschließlich des Völkerstrafrechts (Straftaten gegen das Völkerrecht, §§ 6 ff. VStGB) Verbrechen oder Vergehen sind (§ 11 Abs. 2 S. 1 SG).[84] Dagegen ist der **Befehl, eine Ordnungswidrigkeit zu begehen,** verbindlich,[85] wie sich aus dem Umkehrschluss aus § 11 Abs. 2 S. 1 SG und § 22 Abs. 1 ergibt. Die Verantwortung für diesen Befehl trifft den Vorgesetzten.[86] Zur Strafbarkeit des Untergebenen beim Gehorsam gegenüber einem strafrechtswidrigen Befehl s. → § 5 und → § 22 Rn. 8 ff.

Bei einem Befehl, der sich auf die Begehung eines fahrlässigen Erfolgsdelikts richtet, sog. 35 „**gefährlicher Befehl**",[87] zB der Befehl an einen Militärkraftfahrer, schneller als zulässig zu fahren, wodurch erkennbar eine erhöhte Unfallgefahr mit Verletzungsfolgen droht,[88] muss eine Gefahrenprognose über seine Verbindlichkeit entscheiden.[89] Sie setzt immer voraus, dass der Untergebene den Gehorsam verweigert,[90] denn bei Eintritt des strafrechtswidrigen Erfolgs wäre der Befehl unverbindlich. Prüfungsmaßstab für die anzustellende Prognose ist die Sicht eines sorgfältig und ordnungsgemäß ausgebildeten Soldaten der Bundeswehr ex ante.[91] Bei einer nur abstrakten Gefährlichkeit der Ausführungshandlung bleibt der Befehl verbindlich (zB der Befehl, bei roter Ampel in eine gut einsehbare verkehrsfreie Kreuzung einzufahren), bei konkreter Gefährlichkeit wäre er unverbindlich (zB der Befehl, in einer unübersichtlichen Kurve zu überholen).

d) Weitere Fälle der Unverbindlichkeit. Die in § 11 SG genannten Fälle einer Unver- 36 bindlichkeit des Befehls sind nur beispielhaft und lassen eine Ausdehnung auf andere Unver-

---

[77] OLG Celle 5.7.1961 – 2 S. 204/61, NZWehrr 1962, 42.
[78] BVerwG 4.2.1988 – 2 WD 9.97, BVerwGE 113, 187 = NZWehrr 1998, 209.
[79] BVerwG 12.6.1991 – 2 WD 53, 54.90, BVerwGE 93, 108 = NZWehrr 1991, 254.
[80] BVerwG 22.10.1998 – 2 WDB 6.97, BVerwGE 113, 272 = NZWehrr 1999, 121.
[81] BVerwG 4.2.1998 – 2 WD 9.97, BVerwGE 113, 187 = NZWehrr 1998, 209.
[82] BVerwG 27.11.1990 – 2 WD 20, 21/90, NZWehrr 1991, 77.
[83] BVerwG 18.1.1991 – 2 WD 24/89, NZWehrr 1991, 163 (164).
[84] *Ladiges* NZWehrr 2008, 1, 11; *Schwarz* S. 104 ff.
[85] *Stratenwerth* S. 168; *Dreher* JZ 1957, 396; *Bringewat* NZWehrr 1971, 126; *Hoyer* S. 186.
[86] KG 15.12.1971 – (1) Ss 180/71, NJW 1972, 781 mAnm *Rosteck* NJW 1972, 1335; *Mellmann*, Der rechtswidrige Befehl nach dem Soldatengesetz in der Fassung vom 22.4.1969, 1972, S. 80.
[87] *Dau* NZWehrr 1986, 198 (201); ausführlich *Schwartz* S. 104 ff. und Schönke/Schröder/Lencker/Sternberg-Lieben StGB Vor §§ 32 ff. Rn. 90.
[88] *Vitt* NZWehrr 1994, 45.
[89] *Vitt* NZWehrr 1994, 45; *Huth* NZWehrr 1988, 252; *Rosteck,* Der rechtlich unverbindliche Befehl, 1971, S. 76 ff.; *Hoyer* S. 186; *Stauf* WR I SG § 11 Rn. 21; *Lingens/Korte* Rn. 41; BVerwGE 127, 302 = NZWehrr 2006, 77; s. auch SchlesHOLG RWStR § 5 Nr. 2; aA die Feststellungslösung, die die Verbindlichkeit dieses Befehls vom Eintritt oder Nichteintritt des strafrechtswidrigen Erfolgs abhängig machen will. So *Schwenck* WStR S. 89 f.; *ders.* RWStR § 5 Anm. zu Nr. 2; auch *D. P. Peterson* NZWehrr 1989, 239.
[90] *Schwenck* WStR S. 89; *Rosteck* S. 76.
[91] S. eingehend *Vitt* NZWehrr 1994, 45; Schönke/Schröder/*Lenkner/Sternberg-Lieben* StGB Vor § 32 ff. Rn. 9.

bindlichkeitsgründe zu.[92] Ein Befehl, dem ein solcher Mangel anhaftet, dass die Annahme seiner Verbindlichkeit mit dem Sinn des Befehlsverhältnisses unvereinbar ist, kann keinen Gehorsam erwarten.[93] Zu dieser Kategorie hat in erster Linie die Rechtsprechung folgende Befehle gerechnet:
– der mit dem Befehl herbeizuführende Zustand ist bereits offensichtlich vorhanden und kann daher nicht noch einmal bewirkt werden;[94]
– der Befehl, dessen Ausführung durch eine grundlegende Änderung der Sachlage sinnlos geworden ist;[95]
– der Befehl, der objektiv nicht ausgeführt werden kann;[96]
– Befehle, die unter offensichtlicher Verletzung des Grundsatzes der Verhältnismäßigkeit von Mittel und Zweck in die Persönlichkeitssphäre des Soldaten eingreifen.[97] Der Befehl ist zB unverbindlich, der eine so große Gefahr für Leib und Leben des Untergebenen herbeiführt, dass diese Gefahr in keinem Verhältnis zum dienstlichen Zweck des Befehls steht – befohlene Diensthandlung auf einem von Blindgängern nicht freien Gelände.[98] Entscheidend für die Unverbindlichkeit des Befehls in diesen Fällen ist das offenkundige Missverhältnis zwischen dienstlichem Erfordernis und dem Eingriff in die Rechte des Soldaten. Auf die Frage, ob es dem Soldaten zuzumuten ist, einen derartigen Befehl auszuführen, kommt es nicht mehr an,[99] weil sie bereits als Bestandteil der verletzten Menschenwürde die Unverbindlichkeit zur Folge hat.[100]
– Befehle sind unverbindlich, wenn sie Grundrechte des Soldaten verletzen, die weder in Art. 17a GG genannt noch auf Grund ihres eigenen Gesetzesvorbehalts einschränkbar sind.[101]

37 Sind dem Soldaten zwei einander **widersprechende Befehle** erteilt worden, sind beide nicht allein aus diesem Grund unverbindlich.[102] Der Soldat hat vielmehr die Pflicht, den zweiten Befehlsgeber auf die Existenz des ersten Befehls hinzuweisen; ist dieser nicht erreichbar, muss er gegenüber dem ersten Vorgesetzten Meldung machen. Erreicht er keinen von beiden, ist für ihn zunächst der zweite Befehl verbindlich.[103] Die **Pflicht zur Gegenvorstellung** entfällt nur, wenn der Untergebene ohne Verschulden davon ausgehen darf, dass dem zweiten Befehlsgeber der entgegenstehende Befehl bekannt war.[104] Besteht der zweite Befehlsgeber auf der Ausführung seines Befehls, hat der Untergebene zu gehorchen, sofern der Befehl nicht aus anderen Gründen unverbindlich ist.[105] Für die Dauer der Ausführung des zweiten Befehls ist der erste Befehl in seinen Rechtswirkungen für den Untergebenen suspendiert.[106] Die Verantwortung für die widersprüchliche Befehlslage trägt nach § 10 Abs. 5 SG der zweite Befehlsgeber.

---

[92] BDH 8.3.1958 – WB 2/58, BDHE 4, 181 = NZWehrr 1959, 98; BVerwG 8.10.1968 – I WDB 10/68, NZWehrr 1969, 65 (67); 21.6.2005 – 2 WD 12.04, NJW 2006, 77; *Schwenck* WStR S. 80 Fn. 28; *Stratenwerth* S. 204; *Mann* DÖV 1960, 409 (415); *Rosteck* S. 25.
[93] BVerwG 21.6.2005 – 2 WD 12.04, BVerwGE 127, 302 = NZWehrr 2006, 77.
[94] BVerwG 21.6.2005 – 2 WD 12.04, BVerwGE 127, 302 = NZWehrr 2006, 77.
[95] *Schwenck* WStR S. 86; *Schwaiger*, Handeln auf Befehl und militärischer Ungehorsam nach dem Wehrstrafgesetz vom 30.3.1957, 1962, S. 190 ff.
[96] BVerwG 10.5.1988 – 2 WDB 6/87, BVerwGE 86, 18 = NZWehrr 1989, 35; auch BDH 20.10.1967 – I WDB 7/67, NZWehrr 1968, 149.
[97] BDH 8.3.1958 – WB 2/58, BDHE 4, 181 = NZWehrr 1959, 38; *Mann* DÖV 1960, 409 (415); kritisch *Schwenck* WStR S. 80 Fn. 29.
[98] BDH 8.3.1958 – WB 2/58, BDHE 4, 181 = NZWehrr 1959, 38; *Gauder*, Das Opfer der Soldaten – über den Lebenseinsatz auf Befehl und das Recht auf Leben, NZWehrr 2009, 98, hält mit beachtlichen Gründen den Lebenseinsatz auf Befehl mangels gesetzlicher Ermächtigung für verfassungswidrig.
[99] BDH 8.3.1958 – WB 2/58, BDHE 4, 181 = NZWehrr 1959, 38; *Stratenwerth* S. 162; *Mann* DÖV 409 (416); aA OLG Hamm 16.7.1965 – 3 Ss 375/65, NJW 1966, 212 mAnm *Schwenck* RWStR § 22 Nr. 3; nicht ganz deutlich BVerwG 8.10.1968 – I WDB 10/68, NZWehrr 1969, 65.
[100] Vgl. auch *Stauf* WR I SG § 11 Rn. 13.
[101] *Mann* DÖV 1960, 409 (415); *Stratenwerth* S. 140; *Schwartz* S. 127 ff.
[102] *Schwenck* WStR S. 85.
[103] *Lingens/Korte* Rn. 46; *Schwenck* RWStR § 22 Anm. zu Nr. 8.
[104] BVerwG 26.4.1973 – II WD 26/72, BVerwGE 46, 108 = NZWehrr 1973, 228.
[105] *Schwenck* WStR S. 85; *Lingens/Korte* Rn. 46.
[106] *Schwenck* WStR S. 85; *Lingens/Korte* Rn. 46.

5. Rechtsfolgen. a) Irrtum. Die in Nr. 2 genannten Begriffsmerkmale des Befehls **38** müssen bei allen Gehorsamsdelikten vom Vorsatz des Täters umfasst sein. Irrt er sich über ein einzelnes Begriffsmerkmal, liegt ein **Tatbestandsirrtum** iS des § 16 Abs. 1 StGB vor. Befindet sich der Täter in einem Irrtum darüber, ob überhaupt ein Befehl vorliegt, verhört oder verliest er sich, liegt ein Übermittlungsfehler vor oder hält er irrig einen Befehl für eine kameradschaftliche Aufforderung, entfällt ebenfalls der Vorsatz.[107]

Der Vorsatz des Täters muss sich insbesondere darauf erstrecken, dass der Befehlsgeber **39** sein Vorgesetzter ist, denn die Vorgesetzteneigenschaft ist Teil des Befehlsbegriffs (→ Rn. 11 f.). Weiß er es nicht, ist sein Vorsatz, befehlswidrig zu handeln, ausgeschlossen. Beruht sein Irrtum auf Fahrlässigkeit, kommt eine Strafbarkeit gem. § 21 in Betracht, wenn Tatvorwurf ein Gehorsamsdelikt ist. Ein Tatbestandsirrtum liegt zB vor, wenn der Untergebene in der Dunkelheit einer Nachtübung glaubt, der tatsächlich ihm befehlende Vorgesetzte sei gar nicht sein Vorgesetzter, sondern ein anderer Offizier mit ähnlicher Statur und Stimme.[108] Auch die irrige Annahme des Täters, er befinde sich nicht innerhalb umschlossener militärischer Anlagen und folglich bestehe keine Befehlsbefugnis eines Vorgesetzten nach § 4 Abs. 3 VorgV, schließt den Vorsatz aus. Irrt sich der Täter dagegen über die Reichweite fachlich begrenzter Vorgesetztenverhältnisse, befindet er sich in einem **Verbotsirrtum**, zB der Untergebene glaubt bei richtiger Kenntnis der rechtlichen Grenzen der Befehlsbefugnis im Fachdienst fälschlich, er befinde sich bei der Befehlserteilung durch den Fachvorgesetzten nicht im Fachdienst, während es sich tatsächlich um einen Befehl im Fachdienst handelt. Wenn der Täter infolge rechtlich unzutreffender Auslegung der VorgV glaubt, der Vorgesetzte sei in der taterheblichen Zeit nicht befehlsbefugt, liegt ebenfalls ein Verbotsirrtum vor.[109] Zur für die Straftatbestände des Dritten Abschnitts wichtigen irrtümlichen Annahme, überhaupt Vorgesetzter zu sein, → § 30 Rn. 17.

Der Irrtum über die Verbindlichkeit des Befehls ist ein Verbotsirrtum und regelt sich **40** nach § 22. Zum Irrtum über Schuldausschließungsgründe (§ 5 Abs. 1) → § 5 Rn. 6.

b) Rechtfertigungs- und Entschuldigungsgründe beim Handeln auf Befehl. Der **41** **rechtmäßige Befehl** ist für den Untergebenen stets verbindlich und daher zu befolgen. Vorgesetzter und Untergebener haben mit dem rechtmäßigen Befehl einen Rechtfertigungsgrund, wenn durch die Ausführung des Befehls Rechte Dritter beeinträchtigt werden.[110]

Der **rechtswidrige und unverbindliche Befehl** begründet keine Gehorsamspflicht. **42** Der Untergebene handelt nicht rechtswidrig, wenn er dem Befehl nicht Folge leistet; dies gilt auch, wenn er irrig annimmt, der Befehl sei verbindlich (§ 22 Abs. 1). Der rechtswidrige und unverbindliche Befehl ist andererseits nie ein Rechtfertigungsgrund, wenn der Soldat ihm gleichwohl gehorcht.[111] Unverbindliche Befehle erzeugen keine Gehorsamspflicht. Bei einem strafrechtswidrigen Befehl (→ Rn. 33) muss der Untergebene den Befehl verweigern, in allen anderen Fällen der Unverbindlichkeit darf er es, muss es aber nicht (§ 11 SG). Bei strafrechtswidrigen Befehlen handelt der Untergebene rechtswidrig, wenn er gehorsam ist, er wird nur entschuldigt, wenn er nicht erkennt, dass es sich um eine rechtswidrige Tat handelt oder dies nach den ihm bekannten Umständen nicht offensichtlich ist (§ 5 Abs. 1); im Übrigen trifft ihn kein Verschulden, die Verantwortung für den Befehl trägt allein der Vorgesetzte.

Die Frage, ob der **rechtswidrige, gleichwohl verbindliche Befehl** (→ Rn. 26 f.), der **43** in Kenntnis seiner Rechtswidrigkeit vom Untergebenen ausgeführt wird, für diesen ein

---

[107] *Arndt* NZWehrr 1960, 145 (153).
[108] *Arndt* NZWehrr 1960, 164.
[109] AA *Arndt* S. 194; *ders.* GA 1957, 52, der auch in diesen Fällen Tatbestandsirrtum annimmt. Vgl. auch *Schwaiger* S. 118 ff.
[110] AllgM; *Schwenck* WStR S. 98; *Arndt* S. 111; *Lingens/Korte* Rn. 30; *Schwartz* S. 65 (162); *Korte* S. 89; *Wolf* NZWehrr 1996, 9 (14).
[111] Anm. *Ambos* zu BayObLG 23.5.1997 – 3 St 20/96, NJW 1998, 392, NStZ 1998, 138 (139); *Bülte* NZWehrr 2016, 45 (53).

Rechtfertigungs- oder Schuldausschließungsgrund ist, wird unterschiedlich beantwortet.[112] Übereinstimmung besteht nur insoweit, dass der Untergebene straflos bleiben muss, es wäre widersinnig, ihn für eine Tat bestrafen zu wollen, zu der er gerade durch Strafandrohung (§§ 19, 20) gezwungen wurde.[113] Die Auffassung, dass die Straflosigkeit des Untergebenen auf seiner Schuldlosigkeit beruht, verdient den Vorzug. Ein mit der Rechtsordnung in Widerspruch stehender Befehl kann für den Untergebenen niemals Grundlage eines gesetzmäßigen Handelns sein. Auch der Untergebene handelt rechtswidrig, er wird lediglich für einen Gehorsam entschuldigt, der ihm aus Gründen einer Abwägung zwischen militärischem und Gesetzesgehorsam abverlangt wird. Andernfalls erhielte der rechtswidrige verbindliche Befehl neben Gesetz und Gewohnheitsrecht den Charakter einer eigenen Rechtsquelle, die ihn jedoch in Widerspruch zu Art. 20 Abs. 3 GG stellte.[114] Als Konsequenz dieser Auffassung ergibt sich, dass Notwehr gegen die Befehlsausführung zulässig ist.

44 Auf Befehl angeordnete und ausgeführte **militärische Zwangsmaßnahmen,** insbesondere der Gebrauch der Schusswaffe, werden **in VN-mandatierten Auslandseinsätzen** durch die völkerrechtlich legitimierenden Resolutionen des VN-Sicherheitsrates gem. Kap. VII SVN gerechtfertigt.[115] Diese sind nicht nur eine Ermächtigung für die Staaten, zur Erfüllung des Mandats militärische Gewalt anzuwenden, sie befreien auch den einzelnen Soldaten aus seiner strafrechtlichen Verantwortung, wenn militärische Gewalt nationale Strafvorschriften verletzt und er sich innerhalb des Mandats gehalten hat.[116] Die völkerrechtliche Rechtfertigung völkerrechtskonformer militärischer Gewalt in durch die VN mandatierten Auslandseinsätzen ist unmittelbar verbindliches Recht (Art. 59 Abs. 2 S. 1 iVm Art. 24 GG)[117] und damit zunächst unabhängig vom verfassungsrechtlich gebotenen parlamentarischen Zustimmungsverfahren (§ 1 Abs. 2 ParlBetG).[118] Mit der Zustimmung des Deutschen Bundestages, sich mit bewaffneten Streitkräften an dem Auslandseinsatz zu beteiligen, erklärt er zugleich, von der völkerrechtlichen Ermächtigung Gebrauch zu machen, mit „all necessary means" zur Erfüllung des Mandats beizutragen und die Bewegungs- und Operationsfreiheit der Truppe sicherzustellen.[119] Bleibt das Handeln oder Unterlassen des Soldaten innerhalb des parlamentarisch aktualisierten Mandats, ist er gerechtfertigt, wenn die Anwendung militärischer Gewalt durch ihn den Tatbestand nationaler Strafgesetze erfüllt. Hat der Soldat außerhalb des Mandats gehandelt, kann er sich jedenfalls nicht auf den völkerrechtlichen Rechtfertigungsgrund berufen. Ihm bleiben die Notrechte des allgemeinen Strafrechts (aber → Rn. 46).

45 Keine Rechtfertigung für militärische Gewalt liefern die **Rules of Engagement** (NATO Dokument MC 3621 „NATO Rules of Engagement") der NATO.[120] Bei ihnen handelt

---

[112] Für Rechtfertigung: zB Schönke/Schröder/Lenckner/Sternberg-Lieben StGB Vor § 32 Rn. 89; Jescheck S. 81 f.; Schwenck WStR S. 92; ders. ZStrW 1971, 468 (472); Stratenwerth S. 169 ff.; Bringewat NZWehr 1971, 126; Schwartz S. 100; Ambos JR 1998, 221 (222); auch Hoyer S. 189, 195 f. Für Schuldausschluss: zB Arndt S. 111; LK-StGB/Rönnau StGB Vor § 32 Rn. 298; Lingens/Korte Rn. 33; Schwaiger S. 7 ff.; Wolf NZWehr 1996, 9 (14); wohl auch Fischer StGB Vor § 32 Rn. 16, 8; auch Korte S. 91 f.; Bettendorf S. 274. Mit einer Konkretisierung des Verbindlichkeitsbegriffes setzt sich F. Meyer GA 2012, 556 (568 ff.) von beiden Auffassungen ab.
[113] Schwaiger S. 8 f.
[114] Schwaiger S. 26.
[115] Frister/Korte/Kreß JZ 2010, 10 (12 ff.); Lingens/Korte § 3 Rn. 9; Heinen S. 303; Weingärtner S. 9 (18); Schott S. 79 (85 f.); Wagner FS vom Block-Schlesier, 2010, 274 (278 f.); ders. NZWehr 2011, 45 (61); StA Zweibrücken 23.1.2009 – 4129 Js 12550/08, NZWehr 2009, 169 (170); zweifelnd Wolff NZWehr 1996, 9 (18 f.); Bettendorf S. 247 ff. Allein Dreist UBWV 2008, 93 (102, 103) und Burkhard, Effektive Umsetzung völkerrechtlicher Mandate internationaler Militäreinsätze durch Deutschland und Frankreich. Das Beispiel der Operation Enfor RD Congo im Jahre 2006, www.berlin.de/papers/2008.dhtml S. 56 vermissen einen eigenen Erlaubnistatbestand (Dreist: § 4a WStG – Handeln zur Erfüllung des Auftrags; Burkhard: § 34a StGB).
[116] Frister/Korte/Kreß JZ 2010, 10 (13); auch Dreist UBWV 2015, 365 (367 ff.).
[117] BVerfG 12.7.1994 – 2 BvE 3/92, 5/93, 8/93, BVerfGE 90, 286 (380); Frister/Korte/Kreß JZ 2010, 10 (14); Heinen S. 294.
[118] Frister/Korte/Kreß JZ 2010, 10 (14), aA wohl Schott S. 85 (86).
[119] Frister/Korte/Kreß JZ 2010, (14); Heinen S. 294; auch Dreist UBWV 2008, 102 sowie kritisch Ladiges JuS 2011, 879 (884); auch Bettendorf S. 122 (294).
[120] Lingens/Korte § 3 Rn. 10, dazu auch Spieß S. 115 f.; Dreist NZWehr 2007, 45 (99, 146); Neubert S. 275 f.

es sich um ein Binnenrecht des Bündnisses, das der Geheimhaltung unterliegt und damit für den einzelnen Soldaten keine rechtssetzende Wirkung haben kann.[121] Überschreitet der Soldat die durch die Rules of Engagement festgelegten Grenzen militärischer Gewaltanwendung oder missachtet er in ihnen bestimmte Einsatzvorbehalte höherer Vorgesetzter, bleibt sein Verhalten gleichwohl völkerrechtlich gerechtfertigt.[122]

Die staatlichen Notrechte der Notwehr (§ 32 Abs. 1 StGB) und des Notstandes (§ 34 StGB) haben für die Rechtfertigung militärischer Gewalt im mandatierten Auslandseinsatz gegenüber der völkerrechtlichen Rechtfertigung (→ Rn. 44) nur subsidiären Charakter,[123] dh der Soldat kann sich nur auf sie berufen, wenn die völkerrechtliche Rechtfertigung hinter dem Notrecht zurückbleibt und damit zur Abwehr eines Angriffs nicht ausreicht.[124] 46

Die Rechtfertigung militärischer **Gewalt im Rahmen eines bewaffneten Konflikts** folgt den Regeln des Humanitären Völkerrechts.[125] 47

6. Schwerwiegende Folge (Nr. 3). Mit dem Begriff der schwerwiegenden Folge ist in den Tatbeständen der §§ 19, 21, 41, 42, 44 Abs. 2, 5 und § 45 eine bei gleichem äußeren Geschehensablauf[126] sonst nur disziplinar erhebliche Pflichtverletzung in den Rang kriminellen Unrechts erhoben. In den Tatbeständen der §§ 24 Abs. 4 S. 2, 25 Abs. 3 S. 2, 27 Abs. 3 S. 2 ist die schwerwiegende Folge Regelbeispiel eines besonders schweren Falles. In ihren deskriptiven Merkmalen entspricht die schwerwiegende Folge im Wesentlichen den in den §§ 109e Abs. 1, 109f Abs. 1 und § 109g Abs. 1 StGB verwendeten Begriffen. 48

Zwischen der Pflichtwidrigkeit des Täters und dem Eintritt der schwerwiegenden Folge muss ein militärischer Bezug bestehen.[127] Dieser Bezug fehlt bei einem Sachgebiet, das außerhalb des militärischen Auftrags liegt. Aus den Begriffsmerkmalen der schwerwiegenden Folge ist auf die Absicht des Gesetzgebers zu schließen, nur solchen Gefährdungen entgegenzuwirken, die sich im Bereich militärischer Einrichtungen oder Unternehmungen auf Grund von nur für den militärischen Bereich typischen Tätigkeiten erfahrungsgemäß ereignen können.[128] 49

Das dienstpflichtwidrige Verhalten des Täters muss für den Eintritt einer schwerwiegenden Folge ursächlich sein, es genügt nicht, wenn sie nur anlässlich des zB befehlswidrigen Handelns eingetreten ist.[129] 50

a) Gefahr. Die Gefahr für die in Nr. 3 im Einzelnen genannten Rechtsgüter ist Merkmal des gesetzlichen Tatbestandes.[130] Es muss sich daher um eine **konkrete Gefahr** handeln, dh um einen Zustand, in dem nach den tatsächlichen Umständen innerhalb vernünftiger 51

---

[121] GBA 16.4.2010 – 3 BJs 6/10-4, NStZ 2010, 581 (584); s. auch GBA 19.4.2010 – 8/2010, NZWehrr 2010, 172 (173); *Frister/Korte/Kreß* JZ 2010, 10 (15); kritisch *Ladiges*, Anm. zu BVerfG 19.5.2015 – 2 BvR 987/11, NZWehrr 2015, 200 (202); zu den sog. Taschenkarten s. *Neubert* S. 313 f.
[122] GBA 16.4.2010 – 3 BJs 6/10-4, NStZ 2010, 581 (584); 19.4.2010 – 8/2010, NZWehrr 2010, 172 (173); *Heinen* S. 304.
[123] Dazu näher *Frister/Korte/Kreß* JZ 2010, 10 (17), s. auch *Wolff* NZWehrr 1996, 9 (13). Anders noch StA Zweibrücken 23.1.2009 – 4129 Js 12550/08, NZWehrr 2009, 169 (170). Zu einem Nothilfeverbot durch Befehl s. *Sohm,* Rechtsfragen der Nothilfe bei friedensunterstützenden Einsätzen der Bundeswehr, NZWehrr 1996, 89 (93 ff.); *Hinz* Nothilfeverbot durch Befehl ?, NZWehrr 2011, 144; *Lingens/Korte* § 3 Rn. 6; *Bettendorf* S. 301 f.
[124] *Frister/Korte/Kreß* JZ 2010, 10 (17) 17.
[125] GBA 16.4.2010 – 3 BJs 6/10-4, NStZ 2010, 581; *Frister/Korte/Kreß* JZ 2010, 10 (13 Fn. 25, 17 Fn. 67); *Wolff* NZWehrr 1996, 9 (14 ff.); LK-StGB/*Rönnau* Vor § 32 Rn. 302; Lackner/Kühl/*Kühl* StGB Vor § 32 Rn. 24; *Ambos* NJW 2010, 1725; *Krieger* S. 39 (44 f.); *Lingens/Korte* § 3 Rn. 9; *Ladiges* JuS 2011, 879 (883); *Safferling/Kirsch* JA 2010, 81; *Sohm* NZWehrr 2014, 133 (135 ff.).
[126] *Schwenck* WStR S. 144.
[127] BGH 30.5.1978 – 1 StR 736/77, NJW 1978, 2206 = NZWehrr 1978, 228.
[128] BGH 30.5.1978 – 1 StR 736/77, NJW 1978, 2206 = NZWehrr 1978, 228. Die Auffassung des BGH, die Tätigkeit eines Rechnungsführers weise keinen militärischen Bezug auf, ist vor dem Hintergrund des Art. 87a Abs. 2 GG allerdings abzulehnen. Zum Ausschluss des Militärmusikdienstes vom Verteidigungsauftrag der Streitkräfte s. BVerwG 13.12.2012 – 2 C 11.11, NZWehrr 2013,213 mAnm *Poretschkin* NZWehrr 2014,122.
[129] OLG Schleswig 27.8.1958 – Ss 216/58, NZWehrr 1959, 144.
[130] BGH 25.1.1962 – 1 StR 392/61, BGHSt 17, 50 = 132 (133) mAnm *Schwenck* NZWehrr 1962, 137.

Lebenserfahrung die Möglichkeit einer Schädigung des geschützten Rechtsgutes wahrscheinlich ist.[131] Ein Zustand, in dem der Eintritt einer Gefahr nur möglich erscheint, genügt nicht.[132] Für die Feststellung des Eintritts einer konkreten Gefahr bedarf es eingehender tatrichterlicher Feststellungen.[133] Ob der Eintritt einer Gefahr wahrscheinlicher war als ihr Ausbleiben, hängt von dem Ergebnis einer objektiv-nachträglichen Prognose ab.[134] Weist das gefährdete Rechtsgut sogar einen tatsächlich eingetretenen Schaden auf, ist in jedem Fall eine schwerwiegende Folge eingetreten.[135]

52 **b) Sicherheit der Bundesrepublik Deutschland.** Sicherheit der Bundesrepublik Deutschland[136] bedeutet die innere und äußere Sicherheit iS von § 92 Abs. 3 Nr. 2 StGB. Ein Soldat, der sich in die Abhängigkeit eines ausländischen Nachrichtendienstes begibt und diesen mit sicherheitsempfindlichem Informationsmaterial versieht, kann die Sicherheit des Staates gefährden.[137] Auch das Fotografieren von Teilen und militärisch genutzten Teilen eines Sondermunitionslagers kann iS einer Sicherheitsgefährdung tatbestandsmäßig sein.[138]

53 **c) Schlagkraft der Truppe.** Die Schlagkraft der Truppe beschreibt die Fähigkeit, ihren Auftrag personell, materiell, führungsmäßig und zeitgerecht ausführen zu können.[139] Ob ein Handeln oder Unterlassen des Täters eine Gefahr für die Schlagkraft der Truppe verursacht, verlangt streng einzelfallbezogene Ermittlungen. Die Kasuistik der älteren Rechtsprechung ist nach dem sicherheitspolitischen Umbruch in Europa seit 1989 und dem dadurch bewirkten veränderten Aufgabenprofil deutscher Streitkräfte als Auslegungshilfe nur noch bedingt verwendbar.[140] Die früher zentrale Fähigkeit der Bundeswehr zur kollektiven Verteidigung ist ua um die Aufgabenbereiche Krisenprävention, Krisenbewältigung und Krisenoperationen einschließlich des Kampfes gegen den internationalen Terrorismus erweitert worden. Dies bleibt nicht ohne Einfluss auf die Definition ihrer Schlagkraft.[141] Für den Ausfall eines einzelnen Soldaten oder Geräts wird es daher darauf ankommen, ob sie innerhalb der für den militärischen Auftrag vorgesehenen Zeit gleichwertig ersetzt werden können. Beim Ausfall eines militärischen Führers ab Einheitsebene oder eines hochqualifizierten Spezialisten wird die Schlagkraft der Truppe regelmäßig nachteilig betroffen sein.[142]

54 **d) Leib oder Leben eines Menschen.** Als Gefahr für Leib oder Leben gilt jede Gefährdung, nicht nur eines Dritten, sondern auch des Täters selbst.[143]

55 **e) Sachen von bedeutendem Wert.** Sachen von bedeutendem Wert sind nur körperliche Gegenstände iS von § 90 BGB. Die Gefährdung oder Schädigung eines Vermögens,

---

[131] BGH 25.1.1962 – 1 StR 392/61, BGHSt 17, 50 = NZWehrr 1962, 132 (133); BayObLG 18.12.1958 – 1 StR 479/58, NJW 1959, 734; OLG Köln 24.10.1961 – Ss 294/61, NZWehrr 1962, 177 (178); OLG Karlsruhe 4.6.1970 – 1 Ss 104/70, NZWehrr 1970, 234 (236) mAnm *Schwenck* NZWehrr 1970, 237; vgl. ders. WStR S. 144 f. und NZWehrr 1962, 1 (2).
[132] S. allerdings BVerwG 13.3.2008-2 WD 6.07, NZWehrr 2009,33 (35).
[133] Vgl. *Schwenck* NZWehrr 1962, 137.
[134] *Schwenck* WStR S. 144; *Lingens/Korte* Rn. 53.
[135] BGH 30.5.1978 – 1 StR 736/77, NJW 1978, 2206; *Lingens/Korte* Rn. 53.
[136] S. zu diesem Begriff auch die §§ 88, 89, 93, 94, 109e, 109f, 109g StGB; § 15 Abs. 1 Nr. 1d UZwGBw.
[137] BGH 25.1.1962 – 1 StR 392/61, BGHSt 17, 50 = NZWehrr 1962, 132 (135) mAnm *Schwenck* NZWehrr 1962, 137; auch BGH 30.10.1970 – 3 StR 4/70 II, 70 mAnm *Schwenck* NZWehrr 1971, 72; OLG Hamm 7.7.1961 – 2 b Js 142/60, RWStR § 19 Nr. 2; OLG Braunschweig 24.3.1961 – OJs 48/60, NZWehrr 1961, 178 mAnm *Grzybinski*.
[138] AG Peine 21.1.1986 – 32 Ls (171/85), NZWehrr 1986, 169 (170).
[139] *Heinen* NZWehrr 1997, 71 (74); auch LG Bremen 3.7.1958 – 6 Ms 8/58, NZWehrr 1959, 72.
[140] S. zB OLG Celle 17.2.1961 – 2 Ss 18/61, NZWehrr 1962, 74 zum Ausfall eines Panzerkommandanten; zum Ausfall eines Führungsfahrzeugs für eine Übung LG Flensburg 29.11.1983 – 1 KLs 29/109 Js 10971/83, NZWehrr 1984, 80; zum unerlaubten Entfernen während eines angeordneten Bereitschaftsdienstes LG Lüneburg 6.9.1962 – 6 Ms 126/62, NZWehrr 1965, 28 mAnm *Schreiber* NZWehrr 1965, 31.
[141] *Heinen* NZWehrr 1997, 71 (74 f.).
[142] *Heinen* NZWehrr 1997, 71 (74).
[143] AG Soltau 8.11.1960 – 6 Ms 79/60–107, NZWehrr 1961, 135. Im Übrigen s. den gleich lautenden Begriff in den den Land-, Luft- und Seeverkehr schützenden Strafvorschriften der §§ 315 Abs. 1, 315a Abs. 1, 315b Abs. 1, 316 Abs. 1, 318 Abs. 1 und § 319 Abs. 1 StGB; s. auch § 34 StGB.

etwa die durch Betrug oder Untreue bewirkte Verminderung von Bankguthaben, fällt daher nicht unter den Begriff der schwerwiegenden Folge.[144] Der Wert einer Sache ist immer nur ein wirtschaftlicher, kein ideeller oder militärischer. Die Gefährdung eines wirtschaftlich nur geringwertigeren, jedoch militärisch bedeutsamen Materials ist unter dem Gesichtspunkt der Gefahr für die Schlagkraft der Truppe zu bewerten.[145] Ob der Wert einer Sache auch bedeutend ist, richtet sich regelmäßig nach ihrem Verkehrswert. Für seine Ermittlung im Einzelfall sind die von der Rechtsprechung entwickelten Maßstäbe zur Bestimmung eines bedeutenden Sachwertes iS des § 315 Abs. 1 StGB heranzuziehen;[146] die Wertgrenze liegt gegenwärtig bei mindestens 750,– Euro.[147] Die Sachen brauchen jedenfalls keinen so hohen wirtschaftlichen Wert zu haben, dass ihr Verlust mit einer Gefahr für die Sicherheit der Bundesrepublik Deutschland oder die Schlagkraft der Truppe zu vergleichen ist.[148] Da die schwerwiegende Folge nicht vom tatsächlichen Eintritt eines Schadens, sondern allein von der Gefahr für das geschützte Rechtsgut abhängt, handelt der Täter auch dann tatbestandsmäßig, wenn der schließlich eingetretene Schaden nur gering ist. Es genügt, dass ein höherer Schaden zu befürchten war.

Die Sachen dürfen dem Täter nicht gehören, dh er darf nicht ihr Eigentümer sein. Ob **56** die Sachen einem Dritten gehören oder sie herrenlos sind, bleibt unerheblich.

§ 3 Anwendung des allgemeinen Strafrechts

(1) Das allgemeine Strafrecht ist anzuwenden, soweit dieses Gesetz nichts anderes bestimmt.

(2) Für Straftaten von Soldaten, die Jugendliche oder Heranwachsende sind, gelten besondere Vorschriften des Jugendgerichtsgesetzes.

1. Normzweck. a) WStG als streitkräftespezifisches Ergänzungsgesetz. Der Sol- 1 dat der Bundeswehr unterliegt mehreren staatlichen Sanktionssystemen. Als Staatsbürger hat er sich wegen einer Straftat nach den für Jedermann geltenden Strafgesetzen zu verantworten, als Staatsbürger in Uniform unterliegt er den besonderen Strafdrohungen des militärischen Strafrechts. Er wird darüber hinaus nach den Vorschriften der WDO disziplinar gemaßregelt, wenn er schuldhaft seine Dienstpflichten verletzt. Das **Verhältnis des Wehrdisziplinarrechts zum Strafrecht/Wehrstrafrecht** ist unter dem Gesichtspunkt des Verbots der Doppelbestrafung durch das BVerfG geklärt.[1] Das **Verhältnis des allgemeinen Strafrechts zum Wehrstrafrecht** regelt Abs. 1 in der Weise, dass das StGB nur subsidiär gilt und dort zurücktritt, wo das WStG eine spezielle Regelung vorsieht.

Das allgemeine Strafrecht ist der Allgemeine und Besondere Teil des StGB sowie das 2 Nebenstrafrecht einschließlich der besonderen Vorschriften des JGG (Abs. 2).

Auch das **VStGB** ist Teil des allgemeinen Strafrechts. Die Entscheidung des Gesetzgebers, 3 die Umsetzung des Völkerstrafrechts[2] in einer eigenständigen Kodifikation vorzunehmen, weist dem VStGB sogar seinen systematischen Standort innerhalb des Kernstrafrechts, also nicht des Nebenstrafrechts, zu.[3] Schon der in das VStGB aufgenommene Tatbestand des Völkermordes (§ 220a StGB aF) gehörte im Besonderen Teil des StGB zu den völkerrechtlich relevanten Straftatbeständen gegen das Leben. Mit seinen Tatbeständen schließt das VStGB verbliebene völkerstrafrechtliche Regelungslücken im nationalen deutschen Strafrecht.

---

[144] BGH 30.5.1978 – 1 StR 736/77, NJW 1978, 2206 = NZWehr 1978, 228.
[145] *Lingens/Korte* Rn. 62.
[146] OLG Hamm 6.10.1960 – 2 Ss 842/60, NJW 1961, 522.
[147] *Fischer* StGB § 315 Rn. 16a; *Lingens/Korte* Rn. 63.
[148] OLG Hamm 6.10.1960 – 2 Ss 842/60, NJW 1961, 522.
[1] → Vor § 1 Rn. 3.
[2] → Vor § 1 Rn. 6 f.
[3] So zu Recht *Werle*, Konturen eines deutschen Völkerstrafrechts, JZ 2001, 885 (888); *Satzger*, Das neue Völkerstrafgesetzbuch, NStZ 2002, 125 (126).

4 **b) Verhältnis des VStGB zum WStG.** Beide Gesetze verbindet eine – wenngleich unterschiedliche – ‚Verstrickungsnähe' des Täters, der zugleich Soldat ist (→ Vor § 1 Rn. 2). Die Tatbestände des WStG setzen – vom Sonderfall des § 1 Abs. 2 abgesehen – stets den Soldaten als Täter voraus und erfassen Dienstpflichtverletzungen, die sich durch ihr zugleich kriminelles Unrecht als Straftaten qualifizieren (→ Vor § 1 Rn. 10). Der Täterkreis des VStGB ist demgegenüber nicht auf den Soldaten verengt, doch gerät dieser durch seine Nähe zu bewaffneten Auseinandersetzungen eher als eine Zivilperson in die Gefahr, sich völkerrechtswidrig und damit strafbar zu verhalten. Der Soldat verstrickt sich im spezifischen Unrecht des VStGB, wenn er als Teilnehmer an einem bewaffneten Konflikt eine Handlung begeht, die das VStGB in seinem 2. Abschnitt als Kriegsverbrechen unter Strafe stellt. Mit diesem völkerstrafrechtlichen Regelungsbereich ist das VStGB gegenüber dem WStG das speziellere Gesetz und verdrängt seine Vorschriften, sobald sich der Soldat eines völkerrechtswidrigen Verstoßes schuldig macht. Die Spezialität des VStGB gegenüber dem WStG äußert sich ferner in der Verantwortlichkeit des militärischen Vorgesetzten (Befehlshabers; § 4 VStGB) für Straftaten von Untergebenen, für die das Wehrstrafrecht keine Regelung dieser Art kennt. Jedenfalls ist § 4 VStGB schon auf Grund völkerrechtlich zwingender Vorgaben durch Art. 28 Buchst. a des Römischen Statuts[4] die speziellere Norm etwa gegenüber § 33 (Verleiten zu einer rechtswidrigen Tat) oder § 41 (Mangelhafte Dienstaufsicht). Auch § 13 VStGB (Verletzung der Aufsichtspflicht) ist gegenüber § 41 vorrangig. § 14 VStGB (Unterlassen der Mitteilung einer Straftat) entspricht zwar § 40 (Unterlassene Mitwirkung bei Strafverfahren), ist aber die speziellere Vorschrift, wenn es sich um eine Tat nach dem VStGB handelt. Das Handeln auf Befehl ist in § 3 VStGB und § 5 nach den im Wesentlichen gleichen Grundsätzen gestaltet, so dass für die Beurteilung der Schuld des Untergebenen bei Ausführung eines rechtswidrigen Befehls keine Unterschiede bestehen. Gleichwohl tritt § 5 als Subsidiärnorm zurück, wenn der Untergebene eine Tat nach den §§ 8–14 VStGB begangen hat; Prüfungsmaßstab ist allein § 3 VStGB. Verwirklicht der Täter durch sein Verhalten sowohl einen wehrstrafrechtlichen Tatbestand als auch einen Tatbestand des Völkerstrafrechts, gelten die allgemeinen strafrechtlichen Konkurrenzregeln mit der Folge, dass in Einzelfällen auch einmal Tateinheit (§ 52 StGB) vorliegen kann.

5 **c) Wehrstrafrechtliche Spezialität gegenüber dem Besonderen Teil des StGB.** Die Vorschriften des Besonderen Teils des StGB gelten auch für Soldaten, sie treten gegenüber dem WStG zurück, wenn dieses gegenüber dem allgemeinen Strafrecht den spezielleren Straftatbestand aufweist, zB § 30 (Misshandlung) gegenüber den §§ 223, 340 StGB, dieser iVm § 48 Abs. 1. Für die Anwendung bestimmter Amtsdelikte des StGB auf Soldaten enthält § 48 Sonderbestimmungen. Die Spezialität des WStG gegenüber dem allgemeinen Strafrecht kommt vor allem dort zum Ausdruck, wo das militärische Strafrecht, dem Beamtenstrafrecht vergleichbar, eigene wehrstrafrechtsspezifische Straftatbestände vorsieht, zB eigenmächtige Abwesenheit (§ 15), Fahnenflucht (§ 16), Ungehorsam (§ 19), Gehorsamsverweigerung (§ 20), Meuterei (§ 27) oder Wachverfehlung (§ 44).

6 **d) Wehrstrafrechtliche Spezialität gegenüber dem Allgemeinen Teil des StGB.** Abweichungen gegenüber dem allgemeinen Strafrecht ergeben sich aus dem WStG im Zusammenhang mit Rechtfertigungs- und Entschuldigungsgründen. Für den Bereich des soldatischen Gefahrenrisikos sind die Regelungen des entschuldigenden Notstandes gem. § 35 StGB ausgeschlossen (§ 6). Bei selbstverschuldeter Trunkenheit enthält § 7 eine besondere Strafzumessungsregel. Die Rechtsfolgen eines Irrtums über die Verbindlichkeit eines Befehls sind in den §§ 5, 22 abschließend geregelt, die Vorschriften zum Tatbestands- und Verbotsirrtum (§§ 16, 17 StGB) sind im Wehrstrafrecht daher insoweit nicht anwendbar.

7 Weitere wehrstrafrechtsspezifische Sonderregelungen finden sich zur Teilnahme einer Zivilperson an einer militärischen Straftat (§ 1 Abs. 4), zum Zusammentreffen mehrerer Straftaten

---

[4] → Vor § 1 Rn. 6 und → VStGB § 4 Rn. 6 ff.; dazu *Karsten*, Die strafrechtliche Verantwortlichkeit des nicht-militärischen Vorgesetzten, 2010, S. 100 ff.; *Bülte*, Vorgesetztenverantwortlichkeit im Strafrecht, 2015, S. 647 ff.

I. Wehrstrafgesetz § 4 WStG

in § 13, zur Strafaussetzung zur Bewährung bei Freiheitsstrafe und Strafarrest (§§ 14, 14a; → § 14 Rn. 1), dem gegenüber dem allgemeinen Strafrecht modifizierten Strafensystem der §§ 9–12 sowie einer eigenen Vollstreckungsverjährung in § 9 Abs. 3. Abweichungen folgen auch aus Regelungen, die außerhalb des Strafrechts festgelegt sind; so kann einem Soldaten nicht die Ausübung seines Berufs nach § 70 StGB verboten werden, weil für freiwillig Wehrdienstleistende der militärische Dienst kein Beruf ist und für Soldaten auf Zeit und Berufssoldaten die §§ 22, 43–56 SG, § 126 WDO eigene Bestimmungen enthalten.[5]

Zurückhaltung ist gegenüber der Frage geboten, ob über die normativ festgelegte Spezialität des WStG hinaus Eigengesetzlichkeiten des Wehrdienstes, also aus der **Natur der Sache,** Abweichungen vom allgemeinen Strafrecht rechtfertigen. Auch für den Soldaten gilt der Grundsatz, dass Ausnahmen vom allgemeinen Strafrecht nur auf Grund ausdrücklicher gesetzlicher Regelung zulässig sind.[6] Der Soldat kann sich daher nicht auf einen allgemeinen Grundsatz militärischer Notwendigkeit berufen, um sein Handeln zu rechtfertigen. Auch bei ehrverletzenden Vorhaltungen und Rügen gegenüber dem Untergebenen (§ 193 StGB) verfängt der Hinweis des Vorgesetzten nicht, im militärischen Dienstbetrieb herrsche ein rauerer Umgangston als im zivilen Bereich (→ § 31 Rn. 3). Kraft ausdrücklicher gesetzlicher Regelung sind die Besonderheiten des Wehrdienstes bei der Entscheidung zu Bewährungsauflagen und Weisungen (§ 14 Abs. 2) zu berücksichtigen. Aber auch bei der Beurteilung militärischer Straftaten sind sie nicht völlig auszublenden, zB bei der Frage, welche Verteidigung eines Vorgesetzten gegen einen tätlichen Angriff eines Untergebenen erforderlich ist;[7] in einer solchen Notwehrsituation des Vorgesetzten (§ 32 StGB) wird seine Reaktion auf den Angriff des Untergebenen vor allem vor dem Hintergrund von Befehl und Gehorsam anders als im zivilen Umfeld und nicht immer mit der Notwendigkeit der milderen Handlungsalternative zu beurteilen sein. 8

2. Anwendung des Jugendstrafrechts (Abs. 2). Jugendlicher Täter iS von § 1 Abs. 2 JGG ist im Status eines Soldaten derjenige, der mit Vollendung des 17. Lebensjahres als freiwillig Wehrdienstleistender (§ 58b Abs. 1 SG) oder als Soldat auf Zeit (§§ 8, 11 Soldatenlaufbahnverordnung) jeweils mit Zustimmung seines gesetzlichen Vertreters in die Bundeswehr eingestellt wurde. Heranwachsender Täter ist der Soldat, der nach Vollendung seines 18. Lebensjahres sich für eine Straftat zu verantworten hat, die er vor Vollendung seines 21. Lebensjahres begangen hat (§ 1 Abs. 2 JGG). 9

Das WStG geht von dem Grundsatz aus, dass die spezifisch jugendstrafrechtlichen Reaktionen des JGG auch auf Jugendliche und Heranwachsende Anwendung finden, die als Soldaten straffällig wurden; andererseits verlangen die Besonderheiten des Wehrdienstes, vor allem das enge Unterstellungsverhältnis zum Vorgesetzten, gesetzliche Abweichungen.[8] Allein für sie hat Abs. 2 Bedeutung. Sie ergeben sich im Einzelnen aus den durch Art. 1 EGWStG eingeführten Sonderregelungen des JGG (§§ 12a–e). Die Anwendung der allgemeinen Bestimmungen des JGG auf Soldaten, die Jugendliche oder Heranwachsende sind, folgt schon aus Abs. 1. 10

§ 4 Militärische Straftaten gegen verbündete Streitkräfte

(1) Die Vorschriften dieses Gesetzes sind auch dann anzuwenden, wenn ein Soldat der Bundeswehr eine militärische Straftat gegen Streitkräfte eines verbündeten Staates oder eines ihrer Mitglieder begeht.

---

[5] *Lingens/Korte* Rn. 13.

[6] Hierauf weist zu Recht *Schwenck* WStR S. 113 hin; auch *Schwartz,* Handeln aufgrund eines militärischen Befehls und einer beamtenrechtlichen Weisung, 2007, S. 161.

[7] *Lingens/Korte* Rn. 6; zur Vordringlichkeit der Strafaussetzung zur Bewährung als wehrrechtlicher Besonderheit s. OLG Saarbrücken 2.4.1964 – Ss 2/64, NZWehr 1964, 172 (173); OLG Koblenz 18.4.1985 – 1 Ss 18/85, NZWehr 1985, 169 (171).

[8] S. näher *Schwalm,* Das Einführungsgesetz zum Wehrstrafgesetz, JZ 1957, 398; → EGWStG Art. 1 Rn. 1 ff.; *Kühnen,* Die Anwendung von Jugendstrafrecht bei militärischen Straftaten, Diss. Freiburg 1970; *Metz,* Der Bundeswehrangehörige vor dem Jugendrichter, Zentralblatt für Jugendrecht 1977, 72.

(2) Das Gericht kann von Strafe absehen, wenn die Wahrung der Disziplin in der Bundeswehr eine Bestrafung nicht erfordert.

I. Allgemeines

1 **Kriminalpolitische Bedeutung.** Die sicherheitspolitische Entscheidung der Bundesrepublik Deutschland für eine Verteidigung im Bündnis und die Verankerung der Bundeswehr in Systemen gegenseitiger kollektiver Sicherheit legten die Grundlage für eine enge militärische Zusammenarbeit zwischen den Angehörigen der verbündeten Streitkräfte. Sie machte es in Anknüpfung an historische Vorläufer (§ 9 MStGB) notwendig, den Soldaten der Bundeswehr auch für militärische Straftaten verantwortlich zu machen, die er gegen verbündete Streitkräfte oder eines ihrer Mitglieder verübt. Die Erweiterung des sachlichen Geltungsbereichs des WStG insoweit enthält § 4 Abs. 1. Sein rechtspolitischer Zweck ist nicht der Schutz der verbündeten Streitkräfte[1] – dieser muss der jeweiligen nationalen Rechtsordnung vorbehalten bleiben –, sondern die Wahrung der Disziplin in der Bundeswehr.[2]

2 Solange die zur völligen Umsetzung der Strafdrohung unerlässlich notwendigen verfassungsrechtlichen Voraussetzungen, nämlich eine Übertragung von Hoheitsrechten der Befehls- und Kommandogewalt auf ausländische Vorgesetzte, fehlen, hat § 4 als Blankettvorschrift in der Praxis keine Bedeutung.[3]

II. Erläuterung

3 **1. Anwendungsbereich.** Ein Soldat der Bundeswehr muss eine militärische Straftat (→ § 2 Rn. 3) gegen Streitkräfte eines verbündeten Staates oder eines ihrer Mitglieder begehen. Damit kommt nur eine Handlung in Frage, die der Zweite Teil des WStG mit Strafe bedroht (§ 2 Nr. 1). Aus seinem Ersten Abschnitt sind denkbare Anwendungsfälle allenfalls der Tatbestand der Selbstverstümmelung (§ 17) oder der Dienstentziehung durch Täuschung (§ 18). Auf Taten von und gegen Dienstgradhöhere, die keine Vorgesetzten sind, ist die Vorschrift ohnehin nicht anwendbar (§§ 29 Abs. 2, 36 Abs. 2). Für alle weiteren Anwendungsfälle müsste der Soldat der Bundeswehr in ein nach deutschem Recht wirksames Vorgesetzten-/Untergebenenverhältnis gegenüber einem Mitglied verbündeter Streitkräfte eingebunden sein. Das ist tatsächlich jedoch nicht der Fall. Die verfassungsrechtlich notwendige Übertragung von Hoheitsbefugnissen deutscher Befehls- und Kommandogewalt und damit eine Erweiterung der VorgV auf ausländische Vorgesetzte ist bisher nicht vorgenommen worden.[4] Die Strafbarkeit nach allgemeinem Strafrecht bleibt davon jedoch unberührt,[5] zB der Diebstahl von Ausrüstungsgegenständen eines NATO-Vertragsstaates durch einen deutschen Soldaten. Zur Teilnahme an der Fahnenflucht oder dem Ungehorsam eines Soldaten eines NATO-Vertragsstaates → § 16 Rn. 24 und → § 19 Rn. 13.

4 **Täter** kann nur ein Soldat der Bundeswehr sein (→ § 1 Rn. 5), seine Handlung nur eine militärische Straftat (§ 2 Nr. 1).

5 Die Tat muss sich gegen **verbündete Streitkräfte** oder gegen eines ihrer Mitglieder richten. Diese setzen einen völkerrechtlich wirksamen Vertrag voraus, der die Bundesrepublik Deutschland als Mitglied eines Bündnisses zur wechselseitigen Verteidigung verpflichtet, zB in der NATO oder der EU.[6] Vereinbarungen der Bundesregierung mit ausländischen

---

[1] So aber wohl *Arndt* S. 53.
[2] *Lingens/Korte* Rn. 1; von *Richthofen* Anm. 4; s. auch die Konditionierung in Abs. 2.
[3] *Schwenck* WStR S. 146; *Lingens/Korte* Rn. 1; → Rn. 3.
[4] → § 1 Rn. 41; *Schwenck* WStR S. 146; *ders.*, Der Ungehorsam und seine Bestrafung im Rahmen einer internationalen militärischen Zusammenarbeit, NZWehr 1964, 97; *Lingens/Korte* Rn. 8; auch *Poretschkin*, Befehlsgewalt internationaler Kommandeure, NZWehr 2005, 247.
[5] S. auch § 1 NATO-Truppen-Schutzgesetz idF der Bekanntmachung v. 27.3.2008, BGBl. I S. 490), zuletzt geändert durch Art. 2 Abs. 1 Gesetz v. 23.5.2017, BGBl. I S. 1226.
[6] Nordatlantik-Washingtoner-Vertrag vom 4.4.1949, BGBl. 1955 II S. 289, 630; EUV in konsolidierter Fassung vom 30.3.2010, ABl. 2010 C 83, 13.

Staaten auf der Grundlage des Programms Partnerschaft für den Frieden[7] bei Aufenthalt deutscher Soldaten im Aufnahmestaat oder nach Art. 1 Abs. 1 Streitkräfteaufenthaltsgesetz – SkAufG – über Einreise und vorübergehenden Aufenthalt ausländischer Streitkräfte für Übungen, Durchreise auf dem Landweg und Ausbildung von Einheiten auf dem Gebiet der Bundesrepublik Deutschland reichen für einen Bündnisvertrag nicht aus.[8] Die durch das PfP-Truppenstatut vorgesehene Anwendung der Bestimmungen des NATO-Truppenstatuts setzt für das Programm Partnerschaft für den Frieden die in den Bündnisverträgen enthaltene Verpflichtung zur gegenseitigen Verteidigung nicht etwa voraus, sondern beschränkt sich ausschließlich und damit abkommensbezogen – wie das SkAufG beispielhaft zeigt – auf Regelungen zur Rechtsstellung der jeweiligen Truppe im Aufnahmestaat.

2. Absehen von Strafe (Abs. 2). Zur Wahrung der Disziplin ist eine Bestrafung immer dann erforderlich, wenn ohne sie die Disziplin in der Truppe, aber auch die Disziplin des Täters selbst,[9] gefährdet wäre, nicht schon gelitten hatte.[10] Die Entscheidung trifft das Gericht nach pflichtgemäßem Ermessen. Dabei hat das Gericht nur die Möglichkeit, von Strafe abzusehen, es darf weder auf eine mildere als die gesetzlich vorgeschriebene Strafe erkennen noch auf eine mildere Strafe ausweichen.[11]

§ 5 Handeln auf Befehl

(1) Begeht ein Untergebener eine rechtswidrige Tat, die den Tatbestand eines Strafgesetzes verwirklicht, auf Befehl, so trifft ihn eine Schuld nur, wenn er erkennt, daß es sich um eine rechtswidrige Tat handelt oder dies nach den ihm bekannten Umständen offensichtlich ist.

(2) Ist die Schuld des Untergebenen mit Rücksicht auf die besondere Lage, in der er sich bei der Ausführung des Befehls befand, gering, so kann das Gericht die Strafe nach § 49 Abs. 1 des Strafgesetzbuches mildern, bei Vergehen auch von Strafe absehen.

Übersicht

	Rn.		Rn.
I. Allgemeines	1, 2	a) Rechtswidrige Tat	5
1. Normzweck	1	b) Irrtum	6
2. Historie	2	3. Kenntnis des Untergebenen	7
II. Erläuterung	3–13	4. Offensichtlichkeit der Straftat	8–10
1. Parallelregelungen der Gehorsamspflicht im SG und WStG	3, 4	5. Der fakultative Strafmilderungsgrund oder Grund, von Strafe abzusehen (Abs. 2)	11–13
2. Straftat auf Befehl (Abs. 1)	5, 6		

I. Allgemeines

Schrifttum: *Ambos,* Zur strafbefreienden Wirkung des „Handelns auf Befehl" aus deutscher und völkerrechtlicher Sicht, JR 1998, 221; *Bartmann,* Strafrechtliche Verantwortlichkeit innerhalb militärischer Weisungsverhältnisse nach der Rechtslage des Deutschen Reiches, der DDR und der Bundesrepublik Deutschland, 2000; *ders.,* Strafbarkeit trotz verbindlicher Weisung – benachteiligt die Rechtsprechung des BGH den gehorsamen Soldaten ?, NZWehrr 2000, 244; *Bettendorf,* Die strafrechtliche Verantwortlichkeit deutscher Soldaten bei der Anwendung militärischer Gewalt, 2015; *Bülte,* Vorgesetztenverantwortlichkeit im Strafrecht, 2015; *Dau,*

---

[7] Vgl. Art. I Übereinkommen zwischen den Vertragsstaaten des Nordatlantikvertrages und den anderen an der Partnerschaft für den Frieden teilnehmenden Staaten über die Rechtsstellung ihrer Truppen (PfP-Truppenstatut) vom 19.6.1995, BGBl. II S. 1340, iVm Bekanntmachung über das Inkrafttreten der Vereinbarung vom 25.5.1999, BGBl. II S. 465.
[8] S. auch Art. 2 § 7 SkAufG und → § 1 Rn. 6. Zum SkAufG s. *Heth,* Das Streitkräfteaufenthaltsgesetz, NZWehrr 1996, 1; *Reszat,* Aufenthalt und Rechtsstatus ausländischer Streitkräfte in der Bundesrepublik Deutschland – Neue Entwicklungen des Streitkräfteaufenthaltsrechts, NZWehrr 2010, 133.
[9] *Lingens/Korte* Rn. 10.
[10] OLG Celle 18.3.1971 – 1 Ss 5/71, NZWehrr 1971, 227.
[11] *Lingens/Korte* Rn. 11.

Unfälle durch Übermüdung, NZWehrr 1986,198; *Huth,* Die Gegenvorstellung im Spannungsverhältnis von Befehl und Gehorsam des geltenden Wehrstraf- und Wehrdisziplinarrechts, 1988; *Korte,* Das Handeln auf Befehl als Strafausschließungsgrund, 2004; *Rosteck,* Der rechtlich unverbindliche Befehl, 1971; *Schwaiger,* Handeln auf Befehl und militärischer Ungehorsam nach dem Wehrstrafgesetz vom 30.3.1957, 1962; *ders.,* Der Anwendungsbereich des § 5 WStG, NZWehrr 1961, 64; *Schwartz,* Handeln aufgrund eines militärischen Befehls und einer beamtenrechtlichen Weisung, 2007; *Walter,* Das Handeln auf Befehl und § 3 VStGB, JR 2005, 279.

1 **1. Normzweck.** Die Vorschrift behandelt in ihrem Abs. 1 als eine zentrale Frage des Wehrstrafrechts die Verantwortlichkeit des Untergebenen für eine auf Befehl begangene Straftat. Eine vergleichbare und für das VStGB abschließende Regelung enthält § 3 VStGB.[1] Der Befehl ist für den Untergebenen ein wehrstrafrechtsspezifischer Schuldausschließungsgrund und eine Sonderregelung gegenüber dem Verbotsirrtum des § 17 StGB.[2] Der Untergebene ist für seinen Gehorsam nur dann strafrechtlich verantwortlich, wenn er erkennt, dass es sich bei der ihm befohlenen Tat um eine rechtswidrige Tat handelt oder dies nach den ihm bekannten Umständen offensichtlich ist, weil er keine Rechtfertigungs- oder Schuldausschließungsgründe irrig annimmt.[3] Andere Schuldausschließungsgründe bleiben daneben unberührt.[4] Gehorcht der Untergebene einem rechtswidrigen verbindlichen Befehl (Verwirklichung einer Ordnungswidrigkeit), ist er ebenfalls entschuldigt.[5]

2 **2. Historie.** Abs. 1 ist durch Art. 27 EGStGB vom 2.3.1974, BGBl. I S. 469, 530, redaktionell geändert worden.

II. Erläuterung

3 **1. Parallelregelungen der Gehorsamspflicht im SG und WStG.** Die durch § 11 Abs. 2 SG dienstrechtlich geschaffene Grundlage für die Unverbindlichkeit eines strafrechtswidrigen Befehls und den Folgen für den Untergebenen, wenn er ihn trotzdem befolgt, findet in § 5 Abs. 1 die entsprechende wehrstrafrechtliche Umsetzung. Beide Bestimmungen verbieten den Gehorsam gegenüber einem Befehl, der dem Untergebenen aufgibt, eine Straftat (Verbrechen oder Vergehen) zu begehen;[6] dieser strafrechtswidrige Befehl ist unverbindlich.[7] Befolgt der Untergebene den Befehl trotzdem, handelt er rechtswidrig, eine Schuld trifft ihn nur, wenn er erkennt oder wenn es nach den ihm bekannten Umständen offensichtlich ist, dass dadurch eine Straftat begangen wird (§ 11 Abs. 2 S. 2 SG; § 5 Abs. 1).

4 Mit der im SG und im WStG nahezu wortgleich geregelten Verantwortung für die Ausführung eines strafrechtswidrigen Befehls sind entgegen der früheren Regelung des § 47 MStGB[8] weitaus höhere Anforderungen an das Gewissen und die Einsicht des Untergebenen verbunden.[9] Die Forderung nach einem unbedingten Gehorsam des Untergebenen ist durch das Prinzip seiner Verantwortung für die Ausführung des ihm erteilten Befehls ersetzt worden. Der Vorgesetzte trägt nach § 10 Abs. 5 S. 1 SG die Verantwortung für seine Befehle, für die er strafrechtlich haftet (§§ 33 ff.). Bei der auf Befehl begangenen Straftat haftet der Untergebene nach seiner Schuld. Durch seine volle Verantwortung bei Offensichtlichkeit

---

[1] S. auch Art. 33 IStGH-Statut vom 17.7.1998, BGBl. 2000 II S. 1393; dazu *Korte* S. 122 ff. und → VStGB § 3 Rn. 1, 29.
[2] BGH 14.1.2009 – 1 StR 554/08, NZWehrr 2009, 78 (84); 14.1.2009 – 1 StR 158/08, BGHSt 53, 145 (161) = NStZ 2009, 289 (291); 28.10.2009 – 1 StR 205/09, NJW 2010, 308 Rn. 120; *Ambos* S. 221; → StGB § 17 Rn. 94; *Bettendorf* S. 326 ff.
[3] *Walter* S. 281 hält die Konzeption der Vorschrift für eine einheitliche Irrtumsregelung. Vgl. auch *Lingens/Korte* Rn. 1a.
[4] *Lingens/Korte* Rn. 13; *Schwenck* WStR S. 147.
[5] → § 2 Rn. 43.
[6] Zu dem auf die Begehung einer Ordnungswidrigkeit gerichteten Befehl → § 2 Rn. 34, zur Verbindlichkeit des „gefährlichen Befehls" → § 2 Rn. 35.
[7] § 2 Rn. 34.
[8] Dazu *Jescheck* S. 89; *Rosteck* S. 28; *Schwartz* S. 36 ff.; auch *Lingens/Korte* Rn. 1; *Bülte* S. 273.
[9] Vgl. *Schwenck* WStR S. 79 f.; *Schwaiger* NZWehrr 1961, 64 (67); auch *Bartmann* S. 73.

des Verbrechens oder Vergehens soll insbesondere dem Rechtsblinden und Rechtsgleichgültigen der Einwand abgeschnitten werden, er hätte nicht gemerkt, was vorgeht.[10]

2. Straftat auf Befehl (Abs. 1). a) Rechtswidrige Tat. Der Begriff der rechtswidrigen Tat entspricht der Legaldefinition des § 11 Abs. 1 Nr. 5 StGB; rechtswidrige Tat ist nur eine solche, die den Tatbestand eines Strafgesetzes verwirklicht. Sie muss Folge des dem Untergebenen erteilten Befehls sein,[11] dazu reicht es aus, dass der strafrechtswidrige Erfolg anlässlich der Befehlsausführung und im Zusammenhang mit ihr eingetreten ist.[12]

b) Irrtum. War der Untergebene schon zur Tat entschlossen, bevor sie ihm befohlen wurde oder ging er über das ihm angesonnene Verhalten hinaus, das erst dadurch zu einem Verbrechen oder Vergehen wurde, kommt ihm § 5 nicht zugute. Nimmt er fälschlich an, es liege ein Befehl vor, obwohl der Vorgesetzte zB nur eine Bitte äußert, irrt er über einen Schuldausschließungsgrund (→ Rn. 1); war sein Irrtum vermeidbar, gilt § 35 Abs. 2 StGB.[13] Die durch den Befehl ausgelöste psychische Drucksituation für den Untergebenen, die erst zu seiner Entschuldigung führt, ist unabhängig davon, ob tatsächlich ein Befehl vorliegt oder der Untergebene nur irrig von einem Befehl ausging.[14] Liegt dagegen tatsächlich ein Befehl vor, weiß es aber der Untergebene nicht, handelt er schuldhaft und ist wegen vollendeter Tat strafbar, weil die befehlsspezifische Drucksituation fehlt.[15]

3. Kenntnis des Untergebenen. Der Untergebene muss positiv wissen, dass er durch die Ausführung des Befehls ein Verbrechen oder Vergehen begeht.[16] Hat er rechtliche Zweifel oder hält er es rechtlich bloß für möglich oder wahrscheinlich, verfügt er über keine Kenntnis. „Erkennen" bedeutet nicht, dass der Untergebene das ihm befohlene Verhalten rechtlich korrekt iS des § 12 StGB als Verbrechen oder Vergehen einordnet, es reicht aus, dass er es für strafrechtliches Unrecht und nicht bloß für eine Ordnungswidrigkeit oder sonstige Geringfügigkeit hält.[17] Da das Erkennen des Verbrechens oder Vergehens das sichere Wissen um den Deliktserfolg voraussetzt, ist die Verantwortung des Untergebenen für Fahrlässigkeitstaten regelmäßig ausgeschlossen, soweit der Charakter des Straftatbestandes nicht offensichtlich ist.[18] Vorbehaltlich der Offensichtlichkeit entschuldigt selbst ein grobfahrlässiger Irrtum über die Rechtswidrigkeit den Untergebenen; § 17 StGB findet insoweit keine Anwendung.[19]

4. Offensichtlichkeit der Straftat. Auf die positive Kenntnis des Untergebenen kommt es nicht an, wenn es nach den ihm bekannten Umständen offensichtlich ist, dass es sich bei der befohlenen Tat um ein Verbrechen oder ein Vergehen handelt. Offensichtlich ist der Strafrechtsverstoß nur dann, wenn er jenseits aller Zweifel liegt, wenn es für einen gewissenhaften, pflichtbewussten, auch über seine staatsbürgerlichen und völkerrechtlichen Pflichten und Rechte (§ 33 Abs. 2 SG) unterwiesenen Soldaten auf der Hand liegt, dass ein Verbrechen oder Vergehen von ihm verlangt wird. Hat der Untergebene Zweifel, die er nicht beheben

---

[10] Begr. zum Entwurf des SG, BT-Drs. 2/1700, 20; vgl. auch *Bülte* S. 273.
[11] Zum Befehlsbegriff → § 2 Rn. 8 ff.
[12] *Dau*, Unfälle durch Übermüdung, NZWehr 1986, 198 (203); *Schwartz* S. 188; auch OLG Frankfurt a. M. 6.5.1964 – 2 Ss 322/64, NZWehr 1964, 174 (176); aA *Lingens/Korte* Rn. 4; *Stauf* WR II WStG § 5 Rn. 3.
[13] *Lingens/Korte* Rn. 3; *Schwenck* WStR S. 147; *Schwaiger* S. 87; *Schwartz* S. 169; → VStGB § 3 Rn. 19.
[14] *Lingens/Korte* Rn. 3; *Fischer* StGB § 16 Rn. 25.
[15] *Fischer* StGB § 16 Rn. 25; *Lingens/Korte* Rn. 3.
[16] BGH 19.3.1953 – 3 StR 765/52, BGHSt 5, 239 = NJW 1954, 401 noch zu § 47 MStGB; *Korte* S. 106; *Schwartz* S. 171; *Walter* S. 281.
[17] *Scherer/Alff/Poretschkin* § 11 Rn. 26; *Lingens/Korte* Rn. 9; *Schwenck* WStR S. 146 f.; *Bülte* S. 274.
[18] BGH 3.11.1992 – 5 StR 370/92, BGHSt 39, 1 (33) = NJW 1993, 141 (149); *Schwenck* WStR S. 147; aA *Schwaiger* S. 40 ff.
[19] → § 3 Rn. 6; BGH 14.1.2009 – 1 StR 554/08, NZWehr 2009, 78 (84); 14.1.2009 – 1 StR 158/08, BGHSt 53, 145 (161) = NStZ 2009, 289 (291); 28.10.2009 – 1 StR 205/09, Rn. 122; im Übrigen s. *Jescheck* S. 89; *Scherer/Alff/Poretschkin* § 11 Rn. 31; auch *Bartmann* NZWehr 2000, 244 (249).

kann, darf er dem Befehl folgen.[20] Die Rechtswidrigkeit von Genozid und Verbrechen gegen die Menschlichkeit ist immer offensichtlich.[21]

9 Bei einem Befehl, dem die Strafrechtswidrigkeit schon „auf der Stirn geschrieben" steht,[22] ist der Soldat nicht verpflichtet, den Sachverhalt aufzuklären oder bestehende Zweifel zu beseitigen.[23] Er ist jedoch jederzeit berechtigt, **Gegenvorstellungen** zu erheben, wenn er den Befehl für unklar oder widerspruchsvoll hält, ihm die Ausführung des Befehls nicht möglich ist[24] oder wenn er gegenüber seinem Vorgesetzten auf Grund einer besonderen Fachausbildung über qualifizierte Kenntnisse verfügt. Eine **Pflicht zur Gegenvorstellung** besteht dagegen, wenn der Untergebene erkennt, dass sich der Vorgesetzte in einem Irrtum über tatsächliche Umstände befindet und bei Kenntnis der wahren Sachlage den Befehl nicht erteilt hätte oder wenn für einen pflichtbewussten Soldaten ein solcher Irrtum des Vorgesetzten offensichtlich ist.[25] Besteht der Vorgesetzte trotz Gegenvorstellung auf der Ausführung des Befehls, muss der Untergebene den Gehorsam verweigern, sofern die schuldausschließenden Voraussetzungen des Abs. 1 vorliegen;[26] allein dadurch, dass er sich mit einer Gegenvorstellung gegen den Befehl des Vorgesetzten wendet, kann er sich aus der Verantwortung für die Ausführung eines strafrechtswidrigen Befehls nicht entlassen. Befolgt der Untergebene den Befehl ohne Gegenvorstellung, haftet er für die strafrechtlichen Folgen.[27]

10 **Offensichtlich ist die Tatbegehung,** wenn für Jedermann ihr Charakter als Verbrechen oder Vergehen offen liegt. Dieser zunächst objektiv ausgerichtete Begriff wird mit dem Zusatz „nach den ihm bekannten Umständen" mit einem subjektiven Aspekt verknüpft.[28] Dahinter steht die Überlegung, dem rechtsgleichgültigen und rechtsblinden Untergebenen die Berufung auf die Nichtkenntnis der Verbrechens- oder Vergehensqualifikation der Tat angesichts der zu § 47 MStGB gemachten Erfahrungen endgültig abzuschneiden.[29] Nach den ihm bekannten Umständen offensichtlich ist die Tatbestandsverwirklichung, wenn es für einen gewissenhaften Soldaten[30] bei Kenntnis der Umstände, die für den Sachverhalt von Bedeutung sind, auf der Hand liegt, dass es sich um ein Verbrechen oder Vergehen handelt.[31] Nach den ihm bekannten Umständen bedeutet vor allem das individuelle Fach- und Hintergrundwissen des Untergebenen, so dass reichliche Kenntnis dem Untergebenen schadet, Wissensmängel ihn dagegen entlasten.[32] Das Gesetz verlangt nicht, dass für den Untergebenen die Offensichtlichkeit auch erkennbar sei, auch ihr Gegenbeweis ist nicht zugelassen.[33]

11 **5. Der fakultative Strafmilderungsgrund oder Grund, von Strafe abzusehen (Abs. 2).** Abs. 2 trägt einer besonderen Lage, in der sich der Untergebene bei Ausführung des Befehls befindet, dadurch Rechnung, dass dem Gericht bei Ausführung eines Verbrechens oder Vergehens eine Strafmilderung möglich ist (§ 49 Abs. 1 StGB), bei einem Vergehen kann es auch von Strafe absehen. Zu weiteren Milderungsmöglichkeiten s. § 28 Abs. 1, § 34 Abs. 1.

---

[20] BGH 14.1.2009 – 1 StR 554/08, NZWehrr 2009, 78 (84); 14.1.2009 – 1 StR 158/08, BGHSt 53, 145 (161) = NStZ 2009, 289 (291); 28.10.2009 – 1 StR 205/09, NJW 2010, 308 Rn. 122; auch BGH 17.12.1996 – 5 StR 137/96, BGHSt 42, 356 (362); auch *Bülte* S. 276.
[21] S. auch die in Art. 33 Abs. 2 IStGH – Statut enthaltene Legalfiktion der Offensichtlichkeit, die allerdings im Hinblick auf den Schuldgrundsatz nicht in § 3 VStGB übernommen worden ist.
[22] Begr. zum Entwurf des SG, BT-Drs. 2/1700, 21; auch *Korte* S. 109; *Schwartz* S. 174 f.; *Bülte* S. 275.
[23] *Scherer/Alff/Poretschkin* § 11 Rn. 27; *Stauf* WR II WStG § 5 Rn. 5; *Dau* WBO Einf. Rn. 149 mwN; aA *Huth* S. 147 ff.
[24] BVerwG 10.5.1988 – 2 WDB 6/87, NZWehrr 1989, 35.
[25] BGH 31.1.1964 – 4 StR 514/63, BGHSt 19, 231 = NJW 1964, 933; *Rosteck* S. 83 ff.
[26] *Scherer/Alff/Poretschkin* § 11 Rn. 27a; *Jescheck* S. 81, aA *Rosteck* S. 87.
[27] BGH 31.1.1964 – 4 StR 514/63, BGHSt 19, 231 = NJW 1964, 933.
[28] *Lingens/Korte* Rn. 14; *Schwenck* WStR S. 147 f.; *Schwaiger* S. 83; *Korte* S. 110; *Schwartz* S. 174, 176; BGH 14.1.2009 – 1 StR 554/08, NZWehrr 2009, 78 (84); 14.1.2009 – 1 StR 158/08, BGHSt 53, 145 (162) = NStZ 2009, 289 (291); 28.10.2009 – 1 StR 205/09, NJW 2010, 308 Rn. 122; → StGB § 17 Rn. 96.
[29] → Rn. 4; *Schwaiger* S. 84; *Schwartz* S. 175.
[30] Begr. zum Entwurf des SG BT-Drs. 2/1700, 21.
[31] *Lingens/Korte* Rn. 14; *Schwaiger* S. 83.
[32] *Lingens/Korte* Rn. 14; *Schwenck* WStR S. 147.
[33] Dazu näher *Schwaiger* S. 83 Fn. 169; *Lingens/Korte* Rn. 14.

Während es sich bei der Regelung des Abs. 1 um einen eigenen Schuldausschließungsgrund handelt, gehört Abs. 2 inhaltlich in den Bereich wehrstrafrechtsspezifischer Strafzumessung. Er lässt Raum für die Überlegung, dass das Handeln des Untergebenen auch bei erwiesenem Verschulden durch Befehlsdruck in einer für ihn besonderen Lage beeinflusst sein kann, das sein Verhalten in einem milderen Licht erscheinen lässt. Diese besondere Lage, in der sich der Untergebene bei Ausführung des Befehls befunden haben muss, kann auf äußeren Umständen beruhen, die ihn zur Befehlsausführung drängten, zB starker Zeitdruck bei einer bewaffneten Operation anlässlich eines Auslandseinsatzes,[34] sie kann ihre Ursachen aber auch in Zuständen haben, die individuell in der Person des Untergebenen angelegt sind,[35] zB übergroße Ängstlichkeit, Einschüchterung, Erschöpfung; es dürfen nur keine Dauerzustände sein wie ein bewaffneter Konflikt über einen großen Zeitraum, ein chronisches Krankheitsbild des Untergebenen, instabile Gesamtkonstitution. Die besondere Lage kann für den Soldaten nicht erst bei Ausführung des Befehls, sondern schon unmittelbar vor dem Befehlsempfang bestehen, ohne dass er eine Möglichkeit hat, ihr etwa durch eine Gegenvorstellung auszuweichen. Auch in diesem Fall wird das Gericht die besondere Lage über den Gesetzeswortlaut hinaus berücksichtigen dürfen.

Die besondere Lage kann die Strafzumessungserwägungen des Gerichts nur beeinflussen, wenn die Schuld des Untergebenen mit Rücksicht hierauf gering ist. Die Feststellung, dass die Schuld erheblich geringer ist als bei Verhaltensweisen gleicher oder ähnlicher Art, ist immer in Bezug auf die besondere Lage zu treffen, denn allein diese schafft den besonderen Befehlsdruck mit seinen den Untergebenen letztlich privilegierenden Folgen.

§ 6 Furcht vor persönlicher Gefahr

Furcht vor persönlicher Gefahr entschuldigt eine Tat nicht, wenn die soldatische Pflicht verlangt, die Gefahr zu bestehen.

I. Allgemeines

1. Normzweck. § 6 ist eine wehrrechtsspezifische Ausnahmebestimmung zu § 35 StGB; er ist gleichzeitig eine strafrechtliche Ergänzung zur Grundpflicht des Soldaten nach § 7 SG, notfalls unter Einsatz seines Lebens Recht und Freiheit des deutschen Volkes tapfer zu verteidigen.[1] Wenn die **Pflicht zur Tapferkeit** als Bestandteil der Treuepflicht[2] von dem Soldaten verlangt, eine Gefahr zu bestehen, hat sich der Soldat grds. dieser Pflicht zu stellen. Dienstrechtlich hat er jeden Befehl zu einem noch so gefährlichen Einsatz bis zur Grenze der Zumutbarkeit (→ § 2 Rn. 35) zu befolgen, strafrechtlich kann er sich nicht auf einen entschuldigenden Notstand berufen, wenn er aus Furcht vor persönlicher Gefahr versagt und aus dieser Motivation eine Straftat begeht. In dieser Situation ist er den Personen vergleichbar, denen in einem besonderen Rechtsverhältnis stehend zugemutet wird, eine berufsbedingte Gefahr hinzunehmen, wie die Angehörigen der Polizei, der Feuerwehr oder Seeleute (§ 35 Abs. 1 S. 2 StGB).[3]

2. Tapferkeit ist die Überwindung der Furcht. Die Pflicht des Soldaten, im Frieden, vor allem aber während eines bewaffneten Konflikts, tapfer zu sein, bedeutet nicht, dass er ohne Sinn und Verstand jede Gefährdung auf sich nehmen muss, insbesondere in falsch

---

[34] Enger von *Richthofen* § 5 Anm. 7, der unter „Lage" nicht die militärische Lage, sondern allein die menschliche Situation verstehen will. Wie hier *Lingens/Korte* Rn. 16; *Schwaiger* S. 95.
[35] Vgl. auch *Ambos* S. 222.
[1] Hierzu s. *Walz*, Die „Reichweite" der soldatischen Tapferkeitspflicht, NZWehrr 1992, 55; *Schlegtendal*, Die „Geschäftsgrundlage" für den Soldaten oder Inhalt und Reichweite seiner Treuepflicht, NZWehrr 1992, 177; s. auch *Gauder,* Das Opfer des Soldaten – über den Lebenseinsatz auf Befehl und das Recht auf Leben, NZWehrr 2009, 98 (101, 103 f.).
[2] So zu Recht *Schlegtendal* NZWehrr 1992, 177; kritisch Walz/Eichen/Sohm/*Eichen* § 7 Rn. 18.
[3] *Fischer* StGB § 35 Rn. 12.

verstandenem Heldentum in den sicheren Tod zu gehen.[4] Der Soldat hat zwar notfalls auch sein Leben einzusetzen, der Befehl jedoch, der ihm keine Überlebenschance lässt, ist unzumutbar und damit unverbindlich.[5] Auf diesen Fall findet § 6 schon deshalb keine Anwendung, weil der nicht gehorchende Soldat nicht rechtswidrig handelt (§ 22 Abs. 1) und es für einen Entschuldigungsgrund deshalb keinen Raum gibt.

II. Erläuterung

3   **1. Voraussetzungen und Folgen.** Die Anwendung des § 6 setzt voraus, dass der Soldat eine Tat aus Furcht vor persönlicher Gefahr begeht. Tat bedeutet Straftat iS des § 11 Abs. 1 Nr. 5 StGB einschließlich der militärischen Straftat (§ 2 Nr. 1); in Betracht kommen im Wesentlichen die Tatbestände der Fahnenflucht, der Wachverfehlung[6] oder des Ungehorsams.

4   Die Pflicht zur Tapferkeit (→ Rn. 1) schließt es aus, dass sich der Soldat auf einen entschuldigenden Notstand (§ 35 StGB) berufen kann, wenn er die Tat aus Furcht vor persönlicher Gefahr begangen hat. Auch die Überschreitung der Notwehrgrenzen aus Furcht (§ 33 StGB) entschuldigt den Täter nicht. Dagegen bleibt ihm die Berufung auf Schuldunfähigkeit wegen seelischer Störungen (§ 20 StGB) erhalten, wenn nicht Furcht, sondern zB eine Paniksituation zu einer seine Schuldfähigkeit ausschließenden tiefgreifenden Bewusstseinsstörung führte.[7] Auch Rechtfertigungsgründe sind schon nach dem Wortlaut der Vorschrift („entschuldigt") nicht ausgeschlossen.[8] Eine Strafmilderung liegt immer im Ermessen des Gerichts.

5   **2. Soldatische Pflicht.** Der Soldat muss verpflichtet sein, die Gefahr zu bestehen. Neben der Pflicht zum treuen Dienen als der Grundpflicht des Soldaten gem. § 7 SG in ihrer besonderen Ausgestaltung der Pflicht zur Tapferkeit (§ 7 Hs. 2 SG) kann die Pflicht zur Kameradschaft (§ 12 S. 2 SG) den Soldaten verpflichten, Furcht vor persönlicher Gefahr zu überwinden. Diese Verpflichtung tritt zB ein, wenn er einem Kameraden Hilfe in einem Unglücksfall oder in militärisch bedrohlicher Lage leisten muss und diese aus Furcht vor persönlicher Gefahr zu leisten unterlässt. Seine unterlassene Hilfeleistung ist unentschuldbar. Im außerdienstlichen Bereich steht der Soldat bei der unterlassenen Hilfeleistung (§ 323c StGB) dem zivilen Täter gleich; § 6 findet keine Anwendung.

6   **3. Furcht vor persönlicher Gefahr.** Nur die Furcht vor einer persönlichen Gefahr schließt die Berufung auf den entschuldigenden Notstand aus. **Furcht** ist gefühlsmäßig mehr als Angst. Sie ist ein so gesteigertes Maß an Angst, dass die Fähigkeit des Täters, das Geschehen richtig zu beurteilen, erheblich eingeschränkt ist.[9] Hat der Täter aus anderen Beweggründen gehandelt, zB aus Schrecken, Aufregung oder Verwirrung, bleibt ihm die Berufung auf § 33 StGB erhalten.[10]

7   Es muss sich um eine persönliche Gefahr für den Täter, dh eine Gefahr für Leib oder Leben des Täters selbst handeln. Eine Gefahr für Angehörige des Täters, sonstige Dritte oder Sachen scheidet aus.[11] Bei einem Versagen in einer Gefahrensituation, die – vorbehaltlich des Kameraden (→ Rn. 5) – nicht für den Täter selbst besteht, gilt § 35 Abs. 1 S. 1 StGB. § 6 findet keine Anwendung, weil insoweit keine soldatische Pflicht besteht, und § 35 Abs. 1 S. 2 Hs. 2 StGB gilt deshalb nicht, weil das besondere Rechtsverhältnis des Wehrdienstes eine Sonderregelung in § 6 gefunden hat und stets nur für den Täter gilt.[12]

---

[4] *Bornemann* S. 42.
[5] *Lingens/Korte* Rn. 7; *Schwenck* WStR S. 116; *ders.*, Literaturbericht Wehrstrafrecht, ZStW 1971, 468 (482).
[6] AG Walkenried 17.10.1961 – 2 Ms 23/61, RWStR § 6 Nr. 1.
[7] *Lingens/Korte* Rn. 10; *Schwenck* WStR S. 116.
[8] *Lingens/Korte* Rn. 12.
[9] *Fischer* StGB § 33 Rn. 3; von *Richthofen* Anm. 1.
[10] *Lingens/Korte* Rn. 9.
[11] Begr. zum Entwurf des WStG BT-Drs. 2/3040, 18.
[12] AA *Lingens/Korte* Rn. 5.

4. Irrtum. Befindet sich der Täter in einem Irrtum über Umstände, die ihn bei Begehung der Tat entschuldigt hätten, zB er ging fälschlicherweise von einer Lage aus, die ihn nicht dazu verpflichtet hätte, die Gefahr zu bestehen, führt dieser Irrtum entsprechend § 35 Abs. 2 StGB zu einem Schuldausschluss, wenn er unvermeidbar war, er führt zu einer Strafmilderung nach § 49 Abs. 1 StGB, wenn der Täter den Irrtum hätte vermeiden können.[13] Beurteilt der Täter die Lage dagegen im Tatsächlichen als zutreffend, hält er sich aber nicht verpflichtet, die Gefahr zu bestehen, liegt ein Irrtum über einen Schuldausschließungsgrund und damit ein Verbotsirrtum vor.[14] 8

§ 7 Selbstverschuldete Trunkenheit

(1) Selbstverschuldete Trunkenheit führt nicht zu einer Milderung der angedrohten Strafe, wenn die Tat eine militärische Straftat ist, gegen das Kriegsvölkerrecht verstößt oder in Ausübung des Dienstes begangen wird.

(2) Der Trunkenheit steht ein Rausch anderer Art gleich.

Übersicht

	Rn.		Rn.
I. Allgemeines	1–3	2. Die in selbstverschuldeter Trunkenheit begangene Tat	6
1. Normzweck	1, 2		
2. Historie	3	3. Rausch anderer Art (Abs. 2)	7
II. Erläuterung	4–11	4. Keine Milderung der angedrohten Strafe	8–11
1. Selbstverschuldete Trunkenheit	4, 5		

I. Allgemeines

1. Normzweck. Alkoholmissbrauch sowie der Missbrauch von Betäubungsmitteln sind eine erhebliche Gefahr für die Disziplin der Truppe und die Gesundheit der Soldaten. Sie können ihre psychische und physische Einsatzbereitschaft beeinträchtigen und haben damit unmittelbaren schädlichen Einfluss auf die Funktionsfähigkeit der Streitkräfte. Diese Einsicht führt neben vorbeugenden und erzieherischen Maßnahmen der Truppenführung auch zu wehrstrafrechtlichen Konsequenzen. Für eine militärische Straftat, eine Tat, die gegen das Kriegsvölkerrecht verstößt oder in Ausübung des Dienstes begangen wird, schließt § 7 die selbstverschuldete Trunkenheit und – ihr gleichgestellt – den Rausch infolge von Betäubungsmitteln als Strafmilderungsgrund aus. Die Vorschrift findet keine Anwendung auf sonstige Straftaten des allgemeinen Strafrechts, wie zB § 315a Abs. 1 Nr. 1a, § 316 StGB, sofern diese nicht in Ausübung des Dienstes, etwa durch einen Militärkraftfahrer, begangen sind. 1

§ 7 ist eine wehrrechtsspezifische Strafzumessungsregel[1] und schränkt damit § 21 StGB ein. Er verletzt nicht den Gleichheitsgrundsatz.[2] 2

2. Historie. Abs. 1 ist durch Art. 27 EGStGB vom 2.3.1974, BGBl. I S. 469, 530, um die Worte „gegen das Kriegsvölkerrecht verstößt" ergänzt worden. 3

II. Erläuterung

1. Selbstverschuldete Trunkenheit. Trunkenheit bezeichnet einen Zustand, in dem der Täter als Folge übermäßig genossenen Alkohols in seiner Handlungsfähigkeit beeinträchtigt ist.[3] Die Feststellung wird mit Hilfe des BAK-Wertes, den Umständen des konkreten 4

---

[13] *Fischer* StGB § 35 Rn. 16; *Lingens/Korte* Rn. 9.
[14] *Fischer* StGB § 35 Rn. 17; teilweise differenzierend Schönke/Schröder/*Lenckner/Perron* StGB § 35 Rn. 45; → StGB § 35 Rn. 79 f.
[1] *Schwenck* WStR S. 149; → StGB § 21 Rn. 48.
[2] OLG Köln 15.2.1963 – Ss 446/62, NJW 1963, 775.
[3] *Fischer* StGB § 20 Rn. 11.

Falles sowie der Persönlichkeit und dem Verhalten des Täters getroffen.[4] Die Vorschrift findet keine Anwendung, wenn sich der Täter in einen Rausch versetzt und in diesem Zustand eine rechtswidrige Tat begeht (§ 323a StGB). Die Herbeiführung eines **Rauschzustandes** ist weder eine militärische Straftat iS von § 2 Nr. 1 noch eine in Ausübung des Dienstes begangene Tat.[5] Hat sich der Täter dagegen durch übermäßigen Alkoholgenuss in einen schuldunfähigen Zustand (§ 20 StGB) mit dem Vorsatz versetzt, in diesem Zustand eine bestimmte militärische Straftat zu begehen oder ohne diesen Vorsatz, wobei er jedoch die Begehung einer bestimmten militärischen Straftat voraussehen konnte oder jedenfalls damit rechnete (sog. **actio libera in causa**), findet § 7 auf die während dieses Zustandes begangene Straftat Anwendung.[6]

5   Die Trunkenheit ist **selbstverschuldet,** wenn der Täter wusste oder hätte wissen müssen, dass er durch den Genuss von Alkohol gegen seine Dienstpflichten verstieß, zB gegen das Verbot, vor Antritt eines Fluges als Führer oder Besatzungsangehöriger zwölf Stunden vor Flugbeginn Alkohol zu sich zu nehmen[7] oder dass er mit Rücksicht auf die besonderen Anforderungen seines militärischen Auftrags Enthaltsamkeit oder jedenfalls Zurückhaltung beim Alkoholgenuss hätte üben müssen, wenn sich der Soldat vor einem gefährlichen Einsatz kräftig Mut antrinkt oder sich nach einer alkoholreichen Beförderungsfeier ohne die erforderliche Abbauphase abzuwarten nicht von seinem Fahrauftrag entbinden lässt. Dagegen trifft den Soldaten kein Schuldvorwurf, wenn ihm ohne sein Wissen Alkohol beigebracht wird, zB ein Kamerad schüttet ihm heimlich Wodka in das Tonicwasser, oder ihm wird während eines derben „Aufnahmerituals" zwangsweise Alkohol eingeflößt. Ob der Täter den Alkohol innerhalb oder außerhalb des Dienstes zu sich genommen hat, ist für die Anwendung des § 7 unerheblich. Liegt eine erhebliche Alkoholkrankheit des Soldaten vor, ist seine Trunkenheit nicht selbstverschuldet.[8]

6   **2. Die in selbstverschuldeter Trunkenheit begangene Tat.** Eine Strafmilderung ist nur bei einer militärischen Straftat, einer Straftat, die gegen das Kriegsvölkerrecht verstößt oder einer Straftat, die in Ausübung des Dienstes begangen wurde, ausgeschlossen. Zum Begriff der **militärischen Straftat** → § 2 Rn. 3. Da die Teilnahme einer Zivilperson an einer militärischen Straftat (§ 1 Abs. 4) selbst keine militärische Straftat ist (→ § 1 Rn. 70), findet § 7 auf die Tat des Teilnehmers keine Anwendung. Eine **Straftat, die gegen das Kriegsvölkerrecht verstößt,** umfasst die Kriegsverbrechen gem. §§ 8 ff. VStGB. Der Begriff Kriegsvölkerrecht wird ausgefüllt durch die völkerrechtlichen Verträge über die Kriegsführung, die Kriegsmittel, zum Schutz der Verwundeten, Kriegsgefangenen und Zivilpersonen im Krieg (humanitäres Völkerrecht) und das Völkergewohnheitsrecht, das in einem bewaffneten Konflikt Anwendung findet.[9] Der auch in § 22 SG verwandte Begriff **„Ausübung des Dienstes"** bedeutet die Erfüllung einer militärischen Dienstleistungspflicht. Die in Ausübung des Dienstes begangene Tat ist daher selbst eine – allerdings rechtlich missbilligte – Diensthandlung, zB Missbrauch der Befehlsbefugnis zu unzulässigen Zwecken (§ 32) oder Missbrauch der Disziplinarbefugnis (§ 39). Die Verrichtung einer militärischen Diensthandlung nur während oder anlässlich des Dienstes reicht für die Anwendung des § 7 nicht aus.[10]

7   **3. Rausch anderer Art (Abs. 2).** Der Trunkenheit gleichgestellt ist ein Rausch anderer Art. Rausch ist der Zustand einer akuten Intoxikation,[11] der durch Betäubungsmittel iS

---

[4] *Fischer* StGB § 20 Rn. 12; → StGB § 20 Rn. 73 f.; aA offenbar *Lingens/Korte* Rn. 4, die den Grad der Trunkenheit, die sie mit Rausch begrifflich gleichsetzen, für entbehrlich halten. → Rn. 7.
[5] *Schwenck* WStR S. 115; *ders.* RWStR § 7 Anm. zu Nr. 1; *Lingens/Korte* Rn. 5; *Stauf* WR II WStG § 7 Rn. 4.
[6] *Lingens/Korte* Rn. 5; *Stauf* WR II WStG § 7 Rn. 4.
[7] BVerwG 8.11.1990 – 1 WB 86/89, BVerwGE 86, 349 = NZWehrr 1991, 69.
[8] BVerwG 16.5.2006 – 2 WD 3.05, NZWehrr 2006, 252.
[9] Eine Sammlung kriegsvölkerrechtlicher Abkommentexte ist in *Schwenck/Weidinger,* Handbuch des Wehrrecht, Nr. 1500 ff. enthalten.
[10] *Lingens/Korte* Rn. 2; auch BVerwG 24.4.1980 – 2 C 26.77, NZWehrr 1980, 234 (236 f.).
[11] *Fischer* StGB § 323a Rn. 4 mwN; 2. Aufl., StGB § 323a Rn. 3.

der in den Anlagen I bis III des BtMG aufgeführten Stoffe und Zubereitungen ausgelöst wird. Die Gleichstellung von Trunkenheit und Rausch bezieht sich ausschließlich auf ihren beiderseitigen Ausschluss als Strafmilderungsgrund. Sie bedeutet nicht, dass auch die Trunkenheit den Grad eines Rausches erreicht haben muss, um erst dann eine Strafmilderung auszuschließen. Trunkenheit ist mehr als nur der übermäßige Genuss von Alkohol, aber weniger als ein Rausch. Während Trunkenheit zu schwerwiegenden Einschränkungen der Wahrnehmungs- und Reaktionsfähigkeit führen kann, ist der Rauschzustand dadurch gekennzeichnet, dass der Täter nach allgemeiner Erfahrung gar nicht mehr in der Lage ist, sein eigenes Verhalten an rechtlichen Verhaltensnormen auszurichten.[12] Zuzugeben ist, dass der Gesetzeswortlaut mangelnde Trennschärfe zwischen den Begriffen aufweist.

4. Keine Milderung der angedrohten Strafe. Selbstverschuldete Trunkenheit und ein Rausch anderer Art sind als Strafmilderungsgrund ausgeschlossen. Unzulässig ist die Milderung der angedrohten Strafe auch dann, wenn neben Trunkenheit oder Rausch noch andere Milderungsgründe vorliegen.[13] Steht eine militärische Straftat in Tatmehrheit mit anderen Straftaten, auf die § 7 nicht zutrifft, findet Abs. 1 nur auf die Einzelstrafe für die trunkenheits- oder rauschbedingte Straftat Anwendung. Bei Tateinheit von militärischer Straftat und einer nicht von § 7 betroffenen Straftat darf diese Strafe nicht milder sein als die für die militärische Straftat zugelassene (§ 52 Abs. 2 S. 2 StGB).[14]

Das **Verbot einer Strafmilderung** bedeutet, dass es Trunkenheit und Rausch nicht zulassen, den Regelstrafrahmen nach unten zu verschieben.[15] Die „angedrohte Strafe" ist der gesetzliche Strafrahmen. Keine Milderung ist daher die Verhängung einer Geldstrafe anstelle einer kurzen Freiheitsstrafe gem. § 47 StGB oder die Verhängung von Strafarrest gem. § 12 statt einer Freiheitsstrafe.[16]

Ausgeschlossen sind die Strafmilderungsgründe des allgemeinen Strafrechts (§§ 17 S. 2, 21 StGB) sowie nach dem WStG (§§ 5 Abs. 2, 28 Abs. 1 S. 2, 34 Abs. 1 S. 2), wenn entweder ein strafmildernder Irrtum bei einem nüchternen Soldaten vermeidbar oder sonst ein geringerer Strafrahmen bei einem minder schweren Fall möglich gewesen wäre.

§ 7 lässt es dagegen zu, *innerhalb* des Regelstrafrahmens die Strafe mit Rücksicht auf die Trunkenheit oder den Rausch zu mildern, wenn hierfür besondere Umstände vorliegen. Auch eine mildere Bestrafung aus anderen Gründen als der Trunkenheit oder des Rausches ist zulässig.[17]

§ 8 (weggefallen)

§ 8 ist durch Art. 27 EGStGB vom 2.3.1974, BGBl. I S. 469, 530, aufgehoben worden.

§ 9 Strafarrest

(1) Das Höchstmaß des Strafarrestes ist sechs Monate, das Mindestmaß zwei Wochen.

(2) ¹**Der Strafarrest besteht in Freiheitsentziehung.** ²**Im Vollzug soll der Soldat, soweit tunlich, in seiner Ausbildung gefördert werden.**

(3) Die Vollstreckung des Strafarrestes verjährt in zwei Jahren.

---

[12] So *Fischer* StGB § 323a Rn. 4 mwN.
[13] AA OLG Köln 25.3.1960 – Ss 80/60, NJW 1960, 1480 = NZWehrr 1961, 88 mAnm *Arnold* NZWehrr 1961, 92; wie hier *Lingens/Korte* Rn. 6; *Stauf* WR II WStG § 7 Rn. 5.
[14] *Lingens/Korte* Rn. 9.
[15] *Lingens/Korte* Rn. 6; *Fischer* StGB § 49 Rn. 2; → StGB § 49 Rn. 23 f.; weitergehend *Schwenck* WStR S. 114.
[16] *Lingens/Korte* Rn. 8.
[17] Begr. zum Entwurf des WStG BT-Drs. 2/3040, 19; auch → StGB § 21 Rn. 48.

Übersicht

	Rn.		Rn.
I. Allgemeines	1–5	1. Vom Strafarrest betroffene Personen	6, 7
1. Normzweck	1	2. Mindest- und Höchstmaß des Strafarrestes	8, 9
2. Kriminalpolitische Bedeutung	2–4		
3. Historie	5	3. Vollzug des Strafarrestes (Abs. 2 S. 2)	10, 11
II. Erläuterung	6–12	4. Vollstreckungsverjährung (Abs. 3)	12

I. Allgemeines

1 **1. Normzweck.** Den Strafarrest als eine kurzzeitige Freiheitsentziehung und Besinnungsstrafe für kriminell nicht anfällige Soldaten gibt es nur im System des Wehrstrafrechts.[1] Er tritt zu den Strafen, die im Sanktionensystem des allgemeinen Strafrechts vorbehaltlich der in den §§ 9–14 enthaltenen Abweichungen und Besonderheiten[2] auch für den Soldaten gelten. Soldaten, die Jugendliche oder Heranwachsende sind, werden nach den Vorschriften des JGG bestraft (§ 3 Abs. 2), dh ihnen gegenüber sind nur die Zuchtmittel nach §§ 13 ff. JGG und damit auch Jugendarrest (§ 16 JGG) sowie die Jugendstrafe gem. §§ 17 ff. JGG zulässig.[3]

2 **2. Kriminalpolitische Bedeutung.** Der Strafarrest ist eine Freiheitsstrafe im weiteren Sinne (Abs. 2 S. 1).[4] Die Begründung zum WStG[5] erklärt seine Bedeutung damit, dass die Soldaten in besondere Pflichtverhältnisse gestellt werden, denen sie oft nur eingeschränkt gewachsen sind, ferner mit Geldstrafe (§ 10) nur eingeschränkt bestraft werden können und schließlich auf Grund erhöhter Anforderungen in weiterem Umfang Strafbestimmungen unterliegen, die für andere Staatsbürger nicht gelten.[6] Der Strafarrest bewährt sich, wenn eine andere Freiheitsstrafe unverhältnismäßig, eine Geldstrafe allein jedoch als zu gering erscheint oder zur Wahrung der Disziplin nicht verhängt werden darf (§ 10).

3 Der Strafarrest ist eine Ersatzfreiheitsstrafe nach § 11 und tritt unter den Voraussetzungen des § 12 an die Stelle einer Freiheitsstrafe von nicht mehr als sechs Monaten. Er wird gem. §§ 3 Nr. 1, 4 Nr. 1 BZRG in das Bundeszentralregister eingetragen.[7]

4 Der Strafarrest ist eine **echte Kriminalstrafe**. Damit unterscheidet er sich nach Rechtsgrund und Zweckbestimmung[8] vom Disziplinararrest (§ 26 WDO). Auch dieser besteht in einfacher Freiheitsentziehung; er dauert mindestens drei Tage und höchstens drei Wochen. Er darf nur von einem Disziplinarvorgesetzten mit richterlicher Zustimmung (§ 40 WDO) verhängt werden, der mindestens die Dienststellung eines Bataillonskommandeurs oder eines Offiziers in entsprechender Dienststellung hat (§ 28 Abs. 1 Nr. 2 und 3 WDO). Auch das Wehrdienstgericht kann in gerichtlichen Disziplinarverfahren Disziplinararrest verhängen (§ 58 Abs. 6 WDO). Zur Anrechnung von Disziplinarmaßnahmen auf Strafarrest vgl. *Dau* WDO § 16 Rn. 26.

5 **3. Historie.** Die Vorschrift ist in ihrem Abs. 1 durch Art. 27 EGStGB vom 2.3.1974, BGBl. I S. 469, 530, in der Weise geändert worden, dass das Mindestmaß des Strafarrestes auf zwei Wochen erhöht wurde. Ein früherer Abs. 4, der gegenüber Personen, die zurzeit der Tat nicht Soldaten waren, Strafarrest nicht zuließ, ist damals gestrichen worden.

---

[1] Vgl. BGH 9.12.1958 – 1 StR 479/58, BGHSt 12, 244 = NJW 1959, 444; *Schwenck* WStR S. 150; *Arndt* S. 144.
[2] *Wipfelder/Schwenck,* Wehrrecht in der Bundesrepublik Deutschland, 1971, Rn. 727.
[3] → EGWStG Art. 1 Rn. 2 f.
[4] S. zu diesem Begriff auch in Bezug auf den Strafarrest *Fischer* StGB § 38 Rn. 2; → StGB § 38 Rn. 2.
[5] BT-Drs. 2/3040, 20.
[6] Vgl. auch *Schwenck* WStR S. 150.
[7] Vgl. auch die den Strafarrest betreffenden §§ 32 Abs. 2 Nr. 5, 34 Abs. 1 Nr. 1b, 35 Abs. 2 sowie § 46 Abs. 1 und Nr. 2b BZRG.
[8] → Vor § 1 Rn. 3.

II. Erläuterung

1. Vom Strafarrest betroffene Personen. Strafarrest darf nur bei Straftaten von Soldaten (§§ 10–12), dh wegen einer während des Wehrdienstverhältnisses begangenen militärischen oder nichtmilitärischen Straftat, verhängt werden.

Der Täter muss zum Zeitpunkt der Tat Soldat sein, denn die Regelungen der §§ 10–12 setzen den Soldaten als Täter einer Straftat voraus. Hat der Täter die Straftat als Zivilperson begangen und wurde er erst später Soldat, darf auf Strafarrest gegen ihn nicht erkannt werden (vgl. Art. 4 EGWStG). Andererseits ist die Verhängung von Strafarrest zulässig, wenn der Täter bei der Verurteilung wieder zivilen Status hat. Gegenüber dem in § 1 Abs. 2–4 genannten Personenkreis ist die Verhängung von Strafarrest unzulässig.

2. Mindest- und Höchstmaß des Strafarrestes. Mit seinem Mindestmaß von zwei Wochen ist der Strafarrest die einzige Freiheitsstrafe unter einem Monat (§ 38 Abs. 2 StGB); insoweit verdrängt er § 47 Abs. 1 StGB, der kurzzeitige Freiheitsstrafen nur ausnahmsweise vorsieht. Ihr Mindestmaß darf nicht unterschritten werden,[9] selbst wenn besondere gesetzliche Milderungsgründe (§ 49 StGB) vorliegen. Nur bei der Festsetzung des Strafarrestes als Ersatzfreiheitsstrafe (§ 11) gilt eine Ausnahme (→ § 11 Rn. 5).

Das Höchstmaß des Strafarrestes beträgt sechs Monate. Es ist auch bei Bildung einer Gesamtstrafe (§ 13 Abs. 1) und bei der Ersatzfreiheitsstrafe (§ 11) einzuhalten. Die Dauer des Strafarrestes wird nach vollen Wochen und Monaten berechnet (§ 39 StGB).

3. Vollzug des Strafarrestes (Abs. 2 S. 2). Der Vollzug des Strafarrestes an Soldaten wird von den Behörden der Bundeswehr durchgeführt (Art. 5 Abs. 1 EGWStG). Strafarrest an Zivilisten, die zurzeit der Tat Soldaten waren (→ Rn. 7), wird von den zivilen Vollstreckungsbehörden gem. §§ 167 ff. StrVollzG vollstreckt.[10] Rechtsgrundlage ist die BwVollzO iVm der ZDv A – 2155/1 (vgl. Art. 7 EGWStG). Scheidet der Soldat während des Vollzuges aus der Bundeswehr aus, ist er aus dem Vollzug zu entlassen und den zivilen Vollstreckungsbehörden zum weiteren Vollzug zu überstellen (§§ 167 ff. StrVollzG; s. auch § 22 BwVollzO). Der Vollzug wird in militärischen Anlagen und Einrichtungen und, soweit der Soldat am Dienst teilnimmt, bei einer militärischen Einheit oder Dienststelle durchgeführt (§ 3 BwVollzO).

Die Vollzugsorgane der Bundeswehr sind verpflichtet, den Soldaten während des Vollzuges von Strafarrest, soweit tunlich, in seiner Ausbildung zu fördern. Mit dieser Verpflichtung enthält das WStG die gleiche Regelung, wie sie § 53 Abs. 2 S. 1 WDO für den Vollzug des Disziplinararrestes vorsieht. Die Regelform des Vollzuges ist in beiden Fällen die Teilnahme des Soldaten am Dienst. Sie ist keine Strafverschärfung, sondern dient der Harmonisierung des Vollzuges, der Resozialisierung des Soldaten und der aus Einsatzgründen nötigen ständigen Personalpräsenz der Truppe. Auch aus Gründen individueller Disziplin ist die Teilnahme am Dienst geboten, da sie verhindert, dass sich der Soldat unbequemem Ausbildungsdienst entzieht und damit günstiger steht als ein nicht mit Strafarrest bestrafter Soldat. Wird aus besonderen Gründen von der Teilnahme des Soldaten am Dienst abgesehen,[11] ist er nach Möglichkeit in einer Weise zu beschäftigen, die seine Ausbildung fördert (vgl. § 10 Abs. 1 S. 3 BwVollzO). Ist auch dieses nicht durchführbar, kann der Soldat innerhalb der regelmäßigen Dienstzeit nach § 10 BwVollzO beschäftigt werden.

4. Vollstreckungsverjährung (Abs. 3). Die Vollstreckung des Strafarrestes verjährt in zwei Jahren. Die Frist beginnt mit der Rechtskraft der Entscheidung (§ 79 Abs. 6 StGB).

§ 10 Geldstrafe bei Straftaten von Soldaten

Bei Straftaten von Soldaten darf Geldstrafe nicht verhängt werden, wenn besondere Umstände, die in der Tat oder der Persönlichkeit des Täters liegen, die Verhängung von Freiheitsstrafe zur Wahrung der Disziplin gebieten.

---

[9] *Lingens/Korte* Rn. 7; *Schwenck* WStR S. 150.
[10] → EGWStG Art. 5 Rn. 14.
[11] Hierzu näher *Dau* WDO § 53 Rn. 15.

I. Allgemeines

1 **1. Normzweck.** § 10 enthält die Voraussetzungen, die die Verhängung einer Geldstrafe gegen Soldaten ausschließen. Gegenüber der Regelung früheren Rechts (§ 10 Nr. 3 aF), die es nicht zuließ, auf Geldstrafe gegen Soldaten überhaupt zu erkennen (→ Rn. 2), ist § 10 jetzt eine Ausnahme von dem Grundsatz, dass auch bei Straftaten von Soldaten eine Geldstrafe in Betracht kommen kann. Nachdem die Geldstrafe als eigenständige Strafdrohung entfallen ist,[1] bleiben die Möglichkeiten, gegen Soldaten eine Geldstrafe zu verhängen, ohnehin gering. Bei Straftaten von Soldaten kann eine Geldstrafe verhängt werden, wenn sie wahlweise neben einer Freiheitsstrafe angedroht ist.[2] Für die nichtmilitärischen Straftaten ergibt sich ihre Zulässigkeit aus § 12 Abs. 2 StGB für Vergehen, liegen besondere gesetzliche Milderungsgründe vor aus § 49 Abs. 2 StGB, bei militärischen Straftaten nur bei den Tatbeständen der §§ 33, 34 und § 48, die auf die Strafdrohungen des allgemeinen Strafrechts Bezug nehmen.[3] Da die militärischen Straftaten der §§ 15 ff. im Übrigen ausschließlich Freiheitsstrafen ohne besonderes Mindestmaß androhen, kann bei ihnen auf Geldstrafe nur gem. § 47 Abs. 2 StGB erkannt werden.[4] Die in § 10 getroffene Regelung ist verfassungsgemäß.[5]

2 **2. Historie.** Die Vorschrift hat durch Art. 27 EGStGB vom 2.3.1974, BGBl. I S. 469, 530, eine neue Fassung erhalten. Die frühere Regelung hatte es ausgeschlossen, für militärische Straftaten auf Geldstrafe zu erkennen. Auch die wahlweise Bestrafung mit Geldstrafe war ausdrücklich ausgeschlossen, soweit das WStG Bezug auf die Strafdrohung des allgemeinen Strafrechts nahm.[6] Bei nichtmilitärischen Straftaten war Geldstrafe ausgeschlossen, wenn die Wahrung der Disziplin eine Freiheitsstrafe erforderte (§ 12 aF).

II. Erläuterung

3 **1. Persönlicher und sachlicher Geltungsbereich.** Die Vorschrift betrifft nur den Soldaten als Täter (→ § 1 Rn. 5 ff.) zurzeit der Tat. Für den in § 1 Abs. 2–4 genannten Personenkreis gilt sie nicht. Die Straftat kann eine militärische (§ 2 Nr. 1) oder nichtmilitärische Straftat sein. Auf die kumulative Geldstrafe nach § 41 StGB ist § 10 nicht anwendbar.[7]

4 **2. Besondere Umstände.** Auf eine Geldstrafe darf nicht erkannt werden, wenn besondere Umstände eine Freiheitsstrafe zur Wahrung der Disziplin gebieten. Diese Umstände können – entsprechend § 47 Abs. 1 StGB – in der Tat oder in der Persönlichkeit des Täters liegen.

5 Besondere Umstände **in der Tat** liegen vor, wenn diese sich von dem Durchschnitt der praktisch vorkommenden Taten dieser Art unterscheidet. Zu berücksichtigen sind hierbei im Rahmen der Strafzumessungsgrundsätze (§ 46 Abs. 2 StGB) die Art der Tatausführung und die verschuldeten Folgen der Tat, die Schwere der Rechtsgutverletzung und das Maß der Pflichtwidrigkeit.[8] **Täterrelevante Umstände** können der charakterliche, körperliche oder geistige Zustand des Soldaten sein, soweit ein innerer Zusammenhang mit der Tat

---

[1] Aufgehoben durch Art. 2 § 2 2. StrRG, Art. 12 EGStGB; auch *Horn*, Probleme bei der Bestimmung von Mindest- und Höchstgeldstrafe, NStZ 1990, 270.
[2] *Fischer* StGB § 47 Rn. 3,4; *Peschke*, Das militärische Strafsystem, Der Soldat als Mensch zweiter Klasse?, NZWehr 1987, 158 (159); kritisch *Spring*, Brauchen wir in Deutschland eine Militärgerichtsbarkeit, 2008, S. 48 f.
[3] Vgl. auch *Lingens/Korte* Rn. 7.
[4] *Fischer* StGB § 47 Rn. 12; → StGB § 47 Rn. 51, 54 f.; *Peschke* NZWehrr 1987, 158 S. 159; gem. Art. 10 Abs. 2 EGStGB gilt § 12 EGStGB, BGBl. I S. 469, 472, nicht für die Strafdrohungen des WStG; aA *Horn* NStZ 1990, 270.
[5] BVerfG 13.2.1973 – 2 BvL 8/71, BVerfGE 34, 261 = NJW 1973, 797 noch zu § 56 ErsatzdienstG vom 16.7.1965, BGBl. I S. 984.
[6] *Peschke* NZWehrr 1987, 158; zu den Gründen dieser Regelung s. *Lingens/Korte* Rn. 2.
[7] *Lingens/Korte* Rn. 7.
[8] OLG Celle 7.10.1980 – 1 Ss 324/80, NZWehrr 1981, 114 (115); *Lingens/Korte* Rn. 9; *Fischer* StGB § 47 Rn. 6.

besteht. Auch die Tatsache, dass ein Wiederholungsfall vorliegt oder der Soldat Vorstrafen aufweist, hat für die Beurteilung der Persönlichkeit individuelle Bedeutung.[9] In diesen Merkmalen muss sich der Täter von einem durchschnittlichen Täter unterscheiden. Bei einer Straftat durch einen Gewissenstäter unterliegen die täterbezogenen Umstände besonderer Prüfung, weil sich Regelmaßnahmen verbieten. Bei einer Fahnenflucht durch einen Kriegsdienstverweigerer muss nicht automatisch eine Freiheitsstrafe verhängt werden, auch eine Geldstrafe kann tat- und schuldangemessen sein.[10]

3. Zur Wahrung der Disziplin. Zum Ausschluss einer Geldstrafe reicht es allein nicht aus, dass ihr besondere Umstände entgegenstehen; es muss hinzukommen, dass sie die Verhängung einer Freiheitsstrafe zur Wahrung der Disziplin gebieten. Der Grundsatz der Disziplin folgt aus dem Wesen einer Armee.[11] Wahrung der Disziplin bedeutet, dass der Soldat die militärische Ordnung einhält und sich in das militärische Gefüge selbstbeherrscht ein- und damit unterordnet.[12] Das Gebot zur Wahrung der Disziplin ist nicht nur spezialpräventiv iS einer Einwirkung auf den Täter selbst in der Erwartung zu verstehen, dass allein eine Freiheitsstrafe ihn dazu anhält, sich künftig straffrei in die militärische Ordnung einzufügen, sondern es hat auch generalpräventive Wirkung,[13] zB eine Geldstrafe ist eine zu milde Reaktion, um potentielle Täter abzuschrecken. Für die Wahrung der Disziplin ist es darüber hinaus von Bedeutung, ob der Täter zB wegen derselben Tat schon Disziplinararrest verbüßt hat, innerhalb einer laufenden Bewährungszeit erneut straffällig geworden ist oder durch Häufung dieser oder ähnlicher Straftaten die Disziplin gefährdet. Dass sie tatsächlich schon gelitten hat, ist nicht erforderlich, es reicht ihre Gefährdung.[14] 6

Ob eine Freiheitsstrafe zur Wahrung der Disziplin auch spezial- und generalpräventiv geboten ist, muss das Gericht im Einzelnen feststellen. Formelhafte Wendungen reichen hierfür nicht aus.[15] Für die Freiheitsstrafe muss gegenüber der Geldstrafe ein unabweisbares Bedürfnis bestehen,[16] es genügt nicht, dass sie lediglich angemessen ist.[17] Der Rechtsbegriff „gebieten", der sich sprachlich angepasst auch in § 12 sowie in den §§ 14, 14a und § 56 Abs. 3 StGB wiederholt, ist um eine Nuance strenger als der Begriff „erforderlich".[18] Dagegen ist das Wort „unerlässlich" wieder strenger auszulegen als das Wort „geboten".[19] 7

§ 11 Ersatzfreiheitsstrafe

¹Ist wegen einer Tat, die ein Soldat während der Ausübung des Dienstes oder in Beziehung auf den Dienst begangen hat, eine Geldstrafe bis zu einhundertachtzig Tagessätzen verhängt, so ist die Ersatzfreiheitsstrafe Strafarrest. ²Einem Tagessatz entspricht ein Tag Strafarrest.

I. Allgemeines

1. Normzweck. Die Vorschrift ergänzt § 43 StGB (§ 3 Abs. 1), indem sie anstelle einer nach Tagessätzen bemessenen uneinbringlichen Geldstrafe den Strafarrest als zulässige wehrstrafrechtsspezifische Ersatzfreiheitsstrafe bestimmt. Sie ist darüber hinaus eine Konsequenz 1

---

[9] Peschke NZWehr 1987, 158 (160).
[10] BayObLG 27.3.1991 – RReg 4 St 39/91, NJW 1992, 191; OLG Hamm 11.3.1980 – 1 Ss 2661/79, NJW 1980, 2425.
[11] BVerfG 18.2.1970 – 2 BvR 746/68, BVerfGE 28, 55 = NJW 1970, 1267; auch OLG Koblenz 18.4.1985 – 1 Ss 18/85, NZWehr 1985, 169 (171).
[12] So *Scherer/Alff/Poretschkin* § 17 Rn. 2; auch *Fürst/Arndt* § 17 Rn. 3.
[13] BayObLG 7.6.1979 – RReg 4 St 82/79, NZWehr 1979, 189 (190); zur Strafzumessung bei Wehrdelikten s. *Trips*, Zur Strafzumessung und Strafaussetzung bei Wehrdelikten, NZWehr 1962, 148.
[14] OLG Celle 18.3.1971 – 1 S 5/71, NZWehr 1971, 227.
[15] OLG Celle 7.10.1980 – 1 Ss 324/80, NZWehr 1980, 114 (115).
[16] OLG Frankfurt a. M. 27.7.1976 – 2 Ss 585/76, NZWehr 1977, 112.
[17] *Lingens/Korte* Rn. 12.
[18] OLG Frankfurt a. M. 27.7.1976 – 2 Ss 585/76, NZWehr 1977, 112.
[19] Beide Begriffe sind in § 12 verwendet. Vgl. *Fischer* StGB § 47 Rn. 10; → StGB § 47 Rn. 30.

der Regelung, dass grds. auch gegen Soldaten eine Geldstrafe verhängt werden kann (→ § 10 Rn. 1 f.).

2 **2. Historie.** § 11 hat mit anderem Inhalt durch Art. 27 EGStGB vom 2.3.1974, BGBl. I S. 469, 530, eine neue Fassung erhalten.

II. Erläuterung

3 **1. Persönlicher und sachlicher Geltungsbereich.** Strafarrest als Ersatzfreiheitsstrafe darf nur gegenüber Soldaten (→ § 1 Rn. 5 ff.) verhängt werden. Gegenüber dem in § 1 Abs. 2–4 genannten Personenkreis ist daher nur Freiheitsstrafe als Ersatzfreiheitsstrafe zulässig.

4 **Tat** bezeichnet militärische (→ § 2 Rn. 1) und nichtmilitärische Straftaten. Mit der Einschränkung, dass diese in Ausübung des Dienstes oder in Beziehung auf den Dienst begangen sein müssen, nimmt § 11 insoweit den Wortlaut des § 5 Nr. 14 StGB auf (s. zu diesen Begriffen → § 7 Rn. 6; → § 1a Rn. 11). Die Vorschrift gilt für Verbrechen und Vergehen (s. § 49 Abs. 2 StGB).

5 **2. Strafarrest als Ersatzfreiheitsstrafe.** Bei kurzzeitigen Freiheitsstrafen von nicht mehr als sechs Monaten ist unter den Voraussetzungen des § 12 auf Strafarrest zu erkennen. Als Ersatzfreiheitsstrafe darf Strafarrest verhängt werden, wenn auf eine Geldstrafe bis zu einhundertachtzig Tagessätzen erkannt worden ist. Die Geldstrafe entspricht in ihrem Tageshöchstsatz der höchstzulässigen Dauer des Strafarrestes (§ 9 Abs. 1). Wird dieser überschritten, kann nur auf eine Freiheitsstrafe als Ersatzfreiheitsstrafe erkannt werden. Seine untere Grenze von zwei Wochen darf der Strafarrest dagegen unterschreiten, da S. 2 entsprechend § 43 S. 2 StGB das Mindestmaß für einen Tagessatz auf einen Tag festgesetzt hat.

§ 12 Strafarrest statt Freiheitsstrafe

Darf auf Geldstrafe nach § 10 nicht erkannt werden oder ist bei Straftaten von Soldaten die Verhängung einer Freiheitsstrafe, die nach § 47 des Strafgesetzbuches unerläßlich ist, auch zur Wahrung der Disziplin geboten, so ist, wenn eine Freiheitsstrafe von mehr als sechs Monaten nicht in Betracht kommt, auf Strafarrest zu erkennen.

I. Allgemeines

1 **1. Normzweck.** § 12 ist im Anschluss an die §§ 9, 10 die Rechtsgrundlage für den Strafarrest, wenn er an die Stelle einer nach allgemeinem Strafrecht zu verhängenden kurzzeitigen Freiheitsstrafe tritt. Insoweit ist die Vorschrift eine Korrespondenzregelung zu § 47 Abs. 1 StGB.

2 **2. Historie.** Die Vorschrift hat ihre geltende Fassung durch Art. 27 EGStGB vom 2.3.1974, BGBl. I S. 469, 530, erhalten.

II. Erläuterung

3 Die Verhängung von Strafarrest anstelle einer Freiheitsstrafe ist nur im Bereich kurzzeitiger Freiheitsstrafen zulässig. Da der Strafarrest nur eine Höchstdauer von sechs Monaten hat (§ 9 Abs. 1), darf auch nur eine Freiheitsstrafe von nicht mehr als sechs Monaten in Betracht kommen. Darüber hinaus müssen folgende zwei Voraussetzungen vorliegen:
– es darf nicht auf eine Geldstrafe erkannt werden (§ 10). Das bedeutet, dass wegen besonderer Umstände zur Wahrung der Disziplin überhaupt nur eine Freiheitsstrafe verhängt werden darf (→ § 10 Rn. 4 ff.).
– Eine Freiheitsstrafe unter sechs Monaten, die zur Einwirkung auf den Täter oder zur Verteidigung der Rechtsordnung unerlässlich ist (§ 47 Abs. 1 StGB), muss *auch* zur Wah-

rung der Disziplin geboten sein. Dazu hat das Gericht eine zweifache Prüfung vorzunehmen. Zunächst hat es die besonderen Umstände festzustellen, die die Verhängung einer Freiheitsstrafe zur Einwirkung auf den Täter oder zur Verteidigung der Rechtsordnung unerlässlich machen (hierzu s. die Kommentierungen zu § 47 StGB), alsdann hat es darüber zu entscheiden, ob die Freiheitsstrafe auch zur Wahrung der Disziplin geboten ist (→ § 10 Rn. 6). Ist eine Freiheitsstrafe sowohl nach § 47 Abs. 1 StGB unerlässlich als auch zur Wahrung der Disziplin geboten, hat das Gericht innerhalb des vorgegebenen Strafrahmens von sechs Monaten auf Strafarrest zu erkennen.

§ 13 Zusammentreffen mehrerer Straftaten

(1) ¹Wäre nach den Vorschriften des Strafgesetzbuches eine Gesamtstrafe von mehr als sechs Monaten Strafarrest zu bilden, so wird statt auf Strafarrest auf Freiheitsstrafe erkannt. ²Die Gesamtstrafe darf zwei Jahre nicht übersteigen.

(2) ¹Trifft zeitige Freiheitsstrafe mit Strafarrest zusammen, so ist die Gesamtstrafe durch Erhöhung der Freiheitsstrafe zu bilden. ²Jedoch ist auf Freiheitsstrafe und Strafarrest gesondert zu erkennen, wenn die Voraussetzungen für die Aussetzung der Vollstreckung des Strafarrestes nicht vorliegen, die Vollstreckung der Gesamtstrafe aber zur Bewährung ausgesetzt werden müßte. ³In diesem Fall sind beide Strafen so zu kürzen, daß ihre Summe die Dauer der sonst zu bildenden Gesamtstrafe nicht überschreitet.

(3) Die Absätze 1 und 2 sind auch anzuwenden, wenn nach den allgemeinen Vorschriften eine Gesamtstrafe nachträglich zu bilden ist.

Übersicht

	Rn.		Rn.
I. Allgemeines	1, 2	a) Strafarrest als Einzelstrafe	4, 5
1. Normzweck	1	b) Strafarrest und Geldstrafe	6
2. Historie	2	c) Strafarrest und Freiheitsstrafe (Abs. 2)	7, 8
II. Erläuterung	3–12	d) Freiheitsstrafe als Einzelstrafe	9
1. Persönlicher und sachlicher Geltungsbereich	3	e) Geldstrafe als Einzelstrafe	10
		f) Nachträgliche Gesamtstrafenbildung (Abs. 3)	11
2. Gesamtstrafenbildung (Abs. 1)	4–11	3. Strafzumessung bei Tateinheit	12

I. Allgemeines

1. Normzweck. § 13 gehört zu den Bestimmungen, die die Zulässigkeit und Rechtsfolgen des Strafarrestes regeln. Er enthält die wehrstrafrechtsspezifischen Besonderheiten bei der Strafzumessung, wenn Strafarrest mit Strafarrest oder anderen Strafen zusammentrifft.[1] Die Vorschrift ergänzt die Regeln des allgemeinen Strafrechts zur Bildung einer Gesamtstrafe bei Tatmehrheit (§§ 53 ff. StGB). 1

2. Historie. Abs. 1 als früher einziger Regelungsinhalt der Vorschrift ist durch Art. 12 1. StRG vom 25.6.1969, BGBl. I S. 645, an die Strafensystematik des allgemeinen Strafrechts angepasst worden. Art. 27 EGStGB vom 2.3.1974, BGBl. I S. 469, 530, hat die Abs. 2 und 3 angefügt. 2

II. Erläuterung

1. Persönlicher und sachlicher Geltungsbereich. Die Vorschrift gilt nur für Soldaten (→ § 1 Rn. 5 ff.), nicht für den in § 1 Abs. 2–4 bezeichneten Personenkreis. Sie findet auf militärische (§ 2 Nr. 1) und nichtmilitärische Straftaten Anwendung.[2] 3

---
[1] HK-GS/*Steinmetz* § 54 Rn. 21; StGB § 54 Rn. 17.
[2] HK-GS/*Steinmetz* § 54 Rn. 21.

4 **2. Gesamtstrafenbildung (Abs. 1). a) Strafarrest als Einzelstrafe.** Ist gegen den Soldaten mehrmals wegen realkonkurrierender Taten auf Strafarrest erkannt worden, gilt § 53 Abs. 1 StGB, soweit die Gesamtstrafe nicht die Dauer von sechs Monaten (§ 9 Abs. 1) übersteigt. Ist dies der Fall, darf gem. Abs. 1 S. 1 nur auf eine Freiheitsstrafe erkannt werden. Diese Regelung trägt dem besonderen Charakter des Strafarrestes als kurzzeitiger Besinnungsstrafe[3] Rechnung, der auch bei der Bildung einer Gesamtstrafe gewahrt bleiben soll.

5 Die aus mehreren Strafarresten gebildete und die Dauer von sechs Monaten überschreitende Gesamtstrafe ist abweichend von § 54 Abs. 2 StGB auf zwei Jahre begrenzt (Abs. 1 S. 2), bei dem Höchstmaß des Strafarrestes von sechs Monaten eine in der Praxis ungewöhnliche Konstellation.[4]

6 **b) Strafarrest und Geldstrafe.** Bei einer Gesamtstrafenbildung von Strafarrest und Geldstrafe gilt § 54 Abs. 3 StGB.

7 **c) Strafarrest und Freiheitsstrafe (Abs. 2).** Für die Bildung einer Gesamtstrafe aus Strafarrest und zeitiger Freiheitsstrafe trifft Abs. 2 S. 1 eine Regelung, die § 54 Abs. 1 S. 2 StGB entspricht. Die Gesamtstrafe wird durch Erhöhung der Freiheitsstrafe gebildet.

8 Eine Sonderregelung für die Bildung einer Gesamtstrafe aus Strafarrest und Freiheitsstrafe enthält Abs. 2 S. 2. Danach darf keine Gesamtstrafe gebildet werden, wenn es bei dem Zusammentreffen von Strafarrest und zeitiger Freiheitsstrafe unterschiedliche Prognosen zur Strafaussetzung zur Bewährung gibt. Auf Strafarrest und Freiheitsstrafe ist gesondert zu erkennen, wenn der Strafarrest zur Wahrung der Disziplin zu vollstrecken ist (§ 14a), die Vollstreckung einer Gesamtstrafe aber bei günstiger Sozialprognose des Täters ausgesetzt werden müsste (§ 56 Abs. 1 StGB) oder wenn die Wahrung der Disziplin ihre Vollstreckung nicht gebietet (§ 14 Abs. 1). Beide Strafen sind in der Weise zu kürzen, dass ihre Summe die Dauer der sonst zu bildenden Gesamtstrafe nicht überschreitet (Abs. 2 S. 3). Diese Regelung stellt den Täter im Ergebnis nicht schlechter, als er gestanden hätte, wenn eine Gesamtstrafe gebildet worden wäre.[5]

9 **d) Freiheitsstrafe als Einzelstrafe.** Ist eine Gesamtstrafe aus mehreren Freiheitsstrafen zu bilden, gelten die §§ 53, 54 StGB.

10 **e) Geldstrafe als Einzelstrafe.** Auch auf die Bildung einer Gesamtstrafe aus mehreren Geldstrafen finden die §§ 53, 54 StGB Anwendung (§ 3 Abs. 1).

11 **f) Nachträgliche Gesamtstrafenbildung (Abs. 3).** Die Bestimmungen des allgemeinen Strafrechts zur Bildung einer Gesamtstrafe (§ 55 StGB; s. auch §§ 460, 462, 462a StPO) sind in der durch Abs. 1 und 2 modifizierten Form anzuwenden.

12 **3. Strafzumessung bei Tateinheit.** Verletzt dieselbe Handlung mehrere Strafgesetze oder dasselbe Strafgesetz mehrmals, gilt § 52 Abs. 1 StGB (§ 3 Abs. 1). Sind mehrere Strafgesetze verletzt, bestimmt sich die Strafe nach dem Gesetz, das die schwerste Strafe androht (§ 52 Abs. 2 S. 1 StGB). Da der Strafarrest in den einzelnen Tatbeständen des Zweiten Teils nicht eigens als Strafdrohung enthalten ist, kann er nach § 52 Abs. 2 S. 1 StGB nicht schwerste Strafe sein.[6] Auch bei Tateinheit ist der Strafarrest daher nur unter der Voraussetzung zu verhängen, dass eine Freiheitsstrafe bis zu sechs Monaten als schwerste Strafe in Frage kommt und zur Wahrung der Disziplin auch geboten ist (§ 12).[7] Damit bleibt im Übrigen die Bedeutung der Vorschrift auf das Verhältnis von Freiheitsstrafe und Geldstrafe beschränkt.

---

[3] → § 9 Rn. 1; *Lingens/Korte* Rn. 5.
[4] S. auch *Lingens/Korte* Rn. 6; auch HK-GS/*Steinmetz* § 54 Rn. 37.
[5] *Lingens/Korte* Rn. 12; HK-GS/*Steinmetz* § 54 Rn. 28.
[6] *Lingens/Korte* Rn. 2.
[7] Vgl. *Lingens/Korte* Rn. 2.

§ 14 Strafaussetzung zur Bewährung bei Freiheitsstrafe

(1) Bei der Verurteilung zu Freiheitsstrafe von mindestens sechs Monaten wird die Vollstreckung nicht ausgesetzt, wenn die Wahrung der Disziplin sie gebietet.

(2) Bewährungsauflagen und Weisungen (§§ 56b bis 56d des Strafgesetzbuches) sollen die Besonderheiten des Wehrdienstes berücksichtigen.

(3) ¹Für die Dauer des Wehrdienstverhältnisses kann ein Soldat als ehrenamtlicher Bewährungshelfer (§ 56d des Strafgesetzbuches) bestellt werden. ²Er untersteht bei der Überwachung des Verurteilten nicht den Anweisungen des Gerichts.

(4) ¹Von der Überwachung durch einen Bewährungshelfer, der nicht Soldat ist, sind für die Dauer des Wehrdienstverhältnisses Angelegenheiten ausgeschlossen, für welche die militärischen Vorgesetzten des Verurteilten zu sorgen haben. ²Maßnahmen des Disziplinarvorgesetzten haben den Vorrang.

Übersicht

	Rn.		Rn.
I. Allgemeines	1–4	2. Entscheidung über die Strafaussetzung zur Bewährung (Abs. 1)	7–9
1. Normzweck	1–3	3. Bewährungsauflagen und Weisungen (Abs. 2)	10
2. Historie	4	4. Besonderheiten des Wehrdienstes	11–14
II. Erläuterung	5–22	5. Bewährungshelfer	15–22
1. Persönlicher und sachlicher Geltungsbereich	5, 6	a) Soldat als Bewährungshelfer (Abs. 3)	18–20
		b) Ziviler Bewährungshelfer (Abs. 4)	21, 22

I. Allgemeines

1. Normzweck. Die Bestimmungen des allgemeinen Strafrechts über die Strafaussetzung zur Bewährung (§§ 56 ff. StGB) gelten auch im Wehrstrafrecht (§ 3 Abs. 1). Daher kann auch die Vollstreckung der gegen einen Soldaten verhängten Freiheitsstrafe zur Bewährung ausgesetzt werden.[1] Gegenüber § 56 Abs. 3 StGB, der es bei einer Verurteilung zu Freiheitsstrafe von mindestens sechs Monaten nicht zulässt, die Vollstreckung auszusetzen, wenn die Verteidigung der Rechtsordnung sie gebietet, enthält § 14 Abs. 1 eine sie ergänzende, wehrstrafrechtsspezifische Regelung. Sie versagt die Strafaussetzung zur Bewährung auch dann, wenn die Wahrung der Disziplin die Vollstreckung gebietet. Mit diesem Gebot ist Abs. 1 keine mit Rücksicht auf die Erfordernisse des Wehrdienstes dem § 56 Abs. 3 StGB vorrangige Bestimmung.[2] Das allgemeine Strafrecht tritt gegenüber dem WStG nur zurück, soweit dieses etwas anderes bestimmt (§ 3 Abs. 1). Das ist bei der Regelung des Abs. 1 nicht der Fall. Er widerspricht dem § 56 Abs. 3 StGB nicht, sondern führt nur einen auf die Besonderheiten des Wehrdienstes abgestimmten weiteren Prüfungsmaßstab für die Vollstreckung einer Freiheitsstrafe ein. Das Gericht ist daher nicht davon befreit, ggf. neben der Wahrung der Disziplin auch die Verteidigung der Rechtsordnung zu prüfen.[3]

Indem § 14 Abs. 1 für die Strafaussetzung zur Bewährung auf die Wahrung der Disziplin abstellt, ähnelt er der Vorschrift des § 10, der schon die Verhängung der Freiheitsstrafe mit dem Gesichtspunkt verbindet, Disziplin zu wahren.

In den Abs. 2–4 ergänzt § 14 das Recht der Bewährungsauflagen, Weisungen sowie der Bewährungshilfe (§§ 56b–56d StGB) um Regelungen, die die Besonderheiten des Wehrdienstes (→ Rn. 11 ff.) berücksichtigen.

2. Historie. Die Vorschrift ist durch Art. 27 EGStGB vom 2.3.1974, BGBl. I S. 469, 530, geändert worden.[4] Abweichend vom früheren Recht regelt sie nur noch die Strafausset-

---
[1] BayObLG 7.6.1979 – RReg 4 St 82/79, NZWehr 1979, 189 (190); *Schwenck*, Die Strafaussetzung zur Bewährung bei militärischen Straftaten, NZWehr 1966, 4 (5).
[2] So aber OLG Koblenz 18.4.1985 – 1 Ss 18/85, NStZ 1985, 462 = NZWehr 1985, 169 (171).
[3] So anschaulich LG Koblenz 18.1.1983 – 101 Js 725/79–9 Ns, NZWehr 1983, 234 (236).
[4] Vgl. *Schölz*, Wehrstrafrecht und Strafrechtsreform, NZWehr 1975, 41 (45).

zung zur Bewährung bei einer Freiheitsstrafe, die entsprechende Vorschrift für den Strafarrest ist § 14a.

II. Erläuterung

5 **1. Persönlicher und sachlicher Geltungsbereich.** Die Entscheidung, die Vollstreckung aus Gründen der Disziplin nicht zur Bewährung auszusetzen, kann nur Soldaten (→ § 1 Rn. 5 ff.) betreffen. Auch die Besonderheiten des Wehrdienstes wirken sich ausschließlich bei Soldaten aus. § 14 erfasst daher nicht den in § 1 Abs. 2–4 genannten Personenkreis. Für Jugendliche und Heranwachsende gilt § 112a JGG (§ 3 Abs. 2).

6 Die Freiheitsstrafe muss wegen einer während des Wehrdienstes begangenen Straftat verhängt worden sein.[5] Es ist unerheblich, ob es sich um eine militärische (§ 2 Nr. 1) oder um eine nichtmilitärische Straftat handelt. Für vormilitärische Straftaten enthält Art. 4 EGWStG eine mit Abs. 2–4 übereinstimmende Regelung. Auf die Vollstreckung einer Jugendstrafe findet § 14 keine Anwendung; ob sie zur Bewährung ausgesetzt werden kann, richtet sich nach § 21 JGG.[6]

7 **2. Entscheidung über die Strafaussetzung zur Bewährung (Abs. 1).** Abs. 1 verpflichtet das Gericht, die Vollstreckung einer Freiheitsstrafe von mindestens sechs Monaten nicht nur nicht zur Bewährung auszusetzen, wenn es die Verteidigung der Rechtsordnung (§ 56 Abs. 3), sondern auch die Wahrung der Disziplin gebietet.[7] Bei Freiheitsstrafen unter sechs Monaten ist dagegen bei günstiger Täterprognose (§ 56 Abs. 1 StGB) die Vollstreckung zur Bewährung auszusetzen. Dabei ist jedoch zu bedenken, dass es sich insoweit um Ausnahmefälle handelt, bei denen die Verhängung einer Freiheitsstrafe zwar nach § 47 Abs. 1 StGB unerlässlich, zur Wahrung der Disziplin aber nicht geboten ist (§ 12).[8] Die Regelstrafe ist hier daher Strafarrest.

8 Für die Frage der Strafaussetzung zur Bewährung kommt es maßgeblich darauf an, ob die Aussetzung der Vollstreckung die Disziplin der Truppe gefährdet.[9] Zwar obliegt die Aufrechterhaltung der Disziplin in erster Linie den militärischen Vorgesetzten, reichen ihre Mittel (Erzieherische Maßnahmen, Disziplinarmaßnahmen) aber nicht aus, kann es vor allem bei Straftaten von einem erheblicheren Gewicht aus generalpräventiven Gründen geboten sein, die Vollstreckung der Freiheitsstrafe anzuordnen.[10] Ob Gesichtspunkte der Generalprävention die Vollstreckung der Freiheitsstrafe gebieten, hängt von einer Gesamtwürdigung aller Tat und den Täter kennzeichnenden Umstände des Einzelfalles ab.[11] Dabei ist zu berücksichtigen, dass die Soldaten vor allem in ihren Einheiten eng zusammen leben und daher eine Straftat und ihre Auswirkungen unmittelbarer als in anderen Lebensbereichen empfunden werden.[12] Der Hinweis, die Straftat habe in der Truppe Aufsehen erregt, würde Schule machen und daher die Disziplin gefährden[13] oder begründe eine Ansteckungsgefahr[14] reicht allein nicht aus, die Strafaussetzung zur Bewährung zu versagen. Schließlich ist auch der Resozialisierungsgedanke und damit ein spezialpräventiver Gesichtspunkt zu berücksichtigen.[15] Daher muss zB eine Begründung dafür gegeben werden, warum gerade bei diesem Soldaten eine Vollstreckung geboten ist; in diesem Zusammenhang ist die Feststellung erheblich, ob der Soldat vorbestraft

---

[5] *Schwenck* WStR S. 156; *Stauf* WR II WStG § 14 Rn. 1.
[6] LG Kassel 3.5.1978 – 3 Ns 18946/77, NZWehr 1979, 34 mAnm *Metz* NZWehr 1979, 36.
[7] LG Koblenz 18.1.1983 – 101 Js 725/79-9 Ns, NZWehr 1983, 234 (236); LG Bad Kreuznach 30.8.1984 – Js 11850/83, NZWehr 1983, 126.
[8] *Schölz* NZWehr 1975, 41 (45); *Lingens/Korte* § 9 Rn. 4.
[9] OLG Koblenz 18.4.1985 – 1 Ss 18/85, NStZ 1985, 462 = NZWehr 1985, 169 (171); *Schwenck* NZWehr 1966, 4 (5).
[10] OLG Koblenz 18.4.1985 – 1 Ss 18/85, NStZ 1985, 462 = NZWehr 1985, 169 (171); *Schwenck* NZWehr 1966, 4 (5).
[11] BayObLG 7.6.1979 – RReg 4 St 82/79, NZWehr 1979, 189 (190).
[12] *Schwenck* NZWehr 1966, 4 (5) noch zu § 23 StGB aF; auch *Waechter*, Strafaussetzung zur Bewährung bei militärischen Straftaten, NZWehr 1967, 11.
[13] OLG Frankfurt a. M. 27.7.1976 – 2 Ss 585/76, NZWehr 1977, 112.
[14] LG Koblenz 18.1.1983 – 101 Js 725/79 –9 Ns, NZWehr 1983, 234 (236).
[15] OLG Frankfurt a. M. 27.7.1976 – 2 Ss 585/76, NZWehr 1977, 112; BayObLG 7.6.1979 – RReg 4 St 82/79, NZWehr 1979, 189 (190).

ist oder gegen ihn schon Disziplinarmaßnahmen haben verhängt werden müssen oder ob er schon vor längerer Zeit aus der Bundeswehr ausgeschieden ist.[16] Zum Begriff „Wahrung der Disziplin" → § 10 Rn. 6; zum Begriff des „gebietens" → § 10 Rn. 7.

Zur Strafaussetzung zur Bewährung bei unerlaubter Abwesenheit und fortgesetztem **9** Ungehorsam vgl. LG Münster[17] und AG Münster,[18] bei eigenmächtiger Abwesenheit s. BayObLG,[19] bei (wiederholter) Fahnenflucht s. OLG Köln,[20] bei Fahnenflucht s. LG Koblenz[21] und LG Flensburg,[22] bei Nötigung eines Vorgesetzten s. LG Verden.[23]

3. Bewährungsauflagen und Weisungen (Abs. 2). Bei der Anordnung, dem Verur- **10** teilten anlässlich einer Strafaussetzung zur Bewährung (§ 56 StGB) oder der Aussetzung des Strafrestes bei zeitiger Freiheitsstrafe (§ 57 StGB) Bewährungsauflagen zu geben und Weisungen zu erteilen, soll das Gericht die Besonderheiten des Wehrdienstes berücksichtigen. Dahinter steht die Überlegung, dass das Gericht keine Auflagen und Weisungen erteilen soll, die mit der Erfüllung soldatischer Pflichten durch den Verurteilten nicht zu vereinbaren sind. Insbesondere Weisungen, die sich auf den Aufenthalt, die Ausbildung oder die Freizeit sowie auf regelmäßige Meldepflichten beziehen, können den Soldaten, der unter der Dienstaufsicht und Disziplinarbefugnis seiner Vorgesetzten steht und ihren Befehlen zu gehorchen hat (§ 11 SG), in eine Konfliktlage bringen.[24] Bei Abs. 2 handelt es sich zwar um eine Sollvorschrift, aus dem in Abs. 4 S. 2 bestimmten Vorrang der Maßnahmen des Disziplinarvorgesetzten ergibt sich jedoch der allgemeine Grundsatz, dass das Gericht die Besonderheiten des Wehrdienstes zu beachten *hat*.[25] Zu den Rechtsfolgen bei Nichtbeachtung → Rn. 13 f.

4. Besonderheiten des Wehrdienstes. Die Besonderheiten des Wehrdienstes heben **11** ihn durch seine verfassungsrechtlichen Grundlagen, eine Vielzahl die Organisation und den Ablauf des militärischen Dienstbetriebes regelnder Vorschriften, den Status des Soldaten, seine Rechte und Pflichten, insbesondere durch das hierarchische Prinzip von Befehl und Gehorsam vom zivilen Bereich ab.

Die Prüfung, ob Auflagen und Weisungen mit den Besonderheiten des Wehrdienstes, **12** insbesondere mit der täglichen Dienstplangestaltung, dem militärischen Auftrag und der Funktion des Verurteilten innerhalb der Einheit/Dienststelle, zu vereinbaren sind, sollte das Gericht zweckmäßigerweise mit dem Disziplinarvorgesetzten abstimmen (vgl. die in § 112 JGG enthaltene Regelung). Auflagen zum Aufenthaltsort, der Art der Arbeit oder regelmäßige Meldepflichten zur Überwachung der Lebensführung sind jedenfalls gegenüber verurteilten Soldaten unangebracht.

Hält sich das Gericht nicht an den wehreigentümlichen Vorbehalt oder berücksichtigt es **13** die Besonderheiten des Wehrdienstes nur unzureichend, sind die getroffenen Anordnungen gesetzeswidrig, doch zunächst vom Verurteilten und seinen Vorgesetzten zu beachten.[26] Einen entgegenstehenden Befehl hat der Verurteilte, da verbindlich, jedoch zu befolgen.[27] Sein Gehorsam gegenüber dem Befehl des Vorgesetzten gibt dem Gericht keinen Widerrufsgrund nach §§ 56f Abs. 1, 57 Abs. 3 StGB.[28]

Uneinigkeit herrscht gegenüber der Frage, ob bei Nichtbeachtung der Besonderheiten **14** des Wehrdienstes die vom Gericht getroffenen Auflagen und Weisungen mit der Beschwerde

---

[16] LG Koblenz 18.1.1983 – 101 Js 725/79-9 Ns-, NZWehr 1983, 234 (236).
[17] LG Münster 21.10.1986 – 9 Ns 47 Js 24/86, NZWehr 1987, 122.
[18] AG Münster 15.5.1984 – 12 Ls 47 Js 23/84 (AK 40/84), NZWehr 1985, 85 (86).
[19] BayObLG 7.6.1979 – RReg 4 St 82/79, NZWehr 1979, 189 (190).
[20] OLG Köln 5.11.1975 – Ss 193/74, NZWehr 1975, 32.
[21] LG Koblenz 18.1.1983 – 101 Js 725/79-9 Ns-, NZWehr 1983, 234 (236) und 20.12.1985 – 101 Js 76/81 – 12 KLs –, NZWehr 1986, 253 (256) zu § 56 StGB.
[22] LG Flensburg 7.9.1984 – I Qs 162/84, NZWehr 1984, 260.
[23] LG Verden 19.12.1960 – 2 Ms 114/60 (3 – 160/60), NZWehr 1961, 134 noch unter früherem Recht.
[24] *Arndt* S. 147; *Schwenck* WStR S. 156.
[25] So auch *Schwenck* WStR S. 156; *Lingens/Korte* Rn. 5.
[26] *Lingens/Korte* Rn. 8.
[27] *Lingens/Korte* Rn. 8; *Trips,* Bewährungshilfe bei Soldaten, NZWehr 1963, 16.
[28] In diesem Sinne auch *Lingens/Korte* Rn. 9.

gem. §§ 305a, 453 Abs. 2 StPO angefochten werden können.[29] Wenn sich das Gericht bei seinen Anordnungen von rechtsirrigen Erwägungen hat leiten lassen, die Besonderheiten des Wehrdienstes nicht oder in einer nur unzureichenden Weise berücksichtigt hat, handelt es gesetzeswidrig (§ 305a Abs. 1 StPO), so dass dem Verurteilten und der Staatsanwaltschaft ein **Beschwerderecht** zugestanden werden muss. Der Disziplinarvorgesetzte hat dagegen keine Anfechtungsmöglichkeit. Er kann allenfalls bei dem Gericht unter Hinweis auf die Rechtslage allein oder mit Hilfe der Staatsanwaltschaft eine Aufhebung oder Änderung der Anordnungen anregen.

15 **5. Bewährungshelfer.** Auch dem verurteilten Soldaten kann ein Bewährungshelfer (§ 56d StGB) bestellt werden; die Tätigkeit eines Bewährungshelfers kann gem. Abs. 3 einem Soldaten oder nach Abs. 4 einer Zivilperson übertragen werden. Mit Rücksicht auf die Besonderheiten des Wehrdienstes haben die Abs. 3 und 4 vor allem die Ausführung der Bewährungshilfe gegenüber § 56d StGB modifiziert. Der Soldat als Bewährungshelfer untersteht bei der Überwachung des Verurteilten nicht den Anweisungen des Gerichts (Abs. 3 S. 2) und dem zivilen Bewährungshelfer sind die Angelegenheiten ferngehalten, für die die militärischen Vorgesetzten des Verurteilten zu sorgen haben; im Übrigen haben Maßnahmen des Disziplinarvorgesetzten stets den Vorrang (Abs. 4 S. 2).

16 Es steht im Ermessen des Gerichts, ob es einen Soldaten oder eine Zivilperson mit den Aufgaben eines Bewährungshelfers betrauen will. Seine Entscheidung wird davon abhängig sein, welche Gebiete das Schwergewicht seiner Tätigkeit bestimmen werden und welcher Bewährungshelfer hierfür die besseren persönlichen und fachlichen Voraussetzungen mitbringt (auch → Rn. 20). Das Gericht hat dabei zu berücksichtigen, dass gewisse Aufgaben kraft Gesetzes einem zivilen Bewährungshelfer nicht übertragen werden dürfen (Abs. 4 S. 1).

17 Die Regelungen der Abs. 3 und 4 treffen einen sachgemäßen Ausgleich zwischen den militärischen Besonderheiten und den Interessen der Justiz an der nachsorgenden Betreuung eines verurteilten Soldaten.[30] Er ist notwendig, weil schon weite Bereiche seiner kontrollierbaren Lebensführung durch die Fürsorgepflicht des Vorgesetzten (§ 10 Abs. 3 SG) abgedeckt sind (s. auch Abs. 4 S. 1). Zu dieser Dienstpflicht gehört, dass ein straffällig gewordener und unter Bewährungsfrist stehender Soldat seines Verantwortungsbereiches das Ziel seiner Bewährung auch tatsächlich erreicht. Damit kommt die Fürsorgepflicht des Vorgesetzten den Aufgaben eines Bewährungshelfers sehr nahe.[31] Seine Befehlsbefugnis stößt jedoch an Grenzen, wenn die Privatsphäre des Soldaten beginnt (§ 10 Abs. 4 SG). Aufsicht über seine private Lebensführung, die Regelung familiärer Angelegenheiten oder die Klärung finanzieller Fragen, Schuldentilgung oder Unterhaltsleistungen an die geschiedene Ehefrau entziehen sich dem Einfluss des militärischen Befehls. Auch die Wiedereingliederung des Verurteilten in das Zivilleben nach dem Ende des Wehrdienstverhältnisses liegt nicht mehr in der Verantwortung des Disziplinarvorgesetzten. Vielmehr handelt es sich in diesen Bereichen um Aufgaben, die der Bewährungshelfer wahrnimmt,[32] und damit seine Stellung neben dem Disziplinarvorgesetzten rechtfertigen.

18 **a) Soldat als Bewährungshelfer (Abs. 3).** Ein Soldat kann nur für die Dauer des Wehrdienstverhältnisses als Bewährungshelfer bestellt werden. Seine Aufgabe wird sich regelmäßig auf die Fälle beschränken, um die sich schon kraft Gesetzes ein ziviler Bewährungshelfer nicht kümmern darf (Abs. 4 S. 1).

19 Der Soldat als Bewährungshelfer untersteht nicht den Anweisungen des Gerichts (s. auch § 112a Nr. 4 JGG). Mit dieser Regelung soll verhindert werden, „dass die Gerichte auf den militärischen Pflichtenkreis des Soldaten in einer Weise Einfluss nehmen, die möglicherweise den Maßnahmen und Absichten der militärischen Vorgesetzten zuwiderläuft."[33] Grundsätzlich aber bleibt auch bei einem Soldaten als Bewährungshelfer die Bewährungshilfe in der

---

[29] Ablehnend von *Richthofen* Anm. 3; *Arndt* S. 148; bejahend *Lingens/Korte* Rn. 8.
[30] Vgl. näher *Arndt* S. 148; *Trips* NZWehrr 1963, 16; *Schwenck* WStR S. 157; *Lingens/Korte* Rn. 10 ff.
[31] *Trips* NZWehrr 1963, 16.
[32] *Lingens/Korte* Rn. 12; *Trips* NZWehrr 1963, 16 (17).
[33] Begr. zum Entwurf des WStG BT-Drs. 2/3040, 25.

Verantwortung der Justiz. Der Disziplinarvorgesetzte kann daher nicht kraft seiner Dienststellung und Befehlsbefugnis darauf Einfluss nehmen, auf welche Weise der militärische Bewährungshelfer seine Aufgaben wahrnimmt.[34]

Als Bewährungshelfer wird das Gericht nur einen Soldaten bestimmen, der auf Grund seiner Aus- und Vorbildung, Erfahrung, Dienststellung und Dienstgrad die verantwortungsvolle Aufgabe des Bewährungshelfers ausfüllen und das Vertrauen des Verurteilten gewinnen kann. Der Disziplinarvorgesetzte sollte schon wegen seiner regelmäßig starken dienstlichen Belastung, aber auch im Hinblick auf mögliche Interessenkonflikte[35] nicht bestellt werden. Es empfiehlt sich jedoch, ihn vor der Bestellung des Bewährungshelfers zu hören (vgl. § 112d JGG).

b) Ziviler Bewährungshelfer (Abs. 4). Bei der Bestellung eines Bewährungshelfers, der nicht Soldat ist, muss das Gericht darauf achten, dass er für die Dauer des Wehrdienstverhältnisses von der Überprüfung aller Angelegenheiten ausgeschlossen ist, für welche die militärischen Vorgesetzten des Verurteilten zu sorgen haben (→ Rn. 17). Mit dieser Regelung ist Vorsorge getroffen, dass Maßnahmen der Bewährungshilfe nicht mit Anordnungen der Vorgesetzten kollidieren und damit den militärischen Dienstbetrieb stören. Ergeben sich im Einzelfall Zweifel, ob es sich um eine den Vorgesetzten vorbehaltene Maßnahme handelt, haben jedenfalls die Maßnahmen des Disziplinarvorgesetzten (§ 1 Abs. 6 SG) den Vorrang (Abs. 4 S. 2). Sie gehen den Anordnungen des Bewährungshelfers selbst dann vor, wenn eine nicht vorbehaltene Maßnahme vorliegt.[36]

Glaubt sich der Bewährungshelfer in der Ausübung seiner Tätigkeit durch den Disziplinarvorgesetzten beeinträchtigt, kann er eine Dienstaufsichtsbeschwerde an den nächsthöheren Disziplinarvorgesetzten richten. Der Verurteilte ist durch den Interessenkonflikt zwischen dem Bewährungshelfer und dem Disziplinarvorgesetzten nur mittelbar betroffen; eine Beschwerde nach § 1 Abs. 1 S. 1 WBO wäre daher mangels Beschwer unzulässig.[37]

§ 14a Strafaussetzung zur Bewährung bei Strafarrest

(1) ¹Das Gericht setzt die Vollstreckung des Strafarrestes unter den Voraussetzungen des § 56 Abs. 1 Satz 1 des Strafgesetzbuches zur Bewährung aus, wenn nicht die Wahrung der Disziplin die Vollstreckung gebietet. ²§ 56 Abs. 1 Satz 2, Abs. 4, die §§ 56a bis 56c, 56e bis 56g und 58 des Strafgesetzbuches gelten entsprechend.

(2) ¹Das Gericht kann die Vollstreckung des Restes eines Strafarrestes unter den Voraussetzungen des § 57 Abs. 1 Satz 1 des Strafgesetzbuches zur Bewährung aussetzen. ²§ 57 Abs. 1 Satz 2, Abs. 4 und die §§ 56a bis 56c, 56e bis 56g des Strafgesetzbuches gelten entsprechend.

(3) Bewährungsauflagen und Weisungen (§§ 56b und 56c des Strafgesetzbuches) sollen die Besonderheiten des Wehrdienstes berücksichtigen.

I. Allgemeines

1. Normzweck. § 14a trifft bei Verweisung auf die Vorschriften des allgemeinen Strafrechts die wehrstrafrechtsspezifischen Ergänzungen für die Strafaussetzung zur Bewährung für die Vollstreckung des Strafarrestes (→ § 14 Rn. 1). Die entsprechenden Regelungen für die Freiheitsstrafe sind in § 14 enthalten.

2. Historie. Inhaltlich war die Regelung für den Strafarrest früher mit den Bestimmungen für die Freiheitsstrafe in einer Bestimmung zusammengefasst (§ 14 aF). Als § 14a ist sie als eigenständige Norm für den Strafarrest durch Art. 27 EGStGB vom 2.3.1974, BGBl. I S. 469, 530, in das Gesetz eingefügt worden.

---

[34] *Arndt* S. 148.
[35] *Schwenck* WStR S. 157.
[36] *Arndt* S. 148.
[37] AA *Lingens/Korte* Rn. 20; *Eisenberg* JGG § 112a Rn. 28.

II. Erläuterung

3 **1. Persönlicher und sachlicher Geltungsbereich.** Im persönlichen und sachlichen Geltungsbereich entspricht § 14a dem § 14 (→ § 14 Rn. 5 f.).

4 **2. Strafaussetzung zur Bewährung. a) Des Strafarrestes.** Bei günstiger Sozialprognose des verurteilten Soldaten setzt das Gericht die Vollstreckung des Strafarrestes zur Bewährung aus, wenn nicht die Wahrung der Disziplin die Vollstreckung gebietet (Abs. 1 S. 1). Die Erwartensklausel des § 56 Abs. 1 S. 1 StGB findet unmittelbar Anwendung. Da Abs. 1 S. 2 nicht auf § 56 Abs. 3 StGB verweist, kommt eine Prüfung, ob die Vollstreckung zur Verteidigung der Rechtsordnung geboten ist, beim Strafarrest anders als bei der Freiheitsstrafe nicht in Betracht (→ § 14 Rn. 1).[1]

5 Für die Entscheidung über die Strafaussetzung zur Bewährung ist die Prognosebestimmung des § 56 Abs. 1 S. 2 StGB entsprechend anzuwenden (Abs. 1 S. 2). Das bedeutet, dass namentlich die Persönlichkeit des Soldaten, sein Vorleben, die Umstände seiner Tat, sein Verhalten nach der Tat, seine Lebensverhältnisse und die Wirkungen zu berücksichtigen sind, die von der Aussetzung für ihn zu erwarten sind. Auch § 56 Abs. 4 StGB findet entsprechende Anwendung (Abs. 1 S. 2), dh auch beim Strafarrest darf die Strafaussetzung zur Bewährung nicht auf einen Teil der Strafe beschränkt werden. Die Anrechnung einer anderen Freiheitsentziehung auf den Strafarrest, zB ein Disziplinararrest,[2] steht einer Strafaussetzung zur Bewährung nicht entgegen. Mit Rücksicht auf das Höchstmaß des Strafarrestes (§ 9 Abs. 1) ist auf § 56 Abs. 2 StGB nicht verwiesen worden.

6 Die Vorschriften zur Dauer der Bewährungszeit (§ 56a StGB), zu Bewährungsauflagen (§ 56b StGB) und zu den zulässigen Weisungen für die Dauer der Bewährungszeit (§ 56c StGB), zur Zulässigkeit nachträglicher Entscheidungen (§ 56e StGB), zum Widerruf (§ 56f StGB), zum Straferlass (§ 56g StGB) und zur Bildung einer Gesamtstrafe bei Strafaussetzung zur Bewährung (§ 58 StGB; vgl. auch § 13) finden auf den Strafarrest entsprechende Anwendung. Ausgeschlossen ist dagegen § 56d StGB; wegen der nur kurzzeitigen Dauer des Strafarrestes (§ 9 Abs. 1) kommt die Bestellung eines Bewährungshelfers nicht in Betracht.[3]

7 **b) Des Strafrestes.** Auch die Vollstreckung des Restes eines Strafarrestes kann zur Bewährung ausgesetzt werden, wie sich aus der Verweisung des Abs. 2 auf die entsprechend anwendbaren Vorschriften des StGB ergibt.

8 **c) Bewährungsauflagen und Weisungen (Abs. 3).** Die Zulässigkeit von Bewährungsauflagen und Weisungen bei der ausgesetzten Vollstreckung eines Strafarrestes ergibt sich schon aus Abs. 1 S. 2. Das Klammerzitat des Abs. 3 dient daher lediglich der Klarstellung. Zu den hierbei zu berücksichtigenden Besonderheiten des Wehrdienstes → § 14 Rn. 11 ff.

Zweiter Teil. Militärische Straftaten

Erster Abschnitt. Straftaten gegen die Pflicht zur militärischen Dienstleistung

§ 15 Eigenmächtige Abwesenheit

(1) Wer eigenmächtig seine Truppe oder Dienststelle verläßt oder ihr fernbleibt und vorsätzlich oder fahrlässig länger als drei volle Kalendertage abwesend ist, wird mit Freiheitsstrafe bis zu drei Jahren bestraft.

(2) Ebenso wird bestraft, wer außerhalb des räumlichen Geltungsbereichs dieses Gesetzes von seiner Truppe oder Dienststelle abgekommen ist und es vorsätzlich

---
[1] Zu den Gründen für diese Regelung s. *Lingens/Korte* Rn. 3.
[2] *Dau* WDO § 16 Rn. 21 ff.
[3] So auch *Lingens/Korte* Rn. 5; aA LG Flensburg 7.9.1984 – I Qs 162/84, NZWehrr 1984, 260; *Stauf* WR II WStG § 14a Rn. 3.

oder fahrlässig unterläßt, sich bei ihr, einer anderen Truppe oder Dienststelle der Bundeswehr oder einer Behörde der Bundesrepublik Deutschland innerhalb von drei vollen Kalendertagen zu melden.

Übersicht

	Rn.		Rn.
I. Allgemeines	1–6	b) Tathandlungen (Abs. 1, 2)	11–30
1. Normzweck	1–3	2. Subjektiver Tatbestand	31–33
a) Rechtsgut	1	3. Rechtswidrigkeit	34
b) Deliktsnatur	2, 3	**III. Täterschaft und Teilnahme, Konkurrenzen, Rechtsfolgen**	35–40
2. Kriminalpolitische Bedeutung	4, 5		
3. Historie	6	1. Täterschaft	35
II. Erläuterung	7–34	2. Teilnahme	36
1. Objektiver Tatbestand	7–30	3. Konkurrenzen	37
a) Truppe oder Dienststelle	7–10	4. Rechtsfolgen	38–40

I. Allgemeines

1. Normzweck. a) Rechtsgut. Die eigenmächtige Abwesenheit (§ 15) gehört mit der 1 Fahnenflucht (§ 16) zu den Dienstentziehungsdelikten.[1] Ihre Regelung ist verfassungsgemäß.[2] Geschütztes Rechtsgut ist in beiden Fällen die Funktionsfähigkeit der Streitkräfte und damit die Einsatzbereitschaft und Schlagkraft der Truppe.[3] Die Straftatbestände gegen eigenmächtige Abwesenheit und Fahnenflucht sichern die für die Erfüllung des Verfassungsauftrags (Art. 87a GG, 24 Abs. 2, 35 Abs. 2, 3 GG) unerlässliche Personalpräsenz der Streitkräfte. Der für die Einsatzbereitschaft seiner Truppe verantwortliche Vorgesetzte muss jederzeit über die Soldaten seines Befehlsbereichs verfügen können, sie müssen für ihn auch räumlich erreichbar sein.[4] Diese Verfügungsmacht ist bei der eigenmächtigen Abwesenheit beeinträchtigt, bei der Fahnenflucht unmöglich gemacht.[5]

b) Deliktsnatur. Die Strafvorschriften gegen eigenmächtige Abwesenheit und Fah- 2 nenflucht schützen die Funktionsfähigkeit der Streitkräfte (→ Rn. 1).[6] Ob sie als Dienstentziehungsdelikte zugleich einen **Treuebruchstatbestand** darstellen, ist streitig.[7] Die Frage hat nur dogmatische Bedeutung und ist iS einer Entmythologisierung der Wehrstraftaten vom Treuebruchsgedanken generell zu beantworten. Die militärische Treuepflicht als dienstrechtliche Grundpflicht des Soldaten gem. § 7 SG schließt zwar seine Loyalität gegenüber den Werten und Normen der freiheitlichen demokratischen Grundordnung der Verfassung ein,[8] ihre Verletzung begründet jedoch regelmäßig nur einen dienstlichen Vorwurf, der nach den Vorschriften der WDO zu ahnden ist. Wie die Treuepflicht als allgemeine Vorschrift hinter die besonderen Pflichten des SG zurücktritt,[9] kann sie neben dem funktionalen Schutzobjekt der Dienstentziehungsdelikte kein eigenständiges, ethi-

---

[1] *Fiedler*, Zur Verbrechensprophylaxe der „Dienstentziehungsdelikte", NZWehrr 1973, 59.
[2] BVerfG 15.5.1980 – 2 BvL 7/77, BVerfGE 54, 47 = NZWehrr 1981, 23 mAnm *Brozat*; auch BVerfG 27.3.2002 – 2 BvL 2/02, NJW 2002, 1709= NZWehrr 2002,171 mAnm *Walz* S. 173.
[3] OLG Celle 16.6.1971 – 1 S. 62/71, NJW 1971, 1760; OLG Hamburg 12.8.1987 – 1 S. 214/86, NStZ 1987, 567; *Arndt* S. 151; *Schwenck* WStR S. 158.
[4] OLG Celle 16.6.1971 – 1 S. 62/71, NJW 1971, 1760; *Lingens/Korte* Rn. 2.
[5] *Mohrbutter* JZ 1968, 476, Anm. zu BGH 5.12.1967 – 1 StR 447/67, BGHSt 22, 14 = JZ 1968, 475.
[6] Geringfügig nur abweichend *Fiedler* NZWehrr 1973, 59 und *Burg*, Stellt die Fahnenflucht nach § 16 Wehrstrafgesetz einen Treubruch dar?, NZWehrr 1973, 89 (94), die sie als Verletzung einer Organisationsnorm charakterisieren.
[7] Für eine Entmythologisierung *Fiedler* NZWehrr 1973, 59; *Burg* NZWehrr 1973, 89 (94); *Mohrbotter* JZ 1968, 476; auch *Hagemeister*, Garantenstellungen im Wehrrecht, Diss. Münster 1971, S. 126; für die Annahme eines auch Treuebruchstatbestandes BGH 21.2.1967 – 1 StR 621/66, NZWehrr 1967, 173 (176); *Nettersheim*, Inhalt und Grenzen der Treuepflicht des § 7 Soldatengesetz, NZWehrr 1975, 89 (94 f.).
[8] BVerwG 13.2.2008 – 2 WD 5.07, Rn. 32; *Scherer/Alff/Poretschkin* § 7 Rn. 19.
[9] *Scherer/Alff/Poretschkin* § 7 Rn. 3; *Walz/Eichen/Sohm/Eichen* § 7 Rn. 19 f.; *Nettersheim* NZWehrr 1975, 89 (92).

sches, durch das Wehrstrafrecht gesichertes und damit strafrechtlich verletzbares Rechtsgut sein.[10]

3   Die äußere Erscheinungsform der Tatbegehung (eigenmächtiges Verlassen oder Fernbleiben) verführt dazu, die Tatbestände der eigenmächtigen Abwesenheit und der Fahnenflucht als innere Einheit anzusehen.[11] Tatsächlich aber unterscheiden sie sich grundlegend in Intensität und Zielrichtung des Täterwillens. Die eigenmächtige Abwesenheit ist von nur vorübergehender Natur. Anders als der Tatbestand der Fahnenflucht fehlt ihr die Absicht, sich dauernd oder für die Zeit eines bewaffneten Einsatzes dem Wehrdienst zu entziehen oder die Beendigung des Wehrdienstverhältnisses zu erreichen. Die zeitliche Dauer der Abwesenheit tritt hinter der Willensrichtung zurück, sie ist für die Abgrenzung beider Deliktsformen nicht von Bedeutung;[12] die eigenmächtige Abwesenheit ist erst vollendet, wenn der Täter mehr als drei volle Kalendertage abwesend ist, der Tatbestand der Fahnenflucht kann schon erfüllt sein, wenn der Soldat nur einen Tag seiner Einheit fernbleibt, immer vorausgesetzt, er hat nicht die Absicht, zurückzukehren. Die in der Willensrichtung qualifizierte Form der Abwesenheit erklärt die höhere Strafdrohung der Fahnenflucht und – im Gegensatz zur eigenmächtigen Abwesenheit – die Strafbarkeit ihres Versuchs (§ 16 Abs. 2).

4   **2. Kriminalpolitische Bedeutung.** Eigenmächtige Abwesenheit und Fahnenflucht sind eine dienstrechtliche Verletzung der Pflicht des Soldaten zum treuen Dienen (§ 7 SG) und zu achtungs- und vertrauenswürdigem Verhalten im dienstlichen Bereich (§ 17 Abs. 2 S. 1 SG).[13] In beiden Fällen begeht der Soldat ein Dienstvergehen (§ 23 Abs. 1 SG), das unter den Voraussetzungen der §§ 15, 16 zugleich auch kriminelles Unrecht und damit eine Wehrstraftat ist. Bei der eigenmächtigen Abwesenheit entscheidet die zeitliche Dauer darüber, ob sich der Soldat sachgleich mit einem Dienstvergehen auch strafbar gemacht hat. Ist der Soldat unterhalb der Dauer von drei vollen Kalendertagen geblieben, hat er sich nur wegen eines Dienstvergehens zu verantworten (aber → Rn. 3 aE), hat er diese Grenze überschritten, ist er auch wegen einer Wehrstraftat zu bestrafen.[14] Fahnenflucht als die schwerste Form der Dienstentziehung ist immer auch eine Straftat.

5   Abs. 2 trifft eine Regelung für den Fall, dass der Täter außerhalb des räumlichen Geltungsbereiches des WStG von seiner Truppe oder Dienststelle abgekommen ist und es versäumt, sich fristgerecht zu melden. Sie ist ein Sonderfall gegenüber Abs. 1, der schon auf Grund des § 1a im Ausland gilt. Liegen dessen Voraussetzungen vor, findet Abs. 2 keine Anwendung.[15]

6   **3. Historie.** Art. 27 EGStGB vom 2.3.1974, BGBl. I S. 469, 530, hat die Strafdrohung der Vorschrift von zwei Jahren Freiheitsstrafe und Strafarrest auf drei Jahre angehoben.

II. Erläuterung

7   **1. Objektiver Tatbestand. a) Truppe oder Dienststelle.** Der Täter muss seine Truppe oder Dienststelle verlassen oder ihr fernbleiben. **Truppe** ist die Einheit oder der Verband, zu dem der Soldat truppendienstlich gehört (→ § 1 Rn. 36). Hält sich der Soldat ohne Erlaubnis seiner Vorgesetzten bei einem anderen Truppenteil auf und ist er auch nicht außerhalb seiner Einheit gem. § 6 VorgV einem fremden Offizier unterstellt, handelt er tatbestandsmäßig.

8   Bei einer (militärischen) **Dienststelle** handelt es sich um eine organisatorisch selbstständige Zusammenfassung von Personal und Material, die im militärischen Bereich hoheitliche Aufgaben wahrnimmt und deren personelle und materielle Zusammensetzung in einer

---

[10] So im Ergebnis auch *Hagemeister*, Garantenstellungen im Wehrrecht, Diss. Münster 1971, S. 126.
[11] Vgl. *Schwenck*, Zur kriminologischen Untersuchung militärischer Straftaten, GA 1968, 10 (17).
[12] *Arndt* S. 151.
[13] BVerwG 27.10.1976 – II WD 41/76, BVerwGE 53, 201 = NZWehr 1977, 103 (104).
[14] *Fiedler* NZWehrr 1973, 59 (61); *Lingens/Korte* Rn. 2.
[15] → Rn. 25; *Schwenck* WStR S. 160.

besonderen Stärke- und Ausrüstungsnachweisung (STAN) festgelegt ist.[16] Die Definition der Dienststelle hängt im Einzelfall davon ab, ob ein Organisationselement im Bereich der Streitkräfte in einem Aufstellungs- oder Organisationsbefehl die Bezeichnung „Dienststelle" bekommen hat.

Unter den Begriff „Dienststelle" fallen auch **zivile Einrichtungen der Bundeswehr,** 9 sofern sie eine zur Erfüllung bestimmter Aufgaben organisatorisch verselbstständigte Verwaltungseinheit sind, in denen der Soldat Dienst leistet, zB das Bundesamt für das Personalmanagement der Bundeswehr, das Bundesamt für Infrastruktur, Umweltschutz und Dienstleistungen der Bundeswehr, eine Universität der Bundeswehr, das Bundessprachenamt.

Für den Tatvorwurf im Einzelnen ist die Unterscheidung zwischen Truppe und Dienst- 10 stelle nicht von entscheidender Bedeutung. Ausschlaggebend bleibt letztlich, dass der Soldat truppendienstlich zu einer Institution der Bundeswehr gehört, die er verlassen hat oder der er ferngeblieben ist. Das Bundesministerium der Verteidigung ist zwar als oberste Bundesbehörde weder Teil der Streitkräfte noch der Bundeswehrverwaltung (→ § 1 Rn. 37) und damit weder eine militärische Dienststelle iS des § 1 Abs. 1 VorgV noch eine Dienststelle des zivilen Bereichs. Als politisches Führungselement erfüllt es gleichwohl den Begriff der Dienststelle, weil der Soldat in ihr in truppendienstlicher Unterstellung unter den Inhaber der Befehls- und Kommandogewalt hoheitliche Aufgaben erfüllt.

b) Tathandlungen (Abs. 1, 2). Der objektive Tatbestand ist in der Handlungsform des 11 **Abs. 1** zweistufig gegliedert:
– der Täter muss seine Truppe oder Dienststelle verlassen oder ihr ferngeblieben sein
– und in beiden Fällen länger als drei volle Kalendertage abwesend geblieben sein.
Dieser Aufbau hat für das subjektive Tatverhalten des Täters Konsequenzen (→ Rn. 19).

Ein zweistufiger Tatbestandsaufbau liegt auch der Regelung des **Abs. 2** zu Grunde. Der 12 Täter muss
– außerhalb des räumlichen Geltungsbereiches des WStG von seiner Truppe oder Dienststelle abgekommen sein und
– es unterlassen haben, sich innerhalb von drei vollen Kalendertagen bei einer im Einzelnen näher bezeichneten Stelle zu melden.

In der Handlungsform des Fernbleibens (Abs. 1 Alt. 2) ist Abs. 1 ein **echtes Unterlassungs-** 13 **delikt** für den Soldaten, der sich nicht bei seiner Truppe/Dienststelle aufhält.[17] Bei der über die Dauer von drei vollen Kalendertagen anhaltenden Abwesenheit des Soldaten handelt es sich um ein Dauerverhalten, das die gesamte Tat zu einem Dauerdelikt macht.[18] Die Abwesenheit ist nach Ablauf der Drei-Tages Frist vollendet[19] und beendet, sobald der Täter räumlich seiner Truppe/Dienststelle wieder eingegliedert und der unmittelbaren Befehls- und Verfügungsgewalt seiner Vorgesetzten unterworfen ist.[20]

Auch der Tatbestand des Abs. 2 ist ein echtes Unterlassungsdelikt. Der Täter, der von 14 der Truppe abgekommen ist, unterlässt es, sich fristgerecht zu melden, obwohl er dazu verpflichtet und in der Lage ist.

aa) Verlassen oder Fernbleiben (Abs. 1). Wenn der Täter seine Truppe oder Dienst- 15 stelle verlässt, setzt dies voraus, dass er sich zuvor noch bei ihr befunden hat. **Verlassen** bedeutet, dass sich der Täter räumlich von seiner Truppe in der Weise trennt, dass er für die Befehle seiner Vorgesetzten nicht mehr erreichbar ist.[21] Auch der Soldat hat seine Einheit verlassen, der sich zwar noch innerhalb der Liegenschaft aufhält, sich aber vor dem Zugriff seiner Vorgesetzten verborgen hält; das kann auch dadurch geschehen, dass er heim-

---

[16] Grundbegriffe zur militärischen Organisation, Unterstellungsverhältnisse, Dienstliche Anweisungen, – ZDv 1/50 Nr. 101, in *Schnell/Ebert* B 19; *Walz/Eichen/Sohm/Hucul* Anh. zu § 1 Rn. 8; → § 1 Rn. 36.
[17] *Arndt* S. 153; *Lingens/Korte* Rn. 9.
[18] BayObLG 17.8.1982 – RReg 4 St 83/82, NZWehrr 1982, 231 (233).
[19] OLG Celle 28.4.1961 – 2 Ss 114/61, NZWehrr 1962, 39 (40); *Schwenck* WStR S. 160.
[20] BayObLG 17.8.1982 – RReg 4 St 83/82, NZWehrr 1982, 231 (233); *Lingens/Korte* Rn. 16.
[21] *Arndt* S. 152; *Schwenck* WStR S. 158; *Lingens/Korte* Rn. 8; *Dreher* NJW 1968, 851 Anm. zu BGH 5.12.1967 – 1 StR 447/67, BGHSt 22, 12 = NJW 1968, 511.

lich in der Unterkunft übernachtet.[22] Hat sich der Soldat jedoch mit Genehmigung seiner Vorgesetzten und daher erlaubt von seiner Einheit entfernt, kann er sie nicht mehr verlassen, er bleibt ihr allenfalls fern, wenn er nicht wieder zu ihr zurückkehrt. Zu der streitigen Antwort auf die Frage, ob ein Soldat während eines ihm genehmigten Urlaubs unerlaubt die Truppe verlassen kann oder ihr fernbleibt, → § 16 Rn. 9 ff.

16   **Fernbleiben** heißt, dass der Täter entgegen einer örtlich oder zeitlich bestimmten Verpflichtung es unterlässt, bei der Truppe/Dienststelle zu erscheinen oder zu ihr zurückzukehren, nachdem er sich erlaubter Weise hatte entfernen dürfen. Das Tatbestandsmerkmal „fernbleiben" kann demnach von zwei unterschiedlichen Tätertypen erfüllt werden. Der Truppe/Dienststelle bleibt fern, der ihr zwar truppendienstlich schon, aber noch nicht gliederungsmäßig angehört und verpflichtet ist, bei ihr zu erscheinen. Tatbestandsmäßig handelt daher auch der Soldat, der auf Grund einer Versetzung oder Kommandierung bei einer anderen Einheit eine neue Verwendung erhalten hat und sich dort nicht wie befohlen zum Dienst meldet oder eine Fachausbildung nicht antritt.[23] Dagegen bleibt der Bewerber eines freiwilligen Wehrdienstes, der der Aufforderung zum Dienstantritt (§ 58g Abs. 1 SG) nicht nachkommt, der Truppe nicht fern und folglich straflos.[24]

17   Der andere Täter ist der Soldat, der auch gliederungsmäßig bereits zu den Streitkräften gehört und dem eine befristete oder zweckgebundene Erlaubnis erteilt war, sich von der Truppe/Dienststelle entfernen zu dürfen. Dieser Täter bleibt ihr fern, wenn er sich nach Ablauf der Erlaubnis nicht wieder räumlich eingliedert und der Verfügungsgewalt seiner Vorgesetzten unterstellt.[25] Das trifft auf den Soldaten zu, der sich nicht unverzüglich bei seiner Einheit zurückmeldet, nachdem er eine Fachausbildung vorzeitig beendet[26] oder den Besuch einer privaten Sprachenschule abgebrochen hat, ohne sich wieder bei seiner Einheit einzufinden.[27] Ist dem Soldaten ein Sonderurlaub zu einem bestimmten Zweck bewilligt worden, bleibt er der Truppe fern, wenn er den Urlaubszweck innerhalb der gesetzten Frist nicht erfüllen kann und nicht bei der Truppe erscheint.[28] Der Truppe fern bleibt der Soldat, der vom Truppenarzt in ein ziviles Krankenhaus eingewiesen wurde, dieses ohne Einverständnis seines Disziplinarvorgesetzten verlässt und nicht zur Truppe zurückkehrt.[29]

18   **bb) Eigenmächtig.** Der Täter muss eigenmächtig handeln. „Eigenmächtig" bedeutet „ohne Genehmigung" des zuständigen Vorgesetzten, gegen seinen Befehl oder auf Grund eigenen Tatentschlusses.

19   Die Eigenmächtigkeit ist **Tatbestandsmerkmal** für die Tathandlungen des Verlassens und des Fernbleibens,[30] die der Täter vorsätzlich verwirklicht haben muss, während es für das anschließende Abwesendsein genügt, wenn er fahrlässig gehandelt hat.[31] Diese inzwischen hA zu der rechtlichen Einordnung der Eigenmächtigkeit führt in folgenden Fällen zu sachgerechten Lösungen: Hat der Vorgesetzte in das Verlassen oder das Fernbleiben

---

[22] BayObLG 21.10.1971 – RReg 4 St 95/71, NZWehr 1972, 155 (157).
[23] AG Calw 11.4.1983 – 3 Ds 232/82, NZWehr 1984, 39.
[24] → § 1 Rn. 18.
[25] BayObLG 21.10.1971 – RReg 4 St 95/71, NZWehr 1972, 155 (156).
[26] BayObLG 21.10.1971 – RReg 4 St 95/71, NZWehr 1972, 155 (156); OLG Celle 16.6.1971 – 1 S. 62/71, NJW 1971, 1760; AG Calw 11.4.1983 – 3 Ds 232/82, NZWehr 1984, 39; AG Bad Kreuznach 22.11.1982 – Js 841/82, NZWehr 1983, 157.
[27] AG Hamburg-Wandsbek 16.12.1963 – 16 Ds 179/63, NZWehr 1964, 182.
[28] AG Hildesheim 19.4.1966 – (28) 7 Ms 2/66 (4/66), NZWehr 1967, 81.
[29] LG Stade 16.11.1961 – Ns 22 Ms 4/61, NZWehr 1962, 179; auch OLG Koblenz 14.8.1975 – 1 Ss 117/75, NZWehr 1975, 225.
[30] BayObLG 17.8.1982 – RReg 4 St 83/82, NZWehr 1982, 231 (232); AG Hamburg-Wandsbek 16.12.1963 – 16 Ds 179/63, NZWehr 1964, 182; LK-StGB/*Hirsch* Vor § 51 Rn. 17; *Schwenck* WStR S. 159; *Lingens/Korte* Rn. 13; auch Begr. zum Entwurf des WStG BT-Drs. 2/3040, 26; aA *Arndt* S. 153, der eigenmächtig mit rechtswidrig gleichsetzt. Ebenso AG Bogen 10.6.1969 – Js 19/69, RWStR § 15 Nr. 11 m. abl. Anm. *Schwenck*.
[31] BayObLG 17.8.1982 – RReg 4 St 83/82, NZWehr 1982, 231 (233); aA AG Recklinghausen 3.6.1983 – 28 Ds 33 Js 629/82, NZWehr 1984, 171 m. abl. Anm. *Dau* S. 173; wie hier *Lingens/Korte* Rn. 27.

eingewilligt, entfällt der Tatbestand; erhält der Täter erst nachträglich die Zustimmung seines Vorgesetzten, handelt er tatbestandsmäßig, jedoch entfällt die Rechtswidrigkeit.[32] Hat der Täter die Genehmigung des Vorgesetzten erschwindelt, liegt kein eigenmächtiges Verlassen oder Fernbleiben vor, es kommt jedoch eine Strafbarkeit nach § 18 in Betracht. Nimmt der Täter irrig an, der Vorgesetzte habe ihm das Verlassen oder Fernbleiben gestattet, befindet er sich in einem den Vorsatz ausschließenden Tatbestandsirrtum. Demselben Irrtum unterliegt er, wenn er sich über Umstände im Irrtum befindet, die seine Rückkehr zur Truppe unmöglich machen.[33] Die Eigenmächtigkeit entfällt, wenn der Soldat aus Gründen höherer Gewalt oder wegen schwerer Krankheit außerstande ist, sich wieder bei seiner Truppe zu melden.

cc) Drei-Tages-Frist. Die Abwesenheit muss länger als drei volle Kalendertage dauern. Kehrt der Soldat eher zu seiner Einheit zurück, liegt nur ein Dienstvergehen vor (→ Rn. 4). 20

In die Berechnung des Zeitraumes von drei vollen Kalendertagen wird der erste Tag der eigenmächtigen Abwesenheit nicht mitgerechnet, wenn der vorgeschriebene Dienstantritt nicht auf den Beginn dieses Tages fällt, sondern auf einen späteren Zeitpunkt festgesetzt wird.[34] In diesem Fall wird die Frist von drei vollen Kalendertagen erst nach Beginn des vierten Kalendertages seit der Abwesenheit des Soldaten überschritten, dh der vierte Tag muss schon angebrochen sein.[35] 21

Beispiel:[36] Der Soldat hat am 1. April, 16.00 Uhr, seine Einheit verlassen, am 5. April, 0.30 Uhr, kehrt er zur Truppe zurück. Er ist länger als drei volle Kalendertage abwesend, nämlich vom 2. April, 0.00 Uhr, bis zum 4. April, 24.00 Uhr. Wäre der Soldat schon am 4. April, 23.59 Uhr, zurückgekehrt, wäre er zwar länger als 72 Stunden, aber keine vollen drei Kalendertage abwesend gewesen.

Für die **Fristberechnung** ist zu beachten, dass die drei Kalendertage ununterbrochen hintereinander liegen müssen.[37] Kalendertage, die auf dienstfreie Tage fallen, unterbrechen die Frist nicht,[38] sie sind also in die Zeit der Abwesenheit miteinzurechnen.[39] Die Auffassung Lingens,[40] dienstfreie Tage nur dann in die Zeit der Abwesenheit einzubeziehen, wenn sie von Zeiten eigenmächtiger Abwesenheit eingeschlossen werden, wird schon vom Wortlaut der Vorschrift nicht getragen.[41] 22

Kehrt der Täter zwischenzeitlich zu seiner Einheit zurück, wird die Frist selbst dann unterbrochen, wenn er sich gleich anschließend wieder entfernt.[42] Die Meldung bei einem fremden Truppenteil, bei einem Feldjägerdienstkommando oder die Festnahme durch Feldjäger hat dagegen keinen Einfluss auf den Ablauf der Frist. Den Soldaten wird jedoch regelmäßig kein Verschulden treffen, wenn er von der fremden Truppe oder den Feldjägern nicht mehr zeitgerecht seiner Einheit zugeführt werden kann.[43] 23

dd) Abgekommen (Abs. 2). Die Regelung hat mit dem erweiterten Aufgabenspektrum deutscher Streitkräfte im Rahmen multinationaler Einsätze im Ausland auch praxisnahe Bedeutung erlangt. Militärische Lagen, in denen ein Soldat einsatzbedingt von seiner Einheit 24

---

[32] BayObLG 17.8.1982 – RReg 4 St 83/82, NZWehr 1982, 231 (233); siehe demgegenüber jedoch für die dienstrechtliche Bewertung BVerwG 29.10.2003 – 2 WD 9.03, BVerwGE 119, 164 = ZBR 2004, 146 Ls.
[33] Vgl. auch *Lingens/Korte* Rn. 29.
[34] OLG Hamburg 12.8.1987 – 1 Ss 214/86, NZWehr 1987, 259 = NStZ 1987, 567; *Günther,* Zur Berechnung der Dauer einer eigenmächtigen Abwesenheit, NZWehr 1991, 63 (64).
[35] OLG Hamburg 12.8.1987 – 1 Ss 214/86, NZWehr 1987, 259 = NStZ 1987, 567.
[36] Nach *Schwenck* WStR S. 160; auch das von *Lingens/Korte* Rn. 17 gegebene Beispiel.
[37] *Lingens/Korte* Rn. 17; *Arndt* S. 154.
[38] LG Koblenz 15.11.1979 – 27 Ls – 9 Ns, NZWehr 1980, 154.
[39] BayObLG 17.8.1982 – RReg 4 St 83/82, NZWehr 1982, 231; *Günther* NZWehr 1991, 63 (65).
[40] Eigenmächtige Abwesenheit von der Truppe auch an dienstfreien Tagen?, NStZ 1989, 561; s. auch *Lingens/Korte* Rn. 17 und *Zetzsche* Buchbesprechung NZWehr 2009, 259 (260).
[41] *Günther* NZWehr 1991, 63 (65); *Stauf* WR II WStG § 15 Rn. 5.
[42] *Schwenck* WStR S. 160.
[43] Vgl. *Lingens/Korte* Rn. 16; *Schwenck* WStR S. 160; teilweise abweichend *Arndt* S. 151, der in diesem Fall schon die Rechtswidrigkeit verneint.

getrennt wird, sind daher nicht länger nur ein Szenario des bewaffneten internationalen Konflikts. Der von seiner Einheit abgekommene Soldat hat aber die Verpflichtung, sich innerhalb von drei vollen Kalendertagen zu melden. Kommt er dieser Pflicht nicht nach, wird seine Trennung von der Einheit zu einer Straftat.

25   Der Soldat muss von seiner Truppe oder Dienststelle abgekommen sein. Abgekommen ist der Soldat, der den räumlichen Zusammenhang mit seiner Truppe/Dienststelle verloren hat und dem Befehls- und Verfügungsbereich seiner Vorgesetzten entzogen ist, zB der Soldat wird nach einem Einsatz vermisst, er kann nach einem Hubschrauberabsturz über feindlichem Gebiet zunächst keine Verbindung mit seiner Einheit aufnehmen, er hat während einer Übung im Ausland den Anschluss an seine Einheit verloren oder er hat sich in unbekanntem Gelände orientierungslos verfahren. Der Begriff „abgekommen" umfasst auch die Gründe der §§ 40 Abs. 5, 44 Abs. 1 S. 6, 75 Abs. 5 SG, die während einer besonderen Auslandsverwendung den Zeitpunkt des Eintritts in den Ruhestand und der Entlassung hinausschieben, wenn der Soldat verschleppt oder in Gefangenschaft geraten ist oder sonstige mit dem Dienst zusammenhängende Gründe vorliegen, die er nicht zu vertreten hat.[44] Die Art der räumlichen Trennung ist also ein vom Willen des Täters unabhängiger Zustand, der weder Vorsatz noch Fahrlässigkeit voraussetzt.[45] Hat der Täter dagegen unter der Zeitvorgabe des Abs. 1 seine Truppe oder Dienststelle vorsätzlich verlassen oder bleibt er ihr vorsätzlich fern, kommt nur eine Straftat nach Abs. 1 in Frage.

26   **ee) Außerhalb des räumlichen Geltungsbereiches des WStG.** Der Soldat muss außerhalb des **räumlichen Geltungsbereiches** des WStG von seiner Truppe oder Dienststelle (→ Rn. 7 ff.) abgekommen sein. Der „räumliche Geltungsbereich" dieses Gesetzes knüpft noch an die bis zum Inkrafttreten des Einigungsvertrages geltende Terminologie an.[46] Nachdem der durch Art. 27 EGStGB vom 2.3.1974, BGBl. I S. 469, 530, eingefügte § 1a den Geltungsbereich des WStG auch auf im Ausland begangene Straftaten erweiterte, war dieser Begriff ohnehin missverständlich geworden. Heute bedeutet er Inland und umschreibt das Gebiet der Bundesrepublik Deutschland.[47] Außerhalb dieses Bereiches bedeutet daher jedes nicht zu deutschem Territorium gehörende Gebiet, also Ausland.[48]

27   **ff) Meldung.** Sobald der Soldat abgekommen ist (→ Rn. 24 f.), muss er sich innerhalb von drei vollen Kalendertagen melden. Hierzu muss er sich persönlich bei dem Meldeempfänger einfinden, damit dieser die Rückführung zur Truppe oder Dienststelle veranlassen kann.[49] Von der Verpflichtung zur persönlichen Meldung ist er nur entbunden, wenn er zB schwer verletzt oder durch Gründe höherer Gewalt (Opfer einer Entführung, Gefangenschaft) an einem persönlichen Erscheinen verhindert ist.

28   Die Meldung ist innerhalb von drei vollen Kalendertagen (→ Rn. 21 f.) vorzunehmen. Die Frist beginnt mit dem Zeitpunkt, an dem der Soldat von seiner Truppe/Dienststelle abgekommen ist; war er an der Einhaltung der Frist gehindert (→ Rn. 27) dann, wenn er in der Lage ist, sich zu melden.

29   Wesentlicher Inhalt der Meldung sind die Identität des Soldaten, Grund und bisherige Dauer des Abgekommenseins, der gegenwärtige Aufenthaltsort sowie der Empfänger der Meldung.

30   Der Soldat kann sich bei seiner eigenen Truppe oder Dienststelle melden, bei einem fremden Truppenteil oder einer anderen Dienststelle oder bei einer Behörde der Bundesrepublik Deutschland. Eine Meldung bei einer Truppe oder Dienststelle verbündeter Streitkräfte oder des Aufnahmestaates reicht nicht aus. Als deutsche Behörde im Ausland kommt

---

[44] Vgl. dazu Walz/Eichen/Sohm/*Sohm* § 40 Rn. 38 ff.; Walz/Eichen/Sohm/*Eichen* § 75 Rn. 42 ff.
[45] *Lingens/Korte* Rn. 20.
[46] *Fischer* StGB § 3 Rn. 4.
[47] *Fischer* StGB § 3 Rn. 4.
[48] *Lingens/Korte* Rn. 19.
[49] *Lingens/Korte* Rn. 21 f.

regelmäßig eine diplomatische Vertretung in Betracht; hier genügt zB die Meldung beim Verteidigungsattaché oder dem Attaché einer Teilstreitkraft.

2. Subjektiver Tatbestand. Der Vorsatz – auch bedingter Vorsatz – erstreckt sich allein 31 auf das **Verlassen und das Fernbleiben**.[50] Ein strafbares Verhalten liegt demnach nur vor, wenn ihm das Verlassen oder Fernbleiben nicht erlaubt ist.[51]

Für das Abwesendsein genügt dagegen Fahrlässigkeit. Insoweit bleibt nur noch zu prüfen, 32 ob der Täter vorsätzlich oder fahrlässig, rechtswidrig und schuldhaft gehandelt hat (→ Rn. 19).[52]

Die **Pflicht zur Meldung** (Abs. 2) kann der Soldat vorsätzlich oder fahrlässig verletzen. 33 Dazu muss er wissen, dass er im Ausland von seiner Truppe oder Dienststelle abgekommen und verpflichtet ist, sich innerhalb von drei vollen Kalendertagen zu melden. Er handelt fahrlässig, wenn er sich vorwerfbar nicht oder nicht rechtzeitig darum bemüht hat, eine zum Empfang seiner Meldung geeignete Stelle zu finden.

3. Rechtswidrigkeit. Die Rechtswidrigkeit der Tat erfasst beide Stufen des Tatbestandes 34 (→ Rn. 11), dh das Verlassen, Fernbleiben und das Abwesendsein müssen rechtswidrig sein. Die Eigenmächtigkeit ist Tatbestandsmerkmal und kein Synonym der Rechtswidrigkeit (→ Rn. 19). Das Handeln des Täters kann aber durch die allgemeinen Rechtfertigungsgründe gerechtfertigt sein. Ein Befehl, trotz einer Allergie mit Hautausschlag Uniform zu tragen, kann es nicht rechtfertigen, dass der Soldat seine Einheit unerlaubt verlässt oder ihr fernbleibt.[53] Solange die Tat noch nicht vollendet ist (→ Rn. 13), kann durch eine nachträgliche Zustimmung des Vorgesetzten die Rechtswidrigkeit aufgehoben werden.[54]

III. Täterschaft und Teilnahme, Konkurrenzen, Rechtsfolgen

1. Täterschaft. Eigenmächtig abwesend kann nur ein Soldat der Bundeswehr sein 35 (→ § 1 Rn. 5 ff.). Auch ein von seiner Truppe oder Dienststelle abgekommener Soldat ist iS des Abs. 2 stets ein Soldat der Bundeswehr. Auf einen nur faktischen Soldaten (→ § 1 Rn. 27) findet § 15 keine Anwendung.[55]

2. Teilnahme. Für die Teilnahme eines Soldaten gelten die Bestimmungen des allgemei- 36 nen Strafrechts (§§ 25 ff. StGB). Für die Beteiligung einer Zivilperson vgl. § 1 Abs. 4.[56]

3. Konkurrenzen. Zwischen eigenmächtiger Abwesenheit und Ungehorsam gem. § 19 37 ist Tateinheit möglich; die Strafe ist § 19 Abs. 3 mit der schwersten Strafdrohung zu entnehmen (§ 52 Abs. 2 StGB).[57] Auch mit den §§ 44, 45 kann Idealkonkurrenz bestehen. Tateinheit mit Betrug (§ 263 StGB) wegen des während der eigenmächtigen Abwesenheit weiter empfangenen Wehrsoldes ist ausgeschlossen, weil es schon an der Täuschungshandlung fehlt.[58] Zum Verhältnis zur Fahnenflucht → § 16 Rn. 14.

4. Rechtsfolgen. Die Verjährungsfrist beträgt fünf Jahre (§ 78 Abs. 3 Nr. 4 StGB). Sie 38 beginnt, wenn der rechtswidrige Zustand der Abwesenheit beendet ist (§ 78a S. 1 StGB; → Rn. 13).[59] Die eigenmächtige Abwesenheit ist beendet, wenn der Täter räumlich seiner

---

[50] *Dau* NZWehr 1984, 173; *Lingens/Korte* Rn. 26; *Arndt* S. 155.
[51] Begr. zum Entwurf des WStG BT-Drs. 2/3040, 26; BayObLG 17.8.1982 – RReg 4 St 83/82, NZWehr 1982, 231 (233).
[52] BayObLG 30.9.1971 – RReg 4 St 81/71, NZWehr 1972, 232.
[53] BayObLG 21.10.1971 – RReg 4 St 93/71, NZWehr 1972, 34; *Lingens/Korte* Rn. 30.
[54] → Rn. 19; BayObLG 17.8.1982 – RReg 4 St 83/82, NZWehr 1982, 231 (233).
[55] OLG Celle 25.7.1967 – OJs 32/61, MDR 1962, 327.
[56] Zur Beihilfe durch die Ehefrau s. AG Rheydt 23.1.1968 – 7 Cs 566/67, RWStR § 15 Nr. 9; durch die Freundin LG Osnabrück 23.8.1969 – 20 Ms 12/68, RWStR § 15 Nr. 10.
[57] Ebenso *Lingens/Korte* Rn. 38; *Schwenck* WStR S. 161; aA *Arndt* S. 151: Gesetzeskonkurrenz; LG Münster 21.10.1986 – 9 Ns 47 Js 24/86, NZWehr 1987, 122 (123) zu § 20: Tatmehrheit (§ 53 StGB).
[58] *Lingens,* Eigenmächtig abwesend und zugleich Betrüger?, NZWehr 1999, 70.
[59] LG Mosbach 26.6.1973 – Qs 100/73, NZWehr 1973, 237.

Truppe wieder eingegliedert und der Befehls- und Verfügungsgewalt seiner Vorgesetzten wieder unterstellt ist, spätestens jedoch mit dem Ende der Dienstzeit (→ § 1 Rn. 13, 19).

39　Die Strafdrohung mit Freiheitsstrafe bis zu drei Jahren gilt für beide Absätze. Zur Strafaussetzung zur Bewährung vgl. § 14,[60] zur Zulässigkeit eines Strafarrestes s. § 12, zur Verhängung einer Geldstrafe vgl. § 10.

40　Auf das **Strafmaß** hat im Wesentlichen die Dauer der Abwesenheit Einfluss, bestimmend sind aber auch die Beweggründe, die im Einzelfall den Soldaten dazu brachten, sich von der Truppe zu entfernen.[61] Bei der Strafzumessung wird darüber hinaus zu berücksichtigen sein, ob der Täter vorsätzlich oder nur fahrlässig die Drei-Tages Frist überschritten hat, welche dienstlichen Auswirkungen seine Abwesenheit hatte und – strafschärfend – ob er die Zeit seiner Abwesenheit nutzte, um Straftaten zu begehen.

§ 16 Fahnenflucht

(1) Wer eigenmächtig seine Truppe oder Dienststelle verläßt oder ihr fernbleibt, um sich der Verpflichtung zum Wehrdienst dauernd oder für die Zeit eines bewaffneten Einsatzes zu entziehen oder die Beendigung des Wehrdienstverhältnisses zu erreichen, wird mit Freiheitsstrafe bis zu fünf Jahren bestraft.

(2) Der Versuch ist strafbar.

(3) Stellt sich der Täter innerhalb eines Monats und ist er bereit, der Verpflichtung zum Wehrdienst nachzukommen, so ist die Strafe Freiheitsstrafe bis zu drei Jahren.

(4) Die Vorschriften über den Versuch der Beteiligung nach § 30 Abs. 1 des Strafgesetzbuches gelten für Straftaten nach Absatz 1 entsprechend.

Übersicht

	Rn.		Rn.
I. Allgemeines	1–7	**III. Täterschaft und Teilnahme, Versuch, Rücktritt und tätige Reue, Konkurrenzen sowie Rechtsfolgen**	20–36
1. Normzweck	1–4		
a) Rechtsgut	1	1. Täterschaft und Teilnahme	20–24
b) Deliktsnatur	2–4	a) Täter	20
2. Kriminalpolitische Bedeutung	5, 6	b) Mittäter	21
3. Historie	7	c) Anstiftung und Beihilfe	22, 23
II. Erläuterung	8–19	d) Teilnahme bei Fahnenflucht ausländischer Soldaten	24
1. Objektiver Tatbestand	8–11		
a) Handlungsformen	8	2. Versuch (Abs. 2, 4)	25, 26
b) Abwesendsein während des Urlaubs	9–11	3. Rücktritt und tätige Reue (Abs. 3)	27–33
2. Subjektiver Tatbestand	12–19	4. Konkurrenzen	34
a) Vorsatz und Fahrlässigkeit	12	5. Rechtsfolgen	35, 36
b) Fahnenfluchtabsicht	13–19		

I. Allgemeines

1　**1. Normzweck. a) Rechtsgut.** Die Fahnenflucht als die strafbewehrteste Straftat aus der Gruppe der Dienstentziehungsdelikte schützt ebenso wie die eigenmächtige Abwesenheit die Funktionsfähigkeit der Streitkräfte in der besonderen Form der Personalpräsenz der Truppe (zu Einzelheiten → § 15 Rn. 1). Dienstrechtlich ist die Fahnenflucht die schwerste Verletzung der militärischen Treuepflicht.[1]

2　**b) Deliktsnatur.** Anders als die eigenmächtige Abwesenheit ist der Tatbestand der Fahnenflucht nicht zweistufig gegliedert. Sie wird allein durch das eigenmächtige Verlassen der

---
[60] Auch OLG Saarbrücken 2.4.1964 – Ss 2/64, NZWehr 1964, 172.
[61] S. auch AG Straubing 25.1.1978 – 2 Ds 26 Js 13743/76, NZWehr 1978, 110.
[1] Begr. zum Entwurf des WStG BT-Drs. 2/3040, 27; auch → § 15 Rn. 2.

Truppe oder Dienststelle oder durch eigenmächtiges Fernbleiben in Fahnenfluchtabsicht (→ Rn. 13 ff.) verwirklicht; auf die Dauer der Abwesenheit kommt es daher nicht an, sie kann sich allenfalls bei der Strafzumessung auswirken (→ Rn. 35). In der Absicht, sich dauernd oder teilweise der Verpflichtung zum Wehrdienst zu entziehen, liegt der entscheidende **Unterschied zur eigenmächtigen Abwesenheit** (→ § 15 Rn. 3), die damit die gegenüber der eigenmächtigen Abwesenheit subjektiv qualifiziertere Straftat ist.

In der Tatform des eigenmächtigen Verlassens handelt es sich bei der Fahnenflucht um **3** ein Begehungs-, bei dem eigenmächtigen Fernbleiben um ein Unterlassungsdelikt, in beiden Fällen um ein Dauerdelikt.[2] Sie ist vollendet, wenn der Täter seine Truppe oder Dienststelle eigenmächtig verlassen hat oder ihr zu einem Zeitpunkt fernbleibt, zu dem er hätte anwesend sein müssen.[3] Solange die Abwesenheit andauert, ist die Fahnenflucht nicht beendet. Die Teilakte zwischen Vollendung und Beendigung werden durch Unterlassen, dh durch die unterbliebene Rückkehr zur Truppe/Dienststelle, verwirklicht.[4] Die Fahnenflucht ist daher an jedem Ort begangen, an dem der Täter einen Teilakt vorgenommen hat oder hätte vornehmen müssen (§ 9 Abs. 1 StGB).[5] Zur Verjährung → § 15 Rn. 38.

§ 16 gehört – wie § 19 – zur Gruppe der Delikte, zu deren Teilnahme mit der Überwa- **4** chung der Telekommunikation aufgeklärt werden kann (§ 100a Nr. 1d, e StPO).

2. Kriminalpolitische Bedeutung. Die vom Bundesverfassungsgericht[6] aufgestellten **5** Grundsätze zum Verbot der Doppelbestrafung bei Dienstflucht (§ 53 ZDG) sind auf den Tatbestand der Fahnenflucht nicht übertragbar.[7]

Das Gesetz zur Änderung des Gesetzes zur Aufhebung nationalsozialistischer Unrechtsur- **6** teile in der Strafrechtspflege (NS-AufhG vom 23.7.2002, BGBl. I S. 2714) hat durch Art. 1 Nr. 2 ua die durch Militärgerichte verhängten Urteile wegen Desertion/Fahnenflucht (§ 69 MStGB) aufgehoben.[8]

3. Historie. Art. 27 EGStGB vom 2.3.1974, BGBl. I S. 469, 530, hat Abs. 3 ergänzt **7** und Abs. 4 als Folge der durch Art. 19 Nr. 36 EGStGB aufgehobenen §§ 109b, 109c StGB angefügt.

II. Erläuterung

1. Objektiver Tatbestand. a) Handlungsformen. Die Fahnenflucht hat mit der **8** eigenmächtigen Abwesenheit die Handlungsformen des Verlassens und des Fernbleibens gemeinsam. Insoweit kann auf die Erläuterungen zu § 15 Rn. 15 (Verlassen) und § 15 Rn. 16 (Fernbleiben) verwiesen werden. Auch im Tatbestand des § 16 ist der Begriff „eigenmächtig" ein Tatbestandsmerkmal (→ § 15 Rn. 19 f.). Zu den Begriffen „Truppe" und „Dienststelle" → § 15 Rn. 7 ff.

b) Abwesendsein während des Urlaubs. Die in der Literatur und Rechtsprechung **9** umstrittene Antwort auf die Frage, ob ein Soldat während eines genehmigten Urlaubs seine Truppe verlassen oder ihr nur fernbleiben kann, hängt entscheidend davon ab, welche Sinndeutung dem Begriff „Verlassen" gegeben wird. Der BGH[9] hat ihn nicht nur iS eines

---

[2] LG München II 4.7.1985 – Reg 4 Qs 84/85, NZWehrr 1985, 253 (254).
[3] *Lingens/Korte* Rn. 2.
[4] LG München II 4.7.1985 – Reg 4 Qs 84/85, NZWehrr 1985, 253 (254). Zum Unterschied von Dauer- und Zustandsdelikt s. BVerwG 7.4.2011 – 2 WNB 2.11, NZWehrr 2011, 215 (216).
[5] LG München II 4.7.1985 – Reg 4 Qs 84/85, NZWehrr 1985, 253 (254).
[6] BVerfG 7.3.1968 – 2 BvR 354/66, BVerfGE 23, 191 = NZWehrr 1968, 172 mAnm *Barth* NZWehrr 1968, 178.
[7] BayObLG 14.5.1970 – RReg St 24/70, NJW 1970, 1513; OLG Celle 14.5.1985 – 1 Ss 14/85, NZWehrr 1985, 216 = JZ 1985, 954 m. krit. Anm. *Struensee; Schwenck* WStR S. 163; *Lingens/Korte* Rn. 25; s. auch *Hoyer*, Gedanken zur Beurteilung des Verhaltens wehrpflichtiger Totalverweigerer, NZWehrr 1985, 187.
[8] Zur Begr. s. BT-Drs. 14/8276, 14 f.
[9] BGH 5.12.1967 – 1 StR 447/67, BGHSt 22, 12 = NJW 1968, 511 = JZ 1968, 475; ebenso OLG Schleswig 19.10.1962 – 1 OJs 32/62, NZWehrr 1963, 171; OLG Braunschweig 26.4.1963 – OJs 4/63, GA 1963, 310; *Arndt* S. 152.

Ausscheiden aus einem räumlichen Bereich, sondern auch in einem übertragenen Verständnis aufgefasst. Demnach könne der Soldat auch während seines Urlaubs vollendete Fahnenflucht durch eigenmächtiges Verlassen begehen, weil das Merkmal „Verlassen" auch erfüllt sei, wenn sich der Soldat dem durch das Wehrdienstverhältnis mit seiner Truppe begründeten öffentlich-rechtlichen Dienstverhältnis und der sich damit ergebenden Gehorsamspflicht entziehe. Das gelte selbst dann, wenn der Soldat im Augenblick des Tatentschlusses noch Urlaub und die Möglichkeit habe, rechtzeitig zur Truppe zurückzukehren.

10 Dieser Auslegung ist insbesondere Dreher[10] überzeugend entgegen getreten. Das öffentlich-rechtliche Dienstverhältnis (BGH und Dreher sprechen noch von Gewaltverhältnis) mit der soldatischen Gehorsamspflicht stehe nicht zur Disposition des Soldaten, er könne es mit rechtsvernichtender Wirkung – jedenfalls im Regelfall – gar nicht verlassen. Auch zeige die Gegenüberstellung der Begriffe „verlassen" und „abwesend sein" in § 15, dass auch dem Tatbestand der Fahnenflucht eine ausschließlich räumliche Dimension zu Grunde liege; denn abwesend könne nur ein Soldat sein, der seine Truppe/Dienststelle verlassen habe.[11] Dieser Auffassung ist zuzustimmen.

11 Unbestritten ist, dass ein Soldat Fahnenflucht durch Fernbleiben begehen kann, wenn er sich im Urlaub befindet und nach dessen Ende weiter am Urlaubsort in der Absicht verbleibt, sich dem Wehrdienst dauernd zu entziehen.[12] Hat der Soldat seinen Urlaubsort in Fahnenfluchtabsicht verlassen, kehrt er jedoch noch vor Ablauf des ihm bewilligten Urlaubs zu seiner Truppe/Dienststelle zurück, liegt versuchte Fahnenflucht in der Tatform des Fernbleibens vor, von der er noch strafbefreiend zurücktreten kann.[13]

12 **2. Subjektiver Tatbestand. a) Vorsatz und Fahrlässigkeit.** Die Tatformen des Verlassens und des Fernbleibens muss der Täter vorsätzlich verwirklicht haben. Wie auch bei der eigenmächtigen Abwesenheit genügt auch für die Fahnenflucht bedingter Vorsatz (→ § 15 Rn. 31). Hat der Täter fahrlässig gehandelt, kann er nicht wegen Fahnenflucht bestraft werden, weil sie keinen Fahrlässigkeitsvorwurf enthält; allenfalls kann sich der Soldat gem. § 15 Abs. 2 strafbar gemacht haben, soweit dort fahrlässiges Verhalten unter Strafe gestellt ist.

13 **b) Fahnenfluchtabsicht.** Neben den Vorsatz tritt als subjektives Unrechtselement die Absicht des Täters, sich der Verpflichtung zum Wehrdienst dauernd oder für die Zeit eines bewaffneten Einsatzes zu entziehen oder die Beendigung des Wehrdienstverhältnisses zu erreichen (Fahnenfluchtabsicht). Absicht bedeutet, dass der Wille des Täters erfolgsbestimmt auf das Ziel gerichtet ist, der Verpflichtung zum Wehrdienst zu entgehen. Diese Absicht verfolgt der Täter auch dann, wenn er den Erfolg lediglich für möglich hält, zB rechnet er damit, durch sein Fernbleiben einen bevorstehenden Auslandseinsatz vermeiden zu können, der für seine Einheit dann doch nicht befohlen wird. Die Absicht der Wehrdienstentziehung braucht auch nicht das einzige oder überwiegende Motiv des Täters zu sein, es kommt nur darauf an, dass er im Augenblick der Tathandlung nicht die Absicht hatte, freiwillig zurückzukehren.[14]

14 Der Täter kann die Fahnenfluchtabsicht schon beim Verlassen der Truppe oder Dienststelle fassen, es reicht aber auch, wenn er sich zu irgendeinem Zeitpunkt seines Fernbleibens dazu entschließt, nicht mehr zurückzukehren.[15] Fasst der Täter den Entschluss zur Fahnenflucht erst, nachdem er schon länger als drei volle Kalendertage abwesend ist (§ 15 Abs. 1), wird damit sein Gesamtverhalten zu einer Fahnenflucht.

---

[10] *Dreher* NJW 1968, 851 Anm. zu BGH 5.12.1967 – 1 StR 447/67, BGHSt 22, 12 = NJW 1968, 511 = JZ 1968, 475; auch *Mohrbotter* JZ 1968, 477 Anm. zu BGH 5.12.1967 – 1 StR 447/67, BGHSt 22, 12 = NJW 1968, 511; in diesem Sinne ebenfalls OLG Celle 6.8.1963 – Ojs 56/63, GA 1964, 154; BayObLG 21.10.1971 – RReg 4 St 95/71, NZWehrr 1972, 155; *Lingens/Korte* § 15 Rn. 8; *Schwenck* WStR S. 158.
[11] *Dreher* NJW 1968, 851.
[12] *Dreher* NJW 1968, 851 (852).
[13] *Dreher* NJW 1968, 851; *Lingens/Korte* § 16 Rn. 5; OLG Celle 6.8.1963 – Ojs 56/63, GA 1964, 154; abweichend *Mohrbotter* JZ 1968, 477, der den Versuch erst mit dem Ablauf des Urlaubs beginnen lassen will.
[14] OLG Celle 6.8.1963 – Ojs 56/63, GA 1964, 154; LG Detmold 10.11.1960 – 5 Ls/Ns 18/60, NZWehrr 1961, 180 (182).
[15] *Lingens/Korte* Rn. 14; *Schwenck* WStR S. 163; aA AG Speyer 10.1.1964 – 2 Ms 17/63, RWStR § 15 Nr. 4 m. krit. Anm. *Weidinger*.

Der Soldat entzieht sich seiner Verpflichtung zum Wehrdienst auf Dauer, wenn er die 15
Absicht verwirklicht, endgültig und für alle Zeit nicht mehr freiwillig zur Truppe/Dienststelle zurückzukehren.[16] Die Absicht, damit die Beendigung seines Wehrdienstverhältnisses zu erreichen, hat erst für die Alternative Bedeutung (→ Rn. 19).

Die **Verpflichtung zum Wehrdienst** erfasst jedes Wehrdienstverhältnis, das auf Grund 16
freiwilliger Verpflichtung als Soldat auf Zeit oder als Berufssoldat (§ 1 Abs. 1 S. 1 SG) besteht. Die an den Bewerber für einen freiwilligen Wehrdienst gerichtete Aufforderung zum Dienstantritt (§ 58g Abs. 1 SG) enthält demgegenüber keine rechtliche Verpflichtung zum Wehrdienst und löst damit bei Nichtantritt des Dienstes auch keine strafrechtlichen Folgen aus (→ § 15 Rn. 16). Im Gegensatz zu der nur auf die Zeit eines bewaffneten Einsatzes beschränkten Wehrdienstentziehung muss der Täter einen endgültigen und auf die Dauer seines Wehrdienstverhältnisses gerichteten Lösungswillen haben. „**Dauernd**" entzieht sich daher derjenige, dessen Absicht auf ein „inneres, endgültiges Lösen von der Truppe" gerichtet ist, wer „aufhören will, Soldat zu sein",[17] wer den Willen hat, sich auf Dauer von der auf freiwilligem Entschluss beruhenden Verpflichtung des Soldaten zum Wehrdienst[18] zu lösen. Das Verlassen oder Fernbleiben als Folge einer nur augenblicklich starken Gefühlswallung reicht für die Absicht, eine dauernde Trennung herbeizuführen, nicht aus.[19] Keine Fahnenflucht begeht auch der Soldat, der der Heranziehung zu einer nur eintägigen Wehrübung nicht folgt, weil er sich nur für diesen Termin und nicht für die ganze Dauer dem Wehrdienst entzieht.[20] Allerdings ist im Einzelfall sorgfältig zu prüfen, ob der Soldat eine nur zeitlich begrenzte Willensrichtung vortäuscht, während er in Wirklichkeit keinen Wehrdienst mehr leisten will.[21] Der Soldat, der eigenmächtig seine Truppe verlässt, um sich einer anderen Einheit, in der seine Freundin als Soldat Dienst leistet, anzuschließen, will seine Verpflichtung gegenüber der Bundeswehr gleichwohl erfüllen, er begeht daher keine Fahnenflucht.

In einem Sonderfall will sich der Täter der Verpflichtung zum Wehrdienst nur begrenzt, 17
dh nur für die **Zeit eines bewaffneten Einsatzes** entziehen. Die Fahnenfluchtabsicht richtet sich hier nur auf eine befristete Lösung von seinen soldatischen Pflichten. Sie kann unterschiedlich motiviert sein, zB hält der Soldat einen geplanten Auslandseinsatz für völkerrechtswidrig oder er weicht ihm aus Furcht vor einer Gefahr für Leib und Leben aus. Gegenüber dieser Haltung des Soldaten gilt der Grundsatz des § 6, dass Furcht vor persönlicher Gefahr die Tat nicht entschuldigt.

Bewaffneter Einsatz ist die militärische Verwendung der Streitkräfte, in der sie ihren 18
Verfassungsauftrag (Art. 87a, 24 Abs. 2, 35 Abs. 2, 3 GG) mit Waffengewalt erfüllen (vgl. auch die Definition in § 2 Parlamentsbeteiligungsgesetz). Das können Gefechts- und Kampfeinsätze in einem bewaffneten Konflikt sein, aber auch Verwendungen im Rahmen internationaler Konfliktverhütung und Krisenbewältigung einschließlich des Kampfes gegen den internationalen Terrorismus unter einem Mandat der Vereinten Nationen oder Einsätze unter den Voraussetzungen des Art. 87a Abs. 3 und 4 GG. Bewaffnete Einsätze unterliegen der konstitutiven, grds. vorherigen Zustimmung des Deutschen Bundestages (Parlamentsvorbehalt).[22] Ausgenommen hiervon sind Verwendungen von Personen der Bundeswehr für Hilfsdienste und Hilfsleistungen (humanitäre Einsätze), sofern die Soldaten dabei nicht in bewaffnete Unternehmen einbezogen sind.[23]

---

[16] OLG Düsseldorf 18.3.1970 – 2 Ss 8/70, NJW 1970, 1280; LG Detmold 10.11.1960 – 5 Ls/Ns 18/60, NZWehr 1961, 180 (182).
[17] Lingens/Korte § 15 Rn. 3.
[18] OLG Köln 3.6.1969 – Ss 168/69, NZWehr 1969, 234 (236).
[19] LG Detmold 10.11.1960 – 5 Ls/Ns 18/60, NZWehr 1961, 180 (182).
[20] OLG Köln 3.6.1969 – Ss 168/69, NZWehr 1969, 234 (236); OLG Düsseldorf 18.3.1970 – 2 Ss 8/70, NJW 1970, 1280.
[21] OLG Köln 3.6.1969 – Ss 168/69, NZWehr 1969, 234 (236).
[22] BVerfG 12.7.1994 – 2 BvE 3/92, 5/93, 7/93, BVerfGE 90, 286; BVerfG 29.9.2015 – 2 BvE 6/11, BWV 2015, 250.
[23] BVerfG 12.7.1994 – 2 BvE 3/92, 5/93, 7/93, BVerfGE 90, 286; 7.5.2008 – 2 BvE 1/03, BVerfGE 121, 135 (163).

19 Mit der **Absicht, die Beendigung des Wehrdienstverhältnisses zu erreichen,** will der Täter nicht nur tatsächlich, sondern auch rechtlich seine statusmäßigen Beziehungen zur Bundeswehr endgültig lösen. Sein Ziel muss dabei nicht die sofortige Lösung sein, tatbestandsmäßig handelt auch der Soldat, der erreichen will, dass sein Wehrdienstverhältnis vorzeitig beendet wird, zB der freiwillig Wehrdienstleistende verlässt während einer Verwendung im Ausland (§ 58e Abs. 1 S. 2 SG) die Truppe, um seine vorzeitige Entlassung zu erreichen oder der Täter verfolgt die Absicht, seine Berufung in das Dienstverhältnis eines Soldaten auf Zeit rückgängig zu machen. Ein freiwillig Wehrdienstleistender handelt dagegen nicht tatbestandsmäßig iS der Alternative, wenn er es nur darauf anlegt, von der Verwendung im Ausland entbunden zu werden, nachdem sein darauf gerichteter Antrag abgelehnt worden ist. Auf welche Weise der Täter die Beendigung des Wehrdienstverhältnisses erreichen will, ist nicht entscheidend. Es genügt, dass er sein Ziel im Verwaltungsweg (Entlassung; § 1 Rn. 13, 19) oder im gerichtlichen Disziplinarverfahren (§ 63 WDO) erreicht. Wesentlich ist die Vorstellung, die sich der Täter über die wehrrechtlichen Folgen seines Ausbleibens macht;[24] ob sie objektiv erreichbar sind, ist ebenso unerheblich[25] wie der Irrtum des Täters, seine Entlassung auf einem bestimmten Weg durchsetzen zu können.[26]

III. Täterschaft und Teilnahme, Versuch, Rücktritt und tätige Reue, Konkurrenzen sowie Rechtsfolgen

20 **1. Täterschaft und Teilnahme. a) Täter.** Täter einer Fahnenflucht kann nur ein Soldat der Bundeswehr sein (→ § 1 Rn. 5 ff.). Zum freiwillig Wehrdienstleistenden als Täter → Rn. 16, 19. Ein faktischer Soldat kann sich nicht der Fahnenflucht schuldig machen.[27] Hat sich der Täter auf Grund irriger rechtlicher Bewertung für einen Soldaten gehalten, kann er keine Fahnenflucht begehen, sein Verhalten ist ein Wahndelikt.[28]

21 **b) Mittäter.** Die Mittäterschaft eines Soldaten an der Fahnenflucht eines Kameraden ist ausgeschlossen, da sie als eigenhändiges Delikt nur in Alleintäterschaft begangen werden kann.

22 **c) Anstiftung und Beihilfe.** Anstiftung und Beihilfe **durch einen Soldaten** zur Fahnenflucht werden gem. §§ 26, 27 StGB behandelt. Die versuchte Beihilfe zur Fahnenflucht ist straflos.

23 Die strafbare Teilnahme **einer Zivilperson** in Form der Anstiftung oder Beihilfe an der Fahnenflucht eines Soldaten folgt aus § 1 Abs. 4 iVm §§ 26, 27 StGB; die Strafe ist nach § 28 Abs. 1 StGB zu mildern. Zur versuchten (erfolglosen) Anstiftung → Rn. 26.

24 **d) Teilnahme bei Fahnenflucht ausländischer Soldaten.** Durch § 1 Abs. 3 Nr. 1 und 2 NATO-Truppen-Schutzgesetz – idF der Bekanntmachung v. 27.3.2008, BGBl. I S. 490, zuletzt geändert durch Art. 2 Abs. 1 G v. 23.5.2017, BGBl. I S. 1226, ist die Teilnahme an der Fahnenflucht und dem Ungehorsam eines Soldaten eines NATO-Vertragsstaates sowie die Aufforderung hierzu (§ 111 StGB) für Soldaten und Zivilpersonen unter Strafe gestellt. Da weder Tat noch Teilnahme im Zweiten Teil des WStG mit Strafe bedroht sind (§ 2 Nr. 1), bleiben Anstiftung und Beihilfe für den Soldaten der Bundeswehr eine nichtmilitärische Straftat.

25 **2. Versuch (Abs. 2, 4).** Im Gegensatz zur eigenmächtigen Abwesenheit ist die versuchte Fahnenflucht strafbewehrt. Für den Versuch muss der Täter mit Handlungen begonnen haben, die nach seiner Vorstellung geeignet sind, seine Fahnenfluchtabsicht zu verwirkli-

---

[24] OLG Celle 6.10.1961 – 2 Ss 311/61, NZWehr 1962, 79 (80); OLG Schleswig 24.9.1985 – 2 Ss 182/85, NZWehr 1986, 41 (42).
[25] OLG Celle 6.10.1961 – 2 Ss 311/61, NZWehr 1962, 79 (80).
[26] OLG Schleswig 24.9.1985 – 2 Ss 182/85, NZWehr 1986, 41 (42).
[27] § 1 Rn. 27; OLG Celle 25.7.1961 – OJs 32/61, MDR 1962, 327; OLG Oldenburg 29.1.1963 – 1 Ss 303/62, NZWehr 1963, 132.
[28] OLG Oldenburg 29.1.1963 – 1 Ss 303/62, NZWehr 1963, 132.

chen.²⁹ Zur Abgrenzung zwischen strafloser Vorbereitungshandlung und Beginn der Tatausführung wird es darauf ankommen, ob der Täter Maßnahmen getroffen hat, die nach seinem Tatplan unmittelbar zum Verlassen oder Fernbleiben führen.³⁰ Die Buchung einer Flugreise, Kündigung des Mietverhältnisses für die Wohnung am Standort oder Abmeldung im bisherigen Wohnort sind als Vorbereitungshandlungen rechtlich irrelevant. Auch die Abreise vom Urlaubsort mit einem anderen Ziel als der Standort der Truppe oder Dienststelle ist noch kein Versuch, solange die Urlaubszeit noch nicht abgelaufen ist (→ Rn. 9 ff.). Dagegen liegt Versuch vor, wenn der Soldat in Fahnenfluchtabsicht am letzten Tag seines Urlaubs in Deutschland mit einem Flugbillet nach Fernost am Flughafen aufgegriffen wird. Versuchte Fahnenflucht begehrt auch derjenige, der als Berufssoldat oder Soldat auf Zeit während eines genehmigten Urlaubs im Ausland dort ohne Genehmigung des BMVg seinen ständigen Aufenthalt nimmt; nachdem er zwingend entlassen worden ist (§ 46 Abs. 2 Nr. 8, § 55 Abs. 1 SG), trifft ihn keine soldatenrechtliche Rückkehrverpflichtung mehr, so dass auch die Tat nicht vollendet werden kann.³¹

26 § 30 Abs. 1 StGB, der den **Versuch der Beteiligung** an einem Verbrechen unter Strafe stellt, findet auf das Vergehen der Fahnenflucht Anwendung (Abs. 4).³² Strafbar ist daher für den Soldaten und die Zivilperson (§ 1 Abs. 4) auch die versuchte Anstiftung, auch Kettenanstiftung,³³ eines Dritten, einen Soldaten zur Fahnenflucht anzustiften.

27 **3. Rücktritt und tätige Reue (Abs. 3).** Mit einer milderen Strafandrohung von drei Jahren als sie der Regelstrafrahmen des Abs. 1 vorsieht, honoriert Abs. 3 die Einsicht des Täters, sich zu stellen und der Verpflichtung zum Wehrdienst nachzukommen.³⁴ Mit dieser Strafmilderung baut das Gesetz dem Täter eine „goldene Brücke"³⁵ zur Rückkehr in ein rechtskonformes Verhalten. Es handelt sich um einen Fall der tätigen Reue nach Vollendung der Tat.³⁶

28 Die Bereitschaft des Täters, sich zu stellen, setzt voraus, dass er eine vollendete Fahnenflucht begangen hat. Kehrt er vor Vollendung der Tat (→ Rn. 3) zurück, liegt Rücktritt vom Versuch vor.³⁷

29 Um eine Strafmilderung erreichen zu können, muss der Täter folgende zwei Bedingungen erfüllen:
– er muss sich innerhalb eines Monats stellen und
– er muss bereit sein, der Verpflichtung zum Wehrdienst nachzukommen.

30 Der Täter stellt sich, wenn er sich bei seiner Truppe oder Dienststelle persönlich meldet. Er kann sich auch bei einem anderen Truppenteil, einer militärischen oder zivilen Dienststelle (Polizei, Staatsanwaltschaft, im Ausland eine deutsche diplomatische Vertretung) einfinden, die seine Rückführung veranlassen.³⁸ In diesen Fällen hat er seine Meldung um die Angabe des Sachverhalts zu ergänzen, um seine Situation für den Rücktransport zu erklären. Hiervon kann abgesehen werden, wenn er sich bei der eigenen Einheit stellt.³⁹

31 Der Täter erhält nur eine Strafmilderung, wenn er sich **freiwillig** stellt. Wird er vor seiner Gestellung vorläufig festgenommen, entfällt die Vergünstigung.⁴⁰ Dagegen wirkt es sich für ihn nicht nachteilig aus, wenn er durch Familienangehörige, Freunde oder Kamera-

---

²⁹ § 22 StGB; OLG Celle 6.8.1963 – Ojs 56/63, GA 1964, 154; *Arndt* S. 159.
³⁰ Vgl. auch *Arndt* S. 159; *Schwenck* WStR S. 162.
³¹ *Schwenck* WStR S. 162.
³² So auch in § 19 Abs. 4, § 44 Abs. 6, § 45.
³³ *Fischer* StGB § 30 Rn. 8; *Lingens/Korte* Rn. 22; → StGB § 30 Rn. 36.
³⁴ OLG Hamm 15.11.1963 – 3 Ss 1288/63, NJW 1964, 2029; *Lingens/Korte* Rn. 26.
³⁵ Begr. zum Entwurf des WStG BT-Drs. 2/3040, 27.
³⁶ OLG Celle 25.10.1958 – 2 Ss 382/58, MDR 1959, 59.
³⁷ OLG Celle 6.8.1963 – OJs 56/63, GA 1964, 154; *Schwenck* WStR S. 163.
³⁸ OLG Hamm 15.11.1963 – 3 Ss 1288/63, NJW 1964, 2029; OLG Celle 6.8.1963 – Ojs 56/63, GA 1964, 154; *Lingens/Korte* Rn. 27.
³⁹ OLG Celle 6.8.1963 – OJs 56/63, GA 1964, 154; weitergehend *Arndt* S. 159, der in keinem Fall ein Offenbaren des Sachverhalts für nötig hält.
⁴⁰ OLG Celle 25.10.1958 – 2 Ss 382/58, MDR 1959/59.

den dazu bewogen wurde, sich zu stellen. Auch wenn er in Erkenntnis seiner ausweglosen Lage aufgibt und sich stellt, handelt er noch freiwillig.[41]

32 Für den Beginn der Monatsfrist wird der Tag, an dem der Täter die Truppe verlassen hat, nicht mitgerechnet.[42] Es kommt nicht darauf an, zu welchem Zeitpunkt der Täter sich zur Fahnenflucht entschlossen hat.

33 Der Zeitpunkt der Gestellung und die Bereitschaft des Täters, der Verpflichtung zum Wehrdienst nachzukommen, brauchen nicht zusammenzufallen, diese kann der Täter auch später noch erklären, zB während des Strafverfahrens.[43] Ob er sich auch innerlich positiv zum Wehrdienst stellt, unterliegt nicht der gerichtlichen Prüfung.[44]

34 **4. Konkurrenzen.** Zwischen Fahnenflucht und Gehorsamsverweigerung (§ 20) kann Tateinheit bestehen.[45] Zum Verhältnis von zunächst begangener eigenmächtiger Abwesenheit und Fahnenflucht nach Wechsel der subjektiven Tatseite → Rn. 14.

35 **5. Rechtsfolgen.** Dem erheblich schwereren Unrechtsgehalt der Fahnenflucht gegenüber der eigenmächtigen Abwesenheit entspricht ihre auch höhere Strafdrohung mit fünf Jahren Freiheitsstrafe. Für die Strafzumessung sind die Beweggründe des Täters aufzuklären.[46] Sie geben in einer für die Beurteilung des Täters erheblichen Weise Aufschluss darüber, ob er sich dem Wehrdienst dauernd entziehen wollte oder dies nur billigend in Kauf nahm. Gründe aus seinem privaten Umfeld können sich für ihn mildernd auswirken, zB er wollte seine Ehe retten, durch Hilfe im elterlichen Geschäft die drohende Insolvenz abwenden. Ins Gewicht fallen sein Dienstgrad, Dienststellung, strafschärfend eine lange Dauer der Abwesenheit, besonders, wenn sie sich über die gesamte Wehrdienstzeit erstreckt,[47] oder mitursächlich für dienstliche Nachteile ist, die der Soldat mangels Einsatzfähigkeit ausgelöst hat.

36 Zur Strafmilderung dann, wenn sich der Täter freiwillig gestellt hat, → Rn. 27 ff., zur Strafaussetzung zur Bewährung s. § 14,[48] zur Verhängung einer Geldstrafe s. § 10, zur Zulässigkeit von Strafarrest s. § 12.

§ 17 Selbstverstümmelung

(1) ¹Wer sich oder einen anderen Soldaten mit dessen Einwilligung durch Verstümmelung oder auf andere Weise zum Wehrdienst untauglich macht oder machen läßt, wird mit Freiheitsstrafe bis zu fünf Jahren bestraft. ²Dies gilt auch dann, wenn der Täter die Untauglichkeit nur für eine gewisse Zeit oder teilweise herbeiführt.

(2) Der Versuch ist strafbar.

Übersicht

	Rn.		Rn.
I. Allgemeines	1–4	1. Objektiver Tatbestand (Abs. 1)	5–13
1. Normzweck	1–3	a) Untauglichkeit	6–8
a) Rechtsgut	1, 2	b) Verstümmelung	9–13
b) Deliktsnatur	3	2. Subjektiver Tatbestand	14
2. Historie	4	**III. Täterschaft und Teilnahme, Versuch, Konkurrenzen, Rechtsfolgen**	15–21
II. Erläuterung	5–14		

---

[41] OLG Hamm 15.11.1963 – 3 Ss 1288/63, NJW 1964, 2029; *Arndt* S. 160.
[42] *Lingens/Korte* Rn. 27; aA *Schwenck* WStR S. 163, der den ersten Tag der Fahnenflucht mitzählt.
[43] OLG Hamm 15.11.1963 – 3 Ss 1288/63, NJW 1964, 2029; OLG Celle 6.8.1963 – Ojs 56/63, GA 1964, 154.
[44] OLG Celle 6.8.1963 – Ojs 56/63, GA 1964, 154.
[45] OLG Celle 25.4.1966 – 2 Ss 88/66, NZWehr 1967, 32 mAnm *Waechter* NZWehr 1967, 33.
[46] LG Koblenz 20.12.1985 – 101 Js 76/81–12 KLs, NZWehr 1986, 253 (254).
[47] LG Koblenz 20.12.1985 – 101 Js 76/81–12 KLs, NZWehr 1986, 253 (254); *Lingens/Korte* Rn. 24.
[48] Auch OLG Celle 26.11.1962 – 2 Ss 425/62, NZWehr 1963, 129.

	Rn.		Rn.
1. Täterschaft	15, 16	3. Versuch	19
		4. Konkurrenzen	20
2. Teilnahme	17, 18	5. Rechtsfolgen	21

I. Allgemeines

1. Normzweck. a) Rechtsgut. Gem. Abs. 4 S. 1 und 2 SG hat der Soldat alles in seinen Kräften Stehende zu tun, um seine Gesundheit zu erhalten oder wiederherzustellen; er darf seine Gesundheit nicht vorsätzlich oder grobfahrlässig beeinträchtigen.[1] Die Erhaltung der körperlichen und geistigen Diensttauglichkeit jedes Soldaten liegt im wohlverstandenen Interesse der Bundeswehr,[2] die nur dann, wenn sie von allen Soldaten volle Einsatzfähigkeit beanspruchen kann, ihren Verfassungsauftrag in vollem Umfang zu erfüllen in der Lage ist. Schon geringe Ausfälle im Personalbestand der Truppe können die Umsetzung militärischer Planungen erheblich gefährden.[3] 1

§ 17 schützt die volle personelle Einsatzbereitschaft der Truppe und damit die Funktionsfähigkeit der Streitkräfte insgesamt.[4] Kein Soldat darf sich durch selbst herbeigeführte körperliche oder geistige Mängel dem Wehrdienst entziehen. Die Pflicht zur Gesunderhaltung (§ 17 Abs. 4 S. 1 SG) schränkt das Grundrecht auf freie Entfaltung der Persönlichkeit (Art. 2 Abs. 1 GG) in zulässiger Weise ein.[5] Mit dem gleichen Rechtsgüterschutz wie die Vorschriften gegen eigenmächtige Abwesenheit und Fahnenflucht ergänzt § 17 die Gruppe der Dienstentziehungsdelikte.[6] 2

b) Deliktsnatur. Die **Selbstverstümmelung gem. § 17** ist eine wehrstrafrechtsspezifische **Sonderregelung gegenüber der Wehrpflichtentziehung durch Verstümmelung gem. § 109 StGB.**[7] Mit der „Aussetzung" der Wehrpflicht durch Art. 1 WehrRÄndG 2011[8] vom 28.4.2011 gilt diese Bestimmung nur noch im Spannungs- und Verteidigungsfall.[9] 3

2. Historie. Art. 27 EGStGB vom 2.3.1974, BGBl. I S. 469, 530, hat die Vorschrift geändert. Der frühere Abs. 2 (nur zeitweise oder teilweise herbeigeführte Untauglichkeit) wurde gestrichen und in den mit neuer Strafdrohung versehenen Abs. 1 aufgenommen. 4

II. Erläuterung

1. Objektiver Tatbestand (Abs. 1). Die Vorschrift stellt die Verstümmelung durch Soldaten an sich selber (Selbstverstümmelung)[10] oder an einem anderen Soldaten (Fremdverstümmelung) unter Strafe. Täter und Opfer müssen also Soldat sein. Der Soldat handelt tatbestandsmäßig, wenn er bei sich oder einem anderen Soldaten durch Verstümmelung oder auf andere Weise eine Untauglichkeit zum Wehrdienst herbeiführt oder herbeiführen lässt. § 17 ahndet nur die Untauglichkeit, die als Folge einer körperlichen oder geistigen Störung des Soldaten eintritt. 5

---

[1] Hierzu s. *Scherer/Alff/Poretschkin* Rn. 45 ff.
[2] BVerwG 4.11.1975 – I WB 59/74, BVerwGE 53, 83 = NZWehr 1976, 20 mAnm *Hennings* NZWehr 1976, 94; auch *Steinkamm*, Zur Frage der Verbindlichkeit eines Befehls an studierende Soldaten, nicht in einer schlagenden Studentenverbindung aktiv zu werden, NZWehr 1976, 127.
[3] *Hennigs* S. 95.
[4] Zum durch die Vorschrift geschützten Rechtsgut auch *Bauer* S. 35 f.
[5] BDH 13.2.1961 – WB 17/60, NZWehr 1961, 85.
[6] → § 15 Rn. 1, → § 16 Rn. 1.
[7] → StGB Vor § 223 Rn. 45.
[8] BGBl. I S. 678.
[9] Vgl. BT-Drs. 17/4821; *Dau*, Nullum crimen sine lege – ist § 109 StGB im Frieden ein ius nudum?, NZWehr 2013, 252. Dem nur beschränkten Anwendungsbereich des § 109 StGB kritisch gegenüber → StGB § 109 Rn. 5; *Ladiges*, Die Wehrpflichtentziehung durch Verstümmelung gemäß § 109 StGB – eine im Ftrieden obsolete Vorschrift?, NZWehr 2013, 203; *Hertel*, Die Zukunft des Wehrstrafrechts, S. 35 Zum Unterschied zwischen beiden Vorschriften s. 1. Aufl., § 17 Rn. 3.
[10] Kritisch zur Terminologie der Selbstverstümmelung *Bauer* S. 37 f.

6 **a) Untauglichkeit.** Zum Wehrdienst untauglich ist, wer in einen Zustand versetzt wird, in dem er infolge körperlicher oder geistiger Mängel nicht mehr in der Art oder in dem Umfang wehrdiensttauglich ist, wie vor der Tat.[11] Dabei ist zwischen der absoluten (Abs. 1 S. 1) und der relativen – für eine gewisse Zeit oder nur teilweisen – (Abs. 1 S. 2) Untauglichkeit zu unterscheiden.

7 Der Soldat ist **absolut wehrdienstuntauglich,** wenn er infolge eines körperlichen Gebrechens, wegen Schwäche oder Ausfall seiner körperlichen oder geistigen Kräfte (§§ 44 Abs. 3, 55 Abs. 2 SG) entweder überhaupt keinen Dienst leisten kann oder wenn er in seiner Leistungsfähigkeit so beeinträchtigt ist, dass er die Anforderungen, die an ihn in seiner gegenwärtigen Dienststellung und in den wesentlichen Dienststellungen seines Dienstgrades gestellt werden, nicht ausreichend erfüllt.[12] Die absolute Wehrdienstuntauglichkeit setzt voraus, dass der Soldat auf Dauer zur Erfüllung seiner Dienstpflichten unfähig ist, dh mit der Wiederherstellung seiner Gesundheit ist in absehbarer Zeit nicht zu rechnen.[13] Bei absoluter Dienstunfähigkeit ist der Soldat zu entlassen (§§ 46 Abs. 2 Nr. 6; 55 Abs. 2; 58h Abs. 1 SG).

8 Eine nur **relative Wehrdienstuntauglichkeit** liegt vor, wenn der Soldat durch die Schwäche oder den Ausfall seiner körperlichen oder geistigen Kräfte für eine gewisse Zeit oder nur teilweise seine Dienstpflichten nicht erfüllen kann. Für eine gewisse Zeit bedeutet, dass er für eine kurze Zeit für eine bestimmte Aufgabe nicht zur Verfügung steht, zB Ausfall als Luftfahrzeugführer für einen vorgesehenen Einsatzflug oder als Spezialist für ABC-Abwehr bei einem Auslandseinsatz.[14] Der Soldat ist teilweise zum Wehrdienst untauglich, der seine bisherige Verwendungsbreite dadurch einschränkt, dass er eine bestimmte Dienstverrichtung physisch oder psychisch bedingt nicht mehr ausführen kann, ohne damit zugleich für seine übrige Verwendung generell dienstuntauglich zu sein.[15] Beispielsweise ist ein Soldat nach einer Handwarzenoperation für die Dauer einer vorgesehenen Wehrübung als Sanitäter untauglich; es spielt keine Rolle, ob er trotzdem in einer anderen Verwendung einsatzfähig wäre.[16]

9 **b) Verstümmelung.** Durch Verstümmelung oder auf andere Weise muss der Täter sich oder einen anderen Soldaten zum Wehrdienst untauglich machen oder machen lassen. Verstümmelung ist die unmittelbare mechanische Einwirkung auf den Körper, die zum Verlust oder zur Funktionsunfähigkeit eines Körpergliedes oder Organs führt, zB der Schuss in das Bein, Verätzen der Hand mit einer Säure oder Durchtrennen einer Sehne mit dem Messer. Eine Schwächung oder der Ausfall der körperlichen und geistigen Kräfte kann auch **auf andere Weise** verursacht werden. Unter diesen Begriff fällt beispielsweise jede nichtmechanische Einwirkung, eine Operation zur Amputation eines Gliedes, sonstige medizinische Eingriffe, ohne dass eine Gesundheitsbeschädigung vorzuliegen braucht,[17] eine psychotherapeutische Behandlung, missbräuchliche Einnahme von Medikamenten, Drogen oder Alkohol. Der an den Folgen eines alkoholbedingten „Katers" leidende und daher nur eingeschränkt dienstfähige Soldat hat regelmäßig keinen auf eine Selbstverstümmelung gerichteten Vorsatz.[18]

---

[11] *Lingens/Korte* Rn. 3.
[12] BVerwG 23.1.1969 – VIII C 56/66, NZWehr 1971, 77; OVG Münster 11.6.1979 – I A 2355/77, NZWehr 1980, 72; *Scherer/Alff/Poretschkin* § 44 Rn. 5; *Stauf* WR I SG § 44 Rn. 7.
[13] *Scherer/Alff/Poretschkin* § 44 Rn. 6.
[14] Im Zeitbegriff zu eng *Kohlhaas,* Das Vierte Strafrechtsänderungsgesetz, NJW 1957, 929; dazu *Arndt* S. 162; s. auch *Lingens/Korte* Rn. 6. Zum Sonderfall des Sichaußerstandesetzens für den Wachdienst s. § 44 Abs. 1 Nr. 3.
[15] BayObLG 8.6.1973 – RReg 4 St 64/73, NJW 1973, 2257 = NZWehr 1973, 196 mAnm *Schroeder* NZWehr 1974, 33; *Schwenck* WStR S. 165.
[16] BayObLG 8.6.1973 – RReg 4 St 64/73, NJW 1973, 2257 = NZWehr 1973, 196 mAnm *Schroeder* NZWehr 1974, 33.
[17] BayObLG 8.6.1973 – RReg 4 St 64/73, NJW 1973, 2257 = NZWehr 1973, 196 mAnm *Schroeder* NZWehr 1974, 33.
[18] Vgl. auch *Arndt* S. 162.

Eine Verstümmelung kann auch durch Unterlassen geschehen. Sie setzt voraus, dass der 10
Soldat gesetzlich verpflichtet ist (§ 17 Abs. 4 S. 1 SG), seine Untauglichkeit auf diese Weise
zu verhindern.[19] zB er verzichtet auf Mittel zur Abwehr einer drohenden Erkrankung (§ 17
Abs. 4 S. 1 SG), auf Schutz gegen Hitze oder Kälte.[20] oder er verweigert die Nahrungsaufnahme mit dem Zweck, seine Dienstunfähigkeit herbeizuführen.[21] Der Soldat jedoch, der
eine Heilbehandlung zur Wiederherstellung seiner Gesundheit oder zur Vermeidung von
Gesundheitsschäden ablehnt, handelt nicht tatbestandsmäßig. Bei Ablehnung einer Heilbehandlung liegt eine Dienstuntauglichkeit schon vor, so dass nur festzustellen bleibt, auf
welche Ursachen sie zurückzuführen ist; im Übrigen muss der Soldat ärztliche Eingriffe
gegen seinen Willen nur dulden, wenn dies der „Verhütung und Bekämpfung übertragbarer
Krankheiten" (§ 17 Abs. 4 S. 3, 8 SG) dient.[22]

Die **Fremdverstümmelung** muss **mit Einwilligung des Opfers** geschehen. Dazu 11
muss es urteilsfähig sein und die Tragweite seines Handelns voll überblicken können.[23] Die
Einwilligung ist Tatbestandsmerkmal. Fehlt sie, finden die allgemeinen Bestimmungen der
Körperverletzung gem. §§ 223 ff. StGB Anwendung.[24]

Die Tat zerstört oder beeinträchtigt die Tauglichkeit eines Soldaten, Wehrdienst zu leis- 12
ten. Dabei bezeichnet **Wehrdienst** vornehmlich die militär-spezifische Verwendung im
Dienstverhältnis eines Berufssoldaten, eines Soldaten auf Zeit, eines freiwillig Wehrdienstleistenden oder eines Soldaten in einem Reservewehrdienstverhältnis (→ § 1 Rn. 9).

Die Entscheidung über die Dienstuntauglichkeit eines Soldaten treffen regelmäßig Ärzte 13
der Bundeswehr (§§ 44 Abs. 4 S. 1, 55 Abs. 2 S. 3 SG; § 61 Abs. 1 iVm § 29 Abs. 2 S. 3
WPflG). Wird im Entlassungsverfahren festgestellt, dass der Soldat dienstunfähig ist, bleibt
das Gericht daran gebunden.[25] Das Gericht braucht das Gutachten eines Arztes der Bundeswehr nicht abzuwarten, sondern kann selbst die Untauglichkeit bestimmen.[26] Nur wenn
während des Strafverfahrens ein wehrmedizinischer Dissens auftritt, hat das Gericht in einer
Beweisaufnahme ein zusätzliches Gutachten einzuholen.[27]

2. Subjektiver Tatbestand. Der Täter muss vorsätzlich handeln, bedingter Vorsatz 14
genügt. Die Absicht, sich oder einen Dritten dem Wehrdienst zu entziehen, ist nicht
gefordert.[28] Der Täter braucht auch nicht die Untauglichkeit beabsichtigt oder sie zum
Motiv seines Handelns gemacht zu haben.[29] Ausreichend ist, dass er einen Zustand hat
herbeiführen wollen, der zu einer Dienstuntauglichkeit führt.[30] Tritt die Dienstuntauglichkeit als Folge eines missglückten Selbsttötungsversuches ein, wird eingehend zu prüfen
sein, ob die Absicht des Soldaten ausschließlich auf die Selbsttötung oder nur auf den
Eintritt des tatbestandsmäßigen Erfolges gerichtet war. Rechnete der an sich Hand anlegende Soldat mit der Möglichkeit eines Überlebens, handelte er tatbestandsmäßig.[31] Ein
vom Täter eigentlich beabsichtigter Versicherungsbetrug ist im Rahmen des § 17 allenfalls
bei der Strafzumessung zu berücksichtigen.[32] Hat sich der Täter durch übermäßigen
Alkoholgenuss zeitweise dienstuntauglich gemacht, wird es regelmäßig am Vorsatz fehlen,
die ihm vorzuwerfende Fahrlässigkeit reicht für eine Bestrafung nicht aus (→ Rn. 9 aE).

---

[19] *Lingens/Korte* Rn. 15; *Bauer* S. 39.
[20] *Kohlhaas* NJW 1957, 929; *Schwenck* WStR S. 164; *Lingens/Korte* Rn. 15; *Bauer* S. 38 f.
[21] *Bauer* S. 45.
[22] Vgl. auch *Arndt* S. 161; *Scherer/Alff/Poretschkin* § 44 Rn. 51 ff.
[23] *Bauer* S. 61; auch Schönke/Schröder/*Lenckner* Vor § 32 Rn. 43.
[24] AA *Kohlhaas* NJW 1958, 135, Rezension *Lange*, Schutz der Landesverteidigung.
[25] *Lingens/Korte* Rn. 12; *Stauf* WR II WStG § 17 Rn. 5.
[26] S. zB die Fallgestaltung bei BayObLG 8.6.1973 – RReg 4 St 64/73, NJW 1973, 2257 = NZWehr
1973, 196 mAnm *Schroeder*.
[27] BVerwG 3.6.2002 – 6 B 6.02.
[28] *Hennings* NZWehrr 1976, 94 (95).
[29] *Lingens/Korte* Rn. 19; *Hennings* NZWehrr 1976, 94 (95).
[30] *Arndt* S. 162.
[31] Näher dazu *Bauer* S. 78 ff.
[32] *Fischer* StGB § 109 Rn. 8; → StGB § 109 Rn. 29.

III. Täterschaft und Teilnahme, Versuch, Konkurrenzen, Rechtsfolgen

15   **1. Täterschaft.** Einer Selbst- oder Fremdverstümmelung kann sich nur ein Soldat der Bundeswehr (→ § 1 Rn. 5 ff.) schuldig machen. Bei einer Selbstverstümmelung nimmt er an sich selbst die zur Dienstunfähigkeit führende Handlung vor oder bestimmt hierzu einen anderen Soldaten. Kann im Einzelfall nicht festgestellt werden, in welcher Täteralternative die Verstümmelung vorgenommen wurde, darf eine Wahlfeststellung getroffen werden.[33] Danach sind beide Soldaten Täter einer Selbstverstümmelung.

16   Das Opfer einer Selbstverstümmelung muss auch Soldat sein. Hat der Soldat eine Zivilperson mit ihrer Einwilligung verstümmelt, macht er sich einer Körperverletzung schuldig (§§ 223 ff., § 228 StGB). § 109 StGB findet außerhalb des Spannungs- oder Verteidigungsfalles keine Anwendung (→ Rn. 3).

17   **2. Teilnahme.** Beteiligt sich eine Zivilperson an der Tat eines Soldaten, gilt – nachdem die Konkurrenzsituation zu § 109 StGB entfallen ist (→ Rn. 3) folgendes: Da es sich bei der Verstümmelung des § 17 um eine militärische Straftat (§ 2 Nr. 1) handelt, ist eine Mittäterschaft durch eine Zivilperson ausgeschlossen (→ § 1 Rn. 68). Nimmt eine Zivilperson zusammen mit einem Soldaten an einem anderen Soldaten eine Verstümmelung vor, ist sie daher als Gehilfe gem. § 1 Abs. 4 iVm § 17 zu bestrafen; wenn sie in dem Soldaten lediglich den Tatentschluss zu einer Verstümmelung wachgerufen hat, macht sie sich der Anstiftung schuldig.[34] Fehlt der Zivilperson der Täterwillen und wirkt sie an der Verstümmelung des Soldaten lediglich als Anstifter oder Gehilfe mit, wird sie für ihre Beteiligung an der Tat des Soldaten gem. § 1 Abs. 4 iVm § 17 sowie den §§ 26, 27 StGB zur Verantwortung gezogen, die Strafe ist jedoch nach § 49 Abs. 1 StGB zu mildern.[35]

18   Beteiligt sich eine Zivilperson an der Verstümmelung einer Zivilperson durch einen Soldaten, ist sie gem. §§ 223 ff., 26, 27 StGB zu bestrafen.

19   **3. Versuch.** Die Tat ist vollendet, wenn die Untauglichkeit zum Wehrdienst eingetreten ist. Sie muss durch die Verstümmelung verursacht worden sein. War der Soldat schon vorher untauglich, kann der Täter wegen versuchter Verstümmelung bestraft werden. Nur ein Versuch liegt auch dann vor, wenn der Täter einen unzureichenden, jedoch von ihm als ausreichend für den Taterfolg angesehenen Eingriff vornimmt. Richtete sich der Vorsatz des Täters auf eine dauernde Dienstunfähigkeit, ist das Opfer aber nur teilweise untauglich geworden, ist er wegen Versuches nach Abs. 1 S. 1 in Tateinheit mit Abs. 1 S. 2 zu bestrafen.[36]

20   **4. Konkurrenzen.** Tateinheit kann zwischen dem Versuch des Abs. 1 S. 1 und Vollendung des Abs. 1 S. 2 bestehen (→ Rn. 19 aE), sie ist auch zwischen Fremdverstümmelung und Körperverletzung gem. §§ 223 ff. StGB möglich; die erklärte Einwilligung ist kein Rechtfertigungsgrund.[37] § 44 Abs. 1 Nr. 3 geht § 17 vor.

21   **5. Rechtsfolgen.** Mit einer Strafdrohung von Freiheitsstrafe bis zu fünf Jahren gehört die Selbstverstümmelung wegen der Schwere ihres Unrechtsgehalts und der nachteiligen Wirkung für die Personalpräsenz der Truppe zu den Wehrstraftaten mit dem höchsten Strafrahmen.

§ 18 Dienstentziehung durch Täuschung

(1) Wer sich oder einen anderen Soldaten durch arglistige, auf Täuschung berechnete Machenschaften dem Wehrdienst dauernd oder für eine gewisse Zeit, ganz oder teilweise entzieht, wird mit Freiheitsstrafe bis zu fünf Jahren bestraft.

(2) Der Versuch ist strafbar.

---

[33] *Lingens/Korte* Rn. 16.
[34] *Bauer* S. 86.
[35] *Lingens/Korte* Rn. 23.
[36] Abweichend *Schwenck* WStR S. 165, der vollendete Tat nach Abs. 2 annimmt.
[37] *Lingens/Korte* Rn. 25; Schönke/Schröder/*Eser* StGB § 109 Rn. 22.

Übersicht

	Rn.		Rn.
I. Allgemeines	1–3	2. Subjektiver Tatbestand	13
1. Normzweck	1, 2	**III. Täterschaft und Teilnahme, Versuch, Konkurrenzen und Rechtsfolgen**	14–18
a) Rechtsgut	1		
b) Deliktsnatur	2		
2. Historie	3	1. Täterschaft	14
II. Erläuterung	4–13	2. Teilnahme	15
1. Objektiver Tatbestand (Abs. 1)	4–12	3. Versuch (Abs. 2)	16
a) Wehrdienstentziehung	4–7	4. Konkurrenzen	17
b) Machenschaften	8–12	5. Rechtsfolgen	18

I. Allgemeines

1. Normzweck. a) Rechtsgut. Die Dienstentziehung durch Täuschung gehört neben **1** der eigenmächtigen Abwesenheit, der Fahnenflucht und der Selbstverstümmelung zu den Dienstentziehungsdelikten des Ersten Abschnitts. In den Tathandlungen jeweils unterschiedlich ist dieser Deliktsgruppe die Absicht des Täters gemeinsam, sich unter Einsatz unerlaubter Mittel dem Wehrdienst zu entziehen. In den Fällen der eigenmächtigen Abwesenheit und der Fahnenflucht ist es die unerlaubte körperliche Trennung des Soldaten von seiner Truppe/Dienststelle, bei der Selbstverstümmelung die verbotene Einwirkung auf den körperlichen und geistigen Zustand, bei § 18 setzt der Täter das Mittel der Täuschung ein, um vom Dienst oder einzelnen Dienstleistungen freigestellt zu werden. Als typisches Verhaltensmuster handelt es sich dabei vielfach um das Vortäuschen von Krankheiten oder das wahrheitswidrige Behaupten von Tatsachen, die einen Urlaub rechtfertigen würden.[1] Gleich den anderen Dienstentziehungsdelikten schützt auch § 18 den Erhalt der Personalpräsenz der Truppe und damit ihre Einsatzbereitschaft und Schlagkraft.

b) Deliktsnatur. Die Vorschrift ist eine wehrstrafrechtsspezifische **Sonderregelung zur** **2** allgemein strafrechtlichen **Wehrpflichtentziehung durch Täuschung** gem. § 109a StGB. Mit der „Aussetzung" der Wehrpflicht durch Art. 1 WehrRÄndG 2011 vom 28.4.2011[2] gilt diese Bestimmung des StGB nur noch im Spannungs- und Verteidigungsfall.[3] Zum Unterschied beider Vorschriften s. 1. Aufl., § 18 Rn. 2.

2. Historie. Art. 27 EGStGB vom 2.3.1974, BGBl. I S. 469, 530, hat den Abs. 1 redaktionell und in der Strafdrohung geändert. **3**

II. Erläuterung

1. Objektiver Tatbestand (Abs. 1). a) Wehrdienstentziehung. § 18 Abs. 1 bestraft **4** den Soldaten, der sich oder einen anderen Soldaten durch arglistige, auf Täuschung berechnete Machenschaften dem Wehrdienst dauernd oder für eine gewisse Zeit, ganz oder teilweise entzieht. Im Tatbestand des § 18 erfasst der **Begriff Wehrdienst** den militärischen Dienst in einem Wehrdienstverhältnis auf Grund freiwilliger Verpflichtung als Berufssoldat, Soldat auf Zeit, als freiwillig Wehrdienstleistender oder als Soldat in einem Reservewehrdienstverhältnis. (→ § 1 Rn. 9).

Der Soldat entzieht sich oder einen anderen Soldaten dem Wehrdienst, wenn er die **5** personalbearbeitenden Dienststellen der Bundeswehr oder den Vorgesetzten dazu veranlasst, ihn oder den anderen Soldaten vom militärischen Dienst freizustellen.[4] Diese Entscheidung kann durch ausdrückliche Erklärung oder in konkludenter Form getroffen werden.[5] Die

---

[1] Begr. zum Entwurf des WStG BT-Drs. 2/3040, 28; *Arndt* S. 163.
[2] BGBl. I S. 678.
[3] Vgl. BT-Drs. 17/4821, 21 und → § 17 Rn. 3.
[4] OLG Hamburg 16.6.1965 – 1 b Ss 1/65, NJW 1965, 1674.
[5] OLG Celle 10.6.1965 – 1 Ss 530/64, NJW 1965, 1676.

Wehrdienstentziehung gehört als Folge der Machenschaften (→ Rn. 8) als Taterfolg zum Tatbestand.

6 Die Wehrdienstentziehung kann eine absolute (dauernd oder ganz) oder eine relative (für eine gewisse Zeit oder teilweise) sein.[6] Der Soldat hat sich dem Wehrdienst auf Dauer entzogen, wenn er es erreicht hat, das Wehrdienstverhältnis aufzulösen. Sein Wehrdienstverhältnis kann beendet worden sein, indem er in den Ruhestand versetzt (§ 44 Abs. 3 SG) oder entlassen wird (§§ 46 Abs. 6, 55 Abs. 2–4; 58h Abs. 1 SG). Auch wenn der Soldat es erreicht, dass er auf Dauer nur von einzelnen Dienstleistungen freigestellt wird,[7] handelt er tatbestandsmäßig. Er macht sich daher strafbar, wenn er auf Dauer und ganz von einer bestimmten, für ihn vorgesehenen Verwendung befreit oder gar nicht erst herangezogen wird.

7 Bei einer relativen Wehrdienstentziehung lässt sich der Täter selbst oder einen anderen Soldaten nur für eine gewisse Zeit und innerhalb dieser ganz oder teilweise vom militärischen Dienst freistellen (→ § 17 Rn. 8). Auch die relative Wehrdienstentziehung kann sich auf eine einzelne Dienstleistung beschränken, zB der Soldat lässt sich von der Teilnahme an einem Nachtmarsch befreien.[8] Für eine gewisse Zeit bedeutet, dass der Täter für eine kurze Zeit für eine bestimmte Aufgabe nicht zur Verfügung steht, zB Erschleichen eines Kurzurlaubs.[9]

8 **b) Machenschaften.** Die Wehrdienstentziehung ist die Folge arglistiger, auf Täuschung berechneter Machenschaften.[10] Machenschaften bezeichnen ein Gesamtverhalten, das ein durch System oder Methodik geprägtes Lügengebäude errichtet und einem sittlichen oder kriminellen Unwerturteil unterliegt.[11] Für eine Machenschaft genügt es nicht, eine zweckgerichtete und bewusst unwahre Behauptung aufzustellen, auch die Verwendung leicht zu durchschauender Täuschungsmittel reicht nicht aus.[12] Die Machenschaft hebt sich durch raffinierte Täuschungsmethoden von der bloß unwahren Behauptung und der plumpen Täuschung ab. Insbesondere das Verknüpfen mehrerer Behauptungen mit wahrheitswidrigem Inhalt, verstärkt und abgesichert durch ein den Vorgesetzten oder die Dienststelle beeinflussendes Auftreten,[13] rechtfertigt die Annahme eines Lügengebäudes. Wenn daher zur Lüge qualifizierende Umstände hinzutreten, zB der Soldat stützt seine unwahren Angaben mit einem fernmündlichen Anruf, in dem er sich als Vater des Täters und Offizier ausgibt, handelt es sich um eine Machenschaft.[14] Im Einzelfall wird es immer darauf ankommen, ob die unwahren Behauptungen Teil eines überlegten, auf Täuschung ausgerichteten Gesamtplans sind oder in den Bereich gehören, in dem sich Soldaten im dienstlichen Alltag Vergünstigungen erschwindeln und damit dienstpflicht-, aber nicht strafrechtswidrig handeln.[15] Eine Täuschungshandlung, die von einem sorgfältig prüfenden Vorgesetzten sofort hätte aufgedeckt werden müssen, ist noch keine Machenschaft.[16] Auch die **einfache Lüge** ist nicht Ausdruck eines methodischen Gesamtverhaltens,[17] so dass die unwahre Angabe, ein naher Familienangehöriger sei plötzlich verstorben oder

---

[6] Vgl. die entsprechende Rechtslage bei → § 17 Rn. 6 ff.
[7] BayObLG 15.5.1961 – 4 St 246/61, BayObLGSt 61, 222 = NZWehr 1962, 71.
[8] BayObLG 15.5.1961 – 4 St 246/61, BayObLGSt 61, 222 = NZWehr 1962, 71.
[9] OLG Celle 25.2.1960 – 1 Ss 415/59, NZWehrr 1961, 130.
[10] OLG Celle 10.4.1965 – 1 Ss 530/64, NJW 1965, 1676; 10.12.1985 – 1 Ss 432/85, NStZ 1986, 168.
[11] BayObLG 15.5.1961 – 4 St 246/61, BayObLGSt 61, 222 = NZWehr 1962, 71; OLG Celle 25.2.1960 – 1 Ss 415/59, NZWehrr 1961, 130; 22.6.1961 – Ss 64/61, NZWehrr 1962, 75 (76); 10.12.1985 – 1 Ss 432/85, NStZ 1986, 168; OLG Hamm 29.4.2010 – 6 Ss 507/09, 84 mAnm *Zetzsche* NZWehr 2014, 85; *Peterson*, Die Dienstentziehung durch Täuschung gem. § 18 WStG, NZWehrr 1987, 93 (94).
[12] OLG Celle 22.6.1961 – Ss 64/61, NZWehrr 1962, 75 (76); 10.12.1985 – 1 Ss 432/85, NStZ 1986, 168.
[13] *Peterson* NZWehrr 1987, 93 (95).
[14] AG Verden 26.5.1967 – 2 Ms 176/66, RWStR § 18 Nr. 5 mAnm *Kohlhaas*.
[15] BayObLG 15.5.1961 – 4 St 246/61, BayObLGSt 61, 222 = NZWehr 1962, 71; *Lingens/Korte* Rn. 8.
[16] OLG Hamm 30.10.1973 – 5 Ss 917/73, NJW 1974, 568; OLG Celle 22.6.1961 – Ss 64/61, NZWehrr 1962, 75 (76).
[17] OLG Hamm 29.4.2010 – 6 Ss 507/09, NZWehrr 2010, 84 mAnm *Zetzsche* S. 85.

schwer erkrankt, kein tatgeeignetes Täuschungsmittel ist.[18] Andererseits ist zu berücksichtigen, dass bei einem systematischen, in sich geschlossenen Lügengebäude der für die Freistellung vom Dienst zuständige Vorgesetzte so in eine psychische Zwangssituation versetzt werden kann, dass ihm die Nachprüfung der vorgetragenen Angaben (todkranker Vater, hochschwangere Freundin) vernünftigerweise nicht zugemutet werden kann.[19]

Beispiele aus der gerichtlichen Spruchpraxis: Die Täuschung eines Soldaten, mit Hilfe einer Studienbescheinigung seine Entlassung aus der Bundeswehr zu erreichen, ohne das Studium indes anzutreten, ist noch keine Machenschaft,[20] ebenso die Angabe, der ursprünglich vorgesehene Flug sei witterungsbedingt ausgefallen.[21] Die Vorlage eines vordatierten Attestes ist nur eine plumpe Täuschungshandlung.[22] Aber die Vorlage eines ärztlichen Attestes zur Vortäuschung einer Krankheit ist als Machenschaft angesehen worden.[23]

Die Machenschaften müssen **arglistig auf Täuschung** berechnet sein. Das ist der Fall, wenn der Soldat mit gesteigerten Mitteln und Formen von List, vor allem durch ein ausgeklügeltes und raffiniertes Vorgehen, auf eine geschickte Täuschung des Vorgesetzten oder der Dienststelle abzielt.[24] Der **Arglist** wohnt das Merkmal des Verwerflichen inne, so dass es auf eine besondere Verwerflichkeit des Verhaltens nicht noch zusätzlich ankommt.[25] Arglistig ist jedenfalls ein Verhalten, das über die bloße Täuschung hinaus den Irrtum als Mittel einsetzt, um die Freistellung vom Dienst zu erreichen.[26]

Die durch Machenschaften bewirkte Täuschung muss in dem Vorgesetzten oder der Dienststelle zu einem Irrtum geführt haben, der für ihre Entscheidung über die Freistellung vom Dienst ursächlich gewesen sein muss.[27] Entscheidend ist, dass der Täter selbst aktiv die Täuschung verursacht hat, die Ausnutzung eines unabhängig vom Täter entstandenen Irrtums reicht nicht aus.[28]

Der Begriff der Machenschaft setzt schon vom Wortlaut her ein positives Tun des Täters voraus. Die Machenschaft kann daher durch Untätigbleiben selbst dann nicht begangen werden, wenn für den Täter eine Rechtspflicht zum Handeln besteht und er den Irrtum seines Gegenübers erkennt.[29]

2. Subjektiver Tatbestand. Die Tat kann nur vorsätzlich begangen werden. Bedingter Vorsatz reicht für das Herbeiführen der Wehrdienstentziehung aus. Die Erregung eines Irrtums durch den Einsatz arglistiger Machenschaften verlangt jedoch absichtliches, zweckgerichtetes Handeln.[30]

III. Täterschaft und Teilnahme, Versuch, Konkurrenzen und Rechtsfolgen

1. Täterschaft. Täter einer Wehrdienstentziehung durch Täuschung ist nur ein Soldat der Bundeswehr (→ § 1 Rn. 5 ff.).

---

[18] Lingens/Korte Rn. 8; aA AG Düren 26.11.1963 – Ds 107/63, RWStR § 18 Nr. 3; AG Verden 26.5.1967 – 2 Ms 176/66, RWStR § 18 Nr. 5 mAnm Kohlhaas.
[19] Peterson NZWehr 1987, 93 (100).
[20] OLG Hamm 6.7.1982 – 4 Ss 544/82, NZWehrr 1983, 35.
[21] OLG Hamm 29.4.2010 – 6 Ss 507/09, NZWehrr 2010,84 (85).
[22] OLG Celle 22.6.1961 – Ss 64/61, NZWehrr 1962, 75 (76).
[23] OLG Koblenz 14.8.1975 – 1 Ss 117/75, NZWehrr 1975, 225, s. auch AG Göttingen 11.12.1964 – 3 Ms 143/64, RWStR § 18 Nr. 6 mAnm Kohlhaas.
[24] OLG Hamm 30.10.1973 – 5 Ss 917/73, NJW 1974, 568; 6.7.1982 – 4 Ss 544/82, NZWehrr 1983, 35.
[25] OLG Hamm 30.10.1973 – 5 Ss 917/73, NJW 1974, 568; aA offenbar BayObLG 15.5.1961 – 4 St 246/61, BayObLGSt 61, 222 = NZWehrr 1962, 71.
[26] OLG Hamm 30.10.1973 – 5 Ss 917/73, NJW 1974, 568; Lingens/Korte Rn. 11; aA OLG Celle 10.6.1965 – 1 Ss 530/64, NJW 1965, 1676.
[27] Lingens/Korte Rn. 12; abweichend offenbar OLG Hamburg 16.6.1965 – 1 b Ss 1/65, NJW 1965, 1674.
[28] BayObLG 15.5.1961 – 4 St 246/61, BayObLGSt 61, 222 = NZWehrr 1962, 71; OLG Hamm 6.7.1982 – 4 Ss 544/82, NZWehrr 1983, 35.
[29] BayObLG 15.5.1961 – 4 St 246/61, BayObLGSt 61, 222 = NZWehrr 1962, 71; OLG Hamm 6.7.1982 – 4 Ss 544/82, NZWehrr 1983, 35.
[30] Schwenck WStR S. 167; Lingens/Korte Rn. 15.

WStG § 19 1   3. Kapitel. Wehrstrafrecht

15   **2. Teilnahme.** Zur Teilnahme von Zivilpersonen an der Dienstentziehung eines Soldaten s. die zu → § 17 Rn. 17 gegebenen Erläuterungen.

16   **3. Versuch (Abs. 2).** Die Tat ist vollendet, sobald der Täter vom Wehrdienst freigestellt ist. Der erfolglose Einsatz arglistiger Machenschaften ist als Versuch strafbar. Nimmt der Täter Machenschaften gegenüber einer für die Freistellung vom Wehrdienst unzuständigen Stelle vor, liegt untauglicher Versuch vor.

17   **4. Konkurrenzen.** Tateinheit kann mit eigenmächtiger Abwesenheit (§ 15)[31] und mit den Urkundendelikten der §§ 267, 277 ff. StGB bestehen. Regelmäßig gehen jedoch die Tatbestände der §§ 15, 16 vor, da mit der durch Täuschung erlangten Freistellung vom Dienst kein eigenmächtiges Verlassen oder Fernbleiben vorliegt; mit § 17 ist Tateinheit nicht möglich, da mittels Täuschung eine wirkliche Dienstuntauglichkeit nicht verursacht werden kann.

18   **5. Rechtsfolgen.** Mit der Strafandrohung einer Freiheitsstrafe von fünf Jahren trägt das Gesetz der besonders verwerflichen Tathandlung Rechnung. Damit entspricht § 18 in der Gruppe der Dienstentziehungsdelikte den Strafdrohungen der § 16 Abs. 1 und § 17.

Zweiter Abschnitt. Straftaten gegen die Pflichten der Untergebenen

§ 19 Ungehorsam

(1) Wer einen Befehl nicht befolgt und dadurch wenigstens fahrlässig eine schwerwiegende Folge (§ 2 Nr. 3) verursacht, wird mit Freiheitsstrafe bis zu drei Jahren bestraft.

(2) Der Versuch ist strafbar.

(3) ¹In besonders schweren Fällen ist die Strafe Freiheitsstrafe von sechs Monaten bis zu fünf Jahren. ²Ein besonders schwerer Fall liegt in der Regel vor, wenn der Täter durch die Tat
1. wenigstens fahrlässig die Gefahr eines schweren Nachteils für die Sicherheit der Bundesrepublik Deutschland oder die Schlagkraft der Truppe oder
2. fahrlässig den Tod oder eine schwere Körperverletzung eines anderen (§ 226 des Strafgesetzbuches)
verursacht.

(4) Die Vorschriften über den Versuch der Beteiligung nach § 30 Abs. 1 des Strafgesetzbuches gelten für Straftaten nach Absatz 1 entsprechend.

Übersicht

	Rn.		Rn.
I. Allgemeines	1–5	**III. Täterschaft und Teilnahme, Versuch, Konkurrenzen und Rechtsfolgen**	12–20
1. Normzweck	1–4		
a) Rechtsgut	1, 2		
b) Deliktsnatur	3, 4	1. Täterschaft	12
2. Historie	5	2. Teilnahme	13–15
II. Erläuterung	6–11	3. Versuch (Abs. 2)	16
1. Objektiver Tatbestand (Abs. 1)	6–9	4. Konkurrenzen	17
a) Nichtbefolgen eines Befehls	6–8	5. Rechtsfolgen	18–20
b) Eintritt einer schwerwiegenden Folge	9	a) Regelstrafrahmen	18
2. Subjektiver Tatbestand	10, 11	b) Besonders schwerer Fall (Abs. 3)	19, 20

I. Allgemeines

1   **1. Normzweck. a) Rechtsgut.** Befehl und Gehorsam sind das jede militärische Organisation bestimmende Strukturprinzip. Eine an Gesetz und Recht ausgerichtete Befehlsbe-

---
[31] OLG Koblenz 14.8.1975 – 1 Ss 117/75, NZWehr 1975, 225.

fugnis des Vorgesetzten (§ 10 Abs. 4 SG) und die Pflicht des Untergebenen, einem verbindlichen Befehl gehorchen zu müssen (§ 11 SG), gewährleisten die Funktionsfähigkeit der Streitkräfte, sie sind die unerlässliche Voraussetzung für die Disziplin der Truppe, ihre Einsatzfähigkeit und Schlagkraft.

Der Befehl ist das für die Erfüllung des militärischen Auftrags wichtigste Gestaltungsmittel, mit dem der Vorgesetzte auf den Willen und das Verhalten des Untergebenen einwirkt und für diesen eine besondere Dienstpflicht, die Pflicht zum Gehorsam, auslöst. Missbraucht der Vorgesetzte seine Befehlsbefugnis, ist er nach den Vorschriften zu bestrafen, die die Pflichten des Vorgesetzten rechtlich sichern (§§ 32 ff.). Der Ungehorsam des Untergebenen ist durch § 19 unter Strafe gestellt, wenn er sich nicht nur als bloße Disziplinlosigkeit darstellt, sondern eine schwerwiegende Folge (§ 2 Nr. 3) verursacht. Die Rechtsgüterdefinition des § 2 Nr. 3 begründet den besonderen strafrechtlichen Schutz des Anspruches auf Gehorsam im Interesse der Funktionsfähigkeit der Streitkräfte. 2

b) Deliktsnatur. Der Verstoß gegen die Gehorsamspflicht ist regelmäßig nur ein Dienstvergehen, das nicht in den Bereich repressiver Maßnahmen fällt, sondern nach den Vorschriften der WDO geahndet wird.[1] In den §§ 19, 20, 21, 27 und § 28 hat der Gesetzgeber die Verletzung der Gehorsamspflicht jedoch zu einem Straftatbestand erhoben. Dabei hat er die **Grenze zum Dienstvergehen** teils durch den Eintritt einer schwerwiegenden Folge (§§ 19, 21), teils durch die demonstrative Form der Auflehnung des Untergebenen gezogen (§§ 20, 27, 28). Mit dieser gegenüber einer einfachen Pflichtwidrigkeit und ihren schädlichen Auswirkungen für die Disziplin ungleich qualifizierteren Rechtsgutverletzung begeht der Soldat kriminelles Unrecht. 3

§ 19 gehört – wie § 16 – zu der Deliktsgruppe, bei der die Überwachung des Fernmeldeverkehrs gem. § 100 Nr. 1d StPO angeordnet werden kann. In der Form des besonders schweren Falles (§ 19 Abs. 3) gehört der Ungehorsam zu den Straftaten, die gem. § 33 Abs. 3 WDO an die Strafverfolgungsbehörde abgegeben werden müssen.[2] 4

2. Historie. Art. 27 EGStGB vom 2.3.1974, BGBl. I S. 469, 530, hat § 19 in seinen Abs. 1, 3 und 4 geändert. Art. 4 Abs. 5 des 6. StrRG vom 26.1.1998, BGBl. I S. 164, 187, änderte die Vorschrift in Abs. 3 S. 2 Nr. 2. 5

II. Erläuterung

1. Objektiver Tatbestand (Abs. 1). a) Nichtbefolgen eines Befehls. Der Soldat macht sich strafbar, der den Befehl eines Vorgesetzten nicht befolgt und durch seinen Ungehorsam wenigstens fahrlässig eine schwerwiegende Folge verursacht. Zum Begriff des Vorgesetzten → § 1 Rn. 33 ff., zum Befehlsbegriff → § 2 Rn. 7 ff. § 11 Abs. 1 S. 1 SG verpflichtet den Soldaten zum Gehorsam. Er hat Befehle nach besten Kräften vollständig, gewissenhaft und unverzüglich auszuführen (§ 11 Abs. 1 S. 1 und Abs. 2 SG). Befolgen eines Befehls bedeutet, auf seine Ausführung alle Kräfte zu richten, dh etwas zu tun oder ein bestimmtes Verhalten zu unterlassen. Wer einem wesensmäßig schnell auszuführenden Befehl („Sprung auf" – marsch, marsch) bewusst und betont langsam nachkommt, befolgt ihn nicht.[3] Auch wer einen Befehl nur teilweise oder zur Unzeit ausführt, befolgt ihn nicht.[4] 6

Nur verbindliche Befehle verpflichten den Soldaten zum Gehorsam (im Einzelnen → § 2 Rn. 25 ff.). Wenn er einen unverbindlichen Befehl nicht befolgt, handelt er nicht rechtswid- 7

---
[1] Vgl. die bei von *Hippel*, Grundlagenprobleme beim militärischen Ungehorsam (§ 19 WStG), NZWehr 1969, 217 (218 Fn. 3) zierten Äußerungen aus der Sitzung des Rechtsausschusses des Deutschen Bundestages vom 20.2.1957; s. auch Lingens/Korte Rn. 2.
[2] Anlage 1 des Erlasses „Abgabe an die Staatsanwaltschaft" – ZDv A-2160/6, Abschn. 1.9, in: *Schnell/Ebert* C 11 a.
[3] OLG Hamm 16.7.1965 – 3 Ss 375/65, NJW 1966, 212.
[4] *Lingens/Korte* Rn. 4.

rig (§ 22 Abs. 1 S. 1). Die Rechtswidrigkeit entfällt auch dann, wenn er irrig angenommen hat, der Befehl sei verbindlich (§ 22 Abs. 1 S. 2).

8 Bei einer **Gegenvorstellung** ist der Soldat nicht ungehorsam, solange er bereit ist, den Befehl zu befolgen, wenn seine Einwendungen keinen Erfolg haben.[5] Die Gegenvorstellung befreit den Untergebenen nicht von seiner Gehorsamspflicht, wenn der Vorgesetzte auf der Ausführung des Befehls besteht. Der Befehl, der auf der Stelle ausgeführt werden muss (→ Rn. 6), kann nicht ausgesetzt werden, weil der Untergebene Bedenken äußert. Dieser hat die Wahl, seine Bedenken zurückzustellen oder sich gegen den Befehl zu beschwere (s. jedoch § 3 Abs. 1 WBO). Lässt die Haltung des Untergebenen allerdings darauf schließen, dass er den Befehl auch nach Prüfung seiner Gegenvorstellung nicht befolgen will, kann Ungehorsam vorliegen.[6]

9 **b) Eintritt einer schwerwiegenden Folge.** Der Untergebene muss eine schwerwiegende Folge (§ 2 Nr. 3) herbeigeführt haben.[7] Zum Begriff der schwerwiegenden Folge → § 2 Rn. 48 ff. Mit dem Ungehorsam gegenüber dem Befehl muss der Untergebene die Ursache für den Eintritt der schwerwiegenden Folge gesetzt haben, es genügt nicht, wenn sie nur anlässlich des befehlswidrigen Handelns eingetreten ist.[8] Wer dagegen durch Ungehorsam eine schwerwiegende Folge ermöglicht, die durch den Befehl vermieden werden soll, und durch eine weitere Handlung den tatsächlichen Eintritt der Folge bewirkt, handelt tatbestandsmäßig.[9]

10 **2. Subjektiver Tatbestand.** Der Täter muss den Befehl vorsätzlich nicht befolgen. Er muss wissen, dass ihm eine Anweisung mit dem Anspruch auf Gehorsam erteilt worden ist (§ 2 Nr. 2, s. dort Rn. 8 ff.). Auf die Rechtmäßigkeit und Verbindlichkeit des Befehls braucht sich der Vorsatz nicht zu erstrecken (→ § 2 Rn. 7, 16). Ist dem Soldaten zB befohlen, eine bestimmte Handlung zu unterlassen, muss er sich bewusst sein, etwas zu tun, was ihm als Soldat verboten ist. Die Einzelheiten dieses Verbots braucht er nicht zu kennen.[10] Bedingter Vorsatz genügt, dh er muss billigend in Kauf nehmen, einen Befehl nicht zu befolgen. Hat der Soldat den Befehl leichtfertig nicht befolgt, kann er sich gem. § 21 strafbar gemacht haben.

11 Der Täter muss die schwerwiegende Folge wenigstens fahrlässig verursacht haben, also vorsätzlich oder fahrlässig. Er handelt fahrlässig, wenn er voraussehen konnte, dass sein befehlswidriges Verhalten zum Eintritt der schwerwiegenden Folge hätte führen können. Es ist nicht erforderlich, dass Fahrlässigkeit hinsichtlich der schwerwiegenden Folge bereits beim Ungehorsam gegenüber dem Befehl vorliegen muss; es genügt, wenn dies erst später, dh zu einem Zeitpunkt, an dem die schwerwiegende Folge noch abgewendet werden kann, der Fall ist.[11]

III. Täterschaft und Teilnahme, Versuch, Konkurrenzen und Rechtsfolgen

12 **1. Täterschaft.** Täter ist immer der Untergebene eines Vorgesetzten; dies kann nur ein Soldat der Bundeswehr sein.[12]

13 **2. Teilnahme.** Eine Mittäterschaft beim Ungehorsam ist denkbar, wenn zwei oder mehrere Soldaten denselben Befehl mit den Folgen des § 2 Nr. 3 nicht befolgen. Für die Strafbar-

---

[5] BayObLG 14.5.1968 – RReg 4 St 62/68, RWStR § 20 Nr. 14; RMG 17.6.1916 – Nr. 312/251, RMG 20, 267 (270); *Schwenck* FS Dreher, 1977, 509.
[6] Zur Gegenvorstellung s. ausführlich *Dau* WBO Einf. Rn. 144 ff.
[7] OLG Schleswig 27.8.1958 – Ss 216/58, NZWehrr 1959, 144; AG Niebüll 2.2.1959 – 5 Ms 117/58 (100/58), NZWehrr 1960, 91.
[8] OLG Schleswig 27.8.1958 – Ss 216/58, NZWehrr 1959, 144.
[9] BayObLG 18.2.1960 – RReg 4 St 423/59, BayObLGSt 60, 50 = NZWehrr 1960, 133.
[10] OLG Celle 9.8.1960 – OJs 22/60, NZWehrr 1961, 39.
[11] So ausdrücklich BayObLG 18.2.1960 – RReg 4 St 423/59, BayObLGSt 60, 50 = NZWehrr 1960, 133; ihm folgend *Lingens/Korte* Rn. 8; *Schwenck* WStR S. 168; *Stauf* WR II WStG § 19 Rn. 3.
[12] LG Augsburg 4.9.1981 – 4 Ns Js 13080/80, NZWehrr 1982, 34.

keit der Teilnahme in Form der Anstiftung und Beihilfe zum Ungehorsam eines Soldaten gelten die §§ 26, 27 StGB. Die versuchte Beihilfe zum Ungehorsam ist nicht strafbar. Die Teilnahme eines Soldaten der Bundeswehr (oder einer Zivilperson) am Ungehorsam eines Soldaten eines NATO-Vertragsstaates stellt § 1 Abs. 3 Nr. 1 und 2 NATO-Truppen-Schutzgesetz[13] besonders unter Strafe. Danach ist strafbar, wer einen Soldaten des Bündnisses zu einer vorsätzlichen rechtswidrigen Tat nach § 19 bestimmt oder zu bestimmen versucht oder ihm dazu Hilfe leistet oder wer nach § 111 StGB zu einer solchen Tat auffordert.

Die Strafbarkeit einer Anstiftung und Beihilfe zum Ungehorsam folgt für eine Zivilperson aus § 1 Abs. 4 iVm §§ 26, 27 StGB, die Strafe ist nach § 28 Abs. 1 StGB zu mildern (→ § 1 Rn. 70). Die Mittäterschaft einer Zivilperson am Ungehorsam eines Soldaten scheidet aus (§ 1 Abs. 4).

Durch die in **Abs. 4** vorgenommene Verweisung auf § 30 Abs. 1 StGB findet der Versuch der Beteiligung auf das Vergehen des Ungehorsams entsprechende Anwendung (vgl. auch § 16 Abs. 4, § 44 Abs. 6, § 45). Strafbar ist daher für den Soldaten und die Zivilperson die versuchte (erfolglose) Anstiftung zum Ungehorsam (→ § 16 Rn. 26).

3. Versuch (Abs. 2). Die Strafbarkeit des Versuchs erfasst vor allem die Fälle, in denen eine schwerwiegende Folge deshalb nicht hat eintreten können, weil sie ein Dritter verhindert hat.[14] Ein untauglicher Versuch liegt zB vor, wenn der Täter irrig davon ausgeht, er befolge einen Befehl nicht, während es sich in Wirklichkeit um die Bitte eines ihm nicht vorgesetzten Soldaten handelt.[15]

4. Konkurrenzen. Mit den Tatbeständen der §§ 20, 27 und § 28 kann Tateinheit bestehen, wenn zusätzlich zu den dort für strafbar erklärten demonstrativen Formen des Ungehorsams eine schwerwiegende Folge nach § 2 Nr. 3 eintritt.[16] Auch mit Sachbeschädigung, Körperverletzung[17] und Sabotagehandlungen an Verteidigungsmitteln gem. § 109e Abs. 1 StGB[18] kann Tateinheit gegeben sein. Hinter den Sonderregelungen der §§ 44, 45 tritt § 19 zurück.

5. Rechtsfolgen. a) Regelstrafrahmen. Der Regelstrafrahmen ist Freiheitsstrafe bis zu drei Jahren.

b) Besonders schwerer Fall (Abs. 3). Für einen besonders schweren Fall droht Abs. 3 eine Freiheitsstrafe von sechs Monaten bis zu fünf Jahren an. Zwei Regelbeispiele stellen die gesetzliche – widerlegbare – Vermutung auf, dass der Ungehorsam des Täters sich vom Durchschnitt der vergleichbaren Fälle soweit unterscheidet, dass der Ausnahmestrafrahmen tatangemessen ist. Für **Abs. 3 Nr. 1** muss der Täter wenigstens fahrlässig die Gefahr eines schweren Nachteils für die Sicherheit der Bundesrepublik Deutschland oder die Schlagkraft der Truppe verursacht haben. Damit knüpft dieses Regelbeispiel an die Rechtsgüterdefinition des § 2 Nr. 3 mit dem Unterschied an, dass für die Strafzumessung die Gefahr eines schweren Nachteils vorliegen muss. Zum Begriff „Sicherheit der Bundesrepublik Deutschland" → § 2 Rn. 52, zum Begriff „Schlagkraft der Truppe" → § 2 Rn. 53. Die Gefahr muss auch im Regelbeispiel Nr. 1 einen Zustand beschreiben, in dem die Möglichkeit eines Nachteils zu Lasten des geschützten Rechtsgutes wahrscheinlich ist (→ § 2 Rn. 51). Ob ein schwerer Nachteil droht, wird im Einzelfall schwierig festzustellen sein. Jedenfalls wird

---

[13] IdF der Bekanntmachung v. 27.3.2008, BGBl. I S. 490, zuletzt geändert durch Art. 2 Abs. 1 G v. 23.5.2017, BGBl. I S. 1226.
[14] Zur Problematik der Versuchsbestrafung s. von *Hippel* NZWehrr 1969, 217 (218 ff.); *Hennings*, Dogmatische Fragen zu § 19 Abs. 2 WStG, NZWehrr 1971, 81.
[15] *Arndt* S. 195; *Lingens/Korte* Rn. 9; *Schwaiger* S. 125.
[16] *Schwenck* WStR S. 168.
[17] AA AG Celle 16.9.1981 – 19 Ls 40 Js 152/81 – 47/81, NZWehrr 1982, 158 m. zust. Anm. *V. P. Peterson*: Gesetzeskonkurrenz.
[18] *Lingens/Korte* Rn. 17.

als ein schwerer Nachteil nur anzusehen sein, was von „wirklich wichtiger Bedeutung"[19] für die geschützten Rechtsgüter ist.

20 Ein besonders schwerer Fall wird durch das Regelbeispiel des **Abs. 3 Nr. 2** vorgegeben, wenn der Täter fahrlässig den Tod (§ 222 StGB) oder eine schwere Körperverletzung eines anderen (§ 226 StGB) verursacht hat. Mit dieser Regelung geht die Vorschrift über die Rechtsgüterdefinition des § 2 Nr. 3 hinaus, die nur eine Gefahr für Leib oder Leben eines Menschen voraussetzt.

§ 20 Gehorsamsverweigerung

(1) Mit Freiheitsstrafe bis zu drei Jahren wird bestraft,
1. **wer die Befolgung eines Befehls dadurch verweigert, daß er sich mit Wort oder Tat gegen ihn auflehnt, oder**
2. **wer darauf beharrt, einen Befehl nicht zu befolgen, nachdem dieser wiederholt worden ist.**

(2) Verweigert der Täter in den Fällen des Absatzes 1 Nr. 1 den Gehorsam gegenüber einem Befehl, der nicht sofort auszuführen ist, befolgt er ihn aber rechtzeitig und freiwillig, so kann das Gericht von Strafe absehen.

Übersicht

	Rn.		Rn.
I. Allgemeines	1–3	c) Wiederholte Verweigerung (Abs. 1 Nr. 2)	9–11
1. Normzweck	1, 2	2. Subjektiver Tatbestand	12, 13
a) Rechtsgut	1	**III. Täterschaft und Teilnahme, tätige Reue, Konkurrenzen, Rechtsfolgen**	14–19
b) Deliktsnatur	2	1. Täterschaft	14
2. Historie	3	2. Teilnahme	15
II. Erläuterung	4–13	3. Tätige Reue (Abs. 2)	16, 17
1. Objektiver Tatbestand	4–11	4. Konkurrenzen	18
a) Verweigerung (Abs. 1 Nr. 1)	4–7	5. Rechtsfolgen	19
b) Auflehnung	8		

I. Allgemeines

1 **1. Normzweck. a) Rechtsgut.** In der Gruppe der Delikte gegen den Ungehorsam stellt § 20 die demonstrative und beharrliche Auflehnung gegen einen Befehl unter Strafe. Wer den Gehorsam dadurch verweigert, dass er sich mit Wort oder Tat gegen einen Befehl auflehnt oder darauf beharrt, einen wiederholt gegebenen Befehl nicht zu befolgen, stellt die Autorität des Vorgesetzten in einer Weise in Frage, dass es nicht noch – wie in den Fällen der §§ 19, 21, 44 Abs. 2 oder § 45 Nr. 3 – des Eintritts einer schwerwiegenden Folge bedarf. Gegenüber einem solchen Verhalten des Untergebenen sichert § 20 den Anspruch des Vorgesetzten auf Gehorsam und dient damit der Aufrechterhaltung der Disziplin mit ihren stabilisierenden Folgen für Einsatzbereitschaft und Schlagkraft der Truppe.

2 **b) Deliktsnatur.** Bei der Gehorsamsverweigerung offenbart der Soldat kriminelles Unrecht. In ihren beiden disziplingefährdenden Formen und in der offen gezeigten Intensität des gegen die Autorität des Vorgesetzten gerichteten renitenten Willens unterscheidet sie sich von dem Vorwurf des Dienstvergehens, die Pflicht zum Gehorsam (§ 11 Abs. 1 S. 1 SG) verletzt zu haben.[1] Das Handlungsunrecht der Gehorsamsverweigerung ist kriminalpolitisch von solchem Gewicht, dass die Mittel des Disziplinarrechts zu seiner Ahndung nicht

---

[19] BGH 22.1.1971 – 3 StR 3/70 II, BGHSt 24, 72 (78); auch *Krauth/Kurfess/Wulf*, Zur Reform des Staatsschutz-Strafrechts durch das Achte Strafrechtsänderungsgesetz, JZ 1968, 610.

[1] Vgl. dazu *Hagedorn*, Verbot der Doppelbestrafung von Wehrdisziplinar- und (Wehr-)Strafrecht, NJW 1965, 902; *Arndt* S. 196; *Heinemann*, Ne bis in idem: Zur Unvereinbarkeit von Disziplinararrest mit Kriminalstrafen unter Art. 103 Abs. 3 GG, NZWehrr 2014, 11.

ausreichen. Die Bestrafung wegen Gehorsamsverweigerung und gleichzeitige Maßregelung wegen eines Dienstvergehens (§§ 11, 23 SG) verstoßen daher nicht gegen das Verbot der Doppelbestrafung.[2]

2. Historie. Art. 27 EGStGB vom 2.3.1974, BGBl. I S. 469, 530, hat die Vorschrift in ihrem Abs. 1 in der Strafdrohung, den Abs. 2 auch redaktionell geändert.

II. Erläuterung

1. Objektiver Tatbestand. a) Verweigerung (Abs. 1 Nr. 1). Der Soldat macht sich strafbar, der die Ausführung eines verbindlichen Befehls verweigert, indem er sich mit Wort oder Tat gegen ihn auflehnt. Zum Befehlsbegriff → § 2 Rn. 7 ff., zur Verbindlichkeit des Befehls → § 2 Rn. 25 ff. Verweigert der Soldat einem unverbindlichen Befehl den Gehorsam, handelt er nicht rechtswidrig. Verweigern ist auch gegenüber einem Befehl möglich, der erst zu einem späteren Zeitpunkt ausgeführt werden soll, nur die Auflehnung muss sofort offenbar werden.[3] Mit der Weigerung, den Befehl auszuführen, ist die Tat vollendet,[4] es kommt nicht mehr darauf an, ob der Befehl nicht ausgeführt wurde. Bei einem Dauerbefehl ist eine Verweigerung möglich, solange er gegenüber dem Untergebenen wirksam ist.

Verweigerung und Auflehnung setzen begrifflich voraus, dass der Befehl bereits erteilt ist.[5] Dagegen verlangt Abs. 1 Nr. 1 nicht, dass der Täter den Befehl tatsächlich nicht befolgt, diese Konsequenz ist erst für den Tatbestand des Abs. 1 Nr. 2 von Bedeutung. Allerdings wird das Nichtbefolgen bei Befehlen, die sofort auszuführen sind, regelmäßig mit der Verweigerung des Gehorsams zusammenfallen.[6]

Der Soldat verweigert, wenn er einem Vorgesetzten (→ § 1 Rn. 33 ff.) gegenüber durch sein Verhalten nachdrücklich und erkennbar deutlich macht, dass er den Befehl nicht ausführen wird.[7] Bloßes Nichtbefolgen ist kein Verweigern.[8] Auch ein nur passives Verhalten reicht nicht aus.[9] Die Tathandlung des Abs. 1 Nr. 1 verlangt mehr, als nur den Befehl nicht zu befolgen. Der Täter muss vielmehr demonstrativ zum Ausdruck bringen, dass er dem Befehl nicht gehorchen will.[10] Die **Ausdrucksmittel der Verweigerung** sind die Auflehnung mit Wort oder Tat (→ Rn. 8). Die Gegenvorstellung (→ § 19 Rn. 8) gehört nicht dazu.

Der Gehorsam wird dem befehlenden Vorgesetzten geschuldet (§ 11 Abs. 1 S. 1 SG). Eine Verweigerung kann daher grds. nur ihm gegenüber erklärt werden.[11] Es reicht aber auch aus, dass der Gehorsam gegenüber dem die Ausführung des Befehls überwachenden Soldaten oder dem Befehlsboten verweigert wird.[12] Da der Gehorsam dem Befehl verweigert wird, braucht der Befehlsbote nicht Soldat zu sein, zB erklärt der Soldat dem den Befehl des Einheitsführers übermittelnden Truppenverwaltungsbeamten, der Chef könne ihn mal „gern haben". Wer nur im Kameraden- oder Freundeskreis schimpft, meckert oder nörgelt, verweigert sich nicht dem Vorgesetzten gegenüber, auch wenn der Soldat davon ausgeht, dass seine Äußerungen dem Vorgesetzten hinterbracht werden.[13]

b) Auflehnung. Der Gehorsam muss unter Auflehnung mit Wort oder Tat verweigert werden. Aus der sprachlichen Verbindung „dadurch, daß ..." folgt, dass Auflehnung und

---

[2] → Vor § 1 Rn. 3.
[3] *Arndt* S. 196.
[4] OLG Frankfurt a. M. 6.7.1960 – 2 Ss 495/60, NJW 1961, 39 mAnm *Rittau*.
[5] BayObLG 18.5.1988 – RReg 4 St 76/88, NZWehr 1988, 174 (175).
[6] OLG Frankfurt a. M. 6.7.1960 – 2 Ss 495/60, NJW 1961, 39 mAnm *Rittau*; *Schwenck* WStR S. 169; *Lingens/Korte* Rn. 1a.
[7] OLG Frankfurt a. M. 6.7.1960 – 2 Ss 495/60, NJW 1961, 39 mAnm *Rittau*.
[8] OLG Hamm 16.7.1965 – 3 Ss 375/65, NJW 1966, 212.
[9] BayObLG 18.5.1988 – RReg 4 St 76/88, NZWehr 1988, 174 (175).
[10] AG Hannover 6.3.1959 – 2 Ms 9/59, NZWehr 1959, 115, auch *Arnold*, Zum Begriff der Gehorsamsverweigerung nach § 20 Abs. 1 des Wehrstrafgesetzes, NZWehr 1959, 58.
[11] *Lingens/Korte* Rn. 4; *Arndt* S. 197; *Arnold* NZWehr 1959, 58 (59 f.).
[12] *Lingens/Korte* Rn. 4; *Arnold* NZWehr 1959, 58 (59 f.).
[13] So auch *Lingens/Korte* Rn. 4.

Verweigerung zusammenfallen müssen.[14] Die **Auflehnung mit dem Wort** kann sich sowohl unmittelbar an die Befehlsgebung anschließen, als auch später, zB bei einem Dauerbefehl, aber vor Befolgen des Befehls stattfinden. Auflehnung mit dem Wort bedeutet das gesprochene Wort.[15] Bei der Auflehnung mittels geschriebenem Wort handelt es sich um eine Auflehnung durch die Tat. Die **Auflehnung durch die Tat** besteht gewöhnlich in der Vornahme eines anderen als des befohlenen Tuns, mit dem der Täter demonstrativ zum Ausdruck bringt, dass er den Befehl nicht befolgen will, zB eine Tätlichkeit, Zerreißen des schriftlich gegebenen Befehls oder eine verächtliche Handbewegung („Scheibenwischer" oder „Finger" zeigen). Ein Unterlassen kann eine Auflehnung durch die Tat nur sein, wenn der Täter über das bloße Untätigbleiben hinaus seine Verweigerung deutlich machende Gesten oder Worte einsetzt.[16]

9   c) **Wiederholte Verweigerung (Abs. 1 Nr. 2).** Die Regelung des Abs. 1 Nr. 2 ermöglicht die Bestrafung einer gegenüber Abs. 1 Nr. 1 qualifizierten Form der Gehorsamsverweigerung. Der Untergebene wird deshalb zur Verantwortung gezogen, weil er im Ungehorsam beharrte, nachdem ihm derselbe Befehl nochmals erteilt wurde. Mit diesem Verhalten zeigt der Untergebene ein erhebliches, für die Disziplin seiner Einheit überaus abträgliches Maß an krimineller Energie, das durch die Tatbestände des § 19 und Abs. 1 Nr. 1 nicht erfasst ist und daher einer Sonderregelung bedurfte. Im Unterschied zu Abs. 1 Nr. 1 (→ Rn. 4, 6) handelt der Täter nur tatbestandsmäßig, wenn er den Befehl zuvor nicht befolgt hat, obwohl er genügend Zeit hatte, ihm zu gehorchen.

10 Abs. 1 Nr. 2 setzt die Gehorsamsverweigerung gegenüber *einem* wiederholt gegebenen Befehl voraus. Die beharrliche Weigerung des Untergebenen, verschiedenen Befehlen nicht zu gehorchen, wird mit dieser Regelung nicht erfasst, er kann mit diesem Verhalten allenfalls wenigstens fahrlässig eine schwerwiegende Folge iS des § 19 Abs. 1 herbeigeführt haben. Regelungsgegenstand ist auch nicht der Fall, dass der Untergebene bei einem nicht sofort auszuführenden Befehl wiederholt erklärt, den Befehl zum Zeitpunkt der geforderten Ausführung nicht zu befolgen.[17]

11 Abs. 1 Nr. 2 setzt voraus, dass der Täter zum Zeitpunkt der verlangten Ausführung einen Befehl nicht befolgt und damit jedenfalls dienstrechtlich schon ein Dienstvergehen begangen hat. Dieser Befehl muss ihm gegenüber wiederholt worden sein, um dann von ihm erneut nicht befolgt zu werden, er also im Ungehorsam beharrt. **Beharren** heißt nur, die Stellung im Ungehorsam bewusst aufrecht erhalten, eines besonderen demonstrativen Elements bedarf es zusätzlich – anders als im Fall des Abs. 1 Nr. 1 – nicht. Es genügt, wenn der Befehl einmal wiederholt wird. Regelmäßig wird ihn der Vorgesetzte wiederholen, der ihn zuvor schon einmal gegeben hat, notwendig ist dies jedoch nicht. Auch ein anderer Vorgesetzter darf den Befehl wiederholen. Der wiederholte Befehl braucht nicht wortgleich mit dem ersten Befehl zu sein, jedoch muss der Vorgesetzte bei der Wiederholung deutlich machen, dass er von dem Untergebenen ein bestimmtes Verhalten (§ 2 Nr. 1) verlangt, das er ihm schon einmal befohlen hat – gleich im Inhalt, nicht im Wortlaut.[18] Hat der Vorgesetzte den zunächst gegebenen Befehl zurückgenommen, ihn darauf mit gleichem Inhalt noch einmal gegeben, liegt keine Wiederholung vor; ein rechtlich nicht mehr existenter Befehl kann nicht wiederholt werden.[19] Auch wenn der Vorgesetzte den Untergebenen nur an den ersten Befehl erinnert, wiederholt er ihn nicht.[20] Der Vorgesetzte muss dem Untergebenen Gelegenheit geben, den ersten Befehl noch ausführen zu können, bevor er ihn wiederholt.

---

[14] BayObLG 18.5.1988 – RReg 4 St 76/88, NZWehr 1988, 174 (175); *Arnold* NZWehrr 1959, 58 (61).
[15] Wie hier *Arndt* S. 197; *Arnold* NZWehrr 1959, 58 (61); auch *Lingens/Korte* Rn. 6; aA von *Richthofen* § 20 Anm. 2.
[16] OLG Hamm 16.7.1965 – 3 Ss 375/65, NJW 1966, 212; *Lingens/Korte* Rn. 5 f.; weitergehend offenbar *Arnold* NZWehrr 1959, 58 (62); *Schwaiger* S. 139.
[17] *Lingens/Korte* Rn. 7; *Schuwaiger* S. 143.
[18] OLG Hamm 5.11.1969 – 4 Ss 840/69, RWStR § 20 Nr. 15; *Schwenck* WStR S. 170.
[19] *Lingens/Korte* Rn. 7.
[20] AG Hannover 6.3.1959 – 2 Ms 9/59, NZWehrr 1959, 115.

Das bedeutet, dass zwischen dem ersten Befehl und seiner Wiederholung ein zeitlich enger Zusammenhang bestehen muss. Die Schwelle vom Dienstvergehen zur Straftat wird überschritten, wenn der Untergebenen auch den wiederholten Befehl nicht befolgt.

2. Subjektiver Tatbestand. Die Gehorsamsverweigerung nach Abs. 1 Nr. 1 ist nur vorsätzlich möglich. Für die Tatsache, dass ein Befehl vorliegt, reicht bedingter Vorsatz. Eine Gehorsamsverweigerung durch Auflehnung kann nur mit direktem Vorsatz begangen werden.[21]

Für die Verwirklichung des Tatbestandes nach Abs. 1 Nr. 2 reicht bedingter Vorsatz aus. Dafür genügt es, dass der Täter zumindest aus Gleichgültigkeit in Kauf nimmt, dass zunächst ein Befehl vorliegt, den er nicht befolgte und dass ihm erneut dieser Befehl erteilt wurde, dem er abermals nicht gehorchte. Hat sich der Täter darüber geirrt, dass ihm der Befehl schon einmal erteilt wurde und er nun erneut diesen Befehl nicht befolgt, handelt er nicht vorsätzlich. Da das „Beharren" im Ungehorsam Tatbestandsmerkmal ist, muss der Untergebene zumindest mit der Möglichkeit rechnen, dass der ihm jetzt erteilte Befehl schon einmal gegeben und von ihm nicht befolgt wurde, und er dies in Kauf nimmt.[22]

III. Täterschaft und Teilnahme, tätige Reue, Konkurrenzen, Rechtsfolgen

1. Täterschaft. Zur gemeinsam begangenen Gehorsamsverweigerung in Form der Meuterei (§ 27) und der Verabredung zur Unbotmäßigkeit (§ 28) s. die Erl. dort. Ohne diese qualifizierenden Voraussetzungen ist Gehorsamsverweigerung in Mittäterschaft gegenüber demselben Befehl möglich.

2. Teilnahme. Die strafbare **Teilnahme eines Soldaten** an der Gehorsamsverweigerung eines anderen Soldaten folgt für die Anstiftung und Beihilfe unmittelbar aus §§ 26, 27 StGB. Für den Tatbestand des Abs. 1 Nr. 2 genügt es, dass sich die Teilnahme auf den wiederholten Befehl beschränkt. Dafür muss der Teilnehmer allerdings wissen, dass der Täter einen zuvor schon einmal gegebenen Befehl nicht befolgt hat und es sich nunmehr schon um den wiederholten Befehl handelt.[23] Zur **Teilnahme einer Zivilperson** s. § 1 Abs. 4 iVm §§ 26, 27 StGB; die Strafe ist jedoch nach § 28 Abs. 1 StGB zu mildern (→ § 1 Rn. 70).

3. Tätige Reue (Abs. 2). Da die Tat schon mit der Verweigerung des Gehorsams vollendet ist (→ Rn. 4), ist ein Rücktritt vom Versuch nach § 24 Abs. 1 StGB ausgeschlossen. Dem einsichtigen Täter kommt Abs. 2 jedoch mit der Möglichkeit entgegen, dass das Gericht von Strafe absehen kann, wenn der Täter nach der Gehorsamsverweigerung einen Befehl, der nicht sofort zu befolgen ist, trotzdem rechtzeitig befolgt. Tätige Reue im Verständnis des Abs. 2 ist nur bei einem Befehl zugelassen, der nicht sofort auszuführen ist, denn nur, wenn zwischen dem Befehl und seiner Ausführung noch eine Zeitspanne liegt, hat der Untergebene Gelegenheit zur Einsicht oder, nach anfänglicher Erregung, sich zu beruhigen.

Der Untergebene muss dem Befehl rechtzeitig gehorchen, so dass der mit ihm verfolgte dienstliche Zweck noch erreicht werden kann. Freiwillig bedeutet, dass er ihn auf Grund eigenen Entschlusses und ohne äußeren Druck, zB als Folge von Versprechungen oder Drohungen des Vorgesetzten, befolgt. Die Gründe, die den Untergebenen zur Einsicht bewogen, sind nicht entscheidungserheblich.

4. Konkurrenzen. Hat der Untergebene beide Tatbestände des Abs. 1 erfüllt, liegt nur eine Tat vor,[24] ihr erhöhtes Tatunrecht ist bei der Strafzumessung zu berücksichtigen. Mit

---

[21] OLG Frankfurt a. M. 6.7.1960 – 2 Ss 495/60, NJW 1961, 39 mAnm *Rittau*.
[22] *Schwaiger* S. 146.
[23] *Lingens/Korte* Rn. 8.
[24] *Schwenck* WStR S. 171.

den § 15,²⁵ § 16²⁶ und den §§ 19, 44 und § 45 ist Tateinheit möglich. Die §§ 27, 28 konsumieren den § 20.

19   **5. Rechtsfolgen.** Die Regelstrafe ist Freiheitsstrafe bis zu drei Jahren.²⁷ Abs. 2 enthält eine Ermächtigung für das Gericht, von Strafe abzusehen (→ Rn. 16 f.); es kann auch im Regelstrafrahmen des Abs. 1 eine mildere Strafe verhängen.

§ 21 Leichtfertiges Nichtbefolgen eines Befehls

Wer leichtfertig einen Befehl nicht befolgt und dadurch wenigstens fahrlässig eine schwerwiegende Folge (§ 2 Nr. 3) verursacht, wird mit Freiheitsstrafe bis zu zwei Jahren bestraft.

I. Allgemeines

1   **1. Normzweck.** § 21 sieht die Bestrafung eines Soldaten vor, der leichtfertig einen Befehl nicht befolgt und dadurch wenigstens fahrlässig eine schwerwiegende Folge herbeiführt. Die Vorschrift ist eine Ergänzung zu den §§ 19, 20, weil sie auch die Fälle erfasst, in denen der Täter ohne Vorsatz handelt oder dieser ihm nicht nachgewiesen werden kann. Mit der Bestrafung auch des leichtfertigen Ungehorsams bei gleichen Folgen wie § 19 schließt § 21 eine zu den §§ 19, 20 bestehende Strafbarkeitslücke. Hätte der Gesetzgeber auf die Regelung des § 21 verzichtet, wäre bei jedem noch so verschuldeten Tatbestandsirrtum in den Fällen der §§ 19, 20 der Vorsatz ausgeschlossen und damit der Täter vielfach bei nur leichtfertigen Verstößen gegen seine Gehorsamspflicht straflos.

2   **2. Historie.** Art. 27 EGStGB vom 2.3.1974, BGBl. I S. 469, 530, hat die Vorschrift in ihrer Strafandrohung dem allgemeinen Strafrecht angeglichen.

II. Erläuterung

3   **1. Objektiver Tatbestand.** In seinem objektiven Tatbestand entspricht § 21 der Regelung des § 19 Abs. 1 (→ § 19 Rn. 6 ff.).

4   **2. Subjektiver Tatbestand.** Der maßgebliche Unterschied zu den Vorsatzstraftaten der §§ 19, 20 liegt im subjektiven Tatbestand. Während für § 19 zumindest bedingter Vorsatz genügt (→ § 19 Rn. 10) und die Gehorsamsverweigerung durch Auflehnung (§ 20 Abs. 1 Nr. 1) sogar direkten Vorsatz voraussetzt (→ § 20 Rn. 12), verlangt § 21, dass der Täter leichtfertig einen Befehl nicht befolgt. **Leichtfertigkeit** bedeutet einen besonderen, höheren Grad an Fahrlässigkeit,¹ wobei auf die persönlichen Fähigkeiten des Täters abzustellen ist.² Bei ihm werden zB sein Ausbildungsstand, die ihm erteilten Belehrungen sowie Dauer und Intensität seiner militärischen Erfahrungen zu berücksichtigen sein. Leichtfertig handelt, wer grobfahrlässig oder in grober Achtlosigkeit handelt, zB der Untergebene, der in besonders pflichtvergessener oder gleichgültiger Weise nicht erkennt, dass ihm ein Befehl gegeben worden ist oder die ihm erteilte Weisung zwar als Befehl erkennt, diesen aber aus bloßer Achtlosigkeit nicht befolgt. Leichtfertig handelt auch der Soldat, der in grobem Leichtsinn den Inhalt zweier Befehle verwechselt und zur falschen Zeit den falschen Befehl ausführt.³

5   Für die durch Leichtfertigkeit herbeigeführte schwerwiegende Folge genügt dagegen wenigstens einfache Fahrlässigkeit, dh Vorsatz oder Fahrlässigkeit. Zur schwerwiegenden Folge → § 2 Rn. 48 ff. Auch ein Soldat, der sich als Folge eines leichtfertigen Ungehorsams

---

²⁵ LG Münster 21.10.1986 – 9 Ns Js 24/86, NZWehr 1987, 122; AG Münster 15.5.1984 – 12 Ls 47 Js 23/84 (AK 40/84), NZWehr 1985, 85.
²⁶ OLG Celle 25.4.1966 – 2 Ss 88/66, NZWehr 1967, 32.
²⁷ Zur Strafvollstreckung (§ 14) s. OLG Koblenz 18.4.1985 – 1 Ss 18/85, NZWehr 1985, 169.
¹ BayObLG 18.12.1958 – RReg 4 St 96/58, NZWehrr 1959, 113 (114); → StGB § 15 Rn. 186.
² *Fischer* StGB § 15 Rn. 20; → StGB § 15 Rn. 190 f.
³ Vgl. zur Leichtfertigkeit auch AG Delmenhorst 14.1.1965 – 16 Ms 65/64, RWStR § 21 Nr. 1.

selbst verletzt hat, verursacht eine schwerwiegende Folge.[4] Regelmäßig wird der Soldat die schwerwiegende Folge fahrlässig herbeiführen. Denkbar ist aber auch, dass er sie vorsätzlich verursacht, nachdem er den Befehl leichtfertig nicht befolgt hat und daraufhin die schwerwiegende Folge zwar erkennt, sie aber aus Gleichgültigkeit nicht abwendet.[5]

III. Teilnahme, Konkurrenzen, Rechtsfolgen

1. Teilnahme. Eine Teilnahme in der Form der Anstiftung und Beihilfe ist bei § 21 anders als bei den §§ 19, 20 nicht möglich, da es an einer vorsätzlichen Haupttat fehlt. 6

2. Konkurrenzen. Mit Sachbeschädigung, Körperverletzung, auch Tötungsdelikten, ist Tateinheit möglich. Ein Konkurrenzverhältnis zu den §§ 20, 27 und § 28 ist ausgeschlossen, weil sie wenigstens bedingten Vorsatz voraussetzen. § 44 Abs. 5 geht als Sonderregelung vor. 7

3. Rechtsfolgen. Mit Rücksicht auf die minder schwere innere Tatseite liegt der Strafrahmen mit einer Freiheitsstrafe bis zu zwei Jahren unter den Strafdrohungen der §§ 19, 20. 8

§ 22 Verbindlichkeit des Befehls; Irrtum

(1) [1]In den Fällen der §§ 19 bis 21 handelt der Untergebene nicht rechtswidrig, wenn der Befehl nicht verbindlich ist, insbesondere wenn er nicht zu dienstlichen Zwecken erteilt ist oder die Menschenwürde verletzt oder wenn durch das Befolgen eine Straftat begangen würde. [2]Dies gilt auch, wenn der Untergebene irrig annimmt, der Befehl sei verbindlich.

(2) Befolgt ein Untergebener einen Befehl nicht, weil er irrig annimmt, daß durch die Ausführung eine Straftat begangen würde, so ist er nach den §§ 19 bis 21 nicht strafbar, wenn er den Irrtum nicht vermeiden konnte.

(3) Nimmt ein Untergebener irrig an, daß ein Befehl aus anderen Gründen nicht verbindlich ist, und befolgt er ihn deshalb nicht, so ist er nach den §§ 19 bis 21 nicht strafbar, wenn er den Irrtum nicht vermeiden konnte und ihm nach den ihm bekannten Umständen auch nicht zuzumuten war, sich mit Rechtsbehelfen gegen den vermeintlich nicht verbindlichen Befehl zu wehren; war ihm dies zuzumuten, so kann das Gericht von einer Bestrafung nach den §§ 19 bis 21 absehen.

Schrifttum: *Bülte,* Vorgesetztenverantwortlichkeit im Strafrecht, 2015; *Buth,* Die Entwicklung des militärischen Befehlsrechts unter besonderer Berücksichtigung des Militärstrafrechts der DDR, Diss. Köln 1985; *Eiselt,* Die Behandlung des Irrtums über die Verbindlichkeit eines Befehls nach § 22 WStG, Diss. Göttingen 1974; *Huber,* Grenzen der Gehorsamspflicht des Soldaten, Diss. Göttingen, 1973; *Huth,* Die Gegenvorstellung im Spannungsfeld von Befehl und Gehorsam des geltenden Wehrstraf- und Wehrdisziplinarrechts, Diss. Köln 1988; *Rosteck,* Der rechtlich unverbindliche Befehl, 1971; *Schlosser,* Zur verfassungsrechtlichen Problematik der Irrtumsregelung in § 22 WStG, JZ 1958, 526; *Schölz,* Zur Verbindlichkeit des Befehls und zum Irrtum über die Verbindlichkeit (§ 22 WStG), FS Dreher 1977; *Schwaiger,* Handeln auf Befehl und militärischer Ungehorsam nach dem Wehrstrafgesetz vom 30.3.1957, Diss. Heidelberg, 1962; *Schwartz,* Handeln aufgrund eines militärischen Befehls und einer beamtenrechtlichen Weisung, 2007; *Wiesner,* Der Irrtum im Wehrstrafrecht, Diss. Münster, 1973.

Übersicht

	Rn.		Rn.
I. Allgemeines	1–3	2. Irrige Annahme der Verbindlichkeit (Abs. 1 S. 2)	5–7
1. Normzweck	1, 2	3. Irrige Annahme der Unverbindlichkeit	8–15
2. Historie	3	a) Strafrechtswidrigkeit (Abs. 2)	8–11
II. Erläuterung	4–15	b) Aus anderen Gründen (Abs. 3)	12–15
1. Unverbindlicher Befehl (Abs. 1 S. 1)	4	**III. Teilnahme**	16

---

[4] AG Soltau 8.11.1960 – 6 Ms 79/60–107, NZWehrr 1961, 135.
[5] *Schwaiger* S. 129; *Lingens/Korte* Rn. 5.

I. Allgemeines

1. Normzweck. Für alle Ungehorsamsdelikte einschließlich der §§ 44 Abs. 6, 45 ist § 22 von zentraler Bedeutung. Vor allem zu § 11 SG besteht ein enger sachlicher Zusammenhang. § 11 Abs. 1 S. 3 und Abs. 2 SG bestimmt dienstrechtlich die Grenzen des Gehorsams gegenüber einem unverbindlichen Befehl und trifft Regelungen, wenn sich der Soldat über die Verbindlichkeit des Befehls und damit über den Umfang seiner Gehorsamspflicht irrt. § 22 zieht hieraus die strafrechtlichen Konsequenzen.[1] Dabei berücksichtigt er, dass die Verbindlichkeit des Befehls nicht zu seinen Tatbestandsmerkmalen gehört (→ § 2 Rn. 25), so dass bei einem Irrtum der Vorsatz nicht entfällt. Die Frage, ob der Soldat auch rechtswidrig handelt, wenn er einen unverbindlichen Befehl nicht befolgt oder irrig annimmt, ein unverbindlicher Befehl sei verbindlich, beantwortet Abs. 1; tateinheitlich mit einem Ungehorsam begangene Straftaten werden durch Abs. 1 nicht gerechtfertigt. Für den Fall, dass sich der Soldat in einem Irrtum über die Verbindlichkeit des Befehls befindet, insbesondere bei einem strafrechtswidrigen Befehl, treffen die Abs. 2 und 3 eigene Regelungen zum Unrechtsbewusstsein des Soldaten. Als wehrstrafrechtliche Sondernorm tritt § 22 damit an die Stelle des § 17 StGB zu den Folgen eines Verbotsirrtums.[2]

Eine sachliche Verbindung besteht auch mit § 5. Beide Vorschriften enthalten Regelungen, die den Soldaten bei allerdings gegensätzlichen Verhaltensweisen entlasten. § 5 entschuldigt den Untergebenen unter den dort genannten Voraussetzungen für einen Gehorsam gegenüber einem Befehl, der auf die Ausführung einer Straftat gerichtet ist. Insoweit erhält § 5 für die Regelung des § 22 Abs. 2 noch besondere Bedeutung (→ Rn. 8). § 22 befreit das Verhalten des Untergebenen von dem Vorwurf der Rechtswidrigkeit, wenn der Befehl entweder nicht verbindlich ist oder irrig für verbindlich gehalten wird (Abs. 1), er befreit ihn von Schuld, wenn er sich unvermeidbar über die Verbindlichkeit des Befehls irrt (Abs. 2 und 3).

2. Historie. Art. 27 EGStGB vom 2.3.1974, BGBl. I S. 469, 530, hat die Abs. 1 und 2 im Wortlaut geringfügig, in Abs. 3 in Anlehnung an die Rechtsfolgen des § 113 Abs. 4 StGB grundlegend geändert.[3]

II. Erläuterung

1. Unverbindlicher Befehl (Abs. 1 S. 1). Der Untergebene, der einen unverbindlichen Befehl nicht befolgt, handelt nicht rechtswidrig. Allein die Verbindlichkeit des Befehls entscheidet darüber, ob der Soldat dem Vorgesetzten gehorchen muss; die Rechtswidrigkeit des Befehls hat der Vorgesetzte zu verantworten (→ § 2 Rn. 16 f.). Zur Verbindlichkeit eines Befehls im Einzelnen → § 2 Rn. 25 ff.

2. Irrige Annahme der Verbindlichkeit (Abs. 1 S. 2). Abs. 1 S. 2 erklärt die Nichtbefolgung eines unverbindlichen Befehls, der vom Untergebenen irrig für verbindlich gehalten wird, für rechtmäßig. Es handelt sich um einen Fall, in dem der Untergebene eine objektive Rechtfertigungssituation verkennt, mithin um den Fall eines umgekehrten Verbotsirrtums,[4] der Untergebene glaubt, rechtswidrig zu handeln. Gem. § 11 Abs. 1 S. 3 SG liegt kein Ungehorsam vor, wenn der Befehl objektiv unverbindlich ist.[5] Die Regelung des Abs. 1 S. 2 geht in Ergänzung hierzu davon aus, dass der Untergebene strafrechtlich nicht dafür verantwortlich gemacht werden darf, dass er in irriger Annahme einer Gehorsamspflicht einen Befehl nicht befolgt hat, auf den der Vorgesetzte aus Rechtsgründen (§ 11 Abs. 1 S. 3 Hs. 1 SG) keinen Gehorsam erwarten darf.

---

[1] Bülte S. 277.
[2] Lingens/Korte Rn. 1; von Richthofen Anm. 4; Buth S. 250; aA Wiesner S. 160.
[3] Zur verfassungsrechtlichen Problematik der früheren Fassung s. beispielsweise Eiselt S. 35 ff.
[4] Lingens/Korte Rn. 5; von Richthofen Anm. 4; Schwaiger S. 155; Buth S. 249.
[5] Lingens/Korte Rn. 5; Schölz FS Dreher, 481 (483); Schwartz S. 184.

Der **Irrtum** des Untergebenen über die Verbindlichkeit kann **zwei Ursachen** haben. **6** Der Untergebene kann den Sachverhalt verkennen, der ihn objektiv rechtfertigt, zB er glaubt, einen Befehl zu dienstlichen Zwecken zu erhalten, den er nicht befolgt, während es sich tatsächlich um eine Privatangelegenheit des Vorgesetzten handelt. Der Irrtum des Untergebenen kann sich auch auf das Bestehen von Rechtsvorschriften oder ihren Inhalt beziehen, zB er nimmt irrig an, es gäbe eine Rechtsvorschrift, nach der auch eine zu privaten Zwecken erteilte Weisung zu befolgen sei.

Abs. 1 S. 2 findet keine Anwendung, wenn der Untergebene glaubt, es sei ihm ein **7** verbindlicher Befehl erteilt worden, den er nicht befolgt, während in Wirklichkeit der Vorgesetzte nur eine Bitte äußerte. Dieser Irrtum ist nach den Grundsätzen über den untauglichen Versuch zu behandeln.[6] Hier irrt der Untergebene nicht über die Verbindlichkeit eines Befehls, denn er will ungehorsam sein, und dieser kriminelle Wille verdient keine Rechtfertigung. Anders ist der Fall zu beurteilen und damit Abs. 1 S. 2 entsprechend anzuwenden, wenn der Untergebene einen vermeintlichen Befehl für verbindlich hält, den er nicht befolgt, während es sich tatsächlich um eine Bitte des Vorgesetzten handelt, die, wäre sie ein Befehl, unverbindlich wäre.[7] Hier verbietet sich die Annahme eines untauglichen Versuchs, weil der Untergebene auch dann nicht rechtswidrig gehandelt hätte, wenn tatsächlich ein unverbindlicher Befehl vorgelegen hätte (Abs. 1 S. 1).

3. Irrige Annahme der Unverbindlichkeit. a) Strafrechtswidrigkeit (Abs. 2). **8**
Während Abs. 1 bei einem Ungehorsam gegenüber einem unverbindlichen oder irrig für verbindlich angesehenen Befehl die Rechtswidrigkeit ausschließt, regelt Abs. 2 eine Frage des Verschuldens. Er setzt voraus, dass der Untergebene einen Befehl nicht befolgt, weil er irrtümlich annimmt, durch die Ausführung werde eine Straftat begangen. Der Untergebene hält also irrig einen verbindlichen Befehl für unverbindlich (strafrechtswidrig) und befolgt ihn deshalb nicht. Anders als im Fall des Abs. 1 S. 2 befindet sich der Untergebene damit in einem Irrtum über die Rechtswidrigkeit seines Ungehorsams. Die zu den Rechtsfolgen dieses Irrtums in Abs. 2 getroffene Regelung entspricht dem Verbotsirrtum des § 17 StGB und geht diesem als wehrstrafrechtsspezifische Sondernorm vor (§ 3 Abs. 1). Wenn der Untergebene den Irrtum nicht vermeiden konnte, handelte er ohne Schuld. Die Entscheidung des Gesetzgebers, dem Untergebenen bei der irrigen und unvermeidbaren Annahme, einen strafrechtswidrigen Befehl ausführen zu müssen, nicht das volle Irrtumsrisiko aufzubürden, berücksichtigt eine **besondere Konfliktlage,** in die der Untergebene durch § 5 gestellt ist. Der Untergebene, der glaubt, bei Ausführung des Befehls eine Straftat zu begehen, muss eine Bestrafung befürchten (§ 11 Abs. 2 S. 1 SG; § 5 Abs. 1), die uU höher ausfällt, als die für den Ungehorsam verwirkte. Er darf einem strafrechtswidrigen Befehl nicht gehorchen, macht sich aber bei einem Ungehorsam gegenüber diesem Befehl strafbar, wenn es sich nicht um einen strafrechtswidrigen Befehl gehandelt hat. In dieser Situation soll dem Untergebenen sein Ungehorsam nicht zum Vorwurf gemacht werden, wenn er den Irrtum nicht hat vermeiden können.[8]

Es ist eine Folge dieser individuellen Konfliktlage, dass allein der Untergebene annehmen **9** muss, ihm drohe durch die Ausführung des Befehls Bestrafung; dass sich der Vorgesetzte strafbar mache, reicht für die Anwendung des Abs. 2 nicht aus.[9] Befolgt der Untergebene den Befehl nicht wegen der ihm drohenden Bestrafung, sondern waren andere Gründe für seinen Ungehorsam verantwortlich, zB Gleichgültigkeit, Faulheit, Aufsässigkeit, ist er nicht entschuldigt, selbst wenn der Irrtum für ihn unvermeidbar war.[10] Der Irrtum des Untergebenen über die Strafrechtswidrigkeit des Befehls muss Ursache, nicht nur äußerer Begleitumstand seines Verhaltens gewesen sein.

---

[6] Ebenso *Lingens/Korte* Rn. 6; *Schwaiger* S. 157; *Schwartz* S. 184; aA von *Richthofen* Anm. 5.
[7] *Lingens/Korte* Rn. 6; *Schölz* FS Dreher, 1977, 484; *Schwaiger* S. 156.
[8] *Arndt* S. 193; *Schwenck* WStR S. 172; *Schwaiger* S. 202; *Schwartz* S. 185.
[9] *Lingens/Korte* Rn. 8.
[10] *Lingens/Korte* Rn. 9; *Schwaiger* S. 203.

10 Der Untergebene muss annehmen, dass durch die Ausführung des Befehls eine Straftat begangen würde. „**Annehmen**" heißt, als sicher eintretend sich vorstellen und nicht nur für möglich halten, denn schließlich ist es die mögliche Konfliktlage, der sich der Untergebene gegenüber sieht, die die Regelung des Abs. 2 erst rechtfertigt. Es ist nicht erforderlich, dass der Untergebene eine rechtlich genaue Vorstellung von der ihm angeblich befohlenen Straftat hat, es genügt seine Vorstellung, dass das, was von ihm verlangt wird, strafbares Unrecht wäre. Ebenso wird von ihm nicht erwartet, dass er schon weiß, ob er die Tat als Täter begehen soll, an ihr nur als Anstifter oder Gehilfe beteiligt oder die Tat in Vollendung oder nur als Versuch auszuführen ist. Glaubt er, es lägen für die Tat Rechtfertigungs- oder Schuldausschließungsgründe vor, besteht für ihn keine Konfliktlage, da er bei Ausführung des Befehls auch nach seiner eigenen Ansicht straflos bliebe.[11]

11 Der Untergebene ist wegen Ungehorsams nur dann nicht strafbar, wenn er den **Irrtum nicht vermeiden** konnte. Ob er ein Unrechtsbewusstsein hat entwickeln können, unterliegt angesichts der Befehlsautorität des Vorgesetzten und der Disziplin in der Truppe einem strengen Maßstab. Der Untergebene muss, wenn er nicht sicher weiß, ob er beim Befolgen des Befehls ein Verbrechen oder Vergehen begeht, ehe er ungehorsam wird mehr tun, als sich „die Sache überlegen".[12] Der Irrtum ist nur dann nicht vermeidbar, wenn der Untergebene trotz aller Sorgfalt, die von ihm auf Grund seiner persönlichen Fähigkeiten, geistigen Anlagen, auch der ihm im Rechtsunterricht (§ 33 SG) vermittelten Rechtskenntnisse, nicht hat erkennen können, dass der Befehl verbindlich war. Zu seinen Sorgfaltspflichten gehört, dass er sich über die Rechtslage kundig macht, soweit dies die Ausführung des Befehls zulässt, er muss ggf. eine Belehrung durch seinen Vorgesetzten einholen oder mit einer Gegenvorstellung (→ § 19 Rn. 8) Bedenken äußern.[13] War nach allen seinen Bemühungen der Irrtum nicht vermeidbar, bleibt der Untergebene straflos, war er vermeidbar, handelte er rechtswidrig und schuldhaft und ist zu bestrafen. Eine Milderung der Strafe entsprechend §§ 17 S. 2, 49 Abs. 1 StGB ist in diesem Fall ausgeschlossen, weil § 22 Abs. 2 für den Verbotsirrtum eine wehrstrafrechtsspezifische Sonderregelung trifft (→ Rn. 1).[14] Dem Gericht bleibt nur die Möglichkeit, den in geringerem Maß verschuldeten Irrtum im Rahmen des Regelstrafrahmens schuldmildernd zu berücksichtigen.

12 **b) Aus anderen Gründen (Abs. 3).** Die Regelung des Abs. 3 schließt eine Bestrafung des Untergebenen aus, wenn er den Befehl aus einem anderen als dem in Abs. 2 genannten Grund für unverbindlich hält und der Irrtum für ihn nicht vermeidbar und die Einlegung eines Rechtsbehelfs nicht zumutbar war. Zu den zur Unverbindlichkeit im Übrigen führenden Gründen im Einzelnen → § 2 Rn. 30 ff., 36 f. Wie bei Abs. 2 handelt es sich auch hier um eine wehrstrafrechtsspezifische Form des Verbotsirrtums (→ Rn. 1). Allerdings sind die Anforderungen an einen strafbefreienden Irrtum deutlich höher. Es reicht nicht allein aus, dass der Irrtum für den Untergebenen unvermeidbar ist, hinzutreten muss, dass es ihm nach den ihm bekannten Umständen auch nicht zuzumuten war, sich mit Rechtsbehelfen gegen den Befehl zu wehren. Das Irrtumsrisiko liegt bei der Regelung des Abs. 3 daher bei dem Untergebenen, weil er sich im Gegensatz zu Abs. 2 nicht in einer Konfliktlage (→ Rn. 8) befindet.[15] Er dürfte den Befehl, den er irrig für unverbindlich hält, ausführen, ohne befürchten zu müssen, sich für seinen Gehorsam verantworten zu müssen, während er dem Befehl iS des Abs. 2, wäre dieser wegen Strafrechtswidrigkeit tatsächlich unverbindlich, den Gehorsam verweigern müsste (→ § 2 Rn. 34).

13 War der Irrtum unvermeidbar, entfällt die Schuld nur, wenn dem Untergebenen nach den ihm bekannten Umständen auch nicht zuzumuten war, sich mit **Rechtsbehelfen** gegen den Befehl zu wehren. Solange ihm ein Rechtsbehelf möglich und zumutbar ist, darf der Untergebene den Gehorsam grds. nicht verweigern. Ein Rechtsbehelf ist dem Untergebe-

---

[11] *Schwaiger* S. 204.
[12] *Schwaiger* S. 201; *Lingens/Korte* Rn. 10.
[13] *Buth* S. 250; *Huber* S. 37; *Huth* S. 139; *Bülte* S. 276.
[14] So auch *Lingens/Korte* Rn. 10; *Buth* S. 250; *Schwaiger* S. 202; *Schwartz* S. 185; aA *Wiesner* S. 106.
[15] *Schwartz* S. 186 mN.

nen insbesondere deshalb zuzumuten, da ihm bei Ausführung des Befehls kein irreparabler Schaden droht.[16] Der Soldat geht kein Risiko ein, wenn er einen Befehl befolgt, der nicht zu dienstlichen Zwecken erteilt ist oder die Menschenwürde verletzt. Wenn er andererseits einem solchen Befehl den Gehorsam verweigern darf, kann auch die Ausführung des Befehls nicht strafbar sein.[17] Anders als bei der vergleichbaren Regelung des § 113 Abs. 4 S. 2 StGB sind im militärischen Dienstbetrieb daher kaum Fälle denkbar, bei denen ein Rechtsbehelf anstelle des Ungehorsams unzumutbar wäre. Als Rechtsbehelfe kommen die Gegenvorstellung (→ § 19 Rn. 8), Meldung und Dienstaufsichtsbeschwerde in Betracht.[18] Eine Beschwerde nach der WBO hätte zwar auch keine aufschiebende Wirkung (§ 3 Abs. 1 S. 1 WBO), in Fällen, in denen der Befehl nicht sofort auszuführen ist, könnte die für die Entscheidung über die Beschwerde zuständige Stelle jedoch die Ausführung des Befehls bis zur Entscheidung aussetzen.

Bei der Entscheidung über die Zumutbarkeit eines Rechtsbehelfs sind die dem Untergebenen bekannten Umstände zu berücksichtigen, dh die gesamte Sachlage, wie sie sich ihm, auch unter dem Eindruck seines Irrtums, darstellt.[19] Ein Irrtum über die Zumutbarkeit ist unbeachtlich.[20]   **14**

War der Irrtum zwar unvermeidbar, der Gebrauch eines Rechtsbehelfs jedoch zumutbar, handelt der Soldat bei seinem Ungehorsam schuldhaft. Das Gericht kann aber von einer Bestrafung nach den §§ 19, 21 absehen (Abs. 3 Hs. 2).   **15**

III. Teilnahme

Auf den zivilen Teilnehmer findet Abs. 1 Anwendung (§ 1 Abs. 4) mit der Folge, dass die Rechtswidrigkeit bei Unverbindlichkeit des Befehls auch für ihn entfällt. Dagegen gelten die Abs. 2 und 3 nicht, die auf Grund ihrer besonderen Konfliktlage (→ Rn. 8) und befehlsrechtlichen Eigenart (→ Rn. 12) nur für den Soldaten Bedeutung haben.[21] Der Tatbeitrag des zivilen Teilnehmers beurteilt sich daher nach den Bestimmungen des allgemeinen Strafrechts (§§ 28, 29 StGB).   **16**

§ 23 Bedrohung eines Vorgesetzten

Wer im Dienst oder in Beziehung auf eine Diensthandlung einen Vorgesetzten mit der Begehung einer Straftat bedroht, wird mit Freiheitsstrafe bis zu drei Jahren bestraft.

Übersicht

	Rn.		Rn.
I. Allgemeines	1–4	c) Im Dienst oder in Beziehung auf eine Diensthandlung	8, 9
1. Normzweck	1–3	2. Subjektiver Tatbestand	10
a) Rechtsgut	1	III. Täterschaft und Teilnahme, Konkurrenzen, Rechtsfolgen	11–14
b) Deliktsnatur	2, 3	1. Täterschaft	11
2. Historie	4	2. Teilnahme	12
II. Erläuterung	5–10	3. Konkurrenzen	13
1. Objektiver Tatbestand	5–9	4. Rechtsfolgen	14
a) Bedrohen	5		
b) Geschützte Person	6, 7		

---

[16] *Lingens/Korte* Rn. 12; *Schwartz* S. 186.
[17] *Rosteck* S. 31; zu den allein psychologischen Folgen einer möglichen Verletzung der Menschenwürde vgl. *Schlosser* JZ 1958, 526 (529).
[18] Hierzu näher *Dau* WBO Einf. Rn. 144 ff., 155 ff., 108 f.
[19] *Fischer* StGB § 113 Rn. 33; → StGB § 113 Rn. 60 ff.
[20] *Fischer* StGB § 113 Rn. 33; → StGB § 113 Rn. 61; Schönke/Schröder/*Eser* § 113 Rn. 57.
[21] Vgl. auch *Lingens/Korte* Rn. 14.

I. Allgemeines

1 **1. Normzweck. a) Rechtsgut.** § 23 schützt die dienstliche Handlungs- und Entscheidungsfreiheit des Vorgesetzten. Er sichert damit auch die in der Person des Vorgesetzten verkörperte Ordnung und Disziplin in der Truppe.

2 **b) Deliktsnatur.** Die Vorschrift ist ein wehrstrafrechtsspezifischer Bedrohungstatbestand und geht der allgemeinen Bedrohung gem. § 241 StGB vor. Dieser findet nur Anwendung, wenn sich die Bedrohung gegen einen Vorgesetzten außer Dienst oder ohne Beziehung auf eine Diensthandlung richtet.

3 Der Untergebene handelt tatbestandsmäßig, der einen Vorgesetzten mit der Begehung einer Straftat bedroht. Straftat bedeutet jede tatbestandsmäßige, rechtswidrige und schuldhafte Handlung. Demgegenüber ist § 241 StGB enger gefasst, indem er die Bedrohung eines anderen ausschließlich mit einem Verbrechen unter Strafe stellt. Auch im Strafrahmen unterscheidet sich § 23 von § 241 StGB. Die Strafdrohung mit Freiheitsstrafe bis zu drei Jahren im Gegensatz zu der in § 241 StGB vorgesehenen Freiheitsstrafe bis zu einem Jahr oder Geldstrafe macht deutlich, dass die Bedrohung staatlicher Autorität einem höheren Unwerturteil unterliegt als die Bedrohung des subjektiven Rechtsfriedens eines Einzelnen. Soweit der Untergebene damit droht, ein Verbrechen zu begehen, ist § 23 ein unechtes Sonderdelikt,[1] droht er damit, ein Vergehen zu begehen, handelt es sich um ein echtes Sonderdelikt.[2] Diese Unterscheidung ist für die Teilnahme einer Zivilperson erheblich (→ Rn. 12).

4 **2. Historie.** Die Vorschrift gilt in der Fassung des Art. 27 EGStGB vom 2.3.1974, BGBl. I S. 469, 530.

II. Erläuterung

5 **1. Objektiver Tatbestand. a) Bedrohen.** Die Bedrohungshandlung besteht in der Ankündigung, mit einem bestimmten Verhalten, das als Verbrechen (§ 12 Abs. 1 StGB) oder als Vergehen (§ 12 Abs. 2 StGB) zu werten ist, auf die Freiheit der Willensbetätigung oder Willensbildung des Vorgesetzten einzuwirken.[3] Die Bedrohung kann mündlich oder schriftlich durch Worte, durch Handlungen, zB Ziehen eines Klappmessers, oder Gesten, Einnehmen einer Boxerhaltung, geschehen. Eine Scheindrohung genügt, wenn sie der Vorgesetzte nur für ernsthaft ansehen muss.[4] Eine Warnung oder die Ankündigung einer Straftat, die sich dem Einfluss des Täters entzieht oder als Prahlerei von niemandem ernst genommen wird, reicht nicht aus.[5] Es ist auch unerheblich, ob die Straftat tatsächlich zu verwirklichen ist, entscheidend ist, dass der bedrohte Vorgesetzte ihre Ausführung für möglich halten soll.

6 **b) Geschützte Person.** Die Bedrohung muss sich an den Vorgesetzten (→ § 1 Rn. 33 ff.) richten,[6] denn es ist seine Handlungsfreiheit, auf die der Täter Einfluss nehmen will. Der Vorgesetzte muss von ihr unmittelbar oder jedenfalls durch einen Dritten Kenntnis erhalten. Dagegen kann sich die Straftat auch gegen eine andere Person oder Sache richten, zB einen Kameraden, einen Familienangehörigen, den Täter selbst (§ 17), auch gegen Einrichtungen und Sachmittel der Bundeswehr, zB Täter droht, ein Munitionsdepot in die Luft zu sprengen, solange das Verhalten nur dazu dient, den Willen des Vorgesetzten zu beugen. Besteht zurzeit der Tat kein Vorgesetztenverhältnis, richtet sich die Strafbarkeit des Täters nach § 29.

---

[1] *Lingens/Korte* Rn. 12; *Schwenck* WStR S. 174.
[2] *Lingens/Korte* Rn. 12.
[3] BGH 3.7.1962 – 1 StR 213/62, BGHSt 17, 307 = NJW 1962, 1830.
[4] OLG Karlsruhe 8.11.1962 – 1 Ss 290/62, RWStR § 23 Nr. 3.
[5] BayObLG 2.6.1960 – RReg 4 St 398/59, NJW 1960, 1965; AG Roth 14.3.1962 – Ds 8 und 23/62, RWStR § 23 Nr. 1.
[6] *Lingens/Korte* Rn. 6; *Arndt* S. 200; weitergehend *Schwenck* WStR S. 174.

Die Tat ist vollendet, wenn die Bedrohung dem Vorgesetzten zur Kenntnis gelangt ist, 7 es ist nicht erforderlich, dass der Vorgesetzte ihr nachgegeben hat. Solange die Bedrohung den Vorgesetzten noch nicht erreicht hat, liegt strafloser Versuch vor; das Verhalten des Untergebenen kann, wenn die Bedrohung das Versuchsstadium nicht verlassen hat, allerdings unter dem Gesichtspunkt der versuchten Meuterei (§ 27 Abs. 2) oder der Verabredung zur Unbotmäßigkeit (§ 28 Abs. 1) strafrechtlich relevant werden.[7]

c) Im Dienst oder in Beziehung auf eine Diensthandlung. Die Bedrohung muss 8 im Dienst oder in Beziehung auf eine Diensthandlung geschehen. Der Begriff „**im Dienst**" ist zeitlich bestimmt (vgl. die gleich lautende Formulierung in § 15 Abs. 1 SG) und bedeutet, dass die Tat innerhalb eines Zeitraumes begangen sein muss, in dem für den Täter Dienst angesetzt worden war.[8] Lag die Bedrohung außerhalb des Dienstes und drohte der Täter mit einem Verbrechen, kann eine Strafbarkeit nach § 241 StGB in Betracht kommen.

Hat der Untergebene den Vorgesetzten nicht im Dienst bedroht, bleibt seine Tat nach 9 § 23 strafbar, wenn sie sich auf eine **Diensthandlung** bezieht. Dies wird regelmäßig der Fall sein, wenn gegenüber dem Untergebenen ein Vorgesetztenverhältnis außer Dienst besteht (§§ 1 Abs. 1, 4 Abs. 3, 6 Abs. 1 VorgV). Der Begriff „Diensthandlung" erstreckt sich auf alle Handlungen, die ein Soldat zur Erfüllung des Verfassungsauftrages der Streitkräfte vornimmt. Die Bedrohung steht in Beziehung zu einer Diensthandlung, wenn sich der Täter außer Dienst im Zusammenhang mit der dienstlichen Tätigkeit eines Vorgesetzten oder eines anderen Soldaten äußert. Die Diensthandlungen selbst sind nicht an die Person des bedrohten Vorgesetzten geknüpft, es können auch Diensthandlungen eines anderen Soldaten sein. Jedenfalls muss es sich um eine soldatische Diensthandlung handeln, wie sich aus Inhalt und Systematik der Vorschrift ergibt; die Diensthandlung eines zivilen Angehörigen der Bundeswehr, zB eines Beamten der Bundeswehrverwaltung, reicht nicht aus.[9] Die Bedrohung muss sich im Übrigen immer auf eine rechtmäßige Diensthandlung beziehen (s. auch § 113 Abs. 3 S. 1 StGB).

2. Subjektiver Tatbestand. Die Bedrohung verlangt vorsätzliches Handeln, wobei 10 bedingter Vorsatz genügt. Dazu muss der Täter positiv wissen oder zumindest in Kauf nehmen, dass er einen Vorgesetzten bedroht, dieser die Bedrohung ernst nimmt, dass die Bedrohung im Dienst oder in Beziehung auf eine Diensthandlung geschieht und dass das angedrohte Verhalten einen Straftatbestand erfüllt. Er braucht nicht die rechtliche Einordnung des Geschehens als Vergehen oder Verbrechen zu kennen, ausreichend ist die Kenntnis der Tatsachen, die der rechtlichen Bewertung zu Grunde liegen.[10]

III. Täterschaft und Teilnahme, Konkurrenzen, Rechtsfolgen

1. Täterschaft. Die Bedrohung eines Vorgesetzten (→ § 1 Rn. 33 ff.) kann nur von 11 einem Soldaten der Bundeswehr ausgehen (→ § 1 Rn. 5 ff.), der zur Tatzeit Untergebener des bedrohten Soldaten ist. Liegt kein Vorgesetztenverhältnis vor, ist eine Strafbarkeit nach § 29 zu prüfen.

2. Teilnahme. Hat der Täter damit gedroht, ein Vergehen zu begehen, wird der zivile 12 Teilnehmer der Bedrohungshandlung gem. § 1 Abs. 4 bestraft, wobei die Strafe nach §§ 28 Abs. 1, 49 Abs. 1 StGB zu mildern ist. Bei der Drohung mit einem Verbrechen handelt es sich um ein unechtes Sonderdelikt, so dass der zivile Teilnehmer als Anstifter oder Gehilfe gem. § 241 StGB zu bestrafen ist.[11]

3. Konkurrenzen. Als wehrstrafrechtsspezifische Sondernorm geht § 23 dem § 241 13 StGB vor (→ Rn. 2 f.), er tritt hinter § 27 zurück, wenn die Bedrohung Mittel der Meuterei

---

[7] Lingens/Korte Rn. 13.
[8] Schwenck WStR S. 174; auch Arndt S. 200; sowie Walz/Eichen/Sohm/Eichen § 15 Rn. 22.
[9] So auch Lingens/Korte Rn. 9.
[10] BGH 3.7.1962 – 1 StR 213/62, BGHSt 17, 307 = NJW 1962, 1830; Fischer StGB § 241 Rn. 6.
[11] Lingens/Korte Rn. 12.

ist.¹² § 23 geht in § 24 auf, wenn der Täter mit der Bedrohung das Ziel verfolgt, den Vorgesetzten zu nötigen. Geschieht die Bedrohung in Form eines tätlichen Angriffs gegen den Vorgesetzten, konsumiert § 25 den § 23, sobald der Täter versucht, gegen den Vorgesetzten tätlich zu werden.

14 **4. Rechtsfolgen.** Zum Strafrahmen → Rn. 3.

§ 24 Nötigung eines Vorgesetzten

(1) **Wer es unternimmt, durch Gewalt oder Drohung einen Vorgesetzten zu nötigen, eine Diensthandlung vorzunehmen oder zu unterlassen, wird mit Freiheitsstrafe von drei Monaten bis zu drei Jahren bestraft.**

(2) **Ebenso wird bestraft, wer die Tat gegen einen Soldaten begeht, der zur Unterstützung des Vorgesetzten zugezogen worden ist.**

(3) **In minder schweren Fällen ist die Strafe Freiheitsstrafe bis zu zwei Jahren.**

(4) **¹In besonders schweren Fällen ist die Strafe Freiheitsstrafe von sechs Monaten bis zu fünf Jahren. ²Ein besonders schwerer Fall liegt in der Regel vor, wenn der Täter durch die Tat eine schwerwiegende Folge (§ 2 Nr. 3) herbeiführt.**

Übersicht

	Rn.		Rn.
I. Allgemeines	1–3	III. Täterschaft und Teilnahme, Versuch und Vollendung, Rechtswidrigkeit, Konkurrenzen und Rechtsfolgen	11–18
1. Normzweck	1, 2		
a) Rechtsgut	1		
b) Deliktsnatur	2	1. Täterschaft	11
2. Historie	3	2. Teilnahme	12
II. Erläuterung	4–10	3. Versuch und Vollendung	13
1. Objektiver Tatbestand	4–9	4. Rechtswidrigkeit	14
a) Geschützte Person	4, 5	5. Konkurrenzen	15
b) Tathandlung	6–9	6. Rechtsfolgen	16–18
2. Subjektiver Tatbestand	10		

I. Allgemeines

1 **1. Normzweck. a) Rechtsgut.** § 24 ähnelt in seiner Rechtsschutzfunktion dem § 23. Auch er bewahrt den Vorgesetzten vor rechtswidriger Einflussnahme auf seine Handlungs- und Entscheidungsfreiheit. Während sich die Bedrohung iS des § 23 jedoch gegen den Vorgesetzten und die durch ihn verkörperte Disziplin und Ordnung in der Truppe richtet (→ § 23 Rn. 1), schützt § 24 seine geistige Unabhängigkeit als militärischer Führer, dienstliche Entschlüsse zu fassen und durchzuführen.¹ Parallel damit leistet die Strafdrohung des § 24 einen Beitrag zur Aufrechterhaltung von Disziplin und Ordnung in der Truppe.

2 **b) Deliktsnatur.** Die Vorschrift ist eine wehrstrafrechtsspezifische Sondernorm zur Nötigung gem. § 240 StGB. Da die Soldateneigenschaft des Täters daher kein strafbegründendes Merkmal ist, handelt es sich bei § 24 um ein **unechtes Sonderdelikt**. Es umfasst Versuch und Vollendung (→ Rn. 13) iS des § 11 Abs. 1 Nr. 6 StGB. Die Nötigung eines Vorgesetzten ist Handlungsteilstück der Meuterei (§ 27 Abs. 1) und der Verabredung zur Unbotmäßigkeit (§ 28).

3 **2. Historie.** Art. 27 EGStGB vom 2.3.1974, BGBl. I S. 469, 530, hat die Vorschrift in Abs. 1 geändert; die Abs. 3 und 4 sind neu gefasst worden.

---
¹² *Lingens/Korte* Rn. 15; *Schwenck* WStR S. 175.
¹ *Schwenck* WStR S. 175; *Arndt* S. 201.

II. Erläuterung

1. Objektiver Tatbestand. a) Geschützte Person. Die Nötigungshandlung des Abs. 1 **4** richtet sich gegen den Vorgesetzten des Täters (→ § 1 Rn. 33 ff.). Durch die Verweisung in § 29 Abs. 1 ist auch der Soldat mit höherem Dienstgrad (§ 29 Abs. 1) in den Schutz des § 24 einbezogen.

Dem geschützten Vorgesetzten gleichgestellt ist der Soldat, der **zur Unterstützung** des **5** Vorgesetzten bei der Diensthandlung zugezogen ist (**Abs. 2;** vgl. auch § 114 Abs. 2 StGB). Dieser Soldat darf weder Vorgesetzter sein noch im Dienstgrad über dem Täter stehen, anderenfalls gilt für ihn die Regelung des Abs. 1. Auch die zugezogene oder freiwillig helfende Zivilperson fällt nicht unter Abs. 2. **Zugezogen** ist ein Soldat, der von dem Vorgesetzten zu der Diensthandlung befohlen oder gebeten wird oder dessen freiwillig angebotene Hilfe der Vorgesetzte widerspruchslos annimmt. Einen Soldaten zur Unterstützung heranziehen kann auch ein anderer als der genötigte Vorgesetzte.[2]

b) Tathandlung. Der Täter muss es unternehmen, durch Gewalt oder Drohung einen **6** Vorgesetzten zu nötigen, eine Diensthandlung vorzunehmen oder zu unterlassen. Nötigen heißt, den Vorgesetzten zu einem Handeln oder Unterlassen zu bringen, das nicht mehr seinem freien Willen entspricht. Die dazu eingesetzten Nötigungsmittel sind, wie in § 240 StGB, Gewalt oder Drohung. Zum Begriff der Diensthandlung → § 23 Rn. 9.

aa) Gewalt. Mit Gewalt wirkt der Täter auf den Vorgesetzten durch unmittelbare physi- **7** sche Kraftanwendung ein mit dem Ziel, ihn gegen seinen wirklichen oder vermeintlichen Willen dazu zu bringen, eine Diensthandlung vorzunehmen oder zu unterlassen. Eine psychische Gewaltanwendung scheidet angesichts der Identität des Gewaltbegriffes in § 240 Abs. 1 StGB und im wehrstrafrechtlichen Nötigungstatbestand aus.[3] Unter den Gewaltbegriff fällt auch die Gewalt an oder gegen Sachen, soweit sie der Vorgesetzte als physischen Druck empfindet.[4] Für Einzelheiten kann bei der Identität des Gewaltbegriffes auf die Erl. zu § 240 StGB verwiesen werden.

bb) Drohung. Der Täter muss dem Vorgesetzten drohen. Für den Nötigungstatbestand **8** des Wehrstrafrechts reicht abweichend von der Fassung des § 240 Abs. 1 StGB jede Form von Drohung.[5] Es bedarf daher nicht erst der Drohung mit einem empfindlichen Übel, um die Strafbarkeitsschwelle zu überschreiten. Bei der Pflicht des Soldaten, Disziplin zu wahren und die dienstliche Stellung des Vorgesetzten auch außerhalb des Dienstes zu achten (§ 17 Abs. 1 SG), ist schon die Drohung gegenüber dem Vorgesetzten disziplinwidrig und unter den Voraussetzungen des Abs. 1 auch strafbar.

Die Drohung ist die Ankündigung eines Nachteils, dessen Eintritt der Täter als von **9** seinem Willen abhängig darstellt[6] und der einen besonnenen Menschen zu dem mit der Drohung bezweckten Verhalten veranlasst.[7] Sie kann in der gleichen Weise geäußert werden, wie die Bedrohung (→ § 23 Rn. 5). Inhalt der Drohung muss nicht ausschließlich ein verbotenes Übel sein, zB eine Straftat, auch die Ankündigung eines an sich erlaubten Mittels kann im Einzelfall ein Nachteil sein, zB eine Strafanzeige, Klage oder eine Beschwerde.[8] Auch eine Drohung mit Unterlassen ist möglich;[9] ob die Unterlassung pflichtwidrig wäre, ist nicht entscheidend. Derjenige nötigt seinen Vorgesetzten, der in einer Beschwerdeschrift androht, angebliche Pflichtverletzungen des Vorgesetzten in der Presse veröffentlichen zu

---

[2] *Lingens/Korte* Rn. 4.
[3] → StGB § 240 Rn. 45 ff.; *Fischer* StGB § 240 Rn. 17 f.; *Lingens/Korte* Rn. 9.
[4] → StGB § 240 Rn. 64.
[5] BayObLG 2.6.1960 – RReg 4 St 398/59, NJW 1960, 1965; *Arndt* S. 202; abweichend *Lingens/Korte* Rn. 10, die die Drohung mit einem *empfindlichen Übel* in den Tatbestand des § 24 Abs. 1 hineinlesen.
[6] BayObLG 2.6.1960 – RReg 4 St 398/59, NJW 1960, 1965.
[7] *Lingens/Korte* Rn. 10.
[8] BayObLG 2.6.1960 – RReg 4 St 398/59, NJW 1960, 1965.
[9] Dazu s. *Fischer* StGB § 240 Rn. 34; → StGB § 240 Rn. 85.

lassen, falls eine gegen ihn verhängte Disziplinarmaßnahme nicht aufgehoben wird[10] oder dem Vorgesetzten androht, bei weiterhin schlechter Qualität des Essens den Journalisten einer Boulevardzeitung in die Kantine zu laden.[11]

10 **2. Subjektiver Tatbestand.** Der Täter muss vorsätzlich handeln. Er muss wissen oder jedenfalls billigend in Kauf nehmen, dass er einen Vorgesetzten oder einen sonst durch § 24 geschützten Soldaten (→ Rn. 4 f.) zu einer Diensthandlung zwingt oder zwingen will, die dieser sonst nicht vornähme, dass er hierzu Gewalt oder das Mittel der Drohung anwendet und er die tatsächlichen Umstände kennt, die sein Verhalten als verwerflich (→ Rn. 14) erscheinen lassen.

III. Täterschaft und Teilnahme, Versuch und Vollendung, Rechtswidrigkeit, Konkurrenzen und Rechtsfolgen

11 **1. Täterschaft.** Die Tat kann nur ein Soldat der Bundeswehr begehen (→ § 1 Rn. 5 ff.).

12 **2. Teilnahme.** Da es sich bei Abs. 1 um ein unechtes Sonderdelikt handelt (→ Rn. 2), wird der zivile Teilnehmer als Anstifter oder Gehilfe (§§ 26, 27 StGB) zu § 240 StGB bestraft, sofern er die dort geforderten Voraussetzungen erfüllt.[12] Die Beteiligung eines Soldaten an der Nötigung eines Vorgesetzten kann unter dem Gesichtspunkt der Meuterei (§ 27) oder der Verabredung zur Unbotmäßigkeit (§ 28) strafbar sein.

13 **3. Versuch und Vollendung.** Die Handlung besteht in dem Unternehmen der Nötigung. Vollendung und Versuch der Nötigung werden in einem geschlossenen Tatbestand, dem Unternehmenstatbestand (§ 11 Abs. 1 Nr. 6 StGB), geregelt und mit derselben Strafe bedroht. Ein strafbefreiender Rücktritt ist nicht möglich, weil schon mit dem Versuch die tatbestandsmäßige Vollendung gegeben ist.[13]

14 **4. Rechtswidrigkeit.** Da für die Tathandlung jede Drohung als Mittel der Nötigung ausreicht (→ Rn. 8), muss im Einzelfall zur Vermeidung von Unbilligkeiten festgestellt werden, ob die an sich tatbestandsmäßige Nötigung rechtswidrig ist.[14] Dies entspricht der Regelung in § 240 Abs. 2 StGB und begrenzt das Unwerturteil auf die wirklich strafwürdigen Fälle.[15] Sofern nicht schon allgemeine Rechtfertigungsgründe vorliegen, ist zu prüfen, ob die Anwendung von Gewalt oder die Drohung zu dem vom Täter verfolgten Zweck **verwerflich** ist, dh einem „erhöhten Grad sittlicher Missbilligung" unterliegt.[16] Für die Gesamtwürdigung sind neben den auch für § 240 Abs. 2 StGB maßgeblichen Überlegungen[17] die Besonderheiten des Wehrdienstes (→ § 14 Rn. 11) zu berücksichtigen. Die Feststellung der Rechtswidrigkeit ist daher im Einzelfall auch an den von den Grundsätzen der Inneren Führung bestimmten militärischen Führungsgrundsätzen, den Rahmenbedingungen und Hintergründen des militärischen Auftrags, der Verpflichtung zu Disziplin und Achtung des Vorgesetzten und dem Prinzip von Befehl und Gehorsam auszurichten. Die Drohung, sich mit einer förmlichen Beschwerde nach der WBO an den nächsthöheren Disziplinarvorgesetzten oder mit einer Eingabe an den Wehrbeauftragten des Deutschen Bundestages zu wenden, ist allein nicht verwerflich. Erst wenn der Rechtsbehelf damit verbunden wird, angebliche Unregelmäßigkeiten oder Missstände in die Öffentlichkeit zu tragen, handelt der Täter verwerflich und damit rechtswidrig.

---

[10] BayObLG 22.7.1965 – RReg 4 a St 25/65, NZWehr 1967, 79.
[11] BayObLG 2.6.1960 – RReg 4 St 398/59, NJW 1960, 1965.
[12] *Lingens/Korte* Rn. 14.
[13] BayObLG 22.7.1965 – RReg 4 St 25/65, NZWehr 1967, 79; *Lingens/Korte* Rn. 15.
[14] So BayObLG 2.6.1960 – RReg 4 St 398/59, NJW 1960, 1965; *Lingens/Korte* Rn. 11; *Arndt* S. 203; *Schwenck* WStR S. 175.
[15] AG Hannover 30.5.1960 – 2 Ms 57/59, RWStR § 24 Nr. 1.
[16] *Fischer* StGB § 240 Rn. 41 mN.
[17] → StGB § 240 Rn. 116 ff.; *Fischer* StGB § 240 Rn. 43 ff.

5. Konkurrenzen. § 24 geht als wehrstrafrechtsspezifische Sondernorm den §§ 113, 114 **15**
Abs. 2 StGB[18] vor, er ist lex specialis zu § 23, wenn die Bedrohung Teil der Nötigung des Vorgesetzten ist (→ § 23 Rn. 13). § 27 geht dem § 24 vor. Tateinheit kann mit den §§ 19, 20 bestehen sowie mit den §§ 223 ff. StGB und § 25, wenn Tätlichkeiten Teil der Nötigung sind.

6. Rechtsfolgen. Der Regelstrafrahmen der Abs. 1 und 2 beträgt drei Monate bis zu **16**
drei Jahren. Zu den Möglichkeiten einer Geldstrafe s. § 10 WStG und § 47 Abs. 2 StGB.[19]

Für einen minderschweren Fall sieht **Abs. 3** eine Freiheitsstrafe bis zu zwei Jahren vor. **17**
Ein minderschwerer Fall liegt beispielsweise vor, wenn der Vorgesetzte durch sein Verhalten die Tat provoziert hat, indem er den Täter vorschriftswidrig behandelt hat und dieser daher in verständlicher Erregung über diese Behandlung zu der Tat hingerissen wurde (so der durch das EGStGB aufgehobene § 26) oder er sich von einer anderen militärischen Beurteilung hat leiten lassen und deshalb – über das Ziel erheblich hinausschießend – eine Änderung der Befehlslage verlangt.

Für besonders schwere Fälle sieht **Abs. 4** eine Freiheitsstrafe von sechs Monaten bis zu **18**
fünf Jahren vor. Das Regelbeispiel eines besonders schweren Falles ist die Herbeiführung einer schwerwiegenden Folge (→ § 2 Rn. 48 ff.).

§ 25 Tätlicher Angriff gegen einen Vorgesetzten

(1) Wer es unternimmt, gegen einen Vorgesetzten tätlich zu werden, wird mit Freiheitsstrafe von drei Monaten bis zu drei Jahren bestraft.

(2) In minder schweren Fällen ist die Strafe Freiheitsstrafe bis zu zwei Jahren.

(3) ¹In besonders schweren Fällen ist die Strafe Freiheitsstrafe von sechs Monaten bis zu fünf Jahren. ²Ein besonders schwerer Fall liegt in der Regel vor, wenn der Täter durch die Tat eine schwerwiegende Folge (§ 2 Nr. 3) herbeiführt.

Übersicht

	Rn.		Rn.
I. Allgemeines	1–4	2. Subjektiver Tatbestand	8
1. Normzweck	1–3	**III. Täterschaft, Versuch und Vollendung, Konkurrenzen und Rechtsfolgen**	9–14
a) Rechtsgut	1		
b) Deliktsnatur	2, 3		
2. Historie	4		
II. Erläuterung	5–8	1. Täterschaft	9
1. Objektiver Tatbestand	5–7	2. Versuch und Vollendung	10
a) Tathandlung	5, 6	3. Konkurrenzen	11
b) Geschützte Person	7	4. Rechtsfolgen	12–14

I. Allgemeines

1. Normzweck. a) Rechtsgut. Das Verhältnis zwischen Untergebenem und Vorgesetz- **1**
tem wird bestimmt durch die Grundsätze gegenseitiger Achtung, der Kameradschaft (§§ 12, 17 Abs. 1 SG), der Gehorsamspflicht (§ 11 Abs. 1 SG), der Fürsorgepflicht (§ 10 Abs. 3 SG) und das umfassende Gebot der Wahrung der Persönlichkeitsrechte.[1] Insbesondere aus der Verpflichtung für den Untergebenen, die dienstliche Stellung des Vorgesetzten in seiner Person zu achten (§ 17 Abs. 1 SG), folgt der Grundsatz, dass die Person des Vorgesetzten für den Untergebenen unantastbar ist.[2] Mit einem tätlichen Angriff auf den Vorgesetzten durchbricht der Untergebene diese Schranke in schwerwiegender und die Disziplin erheblich schädigender Weise. Das kriminelle Unrecht des tätlichen Angriffs auf einen Vorgesetzten erschöpft sich indes nicht in den

---

[18] *Fischer* StGB § 113 Rn. 5.
[19] Zur Strafaussetzung zur Bewährung vgl. LG Verden 19.12.1960 – 2 Ms 114/60 (3–160/60), NZWehr 1961, 134.
[1] BVerwG 28.11.1979 – 1 WB 100/78, 1 WB 154/78, NZWehr 1980, 108.
[2] So zu Recht *Arndt* S. 204.

schädlichen Folgen für die körperliche Unversehrtheit und Gesundheit des Vorgesetzten. Für den Untergebenen repräsentiert der Vorgesetzte auch staatliche Autorität, die er durch sein Verhalten beschädigt hat. Das durch § 25 geschützte Rechtsgut ist daher die körperliche Integrität und persönliche Unantastbarkeit des Vorgesetzten und die durch ihn verkörperte staatliche Autorität als wichtige Grundlage für Disziplin und Ordnung in der Truppe.

2   **b) Deliktsnatur.** § 25 ist ein wehrstrafrechtsspezifischer Sondertatbestand zu den Körperverletzungsdelikten der §§ 223 ff. StGB, ohne sie indes zu verdrängen. Abgesehen von der gegenüber den Regeln des allgemeinen Strafrechts erweiterten Rechtsschutzfunktion des § 25 (→ Rn. 1), ist der wehrstrafrechtliche Tatbestand auch in der Tathandlung weiter, weil die Tätlichkeit die Schwelle zur Körperverletzung nicht zu erreichen braucht (→ Rn. 5). Im Täterkreis ist § 25 dagegen enger, denn Täter kann – wie bei allen Delikten des Ersten und Zweiten Abschnitts (§§ 15–29) nur ein Soldat der Bundeswehr sein (auch → Rn. 9 und → StGB Vor § 223 Rn. 46).

3   Die Vorschrift umfasst Versuch und Vollendung iS des § 11 Abs. 1 Nr. 6 StGB und ist wie § 24 ein sog. **Unternehmenstatbestand** (→ § 24 Rn. 13).

4   **2. Historie.** Art. 27 EGStGB vom 2.3.1974, BGBl. I S. 465, 530, hat der Vorschrift in allen Abs. neue Strafrahmen gegeben. Dem in Abs. 3 geregelten besonders schweren Fall ist darüber hinaus mit dem Verweis auf die Herbeiführung einer schwerwiegenden Folge ein Regelbeispiel angefügt worden.

II. Erläuterung

5   **1. Objektiver Tatbestand. a) Tathandlung.** Der tätliche Angriff verlangt eine unmittelbare körperliche, feindselige Einwirkung auf den Vorgesetzten, die nicht in jedem Fall zu einer Körperverletzung oder Misshandlung geführt haben muss. Auch eine Körperberührung ist nicht erforderlich. Für eine Tätlichkeit ist es unerheblich, ob sie Schmerzen auslöst oder das Wohlbefinden des Vorgesetzten beeinträchtigt. Derjenige aber wird tätlich, der den Vorgesetzten bewusst anstößt, ihn anrempelt, ihm ein Bein stellt, den Vorgesetzten an den Uniformaufschlägen zerrt, ihm die Kopfbedeckung herunterschlägt oder ihm die Ordensschnalle abreißt.

6   Nicht jede Berührung des Vorgesetzten ist auch eine Tätlichkeit. Der kumpelhaft gemeinte Schlag auf die Schulter ist zwar disziplinlos, aber nicht strafbar; auch Einwirkungen, die scherzhaft, taktlos oder plump vertraulich sind, fallen nicht unter den Begriff Tätlichkeit.[3] Entscheidend für die Einordnung einer körperlichen Einwirkung als Tätlichkeit ist ihr feindseliger Charakter, wie sich aus dem Wort „**Angriff**" in der amtlichen Überschrift der Bestimmung ergibt. Die ältere Rechtsprechung sowie die Gesetzesmaterialien zu § 25[4] haben die Unterscheidung zwischen einer harmlosen und einer strafbewehrten Einwirkung auf den Vorgesetzten davon abhängig gemacht, ob der Täter in aggressiver Absicht gehandelt habe.[5] Dieser Auffassung ist zuzugeben, dass sie die mitunter schwierige Abgrenzung im Einzelfall erleichtern mag. Dogmatisch stößt sie indes auf Bedenken, da sie die innere Tatseite ohne Rechtsgrund um ein weiteres subjektives Element ergänzt. Tatsächlich bedarf es dieser Ergänzung jedoch nicht, da sich die Aggressivität oder Feindseligkeit der Einwirkung schon aus dem objektiven Tatgeschehen im Wege der Auslegung ermitteln lässt. Der im Verlauf einer lautstarken Auseinandersetzung dem Vorgesetzten gegebene Stoß gegen die Brust ist eine objektiv feststellbare Tätlichkeit, das gewaltsame Fortreißen des Vorgesetzten, um ihn vor dem Überrollen durch einen Panzer zu bewahren, dagegen nicht.[6]

7   **b) Geschützte Person.** Der tätliche Angriff richtet sich gegen den Vorgesetzten des Täters (→ § 1 Rn. 35 ff.). Der tätlich angegriffene Soldat muss aus Rechtsgründen Befehls-

---

[3] *Schwenck* WStR S. 177; *Arndt* S. 205.
[4] S. die Nachweise bei *Lingens/Korte* Rn. 4; auch *Dreher*, Das neue Wehrstrafrecht, JZ 1957, 397.
[5] So auch *Arndt* S. 205.
[6] So auch zutreffend *Lingens/Korte* Rn. 4.

befugnis über ihn besitzen, es ist nicht nötig, dass er als Vorgesetzter gegenüber dem Täter auch auftritt.[7] Durch die Verweisung auf § 29 Abs. 1 ist auch der Soldat mit höherem Dienstgrad in den Schutz des § 25 einbezogen.

2. Subjektiver Tatbestand. Für die Tätlichkeit muss der Täter mit direktem Vorsatz handeln, bedingter Vorsatz genügt nur für das Wissen um die Vorgesetzteneigenschaft des angegriffenen Soldaten. Eine besondere Aggressionsabsicht braucht der Täter nicht zu haben.[8]

III. Täterschaft, Versuch und Vollendung, Konkurrenzen und Rechtsfolgen

1. Täterschaft. Täter kann nur ein Soldat der Bundeswehr sein (→ § 1 Rn. 5 ff.). Er muss zurzeit der Tat Untergebener des Angegriffenen sein (bei einem tätlichen Angriff auf einen Soldaten mit höherem Dienstgrad s. § 29 Abs. 1).

2. Versuch und Vollendung. Abs. 1 bestraft denjenigen, der es unternimmt, gegen einen Vorgesetzten tätlich zu werden. Damit sind iS von § 11 Abs. 1 Nr. 6 StGB Vollendung und Versuch des tätlichen Angriffs in einem Tatbestand zusammengefasst (→ § 24 Rn. 13). Wer zB einen Schlag gegen einen Vorgesetzten zwar nicht ausführt, jedoch in seiner unmittelbaren Nähe mit der Faust ausholt, macht sich daher schon strafbar.[9]

3. Konkurrenzen. Das Verhältnis des § 25 zu den Körperverletzungsdelikten des allgemeinen Strafrechts ist nicht unstreitig. Die insbesondere noch unter der Geltung des MStGB vertretene Auffassung, dass die körperliche Einwirkung auf den Vorgesetzten abschließend im Wehrstrafrecht geregelt sei und damit die §§ 223 ff. StGB ausschließe,[10] findet heute nur noch vereinzelt Zustimmung.[11] Tatsächlich ist bei Unterschiedlichkeit in der Tathandlung (→ Rn. 2) Tateinheit mit den §§ 223 ff. StGB anzunehmen.[12] Auch mit den Tötungsdelikten (§§ 211, 212 StGB) sowie mit der tätlichen Beleidigung (§ 185 StGB) und mit § 24 besteht Tateinheit, wenn die Tätlichkeit Mittel der Nötigungshandlung ist. Im Übrigen geht § 27 dem § 25 vor, wenn die Meuterei mittels einer Tätlichkeit gegenüber dem Vorgesetzten begangen wird. Die Bedrohung mit einem tätlichen Angriff iS des § 23 wird durch § 25 konsumiert, sobald die Tätlichkeit versucht wird.[13]

4. Rechtsfolgen. Abs. 1 sieht einen Regelstrafrahmen für eine Freiheitsstrafe zwischen drei Monaten und drei Jahren vor.

In einem minder schweren Fall kann eine Freiheitsstrafe bis zu zwei Jahren verhängt werden **(Abs. 2)**. Er ist bei leichteren Tätlichkeiten anzunehmen, aber auch dann, wenn der Täter durch ein Verhalten des Vorgesetzten zu seinem Angriff auf ihn gereizt wurde (→ § 24 Rn. 17). Maßgebend ist, ob die Tat so milde erscheint, dass die Regelstrafe des Abs. 1 als zu hart empfunden wird.[14]

Für einen besonders schweren Fall ist eine Freiheitsstrafe von sechs Monaten bis zu fünf Jahren vorgesehen **(Abs. 3)**. Mit diesem Strafrahmen gehört Abs. 3 in die Gruppe der höchsten Strafdrohungen des WStG. Ein besonders schwerer Fall ist bei den Taten gegeben, die die gewöhnlich vorkommenden und unter den ordentlichen Strafrahmen fallenden Taten so sehr an Strafwürdigkeit übertreffen, dass die Anwendung des Ausnahmestrafrahmens geboten ist.[15] Als Regelbeispiel nennt Abs. 3 S. 2 die Herbeiführung einer schwerwiegenden Folge (→ § 2 Rn. 48 ff.).

---

[7] AA LG Verden 24.11.1976 – 2 Ls 190/76, NZWehr 1977, 113 m. abl. Anm. *Hennings* S. 114.
[8] So auch *Schwenck* WStR S. 177.
[9] AG Neumünster 5.9.1961 – 6 Ms 58/61, RWStR § 25 Nr. 4; *Arndt* S. 205.
[10] So ausdrücklich noch *Arndt* S. 206; zur früheren Auffassung s. die Nachweise bei *Lingens/Korte* Rn. 12.
[11] OLG Frankfurt a. M. 18.2.1970 – 2 Ss 778/69, NJW 1970, 1333.
[12] OLG Braunschweig 30.8.1963 – Ss 143/63, NJW 1963, 2128; *Fischer* StGB § 223 Rn. 56; *Lingens/Korte* Rn. 12.
[13] *Lingens/Korte* Rn. 12.
[14] OLG Köln 25.3.1960 – Ss 80/60, NJW 1960, 1480 = NZWehr 1961, 88 mAnm *Arnold*; LG Hannover 12.10.1962 – 2 Ms 75/62, NZWehr 1963, 178.
[15] *Fischer* StGB § 46 Rn. 88 ff. mN.

§ 26 (weggefallen)

1 § 26 Strafmilderung bei vorschriftswidriger Behandlung ist durch Art. 27 EGStGB vom 2.3.1974, BGBl. I S. 469, 530, aufgehoben worden.

§ 27 Meuterei

(1) Wenn Soldaten sich zusammenrotten und mit vereinten Kräften eine Gehorsamsverweigerung (§ 20), eine Bedrohung (§ 23), eine Nötigung (§ 24) oder einen tätlichen Angriff (§ 25) begehen, so wird jeder, der sich an der Zusammenrottung beteiligt, mit Freiheitsstrafe von sechs Monaten bis zu fünf Jahren bestraft.

(2) Der Versuch ist strafbar.

(3) ¹In besonders schweren Fällen ist die Strafe Freiheitsstrafe von einem Jahr bis zu zehn Jahren. ²Ein besonders schwerer Fall liegt in der Regel vor, wenn der Täter Rädelsführer ist oder durch die Tat eine schwerwiegende Folge (§ 2 Nr. 3) herbeiführt.

(4) Wer sich nur an der Zusammenrottung beteiligt, jedoch freiwillig zur Ordnung zurückkehrt, bevor eine der in Absatz 1 bezeichneten Taten begangen wird, wird mit Freiheitsstrafe bis zu drei Jahren bestraft.

Übersicht

	Rn.		Rn.
I. Allgemeines	1, 2	**III. Täterschaft und Teilnahme, Versuch, Konkurrenzen und Rechtsfolgen**	10–21
1. Normzweck	1		
2. Historie	2		
II. Erläuterung	3–9	1. Täterschaft	10
1. Objektiver Tatbestand (Abs. 1)	3–8	2. Teilnahme	11, 12
a) Zusammenrotten	3–5	3. Versuch (Abs. 2)	13
b) Mit vereinten Kräften	6	4. Konkurrenzen	14
c) Unbotmäßigkeit	7, 8	5. Rechtsfolgen	15–21
2. Subjektiver Tatbestand	9		

I. Allgemeines

1 **1. Normzweck.** Die Auflehnung mehrerer Soldaten gegenüber ihren Vorgesetzten in Form der Gehorsamsverweigerung, der Bedrohung, der Nötigung oder des tätlichen Angriffs, in § 28 Abs. 1 unter dem Begriff **„Unbotmäßigkeit"** zusammengefasst, ist eine existenzielle Bedrohung militärischer Ordnungsstrukturen. Sie richtet sich als massiver Angriff gegen die Autorität des Vorgesetzten sowie Disziplin und Ordnung in der Truppe. In ihrer signalgebenden negativen Wirkung auf den Zustand der Streitkräfte ist die vom Sprachgebrauch antiquarisch anmutende Meuterei[1] zugleich eine Beeinträchtigung ihrer Funktionsfähigkeit. § 27 schützt die Bundeswehr vor Schäden dieser Art.

2 **2. Historie.** Art. 27 EGStGB vom 2.3.1974, BGBl. I S. 469, 530, hat die früheren Abs. 3 und 4 durch den geltenden Abs. 3 ersetzt sowie Abs. 4, früher Abs. 5, redaktionell und im Strafrahmen geändert.

II. Erläuterung

3 **1. Objektiver Tatbestand (Abs. 1). a) Zusammenrotten.** Bestimmendes Handlungsmerkmal einer Meuterei ist das Zusammenrotten mehrerer Soldaten. Der Begriff der Zusammenrottung erfordert allgemein das in seiner Rechtswidrigkeit äußerlich erkennbare Zusammentreten oder Zusammenhalten einer Mehrheit von Personen zu einem gemein-

---

[1] *Brunner,* Meuterei als Delikt des deutschen Wehrstrafrechts, BOFAXE Nr. 364 D vom 28.1.2011.

schaftlichen bedrohlichen oder gewalttätigen Handeln.² Zusammenrotten ist mehr als ein gemeinschaftlicher tätlicher Angriff im Verständnis einer Mittäterschaft.³ Voraussetzung ist stets eine besonders hartnäckige rechtsfeindliche Gesinnung der Täter, die gegen etwas opponieren und ihren Oppositionswillen in die Tat umsetzen wollen.⁴

Die Rechtswidrigkeit des geplanten gemeinsamen Handelns muss äußerlich erkennbar sein, nur konspiratives Zusammenwirken ist nicht ausreichend. Es braucht im Einzelnen noch nicht erkennbar zu sein, was die Täter planen.⁵ Auch einer vorhergehenden oder gleichzeitigen Verabredung bedarf es nicht,⁶ für sie enthält § 28 Abs. 1 einen eigenen Straftatbestand. Nicht erforderlich ist es, dass sich die Soldaten öffentlich zusammenrotten⁷ oder der Vorgesetzte die Zusammenrottung wahrnimmt.⁸ 4

Nur eine Mehrheit von Personen kann sich zusammenrotten. Dazu reicht eine Mindestzahl von zwei Soldaten.⁹ Beteiligt sich von zwei Soldaten nur einer zum Schein an einer Unbotmäßigkeit, liegt keine Zusammenrottung vor.¹⁰ 5

b) Mit vereinten Kräften. Die Soldaten müssen mit vereinten Kräften eine Unbotmäßigkeit begehen. Das bedeutet nicht, dass mehrere oder alle an der Zusammenrottung Beteiligten eine Straftat begehen. Für ein Vorgehen mit vereinten Kräften reicht es aus, dass ein Soldat Täter, die anderen nur Helfer sind oder den Täter auch nur durch ihre physische Anwesenheit stützen, indem sie ihm das Gefühl geben, sie könnten jederzeit eingreifen.¹¹ Mit vereinten Kräften handeln die Täter auch, wenn sie nicht gleichzeitig, sondern nacheinander Gewalt anwenden, es muss nur ein unmittelbarer Zusammenhang bestehen.¹² 6

c) Unbotmäßigkeit. Die Täter müssen mit vereinten Kräften eine der in Abs. 1 genannten Straftaten begehen. Bei den Straftatbeständen der §§ 20, 23, 24 und § 25 handelt es sich um Delikte gegen die Pflichten der Untergebenen, so dass mindestens zwei Soldaten (→ Rn. 5) Untergebene des Vorgesetzten sein müssen, gegen den sich die Meuterei richtet. Zur Meuterei gegenüber einem Soldaten mit höherem Dienstgrad s. § 29 Abs. 1. Werden mit vereinten Kräften Straftaten begangen, die nicht im Katalog des Abs. 1 enthalten sind, liegt keine Meuterei vor. Auch wenn die Unbotmäßigkeit vor oder nach der Zusammenrottung begangen wird, handeln die Täter iS des § 27 Abs. 1 nicht tatbestandsmäßig.¹³ 7

Die Meuterei ist in den Tatbeständen der §§ 24, 25 (Unternehmenstatbestände iS des § 11 Abs. 1 Nr. 6 StGB) bereits **vollendet,** wenn nur der Versuch der Nötigung des Vorgesetzten oder des tätlichen Angriffs auf ihn unternommen wird,¹⁴ in den Fällen der §§ 20, 23 mit der Vollendung auch dieser Delikte. 8

2. Subjektiver Tatbestand. Die Tat kann nur vorsätzlich begangen werden, bedingter Vorsatz genügt. Der Täter muss wissen oder jedenfalls damit rechnen, dass er sich an einer Zusammenrottung beteiligt, die mit vereinten Kräften eine Unbotmäßigkeit gegenüber 9

---

² BGH 14.11.1967 – 1 StR 487/67, NZWehr 1968, 112 = RWStR § 27 Nr. 6 mAnm *Kohlhaas; Arndt* S. 210; → StGB § 121 Rn. 7.
³ Schönke/Schröder/*Eser* StGB § 121 Rn. 4.
⁴ AG Sigmaringen 10.8.1961 – 5 Ds 311/60, RWStR § 27 Nr. 2; vgl. demgegenüber die Willensrichtung einer Versammlung im Zusammenhang mit einem Feierlichen Gelöbnis: KG 12.6.2003 – (4) 1 Ss 270/02 (153/02), NStZ 2004, 45.
⁵ *Lingens/Korte* Rn. 7.
⁶ LG Hamburg 27.5.1964 – 144 Ns 18/64, RWStR § 27 Nr. 5.
⁷ *Arndt* S. 210.
⁸ *Lingens/Korte* Rn. 7.
⁹ BGH 10.12.1965 – 4 StR 578/65, BGHSt 20, 305 (307) noch zu § 122 StGB aF.
¹⁰ OLG Hamm 15.12.1952 – (2) 2 Ss 644/52, JZ 1953, 342 m. zust. Anm. *Maurach*.
¹¹ *Fischer* StGB § 121 Rn. 4; Schönke/Schröder/*Eser* StGB § 121 Rn. 5.
¹² BGH 10.12.1965 – 4 StR 578/65, BGHSt 20, 305 (307) noch zu § 122 StGB aF.
¹³ *Lingens/Korte* Rn. 8.
¹⁴ LG Göttingen 6.10.1961 – 3 Ms/Ns 97/61, NZWehr 1962, 138 (139).

einem Vorgesetzten begeht,[15] selbst wenn er selbst eine Unbotmäßigkeit gar nicht ausführen will.[16]

III. Täterschaft und Teilnahme, Versuch, Konkurrenzen und Rechtsfolgen

1. Täterschaft. Nur Soldaten der Bundeswehr (→ § 1 Rn. 5 ff.) können sich mit dem Ziel, eine Unbotmäßigkeit zu begehen, zusammenrotten. Für die Mindestzahl der Beteiligten → Rn. 5.

2. Teilnahme. Jeder, der sich an der Zusammenrottung beteiligt, ist Täter. Beteiligt ist jeder Soldat, dh nicht nur der Untergebene des Vorgesetzten, der vor einer Unbotmäßigkeit geschützt ist, sondern auch derjenige, der nicht Untergebener des angegriffenen Vorgesetzten ist oder einen gleichen oder höheren Dienstgrad hat (§ 29 Abs. 1). Im Übrigen ist für die Frage nach einer Beteiligung entscheidend, ob der Soldat den Willen hat, in der Zusammenrottung zu bleiben und das Verhalten der anderen Soldaten in irgendeiner Weise zu unterstützen. Dazu muss er wissen, dass die anderen Soldaten beabsichtigen, mit vereinten Kräften eine Unbotmäßigkeit zu begehen und dass er mit dieser Kenntnis vorsätzlich ein Teil der Zusammenrottung wird oder bleibt.[17] Der Soldat nimmt schon teil, der auch ohne einen eigenen Tatbeitrag zu leisten nur anwesend ist (→ Rn. 6). Auch lautes Rufen, mit dem der Soldat sein Einverständnis mit dem Verhalten der meuternden Soldaten zu erkennen gibt, genügt für seine Beteiligung.[18] Wenn er eine Hilfeleistung für den angegriffenen Vorgesetzten verhindert, beteiligt er sich.[19] Wer dagegen nur vorübergehend in der Zusammenrottung bleibt, um die anderen Soldaten von ihrem Vorhaben abzubringen,[20] oder in ihr eingekeilt ist und vergeblich versucht, herauszukommen,[21] ist nicht beteiligt.

Im Übrigen ist eine Teilnahme an der Meuterei in Gestalt der Mittäterschaft, Anstiftung oder Beihilfe von solchen Soldaten möglich, die sich nicht zusammengerottet haben. Auch Zivilpersonen können wegen Anstiftung oder Beihilfe bestraft werden (§ 1 Abs. 4). Eine besondere Form der versuchten Beteiligung enthält § 28 Abs. 1.

3. Versuch (Abs. 2). Mit Rücksicht auf den besonders demonstrativen und schwerwiegenden Verstoß gegen die militärische Disziplin erklärt Abs. 2 schon die versuchte Meuterei für strafbar. Damit sind vor allem die Fälle erfasst, in denen sich Soldaten zusammenrotten, ohne auch oder nur zunächst eine Unbotmäßigkeit zu begehen. Allein schon das Zusammenrotten zeigt ein solches Maß an krimineller Energie, dass es als Versuch der Meuterei unter Strafe gestellt ist. Ein Rücktritt vom Versuch ist aus diesem Grund nicht möglich (→ Rn. 19), allenfalls kommt unter den Voraussetzungen des Abs. 4 eine Strafmilderung in Betracht. Für einen Beteiligten (→ Rn. 11) beginnt der Versuch in dem Augenblick, in dem er sich mit Unterstützungsvorsatz der bestehenden Zusammenrottung anschließt.[22] Zur Vollendung der Tat → Rn. 8.

4. Konkurrenzen. Mit den §§ 28, 20 sowie §§ 23–25 besteht Gesetzeskonkurrenz. Tateinheit ist mit den §§ 19, 44 und § 45 möglich, wenn durch den Ungehorsam eine schwerwiegende Folge eintritt. Auch mit den Tötungs- und Körperverletzungsdelikten sowie mit § 120 StGB[23] besteht Tateinheit. Wenn Soldaten im Vollzug des Disziplinararrestes meutern, ist auch Tateinheit mit § 121 StGB denkbar.

---

[15] LG Celle 19.8.1960 – 15 a Ns 54/60, NZWehrr 1961, 92.
[16] *Arndt* S. 211, auch → Rn. 11.
[17] BGH 28.9.1954 – 5 StR 429/54, NJW 1954, 1694; 14.11.1967 – 1 StR 487/67, NZWehrr 1968, 112 (113), RWStR § 27 Nr. 6 mAnm *Kohlhaas*.
[18] LG Göttingen 6.10.1961 – 3 Ms/Ns 97/61, NZWehrr 1962, 138 (139).
[19] LG Hamburg 27.5.1964 – 144 Ns 18/64, RWStR § 27 Nr. 5.
[20] BGH 14.11.1967 – 1 StR 487/67, NZWehrr 1968, 112 = RWStR § 27 Nr. 6 mAnm *Kohlhaas*.
[21] *Arndt* S. 211.
[22] Vgl. auch *Lingens/Korte* Rn. 15.
[23] BGH 14.11.1967 – 1 StR 487/67, NZWehrr 1968, 112 = NZWehrr 1968, 112 = RWStR § 27 Nr. 6 mAnm *Kohlhaas*.

5. Rechtsfolgen. Der Regelstrafrahmen des Abs. 1 – Freiheitsstrafe von sechs Monaten 15 bis zu fünf Jahren – liegt angesichts der Schwere des Unrechts um zwei Jahre höher als die für die einzelnen Tatbestände der Unbotmäßigkeit ausgewiesene Höchststrafe.

Abs. 3 enthält die mit einer Freiheitsstrafe von einem Jahr bis zu zehn Jahren schwerste 16 Strafdrohung des Gesetzes. Sie ist für besonders schwere Fälle vorgesehen und erhebt die Meuterei unter dieser Voraussetzung in den Rang eines Verbrechens (§ 12 Abs. 1 StGB). Regelbeispiele eines besonders schweren Falles sind nach Abs. 3 S. 2 der Täter als Rädelsführer und das Herbeiführen einer schwerwiegenden Folge nach § 2 Nr. 3.

Der **Rädelsführer** ist an der Zusammenrottung selbst beteiligt, nimmt auf sie bestimmen- 17 den Einfluss und spielt im Gesamtgeschehen eine führende und für die Tatausführung entscheidende Rolle.[24] Er braucht nicht selbst eine Unbotmäßigkeit zu begehen. Der Grund, seine Rädelsführerschaft als besonders schweren Fall anzusehen, liegt in seiner geistigen und tatsächlichen Führung bei der Zusammenrottung und der ihr folgenden Unbotmäßigkeit. Die Stellung als Rädelsführer setzt voraus, dass der Täter stets einen räumlichen Anschluss an die Zusammenrottung hält, dabei kann es sich durchaus um mehrere hundert Meter Entfernung handeln.[25] Wer nur im Hintergrund die Fäden zieht, ist kein Rädelsführer, sondern nur **Hintermann;**[26] er kann jedoch wegen Anstiftung oder Beihilfe bestraft werden.[27] Besteht die Zusammenrottung nur aus zwei Soldaten, kann einer von ihnen Rädelsführer sein.[28]

Zum Herbeiführen einer schwerwiegenden Folge → § 2 Rn. 48 ff. 18

Abs. 4 räumt dem Täter, der nach einer Zusammenrottung **freiwillig zur Ordnung** 19 **zurückkehrt,** einen persönlichen Strafmilderungsgrund ein. Da es noch nicht zu einer Unbotmäßigkeit gekommen ist, befindet sich die Tat noch im Versuchsstadium (→ Rn. 13). Abweichend von der Regelung des allgemeinen Strafrechts (§ 24 StGB) führt die freiwillig aufgegebene Zusammenrottung allerdings nicht zu einem strafbefreienden Rücktritt.[29] Die Zusammenrottung hat die Disziplin und Ordnung bereits so nachhaltig beschädigt, dass sie als versuchte Meuterei unter Strafe gestellt ist und als solche auch strafbar bleibt, wenn der Täter sich auf seine soldatischen Pflichten besinnt. Unberührt bleibt auch eine Bestrafung nach § 28 Abs. 1.

Der Ausnahmestrafrahmen einer Freiheitsstrafe bis zu drei Jahren findet Anwendung, wenn 20 der Soldat, der sich nur an der Zusammenrottung beteiligte, freiwillig zur Ordnung zurückkehrt, bevor eine Unbotmäßigkeit begangen wurde. Der Soldat handelt freiwillig, wenn er seine weitere Beteiligung an der Zusammenrottung aufgibt und sich räumlich von ihr distanziert, ohne dass auf ihn Druck ausgeübt wurde, zB durch Drohungen, Versprechungen, aber auch durch einen Befehl des Vorgesetzten. Kam der Anstoß von außen, zB Ermahnungen oder Vorhaltungen durch einen Vorgesetzten oder den Militärpfarrer, war seine Distanz zum Tatgeschehen freiwillig, wenn er nachweislich Herr seiner Entschlüsse blieb.

Der Soldat kehrt zur Ordnung zurück, wenn er sich aus der Zusammenrottung entfernt, 21 erkennbar seine aufrührerische Haltung aufgibt und sich seinen militärischen Pflichten gemäß wieder verhält, er „wieder ins Glied tritt". Kann er sich räumlich von der Zusammenrottung nicht befreien, weil er eingekeilt ist oder wird er gegen seinen Willen festgehalten, reicht es für seine Freiwilligkeit aus, dass er sich in der Menge gegen die Meuterer wendet.[30]

§ 28 Verabredung zur Unbotmäßigkeit

(1) ¹Verabreden Soldaten, gemeinschaftlich eine Gehorsamsverweigerung (§ 20), eine Bedrohung (§ 23), eine Nötigung (§ 24), einen tätlichen Angriff (§ 25)

---

[24] BGH 1.12.1964 – 3 Str 37/64, BGHSt 20,121 (122 f.) = NJW 1965, 451 (452); BGH 16.2.2012 – 3 StR 243/11, NJW 2012,1973.
[25] *Lingens/Korte* Rn. 21 mN.
[26] Vgl. *Fischer* StGB § 84 Rn. 3 mN.
[27] *Arndt* S. 211.
[28] *Lingens/Korte* Rn. 21.
[29] AA *Lingens/Korte* Rn. 16 ff.
[30] *Lingens/Korte* Rn. 16; *Schwenck* WStR S. 180.

oder eine Meuterei (§ 27) zu begehen, so werden sie nach den Vorschriften bestraft, die für die Begehung der Tat gelten. ²In den Fällen des § 27 kann die Strafe nach § 49 Abs. 1 des Strafgesetzbuches gemildert werden.

(2) ¹Nach Absatz 1 wird nicht bestraft, wer nach der Verabredung freiwillig die Tat verhindert. ²Unterbleibt sie ohne sein Zutun oder wird sie unabhängig von seinem früheren Verhalten begangen, so genügt zu seiner Straflosigkeit sein freiwilliges und ernsthaftes Bemühen, die Tat zu verhindern.

Übersicht

	Rn.		Rn.
I. Allgemeines	1–3	b) Gemeinschaftlich	8
1. Normzweck	1, 2	2. Subjektiver Tatbestand	9
a) Rechtsgut	1		
b) Deliktsnatur	2	III. Täterschaft und Teilnahme, Konkurrenzen und Rechtsfolgen	10–15
2. Historie	3		
II. Erläuterung	4–9	1. Täterschaft und Teilnahme	10, 11
1. Objektiver Tatbestand (Abs. 1)	4–8	2. Konkurrenzen	12
a) Verabreden	4–7	3. Rechtsfolgen	13–15

I. Allgemeines

1. Normzweck. a) Rechtsgut. Die Verabredung zu einer Unbotmäßigkeit stellt eine Vorbereitungshandlung zu den in Abs. 1 genannten Straftatbeständen unter Strafe. Ein konspiratives Zusammenwirken bei der Verabredung von Straftaten gegen die Pflichten der Untergebenen offenbart eine so erhebliche kriminelle Gefährlichkeit für Disziplin und Ordnung in der Truppe, dass es als strafbares Unrecht schon erfasst werden muss, bevor es in das Versuchsstadium eintritt. § 28 schützt die gleichen Rechtsgüter wie die einzelnen Tatbestände der Unbotmäßigkeit.

b) Deliktsnatur. Die Vorschrift ist eine wehrstrafrechtsspezifische Sondernorm zu § 30 StGB, indem sie schon die Verabredung zu einem Vergehen für strafbar erklärt. Im Gegensatz zu § 30 StGB ist sie eine selbstständige Strafvorschrift, wenn sich auch die Strafe im Einzelfall nach der für die verabredete Tat geltenden Strafdrohung richtet.

2. Historie. Art. 27 EGStGB vom 2.3.1974, BGBl. I S. 469, 530, hat die Vorschrift in Abs. 1 S. 2 und in Abs. 2 redaktionell geändert.

II. Erläuterung

1. Objektiver Tatbestand (Abs. 1). a) Verabreden. An einer Verabredung zu einer Unbotmäßigkeit sind mindestens zwei Soldaten beteiligt (→ § 27 Rn. 5). Sie treffen eine Verabredung, wenn sie sich auf einen ernstlichen und übereinstimmenden Willen einigen, gemeinschaftlich als Mittäter, und nicht nur als Gehilfen, eine Unbotmäßigkeit zu begehen. Es gehört zur Verabredung, dass jeder Beteiligte die Tat ernstlich verwirklichen und durch seinen Tatbeitrag fördern will.[1] Wenn nur einer die Tat wirklich will, während die anderen zögern oder sich nur zum Schein bereit finden, kommt es nicht zu einer Verabredung.[2] Andererseits steht es der Verabredung nicht entgegen, wenn ein Beteiligter den Tatplan entwirft, dem die anderen nur noch zustimmen[3] oder wenn die Ausführung der Tat noch von einer Bedingung abhängig gemacht wird.[4] Steht dagegen der Tatentschluss unter Vorbehalt, ist eine Verabredung nicht zustande gekommen. Auch Vorbesprechungen oder unabgestimmte Planungen sind noch keine Verabredung.[5] Ebenso wenig ist eine im Ergebnis zwar

---
[1] *Lingens/Korte* Rn. 3.
[2] *Lingens/Korte* Rn. 3; → StGB § 30 Rn. 50.
[3] *Arndt* S. 213.
[4] *Fischer* StGB § 30 Rn. 7; → StGB § 30 Rn. 47.
[5] BGH 3.12.1958 – 2 StR 500/58, BGHSt 12, 309.

einheitlich erscheinende, jedoch nur durch Zufall erreichte Willensrichtung nicht mit Hilfe einer Verabredung gefunden.

Eine Verabredung kann ausdrücklich, stillschweigend oder durch schlüssiges Handeln getroffen werden. Sogar mit einem Unzurechnungsfähigen ist eine Verabredung möglich, wenn er nur die Vorgänge begreift und mit ihm Einvernehmen hergestellt werden kann.[6] Haben sich die Beteiligten darauf geeinigt, mehrere der in Abs. 1 genannten Straftaten zu begehen, haben sie nur *eine* Verabredung getroffen. 5

Die Verabredung muss inhaltlich so konkretisiert sein, dass sich die Beteiligten im Wesentlichen über Ort, Zeit und Art der Tatbegehung einig sind. Eine rechtlich genaue Zuordnung ihres Verhaltens zu einem der Tatbestände des Abs. 1 ist nicht gefordert. Da sich der Vorsatz der Beteiligten auf alle objektiven und subjektiven Tatbestandsmerkmale der verabredeten Tat erstrecken muss, müssen die Beteiligten dem Tatplan aber doch schon entnehmen können, ob in irgendeiner Form der Gehorsam verweigert, ob mit dem Mittel der Nötigung oder mittels einer Meuterei gegen den Vorgesetzten vorgegangen werden soll.[7] Über Einzelheiten der Tatausführung brauchen sie sich noch nicht verständigt zu haben.[8] Auch das Opfer muss ihnen noch nicht namentlich bekannt sein,[9] solange ihnen nur bewusst ist, dass sich die Tat gegen einen Vorgesetzten oder Ranghöheren richten soll, zB planen die Beteiligten einen tätlichen Angriff gegen den Wachhabenden (→ § 44 Rn. 12), wissen aber noch nicht, wer Dienst hat. 6

Die Beteiligten müssen sich darauf verständigt haben, eine **Unbotmäßigkeit** zu begehen. Unter diesem Begriff fasst Abs. 1 die Tatbestände der Gehorsamsverweigerung (§ 20), der Bedrohung (§ 23), der Nötigung (§ 24), des tätlichen Angriffs (§ 25) und der Meuterei (§ 27) zusammen. Diese Tatbestände begehen zu wollen bedeutet, sie zu vollenden. Kommt es aus Gründen, die den Beteiligten im Zeitpunkt ihrer Verabredung unbekannt waren, nicht zur Tatausführung, zB fehlt dem Bedrohten eines tätlichen Angriffs die Eigenschaft als Vorgesetzter, werden sie gleichwohl wegen Verabredung bestraft.[10] 7

b) Gemeinschaftlich. Inhalt der Verabredung muss es sein, die Unbotmäßigkeit gemeinschaftlich zu begehen. Dies verlangt, dass sich die Beteiligten auf eine Tatbestandsverwirklichung als Mittäter (§ 25 Abs. 2 StGB) geeinigt haben (→ Rn. 4); insoweit handelt es sich bei § 28 um eine vorbereitete Mittäterschaft.[11] 8

2. Subjektiver Tatbestand. Die Tat kann nur vorsätzlich begangen werden; bedingter Vorsatz ist ausreichend, wenn auch die Unbotmäßigkeit nur bedingten Vorsatz verlangt. Jeder Täter muss insbesondere wissen, dass er gemeinschaftlich mit anderen eine Unbotmäßigkeit begehen will. Der Vorsatz muss sich auch auf die Tatbestandsmerkmale des jeweils geplanten Delikts beziehen (→ Rn. 6). 9

III. Täterschaft und Teilnahme, Konkurrenzen und Rechtsfolgen

1. Täterschaft und Teilnahme. Beteiligte einer Verabredung können nur Soldaten der Bundeswehr sein (→ § 1 Rn. 5 ff.). Sie handeln als Mittäter (§ 25 Abs. 2 StGB). § 28 verlangt im Übrigen den gleichen Täter, wie ihn die einzelnen Delikte der Unbotmäßigkeit voraussetzen. In den Fällen der §§ 20, 23, 24 und § 25 müssen die Beteiligten daher Untergebene des bedrohten Vorgesetzten sein. Trifft dieses nicht zu, sind sie keine Mittäter, sondern können allenfalls Anstifter oder Gehilfen sein. Bei Taten gegen Soldaten mit höherem Dienstgrad s. § 29 Abs. 1. An einer Meuterei (§ 27) können auch Soldaten teilnehmen, die nicht Untergebene des bedrohten Vorgesetzten sind (→ § 27 Rn. 11), so dass sie sich 10

---

[6] *Lingens/Korte* Rn. 6.
[7] S. auch *Lingens/Korte* Rn. 4.
[8] *Lingens/Korte* Rn. 4; *Fischer* StGB § 30 Rn. 7.
[9] *Arndt* S. 213; → StGB § 30 Rn. 58.
[10] Vgl. auch *Lingens/Korte* Rn. 8.
[11] *Fischer* StGB § 30 Rn. 12; → StGB § 30 Rn. 54.

gleichermaßen als Mittäter an einer Verabredung beteiligen können.[12] Voraussetzung ist jedoch in jedem Fall, dass mindestens zwei Soldaten sich verabreden (→ Rn. 4).

11 Zivilpersonen, die an der Verabredung teilnehmen, sind wegen Anstiftung oder Beihilfe zu bestrafen (§ 1 Abs. 4).

12 **2. Konkurrenzen.** § 28 ist ungeachtet seines Charakters als selbstständige Strafvorschrift (→ Rn. 2) subsidiär gegenüber den Tatbeständen, die zu begehen die Beteiligten verabredet haben. Ist eine Meuterei versucht (§ 27 Abs. 2) oder eine Unbotmäßigkeit vollendet, tritt § 28 zurück. Die Verabredung kann allerdings strafschärfend berücksichtigt werden oder bei den §§ 24, 25 und § 27 einen besonders schweren Fall begründen.[13] Die Täter sind dagegen gem. § 28 zu bestrafen, wenn die Tatausführung aus tatsächlichen Gründen nicht möglich war (→ Rn. 7). Tateinheit kann mit den §§ 226, 211, 212 StGB bestehen.

13 **3. Rechtsfolgen.** Abs. 1 S. 1 sieht für die Verabredung den Strafrahmen vor, wie er für die Begehung der verabredeten Tat bestimmt ist. Das Gesetz lässt es jedoch zu, den Umstand strafmildernd zu berücksichtigen, dass es zu der verabredeten Tat nicht gekommen ist. Hier wirkt sich für den Täter günstig aus, dass es sich nur um eine Vorbereitungshandlung handelt, die in ihrem Unrechtsgehalt hinter dem Versuch (§ 27 Abs. 2) und der Vollendung der Unbotmäßigkeit zurückbleibt. Ausdrücklich kann daher gem. **Abs. 1 S. 2** die Verabredung zu einer Meuterei milder bestraft werden (§ 49 Abs. 1 StGB). Um das sinnwidrige Ergebnis auszuschließen, eine Strafmilderung nur bei der Verabredung zu dem schwersten Delikt, der Meuterei, zuzulassen, wird die Strafe auch in allen übrigen Fällen der Unbotmäßigkeit gemildert werden können.[14]

14 **Abs. 2** ermöglicht dem Täter bei aktiver Reue Straflosigkeit. Die Regelung entspricht § 31 StGB. Dieser persönliche Strafaufhebungsgrund setzt voraus, dass der Täter nach der Verabredung (→ Rn. 4 ff.) freiwillig die Tat verhindert **(S. 1)**. Zum Begriff der Freiwilligkeit → § 27 Rn. 20. War dem Täter für die Tatausführung eine so entscheidende Rolle zugedacht worden, dass die Tat ohne seinen Beitrag nicht hätte ausgeführt werden können, reicht für das Verhindern, dass er seinen Tatbeitrag unterlässt.[15]

15 Unter zwei Voraussetzungen genügt es zur persönlichen Straflosigkeit, wenn der Täter sich freiwillig und ernsthaft bemüht, die Tat zu verhindern **(S. 2)**. (a) Die Tat muss ohne sein Zutun unterblieben sein. Das ist der Fall, wenn die anderen Beteiligten den Tatplan schon aufgegeben hatten, bevor der Täter sie hätte umstimmen können. (b) Die Tat wird unabhängig von seinem früheren Verhalten begangen. In dieser Variante waren die anderen Beteiligten schon vorher zu der Unbotmäßigkeit entschlossen, ohne sich an den zuvor verabredeten Tatplan gehalten zu haben.

§ 29 Taten gegen Soldaten mit höherem Dienstgrad

(1) Die §§ 23 bis 28 gelten entsprechend, wenn die Tat gegen einen Soldaten begangen wird, der zur Zeit der Tat nicht Vorgesetzter des Täters, aber
1. Offizier oder Unteroffizier ist und einen höheren Dienstgrad als der Täter hat oder
2. im Dienst dessen Vorgesetzter ist,
und der Täter oder der andere zur Zeit der Tat im Dienst ist oder die Tat sich auf eine Diensthandlung bezieht.

(2) In den Fällen des Absatzes 1 Nr. 1 ist § 4 nicht anzuwenden.

---

[12] Vgl. *Lingens/Korte* Rn. 14.
[13] *Lingens/Korte* Rn. 14.
[14] So auch *Lingens/Korte* Rn. 16; auch § 28 Abs. 1 S. 2 idF des Art. 102 1. StRG vom 25.6.1969, BGBl. I S. 645, der bei den erhöhten Mindeststrafen der §§ 20, 24, 25 und § 27 eine Strafmilderung nach Versuchsgrundsätzen vorsah.
[15] *Fischer* StGB § 31 Rn. 6; → StGB § 31 Rn. 26.

I. Allgemeines

Straftaten gegen Soldaten mit höherem Dienstgrad oder gegen Soldaten, die nur im Dienst Vorgesetzte des Täters sind, richten sich gegen Soldaten, die unter bestimmten Voraussetzungen Befehle erteilen können,[1] zB der Unteroffizier (Abs. 1 Nr. 1) gegenüber einem Mannschaftsdienstgrad gem. § 6 VorgV oder ein Mannschaftsdienstgrad, der als Hilfsausbilder im Dienst Vorgesetzter des Täters ist (Abs. 1 Nr. 2). Auch die ihnen gegenüber gezeigte Unbotmäßigkeit (§ 28 Abs. 1) beeinträchtigt die Autorität des Befehlsbefugten und hat damit schädliche Auswirkungen auf die Disziplin und Ordnung in der Truppe. Diese nur zeitweisen Vorgesetzten erhalten daher durch § 29 Abs. 1 den gleichen strafrechtlichen Schutz wie ihn die §§ 23–28 den ständigen Vorgesetzten gewähren.[2] **1**

Für die Straftaten gegen die Pflichten des Vorgesetzten (§§ 30–41) enthält § 36 eine entsprechende Bestimmung. Diese Straftaten wiederum können auch militärische Vorgesetzte begehen, die keine Soldaten sind (§ 1 Abs. 2). **2**

II. Erläuterung

1. Objektiver Tatbestand (Abs. 1). a) Geschützte Personen. Die entsprechende Anwendung der §§ 23–28 setzt voraus, dass die geschützte Person zurzeit der Tat nicht Vorgesetzter des Täters sein darf. Zum Begriff des Vorgesetzten → § 1 Rn. 33 ff., § 2 Rn. 11 f. Der durch § 29 Abs. 1 geschützte Personenkreis bleibt daher auf folgende zwei Gruppen beschränkt: der Offizier oder Unteroffizier mit einem höheren Dienstgrad als der Täter und der Soldat, der im Dienst Vorgesetzter des Täters ist. **3**

Die geschützte Person nach **Abs. 1 Nr. 1** muss Offizier oder Unteroffizier sein und einen höheren Dienstgrad als der Täter haben. Der Ranghöhere in der Laufbahngruppe der Mannschaften wird mit dieser Regelung nicht erfasst. Die **Dienstgradbezeichnungen der Bundeswehr** sind in der Anordnung des Bundespräsidenten über die Dienstgradbezeichnungen und die Uniform der Soldaten vom 14.7.1978 (BGBl. I S. 1067; idF d. AnO v. 31.5.1996, BGBl. I S. 746) geregelt. Die **Dienstgradgruppen der Soldaten** sind Generale, Stabsoffiziere, Hauptleute, Leutnante, Unteroffiziere mit Portepee, Unteroffiziere ohne Portepee, Mannschaften.[3] **4**

Abs. 1 Nr. 2 schützt den Soldaten, der nur innerhalb des Dienstes Vorgesetzter des Täters ist; auf einen Dienstgradunterschied kommt es hier nicht an. Hinter dieser Regelung steht der Gedanke, Straftaten zu verhindern, die wegen der dienstlichen Tätigkeit als Vorgesetzter nach Beendigung des Vorgesetztenverhältnisses häufig aus Rachsucht begangen werden.[4] Befehlsbefugnis innerhalb des Dienstes haben der Fachvorgesetzte nach § 2 VorgV, der Vorgesetzte mit besonderem Aufgabenbereich gem. § 3 S. 1 VorgV, der Vorgesetzte auf Grund des Dienstgrades gem. § 4 Abs. 1, 2 VorgV sowie der Vorgesetzte auf Grund besonderer Anordnung gem. § 5 Abs. 1 VorgV.[5] Den Schutz des Abs. 1 Nr. 2 genießen nur regelmäßige und auf Dauer eingerichtete Vorgesetztenverhältnisse, dazu rechnet nicht der „Unteroffizier vom Dienst" (UvD).[6] **5**

b) Dienstlicher Bezug. Ranghöhere und Vorgesetzte sollen nur geschützt werden, wenn die Straftat einen zeitlichen oder sachlichen Bezug zum Dienst hat. Der Schutz für den in Abs. 1 genannten Personenkreis greift daher nur ein, wenn sich der Täter oder die geschützte Person zurzeit der Tat im Dienst befindet. Zum Begriff des Dienstes → § 23 Rn. 8, zur Diensthandlung → § 23 Rn. 9. Befindet sich keiner der Beteiligten im Dienst **6**

---

[1] Burmester, Das militärische Vorgesetzten-Untergebenen-Verhältnis, NZWehr 1990, 89 (94).
[2] Vgl. auch Schwenck WStR S. 182.
[3] ZDv A-1420/24; Walz/Eichen/Sohm/Hucul Anh. zu § 1 Rn. 37.
[4] Schwenck WStR S. 182.
[5] → § 1 Rn. 42 ff.
[6] LG Lüneburg 12.9.1963 – 6 Ms 105/63, RWStR § 29 Nr. 1 m. zust. Anm. Schwenck; Lingens/Korte Rn. 5; Burmester NZWehr 1990, 89 (94); aA Stauf WR II WStG § 29 Rn. 2.

und liegt auch keine dienstbezogene Handlung vor, findet § 29 keine Anwendung, es gelten die Bestimmungen des allgemeinen Strafrechts.

7 **2. Ausländische Vorgesetzte (Abs. 2).** Angehörige ausländischer Streitkräfte, die Offizier oder Unteroffizier sind und einen höheren Dienstgrad als der Soldat der Bundeswehr haben, werden durch Abs. 1 Nr. 1 nicht geschützt. Als Soldat iS von Abs. 1 Nr. 2 kann er aus verfassungsrechtlichen Gründen (→ § 4 Rn. 3) nicht Vorgesetzter eines deutschen Soldaten sein, so dass auch er jedenfalls wehrstrafrechtlichen Schutz nicht genießt.

8 **3. Subjektiver Tatbestand.** Die Tat kann nur vorsätzlich begangen werden, bedingter Vorsatz genügt. Der Vorsatz muss sich auf die Kenntnis der Tatsachen erstrecken, die den bedrohten Soldaten zu einer geschützten Person nach Abs. 1 Nr. 1 oder 2 machen; der Täter muss ferner wissen, dass er oder der bedrohte Soldat sich im Dienst befindet oder die Tat sich auf eine Diensthandlung bezieht.

III. Rechtsfolgen

9 Der Strafrahmen der Vorschrift folgt aus den Strafdrohungen der §§ 23–28.

Dritter Abschnitt. Straftaten gegen die Pflichten der Vorgesetzten

§ 30 Mißhandlung

(1) Wer einen Untergebenen körperlich mißhandelt oder an der Gesundheit beschädigt, wird mit Freiheitsstrafe von drei Monaten bis zu fünf Jahren bestraft.

(2) Ebenso wird bestraft, wer es fördert oder pflichtwidrig duldet, daß ein Untergebener die Tat gegen einen anderen Soldaten begeht.

(3) In minder schweren Fällen ist die Strafe Freiheitsstrafe bis zu drei Jahren.

(4) ¹In besonders schweren Fällen ist die Strafe Freiheitsstrafe von sechs Monaten bis zu fünf Jahren. ²Ein besonders schwerer Fall liegt in der Regel vor, wenn der Täter sein Verhalten beharrlich wiederholt.

Übersicht

	Rn.		Rn.
I. Allgemeines	1–4	2. Subjektiver Tatbestand	14, 15
1. Normzweck	1–3	III. Täterschaft und Teilnahme, Rechtswidrigkeit, Konkurrenzen, Rechtsfolgen und Prozessuales	16–24
a) Rechtsgut	1		
b) Deliktsnatur	2, 3		
2. Historie	4	1. Täterschaft	16, 17
II. Erläuterung	5–15	2. Teilnahme	18, 19
1. Objektiver Tatbestand	5–13	3. Rechtswidrigkeit	20
a) Tathandlung	5	4. Konkurrenzen	21
b) Misshandlung	6–8	5. Rechtsfolgen	22, 23
c) Beschädigung der Gesundheit	9, 10	6. Prozessuales	24
d) Fördern oder Dulden (Abs. 2)	11–13		

I. Allgemeines

1 **1. Normzweck. a) Rechtsgut.** § 30 schützt nicht nur den Untergebenen in seiner körperlichen Integrität und Würde vor der missbräuchlichen Ausnutzung der dem Vorgesetzten anvertrauten Befehlsbefugnis, sondern auch die Disziplin und Ordnung in der Bundeswehr als „überindividuelle Werte".[1] Er wird ergänzt durch § 31, der die seelische Unversehrtheit des Untergebenen vor dem rechtswidrigen Zugriff des Vorgesetzten sichert.

---
[1] BGH 7.4.1970 – 1 StR 487/70, NJW 1970, 1332; BVerwG 1.2.2012 – 2 WD 1.11, NZWehrr 2012, 213; Bülte, S. 297 f.; ders. Strafrechtliche Vorgesetztenverantwortlichkeit für Misshandlungen von Untergebenen in der Bundeswehr, NZWehrr 2016, 45 (48 ff.).

Geschütztes Rechtsgut des Abs. 2 ist zusätzlich die Pflicht des Vorgesetzten zur Dienstaufsicht und Fürsorge (§ 10 Abs. 2, 3 SG); der Vorgesetzte macht sich strafbar, der es dieser Pflicht zuwider duldet, dass ein Untergebener einen anderen Soldaten körperlich misshandelt oder an der Gesundheit beschädigt.[2]

b) Deliktsnatur. Die Misshandlung eines Untergebenen gehört zu den schwerwiegenden Pflichtverletzungen eines Vorgesetzten, die in den Bestimmungen des Dritten Abschnittes (§§ 30–41) als strafbares Handlungsunrecht erfasst sind. Diese stellen sicher, dass die Grundrechte des Soldaten als Staatsbürger in Uniform (§ 6 SG) gewahrt bleiben, der Untergebene nicht als rechtloser Befehlsempfänger betrachtet wird und nicht willkürlich der Befehlsbefugnis seiner Vorgesetzten ausgeliefert ist. Insbesondere die körperliche Integrität des Untergebenen gebietet dem Vorgesetzten, dass er ihn niemals anfassen darf, es sei denn, ihm stehe zur unmittelbaren Durchsetzung eines rechtmäßigen Befehls kein anderes Mittel zur Verfügung.[3] Wer als Vorgesetzter seinen Untergebenen menschenunwürdig behandelt, ihm körperlich oder seelisch Schäden zufügt oder ihn in seiner Ehre kränkt, beschädigt seine Autorität und untergräbt die Bereitschaft der Untergebenen zum Gehorsam. Er verstößt in auch straferheblicher Weise gegen die Grundsätze der Inneren Führung und beeinträchtigt Disziplin, Einsatzbereitschaft und Schlagkraft der Truppe.[4] 2

Abs. 2 ist eine wehrstrafrechtsspezifische Sondernorm zu § 357 StGB,[5] der im Katalog des § 48 Abs. 1 nicht aufgeführt ist und daher für Soldaten nicht gilt. 3

2. Historie. Art. 27 EGStGB vom 2.3.1974, BGBl. I S. 469, 530, hat die Vorschrift in ihren Abs. 1 und 2 geändert, die Abs. 3 und 4 sind neugefasst worden. 4

II. Erläuterung

1. Objektiver Tatbestand. a) Tathandlung. Die Beschreibung der Tathandlung entspricht dem Wortlaut des § 223 StGB; der Vorgesetzte macht sich strafbar, der einen Untergebenen körperlich misshandelt oder an der Gesundheit beschädigt (Abs. 1). Vom allgemeinen Tatbestand der Körperverletzung unterscheidet sich die Vorschrift jedoch dadurch, dass Abs. 1 eine erhöhte Mindeststrafe androht, eine Geldstrafe grundsätzlich nicht zulässt und in den Abs. 3 und 4 für minderschwere und besonders schwere Fälle eine Strafzumessungsregel enthält.[6] Die Tathandlung des Abs. 2 besteht darin, dass er die Misshandlung eines anderen Soldaten durch einen Untergebenen fördert oder duldet. Die Strafandrohung entspricht der in eigener Person begangenen Misshandlung.[7] 5

b) Misshandlung. Als körperliche Misshandlung gilt jede nicht bloß unerhebliche Beeinträchtigung des körperlichen Wohlbefindens durch eine üble, unangemessene Behandlung.[8] Misshandlungen sind zB Fesselung an Händen und Füßen mit Kabelbindern über einen erheblichen Zeitraum, Fußtritte und Faustschläge,[9] Verdrehen des Arms und atembe- 6

---

[2] *Schwenck* WStR S. 183.
[3] BGH 14.1.2009 – 1 StR 554/08, NZWehrr 2009, 78 (84); BVerwG 23.6.2011 – 2 WD 21.10, NZWehrr 2012, 206 (207 f.); *Metzger*, Zur Durchsetzung von Befehlen, UBWV 2015,154 (155 ff.).
[4] BVerwG 12.7.1984 – 2 WD 17/84, NZWehrr 1984, 255 (257); 2.7.1987 – 2 WD 19/87, BVerwGE 83, 300; 15.2.2000 – 2 WD 30.99, NZWehrr 2001, 30 (31); 1.2.2012 – 2 WD 1.11, NZWehrr 2012, 213.
[5] Vgl. *Arndt* S. 216; *Fischer* StGB § 357 Rn. 3; *Andrews*, Die Notwendigkeit der Aufnahme des § 357 StGB in den Katalog des § 48 WStG, NZWehrr 1996, 200 (201); *Bülte*, Strafrechtliche Vorgesetztenverantwortlichkeit für Misshandlungen von Untergebenen in der Bundeswehr, NZWehrr 2016, 45 (55 f.).
[6] *Bülte* S. 297; → Rn 22 f.; *ders.* Strafrechtliche Vorgesetztenverantwortlichkeit für Misshandlungen von Untergebenen in der Bundeswehr, NZWehrr 2016, 45 (51 f.).
[7] *Bülte* S. 298.
[8] BGH 3.5.1960 – 1 StR 131/60, BGHSt 14, 269; 14.1.2009 – 1 StR 554/08, NZWehrr 2009, 78 (83 f.); 14.1.2009 – 1 StR 158/08, BGHSt 53, 145 (158) = NStZ 2009, 289 (290) mAnm *Dau* S. 292; 28.10.2009 – 1 StR 205/09, Rn. 112; BayObLG 11.12.1969 – RReg 4 a St 208/69, NJW 1970, 769; OLG Hamm 25.7.2006 – 4 Ws 172–188/06, NStZ RR 2007, 154.
[9] BGH 14.1.2009 – 1 StR 554/08, NZWehrr 2009, 78 (83 f.); 14.1.2009 – 1 StR 158/08, BGHSt 53, 145 (158) = NStZ 2009, 289 (290) mAnm *Dau* NStZ 2009, 292; 28.10.2009 – 1 StR 205/09, Rn. 112; OLG Hamm 25.7.2006 – 4 Ws 172–188/06, NStZ RR 2007, 154 (155); BVerwG 9.4.1986 – 2 WD 52/85, BVerwGE 83, 183.

engende Fesselung,[10] Ohrfeigen[11] oder das Abschneiden von Bart und Haaren,[12] ein auf die Brust gesetztes Messer[13] sowie das Schießen auf Untergebene mit Manövermunition.

7 Militärischer Dienst stellt seiner Natur nach **hohe körperliche Anforderungen** an den Soldaten. Vor allem anspruchsvolle, körperlich fordernde Spezialausbildungen wie Einzelkämpferlehrgang, Kampfschwimmer oder die Vorbereitung auf eine bestimmte Auslandsverwendung für Angehörige des Kommandos Spezialkräfte verlangen von dem Soldaten die Bereitschaft zu Entbehrungen, Härte und Mut. Verlangt ein Vorgesetzter daher im Rahmen der Ausbildung besondere Anstrengungen, sogar Strapazen, und hält er sich dabei an die Dienstvorschriften und Befehle, handelt er nicht tatbestandsmäßig.[14] Auch die dem Disziplinarvorgesetzten vorbehaltenen besonderen Erzieherischen Maßnahmen nach Kapitel 7 des Erlasses **„Erzieherische Maßnahmen"** (ZDv A-2160/6, Abschnitt 1.42 in: *Schnell/Ebert* C 71) sind keine Misshandlungen, solange sich der Vorgesetzte pflichtgemäß verhält. Jeder militärische Ausbildungserfolg wird jedoch bedeutungslos, wenn er auf Kosten einer Verletzung der körperlichen Unversehrtheit des Untergebenen erkauft wird.[15] Eine üble, unangemessene Behandlung des Untergebenen hat mit militärischer Härte nichts zu tun. Schikanöse Sonderübungen, die als Vergeltungsmaßnahmen angeordnet außerhalb des normalen Ausbildungsdienstes liegen, sind Misshandlungen.[16] Auch der Befehl, sich ohne Schutzvorrichtung neben einen schwelenden Nebeltopf zu setzen, der das Gesicht schwärzt und Übelkeit hervorruft, richtet sich auf eine Misshandlung.[17] Durch ein mit wiederholten Stockstreichen ausgeführtes „Bestrafungsritual" erleidet der Untergebene eine üble Behandlung, auch wenn sie scherzhaften und spielerischen Charakter hat und möglicherweise einen erzieherischen Zweck erfüllen oder unterstützen soll.[18]

8 Die körperliche Misshandlung kann auch durch Unterlassen verwirklicht werden (§ 13 Abs. 1 StGB), zB der Vorgesetzte unterlässt es pflichtwidrig (§§ 10 Abs. 3, 12 S. 2 SG), den nach einem Schießunfall verletzten Untergebenen bergen zu lassen, dessen Zustand sich dadurch verschlimmert. Auch in mittelbarer Täterschaft kann der Vorgesetzte den Untergebenen misshandeln, wenn er ihm in schikanöser Weise befiehlt, trotz hohen Fiebers mit Gepäck und Waffe einen Geländemarsch anzutreten, und der Untergebene bricht zusammen.[19]

9 **c) Beschädigung der Gesundheit.** Der Vorgesetzte beschädigt die Gesundheit, wenn er einen wenn auch nur vorübergehenden körperlichen, seelischen oder geistigen krankhaften Zustand bei dem Untergebenen erzeugt oder steigert. Häufig sind beide Handlungsformen des Abs. 1 erfüllt, wenn die Gesundheitsbeschädigung eine Folge der körperlichen Misshandlung ist. Für Einzelheiten kann auf die Kommentarliteratur zu § 223 StGB verwiesen werden.

10 Auch die Gesundheitsbeschädigung ist durch Unterlassen oder in mittelbarer Täterschaft möglich (→ Rn. 8).

---

[10] BVerwG 17.3.1999 – 2 WD 28.98, BVerwGE 113, 311.
[11] BVerwG 2.7.1987 – 2 WD 19/87, BVerwGE 83, 300; 18.1.1991 – 2 WD 24/89, BVerwGE 93, 19.
[12] *Lingens/Korte* Rn. 4.
[13] BVerwG 24.6.1998 – 2 WD 40.97, NZWehr 1999, 208.
[14] BGH 14.1.2009 – 1 StR 554/08, NZWehr 2009, 78 (84); 14.1.2009 – 1 StR 158/08, BGHSt 53, 145 (158) = NStZ 2009, 289 (290) mAnm *Dau* NStZ 2009, 292; 28.10.2009 – 1 StR 205/09, Rn. 116; OLG Hamm 25.7.2006 – 4 Ws 172 – 188/06, NStZ RR 2007, 154 (155).
[15] BVerwG 12.7.1984 – 2 WD 17/84, NZWehr 1984, 255 (257); BVerwG 18.1.1991 – 2 WD 24/89, BVerwGE 93, 19.
[16] BGH 3.5.1960 – 1 StR 131/60, BGHSt 14, 269; 14.1.2009 – 1 StR 554/08, NZWehr 2009, 78 (83 f.); 14.1.2009 – 1 StR 158/08, BGHSt 53, 145 (158) = NStZ 2009, 289 (290) mAnm *Dau* NStZ 2009, 292; 28.10.2009 – 1 StR 205/09, Rn. 112.
[17] LG Tübingen 26.7.1963 – II Ns 192/63, NZWehr 1964, 177; BGH 7.4.1970 – 1 StR 487/70, NJW 1970, 1332.
[18] BVerwG 27.11.1990 – 2 WD 20, 21.90, NZWehr 1991, 77; AG Hannover 25.4.1960 – 2 Ms 4/60, RWStR § 30 Nr. 1 mAnm *Weidinger*.
[19] Vgl. auch *Lingens/Korte* Rn. 6.

d) Fördern oder Dulden (Abs. 2). Als Fördern gilt jede Art physischer oder psychischer Unterstützung durch den Vorgesetzten. Zu den Teilnahmeformen → Rn. 19. 11

Dulden bedeutet, ein gebotenes Einschreiten gegenüber dem Untergebenen zu unterlassen. Die Verpflichtung für den Vorgesetzten, tätig zu werden, ergibt sich aus der Pflicht zur Dienstaufsicht (§ 10 Abs. 2 SG), zur Fürsorge (§ 10 Abs. 3 SG) sowie der Pflicht zur Kameradschaft (§ 12 SG). Der Vorgesetzte ist verpflichtet dafür zu sorgen, dass es in seinem Verantwortungsbereich nicht zu Misshandlungen von Soldaten kommt. Duldet er zB „Einstandsrituale"[20] oder „Bestrafungsrituale",[21] macht er sich uU strafbar. 12

Die Tat, die der Vorgesetzte fördert oder duldet (Abs. 2), ist die körperliche Misshandlung oder Gesundheitsbeschädigung, die er im Falle des Abs. 1 selbst vornimmt. Die Strafbarkeit nach Abs. 2 knüpft allein daran an, dass der Täter Vorgesetzter des Soldaten ist, der die Tathandlung vornimmt. Zwischen Soldat und Verletztem besteht ebenso wenig ein Vorgesetztenverhältnis (dann griffe Abs. 1 ein), wie zwischen Täter und Verletztem. Die Regelung des Abs. 2 erlaubt daher die Bestrafung des Vorgesetzten immer dann, wenn der Untergebene an einer Misshandlung irgendeines anderen Soldaten beteiligt ist; sie soll damit auch verhindern, dass überhaupt Misshandlungen zwischen Soldaten unter den Augen des Vorgesetzten stattfinden.[22] 13

2. Subjektiver Tatbestand. Der Täter muss vorsätzlich handeln, bedingter Vorsatz reicht aus. Der Täter muss wissen, dass er das körperliche Wohlbefinden eines Untergebenen durch eine üble, unangemessene Behandlung in nicht unerheblicher Weise beeinträchtigt (Abs. 1). Er muss auch wissen oder doch zumindest billigend in Kauf nehmen, dass er einen Untergebenen misshandelt, er also im Zeitpunkt der Tat Vorgesetzter ist.[23] Dagegen ist es nicht erforderlich, dass der Täter zusätzlich die Absicht hatte, den Untergebenen zu misshandeln. Eine Misshandlung liegt daher tatbestandsmäßig schon vor, wenn der Vorgesetzte glaubt, bei dem Untergebenen bessere Ausbildungsleistungen zu erreichen und nur in der Wahl seiner Mittel fehlgreift. 14

Auch für die Tathandlungen des Abs. 2 muss der Vorgesetzte wenigstens mit bedingtem Vorsatz handeln. Er muss wissen, dass an der Tat, die er fördert oder duldet, ein Untergebener beteiligt ist. Er braucht sich nicht der Pflicht bewusst zu sein, den Untergebenen von der Tat abhalten zu müssen. Irrt er hierüber, befindet er sich in einem Verbotsirrtum.[24] Handelte der Vorgesetzte fahrlässig, kann er sich wegen mangelhafter Dienstaufsicht strafbar gemacht haben (§ 41 Abs. 3). 15

III. Täterschaft und Teilnahme, Rechtswidrigkeit, Konkurrenzen, Rechtsfolgen und Prozessuales

1. Täterschaft. Täter kann nur ein Soldat der Bundeswehr sein, der im Tatzeitpunkt Vorgesetzter des Untergebenen ist. Zum Begriff des Vorgesetzten → § 1 Rn. 33 ff., → § 2 Rn. 11 f. Gem. § 1 Abs. 2 findet § 30 auch auf militärische Vorgesetzte Anwendung, die nicht Soldaten sind. Außerdem gilt die Vorschrift entsprechend für Soldaten mit höherem Dienstgrad oder Vorgesetzteneigenschaft nur im Dienst (§ 36 Abs. 1). 16

Befindet sich der Täter in einem Irrtum über seine Vorgesetzteneigenschaft, liegt ein vorsatzausschließender Tatbestandsirrtum vor (§ 16 StGB); zB der Vorgesetzte erkennt bei einer tätlichen Auseinandersetzung in der Dunkelheit nicht, dass der von ihm geschlagene Soldat sein Untergebener ist. Hält sich der Täter infolge falscher rechtlicher Beurteilung der VorgV nicht für befehlsbefugt, lässt dieser Irrtum seinen Vorsatz unberührt, beeinflusst aber als Verbotsirrtum die Frage nach seiner Schuld.[25] Nimmt der Täter dagegen irrig an, er sei Vorgesetzter, handelt es sich um einen untauglichen Versuch, der ihn nach den 17

---

[20] LG Flensburg 25.1.1999 – III Ns 36/98, NZWehrr 1999, 126.
[21] BVerwG 27.11.1990 – 2 WD 20, 21.90, NZWehrr 1991, 77.
[22] *Arndt* S. 216; *Lingens/Korte* Rn. 10; *Schwenck* WStR S. 184 f.
[23] BayObLG 28.6.1977 – RReg 4 St 58/77, NJW 1977, 1974 = NZWehrr 1977, 231; auch *Lingens/Korte* Rn. 13.
[24] BGH 29.5.1961 – GSt 1/61, BGHSt 16, 155.
[25] *Lingens/Korte* Rn. 14.

Vorschriften des WStG straflos lässt.[26] Unberührt bleibt eine Strafbarkeit wegen Körperverletzung (§§ 223 ff. StGB).

18   **2. Teilnahme.** Die Misshandlung eines Untergebenen ist in Form der Mittäterschaft möglich, wenn zwei Vorgesetzte (Gruppen- und Zugführer) gemeinsam einen Untergebenen körperlich übel behandeln (Abs. 1).

19   An dem Tatgeschehen des Abs. 2 sind iS ihrer strafrechtlichen Verantwortlichkeit notwendig wenigstens zwei Personen beteiligt: der Vorgesetzte, der die Tat des Untergebenen fördert oder duldet, und der Untergebene, der sie ausführt. Die Vorschrift ist somit ein Sonderfall der Teilnahme eines Vorgesetzten an einer rechtswidrigen Tat des Untergebenen, der nicht in jedem Fall auch schuldhaft gehandelt zu haben braucht (**Grundsatz der limitierten Akzessorietät**).[27] Der Untergebene führt die vom Vorgesetzten geförderte oder von ihm geduldete Tat als Täter oder Mittäter aus oder nimmt an ihr als Gehilfe oder Anstifter teil. Wenn sich der Vorgesetzte an der Tat des Untergebenen aktiv beteiligt, leistet er einen eigenen Tatbeitrag, der über ein Fördern oder Dulden hinausgeht, zB Vorgesetzter und Untergebener verprügeln gemeinsam den Soldaten einer fremden Einheit. In diesem Fall ist der Vorgesetzte Mittäter einer Körperverletzung nach § 223 StGB in Tateinheit mit § 30 Abs. 2 wegen pflichtwidriger Duldung der Misshandlung durch den Untergebenen.[28] Zur Misshandlung in mittelbarer Täterschaft → Rn. 8.

20   **3. Rechtswidrigkeit.** Die **Einwilligung des Verletzten** hat keine die Rechtswidrigkeit aufhebende Wirkung.[29] Anders als bei § 340 Abs. 3 StGB (s. auch § 48 Abs. 1), der durch seine Verweisung auf § 228 StGB die Einwilligung als Rechtfertigungsgrund ausdrücklich zulässt,[30] hat § 30 nicht nur individualschützenden Charakter, sondern bewahrt vor allem vor der missbräuchlichen Ausnutzung der Befehlsbefugnis und dient der Sicherung bestimmter Vorgesetztenpflichten sowie der Disziplin und Ordnung in der Bundeswehr(→ Rn. 1). Diese Rechtsgüter unterliegen nicht der Disposition des Untergebenen.[31] Andere Rechtfertigungsgründe wie das Recht zur vorläufigen Festnahme gem. § 17 WDO, § 6 UZwGBw, das Recht, Befehle in der den Umständen angemessenen Weise durchzusetzen (§ 10 Abs. 5 S. 2 SG) oder der übergesetzliche Notstand schließen dagegen die Rechtswidrigkeit aus. Ein Irrtum des Vorgesetzten über die Bedeutung der Einwilligung des Untergebenen in die Misshandlung ist nach den Grundsätzen des Verbotsirrtums (§ 17 StGB) zu behandeln.[32]

21   **4. Konkurrenzen.** Gesetzeskonkurrenz besteht zu den §§ 223, 340 StGB iVm § 48 Abs. 1[33] und zu § 32. § 30 Abs. 2 tritt hinter § 33 zurück, wenn zur Misshandlung durch Missbrauch der Befehlsbefugnis oder Dienststellung angestiftet wird;[34] dagegen geht § 30 Abs. 2 dem § 41 Abs. 1 vor. Tateinheit ist möglich mit den §§ 223a–227 StGB[35] sowie mit § 31.

22   **5. Rechtsfolgen.** Der Regelstrafrahmen des Abs. 1 ist Freiheitsstrafe von drei Monaten bis zu fünf Jahren. Für einen **minderschweren Fall** sieht **Abs. 3** eine Freiheitsstrafe bis zu drei Jahren vor. Ein minderschwerer Fall ist anzunehmen, wenn bei Würdigung aller Tatumstände und der Persönlichkeit des Täters die Anwendung des Regelstrafrahmens für den jeweiligen

---

[26] AG Glückstadt 20.1.1966 – 3 Ds 36/64, RWStR § 30 Nr. 5 mAnm *Kohlhaas*.
[27] *Fischer* StGB Vor § 25 Rn. 8; oben Vor §§ 26,27 StGB Rn. 18 ff. S. auch *Bülte* S. 298.
[28] *Schwenck* WStR S. 184; auch *Lingens/Korte* Rn. 8, 12.
[29] BVerwG 1.2.2012 – 2 WD 1.11, NZWehrr 2012,213; BGH 28.10.2009 – 1 StR 205/09 Rn. 151.
[30] *Fischer* StGB § 340 Rn. 7.
[31] BGH 14.1.2009 – 1 StR 554/08, NZWehrr 2009, 78 (85), 14.1.2009 – 1 StR 158/08, BGHSt 53, 145 (168) = NStZ 2009, 289 (292) mAnm *Dau* NStZ 2009, 292; 28.10.2009 – 1 StR 205/09 Rn. 152; OLG Hamm 25.7.2006 – 4 Ws 172–188/06, NStZ RR 2007, 154 (155); zustimmend *Lingens/Korte* Rn. 18; *Arndt* S. 218; auch → StGB Vor § 223 Rn. 47.
[32] BVerwG 1.2.2012 – 2 WD 1.11, NZWehrr 2012, 213.
[33] *Fischer* StGB § 223 Rn. 56; 2. Aufl., StGB § 340 Rn. 40.
[34] Näher *Lingens/Korte* Rn. 23.
[35] BGH 7.4.1970 – 1 StR 487/70, NJW 1970, 1332 noch zu § 226 aF StGB; Tateinheit zu § 224 StGB: BGH 14.1.2009 – 1 StR 554/08, NZWehrr 2009, 78 (85); 14.1.2009 – 1 StR 158/08, BGHSt 53, 145 (168) = NStZ 2009, 289 (292) mAnm *Dau* NStZ 2009, 292 (293), 28.10.2009 – 1 StR 205/09 Rn. 151; OLG Hamm 25.7.2006 – 4 Ws 172–188/06, NStZ RR 2007, 154 (155).

Einzelfall unangemessen hart ist.[36] Dazu muss sich der Tatrichter eine Vorstellung darüber machen, welche Misshandlungen Untergebener zu den gewöhnlich vorkommenden Fällen zu rechnen sind und aus welchen Gründen der zur Entscheidung stehende Einzelfall in seinem Tatbild in ganz erheblichem Maße von dem Durchschnitt dieser Fälle abweicht.[37] Als minderschwerer Fall kann zB das Verhalten des Vorgesetzten angesehen werden, der glaubt, im Interesse der militärischen Ausbildung oder aus erzieherischen Gründen so handeln zu müssen, indem er dem Untergebenen bei kräftezehrender Ausbildung im Gelände zur Aufmunterung einen Klaps auf den Rücken gibt oder er ein ihm harmlos erscheinendes „Einstandsritual" als Spaß auffasst. Auch Mängel in der eigenen Ausbildung können ihn entlasten.[38]

Für einen **besonders schweren Fall** enthält **Abs. 4** einen Strafrahmen von sechs Monaten bis fünf Jahren Freiheitsstrafe. Er entspricht damit der Strafdrohung in allen den Fällen, in denen das Gesetz für einen besonders schweren Fall eigene Regelungen bereit hält (vgl. § 19 Abs. 3, § 25 Abs. 3, § 31 Abs. 3, § 44 Abs. 4). Der besonders schwere Fall hebt sich bei Abwägung aller Zumessungstatsachen nach dem Gewicht von Unrecht und Schuld so weit vom Durchschnitt aller vorkommenden Fälle ab, dass es sich aufdrängt, den Ausnahmestrafrahmen anzuwenden.[39] Nach dem Regelbeispiel des Abs. 4 S. 2 liegt ein besonders schwerer Fall vor, wenn der Vorgesetzte sein Verhalten beharrlich wiederholt. **Beharrlich** handelt der Vorgesetzte, der hartnäckig und uneinsichtig, trotz Belehrung, Ermahnung oder disziplinarer/strafrechtlicher Sanktion sein Verhalten wiederholt und dadurch seine Gleichgültigkeit gegenüber seinen soldatischen Dienstpflichten, den Dienstvorschriften und Gesetzen deutlich zu erkennen gibt. Es müssen mehrere Verstöße vorangegangen sein, um ein Verhalten als beharrlich bezeichnen zu können. Eine einmalige Wiederholung reicht jedenfalls nicht aus.[40] Die Beharrlichkeit ist ein besonderes persönliches Merkmal iS des § 28 Abs. 2 StGB.[41]   23

6. Prozessuales. Die Tat ist ein Offizialdelikt, so dass es eines Strafantrages nicht bedarf.   24

§ 31 Entwürdigende Behandlung

(1) Wer einen Untergebenen entwürdigend behandelt oder ihm böswillig den Dienst erschwert, wird mit Freiheitsstrafe bis zu fünf Jahren bestraft.

(2) Ebenso wird bestraft, wer es fördert oder pflichtwidrig duldet, daß ein Untergebener die Tat gegen einen anderen Soldaten begeht.

(3) ¹In besonders schweren Fällen ist die Strafe Freiheitsstrafe von sechs Monaten bis zu fünf Jahren. ²Ein besonders schwerer Fall liegt in der Regel vor, wenn der Täter sein Verhalten beharrlich wiederholt.

Übersicht

	Rn.		Rn.
I. Allgemeines	1, 2	2. Subjektiver Tatbestand	8
1. Normzweck	1	**III. Täterschaft und Teilnahme,**	
2. Historie	2	**Rechtswidrigkeit, Konkurrenzen und**	
II. Erläuterung	3–8	**Rechtsfolgen**	9–12
1. Objektiver Tatbestand	3–7	1. Täterschaft und Teilnahme	9
a) Entwürdigende Behandlung (Abs. 1)	3, 4	2. Rechtswidrigkeit	10
b) Böswilliges Erschweren des Dienstes (Abs. 2)	5, 6	3. Konkurrenzen	11
c) Fördern oder Dulden (Abs. 2)	7	4. Rechtsfolgen	12

---

[36] BGH 19.3.1975 – 2 StR 53/75, BGHSt 26, 97; *Fischer* StGB § 46 Rn. 85.
[37] OLG Oldenburg 9.6.1964 – 1 Ss 122/64, GA 1965, 31 = NZWehrr 1965, 140 (141).
[38] AA OLG Oldenburg 9.6.1964 – 1 Ss 122/64, GA 1965, 31 = NZWehrr 1965, 140 (141).
[39] *Fischer* StGB § 46 Rn. 88; → StGB § 46 Rn. 108.
[40] *Lingens/Korte* Rn. 22; → StGB § 238 Rn. 44.
[41] *Fischer* StGB § 238 Rn. 20.

I. Allgemeines

1. Normzweck. § 6 S. 1 SG bestätigt dem Soldaten die gleichen staatsbürgerlichen Rechte, wie sie jeder andere Staatsbürger hat. Das Grundrecht auf Achtung und Schutz der Menschenwürde ist nicht einschränkbar. Das Gebot, die Würde des Menschen zu wahren und zu schützen (Art. 1 S. 1 GG), kann innerhalb und außerhalb der Streitkräfte nicht unterschiedlich gehandhabt werden, es bildet die Grundlage der deutschen Wehrverfassung und bedarf im militärischen Bereich sogar besonderen Schutzes.[1] Dienstrechtlich trägt § 11 Abs. 1 S. 2 SG der besonderen Bedeutung dieses Grundrechts dadurch Rechnung, dass er Befehle, die die Menschenwürde verletzen, für unverbindlich erklärt (→ § 2 Rn. 32). Strafrechtlich schützt § 31 den Untergebenen vor entwürdigender Behandlung und böswilliger Erschwerung des Dienstes durch einen Vorgesetzten. Er bewahrt ihn vor seelischer Misshandlung und ergänzt damit den auf die körperliche Integrität gerichteten Rechtsschutz des § 30 (→ § 30 Rn. 1).[2] Geschütztes Rechtsgut ist darüber hinaus wie auch in § 30 (→ § 30 Rn. 1) Disziplin und Ordnung in der Bundeswehr.[3]

2. Historie. Art. 27 EGStGB vom 2.3.1974, BGBl. I S. 469, 530, änderte Abs. 1 in der Strafandrohung, den Abs. 2, indem das Wort ‚vorsätzlich' entfiel, und schließlich den Abs. 3 im Strafrahmen und durch Ergänzung um das Regelbeispiel des S. 2.

II. Erläuterung

1. Objektiver Tatbestand. a) Entwürdigende Behandlung (Abs. 1). Als entwürdigende gilt das Verhalten eines Vorgesetzten, mit dem er den Untergebenen zu einem austauschbaren Objekt erniedrigt, ihn der Lächerlichkeit und Verachtung preisgibt und damit den sozialen Wert- und Achtungsanspruch, den der Untergebene allgemein als Mensch in der sozialen Gemeinschaft und im Besonderen als Soldat in der soldatischen Gemeinschaft besitzt, missachtet.[4] Für die Feststellung im Einzelfall, ob die Behandlung eines Untergebenen entwürdigend ist, hat das OLG Celle[5] unter Zustimmung der Literatur[6] zwischen Behandlungsarten unterschieden, die absolut, dh ohne dass es eines Hinzutretens weiterer Umstände bedürfte, als entwürdigend zu bezeichnen sind, und einer Behandlung, bei der erst eine Gesamtwürdigung von Tat, Täter und Untergebener Aufschluss darüber gibt, ob der Vorgesetzte tatbestandsmäßig gehandelt hat. Diese Auffassung hat der BGH in seinen „Geiselnahmeentscheidungen" vom 14.1.2009[7] und vom 28.10.2009[8] bestätigt. Innerhalb dieser Gesamtwürdigung ist insbesondere zu beachten, dass die Würde des Menschen kein relativer Begriff ist, der von dem subjektiven Empfinden des Einzelnen abhängt. Es ist daher unerheblich, ob sich der Untergebene durch das Verhalten des Vorgesetzten beleidigt fühlt oder ihm sein Verhalten sogar verzeiht. Die Annahme einer entwürdigenden Behandlung darf auch nicht davon abhängig gemacht werden, dass innerhalb des militärischen Bereichs ein rauerer Umgangston

---

[1] So das BVerwG in ständiger Rspr.; BVerwG 27.11.1990 – 2 WD 20, 21/90, BVerwGE 86, 363 = NZWehrr 1991, 77 mN; auch BGH 14.1.2009 – 1 StR 554/08, NZWehrr 2009, 78 (84); BGH 14.1.2009 – 1 StR 158/08, BGHSt 53, 145 = (291) mAnm Dau NStZ 2009, 292; BGH vom 28.10.2009 – 1 StR 205/09 Rn. 117.

[2] S. hierzu die Begr. zum Entwurf des WStG BT-Drs. 2/3040, 38 sowie Schriftlichen Bericht des Ausschusses für Rechtswesen und Verfassungsrecht (*Haasler*-Bericht) BT-Drs. 2/3295, 8; *Bülte*, Strafrechtliche Vorgesetztenverantwortlichkeit für Misshandlungen von Untergebenen in der Bundeswehr, NZWehrr 2016, 45 (48).

[3] BVerwG 1.2.2012 – 2 WD 1.11, NZWehrr 2012, 213.

[4] BGH 14.1.2009 – 1 StR 654/08, NZWehrr 2009, 78 (85); 14.1.2009 – 1 StR 158/08, BGHSt 53, 145 (167) = NStZ 2009, 289 mAnm *Dau* NStZ 2009, 292; 28.10.2009 – 1 StR 205/09 Rn. 140; BayObLG 11.12.1969 – RReg 4 a St 208/69, NJW 1970, 769; OLG Celle 5.7.1961 – 2 Ss 204/61 –, NZWehrr 1962, 42; OLG Koblenz 19.7.1962 – (1) Ss 205/62, NJW 1962, 1881; *Fürst*/Vogelsang, GKÖD YK § 11 Rn. 16; auch → § 2 Rn. 32 und → StGB Vor § 223 Rn. 48.

[5] OLG Celle 5.7.1961 – 2 Ss 204/61, NZWehrr 1962, 42.

[6] *Lingens/Korte* Rn. 4; *Arndt* S. 220; *Schwenck* WStR S. 186.

[7] BGH 14.1.2009 – 1 StR 554/08, NZWehrr 2009, 78 (85); BGH 14.1.2009 – 1 StR 158/08, BGHSt 53, 145 (167) = NStZ 2009, 289 (293) mAnm *Dau* NStZ 2009, 292.

[8] BGH 28.10.2009 – 1 StR 205/09 Rn. 140.

herrscht als im Zivilleben oder ob der Untergebene sensibler reagiert als ein Soldat, der bei robusterer Natur das Verhalten des Vorgesetzten nicht als entwürdigend empfindet. Mit der vom Vorgesetzten dienstrechtlich geforderten beispielhaften Haltung und Pflichterfüllung (§ 10 Abs. 1 SG) verträgt sich keine Sprache oder Verhaltensweise, die die Würde des Untergebenen schon objektiv missachtet. Ob der Vorgesetzte den Untergebenen entwürdigend behandelt hat, setzt daher stets eine objektive Feststellung seines Verhaltens voraus.

Insbesondere in der **Spruchpraxis der Wehrdienstsenate des BVerwG** zeigen sich folgende Fälle als beispielhaft für eine entwürdigende Behandlung durch den Vorgesetzten: Demütigung eines Untergebenen durch Androhung einer Exekution sowie bei sadistischen und sexuellen Anspielungen,[9] Vortäuschen einer Exekution mit aufgesetzter Waffe,[10] Bestrafungsrituale mit durch Holzstab praktizierter „Hausordnung",[11] Äußerungen mit sexuellem Bezug gegenüber unterstellten weiblichen Sanitätsoffizieren,[12] Richten einer gesicherten, aber fertig geladenen Pistole auf den Untergebenen,[13] Ohrfeige für Untergebenen und Abreißen zweier Plastikrosen vom Feldparka,[14] Verspeisen von Regenwürmern auf Befehl,[15] auf einem Bambusstab in Richtung auf die Truppenfahne niederknien,[16] dem Arrestanten bei Aufenthalt im Freien Handfesseln anlegen,[17] Einstandsritual durch sog. „Gurkenschießen",[18] sich ohne Schutzvorrichtung neben einen schwelenden Nebeltopf setzen zu müssen,[19] „Häschen hüpf" um den Staffelblock,[20] ferner Beleidigungen (ein Vorgesetzter, der vor ihm angetretene Untergebene verbal auf eine Stufe mit Schwerverbrechern, Mördern und Drogenjunkies stellt, beleidigt sie)[21] oder Tätlichkeiten bloßstellenden, erniedrigenden oder sexuellen Charakters. 4

b) Böswilliges Erschweren des Dienstes (Abs. 2). Dem Untergebenen wird der Dienst erschwert, wenn er Anordnungen oder Maßnahmen folgen muss, die durch den militärischen Auftrag nicht mehr bedingt sind, die Ausführung des Dienstes schwerer machen, als es die militärische Notwendigkeit verlangt. Damit werden insbesondere Fälle seelischer und körperlicher Einwirkungen erfasst, die wegen ihrer militärischen Sinnlosigkeit Schikane sind und als solche auch vom Untergebenen empfunden werden.[22] 5

Böswilligkeit ist mehr als Absicht. Der Vorgesetzte handelt böswillig, der die Dienstschwerung aus verwerflichen Beweggründen anordnet. Motiv seines Handelns sind häufig Schikane, Hass, Sadismus, falscher Ehrgeiz oder auch völlige Gefühlskälte,[23] er will den Untergebenen quälen, ihm Schmerz zufügen oder ihm sonst wie schaden.[24] Es reicht nicht, dass der Vorgesetzte aus Gleichgültigkeit handelt oder glaubt, seine Anordnungen seien dienstlich notwendig. In diesem Fall sind es eher mangelnde Erfahrung oder Mängel in seiner eigenen Ausbildung als der Wille, dem Untergebenen Schwierigkeiten zu machen;[25] es bleibt uU der Vorwurf der entwürdigenden Behandlung. Vielfach werden sich die böswillige Diensterschwerung und die entwürdigende Behandlung decken, wenn der Vorgesetzte Anordnungen trifft, die sowohl die Würde des Untergebenen als auch die Dienstgestaltung nachteilig berühren.[26] Am militäri- 6

---

[9] BVerwG 20.3.1991 – 2 WD 52.90, BVerwGE 93, 56.
[10] BVerwG 24.4.1997 – 2 WD 40.96.
[11] BVerwG 27.11.1990 – 2 WD 20, 21/90, BVerwGE 86, 363 = NZWehr 1991, 77.
[12] BVerwG 22.4.1997 – 2 WD 46.96; auch BVerwG 23.6.2016 – 2 WD 21.15, NZWehr 2016, 254.
[13] BVerwG 18.3.1997 – 2 WD 29.95, NZWehr 1997, 212; s. auch BVerwG 18.1.1991 – 2 WD 24.89, BVerwGE 86, 180 = NZWehr 1991, 163.
[14] BVerwG 18.1.1991 – 2 WD 24/89, BVerwGE 93, 19 = NZWehr 1991, 163.
[15] BVerwG 12.6.1991 – 2 WD 53. 54. 90, BVerwGE 93, 108 = NZWehr 1991, 254.
[16] BVerwG 22.10.1998 – 2 WD 11.98, BVerwGE 113, 272 = NZWehr 1999, 121.
[17] BVerwG 4.2.1998 – 2 WD 9.97, BVerwGE 113, 187 = NZWehr 1998, 209.
[18] LG Flensburg 25.1.1999 – III Ns 36/98, NZWehr 1999, 126.
[19] LG Tübingen 26.7.1963 – II Ns 192/63, NZWehr 1964, 177.
[20] OLG Celle 5.7.1961 – 2 Ss 204/61, NZWehr 1962, 42.
[21] BVerwG 13.3.2008 – 2 WD 6.07, NZWehr 2009, 33.
[22] BVerwG 13.3.2008 – 2 WD 6.07, NZWehr 2009, 33 (35); so *Lingens/Korte* Rn. 6.
[23] *Arndt* S. 220 f.
[24] BVerwG 13.3.2008 – 2 WD 6.07, NZWehr 2009, 33 (36).
[25] *Lingens/Korte* Rn. 7; *Arndt* S. 221; *Schwenck* WStR S. 187.
[26] *Schwenck* WStR S. 187.

schen Auftrag ausgerichtete Härte, auch Ermunterungsübungen durch Verschärfung der Formalausbildung durch Einstreuen von Kommandos aus dem Gefechtsdienst, um nachlassende Disziplin wieder herzustellen, sind in der Alternative des Abs. 1 nicht tatbestandsmäßig.[27] Wer im Unterricht über die Innere Führung einen durch anstrengenden Außendienst ermüdeten oder erschöpften Untergebenen in der Absicht, ihn dadurch aufzumuntern, Kopfstände ausführen lässt, behandelt ihn zwar entwürdigend, erschwert ihm aber nicht böswillig den Dienst.[28]

7   **c) Fördern oder Dulden (Abs. 2).** Abs. 2 entspricht im Wortlaut dem § 30 Abs. 2. Hier macht sich der Vorgesetzte strafbar, der es fördert oder duldet, dass ein Untergebener die Tathandlungen des Abs. 1 gegen einen anderen Soldaten begeht. Zu den Begriffen Fördern und Dulden → § 30 Rn. 11 ff.

8   **2. Subjektiver Tatbestand.** Der Vorgesetzte muss wenigstens mit bedingtem Vorsatz gehandelt haben. Soweit ihm böswillige Dienstserschwerung vorgeworfen wird, muss er mit der dazu erforderlichen inneren Einstellung gehandelt haben (→ Rn. 5 f.).

III. Täterschaft und Teilnahme, Rechtswidrigkeit, Konkurrenzen und Rechtsfolgen

9   **1. Täterschaft und Teilnahme.** Zum Vorgesetzten-/Untergebenenverhältnis als tatbestandsbegründende Voraussetzung → § 30 Rn. 16 ff.; dort auch zum Irrtum des Täters über seine Vorgesetzteneigenschaft und zu den Teilnahmeformen des Abs. 2.

10 **2. Rechtswidrigkeit.** Hierzu → § 30 Rn. 20.

11 **3. Konkurrenzen.** Tateinheit kann mit § 30 bestehen. § 32 tritt als subsidiäre Regelung zurück.

12 **4. Rechtsfolgen.** Der Regelstrafrahmen für die Abs. 1 und 2 ist Freiheitsstrafe von einem Monat bis zu fünf Jahren. Einen Strafrahmen für einen minderschweren Fall – vergleichbar § 30 Abs. 3 – sieht § 31 ausdrücklich nicht vor. Für die Voraussetzungen eines besonders schweren Falles vgl. dagegen → § 30 Rn. 23.

§ 32 Mißbrauch der Befehlsbefugnis zu unzulässigen Zwecken

Wer seine Befehlsbefugnis oder Dienststellung gegenüber einem Untergebenen zu Befehlen, Forderungen oder Zumutungen mißbraucht, die nicht in Beziehung zum Dienst stehen oder dienstlichen Zwecken zuwiderlaufen, wird mit Freiheitsstrafe bis zu zwei Jahren bestraft, wenn die Tat nicht in anderen Vorschriften mit schwererer Strafe bedroht ist.

Übersicht

	Rn.		Rn.
I. Allgemeines	1–3	b) Missbrauch	6
1. Normzweck	1, 2	c) Befehle, Forderungen, Zumutungen	7, 8
a) Rechtsgut	1	d) Nicht in Beziehung zum Dienst oder	
b) Deliktsnatur	2	dienstlichen Zwecken zuwider	9, 10
2. Historie	3	e) Vollendung der Tat	11
II. Erläuterung	4–12	2. Subjektiver Tatbestand	12
1. Objektiver Tatbestand	4–11	**III. Täterschaft, Konkurrenzen**	13–15
a) Befehlsbefugnis oder Dienststellung	4, 5	1. Täterschaft	13, 14
		2. Konkurrenzen	15

---

[27] OLG Koblenz 19.7.1962 – (1) Ss 205/62, NJW 1962, 1881.
[28] AG Calw 8.12.1964 – Ds 164/64, RWStR § 31 Nr. 4; auch den Sachverhalt zu BVerwG 13.3.2008 – 2 WD 6.07, NZWehrr 2009, 33 (36).

I. Allgemeines

1. Normzweck. a) Rechtsgut. Der Vorgesetzte hat die Befugnis, einem Soldaten **1** Befehle zu erteilen (§ 1 Abs. 3 S. 1 SG) und das Recht, sie in der den Umständen angemessenen Weise durchzusetzen (§ 10 Abs. 5 S. 2 SG). Die Bestimmungen des Zweiten Abschnitts sichern die Befehlsbefugnis des Vorgesetzten und seinen Anspruch auf Gehorsam. Gegenüber dieser Machtfülle des Vorgesetzten muss der Untergebene geschützt werden, damit er als bloßer Befehlsempfänger nicht zu dienstwidrigen Zwecken missbraucht wird. Der gleiche Schutz muss dem Soldaten gewährt werden, der sich einem anderen Soldaten gegenüber sieht, der allein auf Grund seiner Dienststellung über Einflussmöglichkeiten verfügt, ohne zugleich Vorgesetzter zu sein (im Einzelnen → Rn. 5). Geschütztes Rechtsgut des § 32 ist daher die Bewahrung eines allein auf dienstliche Zwecke ausgerichteten rechtlichen oder psychologischen Abhängigkeitsverhältnisses zwischen mindestens zwei Soldaten.[1]

b) Deliktsnatur. Gegenüber den Bestimmungen der §§ 30, 31 hat § 32 nur subsidiäre **2** Bedeutung und greift daher nur ein, wenn die Tat nicht in anderen Vorschriften mit schwererer Strafe bedroht ist.

2. Historie. Art. 27 EGStGB vom 2.3.1974, BGBl. I S. 469, 530, hat die Strafdrohung **3** der Vorschrift auf eine Freiheitsstrafe beschränkt und den Strafarrest gestrichen.

II. Erläuterung

1. Objektiver Tatbestand. a) Befehlsbefugnis oder Dienststellung. Derjenige **4** macht sich strafbar, der seine Befehlsbefugnis oder Dienststellung gegenüber einem Soldaten zu Befehlen, Forderungen oder Zumutungen missbraucht, die nicht in Beziehung zum Dienst stehen oder dienstlichen Zwecken zuwiderlaufen. Die **Befehlsbefugnis** ist das Recht eines Vorgesetzten, einem Untergebenen Befehle zu erteilen (§ 1 Abs. 3 S. 1 SG). Sie ist durch die Vorschriften der VorgV personell auf bestimmte Soldaten, sachlich auf besondere Aufgaben und Zeiträume, gegenständlich gegenüber einem bestimmten Personenkreis und teilweise auch räumlich beschränkt (vgl. zu Einzelheiten → § 1 Rn. 33 ff.). Sie ist von der Disziplinarbefugnis (→ § 38 Rn. 5) zu unterscheiden.

Dienststellung iS des § 32 bezeichnet innerhalb der militärischen Organisation die Posi- **5** tion eines Soldaten, die nicht durch seine Befehlsbefugnis und damit Vorgesetzteneigenschaft bestimmt ist, sondern durch seine Funktion,[2] zB der militärische Referatsleiter im Bundesministerium der Verteidigung gegenüber seinen militärischen Referenten, die Vertrauensperson, der Rechnungsführer. Der Täter auf Grund der Dienststellung kann diese nur zu Forderungen und Zumutungen missbrauchen, der Missbrauch der Befehlsbefugnis ist nur einem Vorgesetzten (§ 1 Abs. 3 S. 1 SG) möglich.[3]

b) Missbrauch. Der Täter missbraucht seine Befehlsbefugnis oder Dienststellung, wenn **6** er in pflichtwidriger Weise auf den Soldaten Einfluss nimmt, indem er sein dienstliches Gewicht ihm gegenüber einsetzt, um bestimmend auf seinen Willen einzuwirken.[4] Für den Begriff der Misshandlung ist es entscheidend, dass der Täter von seiner Befehlsbefugnis oder Dienststellung Gebrauch macht, dieses jedoch in einer unangemessenen, durch dienstliche Notwendigkeit nicht mehr gedeckten und damit verwerflichen Weise.[5] Das bedeutet, dass

---

[1] BVerwG 19.9.2001 – 2 WD 9.01; vgl. LG Augsburg 4.9.1981 – 4 Ns 33 Js 13080/80, NZWehrr 1982, 34 (35); *Arndt* S. 251; *Jescheck,* Befehl und Gehorsam in der Bundeswehr, S. 85.
[2] *Lingens/Korte* Rn. 3; *Arndt* S. 225; auch *Stauf* WR II WStG § 32 Rn. 2; missverständlich LG Augsburg 4.9.1981 – 4 Ns 33 Js 13080/80, NZWehrr 1982, 34 (36). Auch derjenige hat Befehlsbefugnis, dem sie auf Grund seiner Dienststellung iS des § 3 VorgV zusteht; auch → § 1 Rn. 45.
[3] Vgl. auch *Lingens/Korte* Rn. 3.
[4] BayObLG 14.7.1960 – RReg 4 St 134/60, NZWehrr 1961, 173 (174) im Anschluss an die frühere Rspr. des RMG.
[5] *Arndt* S. 226.

der Täter seine dienstliche Machtfülle pflichtwidrig einsetzen muss, um die Willensfreiheit des Soldaten zu beeinflussen. Für den Vorgesetzten beruht diese Machtfülle auf seiner Befehlsbefugnis, für andere Soldaten in der psychologischen Wirkung, die von der von ihnen besetzten Dienststellung ausgeht. Nun ist allerdings nicht schon jeder Befehl, der nicht in Beziehung zum Dienst steht oder zu nichtdienstlichen Zwecken erteilt ist, grds. auch missbräuchlich;[6] der Vorgesetzte kann aus Unerfahrenheit oder aus falsch verstandenem Eifer gehandelt haben. Für den Begriff des Missbrauchs kommt es nicht auf den mit dem Befehl verfolgten Zweck an, sondern auf die Mittel, die angewendet werden, um den gewollten Zweck zu erreichen.[7] Dagegen handelt der Täter selbst dann missbräuchlich, wenn sich der Soldat mit dem Ansinnen einverstanden erklärt hat und für dieses Einverständnis beispielsweise der Befehl des Vorgesetzten jedenfalls mitbestimmend gewesen ist[8] oder wenn er über seine Befehlsbefugnis täuscht.[9] Eine nur zu privaten Zwecken geäußerte Bitte des Vorgesetzten, die erkennbar nicht in Ausübung seiner Befehlsbefugnis an den Untergebenen gerichtet wird, ist nicht tatbestandsmäßig.[10] Regelmäßig werden erst die Umstände des Einzelfalles Aufschluss geben können, ob eine kameradschaftliche Gefälligkeit, ein höfliches Entgegenkommen oder tatsächlich ein erzwungenes Verhalten erwartet wird.

7   c) **Befehle, Forderungen, Zumutungen.** Die Befehlsbefugnis oder Dienststellung muss zu Befehlen, Forderungen oder Zumutungen missbraucht werden. Zum **Befehlsbegriff** (§ 2 Nr. 2) → § 2 Rn. 7 ff. Den Begriffen Forderungen und Zumutungen ist gemeinsam, dass sie nicht mit dem Anspruch auf Gehorsam verbunden sind. Unter einer **Forderung** ist jede Anweisung gegenüber dem Soldaten zu verstehen, die von ihm ein Handeln oder Unterlassen erwartet. **Zumutung** ist jeder Appell an die Bereitschaft des Soldaten, auf Wünsche, Bitten oder Anregungen des Täters einzugehen. Eine Zumutung legt dem Soldaten die Erfüllung näher als der Wunsch oder die Bitte und bringt den Soldaten daher in eine Zwangslage.[11]

8   Nach dem Gesetzeswortlaut muss es ein **Untergebener** sein, dem gegenüber der Täter seine Befehlsbefugnis oder Dienststellung missbraucht. Dieses Tatbestandsmerkmal ist ungenau, weil Untergebener nur ein Soldat sein kann, der der Befehlsbefugnis eines Vorgesetzten unterworfen ist. Bei einem Missbrauch der Dienststellung besteht aber kein Vorgesetztenverhältnis (→ Rn. 5). In beiden Fällen aber muss das Tatopfer ein Soldat der Bundeswehr sein.[12]

9   d) **Nicht in Beziehung zum Dienst oder dienstlichen Zwecken zuwider.** Die Befehle, Forderungen oder Zumutungen an den Soldaten stehen nicht in Beziehung zum Dienst oder sie laufen dienstlichen Zwecken zuwider. Gem. § 10 Abs. 4 SG darf der Vorgesetzte Befehle nur zu dienstlichen Zwecken erteilen. Mit dem Missbrauchstatbestand des § 32 sind die Grenzen der Befehlsbefugnis strafrechtlich gesichert (zum Befehl zu nichtdienstlichen Zwecken → § 2 Rn. 18 ff.). Forderungen oder Zumutungen stehen ohne Beziehung zum Dienst, wenn sie von dem Soldaten ein Verhalten verlangen, das durch dienstliche Zwecke nicht gerechtfertigt ist, zB es werden dem Soldaten ausschließlich die Erfüllung privater Aufträge vom Inhaber der Dienststellung zugemutet oder es wird ohne Grund in die private Sphäre des Soldaten eingegriffen.[13]

---

[6] Vgl. auch *Lingens/Korte* Rn. 7.
[7] BayObLG 14.7.1960 – RReg 4 St 134/60, NZWehr 1961, 173 (175).
[8] BayObLG 14.7.1960 – RReg 4 St 134/60, NZWehr 1961, 173 (175); *Arndt* S. 226; *Lingens/Korte* Rn. 7.
[9] *Lingens/Korte* Rn. 9.
[10] AG Holzminden 11.9.1972 – 7 Ls 231/71, RWStR § 32 Nr. 4 mAnm *Schwenck*.
[11] BayObLG 24.10.1989 – RReg 4 St 197/89, NZWehr 1990, 39 (40).
[12] LG Augsburg 4.9.1981 – 4 Ns Js 13080/80, NZWehr 1982, 34 (35).
[13] BayObLG 24.10.1989 – RReg 4 St 197/89, NZWehr 1990, 39 (40); *Arndt* S. 227; *Lingens/Korte* Rn. 5; *Schwenck* WStR S. 188.

Die Befehle, Forderungen oder Zumutungen laufen dienstlichen Zwecken zuwider, **10** wenn sie sich zwar auf den militärischen Dienst beziehen, aber in keiner Weise geeignet sind, dienstlichen Zwecken objektiv zu dienen oder sie zu fördern.[14] Solange ihnen ein dienstlicher Zweck zu Grunde liegt, widerspricht auch eine unzweckmäßige oder gar rechtswidrige Anordnung dienstlichen Zwecken nicht.[15] Der einem Untergebenen erteilte Befehl, mit einem unbeleuchteten Fahrrad ein dienstlich benötigtes Schreiben von der Post zu holen, verfolgt keinen dienstwidrigen Zweck, sondern ist ein zwar unzweckmäßiger, weil ordnungswidriger, jedoch dienstlichen Zwecken dienender Befehl.[16] Dienstlichen Zwecken zuwider läuft dagegen der Befehl an den Fahrer, eine Autopanne vorzutäuschen, damit die Truppe es sich bequem machen könne.[17] Auch das Anpumpen eines Untergebenen in der vorgefassten Absicht, das Darlehen nicht wieder zurückzuzahlen, ist tatbestandsmäßig.[18]

e) Vollendung der Tat. Die Tat ist bereits vollendet, wenn der Täter seine Missbrauchs- **11** handlung ausführt; unerheblich ist es, ob der Soldat dem Ansinnen des Täters entsprochen oder überhaupt erkannt hat, dass er einem Befehl, einer Forderung oder Zumutung hat nachkommen sollen.[19]

2. Subjektiver Tatbestand. Der Täter muss vorsätzlich handeln, bedingter Vorsatz ist **12** ausreichend. Ob der Täter das Bewusstsein gehabt hat, seine Machtposition zur Durchsetzung dienstwidriger Ziele einzusetzen, ist schon beim Tatbestandsmerkmal des Missbrauchens zu prüfen, es ist kein Bestandteil der inneren Tatseite.[20]

III. Täterschaft, Konkurrenzen

1. Täterschaft. Täter eines Missbrauchs der Befehlsbefugnis ist der Soldat, der zur Zeit **13** der Tat Vorgesetzter des Tatopfers ist. Zum Begriff des Vorgesetzten → § 1 Rn. 33 ff. Die Dienststellung missbraucht der Täter, der – ohne Vorgesetzter zu sein (→ Rn. 5) – diese zur Tatzeit innehat.

Die Vorschrift gilt auch für militärische Vorgesetzte, die nicht Soldaten sind (§ 1 Abs. 2) **14** sowie gem. § 36 Abs. 1 für Soldaten mit höherem Dienstgrad und Soldaten, die nur im Dienst Vorgesetzte sind.

2. Konkurrenzen. § 32 gilt nur subsidiär, dh er tritt hinter die Vorschriften zurück, **15** die die Tat mit schwererer Strafe bedrohen. Idealkonkurrenz mit den §§ 30, 31 ist daher ausgeschlossen. Wird durch den Missbrauch der Befehlsbefugnis vorsätzlich zu einer rechtswidrigen Tat verleitet, ist § 33 gegeben, bei Erfolglosigkeit § 34. War es Ziel der Handlung, eine Beschwerde zu unterdrücken, ist der Täter nach § 35 strafbar. Bei Beeinflussung der Rechtspflege geht § 37 vor.

§ 33 Verleiten zu einer rechtswidrigen Tat

¹Wer durch Mißbrauch seiner Befehlsbefugnis oder Dienststellung einen Untergebenen zu einer von diesem begangenen rechtswidrigen Tat bestimmt hat, die den Tatbestand eines Strafgesetzes verwirklicht, wird nach den Vorschriften bestraft, die für die Begehung der Tat gelten. ²Die Strafe kann bis auf das Doppelte

---

[14] BayObLG 24.10.1989 – RReg 4 St 197/89, NZWehr 1990, 39.
[15] BayObLG 24.10.1989 – RReg 4 St 197/89, NZWehr 1990, 39.
[16] AA OLG Celle 11.8.1961 – 2 Ss 247/61, NJW 1961, 2173; wie hier *Lingens/Korte* Rn. 6; *Schwenck* WStR S. 188.
[17] OLG Celle 11.8.1961 – 2 Ss 247/61, NJW 1961, 2173 unter Hinweis auf die Begr. zu § 32; s. auch LG Traunstein 24.4.1959 – 1 Ns 78/59 (104/59), NZWehr 1960, 86 mAnm *Scherer*.
[18] AG Soltau 15.8.1961 – 6 Ms 20/61-37, RWStR § 32 Nr. 3 mAnm *Schwenck*.
[19] *Lingens/Korte* Rn. 9.
[20] So auch *Lingens/Korte* Rn. 10; aA *Schwenck* WStR S. 189.

der sonst zulässigen Höchststrafe, jedoch nicht über das gesetzliche Höchstmaß der angedrohten Strafe hinaus erhöht werden.

Übersicht

	Rn.		Rn.
I. Allgemeines	1–5	c) Die rechtswidrige Tat	8, 9
1. Normzweck	1–4	2. Subjektiver Tatbestand	10
2. Historie	5	**III. Täterschaft und Teilnahme, Konkurrenzen, Rechtsfolgen**	11–14
II. Erläuterung	6–10	1. Täterschaft	11
1. Objektiver Tatbestand	6–9	2. Teilnahme	12
a) Missbrauch der Befehlsbefugnis oder Dienststellung	6	3. Konkurrenzen	13
b) Bestimmen zu einer Tat	7	4. Rechtsfolgen	14

I. Allgemeines

1   **1. Normzweck.** Die Vorschrift ist eine sachliche Ergänzung zu § 5, der den Soldaten weitgehend entschuldigt, wenn er eine rechtswidrige Tat, die den Tatbestand eines Strafgesetzes verwirklicht, auf Befehl begeht. Den Vorgesetzten, der den Untergebenen durch Befehl dazu verleitet hat, trifft wegen seiner erhöhten Verantwortung (§ 10 SG) auch eine erhöhte Strafdrohung (s. ergänzend → § 32 Rn. 1).[1] Ihm gleichgestellt ist der Soldat, der auf Grund seiner Dienststellung gegenüber einem anderen Soldaten einen derartigen Einfluss auszuüben vermag, dass er ihn unter missbräuchlicher Ausnutzung dieser Dienststellung zu einer Straftat bestimmen kann (→ § 32 Rn. 5).

2   § 33 entspricht der Regelung des § 357 StGB, der für Soldaten nicht gilt, weil sie keine Amtsträger iS des § 11 Abs. 1 Nr. 2 StGB sind und § 357 StGB nicht im Katalog des § 48 enthalten ist.[2]

3   Der Tatbestand des § 33 gehört innerhalb des Dritten Abschnittes zu den Delikten, bei denen der Täter unter Missbrauch seiner Befehlsbefugnis oder Dienststellung straffällig wird (s. die §§ 32, 34, 36, 37).

4   Das erfolgreiche Verleiten des Untergebenen zu einer rechtswidrigen Tat (s. demgegenüber § 34) ist ein eigenständiger militärischer Straftatbestand iS des § 2 Nr. 1,[3] eine Strafverschärfung folgt erst aus der Möglichkeit des S. 2, die Strafe unter den dort genannten Voraussetzungen auf das Doppelte der sonst zulässigen Höchststrafe zu erhöhen.[4] § 28 Abs. 2 StGB findet daher auf § 33 keine Anwendung.

5   **2. Historie.** Die Vorschrift hat durch Art. 27 EGStGB vom 2.3.1974, BGBl. I S. 469, 530, eine Neufassung erhalten.

II. Erläuterung

6   **1. Objektiver Tatbestand. a) Missbrauch der Befehlsbefugnis oder Dienststellung.** Der Täter missbraucht seine Befehlsbefugnis oder Dienststellung, um einen Soldaten zu verleiten, eine Straftat zu begehen. Im Missbrauchstatbestand ist § 33 gleich der Regelung

---

[1] Dazu *Bülte* S. 291; *ders.*, Strafrechtliche Vorgesetztenverantwortlichkeit für Misshandlungen von Untergebenen in der Bundeswehr, NZWehrr 2016, 45 (52 f.).
[2] Dazu vgl. *Andrews*, Die Notwendigkeit der Aufnahme des § 357 StGB in den Katalog des § 48 WStG, NZWehrr 1996, 200.
[3] Diese Auffassung ist schon historisch umstritten. Zustimmend RMG 25.7.1906 – 138/3283.06, RMG 10,164 (168); RMG 17.2.1916 – Nr. 85/29, RMG 20,140 ff. zu § 115 MStGB; *Arndt* S. 230; *Schwenck* WStR S. 190; *Lingens/Korte* Rn. 13; dagegen Strafschärfungsgrund: RG 9.1.1925 – I 826/24, RGSt 59,26 (28) zu §§ 115,143 MStGB; *Schölz* WStR Rn. 15; *Bülte* S. 285 ff.; *ders.*, Strafrechtliche Vorgesetztenverantwortlichkeit für Misshandlungen von Untergebenen in der Bundeswehr, NZWehrr 2016, 45 (54 ff.). Die Begründung zum WStG – BT-Drs. 2/3040 S. 39 – äußert sich widersprüchlich.
[4] *Lingens/Korte* Rn. 13; *Arndt* S. 231; *Schwenck* WStR S. 190; auch *Hoyer*, Die strafrechtliche Verantwortlichkeit innerhalb von Weisungsverhältnissen, S. 191 f.

des § 32, so dass insoweit auf die Erl. zu → § 32 Rn. 6 ff. verwiesen werden kann. Zum Begriff des Untergebenen → § 32 Rn. 8.

b) Bestimmen zu einer Tat. Bestimmen zur Tat ist die Teilnahmehandlung des Vorgesetzten oder Inhabers der Dienststellung (→ § 32 Rn. 5). Der Täter des § 33 handelt wie der Anstifter des allgemeinen Strafrechts (§ 26 StGB); er muss den ernstlichen Willen haben, dass der Soldat die Tat begeht.[5] Er macht sich strafbar, wenn er in dem Soldaten den Entschluss zur Tat hervorruft, indem er seine Befehlsbefugnis oder Dienststellung missbraucht. Das kann mit Hilfe jeder Einwirkung geschehen, die geeignet ist, den Soldaten nach seiner Vorstellung zu beeinflussen. In Betracht kommt dabei in erster Linie der Befehl, aber auch jede Überredung, Versprechen oder Drohung; dies kann auch in versteckter Form geschehen. Der Soldat braucht nicht zu wissen, dass ihn der Täter unter Missbrauch seiner Befehlsbefugnis oder Dienststellung verleitet, er muss sich jedoch unter dem Druck der dienstlichen Überlegenheit des Vorgesetzten oder Inhabers der Dienststellung fühlen. Dabei genügt es, dass dieser Druck für die Entstehung des Tatentschlusses nur mitursächlich ist.[6] War der Soldat schon vorher zur Tat entschlossen, ist eine Strafbarkeit des Vorgesetzten oder Inhabers der Dienststellung nach § 34 zu prüfen.

c) Die rechtswidrige Tat. Der Täter muss den Soldaten zu einer rechtswidrigen Tat bestimmt haben, die den Tatbestand eines Strafgesetzes verwirklicht (§ 11 Abs. 1 Nr. 5 StGB), dh es muss sich um ein Verbrechen oder Vergehen handeln (§ 12 Abs. 1, 2 StGB; → § 5 Rn. 5). Ist der Soldat dazu bestimmt worden, eine Ordnungswidrigkeit zu begehen (→ § 2 Rn. 34), findet § 33 keine Anwendung, jedoch kann eine Strafbarkeit des Bestimmenden nach § 32 in Betracht kommen. Der Soldat muss die Tat vorsätzlich (§ 26 StGB)[7] begangen haben und er darf sich nicht auf Rechtfertigungsgründe berufen können. Wäre sein Verhalten gerechtfertigt, bleibt es denkbar, dass sich der Vorgesetzte oder Inhaber der Dienststellung als mittelbarer Täter strafbar gemacht hat, wenn er in der Lage war, die Tat so zu steuern, dass der Soldat nur noch als sein Werkzeug erschien. Ob der Soldat auch schuldhaft gehandelt hat, ist für die Strafbarkeit des Vorgesetzten oder Inhabers der Dienststellung unerheblich, zB der Soldat handelte gem. § 5 Abs. 1 ohne Schuld, er befand sich in einem entschuldbaren Verbotsirrtum oder es lag ein allgemeiner Schuldausschließungsgrund vor.

Die Tat, zu der der Soldat bestimmt worden ist, muss er auch begangen haben. Ein Versuch reicht aus, wenn dieser auch für die geplante Tat strafbar ist. Andernfalls kommt eine Strafbarkeit nach § 34 in Frage. Für einen Exzess haftet der Bestimmende nicht, er bleibt allein für die Tat verantwortlich, zu der er den Soldaten hat verleiten wollen.[8]

2. Subjektiver Tatbestand. Die Tat setzt Vorsatz voraus, wobei der Täter wenigstens mit bedingtem Vorsatz handeln muss. Er muss wissen, dass der Soldat sich als Folge der ihm gegenüber gezeigten dienstlichen Überlegenheit entschließen wird, die Tat zu begehen und alle ihre objektiven und subjektiven Tatbestandsmerkmale, insbesondere ihre Vollendung (→ Rn. 9), verwirklicht.[9] Ob es sich im Einzelnen um ein Verbrechen oder Vergehen handelt, braucht vom Vorsatz nicht mitumfasst zu sein, jedoch muss die Tat in der Vorstellung des Täters wenigstens in ihren Konturen erkennbar sein. Kennt er die Rechtswidrigkeit der Tat nicht oder glaubt er das Verhalten des Soldaten aus besonderen Gründen gerechtfertigt, fehlt es am Vorsatz.[10]

III. Täterschaft und Teilnahme, Konkurrenzen, Rechtsfolgen

1. Täterschaft. Zum Täter des Missbrauchstatbestandes als Vorgesetzter oder Inhaber einer Dienststellung → § 32 Rn. 13.

---

[5] BayObLG 11.12.1969 – RReg 4 a St 208/69, NJW 1970, 769.
[6] Lingens/Korte Rn. 5; Bülte S. 290.
[7] Lingens/Korte Rn. 9; anders Arndt S. 230.
[8] Lingens/Korte Rn. 11.
[9] Bülte S. 290.
[10] Lingens/Korte Rn. 12; Schwenck WStR S. 190.

12 **2. Teilnahme.** Bei § 33 handelt es sich um eine wehrstrafrechtsspezifische Sonderbestimmung zur allgemeinen Anstiftung nach § 26 StGB. In Abweichung zu den Regeln des allgemeinen Strafrechts ist daher die **Anstiftung zur Beihilfe zur eigenen Tat** strafbar; diese kann in Tateinheit mit der eigenen Tathandlung des Vorgesetzten stehen.[11] Im Übrigen geht die Anstiftung zu der vom Soldaten begangenen Tat in der eigenen Täterschaft nach § 33 auf.[12] Auch die strafrechtliche Haftung des Vorgesetzten gem. § 25 Abs. 1 Alt. 2 StGB tritt hinter der Sonderregelung des § 33 zurück.[13]

13 **3. Konkurrenzen.** Mit den §§ 30, 31 und § 240 StGB kann Idealkonkurrenz bestehen. Da § 32 nur subsidiärer Natur ist (→ § 32 Rn. 2), geht § 33 vor.

14 **4. Rechtsfolgen.** Für den Strafrahmen sind die Vorschriften maßgebend, die für die Tat gelten, zu der der Täter den Soldaten bestimmt hat. S. 2 gibt dem Gericht die Möglichkeit, die Strafe bis auf das Doppelte der sonst zulässigen Höchststrafe zu erhöhen. Das Delikt bekommt dadurch einen neuen Strafrahmen, der der besonderen erhöhten, auch strafrechtlichen Verantwortung des Täters Rechnung trägt (→ Rn. 1). Das Mindestmaß ist durch die für die Begehung der Tat geltende Vorschrift bestimmt, die Höchstgrenze beträgt das Doppelte der dort angedrohten Höchststrafe, begrenzt durch das gesetzliche Höchstmaß der jeweiligen Strafart.

§ 34 Erfolgloses Verleiten zu einer rechtswidrigen Tat

(1) ¹Wer durch Mißbrauch seiner Befehlsbefugnis oder Dienststellung einen Untergebenen zu bestimmen versucht, eine rechtswidrige Tat, die den Tatbestand eines Strafgesetzes verwirklicht, zu begehen oder zu ihr anzustiften, wird nach den für die Begehung der Tat geltenden Vorschriften bestraft. ²Jedoch kann die Strafe nach § 49 Abs. 1 des Strafgesetzbuches gemildert werden.

(2) ¹Nach Absatz 1 wird nicht bestraft, wer freiwillig den Versuch aufgibt, den Untergebenen zu bestimmen, und eine etwa bestehende Gefahr, daß der Untergebene die Tat begeht, abwendet. ²Unterbleibt die Tat ohne Zutun des Zurücktretenden oder wird sie unabhängig von seinem früheren Verhalten begangen, so genügt zu seiner Straflosigkeit sein freiwilliges und ernsthaftes Bemühen, die Tat zu verhindern.

Übersicht

	Rn.		Rn.
I. Allgemeines	1–4	c) Die rechtswidrige Tat	7
1. Normzweck	1–3	d) Versuchte Drittanstiftung	8
2. Historie	4	2. Subjektiver Tatbestand	9
II. Erläuterung	5–9	III. Strafbefreiender Rücktritt, Konkurrenzen, Rechtsfolgen	10–14
1. Objektiver Tatbestand. (Abs. 1)	5–8	1. Strafbefreiender Rücktritt (Abs. 2)	10–12
a) Missbrauch der Befehlsbefugnis oder Dienststellung	5	2. Konkurrenzen	13
b) Bestimmen	6	3. Rechtsfolgen	14

I. Allgemeines

1 **1. Normzweck.** § 34 erhebt den Versuch, den Untergebenen (→ § 32 Rn. 8) zu einer rechtswidrigen Tat zu verleiten (§ 33), zu einem selbstständigen Delikt.[1] Dabei unterscheidet

---
[11] AG Bogen 21.2.1962 – Ds 54/1961, RWStR § 33 Nr. 1 mAnm *Weidinger*: Anstiftung zur Beihilfe durch den Untergebenen bei eigener Jagdwilderei.
[12] Vgl. auch *Lingens/Korte* Rn. 16; aA wohl *Schwenck* WStR S. 190, der Idealkonkurrenz annimmt.
[13] *Lingens/Korte* Rn. 16; *Hoyer*, Die strafrechtliche Verantwortlichkeit innerhalb von Weisungsverhältnissen, S. 191 f.
[1] Vgl. *Stauf* WR II WStG § 34 Rn. 1; aA *Bülte* S. 285 ff.; *ders.*, Strafrechtliche Vorgesetztenverantwortlichkeit für Misshandlungen in der Bundeswehr, NZWehrr 2006, 45 (54 ff.). → § 33 Fn. 3.

er zwei Tatvarianten: bestraft wird der Vorgesetzte, der einen Untergebenen zu bestimmen versucht, eine Straftat zu begehen; erfasst ist damit auch der Versuch der geplanten Tat in mittelbarer Täterschaft, wenn der Vorgesetzte weiß, dass der Untergebene ohne Schuld handelt.[2] In der zweiten Variante macht sich der Vorgesetzte strafbar, der den Untergebenen zu bestimmen versucht, einen Dritten zu einer rechtswidrigen Tat anzustiften (sog. „Kettenanstiftung"). Strafbar ist also auch die versuchte Anstiftung zur erfolglosen Anstiftung.[3]

Die Vorschrift ähnelt § 30 Abs. 1 StGB, geht in ihrem Anwendungsbereich jedoch weiter. Im Gegensatz zu § 30 Abs. 1 StGB macht sich der Vorgesetzte auch schon strafbar, der den Untergebenen zu einem Vergehen zu bestimmen versucht. Die Frage, welche Qualifikation entscheidet, wenn auf Grund besonderer persönlicher Umstände die rechtswidrige Tat für den Untergebenen ein Verbrechen, für den Vorgesetzten dagegen nur ein Vergehen ist, erhält für § 30 StGB eine nicht streitfreie Antwort.[4] Bei der im Wortlaut unterschiedlichen Regelung des § 34 Abs. 1 bedarf das Problem im Wehrstrafrecht keiner Entscheidung; der Vorgesetzte versucht in jedem Fall, den Untergebenen zu einer rechtswidrigen Tat zu bestimmen. Die Differenzierung zwischen Verbrechen und Vergehen ergibt sich aus dem Strafrahmen des Delikts, das der Untergebene hätte begehen sollen.

Entsprechend § 33 handelt es sich auch bei der Regelung des § 34 um einen selbstständigen Straftatbestand und nicht um einen Strafverschärfungsgrund (→ § 33 Rn. 4); § 28 Abs. 2 StGB findet daher keine Anwendung.

2. Historie. § 34 hat durch Art. 27 EGStGB vom 2.3.1974, BGBl. I S. 469, 530, eine neue Fassung erhalten.

II. Erläuterung

1. Objektiver Tatbestand. (Abs. 1). a) Missbrauch der Befehlsbefugnis oder Dienststellung. Zum Missbrauch der Befehlsbefugnis oder Dienststellung vgl. bei gleich lautenden Tatbestandsvoraussetzungen → § 32 Rn. 4 ff. Zum Begriff des Untergebenen → § 32 Rn. 8.

b) Bestimmen. Auch für den Tatbestand des § 34 setzt der Begriff des Bestimmens den ernstlichen Willen des Täters voraus, dass der Untergebene die Tat begehen soll.[5] Die versuchte Anstiftung bleibt aber erfolglos, weil der Untergebene das Ansinnen des Vorgesetzten oder Inhabers der Dienststellung als strafbare Aufforderung nicht versteht, es zurückweist, die Ausführung des Befehls ablehnt, weil er die Strafbarkeit des Unrechts erkannt hat[6] oder weil es aus anderen Gründen nicht zu der beabsichtigten Tatausführung kommt, zB der Untergebene gibt den zunächst gefassten Tatentschluss wieder auf oder er war schon vorher zu der Tat entschlossen. Bei einem erfolgreichen Verleiten ist Strafbarkeit nach § 33 gegeben.

c) Die rechtswidrige Tat. Der Untergebene soll dazu bestimmt werden, eine rechtswidrige Tat zu begehen, die den Tatbestand eines Strafgesetzes verwirklicht (§ 11 Abs. 1 Nr. 6 StGB). Ob es sich bei der Straftat im Einzelfall um ein Verbrechen oder Vergehen handelt (§ 12 Abs. 1, 2 StGB), richtet sich nach dem jeweils geplanten Straftatbestand und seinem für den Fall der Verwirklichung vorgesehenen Strafrahmen (→ Rn. 2). Anders als bei § 30 StGB hängt die Qualifikation der Straftat nicht von der Beurteilung eines der daran Beteiligten ab.[7]

d) Versuchte Drittanstiftung. Der Vorgesetzte oder Inhaber der Dienststellung wird auch bestraft, der erfolglos versucht hat, einen Untergebenen zu bestimmen, einen Dritten

---
[2] *Lingens/Korte* Rn. 2; aA *Arndt* S. 231; *Fischer* StGB § 30 Rn. 9, s. aber auch dort Rn. 4.
[3] *Lingens/Korte* Rn. 4; *Fischer* StGB § 30 Rn. 8.
[4] S. die Nachweise bei *Fischer* StGB § 30 Rn. 5 und → StGB § 30 Rn. 14 ff.
[5] BayObLG 11.12.1969 – RReg 4 a St 208/69, NJW 1970, 769; auch → § 33 Rn. 7.
[6] *Fischer* StGB § 30 Rn. 9a; *Jescheck*, Befehl und Gehorsam, S. 86.
[7] → Rn. 2; auch *Lingens/Korte* Rn. 7.

zu einer rechtswidrigen Tat anzustiften („sog. Kettenanstiftung"). Der Dritte muss nicht Soldat sein. Nicht erfasst ist die erfolglose Anstiftung zur erfolglosen Beihilfe, diese bleibt straflos.[8]

9 **2. Subjektiver Tatbestand.** Die innere Tatseite verlangt Vorsatz; dafür reicht es aus, dass der Vorgesetzte billigend in Kauf nimmt, der Untergebene werde seinem Ansinnen folgen (vgl. im Übrigen → § 33 Rn. 10).

III. Strafbefreiender Rücktritt, Konkurrenzen, Rechtsfolgen

10 **1. Strafbefreiender Rücktritt (Abs. 2).** Abs. 2 S. 1 enthält einen persönlichen Strafaufhebungsgrund, er entspricht der Regelung des § 32 StGB. Die Vorschrift ermächtigt den Tatrichter, dem Täter bei Rücktritt vom Versuch der Beteiligung, eine Art tätige Reue, Straffreiheit zu gewähren.

11 Voraussetzung ist, dass der Vorgesetzte oder Inhaber der Dienststellung freiwillig den Versuch aufgegeben hat, den Untergebenen zu verleiten und eine etwa bestehende Gefahr, dass der Untergebene die Tat begehe, abwendet. Dazu muss er davon ablassen, weiterhin auf den Untergebenen einzuwirken, solange dieser noch nicht zur Tat entschlossen ist. Hat der Untergebene dagegen den Tatentschluss gefasst, aber noch nicht mit der Ausführung der Tat begonnen, hat der Vorgesetzte die durch sein Verhalten entstandene Gefahr zu neutralisieren und durch geeignete Maßnahmen dafür zu sorgen, dass die Tat unterbleibt.

12 Ist die Handlung ohne Zutun des Vorgesetzten unterblieben oder wird sie unabhängig von seinem früheren Verhalten begangen, genügt sein freiwilliges und ernsthaftes Bemühen, die Tat zu verhindern (→ § 28 Rn. 14 f.). Zum Begriff der Freiwilligkeit → § 27 Rn. 20.

13 **2. Konkurrenzen.** Da § 32 nur subsidiär gilt (→ § 32 Rn. 2), tritt er hinter § 34 zurück. Andererseits ist der Täter allein aus § 33 zu bestrafen, wenn es zum Versuch oder der Vollendung der Tat gekommen ist.

14 **3. Rechtsfolgen.** Bei der Strafzumessung ist wie bei § 33 grds. von dem Strafrahmen für die rechtswidrige Tat auszugehen, zu der angestiftet werden sollte (→ § 33 Rn. 14). Abs. 1 S. 2 sieht jedoch mit dem Verweis auf § 49 Abs. 1 StGB die Möglichkeit einer Strafmilderung vor. Diese Regelung entspricht § 23 Abs. 2 StGB.

§ 35 Unterdrücken von Beschwerden

(1) Wer einen Untergebenen durch Befehle, Drohungen, Versprechungen, Geschenke oder sonst auf pflichtwidrige Weise davon abhält, Eingaben, Meldungen oder Beschwerden bei der Volksvertretung der Bundesrepublik Deutschland oder eines ihrer Länder, bei dem Wehrbeauftragten des Bundestages, bei einer Dienststelle oder bei einem Vorgesetzten anzubringen, Anzeige zu erstatten oder von einem Rechtsbehelf Gebrauch zu machen, wird mit Freiheitsstrafe bis zu drei Jahren bestraft.

(2) Ebenso wird bestraft, wer eine solche Erklärung, zu deren Prüfung oder Weitergabe er dienstlich verpflichtet ist, unterdrückt.

(3) Der Versuch ist strafbar.

Übersicht

	Rn.		Rn.
I. Allgemeines	1–3	**II. Erläuterung**	4–21
1. Normzweck	1, 2	1. Objektiver Tatbestand	4–20
a) Rechtsgut	1	a) Abhalten (Abs. 1)	4–7
b) Deliktsnatur	2	b) Unterdrücken (Abs. 2)	8–10
2. Historie	3	c) Geschützte Erklärungen	11–17

---
[8] *Arndt* S. 231; aber → § 33 Rn. 12.

	Rn.		Rn.
d) Adressaten der Erklärung	18–20	1. Täterschaft	22
2. Subjektiver Tatbestand	21	2. Versuch (Abs. 3)	23
III. Täterschaft, Versuch, Konkurrenzen, Rechtsfolgen	22–25	3. Konkurrenzen	24
		4. Rechtsfolgen	25

I. Allgemeines

1. Normzweck. a) Rechtsgut. Der Soldat hat die gleichen staatsbürgerlichen Rechte 1 wie jeder andere Staatsbürger (§ 6 SG), die nur nach Maßgabe der Erfordernisse des militärischen Dienstes und nur durch seine gesetzlich begründeten Pflichten beschränkt werden können. Bei der Geltung der Grundrechte auch im militärischen Bereich (Art. 1 Abs. 3 GG) und der verfassungsrechtlichen Generalklausel des Art. 19 Abs. 4 GG ist der Gedanke des Rechtsstaates gegenüber dem Soldaten vor allem dadurch verwirklicht, dass er gegen jede Beeinträchtigung seiner Rechtsposition letztlich die Entscheidung eines unabhängigen Gerichts herbeiführen kann. Auch in der Ausübung des Petitions- und Beschwerderechts aus Art. 17 GG ist der Soldat keinen Beschränkungen unterworfen. § 35 schützt dieses Recht des Soldaten auf umfassenden Rechtsschutz, als Staatsbürger und Soldat frei von jeder Beeinflussung durch Vorgesetzte alle ihm zustehenden Rechtsmittel und Rechtsbehelfe nutzen zu können.[1]

b) Deliktsnatur. § 35 ist die rechtsstaatlich erweiterte Nachfolgeregelung eines herge- 2 brachten wehrrechtlichen Grundsatzes.[2] Er trifft zwei unterschiedliche Bestimmungen. Abs. 1 regelt die Folgen eines Verstoßes gegen die Pflichten des Vorgesetzten; er bedroht denjenigen mit Strafe, der einen Untergebenen davon abhält, eine Eingabe einzureichen oder eine Beschwerde einzulegen. Abs. 2 demgegenüber ist kein Vorgesetztendelikt; er richtet sich an jeden Soldaten, der in einer bestimmten Funktion eine bereits abgegebene Erklärung unterdrückt.[3]

2. Historie. Art. 27 EGStGB vom 2.3.1974, BGBl. I S. 469, 530, hat Abs. 1 im Strafrah- 3 men geändert und dem allgemeinen Strafrecht angepasst, im Übrigen gilt die Vorschrift in ihrer ursprünglichen Fassung.

II. Erläuterung

1. Objektiver Tatbestand. a) Abhalten (Abs. 1). Der Vorgesetzte macht sich strafbar, 4 der einen Untergebenen davon abhält, seinen Anspruch auf Rechtsschutz geltend zu machen (→ Rn. 1). Abhalten bedeutet, den Untergebenen in einer Weise zu beeinflussen, dass er seine ursprüngliche Absicht freiwillig oder vom jeweils eingesetzten Tatmittel abhängig unter dem Druck physischer oder psychischer Einwirkungen aufgibt. Der Untergebene braucht sich noch nicht zu einer Eingabe oder einem Rechtsbehelf entschlossen zu haben, es genügt, dass ein Beschwerdeanlass gegeben ist und der Untergebene für den Vorgesetzten erkennbar überlegt, diesen überprüfen zu lassen.[4]

Als Mittel, den Untergebenen von seiner Absicht abzuhalten, nennt das Gesetz Befehle, 5 Drohungen, Versprechungen und Geschenke, im Übrigen kann die Tathandlung auch sonst in pflichtwidriger Weise ausgeführt werden. Zum **Befehlsbegriff** → § 2 Rn. 7 ff.; zum Begriff der **Drohung** → § 24 Rn. 8 f. **Versprechungen** sind Zusagen von Vorteilen materieller oder immaterieller Art, zB Geldzuwendung, die Zusage, vom Dienst zu ungünstigen Zeiten befreit zu werden, Sonderurlaub zu bekommen oder auf einen laufbahnfördernden

---

[1] BGH 25.6.1963 – 1 StR 210/63, BGHSt 19, 31 (32) = LM § 35 Nr. 1 mAnm *Kohlhaas;* auch Begr. zum Entwurf des WStG BT-Drs. 2/3040, 40.
[2] Vgl. § 117 MStGB; s. auch § 2 WBO, § 7 WBeauftrG.
[3] *Lingens/Korte* Rn. 1a; *Schwenck* WStR S. 193; aA *Arndt* S. 232, der auch Abs. 2 als einen Verstoß gegen die Pflichten des Vorgesetzten ansieht.
[4] *Lingens/Korte* Rn. 9; enger *Schwenck* WStG S. 193, der erst eine konkrete Beschwerde verlangt.

Lehrgang geschickt zu werden. **Geschenke** sind die freiwillige und unentgeltliche Übertragung von Vermögenswerten auf den Untergebenen.

6   Die Verwendung der in Abs. 1 ausdrücklich genannten Tatmittel ist stets pflichtwidrig. Bedient sich der Vorgesetzte anderer Methoden, muss er von ihnen in pflichtwidriger Weise Gebrauch machen. **Pflichtwidrig** handelt der Vorgesetzte, der entgegen seiner Pflicht zur Dienstaufsicht (§ 10 Abs. 2 SG), zur Fürsorge (§ 10 Abs. 3 SG), zur Kameradschaft (§ 12 SG) sowie Befehlen, Dienstvorschriften und Gesetzen zuwider die Entschlussfreiheit des Untergebenen beeinflusst.[5] Ob der Vorgesetzte den Untergebenen in sonst pflichtwidriger Weise von einer Erklärung abgehalten hat, setzt immer die Feststellung eines Dienstvergehens voraus. Die Pflicht des Vorgesetzten, in Haltung und Pflichterfüllung ein Beispiel zu geben (§ 10 Abs. 1 SG), begründet keine besondere Dienstpflicht für ihn, sondern spricht nur aus, dass jeder Vorgesetzte für die Erfüllung seiner soldatischen Pflichten wegen seiner herausgehobenen Stellung in erhöhtem Maße verantwortlich ist, bezieht sich also nur auf die Bemessung der Disziplinarmaßnahme.[6] „Klagen und Tränen" des Vorgesetzten gegenüber einem Untergebenen oder „würdeloses Anbiedern" sind daher nicht schon pflichtwidrig.[7] Ein derartiges Verhalten disqualifiziert ihn zwar charakterlich als Vorgesetzten, ist aber kein Dienstvergehen. Auch der Vorgesetzte, der den Untergebenen über die Rechtslage aufklärt, um ihm Unannehmlichkeiten zu ersparen, handelt nicht pflichtwidrig, wenn der Untergebene daraufhin von einer Erklärung absieht. In diesem Fall hat der Vorgesetzte sogar seiner Fürsorge- und Kameradschaftspflicht entsprochen, wenn die Erklärung beleidigende Äußerungen über den Betroffenen (§ 4 Abs. 3 S. 2 WBO) enthält. Zur Pflichtwidrigkeit des Unterdrückens → Rn. 8 ff.

7   Der **Vorgesetzte handelt zB tatbestandsmäßig,** der durch Drohung einen Untergebenen von einer Meldung über bestimmte Vorfälle in der Einheit abhält, um eine Überprüfung durch höhere Vorgesetzte zu vermeiden und den guten Ruf der Truppe zu wahren. Insbesondere hat sich der Vorgesetzte besondere Zurückhaltung gegenüber dem Untergebenen aufzuerlegen, der selbst Betroffener einer Beschwerde ist. Hier kann schon jede Empfehlung an den Beschwerdeführer, sich die Sache doch noch einmal zu überlegen oder das Angebot, die Angelegenheit bei einem Glas Bier aus der Welt zu schaffen, in strafrechtliche Verwicklungen führen. Pflichtwidrig handelt der Vorgesetzte, der den Untergebenen mit unmittelbarer Gewalt daran hindert, eine Eingabe zu machen, zB er nimmt ihm das Schriftstück fort und zerreißt es. Dagegen braucht eine einsichtsvolle Entschuldigung des Vorgesetzten nicht pflichtwidrig zu sein, auch wenn er gleichzeitig damit die Absicht verfolgt, den Untergebenen von der zunächst beabsichtigten Meldung abzubringen.[8]

8   **b) Unterdrücken (Abs. 2).** Die Tathandlung des Abs. 2 hat der Vorschrift mit einem insoweit verkürzten Inhalt ihre amtliche Überschrift gegeben. Sie stellt unter Strafe, wenn ein Soldat eine Erklärung iS des Abs. 1, zu deren Prüfung oder Weitergabe er dienstlich verpflichtet ist, unterdrückt. Unterdrücken heißt, zu verhindern oder zu erschweren, dass die Erklärung des Soldaten nicht oder nicht rechtzeitig von der für die Entscheidung zuständigen Stelle bearbeitet werden kann, sie also gar nicht oder erst verspätet in den Geschäftsgang gelangt. Eine zusätzliche Täuschungshandlung, ein Verbergen oder Verheimlichen ist nicht erforderlich. Auch wenn der Täter die Erklärung nur vorübergehend dem Geschäftsgang entzieht und im Übrigen nur eine zeitweise Entziehung plante, unterdrückt er.[9] Ist eine Weitergabe dagegen unterblieben, weil der Täter objektiv durch starke Arbeitsbelastung überfordert war, handelt er insoweit nicht pflichtwidrig.

9   Der Täter kann die Erklärung auf Dauer unterdrücken, wenn er das entsprechende Schriftstück vernichtet oder unauffindbar wegschließt, oder nur zeitweise, indem er es nur

---

[5] *Stauf* WR II WStG § 35 Rn. 6.
[6] BDH 31.8.1962 – WD 63/62, BDHE 6, 149 (150) = NZWehrr 1963, 167 (168); *Scherer/Alff/Poretschkin* § 10 Rn. 2; *Dau* WDO § 38 Rn. 2.
[7] So auch jetzt *Lingens/Korte* Rn. 12; ebenfalls *Stauf* WR II WStG § 35 Rn. 6.
[8] *Schwenck* WStR S. 192; *Arndt* S. 234.
[9] BGH 25.6.1963 – 1 StR 210/63, BGHSt 19, 31 (32) = LM § 35 Nr. 1 mAnm *Kohlhaas*.

der pflichtgemäßen Weitergabe zuwider unter Verschluss hält.[10] Auch wenn der Täter es aus Faulheit unbearbeitet offen auf seinem Schreibtisch liegen lässt, unterdrückt er. Wenn er sich weigert, eine mündlich eingelegte Beschwerde in eine Niederschrift aufzunehmen, unterdrückt er in Form des Unterlassens.[11]

Pflichtwidrig handelt der Täter, der eine dienstliche Verpflichtung hat, die Erklärung des Soldaten zu prüfen oder sie weiterzugeben. Prüfung bedeutet auch Entscheidung, so dass der Täter mit der zur Entscheidung zuständigen Stelle personengleich sein kann. Die Verpflichtung zur Prüfung und Weitergabe kann sich aus dem Gesetz (zB § 5 Abs. 3 WBO), aus Dienstanweisungen oder Befehlen im Einzelfall ergeben. 10

c) Geschützte Erklärungen. Gegenstand des durch § 35 gesicherten Rechtsschutzes sind Eingaben, Meldungen, Beschwerden, Anzeigen und Rechtsbehelfe. 11

Die **Eingabe** ist jedes individuelle Vorbringen, mit dem der Untergebene in Wahrnehmung seines Petitionsrechts nach Art. 17 GG ein bestimmtes Verhalten staatlicher Dienststellen wünscht oder erbittet; dazu gehören Petitionen, Forderungen, Anträge oder Vorschläge, vor allem Eingaben nach § 7 WBeauftrG. 12

Im Gegensatz zu § 42 Abs. 1, der die Abgabe einer unwahren *dienstlichen* Meldung unter Strafe stellt, umfasst die für § 35 gegenständliche **Meldung** auch Angaben, die keinen dienstlichen Bezug aufweisen. Zum Begriff der Meldung im Übrigen → § 42 Rn. 5. 13

Die **Beschwerde** ist die truppendienstliche Beschwerde und die Verwaltungsbeschwerde nach der WBO, die Disziplinarbeschwerde gem. § 42 WDO sowie die Dienstaufsichtsbeschwerde.[12] Auch die Gegenvorstellung ist Teil des Beschwerdebegriffes. 14

Anzeige ist die Strafanzeige, die Anzeige einer Ordnungswidrigkeit oder eines Dienstvergehens. 15

Im Begriff **Rechtsbehelf** sind alle die prozessualen Mittel zusammengefasst, mit denen der Untergebene nach den Vorschriften des jeweiligen Verfahrensgesetzes eine Überprüfung einer ihn belastenden Maßnahme oder Entscheidung erreichen kann, zB der Widerspruch nach § 69 VwGO, der Antrag auf gerichtliche Entscheidung des Truppendienstgerichts gem. § 17 WBO, §§ 45, 112 WDO, Berufung im gerichtlichen Disziplinarverfahren gem. §§ 115 ff. WDO, die Klage vor dem Verwaltungsgericht, auch vor dem Europäischen Gerichtshof für Menschenrechte oder einem ordentlichen Gericht. 16

Geschützt sind die Erklärungen als solche, es kommt nicht darauf an, ob sie als Eingabe oder Rechtsbehelf rechtlich zulässig, sachlich begründet, dienstlicher oder privater Natur sind und eigene oder fremde Angelegenheiten betreffen.[13] 17

d) Adressaten der Erklärung. Als Adressaten der Erklärung bestimmt Abs. 1 die Volksvertretung der Bundesrepublik Deutschland, also den Bundestag, oder eines ihrer Länder, zB den Landtag, das Abgeordnetenhaus, die Bürgerschaft. Die Eingabe an das Europäische Parlament, an ein Gemeinde- oder Kommunalparlament oder auch an einen einzelnen Abgeordneten ist nicht erfasst; eine entsprechende Anwendung des § 35 Abs. 1 ist im Hinblick auf das Analogieverbot abzulehnen.[14] Empfänger einer Eingabe ist vor allem der Wehrbeauftragte des Bundestages (Art. 45b GG, § 7 WBeauftrG). 18

Dienststelle bezeichnet nicht nur die militärische Organisationseinheit (→ § 15 Rn. 8), sondern auch jede zivile oder zivil/militärisch strukturierte Behörde, an die sich der Untergebene mit seinem Vorbringen wendet, zB das Bundesamt für Infrastruktur, Umweltschutz und Dienstleistungen der Bundeswehr, den Datenschutzbeauftragten des Bundes oder der einzelnen Länder, Verfassungsschutzbehörden. 19

---

[10] BGH 25.6.1963 – 1 StR 210/63, BGHSt 19, 31 (32) = LM § 35 Nr. 1 mAnm *Kohlhaas*.
[11] *Lingens/Korte* Rn. 13.
[12] *Dau* WBO Einf. Rn. 108 ff.
[13] *Lingens/Korte* Rn. 7; *Schwenck* WStR S. 193.
[14] Anders die Verfassungsrechtslage jedenfalls für die Kommunalparlamente; s. Hömig/Wolf/*Wolf* GG Art. 17 Rn. 5.

20 Unter den Begriff **Vorgesetzter** als Adressat einer Erklärung fällt nur der militärische Vorgesetzte (§ 1 Abs. 3 SG),[15] der zivile Vorgesetzte ist nur unter den Voraussetzungen des § 1 Abs. 2 als Täter einer militärischen Straftat in den Geltungsbereich des Gesetzes einbezogen.

21 **2. Subjektiver Tatbestand.** Für beide Abs. muss der Täter vorsätzlich handeln, bedingter Vorsatz genügt.

III. Täterschaft, Versuch, Konkurrenzen, Rechtsfolgen

22 **1. Täterschaft.** Täter des Abs. 1 ist stets ein Vorgesetzter (→ § 1 Rn. 33 ff.) gegenüber einem Untergebenen (→ § 32 Rn. 8) oder es liegen die Voraussetzungen des § 36 Abs. 1 vor. In der Tatvariante des Abs. 2 braucht der Täter dagegen kein Vorgesetzter zu sein. Unterdrücken kann jeder Soldat, dem innerhalb der Organisationsstruktur der Einheit/Dienststelle die besondere Dienstpflicht obliegt, eine Erklärung zu prüfen und sie weiterzugeben, zB Kompaniefeldwebel oder ein Mannschaftsdienstgrad auf dem Kompaniegeschäftszimmer.

23 **2. Versuch (Abs. 3).** Der Versuch ist bei Abs. 1 und 2 strafbar. Ein Versuch liegt regelmäßig vor, wenn der Untergebene trotz aller Bemühungen des Vorgesetzten, ihn davon abzuhalten, seine Beschwerde einlegt.

24 **3. Konkurrenzen.** Bei dem subsidiären Charakter des § 32 (→ § 32 Rn. 2) geht § 35 jener Vorschrift vor. Mit den §§ 30, 31 kann Tateinheit bestehen, ebenso zwischen der Anstiftung zu Abs. 2 und § 37 sowie zwischen Abs. 2 und § 40.[16] Zwischen § 274 StGB und § 35 besteht Gesetzeskonkurrenz.

25 **4. Rechtsfolgen.** Der Strafrahmen für die Freiheitsstrafe liegt für beide Abs. zwischen einem Monat und drei Jahren.

§ 36 Taten von Soldaten mit höherem Dienstgrad

(1) Die §§ 30 bis 35 gelten entsprechend für Taten eines Soldaten, der zur Zeit der Tat nicht Vorgesetzter des anderen, aber
1. Offizier oder Unteroffizier ist und einen höheren Dienstgrad als der andere hat oder
2. im Dienst dessen Vorgesetzter ist
und der bei der Tat seine Dienststellung mißbraucht.
(2) In den Fällen des Absatzes 1 Nr. 1 ist § 4 nicht anzuwenden.

I. Allgemeines

1 Die Vorschrift stellt den Missbrauch der Dienststellung durch Soldaten mit höherem Dienstgrad und durch Soldaten, die nur im Dienst Vorgesetzte sind, unter Strafe. Dieser Personenkreis ist durch § 29 Abs. 1 vor Straftaten geschützt, die sich gegen die Handlungs- und Entscheidungsfreiheit des Vorgesetzten richten (§§ 23–28; → § 29 Rn. 1). Auf der anderen Seite muss gewährleistet werden, dass diese Soldaten ihre besondere und strafrechtlich geschützte Dienststellung nicht gegenüber anderen Soldaten missbrauchen. Diesen Schutz sichert § 36 Abs. 1. Die §§ 29, 36 stehen daher in einer sich gegenseitig bedingenden Wechselbeziehung.

2 § 36 Abs. 1 gilt nicht gegenüber Angehörigen verbündeter Streitkräfte (**Abs. 2**; → § 29 Rn. 7). Damit entspricht er der in § 29 getroffenen Regelung.

---

[15] AA *Lingens/Korte* Rn. 4.
[16] *Lingens/Korte* Rn. 16.

II. Erläuterung

1. Objektiver Tatbestand (Abs. 1). Von den Straftaten des Dritten Abschnittes gegen die Pflichten des Vorgesetzten finden die §§ 30–35 auf einen Täterkreis entsprechende Anwendung, der durch seine Dienststellung gegenüber anderen Soldaten besonders hervorgehoben ist. Für die Einzelheiten wird auf die Erläuterungen zu diesen Bestimmungen verwiesen. 3

Der Täter muss bei der Tat seine Dienststellung missbrauchen. Zum Begriff der Dienststellung → § 32 Rn. 5, zum Missbrauchstatbestand → § 32 Rn. 6. 4

2. Subjektiver Tatbestand. Der Täter muss wissen, dass der in Abs. 1 vorausgesetzte Laufbahn- und Dienstgradunterschied und die nach Abs. 1 Nr. 2 erforderliche Vorgesetzteneigenschaft nur im Dienst bestehen und er seine Dienststellung missbraucht. Es genügt, wenn er mit bedingtem Vorsatz handelt. 5

III. Täter, Rechtsfolgen

1. Täter. Der Täter darf zur Zeit der Tat nicht Vorgesetzter des anderen Soldaten sein. Er muss jedoch Offizier oder Unteroffizier mit einem höheren Dienstgrad (→ § 29 Rn. 4) oder nur im Dienst Vorgesetzter des anderen Soldaten sein (→ § 29 Rn. 5). 6

2. Rechtsfolgen. Die Strafe ist jeweils den Verweisungstatbeständen der §§ 30–35 zu entnehmen. 7

§ 37 Beeinflussung der Rechtspflege

Wer es unternimmt, durch Mißbrauch seiner Befehlsbefugnis oder Dienststellung unzulässigen Einfluß auf Soldaten zu nehmen, die als Organe der Rechtspflege tätig sind, wird mit Freiheitsstrafe bis zu fünf Jahren bestraft, wenn die Tat nicht in anderen Vorschriften mit schwererer Strafe bedroht ist.

Übersicht

	Rn.		Rn.
I. Allgemeines	1–3	c) Missbrauch der Befehlsbefugnis oder Dienststellung	8
1. Normzweck	1, 2	2. Subjektiver Tatbestand	9
a) Rechtsgut	1	III. Täterschaft, Versuch und Vollendung, Konkurrenzen, Rechtsfolgen	10–12
b) Deliktsnatur	2		
2. Historie	3		
II. Erläuterung	4–9	1. Täterschaft	10
1. Objektiver Tatbestand	4–8	2. Versuch und Vollendung	11
a) Tathandlung	4, 5	3. Konkurrenzen	12
b) Organ der Rechtspflege	6, 7		

I. Allgemeines

1. Normzweck. a) Rechtsgut. Geschütztes Rechtsgut ist die Unabhängigkeit und Integrität der Rechtspflege, soweit Soldaten als ihre Organe tätig werden. 1

b) Deliktsnatur. Der Tatbestand des § 37 gehört systematisch zu der Gruppe von Delikten, die den Missbrauch der Befehlsbefugnis oder der Dienststellung unter Strafe stellen (vgl. auch §§ 32, 33, 34, 36). Als Spezialregelung geht er dem nur subsidiär geltenden § 32 vor. § 37 umfasst Versuch und Vollendung („Wer es unternimmt ...") iS des § 11 Abs. 1 Nr. 6 StGB. 2

2. Historie. Die Vorschrift ist durch Art. 27 EGStGB vom 2.3.1974, BGBl. I S. 469, 530, redaktionell geändert worden. 3

II. Erläuterung

4 **1. Objektiver Tatbestand. a) Tathandlung.** Strafbar macht sich derjenige, der unzulässigen Einfluss auf Soldaten nimmt, die als Organ der Rechtspflege tätig sind. **Einflussnahme** bedeutet, die Willensbildung eines anderen zu steuern und damit den Verlust seiner geistigen Unabhängigkeit zu bewirken. Sie kann durch Überreden, durch Drohung oder Nötigung oder nur durch das Versprechen dienstlicher oder persönlicher Vorteile (→ § 35 Rn. 5) ausgeübt werden.

5 Der Einfluss muss unzulässig sein. Wenn er mit dem Mittel des Befehls durchgesetzt wird, ist er immer unzulässig. Der Vorgesetzte macht sich beispielsweise strafbar, der einem Untergebenen, der als ehrenamtlicher Richter ausgelost worden ist, befiehlt, in einem bestimmten Sinne zu entscheiden oder tätig zu werden.[1] Auch der Stabsoffizierbeisitzer übt unzulässigen Einfluss aus, der in einem gerichtlichen Disziplinarverfahren den Kameradenbeisitzer (§ 75 Abs. 2 WDO) bedrängt, Umstände zu verwerten, die nicht Gegenstand der Hauptverhandlung waren. Der Einfluss braucht sich nicht auf ein bestimmtes Verfahren zu beziehen, auch ein vom Untergebenen erwartetes Verhalten in künftigen, konkret noch nicht entscheidungsreifen Fällen genügt.

6 **b) Organ der Rechtspflege.** Soldaten sind als Organ der Rechtspflege tätig, wenn sie als ehrenamtliche Richter bei den Wehrdienstgerichten (Truppendienstgerichte, Wehrdienstsenate des BVerwG) berufen sind (§ 74 WDO) und in einem gerichtlichen Disziplinarverfahren nach der WDO oder in einem gerichtlichen Antragsverfahren nach der WBO (§ 18 WBO; s. auch § 42 WDO) mitwirken. Der Soldat ist auch als ehrenamtlicher Richter in anderen Gerichtsbarkeiten (§§ 29 ff. GVG; §§ 44 ff. DRiG) oder als Verteidiger in einem gerichtlichen Disziplinarverfahren vor dem Truppendienstgericht (§ 90 Abs. 2 S. 1 WDO) geschützt. Als Protokollführer werden Soldaten nicht eingesetzt (§ 8 DIGOT), so dass § 37 insoweit keine Anwendung findet.[2] Als Zeugen oder Sachverständige sind Soldaten keine Organe der Rechtspflege. Auch der Rechtsberaterstabsoffizier bei einem Auslandseinsatz der Streitkräfte ist kein Organ der Rechtspflege.

7 Der Disziplinarvorgesetzte, der eine einfache Disziplinarmaßnahme verhängt (§§ 27 ff. WDO), handelt nicht als Organ der Rechtspflege. Derjenige, der auf seine Disziplinarbefugnis Einfluss nimmt, kann sich jedoch nach §§ 32, 36 oder wegen Anstiftung zu § 39 strafbar machen.

8 **c) Missbrauch der Befehlsbefugnis oder Dienststellung.** Der unzulässige Einfluss muss durch Missbrauch der Befehlsbefugnis oder der Dienststellung genommen werden. Zur Befehlsbefugnis → § 32 Rn. 4, zum Begriff der Dienststellung → § 32 Rn. 5, zum Missbrauchstatbestand → § 32 Rn. 6.

9 **2. Subjektiver Tatbestand.** Die Tat verlangt Vorsatz, bedingter Vorsatz ist ausreichend. Er muss sich auf die Stellung des Soldaten als Organ der Rechtspflege erstrecken, ferner auf die unzulässige Einflussnahme durch Missbrauch der Befehlsbefugnis oder Dienststellung.

III. Täterschaft, Versuch und Vollendung, Konkurrenzen, Rechtsfolgen

10 **1. Täterschaft.** Täter kann nur ein Vorgesetzter sein (§ 1 Abs. 3 SG) oder ein Soldat, der eine Dienststellung innehat, die ihm einen unzulässigen Einfluss auf einen anderen Soldaten als Organ der Rechtspflege erlaubt (→ § 32 Rn. 5).

11 **2. Versuch und Vollendung.** § 37 stellt Versuch und Vollendung der Tat unter Strafe (§ 11 Abs. 1 Nr. 6 StGB). Ein strafbefreiender Rücktritt vom Versuch ist daher nicht möglich.

---

[1] *Arndt* S. 237.
[2] Vgl. *Lingens/Korte* Rn. 3.

3. Konkurrenzen. § 37 tritt hinter Strafvorschriften mit schwererer Strafdrohung 12
zurück. Das gilt beispielsweise für die §§ 240, 334 Abs. 2 StGB. Mit den §§ 33, 34 ist
Tateinheit möglich. § 32 als nur subsidiäre Vorschrift tritt dagegen hinter § 37 zurück.

§ 38 Anmaßen von Befehlsbefugnissen

Wer sich Befehlsbefugnis oder Disziplinarbefugnis anmaßt oder seine Befehlsbefugnis oder Disziplinarbefugnis überschreitet, wird mit Freiheitsstrafe bis zu zwei Jahren bestraft, wenn die Tat nicht in § 39 mit Strafe bedroht ist.

Übersicht

	Rn.		Rn.
I. Allgemeines	1, 2	d) Überschreiten	7–9
1. Normzweck	1	2. Subjektiver Tatbestand	10
2. Historie	2	**III. Täterschaft, Konkurrenzen,**	
II. Erläuterung	3–10	**Rechtsfolgen**	11–13
1. Objektiver Tatbestand	3–9	1. Täterschaft	11
a) Befehlsbefugnis	4	2. Konkurrenzen	12
b) Disziplinarbefugnis	5	3. Rechtsfolgen	13
c) Anmaßen	6		

I. Allgemeines

1. Normzweck. Die Ausübung der Befehlsbefugnis[1] und Disziplinarbefugnis[2] ist die 1
Ausübung staatlicher Hoheitsgewalt durch militärische Vorgesetzte und Disziplinarvorgesetzte und gesetzlich auf diese beschränkt. § 38 errichtet die strafrechtliche Schranke, dass
Akte der Befehls- und Kommandogewalt nur durch die Soldaten gesetzt werden, denen sie
kraft Gesetzes aufgetragen sind. Im Schutz der staatlichen Hoheitsgewalt vor unbefugter
Ausübung entspricht die Vorschrift § 132 StGB. Anders als die §§ 32, 35 dient sie nicht
zugleich dem Schutz des Untergebenen.[3]

2. Historie. Art. 27 EGStGB vom 2.3.1974, BGBl. I S. 469, 530, hat die Vorschrift 2
geändert und teilweise neugefasst. Art. 15 des G vom 20.12.2001; BGBl. I S. 4013, 4026;
hat sie terminologisch an die Ausdrucksweise der WDO (Disziplinarbefugnis statt Disziplinargewalt) angeglichen.

II. Erläuterung

1. Objektiver Tatbestand. Die Vorschrift unterscheidet zwei Begehungsformen. Straf- 3
bar macht sich derjenige, der sich Befehls- oder Disziplinarbefugnis anmaßt (→ Rn. 6); die
gleiche Strafe trifft den Soldaten, der seine Befehls- oder Disziplinarbefugnis überschreitet
(→ Rn. 7 ff.). Die Erklärung für das unterschiedliche Tatverhalten liegt im unterschiedlichen Tätertypus. In der ersten Alternative berühmt sich ein Soldat, Befehls- oder Disziplinarbefugnis zu haben, der gar kein Vorgesetzter ist, der Täter der zweiten Alternative ist
dagegen Vorgesetzter oder Disziplinarvorgesetzter, hat aber seine Befugnisse überschritten.

a) Befehlsbefugnis. Zu Umfang und Grenzen der Befehlsbefugnis → § 32 Rn. 4. 4

b) Disziplinarbefugnis. Die Disziplinarbefugnis folgt aus der Befehls- und Kommando- 5
gewalt. Sie umfasst mit Schwerpunkt die Befugnis des Disziplinarvorgesetzten, einfache Disziplinarmaßnahmen zu verhängen (§ 1 Abs. 4 S. 1 SG iVm § 27 Abs. 1 S. 1 WDO),[4] aber
auch das Recht, sonstige Entscheidungen und Maßnahmen zu treffen, die grds. dem Diszipli-

---

[1] Hierzu s. *Scherer/Alff/Poretschkin* § 1 Rn. 32.
[2] Vgl. näher *Dau* WDO § 27 Rn. 1 f.
[3] So auch *Lingens/Korte* Rn. 1; auch *Fischer* StGB § 132 Rn. 2; → StGB § 132 Rn. 2; abweichend Begr. zum Entwurf des WStG BT-Drs. 2/3040, 41; *Arndt* S. 238.
[4] Dazu s. *Dau* WDO § 27 Rn. 1 f.

narvorgesetzten vorbehalten sind. Dabei handelt es sich um die Befugnis, förmliche Anerkennungen zu erteilen (§ 12 Abs. 1 WDO), die Abgabe an die Staatsanwaltschaft (§ 33 Abs. 3 WDO), die Gewährung von Sonderurlaub (§ 12 Abs. 2 WDO) und Urlaub (§ 28 SG),[5] die Genehmigung einer Nebentätigkeit (§ 20 SG) oder die Übernahme einer Vormundschaft und von Ehrenämtern (§ 21 SG) und schließlich das Verbot der Ausübung des Dienstes (§ 22 SG).

6   c) **Anmaßen.** Wer sich eine Befehls- oder Disziplinarbefugnis anmaßt, gibt vor, eine militärische Kompetenz zu haben, die er in Wirklichkeit nicht besitzt. Der Täter der ersten Tatalternative darf daher weder Vorgesetzter (§ 1 Abs. 3 S. 1 SG) noch Disziplinarvorgesetzter (§ 1 Abs. 4 S. 1 SG) sein. Die bloße Behauptung, Vorgesetzter oder Disziplinarvorgesetzter zu sein, reicht für ein Anmaßen nicht aus.[6] Der Täter muss vielmehr eine Maßnahme treffen, die auf der Grundlage seiner angeblichen Kompetenz als Ausübung staatlicher Autorität erscheint, dh er gibt einen „Befehl", ohne Vorgesetzter zu sein, verhängt eine „einfache Disziplinarmaßnahme" oder erteilt eine „förmliche Anerkennung", ohne dazu als Disziplinarvorgesetzter befugt zu sein. Beispielsweise maßt sich ein Soldat Befehlsbefugnis an, der sich als Gefreiter die Schulterschlaufen eines Feldwebels aufzieht und als solcher „Befehle" gibt.[7] Eine nachträgliche Heilung durch den zuständigen Vorgesetzten/Disziplinarvorgesetzten ist nicht möglich.[8] Behauptet der Täter nicht für sich selbst eine Befehlsbefugnis, sondern täuscht er nur als Befehlsübermittler über die Herkunft des Befehls, handelt er nicht tatbestandsmäßig.[9] Anordnungen und Maßnahmen, die der Täter unter Anmaßung einer Befehls- oder Disziplinarbefugnis getroffen hat, sind weder Befehle (→ § 2 Rn. 11 f.) noch Maßnahmen iS der WDO.[10]

7   d) **Überschreiten.** Bei der zweiten Tatbestandsalternative handelt es sich um einen Verstoß gegen die Pflichten des Vorgesetzten.[11] Er setzt voraus, dass der Täter Vorgesetzter oder Disziplinarvorgesetzter ist, sich aber nicht innerhalb der ihm durch die VorgV oder die WDO zugewiesenen Befugnisse hält.[12] Der Vorgesetzte überschreitet seine **Befehlsbefugnis**, wenn er zB als unmittelbarer Vorgesetzter in den Fachdienst der Untergebenen eingreift, der der Leitung und Dienstaufsicht von Fachvorgesetzten untersteht (§ 1 Abs. 2 VorgV), wenn er als Fachvorgesetzter Befehle ohne fachdienstlichen Bezug gibt (§ 2 VorgV) oder als Vorgesetzter mit besonderem Aufgabenbereich nach § 3 VorgV oder auf Grund besonderer Anordnung gem. § 5 Abs. 2 VorgV Befehle gibt, die zur Erfüllung der jeweiligen Aufgabe nicht notwendig sind. Kein Überschreiten der Befehlsbefugnis liegt dagegen vor, wenn der Vorgesetzte sich innerhalb seiner Befehlsbefugnis hält, diese aber rechtswidrig ausübt, zB er gibt einen Befehl, der sich nicht innerhalb der Grenzen des § 10 Abs. 4 SG hält, mithin rechtswidrig ist. In diesem Fall wäre eine Strafbarkeit nach § 32 zu prüfen.[13]

8   Die vom Disziplinarvorgesetzten zu beachtenden Grenzen seiner **Disziplinarbefugnis** ergeben sich aus der Regelung des § 28 WDO zu ihren verschiedenen Stufen (vgl. auch § 46 Abs. 2 Nr. 4 WDO), für das Erteilen einer förmlichen Anerkennung und Sonderurlaub aus § 12 WDO sowie aus Einzelweisungen für die Anordnungskompetenz eines Disziplinarvorgesetzten im Übrigen.[14] Der Disziplinarvorgesetzte hat seine Disziplinarbefugnis nicht überschritten, wenn er bei der Bemessung der Disziplinarmaßnahme nach Art oder Höhe gem. § 38 WDO fehlgegriffen hat, er das Dienstvergehen also zu milde oder zu hart geahndet hat.[15]

---

[5] LG Traunstein 24.4.1959 – 1 Ns 78/59 (104/59), NZWehr 1960, 86 m. abl. Anm. *Scherer* S. 87.
[6] *Lingens/Korte* Rn. 5; *Arndt* S. 239; *Schwenck* WStR S. 195.
[7] AG Bonn 15.11.1982 – 62/60 Js 548/82 – Z 4/82, NZWehr 1983, 156.
[8] *Lingens/Korte* Rn. 6.
[9] OLG Celle 11.3.1965 – 1 Ss 35/65, MDR 1965, 598 = GA 1965, 253.
[10] *Dau* WDO § 12 Rn. 3; WDO § 46 Rn. 11.
[11] Vgl. auch *Lingens/Korte* Rn. 7 f.
[12] Für die Anwendung Allgemeiner und Zusätzlicher Erzieherischer Maßnahmen s. den Erlass „Erzieherische Maßnahmen" ZDv A – 2160/6 Abschn. 1.42 in: *Schnell/Ebert* C 71.
[13] *Schwenck* WStR S. 195.
[14] Vgl. zB für das Verbot der Ausübung des Dienstes ZDv A – 2160/6 Abschn. 1.13 in: *Schnell/Ebert* C 15.
[15] *Arndt* S. 240.

Die Überschreitung der Disziplinarbefugnis wird regelmäßig im Tatbestand des § 39 mit **9** seiner höheren Strafdrohung aufgehen. Sie behält jedoch ihre Bedeutung für den Fall, dass der Täter nur mit bedingtem Vorsatz handelt (→ Rn. 10).[16]

2. Subjektiver Tatbestand. Der Täter muss in beiden Begehungsformen vorsätzlich **10** handeln. Für die Tathandlung des Überschreitens der Disziplinarbefugnis reicht – anders als bei § 39 – bedingter Vorsatz aus.

III. Täterschaft, Konkurrenzen, Rechtsfolgen

1. Täterschaft. Täter kann nur ein Soldat der Bundeswehr sein. In der ersten Tatbe- **11** standsalternative kann jeder Soldat Täter sein (→ Rn. 3), die Überschreitung der Disziplinarbefugnis setzt dagegen die Stellung als Vorgesetzter oder Disziplinarvorgesetzter voraus. Militärische Vorgesetzte, die nicht Soldaten sind (§ 1 Abs. 2), kommen als Täter nur für die Überschreitung der Befehls- oder Disziplinarbefugnis in Frage. Eine Zivilperson, die sich Befehlsbefugnis anmaßt, ist nach § 38 nicht strafbar, weil kein Soldat; sie hat sich auch nach § 132 StGB nicht zu verantworten, weil die Soldateneigenschaft kein öffentliches Amt iS dieser Vorschrift ist,[17] in Betracht kommt jedoch eine Strafbarkeit nach § 132a StGB.[18]

2. Konkurrenzen. Gegenüber den §§ 33, 34, 39 ist die Vorschrift auf Grund ihrer **12** niedrigeren Strafdrohung subsidiär; mit § 32 besteht Tateinheit.[19]

3. Rechtsfolgen. Das Höchstmaß der Freiheitsstrafe beträgt zwei Jahre, sofern für den **13** Missbrauch der Disziplinarbefugnis nach § 39 nicht eine höhere Strafe angedroht ist (→ Rn. 9).

§ 39 Mißbrauch der Disziplinarbefugnis

Ein Disziplinarvorgesetzter, der absichtlich oder wissentlich
1. einen Untergebenen, der nach dem Gesetz nicht disziplinarrechtlich verfolgt werden darf, disziplinarrechtlich verfolgt oder auf eine solche Verfolgung hinwirkt,
2. zum Nachteil des Untergebenen eine Disziplinarmaßnahme verhängt, die nach Art oder Höhe im Gesetz nicht vorgesehen ist oder die er nicht verhängen darf, oder
3. ein Dienstvergehen mit unerlaubten Maßnahmen ahndet,

wird mit Freiheitsstrafe bis zu fünf Jahren bestraft.

Übersicht

	Rn.		Rn.
I. Allgemeines	1, 2	b) Eine nach Art und Höhe nicht vorgesehene oder individuell nicht zulässige Disziplinarmaßnahme (Nr. 2)	7, 8
1. Normzweck	1		
2. Historie	2	c) Unerlaubte Maßnahmen (Nr. 3)	9
		2. Subjektiver Tatbestand	10
II. Erläuterung	3–10	**III. Täterschaft, Konkurrenzen, Rechtsfolgen**	11–13
1. Objektiver Tatbestand	3–9	1. Täterschaft	11
a) Unzulässige disziplinarrechtliche Ahndung (Nr. 1)	3–6	2. Konkurrenzen	12
		3. Rechtsfolgen	13

---

[16] So auch *Lingens/Korte* Rn. 9.
[17] *Fischer* StGB § 132 Rn. 5; → StGB § 132 Rn. 9.
[18] Vgl. auch *Dau*, Uniformen, Rang- und Tätigkeitsabzeichen der Bundeswehr im Schutz des § 132a StGB, NZWehrr 1987, 133 (140).
[19] LG Traunstein 24.4.1959 – 1 Ns 78/59 (104/59), NZWehrr 1960, 86 (87) m. abl. Anm. *Scherer* S. 87; *Lingens/Korte* Rn. 11.

I. Allgemeines

1 **1. Normzweck.** Unter dem Begriff „Mißbrauch der Disziplinarbefugnis" hebt § 39 drei schwere Fälle aus dem Grundtatbestand der zweiten Alternative des § 38 heraus und unterwirft sie als besonders erheblichen Fehlgriff des Disziplinarvorgesetzten einer erhöhten Strafdrohung (→ § 38 Rn. 7 ff.). In der Regelung ihrer Nr. 1 enthält die Vorschrift einen wehrstrafrechtsspezifischen Sondertatbestand zu §§ 336, 344 StGB. Geschütztes Rechtsgut ist die rechtmäßige Ausübung der Disziplinarbefugnis.

2 **2. Historie.** Art. 27 EGStGB vom 2.3.1974, BGBl. I S. 469, 530, hat die Vorschrift in ihrem Wortlaut geändert. Art. 15 des G vom 20.12.2001, BGBl. I S. 4013, 4026, hat sie an die Terminologie der WDO angepasst (→ § 38 Rn. 2).

II. Erläuterung

3 **1. Objektiver Tatbestand. a) Unzulässige disziplinarrechtliche Ahndung (Nr. 1).** Der Disziplinarvorgesetzte missbraucht seine Disziplinarbefugnis, der einen Untergebenen disziplinarrechtlich verfolgt, obwohl dieser nach dem Gesetz disziplinarrechtlich nicht verfolgt werden darf, oder der auf eine solche Verfolgung hinwirkt. Ein **disziplinarrechtliches Verfolgungsverbot** besteht gegenüber einem Soldaten, der unschuldig ist, dem ein Dienstvergehen nicht nachgewiesen werden kann oder dessen Verhalten gerechtfertigt oder entschuldigt ist.

4 Eine disziplinarrechtliche Verfolgung ist darüber hinaus in allen Fällen unzulässig, in denen ein **gesetzliches Verhängungsverbot** besteht, zB das Dienstvergehen wegen Zeitablaufs nicht geahndet werden darf (§ 17 Abs. 2 WDO), beim Verbot mehrfacher Ahndung (§ 18 Abs. 1 WDO), wenn ein Verhängungsverbot nach § 16 Abs. 1, 3 WDO, aber auch ein Anrechnungsgebot nach § 16 Abs. 2 WDO besteht, der Soldat nicht zuvor gehört worden ist (§ 32 Abs. 5 S. 1 WDO), der Disziplinarvorgesetzte dem Soldaten seine Entscheidung bekannt gegeben hatte, dass er gegen ihn wegen eines Dienstvergehens keine Disziplinarmaßnahme verhängen will und keine neuen Tatsachen und Beweismittel nachträglich bekannt geworden sind (§ 36 WDO), die Nachtfrist nach § 37 Abs. 1 WDO nicht eingehalten ist,[1] Disziplinararrest nicht ohne richterliche Zustimmung verhängt werden darf (§ 40 Abs. 1 WDO). Ist die Anhörung der Vertrauensperson unterblieben (§ 4 WDO), ist die Disziplinarmaßnahme rechtswidrig, sie durfte nicht verhängt werden.[2]

5 **Verfolgung** durch den Disziplinarvorgesetzten bedeutet seine Entscheidung, disziplinarrechtlich gegen den Soldaten einzuschreiten (§ 15 Abs. 2 WDO). Dies braucht nicht erst die Verhängung einer einfachen Disziplinarmaßnahme zu sein, sondern kann schon geschehen, wenn er disziplinare Ermittlungen aufnimmt (§ 32 WDO) und prüft, ob er es bei einer erzieherischen Maßnahme belassen oder eine Disziplinarmaßnahme verhängen will (§ 33 Abs. 1 WDO). Auch eine vorläufige Festnahme eines unschuldigen Soldaten gem. § 21 WDO ist Teil einer disziplinarrechtlichen Verfolgung.[3] Der Disziplinarvorgesetzte, der es unterlässt, gem. § 44 Abs. 1 S. 1 WDO einen Antrag auf Aufhebung einer Disziplinarmaßnahme zu stellen oder Aufhebungsgründe nicht meldet, die ihm bekannt geworden sind (§ 46 Abs. 5 WDO), handelt zwar pflichtwidrig, aber nicht tatbestandsmäßig iS der Nr. 1.[4]

6 Der Disziplinarvorgesetzte **wirkt** auf eine disziplinare Verfolgung **ein,** wenn nicht er selbst die den Soldaten belastende Maßnahme anordnet, sondern eine dritte Stelle, Dienststelle oder einen anderen Disziplinarvorgesetzten veranlasst, disziplinar gegen den Soldaten vorzugehen, zB er meldet ein von ihm behauptetes Dienstvergehen dem nächsthöheren Disziplinarvorgesetzten (§ 30 WDO) oder er führt die Entscheidung der Einleitungsbehörde über die Einleitung eines gerichtlichen Disziplinarverfahrens herbei (§ 33 Abs. 1 S. 2 WDO).

---

[1] So auch jetzt *Lingens/Korte* Rn. 5.
[2] *Dau* WDO § 4 Rn. 21; aA *Lingens/Korte* Rn. 3.
[3] So auch *Lingens/Korte* Rn. 6.
[4] Vgl. auch *Lingens/Korte* Rn. 4.

I. Wehrstrafgesetz 7–10 § 39 WStG

Mit der Abgabe der Sache an die Staatsanwaltschaft gem. § 33 Abs. 3 WDO wirkt der Disziplinarvorgesetzte nicht an einer disziplinaren Verfolgung mit, weil einer Abgabe nur strafrechtliche, aber keine disziplinarrechtlichen Maßnahmen folgen.

b) Eine nach Art und Höhe nicht vorgesehene oder individuell nicht zulässige Disziplinarmaßnahme (Nr. 2). Der Disziplinarvorgesetzte macht sich strafbar, der zum Nachteil des Untergebenen eine Disziplinarmaßnahme verhängt, die nach **Art und Höhe im Gesetz nicht vorgesehen** ist (1. Alternative) oder die er nicht verhängen darf (2. Alternative). Ob eine einfache Disziplinarmaßnahme der Art nach im Gesetz vorgesehen ist, ergibt sich aus dem Katalog des § 22 WDO, ihre jeweils zulässige gesetzliche Höhe in zeitlicher Dauer oder Betrag folgt aus den §§ 24–26 WDO. Der Disziplinarvorgesetzte handelt tatbestandsmäßig, wenn er als eine einfache Disziplinarmaßnahme beispielsweise Stubenarrest verhängt oder bei einem freiwillig Wehrdienstleistenden eine – nur im früheren Recht der WDO zulässige – Soldverwaltung anordnet, wenn er den Höchstbetrag einer Disziplinarbuße (§ 24 Abs. 1 WDO) überzieht oder die zeitliche Dauer einer Ausgangsbeschränkung (§ 25 Abs. 2 WDO) falsch berechnet. Auch die entgegen dem Verbot der Schlechterstellung getroffene Entscheidung über eine Beschwerde gegen eine einfache Disziplinarmaßnahme gem. § 42 Nr. 6 WDO ist eine der Höhe nach unzulässige Disziplinarmaßnahme.[5]

Die zweite Alternative der Nr. 2 regelt den Fall, dass der Disziplinarvorgesetzte zwar eine nach Art und Höhe zulässige Disziplinarmaßnahme verhängt, dabei jedoch personell und funktionell die **Grenzen seiner Disziplinarbefugnis verlässt** und eine Disziplinarmaßnahme deshalb nicht verhängen darf. Insoweit geht § 39 Nr. 2 dem § 38 vor (→ § 38 Rn. 9). Die personelle Zuständigkeit des nächsten Disziplinarvorgesetzten bestimmt § 29 Abs. 1 WDO. Verhängt der nächste Disziplinarvorgesetzte eine Disziplinarmaßnahme, für die die Zuständigkeit des nächsthöheren Disziplinarvorgesetzten (§ 30 WDO) oder der Einleitungsbehörde gegeben ist, darf er sie nicht verhängen. Funktionell ist der Disziplinarvorgesetzte durch die in § 28 WDO festgelegten Stufen der Disziplinarbefugnis und die Zuständigkeit der Wehrdienstgerichte zur Verhängung gerichtlicher Disziplinarmaßnahmen gebunden. Er handelt jenseits seiner Disziplinarbefugnis, wenn er zB als Kompaniechef gegen einen Offizier seiner Einheit einen strengen Verweis verhängt (§ 28 Abs. 1 Nr. 1b WDO) oder ein Beförderungsverbot (§ 58 Abs. 1 Nr. 2 WDO) ausspricht, das nur durch Urteil im gerichtlichen Disziplinarverfahren zulässig ist. Zur strafrechtlichen Verantwortung bei unzulässiger Vollstreckung einfacher Disziplinarmaßnahmen s. § 345 StGB iVm § 48 Abs. 1.

c) Unerlaubte Maßnahmen (Nr. 3). Die Abgrenzung zwischen einer im Gesetz nach Art nicht vorgesehenen Disziplinarmaßnahme und einer Ahndung mit unerlaubten Mitteln ist im Einzelfall schwierig,[6] bei gleicher Rechtsfolge jedoch letztlich unerheblich. Anhaltspunkt kann die Vorstellung des Täters sein, eine – wenn auch unzulässige – Maßnahme nach der WDO treffen zu wollen. Der Disziplinarvorgesetzte ahndet ein Dienstvergehen mit unerlaubten Mitteln, wenn er außerhalb des förmlich vorgeschriebenen Verfahrens nach der WDO und auch durch den Erlass „Erzieherische Maßnahmen" (ZDv A – 2160/6 Abschn. 1.42 in *Schnell/Ebert* C 71) nicht gedeckte Maßnahmen trifft, zB Zusatzdienst als Wiederholungsdienst in nicht begründeten Ausnahmefällen, wiederholtes Einteilen zum Dienst zu ungünstigen Zeiten, Ausschluss von Gemeinschaftsveranstaltungen der Einheit.

2. Subjektiver Tatbestand. Die Tat kann nur begangen werden, wenn der Täter absichtlich oder wissentlich handelt. Bedingter Vorsatz reicht daher nicht aus; ein Handeln mit bedingtem Vorsatz ist nur für § 38 in der zweiten Tatbestandsalternative möglich (→ § 38 Rn. 9 f.). Der Disziplinarvorgesetzte muss wissen, dass er gegenüber einem Untergebenen seines Befehlsbereichs Disziplinarbefugnis ausübt. Er handelt **absichtlich,** wenn es ihm in Fall der Nr. 1 darauf ankommt, einen Untergebenen disziplinar zu verfolgen, der

---

[5] *Lingens/Korte* Rn. 7.
[6] Vgl. auch *Lingens/Korte* Rn. 7; auch *Schwenck* WStR S. 197.

möglicherweise unschuldig ist oder aus anderen Gründen nicht verfolgt werden darf. Er handelt **wissentlich,** wenn er die Umstände, die der disziplinaren Verfolgung entgegenstehen, positiv kennt. In den Fällen der Nr. 2 und 3 muss er wissen, dass er entgegen oder außerhalb der Regelungen der WDO ein Dienstvergehen ahndet.

III. Täterschaft, Konkurrenzen, Rechtsfolgen

11 **1. Täterschaft.** Täter kann nur ein Disziplinarvorgesetzter sein (§ 1 Abs. 4 S. 1 SG; § 27 WDO). Hat dieser die disziplinare Verfolgung außerhalb seines Befehlsbereichs vorgenommen und damit in die Zuständigkeit eines anderen Disziplinarvorgesetzten eingegriffen, kommt eine Strafbarkeit gem. § 38 in Betracht.

12 **2. Konkurrenzen.** Die §§ 38, 39 schützen in der Ausübung staatlicher Autorität die rechtmäßige Ausübung der Disziplinarbefugnis (→ Rn. 1). Insoweit gehen beide Tatbestände den Bestimmungen des allgemeinen Strafrechts zur Rechtsbeugung (§ 339 StGB) und zur Verfolgung Unschuldiger (§ 344 StGB) vor.[7] § 39 geht auch dem § 38 vor, der seine eigenständige Bedeutung in seiner zweiten Tatbestandsalternative allerdings behält, wenn der Täter mit bedingtem Vorsatz handelt.

13 **3. Rechtsfolgen.** Der Missbrauch der Disziplinarbefugnis offenbart wehrstrafrechtlich einen hohen Unrechtsgehalt. Die Strafandrohung liegt daher mit fünf Jahren Freiheitsstrafe im Höchstmaß in der Kategorie der schwersten Wehrstraftaten.

§ 40 Unterlassene Mitwirkung bei Strafverfahren

Wer es seiner Pflicht als Vorgesetzter zuwider unterläßt,
1. den Verdacht zu melden oder zu untersuchen, daß ein Untergebener eine rechtswidrige Tat begangen hat, die den Tatbestand eines Strafgesetzes verwirklicht, oder
2. eine solche Sache an die Strafverfolgungsbehörde abzugeben,

um den Untergebenen der im Gesetz vorgesehenen Strafe oder Maßnahme (§ 11 Abs. 1 Nr. 8 des Strafgesetzbuches) zu entziehen, wird mit Freiheitsstrafe bis zu drei Jahren bestraft.

Übersicht

	Rn.		Rn.
I. Allgemeines	1–3	c) Verdacht	10–12
1. Normzweck	1, 2	d) Abgabepflicht (Nr. 2)	13
a) Rechtsgut	1	2. Subjektiver Tatbestand	14–16
b) Deliktsnatur	2	**III. Täterschaft, Konkurrenzen,**	
2. Historie	3	**Rechtsfolgen**	17–19
II. Erläuterung	4–16	1. Täterschaft	17
1. Objektiver Tatbestand	4–13	2. Konkurrenzen	18
a) Pflicht zur Meldung (Nr. 1)	4–8	3. Rechtsfolgen	19
b) Pflicht zur Untersuchung (Nr. 1)	9		

I. Allgemeines

1 **1. Normzweck. a) Rechtsgut.** Die strafbewehrte Pflicht des Vorgesetzten, in bestimmten Fällen an einem Strafverfahren mitzuwirken, macht ihn nicht zu einem Organ der Rechtspflege, insbesondere ist er nicht zur Strafverfolgung befugt.[1] Mit seiner Mitwirkungspflicht wird er auch nicht zum Garanten einer gesetzmäßigen Strafverfolgung.[2] Ziel des

---

[7] 2. Aufl., StGB § 344 Rn. 39.
[1] BGH 27.6.1957 – 4 StR 214/57, NJW 1957, 1368.
[2] *Lingens/Korte* Rn. 1a; *Schwenck* WStR S. 198; auch *Esser/Fischer,* Strafvereitelung durch Überstellung von Piraterieverdächtigen an Drittstaaten, JZ 2010, 217 (220 Fn. 51).

§ 40 ist es vielmehr zu verhindern, dass Straftaten in der Einheit vertuscht werden und Vorgesetzte mit dem Verstoß gegen ihre Pflichten Disziplin und Ordnung untergraben.[3] Geschütztes Rechtsgut ist daher nicht die Sicherung des staatlichen Strafanspruches, sondern Disziplin und Ordnung und damit die Funktionsfähigkeit der Truppe. Mit einer § 40 ähnlichen Vorschrift nimmt § 14 VStGB den Vorgesetzten in die Verantwortung, der es unterlässt, Straftaten gegen das humanitäre Völkerrecht (§§ 6 ff. VStGB) zu melden. Sein Schutzzweck ist jedoch abweichend von der wehrstrafrechtlichen Regelung auf die Wahrung und Stärkung des Rechtsfriedens gerichtet und damit präventiv auf die Verhinderung weiterer Völkerstraftaten.[4]

b) Deliktsnatur. Bei dem Tatbestand des § 40 handelt es sich um eine wehrstrafrechtsspezifische Verfolgungsvereitelung. Damit ist er ein Sondertatbestand gegenüber § 258 Abs. 1 StGB,[5] dessen Tatbestandsvoraussetzungen im Übrigen enger sind; § 40 setzt für die Mitwirkung des Vorgesetzten schon den Verdacht einer Straftat voraus, während § 258 Abs. 1 StGB seine Rechtsfolgen an das Vorliegen einer Straftat knüpft. Daher verlangt die innere Tatseite auch nur die Absicht des Vorgesetzten, den Untergebenen der Strafe oder Maßnahme zu entziehen.[6] Die Vollstreckungsvereitelung ist durch § 40 nicht erfasst. § 258 Abs. 2 StGB findet daher unmittelbar auf Soldaten aller Dienstgrade Anwendung.

2. Historie. Art. 27 EGStGB vom 2.3.1974, BGBl. I S. 469, 530, hat die Vorschrift unter Anpassung an das allgemeine Strafrecht redaktionell geändert.

II. Erläuterung

1. Objektiver Tatbestand. a) Pflicht zur Meldung (Nr. 1). Der Vorgesetzte macht sich strafbar, der es pflichtwidrig unterlässt, den Verdacht zu melden, dass ein Untergebener eine rechtswidrige Tat begangen hat, die den Tatbestand eines Strafgesetzes verwirklicht. Eine Pflicht des Vorgesetzten zur Meldung gibt es nur auf gesetzlicher Grundlage, einer Dienstvorschrift oder als Folge eines Einzel- oder Dauerbefehls (vgl. auch § 13 Abs. 2 SG). Allgemeine militärische Grundsätze oder Besonderheiten des Wehrdienstes können eine solche Pflicht nicht begründen.[7]

Eine gesetzliche Meldepflicht für den nächsten Disziplinarvorgesetzten gegenüber dem nächsthöheren Disziplinarvorgesetzten enthält § 30 Abs. 3 WDO für ein hier mit einer Straftat sachgleiches Dienstvergehen, das er mangels ausreichender Disziplinarbefugnis nicht selbst ahnden kann (s. auch § 33 Abs. 1 S. 2 WDO). Jeder Vorgesetzte ist gem. der Nr. 303, 304 des Erlasses „Besondere Vorkommnisse" – ZDv 10/13 (Deutscher Bundeswehr Kalender F 78) verpflichtet, den Verdacht auf Straftaten nach dem WStG, auf von Angehörigen oder gegen Angehörige begangener Straftaten und auf Straftaten nach dem BtMG und gegen die Umwelt zu melden. Bei dem Verdacht auf Straftaten ua des Friedensverrats, Gefährdung des demokratischen Rechtsstaates, sicherheits- und geheimdienstlicher Tätigkeit oder Verletzung des Dienstgeheimnisses muss jeder Disziplinarvorgesetzte nach dem Erlass „Meldung von Verdachtsfällen an den Militärischen Abschirmdienst durch den Disziplinarvorgesetzten" – ZDv A – 2160/6 Abschn. 1.10 in *Schnell/Ebert* C 10 b melden.

Der Vorgesetzte unterlässt es seiner Pflicht zuwider, wenn er einen Verdacht (→ Rn. 10) nicht meldet, den er pflichtgemäß melden muss. Gibt er eine falsche Meldung ab, handelt er auch pflichtwidrig, weil er den wirklichen Verdacht verschweigt.[8] Die Gefahr, sich

---

[3] *Lingens/Korte* Rn. 1a; *Bülte*, Vorgesetztenverantwortlichkeit im Strafrecht, S. 296; ders., Strafrechtliche Vorgesetztenverantwortlichkeit für Misshandlungen von Untergebenen in der Bundeswehr, NZWehrr 2016, 45 (63).
[4] → VStGB § 14 Rn. 2; *Bülte*, Vorgesetztenverantwortlichkeit im Strafrecht, S. 728.
[5] AA *Bülte*, Vorgesetztenverantwortlichkeit im Strafrecht, S. 296 (727), der der Vorschrift aus dem unterschiedlich geschützten Rechtsgut den Charakter als Spezialität abspricht.
[6] Vgl. *Lingens/Korte* Rn. 1a.
[7] *Arndt* S. 246; *Schwenck* WStR S. 198; *Bülte* S. 297; ders. Strafrechtliche Vorgesetztenverantwortlichkeit für Misshandlungen von Untergebenen in der Bundeswehr, NZWehrr 2016, 45 (63).
[8] *Lingens/Korte* Rn. 1a, 17; *Arndt* S. 247.

durch eine Meldung selbst disziplinarer Verfolgung auszusetzen, befreit ihn nicht von seiner Meldepflicht.[9] Er braucht nur dann nicht zu melden, wenn er positiv weiß, dass der Vorgesetzte, dem er zu melden hat, den Verdachtsfall schon kennt. Auch wenn er als Täter oder Teilnehmer an der Tat des Untergebenen mitwirkte, genießt er nach dem Grundsatz der straflosen Selbstbegünstigung (§§ 257 Abs. 3 S. 1, 258 Abs. 5 StGB) Straffreiheit, wenn er nicht meldet.[10]

7   Für die Erfüllung der Meldepflicht ist es unerheblich, ob bei einem Antragsdelikt durch den Verletzten schon der Strafantrag gestellt ist oder ob der Vorgesetzte angenommen hat, der Verletzte werde schon selbst melden.[11] Nur wenn der Verletzte gegenüber der Polizei- oder Strafverfolgungsbehörde wirksam auf einen Strafantrag verzichtet hat[12] oder feststeht, dass er keinen Strafantrag stellen will, darf der Vorgesetzte von einer Meldung absehen.[13]

8   Der Vorgesetzte ist verpflichtet, die Meldung unverzüglich zu erstatten, sobald er von dem Verdacht einer Straftat erfahren hat. Dies schließt eine gewisse Überlegungsfrist nicht aus, innerhalb derer er sich darüber vergewissern kann, dass es sich nicht nur um Gerüchte handelt; um sich nicht dem Vorwurf leichtfertigen Handelns und mangelnder Fürsorge auszusetzen, wird er insbesondere durch Befragungen oder Vernehmungen Sicherheit über vorliegende Verdachtsgründe gewinnen dürfen.

9   **b) Pflicht zur Untersuchung (Nr. 1).** Der Vorgesetzte handelt auch pflichtwidrig, wenn er einen Verdacht nicht untersucht, den zu untersuchen er gesetzlich, auf Grund von Dienstvorschriften, Dauer- oder Einzelbefehlen (→ Rn. 4) verpflichtet ist. Gesetzliche Untersuchungspflichten für den Vorgesetzten enthalten zB die § 32 Abs. 1 S. 1 WDO, § 10 Abs. 1 WBO.

10   **c) Verdacht.** Gegenstand der Meldung oder Untersuchung ist der Verdacht, dass ein Untergebener eine Straftat begangen hat. Der Untergebene braucht der Person nach noch nicht festzustehen, er muss nur Untergebener des Täters sein. Verdacht ist die begründete Vermutung des Vorgesetzten, dass der Untergebene eine rechtswidrige Tat begangen hat. Vermutungen, Gerüchte oder Verdächtigungen durch Dritte ohne Angabe von Gründen reichen nicht aus. Es müssen vielmehr konkrete Umstände vorliegen, die in dem Vorgesetzten die Vorstellung wecken, der Untergebene habe eine Straftat begangen. Da es allein auf seine subjektive Beurteilung der Verdachtsmomente ankommt, ist es unerheblich, ob auch objektiv ein Verdacht besteht oder ob der Untergebene die Tat wirklich begangen hat oder freigesprochen wurde.[14]

11   Es muss der Verdacht bestehen, dass der Untergebene eine **rechtswidrige Tat** begangen hat, die den Tatbestand eines Strafgesetzes verwirklicht (§ 11 Abs. 1 Nr. 5 StGB), dh ein Verbrechen oder Vergehen. Für die Annahme eines Verdachts braucht Verschulden des Untergebenen noch nicht festzustehen (aber → Rn. 13), es genügt daher der Verdacht einer tatbestandsmäßigen und rechtswidrigen Straftat. Dabei wird von dem Vorgesetzten keine juristisch zutreffende Unterscheidung zwischen Verbrechen und Vergehen verlangt, auch die exakte tatbestandliche Einordnung des Geschehens als zB leichte oder schwere Körperverletzung, Nötigung oder Erpressung kann von ihm nicht erwartet werden. Es reicht, wenn er davon überzeugt ist, dass er es mit einer Straftat von erheblicher Bedeutung zu tun hat. Der Verdacht auf eine Ordnungswidrigkeit oder nur ein Dienstvergehen genügt nicht. Glaubt der Vorgesetzte, sein Verdacht beziehe sich auf eine Straftat, tatsächlich aber handelt es sich nur um eine Ordnungswidrigkeit, die er nicht meldet, begeht er einen untauglichen Versuch.[15]

---

[9] *Bülte*, Vorgesetztenverantwortlichkeit im Strafrecht, S. 297; *ders.* Strafrechtliche Vorgesetztenverantwortlichkeit für Misshandlungen von Untergebenen in der Bundeswehr, NZWehrr 2016, 45 (64).
[10] *Lingens/Korte* Rn. 21; *Arndt* S. 247.
[11] RMG 9.1.1909 – Nr. 6/261.09, RMG 13, 200 (207).
[12] BGH 27.6.1957 – 4 StR 214/57, NJW 1957, 1368.
[13] *Lingens/Korte* Rn. 11.
[14] *Lingens/Korte* Rn. 8.
[15] *Lingens/Korte* Rn. 9.

Eine Pflicht zur Meldung oder Untersuchung besteht unabhängig davon, ob der Vorgesetzte von dem Verdacht dienstlich, außerdienstlich oder gar nur vertraulich erfahren hat.[16]

d) Abgabepflicht (Nr. 2). Die Voraussetzungen für eine Strafbarkeit des Vorgesetzten wegen Verletzung seiner Abgabepflicht ergeben sich aus der WDO. Gem. § 33 Abs. 3 S. 1 WDO iVm dem Erlass **„Abgabe an die Staatsanwaltschaft"** – ZDv A – 2160/6 Abschn. 1.9 in *Schnell/Ebert* C 11 a[17] ist der Disziplinarvorgesetzte verpflichtet, eine mit einem Dienstvergehen sachgleiche Straftat an die zuständige Strafverfolgungsbehörde abzugeben. Eine Pflicht zur Abgabe besteht nur bei Sachgleichheit von Dienstvergehen und Straftat. Liegt nur eine Straftat vor, die nicht zugleich auch ein Dienstvergehen ist (ein in der Praxis seltener Fall), braucht der Disziplinarvorgesetzte daher nicht abzugeben. Da andererseits die Annahme einer Straftat gem. § 33 Abs. 3 WDO ein Dienstvergehen voraussetzt, muss im Gegensatz zur Regelung in Nr. 1 die mit ihm **sachgleiche Straftat rechtswidrig und schuldhaft** sein.[18] Die Worte „eine solche Sache" beziehen sich daher nicht auf die nur rechtswidrige Straftat iS der Nr. 1, sondern stehen im Zusammenhang mit dem Eingangshalbsatz der Vorschrift, der auf die Pflichten des Vorgesetzten – dh hier auf § 33 Abs. 3 WDO – verweist. Die Pflicht zur Abgabe nach Nr. 2 iVm § 33 Abs. 3 WDO ist folglich davon abhängig, ob eine tatbestandsmäßige, rechtswidrige und schuldhafte Tat vorliegt.[19]

2. Subjektiver Tatbestand. Der Täter muss vorsätzlich handeln. Gegenüber seinen Pflichten zur Meldung, Untersuchung oder Abgabe genügt bedingter Vorsatz, zB er verzichtet auf die Auskunft des Rechtsberaters[20] und gibt im Vertrauen auf seine nur unzureichenden Rechtskenntnisse nicht ab.[21] Im Übrigen muss der Täter wissen, dass der Untergebene einer Straftat verdächtig (Nr. 1) oder bei Bestehen einer Abgabepflicht schuldig ist (→ Rn. 13).

Der Vorgesetzte muss darüber hinaus die **Absicht** haben, den Untergebenen der für seine Tat vorgesehenen Strafe oder einer Maßnahme nach § 11 Abs. 1 Nr. 8 StGB zu entziehen. Dieses braucht nicht der einzige Zweck seiner Absicht zu sein, er kann damit zugleich das Ziel verfolgen, den Ruf seiner Einheit zu wahren.[22] Jedenfalls reicht es für die Begünstigungsabsicht nicht aus, dass er mit bedingtem Vorsatz handelt. Absicht bedeutet hier direkten Vorsatz.[23] Kommt es dem Vorgesetzten dagegen auf den Erfolg seiner Begünstigungsabsicht an, reicht es, wenn er diesen für möglich hält.[24]

Ziel der Begünstigungsabsicht ist es, den Untergebenen der für seine Tat vorgesehenen Strafe zu entziehen oder ihn vor Maßnahmen iS des § 11 Abs. 1 Nr. 8 StGB zu bewahren. Bei diesen **Maßnahmen** handelt es sich um jede Maßregel der Besserung und Sicherung (§ 61 StGB), die Einziehung (§§ 73 ff. StGB) und die Unbrauchbarmachung (§ 74b Abs. 2 Nr. 1, § 74d Abs. 2 StGB).

III. Täterschaft, Konkurrenzen, Rechtsfolgen

1. Täterschaft. Täter einer Handlung nach Nr. 1 ist jeder Vorgesetzte (§ 1 Abs. 3 S. 1 SG), der eine Pflicht zur Meldung oder Untersuchung hat. Täter nach Nr. 2 kann dagegen nur ein Disziplinarvorgesetzter sein (§ 1 Abs. 6 S. 1 SG), denn nur dieser hat die Pflicht zur Abgabe an die Staatsanwaltschaft (→ Rn. 13).

---

[16] *Lingens/Korte* Rn. 20; *R. Busch,* Die Pflicht des Vorgesetzten zum Einschreiten bei mit Strafe bedrohten Handlungen des Untergebenen, Diss. Bonn 1965, S. 75 f.; *Neuroth,* Die Abgabe einer Sache an die Strafverfolgungsbehörde nach § 29 Abs. 3 S. 1 WDO, NZWehrr 1990, 7 (17); aA *Arndt* S. 246: nur dienstliche Kenntnis ausschlaggebend.
[17] Dazu näher *Dau* WDO § 33 Rn. 23 ff.
[18] *Dau,* Unterlassene Mitwirkung bei Strafverfahren und Abgabe an die Staatsanwaltschaft, NZWehrr 1982, 1 (5 ff.).
[19] *Dau* NZWehrr 1982, 1 (5 ff.); ebenso *Lingens/Korte* Rn. 15; *Stauf* WR II WStG § 40 Rn. 5.
[20] Nr. 1121 des Erlasses „Abgabe an die Staatsanwaltschaft" – ZDv A – 2160/6 Abschn. 1.9 in *Schnell/Ebert* C 11 a.
[21] *Arndt* S. 147; aA wohl *Lingens/Korte* Rn. 22.
[22] *Lingens/Korte* Rn. 23.
[23] *Fischer* StGB § 257 Rn. 10; *Schwenck* WStR S. 199.
[24] *Lingens/Korte* Rn. 23.

18 **2. Konkurrenzen.** Als wehrstrafrechtliche Sondernorm geht § 40 dem § 258 Abs. 1 StGB vor.[25] § 258 Abs. 2 StGB bleibt unberührt. Tateinheit ist mit den §§ 32, 35, 37, 42, 43 sowie § 257 StGB möglich. Im Verhältnis zu § 14 VStGB und seiner Beschränkung auf meldepflichtige Völkerstraftaten tritt § 40 auch wegen seiner um zwei Jahre minderen Freiheitsstrafe zurück.[26]

19 **3. Rechtsfolgen.** Der Strafrahmen für die angedrohte Freiheitsstrafe liegt zwischen einem Monat und drei Jahren. Diese gegenüber § 258 StGB mildere Strafdrohung berücksichtigt, dass der militärische Vorgesetzte geringere Mitwirkungsrechte im Strafverfahren besitzt und nicht in die Sicherung einer ordnungsgemäßen Rechtspflege miteingebunden ist (→ Rn. 1).[27] Der straferhöhende § 258a StGB ist auf Soldaten nicht anwendbar, weil sie keine Amtsträger sind.[28]

§ 41 Mangelhafte Dienstaufsicht

(1) Wer es unterläßt, Untergebene pflichtgemäß zu beaufsichtigen oder beaufsichtigen zu lassen, und dadurch wenigstens fahrlässig eine schwerwiegende Folge (§ 2 Nr. 3) verursacht, wird mit Freiheitsstrafe bis zu drei Jahren bestraft.

(2) Der Versuch ist strafbar.

(3) Wer die Aufsichtspflicht leichtfertig verletzt und dadurch wenigstens fahrlässig eine schwerwiegende Folge verursacht, wird mit Freiheitsstrafe bis zu sechs Monaten bestraft.

(4) Die Absätze 1 bis 3 sind nicht anzuwenden, wenn die Tat in anderen Vorschriften mit schwererer Strafe bedroht ist.

Übersicht

	Rn.		Rn.
I. Allgemeines	1–4	c) Eintritt einer schwerwiegenden Folge	11
1. Normzweck	1, 2	2. Subjektiver Tatbestand	12, 13
a) Rechtsgut	1	III. Täterschaft, Versuch, Konkurrenzen, Rechtsfolgen	14–17
b) Deliktsnatur	2	1. Täterschaft	14
2. Kriminologische Bedeutung	3	2. Versuch (Abs. 2)	15
3. Historie	4	3. Konkurrenzen	16
II. Erläuterung	5–13	4. Rechtsfolgen	17
1. Objektiver Tatbestand (Abs. 1)	5–11		
a) Pflicht zur Dienstaufsicht	5–8		
b) Tathandlung	9, 10		

I. Allgemeines

1 **1. Normzweck. a) Rechtsgut.** § 10 Abs. 2 SG enthält als allgemeinen Grundsatz die Pflicht des Vorgesetzten zur Dienstaufsicht; ergänzende Regelungen ergeben sich aus den §§ 8 Abs. 2, 12 Abs. 3 S. 2, 13 Abs. 1 und § 14 WBO sowie aus § 46 Abs. 1 WDO.[1] In Anlehnung[2] an § 41 enthält auch das VStGB in seinem § 13 eine Vorgesetztenverantwortlichkeit für die unterlassene Meldung einer Völkerstraftat. Inhalt der Dienstaufsicht ist die Verpflichtung des Vorgesetzten, den Untergebenen zur Erfüllung seiner Pflichten anzuhalten und ihn vor dem Begehen von Pflichtverletzungen und der Gefahr disziplinarer Maßrege-

---

[25] AA *Bülte* Fn. 4: Tateinheit.
[26] Ebenso → VStGB § 14 Rn. 28; → § 3 Rn. 4.
[27] BGH 27.6.1957 – 4 StR 214/57, NJW 1957, 1368; → StGB § 258 Rn. 52.
[28] *Fischer* StGB § 258a Rn. 2.
[1] Vgl. *Dau* WDO § 46 Rn. 1 ff.; *Scherer/Alff/Poretschkin* § 10 Rn. 7 ff.; *Karst*, Die strafrechtliche Verantwortlichkeit des nicht-militärischen Vorgesetzten, S. 127.
[2] *Bülte*, Vorgesetztenverantwortlichkeit im Strafrecht, S. 727.

lung zu bewahren³ sowie Schaden von ihm abzuwenden.⁴ Kommt der Vorgesetzte seiner Pflicht zur Dienstaufsicht nicht nach, hat dies unmittelbare Auswirkungen bei den Soldaten, indem sie ihre Pflichten unvollständig oder gar nicht erfüllen oder durch Übergriffe ihre dienstlichen Pflichten verletzen.⁵ Zu einer Straftat wird die Verletzung der Dienstaufsicht allerdings erst dann, wenn sie wenigstens fahrlässig eine schwerwiegende Folge verursacht.⁶ Unterhalb dieser Schwelle hat sich der Vorgesetzte bei mangelhafter Dienstaufsicht nur disziplinarrechtlich zu verantworten. Zum allein dienstrechtlich geschützten Rechtsgut wird die Dienstaufsicht, wenn sie mangelhaft ausgeübt gleichwohl folgenlos im Hinblick auf die in § 2 Nr. 3 genannten Begriffsmerkmale bleibt, sie qualifiziert sich zu einer Straftat, wenn die Pflichtwidrigkeit des Vorgesetzten wenigstens fahrlässig verursacht zu einer schwerwiegenden Folge führt.⁷

b) Deliktsnatur. Die Vorschrift stellt die mangelhafte unmittelbare und mittelbare Dienstaufsicht durch einen Vorgesetzten unter Strafe, wenn sie eine schwerwiegende Folge (§ 2 Nr. 3) verursacht. Sie gehört damit in die Gruppe militärischer Straftaten, die sich allein durch das Tatbestandsmerkmal der „schwerwiegenden Folge" von einem Dienstvergehen unterscheiden und kriminelles Handlungsunrecht sind (→ Vor § 1 Rn. 10). § 41 hat nur subsidiäre Bedeutung, denn er findet nur Anwendung, soweit nicht die Tat in anderen Vorschriften mit schwererer Strafe bedroht ist (Abs. 4). Er kann solange eine Dauerstraftat sein, wie der Vorgesetzte seine Dienstaufsichtspflicht nicht wahrnimmt.⁸

2. Kriminologische Bedeutung. Die Dienstaufsicht ist ein wichtiges militärisches Führungsmittel. Mit seiner Hilfe überwacht der Vorgesetzte, dass Befehle ausgeführt und der militärische Auftrag erfüllt wird. Die pflichtgemäße Wahrnehmung der Dienstaufsicht gibt dem Vorgesetzten auch Aufschluss über den inneren Zustand der Truppe und des einzelnen Untergebenen. Ob der Vorgesetzte wirksam und rechtzeitig seiner Dienstaufsichtspflicht nachgekommen ist, zeigt sich in der Praxis vor allem bei dem Umgang mit Waffen und Munition und der Beachtung der geltenden Sicherheitsbestimmungen,⁹ bei der Untersuchung militärischer Aufnahme- und Bestrafungsrituale (→ § 31 Rn. 4), Alkoholexzessen und Drogenkonsum innerhalb der Einheit, Diebstahl von Waffen und Munition, Veruntreuung dienstlicher Gelder durch den Rechnungsführer.¹⁰ Angesichts des nur subsidiären Charakters der Vorschrift (→ Rn. 2) ist ihre praktische Bedeutung allerdings gering.¹¹

3. Historie. Die Vorschrift ist durch Art. 27 EGStGB vom 2.3.1974, BGBl. I S. 469, 530, in ihren Abs. 1, 3 und 4 geändert worden, ein früherer Abs. 4 wurde aufgehoben.

II. Erläuterung

1. Objektiver Tatbestand (Abs. 1). a) Pflicht zur Dienstaufsicht. Die Pflicht zur Dienstaufsicht richtet sich an einen Vorgesetzten. Sie beruht auf gesetzlicher Grundlage (→ Rn. 1), Dienstvorschriften, Dauer- oder Einzelbefehlen.¹²

---

³ BVerwG 17.7.1979 – 1 WB 67/78, NZWehr 1980,30; BVerwG 6.3.1987 – 2 WDB 11/86, BVerwGE 83, 285; auch BVerwG 6.7.1976 – II WD 11/76, BVerwGE 53, 178 (182); BVerwG 6.9.1990 – 1 WB 70/89, NZWehrr 1991,2 ff.
⁴ BVerwG 6.3.1987 – 2 WDB 11/86, NZWehrr 1987, 120 = DVBl 1987, 747; *Scherer/Alff/Poretschkin* § 10 Rn. 8; *Schwenck* WStR S. 199; *Walz/Eichen/Sohm/Hucul* § 10 Rn. 20.
⁵ *Dau* WDO § 46 Rn. 1.
⁶ *Bülte*, Vorgesetztenverantwortlichkeit im Strafrecht, S. 293 (294); *Lingens/Korte* Rn. 10.
⁷ *Lingens/Korte* § 2 Rn. 49; § 41 Rn. 1a; teilweise abweichend *Bülte*, Vorgesetztenverantwortlichkeit im Strafrecht, S. 292 ff.; *ders.*, Strafrechtliche Vorgesetztenverantwortlichkeit für Misshandlungen von Untergebenen in der Bundeswehr, NZWehrr 2016, 45 (61).
⁸ *Lingens/Korte* Rn. 1a.
⁹ Zur mangelnden Dienstaufsicht anlässlich eines dienstlich angesetzten Sports BGH 29.9.1959 – 1 StR 161/59, NZWehrr 1960, 84.
¹⁰ Die Auffassung des BGH in seiner Entscheidung vom 30.5.1978 – 1 StR 736/77, BGHSt 28, 48 = LM § 41 WStG Nr. 1 mAnm *Pelchen*, die Veruntreuung dienstlicher Gelder habe keinen dienstlichen Bezug iS des § 2 Nr. 3, ist mit Blick auf Art. 87a Abs. 1 GG abzulehnen.
¹¹ Vgl. auch *Lingens/Korte* Rn. 1a.
¹² *Scherer/Alff/Poretschkin* § 10 Rn. 7 ff.

6 Mittel und Zeitpunkt der Dienstaufsicht liegen im Ermessen des Vorgesetzten und richten sich nach den Umständen des Einzelfalles. Der Vorgesetzte muss sich über seinen Verantwortungsbereich unterrichtet halten, er muss eine militärische Lagebeurteilung anstellen, die erforderlichen Konsequenzen aus seinen Feststellungen ziehen und die erforderlichen Maßnahmen treffen.[13] Hierzu gehören zB Kontroll- und Überwachungsmaßnahmen, die Überprüfung von Verfahrensabläufen, die Ablösung eines ungeeigneten Soldaten, Belehrungen, Meldungen, auch das Abstellen von als rechtswidrig oder unzweckmäßig erkannten Organisationsstrukturen. Die Pflicht zur Dienstaufsicht endet weder mit dem Dienst noch an den Toren dienstlicher Unterkünfte und Anlagen.[14]

7 Abs. 1 unterscheidet zwischen der unmittelbaren Dienstaufsicht durch den Vorgesetzten und der mittelbaren, durch einen anderen Vorgesetzten wahrgenommenen Dienstaufsicht. Jeder Vorgesetzte, der eingesetzt ist, Untergebene zu führen, hat zunächst selbst die Pflicht zur Dienstaufsicht.[15] Er hat sie **unmittelbar** selbst wahrzunehmen, wenn er anwesend ist, im Übrigen aber dafür zu sorgen, dass ein anderer Vorgesetzter sie ausübt oder ihn in der Dienstaufsicht unterstützt.[16] Wenn zB der Kompaniechef die Leitung einer Veranstaltung dem Kompaniefeldwebel übertragen hat, ist er deshalb nicht von seiner Pflicht zur Dienstaufsicht entbunden, sondern hat als Einheitsführer gem. § 1 Abs. 1 VorgV die Aufrechterhaltung der Disziplin zu garantieren und die Untergebenen vor Schaden und Nachteilen zu bewahren. Eine Übertragung der Dienstaufsicht auf einen anderen Vorgesetzten und damit Delegation der Verantwortung auf diesen, ist daher unzulässig, wenn nicht der Vorgesetzte aus Gründen höherer Gewalt an der tatsächlichen Ausübung der Dienstaufsicht gehindert ist.

8 Eine **mittelbare Dienstaufsicht** kommt vor allem dort in Betracht, wo die Komplexität der Truppenführung die Wahrnehmung der Dienstaufsicht durch den Einheits- oder Verbandsführer erschwert oder sogar unmöglich macht, so im Bereich der Höheren Kommandobehörden, aber auch schon auf Einheitsebene, wenn Gruppen- und Zugführer die Dienstaufsicht ausüben.[17]

9 **b) Tathandlung.** Die Vorschrift ist in ihrem Abs. 1 ein echtes Unterlassungsdelikt.[18] Derjenige macht sich strafbar, der es unterlässt, Untergebene pflichtgemäß zu beaufsichtigen oder beaufsichtigen zu lassen. Bei der unmittelbaren Dienstaufsicht bleibt der Vorgesetzte untätig, wenn er zum Handeln verpflichtet ist. Ist der Vorgesetzte schuldhaft dem Dienst ferngeblieben und hat er sich aus diesem Grund außerstande gesetzt, Dienstaufsicht auszuüben, handelt er nicht tatbestandsmäßig.[19] Die **nur unzureichend durchgeführte Dienstaufsicht** ist nach dem deutlichen Wortlaut der Vorschrift nicht Gegenstand der Strafdrohung, damit der unterbliebenen Dienstaufsicht nicht gleichzustellen.[20] Schafft der Vorgesetzte erst durch unsachgemäße Befehle eine Gefahr oder einen Schaden für den Untergebenen, ist er aktiver Täter nach anderen Vorschriften, zB den §§ 19, 21, 30 ff., nicht jedoch wegen Verletzung der Dienstaufsicht zu bestrafen.[21] Auch der Vorgesetzte, der selbst etwas tut, was er bei Untergebenen zu verhindern verpflichtet wäre, zB gemeinsamer Konsum von Drogen, macht sich nicht auch der Verletzung der Dienstaufsicht schuldig.[22]

---

[13] BVerwG 6.3.1987 – 2 WDB 11/86, BVerwGE 83, 285; *Scherer/Alff/Poretschkin* § 10 Rn. 10.
[14] BVerwG 6.3.1987 – 2 WDB 11/86, BVerwGE 83, 285; *Bülte*, Vorgesetztenverantwortlichkeit im Strafrecht, S. 294.
[15] *Lingens/Korte* Rn. 6.
[16] *Bülte*, Vorgesetztenverantwortlichkeit im Strafrecht, S. 293.
[17] S. Begr. zum Entwurf des WStG BT-Drs. 2/3040, 44; *Lingens/Korte* Rn. 7.
[18] *Bülte*, Vorgesetztenverantwortlichkeit im Strafrecht, S. 294.
[19] *Scherer/Alff/Poretschkin* § 10 Rn. 15.
[20] Streitig. AA *Lingens/Korte* Rn. 8; *Arndt* S. 249; *Lingens*, Fürsorge- und Dienstaufsichtspflicht in Konkurrenz mit sonstigen Dienstpflichten, NZWehrr 1989, 251 (253); *Stauf* WR I SG § 10 Rn. 8.
[21] S. den Fall LG Nürnberg-Fürth 29.5.1963 – 378 Ns 81/63, RWStR § 41 Nr. 2; *Lingens/Korte* Rn. 8; *Schwenck* WStR S. 200.
[22] So das BVerwG in ständiger Rspr.; BVerwG 6.7.1976 – II WD 11/76, BVerwGE 53, 178 (182); BVerwG 12.7.1984 – 2 WD 17/84, NZWehrr 1984, 255 (257); auch *Scherer/Alff/Poretschkin* § 10 Rn. 15.

Überlässt der Vorgesetzte die Dienstaufsicht einem anderen Vorgesetzten, handelt er 10 pflichtwidrig, wenn er keine Vorsorge trifft, ob dieser geeignet ist und Maßnahmen der Dienstaufsicht überhaupt in ausreichender Weise vorsieht.²³

c) Eintritt einer schwerwiegenden Folge. Die unterlassene Dienstaufsicht muss eine 11 schwerwiegende Folge (§ 2 Nr. 3) verursacht haben. Ohne diese Konsequenz bleibt es bei einer nur disziplinar erheblichen Pflichtverletzung des Vorgesetzten (→ § 2 Rn. 48). Zum Eintritt einer schwerwiegenden Folge → § 2 Rn. 48 ff. Zur Frage der Kausalität → § 19 Rn. 9.

2. Subjektiver Tatbestand. Die Pflicht zur Dienstaufsicht kann nur vorsätzlich verletzt 12 werden, bedingter Vorsatz genügt. Der Eintritt der schwerwiegenden Folge (§ 2 Nr. 3) muss dagegen wenigstens fahrlässig, also vorsätzlich, auch mit bedingtem Vorsatz, oder fahrlässig verursacht sein.

Die **leichtfertige Verletzung** der Dienstaufsichtspflicht **(Abs. 3)** entspricht der groben 13 Fahrlässigkeit.²⁴ Unterlässt es der Vorgesetzte nur leicht fahrlässig, seine Dienstaufsicht wahrzunehmen, begeht er lediglich ein Dienstvergehen.

III. Täterschaft, Versuch, Konkurrenzen, Rechtsfolgen

1. Täterschaft. Nur ein Vorgesetzter kann als strafrechtlich verantwortlicher Täter seine 14 Pflicht zur Dienstaufsicht nicht wahrnehmen (→ § 1 Rn. 33 ff.). Die Pflicht zur Dienstaufsicht ist eine Pflicht des Vorgesetzten (§ 10 Abs. 2 SG), die er mit dem Mittel des Befehls durchzusetzen berechtigt ist. Ein nur faktischer Vorgesetzter (→ § 1 Rn. 27) scheidet als Täter aus.²⁵

2. Versuch (Abs. 2). Der Versuch ist strafbar, wenn der Vorgesetzte damit begonnen 15 hat, seiner Dienstaufsichtspflicht nicht nachzukommen, eine schwerwiegende Folge gewollt, aber diese noch nicht eingetreten ist. Unberührt bleibt in diesem Fall seine disziplinare Verantwortung wegen eines Dienstvergehens.

3. Konkurrenzen. Gegenüber § 357 StGB ist § 41 die wehrstrafrechtsspezifische Son- 16 dervorschrift. Gem. **Abs. 4** finden die Vorschriften der Abs. 1–3 keine Anwendung, wenn die Tat in anderen Vorschriften mit schwererer Strafe bedroht ist. Auf Grund dieses damit nur subsidiären Charakters der Vorschrift ist eine Tateinheit mit anderen Straftatbeständen mit Ausnahme des Verhältnisses von Abs. 1 zu §§ 19, 44 Abs. 1 Nr. 1 und § 45 kaum denkbar. Im Übrigen tritt Abs. 1 hinter § 30 Abs. 2 und §§ 222, 223, 224 oder § 229 StGB zurück.²⁶ Dem Abs. 3 gehen die §§ 19, 20, 44 Abs. 1 Nr. 1 sowie die §§ 222, 212 StGB vor. Auch im Verhältnis zu § 13 VStGB besteht Subsidiarität.²⁷

4. Rechtsfolgen. Der Strafrahmen des Abs. 1 beträgt für die Freiheitsstrafe bis zu drei 17 Jahren. Bei leichtfertiger Verletzung der Aufsichtspflicht ist entsprechend dem geringeren Schuldvorwurf das Höchstmaß der Freiheitsstrafe sechs Monate.

Vierter Abschnitt. Straftaten gegen andere militärische Pflichten

§ 42 Unwahre dienstliche Meldung

(1) Wer
1. in einer dienstlichen Meldung oder Erklärung unwahre Angaben über Tatsachen von dienstlicher Bedeutung macht,

---

²³ LG Stuttgart 9.2.1965 – III KMs 10/64, RWStR § 41 Nr. 3.
²⁴ BayObLG 18.12.1958 – RReg 4 St 96/58, NZWehr 1959, 113; auch → § 21 Rn. 4.
²⁵ *Karst*, Die strafrechtliche Veranwortlichkeit des nicht-militärischen Vorgesetzten, S. 130 f.
²⁶ *Bülte*, Strafrechtliche Vorgesetztenverantwortlichkeit für Misshandlungen von Untergebenen in der Bundeswehr, NZWehr 2016, 45 (62).
²⁷ → § 3 Rn. 4.

2. eine solche Meldung weitergibt, ohne sie pflichtgemäß zu berichtigen, oder
3. eine dienstliche Meldung unrichtig übermittelt
und dadurch wenigstens fahrlässig eine schwerwiegende Folge (§ 2 Nr. 3) verursacht, wird mit Freiheitsstrafe bis zu drei Jahren bestraft.

(2) Der Versuch ist strafbar.

(3) Wer im Falle des Absatzes 1 leichtfertig handelt und die schwerwiegende Folge wenigstens fahrlässig verursacht, wird mit Freiheitsstrafe bis zu einem Jahr bestraft.

Übersicht

	Rn.		Rn.
I. Allgemeines	1–3	c) Eintritt einer schwerwiegenden Folge	17
1. Normzweck	1, 2	2. Subjektiver Tatbestand	18
a) Rechtsgut	1	III. Täterschaft, Versuch, Konkurrenzen	19–22
b) Deliktsnatur	2		
2. Historie	3	1. Täterschaft	19
II. Erläuterung	4–18	2. Versuch (Abs. 2)	20
1. Objektiver Tatbestand (Abs. 1)	4–17	3. Konkurrenzen	21
a) Dienstliche Meldung und Erklärung	4–8	4. Rechtsfolgen	22
b) Tathandlung	9–16		

I. Allgemeines

1 **1. Normzweck. a) Rechtsgut.** Die Meldung des Untergebenen gehört zu den wichtigsten militärischen Informationsmitteln für den Vorgesetzten.[1] Sie darf von dem Untergebenen mit der aus § 13 Abs. 1 SG folgenden Pflicht zur Wahrheit nur dann gefordert werden, wenn der Dienst dies rechtfertigt (§ 13 Abs. 2 SG). Eine Meldung ist häufig die Grundlage für Entscheidungen des Vorgesetzten von großer Tragweite, so dass er sich auf die Richtigkeit der abgegebenen Meldung verlassen können muss. § 41 enthält eine die dienstrechtliche Verpflichtung zur Wahrheit ergänzende strafrechtliche Sicherung. Geschütztes Rechtsgut ist die Wahrheit und Vollständigkeit dienstlicher Meldungen und Erklärungen sowie mittelbar das Vertrauen des Vorgesetzten in die Richtigkeit dieser Angaben des Untergebenen.

2 **b) Deliktsnatur.** Die Verletzung der Wahrheitspflicht nach § 13 Abs. 1 SG ist grds. ein Dienstvergehen, das nach den Vorschriften der WDO geahndet wird. Durch § 41 wird sie zum kriminellen Unrecht, wenn der Untergebene mit einer unwahren dienstlichen Meldung oder Erklärung wenigstens fahrlässig eine schwerwiegende Folge verursacht (→ Vor § 1 Rn. 10).

3 **2. Historie.** Die Vorschrift hat ihre geltende Fassung durch Art. 27 EGStGB vom 2.3.1974, BGBl. I S. 469, 530, erhalten.

II. Erläuterung

4 **1. Objektiver Tatbestand (Abs. 1). a) Dienstliche Meldung und Erklärung.** Gemeinsame Voraussetzung aller drei Tathandlungen des Abs. 1 ist eine dienstliche Meldung. Eine dienstliche Erklärung ist nur für Abs. 1 Nr. 1 verlangt. Bei dem eindeutigen Wortlaut der Vorschrift ist sie kein Tatbestandsmerkmal der in Nr. 2 und 3 geregelten Fallgruppen.[2]

5 **aa) Dienstliche Meldung.** Die Meldung ist eine militärisch formalisierte Mitteilung mit dienstlichem Inhalt durch einen Untergebenen gegenüber einem Vorgesetzten. Sie kann

---
[1] *Dau* WBO Einf. Rn. 155; *ders.* WDO § 32 Rn. 33.
[2] Anders wohl *Arndt* S. 253.

mündlich, schriftlich, durch Zeichen und Signale, auch durch schlüssiges Verhalten[3] erstattet werden.

Die **Verpflichtung zur Meldung** kann eine gesetzliche Grundlage haben,[4] sie kann 6 durch Dienstvorschriften,[5] Dauer- oder Einzelbefehle vorgeschrieben sein. Andererseits darf der Vorgesetzte eine Meldung nur fordern, wenn der Dienst dies rechtfertigt (§ 13 Abs. 2 SG). Der Begriff der Meldung ist in beiden Fällen davon abhängig, ob es sich um dienstliche Tatsachen handelt, die der Untergebene mit dem Anspruch auf Richtigkeit vorträgt. Dienstlich ist jede Meldung, die zu erstatten der Untergebene verpflichtet ist und die einen dienstlichen Zusammenhang aufweist, zB sicherheitsrelevanter Vorfall während einer sicherheitsempfindlichen Tätigkeit.[6] Mit der schon aus dem Gesetzestext deutlichen Beziehung auf den Dienst unterscheidet sich die Meldung iS des § 42 Abs. 1 nicht nur von der durch § 35 Abs. 1 geschützten Meldung, die auch nichtdienstliche Angaben enthalten kann (→ § 35 Rn. 13), sondern grenzt sich auch gegenüber anderen Mitteilungen, Auskünften und Antworten des Soldaten ab.

Inhalt einer dienstlichen Meldung dürfen ausnahmsweise auch Tatsachen aus dem 7 **persönlichen Umfeld** des Soldaten sein, wenn sie zu den dienstlichen Aufgaben des Vorgesetzten gehören. Im Rahmen einer Sicherheitsüberprüfung kann es zB darauf ankommen, ob der Untergebene Schulden hat,[7] er hat Veränderungen seines Personenstandes zu melden, wenn sie Einfluss auf seine Dienstbezüge haben oder eine schwangere Soldatin ist verpflichtet, Beginn und Ende ihrer Schwangerschaft anzuzeigen.[8]

bb) Dienstliche Erklärung. Aus dem Textzusammenhang folgt, dass auch die Erklä- 8 rung dienstlicher Natur sein muss. Sie setzt aber anders als die Meldung keine Dienstpflicht voraus;[9] unberührt davon bleibt die Verpflichtung des Soldaten, auch in einer dienstlichen Erklärung die Wahrheit zu sagen (§ 13 Abs. 2 SG).[10] Der Empfänger einer dienstlichen Erklärung braucht nicht in jedem Fall ein Vorgesetzter zu sein, auch gegenüber einem Soldaten gleichen oder entsprechenden Dienstgrades, einem Untergebenen oder gegenüber Personen und Dienststellen außerhalb der Bundeswehr kann eine Erklärung abgegeben werden. Als dienstliche Erklärung gelten beispielsweise die gutachterliche Stellungnahme eines militärischen Rüstungsexperten zur Frage eines Staatsgeheimnisses (§ 93 Abs. 1 StGB) gegenüber dem Sicherheits- und Geheimschutzbeauftragten des BMVg, Angaben bei der Abrechnung von Reise- oder Umzugskosten, der Beihilfe, auch die schriftliche Versicherung eines Offiziers, dienstliche Informationen nicht unbefugt an einen Journalisten weitergegeben zu haben.

b) Tathandlung. Die Abgabe einer unwahren dienstlichen Meldung oder Erklärung ist 9 in drei verschiedenen Begehungsformen möglich. Der Täter
– macht in einer dienstlichen Meldung oder Erklärung unwahre Angaben über Tatsachen von dienstlicher Bedeutung (Abs. 1 Nr. 1),
– gibt eine solche Meldung ohne Berichtigung weiter (Abs. 1 Nr. 2) oder
– übermittelt eine dienstliche Meldung unrichtig (Abs. 1 Nr. 3).

aa) Meldung und Erklärung unwahrer Angaben (Abs. 1 Nr. 1). Strafbar macht 10 sich derjenige, der in einer dienstlichen Meldung oder Erklärung unwahre Angaben über

---

[3] *Lingens/Korte* Rn. 8.
[4] ZB §§ 7, 25 Abs. 1 SG; § 30 Abs. 3 WDO; § 43.
[5] ZB „Meldung von Verdachtsfällen an den Militärischen Abschirmdienst durch den Disziplinarvorgesetzten" – ZDv A – 2160/6 Abschn. 1.10 in *Schnell/Ebert* C 10 b; „Besondere Vorkommnisse" – ZDv 10/13 in Deutscher Bundeswehr Kalender F 78.
[6] *Arndt* S. 252; auch *Scherer/Alff/Poretschkin* § 13 Rn. 9.
[7] BVerwG 12.5.1971 – II WD 2/69, BVerwGE 43, 227 = NZWehrr 1972, 69.
[8] *Stauf* WR I SG § 13 Rn. 6.
[9] *Lingens/Korte* Rn. 9.
[10] Zu Erklärungen des Soldaten im Ermittlungsverfahren des Disziplinarvorgesetzten nach der WDO s. *Dau* WDO § 32 Rn. 34 ff. Die vom Soldaten geforderte, aber unterlassene Meldung ist nicht tatbestandsmäßig: BVerwG 19.8.2009 – 2 WD 31.08.

Tatsachen von dienstlicher Bedeutung macht. Unwahr ist jede Tatsache, die objektiv nicht mit der Wahrheit übereinstimmt. Welche Vorstellungen der Täter mit dem Inhalt seiner Meldung oder Erklärung verbunden hat, ist unerheblich. Die Angaben müssen sich auf Tatsachen von dienstlicher Bedeutung beziehen, denn nur mit dem Wissen von Tatsachen kann sich der Vorgesetzte eine Entscheidungsgrundlage schaffen (→ Rn. 1). Werturteile und Meinungsäußerungen scheiden als taterheblicher Inhalt einer Meldung daher aus.[11]

11   Über den ohnehin für die Meldung und Erklärung schon begrifflich geforderten dienstlichen Charakter hinaus (→ Rn. 8) müssen die **Tatsachen von dienstlicher Bedeutung** sein. Das heißt, dass nicht jede dienstliche Meldung und Erklärung einen bedeutenden Inhalt hat, sondern nur Angaben von einer lageabhängigen Erheblichkeit. Allein Tatsachen von einem dienstlich gewissen Gewicht können letztlich auch dazu führen, dass mit einer unwahren Meldung eine schwerwiegende Folge ausgelöst wird.

12   Die Tathandlung des Abs. 1 Nr. 1 ist vollendet, sobald der Untergebene dem Vorgesetzten gemeldet hat, dh dieser die Meldung entgegengenommen hat oder sie als schriftliche Meldung in seinen Einflussbereich gelangt ist oder der Täter eine Erklärung mit dem Willen abgegeben hat, dass sie dem Empfänger zugehen soll.[12]

13   **bb) Weitergabe einer unwahren Meldung (Abs. 1 Nr. 2).** Den Tatbestand des Abs. 1 Nr. 2 verwirklicht, wer eine unwahre Meldung iS des Abs. 1 Nr. 1 (→ Rn. 10) weitergibt, ohne sie vorher pflichtgemäß zu berichtigen. Die **Pflicht zur Berichtigung** setzt voraus, dass der Täter den Inhalt der Meldung als unrichtig erkannt hat; im Übrigen besteht sie unabhängig davon, ob der Untergebene bewusst oder unbewusst falsch gemeldet hat.[13] Sie ergibt sich aus der Pflicht zum treuen Dienen (§ 7 SG), den Pflichten des Vorgesetzten (§ 10 SG) sowie der Pflicht zur Kameradschaft (§ 12 SG). Für den Weiterleitenden gibt es verschiedene Möglichkeiten, die Meldung vorher zu berichtigen. Er kann zB in einer Zusatzmeldung den wahren Sachverhalt darstellen oder den Untergebenen ersuchen, eine neue wahrheitsgemäße Meldung zu erstatten. Ohne Zustimmung des meldenden Soldaten darf er aber nicht eine unwahre schriftliche Meldung in eine richtige Meldung umformulieren, weil er sich damit dem Verdacht einer Straftat gem. § 267 StGB aussetzte.[14]

14   Die Tat nach Abs. 1 Nr. 2 ist vollendet, sobald die Meldung unberichtigt den Empfänger erreicht hat; nicht ausreichend ist es, dass sie den Einfluss- und Zugriffsbereich des Täters verlassen hat, denn zu diesem Zeitpunkt ist sie für den Empfänger noch keine strafrechtlich geschützte Entscheidungsgrundlage (→ Rn. 1).[15]

15   **cc) Unrichtige Übermittlung einer Meldung (Abs. 1 Nr. 3).** Die Tathandlung besteht darin, dass der Täter eine Meldung übermittelt, die bei der Übermittlung einen anderen Inhalt bekommt als sie ursprünglich hatte. Da Abs. 1 Nr. 3 ausdrücklich auf die unrichtige Übermittlung abstellt, hat es keine Bedeutung, ob die Meldung wahr oder unwahr ist. Entscheidend ist der Wechsel im Inhalt, so dass eine zunächst wahre Meldung durch die Übermittlung unwahr, eine unwahre Meldung nunmehr als wahr übermittelt wird.

16   Im Gegensatz zu den Tathandlungen der Nr. 1 und 2 ist für die Vollendung der Tat iS der Nr. 3 schon ausreichend, wenn sich der Täter der Meldung entäußert, sie auf den Weg zum Empfänger gebracht hat. Es ist nicht erforderlich, dass sie ihn auch schon erreicht hat.[16]

17   **c) Eintritt einer schwerwiegenden Folge.** Durch die Tathandlungen der Nr. 1–3 muss der Täter eine schwerwiegende Folge verursacht haben (§ 2 Nr. 3). Für Einzelheiten → § 2 Rn. 48 ff.; zur Kausalität → § 19 Rn. 9.

18   **2. Subjektiver Tatbestand.** Der Täter muss vorsätzlich handeln; bedingter Vorsatz genügt. Den Eintritt einer schwerwiegenden Folge muss er wenigstens fahrlässig, also vor-

---

[11] Zur Abgrenzung s. insbesondere die Kommentierungen zu § 186 StGB.
[12] *Lingens/Korte* Rn. 12; *Arndt* S. 253.
[13] *Lingens/Korte* Rn. 13; *Schwenck* WStR S. 202.
[14] So auch *Lingens/Korte* Rn. 14.
[15] *Lingens/Korte* Rn. 12.
[16] *Lingens/Korte* Rn. 16.

sätzlich oder fahrlässig verursacht haben (Abs. 1). Handelt der Täter leichtfertig **(Abs. 3)**, setzt er sich dem Vorwurf der groben Fahrlässigkeit aus (→ § 41 Rn. 13).

III. Täterschaft, Versuch, Konkurrenzen

1. Täterschaft. Täter des Abs. 1 Nr. 1 kann jeder Soldat der Bundeswehr sein. Als Täter des Abs. 1 Nr. 2 kommt regelmäßig ein Vorgesetzter in Betracht, der auf Grund seiner Dienststellung und der sie vermittelnden Kenntnisse beurteilen kann, ob die ihm erstattete Meldung der Wahrheit entspricht. Damit scheiden Soldaten als Täter aus, die nur als Melder oder Bote eine Meldung zu überbringen haben.[17] Täter iS des Abs. 1 Nr. 3 sind Soldaten, zu deren dienstlichen Pflichten es gehört, Meldungen zu übermitteln, ohne selbst Einfluss auf den Inhalt der Meldung nehmen zu dürfen, zB Angehörige der Fernmeldetruppe. 19

2. Versuch (Abs. 2). Der Versuch ist strafbar. Abs. 2 umfasst vor allem den Fall, in dem der Täter zwar eine Tathandlung nach Abs. 1 Nr. 1–3 vorgenommen hat, eine schwerwiegende Folge indes nicht eingetreten ist. 20

3. Konkurrenzen. Tateinheit ist mit den §§ 267, 263, 164 StGB möglich. 21

4. Rechtsfolgen. Der Strafrahmen ist davon abhängig, ob der Täter die Tat vorsätzlich (Abs. 1, 2) oder nur leichtfertig (Abs. 3) begangen hat. Hat er vorsätzlich gehandelt, entspricht seiner größeren Verantwortung die höhere Strafdrohung mit einer Freiheitsstrafe bis zu drei Jahren. Bei Leichtfertigkeit liegt der Strafrahmen zwischen einem Monat und einem Jahr. 22

§ 43 Unterlassene Meldung

(1) Wer von dem Vorhaben oder der Ausführung einer Meuterei (§ 27) oder einer Sabotage (§ 109e Abs. 1 des Strafgesetzbuches) zu einer Zeit, zu der die Ausführung oder der Erfolg noch abgewendet werden kann, glaubhaft erfährt und es unterläßt, unverzüglich Meldung zu machen, wird mit Freiheitsstrafe bis zu drei Jahren bestraft.

(2) § 139 des Strafgesetzbuches gilt entsprechend.

Übersicht

	Rn.		Rn.
I. Allgemeines	1, 2	b) Voraussetzung der Meldepflicht	6, 7
1. Normzweck	1	c) Erstatten der Meldung	8, 9
2. Historie	2	d) Inhalt der Meldung	10
II. Erläuterung	3–11	2. Subjektiver Tatbestand	11
1. Objektiver Tatbestand (Abs. 1)	3–10	**III. Täterschaft, Rechtsfolgen**	12–16
a) Gegenstand der Meldepflicht	3–5	1. Täterschaft	12
		2. Rechtsfolgen	13–16

I. Allgemeines

1. Normzweck. § 43 begründet als echtes Unterlassungsdelikt eine eigenständige, strafbewehrte Meldepflicht für den Soldaten. Er erweitert die Katalogstraftaten des § 138 StGB, die jedermann anzuzeigen hat, um das Vorhaben oder die Ausführung einer Meuterei (§ 27) oder einer Sabotage an Verteidigungsmitteln (§ 109e Abs. 1 StGB), die nur der Soldat zu melden hat. Mit dieser Regelung verbindet sich für den Soldaten keine Aufforderung zur Denunziation innerhalb der militärischen Gemeinschaft, die ohnehin mit dem Gebot zur Kameradschaft (§ 12 SG) nicht vereinbar wäre.[1] Eine Meuterei oder eine Sabotage an Verteidigungsmitteln gefährdet Disziplin und Schlagkraft der Truppe aber in einem so erheblichen Maße, dass die militärische Führung unverzüglich unterrichtet werden muss, um geeignete 1

---

[17] *Arndt* S. 253.
[1] Begr. zum Entwurf des WStG BT-Drs. 2/3040, 45; *Arndt* S. 255.

Maßnahmen treffen zu können. § 43 schützt die Rechtsgüter, die schon durch § 27 (→ § 27 Rn. 1) und § 109e StGB[2] gesichert sind.

2   **2. Historie.** Art. 27 EGStGB vom 2.3.1974, BGBl. I S. 469, 530, hat Abs. 1 in Anpassung an das allgemeine Strafrecht im Strafausspruch geändert. Art. 8 Abs. 2 EGWStG vom 30.3.1957, BGBl. I S. 306, bestimmte für § 43, dass er nicht vor dem 4. StrÄndG (nunmehr NATO-Truppen-Schutzgesetz) in Kraft tritt, soweit er die Sabotage betrifft.

II. Erläuterung

3   **1. Objektiver Tatbestand (Abs. 1). a) Gegenstand der Meldepflicht.** Derjenige macht sich strafbar, der von dem Vorhaben oder der Ausführung einer Meuterei oder einer Wehrmittelsabotage glaubhaft erfährt und es nicht meldet. Das **Vorhaben** einer Tat ist mehr als Planungen oder unstrukturierte Absichten. Ein Vorhaben setzt schon einen ernsthaften Tatplan voraus, der indes in seinen Einzelheiten noch nicht festzustehen braucht.[3] Auch wenn die Tat nur unter besonderen Bedingungen begangen werden soll oder noch nicht feststeht, wer sie tatsächlich ausführen soll, reicht es für ein Vorhaben.[4] Andererseits verlangt das Vorhaben nicht, dass mit der Tat bereits begonnen wurde.[5] Es kommt auch nicht darauf an, ob der künftige Täter schuldfähig ist.[6] Die Pflicht zur Meldung eines Vorhabens besteht solange, bis seine Ausführung noch abgewendet werden kann. Danach geht es für eine Meldepflicht nur noch um die Frage, ob der Erfolg der Tat zu verhindern war.

4   Die **Ausführung** der Tat ist zu melden. Ausführung bedeutet, dass die Tat wenigstens versucht sein muss.[7] Solange der Erfolg noch abgewendet werden kann, bleibt der Soldat zur Meldung verpflichtet, dh wenn die Tat zwar rechtlich vollendet, aber tatsächlich noch nicht beendet ist.[8] Eine Meuterei muss daher gemeldet werden, wenn die Täter sich zusammengerottet haben, die Unbotmäßigkeit aber noch andauert. Die Wehrmittelsabotage ist zu melden, solange die Gefahr für die in § 109e Abs. 1 StGB genannten Rechtsgüter andauert.[9] Erst wenn sich die Ausführung oder der Erfolg nicht mehr abwenden lässt, entfällt die Pflicht zur Meldung.

5   Die Meldepflicht des § 43 Abs. 1 ist auf die Tatbestände der Meuterei (§ 27) und der Sabotage an Verteidigungsmitteln (§ 109e Abs. 1 StGB) beschränkt. Die Verabredung zur Unbotmäßigkeit gem. § 28 Abs. 1 S. 1, die als ein Tatbestandsmerkmal die Meuterei umfasst, ist nur meldepflichtig, soweit sich die Beteiligten zu einer Meuterei verabreden.[10] Zu den Tatbestandsvoraussetzungen der Meuterei im Einzelnen s. die Erl. zu § 27. Bei der Sabotage gem. § 109e Abs. 1 StGB handelt es sich um die Sabotage an Verteidigungsmitteln, deren Täter nicht notwendig ein Soldat zu sein braucht. Die besonders schweren Fälle gem. § 109e Abs. 4 StGB fallen auch unter die Meldepflicht.

6   **b) Voraussetzung der Meldepflicht.** Eine Pflicht zur Meldung besteht für denjenigen, der von einer der beiden in Abs. 1 genannten Straftaten glaubhaft zu einer Zeit erfährt, zu der die Ausführung oder der Erfolg noch abgewendet werden kann. Der meldepflichtige Soldat kann das Vorhaben oder die Ausführung selbst wahrgenommen oder durch einen Dritten erfahren haben. Voraussetzung ist, dass er die Kenntnis **glaubhaft** erhalten hat. Der Meldepflichtige muss eine so konkrete Kenntnis von dem Tatplan haben, dass er annehmen darf, jemand plane oder führe eine Meuterei oder Sabotage aus. Mutmaßungen oder ein nur vager Verdacht verpflichten noch nicht zur Meldung, selbst wenn der Meldepflichtige

---

[2] Vgl. *Fischer* StGB § 109e Rn. 3; → StGB § 109e Rn. 5.
[3] *Lingens/Korte* Rn. 1a; Schönke/Schröder/Cramer/Sternberg-Lieben StGB § 138 Rn. 4; *Schwenck* WStR S. 202.
[4] *Fischer* StGB § 138 Rn. 6; → StGB § 138 Rn. 9.
[5] *Fischer* StGB § 138 Rn. 6.
[6] *Lingens/Korte* Rn. 6; *Fischer* StGB § 138 Rn. 8; → StGB § 138 Rn. 9.
[7] *Fischer* StGB § 138 Rn. 7.
[8] *Fischer* StGB § 138 Rn. 7; → StGB § 138 Rn. 10; *Lingens/Korte* Rn. 3.
[9] *Lingens/Korte* Rn. 3.
[10] *Lingens/Korte* Rn. 4; *Arndt* S. 255.

grobfahrlässig den Gerüchten keinen Glauben schenkt.[11] Auch wenn beide Straftaten gar nicht ausführbar sind, besteht eine Verpflichtung zur Meldung.

Der Täter muss von dem Vorhaben oder der Ausführung zu einer Zeit erfahren haben, zu der die Ausführung oder der Erfolg der Tat noch abgewendet werden kann. Diese Feststellung ist aus der Sicht der militärischen Führung zu treffen, auf die Vorstellung des Täters kommt es nicht an. Glaubt der Täter irrig, der Erfolg sei noch abzuwenden, befindet er sich in einem den Vorsatz ausschließenden Tatbestandsirrtum.[12] 7

c) Erstatten der Meldung. Die Meldung ist unverzüglich zu erstatten, dh ohne schuldhaftes Zögern. Abweichend von § 138 Abs. 1 StGB, der rechtzeitig eine Anzeige verlangt, genügt es für § 43 Abs. 1 nicht, dass die Meldung nur dazu geeignet zu sein braucht, die Ausführung oder den Erfolg der geplanten Tat noch zu verhindern.[13] Dem meldepflichtigen Soldaten bleibt zur Abgabe seiner Meldung kein zeitlicher Spielraum. Zum Zeitpunkt der Meldung → § 40 Rn. 8. 8

Empfänger der Meldung ist regelmäßig der nächste Disziplinarvorgesetzte. Ist dieser nicht erreichbar, kann dem nächsthöheren Disziplinarvorgesetzten gemeldet werden. Der Soldat genügt seiner Meldepflicht auch, wenn er, vor allem beim Vorhaben oder der Ausführung einer Sabotage, die nächste MAD-Dienststelle benachrichtigt. Die Anzeige bei der Polizei ist keine Meldung, kann aber gem. § 43 Abs. 2 iVm § 139 Abs. 4 S. 1 StGB zur Straffreiheit führen. Von der Verpflichtung zur Meldung ist der Soldat nur befreit, wenn er positiv weiß, dass der Disziplinarvorgesetzte oder die zuständige MAD-Dienststelle schon Kenntnis hat (→ § 40 Rn. 6). 9

d) Inhalt der Meldung. Durch die Meldung muss die militärische Führung in die Lage versetzt werden, auf das Vorhaben oder die Ausführung einer Meuterei oder Sabotage so zu reagieren, dass sie die Ausführung oder den Erfolg noch abwenden kann. Hieran bemessen sich die Angaben, die der Soldat in seine Meldung aufnehmen muss. Er hat die an der Meuterei beteiligten Soldaten zu benennen, vor allem ihren Rädelsführer, soweit er ihm bekannt ist, er muss Hinweise zu Zeit und Ort der Tat geben und seinen eigenen Namen, Dienstgrad und Einheit nennen. Die Pflicht zur Meldung verbietet dem Soldaten Anonymität.[14] 10

2. Subjektiver Tatbestand. Der Täter muss vorsätzlich handeln, bedingter Vorsatz reicht aus. Er muss die sichere Kenntnis haben, jedenfalls es für möglich halten (→ Rn. 6), dass eine Meuterei oder eine Sabotage geplant und durchgeführt werden soll. Ein nur leichtfertiges Unterlassen der Meldung, wie es § 138 Abs. 3 StGB für die Anzeige vorsieht, genügt für § 43 Abs. 1 nicht. Der Irrtum über die Verpflichtung zur Meldung ist ein Gebotsirrtum.[15] 11

III. Täterschaft, Rechtsfolgen

1. Täterschaft. Täter ist jeder Soldat der Bundeswehr. Wenn er selbst Täter oder Teilnehmer einer Meuterei oder Sabotage ist, braucht er nicht zu melden, weil die geplante Tat eine „völlig fremde" sein muss.[16] Das gilt auch dann, wenn sich der Meldepflichtige durch lediglich straflose Vorbereitungshandlungen bei der Meuterei oder Sabotage noch nicht strafbar gemacht hat.[17] Dagegen entfällt eine Meldepflicht nicht allein deswegen, weil sich der zur Meldung verpflichtete Soldat durch die Meldung dem Verdacht der Beteiligung aussetzt.[18] 12

2. Rechtsfolgen. Die Strafandrohung ist Freiheitsstrafe bis zu drei Jahren. 13

---

[11] *Fischer* StGB § 138 Rn. 9; → StGB § 138 Rn. 11.
[12] Vgl. *Fischer* StGB § 138 Rn. 13, s. demgegenüber Rn. 9.
[13] So zu § 138 StGB BGH 19.3.1996 – 1 StR 497/95, BGHSt 42, 86 mAnm *Puppe* NStZ 1996, 59 und *Lagodny* JZ 1997, 48.
[14] Einschränkend *Lingens/Korte* Rn. 9.
[15] BGH 5.5.1964 – 1 StR 26/64, BGHSt 19, 295.
[16] BGH 12.4.1989 – 3 StR 453/88, BGHSt 36, 167 (169).
[17] *Fischer* StGB § 138 Rn. 19 mN; auch *Lingens/Korte* Rn. 13.
[18] BGH 12.4.1989 – 3 StR 453/88, BGHSt 36, 167 (169); auch *Fischer* StGB § 138 Rn. 19ff. mit einer Übersicht über die in der Literatur zu § 138 StGB überwiegend gegensätzlich vertretene Ansicht.

14   Die durch **Abs. 2** zugelassene entsprechende Anwendung von § 139 StGB gibt die Möglichkeit, von Strafe abzusehen (§ 139 Abs. 1 StGB) und enthält Voraussetzungen, unter denen eine unterlassene Meldung straflos bleiben kann.

15   Solange eine Meuterei oder Sabotage nicht versucht worden ist (§ 27 Abs. 2; § 109e Abs. 3 StGB), kann das Gericht von Strafe absehen (§ 139 Abs. 1 StGB). § 139 Abs. 2 StGB findet keine Anwendung, da die Militärseelsorger beider christlichen Konfessionen keinen Soldatenstatus haben, der für die Meldepflicht strafbegründend ist. § 139 Abs. 3 S. 2 StGB gilt für die Ärzte des Sanitätsdienstes der Bundeswehr sowie für Soldaten als Verteidiger vor dem Truppendienstgericht in gerichtlichen Disziplinarverfahren (§ 90 Abs. 2 S. 1 WDO).

16   Eine Straffreiheit nach § 139 Abs. 4 S. 1 StGB setzt voraus, dass der Täter die Ausführung oder den Erfolg der Tat anders als durch eine Meldung abwendet. Das kann durch eine Anzeige bei der Polizei geschehen, vor allem aber durch persönliches Einwirken zB auf die Beteiligten an einer Meuterei, von ihrer Unbotmäßigkeit abzusehen. Zur Straflosigkeit nach § 139 Abs. 4 S. 2 StGB, durch ernsthaftes Bemühen den Erfolg abzuwenden, s. die Kommentarliteratur zu § 139 StGB.

§ 44 Wachverfehlung

(1) Wer im Wachdienst
1. als Wachvorgesetzter es unterläßt, die Wache pflichtgemäß zu beaufsichtigen,
2. pflichtwidrig seinen Postenbereich oder Streifenweg verläßt oder
3. sich außerstande setzt, seinen Dienst zu versehen,
wird mit Freiheitsstrafe bis zu drei Jahren bestraft.

(2) Ebenso wird bestraft, wer im Wachdienst in anderen als den in Absatz 1 bezeichneten Fällen Befehle nicht befolgt, die für den Wachdienst gelten, und dadurch wenigstens fahrlässig eine schwerwiegende Folge (§ 2 Nr. 3) verursacht.

(3) Der Versuch ist strafbar.

(4) [1]In besonders schweren Fällen ist die Strafe Freiheitsstrafe von sechs Monaten bis zu fünf Jahren. [2]§ 19 Abs. 3 Satz 2 gilt entsprechend.

(5) Wer in den Fällen der Absätze 1 oder 2 fahrlässig handelt und dadurch wenigstens fahrlässig eine schwerwiegende Folge verursacht (§ 2 Nr. 3), wird mit Freiheitsstrafe bis zu zwei Jahren bestraft.

(6) Wird ein Befehl nicht befolgt (Absatz 2), so gelten § 22 sowie die Vorschriften über den Versuch der Beteiligung nach § 30 Abs. 1 des Strafgesetzbuches entsprechend.

Übersicht

	Rn.		Rn.
I. Allgemeines	1–3	e) Tathandlung	17–25
1. Normzweck	1, 2	2. Subjektiver Tatbestand	26, 27
2. Historie	3	III. Täterschaft und Teilnahme, Versuch, Konkurrenzen, Rechtsfolgen	28–36
II. Erläuterung	4–27	1. Täterschaft	28–30
1. Objektiver Tatbestand (Abs. 1)	4–25	2. Teilnahme	31
a) Wachdienst	4–8	3. Versuch (Abs. 3)	32
b) Wachvorgesetzter (Abs. 1 Nr. 1)	9–11	4. Konkurrenzen	33, 34
c) Militärische Wache	12–15	5. Rechtsfolgen	35, 36
d) Zivile Wache	16		

I. Allgemeines

1   **1. Normzweck.** Militärischer Wachdienst verlangt von den Angehörigen der Wache besondere Umsicht, ständige Aufmerksamkeit und Einsatzbereitschaft sowie ein erhöhtes Maß an Verantwortung in der Wahrnehmung der ihnen übertragenen Befugnisse. Aufgabe

der Wache ist es, militärische Bereiche vor unbefugtem Zugang zu schützen und Straftaten gegen die Bundeswehr (§ 3 UZwGBw) zu verhindern. Die Ausübung militärischen Dienstes in der besonderen Form des Wachdienstes ist angesichts der **erhöhten Verantwortung** des Soldaten mit einer für die Dauer des Wachdienstes eigenen Vorgesetztenfunktion (§ 3 VorgV) einem besonderen förmlichen Verfahren (→ Rn. 14) unterworfen, sie verleiht ihm besondere Befugnisse (§ 21 WDO; §§ 4 ff. UZwGBw) und setzt eine eingehende Unterrichtung und Einweisung in die Aufgaben der Wache voraus.

Die erhöhte Verantwortung, die der Soldat für den Wachdienst übernimmt, sowie die 2 Bedeutung der Wachpflichten im militärischen Bereich werden durch eine Strafdrohung für Wachvergehen gesichert.[1] Dies entspricht gesetzlichen Vorbildern (§ 141 MStGB). Geschütztes Rechtsgut ist damit zugleich die militärische Sicherheit sowie die Einsatzbereitschaft der Truppe. Die strafrechtliche Sicherung im Einzelnen nimmt § 44 in der Weise vor, dass er in seinem Abs. 1 die vorsätzliche Wachverfehlung ohne den Eintritt einer schwerwiegenden Folge unter Strafe stellt, in Abs. 2 einen Sonderfall vorsätzlicher Handlung mit wenigstens fahrlässig verursachter schwerwiegender Folge und schließlich in Abs. 5 die fahrlässige Wachverfehlung mit wenigstens fahrlässig verursachter schwerwiegender Folge. Nachdem die Bundeswehr vor dem Hintergrund einer EU-Arbeitszeitrichtlinie die Bewachung ihrer militärischen Liegenschaften privaten Sicherungsdiensten übertragen hat, wird sich die Delinquenz der Wachverfehlung jedenfalls im Inlandseinsatz der Soldaten vermindern.

2. Historie. Art. 27 EGStGB vom 2.3.1974, BGBl. I S. 469, 530, hat der Vorschrift 3 eine neue Fassung gegeben. Seither ist vorsätzlich gezeigtes Verhalten nach Abs. 1 Nr. 1–3 schon strafbar, ohne dass der Täter – wie noch nach früherem Recht – eine schwerwiegende Folge verursacht haben muss. Der Eintritt einer schwerwiegenden Folge wird erst für die Tatbestände der Abs. 2 und 5 erheblich.

II. Erläuterung

1. Objektiver Tatbestand (Abs. 1). a) Wachdienst. Wachdienst bedeutet im dienstli- 4 chen Begriffsverständnis der Bundeswehr der in den militärischen Wachvorschriften geregelte, nach ausdrücklichem Hinweis des Vorgesetzten auf die erhöhte Verantwortung ausgeübte Dienst als militärische Wache.[2] Der Charakter eines Wachdienstes ist entscheidend dadurch geprägt, ob dem Soldaten im Einzelfall eine genau und konkret umrissene militärische Wach- oder Sicherungsaufgabe zugeteilt ist.[3]

Unterschiedlich beurteilt wird die Frage, ob der Soldat auf seine **erhöhte Verantwor-** 5 **tung** im Wachdienst hingewiesen sein muss.[4] Die Rechtsprechung[5] hat eine zustimmende Antwort gegeben; ihr ist beizupflichten. Der ausdrückliche Hinweis auf die erhöhte Verantwortung ist Wesensbestandteil des Wachdienstes als eines besonders verantwortungsvollen Normaldienstes (→ Rn. 1).[6] Er hebt den Wachdienst von den Sonderaufträgen des § 45 ab, für die der Hinweis auf die erhöhte Verantwortung wegen des Ausnahmecharakters dienstlicher Einzelverwendung eigens mit in den Tatbestand aufgenommen werden musste. Zugleich ist er auch ein Abgrenzungskriterium zu anderen dienstlichen Aufgaben, die ohne den Hinweis auf eine erhöhte Verantwortung im normalen Rahmen militärischer Pflichterfüllung ausgeführt werden, zB Beaufsichtigung, Überprüfung und Bewachung von

---

[1] *Schwenck* WStR S. 203; *Arndt* S. 257.
[2] BayObLG 25.7.1978 – RReg 4 St 56/78, NZWehrr 1978, 231; *Lingens/Korte* Rn. 5.
[3] OLG Celle 17.2.1961 – 2 Ss 18/61, NZWehrr 1962, 74.
[4] So BayObLG 25.7.1978 – RReg 4 St 56/78, NZWehrr 1978, 231 (233); BayObLG 9.5.1985 – RReg 4 St 54/85, NStZ 1985, 418; OLG Zweibrücken 29.3.1982 – 1 Ss 236/80, NStZ 1982, 235; *Lingens/Korte* Rn. 5; aA *Stauf* WR II WStG § 44 Rn. 2; *derselbe,* Rechtliche Gesichtspunkte zum Begriff des Wachdienstes und zum Anwendungsbereich des § 44 Abs. 1 Nr. 2 WStG, NZWehrr 1979, 121 (122 ff.); *ders.,* Anm. zu OLG Zweibrücken aaO, NStZ 1983, 177; *Arndt* S. 258; *Schloeßer,* Anm. zu BayObLG 25.7.1978 – RReg 4 St 56/78, NZWehrr 1978, 231, 235; kritisch auch *Großmann,* Bundeswehrsicherheitsrecht, 1981, § 1 Rn. 57.
[5] S. die Nachweise in Fn. 4.
[6] Dies lässt das OLG Zweibrücken 29.3.1982 – 1 Ss 236/80, NStZ 1982, 235 sogar dahingestellt.

Personen und Material innerhalb der militärischen Liegenschaft auf Grund eines Einzelbefehls.[7]

6 Auch die Zentrale Dienstvorschrift „Der Wachdienst in der Bundeswehr" – ZDv A – 1130/21 geht von einem ausdrücklichen Hinweis aus. Teil der Wachvorbereitung ist die Belehrung über Aufgaben und Befugnisse im Wachdienst, die grds. durch den Offizier vom Wachdienst durchzuführen ist. Im Übrigen sind der Wachauftrag, die Befugnisse jeder Wache und notwendige Einzelheiten zur Durchführung des Wachdienstes in der „Besondere Wachanweisung" festgelegt (ZDv A 1130/21), jeweils abhängig von den örtlichen Verhältnissen.

7 Der Hinweis auf die besondere Verantwortung im Wachdienst geschieht regelmäßig bei der Wachbelehrung. Er braucht indes nicht jedes Mal förmlich wiederholt zu werden, insbesondere wenn es sich um einen im Wachdienst erfahrenen Soldaten handelt.[8] Es genügt beispielsweise, dass dem Soldaten im Wachdienst seine erhöhte Verantwortung durch mehrmalige Einsätze im Wachdienst schon bewusst ist, die durch Übergabe der Wachunterlagen nur noch einmal betont wird.

8 Vor Antritt des Wachdienstes sind die Soldaten zu vergattern (ZDv A 1130/21). Der Begriff **Vergatterung** stößt außerhalb der Bundeswehr vielfach auf Verständnisschwierigkeiten, weil er fälschlich mit der Wachbelehrung gleichgesetzt wird.[9] Tatsächlich ist die Vergatterung das Kommando des Offiziers vom Wachdienst, das den Beginn des Wachdienstes bestimmt. Mit der Erklärung „Vergatterung" werden die Wachsoldaten den Wachvorgesetzten unterstellt und Wachhabender und Stellvertretender Wachhabender erhalten Vorgesetztenbefugnisse für den besonderen Aufgabenbereich „Übernahme des Wachdienstes".[10] Allein hierin liegt die Bedeutung der militärischen Vergatterung, die auch der BGH in seiner grds. Entscheidung zur Vergatterung als Beihilfeform verkannt hat.[11]

9 **b) Wachvorgesetzter (Abs. 1 Nr. 1).** Wachvorgesetzter **militärischer Wachen** (→ Rn. 12) ist der Wachhabende, Stellvertretende Wachhabende, Offizier vom Wachdienst, Kasernenkommandant und seine truppendienstlichen Vorgesetzten als weitere Wachvorgesetzten (ZDv A – 1130/21). Sie sind Vorgesetzte im besonderen Aufgabenbereich (§ 3 VorgV).

10 Wachvorgesetzte **ziviler Wachen** mit militärischem Wachauftrag (§ 1 Abs. 3 UZwGBw) sind der Offizier vom Wachdienst, Stellvertretende Offizier vom Wachdienst, Kasernenkommandant und seine truppendienstlichen Vorgesetzten als weitere Wachvorgesetzte (ZDv A – 1130/21).[12] Gegenüber den Angehörigen der zivilen Wache besteht kein militärisches Vorgesetztenverhältnis, der Wachvorgesetzte ist jedoch zu Weisungen befugt (vgl. § 11 Abs. 3 SG).

11 Rechtsgrundlage für die Wahrnehmung militärischer Wach- und Sicherungsaufgaben durch Soldaten verbündeter Streitkräfte ist § 1 Abs. 2 UZwGBw.

12 **c) Militärische Wache.** Angehörige einer militärischen Wache sind ausschließlich Soldaten, die Wachdienst nach der ZDv A – 1130/21 „Der Wachdienst in der Bundeswehr" oder innerhalb der Marine nach den „Bestimmungen für den Dienst an Bord" leisten. Militärische Wachen bestehen aus dem Offizier vom Wachdienst, dem Wachhabenden, dem Stellvertretenden Wachhabenden und den Wachmannschaften (ZDv A – 1130/21). Die Wachmannschaften werden als Posten, Streifen, Eingreifkräfte, Soldaten in der Wachverstärkung oder als Soldaten in Wachbereitschaft eingesetzt.

---

[7] BayObLG 25.7.1978 – RReg 4 St 56/78, NZWehr 1978, 231; *Arndt* S. 175.
[8] LG Bad Kreuznach 30.8.1984 – Js 11850/83, NZWehr 1985, 126; *Lingens/Korte* Rn. 5.
[9] Begrifflich unsicher zB AG Oldenburg 11.11.1960 – 11 Ms 79/60–49, NZWehr 1961, 185 m. abl. Anm. *Schreiber* S. 186; auch *Schwenck* WStR S. 204, der die Vergatterung zu Unrecht als nur symbolischen Akt ansieht.
[10] ZDv A – 1130/21.
[11] BGH 7.8.2001 – 5 StR 259/01, NStZ 2001, 589.
[12] Zu den zivilen Wachen vgl. VG Gießen 23.10.2000 – 10 E 255/97, NZWehr 2001, 129; *Großmann*, Bundeswehrsicherheitsrecht, 1981, II Rn. 238.

Der Begriff der militärischen Wache ist durch die ZDv A – 1130/21 definiert. Personen **13** mit besonderen Sicherheitsaufgaben, wie zB die Angehörigen eines Transportbegleitkommandos, gehören nicht zum Wachpersonal. Auch Wachen mit nur repräsentativen Aufgaben wie Fahnen- oder Ehrenwachen sind keine militärische Wache.

Die Erklärung der Wache **„Wachdienst übernommen"** bezeichnet den Zeitpunkt, zu **14** dem die Wachsoldaten die Befugnisse für den besonderen Aufgabenbereich „Durchführung des Wachdienstes" haben. Damit beginnt auch ihre strafrechtliche Verantwortung gem. § 44. Sie endet mit der Erklärung **„Wachdienst beendet"**. Zugleich endet die Befugnis aller Wachsoldaten als Vorgesetzte mit besonderem Aufgabenbereich. Wachhabender und Stellvertretender Wachhabender behalten jedoch ihre Befehlskompetenz im besonderen Aufgabenbereich „Abwicklung und Beendigung des Wachdienstes".

Während des Wachdienstes kann die besondere Unterstellung nur durch einen Wachvor- **15** gesetzten aufgehoben werden.

d) Zivile Wache. Zivile Wachen nehmen ihren militärischen Wachauftrag auf der **16** Grundlage des § 1 Abs. 3 UZwGBw wahr. Zivile Wachpersonen können Beamte oder Arbeitnehmer sein, die beruflich Sicherheitsaufgaben wahrnehmen oder Angehörige gewerblicher Bewachungsunternehmen, die mit militärischen Wachaufgaben iS des UZwGBw beauftragt sind.[13]

e) Tathandlung. aa) Unterlassene Aufsicht über die Wache (Abs. 1 Nr. 1). Der **17** Wachvorgesetzte (→ Rn. 9) macht sich strafbar, der es unterlässt, die Wache pflichtgemäß zu beaufsichtigen. Die Wache kann eine militärische (→ Rn. 12) oder eine zivile Wache (→ Rn. 16) sein.[14] Die Pflicht zur Dienstaufsicht über die militärische Wache ergibt sich für den Wachvorgesetzten aus seiner Befehlsbefugnis als Vorgesetzter mit besonderem Aufgabenbereich gem. § 3 VorgV. Sie ist auf die besondere Aufgabe „Durchführung des Wachdienstes" (→ Rn. 14) beschränkt. Es ist zwar zulässig, Wachsoldaten auch außerhalb des eigentlichen Wachdienstes liegende Aufgaben zu übertragen, zB Kontrolle der Soldaten auf korrekten Sitz der Uniform,[15] der Wachvorgesetzte ist aber nicht verpflichtet einzuschreiten, wenn ein Angehöriger der Wachmannschaft diese Kontrolle nicht vornimmt und einen salopp gekleideten Soldaten passieren lässt. Die Dienstaufsicht gegenüber einer zivilen Wache beruht auf seiner Weisungsbefugnis ihr gegenüber (→ Rn. 10).

bb) Verlassen des Postenbereichs oder Streifenweges (Abs. 1 Nr. 2). Einen Pos- **18** tenbereich oder einen Streifenweg gibt es nur für Wachmannschaften (ZDv A – 1130/21; → Rn. 12). Der Soldat verlässt seinen Postenbereich oder seinen Streifenweg, wenn er sich vorübergehend[16] oder dauernd räumlich von dem ihm zur Erfüllung seines Wachdienstes zugewiesenen oder bezogenen Ort oder Weg entfernt.[17] Der Postenbereich muss also zuvor tatsächlich bezogen, der Streifenweg begangen sein.[18] Ein Entfernen vom Wachdienst überhaupt schon während der Wachbereitschaft (→ Rn. 12) reicht für den Tatbestand des Abs. 1 Nr. 2 nicht aus.[19] Ebenso genügt es nicht, wenn der Täter als Posten in dem ihm zugewiesenen Postenbereich überhaupt nicht aufzieht oder als Streifenposten seinen Streifenweg gar nicht erst antritt; in diesen Fällen kann ein Verstoß gegen einen sonstigen Wachdienstbefehl iS des Abs. 2 vorliegen, der bei Eintritt einer schwerwiegenden Folge (→ § 2 Rn. 48 ff.) strafbar ist, nicht jedoch nach Abs. 1 Nr. 2.[20]

Der Täter handelt pflichtwidrig, wenn er sich entgegen den Wachvorschriften und ohne **19** Zustimmung des Wachvorgesetzten entfernt und sein Verhalten auch sonst nicht gerechtfer-

---

[13] *Großmann* § 1 Rn. 80; *Jeß/Mann* UZwGBw 1981 § 1 Rn. 22 ff.
[14] *Lingens/Korte* Rn. 8.
[15] *Lingens/Korte* Rn. 8.
[16] *Schwenck* WStR S. 204.
[17] BayObLG 9.5.1985 – RReg 4 St 54/85, NStZ 1985, 418; *Lingens/Korte* Rn. 9.
[18] OLG Hamm 15.3.1978 – 4 Ss 378/78, NZWehrr 1978, 236; BayObLG 9.5.1985 – RReg 4 St 54/85, NStZ 1985, 418.
[19] OLG Hamm 15.3.1978 – 4 Ss 378/78, NZWehrr 1978, 236.
[20] BayObLG 9.5.1985 – RReg 4 St 54/85, NStZ 1985, 418.

tigt ist, zB durch die Verfolgung einer flüchtenden Person (§ 4 Abs. 2 UZwGBw; § 127 StPO).[21]

20 cc) **Außerstande setzen, den Dienst zu versehen (Abs. 1 Nr. 3).** Strafbar ist derjenige, der sich im Wachdienst außerstande setzt, seinen Dienst zu versehen. Außerstande setzen bedeutet, einen körperlichen oder geistigen Zustand herbeizuführen, der einen pflichtgemäß auszuübenden Wachdienst nicht mehr zulässt. Welche Anforderungen physischer und psychischer Leistungsfähigkeit im Einzelnen an den Angehörigen des Wachpersonals gestellt werden, ergibt sich aus der Zentralen Dienstvorschrift für den Wachdienst in der Bundeswehr A – 1130/21, der „Besondere Wachanweisung" sowie Befehlen für den Wachdienst, die auf die jeweiligen örtlichen Verhältnisse abgestimmt sind. Sie liefern den Maßstab, ob der Soldat durch sein Verhalten der erhöhten Verantwortung im Wachdienst (→ Rn. 5 ff.) gerecht geworden ist. Ob der Soldat körperlich und geistig fähig ist, den Wachdienst den Wachvorschriften gemäß ausüben zu können, entscheidet der Wachvorgesetzte; auf das subjektive Empfinden des Täters kommt es nicht an. Bei dem Verbot, während des Wachdienstes Alkohol zu sich zu nehmen, genügt schon eine geringe Menge Alkohol, um den Soldaten für die Ausübung des Wachdienstes außerstande zu setzen.[22] Schlaf, auch nur ein kurzes Einnicken, der Konsum von Drogen, Lesen, Kartenspielen, Hören von Musik über MP3-Player, Austauschen von Nachrichten mit der Freundin über SMS oder eine Unterhaltung, die den Täter vom Wachauftrag ablenkt, setzen ihn außerstande, seinen Wachdienst konzentriert und aufmerksam zu erfüllen.[23]

21 Die Strafbarkeit nach Abs. 1 Nr. 3 setzt voraus, dass sich der Täter **im Wachdienst zum Wachdienst** außerstande gesetzt hat. Hat er die Ursache für seine Wachunfähigkeit schon vor Antritt des Wachdienstes geschaffen, kann er sich nach den §§ 19, 21 strafbar gemacht haben, zB er hat befehlswidrig Alkohol getrunken und ist als Folge davon während des Wachdienstes eingeschlafen.[24]

22 dd) **Nichtbefolgen anderer Wachdienstbefehle (Abs. 2).** Der Ungehorsam gegenüber sonstigen Befehlen im Wachdienst ist ein Sondertatbestand zu den §§ 19, 21. Die Regelung erfasst alle Fälle eines Ungehorsams gegenüber Wachdienstbefehlen, die nicht schon unter die Strafdrohung des Abs. 1 fallen. Befehle nach dem Kommando „Wachdienst beendet" (→ Rn. 14) sind keine Befehle im Wachdienst mehr und daher kein Regelungsgegenstand des Abs. 2. Auch für Befehle zur Kontrolle der soldatischen Ordnung (→ Rn. 17) anlässlich des Wachdienstes gilt Abs. 2 nicht.

23 Dagegen werden Verstöße gegen Befehle für die Wache zur Personen- und Kraftfahrzeugkontrolle,[25] zum Verlassen des Postenbereichs,[26] soweit nicht schon die Voraussetzungen des Abs. 1 Nr. 2 vorliegen, auch gegen den Befehl, den angeordneten Wachanzug anzuziehen und die Ausrüstung bereit zu halten, nach Abs. 2 behandelt.

24 Im Falle seines Verstoßes gegen die Gehorsamspflicht sonstigen Wachdienstbefehlen gegenüber muss der Täter wenigstens fahrlässig eine schwerwiegende Folge verursacht haben. Zum Eintritt einer schwerwiegenden Folge → § 2 Rn. 48 ff.; zur Frage der Kausalität → § 19 Rn. 9.

25 Durch die in **Abs. 6** vorgenommene Verweisung auf § 22 gelten die Regelungen zur Verbindlichkeit eines anderen Befehls im Wachdienst und zum Irrtum hierüber entsprechend. § 22 findet dagegen unmittelbare Anwendung, wenn der Täter einer Wachverfehlung in einem der Tatbestände des Abs. 1 ungehorsam ist. Auch der Versuch der Beteiligung gem. § 30 Abs. 1 StGB ist auf sonstige Befehle entsprechend anwendbar.

---

[21] *Lingens/Korte* Rn. 16; *Arndt* S. 259.
[22] AG Kempten 27.6.1975 – Ds 13 Js 5267/75, RWStR § 44 Nr. 4 m. zust. Anm., *Schwenck; Lingens/Korte* Rn. 10; aA *Stauf*, Zur Auslegung des § 44 Abs. 1 Nr. 3 WStG, NZWehrr 1983, 91; *ders.* WR II WStG § 44 Rn. 6.
[23] Vgl. auch RMG 22.2.1917 – Nr. 147/1204, RMG 21, 152 (155).
[24] *Arndt* S. 259.
[25] *Lingens/Korte* Rn. 11.
[26] *Arndt* S. 259; → Rn. 18 aE.

2. Subjektiver Tatbestand. Abs. 1 verlangt vorsätzliches Handeln, bedingter Vorsatz 26 genügt. Auch für die Verwirklichung des Abs. 2 muss der Täter vorsätzlich handeln, bedingter Vorsatz reicht auch hier. Die schwerwiegende Folge muss wenigstens fahrlässig, dh vorsätzlich oder fahrlässig, verursacht worden sein.

Abs. 5 enthält für die Tatbestände der Abs. 1 und 2 eine eigene Strafdrohung, wenn 27 der Täter fahrlässig handelt und dadurch wenigstens fahrlässig eine schwerwiegende Folge verursacht (§ 2 Nr. 3). In beiden Fällen bezieht sich der Vorwurf der **Fahrlässigkeit** sowohl auf die Voraussetzungen des Wachdienstes, die Tatbestandsvarianten des Abs. 1 Nr. 1–3 und auf das Nichtbefolgen eines sonstigen Wachdienstbefehls gem. Abs. 2 als auch auf den Eintritt einer schwerwiegenden Folge. Der Täter handelt fahrlässig, der die Sorgfalt als Angehöriger der Wache außer acht lässt, zu der er auf Grund seiner erhöhten Verantwortung im Wachdienst und seinen persönlichen Fähigkeiten und Kenntnissen verpflichtet und in der Lage ist und daher nicht erkennt, dass er gegen Wachvorschriften verstößt; zB er vergisst aus Unaufmerksamkeit, dass er sich auch schon bei der Wachbereitschaft (→ Rn. 12) im Wachdienst befindet oder wegen mangelnder Aufmerksamkeit bei der Einweisung in den Postenbereich überschreitet er dessen Grenze. Bei Fahrlässigkeit behandelt Abs. 5 die Regelungen der Abs. 1 und 2 gleich, während bei Vorsatz im Falle des Abs. 1 der Täter schon strafbar ist, ohne eine schwerwiegende Folge verursacht haben zu müssen.[27] Da der Täter vor Antritt seines Wachdienstes auf die erhöhte Verantwortung im Wachdienst hingewiesen wurde (→ Rn. 5) und die Folgen einer schon fahrlässig begangenen Wachverfehlung nicht erst in einem bewaffneten Konflikt erheblich sein können, genügt leichte Fahrlässigkeit.[28] Dagegen ist Leichtfertigkeit, wie sie § 21 voraussetzt, dh grobe Fahrlässigkeit, nicht ausreichend. Zur schwerwiegenden Folge → § 2 Rn. 48 ff., zur Kausalität → § 19 Rn. 9.

III. Täterschaft und Teilnahme, Versuch, Konkurrenzen, Rechtsfolgen

1. Täterschaft. Täter nach Abs. 1 Nr. 1 kann nur ein Soldat der Bundeswehr sein, der 28 sich im Wachdienst befindet und Wachvorgesetzter ist (→ Rn. 9 f.).

Für den Tatbestand des Abs. 1 Nr. 2 kommen nur Soldaten im Wachdienst als Täter in 29 Frage, die Angehörige von Wachmannschaften sind (→ Rn. 12), denn nur für diese gelten Postenbereich und Streifenweg (→ Rn. 18). Wachvorgesetzte können daher niemals Täter nach Abs. 1 Nr. 2 sein.[29]

Täter nach Abs. 1 Nr. 3 kann jeder Soldat sein, der sich im Wachdienst befindet 30 (→ Rn. 5 ff.).

2. Teilnahme. Mittäter kann nur ein Soldat sein, der selbst im Wachdienst ist. Andere 31 Soldaten können Anstifter oder Gehilfen sein.

3. Versuch (Abs. 3). Der Versuch ist in den Handlungsformen des Abs. 1 und 2 strafbar. 32 Im Fall des Abs. 2 macht sich der Soldat schon strafbar, wenn er den Befehl im Wachdienst nicht befolgt, die von ihm in Kauf genommene schwerwiegende Folge nicht eintritt. § 30 Abs. 1 StGB, der den Versuch der Beteiligung an einem Verbrechen unter Strafe stellt, ist durch die Verweisung in Abs. 6 auf das Vergehen der Wachverfehlung entsprechend anwendbar.

4. Konkurrenzen. § 44 ist ein Sonderfall zu den §§ 19, 21, soweit es sich um die Nicht- 33 befolgung eines Befehls im Wachdienst handelt; er konsumiert sie daher ebenso wie Abs. 1 Nr. 3 den § 17 Abs. 2. Dagegen geht Abs. 1 Nr. 2 als Sonderregelung dem Abs. 1 Nr. 3 vor.[30]

---

[27] Zu den Gründen für diese unterschiedliche Regelung vgl. *Lingens/Korte* Rn. 1.
[28] *Lingens/Korte* Rn. 14.
[29] AA LG Bad Kreuznach 30.8.1984 – Js 11850/83, NZWehrr 1985, 126; *Stauf* NZWehrr 1979, 121 (125); WR II WStG § 44 Rn. 5. Wie hier *Lingens/Korte* Rn. 9.
[30] *Lingens/Korte* Rn. 21.

34 Tateinheit ist möglich mit den §§ 15, 16 und § 20 sowie mit § 41 Abs. 1. Tateinheit kann auch zwischen Abs. 1 und 3 sowie Abs. 1 Nr. 1 und Abs. 1 Nr. 3 und Abs. 2 bestehen.[31]

35 **5. Rechtsfolgen.** Die Regelstrafe des Abs. 1 ist Freiheitsstrafe bis zu drei Jahren. Die erhöhte Strafdrohung für besonders schwere Fälle **(Abs. 4)** – Freiheitsstrafe von sechs Monaten bis zu fünf Jahren – bezieht sich auf die Tatbestände des Abs. 1 und 2, obwohl Abs. 1 keine schwerwiegende Folge vorsieht. Für die Regelbeispiele verweist Abs. 4 S. 2 auf § 19 Abs. 3 S. 3 (hierzu → § 19 Rn. 19 f.).

36 Bei Fahrlässigkeit des Täters (Abs. 5; → Rn. 27) beträgt die angedrohte Freiheitsstrafe bis zu zwei Jahren.

§ 45 Pflichtverletzung bei Sonderaufträgen

Nach § 44 Abs. 1, 3 bis 6 wird auch bestraft, wer als Führer eines Kommandos oder einer Abteilung, der einen Sonderauftrag selbständig auszuführen hat und auf seine erhöhte Verantwortung hingewiesen worden ist,
1. sich außerstande setzt, den Auftrag pflichtgemäß zu erfüllen,
2. seinen Posten verläßt oder
3. Befehle nicht befolgt, die für die Ausführung des Auftrags gelten,
und dadurch wenigstens fahrlässig eine schwerwiegende Folge (§ 2 Nr. 3) verursacht.

Übersicht

	Rn.		Rn.
I. Allgemeines	1, 2	b) Kommando und Abteilung	4
1. Normzweck	1	c) Sonderauftrag	5, 6
2. Historie	2	d) Tathandlung	7, 8
II. Erläuterung	3–9	2. Subjektiver Tatbestand	9
1. Objektiver Tatbestand	3–8	**III. Täterschaft, Verweisung auf § 44**	10, 11
a) Führer	3	1. Täterschaft	10
		2. Verweisung auf § 44	11

I. Allgemeines

1 **1. Normzweck.** Wie der Wachdienst (→ § 44 Rn. 1) verlangt auch das Führen eines Kommandos oder einer Abteilung, die einen Sonderauftrag selbstständig auszuführen hat, eine erhöhte Inpflichtnahme des verantwortlichen Soldaten.[1] Diese erhöhte Verantwortung, auf die der Führer wie der Soldat im Wachdienst ausdrücklich hingewiesen werden muss (→ § 44 Rn. 5 ff.), erfordert eine strafrechtliche Sicherung, wenn die Pflichtverletzung zu einer schwerwiegenden Folge (§ 2 Nr. 3) führt (→ § 44 Rn. 2). Den strafrechtlichen Schutz enthält § 45, der in seinem Aufbau und Inhalt dem § 44 nachgebildet ist, so dass vielfach auf die Erl. dort verwiesen werden kann. Auch § 45 ist ein Sondertatbestand zu den §§ 19, 21.

2 **2. Historie.** Als Folge der Änderungen zu § 44 hat Art. 27 EGStGB vom 2.3.1974, BGBl. I S. 469, 530, die Vorschrift in ihrem Wortlaut redaktionell geringfügig geändert.

II. Erläuterung

3 **1. Objektiver Tatbestand. a) Führer.** Der Strafdrohung des § 45 unterliegt ein Soldat, der als Führer eines Kommandos oder einer Abteilung einen Sonderauftrag selbstständig auszuführen hat. Führer ist eine allgemeine Bezeichnung für einen unmittelbaren militärischen Vorgesetzten (Truppführer, Gruppenführer, Führer Gefechtsverband), soweit nicht besondere Bezeichnungen festgesetzt sind (ZDv 1/50 Nr. 135 – Grundbe-

---
[31] *Lingens/Korte* Rn. 21; *Schwenck* WStR S. 205.
[1] *Arndt* S. 260; *Schwenck* WStR S. 205.

griffe zur militärischen Organisation, Unterstellungsverhältnisse, Dienstliche Anweisungen – in *Schnell/Ebert* B19). Der Führer eines Kommandos oder einer Abteilung ist Vorgesetzter auf Grund besonderer Anordnung nach § 5 VorgV, denn ihm sind Soldaten einer bestimmten Organisationsform (→ Rn. 4) für die Ausführung eines Sonderauftrages unterstellt worden.

b) Kommando und Abteilung. Mit den Begriffen „Kommando" und „Abteilung" hat § 45 die überkommene Terminologie des MStGB (§ 141 MStGB) übernommen. Die ZDv 1/50 -Grundbegriffe zur militärischen Organisation, Unterstellungsverhältnisse, Dienstliche Anweisungen in *Schnell-Ebert* B19 – kennt sie als militärische Gliederungsformen nicht mehr. **Kommando** ist im allgemeinen militärischen Sprachgebrauch ein Formelbefehl, der dem Untergebenen keinen Ermessensspielraum lässt (ZDv 1/50 Nr. 303 – Grundbegriffe zur militärischen Organisation, Unterstellungsverhältnisse, Dienstliche Anweisungen – in *Schnell/Ebert* B19); auch in den Sprachverbindungen „Kommandobehörde" und „Befehls- und Kommandogewalt" erscheint der Begriff in einer allerdings nicht tatbestandserheblichen Weise. Allenfalls informell bezeichnet Kommando eine zu einem Sondereinsatz fähige Teileinheit („Kommandounternehmen"; s. auch die Bezeichnung „Kommando Spezialkräfte"). Der Begriff **„Abteilung"** wird bei der Bundeswehr nur noch im Formaldienst verwendet. Die Abteilung ist Adressat unterschiedlicher Ankündigungs- und Ausführungskommandos (zB II. Zug – Stillgestanden; Abteilung kehrt) und richtet sich an eine funktionsbestimmte Mehrzahl von Soldaten. Kommando und Abteilung sind für die Anwendung des § 45 jeweils als eine Teileinheit zu verstehen, dh eine militärische Gliederungsform unterhalb der Einheit, deren Führer grds. keine Disziplinarbefugnis hat (ZDv 1/50 Nr. 110 – Grundbegriffe zur militärischen Organisation, Unterstellungsverhältnisse, Dienstliche Anweisungen – in *Schnell/Ebert* B19) und die einen Sonderauftrag auszuführen hat, zB ein eigens zusammengestelltes Kommando zur Rettung von im Ausland in Lebensgefahr geratener deutscher Staatsbürger nach dem Vorbild der Operation „Libelle" oder „Pegasus".[2] Das Kommando oder die Abteilung muss aus mindestens zwei Personen bestehen, von denen einer Führer (Vorgesetzter), der andere Untergebener ist.

c) Sonderauftrag. Das Kommando oder die Abteilung haben einen Sonderauftrag selbstständig auszuführen. Bei einem Sonderauftrag handelt es sich um eine befohlene militärische Aufgabe, die über den normalen Dienstbetrieb hinausgeht. Dabei kann es sich um einen Auftrag handeln, der besonders ausgebildete Soldaten verlangt, zB Angehörige des Kommandos Spezialkräfte, oder der einem besonderen Vertraulichkeitsschutz unterliegt. Dieser Sonderauftrag muss selbstständig auszuführen sein. Das bedeutet, dass der Führer bei der Ausführung des Sonderauftrags auf sich selbst gestellt ist und im Rahmen der Auftragstaktik weitgehende Handlungsfreiheit besitzt.

Vor der Ausführung des Sonderauftrags muss der Führer auf seine erhöhte Verantwortung hingewiesen worden sein (→ § 44 Rn. 5 ff.). Angesichts des Ausnahmecharakters dienstlicher Einzelfallverwendung ist das Erfordernis, den Führer einer solchen Operation auf seine erhöhte Verantwortung hinzuweisen, im Gegensatz zu § 44 ausdrücklich in den Tatbestand aufgenommen worden (→ § 44 Rn. 5). Eine besondere Form ist für diesen Hinweis nicht vorgesehen, jedoch empfiehlt es sich, dem Führer seine erhöhte Verantwortung vor Beginn des Sonderauftrags in einer nachweisbaren Form deutlich zu machen, um ihm jede Berufung darauf abzuschneiden, er sei nicht unterrichtet worden.

d) Tathandlung. Die Vorschrift unterscheidet in ihrem Aufbau dem § 44 vergleichbar drei unterschiedliche Begehungsformen. Derjenige macht sich strafbar, der sich außerstande

---

[2] Hierzu s. *Dau*, Die militärische Evakuierungsoperation „Libelle" – ein Paradigma der Verteidigung?, NZWehrr 1998, 89; *Fischer/Ladiges*, Die Evakuierungsoperation „Pegasus" in Libyen – militärisch erfolgreich, aber verfassungsrechtlich problematisch, NZWehrr 2011, 221; BVerfG 23.9.2015 – 2 BvE 6/11, BWV 2015,250= NVwZ 2015,1593; dazu *Fischer/Ladiges*, Evakuierungseinsätze der Bundeswehr künftig ohne Parlamentsvorbehalt, NVwZ 2016,32.

setzt, den Sonderauftrag pflichtgemäß zu erfüllen **(Nr. 1)**. Diese Regelung entspricht im Wesentlichen § 44 Abs. 1 Nr. 3, so dass auf die Erl. hierzu verwiesen werden kann (→ § 44 Rn. 20 f.). Die Strafdrohung für denjenigen, der seinen Posten verlässt **(Nr. 2)**, ist ähnlich dem Tatbestand des § 44 Abs. 1 Nr. 2 (→ § 44 Rn. 18 f.). Dabei ist der Begriff **„Posten"** in Übereinstimmung mit der Rechtsprechung des RMG[3] örtlich und nicht funktionell zu verstehen; strafbar macht sich der Führer, der sich nicht an dem Platz aufhält, der durch die Art des Auftrags und seine Ausführung bestimmt ist.[4] Wenn der Führer seinen Auftrag, wenn auch nur vorübergehend, außer achtgelassen hat, befolgt er Befehle nicht, die für die Ausführung des Auftrags gelten **(Nr. 3)**. In dieser Tatbestandsvariante entspricht die Vorschrift § 44 Abs. 2 (→ § 44 Rn. 22 ff.).

8   Die Pflichtverletzung bei der Ausführung von Sonderaufträgen muss, um strafrechtlich erheblich zu sein, eine schwerwiegende Folge (§ 2 Nr. 3) verursachen. Hierzu → § 2 Rn. 48 ff.; zur Kausalität → § 19 Rn. 9.

9   **2. Subjektiver Tatbestand.** Zu Vorsatz und Fahrlässigkeit des Täters vgl. die Erl. zu → § 44 Rn. 26 ff.

III. Täterschaft, Verweisung auf § 44

10 **1. Täterschaft.** Täter kann nur ein Soldat der Bundeswehr sein, der Führer eines Kommandos oder einer Abteilung ist (→ Rn. 3).

11 **2. Verweisung auf § 44.** Die Verweisung auf § 44 Abs. 1 schafft die Voraussetzung dafür, dass der Täter vorsätzlich, jedenfalls bedingt vorsätzlich, handeln muss, ferner gilt der Strafrahmen einer Freiheitsstrafe bis zu drei Jahren auch für § 45. Mit der Anwendung von § 44 Abs. 3 ist auch die versuchte Pflichtverletzung bei Sonderaufträgen strafbar (→ § 44 Rn. 32). Die erhöhte Strafdrohung bei besonders schweren Fällen ist durch die Verweisung auf § 44 Abs. 5 angeordnet und schließlich folgt die Anwendung von § 22 auf Befehle im Rahmen des § 45 sowie 30 Abs. 1 StGB aus der Verweisung auf § 44 Abs. 6 (→ § 44 Rn. 25, 32).

§ 46 Rechtswidriger Waffengebrauch

Wer von der Waffe einen rechtswidrigen Gebrauch macht, wird mit Freiheitsstrafe bis zu einem Jahr bestraft, wenn die Tat nicht in anderen Vorschriften mit schwererer Strafe bedroht ist.

Übersicht

	Rn.		Rn.
I. Allgemeines	1, 2	2. Subjektiver Tatbestand	7
1. Normzweck	1	**III. Täterschaft, Rechtswidrigkeit,**	
2. Historie	2	**Rechtsfolgen**	8–11
II. Erläuterung	3–7	1. Täterschaft	8
1. Objektiver Tatbestand	3–6	2. Rechtswidrigkeit	9, 10
a) Waffe	3–5	3. Rechtsfolge	11
b) Gebrauchmachen	6		

I. Allgemeines

1   **1. Normzweck.** Der Soldat ist wie der Angehörige des Polizeidienstes legitimierter Waffenträger des Staates. Die Waffe ist ihm jedoch nur in Wahrnehmung und Ausführung des Verfassungsauftrages der Streitkräfte anvertraut (Art. 87a Abs. 2, 3 und 4, 24 Abs. 2, 35

---

[3] RMG 29.10.1908 – Nr. 225/4877, RMG 13, 109 (111).
[4] So auch *Lingens/Korte* Rn. 9 mit Recht gegen die Begr. zum Entwurf des WStG; aA auch *Arndt* S. 262; von *Richthofen* Anm. 3.

Abs. 2 S. 2, Abs. 3 S. 1 GG). § 46 enthält die strafrechtliche Sicherung, dass der Soldat von der Waffe nur zu dienstlichen Zwecken Gebrauch macht. Angesichts der von einer Waffe ausgehenden großen Gefährdung ist geschütztes Rechtsgut die innere Sicherheit des Staates sowie Disziplin und Ordnung in den Streitkräften.

2. Historie. Die Vorschrift gilt in der Fassung von Art. 27 EGStGB vom 2.3.1974, BGBl. I S. 469, 530. 2

II. Erläuterung

1. Objektiver Tatbestand. a) Waffe. Nach der heute noch anwendbaren Definition 3 des RMG[1] ist Waffe iS des Wehrstrafrechts jedes Mittel, welches bestimmungsgemäß Soldaten zum Angriff oder zur Verteidigung dient und geeignet ist, bei bestimmungsgemäßer Verwendung durch äußeres Einwirken Menschen körperlich zu verletzen (oder zu töten) oder Sachen zu beschädigen (oder zu zerstören). Der Waffenbegriff des § 46 erfasst die Waffe in ihrer ausschließlich technischen Funktion als militärische Dienstwaffe.[2] In dieser Beschreibung unterscheidet sie sich von dem Waffenbegriff des allgemeinen Strafrechts,[3] der als Beispielsfall für ein gefährliches Werkzeug verstanden wird.[4]

Der technische Waffenbegriff des § 46 wird durch die Waffendefinition des § 10 Abs. 4 4 UZwGBw ergänzt. Danach sind Waffen die dienstlich zugelassenen Hieb- und Schusswaffen, Reizstoffe und Explosivmittel. Waffen, die schon völkerrechtlich verboten[5] oder für den Dienstbetrieb der Bundeswehr nicht ausdrücklich zugelassen sind, werden von § 46 nicht erfasst. Zu den dienstlich zugelassenen Waffen rechnen auch private Waffen, die im Rahmen dienstlicher Verwendung zu führen dem Soldaten durch den BMVg gestattet ist.[6]

Als taugliche Waffen kommen vor allem das Gewehr, die Pistole, Maschinenpistole, das 5 Maschinengewehr in Betracht, aber auch Raketenwerfer und Geschütze, der Schlagstock, Tränengas, Pfefferspray, Hand- und Blendgranaten, selbst wenn es sich um Ausbildungswaffen handelt. Der rechtswidrige Gebrauch einer Signalpistole ist durch § 46 nicht geschützt.[7]

b) Gebrauchmachen. Derjenige macht sich strafbar, der von der Waffe einen rechtswid- 6 rigen Gebrauch macht. Im Wortlaut unterscheidet § 46 nicht, ob der Täter die Waffe ihrer Bestimmung gemäß gebraucht, zB mit der Pistole oder dem Gewehr schießt, oder sie bestimmungswidrig einsetzt, zB er benutzt Gewehr oder Maschinenpistole als Schlagwaffe.[8] Unter Gebrauchmachen ist daher jede Verwendung der Waffe gleich welcher Art gegenüber Personen oder Sachen zu verstehen.[9] Wer mit der Waffe droht, macht von ihr noch keinen rechtswidrigen Gebrauch. Dagegen handelt derjenige tatbestandsmäßig, der mit seiner Waffe eine Nötigung begeht.[10]

2. Subjektiver Tatbestand. Für die Tat muss der Täter vorsätzlich handeln, bedingter 7 Vorsatz genügt. Er muss wissen, dass er die Waffe im taterheblichen Zeitpunkt rechtswidrig gebraucht; die Kenntnis, von der Waffe einen rechtswidrigen Gebrauch zu machen, erfasst einen anderen Tatbestand.[11] Handelt der Täter fahrlässig, begeht er nur ein Dienstvergehen.

---

[1] RMG 14./21.1.1905 – Nr. 25/409.05, RMG 8, 98; auch *Arndt* S. 263.
[2] So schon RMG 29.3.1902 – Nr. 149.02, RMG 2, 243 (246); auch *Lingens/Korte* Rn. 2.
[3] ZB in den Tatbeständen der §§ 224 Abs. 1 Nr. 2, 244 Abs. 1 Nr. 1a, 250 Abs. 1 Nr. 1a StGB.
[4] → StGB § 250 Rn. 9; *Fischer* StGB § 224 Rn. 9d; zum ebenfalls abweichenden Waffenbegriff des WaffG → WaffG § 1 Rn. 7, WaffG § 57 Rn. 1 ff.
[5] § 12 Abs. 1 VStGB; s. im Übrigen die Nachweise bei *Fleck/Oeter* Nr. 406 ff.
[6] *Jeß/Mann* UZwGBw § 10 Rn. 15; *Stauf* WR II WStG § 46 Rn. 1.
[7] RMG 14./21.1.1905 – Nr. 25/409.05, RMG 8, 98.
[8] *Schwenck* WStR S. 206; *Arndt* S. 263 f.; *Lingens/Korte* Rn. 3.
[9] Vgl. dazu auch Begr. zum Entwurf des WStG BT-Drs. 2/3040, 47.
[10] AG Wenningsen 5.12.1961 – 2 Ms 6/61, RWStR § 46 Nr. 1; *Schwenck* WStR S. 206.
[11] Vgl. Begründung zum Entwurf des WStG BT-Drs. 2/3040, 47.

III. Täterschaft, Rechtswidrigkeit, Rechtsfolgen

8 **1. Täterschaft.** Täter kann nur ein Soldat der Bundeswehr sein (→ § 1 Rn. 5 ff.).

9 **2. Rechtswidrigkeit.** Der Gebrauch der Waffe muss rechtswidrig sein, dh er darf weder durch den Verfassungsauftrag der Streitkräfte im Rahmen ihres bewaffneten Einsatzes noch durch verfassungsnachrangiges Recht, Dienstvorschriften oder Rechtfertigungsgründe gedeckt sein. Gesetzliche Befugnisse zum Waffengebrauch folgen aus den Selbstsicherungsrechten der Bundeswehr gem. §§ 9, 15, 18 UZwGBw und aus dem Recht zum treuen Dienen gem. § 7 SG. Rechtfertigungsgründe enthält der rechtfertigende Notstand (§ 34 StGB) sowie die §§ 6 Abs. 2, 52 Abs. 2 WaffG für besonders gefährdete Personen, zB für einen Befehlshaber. Im Übrigen gelten die Bestimmungen des WaffG nicht für die Soldaten (§ 55 Abs. 1 Nr. 2 WaffG).

10 Als Mittel zur Durchsetzung eines Befehls (§ 10 Abs. 5 SG) darf die Waffe weder gebraucht noch ihr Gebrauch angedroht werden.[12] Auch eine vorläufige Festnahme gem. § 21 WDO darf nicht mit der Waffe durchgesetzt werden.[13]

11 **3. Rechtsfolge.** § 46 findet nur Anwendung, wenn die Tat nicht in anderen Vorschriften mit schwererer Strafe bedroht ist. Damit ist er subsidiär insbesondere gegenüber den §§ 211 ff., 223 ff., 240 f., 253 f. StGB sowie den §§ 23, 24, 30, 31.

§ 47 (weggefallen)

1 § 47 ist durch Art. 27 EGStGB vom 2.3.1974, BGBl. I S. 469, 530, aufgehoben worden.

§ 48 Verletzung anderer Dienstpflichten

(1) Für die Anwendung der Vorschriften des Strafgesetzbuches über
Gefangenenbefreiung (§ 120 Abs. 2),
Verletzung der Vertraulichkeit des Wortes (§ 201 Abs. 3),
Verletzung von Privatgeheimnissen (§ 203 Abs. 2, 4, 5, §§ 204, 205),
Verletzung des Post- oder Fernmeldegeheimnisses (§ 206 Abs. 4),
Vorteilsannahme und Bestechlichkeit (§§ 331, 332, 335 Abs. 1 Nr. 1 Buchstabe a, Abs. 2, § 336),
Körperverletzung im Amt (§ 340),
Aussageerpressung (§ 343),
Vollstreckung gegen Unschuldige (§ 345),
Falschbeurkundung im Amt (§ 348) und
Verletzung des Dienstgeheimnisses (§ 353b Abs. 1)
stehen Offiziere und Unteroffiziere den Amtsträgern und ihr Wehrdienst dem Amte gleich.
(2) Für die Anwendung der Vorschriften des Strafgesetzbuches über Gefangenenbefreiung (§ 120 Abs. 2), Vorteilsannahme und Bestechlichkeit (§§ 331, 332, 335 Absatz 1 Nummer 1 Buchstabe a, Absatz 2, § 336), Falschbeurkundung im Amt (§ 348) und Verletzung des Dienstgeheimnisses (§ 353b Abs. 1) stehen auch Mannschaften den Amtsträgern und ihr Wehrdienst dem Amte gleich.

Übersicht

	Rn.		Rn.
I. Allgemeines	1–4	II. Erläuterung	5–24
1. Normzweck	1–3	1. Gleichstellung von Offizieren und	
2. Historie	4	Unteroffizieren (Abs. 1)	5–18

---

[12] *Scherer/Alff/Poretschkin* § 10 Rn. 58a; *Lingens/Korte* Rn. 4; *Stauf* WR I SG § 10 Rn. 45.
[13] *Dau* WDO § 21 Rn. 14.

	Rn.		Rn.
2. Gleichstellung von Mannschaften (Abs. 2)	19–23	c) Falschbeurkundung im Amt gem. § 348 StGB	22
a) Gefangenenbefreiung gem. § 120 Abs. 2 StGB	20	d) Verletzung des Dienstgeheimnisses gem. § 353b Abs. 1 StGB	23
b) Vorteilsannahme und Bestechlichkeit gem. §§ 331, 332, 325 Abs. 1 Nr. 1 Buchst. a, Abs. 2, § 336 StGB	21	3. Rechtsfolgen	24

I. Allgemeines

1. Normzweck. § 48 erfüllt eine wichtige Funktion in der Anwendung des allgemeinen 1 Strafrechts auf Soldaten. Er ist die Transformationsnorm für eine Reihe von Amtsdelikten, die auch von Soldaten begangen werden können. Für die Vorschriften des StGB, die als Täter einen Amtsträger voraussetzen und entweder ein eigentliches Amtsdelikt sind (zB §§ 331, 332, 335 StGB) oder der nicht in den Katalog des § 48 aufgenommene § 357 StGB[1] oder als uneigentliches Amtsdelikt eine Straferhöhung bewirken (zB §§ 120 Abs. 2, 201 Abs. 3 StGB), schafft § 48 eine iS des § 3 Abs. 1 abweichende Regelung. Sie ist notwendig, weil der Soldat kein Amtsträger iS des § 11 Abs. 1 Nr. 2 StGB ist,[2] gleichwohl in einem öffentlich-rechtlichen Dienstverhältnis steht, in dem er hoheitliche Aufgaben wahrnimmt und eine Machtstellung besitzt, deren Missbrauch durch einen Amtsträger strafbar ist.[3]

Mit dem Katalog des § 48 ist abschließend bestimmt, für welche Delikte des allgemeinen 2 Strafrechts ein Soldat dem Amtsträger iS des § 11 Abs. 1 Nr. 2 StGB gleichgestellt ist. Unberührt bleibt die Anwendung solcher Vorschriften des allgemeinen Strafrechts, die als Täter den Amtsträger nicht voraussetzen und daher keine wehrstrafspezifische Grundlage brauchen (zB §§ 333, 334 StGB).

§ 48 nimmt keine schematische Gleichstellung von Soldat und Amtsträger vor, sondern 3 differenziert nach Tätertypus und Delikt. Die unterschiedliche Funktion des Soldaten nach Laufbahngruppen und die jeweilige Beamtenstraftat entscheiden darüber, ob alle Soldaten wie der Amtsträger behandelt werden (so für die in Abs. 2 genannten Straftaten) oder ob nur Offiziere und Unteroffiziere für bestimmte Delikte dem Amtsträger gleichstehen (so die Regelung in Abs. 1). Diese Unterscheidung orientiert sich an dem unterschiedlich hohen Verantwortungsprofil, das Offiziere und Unteroffiziere einerseits, Mannschaften andererseits aufweisen.

2. Historie. Die Vorschrift ist durch Art. 27 EGStGB vom 2.3.1974, BGBl. I S. 469, 4 530, zunächst neugefasst worden. Art. 1 G zur Änderung des WStG vom 21.12.1979, BGBl. I S. 2326, hat sie um den strafrechtlichen Schutz von Wehrdienstgeheimnissen gem. § 353b Abs. 1 StGB ergänzt.[4] Art. 6 G zur Bekämpfung der Korruption vom 13.8.1997, BGBl. I S. 2038, 2040, hat die Abs. 1 und 2 mit einer Erweiterung des im Gesetzestext zitierten § 335 StGB versehen. Art. 2 Abs. 14 des Begleitgesetzes zum Telekommunikationsgesetz vom 17.12.1997, BGBl. I S. 3108, 3114, hat Abs. 1 redaktionell geändert. Die letzte Änderung hat die Vorschrift durch Art. 4 des 48. Strafrechtsänderungsgesetzes vom 23.4.2014, BGBl. I S. 410, erfahren. In Abs. 2 ist die Vorteilsannahme gem. § 331 StGB entsprechend der in Abs. 1 für Offiziere und Unteroffiziere vorgesehenen Regelung nunmehr auch auf Mannschaften erstreckt.

II. Erläuterung

1. Gleichstellung von Offizieren und Unteroffizieren (Abs. 1). Für die in Abs. 1 5 genannten Delikte wird ausschließlich die Laufbahngruppe der Offiziere und Unteroffiziere

---

[1] Hierzu eingehend *Andrews*, Die Notwendigkeit der Aufnahme des § 357 StGB in den Katalog des § 48 WStG, NZWehrr 1996, 200.
[2] BGH 15.3.2011-4 StR 40/11, BGH 56,196(200) = NJW 2011,1979 = NZWehrr 2012, 37 (39) mAnm *Dau* NZWehrr 2012, 40; *Fischer* StGB § 11 Rn. 16; 2. Aufl., StGB § 331 Rn. 40.
[3] BGH 10.12.1965 – 9 StE 2/65, NZWehrr 1966, 172 (173).
[4] *Möhrenschlager*, Erweiterung des strafrechtlichen Schutzes von Wehrdienstgeheimnissen, NZWehrr 1980, 81.

dem Amtsträger nach § 11 Abs. 1 Nr. 2 StGB gleichgestellt. Mannschaften, die Offizier- oder Unteroffizierfunktionen ausüben, sind Täter der Straftaten nach Abs. 2.[5] Die Gleichstellung von Wehrdienst und Amt entspricht nicht mehr – bis auf die amtliche Überschrift zu §§ 340, 348 StGB – der geänderten Fassung der Amtsdelikte. Korrespondierende Begriffe sind nunmehr der Wehrdienst und der Dienst.

6 Für Offiziere und Unteroffiziere als dem Amtsträger gleichgestellt gelten folgende Bestimmungen, zu deren Einzelheiten auf die strafrechtliche Kommentarliteratur verwiesen wird:

7 – **Gefangenenbefreiung** gem. § 120 Abs. 2 StGB. Eine Gefangenenbefreiung kann innerhalb des Vollzugs von Freiheitsstrafe, Strafarrest, Jugendarrest und Disziplinararrest durch Behörden der Bundeswehr nach der BwVollzO[6] iVm der ZDv A-2155/1 begangen werden. Als Täter kommt insbesondere ein Vollzugsleiter gem. § 4 Abs. 2 BwVollzO in Frage; hierbei handelt es sich um einen eigens bestellten Offizier oder Unteroffizier mit Portepee von den in den Standortbereichen ständig untergebrachten Truppenteilen und Dienststellen.[7] Kein Gefangener iS des § 120 Abs. 2 StGB ist der Soldat, gegen den Erziehungshilfe gem. § 112a Nr. 2 JGG angeordnet und mit Beschränkungen ua seiner Freizeit verbunden ist (§ 112b Abs. 2 JGG).

8 – **Verletzung der Vertraulichkeit des Wortes** gem. § 201 Abs. 3 StGB.

9 – **Verletzung von Privatgeheimnissen** gem. § 201 Abs. 3 StGB. Diese Bestimmung findet auch auf frühere Soldaten der Laufbahngruppe der Offiziere und Mannschaften Anwendung (§ 1 Abs. 3). Täter einer Verletzung von Privatgeheimnissen gem. § 203 Abs. 2 Nr. 3 StGB kann zB eine Vertrauensperson sein, die unter Bruch ihrer Schweigepflicht (§ 8 Abs. 1 SBG) personelle oder disziplinare Angelegenheiten (ZDv A – 1472/1 – Soldatenbeteiligungsgesetz, Vertrauenspersonenwahlverordnung, Beteiligung der Soldaten durch Vertrauenspersonen –) mitteilt.[8]

10 – **Verletzung des Post- oder Fernmeldegeheimnisses** gem. § 206 Abs. 4 StGB. Als Täter können vornehmlich Offiziere und Unteroffiziere als Angehörige des MAD in Betracht kommen, da der MAD zu Maßnahmen iS des § 206 Abs. 4 StGB gem. §§ 1, 2, 4 G 10 unter den dort genannten Voraussetzungen befugt ist. Wenn der Täter dabei die Grenzen des G 10 verletzt, handelt er unbefugt und damit tatbestandsmäßig iS des § 206 Abs. 4 StGB.

11 Offiziere und Unteroffiziere im MAD, die ohne jede Befugnis handeln, also nicht nur eine konkrete Befugnis überschreiten, machen sich nach §§ 201, 202 StGB strafbar. Wenn andere Offiziere oder Unteroffiziere außerhalb des Dienstes illegal Gespräche abhören oder unbefugt Gegenstände des Postverkehrs öffnen, sind auch sie gem. §§ 201, 202 StGB zu bestrafen.

12 § 206 Abs. 4 StGB ist auch auf Soldaten der Laufbahngruppe der Offiziere und Unteroffiziere nach ihrem Ausscheiden aus der Bundeswehr anwendbar (§ 1 Abs. 3).

13 – **Vorteilsannahme und Bestechlichkeit** gem. §§ 331, 332, 335 Abs. 1 Nr. 1 Buchst. a, Abs. 2, § 336 StGB

14 – **Körperverletzung im Amt** gem. § 340 StGB. § 30 als wehrstrafrechtsspezifischer Sondertatbestand geht dem § 340 StGB regelmäßig vor (→ § 30 Rn. 21). Das Gleiche gilt für § 33, wenn es sich bei der rechtswidrigen Tat um eine Körperverletzung handelt.

15 – **Aussageerpressung** gem. § 343 StGB. Täter einer Aussageerpressung kann der Disziplinarvorgesetzte sein, der gem. § 32 Abs. 1 S. 1 WDO Ermittlungen wegen des Verdachts eines Dienstvergehens führt oder der Offizier, dem er gem. § 32 Abs. 2 S. 1 WDO die Aufklärung eines Dienstvergehens übertragen hat. Aus der Laufbahngruppe der Unteroffiziere kann als Täter der Kompaniefeldwebel oder ein Unteroffizier in entsprechender Dienststellung in Frage kommen, der vom Disziplinarvorgesetzten beauftragt wurde, in Fällen von geringerer Bedeutung Zeugen zu vernehmen. Außerdem kann der Diszipli-

---

[5] BGH 10.12.1965 – 9 StE 2/65, NZWehrr 1966, 172 (173); *Arndt* S. 271.
[6] Bundeswehrvollzugsordnung vom 29.11.1972, BGBl. I S. 2205, BGBl. 1976 I S. 581, 605.
[7] Vollzug in der Bundeswehr – ZDv A-2155/1.
[8] *Höges* SBG § 6 Rn. 7; *Lingens/Korte* Rn. 10; aA *Gronimus* § 8 Rn. 16 f.

I. Wehrstrafgesetz

narvorgesetzte zum Täter einer Aussageerpressung werden, der auf Ersuchen der Staatsanwaltschaft einen Soldaten vernimmt (§ 343 Abs. 1 Nr. 1 StGB). Entfällt die dienstlich veranlasste Mitwirkung des Offiziers oder Unteroffiziers an dem taterheblichen Verfahren nach § 343 StGB, sind die §§ 40, 32 oder die §§ 37, 39 zu prüfen.

– **Vollstreckung gegen Unschuldige** gem. § 345 StGB. Die Vorschrift findet auf Offiziere 16 und Unteroffiziere Anwendung, die zur Mitwirkung bei der Vollstreckung einer Disziplinarmaßnahme (§ 345 Abs. 3 Nr. 4 StGB) berufen sind. Sie gilt ferner bei der Vollstreckung von Jugendarrest oder solchen Strafen, die von den Behörden der Bundeswehr gem. Art. 5 EGWStG iVm der BwVollzO vollzogen werden.[9]

– **Falschbeurkundung im Amt** gem. § 348 StGB. Täter können vor allem Offiziere und 17 Unteroffiziere sein, zu deren dienstlichen Aufgaben es gehört, dienstliche Urkunden auszustellen, zB Disziplinarvorgesetzte, Personalstabsoffiziere, Sanitätsoffiziere, Rechnungsführer, Schirrmeister.

– **Verletzung des Dienstgeheimnisses** gem. § 353b Abs. 1 StGB.[10] Die Vorschrift gilt 18 gem. § 1 Abs. 3 auch für frühere Offiziere und Unteroffiziere.

2. Gleichstellung von Mannschaften (Abs. 2). Die in Abs. 2 genannten Strafbestim- 19 mungen gelten für Soldaten aller Laufbahngruppen, soweit sie sich in Abs. 1 wiederholen. Da auch Mannschaften zunehmend mit der Wahrnehmung hoheitlicher Aufgaben betraut sind, werden sie für den Missbrauch ihrer Befugnisse für folgende Amtsdelikte dem Amtsträger gleichgestellt:

a) **Gefangenenbefreiung** gem. § 120 Abs. 2 StGB. Als Täter kommen vor allem 20 Mannschaften als Vollzugshelfer gem. § 4 Abs. 1, 3 BwVollzO in Frage.[11]

b) **Vorteilsannahme und Bestechlichkeit** gem. §§ 331, 332, 325 Abs. 1 Nr. 1 21 Buchst. a, Abs. 2, § 336 StGB.

c) **Falschbeurkundung im Amt** gem. § 348 StGB. Hierzu → Rn. 17. 22

d) **Verletzung des Dienstgeheimnisses** gem. § 353b Abs. 1 StGB. → Rn. 18. 23

3. Rechtsfolgen. Soweit die Voraussetzungen des § 48 vorliegen, wird der Täter aus 24 den verletzten Vorschriften des StGB bestraft.

---

[9] *Lingens/Korte* Rn. 15; aA *Schwenck* WStR S. 209; auch → EGWStG Art. 5 Rn. 5.
[10] Hierzu s. *Möhrenschlager* NZWehrr 1980, 81.
[11] S. auch ZDv A-2155/1 Nr. 112.

II. Einführungsgesetz zum Wehrstrafgesetz (EGWStG)

Vom 30.3.1957, BGBl. I S. 306
Zuletzt geändert durch Gesetz vom 13.4.1986, BGBl. I S. 393

FNA 452-1
(Auszug)

Vorbemerkung

Schrifttum: *Dau*, Wehrdisziplinarordnung, 6. Aufl. 2013; *Eisenberg*, Jugendgerichtsgesetz, 17. Aufl. 2014; *Kühnen*, Die Anwendung von Jugendstrafrecht bei militärischen Straftaten, Diss. Freiburg 1970; *Lingens/Korte*, Wehrstrafgesetz, 5. Aufl. 2012; *Metz*, Der Bundeswehrangehörige vor dem Jugendrichter, Zentralblatt für Jugendrecht 1977, 72; *Peschke*, Das militärische Strafsystem, Der Soldat als Mensch zweiter Klasse?, NZWehr 1987, 158; *Potrykus*, Das Einführungsgesetz zum Wehrstrafgesetz, NJW 1957, 814; *von Richthofen*, Wehrstrafgesetz, 1957; *Scherer/Alff/Poretschkin*, Soldatengesetz, 9. Aufl. 2013; *Schwalm*, Das Einführungsgesetz zum Wehrstrafgesetz, JZ 1957, 398; *Schwenck*, Wehrstrafrecht im System des Wehrrechts und der gerichtlichen Praxis, 1973.

1   **1. Regelungswerk des EGWStG.** Das EGWStG begleitet das im WStG zusammengefasste Sonderstrafrecht für die Soldaten der Bundeswehr[1] mit sachlich unterschiedlichen Regelungsbereichen. Sein Schwerpunkt liegt erkennbar in einer § 3 Abs. 2 WStG geschuldeten **Ergänzung des JGG,** indem es mit Art. 1 Nr. 1 das Jugendstrafrecht für die Dauer des Wehrdienstverhältnisses eines Jugendlichen oder Heranwachsenden (§ 1 Abs. 2 JGG) den besonderen Verhältnissen des Wehrdienstes anpasst.[2]

2   Für alle straffällig gewordenen Soldaten der Bundeswehr enthält das EGWStG in seinen Art. 4–7 unentbehrliche **Folgeregelungen für das materielle Recht des WStG;** sie betreffen die Übertragung der schon in § 14 Abs. 2–4 WStG getroffenen Regelungen zur Strafaussetzung einer Freiheitsstrafe zur Bewährung auf eine vor Beginn des Wehrdienstes begangene Straftat (Art. 4)[3] sowie Sonderbestimmungen für den Vollzug und die Vollstreckung von Freiheitsentziehungen an Soldaten der Bundeswehr (Art. 5–7). Die Art. 2 und 3 des Gesetzes sind heute gegenstandslos. Art. 8 trifft Aussagen zum Inkrafttreten des WStG und seines Einführungsgesetzes.

3   Die Gesetzgebungskompetenz des Bundes folgt aus Art. 74 Nr. 1 GG (konkurrierende Zuständigkeit für das Strafrecht und den Strafvollzug) und aus Art. 73 Nr. 1 GG (ausschließliche Zuständigkeit für die Verteidigung).

4   **2. Historie.** Das EGWStG ist am 30.3.1957 verkündet, BGBl. I S. 306, und gem. Art. 8 Abs. 1 zusammen mit dem WStG am 1.5.1957 in Kraft getreten. Sein Regierungsentwurf ist mit Begründung, Stellungnahme des Bundesrates und Gegenäußerung der Bundesregierung zu den Änderungsvorschlägen und Empfehlungen des Bundesrates in der BT-Drs. 2/3040 enthalten. Der Schriftliche Bericht des Ausschusses für Rechtswesen und Verfassungsrecht – 16. Ausschuss – über die Entwürfe eines WStG und EGWStG ist in der BT-Drs. 2/3295 – sog. Hassler-Bericht – abgedruckt.[4]

5   Das EGWStG ist mehrmals geändert worden und zwar durch Art. 13 1. StrRG vom 25.6.1969, BGBl. I S. 645, Art. VI des Gesetzes vom 21.8.1972, BGBl. I S. 1481, Art. 28 EGStGB vom 2.3.1974, BGBl. I S. 469, § 183 des Gesetzes vom 16.3.1976, BGBl. I S. 581, 605 und Art. 6 23. StrÄndG vom 13.4.1986, BGBl. I S. 393.

---

[1] → WStG Vor § 1 Rn. 4.
[2] Dazu näher: Art. 1 Rn. 1 f. und *Schwalm* JZ 1957, 398; *Potrykus* NJW 1957, 814; *Eisenberg* § 112a Rn. 5.
[3] Vgl. *Lingens/Korte* Art. 4 Rn. 1.
[4] S. die Protokolle der 190. Sitzung des Bundestages vom 6.2.1957 und der 199. Sitzung vom 20.3.1957; auch von *Richthofen* S. 75.

II. Einführungsgesetz zum Wehrstrafgesetz

Art. 1 Änderung des Jugendgerichtsgesetzes

(nicht abgedruckt)[1]

1. Kriminalpolitische Bedeutung. Der Vierte Teil des JGG, Sondervorschriften für **1** Soldaten, regelt in seinen §§ 112a ff. das **Jugendwehrstrafrecht** der Bundeswehr. Die Entscheidung des Gesetzgebers, Jugendliche und Heranwachsende auch während ihres Wehrdienstverhältnisses grundsätzlich dem Jugendstrafrecht zu unterstellen, bedeutete eine bewusste Abkehr von der noch § 50 MStGB zugrundeliegenden Vorstellung, den jugendlichen Täter unabhängig von seinem Alter und seiner geistigen und sittlichen Entwicklung während seines Wehrdienstverhältnisses nach den für alle Soldaten geltenden Vorschriften zu bestrafen. Die Haftung eines Jugendlichen oder Heranwachsenden ohne Rücksicht auf Alter und Reife besteht wehrrechtsspezifisch nur noch auf dem Gebiet des soldatischen Dienstrechts; der jugendliche oder heranwachsende Soldat (→ Rn. 5) kann wegen eines Dienstvergehens nach den für alle Soldaten maßgeblichen Vorschriften des militärischen Disziplinarrechts gemaßregelt werden. Für die strafrechtliche Verantwortung dagegen konnte sich der Gesetzgeber auch für das Jugendwehrstrafrecht insbesondere den Erkenntnissen und Erfahrungen der Jugendpsychologie nicht verschließen, so dass das Jugendstrafrecht in einem Umfang, der mit der militärischen Lebensordnung vereinbar ist, für Jugendliche und Heranwachsende auch für die Dauer ihres Wehrdienstverhältnisses erhalten bleibt. Die Vorschriften des Vierten Teils des JGG greifen daher in das System des allgemeinen Jugendstrafrechts nur insoweit ein, wie es die **Besonderheiten des Wehrdienstes** unbedingt gebieten.[2]

2. Jugendwehrstrafrecht und Besonderheiten des Wehrdienstes. § 112a Hs. 1 JGG **2** ordnet die Geltung des Jugendstrafrechts (§§ 3–32, 105 JGG) mit den Abweichungen an, die die Besonderheiten des Wehrdienstes gebieten. Erkenntnisleitend ist daher die Feststellung, dass das Bedürfnis nach Aufrechterhaltung der Disziplin in der Truppe grundsätzlich hinter den Erziehungsgedanken des JGG zurücktritt.[3] Andererseits ergeben sich gegenüber dem für das Jugendstrafrecht typischen System von Erziehungsmaßnahmen, Zuchtmitteln und Bewährungsaufsicht aus dem besonderen Unterstellungsverhältnis des Soldaten zu seinem Disziplinarvorgesetzten wehrrechtstypische Formen der Fürsorge (§ 10 Abs. 3 SG), die in der **Erziehungshilfe** durch den Disziplinarvorgesetzten[4] einen militärspezifischen und wirksamen – weil personenunmittelbaren – Ausdruck gefunden hat. Modifizierungen gegenüber dem Jugendstrafrecht gibt es ferner bei der Anordnung von Bewährungsauflagen und Weisungen, die nach den Vorgaben des allgemeinen Strafrechts angeordnet den jugendlichen oder heranwachsenden Soldaten in Konflikt mit seinen militärischen Dienstpflichten bringen könnten. Entsprechend der schon in § 14 Abs. 2 WStG enthaltenen Regelung muss der Richter daher bei der Erteilung von Weisungen und Auflagen beachten, dass Anordnungen der in den §§ 56b–56d StGB bezeichneten Art vielfach nicht auf den Soldaten passen, der unter der Dienstaufsicht und Disziplinarbefugnis seiner Vorgesetzten steht und ihre Befehle zu befolgen hat. Den erforderlichen Ausgleich zwischen den rechtspolitischen Zielen des Jugendstrafrechts und dem Verfassungsauftrag der Streitkräfte schafft die Verpflichtung des Richters, bei der Erteilung von Weisungen und Auflagen die Besonderheiten des Wehrdienstes zu berücksichtigen.[5] Für die Bestellung eines Bewährungshelfers, der Soldat ist, und seine funktionsbedingte Unterstellung sowie zum Umfang der Überwachung eines Bewährungshelfers, der nicht Soldat ist, gilt für das Jugendwehrstrafrecht die gleiche

---

[1] Die Änderung betrifft einen neuen Vierten Teil des JGG, Sondervorschriften für Soldaten, mit den Bestimmungen §§ 112a–e JGG, heute idF der Bekanntmachung vom 11.12.1974, BGBl. I S. 3427, zuletzt geändert durch G vom 13.4.2017, BGBl. I S. 872. Jugendstrafrecht ist Teil des allgemeinen Strafrechts; für den Gesetzestext und seine Erläuterung wird daher auf die Kommentarliteratur zum JGG verwiesen.
[2] Vgl. auch die Begr. zu Art. 1 EGWStG, BT-Drs. 2/3040, 55; zu den Besonderheiten des Wehrdienstes → WStG § 14 Rn. 11 f.
[3] LG Kassel 3.5.1978 – 3 Ns 18946/77, NZWehr 1979, 34 (36) mAnm *Metz* NZWehr 1979, 36.
[4] S. die auf der Grundlage von § 115 Abs. 3 JGG erlassene Rechtsverordnung zur Durchführung der Erziehungshilfe durch den Disziplinarvorgesetzten (§ 112a Nr. 2 JGG vom 25.8.1958, BGBl. I S. 645).
[5] → WStG § 14 Rn. 10 ff.

Regelung, wie sie mit Rücksicht auf die Besonderheiten des Wehrdienstes in § 14 Abs. 3 und 4 WStG getroffen worden ist.[6]

3 **3. Verhältnis des Jugendwehrstrafrechts zum WStG.** Da das Jugendstrafrecht Teil des allgemeinen Strafrechts iS des § 3 Abs. 1 WStG ist,[7] sind mangels entgegenstehender Bestimmungen des WStG die allgemeinen Vorschriften des JGG auf Verfehlungen von Jugendlichen und Heranwachsenden anzuwenden (§ 1 JGG);[8] so richtet sich zB die Vollstreckung einer Jugendstrafe nach § 21 JGG, nicht nach § 14 Abs. 1 WStG.[9] Andererseits finden die §§ 1–7 und §§ 15–48 WStG auch auf Jugendliche und Heranwachsende Anwendung, da das JGG keine entgegenstehenden Vorschriften kennt (§ 3 Abs. 1 WStG).[10] Die Regelungen der §§ 9–14a WStG treten wiederum zurück, weil die besonderen Vorschriften der §§ 112a ff. JGG gemäß § 3 Abs. 2 WStG hinsichtlich der Rechtsfolgen Vorrang genießen.[11]

4 **4. Normadressaten.** Das Jugendwehrstrafrecht (§§ 112a ff. JGG) gilt für Jugendliche und Heranwachsende während der Dauer ihres Wehrdienstverhältnisses. Um die Geltung des WStG und in seiner wehrrechtsspezifischen Ausgestaltung des JGG – Vierter Teil – zu begründen (§ 3 Abs. 2 WStG), müssen sie den **Status eines Soldaten** besitzen.[12] Dieser muss vorliegen, wenn auf den Jugendlichen oder Heranwachsenden die Palette des § 112a JGG Anwendung finden soll, dh er muss Soldat im Zeitpunkt des Urteils, der Vollstreckung oder des Vollzugs sein.[13] Die Soldateneigenschaft im Zeitpunkt der Tat entscheidet nur über die Anwendung des WStG[14] und der allgemeinen Vorschriften des JGG.[15]

5 Bei einem **jugendlichen Täter** iS von § 1 Abs. 2 JGG handelt es sich um einen Soldaten, der mit Vollendung des 17. Lebensjahrs als freiwillig Wehrdienstleistender (§ 58b Abs. 1 SG) oder als Soldat auf Zeit (§§ 8, 11, 23, 30 Soldatenlaufbahnverordnung) mit Zustimmung seines gesetzlichen Vertreters, ist dieser sein Vormund auch mit Zustimmung des Familiengerichts,[16] in die Bundeswehr eingestellt wurde. **Heranwachsender Täter** ist der Soldat, der nach Vollendung seines 18. Lebensjahres ein Wehrdienstverhältnis begründet hat und sich für eine Straftat verantworten muss, die er vor Vollendung seines 21. Lebensjahres begangen hat (§ 1 Abs. 2 JGG).

Art. 2 Änderung des Straftilgungsgesetzes

(gegenstandslos)

1 Die Bestimmung ist gegenstandslos, nachdem das Straftilgungsgesetz durch § 71 Abs. 2 BZRG vom 18.3.1971, BGBl. I S. 243, aufgehoben worden ist.

Art. 3 Änderung der Strafregisterverordnung

(gegenstandslos)

1 Die Strafregisterverordnung ist durch § 71 Abs. 2 BZRG vom 18.3.1971, BGBl. I S. 243, aufgehoben worden; die Vorschrift ist damit gegenstandslos.

---

[6] Vgl. auch Art. 4 Nr. 2 und 3 EGWStG; → WStG § 14 Rn. 15 ff.
[7] Dazu → WStG § 1 Rn. 5 ff.
[8] *Lingens/Korte* WStG § 3 Rn. 15; LG Kassel 3.5.1978 – 3 Ns 18946/77, NZWehr 1979, 34 (35) mAnm *Metz* NZWehrr 1979, 36.
[9] LG Kassel 3.5.1987 – 3 Ns 18946/77, NZWehr 1979, 34 (35) mAnm *Metz* NZWehrr 1979, 36.
[10] *Eisenberg* § 112a Rn. 5.
[11] *Eisenberg* § 112a Rn. 5.
[12] Dazu → WStG § 1 Rn. 5 ff.
[13] *Eisenberg* § 112a Rn. 3.
[14] → WStG § 1 Rn. 7.
[15] *Eisenberg* § 112a Rn. 5, der aus den unterschiedlichen Rechtsfolgen bei Beginn und Ende des Wehrdienstverhältnisses für dieselbe Tat verfassungsrechtliche Bedenken herleitet.
[16] *Scherer/Alff/Poretschkin* § 40 Rn. 4.

Art. 4 Vormilitärische Straftaten

Ist wegen einer vor Beginn des Wehrdienstes begangenen Straftat die Vollstreckung der Strafe zur Bewährung ausgesetzt (§§ 56 bis 58 des Strafgesetzbuches), so gelten für die Dauer des Wehrdienstverhältnisses eines Soldaten der Bundeswehr folgende besondere Vorschriften:
1. Bewährungsauflagen und Weisungen (§§ 56b bis 56d des Strafgesetzbuches) sollen die Besonderheiten des Wehrdienstes berücksichtigen. Bewährungsauflagen und Weisungen, die bereits angeordnet sind, soll der Richter diesen Besonderheiten anpassen.
2. Als ehrenamtlicher Bewährungshelfer (§ 56d des Strafgesetzbuches) kann ein Soldat bestellt werden. Er untersteht bei der Überwachung des Verurteilten nicht den Anweisungen des Gerichts.
3. Von der Überwachung durch einen Bewährungshelfer, der nicht Soldat ist, sind Angelegenheiten ausgeschlossen, für welche die militärischen Vorgesetzten des Verurteilten zu sorgen haben. Maßnahmen des Disziplinarvorgesetzten haben den Vorrang.

I. Allgemeines

1. Normzweck. Die Überschrift „Vormilitärische Straftaten" erschließt den Inhalt der Vorschrift nur unzureichend. Vormilitärische Straftaten werden, da der Täter noch kein Soldat ist, auf der Grundlage des allgemeinen Strafrechts behandelt. Tatsächlich sind Regelungsgegenstand die Rechtsfolgen einer vor Beginn des Wehrdienstverhältnisses[1] ausgesprochenen Verurteilung wegen einer vormilitärischen Straftat, die in die Zeit des Wehrdienstverhältnisses hineinreichen und daher mit den Besonderheiten des Wehrdienstes abgestimmt werden müssen. Betroffen von der Regelung sind Bewährungsauflagen und Weisungen sowie die Bestellung, Aufgaben und Überwachung von Bewährungshelfern. Sachlich entspricht die Vorschrift § 14 Abs. 2–4 WStG, § 112a Nr. 3, 4 JGG. 1

2. Historie. Art. 4 ist durch Art. 13 1. StrRG vom 25.6.1969, BGBl. I S. 645, und durch Art. 28 EGStGB vom 2.3.1974, BGBl. I S. 469, geändert worden. 2

II. Erläuterung

Die Vorschrift übernimmt für die Rechtsfolgen einer vordienstlichen Verurteilung die Regelungen des § 14 Abs. 2–4 WStG auf die Dauer des Wehrdienstverhältnisses. Auf die Erläuterungen dort kann daher verwiesen werden.[2] 3

Art. 5 Vollzug von Freiheitsstrafen und Jugendarrest an Soldaten der Bundeswehr

(1) Strafarrest wird an Soldaten der Bundeswehr von deren Behörden vollzogen.

(2) Auf Ersuchen der Vollstreckungsbehörde wird auch Freiheitsstrafe von nicht mehr als sechs Monaten sowie Jugendarrest an Soldaten der Bundeswehr von deren Behörden vollzogen; sie sind dann wie Strafarrest zu vollziehen.

---

[1] Der im Gesetzestext verwandte Begriff „Wehrdienst" ist ungenau, denn entscheidend ist der Beginn des Wehrdienst*verhältnisses*. Vgl. auch von *Richthofen* Anm. 1; *Schwenck* Nr. 1.

[2] → WStG § 14 Rn. 10 ff. Zur Dauer eines Wehrdienstverhältnisses → WStG § 1 Rn. 10 ff.

Übersicht

	Rn.		Rn.
I. Allgemeines	1–4	a) Vollzugszuständigkeit der Bundeswehr	5–8
1. Normzweck	1–3	b) Vollzug des Strafarrestes (Abs. 1)	9
2. Historie	4	c) Vollzug der Freiheitsstrafe (Abs. 2)	10–12
II. Erläuterung	5–14	d) Vollzug von Jugendarrest (Abs. 2)	13
1. Der sachliche Geltungsbereich	5–13	2. Der persönliche Geltungsbereich	14

I. Allgemeines

1 **1. Normzweck.** Art. 5 ermöglicht den einheitlichen Vollzug von Freiheitsentziehungen an Soldaten der Bundeswehr durch Behörden der Bundeswehr. Dabei unterscheidet er zwischen einer obligatorischen Vollzugszuständigkeit (Abs. 1) für den Strafarrest (§ 9 WStG) und der auf Ersuchen der Vollstreckungsbehörde durchgeführten, mithin fakultativen Vollzugszuständigkeit für Freiheitsstrafen von nicht mehr als sechs Monaten sowie Jugendarrest (Abs. 2). Rechtsgrundlage für den Vollzug freiheitsentziehender Maßnahmen an Soldaten ist einheitlich die **Bundeswehrvollzugsordnung** (BwVollzO) vom 29.11.1972, BGBl. I S. 2205, zuletzt geändert durch § 184 StrVollzG vom 16.3.1976, BGBl. I S. 581, 605. Ergänzend dazu hat das Bundesministerium der Verteidigung Ausführungsbestimmungen erlassen (ZDv A-2155/1 – in *Schnell/Ebert* C 13 b).

2 Der Einheitsvollzug kurzfristiger Freiheitsentziehungen an Soldaten in Vollzugseinrichtungen der Bundeswehr verwirklicht die Vorstellung, den Soldaten während seiner Dienstzeit nicht aus dem täglichen Dienstbetrieb herauszulösen, sondern im Regelfall auch während des Vollzuges seine **Teilnahme am Dienst** sicherzustellen.[1] Die Teilnahme am Dienst ist Bestandteil der Verbüßung. Sie dient der Harmonisierung des Vollzuges, der Resozialisierung des Soldaten und der Konstanz seiner militärischen Ausbildung.[2] Neben der schon verfassungsrechtlich (Art. 87a Abs. 1 GG) gebotenen ständigen Personalpräsenz der Truppe ist die Teilnahme am Dienst auch aus Gründen der Disziplin geboten, da sie verhindert, dass sich der Soldat unbequemem Ausbildungsdienst entzieht und damit Vorteile genießt, die ein Soldat außerhalb des Vollzugs nicht hat.[3]

3 Die Vorschrift gilt für den Vollzug von Freiheitsentziehungen auf Grund einer Verurteilung wegen einer militärischen oder nichtmilitärischen Straftat (§ 12 WStG) sowie insbesondere im Rahmen der fakultativen Vollzugszuständigkeit (→ Rn. 1) nach Abs. 2 auch wegen einer vor Beginn des Wehrdienstverhältnisses begangenen Straftat.[4]

4 **2. Historie.** Art. VI des Gesetzes vom 21.8.1972, BGBl. I S. 1481, hat der Vorschrift ihre geltende Fassung gegeben.

II. Erläuterung

5 **1. Der sachliche Geltungsbereich. a) Vollzugszuständigkeit der Bundeswehr.** Dienststellen der Bundeswehr vollziehen Freiheitsentziehungen an Soldaten in folgenden Fällen (§ 1 BwVollzO):
– Disziplinararrest (§§ 26, 40, 53 WDO),
– Strafarrest (§§ 9, 11 WStG; Art. 5 Abs. 1 EGWStG),
– Freiheitsstrafen von nicht mehr als sechs Monaten (§ 38 StGB; Art. 5 Abs. 2 EGWStG),
– Jugendarrest (§§ 11 Abs. 3, 15 Abs. 3 S. 2, 16 JGG; § 98 Abs. 2 OWiG; Art. 5 Abs. 2 EGWStG).

6 Der Vollzug wird in militärischen Anlagen und Einrichtungen und, soweit der Soldat am Dienst teilnimmt (→ Rn. 2), bei einer militärischen Einheit oder Dienststelle durchgeführt

---

[1] Zur rechtspolitischen Forderung der Teilnahme des Soldaten am Dienst s. *Dau* WDO § 53 Rn. 10 mN.
[2] BT-Drs. VI/1834, 47.
[3] Zur Teilnahme am Dienst → WStG § 9 Rn. 11.
[4] *Schwenck* S. 215; *Lingens/Korte* WStG Art. 5 Rn. 4.

(§ 3 Abs. 1 BwVollzO). Kriegsschiffe gehören nicht zu den militärischen Anlagen und Einrichtungen;[5] auf ihnen kann allenfalls Disziplinararrest im Behelfsvollzug (§ 55 WDO) durchgeführt werden. Auch Räume in Bundeswehrkrankenhäusern dürfen für den Vollzug nicht verwendet werden.

Besondere Vollzugsanstalten gibt es in der Bundeswehr nicht. Der Soldat wird von anderen Soldaten getrennt in einem Arrestraum untergebracht, soweit er nicht wegen der Teilnahme am Dienst oder wegen seiner Beschäftigung außerhalb des Arrestraumes eingesetzt wird (§ 3 Abs. 2 BwVollzO). Der Arrestraum ist unter Verschluss zu halten. 7

Die mit der Durchführung des Vollzuges in der Bundeswehr verbundenen Aufgaben werden von den Vollzugsbehörden und -organen des Territorialheeres wahrgenommen. Die Vollzugsbehörden im Einzelnen ergeben sich aus den Ausführungsbestimmungen zur BwVollzO, ZDv A-2155/1, Vollzug in der Bundeswehr, in *Schnell/Ebert* C 13 b; sie bestellen auch für jede Vollzugseinrichtung den Vollzugsleiter und die Vollzugshelfer.[6] 8

b) Vollzug des Strafarrestes (Abs. 1). Für den Vollzug des Strafarrestes (§ 9 WStG) besteht eine **obligatorische Vollzugszuständigkeit** der Behörden der Bundeswehr. Sie erklärt sich aus der wehrstrafrechtsspezifischen Eigenart dieser Strafe[7] und der in § 9 Abs. 2 S. 2 WStG enthaltenen und auf den Vollzug anderer Freiheitsentziehungen an Soldaten übertragenen Verpflichtung, sie während des Vollzugs, soweit tunlich, in ihrer Ausbildung zu fördern (→ Rn. 2). Dieses Ziel kann sinnvoll nur erreicht werden, wenn der Strafarrest an Soldaten in jedem Fall in Vollzugseinrichtungen der Bundeswehr vollzogen wird.[8] Die früher bestehende Möglichkeit, ihn auch in den allgemeinen Vollzugseinrichtungen zu vollziehen, ist daher mit § 183 des Gesetzes vom 16.3.1976, BGBl. I S. 581, 605, zu Recht aufgeben worden.[9] Der Vollzug des Strafarrestes verjährt in zwei Jahren (§ 9 Abs. 3 WStG). Zum Vollzug des Strafarrestes im Übrigen → WStG § 9 Rn. 10 f. 9

c) Vollzug der Freiheitsstrafe (Abs. 2). Für den Vollzug einer Freiheitsstrafe besteht eine nur **fakultative Vollzugszuständigkeit** der Bundeswehr. Sie ist stets von einem **Ersuchen** der zivilen Vollstreckungsbehörde abhängig, für deren Entscheidung die Einschätzung maßgebend ist, ob sie den Verurteilten nach seiner Persönlichkeit und der Tat für einen Vollzug im militärischen Bereich für geeignet hält.[10] Ist die Entscheidung für einen Vollzug der Freiheitsstrafe in einer Vollzugseinrichtung der Bundeswehr gefallen, wird er im Interesse eines militärisch allein vertretbaren und auf die Teilnahme am Dienst ausgerichteten Einheitsvollzugs mit einheitlichen Rechtsvorschriften nicht nach den für ihn geltenden Vorschriften, sondern wie Strafarrest vollzogen.[11] 10

Der Vollzug einer Freiheitsstrafe durch Behörden der Bundeswehr ist im Übrigen nur zulässig, wenn ihre Dauer nicht mehr als sechs Monate beträgt. Übersteigt die Gesamtvollzugsdauer mehrerer nacheinander zu vollziehender Freiheitsentziehungen sechs Monate, bleiben die Behörden der Bundeswehr gleichwohl für den Vollzug zuständig.[12] Dagegen ist ein Vollstreckungsersuchen den zivilen Vollstreckungsbehörden zurückzugeben, wenn die Dauer einer von mehreren nacheinander zu vollziehenden Freiheitsentziehungen sechs Monate überschreitet.[13] 11

Freiheitsstrafe iS des Abs. 2 bedeutet unter Ausschluss der Jugendstrafe und des Strafarrestes die Freiheitsentziehung im Verständnis des § 38 StGB, auch die Ersatzfreiheitsstrafe gem. § 43 StGB, § 11 WStG, soweit sie nicht mehr als sechs Monate beträgt (→ Rn. 11). 12

---

[5] LG Flensburg 25.1.1999 – III Ns 36/98, NZWehrr 1999, 126.
[6] ZDv A-2155/1 Vollzug in der Bundeswehr Nr. 110 ff.
[7] → WStG § 9 Rn. 1 ff.
[8] *Schwalm* JZ 1957, 398, (401).
[9] → Art. 7 Rn. 2.
[10] *Schwalm* JZ 1957, 398 (401).
[11] *Schwenck* S. 215.
[12] ZDv A-2155/1 Nr. 132.
[13] ZDv A-2155/1 Nr. 133.

13 **d) Vollzug von Jugendarrest (Abs. 2).** Auch der Vollzug von Jugendarrest durch Behörden der Bundeswehr in Form des Freizeit-, Kurz- oder Dauerarrestes (§ 16 JGG) ist von einem Ersuchen des Jugendrichters als Vollstreckungsleiter abhängig (→ Rn. 10). Auch er wird wie Strafarrest vollzogen. Für den Bereich des Arrestvollzuges wird die Trennung zwischen Erwachsenen- und Jugendrecht damit aufgehoben.[14]

14 **2. Der persönliche Geltungsbereich.** Freiheitsentziehungen werden durch Behörden der Bundeswehr vollzogen und zwar einheitlich für alle Dienstgradgruppen. Endet das Wehrdienstverhältnis während des Vollzuges, ist der Soldat aus dem militärischen Vollzug zu entlassen. Bei Freiheitsentziehungen, die bei Ende des Wehrdienstverhältnisses noch nicht vollständig vollzogen sind, hat der Vollstreckungsleiter rechtzeitig vor der Entlassung die Überführung des Verurteilten in eine Justizvollzugsanstalt zur Fortsetzung des Vollzuges zu veranlassen.[15] Die Vollzugszuständigkeit gegenüber früheren Soldaten, auch soweit es sich um den Vollzug von Strafarrest handelt (§§ 167 ff. StrVollzG), liegt bei den zivilen Vollzugsbehörden.[16] Auch die Jugendstrafe wird ausschließlich durch die allgemeinen Vollzugsbehörden vollzogen (§ 17 Abs. 1 JGG), selbst wenn auf ihr Mindestmaß von sechs Monaten erkannt ist.[17]

Art. 6 Unterbrechung der Strafvollstreckung im Krankheitsfall

[1]Die Vollstreckungsbehörde unterbricht die Vollstreckung eines Strafarrestes und einer Freiheitsstrafe, die durch Behörden der Bundeswehr vollzogen wird, wenn der Unterbrechung keine überwiegenden Gründe entgegenstehen und
1. der Verurteilte in Geisteskrankheit verfällt,
2. von der Vollstreckung eine nahe Lebensgefahr für den Verurteilten zu besorgen ist oder
3. der Verurteilte in einer Sanitätseinrichtung der Bundeswehr oder in einer anderen Krankenanstalt stationär aufgenommen wird.
[2]§ 458 Abs. 2, Abs. 3 Satz 1 der Strafprozeßordnung ist anzuwenden.

I. Allgemeines

1 **1. Normzweck.** Art. 6 legt die Voraussetzungen fest, unter denen die Vollstreckungsbehörde die Vollstreckung von Strafarrest und Freiheitsstrafe unterbrechen kann, wenn diese von Behörden der Bundeswehr vollzogen werden (vgl. auch § 45 Abs. 3 StrVollStrO). Er trifft eine § 455 Abs. 4 StPO vergleichbare Regelung, stellt jedoch die Entscheidung über die Unterbrechung – abweichend von der strafprozessualen Regelung – nicht in das Ermessen der Vollstreckungsbehörde. Liegen daher die Voraussetzungen des S. 1 Nr. 1–3 vor, muss die Strafvollstreckung unterbrochen werden. Mit der Entscheidung, den Soldaten auf freien Fuß setzen zu müssen, wenn er sich als vollzugsuntauglich erweist und der Unterbrechung keine überwiegenden Gründe entgegenstehen, zieht das Gesetz die Konsequenzen aus der für einen Vollzug von Freiheitsentziehungen nur bedingt geeigneten Vollzugsorganisation der Bundeswehr.[1] Unberührt bleibt die Befugnis der Vollstreckungsbehörde, aus Gründen des öffentlichen Interesses den Beginn der Strafvollstreckung hinauszuschieben, zB zwingende dienstliche Gründe machen die Teilnahme des Verurteilten an einem besonderen Einsatz nötig.[2]

---

[14] Auf die unterschiedlichen Haftbedingungen und die Schlechterstellung eines jugendlichen soldatischen Straftäters gegenüber einem zu Jugendarrest verurteilten zivilen Altersgenossen weist kritisch *Peschke* hin, NZWehrr 1987, 158, (159).
[15] ZDv A-2155/1 Nr. 357.
[16] *Lingens/Korte* WStG Rn. 6.
[17] *Lingens/Korte* WStG Rn. 6; → Rn. 12.
[1] BT-Drs. 10/2720, 16, 19; → Art. 5 Rn. 7.
[2] Meyer-Goßner/Schmitt/*Schmitt* StPO § 455 Rn. 13.

Zur Vollstreckung von Jugendarrest s. §§ 112c, 87 Abs. 3 JGG. Eine Unterbrechung 2 wegen Vollzugsuntauglichkeit durch den Vollstreckungsleiter ist gem. § 455 StPO entspr. möglich.³

2. Historie. Art. 6 23. StrÄndG vom 13.4.1986, BGBl. I S. 393, hat den durch das 3 Gesetz vom 21.8.1972, BGBl. I S. 1481, aufgehobenen Art. 6 aF inhaltlich neu belebt. In nunmehr geltender Fassung ist die Vorschrift die für das Wehrstrafrecht erforderliche Konsequenz und Ergänzung des mit Art. 4 Nr. 2 desselben Gesetzes eingeführten Abs. 4 des § 455 StPO.

II. Erläuterung

Art. 6 findet nur auf den **Strafarrest und die Freiheitsstrafe** Anwendung, die von 4 Behörden der Bundeswehr vollzogen werden (→ Art. 5 Rn. 1 ff.; § 1 BwVollzO). Für die Vollstreckung durch die Vollstreckungsbehörde selbst und eine Unterbrechung insoweit gelten die §§ 455 ff. StPO. Für den Jugendarrest → Rn. 2.

Die Vollstreckung ist zu **unterbrechen,** wenn 5
– der Verurteilte in Geisteskrankheit verfällt (S. 1 Nr. 1),
– von der Vollstreckung eine nahe Lebensgefahr für den Verurteilten zu besorgen ist (S. 1 Nr. 2),
– der Verurteilte in einer Sanitätseinrichtung der Bundeswehr oder in einer anderen Krankenanstalt stationär aufgenommen wird (S. 1 Nr. 3).

Zur Vollstreckungsunterbrechung wegen **Geisteskrankheit des Verurteilten** (S. 1 Nr. 1) 6 s. die Kommentierungen zu § 455 StPO.

Die **Besorgnis naher Lebensgefahr** für den Verurteilten (S. 1 Nr. 2) ist im Gegensatz 7 zur schon im Wortlaut unterschiedlichen Regelung des § 455 Abs. 4 S. 1 Nr. 2 StPO nicht nur durch eine lebensbedrohende Krankheit im medizinischen Sinne begründet. Es genügt, dass allein schon von der Vollstreckung eine nahe Lebensgefahr für den Verurteilten zu besorgen ist. Damit ist die Vorschrift inhaltlich weiter als § 18 Abs. 1 BwVollzO, die für die Unterbrechung der Vollstreckung allein auf medizinische Gründe abstellt. Für eine Vollstreckungsuntauglichkeit reicht daher auch die ernst gemeinte Drohung, Selbstmord begehen zu wollen. Diese vom allgemeinen Vollzug abweichende Regelung hat der Gesetzgeber damit erklärt, dass es der Bundeswehr für diese Fälle an geeigneten Unterbringungs- und Behandlungsmöglichkeiten fehlt.⁴ Besondere Sicherungsmaßnahmen gem. § 88 StrVollzG bei einer minder schweren Notlage bleiben unberührt.

Die stationäre Aufnahme eines Verurteilten in eine Sanitätseinrichtung der Bundes- 8 wehr (S. 1 Nr. 3) bedeutet seine klinische Versorgung und Rehabilitation in einem Bundeswehrkrankenhaus (vgl. auch § 18 BwVollzO). Bei der anderen Krankenanstalt handelt es sich um ein ziviles Krankenhaus. Bei Vollzugsuntauglichkeit wegen Krankheit hat der Vollzugsleiter bei dem Vollzug von Freiheitsstrafe oder Strafarrest die Entscheidung der Vollstreckungsbehörde herbeizuführen, ob die Vollstreckung unterbrochen wird (§ 18 Abs. 1 BwVollzO); bei dem Vollzug von Jugendarrest trifft diese Entscheidung der Vollstreckungsleiter. Bis zur Entscheidung über die Vollstreckung kann von den Vollzugsvorschriften abgewichen werden (§ 18 Abs. 2 BwVollzO).

Einer Vollstreckungsunterbrechung dürfen **keine überwiegenden Gründe** entgegenste- 9 hen. Wenn nur noch ein geringer Strafrest zu verbüßen ist oder zu befürchten steht, dass sich der Verurteilte dem weiteren Vollzug entzieht oder erneut straffällig würde, ist es geboten, den Vollzug fortzusetzen. Diese überwiegend im Interesse des Schutzes der Allgemeinheit getroffene Entscheidung, den Verurteilten bis zum Strafende unter Verschluss zu halten, bedarf allerdings bei den in S. 1 Nr. 1–3 genannten körperlichen und psychischen Deformationen des Verurteilten einer empfindsamen Abwägung, die insbesondere in den Fällen des S. 1 Nr. 1 und 3 regelmäßig wohl zu Gunsten des Verurteilten ausfallen wird.

---

³ *Eisenberg* JGG § 87 Rn. 3.
⁴ BT-Drs. 10/2720, 19.

10 Die Vollstreckungsbehörde hat dem nächsten Disziplinarvorgesetzten des Verurteilten mitzuteilen, dass die Vollstreckung unterbrochen ist (§ 46 Abs. 2 Buchst. b, Abs. 3 S. 4 StrVollstrO).

11 Die in S. 2 vorgenommene Verweisung auf § 458 Abs. 2, Abs. 3 S. 1 StPO stellt sicher, dass der Verurteilte auch bei einem Vollzug der Freiheitsentziehung durch Behörden der Bundeswehr **Einwendungen** gegen die Entscheidung der Vollstreckungsbehörde erheben kann. Gegen die gerichtliche Entscheidung hat er das Recht zur sofortigen Beschwerde (§ 462 Abs. 3 S. 1 StPO). Eine Beschwerde des Verurteilten nach der WBO ist nicht statthaft, da die allgemeine Vollstreckungsbehörde keine Dienststelle der Bundeswehr ist (§ 1 Abs. 1 WBO).

12 Durch Einwendungen gegen die Entscheidung der Vollstreckungsbehörde wird der Fortgang der Vollstreckung nicht gehemmt; das Gericht kann jedoch einen Aufschub oder eine Unterbrechung der Vollstreckung anordnen (S. 2 iVm § 458 Abs. 3 S. 1 StPO). Für Einzelheiten wird auf die Kommentarliteratur zu §§ 455, 458, 462 StPO verwiesen.

Art. 7 Ausführungsvorschriften für den Vollzug

(1) Die Bundesregierung wird ermächtigt, durch Rechtsverordnung mit Zustimmung des Bundesrates für den Vollzug durch Behörden der Bundeswehr Vorschriften zu erlassen, die sich auf die Berechnung der Dauer der Freiheitsentziehung, die Art der Unterbringung, die Behandlung, die Beschäftigung, die Gewährung und den Entzug von Vergünstigungen, den Verkehr mit der Außenwelt, die Ordnung und Sicherheit im Vollzug und die Ahndung von Verstößen hiergegen beziehen.

(2) Durch die Rechtsverordnung können die Grundrechte der körperlichen Unversehrtheit und der Freiheit der Person (Artikel 2 Abs. 2 Satz 1 und 2 des Grundgesetzes) sowie das Grundrecht des Postgeheimnisses (Artikel 10 Abs. 1 des Grundgesetzes) eingeschränkt werden.

I. Allgemeines

1 **1. Normzweck.** Die Vorschrift enthält die erforderliche Ermächtigungsgrundlage für die Durchführung des Einheitsvollzuges von Freiheitsstrafe, Strafarrest und Jugendarrest durch Behörden der Bundeswehr (Abs. 1). Die für einen geordneten Vollzug unerlässliche Einschränkung von Grundrechten ist auf der Grundlage des Abs. 2 möglich.

2 **2. Historie.** Art. 7 hat durch das Gesetz vom 21.8.1972, BGBl. I S. 1481, eine Neufassung erhalten. § 183 des Gesetzes vom 16.3.1976, BGBl. I S. 581, 605, hat Abs. 1 sachlich geändert, indem er den Vollzug des Strafarrestes in die ausschließliche Zuständigkeit der Behörden der Bundeswehr legte (→ Art. 5 Rn. 9).

II. Erläuterung

3 **Ermächtigungsgrundlage für den Einheitsvollzug.** Abs. 1 ist iVm § 53 Abs. 4 und § 115 Abs. 1 JGG die Ermächtigungsgrundlage für die Verordnung über den Vollzug von Freiheitsstrafe, Strafarrest, Jugendarrest und Disziplinararrest durch Behörden der Bundeswehr – Bundeswehrvollzugsordnung (BwVollzO) – vom 29.11.1972, BGBl. I S. 2205, zuletzt geändert durch § 184 des Gesetzes vom 16.6.1976, BGBl. I S. 581, 605.

4 Die in den Bestimmungen der BwVollzO enthaltenen Einschränkungen des Grundrechts auf körperliche Unversehrtheit und Freiheit der Person sowie des Postgeheimnisses sind durch die Ermächtigung des Abs. 2 gedeckt (vgl. auch § 21 BwVollzO).

Art. 8 Inkrafttreten

(1) Das Wehrstrafgesetz und dieses Einführungsgesetz treten einen Monat nach dem Tag der Verkündung in Kraft.

(2) § 43 des Wehrstrafgesetzes tritt, soweit er die Sabotage betrifft, nicht vor dem Vierten Strafrechtsänderungsgesetz in Kraft.

Zum Inkrafttreten des Gesetzes → Vor Art. 1 Rn. 4. 1

Das 4. StrÄndG vom 11.6.1957, BGBl. I S. 597, nunmehr NATO-Truppen-Schutzgesetz, zuletzt geändert durch Art. 2 Abs. 1 des G vom 23.5.2017, BGBl. I S. 1226, ist am 14.7.1957 in Kraft getreten. Abs. 2. bewirkte die notwendige Harmonisierung mit der Vorschrift des § 43 WStG (Unterlassene Meldung) und bestimmte, dass die unterlassene Meldung einer Sabotage zeitgleich erst ab 14.7.1957 strafbar war. 2

4. Kapitel. Völkerstrafrecht

Völkerstrafgesetzbuch (VStGB)

Vom 26.6.2002, BGBl. I S. 2254
Geändert durch Gesetz vom 22.12.2016, BGBl. I S 3150

FNA 453-21

Einleitung

Schrifttum: *Acquaviva*, Was a Residual Mechanism for International Criminal Tribunals Really Necessary?, Journal of International Criminal Justice 9 (2011), 789; *Adjovi*, Introductory Note to the Agreement on the Establishment of the Extraordinary Chambers Within the Senegalese Judicial System Between the Government of the Republic of Senegal and the African Union and the Statute of the Chambers, International Legal Materials 52 (2013), 1020; *Ahlbrecht*, Geschichte der völkerrechtlichen Strafgerichtsbarkeit im 20. Jahrhundert, 1999; *Ambos*, Internationales Strafrecht, 4. Aufl. 2014; *ders.*, Der Allgemeine Teil des Völkerstrafrechts, 2002; *ders.*, Zur Rechtsgrundlage des Internationalen Strafgerichtshofs. Eine Analyse des Rom-Statuts, ZStW 111 (1999), 175; *ders.*, Aktuelle Probleme der deutschen Verfolgung von „Kriegsverbrechen" in Bosnien-Herzegowina, NStZ 1999, 226; *ders.*, Anm. zu BGH v. 30.4.1999 – 3 StR 215/98, NStZ 1999, 404; *ders.*, Völkerrechtliche Kernverbrechen, Weltrechtsprinzip und § 153f StPO, NStZ 2006, 434; *ders.*, Afghanistan-Einsatz der Bundeswehr und Völker(straf)recht, NJW 2010, 1725; *ders.*, Das Verbrechen der Aggression nach Kampala, Zeitschrift für Internationale Strafrechtsdogmatik 2010, 649; *ders.*, Anm. zur Einstellungsverfügung GBA v. 20.6.2013, NStZ 2013, 634; *ders.*, The German *Ruwabukombe* Case: The Federal Court's Interpretation of Co-perpetration and the Genocidal Intent to Destroy, Journal of International Criminal Justice 14 (2016), 1221; *ders./Penkuhn*, Anm. zu BGH v. 21.5.2015 – 3 StR 575/14, StV 2016, 760; *Barriga/Grover*, A Historic Breakthrough on the Crime of Aggression, American Journal of International Law 105 (2011), 517; *Barthe*, Der Straftatbestand der Verbrechen gegen die Menschlichkeit in § 7 VStGB in der staatsanwaltschaftlichen Praxis – Zur Abgrenzung von Völkerstraftaten und allgemeinen Delikten, NStZ 2012, 247; *Basak*, Die Deformation einer Verfahrensnorm durch politische Rücksichtnahmen, in Institut für Kriminalwissenschaften und Rechtsphilosophie Frankfurt a. M. (Hrsg.), Jenseits des rechtsstaatlichen Strafrechts, 2007, S. 499; *ders.*, Luftangriffe und Strafrechtsdogmatik – Zum systematischen Verhältnis von VStGB und StGB – Eine Gegenrede, HRRS 2010, 513; *Bassiouni*, Das Vermächtnis von Nürnberg: Eine historische Bewertung fünfzig Jahre danach, in *Hankel/Stuby* (Hrsg.), Strafgerichte gegen Menschheitsverbrechen, 1995, S. 15; *ders.*, Introduction to International Criminal Law, 2003; *ders.*, Chronology of Efforts to Establish an International Criminal Court, Revue International de Droit Pénal 86 (2015), 1163; *Beck/Ritscher*, Do Criminal Complaints Make Sense in (German) International Criminal Law?: A Prosecutor's Perspective, Journal of International Criminal Justice 13 (2015), 229; *Benedetti/Bonneau/Washburn*, Negotiating the International Criminal Court, 2014; *Bentele*, Völkerstrafprozesse in Deutschland voranbringen – Eine rechtspolitische Betrachtung, Zeitschrift für Internationale Strafrechtsdogmatik 2016, 803; *Berber*, Lehrbuch des Völkerrechts, Band 2, 2. Aufl. 1969; *Bergsmo/Cheah/Yi* (Hrsg.), Historical Origins of International Criminal Law, Band 1, 2014; *Bergsmo/Harlem/Hayashi*, Importing Core International Crimes into National Criminal Law, 2. Aufl. 2010; *Berster*, Anm. zu BGH v. 21.5.2015 – 3 StR 575/14, Zeitschrift für Internationale Strafrechtsdogmatik 2016, 72; *Blattmann/Bowman*, Achievements and Problems of the International Criminal Court, Journal of International Criminal Justice 6 (2008), 711; *Boister/Cryer*, The Tokyo International Military Tribunal, 2008; *Book*, Appeal and Sentence in International Criminal Law, 2011; *Bosco*, Palestine in The Hague: Justice, Geopolitics, and the International Criminal Court, Global Governance 22 (2016), 155; *Brackman*, The Other Nuremberg, 1989; *von Braun*, Internationalisierte Strafgerichte, 2008; *Bühler/Reisinger Coracini*, Die Umsetzung des Römischen Statuts in Österreich, Zeitschrift für Internationale Strafrechtsdogmatik 2015, 505; *Bülte*, Vorgesetztenverantwortlichkeit im Strafrecht, 2015; *ders./Grzywotz/Römer/Wolckenhaar*, Monitoring the Trial of Onesphore R. Before the Oberlandesgericht Frankfurt, German Law Journal 16 (2015), 373; *Burchard*, The Nuremberg Trial and its Impact on Germany, Journal of International Criminal Justice 4 (2006), 800; *Burchards*, Die Verfolgung von Völkerrechtsverbrechen durch Drittstaaten. Das kanadische Beispiel, 2005; *Burghardt*, Anm. zu BGH v. 21.5.2015 – 3 StR 575/14, JZ 2016, 106; *ders.*, Die Vorgesetztenverantwortlichkeit nach Völkerstrafrecht und deutschem Recht (§ 4 VStGB), Zeitschrift für Internationale Strafrechtsdogmatik 2010, 695; *ders.*, Die Vorgesetztenverantwortlichkeit im völkerrechtlichen Straftatsystem, 2008; *Cárdenas*, Die Zulässigkeitsprüfung vor dem Internationalen Strafgerichtshof: Zur Auslegung des Art. 17 IStGH-Statut unter besonderer Berücksichtigung von Amnestien und Wahrheitskommissionen, 2005; *Cassese/Acquaviva/Fan/Whiting*, International Criminal Law: Cases and Commentary, 2011;

VStGB Einl.

4. Kapitel. Völkerstrafrecht

Cassese/Gaeta/Jones (Hrsg.), The Rome Statute of the International Criminal Court, Band 1, 2002; *Cimiotta*, The First Steps of the Extraordinary African Chambers: A New Mixed Criminal Tribunal?, Journal of International Criminal Justice 13 (2015), 177; *Cryer*, Tokyo International Military Tribunal, in *Cassese* (Hrsg.), The Oxford Companion to International Criminal Justice, 2009, S. 535; *ders./Friman/Robinson/Wilmshurst*, An Introduction to International Criminal Law and Procedure, 3. Aufl. 2014; *Dahm*, Zur Problematik des Völkerstrafrechts, 1956; *ders./Delbrück/Wolfrum*, Völkerrecht: Band I/3, 2. Aufl. 2012; *Donlon*, Hybrid Tribunals, in *Schabas/Bernaz* (Hrsg.), Routledge Handbook of International Criminal Law, 2011, S. 85; *ECCHR*, Weltrecht in Deutschland? Der Kongo-Kriegsverbrecherprozess: Erstes Verfahren nach dem Völkerstrafgesetzbuch, 2016; *Epik*, Die Strafzumessung bei Taten nach dem Völkerstrafgesetzbuch, 2017; *Eser*, Das „Internationale Strafrecht" in der Rechtsprechung des Bundesgerichtshofs, in *Roxin/Widmaier* (Hrsg.), 50 Jahre Bundesgerichtshof. Festgabe aus der Wissenschaft, Band 4, 2000, S. 3; *ders.,* Völkermord und deutsche Strafgewalt. Zum Spannungsverhältnis von Weltrechtsprinzip und legitimierendem Inlandsbezug, in *ders./Goydke/Maatz/Meurer* (Hrsg.), FS Meyer-Goßner, 2001, 3; *ders./Sieber/Kreicker* (Hrsg.), Nationale Strafverfolgung völkerrechtlicher Verbrechen, 2003–2006; *Fischer*, Strafgesetzbuch, 64. Aufl. 2017; *Fischer-Lescano*, Weltrecht als Prinzip, KJ 2005, 72; *Frank/Schneider-Glockzin*, Terrorismus und Völkerstraftaten im bewaffneten Konflikt, NStZ 2017, 1; *Gebauer*, Einführung zum Völkerstrafgesetzbuch, in Das Deutsche Bundesrecht, II G 15, 911. Lieferung, Februar 2003, S. 11; *Geißler/Selbmann*, Fünf Jahre Völkerstrafgesetzbuch – Eine kritische Bilanz, HuV-I 2007, 160; *Geneuss*, Völkerrechtsverbrechen und Verfolgungsermessen, 2013; *Gierhake*, Das Prinzip der Weltrechtspflege nach § 1 Völkerstrafgesetzbuch und seine prozessuale Umsetzung in § 153f der Strafprozessordnung, ZStW 120 (2008), 375; *Glauch*, Das neue Verbrechen der Aggression nach § 13 VStGB, HRRS 2017, 85; *Gless*, Internationales Strafrecht, 2. Aufl. 2015; *Gnatzy*, Kommentierung zu Art. 16 GG, in *Schmidt-Bleibtreu/Hofmann/Henneke* (Hrsg.), Kommentar zum Grundgesetz: GG, 13. Aufl. 2014; *Gozani*, Beginning to Learn How to End: Lessons on Completion Strategies, Residual Mechanisms, and Legacy Considerations from Ad Hoc International Criminal Tribunals to the International Criminal Court, Loyola Los Angeles International & Comparative Law Review 36 (2015), 331; *Graefrath*, Die Verhandlungen der UN-Völkerrechtskommission zur Schaffung eines Internationalen Strafgerichtshofs, ZStW 104 (1992), 190; *Greenwood*, Geschichtliche Entwicklung und Rechtsgrundlagen, in *Fleck* (Hrsg.), Handbuch des humanitären Völkerrechts in bewaffneten Konflikten, 1994, S. 1; *Greßmann/Staudigl*, Die Umsetzung der Beschlüsse von Kampala in Deutschland, Zeitschrift für Internationale Strafrechtsdogmatik 2016, 798; *Grewe* (Hrsg.), Fontes Historiae Iuris Gentium, Band 3/2, 1992; *von der Groeben*, Criminal Responsibility of German Soldiers in Afghanistan: The Case of Colonel Klein, German Law Journal 11 (2010), 469; *Gropengießer/Kreicker*, Deutschland, in *Eser/Kreicker* (Hrsg.), Nationale Strafverfolgung völkerrechtlicher Verbrechen, Band 1, 2003, S. 21; *Grützner/Pötz/Kreß* (Hrsg.), Internationaler Rechtshilfeverkehr in Strafsachen, 3. Aufl. (Stand: Dezember 2016); *Hannich*, Justice in the Name of All – Die praktische Anwendung des VStGB aus der Sicht des Generalbundesanwaltes beim BGH, Zeitschrift für Internationale Strafrechtsdogmatik 2007, 507; *Hankel*, Die Leipziger Prozesse. Deutsche Kriegsverbrechen und ihre strafrechtliche Verfolgung nach dem Ersten Weltkrieg, 2003; *ders.*, Leipzig Supreme Court, in *Cassese* (Hrsg.), The Oxford Companion to International Criminal Justice, 2009, S. 407; *Haslam*, Silences in International Criminal Legal Histories and the Construction of the Victim Subject of International Criminal Law, in *Schwöbel* (Hrsg.), Critical Approaches to International Criminal Law, 2014, S. 180; *Haumer/Marschner*, Der Internationale Strafgerichtshof und das Verbrechen der Aggression nach Kampala – Zu den neuesten Ergänzungen im IStGH-Statut und ihren Auswirkungen auf das deutsche Strafrecht, HuV-I 2010, 188; *Heinsch*, The Crime of Aggression After Kampala: Success or Burden for the Future?, Goettingen Journal of International Law 2 (2010), 713; *Heise*, Europäisches Gemeinschaftsrecht und nationales Strafrecht, 1998; *Heller*, The Nuremberg Military Tribunals and the Origins of International Criminal Law, 2011; *Hermsdörfer*, Zum Anpassungsbedarf des deutschen Strafrechts an das Statut des Internationalen Strafgerichtshofs, HuV-I 1999, 22; *Hertel*, Soldaten als Mörder? – Das Verhältnis von VStGB und StGB anhand des Kundus-Bombardements, HRRS 2010, 339; Internationaler Militärgerichtshof Nürnberg, Der Nürnberger Prozeß gegen die Hauptkriegsverbrecher, 1947; *International Law Commission*, Principles of Law Recognized in the Charter of the Nuremberg Tribunal and in the Judgment of the Tribunal, in Yearbook of the International Law Commission 1950 II, 374; *dies.*, Draft Statute for an International Criminal Court, in Yearbook of the International Law Commission 1994 II, 26; *Ipsen,* Völkerrecht, 6. Aufl. 2014; *ders.*, Das „Tokyo Trial" im Lichte des seinerzeit geltenden Völkerrechts, in *Herzberg* (Hrsg.), FS Oehler, 1985, 505; *Jähnke*, Zur Erosion des Verfassungssatzes „Keine Strafe ohne Gesetz", Zeitschrift für Internationale Strafrechtsdogmatik 2010, 463; *Jarass/Pieroth* (Hrsg.), Grundgesetz für die Bundesrepublik Deutschland, 14. Aufl. 2016; *Jescheck*, Die Verantwortlichkeit der Staatsorgane nach Völkerstrafrecht, 1952; *ders.*, Der Internationale Strafgerichtshof. Vorgeschichte, Entwurfsarbeiten, Statut, in *Bemmann* (Hrsg.), FS Mangakis, 1999, 483; *Jeßberger*, Das Verbrechen der Aggression im deutschen Strafrecht – Überlegungen zur Umsetzung der Beschlüsse von Kampala, Zeitschrift für Internationale Strafrechtsdogmatik 2015, 514; *ders.*, 'On Behalf of Africa': Towards the Regionalization of Universal Jurisdiction?, in *Werle/Fernandez/M. Vormbaum* (Hrsg.), Africa and the International Criminal Court, 2014, S. 155; *ders.*, Bundesstrafgerichtsbarkeit und Völkerstrafgesetzbuch, HRRS 2013, 119; *ders.*, Der transnationale Geltungsbereich des Strafrechts, 2011; *ders.*, Universal Jurisdiction, in *Cassese* (Hrsg.), The Oxford Companion to International Criminal Justice, 2009, S. 555; *ders.*, Universality, Complementarity, and the Duty to Prosecute Crimes Under International Law in Germany, in *Kaleck/Ratner/Singelnstein/Weiss* (Hrsg.), International Prosecution of Human Rights Crimes, 2007, S. 213; *ders./Geneuss* (Hrsg.), Zehn Jahre Völkerstrafgesetzbuch, 2013; *Jesse*, Der Verbrechensbegriff des Römischen Statuts, 2009; *Junck*, Die Gerichtsbarkeit des Internationalen Strafgerichtshofs, 2006; *Johnson*, Closing an International Criminal Tribunal while Maintaining International Human Rights Standards and Excluding Impunity, American Journal of International Law 99 (2005), 158; *Kaleck*, Völkerstrafgesetzbuch: Ende der Straflosigkeit oder stumpfe Waffe gegen Menschenrechtsverletzer?, in Republikanischer Anwältinnen- und Anwälteverein/Holtfort-Stiftung (Hrsg.), Strafanzeige ./. Rumsfeld u. a., 2005, S. 5; *ders./Schüller/Steiger*, Tarnen und Täuschen. Die deutschen Strafverfolgungsbehörden und der Fall des Luftangriffs bei Kundus, KJ 2010, 270; *Kaul*, Internationaler Strafgerichtshof – Ein bedeutender Anfang in Rom, in *Baum/Riedel/Schaefer* (Hrsg.), Menschenrechtsschutz in der Praxis der Vereinten Nationen, 1998, S. 273; *ders.*, Baustelle für mehr Gerechtigkeit. Der Internationale Strafgerichtshof in seinem zweiten Jahr, Vereinte Nationen 4/2004, 141; *ders.*, Kampala June 2010 – A First Review of the ICC Review Conference, Goettingen Journal of International Law 2 (2010), 649; *Kindhäuser/Neumann/Paeffgen* (Hrsg.), Strafgesetzbuch, 4. Aufl. 2013; *Kreicker*, Völkerstrafrecht im Ländervergleich, 2006; *Kreß*, Nationale Umsetzung des Völkerstrafgesetzbuches, Zeitschrift für Internationale Strafrechtsdogmatik 2007, 515; *ders.*, Völkerstrafrecht in Deutschland, NStZ 2000, 617; *ders.*, Vom Nutzen eines deutschen Völkerstrafgesetzbuchs, 2000; *ders.*, Versailles – Nürnberg – Den Haag: Deutschland und das Völkerstrafrecht, JZ 2006, 981; *ders./von Holtzendorff*, Der Kompromiss von Kampala über das Verbrechen der Aggression, GA 2011, 65; *ders./Lattanzi* (Hrsg.), The Rome Statute and Domestic Legal Orders, Band 1, 2000; *Kuhli*, Das Völkerstrafgesetzbuch und das Verbot der Strafbegründung durch Gewohnheitsrecht, 2010; *Lagodny/Nill-Theobald*, Anm. zu BGH v. 30.4.1999 – 3 StR 215/98, JR 2000, 202; *Lakotta*, Ein Hauch von Den Haag, Der Spiegel 35/2011, 36; *Lee* (Hrsg.), The International Criminal Court. Elements of Crimes and Rules of Procedure and Evidence, 2001; *Löwe/Rosenberg* (Hrsg.), Die Strafprozessordnung und das Gerichtsverfassungsgesetz, Band 5: §§ 151–212b, 26. Aufl. 2008; *Lüder/T. Vormbaum*, Materialien zum Völkerstrafgesetzbuch, 2002; *Marschner/Olma*, The First Review Conference of the International Criminal Court, Zeitschrift für Internationale Strafrechtsdogmatik 2010, 529; *Martinez*, The Slave Trade and the Origins of International Human Rights Law, 2012; *Marxen*, Beteiligung an schwerem systematischem Unrecht – Bemerkungen zu einer völkerrechtlichen Straftatlehre, in *Lüderssen* (Hrsg.), Aufgeklärte Kriminalpolitik oder Kampf gegen das Böse?, Band 3: Makrodelinquenz, 1998, S. 220; *ders.*, Die Bestrafung von NS-Unrecht in Ostdeutschland, in *ders./Miyazawa/Werle* (Hrsg.), Der Umgang mit Kriegs- und Besatzungsunrecht in Japan und Deutschland, 2001, S. 159; *Maunz/Dürig* (Hrsg.), Grundgesetz, 76. Aufl. 2016; *Maurach/Schröder/Maiwald*, Strafrecht Besonderer Teil, Teilband 2, 10. Aufl. 2013; *McCormack*, From Sun Tzu to the Sixth Committee, in *McCormack/Simpson* (Hrsg.), The Law of War Crimes, 1997, S. 31; *Melloh*, Einheitliche Strafzumessung in den Rechtsquellen des ICC-Statuts, 2010; *Merkel*, Das Recht des Nürnberger Prozesses. Gültiges, Fragwürdiges, Überholtes, in Nürnberger Menschenrechtszentrum (Hrsg.), Von Nürnberg nach Den Haag, 1996, S. 68; *Meseke*, Der Tatbestand der Verbrechen gegen die Menschlichkeit nach dem Römischen Statut des Internationalen Strafgerichtshofes. Eine völkerstrafrechtliche Analyse, 2004; *Mettraux* (Hrsg.), Perspectives on the Nuremberg Trial, 2008; Ministerium der Justiz/Akademie für Staats- und Rechtswissenschaft der DDR (Hrsg.), Strafrecht der Deutschen Demokratischen Republik, Kommentar zum Strafgesetzbuch, 5. Aufl. 1987; *Müller*, Oktroyierte Verliererjustiz nach dem Ersten Weltkrieg, AVR 39 (2001), 202; *Müller/Heinrich*, Die Strafverfolgung von Völkerrechtsverbrechen in der Schweiz, Zeitschrift für Internationale Strafrechtsdogmatik 2015, 501; *Nemitz*, Strafzumessung im Völkerstrafrecht. Ein Beitrag zur Strafzwecklehre und zur Strafzumessungsmethode unter besonderer Berücksichtigung des Römischen Statuts, 2002; *Nerlich*, Entwicklung und Perspektiven internationaler und internationalisierter Strafgerichtsbarkeit, in *Hankel* (Hrsg.), Die Macht und das Recht. Beiträge zum Völkerrecht und zum Völkerstrafrecht am Beginn des 21. Jahrhunderts, 2008, S. 50; *Niang*, The Senegalese Legal Framework for the Prosecution of International Crimes, Journal of International Criminal Justice 7 (2009), 1047; *O'Keefe*, International Criminal Law, 2015; *Olásolo*, Reflections on the International Criminal Court's Jurisdictional Reach, Criminal Law Forum 16 (2005), 279; *Osten*, Der Tokioter Kriegsverbrecherprozeß und die japanische Rechtswissenschaft, 2003; *Peglau*, Die Vorschriften zu Strafen und Strafzumessung für den Internationalen Strafgerichtshof und ihre Bedeutung für das nationale Strafrecht, HuV-I 2001, 247; *Piccigallo*, The Japanese on Trial, 1979; *Priemel/Stiller*, NMT. Die Nürnberger Militärtribunale zwischen Geschichte, Gerechtigkeit und Rechtschöpfung, 2013; *Pritchard/Zaide* (Hrsg.), The Tokyo War Crimes Trial, 1981; *Reichel*, Vergangenheitsbewältigung in Deutschland, 2001; *Reisinger Coracini*, The International Criminal Court's Exercise of Jurisdiction over the Crime of Aggression – at Last … in Reach … Over Some, Goettingen Journal of International Law 2 (2010), 745; *Röling/Cassese*, The Tokyo Trial and Beyond, 1993; *Safferling*, Die Bedeutung des Nürnberger Hauptkriegsverbrecherprozesses 70 Jahre nach seinem Beginn, JZ 2015, 1061; *ders.*, Anm. zu BGH v. 17.6.2010 – AK 3/10, JZ 2010, 965; *ders./Grzywotz*, Die Völkermordabsicht nach Karlsruher Meinung, JR 2016, 186; *ders./Kirsch*, Zehn Jahre Völkerstrafgesetzbuch, JA 2012, 481; *Satzger*, Das neue Völkerstrafgesetzbuch. Eine kritische Würdigung, NStZ 2002, 125; *ders.*, Internationales und Europäisches Strafrecht, 7. Aufl. 2016; *ders.*, Europäisierung des Strafrechts, 2001; *Schabas*, Penalties, in *Cassese* (Hrsg.), The Oxford Companion to International Criminal Justice, 2009, S. 452; *ders.*, An Introduction to the International Criminal Court, 5. Aufl. 2017; *Schlunck*, Die Umsetzung des Statuts des Internationalen Strafgerichtshofs in das deutsche Strafrecht unter Berücksichtigung der Rechtshilfe, HuV-I 1999, 27; *Schmalenbach*, Das Verbrechen der Aggression vor dem Internationalen Strafgerichtshof: Ein politischer Erfolg mit rechtlichen Untiefen, JZ 2010, 745; *Schwengler*, Versailler Vertrag und Auslieferungsfrage, 1982; *von Selle*, Prolog zu Nürnberg – Die Leipziger Kriegsverbrecherprozesse vor dem Reichsgericht, ZNR 1997, 193; *Singelnstein/Stolle*, Völkerstrafrecht und Legalitätsprinzip – Klageerzwingungsverfahren bei Opportunitätseinstellungen und Auslegung des § 153f StPO, Zeitschrift für Internationale Strafrechtsdogmatik 2006, 118; *Soufi/Maurice*, Structure, Functions and Initial Achievements of the Mechanism for International Criminal Tribunals, International Criminal Law Review 15 (2015), 544; *Stegmiller*, Palästinas Aufnahme als „Mitgliedstaat" des Internationalen Strafgerichtshofs, ZaöRV 2015, 435; *Steiger/Bäumler*, Die strafrechtliche Verantwortlichkeit deutscher Soldaten bei Auslandseinsätzen, AVR 48 (2010), 189; *Steinbach*, Nationalsozialistische Gewaltverbrechen in der deutschen Öffentlichkeit: Die Diskussion nach 1945, 1981; *Steinke*, The Politics of International Criminal Justice: German Perspectives from Nuremberg to The Hague, 2012; *Tomuschat*, Staatsrechtliche Entscheidung für die internationale Offenheit, in

VStGB Einl. 4. Kapitel. Völkerstrafrecht

Isensee/Kirchhof (Hrsg.), Handbuch des Staatsrechts der Bundesrepublik Deutschland, Band 11, 3. Aufl. 2013, S. 3; *ders.*, Das Statut von Rom für den Internationalen Strafgerichtshof, Die Friedens-Warte 73 (1998), 335; *ders.*, The Legacy of Nuremberg, Journal of International Criminal Justice 4 (2006), 830; *ders.*, Zehn Jahre Internationaler Strafgerichtshof, EuGrZ 2012, 673; *Triffterer/Ambos*, The Rome Statute of the International Criminal Court: A Commentary, 3. Aufl. 2016; *Triffterer*, Der lange Weg zu einer internationalen Strafgerichtsbarkeit, ZStW 114 (2002), 321; *ders.*, Der Ständige Internationale Strafgerichtshof – Anspruch und Wirklichkeit. Anmerkungen zum Thema „Rome Statute of the International Criminal Court" vom 17. Juli 1998, in *Gössel/ders.* (Hrsg.), GS Zipf, 1999, 493; *ders.*, Dogmatische Untersuchungen zur Entwicklung des materiellen Völkerstrafrechts seit Nürnberg, 1966; *M. Vormbaum*, Das Strafrecht der Deutschen Demokratischen Republik, 2015; *ders.*, An „Indispensable Component of the Elimination of Fascism": War Crimes Trials and International Criminal Law in the German Democratic Republic, in *Bergsmo/Cheah/Yi* (Hrsg.), Historical Origins of International Criminal Law, Band 2, 2014, S. 397; *Weigend*, Völkerstrafrecht, Grundsatzfragen und aktuelle Probleme, in *Kohlmann/Nestler/Seier/Walter/Walther/Weigend* (Hrsg.), Entwicklungen und Probleme des Strafrechts an der Schwelle zum 21. Jahrhundert, 2005, S. 11; *ders.*, Zur Frage eines „internationalen" Allgemeinen Teils, in *v. Schünemann/Achenbach/Bottke/Haffke/Rudolphi* (Hrsg.), FS Roxin, 2001, 1375; *ders.*, Grund und Grenzen universaler Gerichtsbarkeit, in *Arnold/Burkhardt/Gropp/Heine/Koch/Lagodny/Perron/Walther* (Hrsg.), FS Eser, 2005, 955; *Weinke*, Die Verfolgung von NS-Tätern im geteilten Deutschland, 2002; *Wenaweser*, Reaching the Kampala Compromise on Aggression, Leiden Journal of International Law 23 (2010), 883; *Werkmeister*, Straftheorien im Völkerstrafrecht, 2015; *Werle*, Menschenrechtsschutz durch Völkerstrafrecht, ZStW 109 (1997), 808; *ders.*, Anwendung deutschen Strafrechts auf Völkermord im Ausland, Anm. zu BGH v. 30.4.1999 – 3 StR 215/98, JZ 1999, 1176; *ders.*, Völkerstrafrecht und geltendes deutsches Strafrecht, JZ 2000, 755; *ders.*, Die Bestrafung von NS-Unrecht in Westdeutschland, in *Marxen/Miyazawa/ders.* (Hrsg.), Der Umgang mit Kriegs- und Besatzungsunrecht in Japan und Deutschland, 2001, S. 137; *ders.*, Konturen eines deutschen Völkerstrafrechts. Zum Arbeitsentwurf eines deutschen Völkerstrafgesetzbuchs, JZ 2001, 885; *ders.*, Rückwirkungsverbot und Staatskriminalität, NJW 2001, 3001; *ders.*, Von der Ablehnung zur Mitgestaltung: Deutschland und das Völkerstrafrecht, in *Dupuy/Fassbender/Shaw/Sommermann* (Hrsg.), FS Tomuschat, 2006, 655; *ders.*, Die Entwicklung des Völkerstrafrechts aus deutscher Perspektive, in *Hankel* (Hrsg.), Die Macht und das Recht. Beiträge zum Völkerrecht und zum Völkerstrafrecht am Beginn des 21. Jahrhunderts, 2008, S. 97; *ders.*, Völkerstrafrecht und deutsches Völkerstrafgesetzbuch, JZ 2012, 373; *ders.*, Stellungnahme: Konzept zur Umsetzung der Beschlüsse von Kampala, 23.8.2013; *ders./Burghardt*, Der Völkermord in Ruanda und die deutsche Strafjustiz, Zeitschrift für Internationale Strafrechtsdogmatik 2015, 46; *ders./Jeßberger*, Völkerstrafrecht, 4. Aufl. 2016; *dies.*, Das Völkerstrafgesetzbuch, JZ 2002, 725; *Werle/Nerlich*, Die Strafbarkeit von Kriegsverbrechen nach deutschem Recht, HuV-I 2002, 124; *Werle/M. Vormbaum*, Völkerstrafverfahren in Deutschland, JZ 2017, 12; *Werle/Wandres*, Auschwitz vor Gericht. Völkermord und bundesdeutsche Strafjustiz, 1995; *Wiggenhorn*, Verliererjustiz. Die Leipziger Kriegsverbrecherprozesse nach dem Ersten Weltkrieg, 2005; *Wilkitzki*, Die völkerrechtlichen Verbrechen und das staatliche Strafrecht (Bundesrepublik Deutschland), ZStW 99 (1987), 455; *ders.*, The Contribution of the Federal Republic of Germany and the German Länder to the Work of the ICTY, in *Vohrah* (Hrsg.), Man's Inhumanity to Man, 2003, S. 923; *Williams*, The Extraordinary African Chambers in the Senegalese Courts: An African Solution to an African Problem?, Journal of International Criminal Justice 11 (2013), 1139; *Willis*, Prologue to Nuremberg, 1982; *Wolfrum*, Durchsetzung des humanitären Völkerrechts, in *Fleck* (Hrsg.), Handbuch des humanitären Völkerrechts in bewaffneten Konflikten, 1994, S. 413; *Zappalà*, The German Federal Prosecutor's Decision not to Prosecute a Former Usbek Minister, Journal of International Criminal Justice 4 (2006), 602; *A. Zimmermann*, Auf dem Weg zu einem deutschen Völkerstrafgesetzbuch. Entstehung, völkerrechtlicher Rahmen und wesentliche Inhalte, ZRP 2002, 97; *ders.*, Das juristische Erbe von Nürnberg – Das Statut des Nürnberger Internationalen Militärtribunals und der Internationalen Strafgerichtshof, in *Reginbogin/Safferling* (Hrsg.), The Nuremberg Trials – International Criminal Law Since 1945/Die Nürnberger Prozesse – Völkerstrafrecht seit 1945, 2006, S. 266; *ders./Henn*, Das Aggressionsverbrechen und das deutsche Strafrecht, ZRP 2013, 240; *T. Zimmermann*, Gilt das StGB auch im Krieg? Zum Verhältnis der §§ 8–12 VStGB zum Besonderen Teil des StGB, GA 2010, 507; *ders.*, „Deals" mit Diktatoren? Zur politischen Verhandelbarkeit völkerrechtlicher Strafansprüche, Zeitschrift für Internationale Strafrechtsdogmatik 2013, 102; *ders.*, Der Notwehrexzess im Völkerstrafrecht – Dogmatische Grundfragen und die Rechtslage unter dem VStGB, Zeitschrift für Internationale Strafrechtsdogmatik 2015, 58; *Zypries*, Strafverfolgung von Völkerrechtsverbrechen: Eine Herausforderung für die deutsche Justiz, in *Theissen/Nagler* (Hrsg.), Der Internationale Strafgerichtshof. Fünf Jahre nach Rom, 2004, S. 11.

Übersicht

	Rn.		Rn.
I. Einführung	1–3	4. Entstehung und Ziele des Völkerstrafgesetzbuchs	33, 34
II. Entstehungsgeschichte	4–34		
1. Entwicklung des Völkerstrafrechts	5–18	III. VStGB und Völkerrecht	35–44
2. Deutsches Verhältnis zum Völkerstrafrecht	19–25	IV. Konzeption des Gesetzes	45–61
a) Ablehnung	20–22	1. Allgemeiner Teil	47–49
b) Mitgestaltung	23–25	2. Besonderer Teil	50–59
3. Defizite des bis 2002 geltenden Rechts	26–32	a) Völkermord	53

	Rn.		Rn.
b) Verbrechen gegen die Menschlichkeit	54	V. Zwischenbilanz der Anwendungspraxis	62–69
c) Kriegsverbrechen	55–57		
d) Aggression	58, 59	VI. Reformdiskussion	70
3. Prozessuale Flankierung	60, 61		

I. Einführung

Das Völkerstrafgesetzbuch[1] ist am 30.6.2002 in Kraft getreten. Das Gesetz dient in erster **1** Linie der **Anpassung des deutschen materiellen Strafrechts an das Römische Statut des Internationalen Strafgerichtshofs** (im Folgenden: IStGH-Statut),[2] das am 11.12.2000 von der Bundesrepublik ratifiziert wurde und am 1.7.2002, einen Tag nach dem VStGB, in Kraft getreten ist. Das VStGB ist Bestandteil einer Reihe von Gesetzen, die der Umsetzung des IStGH-Statuts dienen:[3] Mit dem IStGH-Statutsgesetz[4] schuf der Gesetzgeber die Voraussetzungen für das Inkrafttreten des Römischen Statuts in Deutschland. Durch eine Änderung von Art. 16 Abs. 2 GG[5] wurde sichergestellt, dass deutsche Staatsangehörige an den Internationalen Strafgerichtshof überstellt werden können. Das Gesetz zur Einführung des Völkerstrafgesetzbuches[6] enthält neben dem VStGB selbst zahlreiche Folgeänderungen. Das Ausführungsgesetz zum Römischen Statut (RSAG),[7] das am 1.7.2002 zeitgleich mit dem Römischen Statut in Kraft getreten ist, umfasst die notwendigen Vorschriften für die Zusammenarbeit mit dem Internationalen Strafgerichtshof, namentlich das Gesetz über die Zusammenarbeit mit dem Internationalen Strafgerichtshof (IStGHG). Ein Gesetz zur Änderung des Gerichtsverfassungsgesetzes[8] betrifft die Zuständigkeit zur Verfolgung und Aburteilung von Straftaten nach dem VStGB: Die erstinstanzliche Zuständigkeit liegt nach § 120 Abs. 1 Nr. 8 GVG bei den Oberlandesgerichten, die Verfolgungszuständigkeit ist gemäß § 142a Abs. 1 S. 1 GVG beim Generalbundesanwalt konzentriert.

Das VStGB enthält umfassende Strafbestimmungen für die „**schwersten Verbrechen,** **2** **welche die internationale Gemeinschaft als Ganzes berühren**",[9] wozu namentlich Völkermord, Verbrechen gegen die Menschlichkeit und Kriegsverbrechen gehören; weiterhin bezieht das Gesetz allgemeine Prinzipien der Strafbarkeit ein. Mit der Schaffung des VStGB sollte sichergestellt werden, dass die deutsche Justiz alle Verbrechen verfolgen kann, die in die Zuständigkeit des Internationalen Strafgerichtshofs fallen. Der Gesetzgeber hat damit dem **Komplementaritätsgrundsatz** Rechnung getragen. Dieser in Abs. 10 der Präambel sowie in Art. 1 iVm Art. 17–20 IStGH-Statut zum Ausdruck kommende, für die Arbeit des Gerichtshofs zentrale Grundsatz besagt, dass der IStGH die nationalen Gerichtsbarkeiten nicht etwa ersetzt, sondern nur ergänzt. Die staatliche Strafverfolgung hat den Vorrang, es sei denn, der Staat ist nicht willens oder nicht in der Lage, die Ermittlungen oder die Strafverfolgung ernsthaft durchzuführen.[10] Die primäre Verantwortlichkeit für die Verfolgung von Völkerrechtsverbrechen verbleibt bei den einzelstaatlichen Justizsystemen; der Gerichtshof ist gewissermaßen ein ständiges Reservegericht („Notfall-Institution"[11]). Drittstaaten werden gerade dann auf den Plan treten, wenn Gerichte von Tatortstaaten oder von „Täterstaaten" nicht willens oder nicht in der Lage sind, Strafverfahren durchzuführen.

---

[1] Art. 1 Gesetz zur Einführung des Völkerstrafgesetzbuches, BGBl. 2002 I S. 2254, siehe auch BT-Drs. 14/8524 und BT-Drs. 14/8892.
[2] Rome Statute of the International Criminal Court (UN Doc. A/CONF. 183/9; mit der amtlichen deutschen Übersetzung abgedruckt in englischer und französischer Sprache in: BT-Drs. 14/2682, 9 ff.).
[3] Vgl. zu den weiteren Gesetzen *Satzger* § 17 Rn. 1–5.
[4] BGBl. 2000 II S. 1393.
[5] BGBl. 2000 I S. 1633. Eingehend dazu *Schlunck* HuV-I 1999, 27 (28 ff.); Schmidt-Bleibtreu/Hofman/Hopfauf/*Gnatzy* GG Art. 16 Rn. 24.
[6] BGBl. 2002 I S. 2254.
[7] BGBl. 2002 I S. 2144.
[8] BGBl. 2002 I S. 2914.
[9] So die Formulierung in Art. 5 IStGH-Statut.
[10] Vgl. Art. 17 Abs. 1 Buchst. a IStGH-Statut.
[11] So *Kaul* Vereinte Nationen 4/2004, 141 (149).

Allerdings ist ihre Zuständigkeit als Auffangzuständigkeit zu verstehen, die erst dann eingreift, wenn weder der Tatortstaat noch der Internationale Strafgerichtshof eine Strafverfolgung gewährleistet. Zwar differenzieren die Zuständigkeitsregelungen der Art. 17 ff. IStGH-Statut, die der staatlichen Strafrechtspflege den Vorrang einräumen, nicht zwischen Tatort- und Drittstaaten. Dennoch sprechen vor allem die wesentlich effektiveren Möglichkeiten des Gerichtshofs, Rechtshilfe einzufordern, für eine Subsidiarität drittstaatlicher Strafverfolgung.[12]

3 Obgleich bei der Schaffung des VStGB die Umsetzung der Strafvorschriften des IStGH-Statuts im Vordergrund stand, geht das Gesetz vielfach über die Vorgaben des Statuts hinaus. Soweit das Statutsrecht, das sich oftmals als Ergebnis politischer Kompromisse darstellt, hinter dem **Völkergewohnheitsrecht** zurückbleibt, hat der Gesetzgeber eine Orientierung am gesicherten Bestand des Völkergewohnheitsrechts vorgezogen.[13] Der damit eingeschlagenen Linie sind inzwischen auch die Vertragsstaaten auf der Überprüfungskonferenz von Kampala gefolgt.[14]

II. Entstehungsgeschichte

4 Die Schaffung des Internationalen Strafgerichtshofs und mittelbar auch des VStGB ist Ergebnis einer rasanten Entwicklung, die das Völkerstrafrecht seit dem Ende des Kalten Krieges vollzogen hat.

5 **1. Entwicklung des Völkerstrafrechts.** Der Gedanke eines universell geltenden Strafrechts lässt sich weit in die Geschichte der Menschheit zurückverfolgen. Aber erst im 20. Jahrhundert begann die Verrechtlichung dieser Überlegungen.[15] Dabei war dem klassischen Völkerrecht der Gedanke einer strafrechtlichen Haftung von Einzelpersonen völlig fremd. Völkerrechtssubjekte waren ausschließlich die Staaten, nicht aber Individuen. Erst die Schrecken der beiden **Weltkriege,** vor allem aber die **nationalsozialistischen Jahrhundertverbrechen,** verhalfen dem Völkerstrafrecht zum Durchbruch.

6 Erste Ansätze zur Begründung individueller strafrechtlicher Verantwortlichkeit im Völkerrecht finden sich im Friedensvertrag von **Versailles**.[16] Art. 227 des Vertrages sah vor, den deutschen Kaiser Wilhelm II. „wegen schwerster Verletzungen des internationalen Sittengesetzes und der Heiligkeit der Verträge" vor einem internationalen Strafgericht unter Anklage zu stellen. Art. 228 des Vertrages verpflichtete die deutsche Regierung gleichzeitig, Kriegsverbrecher zur Aburteilung an die Alliierten auszuliefern. Die im Friedensvertrag niedergelegten Absichten konnten jedoch nicht verwirklicht werden. Die Niederlande verweigerten die Auslieferung des Kaisers,[17] und die Deutschen selbst wehrten sich entschieden

---

[12] Davon geht auch die Gesetzesbegründung zu § 153f StPO aus, vgl. BT-Drs. 14/8524, 37; dazu *Werle/Jeßberger* JZ 2002, 725 (733). Ebenso GBA JZ 2005, 311 (312). Siehe auch *Burchards* S. 332 ff.; *Geneuss* S. 154 ff.; *Gierhake* ZStW 120 (2008), 375 (396 ff.); *Jeßberger* Geltungsbereich S. 265 ff., 270 ff.; *Kreß* NStZ 2000, 617 (625); *Weigend* FS Eser, 2005, 955 (976).
[13] Dazu Eser/Kreicker/ *Gropengießer/Kreicker* S. 65 ff.; Theissen/Nagler/*Zypries* S. 11 (14).
[14] Vgl. Resolution RC/Res. 5 der Überprüfungskonferenz von Kampala v. 10.6.2010; Art. 8 Abs. 2 Buchst. e (xiii)–(xv) IStGH-Statut. Vgl. auch *Werle* JZ 2012, 373 (375). Näher dazu → Rn. 57.
[15] Zu den Anfängen des Völkerstrafrechts vgl. *Ahlbrecht* S. 19 ff.; *Jescheck* S. 19 ff.; *Schabas* S. 1 ff.; *Triffterer* ZStW 114 (2002), 321 (327 ff.); zusammenfassend *Werle/Jeßberger* Rn. 2 ff. Überblicke über die geschichtliche Entwicklung des Völkerstrafrechts finden sich auch bei *Ambos* § 6 Rn. 1 ff.; *Bassiouni* S. 27 ff.; *Cassese/Acquaviva/Fan/Whiting* S. 253 ff.; *Cryer/Friman/Robinson/Wilmshurst* S. 115 ff.; vgl. auch die Beiträge in Bergsmo/Cheah/Yi (Hrsg.); zur Errichtung sog. *antislavery courts* Mitte des 19. Jahrhunderts in Afrika, Lateinamerika und der Karibik, die als Vorläufer internationaler (Straf-)Gerichte gelten, vgl. *Blattmann/Bowman* Journal of International Criminal Justice 6 (2008), 711 (712); *Schwöbel/Haslam* S. 180 ff.; *Martinez*.
[16] RGBl. 1919 S. 687. Eingehend dazu: *Jescheck* S. 41 ff.; *Schwengler* S. 71 ff.; *von Selle* ZNR 19 (1997), 193; *Willis* S. 65 ff. Vgl. ferner *Ahlbrecht* S. 38 f.; *Kreß* JZ 2006, 981; Nürnberger Menschenrechtszentrum/*Merkel* S. 68 (71 ff.); *Werle/Jeßberger* Rn. 6 ff. Bereits im Kriegsverlauf hatten verschiedene Prozesse gegen deutsche Soldaten vor alliierten Militärgerichten stattgefunden, in denen das „Recht der Nationen" auf der Grundlage des Territorialitäts- bzw. des Personalitätsprinzips angewandt wurde, vgl. McCormack/Simpson/*McCormack* S. 31 (44).
[17] Vgl. Antwortnote der niederländischen Regierung auf das Auslieferungsverlangen der Alliierten und Assoziierten Mächte betreffend den ehemaligen Deutschen Kaiser vom 21.1.1920, abgedruckt bei *Grewe* Nr. 95.

gegen eine Aburteilung ehemaliger deutscher Soldaten durch alliierte Gerichte. Ersatzweise wurden schließlich vor dem Reichsgericht in **Leipzig** einige wenige Strafverfahren wegen deutscher Kriegsverbrechen durchgeführt. Zu Schuldsprüchen kam es nur gegen sechs Personen, zur vollständigen Strafverbüßung in keinem einzigen Fall. So waren diese Prozesse eher Schein- und Schauverfahren zur Befriedigung der Siegermächte als ein ernsthafter Versuch, Kriegsverbrechen zu ahnden.[18]

Erst das Statut des Internationalen Militärgerichtshofs[19] von **Nürnberg** brachte 1945 den entscheidenden Durchbruch für das Völkerstrafrecht. Das Statut reagierte auf die im deutschen Namen begangenen Verbrechen des Nationalsozialismus. Als juristische Antwort formulierte es den Grundsatz der direkten Strafbarkeit nach Völkerrecht für Verbrechen gegen den Frieden, für Kriegsverbrechen und für Verbrechen gegen die Menschlichkeit. Hierzu heißt es in der wohl berühmtesten Passage des Urteils des Internationalen Militärgerichtshofs: „Verbrechen gegen das Völkerrecht werden von Menschen und nicht von abstrakten Wesen begangen und nur durch die Bestrafung dieser Einzelpersonen, die solche Verbrechen begehen, kann den Bestimmungen des Völkerrechts Geltung verschafft werden."[20] Für das Völkerrecht war diese Position revolutionär: Erstmals wurden Personen wegen Verbrechen gegen das Völkerrecht tatsächlich zur Verantwortung gezogen. Die Angeklagten Göring, von Ribbentrop, Keitel, Kaltenbrunner, Rosenberg, Frank, Frick, Streicher, Sauckel, Jodl, Seyß-Inquart und Bormann wurden zum Tode verurteilt, die Angeklagten Heß, Funk und Raeder zu lebenslanger Haft, die Angeklagten Dönitz, von Schirach, Speer und von Neurath zu Freiheitsstrafen zwischen zehn und 20 Jahren. Freigesprochen wurden die Angeklagten Schacht, von Papen und Fritzsche.[21]

In der rechtlichen und in der politischen **Bewertung** blieb das Vorgehen der Siegermächte nach dem Zweiten Weltkrieg kontrovers. Zu nennen ist vor allem der Vorwurf der Siegerjustiz, stellten doch ausschließlich die Alliierten die Richter und die Ankläger, die Deutschen die Angeklagten. Den Alliierten lag es dabei fern, auch die von ihren Staatsangehörigen während des Krieges begangenen Verbrechen zu verfolgen. In der juristischen Kritik an Nürnberg wurde insbesondere eine Verletzung des Rückwirkungsverbots behauptet, wobei vor allem die Bestrafung des Angriffskrieges kritisiert wurde.[22] Die Ansichten darüber, ob alle vom Nürnberger Gerichtshof abgeurteilten Verbrechen bereits zur Tatzeit völkergewohnheitsrechtlich strafbar waren, sind auch heute noch geteilt.[23] Freilich ist diese Frage inzwischen nur noch von rechtshistorischer Bedeutung, denn die Nürnberger Prinzipien haben in der Folgezeit eine vielfache Bestätigung als geltendes Völkerrecht erfahren. Heute steht außer Zweifel, dass das Nürnberger Recht zum gesicherten Bestand des Völkergewohnheitsrechts gehört.[24]

Eine erste Bestätigung fand das in Nürnberg angewendete Völkerstrafrecht im **Tokioter Prozess,** dem zweiten Prozess gegen die Hauptkriegsverbrecher des Zweiten Weltkriegs.

---

[18] Eingehend zu den Leipziger Kriegsverbrecherprozessen Cassese/*Hankel* S. 407; *Jescheck* S. 64 f.; *Müller* AVR 39 (2001), 202; *Schwengler* S. 344 ff.; *Wiggenhorn.*

[19] Das Statut wurde mit dem Londoner Abkommen (Agreement for the Prosecution and Punishment of the Major War Criminals of the European Axis) am 8.8.1945 von den vier Siegermächten des Zweiten Weltkriegs beschlossen. Dem Abkommen traten noch vor Abschluss des Nürnberger Prozesses gegen die Hauptkriegsverbrecher weitere 19 Staaten bei, vgl. *Ipsen* § 31 Rn. 13. Das IMG-Statut ist dem Abkommen als Anhang beigefügt. Der Text ist abgedruckt in: American Journal of International Law 39 (1945), Suppl. 257 sowie in amtlicher Wortlaut in deutscher Sprache in: Internationaler Militärgerichtshof Nürnberg S. 7 ff. Eingehend zu dem Abkommen und seiner Entstehungsgeschichte *Ahlrecht* S. 65 ff.

[20] Vgl. Internationaler Militärgerichtshof Nürnberg S. 249.

[21] Näher zum Urteil *Werle/Jeßberger* Rn. 22 ff. mwN.

[22] Vgl. eingehend zu den Einwänden *Ipsen* § 31 Rn. 22; *Jescheck* S. 149 ff.; vgl. ferner *Burchard* Journal of International Criminal Justice 4 (2006), 800; Hankel/Stuby/*Bassiouni* S. 15 (19); *Dahm/Delbrück/Wolfrum,* Band I/3, S. 1030 ff.; *Tomuschat* Journal of International Criminal Justice 4 (2006), 830; *Werle* FS Tomuschat, 2006, 655 (657 f.); Reginbogin/Safferling/*A. Zimmermann* S. 266. Vgl. darüber hinaus *Mettraux* (Hrsg.). Auch aus heutiger Sicht kritisch zur präjudiziellen Wirkung des Londoner Abkommens und des Nürnberger Urteils *Ahlrecht* S. 96.

[23] Vgl. auch die Diskussion bei *Bassiouni* S. 551 ff.; *Dahm/Delbrück/Wolfrum,* Band I/3, S. 1031 f.

[24] *Werle/Jeßberger* Rn. 29. Eingehend zum Einfluss der Nürnberger Rechtsprechung auf das heutige Völkerstrafrecht *Heller.*

Gegenstand des Prozesses war die aggressive Kriegspolitik Japans in den Jahren bis 1945. Angeklagt waren in diesem Prozess Angehörige der politischen und militärischen Führungsriege, insgesamt 28 Personen. Von einer Anklage gegen den Tenno, den japanischen Kaiser, wurde aus Gründen der politischen Opportunität jedoch abgesehen. Ein Angeklagter wurde wegen Geisteskrankheit nicht verurteilt, weitere zwei Angeklagte verstarben noch vor der Urteilsverkündung.[25] Neben sieben Todesurteilen wurden in 16 Fällen lebenslange Freiheitsstrafe und in zwei Fällen zeitige Freiheitsstrafe verhängt.[26]

10   Das in Nürnberg und Tokio angewendete Völkerstrafrecht wurde in zahlreichen **Nachfolgeprozessen** der unmittelbaren Nachkriegszeit bestätigt. Gemeinsame Rechtsgrundlage für die Verfahren in den deutschen Besatzungszonen war das Gesetz Nr. 10 des Alliierten Kontrollrates über die „Bestrafung von Personen, die sich Kriegsverbrechen, Verbrechen gegen den Frieden oder die Menschlichkeit schuldig gemacht haben".[27] Aus der Vielzahl der Verfahren sind die zwölf so genannten „Nürnberger Nachfolgeprozesse" hervorzuheben, die bis Mitte 1949 vor US-amerikanischen Militärgerichten durchgeführt wurden. Angeklagt waren in diesen Verfahren hohe Vertreter des Militärs, der Justiz und der Ärzteschaft, Repräsentanten der Wirtschaft, der Industrie sowie führende Persönlichkeiten aus Staat und Partei.[28]

11   Die **Nürnberger Prinzipien** wurden in den folgenden Jahren und Jahrzehnten vielfach bekräftigt. So bestätigte 1946 die Generalversammlung der Vereinten Nationen die im IMG-Statut niedergelegten und im Urteil des Internationalen Militärgerichtshofes angewendeten Prinzipien des Völkerstrafrechts.[29] 1947 wurde dann die Völkerrechtskommission der Vereinten Nationen beauftragt, eine Kodifikation der Völkerrechtsverbrechen und allgemeinen Prinzipien des Völkerstrafrechts zu erarbeiten. Der im Jahr 1950 vorgelegte Bericht der Völkerrechtskommission hebt die völkergewohnheitsrechtliche Anerkennung der Nürnberger Prinzipien hervor.[30] Auch spätere Entwürfe der Völkerrechtskommission bestätigten den gewohnheitsrechtlichen Gehalt der Nürnberger Prinzipien.[31] In der Justizpraxis der Staaten und der Staatengemeinschaft fanden die Signale von Nürnberg und Tokio dagegen zunächst kaum einen Niederschlag. Internationale Strafgerichte traten während des Kalten Krieges für Jahrzehnte nicht mehr auf den Plan und die Anwendung völkerstrafrechtlicher Normen durch staatliche Gerichte blieb die seltene Ausnahme.[32] So ergab sich am Anfang der 90er Jahre des 20. Jahrhunderts eine paradoxe Situation: Einerseits waren die rechtlichen

---

[25] *Osten* S. 30.
[26] Verfahrensmitschriften und Urteil liegen in einer 22-bändigen Dokumentation vor, siehe *Pritchard/Zaide*. Vgl. zum Verfahren selbst *Boister/Cryer*; *Brackman*; *Ipsen* FS Oehler, 1985, 505; *Piccigallo*; *Röling/Cassese*; zusammenfassend Cassese/*Cryer* S. 535; *Osten* S. 22 ff.
[27] Das KRG 10 (Amtsblatt des Kontrollrats in Deutschland Nr. 3 vom 31.1.1946, S. 50 f.) diente dem Zweck, „die Bestimmungen der Moskauer Deklaration [...] und des Londoner Abkommens [...] sowie des im Anschluss daran erlassenen Grundgesetzes zur Ausführung zu bringen und [...] in Deutschland eine einheitliche Rechtsgrundlage zu schaffen, welche die Strafverfolgung von Kriegsverbrechern und anderen Missetätern dieser Art – mit Ausnahme derer, die von dem Internationalen Militärgerichtshof abgeurteilt werden –" ermöglicht. Zur Anwendung des Gesetzes wurden in den Besatzungszonen Militärtribunale errichtet, vgl. dazu etwa Ordinance No. 7 vom 18.10.1946 der Militärregierung in der Amerikanischen Zone.
[28] Zu nennen sind etwa der Juristen-Prozess, der Ärzte-Prozess oder der Einsatzgruppen-Prozess. Die Urteile sind in einer eigenen Sammlung veröffentlicht, siehe Trials of War Criminals Before the Nuremberg Military Tribunals under Control Council Law No. 10. Vgl. dazu auch *Priemel/Stiller*.
[29] Resolution 95 vom 11.12.1946, UN Doc. A/RES/1/95 (1946).
[30] Vgl. Yearbook of the International Law Commission 1950, II, 374 ff.
[31] 1954 präsentierte die Kommission den ersten Entwurf eines „Code of Crimes Against the Peace and Security of Mankind". Weitere Entwürfe folgten 1991, 1994 und 1996, vgl. zusammenfassend *Werle/Jeßberger* Rn. 41.
[32] Immerhin können hier etwa das Jerusalemer Verfahren gegen *Eichmann* (Jerusalem District Court 12.12.1961, International Law Review 36 (1968), 1; Supreme Court of Israel 29.5.1961, International Law Review 36 (1968), 277, der französische Prozess gegen *Barbie* (Cour de Cassation 6.10.1982, 26.1.1984, 20.12.1985, International Law Review 78 (1988), 125; Cour de Cassation 3.6.1988) sowie das kanadische Verfahren gegen *Finta* (Ontario High Court of Justice 25.5.1990, International Law Review 82 (1990), 424; Ontario Court of Appeal 29.4.1992, International Law Review 98 (1994), 520; Canada Supreme Court 24.3.1994, International Law Review 104 (1997), 284) genannt werden.

Grundlagen des Völkerstrafrechts weitgehend gesichert und das Recht von Nürnberg hatte sich konsolidiert. Andererseits fehlten den Staaten und der Staatengemeinschaft die Bereitschaft und die Fähigkeit, diese Grundsätze mit Leben zu erfüllen.

Zu Beginn der 1990er Jahre gaben die schweren Kriegsverbrechen auf dem Gebiet des ehemaligen Jugoslawien und die Massentötungen in Ruanda den Anlass, das Recht von Nürnberg auch in der Praxis zu reaktivieren. Als Maßnahmen „zur Wahrung und Wiederherstellung des Weltfriedens und der internationalen Sicherheit"[33] errichtete der Sicherheitsrat der **Vereinten Nationen** auf Grundlage von Kapitel VII VN-Charta die Strafgerichtshöfe für das ehemalige Jugoslawien und für Ruanda.[34] Der **Jugoslawien-Strafgerichtshof** ist als Ad-hoc-Tribunal für die Aburteilung der während des Konflikts im ehemaligen Jugoslawien begangenen Verbrechen zuständig. Entsprechendes galt für den **Ruanda-Strafgerichtshof,** der sich mit den Verbrechen befasste, die zwischen dem 1. Januar und dem 31. Dezember 1994 in Ruanda begangen wurden.[35] Die Statuten beider Gerichtshöfe haben die völkergewohnheitsrechtliche Geltung des Völkerstrafrechts bekräftigt. Ende 2015, über 20 Jahre nach seiner Errichtung, hat der Ruanda-Strafgerichtshof seine Tätigkeit beendet. Auch die Schließung des Jugoslawien-Strafgerichtshofs steht unmittelbar bevor. Zur Abwicklung wurde vom VN-Sicherheitsrat auf Grundlage von Kapitel VII VN-Charta ein Nachfolgeorgan geschaffen, der so genannte **Mechanism for International Tribunals** (MICT). Das Nachfolgeorgan soll die Arbeit der Ad-hoc-Tribunale im Rahmen der so genannten „completion strategy" zu einem Abschluss führen und deren Zuständigkeiten, Rechte und Pflichten sowie grundlegende Funktionen übernehmen.[36]

Die Errichtung des (ständigen) **Internationalen Strafgerichtshofs** bildet den vorerst letzten Meilenstein in der Entwicklung des Völkerstrafrechts. Die Bemühungen um die Schaffung eines ständigen internationalen Strafgerichtshofs reichen bis in die Zeit vor dem Zweiten Weltkrieg zurück. Ein erster Versuch, im Rahmen des Völkerbundes einen ständigen internationalen Strafgerichtshof zur Verfolgung terroristischer Straftaten zu errichten, scheiterte 1937.[37] Auch die Völkermordkonvention von 1948 sah die Zuständigkeit eines internationalen Strafgerichts vor. Der aufkommende Kalte Krieg verhinderte jedoch die Errichtung eines solchen Strafgerichtshofs.[38] Erst nach Ende des Kalten Krieges gelang es, die Arbeiten zur Schaffung eines ständigen internationalen Strafgerichtshofs entscheidend voranzubringen.[39] Innerhalb kurzer Zeit erarbeitete die Völkerrechtskommission den Entwurf des Statuts eines internationalen Strafgerichtshofs, der 1994 der Generalversammlung vorgelegt wurde.[40] Für die Zeit vom 16.6. bis 17.7.1998 beriefen die Vereinten Nationen dann in Rom eine internationale Konferenz zur Ausarbeitung des Statuts für einen internationalen Strafgerichtshof ein.[41] In Rom waren mehr als 160 Staaten vertreten. 17 zwischen-

---

[33] Vgl. Art. 39 VN-Charta.
[34] Der Jugoslawien-Strafgerichtshof wurde mit Resolution S/RES/827 (1993) vom 25.5.1993 ins Leben gerufen, der Ruanda-Strafgerichtshof mit Resolution S/RES/955 (1994) vom 8.11.1994.
[35] Vgl. zusammenfassend *Werle/Jeßberger* Rn. 45 ff.
[36] Resolution S/RES/1966 (2010) vom 22.12.2010. Zum Nachfolgeorgan *Acquaviva* Journal of International Criminal Justice 9 (2011), 789 ff.; *Gozani* Loyola Los Angeles International & Comparative Law Review 36 (2015), 331 (342 ff.); *Johnson* American Journal of International Law 99 (2005), 158; *Soufi/Maurice* International Criminal Law Review 15 (2015), 544. Weitere Informationen sind auf der Internetseite des MICT zu finden unter <www.unmict.org> (Stand: August 2017).
[37] Zwar wurde die Convention pour la création d'une Cour pénale internationale vom 16.11.1937 von 13 Staaten unterzeichnet, sie trat jedoch nie in Kraft. Näher *Jescheck* S. 117 ff.; *Triffterer* GS Zipf, 1999, 512. Zwischen den beiden Weltkriegen waren es vor allem die wissenschaftlichen Vereinigungen, namentlich die *International Law Association* und die *Association Internationale de Droit Pénal,* die die Schaffung eines ständigen internationalen Strafgerichtshofs betrieben. Eingehend zur Entwicklung bis Nürnberg *Ahlbrecht* S. 46 ff.; *Bassiouni* S. 540 ff.; *Triffterer* ZStW 114 (2002), 321 (345 ff.).
[38] Näher *Ahlbrecht* S. 138 ff.
[39] Ausführlich *Bassiouni* Revue International de Droit Pénal 86 (2015), 1163.
[40] Vgl. Yearbook of the International Law Commission 1994, II-2, 26 ff.; UN Doc. A/RES/49/355 (1994). Vgl. dazu auch *Benedetti/Bonneau/Washburn* S. 15 ff.; *Cassese/Gaeta/Jones/Crawford* S. 23 ff.; *Graefrath* ZStW 104 (1992), 190.
[41] UN Doc. A/RES/52/160.

staatliche Organisationen und über 250 Nichtregierungsorganisationen beobachteten und begleiteten die Beratungen.[42]

14 Am 17.7.1998 wurde das **Römische Statut des Internationalen Strafgerichtshofs**[43] auf der Staatenkonferenz von Rom mit 120 Stimmen angenommen. Knapp vier Jahre später, am 11.4.2002, lag dann die erforderliche Anzahl von 60 Ratifikationen vor und das Statut konnte am 1.7.2002 in Kraft treten. Am 11.3.2003 nahm der Internationale Strafgerichtshof in Den Haag seine Arbeit auf. Inzwischen haben 139 Staaten das Statut gezeichnet, 124 sind ihm beigetreten (Stand: Mai 2017).[44] Ende 2016 erklärten allerdings drei afrikanische Staaten (Südafrika, Burundi und Gambia) ihren Rücktritt vom IStGH-Statut durch schriftliche Notifikation des Generalsekretärs der Vereinten Nationen (Art. 127 IStGH-Statut). Anfang 2017 widerrief jedoch der neue gambische Präsident die Rücktrittserklärung seines Vorgängers. Auch Südafrikas Regierung zog die Erklärung zurück, nachdem ein Gericht entschieden hatte, dass der Rücktritt aufgrund der fehlenden Beteiligung des Parlaments verfassungswidrig gewesen sei.[45] Damit wird nach aktuellem Stand allein Burundi im Oktober 2017 vom IStGH-Statut zurücktreten. Zudem hat Russland seine Zeichnung des Vertrages zurückgezogen.[46]

15 Im Mai und Juni 2010 trat in Kampala/Uganda die erste **Überprüfungskonferenz zum Römischen Statut** zusammen, an der 87 Vertragsstaaten teilnahmen.[47] Auch zahlreiche Nichtvertragsstaaten waren mit Beobachterstatus vertreten, insbesondere die ständigen Sicherheitsratsmitglieder USA, China und Russland. Auf der Konferenz einigten sich die Staaten auf eine Ergänzung des Art. 8 IStGH-Statut (Kriegsverbrechen) sowie auf eine Definition des Aggressionsverbrechens und Regelungen zu seiner Aburteilung durch den Internationalen Strafgerichtshof (→ Rn. 58 f.). Im Juni 2016 wurde die notwendige Anzahl von 30 Ratifikationen erreicht, doch sind die Änderungen noch nicht in Kraft getreten. Die Zuständigkeit des Internationalen Strafgerichtshofs zur Aburteilung des Aggressionsverbrechens kann frühestens am 2.1.2017 aktiviert werden, sofern eine Zweidrittelmehrheit der Vertragsstaaten zustimmt.[48]

16 Das IStGH-Statut regelt in 128 Artikeln die Errichtung des Internationalen Strafgerichtshofs (Teil 1), seine Zusammensetzung, Verwaltung und Finanzierung (Teile 4, 11, 12), sowie das Verfahren vor dem Gerichtshof und die Zusammenarbeit mit dem Gerichtshof (Teile 5 bis 10). Ferner bestimmt das Statut die Verbrechen, für deren Aburteilung der Gerichtshof zuständig ist, und enthält allgemeine Grundsätze des Strafrechts (Teile 2 und 3).

17 Heute ist das IStGH-Statut das **zentrale Dokument des Völkerstrafrechts.** Es formuliert die rechtlichen Grundlagen des Internationalen Strafgerichtshofs und entwickelt

---

[42] Eingehend zu den Verhandlungen in Rom: *Benedetti/Bonneau/Washburn* S. 87 ff.; Cassese/Gaeta/Jones/Kirsch/Robinson S. 67 ff.; *Grützner/Pötz/Kreß*/Kreß IV A 1 Rn. 5 ff.

[43] BGBl. 2002 II S. 1393 (s. auch Fn. 2); authentische Textfassungen liegen in den offiziellen Sprachen der Vereinten Nationen vor; der deutsche Text, der nicht rechtsverbindlich ist, wurde von Österreich, der Schweiz und Deutschland gemeinsam ausgearbeitet. Zusammenfassend zum Römischen Statut etwa *Ambos* ZStW 111 (1999), 175; *Jescheck* FS Mangakis, 1999, 483; *Tomuschat* Die Friedens-Warte 73 (1998), 335; *Triffterer* GS Zipf, 1999, 493.

[44] Dazu zählen alle Staaten der Europäischen Union sowie zahlreiche Staaten aus Südamerika und Afrika; Asien ist bislang nur vergleichsweise schwach vertreten. Für den aktuellen Stand vgl. <https://asp.icc-cpi.int/en_menus/asp/states%20parties/Pages/the%20states%20parties%20to%20the%20rome%20statute.aspx> (Stand: August 2017). Zum Beitritt Palästinas am 1.4.2015, vgl. *Stegmiller* ZaöRV 2015, 435 und *Bosco* Global Governance 22 (2016), 155.

[45] Vgl. *Altunjan* Junge Wissenschaft im Öffentlichen Recht v. 10.3.2017, abrufbar unter <https://www.juwiss.de/29-2017/> (Stand: August 2017).

[46] Vgl. zu diesem Vorgang die Stellungnahme der Präsidentin des IStGH *Fernández de Gurmendi*, Presentation of the Court's Annual Report to the Assembly of States Parties, 31.10.2016, abrufbar unter <https://www.icc-cpi.int/Pages/item.aspx?name=161031-pres-UNGA-st> (Stand: August 2017).

[47] Vgl. zur Überprüfungskonferenz *Kaul* Goettingen Journal of International Law 2 (2010), 649; *Kreß/von Holtzendorff* GA 2011, 65; *Marschner/Olma* Zeitschrift für Internationale Strafrechtsdogmatik 2010, 529; *Werle/Jeßberger* Rn. 73 ff.; *Wenaweser* Leiden Journal of International Law 23 (2010), 883; *Barriga/Grover* American Journal of International Law 105 (2011), 517.

[48] Dies entspricht jeder anderen Änderung des IStGH-Statuts gemäß Art. 121 Abs. 3. Vgl. im Einzelnen Triffterer/Ambos/*Zimmermann/Freiburg* Art. 15 *bis* Rn. 8 ff.

sein neuartiges Verfahrensrecht. Zugleich bewirkt das IStGH-Statut auch für das materielle Völkerstrafrecht einen gewaltigen Fortschritt. Die vier Kerntatbestände des Völkerstrafrechts, die „klassischen" Nürnberger Tatbestände ergänzt um das Verbrechen des Völkermordes, sind in Art. 5 enthalten. Während die auf der Überprüfungskonferenz von Kampala vereinbarte Definition des Aggressionsverbrechens noch nicht in Kraft getreten ist, sind Völkermord, Verbrechen gegen die Menschlichkeit und Kriegsverbrechen in Art. 6, 7 und 8 des IStGH-Statuts in fast 70 Untertatbestände aufgegliedert. Hier liegt der Wert des IStGH-Statuts vor allem in einer Konsolidierung und Zusammenfassung der verstreuten Rechtsvorschriften.[49] Die Zuständigkeit des Gerichtshofs folgt nicht, wie von der deutschen Delegation auf der Staatenkonferenz in Rom vorgeschlagen, dem so genannten Weltrechtsprinzip, das für alle Völkerrechtsverbrechen immer eine Zuständigkeit begründet, unabhängig davon wo, durch wen oder gegen wen sie begangen worden sind. Vielmehr ist der Gerichtshof im Regelfall nur dann zuständig, wenn die Tat auf dem Territorium einer Vertragspartei begangen wurde oder der Täter Angehöriger eines Vertragsstaates ist.[50] Sind diese Voraussetzungen nicht erfüllt, so kann eine Zuständigkeit des Gerichtshofs dadurch begründet werden, dass der Sicherheitsrat der Vereinten Nationen dem Ankläger auf Grundlage des Kapitels VII VN-Charta eine Situation unterbreitet, in der „es den Anschein hat", dass Völkerrechtsverbrechen begangen worden sind.[51] Schließlich kann sich ein Tatortstaat für einen konkreten Fall der Gerichtsbarkeit des Internationalen Strafgerichtshofs unterwerfen.[52] Unter diesen Voraussetzungen wird der Gerichtshof immer dann auf den Plan treten, wenn einzelstaatliche Strafgerichte bei der Verfolgung von Völkerrechtsverbrechen versagen, weil sie nicht willens oder nicht in der Lage sind, die Völkerrechtsverbrechen zu verfolgen.[53]

Seitdem das IStGH-Statut von der Staatenkonferenz in Rom angenommen worden ist, sind vor allem zwei neuere Entwicklungen zu beobachten: die Einrichtung neuer, national-internationaler („hybrider") Strafgerichte[54] und die Implementierung des materiellen Völkerstrafrechts durch die Staaten.[55] Gemeinsamer Nenner dieser Entwicklungen ist die zunehmende wechselseitige Durchdringung von staatlicher und internationaler Strafrechtspflege. Diese Durchdringung lässt sich, je nach Perspektive, gleichermaßen als „innere Internationalisierung" der staatlichen Strafrechtsordnungen oder als „Verstaatlichung" des Völkerstrafrechts beschreiben.

2. Deutsches Verhältnis zum Völkerstrafrecht. Die Entstehung und die Entwicklung des Völkerstrafrechts sind eng mit den Geschehnissen der jüngeren deutschen

---

[49] Vgl. die zusammenfassende Übersicht bei *Tomuschat* Die Friedens-Warte 73 (1998), 335 (337 ff.).
[50] Vgl. Art. 5–8, 11–13 IStGH-Statut.
[51] Vgl. Art. 13 Buchst. b IStGH-Statut.
[52] Vgl. Art. 12 Abs. 2 IStGH-Statut.
[53] Näher zur Zuständigkeit des Internationalen Strafgerichtshofs *Ambos* § 8 Rn. 3 ff.; *Junck*; *Olásolo* Criminal Law Forum 16 (2005), 279; *Werle/Jeßberger* Rn. 294 ff. Eingehend zur Zulässigkeitsprüfung gem. Art. 17 IStGH-Statut *Cárdenas*; Cassese/Gaeta/Jones/*Holmes* S. 667 ff.; *Werle/Jeßberger* Rn. 298 ff.
[54] Vgl. zu den gemischt international-nationalen Strafgerichten *von Braun*; Schabas/Bernaz/*Donlon* S. 85; Hankel/*Nerlich* S. 50 (78 ff.); *O'Keefe* Rn. 3.10 ff.; *Werle/Jeßberger* Rn. 81 ff., 337 ff. Eine neuartige und möglicherweise zukunftsweisende Form hybrider Gerichte bilden die im Jahr 2013 innerhalb des senegalesischen Gerichtssystems errichteten Afrikanischen Sonderkammern (Extraordinary African Chambers). Diese verurteilten am 30. Mai 2016 den früheren Diktator des Tschad Hissène Habré zu einer lebenslangen Freiheitsstrafe. Vgl. dazu näher *Adjovi* International Legal Materials 52 (2013), 1020; *Cimiotta* Journal of International Criminal Justice 13 (2015), 177; Werle/Fernandez/Vormbaum/*Jeßberger* S. 155 ff.; *Niang* Journal of International Criminal Justice 7 (2009), 1047 ff.; *Williams* Journal of International Criminal Justice 11 (2013), 1139 ff. Vgl. auch <www.chambresafricaines.org> (Stand: August 2017).
[55] Vgl. zur Implementierung des materiellen Völkerstrafrechts eingehend *Eser/Sieber/Kreicker* (Hrsg.), Nationale Strafverfolgung völkerrechtlicher Verbrechen, Band 1–6, 2003–2006 mit zahlreichen Landesberichten sowie den in Teilband 7 der Reihe enthaltenen rechtsvergleichenden Querschnitt von *Kreicker*, Völkerstrafrecht im Ländervergleich, 2006; ferner Bergsmo/Harlem/*Hayashi*, Importing Core International Crimes; *Kreß/Lattanzi* (Hrsg.). Zur Implementierung in Österreich vgl. *Bühler/Reisinger Coracini* Zeitschrift für Internationale Strafrechtsdogmatik 2015, 505; zur Schweiz vgl. *Gless* Rn. 927 ff.; *Müller/Heinrich* Zeitschrift für Internationale Strafrechtsdogmatik 2015, 501.

Geschichte verknüpft.[56] Das als Reaktion auf die Verbrechen des Nationalsozialismus geschaffene **Recht von Nürnberg,** wie es im IMG-Statut niedergelegt, durch den Internationalen Militärgerichtshof angewendet und durch die Generalversammlung der Vereinten Nationen bestätigt worden ist, bildet den Nukleus des heutigen Völkerstrafrechts.

20 a) **Ablehnung.** In Westdeutschland und in der Bundesrepublik stießen die Nürnberger Prozesse und das Nürnberger Recht zunächst überwiegend auf Ablehnung.[57] Der Großteil der Bevölkerung fasste das juristische Vorgehen der Alliierten gegen die Hauptkriegsverbrecher als **Siegerjustiz** auf.[58] Vorgebracht wurde vor allem der Einwand, die Verfahren verstießen gegen das Rückwirkungsverbot.[59] Nach Gründung der Bundesrepublik wurden verurteilte Kriegsverbrecher als „Opfer der alliierten Militärjustiz" bezeichnet und man forderte ihre Begnadigung.[60]

21 Die Bundesrepublik übernahm das Nürnberger Recht **nicht** in das **innerstaatliche Recht:** Die völkerrechtlichen Straftatbestände des IMG-Statuts fanden vorerst keine Aufnahme in das Strafgesetzbuch, obgleich eine Übernahme der Tatbestände aus dem Kontrollratsgesetz Nr. 10 nahe gelegen hätte. Soweit die bundesdeutsche Justiz NS-Verbrechen ahndete, erfolgte dies auf der Basis des zur Tatzeit geltenden Reichsstrafgesetzbuches; auf die Nürnberger Grundsätze berief man sich nicht.[61] Obwohl die Bundesrepublik Vertragspartei der Genfer Abkommen wurde, lehnte die Bundesregierung die Schaffung eigenständiger Tatbestände zur Umsetzung der Konventionen ab.[62] Regelungsvorschläge der Großen Strafrechtskommission wurden nicht weiter verfolgt.[63] Lediglich der Tatbestand des Völkermordes wurde 1954 auf Grund vertraglicher Verpflichtungen aus der Völkermordkonvention in das Strafgesetzbuch übernommen (§ 220a StGB). Die grundsätzliche Abwehrhaltung gegenüber dem Völkerstrafrecht zeigte sich auch in dem Vorbehalt der Bundesrepublik zu Artikel 7 Abs. 2 der Europäischen Menschenrechtskonvention. Diese Vorschrift bekräftigte die Nürnberger Tatbestände und Grundsätze und betonte insbesondere die Zulässigkeit einer Bestrafung der Verbrechen gegen die Menschlichkeit unmittelbar nach Völkerrecht.[64] Schließlich wurde auch ein Referentenentwurf des Bundesministeriums der Justiz aus dem Jahre 1980 zur Schließung potenzieller Lücken im Bereich der Kriegsverbrechen nicht weiter verfolgt:[65] Man ging davon aus, mit dem vorhandenen Strafrecht die einschlägigen Taten vollständig erfassen zu können. Der unzureichenden Gesetzeslage entspricht auch das Schattendasein, das dem Völkerstrafrecht in der bundesdeutschen Strafrechtswissenschaft jahrzehntelang beschieden war:[66] Soweit man die Existenz eines Völkerstrafrechts überhaupt anerkannte, stand man seinen Entwicklungschancen skeptisch gegenüber.[67]

---

[56] Eingehend dazu *Kreß* JZ 2006, 981; *Steinke*; *Werle* FS Tomuschat, 2006, 655; *Jeßberger/Geneuss/Werle* S. 23 ff.

[57] Vgl. etwa *Heller* S. 372 f.; *Steinbach*; *Steinke* S. 47 ff.; *Marxen/Miyazawa/Werle/Werle* S. 137 (140 f.). Lediglich während und unmittelbar nach den Nürnberger Prozessen war eine überwiegende Zustimmung der westdeutschen Bevölkerung zu verzeichnen, vgl. *Weinke* S. 27 mwN.

[58] *Safferling* JZ 2015, 1061 (1065); *Werle* ZStW 109 (1997), 808 (811); *ders./Jeßberger* Rn. 25 ff. Vgl. zur gesellschaftlichen Rezeption des Nürnberger Hauptkriegsverbrecherprozesses *Reichel* S. 66 ff.

[59] Vgl. etwa *Berber*, Band 2, S. 258 f.; *Dahm* S. 57 ff.

[60] Ausführlich *Reichel* S. 115 ff. Zusammenfassend *Hankel/Werle* S. 97 (100 f.).

[61] Zusammenfassend *Marxen/Miyazawa/Werle/Werle* S. 137; *Werle* ZStW 109 (1997), 808 (811 f.). Erst im Zusammenhang mit der strafrechtlichen Verfolgung von DDR-Unrecht hat der Bundesgerichtshof in den neunziger Jahren ein ausdrückliches Bekenntnis zum Völkerstrafrecht abgelegt, vgl. BGH 20.3.1995 – 5 StR 111/94, BGHSt 41, 101 (109) = NJW 1995, 2728 (2731).

[62] Vgl. zu den Gründen *Werle/Wandres* S. 30 ff.; *Werle* ZStW 109 (1997), 808 (811 f.).

[63] *Gebauer* S. 11 (12).

[64] Zu der Vorschrift und dem bundesdeutschen Vorbehalt *Werle* NJW 2001, 3001 (3006). Erst im Jahr 2001 hat die Bundesrepublik den Vorbehalt zurückgenommen; siehe 5. Staatenbericht der Bundesrepublik Deutschland nach Art. 40 IPbpR (UN Doc. CCPR/C/DEU/2002/5 vom 4.12.2002), Rn. 13.

[65] Hierzu *Kreß* S. 4. Näher zu dem Projekt eines „Völkerrechtsstrafgesetzes" *Wilkitzki* ZStW 99 (1987), 455 (467 ff.).

[66] Hervorzuheben aber *Jescheck* Verantwortlichkeit; *Triffterer* Dogmatische Untersuchungen.

[67] Vgl. dazu etwa *Werle* ZStW 109 (1997), 808 (813 f.); siehe auch *Eser/Kreicker/Gropengießer/Kreicker* S. 89.

In der **DDR** wurden die Nürnberger Prinzipien dagegen vorbehaltlos akzeptiert und 22 auf dieser Grundlage Strafverfahren durchgeführt.[68] Dazu wurden nach Aufhebung des Alliierten Kontrollratsgesetzes Nr. 10 die Nürnberger Tatbestände zunächst unmittelbar herangezogen, später wurden die völkerrechtlichen Straftatbestände in das Strafgesetzbuch übernommen. Zugleich wurde das Nürnberger Recht durch Justiz und Staatsführung der DDR aber in nicht wenigen Fällen zur Begehung neuer Menschenrechtsverletzungen missbraucht. Dies gilt etwa für die 1950 durchgeführten so genannten Waldheimer Prozesse, die grundlegende Verfahrensregeln in flagranter Weise missachteten.[69]

b) Mitgestaltung. Seit Beginn der 1990er Jahre machte die Ablehnung des Völkerstraf- 23 rechts der **aktiven Förderung und Mitgestaltung** durch die Bundesrepublik Platz. Heute prägen Völkerstrafrechtsfreundlichkeit und Engagement die deutsche Haltung.[70] Deutschland hat die Durchsetzung des Völkerstrafrechts in den letzten Jahrzehnten mit Entschiedenheit unterstützt.[71] Seit den 1990er Jahren sind im Zusammenhang mit dem Jugoslawien-Konflikt in Deutschland etwa 100 Ermittlungsverfahren eingeleitet worden; es kam zu mehreren Verurteilungen wegen Völkermordes.[72] Darüber hinaus besteht eine intensive Zusammenarbeit mit dem Jugoslawien-Strafgerichtshof.[73] Auch hinsichtlich der Massaker in Ruanda kam es zu einer Verurteilung wegen Völkermordes: Im Dezember 2015 wurde der ehemalige Bürgermeister der ruandischen Gemeinde Muvumba, Onesphore Rwabukombe, vom Oberlandesgericht Frankfurt a. M. wegen mittäterschaftlich begangenen Völkermordes zu lebenslanger Haft verurteilt.[74]

Den Prozess der Schaffung des **Internationalen Strafgerichtshofs** hat Deutschland 24 intensiv mitgestaltet und vorangetrieben: Die Bundesrepublik gehörte während der Verhandlungen in Rom zur Gruppe der etwa 60 so genannten „gleichgesinnten Staaten" („likeminded states"), die den Gerichtshof mit möglichst weitgehenden Befugnissen ausstatten wollten. Zahlreiche deutsche Vorschläge haben im Statut ihren Niederschlag gefunden und dokumentieren die aktive deutsche Unterstützung für das Projekt des Internationalen Strafgerichtshofs.[75]

Dieses gewandelte rechtspolitische Klima gab den wesentlichen Impuls für die Über- 25 nahme des Völkerstrafrechts in die deutsche Rechtsordnung. Es wirkt bis in die Fassung der einzelnen Vorschriften des VStGB.[76] Die Schaffung des VStGB ist somit Ausdruck der völkerstrafrechtsfreundlichen Haltung Deutschlands.

---

[68] Vgl. dazu Eser/Kreicker/*Gropengießer/Kreicker* S. 90 f.; *Vormbaum* S. 342 ff.
[69] Siehe dazu Marxen/Miyazawa/Werle/*Marxen* S. 159 (169 f.); Bergmso/Cheah/Yi/*Vormbaum* S. 397 (405 ff.); auch *Burchard* Journal of International Criminal Justice 4 (2006), 800.
[70] Vgl. *Steinke* S. 74 ff.
[71] *Satzger* § 17 Rn. 1; *Safferling* JZ 2015, 1061 (1065 f.).
[72] Vgl. etwa BGH 21.2.2001 – 3 StR 372/00, BGHSt 46, 292 = NJW 2001, 2728; 30.4.1999 – 3 StR 215/98, BGHSt 45, 64 = NStZ 1999, 396 und dazu BVerfG 12.12.2000 – 2 BvR 1290/99, NJW 2001, 1848; BGH 11.12.1998 – 2 ARs 499/98, NStZ 1999, 236; BayObLG 23.5.1997 – 3 St 20/96, BayObLGSt 1997, 83 = NJW 1998, 392; BGH Ermittlungsrichter 13.2.1994 – 1 BGs 100/94, 2 BJs 2/94 – 5 – 1 BGs 100/94, NStZ 1994, 232. Die von *Jorgić* gegen seine Verurteilung erhobene Verfassungsbeschwerde wurde vom Bundesverfassungsgericht nicht zur Entscheidung angenommen, vgl. BVerfG 12.12.2000 – 2 BvR 1290/99, NJW 2001, 1848. Die Individualbeschwerde beim Europäischen Gerichtshof für Menschenrechte blieb erfolglos, vgl. EGMR 12.7.2007 – Jorgić v. Deutschland, No. 74613/01.
[73] Allein zwischen 1996 und 2007 ist die deutsche Justiz nach Auskunft des Bundesjustizministeriums über 600 Rechtshilfeersuchen des Jugoslawien-Strafgerichtshofs nachgekommen, vgl. Werle/Jeßberger Rn. 430. Vgl. zur Zusammenarbeit mit dem Jugoslawien-Strafgerichtshof auch Vohrah/*Wilkitzki* S. 923 (926 ff.).
[74] OLG Frankfurt 29.12.2015 – 4-3 StE 4/10 – 4 – 1/15. *Rwabukombe* war zunächst wegen Beihilfe zum Völkermord zu einer Freiheitsstrafe von 14 Jahren verurteilt worden, OLG Frankfurt 18.2.2014 – 5 – 3 StE 4/10 – 4 – 3/10, (becklink 1031082); vgl. hierzu Werle/*Burghardt* Zeitschrift für Internationale Strafrechtsdogmatik 2015, 46 ff. Der BGH hatte die Annahme bloßer Beihilfe beanstandet und die Sache unter Aufrechterhaltung der Feststellungen zum objektiven Tatgeschehen an einen anderen Senat des OLG Frankfurt zurückverwiesen; BGH 21.5.2015 – 3 StR 575/14, BeckRS 2015, 15115, mAnm *Ambos/Penkuhn* StV 2016, 760; mAnm *Burghardt* JZ 2016, 106; mAnm *Berster* Zeitschrift für Internationale Strafrechtsdogmatik 2016, 72. Vgl. dazu auch *Ambos* Journal of International Criminal Justice 14 (2016), 1221; *Bülte/Grzywotz/Römer/Wolckenhaar* German Law Journal 16 (2015), 373; *Safferling/Grzywotz* JR 2016, 186.
[75] Näher *Kaul* S. 273; *Steinke* S. 92 ff.
[76] Vgl. Werle/Jeßberger JZ 2002, 725 (729).

26 3. Defizite des bis 2002 geltenden Rechts. Die jahrzehntelange Ablehnung des Völkerstrafrechts erklärt die Defizite des bis 2002 geltenden Rechts. Von den völkerrechtlichen Kernverbrechen war lediglich der **Völkermord** in § 220a StGB aF geregelt.

27 Dagegen war der Anpassungsbedarf im Hinblick auf die in Art. 7 IStGH-Statut geregelten **Verbrechen gegen die Menschlichkeit** offenkundig.[77] Ein Tatbestand der Verbrechen gegen die Menschlichkeit, wie ihn beispielsweise das Strafgesetzbuch der DDR kannte (§ 91 DDR-StGB), fehlte im bundesdeutschen Recht.[78] Zwar waren die im Römischen Statut als Einzeltaten genannten Verhaltensweisen überwiegend von den allgemeinen Strafbestimmungen über vorsätzliche Tötungen, schwere Körperverletzungen, Freiheitsberaubungen und sexuelle Gewalt erfasst. Andere Tatbestandsalternativen konnten durch eine Kombination verschiedener Straftatbestände abgedeckt werden, wie beispielsweise das zwangsweise Verschwindenlassen von Personen, die Vertreibung oder die Folter. Dagegen waren das Verfolgungsverbrechen[79] in Art. 7 Abs. 1 Buchst. h und die in Art. 7 Abs. 1 Buchst. j IStGH-Statut als Verbrechen gegen die Menschlichkeit erfasste Apartheid[80] im bis 2002 geltenden deutschen Recht nicht für strafbar erklärt. Zweifelhaft war daneben, in welchem Umfang „andere unmenschliche Handlungen ähnlicher Art" nach Art. 7 Abs. 1 Buchst. k IStGH-Statut strafbar waren.[81]

28 Während sich die Masse der Verbrechen gegen die Menschlichkeit unter dem einen oder anderen rechtlichen Gesichtspunkt als Straftat gegen Individualrechtsgüter erfassen ließ, blieb jedoch der eigentliche **völkerrechtliche Unrechtskern** der Verbrechen gegen die Menschlichkeit, der systematische Charakter der Tatbegehung, nach dem bis 2002 geltenden Recht völlig außer Betracht.[82] Bei den Verbrechen gegen die Menschlichkeit ist zwischen der „Gesamttat" und der „Einzeltat" zu unterscheiden.[83] Die Gesamttat ist der ausgedehnte oder systematische Angriff gegen eine wehrlose Zivilbevölkerung, der typischerweise in Ausführung oder zur Unterstützung der Politik eines Staates begangen wird.[84] In diesen Angriff fügt sich die Einzeltat ein, die nicht um ihrer selbst willen, sondern wegen ihres funktionalen Zusammenhangs mit der Gesamttat bestraft wird. Dieses spezifische Unrecht der Verbrechen gegen die Menschlichkeit kommt in den allgemeinen Straftatbeständen nicht zur Geltung.[85] Eine Berücksichtigung der gesamten Tatumstände allein im Rahmen der Strafzumessung ist zwar häufig möglich, aber dogmatisch wie rechtspolitisch unbefriedigend. Für das deutsche Strafrecht musste daher ein Tatbestand der Verbrechen gegen die Menschlichkeit formuliert werden, der unter Wahrung des Bestimmtheitsgrundsatzes die Strafbarerklärungen des Römischen Statuts umsetzt.[86]

29 Auch im Bereich der **Kriegsverbrechen** war der Anpassungsbedarf des deutschen Strafrechts unübersehbar.[87] Bereits im Zusammenhang mit dem Beitritt der Bundesrepublik zu

---

[77] Eingehend *Werle* JZ 2000, 755 (756 f.).
[78] Vgl. zur Rechtslage bei der strafrechtlichen Verfolgung völkerrechtlicher Verbrechen in der DDR Ministerium der Justiz/Akademie für Staats- und Rechtswissenschaft der DDR S. 246 ff.; *Vormbaum* S. 348 f.
[79] Das Verbrechen der Verfolgung erfasst nach Art. 7 Abs. 2 Buchst. g IStGH-Statut den „völkerrechtswidrigen, vorsätzlichen und schwerwiegenden Entzug von Grundrechten wegen der Identität einer Gruppe oder Gemeinschaft". Die Verfolgung muss nach Art. 7 Abs. 1 Buchst. h IStGH-Statut „aus politischen, rassischen, nationalen, ethnischen, kulturellen oder religiösen Gründen, Gründen des Geschlechts […] oder aus anderen nach dem Völkerrecht universell anerkannten Gründen" geschehen.
[80] Nach Art. 7 Abs. 2 Buchst. h IStGH-Statut bedeutet Verbrechen der Apartheid „unmenschliche Handlungen ähnlicher Art wie die in Absatz 1 genannten, die von einer rassischen Gruppe im Zusammenhang mit einem institutionalisierten Regime der systematischen Unterdrückung und Beherrschung einer oder mehrerer rassischer Gruppen in der Absicht begangen werden, dieses Regime aufrechtzuerhalten."
[81] Vgl. dazu die Gegenüberstellung von Art. 7 IStGH-Statut und den Normen des StGB bei *Meseke* S. 272 ff.
[82] So auch *Kreß* S. 14; *Satzger* § 17 Rn. 10.
[83] Zur Struktur der völkerrechtlichen Straftat grundlegend *Lüderssen/Marxen* S. 220; auch *Jesse* S. 183 ff.
[84] Vgl. Art. 7 Abs. 2 Buchst. a IStGH-Statut. Das hinter dem Angriff stehende Kollektiv muss aber nicht notwendig Staatsqualität aufweisen.
[85] Vgl. dazu *Werle/Jeßberger* Rn. 1070 sowie → § 7 Rn. 4.
[86] So auch *Hermsdörfer* HuV-I 1999, 22 (24).
[87] Zum Folgenden schon *Werle* JZ 2000, 755 (757 f.); *ders./Nerlich* HuV-I 2002, 124; s. auch Eser/Kreicker/Gropengießer/Kreicker S. 92 (145 f.).

den Genfer Abkommen hatte die Bundesregierung im Jahre 1953 Reformbedarf festgestellt.[88] Gleichwohl war der Gesetzgeber untätig geblieben. Im Jahre 1980 wurde zwar durch das Bundesjustizministerium ein vorläufiger Referentenentwurf eines Gesetzes zur Bestrafung von Verletzungen des Kriegsvölkerrechts („Völkerrechtsstrafgesetz") vorgelegt,[89] doch blieb dieser folgenlos. Die Bundesrepublik Deutschland hat sich jahrzehntelang darauf verlassen, dass die allgemeinen Straftatbestände zum Schutze von Individualrechtsgütern ausreichen, die als Kriegsverbrechen strafbaren Verhaltensweisen zu erfassen. Das spezifische Unrecht eines Verstoßes gegen humanitäres Völkerrecht kam in den allgemeinen Straftatbeständen nicht zur Geltung: Der Zusammenhang von Einzeltaten mit einem bewaffneten Konflikt war in keinem Straftatbestand des Strafgesetzbuchs berücksichtigt. Vielfach war die Subsumtion unter Tatbestände des allgemeinen Strafrechts nur als Notbehelf zu charakterisieren,[90] etwa wenn es um die Zwangsverpflichtung von Kindern unter fünfzehn Jahren in Streitkräfte oder bewaffnete Gruppen ging.[91] Auch das Vertreibungsunrecht[92] oder die Nötigung eines Kriegsgefangenen zur Dienstleistung in den Streitkräften einer feindlichen Macht[93] ließen sich durch die allgemeinen Straftatbestände nur notdürftig erfassen, etwa als Nötigung oder Freiheitsberaubung. Im Einzelfall waren auch Deckungslücken denkbar, die dazu führen konnten, dass eine Verhaltensweise zwar nach humanitärem Völkerrecht, nicht aber nach deutschem Strafrecht strafbar war.[94] Zu nennen sind hier etwa die völkerrechtswidrige Überführung eines Teils der eigenen Zivilbevölkerung in ein besetztes Gebiet[95] oder der Entzug des Rechts eines Kriegsgefangenen oder einer anderen geschützten Person auf ein unparteiisches ordentliches Gerichtsverfahren.[96] Für den gesamten, hochkomplexen Bereich der Kriegs- und Bürgerkriegsverbrechen ergab sich somit ein ähnlicher Befund wie bei den Verbrechen gegen die Menschlichkeit: Die Masse der völkerrechtlich kriminalisierten Verhaltensweisen ließ sich zwar mit den Delikten des Strafgesetzbuchs als strafbar erfassen. Dabei kam aber das spezifische Unrecht der Kriegsverbrechen regelmäßig nicht zur Geltung.[97] So ergab sich eindeutig der Bedarf nach einer gesetzgeberischen Regelung zur Herstellung eines Gleichklangs zwischen dem Kriegsvölkerstrafrecht und dem Strafrecht der Bundesrepublik Deutschland.[98]

Hinsichtlich des Aggressionsverbrechens bestand dagegen zunächst kein Reformbedarf.[99] **30** Auf der Konferenz von Rom wurde zwar vereinbart, dass das **Verbrechen der Aggression** in die Zuständigkeit des Gerichtshofs fallen solle.[100] Allerdings konnte keine Einigung über eine Definition erzielt werden; der Tatbestand der Aggression wurde durch das Römische Statut „in einen Wartezustand versetzt".[101] Nachdem auf der Überprüfungskonferenz von Kampala eine Definition gelungen war, stellte sich die Frage nach einer Reform des geltenden Rechts, das im VStGB den Angriffskrieg bis dahin ausgeklammert und stattdessen in § 80 StGB lediglich die Vorbereitung eines Angriffskriegs mit deutscher Beteiligung unter

---

[88] Vgl. Begründung zum Entwurf eines Gesetzes über den Beitritt der Bundesrepublik Deutschland zu den vier Genfer Rotkreuz-Abkommen vom 12.8.1949, Deutscher Bundestag, 2. Wahlperiode, Drucksache 152 vom 16.12.1953, VII: „Die einschneidenden strafrechtlichen Bestimmungen der Abkommen machen es notwendig, die innerdeutsche Gesetzgebung teilweise anzupassen. Die Bundesregierung beabsichtigt, die erforderlichen Bestimmungen demnächst in einem Gesetzentwurf vorzulegen."
[89] Dazu *Wilkitzki* ZStW 99 (1987), 455 (467).
[90] So auch Eser/Kreicker/*Gropengießer/Kreicker* S. 61 f.
[91] Art. 8 Abs. 2 Buchst. b (xxvi), Abs. 2 Buchst. c (vii) IStGH-Statut.
[92] Art. 8 Abs. 2 Buchst. a (vii) IStGH-Statut.
[93] Art. 8 Abs. 2 Buchst. a (v) IStGH-Statut.
[94] So auch *Satzger* § 17 Rn. 9.
[95] Art. 8 Abs. 2 Buchst. a (vii), Abs. 2 Buchst. b (vii) IStGH-Statut.
[96] Vgl. dazu die zahlreichen Untertatbestände in Art. 8 Abs. 2 Buchst. b (i) – (xxvi) (internationale bewaffnete Konflikte) sowie Abs. 2 Buchst. e (i) – (xii) (interne bewaffnete Konflikte) IStGH-Statut.
[97] So schon *Wilkitzki* ZStW 99 (1987), 455.
[98] In diesem Sinne auch *Hermsdörfer* HuV-I 1999, 22 (24 f.); *Werle/Nerlich* HuV-I 2002, 124.
[99] Vgl. auch Eser/Kreicker/*Gropengießer/Kreicker* S. 68 f.
[100] Vgl. Art. 5 IStGH-Statut.
[101] So die plastische Formulierung von *Tomuschat* Die Friedens-Warte 73 (1998), 335 (337).

Strafe gestellt hatte.[102] Seit dem 1.1.2017 ist das Verbrechen der Aggression in § 13 VStGB geregelt.

31 Einzelne Defizite des deutschen Strafrechts waren darüber hinaus auch im Bereich des **Allgemeinen Teils** zu verzeichnen; freilich war hier der Anpassungsbedarf erheblich geringer als bei den völkerrechtlichen Straftatbeständen. Vielfach führten nämlich die Anwendung der Regelungen, die das Römische Statut in seinem Teil 3 zu allgemeinen Grundsätzen des Strafrechts trifft, und der Regelungen des deutschen Allgemeinen Teils zu übereinstimmenden Ergebnissen. Deshalb war nur punktuell, etwa bei der Verjährung[103] oder im Strafanwendungsrecht, eine Anpassung des deutschen Strafrechts zwingend geboten.

32 Das bis 2002 geltende **Strafanwendungsrecht** enthielt für die verschiedenen Völkerrechtsverbrechen keine in sich stimmigen Regelungen über die Strafbarkeit von Auslandstaten. Für **Völkermord** galt nach § 6 Nr. 1 StGB das deutsche Strafrecht unabhängig vom Recht des Tatortes. Prinzipiell war danach eine strafrechtliche Verfolgung von im Ausland begangenen Völkermordverbrechen durch die Bundesrepublik Deutschland möglich. Der Bundesgerichtshof verlangte zur Begründung der Zuständigkeit deutscher Gerichte jedoch zusätzliche Bezüge der Straftat zur Bundesrepublik Deutschland.[104] Für **Verbrechen gegen die Menschlichkeit** war die Geltung des Weltrechtsgrundsatzes dagegen nicht vorgesehen. Die Bundesrepublik konnte Verbrechen gegen die Menschlichkeit deshalb nur nach den für alle Straftaten allgemein geltenden Grundsätzen verfolgen. Eine deutsche Strafbefugnis war gegeben, wenn Opfer oder Täter Deutsche waren (§ 7 Abs. 1, Abs. 2 Nr. 1 StGB). Handelte es sich um Auslandstaten, die von Ausländern gegen Ausländer begangen worden waren, so kam allenfalls der Grundsatz der stellvertretenden Strafrechtspflege in Betracht (§ 7 Abs. 2 Nr. 2 StGB). Für im Ausland begangene **Kriegsverbrechen** galt das deutsche Strafrecht nach § 6 Nr. 9 StGB unabhängig vom Recht des Tatortes, wenn die Bundesrepublik auf Grund eines verbindlichen zwischenstaatlichen Abkommens zur strafrechtlichen Verfolgung verpflichtet war. Diese Generalklausel war vor allem für schwere Verstöße gegen die Genfer Abkommen von 1949 und deren Zusatzprotokolle I und II von 1977 bedeutsam. Nur für diesen, allerdings zentralen Teil der Kriegsverbrechen galt damit das Weltrechtsprinzip.[105] Zweifelhaft war die Rechtslage dagegen bei den Bürgerkriegsverbrechen, also bei schweren Verstößen gegen das humanitäre Völkerrecht der internen bewaffneten Konflikte.[106] Die Strafpflichten nach den Genfer Abkommen erstrecken sich nämlich nach herkömmlichem Verständnis nur auf Verbrechen im internationalen bewaffneten Konflikt.[107] Im Hinblick auf die zunehmende völkerrechtliche Gleichbehandlung von internationalen und internen bewaffneten Konflikten lässt sich zwar eine Ausweitung der Strafpflichten aus den Genfer Abkommen auf nichtinternationale bewaffnete Konflikte mit guten Gründen vertreten.[108] Eine derartige Neuinterpretation der Strafpflichten, die es ermöglicht hätte, über § 6 Nr. 9 StGB die Anwendbarkeit des Weltrechtsprinzips auch auf Bürgerkriegsverbrechen zu begründen,[109] ist von der Rechtsprechung jedoch nie anerkannt worden

---

[102] Vgl. dazu näher → Rn. 58.
[103] Art. 29 IStGH-Statut verfügt, dass die der Gerichtsbarkeit des Internationalen Strafgerichtshofs unterliegenden Verbrechen nicht verjähren.
[104] BGH 30.4.1999 – 3 StR 215/98, BGHSt 45, 64 (68 f.) mAnm *Ambos* NStZ 1999, 396 (397); mAnm *Werle* JZ 1999, 1176; mAnm *Lagodny/Nill-Theobald* JR 2000, 202. Eingehend *Eser* FS BGH, 2000, 3 (26 ff.); *ders.* FS Meyer-Goßner, 2001, 3.
[105] Vgl. nur LK-StGB/*Gribbohm* StGB § 6 Rn. 77 ff.
[106] Vgl. *Ambos* NStZ 1999, 226 (228 ff.).
[107] Fleck/*Wolfrum* S. 413 (422 ff.).
[108] Die Genfer Abkommen begründen Strafpflichten, wenn es sich bei den Opfern der Taten um „geschützte Personen" handelt, vgl. etwa Art. 130 des III. Genfer Abkommens über die Behandlung von Kriegsgefangenen und Art. 147 des IV. Genfer Abkommens über die Behandlung von Zivilpersonen in Kriegszeiten. Zu diesen gehören im Allgemeinen nur fremde Staatsangehörige. Der gemeinsame Artikel 3 der Genfer Konventionen schützt aber in dem dort genannten Kernbereich im Bürgerkrieg auch die eigenen Staatsangehörigen vor Angriffen auf elementare Rechtsgüter wie Leib oder Leben. Dadurch werden diese ebenfalls zu „geschützten Personen", vgl. *Werle* ZStW 109 (1997), 808 (820) mwN.
[109] In diesem Sinne bereits *Werle* ZStW 109 (1997), 808 (818 ff.); auch *Ambos* NStZ 1999, 226 (228 ff.); → StGB Vor § 3 Rn. 46; *Weigend* FS Eser, 2005, 955 (971 f.).

und musste sich damit auf sehr unsicherer Grundlage bewegen.[110] Deshalb war auch hier der Gesetzgeber aufgerufen, die Geltung des Weltrechtsprinzips für die vom Römischen Statut erfassten Bürgerkriegsverbrechen ausdrücklich zu regeln.

4. Entstehung und Ziele des Völkerstrafgesetzbuchs. Bereits bei der Unterzeichnung des IStGH-Statuts war es die erklärte Absicht der Bundesregierung, eine **Anpassung** des geltenden deutschen Strafrechts an das Statut vorzunehmen. Zur Verwirklichung dieses Vorhabens wurde im Oktober 1999 im Bundesjustizministerium eine Arbeitsgruppe gebildet,[111] die im Mai 2001 den „Arbeitsentwurf eines Gesetzes zur Einführung des Völkerstrafgesetzbuches"[112] vorlegte. Am 22.3.2002 fand die erste Lesung des eng am Arbeitsentwurf orientierten Regierungsentwurfs im Bundestag statt.[113] Unter Berücksichtigung der vom Rechtsausschuss empfohlenen geringfügigen Änderungen[114] verabschiedete der Bundestag das Gesetz am 25.4.2002 einstimmig.[115] Obwohl der Bundesrat zunächst den Vermittlungsausschuss angerufen hatte,[116] legte er keinen Einspruch gegen das Gesetz ein.[117]

33

Das VStGB verfolgt **vier Hauptziele.** An erster Stelle steht das Anliegen, das „spezifische Unrecht der Verbrechen gegen das Völkerrecht" besser erfassbar zu machen, als dies nach dem bis 2002 geltenden Recht möglich war; zugleich werden Deckungslücken zwischen deutschem Strafrecht und Völkerstrafrecht vermieden. Weiterhin soll die Zusammenfassung der völkerstrafrechtlichen Regelungen in einem einheitlichen Gesetz „die Rechtsklarheit und die Handhabbarkeit in der Praxis" fördern. Ein drittes Ziel ist es, im Hinblick auf das Komplementaritätsprinzip sicherzustellen, „dass Deutschland stets in der Lage ist, in die Zuständigkeit des IStGH fallende Verbrechen selbst zu verfolgen". Viertens soll das VStGB zur Förderung und Verbreitung des humanitären Völkerrechts beitragen.[118]

34

III. VStGB und Völkerrecht

Die Schaffung des VStGB trägt der Aufforderung des Römischen Statuts an die Staaten Rechnung, ihrer Verantwortung zur Bekämpfung und Ahndung von Völkerrechtsverbrechen nachzukommen. Das Statut ist von der realistischen Einschätzung geleitet, dass die direkte Durchsetzung des Völkerstrafrechts durch internationale Strafgerichtsbarkeit auch nach Errichtung des Internationalen Strafgerichtshofs die Ausnahme bleiben wird. So baut das Statut für die Durchsetzung des Völkerstrafrechts auf die **Mitwirkung der Staaten.** Die Präambel des Statuts bekräftigt zunächst, dass bei den „schwersten Verbrechen, welche die internationale Gemeinschaft als Ganzes berühren" die wirksame Verfolgung „auf einzelstaatlicher Ebene und durch verstärkte internationale Zusammenarbeit gewährleistet" werden müsse; zugleich erinnert die Präambel daran, dass es die Pflicht eines jeden Staates ist, „seine Strafgerichtsbarkeit über die für internationale Verbrechen Verantwortlichen auszuüben".[119]

35

Das Statut will die primäre staatliche Zuständigkeit zur Verfolgung von Völkerrechtsverbrechen nicht verdrängen, sondern ergänzen. Für das Verhältnis von internationaler und

36

---

[110] Vgl. BGH 21.2.2001 – 3 StR 372/00, NJW 2001, 2728, wo der BGH ausdrücklich offen gelassen hat, ob § 6 Nr. 9 StGB auch für Bürgerkriege die Anwendbarkeit deutschen Strafrechts begründet.
[111] Der Expertenarbeitsgruppe gehörten neben Fachbeamtinnen und Fachbeamten des Bundesjustizministeriums, des Auswärtigen Amtes und des Bundesverteidigungsministeriums sechs Wissenschaftler aus den Bereichen des Strafrechts und des Völkerrechts an (*Kai Ambos, Horst Fischer, Claus Kreß, Thomas Weigend, Gerhard Werle* und *Andreas Zimmermann*).
[112] BMJ. Vgl. dazu *Werle* JZ 2001, 885.
[113] Plenarprotokoll 14/228, S. 22681 ff.
[114] Siehe Beschlussempfehlung und Bericht, BT-Drs. 14/8892.
[115] Plenarprotokoll 14/233, S. 23267 ff.
[116] BR-Drs. 360/02. Die Meinungsverschiedenheiten, die zur Anrufung des Vermittlungsausschusses führten, bezogen sich allerdings ausschließlich auf Folge- und Begleitregeln, nicht auf den Inhalt des VStGB selbst, vgl. *Gebauer* S. 11 (13).
[117] Die Gesetzgebungsmaterialien sind zusammengestellt bei *Lüder/Vormbaum*.
[118] Vgl. Gesetzesbegründung, BT-Drs. 14/8524, 12. Siehe auch Theissen/Nagler/*Zypries* S. 11 (13).
[119] Präambel Abs. 4 und 6 IStGH-Statut.

staatlicher Strafrechtspflege gilt deshalb der **Grundsatz der Komplementarität**.[120] Die Verwirklichung dieses Konzepts wird nur teilweise durch Verpflichtungen der Vertragsstaaten angestrebt. Die Verpflichtung der Vertragsstaaten zur Zusammenarbeit mit dem Gerichtshof[121] ist dabei schlechterdings unerlässlich, um das Funktionieren der internationalen Strafrechtspflege zu sichern. Im Übrigen setzt das Statut vor allem auf Freiwilligkeit und die Völkerstrafrechtsfreundlichkeit der Vertragsstaaten. So verzichtet das Statut darauf, die Staaten ausdrücklich zum Erlass von Strafbestimmungen für die vom Statut erfassten Taten zu verpflichten.[122] Auch eine ausdrückliche Verpflichtung zur Ausübung der Gerichtsbarkeit über Völkerrechtsverbrechen, etwa nach dem Modell des Art. 5 der VN-Folterkonvention, findet sich im Statut nicht.[123] Es entspricht aber dem Geist und dem Plan des Römischen Statuts, wenn die Staaten sich in die Lage versetzen, Völkerrechtsverbrechen in der gleichen Weise ahnden zu können wie der Internationale Strafgerichtshof selbst.[124]

37 Ziel des VStGB ist die möglichst vollständige und vorlagengetreue **Übernahme des völkerrechtlichen Strafrechts in die deutsche Rechtsordnung.** Das Spannungsverhältnis zwischen dem Ziel der möglichst genauen Abbildung der Vorschriften des Römischen Statuts auf der einen Seite und den Erfordernissen des deutschen Verfassungs- und Strafrechts, insbesondere dem Bestimmtheitsgebot auf der anderen Seite versucht das VStGB zugunsten des Völkerstrafrechts aufzulösen: Soweit die zwingenden Vorgaben von Verfassungsrecht und Strafrecht es zulassen, bezieht das Gesetz diejenige Position, die das geltende Völkerstrafrecht am besten zur Geltung bringt. Nur soweit entweder die Vorgaben des deutschen Verfassungsrechts dies erzwingen oder soweit dies ohne Substanzverlust möglich ist, weicht das VStGB von den Normen des Römischen Statuts ab. Modifikationsbedarf ergab sich dabei in erster Linie aus den vergleichsweise strengen Anforderungen des Bestimmtheitsgrundsatzes: Art. 103 Abs. 2 GG „verpflichtet den Gesetzgeber, die Voraussetzungen der Strafbarkeit so genau zu umschreiben, dass Tragweite und Anwendungsbereich der Straftatbestände für den Normadressaten schon aus dem Gesetz selbst zu erkennen sind und sich durch Auslegung ermitteln und konkretisieren lassen."[125] Eine unmittelbare Anwendung der Strafnormen des Völkerrechts war danach ebenso ausgeschlossen wie die vorbehaltlose Voll-Umsetzung des materiellen Völkerstrafrechts durch eine Globalverweisung, etwa auf das Römische Statut.[126]

38 In Betracht kam nur eine **modifizierende Umsetzung** des Völkerstrafrechts in deutsches Recht. Dabei wurden die völkerrechtlichen Normen grundsätzlich übernommen. Anders als bei einer unmittelbaren Anwendung, einer Verweisung auf das Völkerrecht oder einer wörtlichen Übernahme („Abbildung")[127] konnten aber spezifische Besonderheiten der nationalen Rechtskultur im Umsetzungsvorgang zur Geltung gebracht werden. Im

---

[120] Bereits → Rn. 2.
[121] Art. 86 ff. IStGH-Statut.
[122] Anders etwa Art. 146 des (IV.) Genfer Abkommens zum Schutz von Zivilpersonen in Kriegszeiten vom 12.8.1949, BGBl. 1954 II S. 917. Siehe auch Art. 4 des Übereinkommens gegen Folter und andere grausame und unmenschliche oder erniedrigende Behandlung oder Strafe (VN-Folterkonvention) vom 10.12.1984, BGBl. 1990 II S. 246. Die Vertragsstaaten müssen allerdings gemäß Art. 70 Abs. 4 Buchst. a IStGH-Statut ihre zum Schutz der Strafrechtspflege bestehenden Strafgesetze auf Straftaten gegen die Rechtspflege des Internationalen Strafgerichtshofs ausdehnen.
[123] Siehe Art. 5 VN-Folterkonvention. Eine andere Frage ist, inwieweit nach Völkergewohnheitsrecht eine Pflicht zur Verfolgung von Verbrechen gegen das Völkerrecht besteht. Die Annahme einer solchen Pflicht legt Abs. 6 der Präambel IStGH-Statut („daran erinnernd, dass es die Pflicht eines jeden Staates ist, seine Strafgerichtsbarkeit über die für internationale Verbrechen Verantwortlichen auszuüben") nahe. In diesem Sinne *Kreß* S. 8 f., und – insbesondere zum streitigen Umfang einer solchen Verfolgungspflicht – Triffterer/Ambos/*Triffterer*/*Bergsmo*/*Ambos* Präambel Rn. 17.
[124] *Werle* JZ 2001, 885 (886).
[125] BVerfG 9.12.2004 – 2 BvR 930/04, NJW 2005, 2140 (2141); ständige Rspr., zuletzt BVerfG 23.6.2010 – 2 BvR 2559/08, 2 BvR 105/09, 2 BvR 491/09, BVerfGE 126, 170 (195) = NJW 2010, 3209 (3210).
[126] Vgl. eingehend *Werle* JZ 2001, 885 (886 f.); s. auch Eser/Kreicker/*Gropengießer*/*Kreicker* S. 54 ff.
[127] Umfassend zu den unterschiedlichen Umsetzungsoptionen *Werle* JZ 2001, 885 (886 ff.).

Ergebnis ist es dem Gesetzgeber gelungen, den Anforderungen gesetzlicher Bestimmtheit gerecht zu werden, ohne dabei die Substanz der völkerrechtlichen „Mutternormen" preiszugeben.

Dennoch sind von verschiedenen Seiten Bedenken im Hinblick auf das **Bestimmtheits-** 39 **gebot** erhoben worden. Diese betreffen etwa die Verwendung generalklauselartiger Begriffe oder die Verweisung auf Völkergewohnheitsrecht in einigen Tatbeständen.[128] Interpretationsoffene Tatbestandsmerkmale sind indes nicht *per se* verboten. Insbesondere im Zusammenhang mit der Übertragung völkerrechtlicher Normen in die innerstaatliche Rechtsordnung dürfen die Anforderungen an die Gesetzesbestimmtheit nicht übersteigert werden.[129] Dies folgt bereits aus dem Grundsatz der Völkerrechtsfreundlichkeit[130] des Grundgesetzes. Danach steht dem Gesetzgeber bei der Umsetzung völkerrechtlicher Normen in die staatliche Rechtsordnung ein erweiterter Spielraum zur Verfügung.[131] Für die Frage nach der Bestimmtheit ist im Ergebnis maßgeblich, dass sich aus dem systematischen Kontext der Norm ein hinreichend konkreter Anwendungsbereich ergibt, so dass das Risiko einer Bestrafung für den Normadressaten erkennbar ist.[132] Dies dürfte bei den Strafvorschriften des VStGB der Fall sein.[133]

Auch die Verweisung auf komplexe Regeln des humanitären Völkerrechts begegnet 40 keinen durchgreifenden Bedenken.[134] Im Bereich der Kriegsverbrechen machte die enge Verzahnung der Strafnormen mit der zugrundeliegenden Verbotsmaterie Verweisungen unumgänglich. Eine Lockerung der Anforderungen an die Gesetzesbestimmtheit ergibt sich hier auch aus dem Zweck des Bestimmtheitsgebotes, den Normadressaten durch die Vorausberechenbarkeit des Rechts zu schützen. Die Verwendung unbestimmter Rechtsbegriffe ist dann unbedenklich, wenn sich die in Rede stehende Vorschrift an Personen richtet, bei denen auf Grund ihrer Ausbildung oder praktischen Erfahrung bestimmte Fachkenntnisse regelmäßig vorauszusetzen sind, und die betreffenden gesetzlichen Vorschriften sich auf solche Kenntnisse beziehen.[135] Davon wird namentlich im Bereich der Kriegsverbrechen regelmäßig auszugehen sein, denn die Normen des Kriegsvölkerstrafrechts richten sich in erster Linie an einen Personenkreis, der mit der Materie speziell vertraut gemacht wird.

Die modifizierende Umsetzung des IStGH-Statuts bot darüber hinaus die Gelegenheit, 41 bestimmte Auffassungen zu Reichweite und Ausgestaltung des Völkerstrafrechts förmlich zu dokumentieren. Dies geschah vor allem dadurch, dass in das VStGB Tatbestände miteinbezogen wurden, die zwar Teil des **völkergewohnheitsrechtlichen Strafrechts,** nicht aber Teil des IStGH-Statuts sind.[136]

Das VStGB fasst das in Deutschland geltende Völkerstrafrecht im Format einer **selbst-** 42 **ständigen Kodifikation** zusammen. Vorteile der Schaffung eines eigenständigen Strafgeset-

---

[128] Etwa § 7 Abs. 1 Nr. 4 oder Nr. 9; kritisch dazu *Jähnke* Zeitschrift für Internationale Strafrechtsdogmatik 2010, 463 (467); *Satzger* NStZ 2002, 125 (130 f.); *ders.* § 17 Rn. 32 ff.
[129] So auch *Satzger* § 17 Rn. 32. Eingehend zu Generalklauseln und unbestimmten Rechtsbegriffen in Straftatbeständen LK-StGB/*Dannecker* StGB § 1 Rn. 202 ff.
[130] Siehe dazu BVerfG 30.6.1964 – 1 BvR 93/64, BVerfGE 18, 112 (121) = NJW 1964, 1783 (1784); BVerfG 31.3.1987 – 2 BvM 2/86, BVerfGE 75, 1 (17) = NJW 1987, 2155 (2157); eingehend HdB StaatsR/ *Tomuschat*, Band 11, § 226 Rn. 37 ff., 42.
[131] Vgl. auch *Satzger* NStZ 2002, 125 (130). Die grundgesetzliche Verpflichtung zu besonderer Völkerrechtsfreundlichkeit in Gestalt des Gebots der völkerrechtsfreundlichen Interpretation betrifft auch das Verfassungsrecht selbst; vgl. Jarass/Pieroth/*Jarass* GG Art. 25 Rn. 5 f.
[132] Insoweit überzeugend *Kuhli* S. 180 ff. Dieser Ansatz ist vereinbar mit der ständigen Rspr. zum Bestimmtheitsgrundsatz, vgl. BVerfG 23.6.2010 – 2 BvR 2559/08, 2 BvR 105/09, 2 BvR 491/09, BVerfGE 126, 170 (195) = NJW 2010, 3209 (3210).
[133] Ebenso *Kuhli* S. 190 ff., 237 f.; vgl. aber auch S. 193 ff., 237 f.
[134] Anders *Jähnke* Zeitschrift für Internationale Strafrechtsdogmatik 2010, 463 (466 f.); kritisch hierzu *Werle* JZ 2012, 373 (376).
[135] Vgl. BVerfG 15.3.1978 – 2 BvR 927/76, BVerfGE 48, 48 (57) = NJW 1978, 1423; LK-StGB/*Dannecker* StGB § 1 Rn. 211; Schönke/Schröder/*Eser* StGB § 1 Rn. 21. Kritisch Kohlmann/Nestler/Seier/Walter/Walther/Weigend/*Weigend* S. 11 (26, Fn. 59).
[136] Das geltende Völkergewohnheitsrecht wird durch das IStGH-Statut nicht eingeschränkt, vgl. Art. 10 IStGH-Statut.

zes im Gegensatz zur Änderung bestehender Strafgesetze sind vor allem die kompakte Zusammenführung und Präzisierung des umfangreichen und unübersichtlichen Rechtsstoffes sowie der erhöhte Symbolwert eines geschlossenen Gesetzeswerkes.[137] Die Zusammenfassung der Völkerrechtsverbrechen in einem eigenen Gesetzeswerk erscheint vor allem mit Blick auf die völkerrechtspolitischen Wirkungen vorzugswürdig. Zugleich werden Zugänglichkeit und Übersichtlichkeit des Rechtsstoffes erheblich verbessert.[138]

43   Für die **Auslegung** der Vorschriften des VStGB bleiben die völkerrechtlichen „Mutternormen" bedeutsam. Denn obwohl die in deutsches Strafrecht überführten völkerstrafrechtlichen Regelungen formell Teil des innerstaatlichen Rechts sind, haben sie doch materiell ihren Ursprung im Völkerrecht.[139] Am deutlichsten sichtbar wird dies dort, wo das VStGB das Völkerrecht ausdrücklich in Bezug nimmt;[140] in der Begründung des Regierungsentwurfs des Völkerstrafgesetzbuches wird in verschiedenen Zusammenhängen die Notwendigkeit betont, zur Interpretation des VStGB das einschlägige Völkerrecht heranzuziehen.[141] Das Bundesverfassungsgericht hat bereits bei seiner Auslegung des § 220a StGB aF eine Pflicht der Gerichte festgestellt, „bei der Auslegung und Anwendung des nationalen Rechts, das – wie § 220a StGB – der Umsetzung des Völkerstrafrechts dient, das Analogieverbot auch im Lichte des völkerrechtlichen Normbefehls [zu] sehen".[142] Aber auch ganz allgemein ergibt sich aus den anerkannten Auslegungsmethoden die Notwendigkeit, die Normen des Römischen Statuts und des Völkergewohnheitsrechts bei der Interpretation des VStGB zu berücksichtigen.[143] Soweit Normtexte direkt übernommen werden, stellt schon die sprachliche Übereinstimmung die Verbindung von VStGB und Römischem Statut her. Auch die systematische Auslegung führt vielfach dazu, Völkerrecht zu beachten: Das Römische Statut ist nämlich ebenso wie die Rechtssätze des universellen Völkergewohnheitsrechts Bestandteil der deutschen Rechtsordnung.[144] Bindungen ergeben sich ferner im Rahmen der historischen und teleologischen Interpretation angesichts des erklärten Willens des Gesetzgebers, mit dem VStGB in erster Linie eine „Umsetzung der Strafvorschriften des Römischen Statuts"[145] zu bewirken. In der Gesamtschau und unter Berücksichtigung der Völkerrechtsfreundlichkeit des Grundgesetzes[146] ist deshalb vom **Grundsatz der völker-**

---

[137] Eingehend zu den unterschiedlichen Umsetzungsformaten und ihren Vor- und Nachteilen *Kreß* S. 18 ff.; *Werle* JZ 2001, 885 (888).
[138] *Kreß* S. 19 ff.; *Satzger* NStZ 2002, 125 (126); *Werle* JZ 2001, 885 (888); *A. Zimmermann* ZRP 35 (2002), 97 (99).
[139] Fruchtbar machen lassen sich dabei möglicherweise Erfahrungen mit der Ausstrahlung von Normen des europäischen Gemeinschaftsrechts, dazu *Heise* S. 42 ff.; *Satzger* Europäisierung S. 518 ff.; *ders.* § 9 Rn. 92.
[140] Vgl. etwa § 7 Abs. 1 Nr. 4 („unter Verstoß gegen eine allgemeine Regel des Völkerrechts") und § 8 Abs. 1 („eine nach dem humanitären Völkerrecht zu schützende Person").
[141] So heißt es etwa, „[z]ur Auslegung des Merkmals Angriff gegen die Zivilbevölkerung [in § 7 Abs. 1] ist auf die Legaldefinition in Artikel 7 Abs. 2 Buchst. a IStGH-Statut zurückzugreifen." (Begr. des Regierungsentwurfs, BT-Drs. 14/9878, 20; übereinstimmend BMJ S. 41). Bei der Auslegung der Tatbestandsalternative der Versklavung gem. § 7 Abs. 1 Nr. 3 soll „insbesondere auf das Zusatzübereinkommen über die Abschaffung der Sklaverei, des Sklavenhandels und sklavereiähnlicher Einrichtungen und Praktiken vom September 1956 (BGBl. 1958 II S. 205) sowie auf die Spruchpraxis des Internationalen Strafgerichtshofes für das ehemalige Jugoslawien" zurückzugreifen sein (Begr. des Regierungsentwurfs, BT-Drs. 14/9878, 20; übereinstimmend Begr. AEVStGB, S. 42).
[142] BVerfG 12.12.2000 – 2 BvR 1290/00, NJW 2001, 1848 (1850) = NStZ 2001, 240 (241), zieht bei der Auslegung des § 220a StGB aF ua die Völkermordkonvention, das Römische Statut sowie Entscheidungen des Jugoslawien- und des Ruanda-Strafgerichtshofs heran und resümiert: „Ist der Einzelne Normbefehlen des nationalen wie des Völkerrechts unterworfen, verlangt das Rechtsstaatsprinzip iVm. Art. 103 Abs. 2 GG folglich, dass die Gerichte bei der Auslegung und Anwendung des nationalen Rechts, das – wie § 220a StGB – der Umsetzung des Völkerstrafrechts dient, das Analogieverbot auch im Lichte des völkerrechtlichen Normbefehls sehen."
[143] So auch Eser/Kreicker/*Gropengießer/Kreicker* S. 79 f., eingehend zur Auslegung des VStGB S. 79 ff.
[144] Dies folgt für das Römische Statut aus dem IStGH-Statutsgesetz, BGBl. 2000 II S. 1393, für das Völkergewohnheitsrecht aus Art. 25 GG.
[145] Begründung des Regierungsentwurfs, BT-Drs. 14/8524, 12; ebenso BMJ S. 20.
[146] Die „Völkerrechtsfreundlichkeit" des Grundgesetzes wird in erster Linie der Regelung in Art. 25 GG entnommen; auch Art. 26 GG enthält die Vorgabe eines „völkerfriedensrechtsfreundlichen" Verhaltens der Bundesrepublik, vgl. Maunz/Dürig/*Maunz* GG Art. 26 Rn. 1 (Stand 1964). Nach der Rechtsprechung des

strafrechtsfreundlichen Auslegung des VStGB auszugehen.[147] Das Steuerungspotenzial des Völkerstrafrechts speist sich dabei nicht nur aus den Texten der völkerrechtlichen Mutternormen, sondern schließt auch deren Interpretation durch internationale Gerichte ein. So hat sich der Bundesgerichtshof bereits mehrfach auf Entscheidungen des Jugoslawien-Strafgerichtshofs berufen.[148] Zukünftig werden vor allem die Entscheidungen des Internationalen Strafgerichtshofs Beachtung bei der Auslegung der Vorschriften des VStGB verlangen.[149] Schließlich können auch Entscheidungen ausländischer Gerichte – namentlich über die Bildung von Staatenpraxis – für den Inhalt der Völkerrechtsnorm von Belang sein.

Bedeutsam für die Interpretation der Normen des VStGB werden damit in erster Linie die **Regelungen des Römischen Statuts** in der Gestalt, die sie durch die Spruchpraxis des Internationalen Strafgerichtshofs erhalten werden; einzubeziehen sind die **Verbrechenselemente** sowie die Vorschriften der **Verfahrens- und Beweisordnung** des Gerichtshofs.[150] 44

IV. Konzeption des Gesetzes

Das VStGB ist in zwei Hauptteile gegliedert. Der erste Teil enthält eine geringe Anzahl 45 allgemeiner Regelungen, der zweite Teil umfassende Straftatbestände. Charakteristisch für das VStGB ist die **Konzentration auf den Besonderen Teil:** Gegenüber dem Besonderen Teil des VStGB fällt sein Allgemeiner Teil sparsam aus und dies, obwohl das Römische Statut umfassende allgemeine Strafbarkeitsregeln enthält. Für das Primat des Besonderen Teils gibt es überzeugende Gründe. Der Allgemeine Teil des Völkerstrafrechts ist in vielerlei Hinsicht noch im Werden und bedarf der Konsolidierung durch gerichtliche Praxis.[151] So sind auch die Regelungen des IStGH-Statuts zu den allgemeinen Grundsätzen des Strafrechts lückenhaft und teilweise widersprüchlich.[152] Die Anwendung eines bewährten nationalen Allgemeinen Teils ist daher im Grundsatz vorzugswürdig. Auch Gründe der Rechtssicherheit sprachen für gesetzgeberische Zurückhaltung bei Änderungen im Bereich des Allgemeinen Teils. Nicht zuletzt ist mit der Schaffung von Sondervorschriften für Völkerrechtsverbrechen auch die Gefahr unkontrollierter Rückwirkungen auf das allgemeine Strafrecht verbunden.

Der vierte Abschnitt des VStGB enthält zwei **Vergehenstatbestände** zur Verletzung 46 der Aufsichtspflicht bei Völkerrechtsverbrechen durch Untergebene und zur Unterlassung der Meldung einer Völkerstraftat durch militärische Befehlshaber, zivile Vorgesetzte oder vergleichbare Funktionsträger. Diese Tatbestände ergänzen § 4 VStGB. Da sie als Vergehen

---

Bundesverfassungsgerichts sind Gesetze im Einklang mit den völkerrechtlichen Verpflichtungen der Bundesrepublik auszulegen und anzuwenden, „denn es ist nicht anzunehmen, dass der Gesetzgeber, sofern er dies nicht klar bekundet hat, von völkerrechtlichen Verpflichtungen der Bundesrepublik Deutschland abweichen oder eine Verletzung solcher Verpflichtungen ermöglichen will" (BVerfG 26.3.1987 – 2 BvR 589/79, 740/81, 284/85, BVerfGE 74, 358 (370) = NJW 1987, 2427). Eingehend zum Prinzip der „völkerrechtsfreundlichen Auslegung" HdB StaatsR/*Tomuschat*, Band 11, § 226 Rn. 36 ff.

[147] Vgl. auch *Peglau* HuV-I 2001, 247 (248) („statutsfreundliche Auslegung"); *A. Zimmermann* ZRP 35 (2002), 97 (99).

[148] Vgl. BGHSt 45, 64 (69) = NStZ 1999, 396 (398); BGHSt 46, 292 (299 ff.) = NJW 2001, 2728 (2729 f.) (zum Charakter des bewaffneten Konflikts und zum Begriff der Folter).

[149] So ausdrücklich auch die Begründung des Regierungsentwurfs (BT-Drs. 14/8524, 13; übereinstimmend BMJ S. 23): Bei der „Auslegung [des Völkerstrafgesetzbuchs wird] der Spruchpraxis des Internationalen Strafgerichtshofs und anderer internationaler Strafgerichte in besonderer Weise Rechnung zu tragen sein."

[150] Der Rückgriff auf die Vorschriften des Statuts sollte dabei stets anhand der Originalfassungen erfolgen. Die vom Vorbereitungsausschuss beschlossenen Verbrechenselemente (UN Doc. PCNICC/2000/INF/3/Add. 2), die die Verbrechenstatbestände des Römischen Statuts im Sinne einer unverbindlichen Auslegungshilfe präzisieren, sowie die Verfahrens- und Beweisregeln (UN Doc. PCNICC/2000/INF/3/Add. 1) müssen von der Versammlung der Vertragsstaaten angenommen werden, vgl. Art. 9, 51 IStGH-Statut. Siehe dazu die Kommentierung von *Lee* (Hrsg.).

[151] Vgl. zur systematischen Erfassung und Durchdringung der allgemeinen Vorschriften des Völkerstrafrechts *Ambos* AT.

[152] *Werle/Nerlich* HuV-I 2002, 124 (127 f.); *Werle/Jeßberger* Rn. 458 f.

ausgestaltet sind, findet auf sie die Regelung zur Unverjährbarkeit (§ 5) keine Anwendung. Auch das Weltrechtsprinzip (§ 1 S. 1) gilt für diese Tatbestände nicht.

47 **1. Allgemeiner Teil.** Teil 1 des VStGB (§§ 1–5) enthält einen gegenüber dem Römischen Statut auf das Notwendigste beschränkten Allgemeinen Teil. Sondernormen wurden nur geschaffen, wo sie wegen Abweichungen des IStGH-Statuts von den entsprechenden Bestimmungen des allgemeinen Strafrechts unerlässlich sind. Als **zentrale Umschaltnorm** verfügt § 2 für alle weiteren Fälle die Anwendbarkeit des allgemeinen Strafrechts. Danach sind die allgemeinen Regeln, etwa für Vorsatz, Irrtum, Notwehr[153] und Notstand, Täterschaft und Teilnahme sowie Unterlassen auch auf die Zurechnung von Völkerrechtsverbrechen anzuwenden. Spezielle Regelungen trifft das VStGB nur für das Handeln auf Befehl (§ 3), die Verantwortlichkeit militärischer Befehlshaber und anderer Vorgesetzter (§ 4, ergänzt durch §§ 14 und 15) sowie die Verjährung (§ 5).

48 § 1 S. 1 des Gesetzes verfügt für Völkermord, Verbrechen gegen die Menschlichkeit und Kriegsverbrechen die Geltung des **Weltrechtsprinzips.** Das VStGB gilt hier demnach auch für solche Auslandstaten, die keinen speziellen Inlandsbezug aufweisen.[154] Damit ist deutsches Strafrecht ohne Rücksicht auf Tatort oder Staatsangehörigkeit von Täter und Opfer immer anwendbar.[155] „Anknüpfungspunkt" für die Anwendbarkeit deutschen Strafrechts ist der Unrechtsgehalt der Taten, der den Inlandsbezug schafft.[156] Das Weltrechtsprinzip wird somit in „reiner" Form durchgeführt. Die abweichende Rechtsprechung des Bundesgerichtshofs zur Geltung des Weltrechtsprinzips für Völkermord (§ 6 Nr. 1 StGB aF)[157] ist damit für die Anwendbarkeit des VStGB bedeutungslos.[158] Aufgrund dieser konsequenten Durchführung des „reinen" Weltrechtsprinzips ist deutsches Strafrecht auf Völkermord, Verbrechen gegen die Menschlichkeit und Kriegsverbrechen anwendbar, gleichgültig, wo, von wem und gegen wen die Taten begangen worden sind. Die Bundesrepublik bekennt sich mit dieser Regelung zu der Aufgabe, Völkerrechtsverbrechen im Bedarfsfall auch als Drittstaat zu verfolgen. Eine Einschränkung besteht jedoch im Hinblick auf das Aggressionsverbrechen, für welches das Weltrechtsprinzip gem. § 1 S. 2 ausdrücklich nicht gilt; beim Verbrechen der Aggression ist deutsches Strafrecht nur anwendbar, wenn der Täter Deutscher ist oder die Tat sich gegen die Bundesrepublik Deutschland richtet.

49 § 3 normiert in Anlehnung an Art. 33 IStGH-Statut einen Schuldausschließungsgrund für den Fall, dass die Begehung eines Kriegsverbrechens in Ausführung eines militärischen **Befehls** erfolgt und der Täter die Rechtswidrigkeit des Befehls weder erkennt noch diese offensichtlich ist; dies gilt auch für (zivile) Anordnungen von gleicher Bindungswirkung. Das VStGB löst die dogmatisch holprige Regelung des Römischen Statuts zur **Vorgesetztenverantwortlichkeit** (Art. 28 IStGH-Statut) in drei Vorschriften auf.[159] § 4 normiert der Sache nach eine Garantenpflicht des militärischen Befehlshabers oder zivilen Vorgesetz-

---

[153] Die noch im Arbeitsentwurf der Expertenarbeitsgruppe enthaltene Sonderregelung für Notwehr (§ 3 AEVStGB; vgl. dazu BMJ S. 35 und *Werle* JZ 2001, 885 [891]) wurde nicht in den Regierungsentwurf übernommen. Nach der Begründung zum Regierungsentwurf (BT-Drs. 14/8524, 15) war eine Übernahme der Statutsvorschrift entbehrlich, da bereits im Rahmen des § 32 StGB statutkonforme Ergebnisse zu erzielen seien. Zum Notwehrexzess vgl. *T. Zimmermann* Zeitschrift für Internationale Strafrechtsdogmatik 2015, 58.
[154] Eingehend dazu siehe unten → § 1 Rn. 1 ff.
[155] Zu Grund und Grenzen des Weltrechtsprinzips → StGB Vor § 3 Rn. 39 ff. sowie → § 1 Rn. 10 ff. Vgl. auch *Geneuss* S. 219 ff., insbesondere zu der sich aus § 1 VStGB ergebenden Rolle des GBA im System völkerrechtlicher Strafrechtspflege. Zweifel an der Vereinbarkeit des § 1 VStGB mit Völkerrecht äußert Werle/*Tomuschat* S. 157 (165). Vgl. auch Jeßberger/Geneuss/*Langer* S. 253 ff.
[156] Vgl. Cassese/*Jeßberger* S. 555 (556); *Werle*/Jeßberger Rn. 235 f.
[157] Ständige Rspr., vgl. BGHSt 45, 64 (66) = NStZ 1999, 396 (397) („legitimierender Anknüpfungspunkt […], der einen unmittelbaren Bezug der Strafverfolgung zum Inland darstellt"); zweifelnd aber BGH 21.2.2001 – 3 StR 372/00, BGHSt 46, 292 (297) = NJW 2001, 2728 (2729) zu § 6 Nr. 9 StGB. Vgl. dazu auch Eser/Kreicker/*Gropengießer*/Kreicker S. 253 ff.
[158] Vgl. auch *Satzger* § 17 Rn. 38.
[159] S. dazu Jeßberger/Geneuss/*Vogel* S. 75 ff. und Jeßberger/Geneuss/*Burghardt* S. 91 ff. Vgl. im Übrigen BGH 17.6.2010 – AK 3/10 mAnm *Burghardt* Zeitschrift für Internationale Strafrechtsdogmatik 2010, 695; mAnm *Safferling* JZ 2010, 965. Vgl. auch *Bülte* S. 644 ff.; *Weigend* FS Roxin, 2001, 1375 (1393 ff.) und → § 4 Rn. 8. Eingehend zur Vorgesetztenverantwortlichkeit *Burghardt*.

ten für Straftaten ihrer Untergebenen. Die Verletzung der Aufsichtspflicht durch den Vorgesetzten und die Nichtanzeige einer durch den Untergebenen begangenen Straftat werden in gesonderten Strafnormen mit abgesenkter Strafdrohung erfasst (§§ 14, 15). § 5 schließt in Übereinstimmung mit dem Römischen Statut die **Verjährung** von Völkermord, Verbrechen gegen die Menschlichkeit und Kriegsverbrechen aus; für die in §§ 14 und 15 in das VStGB einbezogenen Vergehenstatbestände gelten die allgemeinen Verjährungsregeln.

2. Besonderer Teil. Der zweite Teil des VStGB enthält die **Straftaten** gegen das Völkerrecht, namentlich Völkermord, Verbrechen gegen die Menschlichkeit und Kriegsverbrechen einschließlich Bürgerkriegsverbrechen sowie weitere Straftaten. Das Gesetz verfolgt den Ansatz, bei der Reichweite der Straftatbestände weitgehende **Übereinstimmung mit den völkerrechtlichen Normen** zu erzielen. Hierbei entstehen unvermeidlich Spannungen zwischen der Statutsnähe und dem Bestimmtheitsgrundsatz deutscher Ausprägung (→ Rn. 37). Nicht wenige völkerrechtliche Tatbestände bedurften im Hinblick auf das Gesetzlichkeitsprinzip des Art. 103 Abs. 2 GG der Präzisierung. Somit kennzeichnet die enge, aber zugleich präzisierende Anlehnung an die völkerstrafrechtlichen Normen den Besonderen Teil des VStGB. 50

Bestimmungen über **Rechtsfolgen und Strafzumessung** enthält das Römische Statut nur in sehr allgemeiner Form.[160] Es gibt lediglich allgemein die Strafen vor, die der Gerichtshof verhängen kann.[161] Das Gericht soll die Strafe für verurteilte Täter nach einer umfassenden Würdigung insbesondere der Person, der Schwere der Tat und ihrer Umstände festsetzen.[162] Die im VStGB festgelegten Strafrahmen tragen nicht nur den deutschen Bestimmtheitsanforderungen Rechnung, sondern bedeuten auch aus der Sicht des Völkerstrafrechts gegenüber dem Römischen Statut einen erheblichen Fortschritt. Die Zuordnung konkreter Strafrahmen zu den einzelnen Tatbeständen bewirkt nämlich, dass die Gewichtung der einzelnen Tatbestände und Untertatbestände im Verhältnis zueinander sichtbar wird. Auf diese Weise hat der deutsche Gesetzgeber wichtige Pionierarbeit geleistet. 51

Das VStGB entfaltet **keine Sperrwirkung** gegenüber den Tatbeständen des StGB. Dies ergibt sich schon aus § 2. Auf das Verhältnis der Tatbestände des VStGB und des StGB finden daher die allgemeinen Konkurrenzregeln Anwendung.[163] Die Anwendbarkeit des allgemeinen Strafrechts darf jedoch die Wertungen des Völkerrechts nicht unterlaufen. Die gebotene Berücksichtigung völkerrechtlicher Erlaubnisnormen auf Rechtfertigungsebene stellt dies sicher.[164] Die einschlägigen Normen des Völkerrechts sind über Art. 59 Abs. 2 GG bzw. Art. 25 GG unmittelbar anwendbar. 52

a) **Völkermord.** Den Tatbestand des Völkermordes hat § 6 aus dem StGB übernommen. Als **Völkermordtaten** sind Handlungen erfasst, die in der Absicht vorgenommen werden, eine nationale, rassische, religiöse oder ethnische Gruppe als solche ganz oder teilweise zu zerstören. Das noch in § 220a StGB aF enthaltene Tatbestandsmerkmal der „durch ihr Volkstum bestimmten" Gruppe wurde an den internationalen Sprachgebrauch angepasst und durch „ethnisch" ersetzt. Entsprechend dem traditionellen Verständnis des Völkermordtatbestandes ist nunmehr im Normtext ausdrücklich klargestellt, dass einzelne Tatbestandsalternativen auch bereits dann erfüllt sein können, wenn sich der Angriff gegen eine einzelne 53

---

[160] Vgl. zur Strafzumessung *Book*; *Epik*; *Melloh*; *Nemitz*; *Cassese/Schabas* S. 452. Vgl. zu Straftheorien *Werkmeister*.
[161] Zulässig sind lebenslange und zeitige Freiheitsstrafen, Geldstrafen und die Vermögenseinziehung, vgl. Art. 77 IStGH-Statut.
[162] Vgl. Art. 78 IStGH-Statut.
[163] Vgl. die Gesetzesbegründung in BT-Drs. 14/8524, 13; ebenso GBA, Einstellungsvermerk v. 16.4.2010 (3 B Js 6/10-4), S. 51 f.; → § 2 Rn. 7 und → Vor §§ 8 ff. Rn. 45 f.; ferner *Ambos* NJW 2010, 1725 (1727); *Basak* HRRS 2010, 513 (516 f.); *Steiger/Bäumler* AVR 48 (2010), 189 (207 f.); aA *Hertel* HRRS 2010, 339 (341 f.); *T. Zimmermann* GA 2010, 507.
[164] Vgl. GBA, Einstellungsvermerk v. 16.4.2010 (3 B Js 6/10-4), S. 53 f.; *Ambos* NJW 2010, 1725 (1727); *Steiger/Bäumler* AVR 48 (2010), 189 (209). Hierzu kritisch *Jeßberger* HRRS 2013, 119.

Person richtet.[165] Das VStGB enthält keine besondere Regelung der Aufstachelung zum Völkermord. Hier bleibt es bei einer Strafbarkeit nach §§ 111 und 130a StGB.[166]

54 **b) Verbrechen gegen die Menschlichkeit.** In § 7 sind bestimmte **unmenschliche Handlungen,** die im Rahmen eines ausgedehnten oder systematischen Angriffs gegen eine Zivilbevölkerung begangen werden, unter Strafe gestellt. § 7 ist in enger Anlehnung an Art. 7 IStGH-Statut gefasst.[167] Die Vorschrift unterscheidet zwischen der „Gesamttat", also dem ausgedehnten oder systematischen Angriff gegen eine Zivilbevölkerung, und den einzelnen Handlungsalternativen, den „Einzeltaten".[168] Als Einzeltaten benennt § 7 die Tötung (Nr. 1), die Ausrottung (Nr. 2), die Versklavung (Nr. 3), die Vertreibung (Nr. 4), die Folter (Nr. 5), die sexuelle Nötigung (Nr. 6), das zwangsweise Verschwindenlassen (Nr. 7), die Zufügung schwerer körperlicher oder seelischer Schäden (Nr. 8), die Freiheitsberaubung (Nr. 9) sowie die Verfolgung (Nr. 10). Zu Straftaten gegen das Völkerrecht werden diese Einzeltaten erst durch ihren funktionalen Zusammenhang mit der Gesamttat. Abweichend vom Römischen Statut sieht § 7 zahlreiche (Erfolgs-)Qualifikationstatbestände vor und berücksichtigt minder schwere Fälle. So ist die im Römischen Statut als eigenständiges Menschlichkeitsverbrechen ausgestaltete „Apartheid" in § 7 Abs. 5 als Qualifikationstatbestand geregelt.

55 **c) Kriegsverbrechen.** Der zweite Abschnitt betrifft Kriegsverbrechen unter Einschluss von Bürgerkriegsverbrechen, also solche Straftaten, die im Zusammenhang mit einem **internationalen oder nichtinternationalen bewaffneten Konflikt** begangen worden sind.[169] Umgesetzt sind hier neben Art. 8 IStGH-Statut das Erste Zusatzprotokoll zu den Genfer Abkommen[170] sowie, jedenfalls soweit die Normen Bestandteil des Völkergewohnheitsrechts geworden sind, das Zweite Zusatzprotokoll zur Konvention zum Schutze von Kulturgut bei bewaffneten Konflikten.[171] Die Regelungen des zweiten Abschnitts des VStGB unterscheiden sich von Art. 8 IStGH-Statut vor allem durch die Zusammenführung der Strafnormen, die im internationalen Konflikt und im Bürgerkrieg gelten. Ordnungskriterium der §§ 8–12 ist nicht der Charakter des Konflikts, sondern die Unterscheidung zwischen dem Schutz von Personen und Eigentum auf der einen Seite (Genfer Recht) sowie dem Verbot bestimmter Methoden und Mittel der Kriegführung auf der anderen Seite (Haager Recht).[172] Nur soweit der Stand des Völkergewohnheitsrechts die Gleichbehandlung von internationalen und nichtinternationalen bewaffneten Konflikten nicht gestattet, kommt die Unterscheidung nach Konfliktarten innerhalb der einzelnen Vorschriften noch zur Geltung.

56 An der Spitze des zweiten Abschnitts stehen die **Kriegsverbrechen gegen Personen.** § 8 Abs. 1 gilt für den internationalen wie den nichtinternationalen bewaffneten Konflikt und erfasst als Einzeltaten die Tötung (Nr. 1), die Geiselnahme (Nr. 2), die grausame oder unmenschliche Behandlung (Nr. 3), die sexuelle Nötigung (Nr. 4), die Zwangsverpflichtung und Verwendung von Kindersoldaten (Nr. 5), die Vertreibung (Nr. 6), die Bestrafung ohne ordentliches Gerichtsverfahren (Nr. 7), medizinische Versuche und Organentnahmen

---

[165] Vgl. § 6 Nr. 1, 2, 5. Zur Auslegung von § 220a StGB aF vgl. LK-StGB/*Jähnke* StGB § 220a Rn. 10. Zur Diskussion um das Erfordernis einer Gesamttat bei Art. 6 IStGH-Statut *Werle/Jeßberger* Rn. 860 ff.
[166] *Gebauer* S. 11 (16); krit. Eser/Kreicker/Gropengießer/Kreicker S. 287 f.
[167] Vgl. auch *Barthe* NStZ 2012, 247.
[168] Vgl. die Begründung zum Regierungsentwurf, BT-Drs. 14/8524, 20; übereinstimmend BMJ, S. 40 f.; *Werle/Jeßberger* Rn. 920; grundlegend zur Struktur der völkerrechtlichen Straftat auch Lüderssen/*Marxen* S. 220.
[169] Eingehend zur Strafbarkeit von Kriegsverbrechen nach deutschem Recht *Werle/Nerlich* HuV-I 2002, 124; T. *Zimmermann* GA 2010, 507.
[170] Zusatzprotokoll zu den Genfer Abkommen vom 12.8.1949 über den Schutz der Opfer internationaler bewaffneter Konflikte, BGBl. 1990 II S. 1551. Die völkergewohnheitsrechtliche Geltung der meisten Normen des Ersten Zusatzprotokolls ist heute anerkannt, vgl. Fleck/*Greenwood* S. 1 (23, para. 127).
[171] Zweites Protokoll vom 26.3.1999 zur Konvention zum Schutze von Kulturgut bei bewaffneten Konflikten (BGBl. 1967 II S. 1233); siehe dazu die Begründung zum Regierungsentwurf, BT-Drs. 14/8524, 23.
[172] Zur Unterscheidung von Genfer Recht und Haager Recht vgl. *Ipsen* § 56 Rn. 8.

(Nr. 8) sowie die entwürdigende oder erniedrigende Behandlung (Nr. 9). Tatbestandsmäßig sind in der Mehrzahl der Fälle nur Taten gegen eine „nach dem humanitären Völkerrecht zu schützende Person" (§ 8 Abs. 6). § 8 Abs. 3 enthält die wenigen Taten, die ausschließlich in internationalen bewaffneten Konflikten begangen werden können. Hierbei geht es um die verzögerte Heimschaffung Kriegsgefangener (Nr. 1), die Überführung der Zivilbevölkerung der Besatzungsmacht (Nr. 2) sowie die Nötigung zum Dienst in den Streitkräften des Gegners (Nr. 3) oder zu Kriegshandlungen für den Gegner (Nr. 4). §§ 9 und 10 betreffen **Kriegsverbrechen gegen Eigentum und sonstige Rechte** sowie **Kriegsverbrechen gegen humanitäre Operationen und Embleme.** Eine wesentliche Materie des Haager Rechts regelt § 11, der die Kriegsverbrechen des Einsatzes **verbotener Methoden der Kriegsführung** unter Strafe stellt. Abs. 1, der für den internationalen wie den nichtinternationalen Konflikt gleichermaßen gilt, kriminalisiert Angriffe auf Zivilpersonen (Nr. 1) und auf zivile Objekte (Nr. 2) sowie Angriffe, die zu unverhältnismäßigen zivilen Schäden führen (Nr. 3). Erfasst sind ferner der Missbrauch von Personen als menschliche Schutzschilde (Nr. 4), das Aushungern der Zivilbevölkerung (Nr. 5), die Anordnung oder Androhung, kein Pardon zu geben (Nr. 6) sowie die meuchlerische Tötung oder Verwundung gegnerischer Kombattanten und Kämpfer (Nr. 7). Kriegsverbrechen des Einsatzes **verbotener Mittel der Kriegführung,** eine weitere zentrale Materie des Haager Rechts, sind in § 12 unter Strafe gestellt. Unabhängig vom Eintritt eines Schadens im Einzelfall wird dort die Verwendung von Gift und vergifteten Waffen (Nr. 1), biologischen und chemischen Waffen (Nr. 2) sowie von so genannten Dumdum-Geschossen (Nr. 3) kriminalisiert.

Die Bedeutung des VStGB erschöpft sich im Bereich der Kriegsverbrechen aber nicht in der neuartigen Gliederung. Vielmehr trägt das VStGB zur **Konsolidierung des Bürgerkriegsvölkerstrafrechts** bei, das heißt des Völkerstrafrechts der internen bewaffneten Konflikte. Der Jugoslawien-Gerichtshof hat 1995, unter anderem auch im Anschluss an das Ruanda-Statut, die weitgehende völkergewohnheitsrechtliche Angleichung der Strafbarkeit von Kriegsverbrechen und Bürgerkriegsverbrechen festgestellt. Die Gleichbehandlung soll etwa für die Verwendung verbotener Kampfmethoden und verbotener Kampfmittel gelten. Nach der Auffassung des Jugoslawien-Strafgerichtshofs ist beispielsweise der Giftgaseinsatz in internationalen bewaffneten Konflikten in gleicher Weise strafbar wie in internen bewaffneten Konflikten.[173] Es macht also keinen Unterschied für die völkerstrafrechtliche Bewertung, ob Giftgas vom Kriegsgegner oder vom Bürgerkriegsgegner eingesetzt wird. Das Römische Statut war bei der Kodifikation von Bürgerkriegsverbrechen hinter diesem völkergewohnheitsrechtlich bereits erreichten Stand zurückgeblieben. Erst auf der Überprüfungskonferenz im Jahre 2010 konnten sich die Staaten darauf einigen, die Verwendung von Giftgas, vergifteten Waffen und so genannten Dumdum-Geschossen im nichtinternationalen Konflikt in das Statut aufzunehmen.[174] Das VStGB folgte dagegen von Anfang an im Einklang mit dem Völkergewohnheitsrecht der Rechtsprechung des Jugoslawien-Strafgerichtshofs und regelt die strafbare Verwendung verbotener Kampfmittel und verbotener Kampfmethoden für beide Konfliktarten einheitlich. Doch auch in anderen Bereichen folgt das VStGB dem Völkergewohnheitsrecht und geht über das Römische Statut hinaus. So werden der Missbrauch von Personen als menschliche Schutzschilde oder das Aushungern der Zivilbevölkerung nicht nur im Krieg zwischen Staaten, sondern ebenso im Bürgerkrieg unter Strafe gestellt. In diesem Bereich wirkt das VStGB einem Zurückfallen hinter bereits etablierte Standards des Völkerstrafrechts entgegen.

d) Aggression. Bei Schaffung des VStGB wurde zunächst davon abgesehen, eine Regelung des **Aggressionsverbrechens** aufzunehmen; anders als § 220a StGB aF wurden die §§ 80, 80a StGB nicht in das VStGB überführt. Angesichts des Verzichts auf eine Aggressionsdefinition im Römischen Statut war diese gesetzgeberische Zurückhaltung konsequent. Nachdem auf der Überprüfungskonferenz von Kampala eine Einigung über die Definition

---

[173] JStGH 2.10.1995 (Tadić, TC) paras. 120 ff.
[174] Resolution RC/Res. 5 der Überprüfungskonferenz von Kampala v. 10.6.2010.

des Aggressionsverbrechens erzielt werden konnte,[175] war deren Umsetzung in deutsches Strafrecht juristisch konsequent und rechtspolitisch geboten.

59   Seit dem 1.1.2017[176] bedroht § 13 das Führen eines **Angriffskrieges**[177] ebenso mit lebenslanger Freiheitsstrafe wie die Begehung einer **sonstigen Angriffshandlung,** die ihrer Art, ihrer Schwere und ihrem Umfang nach eine offenkundige Verletzung der Charta der Vereinten Nationen darstellt (Abs. 1). Unter bestimmten Voraussetzungen wird ferner die Planung, Vorbereitung und Einleitung eines Angriffskrieges oder einer sonstigen Angriffshandlung unter lebenslange Freiheitsstrafe oder Freiheitsstrafe nicht unter zehn Jahren gestellt (Abs. 2). Der Tatbestand ist entsprechend dem historischen Vorbild von Nürnberg und im Einklang mit dem Kampala-Konsens als Führungsverbrechen ausgestaltet,[178] das heißt Beteiligte eines Aggressionsverbrechens können nur solche Personen sein, die tatsächlich in der Lage sind, das politische oder militärische Handeln eines Staates zu kontrollieren oder zu lenken (Abs. 4). Abs. 5 sieht abweichend vom Regierungsentwurf[179] nur für minder schwere Fälle des Abs. 2 Freiheitsstrafe nicht unter fünf Jahren vor; für Abs. 1 verbleibt es bei der obligatorischen lebenslangen Freiheitsstrafe. Der Weltrechtspflegegrundsatz gilt nicht für den Aggressionstatbestand. Der neue § 1 S. 2 VStGB sieht die Geltung deutschen Strafrechts für Auslandstaten nach § 13 VStGB unabhängig vom Recht des Tatorts nur dann vor, wenn der Täter Deutscher ist oder die Tat sich gegen die Bundesrepublik Deutschland richtet. Anders als im Gesetzesentwurf der Bundesregierung vorgesehen,[180] wurde der Straftatbestand des § 80a StGB beibehalten; es wurde lediglich der Begriff „Angriffskrieg" durch den des „Verbrechens der Aggression" ersetzt.[181]

60   **3. Prozessuale Flankierung.** Die in § 1 festgeschriebene Anwendbarkeit des Weltrechtsprinzips wird von einer neuartigen prozessualen Regelung flankiert. Diese bejaht im Grundsatz eine Pflicht auch zur Verfolgung von Auslandstaten. Das sonst bei Auslandstaten bestehende Ermessen der Staatsanwaltschaft wird strukturiert und eingeschränkt. Eine recht komplexe Vorschrift, **§ 153f StPO,**[182] ergibt bei Völkerrechtsverbrechen eine Verfolgungspflicht insbesondere dann, wenn sich der Beschuldigte im Inland aufhält. Einstellungsmöglichkeiten bestehen nur, wenn sich der Beschuldigte im Ausland aufhält oder wenn vorrangige Gerichtsbarkeiten im Spiel sind, wie der Internationale Strafgerichtshof oder die Justiz des Tatortstaates. Dadurch wird sichergestellt, dass die deutsche Gerichtsbarkeit bei Auslandstaten nur zum Zuge kommt, wenn die Gerichte des Tatortstaates die Tat nicht selbst verfolgen **(Subsidiaritätsprinzip).** Zudem wird so ein überflüssiger oder sinnloser Ressourceneinsatz der deutschen Justiz vermieden.[183]

61   Auch diese prozessuale Flankierung des Weltrechtsprinzips könnte Modellcharakter erlangen. Nach Völkergewohnheitsrecht haben Drittstaaten die Befugnis, Völkerrechtsverbrechen zu verfolgen.[184] Eine Verfolgungspflicht von Drittstaaten kann aber nach dem

---

[175] Resolution RC/Res. 6 der Überprüfungskonferenz von Kampala v. 11.6.2010; zu dem auf der Überprüfungskonferenz erzielten Konsens zum Aggressionsverbrechen, vgl. *Ambos* Zeitschrift für Internationale Strafrechtsdogmatik 2010, 649; *Haumer/Marschner* HuV-I 2010, 188; *Heinsch* Goettingen Journal of International Law 2 (2010), 713; *Kreß/von Holtzendorff* GA 2011, 65; *Reisinger Coracini* Goettingen Journal of International Law 2 (2010), 745; *Schmalenbach* JZ 2010, 745.

[176] BGBl. 2016 I S. 3150; vgl. dazu *Glauch* HRRS 2017, 85; *Greßmann/Staudigl* Zeitschrift für Internationale Strafrechtsdogmatik 2016, 798.

[177] Der Autor hat von Anfang an die Beibehaltung dieses Merkmals befürwortet, vgl. *Werle* JZ 2012, 373 (378); *ders./Jeßberger* Rn. 1557 sowie *ders.* Stellungnahme 23.8.2013.

[178] Vgl. dazu *Werle/Jeßberger* Rn. 1521 f., 1538. Vgl. auch *Jeßberger* Zeitschrift für Internationale Strafrechtsdogmatik 2015, 514 (517 f.); *Zimmermann/Henn* ZRP 2013, 240 (242 f.).

[179] Zu den Gründen vgl. BT Drs. 18/10509.

[180] BT Drs. 18/8621.

[181] Zur Begründung („Vermeidung etwaiger Strafbarkeitslücken"), siehe BT Drs. 18/10509.

[182] Zu dieser Vorschrift umfassend *Geneuss*. Vgl. auch *Ambos* NStZ 2006, 434; *Beck/Ritscher* Journal of International Criminal Justice 13 (2015), 229 (232); *Gierhake* ZStW 120 (2008), 375; *Eser/Kreicker/Gropengießer/Kreicker* S. 259 ff., 263 ff., 436–443; *Löwe/Rosenberg/Beulke* § 153f StPO. Vgl. auch Jeßberger/Geneuss/Weißer S. 65 ff.

[183] Vgl. dazu GBA JZ 2000, 311 (312); OLG Stuttgart NStZ 2006, 117 (119).

[184] *Werle/Jeßberger* Rn. 235 ff.

heutigen Stand des Völkergewohnheitsrechts wohl nicht bejaht werden.[185] Indem die Bundesrepublik nach ihrem innerstaatlichen Recht auch bei Auslandstaten im Grundsatz eine Verfolgungspflicht bejaht, gibt sie einen wichtigen Anstoß und zwar sowohl für die Völkerstrafrechtsentwicklung wie auch für die Gesetzgebung anderer Staaten.[186]

V. Zwischenbilanz der Anwendungspraxis

Fünfzehn Jahre nach Einführung des VStGB lässt sich eine vorsichtig positive Zwischenbilanz ziehen. Die getroffenen Regelungen haben sich im Grundsatz als tragfähig erwiesen. Dies gilt insbesondere für die gesetzgeberische Entscheidung, das Völkergewohnheitsrecht in die Implementierung einzubeziehen. Die in Kampala beschlossene Ergänzung der Bürgerkriegsverbrechen im IStGH-Statut bestätigt die Entscheidung des deutschen Gesetzgebers. Dass die bisherige Anwendungspraxis eher ernüchternd ausfällt, ist jedenfalls nicht auf ein fehlerhaftes Gesetz zurückzuführen und belegt für sich genommen auch keine fehlerhafte Praxis. Verfahren wegen Straftaten nach dem VStGB haben notwendigerweise Ausnahmecharakter. Dies gilt umso mehr, wenn die verfolgten Taten im Ausland begangen worden sind.[187]   **62**

Seit dem Inkrafttreten des VStGB wurden bis Oktober 2015 49 Ermittlungsverfahren gegen insgesamt 60 Beschuldigte sowie elf so genannte Strukturverfahren gegen Unbekannt geführt. 17 Verfahren wurden wieder eingestellt.[188]   **63**

Lediglich in vier Verfahren kam es bis März 2017 zu (erstinstanzlichen) **Verurteilungen wegen Straftaten nach dem VStGB:**[189] Dabei handelt es sich zum einen um das Verfahren gegen zwei führende Mitglieder der im Ostkongo operierenden Miliz *Forces démocratiques de libération du Rwanda* (FDLR), das im Mai 2011 vor dem OLG Stuttgart begonnen hatte.[190] **Ignace Murwanashyaka** und **Straton Musoni** wurde unter anderem vorgeworfen, für von der FDLR in Kivu verübte Verbrechen gegen die Menschlichkeit und Kriegsverbrechen[191] verantwortlich zu sein. Die Anklage stützte sich auf Vorgesetztenverantwortlichkeit gemäß § 4 VStGB: Als Präsident bzw. erster Vizepräsident der FDLR hätten die Angeklagten von Deutschland aus die Vorgehensweise, Strategien und Taktiken der FDLR gesteuert und die Taten durch ihr Einschreiten verhindern können;[192] die Strafverfolgung in Deutschland beruhte somit auf dem Territorialitätsgrundsatz, nicht auf dem Weltrechtspflegegrundsatz, da   **64**

---

[185] *Werle/Jeßberger* Rn. 258 ff.
[186] Allerdings wird sowohl im Schrifttum als auch in der rechtspolitischen Diskussion seit längerem die vollständige gerichtliche Überprüfbarkeit von Einstellungsentscheidungen des Generalbundesanwalts gem. § 153f StPO gefordert. Siehe nur *Geißler/Selbmann* HuV-I 2007, 160 (164 f.); *Geneuss* S. 312; *Kreß* Zeitschrift für Internationale Strafrechtsdogmatik 2007, 515 (523); *Singelnstein/Stolle* Zeitschrift für Internationale Strafrechtsdogmatik 2006, 118; *Werle* JZ 2012, 373 (378). Vgl. auch den diesbezüglichen Gesetzentwurfs der Fraktion Bündnis 90/Die Grünen aus dem Jahr 2007, BT-Drucks.16/7134. Vgl. zur Reformdiskussion im Allgemeinen → Rn. 68.
[187] Vgl. auch *Kreß* Zeitschrift für Internationale Strafrechtsdogmatik 2007, 515 (518).
[188] Vgl. BT Drs. 18/6341, S. 3. Vgl. im Übrigen den Überblick bei *Geneuss*, S. 237 ff.; Jeßberger/Geneuss/ Keller S. 141 ff. und Jeßberger/Geneuss/*Beck* S. 161 ff; Safferling/Kirsch/*Ritscher* S. 223 ff.
[189] Vgl. *Frank/Schneider-Glockzin* NStZ 2017, 1 (3 ff.). Die oben genannte Verurteilung *Rwabukombes* wegen Völkermordes stützte sich nicht auf das VStGB, sondern auf den zum Tatzeitpunkt geltenden § 220a StGB aF iVm § 6 Nr. 1 StGB aF; vgl. dazu *Werle/Burghardt* Zeitschrift für Internationale Strafrechtsdogmatik 2015, 46 (47). Drei weitere, in Zusammenhang mit der FDLR stehende Ermittlungsverfahren wurden verbunden und Anklage vor dem OLG Düsseldorf erhoben, allerdings wiederum nicht wegen Taten nach dem VStGB, sondern ua wegen Mitgliedschaft in bzw. Unterstützung einer terroristischen Vereinigung gemäß §§ 129a, 129b StGB (sog. FDLR-Unterstützerprozess); die drei Angeklagten wurden Ende 2014 verurteilt. Vgl. dazu auch ECCHR S. 49 ff.
[190] OLG Stuttgart 28.9.2015 – 3 StE 6/10. Vgl. zum Verfahren auch ECCHR; *Frank/Schneider-Glockzin* NStZ 2017, 1 (4).
[191] Im Einzelnen wurden der FDLR Taten gemäß § 7 Abs. 1 Nrn. 1, 3, 6, 8 und 9, Abs. 3 VStGB und gemäß § 8 Abs. 1 Nr. 1 bis 5, Abs. 4 S. 1, § 9 Abs. 1 und § 11 Abs. 1 Nr. 4 VStGB zur Last gelegt.
[192] Vgl. GBA, Pressemitteilung v. 17.12.2010 (32/2010), abrufbar unter <http://www.generalbundesanwalt.de/de/showpress.php?newsid=382> (Stand: August 2017). Vgl. auch die Entscheidung des Ermittlungsrichters des BGH zur Fortdauer der Untersuchungshaft von *Murwanashyaka*, BGH 17.6.2010 – AK 3/10 mAnm *Burghardt* Zeitschrift für Internationale Strafrechtsdogmatik 2010, 695 ff.; mAnm *Safferling* JZ 2010, 965 ff.

Ort der Tat gemäß § 9 StGB Deutschland war. Am 28.9.2015, nach 320 Hauptverhandlungstagen, verurteilte das OLG Stuttgart *Murwanashyaka* wegen Rädelsführerschaft in einer ausländischen terroristischen Vereinigung in Tateinheit mit Beihilfe zu vier Kriegsverbrechen zu einer Freiheitsstrafe von 13 Jahren. *Musoni* wurde wegen Rädelsführerschaft in einer ausländischen terroristischen Vereinigung zu einer Freiheitsstrafe von acht Jahren verurteilt.[193]

65 Die zweite Verurteilung wegen Straftaten nach dem VStGB betraf den 21-jährigen deutschen Staatsangehörigen **Aria L.**, der im Juli 2016 vom OLG Frankfurt wegen eines im Zusammenhang mit dem Bürgerkrieg in Syrien begangenen Kriegsverbrechens gem. § 8 Abs. 1 Nr. 9 (in schwerwiegender Weise entwürdigende oder erniedrigende Behandlung einer nach dem humanitären Völkerrecht zu schützenden Person) zu einer Freiheitsstrafe von zwei Jahren ohne Bewährung verurteilt wurde:[194] Der Angeklagte, welcher Mitglied der islamistisch-salafistischen Szene in Deutschland war, reiste im Frühjahr 2014 nach Syrien und hielt sich dort für einige Wochen bei dem „Jihadisten" Vedat V. auf, der im syrischen Bürgerkrieg gegen die syrische Armee kämpfte. Im Zeitraum vom 8.3. bis zum 16.4.2014 griff eine Gruppe bewaffneter „jihadistischer" Kämpfer, zu der auch Vedat V. gehörte, gegnerische Soldaten der syrischen Regierungstruppen an, tötete zwei von ihnen und spießte ihre Köpfe auf Metallstangen auf. Der Angeklagte ließ sich sodann, posierend neben den aufgespießten Köpfen, dreimal fotografieren, um dadurch die getöteten Soldaten zu verhöhnen und sie in ihrer Totenehre herabzuwürdigen. Die Bilder wurden danach über das soziale Netzwerk Facebook der Öffentlichkeit zugänglich gemacht und verbreitet.[195]

66 Die dritte Verurteilung erfolgte ebenfalls durch das OLG Frankfurt. Im November 2016 wurde der 30-jährige deutsche Staatsangehörige **Abdelkarim E.** wegen Mitgliedschaft in einer terroristischen Vereinigung im Ausland in zwei Fällen, jeweils in Tateinheit mit einem Verstoß gegen das Kriegswaffenkontrollgesetz, in einem Fall zugleich in Tateinheit mit einem Kriegsverbrechen gegen Personen, zu einer Gesamtfreiheitsstrafe von acht Jahren und sechs Monaten verurteilt.[196] Der Verurteilung wegen der Begehung eines Kriegsverbrechens liegt folgender Sachverhalt zugrunde: Der Angeklagte und weitere Beteiligte schändeten am 7.11.2013 die Leiche eines gegnerischen Soldaten, indem sie dem Leichnam Ohren und Nase abschnitten, in sein Gesicht traten und ihm in den Kopf schossen. Der Angeklagte filmte diesen Vorgang mit seinem Mobiltelefon.[197]

67 Die vierte Verurteilung betraf ein früheres Mitglied der irakischen Armee. Der 28-jährige **Rami K.** wurde im März 2017 vom KG Berlin wegen Kriegsverbrechen zu einer Freiheitsstrafe von einem Jahr und acht Monaten auf Bewährung verurteilt. Er hatte gestanden, im März 2015 anlässlich der so genannten Schlacht um Tikrit die abgetrennten Köpfe zweier gegnerischer Kämpfer an den Haaren in die Höhe gehalten und sich in dieser Pose fotografieren lassen zu haben.[198]

68 Dagegen stellte der Generalbundesanwalt das Verfahren gegen zwei für den Luftangriff nahe Kunduz/Afghanistan im September 2009 verantwortliche Bundeswehroffiziere mangels hinreichenden Tatverdachts ein.[199] Ebenfalls nach § 170 Abs. 2 StPO **eingestellt** wurde das Ermittlungsverfahren wegen eines Drohnenangriffs in Pakistan, dem im Oktober 2010 ein

---

[193] OLG Stuttgart 28.9.2015 – 5 – 3 StE 6/10; vgl. auch OLG Stuttgart, Pressemitteilung v. 28.9.2015, abrufbar unter <http://www.olg-stuttgart.de> (Stand: August 2017).

[194] OLG Frankfurt a. M. 12.7.2016 – 5 – 3 StE 2/16 – 4 – 1/16, BeckRS 2016, 19047. Vgl. dazu auch *Frank/Schneider-Glockzin* NStZ 2017, 1 (6).

[195] OLG Frankfurt a. M., Pressemitteilung v. 12.7.2016, abrufbar unter: <https://olg-frankfurt-justiz.hessen.de> (Stand: August 2017).

[196] OLG Frankfurt a. M. 8.11.2016 – 5 – 2 StE 10/16 – 9 – 2/16, BeckRS 2016, 19047. Vgl. dazu auch *Frank/Schneider-Glockzin* NStZ 2017, 1 (5 f.).

[197] OLG Frankfurt a. M., Pressemitteilung v. 8.11.2016, abrufbar unter: <https://olg-frankfurt-justiz.hessen.de> (Stand: August 2017). Vgl. dazu auch BGH 8.9.2016 – StB 27/16, NJW 2016, 3604, mit Leitsatz der Entscheidung: „Auch ein Verstorbener gilt als nach dem humanitären Völkerrecht zu schützende Person im Sinne von § 8 Abs. 1 Nr. 9 VStGB.", unter Berufung auf: *Werle/Jeßberger* Rn. 1238; siehe 2. Aufl., VStGB § 8 Rn. 204.

[198] KG Berlin 1.3.2017 – (2A) 172 OJs 26/16 (3/16), BeckRS 2017, 108262.

[199] GBA Einstellungsvermerk 16.4.2010 (3 B Js 6/10-4). Vgl. dazu *Ambos* NJW 2010, 1725; *von der Groeben* German Law Journal 11 (2010), 469; *Kaleck/Schüller/Steiger* KJ 2010, 270.

deutscher Staatsangehöriger zum Opfer fiel.[200] In anderen Fällen lehnte der Generalbundesanwalt die Einleitung eines förmlichen Ermittlungsverfahrens ab.[201] Dies geschah nach Auskunft des Generalbundesanwalts[202] entweder in Ermangelung eines Anfangsverdachts (§ 152 Abs. 2 StPO), wegen Immunität der angezeigten Personen[203] oder in Anwendung von § 153f StPO.

Die zurückhaltende Anwendungspraxis des VStGB hat **Kritik** hervorgerufen.[204] Der Vorwurf, das Völkerstrafgesetzbuch erweise sich bislang als eine „stumpfe Waffe",[205] ist mit Bezug auf manche Vorgänge nicht von der Hand zu weisen, insgesamt aber zu pauschal. Der Generalbundesanwalt versteht die Zuständigkeit nach § 1 VStGB, § 153f StPO im Hinblick auf im Ausland begangene Verbrechen als „Auffangzuständigkeit", welche die primär zuständigen Gerichtsbarkeiten nicht verdrängen soll; Strafgewalt auf Grundlage des Universalitätsprinzips soll nur ausgeübt werden, wenn und soweit die vorrangig zuständigen, tat- und täternäheren Staaten nicht willens oder nicht in der Lage sind, die Verbrechen selbst zu ahnden.[206] Für diese Position gibt es gute Gründe.[207] Freilich darf die berechtigte Anerkennung des Subsidiaritätsgedankens nicht dazu führen, dass die Bundesrepublik Deutschland auf Grund außenpolitischer Erwägungen von Strafverfolgungsmaßnahmen absieht, wenn Staaten ihrer Verfolgungspflicht nicht nachkommen.

VI. Reformdiskussion

Als das Völkerstrafgesetzbuch geschaffen wurde, standen die Verbrechenstatbestände im Zentrum. Auf einen Allgemeinen Teil wurde ebenso wie auf eine eigene Prozessordnung bewusst verzichtet. Unter dem Eindruck des oben genannten Verfahrens gegen *Murwanashyaka* und *Musoni* sowie des Frankfurter Verfahrens gegen *Rwabukombe* wurden Forderungen nach einer umfassenden **Reform des Strafprozessrechts für Völkerstrafverfahren** laut.[208] Dabei wurde sogar die Schaffung einer „Völkerstrafprozessordnung" angedacht.[209] Diese Vorgänge riefen auch den Ausschuss für Recht und Verbraucherschutz des Bundestages auf den Plan, der im April 2016 eine öffentliche Anhörung zum Thema „Keine Straflosigkeit bei Kriegsverbrechen – Völkerstrafprozesse in Deutschland voranbringen" durchführte.[210] Die vom Ausschuss benannten Sachverständigen stimmten darin überein, dass es zwar einer separaten Völkerstrafprozessordnung nicht bedürfe, aber in einzelnen Punkten Reformbedarf bestehe.[211]

---

[200] Vgl. GBA Einstellungsvermerk 20.6.2013; kritisch *Ambos* NStZ 2013, 634.

[201] Seit Inkrafttreten des VStGB wurden aber zahlreiche sog. Beobachtungsvorgänge angelegt, also Untersuchungsverfahren durchgeführt, welche unterhalb der Schwelle eines förmlichen Ermittlungsverfahrens angesiedelt sind; vgl. BT-Drs. 16/11479, 6; *Hannich* Zeitschrift für Internationale Strafrechtsdogmatik 2007, 507 (511).

[202] Vgl. BT-Drs. 16/11479, 6.

[203] Vgl. §§ 18–20 GVG.

[204] Kritisch zur bisherigen Praxis des Generalbundesanwalts → § 1 Rn. 28 ff.; *Basak* S. 499; ECCHR S. 122 ff.; *Fischer-Lescano* KJ 2005, 72; *von der Groeben* German Law Journal 11 (2010), 469; *Kaleck/Ratner/Singelnstein/Weiss/Jeßberger* S. 213; *Kaleck/Schüller/Steiger* KJ 2010, 270; *Kreß* Zeitschrift für Internationale Strafrechtsdogmatik 2007, 515; *Zappalà* Journal of International Criminal Justice 4 (2006), 602.

[205] Vgl. den Titel des Beitrags von Republikanischer Anwältinnen- und Anwälteverein/*Kaleck* S. 5.

[206] Vgl. GBA JZ 2005, 311 f. Vgl. auch *Beck/Ritscher* Journal of International Criminal Justice 13 (2015), 229 ff. Zum Gedanken der „antizipierten Rechtshilfe" vgl. Begr. VStGB, 37 f., sowie *Geneuss* S. 294 ff.; ferner *Jeßberger/Geneuss/Böse* S. 167 ff. und *Jeßberger/Geneuss/Kaleck* S. 177 ff.

[207] Vgl. dazu *Hannich* Zeitschrift für Internationale Strafrechtsdogmatik 2007, 507 (512 f.); *Werle/Jeßberger* Rn. 251.

[208] Kritisch im Hinblick auf die Durchführung des Verfahrens gegen *Murwanashyaka* und *Musoni* äußerte sich auch der Vorsitzende Richter, der seine Urteilsbegründung mit den folgenden Worten einleitete: „Zum Verfahren nur vier Worte: So geht es nicht!" Seiner Meinung nach war ein solches Mammutverfahren mit den Mitteln der Strafprozessordnung nicht in den Griff zu bekommen.

[209] Vgl. *Safferling/Kirsch/von Wistinghausen* S. 199 (208 f.). Vgl. dazu auch *Jeßberger/Geneuss/Jeßberger/Geneuss* S. 293 (301 f.).

[210] Vgl. BT-Drs. 18/6341.

[211] Vgl. Wortprotokoll 18/96. Dies betrifft etwa die Vorschrift des § 244 Abs. 5 S. 2 StPO, die Überprüfbarkeit staatsanwaltlicher Ermittlungsentscheidungen gem. § 153f StPO und die Vorschriften zur Information der Öffentlichkeit. Vgl. dazu eingehend *Werle/Vormbaum* JZ 2017, 12; vgl. auch *Bentele* Zeitschrift für Internationale Strafrechtsdogmatik 2016, 803.

Teil 1. Allgemeine Regelungen

§ 1 Anwendungsbereich

¹Dieses Gesetz gilt für alle in ihm bezeichneten Straftaten gegen das Völkerrecht, für Taten nach den §§ 6 bis 12 auch dann, wenn die Tat im Ausland begangen wurde und keinen Bezug zum Inland aufweist. ²Für Taten nach § 13, die im Ausland begangen wurden, gilt dieses Gesetz unabhängig vom Recht des Tatorts, wenn der Täter Deutscher ist oder die Tat sich gegen die Bundesrepublik Deutschland richtet.

Schrifttum: *Abass,* The International Criminal Court and Universal Jurisdiction, ICLR 6 (2006), 349; *Abi-Saab,* The Proper Role of Universal Jurisdiction, JICJ 1 (2003), 596; *Acosta-Estevez,* The Principle of Universal Jurisdiction and the Punishable Crimes under Art. 609–614 of the 1995 Spanish Penal Code, in *Fernandez-Sanchez* (Hrsg.), The New Challenges of Humanitarian Law in Armed Conflicts, 2005, S. 269; AIPD, Entschließungen des XVIII. Internationalen Strafrechtskongresses in Istanbul 2009, ZStW 122 (2010), 473; *Alija Fernández,* The 2014 Reform of Universal Jurisdiction in Spain – From All to Nothing, ZIS 2014, 717; *Ambos,* Völkerrechtliche Bestrafungspflichten bei schweren Menschenrechtsverletzungen, AVR 37 (1999), 318; *ders.,* Aktuelle Probleme der deutschen Verfolgung von „Kriegsverbrechen" in Bosnien-Herzegowina, NStZ 1999, 226; *ders.,* Der Fall Pinochet und das anwendbare Recht, JZ 1999, 16; *ders.,* Immer mehr Fragen im internationalen Strafrecht, NStZ 2001, 628; *ders.,* Strafrecht und Krieg: strafbare Beteiligung der Bundesregierung am Irak-Krieg?, FS Eser, 2005, 671; *ders.,* Völkerrechtliche Kernverbrechen, Weltrechtsprinzip und § 153f StPO, NStZ 2006, 434; *ders.,* Stellungnahme „Öffentliche Anhörung im Ausschuss für Menschenrechte und humanitäre Hilfe des Deutschen Bundestages zum Thema ‚Nationale Umsetzung des VStGB'", 24.10.2007, <http://www.department-ambos.uni-goettingen.de/>; *ders.,* Prosecuting Guantánamo in Europe: Can and Shall the Masterminds of the „Torture Memos" be Held Criminally Responsible on the Basis of Universal Jurisdiction?, Case W. Res. J. Int'l L. 42 (2009), 405; *ders.,* Afghanistan-Einsatz der Bundeswehr und Völker(straf)recht, NJW 2010, 1725; *ders.,* Das Verbrechen der Aggression nach Kampala, ZIS 2010, 649; *ders.,* The Crime of Aggression after Kampala, GYIL 53 (2010), 463; *ders.,* The Colombian Peace Process and the Principle of Complementarity of the International Criminal Court, 2010; *ders.,* Judicial creativity at the Special Tribunal for Lebanon: Is there a crime of terrorism under international law, LJIL 24 (2011), 655; *ders.,* Punishment without a Sovereign? The Ius Puniendi Issue of International Criminal Law: A First Contribution towards a Consistent Theory of International Criminal Law, OJLS 33 (2013), 293; *ders.,* Einstellungsverfügung GBA vom 20.6.2013 zum Drohneneinsatz in Mir Ali/Pakistan am 4.10.2010 u. Tötung des dt. Staatsangehörigen B.E. – Anmerkung zur „offenen Version" vom 23.7.2013, NStZ 2013, 634; *ders.,* Die Verfolgungsermächtigung i.R.v. § 129b StGB, ZIS 2016, 506; *Ambos/Malarino* (Hrsg.), Persecución penal nacional de crímenes internacionales en América Latina y España, 2003; *Ambos/Penkuhn,* Beteiligung am Genozid in Ruanda und Zerstörungsabsicht, StV 2016, 760; *Ambos/Othman* (Hrsg.), New approaches in international criminal justice, 2003; *Ambos/Timmermann,* Neue Transnationale Verbrechen für das VStGB?, in *Safferling/Kirsch* (Hrsg.), Völkerstrafrechtspolitik, 2014, S. 305; American Law Institute, Restatement (Third) Foreign Relations Law of the U. S., 1987; Amnesty International, Universal Jurisdiction – The duty of enact and enforce 2001 <https://www.amnesty.org/en/documents/ior53/003/2001/en/> (abgerufen am 5.6.2017); *dies.,* Germany – End impunity through universal jurisdiction, 2008 https://www.amnesty-in-bewegung.de/files/2696_Univ_Jurisd_003Germany_final.pdf (abgerufen am 5.6.2017); *Amnistía internacional, España.* El deber de respetar las obligaciones de derecho internacional no puede ser eludido, 2005; *Arbour,* Will the ICC have an Impact on Universal Jurisdiction?, JICJ 1 (2003), 585; *dies.,* International Criminal Law, Humanitarian Law and the Responsibility of States for Choice of Forum and Effective Enforcement, in *Dolgopol/Gardam* (Hrsg.), The Challenge of Conflict, 2006, S. 299; *Ascensio,* Are Spanish Courts Backing Down on Universality?, JICJ 1 (2003), 690; *Ascensio/Decaux/Pellet,* Droit international pénal, 2000; *Bacigalupo,* Jurisdicción penal nacional y violaciones masivas de derechos humanos etc., Revista española de derecho militar 77 (2001), 249; Assembly of the African Union, Report of the Commission on the Use of the Principle of Universal Jurisdiction by some Non-African States as Recommended by the Conference of Ministers of Justice/Attorneys General, 30. 6.–1.7.2008; *Basak,* Die Deformation einer Verfahrensnorm durch politische Rücksichten – Zum Beschluss des OLG Stuttgart im Verfahren gegen Donald Rumsfeld u.a. –, in *Albrecht/Fabricius/Günther/Hassemer u.a.* (Hrsg.), Jenseits des rechtsstaatlichen Strafrechts, 2007, S. 499; *ders.,* Abu Ghreib, das Pentagon und die deutsche Justiz. Zur Zuständigkeit der deutschen Strafverfolgungsbehörden für Kriegsverbrechen im Irak nach dem Inkrafttreten des VStGB, HuV-I 2005, 85; *Bassiouni,* Universal Jurisdiction for International Crimes, Virginia Journal of International Law 42 (2001), 82; *ders.,* The History of Universal Jurisdiction and Its Place in International Law, in *Macebo* (Hrsg.), Universal Jurisdiction, 2004, S. 39; *Baumgartner,* Die Verfolgung von Völkerstraftaten in der Schweiz, in *Safferling/Kirsch* (Hrsg.), Völkerstrafrechtspolitik, 2014, 399; *Beck,* Das Völkerstrafgesetzbuch in der praktischen Anwendung – ein Kommentar zum Beitrag von Rainer Keller, in *Jeßberger/Geneuss* (Hrsg.), Zehn Jahre Völkerstrafgesetzbuch. Bilanz und Perspektiven eines „deutschen Völkerstrafrechts", 2013, S. 161; *Beck/Ritscher,* Do Criminal Complaints Make Sense in (German) International Criminal Law?, JICJ 13 (2015), 229; *Behrendt,* Die Verfolgung des Völkermords in Ruanda durch internationale und nationale Gerichte, 2005; *Beigbeder,* International justice against impunity, 2005; *Bekou,* Doing Justice for the Liberian Victims of Mass Atrocity, JICJ 13 (2015), 219; *Benavides,* The Universal Jurisdiction Principle: Nature and Scope, Anuario mexicano de derecho international 1 (2001), 19; *Bentele,* Völkerstrafprozesse in Deutschland voranbringen – Eine rechtpolitische Betrachtung, ZIS 2016, 803; *Benvenuti,* Complementarity of the International Criminal Court to National Criminal Jurisdictions, in *Lattanzi/Schabas* (Hrsg.), Essays on the Rome Statute of the ICC, Band 1, 1999, S. 21; *Benzing,* Sovereignty and the Responsibility to Protect in International Criminal Law, in *König ua* (Hrsg), International Law Today, 2008, S. 17; *Berg,* Universal Criminal Jurisdiction and the Crime of Torture, 2012; *Berster,* Entscheidungsbesprechung: Leichenschändung als Kriegsverbrechen, ZIS 2017, 264; *Blanco Cordero,* Crisis del principio de jurisdicción universal en el derecho penal internacional contemporáneo, La Ley Nr. 5980 (2004), 1 u. Nr. 5981 (2004), 1; BMJ (Hrsg.), Arbeitsentwurf eines Gesetzes zur Einführung des Völkerstrafgesetzbuchs, 2001; *Bock,* Western Sahara and Universal Jurisdiction in Germany, RBDI 43 (2010), 43; *dies.,* Das europäische Opferrechtspaket: Zwischen substantiellem Fortschritt und blindem Aktionismus, ZIS 2013, 201; *Böse,* Das Völkerstrafgesetzbuch und der Gedanke „antizipierter Rechtshilfe", in *Jeßberger/Geneuss* (Hrsg.), Zehn Jahre Völkerstrafgesetzbuch. Bilanz und Perspektiven eines „deutschen Völkerstrafrechts", 2013, S. 167; *ders.,* Chapter 3: Fundamental Rights of the EU-Charter, in *Böse/Meyer/Schneider* (Hrsg.), Conflicts of Jurisdiction in Criminal Matters in the European Union, Vol. II: Rights, Principles and Model Rules, 2014, 107; *Böse/Meyer/Schneider* (Hrsg.), Conflicts of Jurisdiction in Criminal Matters in the European Union, Vol. I: National Reports and Comparative Analysis, 2013; *dies.,* Comparative Analysis, in *Böse/Meyer/Schneider* (Hrsg.), Conflicts of Jurisdiction in Criminal Matters in the European Union, Vol. I: National Reports and Comparative Analysis, 2013, 411; *Boister,* Transnational Criminal Law?, EJIL 14 (2003), 953; *Brammertz,* Die Strafverfolgung von Völkerrechtsverbrechen in Belgien, in *Theissen/Nagler* (Hrsg.), Der IStGH fünf Jahre nach Rom, 2004, S. 50; *Brody,* Using Universal Jurisdiction to Combat Impunity, in *Lattimer/Sands* (Hrsg.), Justice for Crimes against Humanity, 2003, S. 376; *Broomhall,* Towards the Development of an Effective System of Universal Jurisdiction etc., New England Law Review 35 (2001), 399; *Brown,* The Evolving Concept of Universal Jurisdiction, New England Law Review 35 (2001), 383; *Bungenberg,* Extraterritoriale Strafrechtsanwendung bei Verbrechen gegen die Menschlichkeit und Völkermord, AVR 39 (2001), 170; *Burchards,* Die Verfolgung von Völkerrechtsverbrechen durch Drittstaaten, 2005; *Burens,* Universal Jurisdiction Meets Complementarity: An Approach towards a Desirable Future Codification of Horizontal Complementarity between the Member States of the International Criminal Court, CLF 27 (2016), 75; *Carnero Rojo,* National Legislation Providing for the Prosecution and Punishment of International Crimes in Spain, JICJ 9 (2011), 699; *Cassese,* When May Senior State Officials Be Tried for International Crimes?, EJIL 13 (2002), 853; *ders.,* Is the Bell Tolling for Universality? A Plea for a Sensible Notion of Universal Jurisdiction, JICJ 1 (2003), 589; *Chehtman,* The Philosophical Foundations of Extraterritorial Punishment, 2010; *Cimiotta,* The Specialist Chambers and the Specialist Prosecutor's Office in Kosovo, JICJ 14 (2016), 14; *Council of Europe,* Extraterritorial jurisdiction in criminal matters, 1990; *Council of the European Union,* The AU-EU technical Ad hoc Expert Group on the principle of universal jurisdiction report, 16 April 2009 <http://register.consilium.europa.eu/doc/srv?l=EN&f=ST%208672%202009%20REV%201> (abgerufen am 5.6.2017); *Cross,* Equipping the Specialist Chambers of Kosovo to Try Transnational Crimes, JICJ 14 (2016), 80; *Cryer,* Prosecuting International Crimes, 2005; *Dahm,* Zur Problematik des Völkerrechts, 1956; *d'Aspremont,* Multilateral versus Unilateral Exercises of Universal Criminal Jurisdiction, IsLR 43 (2010), 301; *David,* L'exercice de la compétence universelle en Belgique dans la cas du Sahara occidental, RBDI 43 (2010), 36; *de Vabres,* The System of Universal Jurisdiction – Historical Origins and Contemporary Forms, JICJ 9 (2011), 906; *Eckelmans,* Neue „gemischte" Tribunale – ein Überblick, ZIS 2016, 809; *el Zeidy,* Universal Jurisdiction in absentia: Is It A Legally Valid Option for Repressing Heinous Crimes?, Oxford University Comparative Law Forum 4 (2003) (<http://ouclf.iuscomp.org/articles/zeidy.shtml>) (abgerufen am 5.6.2017); *ders.,* The Gravity Threshold under the Statute of the ICC, CLF 19 (2008), 33; *ders.,* The Principle of Complementarity in International Criminal Law, 2008; *Erb,* Legalität und Opportunität, 1999; *Eser,* Völkermord und deutsche Strafgewalt, FS Meyer-Goßner, 2001, 3; *ders.,* Harmonisierte Universalität nationaler Strafgewalt: ein Desiderat internationaler Komplementarität bei der Verfolgung von Völkerrechtsverbrechen, FS Trechsel, 2002, 219; *ders.,* For Universal Jurisdiction: Against Fletcher's Antagonism, Tulsa Law Rev. 39 (2004), 955; *Esteve Moltó,* The 'Great Leap Forward' to Impunity, JICJ 13 (2015), 1121; *Fastenrath,* Praxishandb. UNO, 2002; *Fernández-Pacheco,* La jurisprudencia española en aplicación del principio de jurisdicción universal, Jueces para la Democracia 61 (2008) 101; *Ferstman/Schurr,* Universal Justice? The Practice and Politics of Universal Jurisdiction Cases Relating to Crimes Committed in Africa, in *Letschert* u.a. (Hrsg.), Victimological Approaches to International Crimes, 2011, S. 439; *Fleck,* Shortcomings of the Grave Breaches Regime, JICJ 7 (2009), 833; *Fletcher,* Against Universal Jurisdiction, JICJ 1 (2003), 580; *ders.,* Parochial versus Universal Criminal Law, JICJ 3 (2005), 20; *García Arán,* El principio de justicia universal etc., in *García Arán/López Garrido* (Hrsg.), Crímen internacional y jurisdicción universal, 2000, S. 64; *Gardner,* Piracy Prosecutions in National Courts, JICJ 10 (2012), 797; *Gärditz,* Einführung in die Jurisdiktion im Völkerrecht, in *Menzel/Pierlings/Hoffmann* (Hrsg.), Völkerrechtsprechung, 2005, S. 284; *Garrod,* The Protective Principle of Jurisdiction over War Crimes and the Hollow Concept of Universality, ICLR 12 (2012), 763; *Geißler/Selbmann,* Fünf Jahre VStGB – Eine kritische Bilanz, HuV-I 2007, 160; *Geneuss,* Völkerrechtsverbrechen und Verfolgungsermessen, 2013; *Gierhake,* Das Prinzip der Weltrechtspflege nach § 1 VStGB und seine prozessuale Umsetzung in § 153f der StPO, ZStW 120 (2008), 375; *Gil Gil,* Los nuevos instrumentos de implementación del Estatuto de la Corte Penal Internacional en la legislación española, in *Ambos/Malarino/Woischnik* (Hrsg.), Temas actuales del derecho penal internacional, 2005, S. 193; *dies.,* España, in *Eser/Sieber/Kreicker* (Hrsg.), Nationale Strafverfolgung völkerrechtlicher Verbrechen, Teilband 4, 2005, S. 99; *Glauch,* Das neue Verbrechen der Aggression nach § 13 VStGB, HRRS 2017, 85; *Gless,* „Weltrechtspflege" als Ziel der Reform des Internationalen Strafrechts im revidierten AT-StGB?, Basler Juristische Mitteilungen 6 (2007), 265; *Grant,* Les poursuites nationales et la compétence universelle, in *Kolb* (Hrsg.), Droit international pénal, 2008, S. 441; *Greßmann/Staudigl,* Die Umsetzung der Beschlüsse von Kampala in Deutschland, ZIS 2016, 798; *Gropengießer/Kreicker,* Landesbericht Deutschland, in *Eser/Kreicker* (Hrsg.), Nationale Strafverfolgung völkerrechtlicher Verbrechen, Bd. 1, 2003; *Groß-Bölting,* Jenseits von Afrika: Ein Praxisbericht über das erste VStGB-Verfahren in Deutschland, in 36. Strafverteidigertag, Alternativen zur Freiheitsstrafe, 2013, S. 143; *Guilherme de Aragão,* Grenzen des Weltrechtsgrundsatzes: Der Haftbefehl Fall des IGH, HuV-I 2002, 77; *ders.,* Universal Jurisdiction: Developing and implementing an effective global strategy, in *Kaleck/Ratner/Singelnstein/Weiss* (Hrsg.), S. 85; *ders.,* Universal Jurisdiction: New Uses for an Old Tool, in *Lattimer/Sands* (Hrsg.), Justice for Crimes against Humanity, 2003, S. 47; *Hall,* The Role of Universal Jurisdiction in the International Criminal Court Complementarity System, in *Bergsmo* (Hrsg.), Complementarity and the Exercise of Universal Jurisdiction, 2010, S. 201; *Hannich,* Justice in the Name of All – Die praktische Anwendung des VStGB aus der Sicht des Generalbundesanwalts beim BGH, ZIS 2007, 507; *Hansen,* Zwischenbericht zur Verfahrensbeobachtung im Strafverfahren gegen Onesphore R. vor dem Oberlandesgericht Frankfurt, in *Safferling/Kirsch* (Hrsg.), Völkerstrafrechtspolitik, 2014, S. 433; *Hays Butler,* The Growing Support for Universal Jurisdiction in National Legislation, in *Macedo* (Hrsg.), Universal Jurisdiction, 2004, S. 67; *Heinsch,* Schriftliche Stellungnahme „Keine Straflosigkeit bei Kriegsverbrechen – Völkerstrafprozesse in Deutschland voranbringen" (BT-Drucksache 18/8341), 25.4.2016, <https://www.bundestag.de/blob/420306/d054f4c92 c1862c31900c6631d88f3a9/heinsch-data.pdf> (abgerufen am 5.6.2017); *Henckaerts,* The Grave Breaches Regime as Customary International Law, JICJ 7 (2009), 683; *Henn,* Der Fall „Kunduz": Amtshaftung am Scheideweg?, HuV-I 2013, 83; *Henzelin,* Le principe de l'universalité en droit pénal international, 2000; *Hobbs,* Towards a Principled Justification for the Mixed Composition of Hybrid International Criminal Tribunals, LJIL 30 (2017), 177; *Hoffmann,* IGH vom 14.2.2002 – Demokratische Republik Kongo ./. Belgien, in *Menzel/ Pierlings/Hoffmann* (Hrsg.), Völkerrechtsprechung, 2005, S. 439; *Höpfel,* Der Beitrag des IGH zur Strafrechtsentwicklung, FS Eser 2005, 765; *Höpfel/Angermaier,* Adjudicating international crimes, in *Reichel* (Hrsg.), Handbook of transnational crime & justice, 2005, S. 310; *Holmes,* The Principle of Complementarity, in *Lee* (Hrsg.), The International Criminal Court: the Making of the Rome Statute, 1999, S. 41; *ders.,* Complementarity: National Courts versus the ICC, in *Cassese/Gaeta/Jones* (Hrsg.) S. 667; *Horstmann,* Zur Präzisierung und Kontrolle von Opportunitätseinstellungen, 2002; *Hoven,* Der Tatbestand der Aggression – Wege zur Implementierung der Ergebnisse von Kampala in das Völkerstrafgesetzbuch, in *Safferling/Kirsch* (Hrsg.), Völkerstrafrechtspolitik, 2014, S. 339; *Hoyer,* Internationaler Strafgerichtshof und nationalstaatliche Souveränität, GA 2004, 321; Human Rights Watch, Universal Jurisdiction in Europe 2006 <www.hrw.org/reports/2006/ij0606/> (abgerufen am 5.6.2017); ICC-OTP, Informal expert paper: The Principle of Complementarity in Practice, 2003; *Jennings/Watts* (Hrsg.), Oppenheim's International Law, Vol I – Peace, 9. Aufl., 1992; *Jeßberger,* Das Völkerstrafgesetzbuch: Herausforderung und Verpflichtung für die deutsche Justiz; in: *Theissen/Nagler* (Hrsg.), Der IStGH fünf Jahre nach Rom, 2004, S. 46; *ders.,* Universality, Complementarity, and the Duty to Prosecute Crimes under International Law in Germany, in *Kaleck/Ratner/Singelnstein/Weiss* (Hrsg.) S. 213; *ders.,* Der transnationale Geltungsbereich des deutschen Strafrechts, 2011; *ders.,* Bundesstrafgerichtsbarkeit und Völkerstrafgesetzbuch, HRRS 2013, 119; *ders.,* Das Verbrechen der Aggression im deutschen Strafrecht, ZIS 2015, 514; *Jeßberger/Kaleck/Schueller,* Concurring Criminal Jurisdictions under International Law, in *Bergsmo* (Hrsg.), Complementarity and the Exercise of Universal Jurisdiction, 2010, S. 233; *Joyner,* Arresting Impunity: the Case for Universal Jurisdiction etc., Law and Contemporary Problems 59 (Autumn 1996), 153; *Kaleck,* German international law in Practice: From Leipzig to Karlsruhe, in *Kaleck/Ratner/Singelnstein/Weiss* (Hrsg.), S. 93; *ders.,* Strafverfolgung nach dem Völkerstrafgesetzbuch: ein kurzer Blick in die Zukunft – ein Kommentar zum Beitrag von Martin Böse, in *Jeßberger/ Geneuss* (Hrsg.), Zehn Jahre Völkerstrafgesetzbuch. Bilanz und Perspektiven eines „deutschen Völkerstrafrechts", 2013, S. 177; *ders.,* Anhörung im Ausschuss für Recht und Verbraucherschutz des Deutschen Bundestages am 25.4.2016 – „Keine Straflosigkeit bei Kriegsverbrechen – Völkerstrafprozesse in Deutschland voranbringen", 25.4.2016 <https://www.bundestag.de/blob/419958/16a05fb20339cecc383b10dba5835b10/ecchr-data.pdf> (abgerufen am 5.6.2017); *Kamminga,* Lessons Learned from the Exercise of Universal Jurisdiction in Respect of Gross Human Rights Offenses, HRQ (23) 2001, 940; *Kaul,* Preconditions to the Exercise of Jurisdiction, in *Cassese/Gaeta/Jones* (Hrsg.), S. 583; *Keller,* Zu Weltrechtspflege und Schuldprinzip, FS Lüderssen, 2002, 425; *ders.,* Grenzen, Unabhängigkeit und Subsidiarität der Weltrechtspflege, GA 2006, 25; *ders.,* Das Völkerstrafgesetzbuch in der praktischen Anwendung: eine kritische Bestandsaufnahme, in *Jeßberger/Geneuss* (Hrsg.), Zehn Jahre Völkerstrafgesetzbuch. Bilanz und Perspektiven eines „deutschen Völkerstrafrechts", 2013, S. 139; *Kjeldgaard-Pedersen,* What Defines an ICC?: A Critical Assessment of „the Involvement of the International Community" as a Deciding Factor, LJIL 28 (2015), 113; *Kimpimäki,* Genocide in Rwanda – Is it Really Finland's Concern?, ICLR 11 (2011), 155; *Kindt,* Menschenrechte und Souveränität: diskutiert anhand der internationalen Strafrechtspflege, 2009; *Kissinger,* The Pitfalls of Universal Jurisdiction, Foreign Affairs 86 (July/August 2001), 86; *Klages,* Meeresumweltschutz und Strafrecht, 1989; *Köhler,* Zum Begriff des Völkerstrafrechts, Jahrbuch für Recht und Ethik 11 (2003), S. 435; *Kleffner,* The Impact of Complementarity on National Implementation of Substantive International Criminal Law, JICJ 1 (2003), 86; *ders.,* Complementarity in the Rome Statute and National Criminal Jurisdictions, 2008; *Klip,* Zehn Jahre Völkerstrafgesetzbuch: Mitfeiern aus europäischer Perspektive, in *Jeßberger/Geneuss* (Hrsg.), Zehn Jahre Völkerstrafgesetzbuch. Bilanz und Perspektiven eines „deutschen Völkerstrafrechts", 2013, S. 241; *Kourula,* Universal Jurisdiction for Core International Crimes, in *Bergsmo/Ling* (Hrsg.), State Sovereignty and International Criminal Law, 2012, S. 129; *Kolb/Neumann/Salomon,*

§ 1 VStGB

Die Entführung Deutscher Seeschiffe: Flaggenrecht, Strafanwendungsrecht und diplomatischer Schutz, ZaöRV 71 (2011), 192; *Kreicker, in Eser/Sieber/Kreicker* (Hrsg.), Nationale Strafverfolgung völkerrechtlicher Verbrechen. Völkerstrafrecht im Ländervergleich, Bd. 7, 2006, S. 7; *Kreß*, Völkerstrafrecht in Deutschland, NStZ 2000, 617; *ders.*, Völkerstrafrecht und Weltrechtspflegeprinzip im Blickfeld des Internationalen Gerichtshofs, ZStW 114 (2002), 818; *ders.*, Strafrecht und Angriffskrieg im Lichte des „Falles Irak", ZStW 115 (2003), 294; *ders.*, Stellungnahme „Öffentliche Anhörung im Ausschuss für Menschenrechte und humanitäre Hilfe des Deutschen Bundestages zum Thema ‚Nationale Umsetzung des VStGB'" 24.10.2007, ZIS 2007, 515; *Kroker*, Universal Jurisdiction in Germany: The Trial of *Onesphore R.* Before the Higher Regional Court of Frankfurt, GYIL 54 (2011), 671; *Kurth*, Zum Verfolgungsermessen des GBA nach § 153f StPO, ZIS 2006, 81; *Ladiges*, Festnahme und Strafverfolgung von Piraten, NZWehrR 2012, 56; *ders.*, Der strafprozessuale Gerichtsstand bei besonderen Auslandsverwendungen – Alles neu macht § 11a StPO?, NZWehrR 2013, 66; *La Haye*, War Crimes in Internal Armed Conflicts, 2008; *Lagodny*, Legitimation und Bedeutung des Ständigen Internationalen Gerichtshofes, ZStW 113 (2001), 800; *Lafontaine*, Universal Jurisdiction – the Realistic Utopia, JICJ 10 (2012), 1277; *Langer*, The Diplomacy of Universal Jurisdiction: The Political Branches and the Transnational Prosecution of International Crimes, AJIL 105 (2011), 1; *ders.*, Universal Jurisdiction as Janus-Faced, JICJ 11 (2013), 737; *ders.*, Das Völkerstrafgesetzbuch und die Prinzipien der Beteiligung und Rechenschaft gegenüber der internationalen Gemeinschaft, in *Jeßberger/Geneuss* (Hrsg.), Zehn Jahre Völkerstrafgesetzbuch. Bilanz und Perspektiven eines „deutschen Völkerstrafrechts", 2013, S. 253; *ders.*, Universal Jurisdiction is Not Disappearing. The Shift from ‚Global Enforcer' to ‚No Safe Haven' Universal Jurisdiction, JICJ 13 (2015), 245; *Laursen*, A Danish Paradox? A Brief Review of the Status of International Crimes in Danish law, JICJ 10 (2012), 997; *Lee*, International Crimes and Universal Jurisdiction, in *May/Hoskins* (Hrsg.), International Criminal Law and Philosophy, 2010, S. 15; *Lüder/Vormbaum* (Hrsg.), Materialien zum Völkerstrafgesetzbuch, 2002; *Ma*, The Connotation of Universal Jurisdiction and its Application in the Criminal Law of China, in *Bergsmo/Ling* (Hrsg.), State Sovereignty and International Criminal Law, 2012, S. 149; *Manske*, Verbrechen gegen die Menschlichkeit als Verbrechen an der Menschheit, 2003; *May*, Crimes against humanity. A normative account, 2005; *Merkel*, Universale Jurisdiktion bei völkerrechtlichen Verbrechen, in *Lüderssen* (Hrsg.), Aufgeklärte Kriminalpolitik (usw.), 1999, Bd. 3, S. 237; *ders.*, Legitimation der Weltrechtspflege, in *Jeßberger/Geneuss* (Hrsg.), Zehn Jahre Völkerstrafgesetzbuch. Bilanz und Perspektiven eines „deutschen Völkerstrafrechts", 2013, S. 43; *Meron*, The Humanization of International Law, 2006; *Mettraux*, Dutch Court's Universal Jurisdiction over Violations of Common Article 3 qua War Crimes, JICJ 4 (2006), 362; *Meyer*, Country Report „Germany", in *Böse/Meyer/Schneider* (Hrsg.), Conflicts of Jurisdiction in Criminal Matters in the European Union, Vol. I: National Reports and Comparative Analysis, 2013, 141; *Mills*, Rethinking Jurisdiction in International Law, BYbIL 84 (2014) 187; *Morris*, Universal Jurisdiction in a Divided World, New England Law Review 35 (2001), 337; *Müller/Heinrich*, Die Strafverfolgung von Völkerrechtsverbrechen in der Schweiz, ZIS 2015, 501; *Munivara Vajda*, The 2009 AIDP's Resolution on Universal Jurisdiction – An Epitaph or a Revival Call?!, ICLR 10 (2010), 325; *Müssig/Meyer*, Zur strafrechtlichen Verantwortlichkeit von Bundeswehrsoldaten in bewaffneten Konflikten, FS Puppe, 2011, 501; *Neubacher*, Kriminologische Grundlagen einer internationalen Strafgerichtsbarkeit, 2005; *Nolte*, Universal Jurisdiction in the Area of Private Law – The Alien Tort Claims Act, in *Tomuschat/Thouvenin* (Hrsg.), The Fundamental Rules of the International Legal Order, 2006, S. 373; *O'Connor/Rausch* (Hrsg.), Model Codes for Post-Conflict Criminal Justice. Model Criminal Code, 2007; *O'Keefe*, The Grave Breaches Regime and Universal Jurisdiction, JICJ 7 (2009), 811; *ders.*, Universal Jurisdiction. Clarifying the Basic Concept, JICJ 2 (2004), 735; *Oehler*, Neuerer Wandel in den Bestimmungen über den strafr. Geltungsbereich in den völkerr. Verträgen, FS Carstens, 1984, 435; *ders.*, Auslieferungsersuchen, Einlieferung und der Geltungsbereich des Strafrechts, FS Köln, 1988, 489; *Oeter*, Das Verbrechen der Aggression, die Konferenz von Kampala und das deutsche Strafrecht, in *Jeßberger/Geneuss* (Hrsg.), Zehn Jahre Völkerstrafgesetzbuch. Bilanz und Perspektiven eines „deutschen Völkerstrafrechts", 2013, S. 101; *Olásolo*, Corte Penal Internacional ¿Dónde investigar?, 2003; *ders.*, The Triggering Procedure of the ICC, Procedural Treatment of the Question of Complementarity, and the Role of the Office of the Prosecutor, ICLR 5 (2005), 121; *Ongena/van Daele*, Universal Jurisdiction for International Core Crimes: Recent Developments in Belgium, LJIL 15 (2002), 687; *Orentlicher*, The Future of Universal Jurisdiction in the New Architecture of Transnational Justice, in *Macedo* (Hrsg.), Universal Jurisdiction, 2004, S. 214; *Pawlik*, Strafe oder Gefahrenbekämpfung? Die Prinzipien des deutschen Internationalen Strafrechts vor dem Forum der Straftheorien, ZIS 2006, 274; *Pérez Cepeda*, Crímenes de guerra: especial referencia al caso Couso, Revista Penal (RP) 15 (2005), 105; *Petrig*, Bericht über die Verhandlungen der IV. Sektion: Internationales Strafrecht: Weltrechtsprinzip, ZStW 122 (2010), 467; *Peyró Llopis*, Le Sahara occidental face à la competence universelle en Espagne, RBDI 43 (2010), 61; *Pisani et al.*, Manuale di procedura penale, 2002; Princeton University (ed.), The Princeton Principles on Universal Jurisdiction („Princeton Principles"), 2001 <www1.umn.edu/humanrts/instree/princeton.html> (abgerufen am 5.6.2017); *Pocar/Maystre*, The Principle of Complementarity: a Means Towards a More Pragmatic Enforcement of the Goal Pursued by Universal Jurisdiction, in *Bergsmo* (Hrsg.), Complementarity and the Exercise of Universal Jurisdiction, 2010, S. 247; *Randall*, Universal Jurisdiction under International Law, Texas Law Review 66 (1988), 785; *Ranharter/Stansfield*, Acknowledging the Suffering Caused by State-Mandated Sexual Violence and Crimes: An Assessment of the Iraqi High Tribunal, MES 52 (2016), 1; *Rassat*, Traité de procédure pénale, 2001; *Ratner*, Belgium's War Crimes Statute: A Postmortem, AJIL 97 (2003), 888; *Rau*, Der aktuelle Fall: Die belgische Justiz als Wächter über die Menschenrechte? Das Urteil der „Cour de cassation de Belgique" im Fall Sharon vom 12. Februar 2003, HuV-I 2003, 92; *ders.*, Das Ende der Weltrechtspflege? Zur Abschaffung des belgischen Gesetzes über die universelle Verfolgung völkerrechtlicher Verbrechen, HuV-I 2003, 212; RAV/Holtfort-Stiftung (Hrsg.), Strafanzeige./.Rumsfeld u.a.,

2005; *Reddi,* The ICC and the Crime of Aggression: A Need to Reconcile the Prerogatives of the SC, the ICC and the ICJ, ICLR 8 (2008), 635; *Reydams,* Universal Jurisdiction, 2003; *ders.,* Belgium Reneges on Universality: The 5 August 2003 Act on Grave Breaches of International Humanitarian Law, JICJ 1 (2003), 679; *Richter,* Tödliche militärische Gewalt und strafrechtliche Verantwortung – Anmerkung zum Einstellungsbeschluss der Generalbundesanwaltschaft, HRRS 2012, 28; *Rikhof,* Fewer Places to Hide? The Impact of Domestic War Crimes Prosecutions on International Impunity, in *Bergsmo* (Hrsg.), Complementarity and the Exercise of Universal Jurisdiction, 2010, S. 7: *Roegele,* Deutscher Strafrechtsimperialismus, 2014; *Roht-Arriaza,* The Pinochet effect, 2005; *Ritscher,* „Foreign Fighters" und Kriegsvölkerstrafrecht, ZIS 2016, 807; *ders.,* Die Ermittlungstätigkeit des Generalbundesanwalts zum Völkerstrafrecht: Herausforderungen und Chancen, in *Safferling/Kirsch* (Hrsg.), Völkerstrafrechtspolitik, 2014, S. 223; *ders.,* Stellungnahme für die öffentliche Anhörung in der 96. Sitzung des Ausschusses für Recht und Verbraucherschutz am 25. April 2016, <https://www.bundestag.de/blob/419818/5e5763448fabb7dfefd0219ec33c573e/drb-data.pdf> (abgerufen am 5.6.2017); *Roht-Arriaza,* Just a ‚Bubble'? Perspectives on the Enforcement of International Criminal Law by National Courts, JICJ 11(2013), 537; *Roth,* Representational Capacity or Global Governance?, JICJ 11 (2013), 643; *Rubin,* Actio popularis, jus cogens and offences erga omnes?, New England Law Review 35 (2001), 265; *Ryngaert,* Universal Jurisdiction in an ICC Era, Eur. J. Crime 2006, 46; *ders.,* Applying the Rome Statute's Complementarity Principle etc., CLF 19 (2008), 153; *Sadat,* Redefining Universal Jurisdiction, New England Law Review 35 (2001), 241; *Safferling,* Nürnberg und die Zukunft des Völkerstrafrechts, JZ 2015, 1061; *Safferling/Kirsch,* Die Strafbarkeit von Bundeswehrangehörigen bei Auslandseinsätzen: Afghanistan ist kein rechtsfreier Raum, JA 2010, 81; *Sánchez L.,* Jurisdicción universal penal y derecho internacional, 2004; *Satzger,* Das neue Völkerstrafgesetzbuch, NStZ 2002, 125; *ders.,* Chancen und Risiken einer Reform des strafrechtlichen Ermittlungsverfahrens, Gutachten C zum 65. Deutschen Juristentag, 2004; *ders.,* Das deutsche Strafanwendungsrecht (§§ 3 ff. StGB) – Teil 1, Jura 2010, 108; *Schäfer,* Die Rechtsprechung des Bundesgerichtshofs zum Völkerstrafrecht, in *Safferling/Kirsch* (Hrsg.), Völkerstrafrechtspolitik, 2014, S. 237; *Scharf,* The ICC's Jurisdiction over the Nationals of Non-Party States: A Critique of the U. S. Position, Law and Contemporary Problems 64 (Winter 2001), 67; *ders.,* Application of Treaty-Based Universal Jurisdiction to Nationals of Non-Party States, New England Law Review 35 (2001), 363; *Schiemann,* Deutsches Strafrecht rund um die Welt? Herausforderungen des Strafanwendungsrechts, JR 2017, 339; *Sinn,* Das Strafanwendungsrecht als Schlüssel zur Lösung von Jurisdiktionskonflikten? Rechtsvergleichende Betrachtungen, in *Sinn* (Hrsg.), Jurisdiktionskonflikte bei grenzüberschreitender Kriminalität, 2012, 501; *ders.* (Hrsg.), Jurisdiktionskonflikte bei grenzüberschreitender Kriminalität, 2012; *Schroeder,* Zur Rechtskraft staatsanwaltschaftlicher Einstellungsverfügungen, NStZ 1996, 319; *Schultz,* Ist Lotus verblüht?, ZaöRV 62 (2002), 703; *Simma,* International Human Rights and General International Law: A Comparative Analysis, in Academy of European Law (Hrsg.), Collected Courses of the Academy of European Law IV, Book 2, 1994, S. 153; *Singelnstein/Stolle,* Völkerstrafrecht und Legalitätsprinzip – Klageerzwingungsverfahren bei Opportunitätseinstellungen und Auslegung des § 153f StPO, ZIS 2006, 118; *Slaughter,* Defining the Limits: Universal Jurisdiction and National Courts, in *Macedo* (Hrsg.), Universal Jurisdiction, 2004, S. 168; *Sriram,* New Mechanisms, Old Problems? Recent Books on Universal Jurisdiction and Mixed Tribunals, International Affairs 80 (2004), 971; *Stam,* Strafverfolgung von Bundeswehrsoldaten im Auslandseinsatz, ZIS 2010, 628; *Stephen,* International Criminal Law: Wielding the Sword of Universal Criminal Justice, ICLQ 61 (2012), 55; *Stern,* A propos de la compétence universelle …, FS Bedjaoui, 1999, 735; *Stewart,* The Future of the Grave Breaches System, JICJ 7 (2009), 855; *Stigen,* The Relationship between the Principle of Complementarity and the Exercise of Universal Jurisdiction for Core International Crimes, in *Bergsmo* (Hrsg.), Complementarity and the Exercise of Universal Jurisdiction, 2010, S. 133; *Swart,* La place des critères traditionnels de compétence dans la poursuite des crimes internationaux, in *Cassese/Delmas-Marty* (Hrsg.), Jurisdictions Nationales etc., 2002, S. 567; *Swoboda,* Die Aufarbeitung von Völkerrechtsverbrechen aus der Zeit des Bürgerkriegs im ehem. Jugoslawien in den Jahren 1991–1995 – ein Beitrag zur Diskussion um Täterschafts- und Teilnahmeformen im Völkerstrafrecht, ZStW 128 (2016), 931; *Tomuschat,* The Duty to Prosecute International Crimes Committed by Individuals, FS Steinberger, 2001, 315; *Trechsel,* Comparative Observations on Human Rights Law and Criminal Law, Saint Louis-Warsaw Transatlantic Law Journal 2000, 1; *Trouille,* France, Universal Jurisdiction and Rwandan Génocidaires, JICJ 14 (2016), 195; *van der Wilt,* Universal Jurisdiction under Attack – An Assessment of African Misgivings towards International Criminal Justice as Administered by Western States, JICJ 9 (2011), 1043; *ders.,* 'Sadder but Wiser?' NGOs and Universal Jurisdiction for International Crimes, JICJ 13 (2015), 237; *van Steenberghe,* The Obligation to Extradite or Prosecute – Clarifying its Nature, JICJ 9 (2011), 1089; *Vandermeersch,* La compétence universelle, in *Cassese/Delmas-Marty* (Hrsg.), Jurisdictions nationales etc., 2002, S. 589; *ders.,* Prosecuting International Crimes in Belgium, JICJ 3 (2005), 400; *Ventura,* The Duty to Investigate Zimbabwe Crimes Against Humanity (Torture) Allegations: The Constitutional Court of South Africa Speaks on Universal Jurisdiction and the ICC Act, JICJ 13 (2015), 861; *Verhoefen,* Art. 21 of the Rome Statute and the Ambiguities of Applicable Law, NYIL 23 (2002), 3; *ders.* Genozid durch organisierte Machtapparate, 2002; *ders.,* Zum Universalitätsprinzip bei Völkerrechtsverbrechen, ZStR 123 (2005), 313; *Vogler,* Entwicklungstendenzen im Internationalen Strafrecht, FS Maurach, 1972, 595; *Walther,* Menschlichkeitsverbrechen vor amerikanischen Gerichten, GA 2004, 390; *ders.,* Terra incognita: Wird staatliche internationale Strafgewalt den Menschen gerecht?, FS Eser, 2005, 925; *Weigend,* Das Völkerstrafgesetzbuch – nationale Kodifikation internationalen Rechts, GS Vogler, 2004, 197; *ders.,* Grund und Grenzen universaler Gerichtsbarkeit, FS Eser, 2005, 955; *Weiß,* Völkerstrafrecht zwischen Weltprinzip und Immunität, JZ 2002, 696; *Wen Wang,* Der universale Strafanspruch des nationalen Staates, 2005; *Werle,* Konturen eines deutschen Völkerstrafrechts, JZ 2001, 885; *ders.,* Von der Ablehnung zur Mitgestaltung: Deutschland und das Völkerstrafrecht, FS Tomuschat

Völkerstrafgesetzbuch 1 § 1 VStGB

2006, 655; *ders.,* Stellungnahme zum Antrag „Keine Straflosigkeit bei Kriegsverbrechen – Völkerstrafprozesse in Deutschland voranbringen", 25. April 2016, <https://www.bundestag.de/blob/420018/b9c376252c3c7ffa-a598a16d39504deb/werle-data.pdf> (abgerufen am 5.6.2017); *Werle/Burghardt,* Der Völkermord in Ruanda und die deutsche Strafjustiz: Zugleich eine Besprechung des Urteils des Oberlandesgerichts Frankfurt a.M. vom 18.2.2014 (Fall Onesphore R.), ZIS 2015, 46; *Werle/Jeßberger,* Das Völkerstrafgesetzbuch, JZ 2002, 725; *Werle/Vormbaum,* Afrika und der Internationale Strafgerichtshof, JZ 2015, 581; *Weißer,* Das Prinzip der Weltrechtspflege in Theorie und Praxis, GA 2012, 416; *Williams,* The Specialist Chambers of Kosovo, JICJ 14 (2016), 26; *Wirth/Harder,* Die Anpassung des deutschen Rechts an das Römische Statut des Internationalen Strafgerichtshofs aus Sicht deutscher Nichtregierungsorganisationen, ZRP 2000, 144; *Wistinghausen,* VStGB und Strafverfahren: Beweisaufnahme und Angeklagtenrechte, in *Safferling/Kirsch* (Hrsg.), Völkerstrafrechtspolitik, 2014, S. 199; *Wolfrum,* The Decentralised Prosecution of International Offences Through National Courts, Israel Yearbook of Human Rights 24 (1994), 183; *ders.,* Internationale Verbrechen vor internationalen und nationalen Gerichten etc., FS Eser, 2005, 977; *Wörner/Wörner,* Deutschland, in *Sinn* (Hrsg.), Jurisdiktionskonflikte bei grenzüberschreitender Kriminalität, 2012, 203; *Yee,* Universal Jurisdiction: Concept Logic and Reality, CJIL 10 (2011), 503; *Zappalá,* L'universalità della giurisdizione e la CPI, in *Cassese/Chiavario/De Francesco* (Hrsg.), Problemi attuali della giustizia penale internazionale, 2005, S. 549; *Zhou,* Brief Analysis of a Few Controversial Issues in Contemporary International Criminal Law, in *Bergsmo/Ling* (Hrsg.), State Sovereignty and International Criminal Law, 2012, S. 21; *Zhu,* Universal Jurisdiction Before the United Nations General Assembly: Seeking Common Understanding under International Law, in *Bergsmo/Ling* (Hrsg.), State Sovereignty and International Criminal Law, 2012, S. 191; *Zieher,* Das sog. Internationale Strafrecht nach der Reform, 1977; *Zimmermann,* Violations of fundamental norms of international law and the exercise of universal jurisdiction in criminal matters, in *Tomuschat/Thouvenin* (Hrsg.) The fundamental Rules of the international legal order, S. 335; *ders.,* Bestrafung völkerrechtlicher Verbrechen durch deutsche Gerichte nach In-Kraft-Treten des Völkerstrafgesetzbuchs, NJW 2002, 3068; *Zypries,* Strafverfolgung von Völkerrechtsverbrechen, in *Theissen/Nagler* (Hrsg.), Der IStGH fünf Jahre nach Rom, 2004, S. 11.

Übersicht

	Rn.		Rn.
I. Überblick	1–4	a) Eigener Ansatz	5–18
1. Normzweck	1, 2	b) Engere Ansätze	19, 20
2. Entstehungsgeschichte und Reformbestrebungen	3, 4	2. Das echte WRP im komplementären Völkerstrafjustizsystem	21–35
II. Erläuterung	5–35	a) Komplementarität im Völkerstrafrecht	21–24
1. Das WRP im System der völkerrechtlich legitimierenden Anknüpfungspunkte nationaler Strafgewalt	5–20	b) Prozessuale Einschränkung des § 1 VStGB durch § 153f StPO	25–28
		c) Bisherige Praxis und Reformbedarf	29–35

I. Überblick

1. Normzweck. Die Vorschrift bestimmt den Anwendungsbereich des VStGB. Dabei 1 ist zwischen den „in ihm bezeichneten **Verbrechen**" und den „in ihm bezeichneten [sonstigen] **Straftaten gegen das Völkerrecht**" zu unterscheiden. Unter Verbrechen sind – nach den allgemeinen Regeln (§ 2) gemäß § 12 Abs. 1 StGB – die mit einer Mindeststrafe von einem Jahr bedrohten Taten zu verstehen, also Völkermord, Verbrechen gegen die Menschlichkeit und Kriegsverbrechen (§§ 6–12). Nur für diese Taten ordnet § 1 die Geltung des VStGB „auch dann" an, „wenn die Tat im Ausland begangen wurde und keinen Bezug zum Inland aufweist." Die Zuständigkeit deutscher Gerichte wird damit – unabhängig vom Tatort und anderen strafanwendungsrechtlichen Anknüpfungspunkten[1] – auf das **echte Weltrechtsprinzip** (WRP Rn. 6) gestützt; insbesondere wird dessen restriktivem Verständnis durch den BGH (→ Rn. 20) durch den Halbsatz „keinen Bezug zum Inland" die Grundlage entzogen.[2] Ein Verstoß gegen das völkerrechtliche Nichteinmischungsprinzip ist darin nicht zu sehen, denn bei den §§ 6–12 handelt es sich um die

---

[1] Zu den völkerrechtlich legitimierenden Anknüpfungspunkten der nationalen Strafgewalt → StGB Vor § 3 Rn. 17 ff.
[2] Vgl. die Gesetzesbegründung in BMJ S. 25 (Entwurf der vom BMJ eingesetzten Expertenarbeitsgruppe) sowie in *Lüder/Vormbaum* S. 26 (Referentenentwurf nach BR-Drs. 29/02). Vgl. auch *Werle* JZ 2001, 885 (890); *Werle/Jeßberger* JZ 2002, 724 (729); *Zimmermann* NJW 2002, 3068 (3069); Abg. *Pick* in *Lüder/Vormbaum* (Hrsg.), S. 80; *Jeßberger* in *Kaleck/Ratner/Singelnstein/Weiss* (Hrsg.), S. 215; *Zypries* in *Theissen/Nagler* (Hrsg.), S. 11 (14); *Hannich* ZIS 2007, 507 (510); *Krocker* GYIL 54 (2011), 671 (673); *Berg* S. 391.

VStGB § 1 2–4 4. Kapitel. Völkerstrafrecht

völkerstrafrechtlichen **Kernverbrechen** („core crimes"), deren Verfolgung im Interesse der Menschheit als solcher liegt (→ Rn. 5 ff.).[3] Bei den **sonstigen Straftaten** (§§ 13, 14) handelt es sich um Vergehen (§ 12 Abs. 2 StGB), so dass sich die deutsche Strafgerichtsbarkeit nur aus den §§ 3 ff. StGB auf Grund eines der dort vorgesehenen (inländischen) Anknüpfungspunkte ergeben kann.[4]

2 Die Vorschrift passt die deutsche Strafverfolgung von Völkerstraftaten in ein **Völkerstrafjustizsystem** („international criminal justice system") ein, welches sich – zur Vermeidung von Straflosigkeit schwerster Menschenrechtsverletzungen – auf die primär zuständigen Tatort-/Täter-/Opferstaaten, sekundär auf den Internationalen Strafgerichtshof (IStGH)[5] und ggf. sonstige internationale Strafgerichte[6] und tertiär auf die nach dem WRP vorgehenden Drittstaaten stützt (→ Rn. 23 f.). Zur Sicherung dieser Rangfolge ist – gleichsam als halber Schritt zurück – die Verfolgungspflicht der Staatsanwaltschaft durch **§ 153f StPO** als ermessenslenkende Sondervorschrift eingeschränkt worden (→ Rn. 25 ff.). Damit ist dem Gesetzgeber ein **wohltemperiertes System** gelungen, das die Anwendung des WRP sinnvoll (prozessual) begrenzt, aber dennoch konsequent die (materiell-rechtliche) Bereitschaft Deutschlands zur weltweiten Verfolgung schwerster Menschenrechtsverletzungen signalisiert.[7]

3 **2. Entstehungsgeschichte und Reformbestrebungen.** Die Vorschrift entspricht § 1 des Referentenentwurfs vom 22.6.2001 und ist im Laufe des Gesetzgebungsverfahrens nicht verändert worden.[8] Der entsprechende § 1 des Entwurfs der Expertenarbeitsgruppe vom 2.5.2001 lautete dagegen noch: „Dieses Gesetz gilt für alle in ihm bezeichneten Verbrechen, auch wenn die Tat im Ausland begangen wurde und keinen Bezug zum Inland aufweist".[9] Es wurde also kein Unterschied zwischen den Verbrechen der §§ 6–12 und den Vergehen der §§ 13, 14 gemacht (→ Rn. 1).[10]

4 Im Jahr 2010 wurde die Zuständigkeit des Internationalen Strafgerichtshof auf das Verbrechen der Aggression ausgedehnt.[11] In Umsetzung dieses sog. Kampala-Kompromisses wurde das VStGB nach einem vom BMJV koordinierten Expertenprozess entsprechend ergänzt

---

[3] Gesetzesbegründung in BMJ S. 25 = *Lüder/Vormbaum* S. 26. – Zu einer philosophischen Begründung der Verfolgung *May* S. 5 ff. und passim; auch *Lee* in *May/Hoskins* (Hrsg.), S. 34 ff.; *Chehtman* S. 117 ff.

[4] Gesetzesbegründung in *Lüder/Vormbaum* S. 26.

[5] Römisches Statut des Internationalen Strafgerichtshofs vom 17.7.1998, BGBl. 2000 II S. 1394.

[6] Vgl. für die vom UN-Sicherheitsrat errichteten Ad-hoc-Tribunale für das ehemalige Jugoslawien und Ruanda <www.icty.org> sowie *Swoboda* ZStW 128 (2016), 931 ff.; *Boas/Chifflet* S. 89 f. Zu den UN Mechanism for International Criminal Tribunals (MICT) <www.unmict.org>. Vgl. zu den hybriden Gerichten in Kosovo, Ost-Timor, Sierra Leone und Kambodscha *Ambos/Othman* (Hrsg.); vgl. für das Irak Tribunal, das seine Arbeit weitgehend beendet hat, aber laut irakischer Verfassung noch fortbesteht <http://www.preventgenocide.org/law/domestic/iraqispecialtribunal.htm> u. *Ranharter/Stansfield* MES 52 (2016), 1, für das Libanon-Tribunal SR-Res. 1757 (2007), 30.5.2007 mit Annex „Agreement between the United Nations and the Lebanese Republic on the establishment of a Special Tribunal for Lebanon" und dem Statut des Tribunals. Zu den Extraordinary African Chambers in den Senegalese Courts (EACSC), Kosovo Specialist Chambers (KSC) und den Besonderen Kammern der Zentralafrikanischen Republik (BKZAR) *Eckelmans* ZIS 2016, 809; zu letzteren auch *Hobbs* LJIL 30 (2017), 177 (178). Zu den Kategorien „gemischt", „hybrid" oder „internationalisiert" näher *Williams* JICJ 14 (2016), 26 f.; *Cross* JICJ 14 (2016), 81; krit. *O'Keefe* IntCrimL, S. 86, der einerseits diese Kategorien als zu formal ablehnt, andererseits jedoch zugesteht, dass sie zur Beschreibung der richterlichen Zusammensetzung, der sachlichen Zuständigkeit sowie der Rechtsquellen eines Strafgerichts durchaus nützlich sind; krit. zu einer rein formalen Betrachtungsweise auch *Kjeldgaard-Pedersen* LJIL 28 (2015), 113. Die Kategorie „gemischt" eher funktional (statt normativ) verstehend *Cimiotta* JICJ 14 (2016), 60. Zum Ganzen *Ambos* § 6 Rn. 42 ff.

[7] *Weigend* GS Vogler, 2004, 205 bezeichnet § 1 als „mutige[n] Schritt in die Ära einer wahrhaft internationalen Solidarität und Kooperation bei der Bekämpfung schwerster Verbrechen gegen die Völkergemeinschaft". *Jeßberger* in *Kaleck/Ratner/Singelnstein/Weiss* (Hrsg.), S. 215 sieht ihn als „courageous but also lonely path in comparison with other countries". Auch bei *Hannich* ZIS 2007, 507 (514) fällt das „Fazit (…) positiv aus".

[8] Vgl. *Lüder/Vormbaum* S. 4 und passim.

[9] BMJ S. 1.

[10] Für einen Überblick zur Rechtslage vor Einführung des VStGB vgl. *Kaleck* in *Kaleck/Ratner/Singelnstein/Weiss* (Hrsg.), S. 94 ff.

[11] Res. RC/Res. 6, Advance Version, 16.6.2010, <https://asp.icc-cpi.int/en_menus/asp/reviewconference/Pages/crime%20of%20aggression.aspx> (abgerufen am 5.6.2017); ausführlich hierzu *Ambos* Treatise II, S. 184 ff.

(§ 13).[12] Für den § 13 nF gilt allerdings nicht das WRP. Vielmehr werden Auslandstaten nur dann verfolgt, wenn „der Täter Deutscher ist oder die Tat sich gegen die Bundesrepublik Deutschland richtet" (§ 1 S. 2). Es wird also ein zusätzlicher Bezug zu Deutschland iSd aktiven Personalitätsprinzips bzw. des Schutzprinzips gefordert.[13] Damit bricht die Neuregelung mit dem bisherigen Regelungssystem, das die völkerrechtlichen Kernverbrechen uneingeschränkt dem WRP unterstellt und einer ggf. bedenklichen Überdehnung der deutschen Strafgewalt auf strafprozessualer Ebene entgegenwirkt (→ Rn. 25). Zur Begründung wird auf die außenpolitische Brisanz der Taten verwiesen, die die Normierung des WRP nicht zweckmäßig erscheinen ließe.[14] In rechtlicher Hinsicht relevanter ist allerdings, ob das Völkerrecht eine weltweite Verfolgung des Aggressionsverbrechens überhaupt gestattet (→ Rn. 13). Die fehlende Staatenpraxis spricht dagegen;[15] dafür kann aber immerhin angeführt werden, dass die Staatengemeinschaft mit dem Kampala-Kompromiss ihren Willen zum Ausdruck gebracht hat, solche Taten nicht (mehr) ungesühnt zu lassen.[16]

II. Erläuterung

1. Das WRP im System der völkerrechtlich legitimierenden Anknüpfungs- 5
punkte nationaler Strafgewalt. a) Eigener Ansatz. Das Weltrechts-, Weltrechtspflege- oder Universalitätsprinzip nimmt im System der völkerrechtlich legitimierenden Anknüpfungspunkte nationaler Strafgewalt eine Sonderstellung ein, indem es die weltweite Verfolgung bestimmter Straftaten unabhängig vom Tatort und der Staatsangehörigkeit von Täter und Opfer sowie sonstigen staatlichen Schutzinteressen erlaubt.[17] Darin ist keine Verletzung des die extraterritoriale Strafrechtsanwendung begrenzenden völkerrechtlichen **Nichteinmischungsgrundsatzes** zu sehen.[18] Zwar liegt in der Beanspruchung der Strafgewalt über Geschehnisse

---

[12] BR-Drs. 161/16, hierzu *Jeßberger* ZIS 2015, 514; zu § 13 VStGB näher *Glauch* HRRS 2017, 85 (86 ff.). Am 28.12.2016 wurde das entsprechende Gesetz zur Änderung des VStGB im BGBl. I Nr. 65, S. 3150 vom 28.12.2016 verkündet. Generell zur Umsetzung der Beschlüsse von Kampala in Deutschland, *Greßmann/Staudigl* ZIS 2016, 798 ff.
[13] Zu diesen Prinzipien ausführlich → StGB Vor § 3 Rn. 27 ff., 34 ff.
[14] BR-Drs. 161/16, 9.
[15] *Werle*, 2012, Rn. 216; *Werle/Jeßberger* Rn. 218; *Zahar/Sluiter* S. 498 f.; *Jeßberger* ZIS 2015, 514 (519); zw. auch *Oeter* in *Jeßberger/Geneuss* (Hrsg.), S. 120; *Roegele* S. 108. Nach GA-Report A/65/181 v. 29.7.2010, S. 29 ist das WRP für das Aggressionsverbrechen bzw. für „crimes against peace" nur in vier Staaten (Aserbaidschan, Weißrussland, Bulgarien und Estland) vorgesehen. In der Tschechischen Republik kann zudem die Vorbereitung eines Angriffskrieges universell verfolgt werden.
[16] In diesem Sinne *Hoven* in *Safferling/Kirsch* (Hrsg.), S. 363 ff., 366; dagegen *Oeter* in *Jeßberger/Geneuss* (Hrsg.), S. 120. Siehe hierzu auch → StGB Vor § 3 Rn. 52.
[17] Vgl. auch *Zieher* S. 79; *Oehler* FS Carstens, 1984, 435 (440 f.); *Henzelin* S. 29; LK/*Werle/Jeßberger* StGB Vor § 3 Rn. 237; *Schönke/Schröder/Eser* StGB Vor. §§ 3–9 Rn. 19; SK-StGB/*Hoyer* StGB Vor § 3 Rn. 13; NK-StGB/*Böse* StGB Vor § 3 Rn. 21; *García Arán* in *García Arán/López Garrido* (Hrsg.), S. 64; *Ascensio* JICJ 1 (2003), 690 (699); *de la Pradelle* in *Ascensio/Decaux/Pellet* (Hrsg.), S. 905; *el Zeidy* OUCLF 4 (2003), nach Fn. 19; *Randall* Texas Law Review 66 (1988), 785 (788); Princeton Principle 1.1 (28); *O'Keefe* JICJ 2 (2004), 735 (745 f.); *Weigend* FS Eser, 2005, 955; *Gärditz* in *Menzel/Pierlings/Hoffmann* (Hrsg.), S. 289; *Behrendt* S. 53; *Arbour* in *Dolgopol/Gardam* (Hrsg.), S. 307; *Satzger* § 4 Rn. 12; *Wen Wang* S. 22; *Cryer/Friman/Robinson/Wilmshurst* S. 56 f.; *Zahar/Sluiter* S. 496; *Council of the European Union* Rn. 8; *Langer* AJIL 105 (2011), 1; *Jeßberger* S. 271; *O'Keefe* S. 17; im Ergebnis ebenso AIPD ZStW 122 (2010), 473 (489), Resolution Section IV, I 1; während der Verhandlungen wurde aber durchaus diskutiert, die Ausübung der Weltrechtspflege vom Vorliegen eines legitimierenden Bezugspunktes abhängig zu machen, vgl. *Petrig* ZStW 122 (2010), 467 (468-9) sowie *Munivrana Vajda* ICLR 10 (2010), 325 (336 ff.); für eine Abschaffung des Weltrechtsprinzips und dessen Ersetzung durch das Schutzprinzip *Garrod* ICLR 12 (2012), 763. Jedenfalls begründet das WRP nur ein Recht zur Strafverfolgung, keine Pflicht, s. *Cryer* S. 87, 89, 101 ff. (109); *Fleck* JICJ 7 (2009), 831 (851 ff.: Weltrechtsprinzip als „*permissive rule*"); *Bantekas* S. 348-9; *Ambos* Treatise III, S. 224 mwN; aA Constitutional Court of South Africa, Urteil v. 30.10.2014, National Commissioner of the South African Police Service ua v. Southern African Human Rights Litigation Centre ua, hierzu *Ventura* JICJ 13 (2015), 861; diff. *Pocar/Maystre* in *Bergsmo* (Hrsg.), S. 262 („The principle of universal jurisdiction empowers – or requires in certain cases …"); auch *van der Wilt* JICJ 13 (2015), 237 (239 f.).
[18] → StGB Vor § 3 Rn. 9 ff.; treffend *Eser* FS Meyer-Goßner, 2001, 19 im Hinblick auf den Völkermord: „Über das Lebensrecht von Teilen der Menschheit kann es schlechterdings keine exklusiven nationalen Souveränitätsrechte geben…"; vgl. auch *Benzing* in *König* (Hrsg.), S. 33; *Geißler/Selbmann* HuV-I 2007, 160 (164); *Weißer* GA 2012, 416 (423); aA *Garrod* ICLR 12 (2012), 763 (823). Nach *Merkel* in *Jeßberger/Geneuss* (Hrsg.), S. 49 ff., 52 verliert der Staat in Fällen schwerer Kernverbrechen „seine Legitimität […] und damit auch seine Souveränität als Völkerrechtssubjekt".

in fremden Staaten *faktisch* ein Eingriff in deren territoriale Hoheits- und Strafgewalt, wird damit doch diesen Staaten ihr strafanwendungsrechtlicher Ausschließlichkeitsanspruch streitig gemacht. Doch ist aus *rechtlicher* Sicht die grundlegend unterschiedliche Interessenlage zwischen den traditionellen Anknüpfungspunkten (Territorialitäts-, Personalitäts-, Realprinzip sowie Grundsatz der stellvertretenden Strafrechtspflege)[19] und dem WRP zu beachten: Während bei den traditionellen Anknüpfungspunkten die **Verfolgung eigener Interessen** bzw. – bei der stellvertretenden Strafrechtspflege – die *derivative* Verfolgung fremder Interessen im Mittelpunkt steht, wird der Verfolgerstaat beim WRP **im Interesse der Staatengemeinschaft als Ganzer** („as a member of the international community"[20]) tätig.[21] Dabei geht es allerdings bei den hier in Rede stehenden Kernverbrechen weniger um die (einzelstaatliche) Wahrnehmung *gemeinsamer Sicherheitsinteressen* aller Staaten[22] (wie – klassisch – zur weltweiten Verfolgung der Piraterie angeführt wurde und heute wohl auch bezüglich des internationalen Terrorismus angeführt werden kann),[23] sondern um die strafrechtliche **Verteidigung als gemeinsam anerkannter Werte.**[24] Die klassische realpolitische Argumentation wird also durch eine normative ersetzt: Die Verletzung bestimmter *universell anerkannter Rechtsgüter* betrifft nicht nur den durch die genannten traditionellen Anknüpfungsprinzipien mit der Tat verbundenen Nationalstaat, sondern die Staatengemeinschaft und Menschheit als Ganzes, weil sie deren gemeinsame Wertegrundlage – die Achtung der fundamentalen Menschenrechte, die eine *erga omnes*-Wirkung[25]

---

[19] Vgl. zu den Anknüpfungspunkten ausführlich → StGB Vor § 3 Rn. 17 ff.
[20] *Jennings/Watts* S. 468 Fn. 13; Amnesty International, 2001, Introduction, S. 28 f. u. Chapter I, S. 3 f.; *Scharf* Law and Contemporary Problems 64 (Winter 2001), 67 (76, 115); *Joyner* Law and Contemporary Problems 59 (Autumn 1996), 153 (165); *Vogler* FS Maurach, 1972, 595 (603 f.); *Doehring* Rn. 819; *García Arán* in García Arán/López Garrido (Hrsg.), S. 66 f.; *Bassiouni* Virginia Journal of International Law 42 (2001), 82 (88, 96); *Bacigalupo* Revista española de derecho militar 77 (2001), 249 (260); *Boister*, EJIL 14 (2003), 953 (963) *Burchards* S. 24 f.; *Arbour* in Dolgopol/Gardam (Hrsg.), S. 313; *Pocar/Maystre* in Bergsmo (Hrsg.), S. 263. Vgl. auch *Demjanjuk v. Petrovsky* S. 776, F. 2 d S. 571 (583) (6th Circuit 1985), cert. Denied, 475 U. S. 1016 (1986): „acting for all nations"; *Benzing* in König (Hrsg.), S. 34 „humanity in general".
[21] Zu den theoretischen und historischen Grundlagen vgl. *Henzelin* S. 33 ff.; *Reydams* S. 11 ff.; *Bassiouni* in Macedo (Hrsg.), S. 39 ff.; *Behrend* S. 54 ff.; auch Amnesty International, 2001, Introduction, S. 23 ff. u. Chapter II, S. 1 ff.; *Hall* in Lattimer/Sands (Hrsg.), S. 47 (50 ff.); *Langer* JICJ 13 (2015), 245 (246 ff.).
[22] Vgl. insoweit *Stern* FS Bedjaoui, 1999, 735 (736): „intérêts communs"; *Tomuschat* FS Steinberger, 2001, 315 (328: „interests of the international community at large"); *Henzelin* S. 273; *Bassiouni* Virginia Journal of International Law 42 (2001), 82 (97 f.); *ders.* in Macedo (Hrsg.), S. 42 f.; *Swart* in Cassese/Delmas-Marty (Hrsg.), S. 567 f.; *Wolfrum* FS Eser, 2005, 979; auch → StGB Vor § 3 Rn. 45 sowie BGH 8.10.2014 – 1 StR 114/14, BGHSt 60, 15 (28), der aber in wenig überzeugender Weise davon auszugehen scheint, dass die gemeinsamen Sicherheitsinteressen der Staaten durch Subventionsbetrügereien beeinträchtigt werden. Der Sicherheitsaspekt wird von *Garrod* ICLR 12 (2012), 763 (807-8) betont, der deshalb eine Verfolgung völkerrechtlicher Verbrechen auf Grundlage des Schutzprinzips befürwortet.
[23] Dazu → StGB Vor § 3 Rn. 45. Ebd.; vertiefend zur weltweiten Verfolgung der Piraterie *Gardner* JICJ 10 (2012), 797 (802-8); *Ambos* Treatise II, S. 238 ff. mwN; auch *Ladiges*, NZWehrR 2012, 56.
[24] *Stern* FS Bedjaoui, 1999, 744 (752: „valeurs essentielles"); *Trechsel* Saint Louis-Warsaw Transatlantic Law Journal 2000, 1 (3 ff.); *Sadat* New England Law Review 35 (2001), 241 (244); *Wolfrum* Israel Yearbook of Human Rights 24 (1994), 183 (185); *Bassiouni* Virginia Journal of International Law 42 (2001), 82 (96 ff.); *ders.* in Macedo (Hrsg.), S. 42 f.; *Eser* FS Trechsel, 2002, 232; *Cassese* EJIL 13 (2002), 853 (859); *Guilherme de Aragão* HuV-I 2002, 77 (80); *Benavides,* Anuario mexicano de derecho international 1 (2001), 19 (33, 38); *Boister* EJIL 14 (2003), 953 (965 ff., 969); *Blanco Cordero,* La Ley 5980, 5 f. u. 5981, 6; auch Princeton Principles, S. 24 f.; Amnesty International, 2001, Introduction, S. 28 f.; *Hall* in Lattimer/Sands (Hrsg.), S. 55 f.; *Zappalà* in Cassese/Chiavario/De Francesco (Hrsg.), S. 555 f.; *Vest* ZStrR 123 (2005), 313 (327); Assembly of the African Union, Report 2008, Rn. 5; *Grant* in Kolb (Hrsg.), S. 454; *Satzger* Jura 2010, 108 (110); *van Steenberghe* JICJ 9 (2011), 1089 (1114'; *Safferling* § 3 Rn. 47; menschenrechtliche Grundlegung bei *Neubacher* S. 100 ff., 111. Krit. *Rubin* New England Law Review 35 (2001), 265 (267) u. passim; *d'Aspremont* IsLR 43 (2010), 301 (317 ff.); *Garrod* ICLR 12 (2012), 763 (814 ff.); noch grundsätzlicher *Kissinger* Foreign Affairs 86 (July/August 2001), 86; zur völkerrechtspolitischen Diskussion u. gg. Kissinger Amnesty International, 2001, Introduction, S. 31 ff. (35 ff.). Krit. im Lichte des Schuldgrundsatzes *Keller* FS Lüderssen, 2002, 425; krit. wegen der fehlenden Bestimmtheit bzw. Bestimmbarkeit der von allen Staaten geteilten Interessen *Zhou* in Bergsmo/Ling (Hrsg.), S. 42; zu klassischen Begründungsansätzen siehe *de Vabres* JICJ 9 (2011), 906.
[25] *Erga omnes*-Verpflichtungen, die insbesondere aus *ius cogens*-Normen folgen, gelten nicht nur zwischenstaatlich, sondern gegenüber der Staatengemeinschaft als Ganzes, ICJ Reports 1970, 1 (32) *(Barcelona Traction);* auch *Bungenberg* AVR 39 (2001), 170 (191 f.); *Kreß* ZStW 114 (2002), 818 (836 mit Fn. 109); *Wolfrum* FS Eser, 2005, 979. Zum WRP im Rahmen zivilrechtlicher Klagen vgl. *Nolte* in Tomuschat/Thouvenin (Hrsg.), S. 376 ff.

entfalten und deren Schutz damit nicht nur im einzelstaatlichen Interesse liegt[26] – grundlegend erschüttert (vgl. Art. 5 Abs. 1 S. 1 IStGH-Statut: „schwerste[n] Verbrechen ..., welche die internationale Gemeinschaft als Ganzes berühren."). Man kann auch sagen: Wenn ein Staat die Sicherheit seiner Bürger vor schweren Menschenrechtsverletzungen nicht garantiert, ja die Menschenrechtsverletzer nicht einmal verfolgt, kann er anderen Staaten nicht verwehren, zur Verteidigung der Menschenrechte einzuschreiten.[27] Diese normative Begründung des WRP findet eine zusätzliche Stütze im Menschenrecht auf Zugang zur Justiz („right to access to justice").[28] Allerdings muss die Berufung auf die Menschenrechte dabei natürlich auch zugunsten des Beschuldigten wirken und zwar in doppelter Hinsicht: ihm muss ein rechtsstaatliches Strafverfahren garantiert und er darf keiner Mehrfachverfolgung *(ne bis in idem)* unterworfen werden.[29]

Natürlich birgt eine solche normative Bestimmung des WRP die **Gefahr zwischen-** 6 **staatlicher Konflikte** zwischen Verfolgerstaaten und denjenigen (Tatort-)Staaten in sich, die dem strafrechtlichen Schutz der Menschenrechte im Einzelfall eine geringere Bedeutung beimessen. Zugespitzt formuliert kann man sagen, dass eine normative Begründung des WRP zwischenstaatliche Konflikte geradezu provoziert, während der realpolitische Ansatz dagegen der Vermeidung solcher Konflikte dient, sollen danach doch die Feinde der Menschheit *(hostes humani generis)* gemeinsam bekämpft werden. Gleichwohl handelt der Verfolgerstaat in beiden Fällen (auch) im – realpolitischen oder normativen – Interesse der Staatengemeinschaft – gleichsam treuhänderisch[30] oder stellvertretend.[31] Durch die **Anknüpfung an das gemeinsame Interesse aller Staaten** liegt in der auf das WRP gründenden nationalen Strafverfolgung keine Einmischung in die inneren Angelegenheiten anderer Staaten, weil ein *echtes* Weltrechtsdelikt (→ Rn. 9) *per definitionem* Angelegenheit der Völkergemeinschaft ist und kein Staat ausschließliche Hoheitsmacht über dessen Tatort beanspruchen, insbesondere nicht verlangen kann, dass der Täter *nicht* vor ein ausländisches Gericht gestellt wird[32] (anders mag es liegen, wenn

---

[26] Vgl. *Doehring* Rn. 94; *Bungenberg* AVR 39 (2001), 170 (191); *Broomhall* New England Law Review 35 (2001), 399 (401 f.); *Joyner* Law and Contemporary Problems 59 (Autumn 1996), 153 (170); *García Arán* in *García Arán/López Garrido* (Hrsg.) S. 68, 69 ff.; *Boister* EJIL 14 (2003), 953 (969); *Jeßberger* in *Kaleck/Ratner/Singelnstein/Weiss* (Hrsg.), S. 215; *Kamminga*, HRQ (23) 2001, 940 (943). Für ein „changement de caractère" der traditionellen Anknüpfungspunkte insoweit *Swart* in *Cassese/Delmas-Marty* (Hrsg.), S. 587.

[27] So im Kern das von *May* S. 68 ff. und passim entwickelte „security principle", das vom „harm principle" – verstanden als Schaden an der Menschheit durch die Taten – ergänzt wird (ebd., S. 80 ff.). In diese Richtung auch *Zimmermann* in *Tomuschat/Thouvenin* (Hrsg.), S. 352. Zur Legitimierung des WRP auch gegenüber dem Beschuldigten *Merkel* in *Jeßberger/Geneuss* (Hrsg.), S. 55 f., ähnlich *Böse* in *Böse/Meyer/Schneider* (Hrsg.), Conflicts II, S. 119 f. Siehe insoweit auch ergänzend zur normativen Legitimierung der Strafgewalt *(ius puniendi)* der internationalen Gemeinschaft *Ambos* OJLS 33 (2013), 293; *ders.*, 2013, S. 57 ff. mwN. *Langer*, JICJ 11 (2013), 737 ff.; *ders.* in *Jeßberger/Geneuss* (Hrsg.), S. 253 ff. will das WRP über die Prinzipien der Beteiligung und Rechenschaft gegenüber der internationalen Gemeinschaft legitimieren („principles of the participation of, and accountability to, the international community").

[28] Vgl. *Mills* BYbIL 84 (2014), 187 (219 ff.).

[29] AIPD ZStW 122 (2010), 473 (490), Resolution Section IV, III 3 (Wahrung des *ne bis in idem* Grundsatzes, es sei denn, das Ausgangsverfahren war nicht unabhängig, unparteiisch oder im Einklang mit den völkerrechtlich anerkannten Grundsätzen eines ordnungsgemäßen Verfahrens) und IV (Verfahrensfairness); siehe hierzu auch *Kourula* in *Bergsmo/Ling* (Hrsg.), S. 146 f. Zum rechtsstaatlichen Verfahren und dem WRP vgl. *HRW*, 2006, S. 17 ff.; *Eser* Tulsa Law Rev. 39 (2004), 955 (963 ff.); *Wen Wang* S. 164; *Kamminga* HRQ (23) 2001, 940 (963 f.). Aus Beschuldigtenperspektive insoweit krit. *Fletcher* JICJ 1 (2003), 580 (582); *Walther* FS Eser, 2005, 950 ff.

[30] *Merkel* in *Lüderssen* (Hrsg.), S. 237 (252); *Eser* FS Meyer-Goßner, 2001, 17; *Benavides*, Anuario mexicano de derecho international 1 (2001), 19 (29); *Kreß* ZStW 114 (2002), 818 (837); *Rau* HuV-I 2003, 212 (214); *Weigend* FS Eser, 2005, 965, 971 mwN; *Hall* in *Lattimer/Sands* (Hrsg.), S. 56; *ders.* in *Bergsmo* (Hrsg.), S. 203; *Kreß* ZIS 2007, 515 (517).

[31] *Weigend*, GS Vogler, 2004, 208: „als Prozessstandschafter"; *Bock* RBDI 43 (2010) 43 (51); *Jeßberger* S. 272 („als Sachwalter"); *Walther* FS Eser, 2005, 952 (die aber mit der Forderung nach einem „Ermächtigungsakt" in die Nähe der stellv. Strafrechtspflege gerät).

[32] Dies wird häufig übersehen, wenn der Nichteinmischungsgrundsatz ohne weiteres auf das WRP angewendet wird (vgl. etwa *Oehler* FS Carstens, 1984, 443 (447); *Hoyer* GA 2004, 321 (323, 325)); zutreffend hingegen *Eser* FS Meyer-Goßner, 2001, 8 mit Fn. 14; *Bungenberg* AVR 39 (2001), 170 (186 ff.); *Boister* EJIL 14 (2003), 953 (969).

der Tatortstaat die ernsthafte Absicht hat, die Gerichtsbarkeit selbst auszuüben und hierzu auch in der Lage ist, → Rn. 22).

7   **aa) Verzicht auf zusätzliche Anknüpfungspunkte.** Liegt also die Verfolgung echter Weltrechtsdelikte im gemeinsamen (menschenrechtlich begründeten) Interesse aller Staaten, so kann sie nicht aus Gründen nationaler Souveränität bzw. der Nichteinmischung beschränkt werden[33] und das darauf gründende System völkerrechtlicher Anknüpfungspunkte (→ Rn. 5) nicht eingreifen. Somit bedarf es zur Ausübung der Weltrechtspflege **keines weiteren inländischen Anknüpfungspunktes** (Territorium, Staatsangehörigkeit bzw. Wohnsitz von Täter oder Tatopfer). Vielmehr bildet das WRP als Mittel der Durchsetzung der gemeinsamen Interessen der Staaten selbst einen legitimierenden Anknüpfungspunkt,[34] der freilich nicht auf traditionellen Souveränitätsüberlegungen beruht, sondern allein aus dem Unrechtsgehalt der Tat folgt.[35] Nur bei einer solchen Freiheit von inländischen Anknüpfungspunkten kann von einem **echten WRP** bzw. WRP ieS[36] gesprochen werden. Demgegenüber handelt es sich allenfalls um ein **unechtes WRP** bzw. WRP iwS, wenn seine Geltung durch das Erfordernis zusätzlicher Anknüpfungspunkte eingeschränkt wird (dazu → Rn. 20).[37]

8   Ebenso wenig kann die Anwendung des echten WRP von der **Ergreifung des Beschuldigten** im Forumsstaat abhängig gemacht werden. Dabei handelt es sich um eine rein *faktische*, auf die Strafverfolgung bezogene Frage,[38] die an der *materiell-rechtlichen*, am Unrechtsgehalt orientierten Notwendigkeit der Verfolgung echter Weltrechtsdelikte nichts ändert. Schließlich ist auch bei „normalen" Strafverfahren die Anwesenheit des Beschuldigten/Angeklagten erst in der Hauptverhandlung notwendig,[39] wenn nicht sogar ein Abwesenheitsverfahren möglich ist.[40] Zum in diesem Zusammenhang diskutierten WRP *in absentia* → Rn. 15.

---

[33] Zur menschenrechtlichen Einschränkung der traditionellen Souveränität *Neubacher* S. 126 ff.

[34] BVerfG 12.12.2000 – 2 BvR 1290/99, NJW 2001, 1848 (1852); *Doehring* Rn. 820; iE ebenso Princeton Principles, S. 43; Amnesty International, 2001, chapter I, S. 14 f.; *Scharf* Law and Contemporary Problems 64 (Winter 2001), 67 (76); *Broomhall* New England Law Review 35 (2001), 399 (400); *el Zeidy* OUCLF 4 (2003), nach Fn. 37; auch *Joyner* Law and Contemporary Problems 59 (Autumn 1996), 153 (169, 171); *Eser* Tulsa Law Rev. 39 (2004), 955 (973 f.); *van Steenberghe* JICJ 9 (2011), 1089 (1114); *Brown* New England Law Review 35 (2001), 383: WRP als „special exception" zur Regel des Anknüpfungspunkts; *Weigend*, GS Vogler, 2004, 208; übersehen von *Klages* S. 153 und wohl auch von *Bassiouni* Virginia Journal of International Law 42 (2001), 82 (136 f.). Vgl. für die divergierende internationale Staatenpraxis *Henckaerts/Doswald-Beck* Vol. I, Rule 157/S. 605.

[35] *Ambos* NStZ 1999, 226 (227); *Werle/Jeßberger* JZ 2002, 724 (729); *Satzger* NStZ 2002, 125 (131); *ders.* § 17 Rn. 38; *Rau* HuV-I 2003, 212 (214); *Löwe/Rosenberg/Beulke* StPO § 153f Rn. 2; *Werle*, 2012, Rn. 212 *Werle/Jeßberger* Rn. 214; *Blanco Cordero*, La Ley 5980, 5: „naturaleza" des Delikts.

[36] *Stern* FS Bedjaoui, 1999, 746 spricht insoweit von einer „veritable compétence universelle". Vgl. auch IGH, Case concerning the Arrest Warrant of 11.4.2000 (Democratic Republic of the Congo v. Belgium), Joint Separate Opinion, *Higgins/Kooijmans/Buergenthal*, 14.2.2002, para. 31: „true universality principle". Auch *Dahm* S. 33 sprach schon von einem „uneingeschränkten" WRP, allerdings in Abgrenzung zur stellv. Strafrechtspflege; iE ebenso *Fastenrath* S. 380 f.; *Sriram* International Affairs 80 (2004), 971 (973), spricht insofern von „pure universal jurisdiction"; *Cassese* JICJ 1 (2003), 589 (595) von „absolute universal jurisdiction"; *Werle/Jeßberger* JZ 2002, 724 (732) vom „,reine[n]' Weltrechtspflegeprinzip"; *Kreß* ZIS 2007, 515 von „Weltrechtspflege im reinen Sinn" und *Satzger* NStZ 2002, 125 (131) vom „uneingeschränkte[n] Weltrechtsprinzip"; siehe auch *Yee* CJIL 10 (2011), 503 (508-9).

[37] Vgl. *Ambos*, 2014a, § 3 Rn. 94 mwN; Amnesty International, 2001, Chapter I, S. 15 will insoweit von „custodial universal jurisdiction" sprechen; ähnlich *Bassiouni* Virginia Journal of International Law 42 (2001), 82 (150). *Higgins/Kooijmans/Buergenthal*, 14.2.2002, para. 41 sprechen im Hinblick auf das Anwesenheitserfordernis von „obligatory territorial jurisdiction over persons, albeit in relation to acts committed elsewhere." *Sriram* International Affairs 80 (2004), 971 (974), spricht insofern – im Anschluss an *Orentlicher* in *Macedo* (Hrsg.), S. 214 (216) und *Slaughter* in *Macedo* (Hrsg.), S. 168 (171) – von „universality plus"; *Cassese* JICJ 1 (2003), 589 (595), von „conditional universality". Zur Anwesenheit auch *Oehler* FS Carstens, 1988, 489 (497); *Swart* in *Cassese/Delmas-Marty* (Hrsg.), S. 581 ff.; *Vandermeersch* in *Cassese/Delmas-Marty* (Hrsg.), S. 589 (605 ff.).

[38] Vgl. auch *Vest* ZStrR 123 (2005), 313 (323): „faktisches Können"; *Cryer/Friman/Robinson/Wilmshurst* S. 58: „a matter of practical prudence".

[39] Zutreffend *Weigend* FS Eser, 2005, 970; *ders.* GS Vogler, 2004, 207.

[40] Wie etwa in Frankreich (vgl. *Rassat* S. 720 ff.) und Italien (Art. 420, 420 quater, 420 quinquies, 520 c. p. p.; vgl. dazu *Pisani et al.*, S. 378 f.).

Das Kernproblem der hier vertretenen Konzeption des (echten) WRP, ja der gegenwärtigen 9
internationalen Diskussion, liegt in der **Bestimmung der echten Weltrechtsdelikte**. Einerseits kann nicht alleine auf Grund der weltweiten Strafbarkeit eines bestimmten Delikts von einem echten Weltrechtsdelikt ausgegangen werden, denn sonst könnte man jeden Mörder oder Räuber ohne inländischen Anknüpfungspunkt weltweit verfolgen;[41] umgekehrt sind aber die echten Weltrechtsdelikte auch nicht – gleichsam „vorpositiv" – auf solche beschränkt, die die Verfassungs- und Völkerrechtsfähigkeit eines Volkes oder Staates fundamental negieren.[42] Vielmehr handelt es sich material – also dem *Unrechtsgehalt* nach – um die **„most serious crimes of concern to the international community"**.[43] Die Betroffenheit der internationalen Gemeinschaft kann sich dabei ua aus der Auswahl der Opfer (besonders geschützte Gruppen, vgl. Art. 6 IStGH-Statut),[44] der Art und Weise der Begehung („systematic", „widespread", vgl. Art. 7 IStGH-Statut) und dem Zusammenhang mit einem bewaffneten Konflikt (vgl. Art. 8 IStGH-Statut) ergeben. Die Quantität und/oder Qualität der Taten verletzt oder gefährdet zugleich **Frieden und Sicherheit der Menschheit („peace and security of mankind"),**[45] wobei sich diese Wirkung am klarsten beim Verbrechen des Angriffskriegs (Art. 8*bis* IStGH-Statut) zeigt.[46] Die Strafbarkeit dieser Verbrechen ergibt sich unmittelbar aus dem Völkerrecht,[47] weshalb man auch von **völkerrechtlichen Kernverbrechen** („core crimes") sprechen kann.[48] Dazu zählen jedenfalls die im IStGH-Statut erfassten Taten des Völkermords, der Verbrechen gegen die Menschlichkeit, der Kriegsverbrechen und des Angriffskriegs (Art. 5–8*bis;* siehe zum Aggressionsverbrechen aber auch → Rn. 4).[49] Ob das echte WRP noch weitere Delikte einschließt, kann hier dahinstehen.[50]

---

[41] *Weigend* FS Eser, 2005, 966; ähnlich auch *Weißer* GA 2012, 416 (418-9). Zur Unterscheidung zwischen weltweit *anerkannten* Delikten (zB Totschlag) und – auf Grund des WRP – weltweit *verfolgbaren* Delikten treffend *Fletcher* JICJ 3 (2005), 20 (24 f.).

[42] So aber *Köhler* Jahrbuch für Recht und Ethik 11 (2003), 435 (456 f.); krit. dazu *Weigend* FS Eser, 2005, 968.

[43] Vgl. Abs. 5 Präambel sowie Art. 1 IStGH-Statut (Fn. 5). Ähnlich die klassische Definition der Nürnberger Nachfolgeprozesse, die in einem völkerrechtlichen Verbrechen „an act universally recognized as criminal, which is considered a grave matter of international concern and for some valid reason cannot be left within the exclusive jurisdiction of the [s]tate that would have control over it under ordinary circumstances" sieht (*U. S. v. von List et al.*, Trials of War Criminals Before the Nuernberg Military Tribunals, Band 11, S. 757, 1241). – Vgl. auch *Higgins/Kooijmans/Buergenthal*, 14.2.2002, para. 35, 37 („gravity of the offence"), 46 („heinous nature of the crime"), 59; auch *Scharf* Law and Contemporary Problems 64 (Winter 2001), 67 (80) („gravity"); *ders.* New England Law Review 35 (2001), 363 (368); Amnesty International, 2011, Introduction, S. 30 f.; *Weigend* FS Eser, 2005, 965; auch schon → StGB Vor § 3 Rn. 51 f.

[44] Insoweit auch übereinstimmend *Köhler* Jahrbuch für Recht und Ethik 11 (2003), 435 (461 f.), denn beim Genozid wird das Existenzrecht der angegriffenen Gruppe negiert.

[45] Vgl. die Bezeichnung der Draft Codes der UN-Völkerrechtskommission, zuletzt Draft Code 1996 (Report of the ILC on the work of its forty-eigth session. 6.5.–26.7.1996. GAOR. Fifty-first Session. Supplement No. 10 (A/51/10), S. 14 ff. = paras. 50 ff.).

[46] Dazu eingehend *Kreß* ZStW 115 (2003), 294 (295 ff.).

[47] Siehe auch *Jeßberger* S. 278; *Benavides* Anuario mexicano de derecho international 1 (2001), 19 (40) u. passim will insoweit das Erfordernis einer „double *opinio iuris*" aufstellen, dh. die Frage, ob eine Tat als völkerrechtliches Verbrechen eingeordnet werden kann, von der Frage der Anwendbarkeit des WRP trennen.

[48] Die (weiteren) Bezeichnungen als „international crimes" oder „ius cogens crimes" führen nicht weiter; jener Begriff ist zu weit, die Anknüpfung an das *ius cogens* bringt nicht mehr Bestimmtheit; vgl. nur *Benavides* Anuario mexicano de derecho international 1 (2001), 19 (29 f.).

[49] Vgl. schon → StGB Vor § 3 Rn. 52 mwN. Vgl. auch Princeton Principles, S. 29; *Cassese* JICJ 1 (2003), 589 (591 f.); *Benavides* Anuario mexicano de derecho international 1 (2001), 19 (42 ff.); *Kaul* in *Cassese/ Gaeta/Jones* (Hrsg.), S. 587 f. mwN; *Higgins/Kooijmans/Buergenthal,* 14.2.2002, para. 62 ff.; *Kreß* ZStW 114 (2002), 818 (829, 838); *Weigend* FS Eser, 2005, 967 (971 ff., 975); *Sánchez* L. S. 118 ff. (247); *Blanco Cordero,* La Ley 5980, 4 f.; *Beigbeder* S. 48 ff.; *Meron* S. 120; *Kamminga* HRQ (23) 2001, 940 (944 ff.); *Zimmermann* in *Tomuschat/Thouvenin* (Hrsg.), 340; AIPD ZStW 122 (2010), 473 (489), Resolution Section IV, I 2; *van der Wilt* JICJ 9 (2011), 1043 (1049); *Werle*, 2012, Rn. 216; *Werle/Jeßberger* Rn. 218; *Safferling* § 3 Rn. 47; *Wörner/ Wörner* in Sinn (Hrsg.), S. 244; *Esser* § 14 Rn. 14; *O'Keefe* S. 23 sowie Special Court for Sierra Leone, Prosecutor v. Kallon and Kamara, Appeals Decision 13.3.2004 (SCSL-2004-15AR72(E) and SCSL-2004-16 AR72(E)), para. 69 f., auch *O'Connor/Rausch* Art. 6 Model Criminal Code sowie die tabellarische Übersicht bei *Zhu* in *Bergsmo/Ling* (Hrsg.), S. 212-5. Insbesondere für Kriegsverbrechen vgl. *Henckaerts/Doswald-Beck* Rule 157/S. 604; Assembly of the African Union, Report 2008, Rn. 19. Zweifelnd im Hinblick auf den Angriffskrieg *Zahar/Sluiter* S. 498. Wegen der fehlenden Staatenpraxis hält die Assembly of the African Union,

10 Dagegen haben die sog. **vertragsgestützten Delikte** („treaty crimes") zwar ebenfalls einen internationalen Bezug, sie betreffen jedoch als solche in ihrem Wesen nicht die Menschheit als Ganze und begründen völkerrechtlich bloß das Recht und die Pflicht zur Auslieferung oder Aburteilung („aut dedere aut iudicare"), wenn die Täter vom Forumsstaat aufgegriffen werden.[51] Dazu zählen die meisten der in § 6 StGB genannten Taten.[52] Insoweit kann man von einem **subsidiären WRP** sprechen, ist der Ergreifungsstaat doch zur Verfolgung vertraglich verpflichtet, wenn eine Auslieferung an den Territorialstaat nicht in Betracht kommt.[53] Im Hinblick auf die **stellvertretende Strafrechtspflege** liegt der entscheidende Unterschied darin, dass bei den vertragsgestützten Delikten das tatsächliche Interesse des nach Territorial- oder Personalitätsprinzip zuständigen Staates unbeachtlich ist, also auch gegen dessen Willen im Ergreifungsstaat abgeurteilt werden kann, eben auf der Grundlage des entsprechenden Vertrages.[54]

11 **bb) Völkerrechtliche Legitimation des WRP im VStGB.** Die im VStGB erfassten Verbrechen (§§ 6–12) unterfallen nach dem Gesagten grundsätzlich dem (echten) WRP, denn sie bilden in ihrem **Unrechtsgehalt** (→ Rn. 8) die Art. 5–8 IStGH-Statut ab:[55] Der **Völkermordtatbestand** des § 6 entspricht Art. 6 IStGH-Statut und schützt wie dieser das Existenzrecht bestimmter Gruppen.[56] Der Tatbestand der **Verbrechen gegen die Menschlichkeit** (§ 7) richtet sich – wie Art. 7 IStGH-Statut – gegen ausgedehnte oder systematische Angriffe gegen die Zivilbevölkerung und schützt damit fundamentale Menschenrechte.[57] Die in den §§ 8–12 kodifizierten **Kriegsverbrechen** gehen zwar in der Systematik – im Hinblick auf den noch in Art. 8 IStGH-Statut beibehaltenen „two box approach" (→ Vor § 8 Rn. 2) – und im Hinblick auf bestimmte Tathandlungen über Art. 8 IStGH-Statut hinaus,[58] doch verbindet sie mit diesem das gemeinsame Ziel, die Einhaltung bestimmter Regeln der Kriegsführung und des Schutzes der Zivilbevölkerung – gleich ob im internationalen oder nicht-internationalen bewaffneten Konflikt – sicherzustellen.

12 Dabei ist allerdings fraglich, ob dieses Ziel alleine die Anwendung des WRP auf alle **Kriegsverbrechen** trägt. Hier sind zwei Ebenen zu unterscheiden. Auf der *völkerrechtlichen Ebene* ist zu fragen, ob alle in Art. 8 IStGH-Statut enthaltenen Taten dem WRP unterliegen. Dies ist schon früher bejaht worden,[59] es ist aber, wenn man über die in Art. 8 Abs. 2 lit. a

---

Report 2008, Rn. 33 ff., 40 das Universalitätsprinzip für die völkerrechtlichen Kernverbrechen lediglich für ein theoretisches Konzept. Die Ausübung des echten WRP sei nur in wenigen Ausnahmefällen – beispielsweise bei der Piraterie – völkerrechtlich zulässig.

[50] Vgl. insoweit schon → StGB Vor § 3 Rn. 52 ff. mwN; auch Assembly of the African Union, Report 2008, Rn. 12 ff. Krit. und enger *Weigend* FS Eser, 2005, 966 (972 f.). Für Drogenhandel etwa *Sánchez L.* S. 84, für Folter, Sklaverei und Piraterie *O'Connor/Rausch* Art. 6 Model Criminal Code.

[51] Vgl. *Kreß* ZStW 114 (2002), 818 (829). Grdl. *Boister* EJIL 14 (2003), 953 (953 ff.), 961 ff., 976 f., der – ausgehend von der kriminologischen Kategorie des „transnational crime" – für die *treaty crimes* der „suppression conventions" die Bezeichnung „transnational criminal law" in Abgrenzung zu den *international core crimes* des „echten" Völkerstrafrechts („international criminal law *stricto sensu*") vorschlägt. Ähnlich *Manske* S. 273 ff. Vgl. auch *Sánchez L.* S. 69 ff., 254 ff. sowie *Ambos* LJIL 24 (2011), 667 ff. mwN.

[52] → StGB § 6 Rn. 1, 10, 13 ff., 16 ff.; *Wen Wang* S. 157 f; dazu auch *Ambos* Treatise II, S. 233, 237, 244; *Ambos/Timmermann* in *Safferling/Kirsch* (Hrsg.) S. 309 ff., 333 ff.

[53] Vgl. IGH, Case concerning the Arrest Warrant of 11.4.2000 (Democratic Republic of the Congo v. Belgium), Separate Opinion, *Guillaume*, 14.2.2002, para. 12; *Boister* EJIL 14 (2003), 953 (964): „treaty-based obligation to apply a form of ‚subsidiary universality' created by the duty to extradite or prosecute". *Benavides* Anuario mexicano de derecho international 1 (2001), 19 (32 ff., 36), sieht den Unterschied zwischen *universal principle* und *aut dedere aut iudicare* darin, dass ersteres ein (universales) *Recht* (zur Aburteilung), letzteres dagegen eine bloße *(inter partes-)Pflicht* zur Kooperation gibt. Missverständlich ist die Bezeichnung als „obligatory territorial jurisdiction" (*Higgins/Kocijmans/Buergenthal*, 14.2.2002, para. 41), geht es doch gerade um extraterritoriale Taten. Zum Unterschied auch schon → StGB Vor § 3 Rn. 57 sowie Council of the European Union Rn. 11; *Hall* in Bergsmo (Hrsg.), S. 204-5.

[54] Vgl. schon → StGB Vor § 3 Rn. 57; zum Verhältnis auch *Höpfel/Angermaier* in Reichel (Hrsg.), S. 315.
[55] IE ebenso *Weigend* FS Eser, 2005, 975.
[56] Vgl. näher u. *Kreß* § 6; *Ambos*, 2014b, S. 33 ff. mwN.
[57] Vgl. näher u. *Werle/Burchards* § 7; *Ambos* Treatise II, S. 48 f. mwN.
[58] Vgl. im Einzelnen die Kommentierung der §§ 8 ff.; *Ambos* Treatise II, S. 117 f. mwN.
[59] → StGB Vor § 3 Rn. 52 mit Fn. 370 und 371; ebenso *Weigend* FS Eser, 2005, 971 (973); *Meron* S. 126 f.

IStGH-Statut erfassten schweren Verletzungen der vier Genfer Konventionen von 1949[60] hinausgeht, nicht unbestritten.[61] Auf der *innerstaatlichen Ebene* ist zunächst von der **Völkerstrafrechtsakzessorietät des VStGB** auszugehen, also zu fragen, ob sich das in § 1 angeordnete WRP auch auf das Völkerstrafrecht, *in concreto* Art. 8 IStGH-Statut, stützen lässt.[62] Sofern die §§ 8–12 (oder auch § 7) über das IStGH-Statut hinausgehen, kann die Anwendung des WRP nur mit ungeschriebenem Völkerrecht begründet werden. Dies wird im Einzelfall nicht immer zu eindeutigen Ergebnissen führen.[63]

Wer das **Recht** beansprucht, bestimmte extraterritoriale Taten weltweit zu verfolgen, muss einen entsprechenden **Rechtssatz** nachweisen. Dieses Recht kann nicht im freien Ermessen des die Strafgewalt beanspruchenden Staates stehen, kollidiert es doch mit der Hoheitsgewalt des zuständigen Territorialstaates. Das gilt allgemein und erst recht für das WRP, wenn man ihm doch gerade auf zusätzliche legitimierende Anknüpfungspunkte verzichtet (→ Rn. 7). Die großzügigere Ansicht des StIGH in der **Lotus-Entscheidung**[64] wurde schon früher kritisiert[65] und kann mit der **Yerodia-Entscheidung** des IGH aus dem Jahre 2002[66] als überholt angesehen werden.[67] Zwar hat sich der IGH selbst nicht zur Frage der Völkerrechtmäßigkeit des WRP geäußert, sondern seine Ausführungen – unter Berufung auf den *non ultra petita*-Grundsatz – auf Immunitätsfragen beschränkt;[68] doch haben elf (der insgesamt sechzehn) Richter in Einzelvoten bzw. -erklärungen zu den das WRP betreffenden Fragen Stellung genommen[69] und dies hat zu Reaktionen in der Literatur geführt.[70] Die Mehrheit der Stellungnahmen verlangt eine **völkerrechtliche Erlaubnisnorm** zur Anwendung des WRP.[71] Lediglich

13

---

[60] BGBl. 1954 II S. 783, 813, 838, 917; hierzu vertiefend *O'Keefe* JICJ 7 (2009), 811 mit einem Überblick zur Staatenpraxis (814-5); siehe auch *Henckaerts* JICJ 7 (2009), 683 (698–700).
[61] Vgl. etwa *Benavides* Anuario mexicano de derecho international 1 (2001), 19 (49 ff.), der auf die „nature" der Kriegsverbrechen abstellen will und nur hinsichtlich der „grave breaches" die Anwendung des WRP eindeutig annimmt. So auch *Mettraux* JICJ 4 (2006), 362 (376). Zur gewohnheitsrechtlichen Anerkennung *Henckaerts/Doswald-Beck* Rule 157/S. 604; siehe auch *Stewart* JICJ 7 (2009), 855 (874 ff.); *Jeßberger* S. 278; für eine universelle Strafverfolgungsbefugnis auch bei Bürgerkriegsverbrechen *Weißer* GA 2012, 416 (422).
[62] Vgl. auch *Satzger* § 17 Rn. 38.
[63] Vgl. insoweit die Kommentierung der §§ 8–12 durch *Ambos, Dörmann, Kreß* und *Zimmermann/Geiß*.
[64] StIGHE 5, 71 = PCIJ Série A No. 10, S. 19 ff. S. dazu *Schiemann* JR 2017, 339.
[65] → StGB Vor § 3 Rn. 10 ff.
[66] IGH, Case concerning the Arrest Warrant of 11.4.2000 (Democratic Republic of the Congo v. Belgium) mit Einzelvoten bzw. -erklärungen der Richter *Al-Khasawneh, Ranjeva, Rezek, Koroma, Oda, Guillaume, Higgins/Kooijmans/Buergenthal* und der ad hoc Richter *Bula-Bula* und *van den Wyngaert*.
[67] Ausführlich zu dieser Entwicklung *Jeßberger* S. 198 ff.; siehe auch *Yee* CJIL 10 (2011), 503 (524-7).
[68] IGH (Fn. 66) para. 43. Zur Immunitätsfrage → StGB Vor § 3 Rn. 111, 136, 141. Das Verfahren hat zudem eine lebhafte Debatte innerhalb der ILC angestoßen, die das Thema der Immunitäten 2007 auf ihre Agenda setzte, vgl. *ILC*, Second report on immunity of State officials from foreign criminal jurisdiction by Roman Anatolevitch Kolodkin, Special Rapporteur, A/CN.4/631 (10 June 2010), paras. 40–51. Zuletzt *ILC*, Fifth report on immunity of State officials from foreign criminal jurisdiction, by Concepción Escobar Hernández, Special Rapporteur, A/CN.4/701 (14 June 2016). In diesem aktuellen Bericht erkennt Berichterstatterin Hernández – anders als ihr Vorgänger – nun ausdrücklich an, dass es Ausnahmen von der Erstreckung der Immunität auf die vstr Kernverbrechen geben kann, paras. 178 ff. Dem Bericht ist ein Draft article 7 beigefügt, der mit „Crimes in respect of which immunity does not apply" überschrieben ist und der kasuistisch Immunitätsausnahmen in Bezug auf vstr Kernverbrechen regelt. Zum Ganzen *Ambos* § 7 Rn. 105.
[69] O. Fn. 66. Krit. insoweit *Guillaume*, 14.2.2002, para. 1: „there can only be immunity from jurisdiction where there is jurisdiction"; IGH, Case concerning the Arrest Warrant of 11.4.2000 (Democratic Republic of the Congo v. Belgium), Dissenting Opinion, *van den Wyngaert*, 14.2.2002, para. 4, 7, 41 f.; *Higgins/Kooijmans/Buergenthal*, 14.2.2002, para. 3 ff.; der MiM zust. *Cassese* EJIL 13 (2002), 853 (855 f.).
[70] Vgl. *Cassese* EJIL 13 (2002), 853 (853 ff.); *Weiß* JZ 2002, 696 ff.; *Kreß* ZStW 114 (2002), 818 (818 ff.); *Schultz* ZaöRV 62 (2002), 703; *Reydams* S. 227 ff.; *O'Keefe* JICJ 2 (2004), 735 (744 ff.); zusf. *Hoffmann* in *Menzel/Pierlings/Hoffmann* (Hrsg.), S. 439 ff.; *Behrendt* S. 92 ff.
[71] Vgl. *Guillaume*, 14.2.2002, para. 14 ff.; IGH, Case concerning the Arrest Warrant of 11.4.2000 (Democratic Republic of the Congo v. Belgium), Separate Opinion, *Rezek*, 14.2.2002, para. 6; IGH, Case concerning the Arrest Warrant of 11.4.2000 (Democratic Republic of the Congo v. Belgium), Declaration, *Ranjeva*, 14.2.2002, para. 5 ff. und IGH, Case concerning the Arrest Warrant of 11.4.2000 (Democratic Republic of the Congo v. Belgium), Separate Opinion, *Bula-Bula*, 14.2.2002, para. 79; ebenso *Weiß* JZ 2002, 696 (700 f.); *Kreß* ZStW 114 (2002), 818 (831 f.); *Rau* HuV-I 2003, 92 (97); *Weigend* FS Eser, 2005, 964; *Gärditz* in *Menzel/Pierlings/Hoffmann* (Hrsg.), S. 285. Früher schon American Law Institute, Restatement (Third) Foreign Relations Law of the U. S., 1987, S. 235; *Council of Europe*, S. 20 f.

die belgische ad hoc-Richterin *van den Wyngaert* hält explizit an der überkommenen Ansicht fest, wenn sie *Lotus* iSd Erfordernisses eines staatlichen Ermessens, dass nur durch ein völkerrechtliches Verbot eingeschränkt werden kann, interpretiert.[72] Eine vermittelnde Meinung vertreten die Richter *Higgins/Kooijmans/Buergenthal,* wenn sie einerseits vor den Gefahren des *Lotus*-Spruchs „in some fields of international law" warnen, aber andererseits der Entscheidung ein „continuing potential" beimessen.[73] In der Sache prüfen jedoch auch sie, ob sich das WRP auf einen völkerrechtlichen Erlaubnissatz stützen lässt.[74] → Rn. 18.

14 Ein solcher Erlaubnissatz lässt sich bei den hier in Rede stehenden völkerrechtlichen Kernverbrechen – mangels einer expliziten völker*vertraglichen* Grundlage in den einschlägigen Konventionen, insbesondere der Völkermordkonvention[75] sowie den vier Genfer Konventionen[76] – im Wege der systematischen und teleologischen Auslegung der Konventionen und unter Rückgriff auf **Völkergewohnheitsrecht** und **allgemeine Rechtsgrundsätze** entwickeln,[77] wobei eine rechtsgrundsätzliche Begründung iSd schon früher apostrophierten „opinio juris without concordant state practice" am überzeugendsten erscheint.[78] Im Ergebnis folgt ein solcher Erlaubnissatz aus dem Zusammenwirken der völkerstrafrechtlichen *lex lata,* scil. der „Pflicht eines jeden Staates … seine Strafgerichtsbarkeit über … internationale Verbrechen … auszuüben",[79] mit der Entwicklung „harter" Staatenpraxis bezüglich der vom VStGB erfassten völkerrechtlichen Kernverbrechen (→ Rn. 16 ff.).[80]

15 Dabei ist es unerheblich, ob der Tatverdächtige sich im Hoheitsbereich des die Strafgewalt beanspruchenden Staates aufhält oder **„abwesend"** ist. Die Geltung des richtig verstandenen (echten) WRP kann schon *per definitionem* nicht von der Anwesenheit des Tatverdächtigen abhängig gemacht werden (→ Rn. 7).[81] Die Anwesenheit des Tatverdächtigen ist nur ein faktisches, rein prozessuales Datum, das den Unterschied zwischen echtem und **subsidiärem** WRP markiert (→ Rn. 10)[82] und auf die Ebene der prozessualen Durchsetzung eines materiellen Strafverfolgungsanspruchs verweist. Auf die klassische Differenzierung zwischen „jurisdiction to prescribe" und „enforce"[83] übertragen bedeutet

---

[72] *Van den Wyngaert,* 14.2.2002, para. 51; ebenso *David,* 2002, S. 819 f. (Rn. 4.310d); wohl auch OLG Frankfurt 18.2.2014 – 5 – 3 StE 4/10 – 4 – 3/10, BeckRS 2015, 04846 Rn. 724; OLG Frankfurt a.M. 29.12.2015 – Az. 4-3 StE 4/10 – 4 – 1/15, BeckRS 2016, 00515 Rn. 222.
[73] *Higgins/Kooijmans/Buergenthal,* 14.2.2002, para. 50.
[74] *Higgins/Kooijmans/Buergenthal,* 14.2.2002, para. 19 ff.
[75] BGBl. 1954 II S. 730.
[76] Vgl. Fn. 60.
[77] Zum Völkermord vgl. schon → StGB Vor § 3 Rn. 48 und 1. Aufl. StGB § 6 Rn. 7; zu den Kriegsverbrechen → StGB § 6 Rn. 22; auch *el Zeidy* OUCLF 4 (2003), nach Fn. 98; äußerst kritisch *Garrod* ICLR 12 (2012), 763 (782, 797, 807, 823, 626), dem zufolge das Weltrechtsprinzip keine Grundlage im Völkergewohnheitsrecht findet.
[78] Vgl. *Simma* in Academy of European Law (Hrsg.), S. 224 ff. (225); *Ambos* AVR 37 (1999), 318 (332 ff.); *Kreß* ZStW 114 (2002), 818 (839).
[79] Abs. 6 der Präambel des IStGH-Statuts (Fn. 5).
[80] I. E. ebenso *Higgins/Kooijmans/Buergenthal,* 14.2.2002, para. 19 ff., 60 ff.; *van den Wyngaert,* 14.2.2002, para. 59 ff.; *Kreß* ZStW 114 (2002), 818 (832 ff.); *Weißer* GA 2012, 416 (423); *Weigend* FS Eser, 2005, 974, der als „formelle" Anerkennung „das Bestehen einer internationalen Rechtsüberzeugung" feststellt.
[81] Vgl. auch *Weigend* FS Eser, 2005, 956, 969 f., der insoweit von einem expansiven Verständnis des WRP spricht; iE ebenso *Sánchez L.,* S. 268 ff. (292 f., 393); *Geneuss* S. 126-7, 130 ff.
[82] Das subsidiäre WRP ist insoweit mit dem (im angloamerikanischen Recht unbekannten) Grundsatz stellvertretender Strafrechtspflege vergleichbar, als in beiden Fällen die Ausübung der Strafgewalt nicht (wie beim echten WRP) unilateral erfolgt, sondern auf Kooperation mit dem Territorialstaat beruht (→ Rn. 19). Völkerrechtlich lässt sich die stellvertretende Strafrechtspflege sogar auf den *aut dedere aut iudicare* Grundsatz zurückführen (→ StGB Vor § 3 Rn. 49 ff.) und entspricht insoweit dem international sog. subsidiären WRP. So gesehen erscheint die Anwesenheit des Tatverdächtigen als Voraussetzung des subsidiären WRP bzw. der stellvertretenden Strafrechtspflege (iSv. aut dedere aut iudicare) als bloß *faktischer* Unterschied gegenüber dem echten WRP (→ StGB § 6 Rn. 20: „in diesen Fällen", dh den in § 6 Nr. 9 genannten), womit jedoch der *rechtliche* Unterschied zwischen (echtem) WRP und stellvertretender Strafrechtspflege (zu ihm → StGB Vor § 3 Rn. 56) nicht verwischt werden soll (so die Kritik von *Weigend* FS Eser, 2005, 956 mit Fn. 4). Vgl. auch *Ascensio* JICJ 1 (2003), 690 (700): Anwesenheit „only a procedural condition".
[83] Vgl. schon → StGB Vor § 3 Rn. 2; auch *O'Keefe* JICJ 2 (2004), 735 (736 f.); *Walther* FS Eser, 2005, 928; *Gärditz* in *Menzel/Pierlings/Hoffmann* (Hrsg.), S. 284; *Burchards* S. 23; *Grant* in Kolb (Hrsg.), S. 449; *Geneuss* S. 32 ff.

das: Das WRP ist – insoweit wie die anderen Anknüpfungspunkte – Teil der „jurisdiction to prescribe" oder genauer einer „jurisdiction to prosecute",[84] die Frage der Anwesenheit oder Abwesenheit des Tatverdächtigen gehört zur – begrifflich und sachlich davon zu trennenden – „jurisdiction to enforce".[85] Das WRP gibt dem Drittstaat das Recht zur Strafverfolgung, zu dessen Durchsetzung er sich der verfügbaren prozessualen Mittel, insbesondere auch Ermittlungen zur Aufspürung des oder der Tatverdächtigen, bedienen muss. Die Weltrechtspflege *in absentia* ist völkerrechtlich nicht verboten,[86] sie stellt sich als reines Koordinierungsproblem im Rahmen des Völkerstrafgerichtsbarkeitssystems dar.[87] Das deutsche Recht sieht deshalb eine prozessuale Flankierung des § 1 VStGB durch § 153f StPO vor (dazu → Rn. 25 ff.).

Was die **Staatenpraxis** angeht, so ergibt sich aus den verfügbaren Untersuchungen[88] ein **16** differenziertes Bild. Zwar bekennt sich eine wachsende Zahl von Staaten zum WRP[89] und dieser Trend ist durch die Verabschiedung des IStGH-Statuts verstärkt worden (obwohl das IStGH-Statut das WRP gar nicht vorsieht, → Rn. 22); doch wird die Gerichtsbarkeit in der Regel von Anknüpfungspunkten, insbesondere der Anwesenheit des Tatverdächtigen auf dem nationalen Hoheitsgebiet oder seiner Ergreifung, abhängig gemacht. Vorherrschend ist also nicht ein echtes bzw. absolutes WRP (in absentia), sondern **ein subsidiäres bzw. kooperatives WRP**.[90] Nach der wohl umfassendsten Untersuchung des Max Planck Instituts für auslän-

---

[84] Dafür *Walther* FS Eser, 2005, 930, die sie als vierte Kategorie, zwischen „jurisdiction to prescribe" und „to adjudicate", aber vor der „jurisdiction to enforce" verorten will.

[85] Klärend *O'Keefe* JICJ 2 (2004), 735 (750 f., 755). Wer demnach vom „WRP in absentia" spricht, müsse auch von „Territorialität in absentia", „Personalität in absentia" etc sprechen, aber niemand tut dies (ebd. S. 750 f.). Siehe auch *Grant* in Kolb (Hrsg.), S. 463 f.; vertiefend zur Diskussion *Lafontaine* JICJ 10 (2012), 1277 (1280-6).

[86] *Higgins/Kooijmans/Buergenthal*, 14.2.2002, para. 46 ff. (65); *van den Wyngaert*, 14.2.2002, para. 52 ff.; *Kreß* ZStW 114 (2002), 818 (840 ff.); *David*, 2002, S. 821 (Rn. 4.310f); *HRW,* 2006, S. 28; so auch schon Princeton Principles, S. 44. Siehe aber auch AIDP ZStW 122 (2010), 473 (489), Resolution Section IV, II 4 der zufolge keine Strafverfahren *in absentia* auf Grundlage des Universalitätsprinzips durchgeführt werden sollen.

[87] *Kreß* ZStW 114 (2002), 818 (842).

[88] Vgl. *Reydams* S. 81 ff.; *Benavides* Anuario mexicano de derecho international 1 (2001), 19 (62 ff.); *el Zeidy* OUCLF 4 (2003), nach Fn. 51. *Higgins/Kooijmans/Buergenthal*, 14.2.2002, para. 20 f.; *van den Wyngaert*, 14.2.2002, para. 55; *Hall* in Lattimer/Sands (Hrsg.), S. 49 f., 59 ff. (auf der Grundlage von AI, Universal Jurisdiction); *Hays Butler* in Macedo (Hrsg.), S. 26 ff.; *Sánchez L.*, S. 85 ff.; *Kreicker* in Eser/Sieber/Kreicker (Hrsg.), S. 191; *Blanco Cordero* La Ley 5981, 2 ff.; *Beigbeder* in Eser/Sieber/Kreicker (Hrsg.), S. 53 ff.; *Vest* ZStrR 123 (2005), 313 (328 f.); *HRW,* 2006, S. 37 ff., sowie die Länderberichte in *Cassese/Delmas-Marty* (Hrsg.) S. 7 ff.; *Sinn* (Hrsg.) S. 165 ff. und *Böse/Meyer/Schneider* (Hrsg.,) Conflicts I, S. 27 ff. sowie den Überblick über die Anwendung des Weltrechtspflegeprinzips bei *Ferstman/Schurr* in Letschert u.a. (Hrsg.), S. 442 ff. und *Rikhof* in Bergsmo (Hrsg.), S. 45 ff. Zu Belgien, Deutschland, Frankreich, Österreich, Spanien *Ryngaert* CLF 19 (2008), 153 (160 ff.); zur Schweiz vgl. *Gless* Basler Juristische Mitteilungen 6 (2007), 265 (278 ff.); zu Lateinamerika vgl. die Landesberichte in *Ambos/Malarino* (Hrsg.); zur universellen Verfolgung von Bürgerkriegsverbrechen *la Haye* S. 243 ff.

[89] ZB *Kanada* (Crimes Against Humanity and War Crimes Act 2000; dazu *Reydams* S. 122 ff.), *Neuseeland* (International Crimes and ICC Act 2000), *Australien* (ICC Act 2002, dazu *Reydams* S. 88 f.) und *Niederlande* („Wet van 19 juni 2003, houdende regels met betrekking tot ernstige schendingen van het internationaal humanitair recht. Wet internationale misdrijven", Staatsblad van het Koninkijk der Nederlanden 2003, Nr. 270); zur Implementation des Universalitätsprinzips in Afrika und Europa siehe Council of the European Union Rn. 16, 22-3; zur Ahndung des 1994 in Ruanda begangenen Völkermordes durch französische Gerichte *Trouille* JICJ 14 (2016), 195.

[90] Vgl. *Reydams* S. 223: „The practice of most States ... falls under the co-operative limited universality principle." *Higgins/Kooijmans/Buergenthal*, 14.2.2002, para. 21: „trend ... for the trial and punishment of certain crimes ... committed extraterritorially", aber keine „classical assertion of a universal jurisdiction ... having no relationship or connection with the forum State." (krit. zu ihrer Terminologie *O'Keefe* JICJ 2 (2004), 735 (754 ff.)); siehe auch *Ambos* Case W. Res. J. Int'l L. 42 (2009), 405 (405 ff.); *van der Wilt* JICJ 9 (2011), 1043 (1055-6); *Yee* CJIL 10 (2011), 503 (520); *Berg* S. 379 ff.; *Roht-Arriaza* JICJ 11 (2013), 537 (540); zur (faktischen) Subsidiarität in Belgien, Deutschland, Frankreich, Österreich, Spanien *Ryngaert* CLF 19 (2008), 153 (159 ff.); siehe zu Frankreich auch *Trouille* JICJ 14 (2016), 195 (200 ff.). I.E. auch *Beigbeder* S. 53; *Hall* in Lattimer/Sands (Hrsg.), S. 49 mit drei Anknüpfungspunkten; *Rikhof* in Bergsmo (Hrsg.), S. 69 f.; *Hall* in Bergsmo (Hrsg.), S. 218 ff.; zur Rechtslage in zahlreichen afrikanischen und europäischen Ländern Council of the European Union Rn. 18, 24. In diesem Sinne unterscheidet *Langer* (JICJ 13 [2015], 245) zwischen einem aktiven und einem reaktiven WRP. Während ersteres zur globalen Verfolgung völkerrechtlicher Verbrechen

disches und internationales Strafrecht ist die „Strafgewalterstreckung ... immer in der einen oder anderen Weise begrenzt": Entweder ist sie abhängig von einer völkervertraglichen Verfolgungspflicht (so in China,[91] England und Wales, Estland, Griechenland, Kroatien, Polen, Russland und Weißrussland) oder von der Anwesenheit des Tatverdächtigen im Forumstaat (so in Kanada, Kroatien, Serbien und Montenegro, Spanien,[92] USA,[93] Niederlande, Schweiz,[94] Österreich[95]). Nur ausnahmsweise gilt das WRP unbegrenzt für alle Kernverbrechen (Australien, Deutschland und Slowenien) oder für ausgewählte Verbrechen (Finnland,[96] Italien, Israel und Schweden).[97] Es wäre jedoch voreilig daraus den Schluss zu ziehen, dass die betreffenden Staaten das echte WRP für völkerrechtliche Kernverbrechen für grundsätzlich unzulässig halten. Vielmehr wird bei Anordnung eines subsidiären WRP das gerade genannte (prozessuale) Koordinierungsproblem (→ Rn. 15) von vornherein in die (materielle) Strafgewaltsregelung einbezogen, statt insoweit eine gesonderte prozessuale Vorschrift (wie § 153f StPO) vorzusehen. Andererseits ist nicht zu verkennen, dass die von der US-Regierung geführte Bewegung gegen das WRP,[98] insbesondere die Drohung mit einer Verlegung des Nato Hauptquartiers gegenüber Belgien[99] und die daraufhin erfolgte Einschränkung der belgischen Gerichtsbarkeit, nicht ohne Wirkung auf andere Staaten geblieben ist.

17 In *Belgien*[100] wurde 1993 die universale Verfolgung von Kriegsverbrechen eingeführt[101] und das WRP 1999 auf Völkermord und Verbrechen gegen die Menschlichkeit erweitert,[102]

---

eingesetzt wird, soll letzteres lediglich verhindern, dass ein Staat ein „safe haven" für Völkerrechtsverbrecher wird.

[91] *Ma* in *Bergsmo/Ling* (Hrsg.), S. 180 ff.

[92] Seit der letzten Gesetzesänderung von 2014 ist die Ausübung universeller Strafgewalt zusätzlich davon abhängig, dass die spanischen Behörden die Auslieferung des Beschuldigten abgelehnt haben, *Alija Fernández* ZIS 2014, 717 (719); krit. *Esteve Moltó* JICJ 13 (2015), 1121. Zur alten Rechtslage *Ambos,* Case W. Res. J. Int'l L. 42 (2009), 432–43; auch Assembly of the African Union, Report 2008, Rn. 70 ff.; *Carnero Rojo* JICJ 9 (2011), 699 (710-20, 722-8); *Rikhof* in Bergsmo (Hrsg.), S. 71; *Pocar/Maystre* in *Bergsmo* (Hrsg.), S. 290-1; *Peyró Llopis* RBDI 43 (2010), 61; *Roht-Arriaza* JICJ 11(2013), 537 (541 f.). Zur (impliziten) Abschaffung des WRP in Spanien auf Grund Art. 7 (2) Ley Orgánica del Poder Judicial 18 v. 10.12.2003 krit. *Blanco Cordero* La Ley 5980, 2; *Pérez Cepeda* RP 15 (2005), 128; *Gil Gil* in *Ambos/Malarino/Woischnik* (Hrsg.), S. 197 ff.; *Amnistía Internacional,* 2005, S. 21 ff.; zur vorangehenden, restriktiven Entscheidung des Tribunal Supremo im Fall Guatemala krit. *Blanco Cordero* La Ley 5980, 2 u. 5981, 2, 4 ff.; zur damals gegebenen grundsätzlichen Anwendbarkeit des WRP aufgrund Art. 609–614 des span. Código Penal vgl. *Acosta-Estevez* S. 277 ff.; zur Rspr. bzgl. der argentinischen Militärjunta *Fernández-Pacheco* JpD 61 (2008) 101 ff.

[93] Zur Verfolgung von schweren Verletzungen der Genfer Konventionen in den USA *Fleck* JICJ 7 (2009), 833 (849-50).

[94] Zur Schweiz *Gless* Basler Juristische Mitteilungen 6 (2007), 265 S. 279; *dies.* Rn. 946 ff.; *Baumgartner* in *Safferling/Kirsch* (Hrsg.), S. 404 ff.; aus Sicht der Schweizerischen Bundesanwaltschaft *Müller/Heinrich* ZIS 2015, 501; siehe auch die Fallschilderung bei *Roth* JICJ 11 (2013), 643.

[95] *Bühler/Reisinger Coracini* ZIS 2015, 505 (511 f.), wobei zudem die Auslieferung des Beschuldigten grundsätzlich Vorrang vor der Ausübung extraterritorialer Strafgewalt hat.

[96] Zur Verfolgung des Völkermords in Ruanda durch Finnland *Kimpimäki* ICLR 11 (2011), 155, zur Anwendung des Universalitätsprinzips (165-9).

[97] *Kreicker* in *Eser/Sieber/Kreicker* (Hrsg.), S. 191; vgl. auch die rvgl. Analyse bei *Sinn* in *Sinn* (Hrsg.), S. 525 und *Böse/Meyer/Schneider* in *Böse/Meyer/Schneider* (Hrsg.), Conflicts I, S. 423 f. Zur Kombination der verschiedenen Begrenzungsformen im dänischen Recht *Laursen* JICJ 10 (2012), 997 (1007-9).

[98] Die neue US-Linie wurde insbesondere durch *Kissinger* Foreign Affairs 86 (July/August 2001), 86 vorbereitet. In die gleiche Richtung *Fletcher* JICJ 1 (2003), 580 (580 ff.). Zum US-„Universal Rejection Act 2003" vgl. *Weigend* FS Eser, 2005, 960 mit Fn. 23.

[99] So die unverhohlene Drohung von US-Verteidigungsminister Rumsfeld während einer Pressekonferenz im Nato-Hauptquartier am 12.6.2003; auch *Roht-Arriaza* S. 190.

[100] Dazu *Ambos* Case W. Res. J. Int'l L. 42 (2009), 408-17; auch *Rau* HuV-I 2003, 92 (92 ff.), *ders.* HuV-I 2003, 212 (212 ff.); *Reydams* S. 102 ff.; *ders.* JICJ 1 (2003), 679 ff.; *Ratner* AJIL 97 (2003), 888 ff.; *Ongena/van Daele* LJIL 15 (2002), 687 ff.; *Vandermeersch* JICJ 3 (2005), 400 ff.; *Behrendt* S. 234 ff.; *Ryngaert* CLF 19 (2008), 153 (168 ff.); auch *Weigend* FS Eser, 2005, 959 f.; *David,* 2012, S. 943 ff. (Rn. 4.389 ff.); *ders.,* 2009, S. 261 ff. (Rn. 3.3.42 ff.); *ders.,* RBDI 43 (2010), 36; *Hoffmann* in *Menzel/Pierlings/Hoffmann* (Hrsg.), S. 445; *Höpfel/Angermaier* in *Reichel* (Hrsg.), S. 316; Assembly of the African Union, Report 2008, Rn. 59 ff.; *Weißer* GA 2012, 416 (427); eher rechtspolitisch *Roht-Arriaza* S. 118 ff., 186 ff.

[101] Loi du 16 juin 1993 relative à la répression des infractions graves aux Conventions internationales de Genève ... (Moniteur Belge, 5.8.1993).

[102] Loi relative à la répression des violations graves du droit international humanitaire (Moniteur Belge, 23.3.1999).

insbesondere auch um ruandische Völkermörder verfolgen zu können.[103] Die aus einigen Verfahren (insbesondere gegen den israelischen Ministerpräsidenten Sharon[104]) resultierenden außenpolitischen Schwierigkeiten führten 2003 zunächst zur Einschränkung des Einflusses von Opfergruppen[105] auf das Strafverfahren,[106] dann − auf Grund der genannten US-Drohung − zur vollständigen Aufhebung des ursprünglichen Gesetzes.[107] Nach heutiger Rechtslage können die Kernverbrechen − als (neuer) Teil des Strafgesetzbuchs (Art. 136bis–136octies Code Pénal) − nur durch den Bundesstaatsanwalt verfolgt werden, der wiederum nur bei Inlandsbezug tätig wird, dh wenn die Täter nicht nur im Inland ergriffen werden, sondern dort auch ihren Hauptwohnsitz haben.[108]

In der internationalen **Spruchpraxis** ist eine erhöhte Akzeptanz des WRP bei den hier relevanten völkerrechtlichen Verbrechen zu verzeichnen.[109] So bestätigt der **Special Court for Sierra Leone** ausdrücklich die Universalität der Strafgewalt bei „grave international crimes against humanity".[110] Im schon erwähnten **Yerodia-Urteil** (→ Rn. 13) haben mehrere Richter des IGH die Geltung des WRP für die völkerrechtlichen Kernverbrechen (Genozid, Verbrechen gegen die Menschlichkeit und Kriegsverbrechen) anerkannt.[111] Die völlige Ablehnung des WRP (außer bei Piraterie) durch den Gerichtspräsidenten *Guillaume*[112] und seine uneingeschränkte Anwendung auf die Kernverbrechen durch ad-hoc Richterin *van den Wyngaert*[113] wird durch die behutsam begründete und vielbeachtete joint seperate opinion der Richter *Higgins, Kooijmans* und *Buergenthal* einer vermittelnden Lösung zugeführt, die am genausten den gegenwärtigen Stand des Völkerrechts in dieser Frage wiedergibt und sich deshalb auch weitestgehender Unterstützung sicher sein dürfte.[114] Danach verbiete es zwar die Existenz eines *subsidiären* WRP in der Staatenpraxis und völkerrechtlichen Verträgen zu einem „passgenauen"[115] Erlaubnissatz hinsichtlich des *echten* WRP zu gelangen (letztlich sei die untersuchte Praxis insoweit „neutral"),[116] doch ergebe sich aus dem „fortwährenden Potenzial" der Lotus-Entscheidung[117] sowie „Anzeichen" und einem Trend zugunsten eines echten WRP,[118] dass dessen Anwendung den Staaten nicht verwehrt werden könne, sofern sie dabei „bestimmte Sicherungen" („certain safeguards") beachteten:[119] etwaige Immunitäten der betroffenen Tatverdächtigen, Vorrang des Territori-

---

[103] Dazu *Brammertz* in *Theissen/Nagler* (Hrsg.), S. 50 f.
[104] Dazu *Reydams* S. 117 f.; *Rau* HuV-I 2003, 92 (92 ff.); *Roht-Arriaza* S. 189 f.; gegen die Verfahrenseröffnung durch Opfergruppen *Ratner* AJIL 97 (2003), 888 (896).
[105] Nach der alten Rechtslage konnten sich Opfergruppen − gleichsam im Sinne einer *actio popularis* − direkt an einen Ermittlungsrichter wenden. Mit der Änderung wurde die Zuständigkeit der Bundesstaatsanwaltschaft begründet, die nur bei einem inländischen Anknüpfungspunkt zur Benennung eines Ermittlungsrichters verpflichtet ist, vgl. *Brammertz* in *Theissen/Nagler* (Hrsg.), S. 51. Zur Bedeutung der Zulassung von Abwesenheitsverfahren *Vest* ZStrR 123 (2005), 313 (321, 330).
[106] Loi modifiant la loi du 16 juin 1993 relative à la repression des violations graves du droit international humanitaire et l'árticle 144ter du code judiciare (Moniteur belge, 7.5.2003). Dazu *Brammertz* in *Theissen/Nagler* (Hrsg.), S. 51; *Reydams* JICJ 1 (2003), 679 (681 f.).
[107] Loi relative aux violations graves du droit international humanitaire (Moniteur Belge, 7.8.2003).
[108] *Rau* HuV-I 2003, 212 (212 ff.); *Reydams* JICJ 1 (2003), 679 (686 f.); *Brammertz* in *Theissen/Nagler* (Hrsg.), S. 51; *Pocar/Maystre* in *Bergsmo* (Hrsg.), S. 288. Zum belgischen Verfahren gegen *Martina Johnsohn*, der die Beteiligung an Kriegsverbrechen in Libyen zur Last gelegt wird *Bekou* JICJ 13 (2015), 219.
[109] Vgl. *Kreß* ZStW 114 (2002), 818 (834 mN).
[110] SCSL, Prosecutor v. Kallon and Kamara, Decision on Challenge to Jurisdiction: Lomé Accord Amnesty 13.3.2004 (SCSL-2004-15 AR72(E), SCSL-2004-16 AR72(E)), para. 70.
[111] IGH, Case concerning the Arrest Warrant of 11.4.2000 (Democratic Republic of the Congo v. Belgium), Separate Opinion, *Koroma*, 14.2.2002, para. 9; *van den Wyngaert* (Fn. 69) para. 59 ff.; *Higgins/Kooijmans/Buergenthal*, 14.2.2002, para. 60 ff.; wohl auch IGH, Case concerning the Arrest Warrant of 11.4.2000 (Democratic Republic of the Congo v. Belgium), Dissenting Opinion, *Al-Khasawneh*, 14.2.2002, para. 7, 8b. AA *Ranjeva*, 14.2.2002, para. 17; *Guillaume*, 14.2.2002, para. 17; *Rezek*, 14.2.2002, para. 7.
[112] *Guillaume*, 14.2.2002, para. 5, 16.
[113] *Van den Wyngaert*, 14.2.2002, para. 59 ff.
[114] Zust. *Kreß* ZStW 114 (2002), 818 (830 ff.).
[115] *Kreß* ZStW 114 (2002), 818 (825).
[116] *Higgins/Kooijmans/Buergenthal* (Fn. 36), para. 19 ff. (45).
[117] Krit. insoweit *Kreß* ZStW 114 (2002), 818 (832).
[118] *Higgins/Kooijmans/Buergenthal* (Fn. 36), para. 46 ff. (50, 52).
[119] *Higgins/Kooijmans/Buergenthal* (Fn. 36), para. 59 f.; zust. *el Zeidy* OUCLF 4 (2003), nach Fn. 132.

alstaates, Strafverfolgung durch von der Exekutive *unabhängige* Organe und – last but not least – Beschränkung auf „those crimes regarded as the most heinous by the international community" (→ Rn. 9).

19 **b) Engere Ansätze. aa) Literatur.** In der jüngeren Literatur ist das echte WRP vereinzelt auf Ablehnung gestoßen.[120] Gesonderter Betrachtung bedürfen insoweit die grundlegenden Untersuchungen von *Henzelin*[121] und *Reydams,*[122] wobei bezüglich ersterer auf frühere Ausführungen verwiesen werden kann.[123] *Reydams* unterscheidet drei Formen des WRP:[124] Zum einen die allgemeine *kooperative* Universalität („co-operative general universality principle"), die dem deutschen Verständnis stellvertretender Strafrechtspflege, dh der *derivativen* Ausübung von Strafgewalt bei grundsätzlich *allen* Delikten,[125] entspricht. Zweitens die *beschränkte kooperative* Universalität („co-operative limited universality principle"), die auf internationale Delikte („international offences") beschränkt ist und in der Pflicht des Aufenthaltsstaates besteht, entweder den Beschuldigten auszuliefern oder ihn selbst abzuurteilen *(aut dedere aut iudicare).* Dies entspricht dem *subsidiären* WRP,[126] das die Strafgewalt von dem Erfordernis freiwilliger Anwesenheit im Forumsstaat abhängig macht. Zuletzt nennt *Reydams* die beschränkte *unilaterale* Universalität („unilateral limited universality principle"), die die Strafgewalt auch *in absentia* gewährt und insoweit dem *echten* WRP entspricht (→ Rn. 15). *Reydams* sieht darin zwar keine Verletzung des Nichteinmischungsgrundsatzes,[127] da es um völkerrechtliche Kernverbrechen gehe, er hält jedoch den übergeordneten Grundsatz der Staatengleichheit für verletzt,[128] weil faktisch das WRP nur von den westlichen Industriestaaten zu Lasten der Entwicklungsländer in Anspruch genommen und deshalb „Rechtsimperialismus" betrieben werde.[129] Das echte WRP „erodes the very concept of jurisdiction" und sei eine „contradictio in terminis", widerspreche es doch der „rational distribution of competences among equal sovereigns."[130]

20 **bb) BGH-Rechtsprechung.** Der überkommenen Forderung des BGH nach einem *inländischen Anknüpfungspunkt* auch bei dem WRP unterliegenden Straftaten (§ 6 StGB)[131]

---

[120] Vgl. – neben den im Folgenden genannten –: *Cassese* JICJ 1 (2003), 589 (595) (krit. zu „absolute universal jurisdiction"); *Abi-Saab* JICJ 1 (2003), 596 (601); *Fletcher* JICJ 1 (2003), 580 (582); *Zahar/Sluiter* S. 501; *Meron* S. 121 ff. Für einen (anderen) Überblick über die wiss. Diskussion auch *Vest* ZStrR 123 (2005), 313 (325 ff.). Krit. zum WRP vor dem Hintergrund der Straftheorien *Pawlik* ZIS 2006, 274 (289 ff.). *D'Aspremont,* IsrLRev 43 (2010), 301 unterscheidet zwischen einem vertragsbasierten, dem „aut dedere aut iudicare" Prinzip verpflichteten, multilateralen WRP und einem von vertraglichen Grundlagen losgelösten unilateralen WRP, und hält nur ersteres für legitim.
[121] *Henzelin* S. 29.
[122] *Reydams* S. 11 ff.
[123] → StGB Vor § 3 Rn. 50.
[124] *Reydams* S. 28 ff., 35 ff., 38 ff.
[125] → StGB Vor § 3 Rn. 58 f. Ähnlich auch *Reydams* S. 34 f., der diese Ausprägung dem WRP letztlich nur historisch zurechnet.
[126] → Rn. 15 mit Fn. 82.
[127] Anders *Henzelin* S. 162 ff., 190, 448 bzgl. seines unilateralen WRP.
[128] *Reydams* S. 224 f.
[129] *Reydams* S. 222; ebenso *Guillaume* (Fn. 53) para. 15; siehe hierzu auch Council of the European Union Rn. 34; *Berg* S. 273 ff. sowie *Langer* AJIL 105 (2011), 1, der zufolge das WRP nur gegenüber solchen Beschuldigten zur Anwendung kommt, bei denen das Strafverfahren keine politischen Kosten (Verschlechterung diplomatischer Beziehungen) verursacht (sog. *„low-cost defendants");* ähnlich auch *Ferstman/Schurr* in *Letschert* u.a. (Hrsg.), S. 456 ff.; *Stephen* ICLQ 61 (2012), 55 (87); *Zhou* in *Bergsmo/Ling* (Hrsg.), S. 36–7; in diesem Sinne will *AIPD* ZStW 122 (2010), 473 (489), Resolution Section IV, IV 1 die Staaten verpflichten sicherzustellen, dass „universal jurisdiction is not used for vexatious purposes and to prevent potential abuses of legal processes". Krit. zu diesem Argument *Hall* in Lattimer/Sands (Hrsg.), S. 58; *Werle/Vormbaum* JZ 2015, 581 (583 f.); auch *van der Wilt* JICJ 9 (2011), 1043; *Chehtman* S. 136–9 sowie *Weißer* GA 2012, 416 (426), die zutreffend darauf hinweist, dass die Ursache des Problems nicht das Weltrechtspflegeprinzip an sich, sondern die „Selektivität der *nationalen* Strafverfolgung von Völkerstraftaten in manchen ansonsten durchaus funktionierenden Rechtsordnungen" sei.
[130] *Reydams* S. 224.
[131] BGH 13.2.1994 – 1 BGs 100/94, NStZ 1994, 232 (233) m. zust. Anm. *Oehler* NStZ 1994, 485; 11.12.1998 – 2 ARs 499–98, NStZ 1999, 236; 11.2.1999 – 2 ARs 51/99 2 AR 199/98, StV 1999, 240; 30.4.1999 – 3 StR 215/98, BGHSt 45, 64 (65 f., 68 f.), allerdings bereits offen lassend für Kriegsverbrechen

wird durch den Halbsatz „keinen Bezug zum Inland" *im Hinblick auf die §§ 6–12 VStGB* **die Grundlage entzogen** (→ Rn. 1).[132] Diese gesetzgeberische Entscheidung ist eine Konsequenz aus der hier dargelegten Konzeption des echten WRP (→ Rn. 7), die schon begrifflich einen – wie auch immer gearteten[133] Inlandsbezug verbietet.[134] Praktischen Bedenken wird durch § 153f StPO (→ Rn. 25 ff.) Rechnung getragen.[135] Die Rspr. hat sich jedoch schon vorher auf die (neue) gesetzgeberische Linie zubewegt. So hat das BVerfG die Frage eines *zusätzlichen* Anknüpfungspunktes bei Kriegsverbrechen und Völkermord ausdrücklich offengelassen.[136] Der BGH selbst (3. Strafsenat) hat im Hinblick auf die Ausübung der Strafgewalt auf Grund zwischenstaatlicher Abkommen iSv § 6 Nr. 9 StGB einen Verstoß gegen den Nichteinmischungsgrundsatz in Zweifel gezogen.[137] In der Sache hat der Senat damit die gesetzliche Sanktionierung seiner restriktiven Rspr. antizipiert. Dies ändert freilich nichts daran, dass das Erfordernis des inländischen Anknüpfungspunkts eine völkerrechtliche Grundlage hat[138] und die nationalstaatliche Strafgewalt bei den nicht dem echten WRP unterfallenden Taten sinnvoll begrenzt.[139]

2. Das echte WRP im komplementären Völkerstrafjustizsystem. a) Komplementarität im Völkerstrafrecht. Völkerstrafrecht wird direkt („direct enforcement model") durch internationale Strafgerichte, insbesondere den IStGH, und indirekt („indirect enforcement model") durch die nationalstaatlichen Gerichte durchgesetzt.[140] Die Anwendung des echten WRP kann zu (positiven) **Jurisdiktionskonflikten**[141] führen, nämlich einerseits zwischen den die Strafgewalt beanspruchenden Staaten[142] und andererseits zwischen diesen und dem IStGH. Es stellt sich also die Frage, wie diese sich teilweise überschneidenden Zuständigkeiten **koordiniert** werden können. 21

Was zunächst das **Verhältnis internationaler Strafgerichte zu den Nationalstaaten** angeht, so ist zwischen ad-hoc und/oder gemischten Tribunalen und dem IStGH zu unterscheiden. Während jene in der Regel eine Vorrangzuständigkeit für die örtlich und zeitlich in ihre Zuständigkeit fallenden Verbrechen beanspruchen,[143] fungiert der **IStGH** lediglich als eine Art **„Notfall- und Reservegericht"**,[144] das nur dann eingreifen soll, wenn die nationale Strafjustiz nicht willens oder in der Lage ist, völkerrechtliche Kernverbrechen zu 22

---

(69); s. auch noch OLG Frankfurt 18.2.2014 – 5 – 3 StE 4/10 – 4 – 3/10, BeckRS 2015, 04846 Rn. 725; OLG Frankfurt a.M. 29.12.2015 – 4-3 StE 4/10 – 4 – 1/15, BeckRS 2016, 00515 Rn. 223. Zust. *Guillaume* (Fn. 53) para. 12 mit Fn. 18. → StGB § 6 Rn. 1, 4 ff. – Zu den kulturellen, historischen, sozialen, linguistischen und rechtlichen Verbindungen zwischen Spanien und Guatemala als Anknüpfungspunkt vgl. das Minderheitsvotum des spanischen *Tribunal Supremo* im guatemaltekischen Völkermord-Fall bei *Ascensio* JICJ 1 (2003), 690 (698); dazu auch *Gil Gil,* España in *Eser/Sieber/Kreicker* (Hrsg.) S. 137 ff.

[132] Vgl. die Nachweise in Fn. 2 sowie den Überblick über die deutsche Anwendungspraxis vor Inkrafttreten des VStGB *Geneuss* S. 198 ff.

[133] → StGB § 6 Rn. 4 mN.

[134] Vgl. zur Begründung → StGB § 6 Rn. 5 mN zur hL in Fn. 17; für Inlandsbezug hingegen *Weiß* JZ 2002, 696 (701); *Gierhake* ZStW 120 (2008), 375 (402).

[135] → StGB § 6 Rn. 6.

[136] BVerfG 12.12.2000 – 2 BvR 1290/99, NJW 2001, 1848 (1853).

[137] BGH 21.2.2001 – 3 StR 372/00, BGHSt 46, 292 (307): „schwerlich von einem Verstoß gegen das Nichteinmischungsprinzip die Rede sein" kann. Ähnlich schon BGH 30.4.1999 – 3 StR 215/98, BGHSt 45, 64 (69); dazu *Ambos* NStZ 2001, 628 (630).

[138] → StGB Vor § 3 Rn. 9 ff.

[139] → StGB § 6 Rn. 4.

[140] Vgl. *Werle,* 2012, Rn. 253 ff. mwN; *Werle/Jeßberger* Rn. 255 ff.; *Bassiouni* S. 22 ff., 487 ff.; *Burchards* S. 21 ff.

[141] Vgl. dazu schon → StGB Vor § 3 Rn. 61 ff.

[142] Vgl. insoweit zum Fall Pinochet *Ambos* JZ 1999, 16.

[143] Vgl. beispielhaft Art. 9 Abs. 2 des Statuts des Jugoslawientribunals (Fn. 6) und Art. 8 Abs. 2 des Statuts des Ruanda-Tribunals (Fn. 6), wonach diese Tribunale „primacy" gegenüber den nationalen Gerichten beanspruchen. Dazu statt vieler *Holmes* in *Cassese/Gaeta/Jones* (Hrsg.), S. 669; *Ambos* Treatise III, S. 266.

[144] *Werle,* 2012, Rn. 255; *Werle/Jeßberger* Rn. 257; *Jeßberger* in *Kaleck/Ratner/Singelnstein/Weiss* (Hrsg.) S. 220; *Ryngaert* Eur. J. Crime, 2006, 46 (78), auch *Arbour* JICJ 1 (2003), 585: „default jurisdiction"; *Olásolo* S. 209, 227: „ultima ratio"; *ders.* ICLR 5 (2005), 121 (137): „watchdog court".

verfolgen (sog. **Komplementaritätsgrundsatz,** Art. 17 IStGH-Statut).[145] Dabei scheint die Zuständigkeit des IStGH zumindest auf den ersten Blick nicht nur gegenüber dem Territorialstaat **subsidiär** zu sein, sondern gegenüber jedem Staat, „der Gerichtsbarkeit ... hat" (Art. 17 Abs. 1 lit. a, lit. b), also damit auch gegenüber einem Staat, der seine Gerichtsbarkeit auf das (echte) WRP stützt (aber → Rn. 24).[146] Im Übrigen beruht die Zuständigkeit des IStGH selbst nicht auf dem WRP,[147] sondern auf dem Territorialitäts- und aktiven Personalitätsprinzip (Art. 12 Abs. 2 lit. a und b IStGH-Statut).[148] Endlich wird sich der IStGH rein tatsächlich auf die Verfolgung der Führungstäter beschränken (müssen), also bewusst eine Strafbarkeitslücke („impunity gap") in Kauf nehmen, deren Schließung den nationalen Gerichten obliegt.[149] Bei alldem darf freilich nicht übersehen werden, dass die Entscheidung über die Effektivität der nationalen Strafverfolgung iSv Art. 17 (bzw. Art. 20 Abs. 3) dem IStGH obliegt, dieser also insoweit ein **Letztentscheidungsrecht** hat.[150]

23 Nach alldem wird die **Hauptlast** der völkerstrafrechtlichen Rechtsdurchsetzung auch in Zukunft – ganz im Sinne des „indirect enforcement model" – von **verfolgungsbereiten (Dritt-)Staaten** zu tragen sein.[151] Die zwischen diesen Staaten möglicherweise auftretenden (positiven) Jurisdiktionskonflikte müssen im Wege der **Koordination** und **Kooperation** gelöst werden, wobei von einer schon an anderer Stelle[152] entwickelten **Rangfolge** der Anknüpfungspunkte als **Orientierungsmaßstab** auszugehen ist. Für das (echte) WRP folgt daraus eine **bedingte Subsidiarität** gegenüber dem Territorialitäts- und Personalitätsgrundsatz, dh es ist von der grundsätzlichen **Vorrangigkeit des Tatort-, Täter- oder Opferstaats**[153] auszugehen, sofern der entsprechende Staat zur Strafverfolgung fähig und willens ist.[154] Dabei spricht die Tat- und damit Beweismittelnähe ganz entscheidend für eine

---

[145] Aus der inzwischen sehr umfangreichen Lit. zu diesem Grundsatz vgl. nur *Holmes* in *Lee* (Hrsg.), S. 41 ff.; *Kleffner* JICJ 1 (2003), 86 ff.; *ders.,* 2008; *Bassiouni* S. 655 f.; *Olásolo* S. 192 ff.; *ders.* ICLR 5 (2005), 122 (133 f.) zwischen statischer u. dynamischer Komplementarität unterscheidend; *Satzger* § 14 Rn. 17 ff.; *Wolfrum* FS Eser, 2005, 982 f.; *el Zeidy,* 2008; *ders.* CLF 19 (2008), 33; *Ambos,* Colombian Peace Process, 2010, S. 35 ff.; *ders.* Treatise III, S. 268 ff. mwN.

[146] Nach Ansicht der Anklagebehörde des IStGH soll der IStGH auch – „as a policy matter" – komplementär im Hinblick auf Ad Hoc und gemischte Tribunale sein, diesen also eine vorrangige Zuständigkeit einräumen (ICC-OTP, 2003, 5). Nach *Olásolo* S. 210 muss sich die Zuständigkeit aus Völkerrecht und innerstaatlichem Recht ergeben.

[147] Zur dt. Position zugunsten des WRP vgl. *Kaul* in *Cassese/Gaeta/Jones* (Hrsg.), S. 586 ff., 597 ff.; *Triffterer/Ambos/Schabas/Pecorella* Art. 12 Rn. 6 f.; *Werle,* 2012, Rn. 219; *Werle/Jeßberger* Rn. 221. Zum WRP im IStGH-Statut grdl. *Sadat* New England Law Review 35 (2001), 241 (245 ff.); *Abass* ICLR 6 (2006), 349 ff. (krit. zur Ausübung der IStGH-Gerichtsbarkeit über Staatsangehörige von Nicht-Vertragsstaaten auf Grund des WRP).

[148] Vgl. schon → StGB Vor § 3 Rn. 18; auch *Morris* New England Law Review 35 (2001), 337 (350); *Brown* New England Law Review 35 (2001), 383 (386); *Weigend* FS Eser, 2005, 961; ausführlich *Ambos* Treatise III, S. 242 ff. – Das WRP kommt allerdings bei einem Sicherheitsratsverweis (Art. 13 lit. b) ins Spiel, vgl. *Olásolo* S. 134 ff.; *Ryngaert* Eur. J. Crime, 2006, 46 (48).

[149] Vgl. die Beiträge der Abg. *Meyer, Pick* und *Däubler-Gmelin* in *Lüder/Vormbaum* (Hrsg.) S. 94, 79, 100; *Werle,* 2012, Rn. 220; *Werle/Jeßberger* Rn. 222; *Jeßberger* in *Theissen/Nagler* (Hrsg.), S. 46; *van den Wyngaert* (Fn. 69) para. 65; *Hall* in *Lattimer/Saads* (Hrsg.), S. 54; *Arbour* JICJ 1 (2003), 585. Zur Entlastung des IStGH durch das VStGB auch *Zypries* in *Theissen/Nagler* (Hrsg.), S. 13 ff. (gegen den Vorwurf bloß „symbolischen Strafrechts").

[150] *Olásolo* S. 196, 227 ff.; *ders.* ICLR 5 (2005), 121 (137) will deshalb von einem „materiellen Vorrang" („primacía material") des IStGH gegenüber den Nationalstaaten ausgehen; ebenso schon *Verhoeven* NYIL 23 (2002), 3 (20): „some ‚primacy'".

[151] Ebenso *Werle,* 2012, Rn. 220; *Werle/Jeßberger* Rn. 222; *Burchards* S. 22; auch *Arbour* JICJ 1 (2003), 585 f.; *Ryngaert* Eur. J. Crime, 2006, 46 (49); *Kaleck* in *Kaleck/Ratner/Singelnstein/Weiss* (Hrsg.), S. 103 sowie ICC-OTP, 2003, S. 19 mit Fn. 24 („States are intended to carry the main burden of investigating and prosecuting"). *Wolfrum* FS Eser, 2005, 987 weist darauf hin, dass die Rechte der Staaten weiter gehen als die des IStGH.

[152] → StGB Vor § 3 Rn. 63 ff.

[153] Insoweit kann mit der span. Rspr. auch von *Priorität* gesprochen werden, vgl. *Ascensio* JICJ 1 (2003), 690 (696); siehe auch *Stigen* in *Bergsmo* (Hrsg.), S. 137 ff.; *Weißer* GA 2012, 416 (430).

[154] Vgl. schon → StGB Vor § 3 Rn. 70 sowie *Burens* CLF 27 (2016), 75, die das Komplementaritätsprinzip auf die zwischenstaatliche Ebene übertragen will; in der Sache ebenso *Weigend* GS Vogler, 2004, 208; *ders.* FS Eser, 2005, 973, 976; *Werle/Jeßberger* JZ 2002, 724 (733); *Eser* FS Trechsel, 2002, 219; *Keller* GA 2006, 25 (34 f., 37); *Kurth* ZIS 2006, 81 (84); *Geißler/Selbmann* HuV-I 2007, 160 (164); *Ryngaert* CLF 19 (2008),

Aburteilung durch den **Territorialstaat**.[155] Auch kann die durch die Straftaten verursachte Störung des sozialen Friedens am ehesten durch die eigene, nationale Strafjustiz wiederhergestellt werden.[156] Sollte dies nicht möglich sein, dürfte der **Opferstaat** das größte Interesse an einer Verfolgung haben. Hier wird es kaum am Verfolgungswillen, aber häufig an der Fähigkeit dazu fehlen, sei es, dass die Beschuldigten nicht ergriffen werden können und/ oder die nationale Strafverfolgung politisch nicht durchsetzbar ist.[157] Demgegenüber wird es dem **Täterstaat** häufig am Verfolgungswillen fehlen, jedenfalls dann, wenn die Täter (noch) der herrschenden Machtelite angehören.

Nur wenn keiner der genannten Staaten die Strafverfolgung betreibt und somit Straflosigkeit droht, obliegt es verfolgungsbereiten **Drittstaaten** im Sinne einer **Auffangzuständigkeit**[158] auf Grund des WRP tätig zu werden, wobei bei mehreren (Dritt-)Staaten der das Verfahren zuerst eröffnende Staat Vorrang haben sollte.[159] Wie frühere Verfahren *(Eichmann, Pinochet, Habré)* zeigen, können solche Drittstaatenverfahren eine erhebliche „**Anschubwirkung**" im Hinblick auf eine Strafverfolgung „vor Ort" entfalten.[160] Ein „Zuständigkeitschaos"[161] kann durch die eingangs schon erwähnte Kooperation und Koordination der beteiligten Drittstaaten verhindert werden. Dessen ungeachtet wird eine Aburteilung durch den **IStGH** gegenüber einer Aburteilung durch einen Drittstaat regelmäßig vorzugswürdig sein, da hierdurch diplomatische Spannungen zwischen den beteiligten (gleichgeordneten) Staaten vermieden werden.[162] Der erwähnte Art. 17 Abs. 1 lit. a, lit. b IStGH-Statut (→ Rn. 22) steht einer solch restriktiven Auslegung des Komplementaritätsprinzips nicht entgegen, denn damit soll in erster Linie dem tatnäheren Tatort-, Täter- oder Opferstaat eine Vorrangzuständigkeit eingeräumt, nicht aber ein tatentfernter Drittstaat zur Strafverfolgung ermuntert werden.[163] Im Ergebnis kann also von einem **dreistufigen Zuständigkeitssys-**

---

153 (157 ff., 176, 178); *Jeßberger/Kaleck/Schueller* in *Bergsmo* (Hrsg.), S. 241-3; *Zhou* in *Bergsmo/Ling* (Hrsg.), S. 44; *Kourula* in *Bergsmo/Ling* (Hrsg.), S. 138-43; *Zhu* in *Bergsmo/Ling* (Hrsg.), S. 217; *Sinn* in *Sinn* (Hrsg.), S. 526. ähnlich für ein „flexibles" WRP *Vest* ZStrR 123 (2005), 313 (331 f.); siehe auch *Munivrana Vajda* ICLR 10 (2010), 325 (342): „Subsidiarity lies at the heart of universality." Noch enger *Cassese* JICJ 1 (2003), 589 (595), für den „conditional universality" auch ein „acceptable link" voraussetzt; zurückhaltender gegenüber einer Vorrangzuständigkeit des Opferstaates *Stigen* in *Bergsmo* (Hrsg.), S. 149. – Zur Konkretisierung der Kriterien „fähig" und „willens" vgl. *Holmes* in *Cassese/Gaeta/Jones* (Hrsg.), S. 674 ff.; *HRW,* 2006, S. 32; *Lafontaine* JICJ 10 (2012), 1277 (1291–1302); *Ambos* Treatise III, S. 305 ff. mwN.
155 So auch Gesetzesbegründung in BMJ S. 85 f. = *Lüder/Vormbaum* S. 60; auch *Weigend* GS Vogler, 2004, 208 f.; *Blanco Cordero* La Ley 5981, 5 f.; *Sánchez* L. S. 320 ff.; *Kurth* ZIS 2006, 81 (83); *Weißer* GA 2012, 416 (430). Zur Beweisproblematik ausführlich *Hall* in *Lattimer/Sands* (Hrsg.), S. 64 ff.; *Reydams* S. 959 ff.; siehe auch AIPD ZStW 122 (2010), 473 (489), Resolution Section IV, III 2 (Vorrang des Staates, in dem sich die meisten Beweise befinden).
156 Vgl. *Fletcher* JICJ 1 (2003), 580 (583); *Yee* CJIL 10 (2011), 503 (527).
157 *Weigend* GS Vogler, 2004, 206.
158 Vgl. auch Gesetzesbegründung in BMJ S. 85 = *Lüder/Vormbaum* S. 60; ebenso schon *Vogler* FS Maurach, 1972, 603 („Ergänzungsfunktion"); *Höpfel/Angermaier* in *Reichel* (Hrsg.), S. 315: „subsidiary universal jurisdiction"; *Neubacher* S. 419: „Reserve-Funktion"; *Jeßberger* in *Kaleck/Ratner/Singelnstein/Weiss* (Hrsg.), S. 220: „fallback mechanism"; auch *Behrendt* S. 300 ff.; *Ryngaert* CLF 19 (2008), 153 (174). Siehe auch die Abstufung der Zuständigkeit bei *Gierhake* ZStW 120 (2008), 375 (396).
159 *Hall* in *Lattimer/Sands* (Hrsg.), S. 59.
160 *Hall* in *Lattimer/Sands* (Hrsg.), S. 54; ebenso *Behrendt* S. 300; *Geißler/Selbmann* HuV-I 2007, 160 (164), von „Vorbildwirkung" spricht *Mattioli* S. 5.
161 Nach *Guillaume* (Fn. 53) para. 15, bedeutet die Geltung des WRP ieS „[to] risk creating total judicial chaos"; ähnlich *Fletcher* JICJ 1 (2003), 580 (583 f.). Vgl. auch *Morris* New England Law Review 35 (2001), 337 (345, 354 ff.), die wegen möglicher zwischenstaatlicher Konflikte kriminalpolitische Bedenken gegen eine normative Expansion des WRP äußert, iE aber auch eine „properly exercised universal jurisdiction" der Straflosigkeit vorzieht (S. 360).
162 Vertiefend *Ambos* Treatise III, S. 269. Generell insoweit für einen Vorrang des IStGH Gesetzesbegründung in BMJ S. 86 = *Lüder/Vormbaum* S. 60; BGH 26.1.2011 – 4 BGs 1/11, NStZ 2012, 223 (225); ebenso *Kreß* NStZ 2000, 617 (625); *Weigend* FS Eser, 2005, 976; *Geneuss* S. 172; *Langer* JICJ 11 (2013), 737 (759).
163 Vgl. Gesetzesbegründung in BMJ S. 86 = *Lüder/Vormbaum* S. 60; ebenso KK-StPO/*Diemer* StPO § 153f Rn. 3. – In der Lit. ist das Problem schon früh erkannt worden. *Benvenuti* in *Lattanzi/Schabas* (Hrsg.), S. 48 f., fordert insoweit eine teleologische Reduktion des Art. 17 IStGH-Statut; *Kreß* NStZ 2000, 617 (625) spricht von einer „Überdehnung der Subsidiarität des IStGH". In der Sache ebenso *Höpfel* FS Eser, 2005, 773. *Ryngaert* Eur. J. Crime, 2006, 46 (51) spricht dem Tatortstaat eine „natural priority" zu.

tem ausgegangen werden, innerhalb dessen dem Tatort- bzw. Heimatstaat die primäre Zuständigkeit, gefolgt von IStGH und Drittstaaten aufgrund WRP, zukommt.[164]

25   **b) Prozessuale Einschränkung des § 1 VStGB durch § 153f StPO.** Mit § 153f StPO[165] wird versucht, das beschriebene, abgestufte Zuständigkeitssystem innerstaatlich umzusetzen.[166] Die Vorschrift soll einer – nicht zuletzt durch ein sog. „Forum-Shopping" der Anzeigeerstatter[167] – befürchteten **Justizüberlastung entgegenwirken**[168] und die Strafverfolgung auf „sinnvolle Fälle" beschränken.[169] Die im Verfahrensrecht gegenläufigen Prinzipien von Legalität und Opportunität erfahren eine **Konkretisierung und Neujustierung für die nach dem VStGB strafbaren Auslandstaten** gegenüber der sonstige Auslandstaten betreffenden Regelung des § 153c Abs. 1 StPO (vgl. § 153c Abs. 1 S. 2 StPO).[170] § 153f StPO bezieht sich auf **alle** Straftaten des VStGB (§§ 6–14), obwohl nur die Verbrechen der §§ 6–12 dem echten WRP unterfallen und hinsichtlich der Vergehen der §§ 13, 14 das allgemeine Strafanwendungsrecht (§§ 3 ff. StGB) anwendbar bleibt (→ Rn. 1). Insoweit hätte man es bei der Anwendung der allgemeinen Vorschrift des § 153c StPO belassen können.[171]

26   *A grosso modo* wird die Ermessensausübung auf Grund des Opportunitätsprinzips in zwei Richtungen strukturiert, wobei das übergeordnete Ziel der **Vermeidung von Straflosigkeit**[172] beachtet werden muss: Bei **Auslandstaten mit Inlandsbezug** – dh wenn der Tatverdächtige[173] sich im Inland aufhält (§ 153f Abs. 1 S. 1 StPO) und/oder wenn er Deutscher ist (§ 153f Abs. 1 S. 2 StPO) – ergibt sich im Umkehrschluss aus den zitierten Vor-

---

[164] Zutreffend BVerfG 1.3.2011 – 2 BvR 1/11, NStZ 2011, 353 (354): „Primär sind zur Verfolgung der Tatortstaat und der Heimatstaat von Täter oder Opfer, sekundär der Internationale Strafgerichtshof und gegebenenfalls sonstige internationale Strafgerichte und tertiär die nach dem Weltrechtsprinzip vorgehenden Drittstaaten berufen."

[165] § 153f StPO: (1) ¹Die Staatsanwaltschaft kann von der Verfolgung einer Tat, die nach den §§ 6 bis 15 des Völkerstrafgesetzbuches strafbar ist, in den Fällen des § 153c Abs. 1 Nr. 1 und 2 absehen, wenn sich der Beschuldigte nicht im Inland aufhält und ein solcher Aufenthalt auch nicht zu erwarten ist. ²Ist in den Fällen des § 153c Abs. 1 Nr. 1 der Beschuldigte Deutscher, so gilt dies jedoch nur dann, wenn die Tat vor einem internationalen Gerichtshof oder durch den Staat, auf dessen Gebiet die Tat begangen oder dessen Angehöriger durch die Tat verletzt wurde, verfolgt wird.
(2) ¹Die Staatsanwaltschaft kann insbesondere von der Verfolgung einer Tat, die nach den §§ 6 bis 12, 14 und 15 des Völkerstrafgesetzbuches strafbar ist, in den Fällen des § 153c Abs. 1 Nr. 1 und 2 absehen, wenn
1. kein Tatverdacht gegen einen Deutschen besteht,
2. die Tat nicht gegen einen Deutschen begangen wurde,
3. kein Tatverdächtiger sich im Inland aufhält und ein solcher Aufenthalt auch nicht zu erwarten ist und
4. die Tat vor einem internationalen Gerichtshof oder durch einen Staat, auf dessen Gebiet die Tat begangen wurde, dessen Angehöriger der Tat verdächtig ist oder dessen Angehöriger durch die Tat verletzt wurde, verfolgt wird.
²Dasselbe gilt, wenn sich ein wegen einer im Ausland begangenen Tat beschuldigter Ausländer im Inland aufhält, aber die Voraussetzungen nach Satz 1 Nr. 2 und 4 erfüllt sind und die Überstellung an einen internationalen Gerichtshof oder die Auslieferung an den verfolgenden Staat zulässig und beabsichtigt ist.
(3) Ist in den Fällen des Absatzes 1 oder 2 die öffentliche Klage bereits erhoben, so kann die Staatsanwaltschaft die Klage in jeder Lage des Verfahrens zurücknehmen und das Verfahren einstellen.

[166] Vgl. auch HK-StPO/*Gercke* StPO § 153f Rn. 2; MüKoStPO/*Teßmer* StPO § 153f Rn. 3; *Meyer* in *Böse/Meyer/Schneider* (Hrsg.), Conflicts I, S. 168.

[167] Zu dieser Gefahr der (willkürlichen) Wahl des expansivsten Gerichtsstands *Kurth* ZIS 2006, 81 (83); *Cryer/Friman/Robinson/Wilmshurst* S. 66.

[168] Gesetzesbegründung in BMJ S. 85 = *Lüder/Vormbaum* S. 60; BVerfG 1.3.2011 – 2 BvR 1/11, NStZ 2011, 353 (354); *Werle* JZ 2001, 885 (890); *Bock* RBDI 43 (2010) 43 (53); *Geneuss* S. 225; *Safferling* JZ 2015, 1061 (1066); krit. Amnesty International, 2008, S. 60. Zu ähnlichen Bemühungen in Großbritannien durch die Beschränkung der Verfolgung auf Personen, die sich nach Tatbegehung in Großbritannien niederlassen krit. *O'Keefe* JICJ 2 (2004), 735 (757 f.); zur Schweizer Diskussion *Vest* ZStrR 123 (2005), 313 (314 ff.).

[169] *Zypries* in *Theissen/Nagler* (Hrsg.), S. 14.

[170] Gesetzesbegründung in BMJ S. 84 = *Lüder/Vormbaum* S. 59 f.; *Kreß* NStZ 2000, 617 (625); *Jeßberger* in *Theissen/Nagler* (Hrsg.), S. 48; Löwe/Rosenberg/*Beulke* StPO § 153f Rn. 9; *Geneuss* S. 226.

[171] Vgl. auch SK-StPO/*Weßlau* StPO § 153f Rn. 5.

[172] Gesetzesbegründung in BMJ S. 85 = *Lüder/Vormbaum* S. 60; auch KK-StPO/*Diemer* StPO § 153f Rn. 2; Löwe/Rosenberg/*Beulke* StPO § 153f Rn. 4; *Werle* FS Tomuschat, 2006, 668.

[173] Die Vorschrift spricht hier fälschlich von Beschuldigtem (vgl. Löwe/Rosenberg/*Beulke* StPO § 153f Rn. 14; *Weigend* GS Vogler, 2004, 209 mit Fn. 49).

schriften eine *grundsätzliche* Verfolgungspflicht;[174] von der Verfolgung eines Deutschen kann jedoch („nur dann") abgesehen werden, wenn die Tat durch einen internationalen Gerichtshof oder den Tatort- oder Opferstaat verfolgt wird (§ 153f Abs. 1 S. 2 StPO), weil auch auf diese Weise dem Strafbedürfnis der internationalen Gemeinschaft Rechnung getragen wird.[175] Liegt dagegen **keinerlei Inlandsbezug** vor – wenn Deutsche weder als Opfer noch Täter beteiligt sind (§ 153c Abs. 2 Nr. 1, 2 StPO) und sich der Beschuldigte nicht im Inland aufhält und dies auch nicht zu erwarten ist (§ 153c Abs. 2 Nr. 3 StPO) – „kann insbesondere" von der Strafverfolgung abgesehen werden, sofern – Vermeidung von Straflosigkeit! – ein internationales Gericht oder der Tatort-, Täter- oder Opferstaat die Verfolgung übernimmt. Gleiches gilt – in Ausnahme zu der grundsätzlichen Verfolgungspflicht bei Inlandsaufenthalt gemäß § 153f Abs. 1 S. 1 StPO *e contrario* –, wenn sich ein ausländischer Beschuldigter im Inland aufhält, aber kein deutsches Tatopfer zu beklagen ist (§ 153f Abs. 2 S. 2 iVm S. 1 Nr. 2 StPO) und seine Überstellung an ein internationales Gericht bzw. seine Auslieferung an den verfolgenden Tatort-, Täter- oder Opferstaat (§ 153f Abs. 2 S. 2 iVm S. 1 Nr. 4 StPO) zulässig und beabsichtigt ist (§ 153f Abs. 2 S. 2 StPO).[176] Daneben folgt aus § 153f Abs. 1 S. 1 iVm § 153c Abs. 1 Nr. 1 und 2 StPO, dass bei **„reinen" Auslandstaten** im dort genannten Sinne – kein (zu erwartender) Aufenthalt des Tatverdächtigen – der GBA auch dann von einer Verfolgung absehen kann, wenn keine andere Gerichtsbarkeit zur Verfolgung bereit ist (vgl. aber sogleich).[177]

Die Vorschrift führt eine **„gestufte Zuständigkeitspriorität"**[178] ein, indem tatnäheren ausländischen Gerichten bzw. dem IStGH weitgehend – für die Fälle des § 153f Abs. 2 StPO – der Vortritt gelassen wird. Die vom Rechtsausschuss durchgesetzte Formulierung **„kann insbesondere"** (statt „soll")[179] drückt zwar einerseits aus, dass in den genannten Fällen „normalerweise"[180] bzw. „regelmäßig"[181] von der Verfolgung abzusehen ist; andererseits macht die Ersetzung des ein gebundenes Ermessen ausdrückenden „soll" durch „kann" klar, dass mit Abs. 2 weder eine partielle Rücknahme des materiellen echten WRP beabsichtigt noch ausgeschlossen ist, dass die Staatsanwaltschaft – trotz Vorliegens der Nr. 1–4 – von ihrer Verfolgungszuständigkeit Gebrauch macht.[182] Auch das – gerade erwähnte (→ Rn. 26 aE) – weitgehende Ermessen bei **reinen Auslandstaten** (§ 153f Abs. 1 S. 1 StPO) ist nicht im Sinne einer Rücknahme des WRP zu verstehen, sondern von der rein praktischen Überlegung geleitet, dass in solchen Fällen eine Strafverfolgung in Deutschland **wenig erfolgsversprechend** sein wird.[183] Unnötiger Ermittlungsaufwand soll vermieden und nur Fälle mit realistischen Erfolgsaussichten verfolgt werden.[184] Das übergeordnete Ziel der

---

[174] Vgl. auch *Pawlik* ZIS 2006, 274 (291); *Wen Wang* S. 160; *Kaleck* in *Kaleck/Ratner/Singelnstein/Weiss* (Hrsg.), S. 105; *Safferling* JZ 2015, 1061 (1066).

[175] Dem trägt § 28 (iVm § 68) IStGHG (BGBl. I 2002 S. 2144) Rechnung, wenn dort grundsätzlich ein Absehen von (deutscher) Verfolgung bei einem (erklärten) Überstellungsersuchen des IStGH vorgesehen ist (vgl. auch *Löwe/Rosenberg/Beulke* StPO § 153f Rn. 24; SK-StPO/*Weßlau* StPO § 153f Rn. 8). Die Vorschrift ist ein weiterer Beleg der IStGH-Freundlichkeit des Gesetzgebers, soll doch schon die *Erklärung*, ein Überstellungsersuchen zu stellen, ausreichen, ohne dass der Nachweis tatsächlicher Ermittlungen erbracht ist.

[176] Vgl. näher Gesetzesbegründung in BMJ S. 85 ff. = *Lüder/Vormbaum* S. 60 ff.

[177] Vgl. Gesetzesbegründung in BMJ S. 86 = *Lüder/Vormbaum* S. 61; *Weigend* GS Vogler, 2004, 209; KK-StPO/*Diemer* § 153f Rn. 3.

[178] Gesetzesbegründung in BMJ S. 85 = *Lüder/Vormbaum* S. 60; BVerfG 1.3.2011 – 2 BvR 1/11, NStZ 2011, 353; BGH 26.1.2011 – 4 BGs 1/11, NStZ 2012, 223 (225); *Weigend* GS Vogler, 2004, 209; *Hannich* ZIS 2007, 507 (512); *Gierhake* ZStW 120 (2008), 375 (383); *Kreß* ZIS 2007, 515 spricht vom „Prinzip doppelter Subsidiarität".

[179] Vgl. für die alte Formulierung noch Expertenentwurf in BMJ S. 14 und Referentenentwurf in *Lüder/Vormbaum* S. 20.

[180] *Weigend* GS Vogler, 2004, 209.

[181] KK-StPO/*Diemer* StPO § 153f Rn. 7.

[182] Vgl. Bericht des BT-Rechtsausschuss in *Lüder/Vormbaum* S. 88; auch *Löwe/Rosenberg/Beulke* StPO § 153f Rn. 32; *Geneuss* S. 234-6.

[183] Gesetzesbegründung in BMJ S. 86 = *Lüder/Vormbaum* S. 61; auch *Löwe/Rosenberg/Beulke* StPO § 153f Rn. 5; *Singelnstein/Stolle* ZIS 2006, 118 (120).

[184] Vgl. auch KK-StPO/*Diemer* StPO § 153f Rn. 3. Das wird inzwischen auch von Menschenrechtsaktivisten anerkannt, vgl. *Brody* in *Lattimer/Sands* (Hrsg.), S. 376 (380 f.). Zu praktischen Problemen der Weltrechtspflege eingehend *Hall* in *Lattimer/Sands* (Hrsg.), S. 62 ff.

Vermeidung von Straflosigkeit kann jedoch auch bei reinen Auslandstaten zu einer Ermessensreduktion zugunsten der Aufnahme der Verfolgung führen, um damit etwa ein späteres Rechtshilfeersuchen oder Ermittlungen in einem anderen Staat oder durch den IStGH vorzubereiten bzw. zu unterstützen.[185] Für eine solche Ermessensreduktion spricht auch das **weite Verständnis des Inlandsaufenthalts,** soll darunter doch jeder (freiwillige oder unfreiwillige) Kontakt mit deutschem Hoheitsgebiet (vorübergehender Aufenthalt, Durchreise), der eine Ergreifung ermöglicht, ausreichen.[186]

28   Die **Zuständigkeit** für die Strafverfolgung (bzw. Rücknahme der Klage, § 153f Abs. 3 StPO) liegt beim **GBA** (§ 120 Abs. 1 Nr. 8 iVm § 142a Abs. 1 S. 1 GVG),[187] für die Aburteilung beim **OLG,** in dessen Bezirk die Landesregierung ihren Sitz hat (§ 120 Abs. 1 Nr. 8 GVG). Die Zuständigkeitskonzentration beim GBA ist – neben Schwere der Delikte, Komplexität der Rechtsfragen, Erheblichkeit des Ermittlungsaufwands und Einheitlichkeit der Rechtsanwendung[188] – kriminalpolitisch auch dadurch motiviert, sensible politische Verfahren – ihrer Bedeutung entsprechend – in die Hände der höchsten Strafverfolgungsbehörde zu legen. Dem GBA kommt damit die sicherlich nicht leichte Aufgabe zu, sein diesbezügliches Ermessen so weise auszuüben, dass die weltweite Verfolgung von Völkerstraftaten nicht bloße gesetzliche Willensbekundung iS „symbolischen Strafrechts" bleibt, gleichzeitig aber diplomatische Verwicklungen nach belgischem „Vorbild" und ein Auftreten Deutschlands als „Weltpolizist" vermieden werden. Dabei sollte aber nicht dem lobenswerten gesetzgeberischen Ziel der Verhinderung der Straflosigkeit schwerster internationaler Verbrechen *a limine* die Grundlage entzogen werden, indem eine „Einstellungsmöglichkeit aus dringenden außenpolitischen Erwägungen" gefordert[189] bzw. „mit wichtigen Anliegen der Außenpolitik" ein Verfahrenshindernis über § 34 StGB konstruiert wird.[190] Gerade der zuletzt genannte Vorschlag stellt die gesetzgeberische Wertung des § 1 iVm § 153f StPO auf den Kopf, liegt ihm doch der Gedanke zugrunde, dass (diffuse) außenpolitische Belange das Interesse am strafrechtlichen Schutz fundamentaler Rechtsgüter und der Bestrafung schwerster internationaler Verbrechen wesentlich (!) überwiegen (vgl. § 34 Abs. 1 aE StGB).[191] Freilich ist eine solche Argumentation in gewisser Weise die Konsequenz der vom Gesetzgeber favorisierten prozessualen Lösung, führt diese doch zu einer **exekutivischen Steuerung** der völkerstrafrechtlichen Strafverfolgungstätigkeit[192] und damit einer vorrangig völkerrechts- bzw. kriminalpolitisch begründeten Ermessensausübung.

29   **c) Bisherige Praxis und Reformbedarf.** Der GBA machte zu Beginn von den durch das VStGB neu geschaffenen Kompetenzen nur sehr zurückhaltend Gebrauch[193] und legte zunächst hauptsächlich sog. **„Beobachtungsvorgänge"** an, die im Allgemeinen Register für Staatsschutzstrafsachen geführt werden, weshalb sie inzwischen eher als „ARP-Vorgänge" bezeichnet werden.[194] Internationales Aufsehen erregte allerdings die **Entschei-**

---

[185] Zu diesem Gedanken von „provisorischen" oder „Hilfsermittlungen" (auch im Zusammenhang mit § 153f Abs. 2 StPO) vgl. Gesetzesbegründung in BMJ S. 86 = *Lüder/Vormbaum* S. 61; *Ambos* Stellungnahme S. 2; *Weigend* GS Vogler, 2004, 209; KK-StPO/*Diemer* StPO § 153f Rn. 9; Löwe/Rosenberg/*Beulke* StPO § 153f Rn. 42; SK-StPO/*Weßlau* StPO § 153f Rn. 11; *Keller* in *Jeßberger/Geneuss* (Hrsg.), S. 144 f., siehe auch die von *Geneuss* S. 263 ff. entwickelten Vorschläge zur Konturierung des Verfolgungsermessens.
[186] Gesetzesbegründung in BMJ S. 86 = *Lüder/Vormbaum* S. 61; auch Löwe/Rosenberg/*Beulke* StPO § 153f Rn. 15; SK-StPO/*Weßlau* StPO § 153f Rn. 9.
[187] Vertiefend zur Reichweite der Verfolgungszuständigkeit des GBA *Jeßberger* HRRS 2013, 119.
[188] *Werle/Jeßberger* JZ 2002, 724 (733).
[189] *Weigend* GS Vogler, 2004, 209 Fn. 51; *Kreicker* in *Eser/Sieber/Kreicker* (Hrsg.), S. 435; wohl eher krit. *Kurth* ZIS 2006, 81 (86).
[190] KK-StPO/*Diemer* StPO § 153f Rn. 3. – Zu dem Argument der „international tensions" krit. *Hall* in *Lattimer/Sands* (Hrsg.), S. 57.
[191] Ähnlich Radtke/Hohmann/*Radtke* Rn. 3; *Beck/Ritscher* JICJ 13 (2015), 229 (230).
[192] SK-StPO/*Weßlau* StPO § 153f Rn. 3.
[193] Vgl. die Überblicksdarstellungen bei *Bock* RBDI 43 (2010), 43 (54 ff.); *Keller* in *Jeßberger/Geneuss* (Hrsg.), S. 141 ff.; sowie die Kritik bei *Kindt* S. 118 f.; eher krit. auch *Klip* in *Jeßberger/Geneuss* (Hrsg.), S. 246 ff.; ausf. Analyse der bisherigen VStGB-Praxis bei *Geneuss* S. 200 ff.
[194] „Beobachtungsvorgänge" bzw. „ARP-Vorgänge" dienen dazu, aus allgemein zugänglichen Quellen – ohne Rückgriff auf die in der StPO vorgesehenen (förmlichen) Ermittlungsmaßnahmen – das Vorliegen eines

dung vom 10.2.2005 mit der eine Anzeige gegen den US-Verteidigungsminister *Donald Rumsfeld* ua wegen der Misshandlungen irakischer Gefangener im Gefängniskomplex **Abu Ghraib** zurückgewiesen wurde.[195] Das OLG Stuttgart erklärte den Antrag auf gerichtliche Entscheidung am 13.9.2005 für unzulässig.[196] Der GBA hielt die Einstellungsvoraussetzungen des § 153f StPO für gegeben, wobei er zwischen den angezeigten Personen, die sich nicht im Geltungsbereich des VStGB aufhalten und auch nicht aufhalten werden (§ 153f Abs. 1 S. 1 StPO), und denjenigen, die sich in Deutschland aufhalten und ggf. aufhalten werden (§ 153f Abs. 2 S. 2 StPO), unterscheidet. Das OLG folgt dieser Unterscheidung, behandelt jedoch beide Personengruppen gleich, weil auch bei ersterer (der eigentlich ausländischen Personengruppe, § 153f Abs. 1 S. 1) ein Inlandsaufenthalt (etwa Besuch von US-Verteidigungsminister *Rumsfeld* in Deutschland) zu erwarten sei.[197] Im Hinblick auf die inländische Personengruppe (§ 153f Abs. 2 S. 2) fehle es erstens an einer Strafbarkeitslücke, weil sie als US-Militärangehörige der US-Gerichtsbarkeit unterfielen; zweitens lägen die Voraussetzungen von § 153f Abs. 2 S. 2 vor, denn die jederzeitige Zugriffsmöglichkeit des Entsende- und Heimatstaates mache die erforderliche Auslieferung überflüssig. Dies gelte entsprechend für die ausländische Personengruppe (auf die auf Grund des zu erwartenden Inlandsaufenthalts auch § 153f Abs. 2 S. 2 anwendbar ist), zumal (sic!) zu dem Gesamtkomplex in den USA Ermittlungen geführt würden.

Die Entscheidungen geben zu einigen **Zweifeln** Anlass: Kann man sagen, dass die Taten **30** von Abu Ghraib iSv § 153f Abs. 2 Nr. 4 StPO verfolgt werden, wenn der Tatortstaat (Irak) dies dem Heimatstaat der Tatverdächtigen (USA) überlässt und dieser nur untergeordnete Befehlsempfänger (Ausführungstäter) vor Militärgerichte stellt, die Organisationstäter der mittleren Hierarchieebene und die Führungstäter an der Spitze der Befehlskette (Weißes Haus, Pentagon)[198] aber unbehelligt bleiben?[199] Reichen „Anhaltspunkte" aus, dass die US-Behörden strafrechtliche Maßnahmen einleiten, um das deutsche Verfahren einstellen zu können? Wären nicht zumindest unterstützende Hilfsermittlungen[200] i. S. einer Beweissicherungsfunktion des WRP möglich und zulässig gewesen?[201] Ausgangspunkt ist § 153f Abs. 2 Nr. 4 StPO, wonach die **„Tat"** von dem zuständigen Staat **„verfolgt"** werden muss. Bloße „Anhaltspunkte" für die Strafverfolgung einiger Befehlsempfänger im Rahmen eines „Tatkomplexes" können insoweit nicht genügen, vielmehr ist die **Verfolgung bestimmter Personen wegen bestimmter Taten** erforderlich.[202] Die gegenteilige Ansicht von GBA

Anfangsverdachts oder die Anwendung deutschen Rechts auf einen bestimmten Sachverhalt zu beurteilen. Für eine kurze Darstellung der Beobachtungsvorgänge s. *Hannich* ZIS 2007, 507 (511). Zum 24.6.2017 führte der GBA zwischen 115 und 120 offene ARP-Vorgänge (Angaben Bundesanwalt *Ritscher*, E-Mail v. 19.6.2017).

[195] Vgl. Presseerklärung v. 10.2.2005 = JZ 2005, 311. Zur tatsächlichen und rechtlichen Seite (einschließlich der strafrechtlichen Verantwortlichkeit nach dem VStGB) *Basak* HuV–I 2005, 85 ff.; zur Anzeige RAV/ Holtfort-Stiftung, 2005, 26 ff.; auch abrufbar unter <https://www.ecchr.eu/de/unsere-themen/voelkerstraftaten-und-rechtliche-verantwortung/usa/rumsfeld.html> (abgerufen am 5.6.2017).

[196] OLG Stuttgart 13.9.2005 – 5 Ws 109/05, NStZ 2006, 117. Schon am 2.5.2005 wurde eine Gegenvorstellung der Anzeigeerstatter v. 10.3.2005 vom GBA zurückgewiesen. Der zunächst an das OLG Karlsruhe gerichtete Antrag auf gerichtliche Entscheidung wurde mangels örtlicher Zuständigkeit mit Beschluss v. 27.6.2005 abgewiesen, da das OLG Stuttgart als das Gericht des Ortes, an dem die Landesregierung ihren Sitz hat, zuständig ist (§ 172 Abs. 4 StPO iVm § 120 Abs. 1 Nr. 8 GVG). Zur Tragfähigkeit der Begründung des Abweisungsbeschlusses vgl. *Basak* in *Albrecht/Fabricius/Günther/Hassemer* u.a. (Hrsg.), S. 504 ff.

[197] OLG Stuttgart 13.9.2005 –5 Ws 109/05, NStZ 2006, 118 re. Sp. Rn. 13 ff. (16); unzutreffend deshalb die Kritik von *Singelnstein/Stolle* ZIS 2006, 118 (121), dass das OLG bzgl. Rumsfeld festgestellt habe, dass ein Inlandsaufenthalt nicht zu erwarten sei; sie stellen wohl nur auf Rn. 12 („Aufenthalt … nicht zu erwarten") ab.

[198] Zu Ausführungs-, Organisations- und Führungstäter vgl. *Vest* S. 29 f., 240 ff., 302.

[199] Vgl. etwa *Seymour Hersh,* Abu Ghraib lesson unlearned, Guardian Weekly 27.5.–2.6.2005, 15: „No officer is facing criminal proceedings"; auch *Basak* HuV-I 2005, 85 (91). Kritisch auch *Gierhake* ZStW 120 (2008), 375 (384).

[200] Vgl. o. Fn. 185 und Text.

[201] Ausf. zum hiermit verbundenen Gedanken der antizipierten Rechtshilfe *Böse* in *Jeßberger/Geneuss* (Hrsg.), S. 167 ff.; auch *Kaleck* in *Jeßberger/Geneuss* (Hrsg.), S. 179 ff.; *Beck/Ritscher* JICJ 13 (2015), 229 (232).

[202] In diesem Sinne auch *Keller* GA 2006, 25 (35 ff.); *Kurth* ZIS 2006, 81 (85); *Singelnstein/Stolle* ZIS 2006, 118 (121 f.); *Basak* in *Albrecht/Fabricius/Günther/Hassemer* u.a. (Hrsg.), S. 511; HRW, 2006, S. 33; *Ryngaert* CLF 19 (2008), 153 (171 f., 180).

und OLG Stuttgart kann nicht auf den Begriff der „Situation" *(situation)* in Art. 13, 14 IStGH-Statut gestützt werden.[203] Dieser Begriff bezieht sich auf ein bestimmtes Stadium im Verfahren vor dem IStGH, das dem nationalen Recht fremd ist, nämlich das Verfahren zur Initiierung oder Auslösung der Gerichtsbarkeit des IStGH (sog. *triggering procedure*). Dieser Verfahrensabschnitt hat selbständigen Charakter und ist von dem eigentlichen – mit dem nationalen Recht vergleichbaren – (Vor-)Ermittlungsverfahren gemäß Art. 15, 53 IStGH-Statut zu unterscheiden.[204] Mit dem Beginn der Ermittlungen wird die „Situation" zum *case* (vgl. zB Art. 15 Abs. 4, Art. 53 Abs. 1 lit. b IStGH-Statut) und der Tatverdacht wird – mit dem Erlass eines Haftbefehls oder der Ladung des Tatverdächtigen (Art. 58 IStGH-Statut) – individualisiert. Ein nationales Strafverfahren befindet sich *a limine* im Ermittlungsstadium iSv Art. 15, 53 IStGH-Statut, weshalb auch durchaus Erwägungen im Hinblick auf die Ermittlungsrichtung angestellt werden können. Auch der vom GBA angeführte Art. 17 IStGH-Statut bezieht sich schon nicht mehr auf eine allgemeine Situation, sondern auf den konkretisierten „case".[205] Zu bedenken ist auch, dass die Nichtverfolgung bestimmter Führungstäter als **fehlender Verfolgungswillen** iSv Art. 17 IStGH-Statut angesehen werden kann, wenn die Verfolgung der Ausführungstäter dem Schutz der Organisations- und/oder Führungstäter dient (Art. 17 Abs. 2 lit. a IStGH-Statut).

31 Die Bezugnahme auf Art. 17 IStGH-Statut wirft die weitere, noch grundsätzlichere Frage auf, ob für den GBA der für den IStGH geltende **Prüfungsmaßstab** der Art. 17–19 IStGH Statut anwendbar ist. Dies würde nicht nur bedeuten, dass die materielle Entscheidung über die Zuständigkeit der GBA obliegen würde, sondern dass der Territorial-, Täter- oder Opferstaat geltend machen müsste, dass er selbst Strafverfahren durchführt und für deren Angemessenheit iSv Art. 17 IStGH-Statut die Beweislast trägt. Diese Darlegungslast trifft ihn nämlich gegenüber dem IStGH (Art. 18, 19 IStGH-Statut), weshalb man zwar von formeller Komplementarität des IStGH gegenüber der nationalen Strafjustiz sprechen kann, aber zugleich eine Art materiellen Vorrang des IStGH auf Grund seiner Entscheidungskompetenz anerkennen muss.[206] Insoweit ist es auch unzutreffend, wenn der GBA feststellt, dass „ein Drittstaat die Rechtspraxis fremder Staaten nicht nach eigenen Maßstäben überprüfen" kann. Zunächst folgt, wie gerade dargelegt, aus Art. 17–19 IStGH-Statut das genaue Gegenteil. Und aus dem vom GBA angeführten Nichteinmischungsgrundsatz kann sich *in casu* nichts anderes ergeben, denn er greift ja bei den in Rede stehenden Kernverbrechen des VStGB gar nicht ein (→ Rn. 1, 5). Der Rückgriff auf das IStGH-Statut, das der GBA zur Stützung seiner Position bemüht, widerlegt also eigentlich seine Ansicht. Die eigentliche und schwierige Frage ist, ob man die auf *vertikale* Verhältnisse von IStGH und (Vertrags-)Staaten zugeschnittenen Art. 17–19 IStGH-Statut auf horizontale zwischenstaatliche Jurisdiktionskonflikte übertragen kann, ob *in concreto* also der IStGH-Maßstab auf § 153f StPO angewendet werden kann. Insoweit muss nun doch die souveräne Gleichheit der Staaten zu einer gewissen Behutsamkeit Anlass geben, jedenfalls wenn das Rechtssystem des eigentlich zuständigen Verfolgerstaates – nach allgemeinen Maßstäben – als rechtsstaatlich zu gelten hat.[207] Man wird also § 1 VStGB iVm § 153f StPO nicht ohne Weiteres dahingehend auslegen können, dass es dem die Strafgewalt beanspruchenden Staat (hier Deutschland) zukommt, über die Angemessenheit und Effizienz konkreter Strafverfahren des eigentlich zuständigen (Verfolger-)Staates zu Gericht zu sitzen, wenn irgendeine Strafverfolgung stattfindet und der Verfolgerstaat als Rechtsstaat gilt.

---

[203] Krit. auch *Keller* GA 2006, 25 (36); *Ryngaert* Eur. J. Crime, 2006, 46 (63); *Benzing* in *König* (Hrsg.), S. 39; *Kreß* ZIS 2007, 515 (520); dazu auch selbstkritisch *Hannich* ZIS 2007, 510 (513), der „die eine oder andere Formulierung so heute auch nicht mehr gebrauchen" würde.

[204] Grdl. *Olásolo* S. 101 f., 391 ff.; *ders.* ICLR 5 (2005), 121 (122, 123 ff.); *Ambos* Treatise III, S. 335 ff.

[205] Ebenso *Singelstein/Stolle* ZIS 2006, 118 (122); *Jeßberger* in *Kaleck/Ratner/Singelstein/Weiss* (Hrsg.) S. 219.

[206] Vgl. *Olásolo* S. 196, 227 ff. („primacía material"); *ders.* ICLR 5 (2005), 121 (137).

[207] Dieser Gedanke kommt auch beim GBA JZ 2005, 311, zum Ausdruck: „Mit welchen Mitteln und zu welchem Zeitpunkt gegen weitere mögliche Tatverdächtige … ermittelt wird, muss dabei den Justizbehörden der Vereinigten Staaten von Amerika überlassen bleiben."

In der **erneuten,** erheblich erweiterten **Anzeige** gegen *Rumsfeld et al.* vom 14.11.2006 **32** wurde vorgebracht, dass es inzwischen deutlich geworden sei, dass in den USA gegen hochrangige Tatverdächtige keine Ermittlungen zu erwarten seien.[208] Doch auch diese Anzeige wurde von der GBA am 26.4.2007 zurückgewiesen.[209] Dabei stützte sich der GBA ausschließlich auf Satz 1 von § 153f Abs. 1 StPO und legte diesen ganz pragmatisch dahingehend aus, dass die Aussicht bestehen müsse, dass der Beschuldigte auch tatsächlich vor Gericht gestellt werden könne; zumindest müsse ein nennenswerter Aufklärungserfolg erzielt werden können, was aber mangels Exekutivbefugnissen der nationalen Ermittler nur bei Amtshilfe des Tatort- oder Aufenthaltsstaates der Beschuldigten zu erwarten sei. Mit dieser Argumentation führt der GBA das Kriterium des Inlandsbezugs bzw. inländischen Anknüpfungspunkts (→ Rn. 20) gleichsam durch die Hintertür wieder ein und ignoriert die ermessenslenkende Regelung des § 153f Abs. 2 StPO. Die dürftige Begründung der Entscheidung kann nicht überzeugen.

Am Fall *Rumsfeld* zeigt sich beispielhaft die zunächst sehr zurückhaltende Vorgehens- **33** weise des GBA, die auch in **weiteren Verfahrenseinstellungen** zum Ausdruck gekommen ist.[210] Mittlerweile sind allerdings **verstärkte Ermittlungstätigkeiten**[211] zu verzeichnen, die auch bereits zu ersten Gerichtsverfahren geführt haben. Beispielsweise befand das OLG Stuttgart am 28.9.2015 einen Führungsfunktionär der insbesondere in der Demokratischen Republik Kongo agierenden, paramilitärischen „Forces Démocratiques de Libération du Rwanda" (FDLR) der Rädelsführerschaft in einer ausländischen terroristischen Vereinigung sowie der Beihilfe zu vier Kriegsverbrechen für schuldig und verhängte gegen ihn eine Freiheitsstrafe von 13 Jahren.[212] Der Staatsschutzsenat des OLG Frankfurt a. M. verurteilte am 29.12.2015 – auf Grundlage der alten Rechtslage (§§ 220a iVm § 6 Nr. 1 StGB aF) – den Angeklagten Onesphore R., einen ehemaligen Bürgermeister einer ruandischen Kommune, wegen Mittäterschaft am Völkermord in Ruanda im Jahr 1994 zu einer lebenslangen Freiheitsstrafe unter Bejahung der besonderen Schwere

---

[208] Anzeige v. 14.11.2006, S. 20, abrufbar unter <https://www.ecchr.eu/de/unsere-themen/voelkerstraftaten-und-rechtliche-verantwortung/usa/rumsfeld.html> (abgerufen am 5.6.2017).

[209] GBA, Pressemitteilung v. 27.4.2007, <http://www.generalbundesanwalt.de/de/showpress.php?themenid=9&newsid=273> (abgerufen am 5.6.2017). Die dagegen gerichtete Gegenvorstellung wurde am 11.8.2007 zurückgewiesen, der daraufhin gestellte Antrag der Anzeigenerstatter auf gerichtliche Entscheidung beim OLG Frankfurt a. M. vom 30.10.2007 wurde am 21.4.2009 vom OLG Stuttgart als unzulässig verworfen. Siehe hierzu *Bock* RBDI 43 (2010) 43 (54 ff.).

[210] Krit. *Ambos* Case W. Res. J. Int'l L. 42 (2009), 426-32; siehe auch *Bock* RBDI 43 (2010) 43 (54 ff.); Amnesty International, 2008, S. 60, 101-5.

[211] Überblick über die Ermittlungstätigkeit des GBA nach 10 Jahren VStGB bei *Ritscher* in *Safferling/Kirsch* (Hrsg.), S. 223 ff.; zu dessen „no safe haven Germany" Strategie *Beck* in *Jeßberger/Geneuss* (Hrsg.), S. 161; zur Bedeutung von Strafanzeigen (insbesondere von NGOs) für die Einleitung von Ermittlungen *Beck/Ritscher* JICJ 13 (2015), 229 (232 ff.). Zum 8.3.2017 wird in 31 Verfahren wegen VStGB-Verstößen ermittelt, drei befinden sich nach erstinstanzlichem Urteil in der Rechtsmittelinstanz, eines in der Hauptverhandlung und in einem weiteren wurde das Hauptverfahren eröffnet (Angaben Bundesanwalt *Ritscher*, E-Mail v. 8.3.2017). Im Jahr 2013 gingen beim BAMF 25 Hinweise auf Völkerstraftaten ein, bis März 2016 erhöhte sich die Zahl auf 2902 Hinweise, vgl. BT-Drs. 18/8052, Frage 33; vgl. auch *Bentele* ZIS 2016, 804.

[212] *Straton Musoni,* der zweite Führungsfunktionär der FDLR, wurde wegen Rädelsführerschaft zu einer Freiheitsstrafe von acht Jahren verurteilt. s. <http://www.olg-stuttgart.de/pb/,Lde/Startseite/PRESSE/OLG+Stuttgart+verurteilt+Funktionaere+der+_FDLR_/?LISTPAGE=1178276> (abgerufen am 5.6.2017). Gegen das Urteil haben sowohl die Verteidigung als auch der GBA Revision eingelegt. Vertiefend zum Fall aus Sicht der Verteidigung *Groß-Bölting* in 36. Strafverteidigertag, S. 143; auch *Schäfer* in *Safferling/Kirsch* (Hrsg.), S. 246 ff.; *Keller* in *Jeßberger/Geneuss* (Hrsg.), S. 148 ff.; *Bentele* ZIS 2016, 803; aus Sicht des GBA *Ritscher* in *Safferling/Kirsch* (Hrsg.), S. 231 ff. – Ferner ist das VStGB häufig inzident im Rahmen von Verfahren wegen §§ 129a, b StGB zu prüfen. Jüngst verurteilte zB der 3. Strafsenat des OLG Stuttgart einen 47-jährigen ruandischen Staatsangehörigen, der seit 27 Jahren in Deutschland lebt, wegen Unterstützung einer ausländischen terroristischen Vereinigung (der FDLR) in drei Fällen zu einer Gesamtfreiheitsstrafe von einem Jahr und neun Monaten (die Vollstreckung der Strafe wurde zur Bewährung ausgesetzt), OLG Stuttgart, 14.6.2017 – 3 – 36 OJs 1/16, <http://landgericht-heidelberg.de/pb/j1182029,Len_US/Startseite/Medien/Unterstuetzer+der+_FDLR_+zu+einer+Bewaehrungsstrafe+von+einem+Jahr+und+neun+Monaten+verurteilt/?LISTPAGE=1178276>, zuletzt abgerufen am 24.6.2017. S. auch OLG Düsseldorf, 5.12.2014 – III-6a StS 1/13, 3 StE 3/13-4; zu § 129b auch *Ambos* ZIS 2016, 506.

der Schuld;²¹³ das Urteil ist zwischenzeitlich rechtskräftig.²¹⁴ Darüber hinaus hat der GBA mehrere Verfahren wegen mutmaßlicher Kriegsverbrechen in Syrien und im Irak eingeleitet;²¹⁵ inzwischen ist eine erstinstanzliche Verurteilung ergangen.²¹⁶ Besonderes internationales Aufsehen haben zudem die Ermittlungen im Fall Oberst Klein erregt. Klein hatte die Bombardierung mehrerer entführter Tanklastwagen befohlen, wobei mehrere Zivilisten ums Leben gekommen sind. Der GBA stellte das Verfahren am 16.4.2010 mangels hinreichenden Tatverdachts nach § 170 Abs. 2 StPO ein. Zur Begründung wurde insbesondere angeführt „dass die Beschuldigten schon nicht davon ausgegangen [sind], dass sich zum Zeitpunkt des Luftangriffs Zivilisten auf der Sandbank des Kunduz-Flusses aufhielten."²¹⁷

34 Ungeachtet dieser neueren Entwicklung ist aus grundsätzlicher Sicht zu konstatieren, dass die exekutivische Steuerung der Strafverfolgung völkerrechtlicher Verbrechen (→ Rn. 28) das Risiko birgt, dass die materiellrechtliche Einführung des **WRP faktisch auf prozessualem Wege desavouiert** wird und deshalb eines **gerichtlichen Gegengewichts** bedarf. Der Verweis auf die gerichtliche Unüberprüfbarkeit staatsanwaltschaftlicher Einstellungsentscheidungen, die auf dem Opportunitätsprinzip (§ 153 ff. StPO) beruhen (arg. ex § 172 Abs. 2 Satz 3),²¹⁸ ist schon im Hinblick auf die „traditionellen" Einstellungsgründe des § 153 ff. angreifbar,²¹⁹ bei § 153f aber jedenfalls kaum vertretbar. Zunächst bedarf es bei der Einstellung gemäß § 153f keiner gerichtlichen Zustimmung, eine **gerichtliche Kontrolle** kann somit **nur nachträglich** durchgeführt werden. Darin liegt ein System-

---

²¹³ OLG Frankfurt a.M. 29.12.2015 – Az. 4-3 StE 4/10 – 4 – 1/15, BeckRS 2016, 00515. Vertiefend zum Fall *Kroker* GYIL 54 (2011), 671 ff.; *Ambos/Penkuhn* StV 2016, 760 ff.; auch *Werle/Burghardt* ZIS 2015, 46 (48 ff.); aus Sicht der Verteidigung *von Wistinghausen* in *Safferling/Kirsch* (Hrsg.), S. 199 ff.; aus Sicht des GBA *Ritscher* in *Safferling/Kirsch* (Hrsg.), S. 228 ff.; *Beck* in *Jeßberger/Geneuss* (Hrsg.), S. 163 f.; zur Beobachtung des Verfahrens durch Studierende der Universität Marburg im Rahmen des Trial-Monitoring-Programms *Hansen* in *Safferling/Kirsch* (Hrsg.), S. 433.
²¹⁴ BGH, Beschluss v. 26.7.2016, 3 StR 160/16 (Verwerfung der Revision als unbegründet).
²¹⁵ Vgl. *Ritscher* ZIS 2016, 807 (807 f.); beispielsweise muss sich der syrische Staatsangehörige Suliman Al-S. vor dem OLG Stuttgart wegen der Entführung eines Mitarbeiters der Vereinten Nationen verantworten, <https://www.generalbundesanwalt.de/de/showpress.php?themenid=17&newsid=620> (abgerufen am 5.6.2017). Dem deutschen Staatsangehörigen Abdelkarim El B. wird u.a. das Kriegsverbrechen der entwürdigenden oder erniedrigenden Behandlung geschützter Person zur Last gelegt, <https://www.generalbundesanwalt.de/de/showpress.php?themenid=17&newsid=612> (abgerufen am 5.6.2017). Den Syrienkonflikt betraf auch eine Beschwerde vor dem BGH gegen einen Haftfortdauerbeschluss des OLG Frankfurt a.M. bzgl. der Leichenschändung eines Kämpfers des sog. IS entschied der BGH, dass auch ein Verstorbener als nach dem humVR zu schützende Person von § 8 Abs. 1 Nr. 9 VStGB gilt, BGH 8.9.2016 – StB 27/16, s. auch *Ambos* § 6 Rn. 40 mit Schaubild 7; krit. *Berster* ZIS 2017, 264 ff. (der Tote durch das humVR nicht als geschützt ansieht, aber – wegen des medialen Effekts u des friedensgefährdenden Potentials – eine Beihilfe zu vstr Anschlusstaten für möglich hält).
²¹⁶ OLG Frankfurt/M 12.7.2016 – 5-3 StW 2/16-4-1/16 (Verurteilung des Deutschen Aria L. wegen eines Kriegsverbrechens gg. Personen, § 8 Abs. 1 Nr. 9 VStGB, zu zwei J. Freiheitsstrafe).
²¹⁷ Der Einstellungsvermerk ist abrufbar unter <http://www.generalbundesanwalt.de/docs/einstellungsvermerk20100416offen.pdf> (abgerufen am 5.6.2017); siehe hierzu *Ambos* NJW 2010, 1725; *Richter* HRRS 2012, 28; siehe auch die Falllösungen bei *Safferling/Kirsch* JA 2010, 81; *Ambos*, 2010, Fall 6 (S. 65 ff.); Mit Beschluss v. 16.2.2011 hat das OLG Düsseldorf den Antrag auf gerichtliche Entscheidung als unzulässig verworfen (III-5 StS 6/10, s. *Ambos* § 6 Rn. 40 mit Schaubild 7). Die dagegen erhobene Vb wurde nicht zur Entscheidung angenommen (BVerfG, 3. Kammer d. 2. Senats, 19.5.2016 – 2 BvR 987/11, StV 2017, 373). Unter Amtshaftungsgesichtspunkten *Henn* HuV-I 2013, 83 sowie den Einstellungsvermerk v. 20.6.2013 zum Drohneneinsatz in Mir Ali/Pakistan am 4.10.2010, <https://www.generalbundesanwalt.de/docs/drohneneinsatz_vom_04oktober2010_mir_ali_pakistan.pdf> (abgerufen am 5.6.2017); hierzu *Ambos* NStZ 2013, 634. Allgemein zur Strafverfolgung von Bundeswehrsoldaten im Auslandseinsatz *Stam* ZIS 2010, 628; *Müssig/Meyer* FS Puppe, 2011, 501. Zum (zusätzlichen) Gerichtsstand des für die Stadt Kempten zuständigen Gerichts bei besonderer Auslandsverwendung der Bundeswehr nach § 11a StPO *Ladiges* NZWehrR 2013, 66.
²¹⁸ Vgl. nur *Löwe/Rosenberg/Graalmann-Scheerer* StPO § 172 Rn. 21, 26 mwN.
²¹⁹ Zur generellen Forderung einer Rechtmäßigkeitskontrolle von Opportunitätsentscheidungen vgl. § 174a AE-EV mwN; *Horstmann* S. 308; für eine eingeschränkte Klageerzwingung *Erb* S. 230 f. und *Satzger*, Gutachten C, 2004, S. 78, wobei sich allerdings die dieser Ansicht zugrundeliegende Abwägung zwischen dem Überprüfungsinteresse des Verletzten und der Justizökonomie bei § 153f angesichts der Schwere der Verbrechen zugunsten des Verletzten verschiebt; zu den aktuellen europäischen Bestrebungen, jede behördliche Einstellungsentscheidung überprüfbar zu machen, *Bock* ZIS 2013, 201(206).

bruch, denn *grundsätzlich* ist eine gerichtliche Beteiligung bei Opportunitätseinstellungen vorgesehen (§§ 153 Abs. 1 Satz 1, 153a Abs. 1 Satz 1, 153b, 153e StPO);[220] sofern darauf verzichtet wird (§§ 153 Abs. 1 S. 2, 153a Abs. 1 S. 7, 153c und d StPO), handelt es sich um Taten von geringer Schwere, seien es geringfügige Vergehen (§§ 153 Abs. 1 S. 2, 153a Abs. 1 S. 7) oder jegliche Auslandstaten (§ 153c), oder der Strafverfolgung stehen überwiegende politische Interessen entgegen (§ 153d). Keiner dieser Gründe trifft auf § 153f StPO zu: Weder geht es dort um leichte Taten (sondern ganz im Gegenteil um schwere völkerrechtliche Kernverbrechen) noch werden politische Interessen, die einer Verfolgung entgegenstehen könnten, ins Spiel gebracht. Die Frage ist – im Hinblick auf die zu vermeidende Straflosigkeit – alleine, ob die Strafverfolgung anderweitig durchgeführt werden kann. Weiter ist zu beachten: Schon nach der geltenden Rechtslage ist ein Klageerzwingungs- bzw. Ermittlungserzwingungsverfahren gegen eine Einstellung auf Grund §§ 153 ff. StPO mit der Behauptung zulässig, dass die **gesetzlichen Ermessensvoraussetzungen** nicht vorgelegen haben, der Ermessensspielraum also überhaupt nicht eröffnet gewesen sei und deshalb die Anklagepflicht fortbestanden habe.[221] Nach Ansicht der obergerichtlichen Rspr. ist ein Antrag auf gerichtliche Überprüfung zulässig, wenn „aus Rechtsgründen" ein Anfangsverdacht verneint und deshalb jede tatsächliche Aufklärung des Sachverhalts unterlassen wurde.[222] Damit kommt grundsätzlich eine Ermittlungserzwingung zur Sicherung des Legalitätsprinzips auch bei den §§ 153 ff. in Betracht, denn es kann keinen Unterschied machen, ob schon Ermittlungen vorgenommen wurden (§ 170 StPO) oder diese von vorneherein abgelehnt wurden.[223] Diese Erwägungen gelten *erst recht* für § 153f StPO, denn diese Vorschrift sieht eine doppelte Ausnahme vom WRP und Legalitätsprinzip für Verbrechen vor, die über die Anklagepflicht des nationalen Strafprozessrechts[224] hinaus einer **völkerrechtlichen Verfolgungs- und Bestrafungspflicht** unterliegen.[225] § 153f stellt also eine Besonderheit im Rahmen der §§ 153 ff. dar und dieser Besonderheit muss zumindest dadurch Rechnung getragen werden, dass die in Abs. 1 und 2 enthaltenen gesetzlichen Voraussetzungen (→ Rn. 26) einer strikten Rechtskontrolle unterliegen. Dies gilt insbesondere für die Voraussetzung der Verfolgung der Tat durch einen internationalen Strafgerichtshof oder Staat (§ 153f Abs. 1 S. 2, Abs. 2 Nr. 4), kann doch die Verhinderung von Straflosigkeit als übergeordnetes Ziel des materiell-rechtlichen WRP (→ Rn. 2, 26) nur bei der Erfüllung dieser Voraussetzung sichergestellt werden.[226] Im Übrigen entfaltet die Entscheidung nach § 153f **keine strafklageverbrauchende Wirkung.** Eine einmal zurückgewiesene Anzeige kann also – bei Vorliegen neuer Tatsachen – durchaus erneut eingereicht werden (so geschehen im Rumsfeld/Abu Ghraib Verfahren, → Rn. 32).[227]

---

[220] Zur Bedeutung der gerichtlichen Zustimmung in diesem Zusammenhang auch schon *Schroeder* NStZ 1996, 319; auch *Erb* S. 228 f., freilich mit dem zutreffenden Hinweis auf die geringe Kontrolleffizienz der gerichtlichen Zustimmung (ebd., S. 224 f.).
[221] Löwe/Rosenberg/*Graalmann-Scheerer* StPO § 172 Rn. 22, 26; SK-StPO/*Wohlers* § 172 Rn. 38; KMR-StPO/*Plöd* StPO § 172 Rn. 15; HK-GS/*Zöller* StPO § 172 Rn. 11. IE ebenso KK-StPO/*Moldenhauer* StPO § 172 Rn. 41 ff.; Meyer-Goßner/Schmitt/*Schmitt* StPO § 172 Rn. 3; insoweit für eine Ermittlung der Tatbestandsmerkmale der jeweiligen Einstellungsvorschrift durch Auslegung *Singelnstein/Stolle* ZIS 2006, 118. AA *Horstmann* S. 239 ff.
[222] OLG Karlsruhe 10.1.2005 – 1 Ws 152/04, MMR 2005, 178 (179); OLG Karlsruhe 16.12.2002 – 1 Ws 85/02, Die Justiz 2003, 270 (271) unter Bezugnahme auf OLG Zweibrücken 5.2.1980 – 1 Ws 424/79, NStZ 1981, 193; OLG Bremen 27.8.1982 – Ws 71/82, OLGSt StPO § 175 Nr. 1, OLG Koblenz 5.9.1994 – 1 Ws 164/94, NStZ 1995, 50; OLG Braunschweig 23.9.1992 – Ws 48/91, wistra 1993, 31 ff.; KG 26.3.1990 – 4 Ws 220/89, NStZ 1990, 355; OLG Celle 26.4.2002 – 2 Ws 94/02, BeckRS 2002 30256555; OLG Köln 28.3.2003 – 1 Zs 120/03 – 19/03, NStZ-RR 2003, 212; OLG Hamm 29.9.1998 – 1 Ws 227/98, StV 2002, 128 (129 ff.).
[223] OLG Karlsruhe 10.1.2005 – 1 Ws 152/04, 5; 16.12.2002 – 1 Ws 85/02, Die Justiz 2003, 271.
[224] Insoweit zur Funktion des Klageerzwingungsverfahrens allg. SK-StPO/*Wohlers* § 172 Rn. 2 m. umfangr. Rspr.-Nachweisen; KK-StPO/*Moldenhauer* § 172 Rn. 1; KMR-StPO/*Plöd* § 172 Rn. 1; *Beulke* Rn. 344.
[225] *Ambos* AVR 37 (1999), 318 (319 ff.).
[226] IE ebenso *Singelnstein/Stolle* ZIS 2006, 118 (119 f.), die darüber hinaus auch das Merkmal des Inlandsaufenthalts in Abs. 1 S. 1 und der zulässigen und beabsichtigten Auslieferung in Abs. 2 S. 2 für gerichtlich voll überprüfbar halten.
[227] Siehe auch BGH 26.1.2011 – 4 BGs 1/11, NStZ 2012, 223 (224).

35 Eine wirksamere Anwendung des VStGB setzt nach alldem zunächst die gesetzliche Einführung einer **gerichtlichen Kontrolle** der Einstellungsentscheidung des GBA voraus.[228] Dies war auch das – bis heute folgenlos gebliebene – Ergebnis einer öffentlichen Anhörung des „Ausschuss für Menschenrechte und Humanitäre Hilfe" des Bundestags zur nationalen Umsetzung des VStGB im Oktober 2007.[229] Rechtstechnisch kann dies durch die Ermöglichung eines Klageerzwingungsverfahrens gem. § 172 StPO analog[230] oder durch ein gerichtliches *Zustimmungserfordernis*[231] erreicht werden, wobei allerdings die zuletzt genannte Möglichkeit gesetzessystematisch einfacher und prozessdogmatisch überzeugender ist. Insoweit müsste nämlich nur der Satz „mit Zustimmung des für die Aburteilung zuständigen Gerichts" (s. ähnlich etwa § 153b StPO) in § 153f Abs. 1 S. 1 StPO eingefügt werden; zuständig wäre damit das OLG (§ 120 Abs. 1 Nr. 8 GVG). Ferner sind **organisatorische Vorkehrungen** zur Verbesserung und Verstärkung der Verfolgungskapazitäten im Hinblick auf die völkerrechtlichen Kernverbrechen zu treffen.[232] Mit der Einrichtung des Referats S4 als völkerstrafrechtliche Spezialeinheit hat der GBA erfreulicherweise die Anregung aus der Vorauflage zur Schaffung einer beim GBA angesiedelten Spezialeinheit, vergleichbar etwa dem im niederländischen Justizministerium angesiedelten speziellen Ermittlungsteam NOVO, aufgegriffen.[233] Eine solche Abteilung kann den Kern einer **vernetzten Aufklärungs- und Verfolgungsstruktur** bilden.

§ 2 Anwendung des allgemeinen Rechts

Auf Taten nach diesem Gesetz findet das allgemeine Strafrecht Anwendung, soweit dieses Gesetz nicht in den §§ 1, 3 bis 5 und 13 Absatz 4 besondere Bestimmungen trifft.

Schrifttum: *Adams,* Der Tatbestand der Vergewaltigung im Völkerstrafrecht, 2013; *Ambos,* Afghanistan-Einsatz der Bundeswehr und Völker(straf)recht, NJW 2010, 1725; *ders.,* Defences in International Criminal Law, in B. Brown (Hrsg.), Research Handbook on International Criminal Law, 2011, S. 299; *ders.,* Zur „Organisation" bei der Organisationsherrschaft, FS Roxin II, 2011, 837; *ders.,* The First Judgment of the International Criminal Court (Prosecutor v. Lubanga), International Criminal Law Review 12 (2012), 115; *Ambos/Penkuhn,* Beteiligung am Genozid in Ruanda und Zerstörungsabsicht, StV 2016, 760; *Ambos/Steiner,* Vom Sinn des Strafens auf innerstaatlicher und supranationaler Ebene, JuS 2001, 9; *Ashworth/Horder,* Principles of Criminal Law, 7. Aufl. 2013; *Badar,* Dolus eventualis and the Rome Statute without it?, New Criminal Law Review 12 (2009), 433; *Bantekas,* International Criminal Law, 4. Aufl. 2010; *Barthe,* Joint Criminal Enterprise, 2009; *Basak,* Luftangriffe und Strafrechtsdogmatik – zum systematischen Verhältnis von VStGB und StGB, HRRS 2010, 339; *Beck,* Notstandslage im Kollektiv, ZStW 124 (2012), 660;

---

[228] Dazu schon *Ambos* NStZ 2006, 434 (438); zust. *Geißler/Selbmann* HuV-I 2007, 160 (163 ff., 165), mit der Forderung einer gesetzgeberischen „Nachjustierung"; *Kreß* ZIS 2007, 515 (523); *Kaleck* Stellungnahme S. 8 ff.; für die Einführung eines obergerichtlichen Zustimmungserfordernis bei § 153f StPO auch *Werle* Stellungnahme S. 5; tendenziell ähnlich *Heinsch* Stellungnahme S. 7; dagegen *Ritscher* Stellungnahme S. 4: siehe auch Amnesty International, 2008, S. 66. Zur NRO-Strategie, Prozesse geringerer polit. Brisanz zu initiieren *Hall* in Kaleck/Ratner/Singelnstein/Weiss S. 89 ff. *Gierhake* ZStW 120 (2008), 375 (402) hält es hingegen generell für unsachgemäß, der Staatsanwaltschaft bei der Verfolgung völkerrechtlicher Verbrechen einen Ermessensspielraum einzuräumen. Die deutsche Zuständigkeit sei jedoch subsidiär und von einem qualifizierten Inlandbezug abhängig.

[229] Als Experten waren neben dem Verf. Prof. Dr. *Horst Fischer* (Universitäten Bochum and Leiden), *Rolf Hannich* (Abteilungsleiter GBA), *Wolfgang Kalek* (Fachanwalt für Strafrecht, Berlin), Judge *Hans-Peter Kaul* (IStGH, Den Haag), Prof. Dr. *Claus Kreß* (Universität Köln), *Geraldine Mattioli* (Justice Advocate Human Rights Watch) geladen. Die (schriftliche) Stellungnahme von *Kreß* findet sich in ZIS 2007, 515 ff., die von *Ambos* ist unter www.department-ambos.uni-goettingen.de abrufbar.

[230] Dafür schon *Ambos* NStZ 2006, 434 (438).

[231] Dafür *Geißler/Selbmann* HuV-I 2007, 160 (165); *Kreß* ZIS 2007, 515 (523); *Ambos* Stellungnahme S. 4.

[232] Vgl. auch *Geißler/Selbmann* HuV-I 2007, 160 (166) sowie HRW, 2006, S. 35 mit der Forderung nach „adequately ressourced and staffed, specialized units within police and prosecutorial authorities", wie sie in einigen europ. Staaten schon existieren (ebd., S. 40, 48 f., 73 f.). Vgl. auch *Ambos* Stellungnahme S. 4 f.; *Kreß* ZIS 2007, 523; *Heinsch* Stellungnahme S. 3 f.; *Kaleck* Stellungnahme S. 8; *Werle* Stellungnahme S. 19.

[233] Angaben Bundesanwalt *Ritscher,* E-Mail v. 19.6.2017. Zum „Nationaal Opsporingsteam Voor Oorlogsmisdrijven" (NOVO), HRW, 2006, S. 73.

Völkerstrafgesetzbuch § 2 VStGB

Berster, Die völkerstrafrechtliche Unterlassungsverantwortlichkeit, 2008; *Boas,* Omission Liability at the International Criminal Tribunals, in *Darcy/Powderly* (Hrsg.), Judicial Creativity at the International Criminal Tribunals, 2010; *Bommer,* Strafzwecke im Völkerstrafrecht, in *Münk* (Hrsg.), Die Vereinten Nationen sechs Jahrzehnte nach ihrer Gründung, 2008, S. 29; *Burghardt,* Die Vorgesetztenverantwortlichkeit nach Völkerstrafrecht und deutschem Recht (§ 4 VStGB), ZIS 2010, 695; *Cassese,* The Statute of the International Criminal Court, European Journal of International Law 10 (1999), 144; *ders.,* The Proper Limits of Individual Responsibility under the Doctrine of Joint Criminal Enterprise, JICJ 5 (2007), 109; *ders.,* International Criminal Law, 2. Aufl. 2008; *Chifflet/Boas,* Sentencing Coherence in International Criminal Law, Criminal Law Forum 23 (2012), 135; *Clark,* Subjektive Merkmale im Völkerstrafrecht, ZStW 114 (2002), 372; *Dubber/Kelman,* American Criminal Law, 2005; *Duttwiler,* Liability for Omission in International Criminal Law, International Criminal Law Review 6 (2006), 1; *Dzida,* Zum Recht der Repressalie im heutigen Völkerrecht, 1997; *Erne,* Das Bestimmtheitsgebot im nationalen und internationalen Strafrecht am Beispiel des Straftatbestands der Verfolgung [Bestimmtheitsgebot], 2016; *Eser,* Tötung im Krieg, FS Wahl, 2011, 665; *Eser/Kreicker* (Hrsg.), Nationale Strafverfolgung völkerrechtlicher Verbrechen, Bd. 1, 2003; *Finnin,* Mental Elements under Art. 30 of the Rome Statute of the International Criminal Court, International and Comparative Law Quarterly 61 (2012), 325; *Gerson,* Der Notwehrexzess im Völkerstrafrecht, ZIS 2015, 67; *Gierhake,* Das Prinzip der Weltrechtspflege nach § 1 Völkerstrafgesetzbuch und seine prozessuale Umsetzung in § 153f der Strafprozessordnung, ZStW 120 (2008), 375; *Gleß,* Internationales Strafrecht, 2011; *Greenwood,* The Twilight of the Law of Belligerent Reprisals, Netherlands Yearbook of International Law 20 (1989), 35; *Grimminger,* Die allgemeine Unterlassungshaftung im Völkerstrafrecht, 2009; *Grover,* Interpreting Crimes in the Rome Statute of the International Criminal Court, 2014; *Haan,* Joint Criminal Enterprise, 2008; *Hamdorf,* The Concept of a Joint Criminal Enterprise and Domestic Modes of Liability for Parties to a Crime, JICJ 5 (2007), 208; *Hebenstreit,* Repressalien im humanitären Völkerrecht, 2004; *Heller,* Mistake of Legal Element, the Common Law, and Article 32 of the Rome Statute, JICJ 6 (2008), 419; *Hessbruegge,* Human Rights and Personal Self-Defense in International Law, 2017; *Hettinger,* Die „actio libera in causa": Strafbarkeit wegen Begehungstat trotz Schuldunfähigkeit?, 1988; *Hertel,* Soldaten als Mörder? – Das Verhältnis von VStGB und StGB anhand des Kundus-Bombardements, HRRS 2010, 339; *Hoven,* Elf Stunden für ein Menschenleben, ZStW 125 (2013), 137; *Janssen,* Mental condition defences in supranational criminal law, International Criminal Law Review 4 (2004), 83; *Jähnke,* Zur Erosion des Verfassungssatzes „Keine Strafe ohne Gesetz", ZIS 2010, 463; *Jeßberger/Geneuss,* On the Application of a Theory of Indirect Perpetration in Al Bashir, JICJ 6 (2008), 853; *Kalshoven,* Belligerent Reprisals, 2005; *Karl,* Völkerrechtliche Immunität im Bereich der Strafverfolgung schwerster Menschenrechtsverletzungen, 2003; *Knoops,* Defences in Contemporary International Criminal Law, 2. Aufl. 2008; *Korte,* Die Irrtumsregelung des Art. 32 IStGH-Statut, ZIS 2008, 419; *Kreicker,* Völkerrechtliche Exemtionen, Grundlagen und Grenzen völkerrechtlicher Immunitäten und ihre Wirkungen im Strafrecht (2 Bände), 2007; *ders.,* Immunität und IStGH, ZIS 2009, 350; *ders.,* Völkerrechtliche Immunitäten und die Ahndung von Menschenrechtsverletzungen, JR 2015, 298; *Kreß,* Zur Methode der Rechtsfindung im allgemeinen Teil des Völkerstrafrechts, ZStW 111 (1999), 597; *ders.,* Völkerstrafrecht in Deutschland, NStZ 2000, 617; *ders.,* War Crimes Committed in Non-International Armed Conflict and the Emerging System of International Criminal Justice, Israel Yearbook on Human Rights 30 (2002), 103; *ders.,* Claus Roxins Lehre von der Organisationsherrschaft und das Völkerstrafrecht, GA 2006, 304; *ders.,* The ICC and Immunities under International Law and States Not Party to the Court's Statute, in *Bergsmo/Ling* (Hrsg.), State Sovereignty and International Criminal Law, 2012, 223; *Kuhli,* Das Völkerstrafgesetzbuch und das Verbot der Strafbegründung durch Gewohnheitsrecht, 2009; *ders.,* Punishment Based on Customary Law?, ZIS 2012, 127; *LaFave,* Substantive Criminal Law, 2. Aufl. 2003 (Stand 2016); *Lüke,* Die Immunität staatlicher Funktionsträger, 2000; *Manacorda/Meloni,* Indirect Perpetration versus Joint Criminal Enterprise, JICJ 9 (2011), 159; *Merkel,* Gründe für den Ausschluss der Strafbarkeit im Völkerstrafrecht, ZStW 114 (2002), 437; *Möller,* Völkerstrafrecht und Internationaler Strafgerichtshof – kriminologische, straftheoretische und rechtspolitische Aspekte, 2003; *Nemitz,* Strafzumessung im Völkerstrafrecht, 2002; *Neubacher,* Strafzwecke und Völkerstrafrecht, NJW 2006, 966; *Nill-Theobald,* „Defences" bei Kriegsverbrechen am Beispiel Deutschlands und der USA, 1998; *Ohlin,* Three Conceptual Problems with the Doctrine of Joint Criminal Enterprise, JICJ 5 (2007), 69; *ders.,* Joint Criminal Confusion, New Criminal Law Review 12 (2009), 406; *Ohlin/van Sliedregt/Weigend,* Assessing the Control-Theory, Leiden Journal of International Law 26 (2013), 725; *Roßkopf,* Die innere Tatseite des Völkerrechtsverbrechens, 2007; *Safferling,* Die Abgrenzung zwischen strafloser Vorbereitung und strafbarem Versuch im deutschen, europäischen und im Völkerstrafrecht, ZStW 118 (2006), 682; *ders.,* Internationales Strafrecht, 2011; *Salger/Mutzbauer,* Die actio libera in causa – eine rechtswidrige Rechtsfigur, NStZ 1993, 561; *Satzger,* Das neue Völkerstrafgesetzbuch – Eine kritische Würdigung, NStZ 2002, 125; *ders.,* Die Internationalisierung des Strafrechts als Herausforderung für den strafrechtlichen Bestimmtheitsgrundsatz, JuS 2004, 943; *Scaliotti,* Defences before the International Criminal Court: Substantive grounds for excluding criminal responsibility – Part 2, International Criminal Law Review 2 (2002), 1; *Schabas,* The International Criminal Court, 2010; *Schramm,* Internationales Strafrecht, 2011; *Senn,* Immunitäten vor dem Internationalen Strafgerichtshof, 2010; *van Sliedregt,* Joint Criminal Enterprise as a Pathway to Convicting Individuals for Genocide, JICJ 5 (2007), 184; *dies.,* Individual Criminal Responsibility in International Law, 2012; *Stewart,* The End of „Modes of Liability", Leiden Journal of International Law 25 (2012), 165; *Stuckenberg,* Rechtsfindung und Rechtsfortbildung im Völkerstrafrecht, GA 2007, 80; *ders.,* Problems of ‚Subjective Imputation' in Domestic and International Criminal Law, JICJ 12 (2014), 311; *Stübinger,* „Not macht erfinderisch", ZStW

123 (2011), 403; *Tangermann,* Die völkerrechtliche Immunität von Staatsoberhäuptern, 2002; *van Verseveld,* Mistake of Law, 2012; *Vesper-Gräske,* Zur Hierarchie der Völkerrechtsverbrechen nach dem Statut des Internationalen Strafgerichtshofs, 2016; *Vest,* Völkerrechtsverbrecher verfolgen, 2011; *Weigend,* Zur Frage eines „internationalen" Allgemeinen Teils, FS Roxin, 2001, 1375; *ders.,* Intent, Mistake of Law and Co-Perpetration in the *Lubanga* Decision on Confirmation of Charges, JICJ 6 (2008), 471; *ders.,* Vorsatz und Risikokenntnis, FS Herzberg, 2008, 997; *ders.,* Notwehr im Völkerstrafrecht, FS Tiedemann, 2008, 1439; *ders.,* Perpetration through an Organization, JICJ 9 (2011), 91; *ders.,* Kill or Be Killed, JICJ 10 (2012), 1219; *ders.,* Perpetrators (Article 25 (3) of the ICC Statute), in *Linton/Simpson/Schabas* (Hrsg.), For the Sake of Present and Future Generations, 2015, 356; *Werkmeister,* Straftheorien im Völkerstrafrecht, 2015; *Weltz,* Die Unterlassungshaftung im Völkerstrafrecht, 2004; *Werle/Burghardt,* Das Völkerstrafgesetzbuch, JZ 2002, 725; *dies.,* International Criminal Justice is Coming Home: The New German Code of Crimes Against International Law, Criminal Law Forum 13 (2002), 191; *dies.,* ‚Unless Otherwise Provided', JICJ 3 (2005), 35; *dies.,* Die mittelbare Täterschaft – Fortentwicklung deutscher Strafrechtsdogmatik im Völkerstrafrecht?, FS Maiwald, 2010, 849; *dies.,* Der Völkermord in Ruanda und die deutsche Strafjustiz, ZIS 2015, 46; *Werle/Nerlich,* Die Strafbarkeit von Kriegsverbrechen nach deutschem Recht, HuV–I 2002, 124; *van der Wilt,* Joint Criminal Enterprise, JICJ 5 (2007), 91; *Yanev,* Theories of co-perpetration in international criminal law, 2016; *Yanev/Kooijmans,* Divided Minds in the Lubanga Trial Judgment, International Criminal Law Review 13 (2013), 789; *A. Zimmermann,* Bestrafung völkerrechtlicher Verbrechen durch deutsche Gerichte nach In-Kraft-Treten des Völkerstrafgesetzbuchs, NJW 2002, 3068; *T. Zimmermann,* Gilt das StGB auch im Krieg?, GA 2010, 507; *ders.,* Der Notwehrexzess im Völkerstrafrecht, ZIS 2015, 57.

Übersicht

	Rn.		Rn.
I. Allgemeines	1–5	3. Sonderformen der Strafbarkeit (Versuch, Unterlassung, Teilnahme)	12–16
II. Verhältnis zu Normen des allgemeinen Strafrechts	6, 7	4. Notwehr, Notwehrüberschreitung, Notstand	17–21
III. Einzelne anwendbare Regelungen des allgemeinen Strafrechts	8–30	5. Repressalien	22
		6. Schuldfähigkeit	23, 24
1. Vorsatz	8	7. Indemnität und Immunität	25–28
2. Irrtum	9–11	8. Strafzumessung	29, 30

I. Allgemeines

1 Die Vorschrift verknüpft das **VStGB** mit dem **Allgemeinen Teil des StGB**. Der Gesetzgeber hat mit Recht davon abgesehen, für das VStGB einen eigenen umfangreichen Allgemeinen Teil zu schaffen. Als Vorbild dafür hätten sich allenfalls die „General Principles of Criminal Law" angeboten, die in Art. 22–33 IStGH-Statut niedergelegt sind. Diese Prinzipien weichen jedoch nicht unerheblich von den Regelungen des deutschen Strafrechts ab, so dass ihre Übernahme zur Existenz zweier unterschiedlicher „Allgemeiner Teile" in StGB und VStGB und damit zu Komplikationen insbesondere in den häufigen Fällen von Tateinheit zwischen den beiden Rechtsmaterien geführt hätte. Durch die Beschränkung des „Allgemeinen Teils" des VStGB auf ganz wenige, durch Besonderheiten des IStGH-Statuts zwingend vorgegebene Vorschriften wurde erreicht, dass die Gerichte auch auf die in den §§ 6 ff. geregelten Straftaten im Wesentlichen die im nationalen Recht geltenden Regeln anwenden können.

2 Dabei können in zweierlei Hinsicht **Friktionen mit dem Völker(gewohnheits)strafrecht** auftreten: Die Strafbarkeit nach dem anwendbaren deutschen Strafrecht kann hinter dem Maßstab des Völkergewohnheits- oder Völkervertragsrechts, insbesondere des IStGH-Statuts *zurückbleiben;* oder die Strafbarkeit nach deutschem Recht kann *weiter gehen* als nach Völkerrecht geboten. Den ersten Fall zu vermeiden war eigentlich Zweck der Schaffung des Völkerstrafgesetzbuchs; der deutsche Gesetzgeber hat solche Abweichungen in einzelnen Fälle jedoch bewusst in Kauf genommen,[1] soweit ihm die Regelungen im IStGH-Statut mit verfassungsrechtlich zwingenden oder sachgerechten Regelungen des nationalen Rechts unvereinbar erschienen. Hier besteht grundsätzlich die Möglichkeit, dass der IStGH Deutschland für *„unable"* erklärt, die Strafverfolgung wegen einer Völkerstraftat durchzufüh-

---

[1] Vgl. BT-Drs. 14/8524, 14.

ren, und so seine eigene Zuständigkeit nach Art. 17 Abs. 1 lit. a IStGH-Statut begründet. Dabei dürfte das Risiko einer Anklage zum IStGH freilich praktisch zu vernachlässigen sein. Denn es handelt sich bei solchen Abweichungen durchweg um dogmatische Grenzfälle, in denen Unrecht und Schuld auch bei Zugrundelegung der strengeren Auffassung des internationalen Rechts gering sind, so dass ein dringendes Bedürfnis nach einer Aburteilung durch den IStGH nicht zu erkennen ist (zB → Rn. 8, 9).

Die Fälle, in denen die Strafbarkeit nach dem VStGB weiter reicht als nach Völ- **3** ker(gewohnheits)strafrecht, sind insoweit unproblematisch als das deutsche Strafrecht auch nach den Regeln der §§ 3–7 StGB anwendbar wäre. In **Fällen ohne Bezug zu Deutschland,** die *allein* nach dem umfassenden Weltrechtsgrundsatz des § 1 VStGB dem deutschen Recht unterfallen, ist dagegen die Anwendung eines „überschießenden" deutschen Strafrechts nicht angezeigt, da Deutschland die Strafverfolgung insoweit nur als Sachwalter der Völkergemeinschaft übernimmt[2] und daher auch nur nach dem Maßstab des Völkergewohnheitsrechts bestrafen darf.[3] In diesen Fällen sind daher auch nur die völkergewohnheitsrechtlich geltenden Regelungen anzuwenden, sofern sie für den Angeklagten günstiger sind als die von § 2 in Bezug genommenen Vorschriften des deutschen Rechts. Methodisch lässt sich diese Vorgehensweise als völkerrechtsfreundliche Reduktion der nationalen strafrechtlichen Vorschriften verstehen.

Verwiesen wird auf das **„allgemeine Strafrecht".** Damit sind zunächst die §§ 1–79b **4** StGB gemeint. Insofern ist die Verweisung allerdings deklaratorisch, da die im StGB enthaltenen allgemeinen Regeln ohnehin nicht nur für die Delikte im Besonderen Teil des StGB, sondern für alle „Strafgesetze" gelten (vgl. etwa § 13 Abs. 1, 52 Abs. 1 StGB).[4] In Bezug genommen sind mit dem „allgemeinen Strafrecht" auch die im deutschen Recht anerkannten *ungeschriebenen Rechtssätze,* wie etwa die tatbestands- oder rechtswidrigkeitsausschließende Wirkung einer Einwilligung oder mutmaßlichen Einwilligung des Betroffenen, ferner die als Rechtfertigungsgründe anerkannten Normen aus anderen Rechtsgebieten, wie etwa §§ 228, 904 BGB oder § 127 StPO.[5] Zum „allgemeinen" Strafrecht gehören außerdem auch strafrechtliche Sondernormen für bestimmte Personengruppen.[6] So sind nach nationalem Recht – anders als nach Art. 26 IStGH-Statut – auch *Personen unter 18 Jahren* für Straftaten nach dem VStGB verantwortlich; für sie gelten die besonderen Regelungen der §§ 3 ff. JGG, ebenso für Heranwachsende §§ 105, 106 JGG.[7] Auf *Soldaten* der Bundeswehr bleiben grundsätzlich die Vorschriften des WStG anwendbar, wenn sie Straftaten nach dem VStGB begehen.

Für das VStGB gilt der **Gesetzlichkeitsgrundsatz** (Art. 103 Abs. 2 GG).[8] Probleme **5** können insofern in Bezug auf das Erfordernis der Bestimmtheit[9] auftreten, wenn eine Strafvorschrift auf Völker(gewohnheits)recht verweist,[10] wie dies etwa bei § 7 Abs. 1 Nr. 4[11] und 9 der Fall ist, oder eine große Zahl unbestimmter Rechtsbegriffe enthält, wie § 7 Abs. 1 Nr. 10.[12] Die Begriffe des VStGB sind wegen der Herkunft der Vorschriften aus dem

---

[2] Siehe NK-StGB/*Böse* StGB Vor § 3 Rn. 48.
[3] Vgl. LK-StGB/*Werle/Jeßberger* StGB Vor § 3 Rn. 240, 244 mwN.
[4] *Kreicker* in Eser/Kreicker (Hrsg.), Bd. 1, S. 74 Fn. 126.
[5] So auch BT-Drs. 14/8524,14 (siehe aber S. 12: Anwendbarkeit des „Allgemeinen Teils des Strafgesetzbuches").
[6] *Kreicker* in Eser/Kreicker (Hrsg.), Bd. 1, S. 74 Fn. 127.
[7] BT-Drs. 14/8524, 15; siehe auch Triffterer/Ambos/*Triffterer*/Clark IStGH-Statut Art. 26 Rn. 23. Es hätte sich allerdings ein ausdrücklicher Hinweis im Gesetz wie in § 3 Abs. 2 WStG empfohlen.
[8] Der Gesetzlichkeitsgrundsatz mit seinen verschiedenen Aspekten (*nullum crimen sine lege*, keine Analogie in *malam partem*, keine Rückwirkung) ist auch in Art. 22–24 IStGH-Statut garantiert. Dort wird darüber hinaus der – aus den Rechtssystemen des *common law* stammende – Grundsatz aufgestellt, dass Begriffsbestimmungen im Zweifel zugunsten des Angeklagten eng auszulegen sind (Art. 22 Abs. 2 IStGH-Statut).
[9] Siehe dazu BVerfG 11.11.1986 – 1 BvR 713/83, BVerfGE 73, 206; 10.1.1995 – 1 BvR 718/89, BVerfGE 92, 1; 21.9.2016 – 2 BvL 1/15, NJW 2016, 3648.
[10] Siehe hierzu *Kuhli*, Das Völkerstrafgesetzbuch und das Verbot der Strafbegründung durch Gewohnheitsrecht; *Jähnke* ZIS 2010, 463 (466 ff.); *Satzger*, Internationales und Europäisches Strafrecht, § 17 Rn. 34 f.
[11] Siehe zum Tatbestand der Vertreibung *Kuhli* ZIS 2012, 124 (127 ff.).
[12] Zum Tatbestand der Verfolgung eingehend *Erne*, Bestimmtheitsgebot, 2016, 362 ff.

Völkerstrafrecht und wegen ihrer Anwendbarkeit auf extraterritoriale Sachverhalte (vgl. § 1) im Einklang mit ihrer gefestigten Interpretation durch maßgebliche internationale Gerichtshöfe auszulegen,[13] soweit dies mit dem normalen Gebrauch des deutschen Begriffs vereinbar ist (→ Einl. Rn. 38).[14] Dafür spricht nicht nur der allgemeine Grundsatz „völkerrechtsfreundlicher" Auslegung,[15] sondern auch die Notwendigkeit, völkergewohnheitsrechtlichen Strafpflichten nachzukommen. Eine Auslegung der Tatbestandsmerkmale des VStGB im Einklang mit der Rechtsprechung internationaler Strafgerichte kann allerdings zu Friktionen mit der Auslegung vergleichbarer Tatbestände im StGB führen, etwa wenn der Begriff der „Vergewaltigung" (§ 7 Abs. 1 Nr. 6) in der Rechtsprechung internationaler Strafgerichtshöfe[16] anders verstanden wird als von den deutschen Gerichten bei der Anwendung von § 177 StGB. In solchen Fällen sollte man, wenn die Bedeutung des im VStGB gebrauchten deutschen Wortes dies erlaubt, einer international kohärenten Anwendung des Völkerstrafrechts den Vorzug vor einer übereinstimmenden Auslegung von Begriffen im StGB und im VStGB geben.

II. Verhältnis zu Normen des allgemeinen Strafrechts

6 **Besondere Bestimmungen,** die ausschließlich für die Straftaten nach dem VStGB gelten, enthalten §§ 1, 3, 4 und 5. Dabei verdrängen – jeweils als Spezialnorm – § 1 VStGB die Vorschriften des StGB über den örtlichen Anwendungsbereich des deutschen Strafrechts (§§ 3–7 StGB; → § 1 Rn. 1 f.),[17] § 3 VStGB den § 17 StGB in Fällen des Handelns auf Befehl, § 4 VStGB die (überwiegend ungeschriebenen) Regelungen über Täterschaft und Teilnahme durch Unterlassen in Bezug auf Befehlshaber und Vorgesetzte sowie § 5 VStGB die Verjährungsvorschriften der §§ 78–79b StGB.

7 Die Tatbestände der §§ 6–15 VStGB enthalten nach dem Willen des Gesetzgebers **keine abschließende Sonderregelung** und entfalten auch keine generelle Sperrwirkung gegenüber der Anwendung des StGB.[18] Daher kann die Verwirklichung eines Tatbestandes des VStGB in Tateinheit mit der Begehung einer Straftat nach dem StGB stehen. Dies gilt etwa dann, wenn der Täter bei der Verwirklichung eines Tatbestandes des VStGB gleichzeitig noch weitere Rechtsgüter verletzt (Beispiel: Der Täter wendet bei einer Plünderung nach § 9 Abs. 1 VStGB bei der Wegnahme gegen eine Person Gewalt an und erfüllt damit tateinheitlich § 249 StGB), aber auch dann, wenn der Tatbestand des VStGB ein anderes Rechtsgut schützt als ein gleichzeitig verwirklichter Tatbestand des StGB (Beispiel: Der Täter zwingt einen Zivilisten unter Gewaltandrohung, ihm als Schutzschild gegen einen militärischen Angriff zu dienen; der hier verwirklichte § 11 Abs. 1 Nr. 4 VStGB soll die faire Kriegsführung gewährleisten, so dass daneben die individualschützenden § 239b oder § 240 StGB anwendbar sind).[19] Andererseits verdrängen die Vorschriften des VStGB als *leges speciales* die allgemeinen Regelungen des StGB, sofern jene die Begehung allgemeiner

---

[13] Zur Auslegung völkerrechtlicher Vertragsnormen siehe Art. 31, 32 Wiener Übereinkommen über das Recht der Verträge; speziell zum Völkerstrafrecht *Grover*, Interpreting Crimes in the Rome Statute; *Stuckenberg* GA 2007, 80; *Werle/Jeßberger* Rn. 209 ff.

[14] Übereinstimmend *Werle/Jeßberger* JZ 2002, 725 (733 f.); *dies.* Rn. 445 ff.; *Schramm*, Internationales Strafrecht, 58.

[15] Vgl. dazu BVerfG 14.4.2004 – 2 BvR 1481/04, BVerfGE 111, 307 (315 ff.); BVerfG (K) 19.9.2006 – 2 BvR 2115/01, 2132/01 u. 384/03, NJW 2007, 499; BVerfG 4.5.2011 – 2 BvR 2365/09, BVerfGE 128, 326, 368 f.

[16] Siehe zum Begriff „rape" als internationales Verbrechen die unterschiedlichen Ansätze in JStGH, IT 95–17/1-T, Pros. v. Furundzija, Trial Chamber 10.12.1998, Nr. 185 („coercion or force or threat of force") und in JStGH, IT 96–23/1-T, Pros. v. Kunarac, Trial Chamber 22.2.2001, Nr. 460 („without the consent of the victim"). Eingehend *Adams*, Der Tatbestand der Vergewaltigung im Völkerstrafrecht, 312 ff.

[17] *Gierhake* ZStW 120 (2008), 375.

[18] BT-Drs. 14/8524, 13; *Basak* HRRS 2010, 513 (517 f.).

[19] Mit dieser Begründung nimmt BGH 30.4.1999 – 3 StR 215/98, BGHSt 45, 64 (79 ff.) Tateinheit zwischen Völkermord und einzelnen Mordtaten sowie BGH 17.6.2010 – AK 3/10, BGHSt 55, 157 (173) mAnm *Safferling* JZ 2010, 965, Tateinheit zwischen §§ 129a, 129b StGB und Verstößen gegen §§ 7, 8 VStGB durch militärische Einheiten an.

Straftaten in einem bestimmten Kontext, etwa im Rahmen eines Angriffs gegen eine Zivilbevölkerung (§ 7) unter Strafe stellen. In diesem Fall ist zB die vorsätzliche Tötung eines Menschen nur nach § 7 Abs. 1 Nr. 1 VStGB zu bestrafen; die §§ 211, 212 StGB treten als *leges generales* in Gesetzeskonkurrenz zurück. Spezialität der Normen des VStGB besteht ferner auch insofern, als sie bewaffnete Konflikte betreffen, in denen unter bestimmten Voraussetzungen das allgemeine Tötungsverbot nicht gilt.[20]

III. Einzelne anwendbare Regelungen des allgemeinen Strafrechts

1. Vorsatz. Da §§ 1–5 bezüglich des Vorsatzes keine besonderen Regelungen treffen, gelten diesbezüglich die in § 15 StGB stillschweigend in Bezug genommenen herkömmlich anerkannten Formen des **direkten und bedingten Vorsatzes** auch für die Straftaten nach dem VStGB, die mit Ausnahme von § 14 durchweg vorsätzliches Verhalten voraussetzen. Soweit die Strafbarkeit in den §§ 6 ff. nicht ausnahmsweise eine besondere Absicht verlangt (wie etwa in § 6 und § 7 Abs. 1 Nr. 2), genügt daher bedingter Vorsatz, also die Erkenntnis der konkreten *Möglichkeit* der Tatbestandsverwirklichung, mit der sich der Täter abfindet.[21] Damit unterscheidet sich der Vorsatzbegriff des VStGB von demjenigen, wie ihn der IStGH auf der Grundlage von Art. 30 IStGH-Statut entwickelt hat. Während der JStGH auch *dolus eventualis* als eine mögliche Form des Vorsatzes anerkannt hat,[22] setzt Art. 30 IStGH-Statut, soweit nichts anderes bestimmt ist,[23] *intent* voraus.[24] Nach Abs. 2 dieser Vorschrift ist *intent* nur dann gegeben, wenn der Täter hinsichtlich des Handlungserfolgs „is aware that it will occur in the ordinary course of events".[25] Eine Vorverfahrenskammer des IStGH hat diese Formulierung in dem Sinne interpretiert, dass der Täter mit *intent* handle, wenn er eine hohe Wahrscheinlichkeit („substantial likelihood") des Erfolgseintritts kennt; bestehe dagegen nur ein geringes Erfolgsrisiko, so müsse der Täter außerdem „have clearly or expressly accepted the idea that such objective elements may result from his or her actions or omissions".[26]

---

[20] Siehe BT-Drs. 14/8524, 13; GBA 20.6.2013 – 3 BJs 7/12-4, NStZ 2013, 644; *Ambos* NJW 2010, 1725 (1727); *Hertel* HRRS 2010, 339 (341 f.). Von einer „Anwendungssperre" gegenüber den Regelungen des StGB spricht für diese Fallgruppe *T. Zimmermann* GA 2010, 507 (523). Siehe auch die Kritik von *Eser* FS Wahl, 2011, 665.

[21] Zur Definition → StGB § 16 Rn. 18; *Roxin* AT/I § 12 Rn. 21 ff.

[22] Siehe schon JStGH, IT-94-1-T, Pros. v. Tadic, Trial Chamber 7.5.1997, Nr. 657. Überwiegend wird verlangt, dass der Täter eine gewisse Wahrscheinlichkeit der Tatbestandsverwirklichung annimmt; siehe etwa JStGH, IT 95–14-A, Pros. v. Blaskic, Appeals Chamber 29.7.2004, Nr. 42 („awareness of the substantial likelihood that a crime will be committed"); JStGH, IT 01–42-T, Pros. v. Strugar, Trial Chamber 31.1.2005, Nr. 236 („The necessary mental state exists when the accused knows that it is *probable* that his act or omission will cause death."). Weitere Nachweise bei *Werle/Jeßberger* Rn. 491.

[23] Die *Elements of Crimes* bestimmen bei verschiedenen Tatbeständen, dass eine Strafbarkeit ungeachtet der Regelung in Art. 30 IStGH-Statut auch dann begründet sein könne, wenn der Täter nicht mit *intent* handelt. So lassen es die *Elements* zu Art. 8 Abs. 2 lit. b (xxvi) IStGH-Statut („Using, conscripting or enlisting children") ausreichen, dass „the perpetrator knew *or should have known* that such person or persons were under the age of 15 years" (Hervorh. nicht im Text). Der IStGH hat diese Abweichung ausdrücklich gebilligt; IStGH, ICC 01/04–01/06, Pros. v. Lubanga Dyilo, Pre-Trial Chamber 29.1.2007, Nr. 359; ICC 01/04–01/07-3436, Pros. v. Katanga, Trial Chamber 7.3.2014, Nr. 770; hierzu mit Recht kritisch *Safferling*, Internationales Strafrecht, § 5 Rn. 20. Außerdem wird es in den *Elements of Crimes* vielfach als ausreichend angesehen, dass der Täter die *factual circumstances* kennt, die den Schluss auf das Vorliegen eines normativ geprägten Tatbestandsmerkmals zulassen; dies gilt allgemein bei Kriegsverbrechen für das Vorliegen eines „bewaffneten Konflikts", aber zB auch bezüglich des *protected status* einer geschützten Person (zB Element (3) zu Art. 8 Abs. 2 lit. a (i) IStGH-Statut).

[24] Siehe hierzu eingehend *Ambos*, Treatise I, 266 ff.; vergleichend *Stuckenberg* JICJ 12 (2014), 311; Finnin International and Comparative Law Quarterly 61 (2012), 325; zur Entstehungsgeschichte instruktiv *Clark* ZStW 114 (2002), 372 (378).

[25] *Ambos*, Treatise I, 276 f., *Eser* in *Cassese/Gaeta/Jones* (Hrsg.), S. 933, und *Werle/Jeßberger* Rn. 502 ff. sehen in Art. 30 IStGH-Statut eine Beschränkung auf direkten Vorsatz; für Einbeziehung bedingten Vorsatzes dagegen *Gropengießer* in *Eser/Kreicker*, Bd. 1, S. 272 f.; *Badar* New Criminal Law Review 12 (2009), 433, *Bantekas*, International Criminal Law, 45.

[26] IStGH, ICC 01/04–01/06, Pros. v. Lubanga Dyilo, Pre-Trial Chamber 29.1.2007, Nr. 353 f. Siehe zu dieser Entscheidung *Weigend* JICJ 6 (2008), 481; *ders.* FS Herzberg, 2008, 997 (1007 ff.); kritisch *Roßkopf*, Die innere Tatseite des Völkerrechtsverbrechens, S. 92 ff.

Andere Kammern des IStGH betonen dagegen, dass das IStGH-Statut die Form des *dolus eventualis* nicht in seine Vorsatzdefinition übernommen habe; zwar könne in Bezug auf die Folgen eines Verhaltens kein exaktes Wissen vorausgesetzt werden, *intent* sei aber nur dann gegeben, wenn der Täter annimmt, dass die tatbestandliche Folge bei normalem Ablauf des Geschehens eintreten werde.[27] Nach dieser Formel verlangt *intent* jedenfalls mehr als die Annahme, dass der Erfolg eintreten *kann*. Eine solche bloße Risikokenntnis – wie sie für *dolus eventualis* typisch ist – genügt selbst dann nicht, wenn der Täter das Risiko „akzeptiert" hat.[28] Indem das deutsche VStGB dennoch an dem herkömmlichen weiten Vorsatzbegriff festhält,[29] vermeidet es Friktionen mit der Behandlung des Vorsatzes bei idealkonkurrierenden Tatbeständen des StGB.

9 **2. Irrtum.** Für Irrtumsfälle trifft das VStGB nur für die besondere Situation des § 3 (Irrtum eines Befehlsunterworfenen) eine spezielle Regelung. Im Übrigen gelten die Vorschriften der §§ 16 und 17 StGB sowie die von Rechtsprechung und Lehre für den Fall des Erlaubnistatumstandsirrtums entwickelten Lösungen. Hinsichtlich des **Tatumstandsirrtums** weicht § 16 StGB in der Sache nicht von der Regelung in Art. 32 Abs. 1 IStGH-Statut[30] ab, auch wenn diese den Ausschluss der Verantwortlichkeit als Ausnahmefall formuliert. Nach der in Deutschland herrschenden Auffassung muss sich der Vorsatz grundsätzlich auch auf „normative" Tatbestandsmerkmale beziehen, die auf andere Rechtsnormen verweisen oder jedenfalls eine normative Wertung voraussetzen.[31] In Bezug auf solche Merkmale handelt der Täter nur dann vorsätzlich, wenn er auch die hinter dem Tatbestand stehende Wertung jedenfalls „nach Laienart" zutreffend erfasst, also beispielsweise im Fall des § 267 StGB („Urkunde") erkennt, dass er mit seiner Manipulation an einem Gegenstand die in diesem enthaltene rechtsrelevante Erklärung eines Anderen verfälscht (→ StGB § 16 Rn. 69 ff.). Dieses Vorsatzverständnis lässt sich gut mit der Regelung in Art. 32 Abs. 2 Satz 2 IStGH-Statut vereinbaren,[32] wonach auch bei einem *mistake of law* keine strafrechtliche Verantwortlichkeit besteht, sofern der Irrtum das Vorliegen des *mental element* des jeweiligen Tatbestandes ausschließt.[33] Damit entfällt grundsätzlich auch nach dem IStGH-Statut die Strafbarkeit bei solchen Rechtsirrtümern, die dazu führen, dass der Täter ein normatives Merkmal des Tatbestandes nicht zutreffend erkennt.[34] Nimmt beispielsweise der Täter, der gegen eine nach humanitärem Völkerrecht geschützte Person eine Strafe verhängt, irrig an, dass das Verfahren, das dem Betroffenen zuvor gewährt wurde, alle unverzichtbaren Verfahrensgarantien enthalten habe, so kann er nicht wegen eines Kriegsverbrechens nach Art. 8 Abs. 2 lit. c (iv) IStGH-Statut verurteilt werden, auch wenn sein Irrtum auf einer falschen *rechtlichen* Vorstellung davon beruht, welche *judicial guarantees* nach allgemeiner Ansicht als „*indispensable*" angesehen werden.[35]

---

[27] IStGH, ICC-01/04-01/06, Pros. v. Lubanga Dyilo, Trial Chamber 14.3.2012, Nr. 1011 f.
[28] Siehe die eingehende Begründung in Pros. v. Bemba Gombo, IStGH, ICC-01/05-01/08, Pre-Trial Chamber 15.6.2009, Nr. 360 ff. Näher hierzu *Safferling*, Internationales Strafrecht, § 5 Rn. 25 ff.
[29] Siehe zu der Diskrepanz zwischen deutschem und internationalem Recht *A. Zimmermann* NJW 2002, 3068 (3069).
[30] Art. 32 Abs. 1 IStGH-Statut lautet: „A mistake of fact shall be a ground for excluding criminal responsibility only if it negates the mental element required by the crime."
[31] Siehe dazu den Überblick → StGB § 16 Rn. 40 f.; *Roxin* AT/I § 12 Rn. 100 ff.
[32] Kritisch hierzu *Heller* JICJ 6 (2008), 419 (436 ff., 440).
[33] Siehe hierzu *Ambos*, Internationales Strafrecht, § 7 Rn. 97; *Gropengießer* in *Eser/Kreicker*, Bd. 1, S. 277 f.; *van Sliedregt*, Individual Criminal Responsibility, 281 ff.; *Weigend* FS Roxin, 2011, 1375 (1391); *Werle/Jeßberger* Rn. 683. Irrig für Verantwortungsausschluss nur nach Ermessen des Gerichts *Triffterer/Ambos/Triffterer/Ohlin* IStGH-Statut Art. 32 Rn. 38 f.
[34] In diesem Sinne auch IStGH, ICC 01/04–01/06, Pros. v. Lubanga Dyilo, Pre-Trial Chamber 29.1.2007, Nr. 316: Der Vorsatz ist nach Art. 32 Abs. 2 IStGH-Statut nur ausgeschlossen, wenn der Täter „was unaware of a normative objective element of the crime as a result of not realising its social significance (its everyday meaning)"; übereinstimmend *Korte* ZIS 2008, 419 (420). Missverständlich *Satzger*, Internationales und Europäisches Strafrecht, § 15 Rn. 41, demzufolge Irrtümer über normative Tatbestandsmerkmale nach dem IStGH-Statut „grds. unbeachtlich" sein sollen; zutr. dagegen *Safferling*, Internationales Strafrecht, § 5 Rn. 36 f. (beachtlicher Irrtum, wenn der Täter den „sozialen Bedeutungsgehalt" des Geschehens nicht erkannt hat).
[35] Das wird bestätigt durch die *Elements of Crimes*, die für Art. 8 Abs. 2 lit. c (iv) IStGH-Statut unter Abs. 5 ausdrücklich verlangen, dass „the perpetrator was aware of ... the denial of relevant guarantees and the fact

Dagegen spricht Art. 32 Abs. 2 S. 1 IStGH-Statut dem **Rechtsirrtum** darüber, dass die 10 Tat dem Statut unterfällt, ausdrücklich den Charakter eines Strafausschließungsgrundes ab: „A mistake of law as to whether a particular type of conduct is a crime within the jurisdiction of the Court shall not be a ground for excluding criminal responsibility." Wörtlich verstanden, stimmt diese Regelung mit der deutschen Auffassung durchaus überein, da auch nach dieser ein bloßer Irrtum über die Zuständigkeit der deutschen Gerichtsbarkeit als Prozessvoraussetzung unbeachtlich ist.[36] Gemeint ist in Art. 32 Abs. 2 Satz 1 IStGH-Statut jedoch, im Anschluss an die im anglo-amerikanischen Recht noch verbreitete Rechtsauffassung,[37] die Unbeachtlichkeit jeden Irrtums über das *Verbotensein* der Tat, und zwar auch dann, wenn der Täter diesen Irrtum nach seinen subjektiven Voraussetzungen nicht vermeiden konnte.[38] Diese Regelung in das VStGB zu übernehmen hätte nicht nur zu offenen Widersprüchen zu der in § 17 StGB verankerten deutschen Rechtsauffassung in einer zumindest theoretisch bedeutsamen Frage geführt, sondern auch einen Verstoß gegen den verfassungsrechtlich im Rechtsstaatsprinzip verankerten Schuldgrundsatz bedeutet.[39] Daher hat es der Gesetzgeber bei der Anwendbarkeit von § 17 StGB belassen. Dass dadurch ernsthafte Konflikte mit der Folge entstehen könnten, dass der IStGH seine Zuständigkeit für „deutsche" Fälle begründet, ist freilich nicht zu erwarten. Denn ein unvermeidbarer Irrtum über das Unrecht von Genozid und Menschlichkeitsverbrechen ist praktisch ausgeschlossen; und wenn sich ein Täter – außerhalb des ohnehin unproblematischen Anwendungsbereichs von § 3 – unvermeidlich über das Verbotensein einer als Kriegsverbrechen strafbaren Tat irrt (was in Randbereichen immerhin denkbar ist),[40] dann dürfte es sich um ein Verhalten von so marginalem Unrecht handeln, dass der IStGH kaum Interesse an einer Aburteilung haben wird.[41]

Da das Eingreifen von Rechtfertigungsgründen bei den Straftaten des VStGB praktisch 11 kaum in Betracht kommt, dürfte auch die Relevanz des **Erlaubnistatumstandsirrtums** hier begrenzt bleiben. Nach der Rechtsprechung und herrschenden Meinung[42] in Deutschland wird der Täter in dem – gesetzlich nicht geregelten – Fall einer bloß vorgestellten Rechtfertigungssituation nicht wegen vorsätzlicher Tat bestraft, sondern § 16 StGB analog angewandt. Demgegenüber sind Tatsachenirrtümer, die dazu führen, dass sich der Täter das Vorliegen eines Sachverhalts (wie zB einer Notwehrsituation) vorstellt, der seine Verantwortlichkeit ausschlösse, nach dem Wortlaut des Art. 32 Abs. 1 IStGH-Statut ohne rechtliche Relevanz, da dort Tatsachenirrtümer nur dann als verantwortlichkeitsausschließend anerkannt werden, wenn sie das „mental element required by the crime" aufheben.[43] Ob der IStGH in einem entsprechenden Fall trotz des ausdrücklich limitierenden Wortlauts von Art. 32 Abs. 1 des Statuts („only if") die *mistake of fact*-Regelung auf Fälle des Erlaubnistat-

---

that they are essential or indispensable to a fair trial". Die *Elements* sind insoweit jedoch nicht einheitlich, sondern lassen bei vielen „normativen" Tatbestandsmerkmalen die Kenntnis der zugrunde liegenden Tatsachen ausreichen; dies gilt nach (4) der „General Introduction" zu den *Elements* insbesondere für „elements involving value judgement". Siehe hierzu näher *Heller* JICJ 6 (2008), 419 (426 f.); *Schabas*, International Criminal Court, 505 f.

[36] Siehe BGH 19.5.1999 – 2 StR 86/99, BGHSt 45, 97 (100 ff.); dazu (teilweise kritisch) LK-StGB/*Vogel* StGB § 16 Rn. 135; NK-StGB/*Böse* StGB Vor § 3 Rn. 51 f.

[37] Vgl. zum englischen Recht *Ashworth/Horder*, Principles of Criminal Law, 218 ff.; zum US-amerikanischen Recht *LaFave*, Substantive Criminal Law, Bd. 1, 405 ff.; Rechtsprechungsnachweise bei *Dubber/Kelman*, American Criminal Law, 356 ff.

[38] Vgl. IStGH, ICC 01/04–01/06, Pros. v. Lubanga Dyilo, Pre-Trial Chamber 29.1.2007, Nr. 294 ff., 316. Hintergrund dieser Regelung ist, dass eine besondere Verantwortlichkeitsvoraussetzung „Unrechtsbewusstsein" im Völkerstrafrecht nicht bekannt ist; „mistake" wird dort vielmehr traditionell als „defence" eingeordnet. Vgl. *van Sliedregt*, Individual Criminal Responsibility, 282 f.; *van Verseveld*, Mistake of Law, 81 ff. Kritisch zu der Regelung in Art. 32 Abs. 2 IStGH-Statut *Ambos*, Internationales Strafrecht, § 7 Rn. 97 ff.; *ders.*, Treatise I, 375 ff; *Werle/Jeßberger* Rn. 685; *Eser* in *Cassese/Gaeta/Jones* (Hrsg.), 945 f.

[39] BT-Drs. 14/8524, 16.

[40] *Satzger*, Internationales und Europäisches Strafrecht, § 15 Rn. 42.

[41] Übereinstimmend *Safferling*, Internationales Strafrecht, § 8 Rn. 11; anders *Satzger* NStZ 2002, 125 (128).

[42] Grundlegend BGH 6.6.1952 – 1 StR 708/51, BGHSt 3, 105 (107); zu den Auseinandersetzungen und Lösungsvorschlägen in der Lehre → StGB § 16 Rn. 117 ff.; *Roxin* AT/I § 14 Rn. 26 ff.

[43] Vgl. *Scaliotti* International Criminal Law Review 2 (2002), 1 (14 f.); *Werle/Jeßberger* Rn. 682.

umstandsirrtums analog anwenden[44] oder einen ungeschriebenen Verantwortlichkeitsausschlussgrund nach Art. 31 Abs. 3 IStGH-Statut[45] annehmen würde, bleibt zunächst Spekulation. Jedenfalls ist nicht damit zu rechnen, dass die Anwendung der sachlich angemessenen, für den Täter günstigeren Regelung des deutschen Rechts in der Praxis zu Friktionen mit dem Völkerstrafrecht führt.

12   **3. Sonderformen der Strafbarkeit (Versuch, Unterlassung, Teilnahme).** Bei den Verbrechen nach §§ 6–13 steht gemäß § 23 Abs. 1 StGB der **Versuch** unter Strafe. Dies entspricht der Regelung in Art. 25 Abs. 3 lit. f IStGH-Statut, die ebenfalls für alle im Statut enthaltenen Straftaten Versuchsstrafbarkeit anordnet, wobei der Versuch ganz ähnlich definiert wird wie in § 22 StGB.[46] Da die Vergehenstatbestände der §§ 14 und 15 keine Anordnung der Versuchsstrafbarkeit enthalten, ist der Versuch insoweit straflos; eine damit möglicherweise[47] gegebene Unterschreitung des Strafbarkeitsniveaus nach dem IStGH-Statut dürfte hinzunehmen sein und für die Praxis keine Probleme aufwerfen. **Vorbereitungshandlungen** zu den Verbrechenstatbeständen stehen nach den allgemeinen Regeln gemäß § 30 StGB unter Strafe. Das Aufhetzen zur Begehung von Völkermord, das durch Art. 25 Abs. 3 lit. e IStGH-Statut gesondert als Begehungsform erfasst wird, ist nach § 111 StGB und häufig auch nach § 130 Abs. 1 StGB strafbar.

13   Der Strafbefreiungsgrund des **Rücktritts vom Versuch** (§ 24 StGB) ist auf Versuche von Verbrechen nach dem VStGB anwendbar. Eine der Sache nach dem deutschen Recht entsprechende Rücktrittsregelung enthält auch Art. 25 Abs. 3 lit. f IStGH-Statut. Dort ist allerdings der Rücktritt vom unbeendeten Versuch nach französischem Vorbild bereits in die Definition des Versuchs integriert[48] und wird dann in Satz 2 zusammen mit dem Rücktritt vom beendeten Versuch erneut angesprochen.[49]

14   Anwendbar auf die Erfolgstatbestände des VStGB ist auch § 13 StGB, der im Falle einer besonderen Rechtspflicht zum Handeln das **Unterlassen** dem Tun gleichstellt. So kann zB nach § 7 Abs. 1 Nr. 5 wegen Folterung (in Form der „Zufügung" körperlicher Leiden) auch der Gefängnisaufseher strafbar sein, der einem Gefangenen über längere Zeit jede Nahrung vorenthält.[50] Das IStGH-Statut enthält keine allgemeine Regelung über Strafbarkeit durch Unterlassen, sondern beschränkt sich darauf, den hier besonders häufig relevanten Fall des Nicht-Einschreitens von Befehlshabern und zivilen Vorgesetzten gegen Straftaten ihrer Untergebenen in Art. 28 als besondere Form der täterschaftlichen Verantwortlichkeit unter Strafe zu stellen (vgl. §§ 4, 14, 15 VStGB). Es ist umstritten, ob das Völkergewohn-

---

[44] Für eine analoge Anwendung *Ambos*, Treatise I, Rn. 374; *Eser* in *Cassese/Gaeta/Jones* (Hrsg.), 945; *Gleß*, Internationales Strafrecht, Rn. 738; *Satzger* NStZ 2002, 125 (128).

[45] Einen „allgemeinen Rechtsgrundsatz" erwägen *Werle/Jeßberger* Rn. 682.

[46] Nach Art. 25 Abs. 3 lit. f IStGH-Statut wird der strafbare Versuch einer Straftat begangen „by taking action that commences its execution by means of a substantial step". In diese Formulierung hat das Versuchsverständnis des französischen Rechts („commencement d'exécution") ebenso wie dasjenige des anglo-amerikanischen Rechts („substantial step") Eingang gefunden; Triffterer/Ambos/*Ambos* IStGH-Statut Art. 25 Rn. 41. Für „missglückt" halten diese Formulierung *Werle/Jeßberger* Rn. 734. Näher zu Versuch und Vorbereitung im Völkerstrafrecht *Safferling* ZStW 118 (2006), 682 (707 ff.); *Ambos*, Treatise I, 233 ff.

[47] Es ist fraglich, ob der Versuch bei den in §§ 14, 15 als Vergehen geregelten speziellen Formen der Vorgesetztenverantwortlichkeit nach Art. 28 IStGH-Statut überhaupt strafbar ist, denn das Statut ordnet sowohl den Versuch nach Art. 25 Abs. 3 lit. f als auch die Vorgesetztenverantwortlichkeit als Sonderformen der *criminal responsibility* ein, und es ist unklar, ob diese beiden Formen miteinander kombinierbar sind.

[48] „... but the crime does not occur because of circumstances independent of the person's intentions". Siehe die entsprechende Definition des Versuchs in Art. 121–5 frz. Code pénal („La tentative est constituée dès lors que, manifestée par un commencement d'exécution, elle n'a été suspendue ou n'a manqué son effet qu'en raison de circonstances indépendantes de la volonté de son auteur."). Siehe auch *Ambos*, Treatise I, 241 f., 264 f.

[49] Mit Recht kritisch zu dieser wohl auf einem Redaktionsversehen beruhenden Fassung Triffterer/Ambos/*Ambos* IStGH-Statut Art. 25 Rn. 39 ff. und *Werle/Jeßberger* Rn. 739.

[50] In manchen Tatbeständen des VStGB wird das tatbestandsmäßige Verhalten als bloße Passivität beschrieben, wie zB in § 8 Abs. 3 Nr. 1 („Wer ... ihre Heimschaffung ungerechtfertigt verzögert") und § 11 Abs. 1 Nr. 5 („Wer ... ihnen die für sie lebensnotwendigen Gegenstände vorenthält"). In diesen Fällen ist § 13 StGB nicht anwendbar; vgl. LK-StGB/*Weigend* StGB § 13 Rn. 12.

heitsrecht eine allgemeine Strafbarkeit Handlungspflichtiger wegen Unterlassens der Erfolgsabwendung vorsieht,[51] wie dies der JStGH annimmt.[52] Nur soweit dies der Fall ist, kommt eine Garantenstrafbarkeit nach § 13 StGB auch bei Taten ohne Inlandsbezug in Betracht (→ Rn. 3).

Der Gesetzgeber hat auch davon abgesehen, Sonderregelungen für **Täterschaft und** 15 **Teilnahme** zu treffen.[53] Im Großen und Ganzen stimmt der Umfang der Strafbarkeit für die gemeinschaftliche Begehung und die Beteiligung an fremden Straftaten nach §§ 25–27 StGB mit den – freilich anders bezeichneten und systematisierten sowie hinsichtlich der Rechtsfolgen nicht differenzierenden – Beteiligungsformen nach Art. 25 Abs. 3 IStGH-Statut überein.[54] Für Mittäter (*joint perpetrators*, Art. 25 Abs. 3 lit. a IStGH-Statut) verlangt der IStGH neben einem gemeinsamen Tatplan – auf den auch aus den aufeinander abgestimmten Handlungen der Beteiligten geschlossen werden kann[55] – einen objektiven Tatbeitrag, der für das Gelingen des Tatplans unverzichtbar ist. Der IStGH folgt also – anders als die deutsche Rechtsprechung[56] – einer strengen Tatherrschaftslehre (*control theory*).[57] Die Begehungsform der mittelbaren Täterschaft ist in Art. 25 Abs. 3 IStGH-Statut vorgesehen. Dort werden ausdrücklich auch die Fälle erfasst, in denen der Vordermann selbst strafrechtlich für sein Handeln verantwortlich ist („Commits such a crime ... through another person, regardless of whether that other person is criminally responsible").[58] Der IStGH hat in seinen ersten Entscheidungen zu dieser Täterschaftsform deutliche Anleihen bei der deutschen Strafrechtsdogmatik, insbesondere bei der Lehre von der mittelbaren Täterschaft durch organisatorische Machtapparate genommen.[59] Dies ist jedoch nicht ohne Widerspruch

---

[51] Bejahend *Berster*, Unterlassungsverantwortlichkeit, 91 ff.; *Burghardt* ZIS 2010, 695 (698 f.) (der mit „Strafbarkeitslücken" bei fehlender Strafbarkeit argumentiert); *Duttwiler* International Criminal Law Review 6 (2006), 1 (55); *Gleß*, Internationales Strafrecht, Rn. 753; *Werle/Jeßberger* Rn. 747 ff.; nach dem gegenwärtigen Stand des Völkergewohnheitsrechts verneinend *Ambos*, Treatise I, 197; *Boas* in *Darcy/Powderly* (Hrsg.), 204 (216 ff.); *Grimminger*, Die allgemeine Unterlassungshaftung im Völkerstrafrecht, 240 ff.; *Kreß* in *Grützner/Pötz/Kreß* IV A 1 Rn. 67; Triffterer/Ambos/*Ambos* IStGH-Statut Art. 25 Rn. 51; *Weltz*, Die Unterlassungshaftung im Völkerstrafrecht, 284 ff.

[52] Siehe etwa JStGH, IT-95-14-A, Pros. v. Blaskic, Appeals Chamber 29.7.2004, Nr. 663; Pros. v. Mrksic and Sljivancanin, JStGH, IT-95-13/1-A, Appeals Chamber 5.5.2009, Nr. 146 ff.; JStGH, IT-05-88-T, Pros. v. Popovic et al., Trial Chamber 10.6.2010, Nr. 1544 ff.; weitere Nachweise auch zur Rspr. des ICTR bei *Werle/Jeßberger* Rn. 744. Die Pre-Trial Chamber des IStGH spricht in der Entscheidung ICC 01/04-01/06, Pros. v. Lubanga Dyilo, 29.1.2007, Nr. 351, 352, beiläufig von „actions or omissions" als Gegenstand des Vorsatzes, ohne dass sie die Voraussetzungen einer Unterlassungsstrafbarkeit thematisiert.

[53] Zur Begründung knapp BT-Drs. 14/8524, 17.

[54] Siehe hierzu *Ambos*, Treatise I, 144 ff.; *Weigend* in *Linton/Simpson/Schabas* (Hrsg.), 356; *Werle/Jeßberger* Rn. 551 ff.

[55] Pros. v. Katanga and Chui, ICC-01/04-01/07, Pre-Trial Chamber 30.9.2008, Nr. 523.

[56] Siehe BGH 21.5.2015 – 3 StR 575/14, BGH StV 2016, 738 (739) zur Mittäterschaft in einem Fall des Völkermordes; zust. *Ambos/Penkuhn* StV 2016, 760 (762 f.); ebenso schon *Werle/Burghardt* ZIS 2015, 46 (51 ff.).

[57] IStGH, ICC 01/04-01/06, Pros. v. Lubanga Dyilo, Pre-Trial Chamber 29.1.2007, Nr. 347; Trial Chamber 14.3.2012, Nr. 999 f.; Appeals Chamber 1.12.2014, Nr. 445; ICC-01/04-01/07, Pros. v. Katanga and Chui, Pre-Trial Chamber 30.9.2008, Nr. 484 ff., 525; Trial Chamber 7.3.2014, Nr. 1394 ff.; ICC 02/11-02/11, Pros. v. Blé Goudé, Pre-Trial Chamber 11.12.2014, Nr. 134 ff. Siehe jedoch auch die Kritik einzelner Richter des IStGH: ICC 01/04-01/06, Pros. v. Lubanga Dyilo, Trial Chamber 14.3.2012, Separate Opinion of Judge Fulford, Nr. 15 f.; ICC 01/04-02/12-3, Pros. v. Ngudjolo Chui, Trial Chamber 18.12.2012, Concurring opinion of Judge van den Wyngaert Nr. 41 ff. Siehe zu diesen Entscheidungen auch *Ohlin/van Sliedregt/Weigend* Leiden Journal of International Law 26 (2013), 725 (728 ff.); *Yanev/Kooijmans* International Criminal Law Review 13 (2013), 789; eingehend *Yanev*, Theories of Co-Perpetration.

[58] Siehe IStGH, ICC-01/04-01/07, Pros. v. Katanga and Chui, Pre-Trial Chamber 30.9.2008, Nr. 496 ff. Siehe dazu auch *Ambos*, Treatise I, 154 ff.; *Kreß* GA 2006, 304 (307 ff.); *Werle/Jeßberger* Rn. 570 ff.

[59] Siehe IStGH, ICC 01/04-01/06, Pros. v. Lubanga Dyilo, Pre-Trial Chamber 29.1.2007, Nr. 345 ff.; Trial Chamber 14.3.2012, Nr. 994 ff.; Appeals Chamber 1.12.2014, Nr. 465; ICC-01/04-01/07, Pros. v. Katanga and Chui, Pre-Trial Chamber 30.9.2008, Nr. 480 ff., 496 ff.; ICC-01/09-01/11.373, Pros. v. Ruto et al., Pre-Trial Chamber 23.1.2012, Nr. 313. Problematisch ist die Annahme von „Organisationsherrschaft" insbesondere in Fällen, in denen keine hierarchisch organisierte Einheit besteht, sich der Täter vielmehr auf die Anerkennung seiner informellen Autorität stützt. Siehe *Ambos* International Criminal Law Review 12 (2012), 115 (138 ff.); *ders.* FS Roxin II, 2011, 837; *Jeßberger/Geneuss* JICJ 6 (2008), 853; *Weigend* JICJ 9 (2011), 91 (104, 109); *Werle/Burghardt* ZIS 2015, 46 (51 f.).

geblieben.⁶⁰ Umstritten ist insbesondere die – bei Völkerstraftaten häufig auftretende – Variante der Mittäterschaft mittelbarer Täter (*indirect co-perpetration*), bei der mehrere Mittäter die Beiträge der von ihnen jeweils kontrollierten Tatmittler zusammenführen. Diese Täterschaftsform ist zwar im IStGH-Statut nicht ausdrücklich genannt, ihre Strafbarkeit ergibt sich aber aus der gegenseitigen Zurechnung der Beiträge unter Mittätern.⁶¹

16 Von den *ad-hoc*-Gerichtshöfen für Jugoslawien und Ruanda wurde als umfassende Form der Beteiligung an einer Straftat die **„joint criminal enterprise"** entwickelt.⁶² Sie geht insofern über die Beteiligungsformen des StGB hinaus, als sie bei einem zweckgerichteten Zusammenwirken Mehrerer eine Haftung aller Beteiligten auch für solche Taten Einzelner vorsieht, die die übrigen nicht vorgesehen haben (aber hätten vorhersehen können).⁶³ Im IStGH-Statut ist diese weitreichende Strafbarkeit bei Exzesstaten anderer nicht vorgesehen, sondern Beteiligte an einer Gruppenstraftat haften nur für solche Taten von Gruppenmitgliedern, die sie beabsichtigt oder vorhergesehen haben (Art. 25 Abs. 3 lit. d IStGH-Statut);⁶⁴ dies entspricht dem Erfordernis des „Doppelvorsatzes" des Gehilfen im deutschen Strafrecht. Angesichts dieser Festlegung des IStGH-Statuts und der teilweise heftigen Kritik an der „*joint criminal enterprise*"-Doktrin ist es nicht wahrscheinlich, dass sie in der künftigen völkerstrafgerichtlichen Rechtsprechung noch eine bestimmende Rolle spielen wird. In einem Teilbereich geht die Teilnehmerstrafbarkeit des deutschen Rechts über diejenige nach dem IStGH-Statut hinaus: Nach § 30 StGB sind für die Verbrechen nach §§ 6–12 auch der erfolglose Versuch der Anstiftung⁶⁵ und die folgenlose Verbrechensverabredung unter Strafe gestellt.

17 **4. Notwehr, Notwehrüberschreitung, Notstand.** Anwendbar sind auch die §§ 32–35 StGB über Notwehr, Notwehrüberschreitung sowie Rechtfertigenden und Entschuldigenden Notstand. Dies ist bezüglich der **Notwehr** nicht unproblematisch. Zunächst stellt sich die Frage, ob Notwehr zu Lasten individueller Angreifer überhaupt in Frage kommt, obwohl die Verbotsnormen des VStGB (auch) Güter der Völkergemeinschaft (etwa den Weltfrieden oder den Bestand ethnischer oder religiöser Gruppen) schützen.⁶⁶ Insofern wird man zwischen Tatbeständen, die nur Kollektivinteressen dienen (zB Menschlichkeitsverbrechen der Gruppenverfolgung, § 7 Abs. 1 Nr. 10), und solchen mit einem überwiegend individuellen Schutzinteresse (zB Menschlichkeitsverbrechen der Tötung eines Menschen, § 7 Abs. 1 Nr. 1) zu unterscheiden haben; nur bei der letztgenannten Kategorie kommt Notwehr als Rechtfertigungsgrund in Betracht.⁶⁷ Außerdem besteht eine Diskre-

---

⁶⁰ Siehe insbesondere IStGH, ICC 01/04–01/06, Pros. v. Lubanga Dyilo, Trial Chamber 14.3.2012, Separate opinion of Judge Fulford, Nr. 4 ff.; ICC-01/04-02/12, Pros. v. Ngudjolo Chui, Trial Chamber 18.12.2012, Concurring opinion of Judge van den Wyngaert, Nr. 8 ff.

⁶¹ Siehe dazu IStGH, ICC 01/04-01/07, Pros. v. Katanga and Ngudjolo Chui, Pre-Trial Chamber 30.9.2008, Nr. 490 ff.; ICC 02/11-02/11, Pros. v. Blé Goudé, Pre-Trial Chamber 11.12.2014, Nr. 136. Siehe dazu *Werle/Burghardt* FS Maiwald, 2010, 849 (860); *Ohlin* Leiden Journal of International Law 25 (2012), 771 (779); *Ohlin/van Sliedregt/Weigend* Leiden Journal of International Law 26 (2013), 725 (735); differenzierende Darstellung bei *Werle/Jeßberger* Rn. 579 ff.

⁶² ICTY, IT-94-1-A, Pros. v. Tadic, Appeals Chamber 15.7.1999, Nr. 185 ff.; zuletzt ICTY, IT-05-88-A, Pros.v. Popovic et al., Appeals Chamber 30.1.2015, Nr. 1672 ff. Zur Diskussion um die Joint Criminal Enterprise siehe *Ambos*, Internationales Strafrecht, § 7 Rn. 30 ff.; *Barthe*, Joint Criminal Enterprise; *Cassese* JICJ 5 (2007), 109; *Haan*, Joint Criminal Enterprise; *Ohlin* JICJ 5 (2007), 69; *Safferling*, Internationales Strafrecht, § 5 Rn. 78 ff., 89 ff.; *Stewart*, Leiden Journal of International Law 25 (2012), 165 (171); *van Sliedregt* JICJ 5 (2007), 184; *van der Wilt* JICJ 5 (2007), 91; *Werle/Jeßberger* Rn. 552 ff. mit zahlreichen Nachweisen aus der Rspr.; rechtsvergleichend *Hamdorf* JICJ 5 (2007), 208.

⁶³ Zusammenfassung bei *Ambos*, Treatise I, 123 ff.

⁶⁴ Gute Analyse der unterschiedlichen Konzeptionen bei „systemischer Tatherrschaft" bei *Vest*, Völkerrechtsverbrecher verfolgen, 355 ff.; siehe auch *Ohlin* New Criminal Law Review 12 (2009), 406 (mit Kritik an Art. 25 Abs. 3 lit. d IStGH-Statut); *Manacorda/Meloni* JICJ 9 (2011), 159.

⁶⁵ Art. 28 Abs. 3 lit. b IStGH-Statut verlangt dagegen bei der Anstiftung ausdrücklich, dass die Haupttat mindestens versucht wird. Die einzige Ausnahme ist das öffentliche Anstacheln zum Völkermord (Art. 25 Abs. 3 lit. e IStGH-Statut).

⁶⁶ Zum Verhältnis zwischen internationalem Menschenrechtsschutz und individuellem Notwehrrecht *Ambos*, Treatise I, 336 f.; eingehend *Hessbruegge*, Human Rights and Personal Self-Defense in International Law.

⁶⁷ Näher *T. Zimmermann* ZIS 2015, 57 (64 ff.).

panz zwischen dem „schneidigen" Notwehrrecht nach § 32 StGB und der deutlich zurückhaltenderen Akzeptanz der Notwehr als Straffreistellungsgrund in Art. 31 Abs. 1 lit. c IStGH-Statut.[68] Die dortige Definition der Notwehr ist in verschiedenen Punkten enger formuliert als § 32 StGB:[69] Notwehr ist nach dem Statut nur zulässig, wenn ein rechtswidriger gewaltsamer Angriff[70] auf die *Person* des Verteidigers[71] oder eines Anderen (bei Kriegsverbrechen auch auf kriegsnotwendiges Eigentum[72]) stattfindet und die Verteidigungshandlung in einem angemessenen Verhältnis zum Grad der Gefahr für das angegriffene Rechtsgut steht;[73] außerdem muss die Verteidigungshandlung insgesamt *„reasonable"* (angemessen) sein. Auch hier dürfte freilich die Gefahr einer Unterschreitung des vom IStGH-Statut vorgegebenen Strafbarkeitsniveaus durch das deutsche Recht nur in der Theorie bestehen.[74] Denn soweit bei den Straftaten des VStGB überhaupt eine Rechtfertigung durch Notwehr in Betracht kommt – und das dürfte nur bei Kriegsverbrechen der Fall sein[75] –, ist eine Tatbestandsverwirklichung zur Verteidigung von anderen Rechtsgütern als Leib, Leben und allenfalls noch Eigentum an wertvollem Kriegsmaterial kaum vorstellbar. Falls ein rechtswidrig (etwa durch plündernde Zivilisten) angegriffener Täter in einer solchen Situation erheblich größere Schäden anrichtet als ihm oder einem Dritten drohen (also zB durch den Wurf einer Handgranate eine Vielzahl von Plünderern tötet), dürfte angesichts der Rechtsprechung zu den Grenzen der „Gebotenheit" der Notwehr[76] auch nach deutschem Recht eine Rechtfertigung dieser Handlung zumindest zweifelhaft sein.[77]

Im Fall der **Notwehrüberschreitung** iSv § 33 StGB ist der Täter auch bei Taten nach dem VStGB entschuldigt. Da eine Exkulpation bei Überschreitung der Notwehrgrenzen in anderen Rechtsordnungen eher unüblich[78] und auch in Art. 31 Abs. 1 IStGH-Statut an keiner Stelle angedeutet wird, ist ein Ausschluss der Verantwortlichkeit unter dem IStGH-

---

[68] Bei den Vorbereitungsarbeiten zum VStGB wurde eine Vorschrift vorgeschlagen, die die Einschränkungen des Notwehrrechts nach Art. 31 Abs. 1 lit. c IStGH-Statut widerspiegeln sollte: „Notwehr. (1) Notwehr im Sinne dieses Gesetzes ist die Verteidigung, die erforderlich ist, um die unmittelbar drohende rechtswidrige Anwendung von Gewalt von sich oder einer anderen Person abzuwenden. Im Falle einer Tat nach §§ 9 bis 13 (Kriegsverbrechen) handelt der Täter darüber hinaus auch dann in Notwehr, wenn die Tat erforderlich ist, um einen unmittelbar bevorstehenden rechtswidrigen Angriff auf lebensnotwendige oder für den militärischen Einsatz unverzichtbare Sachgüter abzuwehren. (2) Wer nach diesem Gesetz begeht, die durch Notwehr geboten ist, handelt nicht rechtswidrig. Die Tat ist jedenfalls dann nicht durch Notwehr geboten, wenn ihre voraussichtlichen Folgen außer Verhältnis zu den Nachteilen stehen, die durch den Angriff drohen. (3) Die Teilnahme an einem militärischen Verteidigungseinsatz begründet für sich allein keine Rechtfertigung wegen Notwehr." (abgedruckt in: Bundesministerium der Justiz [Hrsg.], Arbeitsentwurf eines Gesetzes zur Einführung des Völkerstrafgesetzbuchs, 2001, 1, Begr. 35). Der Gesetzgeber hat diese Vorschrift jedoch nicht übernommen, da sie auf den ersten Blick den Eindruck erwecken konnte, Notwehr sei bei Völkerstraftaten in *weiterem* Umfang zulässig als bei anderen Delikten.
[69] Siehe zu den Unterschieden näher *Weigend* FS Tiedemann, 2008, 1439 (1445 ff.).
[70] Zu Unrecht nehmen *Ambos,* Treatise I, 339, Triffterer/*Ambos*/*Eser* IStGH-Statut Art. 31 Rn. 41 und *Werle*/*Jeßberger* Rn. 654 an, dass „use of force" auch bloß verbale Angriffe umfasse; zutreffend *Kreicker* in *Eser*/*Kreicker* (Hrsg.), Bd. 1, 324.
[71] Damit dürfte entgegen *Ambos,* Treatise I, 340, und *Werle*/*Jeßberger* Rn. 655 nicht auch die Fortbewegungsfreiheit gemeint sein; siehe dazu *Weigend* FS Tiedemann, 2008, 1439 (1447).
[72] Siehe zu dieser umstrittenen Frage *Knoops,* Defences in Contemporary International Criminal Law, 76 ff.
[73] „Proportionate to the degree of danger to the person or the other person or property protected."
[74] Übereinstimmend BT-Drs. 14/8524, 15; *Ambos,* Internationales Strafrecht, § 7 Rn. 83; *Kreicker* in *Eser*/*Kreicker* (Hrsg.), Bd. 1, 323; mögliche Diskrepanzen sieht jedoch *Merkel* ZStW 114 (2002), 437 (446 f.).
[75] Zum Verhältnis zwischen Humanitärem Völkerrecht bei bewaffneten Konflikten und individuellem Notwehrrecht *Ambos* in *B. Brown* (Hrsg.), 299 (310).
[76] Siehe zu Fällen eines „groben Missverhältnisses" zB BGH 19.2.1974 – 4 StR 541/74, BGHSt 26, 51; OLG Karlsruhe 4.7.1985 – 1 Ss 14/85, NJW 1986, 1358. Eingehend und teilw. kritisch → StGB § 32 Rn. 214 ff.
[77] Sofern das Leben des Angegriffenen unmittelbar bedroht ist und keine Ausweichmöglichkeit besteht, wird man in dem im Text genannten Fall auch nach Art. 31 Abs. 1 lit. c IStGH-Statut einen Ausschluss der Verantwortlichkeit bejahen können.
[78] Unbekannt ist ein entsprechender Entschuldigungsgrund etwa im anglo-amerikanischen und im französischen Recht; ähnlich wie das deutsche Recht jedoch § 3 Abs. 2 ö.StGB und Art. 33 Abs. 2 schweiz.StGB.

Statut nicht anzunehmen.[79] Auch hier ist aber in der Rechtspraxis nicht mit ernsthaften Problemen zu rechnen, da der IStGH in Konfliktfällen dieser Art kein Interesse an der Ausübung seiner Gerichtsbarkeit haben dürfte.

19 Der **Rechtfertigende Notstand** ist in Art. 31 Abs. 1 lit. d IStGH-Statut der Sache nach ganz ähnlich geregelt wie in § 34 StGB.[80] Zwar ist ein Ausschluss der Verantwortlichkeit im Statut nur bei Gefahren für Leib oder Leben vorgesehen,[81] aber Gefahren für andere Rechtsgüter kommen auch nach § 34 StGB angesichts der Tatbestände des VStGB faktisch nicht als Auslöser eines Rechtfertigenden Notstands in Betracht. In zwei Punkten ist § 34 StGB strenger als die entsprechende Regelung in Art. 31 Abs. 1 lit. d IStGH-Statut: Die deutsche Vorschrift verlangt zur Rechtfertigung ein „wesentliches Überwiegen" des geschützten Interesses über das beeinträchtigte; dagegen genügt es nach dem IStGH-Statut für den Ausschluss der Verantwortlichkeit schon, dass der Täter subjektiv keinen *größeren* Schaden verursachen will als den, den er ohne sein Eingreifen befürchtet hat.[82] Außerdem ist in Art. 31 Abs. 1 lit. d IStGH-Statut kein Hinweis darauf enthalten, dass ein Verantwortlichkeitsausschluss bei der Tötung eines Menschen nicht in Frage komme, wie es der in Deutschland herrschenden Lehre zu § 34 StGB entspricht.[83] Während der JStGH in seiner Entscheidung im Fall Erdemovic (1997) *duress* bei Tötungen nicht als *defense* anerkannt hat,[84] lässt Art. 31 Abs. 1 lit. d IStGH-Statut die Anwendung der Vorschrift auf einen Fall „Leben gegen Leben" zu, allerdings nur dann, wenn der Täter nicht mehr Menschen töten als retten will.[85]

20 Die meisten Fälle, in denen die Strafbarkeit nach § 35 StGB wegen **Entschuldigenden Notstands** entfällt, sind auch nach Art. 31 Abs. 1 lit. d IStGH-Statut straflos. Das gilt allerdings nicht für die von § 35 StGB erfassten Handlungen zum Schutz der Bewegungsfreiheit des Täters. Es dürfte jedoch kaum vorkommen, dass eine der Tatbestandshandlungen der §§ 6 ff. gerade zur Sicherung dieses Rechtsguts vorgenommen wird und dem Täter dann nicht zugemutet werden kann, diese Gefahr iSv § 35 Abs. 1 Satz 2 StGB hinzunehmen.[86] Eher kann der Fall auftreten, dass der Täter zum Schutz seines Lebens oder seiner Gesundheit mehrere Menschen tötet. Dies kann nach § 35 StGB (wenn die übrigen Voraussetzungen der Vorschrift erfüllt sind) entschuldigt werden, ist jedoch von

---

[79] Demgegenüber für die Anerkennung einer Exkulpation nach Art. 31 Abs. 3 iVm Art. 21 Abs. 1 lit. c IStGH-Statut *Gerson* ZIS 2015, 67 (72 ff.), dem es jedoch schon aus methodischen Gründen nicht gelingt darzutun, dass eine Entschuldigung wegen Notwehrüberschreitung als „general principle of law" angesehen werden kann.

[80] In der Gesetzesbegründung (BT-Drs. 14/8524, 17) wird Art. 31 Abs. 1 lit. d IStGH-Statut primär als ein Fall des *entschuldigenden* Notstands verstanden. Tatsächlich enthält die Vorschrift, die der anglo-amerikanischen *defenses* von *duress* und *necessity* in einer einzigen Regelung zusammenfasst (siehe Triffterer/Ambos/*Eser* Art. 31 Rn. 49), Elemente sowohl von § 34 StGB als auch von § 35 StGB; zutreffend *Kreicker* in *Eser/Kreicker* (Hrsg.), Bd. 1, 339. Zur völkergewohnheitsrechtlichen Grundlage des Notstands siehe *Ambos*, Internationales Strafrecht, § 7 Rn. 92 ff.; *Werle/Jeßberger* Rn. 664 f. Als Rechtfertigungsgründe kommen neben § 34 StGB nach „allgemeinem Strafrecht" auch die für Sacheingriffe speziellen §§ 228 und 904 BGB in Betracht; siehe dazu näher *Kreicker* in *Eser/Kreicker* (Hrsg.), Bd. 1, 328 ff.

[81] Art. 31 Abs. 1 lit. d IStGH-Statut: „... a threat of imminent death or of continuing or imminent serious bodily harm ..."

[82] Art. 31 Abs. 1 lit. d IStGH-Statut: „... provided that the person does not intend to cause a greater harm than the one sought to be avoided". Zu der subjektivierten Fassung der Interessenabwägung *Ambos*, Treatise I, 360. Zutr. gegen ein Erfordernis objektiver Proportionalität Triffterer/Ambos/*Eser* IStGH-Statut Art. 31 Rn. 60; *Gleß*, Internationales Strafrecht, Rn. 723. Demgegenüber setzen *Werle/Jeßberger* Rn. 672 (allerdings ohne Begründung) voraus, dass das geschützte Interesse in objektiver Hinsicht überwiegt.

[83] Zusammenfassung des Diskussionsstandes bei *Stübinger* ZStW 123 (2011), 403 (413 ff.); auch → StGB § 34 Rn. 116 ff.

[84] JStGH, IT-96-22-A, Pros. v. Erdemovic, Appellate Chamber 7.10.1997, Joint Separate Opinion of Judge McDonald and Judge Vohrah, Nr. 41 ff.; anders Separate and Dissenting Opinion of Judge Cassese Nr. 11 ff. Zu dieser Entscheidung *Ambos* in B. Brown (Hrsg.), 315 f.; *Kreß* ZStW 111 (1999), 597; *Janssen* International Criminal Law Review 4 (2004), 83 (88 ff.); *Weigend* JICJ 10 (2012), 1219.

[85] *Kreß* ZStW 111 (1999), 597 (622); *Merkel* ZStW 114 (2002), 437 (453); *Nill-Theobald*, „Defences" bei Kriegsverbrechen am Beispiel Deutschlands und der USA, 227 ff.; *Werle/Jeßberger* Rn. 670. *Ambos*, Treatise I, 364 f. betont, dass in diesen Fällen nur eine Entschuldigung anerkannt werden könne.

[86] Ebenso BT-Drs. 14/8524, 17.

Art. 31 Abs. 1 lit. d IStGH-Statut nicht gedeckt, da dort ein Ausschluss der Verantwortlichkeit nur gewährt wird, wenn der Täter kein „*greater harm*" als das drohende beabsichtigt. Soweit nicht wegen eines groben Missverhältnisses zwischen den betroffenen Interessen[87] oder wegen einer berufsbedingten Aufopferungspflicht des Täters[88] eine Entschuldigung auch nach § 35 Abs. 1 Satz 2 StGB versagt wird, besteht hier ein kleiner Bereich, in dem die Übernahme von Fällen durch den IStGH nicht ausgeschlossen ist. Andererseits enthält Art. 31 Abs. 1 lit. d IStGH-Statut keine Einschränkung der Exkulpation für den Fall, dass sich der Täter durch eigenes Verschulden in die Zwangslage gebracht hat.[89] Ob der IStGH eine solche Einschränkung etwa aus Völkergewohnheitsrecht[90] herleiten kann, ist angesichts des strikten Gesetzlichkeitsgrundsatzes (Art. 22 Abs. 2, 23 IStGH-Statut) sehr zweifelhaft.

Der Fall des **Nötigungsnotstandes,** dessen Einordnung bei § 34 oder § 35 StGB im deutschen Recht umstritten ist (→ StGB § 34 Rn. 144 ff.), fällt ebenfalls unter Art. 31 Abs. 1 lit. d (i) IStGH-Statut und schließt daher die völkerstrafrechtliche Verantwortlichkeit (nur dann) aus, wenn der genötigte Täter keinen größeren Schaden anrichten will als den, der ihm selbst droht. Nötigungsnotstand kommt insbesondere bei Anweisungen zur Begehung von Straftaten in militärischen oder paramilitärischen Truppen in Betracht, sofern der Gehorsam mit massivem Zwang durchgesetzt wird.[91]

5. Repressalien. Als ungeschriebener Rechtfertigungsgrund kommt die Vornahme **völkerrechtlich zulässiger Repressalien** in Betracht.[92] Repressalien sind Handlungen, die an sich nach Völkerrecht verboten, aber ausnahmsweise und unter engen Voraussetzungen der Erforderlichkeit und Angemessenheit dann zulässig sind, wenn sie das einzige Mittel darstellen, um ein anderes Völkerrechtssubjekt dazu zu bringen, seinerseits von Völkerrechtsverletzungen abzulassen.[93] Ein Beispiel ist der Einsatz an sich verbotener Waffen mit dem Ziel, die gegnerische Konfliktpartei von weiteren völkerrechtswidrigen Angriffen auf zivile Objekte abzuhalten. In welchem Umfang das aktuelle Völkergewohnheitsrecht Repressalien in bewaffneten Konflikten gestattet, ist umstritten; im IStGH-Statut findet sich dazu keine Regelung.[94] In jedem Fall ist der Anwendungsbereich von Repressalien für Straftaten nach dem VStGB sehr gering. Von vornherein auszuschließen ist eine Rechtfertigung von Völkermord als Repressalie. Auch für Fälle des § 7 dürfte eine solche Rechtfertigung schon daran scheitern, dass der dort vorausgesetzte „ausgedehnte oder systematische Angriff gegen eine Zivilbevölkerung" auch dann über das zulässige Maß hinausgeht, wenn man grundsätzlich Angriffe auf Zivilisten und zivile Objekte (noch) für zulässige Repressalien hält.[95] Bei den Kriegsverbrechen scheidet eine Berufung auf das Recht, Repressalien

---

[87] Siehe dazu LK-StGB/*Zieschang* StGB § 35 Rn. 62 f.; *Roxin* AT/I § 22 Rn. 54 f. jeweils mwN.
[88] Siehe dazu *Werle/Jeßberger* Rn. 675 (besondere Gefahrtragungspflicht von Soldaten).
[89] Eingehend *Beck* ZStW 124 (2012), 660 (674 ff.).
[90] *Werle/Jeßberger* Rn. 673 Fn. 499 behaupten für eine solche Einschränkung – die sogar schon bei der „pflichtwidrigen Verursachung" der Gefahr eingreifen soll – das Bestehen einer „gefestigten völkerstrafrechtlichen Rechtsprechung". Die Quellenlage ist allerdings nicht eindeutig. Auch die Formulierung in Art. 31 Abs. 1 lit. d IStGH-Statut, dass die Bedrohung von „circumstances beyond that person's control" ausgehen müsse (die sich im übrigen nur auf sächliche Ursachen von Gefahren, nicht auf Bedrohung durch Personen bezieht), bedeutet nicht, dass ein *Vor*verschulden des Täters die Berufung auf *necessity* ausschließen würde; so aber *Ambos* in *B. Brown* (Hrsg.), 312 f. Siehe zur Bedeutung eines Vorverschuldens bei *duress* auch *Weigend* JICJ 10 (2012), 1219 (1235 f.); *Ambos*, Treatise I, 357 f.
[91] *Triffterer/Ambos/Eser* IStGH-Statut Art. 31 Rn. 56 f. vertritt eine sehr einengende Auslegung von Art. 31 Abs. 1 lit. d IStGH-Statut und liest alle zu § 35 StGB entwickelten Einschränkungen in diese Vorschrift hinein.
[92] Siehe zur Anwendbarkeit dieses Rechtfertigungsgrundes im deutschen Recht BGH 15.8.1969 – 1 StR 197/68, BGHSt 23, 103 (107 ff.).
[93] Siehe dazu grundlegend *Kalshoven*, Belligerent Reprisals; ferner *Dzida*, Zum Recht der Repressalie im heutigen Völkerrecht; *Hebenstreit* Repressalie, 69 ff.
[94] Es ist anzunehmen, dass der IStGH in geeigneten Fällen die berechtigte Vornahme von Repressalien als anderen Grund des Ausschlusses der Verantwortlichkeit nach Art. 31 Abs. 3 IStGH-Statut ansehen wird; *Kreß* in Grützner/Pötz/*Kreß* IV A 1 Rn. 60.
[95] Diese Frage ist in Teilbereichen umstritten. Nach Art. 51 Abs. 6 und Art. 75 Abs. 2 lit. c des 1. Zusatzprotokolls zu den Genfer Abkommen vom 8.6.1977 (ZP I) ist jede Repressalie gegenüber Zivilpersonen in

zu verwenden, jedenfalls gegenüber Personen aus, die durch das humanitäre Völkerrecht geschützt sind (vgl. § 8 Abs. 6), da gegen solche Personen nach Völkergewohnheitsrecht keine Repressalien zulässig sind.[96] Als möglicher Anwendungsbereich bleiben also allein die Methodenverbote der §§ 11 und 12; hier ist jedoch das allgemein vorrangige Verbot unmenschlicher Maßnahmen zu beachten, das etwa den Einsatz von Gift, biologischen und chemischen Waffen ausschließt (§ 12 Abs. 1 Nr. 1 und 2).

23 **6. Schuldfähigkeit.** Auf Taten nach dem VStGB anwendbar sind die Regelungen der §§ 20, 21 StGB über **Ausschluss und Minderung der Schuldfähigkeit.** Hinsichtlich des Ausschlusses der Verantwortlichkeit wegen Geisteskrankheit entspricht die deutsche Regelung inhaltlich der entsprechenden Vorschrift in Art. 31 Abs. 1 lit. a IStGH-Statut.[97] Nach beiden Regelungen reicht der Verlust der *Steuerungs*fähigkeit auf Grund seelischer Erkrankung zur Straflosigkeit aus, auch wenn die Krankheit die *Einsichts*fähigkeit des Täters nicht tangiert hat.

24 Unterschiede zwischen dem deutschen Recht und dem im IStGH-Statut verkörperten Völkerstrafrecht bestehen bei der Behandlung **alkoholisierter** Täter. Zwar kann ein durch Alkohol oder Drogen induzierter Rauschzustand nach beiden Rechtsordnungen die strafrechtliche Verantwortlichkeit ausschließen (§ 20 StGB[98] bzw. Art. 31 Abs. 1 lit. b IStGH-Statut); nach Art. 31 Abs. 1 lit. b IStGH-Statut gilt dies jedoch dann nicht, wenn sich der Täter freiwillig berauscht und dabei zumindest das Risiko erkannt hat, dass er wahrscheinlich eine Straftat nach dem Statut begehen würde.[99] Diese Formel beschreibt ungefähr die Situation einer *actio libera in causa*.[100] Soweit die Anwendung dieser „Rechtsfigur" nach deutschem Recht zur Verantwortlichkeit wegen der begangenen Tat führt, laufen die Lösungen also im Ergebnis parallel. Die nach § 20 StGB relevante Handlung kann jedoch, wenn überhaupt,[101] nur bei solchen Tatbeständen auf einen Zeitpunkt vor dem Einsetzen der Schuldunfähigkeit vorverlegt werden,

---

internationalen bewaffneten Konflikten verboten. Deutschland hat dieses Zusatzprotokoll ratifiziert, allerdings mit dem Vorbehalt, gegenüber Verletzungen von Art. 51 ZP I selbst „mit allen Mitteln (zu) reagieren, die nach dem Völkerrecht zulässig sind" (BGBl. 1991 II S. 969). Streitig ist, ob das Verbot nach Art. 51 Abs. 6 ZP I bereits zu Völkergewohnheitsrecht erstarkt ist, so dass es auch Angehörige von Nicht-Vertragsstaaten bindet. Bejaht wurde diese Frage vom JStGH in der Entscheidung IT-95-16-T, Pros. v. Krupeskic, Trial Chamber 14.1.2000, Nr. 521 ff. Manche Staaten beharren jedoch auf ihrem Recht, Repressalien anzuwenden; siehe hierzu *Greenwood* Netherlands Yearbook of International Law 20 (1989), 35; *Schabas*, International Criminal Court, 496 ff.; *van Sliedregt*, Individual Criminal Responsibility, 261 ff.

[96] Die vier Genfer Abkommen (Art. 46 I. Genfer Abkommen, Art. 47 II. Genfer Abkommen, Art. 13 Abs. 3 III. Genfer Abkommen, Art. 33, 34, 147 IV. Genfer Abkommen) untersagen Maßnahmen gegen Nicht-Kombattanten, die sich (zB als Zivilisten oder Kriegsgefangene) in der Hand der „Täter-Partei" befinden. Dieses Verbot gilt inzwischen wohl auch für nicht-internationale bewaffnete Konflikte. Näher dazu *Hebenstreit*, Repressalien, 169; *Kreß* Israel Yearbook on Human Rights 30 (2002), 103 (153 ff.). Zur Rechtslage zur Zeit des Zweiten Weltkriegs siehe BGH 25.10.2010 – 1 StR 57/10, BGHSt 56, 11 (23 ff.) = NJW 2011, 1014 (1017 f.).

[97] Vgl. *Ambos*, Internationales Strafrecht, § 7 Rn. 80; *Janssen* International Criminal Law Review 4 (2004), 83 (84); *Werle/Jeßberger* Rn. 704 ff. Eine Strafmilderung bei geminderter Schuldfähigkeit ist im IStGH-Statut nicht ausdrücklich vorgesehen; allerdings hat das Gericht bei der Festsetzung der Strafe „the individual circumstances of the convicted person" zu berücksichtigen (Art. 78 Abs. 2 IStGH-Statut). Der JStGH hat eine *defence* der geminderten Schuldfähigkeit nicht als völkergewohnheitsrechtlich begründet angesehen; JStGH, IT-96-21-A, Pros. v. Delalic, Appeals Chamber 20.2.2001, Nr. 582 ff.

[98] → StGB § 20 Rn. 32 f., 68 ff.

[99] Art. 31 Abs. 1 lit. b IStGH-Statut: „... unless the person has become voluntarily intoxicated under such circumstances that the person knew, or disregarded the risk, that, as a result of the intoxication, he or she was likely to engage in conduct constituting a crime within the jurisdiction of the Court." Im Grundgedanken vergleichbar ist der Ausschluss von „selbstverschuldeter Trunkenheit" als Strafmilderungsgrund in § 7 WStG.

[100] Die Formulierung in Art. 31 Abs. 1 lit. b IStGH-Statut dürfte allerdings in zweierlei Hinsicht geringfügig über den Bereich der vorsätzlichen *actio libera in causa* hinausgehen: Zum einen muss sich die Voraussicht des Täters nur auf *irgendein* Verbrechen nach dem IStGH-Statut beziehen, während sie bei der *actio libera in causa* deliktsspezifisch sein muss (BGH 24.11.1967 – 4 StR 500/67, BGHSt 21, 381; 21.7.1992 – 1 StR 358/92, NStZ 1992, 536; LK-StGB/*Schöch* StGB § 20 Rn. 203); zum anderen dürfte die Formel „disregarded the risk" den Bereich des Eventualvorsatzes unterschreiten und bewusste Fahrlässigkeit ausreichen lassen; vgl. *Werle/Jeßberger* Rn. 713 („gesteigerte Form der Fahrlässigkeit"); *Ambos*, Treatise I, 329 f. („recklessness").

[101] Zur Grundlagenkritik an der Lehre von der *actio libera in causa* siehe *Hettinger*, Die „actio libera in causa"; *Salger/Mutzbauer* NStZ 1993, 561; eingehend → StGB § 20 Rn. 114 ff.

bei denen das zur Strafbarkeit führende Verhalten im Tatbestand nicht näher beschrieben, sondern als bloße Verursachung eines Erfolges definiert ist.[102] Solche Tatbestände gibt es auch im VStGB (zB § 6 Abs. 1 Nr. 1, § 7 Abs. 1 Nr. 1, § 8 Abs. 1 Nr. 1), sie bilden hier aber eher die Ausnahme. In den übrigen Fällen kann nach deutschem Recht der wegen Alkoholisierung oder Drogengenusses schuldunfähige Täter nicht aus dem verwirklichten Tatbestand, wohl aber wegen Vollrauschs nach § 323a StGB bestraft werden.[103] Straflosigkeit kann in Deutschland daher nur dann eintreten, wenn die Anwendung des deutschen Strafrechts bei einer Völkerstraftat nicht auf die §§ 3–7 StGB, sondern nur auf § 1 VStGB gestützt werden kann, denn diese Vorschrift deckt nicht die Anwendung von § 323a StGB, so dass man auf die (in diesem Punkt nicht gefestigten) Grundsätze des Völkergewohnheitsrechts verwiesen ist.[104]

7. Indemnität und Immunität. Art. 46 Abs. 1 GG und § 36 StGB sehen den persönlichen Strafausschließungsgrund[105] der **Indemnität** für Mitglieder der Gesetzgebungsorgane von Bund und Ländern wegen ihrer Äußerungen in parlamentarischen Debatten vor. Seine Anwendbarkeit auf das VStGB – es kommen insoweit (versuchte) Anstiftung sowie Beihilfe zu Straftaten nach §§ 6 ff. in Betracht[106] – ist problematisch, da Art. 27 Abs. 1 IStGH-Statut die Berücksichtigung der Eigenschaft als Parlamentarier als Strafausschluss- oder Strafmilderungsgrund für den IStGH ausdrücklich ausschließt.[107] Aus rechtspolitischer Sicht liegt es nahe, keinen Indemnitätsschutz für Taten nach dem VStGB zu gewähren; dafür spricht nicht nur der so herzustellende Einklang mit der Wertung in Art. 27 Abs. 1 IStGH-Statut, sondern vor allem das (auch außenpolitisch) bedeutsame Gewicht der Völkerstraftaten, insbesondere im Vergleich mit den schon *de lege lata* nach § 36 S. 2 StGB auch in der parlamentarischen Debatte strafbaren „verleumderischen Beleidigungen". Da sich der Gesetzgeber zu einer Einschränkung von § 36 StGB in Bezug auf Taten nach dem VStGB nicht entschließen konnte, steht freilich das Analogieverbot einer Korrektur des Gesetzeswortlauts entgegen, so dass es für das innerstaatliche Recht bei der Anwendung von Art. 46 Abs. 1 GG und § 36 StGB zu bleiben hat.[108] Nicht geschützt sind jedoch ausländische Parlamentarier, soweit das VStGB nach § 1 auf ihre Äußerungen anwendbar ist; einen völkergewohnheitsrechtlichen Grundsatz der parlamentarischen Indemnität gibt es nicht. 25

Die **Immunität des Bundespräsidenten** (Art. 60 Abs. 4 GG) **und der Parlamentarier** (Art. 46 Abs. 2 GG; siehe auch § 152a StPO für Parlamentarier der Länder) schränkt nicht die Strafbarkeit, sondern lediglich die Verfolgbarkeit von Straftaten für den Zeitraum des Amtes bzw. des Mandats ein.[109] Sie wird *ratione personae* gewährt, damit das Funktionieren wichtiger Verfassungsorgane nicht durch Strafverfahren beeinträchtigt wird. Die Verfolgung wird möglich, sobald das Amt bzw. Mandat endet oder – bei Abgeordneten – die gesetzgebende Körperschaft die Strafverfolgung genehmigt (Art. 46 Abs. 2 GG und entsprechende Regelungen der Verfassungen der Länder).[110] Da die Immunität also nur einen Aufschub der – nach § 5 unverjährbaren – Strafverfolgung mit sich bringt, ist eine Einschränkung unter dem Gesichtspunkt völkerrechtsfreundlicher Praxis nicht zwingend geboten.[111] Eine Immunität *ratione materiae* hinsichtlich völkerrechtlicher Straftaten, die von Regierungsmitgliedern oder Amtsträgern begangen werden, besteht nach nationalem deutschem Recht nicht. 26

Im **Verhältnis zum IStGH,** der keinerlei Immunität anerkennt (Art. 27 Abs. 2 IStGH-Statut), kann die Immunität nach Art. 60 Abs. 4 und Art. 46 Abs. 2 GG nicht geltend 27

---

[102] Grundlegend BGH 22.8.1996 – 4 StR 217/96, BGHSt 42, 235.
[103] § 323a StGB ist auf alle rechtswidrigen Taten gemäß § 11 Abs. 1 Nr. 5 StGB, damit auch auf Taten nach dem VStGB anwendbar.
[104] Zutreffend *Kreicker* in *Eser/Kreicker* (Hrsg.), Bd. 1, 414.
[105] Zur Einordnung → StGB § 36 Rn. 2 mit Nachweisen auch zu anderen Auffassungen.
[106] Dagegen heißt es in BT-Drs. 14/8524, 17 sehr apodiktisch: „Kollisionsfälle hinsichtlich der Indemnität von Abgeordneten wegen Äußerungen im Parlament sind nicht zu erwarten."
[107] *Kreicker,* Völkerrechtliche Exemtionen, Band 1, 218 f., 287 ff.
[108] Ebenso *Kreicker* in *Eser/Kreicker* (Hrsg.), Bd. 1, 415.
[109] Zur Einordnung allgemein vgl. *Kreicker,* Völkerrechtliche Exemtionen, Band 2, 1273 ff.
[110] Vgl. Sachs/*Magiera* GG Art. 46 Rn. 12; Dreier/*Schulze-Fielitz* GG Art. 46 Rn. 25.
[111] Erwogen wird sie *de lege ferenda* von *Kreicker* in *Eser/Kreicker* (Hrsg.), Bd. 1, 373 Fn. 1618.

gemacht werden. Insoweit hat sich Deutschland durch die Ratifikation des IStGH-Statuts zur uneingeschränkten Zusammenarbeit verpflichtet (siehe auch § 70 IStGH-Gesetz) und damit einen Teil seiner Hoheitsrechte nach Art. 24 Abs. 1 GG auf die zwischenstaatliche Einrichtung IStGH übertragen.[112] Dies war bezüglich der Immunität des Bundespräsidenten und der Parlamentarier auch zulässig, da die Immunitätsrechte nicht zum unverzichtbaren Grundbestand der Verfassung nach Art. 79 Abs. 3 GG gehören.[113]

28 Die – völkerrechtlich sehr umstrittene – Frage einer **Immunität ausländischer Staatsoberhäupter,** Regierungsmitglieder und Diplomaten[114] betrifft nicht das materielle Strafrecht, sondern allein die in §§ 18–21 GVG geregelte Erstreckung der deutschen Gerichtsbarkeit auf diese Personen.

29 **8. Strafzumessung.** Anders als das IStGH-Statut, das in Art. 77 nur allgemein die Obergrenze der zu verhängenden Freiheitsstrafen festlegt (30 Jahre oder lebenslang), enthält das VStGB für jeden Tatbestand einen bestimmten **Strafrahmen,** häufig mit einer Absenkung für minder schwere Fälle. Die angedrohten Strafen liegen in den Fällen der §§ 6 und 7 wegen der Einbettung der Taten in an sich schon verwerfliche Angriffshandlungen regelmäßig höher als bei vergleichbaren Handlungen nach allgemeinem Strafrecht; Ähnliches gilt für Kriegsverbrechen im Hinblick auf die idR gegebene schwere Bewaffnung des Täters.[115] Dennoch kommt, insbesondere in minder schweren Fällen (etwa nach § 7 Abs. 2 Var. 3, § 8 Abs. 5, § 10 Abs. 1 Satz 2) auch eine Strafaussetzung zur Bewährung gemäß § 56 StGB in Betracht. Auch das Recht der **Maßregeln** (§§ 61 ff. StGB) ist anwendbar, so dass etwa ein psychisch kranker Täter wegen einer Tat nach dem VStGB in eine psychiatrische Anstalt (§ 63 StGB) eingewiesen werden kann.

30 Für die **Bemessung** der Strafe gelten die Grundsätze des § 46 StGB. Sie stimmen mit der allgemeinen Orientierung der Strafzumessung an der Schwere der Tat und den individuellen Umständen des Täters in Art. 78 Abs. 1 IStGH-Statut im Wesentlichen überein.[116] Ebensowenig wie im allgemeinen Strafrecht darf bei Straftaten nach dem VStGB die Strafe aus Gründen der Abschreckung über das Maß hinaus gesteigert werden, das dem Gewicht der Tatschuld entspricht; die verschuldeten Auswirkungen der Tat auch für die friedlichen Beziehungen der Völker darf das Gericht jedoch nach § 46 Abs. 2 StGB berücksichtigen.

§ 3 Handeln auf Befehl oder Anordnung

Ohne Schuld handelt, wer eine Tat nach den §§ 8 bis 15 in Ausführung eines militärischen Befehls oder einer Anordnung von vergleichbarer tatsächlicher Bindungswirkung begeht, sofern der Täter nicht erkennt, dass der Befehl oder die

---

[112] *Kreicker,* Völkerrechtliche Exemtionen, Band 1, 218, 289 f.; *Kreß* NStZ 2000, 617 (619 f.). Die „Zwischenstaatlichkeit" des IStGH folgt aus der Durchgriffswirkung seiner Haftbefehle und Ladungen nach Art. 58 IStGH-Statut.

[113] Dies gilt trotz der fortbestehenden hohen Bedeutung der parlamentarischen Immunität zum Schutz des Repräsentationsprinzips in der Gesetzgebung; vgl. BVerfG 20.11.2001 – 2 BvE 2/00, BVerfGE 104, 310 (329 f.). Wie hier *Kreß* in *Grützner/Pötz/Kreß* IV A 1 Rn. 370; siehe auch Dreier/*Schultze-Fielitz* GG Art. 46 Rn. 46 (Art. 46 GG gehört nicht zu den nach Art. 28 Abs. 1 GG geschützten Grundsätzen); aA *Kreicker* in *Eser/Kreicker* (Hrsg.), Bd. 1, 374.

[114] Siehe dazu eingehend *Senn,* Immunitäten vor dem Internationalen Strafgerichtshof; ferner aus der deutschen Literatur *Ambos,* Internationales Strafrecht, § 7 Rn. 101 ff.; *Karl,* Völkerrechtliche Immunität im Bereich der Strafverfolgung schwerster Menschenrechtsverletzungen; *Kreicker* ZIS 2009, 350; *ders.,* JR 2015, 298; *Kreß* in *Bergsmo/Ling* (Hrsg.), 223; *Lüke,* Die Immunität staatlicher Funktionsträger; *Tangermann,* Die völkerrechtliche Immunität von Staatsoberhäuptern; *Werle/Jeßberger* Rn. 757, 768 ff.

[115] Vgl. BT-Drs. 14/8525, 18. Zur Abstufung der Schwere von Völkermord, Menschlichkeitsverbrechen und Kriegsverbrechen *Vesper-Gräske* Zur Hierarchie der Völkerrechtsverbrechen nach dem Statut des Internationalen Strafgerichtshofs (zu Deutschland 248 ff.).

[116] Siehe zur Strafmaßbestimmung im Völkerstrafrecht *Chifflet/Boas* Criminal Law Forum 23 (2012), 135; *Gleß,* Internationales Strafrecht, Rn. 852 ff.; *Nemitz,* Strafzumessung im Völkerstrafrecht; zu den Strafzwecken *Ambos/Steiner* JuS 2001, 9; *Bommer* in *Münk* (Hrsg.), 29; *Hoven* ZStW 125 (2013), 137; *Neubacher* NJW 2006, 966; *Möller,* Völkerstrafrecht und Internationaler Strafgerichtshof, 413 ff.; *Werle/Jeßberger* Rn. 114 ff.; *Werkmeister,* Straftheorien im Völkerstrafrecht.

Anordnung rechtswidrig ist und deren Rechtswidrigkeit auch nicht offensichtlich ist.

Schrifttum: *Ambos,* Zur strafbefreienden Wirkung des „Handelns auf Befehl" aus deutscher und völkerstrafrechtlicher Sicht, JR 1998, 221; *Amelung,* Strafbarkeit von Mauerschützen, JuS 1993, 637; *Arnold/Karsten/ Kreicker,* Menschenrechtsschutz durch Art. 7 Abs. 1 EMRK, NJ 2001, 561; *Bakker,* The Defense of Obedience to Superior Orders: The Mens Rea Requirement, American Journal of Criminal Law 17 (1989), 55; *Bantekas,* International Criminal Law, 2010; *Bassiouni,* Crimes against Humanity in International Criminal Law, 2. Aufl. 1999; *Dinstein,* The Defence of „Obedience to Superior Orders" in International Law, 1965; *ders.,* International Criminal Law, Israel Law Review 20 (1985), 206; *Dufour,* La défense d'ordres supérieurs existe-t-elle vraiment?, Revue Internationale de La Croix-Rouge 82 (2000), 969; *Eser,* „Defences" in Strafverfahren wegen Kriegsverbrechen, FS Triffterer, 1996, 755; *ders.,* Schuld und Entschuldbarkeit von Mauerschützen und ihren Befehlsgebern, FS Odersky, 1996, 337; *Eser/Kreicker* (Hrsg.), Nationale Strafverfolgung völkerrechtlicher Verbrechen, Bd. 1, 2003; *Fournet,* When the Child Surpasses the Father – Admissible Defences in International Criminal Law, International Criminal Law Review 8 (2008), 509; *dies.,* Judicial Development of the Law of Defences by the International Criminal Tribunals, in *Darcy/Powderly,* Judicial Creativity at the International Criminal Tribunals, 2010, 229; *Gaeta,* The Defence of Superior Orders: The Statute of the International Criminal Court versus Customary International Law, European Journal of International Law 10 (1999), 172; *Grau/Dörken/Lehmann/Stock,* Wehrstrafrecht und allgemeines Strafrecht, 1936; *Green,* The Defence of Superior Orders in the Modern Law of Armed Conflict, Alberta Law Review 31 (1993), 320; *Hoyer,* Die strafrechtliche Verantwortlichkeit innerhalb von Weisungsverhältnissen [Verantwortlichkeit], 1998; *Jescheck,* Die Verantwortlichkeit der Staatsorgane nach Völkerstrafrecht, SchwZStR 72 (1957), 217; *Keijzer,* Military Obedience, 1978; *Korte,* Das Handeln auf Befehl als Strafausschließungsgrund [Handeln auf Befehl], 2004; *von Knieriem,* Nürnberg. Rechtliche und menschliche Probleme, 1953; *Küper,* Grundsatzfragen der „Differenzierung" zwischen Rechtfertigung und Entschuldigung – Notstand, Pflichtenkollision, Handeln auf dienstliche Weisung, JuS 1987, 81; *Lehleiter,* Der rechtswidrige verbindliche Befehl [Befehl], 1995; *Lenckner,* Der „rechtswidrige verbindliche Befehl" im Strafrecht – nur ein Relikt?, FS Stree/Wessels, 1993, 223; *Lippmann,* Conundrums of Armed Conflict: Criminal Defenses to Violations of the Humanitarian Law of War, Dickinson Journal of International Law 15 (1996), 1; *Martines,* The Defences of Reprisals, Superior Orders and Duress in the Priebke Case before the Italian Military Tribunal, Yearbook of International Humanitarian Law 1 (1998), 354; *F. Meyer,* Ausschluss und Minderung strafrechtlicher Verantwortung bei Handeln auf Weisung, GA 2012, 556; *McCoubrey,* From Nuremberg to Rome: Restoring the Defence of Superior Orders, International and Comparative Law Quarterly 50 (2001), 386; *Nill-Theobald,* „Defences" bei Kriegsverbrechen am Beispiel Deutschlands und der USA [„Defences"], 1998; *Oehler,* Internationales Strafrecht, 2. Aufl. 1983; *Oppenheim,* International Law, 1906; *Osiel,* Obeying Orders: Atrocity, Military Discipline and the Law of War, California Law Review 86 (1998), 939; *Sato,* The Defence of Superior Orders in International Law, International Criminal Law Review 9 (2009), 117; *Scaliotti,* Defences before the International Criminal Court, International Criminal Law Review 1 (2001), 111; *Schabas,* Genocide in International Law – The Crime of Crimes, 2000; *ders.,* The International Criminal Court, 2010; *Schwartz,* Handeln aufgrund eines militärischen Befehls und einer beamtenrechtlichen Weisung, 2007; *van Sliedregt,* Individual Criminal Responsibility in International Law [Responsibility], 2012; *Stratenwerth,* Verantwortung und Gehorsam, 1958; *Walter,* Das Handeln auf Befehl und § 3 VStGB, JR 2005, 279.

Übersicht

	Rn.		Rn.
I. Allgemeines	1	III. Inhalt der Regelung	11–26
II. Völkerrechtlicher Hintergrund	2–10	1. Rechtmäßigkeit und Verbindlichkeit von Befehlen	11, 12
1. „Superior orders" im Völkergewohnheitsrecht	2–6	2. Struktur der Regelung	13–16
a) Straflosigkeit des Untergebenen	3	3. Voraussetzungen der Exkulpation im Einzelnen	17–24
b) Rechtliche Unerheblichkeit des Befehls	4		
c) Nötigungsnotstand	5	4. Anordnungen ziviler Vorgesetzter	25, 26
d) Relevanz des Irrtums	6		
2. Völkerrechtliche Regelungen	7–10	IV. Anwendungsbereich	27–29

I. Allgemeines

Die Vorschrift enthält eine spezielle **Irrtumsregelung.** Ein Irrtum des Täters darüber, 1 dass er ein Kriegsverbrechen oder ein Vergehen nach §§ 14 oder 15 begeht, wird gegenüber § 17 StGB großzügiger behandelt, sofern die Fehlvorstellung durch den Befehl eines militärischen oder eines diesem gleichzustellenden zivilen Vorgesetzten ausgelöst wurde. Die Regelung stimmt inhaltlich mit dem geringfügig anders formulierten § 5 WStG überein und knüpft an eine lange Tradition der strafausschließenden oder -mildernden Berücksichtigung der Befehlssituation im nationalen wie im internationalen Recht an. Sie nimmt Rücksicht auf die besondere Konfliktlage des Untergebenen zwischen der Pflicht, Gehorsam zu leisten, und der Pflicht, die völkerstrafrechtlich geschützten Interessen nicht zu verletzen.

II. Völkerrechtlicher Hintergrund

2 **1. „Superior orders" im Völkergewohnheitsrecht.** Die rechtliche Behandlung von *superior orders* im **Völker(gewohnheits)recht** und die damit verbundene wissenschaftliche Diskussion zeichnen sich durch besondere Verworrenheit aus.[1] Das liegt daran, dass unter dem Stichwort *superior orders* mehrere unterschiedliche Fragen diskutiert und häufig miteinander vermischt werden.[2] Ausgangspunkt ist in jedem Fall die Situation, dass ein Untergebener (meist ein Soldat) auf Anordnung eines Vorgesetzten eine Tat unter Verletzung des (Völker-)Strafrechts begeht. Dann stellt sich zunächst die Frage, ob das Vorliegen eines Befehls *als solches* einen Rechtfertigungs- oder Entschuldigungsgrund für den Untergebenen bildet. Falls dies verneint wird, kann sich der Untergebene möglicherweise auf (Befehls-)*Notstand* berufen, dh seine persönliche Gefährdung im Fall der Verweigerung der Befehlsausführung zu seiner Verteidigung geltend machen. Davon unabhängig kann sich noch das Problem eines *Irrtums* stellen, falls nämlich der Untergebene zwar durch den Befehl rechtlich nicht gebunden wird, er eine solche Bindung aber irrig annimmt. Diese unterschiedlichen **Denkansätze** kennzeichnen die Diskussion um die (völker)strafrechtliche Wirkung des Befehls schon seit dem römischen Recht.[3] In der neueren Diskussion lassen sich im Wesentlichen die folgenden Positionen unterscheiden:

3 **a) Straflosigkeit des Untergebenen.** Eine gewisse Affinität zu autoritären Staatsauffassungen weist die Theorie auf, der zufolge das Handeln des Soldaten auf Befehl als solches dessen **Bestrafung ausschließt**.[4] Nach dieser Auffassung ist im Interesse einer uneingeschränkten Durchsetzung militärischer Disziplin und wegen der Gehorsamspflicht des Soldaten allein der Vorgesetzte strafrechtlich verantwortlich, der den rechtswidrigen Befehl zur Begehung einer Straftat erteilt hat.[5] Diese Auffassung, die vor allem in den Ländern des *common law* bis zum Zweiten Weltkrieg große Bedeutung hatte, musste aufgegeben werden, sobald das Phänomen einer von Seiten der Staatsführung umfassend gesteuerten Kriminalität auftauchte; die Doktrin einer alleinigen Verantwortlichkeit des Befehlshabers hätte dazu geführt, dass bis auf den verbrecherischen Staatsführer selbst niemand wegen der „von oben" angeordneten Straftaten hätte bestraft werden können.[6] Die *respondeat superior*-Theorie wird daher heute nicht mehr vertreten.[7]

---

[1] Überblick bei *Ambos*, Treatise I, 376 ff.; *Werle/Jeßberger* Rn. 688 ff.

[2] Insbesondere in der Rechtsprechung der Besatzungsgerichte nach dem Zweiten Weltkrieg wurden die unterschiedlichen Gesichtspunkte immer wieder vermengt; siehe dazu schon *Jescheck*, Die Verantwortlichkeit der Staatsorgane nach Völkerstrafrecht, 387 ff.; eingehend und mit zahlreichen Nachweisen *Bassiouni*, Crimes against Humanity in International Criminal Law, 469 ff.; *Lippman* Dickinson Journal of International Law 15 (1996), 1 (20 ff.).

[3] Überblicke bei *Keijzer*, Military Obedience, 140 ff.; *Korte*, Handeln auf Befehl, 20 ff.; *van Sliedregt*, Responsibility, 287 ff.

[4] Typisch etwa *Grau* in *Grau/Dörken/Lehmann/Stock*, 39: „... eine schlagfertige Wehrmacht ist auf den unbedingten Gehorsam des Untergebenen aufgebaut, und diese Gehorsamspflicht muss den Untergebenen in aller Regel vor strafrechtlicher Verfolgung schützen."

[5] *Locus classicus* für die *respondeat superior*-Theorie ist *Oppenheim*, International Law § 253: „In case members of forces commit violations ordered by their commanders, the members cannot be punished, for the commanders are alone responsible..." *Oppenheims* Auffassung entsprach der britischen Praxis seit dem 19. Jahrhundert, während die Rechtsprechung in den USA eher zu einer Verantwortlichkeit des Untergebenen tendierte. Eingehende Analyse der Entwicklung bei *Dinstein*, The Defence of „Obedience to Superior Orders" in International Law, 38 ff.; siehe ferner *Green* Alberta Law Review 31 (1993), 320.

[6] *Osiel* California Law Review 86 (1998), 939 (963); *Werle/Jeßberger* Rn. 690. Die maßgeblichen englischen und U.S.-amerikanischen Rechtsquellen wurden kurz vor Ende des Zweiten Weltkriegs geändert, um eine Aburteilung der deutschen Militärs wegen Kriegsverbrechen zu legitimieren; vgl. *Jescheck*, Die Verantwortlichkeit der Staatsorgane nach Völkerstrafrecht, 260; *von Knieriem*, Nürnberg, 266 f.; *Lippman* Dickinson Journal of International Law 15 (1996), 1 (26 f.).

b) Rechtliche Unerheblichkeit des Befehls. Die Gegenposition sieht die **Befehlsun-** 4
terworfenheit dessen, der eine strafbare Handlung ausführt, als **unbeachtlich für seine
Strafbarkeit** an und will allenfalls die Strafe des Untergebenen mildern. Dieser Grundsatz
findet sich erstmals in Art. 8 IMT-Statut[8] und wurde später in die Statuten des JStGH
und des RStGH übernommen.[9] Begründet wird die (häufig als *strict liability* bezeichnete)
uneingeschränkte Verantwortlichkeit des Untergebenen damit, dass ein verbrecherischer
Befehl nicht verbindlich sei, so dass sich der Untergebene frei für oder gegen dessen Ausführung entscheiden könne.[10] Es ist sicher kein Zufall, dass diese strikte Verantwortlichkeit vor
allem von internationalen Tribunalen postuliert wurde, während nationale Gerichte dem
Interesse an der Einhaltung militärischer Disziplin tendenziell größeres Gewicht beimessen.[11] Angesichts dieser unterschiedlichen Tendenzen und der abweichenden Regelung in
Art. 33 IStGH-Statut wird man die *strict liability*-Regel nicht als geltendes Völkergewohnheitsrecht ansehen können.[12]

c) Nötigungsnotstand. Quer zu diesen beiden Grundsatzpositionen liegt die Frage 5
eines persönlichen **Notstands** des Untergebenen angesichts der rechtlich oder informell
drohenden Sanktionen für den Fall der Befehlsverweigerung. Diese Frage wurde etwa in
dem Nürnberger Urteil gegen die Hauptkriegsverbrecher mit der Formulierung angesprochen, dass ein Täter (trotz Unbeachtlichkeit eines Befehls) nur dann verurteilt werden
könne, wenn er eine tatsächliche Entscheidungsmöglichkeit *(moral choice)* zwischen Ausführung und Verweigerung des Befehls hatte.[13] Für den IStGH ist die Frage des Notstands
gesondert in Art. 31 Abs. 1 lit. d IStGH-Statut geregelt.

d) Relevanz des Irrtums. (Nur) für die Anhänger der Auffassung, dass der Befehlsemp- 6
fänger grundsätzlich für seine Tat verantwortlich ist, stellt sich die Frage, welche rechtliche
Wirkung ein **Irrtum** des Ausführenden über die Verbindlichkeit des ihm erteilten Befehls
zur Begehung einer Straftat hat. Diese Frage ist von großer praktischer Bedeutung, da ganz
überwiegend angenommen wird, dass sich ein Untergebener grundsätzlich auf die Rechtmäßigkeit der ihm erteilten Befehle verlassen dürfe;[14] dann liegt es nahe, dass er sich vor Gericht
darauf beruft, dass er an die Verbindlichkeit der Anordnung geglaubt habe. Zur Beachtlichkeit

---

[7] *Cassese*, International Criminal Law, 231; Triffterer/Ambos/*Triffterer/Bock* IStGH-Statut Art. 33 Rn. 10. *Ambos*, Internationales Strafrecht, § 7 Rn. 86 weist zutreffend darauf hin, dass die Gehorsamspflicht des Untergebenen im Innenverhältnis diesen nicht im Außenverhältnis zu Eingriffen in fundamentale Rechtsgüter der Bürger berechtigen könne.

[8] „The fact that the Defendant acted pursuant to orders of his Government or of a superior shall not free him from responsibility," but may be considered in mitigation of punishment, if the Tribunal determines that justice so requires." Die Entstehungsgeschichte von Art. 8 IMT-Statut (dazu *van Sliedregt*, Responsibility, 288 f.) spricht dafür, dass eine Berufung auf eine durch höheren Befehl hervorgerufene Zwangslage oder auf einen entsprechenden Irrtum nicht generell ausgeschlossen werden sollte. Im Übrigen ist es sehr fraglich, ob der in Art. 8 IMT-Statut niedergelegte Grundsatz jemals von einer überwiegenden Rechtsauffassung getragen war; siehe dazu eingehend *Korte*, Handeln auf Befehl, 56 ff.

[9] Art. 7 Abs. 4 JStGH-Statut und Art. 6 Abs. 4 RStGH-Statut sind fast wortgleich mit dem in Fn. 8 zitierten Art. 8 IMT-Statut. Die Übernahme der Formel des IMT-Statuts beruhte allerdings im Wesentlichen auf dem Mangel an konsensfähigen Alternativen; *Korte*, Handeln auf Befehl, 76 f.; *van Sliedregt*, Responsibility, 291.

[10] *Bakker* American Journal of Criminal Law 17 (1989), 55 (64 f.).

[11] *van Sliedregt*, Responsibility, 296 ff.

[12] *Ambos*, Internationales Strafrecht, § 7 Rn. 85, 89; Cryer/Friman/Robinson/Wilmshurst, 416 f.; *Schabas*, International Criminal Court, 512; Zimmermann in *Cassese/Gaeta/Jones* (Hrsg.), 957 (965); aA *Cassese*, International Criminal Law, S. 229.

[13] Urteil des Internationalen Militärgerichtshofs gegen *Hermann Göring* u.a. in Der Prozess gegen die Hauptkriegsverbrecher vor dem Internationalen Militärgerichtshof, 1947, 189 (250). Die amtliche Übersetzung von „moral choice" mit „eine dem Sittengesetz entsprechende Wahl" ist irreführend. Zur Interpretation der *moral choice*-Formel näher *Korte*, Handeln auf Befehl, 54 ff. Treffend zur Abgrenzung zwischen *superior order* und Nötigungsnotstand *(duress)* JStGH, IT-96-22-A, Pros. v. Erdemovic, Appeals Chamber 7.10.1997 (*Cassese*, dissenting, Nr. 15); *Schabas*, Genocide, 330 ff. (Befehl kann nur ein Element zur *Begründung* von Nötigungsnotstand sein, reicht aber allein nicht aus); siehe auch *Sato* International Criminal Law Review 9 (2009), 117 (134 ff.).

[14] *Jescheck* SchwZStrR 72 (1957), 217 (242); Poretschkin/Lucks/Scherer Soldatengesetz § 11 Rn. 27.

eines Irrtums über die Verbindlichkeit des Befehls werden in der internationalen Diskussion – mit zahlreichen Nuancen – hauptsächlich zwei Auffassungen vertreten: Nach der strengeren Meinung ist der Untergebene schon dann strafbar, wenn er die Rechtswidrigkeit des Befehls bei der von ihm zu erwartenden Sorgfalt hätte erkennen können.[15] Nach der überwiegend vertretenen Ansicht ist er im Falle eines Irrtums hingegen nur dann zu bestrafen, wenn der Befehl *manifestly illegal* war.[16] Teilweise wird die offensichtliche Rechtswidrigkeit des Befehls auch als unwiderlegliches Beweisanzeichen dafür interpretiert, dass der Täter in Wirklichkeit die Rechtswidrigkeit des Befehls erkannte und daher gar keinem Irrtum unterlag.[17] Wann ein Befehl als *manifestly illegal* angesehen werden soll, ist allerdings alles andere als geklärt.[18]

7 **2. Völkerrechtliche Regelungen.** Das auch nach dem Zweiten Weltkrieg ungeklärt gebliebene Verhältnis zwischen diesen „Theorien" lähmte zunächst die **weitere Entwicklung** und verhinderte die Aufnahme einer Regelung über das Handeln auf Befehl in die wichtigsten internationalen Übereinkommen, insbesondere in die Genfer Konventionen von 1949.[19] Bei den Verhandlungen über das Statut des IStGH drängten vor allem die USA auf eine Anerkennung von *superior orders* als Strafausschließungsgrund, um ihre Soldaten vor der Verurteilung wegen Kriegsverbrechen zu schützen, während die Delegationen Deutschlands und vieler anderer Staaten eine „*strict-liability*"-Regelung wie im IMT-Statut befürworteten.[20]

8 In **Art. 33 IStGH-Statut**[21] wurde letztlich eine „gespaltene" Lösung verwirklicht,[22] die den aktuellen Stand des Völkergewohnheitsrechts widerspiegeln dürfte.[23] Art. 33

---

[15] So formuliert das U.S. Army's Field Manual 27-10, The Law of Land Warfare, Nr. 509 (a), der Untergebene sei strafbar „unless he did not know and could not reasonably have been expected to know that the act ordered was unlawful". Dabei soll es auf die Erkenntnismöglichkeit eines typischen Soldaten in der Position des Täters ankommen; *Lippman* Dickinson Journal of International Law 15 (1996), 1 (54). Weitere Hinweise auf die Verwendung des „ought to know"-Tests schon in der anglo-amerikanischen Rechtsprechung vor dem Zweiten Weltkrieg bei *McCoubrey* International and Comparative Law Quarterly 50 (2001), 386 ff. Die Berücksichtigung des („vernünftigen") Irrtums des Untergebenen ist bereits eine deutliche Privilegierung des Befehlsempfängers, da Rechtsirrtümer nach anglo-amerikanischer Rechtsauffassung generell nicht entschuldigen. Begründet wird die Privilegierung neben der mangelnden Möglichkeit des Soldaten zur Überprüfung der Rechtmäßigkeit auch mit der Kompliziertheit des Kriegsvölkerrechts; vgl. *Oehler*, Internationales Strafrecht, Rn. 1044; *Osiel* California Law Review 86 (1998), 964 (978 ff.).

[16] Zur völkergewohnheitsrechtlichen Geltung dieses Kriteriums schon *Jescheck*, Die Verantwortlichkeit der Staatsorgane nach Völkerstrafrecht, 253 ff.; ferner *Bantekas*, International Criminal Law, 104–107 (der allerdings die Kriterien von „moral choice" und „manifest illegality" zu Unrecht gleichsetzt); *Zimmermann* in Cassese/Gaeta/Jones 965. *Nill-Theobald*, „Defences", 72 und (ihr folgend) *Eser* FS Trifferter, 1996, 755 (763) nehmen an, dass die Lehre von der Verantwortlichkeit bei *manifestly illegal* Befehlen von der Anerkennung einer *superior order defense* ausgehe; das Problem des Irrtums kann sich jedoch nur stellen, wenn *superior orders* als solche nicht entschuldigen.

[17] So vor allem *Dinstein*, The Defence of „Obedience to Superior Orders" in International Law, 29, 88 f., 210 f., passim; *ders*. Israel Law Review 20 (1985), 206 (237); ähnlich *Dufour* Revue Internationale de la Croix-Rouge 82 (2000), 969 (984 f., 991 f.); *Lippman* Dickinson Journal of International Law 15 (1996), 1 (55). *McCoubrey* International and Comparative Law Quarterly 50 (2001), 390 f. interpretiert auch Art. 8 IMT-Statut in diesem Sinne: Dort sei präsumiert worden, dass für die betroffenen Angeklagten die Rechtswidrigkeit der Führerbefehle offensichtlich war; ebenso *Osiel* California Law Review 86 (1998), 948. In dieselbe Richtung geht schon die Argumentation des Reichsgerichts im Fall *Llandovery Castle* (Urt. 16.7.1921, abgedruckt in American Journal of International Law 16 [1922], 708 [722]): Da jeder wusste, dass man Schiffbrüchige nicht versenken darf, wussten es auch die Angeklagten (die sich auf Befehl iSv. § 47 MilStG berufen hatten).

[18] Siehe dazu die plastische Formulierung des District Court of Jerusalem, Attorney-General of the Government of Israel v. Eichmann, International Law Reports 36 (1968), 5 (256): „The distinguishing mark of a ‚manifestly unlawful order' should fly like a black flag above the order given, as a warning saying ‚Prohibited!'… The clearly criminal character of the order or of the acts ordered to be done, unlawfulness piercing the eye and revolting the heart, be the eye not blind nor the heart stony and corrupt, that is the measure of ‚manifest unlawfulness'…"

[19] Siehe hierzu *van Sliedregt*, Responsibility, 288 ff.

[20] Zu den Vorentwürfen und den sehr kontroversen Diskussionen im Einzelnen *Scaliotti* International Criminal Law Review 1 (2001), 111 (135 ff.).

[21] Art. 33 IStGH-Statut lautet: „(1) The fact that a crime within the jurisdiction of the Court has been committed by a person pursuant to an order of a Government or of a superior, whether military or civilian, shall not relieve that person of criminal responsibility unless: (a) The person was under a legal obligation to obey orders of the Government or the superior in question; (b) The person did not know that the order was unlawful; and (c) The order was not manifestly unlawful. (2) For the purposes of this article, orders to commit genocide or crimes against humanity are manifestly unlawful."

IStGH-Statut proklamiert zunächst die grundsätzliche Unbeachtlichkeit eines Befehls zur Tatbegehung, schließt jedoch die Verantwortlichkeit des Befehlsempfängers aus, wenn drei Bedingungen kumulativ vorliegen: Der Täter muss gegenüber dem Anordnenden generell gehorsamspflichtig sein,[24] er darf die Rechtswidrigkeit des Befehls nicht kennen, und der Befehl darf nicht offensichtlich rechtswidrig sein. Die offensichtliche Rechtswidrigkeit wird nach Abs. 2 bei Befehlen zur Begehung von Völkermord oder Verbrechen gegen die Menschlichkeit unwiderleglich vermutet. Art. 33 IStGH-Statut enthält also eine Sonderregelung für einen speziellen Fall des Irrtums.

Die Sonderregelung betrifft **ausschließlich** die im Statut geregelten **Kriegsverbrechen**. Dies ist teilweise als ungerechtfertigte Abweichung von der „*strict liability*" des Untergebenen nach den Statuten von IMT, JStGH und RStGH (→ Rn. 4) kritisiert worden; auch die Begehung von Kriegsverbrechen sei immer als *manifestly illegal* anzusehen.[25] Die Differenzierung zwischen Kriegsverbrechen einerseits sowie Menschlichkeitsverbrechen und Völkermord andererseits[26] lässt sich jedoch mit zwei Gesichtspunkten rechtfertigen: Zum einen enthält die Liste der Kriegsverbrechen in Art. 8 IStGH-Statut auch Taten von geringerer Schwere und solche im Grenzbereich zwischen erlaubter und verbotener Kriegführung; zum anderen hat der Soldat im Kampfgeschehen typischerweise keine hinreichende Grundlage und keine praktische Möglichkeit, um die Rechtmäßigkeit eines Befehls vor dessen faktischem Hintergrund zu überprüfen.[27]

Im Unterschied zu § 3 kann nach Art. 33 IStGH-Statut die Verantwortlichkeit nicht nur bei Vorliegen eines militärischen oder zivilen Befehls, sondern auch bei **gesetzlicher Anordnung** (durch „Government") der Verbrechensbegehung ausgeschlossen werden.[28] Erfasst sind damit aber nur solche Befehle, die von einer zur Anordnung berechtigten (oder Legitimität beanspruchenden) Einrichtung oder Stelle ausgehen, nicht von Privatpersonen oder gar von kriminellen Vereinigungen.[29]

III. Inhalt der Regelung

1. Rechtmäßigkeit und Verbindlichkeit von Befehlen. § 3 ist vor dem Hintergrund der deutschen Regelungen über **militärische Befehle** zu verstehen (§ 11 SoldatenG, § 22 WStG). Danach ist zwischen rechtmäßigen, rechtswidrigen und rechtlich unverbindlichen Befehlen zu unterscheiden.[30] Befehle sind rechtmäßig und daher von dem Untergebenen zu befolgen, wenn sie in der vorgeschriebenen Form erteilt werden und inhaltlich mit

---

[22] *Schabas*, International Criminal Court, 513 spricht von „a cynical compromise made by tired diplomats seeking agreement". Kritisch zu Art. 33 IStGH-Statut auch *Fournet* International Criminal Law Review 8 (2008), 509 (525); befürwortend („sensible compromise") dagegen *Ambos*, Treatise I, 385.

[23] Vgl. *Werle/Jeßberger* Rn. 700.

[24] Es kommt also nicht darauf an, ob der Untergebene *diesen* Befehl ausführen müsste, wie *Zimmermann* in *Cassese/Gaeta/Jones* 969 meint; wie hier *Korte*, Handeln auf Befehl, 133; *Kreicker* in *Eser/Kreicker* (Hrsg.), Bd. 1, 317 f.; *van Sliedregt*, Responsibility, 293 f.; *Triffterer/Ambos/Triffterer/Bock* IStGH-Statut Art. 33 Rn. 26.

[25] *Cassese*, International Criminal Law, 3. Aufl. 2013, 231 f.; *Triffterer/Ambos/Triffterer/Bock* IStGH-Statut Art. 33 Rn. 31; *Fournet* in *Darcy/Powderly*, Judicial Creativity at the International Criminal Tribunals, 229 (236 f.); *Gaeta* European Journal of International Law 10 (1999), 172 (185 f., 190 f.); *Zimmermann* in *Cassese/Gaeta/Jones* 971 f.

[26] Die derzeitige Formulierung von § 3 VStGB schließt die Anwendung der Sonderregelung in Fällen des Aggressionsverbrechens (§ 13) ein. Die Ausdehnung auf diesen Tatbestand entspricht der Regelung in Art. 33 IStGH-Statut, auch wenn man sich praktische Anwendungsfälle kaum vorstellen kann.

[27] Vgl. *Osiel* California Law Review 86 (1998), 939 (967 f.). Dieser Gesichtspunkt spricht dafür, den Ausschluss der Verantwortlichkeit auf solche Kriegsverbrechen zu beschränken, die im Kampf begangen werden, also etwa bei Straftaten gegenüber Kriegsgefangenen grundsätzlich *manifest illegality* zu bejahen.

[28] Nach deutschem Recht wäre die Befolgung eines völkerrechtswidrigen Gesetzes als Handeln in einem Verbotsirrtum nach § 17 StGB einzuordnen, da hier anders als beim individuellen Befehl die unmittelbare Drucksituation fehlt.

[29] *Ambos*, Treatise I, 381; *Triffterer/Ambos/Triffterer/Bock* IStGH-Statut Art. 33 Rn. 21; *Zimmermann* in *Cassese/Gaeta/Jones* 968 f.

[30] Übersichtliche Darstellung bei *Korte*, Handeln auf Befehl, 88 ff.

den geltenden völkerrechtlichen Regelungen sowie mit den deutschen Gesetzen und den anwendbaren Dienstanweisungen übereinstimmen.[31] Ist das nicht der Fall, so ist der Befehl rechtswidrig, kann aber für den Befehlsempfänger trotzdem verbindlich sein. Führt der Soldat einen rechtswidrigen, aber verbindlichen Befehl aus (etwa indem er wie befohlen eine Ordnungswidrigkeit begeht),[32] so handelt er nach überwiegender Ansicht nicht rechtswidrig,[33] nach einer Gegenansicht nur entschuldigt.[34] Der Untergebene wird in diesen Fällen nicht sanktioniert, da die Rechtsordnung dem Vorgesetzten die Verantwortung für die Handlung seines Untergebenen überträgt und dieser sich daher grundsätzlich ohne nähere Prüfung auf die Rechtmäßigkeit des Befehls verlassen darf. Ist ein Befehl allerdings nicht zu dienstlichen Zwecken erteilt worden oder verletzt er die Menschenwürde, so *braucht* ihn der Soldat nicht auszuführen (§ 11 Abs. 1 S. 3 SoldatenG).

12 Wird die Begehung einer *Straftat* befohlen,[35] so *darf* der Soldat dem Befehl nicht Folge leisten; ein solcher **Befehl** ist also **unverbindlich**[36] (§ 11 Abs. 2 SoldatenG). In diesem Fall kommt eine Straflosigkeit des Befehlsempfängers nur dann in Frage, wenn er irrig an die Verbindlichkeit des Befehls glaubt. Hält er das ihm befohlene strafbare Verhalten nicht für Unrecht, so führt sein Irrtum bereits nach § 17 StGB zur Schuldlosigkeit, wenn der Irrtum unvermeidbar ist. Für Soldaten stellt allerdings § 5 Abs. 1 WStG insofern einen weniger strengen Maßstab auf, als er die Schuld des irrenden Untergebenen schon dann ausschließt, wenn es nicht offensichtlich war, dass ihm eine Straftat befohlen wurde;[37] ein fahrlässig irrender Soldat wird also in diesem Fall – wegen seiner besonderen Gehorsamspflicht – nicht bestraft.

13 **2. Struktur der Regelung.** § 3 nimmt den Rechtsgedanken von § 5 WStG (→ Rn. 12) für den Bereich der Kriegsverbrechen auf. Anders als Art. 33 IStGH-Statut geht § 3 nicht vom **Grundsatz** der *Irrelevanz* einer Befehlslage für die Strafbarkeit des Täters aus, sondern statuiert positiv dessen **Schuldlosigkeit** für den Fall, dass er über die Verbindlichkeit des Befehls irrt. In der Sache ergibt sich aus diesem unterschiedlichen Formulierungsansatz jedoch kein Unterschied zum IStGH-Statut.

14 § 3 enthält einen **Entschuldigungsgrund.** Ein Schuldvorwurf ist nicht schlechthin ausgeschlossen, da der Täter das Unrecht seines Tuns oder Unterlassens immerhin hätte erkennen können (andernfalls griffe schon § 17 StGB ein). Dass er seine Erkenntnismöglichkeit nicht in vollem Umfang genutzt hat, wird ihm jedoch nachgesehen,[38] da ihn die Befehlssitu-

---

[31] Siehe § 10 Abs. 4 SoldatenG: Der Vorgesetzte „darf Befehle nur zu dienstlichen Zwecken und nur unter Beachtung der Regeln des Völkerrechts, der Gesetze und der Dienstvorschriften erteilen".

[32] Zivile Beamte dürfen, anders als Soldaten, keine Anordnungen zur Begehung von Ordnungswidrigkeiten ausführen (siehe etwa § 63 Abs. 2 S. 4 BBG); hierzu eingehend *Lenckner* FS Stree/Wessels, 1993, 223 (225 ff.).

[33] Überwiegend wird die Rechtfertigung des Befehlsempfängers mit einer Kollision zwischen der Pflicht zu rechtmäßigem Verhalten und der Gehorsamspflicht begründet; siehe zB *Ambos* JR 1998, 221 (222); *Jakobs* AT 16/14; *Roxin* AT/I § 17 Rn. 19 f.; *Walter* JR 2005, 279 (280); eingehend, auch zu Gegenansichten, *Lehleiter*, Der rechtswidrige verbindliche Befehl, 158 ff., 188. Teilweise (zB *Kreicker* in *Eser/Kreicker* (Hrsg.), Bd. 1, 304; *Lenckner* FS Stree/Wessels, 1993, 223 (224 f.)) wird eine „gespaltene" Rechtswidrigkeit angenommen: die Tat sei im Innenverhältnis rechtmäßig, im Außenverhältnis rechtswidrig. Starke Argumente gegen die Rechtfertigungsthese bei Handeln auf Befehl bei *F. Meyer* GA 2012, 556 (561 ff.).

[34] Dafür → WStG § 2 Rn. 43; *Küper* JuS 1987, 81 (92 f.); LK-StGB/*Rönnau* StGB Vor § 32 Rn. 298; differenzierend je nach der relativen Schwere der vom Untergebenen begangenen Tat *Hoyer*, Verantwortlichkeit, 17, im Anschluss an *Stratenwerth*, Verantwortung und Gehorsam, 167 f.

[35] Streitig ist, ob ein Befehl schon dann unverbindlich ist, wenn die befohlene Handlung allein das *Handlungs*unrecht eines Straftatbestandes erfüllt; bejahend *Jakobs* AT 16/14, nur für den Fall einer (strafbaren) konkreten Gefährdung LK-StGB/*Rönnau* StGB Vor § 32 Rn. 299; *Roxin* AT/I § 17 Rn. 21; nur für den Fall des Erfolgseintritts *Hoyer*, Verantwortlichkeit, 12 f.

[36] Weiterführend zu den rechts- und staatstheoretischen Voraussetzungen einer Verbindlichkeit rechtswidriger Anordnungen gegenüber dem betroffenen Bürger *F. Meyer* GA 2012, 556 (570 ff.).

[37] Zutreffend nehmen *Kreicker* in *Eser/Kreicker* (Hrsg.), Bd. 1, 308 und *Walter* JR 2005, 279 (280) an, dass § 5 Abs. 1 WStG eine besondere *Irrtums*regelung enthält. Von einem „besonderen Entschuldigungsgrund" spricht dagegen *Hoyer*, Verantwortlichkeit, 16 f., von einem „wehrstrafrechtsspezifischen Schuldausschließungsgrund" → WStG § 5 Rn. 1, von einem „Schuldausschließungsgrund eigener Art" *Lingens/Korte* WStG § 5 Rn. 1a.

[38] Nach *Lingens/Korte* WStG § 5 Rn. 8 ist die Schuld „regelmäßig ausgeschlossen".

ation unter Druck gesetzt und ihm eine sofortige Entscheidung ohne die Möglichkeit eingehender Prüfung abverlangt hat.[39] Die Privilegierung, die § 3 im Vergleich zu § 17 StGB bietet, ist allerdings praktisch gering: Anders als nach § 17 StGB entschuldigt in der Befehlssituation auch ein an sich *vermeidbarer* Verbotsirrtum, sofern sich dem Täter die Strafbarkeit seines Verhaltens nach seinen persönlichen Voraussetzungen und Kenntnissen nicht hätte aufdrängen müssen.

Die **Formulierung** der Vorschrift ist insofern unglücklich, als sie für eine Entschuldigung 15 des Täters voraussetzt, dass er die *„Rechtswidrigkeit"* des Befehls nicht erkannt hat (und diese auch nicht offensichtlich ist). Da in der Begrifflichkeit des deutschen Wehrrechts[40] die Rechtswidrigkeit des Befehls als solche nichts darüber besagt, ob der Täter den Befehl von Rechts wegen ausführen muss (→ Rn. 11 f.), wäre es jedenfalls im Hinblick auf Bundeswehr-Fälle besser gewesen, wenn der Gesetzgeber die *„Verbindlichkeit"* des Befehls zum Maßstab genommen hätte. Jedenfalls sollte die Vorschrift bei Anwendung auf deutsche Sachverhalte in diesem Sinne ausgelegt werden.

Der Täter wird entschuldigt, wenn kumulativ **zwei** negativ formulierte **Voraussetzungen** vorliegen: Er darf (subjektiv) nicht erkennen, dass der Befehl rechtswidrig (unverbindlich) ist; und die Rechtswidrigkeit des Befehls darf (objektiv) nicht offensichtlich sein. 16

3. Voraussetzungen der Exkulpation im Einzelnen. Der Täter kann nur entschul- 17 digt werden, wenn ein **Befehl** oder eine Anordnung vorlag. Der Befehl ist für das deutsche Wehrrecht in § 2 Nr. 2 WStG definiert als Anweisung zu einem bestimmten Verhalten, die ein militärischer Vorgesetzter einem Untergebenen schriftlich, mündlich oder in anderer Weise, allgemein oder für den Einzelfall und mit dem Anspruch auf Gehorsam erteilt.[41] Damit stimmt der Begriff der *order* im Völkerstrafrecht im Wesentlichen überein.[42] Weder im deutschen noch im internationalen Recht sind Rechtmäßigkeit oder Verbindlichkeit *Begriffs*elemente des Befehls.[43] Von einem Befehl kann man jedoch nur dann sprechen, wenn zwischen dem Befehlenden und dem Befehlsempfänger ein rechtlich fundiertes *Subordinationsverhältnis* besteht. Im deutschen Wehrrecht ist im Einzelnen festgelegt, wer unter welchen Umständen die Eigenschaft eines Vorgesetzten hat.[44] Im internationalen Recht gibt es keine derartigen Detailregelungen, es ist also das jeweilige nationale Recht maßgeblich. Anders als bei der Vorgesetztenverantwortlichkeit nach § 4 (→ § 4 Rn. 27 ff.) reicht für die Exkulpation des Untergebenen die Anweisung eines bloßen *de facto*-Kommandanten grundsätzlich nicht aus, da die tatsächliche Durchsetzungsmacht allein noch kein beachtliches Vertrauen in die Rechtmäßigkeit der Anordnung schaffen kann.[45]

Von § 3 nicht erfasst ist der Fall, dass der Täter auf Grund einer Verkennung der Sachlage 18 **irrtümlich** an das Vorliegen eines Befehls glaubt, etwa weil er den Anweisenden irrig für befehlsberechtigt hält. Auf solche Fälle ist der Rechtsgedanke des § 35 Abs. 2 StGB analog anzuwenden: Eine Exkulpation kommt in Frage, wenn der Täter den Irrtum hinsichtlich des Vorliegens eines Befehls nicht vermeiden konnte; ist das der Fall, so sind die weiteren Voraussetzungen des § 3 zu prüfen.[46]

§ 3 greift nur ein, wenn der Täter die Tathandlung **in Ausführung** des Befehls vornimmt. 19 Er muss also den Befehl kennen und subjektiv zu dessen Erfüllung handeln; dass er dem

---

[39] Für Entschuldigung wegen Minderung des Unrechts und der Schuld auch *Jescheck/Weigend* AT 495.
[40] Im internationalen Recht wird ohne Unterschied von *unlawfulness* gesprochen; damit stimmt die Formulierung von § 3 überein.
[41] Siehe zu den Voraussetzungen näher *Korte*, Handeln auf Befehl, 94 ff.; *Lehleiter*, Befehl, 23 ff.
[42] Siehe *Korte*; Handeln auf Befehl, 124 ff.; *Triffterer/Triffterer/Bock* IStGH-Statut Art. 33 Rn. 17.
[43] *Korte*, Handeln auf Befehl, 88 f.
[44] Siehe § 1 Abs. 5 SoldatenG iVm Verordnung über die Regelung der militärischen Vorgesetztenverhältnisse vom 4.6.1956, BGBl. I S. 459 mit späteren Änderungen.
[45] Zutreffend *van Sliedregt*, Responsibility, 294. Problematisch unter diesem Aspekt sind Anweisungen von Vorgesetzten in irregulären militärischen Verbänden; siehe *Ambos*, Treatise I, 381; *Cryer/Friman/Robinson/Wilmshurst*, International Criminal Law and Procedure, 417.
[46] Übereinstimmend → WStG § 5 Rn. 6; *Kreicker* in *Eser/Kreicker* (Hrsg.), Bd. 1, 308 Fn. 1363; *Lingens/Korte* WStG § 5 Rn. 3; *Walter* JR 2005, 279 (281).

Befehl innerlich zustimmt oder zusätzlich eigene Motive zur Tat hat, schließt die Exkulpation nicht aus, solange die Befehlserfüllung das dominante Motiv ist.[47]

20 Voraussetzung der Exkulpation ist, dass der Untergebene den Umstand, dass ihm die Begehung einer rechtswidrigen Tat nach §§ 8–15 befohlen wird, und damit die Unverbindlichkeit des Befehls **nicht erkennt.** Diese Voraussetzung ist jedenfalls erfüllt, wenn er positiv an die Verbindlichkeit des Befehls glaubt. Problematisch ist der (praktisch wohl häufigere) Fall, dass der Täter nur die *Möglichkeit* erkennt, dass das ihm aufgetragene Verhalten strafbar ist, und den Befehl trotz Zweifeln an der Verbindlichkeit ausführt. Für den Anwendungsbereich von § 5 WStG nimmt die hM für diesen Fall Straflosigkeit an, da dort die „sichere *Kenntnis*" von der Unverbindlichkeit des Befehls Voraussetzung der Schuld sei.[48] Bei § 3 ist dagegen – ebenso wie bei § 17 StGB („Fehlt dem Täter ... die Einsicht, Unrecht zu tun, so handelt er ohne Schuld") und Art. 33 IStGH-Statut („... shall not relieve that person of criminal responsibility unless ... the person did not know that the order was unlawful") – die Exkulpation daran geknüpft, dass der Täter die Rechtswidrigkeit des Befehls *nicht* erkennt. Diese positiv formulierte Voraussetzung des *Nicht*-Wissens sowie das Gewicht der hier in Frage stehenden Straftaten sprechen dafür, keine Entschuldigung zu gewähren, wenn der Täter den Befehl trotz aktuell bestehender Zweifel an dessen Verbindlichkeit ausführt und dadurch ein Kriegsverbrechen begeht; das „bedingte" Bewusstsein hinsichtlich des Unrechts sollte hier ebenso wie nach hM[49] im Fall des § 17 StGB zur Strafbarkeit genügen. Dies bedeutet freilich nicht, dass der Untergebene die Pflicht hätte, in eine eingehende Prüfung der Rechtslage einzutreten, bevor er einen Befehl ausführt.[50] Nur wenn er aktuell mit der Unverbindlichkeit des Befehls als konkreter Möglichkeit rechnet, darf er ihn – vorbehaltlich persönlichen Notstandes nach § 35 StGB – nicht ausführen.[51]

21 Exkulpation tritt auch dann nicht ein, wenn der Täter über die **Rechtmäßigkeit** seines Handelns **gar keine Erwägungen** anstellt, weil er rechtsirrig *jeden* Befehl für verbindlich hält; denn in diesem Fall verlässt sich der Untergebene nicht auf die vermeintlich überlegene Einschätzung der Sach- und Rechtslage durch den Vorgesetzten – worauf die Exkulpation nach § 3 beruht –, sondern verkennt grundsätzlich das rechtliche Verhältnis von Gehorsam und Rechtsgüterschutz.[52] Insoweit kann allenfalls § 17 StGB zum Schuldausschluss führen.

22 Der Täter kann nur entschuldigt werden, wenn die **Rechtswidrigkeit** des Befehls **nicht offensichtlich** ist. Gemeint ist damit – übereinstimmend mit der Regelung in § 5 Abs. 1 WStG –, dass die *Unverbindlichkeit* des Befehls, und das heißt: die Strafbarkeit des angeordneten Verhaltens, nicht offensichtlich sein darf.[53] Entsprechend der überwiegenden Ansicht im Völkerstrafrecht (→ Rn. 6)[54] soll der Befehlsempfänger nicht exkulpiert werden, wenn er gewissenlos oder in völliger Rechtsblindheit handelt.[55] „Offensichtlich" ist die Unver-

---

[47] Ebenso für Art. 33 IStGH-Statut Triffterer/Ambos/*Triffterer/Bock* IStGH-Statut Art. 33 Rn. 23; anders (keine *defense* bei Begehung der Tat „con amore") *van Sliedregt,* Responsibility, 294.
[48] BGH 19.3.1953 – 3 StR 765/52, BGHSt 5, 239 (244) (zu § 47 MilStGB); *Ambos* JR 1998, 221; → WStG § 5 Rn. 7; *Jakobs* AT 19/54; *Korte,* Handeln auf Befehl, 106 f.; *Walter* JR 2005, 279 (281).
[49] Siehe BGH 23.12.1952 – 2 StR 612/52, BGHSt 4, 1 (4); → StGB § 17 Rn. 24 ff.; *Fischer* StGB § 17 Rn. 5; Schönke/Schröder/*Sternberg-Lieben/Schuster* StGB § 17 Rn. 5a, jeweils mwN; einschränkend für Fälle unbehebbaren Unrechtszweifels LK-StGB/*Vogel* StGB § 17 Rn. 28; *Roxin* AT/I § 21 Rn. 28; grds. für Anerkennung von Verbotsirrtum NK-StGB/*Neumann* StGB § 17 Rn. 33.
[50] Für eine Prüfungspflicht jedoch *Ambos* JR 1998, 221 (225).
[51] In diesem Sinne auch die Entscheidung des italienischen Militärgerichtshofs in der Sache Priebke: Priebke war „indifferent bezüglich des kriminellen Charakters des Befehls" und konnte sich deshalb nicht auf Befehl berufen (wobei die italienische Regelung im Wesentlichen der deutschen entspricht); zitiert bei *Martines* Yearbook of International Humanitarian Law 1 (1998), 354 (357).
[52] Ebenso BGH 2.8.1968 – 4 StR 623/67, BGHSt 22, 223 (225); BGH 3.11.1992 – 5 StR 370/92, BGHSt 39, 1 (35); *Jakobs* AT 19/52; *Jescheck/Weigend* AT 496 Fn. 6 (jeweils zu § 5 WStG); *Schwartz,* Handeln aufgrund eines militärischen Befehls und einer beamtenrechtlichen Weisung, 173; aA *Lingens/Korte* WStG § 5 Rn. 11, sowie für § 3 VStGB (unter Hinweis auf den – insoweit jedoch nicht eindeutigen – Wortlaut der Vorschrift) *Kreicker* in *Eser/Kreicker* (Hrsg.), Bd. 1, 312; *Walter* JR 2005, 279 (281); vgl. zu Art. 33 IStGH-Statut Triffterer/*Triffterer/Bock* IStGH-Statut Art. 33 Rn. 27.
[53] Siehe hierzu BT-Drs. 14/8524, S. 18.
[54] Siehe *Werle/Jeßberger* Rn. 693 ff.
[55] *Korte,* Handeln auf Befehl, 108 mwN; *Poretschkin/Lucks/Scherer* Soldatengesetz § 11 Rn. 30.

bindlichkeit des Befehls nicht schon dann, wenn die Annahme der Rechtmäßigkeit auf grober Fahrlässigkeit beruht, sondern die Rechtswidrigkeit muss jenseits allen Zweifels liegen, ein Irrtum ohne weiteres Nachdenken vermeidbar sein.[56]

Die Offensichtlichkeit der Unverbindlichkeit bildet eine **objektive Grenze** der Exkulpation.[57] War die Unverbindlichkeit des Befehls offensichtlich, so kann der Täter daher auch dann bestraft werden, wenn er sich irrtümlich die Verbindlichkeit des Befehls vorgestellt hat.[58] Andererseits ist jedoch die „Offensichtlichkeit" nicht nach einem generalisierenden,[59] sondern nach einem individuell auf den jeweiligen Täter bezogenen Maßstab[60] zu bestimmen. Dabei sind im Übrigen – wie in § 5 WStG ausdrücklich formuliert – (nur) die dem Täter bekannten Umstände zu berücksichtigen.[61] Außerdem muss sich die offensichtliche Strafbarkeit der befohlenen Handlung auf die vom VStGB geschützten Rechtsgüter beziehen; dass der Täter formale Mängel des Befehls oder auch eine Verletzung von Vorschriften des Strafgesetzbuchs leicht hätte erkennen können, genügt nicht.[62]

Häufiger als Fehlvorstellungen hinsichtlich der Rechtslage dürften bei Befehlsempfängern **Irrtümer über die relevanten Tatsachen** auftreten, denn insbesondere im Kampfgeschehen fehlt es dem Soldaten meist an faktischen Informationen, und er wird sich diesbezüglich auf die größere Übersicht seiner Vorgesetzten verlassen.[63] Denkbar ist etwa der Fall, dass der Vorgesetzte den Untergebenen zu einem nach § 11 Abs. 1 Nr. 3 VStGB strafbaren Angriff mit disproportionalen Kollateralschäden auffordert und dass der Untergebene die Gefährlichkeit für zivile Objekte nicht erkennt.[64] Teilweise wird ohne weiteres unterstellt, dass § 3 auch Tatsachenirrtümer umfasse.[65] Diese Annahme ist jedoch durchaus nicht zwingend, denn der Gesetzgeber hat § 3 ersichtlich als eine Sonderregelung allein für den Verbotsirrtum konzipiert.[66] Auch der Wortlaut der Vorschrift spricht für eine solche Interpretation, da sich der Irrtum des Untergebenen hier (anders als in § 5 WStG[67]) auf die Rechtswidrigkeit nicht der *Tat,* sondern des *Befehls* bezieht; bei letzterem liegt aber ein

---

[56] BGH 3.11.1992 – 5 StR 370/92, BGHSt 39, 1 (33 f.) (dort wurde die Offensichtlichkeit bei dem Befehl, auf unbewaffnete Flüchtlinge zu schießen, allerdings bejaht); *Jescheck* SchwZStrR 72 (1957), 217 (244); *Korte,* Handeln auf Befehl, 110.

[57] Das Fehlen eines Kommas vor „und deren Rechtswidrigkeit …" kann den verfehlten Schluss nahelegen, dass der Täter exkulpiert sei, wenn er nicht *erkennt,* dass die Rechtswidrigkeit nicht offensichtlich ist. Das ist aber nicht gemeint.

[58] Triffterer/Ambos/*Triffterer/Bock* IStGH-Statut Art. 33 Rn. 28. Anders (aber verfehlt) für Art. 33 IStGH-Statut *Zimmermann* in *Cassese/Gaeta/Jones* 970, der für „rare cases" die Möglichkeit der Exkulpation auch bei *manifest illegality* annimmt.

[59] Für Abstellen auf einen „Durchschnittssoldaten" ohne Rechtskenntnisse aber (für Art. 33 IStGH-Statut) *Zimmermann* in *Cassese/Gaeta/Jones* 970; ähnlich → WStG § 5 Rn. 8; *Korte,* Handeln auf Befehl, 109; *Lingens/ Korte* WStG § 5 Rn. 13.

[60] In diesem Sinne BVerfG 24.10.1996 – 2 BvR 1851, BVerfGE 95, 96 (142); BGH 3.11.1992 – 5 StR 370/92, BGHSt 39, 1 (33 f.); BGH 25.3.1993 – 5 StR 418/92, BGHSt 39, 168 (189 f.); zustimmend *Walter* JR 2005, 279 (282); kritisch zur Anwendung dieses Maßstabs auf den konkreten Fall *Amelung* JuS 1993, 637 (642); *Arnold/Karsten/Kreicker* NJ 2001, 561 (568); *Eser* FS Odersky 1996, 337 (340 ff.); *Korte,* Handeln auf Befehl, 117 ff. Für Individualisierung des „manifestly illegal"-Standards bei Art. 33 IStGH-Statut auch *Ambos,* Treatise I, 384; *Osiel* California Law Review 86 (1998), 939 (975 f.); *van Sliedregt,* Responsibility, 295 f. (die hier irreführenderweise von einer „Garantenstellung" höherrangiger Militärs spricht).

[61] Ebenso *Kreicker* in *Eser/Kreicker* (Hrsg.), Bd. 1, 314.

[62] Ebenso für Art. 33 IStGH-Statut (Bezug auf *crimes within the jurisdiction of the Court*) *Korte,* Handeln auf Befehl, 134; Triffterer/Ambos/*Triffterer/Bock* IStGH-Statut Art. 33 Rn. 27; *Zimmermann* in *Cassese/Gaeta/ Jones* 970.

[63] Vgl. *Osiel* California Law Review 86 (1998), 939 (967 f.).

[64] So war die Situation in der *Dover Castle* – Entscheidung des Reichsgerichts vom 4.6.1921 (abgedruckt in American Journal of International Law 16 [1922], 704). Dort wurde der Kapitän eines deutschen U-Boots, der ein englisches Hospitalschiff versenkt hatte, auf der Grundlage von § 47 MilStG freigesprochen, da er auf Grund eines Rundschreibens der deutschen Marineleitung angenommen hatte, dass England Hospitalschiffe für militärische Zwecke missbrauche und dass deshalb die Versenkung als Repressalie zulässig sei.

[65] *Kreicker* in *Eser/Kreicker* (Hrsg.), Bd. 1, 310 f.; *Lingens/Korte* WStG § 5 Rn. 11; *Walter* JR 2005, 279 (281).

[66] Siehe die Gesetzesbegründung in BT-Drs. 14/8524, S. 18.

[67] *Korte,* Handeln auf Befehl, 154 nimmt allerdings auch für § 5 WStG an, dass sich die Vorschrift nur auf Rechtsirrtümer beziehe; ebenso *Jakobs* AT 19/53; *Roxin* AT/I § 21 Rn. 73.

Irrtum über Tatsachen nicht gerade nahe. Bezieht man § 3 nur auf *Normativ*irrtümer hinsichtlich der Verbindlichkeit des Befehls, so greifen für *Tatsachen*irrtümer über § 2 nur § 16 StGB und die Regeln über die Behandlung eines Erlaubnistatbestandsirrtums (analog § 16 StGB[68]) ein. Der Täter kann danach aus den Vorsatztatbeständen der §§ 8–15 nicht bestraft werden, wenn er sich eine Sachlage als (sicher) gegeben vorstellt, bei der sein Handeln rechtmäßig wäre; zweifelt der Täter hinsichtlich der Tatumstände, so kann bedingter Vorsatz gegeben sein.[69] Es kommt dabei allerdings nur auf die (für das Gericht nachvollziehbare) subjektive Sicht des Täters an; anders als bei einer Anwendung von § 3 greift das Korrektiv der „offensichtlichen Rechtswidrigkeit", das auf Tatsachenvorstellungen nicht passt, nicht ein. Im Ergebnis steht der Untergebene, der sich in einem Tatsachenirrtum befindet, bei der hier vorgeschlagenen, mit der gesetzgeberischen Intention übereinstimmenden Behandlung seines Irrtums nach den allgemeinen strafrechtlichen Regeln eher besser als bei einer (unmittelbaren oder analogen) Anwendung von § 3.

25 **4. Anordnungen ziviler Vorgesetzter.** § 3 folgt dem Vorbild von Art. 33 IStGH-Statut darin, dass er die Möglichkeit der Entschuldigung bei Handeln auf Befehl auch auf **Anordnungen ziviler Vorgesetzter** erstreckt. Die Gleichstellung von militärischen und zivilen Anordnungen in Art. 33 IStGH-Statut besitzt keine verlässliche Grundlage im Völkergewohnheitsrecht[70] und ist auch rechtspolitisch problematisch, da das Interesse an der Aufrechterhaltung militärischer Ordnung und Disziplin, das die Privilegierung des irrenden Untergebenen rechtfertigt, eigentlich nur bei militärischen Befehlen relevant ist. Grundsätzlich besteht kein Anlass, rechtswidrigen Anordnungen ziviler Vorgesetzter irgendeine Verbindlichkeit zuzuerkennen; daher kann auch ein Irrtum des Untergebenen, es handle sich um einen bindenden „Befehl", nicht dieselbe normative Wirkung haben wie in militärischen Zusammenhängen.[71] Die Anwendung der Regeln des deutschen Rechts über den Verbotsirrtum (§ 17 StGB) würde also zur Wahrung der Interessen des zivilen Untergebenen ausreichen, wenn man bei der Beurteilung der Vermeidbarkeit des Irrtums den im Einzelfall gegebenen Entscheidungsdruck und die von dem Vorgesetzten in Anspruch genommene Autorität auch in Rechtsfragen berücksichtigte.

26 Die Anwendung der privilegierenden Exkulpationsregelung des § 3 außerhalb militärischer Subordinationsverhältnisse kommt daher nur in Betracht, wenn die Anordnung eines zivilen Vorgesetzten hinsichtlich ihrer Wirkung für den Untergebenen mit derjenigen eines militärischen Befehlshabers vergleichbar ist. Der Gesetzgeber hat dies mit der Wendung **„von vergleichbarer tatsächlicher Bindungswirkung"** zum Ausdruck zu bringen versucht. Diese Formulierung ist insofern irreführend, als es nicht entscheidend auf eine *tatsächliche* Wirkung von Anordnungen ankommen kann – die auch für den militärischen Befehl im Rahmen von § 3 nicht relevant ist –, sondern darauf, ob die normative Erwartung, dass die Anordnung befolgt wird, im Hinblick auf die Positionen des Anordnenden und des Untergebenen ebenso groß ist wie bei einem militärischen Befehl.[72] Dies setzt voraus, dass in der zivilen Einrichtung ein ähnliches auf rechtlicher Grundlage beruhendes hierarchisches Subordinationsverhältnis besteht wie in einer militärischen Einheit und dass daher die Angehörigen der zivilen Einrichtung ähnlich stark in ein System von Befehl und Gehorsam eingebunden sind wie Soldaten.[73] Denkbare Beispiele sind zivile Verwaltungsbehörden in

---

[68] Siehe die Zusammenfassung des Meinungsstandes → StGB § 16 Rn. 117 ff. sowie bei *Roxin* AT/I § 14/ 51 ff.

[69] Dies entspricht der → Rn. 20 vertretenen Behandlung von zweifelnden Untergebenen in den von § 3 erfassten Fällen.

[70] Die Gleichstellung von militärischen und zivilen Vorgesetzten in Art. 33 IStGH lässt sich damit erklären, dass ein Verbotsirrtum nach Art. 32 Abs. 2 IStGH-Statut grundsätzlich keine Berücksichtigung findet; insofern war es sinnvoll, auch dem zivilen Untergebenen im Falle eines solchen Irrtums die Möglichkeit der Entschuldigung zu gewähren.

[71] Zutreffend *Hoyer*, Verantwortlichkeit, 25 ff.

[72] Der Begriff des „zivilen Vorgesetzten" in § 4 ist wegen der ganz anderen ratio dieser Vorschrift unabhängig von der Begriffsbestimmung der zivilen Anordnung in § 3 auszulegen; → § 4 Rn. 32 ff.

[73] Ähnlich Triffterer/Ambos/*Triffterer*/*Bock* IStGH-Statut Art. 33 Rn. 22.

besetzten Gebieten[74] und Einrichtungen der Exekutivpolizei oder der (Straf-)Vollstreckung,[75] ferner zivile Vorgesetzte einer militärischen Einrichtung.[76] Die bloße Weisungsunterworfenheit eines Arbeitnehmers gegenüber seinem Arbeitgeber reicht dagegen für eine „vergleichbare Bindungswirkung" der Anordnung sicher nicht aus.

IV. Anwendungsbereich

Die Exkulpationsregelung des § 3 gilt für die in §§ 8–12 normierten **Kriegsverbrechen** 27 sowie für das **Verbrechen der Aggression** (§ 13). Bei Genozid (§ 6) und Menschlichkeitsverbrechen (§ 7) ist die in § 3 enthaltene Privilegierung des angewiesenen Untergebenen ausgeschlossen, wie es auch der Differenzierung in Art. 33 IStGH-Statut entspricht. Allerdings ist § 3 auf die Vergehen nach §§ 14 und 15 anwendbar, auch soweit sich diese speziellen Formen der Vorgesetztenverantwortlichkeit auf Taten nach §§ 6 und 7 beziehen, etwa wenn es ein Vorgesetzter auf Befehl seines (höheren) Vorgesetzten unterlässt, die von seinen Untergebenen begangenen Menschlichkeitsverbrechen der zuständigen Behörde anzuzeigen (§ 15).[77]

Gegenüber **§ 17 StGB** stellt § 3 eine spezielle, für den Täter günstigere Irrtumsregelung 28 dar; auf alle von § 3 nicht erfassten Fälle bleibt § 17 StGB anwendbar.[78] Stehen Kriegsverbrechen und Menschlichkeitsverbrechen miteinander in Tateinheit (§ 52 StGB), so gilt § 3 nur für die Kriegsverbrechen.[79] **§ 5 WStG** ist neben § 3 auch für Bundeswehrangehörige nicht anwendbar;[80] insoweit liegt eine für den Bereich des VStGB abschließende Spezialregelung vor.[81] Bei Taten ausländischer Täter, auf die nach § 1 das VStGB anwendbar ist, gilt nur § 3 (der jedenfalls nicht strenger als das Völkergewohnheitsrecht ist), nicht eine etwa noch mildere (*„respondeat superior"*) Regelung des Heimatrechts des Täters.

Eine **Strafmilderung** wegen der von § 3 nicht erfassten Ausführung eines unverbindli- 29 chen Befehls ist im VStGB, anders als in § 5 Abs. 2 WStG, nicht vorgesehen; die besondere Situation des Untergebenen kann jedoch im Rahmen der allgemeinen Strafzumessungserwägungen (§ 46 StGB) berücksichtigt werden.

§ 4 Verantwortlichkeit militärischer Befehlshaber und anderer Vorgesetzter

(1) ¹**Ein militärischer Befehlshaber oder ziviler Vorgesetzter, der es unterlässt, seinen Untergebenen daran zu hindern, eine Tat nach diesem Gesetz zu begehen, wird wie ein Täter der von dem Untergebenen begangenen Tat bestraft.** ²**§ 13 Abs. 2 des Strafgesetzbuches findet in diesem Fall keine Anwendung.**

(2) ¹**Einem militärischen Befehlshaber steht eine Person gleich, die in einer Truppe tatsächliche Befehls- oder Führungsgewalt und Kontrolle ausübt.** ²**Einem zivilen Vorgesetzten steht eine Person gleich, die in einer zivilen Organisation oder einem Unternehmen tatsächliche Führungsgewalt und Kontrolle ausübt.**

---

[74] Genannt in BT-Drs. 14/8524, S. 18.
[75] So *Kreicker* in *Eser/Kreicker* (Hrsg.), Bd. 1, 306 f.
[76] Vgl. *Zimmermann* in *Cassese/Gaeta/Jones* 969.
[77] Vgl. BT-Drs. 14/8524, S. 18 mit dem Hinweis, dass die Offensichtlichkeit der Unverbindlichkeit solcher Anweisungen nicht zwingend ist. Insoweit weicht § 3 von Art. 33 iVm Art. 28 IStGH-Statut ab, da nach dem Statut eine Exkulpation wegen Befehls auch bei den in Deutschland nach §§ 14 und 15 gesondert geregelten „Beteiligungsformen" des Vorgesetzten an Genozid und Menschlichkeitsverbrechen ausgeschlossen ist.
[78] *Werle/Jeßberger* Rn. 701. Bei Völkermord und Menschlichkeitsverbrechen nach §§ 6, 7 ist ein unvermeidbarer Verbotsirrtum allerdings praktisch ausgeschlossen.
[79] *Zimmermann* in *Cassese/Gaeta/Jones* 972. AA *van Sliedregt*, Responsibility, 296 (die eine Bestrafung wegen eines idealkonkurrierenden Menschlichkeitsverbrechens trotz eines nicht offensichtlich rechtswidrigen Befehls als Verstoß gegen das Gebot der Fairness ansieht).
[80] Zu mehr theoretisch als praktisch denkbaren Abweichungen in der Reichweite zwischen § 3 und § 5 WStG siehe *Kreicker* in *Eser/Kreicker* (Hrsg.), Bd. 1, 307 f.; *Walter* JR 2005, 279 (282 f.).
[81] Zutreffend *Kreicker* in *Eser/Kreicker* (Hrsg.), Bd. 1, 300 f.; *Walter* JR 2005, 279 (283).

VStGB § 4
4. Kapitel. Völkerstrafrecht

Schrifttum: *Ambos,* Immer mehr Fragen im internationalen Strafrecht, NStZ 2001, 628; *ders.,* Joint Criminal Enterprise and Command Responsibility, JICJ 5 (2007), 159; *ders.,* The First Judgment of the International Criminal Court (Prosecutor v. Lubanga), International Criminal Law Review 12 (2012), 115; *Bantekas,* The Contemporary Law of Superior Responsibility, American Journal of International Law 93 (1999), 573; *ders.,* International Criminal Law, 4. Aufl. 2010;; *Berster,* Die völkerstrafrechtliche Unterlassungsverantwortlichkeit [Unterlassungsverantwortlichkeit], 2008; *Boas/Bischoff/Reid,* Forms of Responsibility in International Criminal Law, 2007; *Bonafé,* Finding a Proper Role for Command Responsibility, JICJ 5 (2007), 599; *Burghardt,* Die Vorgesetztenverantwortlichkeit im völkerrechtlichen Straftatsystem [Vorgesetztenverantwortlichkeit], 2008; *ders.,* Die Vorgesetztenverantwortlichkeit nach Völkerstrafrecht und deutschem Recht (§ 4 VStGB), ZIS 2010, 695; *ders.,* Die Vorgesetztenverantwortlichkeit, in *Jeßberger/Geneuss* (Hrsg.), Zehn Jahre Völkerstrafgesetzbuch, 2013, 91; *Bülte,* Vorgesetztenverantwortlichkeit im Strafrecht [Vorgesetztenverantwortlichkeit], 2015; *Chrispin,* Holding Private Military Corporations Accountable for their Crimes, in *Stahn/van den Herik* (Hrsg.), Future Perspectives on International Criminal Justice, 2010, 395; *Cryer,* The Ad Hoc Tribunals and the Law of Command Responsibility: A Quiet Earthquake, in *Darcy/Powderly* (Hrsg.), Judicial Creativity at the International Criminal Tribunals, 2010, 159; *Damaška,* The Shadow Side of Command Responsibility, American Journal of International Law 49 (2001), 455; *Eser/Kreicker,* Nationale Strafverfolgung völkerrechtlicher Verbrechen, Bd. 1, 2003; *Eser/Sieber/Kreicker,* Nationale Strafverfolgung völkerrechtlicher Verbrechen, Bd. 3, 2004; *Henquet,* Convictions for Command Responsibility under Articles 7(1) and 7(3) of the Statute of the International Criminal Tribunal for the Former Yugoslavia, Leiden Journal of International Law 15 (2002), 805; *Hoyer,* Die strafrechtliche Verantwortlichkeit innerhalb von Weisungsverhältnissen, 1998; *Kaiafa-Gbandi,* Die allgemeinen Grundsätze des Strafrechts im Statut des Internationalen Strafgerichtshofs: Auf dem Weg zu einem rechtsstaatlichen Strafrecht der Nationen?, FS Schreiber, 2003, 199; *Karsten,* Die strafrechtliche Verantwortlichkeit des nicht-militärischen Vorgesetzten [Verantwortlichkeit], 2010; *Knoops,* The Transposition of Superior Responsibility onto Guerilla Warfare etc., International Criminal Law Review 7 (2007), 505; *Kreß,* Claus Roxins Lehre von der Organisationsherrschaft und das Völkerstrafrecht, GA 2006, 304; *Lehleiter,* Der rechtswidrige verbindliche Befehl, 1995; *McDonald/Swaak-Goldman* (Hrsg.), Substantive and Procedural Aspects of International Criminal Law, Bd. I, 2000; *Martinez,* Understanding Mens Rea in Command Responsibility, JICJ 5 (2007), 638; *Meloni,* Command Responsibility, JICJ 5 (2007), 619; *dies.,* Command Responsibility in International Criminal Law [Command Responsibility], 2010; *Mettraux,* The Law of Command Responsibility [Command Responsibility], 2009; *Mundis,* Crimes of the Commander, in *Boas/Schabas* (Hrsg.), International Criminal Law, 2003; *Nerlich,* Superior Responsibility under Art. 28 ICC Statute, JICJ 5 (2007), 665; *Olásolo,* The Criminal Responsibility of Senior Political and Military Leaders as Principals to International Crimes, 2009; *Olusanya* (Hrsg.), Rethinking International Criminal Law, 2007; *Radtke,* Mittelbare Täterschaft kraft Organisationsherrschaft …, GA 2006, 350; *Röling/Rüter* (Hrsg.), The Tokyo Judgement: The International Military Tribunal for the Far East (IMTFA) 1948, Bd. I, 1977; *Rogall,* Dogmatische und kriminalpolitische Probleme der Aufsichtspflichtverletzung in Betrieben und Unternehmen, ZStW 98 (1986), 573; *Roxin,* Pflichtwidrigkeit und Erfolg bei fahrlässigen Delikten, ZStW 74 (1962), 411; *Safferling,* Anm. zu BGH v. 17.6.2010 – AK 3/10, JZ 2010, 965; *ders.,* Internationales Strafrecht, 2011; *Safferling/Hartwig-Asteroth/Scheffler,* § 4 VStGB und das Verhältnis zu Beteiligungsformen des allgemeinen Strafrecht, ZIS 2013, 447; *Sandoz/Swinarski/Zimmermann* (Hrsg.), Commentary on the Additional Protocols, 1987; *Schabas,* The International Criminal Court, 2010; *Schäfer,* Die Rechtsprechung des Bundesgerichtshofs zum Völkerstrafrecht, in *Safferling/Kirsch* (Hrsg.), Völkerstrafrechtspolitik, 2014, 237; *Sivakumaran,* Command Responsibility in Irregular Groups, JICJ 10 (2012), 1129; *van Sliedregt,* Article 28 of the ICC Statute, New Criminal Law Review 12 (2009), 420; *dies.,* Individual Criminal Responsibility in International Law, 2012; *Triffterer,* „Command Responsibility", FS Lüderssen, 2002, 437; *ders.,* Command Responsibility, Article 28 Rome Statute, an Extension of Individual Criminal Responsibility for Crimes within the Jurisdiction of the Court – Compatible with Article 22, nullum crimen sine lege?, GS Vogler, 2004, 213; *Vest,* Genozid durch organisatorische Machtapparate, 2002; *ders.,* Völkerrechtsverbrecher verfolgen, 2011; *Vetter,* Command responsibility of non-military superiors in the International Criminal Court (ICC), Yale Journal of International Law 25 (2000), 89; *Vogel,* Individuelle Verantwortlichkeit im Völkerstrafrecht, ZStW 114 (2002), 403; *ders.,* Vorgesetztenverantwortlichkeit, in *Jeßberger/Geneuss* (Hrsg.), Zehn Jahre Völkerstrafgesetzbuch, 2013, 75; *Walter,* Positive und negative Erfolgsdelikte – Handeln und Unterlassen, ZStW 116 (2004), 555; *Weigend,* Bemerkungen zur Vorgesetztenverantwortlichkeit im Völkerstrafrecht, ZStW 116 (2004), 999; *ders.,* Perpetration through an Organization, JICJ 9 (2011), 91; *Weltz,* Die Unterlassungshaftung im Völkerstrafrecht [Unterlassungshaftung], 2004; *Werle/Burghardt,* Die mittelbare Täterschaft – Fortentwicklung deutscher Strafrechtsdogmatik im Völkerstrafrecht?, FS Maiwald, 2010, 849; *Williamson,* Command Responsibility in the Case Law of the International Criminal Tribunal for Rwanda, Criminal Law Forum 13 (2002), 365; *Zahar/Sluiter,* International Criminal Law, 2008; *Zopfs,* Vermeintliche Mittäterschaft und Versuchsbeginn, Jura 1996, 23.

Übersicht

	Rn.		Rn.
I. Grundlagen	1, 2	2. IStGH-Statut	6–8
II. Historischer Hintergrund, Völkergewohnheitsrecht	3–8	**III. Begründung der Vorgesetztenverantwortlichkeit**	9–11
1. Rechtsentwicklung	3–5		

	Rn.
IV. Regelungsgehalt und dogmatische Einordnung	12–15
V. Merkmale des objektiven Tatbestandes	16–53
1. Vorbemerkung	16
2. Befehlshaber und Vorgesetzte	17–39
a) Militärische Befehlshaber	18–26
b) Tatsächliche Befehls- oder Führungsgewalt und Kontrolle (Abs. 2 Satz 1)	27–31
c) Zivile Vorgesetzte	32–38
d) Tatsächliche Führungsgewalt und Kontrolle in einer zivilen Organisation oder einem Unternehmen (Abs. 2 Satz 2)	39
3. Tatbestandliche Situation	40–46
a) Begehung einer Tat	40–43
b) Durch einen Untergebenen	44–46
4. Tatbestandliches Verhalten: Zulassen der Untergebenen-Tat	47–52
5. Hypothetische Vermeidungskausalität	53
VI. Merkmale des subjektiven Tatbestandes	54–59
VII. Versuch und Teilnahme	60–63
1. Versuch	60–62
2. Teilnahme	63
VIII. Abgrenzung zu Mittäterschaft und Beihilfe	64–66
IX. Rechtsfolge: Bestrafung wie ein Täter	67, 68

I. Grundlagen

Die Vorschrift macht militärische und zivile **Vorgesetzte,** die Straftaten ihrer Untergebenen nach dem VStGB bewusst geschehen lassen, **wie Täter** für diese Taten **verantwortlich.** Die sonst bei Unterlassungen mögliche Strafmilderung nach § 13 Abs. 2 entfällt (Abs. 1 Satz 2). Die Regelung trägt dem Umstand Rechnung, dass militärische Befehlshaber und die mit ihnen vergleichbaren zivilen Vorgesetzten auf Grund des Systems von Befehl und Gehorsam in militärischen und ähnlichen Organisationen regelmäßig besonders weitreichende Kontrollmöglichkeiten über das ihnen zugeordnete Personal besitzen.[1] Wegen der besonderen Gefährlichkeit bewaffneter Einheiten ist es berechtigt, dem Vorgesetzten die Verantwortung dafür aufzuerlegen, dass er das ihm anvertraute Risikopotential unter Kontrolle hält. 1

Eine **verwandte Regelung** enthält für alle Amtsträger § 357 StGB;[2] ein ähnlicher Grundgedanke liegt auch der Haftung wegen Verletzung der Aufsichtspflicht nach § 130 OWiG[3] sowie für den Bereich der Bundeswehr nach § 41 WStG[4] zugrunde. 2

II. Historischer Hintergrund, Völkergewohnheitsrecht

1. Rechtsentwicklung. Die Verantwortlichkeit militärischer Befehlshaber für Straftaten ihrer Untergebenen spielt in der jüngeren Entwicklung des **Völkergewohnheitsrechts** und auch bei dessen praktischer Anwendung eine bedeutsame Rolle.[5] Angewandt wurde die Doktrin *respondeat superior* erstmals in den **Kriegsverbrecherprozessen** nach dem Ende des Zweiten Weltkriegs durch Besatzungsgerichte in Deutschland[6] und Militärkommissio- 3

---

[1] Aufgrund dieser Kontrollmöglichkeiten wird bei *aktiver* Einwirkung des militärischen Vorgesetzten auf seine Untergebenen mit dem Vorsatz, diese zur Begehung von Straftaten zu veranlassen, nach der herrschenden Meinung in Deutschland mittelbare Täterschaft des Vorgesetzten angenommen; siehe BGH 3.5.1994 – GSSt 2/93, BGHSt 40, 218; eingehende Darstellung → StGB § 25 Rn. 123 ff. Zur Bedeutung im Völkerstrafrecht IStGH, ICC 01/04–01/06, Pros. v. Lubanga Dyilo, Pre-Trial Chamber 29.1.2007, Nr. 345 ff.; Trial Chamber 14.3.2012, Nr. 994 ff.; IStGH, ICC-01/04–01/07, Pros. v. Katanga and Chui, Pre-Trial Chamber 30.9.2008, Nr. 480 ff., 496 ff.; siehe dazu *Burghardt,* Vorgesetztenverantwortlichkeit, 73 ff.; *Ambos* International Criminal Law Review 12 (2012), 115 (138 ff.); *ders.,* Treatise I, 197 ff.; *Kreß* GA 2006, 304; *Radtke* GA 2006, 350; *Weigend* JICJ 9 (2011), 91; *Werle/Burghardt* FS Maiwald, 2010, 849.
[2] Siehe zu Rechtsnatur und Schutzrichtung dieser Vorschrift eingehend *Bülte,* Vorgesetztenverantwortlichkeit, 305 ff.
[3] Hierzu grundlegend *Rogall* ZStW 98 (1986), 573; *Bülte,* Vorgesetztenverantwortlichkeit, 420 ff.
[4] Nach § 41 WStG wird mit Freiheitsstrafe bis zu drei Jahren bestraft, wer es unterlässt, Untergebene pflichtgemäß zu beaufsichtigen oder beaufsichtigen zu lassen, und dadurch wenigstens fahrlässig eine schwerwiegende Folge verursacht. Unmittelbar mit dieser Vorschrift vergleichbar ist § 14 VStGB.
[5] Zu historischen Vorläufern *Meloni,* Command Responsibility, 33.
[6] U. S. v. von Leeb et al., Law Reports of Trials of War Criminals (TWC) XI, 462 (542 ff.). In dieser Entscheidung hob das Gericht hervor, dass militärische Vorgesetzte nicht ohne weiteres für Verbrechen ihrer Untergebenen verantwortlich gemacht werden könnten, sondern dass „personal dereliction" festgestellt werden müsse; diese könne jedoch auch in „criminal negligence" bestehen (S. 543 f.).

nen der USA im Fernen Osten.[7] Bekannt geworden ist vor allem der Prozess gegen den japanischen General Yamashita im Jahre 1946; er wurde wegen Gräueltaten der ihm unterstellten Truppen bei der Eroberung von Manila verurteilt, obwohl er zur Zeit der Tatbegehung keinen Kontakt zu den beteiligten Soldaten hatte.[8]

4 Da die Reichweite der Vorgesetztenverantwortlichkeit in der Nachkriegsrechtsprechung unklar geblieben war, wurde in die Genfer Konventionen von 1949 keine diesbezügliche Regelung aufgenommen. Erst das **I. Zusatzprotokoll zu den Genfer Konventionen von 1977** über den Schutz der Opfer internationaler Konflikte (ZP I)[9] enthält in Art. 86 eine – allerdings wenig klare – Norm über die Vorgesetztenverantwortlichkeit,[10] die dann fast wortgleich in die Statuten der *ad-hoc*-Tribunale der Vereinten Nationen für das frühere Jugoslawien (JStGH) und für Ruanda (RStGH) übernommen wurde.[11] Verbreitet wird angenommen, dass (jedenfalls) militärische Vorgesetzte heute unter bestimmten Voraussetzungen nach Völkergewohnheitsrecht wegen Unterlassens des Einschreitens gegen Völkerstraftaten ihrer Untergebenen bestraft werden können.[12] Da völkerrechtliche Verbrechen typischerweise systematisch und eingebettet in staatliche oder nicht-staatliche Organisationsstrukturen begangen werden, ist es angezeigt, nicht nur die unmittelbar ausführenden Individuen, sondern auch und in erster Linie die Führungspersonen zu bestrafen, selbst wenn diese als „Schreibtischtäter" im Hintergrund geblieben sind.

5 In der **Rechtsprechung der ad-hoc-Tribunale**[13] spielt die Rechtsfigur der Vorgesetztenverantwortlichkeit eine wichtige Rolle. Die Ankläger der ad-hoc-Tribunale haben sich schon aus Gründen der beschränkten Kapazität im Wesentlichen auf das Führungspersonal konzentriert. Dessen persönliche Verantwortlichkeit für die von nachgeordneten Personen und Verbänden ausgeführten Taten lässt sich aber häufig nur über die Brücke der *command responsibility* begründen.[14] Zentrale Probleme in der Rechtsprechung von JStGH und

[7] Eingehend zu den Nachkriegsverfahren *Vest*, Genozid, 273 ff.; *Bülte*, Vorgesetztenverantwortlichkeit, 498 ff.; Überblick bei *Burghardt*, Vorgesetztenverantwortlichkeit, 47 ff.; *Boas/Bischoff/Reid* 159 ff.; *Meloni*, Command Responsibility, 56 ff.; *Weltz*, Unterlassungshaftung, 249 ff.; kritisch *Damaška* American Journal of Comparative Law 49 (2001), 455 (485 ff.).

[8] TWC IV (1948), 1. Das Rechtsmittel Yamashitas gegen seine Verurteilung wurde 1946 vom U. S. Supreme Court (327 U. S. 1, 14–17) zurückgewiesen, allerdings gegen starken Widerstand innerhalb des Gerichtshofs (siehe die scharfen *dissenting opinions* der Richter Murphy, S. 28–30, und Rutledge, S. 43 f.). Siehe zu den Fakten und den Rechtsfragen des Falles *Meloni*, Command Responsibility, 42 ff.; kritisch zu der Entscheidung des U.S. Supreme Court *Cassese* 183 f.

[9] Für Deutschland in Kraft getreten am 14.8.1991, BGBl. II S. 968.

[10] Art. 86 Abs. 2 ZP I lautet: „Wurde eine Verletzung der Abkommen oder dieses Protokolls von einem Untergebenen begangen, so enthebt dies seine Vorgesetzten nicht ihrer strafrechtlichen beziehungsweise disziplinarrechtlichen Verantwortlichkeit, wenn sie wussten oder unter den gegebenen Umständen auf Grund der ihnen vorliegenden Informationen darauf schließen konnten, dass der Untergebene eine solche Verletzung beging oder begehen würde, und wenn sie nicht alle in ihrer Macht stehenden, praktisch möglichen Maßnahmen getroffen haben, um die Verletzung zu verhindern oder zu ahnden." Nach dem Wortlaut von Art. 86 Abs. 2 ZP I wird die strafrechtliche Verantwortlichkeit des Vorgesetzten durch die Vorschrift nicht *begründet*, sondern *vorausgesetzt*. Auch Art. 87 Abs. 1 ZP I enthält nur den allgemeinen Auftrag an die Vertragsstaaten, militärische Befehlshaber zu *verpflichten* („require"), Verletzungen der Konventionen durch ihre Untergebenen zu verhindern sowie nötigenfalls zu bestrafen und den zuständigen Behörden zu melden.

[11] Siehe Art. 7 Abs. 3 JStGH-Statut: „The fact that any of the acts referred to in articles 2 to 5 of the present Statute was committed by a subordinate does not relieve his superior of criminal responsibility if he knew or had reason to know that the subordinate was about to commit such acts or had done so and the superior failed to take the necessary and reasonable measures to prevent such acts or to punish the perpetrators thereof." Übereinstimmend Art. 6 Abs. 3 RStGH-Statut.

[12] Siehe zB JStGH, IT-96-21-A, Pros. v. Delalic, Appeals Chamber 20.2.2001, Nr. 195; JStGH, IT-95-14-T, Pros. v. Blaskic, Trial Chamber 3.3.2000, Nr. 290; RStGH, ICTR 95-1-T, Pros. v. Kayishema and Ruzindana, Trial Chamber 21.5.1999, Nr. 209; *Cassese* 186; *Werle/Jeßberger* Rn. 606; aA *Weltz*, Unterlassungshaftung, 83 ff. et passim. Eingehende rechtsvergleichende Untersuchung zur Vorgesetztenverantwortlichkeit bei *Karsten*, Verantwortlichkeit, 93 ff.; siehe zur nationalen Umsetzung der Vorgaben von Art. 28 IStGH-Statut auch *van Sliedregt*, Individual Criminal Responsibility, 202 ff.

[13] Überblick und Analyse bei *Ambos*, Treatise I, 199 ff.; *Bülte*, Vorgesetztenverantwortlichkeit, 543 ff.; *Meloni*, Command Responsibility, 77 ff.; *Mundis*, in *Boas/Schabas* (Hrsg.), International Criminal Law, 239 (248 ff.); *van Sliedregt*, Individual Criminal Responsibility, 184 ff.

[14] Der JStGH legt allerdings *command responsibility* eng aus und greift auch bei Führungspersonen häufig auf andere Formen der strafrechtlichen Verantwortlichkeit zurück; *Bonafé* JICJ 5 (2007), 599 (611 ff.).

RStGH sind die Definition des „Befehlshabers" insbesondere bei gestuften, unübersichtlichen und informellen Kommandostrukturen,[15] die hypothetische Präventions- oder Eingriffsmöglichkeit des Vorgesetzten[16] sowie insbesondere die subjektiven Voraussetzungen bezüglich Voraussicht oder Voraussehbarkeit der Untergebenen-Straftat.[17]

2. IStGH-Statut. Eine detaillierte Regelung hat die Frage der Vorgesetztenverantwortlichkeit in Art. 28 IStGH-Statut gefunden. **Art. 28 IStGH-Statut** lautet in der amtlichen deutschen Übersetzung: 6

Art. 28. Verantwortlichkeit militärischer Befehlshaber und anderer Vorgesetzter

Neben anderen Gründen für die strafrechtliche Verantwortlichkeit aufgrund dieses Statuts für der Gerichtsbarkeit des Gerichtshofs unterliegende Verbrechen gilt Folgendes:
a) Ein militärischer Befehlshaber oder eine tatsächlich als militärischer Befehlshaber handelnde Person ist strafrechtlich verantwortlich für der Gerichtsbarkeit des Gerichtshofs unterliegende Verbrechen, die von Truppen unter seiner oder ihrer tatsächlichen Befehls- beziehungsweise Führungsgewalt und Kontrolle als Folge seines oder ihres Versäumnisses begangen wurden, eine ordnungsgemäße Kontrolle über diese Truppen auszuüben, wenn
  i) der betreffende militärische Befehlshaber oder die betreffende Person wusste oder aufgrund der zu der Zeit gegebenen Umstände hätte wissen müssen, dass die Truppen diese Verbrechen begingen oder zu begehen im Begriff waren, und
  ii) der betreffende militärische Befehlshaber oder die betreffende Person nicht alle in seiner oder ihrer Macht stehenden erforderlichen und angemessenen Maßnahmen ergriff, um ihre Begehung zu verhindern oder zu unterbinden oder die Angelegenheit den zuständigen Behörden zur Untersuchung und Strafverfolgung vorzulegen.
b) (…)

Art. 28 IStGH-Statut wirft eine Reihe **ungelöster Fragen** auf. Fraglich ist bereits, ob 7 die Regelung eine gleichberechtigte Form der „Verantwortlichkeit" neben der in Art. 25 Abs. 3 lit. a IStGH-Statut angesprochenen Täterschaft begründet[18] oder ob sie lediglich eine minder schwere, subsidiäre Mit-Haftung für fremde Taten beschreibt. Der IStGH scheint Letzteres anzunehmen.[19] Problematisch ist ferner die Voraussetzung, dass die Pflichtenverstöße des Vorgesetzten kausal für die Begehung der Straftat durch den Untergebenen sein müssen („als Folge seines oder ihres Versäumnisses"), was insbesondere bei dem Unterlassen einer nachträglichen Verfolgung der Tat schwer vorstellbar ist.[20] Ein weiteres Problem liegt in der Gleichstellung der vorsätzlichen Förderung von Straftaten der Untergebenen

---

[15] Siehe etwa JStGH, IT-95-14/1-T, Pros. v. Aleksovski, Trial Chamber 25.6.1999, Nr. 73 ff.; JStGH, IT-96-21-A, Pros. v. Delalic, Appeals Chamber 20.2.2001, Nr. 182 ff.

[16] Siehe etwa JStGH, IT-96-21-T, Pros. v. Delalic, Trial Chamber 16.11.1998, Nr. 395; JStGH, IT-97-24-T, Pros. v. Stakic, Trial Chamber 31.7.2003, Nr. 461; JStGH, IT-05-88-A, Pros. v. Popovic et al., Appeals Chamber 30.1.2015, Nr. 1857 f.; RStGH, ICTR-98-42-A, Pros. v. Nyiramasuhuko et al., Appeals Chamber 14.12.2015, Nr. 995.

[17] Siehe RStGH, ICTR-95-1-T, Pros. v. Kayishema and Ruzindana, Trial Chamber 21.5.1999, Nr. 227 ff.; RStGH, ICTR 95-1A-T, Pros. v. Bagilishema, Trial Chamber 7.6.2001, Nr. 46; JStGH, IT-95-14-T, Pros. v. Blaskic, Trial Chamber 3.3.2000, Nr. 329, 332. Siehe hierzu auch *Ambos*, Treatise I, 220 ff.

[18] Es war seit jeher umstritten, ob die *command responsibility* des Völkerstrafrechts eine Form der Teilnahmestrafbarkeit *(accessorial liability)* oder eine eigene Form der Tatbegehung (in Form einer Verletzung von Vorgesetztenpflichten) sei; siehe hierzu Cryer in *Darcy/Powderly* (Hrsg.), 159 (171 ff.); *Bantekas*, International Criminal Law, 79 f.; *Mettraux*, Command Responsibility, 38, 43; *Olásolo*, Criminal Responsibility, 108; *Schabas*, International Criminal Court, 458; *van Sliedregt*, Individual Criminal Responsibility, 195 ff., 206 f.; *Cassese*, 191 f.

[19] Siehe IStGH, ICC-01/05-01/08-424, Pros. v. Bemba Gombo, Pre-Trial Chamber 15.6.2009, Nr. 342, 402 (wonach eine Strafbarkeit nach Art. 28 IStGH-Statut nur angeklagt werden kann, wenn der Betroffene für das Geschehen nicht bereits als Täter nach Art. 25 Abs. 3 IStGH-Statut verantwortlich ist); Trial Chamber 21.3.2016, Nr. 171, 173 f. („a form of sui generis liability"). *Burghardt* ZIS 2010, 695 (698 ff.) versteht *command responsibility* als eine bloß subsidiäre Form der Zurechnung; gegen ihn *Bülte*, Vorgesetztenverantwortlichkeit, 592 f.

[20] Die Pre-Trial Chamber in IStGH, ICC-01/05-01/08-424, Pros. v. Bemba Gombo, Pre-Trial Chamber 15.6.2009, Nr. 424, sieht einen Ausweg in der Annahme, dass die Nicht-Verfolgung kausal für *weitere* Straftaten werden kann; die Begehung weiterer Taten ist jedoch keine Voraussetzung der Vorgesetztenverantwortlichkeit nach Art. 28 IStGH-Statut. Zu weiteren Problemen des Verhältnisses zwischen Verhinderungs- und Verfolgungspflicht nach Art. 28 IStGH-Statut siehe *Bülte*, Vorgesetztenverantwortlichkeit, 614 ff.

mit der bloß fahrlässigen[21] Missachtung der Gefahr solcher Straftaten sowie mit dem Unterlassen einer nachträglichen Ahndung oder Meldung bereits begangener Straftaten. Die rechtliche Gleichbehandlung dieser unterschiedlichen Fallgruppen in den völkerrechtlichen Rechtsquellen seit dem ZP I, in der Rechtsprechung der ad-hoc-Tribunale und in Art. 28 IStGH-Statut lässt sich mit dem **Schuldgrundsatz,** wie er im deutschen Recht auch verfassungsrechtlich verankert ist, kaum vereinbaren.[22] Denn danach hat die angedrohte Strafe dem Maß des verwirklichten Unrechts zu entsprechen,[23] und unterschiedlich schwer wiegende Verstöße müssen folglich mit abgestuften Sanktionen geahndet werden. Dem widerspräche es, wollte man – wie dies nach Art. 28 IStGH-Statut der Fall ist – für die vorsätzliche Förderung der Untergebenen-Straftat ebenso wie für die bloß fahrlässige Unterlassung ihrer nachträglichen Meldung dieselbe Strafe androhen wie für die vorsätzliche aktive Begehung der Tat durch den Vorgesetzten selbst.[24]

8   Daher hat der deutsche Gesetzgeber gut daran getan, die unterschiedlichen **Erscheinungsformen der völkerstrafrechtlichen Vorgesetztenverantwortlichkeit** je nach dem Maß des typischerweise verwirklichten Unrechts **differenziert zu behandeln** und (in §§ 4, 14 und 15 VStGB) getrennt zu regeln.[25] § 4 enthält den Fall des vorsätzlichen Geschehenlassens einer Straftat von Untergebenen, § 14 die Fälle der vorsätzlichen und der fahrlässigen Verletzung der Aufsichtspflicht, aus der eine – von dem Vorgesetzten nicht vorhergesehene – Untergebenen-Straftat resultiert, und § 15 den Fall der mangelnden Verfolgung oder Meldung einer Untergebenen-Straftat.

III. Begründung der Vorgesetztenverantwortlichkeit

9   In der völkerstrafrechtlichen Rechtsprechung und im internationalen Schrifttum wird die strafrechtliche Verantwortlichkeit des Befehlshabers für das Verhalten seiner Truppen meist auf den Gedanken zurückgeführt, dass der Vorgesetzte **auf Grund seiner Stellung** für das Verhalten der Untergebenen **„verantwortlich"** sei; seine umfassende Kontroll*möglichkeit* durch das System von Befehl und Gehorsam begründe auch eine entsprechende Kontroll*pflicht*.[26] Diese Überlegung allein vermag jedoch eine Strafbarkeit wegen Unterlassens nicht zu rechtfertigen.

---

[21] Siehe zum „should have known"- Standard näher IStGH, ICC-01/05-01/08-424, Pros. v. Bemba Gombo, Pre-Trial Chamber 15.6.2009, Nr. 432 ff.

[22] Übereinstimmend *Kaiafa-Gbandi* FS Schreiber, 2003, 199 (217); *Vest,* Genozid, 299. *Burghardt,* Vorgesetztenverantwortlichkeit, 461 ff., sowie *ders.* ZIS 2010, 695 (700 f.) meint dagegen, dass es auch unter Schuldgesichtspunkten legitim sei, alle Fälle der völkerstrafrechtlichen Vorgesetztenverantwortlichkeit gleich zu behandeln. „Billigung und Assoziierung mit, zumindest aber vorwerfbare Indifferenz gegenüber dem (scil.: von anderen) begangenen Verbrechen" (so *Burghardt* ZIS 2010, 701) liegen aber im Unrechtsgehalt so deutlich unter der eigenen Tatbegehung, dass eine Nivellierung nicht angemessen ist. Neuerdings schlägt *Burghardt* in *Jeßberger/Geneuss* (Hrsg.), 91 (94 f.), vor, einen eigenen niedrigen Strafrahmen für die Fälle der Vorgesetztenverantwortlichkeit einzuführen.

[23] Vgl. BVerfG 14.1.2004 – 2 BvR 564/95, BVerfGE 110, 1 (13).

[24] Ebenso *Ambos,* Internationales Strafrecht, § 7 Rn. 59.

[25] Zur Begründung siehe BT-Drs. 14/8524, S. 19. Zustimmend *Meloni* JICJ 5 (2007), 619 (631 ff.); *Safferling,* Internationales Strafrecht, § 8 Rn. 12; *van Sliedregt* New Criminal Law Review 12 (2009), 420 (431 f.); im Ergebnis auch *Werle/Jeßberger* Rn. 641. Kritisch *Triffterer* FS Lüderssen, 2002, 459, der eine Minderung der „bewusstseinsbildenden Kraft" der Regelung über Vorgesetztenverantwortlichkeit durch deren „Aufsplitterung" befürchtet.

[26] In diesem Sinne etwa JStGH, IT-96-21-T, Pros. v. Delalic, Trial Chamber 16.11.1998, Nr. 377; JStGH, IT-01-47-AR72, Pros. v. Hadzihasanovic, Appeals Chamber vom 16.7.2003, Nr. 16 f., 23; JStGH, IT-01-42-T, Pros. v. Strugar, Trial Chamber vom 31.1.2005, Nr. 359 f.; IStGH, Pros. v. Bemba Gombo, ICC-01/05-01/08-424, Trial Chamber, 21.3.2016, Nr. 172. Zustimmend *Berster,* Unterlassungsverantwortlichkeit, 206 f.; *Hansen* Gonzaga Law Review 42 (2006/2007), 335 (399). *Triffterer* FS Lüderssen, 2002, 437 (438), stellt auf die „Vorbildfunktion" des Vorgesetzten ab. *Werle/Jeßberger* Rn. 605 verstehen die Vorgesetztenverantwortlichkeit als „Rettungsanker", wenn der Nachweis direkter strafrechtlicher Verantwortlichkeit des Vorgesetzten misslingt", und auch *Gropengießer* in *Eser/Kreicker,* Bd. 1, 294 sieht hinter der Vorgesetztenhaftung das Anliegen, „diesen im Hintergrund wirkenden Tätern ihre juristischen Fluchtwege abzuschneiden". Derlei kann natürlich keine rechtliche Begründung für die strafrechtliche Verantwortlichkeit des Vorgesetzten sein. *Vogel* in *Jeßberger/Geneuss* (Hrsg.), 75 (76 f.) schreibt der Rechtsfigur der *command responsibility* die Funktion einer bloßen Beweiserleichterung zu; dazu mit Recht kritisch *Burghardt* in *Jeßberger/Geneuss* (Hrsg.), 91 f.

Denn die These, dass derjenige, der Straftaten verhindern *kann,* diese auch bei Strafe verhindern *müsse,* entspricht nicht der deutschen Auffassung zur Unterlassungsstrafbarkeit; vielmehr muss zusätzlich eine rechtlich begründete und typisierte Sonderverantwortlichkeit vorliegen.[27] Letztere kann sich nicht ohne weiteres daraus ergeben, dass ein militärischer Vorgesetzter *dienstrechtlich* die (interne) Pflicht hat, seine Untergebenen zu überwachen; denn daraus folgt noch nicht eine externe Verpflichtung gegenüber der Allgemeinheit zur Verhinderung von Straftaten der Untergebenen.

Der **Grund für eine Garantenstellung** des militärischen Befehlshabers wie auch des zivilen Vorgesetzten kann nur darin liegen, dass er mit dem ihm unterstellten Personal über ein – speziell auf Grund der Bewaffnung – besonders **gefährliches Mittel** verfügt, für dessen völkerrechtskonformen Einsatz er sich mit der Übernahme der Befehlsgewalt bewusst verantwortlich gemacht hat.[28] Es handelt sich also um eine Kombination aus den Gesichtspunkten der Risikoübernahme und der Verkehrssicherungspflicht für einen potentiell gefährlichen „Gegenstand".[29] Die Allgemeinheit vertraut – wie dem Befehlshaber bekannt ist – darauf, dass er die Gefahren, die mit bewaffneten Einheiten immer latent verbunden sind, durch den Einsatz seiner Befehlsgewalt unter Kontrolle hält.[30] Daher ist es zulässig, ihn zu bestrafen, wenn er seine Pflicht zur Verhinderung von Straftaten der Untergebenen verletzt. 10

Aus den angestellten Überlegungen erhellt, dass die Ratio der strafrechtlichen Vorgesetztenverantwortlichkeit **auf zivile Vorgesetzte nur unter engen Voraussetzungen übertragbar** ist.[31] Sie können nur dann in der gleichen Weise wie militärische Befehlshaber als Täter für Verfehlungen ihrer Untergebenen verantwortlich gemacht werden, wenn die Einrichtungen, die sie leiten, ähnliche inhärente Gefahren für die Verletzung der hier relevanten Regeln des humanitären Völkerrechts aufweisen wie militärische Einheiten (→ Rn. 34 ff.). 11

IV. Regelungsgehalt und dogmatische Einordnung

§ 4 ist für das deutsche Recht **keine strafbarkeitsbegründende Norm**. Das hier erfasste Verhalten des Befehlshabers oder Vorgesetzten wäre – ähnlich wie im Fall des § 357 StGB[32] – auch ohne besondere Anordnung strafbar, und zwar je nach Fallgestaltung als Mittäterschaft oder Beihilfe durch Unterlassen zu der Tat des Untergebenen. Dass militärische Vorgesetzte eine Garantenpflicht zur Verhinderung von Straftaten ihrer Mannschaften haben, ist in der allgemeinen deutschen Strafrechtsdoktrin nicht bestritten[33] (zur Frage einer entsprechenden Garantenpflicht ziviler Vorgesetzter → Rn. 34). 12

Der Regelungsgehalt von § 4 liegt also (nur) in **zwei Verschärfungen** gegenüber den Folgen, die sich aus der Anwendung der allgemeinen Regeln ergäben. Erstens wird auch eine bloße Unterstützung der Untergebenen-Straftat durch Nichtstun als *Täterschaft* des Vorgesetzten eingestuft (Bestrafung „wie ein Täter"); dadurch ist für den hier geregelten Bereich geklärt, dass der Überwachungsgarant, der untätig bleibt, nicht nur wegen Beihilfe 13

---

[27] Siehe LK-StGB/*Weigend* StGB § 13 Rn. 23 f.; in der Sache übereinstimmend → StGB § 13 Rn. 76, 83 (strafbares Unterlassen setzt eine kraft Sonderverantwortlichkeit legitimierbare Verhaltensnorm voraus); *Roxin* AT/II § 32 Rn. 17 ff., 133–142 (speziell zu „Überordnungsverhältnissen").
[28] Eingehend und im Ergebnis übereinstimmend *Bülte,* Vorgesetztenverantwortlichkeit, 630 f.
[29] Ähnlich *Ambos,* Internationales Strafrecht, § 7 Rn. 56; *Martinez* JICJ 5 (2007), 638 (662); *Vest,* Völkerrechtsverbrecher verfolgen, 264 f.; vgl. zu der Fallgruppe der Garantenstellung aufgrund einer „Autoritätsstellung" Schönke/Schröder/*Stree/Bosch* StGB § 13 Rn. 51 f. Auch *Burghardt* ZIS 2010, 695 (708) möchte dagegen die Vorgesetztenverantwortlichkeit darauf stützen, dass in einer „hierarchischen Organisation" immer bereits die „Gefahr einer Auflösung von Verantwortung" liege. Das ist jedoch vom gewünschten Ergebnis her argumentiert: Verantwortung wird damit begründet, dass sonst keine (nachweisbare) Verantwortung bestünde.
[30] Siehe LK-StGB/*Weigend* StGB § 13 Rn. 55. Kritisch zu diesem Gesichtspunkt *Berster,* Unterlassungsverantwortlichkeit, 203 ff.
[31] Ebenso *Vest,* Völkerrechtsverbrecher verfolgen, 256 f.
[32] Vgl. dazu Schönke/Schröder/*Heine/Weißer* StGB § 357 Rn. 1; *Hoyer,* Die strafrechtliche Verantwortlichkeit innerhalb von Weisungsverhältnissen, 20 f.
[33] NK-StGB/*Wohlers* StGB § 13 Rn. 52; Schönke/Schröder/*Stree/Bosch* StGB § 13 Rn. 52.

zu der Straftat der zu überwachenden Person bestraft wird.[34] Zweitens bleibt dem untätigen Vorgesetzten die Möglichkeit der Strafmilderung nach § 13 Abs. 2 StGB versagt. Die Steigerung der strafrechtlichen Haftung gegenüber „normalen" Garanten lässt sich einerseits mit der besonderen Gefährlichkeit bewaffneter Einheiten und andererseits mit der im Regelfall besonders leichten Möglichkeit des Vorgesetzten erklären, Straftaten durch die Anwendung der ihm zu Gebote stehenden Verbots- und Kontrollgewalt zu verhüten.[35]

14   Aus dem Umstand, dass § 4 keine strafbarkeitsbegründende, sondern (nur) eine verantwortungsschärfende Norm ist, folgt, dass sie **kein spezifisches Rechtsgut** schützt,[36] sondern den Schutz derjenigen Rechtsgüter verstärkt, gegen die sich die Handlungen der Untergebenen richten.[37] Es geht also nicht um die Wahrung der „Disziplin der Truppe", sondern um den Schutz der in §§ 6 ff. geschützten Interessen (zu Konsequenzen für den subjektiven Tatbestand → Rn. 56 f.).

15   **Dogmatisch** steht die Vorgesetztenverantwortlichkeit an der Schnittstelle **zwischen** den Formen strafbarer **Teilnahme** und dem strafbaren (eigenen) **Unterlassen**.[38] Art. 28 IStGH-Statut ordnet sie (neben „other grounds of criminal responsibility") systematisch bei den Figuren der Verantwortlichkeit für *fremde* Tat ein: Der Befehlshaber ist – aufgrund seines Unterlassens[39] – strafrechtlich verantwortlich für die Verbrechen, die seine Untergebenen begangen haben.[40] Dagegen geht § 4 von eigenem (Unterlassungs-)Unrecht des Vorgesetzten aus und verweist nur bezüglich der Rechtsfolge auf die Strafbarkeit des Untergebenen. Um anzudeuten, dass durch § 4 teilweise auch Fälle in den Bereich der Täterschaft einbezogen werden können, bei denen nach deutschem dogmatischem Verständnis eigentlich nur Beihilfe vorläge,[41] verwendet der Gesetzgeber hier – wie auch in § 357 StGB – die Wendung „wird *wie* ein Täter … bestraft".[42]

V. Merkmale des objektiven Tatbestandes

16   **1. Vorbemerkung.** Bei der **Auslegung** der Vorschrift ist zu beachten, dass sie nicht nur für Vorgänge im Anwendungsbereich des deutschen Strafrechts gemäß §§ 3–7 StGB

---

[34] Siehe dazu eingehend *Roxin* AT/II § 31 Rn. 125 ff.; Schönke/Schröder/*Heine/Weißer* StGB Vor § 25 Rn. 103 ff.
[35] Siehe zu diesem Abgrenzungskriterium zwischen Täterschaft und Beihilfe durch Unterlassen LK-StGB/*Weigend* StGB § 13 Rn. 94 f.
[36] Nach Meinung des JStGH ist der Zweck der Vorgesetztenverantwortlichkeit im Völkerstrafrecht „to ensure compliance with the laws and customs of war and international humanitarian law generally"; Trial Chamber, IT-01-48-T, Pros. v. Halilovic, 16.11.2005, Nr. 39. Das wäre jedoch für eine Strafnorm des deutschen Rechts eine zu unbestimmte und expansive „Rechtsguts"bestimmung. Durch § 357 StGB wird ebenfalls das von den Untergebenen jeweils angegriffene Rechtsgut, darüber hinaus aber auch das Vertrauen der Allgemeinheit „in die Rechtmäßigkeit des Verwaltungshandelns" (so → StGB § 357 Rn. 2; Schönke/Schröder/*Heine/Weißer* StGB § 357 Rn. 1) bzw. in die „Integrität des Staatsapparats" (so LK-StGB/*Zieschang* StGB § 357 Rn. 1) geschützt.
[37] *Bülte*, Vorgesetztenverantwortlichkeit, 646 f.; ebenso für Art. 7 Abs. 3 JStGH-Statut JStGH, IT-02-60-A, Pros. v. Blagojevic and Jokic, Appeals Chamber 9.5.2007, Nr. 281.
[38] Siehe *Meloni*, Command Responsibility, 191 ff.; *Werle/Jeßberger* Rn. 607; *Cassese* 191 f. Vgl. auch JStGH, IT-01-48-T, Pros. v. Halilovic, Trial Chamber 16.11.2005, Nr. 54: „Thus ,for the acts of his subordinates'… does not mean that the commander shares the same responsibility as the subordinates who committed the crimes, but rather that because of the crimes committed by his subordinates, the commander should bear responsibility for his failure to act." Siehe zur Rechtsprechung eingehend *Burghardt*, Vorgesetztenverantwortlichkeit, 402 ff.
[39] Im IStGH-Statut ist Art. 28 die einzige Vorschrift, in der strafrechtliche Verantwortlichkeit ausdrücklich an ein Unterlassen („failure to exercise control") geknüpft wird. Zur allgemeinen Frage der Strafbarkeit der „Begehung durch Unterlassen" im Völkerstrafrecht *Ambos*, Treatise I, 189 ff.; *Berster*, Unterlassungsverantwortlichkeit.
[40] *Boas/Bischoff/Reid*, Forms of Responsibility in International Criminal Law, 143 f., 177 f.; *Cryer/Friman/Robinson/Wilmshurst*, Introduction, 399; *Triffterer* GS Vogler, 213 (229); auch *Vogel* ZStW 114 (2002), 403 (428 ff.) („Supervisionsmodell"). Allerdings geht die Haftung für fremde Tat nach Art. 28 IStGH-Statut der Sache nach zu weit, da dort nicht einmal Kenntnis des Vorgesetzten hinsichtlich der Untergebenen-Straftat verlangt wird; *Weigend* ZStW 116 (2004), 999 (1006).
[41] Kritisch zu der Aufstufung der Beihilfe zu Täterschaft *Burghardt* ZIS 2010, 695 (704); *ders.* in *Jeßberger/Geneuss* (Hrsg.), 91 (96 f.); mit Recht für die Zulässigkeit dieser Gleichstellung *Vogel* in *Jeßberger/Geneuss* (Hrsg.), 75 (85).
[42] *Bülte*, Vorgesetztenverantwortlichkeit, 650 f., bezeichnet dies als eine Form von Einheitstäterschaft.

gilt, sondern dass sie nach § 1 auch auf Taten von Personen anwendbar ist, denen die Regelungen des deutschen Strafrechts zur Unterlassungsstrafbarkeit fremd sind. Dies spricht zunächst dafür, die Auslegung an den international anerkannten (völkergewohnheitsrechtlichen) Maßstäben zu orientieren, wie sie sich in den Statuten und in der Rechtsprechung der internationalen Straftribunale niederschlagen (→ § 2 Rn. 5). In dem hier interessierenden Bereich tendiert das Völkerstrafrecht jedoch zu einer *maximalen* Ausdehnung der Strafbarkeit von Vorgesetzten und geht damit über das hinaus, was nach deutschem Recht akzeptabel wäre (→ Rn. 6). Der deutsche Gesetzgeber hat dieser Tendenz mit den §§ 4, 14 und 15 bewusst ein restriktiveres Haftungsmodell entgegengesetzt.[43] Nach dem Gesetzlichkeitsprinzip (Art. 103 Abs. 2 GG) hat die engere Beschreibung der Vorgesetztenverantwortlichkeit in den deutschen Vorschriften bei der Rechtsanwendung durch deutsche Behörden und Gerichte Vorrang vor den Denkmodellen des Völkerstrafrechts.

2. Befehlshaber und Vorgesetzte. Als **Adressaten der Norm** unterscheidet das Gesetz militärische „Befehlshaber" und zivile „Vorgesetzte", ohne diese Begriffe zu definieren. § 4 folgt damit dem Sprachgebrauch von Art. 28 lit. a und lit. b IStGH-Statut, wo in ähnlicher Weise zwischen „military commanders" und (nicht-militärischen) „superiors" differenziert wird. Nicht Bezug genommen wird dagegen hier auf den Begriff des militärischen „Vorgesetzten", wie er im deutschen Militärrecht definiert ist.[44] Dies ist auch berechtigt, da der Anwendungsbereich von § 4 über den Bereich der Bundeswehr hinausgeht, so dass die innerdeutschen Begriffsbestimmungen nicht verbindlich sein können. Umso schwieriger ist jedoch die Bestimmung des Adressatenkreises der Vorschrift. Aus Abs. 2 lässt sich immerhin schließen, dass „Führungsgewalt und Kontrolle" gegenüber Untergebenen zu den notwendigen Elementen der Befehlshaber- und Vorgesetztenstellung gehören.[45] Alles Weitere ist jedoch noch nicht geklärt. 17

a) Militärische Befehlshaber. Der Begriff des Befehlshabers verweist auf die **Befehlsgewalt,** also die rechtlich fundierte und faktisch ausübbare Möglichkeit, Untergebenen verbindliche Anweisungen zu erteilen und die Ausführung dieser Anweisungen durchzusetzen.[46] Derselbe Gedanke steckt in dem Begriff „tatsächliche Befehls- und Führungsgewalt und Kontrolle", der freilich in Abs. 2 auf *andere* Personen bezogen ist, die einem militärischen Befehlshaber „gleichstehen", mit diesem also nicht identisch sind. 18

Deshalb liegt die Annahme nahe, dass ein „militärischer Befehlshaber" **weitere,** über die tatsächliche Befehls- oder Führungsgewalt und Kontrolle hinaus gehende **Definitionsmerkmale** aufweisen muss, die ihn von einem *de-facto*-Anführer unterscheiden. Dafür kommen zwei Merkmale in Betracht: Die Besonderheit des „echten" militärischen Befehlshabers kann zum einen darin liegen, dass seine Befehlsgewalt, anders als diejenige des *de facto*-Anführers, auf einer *rechtlichen* Basis beruht; zum anderen kann sie in der organisierten Struktur der ihm unterstellten Einheit bestehen. Für das letztgenannte Unterscheidungskriterium spricht zunächst der Zusammenhang der Befehlshaberschaft mit dem Element des „Militärischen", das auf eine festgefügte geordnete Einheit im 19

---

[43] Vgl. BT-Drs. 14/8524, 18 f.

[44] Nach § 1 Abs. 5 Soldatengesetz ist Vorgesetzter, wer befugt ist, einem Soldaten Befehle zu erteilen; dies ist in der Vorgesetztenverordnung vom 4.6.1956 (idF vom 7.10.1981, BGBl. I S. 1129) näher geregelt. Der „Befehl" ist in § 2 Nr. 2 WStG definiert als die Anweisung zu einem bestimmten Verhalten, die ein Vorgesetzter iSv. § 1 Abs. 5 Soldatengesetz einem Untergebenen erteilt. Zu den Problemen, die sich aus dem Zusammenspiel dieser beiden Vorschriften für die Feststellung der Verbindlichkeit eines Befehls in der Bundeswehr ergeben, siehe eingehend *Lehleiter,* Der rechtswidrige verbindliche Befehl, 24 ff.

[45] Dies entspricht auch dem Konzept von Art. 28 IStGH-Statut. Dort ist bezüglich des „military commander" davon die Rede, dass Straftaten von Truppen „under his or her effective command and control" begangen werden. Siehe dazu IStGH, ICC-01/05-01/08, Pros. v. Bemba Gombo, Trial Chamber 21.3.2016, Nr. 180 ff.; vgl. auch JStGH, IT-01-48-A, Pros. v. Halilovic, Appeals Chamber 16.10.2007, Nr. 210 („The ability to exercise effective control in the sense of a material power to prevent or punish necessitates a pre-existing relationship of subordination, hierarchy or chain of command.").

[46] *Bülte,* Vorgesetztenverantwortlichkeit, 656. Insoweit stimmt der Begriff mit demjenigen des Vorgesetzten nach § 1 Abs. 5 SoldatenG überein.

Weigend

Zusammenhang einer Armee verweist. Nimmt man jedoch die Parallele zum zivilen Vorgesetzten in den Blick, so zeigt sich, dass im zivilen Bereich auch der bloße *de facto*-Vorgesetzte nach Abs. 2 immerhin eine „zivile Organisation" oder ein „Unternehmen" unter sich haben muss. Daraus lässt sich schließen, dass ein gewisses Maß an festgefügter innerer Struktur der zugeordneten Einheit auch für den bloß faktischen Anführer verlangt wird, dass also der entscheidende Unterschied nicht im Organisationsgrad der befehligten Einheit liegen kann.[47] Damit bleibt als **zusätzliches** Definitionsmerkmal für den „militärischen Befehlshaber" (wie auch für den „zivilen Vorgesetzten") iSv Abs. 1, dass dessen **Befehlsgewalt** nicht nur tatsächlich, sondern auch **auf rechtlicher Grundlage** bestehen muss; ist diese Voraussetzung nicht erfüllt, so kommt eine Strafbarkeit als *de facto*-Befehlshaber nach Abs. 2 in Betracht.

20 Dies bedeutet allerdings nicht, dass schon das Innehaben eines Titels oder einer formellen rechtlichen Stellung innerhalb einer Armee die Verantwortlichkeit als Befehlshaber begründen würde. Stets muss die **Möglichkeit** hinzukommen, **faktisch** das Verhalten der Untergebenen **zu bestimmen,** insbesondere deren Straftaten wirksam zu unterbinden.[48] Deshalb kann etwa ein entmachteter und inhaftierter General nicht nach § 4 wegen der Nicht-Hinderung von Straftaten bestraft werden, die von den ihm formell noch unterstehenden Truppen begangen werden, auch wenn er zuvor von der Begehung der Taten erfahren hat.[49]

21 Da das Gesetz zwischen militärischen und zivilen Vorgesetzten unterscheidet (und deren Verantwortlichkeit in § 14 auch unterschiedlich geregelt ist), stellt sich die Frage, worin das **Spezifikum des militärischen** Befehlshabers besteht. Problematisch ist diese Unterscheidung insbesondere bei bewaffneten Polizei-Einheiten, politischen Kampfgruppen, Partisanenverbänden oder organisierten terroristischen Vereinigungen. Die Ratio der gesteigerten Unterlassungsverantwortlichkeit des Anführers – die besondere Gefährlichkeit der Gruppe auf Grund ihrer Bewaffnung – mag in all diesen Fällen erfüllt sein; man wird sie aber dennoch nicht sämtlich unter den Begriff des Militärs bringen können, ohne diesen zu überspannen.

22 Eine Besonderheit des militärischen Bereichs besteht darin, dass sich die **Befehlsunterworfenheit** der Untergebenen nicht nur, wie etwa im zivilen Beamtenverhältnis, auf einen engeren Bereich des „Dienstlichen", sondern auf die **gesamte Lebensführung** bezieht.[50] Dieser Unterschied ist in Art. 28 lit. b (ii) IStGH-Statut angedeutet, indem dort nur für die Verantwortlichkeit des *nicht-militärischen* Vorgesetzten verlangt wird, dass die Verbrechen des Untergebenen Tätigkeiten betreffen, „die unter die tatsächliche Verantwortung und Kontrolle des Vorgesetzten fielen";[51] dem *militärischen* Befehlshaber wird also offenbar eine umfassende Kontrolle über seine Untergebenen zugeschrieben. Hierin kann jedoch nicht das entscheidende Abgrenzungskriterium zwischen dem militärischen und dem zivilen Bereich liegen, da es auch ersichtlich nicht-militärische Organisationen – zB religiöse Sekten – gibt, deren Leitung ihre Mitglieder in allen Lebensbereichen überwacht.

23 Das wesentliche Merkmal einer militärischen Einheit ist ihre planmäßige **Orientierung auf den Einsatz in bewaffneten Konflikten.**[52] Dabei kann es sich ebenso um zwischen-

---

[47] Übereinstimmend *Karsten,* Verantwortlichkeit, 73 f. Auch in der Rechtsprechung des JStGH wird sowohl für den echten wie für den bloßen *de-facto*-Befehlshaber ein gewisses Maß an organisierter Struktur der Truppe vorausgesetzt; vgl. etwa JStGH, IT-95-14/2-T, Pros. v. Kordic and Cerkez, Trial Chamber 26.2.2001, Nr. 422 f.; JStGH, IT-97-24-T, Pros. v. Stakic, Trial Chamber 31.7.2003, Nr. 459.
[48] Vgl. JStGH, IT-96-21-T, Pros. v. Delalic, Trial Chamber 16.11.1998, Nr. 378; JStGH, IT-96-21-A, Pros. v. Delalic, Appeals Chamber 20.2.2001, Nr. 192–196, 304; JStGH, IT-01-48-A, Pros. v. Halilovic, Appeals Chamber 16.10.2007, Nr. 85; IStGH, ICC-01/05-01/08, Pros. vom Bemba Gombo, Trial Chamber 21.3.2016, Nr. 183 f.; weitere Nachweise bei *Boas/Bischoff/Reid,* Forms of Responsibility in International Criminal Law, 184 ff.; siehe auch *Bülte,* Vorgesetztenverantwortlichkeit, 594 f.
[49] Ebenso *Ambos,* Treatise I, 211 f.; Triffterer/Ambos/*Triffterer*/Arnold IStGH-Statut Art. 28 Rn. 87; *Burghardt* ZIS 2010, 695 (705); *Cassese,* 188.
[50] Vgl. § 17 SoldatenG; siehe auch *de Preux* in *Sandoz/Swinarski/Zimmermann* (Hrsg.), Art. 87 Rn. 3563.
[51] Siehe hierzu näher *Karsten,* Verantwortlichkeit, 400 ff.
[52] *Bülte,* Vorgesetztenverantwortlichkeit, 597 f., 657 ff.; ähnlich *Karsten,* Verantwortlichkeit, 420 ff.; anders die 2. Aufl. Von „Militär" kann nicht nur in der Situation eines akuten bewaffneten Konflikts gesprochen werden – auch eine Armee im Frieden ist eine militärische Einheit, deren Mitglieder völkerstrafrechtlich relevante Taten (zB Verbrechen gegen die Menschlichkeit) begehen können.

staatliche wie um nicht-internationale bewaffnete Auseinandersetzungen handeln. Der Begriff des Militärischen kann also auch bewaffnete Widerstands-, Unabhängigkeits- und Befreiungsorganisationen erfassen, sofern sie zur planmäßigen Führung eines – auch „asymmetrischen" – bewaffneten Konflikts in der Lage sind.[53] Nicht erfasst sind dagegen terroristische Gruppen, die nur vereinzelte Terrorakte durchführen.[54] Auch Polizei-Einheiten, die nur die Ordnung im Inneren aufrecht erhalten sollen, fallen nicht unter den Begriff des Militärischen, und ihre Führer sind ungeachtet einer militärähnlichen Bezeichnung ihres Dienstranges keine militärischen Befehlshaber iSv § 4.

Wenn nach diesen Maßstäben von einer militärischen Einheit gesprochen werden kann, kommt es für die Einordnung ihrer Führer als militärische Befehlshaber nicht darauf an, ob sie einen militärischen Rang bekleiden oder formal – etwa als **Verteidigungsminister** oder Regierungschef – „Zivilisten" sind.[55] Ebenso wenig ist es von Bedeutung, ob die Soldaten *in concreto* mit militärischen oder „zivilen" (etwa polizei-ähnlichen) Aufgaben betraut sind, wie zB mit der Bewachung von Gefängnissen. 24

Innerhalb von **militärischen Entscheidungsgremien** (Junta, Generalstab) sind nicht ohne weiteres alle Mitglieder militärische Befehlshaber iSv § 4. Entscheidend ist auch hier die Befugnis, die gemeinsam getroffene Entscheidung gegenüber Untergebenen verbindlich anzuordnen. Generalstabsoffiziere ohne eigene Truppen, die diese Möglichkeit nicht besitzen, sind daher keine militärischen Befehlshaber im Sinne der Vorschrift.[56] Wird in einem Gremium eine bindende Mehrheitsentscheidung getroffen, nicht gegen Straftaten Untergebener einzuschreiten, so ist als Befehlshaber jedes befehlsbefugte Mitglied des Gremiums strafbar, das den Mehrheitsbeschluss für seinen Bereich umsetzt, es sei denn, es hat gegen den Beschluss gestimmt und sich für eine Verhinderung der Straftaten eingesetzt.[57] 25

Innerhalb militärischer Hierarchien ist jedes Glied einer **Befehlskette** Befehlshaber, da und soweit er die rechtlich begründete Möglichkeit hat, auf den zur Straftat geneigten Soldaten dadurch einzuwirken, dass er ihm Befehle erteilt.[58] Befehlshaber kann also sowohl der oberste Armeeführer sein als auch der Unterführer, dem nur eine kleine Gruppe von Soldaten untersteht.[59] Daher können auch mehrere Vorgesetzte unterschiedlicher Ebenen für ein und dieselbe Straftat eines Untergebenen gleichermaßen nach § 4 verantwortlich sein.[60] 26

b) Tatsächliche Befehls- oder Führungsgewalt und Kontrolle (Abs. 2 Satz 1). Sieht man das Charakteristikum des militärischen Befehlshabers iSv Abs. 1 Satz 1 darin, dass er sowohl rechtlich als auch faktisch über **Befehlsgewalt** verfügt (→ Rn. 20), so bilden den Anwendungsbereich von Abs. 2 Satz 1 die Fälle, in denen die Möglichkeit des Täters, Anweisungen zu erteilen und durchzusetzen, **ausschließlich faktisch begründet** ist.[61] Zu 27

---

[53] Nach IStGH ICC-01/05-01/08, Pros. v. Bemba Gombo, Trial Chamber 21.3.2016, Nr. 176, können auch Anführer von „non-governmental irregular forces" als *military commanders* angesehen werden, wenn sie gemäß den anwendbaren (geschriebenen oder ungeschriebenen) Regeln ernannt worden sind. Zust. *Werle/Jeßberger* Rn. 615.

[54] Es ist aber durchaus möglich, dass eine militärische Einheit im hier angesprochenen Sinne gleichzeitig die Merkmale einer terroristischen Vereinigung iSv. § 129a StGB erfüllt; zutr. BGH 17.6.2010 – AK 3/10, BGHSt 55, 157 (173).

[55] So auch *Vetter* Yale Journal of International Law 2000, 138.

[56] Ebenso JStGH, IT-96-21-A, Pros. v. Delalic, Appeals Chamber 20.2.2001, Nr. 266; JStGH, IT-95-1-4/2-T, Pros. v. Kordic and Cerkez, Trial Chamber 26.2.2001, Nr. 415; Triffterer/Ambos/*Triffterer/Arnold* IStGH-Statut Art. 28 Rn. 87; *Vest,* Völkerrechtsverbrecher verfolgen, 260; wohl auch *Ambos,* Treatise I, 210 f.

[57] Vgl. BGH 6.7.1990 – 2 StR 549/89, BGHSt 37, 106 (129 ff.); Schönke/Schröder/*Stree/Bosch* StGB § 13 Rn. 62.

[58] BGH 17.6.2010 – AK 3/10, BGHSt 55, 157 (168).

[59] IStGH, ICC-01/05-01/08-424, Pros. v. Bemba Gombo, Pre-Trial Chamber 15.6.2009, Nr. 408; Trial Chamber 21.3.2016, Nr. 179. Siehe schon *de Preux* in *Sandoz/Swinarski/Zimmermann* (Hrsg.), Art. 87 Rn. 3553; auch *Safferling,* Internationales Strafrecht, § 5 Rn. 96.

[60] JStGH, IT-95-14-T, Pros. v. Blaskic, Trial Chamber 3.3.2000, Nr. 303.

[61] Vgl. IStGH, ICC-01/05-01/08-424, Pros. v. Bemba Gombo, Trial Chamber 21.3.2016, Nr. 177.

denken ist insbesondere an zwei Konstellationen: militärische Einheiten, die sich insgesamt außerhalb einer funktionierenden Rechtsordnung bewegen,[62] sowie Personen, die ohne formale Verankerung durch Position oder Dienstgrad auf Grund ihrer Persönlichkeit oder ihrer Machtmittel faktisch als Führer anerkannt werden.[63]

28 Die Anwendbarkeit von Abs. 2 Satz 1 setzt Befehls- oder Führungsgewalt innerhalb einer **Truppe** voraus. Dieser Begriff wird umgangssprachlich auch für (bewaffnete) Gruppen gebraucht, die nicht strikt militärisch organisiert und nicht auf die Verteidigung eines Staates hin ausgerichtet sind. Danach könnte auch der Anführer einer ungeordneten Partisanen- oder Terroristengruppe faktische Befehlsgewalt über eine „Truppe" besitzen. Eine solche Auslegung würde jedoch an der gesetzlichen Gleichstellung mit einem militärischen Befehlshaber vorbeigehen, die in der Formulierung von Art. 28 lit. a IStGH-Statut noch deutlicher wird.[64] Der Unterschied zwischen den Adressaten von Abs. 1 Satz 1 und Abs. 2 Satz 1 liegt ausschließlich in dem Vorliegen oder Fehlen einer *rechtlichen* Basis für den Führungsanspruch, nicht in der Zuordnung zum „militärischen" Bereich. Daher müssen auch für die „Truppe" iSv Abs. 2 Satz 1 die oben (→ Rn. 23) genannten Voraussetzungen einer militärischen Einheit erfüllt sein. Daraus folgt, dass Anführer von Polizei-Einheiten, Partisanengruppen und dergleichen auch nicht über Abs. 2 Satz 1 den militärischen Befehlshabern gleichgestellt werden können, auch wenn dies im Hinblick auf die damit verbundene Milderung der Haftung nach § 14 Abs. 2 (statt nach § 14 Abs. 1) rechtspolitisch misslich erscheinen mag.

29 Das Gesetz bezeichnet tatsächliche **Befehlsgewalt** und tatsächliche **Führungsgewalt** als **alternative Voraussetzungen** für das Bestehen einer Unterlassungsstrafbarkeit. Dem entspricht das Begriffspaar „(effective) command" und „(effective) authority" in Art. 28 lit. a IStGH-Statut. Der Unterschied zwischen den beiden Begriffen erschließt sich nicht leicht. Einen Anhaltspunkt gibt Abs. 2 Satz 2, wo für zivile Vorgesetzte ausschließlich von (tatsächlicher) Führungsgewalt gesprochen wird. Unter „Befehlsgewalt" wird man demnach die Durchsetzungsmöglichkeit auf Grund der spezifisch militärischen Kommandostruktur zu verstehen haben, die auch (und gerade) innerhalb einer im rechtlosen Raum agierenden militärischen Einheit existieren kann;[65] demgegenüber sind mit „Führungsgewalt" solche Fälle angesprochen, in denen sich der Täter auf Grund persönlicher Eigenschaften als maßgebliche Autorität innerhalb der Truppe präsentiert.

30 In jedem Fall muss neben der Befehls- oder Führungsgewalt noch die Ausübung von **Kontrolle** gegeben sein. Der JStGH hat diesen Begriff mit Recht nicht als allgemeine Überwachung der Lebensführung der Soldaten verstanden, sondern spezifisch auf die Möglichkeit bezogen, die Untergebenen an der Begehung der hier relevanten Straftaten zu hindern.[66] Dies bedeutet, dass der Vorgesetzte die Befolgung seiner Anordnungen auch

---

[62] Zu diesem Fall JStGH, IT-96-21-T, Pros. v. Delalic, Trial Chamber 16.11.1998, Nr. 370 f.

[63] Siehe etwa RStGH, ICTR-96-4T, Pros. v. Akayesu, Trial Chamber 2.9.1998, Nr. 57; Triffterer/Ambos/ *Triffterer/Arnold* IStGH-Statut Art. 28 Rn. 98.

[64] Dort heißt es: „A military commander or person effectively acting as a military commander shall be criminally responsible for crimes ... committed by forces under his or her effective command and control, or effective authority and control as the case may be ..." „Forces" müssen demnach sowohl beim *de-jure*-Befehlshaber als auch beim *de-facto*-Befehlshaber dieselben Eigenschaften aufweisen. Siehe zur Anwendbarkeit der *command responsibility* auf irreguläre (Guerilla-)Kampfgruppen IStGH, ICC-01/05-01/08-424, Pros. v. Bemba Gombo, Trial Chamber 21.3.2016, Nr. 177; *Knoops* International Criminal Law Review 7 (2007), 505 (516 ff.).

[65] Vgl. IStGH, ICC-01/05-01/08-424, Pros. v. Bemba Gombo, Pre-Trial Chamber vom 15.6.2009, Nr. 410, wo die Anführer von Rebellengruppen und paramilitärischen Einheiten als Beispielsfälle genannt werden.

[66] Nach der Rechtsprechung des JStGH und des IStGH bildet die so verstandene „effective control" über die Untergebenen die zentrale Voraussetzung der Befehlshaberstellung; siehe JStGH, IT-96-21-T, Pros. v. Delalic, Trial Chamber 16.11.1998, Nr. 378; JStGH, IT-06-90, Pros. v. Gotovina, Trial Chamber 15.4.2011, Nr. 1963; IStGH, ICC-01/05-01/08-424, Pros. v. Bemba Gombo, Pre-Trial Chamber 15.6.2009, Nr. 415 ff.; Trial Chamber 21.3.2016, Nr. 183 f., 188. Eingehend zur Rechtsprechung des JStGH *Bonafé* JICJ 5 (2007), 599 (608 ff.).

gegen den Willen des Untergebenen durchsetzen kann.⁶⁷ Es reicht andererseits für das Bestehen von „Kontrolle" nicht aus, dass der Befehlshaber den anderen physisch überlegen ist, sondern die Durchsetzungsmöglichkeit muss Ausfluss seines Gehorsamsanspruchs auf Grund seiner (faktischen) Befehls- oder Führungsgewalt sein.⁶⁸

Nur wenn alle diese Voraussetzungen erfüllt sind, wird eine Person, der die rechtliche Grundlage der Befehlshaberstellung fehlt, dem **militärischen Befehlshaber gleichgestellt.** Dies bedeutet, dass der *de-facto*-Befehlshaber bei vorsätzlichem Unterlassen des Einschreitens täterschaftlich für die von dem Untergebenen begangene Tat einzustehen hat, dass er sich schon bei fahrlässiger Verkennung der Gefahr einer Straftat nach § 14 Abs. 1 wegen Aufsichtspflichtverletzung strafbar machen kann (§ 14 Abs. 3) und dass auch das vorsätzliche Unterlassen der Meldung einer von Untergebenen begangenen Straftat bestraft werden kann (§ 15 Abs. 2).

c) Zivile Vorgesetzte. Die besatzungsgerichtliche Rechtsprechung nach dem 2. Weltkrieg in Deutschland und Japan hat erstmals die strafrechtliche **Vorgesetztenhaftung auf den nicht-militärischen Bereich ausgedehnt.** Verurteilt wurden deutsche Wirtschaftsführer und japanische Politiker wegen des Geschehenlassens von ihnen bekannten Straftaten gegen die Menschlichkeit durch nachgeordnete Personen.⁶⁹ Eine vertiefte Auseinandersetzung mit den Gründen und der Reichweite dieser Erstreckung fand damals nicht statt; meist begnügten sich die Gerichte mit dem Hinweis darauf, dass die Angeklagten die Taten leicht hätten verhindern können. Die *ad-hoc*-Straftribunale für Jugoslawien und Ruanda haben ohne inhaltliche Diskussion an die Präzedenzfälle der Nachkriegszeit angeknüpft; sie stützen sich dabei auf die allgemeine Formulierung in Art. 7 Abs. 3 JStGH-Statut bzw. Art. 6 Abs. 3 RStGH-Statut, wonach die Tatsache, dass eine relevante Straftat durch einen Untergebenen („subordinate") begangen wurde, dessen Vorgesetzten („superior") nicht von strafrechtlicher Verantwortlichkeit entbindet. Als ausschlaggebend für Begründung und Umfang der Vorgesetztenhaftung wurde auch hier die „effective control" des Vorgesetzten bezüglich der strafbaren Handlungen des Untergebenen angesehen.⁷⁰

Von der völkergewohnheitsrechtlichen Anerkennung einer strafrechtlichen Haftung ziviler Vorgesetzter für die Taten ihrer Untergebenen wurde bei den Beratungen zum **IStGH-Statut** ausgegangen.⁷¹ Auf Vorschlag der USA wurde in Art. 28 IStGH-Statut jedoch hinsichtlich der subjektiven Voraussetzungen differenziert: Während militärische Befehlshaber schon dann verantwortlich sind, wenn sie von der Untergebenen-Straftat hätten wissen sollen („should have known"), gilt dies für zivile Vorgesetzte nur dann, wenn sie Informationen außer Acht gelassen haben, die eindeutig auf die Begehung von Straftaten durch Untergebene hinwiesen („clearly indicated").⁷² Mit dieser – durch § 14 übernommenen – Differenzierung sind jedoch die grundsätzlichen Fragen einer strafrechtlichen Haftung ziviler Vorgesetzter keineswegs gelöst.

In welchen Fällen ein **„Geschäftsherr"** nach allgemeinem deutschem Strafrecht (als Täter oder Gehilfe) **wegen Unterlassens strafbar** ist, wenn er seine Angestellten vorsätz-

---

⁶⁷ JStGH, IT-96-21-T, Pros. v. Delalic, Trial Chamber 16.11.1998, Nr. 354; JStGH, IT-01-47-T, Pros. v. Hadzihasanovic, Trial Chamber 15.3.2006, Nr. 85 f.

⁶⁸ Zutreffend *Karsten,* Verantwortlichkeit, 79; Werle/Jeßberger Rn. 614.

⁶⁹ Siehe etwa U.S. v. Pohl et al., TWC V, 958 (1055 ff.); Government Commissioner v. Roechling et al., TWC XIV, 1061 (1088 ff.); zur Verurteilung japanischer Politiker (Hiranuma, Hirota, Hoshino, Shigemitsu) siehe die Angaben bei *Röling/Rüter* (Hrsg.), 446 ff.

⁷⁰ Siehe etwa JStGH, IT-96-21-T, Pros. v. Delalic, Trial Chamber 16.11.1998, Nr. 355 ff.; JStGH, IT-98-34-T, Pros. v. Naletilic and Martinovic, Trial Chamber 31.3.2003, Nr. 67 f.; JStGH, IT-01-47-AR72, Pros. v. Hadzihasanovic et al., Appeals Chamber 16.7.2003, Nr. 31; RStGH, ICTR 95–1A-T, Pros. v. Bagilishema, Trial Chamber 7.6.2001, Nr. 42 f. Unkritisch zustimmend Triffterer/Ambos/*Triffterer/Arnold* IStGH-Statut Art. 28 Rn. 123; Werle/Jeßberger Rn. 616; mit Recht kritisch zum Fehlen konkreter Standards für die Begründung der Strafbarkeit ziviler Vorgesetzter jedoch *Burghardt,* Vorgesetztenverantwortlichkeit, 102–105, 164 f.; Zahar/Sluiter 264 ff.

⁷¹ *Ambos* in McDonald/Swaak-Goldman (Hrsg.), 1 (28).

⁷² Kritisch zu dieser Differenzierung anhand eines formalen Kriteriums *van Sliedregt,* Individual Criminal Responsibility, 201 f.

lich nicht daran hindert, im Zusammenhang mit ihrer geschäftlichen Tätigkeit Straftaten zu begehen, ist nach wie vor **umstritten**;[73] dasselbe gilt für die Frage nach dem Grund für eine etwaige Garantenstellung des Geschäftsherrn und für ihre Reichweite. Soweit die Handlungspflicht des Geschäftsherrn nicht aus besonderen Schutzpflichten gegenüber seinen Kunden folgt, wird man ihre Grundlage allenfalls in der Pflicht zur Beherrschung der Gefahrenquelle sehen können, die ein Geschäftsbetrieb und dessen Personal darstellen können. Aus dieser Ratio folgt freilich zugleich eine Beschränkung der Garantenstellung auf Leiter solcher Unternehmen, die auf Grund ihrer Eigenart (zB wegen der Art der hergestellten Produkte oder wegen der Schädigungseignung der angebotenen Dienste) für die Allgemeinheit generell gefährlich sind.[74]

35   Vor diesem Hintergrund ist der Begriff des „zivilen Vorgesetzten" auszulegen.[75] Auch mit Blick auf das Völkergewohnheitsrecht kann es nicht angehen, jeden Arbeitgeber als Täter für Völkerstraftaten seiner Angestellten verantwortlich zu machen, wenn er diese hätte verhindern können.[76] Die tätergleiche Vorgesetztenverantwortlichkeit im zivilen Bereich lässt sich vielmehr nur dann rechtfertigen, wenn die **Stellung des Vorgesetzten mit derjenigen eines militärischen Befehlshabers vergleichbar** ist. Dies bedeutet zweierlei: Die zivile Organisation oder das Unternehmen müssen ihrer Art nach ein gesteigertes Gefährdungspotenzial für die völkerstrafrechtlich geschützten Rechtsgüter aufweisen, und die Kontrolle des Vorgesetzten über seine Untergebenen muss ähnlich strikt sein wie diejenige eines militärischen Befehlshabers über seine Truppe.[77]

36   Der Vorgesetzte muss eine Führungsposition in einer zivilen **Einrichtung von einiger Bedeutung** (nach Abs. 2 Satz 2 in einer „Organisation" oder einem „Unternehmen") einnehmen; Kleinbetriebe mit wenigen Angestellten oder Vereine mit ein paar Mitgliedern können in der Regel die völkerstrafrechtlich geschützten Rechtsgüter nicht ernsthaft in Gefahr bringen. Es muss hinzukommen, dass die Einrichtung auf Grund ihrer konkreten Zielrichtung oder Tätigkeit **inhärent (zumindest abstrakt) gefährlich** für diese Rechtsgüter ist. Das ist bei Organisationen der Fall, bei denen auf Grund ihrer inhaltlichen Ausrichtung (zB ethnisch oder religiös diskriminierende, nationalistische oder kriegshetzerische Programmatik) oder ihrer latenten Aggressivität (Bewaffnung, Gewaltbereitschaft der Mitglieder)[78] die Möglichkeit der Begehung von Straftaten nach dem VStGB durch ihre Mitglieder als nicht fernliegend erscheint. Für Unternehmen gilt zunächst dasselbe (zB ein Verlagsunternehmen, das gewaltverherrlichende Schriften produziert und vertreibt); spezifisches Gefahrenpotential kann hier aber auch in der Produktion von Waren (zB Waffen oder waffenfähige Materialien) oder dem Angebot von Dienstleistungen (zB private Sicherheitsdienste) liegen, die sich ihrer Art nach auch für die Begehung völkerstrafrechtlicher Taten eignen. Dabei können einzelne Betriebe oder Tochtergesellschaften größerer Unternehmen

---

[73] Grundsätzlich *für* eine solche strafrechtliche Geschäftsherrenhaftung bei „betriebsbezogenen" Straftaten Angestellter BGH 20.10.2011 – 4 StR 71/11, BGHSt 57, 42 mAnm *Schramm* JZ 2012, 969; siehe auch BGH 17.7.2009 – 5 StR 394/08, BGHSt 54, 44.

[74] Mit dieser Begründung hat zB das schweizerische Bundesgericht (122 BGE IV S. 103) die Pflicht des Leiters eines Stahlunternehmens bejaht, verbotene Kriegswaffenlieferungen durch Angestellte zu unterbinden. Vgl. auch LK-StGB/*Weigend* StGB § 13 Rn. 56; NK-StGB/*Wohlers* StGB § 13 Rn. 53; Schönke/Schröder/ *Stree/Bosch* StGB § 13 Rn. 53; *Weltz*, Unterlassungshaftung, 137 ff. (rechtsvergleichend 44 ff.).

[75] Abweichender Ansatz bei *Bülte*, Vorgesetztenverantwortlichkeit, 631 ff.: Zivile Vorgesetzte sind verantwortlich, wenn und weil sie die völkerrechtlichen Pflichten des Staates übernehmen.

[76] In diese Richtung geht allerdings die (nicht überzeugende) Entscheidung des RStGH, ICTR-96-13-T, Pros. v. Musema, Trial Chamber 27.1.2000, Nr. 880, wo der Besitzer einer Teefabrik als Inhaber der „*de jure control*" über seine Arbeiter angesehen und deshalb wegen der von diesen begangenen Taten verurteilt wurde. Kritisch hierzu *Williamson* Criminal Law Forum 13 (2002), 365 (370 ff.). Inzwischen verlangt auch der RStGH für die Verantwortlichkeit ziviler Vorgesetzter deren „material ability to prevent or punish the subordinates' criminal conduct"; ICTR-99-52-A, Nahimana et al. v. Pros., Appeals Chamber 28.11.2007, Nr. 605.

[77] Ähnlich *Werle/Jeßberger* Rn. 617.

[78] Unter diesem Gesichtspunkt sind auch Polizei-Einheiten als „zivile Organisationen" erfasst, zivile Ministerien und Behörden dagegen nur dann, wenn sie aufgrund ihrer Aufgabenbereiche latent für die hier relevanten Rechtsgüter gefährlich sind. Dies liegt zB für ein Verteidigungs- oder Propagandaministerium nahe, für eine Naturschutzbehörde dagegen nicht.

die hier geforderte Gefährlichkeit für die Rechtsgüter des Völkerstrafrechts aufweisen, andere nicht; in diesem Fall ist nur derjenige „Vorgesetzter" iSv § 4, der den „gefährlichen" Unternehmensteil leitet und so (gleichgültig ob rechtmäßig oder rechtswidrig) eine Gefahrenquelle für das friedliche Zusammenleben der Völker schafft.[79]

Dass eine Organisation oder ein Unternehmen ausschließlich oder teilweise **kriminelle** 37 **Ziele** verfolgt (zB eine terroristische Vereinigung oder eine Bande von Plünderern), schließt eine Verantwortlichkeit der Anführer nach § 4 nicht aus (zur Konkurrenz zu aktiver Täterschaft oder Teilnahme → Rn. 65 f.). Die Ratio der Vorgesetztenverantwortlichkeit ist bei kriminellen Vereinigungen sogar in besonders deutlicher Weise erfüllt. Die Bezeichnung des Chefs einer solchen Gruppe als „zivil" mag anstößig erscheinen, doch dient dieser Begriff hier nur der Unterscheidung von den im engen Sinne militärischen Einheiten.

Die gesteigerte Verantwortlichkeit nach § 4 erfordert darüber hinaus, dass auch die **„Füh-** 38 **rungsgewalt und Kontrolle"** (Abs. 2 Satz 2) des Vorgesetzten derjenigen eines militärischen Befehlshabers angenähert ist. Er muss also auf Grund seiner dienstlichen oder betrieblichen Stellung und der damit verbundenen Weisungsbefugnis in der Lage sein, effektiv die Begehung von Straftaten durch seine Untergebenen zu verhindern. Dafür reicht das in Deutschland arbeitsrechtlich anerkannte Direktionsrecht als Arbeitgeber allein nicht aus, soweit die Missachtung von Anweisungen durch den Arbeitnehmer allenfalls indirekt und nachträglich wirkende Folgen (etwa nach einer Abmahnung) nach sich ziehen kann.[80] Ebenso wenig genügt es, wenn der Unternehmens- oder Organisationsleiter bei einer Nichtbefolgung seiner Weisungen ein disziplinarisches Verfahren in Gang setzen kann,[81] denn dadurch kann er den Untergebenen nicht unmittelbar an der Ausführung geplanter Straftaten hindern – niemand käme auf die Idee, einen Unbeteiligten allein deshalb als Garanten für das Unterbleiben von Straftaten anzusehen, weil er nachträglich Anzeige erstatten kann. „Ziviler Vorgesetzter" iSv § 4 kann somit nur jemand sein, der über Einwirkungsmöglichkeiten verfügt, die physisch oder psychologisch so wirksam sind, dass sie das Aufgeben eines deliktischen Plans durch den Untergebenen auf Grund der Intervention des Vorgesetzten erwarten lassen. Dies ist zunächst bei militärähnlich organisierten Einheiten denkbar, in denen dem Vorgesetzten Mittel physischer Gewalt zur Verfügung stehen, aber auch bei der Einsetzbarkeit anderer unmittelbar wirksamer und empfindlicher Sanktionen, wie etwa des sofortigen unwiderruflichen Verlustes des Arbeitsplatzes,[82] schließlich in ideologisch oder religiös geprägten Organisationen auch auf Grund psychisch wirkender Mittel (zB Gruppendruck, Gewissensqualen). Auf Vorgesetzte in deutschen Wirtschaftsunternehmen dürfte danach § 4 kaum anwendbar sein;[83] für sie gilt gemäß § 2 die allgemeine strafrechtliche „Geschäftsherrenhaftung" nach § 13 StGB (→ Rn. 34).

d) Tatsächliche Führungsgewalt und Kontrolle in einer zivilen Organisation 39 **oder einem Unternehmen (Abs. 2 Satz 2).** Durch Abs. 2 Satz 2 wird die Verantwortlichkeit auf Personen ausgedehnt, die zwar **nicht formell Vorgesetzte** in einer Organisa-

---

[79] Für eine Konkretisierung mit Recht *Bülte*, Vorgesetztenverantwortlichkeit, 661. *Bülte* (664) möchte jedoch darüber hinausgehend die Vorgesetzten-Eigenschaft davon abhängig machen, dass das Verbrechen des Untergebenen unter die tatsächliche Verantwortung und Kontrolle des „Vorgesetzten" fällt. Damit verlöre aber der Begriff des „Vorgesetzten" seine eigenständige Bedeutung.

[80] Ebenso *Vest*, Völkerrechtsverbrecher verfolgen, 258 f.

[81] Verfehlt deshalb die Entscheidung der Trial Chamber des JStGH in Pros. v. Aleksovski, IT-95-14/1-T, Trial Chamber 25.6.1999, Nr. 77 f., wo auf jede eigenständige Sanktionszuständigkeit des zivilen Vorgesetzten verzichtet und allein auf die Möglichkeit abgestellt wird, dass er Taten seiner Untergebenen nachträglich den zuständigen Behörden anzeigt. Nach § 4 ist der Vorgesetzte verpflichtet, den Untergebenen an der Tat zu *hindern;* wenn er diese Möglichkeit auf Grund seiner Stellung schon *in abstracto* nicht besitzt (sondern nur nachträglich Anzeige erstatten kann), kann er kein Vorgesetzter im Sinne der Vorschrift sein.

[82] Die Möglichkeit fristloser Kündigung eines Dienst- oder Arbeitsverhältnisses für den Fall der Begehung einer Straftat bildet einen Grenzfall. Soweit gegen eine solche Maßnahme gerichtlicher Rechtsschutz mit potentiell aufschiebender Wirkung besteht, wird man die Kündigungsmöglichkeit allein für „Führungsgewalt und Kontrolle" des Arbeitgebers iSv § 4 nicht ausreichen lassen können.

[83] AA insoweit *Bülte*, Vorgesetztenverantwortlichkeit, 667 f., der auf die Notwendigkeit einer Einzelfallbetrachtung hinweist.

tion oder einem Unternehmen sind, aber **faktisch solche Funktionen wahrnehmen.** Da die „Führungsgewalt" des zivilen Vorgesetzten ohnehin nicht in bestimmter Weise formalisiert und verrechtlicht sein muss (man denke etwa an „zivile Vorgesetzte" in terroristischen Vereinigungen), wäre die ausdrückliche Gleichstellung nur faktischer Vorgesetzter nicht unbedingt notwendig gewesen.[84] Auch der *de-facto*-Vorgesetzte im zivilen Bereich muss die oben (→ Rn. 35–38) beschriebenen Voraussetzungen erfüllen, nämlich in einer latent rechtsgutsgefährlichen Einrichtung wirksame Leitungs- und (tatprophylaktische) Kontrollaufgaben wahrnehmen; es fehlt bei ihm lediglich die nach außen wirksame Übertragung dieser Aufgaben. Zu denken ist etwa an faktische Geschäftsführer in einem Unternehmen oder an Personen, die einen Betrieb oder eine Organisation zum Zweck der Tarnung über „Strohmänner" führen. Intern im Hintergrund agierende einflussreiche Führungskräfte („Graue Eminenz") fallen dagegen nicht unter die Vorschrift, sofern sie gegenüber den Untergebenen nicht als Befehlsgeber in Erscheinung treten.

40   **3. Tatbestandliche Situation. a) Begehung einer Tat.** Die strafrechtliche Verantwortlichkeit des Befehlshabers oder Vorgesetzten wird durch die Tat eines Untergebenen ausgelöst, die **gegen das VStGB** verstößt. Zwar setzt die Hinderungspflicht des Vorgesetzten ein, sobald er auch nur von der Planung einer solchen Tat erfährt; seine strafrechtliche Verantwortlichkeit verwirklicht sich aber erst, wenn eine „von dem Untergebenen begangene Tat" als Bezugspunkt für die Strafbarkeit des Vorgesetzten vorliegt. Als „Tat" des Untergebenen kommt jeder Verstoß gegen das VStGB in Betracht. Auch ein bloßer **Versuch** genügt, soweit er (bei Verbrechen nach §§ 6–12) strafbar ist,[85] ebenso die **Anstiftung oder Beihilfe**[86] sowie bei Verbrechen die **Beteiligungsformen des § 30 StGB** des Untergebenen hinsichtlich der einschlägigen Tat eines Dritten.[87]

41   In Frage kommt als Anknüpfungspunkt auch ein **strafbares Unterlassen** des Untergebenen.[88] Dies ist denkbar, soweit die tatbestandliche Beschreibung ausdrücklich oder der Sache nach durch Untätigkeit erfüllt werden kann (zB § 8 Abs. 3 Nr. 1, ungerechtfertigte Verzögerung der Heimschaffung von Kriegsgefangenen), aber auch dann, wenn „unechtes" Unterlassen des Untergebenen iSv § 13 StGB gegeben ist (zB Folterung eines Gefangenen iSv § 7 Nr. 5 durch Vorenthalten von Getränken und Nahrung). Auch das Unterlassen eines (rangniederen) Vorgesetzten iSv § 4 kann seinerseits die strafrechtliche Verantwortlichkeit eines übergeordneten Vorgesetzten auslösen, der bewusst davon absieht, den niederen Vorgesetzten zum Eingreifen gegen Straftaten von dessen Untergebenen zu veranlassen. Der ranghöhere Vorgesetzte haftet dann als Täter für die von den Untergebenen verübten Taten, auch wenn er ihnen gegenüber nicht unmittelbar weisungsbefugt ist. Schließlich kommt auch die Verletzung der Aufsichts- oder Meldepflicht nach §§ 14, 15 als Tat eines Untergebenen (nämlich eines dem Täter gegenüber rangniederen Vorgesetzten) in Betracht.

42   Eine Untergebenen-Tat liegt nur dann vor, wenn der Untergebene den Tatbestand vollständig verwirklicht, dh bei der Tatbegehung auch die notwendigen **subjektiven Voraussetzungen** (etwa die Zerstörungsabsicht bei § 6) besitzt. Es reicht wegen der Akzessorietät

---

[84] Art. 28 lit. b IStGH-Statut trifft keine entsprechende Regelung, sondern verlangt für nicht-militärische Vorgesetzte generell „effective authority and control" über die Untergebenen, die die Tat ausführen.

[85] Ebenso für Art. 28 IStGH-Statut *Meloni*, Command Responsibility in International Criminal Law, 148 f.; *Nerlich* JICJ 5 (2007), 665 (668 f.); Triffterer/Ambos/*Triffterer/Arnold* IStGH-Statut Art. 28 Rn. 106; *Bülte*, Vorgesetztenverantwortlichkeit, 603; aA (unter Bezugnahme auf den Wortlaut) *Ambos*, Internationales Strafrecht, § 7 Rn. 55 Fn. 281; *Meitraux*, Command Responsibility, 79 f. Ausreichend ist auch eine strafbare Vorbereitungshandlung iSv § 13 Abs. 2.

[86] Ebenso für die Vorgesetztenhaftung gemäß Art. 7 Abs. 3 JStGH-Statut JStGH, IT-01-48-T, Pros. v. Halilovic, Trial Chamber 16.11.2005, Nr. 39; JStGH, IT-03-68-T, Pros. v. Oric, Trial Chamber 30.6.2006, Nr. 300 f.; JStGH, IT-02-60-A, Pros. v. Blagojevic and Jokic, Appeals Chamber 9.5.2007, Nr. 280; *Burghardt* ZIS 2010, 495 (704); aA *Ambos* JICJ 5 (2007), 159 (178 f.).

[87] Da § 2 hinsichtlich der allgemeinen Regeln auf das deutsche Strafrecht verweist, genügen die besonderen Beteiligungsformen des Völkerstrafrechts, etwa nach Art. 25 Abs. 3 lit. d IStGH-Statut, als solche nicht zur Begründung der Vorgesetztenverantwortlichkeit nach § 4.

[88] Ebenso Pros. v. Oric, JStGH, IT-03-68-T, Trial Chamber 30.6.2006, Nr. 302.

der Vorgesetztenhaftung zur Tat des Untergebenen nicht aus, dass allein der Vorgesetzte diese Voraussetzungen erfüllt (zur Frage der Anwendung von § 28 StGB → Rn. 63).

Anders als in § 357 StGB ist in § 4 nicht von einer **„rechtswidrigen Tat"** des Untergebenen als Anknüpfungspunkt für die Vorgesetztenverantwortlichkeit die Rede. Daraus könnte man den Schluss ziehen, dass der Vorgesetzte nur hafte, wenn der Untergebene auch schuldhaft gehandelt, also eine vollständige „Straftat" begangen hat. Eine solche Auslegung würde jedoch gegen Sinn und Zweck von § 4 verstoßen, geht es hier doch gerade um die Durchsetzung der Aufsichtspflicht des Befehlshabers oder Vorgesetzten über die seiner Führung anvertrauten Personen auf Grund deren latenter Gefährlichkeit. Weshalb die Verantwortlichkeit des bewusst untätig bleibenden Vorgesetzten nicht eingreifen sollte, wenn etwa ein Soldat, der Kriegsverbrechen begeht, wegen psychischer Krankheit oder Trunkenheit schuldunfähig und deshalb besonders gefährlich ist, wäre nicht zu erklären.[89] Ungeachtet des undeutlichen Wortlauts reicht daher auch hier eine bloß *rechtswidrige* Tat des Untergebenen als Auslöser für die Vorgesetztenverantwortlichkeit aus.[90] 43

b) Durch einen Untergebenen. Die persönliche Situation des Untergebenen im Zeitpunkt seiner Tat muss **spiegelbildlich derjenigen des Vorgesetzten** entsprechen. Der Untergebene muss folglich der Einheit, Einrichtung oder Organisation angehören, in der der Befehlshaber oder Vorgesetzte eine Führungsfunktion wahrnimmt, und er muss der (förmlichen oder zumindest faktischen) Befehls- oder Führungsgewalt des Vorgesetzten sowie dessen „Kontrolle" unterliegen.[91] Dies setzt zunächst voraus, dass der Untergebene innerhalb einer formellen Rangordnung dem Vorgesetzten **nachgeordnet** ist – zwischen Gleichrangigen kann es faktische Machtgefälle auf Grund psychischer oder physischer Durchsetzungskraft, aber kein Vorgesetzten-Untergebenen-Verhältnis geben. Das weitere Merkmal der **Kontrollunterworfenheit** ist nicht erfüllt, wenn es dem formal Höherrangigen an faktischer Durchsetzungsfähigkeit gegenüber dem nachgeordneten Täter fehlt, etwa weil der Vorgesetzte keinen Kontakt mit seiner Einheit aufnehmen kann oder weil die Disziplin innerhalb der Gruppe soweit geschwunden ist, dass „jeder macht, was er will".[92] 44

Maßt sich jemand Führungsgewalt außerhalb seines Zuständigkeitsbereichs an, zB als (echter oder vermeintlicher) Offizier in einer ihm nicht unterstehenden militärischen Einheit, so fehlt es eigentlich an der *formalen* Unterordnung der Angehörigen jener Einheit. Entsprechend der Regelung über faktische Befehlshaber und Vorgesetzte in § 4 Abs. 2 genügt jedoch auch ein **faktisches Untergebenenverhältnis;** besteht ein solches, so begründen die Taten der „Untergebenen", wenn die übrigen Voraussetzungen von § 4 erfüllt sind, die Verantwortlichkeit des faktischen Vorgesetzten. Ein starkes Indiz für eine derartige *de-facto*-Untergebenenstellung ist die Tatsache, dass die tatausführenden Personen die Anweisungen des unzuständigen „Befehlshabers" tatsächlich befolgt haben; entscheidend ist dessen (hypothetische) Fähigkeit, sie durch entsprechende Anweisungen effektiv von der Begehung von Straftaten abzuhalten. 45

Welcher von **mehreren Untergebenen** die Tat ausgeführt hat, braucht im Rahmen von § 4 nicht festgestellt zu werden; das Gericht muss nur überzeugt sein, dass es *ein* Untergebener des Angeklagten war. Zweifel gehen insoweit zu seinen Gunsten. Lässt sich etwa nicht feststellen, aus welcher von mehreren in Frage kommenden Einheiten die unmittelbar 46

---

[89] Mittelbare Täterschaft des Vorgesetzten braucht in diesen Fällen nicht notwendig vorzuliegen, da diese in subjektiver Hinsicht das Ausnützen der Situation durch den Vorgesetzten voraussetzt.
[90] Übereinstimmend *Bülte,* Vorgesetztenverantwortlichkeit, 669 f., sowie für Art. 28 IStGH-Statut *Meloni*, Command Responsibility, 152 ff. AA *Burghardt* ZIS 2010, 695 (704), der es genügen lassen will, dass der Untergebene den „objektiven Tatbestand eines Verbrechens nach VStGB" verwirklicht. Dies ist jedoch noch keine „Tat", derentwegen der Vorgesetzte „wie ein Täter" haften könnte, wie dies § 4 Abs. 1 voraussetzt.
[91] „Untergebener" kann nach diesen Grundsätzen im Einzelfall auch eine Person sein, die einem privaten Unternehmen angehört, wenn dieses in die Organisation eingebunden ist und seine Angehörigen *in concreto* der Befehlsgewalt des militärischen (oder zivilen) Vorgesetzten unterstehen; siehe zu solchen Fällen *Bantekas*, International Criminal Law, 88; *Chrispin* in *Stahn/van den Herik* (Hrsg.), 395 (410 ff.).
[92] In diesem Fall kann freilich ein Vorgesetzter, der diesen Zustand bewusst hat eintreten lassen, wegen vorsätzlicher oder fahrlässiger Begehung von § 14 strafbar sein. → Rn. 51.

verantwortlichen Soldaten stammten, so müssen auch mehrere nachweisbar untätige Vorgesetzte freigesprochen werden, sofern sie nicht auf Grund einer Absprache untereinander als Mittäter anzusehen sind.

47 **4. Tatbestandliches Verhalten: Zulassen der Untergebenen-Tat.** Die strafrechtliche Verantwortlichkeit des Vorgesetzten wird dadurch ausgelöst, dass er es **unterlässt,** den Untergebenen an der Begehung der Tat **zu hindern.** Damit ist die Strafbarkeit wegen vollendeter Tat von einem Erfolg – der Begehung der Tat durch den Untergebenen[93] – abhängig; es geht also um **„unechtes" Unterlassen.**[94] Seine bewusste Untätigkeit bleibt daher für den Vorgesetzten ohne strafrechtliche Folgen, wenn es zur Begehung oder zum strafbaren Versuch der Untergebenen-Tat, aus welchen Gründen auch immer, nicht kommt (zur Frage eines untauglichen Versuchs → Rn. 62).

48 Von einem rechtlich relevanten Unterlassen, den Untergebenen an der Tatbegehung zu hindern, kann man nur sprechen, wenn der Vorgesetzte *in concreto* objektiv die **Möglichkeit** hatte, **die Tatbegehung zu verhindern.**[95] Diese Möglichkeit setzt mehr voraus, als dass der Vorgesetzte in der Lage ist, irgendwelche Handlungen mit subjektiver Erfolgsabwendungstendenz vorzunehmen – wer nur ohnmächtig protestieren kann, kann nicht „hindern". Erforderlich ist vielmehr zweierlei: Der Vorgesetzte muss die Möglichkeit zur (direkten oder vermittelten) Kommunikation mit dem zur Straftat bereiten Untergebenen haben, nachdem dieser den Tatentschluss gefasst hat; und es muss zu erwarten sein, dass der Untergebene entweder die Anweisungen des Vorgesetzten befolgt oder auf dessen Veranlassung hin anderweitig (etwa durch Inhaftierung oder Gewaltanwendung seitens Dritter) an der Ausführung des Tatplans gehindert werden kann.[96] An der Hinderungsmöglichkeit fehlt es demnach unter anderem dann, wenn die dem Befehlshaber formell unterstellte Truppe ihm insgesamt den Gehorsam verweigert.

49 Der Vorgesetzte wird nicht bestraft, wenn er den Untergebenen an der Tatbegehung „hindert". Man könnte dies so interpretieren, dass der Vorgesetzte die Strafbarkeit wegen der Untergebenen-Tat nur vermeiden könne, wenn die Tat auf Grund seiner Intervention tatsächlich unterbleibt. Eine solche Erfolgshaftung ginge jedoch zu weit. Zwar reichen bloß zum Schein unternommene Bemühungen, deren Erfolglosigkeit der Vorgesetzte voraussieht, zur Erfüllung seiner Hinderungspflicht nicht aus; es kann jedoch nicht mehr von ihm verlangt werden, als dass er das tut, was in der konkreten Situation **in seiner Macht steht** und was **angemessen und erforderlich** ist, um den Untergebenen von der Tat abzubringen. Der Vorgesetzte muss also die Anordnungen erlassen, die geboten sind, um den Untergebenen an der Begehung der geplanten Tat zu hindern.[97] Für den Fall der Zuwiderhandlung sind die anwendbaren Sanktionen und, soweit zulässig, auch unmittelbare

---

[93] Die Tat des Untergebenen braucht nur im Sinne des jeweiligen Straftatbestandes *ausgeführt* zu sein, sie muss nicht unbedingt einen Erfolg bewirken. Verschiedene Tatbestände der §§ 6 bis 12 verlangen keinen Erfolgseintritt, zB § 6 Nr. 4 (Verhängen von Maßregeln) oder § 7 Nr. 7 lit. b (Verweigerung der Auskunft).

[94] Ebenso *Werle/Jeßberger* Rn. 642; *Berster,* Unterlassungsverantwortlichkeit, 191 f.; *Ambos,* Internationales Strafrecht, § 7 Rn. 55 Fn. 280, nimmt demgegenüber mangels „Begehungsgleichheit" ein „echtes Unterlassen" an; *Vogel* in Jeßberger/Geneuss (Hrsg.), 75 (82), bezeichnet diese Unterscheidung als „unfruchtbare Begriffsjurisprudenz" (wobei *Vogel* selbst offenbar meint, dass alles, was gesetzlich geregelt ist, „echtes" Unterlassen darstelle).

[95] BGH 17.6.2010 – AK 3/10, BGHSt 55,157 (168); BGH 8.10.2012 – StB 9/12, NStZ-RR 2013, 16 (17). Ebenso → StGB § 357 Rn. 21; LK-StGB/*Zieschang* StGB § 357 Rn. 12 für das „Geschehenlassen" bei der Konnivenz.

[96] Ebenso *Bülte,* Vorgesetztenverantwortlichkeit, 671 f. Außerhalb des Militärs oder militärähnlicher Organisationen dürfte diese Voraussetzung kaum je erfüllt sein; auch dies spricht für die oben (→ Rn. 35 f.) vertretene enge Auslegung des Begriffs des „zivilen Vorgesetzten".

[97] BGH 17.6.2010 – AK 3/10, BGHSt 55, 157 (169). Dies entspricht auch Art. 28 lit. a (ii) IStGH-Statut: „That military commander or person failed to take all necessary and reasonable measures within his or her power to prevent or repress their commission …" Siehe hierzu IStGH, ICC-01/05-01/08-424, Pros. v. Bemba Gombo, Pre-Trial Chamber 15.6.2009, Nr. 443; Trial Chamber 21.3.2016, Nr. 203 f. Zur Rechtsprechung des JStGH zu diesem Merkmal zusammenfassend JStGH, IT-05-87, Pros. v. Milutinovic, Trial Chamber 26.2.2009, Nr. 122; siehe auch *Berster,* Unterlassungsverantwortlichkeit, 211 ff.; *Burghardt,* Vorgesetztenverantwortlichkeit, 199 ff.

Gewalt anzudrohen. Inwiefern der Vorgesetzte einen zu erwartenden Widerstand des Untergebenen gewaltsam brechen (lassen) muss und welches persönliche Risiko der Vorgesetzte dabei in Kauf zu nehmen hat, hängt von der Intensität des Widerstandes (etwa einer meuternden Einheit) ab und ist letztlich eine Frage der Zumutbarkeit normgemäßen Handelns. Die bloße **Weitergabe der Information** über bevorstehende Straftaten an Dritte, etwa an höhere Vorgesetzte, reicht zur Erfüllung der Hinderungspflicht nur dann aus, wenn mit rechtzeitigem und effektivem Einschreiten des Dritten gerechnet werden kann.

Bei der Frage nach der Hinderungsmöglichkeit sind grundsätzlich nur solche Handlungsalternativen in Betracht zu ziehen, bei denen sich der Vorgesetzte **im Rahmen des Rechts** hält.[98] Die Verletzung der geschützten Rechtsgüter Dritter zur Verhütung von Straftaten seiner Untergebenen kann man von ihm nicht unter Strafandrohung verlangen. Zu weit geht daher die Rechtsprechung des JStGH, der zufolge es auf die rechtliche Befugnis des Vorgesetzten zum Eingreifen nicht ankommen soll.[99] Andererseits hat die Erfüllung völkerstrafrechtlich bewehrter Schutzpflichten Vorrang vor der Einhaltung von Regelungen des nationalen Rechts, die gegen humanitäres Völkerrecht verstoßen[100] oder sich auf die Einhaltung von Förmlichkeiten wie Zuständigkeitsregeln oder Konsultationspflichten beziehen.

Auf fehlende Hinderungsmöglichkeit kann sich ein Vorgesetzter dann nicht berufen, wenn er sich selbst vorsätzlich außerstande gesetzt hat, effektiv einzugreifen (**„omissio libera in causa"**).[101] So kann es etwa liegen, wenn ein Befehlshaber seine Truppe auf eine gefährliche Mission schickt, bei der erfahrungsgemäß Kriegsverbrechen begangen werden können, und den Untergebenen aufträgt, ihm über die Einzelheiten ihres Vorgehens keinen Bericht zu erstatten.

In **zeitlicher Hinsicht** setzt die Handlungspflicht des Vorgesetzten ein, sobald der Untergebene den Vorsatz fasst, eine Tat nach §§ 6 ff. zu begehen. Die allgemeine, zeitlich vorgelagerte Dienstpflicht, die Truppen sorgfältig auszuwählen, ihre Disziplin sicherzustellen und die Untergebenen hinreichend zu rechtmäßigem Verhalten auch bei bewaffneten Auseinandersetzungen und im Umgang mit einer feindlichen Zivilbevölkerung zu schulen und zu trainieren, kann man dagegen nicht unter die Verbrechenshinderungspflicht nach § 4 subsumieren, da sich diese auf konkret drohende Straftaten von Untergebenen und nicht auf eine Verletzung der allgemeinen Aufsichtspflicht bezieht.[102] Die Hinderungspflicht besteht auch dann noch, wenn mit der Ausführung der Tat durch den Untergebenen bereits begonnen wurde, deren Fortsetzung aber noch unterbunden werden kann.[103] Nach Abschluss der strafbaren Handlungen der Untergebenen besteht eine Hinderungspflicht nur noch in Bezug auf etwa zu erwartende *weitere* Taten; die Frage der Ahndung der begangenen Tat ist ausschließlich nach § 15 zu beurteilen.

5. Hypothetische Vermeidungskausalität. Strafbar macht sich der Vorgesetzte – wie in allen „unechten" Unterlassungsfällen – nur dann, wenn er die Tat durch den gebotenen und zumutbaren Einsatz seiner Befehls- oder Führungsgewalt in einer ihm zurechenbaren Weise tatsächlich hätte verhindern können **(hypothetische Kausalität)**.[104] Allein die Feststellung, dass der Vorgesetzte die Ausführung der Untergebenen-Tat hätte erschweren oder

---

[98] Der IStGH stellt auf die „material ability to act" des Vorgesetzten ab, was das Gebrauchmachen von seinen „de-facto"-Möglichkeiten einschließt; ICC-01/05-01/08, Pros. v. Bemba Gombo, Trial Chamber 21.3.2016, Nr. 199. Übereinstimmend. für *de facto*-Befehlshaber *Bülte*, Vorgesetztenverantwortlichkeit, 674 f.
[99] Siehe IT-95-14/1-T, Pros. v. Aleksovksi, Trial Chamber 25.6.1999, Nr. 78; IT-95-14-T, Pros. v. Blaskic, Trial Chamber 3.3.2000, Nr. 302.
[100] Zutr. *Bülte*, Vorgesetztenverantwortlichkeit, 675 f.
[101] Ebenso *Ambos*, Internationales Strafrecht, § 7 Rn. 57; *Meloni*, Command Responsibility, 172. Allgemein zu dieser Rechtsfigur → StGB Vor § 13 Rn. 281 ff.
[102] Anders für Art. 28 IStGH-Statut *Triffterer* FS Lüderssen, 2002, 453; *ders.* GS Vogler, 2004, 250; ihm folgend *Nerlich* JICJ 5 (2007), 665 (678 f.); wie der Text *Sivakumaran* JICJ 10 (2012), 1129 (1139 f.).
[103] Der Differenzierung zwischen bevorstehenden und bereits begonnenen Taten entsprechen in Art. 28 lit. a (ii) IStGH-Statut die Tatbestandsalternativen „(failing to) prevent or repress".
[104] *Burghardt* ZIS 2010, 695 (707) weist mit Recht darauf hin, dass die tatsächliche Erfolgsabwendungsmöglichkeit in den völkerstrafrechtlich relevanten Fällen, in denen größere Machtstrukturen die Tat fördern, selten nachzuweisen ist.

ihre Begehung weniger wahrscheinlich machen können, genügt nicht zu seiner Verurteilung; lässt sich etwa nicht sicher feststellen, dass der unmittelbar handelnde Soldat ein Verbot der Tatbegehung durch den Vorgesetzten beachtet hätte, so kann der Vorgesetzte nicht nach § 4 wie ein Täter der Untergebenen-Tat verurteilt werden.[105] Das deutsche Recht stellt in diesem Punkt strengere Voraussetzungen als das Völkerstrafrecht auf, bei dem das Erfordernis der (hypothetischen) Kausalität bei der *superior responsibility* nicht allgemein anerkannt ist.[106]

VI. Merkmale des subjektiven Tatbestandes

54 Die Verantwortlichkeit des Vorgesetzten nach § 4 setzt gemäß § 15 StGB voraus, dass er **Vorsatz** hinsichtlich aller in der Vorschrift genannten Voraussetzungen besitzt. Da nach § 2 die allgemeinen Regeln des deutschen Strafrechts und nicht etwa die besonderen Vorsatzdefinitionen nach Art. 30 IStGH-Statut gelten, genügt **bedingter Vorsatz** bezüglich jeden Elements von § 4 (zur Anwendbarkeit auf Sachverhalte ohne Bezug zu Deutschland → § 2 Rn. 3).

55 Der Vorgesetzte muss zunächst **wissen** oder **mit der konkreten Möglichkeit rechnen,** dass er **Befehlshaber** bzw. Vorgesetzter des unmittelbar handelnden Täters sowie dass dieser sein **Untergebener** ist. Ein die Verantwortlichkeit ausschließender Irrtum kann insoweit auf Verkennung der tatsächlichen Situation (der Vorgesetzte meint, der tatentschlossene Soldat gehöre einer fremden Einheit an), aber auch auf einer unzutreffenden Rechtsauffassung beruhen (der Vorgesetzte irrt sich über die Reichweite seiner örtlichen oder sachlichen Zuständigkeit).

56 Der Vorgesetzte muss ferner erkennen oder mit der konkreten Möglichkeit rechnen, dass der Untergebene eine **Straftat** nach dem VStGB **zu begehen beabsichtigt.**[107] Problematisch sind hier die Fälle, in denen dem Vorgesetzten eine konkrete Tatplanung nicht bekannt ist, wohl aber die allgemeine Neigung eines Untergebenen oder einer Einheit zu völkerstrafrechtswidrigen Übergriffen, oder auch nur die bestehende Feindschaft zwischen seinen Untergebenen und der Zivilbevölkerung in dem von jenen kontrollierten Gebiet. Die Kenntnis von einer *abstrakten* Möglichkeit der Begehung von Menschlichkeits- oder Kriegsverbrechen wird in solchen Fällen nahe liegen. Die Rechtsprechung der *ad-hoc*-Tribunale nimmt schon auf dieser Grundlage häufig Vorsatz des Vorgesetzten an.[108] Auch der BGH lässt es ausreichend, dass der Vorsatz des Vorgesetzten

---

[105] Vgl. hierzu BGH 6.7.1990 – 2 StR 549/89, BGHSt 37, 106 (127); → StGB § 13 Rn. 210 ff.; LK-StGB/*Weigend* StGB § 13 Rn. 70; Schönke/Schröder/*Stree/Bosch* StGB § 13 Rn. 61, 63; anders die von *Roxin* (ZStW 74 [1962], 411) begründete „Risikoerhöhungslehre".

[106] Vgl. JStGH, IT-96-21-T, Pros. v. Delalic, Trial Chamber 16.11.1998, Nr. 398: „Notwithstanding the central place assumed by the principle of causation in criminal law, causation has not traditionally been postulated as a conditio sine qua non for the imposition of criminal liability on superiors for their failure to prevent and punish offences committed by their subordinates."; im gleichen Sinne JStGH, IT-01-47-A, Pros. v. Hadzihasanovic, Urt. 22.4.2008, Nr. 38 ff.; IStGH, ICC-01/05-01/08-424, Pros. v. Bemba Gombo, Pre-Trial Chamber 15.6.2009, Nr. 425 f. („it is only necessary to prove that the commander's omission increased the risk of the commission of the crimes charged"), mit der Begründung, dass die Kausalität eines Unterlassens nicht bewiesen werden könne. Zustimmend *Ambos*, Internationales Strafrecht, § 7 Rn. 57; *ders.*, Treatise I, 215 f.; *Nerlich* JICJ 5 (2007), 665 (672 f.); *Vest*, Völkerrechtsverbrecher verfolgen, 253 ff. Kritisch gegenüber der Rechtsprechung des IStGH *Karsten*, Verantwortlichkeit, 84; *Meloni*, Command Responsibility, 178. Siehe dazu auch *Burghardt*, Vorgesetztenverantwortlichkeit, 463 f.

[107] Das sog. Willenselement des Vorsatzes ergibt sich hier – wie auch sonst – daraus, dass der Vorgesetzte die Gefahr der Untergebenen-Tat erkennt und dennoch willentlich nichts gegen sie unternimmt. Auch im Völkergewohnheitsrecht spielt für den Vorsatz eine besondere Absicht oder Motivation keine Rolle; vgl. IStGH, ICC-01/04–01/06, Pros. v Lubanga Dyilo, Pre-trial Chamber 29.1.2007, Nr. 353 ff.; *Triffterer* FS Lüderssen, 2002, 452.

[108] Vgl. JStGH, IT-96-21-A, Pros. v. Delalic, Appeals Chamber 20.2.2001, Nr. 238 f.; JStGH, IT-97-24-T, Pros. v. Stakic, Trial Chamber 31.7.2003, Nr. 460; nach JStGH, IT-05-87, Pros. v. Milutinovic, Trial Chamber 26.2.2009, Nr. 120, genügt es sogar, dass der Vorgesetzte „has received information that some of the soldiers under his command have a violent or unstable character, or have been drinking prior to being sent on a mission".

nur die „Art der zu begehenden Straftat" umfasst.[109] Wegen der tätergleichen Haftung der Vorgesetzten ist jedoch zu verlangen, dass der Vorgesetzte – ähnlich wie ein Anstifter[110] – die bevorstehende Tat **in ihren wesentlichen Umrissen vorausgesehen** hat.[111] Für eine solche Begrenzung der Verantwortlichkeit spricht auch die Überlegung, dass der Zweck von § 4 nicht in der Aufrechterhaltung der allgemeinen Truppendisziplin, sondern in dem Schutz der durch die Untergebenen angegriffenen Rechtsgüter liegt; dann muss aber der Vorsatz des Vorgesetzten diese Rechtsgüter, zumindest in Form der Eventualvorstellung, zutreffend erfassen, damit ihm die Untergebenen-Tat zugerechnet werden kann. Dieses Erfordernis schließt – entgegen der Argumentation des BGH[112] – eine Verantwortlichkeit des militärischen Führungspersonals nicht aus, auch wenn die Personen an der Spitze der Befehlskette die Situation „vor Ort" nicht im Einzelnen kennen. Denn es genügt, wenn der Vorgesetzte die konkrete Möglichkeit erkennt und billigend in Kauf nimmt, dass in einem bestimmten militärischen Zusammenhang – etwa bei einem Angriff auf eine Stadt oder ein Gebiet – bestimmte Straftatbestände verwirklicht werden. Ein derartiger (Eventual-)Vorsatz kann auch (und gerade) dann gegeben sein, wenn der Vorgesetzte sich für die Einzelheiten nicht interessiert, aber die Neigung der Truppe zu bestimmten Arten von Übergriffen kennt.[113]

Der Vorgesetzte ist jedenfalls dann nicht nach § 4 strafbar, wenn der Untergebene eine **57 qualitativ andere Straftat** nach dem VStGB begeht als diejenige, die der Vorgesetzte erwartet hat und geschehen lassen wollte (zB eine Vergewaltigung nach § 8 Abs. 1 Nr. 4 statt der vom Vorgesetzten erwarteten Plünderung nach § 9 Abs. 1, oder umgekehrt).[114] Moderate Abweichungen hinsichtlich der Ausführungsweise oder der Quantität des durch den Untergebenen verwirklichten Unrechts beseitigen jedoch die Vorgesetztenverantwortlichkeit nicht. Diese besteht auch dann, wenn der Vorgesetzte die als bevorstehend erkannte Tat *rechtlich* unzutreffend eingeordnet hat.[115] Auch muss der Vorgesetzte eine besondere Absicht, die der Tatbestand verlangt (etwa die Zerstörungsabsicht in § 6), nicht selbst besitzen, denn er wird ja nach § 4 nicht „als" Täter, sondern nur „wie ein Täter" bestraft.[116]

Schließlich muss der Vorgesetzte **wissen** oder **konkret für möglich halten,** dass er **58** durch Ausübung seiner Befehls- oder Führungsgewalt die Ausführung der **Untergebenen-Tat verhindern kann.** Speziell bei zivilen Vorgesetzten ist im Einzelnen zu prüfen, ob sie auch subjektiv davon ausgegangen sind, dass ihre faktische Durchsetzungsmacht dazu ausreicht, den Untergebenen von der Begehung der Straftat abzuhalten. Auch insoweit genügt jedoch dolus eventualis – nur wenn sich der Vorgesetzte in der konkreten Situation irrtümlich für außerstande hält, die Tat zu verhindern, fehlt es an dieser subjektiven Voraussetzung der Verantwortlichkeit.

Über § 2 gilt auch im Rahmen der Vorgesetztenverantwortlichkeit die Regelung über **59** den **Verbotsirrtum** nach § 17 StGB. Schuldlos handelt der Vorgesetzte demnach zunächst in dem (praktisch sicher seltenen) Fall, dass er das strafbare Verhalten des Untergebenen irrtümlich für rechtlich nicht verboten hält. Ein Verbotsirrtum kommt aber auch dann in Betracht, wenn der Vorgesetzte auf Grund fehlerhafter Rechtsvorstellungen seine Verantwortlichkeit als Vorgesetzter nicht erkennt. Unkenntnis der speziellen Rechtsfolge des § 4 reicht dafür freilich nicht aus; der Vorgesetzte handelt vielmehr schon dann mit Unrechtsbewusstsein, wenn er weiß, dass er rechtlich zur Verhinderung der Untergebenen-Straftat verpflichtet ist. Nur wenn er dies nicht erkennen konnte, unterliegt er einem schuldaus-

---

[109] BGH 17.6.2010 – AK 3/10, BGHSt 55, 157 (170). Zustimmend *Safferling* JZ 2010, 965 (967 f.); *Bülte,* Vorgesetztenverantwortlichkeit, 698 ff.; siehe auch *Schäfer* in *Safferling/Kirsch* (Hrsg.), 237 (248).
[110] → StGB § 26 Rn. 46, 53; LK-StGB/*Schünemann* StGB § 26 Rn. 82, jeweils mwN.
[111] Übereinstimmend *Burghardt* ZIS 2010, 695 (709).
[112] BGH 17.6.2010 – AK 3/10, BGHSt 55, 157 (172).
[113] Näher zu den hier zu berücksichtigenden Faktoren *Burghardt* ZIS 2010, 695 (710 f.).
[114] Insoweit übereinstimmend BGH 17.6.2010 – AK 3/10, BGHSt 55, 157 (170).
[115] *Triffterer* FS Lüderssen, 2002, 450.
[116] So auch für Art. 7 Abs. 3 JStGH-Statut, JStGH, IT-99-36-T, Pros. v. Brdanin, Trial Chamber 1.9.2004, Nr. 720; *Werle/Jeßberger* Rn. 642.

schließenden Verbotsirrtum nach § 17 StGB. In diesem Fall ist der Täter wegen § 17 StGB auch dann nicht nach § 4 strafbar, wenn das Recht eines außerdeutschen Tatorts oder das Völkergewohnheitsrecht (vgl. Art. 32 Abs. 2 IStGH-Statut) einem solchen Irrtum keine schuldausschließende Wirkung beimisst.

VII. Versuch und Teilnahme

60 **1. Versuch.** Eine Strafbarkeit des Vorgesetzten wegen **Versuchs** kommt nur bei den **Verbrechenstatbeständen** nach §§ 6–13 in Betracht. Versuchsstrafbarkeit ist wegen der Ableitung der Vorgesetztenverantwortlichkeit aus der Tat des Untergebenen dann gegeben, wenn die Untergebenen-Tat im Versuchsstadium steckengeblieben ist, und zwar auch dann, wenn sich der Vorgesetzte endgültig jeder Einwirkung auf den Untergebenen enthalten hat, sein Unterlassen also „vollendet" ist. Ein **Rücktritt** des Untergebenen vom Versuch (§ 24 StGB) kommt wegen der höchstpersönlichen Wirkung dieses Strafaufhebungsgrundes dem Vorgesetzten nicht zugute.

61 Die Situation des Versuchs ist an sich auch dann gegeben, wenn der Vorgesetzte von der **konkreten Planung** einer Untergebenen-Tat erfährt und **nichts unternimmt;** seine Handlungspflicht beginnt bereits in dem Zeitpunkt, in dem ihm Erfolg versprechendes Eingreifen erstmals möglich wird (→ Rn. 52). Eine Versuchsstrafbarkeit ist hier jedoch nur in dem oben (→ Rn. 60) genannten Fall denkbar, dass der Untergebene den rechtswidrigen Versuch einer Tat nach VStGB begeht. Gibt er dagegen (auf Grund eines – verspäteten – Eingreifens des Vorgesetzten oder aus anderen Gründen) seinen Tatentschluss auf, ohne zur Ausführung unmittelbar angesetzt zu haben, dann gibt es keine Straftat, für die der Vorgesetzte nach § 4 verantwortlich gemacht werden könnte.

62 Eine Strafbarkeit des Vorgesetzten wegen **untauglichen Versuchs** kommt in Betracht, wenn der Untergebene eine Straftat begeht und der untätig bleibende Vorgesetzte irrtümlich annimmt, er könne den Untergebenen an der Tatbegehung hindern. Glaubt hingegen der Vorgesetzte irrtümlich, ein Soldat seiner Einheit wolle eine Straftat nach §§ 6 ff. begehen, und unternimmt nichts, so gibt es keine „Tat nach diesem Gesetz", derentwegen der Vorgesetzte bestraft werden könnte. Es liegt in diesem Fall wie bei einer Mittäterschaft oder Beihilfe zu einer vom „Mittäter" oder „Gehilfen" nur imaginierten Haupttat; selbst wenn man dort Versuch der Mittäterschaft grundsätzlich für möglich hält,[117] kommt diese Lösung hier nicht in Betracht, weil es an jedem „unmittelbaren Ansetzen" seitens des Untergebenen fehlt.

63 **2. Teilnahme.** Die strafschärfenden Wirkungen von § 4 (täterschaftliche Verantwortlichkeit, keine Strafmilderung nach § 13 Abs. 2 StGB) gelten nur für den Vorgesetzten selbst. **Personen, die nicht Vorgesetzte iSv § 4 VStGB sind,** können als mittelbare Täter der von Anderen begangenen völkerstrafrechtlichen Taten strafbar sein, sofern bei ihnen die allgemeinen Voraussetzungen einer mittelbaren Täterschaft kraft Organisationsherrschaft gegeben sind.[118] Wer den Vorgesetzten dazu anstiftet, gegen bevorstehende Straftaten von Untergebenen nicht einzuschreiten, oder wer ihm dabei (etwa durch psychische Bestärkung) Hilfe leistet, ist nach den **allgemeinen Regeln** der (indirekten) Teilnahme an der Tat des Untergebenen strafbar. Sofern der Vorgesetzte nach diesen allgemeinen Regeln als Täter durch Unterlassen anzusehen wäre, ist derjenige, der ihn anstiftet, wegen Anstiftung zu dem durch den Vorgesetzten durch Unterlassen verwirklichten Delikt strafbar; wäre der Vorgesetzte dagegen ohne die Regelung von § 4 bloßer Gehilfe, so ist der Anstifter nur wegen Beihilfe zur Tat des Untergebenen strafbar.[119] Diese Ergebnisse stimmen mit dem Gedanken des (freilich nicht unmittelbar anwendbaren) § 28 Abs. 2 StGB überein.

---

[117] Siehe den „Münzhändler"-Fall BGH 25.10.1994 – 4 StR 173/94, BGHSt 40, 299.
[118] Näher *Safferling/Hartwig-Asteroth/Scheffler* ZIS 2013, 447 (451 ff.).
[119] Allgemein zur Behandlung der „Anstiftung zur Beihilfe" → StGB § 26 Rn. 103 mwN.

VIII. Abgrenzung zu Mittäterschaft und Beihilfe

Im **Tenor** des Urteils wird der Vorgesetzte, wenn § 4 anwendbar ist, als Täter der von dem Untergebenen ausgeführten Tat verurteilt. § 4 verdrängt als Spezialvorschrift für den Vorgesetzten die allgemeinen Regelungen über Täterschaft und Teilnahme durch Unterlassen. § 4 hat als *lex specialis* auch Vorrang gegenüber § 357 StGB;[120] die Anwendung dieser Vorschrift würde allerdings zu gleichen Ergebnissen führen. 64

Ist der Vorgesetzte Mittäter oder mittelbarer **Täter** der Untergebenen-Tat **durch aktives Tun,** so tritt ein **Unterlassen,** das mit der Leistung des aktiven Beitrags zeitlich zusammentrifft oder diesem nachfolgt, als **subsidiär** zurück, soweit es sich auf denselben Tatbestand bezieht.[121] 65

Fraglich ist das Verhältnis zwischen der Vorgesetztenverantwortlichkeit nach § 4 und derjenigen wegen **aktiver Beihilfe** zu der Tat des Untergebenen. Der JStGH lässt die Vorgesetztenverantwortlichkeit hinter eine Strafbarkeit als aktiver *aider and abettor* – auch auf Grund stillschweigender Unterstützung – zurücktreten, sofern der Vorgesetzte die Umrisse der Untergebenen-Tat erkannt hat.[122] Das ist aber nur deshalb berechtigt, weil das JStGH-Statut (ebenso wie Art. 25 Abs. 3 IStGH-Statut) Beihilfe und Täterschaft mit der gleichen Strafe bedroht. Nach deutschem Recht muss dagegen die schärfere täterschaftliche Verantwortlichkeit nach § 4 Vorrang vor Beihilfe (durch Tun oder Unterlassen) zu der Tat des Untergebenen haben.[123] 66

IX. Rechtsfolge: Bestrafung wie ein Täter

§ 28 Abs. 1 StGB spielt für den Vorgesetzten keine Rolle, soweit die Straftaten des VStGB (wie ganz überwiegend) Jedermannsdelikte sind. Die in manchen Tatbeständen geforderten speziellen Absichten (zB bei § 6 und § 7 Abs. 1 Nr. 2 die Zerstörungsabsicht) sind keine besonderen persönlichen Merkmale, da sie sich auf das betroffene Rechtsgut und nicht auf besondere Rechtspflichten des Täters beziehen.[124] In § 11 Abs. 1 Nr. 6 ist allerdings die Strafbarkeit für die Anordnung, kein Pardon zu geben, nur für „Befehlshaber" vorgesehen. Sofern der untätig bleibende Vorgesetzte im Einzelfall kein „Befehlshaber" im Sinne dieser Vorschrift ist, kann er zwar trotzdem gemäß § 4 „*wie ein Täter*" nach § 11 Abs. 1 Nr. 6 bestraft werden; man wird ihm jedoch die Strafmilderung nach § 28 Abs. 1 StGB nicht versagen dürfen, da er sich nicht in der vom Tatbestand vorausgesetzten speziellen Pflichtenstellung befindet. 67

Bei der **Strafzumessung** ist der Strafrahmen zugrunde zu legen, der für Täter des jeweils vom Untergebenen begangenen Delikts gilt. Auch dann, wenn das Verhalten des Vorgesetzten nach den allgemeinen Regeln nur als Beihilfe durch Unterlassen einzustufen wäre, kommt eine Absenkung des Strafrahmens nach § 27 Abs. 2 Satz 2 iVm § 49 Abs. 1 StGB nicht in Betracht, und ebenso wenig (gemäß Abs. 1 Satz 2) eine Anwendung von § 13 Abs. 2 StGB.[125] Bei der Bemessung der Strafe innerhalb des Strafrahmens können allerdings durchaus Umstände berücksichtigt werden, die mit der konkreten Situation des 68

---

[120] AA *Bülte*, Vorgesetztenverantwortlichkeit, 653.
[121] Zweifelnd *Bülte*, Vorgesetztenverantwortlichkeit, 652 f. Generell zum Verhältnis zwischen aktiver Täterschaft und Unterlassungstäterschaft → StGB § 13 Rn. 290 ff. (wo bei Gleichzeitigkeit von Tun und Unterlassen Idealkonkurrenz angenommen wird); *Walter* ZStW 116 (2004), 572.
[122] JStGH, IT-97-24-T, Pros. v. Stakic, Trial Chamber 31.7.2003, Nr. 465; JStGH, IT-95-14-A, Pros. v. Blaskic, Appeals Chamber 29.7.2004, Nr. 86 ff.; RStGH, ICTR-98-44-T, Pros. v. Karemera und Ngirumpatse, Trial Chamber 2.2.2012, Nr. 1502. Eingehend und kritisch zu dieser Rechtsprechung *Henquet* Leiden Journal of International Law 15 (2002), 805; siehe auch *Weigend* ZStW 116 (2004), 999 (1007 f.); *Weltz*, Unterlassungshaftung, 242 ff.; *Werle/Jeßberger* Rn. 609.
[123] Ebenso zu § 357 StGB BGH 19.12.1952 – 1 StR 353/52, BGHSt 3, 349 (352); LK-StGB/*Zieschang* StGB § 357 Rn. 17; NK-StGB/*Kuhlen* StGB § 357 Rn. 13.
[124] BGH 21.2.2001 – 3 StR 372/00, NJW 2001, 2728; *Ambos* NStZ 2001, 630; anders unter Zugrundelegung eines weiten Absichtsbegriffs → § 6 Rn. 88, 98.
[125] Kritisch hierzu *Burghardt* ZIS 2010, 695 (703).

Vorgesetzten zu tun haben, zB dass er nur ungenaue Informationen über die bevorstehende Straftat hatte oder dass er die Tat nur mit großer Mühe hätte verhindern können.

§ 5 Unverjährbarkeit

Die Verfolgung von Verbrechen nach diesem Gesetz und die Vollstreckung der wegen ihnen verhängten Strafen verjähren nicht.

Schrifttum: *Asholt,* Verjährung im Strafrecht, 2016; *Bloy,* Die dogmatische Bedeutung der Strafausschließungs- und Strafaufhebungsgründe [Bedeutung], 1976; *Eser/Kreicker* (Hrsg.), Nationale Strafverfolgung völkerrechtlicher Verbrechen, Bd. 1, 2003; Band 2, 2003; *Eser/Sieber/Kreicker* (Hrsg.), Nationale Strafverfolgung völkerrechtlicher Verbrechen, Bd. 3, 2004; Bd. 6, 2005; *Esser,* Europäisches und Internationales Strafrecht, 2014; *Gaeta,* War Crimes Trials Before Italian Criminal Courts, in *Fischer/Kreß/Lüder* (Hrsg.), International and National Prosecution of Crimes under International Law, 2001, 751; *Gleß,* Internationales Strafrecht, 2011; *Graefrath,* Schutz der Menschenrechte – Bestrafung der Kriegsverbrecher (Schluß), NJ 1967, 458; *ders.,* Naziverbrechen verjähren nicht!, NJ 1969, 321; *Jescheck,* Gegenstand und neueste Entwicklung des internationalen Strafrechts, FS Maurach, 1972, 579; *Kok,* Statutory Limitations in International Criminal Law, 2007; *Kreicker,* Die völkerstrafrechtliche Unverjährbarkeit und die Regelung im Völkerstrafgesetzbuch, NJ 2002, 281; *ders.,* Straflosigkeit durch Zeitablauf? HUV-I 2007, 167; *Lekschas/Renneberg,* Über die Notwendigkeit und Rechtspflicht zur Verfolgung und Bestrafung der Kriegs- und Naziverbrechen, NJ 1964, 438; *Marchisio,* The Priebke case before the Italian military tribunals: A reaffirmation of the principle of non-applicability of statutory limitations to war crimes and crimes against humanity, Yearbook of International Humanitarian Law 1 (1998), 344; *Merkel,* Gründe für den Ausschluss der Strafbarkeit im Völkerstrafrecht, ZStW 114 (2002), 437; *Satzger,* Das neue Völkerstrafgesetzbuch – eine kritische Würdigung, NStZ 2002, 125; *Schabas,* The International Criminal Court, 2010; *Martin Schmidt,* Externe Strafpflichten – Völkerstrafrecht und seine Wirkungen im deutschen Strafrecht, 2002; *Tomuschat,* Das Statut von Rom für den internationalen Strafgerichtshof, Friedens-Warte 73 (1998), 335; *Vesper-Gräske,* Neueste Entwicklungen des Völkerstrafrechts auf nationaler Ebene: Die Strafbarkeit von Kriegsverbrechen nach französischem Recht, ZIS 2010, 822; *Wieland,* Kriegsverbrechen und Verbrechen gegen die Menschlichkeit sind universell und unbefristet zu verfolgen, NJ 1978, 416; *Wilkitzki,* Die völkerrechtlichen Verbrechen und das staatliche Strafrecht (Bundesrepublik Deutschland), ZStW 99 (1987), 455; *St. Zimmermann,* Strafrechtliche Vergangenheitsaufarbeitung und Verjährung, 1997.

Übersicht

	Rn.		Rn.
I. Grundlagen	1–3	III. Kriminalpolitische Berechtigung	7
II. Historischer Hintergrund, Völkergewohnheitsrecht	4–6	IV. Anwendungsbereich	8–11

I. Grundlagen

1   Nach § 5 ist die **Verjährung** der Verfolgung von Verbrechen nach §§ 6–13, in Übereinstimmung mit Art. 29 IStGH-Statut, **ausgeschlossen,** und es tritt auch keine Vollstreckungsverjährung hinsichtlich der Urteile ein.[1] Für die Vergehen nach §§ 14 und 15 gelten dagegen über § 2 die regulären Verjährungsfristen; deren Verfolgung verjährt nach fünf Jahren ab Beendigung der Tat (§ 78 Abs. 3 Nr. 4 StGB).[2]

2   Das **Rechtsinstitut der Verjährung** wird mit unterschiedlichen Erwägungen **begründet.**[3] Zum Teil werden prozessrechtliche Gesichtspunkte geltend gemacht (Verlust von Beweismitteln,[4] Prozessökonomie, auch im Sinne eines Drucks zu zügiger Erledigung von Strafsachen durch die Ermittlungsbehörden).[5] Im Vordergrund steht jedoch der Gedanke, dass nach Ablauf einer langen Zeit seit der Tat kein Bedürfnis für eine Bestrafung mehr besteht, da deren individual- und generalpräventive Zwecke (Resozialisierung des Täters, Wiederherstellung des Normvertrauens der Allgemeinheit) bereits erreicht sind oder nicht

---

[1] Insoweit ist der Gesetzestext sprachlich falsch; es müsste „die Vollstreckung der ihretwegen verhängten Strafen" heißen. Die fehlerhafte Formulierung rügt auch *Merkel* ZStW 114 (2002), 437 (439 Fn. 3).
[2] *Schönke/Schröder/Sternberg-Lieben/Bosch* StGB § 78 Rn. 1.
[3] Zum Stand der Diskussion eingehend *Asholt,* Verjährung im Strafrecht, 90 ff.
[4] Dagegen zutreffend → StGB § 78 Rn. 2.
[5] BGH 26.6.1958 – 4 StR 145/58, BGHSt 11, 393 (396); → StGB § 78 Rn. 4.

mehr erreicht werden können.[6] Die Tat wird nicht mehr als akute, reaktionsbedürftige Störung des sozialen Friedens, sondern als ein historisches Ereignis empfunden.[7] Die Fundierung der Verjährung in sanktionsbezogenen und damit materiellrechtlichen Erwägungen sowie die Abstufung der Verjährungsfristen nach der Schwere der Tat sprechen dafür, die Verjährung als ein Institut des materiellen Strafrechts (**Strafaufhebungsgrund**) zu betrachten;[8] dem entspricht auch ihre Lozierung im Strafgesetzbuch (§§ 78 ff. StGB).[9] Die überwiegende Ansicht sieht in der Verjährung jedoch ein **Verfahrenshindernis**,[10] mit der Konsequenz, dass das strenge Rückwirkungsverbot nach Art. 103 Abs. 2 GG nicht anwendbar sein soll.[11] An der prozessualen Verjährungstheorie ist richtig, dass das deutsche Recht an den Eintritt der Verjährung ausschließlich verfahrensrechtliche *Folgen* knüpft; sie beruhen jedoch auf materiellrechtlichen Erwägungen, so dass die Verjährung tatsächlich ein „**gemischtes**" **Rechtsinstitut** am Schnittpunkt zwischen materiellem Strafrecht und Strafverfahrensrecht ist.[12]

Das Institut der Verjährung steht in einem Spannungsverhältnis zu dem Gedanken des gerechten Schuldausgleichs.[13] Insbesondere bei **schweren Verbrechen** drängt die empfundene Notwendigkeit gerechter Bestrafung den Umstand in den Hintergrund, dass es einer Sanktionierung zum Erreichen individualpräventiver Ziele nicht mehr bedarf. Daher gelten für Delikte mit hoher Strafdrohung sehr lange Verjährungsfristen, und bei den schwersten Straftaten – in Deutschland seit 1979 bei Mord[14] – sind Strafverfolgung, Bestrafung und Strafvollstreckung zeitlich unbegrenzt möglich. In diesen Kontext gehört auch die Unverjährbarkeit der im VStGB enthaltenen Verbrechen.

II. Historischer Hintergrund, Völkergewohnheitsrecht

Die Frage, ob völkerstrafrechtliche Verbrechen nach **Völkergewohnheitsrecht** unverjährbar sind, ist seit langem umstritten. In den meisten völkerstrafrechtlichen Instrumenten, die in den Jahren nach dem Zweiten Weltkrieg entstanden sind (zB IMT-Statut, Genfer Konventionen von 1949, JStGH-Statut, RStGH-Statut), wurde die Frage der Verjährung nicht angesprochen.[15] Dieses Schweigen erklärt sich überwiegend aus der Erwartung der Signatarstaaten, dass die dort angesprochenen Straftaten alsbald abgeurteilt würden, und enthält deshalb keine positive oder negative Stellungnahme zur allgemeinen Frage der Verjährbarkeit.[16] Im Zusammenhang mit der Diskussion um die Verjährung von Kriegs- und Menschlichkeitsverbrechen aus der Zeit des Zweiten Weltkriegs wurde im Jahre 1968 eine UN-Konvention über die Unver-

---

[6] *Asholt*, Verjährung im Strafrecht, 116 ff.; *St. Zimmermann*, Strafrechtliche Vergangenheitsaufarbeitung und Verjährung, 30 ff.
[7] *Bloy*, Bedeutung 189: „Ist eine Straftat nur noch als geschichtlicher Vorgang von Interesse, so ist der Rechtsfriede wiederhergestellt". Eingehend zu den strafzweckbezogenen Erwägungen für und gegen eine Verjährung *Kok*, Statutory Limitations in International Criminal Law, 266 ff.
[8] Aus neuerer Zeit in diesem Sinne *Asholt*, Verjährung im Strafrecht, 321 ff.; *Bloy*, Bedeutung, 192 ff., 205 (Verlust der strafrechtlichen Relevanz der Tat).
[9] Auch im IStGH-Statut ist die Regelung der Unverjährbarkeit (Art. 29) bei den „General Principles of Criminal Law", nicht bei den Verfahrensvorschriften untergebracht.
[10] So die Rechtsprechung seit RG 21.5.1942 – 3 StS 26/42, RGSt 76, 159 (160) („An der Schuld des Täters und an seiner Strafbarkeit ändert der Zeitablauf für sich nichts."); BGH 22.4.1952 – 1 StR 622/51, BGHSt 2, 300 (306 ff.); für prozessuale Interpretation auch BVerfG 26.2.1969 – 2 BvL 15, 23/68, BVerfGE 25, 269 (287); → StGB § 78 Rn. 1; LK-StGB/*Schmid* StGB Vor § 78 Rn. 9; NK-StGB/*Saliger* StGB Vor § 78 Rn. 4 ff.; Schönke/Schröder/*Sternberg-Lieben*/*Bosch* StGB Vor § 78 Rn. 3. Nachweise zum Streitstand bei SK-StGB/*Wolter* StGB Vor § 78 Rn. 10 ff.
[11] BVerfG 26.2.1969 – 2 BvL 15, 23/68, BVerfGE 25, 269 (287 ff.); BGH 28.4.1952 – VRG 6 und 8/52, BGHSt 4, 379 (384 f.); 19.4.1994 – 5 StR 204/93, BGHSt 40, 113 (118).
[12] Ebenso Lackner/Kühl/*Kühl* StGB § 78 Rn. 1; SK-StGB/*Wolter* StGB Vor § 78 Rn. 13 f.
[13] Eingehende Begründung aus der Natur der Zeit und der Einwirkung des Zeitablaufs auf das Unrecht bei *Asholt*, Verjährung im Strafrecht, 267 ff.
[14] 16. StrafrechtsänderungsG vom 16.7.1979, BGBl. I S. 1046.
[15] Hierzu eingehend *van den Wyngaert*/*Dugard* in *Cassese*/*Gaeta*/*Jones* (Hrsg.), 873 (876 ff.).
[16] *Kreicker* in *Eser*/*Kreicker*, Bd. 1, 375–378; *ders*. NJ 2002, 281 (284 f.); *St. Zimmermann*,, Strafrechtliche Vergangenheitsaufarbeitung und Verjährung, 251.

jährbarkeit von Kriegsverbrechen und Verbrechen gegen die Menschlichkeit[17] angenommen, die seither allerdings nur von 51 Staaten ratifiziert wurde.[18] Mangels einer hinreichenden Zahl an Ratifikationen nicht in Kraft getreten ist eine Konvention über die Unverjährbarkeit, die 1974 vom Europarat vorgelegt wurde.[19] In der Bundesrepublik Deutschland wurde bei der Debatte um die Verjährung von NS-Verbrechen der Gedanke einer völkerrechtlichen Unverjährbarkeit nicht thematisiert. Dagegen vertrat die DDR von Anfang an die Auffassung, dass Völkergewohnheitsrecht die Anwendung nationaler Verjährungsvorschriften auf Kriegs- und Humanitätsverbrechen verbiete;[20] in Art. 91 Satz 2 der DDR-Verfassung wurde dieser Satz (nach Meinung der DDR: deklaratorisch) ausgesprochen.[21] In den 1990er Jahren haben sich im Fall Erich Priebke sowohl der argentinische Oberste Gerichtshof im Auslieferungsverfahren als auch später der italienische Militärgerichtshof gegenüber dem Einwand der Verjährung auf den Standpunkt gestellt, dass Menschlichkeits- und Kriegsverbrechen nach Völkergewohnheitsrecht nicht verjähren.[22] Dennoch wird man nicht annehmen können, dass schon bei der Schaffung des IStGH-Statuts ein solcher Rechtssatz völkergewohnheitsrechtlich in Geltung war.[23]

5   Bei den Vorarbeiten zum **IStGH-Statut** war die Frage der Verjährung umstritten.[24] Insbesondere im Hinblick auf leichtere Straftaten, die nach ursprünglichen Plänen in die Zuständigkeit des IStGH fallen sollten, wurde die Statuierung von Verjährungsfristen vorgeschlagen.[25] Letztlich setzte sich jedoch die Auffassung durch, dass eine Verjährung für die vier Verbrechensgruppen, die von Art. 5 Abs. 1 IStGH-Statut erfasst sind, nicht eintreten sollte.[26] Diese Regelung hat für die Rechtsprechung des IStGH selbst keine unmittelbare Bedeutung, da sein Statut ohnehin keine zeitliche Beschränkung der Strafverfolgung vorsieht. Wichtig ist Art. 29 IStGH-Statut jedoch für das Kooperationsregime mit den Mitgliedstaaten: Diese sind daran gehindert, einem Ersuchen des IStGH um Rechtshilfe den Einwand der Verjährung entgegenzusetzen. Außerdem greift die komplementäre Zuständigkeit des IStGH nach Art. 17 IStGH-Statut ein, sofern sich Mitgliedstaaten durch nationale Verjährungsregelungen selbst außerstande setzen, völkerstrafrechtliche Taten (noch) zu verfolgen.[27]

---

[17] Convention on the Non-Applicability of Statutory Limitations to War Crimes and Crimes against Humanity vom 26.11.1968, UNTS 754, S. 73. Eingehend zur Entstehungsgeschichte *St. Zimmermann*, Strafrechtliche Vergangenheitsaufarbeitung und Verjährung, 246 ff. („Werk des Ostblocks", 248).

[18] Deutschland ist der Konvention nicht beigetreten, weil deren Art. IV (wohl) die rückwirkende Aufhebung der Verjährung auch dann verlangt, wenn Verjährung bereits eingetreten ist; vgl. *Jescheck* FS Maurach, 1972, 579 (589 f.); *Wilkitzki* ZStW 99 (1987), 455 (472 f.).

[19] European Convention on the Non-Applicability of Statutory Limitations to Crimes against Humanity and War Crimes vom 25.1.1974 (European Treaty Series No. 82).

[20] Nur beispielhaft: *Lekschas/Renneberg* NJ 1964, 438; *Graefrath* NJ 1967, 458 (461 f.); *ders.* NJ 1969, 321; *Wieland* NJ 1978, 416. Die Vertreter der DDR wendeten ihren Rechtsstandpunkt oft polemisch gegen das Zögern der Bundesrepublik Deutschland bei der nachträglichen Verlängerung oder Aufhebung von Verjährungsfristen in Bezug auf NS-Verbrechen; siehe dazu auch *Kreicker* NJ 2002, 281.

[21] Art. 91 Verfassung der DDR lautete: „Die allgemein anerkannten Normen des Völkerrechts über die Bestrafung von Verbrechen gegen den Frieden, gegen die Menschlichkeit und von Kriegsverbrechen sind unmittelbar geltendes Recht. Verbrechen dieser Art unterliegen nicht der Verjährung." Die gleiche Regelung war auch in § 84 StGB DDR enthalten.

[22] Siehe *Gaeta* in *Fischer/Kreß/Lüder* (Hrsg.), 751 (764 ff.); *Marchisio* Yearbook of International Humanitarian Law 1 (1998), 344 (352).

[23] Ebenso *Cryer/Friman/Robinson/Wilmshurst* 78 f.; *Gleß,* Internationales Strafrecht, Rn. 746; *Kreicker* NJ 2002, 281 (286); *ders.* HUV-I 2007, 167 (169 f.). Differenzierend *van den Wyngaert/Dugard* in *Cassese/Gaeta/Jones* (Hrsg.) 879, 887, die Unverjährbarkeit – als angebliches „jus cogens" – immerhin für die „core crimes" des IStGH-Statuts annehmen. Von einer „emerging customary rule" der Unverjährbarkeit spricht *Ambos,* Treatise I, 429.

[24] Näher hierzu Triffterer/Ambos/*Schabas* IStGH-Statut Art. 29 Rn. 4–6.

[25] Siehe im Einzelnen *van den Wyngaert/Dugard* in *Cassese/Gaeta/Jones* (Hrsg.), 886.

[26] Kritisch dazu *Tomuschat* Friedens-Warte 73 (1998), 335 (341) mit Blick auf die Weite vieler Tatbestände des IStGH-Statuts und die Regelungen über Teilnahme und Versuch; ebenso *Merkel* ZStW 114 (2002), 437 (438 Fn. 3).

[27] *Zahar/Sluiter* 518 f. *Schabas,* International Criminal Court, 470 f. erwägt das Bestehen einer Verpflichtung für alle Mitgliedstaaten des IStGH, die Verjährung für die in Art. 5 IStGH-Statut genannten Straftaten aufzuheben.

Einige Mitgliedstaaten des IStGH haben ihre **nationalen Gesetzgebungen** an das Unverjährbarkeitspostulat von Art. 29 IStGH-Statut angepasst.[28] Traditionell verjährungsfeindlich sind die Rechtsordnungen des *common law*; so gibt es etwa in *England*[29] und *Australien*[30] bei schweren Straftaten keine Verjährung. In *Frankreich* sind nur Genozid und Menschlichkeitsverbrechen unverjährbar,[31] nicht aber Kriegsverbrechen (außer Menschlichkeitsverbrechen in Kriegszeiten).[32] Im Ergebnis wird man zurzeit mit Blick auf die nationalen Gesetzgebungen eine für Völkergewohnheitsrecht genügende Staatenpraxis der Unverjährbarkeit mindestens für den Kernbereich von Völkermord und Menschlichkeitsverbrechen annehmen können.[33] Soweit § 5 darüber hinaus geht, wirkt er nicht deklaratorisch, sondern konstitutiv.[34]

III. Kriminalpolitische Berechtigung

Kriminalpolitisch lässt sich die Anordnung der Unverjährbarkeit für die schweren völkerrechtlichen Straftaten damit begründen, dass das Strafbedürfnis auf Grund ihrer Schwere und ihrer über den nationalen Rahmen hinausgreifenden Bedeutung auch nach langer Zeit nicht schwindet.[35] Auch die im Völkerstrafrecht besonders bedeutsamen generalpräventiven (Abschreckungs-)Zwecke können selbst bei verspäteter Ahndung noch erreicht werden, indem Machthabern vor Augen geführt wird, dass sie der gerechten Bestrafung wegen ihrer Taten nicht entgehen, auch wenn sie sich zunächst sicher glauben mögen.[36] Fraglich ist die Berechtigung des Verjährungsausschlusses freilich bei weniger gravierenden Taten, wie sie bei den Kriegsverbrechen insbesondere nach §§ 9 und 10 durchaus denkbar sind. Hier hätte der Gesetzgeber auch im Hinblick auf die Verjährung von vergleichbar schweren Straftaten nach nationalem Recht (dazu → Rn. 9) auch eine weniger weitreichende Regelung treffen können.[37] Unverhältnismäßig im verfassungsrechtlichen Sinne dürfte § 5 jedoch nicht sein, da nach dem Grundgesetz kein Anspruch des Täters auf Verjährung besteht[38] und der Gesetzgeber bei dieser Frage weites Ermessen hat.

IV. Anwendungsbereich

Ohne Rücksicht auf den Zeitablauf seit der Tat **verfolgbar** sind nach § 5 alle Verbrechen nach §§ 6–13. Dies gilt nicht nur für vollendete Haupttaten, sondern auch für den Versuch, die Teilnahme, den Versuch der Beteiligung (§ 30 StGB)[39] und den Fall der Vorgesetztenverantwortlichkeit nach § 4. Idealkonkurrierende Straftaten nach dem StGB verjähren dagegen nach den Bestimmungen der §§ 78 ff. StGB;[40] dasselbe gilt für die Vergehen nach §§ 14 und 15.

---

[28] Umfassender Überblick bei *Kok*, Statutory Limitations in International Criminal Law, 364 ff.
[29] *Rabenstein/Bahrenberg* in *Eser/Sieber/Kreicker* (Hrsg.), Bd. 6, 261 (304).
[30] *Biehler/Kerll* in *Eser/Sieber/Kreicker* (Hrsg.), Bd. 6, 19 (63).
[31] Für Menschlichkeitsverbrechen ist in Frankreich schon seit 1964 durch Spezialgesetz die Verjährung ausgeschlossen. Diese Regelung wurde von der Cour de Cassation als deklaratorische Normierung von Völkergewohnheitsrecht angesehen und daher ua in dem Fall Klaus Barbie rückwirkend angewandt; Cour de Cassation, Chambre Criminelle, Urt. vom 26.1.1984, Bull. Cass. Crim. 1984, 90.
[32] Art. 213-5 iVm Art. 211-1, 212-1, 212-2 Code pénal; siehe dazu *Lelieur-Fischer* in *Eser/Sieber/Kreicker* (Hrsg.), Bd. 4, 225 (294); *Vesper-Gräske* ZIS 2010, 822 (827 f.).
[33] Weitergehend (auch Kriegsverbrechen) *Kok*, Limitations in International Criminal Law, 381 ff.
[34] Der deutsche Gesetzgeber hat sich ersichtlich keine Gedanken über eine völkergewohnheitsrechtliche Unverjährbarkeit gemacht, sondern wollte nach den Gesetzgebungsmaterialien lediglich die „strikte Vorgabe" von Art. 29 IStGH-Statut umsetzen, um den „Einwand einer fehlenden Komplementarität der deutschen Regelung zu vermeiden"; BT-Drs. 14/8524,19.
[35] Ähnlich für § 78 Abs. 2 StGB Schönke/Schröder/*Sternberg-Lieben/Bosch* StGB § 78 Rn. 1.
[36] Ebenso *Kreicker* NJ 2002, 281 (286).
[37] *Kreicker* NJ 2002, 281 (286) meint, dass in solchen Fällen „dem Faktor Zeit bei der Rechtsfolgenentscheidung ausreichend Rechnung getragen werden" könne; siehe auch *Asholt*, Verjährung im Strafrecht, 456 f.
[38] LK-StGB/*Schmid* Vor § 78 Rn. 9.
[39] So für § 78 Abs. 2 StGB allgemeine Meinung; vgl. LK-StGB/*Schmid* StGB § 78 Rn. 6; Schönke/Schröder/*Sternberg-Lieben/Bosch* StGB § 78 Rn. 1.
[40] Schönke/Schröder/*Sternberg-Lieben/Bosch* StGB § 78 Rn. 8.

9   Die hervorgehobene Behandlung der Verbrechen nach §§ 6 ff. ist **unter Gleichheitsaspekten problematisch,** da bei ähnlich schwerwiegenden Verbrechen nach dem StGB sowie bei den Vergehen des VStGB Verjährung eintritt. Die Diskrepanz gegenüber den Verbrechenstatbeständen des StGB meinte der Gesetzgeber hinnehmen zu können, da die meisten Verbrechen des VStGB wegen der hohen Strafdrohungen auch bei Anwendung von § 78 StGB erst nach 20 oder 30 Jahren verjähren würden und die Verjährung im Tatortstaat überdies häufig entsprechend § 78b Abs. 1 Nr. 2 StGB mangels geordneter Rechtspflege als ruhend anzusehen wäre.[41] Ob letztere Annahme zutrifft, ist zweifelhaft; aber das Anliegen einer völkerrechtsfreundlichen Gestaltung des nationalen Rechts rechtfertigt die praktisch nicht allzu gewichtige Überschreitung der sonst nach dem StGB anwendbaren Verjährungsfristen. Unter Gleichheitsaspekten kaum mehr tolerabel wäre es dagegen gewesen, auch die Vergehen nach §§ 14 und 15, die nach § 78 Abs. 3 Nr. 4 StGB schon nach fünf Jahren verjähren, dem Regime der Unverjährbarkeit zu unterwerfen.[42] Es ist zwar nicht zu bestreiten, dass das deutsche Recht auf eine Ahndung dieser Taten nach Ablauf der Verjährungsfrist verzichtet, obwohl Art. 29 IStGH-Statut auch sie als unverjährbar ansieht, und damit die Möglichkeit eines Eingreifens des IStGH nach Art. 17 Abs. 1 lit. b IStGH-Statut schafft;[43] es ist aber kaum anzunehmen, dass es der IStGH als notwendig ansehen wird, die relativ wenig gravierenden Fälle der Vorgesetztenbeteiligung nach §§ 14 und 15 auch nach vielen Jahren noch aufzugreifen.

10   Unverjährbar sind nach § 5 nur Taten, die **nach Inkrafttreten des VStGB** begangen worden sind; eine rückwirkende Aufhebung der Verjährung ist hier ebenso wenig vorgesehen wie nach Art. 29 IStGH-Statut.[44] Früher begangene, nach den anwendbaren Regelungen des StGB bereits verjährte Kriegs- und Menschlichkeitsverbrechen bleiben daher verjährt,[45] und bereits vor 2002 laufende Verjährungsfristen wegen Taten, die jetzt unter das VStGB fallen würden, laufen weiter, denn die Verjährungsregelungen beziehen sich auf Tatbestände, nicht auf Taten im prozessualen Sinne (→ StGB § 78 Rn. 5). Verjährungsfristen, die zum Zeitpunkt des Inkrafttretens des IStGH-Statuts bereits liefen oder abgelaufen waren, sind auch gegenüber Rechtshilfeersuchen des IStGH zu beachten.

11   § 5 ermöglicht auch die **Vollstreckung** von Urteilen wegen Verbrechen nach dem VStGB ohne die zeitlichen Beschränkungen, die § 79 StGB für sonstige Straftaten vorsieht. Auch diese Regelung gilt nur für Strafen oder Maßregeln, die nach Inkrafttreten des VStGB (1.7.2002) rechtskräftig geworden sind.

Teil 2. Straftaten gegen das Völkerrecht

Abschnitt 1. Völkermord und Verbrechen gegen die Menschlichkeit

§ 6 Völkermord

(1) Wer in der Absicht, eine nationale, rassische, religiöse oder ethnische Gruppe als solche ganz oder teilweise zu zerstören,

---

[41] So BT-Drs. 14/8524, 19; übereinstimmend *Martin Schmidt,* Externe Strafpflichten, 263. Die 30-jährige Verjährungsfrist nach § 78 StGB Abs. 3 Nr. 1 StGB würde für Völkermord (§ 6) sowie die schwersten Menschlichkeits- und Kriegsverbrechen (§ 7 Nr. 1, 2 und § 8 Nr. 1) gelten, die 20-jährige Verjährungsfrist nach § 78 Abs. 3 Nr. 2 StGB für alle übrigen mit Ausnahme der Eigentumsverletzungen nach § 9 (insoweit träte Verjährung nach § 78 Abs. 3 Nr. 3 StGB nach zehn Jahren ein).
[42] So mit Recht BT-Drs. 14/8524, 19; aA *Satzger* NStZ 2002, 125 (129); kritisch zur Verjährbarkeit der Vergehen auch *Kreicker* in *Eser/Kreicker* (Hrsg.), Bd. 1, 378 Fn. 1653.
[43] *Esser,* Europäisches und Internationales Strafrecht, § 21 Rn. 26.
[44] Vgl. *van den Wyngaert/Dugard* in *Cassese/Gaeta/Jones* (Hrsg.), 876.
[45] Hätte beispielsweise ein deutscher Soldat im Jahre 1994 als Söldner Folterungen iSv § 8 Abs. 1 Nr. 3 VStGB begangen, so wären diese Taten nicht mehr verfolgbar, denn zum Tatzeitpunkt waren die Taten nur als (eventuell: schwere) Körperverletzungen strafbar und sind deshalb nach § 78 Abs. 3 Nr. 3 StGB spätestens nach zehn Jahren verjährt.

1. ein Mitglied der Gruppe tötet,
2. einem Mitglied der Gruppe schwere körperliche oder seelische Schäden, insbesondere der in § 226 des Strafgesetzbuches bezeichneten Art, zufügt,
3. die Gruppe unter Lebensbedingungen stellt, die geeignet sind, ihre körperliche Zerstörung ganz oder teilweise herbeizuführen,
4. Maßregeln verhängt, die Geburten innerhalb der Gruppe verhindern sollen,
5. ein Kind der Gruppe gewaltsam in eine andere Gruppe überführt,

wird mit lebenslanger Freiheitsstrafe bestraft.

(2) In minder schweren Fällen des Absatzes 1 Nr. 2 bis 5 ist die Strafe Freiheitsstrafe nicht unter fünf Jahren.

Schrifttum: *Abtahi/Webb,* The Genocide Convention. The Travaux Préparatoires, 2 Bände, 2008; *Ahlbrecht/Ambos* (Hrsg.), Der Fall Pinochet(s), 2000; *Ahmed/Tralmaka,* Prosecuting Genocide at the Khmer Rouge Tribunal, City University of Hong Kong Law Review 1 (2009), 105; *Akhavan,* Reducing Genocide to Law, 2012; *ders.,* The Crime of Genocide in the ICTR Jurisprudence, JICJ 3 (2005), 989; *Alonzo-Maizlish,* In Whole or in Part: Group Rights, the Intent Element of Genocide, and the „Quantitative Criterion", New York University Law Review 77 (2002), 1369; *Amann,* Group Mentality, Expressivism and Genocide, International Criminal Law Review 2 (2002), 93; *Ambos,* Das Verbrechen des Genozid und das Gesetzlichkeitsprinzip gemäß Art. 7 EMRK, JZ 2017, 265; *ders.,* What does ‚intent to destroy' in genocide mean?, International Review of the Red Cross 91 (2009), 833; *ders.,* Der Allgemeine Teil des Völkerstrafrechts, 2001; *ders.,* Immer mehr Fragen im internationalen Strafrecht, NStZ 2001, 628; *ders.,* Geltung deutschen Strafrechts für im Ausland begangenen Völkermord, NStZ 1999, 404; *ders.,* Tötung von Zivilisten durch Angehörige serbischer Streitkräfte als Beihilfe zum Mord, NStZ 1998, 138; *Ambos/Penkuhn,* Beteiligung am Genozid in Ruanda und Zerstörungsabsicht, StV 2016, 760; *Amelung* (Hrsg.), Individuelle Verantwortung und Beteiligungsverhältnisse bei Straftaten in bürokratischen Organisationen des Staates, der Wirtschaft und der Gesellschaft, 2000; *Andreopoulos* (Hrsg.), Genocide: Conceptual and Historical Dimensions, 1997; *Arendt,* Eichmann in Jerusalem. A Report on the Banality of Evil, 1963; *Ash,* Was Srebrenica a Genocide?, Elon Law Review 5 (2013), 261; *Asuncion,* Pulling the Stops on Genocide: The State or the Individual?, EJIL 20 (2010), 1195; *Aydin,* The Interpretation of Genocidal Intent under the Genocide Convention and the Jurisprudence of International Courts, The Journal of Criminal Law 78 (2014), 423; *Badar,* The Road to Genocide: The Propaganda Machine of the Self-declared Islamic State, ICLR 16 (2016), 1; *Bassiouni,* Art. 19: Genocide, in *Bassiouni* (Hrsg.), Nouvelles Études Pénales: Commentaries on the International Law Commission's 1991 Draft Code of Crimes Against the Peace and Security of Mankind, 1993, 233; *Bassiouni* (Hrsg.), International Criminal Law, Band 1, Genocide, 2008; *ders.* (Hrsg.), The Legislative History of the International Criminal Court: Introduction, Analysis and Integrated Text, 3 Bände, 2005; *Bassiouni/Manikas, The Law of the International Criminal Tribunal for the Former Yugoslavia,* 1996; *Baum/Riedel/Schaefer* (Hrsg.), Menschenrechtsschutz in der Praxis der Vereinten Nationen, 1998; *Bechky,* Lemkin's Situation. Toward a Rhetorical Understanding of Genocide, Brooklyn Law Review 77 (2011–2012), 551; *Becker,* Der Tatbestand des Verbrechens gegen die Menschlichkeit, Diss. Regensburg 1996; *Behrendt,* Die Verfolgung des Völkermordes in Ruanda durch internationale und nationale Gerichte, 2005; *Behrens,* Between Abstract Event and Individualized Crime: Genocidal Intent in the Case of Croatia, Leiden Journal of International Law 28 (2015), 923; *Behrens/Henham* (Hrsg.), Elements of Genocide, 2013; *Berster,* The Alleged Non-Existence of Cultural Genocide. A Response to the *Croatia v. Serbia* Judgment, Journal of International Criminal Justice 13 (2015), 677; *ders.,* ‚Duty to Act' and ‚Commission by Omission' in International Criminal Law, International Criminal Law Review 10 (2010), 619; *Berster/Schiffbauer,* Völkermord im Nordirak? Die Handlungen der Terrorgruppe „Islamischer Staat" und ihre völkerrechtlichen Implikationen, ZaöRV 72 (2014), 847; *Bloxham/Moses* (Hrsg.), The Oxford Handbook of Genocide Studies, 2013; *Böse,* Die Europäisierung der Strafvorschriften gegen Kinderpornographie, in *Hoyer* u.a. (Hrsg.), FS Schroeder, 2006, 756; *Brammertz,* Reflections on Genocide, Studies on Transnational Legal Policy 40 (2009), 57; *Campbell,* § 220a StGB. Der richtige Weg zur Verhütung und Bestrafung von Völkermord?, 1986; *Card,* Genocide and Social Death, Hypathia 18 (2003), 63; *Cassese,* International Criminal Law, 2. Aufl. 2008; *Chétail,* La Banalité du mal de Dachau au Darfour: réflexion sur l'évolution du concept de génocide depuis 1945, Relations internationales 2007, 49; *Clearwater,* Holding States Accountable for the Crime of Crimes: An Analysis of Direct State Responsibility for Genocide in Light of the ICJ's 2007 Decision in *Bosnia v Serbia,* Auckland University Law Review 15 (2009), 1; *Cooper,* Raphael Lemkin and the Struggle for the Genocide Convention, 2008; *Cupido,* The Contextual Embedding of Genocide: A Casuistic Analysis to the Interplay between Law and Facts, Melbourne Journal of International Law 15 (2014), 378; *Dadrian,* Genocide as a Problem of National and International Law: The World War I Armenian Case and Its Contemporary Legal Ramifications, YaleJIL 14 (1989), 272; *Davies,* How the Rome Statute Weakens the International Prohibition on Incitement to Genocide, Harvard Human Rights Journal 22 (2009), 245; *Demko,* Die von der Genozidkonvention geschützten „Gruppen" als Regelungsgegenstand des „Specific Intent", Schweizerische Zeitschrift für Internationales und Europäisches Recht 2009, 223; *Dencker,* Kausalität und Gesamttat, 1996; *Drost,* The Crime of State II. Genocide, 1959; *Drumbl,* Sixtieth Anniversary of the Genocide Convention: The Power of the World, Studies in Transnational Legal Policy 40 (2009), 97; *Elliott,* The French Law of Intent and Its Influence on the Development of International Criminal Law, CLF 11 (2000), 35; *Eser,* Völkermord und deutsche Strafgewalt, in *Eser* u.a. (Hrsg.), FS Meyer-Goßner, 2001, 3; *Fischer/Kreß/Lüder* (Hrsg.), International and National Prosecution of Crimes Under International Law, 2001; *Fisher,* Occupation of the Womb: Forced Impregnation as Genocide, Duke Law Journal 46 (1996), 91; *Fournet,* The *Actus Reus* of Genocide in the *Croatia v. Serbia* Judgment: Between Legality and Acceptability, Leiden Journal of International Law 28 (2015), 915; *dies.,* The Crime of Destruction and the Law of Genocide, 2007; *Friedrichs* (Hrsg.), State Crime, 2 Bände, 1998; *Frowein/Bank,* The Effect of Member States' Declarations Defining „National Minorities" upon Signature or Ratification of the Council of Europe's Framework Convention, ZaöRV 59 (1999), 649; *Gaeta* (Hrsg.), The UN Genocide Convention, 2009; *Gehrig,* Der Absichtsbegriff in den Straftatbeständen des besonderen Teils des StGB, 1986; *Gil Gil,* Derecho penal internacional. Especial consideración del delito de genocidio, 1999; *dies.,* Die Tatbestände der Verbrechen gegen die Menschlichkeit und des Völkermordes im Römischen Statut des Internationalen Strafgerichtshofs, ZStW 112 (2000), 381; *dies.,* Comentario A La Primera Sentencia Del Tribunal Supremo Alemán Condenando Por El Delito De Genocidio (Sentencia del BGH de 30 de abril de 1999 – 3 StR 215/98 – OLG Düsseldorf). Relaciones concursales entre un delito contra un bien jurídico colectivo – el genocidio – y los delitos contra bienes jurídicos individuales personalísimos cometidos en su execución, Revista de Derecho Penal y Criminología 1999, 771; *Glaser,* Droit International Pénal Conventionnel, 1970; *Goldsmith,* The Issue of Intent in the Genocide Convention and Its Effect on the Prevention and Punishment of the Crime of Genocide: Toward a Knowledge-Based Approach, Genocide Studies and Prevention 5 (2010), 238; *Gorove,* The Problem of „Mental Harm" in the Genocide Convention, Washington Law Quaterly 1951, 174; *Greenawalt,* Rethinking Genocidal Intent: The Case for a Knowledge-Based Interpretation, Columbia Law Review 99 (1999), 2259; *Greve,* Vergewaltigung als Völkermord, 2008; *Hannum,* International Law and Cambodian Genocide: The Sounds of Silence, Human Rights Quaterly 11 (1989), 85; *Harff,* No Lessons Learned from the Holocaust? Assessing Risks of Genocide and Political Mass Murder since 1955, The American Political Science Review 97 (2003), 57; *Heiligsetzer,* Religiös-fundamentalistischer Terrorismus im Vergleich: Extremistischer Protestantismus in den USA und fundamentalistische Gewalt im islamischen Orient, Die Friedens-Warte 76 (2001), 81; *Heine,* Täterschaft und Teilnahme in staatlichen Machtapparaten. NS- und DDR-Unrecht im Vergleich der Rechtsprechung, JZ 2000, 920; *Henham/Behrens* (Hrsg.), The Criminal Law of Genocide. International Comparative and Contextual Aspects, 2007; *Heller,* Prosecutor v Karemera, Ngirumpatse & Nzirorera, AJIL 101 (2007), 157; *Hilgendorf,* Der bewaffnete Konflikt in Bosnien, JR 2002, 82; *Hirsch,* Untauglicher Versuch und Tatstrafrecht, in *Schünemann* u.a. (Hrsg.), FS Claus Roxin, 2001, 711; *Horovitz,* Genocide, 1976; *Hübner,* Das Verbrechen des Völkermordes im internationalen und nationalen Recht, Diss. Würzburg 2004; *Hünerbein,* Straftatkonkurrenzen im Völkerstrafrecht, Diss. Köln 2005; *Jäger,* Makrokriminalität, 1989; *Jescheck,* Die internationale Genocidium-Konvention vom 9. Dezember 1949 und die Lehre vom Völkerstrafrecht, ZStW 66 (1954) 193; *Jorgensen,* Genocide as a Fact of Common Knowledge, International & Comparative Law Quaterly 56 (2007), 885; *dies.,* The definition of genocide: Joining the dots in the light of recent practice, International Criminal Law Review 1 (2001), 285; *Khan/Dixon/Fulford,* Archbold International Criminal Courts, 3. Aufl. 2009; *Kadelbach,* Zur Verfolgung von Völkermord gegenüber ausländischen Tätern durch deutsche Gerichte, JZ 2001, 981; *Kelly,* The Debate Over Genocide in Darfur, Sudan, University California Davis Journal of International Law & Policy 18 (2011), 205; *Kim,* A Collective Theory of Genocidal Intent, 2016; *Kreicker,* Die Entscheidung des Internationalen Gerichtshofs zur Staatenimmunität – Auswirkungen auf das Völkerstrafrecht? Anmerkungen zum Urteil des IGH vom 3.2.2012 aus strafrechtlicher Sicht, ZIS 2012, 107; *ders.,* Völkerrechtliche Exekutionen. Grundlage und Grenzen völkerrechtlicher Immunitäten und ihre Wirkung im Strafrecht, Band 1, 2007; *Kreß,* Joachim Vogels Regelungsmodelle der Beteiligung und das Völkerstrafrecht, in *Tiedemann* u.a. (Hrsg.), Die Verfassung moderner Strafrechtspflege. Erinnerung an Joachim Vogel, 2016, S. 259; *ders.,* The ICC's First Encounter with the Crime of Genocide, in *Stahn* (Hrsg.), The Law and Practice of the International Criminal Court, 2015, 669; *ders.,* Ruth Rissing-van Saans Begegnung mit dem Völkerstrafrecht, in *Fischer/Berusmann* (Hrsg.), FS Rissing-van Saan, 2011, 317; *ders.,* The Crime of Genocide and Contextual Elements: A Comment on the ICC Pre-Trial Chamber's Decision in the *Al Bashir* Case, JICJ 7 (2009), 297; *ders.* The International Court of Justice and the Elements of the Crime of Genocide, EJIL 18 (2007), 619; *ders.,* Nationale Umsetzung des Völkerstrafgesetzbuches. Öffentliche Anhörung im Ausschuss für Menschenrechte und Humanitäre Hilfe des Deutschen Bundestages – Kurzstellungnahme, ZIS 2007, 515; *ders.,* Universal Jurisdicton over International Crimes and the Institut de Droit International, JICJ 4 (2006), 561; *ders.,* The Crime of Genocide under International Law, International Criminal Law Review 6 (2006), 461; *ders.,* Versailles-Nürnberg-Den Haag: Deutschland und das Völkerstrafrecht, Verein zur Förderung der Rechtswissenschaft (Hrsg.), Fakultätsspiegel der Kölner Juristischen Fakultät, Sommersemester 2006, S. 13; *ders.,* Claus Roxins Lehre von der Organisationsherrschaft und das Völkerstrafrecht, GA 2006, 304; *ders.,* The Darfur Report and Genocidal Intent, JICJ 3 (2005), 562; *ders.,* Der Internationale Gerichtshof im Spannungsfeld zwischen Völkerstrafrecht und Immunitätsschutz, GA 2003, 25; *ders.,* Völkerstrafrecht und Weltrechtspflege im Blickfeld des Internationalen Gerichtshofs, ZStW 112 (2002), 818; *ders./Grover,* International Criminal Law Restraints in Peace Talks to End Armed Conflicts of a Non-International Character, in *Bergsmo/Kalmanovitz* (Hrsg.), Law in Peace Negotiations, 2009, S. 29; *Kuper,* Genocide. Its Political Use in the Twentieth Century, 1981; *Landsmann,* Crimes of the Holocaust. The Law Confronts Hard Cases, 2005; *Lehmler,* Die Strafbarkeit von Vertreibungen aus ethnischen Gründen im bewaffneten nicht-internationalen Konflikt, Diss. Mainz 1999; *Lemkin,* Genocide as a Crime under International Law, AJIL 41 (1947), 145; *ders.,* Axis Rule in Occupied Europe: Laws of Occupation, Analysis of Government, Proposals for Redress, 1944; *ders.,* Akte der Barbarei und des Vandalismus als delicta juris gentium, Internationales Anwaltsblatt 19 (1933), 117; *Lerner,* The U. N. Convention on the Elimination of all Forms of Racial Discrimination, 2. Aufl. 1980; *Lingaas,* The Elephant in the Room: The

Uneasy Task of Defining 'Racial' in International Criminal Law, International Criminal Law Review 15 (2015), 485; *Lisson,* Defining „National Group" in the Genocide Convention: A Case Study of Timor-Leste, Stanford Law Review 60 (2007–2008), 1459; *Löchte,* Johann Gottfried Herder. Kulturtheorie und Humanitätsidee der *Ideen, Humanitätsbriefe* und *Adrastea,* Diss. Berlin 2005; *Luban,* Calling Genocide by Its Rightful Name: Lemkin's Word, Darfur, and the UN Report, Chicago Journal of International Law 7 (2006–2007), 303; *Lüders,* Die Strafbarkeit von Völkermord nach dem Römischen Statut für den Internationalen Strafgerichtshof, Diss. Berlin 2004; *Lüderssen* (Hrsg.), Aufgeklärte Kriminalpolitik oder Kampf gegen das Böse?, Band III: Makrodelinquenz, 1998; *Maison,* Le crime de génocide dans les premiers jugements du Tribunal Pénal International Pour le Rwanda, RGDIP 103 (1999), 129; *MacDonald/Swaak-Goldman,* Substantive and procedural Aspects of International Criminal Law, The Experience of International and National Courts. Commentary (Vol. I) / Documents and Cases (Vol. II), 2000; *Maitra,* A Perpetual Possibility? The International Criminal Tribunal for Rwanda's Recognition of the Genocide of 1994, International Criminal Law Review 5 (2005), 573; *Malliaris,* Assessing the ICTY Jurisprudence in Defining the Elements of the Crime of Genocide: The Need for a ‚Plan', Review of International Law & Politics 5 (2009), 105; *Mann,* The Dark Side of Democracy: Explaining Ethnic Cleansing, 2005; *May,* Genocide. A Normative Account, 2010; *Merkel,* Gründe für den Ausschluss der Strafbarkeit im Völkerstrafrecht, ZStW 114 (2002), 437; *Mettraux,* International Crimes and the Ad Hoc Tribunals, 2005; *Munivrana Vajda,* Ethnic Cleansing as Genocide – Assessing the Croatian Genocide Case before the ICJ, International Criminal Law Review 15 (2015), 146; *Murray,* Does International Criminal Law Still Require a ‚Crime of Crimes'? A Comparative Review of Genocide and Crimes against Humanity, Goettingen Journal of International Law 3 (2011), 589; *Mysliwiec,* Accomplice to Genocide Liability: The Case for a Purpose Mens Rea Standard, Chicago Journal of International Law 10 (2009), 389; *Nersessian,* Genocide and Political Groups, 2010; *ders.,* The Contours of Genocidal Intent: Troubling Jurisprudence from the International Criminal Tribunals, Texas International Law Journal 37 (2002), 231; *Niewerth,* Der kollektive und der positive Schutz von Minderheiten und ihre Durchsetzung im Völkerrecht, Diss. Kiel 1996; *Nowak,* U.N. Covenant on Civil and Political Rights: CCPR Commentary, 2. Aufl. 2005; *Österdahl,* Threat to Peace. The Interpretation by the Security Council of Article 39 of the UN Charter, 1998; *Palmbino,* Should Genocide Subsume Crimes Against Humanity: Some Remarks in the Light of the Drstic Appeal Judgement, JICJ 3 (2005), 778; *Park,* Proving Genocidal Intent: International Precedent and ECCC Case 002, Rutgers Law Review 63 (2010–2011), 129; *Paul,* Kritische Analyse und Reformvorschlag zu Art. II Genozidkonvention, Diss. Frankfurt am Main 2008; *Planzer,* Le crime de génocide, 1956; *Paust,* Genocide in Rwanda, State Responsibility to Prosecute or Extradite, and Nonimmunity for Heads of State and Other Public Officials, Houston Journal of International Law 34 (2011), 57; *ders.,* Congress and Genocide: They're Not Going to Get Away with It, Michigan Journal of International Law 11 (1989), 90; *Pecorella,* Rape and Sexual Violence in the ICJ's Judgment in Croatia v. Serbia, Leiden Journal of International Law 28 (2015), 945; *Petrosian,* Secondary Forms of Genocide and Command Responsibility under the Statutes of the ICTY, ICTR and ICC, Australian International Law Journal 17 (2010), 29; *Pritchard,* Der völkerrechtliche Minderheitenschutz, 2001; *Provost/Akhavan* (Hrsg.), Confronting Genocide, 2011; *Quayle,* The Legislative Limitations of the Genocide Convention, International Criminal Law Review 5 (2005), 363; *Quigley,* International Court of Justice as a Forum for Genocide Cases, Case Western Reserve Journal of International Law 40 (2007–2009), 243; *ders.,* The Genocide Convention. An International Law Analysis, 2007; *Rengier,* Die Reform und Nichtreform der Körperverletzungsdelikte durch das 6. Strafrechtsreformgesetz, ZStW 111 (1999), 1; *Rissing-van Saan,* The German Federal Supreme Court and the Prosecution of International Crimes Committed in the Former Yugoslavia, JICJ 3 (2005), 381; *Robinson,* The Genocide Convention, 1960; *Rogall,* Die Bewältigung von Systemkriminalität, in *Canaris* u.a. (Hrsg.) Festgabe 50 Jahre BGH, 2000, 418; *Roxin,* Straftaten im Rahmen organisatorischer Machtapparate, GA 1963, 193; *Safferling,* Wider die Feinde der Humanität – der Tatbestand des Völkermordes nach der Römischen Konferenz, JuS 2001, 735; *ders./Conze* (Hrsg.), The Genocide Convention Sixty Years After Its Adoption, 2010; *ders./Grzywotz,* Die Völkermordabsicht nach Karlsruher Meinung, JR 2016, 186; *Schabas,* Judicial Activism and the Crime of Genocide, in *Darcy/Powderly* (Hrsg.), Judicial Creativity at the International Criminal Tribunals, 2010, S. 63; *ders.,* Retroactive Application of the Genocide Convention, University of St. Thomas Journal of Law & Public Policy 4 (2010), 36; *ders.,* Genocide in International Law. The Crime of Crimes, 2. Aufl. 2009; *ders.,* Darfur and the ‚Odious Scourge': The Commission of Inquiry's Findings on Genocide, Leiden Journal of International Law 18 (2005), 871; *ders.,* Was Genocide Committed in Bosnia and Herzegovina? First Judgments of the International Criminal Tribunal for the Former Yugoslavia, Fordham International Law Journal 25 (2002), 23; *Selbmann,* Der Tatbestand des Genozids im Völkerstrafrecht, 2002; *Sellers,* Tipping the Scale from Mass Murder to Genocide: What Does it Take?, Creighton International and Comparative Law Journal, 4 (2013), 48; *M. Shaw,* What is Genocide?, 2007; *M. N. Shaw,* Genocide and International Law, in *Dinstein* (Hrsg.), International Law at a Time of Perplexity. Essays in Honour of Shabtai Rosenne, 1988, S. 797; *Shneider,* Political Genocide in Latin America: The Need for Reconsidering the Current Internationally Accepted Definition of Genocide in Light of Spanish and Latin American Jurisprudence, American University International Law Review 25 (2010), 313; *Sirkin,* Expanding the Crime of Genocide to Include Ethnic Cleansing: A Return to Established Principles in Light of Contemporary Interpretations, Seattle University Law Review 33 (2009–2010), 489; *Stahn,* Internationaler Menschenrechtsschutz und Völkerstrafrecht, KritJ 1999, 343; *Steinfeld,* When Ethnic Cleansing is not Genocide: A Critical Appraisal of the ICJ's Ruling in Croatia v. Serbia in relation to Deportation and Population Transfer, Leiden Journal of International Law 24 (2015), 937; *Stillschweig,* Das Abkommen zur Bekämpfung von Genocide, Die Friedens-Warte 1949, 93; *Stone* (Hrsg.), The Histiography of Genocide, 2008; *Stuckenberg,* Cumulative Charges and Cumulative Convictions, in *Stahn* (Hrsg.), The Law and Practice of the Interntional Criminal Court, 2015, S. 840; *ders.,* Vorstudien zu

Vorsatz und Irrtum im Völkerstrafrecht – Versuch einer Elementarlehre für eine internationale Vorsatzdogmatik, 2007; *Szpak*, National, Ethnic, Racial, and Religious Groups Protected against Genocide in the Jurisprudence of the *ad hoc* International Criminal Tribunals, EJIL 23 (2012), 155; *Takai*, Rape and Forced Pregnancy as Genocide Before the Bangladesh Tribunal, Temple International & Comparative Law Journal 25 (2011), 393; *Tams/Berster/Schiffbauer*, Convention on the Prevention and Punishment of the Crime of Genocide: A Commentary, 2014; *Tournay*, Genocidal Intent before the ICTY, ICLQ 52 (2003), 447; *Trahan*, Why the Killing in Darfur is Genocide, Fordham International Law Journal 31 (2008), 990; *Triffterer*, Kriminalpolitische und dogmatische Überlegungen zum Entwurf gleichlautender „Elements of Crimes" für alle Tatbestände des Völkermordes, in *Schünemann* u.a. (Hrsg.), FS Claus Roxin, 2001, 1415; *van der Wilt*, Genocide, Complicity in Genocide and International v. Domestic Jurisdiction: Reflections on the *van Anraat* Case, Journal of International Criminal Justice 4 (2006), 239; *van de Vyver*, The International Criminal Court and the Concept of Mens Rea in International Criminal Law, University of Miami International and Comparative Law Review 12 (2004), 57; *van Schaack*, The Crime of Political Genocide: Repairing the Genocide Convention's Blind Spot, Yale Law Journal 106 (1997), 2259; *Verdirame*, The Genocide Definition in the Jurisprudence of the *Ad Hoc* Tribunals, International & Comparative Law Quaterly 49 (2000), 578; *Verhoeven*, Le crime de génocide. Originalité et ambiguité, RBDI 24 (1991), 5; *Vest*, Genozid durch organisatorische Machtapparate. An der Grenze von individueller und kollektiver Verantwortlichkeit, 2002; *ders.*, Humanitätsverbrechen – Herausforderung für das Individualstrafrecht?, ZStW 113 (2001), 457; *ders.*, Die bundesrätliche Botschaft zum Beitritt der Schweiz zur Völkermordkonvention – kritische Überlegungen zum Entwurf eines Tatbestandes über Völkermord, SchweizZSt. 117 (1999), 351; *Vianney-Liaud*, Legal Constraints in the Interpretation of Genocide, in *Meisenberg/Stegmiller* (Hrsg.), The Extraordinary Chambers in the Courts of Cambodia. Assessing their Contribution to International Criminal Law, 2016, S. 255; *Vogel*, Individuelle Verantwortlichkeit im Völkerstrafrecht. Zugleich ein Beitrag zu den Regelungsmodellen der Beteiligung, ZStW 114 (2002), 403; *Vorah* u. (Hrsg.), Man's Inhumanity to Man. Essays on International Law in Honour of Antonio Cassese, 2003; *Vrdoljak*, Genocide and Restitution: Ensuring Each Group's Contribution to Humanity, EJIL 22 (2011), 17; *Weigend*, Vorsatz und Risikokenntnis – Herzbergs Vorsatzlehre und das Völkerstrafrecht, in *Putzke* u.a. (Hrsg.), FS Herzberg, 2008, 997; *Weltz*, Die Unterlassungshaftung im Völkerstrafrecht, Diss. Freiburg i. Br. 2004; *Werkmeister*, Johannes Lepsius und die Verbrechen an den Armeniern. Die Vorgeschichte der UN-Genozidkonvention, Jahrbuch zur Geschichte und Wirkung des Holocaust (2012), 83; *Werle*, Die deutsche Rechtsprechung zur Zerstörungsabsicht beim Völkermord und die Europäische Menschenrechtskonvention, in *Hettinger* u.a. (Hrsg.), FS Küper, 2007, 675; *ders.*, Konturen eines deutschen Völkerstrafrechts. Zum Arbeitsentwurf eines Völkerstrafgesetzbuchs, JZ 2001, 885; *ders.*, Zur Anwendung des deutschen Strafrechts auf von einem Ausländer im Ausland begangenen Völkermord – Zum Tatbegriff beim Völkermord, JZ 1999, 1181; *Werle/Andres*, Auschwitz vor Gericht, 1995; *Werle/Burghardt*, Der Völkermord in Ruanda und die deutsche Strafjustiz. Zugleich eine Besprechung des Urteils des Oberlandesgerichts Frankfurt a.M. vom 18.2.2014 (Fall Onesphore R.), ZIS 2015, 46; *Williams*, The Mental Element in Crime, 1965; *Wilms*, Glaube und Weltanschauung – ein Abgrenzungsproblem, in *Geis/Lorenz* (Hrsg.), FS Hartmut Maurer, 2001, 493; *Wilson*, Inciting Genocide with Words, Michigan Journal of International Law 36 (2014–2015), 277; *Wouters/Verhoeven*, The Prohibition of Genocide as a Norm of Jus Cogens and Its Implications for the Enforcement of the Law of Genocide, International Criminal Law Review 5 (2005), 410; *Young*, How Do We Know Them When We See Them? The Subjective Evolution in the Identification of Victim Groups for the Purpose of Genocide, International Criminal Law Review 10 (2010), 1; *Zakr*, Analyse spécifique du crime de génocide dans le Tribunal pénal international pour le Rwanda, Révue de science criminelle et de droit comparé 2001, 263; *Zimmermann*, Auf dem Weg zu einem deutschen Völkerstrafgesetzbuch. Entstehung, völkerrechtlicher Rahmen und wesentliche Inhalte, ZRP 2002, 97.

Übersicht

	Rn.		Rn.
I. Allgemeines	1–29	b) Tatobjekte	31–47
1. Normzweck	1–19	c) Tatbestandsvarianten	48–69
a) Rechtsgut	1–5	2. Subjektiver Tatbestand	70–91
b) Deliktsnatur	6–19	a) Vorsatz	70
2. Kriminalpolitische Bedeutung	20, 21	b) Absicht, die Gruppe als solche ganz oder teilweise zu zerstören	71–91
3. Historie	22–27		
a) Völkerrechtliche Entwicklung	22–25	**III. Völkermord und bewaffneter Konflikt, Einwilligung, Handeln auf Befehl und Nötigungsnotstand, Täterschaft und Teilnahme, Versuch, Vorgesetztenverantwortlichkeit und allgemeine Unterlassungsstrafbarkeit, Konkurrenzen, Weltrechtspflegeprinzip, Rechtsfolgen, Prozessuales**	92–119
b) Entstehungsgeschichte des § 220a StGB	26		
c) Ersetzung des § 220a StGB durch § 6	27		
4. Völkerrechtliche Besonderheiten bei der Auslegung von § 6	28, 29		
II. Erläuterung	30–91		
1. Objektiver Tatbestand	30–69	1. Völkermord und bewaffneter Konflikt	92–94
a) Täter	30		

	Rn.		Rn.
2. Einwilligung	95	7. Konkurrenzen	107–111
3. Handeln auf Befehl und Nötigungsnotstand	96, 97	8. Weltrechtspflegeprinzip	112, 113
4. Täterschaft und Teilnahme	98–102	9. Rechtsfolgen	114
5. Versuch	103, 104	10. Prozessuales	115–119
6. Vorgesetztenverantwortlichkeit und allgemeine unechte Unterlassungsstrafbarkeit	105, 106	a) Immunitäten	115–117
		b) Verjährung	118
		c) Auslieferung und Überstellung	119

I. Allgemeines

1. Normzweck. a) Rechtsgut. Das Rechtsgut von § 6 ist **umstritten**. Nach hM schützt der Völkermordtatbestand nicht Individualrechtsgüter der einzelnen Gruppenmitglieder, sondern nur den Bestand der in Abs. 1 aufgeführten Gruppen.[1] Nach anderer Auffassung dient dieser Tatbestand allein dem Schutz von Individualrechtsgütern der Gruppenmitglieder.[2] Einer dritten Auffassung zufolge geht es kumulativ um den Schutz der jeweils betroffenen Individualrechtsgüter der einzelnen Gruppenmitglieder und um denjenigen des kollektiven Rechtsguts des Bestands der jeweiligen Gruppe.[3]

Zutreffend ist die zuletzt genannte Auffassung. Auch und vor allem die durch die Tathandlungen von § 6 betroffenen **Individualrechtsgüter** der konkret angegriffenen Gruppenmitglieder sind **Schutzgüter von § 6**. Sämtliche Varianten des Völkermords betreffen Verletzungen individueller Rechtsgüter (Leben, körperliche und seelische Unversehrtheit, Recht auf Fortpflanzung, Bewegungsfreiheit und Recht auf Familie). Diese lassen sich nicht mit der Begründung aus dem Schutzzweck von § 6 ausklammern, der Täter greife die einzelnen Gruppenmitglieder nicht in ihrer Individualität, sondern allein als Gruppenmitglieder an.[4] Denn aus der maßgeblichen Sicht der Rechtsordnung müssen die angegriffenen Gruppenmitglieder gerade entgegen der Täterperspektive in ihrer Individualität schutzwürdig bleiben.[5] Der Umstand, dass sich der Völkermord nicht im Angriff auf ein Gruppenmitglied erschöpft, sondern auf die Zerstörung einer ganzen Gruppe bzw. einer Teilgruppe zielt, bietet keinen hinreichenden Grund dafür, die Individualrechtsgüter außerhalb des Schutzbereichs der Norm anzusiedeln. Die Reichweite des Tatbestands ist gerade maßgeblich durch die Beschreibung der betroffenen Individualrechtsgüter bestimmt; so wurde etwa die von *Lemkin* noch vorgesehene Variante des „kulturellen Völkermordes" (→ Rn. 22) bewusst aus dem Tatbestand ausgeschieden.[6] Auch die Abstufung in Abs. 2 ist nur aus dem Gesichtspunkt des Individualschutzes zu erklären. Für die Einbeziehung der individuellen Rechtsgüter in den Schutzbereich von § 6 spricht schließlich, dass der Völkermordtatbestand ansonsten von seiner historischen Wurzel, den Verbrechen gegen die Menschlichkeit, abgetrennt würde (→ Rn. 22).[7] Denn diese Tatbestandsgruppe dient unstreitig (mindestens auch) dem Individualrechtsgüterschutz.

---

[1] Zur völkerrechtlichen Strafnorm gegen Völkermord die internationale Rspr. seit RStGH 2.9.1998 – ICTR 96-4-T, Nr. 469, – Prosecutor v. Akayesu; zuletzt IStGH 4.3.2009 – ICC -02/05-01/09-3 – Prosecutor v. Al Bashir, Nr. 115; zu § 220a StGB aF BGH 30.4.1999 – 3 StR 215/98, BGHSt 45, 64 (81) = NStZ 1999, 196 (401); mit insow. zust. Anm. *Ambos* NStZ 1999, 404; *Werle* JZ 1999, 1181 (1184); *Gil Gil* ZStW 112 (2000), 381 (393); *Lüders* S. 44, 261; *Vest* S. 99; Erläuternde Bemerkungen zur Regierungsvorlage (Österreich) 1971, 472.
[2] Frankreich, UN GAOR, 3rd session, 6th Committee, 91; *Drost* S. 124; *May* S. 88 ff.
[3] *Luban* Chicago Journal of International Law (2006–2007), 303 (309); *Werle* Rn. 761; *Triffterer* öStGB/ *Triffterer* § 321 Rn. 12–18.
[4] So aber BGH 30.4.1999 – 3 StR 215/98, BGHSt 45, 64 (80) = NStZ 1999, 196 (401).
[5] Zumindest missverständlich deshalb die von der ILC YILC 1996-II2, 45, dort Fn. 118 (abgedr. in *McDonald/Swaak-Goldman*, Band 2, Teil 1, S. 386), zust. zit. Formulierung von *Robinson* S. 58.
[6] Deutlich in diesem Sinn Schweden, UN GAOR, 3rd session, 6th Committee, 197.
[7] Den engen systematischen Zusammenhang zwischen Völkermord und Verbrechen gegen die Menschlichkeit betont zu Recht JStGH 2.8.2001 – IT-98-33-T, Nr. 682 ff. – Prosecutor v. Krstic; die Begründung zu § 6 VStGB spricht von einem „engen Sachzusammenhang" (BT-Drs. 14/8524); ebenso *Planzer* S. 29 ff., 39 ff.; *Vest* S. 70 ff.; aA *Becker* S. 184 f.

3   § 6 ist allerdings nicht schon dann erfüllt, wenn der Täter verschiedene Einzelpersonen auf Grund diskriminierender Motivation tötet oder verletzt.[8] Vielmehr geht es bei diesem Tatbestand auch um den Erhalt bestimmter Menschengruppen. Neuerdings wird vorgeschlagen, auch diese Schutzrichtung ausschließlich auf Individualinteressen der jeweiligen Gruppenmitglieder zu beziehen. Der Völkermordtatbestand nehme das Interesse der Gruppenmitglieder daran in den Blick, ihre (soziale) Identität (auch) über die Zugehörigkeit der betreffenden Gruppe zu bilden.[9] Allerdings lässt sich eine solche Schutzrichtung mit der Beschränkung des Völkermordtatbestandes auf den Schutz von vier bestimmten Gruppen nicht gut vereinbaren. Auch die Entstehungsgeschichte der Völkermordkonvention weist in eine andere Richtung. Im Anschluss an die entsprechenden Überlegungen *Raphael Lemkins* (→ Rn. 22)[10] heißt es in der klassischen Formulierung in Resolution 96 (I) der Generalversammlung (→ Rn. 23), der Völkermord führe zu „great losses to humanity in the form of cultural and other contributions".[11] Den Schöpfern der Völkermordkonvention ging es also um das **Weltgemeinschaftsinteresse am Erhalt von Gruppenvielfalt.**[12] Weil sich der Völkermord auch gegen dieses kollektive Rechtsgut richtet, ist er eine schwerere Straftat als das Verbrechen gegen die Menschlichkeit.

4   Mit dem Gesichtspunkt des Erhalts von Gruppenvielfalt als bereicherndes Element der Weltzivilisation ist der kollektive Schutzaspekt des Völkermordtatbestands jedoch noch nicht erschöpft. Vielmehr begründet die auf die Zerstörung ganzer Völker und Volksgruppen gerichtete Zielsetzung einen Zusammenhang des Völkermordes mit dem Rechtsgut **des internationalen Friedens.**[13] Der entsprechende Bezug, der bereits von *Lemkin* herausgestellt worden ist,[14] kommt in der Einordnung des Völkermords als Verbrechen „against the peace and security of mankind" durch die ILC (→ Rn. 24) deutlich zum Ausdruck und ist durch die neuere Praxis des Sicherheitsrats der VN zum Begriff der Friedensbedrohung nach Art. 39 der SVN[15] bestätigt worden.

5   Im Ergebnis ist § 6 ein aus **drei Schutzkomponenten** – Rechtsgüter des konkret angegriffenen Gruppenmitglieds, Bestand der Gruppe, internationaler Frieden – **zusammengesetztes Delikt.**[16] Der Standort des § 220a StGB im 16. Abschnitt war sowohl im Hinblick auf die Mehrzahl der betroffenen Individualrechtsgüter als auch im Hinblick auf die kollektiven Schutzkomponenten unglücklich.[17] Durch die Überführung des § 220a StGB in § 6 (→ Rn. 27) hat der Völkermordtatbestand demgegenüber einen passenden Standort erhalten.

---

[8] Ein in diese Richtung gehender französischer Formulierungsvorschlag (UN Doc. A/C.6/211, 1.10.1948) hat sich nicht durchgesetzt.
[9] *May* S. 88 ff.; in diese Richtung bereits zuvor *Card* Hypathia 18 (2003), 68 (73 ff.); *Demko* Schweizerische Zeitschrift für Internationales und Europäisches Recht 2009, 227, stellt diese individualistische Erklärung des Gruppenschutzes neben dessen kollektive Dimension.
[10] *Lemkin* S. 91; s. auch bereits *dens.* Internationales Anwaltsblatt 19 (1933), 117, und später *dens.* AJIL 41 (1947), 145 (147); hierzu sehr erhellend *Moses* in *Bloxham/Moses* (Hrsg.), S. 19 ff.
[11] UN Doc. A/96 (I), 11.12.1946; abgedr. in *Abtahi/Webb,* Band 1, S. 34; zu dieser Resolution treffend *Moses* in *Bloxham/Moses* (Hrsg.), S. 19 (37) „This is pure Lemkin (…)".
[12] So auch JStGH 19.4.2004 – IT-98-33-A, Nr. 36 – Prosecutor v. Krstic; *Vrdoljak* EJIL 22 (2011), 17, stellt diese Zielsetzung der Schöpfer der Völkermordkonvention eindrucksvoll in den Gesamtkontext der vorangegangenen und nachfolgenden Völkerrechtsentwicklung und verbindet dies mit einer systematischen Erörterung des Kulturgüterschutzes. *Moses* in *Bloxham/Moses* (Hrsg.), S. 19 (27 ff.), zeigt, dass diese Teleologie nicht gegen kulturellen Wandel *per se* gerichtet ist. Schon *Lemkin* ging es allein um den Schutz gegenüber Zwang.
[13] Eingehend *Stahn* KritJ 1999, 352; daneben *Vest* ZStW 113 (2001), 457 (476); *Köhler* bei *Jeßberger/Kreß* ZStW 113 (2001), 866; s. auch den Hinweis von *Pritchard* S. 50.
[14] *Lemkin* S. 93; auf derselben Linie Supreme Court Israel 29.5.1962 – I. L. R. 36 (1968), 277 (291, Nr. 11) – Attorney-General of the Government of Israel v. Eichmann.
[15] Dazu etwa *Österdahl* passim.
[16] Begriff nach *Roxin* AT/1 § 10 Rn. 125.
[17] Zur Einordnung als Straftat gegen die Interessen der Völkergemeinschaft s. Art. 264 SchweizStGB; zur Einordnung als Verbrechen gegen die Menschlichkeit s. Art. 211–1 französischer Code Pénal, zur Einordnung als selbstständiger Abschnitt s. § 321 öStGB.

b) Deliktsnatur. § 6 beschreibt ein **komplexes Delikt**. Das ergibt sich bereits aus der 6 Mehrzahl der Schutzkomponenten (→ Rn. 5). Ferner sind die in Abs. 1 Nr. 1–5 aufgeführten Einzeltatbestände unterschiedlich strukturiert (→ Rn. 8 ff.). Schließlich lässt sich die Deliktsnatur erst bei Berücksichtigung des typischen Zusammenspiels von Einzel- und Gesamttat hinreichend erfassen (→ Rn. 13 ff.).

aa) Allgemeine Strukturmerkmale. § 6 weist drei allgemeine Strukturmerkmale auf. 7 Zunächst handelt es sich um ein **Allgemeindelikt**. Täter kann jedermann sein, nicht nur staatliche oder militärische Führungspersonen.[18] Das prägende Merkmal des Völkermordtatbestandes ist die Absicht, eine näher bestimmte Gruppe von Menschen ganz oder teilweise zu zerstören. Da diese Absicht zur Deliktsvollendung nicht verwirklicht werden muss, ist der Völkermord ein Delikt mit **überschießender Innentendenz**. Im Hinblick auf den Schutzaspekt des internationalen Friedens (→ Rn. 4) ist der Völkermord ein **abstraktes Gefährdungsdelikt**.

bb) Varianten. Die einzelnen Varianten von § 6 weisen nicht unerhebliche strukturelle 8 Unterschiede auf. **Nr. 1** beschreibt zunächst im Hinblick auf das konkret angegriffene Gruppenmitglied als Tatobjekt ein **Erfolgsdelikt**. In Bezug auf die ebenfalls angegriffene Gruppe braucht kein (weitergehender) äußerer Erfolg einzutreten, sondern es reicht die bei der Tathandlung vorliegende Zerstörungsabsicht aus. Insoweit ist die Tat nach Nr. 1 ein **verkümmert mehraktiges Delikt**.

Die Struktur der **Nr. 2** entspricht der von Nr. 1. Allerdings kommen **hinsichtlich des** 9 **Schädigungserfolges mehrere Alternativen** in Frage.

Nr. 3 verlangt weder im Hinblick auf ein einzelnes Gruppenmitglied noch im Hinblick 10 auf die Gruppe bzw. eine Teilgruppe einen Verletzungserfolg; es handelt sich um ein **Eignungsdelikt**. Anders als in Nr. 1 und 2 ist Tatobjekt hier die Gruppe bzw. Teilgruppe selbst. Nicht ausreichend ist die Vornahme einer Handlung, die nur einzelne Gruppenmitglieder zu verletzen geeignet ist. Da der tatbestandsmäßige Zustand über längere Zeit hinweg fortbestehen muss, um zu dem angestrebten Erfolg zu führen, ist Nr. 3 ein **Dauerdelikt**.

Nach dem Wortlaut von **Nr. 4** reicht es aus, wenn der Täter eine Handlung mit der 11 **Tendenz** vornimmt, Geburten innerhalb der Gruppe zu verhindern. Tatsächlich muss die Handlung zur Herbeiführung des Erfolgs auch geeignet sein (→ Rn. 61). Zur Deliktsvollendung genügt die Vornahme einer gegen nur ein Gruppenmitglied gerichteten Handlung (→ Rn. 64). Insoweit entspricht die Struktur von Nr. 4 derjenigen von Nr. 1 und 2.

Die Struktur von **Nr. 5** entspricht im Wesentlichen derjenigen von Nr. 1 und 2. Da 12 der Täter gewaltsam handeln muss, um die Kindesüberführung zu bewirken, ist Nr. 5 ein **verhaltensgebundenes Erfolgsdelikt**.

cc) Deliktsnatur. Indes ist die Deliktsnatur von § 6 in den Kategorien der allgemeinen 13 Tatbestandslehre nur unzureichend zu erfassen.[19] Der Grund hierfür ist, dass es einem Täter allein in der Regel nicht möglich ist, eine Gruppe ganz oder teilweise zu zerstören. Typischerweise geht es beim Völkermord um ein Gesamtunrechtsgeschehen, das sich aus einer Vielzahl von Einzeltaten zusammensetzt. Die einzelne Völkermordstraftat ist dementsprechend typischerweise Teil systematisch begangenen Unrechts. In der völkerstrafrechtlichen Diskussion wird das deliktische Gesamtgeschehen meist als **Gesamttat** und die individuelle Mitwirkungshandlung als **Einzeltat** bezeichnet.[20] Das für die Anwendung von § 6 zentrale Zusammenspiel

---

[18] BGH 21.5.2015 – 3 StR 575/14, JZ 2016, 103 (104); ausführlich JStGH 30.1.2015 – IT-05-88-A, Nr. 430 ff. – Prosecutor v. Popovic et al.; *Vest* S. 120; am ehesten die Richtung eines Sonderdelikts weisend der im 6. Ausschuss der Generalversammlung entschieden zurückgewiesene Vorschlag Frankreichs, UN Doc. A/C.6/211, 1.10.1948.
[19] Zum Nachfolgenden auch *Kreß* in Stahn (Hrsg.), S. 669 (674 ff.); *ders*. JICJ 7 (2009), 297; und etwas knapper *ders*. FS Rissing-van Saan, 2011, 317 (320 ff.).
[20] Grundlegend hierzu *Marxen* in *Lüderssen* (Hrsg.), S. 220; zum Völkermord hieran anknüpfend *Vest* S. 138 ff., der zudem die nicht speziell auf das Völkerstrafrecht bezogenen Überlegungen von *Dencker* S. 120 ff., fruchtbar macht.

von Einzeltat und Gesamttat kommt jedoch in der Tatbestandsformulierung von § 6 nicht deutlich zum Ausdruck. Weder wird die objektive Tatseite des Völkermords – wie bei den Verbrechen gegen die Menschlichkeit[21] – als Einfügen einer Einzeltat in eine Gesamttat beschrieben, noch wird die Gesamttat ausdrücklich – wie in den Verhandlungen zur Völkermordkonvention von Belgien[22] vorgeschlagen – im subjektiven Tatbestand angesprochen. § 6 liegt vielmehr das Bestreben zugrunde, auch den **extremen Ausnahmefall der nach Lage der Dinge möglichen (Teil-)Gruppenvernichtung im Alleingang** (zB durch den Einsatz einer Massenvernichtungswaffe) als Völkermord zu erfassen.[23]

14 Aus diesem Bestreben darf indessen – entgegen einer in der internationalen Rechtsprechung[24] und im Schrifttum[25] anzutreffenden Auffassung – nicht der weitergehende Schluss gezogen werden, für die Verwirklichung des Tatbestandes komme es auf die tatsächliche Möglichkeit der Zerstörung einer (Teil-)Gruppe nicht an, so dass auch der isoliert handelnde hasserfüllte Einzeltäter dann ein Völkermörder sei, wenn er eine Einzeltat nach § 6 in der vergeblichen Hoffnung begeht, in der Folge werde sich die Gruppe, der sein Opfer angehört, ganz oder teilweise zerstören lassen. Richtig ist demgegenüber, dass **die Verwirklichung des Völkermordtatbestandes voraussetzt, dass tatsächlich die Gefahr der Zerstörung einer geschützten (Teil-)Gruppe besteht.**[26] Nicht zu bestreiten ist, dass der offene Wortlaut diese Auslegung des Völkermordtatbestandes zunächst nicht nahelegt. Indessen lässt sich

---

[21] S. Art. 7 Abs. 1 IStGH-Statut; dazu näher *Vest* ZStW 113 (2001), 457 (459 ff.); für eine Konstruktion des Völkermordtatbestands analog den Verbrechen gegen die Menschlichkeit s. Art. 211-1 französischer Code Pénal.

[22] UN Doc. A/C.6/217, 5.10.1948.

[23] IdS auch JStGH 14.12.1999 – IT-95-10-T, Nr. 100 – Prosecutor v. Jelisic.

[24] JStGH 19.4.2004 – Nr. 223 f. – Prosecutor v. Krstic (gegen das erstinstanzliche Urteil JStGH 2.8.2001– IT-98-33-T, Nr. 682 – Prosecutor v. Krstic); JStGH 5.7.2001 – IT-95-10-A, Nr. 48, 77 – Prosecutor v. Jelisic (eher wie im Text dagegen das erstinstanzliche Urteil JStGH 14.12.1999 – IT-95-10-T Nr. 100 f. – Prosecutor v. Jelisic); *Brammertz* Studies in Transnational Legal Policy 40 (2009), 57 (61), deutet die Position der Rechtsmittelkammer des JStGH so, dass die im Text abgelehnte weite Auslegung befürwortet, zugleich aber die Auffassung vertreten wird, die internationale Strafgerichtsbarkeit solle sich auf diejenigen Fälle konzentrieren, in denen der Völkermordtatbestand auch nach der hier vorgezogenen engen Auslegung erfüllt ist; auch in der Praxis des RStGH kommt der völkermörderischen Gesamttat entscheidende Bedeutung zu; das zeigt sich zugespitzt in der Entscheidung dieses Gerichts 16.6.2006 – ICTR-98-44-AR73(C), Nr. 35 ff. – Prosecutor v. Karemera, in der die Rechtsmittelkammer des Genozids der Völkermordes in Ruanda („the fact that genocide occurred in Rwanda in 1994") als eine allgemeinkundige Tatsache („fact of common knowledge") für nicht länger beweisbedürftig hält (ebd. Nr. 35) und dabei erklärt, dass das Vorliegen dieser Gesamttat für die Feststellung eines Völkermordes im zu entscheidenden Einzelfall „selbstverständlich" („obviously") relevant („necessary, although not sufficient") sei (ebd. Nr. 36. Eingehend zur Rspr. von JStGH und RStGH *Cupido* Melbourne Journal of International Law 15 (2014), 378 ff., die (ebda. 399) feststellt, in der einen oder anderen Form habe der Kontext in den Urteilen stets eine Rolle gespielt. Auch *Kim* S. 105 ff., 130 gelangt zu dem Ergebnis, dass „a close reading of the case law of both the ICTR and the ICTY confirms that their genocide jurisprudence contains an unacknowledged contextual element of ‚collective genocide', not found in the statutory definition of genocide". Der IGH hat es in seinem Urteil 26.2.2007, I.C.J. Reports 2007, 43 – Application of the Convention on the Prevention and Punishment of the Crime of Genocide (Bosnia and Herzegovina v. Serbia and Montenegro), versäumt, sich mit der besonderen Struktur des Völkermordtatbestandes vertieft zu befassen; krit. hierzu *Kreß* EJIL 18 (2007), 619 (620). Auch in seinem Urteil 3.2.2015 – Application of the Convention on the Prevention and Punishment of the Crime of Genocide (Croatia v. Serbia), setzt sich der IGH mit der Strukturfrage nicht vertieft auseinander. Indessen liegt der Akzent hier erkennbar auf der Gesamttat (so auch die Lesart von *Behrens*, Leiden Journal of International Law 28 (2015), 923 ff., der diese jedoch kritisiert.).

[25] *Mysliwiec* Chicago Journal of International Law 10 (2009), 389 (402); *Maitra* International Criminal Law Review 5 (2005), 573; *Alonzo-Maizlish* New York University Law Review 77 (2002), 1369 (1380 f.); ebenso wohl *Jessberger* in *Gaeta* (Hrsg.), S. 87 (95); *Safferling* in *Safferling/Conze* (Hrsg.), S. 163 (172); *Werle* Rn. 799 ff.; *Clearwater* Auckland University Law Review 15 (2009), 1 (34 ff.); *Cassese* in *Gaeta* (Hrsg.), S. 128 (134 f.), will – sehr vordergründig – zwischen den Nr. 1 und 2 einerseits und den Nr. 3–5 andererseits differenzieren und befürwortet (nur) für die ersten beiden Einzeltaten das weite Normverständnis.

[26] *Kirsch* in *Behrens/Henham* (Hrsg.), S. 12 ff.; *Behrens* in *Behrens/Henham* (Hrsg.), S. 70 (74 f.); *Goldsmith* Genocide Studies and Prevention 5 (2010), 245 ff.; *Schabas* S. 246 ff.; *Malliaris* Review of International Law and Politics 5 (2009), 105 ff.; *Ambos* IRRC 91 (2009), 846; unentschieden OLG Frankfurt a.M. 18.2.2014 – 5-3 StE 4/10 – 4 – 3/10, Nr. 737; OLG Frankfurt a.M. 29.12.2015 – 4-3 StE 4/10 – 4 – 1/15, sub III. 5., BeckRS 2015, 04846; auf nicht ganz klare Weise vermittelnd *Cupido* Melbourne Journal of International Law 15 (2014), 378 ff.

nur durch diese Auslegung verhindern, dass der Völkermordtatbestand von seiner historischen Wurzel der Verbrechen gegen die Menschlichkeit abgetrennt wird. Denn diese setzen durch das Erfordernis eines ausgedehnten oder systematischen Angriffs gegen eine Zivilbevölkerung eine für diese Bevölkerung tatsächlich bestehende Gefahr voraus. Auf das Erfordernis einer entsprechenden Gefahr beim Völkermordtatbestand zu verzichten, führte deshalb zu dem Ergebnis, dass der Völkermordtatbestand Taten erfasste, deren Unrechtsgehalt deutlich unter demjenigen der Verbrechen gegen die Menschlichkeit liegt.[27] Bereits dieses Ergebnis wirkt in Anbetracht der verbreiteten Vorstellung, beim Völkermord handele es sich um die am schwersten wiegende Völkerstraftat,[28] äußerst ungereimt. Hinzu kommt, dass sich die Anwendung von Völkerstrafrecht auf Hassverbrechen verblendeter Einzeltäter schwerlich legitimieren ließe.[29] Darüber hinaus spricht die Entstehungsgeschichte der Völkermordkonvention (zu ihr im Einzelnen → Rn. 22 f.) für die hier befürwortete Auslegung. So ging *Lemkin,* der Schöpfer des Völkermordbegriffs, wie selbstverständlich von der Vorstellung aus, beim Völkermord handele es sich um ein Gesamtunrechtsgeschehen.[30] Demgegenüber wollten die Staaten zwar – wie oben (→ Rn. 13) gezeigt – auch den extremen Ausnahmefall der nach Lage der Dinge möglichen (Teil-)Gruppenvernichtung im Alleingang vom Tatbestand erfasst sehen. Doch für die Absicht einer noch weitergehenden Ausdehnung geben die Beratungen im 6. Ausschuss der Generalversammlung der VN nichts her. Alles andere würde auch sehr überraschen, haben die Staaten das Völkermordkonzept *Lemkins* ansonsten doch dem Umfang nach stark beschnitten (→ Rn. 23). Dass es an einem Staatenkonsens iSd hier abgelehnten weiten Auslegung fehlt, belegt schließlich das sämtlichen Varianten des Völkermordes gemeinsame folgende Verbrechenselement zum Völkermordtatbestand des IStGH-Statut:

„*The conduct (die jeweilige Einzeltat; C.K.) took place in the context of a manifest pattern of similar conduct directed against that group or was conduct that could itself effect such destruction.*"[31]

Hiermit haben die Staaten ihre Rechtsüberzeugung zum Ausdruck gebracht, dass der Völkermordtatbestand das Bestehen einer Gefahr für die jeweilige geschützte Gruppe voraussetzt, wobei die Reihenfolge der beiden Alternativen in dem zitierten Verbrechenselement von der realistischen Einschätzung der Verfasser zeugt, dass sich diese Gefahr im Normalfall aus einem kollektiven Aktionszusammenhang ergeben wird.[32] Diese Rechtsüberzeugung darf bei der Auslegung des Völkermordtatbestandes nicht unbeachtet bleiben,[33] zumal – wie soeben gezeigt – entstehungsgeschichtliche, systematische und teleologi-

---

[27] Auf die historische und systematische Verbindung zwischen Völkermord und Verbrechen gegen die Menschlichkeit weisen an dieser Stelle zu Recht hin *Goldsmith* Genocide Studies and Prevention 5 (2010), 250; *Malliaris* Review of International Law and Politics 5 (2009), 105 (107); *Ambos* IRRC 91 (2009), 847 f.
[28] Berühmt geworden ist die Rede vom Völkermord als „the crime of crimes"; s. hierzu RStGH 4.9.1998 – ICTR-97-23-S, Nr. 16; s. auch den Untertitel von *Schabas'* bekannter Monographie; s. schließlich die Nachweise in *Amann* International Criminal Law Revue 2 (2002), 93 (124 ff.).
[29] Zur Veranschaulichung lehrreich sind die von *Mysliwiec* Chicago Journal of International Law 10 (2009), 389 (402 ff.), am Beispiel der rassistischen Landumverteilung in Zimbabwe Anfang 2000 ausbuchstabierten Konsequenzen des weiten Völkermordverständnisses; *Msyliwiec,* der das weite Verständnis im Ausgangspunkt bejaht, will dessen Konsequenzen auf der Teilnahmeseite nicht ziehen und fordert auch insoweit ein absichtliches Verhalten ieS; mit dieser (dogmatisch inkonsequenten) Lösung wird das Problem einer Oberflächenbehandlung unterzogen, statt es an der Wurzel zu beseitigen.
[30] Die maßgebliche Passage ist *Lemkin* S. 79: „(Genocide) is intended (…) to signify a coordinated plan of different actions aiming at the destruction of essential foundations of the life of national groups, with the aim of annihilating the groups themselves."
[31] UN Doc. PCINICC/2000/1/Add. 2, 2.11.2000, 6 ff.
[32] Treffend *Schabas* Leiden Journal of International Law 18 (2005), 871 (877): „The theory that an individual, acting alone, may commit genocide is little more than a sophomoric *hypothèse d'école,* and a distraction for judicial institutions"; s. auch *May* S. 118 f.
[33] Für die These von *Malliaris* Review of International Law and Politics 5 (2009), 105 (116), das Verbrechenselement brächte Völkergewohnheitsrecht zum Ausdruck, spricht in Anbetracht der bisherigen Praxis deutlich mehr als für die (unbegründete) gegenteilige Behauptung in JStGH 19.4.2004 – IT-98-33-A, Nr. 223 f. – Prosecutor v. Krstic; die Bedeutung des in Rede stehenden Verbrechenselements tendenziell abwertend auch JStGH 30.1.2015 – IT-05-88-A, Nr. 436 – Prosecutor v. Popovic et al.

sche Gründe für sie streiten und weil sie – wie sogleich (→ Rn. 16) noch genauer zu zeigen sein wird – dem Wortlaut der Norm nicht widerspricht.

15 In der ersten Entscheidung zum Völkermordtatbestand hat sich der IStGH auf der vorstehend entwickelten Linie geäußert, hat dabei aber den Standpunkt eingenommen, ein Völkermord setze voraus, dass es zu einer **konkreten Bedrohung** für die jeweilige geschützte Gruppe gekommen sei.[34] Das ist **mindestens missverständlich,** weil hieraus das Erfordernis abgeleitet werden könnte, das Gesamtunrechtsgeschehen müsste sich, um einen vollendeten Völkermord annehmen zu können, bis zu einem Punkt entwickelt haben, an dem die Zerstörung einer (Teil-)Gruppe unmittelbar bevorsteht. Für eine solche Verengung des Tatbestandes sprechen weder die vorstehend formulierten Gründe für das Erfordernis einer tatsächlichen Gefahr noch das vorstehend zitierte gemeinsame Verbrechenselement noch sonst ein durchgreifendes Argument.[35] Im Gegenteil spricht die Formulierung des ersten Anstrichs der Einleitung zu den Verbrechenselementen zu Art. 6 IStGH-Statut[36] dafür, dass eine Völkermordtat bereits in dem Moment vollendet werden kann, in dem das Gesamtunrechtsgeschehen in das Ausführungsstadium tritt (auch → Rn. 17).

16 Der vorzugswürdige Standort zur strafrechtsdogmatischen Erfassung der den typischen Fall des Völkermordes kennzeichnenden Verschränkung von Einzel- und Gesamttat ist der *subjektive* Tatbestand.[37] Denn bei einer objektiven Lösung, so wie sie im ersten einschlägigen Urteil des IStGH anklingt,[38] muss der Wortlaut des objektiven Tatbestandes reduziert und der Völkermordvorsatz im Hinblick auf das neue ungeschriebene Merkmal des objektiven Tatbestandes erweitert werden. Deutlich zwangloser ist es demgegenüber, im subjektiven Tatbestand anzusetzen und eine *realistische* Völkermordabsicht – statt einer nur vergeblichen Hoffnung – zu fordern (dazu auch → Rn. 78). Diesem subjektiven Lösungsansatz steht die Formulierung des oben (→ Rn. 14) zitierten gemeinsamen Verbrechenselements nicht entgegen.[39] Diese Formulierung zielt darauf ab, das Erfordernis einer tatsächlichen Gefahr für die jeweilige geschützte Gruppe deutlicher als im Text des Völkermordtatbestandes geschehen zum Ausdruck zu bringen, gibt aber den genauen Standort für die Lösung des Problems nicht vor. Stattdessen ist die Formulierung der Verbrechenselemente in strafrechtsdogmatischer Hinsicht nicht leicht zu entwirren[40] und im Ergebnis offen gehalten. Denn die Konsequenz der objektiven Lösung, den Tatvorsatz auf das Zusammenhangserfordernis zu erstrecken, wird im dritten Anstrich der Einleitung zu den Verbrechenselementen[41] (zumindest) nicht (eindeutig) gezogen.[42] Vielmehr wird in dieser Textpassage gerade auch der Bezug zum Absichtserfordernis hergestellt. Die Auslegungsempfehlung in den Verbrechenselementen kann demnach sogar als Bestätigung der hiesigen Konzeption so gelesen werden, dass sie für den Regelfall des Völkermords die Gesamttat als objektiven Bezugspunkt einer (realistischen) Absicht des einzelnen Täters voraussetzt.

---

[34] IStGH 4.3.2009 – ICC-02/05-01/09, Nr. 124 – Prosecutor v. Al Bashir.
[35] Insow. wie im Text IStGH 4.3.2009 – CC-02/05-01/09 – Prosecutor v. Al Bashir, Judge *Usacka*, Separate and Partly Dissenting Opinion, Nr. 19 (Fn. 26).
[36] Englischer Text: „The term ‚in the context of' would include the initial acts in an emerging pattern"; UN Doc. PCINICC/2000/1/Add. 2, 2.11.2000, 6.
[37] Wie hier *Kirsch* in *Behrens/Henham* (Hrsg.), S. 13 f.; *Ambos* IRRC 91 (2009), 833 (845 ff.); *May* S. 120 ff.; in der Tendenz auch *Cupido* Melbourne Journal of International Law 15 (2014), 378 (404).
[38] IStGH 4.3.2009 – ICC-02/05-01/09, Nr. 124 – Prosecutor v. Al Bashir; für eine objektive Lösung auch *Behrens* in *Behrens/Henham* (Hrsg.), S. 174 f.; wohl ebenso *Malliaris* Review of International Law and Politics 5 (2009), 105 (115).
[39] Die englische Formulierung lautet: „[t]he conduct took place in the context of a manifest pattern of similar conduct directed against that group"; UN Doc. PCINICC/2000/1/Add. 2, 2.11.2000, 6 ff.
[40] Treffend *Schabas* S. 251 („somewhat puzzling text"); entsprechend unklar sind die diesbezüglichen Ausführungen in BVerfG 12.12.2000 – 2 BvR 1290/99, NJW 2001, 1848 (1851) = NStZ 2001, 240 (242).
[41] Englischer Text: „Notwithstanding the normal requirement for a mental element provided for in article 30, and recognizing that knowledge of the circumstances will usually be addressed in proving genocidal intent, the appropriate requirement, if any, for a mental element regarding this circumstance will need to be decided by the Court on a case-by-case basis"; UN Doc. PCINICC/2000/1/Add. 2, 2.11.2000, 6.
[42] *Triffterer* FS Claus Roxin, 2001, 1415 (1441 f.).

Da sich die Gesamttat nur in der Vorstellung des Täters spiegeln muss, liegt **Tatvollen-** 17
dung bereits vor, wenn die Einzeltat vollendet ist und die Gesamttat hiermit in das Ausführungsstadium gelangt ist.[43] Der erste Anstrich der Einleitung zu den Verbrechenselementen[44] deutet in diese Richtung,[45] bringt jedoch wegen der Formulierung im Plural („initial acts") keine letzte Klarheit.

Von den → Rn. 14–17 **Abweichendes gilt im Fall der Nr. 3**. Da hier die 18
(Teil-)Gruppe selbst Tatobjekt ist, kann die Tat erst dann vollendet sein, wenn bestimmte Lebensbedingungen für die (Teil-)Gruppe (und nicht nur für einzelne Gruppenmitglieder) hergestellt worden sind.

Die **Gesamttat** braucht sich nicht auf eine einzige Tatbestandsvariante von Abs. 1 VStGB 19
zu beziehen, sondern kann sich aus **Angriffskomponenten zusammensetzen, die unterschiedlichen Varianten** zuzuordnen sind. So ist etwa eine völkermörderische Gesamttat vorstellbar – und für geschichtliche Vorgänge dieser Art nicht untypisch[46] –, bei der die männlichen Gruppenmitglieder getötet, die Frauen sterilisiert und die Kinder in eine andere Gruppe überführt werden. Soweit die Verbrechenselemente zu den Völkermordtatbeständen einen „manifest pattern of similar conduct"[47] verlangen, sollte die Formulierung in dem genannten Sinn auf den Fall eines mehrgestaltigen Völkermordes erstreckt werden.[48]

2. Kriminalpolitische Bedeutung. Da § 220a StGB – anders als entsprechende Normen 20
des ausländischen Rechts[49] – angesichts des Rückwirkungsverbots für Taten unter dem NS-Regime keine Bedeutung erlangt hat,[50] wurde die Norm teilweise als bloß symbolisches Gesetz eingeordnet und kritisiert.[51] Es wurde auch angeführt, dass ein Regime, das Völkermord begehen wolle, die Vorschrift des nationalen Rechts rechtzeitig aufheben würde. Diese Annahme ist jedoch zweifelhaft, da auch verbrecherische Regimes die Publizität, die mit der Ausstellung eines Freibriefs für Völkermord verbunden wäre, zu vermeiden trachten.[52] Außerdem übersah die Kritik die Bedeutung des § 220a StGB für die Verfolgung von Völkermord, der im Ausland begangen wurde. Die Existenz des § 220a StGB hat es den deutschen Gerichten erst ermöglicht, im Sinne internationaler Solidarität an der Verfolgung (möglicher) Völkermord-Taten im Zusammenhang mit dem Konflikt um Bosnien-Herzegowina und in Ruanda mitzuwirken.[53] Im Zuge der Renaissance der völkerstrafrechtlichen Idee in den 1990er Jahren

---

[43] So wohl auch JStGH 2.8.2001 – Nr. 584 – Prosecutor v. Kristic; *Verhoeven* RBDI 24 (1991), 5 (18); *Glaser* S. 112; aA *Vest* S. 115; *M. N. Shaw* in *Dinstein* (Hrsg.), International Law at a Time of Perplexity, S. 797 (806). *Kim* S. 148 ff. zufolge sind die ersten Einzeltaten, die die Gesamttat ausmachen, nur dann als Völkermordtaten zu bestrafen, wenn sich die Gesamttat in der Folge tatsächlich bis zu dem Punkt der Zerstörung einer Teilgruppe auswächst. Ein solches Verständnis des Zusammenspiels von Einzel- und Gesamttat ist konstruktiv gewiss möglich. Doch nach geltendem Recht ist zu beachten, dass die Zerstörung einer Teilgruppe erst im subjektiven Tatbestand angesprochen wird.

[44] Englischer Text: „The term ‚in the context of' would include the initial acts in an emerging pattern"; UN Doc. PCINICC/2000/1/Add. 2, 2.11.2000, 6.

[45] Für eine solche Lesart *Rückert/Witschel* in *Fischer/Kreß/Lüder* (Hrsg.), S. 59 (66).

[46] Das gilt bereits für den Völkermord an den Armeniern in den Jahren 1915/16, bei dem es neben Massenmorden zu Massenkonvertierungen armenischer Kinder zum Islam kam; s. *Dadrian* YaleJIL 14 (1989), 221 (272 f.); der Jerusalemer District Court hat Eichmann nicht nur wegen seiner Beteiligung an der Tötung und schweren körperlichen und seelischen Schädigung von Juden, sondern auch wegen Maßnahmen zur Geburtenverhinderung wegen Völkermords („crime against the Jewish People") verurteilt; 12.12.1961 – I. L. R. 36 [1968], 18 (274, Nr. 244); zum mehrgestaltigen Vorgehen der Khmer Rouge in den Jahren nach 1972 s. *Hannum,* Human Rights Quaterly 11 (1989), 85 ff.

[47] UN Doc. PCINICC/2000/1/Add. 2, 2.11.2000, 6 ff.

[48] Im Erg. ebenso Cassese/Gaeta/Jones/*Cassese,* Band 1, S. 335 (350).

[49] Zum Beispiel Israels im Fall *Eichmann* s. Supreme Court Israel 29.5.1962 – I. L. R. 36 (1968), 277 (281 ff., Nr. 8) – Attorney-General of the Government of Israel v. Eichmann; hierzu *Arendt passim; Landsmann* S. 56 ff.

[50] Hierzu zusammenfassend *Werle/Andres* S. 30 ff.

[51] So insbesondere *Campbell* S. 160 ff.

[52] Supreme Court Israels 29.5.1962 – I. L. R. 36 (1968), 277 (311 f., Nr. 14) – Attorney-General of the Government of Israel v. Eichmann; ebenso am Beispiel des Völkermords an den Armeniern *Dadrian* YaleJIL 14 (1989), 221 (277 f.).

[53] Zur deutschen Rechtsprechung zu Fällen mit Bezug Bosnien-Herzegowina zusammenfassend *Rissing-van Saan* JICJ 3 (2005), 381 ff.; zu dem ruandischen „Kirchenmassaker"-Fall BGH 21.5.2015 – 3 StR 575/14, JZ 2016, 103.

ist auch die Völkermordkonvention und der hierin enthaltene Völkermordtatbestand der Vergessenheit enthoben worden und in dem Fall Ruandas sogar in das Zentrum der internationalen Strafverfolgung durch den RStGH gerückt.[54] Indessen hat bereits die strafrechtliche Auseinandersetzung mit den im Zuge des Auseinanderbrechens Jugoslawiens begangenen Gewalttaten die engen Grenzen des Völkermordstraftatbestandes deutlich werden lassen.[55] Dementsprechend tritt die Bedeutung dieses Tatbestandes in der Praxis der internationalen und internationalisierten Strafgerichtshöfe insgesamt deutlich hinter derjenigen der Verbrechen gegen die Menschlichkeit zurück. Das rechtfertigt die **Prognose, dass § 6 zwar häufiger als § 220a StGB, aber dennoch nur vergleichsweise selten zur Anwendung kommen** wird. Umso bedeutsamer ist deshalb die Einsicht, dass Menschlichkeitsverbrechen ihrem Unrechtsgehalt nach nicht wesentlich hinter dem Völkermord zurückstehen. Die in der internationalen Politik bisweilen (zuletzt etwa mit Blick auf die Situation Darfur/Sudan[56]) anzutreffende Fixierung auf die Einstufung des makrokriminellen Geschehens gerade als Völkermord ist also verfehlt,[57] und es ist zu begrüßen, dass die Idee der Schutzverantwortung *(Responsibility to Protect)* und die institutionellen Schritte der VN im Bereich der Prävention über den Völkermord in seinem strengen völkerstrafrechtlichen Sinn hinausgreifen.[58]

21 Die meisten Völkermorde zeugen von einer staatlichen Verwicklung.[59] Doch zeigt insbesondere das Wüten des sogenannten „Islamischen Staats", dass dem nicht so sein muss.[60] Kriminologische und politikwissenschaftliche Untersuchungen deuten überdies darauf hin, dass die Gefahr der Begehung von Völkermord in **autokratischen Regimen besonders ausgeprägt** ist und mit zunehmender Demokratisierung abnimmt.[61] Zumeist steht die Begehung von Völkermord im Zusammenhang mit einem bewaffneten Konflikt oder einer sonstigen größeren politischen Umwälzung,[62] wobei nicht-internationale bewaffnete Konflikte zunehmend in den Vordergrund treten.[63] Auch ethnische Spaltungen eines Staates spielen nicht selten eine bedeutsame Rolle. Demgegenüber gibt es keine gesicherten Erkenntnisse über eine Korrelation zwischen Völkermord und bestimmten ökonomischen, religiösen oder geographischen Rahmenbedingungen.[64] Spezielle kriminologische Prob-

---

[54] *Behrendt* S. 313 ff.
[55] Für einen eigenständigen soziologischen Völkermordbegriff *M. Shaw passim;* für einen instruktiven Überblick über die uneinheitlichen Begriffsverwendungen jenseits des Völkerstrafrechts s. *Curthoys/Docker* in Stone (Hrsg.), S. 9 ff.
[56] *Bechky* Brooklyn Law Review 77 (2011–2012), 551 (553); *Kelly* University of California Davis Journal of International Law 18 (2011), 205 (212); *Luban* Chicago Journal of International Law 7 (2006–2007), 303 ff.
[57] Ebenso im Kontext der Tätigkeit der strafrechtlichen Aufarbeitung der in Kambodscha unter *Pol Pot* begangenen Verbrechen *Park* Rutgers Law Review 63 (2010–2011), 129 (187); weitergehend *Murray* Goettingen Journal of International Law 3 (2011), 589, der den Völkermordtatbestand in Anbetracht des modernen Verständnisses der Menschlichkeitsverbrechen sogar für überflüssig hält *("the crime of genocide is now a redundant crime");* dazu dass die Bewertung des Verhaltens eines Staates gerade als Völkermord im Rahmen des Rechts der Staatenverantwortlichkeit für völkerrechtswidriges Verhalten erhebliche praktische Konsequenzen haben mag, *Quigley* Case Western Reserve Journal of International Law 40 (2007–2009), 243 (257).
[58] Zur international maßgeblichen Formulierung der Idee der Schutzverantwortung s. UN Doc. A/60/L 1, 15.9.2005 (dort insbes. Ziff. 138 f.) *Schabas* in *Safferling/Conze* (Hrsg.), S. 19 (33); und zu der Einsetzung eines *Special Adviser on the Prevention of Genocide* (inzwischen ergänzt: *„Mass Atrocities")* s. *Deng* in Provost/ Akhavan (Hrsg.), S. 57 (74 ff.).
[59] *Weiss-Wendt* in *Bloxham/Moses* (Hrsg.), S. 81 ff.
[60] *Berster/Schiffbauer* ZaöRV 72 (2014), 847.
[61] Eingehend *Rummel* in *Friedrichs* (Hrsg.), Band 1, S. 493 ff.; ebenso *Horovitz* S. 65 ff.; *Prunier* in Provost/ Akhavan (Hrsg.), S. 45 (56); *Weiss-Wendt* in *Bloxham/Moses* (Hrsg.), S. 92 f.; *Harff*, The American Political Science Review 97 (2003), 57; wohl nur scheinbar aA speziell im Hinblick auf „ethnische Säuberungen" Mann, 2 ff.; hierzu *Shaw* in *Bloxham/Moses* (Hrsg.), S. 154.
[62] *Shaw* in *Bloxham/Moses* (Hrsg), S. 142 (157); *Harff*, The American Political Science Review 97 (2003), 57; *Vest* S. 45; *Rummel* in *Friedrichs* (Hrsg.), Band 1, S. 507 ff.; speziell zum Völkermord an den Armeniern, *Dadrian* YaleJIL 14 (1989), 255.
[63] *Harff* The American Political Science Review 97 (2003), 57; *Huttenbach* in *Friedrichs* (Hrsg.), Band 1, S. 388 f.
[64] *Rummel* in *Friedrichs* (Hrsg.), Band 1, S. 510 ff.; *Horovitz* S. 72; *Greenberg* in *Provost/Akhavan* (Hrsg.), S. 81 (93); speziell zum Diskussionsstand über die Rolle der Religion im Zusammenhang mit Völkermorden in historischer Perspektive *Bergen* in *Stone* (Hrsg.), S. 194 (196 ff.); zu einer möglicherweise steigenden Völkermordgefahr in der Folge klimatischer Umwälzungen *Levene* in *Bloxham/Moses* (Hrsg.), S. 638 ff.

leme, die insbesondere unter dem Stichwort des **konvergenten Verhaltens** diskutiert werden und die in *Hannah Arendts* Buch über den Fall *Eichmann*[65] einen weltberühmten Ausdruck gefunden haben, ergeben sich im Hinblick auf die Täter vor allem der mittleren und unteren Hierarchieebenen.[66] Dabei schafft die moderne Kommunikationstechnologie neue Möglichkeiten, über Propaganda Konformitätsdruck zu erzeugen.[67]

3. Historie. a) Völkerrechtliche Entwicklung. Der Prozess hin zur Schaffung eines 22 völkerrechtlichen Völkermordtatbestandes ist maßgeblich von dem polnisch-jüdischen Juristen und Philologen *Raphael Lemkin*, dessen Eltern dem Holocaust zum Opfer gefallen sind, angestoßen worden.[68] *Lemkin*, der sich bereits in der Zwischenkriegszeit mit der Möglichkeit der strafrechtlichen Ahndung der Verfolgung von Minderheiten auseinandergesetzt hatte,[69] veröffentlichte nach der Flucht in die USA dort Ende 1944 sein Hauptwerk *Axis Rule in Occupied Europe: Laws of Occupation, Analysis of Government, Proposals for Redress*. Hierin analysiert *Lemkin* die von Rassismus und Lebensraumwahn getriebene brutale nationalsozialistische Vernichtungs- und Unterdrückungspolitik in den Besatzungsgebieten des Zweiten Weltkriegs, und entwickelt auch und insbesondere als Reaktion hierauf ein weites Konzept des Völkermordes,[70] das neben der Tötung der Mitglieder einer Volksgruppe (sog. **physischer Völkermord**) insbesondere auch die Verhinderung von Geburten innerhalb einer solchen Gruppe (sog. **biologischer Völkermord**) und die Zerstörung der kulturellen Grundlagen des Gruppenlebens (sog. **kultureller Völkermord**) umfasste.[71] Inspiriert wurde *Lemkin* dabei von *Bronislaw Malinowskis* Kulturtheorie[72] und von *Johann Gottfried Herders* Idee einer die Menschheit befruchtenden Pluralität von Volkskulturen.[73] Die Vorarbeit *Lemkins* schlug sich in den Satzungen der alliierten Militärstrafgerichtshöfe von Nürnberg und Tokio noch nicht in Gestalt eines eigenständigen Völkermordtatbestandes nieder. Im Nürnberger Verfahren[74] wie auch in einzelnen Nachfolgeprozessen[75] wurde der Begriff des Völkermordes jedoch bereits – und zwar **im Zusammenhang mit den Verbrechen gegen die Menschlichkeit** – verwendet.

Die tatbestandliche Verselbstständigung des Völkermords gegenüber den Verbrechen 23 gegen die Menschlichkeit nahm ihren Ausgang in der Resolution 96 (I) der Generalver-

---

[65] *Arendt* passim.
[66] Hierzu grundlegend *Jäger* S. 187 ff.; instruktiv auch *Roth* in *Bloxham/Moses* (Hrsg.), S. 198 ff.; s. daneben *Breton/Wintrobe* in *Friedrichs* (Hrsg.), Band 1, S. 173 ff.; *Stohl* in *Friedrichs* (Hrsg.), Band 2, S. 87 ff.
[67] *Roth* in *Bloxham/Moses* (Hrsg.), S. 210; zur massiven Propaganda des „IS" *Badar*, ICLR 16 (2016), 1 ff.
[68] Zu *Lemkins* Leben und Werk sehr instruktiv *Moses* in *Bloxham/Moses* (Hrsg.), S. 19 ff.; umfassend *Cooper* passim; s. auch *Bechky* Brooklyn Law Review 77 (2011–2012), 551; zu dem beachtlichen Einfluss des deutschen Philosophen, Historikers und Theologen *Johannes Lepsius* auf *Lemkin* ausf. *Werkmeister* Jahrbuch zur Geschichte und Wirkung des Holocaust (2012), 83.
[69] Zu *Lemkins* in diesem Zusammenhang unterbreiteten Vorschlag der Anerkennung der zwei neuen Völkerstraftatbestände „Barbarei" *(„barbarism")* und Vandalismus *(„vandalism")* s. *ders*. Internationales Anwaltsblatt 19 (1933), 117; *Cooper* S. 18 f.; *Bechky* Brooklyn Law Review 77 (2011–2012), 551 (583 ff.).
[70] Das englische Wort „*genocide*" bildete *Lemkin* S. XI, 79, unter Rückgriff auf das griechische Wort „*genos*" (Rasse, Stamm) und das römische Wort „*caedere*" (töten); hierzu näher *Bechky* Brooklyn Law Review 77 (2011–2012), 551 (595 f.); das deutsche Wort „Völkermord" findet sich bereits in der 2. Auflage von *Lepsius'* Buch „Der Todesgang des Armenischen Volkes"; s. *Werkmeister*, Jahrbuch zur Geschichte und Wirkung des Holocaust (2012), 83 (96).
[71] *Lemkin* S. 79–95.
[72] *Moses* in *Bloxham/Moses* (Hrsg.), S. 24 f.
[73] Zu den in diesem Zusammenhang besonders wichtigen Werken *Herders* zählen „Auch eine Philosophie der Geschichte zur Bildung der Menschheit (1774)", „Ideen zur Philosophie der Geschichte der Menschheit (1784–1791)"; zu *Herders* Pluralismusgedanken eingehend und unter umsichtiger Auseinandersetzung mit Vereinnahmungen *Herders* für Relativismus und Nationalismus, s. *Löchte* S. 203 ff.
[74] Hierzu zusammenfassend United Nations War Crimes Commission (Hrsg.), History of the United Nations War Crimes Commission and the Development of the Laws of War, 1948, S. 196 (zu der Arbeit dieser Kommission an dem Begriff der „denationalization" als Vorläufer des Völkermordbegriffs und zur Bedeutung *Lemkins* für die Arbeit der Kommission s. *Vrdoljak* EJIL 22 (2011), 17 (22 ff.); zu der ausdrücklichen Inbezugnahme von *Lemkin* durch den stellvertretenden britischen Ankläger, Sir *David Maxwell-Fyfe*, s. *Cooper* S. 70; zu *Lemkins* Enttäuschung über das Nürnberger Urteil ebd. S. 74; *Schabas* in *Safferling/Conze* (Hrsg.), S. 19.
[75] ZB in US v. Greifelt, LRTWC 13 (1949), 1; Fall Goeth, LRTWC 7 (1948), 7.

sammlung der VN.[76] Hierin wurde der Wirtschafts- und Sozialrat der VN ersucht, den Text eines Übereinkommens gegen den Völkermord auszuarbeiten. In der Folge legten der Generalsekretär der VN[77] und ein Sonderausschuss des Wirtschafts- und Sozialrats[78] jeweils einen vollständigen Vertragsentwurf vor. Beide Texte waren noch weitgehend an dem weiten Völkermordverständnis *Lemkins* ausgerichtet.[79] Die anschließenden Beratungen im 6. Ausschuss der Generalversammlung der VN[80] führten zum Wegfall der kulturellen Völkermordkomponente[81] und mündeten in die **Konvention über die Verhütung und Bestrafung des Völkermordes vom 9.12.1948** (Völkermordkonvention),[82] die am 12.1.1951 in Kraft getreten ist.

24 Nach der Annahme der Völkermordkonvention war der Völkermordtatbestand wiederholt Gegenstand von **Beratungen innerhalb der VN.** Hervorzuheben sind die innerhalb des Wirtschafts- und Sozialrats erstatteten Berichte von *Ruhashyankiko*[83] und *Whitaker*[84] aus den Jahren 1973 und 1985 sowie die Arbeiten der ILC zu Art. 17 des Draft Code of Crimes against Peace and Security of Mankind von 1996.[85] Art. II der Völkermordkonvention wurde ohne Änderung in die Statuten von JStGH (1993)[86] und RStGH (1994)[87] übernommen. Dann fand er – wiederum wortgleich – 1998 Eingang in Art. 6 des am 1.7.2002 in Kraft getretenen IStGH-Statuts.[88] 2000 legte die Vorbereitungskommission für den IStGH sog. Verbrechenselemente zu Art. 6 IStGH-Statut vor,[89] die dem IStGH gem. Art. 9 IStGH-Statut als Auslegungshilfen dienen sollen.

25 Der Völkermord ist in Folge der skizzierten Entwicklung als **Völkerstraftat,** dh als Verbrechen unmittelbar nach Völkerrecht, fest etabliert. Schon in Resolution 96 (I) (→ Rn. 23) ist von einem „crime under international law" die Rede, und die Präambel der Völkermordkonvention nimmt diese Formulierung auf.[90] Mit der Anwendung des Völkermordtatbestandes durch RStGH und JStGH sowie mit der Annahme des Art. 6 IStGH-Statut steht die Völkerstrafrechtsqualität der Norm endgültig außer Frage.[91] Der IGH hat bereits 1951 den völkergewohnheitsrechtlichen Charakter des Völkermordtatbestands klargestellt.[92] 1996 hat der IGH diese Feststellung bestätigt und um die Klarstellung

---

[76] UN Doc. A/96 (I), 11.12.1946; abgedr. in *Abtahi/Webb,* Band 1, S. 34.
[77] UN Doc. E/447; mit Kommentaren abgedr. in *Abtahi/Webb,* Band 1, S. 209 ff.
[78] UN Doc. E/794; mit erläuterndem Bericht abgedr. bei *Abtahi/Webb,* Band 1, S. 1110 ff.
[79] Zu *Lemkins* Wirken im Vorfeld der Annahme von Resolution 96 (1) und im Zusammenhang mit der Ausarbeitung der beiden ersten Entwürfe *Cooper* S. 76 ff., 88 ff., 119 ff.
[80] Vollständig dokumentiert in UN GAOR, 6th Committee, 3th session, 1948; und bei *Abtahi/Webb,* Band 2, S. 1255 ff.; für eine knappe Darstellung wichtiger Kontroversen während der Verhandlungen *Kuper* S. 19 ff.
[81] Hierzu und insbesondere zum Widerstand der Vereinigten Staaten von Amerika näher *Dülffer* in *Safferling/Conze* (Hrsg.), S. 55 (62 ff.); s. auch *Vrdoljak* EJIL 22 (2011), 17 (28 ff.).
[82] UNTS 78, 277; abgedr. in *Abtahi/Webb,* Band 2, S. 2086; eine Kommentierung der Konvention bieten *Tams/Berster/Schiffbauer* (Hrsg.), und *Gaeta* (Hrsg.), jeweils *passim.*
[83] Study of the Question of the Prevention and Punishment of the Crime of Genocide, UN Doc. E/CN.4/Sub. 2/416, 4.7.1973.
[84] Revised and updated report on the question of the prevention and punishment of the crime of genocide, UN Doc. E/CN.4/Sub. 2/1985/6, 2.7.1985.
[85] YILC 1996-II-2, 44 (abgedr. in *McDonald/Swaak-Goldman,* Band 2, Teil 1, S. 386).
[86] UN Doc. S/Res. 827, 25.5.1993, Anhang; abgedr. in *Grützner/Pötz/Kreß* III 27.
[87] UN Doc. S/Res. 955, 8.11.1994, Anhang; abgedr. in *Grützner/Pötz/Kreß* III 27 a.
[88] Englische und französische Originalfassung sowie amtl. dt. Übersetzung abgedr. in BGBl. 2000 II S. 1393; einführende Erläuterung des IStGH-Statuts bei *Grützner/Pötz/Kreß* Vor III 26; Dokumentation des Verhandlungsprozesses bei *Bassiouni* (Hrsg.), The Legislative History.
[89] UN Doc. PCINICC/2000/1/Add. 2, 2.11.2000; zum Verhandlungsprozess *Rückert/Witschel* in Fischer/Kreß/Lüder (Hrsg.), S. 59 (61 ff., 65 ff.); die Verbrechenselemente sind am 4.9.2002 durch die Versammlung der Vertragsstaaten des IStGH angenommen worden und damit „in Kraft getreten".
[90] Zu der Frage, von welchem genauen Zeitpunkt an der Völkermord eine Völkerstraftat ist, siehe *Schabas* University of St. Thomas Journal of Law & Public Policy 4 (2010), 36 (42 ff.).
[91] *Vest* S. 59; im Erg. ebenso BVerfG 12.12.2000 – 2 BvR 1290/99, NJW 2001, 1848 (1850) = NStZ 2001, 240 (241).
[92] IGH 28.5.1951 – I.C.J. Reports 1951, 15 (23) – Reservations to the Convention on the Prevention and Punishment of the Crime of Genocide; ebenso EGMR 20.10.2015 – Application No. 35343/05, Nr. 168 (Völkerstraftat seit 1953) – Visilianskas v. Lithuania.

der *erga-omnes*-Wirkung des Völkermordverbots ergänzt.[93] Das Völkermordverbot ist schließlich auch Teil des völkerrechtlichen *jus cogens*.[94]

b) Entstehungsgeschichte des § 220a StGB. Die BRep. ist der Völkermordkonvention am 24.11.1954 beigetreten.[95] § 220a StGB, der durch Gesetz vom 9.8.1954[96] in das StGB eingefügt wurde, dient der **Umsetzung der in Art. V der Völkermordkonvention enthaltenen Bestrafungspflicht.** Der Gesetzgeber war der Ansicht, die Einfügung eines gesonderten Tatbestandes sei erforderlich, um dem besonderen Unrechtsgehalt des Völkermordes Rechnung zu tragen.[97] Hinsichtlich der Vorgaben des Art. III der Konvention zu den Vorstadien der Tat und zur Beteiligung hielt man eine eigene Strafbestimmung nicht für erforderlich, da diesbezüglich die vorhandenen Regelungen des Allgemeinen Teils ausreichten. Während der RegE zu § 220a StGB[98] einige Umformulierungen gegenüber Art. II der Völkermordkonvention vorsah, entschied sich der BT für die möglichst wortgetreue Übernahme der völkerrechtlichen Vorgabe.[99] Redaktionelle Änderungen erfuhr § 220a StGB in der Folgezeit durch Art. 19 Nr. 91 EGStGB[100] und durch Art. 1 Nr. 36 6. StrRG.[101]

c) Ersetzung des § 220a StGB durch § 6. § 220a StGB ist mit Wirkung vom 30.6.2002 durch Art. 2 Nr. 10 Gesetz zur Einführung des Völkerstrafgesetzbuches (EGVStGB) aufgehoben worden. Stattdessen hat der Tatbestand des Völkermords Eingang in § 6 gefunden, der an demselben Tag in Kraft getreten ist.[102] Gemäß § 2 Abs. 1 gilt § 220a StGB deshalb nur noch für Taten, die vor dem 30.6.2002 begangen worden sind. Ab diesem Zeitpunkt ist § 6 anzuwenden. § 6 weicht in einigen Formulierungen von § 220a StGB ab (→ Rn. 36, 49, 52, 69). Jedoch hat der Gesetzgeber hiermit sachliche Änderungen weder bezweckt noch bewirkt.[103] § 220a StGB und § 6 sind dementsprechend bis auf eine Ausnahme (→ Rn. 66) inhaltsgleich, und die nachfolgenden Erläuterungen (unter II., → Rn. 30 ff.) beziehen sich – soweit nicht ausdrücklich anders vermerkt – auf beide Vorschriften. Im Bereich des Allgemeinen Teils ist der Gesetzgeber des VStGB im Kern bei der Einschätzung des Gesetzgebers des § 220a StGB geblieben, dass es spezieller Regelungen nicht bedürfe. Deshalb gilt für § 6 gem. § 2 grundsätzlich der StGB-AT. Ausnahmen hiervon gelten in den Fällen des Handelns auf Befehl (§ 3; → Rn. 96), der Vorgesetztenverantwort-

---

[93] IGH 11.7.1996 – ICJ Reports 1996 (II), 595 (616) – Application of the Convention on the Prevention and Punishment of the Crime of Genocide, Preliminary Objections.
[94] IGH 3.2.2006, Armed Activities on the Territory of the Congo (Democratic Republic of the Congo v. Rwanda. New Application 2002), I.C.J. Reports 2006, 6 (32; Nr. 64); Sondervotum *E. Lauterpacht*, IGH 13.9.1993, Application of the Convention on the Prevention and Punishment of the Crime of Genocide, Further Requests for the Indication of Provisional Measures, I.C.J. Reports 1993, 325 (440); RStGH 21.5.1999 – ICTR-95-1-T, Nr. 88 – Prosecutor v. Kayishema and Ruzindana; JStGH 2.8.2001 – IT-98-33-T, Nr. 541 – Prosecutor v. Krstic; *Wouters/Verhoeven* International Criminal Law Review 5 (2005), 410; der *erga omnes*- und der *jus cogens*-Charakter ist allerdings weniger für das Völkerstrafrecht als für das Recht der Staatenverantwortlichkeit für völkerrechtswidriges Verhalten von praktischer Bedeutung; insoweit ist bedeutsam, dass der IGH 26.2.2007, Application of the Convention on the Prevention and Punishment of the Crime of Genocide (Bosnia and Herzegovina v. Serbia and Montenegro), I.C.J. Reports 2007, 43 (Nr. 179) zu Recht klargestellt hat, dass Völkermord auch ein völkerrechtliches Delikt eines Staates sein kann, das dessen (allerdings nicht *straf*rechtliche) völkerrechtliche Verantwortlichkeit nach sich zieht; für eine gute Erläuterung des Urteils durch einen der beteiligten Richter s. *Simma* in *Safferling/Conze* (Hrsg.), S. 259 ff.; zur Bedeutung des Urteils *Drumbl* Studies in Transnational Legal Policy 40 (2009), 110 ff.; für eingehende und teils krit. Analysen des Urteils *Asuncion* EJIL 20 (2009), 1195; *Clearwater* Auckland University Law Review 15 (2009), 1; *Quigley* Case Western Reserve Journal of International Law 40 (2007–2009), 243; *Seibert-Fohr* in *Safferling/Conze* (Hrsg.), S. 245 ff.
[95] Für die BRep in Kraft ist die Konvention seit dem 22.2.1955, BGBl. II S. 210.
[96] BGBl. II S. 729.
[97] BT-Drs. 2/161, 4.
[98] BT-Drs. 2/161, 2.
[99] S. Protokoll der 13. Sitzung des Ausschusses für Rechtswesen und Verfassungsrecht am 3.5.1954.
[100] BGBl. 1974 I S. 488.
[101] BGBl. 1998 I S. 164.
[102] BGBl. I S. 2254, 2258.
[103] BT-Drs. 14/8524, 19; *Werle* JZ 2001, 885 (892); *Zimmermann* ZRP 2002, 97 (101).

lichkeit (§ 4; → Rn. 105), der Verjährung (§ 5; → Rn. 117) und der Strafverfolgung nach dem Weltrechtspflegeprinzip (→ Rn. 112). Der deutsche Gesetzgeber hat bislang auch davon abgesehen, die öffentliche Aufforderung zum Völkermord gesondert unter Strafe zu stellen, so wie es im Völkerstrafrecht der Fall ist.[104] Aufstachelungshandlungen, so wie sie etwa im Fall Ruanda sehr wirksam geworden sind,[105] können demnach allein über § 111 StGB erfasst werden.

28   **4. Völkerrechtliche Besonderheiten bei der Auslegung von § 6.** Bei der Auslegung von § 220a StGB/§ 6 ist die gesetzgeberische Entscheidung zu beachten, sich auf das Engste an Art. II der Völkermordkonvention anzulehnen. Damit erlangen die in Art. 31 f. WÜV niedergelegten **Regeln für die Auslegung völkerrechtlicher Verträge** mittelbar auch für die Anwendung von § 220a StGB/§ 6 Bedeutung. Von besonderer Bedeutung ist das in Art. 31 Abs. 2 lit. b WÜV ausgesprochene Gebot, die spätere Übung der Vertragsstaaten bei der Anwendung der Konvention für die Auslegung zu berücksichtigen.[106] Die „Übung" ergibt sich hier zunächst aus den oben (→ Rn. 24) angesprochenen Dokumenten, vor allem dem IStGH-Statut und den für dieses Statut ausgearbeiteten Verbrechenselementen, die freilich nur empfehlenden Charakter haben. Teil der späteren Übung sind zudem Gesetze und Urteile anderer Vertragsstaaten, soweit diese Staaten bei der Umsetzung der Völkermordkonvention nicht bewusst von dessen Art. II abgewichen sind. Mithin können auch rechtsvergleichende Erkenntnisse im Hinblick auf die Konkretisierung von § 220a StGB/§ 6 Bedeutung erlangen. Ein bedeutsamer Teil der „Übung" ist schließlich die einschlägige internationale Rechtsprechung. Angesichts der erheblichen Auslegungsspielräume des teilweise auf diplomatischen Kompromissen beruhenden Art. II der Völkermordkonvention[107] kommt der Judikatur der internationalen Gerichtshöfe besondere Bedeutung zu.

29   Die Verwurzelung von § 220a StGB/§ 6 im Völkerstrafrecht hat auch Einfluss auf die Anwendung des **Gesetzlichkeitsgrundsatzes** (Art. 103 Abs. 2 GG). Hierzu hat das BVerfG ausgeführt: „Ist der Einzelne Normbefehlen des nationalen Rechts wie des Völkerrechts unterworfen, verlangt das Rechtsstaatsprinzip iVm Art. 103 Abs. 2 GG [...], dass die Gerichte bei der Anwendung des nationalen Rechts, das – wie § 220a StGB – der Umsetzung von Völkerstrafrecht dient, das Analogieverbot auch im Licht des völkerrechtlichen Normbefehls sehen."[108] Die mögliche Wortlautgrenze von § 220a StGB/§ 6 ist hiernach auch im Licht der internationalen Bezugsdokumente sowie ihrer Auslegung durch die internationale Judikatur zu bestimmen.

II. Erläuterung

30   **1. Objektiver Tatbestand. a) Täter.** Täter kann **jedermann** sein (→ Rn. 7), auch ein Mitglied der angegriffenen Gruppe.[109]

31   **b) Tatobjekte.** Tatobjekt ist in den Fällen von Abs. 1 Nr. 1, 2, 4 und 5 ein Mitglied einer geschützten Gruppe. Im Fall des Absatzes 1 Nr. 3 ist das Tatobjekt eine geschützte Gruppe selbst.

---

[104] S. insbesondere Art. 25 Abs. 3 e) IStGH-Statut. Zu dem Völkerstraftatbestand des „Incitement to Genocide" s. *Badar* ICLR 16 (2016), 1 ff.; *Wilson* Michigan Journal of International Law 36 (2014-1015), 277; *Davies* Harvard Human Rights Journal 22 (2009), 245.

[105] *May* S. 180 ff.; *Badar* ICLR 16 (2016), 1 (2 f.); grundlegend für die internationale Judikatur RStGH 28.11.2007 – ICTR-99-52-A – Prosecutor v. Nahimana, Barayagwiza, Ngeze.

[106] BVerfG 12.12.2000 – 2 BvR 1290/99, NJW 2001, 1848 (1851) = NStZ 2001, 240 (242); *Paul* S. 72 ff.

[107] *Greenawalt* Columbia Law Review 99 (1999), 2259 (2264).

[108] BVerfG 12.12.2000 – 2 BvR 1290/99, NJW 2001, 1848 (1850) = NStZ 2001, 240 (241); insow. möglicherweise krit. *Lüders* S. 276 f.

[109] BGH 21.5.2015 – 3 StR 575/14, JZ 2016, 103 (104); *Whitaker*, Revised and updated report on the question of the prevention and punishment of the crime of genocide, UN Doc. E/CN.4/Sub. 2/1985/6, 2.7.1985, Nr. 31; *Vianney-Liaud* in *Meisenberg/Stegmiller* (Hrsg.), S. 255; *Nersessian* S. 50; *Vest* S. 120; *Hannum* Human Rights Quaterly 11 (1989), 105.

aa) Die Aufzählung der geschützten Gruppen ist abschließend.[110] Bei den Verhandlungen zur Völkermordkonvention entschied man sich bewusst dafür, politische Gruppen nicht in den Tatbestand aufzunehmen.[111] Diese Entscheidung ist durch die nachfolgende Praxis bis hin zum IStGH-Statut – ungeachtet einzelner nationaler Abweichungen[112] – nicht überholt worden.[113]

Die nähere inhaltliche Bestimmung der geschützten Gruppen kann **im Kern** (aber → Rn. 38, 46) nur **nach objektiven Kriterien, und nicht aus der Perspektive des Täters** erfolgen.[114] Demgegenüber neigte die Rechtsprechung von RStGH und JStGH zwischenzeitlich deutlich zu einer Gruppendefinition aus der Sicht der Tätergruppe.[115] Diese subjektive Tendenz erreichte ihren Höhepunkt mit der Entscheidung einer Kammer des JStGH, die geschützte Gruppe sei „negativ-subjektiv" zu bestimmen, und zwar durch die Zusammenfassung der durch die Tätergruppe „ausgeschlossenen" Personen.[116] Diesem Versuch einer „negativ-subjektiven" Gruppendefinition hat die Rechtsmittelkammer des JStGH in der Folge zu Recht eine Absage erteilt.[117] Die Begründung impliziert überdies Zweifel an der Möglichkeit einer „positiv-subjektiven" Gruppendefinition, doch bleibt dieser Punkt letztlich offen. Auch der IGH hat sich in dieser Frage nicht festgelegt, sondern lediglich vorsichtige Sympathie für einen gemischt subjektiv-objektiven Ansatz erkennen lassen.[118] Auch in der ersten Entscheidung einer Vorverfahrenskammer des IStGH zum Völkermordtatbestand wird einer negativ-subjektiven Gruppendefinition eine Absage erteilt. Stattdessen teilt diese Vorverfahrenskammer den hier befürworteten objektiven Ausgangspunkt bei der Definition der geschützten Gruppen.[119] Hierfür spricht, dass nur auf diesem Wege die im Text des Tatbestands deutlich zum Ausdruck gelangte Entscheidung der Schöpfer der Völkermordkonvention respektiert werden kann, bestimmte Gruppen ihres Beitrags zur kulturellen Vielfalt in der Welt zu schützen und andere Gruppen, wie insbesondere die politischen, aus dem Schutzbereich herauszunehmen. Darüber hinaus würde der Völkermordtatbestand bei einer Gruppendefinition aus der Täterperspektive zu einem unspezifischen Gruppendiskriminierungsdelikt, das

---

[110] *Schabas* S. 151; *Berster* in *Tams/Berster/Schiffbauer*, Art. II Rn. 31.
[111] UN GAOR, 3rd session, 6th Committee, 664; zur Historie eingehend *Kuper* S. 24 ff.; *Nersessian* S. 98 ff.; *Dülffer* in *Safferling/Conze* (Hrsg.), S. 61.
[112] S. hierzu die Nachw. bei *Nersessian* S. 112 f.; s. auch die Angaben in EGMR 20.10.2015 – Application No. 35343/05, Nr. 52 – Visilianskas v. Lithuania.
[113] *Nersessian* S. 129; *Vest* 478 f.; demgegenüber nicht überzeugend für eine Änderung der Lage nach Völkergewohnheitsrecht plädierend *van Schaack* Yale Law Journal 106 (1997), 2259; für die Berücksichtigung der politischen Gruppen *de lege ferenda* etwa *Kuper* S. 39; *Sellers*, Creighton International and Comparative Law Journal, 4 (2013), 48 (56 f.); *Nersessian* S. 182 ff.; *Shneider* American University International Law Review 25 (2010), 313 (352); *Paul* S. 124 f.; für eine noch weiter gehende Ergänzung der Liste geschützter Gruppen *de lege ferenda Luban* Chinese Journal of International Law 7 (2006–2007), 303 (316 f.); *May* S. 56; *Chétail*, Relations Internationale, 2007, 56.
[114] *Berster* in *Tams/Berster/Schiffbauer*, Art. II Rn. 41 ff.
[115] RStGH 21.5.1999 – ICTR-95-1-T, Nr. 98 – Prosecutor v. Kayishema and Ruzindana; JStGH 5.7.2001 – IT-95-10-A, Nr. 70 – Prosecutor v. Jelisic; JStGH 2.8.2001 – Nr. 557 – Prosecutor v. Krstic; zu den zwischenzeitlichen subjektiven Tendenzen in der internationalen Rechtsprechung *Verdirame* ICLQ 49 (2000), 578 (589); instruktiv aber auch *Young* International Criminal Law Review 10 (2010), 1 (10 ff.), die zeigt, dass sich die internationale Rechtsprechung in der Sache nie ganz von objektiven Kriterien gelöst hatte; zur Rspr. von JStGH und RStGH auch *Szpak* EJIL 23 (2012), 155.
[116] JStGH 5.7.2001 – IT-95-10-A, Nr. 70 – Prosecutor v. Jelisic.
[117] JStGH 2.3.2006 – IT-97-24-A, Nr. 20 f. – Prosecutor v. Stakic; ebenso IGH 26.2.2007 – I.C.J. Reports 2007, 43 (Nr. 193–196) – Application of the Convention on the Prevention and Punishment of the Crime of Genocide (Bosnia and Herzegovina v. Serbia and Montenegro).
[118] IGH 26.2.2007 – I.C.J. Reports 2007, 43 (Nr. 191) – Application of the Convention on the Prevention and Punishment of the Crime of Genocide (Bosnia and Herzegovina v. Serbia and Montenegro); hierzu näher *Kreß* EJIL 18 (2007), 619 (623 f.); für einen subjektiv-objektiven Maßstab, bei dem sowohl die Innen- als auch die Außenperspektive zu berücksichtigen sein sollen, *Werle* Rn. 771; für einen subjektiv-objektiven Ansatz mit Schwerpunkt auf der Täterperspektive *Nersessian* S. 31; für einen subjektiv-objektiven Ansatz ohne klare Differenzierung zwischen Innen- und Außenperspektive *Schabas* S. 128; *Martin* in *Gaeta* (Hrsg.), S. 112 (126).
[119] IStGH 4.3.2009 – ICC-02/05-01/09, Nr. 135 – Prosecutor v. Al Bashir; für die Bestimmung der maßgeblichen Gruppe aus der Täterperspektive demgegenüber Judge *Usacka*, Separate and Partly Dissenting Opinion, ebd., Nr. 25 f.; ihr zust. *Young* International Criminal Law Review 10 (2010), 1 (21).

sich von dem Menschlichkeitsverbrechen der Verfolgung nur durch die Beschränkung auf bestimmte Individualrechtsgutsverletzungen unterschiede. Das mag man *de lege ferenda* aus mancherlei Grund für sachgerecht halten;[120] mit dem *de lege lata* maßgeblichen Text des Völkermordtatbestandes nebst seiner Entstehungsgeschichte ist es nicht in Einklang zu bringen.[121]

34 Wenn es darum geht, ob eine bestimmte Gruppe unter dem Schutz von § 6 steht, ist die Genese der Völkermordkonvention zu beachten: Den Schöpfern der Völkermordkonvention stand der **Idealtypus** der **dauerhaften** Gruppe vor Augen, in die man **hineingeboren** wird und die man **nicht verlässt**.[122] Nicht nur erschien die Erhaltung solcher Gruppen im Hinblick auf ihre Beiträge zur internationalen Kulturgemeinschaft besonders wichtig, sondern die Mitglieder solcher Gruppen sind auch wegen der Unausweichlichkeit ihres Status besonders gefährdet. Daraus kann man jedoch nicht – wie der RStGH es jedenfalls in einem wichtigen Urteil als möglich angedeutet hat – den Schluss ziehen, dass auch andere hinreichend stabile Gruppen in den Schutzbereich des Völkermordtatbestandes einzubeziehen seien.[123]

35 § 6 schützt Gruppen auch dann, wenn sie nicht in einem **zusammenhängenden Siedlungsgebiet** leben.[124] Es bedarf auch nicht notwendig der Feststellung eines **spezifischen Gruppenzusammenhalts**.[125] Schließlich muss die geschützte Gruppe – ungeachtet des engen historischen Zusammenhangs mit dem Minderheitenschutz – nicht unbedingt eine **Minderheit** innerhalb eines Staates sein.[126]

36 Mangels international anerkannter präziser Definitionen wirft die **Abgrenzung der vier geschützten Gruppen** voneinander erhebliche Schwierigkeiten auf. Da sich aus den Materialien zur Völkermordkonvention wenig für eine trennscharfe Grenzziehung zwischen den einzelnen Gruppen ergibt und da typischerweise Überschneidungen auftreten, wird in Rechtsprechung und Lehre zunehmend dafür plädiert, auf eine feste Abgrenzung ganz zu verzichten.[127] Dieser „ganzheitliche" Ansatz erleichtert die Rechtsanwendung. Indes widerspricht er dem auch im Völkerrecht anerkannten[128] Auslegungsgrundsatz, wonach jedem in einem Rechtstext verwandten Wort eigene Bedeutung zukommt.[129] Das in der grundlegenden ersten Entscheidung des RStGH zum Völkermordtatbestand erkennbare Bestreben, den spezifischen Anwendungsbereich der Gruppenattribute herauszuarbeiten,[130]

---

[120] Paul S. 160 ff.; wohl ähnlich *Fournet* S. 56 ff.
[121] Aus zumindest ähnlichen Gründen kritisch gegenüber einer zu weitgehenden Subjektivierung *Berster* in *Tams/Berster/Schiffbauer*, Art. II Rn. 41 ff.; *Akhavan* S. 150; *ders.* JICJ 3 (2005), 1002; *Schabas* S. 128; *Jorgensen* International & Comparative Law Quaterly 1 (2001), 285 (289); *Luban* Chicago Journal of International Law 7 (2006–2007), 303 (318); *Szpak* EJIL 23 (2012), 155 (164); *Demko* Schweizerische Zeitschrift für internationales und europäisches Recht 2009, 223 spricht sich einerseits (232 ff.) dafür aus, dass der Täter die Gruppe kraft seiner entsprechenden Zuschreibung konstituiere, erkennt andererseits (239 f.) jedoch an, dass die Definition des Täters mit den Kriterien übereinstimmen müsse, die aus der Perspektive der internationalen Rechtsgemeinschaft für die Schutzwürdigkeit nach der Völkermordkonvention maßgeblich seien; für die ausschließliche Ausrichtung an der Täterperspektive demgegenüber *Maison* RGDIP 103 (1999), 129 (137).
[122] Brasilien, UN GAOR, 3rd session, 6th Committee, 57; Venezuela, ebd., 58, Vereinigtes Königreich, ebd., 58, Ägypten, ebd., 59; Iran, ebd., 108; Norwegen, ebd., 61; Sowjetunion, ebd., 105; Polen, ebd., 111; s. auch *Becker* S. 182 f.; *Stillschweig* Die Friedens-Warte 1949, 93 (97).
[123] RStGH 2.9.1998 – ICTR 96-4-T, Nr. 701 – Prosecutor v. Akayesu; dagegen *Martin* in *Gaeta* (Hrsg.), S. 112 (119 f.); *Schabas* S. 152; *Jorgensen* International & Comparative Law Quaterly 1 (2001), 285 (288); *Lüders* S. 89 f.; *Paul* S. 113 f.; wohlwollend demgegenüber *Szpak* EJIL 23 (2012), 155 (159 f.).
[124] *Vest* S. 119.
[125] *Triffterer* öStGB/*Triffterer* § 321 Rn. 41, der zu Recht bemerkt, dass ein spezifischer Gruppenzusammenhalt „im Allgemeinen" gegeben sein wird; *Vest* S. 119 fordert ein „minimales Gefühl der Verbundenheit".
[126] *Whitaker*, Revised and updated report on the question of the prevention and punishment of the crime of genocide, UN Doc. E/CN.4/Sub. 2/1985/6, Nr. 29; *Schabas* S. 123 f.; *Vest* S. 119.
[127] Von grundlegender Bedeutung für die internationale Judikatur ist JStGH 2.8.2001 – IT-98-33-T, Nr. 556 – Prosecutor v. Krstic. Diese Entscheidung lehnt sich eng an *Schabas* S. 129 ff., an, der die ganzheitliche Betrachtungsweise im Schrifttum etabliert hat; aus der neueren Literatur für die ganzheitliche Betrachtungsweise *Lüders* S. 82 f.; *Paul* S. 116; *Werle* Rn. 763.
[128] IGH 22.7.1952 – I.C.J. Reports 1952, 93 (105) – Anglo-Iranian Oil Co. Case, Preliminary Objection.
[129] *Berster* in *Tams/Berster/Schiffbauer*, Art. II Rn. 36; *Hannum* Human Rights Quaterly 11 (1989), 103; gegen den „ganzheitlichen" Ansatz auch *Amann*, International Criminal Law Revue 2 (2002), 93 (138 f.), die sich für eine zwischen „ganzheitlicher" und „trennender" Betrachtungsweise vermittelnde Position ausspricht.
[130] RStGH 2.9.1998 – ICTR 96-4-T, Nr. 512–515 – Prosecutor v. Akayesu.

von dem sich auch die erste Entscheidung des IStGH zum Völkermordtatbestand leiten lässt,[131] verdient deshalb ungeachtet aller hiermit verbundenen Schwierigkeiten unverändert Zustimmung.[132]

(1) Die Attribute **„national"** und **„durch ihr Volkstum bestimmt"** (§ 220a StGB) bzw. **„ethnisch"** (§ 6)[133] verweisen auf die völkerrechtlichen Begriffe Volk, Volksgruppe und Minderheit; insbesondere der Bezug zum völkerrechtlichen Minderheitenschutz tritt in der Genese der Völkermordkonvention klar zu Tage. Während der Begriff des Staatsvolks durch das Merkmal der gemeinsamen Staatsangehörigkeit klar bestimmt ist, fehlt es hinsichtlich der Begriffe Volk (verstanden als Träger des völkerrechtlichen Selbstbestimmungsrechts oder in der Variante des autochthonen/indigenen Volks), Volksgruppe und Minderheit an international konsentierten Definitionen.[134] 37

Gemeinsamer Nenner ist insoweit eine **gemeinsame Kultur, Geschichte, Lebensweise, Sprache** oder **Religion,** wobei die genannten Merkmale nicht kumulativ gegeben sein müssen, sondern bereits jedes für sich ausreichen kann, sofern es – und an dieser Stelle ist ein subjektiver Einschlag bei der Gruppenbildung sinnvoll – die Grundlage für eine **gemeinsame Identität** bildet.[135] Letzteres ist im Wege einer Gesamtbetrachtung festzustellen, bei der auch die verfassungsrechtliche Anerkennung als Volk, Volksgruppe oder Minderheit als Indiz Berücksichtigung finden kann.[136] Wesentlich überdehnt würde der Begriff der nationalen Gruppe, wenn man unter ihn – wie zwischenzeitlich einmal in der spanischen Judikatur – jede durch irgendein Merkmal herausgehobene Bevölkerungsgruppe subsumieren wollte,[137] würde doch auf diese Weise die Beschränkung des Völkermordtatbestandes auf einzelne näher bestimmte Gruppen unterlaufen.[138] 38

Entgegen der in Europa verbreiteten Tendenz zur Bestimmung des Begriffs der nationalen Minderheit[139] ist es für die Einbeziehung in den Schutzbereich des Völkermordtatbestands 39

---

[131] IStGH 4.3.2009 – ICC-02/05-01/09, Nr. 136 f. – Prosecutor v. Al Bashir.
[132] *Martin* in *Gaeta* (Hrsg.), S. 112 (122); *Quigley* S. 149; aA *Paul* S. 107, die zwar konzediert, dass der Wortlaut des Völkermordtatbestandes für die hier vertretene Ansicht spricht, jedoch von einem berichtigungsfähigen „Redaktionsversehen" ausgehen möchte; das allerdings ist methodisch ausgeschlossen.
[133] Die Ersetzung der Bezeichnung „durch ihr Volkstum bestimmt" durch „ethnisch" bedeutet keine inhaltliche Änderung; BT-Drs. 14/8524, 19.
[134] So verzichten Art. 1 und 27 IPBPR auf die Definition der Begriffe „Volk" bzw. „Minderheit", und das Europäische Rahmenübereinkommen zum Schutz nationaler Minderheiten vom 1.2.1995 (ETS Nr. 157) verzichtet auf eine Inhaltsbestimmung des Begriffs der nationalen Minderheit (vgl. Nr. 12 des Erläuternden Berichts zum Übereinkommen); eingehend zu den bisherigen Definitionsversuchen *Pritchard* S. 32 ff.
[135] Der im Text genannte gemeinsame Nenner findet sich etwa in dem Capotorti-Bericht zum Begriff der Minderheit (UN Doc. E/CN.4/Sub. 2/384/Rev. 1, Nr. 568); in dieselbe Richtung geht Art. 1 der Empfehlung der Parlamentarischen Versammlung des Europarats 1201 (1993) v. 1.2.1993.
[136] RStGH 2.9.1998 – ICTR 96-4-T, Nr. 702 – Prosecutor v. Akayesu, bezüglich der Tutsi in Ruanda (Grenzfall einer ursprünglich weitestgehend „künstlichen" Gruppenbildung durch eine Kolonialmacht, die über die Zeit zur Herausbildung einer tatsächlichen Gruppenidentität geführt hat); JStGH 2.8.2001 – IT-98-33-T, Nr. 559 – Prosecutor v. Krstic, und BGH 30.4.1999 – 3 StR 215/98, BGHSt 45, 64 (74 f.) = NStZ 1999, 396 (401), zu den bosnischen Muslimen; erhebliche und dem Grenzfall der Tutsi in Ruanda vergleichbare Schwierigkeiten wirft die Zuordnung zu dem Begriff der ethnischen Gruppe in der Situation Darfur (Sudan) auf, in der sich „afrikanische" und „arabische" Stämme schwerlich durch Sprache, Kultur oder Religion voneinander abgrenzen lassen; die *International Commission of Inquiry on Darfur* hat sich auf den Standpunkt gestellt, dass in dieser Situation ein „subjektiver Test" herangezogen werden dürfe, um zu einer sachgerechten Lösung zu gelangen (Annex to Letter dated 31 January 2005 from the Secretary-General addressed to the President of the Security Council, S/2005/60, 1.2.2005, Nr. 500); hierzu ausgehend von dem oben (→ Rn. 33) vertretenen Standpunkt nuancierend *Kreß* International Criminal Law Review 6 (2006), 461 (477 f.); auf derselben Linie nun IStGH 4.3.2009 – ICC-02/05-01/09, Nr. 137 – Prosecutor v. Al Bashir, worin darauf abgehoben wird, die betreffenden Gruppen zeichneten sich durch „its own language, its own tribal customs and its own traditional links to land" aus.
[137] Dt. Übersetzung der einschlägigen Urteilspassage bei *Ahlbrecht/Ambos* (Hrsg.) S. 94; zu der spanischen Rechtsprechung eingehend *Shneider* American University International Law Review 25 (2010), 313 (327 ff.).
[138] Ablehnend auch *Shneider* American University International Law Review 25 (2010), 313 (330 ff.); *Nersessian* S. 56 f.; *Schabas* S. 170 f.; *Gil Gil* ZStW 112 (2000), 381 (393).
[139] S. etwa die Empfehlung der Parlamentarischen Versammlung des Europarates 1201 (1993) v. 1.2.1993; demgegenüber war die Staatsangehörigkeit des Wohnsitzstaats zurzeit des Völkerbunds, die den Delegierten bei den Verhandlungen zur Völkermordkonvention vor Augen stand, kein Merkmal des Begriffs der „nationalen Minderheit"; *Pritchard* S. 79 f.

nicht erforderlich, dass die Gruppenmitglieder die Staatsangehörigkeit des Staates innehaben, in dem sie leben. Notwendig ist aber – auch angesichts der Genese der Völkermordkonvention – eine hinreichend repräsentative **numerische Gruppenstärke** und eine **dauerhafte Gruppenexistenz** in dem jeweiligen Staatsgebiet.[140] Tendenzen im Rahmen des Art. 27 IPBPR hin zu einer das Kriterium der dauerhaften Gruppenexistenz im jeweiligen Staat aufweichenden Auslegung[141] könnten demgegenüber für die Gruppenbildung nach der Völkermordkonvention angesichts deren historischer Zielsetzung nur unter der Voraussetzung maßgeblich werden, dass sie durch eine hinreichend deutliche spätere Praxis speziell zur Völkermordkonvention rezipiert würden. Hierfür fehlt es bislang an Anhaltspunkten.

40 Problematisch ist die **Abgrenzung** der eng miteinander verwandten Begriffe der „**nationalen**" und „**ethnischen**" Gruppe. Will man auf diese Abgrenzung nicht ganz verzichten (→ Rn. 36),[142] so kommt zunächst der Ansatz des RStGH in Betracht, den Begriff der nationalen Gruppe auf das Staatsvolk zu begrenzen und im Übrigen den Begriff der ethnischen Gruppe zu verwenden.[143] Vorzugswürdig ist es jedoch, neben dem Staatsvolk auch diejenigen Volksgruppen und Minderheiten als nationale Gruppen anzusehen, die in einem (anderen) Staat die staatstragende Nation bilden. Dieses Abgrenzungskriterium findet nicht nur in der gegenwärtigen Diskussion zum Minderheitenschutz Berücksichtigung,[144] sondern es entspricht auch am ehesten dem Verständnis, auf dessen Grundlage Schweden beantragte, neben den nationalen Gruppen auch ethnische in den Schutzbereich der Völkermordkonvention aufzunehmen.[145] Erwägenswert ist darüber hinaus der Vorschlag, auch ein solches Volk als nationale Gruppe iSd Völkermordtatbestands einzustufen, das aus dem völkerrechtlichen Selbstbestimmungsrecht ausnahmsweise die Befugnis zur Gründung eines eigenen Staates ableiten kann.[146]

41 **(2)** Eine völkerrechtliche Definition des Begriffs der **rassischen Gruppe** existiert nicht.[147] In den Verhandlungen zur Völkermordkonvention hielt man den Begriff der rassischen zum Teil für inhaltsgleich mit demjenigen der ethnischen Gruppe.[148] Die auf dieses Verständnis des Begriffs „Rasse" gestützte Forderung, auf die Nennung der rassischen Gruppe zu verzichten, hat sich jedoch nicht durchzusetzen vermocht.[149] Danach ist der Begriff der rassischen Gruppe gegenüber den Begriffen der nationalen und ethnischen Gruppe abzugrenzen. Entscheidendes Kriterium der rassischen Gruppe sind nach hM **vererbliche grundlegende äußere Merkmale**.[150] Wegen der für den Einzelnen genetisch

---

[140] Diese Erfordernisse kommen auch in Art. 1 b/d der Empfehlung der Parlamentarischen Versammlung des Europarats 1201 (1993) v. 1.2.1993 zum Schutz nationaler Minderheiten zum Ausdruck, wobei das Kriterium der Dauerhaftigkeit mit den Worten „longstanding, firm and lasting ties with that state" näher umschrieben wird; auch eine Reihe von Erklärungen zum Rahmenübereinkommen des Europarats zum Schutz nationaler Minderheiten (ETS 157) greifen das Kriterium der Dauerhaftigkeit auf; *Frowein/Bank* ZaöRV 59 (1999), 651 (669).

[141] In seinem General Comment 23 vom 8.4.1994 zu Art. 27 IPBPR befürwortet der VN-Menschenrechtsausschuss unter Nr. 5.2 sogar die Einbeziehung von ausländischen Besuchern („visitors") in den Minderheitenbegriff nach Art. 27 IPBPR.

[142] So der IGH 3.2.2015 – Application of the Convention on the Prevention and Punishment of the Crime of Genocide (Croatia v. Serbia), Nr. 205, 448.

[143] RStGH 2.9.1998 – ICTR 96-4-T, Nr. 512 f. – Prosecutor v. Akayesu; zust. *Berster* in *Tams/Berster/Schiffbauer* Art. II Rn. 48.

[144] *Pritchard* S. 39.

[145] UN GAOR, 3rd session, 6th Committee, 115.

[146] So *Lisson* Stanford Law Review 60 (2007–2008), 1459 ff., am Beispiel der Osttimoresen.

[147] Insbesondere enthält das Übereinkommens der VN gegen Rassendiskriminierung vom 21.12.1965 (BGBl. 1969 II S. 961) keine derartige Definition; *Lerner* S. 28 f.; zum Verzicht des Rassendiskriminierungsausschusses auf eine Inhaltsbestimmung *Wolfrum* in *Baum/Riedel/Schaefer* (Hrsg.), S. 129 (130 f.).

[148] Uruguay und Belgien, UN GAOR, 3rd session, 6th Committee, 115 bzw. 116.

[149] Dagegen ausdrücklich Schweden, UN GAOR, 3rd session, 6th Committee, 116.

[150] RStGH 2.9.1998 – ICTR 96-4-T, Nr. 514 – Prosecutor v. Akayesu; Section 1093 (6) des Genocide Convention Implementation Act 1987 (USA); Schweizer Botschaft, BBl. 2000, 495; *Werle* Rn. 774; *Vest* S. 120; *Safferling* JuS 2001, 735 (738); *Wehrenberg* in *Niggli/Wiprächtiger* (Hrsg.), Basler Kommentar, Strafgesetzbuch II Art. 111–401 (Schweiz)StGB, 3. Aufl. 2013, Art. 264 Rn. 30; s. auch die Hinweise bei *Pritchard* S. 40; für einen „holistischen" Begriff der rassischen Gruppe, bei dem vererbliche äußere Merkmale ebenso eine Rolle spielen können, wie nationale, ethnische und religiöse Verbindungen, *Schabas* S. 143.

vorgegebenen Unausweichlichkeit der Gruppenzugehörigkeit wurde die rassische Gruppe geradezu als Prototyp der durch den Völkermordtatbestand geschützten Gruppe angesehen.[151] Die Bestimmung der rassischen Gruppe iSd § 6 nach vererblichen Merkmalen steht nur scheinbar im Widerspruch zu der Zurückweisung von „Theorien, mit denen versucht wird, die Existenz verschiedener menschlicher Rassen zu belegen".[152] Denn die Berücksichtigung unterschiedlicher vererblicher Merkmale bei der Bestimmung des Rechtsbegriffs der rassischen Gruppe bedeutet nicht die Anerkennung eines vermeintlichen biologischen Rassebegriffs, und schon gar nicht bietet eine Berücksichtigung vererblicher Merkmale einen Anhaltspunkt für deren differenzierende Bewertung.[153] Gerade das Gegenteil ist der Fall. Indessen erscheint es sinnvoll, von einer rassischen Gruppe iSd Völkermorddefinition nur insoweit zu sprechen, als die Gruppenmitglieder zusätzlich durch ein minimales Zusammengehörigkeitsgefühl miteinander verbunden sind.[154] Zum einen entspricht ein solches Erfordernis einem zum Zeitpunkt der Erarbeitung der Völkermordkonvention verbreiteten Sprachgebrauch. Daneben ist nicht recht ersichtlich, wie sich rassische Gruppen andernfalls so weit sollten eingrenzen lassen, dass zumindest wesentliche Teile solcher Gruppen zum Gegenstand einer realistischen Zerstörungsabsicht werden könnten. Nach der hier vertretenen Auffassung rückt der Begriff der rassischen Gruppe in die Nähe desjenigen der ethnischen Gruppe und erhält diesem gegenüber eine Auffangfunktion. Diese käme in dem vermutlich seltenen Fall zur Geltung, in dem einer wegen bestimmter übereinstimmender vererblicher Merkmale stigmatisierten Gruppe eine hinreichend starke, auf Kultur, Geschichte, Lebensweise, Sprache oder Religion zurückgehende Gemeinsamkeit fehlt. Soweit demgegenüber dafür plädiert wird, den Begriff der rassischen Gruppe vollständig zu subjektivieren und allein auf die Perzeption einer Gruppe von Menschen als „rassisch" – sei es durch die betreffenden Menschen selbst, sei es durch das jeweilige Täterkollektiv – abzustellen,[155] ist das mit dem Definitionskonzept eines Katalogs von (nur) vier schutzwürdigen Gruppen nicht mehr vereinbar.

(3) Die Aufnahme **religiöser Gruppen** in den Katalog der geschützten Gruppen war bei den Verhandlungen zur Völkermordkonvention umstritten. Zweifel wurden zum einen im Hinblick auf die Möglichkeit geltend gemacht, Religionsgemeinschaften nach Belieben beizutreten und aus ihnen auszutreten.[156] Außerdem würden religiöse Gruppen erfahrungsgemäß nicht als solche angegriffen, sondern nur dann, wenn sie zugleich eine nationale Gruppe bilden.[157] Der auf dieser Annahme basierende Vorschlag, das Attribut „religiös" nur als Klammerzusatz zu der nationalen Gruppe zu erwähnen,[158] hat sich jedoch nicht durchgesetzt. Im Hinblick auf die Möglichkeit des Wechsels der Religionszugehörigkeit wurde geltend gemacht, dass die Bindungskraft religiöser Gruppen immerhin deutlich stärker sei als diejenige von politischen Zusammenschlüssen.[159] Aus der Entstehungsgeschichte kann man also schließen, dass einerseits der Schutz religiöser Gruppen nicht in dem Schutz anderer (zB nationaler) Gruppen aufgehen darf, dass aber andererseits bei der näheren inhaltlichen Bestimmung dieser Gruppenart nicht zu großzügig verfahren werden darf, um die **Vergleichbarkeit mit den übrigen geschützten Gruppen** zu gewährleisten.

---

[151] Deutlich in diesem Sinn das Vereinigte Königreich, UN GAOR, 3rd session, 6th Committee, 60; Polen hat bei den Verhandlungen zur Völkermordkonvention ausdrücklich das Merkmal der Hautfarbe angesprochen, ebd., 111; dieses Merkmal wird in Art. 1 VN-Rassendiskriminierungsübereinkommen und Art. 2 IPBPR zusätzlich zu dem der Rasse erwähnt, aber bezeichnenderweise zumeist gemeinsam mit diesem behandelt (s. *Nowak*, U. N. Covenant on Civil and Political Rights, 1993, Art. 2 Rn. 36 ff.; aufschlussreich auch *Wolfrum* in *Baum/Riedel/Schaefer* (Hrsg.), S. 129 (131)).
[152] Richtlinie 2000/43/EG vom 29.6.2000, ABl. 2000 L 180, 22 (Erwägungsgrund 6).
[153] So ausdrücklich Erwägungsgrund 6 des VN-Rassendiskriminierungsübereinkommens.
[154] *Berster* in *Tams/Berster/Schiffbauer*, Art. II Rn. 55; anders noch in der 2. Aufl.
[155] *Lingaas* ICLR 15 (2015), 485 (516).
[156] Vereinigtes Königreich, UN GAOR, 3rd session, 6th Committee, 60.
[157] UdSSR, UN GAOR, 3rd session, 6th Committee, 105.
[158] UN Doc. A/C.6/223, 7.10.1948.
[159] Norwegen, UN GAOR, 3rd session, 6th Committee, 61.

43 Kennzeichnend für den **Religionsbegriff** ist der transzendentale Bezug in Gestalt des Glaubens an eine oder mehrere Gottheit(-en) oder sonstige der empirischen Erkenntnis nicht zugängliche Mächte und die Ausrichtung des Handelns an den vorgestellten Maximen dieser Mächte.[160] Unerheblich ist, ob es sich um eine althergebrachte Glaubensüberzeugung handelt. Von der Religion zu unterscheiden sind **Weltanschauungen** und insbesondere **atheistische** Überzeugungen.[161] Zwar zeichnet sich auf der Ebene des internationalen Menschenrechtsschutzes die Tendenz zur Gleichbehandlung ab.[162] Diese Tendenz kann jedoch für die Auslegung des Völkermordtatbestands angesichts von Wortlaut und Genese (erhöhte Bindungskraft gerade religiöser Gruppen in Abgrenzung etwa von politischen) nicht einfach übernommen werden.[163] Die Judikatur lässt dementsprechend bislang keine Bereitschaft erkennen, den Religionsbegriff auszudehnen.[164] Dem Begriff der religiösen Gruppe unterfallen auch nicht gesellschaftliche Klassen, deren Existenz – wie im Fall der indischen Kasten – religiös begründet ist.

44 Die religiöse Gruppe muss nicht in einer bestimmten (Rechts-)Form organisiert sein, sie muss aber **auf Dauer** bestehen und ungeachtet der Austrittsmöglichkeit bei einer Gesamtbetrachtung **hinreichende Bindekraft** entfalten.[165] Diese Kriterien sind etwa im Hinblick auf abgespaltene oder neu gegründete Glaubensgemeinschaften zu berücksichtigen. Zweifelhaft ist die Zuordnung von Gemeinschaften, die zwar religiöse Bezüge aufweisen, deren Hauptmerkmale jedoch weltlich (zB ökonomisch) geprägt sind. So hat der VN-Menschenrechtsausschuss einer selbst ernannten „Kirche", deren hauptsächliche Betätigung er in Konsum und Verteilung von Drogen sah, die Qualität einer religiösen Gruppe bestritten.[166] Ebenso wird zu entscheiden sein, wenn das Charakteristikum einer bestimmten Glaubensfraktion darin besteht, den eigenen Glauben mit Gewalt durchzusetzen.[167]

45 **bb)** In vielen Fällen reichen Gruppen iSd § 6 über das Territorium eines Staates hinaus. Dies ist der Regelfall bei religiösen Gruppen, ist aber auch bei nationalen, ethnischen und rassischen Gruppen denkbar. Zum Teil wird in solchen Fällen angenommen, die in einem bestimmten Staatsgebiet ansässigen Mitglieder der jeweiligen Gruppen bildeten lediglich eine Teilgruppe iSd § 6.[168] Damit wird der Begriff der Gruppe jedoch zu eng gefasst. Schon bei den Beratungen zur Völkermordkonvention ging man nämlich davon aus, dass Volksgruppen und Minderheiten innerhalb eines Staates, die den Mindestanforderungen an Dauerhaftigkeit und numerische Repräsentativität entsprechen, **eigenständige Gruppen** sind, auch wenn sie **gleichzeitig den Teil einer über das jeweilige Staatsgebiet hinausreichenden Gruppe** bilden.[169] So waren zB die Serben in Kroatien im August 1995 eine eigenständige geschützte (nationale) Gruppe iSd Völkermorddefinition[170] und außerdem Teilgruppe der über das Gebiet Kroatiens hinausreichenden Gesamtgruppe der Serben.

---

[160] Triffterer öStGB/*Triffterer* § 321 Rn. 47.
[161] Beachtlich zur Abgrenzung *Wilms* FS Hartmut Maurer, 2001, 493.
[162] S. insbesondere den General Comment 22 des VN-Menschenrechtsausschusses vom 30.7.1993, Nr. 2.
[163] So aber offenbar *Lippmann* in *Bassiouni* (Hrsg.), International Criminal Law, Band 1, S. 403 (412); zu Recht *Vest* S. 121; *Lüders* S. 81; *M. N. Shaw* in *Dinstein* (Hrsg.), S. 797 (807).
[164] Bei der Qualifizierung der bosnischen Muslime als (auch) durch ihre Religion bestimmte Gruppe durch den BGH 30.4.1999 – 3 StR 215/98, BGHSt 45, 64 (75) = NStZ 1999, 396 (401) ging es um die Weltregion des Islam; RStGH 2.9.1998 – ICTR 96-4-T, Nr. 515 – Prosecutor v. Akayesu spricht von „religion, denomination or mode of worship"; in RStGH 21.5.1999 – ICTR-95-1-T, Nr. 98 – Prosecutor v. Kayishema und Ruzindana findet sich – ohne weitere Erläuterung – die Formulierung „common beliefs".
[165] *Werle* Rn. 776; skeptisch im Hinblick auf die Einbeziehung von „amorphous groups" auch *M. N. Shaw* in *Dinstein* (Hrsg.), S. 797 (807).
[166] CCPR/C/50/D/570/1993, 25.4.1994.
[167] Zu Gruppen dieser Art *Heiligsetzer* Die Friedens-Warte 76 (2001), 81; tendenziell weitergehend als im Text *M. N. Shaw* in *Dinstein* (Hrsg.), S. 797 (807) „not engaged in criminal practices".
[168] *Schabas* S. 285; *Greenawalt* Columbia Law Review 99 (1999), 2259 (2291).
[169] So behandelt etwa Ägypten (UN GAOR, 3rd session, 6th Committee, 99 f.; zust. Belgien, ebd., 116) die Deutschen in Polen und die Polen in Deutschland als eigene Gruppen, und Griechenland nennt die religiösen Minderheiten nach den Schutzverträgen der Völkerbundzeit als Beispiele religiöser Gruppen (ebd. 117).
[170] IGH 3.2.2015 – Application of the Convention on the Prevention and Punishment of the Crime of Genocide (Croatia v. Serbia), Nr. 448.

cc) Die **konkret betroffene Person** muss **objektiv** der Gruppe **angehören**; nicht 46 ausreichend ist eine entsprechende (Fehl-)Vorstellung des Täters.[171] Dieses Verständnis folgt aus dem Wortlaut und aus der gruppenschützenden Zielrichtung von § 6 (→ Rn. 3); es liegt auch dem Verbrechenselement zu Art. 6 IStGH-Statut zugrunde.[172] Dieser Ausgangspunkt hindert nicht, in bestimmten Fällen von Trennungsschärfen – nicht jedoch beim Staatsvolk als nationaler Gruppe oder bei den religiösen Gruppen – die **Bestimmung des Gruppenrands durch** den (Gesamt-)Täter bzw. typischerweise **das entsprechende Täterkollektiv** zu berücksichtigen.[173]

Sofern die Gruppenmitgliedschaft durch einen Willensakt beendet werden kann (zB 47 durch Wechsel der Religionszugehörigkeit oder der Staatsangehörigkeit), ist die wirksam vollzogene **Entscheidung des Einzelnen** auch im Rahmen von § 6 verbindlich. Fraglich ist jedoch, ob auch in anderen Fällen eine innere Distanzierung des Betroffenen von „seiner" Gruppe beachtlich ist. Obwohl sich im Bereich des internationalen Menschenrechtsschutzes derartige Subjektivierungstendenzen feststellen lassen,[174] bleiben sie für die Anwendung des § 6, der auf die objektive Gruppenmitgliedschaft des von der Tat Betroffenen abstellt, unbeachtlich.[175]

c) **Tatbestandsvarianten. aa) Nr. 1.** Der Begriff der **Tötung** ist wie bei § 212 StGB 48 als Verkürzung der natürlichen Lebensdauer zu bestimmen (→ StGB § 212 Rn. 1). Die Fußnote zum ersten Verbrechenselement zu dieser Tatbestandsvariante[176] bringt den internationalen Konsens zum Ausdruck, dass nicht mehr als die Verursachung des Todes gefordert ist.

Ausreichend ist die Tötung **nur eines Gruppenmitglieds.** § 6 Abs. 1 Nr. 1 stellt dies 49 durch die Verwendung des Singulars klar,[177] während sowohl in § 220a Abs. 1 Nr. 1 StGB als auch in der Völkermordkonvention der Plural verwandt wird. Doch auch im Hinblick auf letztere Pluralfassungen ist vor dem Hintergrund der dogmatischen Grundkonzeption, wonach die Nr. 1 nicht die Gesamttat, sondern die Einzeltat in den Blick nimmt (→ Rn. 8, 13 ff.), nur die Lesart sinnvoll, wonach die Nr. 1 bereits mit der Tötung eines Gruppenmitglieds verwirklicht ist.[178] Der Wortlaut der Vorschrift steht der Einbeziehung einer einzelnen Tötung nicht im Wege, denn auch das erste Verbrechenselement zu Art. 6 IStGH-Statut, das die Formulierung „one or more persons" verwendet,[179] bringt den hier zu berücksichtigenden internationalen Konsens bei der Auslegung der Vorschrift zum Ausdruck.[180]

bb) Nr. 2. Schwere **körperliche** Schäden sind zunächst solche der in § 226 StGB bezeich- 50 neten Art. Im Gesetzgebungsverfahren zu § 220a StGB ging man davon aus, dass § 224 StGB

---

[171] RStGH 2.9.1998 – ICTR 96-4-T, Nr. 721 – Prosecutor v. Akayesu; *Wehrenberg* in *Niggli/Wiprächtiger* (Hrsg.), Basler Kommentar, Strafgesetzbuch II Art. 111–401 (Schweiz)StGB, 3. Aufl. 2013, Art. 264 Rn. 18.
[172] UN Doc. PCINICC/2000/1/Add. 2, 2.11.2000, 6 ff. (zweites gleich lautendes Element); *Rückert/Witschel* in *Fischer/Kreß/Lüder* (Hrsg.), S. 59 (66).
[173] RStGH 15.7.2004 – ICTR-07-71, Nr. 468 – Prosecutor v. Ndindabahizi; s. auch *Vest* S. 479.
[174] Zur entsprechenden Praxis des VN-Rassendiskriminierungsausschusses *Wolfrum* in *Baum/Riedel/Schaefer* (Hrsg.), S. 129 (131); zur Beachtlichkeit des individuellen Zugehörigkeitswillens im Bereich des völkerrechtlichen Minderheitenschutzes *Niewerth* S. 50.
[175] Im letzten Punkt wohl aA Triffterer öStGB/*Triffterer* § 321 Rn. 41.
[176] UN Doc. PCINICC/2000/1/Add. 2, 2.11.2000, 6.
[177] Von einer Klarstellung wird auch in BT-Drs. 14/8514, 19 gesprochen.
[178] So zu § 220a StGB BGH 21.2.2001 – 3 StR 372/00, NJW 2001, 2728 (2729) = NStZ 2001, 659 = BGHSt 45, 64 (70); nicht beanstandet von BVerfG 12.12.2000 – 2 BvR 1290/99, NJW 2001, 1848 = NStZ 2001, 240; ebenso zum internationalen Völkermordtatbestand IStGH 12.7.2010 – ICC-02/05-01/09, Nr. 20 – Prosecutor v. Al Bashir; Judge *Shahabuddeen*, Separate Opinion 7.7.2006 – ICTR-2001-64-A – Gacumbitsi v. Prosecutor; *Werle* Rn. 781; *Schabas* S. 179; *Jessberger* in *Gaeta* (Hrsg.), S. 97; aA *Khan/Dixon/Fulford* 13–32; aA zum israelischen Völkermordtatbestand der israelische District Court im Eichmann-Fall 29.5.1962 – I. L. R. 36 (1968), 18 (232 f., 190 f.) – Attorney-General of the Government of Israel v. Eichmann, der Nr. 1 als Beschreibung der Gesamttat versteht; unklar hinsichtlich der Unterscheidung Einzel- und Gesamttat *Vest* S. 477 (vollendeter Genozid setzt eine Mehrzahl von Opfern voraus).
[179] UN Doc. PCINICC/2000/1/Add. 2, 2.11.2000, 6.
[180] AA *Berster* in *Tams/Berster/Schiffbauer*, Art. II Rn 61.

aF die dem Begriff des körperlichen Schadens nach § 220a StGB zu subsumierenden Schäden erschöpfend auflistet; dementsprechend bezog man den Zusatz „insbesondere" allein auf den Begriff des seelischen Schadens.[181] Diese im Gesetzgebungsverfahren zu § 220a StGB zum Ausdruck gekommene Einschätzung ist jedoch weder dem Wortlaut der Nr. 2 nach zwingend noch sinnvoll, soweit dies zu Abweichungen von der internationalen Rechtsprechung führt. So kann etwa der Verlust eines wichtigen inneren Organs in Übereinstimmung mit der internationalen Rechtsprechung durchaus dem Begriff des schweren körperlichen Schadens zugeordnet werden, auch wenn ein solcher Schaden § 226 StGB nach hM nicht unterfällt.[182] Zu weitgehend erscheint jedoch angesichts des zu wahrenden Zerstörungsbezugs die Einbeziehung sämtlicher vierundzwanzig Tage dauernden Gesundheitsschädigungen entsprechend der österreichischen Lösung.[183] Eine sinnvolle Umschreibung der erforderlichen Schwereschwelle bietet demgegenüber die internationale Judikatur, wonach „a grave and long-term disadvantage to a person's ability to lead a normal and constructive life" erforderlich ist.[184] Soweit sich in neueren internationalen Urteilen der Zusatz findet, die Schäden müssten von einer Art sein „so as to threaten the physical destruction of the group in whole or in part",[185] ist zweifelhaft, ob hiermit ein eigenständiger Bedeutungsgehalt verbunden sein soll. Nähme man Letzteres an und verstünde das entsprechende Zusatzerfordernis wörtlich, so würde der eigenständige Anwendungsbereich der Nr. 2 gegenüber den Nrn. 1 und 3 fraglich. Auch ist nicht recht ersichtlich, wie ein solcher gruppenbezogener Zusatz sinnvoll auf die Prüfung einer völkermörderischen Einzeltat zur Anwendung gebracht werden kann. Trotz der ehrwürdigen Herkunft des Zusatzes in dem Kommentar der ILC zum Draft Code of Crimes against Peace and Security of Mankind von 1996[186] wäre es daher vorzugswürdig, auf seine Verwendung in der Zukunft zu verzichten.[187]

51 Bei den Ausschussberatungen zu § 220a Abs. 1 Nr. 2 StGB war umstritten, ob der Begriff des schweren **seelischen** Schadens durch die Begriffe „Geisteskrankheit und Siechtum" in § 224 StGB aF vollständig abgedeckt sei. Um der Rechtsprechung zu ermöglichen, nötigenfalls über den Wortlaut von § 224 StGB aF hinauszugehen, entschied man sich dafür, hinsichtlich des seelischen Schadens nur „insbesondere" auf § 224 StGB aF zu verweisen.[188] Nachdem nunmehr die geistigen Behinderungen in § 226 Abs. 1 Nr. 3 StGB ausdrücklich genannt sind, dürften die (schwerwiegenden) seelischen Schäden vollständig auch von § 226 StGB erfasst sein.[189] Auch hier ist der Tatbestand nur bei Zufügung von iSv → Rn. 50 erheblichen und lange anhaltenden Schädigungen erfüllt; bloß vorübergehende Beeinträchtigungen des seelischen Gleichgewichts reichen nicht aus.[190] Entsprechend wird auch der Begriff des „Verfallens" in § 226 Abs. 1 Nr. 3 StGB interpretiert (→ StGB § 226 Rn. 35).[191] Allerdings muss der seelische Schaden nicht permanenter Natur sein.[192] Nicht nur Vergewal-

---

[181] Zur entsprechenden Diskussion s. das Protokoll der 13. Sitzung des Ausschusses für Rechtswesen und Verfassungsrecht am 3.5.1954, S. 12 f.
[182] RStGH 21.5.1999 – ICTR-95-1-T, Nr. 109 – Prosecutor v. Kayishima and Ruzindana.
[183] § 321 Abs. 1 iVm § 84 Abs. 1 öStGB.
[184] JStGH 2.8.2001 – IT-98-33-T, Nr. 510, 513 – Prosecutor v. Krstic; zust. *Werle* Rn. 786; *Jessberger* in *Gaeta* (Hrsg.), S. 88 f.
[185] JStGH 8.4.2015 – IT-05-88/2-A, Nr. 203, 212 – Prosecutor v. Tolimir; IGH 3.2.2015 – Application of the Convention on the Prevention and Punishment of the Crime of Genocide (Croatia v. Serbia), Nr. 157.
[186] YILC 1996-II-2, 46, Nr. 14; abgedr. in *McDonald/Swaak-Goldman*, Band 2, Teil 1, S. 390.
[187] JStGH 24.3.2016 – IT-95-5/18-T, Nr. 544 – Prosecutor v. Radovan Karadzic; *Pecorella*, Rape and Sexual Violence in the ICJ's Judgment in Croatia v. Serbia, Leiden Journal of International Law 28 (2015), 945.
[188] Protokoll der 13. Sitzung des Ausschusses für Rechtswesen und Verfassungsrecht am 3.5.1954, S. 12 f.; zur internationalen Genese *Gorove* Washington University Law Quaterly 1951, 173 ff.
[189] *Rengier* ZStW 111 (1999), 18 (Beeinträchtigung emotionaler Fähigkeiten).
[190] Dies bringt die folgende Fußnote zu Entwürfen zu Art. 6 IStGH-Statut mit den Worten zum Ausdruck: „The reference to ‚mental harm is understood to mean more than the minor or temporary impairment of mental faculties" (abgedr. bei *Bassiouni*, The Legislative History, Band 2, S. 38 (Fn. 28), 39 (Fn. 34)); übereinstimmend RStGH 12.3.2008 – ICTR-2001-66-A, Nr. 46 – Prosecutor v. Seromba.
[191] Schönke/Schröder/*Stree* StGB § 226 Rn. 7.
[192] JStGH 8.4.2015 – IT-05-88/2-A, Nr. 204 – Prosecutor v. Tolimir; anders der US-amerikanische Genocide Convention Implementation Act of 1987, Pub. L. No. 100-606, 102 Stat. 3045, 18 U.S.C. § 1091(a)(3) (1988) = I.L.M. 28 (1989), 754.

tigungen,[193] sondern auch Vertreibungen und entwürdigende Verhaltensweisen mögen schwere seelische Schäden iSd Nr. 2 nach sich ziehen. Problematisch weitgehend sind aber in der internationalen Judikatur gelegentlich anzutreffende Gleichsetzungen.[194] Die entsprechend missverständliche Fußnote zu dem ersten Verbrechenselement zu dieser Tatbestandsvariante lässt durch den Zusatz „may include" immerhin Raum für die gebotene restriktive Interpretation. Im Zusammenhang mit dem Fall Srebrenica hat sich der JStGH in seiner späteren Judikatur auf den Standpunkt gestellt, die traumatischen Erinnerungen von Überlebenden einer Massenhinrichtungsoperation könnten ebenso zu einer für den Völkermordtatbestand hinreichenden seelischen Schädigung führen wie das Erlebnis der gewaltsamen Trennung von einem geliebten Menschen bei Ungewissheit über dessen Verbleib.[195] Auf derselben Linie hält der IGH es für denkbar, dass die beharrliche Verweigerung von Auskunft über den Verbleib von Personen, die im Zuge einer Kampagne mit genozidalen Zügen verschwunden sind, zu hinreichend schweren seelischen Schäden bei Angehörigen führen kann.[196]

Es genügt die Verletzung **eines Gruppenmitglieds.** Die Fassung von § 6 stellt dies klar.[197] Im Hinblick auf die Verwendung des Plurals in § 220a StGB gelten die Ausführungen von oben (→ Rn. 49) entsprechend. 52

cc) Nr. 3. Nach dem eindeutigen Wortlaut geht die Tathandlung über den Angriff auf einzelne Gruppenmitglieder hinaus.[198] Unklar ist jedoch der Umfang des kollektiven Angriffsobjekts. Während im Hinblick auf die Lebensbedingungen die Gruppe insgesamt angesprochen wird, ist Bezugspunkt für die Zerstörungseignung auch schon eine Teilgruppe. Da die Zerstörungseignung den Kern der Nr. 3 ausmacht, ist es als ausreichend anzusehen, dass **eine Teilgruppe** (→ Rn. 73 ff.) **zerstörungsgeeigneten Lebensbedingungen unterworfen wird.**[199] 53

Die Lebensbedingungen müssen **objektiv zerstörungsgeeignet** sein. Der deutsche Gesetzgeber hat sich bewusst und angesichts der im subjektiven Tatbestand geforderten Zerstörungsabsicht zu Recht[200] dafür entschieden, das auch als subjektives Element deutbare englische Wort „calculated" der Völkermordkonvention objektiv auszugestalten, so dass allein die Vorstellung des Täters, es solle zu einer Zerstörung der Gruppe oder Teilgruppe kommen, nicht ausreicht, wenn tatsächlich eine solche Gefahr nicht eintreten kann.[201] Demgegenüber wird in der internationalen Judikatur verbreitet bereits bei der Subsumtion unter diese Tatbestandsalternative eine entsprechende Absicht gefordert.[202] 54

---

[193] Zur einschlägigen internationalen Judikatur *Greve* S. 225 ff.; *Takai* Temple International & Comparative Law Journal 25 (2011), 393 (399 ff.).
[194] In diese Richtung RStGH 2.9.1998 – ICTR 96-4-T, Nr. 504 – Prosecutor v. Akayesu; IStGH 12.7.2010 – ICC-02/05-01/09, Nr. 26 ff. – Prosecutor v. Al Bashir; zu Recht zurückhaltender *Jessberger* in *Gaeta* (Hrsg.), S. 99.
[195] JStGH 8.4.2015 – IT-05-88/2-A, Nr. 207, 210 ff. – Prosecutor v. Tolimir.
[196] IGH 3.2.2015 – Application of the Convention on the Prevention and Punishment of the Crime of Genocide (Croatia v. Serbia), Nr. 160. Allerdings macht der IGH in demselben Urteil (ebda. Nr. 356) deutlich, dass der Eintritt eines solchen Schadens keine Selbstverständlichkeit ist, sondern belegt werden muss; krit. *Fournet*, Leiden Journal of International Law 28 (2015), 915 (920).
[197] Für den internationalen Völkermordtatbestand in demselben Sinn etwa *Jessberger* in *Gaeta* (Hrsg.), S. 97.
[198] BGH 30.4.1999 – 3 StR 215/98, BGHSt 45, 64 (85) = NStZ 1999, 396 (402).
[199] *Jessberger* in *Gaeta* (Hrsg.), S. 101; *Lüders* S. 189, 281 ff.; in der Sache ebenso die Rspr. des BGH 21.2.2001 – 3 StR 244/00, NJW 2001, 2732 (2733); 30.4.1999 – 3 StR 215/98, BGHSt 45, 64 (84 f.) = NStZ 1999, 396 (402).
[200] *Lüders* S. 189, 281 ff.; aA *Ambos/Wirth* in *Fischer/Kreß/Lüder* (Hrsg.), S. 784 ff.; *Paul* S. 194.
[201] BT-Drs. 2/162, 4; als Eignungsdelikt wird Nr. 3 letztlich auch von *Vest* S. 124 verstanden; für ein solches Eignungserfordernis auch im Rahmen des internationalen Tatbestands *Berster* in *Tams/Berster/Schiffbauer*, Art. II Rn. 75; *Safferling* in *Safferling/Conze* (Hrsg.), S. 163 (166); *Werle* Rn. 789; im Einzelnen ist hier demnach auf die zu den sog. „Eignungsdelikten" bzw. „potentiellen Gefährdungsdelikten" entwickelten Grundsätze zurückzugreifen.
[202] JStGH 8.4.2015 – IT-05-88/2-A, Nr. 226 – Prosecutor v. Tolimir; IGH 3.2.2015 – Application of the Convention on the Prevention and Punishment of the Crime of Genocide (Croatia v. Serbia), Nr. 161, 371.

55 Es besteht keine Einigkeit darüber, was unter der **„körperlichen Zerstörung"** („physical destruction") einer Gruppe zu verstehen ist. Während die inzwischen konsolidierte internationale Rechtsprechung den Begriff mit dem Tod gleichgesetzt hat,[203] wird teils auch die Auflösung der Gruppe als ihre körperliche Zerstörung aufgefasst.[204] Vermittelnd ist vertreten worden, den Begriff der körperlichen Zerstörung unter Berücksichtigung der Nr. 2 über die Tötung hinaus (nur) auf die schwere körperliche oder seelische Schädigung der Gruppenmitglieder zu erstrecken,[205] um auch solche Fälle berücksichtigen zu können, in denen eine Gruppe durch die ihr auferlegten Lebensbedingungen nur noch in Krankheit und Siechtum dahinvegetiert. Der Vorzug gebührt der hM. Gegen die weiteste der drei Lösungsvarianten spricht, dass das Merkmal der „körperlichen" Zerstörung durch die Gleichsetzung von „Zerstörung" mit „Auflösung" der Gruppe jede eigenständige Bedeutung verlöre. Außerdem würde die bewusste Entscheidung der Schöpfer der Völkermordkonvention gegen eine Erfassung des sog. kulturellen Völkermords (→ Rn. 23) unterlaufen. Gegen die vermittelnde Lösung spricht, dass sie mit dem Wortlaut nur unter Schwierigkeiten in Einklang gebracht werden kann. Vor diesem Hintergrund ist der internationalen Rechtsprechung zu folgen. Bei der Nr. 3 geht es hiernach allein um Maßnahmen eines „slow death".[206]

56 Mögliche **Anwendungsfälle der Nr. 3** sind etwa die Inhaftierung unter äußerst unhygienischen oder sonst unmenschlichen Bedingungen (Konzentrationslager), extreme Formen der Zwangsarbeit, gezielt mangelhafte Ernährung, das Abschneiden von medizinischer Versorgung sowie die Zerstörung der natürlichen Lebensgrundlagen einer (Teil-)Gruppe.[207] Dabei bedarf es stets der Prüfung im Einzelfall. Dies gilt insbesondere auch im Hinblick auf Massenvergewaltigungen.[208] Bei einer Kombination von Maßnahmen reicht es aus, wenn die Gesamtwirkung die geforderte Eignungsschwelle erreicht.[209] Die hohe Schwelle der Nr. 3 verfehlen grundsätzlich Einschränkungen der Freizügigkeit, die Plünderung von Eigentum und die Zerstörung kultureller Objekte.[210]

57 Die **Vertreibung** einer (Teil-)Gruppe erfüllt nicht ohne Weiteres den Tatbestand der Nr. 3.[211] Dies gilt selbst dann, wenn der Vertreibung die Eignung zur Gruppenauflösung in Gestalt von Atomisierung oder Assimilierung anhaftet.[212] Denn die Gruppenauflösung ist nicht mit der körperlichen Zerstörung iSv Nr. 3 gleichzusetzen (→ Rn. 55). Ein Antrag Syriens, Vertreibungsmaßnahmen in den Völkermordtatbestand einzubeziehen, wurde bei den Verhandlungen zur Völkermordkonvention ausdrücklich zurückgewiesen.[213] Die deutsche Rechtsprechung hat daher zu Recht – nach anfänglicher Unsicherheit, die möglicherweise auch durch ein zu weitgehendes *obiter dictum* des RStGH bedingt war[214] – die Vertreibung bosnischer Moslems aus ihren Wohngebieten für sich genommen nicht als Völkermord

---

[203] JStGH 8.4.2015 – IT-05-88/2-A, Nr. 226 – Prosecutor v. Tolimir; IGH 3.2.2015 – Application of the Convention on the Prevention and Punishment of the Crime of Genocide (Croatia v. Serbia), Nr. 161; s. auch die entsprechende Festlegung in § 321 öStGB; hierzu *Hafner*, Wiener Kommentar zum Strafgesetzbuch, 2. Aufl., 54. Lfg. (Austauschheft 2009), öStGB § 321 Rn. 40.
[204] *Triffterer/Rosbaud/Hinterhofer-Triffterer* öStGB § 321 Rn. 69.
[205] So die Vorauflage und zuvor bereits – jedoch unter Beschränkung auf körperliche Schäden – *Drost* S. 86.
[206] Im Schrifttum ebenso z.B. *Berster* in *Tams/Berster/Schiffbauer*, Art. II Rn. 78.
[207] RStGH 2.9.1998 – ICTR 96-4-T, Nr. 506 – Prosecutor v. Akayesu; RStGH 21.5.1999 – ICTR-95-1-T, Nr. 114 ff. – Prosecutor v. Kayishima und Ruzindana.
[208] Zu weitgehend das *obiter dictum* des RStGH 21.5.1999 – ICTR-95-1-T, Nr. 116 – Prosecutor v. Kayishima and Ruzindana; ähnlich wie im Text *Werle* Rn. 789.
[209] BGH 21.2.2001 – 3 StR 244/00, NJW 2001, 2732 (2733); 30.4.1999 – 3 StR 215/98, BGHSt 45, 64 (85) = NStZ 1999, 396 (402).
[210] IGH 3.2.2015 – Application of the Convention on the Prevention and Punishment of the Crime of Genocide (Croatia v. Serbia), Nr. 380, 385, 389.
[211] *Jessberger* in *Gaeta* (Hrsg.), S. 101. 103 ff.; *Schabas* S. 221 ff.; *Lehmler* S. 215 ff.; zu der langen Geschichte der „ethnischen Säuberungen" erhellend *Liebermann* in *Bloxman/Moses* (Hrsg.), S. 42 ff.
[212] *Jessberger* in *Gaeta* (Hrsg.), S. 101.
[213] Text des Antrags, UN GAOR, 3rd session, 6th Committee, 176; Abstimmung: 186; hierzu und zu weiteren aufschlussreichen entstehungsgeschichtlichen Befunden *Schabas* S. 227 f.
[214] RStGH 2.9.1998 – ICTR 96-4-T, Nr. 506 – Prosecutor v. Akayesu.

angesehen.[215] Der JStGH hat die in der ersten Auflage dieser Kommentierung befürwortete enge Auslegung ausdrücklich rezipiert,[216] und der IGH hat sich dem angeschlossen.[217] Schließlich deuten die ersten Entscheidungen des IStGH in die Richtung der hier vertretenen Position.[218] Allerdings kommt die Verwirklichung von Nr. 3 durch Vertreibungsmaßnahmen dann in Betracht, wenn die Vertreibung – wie etwa im historischen Fall der armenischen Volksgruppe in der Türkei – dazu führt, dass die Angehörigen der (Teil-)Gruppe ohne Nahrung und Behausung winterlicher Kälte ausgesetzt werden.[219] Dasselbe gilt, wenn die Massenvertreibung von Maßnahmen begleitet wird, die geeignet sind, den Tod der Mitglieder der (Teil-)Gruppe herbeizuführen.[220] Die missverständliche Erwähnung der „systematic expulsion from homes" in der Fußnote zum vierten Verbrechenselement zu dieser Tatbestandsvariante[221] muss einschränkend auf die vorstehend genannten Fälle bezogen werden.

dd) Nr. 4. Hiermit wird die sogenannte **biologische** Variante des Völkermords erfasst, die auf die Zerstörung der Gruppe durch Beseitigung ihrer Reproduktionsfähigkeit gerichtet ist. 58

Der Begriff der **Maßregel** ist eine unglückliche Übersetzung des in der Völkermordkonvention verwandten Begriffs „measure"/„mésure", den man besser mit „Maßnahme" übertragen hätte.[222] Irgendeine Nähe zu den strafrechtlichen Maßregeln der §§ 61 ff. StGB besteht nicht. Die hier gemeinten Maßnahmen werden – im Gegenteil – häufig abstrakt-generellen Charakter haben.[223] 59

Beispiele für Maßnahmen zur **Geburtenverhinderung** sind erzwungene Sterilisierungen und Kastrationen,[224] erzwungene Schwangerschaftsabbrüche, Geburts- und Eheverbote.[225] Die bloße Straflosstellung des Schwangerschaftsabbruchs fällt nicht unter Nr. 4.[226] 60

Nach dem Wortlaut – „verhindern sollen" – reicht es aus, wenn die jeweilige Maßnahme ihrer Tendenz nach auf die Geburtenverhinderung innerhalb der Gruppe gerichtet ist. Es wäre jedoch im Vergleich zu den objektiv geprägten Voraussetzungen der Nr. 1–3 wenig stimmig, gerade bei Nr. 4 die Vollendung auch dann eintreten zu lassen, wenn die vom 61

---

[215] Unmissverständlich idS BGH 21.2.2001 – 3 StR 244/00, NJW 2001, 2732 (2733); wohl ebenso, jedoch weniger deutlich BGH 30.4.1999 – 3 StR 215/98, BGHSt 45, 64 (82 einerseits; 85 andererseits) = NStZ 1999, 396 (401 einerseits, 402 andererseits); zumindest sehr missverständlich demgegenüber BayObLG 15.12.1999 – 6 St 1/99, Umdruck S. 164 f.; zu der neuesten Rechtsprechung des BGH eingehend und unter Hinweis auf verbleibende Unklarheiten *Kreß* FS Rissing-van Saan, 2011, 317 (322 ff.).

[216] JStGH 31.7.2003 – IT-97-24-T, Nr. 519 – Prosecutor v. Stakic; bestätigt in JStGH 19.4.2004 – IT-98-33-A, Nr. 33 – Prosecutor v. Krstic; JStGH 8.4.2015 – IT-05-88/2-A, Nr. 231 – Prosecutor v. Tolimir.

[217] IGH 26.2.2007 – I.C.J. Reports 2007, 43 (Nr. 190) – Application of the Convention on the Prevention and Punishment of the Crime of Genocide (Bosnia and Herzegovina v. Serbia and Montenegro)(hierzu *Kreß* EJIL 18 (2007), 619 (624)); IGH 3.2.2015 – Application of the Convention on the Prevention and Punishment of the Crime of Genocide (Croatia v. Serbia), Nr. 376, 477.

[218] Die abstrakten Formulierungen in IStGH 4.3.2009 – ICC-02/05-01/09, Nr. 140–146 – Prosecutor v. Al Bashir, lassen allerdings die gebotene Trennschärfe vermissen, weshalb das restriktive Verständnis der Vorverfahrenskammer erst bei der Subsumtion *in concreto* (ebd. Nr. 162–201) deutlich zu Tage tritt; noch weniger deutlich sind demgegenüber die Darlegungen in IStGH 12.7.2010 – ICC-02/05-01/09, Nr. 37 f. – Prosecutor v. Al Bashir; ausf. zu diesen Entscheidungen *Kreß* in Stahn (Hrsg.), 669 (687 ff.).

[219] *Schabas* S. 192 f.

[220] BGH 21.2.2001 – 3 StR 244/00, NJW 2001, 2732 (2733).

[221] UN Doc. PCINICC/2000/1/Add. 2, 2.11.2000, 7.

[222] Besser wäre die Übersetzung mit „Maßnahme" wie in Art. 264 Abs. 1c SchweizStGB und § 321 Abs. 1 öStGB.

[223] Triffterer öStGB/*Triffterer* § 321 Rn. 70.

[224] Nach *Drost* S. 87, stand den Schöpfern der Völkermordkonvention vor allem die Praxis von Zwangssterilisierungen vor Augen; im Hoess-Urteil des Obersten Polnischen Gerichtshofs vom März 1947 (LRTWC VII, 25) werden „experiments of wholesale castration and sterilization" unter der Überschrift „genocide" angesprochen; hierzu auch *Schabas* S. 198.

[225] RStGH 2.9.1998 – ICTR 96-4-T, Nr. 507 – Prosecutor v. Akayesu; der Jerusalemer District Court hat Eichmann auch wegen seiner Mitwirkung an Schwangerschaftsabbrüchen und Geburtsverboten im Ghetto Theresienstadt verurteilt (I. L. R. 36 (1968), 18 (274, Nr. 244)).

[226] Zum Ganzen wie im Text *Jessberger* in Gaeta (Hrsg.), S. 102; *Werle* Rn. 791; *Schabas* S. 198; *Robinson* S. 64.

Täter getroffene Maßnahme – entgegen dessen Vorstellung – objektiv zur Verhinderung von Geburten ganz ungeeignet ist. Deshalb ist der Begriff der **geburtenverhindernden Maßnahme nach Nr. 4 einschränkend** in dem Sinne auszulegen, dass die Maßnahme objektiv geeignet sein muss, Geburten innerhalb der Gruppe zu verhindern. Heirats- oder Geburtsverbote, die *in concreto* Geburten nicht zu verhindern vermögen, fallen daher nicht unter Nr. 4.[227] Im Sinne des Eignungserfordernisses dürfte auch die Aussage des RStGH zu verstehen sein, wonach die Vergewaltigung durch einen gruppenfremden Täter im Hinblick auf die mögliche traumabedingte Zeugungsunwilligkeit des Tatopfers in der Folgezeit eine geburtenverhindernde Maßnahme nach Nr. 4 sein kann.[228]

62 Eine Maßnahme „verhängt", wer eine **zumindest faktisch wirksame Anordnung** trifft; die bloße Planung begründet die Strafbarkeit noch nicht.[229] Andererseits ist Nr. 4 jedoch kein Erfolgsdelikt in Bezug auf eine Reduktion der Geburtenzahl innerhalb der Gruppe;[230] es bedarf nicht einmal der Feststellung, dass eine (Teil-)Gruppe bereits fühlbar von der Maßnahme betroffen ist.[231]

63 Nach dem deutschen Wortlaut „verhängt" erscheint Nr. 4 aus der Perspektive des Täters mit Organisationsherrschaft formuliert zu sein. Unklar ist deshalb, ob auch die vielfach – zB im zentralen historischen Beispielsfall der Sterilisierung – erforderlichen Vollzugsakte Taten nach Nr. 4 sind. Wird dies verneint, so erhält die Nr. 4 den Charakter eines Sonderdelikts für Personen mit Anordnungsgewalt, und die auf der Vollzugsebene Tätigen könnten höchstens als Gehilfen zu der Tat nach Nr. 4 erfasst werden. Damit erhielte Nr. 4 nicht nur gegenüber Nr. 1 und 2, sondern auch gegenüber der eng verwandten Nr. 5 eine grundsätzlich abweichende Struktur. Eine solche Abweichung ist weder systematisch zu erklären noch ergibt sich hierfür aus der Entstehungsgeschichte ein Anhaltspunkt. Deshalb spricht mehr dafür, den Begriff des „Verhängens" weit dahin zu verstehen, dass auch **Vollzugsakte** darunter fallen.[232] Wenngleich diese Auslegung unter Berücksichtigung des englischen und französischen Originaltextes („measures imposed"/„mésures visant") innerhalb der Wortlautgrenze verbleibt, hätte sich bei der Überführung des § 220a StGB in § 6 eine Klarstellung im Gesetz entsprechend Art. 264 Abs. 1c SchweizStGB („Massnahmen anordnet oder trifft") empfohlen.

64 Nr. 4 erfasst – wie Nr. 1 und 2 (→ Rn. 49, 52) – auch den **Angriff auf nur ein Gruppenmitglied** (zB den Befehl zu einem Schwangerschaftsabbruch bzw. den Vollzug dieses Befehls). Allerdings hat der Gesetzgeber des § 6 diesen Punkt anders als in Nr. 1, 2 und 5 nicht klargestellt.[233] Dies zwingt jedoch nicht dazu, Nr. 4 ohne sachlich überzeugenden Grund (dazu gilt das in → Rn. 63 Gesagte) in diesem Punkt anders zu verstehen als Nr. 1, 2 und vor allem 5. Angesichts der übergeordneten Zielsetzung der Gesetzgeber sowohl von § 220a StGB als auch von § 6, den Völkermordtatbestand in Übereinstimmung mit dem geltenden allgemeinen Völkerrecht in das deutsche Strafrecht zu übernehmen

---

[227] *Safferling* in *Safferling/Conze* (Hrsg.), S. 163 (166); *Paul* S. 203; *Vest* S. 125; aA *Berster* in *Tams/Berster/Schiffbauer*, Art. II Rn. 85; *Lüders* S. 197; *Triffterer* öStGB/*Triffterer* § 321 Rn. 71.

[228] RStGH 2.9.1998 – ICTR 96-4-T, Nr. 508 – Prosecutor v. Akayesu; dem folgend wohl IGH 3.2.2015 – Application of the Convention on the Prevention and Punishment of the Crime of Genocide (Croatia v. Serbia), Nr. 166; zu der Frage, ob das Erzwingen einer Schwangerschaft in solchen Fällen ein Verhalten iSd Nr. 4 sein kann, im Zusammenhang mit den Massenvergewaltigungen in Ost-Pakistan/Bangladesch *Takai* Temple International and Comparative Law Journal 25 (2011), 393 (403 ff.); s. ferner *Fisher* Duke Law Journal 46 (1996), 91 ff.

[229] Jerusalemer District Court (ILR 36 (1968), 18 (239, Nr. 199)).

[230] Der entsprechende Vorschlag der USA (UN Doc. PCNICC/1999/DP. 4, 4.2.1999), ist bei den Verhandlungen zu den Verbrechenselementen zu dieser Tatbestandsvariante unter Hinweis auf den klaren Wortlaut der Völkermordkonvention abgelehnt worden; zumindest missverständlich nun allerdings IGH 26.2.2007 – I.C.J. Reports 2007, 43 (Nr. 355) – Application of the Convention on the Prevention and Punishment of the Crime of Genocide (Bosnia and Herzegovina v. Serbia and Montenegro); krit. hierzu *Kreß* EJIL 18 (2007), 619 (625).

[231] *Jessberger* in *Gaeta* (Hrsg.), S. 102.

[232] Jerusalemer District Court ILR 36 (1968), 18 (239, Nr. 199); ebenso wohl auch RStGH 2.9.1998 – ICTR 96-4-T, Nr. 507 f. – Prosecutor v. Akayesu; *Lüders* S. 195, 283 f.

[233] Auch die Gesetzesbegründung bringt keine entsprechende Klarstellung; BT-Drs. 14/8524, 19.

(→ Rn. 28), hätte der in Gestalt des ersten Verbrechenselements zu Art. 6 (d) IStGH-Statut zum Ausdruck kommende Auslegungskonsens jedenfalls größeres Gewicht als eine etwa abweichende Vorstellung des deutschen Gesetzgebers. Dieses Verbrechenselement lautet: „The perpetrator imposed certain measures upon one or more persons".[234]

ee) Nr. 5. Diese Variante liegt an der Grenze zum „kulturellen Völkermord"[235] und war deshalb in ihrer Existenzberechtigung umstritten. Man kann die Überführung der Kinder jedoch auch als eine **Form des biologischen Völkermordes** verstehen: Wie durch die in Nr. 4 inkriminierte Tat wird auch hier der Gruppe die Reproduktionsmöglichkeit genommen.[236] 65

Der Begriff des **Kindes** im StGB weicht von demjenigen des Völkerrechts ab. Das fünfte Verbrechenselement zu dieser Tatbestandsvariante des IStGH-Statuts definiert das Kind – im Anschluss an Art. 1 VN-Kinderrechtskonvention – als Person unter 18 Jahren,[237] während § 176 Abs. 1 StGB unter einem Kind eine Person unter 14 Jahren versteht (s. auch § 1 Abs. 2 JGG iVm § 19 StGB). Für § 6 Abs. 1 Nr. 5 ist die Definition im StGB indessen nicht maßgeblich. Vielmehr ist hier der völkerrechtskonformen Bestimmung des Kindesbegriffs als Person unter 18 Jahren der Vorzug zu geben.[238] Dies wird dadurch bestätigt, dass sich der Gesetzgeber des VStGB in dessen § 8 Abs. 1 Nr. 5 („Kinder unter 15 Jahren") selbst vom Kindesbegriff des StGB gelöst hat. 66

Bei der **Überführung in eine andere Gruppe** geht es darum, die Kinder als Repräsentanten der Gruppe für die Zukunft auszuschalten. Der Tatbestand ist insoweit Erfolgsdelikt, als Vollendung erst dann eintritt, wenn mindestens ein Kind von der (weiteren) Prägung durch die Ursprungsgruppe weitestgehend abgeschnitten ist. Die Überführung des Kindes in die andere Gruppe kann sich durch die räumliche Entfernung des Kindes von der Ursprungsgruppe und umgekehrt durch die räumliche Entfernung der Ursprungsgruppe vom Kind vollziehen.[239] Nicht notwendig ist, dass das Opfer in eine andere Gruppe aufgenommen wird oder dass auch nur die Möglichkeit hierzu besteht; auch wenn Kinder in besonderen Heimen untergebracht werden, ist der Tatbestand erfüllt,[240] solange die andere Gruppe so den Zugriff auf die Kinder erlangt.[241] 67

Nach dem deutschen Wortlaut scheint Nr. 5 die Anwendung von Gewalt zu fordern. Die Begrifflichkeit der Originalsprachen der Völkermordkonvention („forcibly" bzw. „forcé") wird dagegen so verstanden, dass es genügt, wenn der Täter die Ausübung von Gewalt nur androht.[242] Letztere Auslegung entspricht der Teleologie der Vorschrift und lässt sich, unter Berücksichtigung der völkerrechtlichen „Färbung" der in § 220a StGB/§ 6 verwendeten Begriffe, auch noch mit dem deutschen Wortlaut **„gewaltsam"** vereinbaren, der ja nicht ausdrücklich die Ausübung von Gewalt verlangt und deshalb auch erfüllt sein kann, wenn der Täter die Gewalt nur verbal ins Spiel bringt.[243] Es wäre freilich wünschenswert gewesen, wenn der Gesetzgeber des § 6 die Variante der Drohung mit Gewalt entsprechend dem § 321 Abs. 1 öStGB ausdrücklich berücksichtigt hätte. 68

Wie bei Nr. 1, 2 und 4 genügt der Angriff auf **ein Gruppenmitglied.** Die Fassung von § 6 stellt dies klar. 69

---

[234] UN Doc. PCINICC/2000/1/Add. 2, 2.11.2000, 7.
[235] UN Doc. E/447 (E-Art. I Abs. 2 Nr. 3 (a)); abgedr. bei *Abtahi/Webb* S. 215; dazu *Fournet* in *Behrens/Henham* (Hrsg.), S. 67 f.; s. auch *Berster* in *Tams/Berster/Schiffbauer*, Art. II Rn. 87.
[236] *Vest* S. 126; *Werle* Rn. 794.
[237] UN Doc. PCINICC/2000/1/Add. 2, 2.11.2000, 8; zur entsprechenden Altersgrenze in Art. 1a des Rahmenbeschlusses der EU vom 22.12.2003 zur Bekämpfung der sexuellen Ausbeutung von Kindern und der Kinderpornografie (ABl. 2004 L 13) s. *Böse* FS Schroeder, 2006, 756.
[238] Für die vorrangige Berücksichtigung des Völkerrechts bei der Auslegung von Begriffen des VStGB selbst dann, wenn diese in gleicher Form im StGB verwandt werden, BT-Drs. 14/8524, 13.
[239] *Berster* in *Tams/Berster/Schiffbauer*, Art. II Rn. 91.
[240] *Triffterer* öStGB/*Triffterer* § 321 Rn. 74.
[241] *Berster* in *Tams/Berster/Schiffbauer*, Art. II Rn. 92.
[242] UN Doc. PCINICC/2000/1/Add. 2, 2.11.2000, 7; *Berster* in *Tams/Berster/Schiffbauer*, Art. II Rn. 94; *Werle* Rn. 796.
[243] Wie hier *Paul* S. 209; aA *Werle* Rn. 845.

70 **2. Subjektiver Tatbestand. a) Vorsatz.** Im Hinblick auf die Verwirklichung des objektiven Tatbestands des § 6 ist kraft der Verweisung des § 2 **Vorsatz** erforderlich (→ § 2 Rn. 8) Der deutsche Vorsatzbegriff bedarf indes jedenfalls dort möglicherweise der völkerrechtskonformen Restriktion, wo § 6 im Wege der Weltrechtspflege zur Anwendung gebracht wird. Im Hinblick auf die Tathandlung nach Nr. 3 formuliert die internationale Rechtsprechung verbreitet ein spezielles Absichtserfordernis (s. Rn. 54) und zu Nr. 4 ist es im Hinblick auf die französische Formulierung „visant à" denkbar, dass die internationale Judikatur ein entsprechendes spezielles Absichtserfordernis statuieren wird. Sinnvoll erscheint eine solche Auslegung aber nicht.[244] Schließlich versteht der IStGH Art. 30 Abs. 2 (b) IStGH-Statut iS einer gegenüber dem deutschen Recht höheren allgemeinen völkerstrafrechtlichen Vorsatzschwelle in der Nähe des sicheren Wissens.[245] Das ist im Hinblick auf die Taterfolge nach Nr. 1 und 2 zu berücksichtigen. Soweit schließlich die Verbrechenselemente zum Völkermord (→ Rn. 24) die subjektive Zurechnungsschwelle im Hinblick auf das Kindesalter bei Nr. 5 in bedenklicher Abweichung von Art. 30 IStGH-Statut auf einen Fahrlässigkeitsmaßstab reduzieren, ist dem für die Anwendung des § 6 nicht zu folgen.

71 **b) Absicht, die Gruppe als solche ganz oder teilweise zu zerstören. aa) Zerstörung.** Was unter „Zerstörung" einer Gruppe zu verstehen ist, ist umstritten (bereits → Rn. 55). Während in der deutschsprachigen Rechtsprechung und Literatur die Auffassung vorherrscht, dass die Zerstörung auch in der Beseitigung der sozialen Existenz der Gruppe liegen kann,[246] wird der Begriff im internationalen Schrifttum überwiegend in enger Anlehnung an die in den Nr. 1 bis 5 aufgeführten Tathandlungen bestimmt.[247] Nach diesem engeren Verständnis, dem sich JStGH, RStGH und IGH angeschlossen haben,[248] und in dessen Richtung der IStGH tendiert,[249] setzt das Zerstören einer (Teil-)Gruppe die Tötung oder schwere körperliche oder seelische Schädigung einer entsprechenden Zahl von Gruppenmitgliedern sowie die Beeinträchtigung der Reproduktionsmöglichkeit durch die Verhinderung einer entsprechenden Zahl von Geburten oder die Entfernung einer entsprechenden Zahl von Kindern aus der Gruppe.

72 Zwar lassen Wortlaut und Zweck der Norm beide Begriffsbestimmungen zu;[250] vorzugswürdig erscheint jedoch im Ausgangspunkt das international anerkannte engere Verständnis.

---

[244] Übereinstimmend *Werle* Rn. 810.

[245] So IStGH 1.12.2014 – ICC-01/04-01/06 A 5, Nr. 447 – Prosecutor v. Lubanga Dyilo; s. auch *Weigend* FS Herzberg, 2008, 1008.

[246] BGH 30.4.1999 – 3 StR 215/98 BGHSt 45, 64 (80) = NStZ 1999, 396 (401); BGH 21.5.2015 – 3 StR 575/14, JZ 2016, 103 (105); verfassungsrechtlich gebilligt von BVerfG 12.12.2000 – 2 BvR 1290/99, NJW 2001, 1848 (1850) = NStZ 2001, 240 (241); aus der Literatur für den sozialen Zerstörungsbegriff *Berster* in *Tams/Berster/Schiffbauer*, Art. II Rn. 94; *Werle* Rn. 820; *ders.*, FS Küper, 2007, 675 (690); *Hübner* S. 212; *Safferling* JuS 2001, 735 (738); *Jescheck* ZStW 66 (1954), 193 (212 f.); aA *Becker* S. 184; *Lehmler* S. 212 f.; *Paul* S. 298.

[247] Repräsentativ die ILC YILC 1996-II2, 46 (Nr. 12) (abgedr. in *McDonald/Swaak-Goldman*, Band 2, Teil 1, S. 386); *Behrens* in *Behrens/Henham* (Hrsg.), S. 70 (82 ff.); *Schabas* S. 221 ff., 234; *Jessberger* in *Gaeta* (Hrsg.), S. 107 f.; wohl übereinstimmend *Quigley* S. 103; aA *Ahmed/Tralmaka* City University of Hong Kong University Law Review 1 (2009), 105 (111); *Safferling* in *Safferling/Conze* (Hrsg.), S. 163 (175 f.); *Sirkin* Seattle University Law Review 33 (2008–2009), 489 (512, 525 f.).

[248] JStGH 2.8.2001 – IT-98-33-T, Nr. 580 – Prosecutor v. Krstic, unter ausdrücklicher Bezugnahme auf die abweichende Position der deutschen Rechtsprechung; JStGH 19.4.2004 – IT-98-33-A, Nr. 26 – Prosecutor v. Krstic (aA indes Judge *Shahabuddeen*, Dissenting Opinion, ebd. Nr. 48 iVm 55; hierzu: *Schabas* in *Darcy/Powderly* (Hrsg.), S. 63 (76 f.)); RStGH 13.12.2006 – ICTR-2001-66-I, Nr. 319 – Prosecutor v. Seromba; IGH 26.2.2007 – I.C.J. Reports 2007, 43 (Nr. 190, 328 (hierzu *Kreß* EJIL 18 (2007), 619 (626 f.)) – Application of the Convention on the Prevention and Punishment of the Crime of Genocide (Bosnia and Herzegovina v. Serbia and Montenegro); übereinstimmend schließlich die *International Commission of Inquiry on Darfur* Annex to Letter dated 31 January 2005 from the Secretary-General addressed to the President of the Security Council, UN Doc. S/2005/60, 1.2.2005, Nr. 515, 517, 518, 520 (hierzu *Kreß* JICJ 3 (2005), 562 (564 f.)).

[249] IStGH 4.3.2009 – ICC-02/05-01/09 Nr. 143 f. – Prosecutor v. Al Bashir; aA indes Judge *Usacka*, Separate and Partly Dissenting Opinion ebd. Nr. 62.

[250] Deshalb hat der EGMR die deutsche Judikatur zu Recht nicht als Verstoß gegen das Gesetzlichkeitsprinzip nach Art. 7 Abs. 1 EMRK bewertet; das Gericht hat auf die abweichende internationale Tendenz hingewiesen, sich selbst aber unter Beachtung der begrenzten eigenen Zuständigkeit eines Urteils über die Vorzugswürdigkeit der einen oder anderen Ansicht enthalten; EGMR 12.7.2007 – Application No. 74613/01, Nr. 111–115 – Jorgic v. Germany.

Der in diesem Zusammenhang gebräuchliche **physisch-biologische Zerstörungsbegriff** ist indessen insoweit zumindest missverständlich, als er den Fall der Herbeiführung schwerer seelischer Schäden iSd der Nr. 2 auszuklammern scheint und im Hinblick auf die Berücksichtigung der an der Grenze zum kulturellen Völkermord angesiedelten Tathandlung nach Nr. 5 Zweifeln Raum lässt.[251] Richtig ist demgegenüber, auch diese Angriffsmodalitäten bei der Bildung des Zerstörungsbegriffs zu berücksichtigen.[252] Zunächst zwingt der Zusatz „körperlich" in Nr. 3 nicht zu dem Umkehrschluss, dass der Begriff der Zerstörung im subjektiven Tatbestand die Gruppe als soziale Einheit erfassen müsse.[253] Auch dass die Absicht darauf gerichtet sein muss, die Gruppe „als solche" zu zerstören, besagt nicht, dass die bloße Absicht der Atomisierung der Gruppe ausreicht.[254] Denn die Formulierung „als solche" ist das Ergebnis der Diskussion, die bei den Beratungen der Völkermordkonvention über die Frage eines speziellen Motiverfordernisses geführt wurde (→ Rn. 89).[255] Entscheidend für die hier vertretene Begriffsbestimmung spricht, dass nur auf diesem Wege ein sinnvoller Zusammenhang zwischen dem objektiven Tatbestand und der überschießenden Innentendenz hergestellt werden kann. Denn die abschließende Aufzählung von fünf Angriffsarten deutet stark darauf hin, dass dem Völkermord nicht jede Form der Gruppenzerstörung und insbesondere nicht jede Form der Zerstörung der Gruppe als einer sozialen Einheit zuzuordnen ist. Neben der Binnensystematik des Völkermordtatbestandes liefert auch die Entstehungsgeschichte der Völkermordkonvention einen deutlichen Beleg für die Auffassung, dass die Tätervorstellung stets auf eine Nr. 1–5 zuzuordnende Gesamttat gerichtet sein muss.[256] Demgegenüber schließt der soziale Zerstörungsbegriff den Fall nicht aus, in dem ein einzelnes Gruppenmitglied in der Vorstellung getötet wird, hiermit einen Beitrag zu einem Gesamtgeschehen zu leisten, das sich im Übrigen in der Form des sog. kulturellen Völkermords vollzieht, dh ausschließlich auf die Auflösung der Gruppe als soziale Einheit gerichtet ist. Das ist kein überzeugendes Auslegungsergebnis. Es ist zuzugestehen, dass die hier im weitgehenden Einklang mit der international herrschenden Meinung befürwortete Begrenzung des Zerstörungsbegriffs gemessen am Zweck des Völkermordverbots, der Weltzivilisation eine Vielfalt von Gruppen zu erhalten, inkonsequent erscheint,[257] und es mag hiervon ausgehend gewichtige Gründe für eine Erweiterung des Tatbestandes *de lege ferenda* geben.[258] *De lege lata* indessen lässt sich der Völkermordtatbestand nicht „sinnvoller" auslegen, als die Schöpfer der Völkermordkonvention es 1948 mit ihrer Fixierung auf einen *Numerus Clausus* von überwiegend „physisch" und „biologisch" wirkenden Angriffsmodalitäten zulassen wollten.[259]

bb) Teil einer Gruppe. Die Absicht des Täters muss sich darauf richten, eine geschützte **73** Gruppe ganz „oder teilweise" zu zerstören. Da der Akt des Zerstörens selbst nicht teilbar ist, bezieht sich das Wort „teilweise" – insoweit unstreitig – auf die Gruppe; ein teilweises Zerstören ist also dann beabsichtigt, wenn ein Teil der Gruppe getötet, körperlich geschädigt usw werden soll. Wie der **„Teil" einer Gruppe** bestimmt werden soll, ist damit freilich noch nicht entschieden. Es werden hierzu ausschließlich quantitative, ausschließlich qualitative und – kumulativ oder alternativ – quantitativ-qualitative Definitionen vorgeschlagen.[260]

---

[251] *Berster* JICJ 13 (2015), 677 (679-681).
[252] Einen Schritt in diese Richtung geht die vermittelnde Erwägung von *Berster* JICJ 13 (2015), 677 (682).
[253] Für den Umkehrschluss etwa *Jescheck* ZStW 66 (1954), 193 (213).
[254] So aber schon *Dreher* als Vertreter des BMJ bei den Ausschussberatungen zu § 220a, Protokoll der 13. Sitzung des Ausschusses für Rechtswesen und Verfassungsrecht am 3.5.1954, Umdruck S. 11.
[255] Zutr. erkannt vom Abg. *Arndt* bei den Ausschussberatungen zu § 220a, Protokoll der 13. Sitzung des Ausschusses für Rechtswesen und Verfassungsrecht am 3.5.1954, Umdruck S. 10.
[256] *Schabas* S. 271 f.
[257] Das ist insbesondere *Bechky* Brooklyn Law Review 77 (2011–2012), 551 (616 ff.), und *Sirkin* Seattle University Law Review 33 (2009–2010), 489 (510 ff.), zuzugeben.
[258] Nach sorgfältiger Diskussion plädiert *Paul* S. 320 indes im Gegenteil für eine Klarstellung des Wortlauts iSd physisch-biologischen Zerstörungsbegriffs.
[259] Zum Ganzen in krit. Auseinandersetzung mit der deutschen Rechtsprechung auch *Kreß* FS Rissingvan Saan, 2011, 317 (322 ff.).
[260] Eher quantitativ zB RStGH 21.5.1999 – ICTR-95-1-T, Nr. 97 – Prosecutor v. Kayeshima and Ruzindana; *Robinson* S. 63; eher qualitativ zB JStGH 2.8.2001 – IT-98-33-T, Nr. 590 – Prosecutor v. Krstic (Erforde-

74 Die **Entstehungsgeschichte** der Völkermordkonvention ist weithin unergiebig.[261] Die tiefgehende Konfusion der historischen Debatte zeigt sich an einzelnen Äußerungen, wonach mit der Verwendung des Begriffs der Teilgruppe zum Ausdruck gebracht werden solle, in objektiver Hinsicht reiche die Zerstörung einer Teilgruppe aus. Diese Lesart ist angesichts der Platzierung des Teilgruppenbegriffs im subjektiven Tatbestand verfehlt und vom JStGH zu Recht verworfen worden.[262] Im Übrigen lässt die Genese lediglich (aber auch immerhin) erkennen, dass die Einbeziehung von Teilgruppen nicht dazu führen sollte, dass schon die Absicht, einen überschaubaren Kreis von Personen – oder gar nur eine einzelne Person – zu töten, zu schädigen usw die Strafbarkeit wegen des Massenverbrechens des Völkermordes begründet.[263] Es muss sich also um einen **erheblichen Teil** einer der geschützten Gruppen handeln.[264]

75 Die „spätere Übung" zur Völkermordkonvention (→ Rn. 28) zeigt jedoch bei der Bestimmung der Teilgruppe expansive Tendenzen dahin, dass sowohl ein quantitativ als auch ein qualitativ erheblicher Teil der Gesamtgruppe als intendiertes Angriffsobjekt zur Verwirklichung des Tatbestandes ausreicht.[265] Als taugliche Angriffsobjekte anzuerkennen sind zunächst, in Übereinstimmung mit der überwiegenden Ansicht, **quantitativ** (proportional wie absolut) **erhebliche** Teile einer Gruppe. Entgegen der Formulierung im US-amerikanischen Völkermordtatbestand ist es nicht notwendig, dass die Gesamtgruppe ohne den vom Täter zu vernichtenden Teil nicht mehr lebensfähig („viable") wäre.[266] Vielmehr genügt die in der Folge der Zerstörung des betreffenden Gruppenteils zu befürchtende spürbare Schwächung der Gesamtgruppe, von der bei quantitativer Erheblichkeit ohne Weiteres auszugehen ist. Eine feste zahlenmäßige Untergrenze für die absolute quantitative Erheblichkeit lässt die bisherige „Übung" zur Völkermordkonvention nicht erkennen. So hat beispielsweise die Generalversammlung der VN die Tötung von 800 bis 2200 palästinensischen Flüchtlingen als Völkermord qualifiziert.[267] Allerdings hat

---

rnis einer „distinct entity"); Triffterer öStGB/*Triffterer* § 321 Rn. 43; kumulativ quantitativ-qualitativ zB die Formulierung in Section 1093 Abs. 8 des Genocide Convention Implementation Act der USA („of such numerical significance that the destruction or loss of that part would cause the destruction of the group as a viable entity within the nation of which such group is a part"); alternativ quantitativ-qualitativ zB die Formulierung von *Whitaker*, Revised and updated report on the question of the prevention and punishment of the crime of genocide, UN Doc. E/CN.4/Sub. 2/1985/6 2 July 1985, Nr. 29: „a reasonably significant number, relative to the total of the group as a whole, or else a significant section of the group, such as the leadership".

[261] So bereits in den Verhandlungen ausdrücklich Belgien, UN GAOR, 3rd session, 6th Committee, 122 „it had not been explained what a ‚part' of group meant"; ebenso JStGH 2.8.2001 – IT-98-33-T, Nr. 585 – Prosecutor v. Krstic; *Schabas* S. 276.

[262] JStGH 2.8.2001 – IT-98-33-T, Nr. 584 – Prosecutor v. Krstic.

[263] *Greenawalt* Columbia Law Review 99 (1999), 2259 (2290); auch die wenigen überhaupt abgegebenen Stellungnahmen zum Begriff der Teilgruppe (USA, Ägypten und Vereinigtes Königreich, UN GAOR, 3rd session, 6th Committee, 92) lassen – entgegen der unbelegten Behauptung *Stillschweigs* Die Friedens-Warte 1949, 93 (99) – erkennen, dass sich der Völkermord-Gesamttat keinesfalls in der Tötung eines Gruppenmitglieds erschöpfen könne; auch die einschlägige Passage im Kommentar der ILC YILC 1996-II2, 45 (Nr. 8) (abgedr. in *McDonald/Swaak-Goldman*, Band 2, Teil 1, S. 386), lässt die Auffassung erkennen, dass der Begriff der Teilgruppe zwingend mehr als nur eine geringe Zahl von Gruppenmitgliedern erfordert.

[264] Aus der Rechtsprechung statt vieler IGH 26.2.2007 – I.C.J. Reports 2007, 43 (Nr. 198) – Application of the Convention on the Prevention and Punishment of the Crime of Genocide (Bosnia and Herzegovina v. Serbia and Montenegro); IStGH 4.3.2009 – ICC-02/05-01/09, Nr. 146 – Prosecutor v. Al Bashir; aus dem Schrifttum statt vieler *Behrens* in *Behrens/Henham* (Hrsg.), S. 70 (87); *Jessberger* in *Gaeta* (Hrsg.), S. 108; *Kuper* S. 32; *Schabas* S. 279 ff.; *Werle* Rn. 819; *Robinson* S. 63; für die selten vertretene Gegenposition s. *Alonzo-Maizlish* New York University Law Review 77 (2002), 1369 (1397 ff.); *Paust* Michigan Journal of International Law 11 (1989), 90 (95 ff.).

[265] Hervorzuheben ist die Zurückweisung des von einer Kammer des JStGH (2.8.2001 – IT-98-33-T, Nr. 590 – Prosecutor v. Krstic) postulierten qualitativen Elements einer „distinct entity" als *conditio sine qua non* durch die Rechtsmittelkammer des JStGH 19.4.2004 – IT-98-33-A, Nr. 37 – Prosecutor v. Krstic, und durch den IGH 26.2.2007 – I.C.J. Reports 2007, 43 (Nr. 200) – Application of the Convention on the Prevention and Punishment of the Crime of Genocide (Bosnia and Herzegovina v. Serbia and Montenegro); übereinstimmend *Jessberger* in *Gaeta* (Hrsg.), S. 109; *Werle* Rn. 819; *Quigley* S. 180.

[266] *Vest* S. 487 f.

[267] UN Doc. A/RES/37/123, 16.12.1982, D 2.

es der JStGH ausdrücklich abgelehnt, diese – nicht einstimmig ergangene[268] – Stellungnahme zu übernehmen.[269]

In der Praxis zur Völkermordkonvention finden sich verschiedentlich auch Äußerungen, wonach sich die tatbestandsmäßige Zerstörungsabsicht auch auf eine bei rein quantitativer Betrachtung nicht hinreichende Führungsschicht der Gruppe beziehen kann.[270] Dieser Tendenz, die sich noch nicht zu einer klaren Linie in der internationalen Rechtsprechung verdichtet hat, kann man nur mit der Maßgabe zustimmen, dass die Zerstörung der qualitativen Teilgruppe den Fortbestand der Gesamtgruppe ernsthaft gefährdet.[271] Dabei erscheint es auch auf der Grundlage des physisch-biologischen Zerstörungsbegriffs nicht ausgeschlossen, bei der Bestimmung des Begriffs der Teilgruppe den Fortbestand der Gesamtgruppe weit unter Einschluss der sozialen Existenz zu verstehen. Bei Beachtung der an den (Gesamt-)Gruppenbegriff zu stellenden Mindestanforderungen im Hinblick auf Stabilität und Dauer (→ Rn. 34) ist es – entgegen zum Teil vertretener Auffassung[272] – ausgeschlossen, eine einzige „charismatische Führungspersönlichkeit" als Teilgruppe im qualitativen Sinn zu bezeichnen. Denn die Eliminierung einer Führungspersönlichkeit vermag den Fortbestand einer stabilen Gruppe nicht ernsthaft zu bedrohen. Unabhängig davon scheidet die Subsumtion der „charismatischen Führungspersönlichkeit" unter den Begriff der Teilgruppe aber auch deshalb aus, weil auch eine **Teilgruppe im qualitativen Sinn** eine große Zahl von Menschen voraussetzt. Der Charakter des Völkermordes als ein auf ein Massenverbrechen gerichtetes Unternehmen darf auch nicht über den qualitativen Teilgruppenbegriff aufgegeben werden.[273] Nicht leicht zu beantworten ist, ob die Einordnung des Massenverbrechens von Srebrenica durch JStGH[274] und IGH[275] als Völkermord das Ergebnis einer Anwendung des quantitativen oder qualitativen Maßstabs ist. Die maßgebliche Teilgruppe der bosnischen Muslime in Srebrenica umfasste etwa 40.000 Menschen und machte damit nur ca. 3 % der Mitglieder der Gesamtgruppe der bosnischen Muslime aus. Es ist nicht sicher, ob die Gerichte davon ausgegangen sind, in einem solchen Fall sei eine absolut bestimmte quantitative Grenze erreicht worden. Denn jedenfalls hielt man die Gruppe der bosnischen Muslime in Srebrenica der dort gebildeten Schutzzone wegen für strategisch besonders wichtig im Hinblick auf das weitere Schicksal der Gesamtgruppe.[276] Im Vergleich hierzu ist aufschlussreich, dass der IStGH dem Gedanken (bislang) nicht näher getreten ist, die mehreren zehntausend direkt getöteten Mitglieder der drei in Darfur angegriffenen geschützten Gruppen auf der Grundlage einer rein quantitativen Betrachtungsweise zu Teilgruppen iSd Völkermordtatbestands zusammenzufassen.[277]

---

[268] Es gab 19 Gegenstimmen und 23 Enthaltungen.
[269] JStGH 14.12.1999 – IT-95-10-T, Nr. 83 – Prosecutor v. Jelisic; JStGH 2.8.2001 – IT-98-33-T, Nr. 589 – Prosecutor v. Krstic.
[270] Problematisch weitgehend die Formulierungen im Expertenbericht zu Resolution 780 (1992) des Sicherheitsrats der Vereinten Nationen; UN Doc. S/1994/674, Nr. 94 ff.; dem zust. allerdings *Ahmed/Tralmaka* City University of Hong Kong University Law Review 1 (2009), 105 (115); als mögliches Beispiel einer qualitativ bestimmten Teilgruppe nennen *Hannum* Human Rights Quarterly 11 (1989), 85 (88), und *Ahmed/Tralmaka* ebd. 106, 116, die buddhistischen Mönche in Kambodscha; insow. zu Recht zurückhaltend indessen *Park* Rutgers Law Review 63 (2010–2011), 129 (179).
[271] So zumindest in der Tendenz auch JStGH 8.4.2015 – IT-05-88/2-A, Nr. 266 f. – Prosecutor v. Tolimir.
[272] JStGH 8.4.2015 – IT-05-88/2-A, Nr. 263 f. – Prosecutor v. Tolimir; *Werle* Rn. 819.
[273] Zu dieser Gefahr auch *Behrens* in *Behrens/Henham* (Hrsg.), S. 70 (91 ff.); *Safferling* in *Safferling/Conze* (Hrsg.), S. 163 (177); skeptisch gegenüber einem uneingeschränkten qualitativen Ansatz auch *Schabas* S. 285.
[274] JStGH 19.4.2004 – IT-98-33-A, Nr. 15 – Prosecutor v. Krstic; JStGH 30.1.2015 – IT-05-88-A, Nr. 413–531 – Prosecutor v. Popovic et al.; JStGH 8.4.2015 – IT-05-88/2-A, Nr. 175–273 – Prosecutor v. Tolimir; JStGH 24.3.2016 – IT-95-5/18-T, Nr. 5655–5673 – Prosecutor v. Karadzic.
[275] IGH 26.2.2007 – I.C.J. Reports 2007, 43 (Nr. 296) – Application of the Convention on the Prevention and Punishment of the Crime of Genocide (Bosnia and Herzegovina v. Serbia and Montenegro).
[276] JStGH 19.4.2004 – IT-98-33-A, Nr. 15 f. – Prosecutor v. Krstic; JStGH 30.1.2015 – IT-05-88-A, Nr. 422 – Prosecutor v. Popovic et al.; JStGH 24.3.2016 – IT-95-5/18-T, Nr. 5672 – Prosecutor v. Karadzic;zust. *Trahan* Fordham International Law Journal 31 (2008), 990 (1025).
[277] Gedankenreich zu der an diesem Punkt (bislang) unterschiedlichen Behandlung der Fälle Srebrenica und Darfur *Luban* Chicago Journal of International Law 7 (2006–2007), 303 (313 ff.).

77 Sowohl in der internationalen als auch in der deutschen Judikatur werden **geographische Teilgruppen** anerkannt.[278] Der räumliche Bezugspunkt ist hier durchgängig der Teil eines Staatsgebiets (bereits → Rn. 45). Solche Teilgruppen müssen allerdings regelmäßig die oben (→ Rn. 75) genannten quantitativen Anforderungen erfüllen, da von der Existenz bloß geographisch definierter Teilgruppen der Fortbestand der Gesamtgruppe typischerweise nicht aus qualitativen Gründen abhängen kann. Eine Verfestigung hat die spätere Praxis zur geographischen Bestimmung des Teilgruppenbegriffs durch die Einordnung des Massenverbrechens von Srebrenica als Völkermord durch JStGH und IGH erreicht, wobei hier wie gezeigt möglicherweise ausnahmsweise einmal auch ein qualitativer Gesichtspunkt eingeflossen ist (→ Rn. 76). Jeder weiteren Absenkung der Anwendungsschwelle ist mit Vorsicht zu begegnen, will man in Übereinstimmung mit der ursprünglichen Zielsetzung an dem Charakter des Völkermordes als einer besonders schwerwiegenden Völkerstraftat festhalten.[279] Auch deshalb ist die in der internationalen Rechtsprechung[280] anzutreffende Tendenz zurückzuweisen, geographische Teilgruppen nach dem destruktiven Aktionsradius eines einzelnen Akteurs zu bilden.[281] Im Übrigen wird die Reichweite des Völkermordtatbestandes durch eine solche Bildung von Teilgruppen unter Verkennung des für dieses Verbrechen typischen Zusammenspiels von Einzel- und Gesamttat (→ Rn. 13–16) relativiert. Bedenklich bleibt auch die expansive Tendenz der deutschen Rechtsprechung, die teilweise sogar die Einwohner einzelner Ortschaften in Bosnien-Herzegowina als relevante Teilgruppen anzuerkennen geneigt ist.[282] Nicht zuzustimmen ist schließlich der beim JStGH anklingenden Ansicht, wonach auch ein Teil einer räumlich definierten Teilgruppe (die männlichen muslimischen Bosnier im Gebiet Srebrenica) bereits wieder eine eigene Teilgruppe iSd Völkermordtatbestandes bilden soll. Der JStGH begründet seine Auffassung damit, dass mit der Tötung der Männer angesichts der gleichzeitigen Vertreibung der bosnisch-muslimischen Frauen und Kinder der Fortbestand der „bosnisch-muslimischen Teilgruppe Srebrenica" in Srebrenica praktisch unmöglich geworden sei;[283] er versteht die bosnisch-muslimischen Männer in Srebrenica also offenbar als eine qualitative Teilgruppe einer (größeren) räumlichen Teilgruppe. Eine solche Kombination unterschiedlicher Kriterien führt zu einer Auflösung des Gruppenbegriffs und ist daher nicht plausibel.[284] Die Einstufung der in Srebrenica begangenen Straftaten als Völkermord setzt daher voraus, dass es bei der Gesamttat um die Zerstörung nicht lediglich der bosnisch-muslimischen Männer, sondern aller bosnischen Muslime in Srebrenica ging.[285] Am nächsten liegt hier die Annahme einer Zerstörung im biologischen Sinn durch die Trennung der Geschlechter und die hieraus resultierende Unmöglichkeit der Fortpflanzung.[286]

---

[278] JStGH 14.12.1999 – IT-95-10-T, Nr. 83 – Prosecutor v. Jelisic; JStGH 2.8.2001 – IT-98-33-T, Nr. 590 – Prosecutor v. Krstic; BGH 30.4.1999 – 3 StR 215/98, BGHSt 45, 64 (78) = NStZ 1999, 396 (401); 21.2.2001 – 3 StR 372/00, NJW 2001, 2728 = NStZ 2001, 658 (659); die Praxis zusammenfassend *Behrens* in *Behrens/Henham* (Hrsg.), S. 70 (93 f.); *Quigley* S. 174 ff.

[279] Ebenfalls skeptisch gegenüber einer immer weiteren Ausdehnung des Begriffs der Teilgruppe JStGH 31.7.2003 – IT-97-24-T, Nr. 519 – Prosecutor v. Stakic; Nr. 523; *Paul* S. 312 f.; *Akhavan* S. 999; *Quayle* International Criminal Law Review 5 (2005), 363 (369); *Schabas* Leiden Journal of International Law 18 (2005), 871 (874); *ders.* Fordham International Law Journal 25 (2002), 45.

[280] IStGH 4.3.2009 – ICC-02/05-01/09, Nr. 146 – Prosecutor v. Al Bashir; für ein solches Vorgehen auch *Behrens* in *Behrens/Henham* (Hrsg.), S. 70 (95). Demgegenüber wird dem Kriterium des destruktiven Aktionsradius eines einzelnen Akteurs in IGH 3.2.2015 – Application of the Convention on the Prevention and Punishment of the Crime of Genocide (Croatia v. Serbia) zu Recht keine Bedeutung beigemessen; hierzu krit. *Behrens* Leiden Journal of International Law 28 (2015), 923 (930).

[281] *Kreß* in *Stahn* (Hrsg.), 669 (693).

[282] BGH 21.2.2001 – 3 StR 372/00, NJW 2001, 2728 = NStZ 2001, 658 (659), scheint sich auf eine „Ortschaft und Umgebung" als räumliche Teilgruppe zu beziehen.

[283] JStGH 2.8.2001 – IT-98-33-T, Nr. 634 iVm Nr. 590 – Prosecutor v. Krstic.

[284] Ebenso *Munivrana Vajda*, ICLR 15 (2015), 146 (159 f.); *Behrens* in *Behrens/Henham* (Hrsg.), S. 70 (91).

[285] Die Begründung der entsprechenden Zerstörungsabsicht hat dem JStGH erhebliche Schwierigkeiten bereitet; krit. etwa *Quigley* Case Western Reserve Journal of International Law 40 (2007–2009), 243 (252 ff.).

[286] Nachdem in JStGH 2.8.2001 – IT-98-33-T, Nr. 595 – Prosecutor v. Krstic nur vordergründig plausibel darauf abgehoben wurde, die Gesamttat würde „inevitably result in the physical disappearance of the Bosnian

cc) **Absicht.** Die Absicht des Täters weist über die objektiv verwirklichte Tat hinaus 78 auf die Zerstörung einer geschützten Gruppe oder eines Teils einer solchen Gruppe. Zwar würde der Wortlaut auch die realitätsferne Absicht eines Einzelgängers erfassen, im Alleingang eine ganze Gruppe auszulöschen, doch kann dies den subjektiven Anforderungen des Tatbestandes nur in zwei seltenen Ausnahmefällen genügen: wenn dem Alleintäter die Zerstörung der Gruppe (zB durch den Einsatz einer Massenvernichtungswaffe in seiner Hand) tatsächlich möglich ist oder wenn man nach den Umständen erwarten kann, dass er mit seiner Einzeltat die Initialzündung für eine gruppenzerstörende Gesamttat liefert.[287] Normalerweise muss sich die Zerstörungsabsicht jedoch auf ein Zusammenwirken mit anderen, dh auf einen **kollektiven Aktionszusammenhang** beziehen, der seinerseits die realistische Möglichkeit der Zerstörung der (Teil-)Gruppe begründet. Dies ist nur dann der Fall, wenn das Kollektiv über die Mittel verfügt, einen Plan zur Zerstörung der Gruppe in die Tat umzusetzen. Nur in einem solchen Rahmen, der im gleich lautenden letzten Verbrechenselement zu Art. 6 IStGH-Statut zum Ausdruck kommt (→ Rn. 14), kann man von einer realistischen Absicht und nicht bloß von einem irrealen Wunsch des Täters sprechen, und nur wenn eine potenziell realisierbare Zerstörungsabsicht besteht, ist der Täter so gefährlich, dass sein Verhalten für das Völkerstrafrecht Relevanz erhält.[288]

Die Frage, welcher **Vorsatzgrad** im Hinblick auf den Begriff der „Absicht" des Völker- 79 mordtatbestandes zu fordern ist, wird nicht einheitlich beantwortet. Nach Meinung des BGH[289] sowie eines beachtlichen Teils des Schrifttums[290] muss es dem Täter „im Sinne des zielgerichteten Wollens auf die Zerstörung der von § 220a StGB geschützten Gruppe ankommen". Ebenso wird der Völkermordtatbestand im US-amerikanischen Recht verstanden.[291] Dabei hat der BGH nun klargestellt, dass auch solche Zerstörungserfolge von einem zielgerichteten Wollen des Täters erfasst sind, die sich für diesen als ein notwendiges Mittel zur Erreichung eines dahinter liegenden weiteren Zwecks (zB den persönlichen Machterhalt des Täters innerhalb des jeweiligen Unrechtssystems) darstellen.[292] Nach einer

---

Muslim population at Srebrenica", hat sich das Gericht seither auf die überzeugendere Annahme der Absicht einer Zerstörung der maßgeblichen Teilgruppe im biologischen Sinn (dh durch die Trennung von Männern und Frauen) zubewegt; JStGH v. 19.4.2004 – IT-98-33-A, Nr. 28; JStGH 10.6.2010 – IT-05-88-T, Nr. 866 – Prosecutor v. Popovic et al. (dazu *Kreß* FS Rissing-van Saan, 2011, 317 (329 f.)); JStGH 24.3.2016 – IT-95-5/18-T, Nr. 5671 – Prosecutor v. Karadzic; s. auch die luziden Darlegungen von *Munivrana Vajda* ICLR 15 (2015), 146 (159 f.).

[287] Weitergehend wohl Triffterer öStGB/*Triffterer* § 321 Rn. 83, 85.

[288] Die erste einschlägige Entscheidung des IStGH 4.3.2009 – ICC-02/05-01/09-3, Nr. 148 ff. – Prosecutor v. Al Bashir, enthält insofern einen interessanten Fingerzeig in die Richtung der im Text vertretenen Position, als sie es für erforderlich erachtet, die Völkermordabsicht *Al Bashirs* auf eine solche der Regierung des Sudan zurückzuführen; ausführlich iSd Texts *Kim* S. 98 ff.

[289] BGH 21.2.2001 – 3 StR 244/00, NJW 2001, 2732 (2733);; BGH 21.5.2015 – 3 StR 575/14, JZ 2016, 103 (105).

[290] *Berster* in *Tams/Berster/Schiffbauer*, Art. II Rn. 115 ff.; *Akhavan* S. 44; *Safferling* in *Safferling/Conze* (Hrsg.), S. 163 (172); *Jessberger* in *Gaeta* (Hrsg.), S. 87 (106); *Mysliwiec* Chicago Journal of International Law 10 (2009), 389 (401 f.); *Werle* Rn. 815; *Cassese* S. 137; *Lüders* S. 125; *Hübner* S. 152 ff.; *van de Vyver*, University of Miami International and Comparative Law Review 12 (2004), 57 (84 ff.); *Tournay* ICLQ 52 (2003), 447 (453); *Nersessian* Texas International Law Journal 37 (2002), 231 (265); *Amann*, International Criminal Law Revue 2 (2002), 93 (132); *Verhoeven* RBDI 24 (1991), 5 (17); zu dieser Position neigend auch *Kirsch* in *Behrens/Henham* (Hrsg.), S. 7 (11 f.).

[291] S. den entsprechenden Passus unter VI. des Senate Report zum Genocide Convention Implementation Act, S. Rep. No. 333, 100th Cong., 2nd Sess. (1988).

[292] BGH 21.5.2015 – 3 StR 575/14, JZ 2016, 103 (105); zust. *Burghardt* JZ 2016, 106 (107) (allerdings mit nicht zwingend erscheinenden Folgerungen aus der Zwischenzieldogmatik ebda. 107 f.); *Berster* ZIS 2016, 72 (73); aA *Ambos/Penkuhn* StV 2016, 764 (für den Fall des unerwünschten Zwischenerfolgs; *Safferling/Grzywotz*, JR 2016, 186 (188) (das Vernichtungsziel muss das „die Tat tragende Moment" sein – aber ein hinter der Zerstörung liegender „tragender" Zweck des Täterhandelns wird sich häufig zur Diskussion stellen lassen). Bei der Anwendung im konkreten Fall dürfte der BGH indes verkannt haben, dass nur die Tötung eines iS des Tatbestands unerheblichen Teils der geschützten Gruppe notwendiges Mittel zur Erreichung des Zwecks des Täters war, seine Stellung im Unrechtssystem zu wahren; s. *Berster* ZIS 11 (2016), 72 (74). Zu der anglo-amerikanischen Diskussion über Zwischenziele und dem der BGH-Judikatur entsprechenden Kriterium derjenigen Zwischenwirkungen einer Handlung, die „on the straight line of your purpose" liegen, *Kim* S. 72 ff.

abweichenden, im Schrifttum deutlich vordringenden Auffassung soll es dagegen für die Annahme von Absicht iSd Völkermordtatbestands ausreichen, wenn der Täter in dem Wissen darum handelt, einen Beitrag zu einem kollektiven Angriff zu leisten, der auf die Zerstörung einer geschützten (Teil-)Gruppe gerichtet ist und der die ernst zu nehmende Gefahr in sich birgt, einen entsprechenden Zerstörungserfolg tatsächlich zu bewirken.[293] Teilweise will man noch einen Schritt weiter gehen und Völkermordabsicht auch dann bejahen, wenn wissentlich ein Beitrag zu einem Gesamtunrechtsgeschehen geleistet wird, das zwar nicht auf die Zerstörung einer (Teil-)Gruppe zielt, eine solche Zerstörung indessen nach Lage der Dinge offenkundig zur Folge hat.[294]

80   Die **internationale Rechtsprechung** ist nach anfänglichen Unklarheiten auf das Erfordernis eines „zielgerichteten Wollens" eingeschwenkt. Auf dieser Linie judizierte bereits frühzeitig der RStGH.[295] Der JStGH formulierte die subjektiven Voraussetzungen in seiner ersten und nach wie vor eingehendsten Auseinandersetzung mit dem Problem ähnlich wie der RStGH zuvor als Absicht ieS.[296] Doch wurde aus diesem ersten Urteil nicht klar, ob sich die entsprechende Formulierung auf die Absicht des Kollektivs oder auf diejenige des einzelnen Täters bezieht; immerhin stellte der JStGH die Notwendigkeit heraus, die beiden Ebenen bei der Absichtsfeststellung zu unterscheiden.[297] Die konkreten Feststellungen des Urteils zu der subjektiven Einstellung des Täters belegten jedenfalls keine Zerstörungsabsicht ieS,[298] so dass der JStGH der Sache nach den im Schrifttum vordringenden Maßstab anzuwenden schien.[299] Die Rechtsmittelkammer hat das Urteil der Verfahrenskammer indes exakt in diesem Punkt korrigiert und sich damit unmissverständlich auf den Standpunkt gestellt, die Völkermordabsicht sei iSd „zielgerichteten Wollens" zu verstehen.[300] Dem hat sich die *International Commission of Inquiry on Darfur* angeschlossen.[301] Zuletzt hat der IStGH in seiner ersten einschlägigen Entscheidung zu erkennen gegeben, der bisherigen Rechtsprechung folgen zu wollen.[302]

81   Damit weist die **„spätere Übung"** (→ Rn. 28) deutlich in die Richtung des Erfordernisses eines „zielgerichteten Wollens". Allerdings hat diese spätere Übung noch keinen abschließenden Charakter angenommen. Das liegt im Kern daran, dass die einschlägige

---

[293] Grundlegend *Greenawalt* Columbia Law Review 99 (1999), 2259 (2288); im Kern übereinstimmend *Goldsmith* Genocide Studies and Prevention 5 (2010), 238 (245 ff.); *Kreß* in Stahn, S. 697 ff.; *ders.* FS Rissing-van Saan, 2011, 317 (330 ff.); *ders.* International Criminal Law Review 6 (2006), 461 (498); *ders.* JICJ 3 (2005), 562 (577); *Ambos* IRRC 91 (2009), 833 (842 ff.); *van der Wilt* JICJ 4 (2006), 239 (241 ff.); MacDonald/Swaak-Goldman/*Heine/Vest*, Band 1, S. 185; *Jones* in *Vorah* S. 467 ff.; *Vest* S. 101 ff., insbes. 107 ff.; *ders.* ZStW 113 (2001), 457 (480 ff.); *Zakr* Révue de science criminelle et de droit pénale comparé 2001, 263 (267); *Bassiouni/Manikas* S. 527; *Gil Gil* ZStW 112 (2000), 381 (395); *dies., Derecho penal internacional*, S. 259 f.; dieser Position nahe *May* S. 115 ff.; deutlich mit dieser Position sympathisierend jetzt auch *Schabas* S. 242 f., 264; ebenso *Behrens* in *Behrens/Henham* (Hrsg.), S. 70 (78 ff.); in dieselbe Richtung weisen auch bereits die Formulierungen der ILC YILC 1996-II2, 45, Nr. 10 (abgedr. in *McDonald/Swaak-Goldman*, Band 2, Teil 1, S. 386); für einen in diese Richtung weisenden Vorschlag, der allerdings nicht eindeutig als Vorschlag zur *lex lata* ausgewiesen war, auch bereits *Bassiouni*, Art. 19: Genocide, in *Bassiouni* (Hrsg.), Nouvelles Études Pénales: Commentaries on the International Law Commission's 1991 Draft Code of Crimes Against the Peace and Security of Mankind, 1993, S. 233 (236).
[294] *Greenawalt* Columbia Law Review 99 (1999), 2259 (2288); wohl auch *Goldsmith* Genocide Studies and Prevention 5 (2010), 238 (245); ausdrücklich gegen diese Weiterung *May* S. 126.
[295] RStGH 2.9.1998 – ICTR 96-4-T, Nr. 498 – Prosecutor v. Akayesu (s. allerdings auch Nr. 520).
[296] JStGH 2.8.2001 – IT-98-33-T, Nr. 571 – Prosecutor v. Krstic; zuvor ebenso JStGH 5.7.2001 – IT-95-10-A, Nr. 46 – Prosecutor v. Jelisic; JStGH 14.12.1999 – IT-95-10-T, Nr. 107 f. – Prosecutor v. Jelisic.
[297] JStGH 2.8.2001 – IT-98-33-T, Nr. 549 – Prosecutor v. Krstic; aufschlussreich zu diesem Urteil *Kim* S. 122 ff.
[298] JStGH 2.8.2001 – IT-98-33-T, Nr. 622 und 634 – Prosecutor v. Krstic.
[299] Auch im Eichmann-Urteil des Jerusalemer District Court findet sich eine Passage, die iSd vordringenden Literaturansicht formuliert ist ([Fn. 29] I. L. R. 36 [1968], 18 [134, Nr. 194]); sie ist freilich nur *obiter dictum*, da das Gericht zu der Überzeugung gelangt ist, Eichmann habe mit Absicht ieS gehandelt (ebd., 228, Nr. 183: „the accused ... was also personally imbued with this [der kollektiven] intention").
[300] JStGH 19.4.2004 – IT-98-33-A, Nr. 134 – Prosecutor v. Krstic.
[301] International Commission of Inquiry on Darfur (Fn. 92), Nr. 491; hierzu *Kreß* JICJ 3 (2005), 562 (565 ff.).
[302] IStGH 4.3.2009 – ICC-02/05-01/09-3, Nr. 139 (Fn. 154) – Prosecutor v. Al Bashir.

internationale Rechtsprechung einer vertieften Auseinandersetzung mit der vordringenden Position im Schrifttum bislang ausgewichen ist. Darüber hinaus ist die internationale Rechtsprechung zum materiellen Begriff der Völkermordabsicht nur iVm dem zugleich befürworteten Beweismaßstab vollständig zu erfassen. Insoweit ist aufschlussreich, dass es die Rechtsprechung seit dem ersten grundlegenden Urteil des RStGH erlaubt, die Absicht ieS des einzelnen Täters aus dem Gesamttatkontext der Einzeltat zu schließen.[303] Damit ermöglicht die Judikatur durch die „prozessuale Hintertür" diejenigen Ergebnisse, die die vordringende Literaturansicht über die Bestimmung des materiell-rechtlichen Begriffs zu erreichen sucht.[304] Schließlich erweisen auch die Verhandlungen zum IStGH-Statut keine hinreichend fest gefügte spätere Praxis iSd hM. Zwar hat ein Vorschlag, der den Fall der sicheren Annahme des Täters, ein Zerstörungserfolg werde eintreten, ausdrücklich berücksichtigt hätte,[305] bei den Verhandlungen zu den Verbrechenselementen zu Art. 6 IStGH keine Zustimmung gefunden. Doch richtete sich die Kritik an diesem Vorschlag im Wesentlichen dagegen, dass über den Fall des sicheren Wissens hinaus das fahrlässige Verkennen des (möglichen) Zerstörungserfolgs erfasst werden sollte. Ein weitergehender Konsens ergibt sich aus der Ablehnung des Vorschlages nicht; vielmehr zeigt die sibyllinische Formulierung in den Verbrechenselementen zu Art. 6 IStGH[306] sehr deutlich, dass die Klärung der hier behandelten strafrechtsdogmatischen Frage der Rechtsprechung überlassen bleiben sollte. Der IStGH bleibt aufgefordert, sich der Streitfrage bei sich bietender Gelegenheit im Licht der hierzu vorgetragenen Argumente eingehend anzunehmen.

82 Zutreffend ist es, Zerstörungsabsicht nicht lediglich bei zielgerichtetem Wollen, sondern auch dann anzunehmen, wenn der Täter **weiß,** dass das **Kollektiv,** in dessen Zusammenhang er tätig wird, das realistische **Ziel** der (Teil-)Gruppenzerstörung verfolgt.[307] Dieses Ziel muss nicht in der Form eines hochdetaillierten „Organisationsplans" zum Ausdruck kommen. Vielmehr mag auch die öffentliche Aufstachelung zur Vernichtung der Mitglieder einer geschützten Gruppe dem nachfolgenden Gesamtunrechtsgeschehen ihre zerstörerische Richtung geben.[308] Der Plan der (Teil-)Gruppenzerstörung setzt das entsprechende zielgerichtete Wollen von mindestens einem *spiritus rector* voraus. Ist ein solcher Plan aber für das Täterkollektiv erst einmal praktisch verbindlich etabliert, so ist es theoretisch vorstellbar, dass dieser Plan umgesetzt wird, ohne dass auch nur einer der „willigen Vollstrecker" das Ziel innerlich billigt.[309] Deshalb verfährt zu schematisch, wer fordert, die hier befürwortete

---

[303] RStGH 2.9.1998 – ICTR 96-4-T, Nr. 523 – Prosecutor v. Akayesu; übereinstimmend etwa RStGH 7.7.2006 – ICTR-2001-64-A, Nr. 40 f. – Gacumbitsi v. Prosecutor; für eine eingehende Bestandsaufnahme zur bisherigen beweisrechtlichen Praxis *Park* Rutgers Law Review 63 (2010–2011), 129 (151 ff.); zu den beweisrechtlichen Fragen im Zusammenhang und in der Folge der Feststellung in RStGH 16.6.2006 – ICTR-98-44-AR73(C), Nr. 35 – Prosecutor v. Karemera et al., s. *Jorgensen* International & Comparative Law Quaterly 56 (2007), 885; *Heller* AJIL 101 (2007), 157.

[304] Hierauf hat als erster *Greenawalt* Columbia Law Review 99 (1999), 2259 (2281), hingewiesen; für eine spätere eingehende Zusammenfassung dieser Judikatur *Kim* S. 84 ff.; s. auch *Behrens* in *Henham/Behrens* (Hrsg.), S. 125 (136). Auch das OLG Frankfurt hat in dem Fall des ruandischen Kirchenmassakers am Ende ein Anzeichen der Versuchung erkennen lassen, den Weg durch die „prozessuale Hintertür" anzutreten, um die Völkermordabsicht iS eines zielgerichteten Wollens festzustellen. Zwar nimmt das Urteil v. 29.12.2015 – 4-3 StE 4/10 – 4 – 1/15 auch den Hinweis von BGH 21.5.2015 – 3 StR 575/14, JZ 2016, 103 (105) auf die Teilgruppenzerstörung als mögliches Zwischenziel des Angeklagten auf (ebd. *sub* II. B. 2. b; III. A. 4.). Doch zugleich „indiziert erst das Wissen des Täters, an einem Vernichtungsangriff auf eine Gruppe teilzunehmen" nach der Überzeugung des Senats „das Vorliegen einer Völkermordabsicht" (ebd. *sub* III. A. 4.). Die Revision des Angeklagten gegen dieses Urteil wurde vom BGH verworfen, BGH 26.7.2016 – 3 StR 160/16.

[305] UN Doc. PCNICC/1999/WGEC/RT.1, 25.2.1999; gleich lautendes drittes Element.

[306] UN Doc. PCINICC/2000/1/Add. 2, 2.11.2000, 6 (dritter Anstrich der Einleitung zu Art. 6); übersehen von *Ambos* NStZ 2001, 628 (631).

[307] Im Regelfall wird ein Täter, der um einen solchen realistischen Zerstörungsplan weiß, im Hinblick auf den Eintritt des Zerstörungserfolgs mit *dolus eventualis* handeln; doch ist eine solche Feststellung nicht erforderlich; anders noch *Kreß* JICJ 3 (2005), 562 (577); präzisierend *ders.* International Criminal Law Review 6 (2006), 461 (498); gegen ein separates *dolus eventualis*-Erfordernis auch *Ambos* IRRC 91 (2009), 833 (850); demgegenüber plädiert *Gil Gil* für *dolus eventualis* im Hinblick auf die Zerstörung einer (Teil-)Gruppe S. 259 f.; *Vest* S. 104 f., fordert (wenig realistisch) sogar (praktisch) sichere Voraussicht.

[308] Hierzu eingehend und überzeugend *May* S. 121 ff., 209 ff. (am Beispiel des Völkermordes in Ruanda).

[309] *Vest* ZStW 113 (2001), 457 (486).

systemische Erweiterung des Absichtsbegriffs auf diejenigen zu beschränken, die auf der Ausführungsebene handeln.[310]

83   Der **Völkerstrafrechtsbegriff der Absicht** ist **interpretationsoffen**,[311] und er erweist sich bei Berücksichtigung des typischen Zusammenspiels von Einzel- und Gesamttat als **komplex**.[312] Im deutschen Strafrecht wird der Begriff der Absicht bekanntlich mit unterschiedlicher Bedeutung verwendet,[313] und dasselbe ergibt sich bei der gebotenen rechtsvergleichenden Betrachtung.[314] Zwar mag es sein, dass die chinesische und die russische Sprachfassung eindeutig iSd Erfordernisses zielgerichteten Wollens zu interpretieren sind,[315] doch umfasst der englische Begriff „intent" nach seinem klassischen Verständnis auch das (praktisch) sichere Wissen.[316] Selbst wo im *common law* von „specific intent" die Rede ist – wie in der US-amerikanischen Gesetzgebung gegen Völkermord, dort jedoch abweichend vom Sprachgebrauch der Völkermordkonvention und der nachfolgenden internationalen Dokumente –, ist nicht ohne Weiteres anzunehmen, dass damit Absicht iSv zielgerichtetem Verhalten und nicht bloß „überschießende Innentendenz" gemeint ist.[317] Auch der französische Begriff „intention" ist nicht gleichbedeutend mit Absicht ieS. Dasselbe gilt für den vom RStGH in Bezug genommenen[318] französischen Begriff des „dol spécial", der die Vorsatzrichtung auf einen bestimmten Unrechtserfolg bezeichnet, im Unterschied zum Wissen um die (allgemeine) Rechtswidrigkeit des Handelns.[319] Damit liegt, sollten die chinesische und die russische Sprachfassung tatsächlich eindeutig iSd Erfordernisses zielgerichteten Wollens zu interpretieren sein, ein Fall des Art. 33 Abs. 4 der WVK vor.[320] In methodischer Hinsicht gilt in diesem Zusammenhang im Übrigen, dass schon in den nationalen Rechtsordnungen umstrittene Vorschläge nur behutsam auf das Völkerstrafrecht projiziert werden sollten.[321]

84   Die Deutung der **Genese** der Völkermordkonvention ist umstritten. In den Beratungen wurde festgestellt, dass es nicht notwendig sei, dass der Täter des Völkermords mit Vorbedacht („premeditation"/„préméditation") handelt.[322] Für den engen Absichtsbegriff der hM wird ins Feld geführt, der Entwurf des Generalsekretärs der VN (→ Rn. 23) habe die Formulierung „with the purpose of destroying" enthalten und bei der Ersetzung dieser Formulierung durch die Wörter „intent to destroy" sei der Wille einer Bedeutungsänderung nicht zum Ausdruck gelangt.[323] Doch wird den Stellungnahmen der Delegierten während der Verhandlungen damit mehr Klarheit zugesprochen, als diese aufweisen.[324] Hierbei ist zunächst zu berücksichtigen, dass die Diplomaten im 6. Ausschuss der Generalversammlung erkennbar keine Anstrengung unternahmen, das Zusammenspiel von Einzel- und Gesamttat im Hinblick auf die Bedeutung des Absichtsbegriffs strafrechtsdogmatisch präzise zu erfassen.[325] Daher ist es nicht auszuschließen, dass Diplomaten, die Begriffe wie „aim", „goal" oder „purpose" im Munde führten, das Kollektivgeschehen vor Augen stand. Hierfür spricht auch die Unsicherheit, die die historischen Beratungen im Hinblick auf die Einordnung

---

[310] AA *Ambos/Penkuhn* StV 2016. 763; *Ambos* IRRC 91 (2009), 833 (848 f.); *van der Wilt* JICJ 4 (2006), 239 (243 f.).
[311] Das wird auch von Vertretern der engen Auslegung anerkannt; s. *Jessberger* in *Gaeta* (Hrsg.), S. 87 (106).
[312] Treffend *May* S. 130: „The mens rea element of the crime of genocide is the key to this crime. No other international crime involves such a complex intent element."
[313] Zu den möglichen Bedeutungen des Absichtsbegriffs *Gehrig* S. 27 ff.
[314] Hierzu eingehend *Ambos* IRRC 91 (2009), 833 (842 ff.).
[315] So *Berster* in *Tams/Berster/Schiffbauer*, Art. II Rn. 119 f.
[316] *Williams* S. 9 ff.
[317] ISv überschießender Innentendenz das Beispiel bei *Schabas* S. 260.
[318] RStGH 2.9.1998 – ICTR 96-4-T, Nr. 518 – Prosecutor v. Akayesu.
[319] *Elliott* CLF 11 (2000), 35 (38 ff.).
[320] So auch *Berster* in *Tams/Berster/Schiffbauer*, Art. II Rn. 121.
[321] *Stuckenberg* S. 267 f.
[322] Philippinen, UN GAOR, 3rd session, 6th Committee, 90.
[323] *Berster* in *Tams/Berster/Schiffbauer*, Art. II Rn. 20-23.
[324] S. insbesondere die abweichende Deutung durch *Greenawalt* Columbia Law Review 99 (1999), 2259 (2270).
[325] Treffend in diesem Zusammenhang die Bemerkung von *Jones* in *Vorah*, S. 467 (478).

solcher Personen erkennen lassen, die sich auf Befehl an dem völkermörderischen Gesamtgeschehen beteiligen.[326] Aus diesen Gründen lässt sich aus der Entstehungsgeschichte kein entscheidendes Argument gewinnen.[327]

Der Sache nach bewirkt das Absichtsmerkmal eine Vorverlagerung der Tatvollendung auf das Stadium der bloßen Gefährdung des Rechtsguts „Bestand der Gruppe". Bezieht sich die Absicht des Täters aber **gerade auf die Beeinträchtigung des vom Tatbestand geschützten Rechtsguts**[328] – was auch der BGH anerkennt[329] –, so kann es keinen wesentlichen Unterschied machen, ob der Täter hinsichtlich der Rechtsgutsverletzung mit Absicht ieS oder mit einem anderen Vorsatzgrad handelt.[330] Danach reicht es aus, wenn der Täter einen Beitrag zu der Verwirklichung eines ihm bekannten, realistischen kollektiven Zerstörungsplans leistet. 85

Der Grund für die Einbeziehung dieses Vorstellungsinhalts liegt darin, dass nicht die Zielsetzung des Einzeltäters, sondern diejenige des Kollektivs den Rechtsgutsbezug maßgeblich konstituiert. Deshalb reicht es aus, wenn sich der Einzeltäter mit seinem Beitrag bewusst in den Dienst des auf der Kollektivebene realistisch formulierten Ziels stellt.[331] 86

Das hier dargelegte Verständnis der Völkermordabsicht stellt die historisch (→ Rn. 22) und systematisch (→ Rn. 13 ff.) naheliegende **Verbindung zwischen den Tatbeständen des Völkermordes und der Verbrechen gegen die Menschlichkeit** her:[332] Dem Wissen um das kollektive Zerstörungsziel beim Völkermord entspricht bei den Verbrechen gegen die Menschlichkeit das Wissen des Einzeltäters davon, dass sich seine Tat in einen kollektiven Angriff auf die Zivilbevölkerung einfügt. Der Vergleich mit den Verbrechen gegen die Menschlichkeit liefert zusätzlich zu den Wörtern „als solche" (s. dazu noch Rn. 89 f.) ein gewichtiges Argument gegen den oben (→ Rn. 79) erwähnten Vorschlag, bei der systemischen Auslegung des Absichtsbegriffs auf das Erfordernis des Gesamttatziels der (Teil-)Gruppenzerstörung zu verzichten und stattdessen die Kenntnis von einer Vielzahl von parallelen, aber unkoordinierten Einzeltaten genügen zu lassen, die im Zusammenwirken zu der (Teil-)Gruppenzerstörung führen. Denn ein Verbrechen gegen die Menschlichkeit setzt – sogar tatbestandlich zwingend – eine von einem Kollektiv planvoll angelegte Gesamttat voraus. 87

Der hier befürwortete Absichtsbegriff führt dazu, dass die **überschießende Innententenz beim Täter eines Völkermordes nicht über diejenige des Teilnehmers hinausgehen muss.** Denn während die hM – ausgehend von ihrem Absichtsbegriff ieS konsequent – für den Täter Absicht ieS verlangt und für den Teilnehmer die Kenntnis von dieser Absicht genügen lässt,[333] ist es nach dem hier begründeten Absichtsverständnis für den Täter ebenso wie für den Teilnehmer ausreichend, von dem realistischen kollektiven Zerstörungsplan zu wissen. Dies begründet jedoch keinen durchgreifenden Einwand gegen die hier vertretene Bestimmung des Absichtsbegriffs.[334] Im Gegenteil trägt diese Konzeption 88

---

[326] Sowjetunion, UN GAOR, 3rd session, 6th Committee, 96, Frankreich (ebd.), 97, 310; Griechenland (ebd.), 306 f.; USA (ebd.), 307.
[327] *Greenawalt* Columbia Law Review 99 (1999), 2259 (2270); *Ambos* IRRC 91 (2009), 833 (842); *Schabas* S. 259 f.
[328] *Roxin* AT/1 § 10 Rn. 74.
[329] BGH 21.2.2001 – 3 StR 372/00, NJW 2001, 2728 = NStZ 2001, 658 (659).
[330] Zu den weiteren Argumenten zusammenfassend *Gehrig* S. 84 ff.; zu der deliktsstrukturell entsprechenden Täuschungsabsicht bei § 267 Abs. 1 StGB jetzt ebenso BayObLG 31.3.1998 – 2 St RR 44/98, NJW 1998, 2917.
[331] Zur strukturell ähnlichen Konstellation des bewussten Zuarbeitens fremder Planung im individualstrafrechtlichen Kontext des § 267 Abs. 1 StGB *Jakobs* S. 280 (8. Abschn. Rn. 39); zust. *Gehrig* S. 88 f.
[332] *Greenawalt* Columbia Law Review 99 (1999), 2259 (2292 ff.); *Jones* in *Vorah*, S. 467 (479); *Ambos* IRRC 91 (2009), 833 (847 f.).
[333] RStGH 12.3.2008 – ICTR-2001-66-A, Nr. 56 f. – Prosecutor v. Seromba; BGH 21.2.2001 – 3 StR 372/00, NJW 2001, 2728 = NStZ 2001, 658 (659); demgegenüber fordert *Mysliwiec* Chicago Journal of International Law (2009), 389 (399 ff.), auch für die Teilnahme am Völkermord Absicht ieS; → Rn. 14 (Fn. 28).
[334] AA *Kim* S. 22 ff., dessen zentraler Einwand gegen den hiesigen Absichtsbegriff lautet, es sei unangemessen, Mitwirkende auf den unteren Hierachieebenen als Täter einzustufen. *Kim* möchte aber auch dem herrschenden Absichtsbegriff nicht folgen. Stattdessen kollektiviert *Kim* die Zerstörungsabsicht für den Regelfall

dem Umstand Rechnung, dass die in Nr. 1, 2, 4 und 5 enthaltenen Tathandlungen bezogen auf den typischen Anwendungsfall vertatbestandlichte Teilnahmehandlungen an der Völkermord-Gesamttat darstellen. Zu dieser Konstruktion passt das Erfordernis einer Absicht ieS des Einzeltäters schlecht. Auch ist die beteiligungsdogmatische Wirkung eines solchen Erfordernisses in den Fällen problematisch, in denen ein auf der Ausführungsebene Handelnder absichtslos handelt und deshalb nach der hM nur als Gehilfe qualifiziert werden kann. Dann stellt sich zum einen die Frage nach der Haupttat oder nach der Möglichkeit einer „Teilnahme ohne Haupttat", weil die völkermörderische Gesamttat als Haupttat *stricto sensu* ausscheidet. Zum anderen ist zweifelhaft, wie die absichtsvoll handelnden Befehlsgeber dogmatisch konsistent erfasst werden sollen. Man mag das Problem auf der internationalen Ebene über die (in dogmatischer Grundlegung und Konturierung unscharfe) Figur des *joint criminal enterprise* zu „lösen" versuchen oder bei der Anwendung des § 6 in weitem Umfang von der Figur der Organisationstäterschaft Gebrauch machen (→ Rn. 99 f.). Doch darf nicht übersehen werden, dass keine der beiden dogmatischen Figuren allgemein anerkannt ist. Deshalb erscheint eine Auslegung des Begriffs der Völkermordabsicht, die nur im Zusammenspiel mit einer dieser beiden Figuren sinnvolle Ergebnisse ergibt, unplausibel.[335] Schließlich revitalisiert die Abgrenzung von Täterschaft und Teilnahme nach dem Absichtsbegriff der hM im Kern die alte deutsche Unterscheidung vom *animus auctoris* und *animus socii*.[336] Demgegenüber lässt sich ausgehend von *Lemkins* grundlegendem Werk (→ Rn. 22) eine historische Entwicklungslinie dahingehend ausmachen, den Völkermordtatbestand gleichermaßen auf Befehlsgeber und -vollstrecker zur Anwendung zu bringen.[337] Auch kriminalpolitisch ist es jedenfalls vertretbar, den Einwand, man habe (allein) auf Grund eines Befehls und nicht (auch) auf Grund einer inneren Bejahung des Zerstörungsziels gehandelt, nicht bereits bei der Abgrenzung von Täterschaft und Teilnahme, sondern erst auf der Strafzumessungsebene und dann im Licht der Umstände des jeweiligen Einzelfalls zu berücksichtigen (→ Rn. 114).[338]

89   **dd) „Als solche".** Die Bedeutung der Wörter „als solche" ist unklar und umstritten. In der deutschsprachigen Diskussion werden diese Wörter zumeist als Beleg für den sozialen Zerstörungsbegriff angeführt (→ Rn. 71 f.). Dem steht jedoch der entstehungsgeschichtliche Befund entgegen, dass der Zusatz „als solche" als Ergebnis der Kontroverse um ein Motiverfordernis in den subjektiven Tatbestand eingefügt worden ist. Allerdings erweist die Genese auch, dass der Streit über das Motiverfordernis mit den Wörtern „als solche" nicht einvernehmlich gelöst, sondern lediglich im Wege eines diplomatischen Formelkompromisses verdeckt worden ist.[339]

des Zusammenwirkens Vieler vollständig (ebd. S. 171 ff.). Über die Frage, ob die Beteiligung des Einzelnen an der Planverwirklichung als Täter oder Teilnehmer erfolge, sei nach dem Gewicht des objektiven Tatbeitrags zu entscheiden. Täter eines Völkermordes sollen hiernach nur die Führungspersonen sein. Das ist ein *de lege ferenda* sicher ernsthaft diskutables Modell (*Kreß* in Tiedemann u.a. S. 266 f.). Doch ist nicht zu erkennen, wie es mit der geltenden Tatbestandsfassung soll in Einklang gebracht werden können.

[335] *Kreß* JICJ 3 (2005), 562 (573 ff.); *van der Wilt* JICJ 4 (2006), 239 (242 f.). Der Vorschlag von *Berster* in Tams/Berster/Schiffbauer, Art. II Rn. 126, etwa auftretende Strafbarkeitslücken seien über den Tatbestand der Verbrechen gegen die Menschlichkeit zu schließen, wirkt ausweichend.

[336] Zu der subjektiven Abgrenzung von Täterschaft und Teilnahme in der deutschen Nachkriegsjudikatur zu den nationalsozialistischen Tötungsverbrechen zusammenfassend *Kreß* in Verein zur Förderung der Rechtswissenschaft an der Kölner Juristischen Fakultät (Hrsg.), S. 30 f.; *ders.* GA 2006, 304.

[337] Eindrucksvoll idS *Greenawalt* Columbia Law Review 99 (1999), 2259 (2271, 2279 ff.); ebenso *Goldsmith* Genocide Studies and Prevention 5 (2010), 238 (250); zur letztlich inkonklusiven Diskussion im Rahmen der Verhandlungen zur Völkermordkonvention, ob das Absichtserfordernis der Einbeziehung von Handeln auf Befehl entgegenstehe, Sowjetunion, UN GAOR, 3rd session, 6th Committee, 96, Frankreich (ebd.), 97, 310; Griechenland (ebd.), 306 f.; USA (ebd.), 307; vor diesem Hintergrund erweist sich die These *Werles* Rn. 815, nur die enge Auslegung des Absichtsbegriffs entspreche dem „historischen Sinn des Tatbestandes" als nicht stichhaltig (s. hierzu bereits im Text in Rn. 84).

[338] *Goldsmith* Genocide Studies and Prevention 5 (2010), 238 (252); aA *Kim* S. 22 ff.; konsequent aA auch die dt. Rspr.; s. die fast gleich lautenden Formulierungen in BayObLG 15.12.1999 – 6 St 1/99, Umdruck S. 166, und in OLG Düsseldorf 26.9.1997 – IV – 26/96, Umdruck S. 163; ebenso *Ambos* NStZ 1998, 138 (139).

[339] *Schabas* S. 294 ff.

Mit der hM ist aus den Wörtern „als solche" das Erfordernis abzuleiten, dass die Mitglieder der Gruppe – zumindest auch – **wegen ihrer Gruppenzugehörigkeit** angegriffen werden.[340] Hierin zeigt sich der diskriminierende Grundzug, der dem Völkermord schon nach der klassischen Formulierung *Lemkins* eignet, wonach die individuellen Opfer beim Völkermord nicht als Individuen, sondern als Mitglieder einer Gruppe angegriffen werden.[341] Zu weit geht hingegen die in den Verhandlungen zur Völkermordkonvention erhobene Forderung,[342] eine gruppenfeindliche Gesinnung müsse den hauptsächlichen Beweggrund für das Handeln bilden bzw. die Zerstörung der Gruppe müsse das Endziel der Handlung darstellen.[343] Sollen die Mitglieder einer Gruppe wegen ihrer Gruppenzugehörigkeit zerstört werden, so zielt der Angriff auf die Gruppe „als solche" auch dann, wenn nicht die Gruppenzerstörung, sondern etwa Macht- oder Gewinnsteigerung das Endziel des Handelns ist. Das aus den Wörtern „als solche" folgende Erfordernis eines Angriffs auf die Mitglieder der geschützten Gruppe wegen ihrer Gruppenzugehörigkeit stützt die hier (Rn. 82) vertretene Position, die Völkermordgesamttat müsse auf die Zerstörung von zumindest einem Teil einer geschützten Gruppe gerichtet sein.[344] Entsprechend dem hiesigen (→ Rn. 78 ff.) Absichtsbegriff muss die individuelle Motivation des Einzeltäters die diskriminierende Stoßrichtung der Gesamttat allerdings nicht spiegeln.[345] Weiß der Täter, dass sich die Gesamttat gegen Individuen um deren Gruppenzugehörigkeit willen richtet, so besitzt er die im Tatbestand vorausgesetzte Absicht.

Auch bei der hier dargelegten weiten Auslegung der Gruppenzerstörungsabsicht **begrenzt** dieses Merkmal **den Anwendungsbereich von § 6** in signifikantem Maße. So werden von § 6 Fallgestaltungen nicht erfasst, bei denen sich die Gesamttat zwar gegen einen (iSv → Rn. 73 ff.) erheblichen Teil einer nationalen Gruppe richtet, bei denen die einzelnen Gruppenmitglieder jedoch nicht wegen ihrer Zugehörigkeit zu dieser Gruppe, sondern zB wegen ihrer oppositionellen politischen Gesinnung getötet oder verletzt werden.[346] In letzter Konsequenz bleibt selbst das Ziel, die Menschheit insgesamt – und damit notwendigerweise sämtliche sie konstituierenden Gruppen iSv § 6 – zu zerstören, außerhalb des Völkermordtatbestandes, denn dieses Ziel ist nicht auf die Zerstörung dieser Gruppen „als solche" gerichtet.[347] Ob dieses Ergebnis sinnvoll ist, lässt sich füglich bezweifeln; *de lege lata* erscheint es unausweichlich.

---

[340] RStGH 9.7.2004 – ICTR-96-14-A, Nr. 49 – Prosecutor v. Niyitegeka; JStGH 14.12.1999 – IT-95-10-T, Nr. 78 f. – Prosecutor v. Jelisic; JStGH 2.8.2001 – IT-98-33-T, Nr. 561 – Prosecutor v. Krstic; High Court of Justice, Queens Bench Division, Divisional Court (England), Hipperson and others v. DPP, Urteil v. 3.7.1996; *Kim* S. 190 ff.; *Paul* S. 282 (mit der Forderung einer entsprechenden Präzisierung des Wortlauts ebd., S. 286); *Amann* International Criminal Law Revue 2 (2002), 93; *Vest* ZStW 113 (2001), 457 (478); *Greenawalt* Columbia Law Review 99 (1999), 2259 (2288).

[341] *Lemkin* S. 79.

[342] Iran, UN GAOR, 3rd session, 6th Committee, 118.

[343] JStGH 14.12.1999 – IT-95-10-T, Nr. 49 – Prosecutor v. Jelisic; *Vest* ZStW 113 (2001), 457 (478).

[344] *Kreß* in Stahn S. 699; *Berster* in *Tams/Berster/Schiffbauer*, Art. II Rn. 123, nimmt die Wörter „als solche" demgegenüber für den Absichtsbegriff der hM in Anspruch.

[345] *Schabas* S. 306; *Greenawalt* Columbia Law Review 99 (1999), 2259 (2289 f.); s. auch *Kim* S. 190 ff.

[346] AA *Hannum* Human Rights Quaterly 11 (1989), 85 (107 ff.), der das Handeln des Pol Pot Regimes in Kambodscha auch insoweit dem Völkermordtatbestand zuordnet, als es auf den oppositionellen Teil der eigenen (nationalen) Gruppe der Khmer zielte; zutr. dagegen *Vest* S. 121 ff.; *ders.* ZStW 113 (2001) 457 (478); zu Recht sehr zurückhaltend hinsichtlich der Erfolgschancen einer Anklage wegen Völkermords zu Lasten einer nationalen (Teil-)Gruppe der Khmer auch *Park* Rutgers Law Review 63 (2010–2011), 129 (135, 190), der in demselben Beitrag darüber hinaus umsichtig untersucht, ob in Kambodscha unter Pol Pot Völkermorde zu Lasten anderer (Teil-)Gruppen begangen worden sind. Eine interessante Facette des Problems ist im Zusammenhang mit dem Urteil des EGMR 20.10.2015 – Application No. 35343/05 – Vasiliauskas v. Lithuania deutlich geworden. Es ging um das Unternehmen der Sowjetischen Besatzungsmacht, die lithanischen Partisanen zu zerstören. Für sich genommen bilden diese eine politische Gruppe. Zugleich waren sie ein (erheblicher) Teil der nationalen Gruppe der Lithaner. Doch sollten sie nicht dieser Nationalität wegen, sondern ihres Partisanenkampfes zerstört werden. Das hindert die Einstufung des Unternehmens als völkermörderisch (zutr. *Ambos* JZ 2017, 268 f.; a.A. Richterin *Ziemele* abw. Meinung zu EGMR ebda., Nr. 15).

[347] Lord Justice McCowan in High Court of Justice, Queens Bench Division, Divisional Court (England), Hipperson and others v. DPP, Urteil v. 3.7.1996.

III. Völkermord und bewaffneter Konflikt, Einwilligung, Handeln auf Befehl und Nötigungsnotstand, Täterschaft und Teilnahme, Versuch, Vorgesetztenverantwortlichkeit und allgemeine Unterlassungsstrafbarkeit, Konkurrenzen, Weltrechtspflegeprinzip, Rechtsfolgen, Prozessuales

92 **1. Völkermord und bewaffneter Konflikt.** In Übereinstimmung mit Art. 1 Völkermordkonvention ist § 6 **unabhängig davon anwendbar, ob ein bewaffneter Konflikt** (dazu → Vor § 8 Rn. 21 ff.) **vorliegt oder nicht.**

93 Bei **Angriffshandlungen, die im Zusammenhang mit einem bewaffneten Konflikt** iSd Völkerrechts der bewaffneten Konflikte begangen werden, sind die Wertungen des Kampfführungsrechts zu beachten. Militärische Angriffe, die in Übereinstimmung mit dem Kampfführungsrecht durchgeführt werden, sind im Wege einer systematischen Tatbestandsreduktion entweder bereits vom Tatbestand auszunehmen, oder der kampfführungsrechtlichen Zulässigkeit ist Rechtfertigungswirkung einzuräumen.[348] Bei der Durchführung von Angriffen gegen militärische Ziele unter Inkaufnahme von sog. zivilen Begleitschäden, kann es auch bei Missachtung des konfliktsvölkerrechtlichen Verhältnismäßigkeitsprinzips an einer mit dem Ziel durchgeführten Gesamttat fehlen, die Zivilisten wegen ihrer Gruppenzugehörigkeit zu zerstören (→ Rn. 89 f.).[349]

94 Ist das **Angriffsziel** hingegen die **Vernichtung von Zivilisten der Gegenseite** in einem Umfang, der die Schwelle zur Teilgruppe erreicht, und lassen sich die Zivilisten einer geschützten Gruppe iSd § 6 zuordnen, so ist der Tatbestand erfüllt, auch wenn das kollektive Endziel über diese Teilgruppenvernichtung hinaus zB auf Machtgewinn gerichtet ist (→ Rn. 89). Auf der Ebene des Einzeltäters ist jedoch auch dann stets sorgsam zu prüfen, ob er bei seiner Einzeltat den (kollektiven) Vernichtungsplan erkannt hat, oder ob er bei der Vornahme seiner Handlung davon ausgegangen ist, an einer lokal begrenzten (zB Vergeltungs-[350])Aktion mitzuwirken.[351]

95 **2. Einwilligung.** Die Einwilligung der Gruppe in die Völkermord-Gesamttat ist nur unter der Voraussetzung praktisch vorstellbar, dass ein vertretungsberechtigtes Organ existiert. Die durch ein solches Organ erklärte Einwilligung ist indes **unbeachtlich**. Dies folgt bereits aus der Zugehörigkeit des Genozidverbots zum völkerrechtlichen *jus cogens* (→ Rn. 25).[352]

96 **3. Handeln auf Befehl und Nötigungsnotstand.** Der Befehl oder die dienstliche Weisung zur Begehung einer Tat nach § 6 ist unverbindlich (vgl. für Personen im Anwendungsbereich des deutschen Wehr- und Beamtenrechts § 22 Abs. 1 WStG bzw. § 38 Abs. 2 BRRG).[353] Eine **Entschuldigung nach § 3** ist wegen dessen Beschränkung auf Kriegsverbrechen nach den §§ 8–12 ausgeschlossen. **Die Begrenzung des Anwendungsbereichs**

---

[348] IGH 3.2.2015 – Application of the Convention on the Prevention and Punishment of the Crime of Genocide (Croatia v. Serbia), Nr. 474 will zwar keinen allgemeinen Satz dieses Inhalts aufstellen. Doch bewegen sich die Urteilsgründe zur Bewertung der kroatischen Militäroperation in der Krajina im August 1995 (ebd. Nr. 446 ff.) ganz auf dieser Linie. So prüft der IGH die Möglichkeit einer Tötung von Mitgliedern der geschützten Gruppe der Serben in Kroatien nur im Hinblick auf Zivilisten (ebd. Nr. 463 ff.).

[349] Im Hinblick auf den Militäreinsatz der NATO-Staaten in Kosovo im Jahre 1999 hat der IGH eine Völkermordabsicht „im einstweiligen Anordnungsverfahren nicht festzustellen vermocht"; IGH 2.6.1999 – I.C.J. Reports 1999, 138 (Nr. 40) – Case Concerning Legality Of Use Of Force; s. auch *Park* Rutgers Law Review 63 (2010–2011), 129 (167 ff.). IGH 3.2.2015 – Application of the Convention on the Prevention and Punishment of the Crime of Genocide (Croatia v. Serbia), Nr. 474 geht noch einen Schritt weiter und verneint im Hinblick auf zivile Begleitschäden bereits den Vorsatz, die entsprechenden Zivilisten zu töten. Diese Feststellung ist zu pauschal, weil Angriffe denkbar sind, die ausschließlich auf militärische Ziele gerichtet sind, zivile Begleitschäden aber als praktisch sichere Nebenfolge in Kauf nehmen.

[350] Zu dem gegenwärtigen Stand des konfliktsvölkerrechtlichen Repressalienrechts BT-Drs. 14/8524, 16.

[351] BayObLG 23.5.1998 – 3 St 20/96, NJW 1998, 392 (393); zum Ganzen ähnlich wie im Text *Vest* S. 110 ff.

[352] S. Art. 53 und 64 WÜV und den Kommentar der ILC zu Art. 26 des im Jahre 2001 verabschiedeten Entwurfs zur Staatenverantwortlichkeit für völkerrechtswidriges Verhalten; UN Doc. A/65/10, S. 209; s. auch Triffterer öStGB/*Triffterer* § 321 Rn. 88.

[353] S. auch BT-Drs. 14/8524, 18.

von § 3 sollte im Hinblick auf § 5 Abs. 1 WStG eine Sperrwirkung mit der Folge entfalten, dass diese Norm im Fall eines Völkermordes auf Bundeswehrangehörige nicht angewandt werden kann (→ § 3 Rn. 28). Im Übrigen erscheint eine fehlende Offensichtlichkeit der Rechtswidrigkeit bei einer Tat nach § 6 – anders als etwa bei der Mitwirkung an der Aufrechterhaltung eines menschenrechtswidrigen Grenzregimes[354] – **praktisch kaum vorstellbar.**[355] Im Ergebnis entspricht die Rechtslage nach dem VStGB in vollem Umfang Art. 33 Abs. 2 IStGH-Statut, wonach eine Völkermordtat als offensichtlich rechtswidrig gilt und deshalb eine Berufung auf das Handeln auf Befehl als Grund für den Ausschluss der Strafbarkeit ausscheidet.

Von dem Entschuldigungsgrund des Handelns auf Befehl zu unterscheiden ist die Situation des Befehlsempfängers im **Nötigungsnotstand.** Hier kommt unter den Voraussetzungen des § 35 StGB, der gem. § 2 auch auf § 6 Anwendung findet (dazu → § 2 Rn. 21), eine Entschuldigung selbst von Taten nach Nr. 1 in Betracht. Bei der Tötung einer Vielzahl von Menschen im Nötigungsnotstand[356] ist in seltenen Fällen eine – freilich angesichts der Vorzugswürdigkeit der Regelung in § 35 StGB hinzunehmende – Abweichung von der Rechtslage nach Art. 31 Abs. 1 lit. d IStGH-Statut nicht ausgeschlossen.[357]

4. Täterschaft und Teilnahme. Beim typischen, dh staatlich oder parastaatlich gesteuerten, Völkermord stellt sich die Frage der Beteiligung an der Tat auf der **Ausführungsebene** (zB der einzelnen Tötungshandlung), der **obersten Führungsebene** sowie den mittleren **Hierarchieebenen.**[358] Auf keiner dieser Ebenen setzt Täterschaft subjektiv die Feststellung eines *animus auctoris* voraus;[359] entscheidend ist vielmehr allein der Nachweis von Absicht im oben (→ Rn. 82 ff.) dargelegten Sinn. Auf der Grundlage seines engen Begriffs der Absicht (→ Rn. 79) hatte der BGH die Frage zu beantworten, ob § 28 Abs. 1 StGB zugunsten eines Teilnehmers anzuwenden ist, der nicht selbst mit Zerstörungsabsicht ieS handelt. Der BGH hat diese Frage unter Hinweis auf den rechtsgutsbezogenen Charakter des Absichtsmerkmals verneint.[360] Auf der Grundlage des hier vertretenen weiteren Absichtsbegriffs stellt sich die Frage der Anwendung des § 28 Abs. 1 StGB nicht (→ Rn. 88). Auf allen Ebenen sind Handlungen von ganz untergeordneter Bedeutung für das Gesamtgeschehen von der Beihilfestrafbarkeit auszunehmen. Bei der wertenden Grenzziehung ist an die Kriterien anzuknüpfen, die der BGH in seiner Rechtsprechung zum Systemunrecht in der DDR für sog. neutrale Handlungen innerhalb von Machtapparaten entwickelt hat.[361]

Im Hinblick auf die Befehlshaber der obersten und der mittleren Hierarchieebene(n) erscheint es nach dem jetzigen Stand der Diskussion in Rechtsprechung und Lehre vorzugswürdig, **Täterschaft** nach den Grundsätzen der **Organisationsherrschaft** in Betracht zu ziehen, die der BGH zur strafrechtlichen Erfassung des Systemunrechts in der DDR herangezogen hat.[362]

Zwar sind gegen die Lehre von der Organisationsherrschaft im Bereich der „individualstrafrechtlichen" Tatbestände wie den §§ 211 f. StGB beachtliche Einwände vorgebracht

---

[354] Dazu BVerfG 24.10.1996 – 2 BvR 1851/94, BVerfGE 95, 96 (142) = NJW 1997, 929 (932 f.).
[355] *Ambos* NStZ 1998, 138 (139).
[356] Zur Mitwirkung an Massenerschießungen im Nötigungsnotstand BGH 14.1.1964 – 1 StR 498/63, NJW 1964, 730.
[357] Etwas anders die Akzentuierung in BT-Drs. 14/8524, 17; in der Tendenz wie hier *Merkel* ZStW 114 (2002), 437 (454).
[358] *Vest* S. 236 ff., insbes. 240; *ders.* ZStW 113 (2001) 457 (493 f.).
[359] AA in Übereinstimmung mit der st Rspr BGH 21.5.2015 – 3 StR 575/14, JZ 2016, 103 (104); *Campbell* S. 135.
[360] BGH 21.2.2001 – 3 StR 372/00, NJW 2001, 2728 = NStZ 2001, 658 (659); zust. *Ambos* NStZ 2001, 628 (630).
[361] Etwa BGH 8.3.2001 – 4 StR 453/00, NJW 2001, 2409 (2410); ähnlich *Vest* SchweizZSt. 119 (1999), S. 250 ff.; *Ransiek* in Amelung (Hrsg.), S. 95 ff. (104).
[362] BGH 26.7.1994 – 5 StR 98/94, BGHSt 40, 218 (232 ff.) = NJW 1994, 2703 (2705 ff.) = NStZ 1994, 537; 8.11.1999 – 5 StR 632/98, NJW 2000, 443 (448 ff.); dazu zusammenfassend *Rogall*, FG 50 Jahre BGH, 2000, 418.

worden, die Gegenstand eines noch unabgeschlossenen Diskussionsprozesses sind.³⁶³ Doch sprechen in **§ 6 besondere Gründe für** die Erfassung derjenigen als **Täter,** die die Gesamttat von der Spitze des Machtapparats aus insgesamt oder von einer mittleren Hierarchieebene steuern.³⁶⁴ Zunächst ist die Gesamttat, für die Personen auf den höheren Hierarchieebenen des Apparats ein größeres Maß an Verantwortung tragen als die Ausführungstäter, anders als etwa bei §§ 211 f. StGB nicht tatbestandlich irrelevant, sondern sie erlangt für den hier interessierenden Normalfall über den subjektiven Tatbestand zentrale Bedeutung. Angesichts dessen wäre es ungereimt, denjenigen Befehlsempfänger, der sich an der Völkermord-Gesamttat „lediglich" dadurch beteiligt, dass er eine Verletzungshandlung vornimmt, als Täter eines Völkermords zu bezeichnen, nicht aber denjenigen, der von einer höheren Hierarchieebene einen größeren Teil des völkermörderischen Gesamtgeschehens entscheidend beeinflusst. Unstimmigkeiten ergäben sich bei Verneinung von Täterschaft der Befehlsgeber auch im Verhältnis zwischen Nr. 1, 2 und 5 einerseits und Nr. 4 andererseits. Denn in letzterem Fall steht die Täterqualität der Befehlsgeber angesichts der Formulierung der tatbestandlichen Handlung – wie oben (→ Rn. 63) dargelegt – außer Frage. Wird aber der Befehl zur Durchführung etwa von Zwangssterilisierungen nach Nr. 4 als täterschaftliches Handeln erfasst, so wäre es wenig überzeugend, denselben Befehl im Rahmen der Nr. 2 als Anstiftung zu den entsprechenden Vollzugsakten einzuordnen. Schließlich ist zu berücksichtigen, dass die völkerstrafrechtliche Entwicklung von Anbeginn die Grundwertung erkennen lässt, dass die Verantwortung für die einzelne Ausführungstat mit der Höhe der Befehlsstufe – und entsprechender Entfernung von der Ausführungsebene – wächst (sog. *top-down*-Betrachtungsweise).³⁶⁵ Dieser völkerstrafrechtlichen Wertung, die beteiligungsrechtlich durch die Formulierung von Art. 25 Abs. 3 lit. a IStGH-Statut erstmals zum Ausdruck gebracht wird,³⁶⁶ entspricht die Annahme von Täterschaft kraft Organisationsherrschaft im deutschen Strafrecht³⁶⁷ besser als die Anstiftungslösung.³⁶⁸

101   Will man hinsichtlich der **Täterschaftsform** auf der Grundlage von § 25 StGB entscheiden und nicht eine spezifisch völkerstrafrechtlich begründete Figur der selbstständigen Organisationsherrschaft anerkennen,³⁶⁹ für die sich im deutschen Recht mit § 357 Abs. 1 StGB immerhin ein Ansatzpunkt findet, erscheint es angesichts der hierarchischen Abstufung der einzelnen Handlungsebenen am plausibelsten, die Organisationsherrschaft mit dem BGH als besondere Form der mittelbaren Täterschaft zu qualifizieren.³⁷⁰ Dabei kann diese Täterschaftsform – etwa im Falle von Kollegialentscheidungen³⁷¹ – mit derjenigen der Mittäterschaft kombiniert angewandt werden.³⁷²

102   Bei **Nr. 3 ist die Frage der Abgrenzung von Täterschaft und Teilnahme besonders gelagert,** da hier die – in ein bestimmtes Ausführungsstadium gelangte – Gesamttat

---

³⁶³ S. vor allem *Herzberg* in *Amelung* (Hrsg.), S. 33, mit Replik *Roxin,* ebd., S. 55, und Duplik *Herzberg,* ebd., S. 57.
³⁶⁴ Es ist deshalb kein Zufall, dass der Eichmann-Prozess in *Roxins* grundlegendem Aufsatz zur Organisationsherrschaft (Straftaten im Rahmen organisatorischer Machtapparate, GA 1963, 193 ff.) eine zentrale Rolle spielt (hierzu näher *Kreß* GA 2006, 304 ff.); zu den spezifisch völkerstrafrechtlichen Gründen auch *Vest* S. 218 ff., 236 ff.; *ders.* ZStW 113 (2001), 457 (493 ff.).
³⁶⁵ Zu den Nürnberger Prozessen und der Rechtsprechung des OGH *Heine* JZ 2000, 920 (921 f.); zum Eichmann-Prozess s. Jerusalemer District Court I. L. R. 36 (1968), 18 (237, Nr. 197); zur Bezeichnung der Befehlsgeber als „Hauptverantwortliche" („most responsible persons") im Zusammenhang mit der Errichtung des Special Court for Sierra Leone s. UN Doc. S/2000/915, 4.10.2000, Nr. 29–31; der JStGH wertet entsprechend in JStGH 2.8.2001 – IT-98-33-T, Nr. 642–644 - Prosecutor v. Krstic; zusammenfassend *Vogel* ZStW 114 (2002), 403 (419 f.).
³⁶⁶ Hierzu *Kreß* GA 2006, 307.
³⁶⁷ Zur abweichenden Einordnung zB in der anglo-amerikanischen Beteiligungslehre *Vest* S. 243 iVm 221 ff.
³⁶⁸ *Vest* S. 243.
³⁶⁹ So wohl *Vest* ZStW 113 (2001), 457 (492 ff.); zur Diskussion *de lege ferenda Heine* JZ 2000, 920 (926); *Rogall* FG 50 Jahre BGH, 2000, 427.
³⁷⁰ BGH 21.5.2015 – 3 StR 575/14 = JZ 2016, 103 (105) (*in concreto* jedoch für Mittäterschaft wegen der wesentlichen Beteiligung am unmittelbaren Tatgeschehen); *Vest* S. 243; differenzierend *Ambos* S. 602 ff.
³⁷¹ Zu Gremienentscheidungen beim Völkermord *Vest* S. 324 ff. mwN zum allgemeinen Schrifttum.
³⁷² *Dencker* in *Amelung* (Hrsg.), S. 65; *Kuhlen,* ebd., S. 83.

nicht lediglich über den subjektiven Tatbestand in Bezug genommen wird, sondern selbst Tathandlung ist. Nr. 3 formuliert damit eine Tathandlung, die von einem einzelnen Täter typischerweise nicht eigenhändig zu verwirklichen ist. Die hieraus resultierende Frage,[373] was die täterschaftliche Begehung von Nr. 3 voraussetzt, lässt sich unterschiedlich beantworten. Das erste Verbrechenselement zu der entsprechenden Variante des Art. 6 IStGH-Statut[374] verlangt, dass der Täter zumindest einer Person zerstörungsgeeignete Lebensbedingungen auferlegt. Demgegenüber ist es auch denkbar zu fordern, dass dem Täter der Nr. 3 die Unterwerfung einer (Teil-)Gruppe unter zerstörungsgeeignete Lebensbedingungen insgesamt nach den Grundsätzen der Organisationsherrschaft zugerechnet werden kann. Die dritte Möglichkeit besteht darin – und in diese Richtung scheint die deutsche Rechtsprechung zu tendieren[375] –, eine wesentliche Beteiligung an der (Gesamt-)Tathandlung zur Tatbestandsverwirklichung hinreichen zu lassen. Letzterer Lösung gebührt der Vorzug. Sie vermeidet es zunächst, Nr. 3 der praktischen Wirkung nach in ein Sonderdelikt für Organisationstäter umzugestalten. Eine solche Konstruktion liefe der Intention der Schöpfer der Völkermordkonvention zuwider (→ Rn. 7), und diese Intention ist durch das soeben angesprochene Verbrechenselement zu Art. 6 IStGH-Statut bestätigt worden. Dessen Formulierung erscheint jedoch zu schematisch. Es ist verkannt worden, dass sich die von Nr. 3 avisierten Gesamttaten typischerweise nicht in Angriffe auf einzelne Gruppenmitglieder – wie die einzelnen Erschießungen bei einer Massentötung – zerlegen lassen. Auch dieses Defizit vermeidet die auf eine wesentliche Beteiligung an der Gesamttat abstellende Lösung. Sie bedeutet die Anerkennung des sog. Gesamttatmodells der Beteiligung, das völkerstrafrechtliche Präzedenzfälle für sich hat, und das im Schrifttum zunehmend als sachgerechte dogmatische Konstruktion zur Erfassung der Beteiligung an systemischem Unrecht bewertet wird.[376] Mögliche Abweichungen von den §§ 25 ff. StGB in Gestalt der Ausweitung der täterschaftlichen Zurechnung und in Form der Anerkennung einer (kollektiven Gesamt-)Tat als Bezugspunkt für Teilnahmehandlungen begründeten keinen durchgreifenden Einwand gegen das Gesamttatmodell, sondern finden ihre Grundlage in der besonderen Tatbestandsstruktur von Nr. 3.

5. Versuch. Der Versuch einer Tat nach § 6 ist nach §§ 23 Abs. 1, 12 Abs. 1 StGB iVm **103** § 2 strafbar. Die Versuchsstrafbarkeit entspricht den völkerrechtlichen Regelungen in Art. III lit. d Völkermordkonvention und Art. 25 Abs. 3 lit. f IStGH-Statut, sie hat jedoch in der Praxis der internationalen Strafgerichtshöfe bislang keine Bedeutung erlangt.[377] Versuchskonstellationen sind zunächst auf der **Ebene der Einzeltaten** nach Nr. 1, 2, 4, 5 denkbar. Dabei kommt auch ein untauglicher Versuch in Betracht, etwa im Fall des Angriffs auf ein nur vermeintliches Gruppenmitglied (→ Rn. 46). Jedoch ist die völkerstrafrechtliche Verankerung des untauglichen Versuchs zweifelhaft.[378] Entsprechende Präzedenzfälle fehlen, und seine Strafbarkeit ist in den nationalen Strafrechten nicht durchgängig anerkannt.[379] Damit fehlt es an einer gesicherten Grundlage für die Verfolgung des untauglichen Versuchs nach dem Weltrechtspflegeprinzip (→ Rn. 112).

---

[373] Bereits problematisiert durch den Jerusalemer District Court ILR 36 (1968), 18 (237, Nr. 197).
[374] UN Doc. PCINICC/2000/1/Add. 2, 2.11.2000, 7.
[375] BGH 30.4.1999 – 3 StR 215/98, BGHSt 45, 64 (85) = NStZ 1999, 396 (402) „das Tatbestandsmerkmal der Lebensbedingungen, die geeignet sind, die körperliche Zerstörung der Gruppe ganz oder teilweise herbeizuführen, wird […] durch die insgesamt vom Angeklagten *oder unter seiner Beteiligung* begangenen Zerstörungen […] erfüllt (Hervorh. vom Bearbeiter)"; nach BGH 21.2.2001 – 3 StR 244/00, NJW 2001, 2732 (2733), genügt die „Mitwirkung" an der Herstellung der zerstörungsgeeigneten Bedingungen zur Verwirklichung des objektiven Tatbestandes nach Nr. 3.
[376] Grundlegend *Dencker* S. 120 ff., insbes. S. 266 (in der dortigen Fn. 45 wird jedoch die Relevanz der eigenen Überlegungen für § 220a Abs. 1 Nr. 3 StGB übersehen; s. jetzt aber *dens.* FS Lüderssen, 2002, 525), und *Marxen in Lüderssen* (Hrsg.), S. 220; hieran anknüpfend *Heine* JZ 2000, 920 (922), *Vogel* ZStW 114 (2002), 403 (420 ff.); *Vest* S. 218 ff., 236 ff.
[377] *Ohlin* in *Gaeta* (Hrsg.), S. 193 (203); *Schabas* S. 337.
[378] Zweifelnd wohl auch *Ohlin* in *Gaeta* (Hrsg.), S. 193 (199).
[379] *Hirsch* FS Claus Roxin, 2001, 711 (713 f.).

104 Zum Teil wird eine Versuchsstrafbarkeit auch dann befürwortet, wenn zwar die jeweilige Einzeltat bereits vollendet ist, die **Gesamttat** sich jedoch **noch im Anfangsstadium** befindet.[380] Nach der oben (→ Rn. 17) vertretenen Auffassung ist jedoch in solchen Konstellationen bereits Vollendung gegeben, sofern der subjektive Tatbestand erfüllt ist.[381] Etwas anderes gilt im Fall der Nr. 3. Da hier die Gesamttat Tathandlung ist, kommt Versuch in Gestalt der (wesentlichen) Beteiligung an der versuchten Gesamttat in Betracht. Ungeklärt ist freilich mangels Praxis der Zeitpunkt des Eintritts in das Versuchsstadium. Aus dem kollektiven Charakter der Tat folgt immerhin, dass die Versuchsschwelle nur objektiv bestimmt werden kann.[382]

105 **6. Vorgesetztenverantwortlichkeit und allgemeine unechte Unterlassungsstrafbarkeit.** Die im völkerrechtlichen Kontext bedeutsame Vorgesetztenverantwortlichkeit[383] hat für Taten nach § 6 in § 4 eine an § 28 IStGH-Statut anknüpfende Spezialregelung erfahren. Hiernach führt die vorsätzliche[384] Nichthinderung einer Tat nach § 6 durch einen militärischen Befehlshaber oder zivilen Vorgesetzten[385] zur Strafbarkeit des Vorgesetzten als Täter (vgl. im Übrigen die Erläuterungen zu § 4).

106 Über § 4 hinaus ist eine **unechte Unterlassungsstrafbarkeit** nach § 13 StGB denkbar. Für § 6 gilt § 13 StGB über § 2. Auf der völkerrechtlichen Ebene besteht hier jedoch erhebliche Unklarheit: Die Völkermordkonvention enthält keine ausdrückliche Regelung zur unechten Unterlassungsstrafbarkeit, und im Schrifttum besteht Streit darüber, ob die entsprechenden Tathandlungen auf pflichtwidriges Unterlassen zu erstrecken sind.[386] Der RStGH hat Letzteres zwar bejaht,[387] und die Judikatur dieses Gerichts und des JStGH[388] weist ganz allgemein in die Richtung der Anerkennung einer allgemeinen unechten Unterlassungsstrafbarkeit. Jedoch ist in der Rechtsprechung bislang eine Auseinandersetzung mit der Grundfrage unterblieben, unter welchen Voraussetzungen das Völkerstrafrecht Garantenstellungen anerkennt. Während das IStGH-Statut diese Grundfrage in Ermangelung einer § 13 StGB entsprechenden Norm vollends übergeht, gelangt eine erste monographische Studie des Problems zu dem beachtlich begründeten Schluss, dass sich eine völkerstrafrechtliche Unterlassungsstrafbarkeit entsprechend § 13 StGB derzeit weder auf Völkergewohnheitsrecht noch auf einen allgemeinen Rechtsgrundsatz gründen lässt.[389] Dem ist bald darauf zwar mit ebenfalls bedenkenswerten Argumenten widersprochen worden.[390] Doch bleibt es bei dem jetzigen Stand der Entwicklung dabei, dass die Anwendung von § 13 StGB iVm § 2 völkerrechtlichen Zweifeln unterliegt.

107 **7. Konkurrenzen.** Nach **Auffassung des BGH**[391] gilt hinsichtlich der Konkurrenzen Folgendes: Sämtliche Handlungen im natürlichen Sinn, die für sich genommen eine der

---

[380] *Vest* S. 115.
[381] Auch *Mettraux* S. 257, hält den Versuch eines Völkermords nur im Hinblick auf unvollendete Einzeltaten für möglich.
[382] *Dencker* S. 192 ff.
[383] Allerdings gibt es bislang nur wenige internationale Strafurteile, die die Verurteilung allein auf die Vorgesetztenverantwortlichkeit stützen; eine Ausnahme bildet RStGH 28.11.2007 – ICTR-99-52-A – Nahimana et al. v. Prosecutor; zur internationalen Rechtsprechung *Petrosian* Australian International Law Journal 17 (2010), 29 (37 f.); *Schabas* S. 361 ff.
[384] Bei Fahrlässigkeit kommt eine Strafbarkeit nach § 13 VStGB in Betracht. Die Verfolgung eines solchen Vergehens unterliegt jedoch nicht dem Weltrechtspflegeprinzip nach § 1 VStGB.
[385] Zum Vorgesetztenbegriff BT-Drs. 14/8524, 19.
[386] Dagegen *Whitaker*, Revised and updated report on the question of the prevention and punishment of the crime of genocide, UN Doc. E/CN.4/Sub. 2/1985/6, Nr. 40 f.; dafür *Schabas* S. 177.
[387] RStGH 4.9.1998 – ICTR 97-23-S, Nr. 39 f. – Prosecutor v. Kambanda.
[388] StRspr; s. etwa JStGH 15.7.1999 – IT-94-1-A, Nr. 188 – Prosecutor v. Tadic („culpable omission of an act that was mandated by a rule of criminal law").
[389] *Weltz* S. 286, 289, 320.
[390] *Berster* International Criminal Law Review 10 (2010), 619 (641 ff.).
[391] BGH 30.4.1999 – 3 StR 215/98, BGHSt 45, 64 (79 ff.) = NStZ 1999, 396 (401 ff.); weitgehend zust. *Ambos* NStZ 1999, 404; *Gil Gil* Revista de Derecho Penal y Criminología 1999, 771; *Werle* JZ 1999, 1181 (1184); aA OLG Düsseldorf 26.9.1997 – IV-26/96, S. 3 f. des Umdrucks.

Nr. 1–5 erfüllen und von einer einheitlichen Völkermordabsicht getragen werden, bilden als tatbestandliche Bewertungseinheit eine materiell-rechtliche Tat im Rechtssinne, wenn sie als **örtlich und zeitlich begrenzter Lebenssachverhalt** erscheinen. Letztere Voraussetzung ist dann erfüllt, wenn sich die einzelnen Handlungen im natürlichen Sinn in einem hinreichend überschaubaren Zeitraum gegen eine räumlich bestimmte (Teil-)Gruppe richten. Gleichartige und ungleichartige Idealkonkurrenz innerhalb des Völkermordtatbestandes scheiden aus, da diese Strafnorm allein das kollektive Rechtsgut „Bestand der Gruppe" schützt. Zu §§ 211, 212, 223 StGB und anderen relevanten Tatbeständen steht § 220a StGB (und dasselbe müsste jetzt für § 6 gelten) in Idealkonkurrenz, da (ausschließlich) erstere den Aspekt der Individualverletzung zum Ausdruck bringen. Dabei stehen auch die einzelnen Verletzungshandlungen miteinander in Idealkonkurrenz, da sie durch die tatbestandliche Bewertungseinheit des Völkermordes auch untereinander verklammert werden.[392]

Dem BGH ist im Ergebnis weitestgehend beizutreten. Insbesondere ist ihm darin 108 zuzustimmen, dass die Zerstörungsabsicht mit ihrem typischen Bezug zu einer völkermörderischen Gesamttat den Völkermordtatbestand derart prägt, dass mehrere Handlungen im natürlichen Sinne, die sich in eine solche Gesamttat einfügen, trotz mehrfacher Verwirklichung des Tatbestandes nicht in Tatmehrheit zueinander stehen, sondern eine tatbestandliche Handlungseinheit bilden.[393] Realkonkurrenz kommt danach bei Taten nach § 6 nur im Fall einer Beteiligung an zwei zeitlich nacheinander ablaufenden völkermörderischen Gesamttaten in Betracht. Auch die Annahme von tateinheitlich konkurrierenden Taten nach § 6 setzt die Einfügung in zwei völkermörderische Gesamttaten voraus. Denkbar ist hier zunächst eine Handlung im natürlichen Sinn, mit der Mitglieder zweier geschützter Gruppen angegriffen werden. Zudem ist Idealkonkurrenz dann anzunehmen, wenn zwei Angriffshandlungen im natürlichen Sinn in zwei zeitlich parallel verlaufende bzw. sich überschneidende völkermörderische Gesamttaten eingebettet sind.[394] Dass nach dieser Lösung allein die kollektive Schutzkomponente und nicht auch Art und Ausmaß der vom Täter vorgenommenen Individualrechtsgutsverletzungen bei der Frage von Ideal- und Realkonkurrenz innerhalb des § 6 Bedeutung erlangt, ist auch ausgehend von der oben (→ Rn. 2 ff.) dargelegten Position hinzunehmen, wonach Schutzgüter von § 6 auch die jeweils betroffenen Individualrechtsgüter der konkret angegriffenen Gruppenmitglieder sind. Zu erwägen bleibt nach der hier vertretenen Rechtsgutskonzeption lediglich, die vom Täter verwirklichte(n) Tatbestandsvariante(n) ungeachtet der Annahme einer tatbestandlichen Handlungseinheit bereits im Urteilstenor und nicht erst in der Paragrafenliste nach § 260 Abs. 5 StPO aufzuführen.[395]

Nicht zuzustimmen ist dem BGH darin, dass die tatbestandliche Bewertungseinheit nur 109 solche Handlungen zusammenfassen kann, die als ein **einheitlicher örtlich und zeitlich begrenzter Lebenssachverhalt** erscheinen. Denn diese Lösung widerspricht der vom BGH zutreffend herausgearbeiteten Tatbestandsstruktur von § 6 und führt vor allem bei denjenigen Organisationstätern, die das völkermörderische Gesamtgeschehen steuern, zu unplausiblen Aufteilungen. Soweit es in Ausnahmefällen gelten sollte, einen ansonsten drohenden, unangemessenen Strafklageverbrauch zu verhindern, liegt es näher, dieses Ergebnis durch die Annahme einer **Tatmehrheit im prozessualen Sinn** zu erreichen. Dies ent-

---

[392] Insow. aA *Gil Gil* Revista de Derecho Penal y Criminología 1999, 771 (793 ff.), die unter Berufung auf *Jakobs* S. 913 f. (11. Abschn. Rn. 12) eine „Konkurrenz der Konkurrenzen" vorschlägt, wonach die Tatbestandsverwirklichungen nach §§ 211, 212, 223 StGB usw untereinander realiter konkurrieren sollen und (nur) das Ergebnis dieser Realkonkurrenz in Tateinheit zu § 220a StGB stehen soll.

[393] Nach der Begründung zu § 6 VStGB „liegt" tatbestandliche Handlungseinheit „nahe" (BT-Drs. 14/8524, 19).

[394] Der hier vertretenen Position entspricht es, wenn in IStGH 4.3.2009 – ICC-02/05-01/09-3, Nr. 115 – Prosecutor v. Al Bashir, angenommen wird, dass drei Fälle von Völkermord in Rede stünden, weil drei verschiedene Gruppen angegriffen worden seien.

[395] Zur begrenzten Aussagekraft der Tenorierung einer Tat als „Völkermord" zutr. *Stuckenberg* in *Fischer/Kreß/Lüder* (Hrsg.), S. 559 (589 (Fn. 128)).

spricht der Präferenz, die der 3. Strafsenat des BGH in seiner jüngsten Judikatur zu lang gestreckten Bewertungseinheiten zu erkennen gegeben hat.[396]

110 Anders als nach Auffassung des BGH ist es auch bei Zusammenfassung mehrerer Tatbestandsverwirklichungen nach § 220a StGB (bzw. § 6) zu einer tatbestandlichen Handlungseinheit **möglich**, dass **sonstige** durch die jeweiligen Handlungen verwirklichte **Straftatbestände in Gesetzeskonkurrenz hinter** die jeweils verwirklichte Variante des Völkermordtatbestandes **zurücktreten.** Spezialität ist etwa gegeben im Verhältnis von § 212 StGB zu § 220a Nr. 1 StGB und § 235 StGB zu § 220a Nr. 5 StGB. § 226 StGB wird von § 220a Nr. 2 StGB konsumiert. Demgegenüber steht § 211 StGB zu § 220a Nr. 1 StGB in Tateinheit. Denn nach den Darlegungen in → Rn. 82 ff. ist die Bejahung der Absicht nach § 220a StGB/§ 6 nicht gleichbedeutend mit der Feststellung eines niedrigen Beweggrundes iSd § 211 StGB.[397]

111 Im Hinblick auf das **Konkurrenzverhältnis zu Verbrechen gegen die Menschlichkeit nach § 7 und zu Kriegsverbrechen nach § 8** stellen sich weithin neue Fragen, zu denen sich Völkergewohnheitsrecht vor der Einsetzung von JStGH und RStGH nicht herausgebildet hatte.[398] Fest anerkannt ist in der Rechtsprechung dieser beiden internationalen Straftribunale[399] und in der Judikatur des IStGH[400] „Gesetzeseinheit" bislang nur im Fall der Spezialität.[401] Im Verhältnis von Völkermord und Kriegsverbrechen zueinander spricht nach dem deutschen Recht jedenfalls dann mehr für die Annahme von Tateinheit,[402] wenn man den bei letzteren Verbrechen erforderlichen Bezug zu einem bewaffneten Konflikt nicht lediglich als völkerstrafrechtliches Zuständigkeitsmerkmal einordnet. Denn dann scheidet ein Verhältnis tatbestandlicher Spezialität zwischen Völkermord und Kriegsverbrechen aus, und als typische Begleittaten von Völkermord lassen sich Kriegsverbrechen wohl nicht bezeichnen. Völkermord und Verbrechen gegen die Menschlichkeit stehen zueinander im logischen Verhältnis der Interferenz, so dass Gesetzeseinheit allein in der Form der Subsidiarität und Konsumtion in Betracht kommt. Die internationale Rechtsprechung erkennt solche Fälle der „Gesetzeseinheit" bislang nicht (durchgängig) an und tendiert in Anbetracht dessen inzwischen konsequentermaßen zu der Annahme echter Konkurrenz.[403] Dem muss allerdings bei der Anwendung des VStGB nicht gefolgt werden, zumal sich die völkerstrafrechtliche Konkurrenzlehre noch in der Entwicklung befindet.[404] Soweit gegen die Annahme von Gesetzeskonkurrenz geltend gemacht wird, ein Zurücktreten des Verbrechens gegen die Menschlichkeit in Gesetzeskonkurrenz komme nicht in Betracht, da allein dieses die Individualrechtsgutsverletzungen erfasse,[405] kann dem auf der Grundlage der oben (→ Rn. 2 f.) dargelegten Schutzkonzeption zu § 6 nicht gefolgt werden. Vielmehr kommt im Hinblick auf die historische und strukturelle Verwandtschaft der beiden Tatbestände Gesetzeseinheit eines Verbrechens gegen die Menschlichkeit jedenfalls in Betracht, soweit sich im Hinblick auf einzelne Tatbestandsvarianten ein tatbestandliches Subsidiaritäts- oder Konsumtionsverhältnis ergibt.[406]

---

[396] BGH 30.3.2001 – 3 StR StE 4 und 5/01, BGHSt 46, 349 (358) = NJW 2001, 1734 (1736); NStZ 2002, 328 (331); krit. gegenüber der materiell-rechtlichen Lösung des BGH auch *Ambos* NStZ 1999, 404 (405); dem BGH zust. demgegenüber *Werle* JZ 1999, 1181 (1184).
[397] Abw. BT-Drs. 2/162, 4.
[398] *Stuckenberg* in *Stahn*, S. 845.
[399] Grundlegend JStGH 20.2.2001 – IT-96-21-A, Nr. 412 f. – Prosecutor v. Delalic („Celebici").
[400] IStGH 21.3.2016 – ICC-01/05-01/08, Nr. 748 – Prosecutor v. Bemba Gombo.
[401] Näher zu der bisherigen Entwicklung der völkerstrafrechtlichen Konkurrenzlehre *Stuckenberg* in *Fischer/Kreß/Lüder* (Hrsg.), S. 559 (573 ff.); *ders.* in *Stahn* S. 840 ff.
[402] So iErg JStGH 2.8.2001 – IT-98-33-T, Nr. 681 – Prosecutor v. Krstic.
[403] JStGH 8.4.2015 – IT-05-88/2-A, Nr. 610 – Prosecutor v. Tolimir; JStGH 19.4.2004 – IT-98-33-A, Nr. 227 – Prosecutor v. Krstic (gegen JStGH 2.8.2001 – IT-98-33-T, Nr. 682 ff., 686 – Prosecutor v. Krstic); RStGH 16.11.2001 – ICTR-96-13-A, Rn. 366 f. – Prosecutor v. Musema.
[404] Mit beachtlichen Gründen für die Erweiterung der völkerstrafrechtlichen „Gesetzeskonkurrenz" durch Anerkennung des Subsidiaritäts- zusätzlich zu dem Spezialitätsgedanken *Palmbino* JICJ 3 (2005), 778 (780 ff.).
[405] *Gil Gil* ZStW 112 (2000), 393 (396 f.); *Lüders* S. 270; für die völkerrechtliche Ebene ebenso *Hünerbein* S. 122.
[406] Für die völkerstrafrechtliche Ebene übereinstimmend *Palmbino* JICJ 3 (2005), 778 (789).

8. Weltrechtspflegeprinzip. Für die Strafverfolgung von **Taten nach § 220a StGB** 112 galt nach **§ 6 Nr. 1** das **Weltrechtspflegeprinzip**. Der BGH hat dieses zunächst unter Berufung auf das völkerrechtliche Interventionsverbot durch das ungeschriebene Erfordernis eines hinreichenden Inlandsbezugs begrenzt.[407] Das BVerfG hat den BGH in diesem Punkt ausdrücklich nicht bestätigt, die Frage aber auch mangels Beschwer nicht im gegenteiligen Sinn entschieden.[408] In der Folge hat der BGH die Bereitschaft angedeutet, seine Rechtsprechung zu überdenken und auf die Linie der hL[409] einzuschwenken, die das Erfordernis des Inlandsbezugs beim Völkermord ablehnt.[410] Für § 6 gilt **das Weltrechtspflegeprinzip gem. der gesetzgeberischen Entscheidung in § 1 ohne das Erfordernis eines Inlandsbezugs** (zu den Einzelheiten s. die Erläuterungen zu § 1). Diese Festlegung des Gesetzgebers ist, wie der EGMR bestätigt hat,[411] völkerrechtlich nicht zu beanstanden.[412] Da die öffentliche Aufforderung zum Völkermord allein § 111 StGB unterfällt (→ Rn. 27), unterliegt sie nicht dem Weltrechtspflegeprinzip nach § 1.

§ 1 wird durch **§ 153f StPO prozessual flankiert.** Hiernach wird bei Taten ohne 113 spezifischen Inlandsbezug – im Ausgangspunkt in Übereinstimmung mit § 153c Abs. 1 Nr. 1 StPO – Verfolgungsermessen eingeräumt, dieses jedoch abweichend von letzterer Norm strukturiert. Ein Grundgedanke ist dabei die Subsidiarität der allein auf das Weltrechtspflegeprinzip gestützten deutschen Strafverfolgung gegenüber der Strafverfolgung sowohl durch tatnähere Staaten als auch durch zuständige internationale Strafgerichtshöfe (zu den Einzelheiten s. die Erläuterungen zu § 1).[413]

9. Rechtsfolgen. Die Strafe ist lebenslange Freiheitsstrafe. Für die Verhängung der 114 lebenslangen Freiheitsstrafe gelten im Hinblick auf die Feststellung der besonderen Tatschwere dieselben Grundsätze wie bei § 211 StGB.[414] Die Androhung der lebenslangen Frei-

---

[407] BGH 30.4.1999 – 3 StR 215/98, BGHSt 45, 64 (66), in Fortführung von BGH 13.2.1994 – 1 BGs 100/94, NStZ 1994, 232 (233); 11.12.1998 – 2 ARs 499/98, NStZ 1999, 236.

[408] BVerfG 12.12.2000 – 2 BvR 1290/99, NStZ 2001, 240 (243; unter III. 6. c).

[409] *Ambos* NStZ 1999, 404 (405 f.); *Hilgendorf* JR 2002, 82 f.; *Kadelbach* JZ 2001, 981 (983); *Kreß* NStZ 2000, 624; *Werle* JZ 1999, 1181 (1182 f.); *Eser* FS Meyer-Goßner, 2001, 3 (17); *Merkel* in *Lüderssen* (Hrsg.), S. 237.

[410] Zu dieser Rechtsprechung im Rückblick *Kreß* FS Rissing-van Saan, 2011, 317 (318 ff.). Das OLG Frankfurt 29.12.2015 – 4-3 StE 4/10 – 4 – 1/15 ist bei seiner Anwendung von § 220a Abs. 1 Nr. 1 StGB iVm § 6 Nr. 1 aF von dem Erfordernis eines Inlandsbezugs ausgegangen (ebd. *sub* III. A. 1.).

[411] EGMR 12.7.2007 – Application No. 74613/01, Nr. 66–72 – Jorgic v. Germany.

[412] Der IGH hat die Völkerrechtskonformität der nationalen Strafverfolgung von Völkerstraftaten nach dem Weltrechtspflegeprinzip in seinem Urteil v. 14.2.2002, Affaire Relative au Mandat d'Arrêt du 11 Avril 2000 (République Démocratique du Congo c. Belgique), I. C. J. Reports 2002, 3, leider nicht bestätigt; die dem Urteil beigefügten Richtervoten ergeben eine Mehrheit iSd Völkerrechtsgemäßheit; abl. die Richter *Guillaume* (Opinion individuelle, Nr. 1 ff., insbes. 13), *Ranjeva* (Déclaration), *Rezek* (Opinion individuelle, Nr. 6) und Richter ad hoc *Bula-Bula* (Opinion individuelle, Nr. 63 ff.), wobei sich die Ablehnung zum Teil nur auf die Fälle bezieht, in denen sich der Verdächtige nicht im Gebiet des *Forum*-Staates aufhält; die Zulässigkeit der nationalen Verfolgung nach dem Weltrechtspflegeprinzip wird hingegen bejaht von den Richtern *Koroma* (Separate Opinion, Nr. 6), *Higgins*, *Kooijmans* und *Buergenthal* (Joint Separate Opinion, Nr. 19 ff., insbes. 52 f., 58 ff.), und Richterin ad hoc *van den Wyngaert* (Opinion dissidente, Nr. 40 ff.); Richter *Oda* (Dissenting Opinion, Nr. 12) sieht einen Trend hin zur Anerkennung des Weltrechtspflegeprinzips, ohne selbst hierzu Stellung zu nehmen; Richter *Al-Khasawneh* (Dissenting Opinion, Nr. 7 f.) nimmt zwar nicht direkt zur Frage des Weltrechtspflegeprinzips Stellung, will jedoch bei schweren Verbrechen („grave crimes") entgegen der Richtermehrheit sogar Ausnahmen von der Immunität amtierender Amtsträger annehmen und rückt den Kampf gegen schwere Verbrechen angesichts des insoweit anerkannten vitalen Weltgemeinschaftsinteresses in den Rang von *jus cogens*; diese Annahmen ließen sich mit der Verneinung der völkerrechtlichen Geltung des Weltrechtspflegeprinzips für Völkerstraftaten nicht vereinbaren; zu dem Votenstreit der IGH-Richter *Kreß* ZStW 114 (2002), 818; zum Diskussionsstand zum Weltrechtspflegeprinzip zusammenfassend *Kreß* JICJ 4 (2006), 561.

[413] Im Einzelnen BT-Drs. 14/8524, 37 f.; zur bisherigen Anwendung des § 153f StPO *Kreß* ZIS 2007, 515; zur (doppelten) Subsidiarität der nationalen Strafverfolgung nach dem Weltrechtspflegeprinzip auch die Richter *Higgins*, *Kooijmans* und *Buergenthal* in Nr. 59 ihrer Joint Separate Opinion zu dem Urteil des IGH 14.2.2002 – I. C. J. Reports 2002, 3 – Affaire Relative au Mandat d'Arrêt du 11 Avril 2000 (République Démocratique du Congo c. Belgique).

[414] Für ein Rechtsprechungsbeispiel zu § 220a StGB s. OLG Frankfurt 29.12.2015 – 4-3 StE 4/10 – 4 – 1/15 *sub* VII, BeckRS 2016, 00515.

heitsstrafe entspricht der Bewertung in einer Reihe von Strafgesetzbüchern anderer Staaten.[415] Zum Teil findet sich demgegenüber mit Blick auf den nicht unerheblich abweichenden Unrechtsgehalt eine Strafrahmenabstufung zwischen einzelnen Varianten des Völkermordes.[416] Absatz 2 eröffnet einen niedrigeren Strafrahmen immerhin für minder schwere Fälle des Abs. 1 Nr. 2–5. Diese Regelung wird insbesondere bei konvergentem Verhalten auf der Ausführungsebene der Gesamttat (→ Rn. 21, 98) Bedeutung erlangen. Man mag daran zweifeln, ob es klug war, die Anwendung des Absatzes 2 für den Fall des Absatzes 1 Nr. 1 auszuschließen. Denn auch hier ist es bei einem nachhaltig indoktrinierten und in der Folge systemkonvergent handelnden Befehlsempfänger nicht ausgeschlossen, dass die Verhängung einer lebenslangen Freiheitsstrafe ungerecht erscheint.[417]

115 **10. Prozessuales. a) Immunitäten.** Als typischerweise staatlich gesteuerte Völkerstraftat steht die Strafverfolgung und -vollstreckung nach **§ 6 in einem Spannungsverhältnis mit dem hergebrachten Immunitätsrecht.**[418] Zu unterscheiden ist zwischen Immunitäten nach Verfassungs- und nach Völkerrecht.

116 Nach Art. IV iVm VI der Völkermordkonvention gilt die Strafverpflichtung des Territorialstaates[419] auch hinsichtlich „constitutionnally responsible rulers". Nicht erfasst sind davon repräsentative Staatsoberhäupter wie der deutsche Bundespräsident. Zu weit ginge es jedoch, mit Blick auf den Wortlaut auch Abgeordnete von der Strafpflicht auszunehmen.[420] Diese sind zwar weder eindeutig „ruler" noch „public officials"; doch können sie durchaus zu denen zählen, die die Hauptverantwortung für staatlich organisierten Völkermord tragen, so dass ihre Exemtion von der Strafverfolgung eine empfindliche Lücke risse.[421] Im Übrigen geht das Völkergewohnheitsrecht inzwischen wohl auch insoweit über die Begrenzung des Art. IV Völkermordkonvention hinaus, als nunmehr auch repräsentative Staatsoberhäupter der Strafverfolgung wegen Völkermordes unterliegen.[422] Hiernach stellt sich die Frage, ob die **verfassungsrechtlichen Immunitäten** des Bundespräsidenten (Art. 60 Abs. 4 GG iVm Art. 46 Abs. 2 GG) und der Mitglieder des BT (Art. 46 Abs. 2 GG) für den Fall des Völkermords völkerrechtsfreundlich einzuschränken sind. Der Gesetzgeber hat diese Möglichkeit – allerdings ohne erkennbares Problembewusstsein – nicht in Betracht gezogen.[423] Hiervon ausgehend sollte aber jedenfalls gelten, dass das Ermessen bei der Frage der Immunitätsaufhebung in Fällen des Völkermordes auf Null reduziert ist.[424]

117 **Völkerrechtliche Immunität,** die von §§ 18, 20 Abs. 2 GVG in Bezug genommen wird, kommt bei Staatsoberhäuptern, Regierungschefs, Außenministern und Diplomaten in Betracht. Insoweit ist zwischen amtierenden und ehemaligen Amtsträgern zu unterscheiden. Amtierende Amtsträger der vorstehend bezeichneten Art sind nach dem Grundsatzurteil des IGH vom 14.2.2002 im Streitfall zwischen der Demokratischen Republik Kongo und Belgien

---

[415] S. etwa Art. 264 SchweizStGB, Art. 211-1 französischer Code Pénal, Art. 321 öStGB.
[416] S. Art. 607 spanischer Código Penal.
[417] Zust. *Burghardt* JZ 2016, 106 (108). Zu der seinerzeitigen Diskussion über die Möglichkeit einer rechtsfortbildenden Durchbrechung der absoluten Androhung der lebenslangen Freiheitsstrafe bei nationalsozialistischen Tötungsverbrechen *Kreß* in Verein zur Förderung der Rechtswissenschaft (Hrsg.), S. 31 (Fn. 86).
[418] JStGH 29.10.1997 – IT-95-14-AR108bis, Nr. 41 – Prosecutor v. Blaskic.
[419] Zu den völkerrechtlichen Pflichten nicht nur des Territorialstaates zur Zusammenarbeit IGH 26.2.2007 – I.C.J. Reports 2007, 43 (Nr. 439–450) – Application of the Convention on the Prevention and Punishment of the Crime of Genocide (Bosnia and Herzegovina v. Serbia and Montenegro).
[420] So in den Verhandlungen allein Schweden, UN GAOR, 3rd session, 6th Committee, 320, 358.
[421] Israel stellt in seinem Ausführungsgesetz zur Völkermordkonvention ausdrücklich klar, dass auch Abgeordnete von der Strafpflicht nach der Völkermordkonvention erfasst werden; Laws of the State of Israel (English Version), Band 4 (1949/1950), No. 31, 4.
[422] Diese Pflicht wird in der 6. Präambelerwägung zum IStGH-Statut unmissverständlich angesprochen, wobei lediglich unklar ist, ob diese Pflicht über das Tatortprinzip hinaus insbesondere auch das aktive Personalitätsprinzip erfasst; *Kreß/Grover* in *Bergsmo/Kalmanowitz* (Hrsg.), S. 29; weitergehend für eine völkergewohnheitsrechtliche Pflicht eines jeden Staates, bei Völkermordverdacht *aut dedere aut judicare Paust* Houston Journal of International Law 34 (2011), 57 (65 f.).
[423] BT-Drs. 14/2682, 7.
[424] Zu der Bedeutung von Art. IV und VI der Völkermordkonvention für nationale Immunitätbestimmungen allgemein *Schiffbauer* in *Tams/Berster/Schiffbauer*, Art. IV Rn. 47 ff.

auch im Fall einer Völkerstraftat von Völkergewohnheitsrechts wegen von der Strafgewalt eines fremden Staates ausgenommen.[425] Ob Art. IV der Völkermordkonvention hiervon jedenfalls im Rahmen der Strafpflicht nach Art. VI der Völkermordkonvention abweicht, ist unklar.[426] Im Hinblick auf ehemalige Amtsinhaber signalisiert nicht nur das Urteil des englischen House of Lords im Fall Pinochet[427] eine deutliche Tendenz zur Verneinung der Immunität.[428] Bedauerlicherweise hat der IGH dieses Signal in seinem vorstehend genannten Urteil nicht eindeutig rezipiert. In seinem auf ehemalige Staatsoberhäupter usw bezogenen obiter dictum heißt es, Immunität bestehe nicht für vor oder nach der Amtszeit begangene Taten sowie für „private Handlungen" während der Amtszeit.[429] Zu der im völkerrechtlichen Schrifttum diskutierten Frage, ob die Begehung einer Völkerstraftat für die Zwecke des völkerrechtlichen Immunitätenschutzes eine amtliche Handlung sein kann, hat sich der IGH nicht verhalten.[430] Das hat den GBA in seiner ersten Praxis zum VStGH bedauerlicherweise verschiedentlich dazu bewogen, auch im Hinblick auf ehemalige oberste staatliche Würdenträger ein Immunitätsrecht des betreffenden ausländischen Staates anzunehmen.[431]

b) Verjährung. Sowohl die **Verfolgungs-** als auch die **Vollstreckungsverjährung** sind 118 ausgeschlossen (§ 5).

c) Auslieferung und Überstellung. Im Fall einer Tat nach § 6 besteht das **Auslieferungshindernis der politischen Tat** gem. § 6 Abs. 1 IRG nicht.[432] Für die Überstellung 119 von Verdächtigen an JStGH und RStGH gelten nach Maßgabe von Jugoslawien-Strafgerichtshof-Gesetz und Ruanda-Strafgerichtshof-Gesetz weitergehende Spezialregelungen gegenüber dem IRG.[433] Die Überstellung von Verdächtigen an den IStGH ist in dem Gesetz über die Zusammenarbeit mit dem Internationalen Strafgerichtshof speziell geregelt.[434] Auf der Grundlage dieser drei Gesetze ist auch die Überstellung Deutscher möglich (s. Art. 16 Abs. 2 Satz 2 GG).

§ 7 Verbrechen gegen die Menschlichkeit

(1) Wer im Rahmen eines ausgedehnten oder systematischen Angriffs gegen eine Zivilbevölkerung

---

[425] IGH 14.2.2002 – I. C. J. Reports 2002, 3 (Nr. 51–54) – Affaire Relative au Mandat d'Arrêt du 11 Avril 2000 (République Démocratique du Congo c. Belgique); skeptisch gegenüber der Gleichstellung von Außenministern mit Staatsoberhäuptern die Richter *Higgins, Kooijmans* und *Buergenthal*, Joint Separate Opinion, Nr. 81; abl. insow. mit eingehender Begründung die Richterin *v. d. Wyngaert*, Opinion dissidente, Nr. 11 ff.; offenbar entgegen dem IGH für eine Immunitätsausnahme bei Völkermordverdacht selbst bei amtierenden Amtsträgern der in Rede stehenden Art *Paust* Houston Journal of International Law 34 (2011), 57 (71 ff.).
[426] Vorsichtig in diese Richtung *Schiffbauer* in *Tams/Berster/Schiffbauer*, Art. IV Rn. 55 ff.
[427] 2 All ER 97 (1999).
[428] Mit eingehender Begründung idS *Kreicker* S. 156 ff.; bestätigend *ders.* ZIS 2012, 107 (119 f.).
[429] IGH 14.2.2002 – I. C. J. Reports 2002, 3 (Nr. 61) – Affaire Relative au Mandat d'Arrêt du 11 Avril 2000 (République Démocratique du Congo c. Belgique).
[430] S. aber die Richter *Higgins, Kooijmans* und *Buergenthal*, IGH 14.2.2002 – I. C. J. Reports 2002, 3 – Affaire Relative au Mandat d'Arrêt du 11 Avril 2000 (République Démocratique du Congo c. Belgique); Joint Separate Opinion, Nr. 85 (m. Nachw. zu Rechtsprechung und Lehre); hierzu *Kreß* GA 2003, 25; gegen die Begründung der Immunitätsausnahme mit einem nicht-amtlichen Charakter von Völkerstraftaten speziell für die Zecke des Immunitätsschutzrechts *Kreicker* S. 120 ff., und bestätigend *ders.* ZIS 2012, 107 (117 f.); *Schiffbauer* in *Tams/Berster/Schiffbauer*, Art. IV Rn. 54.
[431] Hierzu näher *Kreß* ZIS 13 (2007), 515 (519 f.) Die völkerrechtliche Immunität *ratione materiae* in nationalen Strafverfahren ist derzeit der Gegenstand von Beratungen in der ILC. In ihrem vierten Bericht ist die Sonderberichterstatterin zu dem Zwischenergebnis gelangt, auch Völkerstraftaten, darunter Völkermord, könnten „acts performed in an official capacity" darstellen (UN. Doc. A/CN. 4/686, 29.5.2015, Nr. 121 ff.). In ihrem fünften Bericht hat sich die Sonderberichterstatterin in Hinblick auf Völkerstraftaten für eine Ausnahme von der Immunität ausgesprochen (UN. Doc. A/CN. 4/701, 14.6.2016, Nr. 178 ff.).
[432] S. Art. VII der Völkermordkonvention; hierzu *Drumbl* Studies in Transnational Legal Policy 40 (2009), 100.
[433] *Grützner/Pötz/Kreß* III 27, Vorbemerkungen Rn. 56 ff.
[434] BGBl. I S. 2144 ff.; abgedr. und erläutert in *Grützner/Pötz/Kreß* III 26.

1. einen Menschen tötet,
2. in der Absicht, eine Bevölkerung ganz oder teilweise zu zerstören, diese oder Teile hiervon unter Lebensbedingungen stellt, die geeignet sind, deren Zerstörung ganz oder teilweise herbeizuführen,
3. Menschenhandel betreibt, insbesondere mit einer Frau oder einem Kind, oder wer auf andere Weise einen Menschen versklavt und sich dabei ein Eigentumsrecht an ihm anmaßt,
4. einen Menschen, der sich rechtmäßig in einem Gebiet aufhält, vertreibt oder zwangsweise überführt, indem er ihn unter Verstoß gegen eine allgemeine Regel des Völkerrechts durch Ausweisung oder andere Zwangsmaßnahmen in einen anderen Staat oder in ein anderes Gebiet verbringt,
5. einen Menschen, der sich in seinem Gewahrsam oder in sonstiger Weise unter seiner Kontrolle befindet, foltert, indem er ihm erhebliche körperliche oder seelische Schäden oder Leiden zufügt, die nicht lediglich Folge völkerrechtlich zulässiger Sanktionen sind,
6. einen anderen Menschen sexuell nötigt oder vergewaltigt, ihn zur Prostitution nötigt, der Fortpflanzungsfähigkeit beraubt oder in der Absicht, die ethnische Zusammensetzung einer Bevölkerung zu beeinflussen, eine unter Anwendung von Zwang geschwängerte Frau gefangen hält,
7. einen Menschen dadurch zwangsweise verschwinden lässt, dass er in der Absicht, ihn für längere Zeit dem Schutz des Gesetzes zu entziehen,
   a) ihn im Auftrag oder mit Billigung eines Staates oder einer politischen Organisation entführt oder sonst in schwerwiegender Weise der körperlichen Freiheit beraubt, ohne dass im Weiteren auf Nachfrage unverzüglich wahrheitsgemäß Auskunft über sein Schicksal und seinen Verbleib erteilt wird, oder
   b) sich im Auftrag des Staates oder der politischen Organisation oder entgegen einer Rechtspflicht weigert, unverzüglich Auskunft über das Schicksal und den Verbleib des Menschen zu erteilen, der unter den Voraussetzungen des Buchstaben a seiner körperlichen Freiheit beraubt wurde, oder eine falsche Auskunft dazu erteilt,
8. einem anderen Menschen schwere körperliche oder seelische Schäden, insbesondere der in § 226 des Strafgesetzbuches bezeichneten Art, zufügt,
9. einen Menschen unter Verstoß gegen eine allgemeine Regel des Völkerrechts in schwerwiegender Weise der körperlichen Freiheit beraubt oder
10. eine identifizierbare Gruppe oder Gemeinschaft verfolgt, indem er ihr aus politischen, rassischen, nationalen, ethnischen, kulturellen oder religiösen Gründen, aus Gründen des Geschlechts oder aus anderen nach den allgemeinen Regeln des Völkerrechts als unzulässig anerkannten Gründen grundlegende Menschenrechte entzieht oder diese wesentlich einschränkt,

wird in den Fällen der Nummern 1 und 2 mit lebenslanger Freiheitsstrafe, in den Fällen der Nummern 3 bis 7 mit Freiheitsstrafe nicht unter fünf Jahren und in den Fällen der Nummern 8 bis 10 mit Freiheitsstrafe nicht unter drei Jahren bestraft.

(2) In minder schweren Fällen des Absatzes 1 Nr. 2 ist die Strafe Freiheitsstrafe nicht unter fünf Jahren, in minder schweren Fällen des Absatzes 1 Nr. 3 bis 7 Freiheitsstrafe nicht unter zwei Jahren und in minder schweren Fällen des Absatzes 1 Nr. 8 und 9 Freiheitsstrafe nicht unter einem Jahr.

(3) Verursacht der Täter durch eine Tat nach Absatz 1 Nr. 3 bis 10 den Tod eines Menschen, so ist die Strafe in den Fällen des Absatzes 1 Nr. 3 bis 7 lebenslange Freiheitsstrafe oder Freiheitsstrafe nicht unter zehn Jahren und in den Fällen des Absatzes 1 Nr. 8 bis 10 Freiheitsstrafe nicht unter fünf Jahren.

(4) In minder schweren Fällen des Absatzes 3 ist die Strafe bei einer Tat nach Absatz 1 Nr. 3 bis 7 Freiheitsstrafe nicht unter fünf Jahren und bei einer Tat nach Absatz 1 Nr. 8 bis 10 Freiheitsstrafe nicht unter drei Jahren.

(5) ¹Wer ein Verbrechen nach Absatz 1 in der Absicht begeht, ein institutionalisiertes Regime der systematischen Unterdrückung und Beherrschung einer rassischen Gruppe durch eine andere aufrechtzuerhalten, wird mit Freiheitsstrafe nicht unter fünf Jahren bestraft, soweit nicht die Tat nach Absatz 1 oder Absatz 3 mit schwererer Strafe bedroht ist. ²In minder schweren Fällen ist die Strafe Freiheitsstrafe nicht unter drei Jahren, soweit nicht die Tat nach Absatz 2 oder Absatz 4 mit schwererer Strafe bedroht ist.

Schrifttum: *Akhavan*, Reconciling Crimes Against Humanity with the Laws of War – Human Rights, Armed Conflict, and the Limits of Progressive Jurisprudence, Journal of International Criminal Justice 6 (2008), 21; *Allain/Hickey*, Property and the Definition of Slavery, International and Comparative Law Quarterly 61 (2012), 915; *Ambos*, Straflosigkeit von Menschenrechtsverletzungen, 1997; *ders.*, Der Allgemeine Teil des Völkerstrafrechts, 2002; *ders.*, The Fujimori Judgement, Journal of International Criminal Justice 9 (2011), 137; *ders.*, Treatise on International Criminal Law, Band 1, 2013, Band 2, 2014; *ders.*, Internationales Strafrecht, 4. Aufl. 2014; *ders./Wirth*, The Current Law of Crimes Against Humanity, Criminal Law Forum 13 (2002), 1; *Askin*, Prosecuting Wartime Rape and Other Gender-Related Crimes Under International Law: Extraordinary Advances, Enduring Obstacles, Berkeley Journal of International Law 21 (2003), 288; *dies.*, Sexual Violence in Decisions and Indictments of the Yugoslav and Rwandan Tribunals: Current Status, American Journal of International Law 93 (1999), 97; *dies.*, Crimes Within the Jurisdiction of the ICC, Criminal Law Forum 10 (1999), 33; *Azadi-Goodfellow*, The Miscategorization of ‚Forced Marriage' as a Crime Against Humanity by the Special Court for Sierra Leone, International Criminal Law Review 11 (2011), 831; *Badar*, From the Nuremberg Charter to the Rome Statute: Defining the Elements of Crimes Against Humanity, San Diego International Law Journal 5 (2004), 73; *Bassiouni*, Crimes Against Humanity in International Criminal Law, 2. Aufl. 1999; *ders.*, The Legislative History of the International Criminal Court, 2005; *ders.*, Crimes Against Humanity, 2011; *Becker*, Der Tatbestand des Verbrechens gegen die Menschlichkeit – Überlegungen zur Problematik eines völkerrechtlichen Strafrechts, 1996; *Berster*, Buchrezension: Stefan Kirsch „Der Begehungszusammenhang der Verbrechen gegen die Menschlichkeit (2009)", Zeitschrift für das Juristische Studium 2009, 744; *Blattmann/Bowman*, Achievements and Problems of the International Criminal Court, Journal of International Criminal Justice 6 (2008), 711; *Bock*, Zwangssterilisation im Nationalsozialismus. Studien zur Rassenpolitik und Frauenpolitik, 1986; *Boister/Cryer*, The Tokyo International Military Tribunal, 2008; *Boon*, Rape and Forced Pregnancy Under the ICC Statute: Human Dignity, Autonomy and Consent, Columbia Human Rights Law Review 32 (2001), 625; *Boot*, Genocide, Crimes Against Humanity, War Crimes: Nullum Crimen Sine Lege and the Subject Matter Jurisdiction of the International Criminal Court, 2002; *von Braun/Diehl*, Die Umsetzung der Konvention gegen das Verschwindenlassen in Deutschland, Zeitschrift für Internationale Strafrechtsdogmatik 2011, 214; *Brand*, Crimes Against Humanity and the Nürnberg Trials, Oregon Law Review 28 (1949), 93; *Brody/Gonzalez*, Nunca Más: An Analysis of International Instruments on „Disappearances", Human Rights Quarterly 19 (1997), 365; *de Brouwer*, Supranational Criminal Prosecution of Sexual Violence, The ICC and the Practice of the ICTY and the ICTR, 2005; *Bülck*, Die Zwangsarbeit im Friedensvölkerrecht. Untersuchungen über die Möglichkeiten und Grenzen allgemeiner Menschenrechte, 1953; *Bultz*, Redefining Apartheid in International Criminal Law, Criminal Law Forum 24 (2013), 205; *Burchard*, Torture in the Jurisprudence of the Ad Hoc Tribunals – A Critical Assessment, Journal of International Criminal Justice 6 (2008), 159; *Burchards*, Die Verfolgung von Völkerrechtsverbrechen durch Drittstaaten. Das kanadische Beispiel, 2005; *Cançado Trindade*, Enforced Disappearances of Persons as a Violation of Jus Cogens, Nordic Journal of International Law 81 (2012), 507; *Chesterman*, An Altogether Different Order: Defining the Elements of Crimes Against Humanity, Duke Journal of Comparative and International Law 10 (2000), 307; *Chinkin*, Women's International Tribunal on Japanese Military Sexual Slavery, American Journal of International Law 95 (2001), 335; *Citroni*, The Specialist Chambers of Kosovo – The Applicable Law and the Special Challenges Related to the Crime of Enforced Disappearance, Journal of International Criminal Justice (2016), 123; *Chouliaras*, A Strategic Choice: The State Policy Requirement in Core International Crimes, Leiden Journal of International Law 28 (2015), 953; *Chuang*, Redirecting the Debate over Trafficking in Women: Definitions, Paradigms and Contexts, Harvard International Law Journal 11 (1998), 65; *Clark*, Crimes Against Humanity and the Rome Statute of the International Criminal Court, in *Politi/Nesi* (Hrsg.), The Rome Statute of the International Criminal Court. A Challenge to Impunity, 2001, S. 75; *Cornelius*, Vom spurlosen Verschwindenlassen zur Benachrichtigungspflicht bei Festnahmen, 2006; *Cryer*, Prosecuting International Crimes, 2005; *Cryer/Friman/Robinson/Wilmshurst*, An Introduction to International Criminal Law and Procedure, 3. Aufl. 2014; *Cupido*, The Policy Underlying Crimes Against Humanity, Criminal Law Forum 22 (2011), 275; *Dahm/Delbrück/Wolfrum*, Völkerrecht, Band I/3, 2. Aufl. 2002; *DeFalco*, Accounting for Famine at the Extraordinary Chambers in the Courts of Cambodia, International Journal of Transitional Justice 5 (2011), 142; *Delbrück*, Apartheid, in Encyclopedia of Public and International Law, Band 1, 1992, S. 192; *Delmas-Marty*, Violence and Massacres – Towards a Criminal Law of Inhumanity?, Journal of International Criminal Justice 7 (2009), 5; *Demleitner*, Forced Prostitution: Naming an International Offense,

Fordham International Law Journal 18 (1994), 163; *Donat-Cattin*, A General Definition of Crimes against Humanity under International Law: The Contribution of the Rome Statute of the International Criminal Court, L'Astree, Revue de Droit Pénal et des Droits de l'Homme (1999), 83; *Doria*, Whether Crimes Against Humanity Are Backdoor War Crimes, in *ders./Gasser/Bassiouni* (Hrsg.), The Legal Regime of the International Criminal Court, Essays in Honour of Professor Igor Blishenko, 2009, S. 645; *Dugard/Reynolds*, Apartheid, International Law, and the Occupied Palestinian Territory, European Journal of International Law 24 (2013), 867; *Ehlert*, Prosecuting the Destruction of Cultural Property in International Criminal Law, 2014; *Epik*, Die Strafzumessung bei Taten nach dem Völkerstrafgesetzbuch, 2017; *Eriksson*, Defining Rape, 2011; *Eser/Sieber/Kreicker* (Hrsg.), Nationale Strafverfolgung völkerrechtlicher Verbrechen (2003–2005); *Fabbrino*, The European Court of Human Rights, Extraordinary Renditions and the Right to the Truth, Human Rights Law Review 14 (2014), 85; *Fischer*, Strafgesetzbuch, 64. Aufl. 2017; *Fournet/Pégorier*, „Only One Step Away From Genocide": The Crime of Persecution in International Criminal Law, International Criminal Law Review 10 (2010), 713; *Frank/Schneider-Glockzin*, Terrorismus und Völkerstraftaten im bewaffneten Konflikt, NStZ 1 (2017), 1; *Frulli*, Advancing International Criminal Law, Journal of International Criminal Justice 6 (2008), 1033; *Gaeta*, When is the Involvement of State Officials a Requirement for the Crime of Torture?, Journal of International Criminal Justice 6 (2008), 183; *Gallagher*, Human Rights and the New UN Protocols on Trafficking and Migrant Smuggling: A Preliminary Analysis, Human Rights Quarterly 23 (2001), 975; *ders.*, The International Law of Human Trafficking, 2014; *Gierhake*, Begründung des Völkerstrafrechts auf der Grundlage der Kantischen Rechtslehre, 2005; *dies.*, Zum Erfordernis eines „ausgedehnten oder systematischen Angriffs gegen die Zivilbevölkerung" als Merkmal der Verbrechen gegen die Menschlichkeit, Zeitschrift für Internationale Strafrechtsdogmatik 2010, 676; *Gil Gil*, Die Tatbestände der Verbrechen gegen die Menschlichkeit und des Völkermordes im Römischen Statut des Internationalen Strafgerichtshofs, ZStW 112 (2000), 381; *Gordon*, Hate Speech and Persecution, Vanderbilt Journal of Transnational Law 46 (2013), 303; *Graefrath*, Apartheid – ein internationales Verbrechen, NJ 1974, 192; *Grammer*, Der Tatbestand des Verschwindenlassens einer Person, 2005; *Grewal*, The Protection of Sexual Autonomy Under International Criminal Law, Journal of International Criminal Justice 10 (2012), 373; *Gropengießer/Kreicker*, Landesbericht Deutschland, in *Eser/Kreicker* (Hrsg.), Nationale Strafverfolgung völkerrechtlicher Verbrechen im internationalen Vergleich, Band 1, 2003, S. 1; *Haenen*, Classifying Acts as Crimes Against Humanity in the Rome Statute of the International Criminal Court, German Law Journal 14 (2013), 796; *ders.*, The Parameters of Enslavement and the Act of Forced Marriage, International Criminal Law Review 13 (2013), 895; Hamburger Institut für Sozialforschung (Hrsg.), Nie wieder! Ein Bericht über Entführung, Folter und Mord durch die Militärdiktatur in Argentinien, 1987; *Haslam*, Silences in International Criminal Legal Histories and the Construction of the Victim Subject of International Criminal Law, The Nineteenth-Century Slave Trading Trial of Joseph Peters, in *Schwöbel* (Hrsg.), Critical Approaches to International Criminal Law, An Introduction, 2014, S. 180; *La Haye*, The Elements of War Crimes, in *Lee* (Hrsg.), The International Criminal Court, Elements of Crimes and Rules of Procedure and Evidence, 2001, S. 188; *von Hebel/Robinson*, Crimes Within the Jurisdiction of the Court, in *Lee* (Hrsg.), The International Criminal Court, The Making of the Rome Statute, 1999, S. 79; *Heller*, The Nuremberg Military Tribunals and the Origins of International Criminal Law, 2011; *de Hemptinne*, La définition de la notion de „population civile" dans le cadre du crime contre l'humanité, Commentaire critique de l'arrêt Martic, Revue Générale de Droit International Public 114 (2010), 93; *Henckaerts*, Deportation and Transfer of Civilians in Time of War, Vanderbilt Journal of Transnational Law 26 (1993), 469; *Herf*, Divided Memory, The Nazi Past in the Two Germanys, 1997; *Hwang*, Defining Crimes Against Humanity in the Rome Statute of the International Criminal Court, Fordham International Law Journal 22 (1998), 457; Internationaler Militärgerichtshof Nürnberg, Der Nürnberger Prozeß gegen die Hauptkriegsverbrecher, Band 1, 1947; *Jagusch*, Das Verbrechen gegen die Menschlichkeit in der Rechtsprechung des Obersten Gerichtshofs für die Britische Zone, SJZ 1949, Sp. 620; *Jain*, Forced Marriage as a Crime Against Humanity: Problems of Definition and Prosecution, Journal of International Criminal Justice 6 (2008), 1013; *Jalloh*, What Makes a Crime Against Humanity a Crime Against Humanity?, American University International Law Review 28 (2013), 381; *Jescheck*, Gegenstand und neueste Entwicklung des internationalen Strafrechts, in *Schroeder/Zipf* (Hrsg.), FS Maurach, 1972, 579; *Jeßberger*, Corporate Involvement in Slavery and Criminal Responsibility under International Law, Journal of International Criminal Justice 14 (2016), 327; *Karagiannakis*, The Definition of Rape and its Characterization as an Act of Genocide – A Review of the Jurisprudence of the International Criminal Tribunals for Rwanda and the Former Yugoslavia, Leiden Journal of International Law 12 (1999), 479; *Kirsch*, Der Begehungszusammenhang der Verbrechen gegen die Menschlichkeit, 2009; *ders.*, Two Kinds of Wrong, Leiden Journal of International Law 22 (2009), 525; *ders.*, Zweierlei Unrecht. Zum Begehungszusammenhang der Verbrechen gegen die Menschlichkeit, in *Michalke/Köberer/Pauly* (Hrsg.), FS Hamm, 2008, 269; *Klumpp*, Vergangenheitsbewältigung durch Wahrheitskommissionen – das Beispiel Chile, 2001; *Kontorovich*, The Constitutionality of International Courts, University of Pennsylvania Law Review 158 (2009), 39; *Kreß*, On the Outer Limits of Crimes Against Humanity: The Concept of Organization within the Policy Requirement, Some Reflections on the March 2010 ICC Kenya Decision, Leiden Journal of International Law 23 (2010), 855; *ders.*, Some Reflections on the International Legal Framework Governing Transnational Armed Conflicts, Journal of Conflict and Security Law 15 (2010), 245; *ders.*, Vom Nutzen eines deutschen Völkerstrafgesetzbuches, 2000; *Kuhli*, Das Völkerstrafgesetzbuch und das Verbot der Strafbegründung durch Gewohnheitsrecht, 2010; *Kuschnik*, Der Gesamttatbestand des Verbrechens gegen die Menschlichkeit, Herleitungen, Ausprägungen, Entwicklungen, 2009; *La Haye*, The Elements of War Crimes – Rape, Sexual Slavery, Enforced Prostitution, Forced Pregnancy, Enforced Sterilisation, and Sexual Violence, in *Lee* (Hrsg.), The International Criminal Court. Elements of Crimes and Rules of Procedure and Evidence, 2001, S. 184; *Lampe*,

Verbrechen gegen die Menschlichkeit, in *Hirsch/Wolter/Brauns* (Hrsg.), FS Kohlmann, 2003, 147; *Lange*, Die Rechtsprechung des Obersten Gerichtshofes für die Britische Zone zum Verbrechen gegen die Menschlichkeit, SJZ 1948, Sp. 655; *Lattanzi*, Crimes Against Humanity in the Jurisprudence of the International Criminal Tribunals for the Former Yugoslavia and Rwanda, in *Fischer/Kreß/Lüder* (Hrsg.), International and National Prosecution of Crimes under International Law – Current Developments, 2001, S. 491; *Lehmler*, Die Strafbarkeit von Vertreibungen aus ethnischen Gründen im bewaffneten nicht-internationalen Konflikt, 1999; *Lippman*, Crimes Against Humanity, Boston College Third World Law Journal 17 (1997), 171; *Louven*, Die Strafbarkeit antisemitischer Ausschreitungen, DRiZ 1960, 211; *Luban*, A Theory of Crimes Against Humanity, Yale Journal of International Law 29 (2004), 85; *MacKinnon*, Defining Rape Internationally: A Comment on Akayesu, Columbia Journal of Transnational Law 44 (2006), 940; *Manske*, Verbrechen gegen die Menschlichkeit als Verbrechen gegen die Menschheit, 2003; *Marcus*, Famine Crimes in International Law, American Journal of International Law 97 (2003), 245; *Martinez*, Antislavery Courts and the Dawn of International Human Rights Law, Yale Law Journal 117 (2008), 550; *Marxen*, Beteiligung an schwerem systematischem Unrecht. Bemerkungen zu einer völkerstrafrechtlichen Straftatlehre, in *Lüderssen* (Hrsg.), Aufgeklärte Kriminalpolitik oder Kampf gegen das Böse?, Band 3: Makrodelinquenz, 1998, S. 220; *ders.*, Die Bestrafung von NS-Unrecht in Ostdeutschland, in *Marxen/Miyazawa/Werle* (Hrsg.), Der Umgang mit Kriegs- und Besatzungsunrecht in Deutschland und Japan, 2001, S. 159; *Materu*, The Post-Election Violence in Kenya – Domestic and International Legal Responses, 2015; *McAuliffe de Guzman*, The Road from Rome: The Developing Law of Crimes Against Humanity, Human Rights Quarterly 22 (2000), 335; *dies.*, Crimes Against Humanity, in *Schabas/Bernaz* (Hrsg.), Routledge Handbook of International Criminal Law, 2011, S. 121; *McDermott*, The Structure of International Cooperation in the Transfer of Suspects, International Criminal Law Review 15 (2015), 254; *Maurach*, Das Gesetz zum Schutz der persönlichen Freiheit (§§ 234a, 241a StGB), NJW 1952, 163; *Mavany*, Terrorismus als Verbrechen gegen die Menschlichkeit – Analyse und Konsequenzen der Zuordnung zum Völkerstrafrecht, Zeitschrift für Internationale Strafrechtsdogmatik 2007, 324; *Meseke*, Der Tatbestand der Verbrechen gegen die Menschlichkeit nach dem Römischen Statut des Internationalen Strafgerichtshofes, 2004; *Mettraux*, The Definition of Crimes Against Humanity and the Question of a „Policy" Element, in *Sadat* (Hrsg.), Forging a Convention for Crimes Against Humanity, 2011, S. 142; *ders.*, Crimes Against Humanity in the Jurisprudence of the International Criminal Tribunals for the Former Yugoslavia and for Rwanda, Harvard International Law Journal 43 (2002), 237; *ders.*, International Crimes and the ad hoc Tribunals, 2005; *Meyrowitz*, La répression des crimes contre l'humanité par les tribunaux allemands en application de la loi no. 10 du Conseil de Contrôle Allié, 1960; *Modolell González*, The Crime of Forced Disappearance of Persons According to the Decision of the Inter-American Court of Human Rights, International Criminal Law Review 10 (2010), 475; *Möller*, Sexuelle Gewalt im Krieg, in *Hasse/Müller/Schneider* (Hrsg.), Humanitäres Völkerrecht, 2001, S. 280; *Nsereko*, Genocide: A Crime Against Mankind, in *Kirk McDonald/Swaak-Goldman* (Hrsg.), Substantive and Procedural Aspects of International Criminal Law, Band 1, 2000, S. 117; *Petrovic*, Ethnic Cleansing – An Attempt at Methodology, European Journal of International Law 5 (1994), 342; *O'Byrne*, Beyond Consent: Conceptualising Sexual Assault in International Criminal Law, International Criminal Law Review 11 (2011), 495; *O'Keefe*, International Criminal Law, 2015; *Oosterveld*, Gender, Persecution, and the International Criminal Court, Duke Journal of Comparative and International Law 17 (2006), 49; *dies.*, Gender-Based Crimes Against Humanity, in *Sadat* (Hrsg.), Forging a Convention for Crimes Against Humanity, 2011, S. 78; *Osten*, Der Tokioter Kriegsverbrecherprozeß und die japanische Rechtswissenschaft, 2003; *Paust*, Secret Detentions, in *Sadat/Scharf* (Hrsg.), Essays in Honour of M. Cherif Bassiouni, 2008, S. 253; *Radbruch*, Zur Diskussion über das Verbrechen gegen die Menschlichkeit, SJZ 1947, Sp. 131; *Ott*, Enforced Disappearance in International Law, 2011; *Rassam*, Contemporary Forms of Slavery and the Evolution of the Prohibition of Slavery and Slave Trade Under Customary International Law, Virginia Journal of International Law 39 (1999), 303; *Rikhof*, Hate Speech and International Criminal Law, Journal of International Criminal Justice 3 (2005), 1121; *ders.*, Fewer Places to Hide?, Criminal Law Forum 20 (2009), 1; *Roberts*, Striving for Definition, The Law of Persecution from its Origins to the ICTY, in *Abtahi/Boas* (Hrsg.), The Dynamics of International Criminal Justice, Essays in Honour of Sir Richard May, 2006, S. 257; *Robinson*, Defining Crimes Against Humanity at the Rome Conference, American Journal of International Law 93 (1999), 43; *ders.*, Crimes Against Humanity: Reflections on State Sovereignty, Legal Precision and the Dictates of the Public Conscience, in *Lattanzi/Schabas* (Hrsg.), Essays on the Rome Statute of the International Criminal Court, Band 1, 1999, S. 139; *ders.*, The Elements of Crimes Against Humanity, in *Lee* (Hrsg.), The International Criminal Court. Elements of Crimes and Rules of Procedure and Evidence, 2001, S. 57; *Roch*, Forced Displacement in the Former Yugoslavia: A Crime Under International Law?, Dickinson Journal of International Law 14 (1995), 1; *Rothmaler*, Sterilisation nach dem „Gesetz zur Verhütung erbkranken Nachwuchses" vom 14. Juli 1933, 1991; *Rückert/Witschel*, Genocide and Crimes Against Humanity in the Elements of Crimes, in *Fischer/Kreß/Lüder* (Hrsg.), International and National Prosecution of Crimes under International Law – Current Developments, 2001, S. 59; *Sadat*, Crimes Against Humanity in the Modern Age, American Journal of International Law 107 (2013), 334; *Sadat Wexler*, The Interpretation of the Nuremberg Principles by the French Court of Cassation: From Touvier to Barbie and Back Again, Columbia Journal of Transnational Law 32 (1994), 289; *Safferling*, Internationales Strafrecht, 2011; *ders.*, Wider die Feinde der Humanität – Der Tatbestand des Völkermordes nach der Römischen Konferenz, JuS 2001, 735; *Salgado*, The Judgment of the International Criminal Tribunal for the Former Yugoslavia in the Vasiljević Case, Leiden Journal of International Law 16 (2003), 321; *Satzger*, Internationales und Europäisches Strafrecht, 7. Aufl. 2016; *ders.*, Das neue Völkerstrafgesetzbuch. Eine kritische Würdigung, NStZ 2002, 125; *van Schaack*, The Definition of Crimes against Humanity: Resolving the Incoherence, Columbia Journal of Transnational Law 37 (1999), 787; *Schabas*, The International Criminal

Court: A Commentary to the Rome Statute, 2010; *ders.*, State Policy as an Element of International Crimes, Journal of Criminal Law & Criminology 98 (2008), 953; *ders.*, The UN International Criminal Tribunals: The Former Yugoslavia, Rwanda and Sierra Leone, 2006; *ders.*, Genocide in International Law, 2. Aufl. 2009; *Schomburg/Peterson*, Genuine Consent to Sexual Violence Under International Criminal Law, American Journal of International Law 101 (2007), 121; *Siller*, „Modern Slavery" – Does International Law Distinguish Between Slavery, Enslavement and Trafficking?, Journal of International Criminal Justice 14 (2016), 405; *Sluiter*, „Chapeau Elements" of Crimes Against Humanity in the Jurisprudence of the UN Ad Hoc Tribunals, in *Sadat* (Hrsg.), Forging a Convention for Crimes Against Humanity, 2011, S. 102; *Stahn*, Justice Delivered or Justice Denied? The Legacy of the Katanga Judgment, Journal of International Criminal Justice 12 (2014), 809; *Steains*, Situations that may Affect the Functioning of the Court, in *Lee* (Hrsg.), The International Criminal Court. Elements of Crimes and Rules of Procedure and Evidence, 2001, S. 357; *Swaak-Goldman*, Crimes Against Humanity, in *Kirk McDonald/Swaak-Goldman* (Hrsg.), Substantive and Procedural Aspects of International Criminal Law. The Experience of International and National Courts, Band 1, 2000, S. 141; *Tomuschat*, Das Strafgesetzbuch der Verbrechen gegen den Frieden und die Sicherheit der Menschheit, EuGRZ 1998, 1; *Tretter*, Entwicklung und gegenwärtige Bedeutung der internationalen Sklavereiverbote, in *Nowak/Steurer/Tretter* (Hrsg.), FS Ermacora, 1988, 527; *Triffterer*, Die Bestrafung von Vertreibungsverbrechen, in *Blumenwitz* (Hrsg.), Flucht und Vertreibung, 1987, S. 259; *ders./Ambos*, The Rome Statute of the International Criminal Court: A Commentary, 3. Aufl. 2016; *Tully*, Sex, Slavery and the High Court of Australia, The Contribution of R. v. Tang to International Jurisprudence, International Criminal Law Review 10 (2010), 403; United Nations War Crimes Commission (Hrsg.), History of the United Nations War Crimes Commission and the Development of the Laws of War, 1948; *Verdirame*, The Genocide Definition in the Jurisprudence of the Ad Hoc Tribunals, International and Comparative Law Quarterly 49 (2000), 578; *Vermeulen*, Enforced Disappearance, 2012; *Vest*, Humanitätsverbrechen – Herausforderung für das Individualstrafrecht, ZStW 113 (2001), 457; *Vest/Ziegler/Lindenmann/Wehrenberg* (Hrsg.), Die völkerstrafrechtlichen Bestimmungen des StGB, 2014; *Viseur Sellers*, The Context of Sexual Violence: Sexual Violence as Violations of International Humanitarian Law, in *Kirk McDonald/Swaak-Goldman* (Hrsg.), Substantive and Procedural Aspects of International Criminal Law – The Experience of International and National Courts, Band 1, 2000, S. 263; *Vormbaum*, Das Strafrecht der Deutschen Demokratischen Republik, 2015; *Walk* (Hrsg.), Das Sonderrecht für die Juden im NS-Staat, 2. Aufl. 1996; *Webb*, Genocide Treaty – Ethnic Cleansing – Substantive and Procedural Hurdles in the Application of the Genocide Convention to Alleged Crimes in the Former Yugoslavia, Georgia Journal of International and Comparative Law 23 (1993), 377; *Weinke*, Die Verfolgung von NS-Tätern im geteilten Deutschland, 2002; *Werle*, Die Zukunft des Völkerstrafrechts, in *Grundmann/Kloepfer/Paulus/Schröder/Werle* (Hrsg.), FS 200 Jahre Juristische Fakultät Humboldt-Universität zu Berlin – Geschichte, Gegenwart und Zukunft, 2010, Bd. 1, S. 1219; *ders.*, Völkerstrafrecht und deutsches Strafrecht, JZ 2000, 755; *ders./Burghardt*, Die Tötungen an der deutsch-deutschen Grenze – Verbrechen gegen die Menschlichkeit?, in *Geisler/Kraatz/Kretschmer/Schneider/Sowada* (Hrsg.), FS Geppert 2011, 757; *dies.*, Erfordern Menschlichkeitsverbrechen die Beteiligung eines Staates oder einer „staatsähnlichen" Organisation?, Zeitschrift für Internationale Strafrechtsdogmatik 2012, 271; *dies.*, Do Crimes Against Humanity Require the Participation of a State or a „State-like" Organization?, Journal of International Criminal Justice 10 (2012), 1151; *Werle/Jeßberger*, Völkerstrafrecht, 4. Aufl. 2016; *dies.*, Das Völkerstrafgesetzbuch, JZ 2002, 725; *Wharton*, The Evolution of International Criminal Law, International Criminal Law Review 11 (2011), 217; *Wieland*, Ahndung von NS-Verbrechen in Ostdeutschland 1945–1990, NJ 1991, 49; *van der Wilt*, Slavery Prosecutions in International Criminal Jurisdictions, Journal of International Criminal Justice 14 (2016), 269; *ders.*, Trafficking in Human Beings, Enslavement, Crimes Against Humanity, Chinese Journal of International Law 13 (2014), 297; *van der Wolf/de Ruiter* (Hrsg.), Crimes Against Humanity and International Criminal Law (2011); *Witschel/Rückert*, The Elements of Crimes Against Humanity, in *Lee* (Hrsg.), The International Criminal Court. Elements of Crimes and Rules of Procedure and Evidence, 2001, S. 94; *de Zayas*, International Law and Mass Population Transfers, Harvard International Law Journal 16 (1975), 207; *Zilbershats*, Apartheid, International Law, and the Occupied Palestinian Territory, European Journal of International Law 24 (2013), 915; *Zimmermann*, Bestrafung völkerrechtlicher Verbrechen durch deutsche Gerichte nach In-Kraft-Treten des Völkerstrafgesetzbuchs, NJW 2002, 3068.

Übersicht

	Rn.		Rn.
I. Überblick	1–12	2. Qualifikationen/minder schwere Fälle	127–133
1. Rechtsgut	1	a) Abs. 2	127
2. Deliktsnatur	2, 3	b) Abs. 3 und 4	128
3. Historie	4–9	c) Abs. 5	129–133
4. Einfluss des Völkerrechts	10–12	**III. Rechtfertigung, Rechtsfolgen, Verjährung, Konkurrenzen**	134–144
II. Erläuterung	13–133	1. Rechtfertigung	134, 135
1. Deliktsstruktur	13–126	2. Rechtsfolgen	136–139
a) Gesamttat	14–45	3. Verjährung	140
b) Einzeltaten	46–126	4. Konkurrenzen	141–144

I. Überblick

1. Rechtsgut. Der Tatbestand der Verbrechen gegen die Menschlichkeit schützt in erster 1 Linie die **Interessen der Völkergemeinschaft** als Ganzes.[1] Der unter Strafe gestellte systematische oder massenhafte Angriff auf grundlegende Menschenrechte einer Zivilbevölkerung bedroht Frieden, Sicherheit und Wohlergehen der Menschheit; der „Mindeststandard der Regeln mitmenschlicher Existenz" wird damit in Frage gestellt.[2] Neben den überindividuellen Interessen der Völkergemeinschaft schützt der Tatbestand aber auch **Individualinteressen**, namentlich Leben, Gesundheit, Freiheit und Menschenwürde der Opfer;[3] nicht haltbar ist dagegen die Auffassung, der Tatbestand schütze allein Individualinteressen.[4]

2. Deliktsnatur. Verbrechen gegen die Menschlichkeit sind **Massenverbrechen**, die 2 gegen eine Zivilbevölkerung begangen werden. Erfasst werden insbesondere Massentötungen, die auch für den Tatbestand des Völkermordes charakteristisch sind; so wurden die Geschehnisse des Holocaust im Nürnberger Prozess gegen die Hauptkriegsverbrecher als Verbrechen gegen die Menschlichkeit geahndet. Während ein Völkermord sich jedoch gegen eine nationale, rassische, religiöse oder ethnische Gruppe richten muss, kann Angriffsobjekt eines Verbrechens gegen die Menschlichkeit jede Zivilbevölkerung sein. So können Verbrechen gegen politische Gruppen zwar nicht als Völkermord, wohl aber als Menschlichkeitsverbrechen erfasst werden. Auch ist anders als beim Völkermord bei Verbrechen gegen die Menschlichkeit nicht erforderlich, dass die Täter beabsichtigen, eine Gruppe als solche ganz oder teilweise zu zerstören.

Die Begehungsformen der Menschlichkeitsverbrechen sind Ausdruck leidvoller histori- 3 scher Erfahrung.[5] Neben die schwersten Fälle von Menschlichkeitsverbrechen, die Ausrottung und die Tötung, treten zahlreiche weitere Begehungsformen, wie etwa die Auferlegung von Zwangsarbeit, die Vertreibung von Menschen aus ihren angestammten Siedlungsgebieten, das willkürliche Einsperren oder Foltern politischer Gegner, die massenhafte Vergewaltigung wehrloser Frauen, das spurlose Verschwindenlassen von Personen,[6] die Verfolgung von Menschen durch diskriminierende Gesetze und Maßnahmen und das Verbrechen der Apartheid.[7]

3. Historie. Vor der Schaffung des Völkerstrafgesetzbuches war der Tatbestand der Ver- 4 brechen gegen die Menschlichkeit kein Bestandteil des deutschen Strafrechts. Der bundesdeutsche Gesetzgeber hatte sich zu Beginn der fünfziger Jahre bewusst gegen die Aufnahme des Tatbestands in das Strafgesetzbuch entschieden. Die §§ 234a und 241a StGB (eingefügt durch das Gesetz zum Schutz der persönlichen Freiheit vom 15.7.1951)[8] betreffen lediglich Teilaspekte des Menschlichkeitsverbrechens.[9] So konnten Menschlichkeitsverbrechen nur mit den gewöhnlichen Straftatbeständen erfasst werden, etwa als Tötungs-, Körperverlet-

---

[1] JStGH 7.10.1997 (Erdemović, AC), Sondervotum *Kirk McDonald* und *Vohrah*, para. 21. Vgl. zur Rechtsprechung zu dieser Frage nach dem Zweiten Weltkrieg *Manske* S. 176 ff.
[2] *Jescheck* FS Maurach, 579 (590). Vgl. auch *Werle/Jeßberger* Rn. 921.
[3] Vgl. *Ambos* § 7 Rn. 173; *Lampe* FS Kohlmann, 2003, 147 (154 f.); *Meseke* S. 117 ff.; *Radbruch* SJZ 1947, Sp. 343; *Vest* ZStW 113 (2001), 457 (464); *Werle/Jeßberger* Rn. 921. Zum Schutzgut des Tatbestands der Verbrechen gegen die Menschlichkeit vom Standpunkt der Kantischen Rechtslehre *Gierhake* S. 271 ff.
[4] So aber *Gil Gil* ZStW 112 (2000), 381 (382); *Eser/Kreicker/Gropengießer/Kreicker* S. 116; *Kirsch* FS Hamm, 2008, 269 (284 f.). Allein auf den überindividuellen Aspekt abstellend *Safferling* § 6 Rn. 55.
[5] Zur Geschichte der Menschlichkeitsverbrechen vgl. *Sadat* American Journal of International Law 107 (2013), 334 (337 ff.).
[6] Vgl. etwa Report of the Chilean National Commission on Truth and Reconciliation, Band 1 und 2 (1993), S. 136 ff., 495 ff. und dazu zusf. *Klumpp* S. 108 ff.; Hamburger Institut für Sozialforschung S. 155 ff.
[7] Vgl. dazu etwa Truth and Reconciliation Commission of South Africa Report, 1998, Band 1, S. 94 ff.
[8] BGBl. 1951 I S. 448.
[9] Vgl. dazu Denkschrift des Bundesjustizministeriums, DRiZ 1951, 162; *Maurach* NJW 1952, 163. Dagegen enthielt das Strafgesetzbuch der DDR seit 1968 einen Tatbestand der Verbrechen gegen die Menschlichkeit, vgl. Strafgesetzbuch der Deutschen Demokratischen Republik vom 12.1.1968, DDR-GBl. 1968 I S. 1, § 91. Vgl. dazu auch Eser/Kreicker/*Gropengießer/Kreicker* S. 112; *Vormbaum* S. 348 f.

zungs- oder Sexualdelikte. Damit kam der völkerrechtliche Unrechtskern, die systematische Tatbegehung, in der tatbestandlichen Unrechtsbeschreibung nicht zur Geltung.[10]

5   Erste **Vorläufer** hatte der Tatbestand der Verbrechen gegen die Menschlichkeit in den Präambeln der Haager Abkommen betreffend die Gesetze und Gebräuche des Landkriegs von 1899 und 1907.[11] Diese Präambeln verpflichteten die Krieg führenden Parteien in einer Auffangregel dazu, die „Gesetze der Menschlichkeit" zu beachten. 1915 bezeichneten Frankreich, das Vereinigte Königreich und Russland die in der Türkei an den Armeniern verübten Massaker als „Verbrechen gegen die Menschlichkeit"[12] und prägten damit diesen Begriff. Zu einer gerichtlichen Verfolgung dieser und anderer Verbrechen des Ersten Weltkriegs kam es indes nicht.[13]

6   Eine **erste Kodifikation** erfuhr der Tatbestand der Verbrechen gegen die Menschlichkeit in Art. 6 Buchst. c IMG-Statut.[14] Anders als der Tatbestand der Kriegsverbrechen ermöglichte es dieser Tatbestand dem Internationalen Militärgerichtshof, erstmals auch Massenverbrechen gegen die eigene Zivilbevölkerung zu verfolgen.[15] Eine gleichartige Regelung ist in Art. 5 Buchst. c des Statuts des Internationalen Militärgerichtshofs für den Fernen Osten von Tokio enthalten. Während es in Nürnberg zu Verurteilungen wegen Verbrechen gegen die Menschlichkeit kam, war dies in Tokio allerdings nicht der Fall.[16] Das Kontrollratsgesetz Nr. 10 übernahm den Tatbestand mit gewissen Ergänzungen und einer richtungweisenden Veränderung: Während die Gerichtshöfe von Nürnberg und Tokio Verbrechen gegen die Menschlichkeit nur dann verfolgen konnten, wenn sie im Zusammenhang mit einem Angriffskrieg oder einem Kriegsverbrechen verübt worden waren, entfiel in Art. II Abs. 1 Buchst. c dieses **Akzessorietätserfordernis.** Dennoch wurden auch in den Nürnberger Nachfolgeprozessen, die auf Grundlage dieses Gesetzes stattfanden, keine Menschlichkeitsverbrechen verfolgt, die vor Beginn des Zweiten Weltkriegs begangen worden waren.[17] Einzig der Oberste Gerichtshof für die Britische Zone verfolgte auch außerhalb des Kriegszusammenhangs begangene Menschlichkeitsverbrechen.[18] Der Verzicht auf das Akzessorietätserfordernis war folgerichtig. Ihre völkerstrafrechtliche Dimension erreichen Menschlichkeitsverbrechen durch die Intensität der Verletzung menschenrechtlich geschützter Individualrechte, nicht dagegen durch die Begehung im Kontext kriegerischer Handlungen.[19] Dennoch blieb

---

[10] Vgl. *Kreß* S. 14; *Werle* JZ 2000, 755 (756 f.). Kritisch zur Nichterfassbarkeit des völkerrechtlichen Unrechtskerns mit den Straftatbeständen des StGB *Lampe* FS Kohlmann, 2003, 147 (172 f.).

[11] RGBl. 1910 S. 107.

[12] Erklärung vom 28.5.1915, abgedruckt in United Nations War Crimes Commission (Hrsg.), History of the United Nations War Crimes Commission and the Development of the Laws of War, S. 35. Näher dazu *Manske* S. 36 ff. Vgl. zur Geschichte des Begriffs auch *Luban* Yale Journal of International Law 29 (2004), 85 (86 ff.); *O'Keefe* Rn. 4.39 ff.

[13] Vgl. zur Entwicklung bis zum Zweiten Weltkrieg *Bassiouni,* Crimes Against Humanity, S. 60 ff.; *Werle/Jeßberger* Rn. 911.

[14] Das IMG-Statut ist dem Agreement for the Prosecution and Punishment of the Major War Criminals of the European Axis (Londoner Abkommen vom 8.8.1945) beigefügt. Der Text ist abgedruckt in American Journal of International Law 39 (1945), Suppl. 257 sowie im amtlichen Wortlaut in deutscher Sprache in: Internationaler Militärgerichtshof Nürnberg, Der Nürnberger Prozess gegen die Hauptkriegsverbrecher, Band 1, 1947, S. 7 ff.

[15] Zur Rolle des Tatbestands während des Nürnberger Hauptkriegsverbrecherprozesses *Manske* S. 52 ff.

[16] Vgl. nur *Osten,* Der Tokioter Kriegsverbrecherprozess und die japanische Rechtswissenschaft, 2003. Näher zum Tokioter Verfahren *Boister/Cryer.* Zur Regelung des Tokioter Statuts auch *Cryer* S. 249.

[17] U. S. Military Tribunal Nürnberg vom 22.12.1947 *(Friedrich Flick* ua), in: Trials of War Criminals VI, 1187 (1213); U. S. Military Tribunal Nürnberg vom 11.4.1949 *(Ernst von Weizsäcker* ua, sog. *Wilhelmstraßen-Prozess),* in: Trials of War Criminals XIV, 558; anders dagegen U. S. Military Tribunal Nürnberg vom 10.4.1948 *(Otto Ohlendorf* ua, sog. *Einsatzgruppen-Prozess),* in: Trials of War Criminals IV, 411 (499). Zum Verbrechen gegen die Menschlichkeit in der Rechtsprechung der Nürnberger Nachfolgeprozesse *Brand* Oregon Law Review 28 (1949), 93 ff.; *Heller* S. 234 ff.

[18] Zum Verbrechen gegen die Menschlichkeit in der Rechtsprechung des Obersten Gerichtshofs für die Britische Zone *Jagusch* SJZ 1949, Sp. 620 ff.; *Lange* SJZ 1948, Sp. 655 ff. *Kreß* JZ 2016, 948 (949). Vgl. auch *Meyrowitz* S. 213 ff.

[19] Vgl. Grundmann/Kloepfer/Paulus/Schröder/*Werle/Werle* S. 1219 (1227); *Werle/Burghardt* Journal of International Criminal Justice 10 (2012), 1151 (1160 ff.); vgl. auch Schabas/Bernaz/*McAuliffe de Guzman* S. 128 ff.

die Erforderlichkeit eines Zusammenhangs mit einem bewaffneten Konflikt noch lange Zeit umstritten.[20]

Die **völkergewohnheitsrechtliche Strafbarkeit** von Verbrechen gegen die Menschlichkeit wurde vielfach anerkannt.[21] So fand der Tatbestand Eingang in den Draft Code of Offences against the Peace and Security of Mankind von 1954 und war auch in allen nachfolgenden Entwürfen der Völkerrechtskommission bis zum Draft Code of Crimes against the Peace and Security of Mankind von 1996[22] enthalten.[23] Die Strafbarkeit von Verbrechen gegen die Menschlichkeit wurde auch in völkerrechtlichen Verträgen vorausgesetzt, welche die Unverjährbarkeit dieser Taten verfügten oder neue Begehungsformen erfassten.[24] Keiner dieser Verträge setzte eine Begehung im Zusammenhang mit einem bewaffneten Konflikt voraus. 7

Weiterhin haben die **Statuten der internationalen Strafgerichtshöfe** für das ehemalige Jugoslawien und für Ruanda die völkergewohnheitsrechtliche Strafbarkeit der Verbrechen gegen die Menschlichkeit bekräftigt. Dabei bestehen erhebliche Abweichungen zwischen den Texten der verschiedenen einschlägigen Normen. Dies ist aber nicht Ausdruck einer Unsicherheit über die Reichweite der Verbrechenstatbestände, sondern erklärt sich aus der Situationsgebundenheit der Statuten. Wenn Art. 5 JStGH-Statut eine Tatbegehung „in internationalen oder inneren bewaffneten Konflikten" verlangt,[25] so stellt die Norm damit nur eine Verbindung zeitlicher und räumlicher Art mit dem Jugoslawien-Konflikt her. Keinesfalls sollte hier das bereits überwundene Akzessoritätserfordernis des Nürnberger Statuts wieder eingeführt werden.[26] Art. 3 RStGH-Statut erfasst auch dem Wortlaut nach Verbrechen gegen die Menschlichkeit unabhängig vom Vorliegen eines bewaffneten Konflikts. Das RStGH-Statut verlangt allerdings nicht nur für das Menschlichkeitsverbrechen der Verfolgung, sondern für sämtliche Tathandlungen, dass diese aus „nationalen, politischen, ethnischen, rassischen oder religiösen Gründen verübt" worden sind.[27] Auch hierin ist indes kein den Tatbestand einschränkendes Erfordernis zu sehen, sondern eine Beschränkung der Zuständigkeit des Gerichtshofs auf die im Falle Ruanda typischen Erscheinungsformen der Menschlichkeitsverbrechen.[28] Art. 7 IStGH-Statut, auf den § 7 zurückgeht, stellt eine Synthese der bisher entwickelten Defi- 8

---

[20] Vgl. zusammenfassend Doria/Gasser/Bassiouni/*Doria* S. 645 (647 ff.). Vgl. ferner ECCC 15.2.2011 (Ieng ua, PTC), para. 144, wonach die zwischen 1975 und 1979 geltende völkergewohnheitsrechtliche Definition der Verbrechen gegen die Menschlichkeit noch die Begehung im Kontext eines bewaffneten Konflikts vorausgesetzt haben soll. Anders ECCC 26.7.2010 (Duch, TC), para. 292. Vgl. ferner *Schabas* International Criminal Court S. 144 ff.

[21] Siehe insoweit *Lippman* Boston College Third World Law Journal 17 (1997), 171; *van Schaack* Columbia Journal of Transnational Law 37 (1999), 787.

[22] Vgl. Art. 18 Draft Code 1996. Dazu *Tomuschat* EuGRZ 1998, 1.

[23] Vgl. Art. 2 Abs. 11 Draft Code 1954; Art. 21 Draft Code 1991 und Art. 18 Draft Code 1996.

[24] Vgl. etwa Konvention über die Nichtanwendbarkeit von Verjährungsvorschriften auf Kriegsverbrechen und Verbrechen gegen die Menschlichkeit, angenommen durch Resolution der Generalversammlung 2391 (XXIII) vom 26.11.1968; Internationale Konvention über die Bekämpfung und Bestrafung des Verbrechens der Apartheid, angenommen durch Resolution der Generalversammlung 3068 (XXVIII) vom 30.11.1973. Ausführlich zur Geltung und Reichweite des Tatbestandes der Verbrechen gegen die Menschlichkeit von 1975 bis 1979, ECCC 3.2.2012 (Duch, AC), paras. 98 ff.

[25] Vgl. Art. 5 JStGH-Statut, Anhang Nr. 5. Zum Tatbestand der Verbrechen gegen die Menschlichkeit in der Rechtsprechung des Jugoslawien-Strafgerichtshofs Fischer/Kreß/Lüder/*Lattanzi* S. 491 ff.; *Mettraux* Harvard International Law Journal 43 (2002), 237; *ders.* S. 148 ff.; *Schabas* UN Tribunals S. 187 ff.

[26] Ständige Rspr. seit JStGH 2.10.1995 (Tadić, AC), para. 140; JStGH 15.7.1999 (Tadić, AC), paras. 249, 251; JStGH 12.6.2002 (Kunarac ua, AC), para. 83 („purely jurisdiction prerequisite"); JStGH 12.12.2012 (Tolimir, TC), para. 691; JStGH 27.3.2013 (Stanišić und Župljanin, TC), Band 1, para. 22; JStGH 30.5.2013 (Stanišić und Simatović, TC), Band 1, para. 960; JStGH 29.5.2013 (Prlić ua, TC), Band 1, para. 33. Vgl. auch *Chesterman* Duke Journal of Comparative and International Law 10 (2002), 307 (311 ff.); Cryer/Friman/Robinson/Wilmshurst S. 197 f.; *Mettraux* S. 148 ff.; Sadat/*Sluiter* S. 114 ff.

[27] Vgl. Art. 3 RStGH-Statut. Ebenso nun Art. 5 ECCC-Statut; vgl. dazu ECCC 3.2.2012 (Duch, AC), paras. 238 ff.; ECCC 26.7.2010 (Duch, TC), paras. 313 ff. Zum Tatbestand der Verbrechen gegen die Menschlichkeit in der Rechtsprechung des Ruanda-Strafgerichtshofs Fischer/Kreß/Lüder/*Lattanzi* S. 491 ff.; *Mettraux* Harvard International Law Journal 43 (2002), 237.

[28] Vgl. etwa RStGH 1.6.2001 (Akayesu, AC), paras. 464 f.

nitionen unter Berücksichtigung der Rechtsprechung des Jugoslawien-Strafgerichtshofs dar.[29]

9 Abgesehen von den Verfahren vor den internationalen Strafgerichtshöfen fanden auch vor **staatlichen Gerichten** vereinzelt Verfahren wegen Verbrechen gegen die Menschlichkeit statt. Zu verweisen ist etwa auf das in Israel gegen *Adolf Eichmann* durchgeführte Strafverfahren[30] oder auf die in Frankreich erfolgte Verurteilung von *Klaus Barbie*.[31] Auch in den Niederlanden, der DDR[32] und Kanada[33] kam es zu Strafverfahren wegen Menschlichkeitsverbrechen. Verfolgt wurden dabei – ungeachtet zahlreicher anderer Fälle von schweren Menschenrechtsverletzungen – ausschließlich NS-Verbrechen.[34]

10 **4. Einfluss des Völkerrechts.** § 7 lehnt sich eng an die zugrundeliegende **völkerrechtliche Norm**, Art. 7 IStGH-Statut, an. § 7 hat die charakteristische Deliktsstruktur, die durch das Erfordernis einer Gesamttat und einer Einzeltat gekennzeichnet ist, übernommen.[35] Bei der Schaffung des § 7 war der Gesetzgeber bemüht, die Substanz der völkerrechtlichen „Mutternorm" zu wahren und zugleich den Vorgaben des deutschen Verfassungsrechts gerecht zu werden. So finden sich verschiedene Präzisierungen, welche den Bereich strafbaren Verhaltens teilweise enger eingrenzen als das IStGH-Statut.[36] Dies gilt insbesondere für die Generalklausel des Art. 7 Abs. 1 Buchst. k IStGH-Statut („andere unmenschliche Handlungen ähnlicher Art"), die durch den Tatbestand der Zufügung schwerer körperlicher oder seelischer Schäden (Abs. 1 Nr. 8) ersetzt wurde.

11 Der Gesetzgeber hat sich darüber hinaus bemüht, den Tatbestand unter systematischen Gesichtspunkten zu optimieren.[37] So sind die einzelnen Tathandlungen anders als in Art. 7 IStGH-Statut nach ihrer Schwere geordnet und mit differenzierten Strafrahmen versehen.[38] Die Tatbestände des Art. 7 Abs. 1 IStGH-Statut wurden mit den Legaldefinitionen aus Art. 7 Abs. 2 IStGH-Statut zusammengeführt.[39] Neu gegenüber dem Statut ist die Aufglie-

---

[29] Zu den Verhandlungen zu Art. 7 IStGH-Statut vgl. insbesondere *Robinson* American Journal of International Law 93 (1999), 43; Lattanzi/Schabas/*Robinson* S. 139 ff. Vgl. auch Politi/Nesi/*Clark* S. 75 ff.; *Cryer* S. 255; *Donat-Cattin* Revue de Droit Pénal et des Droits de l'Homme (1999), 83; *Hwang* Fordham International Law Journal 22 (1998), 457; *McAuliffe deGuzman* Human Rights Quarterly 22 (2000), 335. Zur Praxis des IStGH *Sadat* American Journal of International Law 107 (2013), 355.

[30] District Court of Jerusalem 12.12.1961, International Law Review 36 (1968), 18; Supreme Court of Israel 29.5.1962, International Law Review 36 (1968), 277.

[31] Cour de Cassation 20.12.1985, International Law Review 78 (1988), 136; Cour de Cassation 3.6.1988, International Law Review 100 (1995), 330. Zusf. *Sadat-Wexler* Columbia Journal of Transnational Law 32 (1994), 289.

[32] Im Gegensatz zur Bundesrepublik hat die DDR konsequent NS-Verbrecher nach dem völkergewohnheitsrechtlichen Tatbestand der Verbrechen gegen die Menschlichkeit abgeurteilt, vgl. nur die Urteile gegen *Hans Globke*, Oberstes Gericht der DDR 23.7.1963, NJ 1963, 449 (507 ff.); *Horst Fischer*, Oberstes Gericht der DDR 25.3.1966, NJ 1966, 193 (203 ff.). Zusf. *Wieland* NJ 1991, 49. Leider trat neben diese begrüßenswerte Annahme des Nürnberger Rechts sein Missbrauch durch Staatsführung und Justiz der DDR. Die DDR-Verfahren wegen Humanitätsverbrechen verletzten ihrerseits in nicht wenigen Fällen systematisch und schwerwiegend Menschenrechte. Dies gilt insbesondere für die 1950 durchgeführten Waldheimer Prozesse, in denen grundlegende Verfahrensregeln in flagranter Weise missachtet wurden. Vgl. dazu *Herf* S. 73; Marxen/Miyazawa/Werle/*Marxen* S. 169 ff.; *Weinke* S. 68 ff.

[33] Ontario Court of Appeal 29.4.1992, International Law Review 98 (1994), 520; Supreme Court of Canada 24.3.1994, International Law Review 104 (1997), 284. Eingehend dazu *Burchards*.

[34] Zsf. zur nationalen Strafverfolgung von Verbrechen gegen die Menschlichkeit *Bassiouni* Crimes Against Humanity S. 664 ff.; *Meseke* S. 44 ff.; *Rikhof* Criminal Law Forum 20 (2009), 1 (15 ff.). Siehe auch die Länderberichte des Freiburger Max-Planck-Instituts für ausländisches und internationales Strafrecht von *Eser/Sieber/Kreicker* (Hrsg.), Nationale Strafverfolgung völkerrechtlicher Verbrechen (2003–2005). Zur Verurteilung des ehemaligen peruanischen Präsidenten *Alberto Fujimori* wegen Verbrechen gegen die Menschlichkeit durch die Corte Suprema de Justicia del Perú im Jahr 2009, vgl. *Ambos* Journal of International Criminal Justice 9 (2011), 137.

[35] Vgl. BT-Drs. 14/8524, 20. Zur Deliktsstruktur → Rn. 13 ff.

[36] Vgl. die Kommentierung zu den einzelnen Tatbeständen. Zum Spannungsverhältnis zwischen Völkerstrafrechtsfreundlichkeit und Bestimmtheitsgrundsatz *Satzger* NStZ 2002, 125 (131); Werle/*Jeßberger* JZ 2002, 725 (730); → Einl. Rn. 39 f.

[37] Eser/Kreicker/Gropengießer/*Kreicker* S. 114.

[38] BT-Drs. 14/8524, 20; Werle/*Jeßberger* Rn. 1071.

[39] Werle/*Jeßberger* JZ 2002, 725 (729, 731).

derung in Grundtatbestand und Qualifikationen: Abs. 3 erfasst Verbrechen gegen die Menschlichkeit mit Todesfolge; Abs. 5 regelt das Verbrechen der Apartheid. Neu ist auch die Berücksichtigung minder schwerer Fälle.[40]

Es kann nicht völlig ausgeschlossen werden, dass das VStGB auf Grund seines erhöhten 12 Präzisionsgrades im Einzelfall nach Völkerrecht strafbare Handlungsweisen nicht erfasst.[41] In einem solchen Fall bleibt freilich gemäß § 2 VStGB ein Rückgriff auf das StGB möglich. Die Bestrafung richtet sich also immer nach deutschen Gesetzen, ein unmittelbarer Rückgriff auf das Völkerrecht ist unzulässig.[42]

II. Erläuterung

1. Deliktsstruktur. Der Grundtatbestand des Abs. 1 setzt voraus, dass „im Rahmen eines 13 ausgedehnten oder systematischen Angriffs gegen eine Zivilbevölkerung" **(Gesamttat)** eine bestimmte **Einzeltat** begangen wird.[43] Abs. 1 benennt als Einzeltaten die Tötung (Nr. 1), die Ausrottung (Nr. 2), die Versklavung (Nr. 3), die Vertreibung oder zwangsweise Überführung (Nr. 4), die Folter (Nr. 5), sexuelle Gewalt (Nr. 6), zwangsweises Verschwindenlassen (Nr. 7), die Zufügung schwerer körperlicher oder seelischer Schäden (Nr. 8), Freiheitsentziehung (Nr. 9) sowie Verfolgung (Nr. 10). Die Anordnung der einzelnen Tatbestandsalternativen des Grundtatbestandes unterscheidet sich von Art. 7 IStGH-Statut und orientiert sich an der Tatschwere, wie sie in den Strafrahmen zum Ausdruck kommt.[44]

a) Gesamttat. Verbrechen gegen die Menschlichkeit sind nach Abs. 1 nur solche im 14 Tatbestand genannten Einzeltaten, die **„im Rahmen eines ausgedehnten oder systematischen Angriffs gegen die Zivilbevölkerung"** begangen worden sind. Diese Kontextelemente, die Bestandteil des Unrechtstatbestands sind,[45] können zusammenfassend als Gesamttat[46] bezeichnet werden. Zur Auslegung des Merkmals des Angriffs gegen die Zivilbevölkerung ist auf die Legaldefinition in Art. 7 Abs. 2 Buchst. a IStGH-Statut zurückzugreifen.[47] Danach liegt ein Angriff gegen eine Zivilbevölkerung in einer „Verhaltensweise, die mit der mehrfachen Begehung der in Abs. 1 genannten Handlungen gegen eine Zivilbevölkerung verbunden ist, in Ausführung oder zur Unterstützung der Politik eines Staates oder einer Organisation, die einen solchen Angriff zum Ziel hat."

aa) Zivilbevölkerung als Tatobjekt. Tatobjekt der Verbrechen gegen die Menschlich- 15 keit ist eine **Zivilbevölkerung als ganze,** nicht lediglich Einzelpersonen. Eine Zivilbevölkerung ist jede Personenmehrheit, die durch gemeinsame Merkmale verbunden ist, welche sie zum Ziel eines Angriffs machen; ein solches Merkmal kann etwa das gemeinsame Bewohnen eines Gebietes darstellen.[48] Es ist nicht erforderlich, dass die gesamte Bevölkerung eines Staates oder Territoriums von dem Angriff, der dem Verbrechen zugrunde liegt,

---

[40] § 7 Abs. 2 regelt minder schwere Fälle des Abs. 1 Nr. 2–9; § 7 Abs. 4 erfasst minder schwere Fälle des Abs. 3; § 7 Abs. 5 S. 2 regelt minder schwere Fälle des Abs. 5.

[41] Vgl. etwa *Satzger* NStZ 2002, 125 (130), in Bezug auf die Einzeltat der anderen unmenschlichen Handlungen (Art. 7 Abs. 1 Buchst. k IStGH-Statut).

[42] *Eser/Kreicker/Gropengießer/Kreicker* S. 139.

[43] Zur Struktur des Völkerrechtsverbrechens grundlegend Lüderssen/*Marxen* S. 220 ff. Zur Unterscheidung von Einzel- und Gesamttat *Meseke* S. 115; *Werle* JZ 2000, 755 (757); *ders./Jeßberger* Rn. 922.

[44] Vgl. BT-Drs. 14/8524, 20.

[45] Anders *Kirsch* FS Hamm, 2008, 269; *ders.,* Begehungszusammenhang, der die Gesamttat lediglich als Jurisdiktionsvoraussetzung betrachtet. Zutreffend dagegen *Berster* Zeitschrift für das Juristische Studium 2009, 744 ff.; vgl. auch IStGH 24.5.2012 (Muthaura, AC), paras. 32 ff.; IStGH 24.5.2012 (Ruto ua, AC), paras. 29 ff.; JStGH 23.1.2014 (Šainović ua, AC), para. 549; JStGH 30.1.2015 (Popović ua, AC), para. 577; RStGH 11.2.2014 (Ndindiliyimana, AC), para. 260.

[46] *Eser/Kreicker/Gropengießer/Kreicker* S. 119; *Werle/Jeßberger* Rn. 922. Die international gängige Bezeichnung ist „Chapeau", vgl. etwa *Satzger* NStZ 2002, 125 (127).

[47] BT-Drs. 14/8524, 20.

[48] Vgl. *Mettraux* S. 165 f.; vgl. auch IStGH 23.1.2012 (Muthaura ua, PTC), para. 110; IStGH 23.1.2012 (Ruto ua, PTC), para. 164, wonach „the civilian population targeted can include a group defined by its (perceived) political affiliation."

betroffen ist. Vielmehr verkörpert die Tatbestandsvoraussetzung den kollektiven Charakter des Verbrechens und schließt isolierte Gewaltakte von der Strafbarkeit aus, auch wenn diese etwa Kriegsverbrechen oder Straftaten nach nationalem Recht darstellen. Das Merkmal verdeutlicht, dass das einzelne Opfer eines Menschlichkeitsverbrechens in erster Linie nicht wegen seiner Persönlichkeit, sondern wegen seiner Zugehörigkeit zu einer bestimmten *Zivilbevölkerung* angegriffen werden muss.[49]

16 Verbrechen gegen die Menschlichkeit können **innerhalb und außerhalb bewaffneter Konflikte** begangen werden. Anders als bei den Kriegsverbrechen werden nicht nur Übergriffe auf die der gegnerischen Seite zugehörige oder staatenlose Zivilbevölkerung erfasst, sondern gerade auch solche auf die **eigene Zivilbevölkerung**.[50] Die Staatsangehörigkeit von Tätern und Opfern ist für die Strafbarkeit irrelevant.[51] Die Präsenz einer gewissen Anzahl von Soldaten oder Kombattanten in einer angegriffenen Zivilbevölkerung hebt deren zivilen Charakter nicht auf;[52] entscheidend ist, dass der zivile Charakter der Gruppe überwiegt.[53]

17 Während sich der Angriff als Gesamttat gegen eine Zivilbevölkerung richten muss,[54] sind Tatobjekte der Einzeltat einzelne Zivilisten. Die Begriffe der **Zivilperson** und der **Zivilbevölkerung** gelten unabhängig vom Vorliegen eines bewaffneten Konflikts. Ausschlaggebend für die Zugehörigkeit zur Zivilbevölkerung ist die Schutzbedürftigkeit der Opfer. Diese ergibt sich aus ihrer Wehrlosigkeit gegenüber staatlicher, militärischer oder sonst organisierter Gewalt.[55] Zivilpersonen im Sinne des § 7 können all diejenigen sein, die nicht ihrerseits Teil der organisierten, Gewalt ausübenden Macht sind. Maßgeblich ist also die tatsächliche Schutzbedürftigkeit, nicht aber der formale Status der Opfer, etwa die Zugehörigkeit zu bestimmten Streitkräften oder Einheiten.[56]

18 Der Begriff des **Zivilisten** ist ein anderer als im humanitären Völkerrecht. Dies folgt bereits daraus, dass der Tatbestand der Verbrechen gegen die Menschlichkeit auch in Friedenszeiten erfüllt werden kann, während das humanitäre Völkerrecht nur in bewaffneten Konflikten alle Personen schützt, die nicht oder nicht mehr an den Feindseligkeiten

---

[49] Grundlegend JStGH 7.5.1997 (Tadić, TC), para. 644. Vgl. auch IStGH 7.3.2014 (Katanga, TC), para. 1105; IStGH 15.6.2009 (Bemba Gombo, PTC), para. 77; IStGH 31.3.2010 (Situation in the Republic of Kenya, PTC), paras. 81 f.; IStGH 3.10.2011 (Situation in the Republic of Côte d'Ivoire, PTC), para. 33; JStGH 12.6.2002 (Kunarac ua, AC), paras. 90, 100; JStGH 22.3.2006 (Stakić, AC), para. 247; JStGH 6.9.2011 (Perišić, TC), para. 83; JStGH 12.12.2012 (Tolimir, TC), para. 696 mwN zur früheren Rechtsprechung; JStGH 29.5.2013 (Prlić ua, TC), Band 1, para. 37; RStGH 7.6.2001 (Bagilishema, TC), para. 80.

[50] IStGH 30.9.2008 (Katanga und Ngudjolo Chui, PTC), para. 399; IStGH 3.10.2011 (Situation in the Republic of Côte d'Ivoire, PTC), para. 32; JStGH 7.5.1997 (Tadić, TC), para. 635; JStGH 19.3.2007 (Gotovina ua, TC), paras. 54 f.; JStGH 29.5.2013 (Prlić ua, TC), Band 1, para. 39. Siehe auch *Cryer/Friman/Robinson/Wilmshurst* S. 240 f.; *Mettraux* S. 164 f.

[51] IStGH 7.3.2014 (Katanga, TC), para. 1103.

[52] IStGH 7.3.2014 (Katanga, TC), para. 1105; IStGH 21.3.2016 (Bemba Gombo, TC), para. 153; JStGH 23.1.2014 (Šainović ua, AC), para. 549; JStGH 30.1.2015 (Popović ua, AC), para. 567; JStGH 8.4.2015 (Tolimir, AC), para. 143; JStGH 3.3.2000 (Blaškić, TC), paras. 211, 214; JStGH 22.2.2001 (Kunarac ua, TC), para. 425; JStGH 26.2.2001 (Kordić und Čerkez, TC), para. 180; JStGH 6.9.2011 (Perišić, TC), para. 84; JStGH 12.12.2012 (Tolimir, TC), para. 696; JStGH 27.3.2013 (Stanišić und Župljanin, TC), Band 1, para. 26; JStGH 29.5.2013 (Prlić ua, TC), Band 1, para. 38; JStGH 24.3.2016 (Karadžić, TC), Band 1, para. 474; ferner RStGH 2.9.1998 (Akayesu, TC), para. 582; RStGH 21.5.1999 (Kayishema und Ruzindana, TC), para. 128.

[53] Vgl. Art. 50 Abs. 3 ZP I sowie JStGH 7.5.1997 (Tadić, TC), paras. 638, 643; bestätigend JStGH 14.12.1999 (Jelisić, TC), para. 54; JStGH 14.1.2000 (Kupreškić ua, TC), para. 549; JStGH 17.12.2004 (Kordić und Čerkez, AC), para. 50; JStGH 1.9.2004 (Brđanin, TC), para. 134; JStGH 30.11.2005 (Limaj ua), para. 187. Vgl. insoweit auch JStGH 30.11.2006 (Galić, AC), para. 144; JStGH 8.10.2008 (Martić, AC), paras. 303 f.; RStGH 17.6.2004 (Gacumbitsi, TC), para. 300; RStGH 28.4.2005 (Muvunyi, TC), para. 513. Die Berufungskammer des Jugoslawien-Strafgerichtshofs hat jedoch im Verfahren gegen *Blaškić* betont, dass sich kampfbereite Soldaten nicht in größerer Anzahl in der Zivilbevölkerung befinden dürften, vgl. JStGH 29.7.2004 (Blaškić, AC), para. 115. Zusammenfassend *Mettraux* S. 168 ff.

[54] Diese muss das primäre Angriffsziel bilden, vgl. IStGH 7.3.2014 (Katanga, TC), para. 1104; JStGH 29.5.2013 (Prlić ua, TC), Band 1, para. 36.

[55] Treffend zum Schutzzweck der Norm *Ambos/Wirth* Criminal Law Forum 13 (2002), 1 (22 ff.). Eingehend zum Begriff der Zivilbevölkerung *Meseke* S. 148 ff. Anders hingegen *Safferling* § 6 Rn. 66.

[56] JStGH 3.3.2000 (Blaškić, TC), para. 214. Zustimmend *Cryer/Friman/Robinson/Wilmshurst* S. 241 f.

teilnehmen.[57] Maßgeblich für die Bestimmung des Begriffs „Zivilist" im Rahmen der Verbrechen gegen die Menschlichkeit kann somit allein der weitergehende Zweck des Tatbestands sein, die grundlegenden Rechte aller Menschen vor systematischen Verletzungen zu schützen.[58] Die **ältere Rechtsprechung** hat dementsprechend zu Recht für die Zugehörigkeit zur Zivilbevölkerung auf die Schutzbedürftigkeit der Opfer abgestellt, die aus ihrer Wehrlosigkeit gegenüber staatlicher, militärischer oder sonst organisierter Gewalt folgt. Danach sind all diejenigen als Zivilpersonen anzusehen, die nicht ihrerseits Teil der organisierten, Gewalt anwendenden Macht sind. Entscheidend ist also nicht der förmliche Status des Opfers, sondern seine tatsächliche Rolle im Zeitpunkt der Tatbegehung.[59] So sind, entsprechend dem Gedanken des Gemeinsamen Art. 3 der Genfer Abkommen, etwa auch Mitglieder von Streitkräften geschützt, welche die Waffen gestreckt haben oder sonst außer Gefecht gesetzt sind. Eine Uniformierung spielt dabei keine Rolle. Gleiches gilt im internationalen bewaffneten Konflikt für außer Gefecht gesetzte Soldaten oder Kriegsgefangene, die vom humanitären Völkerrecht speziell geschützt werden.[60]

Nachdem die Rechtsmittelkammer des Jugoslawien-Strafgerichtshofs im Verfahren 19 gegen *Blaškić* vorübergehend von diesen Grundsätzen abgerückt war und aus Art. 4 A Genfer Abkommen III und Art. 50 Zusatzprotokoll I den Schluss gezogen hatte, maßgeblich sei allein die **Zugehörigkeit des Opfers zu einer bewaffneten Organisation**, nicht aber seine Situation zum Tatzeitpunkt,[61] hat die Kammer im Verfahren gegen *Martić* eine erneute Kehrtwende vollzogen und klargestellt, dass die Erfüllung des Tatbestandes nicht die Zivilisteneigenschaft der einzelnen Opfer voraussetze.[62] Der militärische oder zivile Status der Opfer sei lediglich für die Frage von Bedeutung, ob sich die Gesamttat gegen eine Zivilbevölkerung richte.[63] Sofern dies der Fall sei, könnten aber auch außer Gefecht gesetzte Mitglieder der Streitkräfte Opfer eines Verbrechens gegen die Menschlichkeit werden.[64] Dieser Rückbesinnung der Rechtsmittelkammer auf die Schutzbedürftigkeit der Opfer ist jedenfalls im Ergebnis zuzustimmen.[65] Eine mechanische Übertragung der Begriffsbestimmungen des humanitären Völkerrechts auf den Bereich der Verbrechen gegen die Menschlichkeit würde dem Schutzzweck des Tatbestands nicht gerecht und ist daher abzulehnen.[66] Auch der Internationale Strafgerichtshof

---

[57] IStGH 7.3.2014 (Katanga, TC), para. 1102; IStGH 15.6.2009 (Bemba Gombo, PTC), para. 78; IStGH 31.3.2010 (Situation in the Republic of Kenya, PTC), para. 82; JStGH 22.2.2001 (Kunarac, TC), para. 425.
[58] JStGH 7.5.1997 (Tadić, TC), para. 639. Vgl. auch JStGH 30.11.2005 (Limaj ua, TC), para. 186; JStGH 27.9.2006 (Krajišnik, TC), para. 706.
[59] Vgl. etwa JStGH 3.3.2000 (Blaškić, TC), para. 214. Siehe auch Kirk McDonald/Swaak-Goldman/ *Swaak-Goldman* S. 141 (154).
[60] JStGH 27.1.2014 (Đorđević, AC), para. 747; JStGH 3.3.2000 (Blaškić, TC), para. 214. Siehe auch JStGH 7.5.1997 (Tadić, TC), para. 643; JStGH 14.12.1999 (Jelisić, TC), para. 54; JStGH 14.1.2000 (Kupreškić ua, TC), para. 547; JStGH 3.3.2000 (Blaškić, TC), para. 210; JStGH 26.2.2001 (Kordić und Čerkez, TC), para. 180. Zusf. zur älteren Rechtsprechung *Meseke* S. 148 ff. Siehe auch *Ambos* § 7 Rn. 189 ff.
[61] JStGH 29.7.2004 (Blaškić, AC), para. 114. Bestätigt durch JStGH 30.11.2006 (Galić, AC), para. 144; vgl. ferner JStGH 8.4.2015 (Tolimir, AC), teilweise abweichendes Sondervotum *Antonetti* S. 48 ff.; JStGH 12.12.2012 (Tolimir, TC), para. 695; ähnlich SLSGH 20.6.2007 (Brima ua, TC), para. 219; SLSGH 18.5.2012 (Taylor, TC), para. 510. Anders aber wiederum JStGH 17.12.2004 (Kordić und Čerkez, TC), paras. 421 f.; JStGH 30.11.2005 (Limaj, TC), para. 186; JStGH 27.9.2006 (Krajišnik), para. 706; JStGH 3.4.2008 (Haradinaj ua, TC), para. 107.
[62] JStGH 8.10.2008 (Martić, AC), paras. 303 ff. Im Anschluss daran JStGH 5.3.2009 (Mrkšić und Šljivancanin, AC), paras. 28 ff.
[63] JStGH 8.10.2008 (Martić, AC), paras. 307 f. Bestätigt in JStGH 12.11.2009 (D. Milošević, AC), para. 58; JStGH 30.1.2015 (Popović ua, AC), paras. 569, 773; JStGH 8.4.2015 (Tolimir, AC), paras. 141 f.; ebenso SLSGH 2.3.2009 (Sesay ua, TC), para. 82.
[64] JStGH 8.10.2008 (Martić, AC), paras. 311, 313; vgl. auch JStGH 27.1.2014 (Đorđević, AC), para. 747; JStGH 30.1.2015 (Popović ua, AC), paras. 569, 773; JStGH 8.4.2015 (Tolimir, AC), paras. 141 ff., siehe aber teilweise abweichendes Sondervotum *Antonetti* S. 48 ff.; JStGH 24.3.2016 (Karadžić, TC), Band 1, para. 476; widersprüchlich dagegen ECCC 26.7.2010 (Duch, TC), para. 304, 311.
[65] Vgl. aber zu methodologischen Bedenken am Begründungsweg *de Hemptinne* Revue Générale de Droit International Public 114 (2010), 93 (104).
[66] Ebenso *Ambos* § 7 Rn. 189, 191, der für eine Streichung des Begriffs des Zivilisten aus Art. 7 IStGH-Statut plädiert; *Cryer/Friman/Robinson/Wilmshurst* S. 242. Vgl. zum Begriff des Zivilisten im humanitären Völkerrecht → Vor § 8 Rn. 39 ff.

hat sich der Auffassung der Rechtsmittelkammer des Jugoslawien-Strafgerichtshofs angeschlossen.[67]

20   Anders als im humanitären Völkerrecht spielt es für den Schutz von Zivilisten keine Rolle, ob sie sich **in der Gewalt der eigenen oder der gegnerischen Partei** befinden. Auch gegenwärtige oder ehemalige Angehörige der eigenen Streitkräfte, die vom humanitären Völkerrecht nicht geschützt werden, können deshalb unmittelbare Angriffsobjekte einer Einzeltat sein.[68] Damit erfahren diese Personen einen Schutz, den ihnen das humanitäre Völkerrecht versagt. Diese Auslegung vermeidet zugleich einen Widerspruch zum Völkergewohnheitsrecht.[69]

21   Bei einer **Bevölkerung** handelt es sich um eine größere Gruppe von Menschen, die über gemeinsame Unterscheidungsmerkmale verfügen, auf Grund derer sie angegriffen werden.[70] Es ist nicht notwendig, dass die gesamte in einem bestimmten geografischen Gebiet ansässige Bevölkerung Angriffsziel ist. Ausreichend ist bereits, dass eine erhebliche Anzahl von Einzelpersonen angegriffen wird. Ein Angriff auf einige wenige, zufällig ausgewählte Personen ist dagegen nicht tatbestandsmäßig.[71]

22   Verbrechen gegen die Menschlichkeit, die **außerhalb bewaffneter Konflikte** begangen werden, sind regelmäßig vom einseitigen Vorgehen der Staatsmacht oder anderer organisierter bewaffneter Kräfte gegen die eigene Zivilbevölkerung gekennzeichnet. Dabei sind vom Begriff der Zivilbevölkerung die Träger staatlicher oder sonst organisierter Macht auszunehmen, soweit sie diese Macht gegen die Zivilbevölkerung ausüben. Dies gilt etwa für Angehörige eines staatlichen Polizeiapparates[72] oder nichtstaatlicher Machtorganisationen, die mit vergleichbaren tatsächlichen Kompetenzen ausgestattet sind.

23   **bb) Ausgedehnter oder systematischer Angriff. (1) Angriff.** Der deutsche Gesetzgeber hat die Legaldefinition des Angriffs gegen eine Zivilbevölkerung aus Art. 7 Abs. 2 Buchst. a IStGH-Statut nicht übernommen. Dennoch soll sie als Leitlinie für die Auslegung des Gesetzes gelten,[73] so dass sich insoweit keine Abweichung vom Völkerrecht ergibt.[74] Der Bundesgerichtshof hat daher folgerichtig in seiner ersten einschlägigen Entscheidung auf die genannte Legaldefinition zurückgegriffen.[75] Die Tatbestandsvoraussetzung eines Angriffs umschreibt einen **Gesamtvorgang,** in den sich die Einzeltaten einfügen müssen.[76] Es muss sich dabei nicht um einen militärischen Angriff handeln.[77] Ebenso wenig ist die

---

[67] IStGH 21.3.2016 (Bemba Gombo, TC), para. 156.
[68] Ebenso de Hemptinne Revue Générale de Droit International Public 114 (2010), 93 (104). Auch die Rechtsprechung des Obersten Gerichtshofs für die Britische Zone wendete den Tatbestand der Verbrechen gegen die Menschlichkeit an, wenn die Opfer Angehörige der Streitkräfte waren, vgl. etwa OGHSt 1, 45 ff., 228 ff.; sowie OGHSt 2, 231 f.
[69] Zur Reichweite des völkergewohnheitsrechtlichen Tatbestandes der Verbrechen gegen die Menschlichkeit vgl. JStGH 14.1.2000 (Kupreškić ua, TC), para. 547.
[70] JStGH 22.2.2001 (Kunarac ua, TC), para. 423.
[71] JStGH 12.6.2002 (Kunarac ua, AC), para. 90; JStGH 31.3.2003 (Naletilić und Martinović, TC), para. 235; JStGH 12.6.2007 (Martić, TC), para. 49; JStGH 24.3.2016 (Karadžić, TC) Band 1, para. 475; RStGH 7.6.2001 (Bagilishema, TC), para. 80.
[72] RStGH 21.5.1999 (Kayishema und Ruzindana, TC), para. 127. Bedenklich ist allerdings, dass die Entscheidung jedenfalls ihrem Wortlaut nach allein auf die formelle Zugehörigkeit zu den Sicherheitskräften abstellen will; kritisch hierzu *Ambos/Wirth* Criminal Law Forum 13 (2002), 1 (25 f.).
[73] BT-Drs. 14/8524, 20.
[74] Eser/Kreicker/*Gropengießer/Kreicker* S. 119.
[75] BGH 17.6.2010 – AK 3/10, NStZ 2010, 581.
[76] Vgl. IStGH 7.3.2014 (Katanga, TC), paras. 1097, 1101; IStGH 15.6.2009 (Bemba Gombo, PTC), para. 75; IStGH 9.6.2014 (Ntaganda, PTC), paras. 22 f.; dabei soll der Gesamtvorgang durch das Vorliegen eines bestimmten Musters gekennzeichnet sein, vgl. IStGH 12.6.2014 (L. Gbagbo, PTC), para. 208 ff.; JStGH 17.12.2004 (Kordić und Čerkez, AC), para. 666; JStGH 29.5.2013 (Prlić ua, TC), paras. 35, 43; RStGH 28.11.2007 (Nahimana ua, AC), para. 918; RStGH 2.2.2012 (Karemera und Ngirumpatse, TC), para. 1674; RStGH 20.12.2012 (Ngirabatware, TC), para. 1372. Siehe auch *Mettraux* S. 161 ff.
[77] Verbrechenselemente zu Art. 7 IStGH-Statut, Einführung, Nr. 3. Siehe auch IStGH 7.3.2014 (Katanga, TC), para. 1101; IStGH 15.6.2009 (Bemba Gombo, PTC), para. 75; IStGH 31.3.2010 (Situation in the Republic of Kenya, PTC), para. 80; IStGH 3.10.2011 (Situation in the Republic of Côte d'Ivoire, PTC), para. 31. Ebenso bereits vor Verabschiedung der Verbrechenselemente JStGH 22.2.2001 (Kunarac ua, TC), para. 416. Umgekehrt ist nicht jeder militärische Angriff notwendigerweise ein Angriff gegen die Zivilbevölkerung im Sinne der Verbrechen gegen die Menschlichkeit, vgl. *Mettraux* S. 157 ff.

Anwendung körperlich wirkender Gewalt gegen die Zivilbevölkerung erforderlich: Jede Misshandlung der Zivilbevölkerung kann einen Angriff darstellen.[78] So hat der Ruanda-Strafgerichtshof ausgeführt, auch die Durchsetzung eines Apartheid-Systems oder die massive oder systematische Ausübung von Druck auf eine Bevölkerung, um diese zu einem bestimmten Verhalten zu zwingen, könne einen Angriff konstituieren.[79]

Ein derartiger Angriff muss schon begrifflich mit der **mehrfachen Begehung** von in 24 Abs. 1 genannten Taten verbunden sein.[80] Eine mehrfache Begehung liegt sowohl dann vor, wenn dieselbe Tatbestandsalternative mehrfach verwirklicht wird, als auch dann, wenn jeweils verschiedene Tatbestandsalternativen verwirklicht werden. Ein einzelner Täter muss dabei nicht selbst mehrfach handeln. Vielmehr kann bereits die „einzelne" vorsätzliche Tötung den Tatbestand der Verbrechen gegen die Menschlichkeit erfüllen, wenn sich die Einzeltat in den funktionalen Gesamtzusammenhang einfügt.[81] Diesen Anforderungen genügen beispielsweise die Terroranschläge vom 11.9.2001.[82] Schließlich kann eine mehrfache Begehung auch in einer Vielzahl von Verletzungen höchstpersönlicher Rechtsgüter verschiedener Personen durch einen einzelnen Vorgang („Einmalschlag") bestehen.[83] So können etwa der Abwurf einer Atombombe oder das Steuern eines Flugzeugs in ein Atomkraftwerk einen Angriff im Sinne des Tatbestands darstellen. Andererseits stellt eine mehrfache Tatbegehung nicht ohne weiteres einen „ausgedehnten" Angriff dar.[84]

(2) Ausgedehnter oder systematischer Charakter. Abs. 1 setzt im Einklang mit 25 Art. 7 IStGH-Statut und dem Völkergewohnheitsrecht[85] voraus, dass der die Gesamttat konstituierende Angriff gegen die Zivilbevölkerung ausgedehnter *oder* systematischer Natur ist. Dabei beziehen sich beide Merkmale nur auf den Angriff als Bestandteil der Gesamttat; auf die Einzeltaten müssen sie dagegen nicht zutreffen.[86]

Das Merkmal des **ausgedehnten** Angriffs ist **quantitativer** Natur,[87] auch wenn es 26 regelmäßig Rückschlüsse auf die Qualität des Unrechtsgeschehens zulässt.[88] Die Ad-hoc-Strafgerichtshöfe verstehen unter einem ausgedehnten Angriff ein in großem Maßstab durchgeführtes Vorgehen mit einer großen Anzahl von Opfern.[89] Der Internationale Strafgerichtshof ist dieser Rechtsprechung in seiner ersten einschlägigen Entscheidung

---

[78] IStGH 7.3.2014 (Katanga, TC), para. 1101; JStGH 12.6.2002 (Kunarac ua, AC), para. 86; JStGH 17.12.2004 (Kordić und Čerkez, AC), para. 666; JStGH 22.3.2006 (Stakić, AC), para. 623; JStGH 6.9.2011 (Perišić, TC), para. 82; JStGH 12.12.2012 (Tolimir, TC), para. 693; JStGH 27.3.2013 (Stanišić und Župljanin, TC), Band 1, para. 24; JStGH 29.5.2013 (Prlić ua, TC), Band 1, para. 35; JStGH 30.5.2013 (Stanišić und Simatović, TC), Band 1, para. 962; SLSGH 18.5.2012 (Taylor, TC), para. 506. Ausführlich dazu Lee/*Robinson* S. 57 (74 ff.); *Mettraux* S. 156 ff.; Sadat/*Sluiter*, S. 102 (122 ff.).
[79] RStGH 2.9.1998 (Akayesu, TC), para. 581. Vgl. auch RStGH 6.12.1999 (Rutaganda, TC), para. 68 und RStGH 27.1.2000 (Musema, TC), para. 205.
[80] IStGH 7.3.2014 (Katanga, TC), paras. 1097, 1101.
[81] Ausdrücklich JStGH 7.5.1997 (Tadić, TC), para. 649. Siehe auch JStGH 1.9.2004 (Brđanin, TC), para. 135; JStGH 30.11.2005 (Limaj ua, TC), para. 189; JStGH 29.5.2013 (Prlić ua, TC), Band 1, para. 42; *Cryer/Friman/Robinson/Wilmshurst* S. 236; Vest/Ziegler/Lindenmann/Wehrenberg/*Vest*/*Sutter* Art. 264a Rn. 39 f.
[82] *Werle/Jeßberger* Rn. 934; siehe auch IStGH 7.3.2014 (Katanga, TC), para. 1101.
[83] Vgl. *Ambos/Wirth* Criminal Law Forum 13 (2002), 1 (17); *Kuschnik* S. 222 ff.; dagegen Yee/Wang/*Paust* S. 289 (290); *Satzger* § 16 Rn. 34; *Zimmermann* NJW 2002, 3068 (3069 f.).
[84] Vgl. *Robinson* American Journal of International Law 93 (1999), 43 (48); Lee/*von Hebel*/Robinson S. 79 (96).
[85] JStGH 12.6.2002 (Kunarac ua, AC), para. 93; JStGH 29.7.2004 (Blaškić, AC), para. 98; JStGH 17.12.2004 (Kordić und Čerkez, AC), para. 93; JStGH 22.3.2006 (Stakić, AC), para. 246; RStGH 13.12.2004 (Ntakirutimana und Ntakirutimana, AC), para. 526 Fn. 883; RStGH 28.11.2007 (Nahimana ua, AC), para. 920.
[86] JStGH 12.6.2002 (Kunarac ua, AC), para. 96; JStGH 1.9.2004 (Brđanin, TC), para. 135; JStGH 17.12.2004 (Kordić und Čerkez, AC), para. 94. Siehe auch *Mettraux* S. 172.
[87] Instruktiv *Vest* ZStW 113 (2001), 457 (468).
[88] Vgl. *Delmas-Marty* Journal of International Criminal Justice 7 (2009), 5 (6).
[89] JStGH 12.6.2002 (Kunarac ua, AC), para. 94; JStGH 17.12.2004 (Kordić und Čerkez, AC), para. 94; JStGH 12.6.2007 (Martić, TC), para. 49; JStGH 3.4.2008 (Haradinaj ua, TC), para. 105; RStGH 2.9.1998 (Akayesu, TC), para. 580.

gefolgt.[90] Die Ausgedehntheit des Angriffs kann sich zunächst aus dessen Erstreckung über ein weites geografisches Gebiet ergeben, aber auch aus der Vielzahl der Opfer.[91]

27 Mit dem Merkmal des **systematischen** Angriffs wird ein **qualitatives** Element der Gesamttat bezeichnet.[92] Ein Angriff ist systematisch, wenn die Gewaltanwendung organisiert ist und planmäßig im Sinne eines konsequenten Handelns ausgeführt wird.[93] Das Merkmal dient dazu, isolierte Taten und Taten, die nur zufällig gehäuft auftreten, aus dem Anwendungsbereich des Tatbestands auszuscheiden.[94] Die frühere Rechtsprechung nahm an, das Merkmal umfasse das Erfordernis eines vorgegebenen Plans oder einer Politik als Vorgabe für die einzelnen Tathandlungen.[95] Dieses Verständnis beruht auf dem Kommentar der Völkerrechtskommission zu dem dort verwendeten entsprechenden Merkmal.[96] Seit der Entscheidung der Rechtsmittelkammer in dem Verfahren gegen *Kunarac* ua sind jedoch beide Ad-hoc-Strafgerichtshöfe von ihrer früheren Rechtsprechung abgerückt: Nach dem Völkergewohnheitsrecht sei für das Vorliegen eines systematischen Angriffs kein Plan- oder Politikelement erforderlich.[97] Dem ist zuzustimmen: Zwar legt bereits der Begriff des systematischen Angriffs ein planvolles und organisiertes Vorgehen nahe. Typischerweise wird ein solcher Angriff auch einem zuvor niedergelegten Plan folgen. Dennoch ist die Existenz eines Planes oder einer Politik nicht als Deliktsmerkmal zu verstehen, sondern nur für den Nachweis eines systematischen Angriffs von Bedeutung.[98]

28 Bei den Verhandlungen zum Römischen Statut war lange Zeit umstritten, ob ein Angriff gleichzeitig ausgedehnt und systematisch sein müsse oder ob eine Alternativität beider Tatbestandsmerkmale festgeschrieben werden solle. Die Gruppe der „like-minded states" trat für eine alternative Verknüpfung ein,[99] während eine große Zahl der übrigen Delegationen

---

[90] IStGH 21.3.2016 (Bemba Gombo, TC), para. 163; IStGH 27.4.2007 (Harun und Kushayb, PTC), para. 62; IStGH 30.9.2008 (Katanga und Ngudjolo Chui, PTC), para. 395; IStGH 15.6.2009 (Bemba Gombo, PTC), para. 77; IStGH 31.3.2010 (Situation in the Republic of Kenya, PTC), para. 95.
[91] Vgl. Draft Code 1996, Kommentar zu Art. 18, para. 4. Vgl. aus der Rechtsprechung etwa IStGH 7.3.2014 (Katanga, TC), para. 1123; IStGH, 12.6.2014 (L. Gbagbo, PTC), para. 222; JStGH, 12.6.2002 (Kunarac ua, AC), para. 94; JStGH 29.7.2004 (Blaškić, AC), para. 101; JStGH 17.12.2004 (Kordić und Čerkez, AC), para. 94; JStGH 12.12.2012 (Tolimir, TC), para. 698; JStGH 29.5.2013 (Prlić ua, TC), Band 1, para. 41; JStGH 30.5.2013 (Stanišić und Simatović, TC), Band 1, para. 963; RStGH 28.11.2007 (Nahimana ua, AC), para. 920; RStGH 14.12.2011 (Bagosora and Nsengiyumva, AC), para. 389; RStGH 11.2.2014 (Ndindiliyimana, AC), para. 260; RStGH 19.6.2012 (Nizeyimana, TC), para. 1542. So auch BGH 17.6.2010 – AK 3/10, NStZ 2010, 581.
[92] Vgl. *Satzger* § 16 Rn. 35; *Vest* ZStW 113 (2001), 457 (468 f.).
[93] BGH 17.6.2010 – AK 3/10, NStZ 2010, 581.
[94] JStGH 22.2.2001 (Kunarac ua, TC), para. 429; ebenso IStGH 7.3.2014 (Katanga, TC), para. 1123; JStGH 12.6.2002 (Kunarac ua, AC), para. 94; JStGH 17.12.2004 (Kordić und Čerkez, AC), para. 94; JStGH 27.9.2007 (Mrkšić ua, TC), para. 437. JStGH 12.12.2012 (Tolimir, TC), para. 698; JStGH 29.5.2013 (Prlić ua, TC), Band 1, para. 41; RStGH 28.11.2007 (Nahimana ua, AC), para. 920; RStGH 11.2.2014 (Ndindiliyimana, AC), para. 260. Enger *Schabas* International Criminal Court S. 151 f. sowie *Gierhake* Zeitschrift für Internationale Strafrechtsdogmatik 2010, 676 (690 ff.), die für das Vorliegen eines systematischen Angriffs verlangt, dass dieser einem politischen Plan entspringt, der auf die prinzipielle Entrechtung einer Bevölkerungsgruppe abzielt.
[95] Grundlegend RStGH 2.9.1998 (Akayesu, TC), para. 580; siehe auch JStGH 7.5.1997 (Tadić, TC), para. 648; RStGH 21.5.1999 (Kayishema und Ruzindana, TC), para. 123; JStGH 22.2.2001 (Kunarac ua, TC), para. 429. In einzelnen Entscheidungen wurden die Anforderungen an das Vorliegen eines Plans oder einer Politik noch erhöht. So hat der Jugoslawien-Strafgerichtshof in seinem *Blaškić*-Urteil eine wiederholte oder fortgesetzte Begehung unmenschlicher Handlungen, die im Zusammenhang stehen und bei denen bedeutende öffentliche oder private finanzielle Ressourcen zum Einsatz kommen müssten, gefordert, vgl. JStGH 3.3.2000 (Blaškić, TC), para. 203. Mit Recht kritisch *Ambos/Wirth* Criminal Law Forum 13 (2002), 1 (19 f.).
[96] Vgl. Draft Code 1996, Kommentar zu Art. 18, para. 3: „The [...] alternative requires that the inhumane acts be committed in a systematic manner meaning pursuant to a preconceived plan or policy."
[97] Vgl. JStGH 12.6.2002 (Kunarac ua, AC), paras. 94, 98; JStGH 29.4.2004 (Krstić, AC), para. 225; JStGH 29.4.2004 (Blaškić, AC), paras. 100, 120; RStGH 20.5.2005 (Semanza, AC), para. 269; RStGH 7.7.2006 (Gacumbitsi, AC), para. 84; RStGH 28.11.2007 (Nahimana ua, AC), para. 922; RStGH 12.3.2008 (Seromba, AC), para. 149. Zustimmend *Ambos* § 7 Rn. 184.
[98] So nun auch IStGH 27.4.2007 (Harun und Kushayb, PTC), para. 62; IStGH 10.6.2008 (Bemba Gombo, PTC), para. 33. Vgl. ferner *Werle/Jeßberger* Rn. 941.
[99] Vgl. in diesem Sinne auch Art. 3 RStGH-Statut. In Art. 5 JStGH-Statut fehlen beide Tatbestandsmerkmale. Der Bericht des VN-Generalsekretärs anlässlich der Einrichtung des JStGH kommt jedoch zu der

der Auffassung war, beide Merkmale müssten kumulativ vorliegen.[100] Nach Art. 7 Abs. 1 IStGH-Statut müssen die Tatbestandsmerkmale „ausgedehnt" und „systematisch" wie in § 7 lediglich **alternativ** vorliegen. Dies steht im Einklang mit der Rechtsprechung des Jugoslawien-Strafgerichtshofs, der festgestellt hat, bereits jedes Merkmal für sich reiche aus, um isolierte Einzelakte vom Anwendungsbereich des Tatbestands auszunehmen.[101] In der Praxis dürften aber regelmäßig beide Merkmale erfüllt sein.[102] Dies ergibt sich bereits daraus, dass ein ausgedehnter Angriff, der sich gegen eine Vielzahl von Opfern richtet, ohne ein Mindestmaß an Planung oder Organisation kaum denkbar ist.[103]

Der Preis für die Aufnahme der alternativen Verknüpfung war die Einführung einer Legaldefinition des „Angriffs gegen die Zivilbevölkerung" in Art. 7 Abs. 2 Buchst. a IStGH-Statut.[104] Diese enthält ein so genanntes Politikelement.

cc) Politikelement. Nach der Legaldefinition des Art. 7 Abs. 2 IStGH-Statut, der für die Auslegung von § 7 maßgeblich ist,[105] muss der Angriff gegen eine Zivilbevölkerung „in Ausführung oder zur Unterstützung der Politik eines Staates oder einer Organisation, die einen solchen Angriff zum Ziel hat", erfolgen.[106] Ob die Voraussetzungen dieses so genannten Politikelements auch im Rahmen von § 7 erfüllt sein müssen, hat der Bundesgerichtshof in seiner ersten einschlägigen Entscheidung ausdrücklich offen gelassen.[107]

Das **Politikelement** wurde erstmals im Römischen Statut formuliert. Dies geschah im Zusammenhang mit der alternativen – statt kumulativen – Verknüpfung der Merkmale „ausgedehnt" und „systematisch". Damit schien das von der früheren Rechtsprechung der Ad-hoc-Strafgerichtshöfe für einen systematischen Angriff vorausgesetzte Politikelement (→ Rn. 27) zu einer eigenständigen Strafbarkeitsvoraussetzung erhoben worden zu sein. Das Politikelement geht insbesondere auf den Draft Code 1996 zurück, der die Anstiftung oder Anleitung der Tat durch eine Regierung, eine Organisation oder eine Gruppe als Tatbestandsvoraussetzung formuliert hatte.[108] Die früheren Formulierungen des Tatbestands der Verbrechen gegen die Menschlichkeit, so etwa auch Art. 6 Buchst. c IMG-Statut, waren ohne ein derartiges Element ausgekommen,[109] weil dort bereits die Merkmale „Zivilbevölkerung" bzw. „ausgedehnt oder systematisch" quantitative und qualitative Mindestanforderungen enthielten.[110]

Nach **Völkergewohnheitsrecht** ist ein zusätzliches, strafbarkeitseinschränkendes Politikelement nicht Bestandteil des Tatbestands.[111] Deshalb enthält die Mehrzahl der völker-

---

Auslegung, Verbrechen gegen die Menschlichkeit seien unmenschliche Handlungen sehr ernsthafter Natur, die als Teil eines ausgedehnten oder systematischen Angriffs auf eine Zivilbevölkerung begangen würden, vgl. Report of the Secretary-General Pursuant to Paragraph 2 of Security Council Resolution 808 (1993) vom 3.5.1993, UN Doc. S/25704, para. 48.

[100] Zur Verhandlungsgeschichte des Art. 7 IStGH-Statut, vgl. *Robinson* American Journal of International Law 93 (1999), 43 (47 ff.); *ders., Crimes against Humanity*, S. 151 ff.; *Lee/von Hebel/Robinson* S. 79 (94 ff.). Vgl. auch *Werle/Jeßberger* Rn. 932, 939 ff.

[101] Vgl. JStGH 7.5.1997 (Tadić, TC), para. 646. Siehe auch JStGH 12.6.2002 (Kunarac ua, AC), para. 93; JStGH 22.3.2006 (Stakić, AC), para. 246; RStGH 17.6.2004 (Gacumbitsi, TC), para. 299. In diesem Sinne auch schon Draft Code 1996, Kommentar zu Art. 18, paras. 3 f.: „The condition [...] that the act was committed in a systematic manner or on a large scale [...] consists of two alternative requirements. [...] Consequently, an act could constitute a crime against humanity if either of these conditions is met."

[102] BT-Drs. 14/8524, 20.

[103] JStGH 3.3.2000 (Blaškić, TC), para. 207. Siehe auch JStGH 14.12.1999 (Jelisić, TC), para. 53; RStGH 7.6.2001 (Bagilishema, TC), para. 77.

[104] *Werle/Jeßberger* Rn. 939.

[105] Kritisch zur Nichtübernahme in das VStGB *Lampe* FS Kohlmann, 2003, 147 (173).

[106] Vgl. IStGH 7.3.2014 (Katanga, TC), paras. 1097, 1106. Kritisch *Clark* S. 75 (91). Vgl. auch *Boot* S. 481 ff.; *Hwang* Fordham International Law Journal 22 (1998), 457 (502 f.).

[107] BGH 17.6.2010 – AK 3/10, NStZ 2010, 581.

[108] Die Regelung sollte klarstellen, dass isolierte Verbrechen von Einzelpersonen, die ohne Beteiligung oder Ermutigung eines Staates oder einer Organisation verübt werden, nicht vom Tatbestand erfasst werden, vgl. Draft Code 1996, Kommentar zu Art. 18, para. 5.

[109] Vgl. auch Art. II Abs. 1 Buchst. c KRG 10; Art. 5 JStGH-Statut; Art. 3 RStGH-Statut.

[110] Vgl. RStGH 7.6.2001 (Bagilishema, TC), para. 78.

[111] So auch *Meseke* S. 137 ff.; *Werle/Jeßberger* Rn. 941.

rechtlichen Definitionen des Tatbestandes der Verbrechen gegen die Menschlichkeit kein derartiges Politikelement.[112] Der Jugoslawien-Strafgerichtshof hat, nach zunächst geäußerten Zweifeln,[113] in der *Kunarac*-Rechtsmittelentscheidung klargestellt, dass das Politikelement kein gewohnheitsrechtliches Tatbestandsmerkmal ist. Elemente der Planung seien im Gesamttaterfordernis bereits vorausgesetzt. Für den Nachweis dieser Gesamttat sei es regelmäßig hilfreich, das Vorhandensein einer entsprechenden Politik zu belegen; zum Deliktsmerkmal werde das Politikelement dadurch aber nicht.[114] Den bisher abgeurteilten Menschlichkeitsverbrechen lag zwar im Regelfall eine verbrecherische staatliche Politik zugrunde.[115] Demnach ist das Vorhandensein einer bestimmten Politik die typische Erscheinungsform der Menschlichkeitsverbrechen, ohne dass jedoch das Politikelement oder sogar die staatliche Tatbeteiligung zur Tatbestandsvoraussetzung erhoben worden wäre.[116]

33   In seinen ersten einschlägigen Entscheidungen begreift auch der **Internationale Strafgerichtshof** das Politikelement nicht als eigenständige Strafbarkeitsvoraussetzung, sondern als Indiz für den systematischen Charakter des Angriffs.[117] Bleibt es bei diesem Verständnis, dem zufolge es sich bei dem Politikelement im Wesentlichen um eine Illustration des Gesamttaterfordernisses handelt, dürfte die Regelung im IStGH-Statut im Ergebnis nicht zu einer Verengung der Strafbarkeit gegenüber dem Völkergewohnheitsrecht führen. Hinsichtlich ausgedehnter Angriffe fügt das Politikelement den Tatbestandsvoraussetzungen freilich eine qualitative Dimension hinzu. Derartige Angriffe stellen nur dann ein Verbrechen gegen die Menschlichkeit im Sinne des Art. 7 IStGH-Statut dar, wenn sie im Rahmen oder zur Förderung der Politik eines Staates oder einer Organisation begangen worden sind.[118]

34   Für die Auslegung des vom IStGH-Statut geforderten Politikelements bleibt die frühere Rechtsprechung des Jugoslawien-Strafgerichtshofs von Bedeutung.[119] Danach ist das Merk-

---

[112] Vgl. Art. 6 Buchst. c IMG-Statut; Art. II Abs. 1 Buchst. c KRG 10; Art. 5 JStGH-Statut und Art. 3 RStGH-Statut.

[113] Vgl. JStGH 14.1.2000 (Kupreškić ua, TC), para. 551; JStGH 22.2.2001 (Kunarac ua, TC), para. 432; JStGH 26.2.2001 (Kordić und Čerkez, TC), paras. 181 f.; JStGH 15.3.2002 (Krnojelac, TC), para. 58; siehe auch JStGH 5.12.2003 (Galić, TC), para. 147.

[114] JStGH 12.6.2002 (Kunarac ua, AC), paras. 94, 98, 104. Siehe auch JStGH 19.4.2004 (Krstić, AC), para. 225; JStGH 29.7.2004 (Blaškić, AC), paras. 100, 120; JStGH 27.3.2013 (Stanišić und Župljanin, TC), Band 1, para. 28; JStGH 29.5.2013 (Prlić ua, TC), Band 1, para. 44; JStGH 30.5.2013 (Stanišić und Simatović, TC), Band 1, para. 963; RStGH 20.5.2005 (Semanza, AC), para. 269; RStGH 7.7.2006 (Gacumbitsi, AC), para. 84; RStGH 28.11.2007 (Nahimana ua, AC), para. 922; RStGH 12.3.2008 (Seromba, AC), para. 149; SLSGH 18.5.2012 (Taylor, TC), para. 511. Zustimmend *Ambos* § 7 Rn. 184; *Mettraux* S. 172. Kritisch *Jalloh* American University International Law Review 28 (2013), 381 (402); *Kreß* Leiden Journal of International Law 23 (2010), 855 (870); *Schabas* Journal of Criminal Law & Criminology 98 (2008), 953 (959 ff.). Ausführlich dazu Sadat/*Mettraux* S. 142 (145 ff.).

[115] Vgl. nur IMG 1.10.1946, in: Internationaler Militärgerichtshof Nürnberg, Der Prozess gegen die Hauptkriegsverbrecher, Band 1, 1947, S. 189 (285): „Was die Verbrechen gegen die Menschlichkeit betrifft, so besteht keinerlei Zweifel, dass politische Gegner in Deutschland vor dem Kriege ermordet wurden und dass viele in Konzentrationslagern unter den schrecklichsten und grausamsten Umständen gefangen gehalten wurden. Diese Politik des Schreckens ist sicherlich in großem Maßstabe durchgeführt worden und war in vielen Fällen organisiert und durchdacht. Die vor dem Krieg von 1939 in Deutschland durchgeführte Politik der Verfolgung, der Unterdrückung und der Ermordung von Zivilpersonen, von denen eine gegen die Regierung gerichtete Einstellung zu vermuten war, wurde auf das erbarmungsloseste durchgeführt." Siehe auch Hoher Rat der Niederlande 13.1.1981 (Menten), International Law Review 75 (1987), 362 f. Für ein „policy-element" JStGH 7.5.1997 (Tadić, TC), paras. 644, 653; JStGH 14.1.2000 (Kupreškić ua, TC), paras. 551 ff.; JStGH 3.3.2000 (Blaškić, TC), paras. 203 ff., 254, 257; RStGH 2.9.1998 (Akayesu, TC), para. 580; RStGH 21.5.1999 (Kayishema und Ruzindana, TC), para. 124; vgl. Sadat/*Mettraux* S. 142 (156 ff.).

[116] Vgl. etwa JStGH 26.2.2001 (Kordić und Čerkez, TC), paras. 181 f. Zustimmend JStGH 15.3.2002 (Krnojelac, TC), para. 58. Eingehend hierzu *Mettraux* Harvard International Law Journal 43 (2002), 237 (281 f.).

[117] IStGH 27.4.2007 (Harun und Kushayb, PTC), para. 62; IStGH 10.6.2008 (Bemba Gombo, PTC), para. 33. Im Ergebnis ähnlich *Ambos* § 7 Rn. 185 ff.

[118] Ebenso *Ambos* § 7 Rn. 186; *Cryer/Friman/Robinson/Wilmshurst* S. 238.

[119] Vgl. IStGH 31.3.2010 (Situation in the Republic of Kenya, PTC), para. 86. Vgl. auch *Cupido* Criminal Law Forum 22 (2011), 275 (296 ff.).

mal „**Politik**" in einem weiten Sinne zu verstehen. Gemeint ist eine **geplante, geleitete oder organisierte Tatbegehung,** die im Gegensatz zu spontanen und isolierten Gewaltakten steht.[120] Förmlicher programmatischer Festlegungen oder einer ausdrücklichen Niederlegung bedarf es nicht. Die Politik muss auch nicht auf höchster Ebene festgelegt werden.[121] Entscheidend ist nur, dass der Angriff gegen eine Zivilbevölkerung das eigentliche Ziel der Politik ist.[122] Das Vorliegen einer derartigen Politik ist aus den Gesamtumständen der Tat zu erschließen. Als Indizien nennt der Jugoslawien-Strafgerichtshof die Errichtung autonomer politischer und militärischer Strukturen in einem bestimmten Gebiet, schriftlich oder mündlich geäußerte politische Programme, Medienpropaganda, die Mobilisierung bewaffneter Verbände, die wiederholte und koordinierte Durchführung in zeitlichem und geografischem Zusammenhang stehender militärischer Offensiven, Verbindungen zwischen der militärischen Hierarchie und den politischen Strukturen, Veränderungen der ethnischen Zusammensetzung einer Bevölkerung, diskriminierende Maßnahmen verwaltungstechnischer oder anderer Art, das Ausmaß der verübten Gewalt, insbesondere Tötungen, Vergewaltigungen, willkürliche Gefangenhaltungen und Vertreibungen sowie die Zerstörung nichtmilitärischen Eigentums, insbesondere von Kultstätten.[123] Bereits die ausgedehnte oder systematische Begehung eines Angriffs lässt nach Auffassung des Gerichts auf das Vorliegen einer Politik zur Begehung dieser Angriffe schließen, unabhängig davon, ob diese explizit formuliert worden ist.[124]

Träger der Politik muss ein Staat oder eine Organisation sein.[125] Dabei ist der Begriff **Staat** in einem funktionalen Sinne zu verstehen; er umfasst neben den 194 Staaten der Erde auch solche Einheiten, die *de facto* die tatsächliche Gewalt in einem Gebiet innehaben und dort Regierungsfunktionen ausüben; Beispiele sind etwa Abchasien, Bergkarabach oder Nordzypern.[126]

Der Begriff der **Organisation** umfasst jedenfalls Personenverbindungen, die ein bestimmtes Gebiet beherrschen oder sich dort zumindest frei bewegen können.[127] Ob darüber hinaus auch andere Personenverbindungen als Träger einer Politik iSd Art. 7 Abs. 2 IStGH-Statut in Betracht kommen, ist umstritten.

Nach zutreffender Ansicht ist das territoriale Element nicht entscheidend. Maßgeblich für das Vorliegen einer Organisation kann allein das sachliche und personelle Potenzial zur Begehung eines ausgedehnten oder systematischen Angriffs auf eine Zivilbevölkerung sein.[128] Daher können auch solche auf Dauer angelegte Personenverbindungen mit gefestig-

---

[120] Vgl. *Cryer/Friman/Robinson/Wilmshurst* S. 236 ff.; *Robinson* American Journal of International Law 93 (1999), 43 (51); Lattanzi/Schabas/*Robinson* S. 139 (161); Lee/*von Hebel/Robinson* S. 79 (97).

[121] Vgl. JStGH 3.3.2000 (Blaškić, TC), paras. 204 f. Ähnlich nun IStGH 31.3.2010 (Situation in the Republic of Kenya, PTC), paras. 87, 89; IStGH, 3.10.2011 (Situation in the Republic of Côte d'Ivoire, PTC), para. 45.

[122] IStGH 23.1.2012 (Ruto ua, PTC), paras. 211, 213; vgl. auch IStGH 7.3.2014 (Katanga, TC), para. 1108; IStGH, 13.7.2012 (Mudacumura, PTC), para. 22.

[123] Vgl. dazu eingehend JStGH 3.3.2000 (Blaškić, TC), para. 204; ähnlich nun auch IStGH 7.3.2014 (Katanga, TC), para. 1109.

[124] JStGH 7.5.1997 (Tadić, TC), para. 653. Vgl. auch RStGH 7.6.2001 (Bagilishema, TC), para. 78. Ähnlich nun IStGH 30.9.2008 (Katanga und Ngudjolo Chui, PTC), para. 396; IStGH 10.6.2008 (Bemba Gombo, PTC), para. 81.

[125] Die englische Fassung von Art. 7 Abs. 2 Buchst. a IStGH-Statut spricht zwar lediglich von „organizational policy". Die ebenfalls authentischen Fassungen im Spanischen („de conformidad con la política ... de una organización") und Französischen („la politique ... d'une organisation") zeigen aber, dass es sich tatsächlich um die Politik einer Organisation, nicht lediglich um eine organisierte Politik handeln muss. Vgl. auch IStGH 31.3.2010 (Situation in the Republic of Kenya, PTC), abweichendes Sondervotum *Kaul*, paras. 37 f.

[126] In JStGH-Verfahrensregel 2 wird der Begriff Staat wie folgt definiert: „(i) A State Member or non-Member of the United Nations; [...] or (iii) a self-proclaimed entity de facto exercising governmental functions, whether recognised as a State or not." Siehe auch *Jalloh* American University International Law Review 28 (2013), 381 (421 ff.); *Werle/Jeßberger* Rn. 944.

[127] Grundlegend JStGH 7.5.1997 (Tadić, TC), para. 654. Bestätigend JStGH 14.1.2000 (Kupreškić ua, TC), para. 552; JStGH 3.3.2000 (Blaškić, TC), para. 205. Einschränkend IStGH 30.9.2008 (Katanga und Ngudjolo Chui, PTC), para. 396; IStGH 15.6.2009 (Bemba Gombo, PTC), para. 81.

[128] Vgl. IStGH 31.3.2010 (Situation in the Republic of Kenya, PTC), para. 90. Bestätigt in IStGH 7.3.2014 (Katanga, TC), paras. 1117, 1119 f.; IStGH, 3.10.2011 (Situation in the Republic of Côte d'Ivoire, PTC),

ten Strukturen dem Begriff unterfallen, die kein Gebiet beherrschen, aber eine bestimmte Politik verfolgen. Die Gegenansicht, der zufolge nur staatsähnliche Organisationen Träger einer Politik iSv Art. 7 Abs. 2 IStGH-Statut sein können,[129] überzeugt nicht. Eine derartige Einschränkung findet im Wortlaut des Statuts keine Stütze. Die alternative Verknüpfung der Begriffe „Staat" und „Organisation" erfordert nicht, dass der zweite Begriff im Lichte des ersten bestimmt werden muss.[130]

38 Weiterhin sprechen systematische Erwägungen gegen eine einschränkende Auslegung: Verlangte man als Urheber von Menschlichkeitsverbrechen eine staatsähnliche Organisation, so entstünden Wertungswidersprüche im Vergleich zum Tatbestand des Völkermordes, bei dem es unstreitig nicht erforderlich ist, dass die Absicht zur Zerstörung einer geschützten Gruppe von einem Staat oder einer staatsähnlichen Organisation getragen wird.[131]

39 Schließlich verbietet auch das Schutzgut der Verbrechen gegen die Menschlichkeit eine Restriktion des Organisationsbegriffs. Dass es in Fällen, in denen ein nichtstaatlicher Akteur Träger der Politik ist, an einer Menschenrechtsverletzung im technischen Sinne fehlt, ist kein durchschlagender Einwand.[132] Dies illustrieren etwa die in jüngerer Zeit in mehreren afrikanischen Staaten durch politische Organisationen angezettelten massiven Gewalttätigkeiten im Nachgang zu Wahlen, die den Tod einer Vielzahl von Menschen zur Folge hatten und Massenfluchten auslösten, die sich auch auf die politische Stabilität der Nachbarländer auswirkten.[133] Das Schutzbedürfnis der Opfer hängt nicht von der Einordnung eines schweren Angriffs als Menschenrechtsverletzung ab, sondern von dessen Massivität. Die Beteiligung von Staaten oder staatsähnlichen Gebilden an der Begehung eines Verbrechens gegen die Menschlichkeit ist zwar der Regelfall, aber keine Strafbarkeitsvoraussetzung. Neben paramilitärischen Einheiten kommen daher insbesondere auch terroristische Organisationen als Träger einer Politik iSd Art. 7 Abs. 2 IStGH-Statut in Betracht.[134] Dies führt zu dem Ergebnis, dass die Einordnung der Terroranschläge vom 11.9.2001 als Verbrechen gegen die Menschlichkeit

---

para. 43; IStGH 23.1.2012 (Muthaura ua, PTC), para. 112; IStGH 23.1.2012 (Ruto ua, PTC), para. 184. So bereits *Werle*, Völkerstrafrecht, 2003, Rn. 645; vgl. auch *Werle/Burghardt* Journal of International Criminal Justice 10 (2012), 1151. Ähnlich *Ambos* § 7 Rn. 187 f., der für eine Begehung von Menschlichkeitsverbrechen durch eine nichtstaatliche Organisation eine Vergleichbarkeit der Organisation mit staatlichen Streitkräften oder Polizeiapparaten im Hinblick auf ihr „Macht- oder Gewaltpotenzial" fordert. Enger *Bassiouni* Legislative History S. 151 f.; *Kreß* Journal of Conflict and Security Law 15 (2010), 245 (271 f.): die Organisation müsse als Konfliktpartei im humanitären Völkerrecht anerkannt werden können; *Mavany* Zeitschrift für Internationale Strafrechtsdogmatik 2007, 324 (328 ff.); *Schabas* International Criminal Court S. 152; *Stahn* Journal of International Criminal Justice 12 (2014), 309 (817 ff.).

[129] So aber die abweichenden Sondervoten von *Kaul*, vgl. IStGH 31.3.2010 (Situation in the Republic of Kenya, PTC), abweichendes Sondervotum *Kaul*, paras. 66 f.; IStGH 23.1.2012 (Muthaura ua, PTC), abweichendes Sondervotum *Kaul*, para. 7; IStGH 23.1.2012 (Ruto ua, PTC), abweichendes Sondervotum *Kaul*, para. 8. Vgl. ferner *Kreß* Leiden Journal of International Law 23 (2010), 855 (857 ff.); *Schabas* International Criminal Court S. 151 f.; für eine enge Auslegung auch *Ambos* Treatise, Band 2, 74 f. Wie hier hingegen *Jeßberger* Journal of International Criminal Justice 2016, 327 (334 f.); *ÓKeefe* Rn. 4.59; wohl auch *Cryer/Friman/Robinson/Wilmshurst* S. 240; zur Diskussion der unterschiedlichen Positionen vgl. ferner *Materu* S. 202 ff.

[130] *Werle/Burghardt* Zeitschrift für Internationale Strafrechtsdogmatik 2012, 272 (273 f.). Ähnlich IStGH 7.3.2014 (Katanga, TC), para. 1117; zustimmend *Materu* S. 211.

[131] *Kreß* Leiden Journal of International Law 23 (2010), 855 (871 f.); *Werle/Burghardt* Zeitschrift für Internationale Strafrechtsdogmatik 2012, 271 (274).

[132] Vgl. *Ambos/Wirth* Criminal Law Forum 13 (2002), 1 (30 f.); *Werle/Burghardt* Zeitschrift für Internationale Strafrechtsdogmatik 2012, 271 (277).

[133] Vgl. etwa die Feststellungen zu den Unruhen in Kenia 2007/2008 in IStGH 31.3.2010 (Situation in the Republic of Kenya, PTC), paras. 100 ff., sowie die Feststellungen zu den Unruhen nach den Wahlen im November 2010 in der Elfenbeinküste in IStGH 3.10.2011 (Situation in the Republic of Côte d'Ivoire, PTC), paras. 31 ff.; IStGH 12.6.2014 (L. Gbagbo, PTC), paras. 24 ff., 193 ff. Eingehend zu den Unruhen in Kenia, ihren Hintergründen und zur rechtlichen Aufarbeitung *Materu*, insbesondere zum „Politikelement" vgl. S. 202 ff.

[134] IStGH 7.3.2014 (Katanga, TC), paras. 1118 ff.; IStGH 31.3.2010 (Situation in the Republic of Kenya, PTC), paras. 90 ff. Kritisch hierzu *Chouliaris* Leiden Journal of International Law 28 (2015), 953 (971 ff.); *Gierhake* Zeitschrift für Internationale Strafrechtsdogmatik 2010, 676; *Stahn* Journal of International Criminal Justice 12 (2014), 809 (817 f.).

nicht davon abhängt, ob die Handlungen allein einer Terrororganisation oder zugleich auch einem Staat oder staatsähnlichen Gebilde zugerechnet werden können.[135]

Nicht als Menschlichkeitsverbrechen erfasst werden Angriffe von Einzeltätern auf eine 40 Zivilbevölkerung, selbst wenn diese angesichts detaillierter Planung oder hoher Opferzahlen das Merkmal der Systematik oder Ausgedehntheit erfüllen.[136]

Die Politik, die einen Angriff auf eine Zivilbevölkerung zum Ziel hat, kann sich auf 41 verschiedene Art und Weise **manifestieren**. Denkbar ist die Übernahme einer Führungsrolle bei der Verbrechensbegehung oder die aktive Förderung der Gesamttat. Die Verbrechenselemente zu Art. 7 IStGH-Statut verlangen, der Staat oder die Organisation müsse den Angriff auf die Zivilbevölkerung „aktiv" fördern oder ermutigen.[137] Darüber hinaus kann jedoch auch die bloße Duldung Manifestation einer Politik sein. Der Statutstext bietet für eine Beschränkung auf aktive Unterstützung keinen Anhaltspunkt. Auch der Jugoslawien-Strafgerichtshof hat in mehreren Entscheidungen die Duldung zur Erfüllung des Tatbestandes ausreichen lassen.[138] Vor allem aber gebietet der Normzweck die Einbeziehung der Duldung: Gerade das staatliche „Wegsehen", die Verweigerung von Schutzmaßnahmen für die Bevölkerung und die Nichtverfolgung der Täter können wirkungsvolle Mittel einer Politik des Terrors und der Vernichtung darstellen.[139]

dd) Täterkreis. Täter eines Verbrechens gegen die Menschlichkeit können alle Personen 42 sein, die **in Ausführung oder zur Unterstützung der Politik** des Staates oder der Organisation handeln.[140] Der Täterkreis ist also nicht auf Angehörige des tatbeteiligten staatlichen oder organisatorischen Machtapparates beschränkt.[141] Ein typisches Beispiel für die Tatbegehung durch Private sind Denunziationen, die zum Freiheitsentzug oder zum Tod des Opfers führen.[142] Derartige Akte, die nicht auf ein System selbst zurückgehen, sondern sich nur vor einem Machthintergrund abspielen, der ihre Straflosigkeit gewährleistet, sind indes untypisch. Das typische Menschlichkeitsverbrechen ist Erscheinungsform von Makrokriminalität.[143]

ee) Vorsatz. Der Täter eines Verbrechens nach § 7 muss vorsätzlich bezüglich aller 43 objektiven Tatbestandsmerkmale handeln. Dabei bewirkt die „zentrale Umschaltnorm"[144] des § 2, dass auch für Menschlichkeitsverbrechen in subjektiver Hinsicht stets **bedingter Vorsatz** genügt (§ 15 StGB).[145] Diese Position ist durch das Völkergewohnheitsrecht hinreichend abgesichert.[146]

---

[135] *Werle/Jeßberger* Rn. 945 ff.; *Werle/Burghardt* Zeitschrift für Internationale Strafrechtsdogmatik 2012, 271 ff.

[136] *Werle/Jeßberger* Rn. 950; vgl. aber IStGH 5.4.2016 (Ruto and Sang, TC), Sondervotum *Eboe-Osuji* (obiter dictum), paras. 298 ff.

[137] Verbrechenselemente zu Art. 7 IStGH-Statut, Einführung: „3. [...] It is understood that ‚policy to commit such attack' requires that the State or organization *actively* promote or encourage such an attack against a civilian population" (Hervorhebung Verf.). Die als Kompromisslösung hinzugefügte Fn. 6 schwächt diese Aussage allerdings etwas ab, wenn es heißt: „A policy which has a civilian population as the objective of the attack would be implemented by State or organizational action. Such a policy may, in exceptional circumstances, be implemented by a deliberate failure to take action, which is consciously aimed at encouraging such attack. The existence of such a policy cannot be inferred solely from the absence of governmental or organizational action." Vgl. auch IStGH 7.3.2014 (Katanga, TC), para. 1107; IStGH 3.10.2011 (Situation in the Republic of Côte d'Ivoire, PTC), para. 42; IStGH 23.1.2012 (Ruto ua, PTC), para. 210.

[138] JStGH 14.1.2000 (Kupreškić ua, TC), para. 552; JStGH 26.1.2000 (Tadić, AC), para. 14; ebenso Art. 2 para. 11 Draft Code 1954; Final Report of the Commission of Experts Established Pursuant To Security Council Resolution 780 (1992), UN Doc. S/1994/674, Annex II: Rape and Sexual Assault: A Legal Study, 27 May 1994, 8, para. 33: „It also has proven [...] that the state is involved. This can be concluded from state tolerance."

[139] Vgl. *Ambos/Wirth* Criminal Law Forum 13 (2002), 1 (30 f.).

[140] IStGH 23.1.2012 (Muthaura ua, PTC), para. 223.

[141] Eingehend zum Täterkreis *Meseke* S. 145 ff.

[142] Vgl. *Werle/Jeßberger* Rn. 932, 953.

[143] *Lampe* FS Kohlmann, 2003, 147 (168 f.).

[144] *Werle/Jeßberger* Rn. 442.

[145] BT-Drs. 14/8524, 20.

[146] *Werle/Jeßberger* Rn. 531 ff. Anders wohl Eser/Kreicker/Gropengießer/Kreicker S. 138; *Kirsch* FS Hamm, 2008, 269 (286).

44 Der Vorsatz des Täters muss neben der Einzeltat die **Gesamttat** umfassen.¹⁴⁷ So bestimmt Art. 7 Abs. 1 IStGH-Statut in Übereinstimmung mit dem Völkergewohnheitsrecht und der Rechtsprechung der internationalen Strafgerichtshöfe,¹⁴⁸ dass der Täter „in Kenntnis" des Angriffs gegen die Zivilbevölkerung handeln muss. Der Täter muss also wissen, dass ein ausgedehnter oder systematischer Angriff gegen die Zivilbevölkerung stattfindet und dass sich seine Tat in diesen Angriff einfügt.¹⁴⁹ Nicht erforderlich ist aber, dass er die Einzelheiten der Planung oder Politik des Staates oder der Organisation kennt.¹⁵⁰

45 Grundsätzlich müssen bei Verbrechen nach § 7 **keine besonderen subjektiven Tatbestandsmerkmale** vorliegen. Damit ist klargestellt, dass das Menschlichkeitsverbrechen kein Handeln aus diskriminierenden Beweggründen erfordert, wie dies noch in Art. 3 RStGH-Statut¹⁵¹ und von der früheren Rechtsprechung zu Art. 5 JStGH-Statut¹⁵² angenommen wurde. Einzig die Tatbestandsalternative der Verfolgung gemäß Abs. 1 Nr. 10 setzt ein derartiges Motiv voraus.¹⁵³ Weiterhin enthält § 7 Abs. 1 Nr. 7 (Verschwindenlassen von Personen) im Einklang mit Art. 7 Abs. 2 Buchst. i IStGH-Statut das besondere subjektive Tatbestandsmerkmal der Absicht, das Opfer für längere Zeit dem Schutz des Gesetzes zu entziehen.¹⁵⁴

46 b) Einzeltaten. aa) Tötung (Abs. 1 Nr. 1). Die Vorschrift beruht auf Art. 7 Abs. 1 Buchst. a IStGH-Statut und seinen Vorläufern in Art. 6 Buchst. c IMG-Statut, Art. 5 Buchst. c IMGFO-Statut, Art. II Abs. 1 Buchst. c KRG 10, Art. 5 Buchst. c JStGH-Statut und Art. 3 Buchst. a RStGH-Statut und wurde ohne Änderungen aus dem Römischen

---

¹⁴⁷ BT-Drs. 14/8524, 20. Siehe auch *Werle/Jeßberger* Rn. 954.
¹⁴⁸ Grundlegend JStGH 7.5.1997 (Tadić, TC), paras. 656, 659: „[T]he perpetrator must know that there is an attack on the civilian population. The accused must also be aware that the underlying crime which he is committing forms part of the widespread and systematic attack"; bestätigt in JStGH 15.7.1999 (Tadić, AC), para. 248; JStGH 12.6.2002 (Kunarac ua, AC), para. 102; RStGH 7.7.2006 (Gacumbitsi, AC), para. 86.
¹⁴⁹ IStGH 7.3.2014 (Katanga, TC), para. 1125; IStGH 21.3.2016 (Bemba Gombo, TC), para. 167; IStGH 30.9.2008 (Katanga und Ngudjolo Chui, PTC), para. 401; IStGH 4.3.2009 (Al Bashir, PTC), paras. 86 f.; IStGH 15.6.2009 (Bemba Gombo, PTC), para. 87. So auch die ständige Rspr. der Ad-hoc-Strafgerichtshöfe, vgl. JStGH 15.7.1999 (Tadić, AC), para. 248; JStGH 12.6.2002 (Kunarac ua, AC), para. 121; JStGH 29.7.2004 (Blaškić, AC), paras. 124 ff.; JStGH 23.1.2014 (Šainović ua, AC), paras. 264, 270; JStGH 30.1.2015 (Popović ua, AC), paras. 570, 677; eingehend JStGH 26.2.2009 (Milutinović ua, TC), Band 1, paras. 153 ff.; JStGH 24.3.2016 (Karadžić, TC), Band 1, para. 479; RStGH 14.12.2011 (Bagosora und Nsengiyumva, AC), para. 389; RStGH 11.2.2014 (Ndindiliyimana, AC), para. 260; RStGH 20.12.2012 (Ngirabatware, TC), para. 1373 mwN zur früheren Rechtsprechung; SLSGH 18.5.2012 (Taylor, TC), para. 515. Siehe auch *Ambos* AT S. 778; *Lee/von Hebel/Robinson* S. 79 (98), Fn. 55; *Mettraux* S. 173; *Robinson* American Journal of International Law 93 (1999), 43 (51 f.); *Lattanzi/Schabas/Robinson* S. 139 (164 f.).
¹⁵⁰ Vgl. Verbrechenselemente zu Art. 7 IStGH-Statut, Einführung: „[The] element should not be interpreted as requiring proof that the perpetrator had knowledge of all characteristics of the attack or the precise details of the plan or policy of the State or organization. In the case of an emerging widespread or systematic attack against a civilian population [...] this mental element is satisfied if the perpetrator intended to further such an attack." Dies versteht sich ohnehin von selbst, wenn man davon ausgeht, dass das sog. Politikelement kein Verbrechensmerkmal ist (→ Rn. 32 f.). Vgl. auch IStGH 7.3.2014 (Katanga, TC), para. 1125; IStGH 4.3.2009 (Al Bashir, PTC), para. 88; JStGH 12.6.2002 (Kunarac ua, AC), para. 102; JStGH 29.7.2004 (Blaškić, AC), paras. 126 f.; JStGH 29.5.2013 (Prlić ua, TC), Band 1, para. 45; SLSGH 18.5.2012 (Taylor, TC), para. 515; vgl. ferner *Mettraux* S. 173.
¹⁵¹ *Werle/Jeßberger* Rn. 956. Vgl. dazu *Schabas*, UN Tribunals S. 196 ff.
¹⁵² JStGH 7.5.1997 (Tadić, TC), para. 652. Der Jugoslawien-Strafgerichtshof begründete diese Ansicht damit, dass das Erfordernis des Diskriminierungsvorsatzes im Bericht des UN-Generalsekretärs, der der Gründung des Gerichts voranging (vgl. dazu *Werle/Jeßberger* Rn. 49), enthalten gewesen sei. Seither hätten mehrere Mitglieder des UN-Sicherheitsrats deutlich gemacht, dass aus ihrer Sicht ein Handeln aus diskriminierenden Beweggründen Tatbestandsvoraussetzung sei. Vgl. dazu *Schabas*, UN Tribunals S. 196 ff.; *Sadat/Sluiter* S. 102 (129 ff.).
¹⁵³ Grundlegend JStGH 15.7.1999 (Tadić, AC), paras. 273 ff. und schließlich RStGH 1.6.2001 (Akayesu, AC), paras. 464 ff. Bestätigend JStGH 14.1.2000 (Kupreškić ua, TC), para. 558; JStGH 3.3.2000 (Blaškić, TC), para. 260; JStGH 26.2.2001 (Kordić und Čerkez, TC), para. 186; JStGH 29.5.2013 (Prlić ua, TC), Band 1, para. 45; RStGH 1.6.2001 (Akayesu, AC), para. 464 ff.; JStGH 30.12.2011 (Ndahimana, TC), para. 836; RStGH 2.2.2012 (Karemera und Ngirumpatse, TC), para. 1675; RStGH 31.5.2012 (Nzabonimana, TC), para. 1778 mwN zur früheren Rechtsprechung.
¹⁵⁴ → Rn. 97.

Statut übernommen. Sie setzt voraus, dass der Täter durch sein Verhalten den **Tod mindestens eines anderen Menschen** verursacht.[155] Die Tathandlung entspricht der des Kriegsverbrechens der vorsätzlichen Tötung (§ 8 Abs. 1 Nr. 1) sowie der vorsätzlichen Tötung beim Völkermord (§ 6 Abs. 1 Nr. 1).[156] Der Standort der Vorschrift an der Spitze der Einzeltaten reflektiert die überragende Bedeutung, die sowohl die Menschenrechtsabkommen als auch das Kriegsvölkerrecht dem Schutz des Lebens beimessen.[157]

In subjektiver Hinsicht ist gemäß § 2 **vorsätzliches Handeln** notwendig. Nach deutschem Strafrecht genügt dabei bedingter Vorsatz. Dieser ist auch nach der Rechtsprechung der Ad-hoc-Strafgerichtshöfe ausreichend. Danach setzt die innere Tatseite nicht voraus, dass der Täter die Herbeiführung des Todes als sichere Folge seines Verhaltens erkennt. Es soll ausreichen, wenn der Täter absichtlich die körperliche Unversehrtheit des Opfers erheblich beeinträchtigt und ihm dabei bewusst ist, dass er durch seine Tat den Tod des Opfers herbeiführen kann.[158] Nach der Rechtsprechung des Internationalen Strafgerichtshofs sollen dagegen die Regelanforderungen des Art. 30 IStGH-Statut maßgeblich sein, weshalb lediglich *dolus directus* 1. Grades und *dolus directus* 2. Grades ausreichen. Diese strengeren Voraussetzungen des IStGH-Statuts ändern freilich nichts daran, dass nach Völkergewohnheitsrecht, wie es in der Rechtsprechung des Jugoslawien-Strafgerichtshofs verkörpert ist, bedingter Tötungsvorsatz in jedem Falle ausreicht.[159] Diesen Anforderungen entspricht § 2 VStGB iVm § 15 StGB, so dass sich die Frage nach der Notwendigkeit einer restriktiven Auslegung des § 7 Abs. 1 Nr. 1 nicht stellt.

Das Menschlichkeitsverbrechen der Tötung umfasst auch Tötung durch Unterlassen, etwa durch Vorenthalten lebensnotwendiger Gegenstände.[160] Regelmäßig wird der Täter zugleich ein Mordmerkmal (§ 211 StGB) verwirklichen; insbesondere kommt bei einem Menschlichkeitsverbrechen ein Handeln aus niedrigen Beweggründen in Betracht.[161]

bb) Ausrottung (Abs. 1 Nr. 2). Abs. 1 Nr. 2 stellt das Menschlichkeitsverbrechen der Ausrottung unter Strafe. Die Vorschrift beruht auf Art. 7 Abs. 1 Buchst. b IStGH-Statut und seinen Vorläufern in Art. 6 Buchst. c IMG-Statut, Art. II Abs. 1 Buchst. c KRG 10, Art. 5 Buchst. c IMGFO-Statut, Art. 5 Buchst. b JStGH-Statut und Art. 3 Buchst. b RStGH-Statut. Die Tatbestandsalternative der Ausrottung steht in enger Verbindung mit dem Tatbestand des Völkermordes. § 7 Abs. 1 Nr. 2 wurde daher in Anlehnung an § 220a Abs. 1 Nr. 3 StGB aF formuliert.[162]

Die möglichen **Opfer** der Ausrottung sind anders als beim Völkermordtatbestand nicht auf bestimmte Gruppen beschränkt. Erfasst werden alle Angriffe auf irgendeine Zivilbevölkerung, insbesondere auch auf politische, kulturelle, soziale oder wirtschaftliche Gruppen.[163]

---

[155] Grundlegend RStGH 2.9.1998 (Akayesu, TC), para. 588; siehe ferner IStGH 7.3.2014 (Katanga, TC), paras. 766 f.; JStGH 20.2.2001 (Mucić ua, AC), para. 423; JStGH 17.12.2004 (Kordić und Čerkez, AC), para. 37; JStGH 28.2.2005 (Kvočka ua, AC), para. 261; JStGH 29.5.2013 (Prlić ua, TC), Band 1, para. 46; RStGH 31.5.2012 (Nzabonimana, TC), para. 1792; ECCC 7.8.2014 (Nuon und Khieu, TC), para. 412; SLSGH 18.5.2012 (Taylor, TC), para. 413.

[156] JStGH 14.12.1999 (Jelisić, TC), para. 51; JStGH 26.2.2001 (Kordić und Čerkez, TC), para. 236; JStGH 15.3.2002 (Krnojelac, TC), para. 323; JStGH 31.3.2003 (Naletilić und Martinović, TC), para. 248.

[157] Vgl. etwa Art. 4 Abs. 2 IpbPR, Art. 27 AMRK, Art. 15 Abs. 2 EMRK, Art. 85 Abs. 2 ZP I.

[158] Vgl. etwa JStGH 28.2.2005 (Kvočka ua, AC), para. 261; JStGH 12.11.2009 (D. Milošević, AC), para. 108; JStGH 30.5.2013 (Stanišić und Simatović, TC), Band 1, para. 974; RStGH 2.9.1998 (Akayesu, TC), para. 589; RStGH 19.6.2012 (Nizeyimana, TC), para. 1552. Siehe auch ECCC 7.8.2014 (Nuon und Khieu, TC), para. 412; SLSGH 20.6.2007 (Brima ua, TC), para. 690; SLSGH 2.8.2007 (Fofana und Kondewa, TC), para. 143; SLSGH 18.5.2012 (Taylor, TC), para. 412. Zum Teil finden sich Formulierungen, die stärker den aus dem deutschen Strafrecht vertrauten Definitionen von *dolus eventualis* entsprechen, ohne dass die Rechtsprechung darin eine sachliche Abweichung erblickt; vgl. zB JStGH 31.1.2005 (Strugar, TC), para. 236.

[159] Vgl. IStGH 29.1.2007 (Lubanga Dyilo, PTC), para. 352.

[160] JStGH 16.11.1998 (Mucić ua, TC), para. 424. Vgl. auch IStGH 15.6.2009 (Bemba Gombo, PTC), para. 132.

[161] Eser/Kreicker-*Gropengießer/Kreicker* S. 124.

[162] BT-Drs. 14/8524, 20.

[163] Draft Code 1996, Kommentar zu Art. 18b, para. 8. Siehe auch JStGH 29.11.2002 (Vasiljević, TC), para. 227.

Ferner können auch Angriffe auf Gruppen, deren einziges Unterscheidungsmerkmal die Anwesenheit ihrer Mitglieder in einem bestimmten geografischen Gebiet darstellt, und auf solche Personenmehrheiten, die sich nur negativ durch die Nichtzugehörigkeit zu einer bestimmten Gruppe auszeichnen, als Ausrottung strafbar sein.[164]

51 In objektiver Hinsicht setzt die Ausrottung voraus, dass eine Bevölkerung oder Teile hiervon **unter Lebensbedingungen gestellt werden, die geeignet sind, deren Zerstörung ganz oder teilweise herbeizuführen**. Abs. 1 Nr. 2 erfordert dabei nicht, dass der Täter einen oder mehrere Menschen tötet,[165] weil die Tatbestandsalternative dem Völkermordtatbestand angeglichen ist. Ein derartiges Erfordernis ergibt sich zwar auch nicht aus dem Wortlaut des IStGH-Statuts. Jedoch setzt die Ausrottung nach den Verbrechenselementen zu Art. 7 Abs. 1 Buchst. b IStGH-Statut[166] voraus, dass der Täter den Tod eines oder mehrerer Menschen verursacht. Diese Auffassung war zu Beginn der Beratungen zu den Verbrechenselementen noch umstritten,[167] steht aber im Einklang mit der Rechtsprechung der internationalen Strafgerichtshöfe, insbesondere des Ruanda-Strafgerichtshofs. So hat das Gericht entschieden, Ausrottung sei als Tötung einer Vielzahl von Opfern zu verstehen.[168] Durch den Verzicht auf den konkreten Verletzungserfolg hat das VStGB die Anforderungen an den objektiven Tatbestand abgesenkt (**strafbarkeitserweiternde Wirkung**).[169]

52 Ausrottung soll nach der Rechtsprechung der internationalen Strafgerichtshöfe die direkte und die indirekte Todesverursachung erfassen.[170] Die indirekte Todesverursachung wird als die Auferlegung von Lebensbedingungen umschrieben, die geeignet sind, die Vernichtung eines Teiles der Bevölkerung herbeizuführen.[171] Die Tötung muss nach den Verbrechenselementen ferner **Teil einer Massentötung** sein.[172] Auch dieses Erfordernis geht auf die Rechtsprechung des Ruanda-Strafgerichtshofs zurück. Die Ausrottung sollte danach auch solche Fälle erfassen, in denen ein individueller Täter den Tod einer geringen Anzahl von Personen oder sogar nur eines einzigen Menschen verursacht, solange sich die Tötung als Teil einer Massentötung darstellt und der Täter sich dessen bewusst ist. Um Teil einer Massentötung zu sein, müsse sich eine Tötung im engen räumlichen und zeitlichen Zusammenhang zu anderen Tötungen ereignen.[173] Nachdem der Jugoslawien-Strafgerichtshof diese Auslegung zunächst weitgehend bestätigt hatte,[174] hat er die Anforderungen an das Vorliegen der Tatbestandsalternative zunehmend verschärft. So forderte er im Fall *Krstić*, es müsse der Tod eines „zahlenmä-

---

[164] JStGH 31.7.2003 (Stakić, TC), para. 181.
[165] BT-Drs. 14/8524, 20.
[166] Verbrechenselemente zu Art. 7 Abs. 1 Buchst. b IStGH-Statut, Nr. 1.
[167] Vgl. insoweit nur den Entwurf der Verbrechenselemente UN Doc. PCNICC/1999/L.5/Rev. 1/Add. 2, 22.12.1999. Dort heißt es in der Fn. 6 noch: „Some delegations believe that death is not required. […]" Im Laufe der Beratungen konnte sich diese Auffassung jedoch nicht durchsetzen, vgl. dazu Fischer/Kreß/Lüder/Rückert/Witschel S. 60 (75 f.). Vgl. auch *Ambos* § 7 Rn. 201, der die Ausrottung als Absichtsdelikt begreift und den Eintritt des Todeserfolgs nicht für erforderlich hält.
[168] Grundlegend RStGH 2.9.1998 (Akayesu, TC), para. 591; RStGH 21.5.1999 (Kayishema und Ruzindana, TC), para. 142; RStGH 6.12.1999 (Rutaganda, TC), para. 82; RStGH 27.1.2000 (Musema, TC), para. 217 ff. Aus der Zeit nach Verabschiedung der Verbrechenselemente vgl. RStGH 13.12.2004 (Ntakirutimana und Ntakirutimana, AC), para. 522; RStGH 12.3.2008 (Seromba, AC), para. 189; RStGH 7.6.2001 (Bagilishema, TC), paras. 86 ff.; RStGH 17.6.2004 (Gacumbitsi, TC), para. 309; RStGH 15.7.2004 (Ndindabahizi, TC), para. 487; RStGH 13.4.2006 (Bisengimana, TC), para. 71. Diese Rechtsprechung orientiert sich am Draft Code 1996, Kommentar zu Art. 18b, para. 8: „[Murder and extermination] consist of distinct and yet closely related criminal conduct which involves taking the lives of innocent human beings [. … T]he act used to carry out the offence of extermination involves an element of mass destruction which is not required for murder."
[169] *Meseke* S. 285.
[170] JStGH 1.9.2004 (Brđanin, TC), para. 389; JStGH 17.1.2005 (Blagojević und Jokić, TC), para. 573; RStGH 12.3.2008 (Seromba, AC), para. 189; RStGH 6.12.1999 (Rutaganda, TC), para. 82; RStGH 21.5.1999 (Kayishema und Ruzindana, TC), para. 201; RStGH 27.1.2000 (Musema, TC), para. 219; RStGH 31.5.2012 (Nzabonimana, TC), para. 1782.
[171] RStGH 13.12.2004 (Ntakirutimana und Ntakirutimana, AC), para. 522; RStGH 21.5.1999 (Kayishema und Ruzindana, TC), para. 144; RStGH 13.4.2006 (Bisengimana, TC), para. 72.
[172] Verbrechenselemente zu Art. 7 Abs. 1 Buchst. b IStGH-Statut, Nr. 2.
[173] RStGH 21.5.1999 (Kayishema und Ruzindana, TC), para. 147; RStGH 11.9.2006 (Mpambara, TC), para. 9.
[174] JStGH 2.8.2001 (Krstić, TC), paras. 490 ff.; JStGH 29.11.2002 (Vasiljević, TC), paras. 216 ff.

ßig erheblichen Teils" der Bevölkerung verursacht werden.[175] Nunmehr vertritt das Gericht die Auffassung, der Täter müsse zumindest mittelbar verantwortlich für den Tod einer großen Zahl von Menschen sein; die Verantwortlichkeit für nur eine Tötung oder eine geringe Anzahl von Tötungen reiche keinesfalls aus.[176] Der Ruanda-Strafgerichtshof hat sich dieser Rechtsprechung inzwischen angeschlossen.[177] Die Rechtsprechung hat jedoch gleichzeitig betont, ob eine Massentötung vorliege, sei eine Frage des Einzelfalls.[178] Eine allgemeingültige nummerische Grenze könne nicht gezogen werden.[179]

Mögliche Tathandlungen der Ausrottung sind beispielsweise das in der Legaldefinition 53 des Art. 7 Abs. 2 Buchst. a IStGH-Statut exemplarisch aufgeführte Vorenthalten des Zugangs zu Nahrungsmitteln[180] und Medikamenten[181] oder auch das Nichtzurverfügungstellen zureichenden Schutzes vor extremen Wetterverhältnissen.[182] Die Rechtsprechung hat weiterhin etwa das Einsperren einer großen Gruppe von Menschen bei gleichzeitiger Vorenthaltung des Lebensnotwendigsten oder das Infizieren einer solchen Gruppe mit einem lebensgefährlichen Virus unter Vorenthaltung jeglicher medizinischer Versorgung als Ausrottung beurteilt.[183] Auch die Planung einer Massentötung kann als Ausrottung strafbar sein.[184] In jedem Fall muss die Tathandlung geeignet sein, die Vernichtung eines Teiles der Bevölkerung herbeizuführen.

In subjektiver Hinsicht erfordert Abs. 1 Nr. 2 zunächst **Vorsatz** hinsichtlich der Tathand- 54 lung. Abweichend von Art. 7 Abs. 2 Buchst. b IStGH-Statut verlangt § 7 Abs. 1 Nr. 2 ähnlich wie § 6 (Völkermord) darüber hinaus, dass der Täter in der Absicht handelt, eine Bevölkerung ganz oder teilweise zu zerstören. Dieses **Absichtserfordernis** dient „der sachgerechten Präzisierung der Strafbarkeitsvoraussetzungen durch eine Angleichung an den Völkermordtatbestand."[185] Allerdings verengt es den Bereich der Strafbarkeit im Vergleich zum IStGH-Statut deutlich.[186] Das Absichtserfordernis findet weder im Wortlaut des IStGH-Statuts noch im Völkergewohnheitsrecht eine Grundlage. Es kann wohl auch nicht aus dem englischen Wortlaut des Statuts „calculated to bring about conditions", das in der deutschen Fassung objektiviert als „geeignet, [...] die Vernichtung eines Teiles der Bevölkerung herbeizuführen" wiedergegeben

---

[175] JStGH 2.8.2001 (Krstić, TC), para. 503. Ablehnend etwa *Mettraux* Harvard International Law Journal 43 (2002), 285.
[176] Vgl. JStGH 29.11.2002 (Vasiljević, TC), para. 227; JStGH 1.9.2004 (Brđanin, TC), para. 390; so auch JStGH 20.7.2009 (Lukić und Lukić, TC), para. 937. Zustimmend *Meseke* S. 186. Vgl. auch *Salgado* Leiden Journal of International Law 16 (2003), 321 (326 ff.).
[177] RStGH 21.2.2003 (Ntakirutimana und Ntakirutimana, TC), paras. 813 f.; RStGH 15.5.2003 (Semanza, TC), para. 340: „[t]he scale of killing required for extermination must be substantial". Vgl. auch RStGH 1.12.2003 (Kajelijeli, TC), para. 893; RStGH 22.1.2004 (Kamuhanda, TC), para. 691; RStGH 13.12.2005 (Simba, TC), para. 422.
[178] JStGH 22.3.2006 (Stakić, AC), para. 260; JStGH 4.12.2012 (Lukić und Lukić, AC), para. 538 mwN zur früheren Rechtsprechung; JStGH 8.4.2015 (Tolimir, AC), para. 146; JStGH 27.3.2013 (Stanišić und Župljanin, TC), Band 1, para. 44; JStGH 24.3.2016 (Karadžić, TC), Band 1, para. 483; RStGH 13.12.2004 (Ntakirutimana und Ntakirutimana, AC), para. 516; RStGH 14.12.2015 (Nyiramasuhuko ua, AC), paras. 2123, 3309; RStGH 2.2.2012 (Karemera und Ngirumpatse, TC), para. 1687. Vgl. ferner ECCC 7.8.2014 (Nuon und Khieu, TC), para. 416.
[179] JStGH 4.12.2012 (Lukić und Lukić, TC), para. 537; auch JStGH 27.9.2006 (Krajišnik, TC), para. 720 (Tötung von 17 Personen ausreichend); JStGH 24.3.2016 (Karadžić, TC), Band 1, para. 483; RStGH 25.2.2010 (Setako, TC), paras. 481 f. (Tötung von 30 bis 40 Personen ausreichend); RStGH 14.12.2015 (Nyiramasuhuko ua, AC), paras. 2123, 3309; Vorbehalte jedoch in JStGH 20.7.2009 (Lukić und Lukić, TC), teilweise abweichendes Sondervotum *van den Wyngaert*, para. 1115 ff., wonach die Tötung von 60 bis 70 Personen nicht ausreichen soll; JStGH 27.3.2013 (Stanišić und Župljanin, TC), Band 1, para. 219 (Tötung von acht Opfern jedenfalls nicht ausreichend). Eine bestimmte Mindestanzahl kann nach Auffassung der Rechtsprechung jedoch nicht festgelegt werden, vgl. JStGH 3.4.2007 (Brđanin, AC), para. 471; RStGH 14.12.2015 (Nyiramasuhuko ua, AC), para. 2123; ECCC 7.8.2014 (Nuon und Khieu, TC), para. 416.
[180] Zum Verhungernlassen als Verbrechen gegen die Menschlichkeit *DeFalco* International Journal of Transitional Justice 5 (2011), 142 (148 ff.); *Marcus* American Journal of International Law 97 (2003), 245 (271 ff.).
[181] Dieses gegenüber dem Völkermordtatbestand zusätzlich eingefügte Beispiel geht auf einen Vorschlag Kubas zurück, vgl. *Lee/von Hebel/Robinson* S. 79 (99).
[182] RStGH 21.5.1999 (Kayishema und Ruzindana, TC), para. 146.
[183] RStGH 21.5.1999 (Kayishema und Ruzindana, TC), para. 146.
[184] RStGH 21.5.1999 (Kayishema und Ruzindana, TC), para. 146.
[185] BT-Drs. 14/8524, 20.
[186] *Meseke* S. 286.

wird, abgeleitet werden[187] und wird von der Rechtsprechung der internationalen Strafgerichtshöfe abgelehnt.[188] Somit ist festzustellen, dass § 7 Abs. 1 Nr. 2 gewisse Deckungslücken gegenüber Art. 7 Abs. 1 Buchst. b IStGH-Statut aufweist.[189] Diese sind freilich im Ergebnis unschädlich, weil § 7 Abs. 1 Nr. 1 regelmäßig anwendbar sein wird, und gegebenenfalls auch ein Rückgriff auf die Straftatbestände des StGB möglich ist.[190]

55 Nach der **Rechtsprechung** der internationalen Strafgerichtshöfe, die für das Vorliegen einer Ausrottung die Verursachung des Todes eines oder mehrerer Menschen voraussetzt, ist Vorsatz hinsichtlich der Todesverursachung notwendig.[191] Der Täter müsse sich bewusst sein, dass sein Verhalten Teil einer Massentötung ist.[192]

56 **cc) Versklavung (Abs. 1 Nr. 3).** Abs. 1 Nr. 3 geht auf Art. 7 Abs. 1 Buchst. c IStGH-Statut und seine Vorläufer in Art. 6 Buchst. c IMG-Statut, Art. II Abs. 1 Buchst. c KRG 10, Art. 5 Buchst. c IMGFO-Statut, Art. 5 Buchst. c JStGH-Statut und Art. 3 Buchst. c RStGH-Statut zurück. Die Norm weicht inhaltlich nicht von ihrem Vorbild im IStGH-Statut ab.[193] Der Tatbestand ist im Lichte des Zusatzabkommens über die Abschaffung der Sklaverei, des Sklavenhandels und sklavereiähnlicher Einrichtungen und Praktiken vom 7.9.1956[194] sowie der Rechtsprechung des Jugoslawien-Strafgerichtshofs auszulegen.[195]

57 Voraussetzung der Tatbestandsalternative ist, dass der Täter ein angemaßtes Eigentumsrecht an einem Menschen ausübt. Nach der Legaldefinition des Art. 7 Abs. 2 Buchst. c IStGH-Statut bedeutet Versklavung „die **Ausübung aller oder einzelner mit einem Eigentumsrecht an einer Person verbundenen Befugnisse.**" Diese Definition wurde in Anlehnung an das einschlägige Völkervertragsrecht[196] formuliert[197] und ist gewohnheits-

---

[187] So aber wohl *Ambos* AT S. 798. Dagegen *Meseke* S. 189 ff. Zur Problematik der Übersetzung des Wortes „calculated" Eser/Kreicker/Gropengießer/Kreicker S. 102, (124).
[188] JStGH 2.8.2001 (Krstić, TC), para. 500; JStGH 29.11.2002 (Vasiljević, TC), para. 227; JStGH 12.6.2007 (Martić, TC), para. 65; JStGH 12.12.2012 (Tolimir, TC), para. 726; vgl. ferner ECCC 7.8.2014 (Nuon und Khieu, TC), para. 417. Der Ruanda-Strafgerichtshof hat teilweise sogar Fahrlässigkeit für ausreichend gehalten, vgl. RStGH 21.5.1999 (Kayishema und Ruzindana, TC), para. 146 („intention, recklessness, or gross negligence"); ebenso RStGH 7.6.2001 (Bagilishema, TC), para. 89; RStGH 1.12.2003 (Kajelijeli, TC), para. 895; RStGH 22.1.2004 (Kamuhanda, TC), para. 696; RStGH 13.4.2006 (Bisengimana, TC), para. 71. Dagegen zu Recht JStGH 1.9.2004 (Brđanin, TC), paras. 388, 392 ff.; JStGH 22.3.2006 (Stakić, AC), paras. 259 f.; JStGH 27.9.2006 (Krajišnik, TC), para. 716; JStGH 12.6.2007 (Martić, TC), para. 65; RStGH 7.7.2006, para. 86. Für ein Absichtserfordernis *Ambos* AT S. 798. Kritisch dazu *Meseke* S. 189 f.
[189] *Meseke* S. 286; Eser/Kreicker/Gropengießer/Kreicker S. 125.
[190] Eser/Kreicker/Gropengießer/Kreicker S. 124 f.
[191] Vgl. RStGH 2.9.1998 (Akayesu, TC), para. 592; RStGH 21.5.1999 (Kayishema und Ruzindana, TC), paras. 144, 146; RStGH 6.12.1999 (Rutaganda, TC), para. 83; RStGH 27.1.2000 (Musema, TC), para. 218b; RStGH 7.6.2001 (Bagilishema, TC), para. 89 und JStGH 2.8.2001 (Krstić, TC), para. 495.
[192] JStGH 22.3.2006 (Stakić, AC), para. 260; JStGH 3.4.2007 (Brđanin, AC), para. 477; JStGH 4.12.2012 (Lukić und Lukić, AC), para. 536; JStGH 12.12.2012 (Tolimir, TC), para. 726; JStGH 27.3.2013 (Stanišić und Župljanin, TC), Band 1, para. 45; RStGH 28.9.2011 (Munyakazi, AC), para. 142; RStGH 2.2.2012 (Karemera und Ngirumpatse, TC), para. 1687. Vgl. auch *Mettraux* S. 178. Nicht erforderlich ist dagegen, dass der Täter seine Tat als Teil eines riesigen mörderischen Unternehmens („vast murderous enterprise") begreift, vgl. JStGH 1.9.2004 (Brđanin, TC), para. 394; JStGH 17.1.2005 (Blagojević und Jokić, TC), para. 576. So aber JStGH 29.11.2002 (Vasiljević, TC), para. 229.
[193] Eser/Kreicker/Gropengießer/Kreicker S. 125, 287.
[194] BGBl. 1958 II S. 205.
[195] Begründung zu § 7 Abs. 1 Nr. 3 VStGB, BT-Drs. 14/8524, 20. Vgl. zu den internationalen Bemühungen zur Abschaffung des transatlantischen Sklavenhandels im 19. Jahrhundert → Einl. Rn. 5 Fn. 15.
[196] Übereinkommen betreffend die Sklaverei vom 25.9.1926 in der Fassung des Änderungsprotokolls vom 7.12.1953, vgl. dazu die am 19.10.1972 auf Grund eines Gesetzes vom 8.9.1972, BGBl. II S. 1069, ergangene Bekanntmachung der Neufassung des Übereinkommens in der Fassung des Änderungsprotokolls vom 7.12.1953, BGBl. 1972 II S. 1473 ff., Art. 1 sowie Art. 7 des Zusatzübereinkommens über die Abschaffung der Sklaverei, des Sklavenhandels und sklavereiähnlicher Einrichtungen und Praktiken vom 7.9.1956, vgl. dazu BGBl. 1958 II S. 203 ff. Nach BGHSt 39, 212 (214) ist „Sklaverei" im Sinne des § 234 StGB „im gleichen Sinne wie [dort] zu verstehen". Siehe ferner *Allain/Hickey* International and Comparative Law Quarterly 61 (2012), 915 (917).
[197] Zur Verhandlungsgeschichte des Art. 7 Abs. 1 Buchst. c IStGH-Statut vgl. *Lee/von Hebel/Robinson* S. 79 (99); vgl. auch *Haenen* International Criminal Law Review 13 (2013), 895 (902 ff.).

rechtlich anerkannt.[198] Klassische Erscheinungsformen der Versklavung sind etwa der Kauf, der Verkauf, die Ausleihe oder der Tausch einer oder mehrerer Personen, einschließlich „ähnlicher" Formen des Freiheitsentzugs.[199]

Die traditionellen Erscheinungsformen der Versklavung, bei denen der Täter die Opfer wie „bewegliches Eigentum" behandelt,[200] besitzen heute nur noch eine geringe praktische Bedeutung.[201] Der Versklavungsbegriff ist deshalb nicht auf Sklaverei im traditionellen Sinne zu beschränken, sondern **funktionell auszulegen.**[202] So nehmen auch die Verbrechenselemente zu Art. 7 Abs. 2 Buchst. c IStGH-Statut Bezug auf „ähnliche" Formen der Freiheitsentziehung. Nach der Rechtsprechung des Jugoslawien-Strafgerichtshofs sind wesentliche Indizien für das Vorliegen einer Versklavung die Kontrolle der Bewegungs- und der Willensbetätigungsfreiheit der Opfer, das Handeln gegen den Willen der Opfer und die wirtschaftliche Beherrschung oder Ausnutzung.[203] Das Gericht hat jedoch auch klargestellt, dass weder eine gewisse Dauer der Tat noch der entgegenstehende Wille des Opfers notwendige Tatbestandsvoraussetzungen sind.[204] 58

Als Spezialfall der Versklavung nennt Abs. 1 Nr. 3 den **Menschenhandel,** insbesondere mit Frauen und Kindern. Auch Art. 7 Abs. 2 Buchst. c IStGH-Statut erfasst als Versklavung ausdrücklich den „Handel mit Menschen, insbesondere Frauen und Kindern" *(trafficking in persons),* wenn und soweit dieser mit der Ausübung von Eigentumsrechten an den betroffenen Personen verbunden ist.[205] Danach bildet Menschenhandel kein eigenständiges Verbrechen, sondern einen Unterfall der Versklavung. Das bedeutet auch, dass nur bestimmte Formen von Menschenhandel unter den Tatbestand der Versklavung iSd Art. 7 Abs. 2 Buchst. c IStGH-Statut fallen.[206] Das frühere Völkervertragsrecht erfasste ausschließlich den Menschenhandel mit Frauen und Kindern zum Zwecke der Prostitu- 59

---

[198] JStGH 22.2.2001 (Kunarac ua, TC), para. 539; JStGH 15.3.2002 (Krnojelac, TC), para. 350. Bestätigend JStGH 12.6.2002 (Kunarac ua, AC), para. 124; vgl. dazu auch *Jeßberger* Journal of International Criminal Justice 2016, 327 (332).

[199] Zum Freiheitsentzug heißt es in Fn. 11 der Verbrechenselemente zu Art. 7 Abs. 1 Buchst. c IStGH-Statut: „It is understood that such deprivation of liberty may, in some circumstances, include exacting forced labour or otherwise reducing a person to a servile status as defined in the Supplementary Convention on the Abolition of Slavery, the Slave Trade, and Institutions and Practices Similar to Slavery of 1956. It is also understood that the conduct described in this element includes trafficking in persons, in particular women and children."

[200] „Chattel slavery", vgl. JStGH 12.6.2002 (Kunarac ua, AC), para. 117; ECCC 3.2.2012 (Duch, AC), para. 155.

[201] Vgl. OHCHR, David Weissbrodt/Anti-Slavery International, Abolishing Slavery and its Contemporary Forms, 2002, UN Doc. HR/PUB/02/4, para. 20; *Rassam* Virginia Journal of International Law 39 (1999), 303 (321); *Tretter* FS Ermacora, 1988, 527 (544). Siehe zu modernen Formen der Sklaverei und die Beteiligung von Unternehmen *Jeßberger* Journal of International Criminal Justice 2016, 327 (328 ff.).

[202] Vgl. auch Fn. 11 der Verbrechenselemente zu Art. 7 Abs. 1 Buchst. c IStGH-Statut; IStGH 30.9.2008 (Katanga und Ngudjolo Chui, PTC), para. 430; *Haenen* International Criminal Law Review 13 (2013), 895 (901); *Jeßberger* Journal of International Criminal Justice 2016, 327 (332); Triffterer/Ambos/*Hall/Stahn* Art. 7 Rn. 120. Für einen weiten Sklavereibegriff auch das Zusatzübereinkommen über die Abschaffung der Sklaverei, des Sklavenhandels und sklavereiähnlicher Einrichtungen und Praktiken vom 7.9.1956, BGBl. 1958 II S. 203 ff. und dort etwa Art. 1 Buchst. a und b (Leibeigenschaft, Schuldknechtschaft); High Court of Australia 28.8.2008 (R. vom Wei Tang), paras. 27 ff. Zum letztgenannten Verfahren siehe *Tully* International Criminal Law Review 10 (2010), 403. Siehe auch *Werle/Jeßberger* Rn. 971.

[203] Grundlegend JStGH 22.2.2001 (Kunarac ua, TC), para. 542; bestätigend JStGH 12.6.2002 (Kunarac ua, AC), para. 119; auch JStGH 15.3.2002 (Krnojelac, TC), para. 359; siehe ferner SLSGH 18.5.2012 (Taylor, TC), paras. 446 ff.; ECCC 3.2.2012 (Duch, AC), paras. 152 ff. Vgl. dazu *van der Wilt* Journal of International Criminal Justice 14 (2016), 269 (274 ff.).

[204] JStGH 12.6.2002 (Kunarac ua, AC), paras. 120 f. Vgl. auch SLSGH 20.6.2007 (Brima ua, TC), paras. 739 ff., 1279 ff. (Versklavung durch Entführung und Zwangsarbeit); ECCC 3.2.2012 (Duch, AC), paras. 125 ff., wonach auch Zwangsarbeit kein notwendiges Merkmal des Menschlichkeitsverbrechens der Versklavung sei.

[205] Vgl. Art. 7 Abs. 2 Buchst. c IStGH-Statut. Vgl auch Fn. 11 der Verbrechenselemente zu Art. 7 Abs. 1 Buchst. c IStGH-Statut. Vgl. auch Eser/Kreicker/*Gropengießer/Kreicker* S. 125.

[206] Vgl. *Gallagher* S. 216; *Siller* Journal of International Criminal Justice 1 (2016), 1 (22 f.); Triffterer/Ambos/*Hall/Stahn* Art. 7 Rn. 122; *van der Wilt* Chinese Journal of International Law 13 (2014), 297 (308, 314).

tion,²⁰⁷ so etwa die Konvention zur Unterbindung des Menschenhandels und der Ausnutzung der Prostitution anderer.²⁰⁸ Neuere völkerrechtliche Verträge, wie etwa das Übereinkommen zur Beseitigung jeder Form von Diskriminierung der Frau aus dem Jahre 1979²⁰⁹ oder das Übereinkommen über die Rechte des Kindes aus dem Jahre 1989²¹⁰ haben den Zusammenhang zwischen Menschenhandel und Prostitution aufgegeben.

60 Im Jahr 2000 ist die **Convention Against Transnational Organized Crime** entstanden. Ein Zusatzprotokoll regelt ausdrücklich den Menschenhandel, insbesondere den Handel mit Frauen und Kindern, und enthält erstmals eine völkervertragliche Definition des Menschenhandels. Danach ist Menschenhandel die Anwerbung, Beförderung, Verbringung, Beherbergung oder der Empfang von Personen mittels Androhung oder Anwendung von Gewalt oder anderen Formen der Nötigung, durch Entführung, Betrug, Täuschung, Missbrauch von Macht oder Ausnutzung besonderer Hilflosigkeit oder durch Gewährung oder Entgegennahme von Zahlungen oder Vorteilen zur Erlangung des Einverständnisses einer Person, die Gewalt über eine andere Person hat, zum Zweck der Ausbeutung. Ausbeutung umfasst mindestens die Ausnutzung der Prostitution anderer oder andere Formen sexueller Ausbeutung, Zwangsarbeit oder Zwangsdienstbarkeit, Sklaverei oder sklavereiähnliche Praktiken, Leibeigenschaft oder die Entnahme von Körperorganen.²¹¹

61 **Zwangsarbeit**²¹² wird weder in § 7 Abs. 1 Nr. 3 noch im IStGH-Statut als eigenständige Form der Versklavung angesprochen. Sie ist aber immer dann erfasst, wenn sie mit der Ausübung angemaßter Eigentumsrechte an den betroffenen Personen einhergeht.²¹³ Bereits im Nürnberger Prozess gegen die Hauptkriegsverbrecher war die Zwangsarbeit das wichtigste Beispiel für eine Tathandlung der Versklavung als Verbrechen gegen die Menschlichkeit.²¹⁴ Die meisten Hauptkriegsverbrecher wurden dabei sowohl wegen der Deportation von Zwangsarbeitern als Kriegsverbrechen als auch wegen Versklavung als Verbrechen gegen die Menschlichkeit verurteilt.²¹⁵ In den Nürnberger Nachfolgeprozessen brachten die US-Militärgerichte in Bezug auf Zwangsarbeit ebenfalls beide Tatbestände nebeneinander zur Anwendung.²¹⁶ Auch der Jugoslawien-Strafgerichtshof und der Sondergerichtshof für Sierra Leone haben die Zwangsarbeit als eine mögliche Form des

---

²⁰⁷ Kritisch *Chuang* Harvard International Law Journal 11 (1998), 64; Triffterer/Ambos/*Hall*/*Stahn* Art. 7 Rn. 121.
²⁰⁸ Angenommen durch die Resolution 317 (IV) der Generalversammlung vom 2.12.1949; United Nations Treaty Series 96, 271; abgedruckt in *Tomuschat* (Hrsg.) Menschenrechte, Nr. 36.
²⁰⁹ BGBl. 1985 II S. 648. Dessen Art. 6 bestimmt: „Die Vertragsstaaten treffen alle geeigneten Maßnahmen einschließlich gesetzgeberischer Maßnahmen zur Abschaffung jeder Form des Frauenhandels und der Ausbeutung der Prostitution von Frauen."
²¹⁰ BGBl. 1992 II S. 122. Dessen Art. 11 bestimmt: „(1) Die Vertragsstaaten treffen Maßnahmen, um das rechtswidrige Verbringen von Kindern ins Ausland und ihre rechtswidrige Nichtrückgabe zu bekämpfen."
²¹¹ Vgl. UN GAOR, 55ᵗʰ Sess., Annex 1, Agenda Item 105, 25; UN Doc. A/55/383 (2000); GA Res. 55/25, 15.11.2000 und dazu Art. 3 (a) Protocol to Prevent, Suppress and Punish Trafficking in Persons, Especially Women and Children, supplementing the United Nations Convention against Transnational Organized Crime, Report of the Ad Hoc Committee on the Elaboration of a Convention against Transnational Organized Crime on the work of its first to eleventh sessions, UN Doc. A/55/383 (2000), Annex II. – Zum Ganzen *Gallagher* Human Rights Quarterly 23 (2001), 975.
²¹² Grundlegend dazu ILO, A Global Alliance Against Forced Labour (2005); *Bülck*.
²¹³ Zur Definition der Zwangs- oder Pflichtarbeit vgl. Art. 2 Übereinkommen über Zwangs- oder Pflichtarbeit (ILO-Übereinkommen 29) vom 28.6.1930, BGBl. 1956 II S. 641 und Art. 1 Übereinkommen über die Abschaffung der Zwangsarbeit (ILO-Übereinkommen 105) vom 25.6.1957, BGBl. 1959 II S. 442; auch Art. 8 Abs. 3 IpbPR und Art. 4 Abs. 3 EMRK. Vgl. auch Fn. 11 der Verbrechenselemente zu Art. 7 Abs. 1 Buchst. c IStGH-Statut: „It is understood that such deprivation of liberty may, in some circumstances, include exacting forced labour […]"; *Jeßberger* Journal of International Criminal Justice 2016, 327 (333).
²¹⁴ Vgl. den Abschnitt „Die Politik der Zwangsarbeit", IMG 1.10.1946, in: Der Prozeß gegen die Hauptkriegsverbrecher, Band 1, 1947, S. 189 (272 ff.) und die Urteilsbegründung zu *von Schirach*.
²¹⁵ Vgl. die Urteilsbegründungen zu *Göring, Keitel, Kaltenbrunner, Rosenberg, Frank, Frick, Funk, Sauckel, Jodl, Seyß-Inquart* und *Speer*.
²¹⁶ Eindrucksvoll die Urteilsbegründung im Fall *Milch* U. S. Military Tribunal Nürnberg 17.4.1947 (*Erhard Milch*), in: Trials of War Criminals II, S. 773 (789). Vgl. auch U. S. Military Tribunal Nürnberg 3.11.1947 (*Oswald Pohl* ua), in: Trials of War Criminals V, 958 (970).

Menschlichkeitsverbrechens anerkannt und die Voraussetzungen präzisiert.[217] Maßgebliche Begleitumstände, die zur Qualifikation von Zwangsarbeit als Verbrechen gegen die Menschlichkeit führten, waren etwa die im Wesentlichen vergütungsfreie Arbeit, die verletzliche Position der Opfer und die Drohung mit Einzelhaft für Arbeitsunfähige und -unwillige.[218]

In subjektiver Hinsicht verlangt die Tatbestandsalternative **vorsätzliches Handeln**.[219] 62

dd) Vertreibung und zwangsweise Überführung (Abs. 1 Nr. 4). Abs. 1 Nr. 4   63
beruht auf Art. 7 Abs. 1 Buchst. d IStGH-Statut und seinen Vorläufern in Art. 6 Buchst. c IMG-Statut, Art. II Abs. 1 Buchst. c KRG 10, Art. 5 Buchst. c IMGFO-Statut, Art. 5 Buchst. d JStGH-Statut und Art. 3 Buchst. d RStGH-Statut. Die Tatbestandsalternative der „zwangsweisen Überführung der Bevölkerung" als Verbrechen gegen die Menschlichkeit geht auf Art. 18g Draft Code 1996 zurück.[220]

Die Tatbestandsalternative stellt die Vertreibung oder zwangsweise Überführung eines   64
Menschen unter Strafe. Sie setzt in beiden Begehungsformen die **zwangsweise Verbringung eines Menschen** aus dem Gebiet, in dem dieser sich rechtmäßig aufhält, voraus.[221] Art. 7 Abs. 2 Buchst. d IStGH-Statut definiert Vertreibung und zwangsweise Überführung der Bevölkerung als „die erzwungene, völkerrechtlich unzulässige Verbringung der betroffenen Personen durch Ausweisung oder andere Zwangsmaßnahmen aus dem Gebiet, in dem sie sich rechtmäßig aufhalten". Ebenso wie das VStGB bestimmen auch die Verbrechenselemente, dass bereits die Verbringung einer einzelnen Person aus einem Gebiet strafbar ist.[222] Dies ist zur Erfassung des strafwürdigen Unrechts notwendig; die entscheidende Unrechtssteigerung ergibt sich nicht aus der Anzahl der Opfer, sondern aus dem funktionalen Zusammenhang von Einzeltat und Gesamttat.[223]

Der Unterschied zwischen Vertreibung und zwangsweiser Überführung der Bevölkerung   65
besteht im grenzüberschreitenden Charakter der Tat. Die Opfer einer **Vertreibung** werden aus einem Staatsgebiet in ein anderes Staatsgebiet verbracht, überschreiten also eine Staatsgrenze.[224] Demgegenüber erfasst die Tathandlung der **zwangsweisen Überführung** die Verbringung einer oder mehrerer Personen an einen anderen Ort innerhalb desselben Staatsgebiets.[225] Das IStGH-Statut hat auch für die (innerstaatliche) zwangsweise Überführung

---

[217] JStGH 22.2.2001 (Kunarac ua, TC), para. 542 und JStGH 15.3.2002 (Krnojelac, TC), para. 358 f. Vgl. auch SLSGH 20.6.2007 (Brima ua, TC), paras. 739 f., 1279 f.; SLSGH 2.3.2009 (Sesay ua, TC), paras. 195 f.; SLSGH 18.5.2012 (Taylor, TC), para. 448.

[218] Vgl. JStGH 15.3.2002 (Krnojelac, TC), para. 373.

[219] Aus der Rechtsprechung internationaler Strafgerichte vgl. JStGH 22.2.2001 (Kunarac ua, TC), para. 540; bestätigend JStGH 12.6.2002 (Kunarac ua, AC), para. 122; auch JStGH 15.3.2002 (Krnojelac, TC), para. 350; SLSGH 18.5.2012 (Taylor, TC), paras. 449 ff.

[220] Nach Roch Dickinson Journal of International Law 14 (1995), 1 ist die „zwangsweise Überführung der Bevölkerung" nicht von der Tatbestandsalternative der Vertreibung als Verbrechen gegen die Menschlichkeit in Art. 5 Buchst. d JStGH-Statut erfasst. Dagegen war die zwangsweise Überführung der Bevölkerung als Kriegsverbrechen bereits in einer Reihe von Völkerrechtsinstrumenten enthalten, vgl. Art. 147 GA IV; Art. 85 Abs. 4 Buchst. a ZP I; und Art. 17 ZP II. Vgl. zu Art. 8 Abs. 2 Buchst. a (vii), Buchst. b (viii) und Buchst. e (viii) IStGH-Statut auch *Werle/Jeßberger* Rn. 1285 ff.

[221] BT-Drs. 14/8524, 20.

[222] Ebenso JStGH 22.3.2006 (Stakić, AC), para. 685; JStGH 17.3.2009 (Krajišnik, AC), para. 309; JStGH 29.5.2013 (Prlić ua, TC), Band 1, para. 47.

[223] BT-Drs. 14/8524, 21.

[224] JStGH 2.8.2001 (Krstić, TC), para. 521. Bestätigend JStGH 15.3.2002 (Krnojelac, TC), para. 474; JStGH 1.9.2004 (Brđanin, TC), para. 540; JStGH 29.5.2013 (Prlić ua, TC), Band 1, paras. 47, 55. Siehe ferner Draft Code 1996, Kommentar zu Art. 18, para. 13: „deportation implies expulsion from the national territory." Eine ähnliche Definition findet sich im Schrifttum, vgl. *Bassiouni* Crimes against Humanity S. 312; Triffterer/Ambos/Hall/Stahn Art. 7 Rn. 44, 46. *Henckaerts* Vanderbilt Journal of Transnational Law 26 (1993), 472; *Triffterer* S. 259 (265 f.).

[225] Grundlegend JStGH 2.8.2001 (Krstić, TC), para. 521. Bestätigend JStGH 27.1.2014 (Đorđević, AC), para. 538; JStGH 15.3.2002 (Krnojelac, TC), para. 474; JStGH 1.9.2004 (Brđanin, TC), para. 540; JStGH 29.5.2013 (Prlić ua, TC), Band 1, para. 47. Siehe ferner Draft Code 1996, Kommentar zu Art. 18, para. 13: „forcible transfer of population could occur wholly within the frontiers of one and the same State." Aus dem Schrifttum vgl. nur *Bassiouni* Crimes against Humanity S. 312; Triffterer/Ambos/Hall/Stahn Art. 7 Rn. 44, 46; *Henckaerts* Vanderbilt Journal of Transnational Law 26 (1993), 472; *Triffterer* S. 259 (265 f.).

keine Neukriminalisierung gegenüber dem Völkergewohnheitsrecht bewirkt.[226] Nach Völkergewohnheitsrecht konnte die zwangsweise Vertreibung von Personen innerhalb desselben Staatsgebiets zwar nicht als Vertreibung, wohl aber als andere unmenschliche Handlung ähnlicher Art erfasst werden.[227] Das IStGH-Statut präzisiert das Völkergewohnheitsrecht, indem es nunmehr die zwangsweise Verbringung von Personen innerhalb eines Staates als zwangsweise Überführung erfasst und damit, in der Sache vollkommen richtig, neben das Menschlichkeitsverbrechen der Vertreibung stellt.[228]

66 Im Verfahren gegen *Stakić* hat der Jugoslawien-Strafgerichtshof entschieden, dass der Vertreibungstatbestand kein Überschreiten einer Staatsgrenze erfordere. Im Einzelfall könne auch das zwangsweise Überführen von Personen unter **Überschreitung einer faktischen Grenze** ausreichen.[229] Unter welchen Voraussetzungen dies der Fall sein soll, hat das Gericht allerdings offen gelassen. Die Rechtsmittelkammer hat jedoch klargestellt, dass als derartige faktische Grenze nicht bereits eine ihren Verlauf ständig ändernde Frontlinie angesehen werden könne.[230] Das Gericht hatte über diese Frage indes in erster Linie deshalb zu entscheiden, weil nach Art. 5 Buchst. d JStGH-Statut nur die Vertreibung als eigenständiges Verbrechen gegen die Menschlichkeit strafbar ist, während die zwangsweise Überführung von Personen nur als Verfolgungsverbrechen oder mit Hilfe des Auffangtatbestandes der „anderen unmenschlichen Handlungen" nach Art. 5 Buchst. i JStGH-Statut erfasst werden kann. Nur vor diesem Hintergrund ist die extensive Auslegung des Vertreibungstatbestands verständlich. Das Völkerstrafgesetzbuch erfasst dagegen ebenso wie das IStGH-Statut Vertreibung wie zwangsweise Überführung gleichermaßen. Eine extensive Auslegung des Merkmals Vertreibung, welche die Unterschiede zur zwangsweisen Überführung praktisch einebnet,[231] wäre deshalb hier wenig einleuchtend. An der herkömmlichen Unterscheidung zwischen Vertreibung und zwangsweiser Überführung ist deshalb für Abs. 1 Nr. 4 festzuhalten.[232]

67 Die Verbringung der betroffenen Personen muss durch Ausweisung oder andere **Zwangsmaßnahmen** erfolgen. Maßgeblich ist, dass sie unfreiwillig geschieht.[233] In Übereinstimmung mit den Verbrechenselementen ist die Anwendung körperlicher Gewalt nicht notwendig; vielmehr reicht auch die Androhung von Gewalt oder Zwang aus.[234] Nicht erfasst wird deshalb etwa ein Bevölkerungsaustausch auf Grund eines bilateralen Vertrages, der den Einwohnern eines bestimmten Gebiets ein Wahlrecht gibt, eine fremde Staatsangehörigkeit anzunehmen oder auszureisen („Optionsklausel").[235] Beispiele für Zwangsmaßnahmen, die vom Tatbestand erfasst werden, sind etwa Todesdrohungen, die Zerstörung

---

[226] JStGH 31.7.2003 (Stakić, TC), paras. 673 ff., 684.
[227] Vgl. JStGH 2.8.2001 (Krstić, TC), para. 523.
[228] Siehe auch JStGH 31.7.2003 (Stakić, TC), paras. 673 ff., 684.
[229] JStGH 31.7.2003 (Stakić, TC), para. 679; bestätigt in JStGH 22.3.2006 (Stakić, AC), paras. 278, 300 ff.; vgl. auch JStGH 27.1.2014 (Đorđević, AC), para. 532; JStGH 12.12.2012 (Tolimir, TC), para. 793; JStGH 27.3.2013 (Stanišić und Župljanin, TC), Band 1, para. 61; JStGH 29.5.2013 (Prlić ua, TC), Band 1, para. 55; JStGH 30.5.2013 (Stanišić und Simatović, TC), Band 1, para. 992.
[230] So aber die Verfahrenskammer, vgl. JStGH 31.7.2003 (Stakić, TC), para. 679. Siehe insoweit auch (der Verfahrenskammer zustimmend) JStGH 22.3.2006 (Stakić, AC), teilweise abweichendes Sondervotum *Shahabuddeen*, paras. 19 ff. Ablehnend hingegen JStGH 8.4.2015 (Tolimir, AC), para. 173; JStGH 29.5.2013 (Prlić ua, TC), Band 1, para. 56.
[231] In diesem Sinne JStGH 3.5.2006 (Naletilić und Martinović, AC), teilweise abweichendes Sondervotum *Schomburg*. Nach Auffassung des Richters Schomburg soll der Vertreibungstatbestand nicht erst dann erfüllt sein, wenn die Opfer über eine Staatsgrenze oder faktische Grenze verbracht werden, sondern bereits dann, wenn sich die Verbringung der Opfer zwischen zwei Gebieten vollzieht, die von unterschiedlichen kriegführenden Parteien kontrolliert werden (paras. 22, 27). Der Tatbestand der zwangsweisen Überführung erfasse dagegen die Verbringung der Opfer innerhalb des Gebietes ein- und derselben Konfliktpartei (para. 32).
[232] So auch *Werle/Jeßberger* Rn. 985 in Bezug auf Art. 7 Abs. 2 Buchst. d IStGH-Statut.
[233] Eingehend dazu JStGH 22.3.2006 (Stakić, AC), paras. 279 ff.; vgl auch JStGH 12.12.2012 (Tolimir, TC), paras. 795 f.; JStGH 29.5.2013 (Prlić ua, TC), Band 1, para. 50.
[234] Vgl. Verbrechenselemente zu Art. 7 Abs. 1 Buchst. d IStGH-Statut, Fn. 12; ebenso JStGH 22.3.2006 (Stakić, AC), para. 281; JStGH 2.8.2001 (Krstić, TC), para. 529 f.; JStGH 15.3.2002 (Krnojelac, TC), para. 475.
[235] *De Zayas* Harvard International Law Journal 16 (1975), 207 (246 ff.).

von Häusern, die Verhinderung eines geregelten Arbeitslebens oder des Schulbesuchs oder die Einführung von Kennzeichnungspflichten für Mitglieder bestimmter Religionsgruppen.[236] Auch eine Flucht der Zivilbevölkerung aus einem Gebiet aus Angst vor drohender Diskriminierung oder aus Todesangst kann den Tatbestand bereits erfüllen.[237] Kein Vertreibungsverbrechen liegt dagegen vor, wenn Angehörige bewaffneter Streitkräfte in Anbetracht der militärischen Übermacht des Gegners ein Gebiet aufgeben und die Flucht ergreifen.[238]

Für den der Tat zu Grunde liegenden Verstoß gegen das Völkerrecht verlangt § 7 Abs. 1 **68** Nr. 4 abweichend vom IStGH-Statut nicht nur eine irgendwie geartete Völkerrechtswidrigkeit, sondern **einen Verstoß gegen eine allgemeine Regel des Völkerrechts**. Diese Formulierung verweist auf Art. 25 GG und damit auf Regeln des Völkergewohnheitsrechts im Sinne von Art. 38 Abs. 1 Buchst. b IGH-Statut, ergänzt durch allgemeine Rechtsgrundsätze.[239] Erfasst werden daher nur Handlungen, die nach universell geltenden Standards als strafwürdiges Unrecht einzuordnen sind. Verhalten, das lediglich gegen völkervertragliche Regelungen oder regionales Völkergewohnheitsrecht verstößt, ist demnach nicht tatbestandsmäßig.[240] Damit ist der Tatbestand deutlich enger geraten als sein völkerrechtliches Vorbild, so dass insoweit die Gefahr von Deckungslücken besteht.[241] Diese müssen gegebenenfalls unter Rückgriff auf Tatbestände des StGB geschlossen werden, wie etwa Verschleppung (§ 234a StGB), Freiheitsberaubung (§ 239 StGB) oder Nötigung (§ 240 StGB).[242]

Nicht von der Tatbestandsalternative erfasst werden Ausweisungen und andere Zwangs- **69** maßnahmen, die zum **Schutz der nationalen Sicherheit, der öffentlichen Ordnung oder der Volksgesundheit** notwendig sind.[243] Die völkerrechtliche Zulässigkeit einer Verbringung kann sich auch aus dem Kriegsvölkerrecht ergeben. Im bewaffneten Konflikt kann die vollständige oder teilweise Räumung eines Gebietes auch zur Sicherheit der betreffenden Zivilpersonen oder aus zwingenden militärischen Gründen geboten sein.[244] Das humanitäre Völkerrecht enthält für derartige Situationen jedoch auch besondere Regeln zum Schutz der Zivilbevölkerung: Unmittelbar nach Beendigung der Feindseligkeiten muss die Zivilbevölkerung in ihre Heimat zurückgeführt werden.[245] Weiterhin ist bei der Unterbringung der evakuierten Bevölkerung im Rahmen des Möglichen für angemessene Unterkunft, Sauberkeit, Hygiene, Sicherheit und Ernährung zu sorgen.[246]

---

[236] Triffterer/Ambos/*Hall/Stahn* Art. 7 Rn. 127.
[237] IStGH 23.1.2012 (Ruto ua, PTC), para. 244; JStGH 22.3.2006 (Stakić, AC), para. 281; JStGH 27.1.2014 (Đorđević, AC), para. 727; JStGH 27.9.2006 (Krajišnik, TC), para. 724; JStGH 12.12.2012 (Tolimir, TC), para. 795; JStGH 27.3.2013 (Stanišić und Župljanin, TC), Band 1, para. 63.
[238] Vgl. JStGH 10.6.2010 (Popović ua, TC), para. 927.
[239] Ablehnend zu diesem dynamischen Verweis unter dem Gesichtspunkt des Bestimmtheitsgebots *Satzger* NStZ 2002, 125 (131). Bedenken äußern auch Eser/Kreicker/*Gropengießer/Kreicker* S. 126 f.
[240] Vgl. BT-Drs. 14/8524, 21 f.
[241] *Meseke* S. 288.
[242] Eser/Kreicker/*Gropengießer/Kreicker* S. 127.
[243] Vgl. auch Art. 12 Abs. 3 IpbPR; Art. 2 Abs. 3 Protokoll Nr. 4 zur EMRK; Art. 22 Abs. 3, 4 AMRK; 12 Abs. 2 Afr MRK.
[244] JStGH 22.3.2006 (Stakić, AC), paras. 284 ff.; JStGH 10.6.2010 (Popović ua, TC), paras. 901 ff.; JStGH 12.12.2012 (Tolimir, TC), para. 799; JStGH 29.5.2013 (Prlić ua, TC), Band 1, para. 52; JStGH 30.5.2013 (Stanišić und Simatović, TC), Band 1, para. 994. Vgl. auch JStGH 16.11.2012 (Gotovina und Markač, AC), para. 114, wonach „departures of civilians concurrent with lawful artillery attacks cannot be qualified as deportation." Vgl. Art. 49 GA IV für den Fall der Räumung einer „bestimmten besetzten Gegend" durch eine „Besatzungsmacht". Für die Verlegung einer Zivilbevölkerung aus Gründen im Zusammenhang mit einem nicht-internationalen bewaffneten Konflikt, vgl. Art. 8 Abs. 2 Buchst. e (viii) IStGH-Statut, siehe auch Art. 17 Abs. 1 ZP II. Die internationale Rechtsprechung hat jedoch klargestellt, dass eine Räumung aus humanitären Gründen dann nicht gerechtfertigt ist, wenn die humanitäre Krise ihrerseits auf rechtswidrigen Aktivitäten des Beschuldigten beruht, vgl. JStGH 22.3.2006 (Stakić, AC), para. 287; JStGH 8.4.2015 (Tolimir, AC), para. 158 mwN; JStGH 24.3.2016 (Karadžić, TC), Band 1, para. 492; ECCC 7.8.2014 (Nuon und Khieu, TC), para. 450.
[245] Siehe Art. 49 GA IV. Vgl. auch JStGH 2.8.2001 (Krstić, TC), para. 524; JStGH 27.9.2006 (Krajišnik, TC), para. 725; JStGH 29.5.2013 (Prlić ua., TC), Band 1, para. 52. Vgl. auch ECCC 7.8.2014 (Nuon und Khieu, TC), para. 450.
[246] Siehe Art. 49 GA IV sowie Art. 17 Abs. 1 ZP II. Vgl. auch JStGH 17.1.2005 (Blagojević und Jokić, TC), para. 599; JStGH 29.5.2013 (Prlić ua, TC), Band 1, para. 52. Vgl. auch ECCC 7.8.2014 (Nuon und Khieu, TC), para. 450.

70 Allein durch die Beteiligung humanitärer Hilfsorganisationen wird eine ansonsten völkerrechtswidrige Verbringung jedoch nicht rechtmäßig.[247]

70 Zur Verwirklichung des Tatbestandes ist stets erforderlich, dass sich die betroffenen Zivilpersonen **rechtmäßig in dem Gebiet aufhalten,** aus dem sie vertrieben oder zwangsweise überführt werden.[248] Den Maßstab für die Beurteilung der Rechtmäßigkeit des Aufenthalts bildet das Völkerrecht. Völkerrechtswidriges nationales Recht ist insoweit unbeachtlich.[249] So dürfen die Staaten ihre eigenen Staatsangehörigen nicht ausweisen. Art. 12 Abs. 4 IpbPR bestimmt: „Niemand darf willkürlich das Recht entzogen werden, in sein eigenes Land einzureisen."[250] Dagegen unterfallen rechtmäßige aufenthaltsbeendende Maßnahmen etwa gegenüber Ausländern, die sich illegal in einem Gebiet aufhalten, von vornherein nicht der Tatbestandsalternative.

71 In subjektiver Hinsicht ist **vorsätzliches Handeln** erforderlich, wobei bedingter Vorsatz ausreicht.[251] Nach der früheren Rechtsprechung des Jugoslawien-Strafgerichtshofs musste der Vorsatz des Täters auch darauf gerichtet sein, die Rückkehr der Opfer an ihren Herkunftsort zu verhindern.[252] Die Rechtsmittelkammer hat jedoch im Verfahren gegen *Stakić* entschieden, dass dies keine Tatbestandsvoraussetzung sei, freilich ohne überzeugende Begründung.[253]

72 **ee) Folter (Abs. 1 Nr. 5).** Die Tatbestandsalternative der Folter (Abs. 1 Nr. 5) beruht auf Art. 7 Abs. 1 Buchst. f IStGH-Statut und seinen Vorgängerregelungen in Art. II Abs. 1 Buchst. c KRG 10, Art. 5 Buchst. f JStGH-Statut und Art. 3 Buchst. f RStGH-Statut. Den Tatbestand der Folter als Verbrechen gegen die Menschlichkeit erfüllt, wer einem Menschen, der sich in seinem Gewahrsam oder in anderer Weise unter seiner Kontrolle befindet,[254] vorsätzlich erhebliche **körperliche oder seelische Schäden oder Leiden** zufügt, die nicht lediglich Folge völkerrechtlich zulässiger Sanktionen sind.

73 Abs. 1 Nr. 5 greift auf die Legaldefinition des Art. 7 Abs. 2 Buchst. e IStGH-Statut zurück. Diese beruht im Wesentlichen auf Formulierungen des Übereinkommens gegen Folter und andere grausame, unmenschliche oder erniedrigende Behandlung oder Strafe (Antifolterkonvention) von 1984,[255] unterscheidet sich jedoch in zweierlei Hinsicht davon.

---

[247] JStGH 31.7.2003 (Stakić, TC), para. 683; bestätigt in JStGH 22.3.2006 (Stakić, AC), para. 286; JStGH 29.5.2013 (Prlić ua, TC), Band 1, para. 54; JStGH 30.5.2013 (Stanišić und Simatović, TC), Band 1, para. 993; JStGH 24.3.2016 (Karadžić, TC), Band 1, para. 490; Band 2, para. 2471.
[248] Vgl. z.B. JStGH 12.12.2012 (Tolimir, TC), para. 797; JStGH 29.5.2013 (Prlić ua, TC), Band 1, para. 47; vgl. auch JStGH 27.1.2014 (Đorđević, AC), paras. 538, 705; ECCC 7.8.2014 (Nuon und Khieu, TC), para. 450.
[249] Triffterer/Ambos/*Hall/Stahn* Art. 7 Rn. 125, 128.
[250] Vgl. auch Art. 3 Protokoll Nr. 4 zur EMRK: „(1) Niemand darf durch eine Einzel- oder Kollektivmaßnahme aus dem Hoheitsgebiet des Staates ausgewiesen werden, denen Angehöriger er ist. (2) Niemandem darf das Recht entzogen werden, in das Hoheitsgebiet des Staates einzureisen, dessen Angehöriger er ist." Vgl. auch Art. 22 Abs. 5 AMRK: „Niemand darf aus dem Hoheitsgebiet des Staates, dessen Staatsangehöriger er ist, ausgewiesen oder des Rechts beraubt werden, es zu betreten." Art. 12 IpbPR bestimmt: „Niemand darf willkürlich das Recht entzogen werden, in sein eigenes Land einzureisen."
[251] Vgl. zu den allgemeinen Anforderungen an die innere Tatseite → Rn. 43 ff.
[252] JStGH 31.3.2003 (Naletilić und Martinović, TC), paras. 520, 1362; JStGH 31.7.2003 (Stakić, TC), para. 687; JStGH 1.9.2004 (Brđanin, TC), para. 545; JStGH 17.1.2005 (Blagojević und Jokić, TC), para. 601.
[253] JStGH 22.3.2006 (Stakić, AC), paras. 278, 307, 317. Bestätigt in JStGH 3.4.2007 (Brđanin, AC), para. 206; JStGH 17.3.2009 (Krajišnik, AC), para. 304. Vgl. ferner JStGH 29.5.2013 (Prlić ua, TC), Band 1, para. 57; JStGH 30.5.2013 (Stanišić und Simatović, TC), Band 1, para. 995. AA aber JStGH 3.5.2006 (Naletilić und Martinović, AC), teilweise abweichendes Sondervotum *Schomburg*, para. 33.
[254] Zu dieser Voraussetzung *Kuschnik* S. 306; Triffterer/Ambos/*Hall/Stahn* Art. 7 Rn. 133 („any […] form of restraint").
[255] BGBl. 1990 II S. 247. Art. 1 Abs. 1 Antifolterkonvention bestimmt: „Im Sinne dieses Übereinkommens bezeichnet der Ausdruck Folter […] jede Handlung, durch die einer Person vorsätzlich große körperliche oder seelische Schmerzen oder Leiden zugefügt werden, zum Beispiel um von ihr oder einem Dritten eine Aussage oder ein Geständnis zu erlangen, um sie für eine tatsächlich oder mutmaßlich von ihr oder einem Dritten begangene Tat zu bestrafen oder um sie oder einen Dritten einzuschüchtern oder zu nötigen, oder aus einem anderen, auf irgendeiner Diskriminierung beruhenden Grund, wenn diese Schmerzen oder Leiden von einem Angehörigen des öffentlichen Dienstes oder einer anderen in amtlicher Eigenschaft handelnden

Nach dem VStGB und dem IStGH-Statut sind nämlich als Folter auch solche Schmerzzufügungen erfasst, die ohne einen besonderen **Folterzweck,** etwa die Erlangung von Aussagen, vorgenommen werden. Weiterhin muss die Tathandlung nicht notwendigerweise von einem Angehörigen des öffentlichen Dienstes oder einer anderen **in amtlicher Eigenschaft** handelnden Person, auf deren Veranlassung oder mit deren ausdrücklichem oder stillschweigendem Einverständnis verwirklicht werden.[256] Ein solches Erfordernis widerspräche dem Völkergewohnheitsrecht.[257] Folter als Verbrechen gegen die Menschlichkeit kann sowohl durch Angehörige nichtstaatlicher Machtorganisationen als auch durch Privatpersonen begangen werden.[258]

Die internationale Rechtsprechung hat zur Auslegung der Tatbestandsalternative der Folter die Definition der **Folterkonvention** herangezogen[259] und dieser Definition völkergewohnheitsrechlichen Charakter beigelegt.[260] Der Jugoslawien-Strafgerichtshof hat dabei allerdings den zutreffenden Standpunkt bezogen, die Folterdefinition könne aus dem Bereich des Menschenrechtsschutzes nicht ohne Weiteres auf das Völkerstrafrecht übertragen werden, sondern erlange nur als Auslegungshilfe Bedeutung.[261] Im Anschluss an diese Rechtsprechung ist vom selbstständigen Charakter der völkerstrafrechtlichen Folterdefinition auszugehen, doch ist bei deren Ausarbeitung nach dem Grundsatz der völkerstrafrechtskonformen Auslegung das allgemeine Völkerrecht aber immer dann maßgeblich zu berücksichtigen, wenn die dort leitenden Gesichtspunkte auf das Völkerstrafrecht übertragbar sind.

Charakteristische **Tathandlung** der Folter ist die Zufügung großer körperlicher oder seelischer Schmerzen oder Leiden. Nach der Rechtsprechung der internationalen Strafgerichtshöfe sind die gesamten Umstände des Einzelfalls zu berücksichtigen, insbesondere die Dauer der Misshandlung sowie ihre körperlichen und seelischen Auswirkungen.[262] Ein abschließender Katalog von Folterpraktiken existiert nicht.[263] Die folgenden Verhaltensweisen sind aber jedenfalls als Folter zu betrachten:[264] das Herausreißen von Zähnen, Finger- oder Zehennägeln; Stromstöße an empfindlichen Körperstellen; Schläge auf beide Ohren, wodurch die Trommelfelle platzen; das Brechen von Knochen; das Verbrennen von Körperteilen; das Besprizten der Augen oder anderer empfindlicher Körperteile mit Säure; das Aufhängen an einer Stange (so genannte Affenschaukel); das Untertauchen in Wasser bis Erstickungserscheinungen eintreten (so genanntes U-Boot); das Verstopfen von Nase und Mund, um Erstickungsanfälle zu verursachen; die Unterkühlung durch starke Ventilatoren; das Verabreichen von Medikamenten (Psychopharmaka); das Vorenthalten von Nahrung,

---

Person, auf deren Veranlassung oder mit deren ausdrücklichem oder stillschweigenden Einverständnis verursacht werden. Der Ausdruck umfasst nicht Schmerzen oder Leiden, die sich lediglich aus gesetzlich zulässigen Sanktionen ergeben, dazu gehören oder damit verbunden sind."

[256] Eingehend *Burchard* Journal of International Criminal Justice 6 (2008), 159 (171 ff., 174 ff.); *Gaeta* Journal of International Criminal Justice 6 (2008), 183.

[257] Grundlegend JStGH 22.2.2001 (Kunarac ua, TC), paras. 495 f.; bestätigt in JStGH 12.6.2002 (Kunarac ua, AC), para. 148; JStGH 29.11.2012 (Haradinaj ua, TC), para. 419; JStGH 27.3.2013 (Stanišić und Župljanin, TC), Band 1, para. 49; RStGH 20.5.2005 (Semanza, AC), para. 248. Dagegen noch anders JStGH 21.7.2000 (Furundžija, AC), para. 111; JStGH 10.12.1998 (Furundžija, TC), para. 162; RStGH 2.9.1998 (Akayesu, TC), para. 594.

[258] So im Ergebnis Triffterer/Ambos/*Hall*/*Stahn* Art. 7 Rn. 133; Vest/Ziegler/Lindenmann/Wehrenberg/ *Vest*/*Sutter* Art. 264a Rn. 371. Ähnlich *Gaeta* Journal of International Criminal Justice 6 (2008), 183 (189 ff.). Anders *Burchard* Journal of International Criminal Justice 6 (2008), 159 (174 ff.).

[259] RStGH 2.9.1998 (Akayesu, TC), para. 593.

[260] Vgl. JStGH 16.11.1998 (Mucić ua, TC), para. 459; JStGH 10.12.1998 (Furundžija, TC), para. 160; JStGH 21.7.2000 (Furundžija, AC), para. 111; JStGH 3.4.2007 (Brđanin, AC), para. 246.

[261] Vgl. JStGH 22.2.2001 (Kunarac ua, TC), para. 482. Ähnlich JStGH 12.6.2002 (Kunarac ua, AC), para. 147.

[262] Vgl. nur JStGH 16.11.1998 (Mucić ua, TC), paras. 461 ff.; JStGH 2.11.2001 (Kvočka ua, TC), paras. 142 ff.; JStGH 1.9.2004 (Brđanin, TC), paras. 484 f.; JStGH 30.11.2005 (Limaj ua, TC), para. 237; JStGH 3.5.2006 (Naletilić und Martinović, AC), para. 299; JStGH 12.6.2007 (Martić, TC), para. 75.

[263] Vgl. JStGH 16.11.1998 (Mucić ua, TC), paras. 461, 469; JStGH 2.11.2001 (Kvočka ua, TC), para. 147; JStGH 12.6.2002 (Kunarac ua, AC), para. 149.

[264] Vgl. etwa JStGH 2.11.2001 (Kvočka ua, TC), para. 144.

Trinken und Schlaf; Vergewaltigung.[265] Eine bleibende Gesundheitsschädigung oder Schmerzen extremen Ausmaßes sind nicht erforderlich.[266]

76 Nicht nur körperliche Einwirkungen können den Tatbestand erfüllen. Auch das Zufügen großer **seelischer Schmerzen oder Leiden** kann Folter sein, so etwa der Zwang zur Anwesenheit bei der Folterung oder Hinrichtung eines Familienangehörigen,[267] das Simulieren einer Exekution oder der Zwang, die Leichen von Familienmitgliedern oder Freunden zu begraben.[268] Im Einklang mit den Verbrechenselementen zum IStGH-Statut[269] stellt Abs. 1 Nr. 5 klar, dass bereits die Folterung eines einzigen Menschen die Tatbestandsalternative erfüllen kann.

77 Körperliche oder seelische Schäden, die Folge **völkerrechtlich zulässiger Sanktionen** sind, werden von Abs. 1 Nr. 5 nicht erfasst. Die völkerrechtliche Zulässigkeit einer Sanktion kann sich zum einen aus allgemeinen Regeln des Völkerrechts ergeben: Handlungen, die nach geltendem Völkergewohnheitsrecht nicht verboten sind, können nicht den Tatbestand der Folter erfüllen. Dies ist etwa der Fall, wenn ein Staat in völkerrechtsgemäßer Weise die Todesstrafe vollstreckt. Zum anderen kann sich die Zulässigkeit einer Sanktion auch aus regionalem Völkergewohnheitsrecht ergeben. Abs. 1 Nr. 5 erfasst also lediglich weltweit geächtete Sanktionen als Folter.[270]

78 In subjektiver Hinsicht ist **vorsätzliches** Handeln erforderlich.[271] Die **Rechtsprechung der Ad-hoc-Strafgerichtshöfe** stellt **zusätzliche subjektive Anforderungen,** die sich an die Folterkonvention anlehnen. Nach der Rechtsprechung des Jugoslawien-Strafgerichtshofs muss die Tathandlung begangen werden, um von einer Person oder einem Dritten eine Aussage oder ein Geständnis zu erlangen, um eine Person für eine tatsächlich oder mutmaßlich von ihr oder einem Dritten begangene Tat zu bestrafen oder um sie oder einen Dritten einzuschüchtern oder zu nötigen, oder aus einem anderen, auf irgendeiner Diskriminierung beruhenden Grund.[272] Nach Auffassung der Rechtsprechung haben diese Gründe inzwischen sogar völkergewohnheitsrechtliche Geltung erlangt.[273] Einige Entscheidungen halten bereits den Zweck, das Opfer zu erniedrigen, für ausreichend.[274] Die genannten Zwecke oder Beweggründe müssen nicht dominieren; es genügt vielmehr, wenn sie Teil eines Motivbündels sind.[275]

79 Die Schöpfer des IStGH-Statuts gingen jedoch zutreffend davon aus, dass das Völkergewohnheitsrecht kein derartiges zusätzliches subjektives Element erfordert. Die Verfolgung eines Zwecks, der über die Zufügung großer körperlicher oder seelischer Schmerzen oder

---

[265] JStGH 12.6.2002 (Kunarac ua, AC), para. 150; JStGH 16.11.1998 (Mucić ua, TC), para. 496; JStGH 2.11.2001 (Kvočka ua, TC), para. 145; JStGH 1.9.2004 (Brđanin, TC), para. 483; ECCC 3.2.2012 (Duch, AC), para. 208.
[266] JStGH 2.11.2001 (Kvočka ua, TC), para. 148; JStGH 30.11.2005 (Limaj ua, TC), para. 236; JStGH 27.9.2007 (Mrkšić ua, TC), para. 514. Ausführlich dazu JStGH 3.4.2007 (Brđanin, AC), paras. 249 ff.
[267] JStGH 10.12.1998 (Furundžija, TC), para. 267; JStGH 2.11.2001 (Kvočka ua, TC), para. 149.
[268] Vgl. JStGH 1.9.2004 (Brđanin, TC), paras. 503 ff., 511; JStGH 12.6.2007 (Martić, TC), para. 76.
[269] Zur Verhandlungsgeschichte der Verbrechenselemente zu Art. 7 Abs. 1 Buchst. f IStGH-Statut vgl. *Lee/Robinson* S. 57 (90 ff.).
[270] BT-Drs. 14/8524, 21.
[271] JStGH 22.2.2001 (Kunarac ua, TC), para. 497; JStGH 30.11.2005 (Limaj ua, TC), para. 238.
[272] RStGH 2.9.1998 (Akayesu, TC). para. 594; JStGH 16.11.1998 (Mucić ua, TC) paras. 470 ff.; JStGH 22.2.2001 (Kunarac ua, TC), para. 497; JStGH 2.11.2001 (Kvočka ua, TC), para. 141; JStGH 15.3.2002 (Krnojelac, TC), para. 179; JStGH 12.6.2007 (Martić, TC), paras. 74, 77; JStGH 29.11.2012 (Haradinaj ua, TC), para. 418; JStGH 27.3.2013 (Stanišić und Župljanin, TC), Band 1, para. 47.
[273] So ausdrücklich JStGH 22.2.2001 (Kunarac ua, TC), paras. 485, 497; JStGH 15.3.2002 (Krnojelac, TC), para. 185.
[274] Vgl. etwa JStGH 10.12.1998 (Furundžija, TC), para. 162; JStGH 2.11.2001 (Kvočka ua, TC), paras. 141, 152. Dagegen JStGH 15.3.2002 (Krnojelac, TC), para. 186. In späteren Entscheidungen des Jugoslawien-Strafgerichtshofs wird die genannte Mittel-Zweck-Relation noch weiter ausgelegt und auf eine Benennung der verbotenen Zwecke verzichtet, vgl. JStGH 12.6.2002 (Kunarac ua, AC), para. 155; JStGH 1.9.2004 (Brđanin, TC), paras. 486 f. Kritisch zum Ganzen *Cryer* S. 256 f.
[275] Vgl. JStGH 16.11.1998 (Mucić ua, TC), para. 470; JStGH 22.2.2001 (Kunarac ua, TC), para. 486; JStGH 2.11.2001 (Kvočka ua, TC), para. 153; JStGH 15.3.2002 (Krnojelac, TC), para. 184. Bestätigend JStGH 12.6.2002 (Kunarac ua, AC), para. 155. Zsf. *Schabas* UN Tribunals S. 206 f.

Leiden hinausgeht, ist auch nach den Verbrechenselementen zum IStGH-Statut nicht erforderlich.[276] Die Regelung des Abs. 1 Nr. 5 steht daher im Einklang mit dem Völkergewohnheitsrecht. Die damit verbundene Abweichung von der Rechtsprechung des Jugoslawien-Strafgerichtshofs zum JStGH-Statut dürfte indes kaum praktische Auswirkungen haben: Die von der Rechtsprechung geforderten Zwecke oder Beweggründe sind so weit gefasst, dass sie praktisch immer vorliegen werden.

ff) Sexuelle Gewalt (Abs. 1 Nr. 6). Abs. 1 Nr. 6 umfasst sechs verschiedene Begehungsweisen **sexueller Gewaltverbrechen.**[277] Die Vorschrift beruht auf Art. 7 Abs. 1 Buchst. g IStGH-Statut, der erstmals die Menschlichkeitsverbrechen gegen die sexuelle Selbstbestimmung in einer Vorschrift zusammengeführt hat, und übernimmt die dort aufgeführten Tatbestände, wenn auch leicht modifiziert. Das Statut des Nürnberger Internationalen Militärgerichtshofs hatte sexuelle Gewaltverbrechen als solche nicht erfasst; eine Einbeziehung in den Tatbestand der Verbrechen gegen die Menschlichkeit war aber über die Auffangklausel der anderen unmenschlichen Handlungen möglich.[278] Bereits im Kontrollratsgesetz Nr. 10 war dann das Verbrechen der Vergewaltigung als Verbrechen gegen die Menschlichkeit enthalten, ebenso wie später im JStGH-Statut und im RStGH-Statut. Andere Formen sexueller Gewalt fanden dagegen in diesen Instrumenten keine Erwähnung und konnten nur über andere Tatbestandsalternativen oder über die Auffangklausel der anderen unmenschlichen Handlungen erfasst werden.

80

Abs. 1 Nr. 6 erfasst die **sexuelle Nötigung,** die **Vergewaltigung,** die **Nötigung zur Prostitution,** die **Beraubung der Fortpflanzungsfähigkeit** sowie die **Gefangenhaltung einer unter Zwang geschwängerten Frau.** Dabei hat der Gesetzgeber die Alternativen der Vergewaltigung und der Nötigung zur Prostitution wörtlich übernommen. Die zugrundeliegende Statutsvorschrift des Art. 7 Abs. 1 Buchst. g IStGH-Statut erfasst darüber hinausgehend auch sexuelle Sklaverei und jede andere Form sexueller Gewalt von vergleichbarer Schwere.[279] Die zuletzt genannte Auffangvorschrift betrifft Verhaltensweisen, die in ihrer Schwere mit den in Art. 7 Abs. 1 Buchst. g IStGH-Statut genannten Handlungen vergleichbar sind: Der Täter muss an mindestens einer Person eine sexuelle Handlung vornehmen oder diese durch Ausübung von Gewalt, Androhung von Gewalt oder Zwang dazu veranlassen, sich auf sexuelle Handlungen einzulassen.[280] Auf eine derartige Regelung verzichtet § 7 Abs. 1 Nr. 6 aus Bestimmtheitsgründen. Abweichend von Art. 7 Abs. 1 Buchst. g IStGH-Statut wird stattdessen die „sexuelle Nötigung" einbezogen,

81

---

[276] Verbrechenselemente zu Art. 7 Abs. 1 Buchst. f IStGH-Statut, Fn. 14. So auch IStGH 15.6.2009 (Bemba Gombo, PTC), para. 195; vgl. ferner Vest/Ziegler/Lindenmann/Wehrenberg/*Vest/Sutter* Art. 264a Rn. 372 ff., 400.

[277] Zur Begrifflichkeit und zur Bedeutung sexueller Gewalt im Kontext von Makrokriminalität vgl. *Werle/Jeßberger* Rn. 1009 ff.

[278] Die ECCC haben daher jüngst die Ansicht vertreten, Vergewaltigungen seien jedenfalls bis 1979 nicht als eigenständiges Verbrechen gegen die Menschlichkeit völkergewohnheitsrechtlich anerkannt gewesen, vgl. ECCC 3.2.2012 (Duch, AC), para. 180; ECCC 15.2.2011 (Ieng ua, PTC), paras. 152, 154.

[279] Großen Anteil an dieser Entwicklung hat das beharrliche Engagement des The Women's Caucus for Gender Justice in the International Criminal Court im Rahmen der Verhandlungen zum Römischen Statut, vgl. *Askin* Criminal Law Forum 10 (1999), 33 (45). Art. 2 Buchst. g Statut des Special Court for Sierra Leone hat die Regelung des IStGH-Statuts übernommen. Zu den gleichlautenden Tathandlungen der sexuellen Gewalt bei den Kriegsverbrechen vgl. *Werle/Jeßberger* Rn. 1126 ff.

[280] Verbrechenselemente zu Art. 7 Abs. 1 Buchst. g IStGH-Statut, Spiegelstrich 6. Die Verbrechenselemente beruhen auf der Rechtsprechung des Ruanda-Strafgerichtshofs im Fall Akayesu, vgl. RStGH 2.9.1998 (Akayesu, TC), para. 598. Das Gericht erfasste als Anwendungsfall die Anordnung, eine Studentin zu entkleiden und zur Nacktgymnastik vor einer großen Menschenmenge zu zwingen, siehe RStGH 2.9.1998 (Akayesu, TC), para. 688. Nach der Rechtsprechung des Ruanda-Strafgerichtshofs soll auch die Vornahme sexueller Handlungen an Toten eine Form sexueller Gewalt von vergleichbarer Schwere sein, vgl. RStGH 16.5.2003 (Niyitegeka, TC), para. 465; RStGH 1.12.2003 (Kajelijeli, TC), para. 936. Diese Auslegung dürfte den Tatbestand freilich überdehnen, vgl. *Werle/Jeßberger* Rn. 1027. Vgl. auch IStGH 23.1.2012 (Muthaura ua, PTC), paras. 265 ff., wonach in Fällen erzwungener Beschneidungen und Penisamputationen „motivated by ethnic prejudice and intended to demonstrate cultural superiority of one tribe over the other" nicht von einer sexuellen Natur auszugehen sei.

wodurch die Erfassung aller in der Statutsvorschrift kriminalisierten Verhaltensweisen sichergestellt ist.[281]

82   Der Begriff der **sexuellen Nötigung** entsprach beim Inkrafttreten des VStGB dem des § 177 StGB aF. Diese Begehungsweise verwirklicht demnach unzweifelhaft, wer eine andere Person mit Gewalt, durch Drohung mit gegenwärtiger Gefahr für Leib oder Leben oder unter Ausnutzung einer Lage, in der das Opfer der Einwirkung des Täters schutzlos ausgeliefert ist, nötigt, sexuelle Handlungen des Täters oder eines Dritten an sich zu dulden oder an dem Täter oder einem Dritten vorzunehmen. Im Zuge der Reform des Sexualstrafrechts hat der Gesetzgeber § 177 StGB erheblich erweitert und die Struktur des Tatbestandes verändert. So ist zur Tatbestandsverwirklichung nicht mehr in jedem Fall ein Nötigungselement erforderlich (vgl. etwa § 177 Abs. 1 und Abs. 2 Nr. 1–3 StGB nF). Für § 7 Abs. 1 Nr. 6 ist jedoch aufgrund des eindeutigen Wortlauts weiterhin zu fordern, dass der Täter sexuell „nötigt". Dies dürfte in den Fällen des § 177 Abs. 2 Nr. 5 sowie des Abs. 5 StGB nF ohne Weiteres anzunehmen sein. Auch die Ausnutzung einer Lage, in der dem Opfer bei Widerstand ein empfindliches Übel droht (§ 177 Abs. 1 Nr. 4 StGB nF) lässt sich wohl noch unter den Begriff subsumieren.[282] Die letztere Tatsituation wird gerade im Zusammenhang mit Völkerrechtsverbrechen häufiger anzutreffen sein. So bestimmt Ziffer 1 der Verbrechenselemente zu Art. 7 Abs. 1 Buchst. g IStGH-Statut: „The perpetrator commited an act of a sexual nature against one or more persons or caused such person or persons to engage in an act of a sexual nature by force or by **threat of force or coercion,** such as that caused **by fear of violence,** duress, detention, psychological oppression or abuse of power, against such person or persons or by another person, or by **taking advantage of a coercive environment** or such person's or persons' incapacity to give genuine consent." Die neue deutsche Gesetzeslage nähert sich dem völkerstrafrechtlichen Tatbestand, wie er in den Verbrechenselementen und der Rechtsprechung der Ad-hoc-Strafgerichtshöfe konturiert wurde, folglich weiter an. Mit der Aufnahme der sexuellen Nötigung in das VStGB hat der Gesetzgeber zugleich sichergestellt, dass die nicht aus dem Statut in das Gesetz übernommenen Tatbestandsvarianten der „sexuellen Sklaverei" und „jeder anderen Form sexueller Gewalt von vergleichbarer Schwere" erfasst sind.[283] Bei der sexuellen Sklaverei handelt es sich um eine spezielle Erscheinungsform der Versklavung.[284] Dies verdeutlichen die Verbrechenselemente, indem sie die Begriffsmerkmale der Sklaverei aufgreifen. Voraussetzung ist, dass der Täter bewirkt, dass das Opfer sich auf sexuelle Handlungen einlässt.[285] Beispiele für sexuelle Sklaverei sind die „comfort stations", die von der japanischen Armee während des Zweiten Weltkrieges eingerichtet worden waren,[286] oder die während des Jugoslawienkonflikts bestehenden „Vergewaltigungslager".[287] Die Erfassung der nach deutschem Strafrecht als sexuelle Nötigung strafbaren Verhaltensweisen entspricht im Ergebnis dem Völkergewohnheitsrecht.[288]

83   Abs. 1 Nr. 6 Var. 2 erfasst das Menschlichkeitsverbrechen der **Vergewaltigung.** Die Vorschrift beruht auf Art. 7 Abs. 1 Buchst. g Var. 1 IStGH-Statut, Art. II Abs. 1 Buchst. c

---

[281] Vgl. auch BT-Drs. 14/8524, 21.
[282] Vgl. dazu BT-Drs. 18/9097, 26.
[283] BT-Drs. 14/8524, 21. Kritisch aber Eser/Kreicker/*Gropengießer/Kreicker* S. 131 f. („vom Regen in die Traufe").
[284] Vgl. Contemporary Forms of Slavery. Systematic rape, sexual slavery and slavery-like practices during armed conflict, Final Report submitted by MS. Gay J. McDougall, Special Rapporteur; U. N. Doc. E/CN.4/Sub.2/1998/13, 22 June 1998, para. 30: „The term ‚sexual' is used […] as an adjective to describe a form of slavery, not to denote a separate crime"; ferner *van der Wilt* Journal of International Criminal Justice 14 (2016), 269 (276 ff.).
[285] Die Verbrechenselemente zu Art. 7 Abs. 1 Buchst. g IStGH-Statut, Spiegelstrich 2, bestimmen: „2. The perpetrator caused such person or persons to engage in one or more acts of a sexual nature."
[286] Instruktiv Women's International War Crimes Tribunal 2000 for the Trial of Japanese Military Sexual Slavery, The Prosecutors and the Peoples of Asia-Pacific Region vom Emperor Hirohito ua and the Government of Japan 12.12.2000. Vgl. dazu *Chinkin* American Journal of International Law 95 (2001), 335.
[287] Vgl. dazu JStGH 22.2.2001 (Kunarac ua, TC).
[288] JStGH 22.2.2001(Kunarac ua, TC), paras. 436 ff.

KRG 10, Art. 5 Buchst. g JStGH-Statut und Art. 3 Buchst. g RStGH-Statut. Nach den Verbrechenselementen zum IStGH-Statut[289] erfordert der objektive Tatbestand zunächst einen Eingriff des Täters in den Körper des Opfers, welcher eine Penetration zur Folge haben muss.[290] Einerseits wird jedes Eindringen eines Geschlechtsorgans in den Körper des Opfers oder auch des Täters erfasst, andererseits ein Eindringen in die anale oder genitale Öffnung des Opfers mit einem Körperteil oder Gegenstand.[291] Auch die vom Täter erzwungene Penetration durch das Opfer fällt unter den Tatbestand.[292] Der Tatbestand erfordert weiterhin die Ausübung von Gewalt oder die Androhung von Gewalt oder Zwang gegen das Opfer oder eine andere Person, die Ausnutzung einer Zwangslage oder die Ausübung von Gewalt gegen ein Opfer, das nicht in der Lage ist, ein echtes Einverständnis zu geben.[293]

Die in den Verbrechenselementen enthaltene Definition geht auf die **Rechtsprechung** der Ad-hoc-Strafgerichtshöfe zurück.[294] In der Rechtsprechung wurde zunächst das Zwangs- bzw. Gewaltelement des Vergewaltigungstatbestands betont.[295] In späteren Entscheidungen wurde dieser Ansatz als zu restriktiv erachtet. So befand der Jugoslawien-Strafgerichtshof im Fall *Kunarac*, ein umfassender Vergleich der nationalen Strafrechtssysteme der Welt ergebe, dass der Akzent weniger auf der Ausübung von Zwang oder der Anwendung von Gewalt liege als vielmehr auf dem entgegenstehenden Willen des Opfers.[296] Im Ergebnis wurde der Schwerpunkt der Vergewaltigungsdefinition vom objektiven Verhalten des Täters auf den **entgegenstehenden Willen des Opfers** verlagert. Die Rechtsmittelkammer bestätigte diese Position.[297] 84

Der Internationale Strafgerichtshof ist dieser Definition bislang nicht gefolgt. Vielmehr stellte die Verfahrenskammer in *Bemba Gombo* fest, dass das fehlende Einverständnis keine Tatbestandsvoraussetzung nach dem Statut sei. Ausgehend von den Verbrechenselementen hat sich der Internationale Strafgerichtshof die frühe Rechtsprechung der Ad-hoc-Strafgerichtshöfe zueigen gemacht. Erforderlich ist danach, dass der Eingriff in den Körper des Opfers durch den Einsatz von Gewalt, die Androhung von Gewalt oder Zwang oder das Ausnutzen einer strukturellen Zwangssituation bewirkt worden ist oder sich gegen ein Opfer richtet, welches nicht fähig war, ein wirksames Einverständnis zu erteilen.[298] 85

---

[289] Verbrechenselemente zu Art. 7 Abs. 1 Buchst. g IStGH-Statut, Spiegelstrich 1.
[290] Näher dazu *Werle/Jeßberger* Rn. 1015.
[291] Verbrechenselemente zu Art. 7 Abs. 1 Buchst. g IStGH-Statut, Spiegelstrich 1, Nr. 1.
[292] Vgl. die Verbrechenselemente zu Art. 7 Abs. 1 Buchst. g-1 IStGH-Statut: „penetration […] of the victim or of the perpetrator"; vgl. auch IStGH 7.3.2014 (Katanga, TC), para. 963; Lee/*La Haye* S. 184 (188).
[293] Verbrechenselemente zu Art. 7 Abs. 1 Buchst. g IStGH-Statut, Spiegelstrich 1, Nr. 2.
[294] Zur Verhandlungsgeschichte der Verbrechenselemente zu Art. 7 Abs. 1 Buchst. g IStGH-Statut, Spiegelstrich 1, vgl. Lee/*La Haye* S. 184 ff. Einen detaillierten Überblick über die Rechtsprechung des JStGH und RStGH zu sexueller Gewalt geben *Askin* American Journal of International Law 93 (1999), 97 ff.; *dies.* Berkeley Journal of International Law 21 (2003), 288 ff.; *de Brouwer* S. 85 ff.; *Hasse/Müller/Schneider/Möller* S. 280 (288 ff.) und Kirk McDonald/Swaak-Goldman/*Viseur Sellers* S. 263 ff.; Vgl. auch *Oosterveld* S. 78 (83 ff.); *van der Wolf/de Ruiter* (Hrsg.) S. 273 ff.
[295] Grundlegend RStGH 2.9.1998 (Akayesu, TC), paras. 598, 688: „a physical invasion of a sexual nature, committed on a person under circumstances which are coercive"; bestätigend JStGH 16.11.1998 (Mucić ua, TC), paras. 478 f.; JStGH 10.12.1998 (Furundžija, TC), para. 185; JStGH 27.1.2000 (Musema, TC), para. 229; RStGH 16.5.2003 (Niyitegeka, TC), para. 457. Vgl. dazu auch *MacKinnon* Columbia Journal of Transnational Law 44 (2006), 940 ff.
[296] Dazu eingehend JStGH 22.2.2001 (Kunarac ua, TC), paras. 441–459. Weitgehend bestätigt in JStGH 12.6.2002 (Kunarac ua, AC), para. 128. Kritisch dazu *O'Byrne* International Criminal Law Review 11 (2011), 495 (508 ff.).
[297] Vgl. JStGH 12.6.2002 (Kunarac ua, AC), para. 128; vgl. auch RStGH 2.2.2012 (Karemera und Ngirumpatse, TC), para. 1676; RStGH 20.12.2012 (Ngirabatware, TC), para. 1381; SLSGH 18.5.2012 (Taylor, TC), para. 416. Ausführlich zur Rechtsprechung der Ad-hoc-Strafgerichtshöfe *Grewal* Journal of International Criminal Justice 10 (2012), 373 (378 ff.); *O'Byrne* International Criminal Law Review 11 (2011), 495 (499 ff.).
[298] Vgl. IStGH 7.3.2014 (Katanga, TC), para. 965; IStGH 21.3.2016 (Bemba Gombo, TC), paras. 102 ff.; IStGH 30.9.2008 (Katanga und Ngudjolo Chui, PTC), paras. 438 ff.; IStGH 15.6.2009 (Bemba Gombo, PTC), paras. 161 f.; IStGH 3.10.2011 (Situation in the Republic of Côte d'Ivoire, PTC), para. 68; IStGH 9.6.2014 (Ntaganda, PTC), para. 49.

86 Regelmäßig werden freilich beide Ansätze zu denselben Ergebnissen führen. Die Anwendung von Gewalt oder Drohungen oder die Ausnutzung einer Zwangslage können als Indizien für einen entgegenstehenden Willen des Opfers herangezogen werden.[299] Dabei soll ein weiter Gewaltbegriff gelten.[300] Die internationalen Strafgerichtshöfe haben wiederholt darauf verwiesen, dass in Krisensituationen, in denen bewaffnete Streitkräfte präsent seien, eine beinahe universelle Zwangssituation herrsche, so dass ein echtes Einverständnis des Opfers regelmäßig nicht vorliegen werde. Für das Bestehen einer Zwangslage sei also keinesfalls der Nachweis der Anwendung körperlicher Gewalt erforderlich; vielmehr sei in den meisten Fällen, die als Kriegs- oder Menschlichkeitsverbrechen zur Anklage gelangten, vom Vorliegen einer Zwangslage auszugehen.[301] Dies gelte erst recht, wenn das Opfer gefangengehalten wird.[302]

87 Dieses Verständnis liegt auch den **IStGH-Verfahrensregeln** zugrunde. Dort heißt es, aus den Worten oder dem Verhalten des Opfers könne ein Einverständnis nicht abgeleitet werden, wenn Gewalt, Drohung mit Gewalt, Zwang oder ein von Zwang geprägtes Umfeld die Fähigkeit des Opfers zu einem wirklichen Einverständnis beeinträchtigten.[303] Man wird also davon ausgehen können, dass insbesondere im Falle eines bewaffneten Konflikts eine Vermutung für das Bestehen einer Zwangslage spricht, so dass das Fehlen eines Einverständnisses regelmäßig keines gesonderten Nachweises bedürfen wird.[304]

88 In subjektiver Hinsicht ist **vorsätzliches Handeln** erforderlich.[305]

89 Die **Nötigung zur Prostitution** ist im IStGH-Statut erstmals als eigenständige Begehungsform eines Verbrechens gegen die Menschlichkeit anerkannt worden;[306] sie ist nach dem humanitären Völkerrecht seit langem explizit verboten.[307] In objektiver Hinsicht ist Nötigung zur Prostitution die Veranlassung mindestens einer Person durch Ausübung von Gewalt oder durch Androhung von Gewalt oder Zwang, sich auf sexuelle Handlungen einzulassen. Der Täter oder eine andere Person muss im Austausch für die sexuellen Handlungen oder iVm ihrer Vornahme einen finanziellen oder anderen Vorteil erhalten oder erwarten.[308] Zwangsprostitution wird während bewaffneter Konflikte typischerweise[309] den Tatbestand der Versklavung erfüllen.

---

[299] Vgl. in diesem Sinne JStGH 12.6.2002 (Kunarac ua, AC), para. 129; JStGH 22.2.2001 (Kunarac ua, TC), para. 458; Vgl. auch RStGH 28.4.2005 (Muhimana, TC), para. 546; RStGH 12.9.2006 (Muvunyi, TC), paras. 517 ff.; RStGH 18.12.2008 (Bagosora ua, TC), para. 2199. Ausführlich *Schomburg/Peterson*, American Journal of International Law 2007, 121 ff.; zusammenfassend *Schabas* UN Tribunals S. 209 ff.

[300] Siehe auch JStGH 22.2.2001 (Kunarac ua, TC), para. 459.

[301] RStGH 2.9.1998 (Akayesu, TC), para. 688; ebenso JStGH 16.11.1998 (Mucić ua, TC), para. 495; JStGH 2.11.2001 (Kvočka ua, TC), para. 178. Bestätigend JStGH 12.6.2002 (Kunarac ua, AC), para. 130. Vgl. auch RStGH 28.4.2005 (Muhimana, TC), para. 546; RStGH 12.9.2006 (Muvunyi, TC), paras. 517 ff.; RStGH 7.7.2006 (Gacumbitsi, AC), paras. 151 ff. sowie IStGH 21.3.2016 (Bemba Gombo, TC), paras. 103 f.; IStGH 30.9.2008 (Katanga und Ngudjolo Chui, PTC), para. 440; IStGH 15.6.2009 (Bemba Gombo, PTC), para. 162. Zsf. *Schabas* UN Tribunals S. 209 ff. Eingehend dazu *Schomburg/Peterson* American Journal of International Law 101 (2007), 121.

[302] JStGH 10.12.1998 (Furundžija, TC), para. 271: „[A]ny form of captivity vitates consent."; ebenso mit rechtsvergleichenden Nachweisen JStGH 12.6.2002 (Kunarac ua, AC), para. 131.

[303] Vgl. IStGH-Verfahrensregel 70.

[304] Vgl. auch Contemporary Forms of Slavery. Systematic rape, sexual slavery and slavery-like practices during armed conflict, Final Report submitted by Ms. Gay J. McDougall, Special Rapporteur; U. N. Doc. E/CN.4/Sub.2/1998/13, 22 June 1998, para. 24.

[305] IStGH 7.3.2014 (Katanga, TC), paras. 969 ff.; IStGH 21.3.2016 (Bemba Gombo, TC), paras. 110 ff. Zum Völkergewohnheitsrecht JStGH 22.2.2001 (Kunarac ua, TC), para. 460, IStGH 30.9.2008 (Katanga und Ngodjolo Chui, PTC), para. 441; IStGH 15.6.2009 (Bemba Gombo, PTC), para. 163. Vgl. aus der Rechtsprechung internationaler Strafgerichtshöfe bereits JStGH 22.2.2001 (Kunarac ua, TC), para. 460; RStGH 2.2.2012 (Karemera und Ngirumpatse, TC), para. 1677; RStGH 20.12.2012 (Ngirabatware, TC), para. 1381; SLSGH 18.5.2012 (Taylor, TC), para. 415.

[306] Die Zwangsprostitution war als Verbrechen gegen die Menschlichkeit auch in Art. 18 Buchst. j Draft Code 1996 enthalten. Vgl. auch *de Brouwer* S. 141 ff.; *Demleitner* Fordham International Law Journal 18 (1994), 163 ff.; *Sadat/Oosterveld* S. 78 (89 ff.).

[307] Vgl. Art. 27 Abs. 2 GA IV; Art. 75 Abs. 2 Buchst. b ZP I und Art. 76 Abs. 1 ZP I; sowie Art. 4 Abs. 2 Buchst. e ZP II; vgl. dazu *Werle/Jeßberger* Rn. 1233 f.

[308] Vgl. Verbrechenselemente zu Art. 7 Abs. 1 Buchst. g IStGH-Statut, Spiegelstrich 3.

[309] *de Brouwer* S. 142 f.; *Meseke* S. 226 mwN; auch *Werle/Jeßberger* Rn. 972.

Das Menschlichkeitsverbrechen der **erzwungenen Schwangerschaft** ist erstmals im 90 IStGH-Statut formuliert worden.[310] Dabei handelt es sich um die einzige vom IStGH-Statut erfasste Tatbestandsalternative der sexuellen Gewalt, deren Opfer ausschließlich Frauen sein können. Nach der Legaldefinition des Art. 7 Abs. 2 Buchst. f IStGH-Statut setzt es in objektiver Hinsicht die rechtswidrige Gefangenhaltung einer zwangsweise geschwängerten Frau voraus. Der Täter muss das Opfer nicht selbst geschwängert haben. Die Definition schließt vom Geltungsbereich der Norm explizit Fälle aus, in denen innerstaatliche Gesetze einen Schwangerschaftsabbruch verbieten.[311] Auch nach deutschem Recht bleiben die Regeln über den Schwangerschaftsabbruch unberührt.[312] In subjektiver Hinsicht ist vorsätzliches Handeln erforderlich. Darüber hinaus muss der Täter in der Absicht handeln, die ethnische Zusammensetzung einer Bevölkerung zu beeinflussen.[313] Im Unterschied zu Art. 7 Abs. 2 Buchst. f IStGH-Statut lässt das VStGB aus Bestimmtheitsgründen nicht die Absicht ausreichen, andere schwere Verstöße gegen das Völkerrecht zu begehen. In diesem Bereich sind daher Deckungslücken im Vergleich zum IStGH-Statut nicht auszuschließen.[314]

Auch die **Zwangssterilisation** wird im IStGH-Statut erstmals als besondere Erschei- 91 nungsform eines Verbrechens gegen die Menschlichkeit benannt. In Übereinstimmung mit den Verbrechenselementen zu Art. 7 Abs. 1 Buchst. g IStGH-Statut[315] und in Anpassung an den Wortlaut von § 226 Abs. 1 Nr. 1 StGB verlangt § 7 Abs. 1 Nr. 6, dass der Täter mindestens eine Person dauerhaft ihrer biologischen Fortpflanzungsfähigkeit beraubt. Klassische Beispiele für einschlägige Tathandlungen sind die Zwangssterilisationen und medizinischen Experimente in der Zeit des Nationalsozialismus.[316] Die Vorschrift erfasst nicht die Fälle einer medizinisch notwendigen Behandlung.[317]

gg) Zwangsweises Verschwindenlassen (Abs. 1 Nr. 7). Abs. 1 Nr. 7, der das 92 Menschlichkeitsverbrechen des zwangsweisen Verschwindenlassens erfasst, geht auf Art. 7 Abs. 1 Buchst. i IStGH-Statut zurück. Bis zur Schaffung des IStGH-Statuts[318] wurde das zwangsweise Verschwindenlassen nicht als eigenständiges Menschlichkeitsverbrechen behandelt, sondern als Unterfall der Freiheitsberaubung, der anderen unmenschlichen Handlungen oder der Verfolgung[319] betrachtet. Die auf die Verschleppungspraktiken in lateinamerikanischen Militärdiktaturen[320] reagierende *Inter-American Convention on the Forced Disappearance*

---

[310] *Cryer* betrachtet den Tatbestand dagegen nicht als Neuschöpfung, sondern allenfalls als Präzisierung, vgl. *Cryer* S. 258. Vgl. zur Regelung des IStGH-Statuts *Boon* Columbia Human Rights Law Review 32 (2001), 625 (655 ff.).

[311] Vgl. dazu *Cryer* S. 258. Mit dieser Klarstellung wurden Befürchtungen zerstreut, welche die Verhandlungen um den Tatbestand der erzwungenen Schwangerschaft erschwert hatten. Zu den Verhandlungen vgl. *Lee/von Hebel/Robinson* S. 79 (100); *Askin* Criminal Law Forum 10 (1999), 33 (46); *de Brouwer* S. 143 f.; *Sadat/Oosterveld* S. 78 (91).

[312] BT-Drs. 14/8524, 21.

[313] IStGH 23.3.2016 (Ongwen, PTC), paras. 99 f.

[314] *Meseke* S. 290; *Satzger* NStZ 2002, 125 (130). Zweifelnd *Eser/Kreicker/Gropengießer/Kreicker* S. 131.

[315] Verbrechenselemente zu Art. 7 Abs. 1 Buchst. g IStGH-Statut, Spiegelstrich 5.

[316] Vgl. U. S. Military Tribunal Nürnberg 20.8.1947 (Karl Brandt ua, sog. Ärzte-Prozess), in: Trials of War Criminals II, S. 171 ff. Vgl. auch *Bock*; *Rothmaler*.

[317] *Werle/Jeßberger* Rn. 1026.

[318] Zu den Verhandlungen vgl. *Lee/von Hebel/Robinson* S. 79 (102); *Robinson* American Journal of International Law 93 (1999), 55 ff. Eingehend zum Tatbestand *Grammer*.

[319] JStGH 14.1.2000 (Kupreškić ua, TC), para. 566; JStGH 15.4.2011 (Gotovina ua, TC), Band 2, paras. 1831 ff.; ECCC 7.8.2014 (Nuon und Khieu, TC), para. 448.

[320] Zur „impunidad" der Politik des Verschwindenlassens in südamerikanischen Staaten aus völkerstrafrechtlicher Sicht vgl. *Ambos* Menschenrechtsverletzungen S. 23 ff.; *Grammer* S. 7 ff. Das Phänomen des Verschwindenlassens trat bereits im Dritten Reich mit Hitlers „Nacht-und-Nebel-Erlass" hervor. Der IMG verurteilte insoweit den Angeklagten *Keitel* wegen Kriegsverbrechen, vgl. IMG 1.10.1946, in: Der Prozess gegen die Hauptkriegsverbrecher, Band 1, 1947, S. 189 (327); auch U. S. Military Tribunal Nürnberg 4.12.1947 (Josef Altstötter ua, sog. Juristen-Prozess), deutsche Übersetzung in *Peschel-Gutzeit* (Hrsg.), Das Nürnberger Juristen-Urteil von 1947, S. 37 (101–127). Vgl. für eine eingehende historische Einordnung der Praxis des Verschwindenlassens *Cornelius*; *Vermeulen* S. 4 ff.; *Vest/Ziegler/Lindenmann/Wehrenberg*, *Vest/Sutter* Art. 264a Rn. 265 ff.

of Persons von 1994[321] qualifiziert das zwangsweise Verschwindenlassen als Verbrechen gegen die Menschlichkeit, ebenso der Draft Code 1996.[322] Art. 7 Abs. 2 Buchst. i IStGH-Statut enthält eine Legaldefinition, die in den umfangreichen Verbrechenselementen konkretisiert wird.[323] Diese Definition beruht auf der Präambel der *Declaration on the Protection of All Persons from Enforced Disappearances*.[324] Aktuelle Bedeutung hat der Tatbestand nicht zuletzt durch das Verbringen mutmaßlicher Terroristen in geheime Gefängnisse amerikanischer Geheimdienste erlangt.[325]

93 Abs. 1 Nr. 7 konkretisiert die in Art. 7 Abs. 2 Buchst. i IStGH-Statut enthaltene **Legaldefinition,** die vom deutschen Gesetzgeber im Hinblick auf Art. 103 Abs. 2 GG als zu unbestimmt erachtet wurde.[326] Das Gesetz unterscheidet zwischen zwei Handlungsalternativen: der Freiheitsberaubung und der Auskunftsverweigerung.[327]

94 Das zwangsweise Verschwindenlassen in Form einer **Freiheitsberaubung** (Abs. 1 Nr. 7 Buchst. a) bildet den Kern der möglichen Tatbestandsverwirklichungen. Das Gesetz setzt zunächst voraus, dass der Täter einen Menschen im Auftrag oder mit Billigung eines Staates oder einer politischen Organisation entführt oder in anderer schwerwiegender Weise der körperlichen Freiheit beraubt.[328] Freiheitsentziehungen von nur geringer Dauer unterfallen nicht dem Anwendungsbereich der Vorschrift. Die Freiheitsberaubung muss für sich betrachtet nicht völkerrechtswidrig sein; auch eine Inhaftierung aufgrund eines rechtmäßigen Haftbefehls kann zur Erfüllung des Tatbestands ausreichen.[329]

95 An die Freiheitsentziehung anschließen muss sich das **Unterlassen einer unverzüglichen Auskunft über das Schicksal und den Verbleib des Opfers trotz Nachfrage.** Die bloße Nichterteilung einer entsprechenden Auskunft ohne vorherige Nachfrage reicht für die Vollendung der Tat nicht aus. Eine Verzögerung bei der Auskunftserteilung kann durch sachliche Gründe gerechtfertigt werden. Nur eine wahrheitsgemäße Auskunft schließt die Strafbarkeit aus, eine bewusste Falschauskunft steht der Auskunftsverweigerung gleich. Der Täter der Freiheitsberaubung muss nicht selbst die Auskunft verweigern bzw. falsch erteilen. Bei der Nichterteilung der Auskunft handelt es sich um ein echtes Tatbestandsmerkmal.[330]

96 Abs. 1 Nr. 7 Buchst. b erfasst die **Verweigerung einer unverzüglichen Auskunft** nach vorausgegangener Entführung oder schwerwiegender Freiheitsberaubung. Auch diese Tatbestandsalternative setzt eine entsprechende Nachfrage voraus.[331] Die Auskunftsverweigerung ist

---

[321] Vom 9.6.1994, abgedruckt in: ILM 33 (1994), 1529. Art. II enthält die folgende Definition: „For the purpose of this Convention, forced disappearance is considered to be the act of depriving a person or persons of his or their freedom, in whatever way, perpetrated by agents of the state or by persons or groups of persons acting with the authorization, support, or acquiescence of the state, followed by an absence of information or a refusal to acknowledge that deprivation of freedom or to give information on the whereabouts of that person, thereby impeding his or her recourse to the applicable legal remedies and procedural guarantees." Vgl. dazu auch *Brody/Gonzalez* Human Rights Quarterly 19 (1997), 365–405; *Cançado Trindade* Nordic Journal of International Law 81 (2012), 507 ff.; *Modolell González* International Criminal Law Review 10 (2010), 475.
[322] Vgl. Draft Code 1996, Kommentar zu Art. 18 Buchst. g, para. 15.
[323] Verbrechenselemente zu Art. 7 Abs. 1 Buchst. i IStGH-Statut. Vgl. dazu *Lee/Witschel/Rückert* S. 94 (98 ff.).
[324] Angenommen durch die Resolution 47/133 der Generalversammlung, General Assembly Official Records, Forty-seventh Session, Supplement No. 49, UN Doc. A/47/49 (1992), 207. Die Definition des IStGH-Statuts erfasst allerdings nur bestimmte Tathandlungen (Festnahme, Freiheitsentziehung, Entführung), während ihre Vorläufer auf eine solche Begrenzung des Kreises möglicher Tathandlungen verzichteten. Kritisch zur Regelung des IStGH-Statuts *Grammer* S. 188; vgl. auch *Ott* S. 178.
[325] Vgl. hierzu *Kuschnik* S. 401; *Sadat/Scharf/Paust* S. 253 ff. Vgl. auch *Fabbrino* Human Rights Law Review 14 (2014), 85 ff.; *McDermott* International Criminal Law Review 15 (2015), 254 ff.; *von Braun/Diehl* Zeitschrift für Internationale Strafrechtsdogmatik 2011, 214 (215 f.).
[326] BT-Drs. 14/8524, 21.
[327] Vgl. auch ECCC 7.8.2014 (Nuon und Khieu, TC), para. 448.
[328] Zu den Anforderungen an den Begriff „politische Organisation" vgl. *Ambos* Treatise, Band 2, S. 111.
[329] Vgl. Fn. 26 der Verbrechenselemente zu Art. 7 Abs. 1 Buchst. i IStGH-Statut. Ebenso *Ambos* Treatise, Band 2, S. 111; *Grammer* S. 188; *Kuschnik* S. 403.
[330] BT-Drs. 14/8524, 21 f.
[331] Vgl. auch *Vest/Ziegler/Lindenmann/Wehrenberg/Vest/Sutter* Art. 264a Rn. 313.

gewissermaßen das Spiegelbild der ersten Handlungsalternative.[332] Abweichend von dieser ist der Tatbestand des zwangsweisen Verschwindenlassens durch Auskunftsverweigerung aber nur dann erfüllt, wenn die Verweigerung im Auftrag eines Staates oder einer politischen Organisation erfolgt oder wenn der Täter sich aus eigenem Entschluss und ohne Anordnung freiwillig in eine staatliche Politik des Verschwindenlassens einordnet und dabei zugleich eine bestehende Rechtspflicht zur Auskunftserteilung verletzt.[333] Die Billigung durch einen Staat oder eine politische Organisation reicht dagegen nicht aus.[334] Eine Rechtspflicht zur Auskunftserteilung kann sich sowohl aus dem innerstaatlichen Recht wie auch unmittelbar aus dem Völkerrecht ergeben.[335] Der Begriff der politischen Organisation ist enger zu bestimmen als derjenige der Organisation in Art. 7 Abs. 2 Buchst. a IStGH-Statut: Erfasst werden nur Organisationen, deren Pflicht es ist, Auskunft über den Verbleib von Personen zu erteilen.[336]

In subjektiver Hinsicht setzt § 7 Abs. 1 Nr. 7 im Einklang mit Art. 7 Abs. 2 Buchst. i IStGH-Statut neben dem auf die Tathandlung bezogenen Vorsatz die **Absicht** voraus, **das Opfer für längere Zeit dem Schutz des Gesetzes zu entziehen**.[337] Insoweit ist kein bestimmter Mindestzeitraum erforderlich; es genügt auch die zeitliche Unbestimmtheit der beabsichtigten Freiheitsentziehung.[338] Der Vorsatz muss sich hinsichtlich der ersten Handlungsalternative Freiheitsentziehung auch auf die Nichterteilung der fraglichen Auskunft erstrecken. Bei der Tatbestandsalternative der Auskunftsverweigerung muss sich der Vorsatz des Täters auch darauf beziehen, dass das Opfer vor der Auskunftsverweigerung gemäß Abs. 1 Nr. 7 Buchst. a entführt oder in anderer schwerwiegender Weise seiner Freiheit beraubt wurde.

hh) Zufügung schwerer körperlicher und seelischer Schäden (Abs. 1 Nr. 8). Abs. 1 Nr. 8 geht auf Art. 7 Abs. 1 Buchst. k IStGH-Statut zurück. Diese Vorschrift stellt „andere unmenschliche Handlungen ähnlicher Art, mit denen vorsätzlich große Leiden oder eine schwere Beeinträchtigung der körperlichen Unversehrtheit oder der geistigen oder körperlichen Gesundheit verursacht werden", unter Strafe. Ein solcher Auffangtatbestand[339] findet sich in allen einschlägigen früheren Instrumenten des Völkerrechts.[340] Bei den Verhandlungen zum Römischen Statut bestand Einigkeit darüber, dass es auch in Zukunft unmöglich sein werde, alle als Menschlichkeitsverbrechen strafwürdigen Verhaltensweisen kasuistisch zu erfassen.[341] Bedenken hinsichtlich der Bestimmtheit einer generalklauselartigen Auffangvorschrift[342] trägt das Statut durch eine im Vergleich zu früheren Regelungen höhere Präzision Rechnung.[343] Nach den **Verbrechenselementen** ist eine Handlung den anderen Einzeltaten ähnlich, wenn sie hinsichtlich ihrer „Natur und Schwere" mit den

---

[332] So die treffende Charakterisierung in BT-Drs. 14/8524, 22.
[333] BT-Drs. 14/8524, 22.
[334] Vgl. auch Vest/Ziegler/Lindenmann/Wehrenberg/ *Vest/Sutter* Art. 264a Rn. 312.
[335] BT-Drs. 14/8524, 22.
[336] *Werle/Jeßberger* Rn. 1051; ebenso *Grammer* S. 184.
[337] Eingehend zum subjektiven Tatbestand *Grammer* S. 224 ff.; vgl. auch *Citroni* Journal of International Criminal Justice (2016), 123 (132 ff.); Vest/Ziegler/Lindenmann/Wehrenberg/ *Vest/Sutter* Art. 264a Rn. 338.
[338] Ähnlich *Grammer* S. 405; vgl. auch *Ott* S. 186 ff.
[339] Zum Charakter von Art. 7 Abs. 1 Buchst. k IStGH-Statut als Auffangtatbestand vgl. IStGH 23.1.2012 (Muthaura ua, PTC), para. 269.
[340] Vgl. Art. 6 Buchst. c IMG-Statut, Art. II Abs. 1 Buchst. c KRG 10, Art. 5 Buchst. c IMGFO-Statut, Art. 5 Buchst. i JStGH-Statut und Art. 3 Buchst. i RStGH-Statut.
[341] In diesem Sinne Draft Code 1996, Kommentar zu Art. 18 Buchst. k, para. 17; zum JStGH-Statut auch JStGH 14.1.2000 (Kupreškić ua, TC), para. 563.
[342] Vgl. mit Bezug auf Art. 5 Buchst. i JStGH-Statut: JStGH 14.1.2000 (Kupreškić ua, TC), para. 563.
[343] IStGH 30.9.2008 (Katanga und Ngudjolo Chui, PTC), para. 450; IStGH 23.1.2012 (Muthaura ua, PTC), para. 269; JStGH 17.12.2004 (Kordić und Čerkez, AC), para. 117; JStGH 14.1.2000 (Kupreškić ua, TC), para. 563; JStGH 31.7.2003 (Stakić, TC), para. 719. Vgl. ferner Triffterer/Ambos/ *Hall/Stahn* Art. 7 Rn. 97 f.; *Haenen* German Law Journal 14 (2013), 796 (814 ff.). Nach anderer Ansicht gelten Bestimmtheitsgrundsatz und Analogieverbot nicht für eindeutig als Auffangtatbestände konzipierte Regelungen. Solche Tatbestände verlangten vielmehr nach der sog. *eiusdem-generis*-Doktrin eine Konkretisierung im Wege des Ähnlichkeitsschlusses, vgl. zB ECCC 15.2.2011 (Ieng Sary ua, PTC), para. 161; *Cassese* S. 28, 98. Diese Ansicht ist zweifelhaft, da die Geltung von Bestimmtheitsgrundsatz und Analogieverbot keine Frage der Regelungstechnik sein kann. Diese Grundsätze sind menschenrechtlich fundiert und deshalb auch im Völkerstrafrecht beachtlich.

anderen in Art. 7 Abs. 1 IStGH-Statut genannten Tathandlungen vergleichbar ist.[344] Diese Formulierung beruht auf der internationalen Rechtsprechung.[345] Ihr zufolge hat der Schwerevergleich unter Berücksichtigung sämtlicher Umstände des Einzelfalls zu erfolgen.[346] Der Jugoslawien-Strafgerichtshof hat eine Reihe von Verhaltensweisen unter den Auffangtatbestand des **JStGH-Statuts** subsumiert, die Art. 7 Abs. 1 IStGH-Statut nunmehr als selbstständige Tathandlungen erfasst, wie etwa die zwangsweise Überführung der Bevölkerung,[347] die Nötigung zur Prostitution oder das zwangsweise Verschwindenlassen von Personen[348] und die Vornahme biologischer, medizinischer oder wissenschaftlicher Menschenversuche.[349] Darüber hinaus wurden insbesondere schwere Körperverletzungen als konkrete Anwendungsfälle eingeordnet.[350] Schließlich haben der Sondergerichtshof für Sierra Leone sowie die Vorverfahrenskammer des Internationalen Strafgerichtshofs entschieden, dass auch Zwangsverheiratungen „andere unmenschliche Handlungen" darstellen können.[351] Angesichts des qualifizierten **Bestimmtheitsgebots** des Art. 103 Abs. 2 GG schied die Übernahme eines derart weiten Auffangtatbestands in das deutsche Recht jedoch aus.

99   Abs. 1 Nr. 8 stellt stattdessen das Menschlichkeitsverbrechen der Zufügung schwerer körperlicher und seelischer Schäden unter Strafe. Damit wird der Hauptanwendungsfall des Art. 7 Abs. 1 Buchst. k IStGH-Statut als eigenständiges Menschlichkeitsverbrechen erfasst; zugleich genügt die Norm dem Bestimmtheitsgrundsatz. Mit dem Erfordernis der Zufügung schwerer körperlicher und seelischer Schäden hat der Gesetzgeber auf die Formulierung

---

[344] Die Verbrechenselemente zu Art. 7 Abs. 1 Buchst. k IStGH-Statut lauten: „2. Such act was of a character similar to any other act referred to in article 7, paragraph 1, of the Statute. (Fn 30: It is understood that ‚character' refers to the nature and gravity of the act.)" Vgl. auch Draft Code 1996, Kommentar zu Art. 18k, para. 17. Für eine enge Auslegung, vgl. IStGH 23.1.2012 (Muthaura ua, PTC), para. 269; vgl. auch IStGH 11.12.2014 (Blé Goudé, PTC), para. 120.

[345] Vgl. JStGH 14.1.2000 (Kupreškić ua, TC), paras. 562 ff., 230 ff.; JStGH 3.3.2000 (Blaškić, TC), paras. 239 ff.; JStGH 26.2.2001 (Kordić und Čerkez, TC), paras. 269 ff.; JStGH 2.11.2001 (Kvočka ua, TC), para. 206; JStGH 12.6.2007 (Martić, TC), para. 83; JStGH 20.7.2009 (Lukić und Lukić, TC), para. 960 mwN zur früheren Rechtsprechung; JStGH 29.5.2013 (Prlić ua, TC), Band 1, para. 77; RStGH 21.5.1999 (Kayishema und Ruzindana, TC), paras. 149 ff., 154; RStGH 27.1.2000 (Musema, TC); RStGH 7.6.2001 (Bagilishema, TC), paras. 91 f.; aus der Zeit vor Verabschiedung des Römischen Statuts JStGH 7.5.1997 (Tadić, TC), para. 729. Vgl. nunmehr auch IStGH 30.9.2008 (Katanga und Ngudjolo, PTC), para. 448; IStGH 11.12.2014 (Blé Goudé, PTC), para. 120. Zum Anwendungsbereich des Tatbestandes der unmenschlichen Handlungen, vgl. *Haenen* German Law Journal 14 (2013), 796 (817 ff.).

[346] Vgl. JStGH 3.3.2000 (Blaškić, TC), para. 243; JStGH 26.2.2001 (Kordić und Čerkez, TC), para. 271; JStGH 2.11.2001 (Kvočka ua, TC), para. 206; JStGH 12.6.2007 (Martić, TC), para. 84; JStGH 27.3.2013 (Stanišić und Župljanin, TC), Band 1, para. 59; JStGH 29.5.2013 (Prlić ua, TC), Band 1, para. 78; RStGH 21.5.1999 (Kayishema und Ruzindana, TC), para. 151; RStGH 27.1.2000 (Musema, TC), para. 233; ECCC 7.8.2014 (Nuon und Khieu, TC), para. 438; SLSGH 18.5.2012 (Taylor, TC), para. 437.

[347] JStGH 22.3.2006 (Stakić, AC), para. 317; JStGH 12.12.2012 (Tolimir, TC), para. 803 mwN zur früheren Rechtsprechung; JStGH 29.5.2013 (Prlić ua, TC), Band 1, paras. 59, 79; JStGH 30.5.2013 (Stanišić and Simatović, TC), Band 1, para. 991. Siehe auch ECCC 7.8.2014 (Nuon und Khieu, TC), paras. 452 ff.

[348] JStGH 14.1.2000 (Kupreškić ua, TC), para. 566; JStGH 29.5.2013 (Prlić ua, TC), Band 1, para. 79. Siehe auch ECCC 7.8.2014 (Nuon und Khieu, TC), paras. 444 ff.

[349] Vgl. U. S. Military Tribunal Nürnberg 20.8.1947 (Karl Brandt ua, sog. Ärzte-Prozess), in: Trials of War Criminals II, 171, 183; auch *Bassiouni* Crimes against Humanity S. 338 ff. Weitere Beispiele aus der Rechtsprechung finden sich in JStGH 20.7.2009 (Lukić und Lukić, TC), para. 2885.

[350] JStGH 4.12.2012 (Lukić und Lukić, AC), para. 631; JStGH 3.3.2000 (Blaškić, TC), para. 239: „serious physical or mental injury"; JStGH 29.5.2013 (Prlić ua, TC), Band 1, para. 79; vgl. auch IStGH 23.1.2012 (Muthaura ua, PTC), paras. 269 ff.; IStGH 12.6.2014 (L. Gbagbo, PTC), paras. 198 f.; IStGH 11.12.2014 (Blé Goudé, PTC), paras. 119 f. In diesem Sinne erfasst § 7 Abs. 1 Nr. 8 als Einzeltaten des Menschlichkeitsverbrechens die Zufügung schwerer körperlicher oder seelischer Schäden. Diese Bestimmung tritt an die Stelle des Auffangtatbestandes der anderen unmenschlichen Handlungen ähnlicher Art. Vgl. auch BT-Drs. 14/8524, 22.

[351] Vgl. IStGH 23.3.2016 (Ongwen, PTC), paras. 91 ff.; SLSGH 22.2.2008 (Brima ua, AC), paras. 181 ff., 195; SLSGH 20.6.2007 (Brima ua, TC), paras. 697 ff.; SLSGH 2.3.2009 (Sesay ua, TC), paras. 1296 ff. Vgl. auch SLSGH 20.6.2007 (Brima ua, TC), Sondervotum *Sebutinde*, paras. 8 ff., und teilweise abweichendes Sondervotum *Doherty*, para. 71. Einzelheiten bei *Frulli* Journal of International Criminal Justice 6 (2008), 1033 ff.; *Jain* Journal of International Criminal Justice 6 (2008), 1013 ff.; *Wharton* International Criminal Law Review 11 (2011), 217 (227 ff.); kritisch diesbezüglich *Goodfellow* International Criminal Law Review 11 (2011), 831.

des Völkermordtatbestands Bezug genommen (vgl. § 6 Abs. 1 Nr. 2). Das Gesetz verweist für die Art des vorausgesetzten Schadens beispielhaft auf § 226 StGB. Abs. 1 dieser Vorschrift erfasst den Verlust des Sprach-, Seh- oder Sprechvermögens, der Fortpflanzungsfähigkeit (Nr. 1), eines wichtigen Körperglieds oder dessen Gebrauchsfähigkeit (Nr. 2), erhebliche Entstellungen und das Verfallen in Siechtum, Lähmung, geistige Krankheit oder Behinderung (Nr. 3).[352]

Die internationale Rechtsprechung versteht unter einem **schweren körperlichen Schaden** schwere Schädigungen der Gesundheit, die Verursachung von Entstellungen sowie schwere Verletzungen der äußeren oder inneren Organe oder Sinne.[353] Als Beispiele für tatbestandliche Handlungen werden unter anderem Verstümmelungen und Gewaltanwendung, Schläge mit einem Gewehrkolben sowie Verletzungen mit einer Machete genannt.[354] Insbesondere sind auch sexuelle Gewaltverbrechen als Verursachung schweren körperlichen – und in der Regel auch schweren seelischen – Schadens erfasst.[355]

Die Tatalternative der Zufügung **schwerer seelischer Schäden** hat eine eigenständige Bedeutung. Ein physisch wirkender Angriff oder körperliche Auswirkungen des seelischen Schadens sind deshalb nicht erforderlich.[356] Den zerstörerischen psychischen Auswirkungen sexueller Gewaltverbrechen wird der gleiche Stellenwert eingeräumt wie den physischen Folgen der Tat.[357]

Die Verursachung eines „**schweren**" körperlichen oder seelischen Schadens erfordert nicht, dass dieser dauerhaft oder irreversibel ist.[358] Eine nur vorübergehende körperliche oder seelische Beeinträchtigung genügt jedoch nicht. Es muss sich vielmehr um einen Schaden handeln, der die Fähigkeit des Opfers, ein normales Leben zu führen, nachhaltig beeinträchtigt.[359] Die geforderte Schwere des Schadens ist unter Berücksichtigung sämtlicher Umstände des Einzelfalls festzustellen.[360]

ii) Freiheitsentziehung (Abs. 1 Nr. 9). Abs. 1 Nr. 9 erfasst schwerwiegende Freiheitsberaubungen, die unter Verstoß gegen eine allgemeine Regel des Völkerrechts erfolgen. Die Vorschrift beruht auf Art. 7 Abs. 1 Buchst. e IStGH-Statut und seinen Vorläufern in Art. II Abs. 1 Buchst. c KRG 10, Art. 5 Buchst. e JStGH-Statut und Art. 3 Buchst. e RStGH-Statut.

Voraussetzung für die Erfüllung der Tatbestandsalternative ist, dass der Täter **einen oder mehrere Menschen daran hindert, den Aufenthaltsort frei zu verlassen**. Neben Fällen, in denen eine Person in einen umschlossenen Raum eingesperrt wird, sind auch Situati-

---

[352] Vgl. dazu die einschlägigen Kommentierungen → § 226 StGB; *Fischer* StGB § 226 Rn. 2a ff.

[353] Vgl. RStGH 21.5.1999 (Kayishema und Ruzindana, TC), para. 109 sowie RStGH 2.9.1998 (Akayesu, TC), para. 504 und JStGH 2.8.2001 (Krstić, TC), para. 543 mit Verweis auf die Ausführungen zum Tatbestand der Verbrechen gegen die Menschlichkeit in paras. 507 ff., 513.

[354] RStGH 2.9.1998 (Akayesu, TC), paras. 706 f. (Verstümmelungen), para. 720 (Verhöre unter Todesdrohungen oder Gewaltanwendung), para. 711 (Schläge mit Gewehrkolben), para. 722 (Verletzungen mit Machete).

[355] RStGH 2.9.1998 (Akayesu, TC), paras. 706, 731. In Ruanda wurden 1994 insbesondere Tutsi-Frauen Opfer massenhaft begangener sexueller Gewaltverbrechen. Die Frauen wurden meist mehrfach, häufig von verschiedenen Männern, vergewaltigt und sexuell misshandelt, oft auch öffentlich. Vgl. zum Tatkomplex der sexuellen Gewalt auch *Askin* American Journal of International Law 93 (1999), 97; *Karagiannakis* Leiden Journal of International Law 12 (1999), 479 ff.; *Schabas* Genocide in International Law S. 182 ff.; *Verdirame* International and Comparative Law Quarterly 49 (2000), 578 (594 ff.); Kirk McDonald/Swaak/Goldman/ *Viseur Sellers* S. 263 ff.

[356] Vgl. *Louven* DRiZ 1960, 211 (213) (zu § 220a StGB aF); *Petrovic* European Journal of International Law 5 (1994), 342 (357); *Safferling* JuS 2001, 735 (736). Anders aber *Lehmler* S. 210; und wohl auch Kirk McDonald/Swaak/Goldman/*Nsereko* S. 117 (129).

[357] RStGH 2.9.1998 (Akayesu, TC), para. 731.

[358] Vgl. JStGH 2.8.2001 (Krstić, TC), para. 513; JStGH 12.6.2007 (Martic; TC), para. 84; RStGH 2.9.1998 (Akayesu, TC), para. 502; RStGH 21.5.1999 (Kayishema und Ruzindana, TC), para. 108; *Bryant* Harvard International Law Journal 16 (1975), 682 (693 ff.); *Dahm/Delbrück/Wolfrum* S. 1080; *Webb* Georgia Journal of International and Comparative Law 23 (1993), 377 (393).

[359] JStGH 2.8.2001 (Krstić, TC), para. 513.

[360] RStGH 21.5.1999 (Kayishema und Ruzindana, TC), para. 113.

onen erfasst, in denen die Fortbewegungsfreiheit einer Person nicht vollständig eingeschränkt, sondern auf ein bestimmtes Gebiet beschränkt wird, beispielsweise innerhalb eines Ghettos oder Konzentrationslagers.[361] Auch ein Hausarrest kann ein Menschlichkeitsverbrechen in Form einer Freiheitsentziehung darstellen.[362] Freiheitsentziehungen von geringer Dauer sind dagegen nicht als „schwerwiegend" im Sinne der Vorschrift anzusehen, so dass sie die Tatbestandsalternative nicht erfüllen.[363]

105 Den Charakter eines Völkerrechtsverbrechens erlangt die Tat erst durch ihren **Verstoß gegen das Völkerrecht.** Abweichend von Art. 7 Abs. 1 Buchst. e IStGH-Statut, der auf die „grundlegenden Regeln" *(fundamental rules)* des Völkerrechts abstellt, setzt § 7 Abs. 1 Nr. 9 einen Verstoß gegen eine allgemeine Regel des Völkerrechts voraus. Diese Formulierung verweist auf Art. 25 GG: Erfasst sind nur solche völkergewohnheitsrechtlichen Regeln, die weltweite Geltung besitzen. Damit werden die Anforderungen im Vergleich zum Völkergewohnheitsrecht deutlich verschärft.[364]

106 Als einschlägige Fallgruppe kommt insbesondere die willkürliche Freiheitsbeschränkung ohne vorherige Durchführung eines rechtsstaatlichen Anforderungen genügenden Verfahrens in Betracht.[365]

107 In subjektiver Hinsicht ist **vorsätzliches Handeln** erforderlich.[366]

108 **jj) Verfolgung (Abs. 1 Nr. 10).** Abs. 1 Nr. 10, der das Menschlichkeitsverbrechen der Verfolgung erfasst, beruht auf Art. 7 Abs. 1 Buchst. h, Abs. 2 Buchst. g IStGH-Statut und seinen Vorläufern in Art. 6 Buchst. c IMG-Statut, Art. II Abs. 1 Buchst. c KRG 10, Art. 5 Buchst. c IMGFO-Statut, Art. 5 Buchst. h JStGH-Statut und Art. 3 Buchst. h RStGH-Statut.[367] Die Voraussetzungen des Tatbestands orientieren sich auch an der Rechtsprechung des Jugoslawien-Strafgerichtshofs, insbesondere am Grundsatzurteil im Fall *Tadić*,[368] und zugleich an Art. 18 Draft Code 1996.[369] Während für die Definition der Verfolgung im

---

[361] Werle/Jeßberger Rn. 993; auch Draft Code 1996, Kommentar zu Art. 18, para. 17: „The present subparagraph would cover systematic and large scale instances of arbitrary imprisonment such as concentration camps or detention camps or other forms of long term detention."

[362] Report of the Working Group on Arbitrary Detention, UN Doc. E/CN.4/1993/24, para. 20; Triffterer/Ambos/Hall/Stahn Art. 7 Rn. 50.

[363] Begründung zu § 7 Abs. 1 Nr. 9, BT-Drs. 14/8524, 22.

[364] Meseke S. 292.

[365] JStGH 15.3.2002 (Krnojelac, TC), paras. 113, 115; JStGH 17.12.2004 (Kordić und Čerkez, AC), para. 94. Vgl. auch Commission on Human Rights, Question of the Human rights of all persons subjected to any form of detention or imprisonment, Report of the Working Group on Arbitrary Detention, U. N. Doc. E/CN.4/1998/44, 19 December 1997, Annex I, para. 8. Eingehend hierzu Mettraux S. 172.

[366] JStGH 15.3.2002 (Krnojelac, TC), para. 115; JStGH 12.6.2007 (Martić, TC), para. 88. Die Verbrechenselemente bestimmen: „3. The perpetrator was aware of the factual circumstances that established the gravity of the conduct."

[367] Einen Überblick über die historische Entwicklung des Tatbestands bieten *Fournet/Pégorier,* International Criminal Law Review 10 (2010), 713; *Roberts* S. 257.

[368] Vgl. JStGH 7.5.1997 (Tadić, TC), para. 697: „[W]hat is necessary is some form of discrimination that is intended to be and results in an infringement of an individual's fundamental rights. […] It is the violation of the right to equality in some serious fashion that infringes on the enjoyment of a basic or fundamental right that constitutes persecution." Nach der Verabschiedung des Römischen Statuts hat der Jugoslawien-Strafgerichtshof die völkergewohnheitsrechtliche Definition weiter präzisiert, vgl. JStGH 14.1.2000 (Kupreškić ua, TC), para. 621: „gross or blatant denial, on discriminatory grounds, of a fundamental right, laid down in international customary or treaty law, reaching the same level of gravity as the other acts prohibited in Article 5". Eine weitere Präzisierung erfolgte in JStGH 14.1.2000 (Kupreškić ua, TC), paras. 567 ff.; JStGH 3.3.2000 (Blaškić, TC), paras. 281 ff.; JStGH 26.2.2001 (Kordić und Čerkez, TC), paras. 188 ff.; JStGH 2.8.2011 (Krstić, TC), paras. 533 ff.; JStGH 2.11.2001 (Kvočka ua, TC), para. 184 ff.; JStGH 15.3.2002 (Krnojelac, TC), paras. 431 ff.; JStGH 29.11.2002 (Vasiljević, TC), paras. 244 ff.; JStGH 31.7.2003 (Stakić, TC), paras. 732 ff.; JStGH 17.10.2003 (Simić, TC), paras. 47 ff.; vgl. ferner JStGH 30.1.2015 (Popović ua, AC), para. 737; JStGH, 12.12.2012 (Tolimir, TC), para. 846; JStGH, 29.5.2013 (Prlić ua, TC), Band 1, para. 72; JStGH, 30.5.2013 (Stanišić und Simatović, TC), Band 1, para. 1238; RStGH 15.5.2003 (Semanza, TC), paras. 347 ff., sowie ECCC 7.8.2014 (Nuon und Khieu, TC), para. 427.

[369] Vgl. Draft Code 1996, Kommentar zu Art. 18, para. 11: „denial of the human rights and fundamental freedoms to which every individual is entitled without distinction as recognized in the Charter of the United Nations (Art. 1, 55) and the International Covenant of Civil and Political Rights (Art. 2)."

Schrifttum häufig der Begriff der Verfolgung aus dem Asylrecht herangezogen wurde,[370] hat die internationale Rechtsprechung eine solche Analogie ausdrücklich abgelehnt.[371]

Voraussetzung für die Tatbestandserfüllung ist die Verfolgung einer identifizierbaren **109** Gruppe oder Gemeinschaft durch **Entziehung oder wesentliche Einschränkung grundlegender Menschenrechte.** Opfer der Verfolgung kann die Gruppe als solche sein, etwa wenn durch Gesetz oder Verordnung bestimmte Gruppen diskriminiert werden. Als mögliche Tathandlungen kommen jedoch auch solche Akte in Betracht, die sich gegen Einzelpersonen richten, wenn diese als Repräsentanten einer identifizierbaren Gruppe angegriffen werden. Um welche Art von Gruppen oder Gemeinschaften es sich handeln kann, ergibt sich aus den für das Täterhandeln vorausgesetzten Beweggründen. Das Gesetz nennt politische, rassische, nationale, ethnische, kulturelle und religiöse Gründe, solche des Geschlechts sowie andere nach den allgemeinen Regeln des Völkerrechts als unzulässig anerkannte Gründe. Anders als beim Völkermord ist für das Menschlichkeitsverbrechen der Verfolgung geklärt, dass es für die Strafbarkeit allein darauf ankommt, dass der Täter die von ihm angegriffene Gruppe als solche identifiziert bzw. dass er das Opfer einer bestimmten Gruppe zuordnet; eine Objektivierbarkeit der vom Täter vorgenommenen Gruppenbildung ist nicht erforderlich.[372]

Grundlegende Menschenrechte sind diejenigen unveräußerlichen Rechte, die etwa **110** in den Art. 3, 4, 5 und 9 der Allgemeinen Erklärung der Menschenrechte und im Internationalen Pakt über bürgerliche und politische Rechte niedergelegt sind, insbesondere die Rechte auf Leben, auf körperliche und geistige Unversehrtheit und auf Bewegungsfreiheit sowie das Recht auf ein ordentliches Strafverfahren.[373]

Als Tathandlung kommt neben dem vollständigen **Entzug** eines grundlegenden Menschenrechts und seiner wesentlichen **Einschränkung** bereits die **Anordnung** derartiger **111** Maßnahmen in Betracht.[374] In den Verbrechenselementen zu Art. 7 Abs. 2 Buchst. g IStGH-Statut wird klargestellt, dass bereits eine Tathandlung gegenüber einer einzelnen Person den Tatbestand erfüllen kann.[375] Das Verfolgungsverbrechen erfasst nicht nur den förmlichen Entzug von Rechten gegenüber der Gruppe, etwa durch legislative Maßnahmen, die in Anknüpfung an die Gruppenidentität bestimmte Rechte entziehen. Die internationale Rechtsprechung hat klargestellt, dass das Verfolgungsverbrechen vielfältige Erscheinungsformen annehmen kann. Mögliche Tathandlungen sind alle Akte rechtlicher, physischer und auch ökonomischer Natur, die grundlegende Menschenrechte verletzen.[376] Maßgeblich ist allein der objektiv rechtsbeeinträchtigende und diskriminierende Charakter der Verletzungshandlung.[377]

Der Jugoslawien-Strafgerichtshof unterscheidet beim Verfolgungsverbrechen zutref- **112** fend **zwei Kategorien von Verletzungshandlungen.** Der ersten Kategorie unterfal-

---

[370] Vgl. für die Bundesrepublik Deutschland etwa Art. 16a Abs. 1 GG; § 51 Abs. 1 AuslG; §§ 1 Abs. 1, 3 AsylVfG. Zur Auslegung dieser Vorschriften wird regelmäßig auf den Flüchtlingsbegriff zurückgegriffen, vgl. Art. 1 A Nr. 2 Abkommen über die Rechtsstellung der Flüchtlinge, BGBl. 1953 II S. 560. Eine solche Analogie zieht *Becker* S. 211.

[371] Vgl. JStGH 14.1.2000 (Kupreškić ua, TC), para. 589.

[372] JStGH 31.3.2003 (Naletilić und Martinović, TC), para. 636; JStGH, 29.5.2013 (Prlić ua, TC), Band 1, para. 73; vgl. auch ECCC 3.2.2012 (Duch, AC), paras. 272 ff.; ECCC 7.8.2014 (Nuon und Khieu, TC), para. 428; *Werle/Jeßberger* Rn. 1039 f.

[373] JStGH 3.3.2000 (Blaškić, TC), para. 220.

[374] Begründung zu § 7 Abs. 1 Nr. 10, BT-Drs. 14/8524, 22.

[375] Verbrechenselemente zu Art. 7 Abs. 1 Buchst. h IStGH-Statut, Nr. 1. In diese Richtung geht auch der Jugoslawien-Strafgerichtshof, wenn er den Rechtsentzug gegenüber nur wenigen Personen zur Tatbestandsverwirklichung ausreichen lässt, vgl. JStGH 14.1.2000 (Kupreškić ua, TC), para. 624; JStGH 15.3.2002 (Krnojelac, TC), para. 433; JStGH 1.9.2004 (Brđanin, TC), para. 994; JStGH 29.5.2013 (Prlić ua, TC), Band 1, para. 74.

[376] JStGH 7.5.1997 (Tadić, TC), para. 710; JStGH 14.1.2000 (Kupreškić ua, TC), paras. 568, 616.

[377] Herausgearbeitet in JStGH 15.3.2002 (Krnojelac, TC), para. 431: „discriminates in fact and which denies or infringes upon a fundamental right laid down in international customary or treaty law (the actus reus).„; vgl. auch JStGH 4.12.2012 (Lukić und Lukić, AC), para. 455; JStGH 7.5.1997 (Tadić, TC), para. 707; JStGH 26.2.2001 (Kordić und Čerkez, TC), para. 189; vgl. auch JStGH 1.9.2004 (Brđanin, TC), para. 993.

len diejenigen Verhaltensweisen, deren völkerstrafrechtliche Relevanz bereits daraus folgt, dass sie ohnehin den Tatbestand eines Kriegsverbrechens, des Völkermordes oder einen anderen Tatbestand der Verbrechen gegen die Menschlichkeit erfüllen.[378] Zur zweiten Kategorie gehören diejenigen Verhaltensweisen, durch die der Täter keinen anderen völkerstrafrechtlichen Tatbestand verwirklicht.[379] Als Verfolgungshandlung erfasst ist dabei nicht jede Menschenrechtsbeeinträchtigung, sondern nur der „schwerwiegende" Entzug grundlegender Rechte.[380] Da das Recht auf dem Gebiet des Menschenrechtsschutzes sich ständig fortentwickelt, kann nur auf diese Weise die Einhaltung des Bestimmtheitsgebots sichergestellt werden.[381] Den Maßstab für die Schwere der Tat bilden die anderen Einzeltaten der Menschlichkeitsverbrechen.[382] Die Rechtsentziehung darf dabei nicht isoliert betrachtet werden, sondern sie muss in dem Gesamtzusammenhang, in dem sie begangen wird, beurteilt werden. So kann eine einzelne Handlung möglicherweise nicht schwerwiegend genug sein, um vom Tatbestand der Verfolgung erfasst zu werden, sich jedoch im Zusammenhang mit anderen Handlungen durchaus als unmenschlich darstellen.[383] Klassisches Beispiel für die zweite Kategorie von Verfolgungshandlungen ist die Verfolgungspolitik des Dritten Reiches, wie sie in den zahlreichen vom NS-Regime erlassenen antijüdischen Gesetzen, Verordnungen und Maßnahmen ihren Ausdruck fand, durch die den deutschen Juden grundlegende Menschenrechte entzogen wurden.[384]

113 Zweifelhaft ist, ob die Tatbestandsalternative der Verfolgung auch durch die vorsätzliche **Verletzung von Eigentums- oder Vermögensrechten** erfüllt werden kann. In den Nachkriegsprozessen, insbesondere im Verfahren gegen *Flick,* wurde diese Frage verneint: Eine Vermögensverletzung durch die gewaltsame Wegnahme von Industrievermögen sei kein Verbrechen gegen die Menschlichkeit.[385] Die neuere Rechtsprechung differenziert hingegen nach Art und Schwere des Angriffs gegen das Eigentum oder Vermögen. Angriffe auf Eigentum oder Vermögen sind jedenfalls dann als Verfolgung strafbar, wenn sie so

---

[378] Grundlegend JStGH 14.1.2000 (Kupreškić ua, TC), paras. 593 ff., 617; ständige Rechtsprechung, bestätigt in JStGH 29.7.2004 (Blaškić, AC), paras. 143, 150 ff.; JStGH 3.4.2007 (Brđanin, AC), para. 296; JStGH 6.9.2011 (Perišić, TC), para. 119; JStGH 27.3.2013 (Stanišić und Župljanin, TC), Band 1, paras. 70 ff.; JStGH 30.5.2013 (Stanišić und Simatović, TC), Band 1, paras. 1239 ff.; vgl. auch ECCC 3.2.2012 (Duch, AC), para. 253; ECCC 7.8.2014 (Nuon und Khieu, TC), para. 432 f.

[379] Grundlegend JStGH 7.5.1997 (Tadić, TC), paras. 703 ff.; ständige Rechtsprechung, vgl. nur mwN JStGH 28.2.2005 (Kvočka ua, AC), para. 323; JStGH 3.4.2007 (Brđanin, AC), para. 296; JStGH 30.1.2015 (Popović ua, AC), paras. 738, 761; JStGH 12.12.2012 (Tolimir, TC), para. 847; JStGH 27.3.2013 (Stanišić und Župljanin, TC), Band 1, para. 70.; vgl. auch ECCC 3.2.2012 (Duch, AC), para. 253; ECCC 7.8.2014 (Nuon und Khieu, TC), para. 432 f. Zu eng hingegen *Safferling* § 6 Rn. 86.

[380] JStGH 29.7.2004 (Blaškić, AC), paras. 138 f., 160; JStGH 30.1.2015 (Popović ua, AC), paras. 761 f.; JStGH 29.5.2013 (Prlić ua, TC), Band 1, paras. 72, 75.

[381] JStGH 7.5.1997 (Tadić, TC), para. 770; JStGH 14.1.2000 (Kupreškić ua, TC), para. 618. Zustimmend *Mettraux* S. 183.

[382] JStGH 29.7.2004 (Blaškić, AC), paras. 135, 138 f., 160; JStGH 3.5.2006 (Naletilić und Martinović, AC), para. 574; JStGH 28.11.2006 (Simić ua, AC), para. 177; JStGH 3.4.2007 (Brđanin, AC), para. 296; JStGH 27.1.2014 (Đorđević, AC), para. 900; JStGH 30.1.2015 (Popović ua, AC), para. 761; JStGH 30.6.2016 (Stanišić und Župljanin, AC), para. 1075; JStGH 30.5.2013 (Stanišić und Simatović, TC), Band 1, para. 1239 mwN; RStGH 28.11.2007 (Nahimana ua, AC), para. 985. Vgl. auch *Ambos* Treatise, Band 2, S. 106; *Mettraux* S. 184, mit einer Liste von Beispielen für Handlungen, die von der Rechtsprechung der Ad-hoc-Strafgerichtshöfe als Verfolgungshandlungen gewertet wurden.

[383] JStGH 14.1.2000 (Kupreškić ua, TC), paras. 615, 622. Siehe auch JStGH 26.2.2001 (Kordić und Čerkez, TC), para. 199; JStGH 2.8.2001 (Krstić, TC), para. 535; JStGH 2.11.2001 (Kvočka ua, TC), para. 185, bestätigt in JStGH 28.2.2005 (Kvočka ua, AC), para. 321. Vgl. auch JStGH 29.5.2013 (Prlić ua, TC), Band 1, para. 75; JStGH 15.3.2002 (Krnojelac, TC), para. 434; RStGH 28.11.2007 (Nahimana ua, AC), para. 987; ECCC 3.2.2012 (Duch, AC), para. 257.

[384] Vgl. hierzu die Quellensammlung von *Walk* (Hrsg.), Sonderrecht für die Juden im NS-Staat, sowie Ausführungen im Abschnitt „Judenverfolgung", IMG 1.10.1946, in: Der Prozeß gegen die Hauptkriegsverbrecher, Band 1, 1947, S. 189 (277 ff.). Auch der Jugoslawien-Strafgerichtshof hat solche Maßnahmen als Verfolgungshandlungen qualifiziert, vgl. etwa JStGH 27.9.2006 (Krajišnik, TC), paras. 736 ff.

[385] U. S. Military Tribunal Nürnberg 22.12.1947 (Friedrich Flick ua), in: Trials of War Criminals VI, 1215 f.; auch U. S. Military Tribunal Nürnberg 30.7.1948 (Carl Krauch ua, sog. IG-Farben-Prozess), in: Trials of War Criminals VIII, S. 1129 f.

schwerwiegend sind, dass sie die wirtschaftliche Existenzgrundlage eines Teils der Bevölkerung zerstören.[386] So kann insbesondere die umfassende Zerstörung der Häuser von Angehörigen einer bestimmten Bevölkerungsgruppe als Verfolgung strafbar sein. Dagegen stellt etwa die Vernichtung eines Autos im Regelfall keine Verfolgungshandlung dar, es sei denn, dieses ist unverzichtbarer Teil der Lebensgrundlage seines Eigentümers.[387] Auch entschädigungslose Enteignungen oder Zwangsverkäufe ohne die Bezahlung eines angemessenen Kaufpreises können tatbestandsmäßig sein, wie etwa der systematische Angriff auf jüdisches Eigentum und Vermögen durch das NS-Regime. Die systematische Zerstörung, Plünderung oder Beschlagnahme von Privateigentum ist insoweit auch in Friedenszeiten nach Völkerrecht strafbar. Dagegen wird die Zerstörung eines einzelnen Vermögensgegenstandes nicht bereits dadurch zum Verfolgungsverbrechen, dass ihr eine diskriminierende Absicht zu Grunde liegt. Weniger schwerwiegende Eingriffe in das Vermögen können aber dann den Verfolgungstatbestand erfüllen, wenn sie in Zusammenhang mit anderen Verfolgungsmaßnahmen stehen.[388] Auch die Zerstörung von Kulturgütern und religiösen Stätten kann Verfolgungshandlung sein, etwa wenn sie schwerwiegende Auswirkungen auf eine stark religiös geprägte Bevölkerung hat.[389] Der Verfahrenskammer in *Gotovina* ua zufolge können Angriffe auf Zivilisten und zivile Objekte ebenfalls die Voraussetzungen der Verfolgung als Menschlichkeitsverbrechen erfüllen.[390]

Es ist umstritten, ob so genannte „hate speech", etwa rassistische Hetze, als Verfolgung strafbar sein kann. Im *Media Trial* hat die Verfahrenskammer des Ruanda-Strafgerichtshofs entschieden, Hetzreden mit diskriminierendem Hintergrund erreichten den für das Vorliegen eines Verfolgungsverbrechens erforderlichen Schweregrad.[391] Demgegenüber hat sich die Rechtsmittelkammer zurückhaltender gezeigt. Sie hat klar gestellt, dass die Mitglieder der Zielgruppe durch Hetzreden in ihrer Menschenwürde und ihrem Menschenrecht auf Sicherheit verletzt würden. Sie hat aber offen gelassen, ob allein die Verletzung dieser Rechte einen Schweregrad erreicht, der dem einer Verletzung des Rechts auf Leben, Freiheit und körperliche Unversehrtheit entspricht.[392]

Der Abs. 1 Nr. 10 zu Grunde liegende Art. 7 Abs. 1 Buchst. h IStGH-Statut enthält ein **Akzessorietätserfordernis.** Die Vorschrift erfasst nur solche Verfolgungsverbrechen, die im Zusammenhang mit einem anderen Verbrechen gegen die Menschlichkeit oder einem anderen Völkerrechtsverbrechen verübt worden sind. Dadurch soll Bedenken gegen die Weite des Verfolgungstatbestandes[393] Rechnung getragen werden. In das VStGB wurde das Erfordernis **nicht übernommen.** Das Gesetz geht zutreffend davon aus, dass alle Verfolgungsverbrechen ohne Rücksicht auf einen Zusammenhang mit einem anderen Völkerrechtsverbrechen strafbar sind. Die eigenständige Strafbarkeit des Verfolgungsverbrechens ist völkergewohnheitsrechtlich anerkannt; dies hat auch der Jugosla-

---

[386] *Meseke* S. 146 f.
[387] Grundlegend JStGH 14.1.2000 (Kupreškić ua, TC), para. 631. Vgl. auch JStGH 7.5.1997 (Tadić, TC), para. 707; JStGH 3.3.2000 (Blaškić, TC), para. 233; bestätigt in JStGH 29.7.2004 (Blaškić, AC), para. 149; JStGH 17.12.2004 (Kordić und Čerkez, AC), para. 108; JStGH 15.4.2011 (Gotovina ua, TC), Band 2, para. 1829; JStGH 12.12.2012 (Tolimir, TC), para. 859. Überblick über die JStGH-Rechtsprechung bei *van der Wolf/de Ruiter* (Hrsg.) S. 139 ff.
[388] JStGH 27.9.2006 (Krajišnik, TC), paras. 771 ff.
[389] JStGH 26.2.2001 (Kordić und Čerkez, TC), para. 207; JStGH 27.9.2006 (Krajišnik, TC), paras. 781 ff.; JStGH 26.2.2009 (Milutinović ua, TC), Band 1, paras. 204 ff.; JStGH 23.2.2011 (Đorđević, TC), Band 2, paras. 1770 ff.; JStGH 24.3.2016 (Karadžić, TC), Band 2, paras. 1556 ff.; zur Zerstörung von Kulturgütern als Verbrechen gegen die Menschlichkeit *Ehlert* S. 156 ff.
[390] JStGH, 15.4.2011 (Gotovina ua, TC), para. 1842.
[391] RStGH 3.12.2003 (Nahimana ua, TC), paras. 1070 ff. Kritisch dazu *Orentlicher* Human Rights Brief 13 (2005), 1 (2 f.) sowie *Schabas* UN Tribunals S. 217. Im Ansatz zurückhaltender Mugesera vom Canada (Minister of Citizenship and Immigration), (2005) 2 S.C.R. 100, 2005 SCC 40, paras. 146 ff.; *Rikhof* Journal of International Criminal Justice 3 (2005), 1121 ff.
[392] RStGH 28.11.2007 (Nahimana ua, AC), paras. 986 ff. Vgl. aber das teilweise abweichende Sondervotum *Shahabuddeen*. Bekräftigt wurde die Entscheidung der Rechtsmittelkammer in RStGH 2.12.2008 (Bikindi, TC), paras. 390 ff.; hierzu *Gordon* Vanderbilt Journal of Transnational Law 46 (2013), 303 (332 ff.).
[393] Dazu *Triffterer/Ambos/Hall/Powderly* Art. 7 Rn. 141.

wien-Strafgerichtshof ausdrücklich festgestellt.³⁹⁴ Die Regelung des § 7 Abs. 1 Nr. 10 wirkt damit im Vergleich zu Art. 7 Abs. 1 Buchst. h IStGH-Statut teilweise strafbarkeitserweiternd.

116   In subjektiver Hinsicht erfordert das Verfolgungsverbrechen **vorsätzliches** Handeln. Als besonderes subjektives Tatbestandsmerkmal, welches das Verfolgungsverbrechen von allen anderen Tatbestandsalternativen des Verbrechens gegen die Menschlichkeit unterscheidet,³⁹⁵ sind darüber hinaus **diskriminierende Beweggründe** erforderlich: Die Tat muss „aus politischen, rassischen, nationalen, ethnischen, kulturellen oder religiösen Gründen, aus Gründen des Geschlechts oder aus anderen nach den allgemeinen Regeln des Völkerrechts als unzulässig anerkannten Gründen" begangen worden sein.³⁹⁶ Klassische Merkmale des Verfolgungsverbrechens sind die politischen, rassischen oder religiösen Beweggründe des Täters. Diese Merkmale finden sich auch in Art. 6 Buchst. c IMG-Statut, Art. II Abs. 1 Buchst. c KRG 10, Art. 5 Buchst. h JStGH-Statut und Art. 3 Buchst. h RStGH-Statut.³⁹⁷

117   Aus **politischen** Beweggründen handelt ein Täter, der das Opfer wegen dessen politischer Überzeugung diskriminiert.³⁹⁸ Das Opfer muss keiner politischen Partei oder Gruppierung angehören.³⁹⁹

118   **Rassische** Beweggründe sind durch die Diskriminierung des Opfers wegen seiner Zugehörigkeit zu einer bestimmten Rasse gekennzeichnet.⁴⁰⁰

119   Diskriminiert der Täter das Opfer wegen dessen Zugehörigkeit zu einer bestimmten Religionsgemeinschaft, handelt er aus **religiösen** Beweggründen.⁴⁰¹

120   Ein Handeln aus **nationalen** Beweggründen liegt vor, wenn der Täter ein Opfer wegen dessen Staatsangehörigkeit oder wegen seiner Zugehörigkeit zu einer nationalen Minderheit diskriminiert.⁴⁰²

121   Für eine Diskriminierung aus **ethnischen** Beweggründen, dh wegen der ethnischen Zugehörigkeit des Opfers, dürfte gegenüber den rassischen Gründen kaum ein eigenständiger Anwendungsbereich verbleiben.⁴⁰³

---

³⁹⁴ Vgl. dazu JStGH 14.1.2000 (Kupreškić ua, TC), paras. 580 f. Zustimmend auch JStGH 26.2.2001 (Kordić und Čerkez, TC), para. 194.

³⁹⁵ JStGH 14.1.2000 (Kupreškić ua, TC), para. 607; bestätigend JStGH 22.3.2006 (Stakić, AC), para. 323; JStGH 28.11.2006 (Simić ua, AC), para. 86; JStGH 6.9.2011 (Perišić, TC), para. 121. Vgl. auch *Werle/Jeßberger* Rn. 956, 1039.

³⁹⁶ Vgl. zum Erfordernis einer diskriminierenden Absicht IStGH 23.1.2012 (Muthaura ua, PTC), para. 282; IStGH 23.1.2012 (Ruto ua, PTC), para. 269; JStGH 29.7.2004 (Blaškić, AC), para. 164; JStGH 17.12.2004 (Kordić und Čerkez, AC), para. 111; JStGH 22.3.2006 (Stakić, AC), para. 328; JStGH 3.5.2006 (Naletilić und Martinović, AC), paras. 129 ff.; JStGH 23.1.2014 (Šainović ua, AC), para. 579; JStGH 30.1.2015 (Popović ua, AC), paras. 720, 727, 737; JStGH 29.11.2002 (Vasiljević, TC), para. 244; JStGH 31.7.2003 (Stakić, TC), paras. 732, 738; JStGH 12.12.2012 (Tolimir, TC), para. 849; JStGH 29.5.2013 (Prlić ua, TC), Band 1, paras. 72, 76; vgl. auch ECCC 7.8.2014 (Nuon und Khieu, TC), para. 427. Eine diskriminierende Politik muss der Täter jedoch nicht verfolgen oder von einer solchen auch nur Kenntnis haben, vgl. JStGH 29.7.2004 (Blaškić, AC), para. 165; JStGH 17.12.2004 (Kordić und Čerkez, AC), para. 111; JStGH 1.9.2004 (Brđanin, TC), para. 996; JStGH 17.1.2005 (Blagojević und Jokić, TC), para. 582. Ähnlich JStGH 29.5.2013 (Prlić ua, TC), Band 1, para. 76; siehe auch *Mettraux* S. 186; *Triffterer/Ambos/Hall/Ambos* Art. 7 Rn. 27. Nach der Rechtsprechung des Jugoslawien-Strafgerichtshofs darf nicht allein auf Grund des Vorliegens eines ausgedehnten oder systematischen Angriffs gegen eine Zivilbevölkerung auf das Vorliegen einer diskriminierenden Absicht geschlossen werden. Diese muss sich vielmehr aus den Umständen der Einzeltat ergeben, vgl. JStGH 3.5.2006 (Naletilić und Martinović, AC), paras. 129 ff.

³⁹⁷ Lediglich in Art. 5 Buchst. c IMGFO-Statut wurden religiöse Gründe nicht aufgenommen.

³⁹⁸ RStGH 2.9.1998 (Akayesu, TC), para. 583; *Triffterer/Ambos/Hall/Powderly/Hayes* Art. 7 Rn. 77.

³⁹⁹ ECCC 7.8.2014 (Nuon und Khieu, TC), para. 430.

⁴⁰⁰ JStGH 7.5.1997 (Tadić, TC), para. 711. Für eine enge Auslegung des Begriffs unter Ausschluss von ethnischen Gründen vgl. RStGH 14.12.2015 (Nyiramasuhuko ua, AC), paras. 2137 ff., siehe auch das abweichende Sondervotum *Agius*, paras. 29 ff.

⁴⁰¹ JStGH 7.5.1997 (Tadić, TC), para. 711; auch *Triffterer/Ambos/Hall/Powderly/Hayes* Art. 7 Rn. 82.

⁴⁰² *Triffterer/Ambos/Hall/Powderly/Hayes* Art. 7 Rn. 79.

⁴⁰³ Deshalb spielt es auch keine Rolle, dass der im amtlichen englischen Text verwendete Begriff „ethnic" (Art. 7 Abs. 1 Buchst. h IStGH-Statut) gegenüber dem Begriff „ethnical" beim Völkermord enger sein dürfte, vgl. *Triffterer/Ambos/Hall/Powderly/Hayes* Art. 7 Rn. 80.

Wann ein Täter aus **kulturellen** Beweggründen handelt, ist noch nicht abschließend geklärt.[404] Maßgeblich dürften etwa Sprache, Brauchtum und Kunst einer bestimmten Gruppe sein. 122

Gründe des Geschlechts beziehen sich nach der Legaldefinition des Art. 7 Abs. 3 IStGH-Statut „auf beide Geschlechter, das männliche und das weibliche, im gesellschaftlichen Zusammenhang." Der Begriff Geschlecht umfasst sowohl biologische als auch soziologische Unterschiede.[405] Im Falle der Diskriminierung von Frauen ist zur Auslegung das Übereinkommen zur Beseitigung jeder Form von Diskriminierung der Frau[406] heranzuziehen. 123

Das Merkmal **„aus anderen nach den allgemeinen Regeln des Völkerrechts als unzulässig anerkannten Gründen"** nimmt auf das Völkergewohnheitsrecht Bezug[407] und lässt damit Raum für eine menschenrechtsfreundliche Weiterentwicklung des Völkergewohnheitsrechts.[408] So erscheint es denkbar, dass zukünftig auch die Verfolgung aus Gründen der sexuellen Orientierung als Menschlichkeitsverbrechen strafbar werden könnte; gegenwärtig lässt sich freilich kein entsprechender Verbotssatz des allgemeinen Völkergewohnheitsrechts nachweisen.[409] 124

Weitere Beweggründe, etwa sozialer oder wirtschaftlicher Art,[410] wurden vom IStGH-Statut bewusst ausgeklammert.[411] 125

Dem Täter muss es stets um die Diskriminierung der Gruppe oder Gemeinschaft als solcher gehen. Er muss entweder eine Gruppe oder Gemeinschaft als solche oder aber eine Person gerade wegen ihrer Zugehörigkeit zu dieser Gruppe oder Gemeinschaft angreifen, dh als deren Repräsentantin.[412] Es reicht aus, wenn in der Person des Täters einer der genannten Beweggründe erfüllt ist.[413] Objektivierbare, die Mitglieder einer Gruppe oder Gemeinschaft verbindende gruppenkonstituierende Merkmale sind nicht erforderlich.[414] Den Tatbestand erfüllt daher auch der Täter, der sein Opfer wegen dessen nur vermeintlicher Gruppenzugehörigkeit angreift. 126

2. Qualifikationen/minder schwere Fälle. a) Abs. 2. Abs. 2 sieht für **minder schwere Fälle** der Tatbestandsalternativen Nr. 2–9 – also nicht für Tötungs- und Verfolgungsverbrechen – die Bestrafung aus einem milderen Strafrahmen vor. Dadurch soll eine angemessene Bestrafung in den Fällen ermöglicht werden, in denen die objektive Schwere der Tat oder die persönliche Schuld des Täters eine Bestrafung aus dem Regelstrafrahmen nicht rechtfertigt. Auf diese Weise kann insbesondere die Einbindung in einen Befehlszusammenhang strafmildernd berücksichtigt werden.[415] 127

---

[404] Vgl. Triffterer/Ambos/*Hall/Powderly/Hayes* Art. 7 Rn. 81 mwN; Vest/Ziegler/Lindenmann/Wehrenberg/*Vest/Noto* Art. 264a Rn. 682.

[405] Triffterer/Ambos/*Hall/Powderly/Hayes* Art. 7 Rn. 82. Zur Diskussion um den Begriff „gender" bei den Verhandlungen zum Römischen Statut vgl. *Steains* S. 357 (374).

[406] Vom 18.12.1979, BGBl. 1985 II S. 647. Der Art. 1 definiert den Begriff der „Diskriminierung der Frau" als „jede mit dem Geschlecht begründete Unterscheidung, Ausschließung oder Beschränkung, die zur Folge oder zum Ziel hat, dass die auf die Gleichberechtigung von Mann und Frau gegründete Anerkennung, Inanspruchnahme oder Ausübung der Menschenrechte und Grundfreiheiten durch die Frau – ungeachtet ihres Familienstands – im politischen, wirtschaftlichen, sozialen, kulturellen, staatsbürgerlichen oder jedem sonstigen Bereich beeinträchtigt oder vereitelt wird."

[407] In diesem Sinne Triffterer/Ambos/*Hall/Powderly/Hayes* Art. 7 Rn. 85; *Boot* S. 521.

[408] Kritisch zur dynamischen Verweisung auf das Völkergewohnheitsrecht Eser/Kreicker/*Gropengießer/Kreicker* S. 134; vgl. aber *Kuhli* S. 180 ff. sowie → Einl. Rn. 39.

[409] Vgl. BT-Drs. 14/8524, 22; siehe auch Vest/Ziegler/Lindenmann/Wehrenberg/*Vest/Noto* Art. 264a Rn. 683. Vgl. jedoch *Oosterveld* Duke Journal of Comparative and International Law 17 (2006), 49 (76 ff.).

[410] Vgl. die erläuternde Fn. 15 zu „other similar grounds" im E-IStGH-Statut. Verfolgung aus „sozialen Gründen" war dagegen in Art. 2 Abs. 11 Draft Code 1954, Art. 21 Draft Code 1991 enthalten.

[411] *Boot* S. 522.

[412] Verbrechenselemente zu Art. 7 Abs. 1 Buchst. h IStGH-Statut. Vgl. auch JStGH 3.3.2000 (Blaškić, TC), para. 235: „the perpetrator of the acts of persecution does not initially target the individual but rather membership in a specific racial, religious or political group."

[413] JStGH 7.5.1997 (Tadić, TC), paras. 712 f.

[414] *Werle/Jeßberger* Rn. 1040.

[415] Vgl. BT-Drs. 14/8524, 23.

128　**b) Abs. 3 und 4.** Abs. 3 enthält ein **erfolgsqualifiziertes Delikt** im Sinne von § 18 StGB, Abs. 4 den dazugehörigen minder schweren Fall. Für den Fall der wenigstens fahrlässigen (§ 18 StGB) Verursachung des Todes eines Menschen durch die Tat sieht die Vorschrift eine abgestufte Erhöhung der Mindeststrafe vor.

129　**c) Abs. 5.** Abs. 5 enthält einen weiteren Qualifikationstatbestand, der das Verbrechen der **Apartheid** erfasst. Die Vorschrift geht auf Art. 7 Abs. 1 Buchst. j IStGH-Statut zurück. Apartheid wird in einer Reihe von Völkerrechtsinstrumenten als Verbrechen gegen die Menschlichkeit bezeichnet. Der Begriff „Apartheid" (Afrikaans für Getrenntheit) steht dabei für die **Politik der Rassentrennung und Rassendiskriminierung,** wie sie ab 1948 in **Südafrika** praktiziert wurde.[416] Maßgeblich ist insbesondere die ungleiche Verteilung und die Verweigerung fundamentaler Rechte für Einzelpersonen oder Gruppen in politischen, wirtschaftlichen, sozialen oder kulturellen Bereichen auf Grund von Rasse, Hautfarbe oder ethnischem Ursprung, einschließlich ungleichen Zugangs zu öffentlichen und privaten Leistungen, Einrichtungen, Bildung und Beschäftigung.[417] Art. 1 Buchst. b der Konvention über die Nichtanwendbarkeit von Verjährungsvorschriften auf Kriegsverbrechen und Verbrechen gegen die Menschlichkeit[418] erstreckt Verbrechen gegen die Menschlichkeit ausdrücklich auf „unmenschliche Handlungen, die eine Folge von Apartheidpolitik sind." Die Internationale Konvention über die Bekämpfung und Bestrafung des Verbrechens der Apartheid (VN-Apartheidkonvention)[419] hält fest, „dass die Apartheid ein Verbrechen gegen die Menschlichkeit ist."[420] Der Draft Code 1991 erfasste dann Apartheid als eigenständiges Verbrechen und der Draft Code 1996 formulierte das Menschlichkeitsverbrechen der institutionalisierten Diskriminierung.[421] Die Aufnahme des Tatbestandes in das IStGH-Statut beruht auf einem Vorschlag Südafrikas.[422] Nach der Überwindung des dortigen Apartheid-Regimes hat die Schaffung eines eigenständigen Menschlichkeitsverbrechens der Apartheid derzeit freilich in erster Linie symbolische Bedeutung.[423] Das Verbrechen der Apartheid ist dem Verfolgungsverbrechen eng verwandt, setzt aber anders als dieses nicht das Handeln gerade aus diskriminierenden Gründen voraus.[424]

130　Abweichend vom IStGH-Statut hat das VStGB das Verbrechen der Apartheid nicht als selbstständige Tatbestandsalternative, sondern als **Qualifikation** ausgestaltet. Während gemäß Art. 7 Abs. 2 Buchst. h IStGH-Statut ein Apartheidverbrechen bereits dann vorliegt, wenn eine unmenschliche Handlung „ähnlicher Art" wie die anderen Tatbestandsalternativen im Zusammenhang mit einem institutionalisierten Regime der Rassentrennung begangen wird, ließ sich die Übernahme dieser weiten Formulierung nicht mit dem Bestimmtheitsgebot des Art. 103

---

[416] *Werle/Jeßberger* Rn. 1055.
[417] *Delbrück* S. 192 [= Band 8, 1985, S. 37].
[418] Angenommen durch Resolution der Generalversammlung 2391 (XXIII) vom 26.11.1968, 754 UNTS (1970), 73.
[419] Angenommen durch Resolution der Generalversammlung 3068 (XXVIII) vom 30.11.1973, 1051 UNTS (1976), 243. Zur Entstehungsgeschichte der VN-Apartheidkonvention vgl. etwa Bassiouni/*Clark* S. 599 ff.; *Graefrath* NJ 1974, 192; *Manske* S. 128 ff.
[420] Vgl. insoweit Art. I und III der VN-Apartheidkonvention. Die Präambel verweist darauf, dass die Generalversammlung der Vereinten Nationen bereits zuvor eine Reihe von Resolutionen angenommen hat, in denen die Politik und die Praktiken der Apartheid als Verbrechen gegen die Menschlichkeit verurteilt wurden.
[421] Vgl. Art. 20 Draft Code 1991 und Art. 18f Draft Code 1996.
[422] Zur Verhandlungsgeschichte vgl. Lee/*von Hebel*/*Robinson* S. 79 (102). Siehe auch *Robinson* American Journal of International Law 93 (1999), 55.
[423] BT-Drs. 14/8524, 23. In diese Richtung auch *Cryer* S. 259. Nach *Bultz* Criminal Law Forum 24 (2013), 205 (219), hat das Menschlichkeitsverbrechen der Apartheid nicht den Status einer völkergewohnheitsrechtlichen Norm erlangt. Zur Situation in Palästina, vgl. *Dugard/Reynolds* European Journal of International Law 24 (2013), 867 (885 ff.), sowie die Replik von *Zilbershats* European Journal of International Law 24 (2013), 915 ff.
[424] Im Art. 18f Draft Code 1996 wurde dagegen noch ein Handeln „on racial, ethnic or religious grounds" vorausgesetzt. Vgl. auch *Bultz* Criminal Law Forum 24 (2013), 205 (225 ff.). Für eine Diskriminierungsabsicht Vest/Ziegler/Lindenmann/Wehrenberg/*Vest/Noto* Art. 264a Rn. 712.

Abs. 2 GG vereinbaren.⁴²⁵ § 7 Abs. 5 verlangt daher in objektiver Hinsicht, dass ein Verbrechen nach Abs. 1 begangen worden ist, und bleibt damit hinter dem IStGH-Statut zurück. Dies dürfte freilich nur geringe Auswirkungen haben: Einerseits ist der Tatbestand der Apartheid auf das inzwischen überwundene südafrikanische System der Rassentrennung zugeschnitten, andererseits sind nur wenige tatbestandsmäßige Handlungen denkbar, die nicht einen der anderen Tatbestände der Verbrechen gegen die Menschlichkeit erfüllen.⁴²⁶

In subjektiver Hinsicht verlangt Abs. 5 übereinstimmend mit Art. 7 Abs. 1 Buchst. j iVm Abs. 2 Buchst. h IStGH-Statut, dass der Täter bei Begehung der Tat in der **Absicht** gehandelt hat, ein institutionalisiertes Regime der systematischen Unterdrückung und Beherrschung einer rassischen Gruppe durch eine andere aufrechtzuerhalten. Ein „institutionalisiertes Regime" der systematischen⁴²⁷ Unterdrückung und Beherrschung einer oder mehrerer anderer rassischer Gruppen besteht insbesondere dann, wenn Unterdrückung und Beherrschung durch staatliche Gesetze festgeschrieben sind,⁴²⁸ wie es im Südafrika der Apartheid-Ära der Fall war.⁴²⁹ Die innerstaatliche Legalität solcher Verhaltensweisen hat wegen ihrer offensichtlichen Völkerrechtswidrigkeit keine rechtfertigende Kraft. Der Begriff der „rassischen Gruppe" ist im Einklang mit der Definition der „Rassendiskriminierung" im Internationalen Übereinkommen zur Beseitigung jeder Form von Rassendiskriminierung⁴³⁰ völkerrechtskonform weit auszulegen. Nach Art. 1 bezeichnet der Ausdruck Rassendiskriminierung „jede auf der Rasse, der Hautfarbe, der Abstammung, dem nationalen Ursprung oder dem Volkstum beruhende Unterscheidung, Ausschließung, Beschränkung oder Bevorzugung, die zum Ziel oder zur Folge hat, dass dadurch ein gleichberechtigtes Anerkennen, Genießen oder Ausüben von Menschenrechten und Grundfreiheiten im politischen, wirtschaftlichen, sozialen, kulturellen oder jedem sonstigen Bereich des öffentlichen Lebens vereitelt oder beeinträchtigt wird."⁴³¹

Das Verbrechen der Apartheid stellt keine besonderen Anforderungen an die Position des **Täters**. Anders als in Art. 20 Abs. 1 Draft Code 1991 („leader or organizer")⁴³² ist der Tatbestand nicht als Führungsverbrechen ausgestaltet. Allerdings werden für eine täterschaftliche Begehung insbesondere Angehörige des politischen oder staatlichen Führungspersonals in Betracht kommen.

Abs. 5 ist **subsidiär** nur dann anwendbar, wenn die Tat nicht bereits nach Abs. 1 oder 3 mit schwererer Strafe bedroht ist. Für **minder schwere Fälle** enthält Satz 2 einen milderen Strafrahmen, soweit die Tat nicht nach Abs. 4 mit schwererer Strafe bedroht ist.

III. Rechtfertigung, Rechtsfolgen, Verjährung, Konkurrenzen

1. Rechtfertigung. Es finden gemäß § 2 die **allgemeinen Rechtfertigungsgründe** des StGB Anwendung. Art. 33 Abs. 2 IStGH-Statut verfügt im Zusammenhang mit der

---

⁴²⁵ BT-Drs. 14/8524, 23.
⁴²⁶ Dabei ist insbesondere an das Verfolgungsverbrechen (§ 7 Abs. 1 Nr. 10) zu denken, vgl. Eser/Kreicker/Gropengießer/Kreicker S. 137.
⁴²⁷ Das Merkmal der „systematischen" Unterdrückung und Beherrschung ist vor dem Hintergrund der stets geforderten „Gesamttat" wohl überflüssig, vgl. Triffterer/Ambos/Hall/van den Herik Art. 7 Rn. 146: „a double requirement of systematic does not make sense." Anders Vest/Ziegler/Lindenmann/Wehrenberg/Vest/Noto Art. 264a Rn. 708.
⁴²⁸ Draft Code 1996, Kommentar zu Artikel 18 f., para. 12 nennt zB „a series of legislative measures denying individuals who are members of a particular racial [...] group of their human rights or freedoms." Kritisch Bultz Criminal Law Forum 24 (2013), 205 (223 ff.).
⁴²⁹ Vgl. hierzu die Übersicht im Bericht der südafrikanischen Wahrheits- und Versöhnungskommission, Truth and Reconciliation Commission of South Africa Report (1998), Band 1, S. 448 ff.
⁴³⁰ Vom 7.3.1966, BGBl. 1969 II S. 962.
⁴³¹ Vgl. auch Triffterer/Ambos/Hall/van den Herik Art. 7 Rn. 147. In diese Richtung ging auch Art. 18f Draft Code 1996, der „institutionalized discrimination on racial, ethnic or religious grounds involving the violation of fundamental human rights and freedoms and resulting in seriously disadvantaging a part of the population" erfasst. Anders Vest/Ziegler/Lindenmann/Wehrenberg/Vest/Noto Art. 264a Rn. 705.
⁴³² Vgl. Draft Code 1991, Kommentar zu Art. 20, para. 3: „The Commission has restricted the scope [...] to leaders or organizers – an approach it has also adopted in relation to other crimes such as aggression [...]. It has thereby sought to make criminally liable only those who are in a position to use the State apparatus for the planning, organization or perpetration of the crime."

Regelung über das Handeln auf Befehl, dass Anordnungen zur Begehung von Verbrechen gegen die Menschlichkeit stets offensichtlich rechtswidrig sind und somit eine Strafbefreiung nach Abs. 1 der Vorschrift ausscheidet. § 3 hat diese im Hinblick auf das Schuldprinzip bedenkliche Regelung nicht übernommen.

135 Weiterhin kommen auch Regelungen des humanitären Völkerrechts als Strafausschließungsgrund in Betracht. Die völkerrechtlichen Wertungen müssen insoweit auf das Strafrecht durchgreifen. Eine völkerrechtliche Erlaubnis wirkt im allgemeinen Strafrecht als Zurechnungsausschluss oder Rechtfertigungsgrund. So sind Schäden, die bei der Durchführung einer militärischen Operation an Zivilpersonen oder an zivilen Einrichtungen der gegnerischen Konfliktpartei entstehen, ohne dass dies dem humanitären Völkerrecht widerspricht, auch nicht als Verbrechen gegen die Menschlichkeit strafbar.[433]

136 **2. Rechtsfolgen.** Auch im Bereich der Verbrechen gegen die Menschlichkeit hat der Gesetzgeber die im IStGH-Statut enthaltenen, nur sehr allgemeinen Bestimmungen[434] über Rechtsfolgen und Strafzumessung konkretisiert und damit den Anforderungen des Bestimmtheitsgebots Rechnung getragen.[435] Das Völkerstrafgesetzbuch ordnet den einzelnen Verbrechenstatbeständen abgestufte Strafrahmen zu. Leitend[436] bei der Zuordnung der Strafrahmen war die Erwägung, dass der gesteigerte Unrechtsgehalt der im Völkerstrafgesetzbuch geregelten Straftaten grundsätzlich strengere Strafen erfordert als die korrespondierenden Tatbestände des allgemeinen Strafrechts.[437] Darüber hinaus liegt dem Strafrahmensystem des Völkerstrafgesetzbuches die Festlegung zugrunde, dass Verbrechen gegen die Menschlichkeit gegenüber Kriegsverbrechen in der Regel das schwerere Delikt darstellen und daher im Allgemeinen auch eine höhere Strafe verdienen.[438] Schließlich wurden bei den Strafrahmenabstufungen im Verhältnis der Einzeltaten der Verbrechen gegen die Menschlichkeit die Strafrahmen des Strafgesetzbuchs berücksichtigt. Während etwa Tötungshandlungen als Verbrechen gegen die Menschlichkeit mit lebenslanger Freiheitsstrafe bedroht sind (Abs. 1 Nr. 1), kann die schwere Körperverletzung als Verbrechen gegen die Menschlichkeit nur mit Freiheitsstrafe von drei bis 15 Jahren bestraft werden (Abs. 1 Nr. 8). Übernommen wurden die fakultative Strafmilderung für den Versuch und die obligatorische für die Beihilfe, da § 2 auf die allgemeinen Vorschriften der §§ 23 Abs. 2, 27 Abs. 2 StGB verweist.[439]

137 Abs. 1 sieht für die Fälle der Nr. 1 und Nr. 2 lebenslange Freiheitsstrafe, für die Fälle der Nr. 3–7 Freiheitsstrafe nicht unter fünf Jahren und für die Fälle der Nr. 8–10 Freiheitsstrafe nicht unter drei Jahren vor. Abs. 2 sieht in minder schweren Fällen des Abs. 1 Nr. 2 einen abweichenden Sonderstrafrahmen von nicht unter fünf Jahren, in minder schweren Fällen des Abs. 1 Nr. 3–7 von nicht unter zwei Jahren und in minder schweren Fällen des Abs. 1 Nr. 8 und 9 von nicht unter einem Jahr vor. Die Annahme eines minder schweren Falles ist für jeden Tatbeteiligten nach dem Maß der persönlichen Schuld gesondert zu prüfen.[440]

---

[433] Vgl. *Werle/Jeßberger* Rn. 931 mwN. Weiterführend *Akhavan* Journal of International Criminal Justice 6 (2008), 21 ff.

[434] Vgl. Art. 77, 78 und 110 IStGH-Statut sowie die Regeln 145 ff. in den Rules of Procedure and Evidence (UN Doc. PCNICC/2000/INF/3/Add. 1).

[435] Nach der Rechtsprechung des Bundesverfassungsgerichts bezieht sich der Bestimmtheitsgrundsatz auch auf die gesetzliche Strafdrohung, vgl. BVerfG 20.3.2002 – 2 BvR 794/95, BVerfGE 105, 135 = NJW 2002, 1779. Danach verlangt das Grundgesetz die Vorgabe der Rechtsfolgen innerhalb bestimmter Sanktionsober- und -untergrenzen.

[436] BT-Drs. 14/8524, 18.

[437] Vgl. etwa die Körperverletzungsdelikte (§ 223 StGB: Freiheitsstrafe von einem Monat bis zu fünf Jahren oder Geldstrafe; § 226 StGB: Freiheitsstrafe von einem bis zu zehn Jahren) mit dem Menschlichkeitsverbrechen der Folter (§ 7 Abs. 1 Nr. 4 VStGB: Freiheitsstrafe von fünf bis fünfzehn Jahren).

[438] So auch JStGH 7.10.1997 (Erdemović, AC), para. 20. Offenbar geht auch der deutsche Verfassungsgeber davon aus, dass Völkermord vor den Verbrechen gegen die Menschlichkeit und den Kriegsverbrechen das schwerste Verbrechen gegen das Völkerrecht darstellt, wenn er in der Begründung zur Neufassung des Art. 96 Abs. 5 GG ausführt: „Diese Hervorhebung [des Völkermordes] und die Reihenfolge der einzelnen Gebiete soll eine Gewichtung ähnlich dem Strafgesetzbuch zum Ausdruck bringen, wo der Mord vor den Tötungsdelikten eine Erwähnung findet.", vgl. BR-Drs. 222/02, 2.

[439] Zur Strafzumessung bei Taten nach dem VStGB eingehend *Epik*.

[440] Zu § 7 Abs. 2 bereits → Rn. 127.

Der Qualifikationstatbestand des Abs. 3 sieht für den Fall einer Todesverursachung durch **138** eine Tat nach Abs. 1 Nr. 3–10 eine lebenslange Freiheitsstrafe oder Freiheitsstrafe nicht unter zehn Jahren vor. Wird der Tod durch eine Tat nach Abs. 1 Nr. 8–10 verursacht, so ist die Strafe nicht unter fünf Jahren.[441]

Abs. 4 enthält wiederum einen Sonderstrafrahmen für minder schwere Fälle des Abs. 3. **139** Die Strafe beträgt dann bei einer Tat nach Abs. 1 Nr. 3–7 Freiheitsstrafe nicht unter fünf Jahren und bei einer Tat nach Abs. 1 Nr. 8–10 Freiheitsstrafe nicht unter drei Jahren. Schließlich sieht Abs. 5 für das als Qualifikationstatbestand ausgestaltete Verbrechen der Apartheid eine Freiheitsstrafe von nicht unter fünf Jahren vor, soweit nicht die Tat nach Abs. 1 oder Abs. 3 mit schwererer Strafe bedroht ist. In minder schweren Fällen gilt ein Sonderstrafrahmen von nicht unter drei Jahren Freiheitsstrafe, wenn nicht die Tat nach Abs. 2 oder Abs. 4 mit schwererer Strafe bedroht ist.

3. Verjährung. Wie bei allen Verbrechen nach dem Völkerstrafgesetzbuch verjähren die **140** Verfolgung von Verbrechen nach § 7 und die Vollstreckung der ihretwegen verhängten Strafen **nicht**.

4. Konkurrenzen. Wie für den Völkermord ist auch für das Menschlichkeitsverbrechen **141** charakteristisch, dass regelmäßig eine Vielzahl von Einzelakten vorliegt, die jeweils für sich alle Strafbarkeitsvoraussetzungen erfüllen. Ein sachlicher, zeitlicher und räumlicher Zusammenhang mit derselben Gesamttat verbindet diese Einzelakte zu einer **tatbestandlichen Bewertungseinheit**.[442]

Zwischen Verbrechen gegen die Menschlichkeit und **Völkermord** ist **Tateinheit** möglich.[443] Der Völkermord steht zum Verbrechen gegen die Menschlichkeit nicht im Verhältnis **142** der Spezialität; Menschlichkeitsverbrechen kommen neben Völkermord selbstständig zum Ansatz.[444] Die Strafbarkeitsvoraussetzungen weisen nämlich wesentliche Unterschiede auf: Menschlichkeitsverbrechen setzen einen tatsächlichen Angriff gegen eine Zivilbevölkerung voraus, den der Völkermordtatbestand nicht erfordert. Umgekehrt muss beim Völkermord die Absicht nachgewiesen werden, eine Gruppe als solche ganz oder teilweise zu zerstören. Die Tatbestände der Verbrechen gegen die Menschlichkeit und des Völkermordes sind deshalb nebeneinander anwendbar (§ 52 StGB).[445]

Auch im Verhältnis zu **Kriegsverbrechen** wird oft **Tateinheit** anzunehmen sein.[446] So **143** können etwa die sowohl in § 7 als auch in § 8 enthaltenen Einzeltatbestände – Tötung,[447] Folter,[448] Vergewaltigung[449] oder Freiheitsentzug[450] – nebeneinander zur Anwendung kommen.

Die **einzelnen Tatbestandsalternativen** des Verbrechens gegen die Menschlichkeit **144** sind nach der Rechtsprechung der internationalen Strafgerichtshöfe grundsätzlich nebenei-

---

[441] Zur Erfolgsqualifikation des Abs. 3 bereits → Rn. 128.
[442] *Werle/Jeßberger* Rn. 1067.
[443] *Werle/Jeßberger* Rn. 780, 1066.
[444] *Werle/Jeßberger* Rn. 1066; aA → § 6 Rn. 111.
[445] Vgl. auch JStGH 19.4.2004 (Krstić, AC), paras. 222 ff.; JStGH 8.4.2015 (Tolimir, AC), para. 610; JStGH 12.12.2012 (Tolimir, TC), para. 1205; JStGH 24.3.2016 (Karadžić, TC), Band 4, para. 6014; RStGH 16.11.2001 (Musema, AC), paras. 366 f.; RStGH 28.11.2007 (Nahimana ua, AC), paras. 1029, 1032 mwN zur früheren Rechtsprechung; RStGH 29.9.2014 (Karemera und Ngirumpatse, AC), para. 610; RStGH 30.12.2011 (Ndahimana, TC), para. 846.
[446] Vgl. etwa IStGH 7.3.2014 (Katanga, TC), para. 1696; JStGH 5.7.2001 (Jelisić, AC), para. 82; JStGH 3.5.2006 (Naletilić und Martinović, AC), paras. 560 ff.; JStGH 30.11.2006 (Galić, AC), paras. 164 ff. mwN zur früheren Rechtsprechung: JStGH 6.9.2011 (Perišić, TC), para. 1788; JStGH 12.12.2012 (Tolimir, TC), para. 1201; JStGH 27.3.2013 (Stanišić und Župljanin, TC), Band 2, paras. 906 ff.; JStGH 29.5.2013 (Prlić ua, TC), Band 1, paras. 1256 ff.; SLSGH 18.5.2012 (Taylor, TC), para. 6994. → Vor §§ 8 ff. Rn. 46.
[447] IStGH 7.3.2014 (Katanga, TC), para. 1696; IStGH 23.3.2016 (Ongwen, PTC), para. 32; JStGH 5.7.2001 (Jelisić, AC), para. 82.
[448] JStGH 22.2.2001 (Kunarac ua, TC), para. 556.
[449] JStGH 22.2.2001 (Kunarac ua, TC), para. 556.
[450] JStGH 26.2.2001 (Kordić und Čerkez, TC), para. 824.

nander anwendbar.[451] Dementsprechend ist nach deutschem Recht auch hier **Tateinheit** denkbar. So kommt nach der Rechtsprechung des Jugoslawien-Strafgerichtshofs entgegen der früheren Rechtsprechung etwa auch das Verfolgungsverbrechen neben den anderen Einzeltatbeständen der Menschlichkeitsverbrechen zur Anwendung, wenn die Verfolgung durch Verwirklichung eines anderen Einzeltatbestands der Menschlichkeitsverbrechen begangen wird, etwa Verfolgung durch Tötung, Folter oder Freiheitsentzug.[452] Dagegen verdrängt der Tatbestand der Ausrottung das Menschlichkeitsverbrechen der vorsätzlichen Tötung.[453] Weiterhin kann im Einzelfall der Tatbestand der Vergewaltigung das Menschlichkeitsverbrechen der Folter verdrängen.[454]

Abschnitt 2. Kriegsverbrechen

Vorbemerkung zu § 8

Schrifttum: *Abi-Saab/Abi-Saab,* Les crimes de guerre, in *Ascensio/Decaux/Pellet* (Hrsg.), Droit International Pénal, 2. Aufl. 2012, S. 265; *Abril-Stoffels,* From Guantanamo to Bagdad. Legal Statute and Treatment Given to the Detainees in the „War against Terrorism", in *Fernandez-Sanchez* (Hrsg.), The New Challenges of Humanitarian Law in Armed Conflicts, 2005, S. 175; *Ahlbrecht,* Geschichte der völkerrechtlichen Strafgerichtsbarkeit im 20. Jahrhundert, 1999; *Ahmad,* A Legal Assessment of the US Drone Strikes in Pakistan, ICLR 13 (2013), 917; *Akande,* Clearing the Fog of War? The ICRC's Interpretive Guidance on Direct Participation in Hostilities, ICLQ 59 (2010), 180; *Alamuddin/Webb,* Expanding Jurisdiction over War Crimes under Article 8 of the ICC Statute, JICJ 8 (2010), 1219; *Alkatout,* The Legality of Targeted Killings in View of Direct Participation in Hostilities, 2015; *Ambos,* Aktuelle Probleme der deutschen Verfolgung von „Kriegsverbrechen" in Bosnien-Herzegowina, NStZ 1999, 226; *ders.,* Bestätigung der deutschen Strafgewalt für „Kriegsverbrechen" in Bosnien-Herzegowina, NStZ 2000, 71; *ders.,* Zur Bestrafung von Verbrechen im internationalen, nicht-internationalen und internen Konflikt, in *Haase/Müller/Schneider* (Hrsg.), Humanitäres Völkerrecht, 2001, S. 325; *ders.,* Afghanistan-Einsatz der Bundeswehr und Völker(straf)recht, NJW 2010, 1725; *ders.,* Das Verbrechen der Aggression nach Kampala, ZIS 2010, 649; *ders.,* The Crime of Aggression after Kampala, GYIL 53 (2010), 463; *ders.,* Defences in International Criminal Law, in *Brown* (Hrsg.), Research Handbook on International Criminal Law, 2011, S. 299; *ders.,* The First Judgment of the International Criminal Court *(Prosecutor v. Lubanga).* A Comprehensive Analysis of the Legal Issues, ICLR 12 (2012), 115; *ders.,* Einstellungsverfügung GBA vom 20.06.2013 zum Drohneneinsatz in Mir Ali/Pakistan

---

[451] Vgl. für „Folter durch Vergewaltigung" JStGH 12.6.2002 (Kunarac ua, AC), para. 179; für „Versklavung durch Vergewaltigung" JStGH 12.6.2002 (Kunarac ua, AC), para. 186; für „Vergewaltigung und sexuelle Versklavung" SLSGH 26.9.2013 (Taylor, AC), para. 577; SLSGH 18.5.2012 (Taylor, TC), para. 6995. Vgl. auch *Werle/Jeßberger* Rn. 1068.

[452] Vgl. JStGH 17.12.2004 (Kordić und Čerkez, AC), paras. 1039 ff.; JStGH 22.3.2006 (Stakić, AC), paras. 350 ff.; JStGH 3.5.2006 (Naletilić und Martinović, AC), paras. 589 f.; JStGH 17.3.2009 (Krajišnik, AC), paras. 389 ff.; JStGH 27.1.2014 (Đorđević, AC), paras. 840 ff.; JStGH 8.4.2015 (Tolimir, AC), para. 606; JStGH 30.6.2016 (Stanišić und Župljanin, AC), paras. 1085 ff.; JStGH 6.9.2011 (Perišić, TC), para. 1790; JStGH 12.12.2012 (Tolimir, TC), paras. 1202 ff.; JStGH 24.3.2016 (Karadžić, TC), Band 4, para. 6019; RStGH 28.11.2007 (Nahimana ua, AC), para. 1026; RStGH 14.12.2011 (Bagosora und Nsengiyumva, AC), paras. 414, 735; vgl. auch IStGH 23.1.2012 (Ruto ua, PTC), paras. 280 ff.; ECCC 3.2.2012 (Duch, AC), paras. 301 ff.; ECCC 7.8.2014 (Nuon und Khieu, TC), paras. 1058 ff.; vgl. jedoch JStGH 27.3.2013 (Stanišić und Župljanin, TC), Band 2, paras. 908 ff. Für die Annahme von Spezialität dagegen noch die frühere Rechtsprechung der Ad-hoc-Strafgerichtshöfe, vgl. JStGH 2.8.2001 (Krstić, TC), para. 675 (für Tötungshandlungen); JStGH 2.11.2001 (Kvočka ua, TC), para. 227 (für Folterhandlungen); JStGH 15.3.2002 (Krnojelac, TC), para. 503 (für Freiheitsentziehungen). Für Spezialität auch die Sondervoten der oben genannten Urteile: JStGH 17.12.2004 (Kordić und Čerkez, AC), gemeinsames abweichendes Sondervotum *Güney* und *Schomburg*; JStGH 22.3.2006 (Stakić, AC), abweichendes Sondervotum *Güney*; JStGH 3.5.2006 (Naletilić und Martinović, AC), gemeinsames abweichendes Sondervotum *Güney* und *Schomburg*; JStGH 27.1.2014 (Đorđević, AC), teilweise abweichendes Sondervotum *Güney,* para. 7; RStGH 28.11.2007 (Nahimana ua, AC), teilweise abweichendes Sondervotum *Güney* sowie ECCC 26.7.2010 (Duch, AC), para. 565.

[453] JStGH 22. März 2006 (Stakić, AC), para. 366; JStGH 12.12.2012 (Tolimir, TC), para. 1204, bestätigt in JStGH 8.4.2015 (Tolimir, AC), para. 605; JStGH 27.3.2013 (Stanišić und Župljanin, TC), Band 2, para. 913; JStGH 24.3.2016 (Karadžić, TC), Band 4, paras. 6020, 6023; RStGH 13.12.2004 (Ntakirutimana und Ntakirutimana, AC), para. 542; RStGH 14.12.2011 (Bagosora und Nsengiyumva, AC), paras. 416, 736; RStGH 8.5.2012 (Ntabakuze, AC), para. 260; RStGH 17.5.2011 (Ndindiliyimana ua, TC), paras. 53, 2037; RStGH 31.5.2012 (Nzabonimana, TC), para. 1794; vgl. ferner ECCC 7.8.2014 (Nuon und Khieu, TC), para. 1057; Anders dagegen noch JStGH 31.7.2003, (Stakić, TC), para. 877; RStGH 2.9.1998 (Akayesu, TC), paras. 469 f., 744.

[454] IStGH 15.6.2009 (Bemba Gombo, PTC), para. 204.

am 4.10.2010 u. Tötung des dt. Staatsangehörigen B.E. – Anmerkung zur „offenen Version" vom 23.7.2013, NStZ 2013, 634; *ders.,* International Criminal Responsibility in Cyberspace, in *Tsagourias/Buchan* (Hrsg.), Research Handbook on International Law and Cyberspace, 2015, S. 118; *ders.,* Die Verfolgungsermächtigung i.R.v. § 129b StGB, ZIS 2016, 506; *Ambos/Alkatout,* Der Gerechtigkeit einen Dienst erwiesen? Zur völkerrechtlichen Zulässigkeit der Tötung Osama bin Ladens, JZ 2011, 758; *dies.,* Has 'Justice Been Done'? The Legality of Bin Laden's Killing under International Law, Israel L.R. 45 (2012), 341; *Ambos/Othman* (Hrsg.), New Approaches in International Criminal Justice, 2003; *Askin,* Crimes within the Jurisdiction of the ICC, CLF 10 (1999) 33; *Assembly of the International Committee of the Red Cross,* Interpretive Guidance on the Notion of Direct Participation in Hostilities under International Humanitarian Law, IRRC 90 (2008), 991; *Bassiouni,* The Normative Framework of International Humanitarian Law, Transnational Law & Contemporary Problems 8 (1998) 199; *ders.,* From Versailles to Rwanda in Seventy-Five Years: The Need to Establish a Permanent International Criminal Court, Harvard Human Rights Journal 1997, 11; *ders.,* The New Wars and the Crisis of Compliance with the Law of Armed Conflict by Non-state Actors, Journal of Criminal Law & Criminology 98 (2008), 711; *Baxter,* So-called „Unprivileged Belligerency": Spies, Guerillas, and Saboteurs, BYIL 1951, 323; *Becker,* Rechtsprobleme des Einsatzes von Drohnen zur Tötung von Menschen, DÖV 2013, 493; *de Beco,* War Crimes in International Versus Non-International Armed Conflicts: „New Wine in Old Wineskins"?, ICLR 8 (2008), 319; *Bellal/Casey-Maslen,* Enhancing Compliance with International Law by Armed Non-State Actors, GoJIL 3 (2011), 175; *Ben-Ari,* Between Violence and Restraint: Human Rights, Humanitarian Considerations, and the Israeli Military in the Al-Aqsa Intifada, in *van Baarda/Verweij* (Hrsg.), The Moral Dimension of Asymmetrical Warfare, Counter-terrorism, Democratic Values and Military Ethics, 2009, S. 231; *Berster,* Entscheidungsbesprechung: Leichenschändung als Kriegsverbrechen, ZIS 2017, 264; *Best,* War and Law since 1945, 1994; *Bock,* Das Opfer vor dem Internationalen Strafgerichtshof, 2010; *dies.,* Das Völkerstrafgesetzbuch im Lichte des Grundgesetzes, in 36. Strafverteidigertag, Alternativen zur Freiheitsstrafe, 2013, S. 117; *Boor,* Der Drohnenkrieg in Afghanistan und Pakistan, HuV-I 2011, 97; *Boothby,* And for Such Time as: The Time Dimension to Direct Participation in Hostilities, NYU JILP 42 (2009-2010), 741; *ders.,* The Law Relating to Unmanned Aerial Vehicles, Unmanned Combat Air Vehicles and Intelligence Gathering from the Air, HuV-I 2011, 81; *Bothe,* Töten und getötet werden – Kombattanten, Kämpfer und Zivilisten im bewaffneten Konflikt, FS Delbrück, 2005, 67; *Boister/Cryer,* The Tokyo International Military Tribunal, 2008; *Bremer,* Nationale Strafverfolgung internationaler Verbrechen gegen das humanitäre Völkerrecht, 1999; *Buchwald,* Der Fall Tadic vor dem Internationalen Jugoslawientribunal im Lichte der Entscheidung der Berufungskammer vom 2. Oktober 1995, 2005; Bundesministerium der Justiz (Hrsg.), Arbeitsentwurf eines Gesetzes zur Einführung des Völkerstrafgesetzbuchs – mit Begründung –, 2001; *Burkhardt,* The ICTY Approach Towards International and Internal Armed Conflicts, FYBIL IX (1998), 427; *Cameron,* Private Military Companies: Their Status under International Humanitarian Law and its Impact on their Regulation, IRRC 88 (2006), 573; *Carnahan,* Lincoln, Lieber and the Laws of War: The Origins and Limits of the Principle of Military Necessity, AJIL 92 (1998), 213; *Cassese,* Expert Opinion on whether Israel's Targeted Killings of Palestinian Terrorists is Consonant with International Humanitarian Law <www.hamoked.org/Document.aspx?dID=7901> (zuletzt abgerufen am 5.6.2017); *ders.,* The Nexus Requirement for War Crimes, JICJ 10 (2012), 1395; *Casey-Maslen*; Pandora's Box? Drone Strikes under jus ad bellum, jus in bello, and International Human Rights Law, IRRC 94 (2012), 597; *Cohen/Shany,* A Development of Modest Proportions, JICJ 5 (2007), 310; Commission on the Responsibility of the Authors of War and on Enforcement of Penalties, Report Presented to the Preliminary Peace Conference (29.3.1919), AJIL 14 (1920), 95; *Condorelli,* War Crimes and Internal Conflicts in the Statute of the International Criminal Court, in *Politi/Nesi* (Hrsg.), The Rome Statute of the ICC, 2001, S. 107; *Cullen,* The Concept of Non-International Armed Conflict in International Humanitarian Law, 2010; *ders.,* The Characterization of Armed Conflict in the Jurisprudence of the ICC, in *Stahn* (Hrsg.), The Law and Practice of the International Criminal Court, 2015, S. 762; *Cunningham,* Zero Dark Thirty: A Critical Evaluation of the Legality of the Killing of Osama bin Laden under International Humanitarian Law, HuV-I 2013, 56; *Darcy,* Judges, Law and War. The Judicial Development of International Humanitarian Law, 2014; *Darge,* Kriegsverbrechen im nationalen und internationalen Recht, 2010; *Decœur,* Avoiding Strict Liability in Mixed Conflicts: A Subjectivist Approach to the Contextual Element of War Crimes, ICLR 13 (2013), 473; *de Hoogh,* Articles 4 and 8 of the 2001 ILC Articles on State Responsibility, The Tadic Case and Attribution of Acts of Bosnian Serb Authorities to the Federal Republic of Yugoslavia, BYIL 2001/2002, 255; *Detter,* The Law of War, 3. Aufl. 2013; *Dinstein,* The System of Status Groups in International Humanitarian Law, in *Heintschel von Heinegg/Epping* (Hrsg.), International Humanitarian Law Facing New Challenges – Symposium in Honour of Knut Ipsen, 2007; *ders.,* The Conduct of Hostilities under the Law of International Armed Conflict, 2. Aufl. 2010; *ders.,* Non-International Armed Conflicts in International Law, 2014; *Dittmann/Heinitz,* Das Bundesministerium der Justiz und das Völkerstrafrecht, in *Safferling/Kirsch* (Hrsg.), Völkerstrafrechtspolitik, 2014, S. 191; *Dörmann,* The Legal Situation of „Unlawful/Unprivileged Combatants", IRRC 85 (2003), 45; *Droege,* Get off my Cloud: Cyber Warfare, International Humanitarian Law, and the Protection of Civilians, IRRC 94 (2012), 533; *Eckelmans,* Neue „gemischte" Tribunale – ein Überblick, ZIS 2016, 809; *Egorov,* International Legal Protections for Persons Hors de Combat, in *Doria/Gasser/Bassiouni* (Hrsg.), The Legal Regime of the International Criminal Court, 2009, S. 561; *Eichensehr,* On Target? The Israeli Supreme Court and the Expansion of Targeted Killings, YLJ 116 (2007), 1873; *Elsea/Serafino,* Private Security Contractors in Iraq: Background, Legal Status, and Other Issues, CRS Report for Congress 2007, Order Code RL32419; Europäische Kommission für Demokratie durch Recht, Guantanamo et alia/Gutachten zum möglichen Bedürfnis, die Genfer Konventionen fortzuentwickeln, EuGRZ 2004, 343; *Eser,* Rechtmäßige Tötung im Krieg: zur Fragwürdigkeit eines Tabus, FS Schöch, 2010, 461; *Even-Khen,* Case Notes – Can we Now Tell What "Direct Participation in Hostilities" is? HCJ 769/02 The Public Committee Against Torture in Israel v. the State of Israel, Israel L. R. 40 (2007), 213; *Fenrick,* The *Targeted Killings* Judgement and the Scope of Direct Participation in Hostilities, JICJ 5 (2007), 332; *Fierstein,* Kosovo's Declaration of Independence, BUILJ 26 (2008) 417; *Fischer,* The Jurisdiction of the International Criminal Court for War Crimes, FS Ipsen, 2000, 77; *Fleck,* Unbemannte Flugkörper in bewaffneten Konflikten: neue und alte Rechtsfragen, HuV-I 2011, 78; *Frau,* Unbemannte Luftfahrzeuge im internationalen bewaffneten Konflikt, HuV-I 2011, 60; *ders.,* Reicht das geltende Völkerrecht für Drohneneinsätze aus?, HuV-I 2013, 130; *ders.,* Völkerstrafrechtliche Aspekte automatisierter und autonomer Kriegführung, in *ders.* (Hrsg.), Drohnen und das Recht, 2014, S. 235; *Frulli,* Are Crimes against Humanity More Serious than War Crimes?, EJIL 12 (2001), 329; *Gal,* Unexplored Outcomes of Tadić – Applicability of the Law of Occupation to War by Proxy, JICJ 12 (2014), 59; *Gallahue,* Mexico's „War on Drugs" – Real or Rhetorical Armed Conflict?, HuV-I 2011, 39; *Garbett,* The Concept of the Civilian: Legal Recognition, Adjudication and the Trials of International Criminal Justice, Int. J. of Law in Context 2012, 469; *Gardam,* Crimes Involving Disproportionate Means and Methods of Warfare under the Statute of the International Criminal Court, in *Doria/Gasser/Bassiouni* (Hrsg.), The Legal Regime of the International Criminal Court, 2009, S. 537; *Gasser,* Das Humanitäre Völkerrecht, in *Haug* (Hrsg.), Menschlichkeit für alle. Die Weltbewegung des Roten Kreuzes und des Roten Halbmondes, 1993, S. 499; *Geiß,* Das humanitäre Völkerrecht im Lichte aktueller Herausforderungen, in *Heintze/Ipsen* (Hrsg.), Heutige bewaffnete Konflikte als Herausforderungen an das humanitäre Völkerrecht, 2011, S. 45; *Giladi,* Francis Lieber on Public War, GoJIL 4 (2012), 447; *Gillard,* Business Goes to War: Private Military/Security Companies and International Humanitarian Law, IRRC 88 (2006), 539; *Glahn/Taulbee,* Law Among Nations: An Introduction to Public International Law, 2013; *Goodman,* The Power to Kill or Capture Enemy Combatants, EJIL 24 (2013), 819; *Gornig,* Die Verantwortlichkeit politischer Funktionsträger nach völkerrechtlichem Strafrecht, NJ 1992, 4; *Graefrath,* Die Strafsanktionen in den Genfer Abkommen, Staat und Recht 1956, 849; *Green,* The Contemporary Law of Armed Conflict, 3. Aufl., 2008; *Grayling,* Die toten Städte. Waren die alliierten Bombenangriffe Kriegsverbrechen?, 2007; *Gropengießer/Kreicker,* Deutschland in *Eser/Kreicker* (Hrsg.), Nationale Strafverfolgung völkerrechtlicher Verbrechen Bd. 1, 2003; *Gotzel,* Terrorismus und Völkerstrafrecht: die Anschläge vom 11. September 2001, der Tokioter Giftgasanschlag, die Geiselnahme von Beslan und die täglichen Anschläge im Irak vor dem Internationalen Strafgerichtshof, 2010; *Hankel,* Die Leipziger Prozesse: deutsche Kriegsverbrechen und ihre strafrechtliche Verfolgung nach dem ersten Weltkrieg, 2003; *ders.,* Eroberung, Widerstand und Radikalisierung – Überlegungen zum Kombattantenstatus im asymmetrischen Krieg, in *Hankel* (Hrsg.), Die Macht und das Recht, 2008, S. 414; *ders.,* Das Tötungsverbot im Krieg, 2011; *Happold,* International Humanitarian Law, War Criminality and Child Recruitment etc., LJIL 18 (2005), 283; *Hector,* Das humanitäre Völkerrecht als lex specialis – Zum Verhältnis von Humanitärem Völkerrecht und internationalen Menschenrechtsschutz angesichts der besonderen tatsächlichen Umstände eines bewaffneten Konflikts, FS Stein, 2015, 956; *Heintze,* Do Non-State Actors Challenge International Humanitarian Law?, in *Heintschel von Heinegg/Epping* (Hrsg.), International Humanitarian Law Facing New Challenges – Symposium in Honour of Knut Ipsen, 2007, S. 163; *ders.,* Befreiungsbewegungen im humanitären Völkerrecht, HuV-I 2013, 28; *Heinsch,* Die Weiterentwicklung des humanitären Völkerrechts durch die Strafgerichtshöfe für das ehemalige Jugoslawien und Ruanda, 2007; *ders.,* Der Wandel des Kriegsbegriffs – Brauchen wir eine Revision des humanitären Völkerrechts?, HuV-I 2010, 133; *Heller,* The Nuremberg Military Tribunals and the Origins of International Criminal Law, 2011; *ders.,* ‚One Hell of a Killing Machine' – Signature Strikes and International Law, JICJ 11 (2013), 89; *Henckaerts,* The Grave Breaches Regime as Customary International Law, JICJ 7 (2009), 683; *ders.,* Civil War, Custom and Cassese, JICJ 10 (2012), 1095; *Henn,* Staatenverantwortlichkeit für Verletzungen des humanitären Völkerrechts durch private Militär- und Sicherheitsfirmen, Jura 2011, 572; *Hill-Cawthorne,* Humanitarian Law, Human Rights Law and the Bifurcation of Armed Conflict, ICLQ 64 (2015), 293; *Hoffmann,* ICTY v. 7.5.1997 – Prosecutor v. Dusko Tadic, in *Menzel/Pierlings/Hoffmann* (Hrsg.), Völkerrechtsprechung, 2005, S. 787; *Höpfel,* Zu Sinn und Reichweite des sog. Analogieverbots (Fortsetzung und Schluß), JurBl. 1979, 575; *Hoven,* Der Tatbestand der Aggression – Wege zur Implementierung der Ergebnisse von Kampala in das Völkerstrafgesetzbuch, in *Safferling/Kirsch* (Hrsg.), Völkerstrafrechtspolitik, 2014, S. 339; HRW, The „Sixth Division" Military-Paramilitary Ties and U. S. Policy in Colombia, 2001; *dies.,* World Report 2007; *dies.,* Private Security Contractors at War, 2008; ICRC, International Humanitarian Law and the Challenges of Contemporary Armed Conflicts, 2007 (30IC/07/8.4.); Internationaler Militärgerichtshof (Hrsg.), Prozeß gegen die Hauptkriegsverbrecher vor dem Internationalen Militärgerichtshof, 42 Bd., 1947; *Ipsen,* Combatants and Non-Combatants, in *Fleck* (Hrsg.), Handbook of International Humanitarian Law, 3. Aufl. 2013, S. 79; *Jescheck,* Entwicklung, gegenwärtiger Stand und Zukunftsaussichten des internationalen Strafrechts, GA 1981, 49; *Kälin/Künzli,* Universeller Menschenrechtsschutz, 3. Aufl. 2013; *Kapaun,* Völkerrechtliche Bewertung gezielter Tötungen nicht-staatlicher Akteure, 2014; *Kees,* Regulation of Private Military Companies, GoJIL 3 (2011), 199; *Keller/Forowicz,* A Tightrope Walk between Legality and Legitimacy: An analysis of the Israeli Supreme Court's Judgement on Targeted Killing, LJIL 21 (2008), 185; *von Kielmansegg,* Der Zivilist in der Drehtür – Probleme der Statusbildung im humanitären Völkerrecht, JZ 2014, 373; *Kirsch,* Überlegungen zum Strafgrund der Kriegsverbrechen, FS Kargl, 2015, 287; *Kittichaisaree,* International Criminal Law, 2001; *Knoops,* Military Criminal Responsibilities for Targeting Suspected Terrorists within (international) Armed Conflicts: Towards a Uniform Framework, ICLR 8 (2008), 141; *ders.*, Legal, Political and Ethical Dimensions of Drone Warfare under International Law: A Preliminary Study, ICLR 12 (2012), 697; *Kolb,* Droit international pénal, in *Kolb/Scalia* (Hrsg.), Droit international pénal, 2. Aufl. 2012, S. 1; *König,* Die völkerrechtliche Legitimation der Strafgewalt internationaler Strafjustiz, 2003; *Kreß,* Friedenssicherungs- und Konfliktvölkerrecht auf der Schwelle zur Postmoderne. Das Urteil des internationalen Straftribunals für das ehemalige Jugoslawien (Appeals Chamber) im Fall Tadic vom 2. Oktober 1995, EuGRZ 1996, 638; *ders.*, Der Jugoslawien-Strafgerichtshof im Grenzbereich zwischen internationalem bewaffneten Konflikt und Bürgerkrieg, in *Fischer/Lüder* (Hrsg.), Völkerrechtliche Verbrechen vor dem Jugoslawien-Tribunal, nationalen Gerichten und dem Internationalen Strafgerichtshof etc., 1999, S. 15; *ders.*, Vom Nutzen eines deutschen Völkerstrafgesetzbuchs, 2000; *ders.,* War Crimes Committed in Non-International Armed Conflict and the Emerging System of International Criminal Justice, IYHR 30 (2000), 103; *ders.,* L'organe de facto en droit international public, réflexions sur l'imputation à l'Etat de l'acte d'un particulier à la lumière des développements récents, RGDIP 105 (2001), 93; *ders.,* Reflections on the *Iudicare* Limb of the Grave Breaches Regime, JICJ 7 (2009), 789; *ders.,* Der Bürgerkrieg und das Völkerrecht – Zwei Entwicklungen und eine Zukunftsfrage, JZ 2014, 365; *Kreß/Wannek,* Von den beiden internationalen Ad Hoc Tribunalen zum IStGH, in *Kirsch* (Hrsg.), Internationale Strafgerichtshöfe, 2005, S. 321; *Kretzmer,* Targeted Killings of Suspected Terrorists: Extra-Judicial Executions or Legitimate Means of Defence?, EJIL 16 (2005), 171; *ders.,* Rethinking the Application of IHL in Non-International Armed Conflicts, Israel L. R. 42 (2009), 8; *Krieger,* Der privatisierte Krieg: Private Militärunternehmen im bewaffneten Konflikt, AVR 44 (2006), 159; *Křivánek,* The Weapons Provisions in the Rome Statute of the International Criminal Court and in the German Code of Crimes Against International Law, 2010; *Kuhli,* Das Völkerstrafgesetzbuch und das Verbot der Strafbegründung durch Gewohnheitsrecht, 2010; *ders.,* Punishment Based on Customary Law?, ZIS 2012, 124; *Kühne,* Staatliche Tötungen ohne Gerichtsverfahren (*targeted killings*) – Ein Problemaufriss, FS Kühl, 2014, 801; *la Haye,* The Elements of War Crimes, in *Lee* (Hrsg.), The International Criminal Court – Elements of Crimes and Rules of Procedure and Evidence 2001, S. 109; *dies.,* War Crimes in Internal Armed Conflicts, 2008; *Linaki,* Cyber Warfare and International Humanitarian Law: A Matter auf Applicability, HuV-I 2014, 169; *Linton,* Completing the Circle: Accountability for the Crimes of the 1971 Bangladesh War of Liberation, CLF 21 (2010), 191; *Löffelmann,* Strafrechtliche Konsequenzen gezielter Tötungen durch Kampfdrohnen, JR 2013, 496; *Lubell,* Extraterritorial Use of Force Against Non-State Actors, 2010; *Lubell/Derejko,* A Global Battlefield?, JICJ 11 (2013), 65; *Lülf,* International Humanitarian Law in Times of Contemporary Warfare. The New Challenge of Cyber Attacks and Civilian Participation, HuV-I 2013, 74; *Lutz,* Die Behandlung von „illegalen Kämpfern" im US-Amerikanischen Recht und im Völkerrecht, 2011; *Mandel,* Aggressors' Rights: The Doctrine of 'Equality between Belligerents' and the Legacy of Nuremberg, LJIL 24 (2011), 627; *Marxen,* Beteiligung an schwerem systematischen Unrecht, Bemerkungen zu einer völkerstrafrechtlichen Straftatlehre, in *Lüderssen* (Hrsg.), Aufgeklärte Kriminalpolitik oder Kampf gegen das Böse?, Band 3, 1998, S. 220; *May,* Targeted Killings and Proportionality in Law, JICJ 11 (2013), 47; *Maxwell/Watts,* „Unlawful Enemy Combatant": Statuts, Theory of Culpability, or Neither?, JICL 5 (2007), 19; *McCormack,* From Sun Tzu to the Sixth Committee: The Evolution of an International Criminal Law Regime, in *McCormack/Simpson* (Hrsg.), The Law of War Crimes, National and International Approaches, 1997, S. 31; *Meiertöns,* Keine Gefangenen? – Auf der Suche nach dem „zuständigen Gericht" gem. Art. 5 GK III, HuV-I 2008, 134; *Meisenberg,* Die Rechtsprechung des Sondergerichtshofs für Sierra Leone und sein Beitrag zum humanitären Völkerrecht, HuV-I 2008, 143; *Melzer,* Third Expert Meeting on the Notion of Direct Participation in Hostilities – Summary Report October 2005; *ders.,* ICRC Interpretive Guidance on the Notion of Direct Participation in Hostilities under International Humanitarian Law, 2009; *ders.,* Keeping the Balance Between Military Necessity and Humanity: A Response to Four Critics of the ICRC's Interpretive Guidance on the Notion of Direct Participation in Hostilities, NYU JILP 42 (2009-2010), 831; *ders.,* The ICRC's Clarification Process on the Notion of Direct Participation in Hostilities under International Humanitarian Law, in *Tomuschat/Lagrange/Oeter* (Hrsg.), The Right to Life, 2010, S. 151; *Meron,* War Crimes in Yugoslavia and the Development of International Law, AJIL 88 (1994), 78; *ders.,* International Criminalization of Internal Atrocities, AJIL 89 (1995), 554; *ders.,* The Continuing Role of Custom in the Formation of International Humanitarian Law, AJIL 90 (1996), 238; *ders.,* The Humanization of Humanitarian Law, AJIL 94 (2000), 239; *Mettraux,* International Crimes and the Ad Hoc Tribunals, 2005; *Moir,* Conduct of Hostilities: War Crimes, in *Doria/Gasser/Bassiouni* (Hrsg.), The Legal Regime of the International Criminal Court, 2009, S. 487; *ders.,* Grave Breaches and Internal Armed Conflicts, JICJ 7 (2009), 763; *ders.,* Particular Issues Regarding War Crimes in Internal Armed Conflicts, in *Doria/Gasser/Bassiouni* (Hrsg.), The Legal Regime of the International Criminal Court, 2009, S. 611; *Müssig/Meyer,* Zur strafrechtlichen Verantwortlichkeit von Bundeswehrsoldaten in bewaffneten Konflikten, FS Puppe, 2011, 501; *Nerlich,* War Crimes (International Armed Conflicts), in *Cassese* (Hrsg.), The Oxford Companion to International Criminal Justice, 2009, S. 566; *ders.,* War Crimes (Non-International Armed Conflicts), in Cassese (Hrsg.), The Oxford Companion to International Criminal Justice, 2009, S. 568; *Neumann,* Kriegsverbrechen im IStGH-Statut und die neue Realität – Erfassung bewaffneter Konflikte mit nicht-staatlichen transnationalen Akteuren wie dem Islamischen Staat?, ZStW 128 (2016), 998; *Neumann/Salomon,* Kein Krieg vor Somalia, HuV-I 2011, 164; *Njikam,* The Contribution of the Special Court for Sierra Leone to the Development of International Humanitarian Law, 2013; *Oeter,* Kriegsverbrechen in den Konflikten um das Erbe Jugoslawiens, ZaöRV 53 (1993), 1; *ders.,* Das Verbrechen der Aggression, die Konferenz von Kampala und das deutsche Strafrecht, in *Jeßberger/Geneuss* (Hrsg.), Zehn Jahre Völkerstrafgesetzbuch, 2013,

S. 101; *Ohlin,* Is *Jus in Bello* in Crisis? JICJ 11 (2013), 27; *ders.*, The Duty to Capture, MinnesotaLR 97 (2013), 1268; *Okimoto,* The Distinction and Relationship between *Jus ad Bellum* and *Jus in Bello,* 2011; *ders.*, The Cumulative Requirements of Jus ad Bellum and Jus in Bello in the Context of Self-Defense, Chinese JIL 11 (2012), 45; *Olásolo,* Unlawful Attacks in Combat Situations, 2008; *Osten,* Der Tokioter Kriegsverbrecherprozeß und die japanische Rechtswissenschaft, 2003; *Otto,* Targeted Killing and International Law, 2012; *Palomo Suárez,* Kindersoldaten und Völkerstrafrecht, 2009; *Parks,* Air War and the Law of War, Air Force Law Review 32 (1990), 1; *ders.*, Part IX of the Direct Participation in Hostilities Study: No Mandate, No Expertise and Legally Incorrect, NYU JILP 42 (2009-2010), 769; *Paulus/Vashakmadze,* Asymmetrical War and the Notion of Armed Conflict – a Tentative Conceptualization, IRRC 873 (2009), 95; *Pejic,* „Unlawful/Enemy Combatants:" Interpretation and Consequences, in *Schmitt/Pejic* (Hrsg.), International Law and Armed Conflict – Essays in Honow of Yoram Dinstein, 2007, S. 335; *Peterson,* Die Strafbarkeit des Einsatzes von biologischen, chemischen und nuklearen Waffen als Kriegsverbrechen nach dem IStGH-Statut, 2009; *Pérez Cepeda,* Crímenes de guerra: especial referencia al caso Couso, Revista Penal (RP) 15 (2005), 105; *Pictet* (Hrsg.), Commentaire I, La Convention de Genéve pour l'amélioration du sort de blesses et des maladies dans le forces armies en campagne, 1952; *Pinzauti,* Protecting Prisoners of War?, JICJ 8 (2010), 199; *Plesch/Sattler,* Changing the Paradigm of International Criminal Law: Considering the Work of the United Nations War Crimes Commission of 1943–1948, IComLR 15 (2013), 203; *Pocar,* The Criminalization of the Violations of International Humanitarian Law from Nuremberg to the Rome Statute, in *Pocar/Pedrazzi/Frulli* (Hrsg.), War Crimes and the Conduct of Hostilities, 2013, S. 3; *Pritchard/Zaide* (Hrsg.), The Tokyo War Crimes Trial, 22 Bd., 1981; *Poretschkin,* Völkerrechtliche Abwägung im nicht-internationalen bewaffneten Konflikt, HuV-I 2010, 83; *Quéguiner,* Dix ans après la création du Tribunal pénal international pour l'ex-Yougoslavie : évaluation de l'apport de sa jurisprudence au droit international humanitaire, IRRC 85 (2003), 271; *Ramelli,* El reconocimiento de beligerancia frente al conflicto armado colombiano, 2000; *Radziwill,* Cyber-Attacks and the Exploitable of Imperfections of International Law, 2015; *Rautenberg,* In Memoriam Nürnberger Juristenprozess: Die Auseinandersetzung mit dem NS-Justizunrecht in den beiden deutschen Teilstaaten, GA 2012, 32; *Richter,* Kampfdrohnen versus Völkerrecht? Zum „Drohnenkrieg" in Afghanistan und Pakistan, HuV-I 2011, 105; *Roberts,* The Contribution of the ICTY to the Grave Breaches Regime, JICJ 7 (2009), 743; *Rodriguez-Villasante y Prieto,* Terrorist Acts, Armed Conflicts and International Humanitarian Law, in *Fernandez-Sanchez* (Hrsg.), The New Challenges of Humanitarian Law in Armed Conflicts, 2005, S. 13; *Roeder,* Zum Kriterium der „unmittelbaren Kampfteilnahme" bei der humanitärrechtlichen Einordnung privater Konfliktdienstleister im internationalen bewaffneten Konflikt, HuV-I 2010, 173; *Rogers,* Law on the Battlefield, 3. Aufl. 2012; *Röling/Rüter* (Hrsg.), The Tokyo Judgment: The International Tribunal for the Far East (I. M. T. F. E.) 29 Apr. 1946 – 12 Nov. 1948, 2 Bd., 1977; *Roscini,* Cyber Operations and the Use of Force in International Law, 2014; *Rudolf/Schaller,* „Targeted Killing" Zur völkerrechtlichen, ethischen und strategischen Problematik gezielten Tötens in der Terrorismus- und Aufstandsbekämpfung, 2012; *Rüter/Mildt* (Hrsg.), Justiz und NS-Verbrechen, (z. Zt.) 32 Bd., 1968–2004; *Ryngaert/Sobrie,* The Practice of Recognition in the Wake of Kosovo, South Ossetia and Abkhazia; LJIL 24 (2011), 467; *Saage-Maaß/Weber,* „Wer sich in Gefahr begibt kommt darin um …" – zum Einsatz privater Sicherheits- und Militärfirmen in bewaffneten Konflikten, HuV-I 2007, 174; *Sager,* Voraussetzungen der Strafbarkeit von Kriegsverbrechen im nicht-internationalen bewaffneten Konflikt, 2011; *Safferling,* Das humanitäre Völkerrecht im nicht-internationalen Konflikt und das deutsche Strafrecht, FS Landau, 2016, 437; *Safferling/Kirsch,* Die Strafbarkeit von Bundeswehrangehörigen bei Auslandseinsätzen: Afghanistan ist kein rechtsfreier Raum, JA 2010, 81; *dies.,* Zehn Jahre Völkerstrafgesetzbuch, JA 2012, 481; *Sandoz,* The History of the Grave Breaches Systems, JICJ 7 (2009), 657; *Sassòli,* Transnational Armed Groups and International Humanitarian Law, HPCR 2006; *Sassòli/Bouvier,* How does Law Protect in Law? Vol. I, 2011; *Sassòli/Olson,* Prosecutor v. Tadic (Judgement), Case No. IT-94-1-A, AJIL 99 (2000), 571; *Satzger,* Das neue Völkerstrafgesetzbuch – Eine kritische Würdigung, NStZ 2002, 125; *Sayapin,* A Development in International Law or a Misnomer: Who is the „Combatant Adversary" Referreted to in Article 8 (2) (IX) of the Rome Statute of the ICC?, HuV-I 2008, 130; *Schabas,* Follow up to Rome: Preparing for Entry Into Force of the International Criminal Court Statute, Human Rights Law Journal 20 (1999), 157; *ders.,* Atrocity Crimes (Genocide, Crimes Against Humanity and War Crimes), in *Schabas* (Hrsg.), The Cambridge Companion to International Criminal Law, 2016, S. 199; *Schaller,* Private Sicherheits- und Militärfirmen in bewaffneten Konflikten, SWP-Studie 2005; *ders.,* Humanitäres Völkerrecht und nichtstaatliche Gewaltakteure, SWP-Studie 2007; *ders.,* Gezielte Tötungen und der Einsatz von Drohnen – Zum Rechtfertigungsansatz der Obama-Administration, HuV-I 2011, 91; *Schindler/Toman* (Hrsg.), The Laws of Armed Conflicts, 4. Aufl. 2004; *Schmidt-Radefeldt,* Die Wurzeln des modernen Kriegsvölkerrechts als transatlantisches Erbe – Leben und Werk von Francis Lieber (1798-1872), HuV-I 2009, 44; *Schmitt,* „Direct Participation in Hostilities" and 21st Century Armed Conflict, in *Fischer et al.* (Hrsg.), Crisis Management and Humanitarian Protection, FS Dieter, 2004, 505; *ders.,* Humanitarian Law and Direct Participation in Hostilities by Private Contractors and Civilian Employees, CJIL 5 (2005), 511; *ders.,* International Law and the War in Afghanistan, 2009; *ders.,* Deconstructing Direct Participation in Hostilities: The Constitutive Elements, NYU JILP 42 (2009-2010), 697; *ders.,* Tallinn Manual on the International Law Applicable to Cyber Warfare, 2013; *ders.,* Wound, Capture, or Kill: A Reply to Ryan Goodman's ‚The Power to Kill or Capture Enemy Combatants', EJIL 24 (2013), 855; *Schmitt/Garraway/Dinstein,* The Manual on the Law of Non-International Armed Conflict, 2006; *Schondorf,* The Targeted Killings Judgement, JICJ 5 (2007), 301; *Schutte,* The System of Repression of Breaches of Additional Protocol I, in *Delissen/Tanja* (Hrsg.),

Humanitarian Law of Armed Conflict, Challenges ahead, Essays in Honour of Frits Kalshoven, 1991, S. 177; *Schwarz,* Terrororganisationen und die Voraussetzungen einer „organisierten bewaffneten Gruppe", in *Frau* (Hrsg.), Drohnen und das Recht, 2014, S. 251; *Seelinger,* Uganda's Case of Thomas Kwoyelo: Customary International Law on Trial, CalLR Online 8 (2017), 19; *Seiring,* Drohneneinsätze gegen feindliche Kämpfer. Besteht eine Pflicht zur Gefangennahme als milderes Mittel?, in *Frau* (Hrsg.), Drohnen und das Recht, 2014, S. 83; *Selle,* Prolog zu Nürnberg – Die Leipziger Kriegsverbrecherprozesse vor dem Reichsgericht, ZNR 1997, 193; *Shany,* Israeli Counter – Terrorism Measures: are they ‚Kosher' under International Law?, in *Schmitt/Beruto* (Hrsg.), Terrorism and International Law: Challenges and Responses, 2002, S. 96; *Simma/ Paulus,* The Responsibility of Individuals for Human Rights Abuses in Internal Conflicts: A Positivist View, AJIL 93 (1999), 302; *Spies,* Berücksichtigung des humanitären Völkerrechts in Einsätzen außerhalb bewaffneter Konflikte, HuV-I 2009, 137; *Stein/von Buttlar,* Völkerrecht, 13. Aufl. 2012; *Stewart,* Internationalized Armed Conflict, in *Cassese* (Hrsg.), The Oxford Companion to International Criminal Justice, 2009, S. 384; *ders.,* The Future of the Grave Breaches Regime: Segregate, Assimilate or Abandon?, JICJ 7 (2009), 855; *Stroh,* Der Einsatz von Drohnen im nicht-internationalen bewaffneten Konflikt, HuV-I 2011, 73; *Sunga,* The Crimes within the Jurisdiction of the ICC (Part II, Art. 5–10), European Journal of Crime, Criminal Law and Criminal Justice 6 (1998), 377; *Tahzib-Lie/Swaak-Goldman,* Determining the Threshold for the Application of International Humanitarian Law, in *Lijnzaad/van Sambeek/Tahzib-Lie* (Hrsg.), Making the Voice of Humanity Heard, 2004, S. 239; *Theeuwen,* Cyberspace Operations in International Armed Conflict: The Principles of Distinction and Proportionality in Relation to Military Objects, HuV-I 2013, 188; *Tomuschat,* Gezielte Tötungen (Targeted Killings), VN 2004, 136; *Totani,* The Tokyo War Crimes Trial, 2008; *Triffterer,* Dogmatische Untersuchungen zur Entwicklung des materiellen Völkerstrafrechts seit Nürnberg, 1966; United Nations War Crimes Commission (UNWCC) (Hrsg.), Law Reports of Trials of War Criminals, 15 Bd., 1947–1949; United States Government Printing Office (Hrsg.), Trials of War Criminals before the Nuremberg Tribunals, 15 Bd., 1950–1953; *van der Wilt,* Genocide v. War Crimes in the Van Anraat Appeal, JICJ 6 (2008), 557; *dies.,* War Crimes and the Requirement of a Nexus with an Armed Conflict, JICJ 10 (2012), 1113; *Vogel,* Drone Warfare and the Law of Armed Conflict, Denv. J. Int'l L & Pol'Y 39 (2010), 101; *Watkin,* Warriors without Rights? Combatants, Unprivileged Belligerents, and the Struggle over Legitimacy, HPCR 2005; *ders.,* Assessing Proportionality: Moral Complexity and Legal Rules, YbIHL 8 (2005), 3; *ders.,* Opportunity Lost: Organized Armed Groups and the ICRC Direct Participation in Hostilities Interpretive Guidance, NYU JILP 42 (2009-2010), 641; *Wayde Pittman/McCarthy,* Private Military Contractors: Still a Legal No Man's Land? – Developments in Closing the Accountability Gap, HuV-I 2010, 164; *Weiler/Deshman,* Far Be It from Thee to Slay the Righteous with the Wicked: An Historical and Historiographical Sketch of the Bellicose Debate Concerning the Distinction between Jus ad Bellum and Jus in Bello, EJIL 24 (2013), 25; *Werle,* Menschenrechtsschutz durch Völkerstrafrecht, ZStW 109 (1997), 108; *ders.,* Völkerrecht und geltendes deutsches Strafrecht, JZ 2000, 755; *ders.,* Konturen eines deutschen Völkerstrafrechts, JZ 2001, 885; *ders.,* Von der Ablehnung zur Mitgestaltung: Deutschland und Völkerstrafrecht, FS Tomuschat, 2006, 655; *ders.,* Die Entwicklung des Völkerstrafrechts aus deutscher Perspektive, in *Hankel* (Hrsg.), Die Macht und das Recht, 2008, S. 97; *Werle,* Völkerstrafrecht und deutsches VStGB, JZ 2012, 373; *Werle/Jeßberger,* Das Völkerstrafgesetzbuch, JZ 2002, 725; *Werle/Nerlich,* Die Strafbarkeit von Kriegsverbrechen nach deutschem Recht, HuV-I, 2002, 124; *Weingärtner,* Bundeswehr und „Neue Formen des Krieges", HuV-I 2010, 141; *Wieczorek,* Unrechtmäßige Kombattanten und humanitäres Völkerrecht, 2005; *Wunder,* Die Taktik der gezielten Tötungen: Israelische Erfahrungen, Forum SiPo Vol. 4, Nr. 5, 1; *Woltag,* Cyber Warfare – Military Cross-Border Computer Network Operations under International Law, 2014; *Wuschka,* The Use of Combat Drones in Current Conflicts – A Legal Issue or a Political Problem?, GoJIL 3 (2011), 891; *Yanev,* Co-Perpetration Responsibility in the Kosovo Specialist Chambers: Staying on the Beaten Path?, JICJ 14 (2016), 101; *Zechmeister,* Die Erosion des humanitären Völkerrechts in den bewaffneten Konflikten der Gegenwart, 2006; *A. Zimmermann,* Bestrafung völkerrechtlicher Verbrechen durch deutsche Gerichte nach In-Kraft-Treten des VStGB, NJW 2002, 3068; *ders.,* Auf dem Weg zu einem deutschen VStGB – Entstehung, völkerrechtlicher Rahmen und wesentliche Inhalte, ZRP 2002, 97; *A. Zimmermann/Henn,* Das Aggressionsverbrechen und das deutsche Strafrecht, ZRP 2013, 240; *T. Zimmermann,* Gilt das StGB auch im Krieg? Zum Verhältnis der §§ 8–12 VStGB zum Besonderen Teil des StGB, GA 2010, 507.

Übersicht

	Rn.		Rn.
I. Begriff	1, 2	2. Internationaler, nicht-internationaler und „internationalisierter" Konflikt	27–33
II. Normzweck	3, 4	3. „Zusammenhang" der Tat mit dem Konflikt	34–36
III. Historische Entwicklung	5–16	4. Täter und Opfer	37–43
IV. Systematik der §§ 8–12	17–19	5. Subjektiver Tatbestand	44
V. Gemeinsame Voraussetzungen der §§ 8–12	20–44	VI. Verhältnis zu anderen Strafvorschriften	45, 46
1. Bewaffneter Konflikt	21–26	Anhang	

I. Begriff

1 Die §§ 8–12 setzen Art. 8 IStGH-Statut (siehe Anhang) um und kodifizieren damit die „**Kriegsverbrechen**". Es geht um das „Recht im Kriege" *(ius in bello)*, nicht um das – die Zulässigkeit des Einsatzes militärischer Mittel betreffende – „Recht zum Kriege" *(ius ad bellum)*.[1] Bei dessen Verletzung kommt eine Strafbarkeit auf Grund des – mittlerweile konsentierten[2] – Verbrechen des Angriffskriegs (Art. 8 *bis* IStGH-Statut) in Betracht. Unter Kriegsverbrechen sind in einem engeren **juristischen Sinne** diejenigen Verstöße gegen das humanitäre Völkerrecht oder das Recht bewaffneter Konflikte[3] zu verstehen, die eine **unmittelbare völkerrechtliche Strafbarkeit** nach sich ziehen (Kriegsvölkerstrafrecht).[4] In diesem Sinne wird der Begriff in den §§ 8–12 und damit auch hier gebraucht. In einem weiteren – juristisch freilich ungenauen – Sinne werden unter „Kriegsverbrechen" bzw. Verstößen gegen das humanitäre Völkerrecht auch alle in einem bewaffneten Konflikt begangenen Verbrechen verstanden, also auch Völkermord und Verbrechen gegen die Menschlichkeit.[5] Das würde über §§ 8–12 hinausgehend auch die §§ 6 und 7 einschließen.

2 Die traditionelle Unterscheidung zwischen einem **internationalen und einem nichtinternationalen** (innerstaatlichen/internen) **Konflikt** (sog. „two box approach")[6] kann für den Bereich des Völkerstrafrechts mit der bahnbrechenden Berufungsentscheidung des UN-Jugoslawientribunals (ICTY[7]) im Tadic-Verfahren[8] in ihrer Absolutheit **nicht mehr auf-**

---

[1] Vgl. zum Verhältnis zueinander Fleck/*Greenwood* S. 1 (Nr. 101), S. 13 (Nr. 103); *Kolb* in *Kolb/Scalia* (Hrsg.), S. 128; *Olásolo* S. 2; *Kolb/Hyde* S. 9 ff.; *Zimmermann* GA 2010, 507 (509); *Sager* S. 8 f.; *Schmitt* S. 77; ausführlich *Okimoto* S. 44 ff.; *ders.* Chinese JIL 11 (2012), 45 (47); *Safferling* FS Landau, 2016, 438; kritisch *Mandel* LJIL 24 (2011), 627; siehe auch *Ambos* Treatise II, S. 117 f. mwN; zur historischen Entwicklung dieser Unterscheidung *Weiler/Deshman* EJIL 24 (2013), 25 (26 ff.). Zur möglichen Entstehung eines *contra bellum internum*, das die Entfesselung eines Bürgerkrieges unter Strafe stellt, *Kreß* JZ 2014, 365 (371 f.). Zum kontrovers diskutierten Verhältnis zwischen hum. VR und Menschenrechten *Hill-Cawthorne* ICLQ 64 (2015), 293; *Hector* FS Stein, 2015, 956.

[2] Ursprünglich hatte der IStGH zwar Gerichtsbarkeit über das Verbrechen des Angriffskrieges; diese wurde jedoch suspendiert bis ein Konsens über die konkrete Verbrechensdefinition und die Bedingungen für die Ausübung der Gerichtsbarkeit gefunden worden war. Auf der ersten Überprüfungskonferenz in Kampala im Jahr 2010 wurde die entsprechende Einigung erzielt und das IStGH-Statut um die Artikel 8*bis*, 15*bis* und 15*ter* ergänzt; sie sind allerdings noch nicht in Kraft getreten; siehe hierzu vertiefend und mwN. *Ambos* GYIL 53 (2010), 463 (kürzere deutsche Version in ZIS 2010, 649); *ders.* Treatise II, S. 184 ff.; Triffterer/Ambos/Zimmermann/Freiburg Art. 8*bis* Rn. 1 ff. Zur Prüfung, ob das Verbrechen der Aggression in das VStGB aufgenommen und ggf. dem Weltrechtsprinzip unterstellt werden sollte, hat das BMJV eine Expertengruppe eingesetzt; s. hierzu *Ambos*, 2014a, § 6 Rn. 39; *Dittmann/Heinitz* in *Safferling Kirsch* (Hrsg.), S. 197; ausführlich *Hoven* in *Safferling/Kirsch* (Hrsg.), S. 339 ff. Überblick über die mit einer Implementation des Aggressionsverbrechens verbundenen rechtlichen Schwierigkeiten bei *Zimmermann/Henn* ZRP 2013, 240; *Oeter* in *Jeßberger/Geneuss* (Hrsg.), S. 117 ff.; *Safferling/Kirsch* JA 2012, 481 (486 f.). Vgl. auch → § 1 Rn. 4.

[3] Zu den Begriffen Ipsen/*Ipsen* § 56 Rn. 8, § 58 Rn. 6.

[4] Vgl. *Abi-Saab/Abi-Saab* in *Ascensio/Decaux/Pellet* (Hrsg.), Kapitel 21, para 42; *Cassese* S. 65 f.; *Werle*, 2012, Rn. 1021; *Werle/Jeßberger* Rn. 1029; *Satzger* § 16 Rn. 53; *Nerlich* in *Cassese* (Hrsg.), S. 566; *Dinstein*, 2014, S. 13; auch Fernandez/Pacreau/*Eudes* S. 486. Zum humanitären Völkerrecht ieS vgl. schon *Ambos* in Haase/Müller/Schneider (Hrsg.), S. 326.

[5] Darauf deutet etwa der amtliche Name des ICTY hin („International Tribunal for the Prosecution of Persons Responsible for Serious Violations of International Humanitarian Law Committed in the Territory of the Former Yugoslavia since 1991"), erfasst dessen Statut doch neben Kriegsverbrechen auch Verbrechen gegen die Menschlichkeit und Völkermord. Zu diesem weiteren Verständnis schon *Ambos* in Haase/Müller/Schneider (Hrsg.), S. 347; zur Begriffsvielfalt auch *Werle*, 2012, Rn. 1021; *Werle/Jeßberger* Rn. 1029; *Schabas* in *ders.* (Hrsg.), S. 208.

[6] Siehe hierzu auch *Sager* S. 36 ff., 58 ff.; *Njikam* S. 140 ff.

[7] International Criminal Tribunal for the Former Yugoslavia, UN Sicherheitsratsresolution 827 v. 25.5.1993 (UN-Dok. S/RES/827 (1993)), in: HRLJ 1993, 197; deutsch in VN 1993, 71; für weitere Informationen vgl. <www.icty.org>.

[8] Prosecutor v. Tadic, Decision on the Defence Motion for Interlocutory Appeal on Jurisdiction 2.10.1995 (IT-94-1-AR 72), para 71 ff.; dazu *Buchwald* S. 153 ff.; krit. *Happold* LJIL 15 (2005), 283 (295); auch Prosecutor v. Tadic, Opinion and Judgment 7.5.1997 (IT-94-1-T), para 610; Prosecutor v. Akayesu, Judgement 2.9.1998 (ICTR-96-4-T), para 608–617; Prosecutor v. Blaškic, Judgement 3.3.2000 (IT-95-14-T), para 176; Prosecutor v. Mucic et al., Appeal Judgement 20.2.2001 (IT-96-21-A), para 162, 171; Prosecutor v. Naletilic & Martinovic, Judgement 31.3.2003 (IT-98-34-T), para 228; zusf. *Werle*, 2012, Rn. 1059 ff; *Werle/Jeßberger* Rn. 1067 ff.

rechterhalten werden. Nach einer auf Tadic beruhenden progressiven Ansicht ist vielmehr davon auszugehen, dass das humanitäre Völkerrecht in seiner Gesamtheit – einschließlich des gemeinsamen Art. 3 der Genfer Konventionen[9] (GK) und des zweiten Zusatzprotokolls (ZP II) zu den GK (dazu → Rn. 8) – Verbote bereithält, die sowohl auf internationale als auch auf nicht-internationale Konflikte anwendbar und unabhängig von der Art des Konflikts strafbewehrt sind (**„Assimilierungsthese"**).[10] Es kommt allein darauf an, dass es sich bei den betreffenden Taten um **schwerwiegende und gewohnheitsrechtlich anerkannte Verletzungen** des humanitären Völkerrechts handelt und diese eine individuelle strafrechtliche Verantwortlichkeit nach sich ziehen.[11] Damit werden für nicht-internationale Konflikte sog. **Bürgerkriegsverbrechen** anerkannt;[12] mit dem Begriff **Bürgerkriegsvölkerstrafrecht** wird zum Ausdruck gebracht, dass auch „Kriegsverbrechen" im Bürgerkrieg unter Strafe gestellt sind. Während Art. 8 IStGH-Statut diese neue Entwicklung nur teilweise nachvollzieht (→ Rn. 15), heben die §§ 8–12 die Trennung in Verbrechen des internationalen und nicht-internationalen Konflikts – zugunsten einer übergreifenden Kategorie der **Verbrechen des bewaffneten Konflikts** – weitgehend auf (→ Rn. 17 ff.).[13]

II. Normzweck

Das durch den Straftatbestand der Kriegsverbrechen geschützte **Rechtsgut** liegt – wie allgemein bei den völkerstrafrechtlichen Kernverbrechen (→ § 1 Rn. 5) – im globalen **Frieden** und der internationalen **Sicherheit,** welche durch Verstöße gegen die allgemein anerkannten Gesetze und Gebräuche der Kriegsführung gefährdet werden.[14] Das Kriegs-

---

[9] Der gemeinsame Art. 3 GK I–IV lautet: „Im Falle eines bewaffneten Konflikts, der keinen internationalen Charakter hat und auf dem Gebiet einer der Hohen Vertragsparteien entsteht, ist jede der am Konflikt beteiligten Parteien gehalten, mindestens die folgenden Bestimmungen anzuwenden:
1. Personen, die nicht unmittelbar an den Feindseligkeiten teilnehmen, einschließlich der Mitglieder der Streitkräfte, welche die Waffen gestreckt haben, und der Personen, die durch Krankheit, Verwundung, Gefangennahme oder irgendeine andere Ursache außer Kampf gesetzt sind, werden unter allen Umständen mit Menschlichkeit behandelt, ohne jede auf Rasse, Farbe, Religion oder Glauben, Geschlecht, Geburt oder Vermögen oder auf irgendeinem anderen ähnlichen Unterscheidungsmerkmal beruhende Benachteiligung. Zu diesem Zweck sind und bleiben in Bezug auf die oben erwähnten Personen jederzeit und überall verboten a) Angriffe auf das Leben und die Person, namentlich Tötung jeder Art, Verstümmelung, grausame Behandlung und Folterung; b) das Festnehmen von Geiseln; c) Beeinträchtigung der persönlichen Würde, namentlich erniedrigende und entwürdigende Behandlung; d) Verurteilungen und Hinrichtungen ohne vorhergehendes Urteil eines ordentlich bestellten Gerichtes, das die von den zivilisierten Völkern als unerlässlich anerkannten Rechtsgarantien bietet.
2. Die Verwundeten und Kranken werden geborgen und gepflegt." […].
[10] Vgl. ursprünglich *Kreß* EuGRZ 1996, 638 (645 ff., 648); *ders.* in *Fischer/Lüder* (Hrsg.), S. 18, 37; *ders.* IYHR 30 (2000), 103 (104 ff.) auch *Meron* AJIL 89 (1995), 554; *ders.* AJIL 90 (1996), 238; *Werle,* 2012, Rn. 1062 ff.; *Werle/Jeßberger* Rn. 1069 ff.; *Burkhardt* FYBIL IX (1998), 427 (436 f.); *König* S. 348 ff., 358 ff.; *Tahzib-Lie/Swaak-Goldman* in *Lijnzaad/van Sambeek/Tahzib-Lie,* (Hrsg.), S. 240; *Ambos* in *Hasse/Müller/Schneider* (Hrsg.), S. 340 ff. mwN; *ders.* Treatise I, S. 13; *Pérez Cepeda* RP 15 (2005), 105 (109); *Buchwald* S. 175; *Mettraux* S. 34 f., 130 ff.; *Darge* S. 309; *Nerlich* in *Cassese* (Hrsg.), S. 569; zur Entwicklung *David,* 2012, S. 774 ff. Rn. 4.105); *Heinsch* S. 176 ff.; *la Haye* S. 32 ff.; *Henckaerts* JICJ 10 (2012), 1095; unter besonderer Berücksichtigung des völkerrechtlichen Menschenrechtsschutzes *Hill-Cawthorne* ICLQ 64 (2015), 293 (297 ff.); zu dessen Einfluss auf die Entwicklung des hum. VR auch *Kreß* JZ 2014, 365 (367); krit. *Sassòli/Olson* AJIL 99 (2000), 571 (577); aus Sicht der Niederlande *van der Wilt* JICJ 6 (2008), 557 (559); zum Einfluss des traditionell nur auf internationale bewaffnete Konflikte anwendbaren Systems der *grave breaches* der Genfer Konventionen (→ Rn. 8) auf die Entwicklung von Bürgerkriegsverbrechen *Moir* JICJ 7 (2009), 763; für eine stärkere Orientierung des Rechts im nicht-internationalen bewaffneten Konflikt am Menschenrechtssystem *Kretzmer* Israel L. R. 42 (2009), 8.
[11] Prosecutor v. Tadic, Decision on the Defence Motion for Interlocutory Appeal on Jurisdiction 2.10.1995 (IT-94-1-AR 72) (s. auch Fn. 8), para 94 ff.
[12] *Kreß* EuGRZ 1996, 638 (645 ff.); *ders.* in *Fischer/Lüder* (Hrsg.), S. 36 ff.; *ders.* IYHR 30 (2000) 103 (110 ff.); *Werle* ZStW 109 (1997), 808 (819); *ders.* JZ 2001, 885 (893); *ders.,* 2012, Rn. 1021, 1412; *ders.* in *Hankel* (Hrsg.), S. 114; *Kreß/Wannek* in *Kirsch* (Hrsg.), S. 233 f.
[13] Vgl. die Gesetzesbegründung in: BMJ S. 21 (Entwurf der vom BMJ eingesetzten Expertenarbeitsgruppe) sowie in: *Lüder/Vormbaum* S. 50 (Referentenentwurf nach BR-Drs. 29/02). Vgl. auch *Werle,* 2012, Rn. 1412 f.; *Werle/Jeßberger* Rn. 414; *Sager* S. 186 ff.
[14] Vgl. auch *Werle,* 2012, Rn. 1066; *Werle/Jeßberger* Rn. 1073; *Satzger* § 14 Rn. 53; *Bock* S. 116, krit. zur Etablierung „derartig vager Universalrechtsgüter" *Kirsch* FS Kargl, 2015, 293.

völkerstrafrecht dient aber auch in einem besonderen Umfang dem Schutz von **Individualrechtsgütern,** wie insb. Leben, Freiheit und Eigentum.[15] Dies wird schon historisch an der Tendenz zum Schutz von Kombattanten (zum Begriff u. → Rn. 37) und später dem zunehmenden Schutz der Zivilbevölkerung – auch und gerade im nicht-internationalen Konflikt – deutlich.[16] Dabei schützt das Kriegsvölkerstrafrecht jedoch – seiner Schutzrichtung entsprechend – regelmäßig nur die Rechtsgüter der jeweils **anderen (gegnerischen) Partei** und nur ausnahmsweise vor Angriffen der eigenen Konfliktpartei.[17]

4   **Weitergehend** dienen die §§ 8–12 spezifisch – neben den allgemeinen, auch für die §§ 6, 7 geltenden Zielen[18] – der **Erfüllung der humanitärvölkerrechtlichen Verpflichtungen** Deutschlands,[19] insbesondere aus dem ZP I zu den GK (→ Rn. 8). Die Vorschriften sind damit auch Ausdruck der **Völker(straf)rechtsfreundlichkeit** des Grundgesetzes.[20] Sofern die §§ 8–12 über Art. 8 IStGH-Statut hinausgehen, soll dies nur im Rahmen des gesicherten **Standes des Völkergewohnheitsrechts** geschehen,[21] ohne damit freilich die Entwicklung des humanitären Völkerrechts in irgendeiner Weise zu präjudizieren oder zu beschränken.[22] Um den Stand des Völkergewohnheitsrechts festzustellen, sind die Staatenpraxis während bewaffneter Konflikte, einschlägige Äußerungen von Staaten, etwa in Form der jeweiligen Militärhandbücher, die allgemein akzeptierten Erklärungen der wichtigsten Organe internationaler (staatlicher und nichtstaatlicher) Organisationen sowie die Rechtsprechung der internationalen Strafgerichtshöfe heranzuziehen.[23]

III. Historische Entwicklung

5   Das bestehende Kriegsvölkerrecht hat seine ersten großen Entwicklungssprünge in der zweiten Hälfte des 19. Jahrhunderts vollzogen.[24] Zwei große Entwicklungslinien lassen sich insoweit ausmachen: Zum einen ging es um die **zulässigen Kampfmethoden und -mit-**

---

[15] *Triffterer* S. 200; *Werle,* 2012, Rn. 1065; *Werle/Jeßberger* Rn. 1073; *Gless* Rn. 833, *Esser* § 20 Rn. 54; *Bock* S. 115 f.

[16] *Triffterer* S. 200; *Werle,* 2012, Rn. 1065; *Werle/Jeßberger* Rn. 1073; *Meron* AJIL 94 (2000), 239; *Pérez Cepeda* RP 15 (2005), 105 (108 f.); *Bassiouni* Journal of Criminal Law & Criminology 98 (2008), 711 (725 f.). *Satzger* § 16 Rn. 57 hebt den Schutz der Individualrechtsgüter gegenüber Frieden und Sicherheit hervor.

[17] Vgl. *Werle,* 2012, Rn. 1113 ff., der als Ausnahme das Verbot des Einsatzes von Kindersoldaten anführt (Rn. 1232 und 1248 mit Fn. 556); *Werle/Jeßberger* Rn. 1128 ff., Rn. 1245 und 1263 mit Fn. 572. Zur Problematik des Kriteriums der Staatsangehörigkeit zur Bestimmung der Zugehörigkeit zu einer Konfliktpartei vgl. Prosecutor v. Tadic, Appeal Judgement 15.7.1999 (IT-94-1-A) para 166, der in interethnischen Konflikten die ethnische Zugehörigkeit als entscheidenden Faktor zur Bestimmung des geschützten Personenkreises annimmt. So auch Prosecutor v. Blaškic, Judgement 3.3.2000 (IT-95-14-T) para 127; Prosecutor v. Aleksovski, Appeal Judgement, 24.3.2000 (IT-95-14/1-A) para 150 ff.; Prosecutor v. Delalic et al., Appeal Judgement 20.2.2001 (IT-96-21-A) para 84; Prosecutor v. Brdanin, Trial Judgement 1.9.2004 (IT-99-36-T) para 125; Prosecutor v. Kordic & Cerkez, Appeal Judgement, 17.12.2004 (IT-95-14/2-A) para 322 ff.

[18] Vgl. Gesetzesbegründung in: BMJ S. 21 = *Lüder/Vormbaum* S. 23.

[19] Gesetzesbegründung in: BMJ S. 49 = *Lüder/Vormbaum* S. 39; *Werle,* 2012, Rn. 1411 und 1043 ff. Deutschland ist den GK I-IV zwar frühzeitig beigetreten, hat die Verpflichtung zur Schaffung nationaler Strafvorschriften jedoch erst mit dem VStGB umfassend erfüllt, s. *Werle* JZ 2012, 373 (374).

[20] Vgl. auch *Werle,* 2012, Rn. 380 ff.; *ders.* FS Tomuschat, 2006, 666; *Werle/Jeßberger* JZ 2002, 725 (733 f.); kritisch im Hinblick auf den Bestimmtheitsgrundsatz insoweit *Satzger* NStZ 2002, 125 (136 ff.) und *ders.* § 17 Rn. 31 ff.; ausführlich hierzu *Darge* S. 189 ff.; zur Verfassungsmäßigkeit (Art. 103 Abs. 2 GG) von Verweisen des VStGB auf Völkergewohnheitsrecht *Kuhli* S. 113 ff.; *ders.* ZIS 2012, 124 mit kritischer Erwiderung *Bock* in 36. Strafverteidigertag, S. 137 ff.

[21] Gesetzesbegründung in: BMJ S. 49 = *Lüder/Vormbaum* S. 39; *Werle,* 2012, Rn. 1414; *ders.* in *Hankel* (Hrsg.), S. 119.

[22] Gesetzesbegründung in: BMJ S. 50 = *Lüder/Vormbaum* S. 40.

[23] Gesetzesbegründung in: BMJ S. 49 = *Lüder/Vormbaum* S. 39 f. Zum Stand des Völkergewohnheitsrechts allg. vgl. *Henckaerts/Doswald-Beck* Nr. 156/S. 568 ff.

[24] Vgl. zusf. *Ahlbrecht* S. 23 ff.; *Ipsen/Ipsen* § 56; *Vitzthum/Bothe* S. 578 ff. (Rn. 3 ff.); *Fleck/Greenwood* S. 15 ff. (Nr. 105 ff.); *David,* 2012, S. 54 ff. (Rn. 25.); *ders.,* 2009, S. 1009 ff. (Rn. 15.1.10 ff.); *Werle,* 2012, Rn. 1023 ff.; *Werle/Jeßberger* Rn. 1031 ff.; *Safferling* § 6 Rn. 112 ff.; *Ambos* § 6 Rn. 1 f.; krit. zur eurozentristischen Sichtweise *Best* S. 17. Zur Bedeutung des (nationalrechtlichen) „Lieber-Code" (USA 1863) auch für internationale Konflikte *Carnahan* AJIL 92 (1998), 213 (215); *König* S. 55, 59; *Sandoz* JICJ 7 (2009), 657 (658 ff.); *Giladi* GoJIL 4 (2012), 447; *Werle,* 2012, Rn. 1029; *Werle/Jeßberger* Rn. 1037; vertiefend zu Lieber *Schmidt-Radefeldt* HuV-I 2009, 44.

tel: St. Petersburger Erklärung über das Verbot bestimmter Wurfgeschosse von 1868,[25] Brüsseler Erklärung von 1874 über die Gesetze und Gebräuche des Krieges,[26] Haager Landkriegsordnungen von 1899[27] und 1907[28] **(Haager Recht)** sowie Genfer Protokoll über das Verbot der Verwendung von erstickenden, giftigen oder ähnlichen Gasen sowie von bakteriologischen Mitteln im Kriege von 1925.[29] Zum anderen bemühte man sich um den **Schutz von Konfliktopfern** mit dem sog. **Genfer Recht:** den vier Genfer Konventionen von 1949 und den zwei Zusatzprotokollen von 1977 (→ Rn. 8 mN), wobei das ZP I auch Regeln zu Methoden und Mitteln der Kriegsführung enthält (Art. 35 ff.).

Kriegsvölkerstrafrechtlich sollten die Regelungen des Humanitären Völkerrechts erstmals mit dem nach dem 1. Weltkrieg geplanten *Kaisertribunal* zur Aburteilung Wilhelm II. auf Grund der Art. 227–229 des **Versailler Friedensvertrags** vom 28.6.1919 zur Geltung kommen.[30] Wilhelm II. sollte, wie es in diplomatischer Umschreibung eines fehlenden Straftatbestandes hieß, „wegen schwerster Verletzungen des internationalen Sittengesetzes und der Heiligkeit der Verträge" abgeurteilt werden. Bekanntlich ist es zu diesem Verfahren mangels Auslieferung des in die Niederlande geflohenen Kaisers nie gekommen. Stattdessen kam es – auf Grund des Gesetzes zur Verfolgung von Kriegsverbrechen und Kriegsvergehen v. 18.12.1919[31] – zu den **Leipziger Prozessen** vor dem Reichsgericht.[32] Sie endeten jedoch in nur 12 Verurteilungen (bei 45 Anklagen und 890 von den Alliierten ausgesuchten Tatverdächtigen) und schon einige Jahre später war das internationale Interesse daran merklich gesunken.[33]

Zu strafrechtlichen Verfahren wegen Kriegsverbrechen kam es erstmals in Folge des 2. Weltkrieges und zwar zum einen gegen die deutschen „Hauptkriegsverbrecher" („Major War Criminals") in **Nürnberg** vor dem Internationalen Militärgerichtshof **(IMG)**[34] und gegen die japanischen „Hauptkriegsverbrecher" in **Tokio** vor dem Internationalen Militärgerichtshof für den fernen Osten **(IMGFO)**.[35] Die Verurteilungen wegen Kriegsverbrechen beruhten dabei auf nach Völkergewohnheitsrecht strafbaren Verletzungen der Gesetze und Gebräuche des Krieges, wie sie sich aus der HLKO von 1907 sowie den GK von 1929 ergaben. Von den nachfolgenden Verfahren sind insbesondere die auf dem **KRG 10**[36] beruhenden Verfahren vor US-amerikanischen Militärgerichten in **Nürnberg** von Bedeu-

---

[25] RAnz. Nr. 286/1868, 4786.
[26] In *Schindler/Toman* (Hrsg.), Nr. 2 (S. 21). Die Erklärung ist nicht in Kraft getreten.
[27] RGBl. 1901 S. 423.
[28] RGBl. 1910 S. 107 = Sartorius II Nr. 46. Dazu ausführlich *Ahlbrecht* S. 147 ff.
[29] RGBl. 1929 II S. 174. Zum geltenden Recht zusf. Ipsen/*Ipsen* § 61 Rn. 18 ff.
[30] RGBl. 1919 II S. 687; vgl. dazu den Bericht der Commission on the Responsibility of the Authors of War and on Enforcement of Penalities, AJIL 14 (1920), 95.
[31] RGBl. 1919 S. 2125.
[32] Grdl. dazu *Hankel*, 2003, passim.
[33] *Hankel*, 2003, S. 103 f.; *McCormack* in *McCormack/Simpson* (Hrsg.), S. 48 f.; *Selle* ZNR 1997, 193 (205 ff.); *Bassiouni* Harvard Human Rights Journal 1997, 11 (20).
[34] Art. 6 lit. b des IMG-Statuts lautet: „Kriegsverbrechen: Nämlich: Verletzungen der Kriegsgesetze oder -gebräuche. Solche Verletzungen umfassen, ohne jedoch darauf beschränkt zu sein, Mord, Misshandlungen, oder Deportationen zur Sklavenarbeit oder für irgendeinen anderen Zweck, von Angehörigen der Zivilbevölkerung von oder in besetzten Gebieten, Mord oder Misshandlungen von Kriegsgefangenen oder Personen auf hoher See, Töten von Geiseln, Plünderung öffentlichen oder privaten Eigentums, die mutwillige Zerstörung von Städten, Märkten oder Dörfern oder jede durch militärische Notwendigkeit nicht gerechtfertigte Verwüstung"; vgl. IMG-Urteil, Bd. I, 7 ff. Zu den Kriegsverbrechen der Alliierten insbes. durch die Flächenbombardements deutscher Städte vgl. *Grayling*, passim; zu der für die Tätigkeit des IMG vorbereitenden Arbeit der „United Nations War Crimes Commission", die die (nationale) justizielle (Teil)Aufarbeitung der im zweiten Weltkrieg begangenen Kriegsverbrechen dokumentierte *Plesch/Sattler* IComLR 15 (2013), 203 (206 ff.).
[35] Die Vorschrift bezüglich der Kriegsverbrechen enthielt im Gegensatz zum IMG-Statut keine Aufzählung von Einzeltaten mehr, vielmehr lautet Art. 5 lit. b IMGFO-Statut: „Conventional War Crimes: Namely, violations of the laws or customs of war". Vgl. zum Verfahren und Urteil *Ahlbrecht* S. 103 ff.; *Röling/Rüter* (Hrsg.), sowie *Pritchard/Zaide* (Hrsg.); *Osten; Boister/Cryer* und *Totani*.
[36] Gesetz des Alliierten Kontrollrats Nr. 10, Amtsblatt des Kontrollrats in Deutschland, Nr. 3 (31.1.1946), S. 50–55.

tung.³⁷ Mit diesen Verfahren wurde auch der engere Begriff des Kriegsverbrechens erstmals erweitert: Es ging um Verfahren gegen die „Hauptkriegsverbrecher", doch nicht nur wegen Kriegsverbrechen ieS (→ Rn. 1).

8   Mit den vier **GK von 1949**³⁸ und den zwei **ZP von 1977,** davon das ZP II für nichtinternationale bewaffnete Konflikte,³⁹ wurde das moderne Genfer Recht geschaffen und der Übergang vom traditionellen Kriegsvölkerrecht zum modernen Konfliktvölkerrecht (Recht bewaffneter Konflikte) vollzogen.⁴⁰ Dessen zentrale strafrechtliche Vorschriften stellen die – im Wesentlichen identischen – Art. 49 GK I, 50 GK II, 129 GK III, 146 GK IV dar. Danach sind die Vertragsparteien verpflichtet, diejenigen Verhaltensweisen zu bestrafen, die eine **schwere Verletzung** („grave breach") der GK darstellen.⁴¹ Sie müssen die Täter strafrechtlich verfolgen, indem sie sie vor ihren eigenen Gerichten aburteilen oder einem anderen Vertragsstaat überstellen („aut dedere aut iudicare").⁴² Täter kann der unmittelbar Ausführende oder der Befehlsgeber sein (*„committing,* or *ordering* to be committed, any of the grave breaches"). Damit wird nicht nur eine **individuelle strafrechtliche Verantwortlichkeit** wegen schwerer Verletzungen anerkannt, sondern auch der Befehlsgeber mit dem Untergebenen bzw. Befehlsempfänger gleichgestellt: Der Befehl, eine schwere Verletzung zu begehen, stellt selbst eine schwere Verletzung dar und begründet deshalb die direkte strafrechtliche Verantwortlichkeit des Vorgesetzten.⁴³

9   Die **„schweren Verletzungen"** gelten als Kriegsverbrechen und entwickeln die bisher ausschließlich völkergewohnheitsrechtlich geltenden Bestimmungen der HLKO von 1907 (→ Rn. 5) fort.⁴⁴ Sie erfassen folgende Taten (Art. 50 GK I, 51 GK II, 130 GK III, 147 GK IV): vorsätzliche Tötung; Folterung oder unmenschliche Behandlung einschließlich biologischer Versuche; vorsätzliche Verursachung großer Leiden oder schwere Beeinträchtigung der körperlichen Unversehrtheit oder Gesundheit; Nötigung einer geschützten Person zum Dienst in den Streitkräften der feindlichen Macht oder Entzug ihres Rechts auf ein ordentliches und unparteiisches Gerichtsverfahren; rechtswidrige Verschleppung oder Verschickung; rechtswidrige Gefangenhaltung; Festnahme von Geiseln; Zerstörung und Aneignung von Eigentum, die durch militärische Erfordernisse nicht gerechtfertigt und in großem Ausmaß rechtswidrig und willkürlich sind. Die völkerrechtliche Strafbarkeit **weiterer,** nicht vom Genfer Recht erfasster **Taten** ergibt sich aus den völkergewohnheitsrechtlich anerkannten Gesetzen und Gebräuchen des Krieges, insbesondere den HLKOs.

---

³⁷ Die bekanntesten sind die sog. 12 Nürnberger Nachfolgeprozesse (ua Juristen-Prozess, Alfried Krupp ua, Flick ua, IG Farben, Oberkommando der Wehrmacht, Wilhelmsstrassen-Prozess gegen führende Beamte des Auswärtigen Amts) in der amerikanischen Besatzungszone, vgl. United States Government Printing Office (Hrsg.), Trials of War Criminals before the Nuremberg Tribunals. Eine (kommentierte) kürzere Urteilswidergabe dieser ua Folgeprozesse findet sich in UNWCC, Law Reports; vgl. für Verfahren vor deutschen Gerichten *Rüter/Mildt* (Hrsg.); umfassend zu den Nachfolgeprozessen *Heller,* passim; zum Nürnberger Juristenprozess *Rautenberg* GA 2012, 32 ff.; zur Rezeption des Nürnberger Rechts in der dt. Nachkriegsjustiz vgl. *Werle* JZ 2012, 373 (374).
³⁸ GK I v. 12.8.1949 zur Verbesserung des Loses der Verwundeten und Kranken der Streitkräfte im Felde, BGBl. 1954 II S. 783 (ursprünglich 1864, überarbeitet 1906 und 1929); GK II v. 12.8.1949 zur Verbesserung des Loses der Verwundeten, Kranken und Schiffbrüchigen der Streitkräfte zur See, BGBl. 1954 II S. 813; GK III v. 12.8.1949 über die Behandlung der Kriegsgefangenen (ursprünglich 2. Kap. HLKO von 1907 und GK von 1929), BGBl. 1954 II S. 838; GK IV v. 12.8.1949 zum Schutze von Zivilpersonen in Kriegszeiten, BGBl. 1954 II S. 917; zur historischen Entwicklung *Sandoz* JICJ 7 (2009), 657.
³⁹ Zusatzprotokoll zu den GK I–IV über den Schutz der Opfer internationaler bewaffneter Konflikte (Protokoll I) v. 8.6.1977, BGBl. 1990 II S. 1551; Zusatzprotokoll zu den GK I–IV über den Schutz der Opfer nicht internationaler bewaffneter Konflikte (Protokoll II) v. 8.6.1977, BGBl. 1990 II S. 1637. Art. 85 ZP I regelt die Strafbarkeit bestimmter Handlungen; vgl. zur Entstehungsgeschichte der GK und ZP *Best* S. 17; zur gewohnheitsrechtlichen Anerkennung *König* S. 273 ff., 303 f., 359 f.
⁴⁰ Ipsen/*Ipsen* § 58 Rn. 20.
⁴¹ Vgl. *Gasser* in *Haug* (Hrsg.), S. 590 ff.; *Oeter* ZaöRV 53 (1993), 1 (26 ff.); *Sandoz* JICJ 7 (2009), 657 (673 f.); *Kreß* JICJ 7 (2009), 789; zur Rspr. von ICTY und ICTR *Mettraux* S. 54 ff.; *Roberts* JICJ 7 (2009), 743.
⁴² Vgl. *Pictet* (Hrsg.), S. 406 ff.; *Henckaerts* JICJ 7 (2009), 683 (696 ff.).
⁴³ Vgl. Fleck/*Wolfrum* S. 661 (Nr. 1410); *Green* S. 333. Zur völkergewohnheitsrechtlichen Anerkennung vgl. *Henckaerts/Doswald-Beck* Nr. 152/S. 556.
⁴⁴ Zur Zukunft des „grave breaches regime" mit drei mgl. Szenarien s. *Stewart* JICJ 7 (2009), 855.

Strittig ist, ob die *grave breaches*-Vorschriften eine **unmittelbare völkerstrafrechtliche** **10 Verantwortlichkeit** begründen, verpflichten sie doch den nationalen Gesetzgeber nur dazu, entsprechende Strafvorschriften zu erlassen und Verfolgungsmaßnahmen einzuleiten. Deshalb scheint eine rein wörtliche Auslegung gegen eine echte (unmittelbare) völkerstrafrechtliche Verantwortlichkeit zu sprechen.[45] Doch hat sich schon mit dem ZP I ein Bedeutungswandel dadurch vollzogen, dass dieses in Art. 85 Abs. 5 die schweren Verletzungen gegen das Protokoll als „war crimes" qualifiziert.[46] Bezieht man zudem jüngere Instrumente ein, insbesondere die Satzungen der UN Ad Hoc Tribunale für das ehem. Jugoslawien und Ruanda (ICTY und ICTR, → Rn. 13), so scheint die Annahme einer unmittelbaren Verantwortlichkeit naheliegend. In diesen neueren völkerstrafrechtlichen Rechtsgrundlagen wird nämlich das Genfer Recht durchgängig zur Konkretisierung einer solchen Verantwortlichkeit herangezogen und von den zuständigen Gerichten in diesem Sinne angewendet. Seine Wirksamkeit hängt auch nicht alleine von der innerstaatlichen Umsetzung durch die Vertragsparteien ab; vielmehr kann es, wie jeder völkerrechtliche Vertrag, selbst unmittelbar angewendet werden, wenn die einschlägigen Vorschriften nur bestimmt genug formuliert sind. Schließlich stehen die besagten Vorschriften jedenfalls der völkergewohnheitsrechtlichen Anerkennung unmittelbarer völkerstrafrechtlicher Verantwortlichkeit bei Kriegsverbrechen nicht entgegen.[47] Diese wurde schon mit den Leipziger Kriegsverbrecherprozessen (→ Rn. 6) anerkannt.[48]

Genauere Vorschriften zur individuellen Verantwortlichkeit finden sich im ZP I. Gemäß **11** Art. 85 Abs. 1 ZP I finden auf Verletzungen des Protokolls auch die Strafdrohungen zu den genannten schweren Verletzungen der GK Anwendung. Als **schwere Verletzungen** gelten die im ZP I genannten Taten, wenn die Verletzungshandlung vorsätzlich begangen wurde und den Tod oder eine schwere Beeinträchtigung zur Folge hatte (Art. 11, 85 Abs. 3, 4 ZP I). Des Weiteren regeln Art. 86 und 87 ZP I das Unterlassen und die **Verantwortlichkeit des Vorgesetzten** („command responsibility") und kodifizieren damit die völkerstrafrechtliche Rechtsprechung seit dem berühmten *Yamashita* Fall.[49]

Das Genfer Recht erkennt den Grundsatz schuldangemessenen Strafens und damit den **12 Schuldgrundsatz** an. Art. 67 GK IV verpflichtet die Besatzungsgerichte dazu, nur Gesetzesbestimmungen anzuwenden, die mit den allgemein anerkannten Rechtsgrundsätzen in Einklang stehen, insbesondere dem Grundsatz, dass die Strafe der Schwere der strafbaren Handlung entsprechen soll („principle that the penalty shall be proportioned to the offence"). Ähnlich bestimmt Art. 68 GK IV, dass die Dauer einer Internierung oder Gefängnisstrafe der Schwere der begangenen strafbaren Handlung entsprechen soll. Dass diese Vorschriften als Teil des entsprechenden Abschnitt III der GK IV nur in besetzten Gebieten anwendbar sein sollen, ändert an der Anerkennung der genannten Rechtsgrundsätze nichts.

Die **Satzungen von ICTY und ICTR**[50] bestätigen und konkretisieren das Haager und **13** Genfer Recht. Das **ICTY-Statut** erfasst als Kriegsverbrechen die **schweren Verletzungen** der GK (Art. 2, → Rn. 9) und – auch im nicht-internationalen Konflikt strafbare (→ Rn. 2) – „**violations of the laws or customs of war**" (Art. 3). Art. 3 zählt *beispielhaft* („such violations shall include, but not be limited to") folgende Taten auf:[51] „a) der Einsatz von Giftwaffen oder anderen Waffen, die so ausgelegt sind, dass sie unnötige Leiden verursachen; b) die willkürliche Zerstörung von Städten und Dörfern oder durch militärische

---

[45] Vgl. *Simma/Paulus* AJIL 93 (1999), 302 (310 f.); auch *Graefrath* S. 853 f.
[46] Vgl. auch *Simma/Paulus* AJIL 93 (1999), 302 (311); *Bremer* S. 97 ff.
[47] *Jescheck* GA 1981, 49 (56); *Triffterer* S. 85, 165; *Gornig* NJ 1992, 4 (10); *Schutte* in *Delissen/Tanja* (Hrsg.), S. 88; *Green* S. 331 ff.
[48] *Selle* ZNR 1997, 193 (205 ff.); auch *McCormack* S. 48 ff.
[49] Dazu näher *Weigend* § 4 Rn. 3. Vgl. auch *Ambos* AT, S. 97 ff., 133 ff. und passim; *ders.* in *Cassese/Gaeta/Jones* (Hrsg.), S. 1003 jeweils mwN.
[50] Zum ICTY s. schon Fn. 8; zum Intern. Criminal Tribunal for Rwanda s. UN Sicherheitsratsresolution 955 v. 8.11.1994 sowie <www.unictr.org>.
[51] Vgl. für die deutsche Übersetzung: BT-Drs. 13/57 *Schomburg/Lagodny/Gleß/Hackner* S. 1734; auch: <www.un.org/Depts/german/internatrecht/jugostat2000.pdf>, abgerufen am 5.6.2017.

Erfordernisse nicht gerechtfertigte Verwüstung; c) der Angriff auf unverteidigte Städte, Dörfer, Wohnstätten oder Gebäude oder deren Beschießung/Bombardierung, mit welchen Mitteln auch immer; d) die Inbesitznahme, Zerstörung oder vorsätzliche Beschädigung von Einrichtungen, die der Religion, der Wohltätigkeit und der Erziehung, den Künsten und den Wissenschaften gewidmet sind, von geschichtlichen Denkmälern und von Werken der Kunst und der Wissenschaft; e) die Plünderung öffentlichen oder privaten Eigentums." Das **ICTR-Statut** kodifiziert – auf Grund des innerstaatlichen Charakters des zugrundeliegenden Konflikts – von vornherein nur die **Verletzungen des gemeinsamen Art. 3 GK I–IV**[52] **und des ZP II.** Der entsprechende Art. 4 zählt *beispielhaft* („such violations shall include, but not be limited to") folgende Taten auf:[53] „a) Angriffe auf das Leben, die Gesundheit oder das körperliche oder geistige Wohlbefinden von Personen, insbesondere vorsätzliche Tötung sowie grausame Behandlung wie Folter, Verstümmelung und jede Art der körperlichen Züchtigung; b) Kollektivstrafen; c) Geiselnahme; d) terroristische Handlungen; e) Beeinträchtigung der persönlichen Würde; insbesondere entwürdigende und erniedrigende Behandlung, Vergewaltigung, Nötigung zur Prostitution und unzüchtige Handlungen jeder Art; f) Plünderung; g) Verurteilung und Hinrichtung von Personen ohne vorhergehendes Urteil eines ordnungsgemäß zusammengesetzten Gerichts und ohne ein Gerichtsverfahren mit allen Garantien, die von den zivilisierten Völkern als unverzichtbar anerkannt werden; h) Androhung einer der genannten Handlungen."

14 Das **IStGH-Statut** verfügt mit Art. 8 über ein differenzierendes Regelwerk, das eine **abschließende Liste von 53 Tatbeständen,** teilweise mit mehreren Tatbestandsalternativen, vorsieht (zum **Wortlaut** im Anhang → Rn. 47).[54] Die Entscheidung für einen abschließenden Straftatenkatalog wird man im Lichte des – auch vom IStGH-Statut in Art. 22 anerkannten – **Gesetzlichkeitsprinzips** begrüßen können,[55] wird damit doch eine richterliche Lückenfüllung *praeter legem* unmöglich gemacht. Problematisch daran ist allerdings, dass mögliche **Defizite** von Art. 8 IStGH-Statut im Hinblick auf den Stand des Völkergewohnheitsrechts[56] nur durch Änderungen gem. dem in Art. 121 ff. IStGH-Statut festgelegten Verfahren behoben werden können, also eine Zweidrittelmehrheit der Vertragsstaaten erforderlich ist (Art. 121 Abs. 3 IStGH-Statut). Insoweit wird sich erst noch zeigen müssen, ob die Vertragsstaatenversammlung – als „Gesetzesorgan" des IStGH (Art. 112 IStGH-Statut) – flexibel und dynamisch auf neue Entwicklungen des Kriegsvölkerstrafrechts wird reagieren können.[57]

15 Art. 8 IStGH-Statut erkennt zwar erstmals mit universellem Anspruch (lokal begrenzt schon Art. 4 ICTR Statut → Rn. 13) die Strafbarkeit von in nicht-internationalen Konflikten begangenen Verbrechen (Abs. 2c und e) iSd genannten neueren Ansicht (→ Rn. 2) explizit an,[58] doch werden die in internationalen und nicht-internationalen Konflikten begangenen Verbrechen **nicht** – im Sinne einer einheitlichen Kategorie von „Verbrechen des bewaffneten Konflikts" (→ Rn. 2) – **assimiliert.**[59] Art. 8 IStGH-Statut bleibt vielmehr insofern dem traditionellen **two box approach**[60] (→ Rn. 2) treu, als er **vier Unterabschnitte** vorsieht, von denen sich jeweils zwei auf „internationale" und „nicht-internatio-

---

[52] Vgl. Fn. 9.
[53] Vgl. für die deutsche Übersetzung <www.un.org/Depts/german/internatrecht/ruandastat2000.pdf> (abgerufen am 5.6.2017).
[54] Siehe auch *Condorelli* in *Politi/Nesi* (Hrsg.), S. 112; *Schabas* Introduction S. 113 sieht in den detaillierten Regelungen die Gefahr von Strafbarkeitslücken.
[55] Ähnlich *Schabas* HRLJ 20 (1999), 157 (163); zum Gesetzlichkeitsprinzip im Allgemeinen *Ambos* Treatise I, S. 88 ff.
[56] Siehe *Fischer* FS Ipsen, 2000, 86 ff.; auch *Sunga* Eur. J.Crime 6 (1998), 377 (395); *Askin* CLF 10 (1999), 33 (57); *Condorelli* in *Politi/Nesi* (Hrsg.), S. 111 ff.
[57] Siehe *Pocar* in *Pocar/Pedrazzi/Frulli* (Hrsg.), S. 18; *Schabas* in ders. (Hrsg.), S. 209.
[58] Zust. auch *Triffterer/Ambos/Zimmermann/Geiß* IStGH-Statut Art. 8 Rn. 823; → § 8 Rn. 51.
[59] Krit. insoweit *Bassiouni* Transnational Law & Contemporary Problems 8 (1998), 199 (232 f.); *Triffterer/Ambos/Zimmermann/Geiß* IStGH-Statut Art. 8 Rn. 825; *Sager* S. 195 ff.; auch *Pocar* in *Pocar/Pedrazzi/Frulli* (Hrsg.), S. 17.
[60] Vgl. hierzu auch *Zimmermann* NJW 2002, 3068 (3069).

nale Verbrechen" beziehen:[61] schwere Verletzungen der GK sowie andere schwere Verstöße gegen die Gesetze und Gebräuche des Krieges (Abs. 2 lit. a, b *versus* schwere Verstöße gegen den gemeinsamen Art. 3 GK I–IV sowie andere schwere Verstöße gegen die Gesetze und Gebräuche nicht-internationaler Konflikte, Abs. 2 lit. c, e). Noch kritikwürdiger ist, dass Art. 8 IStGH-Statut durch die Einführung eines bis dato unbekannten – den Verbrechen gegen die Menschlichkeit entnommenen – **„Begehungszusammenhangs"** („insbesondere wenn diese als Teil eines Planes oder einer Politik oder [...] in großem Umfang verübt werden") tendenziell über Gebühr eingeschränkt worden ist,[62] auch wenn diese Voraussetzung lediglich als eine schon aus dem Komplementaritätsgrundsatz (Art. 17 IStGH-Statut, → § 1 Rn. 22) folgende Zuständigkeitseinschränkung des IStGH und nicht als Tatbestandsmerkmal zu verstehen ist.[63]

Die in die Rechtsgrundlagen der **(gemischten) Straftribunale**[64] in Kambodscha, Kosovo, Ost-Timor, Sierra Leone und Irak aufgenommen Kriegsverbrechen orientieren sich weitgehend an den Statuten von ICTY/ICTR und IStGH. Art. 6 des **kambodschanischen** Gesetzes zur Errichtung der „Extraordinary Chambers" stellt die schweren Verletzungen der GK unter Strafe und entspricht damit weitgehend Art. 2 ICTY-Statut und Art. 8 Abs. 2 lit. a IStGH-Statut.[65] Im **Kosovo** wurden in ein vorläufiges StGB Strafbestimmungen zu den schweren Verletzungen der GK (Art. 118; entsprechend Art. 8 Abs. 2 lit. a IStGH-Statut), der im internationalen Konflikt anwendbaren Gesetze und Gebräuche (Art. 119; entsprechend Art. 8 Abs. 2 lit. b IStGH-Statut), des gemeinsamen Art. 3 GK (Art. 120, entsprechend Art. 8 Abs. 2 lit. c IStGH-Statut) und der im nicht-internationalen Konflikt anwendbaren Gesetze und Gebräuche (Art. 121; entsprechend Art. 8 Abs. 2 lit. e IStGH-Statut) sowie spezifische Kriegsverbrechen (Art. 122–127) aufgenommen.[66] Die endgültige Fassung des StGB trat am 1.1.2013 in Kraft. Am 3.8.2015 billigte das kosovarische Parlament eine Verfassungsänderung, die den Weg für die Schaffung Kosovo Specialist Chambers (KSC) und den Erlass des Law on Specialist Chambers and Specialist Prosecutor's Office (KSC Law) ebnete.[67] Nach Art. 14 KSC Law fallen auch Kriegsverbrechen unter die Gerichtsbarkeit der Sonderkammern. Section 6 der UNTAET Regulation 2000/15 für **Ost-Timor** ist eine wörtliche Übernahme von Art. 8 IStGH-Statut.[68] Art. 3 des Statuts des Sondertribunals für **Sierra Leone** (Verstöße gegen den gemeinsamen Art. 3 der GK und gegen das ZP II) entspricht Art. 4 ICTR-Statut. Daneben sind in Art. 4 „Other serious violations of international humanitarian law" vorgesehen, die Art. 8 Abs. 2 lit. b (i), (iii) und (xxvi) bzw. lit. e (i), (iii) und (vii) IStGH-

---

[61] Siehe hierzu zB *Werle/Nerlich* HuV-I 2002, 124 (125); kritisch daher *Kolb* in *Kolb/Scalia* (Hrsg.), S. 168 ff.; *de Beco* ICLR 8 (2008), 319 (329); für eine Übersicht der nur in einem internationalen, nicht aber in einem nicht-internationalen Konflikt erfassten Taten vgl. *la Haye* in *Lee* (Hrsg.), S. 217.

[62] Gegen dieses Erfordernis vgl. Prosecutor v. Tadic, Opinion and Judgment 7.5.1997 (IT-94-1-T), para 573; Prosecutor v. Delalic et al., Judgement 16.11.1998 (IT-96-21-T), para 195; zust. Prosecutor v. Blaškic, Judgement 3.3.2000 (IT-95-14-T), para 70. Vgl. auch *Sunga* Eur. J.Crime 6 (1998), 377 (392); Triffterer/Ambos/*Cottier* IStGH-Statut Art. 8 Rn. 53; *Fischer* FS Ipsen, 2000, 85; *Ambos* AT, S. 779.

[63] *Ambos* § 7 Rn. 233 mwN; Triffterer/Ambos/*Cottier* IStGH-Statut Art. 8 Rn. 54 f.; *Bothe* in *Cassese/Gaeta/Jones* (Hrsg.), S. 379 ff.; *König* S. 273; siehe auch *Satzger* § 16 Rn. 64; *David*, 2009, S. 1038 (Rn. 15.1.64); siehe auch Prosecutor v. Lubanga, Judgment pursuant to Article 74 of the Statute, 14.3.2012 (ICC-01/04-01/06-2842), para 9 mit Fn. 6; Klamberg/*ders.* IStGH-Statut Art. 8 Rn. 64; *O'Keefe* S. 135. In Prosecutor v. Bemba Gombo, Judgment pursuant to Article 74 of the Statute 21.3.2016 (ICC-01/05-01/08-3343), para 126 wird das Erfordernis des Begehungszusammenhangs unter Verweis auf den Wortlaut der Norm („insbesondere") als bloße „practical guideline" eingestuft.; siehe auch Fernandez/Pacreau/*Eudes* S. 492 f.

[64] Ausführlich zu den internationalisierten Tribunalen mwN *Ambos* § 6 Rn 42 ff.; auch *Ambos* Treatise III, S. 30 ff. (mit verfahrensrechtlichem Fokus).

[65] Daneben regelt Art. 7 die Zerstörung von Kulturgütern (Haager Abkommen von 1954) und Art. 8 IStGH-Statut stellt Verbrechen gegen die nach dem Wiener Diplomaten-Abkommen von 1961 geschützten Personen unter Strafe (in: *Ambos/Othmann* (Hrsg.), S. 270).

[66] Provisional Criminal Code of Kosovo v. 6.7.2003, in Kraft getreten am 6.4.2004 (Art. 357), UNMIK Reg. 2003/25, <www.unmikonline.org/regulations/2003/RE2003_25_criminal_code.pdf> (abgerufen am 5.6.2017); auch *Bohlander* in *Ambos/Othmann* (Hrsg.), S. 28 ff.

[67] S. ausführlich *Ambos* Treatise III, S. 32 f.; *ders.* § 6 Rn. 43; *Eckelmans* ZIS 2016, 809 (810); *Yanev* JICJ 14 (2016), 101.

[68] In *Ambos/Othmann* (Hrsg.), S. 234 ff.

Statut entsprechen.⁶⁹ Art. 13 des Statuts des **Irak**-Sondertribunals orientiert sich weitgehend an Art. 8 IStGH-Statut.⁷⁰ Aufgabe der Anfang 2013 aufgrund eines Vertrages zwischen der Afrikanischen Union und dem Senegal errichteten **Extraordinary African Chambers in the Senegalese Courts** ist es, die Hauptverantwortlichen für die völkerrechtlichen Verbrechen (u.a. schwere Verletzungen der GK und ihres gemeinsamen Art. 3, siehe Art. 7 des Statuts) zu verfolgen, die auf dem Gebiet des Tschad zwischen 1982 und 1990 begangen wurden.⁷¹ Das am 30.5.2007 durch den UN-Sicherheitsrat geschaffene Sondertribunal für den **Libanon** sieht hingegen ausschließlich die Anwendung des libanesischen StGB vor.⁷² Mit dem **Bangladesh Tribunal** wurde 2010 ein rein nationales Tribunal zur Aburteilung völkerrechtlicher Verbrechen geschaffen, dessen sachliche Zuständigkeit sich ua auf „Verletzungen jeglicher humanitärer Regeln der Genfer Konvention 1949, die im bewaffneten Konflikt anwendbar sind" erstreckt.⁷³ Zur Kategorie der rein nationalen Tribunale zählt auch die **International Crimes Division (ICD)** am Uganda High Court, geschaffen 2008 als „War Crimes Division" und 2011 in ICD umbenannt.⁷⁴ Die sachliche Zuständigkeit der ICD wird momentan noch durch die Practice Directions der Legal Notice Nr. 10 aus dem Jahr 2011 geregelt, da sich ein ICD Gesetz noch im Entwurfsstadium befindet. Laut Art. 6 der Practice Directions erstreckt sich die sachliche Zuständigkeit u.a. auf Kriegsverbrechen.

IV. Systematik der §§ 8–12

17   Die §§ 8–12 überwinden den two box approach (→ Rn. 2) und folgen einer **am Schutzzweck bzw. Rechtsgut** der jeweiligen Tatbestände ausgerichteten Systematik, die sich ihrerseits an der humanitärvölkerrechtlich gewachsenen Unterscheidung zwischen dem **Schutz von Personen und Eigentum** auf der einen Seite *(Genfer Recht)* sowie der **Beschränkung des Einsatzes bestimmter Methoden und Mittel** der Kriegsführung auf der anderen Seite *(Haager Recht)* orientiert.⁷⁵ Grundsätzlich gelten die Tatbestände unabhängig von der Art des Konflikts (international oder nicht-international), lediglich die § 8 Abs. 3, § 9 Abs. 2 und § 11 Abs. 3 sehen auf internationale bewaffnete Konflikte beschränkte Tatbestände vor.⁷⁶

18   Im Einzelnen werden – der genannten Systematik folgend – unter Strafe gestellt: einerseits Kriegsverbrechen gegen Personen (§ 8), gegen Eigentum und sonstige Rechte (§ 9) und gegen humanitäre Operationen und Embleme (§ 10); andererseits Kriegsverbrechen des Einsatzes verbotener Methoden (§ 11) und des Einsatzes verbotener Mittel (§ 12). Dabei werden Art. 8 IStGH-Statut sowie einzelne Vorschriften des ZP I und Art. 15 des 2. Haager Protokolls von 1999⁷⁷ wie folgt umgesetzt:⁷⁸

---

⁶⁹ In *Ambos/Othmann* (Hrsg.), S. 260.
⁷⁰ Abweichend von Art. 8 IStGH-Statut wird aber etwa dessen Abs. 2 lit. b (xx) nicht übernommen.
⁷¹ Englische Übersetzung des Statuts abrufbar unter <http://www.hrw.org/news/2013/09/02/statute-extraordinary-african-chambers> (abgerufen am 5.6.2017). Vertiefend *Eckelmanns* ZIS 2016, 809.
⁷² SR-Res. 1757 (2007), 30.5.2007 mit Annex „Agreement between the United Nations and the Lebanese Republic on the establishment of a Special Tribunal for Lebanon" und dem Statut des Tribunals.
⁷³ Vertiefend *Linton* CLF 21 (2010), 191; siehe auch *Ambos* § 6 Rn. 51.
⁷⁴ The High Court (International Crimes Division) Practice Directions, Legal Notice No. 10 (2011), Uganda Gazette Supplement No. 38, abrufbar auf der Legal Tools Website des IStGH, <https://www.legal-tools.org/doc/d5a66e/pdf/> (zuletzt abgerufen am 25.6.2017). S. ausführlich *Seelinger* CalLR Online 8 (2017), 19 (22 ff.).
⁷⁵ Vgl. die Gesetzesbegründung in: BMJ S. 50 = *Lüder/Vormbaum* S. 40. Vgl. auch *Kreß*, 2000, S. 21 f., 34; *Werle* JZ 2001, 885 (893); *ders.*, 2012, Rn. 1415 ff.; *ders.* FS Tomuschat, 2006, 666 f.; *ders.* in *Hankel* (Hrsg.), S. 117; *Darge* S. 325 ff., 355 ff.; *Kirsch* FS Kargl, 2015, 289. Für eine rechtsgutsorientierte Differenzierung auch *Kolb* in *Kolb/Scalia* (Hrsg.), S. 144 ff.; *Olásolo* S. 57.
⁷⁶ Siehe auch zu den Problemen, die aus der für beide Konfliktarten einheitlichen Bestimmung des geschützten Personenkreises in § 8 Abs. 6 VStGB folgen können *Ambos*, 2010, Fall 6 Rn. 19 (S. 72).
⁷⁷ II. Protokoll von 1999 zur Konvention zum Schutze von Kulturgut bei bewaffneten Konflikten von 1954, ILM 38 (1999), 769 ff.
⁷⁸ Vgl. die tabellarische Darstellung in der Gesetzesbegründung in: BMJ S. 51 = *Lüder/Vormbaum* S. 41; tabellarischer Vergleich der Tatbestände von IStGH-Statut und VStGB auch bei *Gropengießer/Kreicker* in *Eser/Kreicker* (Hrsg.), S. 164 f., 174 ff., 217, 221 ff. Zur Umsetzung von Art. 8 Abs. 2 lit. b (xxi) und lit. c (ii) IStGH-Statut durch § 8 Abs. 1 Nr. 9 VStGB in einem Fall der Leichenschändung an einer nach dem humanitären Völkerrecht zu schützenden Person siehe BGH 8.9.2016 – StB 27/16, para. 22.

- § 8: Art. 8 Abs. 2 lit. a (i), (ii), (iii), (v), (vi), (vii), (viii), Art. 8 Abs. 2 lit. b (vi), (viii), (x), (xv), (xxi), (xxii), (xvi), Art. 8 Abs. 2 lit. c (i), (ii), (iii), (iv) IStGH-Statut; Art. 11 Abs. 1 S. 2, Abs. 2 lit. a, Abs. 2 (b), Abs. 2 lit. c, Abs. 4, Art. 85 Abs. 4, Abs. 4 lit. a, Abs. 4 lit. b, Abs. 4 lit. c, Abs. 4 lit. e ZP I.
- § 9: Art. 8 Abs. 2 lit. a (iv), Art. 8 Abs. 2 lit. b (xiii), (xiv), (xvi), Art. 8 Abs. 2 lit. e (v), (xii) IStGH-Statut.
- § 10: Art. 8 Abs. 2 lit. b (iii), (vii), (xxiv), Art. 8 Abs. 2 lit. e (ii), (iii) IStGH-Statut; Art. 85 Abs. 3 lit. f ZP I.
- § 11: Art. 8 Abs. 2 lit. b (i), (ii), (iv), (v), (ix), (xi), (xii), (xxiii), (xxv), Art. 8 Abs. 2 lit. e (i), (iv), (ix), (x) IStGH-Statut; Art. 85 Abs. 3 lit. a, Abs. 3 lit. b, Abs. 3 lit. c, Abs. 3 lit. d, Abs. 4 lit. d ZP I; Art. 15 2. Haager Protokoll 1999.
- § 12: Art. 8 Abs. 2 lit. b (xvii), (xviii), (xix), Abs. 2 lit. e (xiii), (xiv), (xv) IStGH-Statut.

Die doppelte Schutzrichtung der Vorschriften führt dazu, dass die erfassten **Rechtsgüter** 19 mitunter **mehrfach geschützt** werden. Beispielhaft: § 8 schützt das Leben und die körperliche Unversehrtheit, die zugleich durch die in § 11 Abs. 1 Nr. 4 erfasste Verwendung menschlicher Schutzschilde als verbotene Methode der Kriegsführung und das in § 12 Abs. 1 Nr. 3 enthaltene Verbot des Einsatzes bestimmter Geschosse geschützt werden. Das Recht auf Eigentum wird einerseits durch das in § 9 Abs. 1 enthaltene Verbot der Plünderung geschützt, aber auch durch das Verbot des Angriffs gegen zivile Objekte in § 11 Abs. 1 Nr. 2.

V. Gemeinsame Voraussetzungen der §§ 8–12

Alle Kriegsverbrechen der §§ 8–12 müssen „**im Zusammenhang**" (→ Rn. 34 ff.) mit 20 einem **bewaffneten Konflikt** (→ Rn. 21 ff.) – gleich ob internationaler oder nicht-internationaler Art – begangen werden. Deshalb kann man von einer übergreifenden Kategorie der „**Verbrechen des bewaffneten Konflikts**" sprechen (→ Rn. 2). Nur die §§ 8 Abs. 3, 9 Abs. 2 und 11 Abs. 3 sehen einige Kriegsverbrechen vor, die ausschließlich im **internationalen Konflikt** strafbar sind. Somit ist in diesen Fällen die Abgrenzung zwischen internationalem und nicht-internationalem Konflikt von Bedeutung (→ Rn. 27 ff.). Ein darüber hinausgehender **Begehungszusammenhang** ist nicht vorgesehen; insbesondere übernimmt das VStGB nicht die von Art. 8 Abs. 1 IStGH-Statut vorgesehene Beschränkung auf („insbesondere") Taten, die „als Teil eines Planes oder einer Politik oder als Teil einer Begehung solcher Verbrechen in großem Umfang verübt werden". Dies ist zu begrüßen, denn mit dieser Beschränkung wird der Anwendungsbereich der Kriegsverbrechen über das völkerrechtlich notwendige Maß hinaus eingeschränkt (→ Rn. 15), was innerstaatlich mangels Komplementaritätsüberlegungen ohnehin entbehrlich ist.

1. Bewaffneter Konflikt. Der Begriff des bewaffneten Konflikts wird im humanitären 21 Völkerrecht selbst nicht explizit definiert,[79] doch enthalten einige Vorschriften hilfreiche Hinweise für eine Definition.[80] Aus dem gemeinsamen Art. 2 der GK I–IV wird zunächst deutlich, dass es über die „Fälle des **erklärten Krieges**" hinaus noch andere bewaffnete Konflikte geben muss.[81] Aus der Negativdefinition des Art. 1 Abs. 2 ZP II, die von Art. 8 Abs. 2 lit. d und lit. f IStGH-Statut übernommen wurde, folgt sodann, dass „**Fälle innerer Unruhen und Spannungen** wie Tumulte, vereinzelt auftretende Gewalttaten und andere ähnliche Handlungen" **keinen bewaffneten Konflikt** im humanitärvölkerrechtlichen

---

[79] Prosecutor v. Milutinović ua, Judgement 26.2.2009 (IT-05-87-T), para 125; Prosecutor v. Stanšić & Župljanin, Judgement 27.3.2013 (IT-08-91-T), para. 32; siehe auch *la Haye* S. 13; *Gless* Rn. 835; zur Entwicklung aus dem klassischen Kriegsbegriff *Heinsch* HuV-I, 2010, 133 (134 f.); *Müssig/Meyer* FS Puppe, 2011, 1502.
[80] Vgl. schon *Ambos* in Haase/Müller/Schneider (Hrsg.) S. 330 f. Zum Begriff – in Abgrenzung zum „Krieg" – *David*, 2012, S. 115 ff. (Rn. 1.46 ff.) auch *Ambos* Treatise II, S. 122 ff.
[81] Art. 2 GK I–IV lautet im entscheidenden Teil: „… ist das vorliegende Abkommen in allen Fällen eines erklärten Krieges oder *jedes anderen bewaffneten Konflikts* anzuwenden, der zwischen zwei oder mehreren Hohen Vertragsparteien entsteht …" (Herv. d. Verf.)

Sinne darstellen,[82] wobei freilich diese Ausschlussklausel – wie das ZP II – nur für einen **nicht-internationalen** bewaffneten Konflikt gilt. Demgegenüber kommt es beim **internationalen** Konflikt – auf dessen Intensität und Dauer sowie den Organisationsgrad der Konfliktparteien nicht an (→ Rn. 22).[83] Man wird also sagen können, dass an das Vorliegen eines internationalen Konflikts geringere Anforderungen gestellt werden und diese auch leichter festzustellen sind.

22 Positiv gewendet ist das Vorliegen eines bewaffneten Konflikts mit Blick auf die **tatsächliche Art des Konflikts** zu bestimmen; formelle Voraussetzungen, etwa eine Kriegserklärung oder das Vorliegen des Kriegszustands, spielen dabei keine Rolle.[84] Entscheidend sind der **Einsatz von Waffengewalt** und die Zurechenbarkeit dieses Einsatzes zu einer der beteiligten **Konfliktparteien**.[85] Dieses Konzept ist flexibel genug, um auch einzelne Drohnenangriffe[86] oder Cyber-Angriffe[87] zu erfassen, solange insgesamt die Schwelle zum bewaffneten Konflikt überschritten wird. Die Angriffe müssen nicht zwingend von einer bewaffneten Gruppe ausgeführt werden.[88] Fehlt es an einer Gewaltanwendung, kann zwar nicht von einem *bewaffneten* Konflikt gesprochen werden, doch kommt gleichwohl eine Anwendung des humanitären Völkerrechts in Betracht, wenn eine **Kriegserklärung** oder **militärische Besetzung**

---

[82] Art. 1 Abs. 2 ZP II lautet: „Dieses Protokoll findet nicht auf Fälle innerer Unruhen und Spannungen wie Tumulte, vereinzelt auftretende Gewalttaten und andere ähnliche Handlungen Anwendung, die nicht als bewaffnete Konflikte gelten." Eingehend dazu Fleck/*ders.* S. 593 (Nr. 1205). Zur Rspr. des ICTY vgl. *Olásolo* S. 38 ff.; siehe auch Prosecutor v. Milutinović ua, Judgement 26.2.2009 (IT-05-87-T), para 126; Prosecutor v. Đorđević, Judgement 23.2.2011 (IT-05-87/1-T), para 1522 ff.

[83] *Quéguiner* IRRC 85 (2003), 271 (275); siehe auch *Ambos/Alkatout* IsLR, 45 (2012), 341 (346) („no threshold of violence or duration"); *de Beco* ICLR 8 (2008), 319 (323); *Neumann/Salomon* HuV-I 2011, 165 (166); *Alamuddin/Webb* JICJ 8 (2010), 1219 (1230); *Safferling* § 6 Rn. 135; anders wohl Prosecutor v. Karadžić, Judgement 24.3.2016 (IT-95-5/18-T), para 441 („To determine the existence of an armed conflict, both the intensity of the conflict and the organization of the parties to the conflict must be considered on a case-by-case basis. It is immaterial whether the armed conflict was international or not.").

[84] Fleck/*Greenwood* S. 44 (Nr. 202), 47 (Nr. 203); Ipsen/*Ipsen* § 59 Rn. 5 ff., § 61 Rn. 1; *Doehring* § 11 Rn. 585 f.

[85] Prosecutor v. Tadic, Decision on the Defence Motion for Interlocutory Appeal on Jurisdiction 2.10.1995 (IT-94-1-AR 72), para 70; Prosecutor v. Tadic, Opinion and Judgment 7.5.1997 (IT-94-1-T), para 561; zust. Prosecutor v. Delalic et al., Judgement 16.11.1998 (IT-96-21-T), para 183; Prosecutor v. Furundzija, Judgement 10.12.1998 (IT-95-17/1-T), para 59; Prosecutor v. Kupreskic, Judgement 24.1.2000 (IT-95-16-T), para 545; Prosecutor v. Blaškic, Judgement 3.3.2000 (IT-95-14-T), para 63; Prosecutor v. Naletilic & Martinovic, Judgement 31.3.2003 (IT-98-34-T), para 177; Prosecutor v. Milutinović ua, Judgement 26.2.2009 (IT-05-87-T), para 125; Prosecutor v. Lukić and Lukić, Judgement 20.7.2009 (IT-98-32/1-T), para 868; Prosecutor v. Popović ua, Judgement 10.6.2010 (IT-05-88-T), para 740; Prosecutor v. Đorđević, Judgement 23.2.2011 (IT-05-87/1-T), para 1522; Prosecutor v.Perisić, Judgement 6.9.2011 (IT-04-81-T), para 72; Prosecutor v. Akayesu, Appeal Judgement 1.6.2001 (ICTR-96-4-A), para 438; Prosecutor v. Rutaganda, Judgement 6.12.1999 (ICTR-96-3-T), para 91; Prosecutor v. Kayishema & Ruzindana, Judgement 21.5.1999 (ICTR-95-1-T), para 171; Prosecutor v. Kunarac, Appeal Judgement 12.6.2002 (IT-96-23 & IT-96-23/1-A), para 56; Prosecutor v. Bemba Gombo, Judgment pursuant to Article 74 of the Statute 21.3.2016 (ICC-01/05-01/08-3343), para 128. Vgl. auch Prosecutor v. Akayesu, Judgement 2.9.1998 (ICTR-96-4-T), para 620: „existence of hostilities between armed forces organized to a greater or lesser extent"; Prosecutor v. Bagilishema, Judgement 3.6.2002 (ICTR-95-1A-T), para 101; Prosecutor v. Semanza, Judgement and Sentence 15.5.2003 (ICTR-97-20-T), para 357; Prosecutor v. Limaj, Appeal Judgement 27.9.2007 (IT-03-66-A), para 84; Prosecutor v. Martić, Judgement 12.6.2007 (IT-95-11-T) para 41. Siehe auch Ipsen/*Ipsen* § 58 Rn. 7, 9; Fleck/*Greenwood* S. 44 (Nr. 202); *Ambos* Treatise II, S. 123 mwN.

[86] Vgl. *Casey-Maslen* IRRC 94 (2012), 597 (602); *Becker* DÖV 2013, 493; zur hum.-vr. Erfassung von Drohneneinsätzen auch *Frau* HuV-I 2013, 130; zu den sich bei automatisierten Kriegshandlungen aus strafrechtlicher Sicht stellenden Zurechnungs- und Verantwortungsfragen *Frau* in *ders.* (Hrsg.), S. 235 ff.; zu den Drohnenangriffen der USA in Pakistan *Ahmad* ICLR 13 (2013), 917; verfassungs- und menschenrechtliche Würdigung von Drohnenangriffen bei *Löffelmann* JR 2013, 496 (503 ff.).

[87] *Schmitt* S. 75-6, 85; *Ambos* in Tsagourias/Buchan (Hrsg.), S. 118 ff.; siehe auch *Droege* IRRC 94 (2012), 533 (542 ff.); *Lülf* HuV-I 2013, 74 (77); *Theeuwen* HuV-I 2013, 188 ff.; *Linaki* HuV-I 2014, 169; speziell zum internationalen bewaffneten Konflikt *Woltag* S. 197 ff.; zurückhaltender *Radziwill* S. 172 ff., dem zufolge das hum. VR nur bedingt in der Lage ist, den Besonderheiten von Cyber-Angriffen Rechnung zu tragen. Ausführlich zu der Frage, wann Cyber-Operationen in einem Zusammenhang mit einem bewaffneten Konflikt stehen und unter welchen Voraussetzungen sie als feindlicher Akt eingestuft werden können *Roscini* S. 117 ff.

[88] *Schmitt*, S. 83; *Ambos* Treatise II, S. 123 f. mwN.

vorliegt.⁸⁹ Eine solche kommt natürlich nur beim *internationalen* Konflikt in Betracht; demgegenüber ist beim *nicht-internationalen* Konflikt zur Abgrenzung von gewöhnlicher Kriminalität, unorganisierten oder kurzlebigen Aufständen oder terroristischen Aktivitäten auf die **Intensität** des Konfliktes und die (militärische) **Organisation** der Konfliktparteien (dazu → Rn. 23) abzustellen.⁹⁰ Dabei wird die Intensität – wie überhaupt der „Kriegszustand"⁹¹ – nicht aus subjektiver Sicht der Konfliktparteien, sondern **objektiv** auf der Grundlage der im gemeinsamen Art. 3 GK I–IV festgelegten Voraussetzungen bestimmt.⁹² Dabei kann u.a. auf die Schwere und Zahl der bewaffneten Auseinandersetzungen sowie die zeitliche und räumliche Ausdehnung abgestellt werden.⁹³ Würde man hingegen die Anwendung des humanitären Völkerrechts in das Ermessen der Konfliktparteien stellen, würde dies häufig zu einer Minimalisierung des Konflikts führen und die Verwirklichung des humanitärvölkerrechtlichen Ziels – der **maximale Schutz der Opfer bewaffneter Konflikte** – in Gefahr geraten.⁹⁴ Aus diesem Grund ist Art. 3 GK I–IV auch auf **„jede der am Konflikt beteiligten Parteien"** anwendbar, unabhängig davon, ob sie Vertragspartei der GK ist oder nicht.⁹⁵

Konfliktparteien sind entweder – beim *internationalen* Konflikt – zwei oder mehr Staaten⁹⁶ oder – beim *nicht-internationalen* Konflikt – die Regierungsstreitkräfte und sich ihr entgegenstellende staatliche oder nichtstaatliche bewaffnete Gruppen. Erfasst sind auch innerstaatliche Konflikte ohne staatliche Beteiligung **nur zwischen organisierten bewaffneten Gruppen**.⁹⁷ Damit soll der Schutzbereich des humanitären Völkerrechts auch auf solche Situationen erstreckt werden, in denen ein staatliches Gewaltmonopol nicht mehr existiert („failed state"), aber gleichwohl ein (nicht-staatlicher) bewaffneter Konflikt stattfindet, der in der Intensität dem Konflikt zwischen Staat und Aufständischen vergleichbar ist. Der in den völkerrechtlichen Instrumenten verwendete Begriff der **Streitkräfte** („armed forces") ist weit im Sinne aller im nationalen Recht vorgesehenen bewaffneten Einheiten zu verstehen.⁹⁸ Oppositionelle **Auf-**

23

---

⁸⁹ *Werle*, 2012, Rn. 1078 f.; *Werle/Jeßberger* Rn. 1092 f.; *Schabas* Commentary, S. 230 f.; *Quéguiner* IRRC 85 (2003), 271 (276); zur militärischen Besetzung auch Prosecutor v. Lubanga, Judgment pursuant to Article 74 of the Statute, 14.3.2012 (ICC-01/04-01/06-2842) para 542; Prosecutor v. Katanga, Judgment pursuant to Article 74 of the Statute 7.3.2014 (ICC-01/04-01/07-3436), para 1179 f.; Prosecutor v. Prlić ua, Judgement 29.5.2013 (IT-04-74-T) para 87 ff.

⁹⁰ Prosecutor v. Akayesu, Judgement 2.9.1998 (ICTR-96-4-T), para 620, 625; Prosecutor v. Tadic, Opinion and Judgment 7.5.1997 (IT-94-1-T), para 562; Prosecutor v. Musema, Judgement and Sentence 27.1.2000 (ICTR-96-13-T), para 256. Eingehend *Tahzib-Lie/Swaak-Goldman* in *Lijnzaad/van Sambeek/Tahzib-Lie,* (Hrsg.), S. 249 ff.; *Dörmann* S. 384 ff.; *Olásolo* S. 38 ff.; *Meisenberg* HuV-I 2008, 143 (146); *Heinsch* HuV-I, 2010, 133 (136); *Sager* S. 42 ff. Zur Rspr. der ad hoc Tribunale auch *Heinsch* S. 86 ff., zur Rspr. des SLSL *Njikam* S. 148 ff.

⁹¹ Vgl. auch *Werle*, 2012, Rn. 1073 ff. mwN; *Werle/Jeßberger* Rn. 1094 ff.

⁹² Prosecutor v. Akayesu, Judgement 2.9.1998 (ICTR-96-4-T), para 603; dazu *Mettraux* S. 36 (mit Indizien), 59. So auch *Cryer/Friman/Robinson/Wilmshurst* S. 275; *Kälin/Künzli* S. 170 Rn. 425; *Bellal/Casey-Maslen* GoJIL 3 (2011), 175 (179); *Safferling* § 6 Rn. 132; siehe auch Prosecutor v. Milutinović ua, Judgement 26.2.2009 (IT-05-87-T), para 125; zu den Gründen für einer Unter- bzw. Überqualifizierung einer Situation durch die Konfliktparteien *Geiß* in *Heintze/Ipsen* (Hrsg.), S. 51-2; auch *Kretzmer* Israel L. R. 42 (2009), 8 (22 ff.).

⁹³ Prosecutor v. Katanga, Judgment pursuant to Article 74 of the Statute 7.3.2014 (ICC-01/04-01/07-3436), para. 1177; siehe auch Prosecutor v. Bemba Gombo, Judgment pursuant to Article 74 of the Statute 21.3.2016 (ICC-01/05-01/08-3343), para 137.

⁹⁴ Prosecutor v. Akayesu, Judgement 2.9.1998 (ICTR-96-4-T), para 603.

⁹⁵ Vgl. *Tahzib-Lie/Swaak-Goldman* in *Lijnzaad/van Sambeek/Tahzib-Lie* (Hrsg.), S. 251 f.

⁹⁶ Prosecutor v. Katanga, Judgment pursuant to Article 74 of the Statute 7.3.2014 (ICC-01/04-01/07-3436), para 1777.

⁹⁷ Vgl. Prosecutor v. Tadic, Decision on the Defence Motion for Interlocutory Appeal on Jurisdiction 2.10.1995 (IT-94-1-AR 72), para 70 („between such groups within a State); jüngst bestätigt in Prosecutor v. Karadžić, Judgement 24.3.2016 (IT-95-5/18-T), para 441; darauf beruhend Art. 8 Abs. 2 (f) IStGH-Statut („oder zwischen solchen Gruppen"); Situation in the Republic of Côte d'Ivoire, Decision Pursuant to Article 15 of the Rome Statute on the Authorisation of an Investigation into the Situation in the Republic of Côte d'Ivoire 15.11.2011 (ICC-02/11-14-Corr), para 119. Vgl. auch Gesetzesbegründung in: BMJ S. 54 = *Lüder/ Vormbaum* S. 42; Triffterer/Ambos/Zimmermann/Geiß IStGH-Statut Art. 8 Rn. 838 ff.; zur Problematik im Libanon und Gaza *Heinsch* HuV-I, 2010, 133 (139 f.).

⁹⁸ Prosecutor v. Akayesu, Judgement 2.9.1998 (ICTR-96-4-T), para 625; Prosecutor v. Musema, Judgement and Sentence 27.1.2000 (ICTR-96-13-T), para 256.

standsbewegungen oder -gruppen müssen eine bestimmte *Befehlsstruktur*[99] und einen bestimmten *Organisationsgrad* aufweisen. Das bedeutet jedoch nicht zwingend, dass eine, den regulären Streitkräften ähnliche, militärische Hierarchie existieren muss. Verlangt wird eine Organisation, die einerseits dazu imstande ist, *anhaltende und konzentrierte militärische Operationen* zu planen und durchzuführen und die andererseits auf *militärischer Disziplin und faktischer Autorität* beruht.[100] Die noch von Art. 1 Abs. 1 ZP II verlangte „*Kontrolle über einen Teil des Hoheitsgebiets*" wird angesichts moderner, beweglicher Guerillakriege ohne stabile territoriale Herrschaftsbereiche zunehmend in Zweifel gezogen[101] und auch von der internationalen Rechtsprechung nicht verlangt.[102] Vielmehr wird man – über die Unterscheidung zwischen internationalem und nicht-internationalem Konflikt hinaus – zwischen **drei Arten nicht-internationaler Konflikte** mit abnehmender Anwendungsschwelle unterscheiden müssen: dem klassischen Bürgerkrieg iSv Art. 1 ZP II, dem „lange anhaltenden" Konflikt zwischen Staat und Aufständischen oder zwischen diesen iSv Art. 8 Abs. 2 lit. f IStGH-Statut (→ Rn. 25) und – last but not least – dem Konflikt (auch ohne die vom ZP II geforderte territoriale Kontrolle) iSv Art. 3 GK I–IV (Art. 8 Abs. 2 lit. d IStGH-Statut).[103]

---

[99] Ablehnend hingegen Prosecutor v. Lubanga, Judgment pursuant to Article 74 of the Statute, 14.3.2012 (ICC-01/04-01/06-2842) para 536, da das Erfordernis „under responsible command" nicht ausdrücklich in Art. 8 Abs. 2 lit. f IStGH-Statut vorgesehen worden sei. Später nennt die Kammer die interne Hierarchie und die Kommandostrukturen der Gruppe allerdings als potentielle Kriterien anhand derer der nicht-internationale bewaffnete Konflikt von inneren Unruhen etc abgegrenzt werden könne; ähnlich auch Prosecutor v. Mbarushimana, Decision on the Confirmation of Charges 16.12.2011 (ICC-01/04-01/10-465-Red), para 103 wo die Kammer zunächst nur auf die „ability to plan and carry out military operations for a prolonged period of time" abstellt, bei der Subsumtion (para 104 ff.) dann aber auf die militärische Struktur der Gruppe verweist.

[100] Vgl. Prosecutor v. Musema, Judgement and Sentence 27.1.2000 (ICTR-96-13-T), para 257; auch Prosecutor v. Katanga, Judgment pursuant to Article 74 of the Statute 7.3.2014 (ICC-01/04-01/07-3436), para 1185 f. (mit einem nicht abschließenden Kriterienkatalog und i.Ü. für fallbezogene Entscheidung); zust. Prosecutor v. Bemba Gombo, Judgment pursuant to Article 74 of the Statute 21.3.2016 (ICC-01/05-01/08-3343), para 124 ff.; ähnlich Prosecutor v. Katanga and Ngudjolo, Decision on the Confirmation of Charges 30.9.2008 (ICC-01/04-01/07-717), para 239; *Quéguiner* IRRC 85 (2003), 271 (277); *Mettraux* S. 36; *Schaller*, SWP-Studie 2007, S. 20; *Bellal/Casey-Maslen* GoJIL 3 (2011), 175 (183 ff.); *Dinstein*, 2014, S. 41 ff.; krit. zur Rechtsprechung des IStGH *Cullen* in *Stahn* (Hrsg.), S. 768 f.; vertiefend und mwN *Ambos* Treatise II, S. 125 f. Zur (str.) Frage der Anwendbarkeit von Art. 3 GK I–IV und ZP II auf Aufständische Vitzthum/*Bothe* S. 657 f. (Rn. 123 ff.); gegen eine Einordnung des mexikanischen „War on Drugs" als bewaffneten Konflikt iSd humanitären Völkerrechts, da es den Drogenkartellen hierfür an der erforderlichen Organisationsstruktur fehle *Gallahue* HuV-I 2011, 39; zur humanitärvölkerrechtlichen Einordnung der Auseinandersetzungen mit den Piraten vor Somalia *Neumann/Salomon* HuV-I 2011, 165; zur Einordnung der Al-Quaida *Ohlin* JICJ 11 (2013) 27 (31 f.); *Heller* JICJ 11 (2013), 89 (109 ff.); krit. zur diesbezüglichen Position der USA *Kreß* JZ 2014, 365 (369), der zutreffend herausstellt, dass diese „das Bürgerkriegsrecht [...] nicht primär als staatliche Handlungsbeschränkung, sondern umgekehrt als Quelle von staatlichen Handlungserlaubnissen" nutzen, um so die Anwendung militärischer Gewalt zu legitimieren. Allgemein zur Einordnung von Terrororganisationen *Schwarz* in *Frau* (Hrsg.), S. 251 ff.

[101] Vgl. Triffterer/Ambos/*Cottier* IStGH-Statut Art. 8 Rn. 33 ff.; *Werle*, 2012, Rn. 1075; *Werle/Jeßberger* Rn. 1098; *Tahzib-Lie/Swaak-Goldman* in *Lijnzaad/van Sambeek/Tahzib-Lie*, (Hrsg.), S. 246; *König* S. 380 f.; *Ambos* ZIS 2016, 506 (514); dafür noch Prosecutor v. Akayesu, Judgement 2.9.1998 (ICTR-96-4-T), para 619; Prosecutor v. Musema, Judgement and Sentence 27.1.2000 (ICTR-96-13-T), para 258; *Olásolo* S. 48; wohl auch Vitzthum/*Bothe* S. 658 (Rn. 124) (der sich freilich an dieser Stelle nur auf das ZP II bezieht).

[102] Deutlich Prosecutor v. Lubanga, Judgment pursuant to Article 74 of the Statute, 14.3.2012 (ICC-01/04-01/06-2842) para 536; Prosecutor v. Katanga, Judgment pursuant to Article 74 of the Statute 7.3.2014 (ICC-01/04-01/07-3436), para 1186; vgl. auch *Mettraux* S. 36 f.; *Moir* in *Doria/Gasser/Bassiouni* (Hrsg.), S. 616; – Die territoriale Kontrolle hat aber Bedeutung für die Anerkennung als de facto Regime, → Rn. 28 aE. In Prosecutor v. Al Bahsir, Decision on the Prosecution's Application for a Warrant of Arrest against Omar Hassan Ahmad Al Bashir 4.3.2009 (ICC-02/05-01/09-3), para 60 hat die Kammer allerdings angekommen, dass der Gebietskontrolle eine zentrale Bedeutung für die Fähigkeit einer bewaffneten Gruppe, längerfristig militärische Operationen durchführen zu können, zukomme.

[103] Vgl. *David*, 2012, S. 131 ff. (146 f. Rn. 1.87); der bis zur 4. Aufl. ebenfalls diese Unterteilung vornahm (S. 131 ff., 147 f.), nunmehr aber nur noch zwischen zwei Arten von nicht-internationalen Konflikten unterscheidet: solchen nach Art. 1 ZP II (hierunter sollen auch Konflikte iSv Art. 8 Abs. 2 (f) IStGH-Statut fallen) und solchen nach Art. 3 GK I-IV; siehe auch *Meisenberg* HuV-I 2008, 143 (146); krit. *Quéguiner* IRRC 85 (2003), 271 (280); zu einem Wandel in der Staatenpraxis zugunsten der Intervention auch bei inneren Unruhen *König* S. 381 f. Zur Unterscheidung zwischen dem gemeinsamen Art. 3 GK I–IV und dem ZP II Konflikt *Heinsch* S. 86 ff.; *Kolb* in *Kolb/Scalia* (Hrsg.), S. 136 f.

Der (internationale) bewaffnete Konflikt **beginnt** mit der ersten Anwendung bewaffne- 24
ter Gewalt („mit dem ersten Schuss") bzw. – bei Fehlen von Gewaltanwendung in einem
internationalen Konflikt (→ Rn. 22) – mit einer Kriegserklärung oder einer (auch teilweisen) Besetzung fremden Staatsgebietes.[104] Der Konflikt **endet frühestens** mit dem
Abschluss der Kampfhandlungen oder – im Fall einer Besetzung – deren Beendigung.
Dieser Zeitpunkt folgt aus Art. 3 lit. b Hs. 1 ZP I,[105] doch ergibt sich aus dessen Hs. 2
und S. 2[106] zugleich, dass das humanitäre Völkerrecht solange anwendbar bleibt, als es
noch regelungsbedürftige Sachverhalte gibt, so dass ein Konflikt regelmäßig erst mit der
Wiederherstellung der früheren (friedlichen) Situation endet.[107] Im Fall *Tadic* hat die
Berufungskammer in diesem Sinne einen über die bloße Einstellung der Kampfhandlungen
hinausgehenden „allgemeinen Friedensschluss" oder, im Falle eines nicht-internationalen
Konfliktes, „eine friedliche Einigung" gefordert.[108] Der Vorteil eines solch formalen Ansatzes besteht darin, dass der Zeitpunkt, an dem der bewaffnete Konflikt und damit die
Anwendbarkeit des humanitären Völkerrechts endet, klar und eindeutig bestimmbar ist.
Dieser Ansatz mag jedoch den tatsächlichen Umständen im (ehemaligen) Kampfgebiet
nicht immer hinreichend Rechnung tragen. Die hA geht daher zu Recht davon aus, dass
ein bewaffneter Konflikt auch faktisch, dh durch die Einstellung der Kampfhandlungen,
beendet werden kann.[109] Diese *materielle Betrachtungsweise* bedarf allerdings im jeweiligen
Einzelfall einer Konkretisierung.[110] Sofern man einen Konflikt trotz fehlenden Friedensschlusses oder Kapitulation für beendet hält, so müsste das Wiederaufflammen von Kämpfen – ggf. durch eine Splittergruppe (sog. „splinter group"), die sich von der friedenswilligen Hauptgruppe abgespalten hat – eigentlich als Neu- oder Wiederbeginn des Konfliktes
angesehen werden;[111] dann ist es aber lebensnäher *a limine* von einer Fortsetzung des
Konflikts auszugehen.

Sofern es sich um einen nicht-internationalen Konflikt handelt, ist weiter in zeitlicher 25
Hinsicht zu beachten, dass es sich um **„lang anhaltende bewaffnete Gewalt"** („protracted armed violence") handeln muss.[112] Art. 1 Abs. 1 ZP II verlangt insoweit die Fähigkeit,
„anhaltende, koordinierte Kampfhandlungen" („sustained and concerted military
operations") durchführen zu können. Das IStGH-Statut hat dieses Erfordernis hinsichtlich
„schwerer Verstöße" gegen die „Gesetze und Gebräuche im bewaffneten Konflikt, der

---

[104] Ipsen/*Ipsen* § 61 Rn. 1 ff.; *Werle*, 2012, Rn. 1072, 1078 f.; *Werle/Jeßberger* Rn. 1092 f., 1094,; zum „ersten Schuss" auch *Peterson* S. 205.

[105] Hs. 1 lautet: „endet die Anwendung der Abkommen und dieses Protokolls im Hoheitsgebiet der am Konflikt beteiligten Parteien mit der allgemeinen *Beendigung der Kriegshandlungen* und im Fall besetzter Gebiete mit der Beendigung der Besetzung; …" (Herv. d. Verf.).

[106] Hs. 2 und S. 2 lauten: „in beiden Fällen gilt dies jedoch nicht für Personen, deren endgültige Freilassung … zu einem späteren Zeitpunkt erfolgt. Diese Personen genießen bis zu ihrer endgültigen Freilassung … weiterhin den Schutz der einschlägigen Bestimmungen der Abkommen und dieses Protokolls".

[107] Eingehend Ipsen/*Ipsen* § 61 Rn. 5 ff. (5); *Doehring* § 11 Rn. 646 ff.; *David*, 2012, S. 262 ff. (Rn. 1.233 ff.); *Olásolo* S. 50. Siehe auch Prosecutor v. Delić, Judgement 15.9.2008 (IT-04-83-T), para 40.

[108] Prosecutor v. Tadic, Decision on the Defence Motion for Interlocutory Appeal on Jurisdiction 2.10.1995 (IT-94-1-AR 72), para 70; zust. Prosecutor v. Kordic & Cerkez, Appeal Judgement 17.12.2004 (IT-95-14/2-A), para 319; siehe auch Prosecutor v. Milutinović ua, Judgement 26.2.2009 (IT-05-87-T), para 126; Prosecutor v. Lukić and Lukić, Judgement 20.7.2009 (IT-98-32/1-T), para 686; Prosecutor v. Perišić, Judgement 6.9.2011 (IT-04-81-T), para 72; Prosecutor v. Taylor, Judgement, 18.5.2012 (SCSL-03-01-T), para 565; *Darge* S. 310; *Esser* § 20 Rn. 58.

[109] Fleck/*Greenwood* S. 70 (Nr. 245); *Cryer/Friman/Robinson/Wilmshurst* S. 276; *David*, 2012, S. 262 (Rn. 1.233); *Stein/von Buttlar* Rn. 1222; Ipsen/*Ipsen* § 61 II Rn. 6; *Ambos* Treatise II, S. 129.

[110] Krit. zur Bestimmtheit *Quéguiner* IRRC 85 (2003), 271 (282 f.).

[111] Vgl. *David*, 2012, S. 263 f. (Rn. 1.235) mit dem Beispiel einer Operation US-amerikanisch-britischer Kräfte zur Aufspürung von Al-Qaida im Südosten Afghanistans. IE ebenso *Tahzib-Lie/Swaak-Goldman* in Lijnzaad/van Sambeek/Tahzib-Lie (Hrsg.), S. 248 f.

[112] Prosecutor v. Tadic, Decision on the Defence Motion for Interlocutory Appeal on Jurisdiction 2.10.1995 (IT-94-1-AR 72), para 70; zust. Prosecutor v. Delalic et al., Judgement 16.11.1998 (IT-96-21-T), para 183; Prosecutor v. Furundzija, Judgement 10.12.1998 (IT-95-17/1-T), para 59; Prosecutor v. Lukić and Lukić, Judgement 20.7.2009 (IT-98-32/1-T), para 868; Prosecutor v. Lubanga, Decision on the confirmation of charges 29.1.2007 (ICC-01/04–01/06-803), para 234. Vgl. auch *Ambos* § 7 Rn. 239.

keinen internationalen Charakter hat", übernommen, indem in Art. 8 Abs. 2 lit. f IStGH-Statut verlangt wird, dass diese Konflikte *„lang anhaltend"* (*„protracted"*) sein müssen. Im Rahmen von Art. 8 IStGH-Statut wird damit zwischen einem „normalen" und „lang anhaltenden" nicht-internationalen Konflikt unterschieden (Art. 8 Abs. 2 lit. d *versus* Art. 8 Abs. 2 lit. f IStGH-Statut). Im letzten Fall gelten sowohl schwere Verstöße gegen den gemeinsamen Art. 3 GK I–IV als auch schwere Verstöße gegen die Gesetze und Gebräuche des Krieges als Kriegsverbrechen. Demgegenüber sind in „normalen" nicht-internationalen Konflikten die schweren Verstöße gegen die Gesetze und Gebräuche des Krieges nicht als Kriegsverbrechen anzusehen.[113] Das VStGB hat diese Unterscheidung zwar nicht übernommen, es setzt jedoch – unter Bezugnahme auf die og Tadic-Entscheidung und Art. 1 Abs. 1 ZP II – für **alle** nicht-internationalen Konflikten voraus, dass es sich um einen Konflikt handelt, bei dem die „Kampfhandlungen **von einer gewissen Dauer** sind."[114] Das Kriterium der Dauer wird jedoch kontrovers diskutiert. Einerseits soll es auf Art. 8 Abs. 2 lit. d und lit. f IStGH-Statut gleichermaßen angewendet und somit von einer einheitlichen Definition des nicht-internationalen bewaffneten Konflikts ausgegangen werden.[115] Andererseits wird vertreten, dass dieses Kriterium sich nicht völkervertraglich begründen lasse und ihm neben Intensität, Organisationsgrad und anderen Kriterien (→ Rn. 22) keine vorrangige oder gar eigenständige Bedeutung zukommen kann.[116] Dieser Argumentation wird man immerhin zugeben müssen, dass Situationen denkbar sind, in denen die (mangelnde) Dauer eines Konflikts durch andere Kriterien, insbesondere die Intensität und die Schwere der Verletzungen des humanitären Völkerrechts, kompensiert werden kann. So hat die Interamerikanische Menschenrechtskommission in einem nur zwei Tage dauernden Angriff auf die argentinische Militärkaserne *La Tablada* durch ca. 50 Personen einen (nicht-internationalen) bewaffneten Konflikt gesehen, weil die Ereignisse durch die „concerted nature of the hostile acts undertaken by the attackers, the direct involvement of government armed forces, and the nature and level of the violence …" über bloße Unruhen iSv Art. 1 Abs. 2 ZP II hinausgingen.[117] Nach alldem ist das Kriterium der Dauer jedenfalls **restriktiv auszulegen.** Es bedeutet nicht, dass militärische Operationen ununterbrochen fortgeführt werden müssten; vielmehr reicht es aus, dass der bewaffnete Konflikt eine gewisse Zeit andauert.[118]

26 Im Hinblick auf die **geographische Ausdehnung** der Kampfhandlungen genügt es nach der Rechtsprechung der *Ad-Hoc*-Tribunale, dass das Vorliegen des Konfliktes für einen Teil eines bestimmten Gebiets mit **Wirkung für alle Teile** dieses Gebiets festgestellt wird.[119] Wurde eine solche Feststellung getroffen, sei das humanitäre Völkerrecht in allen Teilen des

---

[113] Krit. *Condorelli* in Politi/Nesi (Hrsg.), S. 113 („patent absurdity").
[114] Gesetzesbegründung in: BMJ S. 54 = Lüder/Vormbaum S. 42.
[115] *Kreß* IYHR 30 (2000), 103 (118); Dahm/Delbrück/Wolfrum S. 1069; Werle, 2012, Rn. 1076; Werle/Jeßberger Rn. 1099; wohl auch Olásolo S. 31; vertiefend und unter besonderer Berücksichtigung der Entstehungsgeschichte von Art. 8 Abs. 2 lit. f IStGH-Statut *Cullen* S. 174 ff.
[116] *Quéguiner* IRRC 85 (2003), 271 (278 ff.).
[117] Inter-American Commission on Human Rights, Report no. 55/97, case no. 11 137 Argentina, para 155 f.; dazu auch *Quéguiner* IRRC 85 (2003), 271 (279); Olásolo S. 49 f.; krit. hierzu Dinstein, 2014, S. 33 f.
[118] Zu Art. 8 Abs. 2 lit. f) IStGH-Statut Triffterer/Ambos/Zimmermann/Geiß IStGH-Statut Art. 8 Rn. 993; auch Prosecutor v. Bemba Gombo, Judgment pursuant to Article 74 of the Statute 21.3.2016 (ICC-01/05-01/08-3343), para 140; gegen ein rein zeitliches Verständnis Werle, 2012, Rn. 1076, Werle/Jeßberger Rn. 1099; hervorhebend, dass die zeitliche Dauer zugleich Indiz für das entscheidende Merkmal der Intensität sei, mit Verweis auf Prosecutor v. Tadic, Opinion and Judgment 7.5.1997 (IT-94-1-T), para 562. Für eine restriktive Auslegung („loosely interpreted") auch *Tahzib-Lie/Swaak-Goldman* in Lijnzaad/van Sambeek/Tahzib-Lie, (Hrsg.), S. 248.
[119] Prosecutor v. Tadic, Decision on the Defence Motion for Interlocutory Appeal on Jurisdiction 2.10.1995 (IT-94-1-AR 72), para 68; Prosecutor v. Blaškic, Judgement 3.3.2000 (IT-95-14-T), para 64; Prosecutor v. Kordic & Cerkez, Appeal Judgement, 17.12.2004 (IT-95-14/2-A), para 319; Prosecutor v. Gotovina ua, Judgement 15.4.2011 (IT-06-90-T), para 1676; Prosecutor v. Perisić, Judgement 6.9.2011 (IT-04-81-T), para 72; siehe auch Prosecutor v. Milutinović ua, Judgement 26.2.2009 (IT-05-87-T), para 126; Prosecutor v. Stanišić & Župljanin, Judgement 27.3.2013 (IT-08-91-T), para. 33; Prosecutor v. Stanišić & Simatović, Judgement 30.5.2013 (IT-03-69-T), para. 955; auch *Moir* in Doria/Gasser/Bassiouni (Hrsg.), S. 618.

betroffenen Gebietes anwendbar, unabhängig davon, ob tatsächlich überall Kampfhandlungen stattfinden.[120] Es sei nicht notwendig, dass alle Verbrechen in dem Gebietsteil begangen werden, in dem die Feindseligkeiten gerade stattfinden; vielmehr reiche es aus, dass die (andernorts begangenen) **Verbrechen in Beziehung zu den Feindseligkeiten** stehen.[121] Aus völkerrechtlicher Sicht sind diese großzügigen geographischen Anforderungen auch auf große Bundesstaaten übertragbar, es wäre hiernach also von einem bewaffneten Konflikt für das gesamte staatliche Hoheitsgebiet auszugehen, wenn sich die tatsächlichen Kampfhandlungen lediglich in einem (kleinen) Bundesland abspielen. Das kann aber zu absurden Ergebnissen führen. Beispielhaft: Die Feststellung eines bewaffneten Konflikts im mexikanischen Bundesland Chiapas (das nur 3,8 % des mexikanischen Territoriums ausmacht)[122] müsste danach zu der Annahme eines bewaffneten Konflikts im Gesamtstaat Mexiko führen. Um solche Ergebnisse zu vermeiden, ist die Annahme eines bewaffneten Konflikts auf das eigentliche Kampfgebiet („hot combat zone") zu beschränken, also auf das Gebiet, in dem die eigentlichen Feindseligkeiten stattfinden.[123]

2. Internationaler, nicht-internationaler und „internationalisierter" Konflikt. 27
Die weitgehende Gleichbehandlung von internationalem und nicht-internationalem Konflikt in den §§ 8–12 (→ Rn. 2, 17) entschärft die mitunter problematische Abgrenzung dieser beiden Konfliktarten. Sie erlangt nur in den ausschließlich im **internationalen Konflikt strafbaren Verbrechen** Bedeutung (§§ 8 Abs. 3, 9 Abs. 2, 11 Abs. 3). In allen übrigen Fällen reicht das Vorliegen eines bewaffneten Konflikts im oben beschriebenen Sinne (→ Rn. 21 ff.) aus, wobei zwischen den genannten drei Arten nicht-internationaler Konflikte zu unterscheiden ist (→ Rn. 23).

Ein **internationaler** Konflikt liegt in seiner klassischen Form als Krieg zwischen **zwei** 28 **oder mehr Staaten** vor.[124] Dabei kommt es auf die faktischen Verhältnisse und nicht auf eine formaljuristische Erklärung des Kriegszustandes an (→ Rn. 22).[125] Als internationaler Konflikt gelten, jedenfalls für Vertragsparteien des ZP I, auch **sog. nationale Befreiungskriege,** in denen „Völker gegen Kolonialherrschaft und fremde Besetzung sowie rassistische Regimes in Ausübung ihres Rechts auf Selbstbestimmung kämpfen" (Art. 1 Abs. 4 ZP I iVm Art. 1 Abs. 3 ZP I, Art. 2 GK I–IV).[126] Obwohl es sich dabei eigentlich um einen innerstaatlichen Konflikt handelt, wird er aus völkerrechtspolitischen Gründen zum internationalen Konflikt sui generis aufgewertet[127] und diese humanitärvölkerrechtliche Wertung ist vom Bürgerkriegsvölkerstrafrecht nachzuvollziehen, so dass auch in solchen Konflikten

---

[120] Prosecutor v. Tadic, Decision on the Defence Motion for Interlocutory Appeal on Jurisdiction 2.10.1995 (IT-94-1-AR 72), para 70; Prosecutor v. Blaškic, Judgement 3.3.2000 (IT-95-14-T), para 64; Prosecutor v. Kordic & Cerkez, Appeal Judgement, 17.12.2004 (IT-95-14/2-A), para 319. Zust. *Tahzib-Lie/Swaak-Goldman* in *Lijnzaad/van Sambeek/Tahzib-Lie* (Hrsg.), S. 244 f.; *Quéguiner* IRRC 85 (2003), 271 (283 f.); *Mettraux* S. 38; *Olásolo* S. 49 f.; kritisch *Lubell/Derejko* JICJ 11 (2013), 65 (71).
[121] Prosecutor v. Tadic, Decision on the Defence Motion for Interlocutory Appeal on Jurisdiction 2.10.1995 (IT-94-1-AR 72), para 70; Prosecutor v. Blaškic, Judgement 3.3.2000 (IT-95-14-T), para 69; Prosecutor v. Kordic & Cerkez, Appeal Judgement, 17.12.2004 (IT-95-14/2-A), para 319.
[122] Vgl. <https://de.wikipedia.org/wiki/Liste_mexikanischer_Staaten> (abgerufen am 5.6.2017).
[123] Vertiefend *Ambos* Treatise II, S. 130 f.; anders noch Vorauf. Rn. 26. Siehe auch *Lubell/Derejko* JICJ 11 (2013), 65 (71 ff.) sowie *Kälin/Künzli* S. 197 Rn. 514, die zumindest den Anwendungsbereich des ZP II auf die Teile des Staatsgebietes beschränken wollen, in welchen die bewaffnete Auseinandersetzung stattfindet.
[124] Eingehend *Ipsen/Ipsen* § 59 Rn. 8 ff.; *David,* 2012, S. 120 ff. (Rn. 1.51 ff.), 148 ff. (Rn. 1.94 ff.); *Gasser/Melzer* S. 66 f.; *Kolb* in *Kolb/Scalia* (Hrsg.), S. 134; *Weingärtner* HuV-I 2010, 141 (142); *Gotzel* S. 298; siehe auch Prosecutor v. Prlić ua, Judgement 29.5.2013 (IT-04-74-T) para. 85; *Peterson* S. 205; *Fernandez/Pacreau/Eudes* S. 494.
[125] *Fleck/Greenwood* S. 44 (Nr. 202).
[126] *Ipsen/Ipsen* § 59 Rn. 15 ff.; Triffterer/Ambos/*Zimmermann/Geiß* IStGH-Statut Art. 8 Rn. 840 f.; *David,* 2012, S. 186 ff. (Rn. 1.135 ff.); *Ambos* in *Haase/Müller/Schneider* (Hrsg.) S. 331, 341 f.; ders. Treatise II, S. 134; siehe auch die Darstellung bei *Bassiouni* Journal of Criminal Law & Criminology 98 (2008), 711 (743 ff.).
[127] Rechtlich lässt sich dies damit begründen, dass es sich beim Selbstbestimmungsrecht um ein unmittelbar dem Völkerrecht zu entnehmendes Recht handelt, so dass ein Konflikt darum nicht als innere Angelegenheit gelten kann, vgl. *Doehring* § 11 Rn. 587; *Dahm/Delbrück/Wolfrum* S. 311 f.; siehe hierzu auch *la Haye* S. 14; krit. *König* S. 357 f.

die §§ 8 Abs. 3, 9 Abs. 2, 11 Abs. 3 Anwendung finden müssen.[128] Praktisch ist die Frage allerdings von geringer Bedeutung, weil die Klassifikation als nationaler Befreiungskrieg iSv Art. 1 Abs. 4 ZP I heute kaum noch vorgenommen wird.[129] Praktisch gering ist heute auch die Bedeutung der **Anerkennung der Aufständischen als kriegsführende Partei** *(recognition of belligerency)*: Sie führt dazu, dass diese wie ein Staat behandelt werden und der eigentlich interne zum internationalen Konflikt wird;[130] von der Anerkennung alleine kann aber grundsätzlich nicht die Anwendbarkeit des humanitären Völkerrechts abhängen,[131] zumal Aufständische durch effektive territoriale Herrschaftsgewalt auch zu *de facto*-Regimen mit – zumindest partieller – Völkerrechtssubjektivität werden können,[132] so dass der eigentlich innerstaatliche zu einem internationalen Konflikt würde. Wie dem auch sei, die Anwendbarkeit des humanitären Völkerrechts setzt lediglich das Vorliegen eines bewaffneten Konflikts voraus.

29 Problematisch kann die Abgrenzung zwischen internationalem und nicht-internationalem Konflikt im Falle der **Staatenauflösung bzw. des -zerfalls** (Dismembration) sein, denn dann kommt es auf den Zeitpunkt der völkerrechtlichen Entstehung der aus dem ursprünglichen Staat gewachsenen Nachfolgestaaten an, um den Übergang von einem nicht-internationalen zu einem internationalen Konflikt bestimmen zu können. So wird für den Konflikt im ehem. Jugoslawien gemeinhin angenommen, dass spätestens mit der völkerrechtlichen Anerkennung[133] der sich abspaltenden Teilrepubliken Slowenien (15.1.1992), Kroatien (15.1.1992) und Bosnien-Herzegowina (7.4.1992) durch die EU und ihrer Aufnahme in die UNO am 22.5.1992[134] von einem internationalen Konflikt zwischen diesen Staaten und der BR Jugoslawien (BRJ: Serbien und Montenegro) auszugehen ist.[135] In der Sache handelt es sich in solchen Fällen um – zunächst interne – **Sezessionskriege,** die mit Wirksamwerden der Sezession und Anerkennung des neuen Staates **internationalisiert** werden (obwohl ihnen nicht die gleiche rechtliche Anerkennung wie dem nationalen Befreiungskrieg zuteil wird, Rn. 28).[136]

30 Problematischer ist, ob und inwieweit die **Beteiligung eines fremden Staates** an einem eigentlich territorial begrenzten (nicht-internationalen) Konflikt diesen „**internationalisieren**" kann.[137] Auch diese Frage ist im Konflikt im ehem. Jugoslawien relevant geworden und zwar insbesondere im Hinblick auf den muslimisch-serbischen Konflikt in Bosnien-Herzegowina (BiH) und die politische Unterstützung der Republika Srpska (serbische Teilrepublik von BiH) durch die BRJ und die militärische Unterstützung der (neu gegründeten)

---

[128] Zutreff. *Werle*, 2012, Rn. 1083; *Werle/Jeßberger* Rn. 1085; allg. Fleck/*ders.* S. 581 (Nr. 1201).
[129] Vgl. Ipsen/*Ipsen* § 59 Rn. 3; *Heintze* HuV-I 2013, 28.
[130] *David*, 2012, S. 158 ff. (Rn. 1.101 ff.); Vitzthum/*Bothe* S. 660 (Rn. 127 f.); Ipsen/*Epping* § 9 Rn. 13; *Herdegen* § 11 Rn. 2; *Dahm/Delbrück/Wolfrum* S. 296 ff.; Kolb in *Kolb/Scalia* (Hrsg.), S. 135; *la Haye* S. 14; *Ambos* Treatise II, S. 126 mwN.; beispielhaft für Kolumbien: *Ramelli*.
[131] Das folgt aus Art. 3 GK I–IV letzter Satz, wonach: „The application of the preceding provisions shall not affect the legal status of the Parties to the conflict."
[132] *Kimminich/Hobe* S. 176 f.; *Doehring* § 2 Rn. 261 weitergehend wohl Ipsen/*Epping* § 9 Rn. 15 („kann ihnen ... allmählich Völkerrechtssubjektivität zuwachsen", „erfüllt faktisch die Voraussetzungen der Staatlichkeit auf den von ihm beherrschten Gebiet"); zust. *Schaller*, SWP-Studie 2007, S. 16 f.; für einen „den Staaten ähnlichen Rechtsstatus" auch *Herdegen* § 11 Rn. 1 ebenso weitgehend *Dahm/Delbrück/Wolfrum* S. 303 f. Einigkeit besteht immerhin insoweit, dass es sich um einen fließenden Übergang von partieller zu voller Völkerrechtssubjektivität handelt.
[133] Die bloße (einseitige) Unabhängigkeitserklärung reicht – entgegen BayObLG 23.5.1997 – 3 St 20/96, NJW 1998, 392 (393) – nicht (vgl. *Meron* AJIL 88 (1994), 78 (81)). Voraussetzung ist stets die Anerkennung durch andere Staaten, siehe *Ryngaert/Sobrie* LJIL 24 (2011), 467 (479).
[134] *De Hoogh* BYIL 72 (2001/2002), 255 (258 f.).
[135] Vgl. BGH 30.4.1999 – 3 StR 215/98, BGHSt 45, 64 (73 f.) = NStZ 1999, 399 f.; BayObLG 23.5.1997 – 3 St 20/96, NJW 1998, 392 (394). Zur Rspr. des ICTY vgl. *Mettraux* S. 58. Ein aktuelleres Beispiel ist die Unabhängigkeitserklärung des Kosovo, hierzu *Ambos* Treatise II, S. 134 Fn. 121 mwN.
[136] Näher *David*, 2012, S. 200 ff. (Rn. 1.159 ff.); *Ambos* Treatise II, S. 134 f.
[137] Näher *David*, 2012, S. 160 ff. (Rn. 1.105), der diese Möglichkeit nach eingehender Diskussion bejaht (175, Rn. 1.123). So auch *Kälin/Künzli* S. 174 ff.; *Schmitt/Garraway/Dinstein* S. 2; *Quéguiner* IRRC 85 (2003), 271 (287 f.) will eine Internationalisierung verneinen, wenn der intervenierende Staat die Regierungsseite gegen eine Aufstandsbewegung unterstützt.

bosnisch-serbischen Armee (VRS) durch die jugoslawische Armee (JNA).[138] Übereinstimmend wird eine Internationalisierung von der völkerstrafrechtlichen und deutschen Spruchpraxis dann angenommen, wenn die Handlungen einer der Konfliktparteien einem fremden Staat **zugerechnet** werden können, dh wenn die am Konflikt teilnehmenden Einzelpersonen oder Gruppen *de facto* Organe dieses Staates sind[139] oder in sonstiger Weise von diesem **kontrolliert** werden.[140] Dabei ist freilich umstritten, wie diese sonstige Kontrolle beschaffen sein muss.

In *Tadic* folgte eine Verhandlungskammer unter Bezugnahme auf das Nicaragua-Urteil des IGH[141] dem sog. **„effective control" Test.** Danach muss der fremde Staat die effektive Kontrolle über am Konflikt beteiligte militärische oder paramilitärische Gruppen in Bezug auf bestimmte Operationen dieser Gruppen und durch Erteilung bestimmter Anordnungen ausüben.[142] Dieser Maßstab wurde jedoch von der Berufungskammer verworfen, weil er sich als nicht geeignet für die Klärung der Frage der individuellen – nicht staatlichen – strafrechtlichen Verantwortlichkeit erweise.[143] Stattdessen wurde im Hinblick auf die Handlungen der beteiligten Einzelpersonen oder organisierten Gruppen unterschieden.[144] Im Falle *militärischer* oder paramilitärischer *Gruppen* müsse der fremde Staat nicht nur die Gruppe ausrüsten und finanzieren, sondern auch ihre militärischen Aktivitäten koordinieren oder sie dabei unterstützen, also eine sog. **„overall control"**[145] ausüben. Er muss jedoch dem Führer oder den Mitgliedern der Gruppe keine genauen Anordnungen geben.[146] Im Fall von *Einzelpersonen* oder *nicht militärisch organisierten Gruppen* müsse der fremde Staat **genaue Anordnungen** treffen, welche auf die Begehung bestimmter Taten zielen oder öffentlich die Begehung solcher Taten billigen.[147] Eine Zurechnung ist auch möglich, wenn sich Einzelpersonen – ungeachtet irgendwelcher Anordnungen – den Organen eines fremden Staates auf Grund ihres faktischen Verhaltens innerhalb der staatlichen Struktur **anpassen.**[148] Mit dieser Konzeption werde **kein neues Recht** geschaffen, sondern nur der Begriff des internationalen

---

[138] Vgl. schon *Ambos* NStZ 1999, 226 (227 f.); *ders.* NStZ 2000, 71; *ders.* in *Haase/Müller/Schneider* (Hrsg.), S. 332 ff.; zur fortdauernden Verwicklung der BRJ in den Konflikt in BiH auch BayObLG 23.5.1997 – 3 St 20/96, NJW 1998, 392 (394).

[139] Grdl. *de Hoogh* BYIL 72 (2001/2002), 255 (264 ff., 275 f.): „that the Bosnian Serb army VRS and the Republika Srpska were de facto organs of the FRY since they operated within the organic structure of the FRY". Er untersucht die Frage auch im Lichte von Art. 8 des ILC Draft of State Responsibility von 2001 und weist nach, dass die ILC nicht der *Tadic*-Berufungskammer folgt (277 ff.). Siehe auch *Kreß* RGDIP 105 (2001), 93. Krit. insoweit *König* S. 356 f.

[140] Prosecutor v. Tadic, Appeal Judgement 15.7.1999 (IT-94-1-A), para 83 ff. (104); zust. BGH 21.2.2001 – 3 StR 372/00, BGHSt 46, 292 (299). Zust. *Werle*, 2012, Rn. 1084 ff.; *Werle/Jeßberger* Rn. 1086 ff.; *David*, 2012, S. 167 ff. (167, Rn. 1.111); *Kälin/Künzli* S. 175 Rn. 443; generell zurückhaltend *Vitzthum/Bothe* S. 660 (Rn. 127).

[141] ICJ, Military and Paramilitary Activities in and Against Nicaragua, Judgement, ICJ Reports 1986, 14.

[142] ICJ, Military and Paramilitary Activities in and Against Nicaragua, Judgement, ICJ Reports 1986, 14 para 115; bestätigt in ICJ, Case Concerning Armed Activities on the Territory of the Congo (Congo v. Uganda), ICJ Reports 2005, 168 para 160; Prosecutor v. Tadic, Opinion and Judgment 7.5.1997 (IT-94-1-T), para 585; dazu *Hoffmann* in *Menzel/Pierlings/Hoffmann* (Hrsg.), S. 787 ff.; *Cryer/Friman/Robinson/Wilmshurst* S. 277 f.; *Olásolo* S. 59 f. Eingehend zur Entwicklung dieser Rspr. *Heinsch* S. 95 ff.; auch *Darcy* S. 85 ff.

[143] Prosecutor v. Delalic et al., Judgement 16.11.1998 (IT-96-21-T), para 262–263; Prosecutor v. Tadic, Appeal Judgement 15.7.1999 (IT-94-1-A), para 103.

[144] Prosecutor v. Tadic, Appeal Judgement 15.7.1999 (IT-94-1-A), para 120; zust. Prosecutor v. Kordic & Cerkez, Appeal Judgement 17.12.2004 (IT-95-14/2-A), para 308.

[145] In diesem Sinne auch BGH 21.2.2001 – 3 StR 372/00, BGHSt 46, 299: „im Großen und Ganzen unter der Kontrolle". Vgl. auch *Mettraux* S. 56 f. mit den von der Rspr. entwickelten Indizien sowie *Kolb* in *Kolb/Scalia* (Hrsg.), S. 142.; zu den Konsequenzen dieses Ansatzes, insbesondere zur hieraus resultierenden Anwendbarkeit des Besatzungsrechts auf nicht-staatliche Akteure *Gal* JICJ 12 (2014), 59 (64 ff.).

[146] Prosecutor v. Tadic, Appeal Judgement 15.7.1999 (IT-94-1-A), para 131, 137; zust. Prosecutor v. Aleksovski, Appeal Judgement, 24.3.2000 (IT-95-14/1-A), para 131 ff.; Prosecutor v. Delalic et al., Appeal Judgement 20.2.2001 (IT-96-21-A), para 26; Prosecutor v. Kordic & Cerkez, Appeal Judgement, 17.12.2004 (IT-95-14/2-A), para 310; Prosecutor v. Gotovina ua, Judgement 15.4.2011 (IT-06-90-T), para 1675.

[147] Prosecutor v. Tadic, Appeal Judgement 15.7.1999 (IT-94-1-A), para 132, 137; siehe hierzu auch Prosecutor v. Prlić ua, Judgement 29.5.2013 (IT-04-74-T) para 86 sowie *Stewart* in *Cassese* (Hrsg.), S. 384.

[148] Prosecutor v. Tadic, Appeal Judgement 15.7.1999 (IT-94-1-A), para 141 ff. (141: „… assimilation of individuals to State organs *on account of their actual behaviour within the structure of a State* …", Herv. i. Orig.).

Konflikts iSv Art. 2 ICTY-Statut zutreffend ausgelegt; eine Verletzung des Rückwirkungsverbots komme deshalb nicht in Betracht.[149] Während der IGH am „effective control" Test festhält,[150] hat sich der **IStGH** (vorerst) den „overall control" Test zu eigen gemacht,[151] wodurch die unterschiedlichen Anforderungen zwischen klassisch völkerrechtlicher Zurechnung nach dem (kollektiven) Recht der Staatenverantwortlichkeit und individualstrafrechtlicher Zurechnung nach VStR und zugleich die unterschiedlichen Perspektiven völkerrechtlicher und völkerstrafrechtlicher Tribunale – einmal mehr – deutlich werden.[152]

32   Nach diesen Grundsätzen können auch **friedenserhaltende oder -schaffende Maßnahmen der UNO** im Rahmen von Kap. VII der UN-Satzung zu einer Internationalisierung eigentlich interner Konflikte führen.[153] Dies gilt ohne weiteres, wenn die von den UN Mitgliedsstaaten zur Verfügung gestellten Streitkräfte nationaler Befehlsgewalt unterstehen und der UN lediglich eine *Auftragsbefugnis ohne Befolgungszwang* („operational control") übertragen wird. Denn dann sind der Einsatz und die Gewaltanwendung der Streitkräfte den Mitgliedsstaaten zurechenbar. Aber auch wenn die nationalen Streitkräfte im Wege der Organleihe in die *Verfügungsgewalt der UN* eingegliedert werden, wird der Konflikt durch die Beteiligung der UN internationalisiert, denn diese genießt Völkerrechtssubjektivität und unterliegt dem gewohnheitsrechtlich geltenden Recht des bewaffneten Konflikts.[154] Das mag anders sein, wenn die Präsenz von Friedenstruppen auf dem Territorium des Konfliktstaates nicht auf Zwangsmaßnahmen im Rahmen von Kap. VII UNS, sondern auf dessen Zustimmung beruht und sich in der bloßen Anwesenheit erschöpft.[155] Überhaupt fehlt es an einem internationalen bewaffneten Konflikt, wenn der fremde Staat mit *völkerrechtlich wirksamer Zustimmung* des Territorialstaates handelt,[156] es handelt sich dann um einen *nicht*-internationalen Konflikt (wie etwa in Afghanistan).[157] Endlich können auch **terroristische Angriffe** auf einen Staat einen internationalen Konflikt konstituieren, jedenfalls dann, wenn die terroristischen Taten einem fremden Staat zugerechnet werden können (etwa die Anschläge vom 11.9.2001 der afghanischen Taliban Regierung);[158] andernfalls kann es sich um einen nicht-internationalen Konflikt handeln, da eine (transnational agierende) terroristische Gruppe (wie der sog. Islam. Staat) grds. als nicht-staatlicher Akteur zu qualifizieren ist.[159]

---

[149] Prosecutor v. Aleksovski, Appeal Judgement, 24.3.2000 (IT-95-14/1-A), para 135; Prosecutor v. Kordic & Cerkez, Appeal Judgement, 17.12.2004 (IT-95-14/2-A), para 310.

[150] Siehe die Inbezugnahme des Nicaragua-Urteils in ICJ, Case Concerning Armed Activities on the Territory of the Congo (Congo v. Uganda), ICJ Reports 2005, 168 para 160; krit. hierzu *Gal* JICJ 12 (2014), 59 (63), der zufolge der „effective control" Test zu einer Schwächung des hum. VR führt; krit. zur Uneinheitlichkeit der internationalen Rechtsprechung *Cullen* in Stahn (Hrsg.), S. 773 f.

[151] Prosecutor v. Lubanga, Decision on the Confirmation of Charges 29.1.2007 (ICC-01/04-01/06-803), para 203; Prosecutor v. Lubanga, Judgment pursuant to Article 74 of the Statute 14.3.2012 (ICC-01/04-01/06-2842) para 541; Prosecutor v. Katanga, Judgment pursuant to Article 74 of the Statute 7.3.2014 (ICC-01/04-01/07-3436), para 1178 (krit. Minority Opinion Judge van den Wyngaert, para 276 mit Fn. 382); Prosecutor v. Bemba Gombo, Judgment pursuant to Article 74 of the Statute 21.3.2016 (ICC-01/05-01/08-3343), para 130.

[152] Ähnlich *Darcy* S. 96.

[153] Vgl. *David*, 2012, S. 178 ff. (Rn. 1.125 ff.); Ipsen/*Ipsen* § 59 Rn. 19; *Cryer/Friman/Robinson/Wilmshurst* S. 277; *Kälin/Künzli* S. 182 Rn. 460 ff.; *la Haye* S. 19 ff.; *Ambos* Treatise II, S. 137.

[154] Vgl. Ipsen/*Ipsen* § 59 Rn. 19, § 67 Rn. 5; Vitzthum/*Bothe* S. 660 (Rn. 127); *David*, 2012, S. 225 ff. (Rn. 1.191 ff.); *Palomo Suárez* S. 126.

[155] In diesem Fall wären die Friedenstruppen Nebenorgan der GV (Art. 22 UNS) oder des SR (Art. 29 UNS), vgl. näher *David*, 2012, S. 179 ff. (Rn. 1.127 ff.); auch *Safferling* FS Landau, 2016, 444.

[156] *Schaller*, SWP-Studie 2007, S. 14 f.; *Ambos* NJW 2010, 1725 (1726); *ders.*, 2010, Fall 6 Rn. 10 ff. (S. 68 ff.); *Safferling/Kirsch* JA 2010, 81 (83); siehe auch Prosecutor v. Mbarushimana, Decision on the Confirmation of Charges 16.12.2011 (ICC-01/04-01/10-465-Red), para 101.

[157] *Ambos* NJW 2011, 1726; differenzierend *Ambos/Alkatout* IsLR 45 (2012), 341 (350); *Safferling/Kirsch* JA 2010, 81 (83).

[158] Vgl. *David*, 2012, S. 125 ff. (Rn. 1.58) mwN; zu ihrer Charakterisierung als Kriegsverbrechen ebd., S. 804 f. Rn. 4.200); *Knoops* ICLR 8 (2008), 141 (143); zur Überschreitung der Schwelle des bewaffneten Konflikts *Schaller*, SWP-Studie 2007, S. 12.

[159] Insofern zum nicht-internationalen Konflikt als „residual conflict" iSd Rspr. des US Supreme Court *Neumann* ZStW 128 (2016), 998 (1011 ff.) (die allerdings den aktuellen Diskussionsstand nur unzureichend erfasst und zu leichtfertig die Ansicht des Supreme Court übernimmt).

Völkerstrafgesetzbuch 33–35 Vor § 8 VStGB

Umgekehrt ist auch denkbar, dass ein ursprünglich **internationaler Konflikt zu einem** 33
nicht-internationalen wird, etwa wenn sich eine Besatzungsarmee völlig zurückzieht und auch keine „overall control" mehr über eine der Konfliktparteien hat.[160] Last but not least, können mitunter innerhalb eines Gebiets auch mehrere Konflikte unterschiedlicher (internationaler, internationalisierter oder nicht-internationaler) Art stattfinden.[161] Bei solchen sog. **gemischten bewaffneten Konflikten** kommt es darauf an, welchem der Konflikte das inkriminierte Verhalten zuzurechnen ist und welcher Konfliktpartei der Tatverdächtige angehört.[162]

3. „Zusammenhang" der Tat mit dem Konflikt. Dieses Erfordernis stellt das für 34
internationale Verbrechen allgemein notwendige **„internationale Element"** oder die **Gesamttat** dar, die die überwiegend auch im allgemeinen Strafrecht anzutreffenden Tathandlungen (Einzeltaten)[163] zu internationalen Verbrechen in Form von Kriegsverbrechen macht. Damit werden Kriegsverbrechen einerseits von rein nationalen Straftaten des allgemeinen Strafrechts abgegrenzt und andererseits vereinzelte und isolierte Taten ausgenommen.[164] Mit der Tatbegehung „im Zusammenhang" mit einem bewaffneten Konflikt ist überdies eine **Unrechts- und Schuldsteigerung** verbunden, die sich insbesondere in den – gegenüber den vergleichbaren Tatbeständen des allgemeinen Strafrechts – höheren Strafrahmen zeigt.

Die Rechtsprechung verlangt nahezu einstimmig, dass es einen **„offensichtlichen** 35
Zusammenhang zwischen den (vermeintlichen) Verbrechen und dem bewaffneten Konflikt als Ganzes" geben muss.[165] Ein solcher Zusammenhang liege vor, wenn die „Verbrechen **in enger Beziehung** zu den Feindseligkeiten stehen, die in anderen Teilen des durch die Konfliktparteien kontrollierten Gebietes stattfinden."[166] Es ist aber nicht notwendig,

---

[160] Vgl. auch *Mettraux* S. 58.
[161] Prosecutor v. Tadic, Decision on the Defence Motion for Interlocutory Appeal on Jurisdiction 2.10.1995 (IT-94-1-AR 72), para 76 f.; *Palomo Suárez* S. 128 f.; *Ambos* ICLR 12 (2012), 115 (129); *ders.* Treatise II, S. 135.
[162] Vgl. Prosecutor v. Lubanga, Judgment pursuant to Article 74 of the Statute 14.3.2012 (ICC-01/04-01/06-2842) para 551 ff.; *Werle*, 2012, Rn. 1091; *Werle/Jeßberger* Rn. 1105; *Ambos* ICLR 12 (2012), 115 (129); auch *Dinstein*, 2014, S. 54 ff.
[163] Vgl. zum Begriffspaar Gesamt- und Einzeltat schon *Marxen* in *Lüderssen* (Hrsg.), S. 231 f.; *Werle* JZ 2000, 755 (757).
[164] Zutreffend *Mettraux* S. 38 f.; auch *Dinstein*, 2014, S. 14. Krit. *Kirsch* FS Kargl, 2015, 293, dem zufolge Kriegsverbrechen gegen Personen und gegen Eigentum keinen spezifischen Unrechtsgehalt aufweisen.
[165] Vgl. Prosecutor v. Blaškic, Judgement 3.3.2000 (IT-95-14-T), para 69 (Herv. d. Verf.); Prosecutor v. Tadic, Decision on the Defence Motion for Interlocutory Appeal on Jurisdiction 2.10.1995 (IT-94-1-AR 72), para 70; Prosecutor v. Delalic et al., Judgement 16.11.1998 (IT-96-21-T), para 193; Prosecutor v. Akayesu, Appeal Judgement 1.6.2001 (ICTR-96-4-A), para 438; Prosecutor v. Kayishema & Ruzindana, Judgement 21.5.1999 (ICTR-95-1-T), para 169, 185 ff.; Prosecutor v. Rutaganda, Judgement 6.12.1999 (ICTR-96-3-T), para 104 f., 442 ff.; Prosecutor v. Rutaganda, Appeal Judgement 26.5.2003 (ICTR-96-3-A), para 569 ff. (das Urteil der Trial Chamber diesbezüglich aufhebend, para 573 ff., 584); Prosecutor v. Bagilishema, Judgement 3.6.2002 (ICTR-95-1A-T), para 105; Prosecutor v. Kunarac, Appeal Judgement 12.6.2002 (IT-96-23 & IT-96-23/1-A), para 58; Prosecutor v. Semanza, Judgement and Sentence 15.5.2003 (ICTR-97-20-T), para 516 ff. (vgl. auch die Separate Opinion of Judge Ostrovsky, para 14 ff.); *Prosecutor v. Stakić*, Judgement 31.7.2003 (IT-97-24-T), para 569; Prosecutor v. Limaj, Appeal Judgement 27.9.2007 (IT-03-66-A), para 91; Prosecutor v. Katanga, Judgment pursuant to Article 74 of the Statute 7.3.2014 (ICC-01/04-01/07-3436), para 1176. S. auch *Werle*, 2012, Rn. 1094 ff. mwN; *Werle/Jeßberger* Rn. 1109; *Satzger* § 16 Rn. 63; *Kittichaisaree* S. 193 f. (bezogen auf nicht-internationale bewaffnete Konflikte); *Mettraux* S. 38; *Gotzel* S. 299; krit. *Quéguiner* IRRC 85 (2003), 271 (284 ff.); *Cryer/Friman/Robinson/Wilmshurst* S. 281 f.; *Peterson* S. 206; *Olásolo* S. 97 f.; zur Rspr. der ad hoc Tribunale auch *Heinsch* S. 93 f.
[166] Prosecutor v. Tadic, Decision on the Defence Motion for Interlocutory Appeal on Jurisdiction 2.10.1995 (IT-94-1-AR 72), para 70 (Herv. d. Verf.); auch Prosecutor v. Tadic, Opinion and Judgment 7.5.1997 (IT-94-1-T), para 572, 573; Prosecutor v. Tadic, Appeal Judgement 15.7.1999 (IT-94-1-A), para 249, 252; Prosecutor v. Delalic et al., Judgement 16.11.1998 (IT-96-21-T), para 193, 195; Prosecutor v. Furundzija, Judgement 10.12.1998 (IT-95-17/1-T), para 60; Prosecutor v. Blaškic, Judgement 3.3.2000 (IT-95-14-T), para 68; Prosecutor v. Kunarac, Appeal Judgement 12.6.2002 (IT-96-23 & IT-96-23/1-A), para 57; Prosecutor v. Stakic, Judgement 31.7.2003 (IT-97-24-T), para 569; Prosecutor v. Halilović, Judgement 16.11.2005 (IT-01-48-T), para 29; Prosecutor v. Stakić, App. Judgement 22.3.2006 (IT-97-24-A), para 342; Prosecutor v. Krajisnik, Judgement 27.9.2006 (IT-00-39 & 40), para 846; Prosecutor v. Lukić and Lukić, Judgement 20.7.2009 (IT-98-32/1-T), para 868; Prosecutor v. Gotovina ua, Judgement 15.4.2011 (IT-06-90-T), para 1677; Prosecutor v. Perišić, Judgement 6.9.2011 (IT-04-81-T), para 73; Prosecutor v. Stanišić &

dass die Einzeltaten inmitten von Kampfhandlungen zum gleichen Zeitpunkt und am gleichen Ort wie der bewaffnete Konflikt stattfinden;[167] es reicht vielmehr aus, wenn ein **funktionaler Zusammenhang** zwischen den Einzeltaten und dem Konflikt besteht,[168] diese also durch den Konflikt *gefördert* oder zumindest *wesentlich beeinflusst* wurden.[169] Der Zusammenhang kann sich auch aus der Beziehung des Täters zu einer der Konfliktparteien ergeben.[170] In *Kunarac* hat die Berufungskammer folgende **Kriterien** zur Feststellung des erforderlichen Begehungszusammenhangs aufgestellt: „die Tatsache, dass der Täter ein Kombattant ist; ... dass das Opfer kein Kombattant ist; ... dass das Opfer ein Mitglied der gegnerischen Partei ist; ... dass die Handlung dem Endziel einer militärischen Kampagne dienen soll; ... dass das Verbrechen als Teil von oder im Zusammenhang mit den dienstlichen Aufgaben des Täters begangen wird".[171] Im Ergebnis vertritt die Rspr. eine – am humanitären Schutzweck des Konfliktvölkerrechts orientierte – **weite Auslegung** des Zusammenhangserfordernisses.[172] So soll ein Zusammenhang etwa auch gegeben sein, wenn bestimmte Taten „in the aftermath of the fighting", „in furtherance" und unter Ausnutzung der durch die Kämpfe geschaffenen Situation begangen werden.[173] Nicht erfasst werden aber jedenfalls Taten, die nur **„bei Gelegenheit"** und unabhängig vom gleichzeitigen bewaffneten Konflikt begangen werden.[174] Zu prüfen ist insoweit, ob die Tat in Friedenszeiten ebenso hätte begangen werden können oder ob die Situation des bewaffneten Konflikts die Tatbegehung erleichtert und die Opfersituation verschlechtert hat. Die persönliche **Motivation** des Täters ist dabei unerheblich: Auch wer einen Kriegsgefangenen aus Eifersucht tötet, nutzt die besondere Situation der Kriegssituation aus und begeht deshalb ein Kriegsverbrechen.[175]

Simatović, Judgement 30.5.2013 (IT-03-69-T), para 956; Prosecutor v. Ndindiliyimana ua, Judgement 17.5.2011 (ICTR-00-56-T), para 2132; Prosecutor v. Karemera and Ngirumpatse, Judgement 2.2.2012 (ICTR-98-44-T), para 1696; Prosecutor v. Karadžić, Judgement 24.3.2016 (IT-95-5/18-T), para 442; Prosecutor v. Katanga, Judgment pursuant to Article 74 of the Statute 7.3.2014 (ICC-01/04-01/07-3436), para 1176; Prosecutor v. Bemba Gombo, Judgment pursuant to Article 74 of the Statute 21.3.2016 (ICC-01/05-01/08-3343), para 142. Siehe auch Situation in the Republic of Côte d'Ivoire, Decision Pursuant to Article 15 of the Rome Statute on the Authorisation of an Investigation into the Situation in the Republic of Côte d'Ivoire, 15.11.2011 (ICC-02/11-14-Corr), para 150.

[167] Prosecutor v. Tadic, Appeal Judgement 15.7.1999 (IT-94-1-A), para 573; Prosecutor v. Delić, Judgement, 15.9.2008 (IT-04-83-T), para 41; Prosecutor v. Perisić, Judgement 6.9.2011 (IT-04-81-T), para 73; Prosecutor v. Al Bashir, Decision on the Prosecution's Application for a Warrant of Arrest against Omar Hassan Ahmad Al Bashir 4.3.2009 (ICC-02/05-01/09-3), para 71; Prosecutor v. Stanšić & Župljanin, Judgement 27.3.2013 (IT-08-91-T), para. 34; Prosecutor v. Katanga, Judgment pursuant to Article 74 of the Statute 7.3.2014 (ICC-01/04-01/07-3436), para 1176; Prosecutor v. Ongwen, Decision on the Confirmation of Charges 23.3.2016 (ICC-02/04-/01/15-422), para 107; auch *Mettraux* S. 40; *Dörmann* S. 24 ff.

[168] Prosecutor v. Tadic, Decision on the Defence Motion for Interlocutory Appeal on Jurisdiction 2.10.1995 (IT-94-1-AR 72), para 69, in Bezug auf das Verbrechen der Freiheitsentziehung.

[169] Zu dem insoweit relevanten „furtherance" und „substantial influence test" s. *Kolb* in Kolb/Scalia (Hrsg.), S. 142 f.; auch Prosecutor v. Karadžić, Judgement 24.3.2016 (IT-95-5/18-T), para. 442; Prosecutor v. Katanga, Judgment pursuant to Article 74 of the Statute 7.3.2014 (ICC-01/04-01/07-3436), para 1176 („the armed conflict must play a major part in the perpetrator's decision, in his or her ability to commit the crime or the manner in which the crime was ultimately committed"); ebenso Prosecutor v. Karadžić, Judgement 24.3.2016 (IT-95-5/18-T), para. 442.

[170] Vgl. *Werle*, 2012, Rn. 1098; *Werle/Jeßberger* Rn. 1113.

[171] Prosecutor v. Kunarac, Appeal Judgement 12.6.2002 (IT-96-23 & IT-96-23/1-A), para 59 (Übers. d. Verf.); bestätigt in Prosecutor v. Katanga und Ngudjolo, Decision on the confirmation of charges 30.9.2008 (ICC-01/04–01/07–717), para 383; Prosecutor v. Taylor, Judgement 18.5.2012 (SCSL-03-01-T), para 567; Prosecutor v. Bemba Gombo, Judgment pursuant to Article 74 of the Statute 21.3.2016 (ICC-01/05-01/08-3343), para 143; auch *Mettraux* S. 46 mwN; *Cryer/Friman/Robinson/Wilmshurst* S. 281 f.

[172] Vgl. *Mettraux* S. 47 f. sowie den Rechtsprechungsüberblick bei *van der Wilt* JICJ 10 (2012), 1113 (1117-20) und *Cassese* JICJ 10 (2012), 1395 (1398-1414); zur Kritik *Ambos* Treatise II, S. 142 f. mwN.

[173] Prosecutor v. Kunarac, Judgement 22.2.2001 (IT-96-23 & IT-96-23/1-T), para 568; kritisch hierzu *van der Wilt* JICJ 10 (2012), 1113 (1127).

[174] Gesetzesbegründung in: BMJ S. 53 = *Lüder/Vormbaum* S. 42; auch *Gropengießer/Kreicker* in Eser/Kreicker, (Hrsg.), S. 158; *Satzger* § 16 Rn. 63; *Křivánek* S. 178; *Darge* S. 321; siehe auch *Cassese* JICJ 10 (2012), 1395 (1397).

[175] Überzeugend *Werle*, 2012, Rn. 1100; *Werle/Jeßberger* Rn. 1115; ebenso *Mettraux* S. 44 f.; *Safferling* § 6 Rn. 143; *Melzer*, 2005, S. 26 f.; anders wohl *Moir* in Doria/Gasser/Bassiouni (Hrsg.), S. 618, der bei „offences committed for purely personal reasons" den Zusammenhang verneinen will; ausführlich hierzu und mwN *Ambos* Treatise II, S. 143.

Umstritten ist, wie das Zusammenhangserfordernis **rechtlich zu qualifizieren** ist und 36 wie sich dies auf die subjektiven Voraussetzungen individueller Verantwortlichkeit auswirkt. Wenn man das Erfordernis als rein **objektives Merkmal** iS einer bloßen Zuständigkeitsbestimmung („jurisdictional element") oder objektiven Bedingung der Strafbarkeit ansieht (so der hier sog. objektive Ansatz),[176] muss es nicht vom Vorsatz des Täters umfasst sein. Versteht man das Erfordernis hingegen als ein **Tatbestandsmerkmal,** muss sich der Vorsatz des Täters auf den Zusammenhang beziehen, dieser muss also zumindest – iSd *dolus eventualis* – billigend in Kauf nehmen, dass seine Handlungen im Zusammenhang mit einem bewaffneten Konflikt stehen.[177] Dieser, hier sog. subjektive Ansatz ist, wie an anderer Stelle näher begründet,[178] vor allem aus schuldstrafrechtlicher Sicht vorzugswürdig. Das schließt zwar eine objektive, von der Tätervorstellung unabhängige Bestimmung des Zusammenhangserfordernisses nicht aus; doch darf diese nicht den Blick darauf verstellen, dass dieses Erfordernis ein Tatbestandsmerkmal ist und als solches den besonderen Unrechtsgehalt eines Kriegsverbrechens konstituiert, also im dargelegten Sinne vom Vorsatz umfasst sein muss.

4. Täter und Opfer. Täter von Kriegsverbrechen kann **jedermann** sein, nicht nur 37 Soldaten und andere in öffentlichem Auftrag handelnde Personen, sondern auch **Zivilpersonen.**[179] Das ergibt sich schon aus dem Wortlaut der gemeinsamen Art. 49/50/129/146 GK I–IV, die die Vertragsstaaten verpflichten, Strafbestimmungen für *„Personen"* vorzusehen, die die schweren Verletzungen begehen. Es handelt sich somit bei den §§ 8–12 um **Allgemeindelikte.**[180] Dabei ist zu bedenken, dass im *internationalen* bewaffneten Konflikt ausschließlich **Kombattanten** berechtigt sind, unmittelbar an den Feindseligkeiten teilzunehmen, vgl. Art. 43 Abs. 2 ZP I.[181] Der Kombattantenstatus setzt voraus, dass die betreffende Person sich eindeutig als Mitglied einer Konfliktpartei zu erkennen gibt, zB durch Tragen von Waffen oder einer Uniform.[182] Damit wird sie zum rechtmäßigen militärischen Ziel der Gegenpartei.[183] Beteiligt sich ein **Zivilist** an Kampfhandlungen, haftet er nach nationalem Strafrecht für evtl. strafbare Handlungen,[184] etwa für Totschlag oder Körperverletzung nach

---

[176] Zur Diskussion *Ambos* AT, S. 779 f. mwN; *Cryer/Friman/Robinson/Wilmshurst* S. 282 f.; *Dörmann* S. 18 ff.

[177] Gesetzesbegründung in: BMJ S. 27 = *Lüder/Vormbaum* S. 27; ebenso die Verbrechenselemente zu Art. 8, introduction: „... awareness of the factual circumstances that established the existence of an armed conflict that is implicit in the terms 'took place in the context of and was associated with'" (Report of the PrepCommis for the ICC Add. Part II. Finalized draft text of the Elements of Crimes. PCNICC/2000/1/Add. 2. 2.11.2000); bekräftigt in Prosecutor v. Katanga, Judgment pursuant to Article 74 of the Statute 7.3.2014 (ICC-01/04-01/07-3436), para 1050; auch *Quéguiner* IRRC 85 (2003), 271 (286): „conscience ... d'un lien ... entre ses actes délictueux et le conflit armé"; iE wohl auch *Satzger* § 16 Rn. 65, allerdings widersprüchlich, wenn er in Rn. 63 von einem „rein objektive[n] Kriterium" spricht.

[178] *Ambos*, 2004, S. 780 ff.; *ders*, 2013, S. 283 ff.; *ders*. Treatise II, S. 143 f.; auch *Kolb* in *Kolb/Scalia* (Hrsg.), S. 144; *Olásolo* S. 26; Die Rspr. ist insoweit unklar, vgl. *Mettraux* S. 44.

[179] Gesetzesbegründung in: BMJ S. 54 = *Lüder/Vormbaum* S. 43. Vgl. auch *Werle*, 2012, Rn. 1099; *Werle/Jeßberger* Rn. 1114; *David*, 2012, S. 743 ff. (Rn. 4.64 ff.); *Kittichaisaree* S. 133 f., 136 f.; *Cassese* S. 77; *Gropengießer/Kreicker* in *Eser/Kreicker* (Hrsg.), S. 159; *Cryer/Friman/Robinson/Wilmshurst* S. 282 f.; *Dörmann* S. 34 ff.; *Schaller*, SWP-Studie 2005, S. 15; *Heinsch* S. 127; *Olásolo* S. 52; *Kolb/Hyde* S. 87, *Palomo Suárez* S. 133; *O'Keefe* S. 134; *Ambos* Treatise II, S. 145 f. mwN; zur einschlägigen Rechtsprechung der ad hoc Tribunale siehe *Schabas* Commentary, S. 235 ff.

[180] AA *Zimmermann* GA 2010, 507 (518 ff.): Sonderdeliktscharakter und (de facto) Kombattanten als privilegierte Schädigungsberechtigte.

[181] *Rodriguez-Villasante y Prieto* S. 28; *Schmitt* in *Fischer et al.* (Hrsg.), S. 506; *Wieczorek* S. 29; *Werle*, 2012, Rn. 1040; *Werle/Jeßberger* Rn. 1048; *Schaller*, SWP-Studie 2005, S. 9; *Dörmann* IRRC 85 (2003), 45 *Meiertöns* HuV-I 2008, 134: *Pejic* in *Schmitt/Pejic* (Hrsg.), S. 5.

[182] Vgl. zur notwendigen Kennzeichnung als Kombattant (im internationalen Konflikt) Art. 4 A Abs. 2 GK III sowie Fleck/*Ipsen* S. 89 f. (Nr. 308); *Vitzthum/Bothe* S. 626 Rn. 67); *Alkatout* S. 92 („passive distinction"); zur Übertragung des Unterscheidungsgebots auf Zivilisten *Garbett* Int. J. of Law in Context 2012, 469 (482 ff.). Zu den Voraussetzungen des Kombattantenstatus näher *Fleck/Ipsen* Rn. 304); *Ipsen/Ipsen* § 61 Rn. 40 ff.; *Sassòli/Bouvier* S. 177 ff. mwN; *Zechmeister* S. 89 f.; *Watkin* S. 16 f.; *Kolb/Hyde* S. 197 ff.

[183] *Dinstein* in *Heintschel von Heinegg/Epping* (Hrsg.), S. 148; *Olásolo* S. 105; *Pejic* in *Schmitt/Pejic* (Hrsg.), S. 336.

[184] *Schmitt*, CJIL 5 (2005) 511 (520); *Fleck/Ipsen* S. 82 f. (Nr. 302); *Schaller*, SWP-Studie 2005, S. 16; *ders.*, SWP-Studie 2007, S. 18.

dem StGB. Erfüllt eine solche Tat über den nationalen Straftatbestand hinaus auch noch die Voraussetzungen eines Kriegsverbrechens, muss er sich auch dafür verantworten.[185] Zur Konkurrenz zwischen den allgemeinen Straftatbeständen und den Vorschriften des VStGB → Rn. 45.

38 Als **Opfer** von Kriegsverbrechen kommen die vom Genfer Recht **„geschützten Personen"** in Betracht,[186] wobei insoweit nach dem jeweiligen Verbrechenstatbestand und zwischen internationalem und nicht-internationalem Konflikt zu unterscheiden ist.[187] Im **internationalen Konflikt** gelten Verwundete und Kranke auf dem Land (Art. 13 GK I), Verwundete und Kranke auf See sowie Schiffbrüchige (Art. 12 GK II), Kriegsgefangene[188] (Art. 4 GK III) und Zivilpersonen (Art. 4 GK IV, Art. 48 ff. ZP I) als geschützt (vgl. insoweit **§ 8 Abs. 6 Nr. 1**). Art. 85 Abs. 2–4 ZP I erweitert diesen Personenkreis auf Personen, die an Kampfhandlungen teilgenommen haben und in Feindeshand gefallen sind (Art. 11, 45), Verwundete, Kranke und Schiffbrüchige der gegnerischen Partei (Art. 10), das medizinische und religiöse Personal (Art. 12, 15, 16), Flüchtlinge und Staatenlose (Art. 73) sowie Personen, die sich außer Gefecht *(hors de combat)*[189] befinden (Art. 41). Im **nicht-internationalen** Konflikt wird grundsätzlich nicht zwischen Kombattanten und Zivilisten unterschieden und ein Kombattantenstatus nicht anerkannt.[190] Die Kombattantenimmunität, dh das Recht zur Vornahme bewaffneter Schädigungshandlungen, soll nach der traditionellen, staatszentrierten Auffassung aufständischen Gruppen aus nationalen Souveränitätsgesichtspunkten gerade nicht zukommen,[191] ihre Tathandlungen sollen nach innerstaatlichem Strafrecht verfolgbar sein.[192] Der gemeinsame Art. 3 GK I–IV gewährt andererseits grundsätzlich allen „Personen, die *nicht unmittelbar an der Feindseligkeiten teilnehmen*", also auch Angehörigen der Konfliktparteien, die die Waffen gestreckt haben und sich in der Gewalt der gegnerischen Partei befinden, sowie allen durch Krankheit, Verwundung oder eine andere Ursache außer Kampf gesetzten Personen (vgl. insoweit **§ 8 Abs. 6 Nr. 2**), einen Mindestschutz.[193] **§ 8 Abs. 6 Nr. 3** erfasst eine Gruppe von Personen, die – in Übereinstimmung mit der in den §§ 8–12 vorgenommenen Assimilation (→ Rn. 2, 17) – **in beiden Konfliktarten** geschützt sind, scil. die Kombattanten, die die Waffen gestreckt haben oder in sonstiger Weise wehrlos sind (Art. 41 ZP I, Art. 3 GK I–IV, Art. 4 ZP II).[194]

---

[185] Vgl. *Heintze* in *Heintschel von Heinegg/Epping* (Hrsg.), S. 165; *Schmitt* CJIL 5 (2005) 511 (521) mwN auch zur Diskussion, ob bereits die reine Teilnahme eines Zivilisten an den Kampfhandlungen ein Kriegsverbrechen darstellt.
[186] Darin kommt die (beschränkte) Völkerrechtssubjektivität des Individuums im humanitären Völkerrecht zum Ausdruck, vgl. *Ipsen/Ipsen* § 60 Rn. 3 f.
[187] Vgl. schon *Ambos* in *Haase/Müller/Schneider* (Hrsg.), S. 335 ff., 340; auch *Werle*, 2012, Rn. 1109 ff., 1119 f.; *Werle/Jeßberger* Rn. 1123 ff., 1134 f.; *Ipsen/Ipsen* § 62; krit. *Gropengießer* in *Eser/Kreicker* (Hrsg.), S. 159 ff.; insbesondere zum Opfer der Perfidie *Sayapin* HuV-I 2008, 130.
[188] Hierzu vertiefend *Pinzauti* JICJ 8 (2010), 199.
[189] Dazu ausführlich *Egorov* in *Doria/Gasser/Bassiouni* (Hrsg.), S. 561.
[190] ICRC S. 10; Fleck/*Gasser/Dörmann* S. 232 f. (Nr. 501) und Fleck/*ders.* S. 603 (Nr. 1214/1215); *Dörmann* IRRC 85 (2003), 45 (47); *Wieczorek* S. 44; *Gasser/Melzer* S. 87; *Schaller*, SWP-Studie 2007, S. 13; *Sayapin* HuV-I 2008, 130 (131 f.); *Pejic* in *Schmitt/Pejic* (Hrsg.), S. 336. Im nicht-internationalen Konflikt sind daher grundsätzlich auch die Mitglieder der Streitkräfte als Zivilisten anzusehen, die aber kraft Zugehörigkeit zu einer bewaffneten Gruppe ihren hum.-völ. Schutz verloren haben. Siehe vertiefend zu diesem „membership approach" *Alkatout* S. 116 ff.
[191] *Kälin/Künzli* S. 169 Rn. 421 f.; *Sassòli/Bouvier* S. 349 f. mwN; *Heintze* in *Heintschel von Heinegg/Epping* (Hrsg.), S. 165; *Dinstein* in *Heintschel von Heinegg/Epping* (Hrsg.), S. 149; *Schaller*, SWP-Studie 2007, S. 13. De lege ferenda für die Einführung eines Kombattantenstatus in nicht-internationalen bewaffneten Konflikt und der Anerkennung einer Kombattantenimmunität im Einklang mit den humanitärvölkerrechtlichen und völkerstrafrechtlichen Wertungen *Ambos* ZIS 2016, 506 (515 f.); tendenziell auch *Kreß* JZ 2014, 365 (370); siehe auch *Safferling* FS Landau, 2016, S. 447 f., dem zufolge die Kombattantenimmunität jedenfalls dann nicht eingreifen soll, wenn der Kämpfer in zurechenbarer Weise an einem Völkermord teilnimmt.
[192] *Schmitt* in *Fischer et al.* (Hrsg.), S. 510.
[193] Vgl. näher Triffterer/Ambos/*Zimmermann/Geiß* IStGH-Statut Art. 8 Rn. 879 ff.; in Prosecutor v. Tadic, Opinion and Judgment 7.5.1997 (IT-94-1-T), para 615 wurde jede Person als geschützt angesehen, die zum Tatzeitpunkt nicht mehr an den Kampfhandlungen teilnimmt.
[194] Dies können auch Verstorbene sein, denn deren in schwerwiegender Weise entwürdigende oder erniedrigende Behandlung erfüllt den Tatbestand des § 8 Abs. 1 Nr. 9 VStGB, siehe BGH, Beschluss v. 8.9.2016,

Unabhängig von der Art des Konflikts sind auch die **Zivilbevölkerung bzw. Zivilper-** 39
sonen geschützt.[195] Das in Art. 51 ZP I kodifizierte Verbot der Waffenanwendung gegen die Zivilbevölkerung gilt als allgemeiner Grundsatz des Völkerrechts und wird gleichzeitig als Gewohnheitsrecht anerkannt.[196] Im **internationalen** Konflikt wird der Begriff des Zivilisten negativ definiert: Zivilist ist eine Person, die nicht Mitglied der Streitkräfte ist.[197] Aus diesem Grund zählen zur Zivilbevölkerung auch die **Mitglieder von humanitären oder friedenserhaltenden Missionen der UN,** sofern sie nicht auf der Seite einer Partei am Konflikt beteiligt sind (Art. 50 ZP I iVm Art. 4 A Abs. 1, 2, 3 u. 6 GK III, Art. 43 ZP I, Art. 8 Abs. 2 lit. b (iii) und (e) (iii) IStGH-Statut).[198] Ebenso gelten *grundsätzlich* auch sog. **Freischärler, Spione, Söldner und Mitglieder von (unorganisierten) Aufstandsgruppen** als Zivilpersonen,[199] sofern sie nicht als Angehörige der Streitkräfte einer Konfliktpartei anzusehen sind (Art. 4 A Abs. 1, Abs. 2 Abs. 3, Abs. 6 GK III, Art. 43 Abs. 2 ZP I). Dasselbe gilt prinzipiell für **Angestellte privater Militärfirmen** trotz ihrer Nähe zu den Kampfhandlungen, solange sie nicht in die Streitkräfte eingegliedert sind.[200] Diese klare Unterscheidung und der Umstand, dass Zivilisten ihre Angriffsimmunität mit der unmittelbaren Teilnahme am Konflikt verlieren (vgl. Art. 51 Abs. 3 ZP I) und zum legitimen militärischen Ziel werden, macht es jedenfalls überflüssig auf die Figur des **„unrechtmäßigen Kombattanten"** *(unlawful combatants)*[201] zu rekurrieren,[202] zumal diese nur darauf abzielt, bestimmte – als „Terroristen" qualifizierte Personen – vollständig rechtlos zu stellen.[203] Nicht anders sind sog. **„Quasikombattanten"** zu behandeln, denn auch mit die-

---

StB 27/16, para. 22 (unter Verweis auf den Sinn und Zweck der Vorschrift sowie die Verbrechenselemente zu Art. 8 Abs. 2 lit. b (xxi) IStGH-Statut, Ziffer 1 Fn. 49, und zu Art. 8 Abs. 2 lit. c (ii) IStGH-Statut, Ziffer 1 Fn. 57, wonach auch Tote erfasst sind); dagegen *Berster* ZIS 2017, 264 (265 ff.), die stattdessen in der Leichenschändung wegen ihres friedensgefährdenden Potentials eine Beihilfe zu vstr Anschlusstaten sehen will (ZIS 2017, 264 (269 ff.)).

[195] Eingehend Fleck/*Gasser* S. 234 ff. (Nr. 502 ff.) und Fleck/*ders.* S. 591 (Nr. 1203); Vitzthum/*Bothe* S. 624 ff. (Rn. 66 ff.), 655 f.; *Schmitt*/*Garaway*/*Dinstein* S. 18 ff.

[196] Ipsen/*Ipsen* § 62 Rn. 3–4; *Henckaerts/Doswald-Beck* Nr. 6/S. 20 ff.; *Fenrick* JICJ 5 (2007), 332 (335); *Müssig/Meyer* FS Puppe, 2011, 1517 ff.; Israeli Supreme Court, The Public Committee against Torture in Israel v. Government of Israel et al., Case No. HCJ 769/02, 14.12.2006 („Targeted Killings Entscheidung"), para 32; *Dörmann* IRRC 85 (2003), 45 (46). Zur historischen Entwicklung *Krieger* AVR 44 (2006), 159 (166 ff.).

[197] Vgl. Art. 50 Abs. 1 ZP I, siehe auch *Wieczorek* S. 31; Fleck/*Gasser* S. 232 (Nr. 501); *Garbett* Int. J. of Law in Context 2012, 469 (476); zur Rspr. der ad hoc Tribunale *Olásolo* S. 119 ff., zu den Voraussetzungen des Kombattantenbegriffs vgl. schon → Rn. 37.

[198] Gesetzesbegründung in: BMJ S. 66 = *Lüder/Vormbaum* S. 49 f. Vgl. auch Trifftterer/Ambos/*Cottier* IStGH-Statut Art. 8 Rn. 217; Trifftterer/Ambos/*Zimmermann/Geiß* IStGH-Statut Art. 8 Rn. 917 f.; *Gropengießer/Kreicker* in *Eser/Kreicker* (Hrsg.), S. 161; *Schmitt*/*Garaway/Dinstein* S. 48; *Olásolo* S. 105 f.

[199] *Doehring* § 11 Rn. 588 ff.; Ipsen/*Ipsen* § 61 Rn. 47; *Schaller*, SWP-Studie 2005, S. 9; *Wieczorek* S. 111; ICRC S. 26 f. (zu Söldnern); *David*, 2012, S. 503 ff. (Rn. 2.328 ff.); Ipsen/*Ipsen* § 61 Rn. 46; Fleck/*Ipsen* S. 107 (Nr. 322) (zu Spionen); auch → § 8 Rn. 74 f., 83.

[200] *Gillard* IRRC 88 (2006), 539; *Krieger* AVR 44 (2006), 159 (177 f.); *Schaller*, SWP-Studie 2005, S. 10; *Cameron* IRRC 88 (2006), 573 (587 ff.); ICRC S. 25 f. („majority .... civilians").; Fleck/*Ipsen* S. 105 (Nr. 320). Insbes. zum Irak *Elseea/Serafino* S. 11; *Kees* GoJIL 3 (2011), 199 (203); *Ambos* Treatise II, S. 148 mwN; siehe auch den Überblick über den Meinungsstand bei *Roeder* HuV-I 2010, 173 (174-6). Für eine Erweiterung des Kombattantenbegriffs im Falle der PMC *Saage-Maaß/Weber* HuV-I 2007, 174; *Zechmeister* S. 189 f. Zur Problematik der Strafbarkeit von Angestellten der PMC's HRW, Private Security Contractors, S. 7 ff.; *Wayde Pittman/McCarthy* HuV-I 2010, 164; zur Staatenverantwortlichkeit bei Verstößen von Angestellten privater Militärfirmen gegen das humanitäre Völkerrecht *Henn* Jura 2011, 572.

[201] Dafür aber etwa *Dinstein* in *Heintschel von Heinegg/Epping* (Hrsg.), S. 151; *Dinstein*, 2010, S. 34; *Baxter* BYIL 1951, 323 (328); *Detter* S. 166; auch Response of the United States of America dated October 21, 2005 to inquiry of the UNCHR Special Rapporteurs dated August 8, 2005 pertaining to detainees at Guantanamo Bay, S. 5 <http://www.state.gov/documents/organization/87347.pdf> (abgerufen am 5.6.2017); vertiefend zur Behandlung von illegalen Kämpfern nach US-amerikanischem Recht und Völkerrecht *Lutz* S. 141 ff.

[202] Plakativ *Maxwell/Watts* JICL 5 (2007), 19 (23). Diese Problematik ist auf Grund des fehlenden Kombattantenstatus im nicht-internationalen Konflikt nicht relevant vgl. *Wieczorek* S. 44 ff.; *Dörrmann* IRRC 85 (2003), 45 (47).

[203] Vgl. *Sassòli* S. 16; *Wieczorek* S. 112; *Heintze* in *Heintschel von Heinegg/Epping* (Hrsg.), S. 167; *Werle*, 2012, Rn. 1114; *Werle/Jeßberger* Rn. 1129; *Zechmeister* S. 116; *Rodriguez-Villasante y Prieto* S. 41; *Abril-Stoffel* S. 204; ICRC S. 8 f.; *Cassese* Expert Opinion para 26; *Dörmann* IRRC 85 (2003), 45 (66); Fleck/*Ipsen* S. 82

sem – nicht völkervertraglich definierten – Begriff werden Personen erfasst, die, ohne die Voraussetzungen des Kombattantenstatus zu erfüllen, direkt (und verdeckt) an den Feindseligkeiten teilnehmen und deshalb – trotz ihres humanitärrechtlichen Primärstatus als Zivilperson[204] – ihre Angriffsimmunität verlieren.

40   Im **nicht-internationalen** Konflikt wird über das ZP II die Zivilbevölkerung als solche und die für ihr Überleben notwendigen Objekte oder Einrichtungen geschützt (Art. 13 ff. ZP II; zu den geschützten Objekten → § 9 Rn. 3). Bezüglich der **Mitglieder organisierter bewaffneter Gruppen** (seien es paramilitärische Gruppen wie die kolumbianischen *Autodefensas Unidas de Colombia* [AUC],[205] oder Guerillagruppen wie die kolumbianischen *Fuerzas Armadas Revolucionarias de Colombia* [FARC]) ist zunächst festzustellen, dass sie – mangels Anerkennung eines formalen Kombattantenstatus in dieser Art des Konflikts (→ Rn. 37 f.) – grundsätzlich als Teil der Zivilbevölkerung anzusehen sind. Deshalb genießen sie auch grundsätzlich den diesen zukommenden Schutz „vor den *von Kampfhandlungen ausgehenden Gefahren*" („dangers arising from military operations", Art. 13 Abs. 1 ZP II), insbesondere dürfen sie nicht das Ziel von Angriffen sein (Art. 13 Abs. 2 ZP II).[206] Freilich gilt dieser Schutz nur „sofern und solange sie nicht unmittelbar an Feindseligkeiten teilnehmen." (Art. 13 Abs. 3 ZP II). Beteiligen sie sich daran, verlieren sie ihren Schutzanspruch und können – wie *de facto* Kombattanten – bekämpft werden.[207] Befinden sie sich allerdings *in Feindeshand*, greift wiederum – Ausnahme der Ausnahme – der humanitärvölkerrechtliche Mindeststandard der Art. 3 GK I–IV und Art. 4–6 ZP II[208] unabhängig davon ein, ob und in welcher Weise sie sich am bewaffneten Konflikt beteiligt haben (schon → Rn. 38).[209] Wird also ein **„kämpfender Zivilist"** *(fighter)*[210] vorsätzlich getötet, macht sich der Täter grds. keines Kriegsverbrechens nach § 8 Abs. 1 Nr. 1 VStGB strafbar, denn der kämpfende Zivilist hat seinen Schutz durch die unmittelbare Teilnahme an den Kampfhandlungen verloren und ist damit zum legitimen militärischen Ziel geworden.[211]

41   Problematisch und höchst umstritten bleibt allerdings die Frage, **ab wann, wodurch und bis zu welchem Zeitpunkt sich eine Person „unmittelbar" am Konflikt beteiligt**.[212]

(Nr. 302); *Pejic* in *Schmitt/Pejic* (Hrsg.), S. 338 ff. (342); *Kretzmer* Israel L. R. 42 (2009), 8 (23). Diese Personen genießen jedenfalls den Schutz der GK IV und Art. 75 ZP I (vgl. Europäische Kommission für Demokratie durch Recht, Guantanamo et alia/Gutachten zum möglichen Bedürfnis, die Genfer Konventionen fortzuentwickeln, EuGRZ 2004, 343 ff. Nr. 46 und 68; *Schaller*, SWP-Studie 2007, S. 19); gegen eine völlige Rechtlosstellung auch *Tomuschat* VN 2004, 136 (137); *Kimminich/Hobe* S. 557; *Maxwell/Watts* JICL 5 (2007), 19 (23 f.); *Badinter et al.* Le Monde 23.1.2008, 20. *Hankel* in *Hankel* (Hrsg.), S. 421 ff. will den Begriff von den anerkannten Kategorien „rechtmäßiger Kombattant" und „Zivilist" her bestimmen (S. 449 f.) und jedenfalls Partisanen und Widerstandskämpfern den Kombattanten- und Kriegsgefangenenstatus zuerkennen (S. 426, 432 f., 436 f., 439, 455 f., 458 ff.).
[204] Vgl. *Wieczorek* S. 104 ff.; *Heintze* in *Heintschel von Heinegg/Epping* (Hrsg.), S. 167; *Spies* HuV-I 2009, 137 (142); *Werle*, 2012, Rn. 1114; *Werle/Jeßberger* Rn. 1129; *Zechmeister* S. 116; *Cassese* Expert Opinion para 22; *Alkatout* Chapter S 80.
[205] Zum bewaffneten Konflikt und der Problematik der paramilitärischen Gruppen in Kolumbien vgl. HRW, 2001, S. 10 ff.; Amnesty International, Amnesty Report Kolumbien 2011: <https://www.amnesty.de/jahresbericht/2011/kolumbien> (abgerufen am 9.10.2017), HRW, 2011, S. 228 ff. <www.hrw.org/world-report-2011> (abgerufen am 5.6.2017).
[206] Ebenso Art. 51 Abs. 1 und Abs. 2 ZP I für den internationalen Konflikt.
[207] Eingehend *Fleck/Gasser* S. 255 f. (Nr. 517); auch ICRC S. 10; *Werle*, 2012, Rn. 1114; *Werle/Jeßberger* Rn. 1129; *Sassòli* S. 18; *Dörmann* IRRC 85 (2003), 45 (46); *Olásolo* S. 107 f.; *Pejic* in *Schmitt/Pejic* (Hrsg.), S. 338; zu Terroristen (al-Qaida) insoweit *Schaller*, SWP-Studie 2007, S. 18.
[208] S. für den internationalen Konflikt Art. 75 ZP I; *Wieczorek* S. 144 ff.; *Lutz* S. 347 f.; Europäische Kommission für Demokratie durch Recht, Guantanamo et alia/Gutachten zum möglichen Bedürfnis, die Genfer Konventionen fortzuentwickeln, EuGRZ 2004, 352 para 71.
[209] Vgl. *Dörmann* IRRC 85 (2003), 45 (48); *Henckaerts/Doswald-Beck* Nr. 87/S. 306 ff.
[210] Zu dieser – nicht vr definierten – Kategorie krit. *Schaller*, SWP-Studie 2007, S. 22 mwN sowie schon → Rn. 37.
[211] Grdl. Kritik an der „Tötung im Krieg" bei *Eser* FS Schöch, 2010, 461, für den das Fehlen eines expliziten Erlaubnistatbestands grds. Legitimitätsprobleme aufwirft; vor dem Hintergrund des völkerrechtlichen Menschenrechtsschutzes ebenfalls kritisch *Kreß* JZ 2014, 365 (367).
[212] Zu dieser Problematik *Pejic* in *Schmitt/Pejic* (Hrsg.), S. 335 (337); *Otto* S. 280 ff.; *Alkatout* S. 132 ff.; Prosecutor v. Abu Garda, Decision on the confirmation of charges 8.2.2010 (ICC-02/05-02/09), para 80 („neither treaty law nor customary law expressly define what constitutes direct participation in hostilities"). Das ICRC hat insoweit einen Konsultationsprozess initiiert, auf Grund dessen im Laufe des Jahres 2009 Ausle-

Einigkeit besteht lediglich insoweit, als dass die Handlungen selbst nicht notwendigerweise den Tod des Opfers, Verletzungen oder Schäden verursachen müssen.[213] Wird die bloße Mitwirkung an den „allgemeinen Kriegsanstrengungen", zB an der Waffenproduktion, als *mittelbare* Teilnahme angesehen,[214] so werden in zeitlicher Hinsicht vorbereitende Maßnahmen sowie der Weg zum und die Rückkehr vom Konfliktgeschehen gemeinhin als *unmittelbare* Teilnahme eingestuft.[215] Die Problematik wird als *„Revolving Door" Debatte*[216] etwa am Beispiel einer Person diskutiert, die in der Nacht kämpft und am Tage in der Landwirtschaft tätig ist *(„farmers by day, fighters by night"),*[217] wenn die Nacht zum Tag wird, also gleichsam eine Drehtür („revolving door") durchschreitet, damit wieder den Schutz eines Zivilisten erhält und unangreifbar für die gerade noch bekämpften Truppen wird. So ergäbe sich also eine Situation, in der die staatlichen Streitkräfte zu jeder Zeit legitime militärische Ziele wären, ohne sich gegen die – nicht offen agierenden – kämpfenden Zivilisten/Quasikombattanten wirksam verteidigen und diese *jederzeit* ihrerseits angreifen zu können.[218] Das erscheint bedenklich. Denn abgesehen davon, dass die darin liegende Privilegierung des kämpfenden Zivilisten gegenüber dem normalen (faktischen) Kombattanten (Angehörigen der staatlichen Streitkräfte) völkergewohnheitsrechtlich nicht abgesichert ist,[219] läuft sie auch dem **Schutzzweck** des Humanitären Völkerrechts zuwider, besteht dieser doch darin, den am bewaffneten Konflikt Beteiligten bzw. davon Betroffenen – jedenfalls innerhalb des jeweiligen internationalen oder nicht-internationalen Konflikts – die gleichen Rechte und Pflichten aufzuerlegen.[220] Überdies verstößt das Verhalten des kämpfenden Zivilisten/Quasikombattanten gegen den – vgr anerkannten – **Unterscheidungsgrundsatz** (Art. 48 ZP I), wird damit doch gerade die Unterscheidung zwischen (echten) Zivilisten und (faktischen) Kombattanten verhindert.[221] Völkerstrafrechtlich kommt diese Wertung auch darin zum

gungsrichtlinien („Interpretive Guidance") zur genaueren Bestimmung der „direct participation in hostilities" veröffentlicht wurden, Assembly of the International Committee of the Red Cross IRRC 90 (2008), 991 (siehe auch schon ICRC S. 16 f.). Vgl. bereits *Henckaerts/Doswald-Beck* Nr. 6/S. 22 ff.; sowie die Zusammenfassung der bisherigen Ergebnisse der Expertentreffen in *Melzer*, 2005, und zu den Richtlinien *Melzer,* 2009. Siehe auch *Fenrick* JICJ 5 (2007), 332 (335 ff.); Israeli Supreme Court (Fn. 196), para 33 ff.; *Cassese* Expert Opinion para 12 ff.; *Olásolo* S. 108 ff.; *Hankel* in *Hankel* (Hrsg.), S. 450 f. Die Auslegungsrichtlinien geben nicht zwingend die Meinung der Expertenmehrheit wieder, sondern sind vielmehr als Interpretationshilfen im Sinne des IKRK anzusehen, so *Melzer* in *Tomuschat/Lagrange/Oeter* (Hrsg.), S. 154. Teile der Richtlinien werden folglich in der Literatur abgelehnt, vgl. *Akande* ICLQ 59 (2010), 180; *Boothby* NYU JILP 42 (2009-2010), 741; *Parks* NYU JILP 42 (2009-2010), 769 (784 f.); *Schmitt* NYU JILP 42 (2009-2010), 697 (697).
[213] Sie müssen sich jedoch „nachteilig auf die militärische Leistungsfähigkeit des Gegners auswirken", so *Melzer*, 2009, S. 46; *ders.*, 2005, S. 14. Zur Diskussion vgl. *ders.* S. 17 ff.; *Schmitt* in *Fischer et al.* (Hrsg.), S. 536 ff.; *ders.* CJIL 5 (2005) 511 (533 ff.); *ders.* NYU JILP 42 (2009-2010), 697 (716 f.); *Rodriguez-Villasante y Prieto* S. 40 ff.; *Bothe* FS Delbrück, 2005, 71.
[214] *Melzer,* 2009, S. 52 f.
[215] *Melzer,* 2009, S. 17; *Rogers* S. 14–15; eingehend *Boothby* NYU JILP 42 (2009-2010), 741 (746 ff.); kritisch *Alkatout* S. 153 f.; zu weitgehend *GBA,* Verfügung des GBA v. 20. Juni 2013 – 3 BJs 7/12-4, S. 23 ff. (Verlust des Zivilistenstatus bereits bei der Planung eines Selbstmordattentates); dazu krit. *Ambos* NStZ 2013, 634 (635 f.); krit. Besprechung der GBA Verfügung auch bei *Löffelmann* JR 2013, 496.
[216] Der Ausdruck stammt ursprünglich von *Parks* Air Force Law Review 32 (1990), 1 (118). Hierzu auch *Shany* in *Schmitt/Beruto* (Hrsg.), S. 104; *Schmitt* in *Fischer et al.* (Hrsg.), S. 510; *ders., CJIL* 5 (2005) 511 (535); *Melzer*, 2005, S. 59 ff.; *Olásolo* S. 114 f.; *Alkatout* S. 146 f.; *Ambos* Treatise II, S. 156 ff. mwN.
[217] ICRC S. 15; *Olásolo* S. 114; *Otto* S. 291 ff.
[218] Vgl. auch *Fenrick* JICJ 5 (2007), 332 (338). Zur parallelen Diskussion der Unterscheidung zwischen zivilen u. militärischen Objekten, wenn jene von einer Konfliktpartei genutzt werden *Schaller*, SWP-Studie 2007, S. 24 f. Diesen *„specific acts approach"* kritisiert *Watkin* NYU JILP 42 (2009-2010), 641 (685).
[219] *Schmitt/Garraway/Dinstein* S. 5; *Schmitt* CJIL 5 (2005) 511 (535); *Kretzmer* EJIL 16 (2005), 171 (198 f.).
[220] *Schmitt/Garraway/Dinstein* S. 5; *Schmitt* in *Fischer et al.* (Hrsg.), S. 510; siehe auch *Kretzmer* Israel L. R. 42 (2009), 8 (34 ff.). Anders *Bothe* FS Delbrück, 2005, 71: Mit dem „Drehtür-Effekt" „muss eine Besatzungsmacht leben" (aber → Rn. 42); ähnlich *Melzer,* 2009, S. 70 für den sich die „Drehtür" nicht als Fehlfunktion, sondern als „integraler Bestandteil humanitären Völkerrechts" darstellt, sofern es nicht um Mitglieder organisierter bewaffneter Gruppen geht.
[221] Vgl. *Hankel* in *Hankel* (Hrsg.), S. 449. Zur (vgr) Anerkennung im internationalen wie nicht-internationalen Konflikt vgl. *Henckaerts/Doswald-Beck* Nr. 1/S. 3 und 5 mwN; *Schaller,* SWP-Studie 2007, S. 21, 23; *Cassese,* Expert Opinion para 1; *Schmitt/Garraway/Dinstein* S. 10; *Fleck/Gasser* S. 232 (Nr. 501) und *Fleck/ders.* S. 591 (Nr. 1203); *Olásolo* S. 13 ff.; *Melzer,* 2009, S. 83 hält das Verhalten kämpfender Zivilisten humanitärvölkerrechtlich für „weder verboten noch erlaubt".

Ausdruck, dass die meuchlerische Tötung oder Verwundung eines gegnerischen Kombattanten, also auf Grund eines verdeckten, heimtückischen Angriffs, im internationalen und nicht-internationalen Konflikt strafbar ist (Art. 37 Abs. 1 ZP I, Art. 8 Abs. 2 lit. b (xi) und lit. e (ix) IStGH-Statut bzw. § 11 Abs. 1 Nr. 7 VStGB). Es muss deshalb im Grundsatz gelten, dass ein kämpfender Zivilist, der sich unmittelbar an Kampfhandlungen beteiligt, nicht durch nur *vorübergehende* Aufgabe der Kampfhandlungen in den Genuss des für Zivilpersonen vorgesehenen Schutzes gelangen kann, sondern solange als (faktischer) Kombattant behandelt werden muss, bis er *endgültig* und *eindeutig* von der Beteiligung an den Feindseligkeiten Abstand nimmt.[222] Das Risiko, dass diese endgültige Abstandnahme von der gegnerischen Konfliktpartei nicht rechtzeitig erkannt wird, trägt der kämpfende Zivilist, denn er hat sich überhaupt erst an den Kampfhandlungen beteiligt.[223]

42 Nun darf freilich nicht übersehen werden, dass die in dem Kriterium der endgültigen Abstandnahme liegende *teleologische* Restringierung des Zivilistenbegriffs bezüglich Quasikombattanten oder kämpfender Zivilisten zu deren weitgehender Schutzlosigkeit führt und auch in Widerspruch zu einer *wörtlichen* Auslegung des Unmittelbarkeitserfordernisses in Art. 51 Abs. 3 ZP I und Art. 13 Abs. 3 ZP II („direct") gerät, scheint aus diesem doch zu folgen, dass der Quasikombattant/kämpfende Zivilist nicht angegriffen werden darf, wenn er sich gerade nicht im Kampfeinsatz befindet. Zu der damit zusammenhängenden Frage der gezielten Tötungen (**„targeted killings"**)[224] hat der Israelische Supreme Court im Jahr 2006 Stellung genommen. Danach müsse die *„unmittelbare Teilnahme"* weit verstanden werden, Zivilisten müssten sich also möglichst von den Kampfhandlungen fernhalten;[225] überdies müsse die *„unmittelbare Teilnahme"* auch auf die Auftraggeber und Planer dieser Handlungen ausgedehnt werden.[226] Im Ergebnis komme es auf die *Verhältnismäßigkeit* an.[227] In der Literatur wird diese weite Auslegung überwiegend abgelehnt.[228] Aus hiesiger Sicht

---

[222] *Schmitt* CJIL 5 (2005) 511 (536); *ders.*, 2009, S. 317 nennt dies den *„door after exit"* approach. *Boothby* NYU JILP 42 (2009-2010), 741 (759 f.) erachtet das von *Schmitt* vorgeschlagene konkludente Verhalten („längere Zeit anhaltende Nichtteilnahme") zu diesem Zweck als unzureichend. Vgl. auch *Schaller*, SWP-Studie 2007, S. 18 mwN in Fn. 49. So auch Israeli Supreme Court (Fn. 196), para 39: „(…) the rest between hostilities is nothing other than preparation for the next hostilities." *Stewart* JICJ 7 (2009), 873 mit Fn. 75 will im nicht-internationalen Konflikt auch dem „soldier on leave" oder „off duty" Angriffsimmunität gewähren.

[223] *Schmitt* CJIL 5 (2005) 511 (536), aber → Rn. 42 aE mit Fn. 231. Siehe auch *Olásolo* S. 105 f.

[224] Aus verständlichen Gründen gebrauchen offizielle Stellen andere Bezeichnungen. Für eine Auswahl dieser teils euphemistischen Begriffe siehe *Ben-Ari* in *van Baarda/Verweij* (Hrsg.), S. 241–242. Neben Israel (siehe dazu *Kot* LJIL 24 (2011), 961; *Otto* S. 491 ff.) und beispielsweise Kolumbien (mit der Tötung der Nr. 2 der FARC, *Raúl Reyes*, auf ekuadorianischem Staatsgebiet am 1.3.2008) werden gezielte Tötungen va von den USA in Jemen, Afghanistan und Pakistan praktiziert; Überblick über die Staatenpraxis bei *Kapaun* S. 24 ff.; insbesondere zur Zulässigkeit der Tötung bin Ladens *Ambos/Alkatout*, JZ 66 (2011), 758; ausführlicher *dies.* Israel L.R., 45 (2012), 341; *Otto* S. 41 ff.; *Cunningham* HuV-I 2013, 56; speziell zur Zulässigkeit gezielter Tötungen unter dem Gesichtspunkt der Verhältnismäßigkeit *May* JICJ 11 (2013), 47; zur anonymen gezielten Tötung durch Drohnen *Boor* HuV-I 2011, 97; *Boothby* HuV-I 2011, 81; *Fleck* HuV-I 2011, 78; *Frau* HuV-I 2011, 60; *Richter* HuV-I 2011, 105; *Schaller* HuV-I 2011, 91; *Stroh* HuV-I 2011, 73; *Wuschka* GoJIL 3 (2011), 891; *Vogel* Denv. J. Int'l L & Pol'Y 39 (2010), 101; *Knoops* ICLR 11 (2012), 697; *Heller* JICJ 11 (2013), 89; *Ohlin* JICJ 11 (2013), 27; *Kapaun* S. 262 ff.; speziell unter dem Gesichtspunkt der territorialen Ausdehnung des Konflikts *Lubell/Derejko* JICJ 11 (2013), 65, speziell unter dem Gesichtspunkts des fehlenden Gerichtsverfahrens *Kühne* FS Kühl, 2014, 801.

[225] Israeli Supreme Court (Fn. 196), para 34.

[226] Israeli Supreme Court (Fn. 196), para 37; so auch *Schmitt* CJIL 5 (2005) 511 (529).

[227] Israeli Supreme Court (Fn. 196), para 60.

[228] *Fenrick* JICJ 5 (2007), 332 (333) *Eichensehr* YLJ 116 (2007), 1873 f.; durchgängig *Even-Khen; Keller/Forowicz* LJIL 21 (2008), 185 (201 ff.); *Tomuschat* VN 2004, 136 (140). *Schaller*, SWP-Studie 2007, S. 26 ff. und *Kretzmer* EJIL 16 (2005), 171 (200, 203) können sich kaum Situationen vorstellen, in denen entsprechend zuverlässige Beweise vorliegen; insbesondere zur Verhältnismäßigkeit *Cohen/Shany* JICJ 5(2007), 310 (313 ff.); zum Konflikt mit der Unschuldsvermutung und dem gemeinsamen Art. 4 Abs. 1 *Knoops* ICLR 8 (2008), 141 (155 ff.); grundsätzlich ablehnend *Cassese* Expert Opinion para 29. Andererseits werden sowohl die vom Supreme Court eingeführte Bedingung, nach der die Verhaftung eines Quasikombattanten/kämpfenden Zivilisten dessen gezielter Tötung auch während des Konflikts vorgehe (vgl. *Schmitt* Harvard NSJ 1 (2010), 41 und *Parks* NYU JILP 42 (2009-2010), 769 (793)), als auch die Anforderung des Supreme Court, *nach* jeder gezielten Tötung deren Zulässigkeit zu untersuchen (vgl. *Even-Khen* Israel L. R. 40 (2007), 213 (242)),

kann der aufgezeigte Widerspruch nur durch eine *differenzierte Behandlung* von Quasikombattanten/kämpfenden Zivilisten aufgelöst werden. Die mit der wörtlichen Auslegung erreichte grundsätzliche Ausdehnung des humanitärvölkerrechtlichen Schutzbereichs kann nur solche Zivilisten begünstigen, die unorganisiert oder sporadisch unmittelbar an den Feindseligkeiten teilnehmen, also nicht permanent in die Befehlsstruktur einer Konfliktpartei eingebunden sind und deshalb weiter den für Zivilisten vorgesehenen humanitärvölkerrechtlichen Schutz verdienen. Die *aktiven* (kämpfenden) und dauerhaften Mitglieder *(„continuous combat function")*[229] organisierter bewaffneter Gruppen[230] hingegen sind tatsächlich keine Zivilisten mehr und sollten deshalb auch nicht als solche, sondern im Rahmen des Mitgliedschaftsansatzes *(„membership approach")* wie Angehörige der Kampfverbände der gegnerischen Partei behandelt werden.[231] *Unfreiwilligen* **„menschlichen Schutzschildern"** *(„human shields")* wird die Angriffsimmunität indessen nicht genommen, vielmehr stellt diese Art des Gebrauchs von Zivilpersonen ein Kriegsverbrechen dar (vgl. Art. 8 Abs. 2 lit. b (xxiii) IStGH-Statut; § 11 Abs. 1 Nr. 4 VStGB; auch Art. 23 GK III, Art. 28 GK IV, Art. 51 Abs. 7 ZP I). Umstritten ist, ob *freiwillige* „menschliche Schutzschilder" unmittelbar an Feindseligkeiten teilnehmen oder – mangels direkter militärischer Teilnahme – für den Gegner „lediglich" ein moralisches bzw. juristisches Hindernis bilden.[232] Natürlich ändert dies nichts an der – auch im nicht-internationalen Konflikt anwendbaren – Zweifelsregelung des Art. 50 Abs. 1 ZP I, wonach die betreffende Person „im Zweifel" als Zivilperson zu gelten hat.[233] *Last but not least,* setzt die (humanitärvölkerrechtliche) Behandlung von Zivilisten als faktische Kombattanten natürlich die Existenz eines bewaffneten Konflikts voraus,[234]

---

teilweise abgelehnt. Allgemein zur Frage, ob sich aus dem hum. VR ein Vorrang der Gefangennahme vor der gezielten Tötung ableiten lässt, *Goodman* EJIL 24 (2013), 819 (826 ff.); *Schmitt* EJIL 24 (2013), 855 (856 ff.); *Ohlin* MinnesotaLR 97 (2013), 1268 (1275 ff.); *Seiring* in *Frau* (Hrsg.), S. 83 ff.

[229] Ua *Melzer*, 2009, S. 33; *ders.* NYU JILP 42 (2009-2010), 831 (846).

[230] Welchen Organisationsgrad eine bewaffnete Gruppe tatsächlich aufweisen muss und wie diese Gruppen von unorganisierten Aufständischen abgegrenzt werden können, ist unklar. *Schaller*, SWP-Studie 2007, S. 20 schlägt als maßgebliches Kriterium das Vorliegen einer „Befehlshierachie" innerhalb der Gruppe und als Indiz, die „Fähigkeit der Gruppe koordinierte militärische Aktionen mit einer gewissen Schlagkraft auszuführen", vor (ansonsten grds. krit. vgl. S. 22); zumindest für eine „Befehlshierarchie" auch Prosecutor v. Ramush Haradinaj/Idriz Balaj/Lahi Brahimaj, Judgment, 3.4.2008 (IT-04-84-T), para 60; *Paulus/Vashakmadze* ICRC Review 873 (2009), 95 (117); *Lubell* S. 110; siehe auch den ausdifferenzierten Ansatz bei *Alkatout* S. 116 ff. Im Lichte asymmetrischer Konflikte hat die Gebietskontrolle als klassisches Kriterium an Bedeutung verloren. Ob alleine die Zugehörigkeit zu einer feindlich gesinnten Organisation für eine unmittelbare Beteiligung an den Kampfhandlungen ausreichen kann, ist fraglich, vgl. *Watkin* NYU JILP 42 (2009-2010), 641 (691) und Art. 43 Abs. 1 und 2 ZP I; eher dagegen *Bothe* FS Delbrück, 2005, 71.

[231] Ausführlich und mwN *Ambos* Treatise II, S. 152 ff.; siehe auch *Kapaun* S. 242 ff., *von Kielmansegg* JZ 2014, 373 (381). Tendenziell auch bzgl. des internationalen Konflikts *Fenrick* JICJ 5 (2007), 332 (338). So auch *Bothe* FS Delbrück, 2005, 79 ff., wenn den Kämpfern neben den Pflichten auch die Rechte eines Kombattanten gewährt würden; *Melzer*, 2009, S. 17.

[232] Vertiefend *Ambos* Treatise II, S. 157 f.; *Melzer*, 2009, S. 57 sieht auch bei vorsätzlichen und freiwilligen „menschlichen Schutzschildern" keine unmittelbare Teilnahme, sofern keine physische militärische Beeinträchtigung des Gegners, beispielsweise beim Nahkampf, erkennbar ist. Anders *Schmitt* NYU JILP 42 (2009-2010), 697 (732 ff.); zur Diskussion siehe auch *Alkatout* S 174 ff.

[233] So auch *Henckaerts/Doswald-Beck* Nr. 6/S. 24 aE; *Melzer*, 2009, S. 74 ff.; wohl auch *Schaller*, SWP-Studie 2007, S. 26. Ähnlich *Cassese* Expert Opinion para 18, der eine Erosion des HVR befürchtet, so Zivilisten bereits auf Grund eines einfachen Verdachts erschossen werden dürften; zust. Israeli Supreme Court (Fn. 196), para 40. Eingehend *Bothe* FS Delbrück, 2005, 81. Auch eine im Zweifelsfall als Zivilist zu geltende Person kann unmittelbar an Feindseligkeiten teilnehmen, daher eher kritisch *Boothby* NYU JILP 42 (2009-2010), 741 (766) und *Schmitt* NYU JILP 42 (2009-2010), 697 (737 ff.). Die Zweifelsregelung des Art. 50 Abs. 1 ZP I ist nur für die völkerrechtliche Würdigung der Handlung relevant; bei der Feststellung der individuellen strafrechtlichen Verantwortlichkeit gilt auch insoweit der *in dubio pro reo* Grundsatz, Prosecutor v. Đorđević, Appeal Judgement, 27.1.2014 (IT-05-87/1-A), para 522.

[234] In Friedenszeiten ist die Rechtslage klarer, denn aus Völkergewohnheitsrecht (*Rudolf/Schaller* S. 14) sowie den einschlägigen menschenrechtlichen Abkommen ergibt sich das Verbot außergerichtlicher Hinrichtungen (als die sich „targeted killings" in dieser Situation darstellen), die Unschuldsvermutung und das Recht auf ein faires Verfahren (vgl. insbes. Art. 6, 14 IPbpR), zutreffend *Tomuschat* VN 2004, 136 (137); *ders.* Human Rights S. 72. Zur grds. Durchführung und Effektivität solcher Exekutionen vgl. *Wunder* Forum SiPo Vol. 4, Nr. 5, 2 ff. Ausnahmen bilden lediglich Nothilfe- bzw. Notstandssituationen, s. Art. 6 IPbpR *e contrario*, Art. 31 Abs. 1 (c) und (d) IStGH-Statut sowie *Ambos* in *Brown* (Hrsg.), S. 307 ff.

dessen Negation bei gleichzeitiger Anwendung einer Politik selektiver Tötungen ist also widersprüchlich.[235]

43 Der **Schutz** von Zivilpersonen ist darüber hinaus in doppelter Hinsicht **eingeschränkt.** Zum einen sind bei Angriffen auf militärische Ziele Verluste unter der Zivilbevölkerung als sog. **Kollateralschäden** hinzunehmen, sofern sie sich als verhältnismäßig im Hinblick auf den erwarteten konkreten und unmittelbaren militärischen Vorteil erweisen (Art. 51 Abs. 5 lit. b ZP I e. c.).[236] Zum anderen bezieht sich der Schutz nur auf die *Zivilpersonen,* die sich „im Machtbereich einer am Konflikt beteiligten Partei oder einer Besatzungsmacht befinden, **deren Angehörige sie nicht sind**" (Art. 4 Abs. 1 GK IV, Herv. d. Verf.),[237] wobei diese Vorschrift freilich den durch Art. 48 ff. ZP I gewährten Schutz unberührt lässt (vgl. Art. 49 Abs. 2 ZP I). Geschützt werden damit die *Zivilpersonen* des *Konfliktgegners* oder *Ausländer,* die sich auf dem Hoheitsgebiet der schutzverpflichteten Konfliktpartei oder in von ihr faktisch beherrschtem Gebiet aufhalten.[238] Schädigt diese Konfliktpartei hingegen **andere,** nicht in ihrer Gewalt befindliche **Zivilpersonen durch Distanzangriffe,** etwa durch Luftangriffe, kommt eine Strafbarkeit aus den spezifischen Schutzbestimmungen des § 8 nicht in Betracht, sondern nur aus den §§ 10–12, insbesondere den Kampfführungsbestimmungen.[239] Im Übrigen ist aber zu berücksichtigen, dass Art. 4 Abs. 1 GK IV **weit auszulegen** ist.[240] Würde man nämlich den letzten Halbsatz („deren Angehörige sie nicht sind") rein staatsangehörigkeitsrechtlich verstehen, würden Opfer, die zwar einer anderen ethnischen, religiösen etc Gruppe als die Täter angehören, aber die gleiche Staatsangehörigkeit wie diese besitzen – bosnische/jugoslawische Moslems *versus* bosnische/jugoslawische Serben – aus dem Schutzbereich herausfallen. Entgegen dieser, zunächst von einer Verhandlungskammer in *Tadic* vertretenen, formalen Sichtweise[241] muss material auf den **Schutzzweck** des Genfer Rechts abgestellt und dieses – ungeachtet der bloß formalen staatsangehörigkeitsrechtlichen Bindung der Tatopfer – auf diejenigen Personen erstreckt werden, die sich **faktisch** zwischen den Fronten und im Machtbereich einer ihnen feindlich gesinnten Konfliktpartei befinden (sog. *allegiance test).*[242] Dass die darin liegende Erweiterung des Kreises der Opfer zu einer Tatbestandserweiterung zu Lasten der potentiellen Täter führt, ist zwar zutreffend,[243] aber hinzunehmen, denn diese Tatbestandserweiterung beruht auf der dynamischen und gerichtlich bestätigten Auslegung der Primärnorm der Art. 4 Abs. 1

---

[235] So bestreitet die ehemalige kolumbianische Regierung die Existenz eines bewaffneten Konflikts, praktiziert aber gleichzeitig gezielte Tötungen (o. Fn. 221); siehe hierzu auch *Ohlin* JICJ 11 (2013) 27 (37).
[236] *Fleck/Gasser* S. 243 ff. (Nr. 509); *Doehring* § 11 Rn. 603; *Moir* in *Doria/Gasser/Bassiouni* (Hrsg.), S. 391-2; ausführlich *Watkin* YbIHL 8 (2005), 3; *Gardam* in *Doria/Gasser/Bassiouni* (Hrsg.), S. 537; siehe auch *Poretschkin* HuV-I 2010, 83, der aber gleichzeitig betont, „dass die grundsätzliche Zulässigkeit von Kollateralschäden nicht so weit geht, Risiken für die eigene Truppe zulasten der Zivilbevölkerung zu minimieren."; kritisch *Hankel,* 2011, S. 22, demzufolge das humanitäre Völkerrecht ein zu hohes Maß an Gewalt erlaubt.
[237] *Dinstein* in *Heintschel von Heinegg/Epping* (Hrsg.), S. 149. Eingehende Darstellung der Rspr. durch *Mettraux* S. 67 ff.
[238] Vgl. Ipsen/*Ipsen* § 62 Rn. 11.
[239] Gesetzesbegründung in: BMJ S. 57 = *Lüder/Vormbaum* S. 50; krit. *Gropengießer/Kreicker* in *Eser/Kreicker,* (Hrsg.), S. 161.
[240] Vgl. schon *Ambos* NStZ 1999, 226 (228); *ders.* NStZ 2000, 71; *ders.* in *Haase/Müller/Schneider* (Hrsg.), S. 336 f.; auch *Werle,* 2012, Rn. 1116 ff. mwN; *Werle/Jeßberger* Rn. 1131.
[241] Prosecutor v. Tadic, Opinion and Judgment 7.5.1997 (IT-94-1-T), para 118 f., 595 und passim; abw. M. *McDonald.* Eingehend zur Entwicklung der Rspr. *Heinsch* S. 113 ff.; *Darcy* S. 118 ff.
[242] Prosecutor v. Tadic, Appeal Judgement 15.7.1999 (IT-94-1-A), para 163 ff.; auch Prosecutor v. Aleksovski, Appeal Judgement, 24.3.2000 (IT-95-14/1-A), para 151 f.; Prosecutor v. Delalic et al., Appeal Judgement 20.2.2001 (IT-96-21-A), para 56 ff.; Prosecutor v. Blaskic, Appeal Judgement 29.7.2004 (IT-95-14-A), para 180 f.; Prosecutor v. Naletilic & Martinovic, Judgement 31.3.2003 (IT-98-34-T), para 204 ff.; Prosecutor v. Kordic & Cerkez, Appeal Judgement, 17.12.2004 (IT-95-14/2-A), para 328 ff.; Prosecutor v. Prlić ua, Judgement 29.5.2013 (IT-04-74-T) para. 100; ebenso BGH 21.2.2001 – 3 StR 372/00, BGHSt 46, 292 (300 ff.); Gesetzesbegründung in: BMJ S. 67 = *Lüder/Vormbaum* S. 50; dazu *Mettraux* S. 68 ff.; krit. *Quéguiner* IRRC 85 (2003), 271 (302 f.), der vor Position des ICTY zwar für respektabel und couragiert hält, aber vor negativen Konsequenzen warnt und insbesondere die Unbestimmtheit des Kriteriums der „allegiance" bemängelt.
[243] *Satzger* NStZ 2002, 125 (131); *Eock* in 36. Strafverteidigertag, S. 136 f. Kritisch zur Rspr. der ad hoc Tribunale *Heinsch* S. 121 ff.

GK IV, von der das nationale Völkerstrafrecht auszugehen hat oder doch zumindest ausgehen kann. Ein Konflikt mit dem in Art. 103 Abs. 2 GG enthaltenen Analogieverbot ist zudem von vornherein ausgeschlossen, wenn man den Begriff der „geschützten Person" als normatives Tatbestandsmerkmal ansieht, da dann der im nationalen Strafrecht anerkannte Grundsatz greift, dass außerstrafrechtliche (strafbarkeitserweiternde) Analogien für das Strafrecht verbindlich sind, dieses also insoweit voll akzessorisch ist.[244] Begreift man § 8 VStGB hingegen als Blankettnorm, bei der sich die Strafvorschrift erst durch das Zusammenspiel von Blankett und ausfüllendem Gesetz ergibt, so gilt zwar Art. 103 Abs. 2 GG auch für die ausfüllende Norm;[245] doch selbst dann ermöglicht der Grundsatz der völkerrechtsfreundlichen Auslegung, der auch für das Grundgesetz gilt,[246] der menschrechtsorientierten Weiterentwicklung des humanitären Völkerrechts auch im (deutschen) Strafrecht Rechnung zu tragen.

5. Subjektiver Tatbestand. Insoweit gelten die allgemeinen Vorschriften (§ 2), es ist 44 also grundsätzlich **Vorsatz** hinsichtlich der objektiven Tatbestandsmerkmale, insbesondere auch hinsichtlich des Zusammenhangs der Tathandlung mit einem bewaffneten Konflikt (→ Rn. 34) und des Status des Tatobjekts als geschützte Person (→ Rn. 38 ff.), erforderlich;[247] ausnahmsweise ergeben sich aus den §§ 8–12 strengere Anforderungen, etwa das Erfordernis eines *dolus directus* bei § 11 Abs. 1 Nr. 1.[248] Dies kann zwar zu Wertungswidersprüchen mit der völkerstrafrechtlichen Vorsatzkonzeption des Art. 30 IStGH-Statut führen, weil diese nicht vollkommen der des StGB entspricht.[249] Solche Widersprüche sind jedoch solange unschädlich, als Deutschland die völkerrechtliche Strafbarkeit nicht einschränkt, sondern erweitert und damit über seine völkerrechtlichen Verpflichtungen hinausgeht.

VI. Verhältnis zu anderen Strafvorschriften

Die Begehung von Kriegsverbrechen führt regelmäßig zur (parallelen) Verwirklichung 45 von **Tatbeständen des allgemeinen Strafrechts.** So liegt in der Tötung einer geschützten Person gem. § 8 Abs. 1 Nr. 1 auch ein Totschlag (§ 212 StGB), ggf. auch ein Mord (§ 211 StGB) oder eine Körperverletzung mit Todesfolge (§ 227 StGB); im Kriegsverbrechen der sexuellen Nötigung oder Vergewaltigung (§ 8 Abs. 1 Nr. 4 Alt. 1, 2) steckt jedenfalls § 177 StGB. In solchen Fällen bleiben die allgemeinen Straftatbestände grundsätzlich neben den Vorschriften des VStGB **anwendbar,**[250] jedoch werden sie regelmäßig hinter den Regelungen des VStGB im Wege der **Gesetzeskonkurrenz zurücktreten.**[251] Es gelten die Konkurrenzregeln des StGB (§ 2 iVm §§ 52 ff. StGB).

Diese regeln auch das Verhältnis der Kriegsverbrechen zu den anderen **völkerrechtli-** 46 **chen Kernverbrechen,** scil. Genozid und Verbrechen gegen die Menschlichkeit.[252] Kriegsverbrechen können neben Genozid und/oder Verbrechen gegen die Menschlichkeit

---

[244] Grdl. *Höpfel* JurBl. 1979, 585; LK/*Dannecker* StGB § 1 Rn. 258; Schönke/Schröder/*Eser* § 1 Rn. 33; *Roxin* AT/1 § 5 Rn. 40; speziell in diesem Zusammenhang *Bock* in 36. Strafverteidigertag, S. 137.

[245] Siehe nur BVerfG 23.6.2010 – 2 BvR 2559/08, 105, 491/09, BVerfGE 126, 170 (196); 16.6.2011 – 2 BvR 542/09, NJW 2011, 3778 (3779).

[246] Hierzu *Kuhli* S. 159-62. *Bock,* in: 36. Strafverteidigertag, S. 130.

[247] Gesetzesbegründung in: BMJ S. 55 = *Lüder/Vormbaum* S. 43. Zur strafrechtlich-subjektiven Ansicht in der völkerstrafrechtlichen Diskussion um Art. 8 IStGH-Statut insoweit *Ambos* AT, S. 780 ff.; *ders.* § 7 Rn. 63 ff.; zur unklaren Rspr. *Mettraux* S. 66 f.; zur Frage, ob sich der Vorsatz auch auf die Art des bewaffneten Konflikts beziehen muss *Deceur* ICLR 13 (2013), 472; dagegen Prosecutor v. Bemba Gombo, Judgment pursuant to Article 74 of the Statute 21.3.2016 (ICC-01/05-01/08-3343), para 146; Fernandez/Pacreau/*Eudes* S. 500; *Cullen* in *Stahn* (Hrsg.), S. 763.

[248] Gesetzesbegründung in: BMJ S. 27, 73 f. = *Lüder/Vormbaum* S. 27, 53. Vgl. auch *Dörmann* § 11 Rn. 146 ff.

[249] Inbesondere erfasst Art. 30 IStGH-Statut nicht den dolus eventualis, vgl. Gesetzesbegründung in: BMJ S. 27 = *Lüder/Vormbaum* S. 27; eingehend *Ambos* AT, S. 758 ff.

[250] AA *Zimmermann* GA 2010, 507 (514) („strenges Exklusivitätsverhältnis").

[251] *Werle,* 2012, Rn. 376.

[252] Vgl. allgemein zum Konkurrenzverhältnis innerhalb der völkerrechtlichen Verbrechen *Walther* in Cassese/Gaeta/Jones (Hrsg.), S. 475; *Ambos* Treatise II, S. 246 ff.

anwendbar sein (**Idealkonkurrenz**).²⁵³ Zwischen Kriegsverbrechen und Verbrechen gegen die Menschlichkeit besteht grundsätzlich **kein Stufenverhältnis** derart, dass zB eine Tötung als Verbrechen gegen die Menschlichkeit schwerer wiegt als eine solche als Kriegsverbrechen und diese deshalb verdrängt; allenfalls Genozid kann als schwerstes Verbrechen („crime of the crimes") angesehen werden.²⁵⁴ Begeht ein Täter **mehrere Kriegsverbrechen** an verschiedenen Orten zu verschiedenen Zeiten, so entfaltet der diese Handlungen verbindende bewaffnete Konflikt keine Klammerwirkung; die Taten stehen vielmehr in **Realkonkurrenz** zueinander.²⁵⁵

Anhang

Art. 8 IStGH-Statut Kriegsverbrechen

(1) Der Gerichtshof hat Gerichtsbarkeit in Bezug auf Kriegsverbrechen, insbesondere wenn diese als Teil eines Planes oder einer Politik oder als Teil einer Begehung solcher Verbrechen in großem Umfang verübt werden.

(2) Für die Zwecke dieses Statuts bedeutet „Kriegsverbrechen"
a) schwere Verletzungen der Genfer Abkommen vom 12. August 1949, nämlich die folgenden Handlungen gegen die nach den Bestimmungen des jeweiligen Genfer Abkommens geschützten Personen oder Güter:
  i) vorsätzliche Tötung;
  ii) Folterung oder unmenschliche Behandlung einschließlich biologischer Versuche;
  iii) vorsätzliche Verursachung großer Leiden oder schwere Beeinträchtigung der körperlichen Unversehrtheit oder der Gesundheit;
  iv) Zerstörung und Aneignung von Eigentum, die durch militärische Erfordernisse nicht gerechtfertigt sind und in großem Ausmaß rechtswidrig und willkürlich vorgenommen werden;
  v) Nötigung eines Kriegsgefangenen oder einer anderen geschützten Person zum Dienst in den Streitkräften einer feindlichen Macht;
  vi) vorsätzlicher Entzug des Rechts eines Kriegsgefangenen oder einer anderen geschützten Person auf ein faires und ordentliches Gerichtsverfahren;
  vii) rechtswidrige Verschleppung oder Verschickung oder rechtswidrige Gefangenhaltung;
  viii) Geiselnahme;
b) andere schwere Verstöße gegen die im internationalen bewaffneten Konflikt innerhalb des feststehenden Rahmens des Völkerrechts anwendbaren Gesetze und Gebräuche, nämlich jede der folgenden Handlungen:
  i) vorsätzliche Angriffe auf die Zivilbevölkerung als solche oder auf einzelne Zivilpersonen, die an den Feindseligkeiten nicht unmittelbar teilnehmen;
  ii) vorsätzliche Angriffe auf zivile Objekte, das heißt auf Objekte, bei denen es sich nicht um militärische Ziele handelt;
  iii) vorsätzliche Angriffe auf Personal, Einrichtungen, Material, Einheiten oder Fahrzeuge, die an einer humanitären Hilfsmission oder friedenserhaltenden Mission im Einklang mit der Charta der Vereinten Nationen beteiligt sind, solange sie Anspruch auf den Schutz haben, der Zivilpersonen oder zivilen Objekten nach dem internationalen Recht des bewaffneten Konflikts gewährt wird;
  iv) vorsätzliches Einleiten eines Angriffs in der Kenntnis, dass dieser auch Verluste an Menschenleben, die Verwundung von Zivilpersonen, die Beschädigung ziviler Objekte oder weitreichende, langfristige und schwere Schäden an der natürlichen Umwelt verursachen wird, die eindeutig in keinem Verhältnis zu dem insgesamt erwarteten konkreten und unmittelbaren militärischen Vorteil stehen;
  v) der Angriff auf unverteidigte Städte, Dörfer, Wohnstätten oder Gebäude, die keine militärischen Ziele sind, oder deren Beschießung, gleichviel mit welchen Mitteln;

---

²⁵³ Vgl. Prosecutor v. Kunarac, Appeal Judgement 12.6.2002 (IT-96-23 & IT-96-23/1-A), para 176; Prosecutor v. Kordic & Cerkez, Appeal Judgement, 17.12.2004 (IT-95-14/2-A), para 1036 ff.; *Werle*, 2012, Rn. 1407; *Werle/Jeßberger* Rn. 1429; *David*, 2012, S. 844 f. (Rn. 4.223 f.). Zwischen Genozid und Verbrechen gegen die Menschlichkeit besteht wegen der unterschiedlichen tatbestandlichen Struktur ebenfalls Idealkonkurrenz (Prosecutor v. Musema, Appeal Judgement 16.11.2001 (ICTR-96-13-A), para 366 f.; auch *Werle*, 2012, Rn. 837, 1004; *Werle/Jeßberger* Rn. 864, 1024).
²⁵⁴ Zur kontroversen Frage einer Deliktshierarchie eingehend *Ambos* Treatise II, S. 251 ff. m.w.N.
²⁵⁵ *Werle*, 2012, Rn. 1409; *Werle/Jeßberger* Rn. 1431.

vi) die Tötung oder Verwundung eines die Waffen streckenden oder wehrlosen Kombattanten, der sich auf Gnade oder Ungnade ergeben hat;
vii) der Missbrauch der Parlamentärflagge, der Flagge oder der militärischen Abzeichen oder der Uniform des Feindes oder der Vereinten Nationen sowie der Schutzzeichen der Genfer Abkommen, wodurch Tod oder schwere Verletzungen verursacht werden;
viii) die unmittelbare oder mittelbare Überführung durch die Besatzungsmacht von Teilen ihrer eigenen Zivilbevölkerung in das von ihr besetzte Gebiet oder die vollständige oder teilweise Verschleppung oder Überführung der Bevölkerung des besetzten Gebiets innerhalb oder außerhalb dieses Gebiets;
ix) vorsätzliche Angriffe auf Gebäude, die dem Gottesdienst, der Erziehung, der Kunst, der Wissenschaft oder der Wohltätigkeit gewidmet sind, auf geschichtliche Denkmäler, Krankenhäuser und Sammelplätze für Kranke und Verwundete, sofern es sich nicht um militärische Ziele handelt;
x) die Verstümmelung von Personen, die sich in der Gewalt einer gegnerischen Partei befinden, oder die Vornahme medizinischer oder wissenschaftlicher Versuche jeder Art an diesen Personen, die nicht durch deren ärztliche, zahnärztliche oder Krankenhausbehandlung gerechtfertigt sind oder in ihrem Interesse durchgeführt werden und zu ihrem Tod führen oder eine ernste Gefahr für ihre Gesundheit darstellen;
xi) die meuchlerische Tötung oder Verwundung von Angehörigen des feindlichen Volkes oder Heeres;
xii) die Erklärung, dass kein Pardon gegeben wird;
xiii) die Zerstörung oder Beschlagnahme feindlichen Eigentums, sofern diese nicht durch die Erfordernisse des Krieges dringend geboten ist;
xiv) die Erklärung, dass Rechte und Forderungen von Angehörigen der Gegenpartei aufgehoben, zeitweilig ausgesetzt oder vor Gericht unzulässig sind;
xv) der Zwang gegen Angehörige der Gegenpartei, an den Kriegsunternehmungen gegen ihr eigenes Land teilzunehmen, selbst wenn sie bereits vor Ausbruch des Krieges im Dienst des Kriegführenden standen;
xvi) Plünderung einer Stadt oder Ansiedlung, selbst wenn sie im Sturm genommen wurde;
xvii) die Verwendung von Gift oder vergifteten Waffen;
xviii) die Verwendung erstickender, giftiger oder gleichartiger Gase sowie aller ähnlichen Flüssigkeiten, Stoffe oder Vorrichtungen;
xix) die Verwendung von Geschossen, die sich im Körper des Menschen leicht ausdehnen oder flachdrücken wie beispielsweise Geschosse mit einem den Kern nicht ganz umschließenden oder mit Einschnitten versehenen harten Mantel;
xx) der Einsatz von Waffen, Geschossen, Stoffen und Methoden der Kriegführung, die ihrer Art nach überflüssige Verletzungen oder unnötige Leiden verursachen oder die unter Verstoß gegen das internationale Recht des bewaffneten Konflikts ihrer Natur nach unterschiedslos wirken; diese Waffen, Geschosse, Stoffe und Methoden der Kriegführung müssen jedoch Gegenstand eines umfassenden Verbots sein und mittels einer Änderung entsprechend den einschlägigen Bestimmungen in den Artikeln 121 und 123 in einer Anlage dieses Statuts enthalten sein;
xxi) die Beeinträchtigung der persönlichen Würde, namentlich eine erniedrigende und entwürdigende Behandlung;
xxii) Vergewaltigung, sexuelle Sklaverei, Zwangsprostitution, erzwungene Schwangerschaft im Sinne des Artikels 7 Absatz 2 Buchstabe f, Zwangssterilisation oder jede andere Form sexueller Gewalt, die ebenfalls eine schwere Verletzung der Genfer Abkommen darstellt;
xxiii) Benutzung der Anwesenheit einer Zivilperson oder einer anderen geschützten Person, um Kampfhandlungen von gewissen Punkten, Gebieten oder Streitkräften fernzuhalten;
xxiv) vorsätzliche Angriffe auf Gebäude, Material, Sanitätseinheiten, Sanitätstransporte und Personal, die im Einklang mit dem Völkerrecht mit den Schutzzeichen der Genfer Abkommen versehen sind;
xxv) die vorsätzliche Aushungerung von Zivilpersonen als Methode der Kriegführung durch die Vorenthaltung von Gegenständen, die für ihr Überleben unverzichtbar sind, namentlich durch die vorsätzliche Behinderung von Hilfslieferungen, wie sie nach den Genfer Abkommen vorgesehen sind;
xxvi) Zwangsverpflichtung oder Einziehung von Kindern unter fünfzehn Jahren in die nationalen Streitkräfte oder ihre Verwendung zur aktiven Teilnahme an Feindseligkeiten;
c) im Fall eines bewaffneten Konflikts, der keinen internationalen Charakter hat, schwere Verstöße gegen den den vier Genfer Abkommen vom 12. August 1949 gemeinsamen Artikel 3, nämlich die Verübung jeder der folgenden Handlungen gegen Personen, die nicht unmittelbar an den Feindseligkeiten teilnehmen, einschließlich der Angehörigen der Streitkräfte, welche die Waffen

gestreckt haben, und der Personen, die durch Krankheit, Verwundung, Gefangennahme oder eine andere Ursache kampfunfähig geworden sind:
  i) Gewalt gegen das Leben und die Person, namentlich Tötung jeder Art, Verstümmelung, grausame Behandlung und Folter;
  ii) Beeinträchtigung der persönlichen Würde, namentlich erniedrigende und entwürdigende Behandlung;
  iii) Geiselnahme;
  iv) Verurteilungen und Hinrichtungen ohne vorhergehendes Urteil eines ordentlich bestellten Gerichts, das die allgemein als unerlässlich anerkannten Rechtsgarantien bietet;
d) Absatz 2 Buchstabe c findet Anwendung auf bewaffnete Konflikte, die keinen internationalen Charakter haben; er gilt somit nicht für Fälle innerer Unruhen und Spannungen, wie Tumulte, vereinzelt auftretende Gewalttaten oder andere ähnliche Handlungen;
e) andere schwere Verstöße gegen die im bewaffneten Konflikt, der keinen internationalen Charakter hat, innerhalb des feststehenden Rahmens des Völkerrechts anwendbaren Gesetze und Gebräuche, nämlich jede der folgenden Handlungen:
  i) vorsätzliche Angriffe auf die Zivilbevölkerung als solche oder auf einzelne Zivilpersonen, die an den Feindseligkeiten nicht unmittelbar teilnehmen;
  ii) vorsätzliche Angriffe auf Gebäude, Material, Sanitätseinheiten, Sanitätstransporte und Personal, die im Einklang mit dem Völkerrecht mit den Schutzzeichen der Genfer Abkommen versehen sind;
  iii) vorsätzliche Angriffe auf Personal, Einrichtungen, Material, Einheiten oder Fahrzeuge, die an einer humanitären Hilfsmission oder friedenserhaltenden Mission im Einklang mit der Charta der Vereinten Nationen beteiligt sind, solange sie Anspruch auf den Schutz haben, der Zivilpersonen oder zivilen Objekten nach dem internationalen Recht des bewaffneten Konflikts gewährt wird;
  iv) vorsätzliche Angriffe auf Gebäude, die dem Gottesdienst, der Erziehung, der Kunst, der Wissenschaft oder der Wohltätigkeit gewidmet sind, auf geschichtliche Denkmäler, Krankenhäuser und Sammelplätze für Kranke und Verwundete, sofern es sich nicht um militärische Ziele handelt;
  v) Plünderung einer Stadt oder Ansiedlung, selbst wenn sie im Sturm genommen wurde;
  vi) Vergewaltigung, sexuelle Sklaverei, Zwangsprostitution, erzwungene Schwangerschaft im Sinne des Artikels 7 Absatz 2 Buchstabe f, Zwangssterilisation und jede andere Form sexueller Gewalt, die ebenfalls einen schweren Verstoß gegen den den vier Genfer Abkommen gemeinsamen Artikel 3 darstellt;
  vii) Zwangsverpflichtung oder Einziehung von Kindern unter fünfzehn Jahren in Streitkräfte oder bewaffnete Gruppen oder ihre Verwendung zur aktiven Teilnahme an Feindseligkeiten;
  viii) Anordnung der Verlegung der Zivilbevölkerung aus Gründen im Zusammenhang mit dem Konflikt, sofern dies nicht im Hinblick auf die Sicherheit der betreffenden Zivilpersonen oder aus zwingenden militärischen Gründen geboten ist;
  ix) die meuchlerische Tötung oder Verwundung eines gegnerischen Kombattanten;
  x) die Erklärung, dass kein Pardon gegeben wird;
  xi) die Verstümmelung von Personen, die sich in der Gewalt einer anderen Konfliktpartei befinden, oder die Vornahme medizinischer oder wissenschaftlicher Versuche jeder Art an diesen Personen, die nicht durch deren ärztliche, zahnärztliche oder Krankenhausbehandlung gerechtfertigt sind oder in ihrem Interesse durchgeführt werden und zu ihrem Tod führen oder eine ernste Gefahr für ihre Gesundheit darstellen;
  xii) die Zerstörung oder Beschlagnahme gegnerischen Eigentums, sofern diese nicht durch die Erfordernisse des Konflikts dringend geboten ist;
  xiii) die Verwendung von Gift oder vergifteten Waffen;
  xiv) die Verwendung erstickender, giftiger oder gleichartiger Gase sowie aller ähnlichen Flüssigkeiten, Stoffe oder Vorrichtungen;
  xv) die Verwendung von Geschossen, die sich im Körper des Menschen leicht ausdehnen oder flachdrücken wie beispielsweise Geschosse mit einem den Kern nicht ganz umschließenden oder mit Einschnitten versehenen harten Mantel;
f) Absatz 2 Buchstabe e findet Anwendung auf bewaffnete Konflikte, die keinen internationalen Charakter haben; er gilt somit nicht für Fälle innerer Unruhen und Spannungen, wie Tumulte, vereinzelt auftretende Gewalttaten oder andere ähnliche Handlungen. Er findet Anwendung auf bewaffnete Konflikte, die im Hoheitsgebiet eines Staates stattfinden, wenn zwischen den staatlichen Behörden und organisierten bewaffneten Gruppen oder zwischen solchen Gruppen ein lang anhaltender bewaffneter Konflikt besteht.

(3) Absatz 2 Buchstaben c und e berührt nicht die Verantwortung einer Regierung, die öffentliche Ordnung im Staat aufrechtzuerhalten oder wiederherzustellen oder die Einheit und territoriale Unversehrtheit des Staates mit allen rechtmäßigen Mitteln zu verteidigen.

§ 8 Kriegsverbrechen gegen Personen

(1) Wer im Zusammenhang mit einem internationalen oder nichtinternationalen bewaffneten Konflikt
1. eine nach dem humanitären Völkerrecht zu schützende Person tötet,
2. eine nach dem humanitären Völkerrecht zu schützende Person als Geisel nimmt,
3. eine nach dem humanitären Völkerrecht zu schützende Person grausam oder unmenschlich behandelt, indem er ihr erhebliche körperliche oder seelische Schäden oder Leiden zufügt, insbesondere sie foltert oder verstümmelt,
4. eine nach dem humanitären Völkerrecht zu schützende Person sexuell nötigt oder vergewaltigt, sie zur Prostitution nötigt, der Fortpflanzungsfähigkeit beraubt oder in der Absicht, die ethnische Zusammensetzung einer Bevölkerung zu beeinflussen, eine unter Anwendung von Zwang geschwängerte Frau gefangen hält,
5. Kinder unter 15 Jahren für Streitkräfte zwangsverpflichtet oder in Streitkräfte oder bewaffnete Gruppen eingliedert oder sie zur aktiven Teilnahme an Feindseligkeiten verwendet,
6. eine nach dem humanitären Völkerrecht zu schützende Person, die sich rechtmäßig in einem Gebiet aufhält, vertreibt oder zwangsweise überführt, indem er sie unter Verstoß gegen eine allgemeine Regel des Völkerrechts durch Ausweisung oder andere Zwangsmaßnahmen in einen anderen Staat oder in ein anderes Gebiet verbringt,
7. gegen eine nach dem humanitären Völkerrecht zu schützende Person eine erhebliche Strafe, insbesondere die Todesstrafe oder eine Freiheitsstrafe verhängt oder vollstreckt, ohne dass diese Person in einem unparteiischen ordentlichen Gerichtsverfahren, das die völkerrechtlich erforderlichen Rechtsgarantien bietet, abgeurteilt worden ist,
8. eine nach dem humanitären Völkerrecht zu schützende Person in die Gefahr des Todes oder einer schweren Gesundheitsschädigung bringt, indem er
    a) an einer solchen Person Versuche vornimmt, in die sie nicht zuvor freiwillig und ausdrücklich eingewilligt hat oder die weder medizinisch notwendig sind noch in ihrem Interesse durchgeführt werden,
    b) einer solchen Person Gewebe oder Organe für Übertragungszwecke entnimmt, sofern es sich nicht um die Entnahme von Blut oder Haut zu therapeutischen Zwecken im Einklang mit den allgemein anerkannten medizinischen Grundsätzen handelt und die Person zuvor nicht freiwillig und ausdrücklich eingewilligt hat, oder
    c) bei einer solchen Person medizinisch nicht anerkannte Behandlungsmethoden anwendet, ohne dass dies medizinisch notwendig ist und die Person zuvor freiwillig und ausdrücklich eingewilligt hat, oder
9. eine nach dem humanitären Völkerrecht zu schützende Person in schwerwiegender Weise entwürdigend oder erniedrigend behandelt,

wird in den Fällen der Nummer 1 mit lebenslanger Freiheitsstrafe, in den Fällen der Nummer 2 mit Freiheitsstrafe nicht unter fünf Jahren, in den Fällen der Nummern 3 bis 5 mit Freiheitsstrafe nicht unter drei Jahren, in den Fällen der Nummern 6 bis 8 mit Freiheitsstrafe nicht unter zwei Jahren und in den Fällen der Nummer 9 mit Freiheitsstrafe nicht unter einem Jahr bestraft.

(2) Wer im Zusammenhang mit einem internationalen oder nichtinternationalen bewaffneten Konflikt einen Angehörigen der gegnerischen Streitkräfte oder einen Kämpfer der gegnerischen Partei verwundet, nachdem dieser sich bedingungslos ergeben hat oder sonst außer Gefecht ist, wird mit Freiheitsstrafe nicht unter drei Jahren bestraft.

(3) Wer im Zusammenhang mit einem internationalen bewaffneten Konflikt
1. eine geschützte Person im Sinne des Absatzes 6 Nr. 1 rechtswidrig gefangen hält oder ihre Heimschaffung ungerechtfertigt verzögert,
2. als Angehöriger einer Besatzungsmacht einen Teil der eigenen Zivilbevölkerung in das besetzte Gebiet überführt,
3. eine geschützte Person im Sinne des Absatzes 6 Nr. 1 mit Gewalt oder durch Drohung mit einem empfindlichen Übel zum Dienst in den Streitkräften einer feindlichen Macht nötigt oder
4. einen Angehörigen der gegnerischen Partei mit Gewalt oder durch Drohung mit einem empfindlichen Übel nötigt, an Kriegshandlungen gegen sein eigenes Land teilzunehmen,

wird mit Freiheitsstrafe nicht unter zwei Jahren bestraft.

(4) [1]Verursacht der Täter durch eine Tat nach Absatz 1 Nr. 2 bis 6 den Tod des Opfers, so ist in den Fällen des Absatzes 1 Nr. 2 die Strafe lebenslange Freiheitsstrafe oder Freiheitsstrafe nicht unter zehn Jahren, in den Fällen des Absatzes 1 Nr. 3 bis 5 Freiheitsstrafe nicht unter fünf Jahren, in den Fällen des Absatzes 1 Nr. 6 Freiheitsstrafe nicht unter drei Jahren. [2]Führt eine Handlung nach Absatz 1 Nr. 8 zum Tod oder zu einer schweren Gesundheitsschädigung, so ist die Strafe Freiheitsstrafe nicht unter drei Jahren.

(5) In minder schweren Fällen des Absatzes 1 Nr. 2 ist die Strafe Freiheitsstrafe nicht unter zwei Jahren, in minder schweren Fällen des Absatzes 1 Nr. 3 und 4 und des Absatzes 2 Freiheitsstrafe nicht unter einem Jahr, in minder schweren Fällen des Absatzes 1 Nr. 6 und des Absatzes 3 Nr. 1 Freiheitsstrafe von sechs Monaten bis zu fünf Jahren.

(6) Nach dem humanitären Völkerrecht zu schützende Personen sind
1. im internationalen bewaffneten Konflikt: geschützte Personen im Sinne der Genfer Abkommen und des Zusatzprotokolls I (Anlage zu diesem Gesetz),[1] namentlich Verwundete, Kranke, Schiffbrüchige, Kriegsgefangene und Zivilpersonen;
2. im nichtinternationalen bewaffneten Konflikt: Verwundete, Kranke, Schiffbrüchige sowie Personen, die nicht unmittelbar an den Feindseligkeiten teilnehmen und sich in der Gewalt der gegnerischen Partei befinden;
3. im internationalen und im nichtinternationalen bewaffneten Konflikt: Angehörige der Streitkräfte und Kämpfer der gegnerischen Partei, welche die Waffen gestreckt haben oder in sonstiger Weise wehrlos sind.

Schrifttum: *Bremer*, Nationale Strafverfolgung völkerrechtlicher Verbrechen gegen das humanitäre Völkerrecht, 1999; *Esser*, Europäisches und Internationales Strafrecht, 2014; *Eser/Kreicker* (Hrsg.), Nationale Strafverfolgung völkerrechtlicher Verbrechen, Bd. 1: Deutschland, 2003; *Fleck* (Hrsg.), Handbuch des humanitären Völkerrechts in bewaffneten Konflikten, 1994; *Geiß*, Armed violence in fragile States – Low intensity conflicts, spill-over conflicts and sporadic law enforcement operations by third parties, IRRC 91 (2009), 127; *ders.*, Poison, gas and expanding bullets – the extension of the list of prohibited weapons at the Review Conference of the International Criminal Court in Kampala, Yearbook of International Humanitarian Law 13 (2010), 337; *Geiß/Siegrist*, Has the armed conflict in Afghanistan affected the rules on the conduct of hostilities?, IRRC 93 (2011), 11; *Henckaerts/Doswald-Beck*, Customary International Humanitarian Law, Volume I: Rules, Cambridge 2009; *Kreß*, Some Reflections on the International Legal Framework governing Transnational Armed Conflicts, Journal of Conflict & Security Law, 245 (2010), 245; *ders.*, Friedenssicherungs- und Konfliktvölkerrecht auf der Schwelle zur Postmoderne, EuGRZ 1996, 638 ff.; *ders.*, Vom Nutzen eines deutschen

---

[1] Die Anlage zu § 8 Abs. 6 Nr. 1 ist im Anschluss an die Kommentierung abgedruckt.

Völkerstrafgesetzbuch   § 8 VStGB

Völkerstrafgesetzbuchs, 2000; *La Haye,* War Crimes in Internal Armed Conflicts, 2010; *Maedl,* Rape as weapon of war in the eastern DRC?, The victim's perspective, Human Rights Quarterly 33 (2011), 128; *McCormack,* From Sun Tzu to the Sixth Committee: The Evolution of an International Criminal Law Regime, in: *McCormack/Simpson* (Hrsg.), The Law of War Crimes, 1997; *Moir,* Violations of Common Article 3 of the Geneva Conventions, in: *José Doria et al.* (Hrsg.), The Legal Regime of the ICC: Essays in Honour of Prof. I.P. Blishchenko, 2009, S. 619; *Pejic,* The Protective Scope of Common Article 3: More than meets the eye, IRRC 93 (2011), 189; *Sager,* Voraussetzungen der Strafbarkeit von Kriegsverbrechen im nicht-internationalen bewaffneten Konflikt, 2011; *Sigrid Mehring,* Medical war crimes, Max Planck Yearbook of United Nations Law 15 (2011), 229; *Satzger,* Das Neue Völkerstrafgesetzbuch, NStZ 2002, 125; *Sivakumaran,* War crimes before the Special Court for Sierra Leone – Child Soldiers, Hostages, Peacekeepers and Collective Punishments, Journal of International Criminal Justice 8 (2010), 1009; *ders.,* Re-envisaging the International Law of Internal Armed Conflict, EJIL 22 (2011), 219; *Triffterer,* Bestandsaufnahme zum Völkerstrafrecht, in: *Hankel/Stuby* (Hrsg.), Strafgerichte gegen Menschheitsverbrechen, 1995, 169; *Vité,* Typology of armed conflicts in International Humanitarian Law, legal concepts and actual situations, IRRC 91 (2009), 69; *Werle/Jeßberger,* Das Völkerstrafgesetzbuch, JZ 2002, 725; *Werle/Nerlich,* Die Strafbarkeit von Kriegsverbrechen nach deutschem Recht, Humanitäres Völkerrecht Band 15 (2002), 124; *Yingling/Ginnane,* The Geneva Conventions of 1949, AJIL 46 (1952), 393.

Übersicht

	Rn.		Rn.
A. Überblick	1–58	5. Einsatz von Kindersoldaten (Nr. 5)	157–166
I. Normzweck	1–32	6. Vertreibung (Nr. 6)	167–179
1. Rechtsgut und Auslegung	1–15	7. Bestrafung unter Verstoß gegen rechtsstaatliche Garantien (Nr. 7)	180–192
2. Deliktsnatur	16–32	8. Medizinische Versuche, Gewebe- und Organentnahmen (Nr. 8)	193–199
a) Allgemeine Strukturmerkmale	17–19	a) Medizinische und andere Versuche (Nr. 8 lit. a)	196, 197
b) Strukturmerkmale der Einzeltatbestände	20–32	b) Gewebe oder Organentnahme (Nr. 8 lit. b)	198
II. Kriminalpolitische Bedeutung	33–36	c) Anwendung nicht anerkannter Behandlungsmethoden (Nr. 8 lit. c)	199
III. Historie	37–56	9. Entwürdigende oder erniedrigende Behandlung (Nr. 9)	200–204
1. Völkerrechtliche Entwicklung	37–51	**III. Subjektiver Tatbestand bei Abs. 1**	205–220
2. Entstehungsgeschichte	52–56	1. Allgemeine Fragen	205–208
IV. Völkerrechtliche Besonderheiten bei der Auslegung	57, 58	2. Sonderfragen bei einzelnen Tatbeständen des Abs. 1	209–220
B. Erläuterung	59–257	a) Tötung (Nr. 1)	209
I. Übergreifende Fragen	59–126	b) Geiselnahme (Nr. 2)	210–212
1. Täter	59	c) Grausame oder unmenschliche Behandlung, Folter (Nr. 3)	213
2. Tatobjekte	60–95	d) Gefangenhaltung einer unter Zwang geschwängerten Frau (Nr. 4)	214–216
a) Internationaler bewaffneter Konflikt (Abs. 6 Nr. 1)	65–88	e) Einsatz von Kindersoldaten (Nr. 5)	217, 218
b) Nichtinternationaler bewaffneter Konflikt (Abs. 6 Nr. 2)	89–94	f) Vertreibung (Nr. 6)	219
c) Internationaler und nichtinternationaler bewaffneter Konflikt (Abs. 6 Nr. 3)	95	g) Entwürdigende oder erniedrigende Behandlung (Nr. 9)	220
3. Abgrenzung internationaler/nichtinternationaler bewaffneter Konflikt	96–126	**IV. Verwundung von Personen** *hors de combat* **(Abs. 2)**	221–229
a) Bewaffneter Konflikt	96–112	1. Allgemeine Fragen	221, 222
b) Klassifizierung eines Konfliktes	113–118	2. Tatobjekte	223–227
c) Funktionaler Zusammenhang	119–126	3. Tathandlung	228
II. Einzeltatbestände des Abs. 1	127–204	4. Subjektiver Tatbestand	229
1. Tötung (Nr. 1)	127–129	**V. Einzeltatbestände des Abs. 3**	230–251
2. Geiselnahme (Nr. 2)	130–134	1. Rechtswidrige Gefangenhaltung (Nr. 1)	231–237
3. Grausame oder unmenschliche Behandlung, Folter (Nr. 3)	135–144		
4. Sexuelle Nötigung, Vergewaltigung, Nötigung zur Prostitution, Beraubung der Fortpflanzungsfähigkeit, Gefangenhaltung einer schwangeren Frau (Nr. 4)	145–156		

	Rn.		Rn.
2. Überführung der eigenen Zivilbevölkerung in besetztes Gebiet (Nr. 2)	238–244	VII. Qualifikationstatbestand (Abs. 4)	253–257
3. Nötigung zum Dienst in den gegnerischen Streitkräften (Nr. 3)	245–248	C. Rechtfertigung, Rechtsfolgen, Prozessuales	258–265
4. Nötigung zu Kriegshandlungen gegen das eigene Land (Nr. 4)	249–251	I. Rechtfertigung	258–261
VI. Subjektiver Tatbestand bei Abs. 3	252	II. Rechtsfolgen	262–264
		III. Prozessuales	265

A. Überblick

I. Normzweck

1 **1. Rechtsgut und Auslegung.** Ausgehend von dem auf Individualschutz ausgerichteten sogenannten **„Genfer Recht"**, also ausgehend von den in den vier Genfer Konventionen aus dem Jahre 1949 und den in den drei Zusatzprotokollen der Jahre 1977 und 2005 hierzu enthaltenen völkerrechtlichen Verbots- und Gebotsnormen, schützt § 8 vor allem eine **Vielzahl von Individualrechtsgütern**. Zu den geschützten Rechtsgütern gehören unter anderem die Menschenwürde, das Recht auf Leben, auf körperliche und geistig-seelische Unversehrtheit sowie das Recht auf Freiheit. Ferner schützen § 8 Abs. 1 Nr. 6 sowie Abs. 3 Nr. 2 die Integrität der ethnischen Zusammensetzung besetzter Gebiete und verhindern so die Schaffung eines territorialen *fait accompli*. Vor dem Hintergrund des Willens des historischen Gesetzgebers und der allgemeinen Verpflichtung, die deutsche Rechtsordnung in Übereinstimmung mit den völkerrechtlichen Verpflichtungen der Bundesrepublik Deutschland auszulegen, sind die Bestimmungen des § 8 dementsprechend namentlich im Lichte der sie umgebenden völkerrechtlichen Normen, also im Lichte der bereits erwähnten vier Genfer Konventionen (und dabei vor allem der Regeln über die schweren Verstöße [‚grave breaches']), der Zusatzprotokolle sowie der Bestimmungen des Art. 8 des Römischen Statuts des IStGH (einschließlich der dazu von den Vertragsparteien beschlossenen so genannten Verbrechenselemente (‚elements of crimes') nach Art. 9 des Statuts) auszulegen (**Grundsatz der völkerrechtskonformen Auslegung**), wobei insbesondere auch die Auslegung der Bestimmungen des Art. 8 des Römischen Statuts in der Rechtsprechung des IStGH zu berücksichtigen ist.

2 Im Einzelnen werden durch § 8 das Recht auf Leben (Nr. 1), die Freiheit zur Willensentschließung und Willensbetätigung (Nr. 2) sowie die körperliche und geistig-seelische Unversehrtheit des Menschen (Nr. 3) geschützt.

3 **Abs. 1 Nr. 4** schützt neben der Freiheit und dem körperlichen Wohl insbesondere auch die **sexuelle Integrität**.[2] Im Hinblick auf die letzte in Nr. 4 aufgeführte Variante kommen als entweder kumulativ oder alternativ geschützte Rechtsgüter sowohl die Individualrechtsgüter der Frau als auch die **ethnische Zusammensetzung einer Bevölkerung** in Betracht.

4 Geschütztes Rechtsgut des in Abs. 1 **Nr. 5** aufgeführten Einzeltatbestandes ist zunächst die ungestörte **körperliche und seelische Entwicklung des Kindes**. Zudem geht von Kindersoldaten auf Grund ihrer Unberechenbarkeit, ihrer Manipulierbarkeit durch Erwachsene (etwa in Form von Drogen oder Alkohol) und der – jedenfalls bei sehr jungen Kindern – nicht vorhandenen Fähigkeit, die Regeln des humanitären Völkerrechts zu kennen und einzuhalten, eine besondere Gefahr für Angehörige aller Parteien des Konflikts und insbesondere auch für Zivilisten aus.[3]

5 Anders als bei der in § 234 StGB erfassten Verschleppung schützt **Abs. 1 Nr. 6** nicht vor der spezifischen Gefahr im Ausland rechtsstaatswidrig behandelt zu werden. Geschützt wer-

---

[2] Zur Bestrafung von Verletzungen der sexuellen Autonomie auch JStGH, Trial Chamber (TC) 22.2.2001 – IT-96-23-T/IT-96-23-1-T, Nr. 440 – Prosecutor v. Kunarac; sowie JStGH, TC 1.9.2004 – IT-99-36-T, Nr. 1012 – Prosecutor v. Brdjanin.

[3] Sandoz/Swinarski/Zimmermann/*Pilloud*/*Pictet* Rn. 3183.

den vielmehr alle an eine angestammte Heimat geknüpften Rechtsgüter.[4] Nicht völlig geklärt ist, ob und in welcher Form ein **Recht auf Heimat** *als solches* völkergewohnheitsrechtlich anerkannt ist. Daher ist davon auszugehen, dass Nr. 6 die in diesem Recht gebündelten verschiedenen Rechtsgüter wie insbesondere Freiheit, Eigentum,[5] Beruf und Familie schützt. Zudem führen die nach Abs. 1 Nr. 6 (sowie nach Abs. 3 Nr. 2) verbotenen Handlungen in aller Regel zur Schaffung eines völkerrechtswidrigen territorialen *fait accompli*, der nach Ende der Kampfhandlungen nur schwer wieder rückgängig gemacht werden kann. Dementsprechend schützen die Straftatbestände des Abs. 1 Nr. 6 sowie des Abs. 3 Nr. 2 auch das zugrundeliegende völkerrechtliche Verbot der Annexion fremden Gebiets, selbst wenn die Besetzung ursprünglich in völkerrechtlich zulässiger Weise, etwa in Ausübung des Selbstverteidigungsrechts nach Art. 51 der UN-Charta, erfolgte.

Abs. Nr. 7 schützt das Recht auf ein faires, rechtsstaatliches Strafverfahren **("due process")**; demgegenüber wird das Recht auf Leben oder Freiheit als solches, wie ein Vergleich der vorgesehenen Strafrahmen für die Nr. 1, 2 und Nr. 7 belegt, nicht geschützt. 6

Abs. Nr. 8 schützt das **Leben,** die **Gesundheit** sowie die **körperliche Integrität** und die **Selbstbestimmung,** da selbst medizinisch notwendige Versuche unter Strafe gestellt werden, wenn der Betroffene nicht zuvor freiwillig und ausdrücklich eingewilligt hat.[6] 7

Abs. 1 Nr. 9 schließlich schützt – ebenso wie § 31 Abs. 1 WStG – die **Menschenwürde** einschließlich der auch nach dem Tode noch fortwirkenden Persönlichkeitsrechte.[7] 8

Abs. 2 schützt einerseits die **körperliche Unversehrtheit** sowie das **Vertrauen des Einzelnen in den Mechanismus der bedingungslosen Aufgabe.** Darüber hinaus wird auch die Rechtsfigur der bedingungslosen Aufgabe als solche geschützt, die angesichts der rechtlich abgesicherten Schonungserwartung eine echte Alternative zur Fortsetzung der Kampfhandlungen in aussichtslosen Situationen gewährleistet. 9

Abs. 3 Nr. 1 schützt in beiden Handlungsalternativen die **Freiheit der Person.** Daneben werden auch die entsprechenden **Verfahrensrechte** im Hinblick auf die Gefangennahme, wie auch im Hinblick auf die Fortsetzung der Gefangenschaft, insbesondere das Recht auf eine regelmäßige Haftprüfung, geschützt.[8] 10

Die von **Abs. 3 Nr. 2** geschützten Rechtsgüter sind neben der ethnischen Zusammensetzung der Bevölkerung, in deren Gebiete Personen überführt werden, das **Selbstbestimmungsrecht** sowie die in dem Recht auf Heimat gebündelten Rechte der in der Besatzungssituation besonders schutzbedürftigen Zivilbevölkerung. Die Vorschrift bildet das individualstrafrechtliche Korrelat des völkerrechtlichen Verbotes der Annexion fremden Gebietes. Insofern scheint im Hinblick auf Abs. 3 Nr. 2 die Auffassung vertretbar, dass als überindividuelles Rechtsgut auch der Weltfrieden geschützt wird. 11

Abs. 3 Nr. 3 und Nr. 4 schützen die **persönliche Freiheit** des Einzelnen, insbesondere im Hinblick auf Loyalitätskonflikte. Konkret geschütztes Rechtsgut ist die **Freiheit der Willensentschließung und der Willensbetätigung.** 12

Umstritten ist, inwiefern daneben durch die fraglichen Bestimmungen insgesamt auch generelle **überindividuelle Interessen,** namentlich der **Frieden,** geschützt werden. Dieser Streit ist bislang nicht abschließend geklärt.[9] Verweise auf den Vertrauensgrundsatz des Völkerrechts oder auf den spezifischen Unrechtsgehalt der Kriegsverbrechen führen für sich genommen nicht weiter.[10] Eine Einordnung der Kriegsverbrechen als Weltfriedensstörungsdelikte ließe sich unbeschadet der mit dem militärischen Konflikt bereits eingetretenen 13

---

[4] JStGH, TC 31.7.2003 – IT-97-24-T, Nr. 677 – Prosecutor v. Stakic, das Gericht spricht von einem Recht des Einzelnen „*to be able to remain in their homes and communities without interference*".
[5] Ebd. Nr. 681.
[6] BT-Drs. 14/8524, 27.
[7] Vgl. JStGH, TC 25.6.1999 – IT-95-14/1-T, Nr. 49, 54 – Prosecutor v. Aleksovski.
[8] JStGH, Appeals Chamber (AC) 20.2.2001 – IT-96-21-A, Nr. 320 – Prosecutor v. Delalic et al.
[9] BT-Drs. 14/8524, 13; *Safferling* § 6 Rn. 126.
[10] *Schwenck* NZWehr 1978, 199 (208 ff.); ähnlich wohl auch *Stahn* KritJ 1999, 343 (351 f.); *Stahn/Eiffler* KritV 1999, 253 (263 ff.); auf den spezifischen Unrechtsgehalt verweist *Satzger* NStZ 2002, 125 (126); *Werle* JZ 2000, 755 (757 f.).

Friedensstörung damit erklären, dass die in § 8 beschriebenen Verhaltensweisen die Friedensstörung intensivieren beziehungsweise einen Friedensschluss verzögern oder erschweren können.[11] So ließe sich der im Vergleich zu den vom StGB erfassten ähnlichen Verhaltensweisen gesteigerte Unrechtsgehalt der Kriegsverbrechen, die in der Präambel des IStGH Statuts als „schwerste Verbrechen" eingestuft werden, erklären. Damit könnte auch den Anforderungen des Art. 3 Abs. 1 GG genügt und die erhöhte Strafdrohung für vergleichbare, in Friedenszeiten begangene Taten erklärt werden.[12]

14   Nach anderer, richtiger Auffassung kommt dagegen der Frieden als geschütztes Rechtsgut nicht in Betracht, da Kriegsverbrechen auch in völkerrechtlich zulässigen bewaffneten Konflikten begangen werden können.[13] Zudem richten sich die Regeln des humanitären Völkerrechts an alle Parteien eines bewaffneten Konflikts; gerade diese ‚Blindheit' gegenüber der Frage nach der Zulässigkeit des ‚ob' des Waffeneinsatzes zeichnet das humanitäre Völkerrecht aus, mit anderen Worten das in § 8 kodifizierte, auf den bewaffneten Konflikt anwendbare Völkerstrafrecht befasst sich nicht mit der Strafbarkeit der Einleitung eines Krieges.[14] Eine Einbeziehung des Weltfriedens als durch das Kriegsvölkerrecht geschütztes Rechtsgut liefe mithin der grundlegenden Unterscheidung des *ius ad bellum,* also dem Recht zum Krieg, und dem durch das humanitäre Völkerrecht allein geregelten *ius in bello,* dem Recht im Krieg, zuwider. Zudem ist der Zusammenhang zwischen Kriegsverbrechen, die anders als die Verbrechen gegen die Menschlichkeit nicht in den Kontext einer Massendelinquenz eingeordnet sein müssen, und dem Weltfrieden nicht immer offensichtlich.

15   Zutreffender erscheint es demgegenüber, den spezifischen Unrechtsgehalt der Kriegsverbrechen insbesondere mit der besonderen Gefährdung der Individualrechtsgüter in der Situation des bewaffneten Konflikts zu erklären. Die von § 8 geschützten Personen sind – anders als generische Kombattanten oder feindliche Kämpfer – zu einer angemessenen Verteidigung regelmäßig nicht in der Lage. Dies folgt bereits aus der in § 8 Abs. 6 enthaltenen Legaldefinition, die Kranke, Verwundete, Schiffbrüchige sowie Zivilpersonen in der Gewalt des Gegners und Personen, die in sonstiger Weise wehrlos sind, erfasst. Anders als in Friedenszeiten kann das Opfer in dieser Situation des dem Gegner Ausgeliefertseins weder mit dem Eintreffen von polizeilichen Rettungskräften rechnen noch wird es von seinem Notwehrrecht in angemessener Form Gebrauch machen können. Neben dem Aspekt des Ausgeliefertseins ist der Kriegssituation ferner auch stets eine erhöhte Eskalationsgefahr sowie die Gefahr eigen, dass essentielle humanitäre Werte zur Erreichung militärischer Ziele oder zur Bekämpfung der als anders oder gar minderwertig empfundenen feindlichen Bevölkerung beiseitegeschoben werden.

16   **2. Deliktsnatur.** § 8 beschreibt ein **komplexes Delikt.** Der Tatbestand der Kriegsverbrechen erfasst die verschiedenen strafbaren Verstöße gegen das humanitäre Völkerrecht im Zusammenhang mit einem internationalen oder nichtinternationalen bewaffneten Konflikt.

17   **a) Allgemeine Strukturmerkmale.** § 8 weist zunächst **zwei allgemeine Strukturmerkmale** auf. Es handelt sich um ein **Allgemeindelikt.** Täter kann jedermann sein. Zivilisten kommen als Täter grundsätzlich ebenso in Betracht wie Kombattanten; dies gilt namentlich dann, wenn sie als zivile Vorgesetze militärischer Verbände tätig werden. Eine Ausnahme besteht allein im Hinblick auf Abs. 3 Nr. 2 insoweit als dort nur Angehörige der Besatzungsmacht taugliche Täter sind.

18   Sämtliche Einzeltatbestände beschreiben, wie sich aus dem Zusammenspiel von § 2 mit § 15 StGB ergibt, nur **vorsätzliche Begehungsdelikte.** Dies entspricht erneut der bereits oben beschriebenen völkerrechtlichen Ausgangslage.

---

[11] *Werle/Jeßberger* Völkerstrafrecht Rn. 1127; *Pictet* S. 361; *Triffterer,* Dogmatische Untersuchungen, S. 200.
[12] Darauf hinweisend *Kreß,* Vom Nutzen eines deutschen Völkerstrafgesetzbuches, S. 16.
[13] *Gropengießer* S. 154.
[14] *Werle/Jeßberger* Völkerstrafrecht Rn. 1083; *Safferling* § 6 Rn. 110; *Ambos,* Internationales Strafrecht, § 7 Rn. 230; zu dem in diesem Zusammenhang einschlägigen Verbrechen der Aggression siehe etwa Triffterer/ Zimmermann/Freiberg IStGH-Statut Art. 8bis, 15bis und 15ter, passim. Siehe auch Triffterer/ *Cottier* IStGH-Statut Art. 8 Rn. 27.

Bei den in Abs. 1 Nr. 1–9, Abs. 2 und 3 Nr. 1–4 beschriebenen Einzeltaten handelt es 19 sich überwiegend um Verhaltensweisen, die als solche anderweitig bereits von Strafvorschriften des StGB erfasst sind. Ihren **spezifischen Charakter als Kriegsverbrechen** erlangen die jeweiligen Tathandlungen erst durch die **Begehung im Kontext eines bewaffneten internationalen oder nichtinternationalen militärischen Konflikts.**

b) **Strukturmerkmale der Einzeltatbestände.** Die in den **Abs. 1 Nr. 1–9** aufgeführ- 20 ten Einzeltatbestände weisen zum Teil erhebliche strukturelle Unterschiede auf.

Nr. 1 beschreibt zunächst ein **Erfolgsdelikt,** tritt die Vollendungsstrafbarkeit doch erst 21 bei Eintritt des konkreten Taterfolges ein.

Bei der von **Nr. 2** erfassten Geiselnahme handelt es sich demgegenüber um ein Verlet- 22 zungs- und ein Dauerdelikt, weil der Täter auf Dauer die soziale Geborgenheit der Geisel beeinträchtigt. Die Geiselnahme lässt sich darüber hinaus als potentielles Gefährdungsdelikt beschreiben, da die Gefahr besteht, dass der Täter jederzeit seine Drohung gegenüber der ihm schutzlos ausgelieferten Geisel in die Tat umsetzt.

Bei **Nr. 3 und Nr. 9** handelt es sich der Deliktsnatur nach jeweils um ein **Verletzungs-** 23 **delikt.**

Bei den **ersten drei Varianten des durch Nr. 4** erfassten Tatbestandes muss das Opfer 24 zu einer entsprechenden Handlung, Duldung oder Unterlassung genötigt worden sein. Diese Varianten beschreiben dementsprechend ebenso wie **Variante 4,** welche den Eintritt der Fortpflanzungsunfähigkeit voraussetzt, **Erfolgsdelikte.** Die **letzte Variante** beschreibt hingegen, soweit man die ethnische Zusammensetzung einer Bevölkerung als geschütztes Rechtsgut anerkannt, ein **kupiertes Erfolgsdelikt,** dh ein Delikt mit überschießender Innentendenz, da die Absicht, die ethnische Zusammensetzung einer Bevölkerung zu beeinflussen, sich nicht zwangsläufig verwirklichen muss, so etwa wenn das Opfer eine Fehlgeburt erleidet.

Bei **Nr. 5** handelt es sich im Hinblick auf das geschützte Rechtsgut der ungestörten 25 körperlichen und seelischen Entwicklung des Kindes um ein **abstraktes Gefährdungsdelikt.** Die Vollendung des Tatbestandes setzt eine tatsächliche Schädigung oder Gefährdung des Kindes nicht voraus. Wird das Kind durch die Tat tatsächlich in die Gefahr einer erheblichen Schädigung seiner körperlichen oder seelischen Entwicklung gebracht, begründet dies die Anwendung des höheren Strafrahmens der Qualifikation nach Abs. 4. Daneben handelt es sich aber teilweise auch um ein abstraktes Gefährdungsdelikt, geht man davon aus, dass Grund der Pönalisierung auch die von solchen Kindersoldaten generell-abstrakt ausgehende Gefahr für Zivilisten ist.

Nr. 6 ist auf Grund der Bezugnahme auf den „rechtmäßigen Aufenthalt in einem Gebiet" 26 und die Verweisung auf die Vorschriften des allgemeinen Völkerrechts ein **Blanketttatbestand.** Im Hinblick auf die an die Heimat geknüpften verschiedenen Rechtsgüter sowie im Hinblick auf die Gefahr der Perpetuierung einer völkerrechtswidrigen Besetzung oder gar Annexion handelt es sich um ein **abstraktes Gefährdungsdelikt.** Jeder Vertreibung oder zwangsweisen Überführung in einen anderen Staat oder ein anderes Gebiet ist die Gefahr einer Verletzung der geschützten Rechtsgüter immanent. Inwiefern es tatsächlich zu einer Gefährdung beziehungsweise Verletzung dieser Rechtsgüter kommt, ist für die Verwirklichung des Tatbestandes unerheblich.

Bei der **Nr. 7** handelt es sich auf Grund der Verweisung auf die völkerrechtlich erforderli- 27 chen Rechtsgarantien wiederum um einen Blanketttatbestand. Die Verhängung der Todesstrafe ist in der Situation des bewaffneten Konfliktes, wie auch sonst nach allgemeinem Völkerrecht, (bislang noch) nicht generell verboten. Voraussetzung ist jedoch die Einhaltung des erforderlichen Verfahrensstandards.

Bei der **Nr. 8** handelt es sich um ein **vorsätzliches Gefährdungsdelikt,** nicht um ein 28 erfolgsqualifiziertes Delikt im Sinne von § 18 StGB. Durch die Tat muss entweder die **konkrete Gefahr einer schweren Gesundheitsschädigung** oder aber eine **konkrete Todesgefahr** eingetreten sein.

29 Bei dem Kriegsverbrechen der Verwundung eines Gegners, der *hors de combat* ist **(Abs. 2)**, handelt es sich um ein **Verletzungsdelikt**.

30 Abs. 3 Nr. 1 beschreibt ein Erfolgsdelikt. Die Rechtswidrigkeit der Gefangenhaltung beziehungsweise die ungerechtfertigte Verzögerung der Heimschaffung bei Abs. 3 Nr. 1 bestimmen sich nach den Regeln des Völkerrechts. Insofern handelt es sich bei Abs. 3 Nr. 1 um einen Blanketttatbestand.

31 **Abs. 3 Nr. 2** beschreibt wiederum ein **Erfolgsdelikt**. Im Hinblick auf die Gefahr der Perpetuierung einer Besatzung (selbst wenn diese ursprünglich zulässig war) oder gar Annexion und dem damit einhergehend geschützten Rechtsgut des Weltfriedens handelt es sich um ein **abstraktes Gefährdungsdelikt**.

32 **Abs. 3 Nr. 3 und Nr. 4** schließlich sind erneut **Erfolgsdelikte**.

II. Kriminalpolitische Bedeutung

33 Kriegsverbrechen sind statistisch bislang kaum erfasst. Die Dunkelziffer ist hoch, zahlreiche Delikte, wie etwa die Sexualdelikte, die schon in Friedenszeiten oftmals nur vergleichsweise selten oder verzögert zur Anzeige gebracht werden, werden aus der in der Kriegssituation verstärkten Angst vor Racheakten noch seltener bekannt.

34 Das IKRK hat verschiedene Faktoren identifiziert, die in Konfliktsituationen die Wahrscheinlichkeit einer Verletzung der im humanitären Völkerrecht verankerten Regeln beeinflussen. Die spezifische Kriegssituation, insbesondere die im Hinblick auf Gewaltanwendungen stets herabgesetzte Hemmschwelle der Kämpfer fördert kriminelles Verhalten. Entscheidend im Hinblick auf die in § 8 erfassten Kriegsverbrechen gegen Personen dürfte aber der Umstand sein, dass eine **zunehmende Einbeziehung der geschützten Personen, insbesondere der Zivilpersonen, im Rahmen der Kriegführung** zu verzeichnen ist. Während nach klassischer Kriegstheorie das Ziel des Krieges darin bestand, die gegnerischen Streitkräfte zu besiegen, stehen sich in modernen bewaffneten Konflikten, bei denen es sich überwiegend um interne Konflikte handelt, ethnische oder anderweitig definierte Gruppen gegenüber. Sämtliche einer solchen Gruppe angehörenden Personen, das heißt also auch ‚gegnerische' Zivilpersonen, werden als Konfliktgegner angesehen und bekämpft. Die dem humanitären Völkerrecht zugrunde liegende fundamentale **Unterscheidung zwischen Zivilpersonen,** die unbedingt zu verschonen sind, und **Kämpfern,** die bekämpft werden dürfen, wird dadurch immer schwieriger. Sowohl durch den Sicherheitsrat der Vereinten Nationen wie auch durch das IKRK ist daher immer wieder beklagt worden, dass die Zivilbevölkerung Hauptleidtragende moderner bewaffneter Konflikte ist.

35 Hinzu kommt, dass heute zahlreiche Konflikte eine **asymmetrische Konfliktstruktur** aufweisen.[15] Das Ungleichgewicht der kämpfenden Parteien ist – wie insbesondere der von den USA proklamierte „Krieg gegen den Terrorismus" gezeigt hat – derart ausgeprägt, dass der *von Anfang an* weit unterlegenen Partei oftmals keine andere Möglichkeit verbleibt, als durch das humanitäre Völkerrecht verbotene Methoden und Verhaltensweisen, beispielsweise die Geiselnahme, für ihre Zwecke zu instrumentalisieren. Diese Entwicklungen lassen zusammen mit der sich stetig verbessernden Beobachtung und Dokumentation des Verhaltens der jeweiligen Konfliktparteien, insbesondere auch durch Nichtregierungsorganisationen, eine **wachsende Bedeutung der in § 8 normierten Kriegsverbrechenstatbestände** auch für die deutsche Rechtsprechung als möglich erscheinen.

36 Schließlich ist die besondere kriminalpolitische Bedeutung des § 8 auch darin zu sehen, dass auf innerstaatlicher Ebene die entsprechenden völkerrechtlichen Verbote und Strafnormen gespiegelt werden und damit insbesondere der **völkerrechtlichen Pönalisierungspflicht,** so wie sie sich namentlich aus dem System der *grave breaches* der Genfer Konventionen und des Ersten Zusatzprotokolls (ZP I) ergibt sowie der **Pönalisie-**

---

[15] Dazu näher *Geiß* IRRC 2007, 757–777; *Safferling*, Das humanitäre Völkerrecht im nicht-internationalen Konflikt und das deutsche Strafrecht, in: *Bouffier/Horn/Poseck/Radke* ua (Hrsg.) Grundgesetz und Europa, 2016, S. 437–453.

rungsobliegenheit des Komplementaritätsgrundsatzes des Rom-Statuts, nachgekommen wird. § 8 trägt damit – wie das VStGB insgesamt – zur Stärkung des gesamten völkerrechtlichen Normensystems bei.

III. Historie

1. Völkerrechtliche Entwicklung. Die historische Entwicklung des Begriffs der ‚Kriegsverbrechen' steht in engem Zusammenhang mit der **Entwicklung des humanitären Völkerrechts** insgesamt. Kriegsverbrechen ergeben sich aus einem **Verstoß gegen eine vertragliche oder gewohnheitsrechtliche Regel des humanitären Völkerrechts**.[16] Nicht jede Norm des humanitären Völkerrechts ist jedoch strafbewehrt. Die historische Entwicklung der Kriegsverbrechen ist daher auch davon bestimmt, inwiefern sich als Rechtsfolge eines solchen Verstoßes eine Strafbarkeit, entweder auf der Grundlage eines völkerrechtlichen Vertrages oder auf der Basis des Völkergewohnheitsrechts, herausgebildet hat.[17] Daraus folgt auch, dass nicht alle Kriegshandlungen, die nach dem humanitären Völkerrecht verboten sind, zugleich eine Strafbarkeit als Kriegsverbrechen auslösen, da sich nicht für alle völkerrechtlichen Verbote auch eine entsprechende **Strafbewehrung** auf Völkergewohnheitsrecht stützen lässt.

Das **humanitäre Völkerrecht (‚international humanitarian law'),** traditionell auch als **Kriegsvölkerrecht (‚laws of war')** bezeichnet, umfasst diejenigen völkerrechtlichen Bestimmungen, welche das Verhalten im Kriege regeln. Bereits im Altertum galt Krieg nicht als rechtsfreier Raum und schon im Alten Testament waren bestimmte Verhaltensweisen, wie etwa das Töten von Kriegsgefangenen, verboten.[18] Erste Kodifizierungen solcher Regelungen sind im 19. Jahrhundert zu verzeichnen. Hervorzuheben ist insbesondere der auf den deutsch-amerikanischen Rechtsprofessor *Franz (Francis) Lieber* zurückgehende und nach ihm benannte **Lieber Code.** Dieses im Auftrag des amerikanischen Präsidenten Lincoln erstellte Regelungswerk beschreibt in 158 Artikeln militärische Verhaltensregeln, die im amerikanischen Bürgerkrieg für verbindlich erklärt wurden.[19] Weitere Meilensteine der Entwicklung des auf den Schutz von Personen ausgerichteten humanitären Völkerrechts auf internationaler Ebene stellen die Gründung des **Internationalen Komitees vom Roten Kreuz** und die Annahme der **ersten Genfer Konvention betreffend die Linderung des Loses der im Felddienste verwundeten Personen im Jahre 1864** dar.[20] Dieses Abkommen bildet die Grundlage der in § 8 erfassten Regelungen des humanitären Völkerrechts, dem sogenannten Genfer Recht, dh demjenigen Teil des humanitären Völkerrechts, der vor allem auf den Schutz von Personen ausgerichtet ist, die nicht oder nicht mehr an den Kampfhandlungen teilnehmen.

Die kodifizierten Regelungen wenden sich dabei zunächst an die Staaten als die klassischen Träger völkerrechtlicher Rechte und Pflichten. Es sind Staaten, die gebunden sind, Verletzungen zu unterlassen, und darüber hinaus verpflichtet werden, im Wege der strafrechtlichen Sanktionierung sicherzustellen, dass die verschiedenen Regelungen eingehalten werden. Erste Ansätze für eine Instrumentalisierung des Strafrechts als Garant für die Einhaltung des humanitären Völkerrechts lässt das **Genfer Abkommen zur Verbesserung des**

---

[16] JStGH, AC 2.10.1995 – IT-94-1-AR72, Nr. 94 – Prosecutor v. Tadic; Cassese/Gaeta/Jones/*Bothe* S. 387.
[17] International Military Tribunal, Göring and others, Annual Digest 1946, S. 203, 220–221; US Military Tribunal v. 19.2.1948, List and others (sog. Hostages Fall), Law Reports of Trials of War Criminals, Vol. VIII, S. 34; US Military Tribunal, Ohlendorf and others (sog. Einsatzgruppen Fall), Trials of War Criminals, Vol. IV, S. 411; US Supreme Court, Ex parte Quirin, 317 US 1; Ascensio/Decaus/Pellet/*Abi-Saab*, Droit international pénal, Kapitel 21 Rn. 44 f.; *Jescheck* S. 181; *Cassese* 84 ff.; *Werle/Jeßberger* Völkerstrafrecht Rn. 1111; *Safferling* § 6 Rn. 121.
[18] Die Bibel oder *Homers* Illias verbieten bestimmte Verhaltensweisen, wie etwa die Tötung von Kriegsgefangenen.
[19] Instructions for the Government of Armies of the United States in the Field, prepared by Francis Lieber, promulgated as General Order No. 100 by President Lincoln, 24.4.1863, abgedruckt in *Schindler/Toman* (Hrsg.), The Laws of Armed Conflicts, 1973, S. 3 ff.
[20] *De Martens*, Nouveau Recueil General de Traités, 1. Serie, Band XVIII, S. 607.

Loses der Verwundeten und Kranken bei den im Felde stehenden Heeren von 1906 erkennen.[21]

40   Eine unmittelbare völkerrechtliche Strafbewehrung war diesen ersten Regelungswerken jedoch noch nicht eigen. Verfehlungen zu ahnden blieb den einzelnen Staaten überlassen, die zunehmend entsprechende Vorschriften in ihre Militärstrafgesetzbücher aufnahmen. Der zweite Schritt hin zur völkerrechtlichen Strafbewehrung erfolgte – wenn zunächst auch nur in der Theorie, denn eine praktische Umsetzung scheiterte – dann erstmals im **Friedensvertrag von Versailles,** der in seinen Art. 228–230 die strafrechtliche Verantwortung des deutschen Kaisers für Kriegsverbrechen normierte.[22] Vor diesem Hintergrund sind die Kriegsverbrechen als die historisch älteste Materie beziehungsweise auch als die Keimzelle des Völkerstrafrechts bezeichnet worden.[23]

41   Es folgten zwei weitere Genfer Abkommen, nämlich das **Genfer Abkommen zur Verbesserung des Loses der Verwundeten und Kranken der Heere im Feld** vom 27.7.1929[24] sowie das **Genfer Abkommen über die Behandlung der Kriegsgefangenen** vom gleichen Tage.[25]

42   Die Geschehnisse des **Zweiten Weltkrieges** hatten weitreichende Implikationen für die Fortentwicklung des humanitären Völkerrechts einerseits und die Herausbildung einer unmittelbaren völkerrechtlichen Strafbewehrung schwerer Verstöße andererseits.

43   Art. 6 Abs. 2 lit. b des Statuts für den (Nürnberger) **Internationalen Militärgerichtshof** ordnete detailliert eine große Zahl von Verstößen gegen das humanitäre Völkerrecht als Kriegsverbrechen ein. Anders als nach dem Ende des ersten Weltkrieges wurden in **Nürnberg** ebenso wie in **Tokio** vor dem dortigen **International Military Tribunal for the Far East** gem. Art. 5 lit. b IMTFE-Statut Kriegsverbrechen abgeurteilt.[26] Trotz der weitreichenden Kritik gegen die in den Statuten erfassten Straftatbestände und des Vorwurfs einer sogenannten Siegerjustiz stellen die beiden Statute einen ersten Höhepunkt der Entwicklung des vertraglichen Völkerstrafrechts dar.[27]

44   Eine weitere, ebenfalls durch den Zweiten Weltkrieg angestoßene Entwicklung war die Revision des Kriegsrechts, die insbesondere auf Initiative des Internationalen Komitees vom Roten Kreuz in der Annahme der vier Genfer Abkommen vom 12.8.1949, namentlich dem **I. Genfer Abkommen zur Verbesserung des Loses der Verwundeten und Kranken der Streitkräfte im Felde,**[28] dem **II. Genfer Abkommen zur Verbesserung des Loses der Verwundeten, Kranken und Schiffbrüchigen der Streitkräfte zur See,**[29] dem **III. Genfer Abkommen über die Behandlung der Kriegsgefangenen**[30] und dem **IV. Genfer Abkommen zum Schutze der Zivilpersonen in Kriegszeiten,**[31] mündete, die bis heute von praktisch allen Staaten ratifiziert worden sind.

45   1977 wurden diese Abkommen um zwei Zusatzprotokolle, das **Protokoll I über den Schutz der Opfer internationaler bewaffneter Konflikte**[32] und das **Protokoll II über den Schutz der Opfer nicht internationaler bewaffneter Konflikte**[33] (ZP II) erweitert und den veränderten Bedingungen der Konfliktführung, namentlich im Lichte des Vietnam-Konflikts und der zunehmenden Anzahl nichtinternationaler bewaffneter Konflikte, angepasst. Diese sind mittlerweile von 174 Staaten (Protokoll I) beziehungsweise von 168 Staaten

---

[21] RGBl. 1907 S. 279.
[22] Allg. *McCormack*/Simpson 31 ff.; *Triffterer* in *Hankel/Stuby* (Hrsg.), S. 169 ff.
[23] *Werle* JZ 2000, 757.
[24] RGBl. 1934 II S. 207.
[25] RGBl. 1934 II S. 227.
[26] Zu den Verhandlungen gegen die Hauptkriegsverbrecher siehe *Jescheck,* Nuremberg Trials, in *Bernhardt* (Hrsg.), Encyclopedia of Public International Law, Band 3, 1997, S. 747–754.
[27] *Ipsen* § 31 Rn. 13 ff.
[28] BGBl. 1954 II S. 783.
[29] BGBl. 1954 II S. 813.
[30] BGBl. 1954 II S. 838.
[31] BGBl. 1954 II S. 917.
[32] BGBl. 1990 II S. 1550.
[33] BGBl. 1990 II S. 1637.

(Protokoll II) ratifiziert worden. Dabei sieht Art. 85 Abs. 5 ZP I ausdrücklich vor, dass schwere Verstöße („grave breaches") sowohl der Genfer Abkommen als auch des ersten Zusatzprotokolls als Kriegsverbrechen gelten. Im Jahr 2005 kam ein weiteres Zusatzprotokoll hinzu. Das Protokoll III über die Annahme eines zusätzlichen Schutzzeichens (ZP III) ist am 14.1.2007 in Kraft getreten und gilt mittlerweile für 72 Staaten.

Sowohl die vier Genfer Rotkreuz-Abkommen von 1949 als auch die Zusatzprotokolle **46** beinhalteten zahlreiche Strafverfolgungsaufträge in Bezug auf verschiedene schwere Verletzungen ihrer Vorschriften; eine unmittelbar völkerrechtliche Strafbewehrung war jedoch nicht vorgesehen. Insgesamt ist die Staatenpraxis in der Folgezeit der Prozesse von Nürnberg und Tokio bis 1990 von einer deutlichen Zurückhaltung gegenüber einer Anwendung der in den jeweiligen Statuten verankerten und von der Generalversammlung der Vereinten Nationen wiederholt bestätigten Prinzipien gekennzeichnet.[34]

Erst mit den auf der Grundlage von **Kapitel VII der Satzung der Vereinten Nationen** **47** **durch den Sicherheitsrat der Vereinten Nationen** eingesetzten **Strafgerichtshöfen für das ehemalige Jugoslawien** und bald darauf **für Ruanda** wurde die Entwicklung von Nürnberg und Tokio Anfang der 90er Jahre fortgesetzt.[35]

Die Rechtsprechung dieser beiden ad-hoc Strafgerichtshöfe hat die einzelnen Merkmale **48** der Kriegsverbrechen gegen Personen nicht nur entscheidend geprägt, sondern auch präzisiert und durchaus dynamisch weiterentwickelt.[36] Die jeweiligen Art. 2 JStGH und 4 RStGH nahmen dabei ausdrücklich auf die vier Genfer Abkommen Bezug und berücksichtigten, insofern sie über diese Abkommen hinausgehen, auch die gewohnheitsrechtliche und vertragliche Fortentwicklung des humanitären Völkerrechts. Dies zeigte sich insbesondere insofern, als diese Vorschriften – vor allem die in dem RStGH-Statut enthaltenen – nunmehr auch erstmals Verstöße gegen das humanitäre Völkerrecht in nichtinternationalen bewaffneten Konflikten erfassten. Solche wenn auch in der Sache nicht immer ganz treffend oft als **Bürgerkriege** bezeichneten Konflikte wurden traditionell als rein innerstaatliche, das heißt der exklusiven Souveränität des betroffenen Staates unterworfene Konflikte, angesehen. Eine erste Regelung dieser nichtinternationalen Konflikte beinhaltete jedoch bereits der **gemeinsame Art. 3 der vier Genfer Konventionen von 1949,** der einen humanitären Minimumstandard für diese Konflikte aufstellte und dementsprechend als *„Convention en miniature"* bezeichnet wird. Obwohl die Regelungen des gemeinsamen Art. 3 durch das zweite Zusatzprotokoll ergänzt wurden, bleibt die völkervertragliche Regelungsdichte hinsichtlich des nichtinternationalen Konfliktes weit hinter den detaillierten Regelungen für internationale bewaffnete Konflikte zurück.[37] Insbesondere im Hinblick auf eine unmittelbare völkerrechtliche Strafbewehrung ging man bis Anfang der 90er Jahre noch davon aus, dass diese allein im Falle des internationalen Konfliktes gegeben sei.[38] In dieser Hinsicht stellte die Gründung des Strafgerichtshofes für Ruanda einen Meilenstein der Entwicklung dar. Der Konflikt in Ruanda war primär ein interner Konflikt, der kaum internationale Bezüge aufwies. Die Zuständigkeit des Gerichtshofes betraf dementsprechend gem. Art. 4 RStGH auch Verletzungen des gemeinsamen Art. 3 Abs. 1 der vier Genfer Abkommen sowie ferner Verletzungen des Art. 4 Abs. 2 ZP II.

Ebenso hat die Berufungskammer des Jugoslawien-Strafgerichtshofes in der auch insoweit **49** bahnbrechenden *Tadic*-Entscheidung vom 2.10.1995 festgestellt, dass sich eine Reihe von

---

[34] Friedman (Hrsg.), The Law of War, Band II, 1972, S. 1708 ff.; *Ipsen* § 42 Rn. 26; siehe UN-Generalversammlung Res. 95 [I] v. 11.12.1946; zur Formulierung dieser Prinzipien siehe YILC 1950-II, S. 374: das sechste Prinzip definiert ua die Kriegsverbrechen.
[35] UN Doc. S/RES/827 (1993); BT-Drs. 13/57, Anl. 1 u. 2; UN Doc. S/RES/955 (1994); BT-Drs. 13/7953, Anl. 4.
[36] Siehe allg. *Cassese,* The International Criminal Tribunal for the Former Yugoslavia and the Implementation of International Humanitarian Law, in *Condorelli* (Hrsg.), Les Nations Unies et le droit international humanitaire, 1996, S. 227 ff.; *Akhavan/Goldman/Meron/Parks/Viseur-Sellers* ua (Hrsg.), American University International Law Review 1998, S. 1509–1539.
[37] JStGH, AC 2.10.1995 – IT-94-1-AR72, Nr. 126 – Prosecutor v. Tadic.
[38] Mit weiteren Nachweisen *Meron* AJIL 1995, S. 554 (559).

strafbewehrten Regelungen des humanitären Völkerrechts auch nach Völkergewohnheitsrecht auf **nichtinternationale bewaffnete Konflikte** erstrecken.[39] Die IKRK Studie zum Völkergewohnheitsrecht bestätigt ebenfalls in vielen Bereichen eine zunehmende Angleichung der für internationale und nichtinternationale bewaffnete Konflikte geltenden Regelungen.[40] Dies gilt, abgesehen von einigen wichtigen Ausnahmen wie insbesondere dem sogenannten Kombattantenprivileg und dem Kriegsgefangenenstatus, namentlich für den Bereich des Kampfführungsrechts. So gelten etwa das Unterscheidungs- und das Verhältnismäßigkeitsprinzip anerkanntermaßen in beiden Arten von Konflikten.

50 Den vorläufig letzten Höhepunkt der Entwicklung des Völkerstrafrechts und insbesondere auch der Kriegsverbrechen markierte die Annahme des **Rom-Statuts** am 17.7.1998[41] und die Erweiterungen des Statuts im Zuge der ersten Überprüfungskonferenz in Kampala im Juni 2010 und dabei namentlich das neu aufgenommene Verbot des Einsatzes bestimmter Waffen in nicht internationalen bewaffneten Konflikten.[42] Allerdings ist die Zeit der *ad hoc*-Strafgerichtshöfe noch nicht vorbei, wie etwa die zwischenzeitliche Einsetzung des **Strafgerichtshofes für Sierra Leone,** der außerordentlichen Kammern an den Gerichten von Kambodscha und des Sondertribunals für den Libanon belegen.[43]

51 **Art. 8 IStGH-Statut** enthält erstmals eine umfassende Definition der Kriegsverbrechen.[44] Insbesondere Art. 8 Abs. 2 lit. c erklärt Verletzungen des gemeinsamen Artikels 3 der vier Genfer Abkommen für strafbar und die in Art. 8 Abs. 2 lit. e normierten Verbote betreffen vor allem Regelungen des zweiten Zusatzprotokolls. Damit ist auch im IStGH-Statut der Schutz von Personen in nichtinternationalen Konflikten mit dem Schutz von Personen in internationalen Konflikten weiter angeglichen worden.

52 **2. Entstehungsgeschichte.** Die Bundesrepublik **Deutschland ratifizierte die vier Genfer Abkommen im Jahr 1953.**[45] Obwohl die Bundesregierung bereits in dem dazu erforderlichen Gesetzgebungsverfahren auf die Notwendigkeit hinwies, die innerdeutsche Gesetzgebung den einschneidenden strafrechtlichen Bestimmungen der Genfer Abkommen vorzugsweise in einem Sondergesetz anzupassen,[46] wurde dieses Anliegen, wie auch der entsprechende Entwurf der Großen Strafrechtskommission aus dem Jahr 1957, nicht realisiert.[47]

53 Im Hinblick auf die in Art. 85 des 1991 durch die Bundesrepublik ratifizierten Zusatzprotokolls I[48] normierte Verpflichtung, auch schwere Verletzungen desselben unter Strafe zu stellen, wurde von Seiten der Bundesregierung zunächst vertreten, diese Verletzungen seien bereits hinreichend durch die allgemeinen deutschen Straftatbestände, insbesondere die §§ 212, 211 StGB, erfasst.[49] So konnte der **spezifische Unrechtsgehalt der Kriegsverbre-**

---

[39] JStGH, AC 2.10.1995 – IT-94-1-AR72, Nr. 128 f. – Prosecutor v. Tadic; siehe auch JStGH, TC 14.1.2000 – IT-95-16-T, Nr. 521 ff. – Prosecutor v. Kupreskic et al.; RStGH, TC 18.6.1997 – ICTR-96-15-T, Nr. 33 ff. – Prosecutor v. Kanyabashi; RStGH, TC 2.9.1998 – ICTR-96-4-T, Nr. 611 ff. – Prosecutor v. Akayesu.

[40] Umfassend dazu die Studie des IKRK zum Stand des Gewohnheitsrechts im Bereich des humanitären Völkerrechts, *Henckaerts/Doswald-Beck,* Customary International Humanitarian Law, Volume I: Rules, Cambridge 2009, siehe auch Sondergerichtshof für Sierra Leone, AC 25.5.2004 – SCSL-2004-14-AR72(E) – Prosecutor v. Fofana, Decision on Preliminary Motion on Lack of Jurisdiction, Rn. 25.

[41] Zu dem ILC Entwurf für einen Internationalen Strafgerichtshof, *Allain/Jones,* A Patchwork of Norms: A Commentary on the 1996 Draft Code of Crimes against the Peace and Security of Mankind, EJIL 1997, S. 100.

[42] Dazu näher *Geiß* Yearbook of International Humanitarian Law 2010, 337-352.

[43] UN Doc. S/2000/915 (Sierra Leone), das zwischen den Vereinten Nationen und Sierra Leone beschlossene Abkommen ist unter der Adresse: http://www.specialcourt.org. zu finden.

[44] Cassese/Gaeta/Jones/*Bothe* S. 381.

[45] BGBl. 1954 II S. 783 (I. Abkommen); BGBl. 1954 II S. 813 (II. Abkommen); BGBl. 1954 II S. 838 (III. Abkommen); BGBl. 1954 II S. 917/BGBl. 1956 II S. 1586 (IV. Abkommen).

[46] BT-Drs. 2/152, VII, VIII.

[47] Niederschriften über die Sitzungen der Unterkommission zur Vorbereitung des Entwurfs des Besonderen Teils eines Strafgesetzbuches, Band III, Unterkommission, Bonn 1961, S. 547 ff.

[48] BGBl. 1990 II S. 1550.

[49] BT-Drs. 11/6770, 116.

chen durch das deutsche Strafrecht lange Zeit nicht erfasst werden.[50] Mit dem VStGB hat der deutsche Gesetzgeber erstmals eine spezifische Strafnorm für Kriegsverbrechen angenommen und damit auch diesbezüglich die Gefahr gebannt, dass die deutsche Justiz nicht in der Lage sein könnte, Kriegsverbrechen im Sinne von Art. 17 IStGH-Statut ernsthaft (,genuine') selbst zu verfolgen, zumal Deutschland auch insoweit entscheidende Vorarbeiten für die entsprechenden Regelungen des Römischen Statuts geleistet hatte.[51]

Die **Systematik der Kriegsverbrechen im VStGB** spiegelt die substantielle Entwicklung des humanitären Völkerrechts, die im Laufe der Jahrzehnte von der Unterscheidung zwischen dem **Schutz von Personen und Eigentum auf der einen Seite (Genfer Recht)** sowie der **Limitierung des Einsatzes bestimmter Methoden und Mittel der Kriegführung auf der anderen Seite (Haager Recht)** geprägt worden ist, wider.

§ 8 geht über die Regelungen des Rom-Statuts hinaus, soweit dies dem gesicherten Stand des geltenden Völkergewohnheitsrechts entspricht, und bezieht dabei verstärkt völkerrechtliche Vorschriften der beiden Zusatzprotokolle ein.[52]

Insbesondere hat § 8 die **Unterscheidung des IStGH-Statuts zwischen Kriegsverbrechen in internationalen und nichtinternationalen bewaffneten Konflikten** als grundlegendes Strukturprinzip für den Gesetzesaufbau im Wesentlichen **aufgegeben**.[53] Dadurch wurde der allgemein erkennbaren Tendenz zur rechtlichen Gleichbehandlung beider Konfliktarten insoweit entsprochen, als das geltende Gewohnheitsrecht dies gestattet.[54] Sofern dies noch nicht der Fall ist, wurde die Trennung jedoch beibehalten.[55] Auch die Unterscheidung zwischen schweren Verletzungen der Genfer Abkommen und den so genannten anderen schweren Verstößen wurde nicht übernommen, da sie für das VStGB als national anzuwendendes und umfassend geltendes Gesetz keine Relevanz haben.

IV. Völkerrechtliche Besonderheiten bei der Auslegung

Bei der Auslegung von § 8 VStGB ist der gesetzgeberische Wille, sich mit dem Ziel einer **Komplementarität** bei der Verfolgungszuständigkeit eng an Art. 8 IStGH-Statut zu orientieren, zu beachten.[56] Rechtsnormen des Völkerrechts und damit auch des Völkerstrafrechts sind im Lichte des im Grundgesetz verankerten Prinzips der **völkerrechtsfreundlichen Auslegung** zu interpretieren.[57] Angesichts einzelner im Hinblick auf das grundgesetzliche **Bestimmtheitsgebot** möglicherweise bedenklicher Begriffe des Römischen Statuts kommt dabei vor allem der Spruchpraxis der internationalen Strafgerichtshöfe (IStGH, JStGH, RStGH, und den Sondergerichtshöfen für Sierra Leone und für den Libanon) eine hervorgehobene Bedeutung zu.[58] Dabei ist zu beachten, dass der BGH schon vor der Annahme des VStGB im Zusammenhang mit den Verbrechen des Völkermordes und der Kriegsverbrechen auf die Spruchpraxis der Strafgerichtshöfe für Jugoslawien und Ruanda Bezug genommen hat.[59] In Übereinstimmung mit der Rechtsprechung des BVerfG zu

---

[50] *Werle/Jeßberger* JZ 2002, 725 (726); zur Gefahr von Strafbarkeitslücken *Bremer* in *Eser/Kreicker* S. 159 ff. und 245; *Kreß*, Vom Nutzen eines deutschen Völkerstrafgesetzbuches, S. 12 f.; *Satzger* NStZ 2002, 125 (126); *Werle/Jeßberger* Völkerstrafrecht Rn. 1070; *Gropengießer* S. 145; *Esser* § 21 Rn. 5.
[51] *Kaul* Zeitschrift für die Vereinten Nationen 1998, 125 (127).
[52] BT-Drs. 14/8524, 23; *Werle* JZ 2001, 885 (894).
[53] BGH 17.6.2010 – AK 3/10, BeckRS 2010, 16874 Rn. 32; BT-Drs. 14/8524, 24; *Ambos,* Internationales Strafrecht, § 7 Rn. 232; *Esser* § 21 Rn. 18.
[54] *Zimmermann* in *Neuner* (Hrsg.), National Legislation Incorporating International Crimes, 2003, S. 147; *Ambos* in *Hasse/Müller/Schneider* (Hrsg.), Humanitäres Völkerrecht, 2001, S. 325.
[55] *Werle/Jeßberger* Völkerstrafrecht Rn. 1490; *Safferling* § 6 Rn. 128 f.
[56] BT-Drs. 14/8524, 12, 25.
[57] *Ambos* NStZ 2001, 628 (629); *Zimmermann* ZRP 2002, 97 (99); *ders.* NJW 2002, 3068 (3069); *Münch* v./ *Kunig/Rojahn* GG Art. 24 Rn. 2 ff.; Mangoldt v./Klein/Starck/*Sommermann* GG Art. 24 Rn. 244; auch BVerfGE 75, 1 (18 f.).
[58] BT-Drs. 14/8524, 13, 20.
[59] BGH 22.4.1999 – 4 StR 19–99, BGHSt 45, 64 (79 ff.) = NJW 1999, 2604; BGH 21.2.2001 – 3 StR 372/00, BGHSt 46, 292 (298 ff.) = NJW 2001, 2728; bzgl. § 220a StGB siehe auch BVerfG 12.12.2000 – 2 BvR 1290/99, NJW 2001, 1848 (1850).

§ 220a StGB/§ 6 VStGB ist auch im Zusammenhang mit § 8 VStGB die mögliche Wortlautgrenze im Licht der internationalen Bezugsdokumente sowie ihrer Auslegung durch internationale Spruchpraxis zu bestimmen.[60]

58 Teilweise geht § 8 VStGB über die in Art. 8 des Römischen Statuts als Ergebnis diplomatischer Kompromisse kodifizierten Straftatbestände hinaus.[61] Ohne dadurch den gesicherten Stand des Völkergewohnheitsrechtes zu verlassen,[62] berücksichtigt das VStGB namentlich auch die in dem von der Bundesrepublik Deutschland ratifizierten ersten Zusatzprotokoll zu den Genfer Abkommen von 1949 als schwere Verletzungen eingestuften Taten.[63]

B. Erläuterung

I. Übergreifende Fragen

59 **1. Täter.** Täter von Kriegsverbrechen kann **jedermann** sein. **Zivilpersonen** kommen als Täter ebenso in Betracht wie Kombattanten.[64] Kriegsverbrechen werden in der Rechtsprechung seit dem Zweiten Weltkrieg als **Allgemeindelikt** eingeordnet.[65] Dementsprechend wurde auch der Vorschlag, eine Liste möglicher Täter in das Römische Statut aufzunehmen, abgelehnt;[66] vielmehr belegt Art. 28 lit. b des Rom-Statuts, dass gerade auch Zivilisten taugliche Täter von Verbrechen nach dem Statut sein können. Eine Ausnahme bildet im Kontext des § 8 dessen Abs. 3 Nr. 2, wo nur Staatsangehörige der Besatzungsmacht taugliche Täter sind; insoweit handelt es sich um ein **Sonderdelikt**.

60 **2. Tatobjekte.** Tatobjekte sind die nach dem humanitären Völkerrecht zu schützenden Personen.[67] Der spezifische Schutzaspekt ergibt sich dabei grundsätzlich daraus, dass bestimmte Personen nicht oder nicht mehr unmittelbar an den Feindseligkeiten teilnehmen.

61 Abs. 6 definiert die jeweils geschützten Personen und differenziert dabei zwischen internationalen und nichtinternationalen bewaffneten Konflikten. Nach dem humanitären Völkerrecht zu schützende Personen im Sinne des VStGB sind in internationalen bewaffneten Konflikten die durch die Genfer Abkommen und das ZP I geschützten Personen („protected persons'). Geschützte Personen sind damit die in den Art. 13, 24, 25, 26 GK I, Art. 13, 36, 37 GK II, Art. 4 GK III, Art. 4, 13, 20 GK IV sowie den Art. 8, 44, 45, 73, 75 und 85 Abs. 3 lit. e ZP I definierten Personengruppen. Diese Abkommen werden durch die Anlage zu § 8 Abs. 6 Nr. 1 VStGB (abgedruckt im Anschluss an die Kommentierung) in

---

[60] BVerfG 12.12.2000 – 2 BvR 1290/99, NJW 2001, 1848 (1851) = NStZ 2001, 240 (242); 2. Aufl., StGB § 220a Rn. 28.
[61] Ebd.
[62] BT-Drs. 14/8524, 23.
[63] § 8 Abs. 1 Nr. 8 lit. c und d in Umsetzung von Art. 11 Abs. 1 S. 2 ZP I und Art. 11 2 lit. c ZP I, BT-Drs. 14/8524, 27 f.; § 8 Abs. 1 Nr. 1 iVm § 8 Abs. 6 Nr. 3 sowie § 8 Abs. 2 in Umsetzung von Art. 85 Abs. 3 lit. e ZP I, BT-Drs. 14/8524, 28.; § 8 Abs. 3 Nr. 1 Alt. 2 in Umsetzung von Art. 85 Abs. 4 lit. b ZP I, BT-Drs. 14/8524, 28.
[64] JStGH, TC 16.11.1998 – IT-96-21-T, Nr. 3.25 – Prosecutor v. Delalic et al.; RStGH, TC 12.9.1998 – ICTR-96-4-T, Nr. 425-445 – Prosecutor v. Akayesu; RStGH, TC 15.5.2003 – ICTR-97-20-T, Nr. 358-362 – Prosecutor v. Semanza; RStGH, TC 27.1.2000 – ICTR-96-13-T, Nr. 274-275 – Prosecutor v. Musema. Für private Militärunternehmen siehe *S. Menz*, Die Verantwortlichkeit der Mitarbeiter privater Militär- und Sicherheitsunternehmen nach Art. 8 ICC-Statut, 2010.
[65] United Nations War Crimes Commission v. 22.12.1945, Heyer and others (sog. Essen Lynching Fall), Law Reports of Trials of War Criminals, Vol. I, S. 88 ff.; British Military Tribunal v. 8.3.1946, Tesch and others (sog. Zyklon B Fall), Law Reports of Trials of War Criminals, Vol. I, S. 93 ff.; US Military Tribunal v. 22.12.1947, Flick and others, Law Reports of Trials of War Criminals, Vol. IX, S. 1 (17 f.); US Military Tribunal, v. 30.6.1948, Krupp and others, Law Reports of Trials of War Criminals, Vol. X, S. 69 (150); Permanent Military Tribunal, v. 24.6.1946, Wagner and others, Law Reports of Trials of War Criminals, Vol. III, S. 23 (27, 31 f., 42).
[66] UN Doc. PCNICC/1999/DP.5 v. 10.2.1999.
[67] JStGH, TC 31.3.2003 – IT-98-34-T, Nr. 176 – Prosecutor v. Naletilic and Martinovic.

Bezug genommen, wodurch sichergestellt wird, dass das deutsche Recht auch insoweit mit den völkerrechtlichen Vorgaben übereinstimmt.[68]

Der in Abs. 6 Nr. 2 beschriebene, geschützte Personenkreis im nichtinternationalen bewaffneten Konflikt wurde in enger Anlehnung an den im internationalen Konflikt geschützten Personenkreis definiert.[69]

Bis auf Abs. 1 Nr. 5, der sich ausdrücklich auf Kinder unter 15 Jahren bezieht, nehmen sämtliche Einzeltatbestände des ersten Absatzes ausdrücklich auf diesen in Abs. 6 legaldefinierten Personenkreis Bezug.

Eine weitere Eingrenzung nimmt Abs. 2 vor, welcher die Angehörigen der gegnerischen Streitkräfte beziehungsweise Kämpfer der gegnerischen Partei betrifft. Abs. 3 Nr. 2 schließlich betrifft einen Teil der eigenen Zivilbevölkerung.

a) Internationaler bewaffneter Konflikt (Abs. 6 Nr. 1). Nach dem Wortlaut gehören die in Nr. 1 namentlich aufgezählten Personen stets zu den nach dem humanitären Völkerrecht zu schützenden Personen. Dies stellt jedoch in gewisser Weise eine Verallgemeinerung der differenzierteren völkerrechtlichen Rechtslage dar, ist doch der **geschützte Personenkreis nicht in allen Genfer Abkommen einheitlich definiert.** Zum Teil bestehen beachtliche Unterschiede.

Die Kriegsverbrechenstatbestände des § 8 sind im Wesentlichen aus den in den Genfer Abkommen und dem I. Zusatzprotokoll definierten so genannten ‚schweren Verletzungen' hervorgegangen, ohne allerdings zugleich die Differenzierung zwischen ‚schweren' und anderen Verletzungen zu übernehmen. Wer taugliches Opfer einer solchen ‚schweren Verletzung' sein kann, ist von Abkommen zu Abkommen unterschiedlich geregelt, insbesondere sind **nicht alle der in Abs. 6 Nr. 1 aufgeführten Personen automatisch geschützte Person im Sinne jedes Einzeltatbestandes.** Maßgeblich ist vielmehr, dass gerade dasjenige Abkommen, welches das Opfer schützt, die entsprechende Tathandlung auch als schwere Verletzung einordnet.[70] So stellen etwa die rechtswidrige Gefangenhaltung und die Geiselnahme nur nach dem IV. Genfer Abkommen, in dessen Rahmen Zivilpersonen geschützt werden, schwere Verletzungen dar. Im Römischen Statut wurde dieser Rechtslage durch die in Art. 8 Abs. 2 lit. a enthaltene flexible Klausel, wonach „protected persons under the provisions of the relevant Geneva Convention" erfasst werden, entsprochen.[71]

Ungeachtet des missverständlichen Wortlauts von Abs. 6 Nr. 1 hat auch der deutsche Gesetzgeber durch die Aufnahme der Abkommen und des I. Zusatzprotokolls als Anlagen zum VStGB und somit als dessen Bestandteil sichergestellt, dass das deutsche Recht mit den entsprechenden völkerrechtlichen Vorgaben übereinstimmt,[72] mit anderen Worten, der Tatbestand kann jeweils nur dann erfüllt sein, wenn das fragliche Opfer ‚geschützte Person' im Kontext der jeweils anwendbaren völkerrechtlichen Normen ist. Auf die sich daraus ergebenden entsprechenden Differenzierungen wird bei der Erörterung des jeweiligen Einzeltatbestandes einzugehen sein.

aa) Verwundete, Kranke, Schiffbrüchige. Der Schutz der Verwundeten war der historische Ausgangspunkt des humanitären Völkerrechts.[73] Bereits die erste Genfer Konvention von 1864 zielte auf die verwundeten Armeen im Felde. Heute sind **Verwundete, Kranke** und **Schiffbrüchige** unter allen Umständen gem. den Art. 12 Abs. 1, 35 Abs. 1 GK I, Art. 12 Abs. 1 GK II sowie Art. 10 Abs. 1 ZP I zu schonen und zu schützen. Jeder Angriff auf ihr Leben oder ihre Person ist verboten und sie sind stets mit Menschlichkeit zu behandeln (Art. 12 Abs. 2 GK I, Art. 12 Abs. 2 GK II, Art. 10 Abs. 2 ZP I).[74]

---

[68] Werle/Nerlich Humanitäres Völkerrecht 2002, 124 (130).
[69] EVStGB, BT-Drs. 14/8524, 30; AEVStGB, S. 67.
[70] Werle/Jeßberger Völkerstrafrecht Rn. 1184; Triffterer/Dörmann IStGH-Statut Art. 8 Rn. 60 ff.
[71] Gropengießer S. 160.
[72] Werle/Nerlich Humanitäres Völkerrecht 2002, 130.
[73] Vgl. dazu statt aller nur H. Dunant, Erinnerungen an Solferino, passim.
[74] Fleck/Kleffner Rn. 601.

69 Das I. Zusatzprotokoll hat den Personenkreis der geschützten Personen gegenüber den Genfer Abkommen ausgeweitet. Geschützt werden gem. Art. 8 lit. a und b ZP I neben den Verwundeten, Kranken und Schiffbrüchigen der Streitkräfte auch die verwundeten, kranken und schiffbrüchigen **Zivilpersonen**.[75] Der Anwendungsbereich der Vorschrift erfasst nur solche Personen, die feindselige Handlungen unterlassen. Personen, die trotz ihrer Verwundung, Krankheit oder ihres Schiffbruchs feindselige Handlungen unternehmen, können keine Schonung erwarten und sind nicht geschützt.[76]

70 Entscheidendes Merkmal der Verwundung beziehungsweise der Krankheit ist gem. Art. 8 lit. a ZP I grundsätzlich die **Notwendigkeit des medizinischen Beistands**.[77] Erfasst werden allerdings auch Nichtverwundete beziehungsweise Nichtkranke. Gemäß Art. 8 lit. a S. 2 wird der Schutzbereich erstreckt auf Wöchnerinnen, Neugeborene sowie andere Personen, die sofortiger medizinischer Hilfe oder Pflege bedürfen. Als Beispiele für zu der letztgenannten Gruppe gehörende Personen werden **Gebrechliche** und **Schwangere** aufgeführt.

71 **Schiffbrüchige** sind gem. Art. 13 GK II, Art. 8 lit. b ZP I Personen, die sich auf See oder in einem anderen Gewässer infolge eines Unglücks, das sie selbst oder das sie befördernde Wasser- oder Luftfahrzeug betroffen hat, in Gefahr befinden und jede feindselige Handlung unterlassen. Schiffbruch im eigentlichen Sinne ist nicht erforderlich. Es genügt beispielsweise auch das Überbordfallen einzelner Personen.[78] Das Unglückserfordernis ist weit auszulegen; erfasst werden demzufolge auch Personen, die auf Grund ihrer Unerfahrenheit oder Fahrlässigkeit auf See in Not geraten sind.[79] Ausgeschlossen sind allerdings solche Personen, die sich absichtlich in eine Notlage gebracht haben. Dazu gehören insbesondere Spezialeinheiten und Taucher, die sich zur Erfüllung einer bestimmten Mission in eine solche Lage gebracht haben, es sei denn sie haben ihrerseits alle weiteren feindlichen Akte aufgegeben.[80] Der Status des Schiffbrüchigseins dauert auch während der Rettung solange an, bis diese Personen auf Grund der Genfer Abkommen oder der Zusatzprotokolle einen anderen Status erlangen.

72 bb) **Kriegsgefangene**. Geraten Kombattanten in die Gewalt einer gegnerischen Partei, sind sie Kriegsgefangene.[81] Der in den Genfer Abkommen und den Zusatzprotokollen definierte **Primärstatus des Kombattanten** ist mithin für den **Sekundärstatus des Kriegsgefangenen** entscheidend. Gemäß der in **Art. 43 Abs. 2 ZP I** enthaltenen Legaldefinition ist Kombattant, wer den in Abs. 1 definierten Streitkräften angehört und berechtigt ist, unmittelbar an den Feindseligkeiten teilzunehmen.[82] Die bloße Eintragung in eine Reserveliste genügt dabei als Nachweis für eine **Streitkräftezugehörigkeit** jedoch nicht.[83] Angehörige der Streitkräfte, die – wie etwa das Sanitäts- oder Seelsorgepersonal – nicht befugt sind, unmittelbar an den Feindseligkeiten teilzunehmen, sind keine Kombattanten. Der Kombattantenstatus der Angehörigen der Streitkräfte ist die Regel.[84] Gerät jemand, der an Feindseligkeiten teilgenommen hat, in die Gewalt des Gegners und bestehen Zweifel, ob er oder sie Kombattant oder Nichtkombattant ist, ist er oder sie als Kriegsgefangener zu behandeln, bis ein zuständiges Gericht über seinen beziehungsweise ihren Status entschieden hat (Art. 5 Abs. 2 GK III, Art. 45 Abs. 1 ZP I).

73 Darüber hinaus erhalten den Kriegsgefangenenstatus auch alle anderen in Art. 43 ZP I beziehungsweise Art. 4 GK III aufgeführten Personen, sofern sie in die Gewalt des Gegners

---

[75] Fleck/*Kleffner* Rn. 601.
[76] Sandoz/Swinarski/Zimmermann/*Sandoz* Rn. 301.
[77] Bothe/Ipsen/Partsch Zeitschrift für ausländisches öffentliches Recht und Völkerrecht 1978, S. 15; Bothe/Partsch/Solf, New rules for victims of armed conflicts – Commentary on the two 1977 protocols additional to the Geneva Conventions of 1949, 1982, S. 96.
[78] Sandoz/Swinarski/Zimmermann/*Sandoz* Rn. 311.
[79] Sandoz/Swinarski/Zimmermann/*Sandoz* Rn. 313.
[80] Sandoz/Swinarski/Zimmermann/*Sandoz* Rn. 314.
[81] Art. 3 S. 2 HLKO; Art. 4 A Abs. 1–3 und 6 GK III; Art. 44 Abs. 1 ZP 1.
[82] Art. 3 HLKO; Art. 43 Abs. 2 ZP I; Fleck/*Ipsen* Rn. 301.
[83] Fleck/*Fischer* Rn. 707.
[84] Fleck/*Ipsen* Rn. 301.

gelangen.⁸⁵ Dazu gehören etwa Personen, die den bewaffneten Kräften folgen, ohne den Streitkräften direkt anzugehören, wie **zivile Besatzungsmitglieder von Militärflugzeugen, Besatzungsmitglieder der Handelsmarine, Kriegsberichterstatter** und **Heereslieferanten**. Kriegsgefangenenstatus erhalten auch die Beteiligten einer sogenannten *levée en masse* (Art. 4 A Abs. 6 GK III).

Spione (Art. 46 Abs. 1, 47 Abs. 1 ZP 1), also Personen, die heimlich oder unter falschem Vorwand in dem vom Gegner kontrollierten Gebiet Informationen beschaffen, haben, selbst wenn sie Angehörige ihrer Streitkräfte sind, keinen Anspruch auf den Status eines Kriegsgefangenen,⁸⁶ es sei denn, es war ihnen zwischenzeitlich wieder gelungen, zu ihrer Einheit zurückzukehren. 74

Keinen Anspruch auf den Status eines Kombattanten oder eines Kriegsgefangenen haben schließlich gem. Art. 47 Abs. 1 die in Abs. 2 der Vorschrift legaldefinierten **Söldner**. 75

Grundsätzlich unbeachtlich für den Kombattantenstatus und den damit verknüpften Status des Kriegsgefangenen ist gem. Art. 44 Abs. 2 ZP I, Art. 85 GK III, ob der betroffene Kombattant seinerseits die Regeln des in bewaffneten Konflikten anwendbaren Völkerrechts eingehalten hat. Ausnahmen hiervon statuieren die Abs. 3 und 4 von Art. 44 ZP I. Der Kombattantenstatus wie auch der Kriegsgefangenenstatus werden aufgehoben, sofern ein Kombattant, dessen Unterscheidung von der Zivilbevölkerung bereits situationsbedingt nicht gewährleistet ist, a) während eines militärischen Einsatzes seine Waffen nicht offen trägt, oder b) während eines militärischen Aufmarsches vor Beginn eines Angriffs, an dem er teilnehmen soll, seine Waffen nicht so lange offen trägt, wie er für den Gegner sichtbar ist. Gleichwohl sind ihnen nach Art. 44 Abs. 4 ZP I die gleichen Rechte wie Kriegsgefangene zu gewähren. Dementsprechend werden solche Personen dann auch von den entsprechenden Normen des VStGB mit erfasst. 76

In die Gewalt des Gegners gerät, wer von dessen zuständigen Organen in Gewahrsam genommen wird. Der Kriegsgefangenenstatus beginnt im Augenblick der **Gefangennahme.** Erfasst wird auch die freiwillige Aufgabe. Typische Anwendungsfälle auf dem Gefechtsfeld sind überdies die Verwundung oder anderweitig bedingte Kampfunfähigkeit. Nicht ausreichend ist der bloße Aufenthalt auf dem vom Gegner kontrollierten Gebiet. Erforderlich ist, dass der Kombattant von den dafür zuständigen Staatsorganen in Gewahrsam genommen wird – so wurde etwa im Falle irakischer Soldaten, die sich in der irakischen Wüste Journalisten ergeben hatten, der Kriegsgefangenenstatus mithin erst mit deren Übergabe an die US-Streitkräfte begründet.⁸⁷ 77

Die Kriegsgefangenschaft endet mit gelungener Flucht, dem Tod des Gefangenen sowie mit der Entlassung des Gefangenen aus dem Gewahrsam des Gewahrsamsstaates. 78

Sanitätssoldaten und **Militärgeistliche** dürfen, wenn sie in die Hand des Gegners fallen, nur zurückgehalten werden, wenn dies zur Betreuung der Kriegsgefangenen notwendig ist. Sie gelten in diesem Falle zwar nicht als Kriegsgefangene, genießen aber deren rechtlichen Schutz (Art. 28, 30 GK I, Art. 36, 37 GK II, Art. 33 GK III)⁸⁸ mit der Folge, dass sich auch der Schutz des VStGB auf sie erstreckt. 79

cc) Zivilpersonen. Das humanitäre Völkerrecht ermächtigt Zivilpersonen mit Ausnahme der *levée en masse* nicht, an Kampfhandlungen teilzunehmen. Daraus, dass von der Zivilbevölkerung regelmäßig keine Angriffe zu erwarten sind, folgt ihr Schutzanspruch.⁸⁹ Zivilpersonen sind mithin stets vor direkten Angriffen geschützt, es sei denn, sie nehmen selbst direkt an Kampfhandlungen teil. Entgegen dem Wortlaut von Abs. 6 Nr. 1 gelten Zivilpersonen allerdings nicht *per se* als geschützte Personen im Sinne dieser Vorschrift. Vielmehr sind **Zivilpersonen** nur dann nach dem humanitären Völkerrecht zu schützende Personen im Rechtssinne, wenn sie sich gem. Art. 4 Abs. 1 GK IV im Falle eines Konflikts 80

---

⁸⁵ Fleck/*Fischer* Rn. 701.
⁸⁶ Fleck/*Ipsen* Rn. 322.
⁸⁷ Fleck/*Fischer* Rn. 701.
⁸⁸ Fleck/*Ipsen* Rn. 315.
⁸⁹ Fleck/*Gasser* Rn. 501.

oder einer Besetzung zu irgendeinem Zeitpunkt und gleichgültig auf welche Weise **in der Gewalt einer am Konflikt beteiligten Partei oder einer Besatzungsmacht** befinden, deren Staatsangehörige sie nicht sind.

81 Art. 50 Abs. 1 S. 1 ZP I bestimmt mit einer Legaldefinition den durch den Begriff Zivilpersonen erfassten Personenkreis. Zivilperson ist danach „jede Person, die keiner der in Art. 4 A Abs. 1, 2, 3 und 6 GK III und in Art. 43 ZP I bezeichneten Kategorien angehört". Zivilpersonen sind nicht verpflichtet, sich in besonderer Weise kenntlich zu machen oder sich auszuweisen, um den ihnen zustehenden Schutz beanspruchen zu können. Im Zweifelsfalle gilt eine Person nach Art. 50 Abs. 1 S. 2 ZP I als Zivilperson.[90]

82 Zu den Zivilpersonen gehören auch **Angehörige humanitärer Hilfsmissionen und friedenserhaltender Missionen,** die nicht auf der Seite einer der am Konflikt beteiligten Parteien stehen.[91]

83 Der Schutz des IV. Genfer Abkommens bleibt gem. Art. 51 Abs. 8 ZP I unabhängig davon bestehen, ob Zivilpersonen, ohne dazu berechtigt zu sein, an Kampfhandlungen teilgenommen haben. Auch **Freischärler,** also Personen, die Waffengewalt anwenden, ohne als Kombattanten dazu berechtigt zu sein, sind mithin geschützt.[92] Fallen solche an Kriegshandlungen beteiligten Personen in die Gewalt des Gegners, sind sie gleichwohl als Zivilpersonen zu behandeln und haben Anspruch auf alle damit verbundenen Rechte. Allerdings dürfen sie für ihr Verhalten strafrechtlich zur Verantwortung gezogen werden.

84 Das Merkmal des **Sich-in-der-Gewalt-Befindens** ist weit zu verstehen.[93] Auch Personen, die nie unmittelbar mit der gegnerischen Konfliktpartei in Berührung gekommen sind, befinden sich in deren Gewalt, sofern sie sich in einem von der gegnerischen Konfliktpartei kontrollierten Gebiet befinden.[94] Dies ergibt sich zum einen bereits aus der Systematik des Art. 4 GK IV, der in seinem Abs. 2 auf den Aufenthalt im Machtbereich der anderen Partei Bezug nimmt, und entspricht zudem der ständigen Spruchpraxis des JStGH.[95]

85 Entgegen dem Wortlaut von Art. 4 Abs. 1 GK IV ist die formale staatsangehörigkeitsrechtliche Zuordnung nicht länger das entscheidende Kriterium. Ausschlaggebend ist vielmehr, ob die Opfer faktisch – unter dem Gesichtspunkt der Loyalität – beispielsweise auf Grund der ethnischen Zugehörigkeit der jeweiligen Gegenseite zuzurechnen sind.[96] Entsprechend der veränderten Struktur heutiger bewaffneter Konflikte wurde der Anwendungsbereich der Vorschrift im Wege teleologischer Interpretation ausgedehnt.[97] Entscheidend ist die ethnische Zugehörigkeit,[98] werden doch bewaffnete Konflikte überwiegend nicht mehr zwischen Staaten, sondern zwischen verschiedenen ethnischen Gruppierungen mit teilweise gleicher **Staatsangehörigkeit** ausgetragen. Wie insbesondere das Beispiel des ehemaligen Jugoslawiens gezeigt hat, entstehen neue Staaten teilweise erst im Verlaufe eines

---

[90] So auch bzgl. des nichtinternationalen Konflikts RStGH, TC II 21.5.1999 – ICTR-95–1-T, Nr. 179–180 – Prosecutor v. Kayishema and Ruzindana.
[91] AEVStGB, S. 66. Dies ergibt sich nicht nur aus Art. 50 ZP I iVm Art. 4 A Abs. 1, 2, 3 und 6 des III. Genfer Abkommens sowie Art. 43 ZP I, sondern auch aus Art. 8 Abs. 2 lit. b (iii) und dem wortgleichen Art. 8 Abs. 2 (e) (iii) des Römischen Statuts.
[92] Werle/Jeßberger Völkerstrafrecht Rn. 1183; Pictet Band IV, 1958, S. 50 f.; Safferling § 6 Rn. 149.
[93] Pictet Band IV, S. 46.
[94] JStGH, TC 13.9.1996 – IT-95-12-R61, Nr. 35–37 – Prosecutor v. Rajic; JStGH, TC 31.3.2003 – IT-98-34-T, Nr. 208 – Prosecutor v. Naletilic and Martinovic.
[95] JStGH, TC 7.5.1997 – IT-94-1-T, Nr. 579 – Prosecutor v. Tadic; JStGH, TC 16.11.1998 – IT-96-21-T. Nr. 246 – Prosecutor v. Delalic et al.; JStGH, TC 31.3.2003 – IT-98-34-T, Nr. 208 – Prosecutor v. Naletilic and Martinovic; siehe auch McDonald/Swaak-Goldman/*Fischer,* Substantive and Procedural Aspects of International Criminal Law, Band 1, 2000, S. 67, 86.
[96] StRspr des JStGH: JStGH, AC 15.7.1999 – IT-94-1-A, Nr. 166 – Prosecutor v. Tadic; ebenso JStGH, Appeals Chamber (AC) 20.2.2001 – IT-96-21-A, Nr. 83 – Prosecutor v. Delalic et al.; JStGH, TC 26.2.2001 – IT-95-14/2, Nr. 152 – Prosecutor v. Kordic and Cerkez; JStGH, AC 29.7.2004 – IT-95-14-A, Nr. 179 f. – Prosecutor v. Blaskic; zuletzt bestätigt in JStGH, TC 1.9.2004 – IT-99-36-T, Nr. 125 – Prosecutor v. Brdjanin; bestätigend auch BGH 21.2.2001 – 3 StR 372/00.
[97] JStGH, AC 15.7.1999 – IT-94-1-A, Nr. 168 f. – Prosecutor v. Tadic.
[98] Der BGH hat sich dieser Auffassung angeschlossen: BGHSt 46, 292 (301).

Konfliktes, in dem die ethnische Zugehörigkeit viel mehr als die Staatsangehörigkeit den maßgeblichen Nexus darstellt. Entscheidend ist daher das faktische Verhältnis der Parteien, nicht die rechtliche Charakterisierung.[99] Eine Übereinstimmung der formellen Staatsangehörigkeit der betroffenen Person und der Kontrollgewalt steht einem Schutzanspruch nicht entgegen.[100] Auch **Staatenlose** sind erfasst.[101] Voraussetzung ist aber in jedem Fall, dass es sich um einen internationalen bewaffneten Konflikt handelt.

Wer nicht als Kriegsgefangener durch die GK III oder die GK I und II geschützt wird, wird jedenfalls von GK IV erfasst, sofern die Voraussetzungen von Art. 4 GK IV gegeben sind. Es bestehen mithin, anders als insbesondere von den Vereinigten Staaten im Zusammenhang mit der Inhaftierung von Taliban- und Al-Qaida-Kämpfern vertreten, **keine Schutzlücken**. Niemand kann daher in Feindeshand völlig rechtlos sein. Diese Auffassung wird zudem durch Art. 50 ZP I gestützt, wonach Zivilpersonen all diejenigen sind, die nicht Kombattanten im Sinne von Art. 4 A Abs. 1, 2, 3, 6 GK III und Art. 43 ZP I sind.[102] 86

Auch in Besatzungssituationen werden alle Personen erfasst, die in dem oben erläuterten, weiten Sinne nicht die Staatsangehörigkeit der Besatzungsmacht besitzen.[103] Dies gilt selbst dann, wenn die Besatzungsmacht das besetzte Gebiet völkerrechtswidrig annektiert und der dort wohnenden Bevölkerung die eigen Staatsangehörigkeit verleiht. Ausgangspunkt der in Art. 4 Abs. 2 GK IV enthaltenen Regelung ist die Überlegung, dass **Angehörige neutraler und mitkriegführender Staaten** nicht schutzbedürftig sind, solange der Staat, dessen Angehörige sie sind, eine normale diplomatische Vertretung bei dem Staate unterhält, in dessen Machtbereich sie sich befinden.[104] Das Kriterium der normalen diplomatischen Vertretung ist nicht bereits durch das formale Fortbestehen diplomatischer Beziehungen erfüllt. Erforderlich ist vielmehr, dass die diplomatischen Beziehungen effektiv sind, dass also die diplomatische Repräsentation auch Ergebnisse und zufriedenstellende Antworten nach sich zieht.[105] 87

dd) Sonstige geschützte Personen. Weitere geschützte Personen nach geltendem humanitären Völkerrecht und damit also auch nach dem Völkerrecht zu schützende Personen im Sinne von Abs. 6 VStGB sind schließlich noch **Flüchtlinge** und **Staatenlose** gem. Art. 73 ZP I.[106] 88

b) Nichtinternationaler bewaffneter Konflikt (Abs. 6 Nr. 2). In dem Bestreben die Regelungen betreffend den nichtinternationalen Konflikt und die Bestimmungen über den internationalen Konflikt weiter anzugleichen, hat der Gesetzgeber **Abs. 6 Nr. 2 weitgehend spiegelbildlich zu Nr. 1** ausgestaltet.[107] Nicht übernommen wurde die in Abs. 6 Nr. 1 enthaltene Verweisungstechnik mit ihrer exemplarischen Aufzählung, da es für den nichtinternationalen bewaffneten Konflikt an dem völkerrechtlichen *terminus technicus* der ‚geschützten Person' fehlt. 89

In Nr. 2 wird der zu schützende Personenkreis abschließend bestimmt. Nach dem humanitären Völkerrecht **zu schützende Personen in nichtinternationalen bewaffneten Konflikten** sind demgemäß **Verwundete, Kranke** und **Schiffbrüchige** sowie alle **Personen, die nicht unmittelbar an den Feindseligkeiten teilnehmen und sich in der Gewalt der gegnerischen Partei befinden**. Die letztgenannte Kategorie umfasst sowohl feindliche Kämpfer die *hors de combat* sind als auch Zivilpersonen. 90

---

[99] JStGH, AC 20.2.2001 – IT-96-21-A, Nr. 81, 84 – Prosecutor v. Mucic et al.
[100] JStGH, AC 24.3.2000 – IT-95-14/1, Nr. 151 – Prosecutor v. Aleksovski; JStGH, TC 3.3.2000 – IT-95-14-T, Nr. 126–27 – Prosecutor v. Blaskic; 96; JStGH, TC 26.2.2001 – IT-95-14/2, Nr. 152 – Prosecutor v. Kordic and Cerkez.
[101] *Pictet* Band IV, S. 46.
[102] JStGH, TC 16.11.1998 – IT-96-21-T, Nr. 271 ff. – Prosecutor v. Delalic et al.
[103] *Pictet* Band IV, S. 46.
[104] *Pictet* Band IV, S. 49.
[105] JStGH, AC 29.7.2004 – IT-95-14-A, Nr. 185 f. – Prosecutor v. Blaskic (Fn. 96) Nr. 185 f.
[106] AEVStGB, S. 66.
[107] BT-Drs. 14/8524, 30.

91 Bezüglich der ersten drei Kategorien lassen sich die im internationalen Konflikt anwendbaren Definitionen übertragen. Die im zweiten Satzteil aufgeführte Regelung ist teilweise Gegenstand erheblicher Kritik geworden.[108] Die Formulierung entferne sich – so die These – von den deutlich weiteren Regelungen der Art. 3 GK I–IV und Art. 8 Abs. 2 lit. c IStGH-Statut, in dem in Anlehnung an Art. 4 Abs. 1 GK IV der einschränkende Zusatz aufgenommen wurde, dass sich die Personen, die nicht unmittelbar an Feindseligkeiten teilnehmen, auch in der Gewalt der gegnerischen Partei befinden müssen.

92 In der Tat geht der IStGH davon aus, dass Art. 3 GK I–IV und Art. 8 Abs. 2 lit. c IStGH-Statut auch Situationen erfassen, in denen sich die Opfer nicht im Machtbereich einer am Konflikt beteiligten Partei befinden.[109] Gleichwohl wurde für § 8 Abs. 6 Nr. 2 VStGB diese Formulierung gewählt, um parallel zu der in Nr. 1 enthaltenen Regelung bezüglich der im internationalen bewaffneten Konflikt zu schützenden Kriegsgefangenen, im nichtinternationalen Konflikt gerade nur die gefangen genommenen Kämpfer der gegnerischen Partei zu erfassen.[110] Überdies entspricht die Einschränkung in Abs. 6 Nr. 2 dem gesetzgeberischen Ziel, zwischen Kriegsverbrechen gegen zu schützende Personen und Kriegsverbrechen wegen des Einsatzes verbotener Kampfmethoden zu unterscheiden. Distanzangriffe gegen die Zivilbevölkerung – also Angriffe gegen Teile der Bevölkerung, die sich nicht in der Gewalt des Gegners befinden – die in nichtinternationalen bewaffneten Konflikten einen Verstoß gegen den gemeinsamen Art. 3 begründen könnten, unterfallen jedenfalls nach deutschem Recht gerade nicht § 8 Abs. 1 Nr. 1, sondern § 11 Abs. 1 Nr. 1 VStGB beziehungsweise § 11 Abs. 2. Der Umstand, dass § 8 Abs. 6 Nr. 2 nur Zivilpersonen in der Gewalt der gegnerischen Partei erfasst, führt somit nicht zu einer Schutzlücke, da etwa ein gezielter Angriff gegen Zivilpersonen, die sich nicht in der Gewalt der gegnerischen Partei befinden, bereits über § 11 Abs. 1 Nr. 1 VStGB als Kriegsverbrechen erfasst wird. Vor diesem Hintergrund kann die Spruchpraxis des IStGH, der auch Distanzangriffe als von Art. 8 Abs. 2 lit. c (i) IStGH-Statut erfasst ansieht,[111] nicht auf § 8 Abs. 1 Nr. 1 VStGB übertragen werden. Eine Anpassung an die Spruchpraxis des IStGH ist angesichts des klaren Wortlauts des § 8 Abs. 6 Nr. 2 VStGB insoweit nicht möglich. Dementsprechend hat auch der Einstellungsvermerk des Generalbundesanwalts im Ermittlungsverfahren gegen Oberst Klein im Zusammenhang mit den Luftangriffen von Kunduz vom 4.9.2009 zutreffend den Tatbestand des § 8 Abs. 1 Nr. 1 VStGB nicht für einschlägig erachtet.[112]

93 Der Schutzbereich von **Abs. 6 Nr. 2** umfasst auch **Zivilpersonen** und somit auch **Angehörige humanitärer Hilfsorganisationen und friedenserhaltender Missionen**.[113] Geschützt ist nur, wer nicht an den Feindseligkeiten teilnimmt,[114] wer also keine Kriegshandlungen vornimmt, die nach ihrer Natur oder ihrem Zweck geeignet sind, Verletzungen von Personen oder die Zerstörung von Ausrüstungsmaterial unter den gegnerischen Kräften hervorzurufen.[115] Nach wie vor ist umstritten, was genau unter einer zum temporären Schutzverlust führenden unmittelbaren Teilnahme an den Feindseligkeiten zu verstehen ist. Das IKRK hat im Jahr 2009 eine Auslegungshilfe („Interpretive Guidance") vorgelegt, wonach eine unmittelbare Teilnahme an den Feindseligkeiten drei konstitutive Merkmale voraussetzt: 1) das Überschreiten einer Schadensschwelle („threshold of harm"), dh das

---

[108] *Werle/Nerlich* S. 130; kritisch dazu *Gropengießer* S. 162.
[109] IStGH, Pre Trial Chamber II 15.6.2009 – ICC-01/05-01/08, Nr. 273–277 – Prosecutor v. Jean-Pierre Bemba Gombo, Decision on the confirmation of charges; noch deutlicher wird auf Art. 8 Abs. 2 lit. c (i) IStGH-Statut im Zusammenhang mit Angriffshandlungen in der Entscheidung Nourain abgestellt, IStGH, Pre Trial Chamber IV 7.3.2011 – ICC-02/05-03/09, Nr. 88 f. – Prosecutor v. Nourain.
[110] AEVStGB, S. 67.
[111] IStGH, Pre Trial Chamber IV 7.3.2011 – ICC-02/05-03/09, Nr. 88 f. – Prosecutor v. Nourain.
[112] Der Generalbundesanwalt beim Bundesgerichtshof, Einstellungsvermerk, 3 BJs 6/10-4 vom 16.4.2010, S. 51.
[113] AEVStGB, S. 67.
[114] JStGH, TC 31.7.2003 – IT-97-24-T, Nr. 581 – Prosecutor v. Stakic; JStGH, AC 29.7.2004 – IT-95-14-A, Nr. 595 – Prosecutor v. Blaskic; JStGH, TC 27.9.2004 – IT-01-47-T, Nr. 27 – Prosecutor v. Kubura.
[115] RStGH, TC I 6.12.1999 – ICTR-96-3-I, Nr. 100–101 – Prosecutor v. Rutaganda; RStGH, TC 15.5.2003 – ICTR-97-20-T, Nr. 363–366 – Prosecutor v. Semanza.

Verhalten muss sich voraussehbar nachteilig auf die militärischen Operationen einer Konfliktpartei auswirken oder alternativ den Tod, die Verletzung oder die Zerstörung von Personen oder Objekten herbeiführen, die gegen direkte Angriffe geschützt sind; 2) es muss eine direkte kausale Verknüpfung („direct causal link") zwischen dem fraglichen Verhalten und dem voraussehbaren Schaden bestehen; 3) das Verhalten muss darauf ausgerichtet sein, zum Vorteil der einen und zum Nachteil der anderen Konfliktpartei kausal für das Überschreiten der Schadensschwelle zu werden („belligerent nexus").[116] Im Strugar Fall hat der JStGH als Beispiele für eine unmittelbare Teilnahme an den Feindseligkeiten unter anderem die Teilnahme an militärischen oder feindlichen Akten, die Übermittlung von Informationen für den unmittelbaren Gebrauch einer Konfliktpartei sowie den Transport von Waffen in der Nähe von Kampfhandlungen aufgeführt.[117] Im RUF-Fall hat der Sondergerichtshof für Sierra Leone ausgeführt, dass die Anwendung von Waffengewalt zur Selbstverteidigung durch Zivilisten oder „Peacekeeper" keine unmittelbare Teilnahme an den Feindseligkeiten darstellt.[118] Die Vorverfahrenskammer des IStGH hat sich dieser Ansicht nunmehr angeschlossen und betont, dass für jeden Einzelfall genau festzustellen sei, ob die Anwendung militärischer Gewalt lediglich der Selbstverteidigung diente.[119]

Darüber hinaus geht das IKRK davon aus, dass auch im nichtinternationalen bewaffneten Konflikt im Sinne des Unterscheidungsprinzips zwischen Zivilisten einerseits und Kämpfern andererseits zu differenzieren ist. Als Kämpfer sollen danach all diejenigen eingestuft werden, die Mitglieder einer organisierten bewaffneten Gruppe sind und innerhalb dieser Gruppe eine „kontinuierliche Kampffunktion" ausüben.[120] Wer diese Merkmale erfüllt, ist vor direkten Kampfhandlungen solange nicht mehr geschützt, wie die kontinuierliche Kampffunktion erfüllt wird. Auf die Feststellung einer unmittelbaren Teilnahme an den Feindseligkeiten im Einzelfall kommt es für diese Personengruppe somit nicht mehr an. Ebenfalls nicht notwendig ist es, dass sich die Person bereits in der Vergangenheit an Kampfhandlungen beteiligt hat. Das IKRK und ihm folgend der Generalbundesanwalt, lassen es für die Innehabung einer kontinuierlichen Kampffunktion ausreichen, wenn eine Person mit dem Ziel der unmittelbaren Teilnahme an Feindseligkeiten von einer bewaffneten Gruppe rekrutiert, ausgebildet und ausgerüstet wird.[121] Der Schutzverlust eines Kämpfers ist dauerhaft und unabhängig von einzelnen Kampfhandlungen. Der Schutz vor direktem Angriff ist nach der Auffassung des IKRK erst dann wiederhergestellt, wenn die kontinuierliche Kampffunktion aufgegeben wird.[122] Der Generalbundesanwalt hat sich im Zusammenhang mit der Einstellung des Ermittlungsverfahrens gegen Oberst Klein gemäß § 170 Abs. 2 Satz 1 StPO der Auffassung angeschlossen, dass die betroffenen Taliban-Kämpfer wegen der Innehabung einer dauerhaften Kampffunktion nicht als geschützte Zivilisten anzusehen sind.[123] Dementsprechend wurden die Kämpfer der Taliban in dem Einstellungsbeschluss

---

[116] ICRC, Interpretive guidance on the notion of direct participation in hostilities, 90 IRRC 2008, S. 991–1047. Kritisch aber *Schmitt,* Deconstructing direct participation in hostilities: The constitutive elements, 42 NYUJILP (2010), S. 697, 739.

[117] JStGH, AC 17.7.2008 – IT-01-42-A, Nr. 177 – Prosecutor v. Strugar.

[118] Sondergerichtshof für Sierra Leone, AC 26.10.2009 – SCSL-04-15-A, Nr. 530 – Prosecutor v. Issa Hassan Sesay, Morris Kallon and Augustine Gbao (RUF Case); unter Berufung auf RStGH, TC 18.12.2008 – ICTR 98-41-T, Nr. 2175, 2239 – Prosecutor v. Bagosora et al.; *Dörmann,* Elements of War Crimes, 2002, S. 455 f.

[119] IStGH, PTC I 8.2.2010, Prosecutor v. Bahar Idris Abu Garda, ICC-02/05-02/09, Nr. 83; IStGH, PTC I 7.3.2011, ICC-02/05-03/09, Prosecutor v. Nourain and Jamus, Nr. 102.

[120] Ebd., S. 27. Kritisch zur Kategorie der „kontinuierlichen Kampffunktion" etwa *P. Alston,* Report of the Special Rapporteur on extrajudicial, summary or arbitrary executions, Study on targeted killings, UN DOC A/HRC/14/24/Add.6, 28.5.2010, Nr. 65.

[121] ICRC, Interpretive guidance on the notion of direct participation in hostilities, 90 IRRC 2008, S. 991, 1007; Der Generalbundesanwalt beim Bundesgerichtshof, Einstellungsvermerk, 3 BJs 7/12-4 v. 23.7.2013, S. 24.

[122] *Henckaerts/Doswald-Beck* S. 70.

[123] Der Generalbundesanwalt beim Bundesgerichtshof, Einstellungsvermerk, 3 BJs 6/10-4 v. 16.4.2010, S. 48.

nicht als Zivilisten eingestuft.[124] Diese Auffassung ist zutreffend, denn andernfalls müssten die aktiven Kämpfer einer Konfliktpartei (im Falle Afghanistans etwa die Taliban) der Zivilbevölkerung zugerechnet werden, was dem Grundgedanken des Unterscheidungsprinzips zuwiderlaufen würde. Soweit sich diese seitens des IKRK vorgeschlagene Kategorie völkerrechtlich weiter etabliert (wofür vieles spricht), ist Abs. 6 Nr. 2 dahingehend auszulegen, dass Kämpfer im Kontext dieser Vorschrift nur dann als geschützte Person anzusehen sind, wenn sie *hors de combat* sind oder durch Aufgabe ihrer kontinuierlichen Kampffunktion ihren Status als Zivilpersonen – ungeachtet einer fortbestehenden strafrechtlichen Verantwortlichkeit für ihr vorangegangenes Verhalten – zurückerlangt haben.[125]

95 **c) Internationaler und nichtinternationaler bewaffneter Konflikt (Abs. 6 Nr. 3).** Sowohl im internationalen als auch im nichtinternationalen bewaffneten Konflikt werden Angehörige der Streitkräfte beziehungsweise Kämpfer der gegnerischen Partei, **die ihre Waffen gestreckt haben oder in sonstiger Weise wehrlos sind,** geschützt. Die Regelung beruht im Hinblick auf den internationalen bewaffneten Konflikt auf Art. 41 Abs. 1 und 2 ZP I sowie im Hinblick auf nichtinternationale bewaffnete Konflikte auf dem gemeinsamen Art. 3 der vier GK sowie Art. 4 Abs. 1 S. 1 ZP II.[126] § 8 Abs. 6 Nr. 3 ist als Auffangtatbestand zu verstehen, der dann eingreifen soll, wenn an sich schutzbedürftige Personen noch nicht gem. Abs. 6 Nr. 1 oder Nr. 2 den Status einer nach humanitärem Völkerrecht zu schützenden Person erlangt haben, da sie sich noch nicht in der Gewalt des Gegners befinden.[127] Ausschlaggebend ist die Wehrlosigkeit. Diese ist, außer bei dem genannten Beispiel der gestreckten Waffen, in allen Fällen gegeben, in denen der Gegner gem. Art. 41 Abs. 2 ZP I außer Gefecht gesetzt ist. Dazu gehören insbesondere auch **Bewusstlose** oder anderweitig durch Verwundung oder Krankheit **kampfunfähige Personen,** sowie alle diejenigen, die unmissverständlich ihre **Absicht bekunden, sich zu ergeben,** soweit jede feindselige Handlung unterlassen und kein Versuch zu fliehen unternommen wird.

96 **3. Abgrenzung internationaler/nichtinternationaler bewaffneter Konflikt. a) Bewaffneter Konflikt.** Gemeinsame Tatbestandsvoraussetzung aller einzeltatbestandlichen Verhaltensweisen der Kriegsverbrechen gegen Personen ist das Vorliegen eines bewaffneten Konfliktes.[128] Allgemein lässt sich ein ‚**bewaffneter Konflikt'** entweder als die Anwendung von Waffengewalt zwischen Staaten oder als ausgedehnte bewaffnete Auseinandersetzungen zwischen der Regierung und organisierten bewaffneten Gruppen oder zwischen solchen Gruppen innerhalb eines Staates umschreiben.[129]

97 Das humanitäre Völkerrecht unterscheidet dabei, wie erwähnt, nach wie vor zwischen internationalen und nichtinternationalen bewaffneten Konflikten. Gerade im Hinblick auf die Mittel und Methoden der Kriegsführung haben sich die gewohnheitsrechtlichen Regelungen bezüglich beider Konflikttypen einander allerdings immer mehr angenähert.[130] In vielen Bereichen sind mittlerweile kaum noch Unterschiede auszumachen.[131] Eine im

---

[124] Ebd.
[125] *Henckaerts/Doswald-Beck* S. 71.
[126] AEVStGB, S. 68; BT-Drs. 14/8524, 31.
[127] BT-Drs. 14/8524, 30 f.; übereinstimmend AEVStGB, S. 68; *Gropengießer* S. 163.
[128] JStGH, TC 26.2.2001 – IT-95-14/2, Nr. 22 – Prosecutor v. Kordic and Cerkez.
[129] JStGH, AC 2.10.1995 – IT-94-1-AR72, Nr. 70 – Prosecutor v. Tadic; bestätigt in JStGH, AC 10.2.2001 – IT-96-21-A, Nr. 183 – Prosecutor v. Delalic et al.; JStGH, TC 10.12.1998 – IT-95-17/1-T, Nr. 59 – Prosecutor v. Furundzija; JStGH, TC 31.3.2003 – IT-98-34-T, Nr. 177 – Prosecutor v. Naletilic and Martinovic; JStGH, AC 12.6.2002 – IT-96-23/IT-96-23/1, Nr. 56 – Prosecutor v. Kunarac/Kovac/ Vokovic; JStGH, TC I 3.4.2008 – IT-04-84, Nr. 37 – Prosecutor v. Haradinaj et al.; JStGH, TC I 15.9.2008 – IT-04-83, Nr. 40 – Prosecutor v. Rasim Delic; JStGH, TC II 10.7.2008 – IT-04-82, Nr. 175 – Prosecutor v. Boskoski and Tarculovski; IStGH, TC I 14.3.2012, ICC-01/04-01/06, Nr. 533 – Prosecutor v. Thomas Lubanga Dyilo; IStGH, TC II 7.3.2014, ICC-01/04-01/07, Prosecutor v. Germain Katanga, Nr. 1173; Generalbundesanwalt, Einstellungsvermerk, 3 BJs 7/12-4, S. 17.
[130] Umfassend dazu *Henckaerts/Doswald-Beck*.
[131] Siehe auch *Stewart*, Towards a single definition of armed conflict in international humanitarian law: A critique of internationalized armed conflict, IRRC 2003, 313-349.

IStGH Statut angelegte Ungleichheit wurde im Rahmen der Überprüfungskonferenz von Kampala 2010 behoben. So wird in Art. 8 Abs. 2 (e) (xiii) – (xv) IStGH Statut der Einsatz bestimmter Waffen nun auch für den nichtinternationalen bewaffneten Konflikt unter Strafe gestellt.[132] Die Differenzierung zwischen internationalem und nichtinternationalem bewaffneten Konflikt wurde dementsprechend in § 8, soweit dies möglich war, aufgegeben. Lediglich Abs. 3 bezieht sich ausschließlich auf den internationalen bewaffneten Konflikt. Die Unterscheidung behält allerdings auch über Abs. 3 hinaus insofern weiterhin ihre Relevanz, als die Voraussetzungen für die Feststellung eines bewaffneten Konfliktes für die beiden Arten von Konflikten unterschiedlich sind. Soweit die Voraussetzungen für beide Arten von Konflikten vorliegen, ist eine Differenzierung im Rahmen von Abs. 1 und 2 nicht erforderlich und es genügt die Feststellung des Vorliegens eines bewaffneten Konflikts.[133] Allerdings ist dabei zu beachten, dass die Art des Konflikts auch für den Kreis der zu schützenden Personen im Sinne von Abs. 6 entscheidend sein kann. Mit Blick auf das Rom-Statut behält die Unterscheidung der Konfliktkategorien allerdings weiterhin ihre Relevanz. Im Lubanga-Urteil hat der IStGH ausdrücklich hervorgehoben, dass der Gerichtshof ungeachtet aller Assimilierungstendenzen an die im Rom-Statut enthaltene Unterscheidung gebunden ist.[134]

aa) Internationaler bewaffneter Konflikt. Mit dem Begriff „internationaler bewaffneter Konflikt" werden in Übereinstimmung mit dem gemeinsamen **Art. 2 der vier Genfer Konventionen** der Krieg beziehungsweise sonstige Formen mit Waffengewalt ausgetragener Auseinandersetzungen zwischen zwei oder mehr Staaten erfasst.[135] Dies haben auch die Vorverfahrenskammer des IStGH und die Verfahrenskammer in der Lubanga Entscheidung erneut bestätigt und in Anknüpfung an den Wortlaut des gemeinsamen Art. 2 der vier GK betont, dass ein internationaler bewaffneter Konflikt auch in Situationen teilweiser oder vollständiger Besetzung fremden Gebietes vorliegt, unabhängig davon, ob die Besatzungsmacht auf bewaffneten Widerstand trifft oder nicht.[136] Als besetzt definiert der IStGH ein Gebiet, das unter der Kontrolle einer feindlichen Armee steht. Dabei erstreckt sich die Besatzung nur auf das Gebiet, in dem eine solche Kontrolle tatsächlich etabliert und ausgeübt wird.[137] Im Katanga Urteil widmet sich der Gerichtshof der Frage, ob Uganda die Kontrolle über die Ituri Region in der Demokratischen Republik Kongo ausübt. Hierzu führt er, dem JStGH folgend, eine nichtabschließende Liste von Faktoren ein, die eine entsprechende Kontrolle indizieren:
– die Ersetzung der einheimischen Kontrolle durch die eigene;
– die Aufgabe, Bezwingung oder der Rückzug der gegnerischen Konfliktpartei. Umkämpftes Gebiet kann demnach nicht als besetzt gelten, es sei denn, es handelt sich um sporadischen lokalen Widerstand, der selbst bei einem Erfolg den Besatzungsstatus nicht beendet;

---

[132] Triffterer/Zimmermann/Geiß IStGH-Statut Art. 8 Rn. 828.
[133] BGH 17.6.2010 – AK 3/10, BeckRS 2010, 16874 Rn. 31, wo nur das Vorliegen eines bewaffneten Konfliktes ohne Einstufung als internationaler oder nichtinternationaler bewaffneter Konflikt vorgenommen wird.
[134] IStGH, TC I 14.3.2012, Prosecutor v. Thomas Lubanga Dyilo, Judgment pursuant to Article 74 of the Statute, ICC-01/04-01/06, Nr. 539; bestätigt in: IStGH, TC II 7.3.2014, ICC-01/04-01/07, Prosecutor v. Germain Katanga, Nr. 1175.
[135] JStGH, AC 15.7.1999 – IT-94-1-A, Nr. 84 – Prosecutor v. Tadic; *Zimmermann* ZRP 2002, 97 (102).
[136] IStGH, TC I 14.3.2012, ICC-01/04-01/06, Nr. 541, 542 – Prosecutor v. Lubanga; IStGH, Pre Trial Chamber I 29.1.2007, Prosecutor v. Thomas Lubanga Dyilo, Decision on the confirmation of charges, ICC-01/04-01/06, Nr. 209; IGH, Armed Activities on the Territory of the Congo (Democratic Republic of Congo v. Uganda) I.C.J. Reports 2005; Ebenso die Katanga-Entscheidung: IStGH, Pre Trial Chamber I 30.9.2008 – ICC-01/04-01/07, Nr. 240, 109 – Prosecutor v. Germain Katanga and Mathieu Ngudjolo Chui; IStGH, TC II 7.3.2014, ICC-01/04-01/07, Prosecutor v. Germain Katanga, Nr. 1177. Zur Situation in der Zentralafrikanischen Republik im Fall: IStGH, Pre Trial Chamber II 15.6.2009 – ICC-01/05-01/08, Nr. 223 – Prosecutor v. Jean-Pierre Bemba Gombo.
[137] IStGH, TC I 14.3.2012, Prosecutor v. Thomas Lubanga Dyilo, ICC-01/04-01/06, Nr. 542; IStGH, TC II 7.3.2014, ICC-01/04-01/07, Prosecutor v. Germain Katanga, Nr. 1179.

- eine ausreichende Machtbasis oder die Fähigkeit, diese durch die Entsendung von Streitkräften innerhalb einer gebotenen Zeit spürbar zu machen;
- die vorübergehende Einsetzung einer Verwaltung in dem kontrollierten Gebiet;
- die Tatsache, dass die Besatzungsmacht in der fraglichen Zeit Anweisungen gegenüber der Zivilbevölkerung ausgegeben und durchgesetzt hat.[138]

Auch im Hinblick auf die Situation in Gaza ist zumindest die Anklagebehörde des IStGH davon ausgegangen, dass es sich ungeachtet des Rückzugs der israelischen Bodentruppen im Jahr 2005 wegen der andauernden, fast vollständigen Kontrolle des Gebietes, seiner Bewohner und von dessen Grenzen nach wie vor um besetztes Gebiet im Sinne des humanitären Völkerrechts handele.[139]

99 Ein zwischenstaatlicher bewaffneter Konflikt liegt dabei dann vor, wenn ein Staat unmittelbar **Waffengewalt** gegen den völkerrechtlich geschützten Bereich eines **anderen Staates** einsetzt.[140] Erforderlich ist der Einsatz von Waffen,[141] wobei das Ausmaß der Gewaltanwendung unerheblich ist.[142] In jüngerer Zeit mehren sich allerdings die Stimmen, die auch für das Vorliegen eines internationalen bewaffneten Konflikts eine höhere Intensitätsschwelle als den lediglich einmaligen Schusswechsel fordern.[143] Für eine solche Erhöhung spricht in der Tat, dass eine Reihe von sporadischen Grenzscharmützeln oder etwa spontane Auseinandersetzungen auf hoher See nicht als internationale bewaffnete Konflikte eingestuft wurden. Allerdings ist zu bedenken, dass nicht jede Situation, die einen bewaffneten Konflikt darstellt, notwendigerweise auch stets sofort als ein solcher benannt wird. Eine Einstufung als bewaffneter Konflikt wird völkerrechtlich immer erst dann relevant, wenn sich konkrete Fragen nach den humanitär-völkerrechtlichen Rechten und Pflichten der involvierten Parteien stellen. So ist es zu erklären, dass die USA, nachdem ein amerikanisches Kampfflugzeug von syrischen Truppen im Jahr 1980 über dem Libanon abgeschossen und der Pilot gefangengenommen worden war, die Situation umgehend als internationalen bewaffneten Konflikt einstuften, um den Kriegsgefangenenstatus des Piloten geltend machen zu können.[144] Vor diesem Hintergrund ist gegenwärtig noch nicht davon auszugehen, dass sich die Intensitätsschwelle im Hinblick auf das Vorliegen eines internationalen bewaffneten Konflikts erhöht hat. Sinn und Zweck des Begriffs des bewaffneten Konfliktes ist es, bereits die erste Schädigungshandlung einer Sonderrechtsordnung, dem humanitären Völkerrecht, zu unterwerfen.[145] Selbst zeitlich und örtlich begrenzte Zwischenfälle kleineren Ausmaßes stellen dementsprechend im Augenblick des Einsatzes von Waffengewalt einen zwischenstaatlichen Konflikt dar. Hierzu gehört für die Zwecke des *jus in bello* etwa auch bereits ein Schusswechsel an einer Grenze.[146] Die Drohung mit Waffengewalt genügt demgegenüber nicht.[147] Schädigende Aktivitäten unterhalb der Schwelle des Waffeneinsatzes, insbesondere Propagandamaßnahmen oder politischer und wirtschaftlicher Druck, sind ebenfalls nicht ausreichend.[148] Unerheblich ist auch, ob ein formeller Kriegszustand besteht oder ob die Parteien ihrerseits die Auseinandersetzung als bewaffneten Konflikt ansehen beziehungsweise bezeichnen.[149] Beispiele für internationale bewaffnete Konflikte aus der jüngeren Vergangenheit sind etwa die Konflikte zwischen Eritrea und Äthiopien (1998-2000), die

---

[138] IStGH, TC II 7.3.2014, ICC-01/04-01/07, Prosecutor v. Germain Katanga, Nr. 1180; basierend auf der Rechtsprechung des JStGH in: JStGH, TC II 31.3.2003, IT-98-34-T, Prosecutor v. Naletilić and Martinovic, Nr. 217; JStGH, TC II 29.5.2013, IT-04-74-T, Prosecutor v. Prlić et al., Nr. 88.
[139] OTP Situation on Registered Vessels of Comoros, Greece and Cambodia, Article 53(1) Report, 6 November 2014, para. 16.
[140] *Ipsen* § 61 Rn. 1.
[141] *Ipsen* § 59 Rn. 4 ff.
[142] *David,* Principes de droit des conflits armés, 2002, Rn. 1.51.
[143] Fleck/*Greenwood* Rn. 202.
[144] Ebd.
[145] *Ipsen* § 61 Rn. 1.
[146] *David,* Principes de droit des conflits armés, 2002, Rn. 1.51.
[147] *Ipsen* § 59 Rn. 6.
[148] *Ipsen* § 59 Rn. 5.
[149] *Pictet* Band IV, S. 20.

erste Phase des Afghanistankonflikts von 2001–2002, der Konflikt im Irak (2003–2004), Georgien (August 2008), der Nato Einsatz in Libyen (2011), sowie die Annektion der Krim durch Russland (2014).[150]

Im Rahmen des internationalen Konfliktes muss der Einsatz der **Waffengewalt einem Staat** nach völkerrechtlichen Kriterien **zurechenbar** sein. Eine gegenseitige Anerkennung als Staat ist jedoch unerheblich, solange die Kriterien der Drei-Elementen-Lehre objektiv erfüllt sind.[151] Das ist unproblematisch dann der Fall, wenn Waffengewalt auf staatlicher Entscheidungsgrundlage zum Einsatz kommt. Schwierigkeiten bei der Zurechnung ergeben sich in Fällen, in denen Einzelne oder Teile einer bewaffneten Gruppe Waffengewalt einsetzen. Entscheidend ist nach der Rechtsprechung des JStGH, dass der Staat die allgemeine Kontrolle (,**overall control**') über den entsprechenden Teil einer bewaffneten Gruppe, einer militärischen Einheit oder anderen hierarchisch organisierten Gruppe hat, welcher der Einzelne angehört.[152] Dieser Sichtweise hat sich mittlerweile auch der IStGH angeschlossen.[153] 100

Ein zunächst nichtinternationaler Konflikt kann nachträglich **internationalisiert** werden. Ob dies zutrifft, muss nach Auffassung des IStGH für jeden Einzelfall auf Grundlage der vorherrschenden Situation bestimmt werden.[154] Eine Internationalisierung kommt etwa dann in Betracht, wenn ein Drittstaat auf Seiten einer aufständischen Gruppe im Kampf gegen die Regierung interveniert. Soweit ein Staat oder mehrere Staaten hingegen auf der Seite der effektiven Regierung intervenieren, wie es gegenwärtig in Afghanistan oder bei der russischen Beteiligung in Syrien der Fall ist, verändert sich der Charakter des Konfliktes nicht. Der Konflikt in Afghanistan ist mithin ungeachtet der Beteiligung ausländischer Staaten auf der Seite der afghanischen Regierung weiterhin als nichtinternationaler bewaffneter Konflikt einzustufen.[155] Aufgrund der internationalen Beteiligung wird in derartigen Konstellationen umgangssprachlich oftmals gleichwohl von internationalisierten Konflikten gesprochen, obwohl eine Internationalisierung im Rechtssinne nicht vorliegt. 101

Interveniert ein externer Staat hingegen auf der Seite einer bewaffneten Gruppe, ändert sich der Charakter des Konflikts. Dementsprechend hat der IStGH unter Bezugnahme auf die Tadic Entscheidung des JStGH hervorgehoben, dass ein interner Konflikt zu einem internationalen bewaffneten Konflikt werden kann, wenn a) ein anderer Staat durch eigene Truppen direkt auf Seiten der Aufständischen interveniert (direkte Intervention) oder wenn Aktivitäten der an einem internen Konflikt beteiligten nicht-staatlichen Akteure einem Staat zurechenbar sind (indirekte Intervention).[156] Eine direkte Intervention in diesem Sinne hatte der JStGH in Bezug auf die kroatische Armee in Bosnien-Herzegowina und bezüglich 102

---

[150] OTP, Report on Preliminar, Examination Activities 2016, S. 33 ff.
[151] Triffterer/Zimmermann/Geiß IStGH-Statut Art. 8 Rn. 837. Bundesministerium der Verteidigung, ZDv 15/2, Nr. 208.
[152] JStGH, TC 7.5.1997 – IT-94-1-T, Nr 146 – Prosecutor v. Tadic; bestätigt in JStGH, TC 1.9.2004 – IT-99-36-T, Nr. 124 – Prosecutor v. Brdjanin; JStGH, TC II 29.5.2013, IT-04-74-T, Prosecutor v. Prlić et al., Nr. 88; JStGH, TC II 30.5.2013, IT-03-69-T, Prosecutor Stanišić and Simantović, Nr. 954.
[153] IStGH, TC I 14.3.2012 – ICC-01/04/01/06, Nr. 541, Prosecutor v. Thomas Lubanga Dyilo; IStGH, Pre Trial Chamber I 29.1.2007 – 01/04-01/06 – Prosecutor v. Thomas Lubanga Dyilo, Nr. 211; IStGH, Trial Chamber II 7.3.2014, ICC-01/04-01/07, Prosecutor v. Germain Katanga, Nr. 1178.
[154] IStGH, Trial Chamber II 7.3.2014, ICC-01/04-01/07, Prosecutor v. Germain Katanga, Nr. 1182.
[155] Generalbundesanwalt, Einstellungsvermerk, 3 BJs 6/10-4, S. 42; bestätigt und ausgeweitet auf die Situation in Pakistan in Generalbundesanwalt, Einstellungsvermerk, 3 BJs 7/12-4, S. 20; Geiß/Siegrist IRRC 2011, 11 (15).
[156] IStGH, Pre Trial Chamber I 29.1.2007 – 01/04-01/06, Prosecutor v. Thomas Lubanga Dyilo, Nr. 209; IStGH, Pre Trial Chamber I 30.9.2008, 01/04-01/07, Prosecutor v. Katanga and Ngudjolo Chui, Nr. 238; IStGH, Pre Trial Chamber II 15.6.2009, ICC 01/05-01/08, Prosecutor v. Gombo, Nr. 220; IStGH, TC I Lubanga (Fn. 131) Nr. 541; IStGH, Trial Chamber II 7.3.2014, ICC-01/04-01/07, Prosecutor v. Germain Katanga, Nr. 1177; bezugnehmend auf JStGH, AC 15.7.1999 – IT-94-1-A, Nr. 353 ff., 431 ff. – Prosecutor v. Tadic. In der Katanga-Entscheidung hat die Vorverfahrenskammer den Konflikt als internationalen bewaffneten Konflikt qualifiziert, IStGH, Pre Trial Chamber I 30.9.2008 – ICC-01/04-01/07, Nr. 240 – Prosecutor v. Germain Katanga and Mathiew Ngudjolo Chui.

der Jugoslawischen Volksarmee in Kroatien und Bosnien-Herzegovina angenommen und den Konflikt vor diesem Hintergrund als internationalen bewaffneten Konflikt eingestuft.[157] In der Katanga Entscheidung ging die Vorverfahrenskammer des IStGH von einer direkten Intervention Ugandas aus.[158] Die Verfahrenskammer hat im Katanga Urteil diese Ansicht revidiert. Ausschlaggebend dafür war, dass die Verfahrenskammer es als erwiesen ansah, dass die Angriffe der UPDF zusammen mit den Lendu gegen die UPC mit dem Einverständnis der Demokratischen Republik Kongo durchgeführt wurden. Da auch eine indirekte Intervention auf Seiten der UPC durch Ruanda nicht festgestellt werden konnte, handelt es sich nach dieser Auffassung demnach um einen nichtinternationalen bewaffneten Konflikt.

103 Davon zu unterscheiden sind Konstellationen in denen Drittstaaten unabhängig von den Aufständischen gegen den Territorialstaat vorgehen, so etwa im Rahmen der NATO-Intervention in der Bundesrepublik Jugoslawien im Jahr 1999 oder zuletzt im Falle der Militäroperation gegen Libyen im Jahr 2011. In solchen Situationen liegt dann zum einen ein internationaler bewaffneter Konflikt zwischen den an der Operation beteiligten Drittstaaten auf der einen Seite und dem Territorialstaat auf der anderen Seite vor und daneben ein nichtinternationaler bewaffneter Konflikt zwischen den Aufständischen und der jeweiligen Regierung.

104 Voraussetzung einer indirekten Intervention im Sinne des IStGH ist, dass der Drittstaat die allgemeine Kontrolle über die militärischen Kräfte einer kämpfenden Partei ausübt.[159] Die allgemeine Kontrolle setzt dabei voraus, dass der Staat eine Rolle bei der Organisation, Koordinierung oder Planung der militärischen Aktionen der jeweiligen militärischen Gruppe hat. Erforderlich ist darüber hinaus auch, dass der jeweilige Staat an der Finanzierung, dem Training und der Ausrüstung der Gruppen beteiligt ist. Ist dies der Fall, ist von einer engen personellen, organisatorischen und logistischen Verflechtung zwischen dem Drittstaat und der jeweiligen Gruppe und mithin von einer allgemeinen Kontrolle durch den Drittstaat auszugehen.[160] Die bloße Finanzierung oder Ausrüstung der Gruppen genügt demgegenüber für sich genommen nicht. Andererseits ist weder erforderlich, dass der Staat jede einzelne Operation plant oder befiehlt, noch dass er das jeweilige Ziel aussucht.[161] Der Zurechnungsmaßstab der allgemeinen Kontrolle ist weiter, als das vom IGH im Nicaragua Fall entwickelte und zuletzt im Völkermordverfahren zwischen Bosnien und Serbien bestätigte Zurechnungskriterium der „effektiven Kontrolle".[162] Mit Blick auf die Qualifikation bewaffneter Konflikte ist der durch den JStGH entwickelte Zurechnungsmaßstab der allgemeinen Kontrolle mittlerweile auch vom IStGH bestätigt worden.[163] Der IGH hat dem Kriterium der allgemeinen Kontrolle mit Blick auf die Zurechnung im Rahmen der allgemeinen Staatenverantwortlichkeit zwar eine Absage erteilt.[164] Dabei hat er allerdings auch klargestellt, dass es sich bei der Zurechnung im Kontext der Staatenverantwortlichkeit und der Zurechnung im Zusammenhang mit der Einstufung

---

[157] JStGH, AC 15.7.1999 – IT-94-1-A, Nr. 353 ff., 431 ff. – Prosecutor v. Tadic.
[158] IStGH, Pre Trial Chamber I 30.9.2008 – ICC-01/04–01/07, Nr. 240 – Prosecutor v. Germain Katanga and Mathiew Ngudjolo Chui.
[159] IStGH, TC I 14.3.2012 – ICC-01/04–01/06, Nr. 541, Prosecutor v. Thomas Lubanga Dyilo; IStGH, TC II 7.3.2014, ICC-01/04–01/07, Prosecutor v. Germain Katanga, Nr. 1178; JStGH, TC Kordic and Cerkez 26.2.2001 – IT-95-14/2 – Prosecutor v. Nr. 111; den Test der allgemeinen Kontrolle bestätigend, JStGH, AC 20.2.2001 – IT-96-21, Nr. 26 – Prosecutor v. Jucic et al.; JStGH, AC 24.3.2000 – IT-95-14/1, Prosecutor v. Aleksovski Nr. 134, 145.
[160] JStGH, AC 15.7.1999 – IT-94-1-A, Prosecutor v. Tadic Nr. 137; unveröffentlichte Entscheidung des OLG Düsseldorf, 2 StE 8/96, zitiert in JStGH, AC 15.7.1999 – IT-94-1-A, Prosecutor v. Tadic Nr. 129, Fn. 154; JStGH, TC II 29.5.2013, IT-04-74-T, Prosecutor v. Prlić et al., Nr. 86.
[161] JStGH, AC 15.7.1999 – IT-94-1-A, Prosecutor v. Tadic Nr. 137, 138; JStGH, TC 31.3.2003 – IT-98-34-T – Prosecutor v. Naletilic and Martinovic Nr. 184.
[162] IGH, Military and Paramilitary Activities in and against Nicaragua (Nicaragua v. United States of America) I.C.J. Reports 1986, Nr. 109.
[163] IStGH, Pre Trial Chamber I 29.1.2007 – 01/04–01/06, Prosecutor v. Thomas Lubanga Dyilo Nr. 211; IStGH, TC I 14.3.2012 – ICC-01/04–01/06, Nr. 541, Prosecutor v. Thomas Lubanga Dyilo; IStGH, TC II 7.3.2014, ICC-01/04–01/07, Prosecutor v. Germain Katanga, Nr. 1178.
[164] IGH, Application of the Convention on the Prevention and Punishment of the Crime of Genocide (Bosnia and Herzegovina v. Serbia and Montenegro) I.C.J. Reports 2007, Nr. 402 f.

bewaffneter Konflikte um zwei verschiedene Aspekte handelt, die nicht notwendigerweise den gleichen Regeln folgen müssen.[165] Die Möglichkeit der Anwendung des allgemeinen Kontrollstandards bei der Qualifikation bewaffneter Konflikte hat der IGH daher offengelassen und ausdrücklich als möglicherweise richtigen Maßstab bezeichnet.[166] Vor allem im Lichte der inzwischen gefestigten Rechtsprechung des IStGH ist mithin auf den Maßstab der allgemeinen Kontrolle abzustellen.

Zu beachten ist dabei allerdings, dass der Zurechnungsmaßstab der allgemeinen Kontrolle nicht im Zusammenhang mit Besetzungen gilt, da im Falle der Okkupation gemäß Art. 42 der Haager Regeln von 1907 ein Gebiet erst und nur als besetzt gilt, wenn es sich tatsächlich in der Gewalt des feindlichen Heeres befindet.[167] Vor diesem Hintergrund hatte die Vorverfahrenskammer in der Lubanga Entscheidung Uganda so wie bereits zuvor der IGH in seinem Urteil im Streitverfahren zwischen Kongo und Uganda als Besatzungsmacht in Bezug auf die Ituri-Region eingestuft und mithin den bewaffneten Konflikt im Zeitraum von Juli 2002 bis zum 2.6.2003 als internationalen bewaffneten Konflikt qualifiziert.[168] Jedoch führt eine Besatzungssituation nicht ipso iure dazu, dass jeder in diesem Gebiet ausgetragene bewaffnete Konflikt gleichsam den Charakter eines internationalen bewaffneten Konfliktes annimmt. Richtet sich die militärische Gewalt nicht gegen die Besatzung als solche und sind die Voraussetzungen für einen nichtinternationalen bewaffneten Konflikt erfüllt, führt dies dazu, dass ein nichtinternationaler bewaffneter Konflikt vorliegt. Dem folgend ist der IStGH in seinen Urteilen zu Lubanga und Katanga trotz einer Besatzung kongolesischen Staatsgebietes durch Uganda im konkreten Fall von einem nichtinternationalen bewaffneten Konflikt ausgegangen.[169]

Gemäß **Art. 1 Abs. 4 ZP I** umfasst der Begriff des internationalen bewaffneten Konfliktes auch solche bewaffneten **Konflikte, in denen Völker gegen Kolonialherrschaft und fremde Besetzung sowie gegen rassistische Regime in Ausübung ihres Rechts auf Selbstbestimmung kämpfen.**[170] Hierbei dürfte es sich heute um eher seltene, historisch überkommene Ausnahmefälle handeln.

Umstritten ist, ob ein **Streitkräfteeinsatz der Vereinten Nationen** beziehungsweise der mit einem Mandat der Vereinten Nationen erfolgende Streitkräfteeinsatz die Voraussetzungen des internationalen bewaffneten Konfliktes überhaupt erfüllen kann. Sofern die Streitkräfte Organe ihrer Entsendestaaten bleiben und den Vereinten Nationen gegenüber den Streitkräften lediglich eine Auftragsbefugnis ohne Befolgungszwang erteilt wurde, führt der Einsatz zu einem zwischenstaatlichen Konflikt. Dies ist regelmäßig der Fall, wenn die Staaten auf Grundlage eines Mandats der Vereinten Nationen ihre Streitkräfte einsetzen. Etwas anderes gilt, wenn die eingesetzten Streitkräfte aus der Hoheitsgewalt der Entsendestaaten ausgegliedert und im Wege der Organleihe der Verfügungsgewalt der Vereinten

---

[165] Ebd., Nr. 405; für eine kritische Würdigung siehe: *Spinedi*, On the non-attribution of the Bosnian Serbs' conduct to Serbia, J. Int'l Crim. Just. 5 2007, S. 829.

[166] *Cassese*, The Nicaragua and Tadic Tests Revisited in Light of the ICJ Judgment on Genocide in Bosnia, 18 EJIL 2007, S. 649–668.

[167] JStGH, TC 31.3.2003 – IT-98-34-T – Prosecutor v. Naletilic and Martinovic Nr. 214 f.; siehe ebenfalls, JStGH, AC 3.3.2000 – IT-95-14-T. Nr. 149 – Prosecutor v. Blaskic; für weitere Details siehe Fn. 109; *Kolb*, The jurisprudence of the Yugoslav and Rwandan Criminal Tribunals on Their Jurisdiction and on International Crimes (2000-2004), Brit. Y.B. Int'l L. (2004), S. 283–285; IGH, Armed Activities on the Territory of the Congo (Democratic Republic of Congo v. Uganda) I.C.J. Reports 2005 S. 59, Nr. 172; IGH, Legal Consequences of the Construction of a Wall in the Occupied Palestinian Territory, Advisory Opinion, 9.7.2004, I.C.J. Rep. 2004, Nr. 78, 89; 133; IStGH, Pre Trial Chamber I 29.1.2001 – 01/04-01/06, Prosecutor v. Thomas Lubanga Dyilo Nr. 212.

[168] IStGH, Pre Trial Chamber I 14.3.2012 – ICC-01/04-01/06, Prosecutor v. Thomas Lubanga Dyilo Nr. 220. Im Urteil vom 14.3.2012 ging die Verfahrenskammer dann allerdings mit Blick auf die für die Anklagepunkte relevanten Vorgänge nur von einem nichtinternationalen bewaffneten Konflikt aus, IStGH, TC I 14.3.2012 – ICC-01/04-01/06, Prosecutor v. Thomas Lubanga Dyilo Nr. 565 f. Ebenso IStGH, TC II 7.3.2014, ICC-01/04-01/07, Prosecutor v. Germain Katanga, Nr. 1205, 1227 f.

[169] IStGH, TC I 14.3.2012 – ICC-01/04-01/06, Prosecutor v. Thomas Lubanga Dyilo Nr. 565 f.; IStGH, TC II 14.3.2012 – ICC-01/04-01/06, Prosecutor v. Thomas Lubanga Dyilo Nr. 1182.

[170] *Abi-Saab* Recueil des Cours 165 (4/1979), 353.

Nationen unterstellt werden. In diesem Fall wären die Vereinten Nationen die relevante Konfliktpartei.[171] Zu beachten bleibt aber in jedem Fall, dass Angehörige friedenserhaltender Missionen (**Peace-Keeping-Operationen**) – anders als Angehörige von **Peace-Enforcement-Operationen** – grundsätzlich nur zum Selbstschutz Waffengewalt einsetzen dürfen und daher zum einen über keinen Kombattantenstatus verfügen, also nicht legitimerweise Ziel von Angriffen sind, und zudem auch einen nichtinternationalen Konflikt nicht internationalisieren.[172]

108   bb) **Nichtinternationaler bewaffneter Konflikt.** Der nichtinternationale Konflikt im Sinne von § 8 umfasst demgegenüber solche Konflikte, in denen Streitkräfte **innerhalb eines Staates** gegen organisierte bewaffnete Gruppen oder solche Gruppen untereinander kämpfen, sofern die Kampfhandlungen von einer **gewissen Dauer und Intensität** sind.[173] In Übereinstimmung mit Art. 8 Abs. 2 lit. f des Römischen Statuts, geltendem Völkergewohnheitsrecht und der ständigen Rechtsprechung des JStGH wurde damit der Anwendungsbereich der Vorschrift gegenüber dem ZP II insbesondere im Hinblick auf Konflikte, an denen keine Regierungskräfte beteiligt sind, erweitert.[174]

109   Abgrenzungsprobleme im Bereich der nichtinternationalen Konflikte stellen sich regelmäßig im Hinblick auf staatsinterne Auseinandersetzungen unterhalb der Schwelle eines bewaffneten Konfliktes. Anders als im Zusammenhang mit internationalen bewaffneten Konflikten qualifiziert ein **vereinzelt gebliebener Waffeneinsatz**, etwa durch Polizeikräfte, eine Auseinandersetzung noch nicht als für das humanitäre Völkerrecht relevanten bewaffneten Konflikt. Durch das auch in Art. 8 Abs. 2 lit. f des Rom-Statuts enthaltene Erfordernis lang anhaltender Auseinandersetzungen wird die einmalige Anwendung militärischer Gewalt in einem innerstaatlichen Konflikt aus dem Anwendungsbereich des humanitären Völkerrechts ausgenommen.[175] Zudem belegt bereits der Kodifikationsprozess des gemeinsamen Artikels 3 der vier Genfer Konventionen den Willen der Staaten zur Bewahrung ihrer Souveränität, insbesondere sollen bloß **kurzlebige Gewaltausbrüche und Tumulte** dem Anwendungsbereich des gemeinsamen Artikel 3 GK I–IV nicht unterfallen.[176] Insbesondere und entsprechend der in Art. 1 Abs. 2 ZP II enthaltenen Regelung stellen gem. Art. 8 Abs. 2 lit. d und lit. f Satz 1 IStGH-Statut innere Unruhen und Spannungen wie Tumulte, vereinzelt auftretende Gewalttaten oder ähnliche Handlungen keine nichtinternationalen bewaffneten Konflikte dar.[177]

110   Damit übereinstimmend sollen nach dem Willen des Gesetzgebers auch aus der Sicht des deutschen Rechts solche inneren Unruhen, Spannungen, Tumulte sowie vereinzelt auftretende Gewalttaten und ähnliche Handlungen nicht von den Regelungen des VStGB erfasst werden.[178] So stellte demnach etwa das Vorgehen gegen die Demonstranten auf dem

---

[171] *Ipsen* § 60 Rn. 5.
[172] Vgl. Rn. 93.
[173] JStGH, AC 2.10.1995 – IT-94-1-AR72 – Prosecutor v. Tadic Nr. 70; RStGH, TC 2.9.1998 – ICTR-96-4-T, Prosecutor v. Akayesu Nr. 625; BT-Drs. 14/8524, 25.
[174] JStGH, AC 2.10.1995 – IT-94-1-AR72 – Prosecutor v. Tadic Nr. 70; JStGH, TC 27.9.2004 – IT-01-47-T – Prosecutor v. Kubura Nr. 25; *Zimmermann* NJW 2002, 3068 (3070).
[175] JStGH, TC 13.9.1996 – IT-95-12-R61 – Prosecutor v. Tadic Nr. 562; *Werle/Jeßberger* Völkerstrafrecht Rn. 1155; *Ambos*, Internationales Strafrecht, § 7 Rn. 239.
[176] RStGH, TC 2.9.1998 – ICTR-96-4-T, Prosecutor v. Akayesu Nr. 601–602, 620; RStGH, TC I 27.1.2000 – ICTR-96-13-T – Prosecutor v. Rutaganda Nr. 92; RStGH, TC II 21.5.1999 – ICTR-95-1-T – Prosecutor v. Kayishema and Ruzindana Nr. 171; RStGH, TC 2.9.1998 – ICTR-96-4-T – Prosecutor v. Musema Nr. 248; *Whiteman,* Digest of International Law, 1968, Vol. X, S. 40; *Pictet,* Humanitarian Law and the Protection of War Victims, 1975, S. 58; Final Record of the Diplomatic Conference of Geneva, 1949, Vol. II-B, S. 9–15, 40–48, 75–79, 82–84, 90, 93–95, 97–102; *Rajower,* Das Recht des bewaffneten nichtinternationalen Konflikts seit 1949, 1990, S. 13 ff.; *Draper,* The Red Cross Conventions, 1958, S. 15; *Yingling/Ginnane* AJIL 1952, S. 393 (395 f.).
[177] Triffterer/*Zimmermann*/*Geiß* IStGH-Statut Art. 8 Rn. 988; RStGH, TC 2.9.1998 – ICTR-96-4-T – Prosecutor v. Akayesu Nr. 620; zur Situation in der Zentralafrikanischen Republik IStGH, Pre Trial Chamber II 15.6.2009 – ICC-01/05-01/08 – Prosecutor v. Jean-Pierre Bemba Gombo, Decision on the confirmation of charges Nr. 225, 230.
[178] BT-Drs. 14/8524, 25; *Zimmermann* ZRP 2002, 97 (102).

Völkerstrafgesetzbuch   111 § 8 VStGB

Platz des himmlischen Friedens in Peking im Jahr 1989 keinen bewaffneten Konflikt dar.[179] Vor diesem Hintergrund hat der BGH in seinem Beschluss vom 17.6.2010 im Hinblick auf die Kämpfe im Osten der Demokratischen Republik Kongo auf „die seit Jahren andauernden heftigen Auseinandersetzungen zwischen den Beteiligten" abgestellt, die „über nicht von der Norm [§ 8 Abs. 1 VStGB] erfasste innere Unruhen und Spannungen wie Tumulte, vereinzelt auftretende Gewalttaten und ähnlichen Handlungen weit hinaus[gehen]".[180] Eine Einordnung des Konflikts als internationaler oder nichtinternationaler bewaffneter Konflikt hat der BGH allerdings nicht vorgenommen. Dies war für die Zwecke des Abs. 1 auch nicht erforderlich.

Der JStGH und daran anknüpfend der IStGH haben zur genauen Abgrenzung einerseits auf die Dauer sowie die territoriale Ausdehnung des Konflikts, andererseits aber auch auf die Organisationsstruktur der kämpfenden Gruppierungen abgestellt.[181] Damit eine bestimmte Situation als nichtinternationaler bewaffneter Konflikt eingestuft werden kann, müssen die bewaffneten Auseinandersetzungen ein bestimmtes Maß an Intensität überschreiten und müssen die beteiligten nicht-staatlichen Gruppen ein Mindestmaß an Organisationsstruktur aufweisen.[182] **Entscheidend** für das Vorliegen eines **nichtinternationalen bewaffneten Konflikts** ist mithin nicht die Sichtweise der beteiligten Parteien, sondern die **objektiven Kriterien der Intensität und der Organisationsstruktur.** Das Vorliegen dieser Kriterien wird anhand einer Reihe von Indizien, die insbesondere in der Rechtsprechung des JStGH entwickelt wurden,[183] ermittelt.[184] Entsprechende Indizien sind insbesondere die Schwere der Attacken und ihre Häufigkeit,[185] die Anzahl der Opfer,[186] die zeitliche und territoriale Ausdehnung sowie ein kollektiver Charakter der Kampfhandlungen,[187] die Art und Verteilung der eingesetzten Waffen,[188] territoriale Kontrolle der beteiligten Parteien,[189] die Anzahl

111

---

[179] Zimmermann NJW 2002, 3068 (3070).
[180] BGH 17.6.2010 – AK 3/10, BeckRS 2010, 16874 Rn. 31.
[181] JStGH, TC 16.11.1998 – IT-96-21-T, Prosecutor v. Delalic et al. Nr. 184; JStGH, TC I 3.4.2008 – IT-04-84, Prosecutor v. Haradinaj et al. Nr. 49; IStGH, TC I 14.3.2012 – ICC-01/04-01/06, Prosecutor v. Thomas Lubanga Dyilo Nr. 535, 536; IStGH, Pre Trial Chamber I 21.1.2007 – 01/04-01/06, Prosecutor v. Thomas Lubanga Dyilo Nr. 233.
[182] IStGH, Pre Trial Chamber II 15.6.2009 – ICC-01/05-01/08 – Prosecutor v. Jean-Pierre Bemba Gombo, Decision on the confirmation of charges Nr. 230; IStGH, TC I 14.3.2012 – ICC-01/04-01/06, Prosecutor v. Thomas Lubanga Dyilo Nr. 535 ff.; IStGH, TC II 7.3.2014, ICC-01/04-01/07, Prosecutor v. Germain Katanga, Nr. 1185 ff.
[183] Für eine allgemeine Darstellung dieser verschiedenen Faktoren siehe: JStGH, TC 30.11.2005 – IT-03-66-T, Nr. 94 –134, 170 – Prosecutor v. Limaj; JStGH, TC I 3.4.2008 – IT-04-84, Nr. 49 – Prosecutor v. Haradinaj et al. Der RStGH bedient sich derselben Prüfung wie der JStGH, siehe: RStGH, TC 2.9.1998 – ICTR-96-4-T, Nr. 619-26 – Prosecutor v. Akayesu; RStGH, TC 21.5.1999 – ICTR-95-1-T, Nr. 170 – Prosecutor v. Kayeishema and Ruzindana; RStGH, TC 27.1.2000 – ICTR-96-13-T, Nr. 250 – Prosecutor v. Musema; RStGH, TC I 6.12.1999 – ICTR-96-3-I, Nr. 92-93 – Prosecutor v. Rutaganda; RStGH, TC 25.2.2004 – ICTR 99-46-T, Nr. 767 – Prosecutor v. Cyangugu; RStGH, TC 15.5.2003 – ICTR-97-20-T, Nr. 355 und 514 – Prosecutor v. Semanza; RStGH, TC 7.6.2001 – ICTR-95-1A-T, Nr. 99–101 – Prosecutor v. Bagilishema; RStGH, TC II 22.1.2004 – ICTR 95-54A-T, Nr. 721–24 – Prosecutor v. Kamuhanda. Für eine Analyse der relevanten Rechtsprechung siehe: LaHaye, War Crimes in Internal Armed Conflicts, 2008, S. 9 ff.
[184] IStGH, TC I 14.3.2012 – ICC-01/04-01/06, Nr. 537 – Prosecutor v. Thomas Lubanga Dyilo.
[185] JStGH, TC 2.9.1998 – ICTR-96-4-T, Nr. 565 – Prosecutor v. Tadic; JStGH, TC 26.2.2001 – IT-95-14/2, Nr. 29 – Prosecutor v. Kordic and Cerkez; JStGH, TC 16.11.1998 – IT 96-21-T, Nr. 186–89 – Prosecutor v. Celebici.
[186] IStGH, Pre Trial Chamber I 21.1.2007 – 01/04-01/06, Nr. 235 – Prosecutor v. Thomas Lubanga Dyilo.
[187] JStGH, TC 2.9.1998 – ICTR-96-4-T, Nr. 566, 568 – Prosecutor v. Tadic; JStGH, TC 26.2.2001 – IT-95-14/2, Nr. 30 – Prosecutor v. Kordic and Cerkez; JStGH, TC 22.2.2001 – IT-96-23-T/IT-96-23/1-T, Nr. 567 – Prosecutor v. Kunarac; JStGH, TC 16.11.1998 – IT-96-21-T, Nr. 186 – Prosecutor v. Celebici; JStGH, TC 31.7.2003 – IT-97-24-T, Nr. 572 – Prosecutor v. Stakic.
[188] JStGH, TC 16.11.1998 – IT-96-21-T, Nr. 188 – Prosecutor v. Celebici; JStGH, TC 16.6.2004 – IT-02-54-T, Nr. 30–31 – Prosecutor v. Slobodan Milosevic; JStGH, TC 31.11.2005 – IT-03-66-T, Nr. 136, 138, 156, 169, 161, 164-166 – Prosecutor v. Limaj.
[189] JStGH, TC 16.11.1998 – IT-96-21-T, Nr. 187 – Prosecutor v. Celebici; JStGH, TC 31.11.2005 – IT-03-66-T, Nr. 146, 148, 159 – Prosecutor v. Limaj.

der beteiligten Regierungstruppen,[190] die Anzahl der durch die Kampfhandlungen Vertriebenen,[191] sowie die Behandlung der Situation durch den Sicherheitsrat der Vereinten Nationen.[192] Im Unterschied zum RStGH[193] ging der JStGH dabei aber zutreffend **nicht** davon aus, dass die Gruppierungen **Kontrolle über ein bestimmbares Territorium** ausüben müssten. Dieser Lesart hat sich auch der IStGH in mehreren Verfahren angeschlossen.[194] Somit ist dieser Auffassung auch für die Zwecke des VStGB zuzustimmen, weil andernfalls entgegen dem Willen des Gesetzgebers nur der ‚klassische Bürgerkrieg' wie etwa der Amerikanische Sezessionskrieg (1861–1865), nicht aber moderne Guerillakriege erfasst würden.[195] Mit Blick auf die erforderliche Organisationsstruktur hat der JStGH betont, dass nur ein Mindestmaß und nicht etwa eine verantwortliche Führung innerhalb der Gruppierung zu bestehen habe.[196] Dem widersprach die Vorverfahrenskammer des IStGH im Verfahren gegen Bemba Gombo. Die Vorverfahrenskammer sah das Erfordernis einer „verantwortlichen Führung", angelehnt an Art. 1 Abs. 1 ZP II, als eine notwendige Voraussetzung für das Bestehen einer bewaffneten Gruppe an.[197] Dazu führte die Vorverfahrenskammer aus, dass eine solche verantwortliche Führung dann anzunehmen sei, wenn die Führung in der Lage ist, eine derartige Gruppe zu organisieren, indem sie etwa befähigt ist, disziplinarische Maßnahmen aufzuerlegen, sowie Militäroperationen zu planen und durchzuführen. Mit dem Erfordernis einer verantwortlichen Führung konnte sich die Vorverfahrenskammer jedoch nicht durchsetzen. Sowohl im Urteil gegen Lubanga als auch im Urteil gegen Katanga vermochten die Verfahrenskammern dem Art. 8 Abs. 2 lit. f IStGH-Statut eine derartige Voraussetzung nicht zu entnehmen.[198] Eine **gewisse Organisationsstruktur** ist allerdings erforderlich,[199] so dass auch aus diesem Grunde die Aktionen gewalttätiger Demonstranten regelmäßig nicht erfasst werden.[200] Indizien für das Vorliegen einer ausreichenden Organisationsstruktur hat der JStGH insbesondere im Falle Limaj, in dem es um die Einstufung der Befreiungsarmee des Kosovo (UCK) ging, entwickelt. Der Indizienkatalog umfasst das Vorhandensein eines Hauptquartiers, die Fähigkeit Waffen zu transportieren und zu verteilen, den Gebrauch von Uniformen, interne Regularien, das Vorhandensein eines Sprechers der Gruppe, das Vorhandensein einer Befehlskette, politische Erklärungen, die

---

[190] JStGH, TC 31.11.2005 – IT-03-66-T, Nr. 146, 159 und 164-166 – Prosecutor v. Limaj.
[191] JStGH, TC 31.11.2005 – IT-03-66-T, Nr. 167 – Prosecutor v. Limaj.
[192] IStGH, Pre Trial Chamber I 21.1.2007 – 01/04-01/06, Nr. 235 – Prosecutor v. Thomas Lubanga Dyilo; JStGH, TC 16.11.1998 – IT-96-21-T, Nr. 190 – Prosecutor v. Celebici; JStGH, TC 2.9.1998 – ICTR-96-4-T, Nr. 567 – Prosecutor v. Tadic; JStGH, TC II 29.11.2012, IT-04-84bis-T, Prosecutor v. Haradinaj et al., Nr. 394, IStGH, TC II 7.3.2014, ICC-01/04-01/07, Prosecutor v. Germain Katanga, Nr. 1187, 1217. Diese Indizien wurden auch vom Generalbundesanwalt bei der Kategorisierung angewendet, vgl. Der Generalbundesanwalt beim Bundesgerichtshof, Einstellungsvermerk, 3 BJs 7/12-4 v. 23.7.2013, S. 19 f.
[193] RStGH, TC 2.9.1998 – ICTR-96-4-T, Nr. 619 – Prosecutor v. Akayesu.
[194] IStGH, Pre Trial Chamber II 15.6.2009 – ICC-01/05-01/08, Nr. 236 – Prosecutor v. Jean-Pierre Bemba Gombo, decision on the confirmation of charges; IStGH, Pre Trial Chamber I 21.1.2007 – 01/04-01/06, Nr. 233 – Prosecutor v. Thomas Lubanga Dyilo; IStGH, TC I 14.3.2012 – ICC-01/04-01/06, Nr. 536 – Prosecutor v. Thomas Lubanga Dyilo; IStGH, TC II 7.3.2014, ICC-01/04-01/07, Prosecutor v. Germain Katanga, Nr. 1186.
[195] Der RStGH hatte in dem Urteil 2.9.1998 – ICTR-96-4-T, Nr. 619 – Prosecutor v. Akayesu noch an dem Erfordernis der territorialen Kontrolle festgehalten; Triffterer/*Zimmermann*/*Geiß* IStGH-Statut Art. 8 Rn. 994.
[196] JStGH, TC 2.9.1998 – ICTR-96-4-T, – Prosecutor v. Tadic; JStGH TC 31.11.2005 – IT-03-66-T, Nr. 89 – Prosecutor v. Limaj. Zu den Voraussetzungen eines bewaffneten Konflikts im Sinne von Artikel 3 I–IV GK siehe auch: Inter-Amerikanische Kommission für Menschenrechte, 18.11.1997, Juan Carlos Abella v. Argentina, Case No. 11 137, Report 55/97, Nr. 152: „[…] *it is important to understand that the application of common Article 3 does not require the existence of large-scale and generalised hostilities or a situation comparable to a civil war in which dissident armed groups exercise control over parts of national territory* […]". Enger RStGH, TC 2.9.1998 – ICTR-96-4-T, Nr. 626 – Prosecutor v. Akayesu. Zu sonstigen Indizien Schindler Schweizer Jahrbuch für Internationales Recht 1965, 75 (87).
[197] IStGH, Pre Trial Chamber II 15.6.2009, ICC 01/05-01/08, Prosecutor v. Gombo, Nr. 234.
[198] IStGH, TC I 14.3.2012 – ICC-01/04-01/06, Prosecutor v. Thomas Lubanga Dyilo Nr. 536; IStGH, TC II 7.3.2014, ICC-01/04-01/07, Prosecutor v. Germain Katanga, Nr. 1186.
[199] RStGH, TC 27.1.2000 – ICTR-96-13-T – Prosecutor v. Musema Nr. 247–248.
[200] *Werle* S. 400, Fn. 155; Sandoz/Swinarski/Zimmermann/*Junod* Rn. 4474.

Fähigkeit zur Koordinierung verschiedener Teile der Gruppierung, die Fähigkeit zur Rekrutierung neuer Mitglieder und die Fähigkeit den Mitgliedern ein militärisches Training zur Verfügung zu stellen.[201] Die Vorverfahrenskammern des IStGH haben in der Bemba und Lubanga Entscheidung darüber hinaus betont, dass bewaffnete Gruppen die Fähigkeit haben müssen, militärische Operationen über einen längeren Zeitraum hinaus zu planen und durchzuführen.[202] Bei der Beurteilung der „Forces Démocratiques de Libération du Rwanda (FDLR)" stellte die Vorverfahrenskammer in der Callixte Mbarushimana Entscheidung auf die hierarchische Struktur der FDLR, die Existenz eines politischen sowie eines militärischen Arms und ein internes Reglement und Disziplinarsystem ab und qualifizierte vor diesem Hintergrund die FDLR als organisierte bewaffnete Gruppe.[203] Der BGH hat die FDLR aufgrund ihrer Struktur und ihres Organisationsgrades ebenfalls als taugliche Konfliktpartei angesehen.[204] Der IStGH betont, dass **keines der genannten Kriterien für sich genommen ausschlaggebend** ist und dass die **einzelnen Kriterien flexibel angewendet** werden können.[205]

Der Konflikt muss sich nicht auf das gesamte Staatsgebiet erstrecken; ausreichend ist, wenn er sich auf ein bestimmtes Gebiet innerhalb des Staatsgebietes beschränkt.[206]

b) Klassifizierung eines Konfliktes. Die Frage, ob in einer bestimmten Situation die Schwelle zu einem nichtinternationalen bewaffneten Konflikt überhaupt erreicht wurde, bestimmt sich **nach** den oben genannten **objektiven Kriterien**.[207] Der **Vorsatz des Täters** muss sich auf diese Umstände jedenfalls in ihrem Gesamtbild erstrecken. Gleiches gilt für die nach der Systematik des VStGB allerdings regelmäßig irrelevante Frage, ob es sich um einen internationalen oder nichtinternationalen bewaffneten Konflikt handelt.[208]

Mit der **weitgehenden Gleichstellung beider Konflikttypen** hat der deutsche Gesetzgeber nicht nur der verbreiteten Kritik an der überkommenen Differenzierung Rechnung getragen.[209] Sie vermag vor allem auch schwierige Abgrenzungsprobleme, wie sie sich gerade in jüngster Zeit im Zusammenhang mit **grenzüberschreitender Gewaltausübung** durch oder gegen nichtstaatliche Gruppen immer wieder gestellt haben, jedenfalls teilweise zu entschärfen. Zwar kann kein Zweifel daran bestehen, dass der von der Regierung der Vereinigten Staaten von Amerika proklamierte „Krieg gegen den Terrorismus", der weder zeitlichen noch räumlichen Beschränkungen unterliegen soll, nicht als bewaffneter Konflikt im Sinne des humanitären Völkerrechts zu qualifizieren ist. Aber auch wenn die amerikanische Regierung heute nicht mehr offiziell von einem „globalen Krieg gegen den Terrorismus" spricht, ist die Frage nach den geographischen Grenzen der Anwendbarkeit des humanitären Völkerrechts nach wie vor sehr aktuell. Dies gilt insbesondere im Zusammenhang mit sogenannten gezielten Tötungen und vor allem dann, wenn solche gezielten Tötungen außerhalb eines anerkannten Konfliktgebietes wie etwa Afghanistan durchgeführt werden. Da sich außerhalb eines bewaffneten Konfliktes gezielte Tötungen grundsätzlich nicht recht-

---

[201] JStGH, TC 30.11.2005 – IT-03-66-T – Prosecutor v. Limaj Nr. 94–134, 170.
[202] IStGH, Pre Trial Chamber I 21.1.2007 – 01/04-01/06, Prosecutor v. Thomas Lubanga Dyilo Nr. 234; IStGH, Pre Trial Chamber II 15.6.2009 – ICC-01/05-01/08 – Prosecutor v. Jean-Pierre Bemba Gombo, Decision on the confirmation of charges Nr. 233; IStGH, Pre Trial Chamber I 8.2.2010 – ICC-02/05-02/09, Nr. 91 – Prosecutor v. Garda.
[203] IStGH, Pre Trial Chamber 16.12.2011 – ICC-01/04-01/10, Nr. 104 – Prosecutor v. Callixte Mbarushimana.
[204] BGH 17.6.2010 – AK 3/10, BeckRS 2010, 16874 Rn. 31.
[205] IStGH, TC I 14.3.2012 – ICC-01/04-01/06, Prosecutor v. Thomas Lubanga Dyilo Nr. 537; IStGH, TC II 7.3.2014, ICC-01/04-01/07, Prosecutor v. Germain Katanga, Nr. 1186.
[206] JStGH, AC 20.2.2001 – IT-96-21-A – Prosecutor v. Delalic et al. Nr. 185; bestätigt in JStGH, TC 27.9.2004 – IT-01-47-T – Prosecutor v. Kubura Nr. 25.
[207] JStGH, TC 2.9.1998 – ICTR-96-4-T, Prosecutor v. Akayesu Nr. 624; RStGH, TC 7.6.2001 – ICTR-95-11-T, Prosecutor v. Bagilishema Nr. 101; RStGH, TC 15.5.2003 – ICTR-97-20-T, Prosecutor v. Semanza Nr. 357.
[208] Vgl. aber §§ 8 Abs. 3, 9 Abs. 2 sowie § 11 Abs. 3 VStGB.
[209] *Stewart*, Towards a single definition of armed conflict in international humanitarian law: A critique of internationalized armed conflict, IRRC 2003, 313-349.

fertigen lassen, stellt sich die Frage, ob ein Kämpfer, der das Konfliktgebiet verlässt und sich in einen anderen Staat begibt, in dem kein bewaffneter Konflikt existiert, nach wie vor dem Regime des humanitären Völkerrechts unterliegt und dementsprechend als Kämpfer gezielt angegriffen und auch getötet werden darf. Unabhängig von der Frage inwiefern sich das Regime des nichtinternationalen bewaffneten Konflikts überhaupt auf grenzüberschreitende Sachverhalte anwenden lässt,[210] beschränkt sich der geographische Anwendungsbereich des humanitären Völkerrechts nach der hier vertretenen Auffassung jeweils nur auf den Staat, in dem die erforderliche Intensitätsschwelle bewaffneter Gewalt überschritten ist und in dem hinreichend organisierte Akteure einander bekämpfen. Einer konkreten Zuordnung zu einem bestimmten bewaffneten Konflikt bedarf es aber jedenfalls aus der Sicht des Generalbundesanwaltes nicht. Vielmehr genüge die Feststellung, dass die militärische Operation in einem Gebiet durchgeführt wurde, in dem ein bewaffneter Konflikt existiert.[211] Das humanitäre Völkerrecht stellt eine Sonderrechtsordnung für Situationen extremer Gewalt dar, in denen andere, höhere Regelungsstandards aufgrund der besonderen Ausnahmesituation keine realistische Aussicht auf Einhaltung mehr gewähren.[212] In derartigen Situationen will das humanitäre Völkerrecht einen Mindeststandard rechtlichen Schutzes gewähren. Nur eine derartige **Ausnahmesituation** kann es rechtfertigen, das Recht auf Leben so weitgehend einzuschränken, dass bestimmte „Kategorien von Personen", namentlich **Kombattanten und Kämpfer,** *per se* **angegriffen und getötet** werden dürfen. Die hohen Anforderungen, die an das Vorliegen eines nichtinternationalen bewaffneten Konflikts im Hinblick auf die Intensität und die Dauer der Gewalt und die Organisationsstruktur der involvierten Gruppen gestellt werden, stellen sicher, dass das kriegsvölkerrechtliche Regelungsregime nur in solchen Ausnahmesituationen zur Anwendung gelangt. Vor diesem Hintergrund erscheint eine **staatenübergreifende Anwendbarkeit** des humanitären Völkerrechts auf Einzelpersonen schon im Lichte des **Sinn und Zwecks des humanitärvölkerrechtlichen Regelungsregimes nicht haltbar.**

115   Schwierige Rechtsfragen stellen sich darüber hinaus im Hinblick auf spezifische Situationen, wie etwa das militärische Vorgehen der Vereinigten Staaten gegen Al-Qaida in Afghanistan, die israelischen Militäraktionen gegen Hisbollah im Zuge des sog. „zweiten Libanon-Krieges",[213] militärische Operationen der Türkei gegen kurdische bewaffnete Gruppen im Nordirak, kolumbianische Militäraktionen gegen die FARC auf dem Staatsgebiet Ecuadors, die kenianische Militäraktion gegen die Al-Shabaab-Miliz auf somalischem Staatsgebiet oder jüngst das Vorgehen westlicher und arabischer Staaten gegen terroristische Gruppierungen in Syrien, die oftmals untechnisch als „transnationale bewaffnete Konflikte" bezeichnet werden.[214] So hat der Oberste Gerichtshof der Vereinigten Staaten im Fall *Hamdan v. Rumsfeld* die Frage bewusst offengelassen, ob es sich bei dem Konflikt zwischen den Vereinigten Staaten und Al-Qaida beziehungsweise den Taliban um nur einen oder zwei voneinander zu unterscheidende Konflikte gehandelt hat und wie dieser Konflikt oder diese Konflikte einzuordnen sind.[215] Der Supreme Court hat in dieser Entscheidung lediglich die Anwendbarkeit (jedenfalls) des **gemeinsamen Artikels 3** der vier GK festgestellt.[216] Diese Vorschrift hält der Gerichtshof in verschiedenen Formen bewaffneter Konflikte, insbesondere

---

[210] Vgl. → Rn. 118.
[211] Im konkreten Fall war nicht feststellbar, ob der Angriff auf pakistanischem Staatsgebiet der Unterstützung der afghanischen Regierung oder der pakistanischen Regierung diente, vgl. Generalbundesanwalt beim Bundesgerichtshof, Einstellungsvermerk, 3 BJs 7/12-4 v. 23.7.2013, S. 20.
[212] *Geiß* in *Heintze,* Heutige bewaffnete Konflikte als Herausforderung an das humanitäre Völkerrecht, 2011, S. 45–67.
[213] *Zimmermann* Max Planck Yearbook of United Nations Law (2007), 99–141.
[214] Zur Qualifikation des Libanon-Konflikts und den damit zusammenhängenden Folgefragen näher *Zimmermann* Max Planck Yearbook of United Nations Law (2007), 99–141; vgl. ferner *Corn* Vanderbilt Journal of Transnational Law 40 (2/2007), 295–355. Eine vergleichbare Problematik ergibt sich im Hinblick auf den Konflikt zwischen türkischen Truppen und den im Nordirak operierenden PKK-Kämpfern, soweit die Türkei auf irakischem Gebiet militärische Gewalt einsetzt.
[215] Supreme Court of the United States 29.6.2006 – 126 S. Ct. 2766, – Hamdan v. Rumsfeld.
[216] Ebd.

auch in **grenzüberschreitenden Konflikten** zwischen einem Staat und einem nichtstaatlichen Akteur, für anwendbar.

Sofern ein Staat militärische Mittel auf dem Staatsgebiet eines anderen Staates einsetzt, handelt es sich grundsätzlich, selbst wenn der eigentliche Gegner ein nichtstaatlicher Akteur sein sollte, um einen internationalen bewaffneten Konflikt.[217]

Etwas anderes gilt nur dann, wenn der Territorialstaat den militärischen Aktionen zustimmt, wie dies etwa im Urteil gegen Katanga festgestellt wurde.[218] Vor diesem Hintergrund wird auch der sog. „zweite Libanon-Krieg" jedenfalls als internationaler bewaffneter Konflikt einzuordnen sein.[219] Inwiefern darüber hinaus gleichzeitig möglicherweise ein von diesem internationalen bewaffneten Konflikt rechtlich zu unterscheidender nichtinternationaler Konflikt zwischen Hisbollah und Israel auf libanesischem Staatsgebiet stattgefunden hat, wird kontrovers diskutiert. Die Möglichkeit eines **„gemischten" bewaffneten Konflikts,** also eines internationalen bewaffneten Konflikts im Verhältnis der beteiligten Staaten und eines gleichzeitig existierenden nichtinternationalen bewaffneten Konflikts im Verhältnis zwischen dem intervenierenden Staat und der bewaffneten Gruppe wurde bereits mit Blick auf den Libanon Konflikt vertreten.[220] Nunmehr hat auch der IStGH die Möglichkeit einer solchen Doppelqualifikation angenommen und die **„Koexistenz" beider Konfliktarten** auf dem Gebiet ein und desselben Staates in mehreren Entscheidungen ausdrücklich bestätigt.[221]

Da das Konzept des internationalen bewaffneten Konfliktes es erfordert, dass sich auf beiden Seiten des Konflikts Staaten gegenüberstehen, wird **in der Literatur** zunehmend die Auffassung vertreten, dass jeder Konflikt zwischen einem Staat und einem nichtstaatlichen Akteur, unabhängig vom Austragungsort des Konfliktes, dem Regelungsregime des nichtinternationalen bewaffneten Konfliktes unterfallen sollte. Dem ist zuzustimmen. Die Existenz des **Art. 1 Abs. 4 des ersten Zusatzprotokolls** belegt zwar, dass es Ausnahmesituationen gibt, in denen auch Konflikte, die nicht zwischen zwei Staaten geführt werden, als internationale bewaffnete Konflikte eingestuft werden können. Allerdings zeigt die Vorschrift gerade auch, dass dies nur dort gilt, wo es eine entsprechende völkerrechtliche Vorgabe gibt. Zudem ist zu berücksichtigen, dass Art. 1 Abs. 4 des ersten Zusatzprotokolls weiterhin kontrovers diskutiert wird und seit der Annahme des ersten Zusatzprotokolls in der Praxis nie zur Anwendung gekommen ist. Gegen eine Anwendung des Regimes der nichtinternationalen bewaffneten Konflikte im transnationalen Kontext ließe sich einwenden, dass nichtinternationale Konflikte typischerweise auf das Territorium eines Staates beschränkt sind. Dies entspricht dem Bild des klassischen Bürgerkrieges, wie es die Staaten bei der Aushandlung der Genfer Abkommen von 1949 vor Augen hatten. Eine solche klassische Sichtweise wird vor allem durch den Wortlaut des **Art. 1 (1) des Zweiten Zusatzprotokolls** gestützt, der auf Konflikte „im Hoheitsgebiet einer Hohen Vertragspartei zwischen *deren* Streitkräften und abtrünnigen Streitkräften oder anderen organisierten bewaffneten Gruppen" abstellt. Allerdings ist der Wortlaut des gemeinsamen Artikels 3 der Genfer Abkommen offener formuliert. Art. 3 spricht von Konflikten „auf dem Gebiet *einer* der hohen Vertragsparteien". Dies spricht zwar gegen eine globale und geographisch uneingeschränkte Anwendung des humanitären Völkerrechts, steht aber, mit Ausnahme der ausdrücklich einschränkenden Formulierung im Zweiten Zusatzprotokoll,[222] der Annahme eines nichtinternationalen bewaffneten Konflikts bei der Bekämpfung eines nichtstaatlichen

---

[217] *Schindler* Recueil de Cours 163 (1979), 125 (132); *Frostad,* Jus in bello after September 11, 2001, 2004, S. 30 ff.
[218] IStGH, TC II 7.3.2014, ICC-01/04-01/07, Prosecutor v. Germain Katanga, Nr. 1228.
[219] *Zimmermann* Max Planck Yearbook of United Nations Law (2007), 99.
[220] *Kellenberger,* Humanitäres Völkerrecht gilt im Libanon-Konflikt, Neue Zürcher Zeitung, 30.7.2006, S. 3.
[221] IStGH, Pre Trial Chamber I 21.1.2007 – 01/04-01/06, Prosecutor v. Thomas Lubanga Dyilo Nr. 209; IStGH, TC I 14.3.2012 – ICC-01/04-01/06, Prosecutor v. Thomas Lubanga Dyilo Nr. 540; IStGH, TC II 7.3.2014, ICC-01/04-01/07, Prosecutor v. Germain Katanga, Nr. 1174.
[222] *Lubell,* Extraterritorial use of force against non-state actors, 2010, S. 100.

Akteurs auf dem Staatsgebiet eines anderen Staates nicht entgegen.[223] Dementsprechend wird auch im Zusammenhang mit dem aktuellen Konflikt in Afghanistan übereinstimmend davon ausgegangen, dass externe Staaten wie Deutschland ungeachtet dessen, dass der Konflikt nicht auf dem eigenen (deutschen) Staatsgebiet ausgetragen wird, dort Konfliktparteien in einem nichtinternationalen bewaffneten Konflikt sind.[224] Auch der IStGH hat diese Sichtweise in seinem Lubanga Urteil zumindest teilweise bestätigt. Der IStGH betont, dass ein Konflikt zwischen einem Staat und einem nichtstaatlichen Akteur auch dann nicht als internationaler bewaffneter Konflikt eingestuft werden kann, wenn er auf dem Staatsgebiet eines anderen Staates stattfindet.[225] Zurückhaltender war der Gerichtshof im Urteil gegen Germain Katanga vom 7.3.2014. Bei der Klassifizierung des Konfliktes stellte er auf das Einverständnis des Staates ab, auf dessen Staatsgebiet der Konflikt ausgetragen wird. Jedoch ist nicht davon auszugehen, dass sich die Verfahrenskammer gegen die Ansicht im vorangegangenen Lubanga Urteil stellen wollte. Vielmehr konnte in der Katanga Entscheidung bereits auf Grundlage des engeren, ein Einverständnis voraussetzenden Ansatzes eine entsprechende Konfliktqualifikation vorgenommen werden, da ein entsprechendes Einverständnis der kongolesischen Regierung festgestellt werden konnte.[226] Da diese Sichtweise darüber hinaus durch das Urteil des US Supreme Courts im Fall *Hamdan v. Rumsfeld*[227] gestützt wird und die Möglichkeit einer Doppelqualifikation gemäß der Rechtsprechung des IStGH nicht ausgeschlossen ist,[228] ist der Auffassung der Vorzug zu geben, wonach Kampfhandlungen zwischen einem Staat und einer bewaffneten Gruppe auch dann als nichtinternationaler bewaffneter Konflikt einzustufen sind, wenn die Kampfhandlungen auf dem Staatsgebiet eines anderen Staates stattfinden.

118 Ähnliche Abgrenzungsprobleme ergeben sich schließlich auch in solchen Situationen, in denen sich nichtinternationale bewaffnete Konflikte, die ihren Ausgangspunkt zunächst in einem bestimmten Staat hatten, als sogenannte **„Spill-Over-Konflikte"** auf das Territorium eines Nachbarstaates verlagern. Im Zusammenhang mit solchen Konflikten stellt sich die Frage, ob wegen des engen räumlichen Zusammenhangs mit dem bereits bestehenden Konflikt von einem einheitlichen bewaffneten Konflikt auszugehen ist oder ob das Überschreiten einer Staatsgrenze dazu führt, dass für den jeweiligen Nachbarstaat gesondert festzustellen ist, ob ein nichtinternationaler oder ggf. internationaler bewaffneter Konflikt auch in diesem Staat vorliegt.[229] Der letzteren Auffassung folgt nunmehr der Generalbundesanwalt im Hinblick auf den bewaffneten Konflikt im nördlichen Pakistan im Grenzgebiet zu Afghanistan.[230] Welcher Auffassung in diesem Zusammenhang zu folgen ist, ist gegenwärtig noch nicht abschließend geklärt. Nach der hier vertretenen Auffassung ist jedenfalls für die Zwecke des Völkerstrafrechts, vor allem im Lichte der gebotenen Rechtssicherheit, für jeden Staat gesondert das Vorliegen eines bewaffneten Konfliktes anhand der anerkannten Kriterien bezüglich Intensität und Organisationsstruktur vorzunehmen.

119 **c) Funktionaler Zusammenhang.** Der Zusammenhang der Tat mit einem bewaffneten Konflikt bildet das prägende Unrechtsmerkmal des Tatbestands der Kriegsverbrechen.[231]

---

[223] *Milanovic, Hadzi-Vidanovic,* Taxonomy Armed Conflict, in *White/Henderson* (Hrsg.), Research Handbook of International Conflict and Security Law, 2013, S. 31. USA, Department of Defense, Law of War Manual, 2015, Nr. 3.3.1, 17.1.1.2.
[224] *Pejic,* The protective scope of Common Art. 3: more than meets the eye, IRRC 2011, 201; *Kreß* JCSL 2010, 255.
[225] IStGH, TC I 14.3.2012 – ICC-01/04-01/06, Nr. 541 – Prosecutor v. Thomas Lubanga Dyilo.
[226] IStGH, TC II 7.3.2014, ICC-01/04-01/07, Nr. 1174 – Prosecutor v. Germain Katanga.
[227] Supreme Court of the United States 29.6.2006 – 126 S. Ct. 2766, – Hamdan v. Rumsfeld.
[228] *Kreß* JCSL 2010, 255 (256).
[229] *Geiß,* Armed violence in fragile states: Low-intensity conflicts, spillover conflicts, and sporadic law enforcement operations by third parties, IRRC 91 (2009), 127-142.
[230] Generalbundesanwalt, Einstellungsvermerk, 3 BJs 7/12-4, S. 20; vgl. auch Bundesministerium der Verteidigung, ZDv 15/2, Nr. 210.
[231] RStGH, TC 2.9.1998 – ICTR-96-4-T, Nr. 438, 807 – Prosecutor v. Akayesu; RStGH, TC 7.6.2001 – ICTR-95-1A-T, Nr. 105 – Prosecutor v. Bagilishema; RStGH TC 15.5.2003 – ICTR-97-20-T, Nr. 368-369 – Prosecutor v. Semanza; *Satzger* NStZ 2002, 125 (126).

Die Tat muss in einem **funktionalen Kontext** mit dem Konflikt stehen.[232] Der JStGH hat diesbezüglich von einem engen,[233] ausreichenden[234] beziehungsweise evidenten Zusammenhang[235] gesprochen. Der IStGH hat diese Anforderungen aus der Rechtsprechung des JStGH übernommen.[236] Der deutsche Gesetzgeber fordert einen funktionalen Zusammenhang.[237] Dadurch sollen Taten aus dem Anwendungsbereich der Vorschrift ausgeschlossen werden, die lediglich „bei Gelegenheit" eines bewaffneten Konfliktes begangen werden.[238]

Während dieser Zusammenhang bei den Kriegsverbrechen des Einsatzes verbotener Mittel und Methoden der Kriegführung regelmäßig evident sein wird, ist diese Feststellung im Zusammenhang mit den Kriegsverbrechen gegen Personen im Einzelfall möglicherweise schwierig zu treffen. Das Vorliegen eines bewaffneten Konfliktes muss für die Fähigkeit des Täters, das Verbrechen zu begehen, für seine Entscheidung zur Tatbegehung, für die Art und Weise der Begehung oder für den Zweck der Tat von wesentlicher Bedeutung sein.[239] Dies kann etwa durch den **Kombattantenstatus des Täters,** durch den **Nichtkombattantenstatus des Opfers** oder dessen **Zugehörigkeit zur gegnerischen Partei** sowie dadurch indiziert werden, dass die **Handlung der Verwirklichung des Ziels einer militärischen Kampagne dient** oder als Teil oder im Zusammenhang mit einer offiziellen Aufgabenwahrnehmung steht.[240] Diesen Kriterien kommt dabei allerdings lediglich indizielle Wirkung zu, denn insbesondere der Kombattantenstatus des Täters wie auch der Nichtkombattantenstatus des Opfers sind nicht in allen Konstellationen aussagekräftig, da Kriegsverbrechen auch von Nichtkombattanten begangen werden können und auch Kombattanten Opfer von Kriegsverbrechen werden können. Ausreichend kann es ferner sein, wenn der Täter einer kämpfenden Gruppe lediglich als Informant angehört, ohne persönlich an den Kampfhandlungen teilzunehmen, oder wenn die Tat sich die Wirren der Konfliktsituation zu Nutze macht und daher unter dem Deckmantel der Konfliktsituation begangen wird.[241]

Unproblematisch ist ein funktionaler Zusammenhang dann gegeben, wenn die Tathandlung im Rahmen eines Gefechts oder der Einnahme einer feindlichen Stellung vorgenommen wird.[242] Schwieriger ist die Abgrenzung in Fallkonstellationen, in denen Zivilpersonen

---

[232] JStGH, TC 25.6.1999 – IT-94-14/1-T, Nr. 45 – Prosecutor v. Aleksovski.
[233] JStGH, AC 2.10.1995 – IT-94-1-AR72, Nr. 70 – Prosecutor v. Tadic; JStGH, TC 2.9.1998 – ICTR-96-4-T, Nr. 573 – Prosecutor v. Tadic; JStGH, TC I 3.4.2008 – IT-04-84, Nr. 61 – Pros. v. Haradinaj et al.
[234] JStGH, TC 17.10.2003 – IT-95-9, Nr. 105 – Prosecutor v. Simic et al.; JStGH, TC 27.9.2007 – IT-95-13/1, Nr. 423 – Prosecutor v. Mrksic et al.
[235] JStGH, AC 20.2.2001 – IT-96-21-A, Nr. 193 – Prosecutor v. Delalic et al.
[236] IStGH, TC I 14.3.2012 – ICC-01/04-01/06, Nr. 571 – Prosecutor v. Thomas Lubanga Dyilo; IStGH, Pre Trial Chamber 30.9.2008 – ICC-01/04-01/07, Nr. 381 – Prosecutor v. Katanga and Ngudjolo Chui. Siehe auch: IStGH, Pre Trial Chamber I 8.2.2010 – ICC-02/05-02/09, Nr. 90 – Prosecutor v. Garda; IStGH, Pre Trial Chamber 21.1.2007 – 01/04-01/06, Nr. 288 – Prosecutor v. Thomas Lubanga Dyilo; IStGH, TC II 7.3.2014, ICC-01/04-01/07, Prosecutor v. Germain Katanga, Nr. 1176.
[237] BT-Drs. 14/8524, 25; Der Generalbundesanwalt beim Bundesgerichtshof, Einstellungsvermerk, 3 BJs 6/10-4 vom 16.4.2010, S. 45; JStGH, TC 2.9.1998 – ICTR-96-4-T, Nr. 572 ff. – Prosecutor v. Tadic; *Cassese/Gaeta/Jones/Bothe* S. 388.
[238] BT-Drs. 14/8524, 25; *Zimmermann* NJW 2002, 3068 (3070); zustimmend BGH 11.8.2016 – AK 43/16, NStZ-RR 2016, 354 Rn. 27 = BeckRS 2016, 15368.
[239] JStGH, AC 12.6.2002 – IT-96-23/IT-96-23/1, Nr. 58 – Prosecutor v. Kunarac/Kovac/Vokovic; bestätigt in JStGH, TC 29.11.2002 – IT-98-32-T, Nr. 25 – Prosecutor v. Vasiljevic; JStGH, TC I 15.9.2008 – IT-04-83, Nr. 41 – Prosecutor v. Rasim Delic; JStGH, TC II 10.7.2008 – IT-04-82, Nr. 293 – Prosecutor v. Boskoski und Tarculovski; JStGH, TC 12.6.2007 – IT-95-11, Nr. 43 – Prosecutor v. Martic; JStGH, TC II 29.11.2012, IT-04-84bis-T, Prosecutor v. Haradinaj et al., Nr. 397; RStGH, AC 26.5.2003 – ICTR-96-3-A, Nr. 569 – Prosecutor v. Rutaganda; für weitere Details siehe *Kolb* The jurisprudence of the Yugoslav and Rwandan Criminal Tribunals on Their Jurisdiction and on the International Crimes (2000-2004), Brit. Y.B. Int'l L. (2004) S. 280–281. Siehe ebenfalls: IStGH, Pre Trial Chamber I 8.2.2010 – ICC-02/05-02/09, Nr. 90 – Prosecutor v. Garda; IStGH, Pre Trial Chamber I 21.1.2007 – 01/04-01/06, Nr. 288 – Prosecutor v. Thomas Lubanga Dyilo; IStGH, TC II 7.3.2014, ICC-01/04-01/07, Prosecutor v. Germain Katanga, Nr. 1176.
[240] JStGH, AC 12.6.2002 – IT-96-23/IT-96-23/1, Nr. 59 – Prosecutor v. Kunarac/Kovac/Vokovic; bestätigt in JStGH, TC 31.7.2003 – IT-97-24-T, Nr. 569 – Prosecutor v. Stakic; JStGH, TC 27.9.2007 – IT-95-13/1, Nr. 424 – Prosecutor v. Mrksic et al.; *Safferling* § 6 Rn. 142.
[241] JStGH, AC 25.2.2004 – IT-98-32-A, Nr. 25 ff. – Prosecutor v. Vasiljevic.
[242] JStGH, TC 16.11.1998 – IT-96-21-T, Nr. 193 – Prosecutor v. Delalic et al.

gegen Zivilpersonen vorgehen,[243] insbesondere wenn persönliche Motive, wie Eifersucht, Hass oder Habgier in den Vordergrund oder zumindest hinzutreten.[244] Insofern der Täter sich die Wirren des Krieges, also die **erhöhte Gefährdungslage der Konfliktsituation** zu Nutze macht, stehen auch persönliche Motive der Annahme eines relevanten Zusammenhanges nicht entgegen.

122 Die Einbettung der Tat in den Kontext der Massenkriminalität oder einer übergeordneten Politik ist ebenso wie eine Befürwortung oder Tolerierung durch die Konfliktparteien nicht erforderlich.[245] In der Realität werden entsprechende Taten allerdings oftmals in Verfolgung oder als Teil einer übergeordneten Politik begangen, was regelmäßig als Hinweis auf einen funktionalen Zusammenhang zu werten ist.[246]

123 Eine direkte örtliche und zeitliche Verbundenheit der Tathandlung mit dem bewaffneten Konflikt ist nicht erforderlich.[247] Im Einzelfall kann ein funktionaler Zusammenhang auch noch dann zu bejahen sein, wenn die Tat nach Beendigung der Kampfhandlungen oder außerhalb der unmittelbaren Kampfzone oder hinter den feindlichen Linien stattgefunden hat.[248] Voraussetzung ist jedoch, dass ein **erkennbarer Zusammenhang mit Feindseligkeiten** in anderen Teilen des Landes bestand,[249] die Taten die durch die Kämpfe entstandene Situation fördern oder ausnutzen[250] und das betroffene Gebiet unter der Kontrolle einer der kämpfenden Parteien gestanden hat.[251]

124 Auch der zeitliche Rahmen ist nach dem Willen des deutschen Gesetzgebers weit zu fassen. Dies bedeutet, dass Kriegsverbrechen auch über die unmittelbaren bewaffneten Kampfhandlungen hinaus begangen werden können, dass also ein funktionaler Zusammenhang bestehen kann, solange substantielle Verhaltensvorschriften des humanitären Völkerrechts gelten.[252] Dementsprechend kann ein Kriegsverbrechen gegen Kriegsgefangene in Übereinstimmung mit Art. 3 lit. b ZP I selbst dann noch begangen werden, wenn die Kampfhandlungen unterbrochen oder beendet sind. Besatzungssituationen, die sich in der Folge eines bewaffneten Konfliktes ergeben, und wie die Situation in Palästina belegt, gar über Jahrzehnte andauern können, sind daher ebenfalls erfasst. Damit knüpft der Gesetzgeber implizit an die in den Genfer Abkommen enthaltenen Bestimmungen bezüglich der schweren Verletzungen an, die sich nach dem Anwendungsbereich des jeweiligen Abkommens richten. Anders als Art. 2 des JStGH-Statuts, der sich ausdrücklich auf diese schweren Verletzungen der Genfer Abkommen bezieht, nimmt der Wortlaut des § 8 ausschließlich Bezug auf den Zusammenhang mit einem bewaffneten Konflikt.

125 Der JStGH hatte in der *Kunarac*-Entscheidung, auf die sich auch der deutsche Gesetzgeber stützt, als zeitliche Grenze für das Bestehen eines relevanten Zusammenhangs grundsätzlich

---

[243] Cassese/Gaeta/Jones/Bothe S. 388.
[244] Dörmann in Fischer/Kreß/Lüder (Hrsg.), International and National Prosecution of Crimes Under International Law, 2001, S. 95, 103; McDonald/Swaak-Goldman/Fischer, Substantive and Procedural Aspects of International Criminal Law, Band 1, 2000, S. 67, 82.
[245] JStGH, TC 2.9.1998 – ICTR-96-4-T, Nr. 573 – Prosecutor v. Tadic; JStGH, AC 12.6.2002 – IT-96-23/IT-96-23/1, Nr. 58 – Prosecutor v. Kunarac/Kovac/Vokovic.
[246] JStGH, TC 2.9.1998 – ICTR-96-4-T, Nr. 575 – Prosecutor v. Tadic. Aus diesem Grunde hat der deutsche Gesetzgeber die zitierte Schwellenklausel des Rom-Statuts nicht übernommen; Kreß, Vom Nutzen eines deutschen Völkerstrafgesetzbuches. S. 15, Fn. 49.
[247] RStGH, TC 7.6.2001-ICTR-95-1A-T, Nr. 105 – Prosecutor v. Bagilishema; JStGH, TC I 30.5.2013, IT-03-69-T, Prosecutor v. Stanišić, Nr. 956; JStGH, TC III 29.5.2013, IT-04-74-T, Prosecutor v. Prlić et al., Nr. 109; IStGH, TC II 7.3.2014, ICC-01/04-01/07, Prosecutor v. Germain Katanga, Nr. 1176; BT-Drs. 14/8524, 25; Kreß EuGRZ 1996, 638 (642 f.).
[248] JStGH, TC 2.9.1998 – ICTR-96-4-T, Nr. 573 – Prosecutor v. Tadic; bestätigt etwa in JStGH, TC 31.7.2003 – IT-97-24-T, Nr. 569 – Prosecutor v. Stakic; JStGH, TC 1.9.2004 – IT-99-36-T, Nr. 123 – Prosecutor v. Brdjanin; AEVStGB, S. 53.
[249] JStGH, TC 3.3.2000 – IT-95-14-T, Nr. 69 – Prosecutor v. Blaskic; JStGH, TC 26.2.2001 – IT-95-14/2, Nr. 96 – Prosecutor v. Kordic and Cerkez.
[250] JStGH, TC 22.2.2001 – IT-96-23-T/IT-96-23/1-T, Nr. 568 – Prosecutor v. Kunarac.
[251] JStGH, TC 2.9.1998 – ICTR-96-4-T, Nr. 70-72 – Prosecutor v. Tadic; bestätigt in JStGH, TC 17.10.2003 – IT-95-9, Nr. 105 – Prosecutor v. Simic et al.; IStGH, TC II 7.3.2014, ICC-01/04-01/07, Prosecutor v. Germain Katanga, Nr. 1176.
[252] BT-Drs. 14/8524, 25.

auf das **Ende der Kampfhandlungen in der fraglichen Region** abgestellt.[253] Zudem könne ein Zusammenhang nur bestehen, soweit die durch die Kämpfe entstandene Situation ausgenutzt wird.[254] Die Ausdehnung des funktionalen Zusammenhangs auf Tathandlungen, die unter Umständen Monate nach der Letzten aktiven Kampfhandlung vorgenommen werden, dürfte von dieser Rechtsprechung regelmäßig nicht gedeckt sein. Allerdings hatte sich das Jugoslawien-Tribunal nie mit lang andauernden Besatzungssituationen zu beschäftigen, in denen es auch noch Monate nach Ende der Kampfhandlungen zu Kriegsverbrechen kommen kann. Angesichts des Anliegens des Gesetzgebers, auch zeitlich entferntere Verhaltensweisen als Kriegsverbrechen zu bestrafen und im Lichte der jeweiligen *grave breaches*-Bestimmungen der Genfer Konventionen, ist im Rahmen einer völkerrechtsfreundlichen Auslegung für die Frage, wann der erforderliche Zusammenhang mit einem bewaffneten Konflikt vorliegt, jeweils auf die konkrete Situation und das fragliche Delikt abzustellen.

Problematisch sind die Fälle, in denen überhaupt kein bewaffneter Konflikt stattgefunden hat. Hält man sich vor Augen, dass die IV. Genfer Konvention gem. ihrem Art. 2 Abs. 2 in Fällen vollständiger oder teilweiser Besatzung anwendbar ist, denen – wie sich aus einem Vergleich der Absätze 1 und 2 ergibt – nicht zwingend ein bewaffneter Konflikt im klassischen Sinne vorangegangen sein muss,[255] da die Anwendbarkeit des IV. Genfer Abkommens allein der Schutzbedürftigkeit der Zivilbevölkerung Rechnung trägt,[256] ist fraglich, ob eine solche Besatzungssituation *per se* als bewaffneter Konflikt zu qualifizieren sein kann. Nach zutreffender herrschender Meinung ist dies der Fall.[257]

II. Einzeltatbestände des Abs. 1

1. Tötung (Nr. 1). Die Vorschrift entspricht strukturell § 212 StGB. Voraussetzung ist, dass der Täter den **Tod einer nach dem humanitären Völkerrecht zu schützenden Person** verursacht.[258] Hierbei handelt es sich um eine schwere Verletzung nach allen vier Genfer Abkommen (Art. 50 GK I, 51 GK II, 130 GK III, 147 GK IV), die auch im Römischen Statut gem. Art. 8 Abs. 2 lit. a (i) und Abs. 2 lit. c (i) unter Strafe gestellt ist.

Mit welchen Mitteln die Tötung erfolgt, ist unbeachtlich; eines Einsatzes typischer Kriegswaffen bedarf es nicht.[259] Typische Tathandlungen sind etwa die **Tötung von Kriegsgefangenen,** die **Tötung von Zivilisten in besetzten Gebieten** oder die **Tötung internierter Zivilpersonen.**[260] Im Fall Krnojelac sah die Strafkammer auch die Verursachung eines Selbstmordes als tatbestandliche Verursachung des Todes an.[261]

Die Tötung von Zivilisten durch Distanzangriffe wird von § 8 Abs. 1 Nr. 1 nicht erfasst. Die Tathandlung des Tötens ist auch durch **Unterlassen in Garantenstellung (§ 13 StGB)**

---

[253] JStGH, TC 22.2.2001 – IT-96-23-T/IT-96-23/1-T, Nr. 568 – Prosecutor v. Kunarac.
[254] Ebd.: „[...] *furtherance or take advantage of situation created by fighting*".
[255] *Pictet* Band IV, S. 21.
[256] Ebd.
[257] Vgl. dazu auch die Auffassung der Arbeitsgruppe der Vorbereitungskommission des IStGH zu den Elements of Crimes (UN Doc. PCNICC/2000/WGEC/L.1/Add. 2, S. 5, Fn. 4), wonach „*the term international armed conflict includes military occupation*". Siehe auch *Dinstein*, The International Law of Belligerent Occupation, 2009, S. 32.
[258] IStGH, Pre Trial Chamber II 15.6.2009 – ICC-01/05-01/08, Nr. 273 – Prosecutor v. Jean-Pierre Bemba Gombo, decision on the confirmation of charges; IStGH, Pre Trial Chamber IV 7.3.2011 – ICC-02/05-03/09, Nr. 89 – Prosecutor v. Nourain; IStGH, TC II 7.3.2014, ICC-01/04-01/07, Prosecutor v. Germain Katanga, Nr. 783; StRspr des JStGH und RStGH siehe etwa JStGH, TC 14.12.1999 – IT-95-10-T, Nr. 35 – Prosecutor v. Jelisic; JStGH, TC 26.2.2001 – IT-95-14/2, Nr. 229 – Prosecutor v. Kordic and Cerkez; JStGH, AC 29.7.2004 – IT-95-14-A, Nr. 153 – Prosecutor v. Blaskic; JStGH, TC 29.11.2002 – IT-98-32-T, Nr. 205 – Prosecutor v. Vasiljevic; JStGH, AC 20.2.2001 – IT-96-21-A, Nr. 423 – Celibici; JStGH, AC 28.2.2005 – IT-98-30/1-A, Nr. 261 – Kvocka et al.; JStGH, AC 17.12.2004 – IT-95-14/2-A, Nr. 37 – Prosecutor v. Kordic and Cerkez; RStGH, TC II 21.5.1999 – ICTR-95-1-T, Nr. 140 – Prosecutor v. Kayishema and Ruzindana; RStGH, TC 7.6.2001 – ICTR-95-1A-T, Nr. 8 – Prosecutor v. Bagilishema.
[259] JStGH, TC 16.11.1998 – IT-96-21-T, Nr. 424 – Prosecutor v. Delalic et al.; BT-Drs. 14/8524, 26.
[260] *Dörmann*, Elements of War Crimes, 2002, S. 40.
[261] JStGH, TC 15.3.2002 – IT-97-25-T, Nr. 329 – Prosecutor v. Krnojelac.

begehbar.²⁶² In diesem Zusammenhang kommt insbesondere etwa das Verhungernlassen von Kriegsgefangenen in Betracht.²⁶³

130   **2. Geiselnahme (Nr. 2).** Bei der Geiselnahme handelt es sich gem. Art. 147 GK IV um eine schwere Verletzung der vierten Genfer Konvention.²⁶⁴ Ein Verbot der Geiselnahme enthalten Art. 34 Abs. 4 GK IV, Art. 75 Abs. 2 lit. c ZP I und der gemeinsame Artikel 3 der vier Genfer Abkommen sowie schließlich Art. 4 Abs. 2 lit. c ZP II im Hinblick auf den nichtinternationalen bewaffneten Konflikt. Im Römischen Statut wird die Geiselnahme sowohl durch Art. 8 Abs. 2 lit. a (viii) als auch durch Art. 8 Abs. 2 lit. c (iii) unter Strafe gestellt.

131   Der in Nr. 2 enthaltene Tatbestand ist auf Grund der allgemeinen Bezugnahme auf die in Abs. 6 definierten geschützten Personen als zu weit und daher nicht mit dem Völkerrecht vereinbar kritisiert worden.²⁶⁵ Da es sich bei der Geiselnahme lediglich nach der vierten Genfer Konvention um eine ‚schwere Verletzung' handelt, komme aus völkerrechtlicher Sicht eine Strafbarkeit nur bei der Geiselnahme von Zivilisten, nicht aber bezüglich der sonstigen in Abs. 6 aufgezählten geschützten Personen in Betracht.²⁶⁶ Dementsprechend wird vorgeschlagen, den Kreis der geschützten Personen im Sinne von Abs. 1 Nr. 2 im Wege der völkerrechtsfreundlichen Auslegung teleologisch auf Zivilpersonen zu reduzieren.²⁶⁷ Diese Auffassung ist bezüglich des internationalen bewaffneten Konfliktes zutreffend, bezieht sich doch auch Art. 8 Abs. 2 lit. a (viii) IStGH-Statut ausdrücklich nur auf die jeweils geschützten Personen unter der einschlägigen Genfer Konvention. Allerdings ist dabei zu berücksichtigen, dass auch Angehörige von Friedensoperationen der Vereinten Nationen oder von solchen Operationen, die von den Vereinten Nationen autorisiert worden sind, als Tatopfer in Betracht kommen, soweit und solange sie nicht als Kombattanten anzusehen sind. Im Bereich des nichtinternationalen bewaffneten Konfliktes ist Art. 8 Abs. 2 lit. c (iii) IStGH-Statut in Übereinstimmung mit dem gemeinsamen Artikel 3 der vier Genfer Abkommen allerdings weiter gefasst und betrifft sämtliche der in Abs. 6 Nr. 2 aufgeführten Personen mit der Folge, dass vieles dafür spricht, im Falle eines nichtinternationalen bewaffneten Konflikts den Kreis der möglichen Tatopfer weiter zu ziehen und etwa auch sämtliche Personen *hors de combat* zu erfassen.²⁶⁸ Der darin zu sehende Widerspruch wird jedoch weitgehend dadurch gemildert, dass die typischen Formen der Geiselnahme in identischer Weise für beide Konflikttypen durch § 11 Abs. 1 Nr. 4, der insoweit als *lex specialis* anzusehen sein dürfte, pönalisiert wird.

132   Der Tatbestand wird im Gegensatz zu dem relativ umfangreichen Tatbestand des § 239b StGB allein mit dem Begriff der Geiselnahme umschrieben. In der Gesetzesbegründung findet sich allerdings der weitergehende Hinweis, dass der Unrechtskern der Geiselnahme darin bestehe, dass **der Täter eine zu schützende Person entführt oder sich ihrer in anderer Weise bemächtigt, um die gegnerische Partei im bewaffneten Konflikt zu einer bestimmten Handlung, Duldung oder Unterlassung zu nötigen.**²⁶⁹ Hinsichtlich der Tathandlungen des **Entführens** oder **Sich-Bemächtigens** verweist der historische Gesetzgeber auf **§ 239b StGB.** Zur weiteren Konkretisierung des Tatbestandes verweist der Gesetzgeber ferner ausdrücklich auf die von der Vorbereitungskommission für den IStGH

---

²⁶² IStGH, Pre Trial Chamber II 15.6.2009 – ICC-01/05-01/08, Nr. 274 – Prosecutor v. Jean-Pierre Bemba Gombo; IStGH, Pre Trial Chamber 30.9.2008 – ICC-01/04-01/07, Nr. 287 – Prosecutor v. Katanga and Ngudjolo Chui.
²⁶³ *Werle/Jeßberger* Völkerstrafrecht Rn. 1194.
²⁶⁴ *Triffterer/Dörmann* IStGH-Statut Art. 8 Rn. 171.
²⁶⁵ *Werle/Jeßberger* Völkerstrafrecht Rn. 1184; *Gropengießer* S. 173.
²⁶⁶ JStGH, TC 18.3.2009 – IT-95-5/18-PT, Nr. 13 ff. – Prosecutor v. Karadzic, Preliminary Motion to Dismiss Count 11 for Lack of Jurisdiction.
²⁶⁷ *Triffterer/Dörmann* IStGH-Statut Art. 8 Rn. 171; *Werle/Jeßberger* Völkerstrafrecht Rn. 1184 ff., 1282; *Gropengießer* S. 173.
²⁶⁸ Mit Blick auf UNAMSIL Peacekeepers siehe Sondergerichtshof für Sierra Leone, AC 26.10.2009 – SCSL-04-15-A, Nr. 240 ff., 531 – Prosecutor v. Sesay, Kallon and Gbao (RUF Case); Siehe auch JStGH, TC 3.3.2000 – IT-95-14-T, Prosecutor v. Blaskic Nr. 708; JStGH, TC 28.4.2009 – IT-95-5/18-PT, Nr. 60 – Prosecutor v. Karadzic.
²⁶⁹ BT-Drs. 14/8524, 26; siehe JStGH, TC 3.3.2000 – IT-95-14-T, Prosecutor v. Blaskic Nr. 708.

erstellten Verbrechenselemente sowie auf die Rechtsprechung internationaler Spruchkörper.[270]

Der Entführungstatbestand verlangt, dass der Täter das Opfer durch eine Ortsveränderung 133 oder auf sonstige Weise in seine Gewalt bringt, um diese Lage zu einer **Nötigung** auszunutzen. **Entführen ist das Herbeiführen einer Ortsveränderung gegen den Willen des Opfers.** Das Opfer muss in die **Gewalt des Täters** geraten.[271] Der Täter bemächtigt sich der Geisel, wenn er auf sonstige Weise, also nicht erst durch eine Ortsveränderung, die Verfügungsgewalt über das Tatopfer erlangt.[272] Die Verbrechenselemente des Römischen Statuts lassen erkennen, dass jede Form des Sich-Bemächtigens, mithin also des Erlangens der Verfügungsgewalt, erfasst sein soll.[273] Umstritten ist allerdings, ob auch eine **ursprünglich rechtmäßige Gefangennahme** für die Tatbestandserfüllung ausreichend sein kann oder ob es sich von Anfang an um eine unrechtmäßige Gefangennahme gehandelt haben muss. Der JStGH ist im Falle Karadzic davon ausgegangen, dass die unrechtmäßige Gefangennahme („unlawful detention") ein Tatbestandselement der Geiselnahme sei.[274] Allerdings hat der Sondergerichtshof für Sierra Leone im RUF-Fall eine andere Auffassung vertreten. Danach soll die Art und Weise, wie eine Person in die Hände des Täters gelangt ist, kein charakteristisches Merkmal der Geiselnahme darstellen.[275] Da die Gesetzesbegründung ohne Einschränkung auf eine Bemächtigung „in anderer Weise" abstellt, ist für die Zwecke des VStGB der Ansicht der Vorzug zu gewähren, die auch eine ursprünglich rechtmäßige Gefangennahme ausreichen lässt.[276]

Vollendet ist der Entführungstatbestand bereits dann, wenn der Täter die Verfügungsgewalt 134 über das Opfer begründet hat.[277] Unklar ist, inwiefern es darüber hinaus auch zumindest zu einer versuchten Nötigung gekommen sein muss.[278] Die Formulierung in der Gesetzesbegründung „um die gegnerische Partei im bewaffneten Konflikt zu einer bestimmten Handlung, Duldung oder Unterlassung zu nötigen"[279] entspricht zunächst der Struktur des § 239b StGB, wonach der objektive Tatbestand unabhängig von einer auch nur versuchten Nötigung vollendet ist, wenn der Entführungstatbestand erfüllt ist.[280] Die Verbrechenselemente, auf die der Gesetzgeber gleichzeitig als Auslegungshilfsmittel ausdrücklich Bezug nimmt, orientieren sich allerdings an Art. 1 Abs. 1 des Internationalen Übereinkommens gegen Geiselnahme vom 18.12.1979.[281] Danach ist neben der Verwirklichung des objektiven Entführungstatbestandes ferner auch erforderlich, dass der Täter den Drohungstatbestand erfüllt, also die Nötigung zumindest in das Versuchsstadium gelangt ist. Dies bedeutet, dass auch für die Zwecke des VStGB die völkerrechtliche Definition der Geiselnahme entscheidend ist; mit anderen Worten, dass auch der Drohungstatbestand objektiv erfüllt sein muss. Diese im Vergleich zur nationalen Regelung des § 239b StGB erhöhte Schwelle rechtfertigt sich daraus, dass in der Situation des bewaffneten Konfliktes Personen sich weitaus häufiger als in Friedenszeiten und oftmals in Folge einer völkerrechtsmäßigen Gefangennahme im Gewahrsam eines möglichen Täters befinden werden, er oder sie sich also dieser bemächtigt hat. Hinzu kommen die aus den Wirren des bewaffneten Konfliktes resultierenden Beweisschwierigkeiten der subjektiven Zielrichtung einer ‚Entführung'. Auf völkerrechtlicher Ebene wird eine implizite oder explizite Dro-

---

[270] BT-Drs. 14/8524, 26.
[271] → StGB § 239b Rn. 124.
[272] Ebd.
[273] UN Doc. PCNICC/2000/WGEC/L.1/Add. 2, S. 8, 26.
[274] JStGH, TC 18.3.2009 – IT-95-5/18-PT, Nr. 65 – Prosecutor v. Karadzic. Ähnlich bereits: JStGH, TC 3.3.2000 – IT-95-14-T, Nr. 187 – Prosecutor v. Blaskic; JStGH, TC 26.2.2001 – IT-95-14/2, Nr. 319 f. – Prosecutor v. Kordic and Cerkez.
[275] Sondergerichtshof für Sierra Leone, AC 26.10.2009 – SCSL-04-15-A, Nr. 598 – Prosecutor v. Sesay, Kallon und Gbao (RUF Case).
[276] *Sivakumaran*, War Crimes before the Special Court of Sierra Leone, Journal of International Criminal Justice 2010, 1033 ff.
[277] → StGB § 239b Rn. 17.
[278] Im Hinblick auf IStGH-Statut aA *Werle/Jeßberger* Völkerstrafrecht Rn. 1283.
[279] BT-Drs. 14/8524, 26.
[280] → StGB § 239b Rn. 17.
[281] BGBl. 1980 II S. 1362.

hung mit dem Tod, Verletzung oder fortgesetzter Freiheitsentziehung verlangt.[282] Die Anforderungen des § 239b StGB sind insofern strenger, als dort ausdrücklich die Drohung mit einer schweren Körperverletzung im Sinne von § 226 StGB oder mit einer Freiheitsentziehung von über einer Woche Dauer verlangt wird. Zwar verweist der Gesetzgeber im Hinblick auf eine Konkretisierung der Tatbestandsmerkmale der Nr. 2 ausdrücklich auf die Spruchpraxis internationaler Spruchkörper. Allerdings erscheint es im Sinne der nationalen Rechtseinheit und mit Blick auf das hohe Strafmaß einer Freiheitsstrafe nicht unter fünf Jahren geboten, in Anknüpfung an § 239b StGB eine vergleichbare Erheblichkeitsschwelle auch bezüglich der angedrohten Körperverletzung und der Freiheitsentziehung im Rahmen der Nr. 2 zu verlangen.

135   **3. Grausame oder unmenschliche Behandlung, Folter (Nr. 3).** In dieser Vorschrift wurden verschiedene Einzeltatbestände des Art. 8 IStGH-Statut, namentlich Art. 8 Abs. 2 lit. a (ii), Abs. 2 lit. a (iii), Abs. 2 lit. b (x), Abs. 2 lit. c (i) und Abs. 2 lit. e (xi) zusammengefasst. Diese Tatbestände beruhen weitgehend auf den Art. 12 GK II, Art. 13, 20, 46 GK III, Art. 27, 32 GK IV, Art. 3 GK I–IV, Art. 75 ZP I, Art. 4, 7 ZP II, Art. 11 Abs. 2 sowie Art. 85 Abs. 4 lit. c ZP I.[283] Bei der unmenschlichen und grausamen Behandlung handelt es sich gem. Art. 50 GK I, Art. 51 GK II, Art. 130 GK III und Art. 147 GK IV um schwere Verletzungen nach allen vier Genfer Abkommen.[284]

136   In objektiver Hinsicht ist erforderlich, dass der Täter das Opfer **grausam oder unmenschlich behandelt.** Dadurch wird nach Auffassung des Gesetzgebers der Gehalt der verschiedenen Einzelvorschriften des IStGH-Statuts hinreichend erfasst.[285] Anders als im Römischen Statut wird die Zufügung körperlicher oder seelischer Schäden oder Leiden nicht mehr als eigenständige Tathandlung genannt (Art. 8 Abs. 2 lit. a (iii)). Nach dem Wortlaut von Nr. 3 handelt es sich hierbei vielmehr um die Voraussetzung für eine grausame oder unmenschliche Behandlung. Damit hat der deutsche Gesetzgeber der Rechtsprechung des JStGH entsprochen,[286] wonach die Merkmale der Grausamkeit und Unmenschlichkeit die **Verursachung erheblicher mentaler oder physischer Leiden oder Verletzungen** beinhalten.[287] Der nach dieser Rechtsprechung unter den Begriff der unmenschlichen Behandlung zu subsumierende erhebliche Angriff auf die **Menschenwürde** wird für sich genommen nicht von Abs. 1 Nr. 3, sondern stattdessen von Nr. 9 erfasst.

137   Das Tatbestandsmerkmal der unmenschlichen Behandlung ist weit zu verstehen.[288] In der Rechtsprechung des JStGH wurde die unmenschliche Behandlung als Auffangtatbestand für schwere Verletzungen der Genfer Abkommen, die nicht durch spezielle Tatbestände des JStGH-Statuts erfasst wurden,[289] in den Konventionen oder Kommentaren aber gleichwohl als unmenschlich eingeordnet wurden oder nicht mit dem Prinzip der Humanität zu vereinbaren waren, angesehen.[290] Nach der Rechtsprechung des JStGH wird **jeder Akt erfasst,**

---

[282] Sondergerichtshof für Sierra Leone, TC 2.3.2009 – SCSL-04-15-T, Nr. 242 – Prosecutor v. Sesay, Kallon and Gbao (RUF Case); JStGH, AC 29.7.2004 – IT-95-14-A, Nr. 639 – Prosecutor v. Blaskic.
[283] JStGH, TC 16.11.1998 – IT-96-21-T, Nr. 520 – Prosecutor v. Delalic et al.
[284] Triffterer/*Dörmann* IStGH-Statut Art. 8 Rn. 86.
[285] BT-Drs. 14/8524, 26.
[286] JStGH, TC 26.2.2001 – IT-95-14/2, Nr. 245 – Prosecutor v. Kordic and Cerkez. Der JStGH hat in Kordic and Cerkez die Unterscheidung zwischen dem Tatbestand der unmenschlichen Behandlung (Art. 2 lit. b JStGH-Statut) und dem Tatbestand der Verursachung großer Leiden oder schwerer Beeinträchtigung der körperlichen Unversehrtheit oder der Gesundheit (Art. 2 lit. c JStGH-Statut) zwar hervorgehoben, jedoch darauf abgestellt, dass im Rahmen der unmenschlichen Behandlung keine erheblichen seelischen oder physischen Schäden erforderlich sind.
[287] JStGH, TC 31.3.2003 – IT-98-34-T, Nr. 246 – Prosecutor v. Naletilic and Martinovic; JStGH, AC 25.6.1999 – IT-94-14/1-T, Nr. 26 – Prosecutor v. Aleksovski; JStGH, TC I 3.4.2008 – IT-04-84, Nr. 1 – Prosecutor v. Haradinaj et al.; JStGH, TC III 29.5.2013, IT-04-74-T, Prosecutor v. Prlić et al., Nr. 113.
[288] JStGH, TC 16.11.1998 – IT-96-21-T, Nr. 524 – Prosecutor v. Delalic et al.; *Pictet* Band IV, S. 204.
[289] JStGH, AC 25.3.2004 – IT-98-32-A, Nr. 234 – Prosecutor v. Vasiljevic.
[290] JStGH, TC 3.3.2000 – IT-95-14-T, Nr. 154 f. – Prosecutor v. Blaskic; JStGH, TC 16.11.1998 – IT-96-21-T, Nr. 543 – Prosecutor v. Delalic et al.; JStGH, AC 29.7.2004 – IT-95-14-A, Nr. 154 – Prosecutor v. Blaskic; JStGH, TC 14.12.1999 – IT-95-10-T, Nr. 41 – Prosecutor v. Jelisic; JStGH, AC 17.12.2004 – IT-95-14/2-A, Nr. 256 – Prosecutor v. Kordic and Cerkez.

der **erhebliche mentale oder physische Leiden oder Verletzungen hervorruft oder einen erheblichen Angriff auf die Menschenwürde darstellt.**[291] Gleiches gilt für die grausame Behandlung, die in der Rechtsprechung des JStGH wie auch in den Verbrechenselementen für das Römische Statut ebenso definiert wird wie die unmenschliche Behandlung.[292]

Voraussetzung sowohl der grausamen als auch der unmenschlichen Behandlung ist die **Zufügung erheblicher körperlicher oder seelischer Schäden oder Leiden.** Neben der körperlichen Misshandlung und der Gesundheitsschädigung werden damit auch nach deutschem Strafrecht seelische Schäden erfasst.[293] Problematisch erscheint diesbezüglich allein die Bestimmung der **Erheblichkeitsgrenze.** Die in der Definition der körperlichen Misshandlung iSv § 223 StGB enthaltene Erheblichkeitsgrenze dient der Abgrenzung von Bagatellfällen, in denen das körperliche Wohlbefinden kaum beeinträchtigt ist.[294] Die schon tatbestandlich vorgesehene Erheblichkeitsgrenze des § 8 Abs. 1 Nr. 3 VStGB liegt höher. Dies folgt zum einen aus der völkerrechtlichen Mutternorm, Art. 8 Abs. 2 lit. a (iii) IStGH-Statut, die ausdrücklich auf große Leiden und eine schwere Körperverletzung abhebt. Es ergibt sich auch aus der in § 8 Abs. 1 Nr. 3 VStGB beispielhaft angeführten Verstümmelung, die im Erheblichkeitsgrad der schweren Körperverletzung iSv § 226 StGB entspricht. Im Falle Limaj hat die Kammer nach einer Beurteilung der Umstände des Einzelfalls die Einordnung einer unrechtmäßigen Festnahme („unlawful seizure"), eines unrechtmäßigen Festhaltens über einen längeren Zeitraum („unlawful detention for prolonged periods") und das Verhören („interrogation") nicht als grausame Behandlung eingestuft. Allerdings hat die Kammer es ausdrücklich offengelassen, ob derartige Akte nicht unter anderen Umständen als grausame Behandlung einzustufen sein könnten.[295]

Anlehnend an Bestimmungen der dritten und vierten Genfer Konventionen können auch unwürdige Haftbedingungen gegebenenfalls unter dem Merkmal einer grausamen und unmenschlichen Behandlung subsumiert werden. Als Indikatoren dienen dabei etwa die Größe und Belegung von Gefängniszellen, der Zugang, die Qualität und Quantität von Nahrung, medizinischer Versorgung, Schlafmöglichkeiten, inklusive Decken, sowie die hygienischen Umstände. Der JStGH betont dabei aber auch, dass die Bewertung vor dem Hintergrund der Gesamtumstände zu erfolgen habe. So könne eine allgemein schlechte Versorgungslage der eigenen Zivilbevölkerung dazu führen, dass die Versorgung der inhaftierten Personen in gleichem Maß abnehme.[296]

Schließlich ist nach der Rechtsprechung des JStGH im Rahmen der Erheblichkeit erforderlich, dass die Behandlung zu so schwerwiegenden und anhaltenden Nachteilen führt, dass die Fähigkeit einer Person, ein normales und konstruktives Leben zu führen, nachhaltig behindert wird.[297] Dies kann auch dann bereits der Fall sein, wenn die Verletzungen nicht dauerhaft oder sichtbar sind.[298]

---

[291] JStGH, TC 31.1.2005 – IT-01-42-T, Nr. 261 – Prosecutor v. Strugar; Sandoz/Swinarski/Zimmermann/*Junod* Rn. 4532 f.; EGMR 29.4.1997 –, Reports 1997-III, S. 758, Nr. 40 – HLR v. France; JStGH, TC 22.2.2001 – IT-96-23-T/IT-96-23/1-T, Nr. 488 – Prosecutor v. Kunarac; JStGH, AC 12.6.2002 – IT-96-23/IT-96-23/1, Nr. 148 – Prosecutor v. Kunarac/Kovac/Vokovic; JStGH, TC 17.10.2003 – IT-95-9, Nr. 83 – Prosecutor v. Simic et al.; JStGH, TC 1.9.2004 – IT-99-36-T, Nr. 488 – Prosecutor v. Brdjanin.
[292] JStGH, TC 16.11.1998 – IT-96-21-T, Nr. 443, 551 – Prosecutor v. Delalic et al.; JStGH, TC 14.12.1999 – IT-95-10-T, Nr. 41 Prosecutor v. Jelisic; JStGH, TC 26.2.2001 – IT-95-14/2, Nr. 245 – Prosecutor v. Kordic and Cerkez; *Dörmann* S. 398.
[293] BGH 26.11.1985 – 1 StR 393/85, NStZ 1986, 166; BGH 5.11.1996 – 4 StR 490/96, NStZ 1997, 123; BGHSt 48, 34 (36 f.) = NJW 2003, 150 (153); psychische Misshandlungen waren bislang nur nach § 31 Abs. 1 WStG bestraft. *Hermsdörfer* Humanitäres Völkerrecht-Informationsschriften 1999, 22 (24); *Kreß*, Vom Nutzen eines deutschen Völkerstrafgesetzbuches, S. 12.
[294] → StGB § 223 Rn. 20.
[295] JStGH, TC 31.11.2005 – IT-03-66-T, Nr. 232 – Prosecutor v. Limaj.
[296] JStGH, TC III 29.5.2013, IT-04-74-T, Nr. 118 – Prosecutor v. Prlić et al.
[297] JStGH, TC 31.3.2003 – IT-98-34-T, Nr. 339-343 – Prosecutor v. Naletilic and Martinovic; *Pictet* Band IV, S. 599; → StGB § 226 Rn. 31.
[298] JStGH, AC 12.6.2002 – IT-96-23/IT-96-23/1, Nr. 150 – Prosecutor v. Kunarac/Kovac/Vokovic; JStGH, TC 1.9.2004 – IT-99-36-T, Nr. 484 – Prosecutor v. Brdjanin.

140 Für die Erheblichkeitsermittlung bedarf es einer Berücksichtigung aller Umstände, insbesondere der **Art der Handlung, dem Kontext ihrer Vornahme sowie des Alters, Geschlechts und des Gesundheitszustands und der körperlichen Verfassung des Opfers.**[299] Obwohl Langzeitfolgen keine Voraussetzung sind,[300] indiziert ihr Vorliegen regelmäßig die erforderliche Erheblichkeit.[301]

141 Aufgrund der besonderen, historisch nachweisbaren Häufigkeit solcher Verbrechen, wohl aber auch um einen Anhaltspunkt für die unter Bestimmtheitsgesichtspunkten zumindest bedenkliche Formulierung der unmenschlichen Behandlung und der Erheblichkeit zu markieren, werden **Folter und Verstümmelung** beispielhaft aufgeführt. Bei der Folter handelt es sich um einen schweren Verstoß nach allen vier Genfer Abkommen (Art. 50 GK I, Art. 51 GK II, Art. 130 GK III, Art. 147 GK IV). Der Begriff der Folter ist dabei wie in § 7 Abs. 1 Nr. 5 VStGB zu verstehen.[302] Die Folter unterscheidet sich von dem allgemeinen Tatbestand der unmenschlichen Behandlung nicht zuletzt durch den verfolgten Zweck.[303] Zunächst wurden insbesondere in den Entscheidungen der Fälle *Delalic* und *Furundzija* einzelne Merkmale der Folter noch in enger Anlehnung an Menschenrechtsschutzverträge und das Übereinkommen gegen Folter und andere grausame, unmenschliche oder erniedrigende Behandlung und Strafe definiert.[304]

142 Im *Kunarac*-Fall hat der JStGH allerdings nunmehr die verschiedenartige Anwendungssituation der Menschenrechte und des humanitären Völkerrechts hervorgehoben und klargestellt, dass der Folterbegriff im besonderen Kontext des bewaffneten Konflikts zu interpretieren sei und die auf das Verhältnis Bürger – Staat ausgerichteten Menschenrechte nur hilfsweise heranzuziehen seien.[305] Dies hat auch die Berufungskammer des JStGH im Fall Kunarac bestätigt.[306] Abweichend von der in Art. 1 Abs. 1 der UN Folterkonvention[307] enthaltenen Definition kann Folter in Anlehnung an Art. 7 Abs. 2 lit. e IStGH-Statut nicht allein von Amtsträgern, sondern auch von sonstigen Personen, insbesondere auch von Mitgliedern bewaffneter politischer Gruppen, die in keiner Weise mit der Staatsgewalt verbunden sind, begangen werden.[308] Erforderlich ist in Abgrenzung zum Tatbestand der Körperverletzung, dass sich das **Opfer im Gewahrsam oder in sonstiger Weise unter der Kontrolle des Täters befindet.**[309] Erfasst werden auch Situationen, die eine der Ingewahr-

---

[299] JStGH, TC 15.3.2002 – IT-97-25-T, Nr. 131, 182 – Prosecutor v. Krnojelac; JStGH, TC 27.9.2004 – IT-01-47-T, Nr. 48 – Prosecutor v. Kubura; JStGH, TC 1.9.2004 – IT-99-36-T, Nr. 484 – Prosecutor v. Brdjanin; JStGH, TC 2.11.2001 – IT-98-30/1-T, Nr. 143 – Prosecutor v. Kvocka et al. JStGH, TC II 29.11.2012, IT-04-84bis-T, Prosecutor v. Haradinaj et al., Nr. 417.; sowie die mentalen und moralischen Auswirkungen JStGH, AC 25.3.2004 – IT-98-32-A, Nr. 235 – Prosecutor v. Vasiljevic; Dauer der Handlung sowie die Auswirkungen auf das Opfer JStGH, TC I 15.9.2008 – IT-04-83, Nr. 51 – Prosecutor v. Rasim; JStGH, TC 12.6.2007 – IT-95-11, Nr. 80 – Prosecutor v. Martic.

[300] JStGH, TC 2.11.2001 – IT-98-30/1-T, Nr. 148 – Prosecutor v. Kvocka et al.; JStGH, TC 1.9.2004 – IT-99-36-T, Nr. 484 – Prosecutor v. Brdjanin; JStGH, TC II 29.11.2012, IT-04-84bis-T, Prosecutor v. Haradinaj et al., Nr. 417.

[301] JStGH, AC 25.3.2004 – IT-98-32-A, Nr. 235 – Prosecutor v. Vasiljevic.

[302] BT-Drs. 14/8524, 26.

[303] *Dörmann* S. 63; JStGH, TC 22.2.2001 – IT-96-23-T/IT-96-23/1-T, Nr. 483 – Prosecutor v. Kunarac; JStGH, TC 16.11.1998 – IT-96-21-T, Nr. 456 – Prosecutor v. Delalic et al.; RStGH, TC 2.9.1998 – ICTR-96-4-T, Nr. 594 – Prosecutor v. Akayesu; JStGH, TC II 29.11.2012, IT-04-84bis-T, Prosecutor v. Haradinaj et al., Nr. 418.

[304] JStGH, TC 10.12.1998 – IT-95-17/1-T, Nr. 159 f. – Prosecutor v. Furundzija.

[305] Vgl. JStGH, TC 22.2.2001 – IT-96-23-T/IT96-23/1-T, Nr. 482 – Prosecutor v. Kunarac allgemein zu Menschenrechtsverträgen sowie ferner Nr. 473 ff. sowie Nr. 495 f.; Definition bestätigt in JStGH, TC 31.7.2003 – IT-97-24-T, Nr. 705 – Prosecutor v. Stakic.

[306] JStGH, AC 12.6.2002 – IT-96-23/IT-96-23/1, Nr. 144 ff. – Prosecutor v. Kunarac/Kovac/Vokovic.

[307] BGBl. 1990 II S. 246.

[308] JStGH, AC 28.2.2005 – IT-98-30/1-A, Nr. 284 – Prosecutor v. Kvocka et al.; JStGH, AC 12.6.2002 – IT-96-23/IT-96-23/1, Nr. 148 – Prosecutor v. Kunarac/Kovac/Vokovic; JStGH, TC 22.2.2001 – IT-96-23-T/IT-96-23/1-T, Nr. 495 f. – Prosecutor v. Kunarac; Sandoz/Swinarski/Zimmermann/*Junod* Rn. 4533; EGMR 29.4.1997 – Reports 1997-III, S. 758, Nr. 40 – HLR v. France; JStGH, TC 17.10.2003 – IT-95-9, Nr. 82 – Prosecutor v. Simic et al.; JStGH, TC 1.9.2004 – IT-99-36-T, Nr. 488 – Prosecutor v. Brdjanin; JStGH, TC 27.9.2007 – IT-95-13/1, Nr. 514 – Prosecutor v. Mrksic et al.

[309] BT-Drs. 14/8524, 21.

samnahme vergleichbare Qualität besitzen.[310] Beispiele für Folter wären demnach etwa ein **Verhör unter Androhung von Lebensgefahr;**[311] daneben werden insbesondere **Vergewaltigung** und **sexuelle Nötigung im Zusammenhang** mit einem bewaffneten Konflikt regelmäßig als Folter eingestuft.[312] Dabei hebt die im Einzelfall zu bestimmende Erheblichkeit der Schmerzen die Folter regelmäßig von anderen Formen der Misshandlung ab.[313] Allerdings hat der JStGH im Fall Brdanin ausdrücklich die Argumentation zurückgewiesen, dass sich eine neuere, höhere Erheblichkeitsschwelle im Zuge der Bekämpfung des internationalen Terrorismus etwa in Anlehnung an das sogenannte „Bybee-Memorandum" herausgebildet habe.[314] Dem ist uneingeschränkt zuzustimmen. Es sind keinerlei Anhaltspunkte ersichtlich, dass sich diesbezüglich ein neuer völkergewohnheitsrechtlicher Standard herausgebildet hätte. Erhebliche Schmerzen sind nicht gleichzusetzen mit extremen Schmerzen.[315] Auch Schmerzen, die keine bleibenden Verletzungen hervorrufen, können ausreichen, um einen Akt als Folter zu qualifizieren.[316] Im Fall Bemba hat die Vorverfahrenskammer des IStGH den Anklagepunkt der Folter wegen nicht ausreichend dargelegtem Vorsatz verworfen.[317]

Die **Verstümmelung** wird in der völkerrechtlichen Literatur weitgehend als Begriff **143** angesehen, der selbsterklärend ist.[318] Entsprechende Verbote enthalten die Art. 12 Abs. 2 GK I–II, Art. 13 Abs. 1 GK III, Art. 32 GK IV, Art. 11 Abs. 2 iVm Abs. 4 ZP I sowie Art. 5 Abs. 2 lit. e ZP II. Die Verstümmelung als solches wurde im nationalen Recht bislang allein von § 17 WStG erfasst.[319]

Der Verstümmelung eigen ist das Merkmal der **Dauerhaftigkeit der Folge,**[320] sie liegt **144** nicht vor, wenn eine Beseitigung der Verletzung bereits erfolgt ist oder in absehbarer Zeit zu erwarten ist. Erfasst sind **Entstellungen,** also erhebliche Verschlechterungen des Aussehens, dauerhafte **Behinderungen,** die **Organentnahme** sowie die **Entnahme eines Körperteils,**[321] **Amputationen,** der **Verlust oder die dauernde Unbrauchbarkeit eines wichtigen Körpergliedes,**[322] insbesondere auch **sexuelle Verstümmelungen.**[323] Im Hinblick auf nichtinternationale bewaffnete Konflikte hat der Sondergerichtshof für Sierra Leone das in Art. 11 Abs. 4 ZP I enthaltene Erfordernis einer Handlung oder Unterlassung „welche die körperliche oder geistige Gesundheit oder Unversehrtheit einer Person erheblich gefährdet" zurückgewiesen, da es weder von dem gemeinsamen Art. 3 der Genfer Abkommen noch von Art. 4 des ZP II gefordert werde.[324] Dem ist zuzustimmen. Auch Art. 8 Abs. 2 lit. c (i) enthält anders als die Art. 8 Abs. 2 lit. b (x) und lit. e (xi) des Rom Statuts kein derartiges Erfordernis.[325]

---

[310] AEVStGB, S. 44.
[311] RStGH, TC 2.9.1998 – ICTR-96-4-T, Nr. 682 – Prosecutor v. Akayesu.
[312] RStGH, TC 2.9.1998 – ICTR-96-4-T, Nr. 597 – Prosecutor v. Akayesu; JStGH, TC 16.11.1998 – IT-96-21-T, Nr. 495 ff. – Prosecutor v. Delalic al.; JStGH, AC 4.2.2005 – IT-94-02-A, Nr. 33 – Prosecutor v. Nikolic; EGMR 25.09.1997 – 23178/94, Reports 1997-VI, S. 1891 ff., Nr. 83, 86 – Aydin v. Turkey.
[313] JStGH, AC 3.5.2006 – IT-98-34-A, Nr. 299 – Prosecutor v. Naletilic and Martinovic; zitiert und bestätigt in JStGH, AC 3.4.2007 – IT-99-36-A, Nr. 251 – Prosecutor v. Brdanin; JStGH, TC 16.11.1998 – IT-96-21-T, Nr. 469 – Prosecutor v. Delalic et al.; JStGH, TC 22.2.2001 – IT-96-23-T/IT-96-23/1-T, Nr. 476 – Prosecutor v. Kunarac; JStGH, TC 1.9.2004 – IT-99-36-T, Nr. 483 – Prosecutor v. Brdjanin.
[314] JStGH, AC 3.4.2007 – IT-99-36-A, Nr. 246 – Prosecutor v. Brdanin.
[315] Ebd. Nr. 249.
[316] Ebd. Nr. 251.
[317] IStGH, Pre Trial Chamber II 15.6.2009 – ICC-01/05-01/08, Nr. 291 ff. – Prosecutor v. Jean-Pierre Bemba Gombo.
[318] *Pictet* Band IV, S. 233 ff.
[319] § 17 WStG Selbstverstümmelung; auch § 109 StGB Wehrpflichtentziehung durch Verstümmelung.
[320] UN Doc. PCNICC/2000/WGEC/L.1/Add. 2, S. 15.
[321] Ebd.
[322] Sandoz/Swinarski/Zimmermann/*Sandoz* Rn. 478.
[323] Triffterer/*Zimmermann*/*Geiß* IStGH-Statut Art. 8 Rn. 437.
[324] Sondergerichtshof für Sierra Leone, TC 20.6.2007 – SCSL-04-16-T, Nr. 725 – Prosecutor v. Alex Brima et al. (AFRC Case). Siehe ebenso: Sondergerichtshof für Sierra Leone, TC 26.10.2009 – SCSL-04-15-A, Nr. 182 – Prosecutor v. Sesay, Kallon and Gbao (RUF Case).
[325] *Dörmann* S. 396.

145 **4. Sexuelle Nötigung, Vergewaltigung, Nötigung zur Prostitution, Beraubung der Fortpflanzungsfähigkeit, Gefangenhaltung einer schwangeren Frau (Nr. 4).** Bis zur Verabschiedung des Römischen Statuts war die Strafbarkeit sexueller Übergriffe in der Situation des bewaffneten Konfliktes nur unzureichend erfasst. Obwohl nach humanitärem Völkerrecht gem. den Art. 27 Abs. 2 GK IV, Art. 75 Abs. 2 lit. b ZP I, Art. 76 ZP I, Art. 4 Abs. 2 lit. e ZP II verboten, waren Verstöße gegen diese Bestimmungen nicht als schwere Verletzungen der Genfer Abkommen eingestuft. Sexuelle Übergriffe waren dementsprechend lediglich als Unterfall anderer Verbrechen, insbesondere der unmenschlichen Behandlung strafbewehrt, wodurch der spezifische Unrechtsgehalt dieser Verbrechen nur unzureichend zum Ausdruck gebracht werden konnte.

146 Grund dieser unzureichenden strafrechtlichen Erfassung sexueller Übergriffe war einerseits der Umstand, dass Sexualdelikte als sozusagen ‚natürliche Folge' bewaffneter Konflikte akzeptiert wurden und dass das im Rahmen sexueller Übergriffe betroffene Rechtsgut allein in der Ehre der Frau (vgl. dazu Art. 27 Abs. 2 GK IV) und nicht in der sexuellen Selbstbestimmung und körperlichen Integrität des Opfers gesehen wurde.

147 Vor diesem Hintergrund stellt das **Römische Statut einen Meilenstein der Pönalisierung sexueller Übergriffe im Zusammenhang mit bewaffneten Konflikten** dar. Erstmals werden im Verlauf eines bewaffneten Konfliktes begangene Sexualdelikte nunmehr durch Art. 8 Abs. 2 lit. b (xxii) und Art. 8 Abs. 2 lit. e (iv) IStGH-Statut in einem eigenständigen Tatbestand erfasst. Dadurch wurde der Rechtsprechung der Strafgerichtshöfe für Ruanda und Jugoslawien entsprochen, die wiederholt den spezifischen Unrechtsgehalt der Verbrechen gegen die sexuelle Selbstbestimmung hervorgehoben hatten.[326]

148 § 8 Abs. 1 Nr. 4 VStGB beruht auf Art. 8 Abs. 2 lit. b (xxii) und Abs. 2 lit. e (vi) IStGH-Statut. Der Tatbestand ist nahezu wortgleich mit § 7 Abs. 1 Nr. 6 VStGB. Die **Vergewaltigung,** die vormals lediglich als Regelbeispiel für einen besonders schweren Fall der sexuellen Nötigung (§ 177 Abs. 2 Nr. 1 StGB) ausgestaltet war, hat nun Tatbestandsqualität erhalten. Gleiches gilt für die **erzwungene Schwangerschaft,** die im StGB bislang nicht geregelt war. Die **sexuelle Sklaverei** wird im VStGB nicht als eigenständiger Tatbestand aufgeführt, sie ist vielmehr in der sexuellen Nötigung beziehungsweise der **Nötigung zur Prostitution** aufgegangen. Der erhöhte Unrechtsgehalt der sexuellen Sklaverei wird im Vergleich zum Römischen Statut mithin nur unzureichend erfasst.[327]

149 Der Tatbestand der **sexuellen Nötigung** entspricht dem des § 177 StGB.[328] Erfasst werden sexuelle Akte des Täters am Opfer sowie durch das Opfer vorgenommene Akte an sich selbst, am Täter oder Dritten. Dazu gehört etwa auch das Ausziehen einer Frau vor einer Gruppe von Männern.[329] Die Tatbestände der sexuellen Sklaverei und der anderen Formen sexueller Gewalt vergleichbarer Schwere des IStGH-Statuts werden nunmehr durch den Tatbestand der sexuellen Nötigung erfasst. Inwiefern dadurch eine präzisere Beschreibung des strafwürdigen Verhaltens gelungen ist, wird unterschiedlich beurteilt.[330] Unter Berufung auf geltendes Völkergewohnheitsrecht geht der deutsche Gesetzgeber über das Römische Statut hinaus, da im Rahmen der sexuellen Nötigung auch sexuelle Handlungen im Sinne von § 184f Nr. 1 StGB erfasst werden.[331] Entscheidend ist danach lediglich, dass das Verhalten des Täters im Hinblick auf das geschützte Rechtsgut von einiger Erheblichkeit ist.[332] Kritisiert worden ist, dass der Erheblichkeitsmaßstab des § 184f Nr. 1 StGB lediglich

---

[326] JStGH, TC 10.12.1998 – IT-95-17/1-T, Nr. 172 – Prosecutor v. Furundzija; JStGH, TC 22.2.2001 – IT-96-23-T/IT-96-23/1-T, Nr. 440 – Prosecutor v. Kunarac.
[327] Allg. zur Kritik siehe Women's Caucus for Gender Justice in the ICC, Recommendations and Commentary For December 1997 Prep. Com. on the establishment of an ICC, UN Headquarters, 1.–12.12.1997, WC.5.6–9, 6–10, abrufbar unter: http://www.iccnow.org/documents/5PrepComRecommWomensC.pdf.
[328] AEVStGB, S. 44.
[329] JStGH, TC 1.9.2004 – IT-99-36-T. Nr. 1013 – Prosecutor v. Brdjanin; JStGH, TC 31.7.2003 – IT-97-24-T, Nr. 757 – Prosecutor v. Stakic; siehe auch RStGH, TC 2.9.1998 – ICTR-96-4-T, Nr. 688 – Prosecutor v. Akayesu.
[330] Dafür Werle JZ 2001, 885 (893); ablehnend Gropengießer S. 131.
[331] BT-Drs. 14/8524, 22.
[332] → StGB § 184f Rn. 19.

einer Ausgrenzung von Bagatellhandlungen diene.[333] Angesichts der besonderen Eskalationsgefahr von sexuellen Handlungen im Zusammenhang mit einem bewaffneten Konflikt erscheint diese gegenüber dem IStGH-Statut niedrigere Schwelle der Strafbarkeit gerechtfertigt.

Die Tathandlung der **Vergewaltigung** wurde direkt aus dem Römischen Statut übernommen. Eine anerkannte Definition der Vergewaltigung existierte bis zur Annahme des Römischen Statuts nicht. Der RStGH hatte im Fall *Akayesu* Vergewaltigung als physischen Eingriff sexueller Art definiert.[334] Die Verbrechenselemente zum Römischen Statut haben in Anlehnung an die Rechtsprechung der internationalen Strafgerichtshöfe die Tathandlung erstmals präzise umschrieben. Erforderlich ist danach ein **Eindringen des Täters in den Körper des Opfers durch jegliches Verhalten, welches eine Penetration zur Folge hat.**[335] Der Tatbestand ist geschlechtsneutral; dies bedeutet, dass sowohl Männer als auch Frauen Opfer einer Vergewaltigung sein können.[336] Soweit die Penetration mit einem Sexualorgan vorgenommen wird, ist das Eindringen in jegliche Körperöffnung erfasst; der erzwungene Beischlaf ist ebenso strafbar wie etwa der erzwungene Oralverkehr. Soweit die Penetration mittels anderer Körperteile oder Objekte vorgenommen wird, werden nur die anale und genitale, nicht jedoch die orale Penetration erfasst.[337]

150

Als Vergewaltigung eingestuft wurde ein solches Verhalten zunächst nur, wenn es unter Zwang vorgenommen wurde.[338] Der JStGH sah es im *Furundzija*-Fall als erforderlich an, dass die Tathandlung mittels Zwang, Gewalt oder unter Androhung von Gewalt gegen das Opfer oder eine dritte Person vorgenommen werde.[339] Im *Kunarac*-Fall sah die Strafkammer die Voraussetzung des Zwanges hingegen als zu restriktiv an und stellte stattdessen allgemeiner auf ein **fehlendes Einverständnis,** das heißt den entgegenstehenden Willen des Opfers, ab.[340] Diese Sichtweise wurde von der Berufungskammer bestätigt, die gleichzeitig darauf abhob, dass die Anwendung von Zwang oder Gewalt einen entgegenstehenden Willen des Opfers regelmäßig indiziere.[341] Auch der RStGH[342] sowie der Sondergerichtshof für Sierra Leone[343] und nunmehr der IStGH[344] sind dieser Sichtweise gefolgt. Darüber hinaus ist in der Situation des bewaffneten Konfliktes und in Anwesenheit bewaffneter Einheiten grundsätzlich von einer generellen Zwangssituation auszugehen, die das in den Verbrechens-

151

---

[333] *Gropengießer* S. 132.
[334] RStGH, TC 2.9.1998 – ICTR-96-4-T, Nr. 598, 688 – Prosecutor v. Akayesu; bestätigt in JStGH, TC 16.11.1998 – IT-96-21-T, Nr. 478 f. – Prosecutor v. Delalic et al.; RStGH, TC 27.1.2000 – ICTR-96-13-T, Nr. 229 – Prosecutor v. Musema.
[335] UN Doc. PCNICC/2000/1/Add. 2, S. 12; IStGH, Pre Trial Chamber II 15.6.2009 – ICC-01/05-01/08, Nr. 283 – Prosecutor v. Jean-Pierre Bemba Gombo, decision on the confirmation of charges; IStGH, TC II, ICC/01/04-01/07, Prosecutor v. Germain Katanga, Nr. 963.
[336] Sondergerichtshof für Sierra Leone, TC 26.10.2009 – SCSL-04-15-A, Nr. 146 – Prosecutor v. Sesay, Kallon and Gbao (RUF Case); siehe auch *Werle/Jeßberger* Völkerstrafrecht Rn. 1015.
[337] Zu weit gehend *Werle/Jeßberger* Völkerstrafrecht Rn. 1015; JStGH, TC 10.12.1998 – IT-95-17/1-T, Nr. 185 – Prosecutor v. Furundzija; enger JStGH, TC I 3.4.2008 – IT-04-84, Nr. 49 – Prosecutor v. Haradinaj et al.; Sondergerichtshof für Sierra Leone, TC 26.10.2009 – SCSL-04-15-A, Nr. 146 – Prosecutor v. Sesay, Kallon and Gbao (RUF Case); IStGH, TC II, ICC/01/04-01/07, Prosecutor v. Germain Katanga, Nr. 963.
[338] RStGH, TC 2.9.1998 – ICTR-96-4-T, Nr. 598, 688 – Prosecutor v. Akayesu.
[339] JStGH, TC 10.12.1998 – IT-95-17/1-T, Nr. 185 – Prosecutor v. Furundzija.
[340] JStGH, TC 22.2.2001 – IT-96-23-T/IT-96-23/1-T, Nr. 460 – Prosecutor v. Kunarac; bestätigt in JStGH, AC 12.6.2002 – IT-96-23/IT-96-23/1, Nr. 128 – Prosecutor v. Kunarac/Kovac/Vokovic; JStGH, TC I 3.4.2008 – IT-04-84, Nr. 130 – Prosecutor v. Haradinaj et al.; *Werle/Jeßberger* Völkerstrafrecht Rn. 1017.
[341] JStGH, TC 22.2.2001 – IT-96-23-T/IT-96-23/1-T, Nr. 458, 460 – Prosecutor v. Kunarac; JStGH, AC 12.6.2002 – IT-96-23/IT-96-23/1, Nr. 127 f. – Prosecutor v. Kunarac/Kovac/Vokovic; JStGH, TC 1.9.2004 – IT-99-36-T, Nr. 1008 – Prosecutor v. Brdjanin; restriktiver auf Gewalt oder Drohung mit Gewalt abstellend JStGH, TC 2.11.2001 – IT-98-30/1-T, Nr. 148 – Prosecutor v. Kvocka et al.
[342] RStGH, TC 14.7.2009 – ICTR-97-31-T, Nr. 871 – Prosecutor v. Renzaho.
[343] Sondergerichtshof für Sierra Leone, TC 26.10.2009 – SCSL-04-15-A, Nr. 147 – Prosecutor v. Sesay, Kallon and Gbao (RUF Case).
[344] ISTGH, Pre Trial Chamber I 30.9.2008, 01/04-01/07, Prosecutor v. Katanga and Ngudjolo Chui, Nr. 440; ISTGH, Pre Trial Chamber II 15.6.2009, ICC 01/05-01/08, Prosecutor v. Gombo, Nr. 162; IStGH, TC II, ICC/01/04-01/07, Prosecutor v. Germain Katanga, Nr. 965.

elementen vorausgesetzte genuine Einverständnis regelmäßig ausschließt.³⁴⁵ Die **Zwangssituation** wird noch verschärft, wenn sich das Opfer in Gefangenschaft befindet.³⁴⁶

152 Die **Nötigung zur Prostitution** ist gem. den Art. 27 Abs. 2 GK IV, Art. 75 Abs. 2 lit. b ZP I und 76 Abs. 1 ZP I sowie Art. 4 Abs. 2 lit. e ZP II verboten. Nach deutschem Recht ist sie als Alternative des schweren Menschenhandels gem. § 181 Abs. 1 Nr. 1 StGB strafbar. Im Zusammenhang mit einem bewaffneten Konflikt trifft der praktische Anwendungsfall der Nötigung zur Prostitution regelmäßig mit der sexuellen Sklaverei, wie sie insbesondere in den sogenannten ‚Comfort Stations' der japanischen Armee im Zweiten Weltkrieg oder den Vergewaltigungslagern des Jugoslawienkonfliktes Tatsache war, zusammen.³⁴⁷

153 In objektiver Hinsicht ist zunächst der Einsatz qualifizierter Nötigungsmittel erforderlich. In Betracht kommen Gewalt oder die Androhung von Gewalt. Die Gewalt beziehungsweise die Drohung kann sich auch gegen eine dritte Person richten. Soweit der Täter sich eine universelle Zwangssituation, insbesondere die Gefangenhaltung des Opfers oder dessen Unfähigkeit zur Einverständniserklärung, zu Nutze macht, kann dies ausreichend sein.³⁴⁸

154 Nötigungserfolg ist die **Ausübung der Prostitution.** Im Sinne von § 181 Abs. 1 Nr. 1 StGB übt die Prostitution aus, wer auf gewisse, nicht unbedingt längere Dauer wiederholt mit wechselnden Partnern sexuelle Handlungen gegen Entgelt vornimmt.³⁴⁹ Im Völkerstrafrecht wird die Ausübung der Prostitution weiter verstanden. Es genügt die Vornahme eines einzelnen Aktes sexueller Natur. Im Austausch oder iVm der sexuellen Handlung muss der Täter oder eine andere Person einen finanziellen oder anderen Vorteil erhalten oder erwarten.³⁵⁰ Aufgenommen wird die Prostitutionsausübung mit der ersten Handlung des Tatopfers, die unmittelbar auf eine derartige im weiteren Sinne entgeltliche sexuelle Handlung abzielt.³⁵¹ Nr. 4 ist **kein Dauerdelikt;** wird das Tatopfer durch eines der genannten Nötigungsmittel zur Aufnahme der Prostitution bestimmt, ist bereits mit der ersten derartigen Handlung das Verbrechen vollendet.

155 Den in Art. 8 Abs. 2 lit. b (xxii), Abs. 2 lit. e (vi) IStGH-Statut enthaltenen Tatbestand der **Zwangssterilisation** hat der deutsche Gesetzgeber ebenfalls übernommen, wobei lediglich der Wortlaut dem des § 226 Abs. 1 Nr. 1 StGB angeglichen und die Zwangssterilisation nunmehr als **Beraubung der Fortpflanzungsfähigkeit** erfasst wird, mit der Folge, dass die Ausführungen zu § 226 StGB entsprechend übertragbar sind. Historischer Hintergrund der Vorschrift sind die Zwangssterilisationen im Nationalsozialismus.³⁵² Der Tatbestand ist geschlechtsneutral. Dementsprechend werden sowohl die männliche als auch die weibliche Fortpflanzungsfähigkeit geschützt. Auch **Kinder** haben die genetische Anlage zur Fortpflanzung und können mithin ihrer Fortpflanzungsfähigkeit beraubt werden.³⁵³ Die äußere Tatseite setzt voraus, dass der Täter eine Person dauerhaft ihrer biologischen Fortpflanzungsfähigkeit beraubt. Art und Weise der Tatbegehung sind unerheblich; eine Organentnahme ist nicht erforderlich.³⁵⁴ Die Verbrechenselemente zur Parallelnorm im Römi-

---

³⁴⁵ Die Verbrechenselemente sprechen insoweit in einer Fußnote von einem 'genuinen Einverständnis' („it is understood that a person may be incapable of giving genuine consent if affected by natural, induced or age-related incapacity"). RStGH, TC 2.9.1998 – ICTR-96-4-T, Nr. 688 – Prosecutor v. Akayesu; JStGH, AC 16.11.1998 – IT-96-21-T, Nr. 495 – Prosecutor v. Delalic et al.; JStGH, TC 2.11.2001 – IT-98-30/1-T, Nr. 178 – Prosecutor v. Kvocka et al.; JStGH, AC 12.6.2002 – IT-96-23/IT-96-23/1, Nr. 130 – Prosecutor v. Kunarac/Kovac/Vokovic.
³⁴⁶ JStGH, TC 10.12.1998 – IT-95-17/1-T, Nr. 271 – Prosecutor v. Furundzija; JStGH, AC 12.6.2002 – IT-96-23/IT-96-23/1, Nr. 131 – Prosecutor v. Kunarac/Kovac/Vokovic.
³⁴⁷ Netherlands Temporary Court-Martial v. 25.10.1946, *Awochi*, Law Reports of Trials of War Criminals, Vol. XIII, S. 123, UN Doc. E/CN.4/Sub. 2/1998/13, Nr. 31.
³⁴⁸ Verbrechenselemente zu Art. 7 Abs. 1 lit. g Alt. 3 IStGH-Statut.
³⁴⁹ BGH 21.10.1999 – 4 StR 376/99, NStZ 2000, 86; BGH 11.2.2000 – 3 StR 499/99, NStZ 2000, 368 (369).
³⁵⁰ Verbrechenselemente zu Art. 7 Abs. 1 lit. g Alt. 3 IStGH-Statut.
³⁵¹ BGH 21.10.1999 – 4 StR 376/99, NStZ 2000, 86 (87).
³⁵² *Bock*, Zwangssterilisation im Nationalsozialismus, Studien zur Rassenpolitik und Frauenpolitik, 1986.
³⁵³ → StGB § 226 Rn. 25.
³⁵⁴ *Dörmann* S. 331.

schen Statut weisen ausdrücklich darauf hin, dass Geburtenkontrollmaßnahmen, die nur vorübergehende Auswirkungen auf die Fortpflanzungsfähigkeit haben, vom Tatbestand nicht erfasst werden.[355]

Die **erzwungene Schwangerschaft** war als eigenständiger Straftatbestand im deutschen Strafrecht bislang unbekannt und nur nach allgemeinen Regeln strafbar. In objektiver Hinsicht ist die rechtswidrige Gefangenhaltung einer zwangsweise geschwängerten Frau erforderlich. Ob der Täter oder ein Dritter die Schwängerung vorgenommen hat, ist dabei unerheblich.[356] Innerstaatliche Gesetze, die eine Schwangerschaft verbieten, werden vom Tatbestand nicht erfasst. Der deutsche historische Gesetzgeber hebt dies in der Gesetzesbegründung erneut hervor, wenn er ausführt, dass die allgemeinen Regelungen über den Schwangerschaftsabbruch nach den §§ 218–219 StGB unberührt bleiben.[357] Im Römischen Statut wurde angesichts der Bedenken zahlreicher Delegationen eine ausdrückliche Klausel in Art. 7 Abs. 2 lit. f aufgenommen, auf die auch die Kommentierung zu Art. 8 IStGH-Statut Bezug nimmt.

5. Einsatz von Kindersoldaten (Nr. 5). Die Verwendung von Kindern zur aktiven Teilnahme an Feindseligkeiten ist sowohl nach mehreren Bestimmungen des humanitären Völkerrechts (Art. 77 Abs. 2 ZP I und Art. 4 Abs. 3 lit. c ZP II) als auch nach Art. 38 Abs. 2, 3 S. 1 des **Übereinkommens über die Rechte des Kindes** vom 20.11.1989[358] völkerrechtlich verboten. Erstmals völkerrechtlich unter Strafe gestellt wurden die in Nr. 5 umschriebenen Verhaltensweisen durch das Römische Statut. Der Tatbestand entspricht Art. 8 Abs. 2 lit. b (xxvi) und Art. 8 Abs. 2 lit. e (vii) IStGH-Statut, findet sich aber auch Art. 4 lit. c) des Statuts des Sondergerichtshofes für Sierra Leone. Im Lubanga-Urteil vom 14.3.2012 hat der IStGH nunmehr erstmals eine Strafbarkeit gemäß Art. 8 Abs. 2 lit. e (vii) IStGH-Statut bejaht[359] nachdem bereits zuvor der Sondergerichtshof für Sierra Leone im Jahr 2007 Angeklagte wegen dieses Delikts verurteilt hatte.[360]

Die Entwicklung des Kindes ist im Umfeld eines bewaffneten Konfliktes in besonderer Weise gefährdet. Neben der unmittelbaren Unterbrechung der Ausbildung wiegen insbesondere die **Langzeitschäden in Folge erlittener Traumata, für die Kinder** besonders anfällig sind, schwer. Hinzu kommt, dass auch von Kindersoldaten selbst eine **besondere Gefahr für andere Personen** ausgeht.[361] Gleichwohl wurden beispielsweise im Konflikt in Sierra Leone mehr als 7000 Kindersoldaten eingesetzt.[362]

Die **Altersgrenze von 15 Jahren** ergibt sich aus Art. 77 Abs. 2 ZP I, Art. 4 Abs. 3 lit. c ZP II und Art. 38 Abs. 3 des – mit Ausnahme der USA – universell ratifizierten Übereinkommens über die Rechte des Kindes. Das Fakultativprotokoll zu diesem Übereinkommen, betreffend die Beteiligung von Kindern an bewaffneten Konflikten aus dem Jahre 2000, geht über diese Altersgrenze hinaus und verbietet die unmittelbare Teilnahme von unter 18-Jährigen an Feindseligkeiten.[363] Da sich bislang keine allgemeine gewohnheitsrechtliche Akzeptanz dieser Altersgrenze, noch zudem für die Zwecke einer individuellen Strafbarkeit, feststellen ließ, hat der deutsche Gesetzgeber in Übereinstimmung mit den völkergewohnheitsrechtlichen Vorgaben die Altersgrenze des IStGH-Statuts übernommen.[364]

---

[355] Verbrechenselemente zu Art. 7 Abs. 1 lit. g Alt. 5 IStGH-Statut.
[356] Zu eng *Werle/Jeßberger* Völkerstrafrecht Rn. 1024: eine durch einen anderen geschwängerte Frau.
[357] BT-Drs. 14/8524, 21.
[358] BGBl. 1992 II S. 122.
[359] IStGH, TC I 14.3.2012 – ICC-01/04-01/06, Nr. 1358 – Prosecutor v. Thomas Lubanga Dyilo.
[360] Sondergerichtshof für Sierra Leone, TC 20.6.2007 – SCSL-04-16-T, Prosecutor v. Brima et al. (AFRC Case).
[361] Sandoz/Swinarski/Zimmermann/*Pilloud/Pictet* Rn. 3191 ff.
[362] http://www.reliefweb.int/w/rwb.nsf/0/0 c9 a74 f22 b4fb72 c85256ea60066706 b?OpenDocument.
[363] UN Doc. A/RES/54/263.
[364] BT-Drs. 14/8524, 27; siehe dazu insbesondere auch die Entscheidung des Sondergerichtshofs für Sierra Leone, AC 31.5.2004 – SCSL-2004–14-AR72(E), S. 9 – Prosecutor v. Sam Hinga Norman.

160 In objektiver Hinsicht ist erforderlich, dass der Täter ein Kind **zwangsverpflichtet oder in die Streitkräfte eingliedert**.[365] Die Variante der Zwangsverpflichtung umschreibt vor dem Hintergrund ihrer Häufigkeit lediglich eine Form der Eingliederung. Im Rahmen der Eingliederung ist Zwang nicht erforderlich; vielmehr wird **auch die freiwillige Verpflichtung von Kindern tatbestandlich** erfasst.[366] Ein etwaiges Einverständnis des betroffenen Kindes ist mithin auf tatbestandlicher Ebene irrelevant.[367]

161 Der Gesetzgeber hat ausdrücklich hervorgehoben, dass der die Strafbarkeit begründende Zusammenhang mit einem bewaffneten Konflikt bis zu dessen endgültiger Beendigung gegeben sein kann und der Tatbestand der Eingliederung auch noch im Zeitraum nach Feuereinstellung, aber vor der endgültigen Beendigung des Konfliktes verwirklicht werden kann.[368]

162 **Streitkräfte** sind die offiziellen Streitkräfte eines Staates, wie sie in Art. 43 ZP I definiert werden. Art. 8 Abs. 2 lit. b (xxvi) des Rom Statuts spricht im Zusammenhang mit internationalen bewaffneten Konflikten ausdrücklich von „national armed forces" während Art. 8 Abs. 2 lit. e (vii) mit Blick auf nichtinternationale bewaffnete Konflikte lediglich von „armed forces" spricht. Diesem Wortlautunterschied, den allerdings der deutsche Gesetzgeber nicht nachvollzogen hat, hat die Vorverfahrenskammer in der Lubanga Entscheidung keine Bedeutung beigemessen und stattdessen betont, dass auch im internationalen bewaffneten Konflikt der Tatbestand des Art. 8 Abs. 2 lit. b (xxvi) nicht alleine die staatlichen Streitkräfte sondern sämtliche Streitkräfte erfasse[369] obwohl die Entstehungsgeschichte der Norm belegt, dass die Hinzufügung des Wortes ‚national' bewußt erfolgte. Die Verfahrenskammer hat in ihrem Urteil vom 14.3.2012 den Wortlautunterschied zwar als „signifikant" bezeichnet,[370] allerdings ohne sich mit dem Problem inhaltlich auseinanderzusetzen. Richterin Benito hat sich in seinem Sondervotum im Lichte des Schutzzwecks der Vorschriften für eine Erfassung sämtlicher Streitkräfte in beiden Konfliktarten ausgesprochen.[371] Dies zeigt jedenfalls eine Tendenz des IStGH zur Angleichung der entsprechenden Tatbestände des Rom Statuts, wie sie in § 8 Abs. 1 Nr. 5 bereits enthalten ist.

163 Bei den **bewaffneten Gruppen** handelt es sich um einen unbestimmten Begriff, dessen Verwendung sich daraus erklärt, dass der Gesetzgeber den Anwendungsbereich von Nr. 5 auch auf den nichtinternationalen bewaffneten Konflikt, der namentlich im Falle eines Konfliktes zwischen mehreren rivalisierenden bewaffneten Gruppen nicht notwendigerweise eine Beteiligung von Streitkräften voraussetzt, erstrecken wollte. Sinn und Zweck der Begriffsverwendung ist die Ausdehnung des Anwendungsbereiches von Nr. 5 auf den nichtinternationalen bewaffneten Konflikt. Im Lichte der Regelungen des Römischen Statuts ist daher auch im Rahmen von § 8 Abs. 1 Nr. 5 zu fordern, dass die bewaffneten Gruppen ein **Mindestmaß an Organisationsstruktur** erfüllen.[372] Dies folgt aus Art. 8 Abs. 2 lit. f

---

[365] Siehe auch Sondergerichtshof für Sierra Leone, AC 28.5.2008 – SCSL-04-14-A, Nr. 380–409 – Prosecutor v. Fofana and Kondewa (CDF); Sondergerichtshof für Sierra Leone, TC 20.6.2007 – SCSL-04-16-T, Nr. 733 – Prosecutor v. Brima et al. (AFRC Case).

[366] IStGH, TC I 14.3.2012 – ICC-01/04-01/06, Nr. 607 – Prosecutor v. Thomas Lubanga Dyilo; Sondergerichtshof für Sierra Leone, TC 20.6.2007 – SCSL-04-16-T, Nr. 735 – Prosecutor v. Brima et al. (AFRC Case); Abweichende Meinung Robertson, Sondergerichtshof für Sierra Leone, AC 31.5.2004 – SCSL-2004–14-AR72(E), S. 9 – Prosecutor v. Sam Hinga Norman Nr. 5, 33; Triffterer/Cottier/Grignon IStGH-Statut Art. 8 Rn. 810; UN Doc. E/CN.4/Sub. 2/1998/13, Nr. 31.

[367] IStGH, TC I 14.3.2012 – ICC-01/04-01/06, Nr. 617 – Prosecutor v. Thomas Lubanga Dyilo; Sondergerichtshof für Sierra Leone, AC 28.5.2008 – SCSL-04-14-A, Nr. 380–409 – Prosecutor v. Fofana and Kondewa (CDF Case) Nr. 409.

[368] BT-Drs. 14/8524, 27.

[369] IStGH, Pre Trial Chamber I 21.1.2007 – 01/04-01/06, Nr. 285 – Prosecutor v. Thomas Lubanga Dyilo. Bestätigt in: IStGH, Pre Trial Chamber I 30.9.2008 – ICC-01/04-01/07, Nr. 249 – Prosecutor v. Katanga and Ngudjolo Chui.

[370] IStGH, TC I 14.3.2012 – 01/04-01/06, Nr. 568 – Prosecutor v. Thomas Lubanga Dyilo.

[371] IStGH, TC I 14.3.2012 – 01/04-01/06, Nr. 13 – Prosecutor v. Thomas Lubanga Dyilo Sondervotum Benito.

[372] Sondergerichtshof für Sierra Leone, TC 20.6.2007 – SCSL-04-16-T, Nr. 738 – Prosecutor v. Brima et al. (AFRC Case).

IStGH-Statut, wonach der Anwendungsbereich von Art. 8 Abs. 2 lit. e IStGH-Statut auf Situationen beschränkt ist, in denen organisierte bewaffnete Gruppen an den Kampfhandlungen teilnehmen. Gleichwohl ist es im Rahmen von Nr. 5 nicht erforderlich, dass die bewaffneten Gruppen die in Art. 1 Abs. 1 ZP II vorgesehenen Kriterien der Organisationsstruktur erfüllen; insbesondere müssen sie keine verantwortliche Führung aufweisen. Dies folgt zum einen daraus, dass auch das Römische Statut diese strengeren Kriterien nicht in Bezug nahm[373] und erklärt sich darüber hinaus auch aus dem Sinn und Zweck der Vorschrift, wonach Kinder aus bewaffneten Konflikten soweit wie möglich ferngehalten werden sollen. Gerade in nur rudimentär organisierten bewaffneten Gruppen dürfte die potentielle Gefährdung des Kindes regelmäßig aber noch höher liegen, da keinerlei Aufsichtsfunktion ausgeübt werden kann.

In der dritten Variante stellt die Nr. 5 die **Verwendung zur aktiven Teilnahme an Feindseligkeiten** unter Strafe. Auch im Rahmen der Verwendung genügt die bloße Akzeptanz einer aktiven Teilnahme des Kindes.[374] Es handelt sich bei der Verwendungsvariante um einen eigenständigen Straftatbestand. Die Verwendung zur aktiven Teilnahme setzt eine vorherige Eingliederung in die Streitkräfte im Sinne der ersten und zweiten Variante somit nicht voraus.[375] Im Verlauf der Ausarbeitung des Römischen Statuts war der erforderliche Umfang der Beteiligung an den Feindseligkeiten Gegenstand längerer Diskussion. Aus der Entstehungsgeschichte geht hervor, dass neben der unmittelbaren Teilnahme an den Kampfhandlungen **auch die aktive Beteiligung an sonstigen militärischen Aktivitäten**, die in enger Verbindung mit den Feindseligkeiten stehen, erfasst sein sollte.[376] In Betracht kommt danach etwa der Einsatz von Kindern als Lockvögel, Kuriere, Saboteure, Aufklärer, Spione,[377] Bewacher militärischer Objekte und Personen,[378] menschliche Schutzschilde[379] oder als Posten bei militärischen Kontrollpunkten.[380] Diese Sichtweise vertritt insbesondere auch der Sondergerichtshof für Sierra Leone, der zwischen „participation in combat" und „active participation in military activities linked to combat" unterscheidet und beide Arten der Teilnahme als erfasst ansieht.[381] Auch die Vorverfahrenskammer des IStGH hat sich im Falle Lubanga dieser Auslegung angeschlossen[382] und lediglich solche Tätigkeiten als nicht erfasst angesehen, die offensichtlich in keinem Zusammenhang mit den Kampfhandlungen stehen („clearly unrelated to hostilities").[383] In diesem Zusammenhang werden Nahrungsmitteltransporte und Haushaltstätigkeiten in Offiziersquartieren beispielhaft als nicht erfasste Tätigkeiten erwähnt.[384] Im Lubanga-Urteil vom 14.3.2012 sowie im Katanga-Urteil vom 7.3.2014 hat sich nunmehr auch die Verfahrenskammer des IStGH für eine weite Auslegung bezüglich

---

[373] Triffterer/Zimmermann/Geiß IStGH-Statut Art. 8 Rn. 871.
[374] Triffterer/Zimmermann/Geiß IStGH-Statut Art. 8 Rn. 948.
[375] IStGH, TC I 14.3.2012 – 01/04-01/06, Nr. 620 – Prosecutor v. Thomas Lubanga Dyilo.
[376] Report of the Preparatory Committee 1998, Add. 1, Fn. 12 zu Article 5, War Crimes, B (t) Option 2, S. 25, UN Doc. PCNICC/2000/1/Add. 1; so auch *Werle/Jeßberger* Völkerstrafrecht Rn. 1308.
[377] Sondergerichtshof für Sierra Leone, TC 26.10.2009 – SCSL-04-15-A, Nr. 1710–1743 – Prosecutor v. Sesay, Kallon and Gbao (RUF Case).
[378] Ebd.; Siehe auch: IStGH, Pre Trial Chamber I 21.1.2007 – ICC-01/04-01/06, Nr. 261–263 – Prosecutor v. Thomas Lubanga Dyilo.
[379] Sondergerichtshof für Sierra Leone, TC 20.6.2007 – SCSL-04-16-T, Nr. 737 – Prosecutor v. Brima et al. (AFRC Case).
[380] Ebd.
[381] Sondergerichtshof für Sierra Leone, TC 20.6.2007 – SCSL-04-16-T, Nr. 736–737 – Prosecutor v. Brima et al. (AFRC Case); Sondergerichtshof für Sierra Leone, TC 26.10.2009 – SCSL-04-15-A, Nr. 188, 1720 – Prosecutor v. Sesay, Kallon and Gbao (RUF Case); Sondergerichtshof für Sierra Leone, TC 2.8.2007 – SCSL-04-14-T, Nr. 193 – Fofana and Kondewa (CDF).
[382] IStGH, Pre Trial Chamber I 21.1.2007 – ICC-01/04-01/06, Nr. 261 – Prosecutor v. Thomas Lubanga Dyilo: „Active participation" in hostilities means not only direct participation in hostilities, combat in other words, but also covers active participation in combat-related activities such as scouting, spying, sabotage and the use of children as decoys, couriers or at military check-points".
[383] IStGH, Pre Trial Chamber I 21.1.2007 – ICC-01/04-01/06, Nr. 262 – Prosecutor v. Thomas Lubanga Dyilo.
[384] Ebd.

der aktiven Teilnahme an den Feindseligkeiten ausgesprochen.³⁸⁵ Erfasst sind danach nicht nur diejenigen, die an der Front unmittelbar an den Kampfhandlungen teilnehmen, sondern auch diejenigen, die auf unterschiedlichste Art und Weise („in a myriad of roles supporting the combatants") die Kampfhandlungen unterstützen.³⁸⁶ Dabei hat sich die Kammer ausdrücklich für eine Einzelfallbetrachtung ausgesprochen und entscheidend darauf abgestellt, ob die jeweilige Tätigkeit das betroffene Kind in die Gefahr bringt, zu einem „potentiellen Ziel" („exposed him or her to real danger as a potential target") zu werden.³⁸⁷

165 Richterin Benito hat diese Vorgehensweise der Kammer in ihrem Sondervotum zum Lubanga-Urteil scharf kritisiert.³⁸⁸ Benito beklagt einerseits die Einzelfallbetrachtung und spricht sich darüber hinaus für eine noch weitergehende Auslegung des Tatbestandsmerkmals der aktiven Beteiligung aus. Benito ist der Auffassung, dass Kinder nicht allein vor der Gefahr geschützt werden sollen, ein potentielles Angriffsziel zu werden, sondern auch vor den Gefahren, die ihnen aus der eigenen bewaffneten Gruppe drohen.³⁸⁹ Im Lichte dieser Argumentation sieht Benito etwa auch sexuelle Gewalt gegenüber Kindern als von dem Tatbestandsmerkmal der aktiven Beteiligung erfasst an.³⁹⁰ Diese Auffassung geht jedoch zu weit. Soweit Kinder vor Gefahren aus der eigenen bewaffneten Gruppe geschützt werden sollen, wird dieser Schutz über das Verbot der Eingliederung in den ersten beiden Varianten der Vorschrift gewährleistet. Zwar können dabei Schutzlücken entstehen, namentlich wenn eine Eingliederung noch nicht stattgefunden hat, das Kind aber bereits für bestimmte Tätigkeiten unterhalb der Schwelle einer aktiven Teilnahme an den Feindseligkeiten verwendet wird. Derartige Schutz- und Strafbarkeitslücken können aber nicht im Wege einer beinahe uferlosen Auslegung des Tatbestandsmerkmals der Verwendung zur aktiven Teilnahme an den Feindseligkeiten behoben werden. Der Wortlaut der Nr. 5 zeigt, dass nicht jede Verwendung eines Kindes in einer bewaffneten Gruppe strafbarkeitsbegründend ist, sondern eben nur die Verwendung zur aktiven Teilnahme an den Feindseligkeiten. Da es sich bei dieser Variante um eine von den ersten beiden Varianten unabhängige, eigenständige Tatbegehung handelt, erscheint es sachgerecht, der Verwendungsvariante eine autonome Bedeutung zukommen zu lassen. Demgemäß ist mit der Mehrheitsmeinung im Lubanga-Urteil bei der Auslegung des Merkmals der aktiven Beteiligung allein auf die spezifischen Gefahren abzustellen, die Kindern im Zusammenhang mit Feindseligkeiten drohen und die, da es sich um eine aktive Beteiligung handeln muss, über die Gefahren des bloß passiven Aufenthalts und der Mitgliedschaft in einer bewaffneten Gruppe hinausgehen. Das Lubanga-Urteil scheint dabei lediglich auf solche Gefahren abzustellen, die Kindern als „potentielle Ziele" von Seiten Dritter drohen. Damit wird eine etwaige Eigengefährdung des Kindes bei der Verwendung von Waffen und Sprengstoffen (Minen) im Zusammenhang mit den Feindseligkeiten ausgeschlossen. Eine solch einengende Auslegung erscheint nicht zwingend geboten. Allerdings trägt sie dazu bei, das strafrechtlich ohnehin bedenklich vage Kriterium der Verwendung zur aktiven Beteiligung an den Feindseligkeiten weiter einzugrenzen.

166 Eine *aktive* Teilnahme im Sinne des Tatbestands der Nr. 5 ist demnach nicht gleichzusetzen mit einer zum Schutzverlust von Zivilpersonen führenden *unmittelbaren* Teilnahme an den Feindseligkeiten („direct participation in hostilities") im Sinne des Kampfführungsrechts. Der Sondergerichtshof für Sierra Leone schien allerdings noch von einer solchen Gleichsetzung auszugehen. In der RUF Entscheidung hat der Sondergerichtshof ausdrücklich vor

---

[385] IStGH, TC I 14.3.2012 – ICC-01/04-01/06, Nr. 627 – Prosecutor v. Thomas Lubanga Dyilo; IStGH, TC II, ICC/01/04-01/07, Nr. 1045 – Prosecutor v. Germain Katanga.
[386] IStGH, TC I 14.3.2012 – ICC-01/04-01/06, Nr. 628, 820 – Prosecutor v. Thomas Lubanga Dyilo.
[387] IStGH, TC I 14.3.2012 – ICC-01/04-01/06, Nr. 628, 820 – Prosecutor v. Thomas Lubanga Dyilo; IStGH, TC II, ICC/01/04-01/07, Nr. 1045 – Prosecutor v. Germain Katanga.
[388] IStGH, TC I 14.3.2012 – ICC-01/04-01/06, Prosecutor v. Thomas Lubanga Dyilo, Sondervotum Benito, Nr. 15.
[389] IStGH, TC I 14.3.2012 – ICC-01/04-01/06, Prosecutor v. Thomas Lubanga Dyilo, Sondervotum Benito, Nr. 19.
[390] IStGH, TC I 14.3.2012 – ICC-01/04-01/06, Prosecutor v. Thomas Lubanga Dyilo, Sondervotum Benito, Nr. 17.

einer zu weiten Auslegung des Tatbestandsmerkmals der aktiven Teilnahme an den Feindseligkeiten gewarnt, da dies zu einem Schutzverlust der betroffenen Kinder führen könne.[391] Da es bei der Regelung im Kampfführungsrecht allerdings um die Frage nach dem Verlust des rechtlichen Schutzes vor direkten Angriffen geht,[392] während es bei dem Begriff der aktiven Teilnahme im Kontext des Völkerstrafrechts um die Reichweite der Strafbarkeit bei der militärischen Verwendung von Kindern geht, erscheint eine unterschiedliche Auslegung bezüglich der jeweiligen Teilnahme an den Feindseligkeiten durchaus möglich.[393]

6. Vertreibung (Nr. 6). Ausgangspunkt des Verbots von **Vertreibungen** der Bevölkerung waren vor allem die Vertreibungen während des Zweiten Weltkrieges und diejenigen der unmittelbaren Nachkriegszeit. **Deportationen** werden zur Vertreibung von Minderheiten, zur Sicherung eroberter Gebiete sowie – wie vielfältige Beispiele aus der neueren Vergangenheit belegen – ferner dazu verwendet, ‚vollendete Tatsachen' zu schaffen, um die eigene Verhandlungsposition im Rahmen späterer Friedensverhandlungen zu verbessern.[394] Im Römischen Statut stellen Art. 8 Abs. 2 lit. a (vii), Abs. 2 lit. b (viii) Alt. 2 und Abs. 2 lit. e (viii) die rechtswidrige Vertreibung oder Überführung geschützter Personen im internationalen und nichtinternationalen bewaffneten Konflikt unter Strafe. Die Vorschriften basieren auf Art. 49, 147 GK IV und Art. 85 Abs. 4 lit. a ZP I, wonach rechtswidrige Deportationen oder Verschickungen eine schwere Verletzung des vierten Genfer Abkommens darstellen sowie ferner auf Art. 17 Abs. 1 ZP II. 167

Anliegen des deutschen Gesetzgebers war es dabei auch, die noch in der vierten Genfer Konvention angelegte Unterscheidung danach, ob es sich um eine staatsgrenzüberschreitende Verbringung handelte oder um eine Überführung, die eine Verbringung innerhalb des Staatsgebietes umfasste,[395] vollständig aufzuheben.[396] Dies trägt der Tatsache Rechnung, dass Bevölkerungstransfers oftmals in zeitlich mehreren Etappen vorgenommen werden und dass ferner in Zeiten eines bewaffneten Konfliktes bestehende Grenzziehungen nicht selten weitgehend ihre faktische Bedeutung verlieren. 168

Daraus, dass es sich bei den Tathandlungen allein um eine schwere Verletzung des vierten Genfer Abkommens handelt, folgt, dass der geschützte Personenkreis im internationalen Konflikt auf Zivilisten beschränkt ist. Gleiches gilt gem. Art. 17 Abs. 1 ZP II für den nichtinternationalen bewaffneten Konflikt. Eine Strafkammer des JStGH war allerdings im Fall *Naletilic/Martinovi* davon ausgegangen, dass es unabhängig von dem Stand der Feindseligkeiten nicht erforderlich sei, eine Besatzungssituation im Sinne von Art. 42 der HLKO festzustellen. Vielmehr werde das Verbot der zwangsweisen Verbringung von Zivilpersonen bereits dann anwendbar, sobald die Zivilpersonen in die Hände der gegnerischen Partei geraten sind.[397] 169

Anders als nach den zugrundliegenden völkerrechtlichen Regelungen hat der deutsche Gesetzgeber bereits durch seine Wortwahl klargestellt, dass bereits die **Verbringung einer einzelnen Person** tatbestandsmäßig ist.[398] Typischer Anwendungsfall des Tatbestandes bildet gleichwohl die Massenvertreibung. 170

Das Tatopfer muss sich zunächst **rechtmäßig in dem Gebiet aufhalten,** aus dem es verbracht wird.[399] Die deutsche Vorschrift ist damit gegenüber den entsprechenden Vor- 171

---

[391] Sondergerichtshof für Sierra Leone, TC 26.10.2009 – SCSL-04-15-A, Nr. 1723 – Prosecutor v. Sesay, Kallon and Gbao (RUF Case).
[392] Siehe ICRC Interpretive Guidance 90 ICRC 2008 S. 994.
[393] *Sivakumaran* War Crimes before the Special Court of Sierra Leone, Journal of International Criminal Justice 2010, S. 1019.
[394] UN Doc. S/RES/808 (1993), Nr. 6 der Präambel; Triffterer/*Cottier/Baumgartner* IStGH-Statut Art. 8 Rn. 363.
[395] JStGH, TC 2.8.2001 – IT-98-33-T, Nr. 521 – Prosecutor v. Kristic.
[396] Unterscheidung aufgegeben erstmals in JStGH, TC 31.7.2003 – IT-97-24-T, Nr. 679 – Prosecutor v. Stakic; siehe auch JStGH, TC 20.10.1995 – IT-94-2-R61 (Rule 61 Decision), Nr. 23 – Prosecutor v. Nikolic; aA JStGH, TC 1.9.2004 – IT-99-36-T, Nr. 542 – Prosecutor v. Brdjanin.
[397] JStGH, TC 31.3.2003 – IT-98-34-T, Nr. 214 ff., insb. Nr. 222 – Prosecutor v. Naletilic and Martinovic.
[398] JStGH, TC 31.7.2003 – IT-97-24-T, Nr. 685 – Prosecutor v. Stakic.
[399] JStGH, TC 31.7.2003 – IT-97-24-T, Nr. 679 – Prosecutor v. Stakic.

schriften des Römischen Statuts insofern enger gefasst – ist doch der ursprünglich rechtmäßige Aufenthalt der geschützten Person Tatbestandsmerkmal. Entgegen den Vorschlägen verschiedener Delegationen hatte demgegenüber die Vorbereitungskommission, welche das Römische Statut im Wesentlichen ausgearbeitet hatte, das Kriterium des rechtmäßigen Aufenthaltes nicht als in den Genfer Abkommen vorgesehenes Element unrechtmäßiger Deportationen angesehen.[400] Lediglich im Rahmen der Verbrechen gegen die Menschlichkeit ist der rechtmäßige Aufenthalt als Tatbestandsmerkmal in Art. 7 Abs. 2 lit. d IStGH-Statut vorgesehen.

172 Im Hinblick auf die erforderliche Tathandlung ist die Vorschrift nicht ganz einfach formuliert. Dies liegt darin begründet, dass den Begriffen der **Vertreibung, der zwangsweisen Überführung, der Ausweisung sowie der Verbringung** ein spezifischer rechtlicher Gehalt fehlt.[401] Zudem werden die Begriffe in den zugrundeliegenden völkerrechtlichen Dokumenten nicht einheitlich verwandt. Art. 147 GK IV spricht von der ungesetzlichen Deportation oder Versetzung, Art. 49 GK IV darüber hinaus von Einzel- oder Massenumsiedlungen, Art. 85 Abs. 4 lit. a Alt. 2 ZP I schließlich von Verschleppungen oder Überführungen.

173 Entscheidend ist die Verbringung von dem rechtmäßigen Aufenthaltsort an einen anderen Ort innerhalb oder außerhalb des Staatsgebietes des fraglichen Staates. Erfasst wird dabei **jede Form der Verbringung,** unabhängig davon, ob sie im Wege der Verdrängung, Zwangsumsiedelung, Deportation, Ausweisung, zwangsweisen Überführung oder Vertreibung erfolgt. Die Verbringung muss weder ein bestimmtes Ziel haben,[402] noch muss das Ziel unter der Kontrolle der verbringenden Partei stehen.

174 Es muss sich in allen Varianten um eine **erzwungene** Verbringung handeln.[403] Das Zwangselement wird in der Rechtsprechung des JStGH weit interpretiert; erfasst wird daher jede Form von Zwang.[404] Zwang bedeutet demnach nicht nur die Ausschaltung alternativer Handlungsmöglichkeiten, sondern umfasst auch die Fälle, in denen das Opfer mittels Druck durch eine angedrohte oder gegenwärtige Übelszufügung selbst zu einer Umsiedlung gezwungen wird.[405] Die Verbringung muss unfreiwillig geschehen,[406] dh dem Opfer durfte keine echte Wahl verbleiben.[407] Die Abgrenzung zwischen der freiwilligen und der erzwungenen unfreiwilligen Aufgabe des Wohnortes ist im Einzelfall schwierig.

175 Zwang ist im Falle der mittels *vis absoluta* herbeigeführten Verbringung stets zu bejahen, so wenn etwa das Opfer gegen seinen Willen gewaltsam in ein Transportmittel und anschließend in ein anderes Gebiet verbracht wird.[408] Auch das **Ausnutzen einer generellen Zwangssituation** ist nach der Rechtsprechung des JStGH ausreichend.[409] Beispiele für

---

[400] Dörmann S. 106.
[401] Lehmler, Die Strafbarkeit von Vertreibungen aus ethnischen Gründen im bewaffneten nicht-internationalen Konflikt, 1999, S. 60 ff., insbes. S. 63, 65.
[402] JStGH, TC 31.7.2003 – IT-97-24-T, Nr. 677 – Prosecutor v. Stakic.
[403] JStGH, TC 15.3.2002 – IT-97-25-T, Nr. 475 – Prosecutor v. Krnojelac; JStGH, TC 31.3.2003 – IT-98-34-T, Nr. 519 – Prosecutor v. Naletilic and Martinovic; JStGH, TC 31.7.2003 – IT-97-24-T, Nr. 682 – Prosecutor v. Stakic; zuletzt bestätigt in JStGH, TC 1.9.2004 – IT-99-36-T, Nr. 543 – Prosecutor v. Brdjanin.
[404] JStGH, TC 15.3.2002 – IT-97-25-T, Nr. 475 – Prosecutor v. Krnojelac; JStGH, TC 2.8.2001 – IT-98-33-T, Nr. 529 – Prosecutor v. Kristic; JStGH, TC 22.2.2001 – IT-96-23-T/IT-96-23/1-T, Nr. 542 – Prosecutor v. Kunarac; JStGH, TC 31.7.2003 – IT-97-24-T, Nr. 682 – Prosecutor v. Stakic; JStGH, TC I 30.5.2013, IT-03-69-T, Nr. 993 – Prosecutor v. Stanisic and Simantovic.
[405] Schönke/Schröder/*Eser/Eisele* Vor §§ 234 ff. StGB Rn. 15.
[406] JStGH, TC 2.8.2001 – IT-98-33-T, Nr. 528 – Prosecutor v. Kristic; JStGH, TC 15.3.2002 – IT-97-25-T, Nr. 475 – Prosecutor v. Krnojelac; JStGH, TC 31.3.2003 – IT-98-34-T, Nr. 519 – Prosecutor v. Naletilic; JStGH, TC 1.9.2004 – IT-99-36-T, Nr. 543 – Prosecutor v. Brdjanin.
[407] JStGH, TC 2.8.2001 – IT-98-33-T, Nr. 530 – Prosecutor v. Kristic; JStGH, TC 15.3.2002 – IT-97-25-T, Nr. 475 – Prosecutor v. Krnojelac; JStGH, TC 17.10.2003 – IT-95-9, Nr. 125 – Prosecutor v. Simic et al.; JStGH, TC 16.6.2004 – IT-02-54-T, Nr. 73-74 – Prosecutor v. Slobodan Milosevic; JStGH, TC 1.9.2004 – IT-99-36-T, Nr. 543 – Prosecutor v. Brdjanin; JStGH, TC 12.6.2007 – IT-95-11, Nr. 108 – Prosecutor v. Martic; JStGH, TC I 30.5.2013, IT-03-69-T, Nr. 993 – Prosecutor v. Stanisic and Simantovic.
[408] *Lehmler*, Die Strafbarkeit von Vertreibungen aus ethnischen Gründen im bewaffneten nicht-internationalen Konflikt, 1999, S. 58.
[409] JStGH, TC 2.8.2001 – IT-98-33-T, Nr. 529 – Prosecutor v. Kristic; bezugnehmend auf Assembly of State Parties to the Rome Statute of the ICC, 1st session, 3.–10.9.2002, Part II. B. Elements of Crimes, ICC-ASP/1/3.

eine ausreichende Zwangssituation aus der Rechtsprechung des JStGH sind nicht aushaltbare Lebensumstände,[410] ferner auch fortgesetzte militärische Operationen gegen bestimmte Städte,[411] ein Leben in ständiger Angst und Unsicherheit[412] oder etwa auch die völkerrechtswidrige Zerstörung von Wohngebäuden oder Unterkünften. Es bedarf dabei keiner irgendwie gearteten Anordnung in Rechtsform, vielmehr reichen in jedem Fall auch faktische Maßnahmen zur Tatbestandserfüllung aus.

Im Falle des **Vorliegens eines Einverständnisses** bedarf es angesichts der Begleitumstände eines bewaffneten Konfliktes stets einer genauen Prüfung, ob das oder die Opfer zur Abgabe eines wirksamen und freiwilligen Einverständnisses willens und in der Lage waren.[413] **176**

Die Verbringung muss unter **Verstoß gegen eine allgemeine Regel des Völkerrechts** erfolgen.[414] Ebenso wie in Art. 25 GG handelt es sich bei den allgemeinen Regeln des Völkerrechts um das universell geltende Völkergewohnheitsrecht und die allgemeinen Rechtsgrundsätze.[415] Verstöße gegen Völkervertragsrecht werden daher nur dann erfasst, wenn die entsprechenden Verbote gleichzeitig universelle völkergewohnheitsrechtliche Geltung erlangt haben.[416] Diese dynamische Verweisung auf das sich verändernde Völkergewohnheitsrecht ist im Hinblick auf die Anforderungen des in Art. 103 Abs. 2 GG enthaltenen Bestimmtheitsgrundsatzes, wenn auch zu Unrecht, vereinzelt kritisiert worden.[417] Denn zum einen sieht Art. 25 GG selbst bereits vor, dass die allgemeinen Regeln des Völkerrechts für den Einzelnen auch und gerade Pflichten begründen. Hierunter dürften auch nach Völkergewohnheitsrecht mit Strafe bewehrte Pflichten zu verstehen sein. Zudem ist – wie das BVerfG zutreffend ausgeführt hat – bei der Auslegung und Anwendung nationalen (Straf-)Rechts, das der Umsetzung von Völkerstrafrecht dient, das Analogieverbot und Bestimmtheitsgebot auch im Lichte des völkerrechtlichen Normbehelfs zu sehen, mit anderen Worten, die mögliche Wortlautgrenze ist auch im Lichte des parallelen völkerstrafrechtlichen Tatbestandes zu bestimmen.[418] Dementsprechend spricht nichts dagegen, dass der deutsche Gesetzgeber wie vorliegend im Einzelfall an den Verstoß gegen solche Pflichten eine Strafbarkeit anknüpft. Zudem entspricht es gerade dem Grundsatz der Einheit der Verfassung, Art. 103 GG im Lichte von Art. 25 GG auszulegen. **177**

Der Vorschlag, die Vorschrift auf evidente Verletzungen zu beschränken, hilft in den Fällen nicht weiter, in denen die gewohnheitsrechtliche Geltung der Regel unklar ist.[419] Zudem ist Nr. 6 auch gegenüber dem Römischen Statut enger gefasst, enthält Art. 8 IStGH-Statut doch keine entsprechende Verweisung, während Art. 7 Abs. 2 lit. d IStGH-Statut ganz allgemein auf völkerrechtlich unzulässige Vertreibungsmaßnahmen abhebt. **178**

Im Hinblick auf das Tatbestandsmerkmal der **Völkerrechtswidrigkeit** ist **Art. 49 Abs. 2 des vierten Genfer Abkommens** von besonderer Bedeutung. Nach dieser auch gewohnheitsrechtlich geltenden Bestimmung dürfen Evakuierungen bestimmter besetzter Gebiete durchgeführt werden, sofern die Sicherheit der Bevölkerung oder zwingende militärische Gründe dies erfordern. Auch unter solchen Umständen ist gem. Art. 49 Abs. 2 S. 2 GK IV allerdings keine Verbringung außerhalb der Grenzen des besetzten Gebietes zulässig, es sei denn, eine solche Umsiedlung ließe sich aus materiellen Gründen nicht vermeiden. **179**

---

[410] JStGH, TC 1.9.2004 – IT-99-36-T, Nr. 551 – Prosecutor v. Brdjanin.
[411] JStGH, TC 1.9.2004 – IT-99-36-T, Nr. 549 – Prosecutor v. Brdjanin.
[412] JStGH, TC 31.7.2003 – IT-97-24-T, Nr. 688 – Prosecutor v. Stakic.
[413] JStGH, TC 31.3.2003 – IT-98-34-T, Nr. 519 – Prosecutor v. Naletilic and Martinovic.
[414] JStGH, TC 2.8.2001 – IT-98-33-T, Nr. 524 – Prosecutor v. Kristic; JStGH, TC 15.3.2002 – IT-97-25-T, Nr. 475 – Prosecutor v. Krnojelac; JStGH, TC 1.9.2004 – IT-99-36-T, Nr. 543 – Prosecutor v. Brdjanin.
[415] BVerfG 30.10.1962 – 2 BvM 1/60, BVerfGE 15, 25 (32 ff.) = NJW 1063, 435; BVerfG 14.5.1968 – 2 BvR 544/63, BVerfGE 23, 288 (316 ff.) = NJW 1968, 1667; BVerfG 13.5.1996 – 2 BvL 33/93, BVerfGE 94, 315 (328) = NJW 1996, 2717; BVerfG 24.10.1996 – 2 BvR 1851/94, BVerfGE 95, 96 (129) = NJW 1997, 929; Maunz/Dürig/*Herdegen* GG Art. 25 Rn. 19 ff.
[416] BT-Drs. 14/8524, 21.
[417] *Satzger* NStZ 2002, 125 (131).
[418] BVerfG 12.12.2000 – 2 BvR 1290/99, NStZ 2001, 240 Rn. 26 f.
[419] So aber *Gropengießer* S. 127.

Art. 8 Abs. 2 lit. e (viii) des Römischen Statuts hat insoweit die Sicherheit der Zivilbevölkerung, sowie zwingende militärische Gründe als mögliche Gründe, welche eine Evakuierung rechtfertigen können, ausdrücklich übernommen. Bei Evakuierungen muss jedoch gemäß des Prlic-Urteils sichergestellt sein, dass die Personen ausreichend geschützt sind und Zugang zu Hygiene, Gesundheit und Nahrung haben.[420] Sobald die aktiven Feindseligkeiten beendet sind, kann die Sicherheit der Zivilbevölkerung nach der Rechtsprechung des JStGH nicht mehr betroffen sein.[421]

180 **7. Bestrafung unter Verstoß gegen rechtsstaatliche Garantien (Nr. 7).** Historischer Ausgangspunkt der Vorschrift ist vor allem der Nürnberger Juristenprozess,[422] bei dem es um **Willkürverfahren** mit Todesurteilen und Hinrichtungen ging.[423] Bei dem Entzug des Anrechts auf ein ordentliches und unparteiisches Gerichtsverfahren handelt es sich um eine schwere Verletzung nach Art. 130 GK III und Art. 147 GK IV. Für den Bereich des nichtinternationalen bewaffneten Konflikts besteht ein Verbot von Verurteilungen und Hinrichtungen ohne vorhergehendes Urteil gem. dem gemeinsamen Art. 3 Abs. 1 lit. d der vier Genfer Abkommen und ein den Regelungen bezüglich des internationalen bewaffneten Konfliktes weitgehend entsprechendes Verbot gem. Art. 6 Abs. 2 ZP II. Nach deutschem Recht war der Entzug des Rechts auf ein unparteiisches ordentliches Gerichtsverfahren demgegenüber bislang nur eingeschränkt im Rahmen des Tatbestandes der Rechtsbeugung gem. § 339 StGB strafbar.[424]

181 § 8 Abs. 1 Nr. 7 VStGB fasst nunmehr die Art. 8 Abs. 2 lit. a (vi) und Art. 8 Abs. 2 lit. c (iv) IStGH-Statut, denen gegenüber nach dem Willen des Gesetzgebers keine sachliche Änderung vorgenommen werden sollte, in einer Vorschrift zusammen.[425] Die Kritik, der deutsche Gesetzgeber habe ungeachtet der Tatsache, dass es sich bei der beschriebenen Tathandlung nicht um eine schwere Verletzung nach GK I und II handelt, in Abweichung von den zugrunde liegenden völkerrechtlichen Regelungen eine Erweiterung des geschützten Personenkreises vorgenommen, trägt nicht, da Art. 85 Abs. 4 lit. e ZP I den Anwendungsbereich auf sämtliche unter den Genfer Abkommen I bis IV geschützten Personen ausdehnt.

182 Gegenüber den Regelungen des Römischen Statuts, wonach strafbegründend allein der Entzug der garantierten Verfahrensrechte ist,[426] wurde die Strafbarkeit zeitlich nach hinten verlagert, mit anderen Worten gesagt, tritt die Strafbarkeit erst mit der Verhängung beziehungsweise der Vollstreckung einer Strafe ein. Dies bedeutet, dass im Falle eines Kriegsgefangenen, der im Verlaufe eines nicht den völkerrechtlichen Anforderungen genügenden Verfahrens Selbstmord begeht, bevor eine Strafe gegen ihn vollstreckt oder auch nur verhängt worden ist, keine Strafbarkeit besteht.[427]

183 Der Tatbestand ist nur dann erfüllt, wenn eine **erhebliche Strafe** verhängt oder vollstreckt worden ist. Damit sollen **Bagatellfälle** durch die Aufnahme des Kriteriums der Erheblichkeit von vornherein aus dem Anwendungsbereich der Vorschrift ausgenommen werden.[428] Als nach dem Wortlaut der Vorschrift nicht abschließend zu verstehende erhebliche Strafen führt der Gesetzgeber exemplarisch die **Todesstrafe** sowie die **Freiheitsstrafe** an. Da nach dem Wortlaut allein eine erhebliche Strafe, für welche die Freiheitsstrafe ein Beispiel ist und nicht eine erhebliche Freiheitsstrafe gefordert wird, erfüllt auch eine kurze Freiheitsstrafe das Tatbestandsmerkmal der erheblichen Strafe. Diese Lesart bedeutet eine

---

[420] JStGH, TC 29.5.2013, IT-04-74-T, Nr. 52 – Prosecutor v. Prlic.
[421] JStGH, TC 2.8.2001 – IT-98-33-T, Nr. 524, 525 – Prosecutor v. Kristic.
[422] US Military Tribunal v. 4.12.1947, Josef Altstötter and others, Law Reports of Trials of War Criminals, Vol. VI, S. 1, 97.
[423] *Ostendorf/ter Veen*, Das Nürnberger Juristenurteil, 1985, S. 188.
[424] *Satzger* NStZ 2002, 125 (126); *Werle* JZ 2000, 755 (757); *Kreß*, Vom Nutzen eines deutschen Völkerstrafgesetzbuches, S. 13.
[425] BT-Drs. 14/8524, 27.
[426] UN Doc. PCNICC/1999/DP.4/Add. 2; UN Doc. PCNICC/1999/WGEC/DP.5.
[427] *Gropengießer* S. 171.
[428] BT-Drs. 14/8524, 27.

gewisse Annäherung an die Regelungen des Römischen Statuts, die ihrerseits unabhängig von jeglicher Vollstreckung oder Verhängung einer Strafe allein den Entzug garantierter Verfahrensrechte unter Strafe stellten. Zugleich scheint sie aber dem erklärten Willen des deutschen Gesetzgebers, Bagatellfälle auszuscheiden,[429] zuwider zu laufen. Somit spricht vieles dafür, dass es sich um eine Freiheitsstrafe von zumindest einer gewissen Dauer handeln muss, mit der Folge, dass etwa sehr kurze Freiheitsstrafen von nur wenigen Tagen Dauer ausgeschlossen werden können.

Die Merkmale der Verhängung und Vollstreckung einer Strafe sind weit zu verstehen. Nach dem Willen des Gesetzgebers wird grundsätzlich jede Art von Bestrafung, also etwa auch **Prügel- oder andere Formen körperlicher Strafen,** erfasst.[430] Erforderlich ist allerdings, dass die Bestrafung durch einen Spruchkörper angeordnet wird. Die bloße Gefangennahme eines feindlichen Kombattanten oder dessen völkerrechtswidrige Erschießung, etwa nachdem sich dieser ergeben hat, werden demgegenüber von Nr. 7 nicht erfasst. Etwas anderes gilt, wenn ein Kriegsgefangener etwa wegen eines Fluchtversuches standrechtlich erschossen wird. Auch die Inhaftierung von Zivilisten zur Abwehr von Gefahren, die behauptetermaßen von ihnen ausgehen, stellt keine Verhängung oder Vollstreckung einer Strafe im Sinne der Norm dar; in Betracht kommt dann jedoch eine Strafbarkeit nach Abs. 3 Nr. 1. 184

Die Verhängung beziehungsweise Vollstreckung einer erheblichen Strafe ist nur dann strafbewehrt, wenn die geschützte Person nicht zuvor in einem **unparteiischen, ordentlichen Gerichtsverfahren, welches die völkerrechtlich erforderlichen Rechtsgarantien bietet,** abgeurteilt worden ist. Sowohl der Spruchkörper als auch das durchgeführte Verfahren müssen damit den Mindestvorgaben des Völkerrechts genügen. 185

Verschiedene internationale Gerichte und Vertragsgremien haben sich insbesondere im Zusammenhang mit der Auslegung von Menschenrechtsschutzverträgen mit Fragen der Unparteilichkeit und Unabhängigkeit von Gerichten befasst. Die Freiheit von äußerer Einflussnahme auf die Entscheidungsfindung muss ebenso gewährleistet sein, wie die Unbefangenheit der Richter[431] und es darf zudem auch nicht zu einer Vermischung judikativer mit exekutiven Funktionen kommen.[432] Eine weitere Bedingung ist ferner die Unabhängigkeit der Richter, die sich unter anderem danach bestimmt, von wem die Richter ernannt werden und welche Garantien gegen eine Einflussnahme von außen bestehen. Sondergerichte, die *ad hoc* errichtet werden, sind damit von vornherein verboten.[433] 186

Im Hinblick auf das durchgeführte Verfahren kommt es entscheidend darauf an, ob dem Angeklagten der **Zugang zu einem fairen Verfahren** verwehrt wird. Die Verbrechenselemente im Rahmen des Römischen Statuts verweisen zur Bestimmung der geschützten Verfahrensrechte auf die in den GK III und IV normierten Garantien. Dem Wortlaut der Verbrechenselemente (,in particular') ist allerdings zu entnehmen, dass über die in den Genfer Abkommen geregelten Garantien hinaus weitere international anerkannte Verfahrensgarantien einzubeziehen sind. Diesem Umstand hat der deutsche Gesetzgeber seinerseits durch das Abstellen auf die ,völkerrechtlich erforderlichen Rechtsgarantien' entsprochen. Eingehalten werden müssen mithin etwa auch die in **Art. 85 ZP I** enthaltenen Standards. Nach dem Wortlaut erfasst sind auch die in Menschenrechtsschutzverträgen wie dem Internationalen Pakt über bürgerliche und politische Rechte und der EMRK enthaltenen Garantien, insbesondere Art. 5, 6 und 7 EMRK und Art. 9, 14, 15 und 16 IPbpR. Daneben 187

---

[429] BT-Drs. 14/8524, 27.
[430] BT-Drs. 14/8524, 27.
[431] Vgl. dazu nur etwa aus der Rechtsprechung des Europäischen Gerichtshofes für Menschenrechte die Urteile in den Sachen Piersack v. Belgien, Ser. A, vol. 53, Nr. 28 ff., S. 13–16; De Cubber v. Belgien, Ser. A, vol. 86, Nr. 24 ff., S. 13–16; ferner Findlay v. Vereinigtes Königreich, Reports of Judgments and Decisions, 1997-I, S. 281; Hauschildt v. Dänemark, Ser. A, vol. 154, Nr. 46, S. 21; sowie Holm v. Schweden, Ser. A, vol. 279-A, Nr. 27 ff., S. 13–16.
[432] Report of the Human Rights Committee, UN Doc. A/49/40, Nr. 9.4, S. 187.
[433] Fleck/*Gasser* Rn. 569; *Werle/Jeßberger* Völkerstrafrecht Rn. 1266.

verweist der historische Gesetzgeber im Hinblick auf die einzuhaltenden Rechtsgarantien ausdrücklich auf die in Art. 75 ZP I beziehungsweise Art. 6 ZP II enthaltenen Garantien.

188 Im Einzelnen sind nach humanitärem Völkerrecht folgende Verfahrensrechte zu beachten: Recht auf ein **unabhängiges und unparteiisches Gericht** (Art. 84 Abs. 2 GK III, Art. 6 Abs. 2 ZP II), das Recht auf schnellstmögliche **Information der Schutzmacht** über ein geplantes Gerichtsverfahren gegen einen Kriegsgefangenen (Art. 104 GK III), das Recht auf unverzügliche **Information über Anklagepunkte** (Art. 104 GK III, Art. 71 Abs. 2 GK IV, Art. 75 Abs. 4 lit. a ZP I, Art. 6 Abs. 2 lit. a ZP II), das **Verbot von Kollektivstrafen** (Art. 87 Abs. 3 GK III und Art. 33 GK IV), das **Gesetzlichkeitsprinzip** (Art. 99 Abs. 1 GK III, Art. 67 GK IV), die Einhaltung des *ne bis in idem*-Grundsatzes (Art. 86 GK III, Art. 117 Abs. 3 GK IV, Art. 75 Abs. 4 lit. h ZP I), das Recht auf Aufklärung über die Möglichkeit, **Rechtsmittel** einzulegen (Art. 106 GK III, Art. 73 GK IV), die Möglichkeit der **Verteidigung** und das Recht auf **Beistand** durch einen geeigneten Verteidiger (Art. 99 Abs. 3 GK III, Art. 75 Abs. 4 lit. a ZP I, Art. 6 Abs. 2 lit. a ZP II), das Recht auf rechtzeitige **Zustellung der Anklageschrift** und anderer Prozessdokumente in **verständlicher Sprache** (Art. 105 Abs. 4 GK III), das Recht eines angeklagten Kriegsgefangenen, einen Kameraden zur Unterstützung beizuziehen (Art. 105 Abs. 1 GK III), das Recht des Angeklagten, sich durch einen geeigneten **Anwalt** seiner Wahl verteidigen zu lassen (Art. 105 Abs. 1 GK III, Art. 72 Abs. 4 GK IV), das Recht auf Geltendmachung der zur Verteidigung nötigen **Beweismittel,** insbesondere Zeugen vorladen und vernehmen lassen (Art. 105 Abs. 1 GK III, Art. 72 Abs. 1 GK IV) sowie schließlich das Recht auf Inanspruchnahme der Dienste eines **Dolmetschers** (Art. 105 Abs. 1 GK III, Art. 72 Abs. 4 GK IV).

189 Verfahren gegen Kriegsgefangene müssen vor einem **gleichartigen Gericht** und nach gleichem Verfahren stattfinden wie Prozesse gegen Angehörige der Streitkräfte des Gewahrsamsstaates (Art. 102 GK III). Darüber hinaus darf gem. Art. 75 Abs. 4 lit. b ZP I und Art. 6 Abs. 2 lit. b ZP II niemand wegen einer Straftat verurteilt werden, für die er nicht selbst strafrechtlich verantwortlich ist. Es gilt gem. Art. 75 Abs. 4 lit. c ZP I sowie Art. 6 Abs. 2 lit. c ZP II der Grundsatz *nulla poena sine lege;* wird nach Begehung der Straftat durch Gesetz eine mildere Strafe eingeführt, so kommt dies dem Täter zugute. Zu beachten ist ferner gem. Art. 75 Abs. 4 lit. d ZP I sowie Art. 6 Abs. 2 lit. d ZP II der Grundsatz *in dubio pro reo.*

190 Art. 75 Abs. 4 lit. e ZP I und Art. 6 Abs. 2 lit. e ZP II beinhalten ferner das Recht des Angeklagten auf **Anwesenheit in der Hauptverhandlung.** Nach Art. 75 Abs. 4 lit. f ZP I und Art. 6 Abs. 2 lit. f ZP II darf niemand gezwungen werden, gegen sich selbst als Zeuge auszusagen oder sich schuldig zu bekennen *(nemo tenetur se ipsum accusare)*. Weiterhin hat gem. Art. 75 Abs. 4 lit. g ZP I jeder wegen einer Straftat Angeklagte das Recht, **Fragen** an die Belastungszeugen zu stellen oder stellen zu lassen und das Erscheinen und die Vernehmung von **Entlastungszeugen** unter den für die Belastungszeugen geltenden Bedingungen zu erwirken. Schließlich hat der Angeklagte ein Recht auf **öffentliche Urteilsverkündung** (Art. 75 Abs. 4 lit. i ZP I) sowie gem. Art. 75 Abs. 4 lit. j ZP I beziehungsweise Art. 6 Abs. 3 ZP II ein Recht auf **Rechtsmittel- und Rechtsbehelfsbelehrung** und Aufklärung bezüglich etwaiger Fristen.

191 Die Rechte müssen dem Beschuldigten zu jeder Zeit des Verfahrens zur Verfügung gestanden haben.[434] Die **Todesstrafe** darf zudem nur unter den qualifizierten Voraussetzungen der Art. 100, 101 GK III, Art. 68, 74, 75 GK IV beziehungsweise Art. 6 Abs. 4 ZP II verhängt werden.

192 Fraglich ist, ob der Verfahrensfehler für die Verhängung beziehungsweise die Vollstreckung der Strafe ursächlich geworden sein muss. Gemäß den Verbrechenselementen des Römischen Statuts ist eine solche **Kausalität** nicht erforderlich.[435] Gleiches gilt, ungeachtet des tatbestandlichen Erfordernisses der Verhängung beziehungsweise Vollstreckung einer

---

[434] Dörmann S. 419.
[435] UN Doc. PCNICC/1999/DP.4/Add. 2; UN Doc. PCNICC/1999/WGEC/DP.5.

Strafe, auch nach der deutschen Regelung, liegt der Strafgrund auch im deutschen Recht doch in dem Entzug der erforderlichen Rechtsgarantien.[436] Eine Strafbarkeit ist mithin auch dann gegeben, wenn eine *ex-post*-Betrachtung ergibt, dass das Opfer auch bei Berücksichtigung aller Verfahrensgarantien verurteilt beziehungsweise eine entsprechende Strafe vollstreckt worden wäre; allenfalls wäre dies bei der **Strafzumessung** zu berücksichtigen. Dies gilt auch deshalb, weil sich ein solcher Zusammenhang angesichts der subjektiven Prägung eines jeden Rechtsfindungsprozesses kaum im Sinne einer echten Kausalitätsbeziehung, sondern allenfalls im Wege einer Kausalitätshypothese nachvollziehen ließe.

8. Medizinische Versuche, Gewebe- und Organentnahmen (Nr. 8). Abs. 1 Nr. 8 soll ausschließen, dass nach humanitärem Völkerrecht zu schützende Personen zum Gegenstand wissenschaftlicher Experimente gemacht werden. Die Vorschrift beruht zum einen auf Art. 8 Abs. 2 lit. b (x) und Abs. 2 lit. e (xi) sowie Abs. 2 lit. a (ii) IStGH-Statut. Die unter den lit. b und lit. c aufgeführten Tatbestandsvarianten gehen hingegen nicht auf das IStGH-Statut, sondern auf Art. 11 Abs. 1 und 2 ZP I zurück, dessen Regelungen gemäß der Begründung des Gesetzgebers kraft Völkergewohnheitsrechtes mittlerweile für alle Konfliktarten gelten.[437] Darüber hinaus wurde die Strafbarkeitsschwelle gegenüber dem Römischen Statut auch insofern herabgesetzt, als dass im Gegensatz zu der unter dem IStGH-Statut erforderlichen Verursachung des Todes nach deutschem Recht die konkrete Gefahr des Todes ausreichend ist. Dadurch konnte gleichzeitig die uneinheitliche Struktur des Art. 8 Abs. 2 lit. b (x) IStGH-Statut, der sowohl die Komponente eines Verletzungsdeliktes wie auch die eines Gefährdungsdeliktes beinhaltete, aufgehoben werden.

Voraussetzung ist zunächst, dass der Täter durch die unter lit. a, b und c aufgeführten Handlungsweisen eine andere Person in die **Gefahr des Todes oder einer schweren Gesundheitsschädigung** bringt. Ebenso wie bei § 250 Abs. 1 Nr. 1 lit. c und Abs. 2 Nr. 3 lit. b StGB muss eine konkrete Gefahr hervorgerufen werden.[438] Die dort genannten Grundsätze hinsichtlich der Gefahrenlage, deren Verursachung und deren tatgerichtlicher Feststellung gelten in gleicher Weise. Der Begriff der schweren Gesundheitsschädigung beschränkt sich nicht allein auf den Katalog der schweren Körperverletzung im Sinne von § 226 StGB.

Erfasst werden wie bei der in § 8 Abs. 1 Nr. 3 VStGB geregelten unmenschlichen Behandlung, als deren Unterfall die Vornahme biologischer Versuche gem. Art. 8 Abs. 2 lit. a (ii) IStGH-Statut ausgestaltet war, auch sonstige einschneidende oder nachhaltige Gesundheitsschäden, welche das Opfer in seiner Arbeitsfähigkeit nachhaltig beeinträchtigen oder es in eine qualvolle und langwierige Krankheit stürzen.[439] Ebenso wie bei § 8 Abs. 1 Nr. 3 VStGB sind angesichts der völkerrechtlichen Mutternorm des Art. 11 ZP I sowohl körperliche als auch seelische Gesundheitsschäden mit erfasst.[440] Handlungen, die zu einem tatsächlichen Verletzungserfolg geführt haben, werden vom Tatbestand erst recht umfasst.[441]

a) Medizinische und andere Versuche (Nr. 8 lit. a). Eine entsprechende Regelung existierte im nationalen Strafrecht bislang nicht.[442] Wissenschaftliche Experimente sind nach Art. 13 GK III, Art. 32 GK IV sowie gem. Art. 11 ZP I verboten. Biologische Experimente sind als schwere Verletzung aller vier Genfer Abkommen erfasst.

Nach dem erklärten Willen des Gesetzgebers umfasst der Versuchsbegriff alle im IStGH-Statut explizit genannten Formen **medizinischer, wissenschaftlicher und biologischer Versuche**.[443] Weder im Römischen Statut noch in den entsprechenden Verbrechensele-

---

[436] BT-Drs. 14/8524, 27.
[437] BT-Drs. 14/8524, 27 f.; krit. *Gropengießer* S. 231.
[438] → StGB § 250 Rn. 47–52 und Rn. 67.
[439] BGH 18.4.2002 – 3 StR 52/02, NStZ 2002, 542 (543) – bzgl. § 250 StGB.
[440] Siehe auch Triffterer/*Dörmann* IStGH-Statut Art. 8 Rn. 100.
[441] Triffterer/*Dörmann* IStGH-Statut Art. 8 Rn. 101.
[442] *Hermsdörfer* Humanitäres Völkerrecht-Informationsschriften 1999, 22 (24).
[443] Allg. siehe: US Military v. 19./20.8.1947, Karl Brandt and others (sog. Ärzteprozess), Trials of War Criminals, Vol. II, S. 171 ff.

menten werden die Begrifflichkeiten allerdings näher definiert. Gemäß dem Sinn und Zweck der Verbotsnorm, den Einzelnen vor jeglicher Form von Experimenten zu schützen, werden daher die unterschiedlichsten Formen der experimentellen unmittelbaren wie mittelbaren Einwirkung auf den Körper des Opfers erfasst.[444] Beispiele sind etwa die direkte Zuführung von Krankheitserregern oder Gift, die Untersuchung der Körperreaktion auf besondere klimatische Umweltbedingungen wie etwa Hitze- und Kälteexperimente. Bereits in den Jahren nach dem Zweiten Weltkrieg wurde die Durchführung von Kastrationen und Sterilisationen, von vorzeitigen Schwangerschaftsabbrüchen, von Hormonbehandlungen sowie ferner von Experimenten mit Malariaerregern, Gift, Fleckfiebererregern, Bluthochdruck, extremen Temperaturen und Senfgas strafrechtlich verfolgt.[445]

198 **b) Gewebe oder Organentnahme (Nr. 8 lit. b).** Die Vorschrift regelt allein die **Gewebe- und Organentnahme für Übertragungszwecke.** Soweit es um eine Gewebe- oder Organentnahme ohne weitergehende Zweckrichtung geht, kommt bereits eine Strafbarkeit gem. § 8 Abs. 1 Nr. 3 in Betracht. Tatbestandlich ausgenommen werden die Entnahme von Blut oder Haut zu therapeutischen Zwecken im Einklang mit den allgemeinen anerkannten medizinischen Grundsätzen. Diese Ausnahmeregelung beruht auf Art. 11 Abs. 3 ZP I. Ansonsten lässt der Wortlaut den Schluss zu, dass sonstige Organentnahmen kategorisch und selbst im Fall freiwilliger und ausdrücklicher Einwilligung verboten sind.[446] Der Wortlaut könnte andererseits auch dahingehend interpretiert werden, dass sich der Satzteil „und die Person nicht zuvor freiwillig und ausdrücklich eingewilligt hat" auf den Satzteil vor dem Komma bezieht. Danach wäre eine Strafbarkeit auch der Entnahme anderer Organe als Blut oder Haut im Falle der freiwilligen und ausdrücklichen Einwilligung ausgeschlossen. Angesichts medizinischer Notwendigkeit und der im Kontext eines bewaffneten Konfliktes gesteigerten Erforderlichkeit von Organtransplantationen erscheint diese Lesart vorzugswürdig. In der Gesetzesbegründung wird der Wortlaut allerdings im Sinne der ersteren Lesart verstanden, wonach allein die Entnahme von Blut oder Haut unter den beschriebenen Voraussetzungen erfasst wird und bei entsprechender Einwilligung straffrei bleibt. Ansonsten verweist der Gesetzgeber lediglich darauf, dass andere Organe in ihrer Bedeutung für die medizinische Behandlung von Verwundeten zurücktreten,[447] was angesichts der gesteigerten Verletzungssituation des bewaffneten Konfliktes kaum zufriedenstellend ist.

199 **c) Anwendung nicht anerkannter Behandlungsmethoden (Nr. 8 lit. c).** Der Tatbestand erfasst neben den bereits in lit. a und b geregelten medizinischen Versuchen und Organentnahmen jede andere **nicht anerkannte Behandlungsmethode.** Eine Behandlungsmethode ist dann nicht anerkannt, wenn sie nicht dem gegenwärtigen gesicherten Stand der medizinischen Forschung entspricht. Beispiele sind etwa die Versorgung mit nicht geeigneten Medikamenten, die Zuführung einer Überdosis eines bestimmten Medikaments oder die Vornahme eines chirurgischen Eingriffs als Ersatz für nicht verfügbare Medikamente. Eine Strafbarkeit tritt in einem solchen Fall lediglich dann nicht ein, wenn kumulativ sowohl die Methode medizinisch notwendig ist, also keine bereits erprobte Behandlungsmöglichkeit zur Verfügung steht, und ferner die betroffene Person zuvor freiwillig und ausdrücklich in die fragliche Behandlung eingewilligt hat.

200 **9. Entwürdigende oder erniedrigende Behandlung (Nr. 9).** Der Tatbestand geht zurück auf den gemeinsamen Art. 3 der vier Genfer Abkommen, Art. 27, 95 GK IV, Art. 14, 52 GK III, die Art. 75 Abs. 2 lit. b ZP I, Art. 85 Abs. 4 lit. c ZP I und Art. 4 Abs. 2 lit. e ZP II sowie schließlich auf Art. 3 JStGH-Statut, Art. 4 lit. e RStGH-Statut. Er entspricht teilweise Art. 8 Abs. 2 lit. b (xxi) und Art. 8 Abs. 2 lit. c (ii) IStGH-Statut, in deren Rahmen die Entwürdigung und die Erniedrigung allerdings lediglich Beispielcharakter für einen

---

[444] BT-Drs. 14/8524, 27.
[445] US Military Tribunal v. 17.4.1947, E. Milch, Trials of War Criminals, Vol. II, S. 355 ff.; US Military Tribunal, Karl Brandt and others (Fn. 425) 171 ff.; dazu *Werle/Jeßberger* Völkerstrafrecht Rn. 1218.
[446] *Gropengießer* S. 193 f.
[447] BT-Drs. 14/8524, 28.

Angriff auf die Menschenwürde haben. Vergleichbare Verhaltensweisen waren nach deutschem Strafrecht bislang lediglich von § 31 WStG erfasst, der die entwürdigende Behandlung von Untergebenen und insbesondere die Erteilung von Befehlen, die gegen die Menschenwürde verstoßen, pönalisiert.[448]

Der objektive Tatbestand setzt voraus, dass der Täter eine nach dem humanitären Völkerrecht zu schützende Person **in schwerwiegender Weise entwürdigend oder erniedrigend behandelt.** Grundsätzlich kommen jegliche Verhaltensweisen als Tathandlungen in Betracht. Beschimpfungen können ausreichend sein.[449] Das Töten einer Person iSv § 8 Abs. 1 Nr. 1 fällt allerdings nicht unter Nr. 9.[450] **201**

Nach zutreffender Auffassung des Jugoslawien-Tribunals wie auch des Sondergerichtshofes für Sierra Leone ist zur Bestimmung des Schweregrades eines Verhaltens die **Position eines objektiven Beobachters unter Berücksichtigung des kulturellen Hintergrundes des jeweiligen Opfers** einzunehmen.[451] Erst der kulturelle und religiöse Hintergrund eines Opfers lassen die Einstufung eines Verhaltens als in schwerwiegender Weise entwürdigend zu, so etwa wenn eine Person gezwungen wird, etwas zu sich zu nehmen, das nach seiner oder ihrer Religion verboten ist oder wenn, wie im 2. Weltkrieg geschehen, Angehörigen der Sikh Religion Haare und Bart abrasiert werden.[452] Gleiches gilt, wenn bosnische Muslime zur Unterwerfung unter serbische Nationalsymbole gezwungen wurden und Wasser nur nach dem Singen serbischer Lieder erhielten.[453] **202**

Beispiele für entwürdigende und erniedrigende Behandlungen sind ferner **exzessive und grausame Verhöre, Vergewaltigungen,**[454] **sexuelle Sklaverei,**[455] **Zwangsarbeit** unter gefährlichen Umständen und die **Verwendung von Personen als menschliche Schutzschilde.**[456] Ausreichend ist es nach der Rechtsprechung des JStGH, wenn das Verhalten echte und erhebliche aus der Erniedrigung resultierende Leiden des Opfers verursacht.[457] Es muss sich dabei nach der *Kunarac*-Entscheidung nicht um langanhaltende Leiden handeln;[458] ist dies der Fall, indiziert dies allerdings regelmäßig eine entsprechende Erheblichkeit. Die Erheblichkeitsbestimmung enthält also mit anderen Worten nicht notwendigerweise ein zeitliches Element. Vielmehr ist davon auszugehen, dass grundsätzlich jeder Akt, der allgemein als geeignet angesehen wird, eine schwere Erniedrigung oder Entwürdigung hervorzurufen, erfasst wird.[459] **203**

Gemäß den im Rahmen von Art. 9 des Römischen Statuts verabschiedeten Verbrechenselementen kann sich das Verbrechen auch gegen Bewusstlose und Verstorbene richten, das heißt geschützt wird auch die **Totenehre** beziehungsweise die über den Tod hinaus **204**

---

[448] BVerwG 12.6.1991 – 2 WD 53/90, 2 WD 54/90, NJW 1992, 587 = NZWehrR 1991, 254.
[449] JStGH, TC 2.11.2001 – IT-98-30/1-T, Nr. 172, Prosecutor v. Kvocka et al.
[450] Ebd.
[451] JStGH, AC 25.6.1999 – IT-94-14/1-T, Nr. 54, 56 – Prosecutor v. Aleksovski; Sondergerichtshof für Sierra Leone, TC 26.10.2009 – SCSL-04-15-A, Nr. 176, Prosecutor v. Sesay, Kallon and Gbao (RUF Case).
[452] Australian Military Court v. 12.7.1946, Chichi and others, Law Reports of Trials of War Criminals, Vol. XI, S. 62 ff.; 13.
[453] JStGH, TC 1.9.2004 – IT-99-36-T, Nr. 1015 ff. – Prosecutor v. Brdjanin.
[454] JStGH, TC 10.12.1998 – IT-95-17/1-T, Nr. 172 f. – Prosecutor v. Furundzija; IStGH, Pre Trail Chamber II 15.6.2009 – ICC-01/05-01/08, Nr. 303 ff. – Prosecutor v. Jean-Pierre Bemba Gombo, decision on the confirmation of charges allerdings sah die Vorverfahrenskammer in diesem Fall, soweit ersichtlich, Vergewaltigung als das speziellere Delikt an. Die Kammer führte aus: „the essence of the violation of the law underlying these facts is fully encompassed in the count of rape", Nr. 310.
[455] Sondergerichtshof für Sierra Leone, TC 20.6.2007 – SCSL-04-16-T, Nr. 719 – Prosecutor v. Brima et al. (AFRC Case) unter Berufung auf JStGH, TC 2.11.2001 – IT-98-30/1-T, Nr. 173 – Prosecutor v. Kvocka et al.
[456] JStGH, TC 22.2.2001 – IT-96-23-T/IT-96-23/1-T, Nr. 505 – Prosecutor v. Kunarac; JStGH, TC III 29.5.2013, IT-04-74-T, Prosecutor v. Prlić et al., Nr. 115.
[457] JStGH, AC 25.6.1999 – IT-94-14/1-T, Nr. 56 – Prosecutor v. Aleksovski.
[458] JStGH, TC 22.2.2001 – IT-96-23-T/IT-96-23/1-T, Nr. 501 – Prosecutor v. Kunarac; so auch Sondergerichtshof für Sierra Leone TC 26.10.2009 – SCSL-04-15-A, Nr. 176 – Prosecutor v. Sesay, Kallon and Gbao (RUF Case).
[459] JStGH, TC 22.2.2001 – IT-96-23-T/IT-96-23/1-T, Nr. 507 – Prosecutor v. Kunarac.

fortwirkende Würde des Menschen.⁴⁶⁰ Dies kann etwa, wie im Fall *Brdanin* des JStGH, dann der Fall sein, wenn die Körper getöteter Personen nach dem Eintritt des Todes verstümmelt oder zum Zwecke der Verdeckung mehrmals an verschiedenen Orten begraben werden.⁴⁶¹ Die deutsche Rechtsprechung nahm dies auch im Fall von einer Ablichtung aufgespießter Köpfe zu Propagandazwecken und Verhöhnung der Getöteten an.⁴⁶²

III. Subjektiver Tatbestand bei Abs. 1

205 **1. Allgemeine Fragen.** In subjektiver Hinsicht ist bei allen Kriegsverbrechen nach **§ 2 VStGB iVm § 15 StGB** Vorsatz, also **zumindest Eventualvorsatz,** erforderlich.⁴⁶³ Eine Strafbarkeit für die fahrlässige Begehung von Kriegsverbrechen hat der deutsche Gesetzgeber nicht vorgesehen.⁴⁶⁴ Die Entwicklung der subjektiven Voraussetzungen in der Praxis des Völkerstrafrechts orientierte sich vorrangig an den subjektiven Kategorien des anglo-amerikanischen Rechtskreises und verlief lange Zeit uneinheitlich und tatbestandsspezifisch.⁴⁶⁵ Mit **Art. 30 IStGH-Statut** wurden erstmals subjektive Voraussetzungen der Strafbarkeit festgelegt, die für alle vom IStGH-Statut erfassten Völkerrechtsverbrechen gelten.⁴⁶⁶ Diese Vorschrift ist, zumindest in der deutschen Literatur, auf Grund terminologischer Unklarheiten und Doppeldeutigkeiten in die Kritik geraten.⁴⁶⁷

206 Problematisch im Hinblick auf die allgemeinen Voraussetzungen ist allein, inwiefern sich der Vorsatz des Täters auf das Vorliegen eines funktionalen Zusammenhangs beziehen muss. *Werle/Jeßberger* argumentieren im Hinblick auf das Römische Statut unter Hinweis auf die Verbrechenselemente, dass der funktionale Zusammenhang mit dem bewaffneten Konflikt rein objektiv zu bestimmen sei.⁴⁶⁸ Danach handelte es sich bei dem funktionalen Zusammenhang lediglich um eine objektive Bedingung der Strafbarkeit. Schon angesichts der zentralen Bedeutung des funktionalen Zusammenhangs zur Begründung des besonderen Unrechtsgehalts der Kriegsverbrechen erscheint diese Einordnung bedenklich. Der deutsche Gesetzgeber hat den **funktionalen Zusammenhang** – anders als das Römische Statut – als **Tatbestandsmerkmal** aufgenommen. Die Gesetzgebungsmaterialien enthalten keinerlei Hinweis, dass der funktionale Zusammenhang in subjektiver Hinsicht anders zu bewerten sei als die sonstigen allgemeinen Tatbestandsmerkmale. Erforderlich ist mithin **Vorsatz des Täters auch bezüglich des funktionalen Zusammenhangs.**⁴⁶⁹

207 Nicht erforderlich ist hingegen, dass der Täter den internationalen oder nichtinternationalen Charakter eines Konfliktes, der oftmals ohnehin nur *ex post* zu bestimmen sein wird, rechtlich zutreffend bewertet.⁴⁷⁰ Erforderlich ist lediglich, dass der Täter Kenntnis von den tatsächlichen Umständen hat, aus denen sich das Vorliegen eines bewaffneten Konfliktes ergibt.⁴⁷¹

---

⁴⁶⁰ *Dörmann* S. 314, 315.
⁴⁶¹ JStGH, TC 1.9.2004 – IT-99-36-T, Nr. 1019 – Prosecutor v. Brdjanin.
⁴⁶² BGH 18.9.2016 – StB 27/16, NJW 2016, 3604; OLG Frankfurt 12.7.2016 – 5-3 StE 2/16 – 4 – 1/16, NJ 2016, 514.
⁴⁶³ BT-Drs. 14/8524, 26; zur Problematik des Eventualvorsatzes und Art. 30 des IStGH-Statuts siehe *Werle/Jeßberger* Völkerstrafrecht Rn. 500 ff., 531.
⁴⁶⁴ Anders und gesteigerte Fahrlässigkeit erfassend JStGH, AC 3.3.2000 – IT-95-14-T, Nr. 151, 182 – Prosecutor v. Blaskic; bestätigend JStGH, TC 26.2.2001 – IT-95-14/2, Nr. 260 – Prosecutor v. Kordic and Cerkez.
⁴⁶⁵ *Werle/Jeßberger* Völkerstrafrecht Rn. 488 ff.; siehe *Jescheck* S. 375 ff.
⁴⁶⁶ *Cassese/Gaeta/Jones/Eser* S. 889, 894 f.
⁴⁶⁷ *Ambos* S. 761; *Kreß,* Vom Nutzen eines deutschen Völkerstrafgesetzbuches, S. 35; *Cassese/Gaeta/Jones/Eser* S. 889, 904 f.; *Ambos,* Internationales Strafrecht, § 7 Rn. 64; *Safferling* § 6 Rn. 158.
⁴⁶⁸ *Werle/Jeßberger* Völkerstrafrecht Rn. 1166: Die Verbrechenselemente stellen klar, dass sich der Vorsatz des Täters nur auf das Vorliegen eines bewaffneten Konfliktes beziehen muss; vgl. dazu *Dörmann/La Haye/von Hebel* in *Lee* (Hrsg.), The International Criminal Court, Elements of Crimes and Rules of Procedure and Evidence, 2001, S. 121 f.
⁴⁶⁹ So auch *Ambos,* Internationales Strafrecht, § 7 Rn. 65; *Safferling* § 6 Rn. 157.
⁴⁷⁰ *Werle/Jeßberger* Völkerstrafrecht Rn. 1171; *Dörmann/La Haye/von Hebel* S. 122 sowie Rn. 272.
⁴⁷¹ *Zimmermann* NJW 2002, 3068 (3070); *Werle/Jeßberger* Völkerstrafrecht Rn. 1170.

Im Folgenden soll nur auf etwaige Besonderheiten im Zusammenhang mit einzelnen **208**
Tatbestandsvarianten eingegangen werden.

2. Sonderfragen bei einzelnen Tatbeständen des Abs. 1. a) Tötung (Nr. 1). Der **209**
in Abs. 1 Nr. 1 enthaltene Tötungstatbestand erfordert Vorsatz (§ 15 StGB), wobei, wie
erwähnt, Eventualvorsatz genügt.[472]

Wird der Täter durch den ausdrücklichen und ernsthaften Wunsch des Opfers dazu
bestimmt, die Tötung vorzunehmen, ist fraglich, inwieweit § 216 StGB eine Sperrwirkung
gegenüber § 8 I Nr. 1 VStGB entfalten kann. Grundsätzlich ist die parallele Anwendbarkeit
des StGB neben dem VStGB anerkannt. Jedoch ergibt sich aus der Gesetzesbegründung, dass
die Bundesregierung hierdurch vor allem mögliche Strafbarkeitslücken vermeiden wollte.
Im Falle einer Anwendbarkeit von § 216 würde dies jedoch gegebenenfalls zu einer Privilegierung des Täters führen.

Weder dem Statut des IStGH noch der Rechtsprechung internationaler Gerichte ist
jedoch eine derartige Privilegierung zu entnehmen. Zudem spricht auch die besondere
Situation des bewaffneten Konfliktes, der negative Auswirkungen auf die Einsichtsfähigkeit
des Opfers haben kann, gegen eine Anwendung des § 216 StGB.

b) Geiselnahme (Nr. 2). Der subjektive Tatbestand der in Abs. 1 Nr. 2 geregelten Gei- **210**
selnahme verlangt Vorsatz bezüglich der Begründung des Gewaltverhältnisses sowie bezüglich der Drohung. Nicht erforderlich ist demgegenüber, dass der Täter bereits zum Zeitpunkt
der Erlangung der Verfügungsgewalt über das Opfer die Absicht gehabt haben muss, die
Entführung oder das Sich-Bemächtigen zu einer Nötigung der gegnerischen Partei auszunutzen. Vielmehr kann eine Person, etwa ein Kriegsgefangener, auch noch nachträglich ‚als
Geisel' genommen werden.[473]

Als **Nötigungsadressat** kommen in diesem Zusammenhang **Staaten, internationale** **211**
Organisationen, juristische wie natürliche Personen, wobei auch eine einzelne Person
ausreichend ist, in Betracht.[474] Im Gegensatz zu § 239b StGB stellt sich in Bezug auf § 8 I
Nr. 2 VStGB die Frage, ob auch Zweipersonenkonstellationen erfasst werden. Zieht man
die Verbrechenselemente des IStGH Statuts heran, so ergibt sich keine klare Antwort auf
diese Frage. Zwar wird auch eine natürliche Person als möglicher Adressat einer Nötigung
benannt, worunter auch die Geisel selbst gefasst werden könnte, jedoch handelt es sich bei
den weiteren möglichen Adressaten stets um eine juristische Peron, die keine Geisel sein
kann und somit zwangsläufig Dritter wäre.[475] Dagegen spricht allerdings die Orientierung
des § 8 I Nr. 2 VStGB an Artikel 1.1. des Übereinkommens gegen Geiselnahme vom
18.12.1979, welches ausdrücklich eine Drohung gegenüber einem Dritten verlangt und
mithin auf Dreipersonenkonstellationen beschränkt ist.[476] Für eine Einbeziehung von Zweipersonenkonstellationen spricht hingegen die (neuere) Rechtsprechung internationaler
Gerichte. So hielt es zwar die Verfahrenskammer des Sondergerichtshofes für Sierra Leone
noch für erforderlich, dass die Drohung gegenüber einer dritten Person zu erfolgen habe.[477]
Jedoch revidierte die Berufungskammer des Sondergerichtshofes für Sierra Leone anschließend diese Lesart.[478] Rechtsvergleichend kam sie zu dem Schluss, dass das Gros der nationa-

---

[472] JStGH, TC 29.11.2002 – IT-98-32-T, Nr. 205 – Prosecutor v. Vasiljevic; JStGH, TC 31.7.2003 – IT-97-24-T, Nr. 584, 587 – Prosecutor v. Stakic; JStGH, TC 2.8.2001 – IT-98-33-T, Nr. 485 – Prosecutor v. Kristic; JStGH, TC 3.3.2000 – IT-95-14-T, Nr. 151, 217 – Prosecutor v. Blaskic; JStGH, TC 2.11.2001 – IT-98-30/1-T, Nr. 132 – Prosecutor v. Kvocka et al.; im Hinblick auf die Erfassung lebensgefährlicher Gewalthandlungen und die Problematik des bedingten Tötungsvorsatzes → StGB § 212 Rn. 6 ff.
[473] Sondergerichtshof für Sierra Leone, AC 26.10.2009 – SCSL-04-15-A, Nr. 596 ff. – Prosecutor v. Sesay, Kallon and Gbao (RUF Case).
[474] UN Doc. PCNICC/2000/WGEC/L.1/Add. 2, S. 8; Sondergerichtshof für Sierra Leone, TC 26.10.2009 – SCSL-04-15-A, Nr. 243 – Prosecutor v. Sesay, Kallon and Gbao (RUF Case).
[475] Verbrechenselemente zu Art. 8 Abs. 2 lit. a (viii) IStGH-Statut.
[476] BGBl. 1980 II S. 1362.
[477] Sondergerichtshof für Sierra Leone, TC 26.10.2009 – SCSL-04-15-A, Nr. 1964 – Prosecutor v. Sesay, Kallon and Gbao (RUF Case).
[478] Sondergerichtshof für Sierra Leone, AC 26.10.2009 – SCSL-04-15-A, Nr. 582 ff. – Prosecutor v. Sesay, Kallon and Gbao (RUF Case).

len Strafrechtsordnungen auch Geiselnahmen in Zweipersonenkonstellationen zulasse und das Erfordernis einer Drohung gegenüber einem Dritten somit nicht zwingend notwendig sei. Der Berufungskammer ist nunmehr beizupflichten, zumal im Bereich des deutschen Strafrechts nicht erkennbar ist, warum mit Blick auf die Erfassung von Zweipersonenkonstellationen ein Unterschied zwischen Friedenszeiten und der Situation eines bewaffneten Konflikts gemacht werden sollte.

Die Nötigungsabsicht muss alle in § 240 StGB enthaltenen Tatbestandsmerkmale erfassen.[479] Insbesondere muss der Täter beabsichtigen, einen über den bereits mit dem Sich-Bemächtigen verbundenen Zwang hinausgehenden Nötigungserfolg herbeizuführen.[480]

212   Die **Nötigungsmittel** sind gegenüber § 240 StGB auf eine zumindest konkludente **Drohung mit dem Tod, einer Körperverletzung oder eines fortgesetzten Freiheitsentzuges der Geisel** beschränkt. Im Gegensatz zu § 239b StGB finden sich weder in der deutschen Gesetzesbegründung noch im Völkerrecht Hinweise auf das Erfordernis einer gewissen Erheblichkeit, entweder der angedrohten Körperverletzung, die nach § 239b StGB der schweren Körperverletzung gem. § 226 StGB entsprechen muss, oder des Freiheitsentzuges, der sich nach § 239b StGB auf über eine Woche Dauer belaufen muss. Angesichts der in § 8 vorgesehenen erheblichen Freiheitsstrafe von nicht unter fünf Jahren, die den vorgesehenen Strafrahmen der für die in den Nr. 3–9 beschriebenen Verbrechen übersteigt, ist eine Übertragung dieser Maßstäbe zur Gewährleistung einer gewissen Erheblichkeit geboten.

213   **c) Grausame oder unmenschliche Behandlung, Folter (Nr. 3).** Einzige Besonderheit im Rahmen von Abs. 1 Nr. 3 ist, dass anders als im Rahmen der Verbrechen gegen die Menschlichkeit, der Tatbestand der Folter gem. Abs. 1 Nr. 3 wie erwähnt **in subjektiver Hinsicht eine bestimmte Zweckverfolgung** voraussetzt.[481] Unterschiedlich beurteilt wird, welche Zwecke im Einzelnen erfasst werden. Fraglich ist insbesondere, ob die in der Folterkonvention enthaltene Aufzählung abschließend zu verstehen ist. So wurde etwa auch die bloße Erniedrigung, obwohl nicht in der Folterkonvention enthalten, als ausreichender Zweck in der Rechtsprechung des JStGH angesehen.[482] Auch die Verbrechenselemente zu Art. 8 Abs. 2 lit. a (i) IStGH-Statut messen dieser Auflistung lediglich Beispielcharakter zu.[483] Nicht erforderlich ist, dass die Tat einem verbotenen Zweck dient.[484] Die ständige Rechtsprechung des JStGH geht davon aus, dass die in der Anti-Folterkonvention aufgeführte Liste nicht abschließend ist und es darüber hinaus unschädlich ist, wenn weitere Ziele hinzutreten.[485] Zu den typischen Zwecken gehört es, mittels der Behandlung bestimmte Informationen oder ein Geständnis zu erhalten, sowie das Opfer oder Dritte zu bestrafen.

214   **d) Gefangenhaltung einer unter Zwang geschwängerten Frau (Nr. 4).** Im Rahmen von Nr. 4 ist bei der Variante der Gefangenhaltung einer unter Zwang geschwängerten Frau Absicht im Sinne zielgerichteten Wollens bezüglich der Beeinflussung der ethnischen Zusammensetzung einer Bevölkerung erforderlich. Das **Absichtserfordernis** wurde im Rahmen der Verhandlungen des Römischen Statuts insbesondere auf Druck des Vatikans

---

[479] UN Doc. PCNICC/2000/WGEC/L.1/Add. 2, S. 8, 26.
[480] JStGH, TC 3.3.2000 – IT-95-14-T, Nr. 158 – Prosecutor v. Blaskic; → StGB § 239b Rn. 18.
[481] JStGH, TC 1.9.2004 – IT-99-36-T, Nr. 486 – Prosecutor v. Brdjanin.
[482] JStGH, TC 10.12.1998 – IT-99-17/1-T, Nr. 163 – Prosecutor v. Furundzija; vorsichtiger JStGH, TC 22.2.2001 – IT-6-23-T/IT-96-23/1-T, Nr. 485 – Prosecutor v. Kunarac.
[483] IStGH, Pre-Trial Chamber II 15.6.2009 – ICC-01/05-01/08, Nr. 293 – Prosecutor v. Jean-Pierre Bemba Gombo, Decision on the confirmation of charges.
[484] JStGH, TC 15.9.2008 – IT-04-83, Nr. 470 – Prosecutor v. Rasim Delalic et al.; JStGH, AC 12.6.2002 – IT-96-23/IT-96-23/1, Nr. 155 – Prosecutor v. Kunarac/Kovac/Vokovic; JStGH, TC 1.9.2004 – IT-99-36-T, Nr. 487 – Prosecutor v. Brdjanin.
[485] JStGH, TC 22.2.2001 – IT-96-23-T/IT-96-23/1-T, Nr. 486 – Prosecutor v. Kunarac; JStGH, TC 16.11.1998 – IT-96-21-T, Nr. 470 – Prosecutor v. Delalic et al.; JStGH, TC 1.9.2004 – IT-99-36-T, Nr. 487 – Prosecutor v. Brdjanin; JStGH, AC 12.6.2002 – IT-96-23/IT-96-23/1, Nr. 155 – Prosecutor v. Kunarac/Kovac/Vokovic; JStGH, TC II 29.11.2012, IT-04-84bis-T, Nr. 418 – Prosecutor v. Haradinaj et al.

aufgenommen, um ethnisch neutrale Abtreibungsverbote aus dem Anwendungsbereich des Tatbestandes herauszunehmen.

Das bloße Wissen des Täters, einer anderen Ethnie als die geschwängerte Frau anzugehören, genügt daher nicht. International gründet sich die Vorschrift vor allem auf **Erfahrungen im Zusammenhang mit dem Jugoslawien-Konflikt** in dessen Verlauf insbesondere serbische Aufständische in Bosnien-Herzegowina bosnisch-muslimische Frauen nicht nur gefangen nahmen, sondern sie auch vergewaltigten, um sie anschließend zu zwingen, ‚serbische' Kinder zur Welt zu bringen. Vor diesem Hintergrund ist der spezifische Unrechtsgehalt der Tat, über die Vergewaltigung und die Gefangennahme hinausgehend, insbesondere in der beabsichtigten Destabilisierung des ethnischen Gleichgewichts einer Gemeinschaft zu sehen. 215

Unbeschadet der Tatsache, dass es sich bei der ethnischen Zugehörigkeit, anders als bei der rassischen Zugehörigkeit, biologisch nicht um ein vererbliches äußeres Merkmal handelt, ist ethnisch doch gleichzusetzen mit **„durch das Volkstum bestimmt"**, wofür wiederum eine gemeinsame Kultur, Geschichte, Lebensweise, Sprache oder Religion ausschlaggebend sind,[486] genügt nach dem Wortlaut der Vorschrift die Vorstellung des Täters, die ethnische Zusammensetzung einer Bevölkerung zu beeinflussen. Damit sind auch solche Fälle erfasst, in denen der Täter und die geschwängerte Frau zwar der gleichen Ethnie angehören, der Täter sich aber vorstellt, die Präsenz dieser Ethnie zu verstärken. 216

e) Einsatz von Kindersoldaten (Nr. 5). Im Hinblick auf den **Einsatz von Kindersoldaten** bereitet in subjektiver Hinsicht die Altersvorstellung des Täters Probleme. Der Täter muss es zumindest für möglich gehalten haben, dass das Kind im Zeitpunkt der Zwangsverpflichtung beziehungsweise der Eingliederung unter 15 Jahre alt war. Damit ist die Situation mit derjenigen bei § 176 StGB vergleichbar. Der Sondergerichtshof für Sierra Leone ist darüber hinaus von einem Vorsatzerfordernis („knowledge") im Hinblick auf eine mögliche Ausbildung des Kindes für Kampfzwecke („may be trained for combat") ausgegangen.[487] Diese Sichtweise ist zu Recht kritisiert worden.[488] Da objektiv bereits die Zwangsverpflichtung beziehungsweise Eingliederung eines Kindes in die Streitkräfte oder bewaffnete Gruppen ausreichend ist, genügt Vorsatz im Hinblick auf diese Tatmodalitäten. Eine darüberhinausgehende Absicht, sei es in Gestalt einer Verwendungsabsicht oder der Absicht zur Ausbildung mit Blick auf eine spätere Verwendung, ist dagegen nicht erforderlich. 217

Im Hinblick auf den unter Umständen schwer nachweisbaren Vorsatz ist die Abwesenheit der in den Verbrechenselementen des Römischen Statuts vorgesehenen Fahrlässigkeitsstrafbarkeit im VStGB kritisiert worden.[489] 218

f) Vertreibung (Nr. 6). Bei Nr. 6 muss der Täter mit dem Ziel gehandelt haben, dass die betreffende Person – jedenfalls auf längere Zeit – nicht zurückkehrt,[490] wobei es für seine Strafbarkeit unerheblich ist, ob das Opfer später tatsächlich zurückkehrt oder nicht.[491] 219

g) Entwürdigende oder erniedrigende Behandlung (Nr. 9). Nr. 9 erfordert in subjektiver Hinsicht ebenfalls Vorsatz.[492] Der Täter muss den objektiven Charakter seines 220

---

[486] BT-Drs. 14/8524, 19.
[487] Sondergerichtshof für Sierra Leone, AC 28.5.2008 – SCSL-04-14-A, Nr. 141 – Prosecutor v. Fofana and Kondewa (CDF Case); Sondergerichtshof für Sierra Leone, TC 26.10.2009 – SCSL-04-15-A, Nr. 190, 192 – Prosecutor v. Sesay, Kallon and Gbao (RUF Case).
[488] *Sivakumaran* S. 1009, 1015.
[489] *Gropengießer* S. 236.
[490] JStGH, TC 31.7.2003 – IT-97-24-T, Nr. 687 – Prosecutor v. Stakic; JStGH, TC 31.3.2003 – IT-98-34-T, Nr. 520 – Prosecutor v. Naletilic and Martinovic.
[491] JStGH, TC 31.7.2003 – IT-97-24-T, Nr. 687 – Prosecutor v. Stakic.
[492] JStGH, TC 16.11.1998 – IT-96-21-T, Nr. 543 – Prosecutor v. Delalic et al.; JStGH 25.6.1999 – IT-94-14/1-T, Nr. 27 – Prosecutor v. Aleksovski; JStGH, TC 22.2.2001 – IT-96-23-T/IT-96-23/1-T, Nr. 509 – Prosecutor v. Kunarac.

Handelns erkennen, die wirklichen Konsequenzen muss er nicht vorhersehen.[493] Insbesondere ist eine Absicht, das Opfer zu entwürdigen oder zu erniedrigen, nicht erforderlich.[494] Ist die erforderliche objektive Schwelle erreicht, indiziert dies nach der Rechtsprechung des JStGH regelmäßig den Vorsatz.[495]

IV. Verwundung von Personen *hors de combat* (Abs. 2)

221 **1. Allgemeine Fragen.** Die Strafbewehrung der Verwundung außer Gefecht befindlicher Personen trägt dem erhöhten Schutzbedürfnis von Angehörigen der gegnerischen Streitkräfte beziehungsweise Kämpfern der gegnerischen Partei Rechnung, die sich **außer Gefecht ('hors de combat') befinden** oder die gefangen genommen werden, nachdem sie sich ergeben haben, und die damit – weil wehrlos – besonders der Gefahr ausgesetzt sind, verwundet zu werden. Darüber hinaus verhindert der durch das Verbot garantierte Schutz, dass Truppen nicht bis zum letzten Mann kämpfen, sondern überhaupt auch die Aufgabe der Kampfhandlungen in bestimmten Situationen in Betracht ziehen können.[496]

222 In der Zeit nach dem Zweiten Weltkrieg bezogen sich eine Vielzahl von Anklagen und Verurteilungen auf die Ermordung von Kriegsgefangenen.[497] Die Vorschrift entspricht Art. 8 Abs. 2 lit. b (vi) und Abs. 2 lit. c IStGH-Statut und beruht auf Art. 85 Abs. 3 lit. e ZP I. Die Vorschrift ist eng verwandt mit der in Art. 8 Abs. 2 lit. b (xii) des Römischen Statuts enthaltenen Regelung hinsichtlich des Verbots von Erklärungen, dass keine Schonung gewährt wird.

223 **2. Tatobjekte.** Geschützte Person im Sinne von Abs. 2 ist, wer sich als Angehöriger der gegnerischen Streitkräfte oder als Kämpfer einer gegnerischen Partei bedingungslos ergeben hat oder sonst außer Gefecht ('hors de combat') ist. § 8 Abs. 6 Nr. 3 stellt dagegen auf das Strecken der Waffen beziehungsweise eine in sonstiger Weise begründete Wehrlosigkeit ab. Das VStGB geht hier über die entsprechende Regelung des IStGH-Statuts hinaus, das zudem fordert, der Kombattant müsse sich ‚auf Gnade oder Ungnade ergeben' haben. Damit will der Gesetzgeber den Schutz von Personen sicherstellen, die beispielsweise auf Grund ihrer Verwundung überhaupt nicht mehr in der Lage sind, sich zu ergeben.[498]

224 Das bedingungslose Ergeben ist gem. Art. 41 Abs. 2 lit. b ZP I ein Unterfall des Sich-außer-Gefecht-Befindens und setzt voraus, dass die betroffene Person unmissverständlich ihre Absicht bekundet, sich zu ergeben und jede feindselige Handlung unterlässt und nicht zu entkommen versucht. Die Scheinaufgabe mit dem Ziel, einen militärischen Vorteil zu erlangen, wird nicht erfasst und konstituiert ihrerseits einen Akt der Perfidie. Der Schutz der Vorschrift endet, soweit eine Person Kampfhandlungen erneut aufnimmt oder zu fliehen versucht.[499]

225 Außer Gefecht befindet sich gem. Art. 41 Abs. 2 lit. a und lit. c ZP I darüber hinaus, wer sich in der Gewalt der gegnerischen Partei befindet oder wer bewusstlos oder anderweitig durch Verwundung oder Krankheit kampfunfähig und daher nicht in der Lage ist, sich zu verteidigen, sofern er jede feindselige Handlung unterlässt und nicht zu entkommen versucht.

226 Das völkerstrafrechtliche Verbot der Verwundung von außer Gefecht gesetzten Personen erfasst in Abwesenheit einer zeitlichen Begrenzung auch die Kriegsgefangenen.[500] Der

---

[493] JStGH, TC 22.2.2001 – IT-96-23-T/IT-96-23/1-T, Nr. 512 – Prosecutor v. Kunarac.
[494] Sondergerichtshof für Sierra Leone, TC 26.10.2009 – SCSL-04-15-A, Nr. 177 – Prosecutor v. Sesay, Kallon and Gbao (RUF Case).
[495] JStGH, TC 22.2.2001 – IT-96-23-T/IT-96-23/1-T, Nr. 513 – Prosecutor v. Kunarac.
[496] Triffterer/*Cottier*, 1. Aufl., 1999, IStGH-Statut Art. 8 Rn. 58.
[497] US Military Commission v. 13.12.1945, Masuda and others (sog. Jaluit Atoll Fall), Law Reports of Trials of War Criminals, Vol. I, S. 71 ff.; British Military Court v. 14.3.1946, *Amberger* (sog. Dreierwalde Fall) Law Reports of Trials of War Criminals, Vol. I, S. 81 (86); US Military Commission v. 13.6.1945, *Thiele/Steinert*, Law Reports of Trials of War Criminals, Vol. III, S. 56 ff.; *Dörmann* S. 186 Fn. 2 mwN.
[498] BT-Drs. 14/8524, 28.
[499] Triffterer/*Cottier/Richard* IStGH-Statut Art. 8 Rn. 281.
[500] Sandoz/Swinarski/Zimmermann/*de Preux* Rn. 1602.

deutsche Gesetzgeber unterscheidet, wie sich aus einem Vergleich der Regelungen in Abs. 6 Nr. 1 mit den Regelungen in Abs. 2 und Abs. 6 Nr. 3 erkennen lässt, deutlicher zwischen Kriegsgefangenen und außer Gefecht gesetzten Angehörigen der Streitkräfte und Kämpfern der gegnerischen Partei. Im Sinne einer völkerrechtskonformen Auslegung werden – insbesondere auch weil die Gesetzgebungsmaterialien keinen entgegenstehenden Willen erkennen lassen – jedoch auch Kriegsgefangene als geschützte Personen im Sinne von Abs. 2 erfasst.

Die Streitkräfte sind in Art. 43 Abs. 1 ZP I legaldefiniert. Zu ihren Angehörigen zählen 227 nach Art. 43 Abs. 2 ZP I sowohl Kombattanten, als auch Nichtkombattanten, wie etwa die Angehörigen des Sanitäts- und Seelsorgepersonals sowie weitere Mitglieder der Streitkräfte, die nicht befugt sind, unmittelbar an Feindseligkeiten teilzunehmen (vgl. insoweit auch Art. 3 HLKO).[501] Sowohl im Lichte der völkerrechtlichen Mutternorm des Art. 8 Abs. 1 lit. b (vi) IStGH-Statut, als auch angesichts des Telos der Vorschrift, den besonderen Schutz vormals in Kampfhandlungen verwickelter Personen zu garantieren, erscheint jedoch eine restriktive Interpretation des Begriffs der Angehörigen der Streitkräfte dahingehend geboten, dass allein Kombattanten geschützt werden. Diese Sichtweise wird auch durch die systematische Verortung des Tatbestandes in Abs. 2 gestützt.

3. Tathandlung. Als **Tathandlung** erfasst wird die **Verwundung**. Eine präzise Defini- 228 tion der Verwundung existiert bislang weder im Völkerrecht noch im deutschen Strafrecht. Angesichts der hohen Strafdrohung von nicht unter drei Jahren, wie sie auch für die in § 8 Abs. 1 Nr. 3–5 kodifizierten Verbrechen festgelegt ist, besteht auch hier das **Erfordernis einer § 226 StGB vergleichbaren Erheblichkeit.** Bei Verwundungen als Ergebnis völkerrechtlich zulässiger Kriegshandlungen besteht keine Strafbarkeit.[502] Die Tötung von außer Gefecht befindlichen Angehörigen der Streitkräfte oder von Kämpfern der gegnerischen Partei wird bereits durch § 8 Abs. 1 Nr. 1 VStGB erfasst.

4. Subjektiver Tatbestand. Erforderlich ist gem. § 2 VStGB iVm § 15 StGB Vorsatz, 229 wobei Eventualvorsatz genügt. Im Übrigen ergeben sich keine Besonderheiten.

V. Einzeltatbestände des Abs. 3

Die in Abs. 3 genannten Handlungen sind in Ermangelung einer gesicherten gewohn- 230 heitsrechtlichen Rechtsgrundlage, der Pönalisierung der fraglichen Handlungen für den nichtinternationalen bewaffneten Konflikt beziehungsweise wegen ihres per se internationalen Charakters (Nr. 2) auch nach deutschem Recht allein im internationalen bewaffneten Konflikt strafbewehrt.[503]

1. Rechtswidrige Gefangenhaltung (Nr. 1). Die Vorschrift beruht auf Art. 8 Abs. 2 231 lit. a (vii) IStGH-Statut sowie auf Art. 85 Abs. 4 lit. b ZP I und Art. 147 GK IV. Während Art. 8 Abs. 2 lit. a (vii) IStGH-Statut keinen expliziten Bezug auf die verzögerte Heimschaffung beinhaltet und allein auf die rechtswidrige Gefangenhaltung abstellt, hat der deutsche Gesetzgeber durch die Aufnahme auch der verzögerten Heimschaffung das rechtspolitische Ziel einer umfassenden Strafbewehrung verfolgt, wobei er sich auf den gesicherten Stand des Völkergewohnheitsrechtes stützen konnte.[504]

Der Tatbestand der **verzögerten Heimschaffung** beruht auf Art. 85 Abs. 4 lit. b ZP 232 I, der seinerseits auf den Art. 109 Abs. 1 GK III, Art. 118 Abs. 1 GK III und Art. 134 GK IV sowie Art. 35 Abs. 1 GK IV basiert. Gemäß Art. 109 Abs. 1 GK III sind die Konfliktparteien verpflichtet, schwerverwundete und schwerkranke Kriegsgefangene zu repatriieren. Gemäß Art. 118 Abs. 1 GK III sind Kriegsgefangene nach Beendigung der Kampfhandlungen zurückzuführen; gleiches gilt gem. Art. 134 GK IV für internierte Zivilpersonen.

---

[501] Fleck/*Ipsen* Rn. 301.
[502] BT-Drs. 14/8524, 28.
[503] EVStGB, Begründung, BT-Drs. 14/8524, 28; übereinstimmend AEVStGB, S. 62 ff.
[504] BT-Drs. 14/8524, 29.

233 Tatobjekte der rechtswidrigen Gefangenhaltung und der ungerechtfertigt verzögerten Heimschaffung sind allein die in **Abs. 6 Nr. 1** aufgeführten **geschützten Personen, insbesondere Kriegsgefangene und internierte Zivilpersonen.**[505] Da Art. 85 Abs. 4 lit. b ZP I sich ausdrücklich nur auf Kriegsgefangene und Zivilpersonen bezieht, sind die weiteren in § 8 Abs. 6 Nr. 1 genannten Personen, namentlich Verwundete, Kranke und Schiffbrüchige, im Sinne einer völkerrechtskonformen Auslegung nicht erfasst.

234 Das Tatbestandsmerkmal der **rechtswidrigen Gefangenhaltung** ist weit zu verstehen. Die rechtswidrige Gefangenhaltung kann durch eine Reihe von Maßnahmen ziviler oder militärischer Stellen erfolgen.[506] Nicht erforderlich ist eine rechtswidrige Anordnung eines Gerichts.[507] Erfasst werden sowohl die **rechtswidrige Gefangennahme** wie auch die Fälle, in denen ein rechtfertigender **Grund für die Gefangennahme weggefallen** ist und keine Freilassung erfolgt oder in denen nach dem humanitären Völkerrecht anzuwendende **Verfahrensgarantien zur Überprüfung der Rechtmäßigkeit der Gefangenhaltung nicht eingehalten** wurden.[508] Entscheidend ist, ob die Gefangennahme gemäß den Vorschriften des humanitären Völkerrechts gerechtfertigt ist.[509]

235 Die Gefangennahme einer Zivilperson ist gem. Art. 5, 27 Abs. 4, 78, 41, 42 GK IV dann nicht rechtswidrig, wenn diese Person durch ihr Verhalten eine Konfliktpartei bedroht oder unter dem begründeten Verdacht einer entsprechenden Tätigkeit, wie insbesondere eines Sabotage- oder Spionageaktes, steht oder die Gefangennahme freiwillig verlangt und diese durch die Situation der Person auch gerechtfertigt ist.[510] Allerdings kommt die Gefangennahme grundsätzlich nur als *ultima ratio* in Betracht.[511] Problematisch in diesem Zusammenhang ist das der Konfliktpartei eingeräumte weite Ermessen, weshalb der Tatbestand der rechtswidrigen Gefangenhaltung schwierig nachzuweisen sein kann.[512] Die Einzelnen von einer Konfliktpartei zulässigerweise zu ergreifenden Sicherheitsmaßnahmen werden in den Genfer Abkommen nicht näher spezifiziert.[513] Internierungen von Zivilpersonen wegen einer politischen Einstellung, der nationalen Zugehörigkeit, der Zugehörigkeit zu einer gegnerischen Partei oder im Rahmen einer Kollektivstrafe sind in jedem Falle rechtswidrig.[514] Kein sicherheitsrelevantes Risiko erkannte der JStGH darin, dass eine Person lediglich Partei für den Gegner ergreift oder in dem bloßen Umstand, dass eine Person im wehrfähigen Alter ist.[515]

236 Eine zunächst rechtmäßige Gefangennahme kann sich zu einer rechtswidrigen Gefangenhaltung wandeln, sofern die Verfahrensrechte der betroffenen Person nicht beachtet werden.[516] Im *Delalic*-Urteil stützte sich der JStGH insbesondere auf die in Art. 43 GK IV vorgesehenen Verfahrensrechte, wonach insbesondere eine regelmäßige, das heißt mindestens eine zweimal jährliche Haftprüfung durch ein zuständiges Gericht oder einen Verwaltungsausschuss erforderlich sei.[517]

237 Die ungerechtfertigte Verzögerung der Heimschaffung kann ebenfalls durch vielfältige Maßnahmen verwirklicht werden. Sie überschneidet sich regelmäßig mit der rechtswidrigen

---

[505] So auch BT-Drs. 14/8524, 29.
[506] BT-Drs. 14/8524, 29.
[507] Ebd.
[508] BT-Drs. 14/8524, 28. Zur rechtswidrigen Gefangennahme siehe JStGH, TC 16.11.1998 – IT-96-21-T, Nr. 563 ff., 1130 – Prosecutor v. Delalic et al.
[509] JStGH, TC 16.11.1998 – IT-96-21-T, Nr. 1130 – Prosecutor v. Delalic et al.
[510] JStGH, AC 20.1.2001 – IT-96-21-A, Nr. 321 – Prosecutor v. Delalic et al.; JStGH, TC 16.11.1998 – IT-96-21-T, Nr. 576 – Prosecutor v. Delalic et al..
[511] JStGH, TC 16.11.1998 – IT-96-21-T, Nr. 576 – Prosecutor v. Delalic et al.
[512] Triffterer/Dörmann IStGH-Statut Art. 8 Rn. 158.
[513] JStGH, TC 16.11.1998 – IT-96-21-T, Nr. 1131 – Prosecutor v. Delalic et al.
[514] JStGH, TC 16.11.1998 – IT-96-21-T, Nr. 567, 577, 1134 – Prosecutor v. Delalic et al.; JStGH, TC III 29.5.2013, IT-04-74-T, Nr. 134 – Prosecutor v. Prlić et al.
[515] JStGH, TC III 29.5.2013, IT-04-74-T, Nr. 134 – Prosecutor v. Prlić et al.
[516] JStGH, TC 16.11.1998 – IT-96-21-T, Nr. 583, 1135 – Prosecutor v. Delalic et al.
[517] JStGH, AC 20.1.2001 – IT-96-21-A, Nr. 320 – Prosecutor v. Delalic et al.; JStGH, TC 16.11.1998 – IT-96-21-T, Nr. 1135 – Prosecutor v. Delalic et al..

Gefangenhaltung, die der Gesetzgeber dementsprechend als Grundtatbestand einstuft.[518] Das Spektrum möglicher Maßnahmen reicht nach dem Willen des Gesetzgebers von der schlichten Fortführung der Inhaftierung bis zur Freilassung von Gefangenen in einem Gebiet, das auf Grund seiner Beschaffenheit oder seiner Lage eine Rückkehr ins Heimatland oder nach Hause erschwert.[519]

2. Überführung der eigenen Zivilbevölkerung in besetztes Gebiet (Nr. 2). Die 238 Vorschrift beruht auf Art. 8 Abs. 2 lit. b (viii) IStGH-Statut sowie auf Art. 85 Abs. 4 lit. a ZP I und Art. 49 Abs. 6 GK IV. Ungeachtet des vereinfachten Wortlauts stellt § 8 Abs. 3 Nr. 2 gegenüber diesen Vorschriften keine sachliche Änderung dar.

Sinn und Zweck der Vorschrift ist der **Schutz der im besetzten Gebiet ansässigen** 239 **Zivilbevölkerung** sowie die **Verhinderung der Schaffung eines demographischen** *fait accompli* im Hinblick auf eine Besatzungssituation, die damit dann Gefahr läuft nicht mehr reversibel zu sein. Das besondere Schutzbedürfnis der Zivilbevölkerung eines besetzten Gebietes und die existentielle Bedrohung durch die Ansiedlung der Zivilbevölkerung der Besatzungsmacht wurden bereits im Verlauf des Zweiten Weltkrieges offenkundig. Art. 85 Abs. 4 lit. a ZP I beruht daneben auch auf Erfahrungen mit der Politik der Republik Türkei im türkisch besetzten Teil Zyperns nach 1974 sowie auf Erfahrungen mit der israelischen Siedlungspolitik im besetzten palästinensischen Gebiet nach 1967.

Die Überführung der eigenen Zivilbevölkerung in besetzte Gebiete ist häufig dazu 240 benutzt worden, eigene Gebietsansprüche zu manifestieren. Diese Praxis läuft damit aber dem völkerrechtlichen **Annexionsverbot** zuwider, dessen Korrelat die humanitärrechtliche Regelung ist, wonach die Besatzungszeit stets nur eine provisorische Situation darstellt. In Übereinstimmung mit der Rechtsprechung des IGH in seinem Mauergutachten aus dem Jahre 2004 ist es nicht erforderlich, dass es sich bei dem besetzten Territorium zum Zeitpunkt der Überführung um das Gebiet eines anderen Staates handelt.

Täter kann nur sein, **wer der jeweiligen Besatzungsmacht angehört, also dessen** 241 **Staatsangehörigkeit besitzt.** § 6 Abs. 3 Nr. 2 ist demnach ein **Sonderdelikt.** Andere Personen kommen aber nach allgemeinen Regeln (§ 28 StGB) als Teilnehmer in Betracht. Nicht erforderlich ist demgegenüber, dass der Täter eine amtliche Stellung innehat, dh auch die Überführung durch private Gruppen, etwa durch Schaffung finanzieller Anreize bei der Übersiedlung (etwa in Form der Gewährung von Prämien, Zuschüssen oder Krediten etc.) kommt als Tathandlung in Betracht.

Ein Gebiet gilt als besetzt, wenn es tatsächlich in die Gewalt der gegnerischen Streitkräfte gelangt ist **(Art. 42 HLKO).** Hierbei handelt es sich um eine Tatsachenfeststellung, wobei entscheidend ist, ob die Besatzungsmacht das Gebiet derart unter die eigene Kontrolle gebracht hat, dass sie auch tatsächlich die einer Besatzungsmacht zufallende Verantwortung wahrnehmen kann.[520]

Tathandlung ist das **Überführen.** Das Überführen kann sowohl durch unmittelbare als 242 auch durch mittelbare Handlungen erfolgen.[521] Der IGH hat in seinem Mauergutachten von 2004 im Zusammenhang mit Art. 49 GK IV eine weite Interpretation des Überführens vertreten und darauf abgestellt, dass bereits unter der Geltung des Art. 49 GK IV und damit unabhängig von der Hinzufügung der Worte ‚direct or indirect' in Art. 8 Abs. 2 lit. b (viii) IStGH-Statut „any measures taken by an occupying Power in order to organize or encourage transfers of parts of ist own population into the occupied territory" erfasst seien.[522] Geschützt wird die ansässige lokale Bevölkerung des besetzten Gebietes sowie der demographische *status quo ante,* so dass es daher unerheblich ist, ob die eigene Zivilbevölkerung oder

---

[518] BT-Drs. 14/8524, 29.
[519] BT-Drs. 14/8524, 29.
[520] Siehe Fleck/*Gasser* Rn. 527.
[521] BT-Drs. 14/8524, 29.
[522] Vgl. IGH, Legal Consequences of the Construction of a Wall in the Occupied Palestinian Territory, Advisory Opinion, 9.7.2004, I.C.J. Rep. 2004, Nr. 120.

Teile davon mittels Zwang oder freiwillig umgesiedelt wird.[523] Typische Handlungsform ist die **Ansiedlung der eigenen Bevölkerung** im besetzten Gebiet. Als mittelbare Überführungshandlungen kommen auch die **bloße Bereitstellung von finanziellen oder anderen Anreizen** für die eigenen Staatsbürger bei Wohnsitznahme in dem besetzten Gebiet in Betracht. Dies hat auch der IGH in seinem Mauergutachten aus dem Jahr 2004 mit Blick auf Artikel 49 GK IV bestätigt.[524]

Bislang weitgehend ungeklärt ist, ob § 8 Abs. 3 Nr. 2 auch im Rahmen eines unechten Unterlassungsdeliktes gem. § 13 StGB begangen werden kann. Eine entsprechende Garantenpflicht der Besatzungsmacht und der für sie handelnden Organe lässt sich aus den Art. 43, 48, 55, 56 HLKO ableiten. Allenfalls könnte der Wortlaut, der ja von einem Überführen spricht, darauf hindeuten, dass nur positive Handlungen zu einer entsprechenden Strafbarkeit führen können. Die Funktion des § 13 StGB ist es demgegenüber aber gerade bei Bestehen einer Garantenpflicht das Untätigsein (dh das Nichtverhindern des Überführens) dem aktiven Tun (dh dem Überführen) gleichzustellen, so dass im Grundsatz auch eine Tatbestandserfüllung durch Unterlassen möglich ist, so etwa wenn staatliche Stellen der Besatzungsmacht es zulassen, dass private Gruppen finanzielle Anreize für die Übersiedlung in das besetzte Gebiet gewähren.

243 Abs. 3 Nr. 2 ist ein Erfolgsdelikt. Erforderlich ist daher auch im Rahmen der mittelbaren Überführung, dass die Zivilbevölkerung tatsächlich ihren Wohnsitz in dem besetzten Gebiet nimmt. Dies entspricht der von dem deutschen Gesetzgeber ausdrücklich hervorgehobenen Voraussetzung, dass die Tathandlung des ‚Überführens' eine **gewisse Dauer** erfordert.[525] Der Überführungstatbestand ist mit der **Wohnsitznahme im besetzten Gebiet** vollendet.

244 Unter Bestimmtheitsgesichtspunkten (Art. 103 GG) bedenklich ist, dass der deutsche Gesetzgeber die Anzahl der zu überführenden Personen nicht näher definiert hat. Völkerstrafrechtlich wird die Überführung einer bestimmten Zahl von Personen gefordert.[526] Der deutsche Gesetzgeber orientiert sich an dieser Sichtweise und hält die Überführung ‚einiger weniger' Personen zur Tatbestandserfüllung für ausreichend.[527] Dies soll auch im Falle einer Überführung in unbewohnte Gebiete gelten. Die Überführung einer einzelnen Person genügt jedenfalls nicht.

245 **3. Nötigung zum Dienst in den gegnerischen Streitkräften (Nr. 3).** Die Vorschrift beruht auf Art. 8 Abs. 2 lit. a (v) IStGH-Statut, der seinerseits auf Art. 23 lit. h HLKO zurückgeht. Es handelt sich bei der **Nötigung zum Dienst in den Streitkräften des Gegners** gem. Art. 130 GK III sowie gem. Art. 147 GK IV um eine schwere Verletzung der dritten und vierten Genfer Konvention. Sinn und Zweck der Vorschrift ist es, Personen, die sich in der Gewalt des Gegners befinden, vor **Loyalitätskonflikten** zu schützen.[528]

246 **Tatobjekte** sind die im Sinne von § 8 Abs. 6 Nr. 1 geschützten Personen. Verwundete und Kranke kommen dazu schon praktisch nicht in Betracht. Auch angesichts der allein in der dritten und vierten Genfer Konvention normierten schweren Verstöße ist im Wege der völkerrechtskonformen Auslegung der geschützte Personenkreis auf **Kriegsgefangene** und **Zivilpersonen** beschränkt.

247 **Tathandlung** ist die Nötigung zum Dienst in den Streitkräften (Art. 43 ZP I) einer feindlichen Macht. Unerheblich ist dabei, ob die Nötigung zum Dienst in den **Streitkräften des Nötigers** oder in einer **verbündeten, aus der Sicht des Genötigten ebenfalls feindlichen Macht** erfolgt. Nötigungsmittel sind die Nötigungsmittel des § 240 StGB, die lediglich zur Präzisierung des Begriffsinhaltes der Nötigung Aufnahme in den Tatbestand

---

[523] Triffterer/*Cottier/Baumgartner* IStGH-Statut Art. 8 Rn. 363, 381.
[524] IGH, Legal Consequences of the Construction of a Wall in the Occupied Palestinian Territory, Advisory Opinion, 9.7.2004, I.C.J. Rep. 2004, Nr. 120.
[525] BT-Drs. 14/8524, 29.
[526] Triffterer/*Cottier/Baumgartner* IStGH-Statut Art. 8 Rn. 380.
[527] BT-Drs. 14/8524, 29.
[528] Cassese/Gaeta/Jones/*Bothe* S. 379, 394.

gefunden haben.[529] Dementsprechend wird die freiwillige Eingliederung von Personen in den Dienst der Streitkräfte des Gegners tatbestandlich nicht erfasst.[530]

Im Hinblick auf den Nötigungserfolg ist die Nötigung zum Dienst in den Streitkräften von der Nötigung zur bloßen Dienstleistung für die Streitkräfte, etwa die Mithilfe bei Transporten von Waffen oder anderem Militärmaterial ohne Eingliederung in die Streitkräfte, abzugrenzen. Völkerstrafrechtlich ist, angesichts der weiten Regelung von Art. 52 HLKO, wonach die Bevölkerung eines besetzten Gebietes nicht zur Teilnahme an „Kriegsunternehmungen gegen ihr Vaterland" gezwungen werden darf, umstritten, ob auch sonstige Dienstleistungen für die Streitkräfte unabhängig von einer Eingliederung erfasst werden.[531] Dieser Nötigungserfolg ist nach dem erklärten Willen des deutschen Gesetzgebers jedenfalls zur Tatbestandserfüllung von § 8 Abs. 3 Nr. 3 nicht ausreichend.[532] 248

4. Nötigung zu Kriegshandlungen gegen das eigene Land (Nr. 4). Die Vorschrift beruht auf Art. 8 Abs. 2 lit. b (xv) IStGH-Statut, der wiederum seinerseits auf Art. 23 S. 2 HLKO zurückgeht. Im Gegensatz zum Römischen Statut erwähnt § 8 Abs. 3 Nr. 4 Personen, die vor Kriegsausbruch im Dienst des Kriegführenden standen, nicht. Eine frühere Tätigkeit im Dienst des Kriegführenden würde an der Tatbestandserfüllung nichts ändern.[533] Der Tatbestand überschneidet sich weitgehend mit § 8 Abs. 3 Nr. 3. 249

Tatobjekt sind alle Angehörigen der gegnerischen Partei, die sich in dem von einer Konfliktpartei kontrollierten Gebiet aufhalten.[534] Zivilpersonen werden ebenso erfasst wie Kriegsgefangene. Wie schon bei § 8 Abs. 3 Nr. 3 hat der Gesetzgeber die Nötigungsmittel in Anlehnung an den § 240 StGB beschrieben. Die freiwillige Teilnahme an Kriegshandlungen gegen das eigene Land wird tatbestandlich nicht erfasst. 250

Nötigungserfolg ist die **Teilnahme an Kriegshandlungen.** Kriegshandlungen bezeichnen die aktive Teilnahme an den Kampfhandlungen sowie Unterstützungshandlungen, die dem Gegner die Kriegführung ermöglichen. Beispielhaft erwähnt der Gesetzgeber die Produktion von Munition und das Ausheben von Schützengräben, wie auch den Transport von Waffen.[535] Im *Milch*-Fall erstreckte das US-Militärtribunal in Nürnberg das Verbot auf jegliche die deutschen Kriegsanstrengungen unterstützende Handlungen, wie etwa auch Arbeiten in der deutschen Industrie und Landwirtschaft.[536] Der Gesetzgeber hat demgegenüber nunmehr ausdrücklich festgestellt, dass Arbeiten in der Landwirtschaft zur Produktion von Nahrungsmitteln für die Streitkräfte nicht als Teilnahme an den Kriegshandlungen anzusehen sind.[537] Dies entspricht Art. 51 Abs. 2 GK IV und Art. 40 Abs. 2 GK IV, wonach die Besatzungsmacht geschützte Personen zu bestimmten Arbeiten zulässigerweise heranziehen darf. 251

VI. Subjektiver Tatbestand bei Abs. 3

Erforderlich ist nach § 2 VStGB iVm § 15 StGB Vorsatz, wobei Eventualvorsatz genügt, ohne dass sich Besonderheiten ergeben. 252

VII. Qualifikationstatbestand (Abs. 4)

Abs. 4 ist ein **Qualifikationstatbestand.** Es handelt sich dabei im Hinblick auf Abs. 1 Nr. 2–6 um ein erfolgsqualifiziertes Delikt im Sinne des **§ 18 StGB.** Grunddelikte des 253

---

[529] BT-Drs. 14/8524, 29.
[530] US Military Tribunal Nürnberg, Urt. v. 14.4.1949, in: *Kempner/Haensel* (Hrsg.), Das Urteil im Wilhelmstraßen Prozess, 1950, S. 1 ff., 241 ff.
[531] Siehe dazu Fleck/*Wolfrum*/Fleck Rn. 1410; JStGH, TC 31.3.2003 – IT-98-34-T, Nr. 250 ff. – Prosecutor v. Naletilic and Martinovic.
[532] BT-Drs. 14/8524, 29.
[533] BT-Drs. 14/8524, 29.
[534] Triffterer/*Cottier* IStGH-Statut Art. 8 Rn. 534.
[535] Zur Produktion von Munition siehe US Military Tribunal v. 30.6.1948, Krupp and others, Law Reports of Trials of War Criminals, Vol. X, S. 69 (167).
[536] US Military Tribunal v. 17.4.1947, Milch, Law Reports of Trials of War Criminals, Vol. VII, S. 27 (38).
[537] BT-Drs. 14/8524, 29.

Abs. 4 sind die in Abs. 1 Nr. 2–8 aufgeführten Delikte, wobei an besondere Folgen dieser Taten eine schwerere Strafe geknüpft wird.

254 Abs. 4 sieht eine Erhöhung der in Abs. 1 vorgesehenen Mindeststrafe vor, wenn bei den Nr. 2–6 die schwere Folge wenigstens fahrlässig verursacht wurde oder wenn sich bei einer Tat nach Abs. 1 Nr. 8 die konkrete Gefahr durch den **Eintritt des Todes** oder einer **schweren Gesundheitsschädigung** realisiert.[538] Die Regelung findet keine Entsprechung im IStGH-Statut. Sie rechtfertigt sich aus der besonderen Eskalationsgefahr der einzelnen Tathandlungen im Zusammenhang mit einem bewaffneten Konflikt, auf Grund derer allen Tathandlungen eine spezifische Lebensgefährlichkeit innewohnt.

255 Die in den Nr. 2–6 aufgeführten Tathandlungen müssen den Tod verursacht haben, dh sie müssen für den Tod kausal geworden sein. Um den besonderen Unrechtsgehalt, den Abs. 4 erfassen soll, zu begründen, wird man einen sogenannten **Unmittelbarkeitszusammenhang** fordern müssen. In dem herbeigeführten Tod muss sich also gerade die der Begehung des Grunddeliktes immanente spezifische Lebensgefährlichkeit verwirklicht haben (sog. **Gefahrverwirklichungszusammenhang**).[539] Der Tod muss in einer entsprechend gefährlichen Teilhandlung, der in Abs. 1 Nr. 2–6 erfassten Kriegsverbrechen gegen Personen, seine unmittelbare Ursache haben. In Betracht kommt etwa der Tod infolge der Strapazen einer Vertreibung beziehungsweise Überführung iSv Abs. 1 Nr. 6 oder einer Geiselnahme gem. Abs. 1 Nr. 2 sowie der Tod in Folge der Belastungen einer unter Anwendung von Zwang geschwängerten Frau in Gefangenschaft. Insbesondere im Rahmen von Abs. 1 Nr. 3 wird der Gefahrverwirklichungszusammenhang regelmäßig zu bejahen sein. Hinsichtlich der Nötigung zur Prostitution dürfte ein solcher Zusammenhang dagegen nur in besonderen Einzelfällen gegeben sein. Der Gefahrverwirklichungszusammenhang kann auf Grund eines selbstgefährdenden Opferverhaltens unterbrochen sein, wenn etwa überführte Personen versuchen, in ihr angestammtes Siedlungsgebiet zurückzukehren. Soweit in die Streitkräfte zwangsverpflichtete oder eingegliederte Kinder im Verlauf von Feindseligkeiten umkommen, realisiert sich allerdings das in Nr. 7 beschriebene kriegsverbrechensspezifische Geschehen, so dass der Gefahrverwirklichungszusammenhang fortbesteht.

256 Der Tod muss durch eine Tat nach Abs. 1 Nr. 2–6 verursacht worden sein. Die Prüfung des Unmittelbarkeitszusammenhangs darf mithin nur an tatbestandliche Handlungen des Täters anknüpfen. Erfasst wird jedenfalls der Zeitraum zwischen Versuchsbeginn und Vollendung.

257 Im Hinblick auf die in Abs. 4 bezüglich des Abs. 1 Nr. 2–6 enthaltene Qualifikation ist subjektiv wenigstens Fahrlässigkeit erforderlich.

C. Rechtfertigung, Rechtsfolgen, Prozessuales

I. Rechtfertigung

258 Es finden gem. § 2 die **allgemeinen Rechtfertigungsgründe** des StGB Anwendung.

259 Werden die Tatbestände des § 8 Abs. 1 Nr. 1 und 3 sowie Abs. 2 durch eine im Einzelfall völkerrechtlich zulässige Kriegshandlung verursacht, ist eine Strafbarkeit nach § 8 bereits tatbestandlich ausgeschlossen.

260 Eine Besonderheit ergibt sich im Rahmen von § 8 Abs. 1 Nr. 8a. Hier ist die Abgrenzung zwischen strafbaren medizinischen Versuchen und notwendiger medizinischer Versorgung häufig schwierig. Ziel des Gesetzgebers war der umfassende Schutz des Selbstbestimmungsrechtes. Zentrales Kriterium ist daher die vorherige freiwillige und ausdrückliche Einwilligung. Selbst bei medizinisch begründeten Versuchen oder sonstigen Versuchen im Interesse des Opfers lässt nur die freiwillige und vorherige Einwilligung die Strafbarkeit entfallen.[540]

---

[538] BT-Drs. 14/8524, 29.
[539] Allg. oben § 18 StGB sowie → StGB § 251 Rn. 7 ff.
[540] BT-Drs. 14/8524, 27.

Gleiches gilt für Abs. 1 Nr. 8b. Die mutmaßliche Einwilligung hat bei § 8 Abs. 1 Nr. 8 mithin keine rechtfertigende Wirkung.

Bezüglich der ungerechtfertigten Verzögerung der Heimschaffung geschützter Personen nach Abs. 3 Nr. 1 ist zu berücksichtigen, dass der Begriff der ‚ungerechtfertigten' Verzögerung hier nicht auf einen Rechtfertigungsgrund nach deutschem Strafrecht Bezug nimmt, sondern vielmehr auf den Umstand, ob die Verzögerung im Lichte der obwaltenden Umstände nicht als ‚ungerechtfertigte Verzögerung' angesehen werden kann oder ob gar eine völkerrechtliche Legitimation für die verzögerte Heimschaffung besteht.

II. Rechtsfolgen

Abs. 1 sieht für die Fälle der Nr. 1 lebenslange Freiheitsstrafe, für die Fälle der Nr. 2 Freiheitsstrafe nicht unter fünf Jahren, für die Fälle der Nr. 3–5 Freiheitsstrafe nicht unter drei Jahren, für die Fälle der Nr. 6–8 Freiheitsstrafe nicht unter zwei Jahren und in den Fällen der Nr. 9 eine Freiheitsstrafe nicht unter einem Jahr vor.

Der Qualifikationstatbestand des Abs. 4 sieht in den Fällen des Abs. 1 Nr. 2 lebenslange Freiheitsstrafe oder Freiheitsstrafe nicht unter zehn Jahren, in den Fällen des Abs. 1 Nr. 3–5 Freiheitsstrafe nicht unter fünf Jahren und in den Fällen des Abs. 1 Nr. 6 Freiheitsstrafe nicht unter drei Jahren vor.

Abs. 5 schließlich sieht in minder schweren Fällen einen abweichenden Sonderstrafrahmen von in minder schweren Fällen des Abs. 1 Nr. 2 nicht unter zwei Jahren, in minder schweren Fällen des Abs. 1 Nr. 3 und 4 sowie des Absatzes 2 nicht unter einem Jahr und in minder schweren Fällen des Abs. 1 Nr. 6 und des Abs. 3 Nr. 1 von sechs Monaten bis zu fünf Jahren vor. Die Anwendbarkeit der Regelung ist für jeden Tatbeteiligten nach der ihn höchstpersönlich treffenden Schuld gesondert zu prüfen. Für Abs. 1 Nr. 1 wird anders als bei § 213 StGB kein Sonderstrafrahmen vorgesehen. Die Strafmilderung ist obligatorisch, wenn die Bewertung aller relevanten Strafzumessungsfaktoren ein signifikantes Abweichen der Tat vom normativen Durchschnitt der in § 8 Abs. 1, 2, 3 erfassten Fälle ergibt.

III. Prozessuales

Gemäß § 5 **verjähren** die Verfolgung von **Verbrechen nach diesem Gesetz** und die Vollstreckung der ihretwegen verhängten Strafen **nicht**.

Anlage (zu § 8 Abs. 6 Nr. 1)
Die Genfer Abkommen im Sinne des Gesetzes sind:
- I. Genfer Abkommen vom 12. August 1949 zur Verbesserung des Loses der Verwundeten und Kranken der Streitkräfte im Felde (BGBl. 1954 II S. 781, 783),
- II. Genfer Abkommen vom 12. August 1949 zur Verbesserung des Loses der Verwundeten, Kranken und Schiffbrüchigen der Streitkräfte zur See (BGBl. 1954 II S. 781, 813),
- III. Genfer Abkommen vom 12. August 1949 über die Behandlung der Kriegsgefangenen (BGBl. 1954 II S. 781, 838) und
- IV. Genfer Abkommen vom 12. August 1949 zum Schutze von Zivilpersonen in Kriegszeiten (BGBl. 1954 II S. 781, 917).

Das Zusatzprotokoll I im Sinne des Gesetzes ist:
Zusatzprotokoll zu den Genfer Abkommen vom 12. August 1949 über den Schutz der Opfer internationaler bewaffneter Konflikte (Protokoll I) vom 8. Juni 1977 (BGBl. 1990 II S. 1550, 1551).

§ 9 Kriegsverbrechen gegen Eigentum und sonstige Rechte

(1) Wer im Zusammenhang mit einem internationalen oder nichtinternationalen bewaffneten Konflikt plündert oder, ohne dass dies durch die Erfordernisse des bewaffneten Konflikts geboten ist, sonst in erheblichem Umfang völkerrechtswidrig Sachen der gegnerischen Partei, die der Gewalt der eigenen Partei unterlie-

gen, zerstört, sich aneignet oder beschlagnahmt, wird mit Freiheitsstrafe von einem Jahr bis zu zehn Jahren bestraft.

(2) Wer im Zusammenhang mit einem internationalen bewaffneten Konflikt völkerrechtswidrig anordnet, dass Rechte und Forderungen aller oder eines wesentlichen Teils der Angehörigen der gegnerischen Partei aufgehoben oder ausgesetzt werden oder vor Gericht nicht einklagbar sind, wird mit Freiheitsstrafe von einem Jahr bis zu zehn Jahren bestraft.

Schrifttum: *Bothe/Partsch/Solf*, New Rules for Victims of Armed Conflict 1982; *Brammertz et al.*, Attacks Against Cultural Heritage as a Weapon of War, JICJ 14 (2016), 1143; *Carnahan*, Lincoln, Lieber and the Laws of War: The Origins and Limits of the Principle of Military Necessity, AJIL 92 (1998), 213; *Casaly*, Al Mahdi before the ICC: Cultural Property and World Heritage in International Criminal Law, JICJ 14 (2016), 1199; *Dietz* (Hrsg.), Handwörterbuch des Militärrechts, 1912; *Dörmann*, Völkerrechtliche Probleme des Landmineneinsatzes, 2002; *Donner*, Die Begrenzung moderner bewaffneter Konflikte durch das moderne jus ad bellum, AVR 33 (1995), 168; *Downey*, Captured Enemy Property: Booty of War and Seized Enemy Property, AJIL 44 (1950), 488; *ders.*, The Law of War and Military Necessity, AJIL 47 (1953), 251; *Freeman*, War Crimes by Enemy Nationals Administering Justice in Occupied Territory, AJIL 41 (1947), 579; *Garner*, Black's Law Dictionary, 10. Aufl., 2014; *Gropengießer/Kreicker*, Deutschland in *Eser/Kreicker* (Hrsg.), Nationale Strafverfolgung völkerrechtlicher Verbrechen Bd. 1, 2003; *Heinze/Schilling*, Die Rechtsprechung der Nürnberger Militärtribunale, 1951; Human Rights Watch, Russia/Chechnya, „No Happiness Remains", Civilian Killings, Pillage, and Rape in Alkhan-Yurt, Chechnya, 2000; dies., World Report 2005; dies, Central African Republic: State of Anarchy. Rebellion and Abuses against Civilians, 2007; *Jia*, „Protected Property" and Its Protection in International Humanitarian Law, LJIL 15 (2002), 131; *Kalshoven*, Belligeren Reprisals, 1971; *König*, Die völkerrechtliche Legitimation der Strafgewalt internationaler Strafjustiz, 2003; *Loucaides*, The Protection of the Right to Property in Occupied Territories, ICLQ 53 (2004), 677; *Luban*, Military Necessity and the Cultures of Military Law, LJIL 26 (2013), 315; *Meisenberg*, Die Rechtsprechung des Sondergerichtshofs für Sierra Leone und sein Beitrag zum humanitären Völkerrecht, HuV-I 2008, 143; *Merriam-Webster's* Collegiate Dictionary, 11. Aufl. 2003; *Mettraux*, International Crimes and the Ad Hoc Tribunals, 2005; *Moir*, Conduct of Hostilities: War Crimes, in *Doria/Gasser/Bassiouni* (Hrsg.), The Legal Regime of the International Criminal Court, 2009, S. 487; *Pictet* (Hrsg.), Commentary on the Geneva Conventions of 12 August 1949, Volume IV, 1958; *Quéguiner*, Dix ans après la création du Tribunal pénal international pour l'ex-Yougoslavie: évaluation de l'apport de sa jurisprudence au droit international humanitaire, IRRC 85 (2003), 271; *Schindler/Toman* (Hrsg.), Laws of Armed Conflicts, 4. Aufl. 2004; *Schmitt*, Bellum Americanum: The U.S. View of Twenty-First Century War and its Possible Implications for the Law of Armed Conflict, Mich J Int'l L 19 (1998), 1051; *van den Herik/dana-de Jong*, Revitalizing the Antique War Crime of Pillage: The Potential and Pitfalls of Using International Criminal Law to Address Illegal Resource Exploitation During Armed Conflict, CLF 15 (2011), 237; *Vlasic/Turku*, „Blood Antiquities": Protecting Cultural Heritage Beyond Criminalization, JICJ 14 (2016), 1175; *dies.*, Protecting Cultural Heritage as a Means for International Peace, Security and Stability: The Case of ISIS, Syria and Iraq, VanJTL 49 (2017), 1371; *von Glahn*, Occupation of Enemy Territory, 1957; *Werle/Nerlich*, Die Strafbarkeit von Kriegsverbrechen nach deutschem Recht, HuV-I, 2002, 124.

Übersicht

	Rn.		Rn.
I. Überblick	1–3	b) Zerstört, angeeignet oder beschlagnahmt	9–18
1. Zweck und Rechtsgut	1	3. Absatz 2	19–23
2. Historische Entwicklung	2, 3	a) Rechte und Forderungen	20
II. Erläuterung	4–25	b) Angehörige der gegnerischen Partei	21
1. Allgemeines	4	c) Anordnung der Aufhebung, Aussetzung oder Nicht-Einklagbarkeit	22
2. Absatz 1	5–18	d) Völkerrechtswidrig	23
a) Plünderung	6–8	4. Subjektiver Tatbestand	24
		5. Konkurrenzen	25

I. Überblick

1. Zweck und Rechtsgut. § 9 setzt einerseits **(Abs. 1)** die sachlich zusammenhängenden Regelungen der Art. 8 Abs. 2 lit. a (iv), lit. b (xiii), (xvi) und lit. e (v), (xii) IStGH-Statut (zum Wortlaut Vor §§ 8 ff. Rn. 47) um, wobei es insoweit auf die Art des Konflikts nicht ankommen soll, sondern die im internationalen bzw. nicht-internationalen Konflikt begangenen Verbrechen zu Verbrechen des bewaffneten Konflikts assimiliert werden (→ Vor § 8 Rn. 2); andererseits **(Abs. 2)** wird – im Zusammenhang mit einem internationalen

Konflikt – Art. 8 Abs. 2 lit. b (xiv) IStGH-Statut übernommen.[1] Die Vorschrift dient dem umfassenden Schutz des **Eigentums und sonstiger Vermögensrechte,** wobei **Abs. 2** über den Schutz wirtschaftlicher Rechtspositionen im Rahmen der Wirtschaftskriegsführung hinaus auch den *Schutz vor anderen Diskriminierungsmaßnahmen und Rechtseinschränkungen* bezweckt.[2] Der Schutzbereich erstreckt sich vorrangig auf **Privateigentum,** denn dieses dient – als Ausdruck der individuellen Freiheit – der Entfaltung der Persönlichkeit (vgl. etwa auch Art. 17 der Allgemeinen Erklärung der Menschenrechte und Art. 1 Abs. 1 EMRK-ZP I).[3] **Staatseigentum bzw. -vermögen,** einschließlich Miteigentum,[4] ist zwar grundsätzlich auch geschützt,[5] insoweit sind jedoch die aus dem Humanitären Völkerrecht folgenden Einschränkungen zu beachten (→ Rn. 13). Schließlich dient die Vorschrift auch der ordnungsgemäßen Funktionsweise der **Volkswirtschaft** sowie der Gewährleistung der **wirtschaftlichen Grundversorgung** durch den Staat.[6]

2. Historische Entwicklung. Wurde in früheren Zeiten die Aneignung fremder Güter, 2 insbesondere durch Plünderungen, als Kriegsziel bzw. als (zusätzliche) Entlohnung für die Kämpfenden angesehen und akzeptiert, so hat sich schon im 19 Jh. mit der *Rousseau-Portalis-Doktrin* der Grundsatz der Achtung des Privateigentums auch in Kriegszeiten durchgesetzt.[7] Heute sind solche Taten immerhin **positivrechtlich untersagt,**[8] allerdings tatsächlich noch sehr verbreitet.[9] Die einschlägigen Regelungen gehen im Wesentlichen auf Art. 23 lit. g, 28, 42 ff. HLKO 1907[10] zurück. Art. 23 lit. g verbietet die Zerstörung oder Wegnahme fremden Eigentums außer in Fällen militärischer Notwendigkeit und stellt eine (konkretisierungsbedürftige) Grundregel für Eigentumsverletzungen als unmittelbare Folge von Kampfhandlungen dar;[11] Art. 28 und Art. 47 enthalten Plünderungsverbote, wobei Art. 47 nur auf besetztes Gebiet anwendbar ist. Weiterhin finden sich strafbewehrte Verbote in den gemeinsamen Art. 50 GK I, Art. 51 GK II und Art. 147 GK IV (nicht aber Art. 130 GK

---

[1] Vgl. die Gesetzesbegründung in: BMJ S. 51, 55 (Entwurf der vom BMJ eingesetzten Expertenarbeitsgruppe) sowie in: *Lüder/Vormbaum* S. 41, 50 f. (Referentenentwurf nach BR-Drs. 29/02). Vgl. auch *Werle/Nerlich* HuV-I 2002, 124 (131). – Die unterlassene Erwähnung von Art. 8 Abs. 2 lit. a (iv) IStGH-Statut in der Gesetzesbegründung (BMJ S. 55 = *Lüder/Vormbaum* S. 50) beruht auf einem Redaktionsversehen, denn diese Vorschrift ist in der Tabelle (aaO S. 51 = 41) enthalten.

[2] Gesetzesbegründung in: BMJ S. 69 = *Lüder/Vormbaum* S. 51.

[3] *Loucaides* ICLQ 53 (2004), 677 (681 ff.) mwN.

[4] Zum Staatseigentum im humanitärvölkerrechtlichen Sinne gehört auch Eigentum, an dem eine wesentliche staatliche Beteiligung oder Kontrolle besteht; im Zweifel wird von Staatseigentum ausgegangen (*Triffterer/Ambos/Zimmermann/Geiß* IStGH-Statut Art. 8 Rn. 506; *von Glahn* S. 179).

[5] Ausdrücklich für eine Gleichstellung von Privat- und Staatseigentum Prosecutor v. Delalic et al., Judgement 16.11.1998 (IT-96-21-T), para 591; Prosecutor v. Jelisic, Judgement 14.12.1999 (IT-95-10-T), para 48; Prosecutor v. Blaskic, Judgement 3.3.2000 (IT-95-14-T), para 234; Prosecutor v. Kordic & Cerkez, Appeal Judgement 17.12.2004 (IT-95-14/2-A), para 79, 84; Prosecutor v. Prlić ua Judgement 29.5.2013 (IT-04-74-T), para 106; s. auch die Entscheidungen des Sondergerichtshofs für Sierra Leone: Prosecutor v. Norman, Fofana, Kondewa, Decision 21.10.2005 (SCSL-04-14-T), para 102; Prosecutor v. Sesay et al, Judgement 2.3.2009 (SCSL-04-15-T), para 206; Prosecutor v. Taylor, Judgement 18.5.2012 (SCSL-03-01-T), para 453 sowie Prosecutor v. Bemba Gombo, Decision Pursuant to Article 61(7)(a) and (b) of the Rome Statute on the Charges of the Prosecutor Against Jean-Pierre Bemba Gombo 15.6.2009 (ICC-01/05-01/08-424), para 317; Prosecutor v. Bemba Gombo, Judgment pursuant to Article 74 of the Statute 21.3.2016 (ICC-01/05-01/08-3343), para 115; *Werle,* 2012, Rn. 1248; *Werle/Jeßberger* Rn. 1263; *van den Herik/dam-de Jong* CLF 15 (2011), 237 (251); *Moir* in *Doria/Gasser/Bassiouni* (Hrsg.), S. 523; sowie den Rechtsprechungsüberblick bei *Meisenberg* HuV-I 2008, 143 (153 f.).

[6] Vgl. hierzu bereits das Urteil des IMG, Bd. I, 59 ff. (Anklage), 267 ff. (Urteil).

[7] Vgl. *König* S. 54, 302.

[8] Prosecutor v. Delalic et al., Judgement 16.11.1998 (IT-96-21-T), para 587; *von Glahn* S. 228 f.; *Loucaides* ICLQ 53 (2004), 677 ff.; *König* S. 302.

[9] Vgl. etwa zu Plünderungen in der Demokratischen Republik Kongo und Osttimor Human Rights Watch, World Report, 2007, S. 112, 334; zum Tschad *Kahl* ai-journal 04/2007; zur Zentralafrikanischen Republik Human Rights Watch, State of Anarchy, 2007, S. 32 ff., zu russischen Plünderungen in Tschetschenien Human Rights Watch, Russia/Chechnya, 2000, sowie weitere Human Rights Watch Reports zB auch zu Burundi und Darfur (Sudan) abrufbar unter <www.hrw.org>.

[10] Anlage zum IV. Haager Abkommen von 1907 (RGBl. 1910 S. 107 = Sartorius II Nr. 46 = auszugsweise *Randelzhofer,* Völkerrechtliche Verträge, 2013, 712 ff.).

[11] *König* S. 293 f.

III).¹² Art. 33 GK IV enthält ein allgemeines (auch für nicht besetzte Gebiete geltendes) Verbot der Plünderung.¹³ Art. 4 Abs. 2 lit. g ZP II verbietet die Plünderung im nichtinternationalen Konflikt.¹⁴ Das Urteil im Nürnberger Hauptkriegsverbrecherprozess widmete der „Plünderung öffentlichen und privaten Eigentums" in den von deutschen Truppen eroberten Gebieten seitenlange Ausführungen.¹⁵ Von den auf dem KRG 10 beruhenden Nachfolgeprozessen vor US-amerikanischen Militärgerichten sind insbesondere die Verfahren gegen deutsche Großindustrielle (*Friedrich Flick* ua,¹⁶ *Alfried Krupp von Bohlen und Halbach* ua),¹⁷ der *IG Farben*-Prozess¹⁸ und das Verfahren gegen das *RuSHA*¹⁹ hervorzuheben.²⁰ Weniger aussagekräftig sind andere nationale Verfahren wegen Kriegsverbrechen im 2. Weltkrieg.²¹ So orientieren sich etwa die von der UNWCC dokumentierten französischen Urteile am nationalen Recht und enthalten keine Begründung, die Taten wurden teilweise als Diebstahl und teilweise als Plünderung abgeurteilt.²² Auch in Verfahren vor dem ICTY kam es zu Verurteilungen wegen Kriegsverbrechen gegen Eigentum (Art. 2 lit. d, Art. 3 lit. e ICTY-Statut).²³ Vom IStGH werden *Kony* und *Otti*²⁴ ua wegen Plünderung gesucht. *Bemba Gombo* wurde des gleichen Verbrechens – aufgrund der Rechtsfigur der Vorgesetztenverantwortlichkeit (Art. 28 IStGH-Statut; §§ 4, 13, 14 VStGB) – erstinstanzlich für schuldig befunden;²⁵ die Verteidigung hat aber das Rechtsmittel des appeal²⁶ eingelegt.²⁷ Den

---

¹² Vgl. *Jia* LJIL 15 (2002), 131 (133).
¹³ Zum Verhältnis von HLKO 1907 (Anlage, 2. und 3. Abschnitt) und GK IV vgl. Art. 154 GK IV.
¹⁴ Vgl. *König* S. 363 f.
¹⁵ Vgl. IMG, Bd. I, 267 ff.; dazu auch *Jia* LJIL 15 (2002), 131 (146 f.).
¹⁶ United States Government Printing Office (USGPO), Bd. VI; UNWCC, Bd. IX, 1.
¹⁷ USGPO, Bd. IX; UNWCC, Bd. X, 69.
¹⁸ USGPO, Bd. VII, VIII; UNWCC, Bd. X, 1.
¹⁹ Rasse- und Siedlungshauptamt; USGPO, Bd. IV, V.
²⁰ Vgl. auch die Nachweise bei *Heinze/Schilling* Rn. 1066 ff. (zur Plünderung), Rn. 589 ff. (zur militärischen Notwendigkeit); auch *Jia* LJIL 2002, 15 (2002), 131 (147 ff.).
²¹ Vgl. die umfassende Dokumentation der UNWCC, Bd. I–XV.
²² UNWCC, Bd. IX, 59 ff.
²³ Vgl. zu Art. 2d) ICTY-Statut: Prosecutor v. Blaskic, Judgement 3.3.2000 (IT-95-14-T), Anklagepunkt 11 (268), jedoch aufgehoben durch Prosecutor v. Blaskic, Appeal Judgement 29.7.2004 (IT-95-14-A), 257 f., mit teilweise abweichender Meinung von Richter Weinberg de Roca. – Zu Art. 3 (e) ICTY-Statut: Prosecutor v. Jelisic, Judgement 14.12.1999 (IT-95-10-T); Prosecutor v. Naletilic & Martinovic, Judgement 31.3.2003 (IT-98-34-T), Anklagepunkt 21; Prosecutor v. Kordic & Cerkez, Judgement 26.2.2001 (IT-95-14/2-T), Anklagepunkt 39 respektive 42, durch Prosecutor v. Kordic & Cerkez, Appeal Judgement 17.12.2004 (IT-95-14/2-A) in Bezug auf den Angeklagten Kordic teilweise (295 ff.) und bezüglich des Angeklagten Cerkez ganz aufgehoben; Prosecutor v. Blaskic, Judgement 3.3.2000 (IT-95-14-T), Anklagepunkt 11 (268), jedoch aufgehoben durch Prosecutor v. Blaškic, Appeal Judgement 29.7.2004 (IT-95-14-A), 257 f., mit teilweise abweichender Meinung von Richter Weinberg de Roca; Prosecutor v. Gotovina et al., Judgement 15.4.2011 (IT-06-90-T), para 2619 (Anklagepunkt 4). *Šešelj* musste sich ebenfalls wegen Kriegsverbrechen gegen Eigentum vor dem ICTY verantworten, wurde aber erstinstanzlich freigesprochen, Prosecutor v. Šešelj, Judgement 31.3.2016 (IT-03-67-T), 109 f. mit teilweise abweichender Meinung von Richter Lattanzi. In einigen Entscheidungen werden Delikte gegen das Eigentum als Verfolgung (Verbrechen gegen die Menschlichkeit) erfasst, siehe z.B. Prosecutor v. Prlić ua, Judgement 29.5.2013 (IT-04-74-T); Prosecutor v. Stanišić & Župljanin, Appeals Judgement 30.6.2016 (IT-08-01-A), para 1074 ff. – Zu Art. 4 f.) ICTR-Statut liegen bisher keine Verurteilungen vor; vgl. aber Prosecutor v. Nahimana et al. (Media Case), Reasons for Oral Decision of 17.9.2002 on the Motions for Acquittal 25.9.2002 (ICTR-99-52-T) im Hinblick auf den Freispruch des Angeklagten Barayagwiza (Anklagepunkt 9). Für den SCSL siehe Prosecutor v. Sesay et al, Judgement 2.3.2009 (SCSL-04-15-T), Anklagepunkt 14 (S. 679, 683, 686); Prosecutor v. Taylor, Judgement 18.5.2012 (SCSL-03-01-T), Anklagepunkt 11 (S. 2475, 2478).
²⁴ Warrant of Arrest for Joseph Kony issued on 8 July 2005 as amended on 27.9.2005, 27.9.2005 (ICC-02/04–01/05–53); Warrant of Arrest for Vincent Otti, 8.7.2005 (ICC-02/04–01/05–54). Die Mitbeschuldigten *Lukwiya* und *Odhiambo* sind mittlerweile verstorben, die gegen sie gerichteten Verfahren wurden eingestellt, Prosecutor v. Kony et al., Decision to Terminate Proceedings against Raska Lukwiya 11.7.2007 (ICC-02/04–01/05-248); Prosecutor v. Kony et al., Decision Terminating Proceedings against Okot Odhiambo 10.9.2015 (ICC-02/04–01/05-431).
²⁵ Prosecutor v. Bemba Gombo, Judgment pursuant to Article 74 of the Statute 21.3.2016 (ICC-01/05-01/08-3343), para 752.
²⁶ Der angloamerikanische, auch vor den int. Straftribunalen übliche „appeal" ist eine Mischung aus dt. Berufung u Revision, vgl. *Ambos* Treatise III, S. 548.
²⁷ Prosecutor v. Bemba Gombo, Defence Notice of Appeal against the Judgment pursuant to Article 74 of the Statute, ICC-01/05-01/08-3343. 4.4.2016 (ICC-01/05-01/08-3348).

Beschuldigten *Ongwen*,[28] *Ntaganda*[29] und *Mudacumura*[30] werden ua die Kriegsverbrechen der Plünderung und der Zerstörung von Eigentum zur Last gelegt.[31] *Katanga* wurde für ebendiese Delikte rechtskräftig verurteilt.[32] Zudem spielen in sämtlichen Fällen der Darfur-Situation Eigentumsdelikte eine Rolle.[33]

Trotz dieser beeindruckenden normativen Grundlagen und der darauf beruhenden 3 Rechtsprechungspraxis ist es bisher nicht gelungen, einen konsentierten Begriff des **„geschützten Eigentums"** – vergleichbar dem der „geschützten Personen" (→ Vor § 8 Rn. 38) – im humanitären Völkerrecht zu etablieren.[34] **Geschützte Gegenstände** und geschütztes Eigentum werden vielmehr von Fall zu Fall in den einschlägigen humanitär-völkerrechtlichen Abkommen erfasst. Dabei besteht eine Beschränkung zunächst darin, dass es sich – auf Grund der Schutzrichtung des humanitären Völkerrechts (→ Vor § 8 Rn. 3) – um Gegenstände der jeweils **gegnerischen Partei** handeln muss;[35] diese Beschränkung hat § 9 explizit in den Tatbestand aufgenommen (→ Rn. 10, 21). Die **Zerstörung bzw. Aneignung/Beschlagnahme** von Eigentum, wie sie in Art. 8 Abs. 2 lit. a (iv), lit. b (xiii) und lit. e (xii) IStGH-Statut pönalisiert ist, geht auf die Grundregel des Art. 23 lit. g HLKO 1907 (→ Rn. 2), Art. 50 GK I, Art. 51 GK II und Art. 147 GK IV sowie Art. 4 Abs. 2 lit. g ZP II zurück. Geschützt ist deshalb nur Eigentum iS dieser Abkommen, also im internationalen Konflikt insbesondere Krankenhäuser, Sanitätsschiffe und -flugzeuge sowie sonstiges zur medizinischen Versorgung erforderliches Material (vgl. insbesondere Art. 19, 20, 33, 36, 37 GK I, Art. 22–28, 38, 39 GK II, Art. 18, 21, 22, 33 GK IV)[36] und im nicht-internationalen Konflikt die für die Zivilbevölkerung lebensnotwendigen Objekte iSv

---

[28] Prosecutor v. Ongwen, Decision on the Confirmation of Charges 23.3.2016 (ICC-02/04-/01/15-422), 71 ff.

[29] Prosecutor v. Ntaganda, Decision pursuant to Article 61(7)(a) and (b) of the Rome Statute on the Charges of the Prosecutor Against Bosco Ntaganda 9.6.2014 (ICC-01/04-/02/06-309), para 36.

[30] Prosecutor v. Mudacumura, Decision on the Prosecutor's Application under Article 58 13.7.2012 (ICC-01/04-01/12-1), Anklagepunkte 11 und 12 (S. 29).

[31] Der Ankläger ermittelte auch gegen *Mbarushimana* ua wegen der Kriegsverbrechen der Zerstörung von Eigentum und Plünderung (Anklagepunkte 11 und 12); allerdings wurde die Anklage von der Vorverfahrenskammer nicht bestätigt: Prosecutor v. Mbarushimana, Decision on the Confirmation of Charges 16.12.2011 (ICC-01/04-01/10-465-Red). Für dieselben Delikte musste sich Ngudjolo vor dem IStGH verantworten, Prosecutor v. Katanga and Ngudjolo, Decision on the Confirmation of Charges 30.9.2008 (ICC-01/04-01/07-717), 210 f., wurde aber in allen Anklagepunkte freigesprochen, Prosecutor v. Ngudjolo, Judgment Pursuant to Article 74 of the Statute, 18.12.2012 (ICC-01/04-02/12-3), bestätigt durch Prosecutor v. Ngudjolo, Judgment on the Prosecutor's Appeal against the Decision of Trial Chamber II entitled „Judgment Pursuant to Article 74 of the Statute" 7 April 2015.

[32] Prosecutor v. Katanga, Judgment, 7.3.2014 (ICC-0104-01/07-336), 659.

[33] Prosecutor v. Muhammad Harun („Ahmad Harun") and Abd-Al-Rahman („Ali Kushayb"), Warrant of Arrest for Ahmad Harun 27.4.2007 (ICC-02/05-01/07-2), Anklagepunkte 49 (Plünderung) und 50 (Zerstörung von Eigentum); Prosecutor v. Muhammad Harun („Ahmad Harun") and Abd-Al-Rahman („Ali Kushayb"), Warrant of Arrest for Ali Kushayb 27.4.2007 (ICC-02/05-01/07-3), Anklagepunkte 49 (Plünderung) und 50 (Zerstörung von Eigentum); Prosecutor v. Al Bashir, Warrant of Arrest for Omar Hassan Ahmad Al Bashir 4.3.2009 (ICC-02/05-01/09-1), Anklagepunkt ii (Plünderung); Prosecutor v. Abakaer Nourain and Jerbo Jamus, Corrigendum of the „Decision on the Confirmation of Charges" 7.3.2011 (ICC-02/05-03/09-121-Corr-Red), Anklagepunkt 3 (Plünderung); Prosecutor v. Muhammad Hussein, Warrant of Arrest for Abdel Raheem Muhammad Hussein 1.3.2012 (ICC-02/05-01/12-2), Anklagepunkt x (Plünderung). Abu Garda sollte sich ebenfalls wegen Plünderung vor dem IStGH verantworten; allerdings verweigerte die Vorverfahrenskammer insgesamt die Bestätigung der Anklage: Prosecutor v. Abu Garda, Decision on the Confirmation of Charges 8.2.2010 (ICC-02/05-02/09-243-Red).

[34] Grdl. *Jia* LJIL 15 (2002), 131 (152 f.), der sieben Grundsätze zum Eigentumsschutz in bewaffneten Konflikten entwickelt; vertiefend zur Anwendbarkeit des humanitärvölkerrechtlichen Eigentumsschutzes auf die rechtswidrige Ausbeutung natürlicher Ressourcen in bewaffneten Konflikten *van den Herik/dam-de Jong* CLF 15 (2011), 237.

[35] Siehe das Element 2 der Kriegsverbrechen des Artikel 8(2)(b)(xiii) und 8(2)(e)(xii) IStGH-Statut („property of a hostile party" bzw. „property of an adversary");*Werle*, 2012, Rn. 1247; *Werle/Jeßberger* Rn. 1263; *Ambos* Treatise II, S. 169; auch Prosecutor v. Katanga and Ngudjolo, Decision on the Confirmation of Charges 30.9.2008 (ICC-01/04-01/07-717), para 310, 329; *van den Herik/dam-de Jong* CLF 15 (2011), 237 (260).

[36] Vgl. *Werle*, 2012, Rn. 1245; *Werle/Jeßberger* Rn. 1260; *David*, 2012, S. 331 ff. (Rn. 2.68 ff.); *Dörmann* S. 82, 85 ff.; *Jia* LJIL 15 (2002), 131 (140 f.); Prosecutor v. Kordic & Cerkez, Judgement 26.2.2001 (IT-95-14/2-T), para 335 ff.

Art. 14 ZP II (wobei bestimmte Gebäude, etwa Krankenhäuser, schon von Art. 8 Abs. 2 lit. e (iv) IStGH-Statut erfasst sind).[37] Demgegenüber ist das Eigentum **Kriegsgefangener** kein taugliches Tatobjekt, denn die die Kriegsgefangenen betreffenden schweren Verletzungen des GK III enthalten keinen Straftatbestand der Eigentumsverletzung (vgl. Art. 130 GK III).[38] Ein solcher findet sich jedoch in Art. 147 GK IV zugunsten von **Zivilisten,** so dass auch deren persönliche Habe (Art. 97 GK IV) geschützt sein muss.[39] Art. 52 ff. ZP I schützt ganz allgemein zivile Objekte und definiert diese negativ in Abgrenzung zu militärischen Objekten (Art. 52 Abs. 1 S. 2, Abs. 2 ZP I). Auch insoweit gilt, dass es – abgesehen von den lebensnotwendigen zivilen Objekten (Art. 54 ZP I)[40] – keine zivilen oder militärischen Objekte an sich gibt, sondern diese in Bezug auf den konkreten Verlauf der Feindseligkeiten bestimmt werden müssen.[41] Dabei ist zur Bestimmung des zivilen Charakters Art. 52 ZP I heranzuziehen und von einer – allerdings umstrittenen[42] – Vermutung zugunsten typischer ziviler Objekte auszugehen (Art. 52 Abs. 3 ZP I). Art. 54 ZP I ist *lex specialis* zu Art. 52 ZP I (spezifischer vs. allgemeiner Schutz) und kann – im Rahmen der dort genannten Einschränkungen – grundsätzlich auch militärisch genutzte Objekte schützen, solange sie nur lebenswichtig sind (arg. ex. Art. 54 Abs. 3 lit. a, lit. b ZP I).[43] Richtet sich ein Angriff gegen ein zulässiges militärisches Ziel, ist die damit zwangsläufig verbundene Zerstörung von Privateigentum nicht tatbestandmäßig.[44] Etwas anderes gilt allerdings dann, wenn der Schaden an den geschützten Objekten iSv Art. 51 Abs. 5 lit. b ZP I in keinem Verhältnis zum erwarteten konkreten und unmittelbaren militärischen Vorteil steht.[45] Zu beachten ist auch der mitunter **räumlich beschränkte Anwendungsbereich** des Eigentumsschutzes. So gelten die Art. 42 ff. HLKO 1907, 53 GK IV etwa nur in besetzten Gebieten.[46] Die Beschlagnahme von Eigentum soll nicht von Art. 8 Abs. 2 lit. b (xiii) bzw. lit. e (xii) IStGH-Statut erfasst werden, wenn sie auf dem eigenen Gebiet der beschlagnahmenden Konfliktpartei vorgenommen wird;[47] dagegen spricht aber, dass Art. 23 lit. g HLKO 1907 keine räumliche Einschränkung enthält.

II. Erläuterung

4 **1. Allgemeines.** Die Taten müssen im **Zusammenhang mit einem bewaffneten Konflikt** (Abs. 1) bzw. mit einem **internationalen bewaffneten Konflikt** (Abs. 2) begangen werden. Dabei handelt es sich um die bei allen Kriegsverbrechen erforderliche **Gesamttat,** so dass auf die Ausführungen zu den gemeinsamen Voraussetzungen der §§ 8–12 verwiesen werden kann (→ Vor § 8 Rn. 20 ff.).

5 **2. Absatz 1.** Die Vorschrift enthält **vier Tathandlungen** (plündern, zerstören, sich aneignen, beschlagnahmen), die gleichermaßen – außer dem Zerstören – voraussetzen, dass die betroffenen Tatobjekte sich in der **tatsächlichen Gewalt** der handelnden Konfliktpartei befinden, wobei insoweit – unabhängig von einer militärischen Besetzung iSd Art. 47 ff.

---

[37] *König* S. 379 f.
[38] Vgl. *Dörmann* S. 82; *Ambos* Treatise II, S. 171; ders., 2010, Fall 7 Rn. 57 (S. 102); näher *Jia* LJIL 15 (2002), 131 (133 f.); zweifelnd *Werle*, 2012, Rn. 1246; *Werle/Jeßberger* Rn. 1261 (die aber allem Anschein nach Artikel 147 GK IV übersehen).
[39] Prosecutor v. Katanga and Ngudjolo, Decision on the Confirmation of Charges 30.9.2008 (ICC-01/04-01/07-717), para 311. Zw. *Werle*, 2012, Rn. 1246; *Werle/Jeßberger* Rn. 1261.
[40] Vgl. näher *David*, 2012, S. 344 ff. (Rn. 2.92 ff.).
[41] Vgl. näher *David*, 2012, S. 321 ff. (Rn. 2.52 ff.).
[42] Vgl. *David*, 2012, S. 325 f. (Rn. 2.55).
[43] Zu Art. 54 Abs. 3 lit. a ZP I („ausschließlich") *Dörmann*, S. 324 m. Fn. 1139. Vgl. auch *Bothe/Partsch/Solf* S. 340 f.
[44] Siehe auch Prosecutor v. Boškoski and Tarčulovski, Judgement 10.7.2008 (IT-04.82-T), para 353.
[45] Prosecutor v. Katanga and Ngudjolo, Decision on the Confirmation of Charges 30.9.2008 (ICC-01/04-01/07-717), para 313.
[46] Vgl. Prosecutor v. Kordic & Cerkez, Judgement 26.2.2001 (IT-95-14/2-T), para 337 f.; *Dörmann* S. 83; *Ambos*, 2010, Fall 7 Rn. 5 (S. 90).
[47] Triffterer/Ambos/Zimmermann/Geiß IStGH-Statut Art. 8 Rn. 497.

GK IV[48] – eine auch nur vorübergehende Kontrolle darüber ausreicht.[49] Dieses Erfordernis ergibt sich im Falle des Plünderns, Sich Aneignens und Beschlagnahmens schon aus der Handlungsbeschreibung, denn nur wer tatsächlichen Zugriff und/oder Verfügungsgewalt über eine Sache hat, kann diese auch plündern etc.[50] Was die Tathandlung des Zerstörens angeht, so ist dessen Verwirklichung demgegenüber auch ohne tatsächliche Kontrolle denkbar, etwa durch **Distanzangriffe** aus der Luft oder vom Wasser.[51] Diese fallen jedoch nicht unter § 9 und können allenfalls nach § 11 bzw. allgemeinem Strafrecht (§§ 303 ff. StGB) verfolgt werden.[52] Im Übrigen ist mit der Verwirklichung des Plünderns (→ Rn. 6) der Tatbestand ohne Weiteres erfüllt, während hinsichtlich der sonstigen Tathandlungen weitere Voraussetzungen zu beachten sind (→ Rn. 9 ff.).

a) Plünderung. Die Tathandlung des Plünderns ist auch in § 125a S. 2 Nr. 4 StGB **6** enthalten und dort ebenso wie hier zu verstehen.[53] Danach liegen Plünderungen vor, wenn unter Ausnutzung der Gesamtsituation fremde bewegliche Sachen **gestohlen** oder einem anderen in Zueignungsabsicht **abgenötigt** werden.[54] Die deutsche Rechtsprechung nimmt auf das wehrstrafrechtliche Verständnis ausdrücklich Bezug.[55] Der englische Begriff „**plunder**" geht auf den deutschen Sprachgebrauch während des 30-jährigen Krieges zurück[56] und findet sich in Art. 6 lit. b IMG-Statut, Art. II Abs. 1 lit. b KRG 10 und Art. 3 lit. e ICTY-Statut. Art. 4 lit. f ICTR-Statut und Art. 8 Abs. 2 lit. b (xvi) und lit. e (v) IStGH-Statut verwenden den Begriff „**pillaging**". Nach Ansicht einer Kammer des ICTY enthält diese Tathandlung in ihrer traditionellen Bedeutung ein Element der Gewaltanwendung, während dieses nicht notwendigerweise in der „Plünderung" enthalten ist.[57] Der IStGH hat diese Differenzierung nicht übernommen und geht davon aus, dass „pillaging" keine Anwendung von Gewalt voraussetzt.[58] Ungeachtet dieser Detailfragen lässt sich die Plünderung aus humanitärvölkerrechtlicher Sicht jedenfalls als **Oberbegriff** verstehen, der „**alle Formen der rechtswidrigen Aneignung von Eigentum in einem bewaffneten Konflikt**", umfasst, einschließlich des „pillaging".[59] Zwischen diesen und den sonstigen in

---

[48] Dies ergibt sich aus zahlreichen völker(straf)rechtlichen Normen, etwa aus Art. 33 Abs. 3 GK IV, der sich allgemein auf das Gebiet des bewaffneten Konflikts bezieht, vgl. näher Prosecutor v. Kordic & Cerkez, Appeal Judgement 17.12.2004 (IT-95-14/2-A), para 78.
[49] Gesetzesbegründung in: BMJ S. 68 f. = *Lüder/Vormbaum* S. 51.
[50] Prosecutor v. Katanga and Ngudjolo, Decision on the Confirmation of Charges 30.9.2008 (ICC-01/04-01/07-717), para 330.
[51] Prosecutor v. Katanga and Ngudjolo, Decision on the Confirmation of Charges 30.9.2008 (ICC-01/04-01/07-717), para 330: „... before the destroyed property has fallen into the hands of the party to the conflict ..."; siehe hierzu auch *Ambos*, 2010, Fall 7 Rn. 13 (S. 92-3).
[52] Gesetzesbegründung in: BMJ S. 68 = *Lüder/Vormbaum* S. 51; *Gropengießer/Kreicker* in *Eser/Kreicker* (Hrsg.), S. 168 f.
[53] Gesetzesbegründung in: BMJ S. 68 = *Lüder/Vormbaum* S. 51.
[54] Vgl. IG Farben Prozess in US General Printing Office, USGPO, Bd. VII, VIII, S. 16094 abgedruckt in *Heinze/Schilling* Rn. 1068; auch BGH 23.4.1952 – II ZR 262/51, JZ 1952, 369; *Fischer* StGB § 125a Rn. 7; LK-StGB/*Krauß* StGB § 125a Rn. 22. Daher ist die reine Brandschatzung von Dörfern keine Plünderung, siehe zur entsprechenden Rspr. des SCSL *Meisenberg* HuV-I 2008, 143 (152 ff.).
[55] Vgl. BGH 23.4.1952 – II ZR 262/51, JZ 1952, 369; weitere Nachweise bei LK-StGB/*Krauß* StGB § 125a Rn. 22; zu § 129 MilStGB *Dietz* S. 618.
[56] Vgl. *Merriam-Webster's*, s. zu den Begriffen auch u. Fn. 60.
[57] Prosecutor v. Delalic et al., Judgement 16.11.1998 (IT-96-21-T), para 591; dazu auch *Mettraux* S. 98; *Kittichaisaree* S. 148.
[58] Ausdrücklich Prosecutor v. Bemba Gombo, Judgment pursuant to Article 74 of the Statute 21.3.2016 (ICC-01/05-01/08-3343), para 116, siehe auch bereits Prosecutor v. Katanga and Chui, Decision on the Confirmation of Charges 30.09.2008 (ICC-01/04-01/07-717), para 327-330; Prosecutor v. Bemba Gombo, Decision on the Confirmation of Charges 15.6.2009 (ICC-01/05-01/08-424), para 316-8.
[59] Prosecutor v. Delalic et al., Judgement 16.11.1998 (IT-96-21-T), para 591: „all forms of unlawful appropriation of property in armed conflict ...". Ebenso Prosecutor v. Jelisic, Judgement 14.12.1999 (IT-95-10-T), para 48; Prosecutor v. Blaskic, Judgement 3.3.2000 (IT-95-14/T), para 184, 234; Prosecutor v. Blaskic, Appeal Judgement 29.7.2004 (IT-95-14-A), para 147; Prosecutor v. Kordic & Cerkez, Judgement 26.2.2001 (IT-95-14/2-T), para 352; bestätigt durch Prosecutor v. Kordic & Cerkez, Appeal Judgement 17.12.2004 (IT-95-14/2-A), para 79; Prosecutor v. Simic et al, Judgement 17.10.2003 (IT-95-9-T), para 98; zur Rspr. *Mettraux* S. 96 ff. Vgl. auch *Dörmann* S. 276, 278 f. mwN; *Kittichaisaree* S. 148 f.; weit auch *König* S. 303.

diesem Zusammenhang verwendeten Begriffen („looting", „sacking", „spoliation", „exploitation") besteht kein sachlicher Unterschied.[60]

7 Der Tatbestand der Plünderung kann auch durch **isolierte Taten** einzelner Soldaten aus Eigennutz begangen werden.[61] Die Einzeltaten können Teil einer **organisierten Aneignung und systematischen Ausbeutung** eines besetzten oder militärischen kontrollierten Gebietes sein.[62] Die Tat muss sich aber immer gegen **Sachen der gegnerischen Partei** richten. Die insoweit in § 9 enthaltene Tatbestandseinschränkung bezieht sich zwar nicht ausdrücklich auf die Plünderung, doch ergibt sich diese Einschränkung aus dem Schutzzweck des humanitären Völkerrechts (→ Rn. 3).[63]

8 Eine **Erheblichkeitsschwelle,** wie sie sich bei den internationalen Strafgerichten aus der Zuständigkeitsbeschränkung auf „schwere" („serious") Verletzungen des humanitären Völkerrechts (Art. 1 ICTY/ICTR-Statut) bzw. schwerste Verbrechen (Art. 1, 5 Abs. 1 IStGH-Statut) entnehmen lässt,[64] ist bei der Tathandlung des Plünderns ohne Belang (vgl. aber für die sonstigen Tathandlungen Rn. 11).[65] Ebenso wenig hängt die Strafbarkeit vom Nicht-Vorliegen der in Art. 8 Abs. 2 lit. a (iv), lit. b (xiii), lit. e (xii) IStGH-Statut erwähnten **militärischen Erfordernisse** ab. Zunächst beziehen sich diese Vorschriften nicht auf die Plünderung, sondern auf die sonstigen Tathandlungen der Zerstörung, Aneignung und Beschlagnahme, für die § 9 Abs. 2 die „Erfordernisse des bewaffneten Konflikts" ausdrücklich anerkennt. Was die Plünderung angeht, so stellt Art. 8 Abs. 2 lit. b (xvi) und lit. e

---

[60] So schließt etwa nach Triffterer/Ambos/Zimmermann/Geiß Art. 8 Rn. 553 das im IStGH-Statut enthaltene „pillaging" „plundering", „looting" und „sacking" ein und „plunder" werde synonym mit den Begriffen „spoliation" und „exploitation" verwendet. Nach *Merriam-Webster's* haben die Begriffe im Wesentlichen dieselbe Bedeutung, sind allerdings unterschiedlicher Herkunft. Vgl. auch USGPO, Bd. VIII, 1133 (IG Farben); Prosecutor v. Delalic et al., Judgement 16.11.1998 (IT-96-21-T), para 591; Prosecutor v. Simic et al., Judgement 17.10.2003 (IT-95-9-T), para 98; Prosecutor v. Sesay et al, Judgement 2.3.2009 (SCSL-04-15-T), para 205; *Jia* LJIL 15 (2002), 131 (153); *Dörmann* S. 92, 273; *Kittichaisaree* S. 148.

[61] Vgl. Prosecutor v. Delalic et al., Judgement 16.11.1998 (IT-96-21-T), para 590; Prosecutor v. Jelisic, Judgement 14.12.1999 (IT-95-10-T), para 48; Prosecutor v. Blaskic, Judgement 3.3.2000 (IT-95-14-T), para 184; Prosecutor v. Kordic & Cerkez, Judgement 26.2.2001 (IT-95-14/2-T), para 352; Prosecutor v. Naletilic and Martinovic, Judgement 31.3.2003 (IT-98-34-T), para 612; Prosecutor v. Simic et al., Judgement 17.10.2003 (IT-95-9-T), para 99; Prosecutor v. Gotovina et al., Judgement 15.4.2011 (IT-06-90-T), para 1178; Prosecutor v. Sesay et al, Judgement 2.3.2009 (SCSL-04-15-T), para 206; Prosecutor v. Taylor, Judgement 18.5.2012 (SCSL-03-01-T), para 453; Prosecutor v. Bemba Gombo, Judgment pursuant to Article 74 of the Statute 21.3.2016 (ICC-01/05-01/08-3343), para 117; kritisch *Moir*, in *Doria/Gasser/Bassiouni* (Hrsg.), S. 529; aA für das IStGH-Statut (hierzu auch Fn. 65) wohl Prosecutor v. Bemba Gombo, Decision Pursuant to Article 61(7)(a) and (b) of the Rome Statute on the Charges of the Prosecutor Against Jean-Pierre Bemba Gombo 15.6.2009 (ICC-01/05-01/08-424), para 317 („a somewhat large-scale appropriation of all types of property").

[62] Vgl. Prosecutor v. Delalic et al., Judgement 16.11.1998 (IT-96-21-T), para 591; Prosecutor v. Jelisic, Judgement 14.12.1999 (IT-95-10-T), para 48; Prosecutor v. Blaskic, Judgement 3.3.2000 (IT-95-14-T), para 184; Prosecutor v. Kordic & Cerkez, Judgement 26.2.2001 (IT-95-14/2-T), para 352; Prosecutor v. Naletilic and Martinovic, Judgement 31.3.2003 (IT-98-34-T), para 612; Prosecutor v. Simic et al., Judgement 17.10.2003 (IT-95-9-T), para 99; Prosecutor v. Prlić ua, Judgement 29.5.2013 (IT-04-74-T), para. 181; Triffterer/Ambos/Zimmerman/Geiß IStGH-Statut Art. 8 Rn. 555; Sandoz/Swinarski/Zimmermann/*Junod* Rn. 4542; *David*, 2012, S. 805 (Rn. 4.150). Krit. zum Merkmal der Systematik *Quéguiner* IRRC 85 (2003), 271 (305 f.).

[63] Vgl. auch *Werle*, 2012, Rn. 1248; *Werle/Jeßberger* Rn. 1263.

[64] Vgl. Prosecutor v. Delalic et al., Judgement 16.11.1998 (IT-96-21-T), para 1154; Prosecutor v. Kordic & Cerkez, Appeal Judgement 17.12.2004 (IT-95-14/2-A), para 80 ff.; Prosecutor v. Sesay et al, Judgement 2.3.2009 (SCSL-04-15-T), para 208-9; Prosecutor v. Bemba Gombo, Decision Pursuant to Article 61(7)(a) and (b) of the Rome Statute on the Charges of the Prosecutor Against Jean-Pierre Bemba Gombo 15.6.2009 (ICC-01/05-01/08-424), para 317; Triffterer/Ambos/Zimmerman/Geiß IStGH-Statut Art. 8 Rn. 508; *Dörmann* S. 83; *Mettraux* S. 98.

[65] Für das IStGH-Statut gilt insoweit anderes, da dieses nicht die Plünderung an sich, sondern nur die Plünderung „einer Stadt oder Ansiedlung" unter Strafe stellt. Durch diesen Zusatz wird impliziert, dass die Tat ein gewisses Ausmaß erreichen muss, Prosecutor v. Bemba Gombo, Judgment pursuant to Article 74 of the Statute 21.3.2016 (ICC-01/05-01/08-3343), para 117; *Ambos* Treatise II, S. 171 f.; vgl. auch Prosecutor v. Bemba Gombo, Decision Pursuant to Article 61(7)(a) and (b) of the Rome Statute on the Charges of the Prosecutor Against Jean-Pierre Bemba Gombo 15.6.2009 (ICC-01/05-01/08-424), para 317 („a somewhat large-scale appropriation of all types of property").

(v) IStGH-Statut diese selbst als „Plünderung einer Stadt oder Ansiedlung" ohne weitere Voraussetzungen – entsprechend dem Verbot des Art. 47 HLKO – unter Strafe.[66] Selbst wenn man den Vorbehalt militärischer Notwendigkeit auch in Art. 8 Abs. 2 lit. b (xvi) und lit. e (v) IStGH-Statut hineinlesen will,[67] so ist es dem nationalen Gesetzgeber unbenommen, über die völkerstrafrechtliche Strafbarkeit und damit seine völkerrechtlichen Pflichten aus dem IStGH-Statut hinauszugehen. Der deutsche Gesetzgeber hat jedenfalls die im IStGH-Statut angelegte Unterscheidung zwischen der Plünderung und den sonstigen Tathandlungen bewusst nachvollzogen und jene auf Grund der insoweit eindeutigen völkervertraglichen und -gewohnheitsrechtlichen Lage (→ Rn. 2) **ohne Weiteres** unter Strafe gestellt. So beziehen sich denn auch die in § 9 Abs. 1 genannten „Erfordernisse des bewaffneten Konflikts" auf die *dahinter* genannten Tathandlungen des Zerstörens, Sich Aneignens und Beschlagnahmens, nicht aber auf das *davor* aufgeführte Plündern. Dieses solle „**stets rechtswidrig**[e]" sein.[68] Ferner folgt aus dem Verweis auf § 125a S. 2 Nr. 4 StGB, dass die Plünderung als diebstahlsähnliche Wegnahme und/oder Nötigung (→ Rn. 6) keinem Vorbehalt militärischer Erfordernisse unterliegen kann. Somit kann auch das sich aus der völkerstrafrechtlichen Definition des „Plünderns" ergebende Erfordernis der Rechtswidrigkeit der Aneignung nur als Hinweis auf die *allgemeinen* Rechtfertigungsgründe (etwa eine Einwilligung des Eigentümers)[69] und nicht als Anerkennung *spezifischer* militärischer Erfordernisse verstanden werden.[70] Diese sind nur bei den sonstigen Tathandlungen von Bedeutung (→ Rn. 16 ff.).

b) Zerstört, angeeignet oder beschlagnahmt. Auch die **sonstigen Tathandlungen** 9 der Zerstörung, Aneignung oder Beschlagnahme sind grundsätzlich in Übereinstimmung mit dem allgemeinen Strafrecht zu verstehen.[71] **Zerstörung** ist demnach – wie in § 303 StGB – die Beschädigung einer Sache bis zur völligen Aufhebung der Gebrauchsfähigkeit.[72] Eine **Aneignung** besteht in dem auf einen nicht unerheblichen Zeitraum angelegten Entzug einer Sache gegen oder ohne den Willen des Berechtigten.[73] Eine **Beschlagnahme** ist die Überführung eines Gegenstandes in den Gewahrsam einer Konfliktpartei durch förmliche Sicherstellung oder auf andere Weise bzw. die Anordnung einer solchen Sicherstellung.[74]

---

[66] Ebenso *Werle*, 2012, Rn. 1253; *Werle/Jeßberger* Rn. 1268.
[67] So wurde in einer Fußnote zu den Verbrechenselementen (Elements of Crimes, UN-Dok. ICC-ASP/1/3, 108 ff.) zu Art. 8 Abs. 2 (b) (xvi) und (e) (v) IStGH-Statut festgestellt: „As indicated by the use of the term „private or personal use" appropriations justified by military necessity cannot constitute the crime of pillaging". Vgl. auch *Triffterer/Ambos/Zimmerman/Geiß* IStGH-Statut Art. 8 Rn. 555: „not imperatively demanded by military necessity"; vertiefend hierzu *Ambos* Treatise II, S. 172 f.
[68] Gesetzesbegründung in: BMJ S. 68 = *Lüder/Vormbaum* S. 51.
[69] Vgl. Verbrechenselement (Fn. 67) Nr. 3 zu Art. 8 Abs. 2 lit. b (vi) und lit. e (v) IStGH-Statut): „The appropriation was without the consent of the owner" Vgl. auch Prosecutor v. Delalic et al., Judgement 16.11.1998 (IT-96-21-T), para 587; Prosecutor v. Naletilic and Martinovic, Judgement 31.3.2003 (IT-98-34-T), para 616; Prosecutor v. Bemba Gombo, Judgment pursuant to Article 74 of the Statute 21.3.2016 (ICC-01/05-01/08-3343), 116; *Mettraux* S. 98.
[70] Vgl. aber die Fn. zu Verbrechenselement (Fn. 67) Nr. 2 zu Art. 8 Abs. 2 lit. b (xvi) und lit. e (v) IStGH-Statut, wonach militärische Notwendigkeit auch die Aneignung zur privaten oder persönlichen Nutzung rechtfertige; zur Verhandlungsgeschichte *Dörmann* S. 272 f. Dies ändert jedenfalls nichts daran, dass Kriegsbeute den zuständigen Stellen übergeben werden muss und nicht zur privaten Nutzung behalten werden kann, dazu *Dörmann* S. 273 S. 277 f.; i.E. ebenso Prosecutor v. Bemba Gombo, Judgment pursuant to Article 74 of the Statute 21.3.2016 (ICC-01/05-01/08-3343), para 124 („concept of military necessity is incompatible with a requirement that the perpetrator intended the appropriation for private or personal use."); ähnlich Prosecutor v. Ntaganda, Decision pursuant to Article 61(7)(a) and (b) of the Rome Statute on the Charges of the Prosecutor Against Bosco Ntaganda 9.6.2014 (ICC-01/04-/02/06-309), para 59.
[71] Gesetzesbegründung in: BMJ S. 68 = *Lüder/Vormbaum* S. 51. Beispiele bei *Dörmann* S. 83.
[72] Statt vieler *Fischer* StGB § 303 Rn. 14; auch *Werle*, 2012, Rn. 1257, *Werle/Jeßberger* 1272 Rn. 1258. Zur völkergewohnheitsrechtlichen Anerkennung dieser Tatvariante Prosecutor v. Kordic & Cerkez, Appeal Judgement 17.12.2004 (IT-95-14/2-A), para 76.
[73] *Werle*, 2012, Rn. 1243; *Werle/Jeßberger* Rn. 1258; *Kittichaisaree* S. 148; *Ambos*, 2010, Fall 7 Rn. 41 (S. 99); auch *Garner* S. 123.
[74] Vgl. statt vieler Meyer-Goßner/Schmitt/*Schmitt* StPO Vor § 94 Rn. 3; zum humanitärvölkerrechtlichen Begriffsverständnis vgl. *Dörmann* S. 256 ff.

Im völkerstrafrechtlichen Zusammenhang werden Aneignung und Beschlagnahme häufig synonym iSd Entzugs der Sache verwendet.[75]

10   **aa) Sachen der gegnerischen Partei.** Es muss sich bei den Tatobjekten um „Sachen der gegnerischen Partei" handeln. Die „eigene" Partei hat die Sachen zwar in ihrer tatsächlichen Gewalt und kann deshalb die Tathandlungen vornehmen (→ Rn. 5), es muss sich für sie aber insofern um **fremde Sachen** handeln, als sie im **Eigentum** von natürlichen und juristischen Personen **der „gegnerischen Partei"** stehen müssen. Dabei ist grundsätzlich auch **Staatseigentum** erfasst (→ Rn. 1). Natürliche Personen der gegnerischen Partei sind deren Staatsangehörige, einschließlich *Kriegsgefangene*, so dass § 9 insoweit über das Genfer Recht hinausgeht, enthält Art. 130 GK III doch gerade keine Vorschrift zum Eigentumsschutz von Kriegsgefangenen (→ Rn. 2).[76] Bei juristischen Personen ist auf die Staatsangehörigkeit der das Unternehmen kontrollierenden Anteilseigner, der leitenden Mitarbeiter und mögliche weitere Beteiligungen abzustellen (sog. *„control test"*).[77] Damit ist weder das Eigentum der eigenen natürlichen oder juristischen Personen noch das von am Konflikt nicht beteiligten Drittstaaten geschützt.

11   **bb) Erheblicher Umfang.** Im Einklang mit Art. 8 Abs. 2 lit. a (iv) (aber abweichend von Art. 8 Abs. 2 lit. b (xiii) und e (xii) IStGH-Statut) müssen die Tathandlungen in einem „erheblichen Umfang" auf die Sachen der gegnerischen Partei einwirken. Mit dieser **tatbestandlichen Restringierung** sollen Bagatellfälle ausgeschieden werden.[78] In der Sache kann man sich insoweit an der von der Rspr. im Hinblick auf die Schwere einer Aneignung entwickelten **Erheblichkeitsschwelle** (→ Rn. 8) orientieren. Ob sie überschritten ist, kann abstrakt nach dem Verhältnis des Wertes des betroffenen Eigentums und der Schwere der Tatfolgen für das Opfer und überdies danach bestimmt werden, ob wenige oder viele Personen betroffen sind, so dass gegebenenfalls bei der Betroffenheit mehrerer schon auf Grund des *„overall effect"* – unabhängig von der Schwere der Einzeltaten – von einer erheblichen Eigentumsverletzung ausgegangen werden kann;[79] oder auch dann, wenn ein besonders geschütztes und wichtiges ziviles Objekt, etwa ein Krankenhaus,[80] zerstört wird. Im Übrigen hängt die Entscheidung von den Umständen des **konkreten Einzelfalls** ab.[81] So wurde die – an sich vergleichbare – Wegnahme von Wertsachen einerseits (Geld, Uhren und Schmuck) als erheblich,[82] andererseits (Bargeld in Höhe von mehr als 2.000 DM und Schmuck) als nicht erheblich angesehen.[83]

---

[75] Vgl. *Werle*, 2012, Rn. 1243; *Werle/Jeßberger* Rn. 1258; *Ambos*, 2010, Fall 7 Rn. 45 (S. 100); *Klamberg/ders.* Art. 8 Rn. 99.

[76] Eine teleologische Reduktion des Tatbestands ist deshalb aber – entgegen *Gropengießer/Kreicker* in *Eser/Kreicker* (Hrsg.), S. 168 – nicht vorzunehmen. Das VStGB geht insoweit, wie auch an anderen Stellen, über das IStGH-Statut hinaus.

[77] Vgl. *Triffterer/Ambos/Zimmermann/Geiß* IStGH-Statut Art. 8 Rn. 503.

[78] Gesetzesbegründung in: BMJ S. 69 = *Lüder/Vormbaum* S. 51; auch *Gropengießer/Kreicker* in *Eser/Kreicker* (Hrsg.), S. 199, 202; *Cryer/Friman/Robinson/Wilmshurst* S. 297 f.

[79] Prosecutor v. Kordic & Cerkez, Appeal Judgement 17.12.2004 (IT-95-14/2-A), para 82 f.; Prosecutor v. Delalic et al., Judgement 16.11.1998 (IT-96-21-T), para 1154; Prosecutor v. Simic et al., Judgement 17.10.2003 (IT-95-9-T), para 101; Prosecutor v. Martić, Judgement 12.6.2007 (IT-95-11-T), para. 103; Prosecutor v. Gotovina ua, Judgement 15.4.2011 (IT-06-90-T), para. 1778; Prosecutor v. Fofana & Konderwa, Judgement 2.8.2007 (SCSL-04-14-T), para. 160; Prosecutor v. Bemba Gombo, Judgment pursuant to Article 74 of the Statute 21.3.2016 (ICC-01/05-01/08-3343), para 117; *Ambos* Treatise II, S. 172.

[80] So Prosecutor v. Blaskic, Judgement 3.3.2000 (IT-95-14-T), para 157; zust. Prosecutor v. Katanga and Ngudjolo, Decision on the Confirmation of Charges 30.9.2008 (ICC-01/04-01/07-717), para 314; *David*, 2012, S. 806 (Rn. 4.154); *Schabas* 2010, S. 219; siehe auch *Ambos*, 2010, Fall 7 Rn. 6 (S. 90-1); *ders.* Treatise II, S. 172; restriktiver *Werle*, 2012, Rn. 1249 (unter Bezugnahme auf das generelle Schwereerfordernis bei IStGH-Verbrechen) *Werle/Jeßberger* Rn. 1264.

[81] Prosecutor v. Kordic & Cerkez, Appeal Judgement 17.12.2004 (IT-95-14/2-A), para 82; Prosecutor v. Katanga and Ngudjolo, Decision on the Confirmation of Charges 30.9.2008 (ICC-01/04-01/07-717), para 314.

[82] Prosecutor v. Delalic et al., Judgement 16.11.1998 (IT-96-21-T), para 1147 ff. (1154).

[83] Prosecutor v. Blaskic, Judgement 3.3.2000 (IT-95-14-T), para 424, wobei es allerdings um eine Plünderung als Grundverbrechen einer „Verfolgung aus politischen, rassischen und religiösen Gründen" als Verbrechen gegen die Menschlichkeit (Art. 5 (h) ICTY-Statut) ging.

cc) **Völkerrechtswidrig.** Die Tathandlungen müssen völkerrechtswidrig sein. Darin liegt 12 ein Verweis auf die allgemeinen völkerrechtlichen Rechtfertigungsgründe (etwa einen UN-Sicherheitsratsbeschluss) und die spezifischen Rechtfertigungsgründe des humanitären Völkerrechts, wobei der Grundsatz der militärischen Notwendigkeit auf Grund der expliziten Bezugnahme auf die „Erfordernisse des bewaffneten Konflikts" gesondert zu prüfen ist (→ Rn. 17 ff.). Als spezifische humanitärvölkerrechtliche Rechtfertigungsgründe sind vor allem die **Art. 42 ff. HLKO 1907** über die Anwendung militärischer Gewalt auf **besetztem feindlichen Gebiet** zu nennen. Die HLKO findet jedoch nur auf internationale Konflikte Anwendung[84] und die Übertragung der genannten Erlaubnistatbestände auf nicht-internationale Konflikte erscheint nicht ohne Weiteres möglich. Vordergründig ließe sich zwar argumentieren, dass den Konfliktparteien in einem nicht-internationalen Konflikt nicht verboten sein könne, was ihnen im internationalen bewaffneten Konflikt als zulässig zugestanden werde. Doch übersieht diese Argumentation, dass damit eine Absenkung des Schutzniveaus gegenüber der *eigenen* Zivilbevölkerung verbunden wäre, die dem Schutzzweck des modernen Konfliktvölkerrechts zuwiderliefe. Dessen Tendenz geht ja eher dahin, den Schutz der Zivilbevölkerung in nicht-internationalen Konflikten auszudehnen, statt ihn zu beschränken. Dies zeigt etwa ein Vergleich von Art. 54 ZP I und Art. 14 ZP II: Während der Schutz der für die Zivilbevölkerung lebensnotwendigen Objekte im internationalen Konflikt nicht ausnahmslos gilt (vgl. Art. 54 Abs. 3, 5 ZP I), sieht Art. 14 ZP II solche Ausnahmen nicht vor.

Bewegliches Staatseigentum (→ Rn. 1), einschließlich Bargeld (und eintreibbare Forde- 13 rungen), Waffen, Beförderungsmittel, Lebensmittelvorräte, das geeignet ist, Kriegszwecken zu dienen, kann beschlagnahmt werden (Art. 53 HLKO); es wird zur **Kriegsbeute** und geht entschädigungslos in das Eigentum der Besatzungsmacht über.[85] Allerdings obliegt der Besatzungsmacht auch die Pflicht zur **Versorgung der Zivilbevölkerung,** so dass bei der Beschlagnahme von Lebensmitteln (sowie Waren und medizinischen Ausrüstungen) auf deren Interessen Bedacht zu nehmen und ein angemessenes Entgelt vorzusehen ist (Art. 55 GK IV). Bei **nichtbeweglichem Staatseigentum** steht der Besatzungsmacht lediglich ein **Nutzungsrecht** zu. Nach Beendigung des Krieges sind die Liegenschaften zurückzugeben (Art. 55 HLKO).[86]

Der Zugriff auf das **Privateigentum** wurde schon von der HLKO 1907 Beschränkungen 14 unterworfen, die dann von der GK IV (Art. 33 Abs. 2, 53, 97 f. GK IV) im Hinblick auf den Schutz der Zivilbevölkerung ausgebaut wurden. Zunächst ist das Privateigentum allgemein geschützt und darf nicht (dauerhaft) eingezogen werden (Art. 46 HLKO).[87] Kriegsvorräte von Privaten (einschließlich Kommunikations- und Beförderungsmittel) können zu Kriegszwecken zwar beschlagnahmt werden, doch müssen sie bei Friedensschluss zurückgegeben und die Entschädigung geregelt werden (Art. 53 Abs. 2 HLKO).[88] Das **Eigentum von Gemeinden und der** dem Gottesdienst oder der Wohltätigkeit, dem Unterricht, der Kunst und der Wissenschaft **gewidmeten Einrichtungen** ist, auch wenn sie Staatseigentum sind, **wie Privateigentum** zu behandeln (Art. 56 Abs. 1 HLKO).[89] Beschlagnahme, Zerstörung oder Beschädigung von **Kulturgütern** sind verboten und sollen geahndet werden (Art. 27, 56 Abs. 2 HLKO; Art. 1, 4 Abs. 3, Art. 5 Kulturgutkonvention,[90] Art. 52, 53 ZP I, Art. 16 ZP II sowie das II. Protokoll der Kulturgutkonvention,[91] zuletzt UN Resolution 2199 (2015) und UN Resolution 2347 (2017)).[92]

---

[84] Vgl. schon Art. 2 Abs. 4. Haager Abk.: Anwendung auf kriegführende Vertragsparteien.
[85] Fleck/*Gasser/Dörmann* S. 292 (Nr. 557); *Downey* AJIL 44 (1950), 488; *von Glahn* S. 180 ff.; *Doehring* Rn. 609.
[86] Vgl. auch Fleck/*Gasser/Dörmann* S. 292 (Nr. 558).
[87] *Jia* LJIL 15 (2002), 131 (144).
[88] Vgl. auch Fleck/*Gasser/Dörmann* S. 292 ff. (Nr. 558 f.), der als ein Beispiel einer unzulässigen Beschlagnahme von Land die Ansiedlung der eigenen Bevölkerung zur (vorgeblichen) Erhöhung der militärischen Sicherheit nennt.
[89] Vgl. auch Fleck/*Gasser/Dörmann* S. 293 (Nr. 559).
[90] Convention for the Protection of Cultural Property in the Event of Armed Conflict, 14.5.1954, 249 UNTS 240 = BGBl. 1967 II S. 1233, 1300.
[91] Second Protocol to the Hague Convention of 1954 for the Protection of Cultural Property in the Event of Armed Conflict, 26.3.1999, in: *Schindler/Toman,* Nr. 74 (S. 1037) = ILM 38 (1999), 769 ff.

15 **Natural- und Dienstleistungen** (sog. Requisitionen) der lokalen Bevölkerung dürfen nicht über die Bedürfnisse des Besatzungsheers hinausgehen, müssen – im Hinblick auf den Schutz ziviler Objekte (Art. 52 ZP I, → Rn. 3) – verhältnismäßig sein und dürfen der Zivilbevölkerung nicht abverlangen, gegen ihr eigenes Land zu kämpfen. Naturalleistungen sind überdies „so viel wie möglich" in bar zu bezahlen, anderenfalls sind Empfangsbestätigungen auszustellen und die Zahlung alsbald nachzuholen (Art. 52 HLKO).[93] Die Besatzungsmacht kann auch **Abgaben, Zölle und Gebühren** nach Maßgabe der geltenden Vorschriften erheben (Art. 48 HLKO); darüberhinausgehende **Auflagen** dürfen nur der Deckung der Bedürfnisse des Heeres und der Verwaltung des Gebietes dienen (Art. 49 HLKO).

16 dd) **Erfordernisse des bewaffneten Konflikts.** Die Zerstörung, Aneignung bzw. Beschlagnahme darf nicht durch die Erfordernisse des bewaffneten Konflikts geboten gewesen sein. Die darin liegende Bezugnahme auf den Grundsatz der **militärischen Notwendigkeit** beruht auf Art. 8 Abs. 2 lit. a (iv), lit. b (xiii), lit. e (xii) IStGH-Statut, wo allerdings einerseits explizit von militärischer Notwendigkeit (Art. 8 Abs. 2 lit. a (iv)) und andererseits von *zwingenden* Erfordernissen des Krieges (Art. 8 Abs. 2 lit. b (xiii), lit. e (xii))[94] die Rede ist.[95] Es geht in beiden Fällen um die von § 9 in Bezug genommenen militärischen Erfordernisse, wobei das Adjektiv „zwingend" immerhin eine restriktive Auslegung impliziert. Deshalb kann der Verzicht darauf mit der Begründung, dass das Merkmal keine „sachliche Änderung oder Präzisierung" bringe und „Auslegungsschwierigkeiten" hervorrufe,[96] nicht vollends überzeugen.[97]

17 Der Grundsatz militärischer Notwendigkeit war ursprünglich – durch den *Lieber Code* (USA, 1863) – zur **Begrenzung** der kriegerischen Gewalt auf das militärisch absolute Notwendige eingeführt worden.[98] Erst später ist er – gleichsam auf den Kopf gestellt – im Zuge der zunehmenden (normativen) Humanisierung bewaffneter Konflikte vor allem durch das Genfer Recht (→ Vor § 8 Rn. 8) zu einem **Rechtfertigungsgrund**[99] mutiert und findet sich als solcher in zahlreichen humanitärvölkerrechtlichen Vorschriften (vgl. etwa Art. 33 Abs. 2, 50 GK I; Art. 28, 51 GK II; Art. 147 GK IV; Art. 54 Abs. 5, 62 Abs. 1, 67 Abs. 4, 71 Abs. 3 ZP I)[100] und eben auch in § 9. Der Ursprung des Grundsatzes spricht

---

[92] Vgl. auch Fleck/*Gasser/Dörmann* S. 294 (Nr. 562); *Jia* LJIL 15 (2002), 131 (138 ff.); *David*, 2012, S. 335 ff. (Rn. 2.76 ff.); zur Abgrenzung von „normalen" zivilen Objekten iSv Art. 52 ZP I und Erziehungseinrichtungen, die nicht als Kulturgüter gelten könnten Prosecutor v. Kordic & Cerkez, Appeal Judgement 17.12.2004 (IT-95-14/2-A), para 85 ff. (gegen T. Ch. Judgement 26.2.2001 (IT-95-14/2-T), para 354 ff.). S. zur ICTY-Rspr. *Brammertz et al.* JICJ 14 (2016), 1143 ff. Indirekt wurden Kulturgüter bereits durch den IMG geschützt, s. Art. 6 des Londoner Statuts („(b) WAR CRIMES: namely, violations of the laws or customs of war. Such violations shall include, [...] plunder of public or private property, wanton destruction of cities, towns or villages, or devastation not justified by military necessity"); Verfahren gegen Alfred Rosenberg, Proceedings, 27 August 1946 – 1 October 1946, Nuremberg, 1948 (Trial of the Major War Criminals, Vol. 22, S. 540). Zum Kulturgüterschutz vor dem IStGH s. vor allem *Prosecutor v. Al Mahdi*, Trial Judgment 27.9.2016 (ICC-01/12-01/15-171), paras. 11, 45 ff.; hierzu *Casaly* JICJ 14 (2016), 1199 ff.; *Vlasic/Turku* JICJ 14 (2016), 1181 ff.; *dies.* VanJTL 49 (2017), 1371 ff.

[93] Vgl. auch Fleck/*Gasser/Dörmann* S. 291 (Nr. 556).

[94] Hierzu Prosecutor v. Katanga and Ngudjolo, Decision on the Confirmation of Charges 30.9.2008 (ICC-01/04-01/07-717), para 317 f.

[95] Zu dieser Differenzierung *Ambos* Treatise II, S. 172 f. mwN.

[96] Gesetzesbegründung in: BMJ S. 69 = *Lüder/Vormbaum* S. 51.

[97] Krit. auch *Gropengießer/Kreicker* in *Eser/Kreicker* (Hrsg.), S. 199 f.: „inhaltliche Präzision … geopfert".

[98] Vgl. Prosecutor v. Katanga and Ngudjolo, Decision on the Confirmation of Charges 30.9.2008 (ICC-01/04-01/07-717), para 318; *Carnahan* AJIL 92 (1998), 213 ff. mwN. Zum Lieber Code *Werle*, 2012, Rn. 1029 mwN; *Werle/Jeßberger* Rn. 1037.

[99] So auch *Werle*, 2012, Rn. 1254; *Werle/Jeßberger* Rn. 1269; *Kalshoven* S. 365 f. sieht in ihm keine eigenständige defence, sondern zählt ihn zu den Repressalien; zur unterschiedlichen Herangehensweisen an den Begriff der militärischen Notwendigkeit *Luban* LJIL 26 (2013), 315.

[100] Vgl. – aus der unübersaubaren Lit. – nur *Carnahan* AJIL 92 (1998), 213 (216 ff., 227 ff.); *Downey* AJIL 47 (1953), 251; *von Glahn* S. 224 ff.; über eine mögliche Entwicklung des Verständnisses der militärischen Notwendigkeit dahingehend, dass damit denjenigen, die technisch schlechter ausgerüstet sind beispielsweise Angriffe auf zufällig ausgewählte Ziele gestattet wären – gegen die eine Verteidigung nur schlecht möglich ist – *Schmitt* Mich J Int'l L 19 (1998), 1051 (1082 f.).

für seine **restriktive Auslegung** auch als Rechtfertigungsgrund,[101] die tatbestandsmäßige Handlung muss mindestens irgendeinen („militärischen") Vorteil im Hinblick auf die Schwächung des Feindes bringen.[102] Eine Berufung auf den Grundsatz kommt überhaupt nur in Betracht, wenn er in dem betroffenen Verbot bzw. dem einschlägigen Tatbestand ausdrücklich vorgesehen ist.[103] Das VStGB trägt dieser restriktiven Linie dadurch Rechnung, dass eine Rechtfertigung auf Grund militärischer Erfordernisse nur in § 9, also im Hinblick auf Eigentumsverletzungen, vorgesehen ist.[104]

In der Sache folgt schon – auf der Ebene des *ius ad bellum* – aus dem Zusammenspiel 18 von völkerrechtlichem Gewaltverbot (Art. 2 Abs. 4 UNS) und Recht auf Selbstverteidigung (Art. 51 UNS), dass grundsätzlich nur die Gewalt zulässig ist, die zur Erreichung der anerkannten Ziele im Rahmen des Selbstverteidigungsrechtes notwendig ist.[105] Allgemeiner gesprochen ist nur diejenige Gewalt erlaubt, die zur Bekämpfung und Niederwerfung des Gegners **unbedingt erforderlich** ist.[106] Das *ius ad bellum* setzt also *zusätzlich* zum *ius in bello* Schranken, die letztlich auf den **Verhältnismäßigkeitsgrundsatz** zurückgeführt werden können. So ist die Zerstörung einer Sache nicht zulässig, soweit das militärische Ziel auch durch ihre Beschlagnahme erreicht werden könnte.[107] Weiter sind Kriegshandlungen auf militärische Ziele zu beschränken und sollen **keine unnötigen Leiden** verursachen.[108] Schließlich kann der Grundsatz als Bestandteil des humanitären Völkerrechts dessen humanitäre Zwecke nicht völlig außer Kraft setzen: Absolute Verbote (zB Art. 47 HLKO, Art. 19 Abs. 1 GK I, Art. 53 lit. a ZP I und Art. 16 ZP II; zum Schutz von Privateigentum → Rn. 14) sind in größtmöglichem Maße zu beachten, ein militärischer Vorteil darf nicht mit verbotenen Mitteln gesucht werden.[109]

3. Absatz 2. Die Vorschrift will über die Eigentumsverletzungen des Abs. 1 hinausge- 19 hende Rechtseinschränkungen und Diskriminierungen verhindern (→ Rn. 1) und beruht auf Art. 23 lit. h HLKO 1907 und Art. 8 Abs. 2 lit. b (xiv) IStGH-Statut. Sie bezieht sich auf das **gesamte Staatsgebiet** der Konfliktparteien, nicht nur auf das besetzte Gebiet.[110] Das ergibt sich schon aus dem Wortlaut, der weder eine räumliche Beschränkung vorsieht, noch sich überhaupt auf eine kriegerische Besetzung bezieht. Es ergibt sich ferner aus dem Sinn und Zweck der Vorschrift, dient sie doch dem umfassenden Schutz vor Rechtseinschränkungen und Diskriminierungen. Die Vorschrift hat **Sonderdeliktscharakter,** denn die bezeichneten Maßnahmen können nicht von jedermann, sondern nur von demjenigen angeordnet werden, der eine entsprechende Befugnis besitzt.[111]

a) Rechte und Forderungen. Der Begriff der Rechte und Forderungen ist weit zu 20 verstehen und zwar in einem doppelten Sinne. Zum einen wird ganz generell der **Zugang zu Gericht** geschützt, denn der Begriff „actions" (Art. 8 Abs. 2 lit. b (xiv) IStGH-Statut) ist iSv „rights of actions", also das Recht gerichtlicher Forderungsdurchsetzung, zu verste-

---

[101] Vgl. schon *Ambos* AT, S. 395 f. mwN; auch *ders.* Treatise II, S. 173; Klamberg/*ders.* IStGH-Statut Art. 8 Rn. 96.
[102] Prosecutor v. Galic, Judgement 5.12.2003 (IT-98-29-T), para 76; siehe auch Prosecutor v. Boškoski and Tarčulovski, Judgement 10.7.2008 (IT-04.82-T), para 355; Prosecutor v. Prlić ua, Judgement 29.5.2013 (IT-04-74-T), para. 125.
[103] Vgl. auch *Dörmann* S. 81, 250; *Ambos* Treatise I, S. 390 sowie Prosecutor v. Katanga and Ngudjolo, Decision on the Confirmation of Charges 30.9.2008 (ICC-01/04-01/07-717), para 318.
[104] Nur in § 11 Abs. 1 Nr. 3 und Abs. 3 wird überdies auf den zu erwartenden militärischen Vorteil abgestellt.
[105] Fleck/*O'Connell* S. 34 (Nr. 132); *Donner* AVR 33 (1995) 168 (200 ff.).
[106] IE ebenso *Werle,* 2012, Rn. 1254: „letztes Mittel"; *Werle/Jeßberger* Rn. 1269.
[107] *Werle,* 2012, Rn. 1258; *Werle/Jeßberger* Rn. 1273; *Ambos* Treatise II, S. 173.
[108] Fleck/*O'Connell* S. 34 (Nr. 132). Vgl. auch *Jia* LJIL 15 (2002), 131 (136 ff.) zur Nürnberger Rspr.
[109] Fleck/*O'Connell* S. 36 f. (Nr. 133).
[110] Ebenso Triffterer/Ambos/Cottier/Grignon IStGH-Statut Art. 8 Rn. 518; *Werle,* 2012, Rn. 1261; *Werle/Jeßberger* Rn. 1276; *Dörmann* S. 263. Vgl. zum Streit um Art. 23 (h) HLKO 1907 *Dörmann* S. 264 ff.; *König* S. 295 f.
[111] Vgl. auch Verbrechenselement (Fn. 67) Nr. 1 zu Art. 8 Abs. 2 (b) (xiv) IStGH-Statut: „The perpetrator *effected* the abolition …" (Herv. d. Verf.). Dazu auch *Dörmann* S. 263.

hen.[112] Zum anderen sind nicht nur zivilrechtliche, sondern alle **gerichtlich geschützten Rechte oder Forderungen** erfasst, also auch die verwaltungs-, verfassungs- und strafgerichtlich durchsetzbaren.[113] Der Schutz geht also über das Recht auf ein faires Verfahren iSv Art. 147 GK IV, 85 Abs. 4 lit. e ZP I hinaus.[114]

21   **b) Angehörige der gegnerischen Partei.** Es muss sich um Rechte und Forderungen der Angehörigen der gegnerischen Partei handeln. Damit sind die natürlichen Personen, die Staatsangehörige der gegnerischen Partei sind, gemeint. Handlungen gegen Angehörige des eigenen Staates oder am Konflikt nicht beteiligter Drittstaaten werden nicht erfasst (→ Rn. 10). Die Maßnahmen müssen sich gegen **alle** oder zumindest einen **wesentlichen Teil** der Angehörigen richten. Diese in Art. 8 Abs. 2 lit. b (xiv) IStGH-Statut nicht explizit enthaltene Restringierung dient – ähnlich wie die Erheblichkeitsschwelle bei Abs. 1 (→ Rn. 11) – dem Ausschluss von Einzelfällen und macht die Konzentration auf systematische Rechtsverletzungen (Gesamttat!) deutlich.[115]

22   **c) Anordnung der Aufhebung, Aussetzung oder Nicht-Einklagbarkeit.** Die Rechte und Forderungen der Betroffenen müssen durch die Anordnung aufgehoben oder ausgesetzt werden oder vor Gericht nicht einklagbar sein. Entscheidend ist, dass die Anordnung eine solche Wirkung entfalten *kann;* nicht erforderlich ist, dass tatsächlich jemand mit der Durchsetzung seiner Rechte gescheitert ist.[116] Die **Vollendung** tritt also mit der Anordnung und der ihr immanenten *potentiellen* Wirkung ein. Ein **Versuch** liegt beim unmittelbaren Ansetzen (§ 22 StGB) zum Erlass einer solchen Anordnung vor.

23   **d) Völkerrechtswidrig.** Schließlich sind nur völkerrechtswidrige Maßnahmen erfasst (→ Rn. 12). Insoweit gelten zunächst die allgemeinen völkerrechtlichen Grundsätze, so dass etwa vom UN-Sicherheitsrat im Rahmen von Kapitel VII UNS verhängte Embargomaßnahmen nicht erfasst sind.[117] Spezifisch humanitär-völkerrechtlich ergeben sich auch aus der GK IV bestimmte **Rechte der Besatzungsmacht,** in das Recht und die Justiz eines besetzten Gebietes einzugreifen. Zum einen kann das Strafrecht des besetzten Gebiets außer Kraft gesetzt werden, wenn es eine Gefahr für die Sicherheit der Besatzungsmacht oder ein Hindernis für die Anwendung der GK IV darstellt (Art. 64 Abs. 1 S. 1 GK IV). Ferner kann die Besatzungsmacht die Bevölkerung des besetzten Gebiets Bestimmungen unterwerfen, die ihr zur Aufrechterhaltung der Sicherheit und Ordnung unerlässlich erscheinen (Art. 64 Abs. 2 GK IV). Die Gerichte des besetzten Gebiets sollen zwar grundsätzlich weiter Recht sprechen (Art. 64 Abs. 1 S. 2 GK IV), doch kann die Besatzungsmacht einerseits auch Militärgerichte im besetzten Gebiet zur Aburteilung von Verstößen gegen die auf Grund Art. 64 Abs. 2 GK IV erlassenen Vorschriften einrichten (Art. 66 GK IV); zum anderen können Gerichte, die der Anwendung diskriminierender oder unmenschlicher Gesetze dienen, aufgelöst werden und an ihrer Stelle Besatzungsgerichte eingesetzt werden.[118]

24   **4. Subjektiver Tatbestand.** Insoweit gelten die allgemeinen Vorschriften (→ Vor § 8 Rn. 44). § 9 enthält ein abweichendes Erfordernis nur im Hinblick auf die Plünderung, die **Zueignungsabsicht** voraussetzt (→ Rn. 6).[119] Aus dem Umstand, dass die Verbrechenselemente zu Art. 8 Abs. 2 lit. b (xiv) IStGH-Statut einen direkten Vorsatz enthalten,[120] ergibt sich für § 9 nichts, sind die Verbrechenselemente doch nicht einmal für den IStGH verbindlich (Art. 9 IStGH-Statut).

---

[112] Triffterer/Ambos/*Cottier/Grignon* IStGH-Statut Art. 8 Rn. 522; *Dörmann* S. 264.
[113] Triffterer/Ambos/*Cottier/Grignon* IStGH-Statut Art. 8 Rn. 522.
[114] Darauf beschränkend hingegen *König* S. 295 f.
[115] Gesetzesbegründung in: BMJ S. 70 = *Lüder/Vormbaum* S. 51; auch *Gropengießer/Kreicker* in *Eser/Kreicker* (Hrsg.), S. 200 f.
[116] Vgl. *Dörmann* S. 263.
[117] Gesetzesbegründung in: BMJ S. 70 = *Lüder/Vormbaum* S. 51.
[118] *Pictet* (Hrsg.), S. 33; auch *Freeman* AJIL 41 (1947), 579.
[119] Vgl. insoweit auch *Dörmann* S. 280 mwN.
[120] Vgl. Verbrechenselement (Fn. 67) Nr. 3 zu Art. 8 Abs. 2 lit. b (xiv) IStGH-Statut: „The perpetrator *intended* the abolition …" (Herv. d. Verf.). Dazu auch *Dörmann* S. 263 f.

5. **Konkurrenzen.** Zwischen **Abs. 1 und 2** kann Ideal- oder Realkonkurrenz bestehen, 25
wenn die Taten während eines internationalen Konflikts begangen werden. Wenn der Täter
sich die Tatobjekte iSv **Abs. 1** aneignet oder beschlagnahmt, um sie zu zerstören, liegt Gesetzeskonkurrenz vor (mitbestrafte Vor- oder Nachtat). Nutzt der Täter die Sachen zunächst
und fasst erst später den Zerstörungsvorsatz, liegt Idealkonkurrenz vor. Die Tathandlungen
des **Abs. 2** stehen grundsätzlich in Idealkonkurrenz. Im Hinblick auf andere Vorschriften des
VStGB und des StGB gelten die allgemeinen Vorschriften (→ Vor § 8 Rn. 45 f.).

§ 10 Kriegsverbrechen gegen humanitäre Operationen und Embleme

(1) ¹Wer im Zusammenhang mit einem internationalen oder nichtinternationalen bewaffneten Konflikt
1. einen Angriff gegen Personen, Einrichtungen, Material, Einheiten oder Fahrzeuge richtet, die an einer humanitären Hilfsmission oder an einer friedenserhaltenden Mission in Übereinstimmung mit der Charta der Vereinten Nationen beteiligt sind, solange sie Anspruch auf den Schutz haben, der Zivilpersonen oder zivilen Objekten nach dem humanitären Völkerrecht gewährt wird, oder
2. einen Angriff gegen Personen, Gebäude, Material, Sanitätseinheiten oder Sanitätstransportmittel richtet, die in Übereinstimmung mit dem humanitären Völkerrecht mit den Schutzzeichen der Genfer Abkommen gekennzeichnet sind,
wird mit Freiheitsstrafe nicht unter drei Jahren bestraft. ²In minder schweren Fällen, insbesondere wenn der Angriff nicht mit militärischen Mitteln erfolgt, ist die Strafe Freiheitsstrafe nicht unter einem Jahr.

(2) Wer im Zusammenhang mit einem internationalen oder nichtinternationalen bewaffneten Konflikt die Schutzzeichen der Genfer Abkommen, die Parlamentärflagge oder die Flagge, die militärischen Abzeichen oder die Uniform des Feindes oder der Vereinten Nationen missbraucht und dadurch den Tod oder die schwere Verletzung eines Menschen (§ 226 des Strafgesetzbuches) verursacht, wird mit Freiheitsstrafe nicht unter fünf Jahren bestraft.

Schrifttum: *Arsanjani,* Defending the Blue Helmets: Protection of United Nations Personnel, in: *L. Condorelli/A. M. La Rosa/S. Scherrer* (Hrsg.), Les Nations Unies et le droit international humanitaire – The United Nations and International Humanitarian Law, 1996, S. 115; *Bangura,* Prosecuting the Crime of Attack on Peacekeepers: A Prosecutor's Challenge, LJIL 23 (2010), S. 165; *Bothe,* Peace Keeping, in: B. *Simma* et al. (Hrsg.), Charter of the United Nations. A Commentary, Vol. I, 2012, S. 1171; *Breitegger,* Aktuelle Beiträge der internationalen Strafjustiz zur Entwicklung des humanitären Völkerrechts, ZIS (2010), S. 712; *Fleck* (Hrsg.), The Handbook of International Humanitarian Law, 2. Aufl. 2008; *Sivakumaran,* War crimes before the Special Court for Sierra Leone – Child Soldiers, Hostages, Peacekeepers and Collective Punishments, JICJ 8 (2010), 1009; *Pacholska,* (Il)legality of Killing Peacekeepers – The Crime of Attacking Peacekeepers in the Jurisprudence of International Criminal Tribunals, JICJ 13 (2015), 43; *Müller,* The Force Intervention Brigade – United Nations Forces beyond the Fine Line Between Peacekeeping and Peace Enforcement, Journal of Conflict & Security Law 20 (2015), 359.

Übersicht

	Rn.		Rn.
I. Absatz 1	1–28	1. Überblick	29–32
1. Überblick	1–4	a) Normzweck – Rechtsgut und Deliktsnatur	29, 30
a) Normzweck	1, 2		
b) Historie	3, 4	b) Historie	31, 32
2. Erläuterung	5–28	2. Erläuterung	33–43
a) Angriffe auf friedenserhaltende Missionen (Abs. 1 Nr. 1)	5–21	a) Objektiver Tatbestand	33–42
b) Angriffe auf Rot-Kreuz-Einrichtungen (Abs. 1 Nr. 2)	22–27	b) Subjektiver Tatbestand	43
		3. Konkurrenzen, Rechtsfolgen sowie Prozessuales	44–46
c) Minder schwere Fälle nach Abs. 1 S. 2	28	a) Konkurrenzen	44
II. Missbrauch anerkannter Schutzzeichen (Abs. 2)	29–46	b) Rechtsfolgen	45
		c) Prozessuales	46

I. Absatz 1

1 **1. Überblick.**[1] **a) Normzweck. aa) Rechtsgut.** Abs. 1 schützt zum einen die Individualrechtsgüter Leben, Gesundheit und Freiheit des Personals humanitärer und friedenserhaltender Missionen sowie ferner das Eigentum an dem im Rahmen solcher Missionen eingesetzten Material. Zum anderen schützt Abs. 1 die Institution der humanitären Mission als solche, das heißt insbesondere die Bereitschaft der Weltgemeinschaft, im Rahmen derartiger Missionen Personal und Material zur Verfügung zu stellen.[2] Soweit es sich um friedenserhaltende Missionen handelt, ist auch der Weltfrieden als geschütztes Rechtsgut anzusehen, bei rein humanitären Hilfsmissionen dagegen die Gewährleistung der Grundversorgung der Bevölkerung.

2 **bb) Deliktsnatur.** Bei Abs. 1 Nr. 1 und Nr. 2 handelt es sich jeweils um ein Tätigkeitsdelikt. Der Tatbestand ist mit dem Angriff vollendet; den Eintritt eines bestimmten Schädigungserfolges bedarf es nicht.[3] Abs. 1 ist mithin ein abstraktes Gefährdungsdelikt.

3 **b) Historie.** Die Vorschrift beruht auf Art. 8 Abs. 2 lit. b (iii) und dem wortgleichen Art. 8 Abs. 2 lit. e (iii) IStGH-Statut. Es handelt sich bei dem Tatbestand um eine jüngere Entwicklung des Völkerstrafrechts, die aus der (leider) steigenden Zahl von Angriffen auf friedenserhaltende und humanitäre Hilfsmissionen hervorgegangen ist.[4] Ein entsprechender Kriegsverbrechenstatbestand findet sich auch in Art. 4 lit. b des Statuts des Sondergerichtshofs für Sierra Leone.

4 Der Tatbestand des Abs. 1 überschneidet sich weitgehend mit den Kriegsverbrechen gegen Personen und den strafbaren Angriffen auf die Zivilbevölkerung und auf zivile Objekte. Der Sondergerichtshof für Sierra Leone hat den Tatbestand daher nicht als neues Kriegsverbrechen, sondern als Spezifizierung der verbotenen Angriffe gegen Zivilpersonen und zivile Objekte eingestuft.[5] Außerhalb des VStGB ist der Tatbestand allerdings insofern von eigenständiger Bedeutung, als er Angriffe auf bestimmte zivile Objekte auch im nichtinternationalen bewaffneten Konflikt unter Strafe stellt. Derartige Angriffe wären im Rahmen des Rom-Statuts, in dem das Kriegsverbrechen des Angriffs auf zivile Objekte nur für den internationalen bewaffneten Konflikt enthalten ist, ansonsten nicht erfasst. Für die Zwecke des VStGB kommt dem Tatbestand des Abs. 1 daher in erster Linie Symbolcharakter zu. Insbesondere die Angriffe auf humanitäres Personal in Somalia[6] und die während des Konflikts in Bosnien-Herzegowina von *Karadzic* und *Mladic* angeordnete Gefangennahme von 284, einer friedenserhaltenden Mission der Vereinten Nationen angehörenden Personen in Pale, Sarajevo und Gorazde haben diese Entwicklung geprägt.[7] So hat der Sicherheitsrat der Vereinten Nationen den Anschlag auf das Hauptquartier der Hilfsmission der Vereinten Nationen für Irak (UNAMI) vom 19.8.2003 in Bagdad verurteilt.[8] Bereits 1994 wurde diesen von den Vereinten Nationen mit großer Besorgnis wahrgenommenen Entwicklungen durch das Übereinkommen über die Sicherheit von Personal der Vereinten Nationen und beigeordnetem Personal, das am 15.1.1999 in Kraft getreten ist, begegnet. Im Lichte dieser Konvention wurde auch

---

[1] Herrn *Cedric Drescher* gebührt herzlicher Dank für wertvolle Recherchen und Anregungen.
[2] ILC, YILC 1996-II/2, Commentary to the Draft Code of Crimes against the Peace and Security of Mankind, Art. 19, S. 50 ff.
[3] Siehe auch Triffterer/*Cottier*/*Baumgartner* IStGH-Statut Art. 8 Rn. 222.
[4] UN Doc. S/RES/788 (1992); UN Doc. S/RES/813 (1993); UN Doc. S/RES/987 (1995); UN Doc. S/RES/1289 (2000); UN Doc. S/RES/1502 (2003); siehe auch das Übereinkommen über die Sicherheit von Personal der Vereinten Nationen und beigeordnetem Personal, BGBl. 1997 II S. 231 in Kraft getreten am 15.1.1999; UN Doc. S/PRST/2001/30; UN Doc. S/PRST/2002/8; UN Doc. A/Res. 57/154 (2002); Kirk McDonald/Swaak-Goldman/*Bourloyannis-Vrailas*, Substantive and Procedural Aspects of International Criminal Law, Band 1, 2000, S. 337 f. Fn. 6 f.
[5] Sondergerichtshof für Sierra Leone, TC 2.3.2009 – SCSL-04-15-T, Nr. 215, 218 – The Prosecutor v. Sesay, Kallon and Gbao (RUF Case).
[6] Siehe den Bericht der durch UN Doc. S/RES/885 (1993) eingerichteten Untersuchungskommission bzgl. der Angriffe auf UNOSOM II, UN Doc. S/1994/653 (1994).
[7] JStGH 16.11.1995 – IT-95-5-I, Nr. 46 – Prosecutor v. Karadzic/Mladic.
[8] UN Doc. S/RES/1502 (2003).

in Art. 19 des „Draft Code of Crimes Against the Peace and Security of Mankind" der Völkerrechtskommission (International Law Commission) ein Tatbestand mit dem Titel „Crimes against United Nations and Associated Personnel" aufgenommen.[9] Die beschriebenen Tathandlungen wurden sodann im Römischen Statut erstmals mit Strafe bewehrt. Vormals hatte lediglich Art. 71 Abs. 2 ZP I die allerdings nicht strafbewehrte Verpflichtung enthalten, das an humanitären Hilfsaktionen beteiligte Personal zu schonen und zu schützen. In jüngerer Zeit sind insbesondere die Angriffe auf friedenserhaltende Missionen in Darfur und in Sierra Leone in den Fokus geraten.[10] Im sogenannten RUF-Fall vor dem Sondergerichtshof für Sierra Leone waren Angriffe gegen Angehörige einer von den Vereinten Nationen autorisierten friedenserhaltenden Mission erstmals Gegenstand eines gerichtlichen Verfahrens.

2. Erläuterung. a) Angriffe auf friedenserhaltende Missionen (Abs. 1 Nr. 1). 5
aa) Objektiver Tatbestand. Eine allgemein anerkannte, präzise völkerrechtliche Definition der **humanitären Hilfsmission** existiert nicht.[11] Humanitäre Hilfsmissionen sind auf die Versorgung der Bevölkerung ausgerichtet (Art. 18 Abs. 2 ZP I). Sie operieren gem. Art. 70 Abs. 1 S. 1 ZP I mit der Zustimmung der beteiligten Parteien und in Übereinstimmung mit den Grundsätzen der Neutralität, der Unparteilichkeit (Art. 10 GK IV, Art. 18 Abs. 2 ZP I) und der Menschlichkeit[12] und sind geleitet von den humanitären Bedürfnissen der betroffenen Bevölkerung.[13] Sie setzen, außer in Fällen der Selbstverteidigung, keine militärische Gewalt ein.[14] Derartige Missionen werden typischerweise durch das Rote Kreuz und den Roten Halbmond sowie durch eine Vielzahl von Nichtregierungsorganisationen (zB CARE, OXFAM) oder auch durch die Sonder- und Unterorganisationen der Vereinten Nationen (zB UNHCR, UNICEF, UNESCO und FAO) durchgeführt. Obwohl humanitären Hilfsmissionen oftmals auch ein entwicklungspolitischer Aspekt innewohnt, erfasst der Begriff der humanitären Hilfsmission grundsätzlich nur vorübergehende Missionen in Notzeiten. Längerfristig angelegte Entwicklungshilfe wird nicht erfasst.[15]

Auch der Begriff der **friedenserhaltenden Mission** (Peace-Keeping-Operation) erfasst 6 verschiedene Missionen und ist nicht abschließend definiert.[16] Weder das IStGH-Statut noch die nach Art. 9 des Statuts verabschiedeten Verbrechenselemente enthalten eine nähere Definition. Es handelt sich um eine innerhalb der Vereinten Nationen entwickelte Terminologie. Der Begriff bezieht sich auf friedenserhaltende Missionen der Vereinten Nationen sowie auf solche Missionen, die durch eine Regionalorganisation (alleine oder gemeinsam mit den Vereinten Nationen) im Rahmen von Kap. VIII der Charta durchgeführt werden. In der Garda-Entscheidung hat der IStGH auf drei charakteristische Prinzipien zur Identifikation einer friedenserhaltenden Mission abgestellt: 1. die Zustimmung der Parteien, 2. Unparteilichkeit („impartiality") und 3. die Anwendung von Gewalt nur für Zwecke der Selbstverteidigung.[17]

Der Generalsekretär der Vereinten Nationen hat in seiner „Agenda for Peace" den Begriff 7 näher umschrieben und ausgeführt, dass derartige Missionen der Konfliktprävention und der Friedensschaffung dienen.[18] Unbeschadet der Weite des Begriffs der friedenserhaltenden

---

[9] ILC, YILC 1996-II/2, Commentary to the Draft Code of Crimes against the Peace and Security of Mankind, Art. 19, S. 50.
[10] Siehe etwa UN Doc. S/RES/1935 (2010) bzgl. der Situation in Darfur.
[11] *Triffterer/Cottier/Baumgartner* IStGH-Statut Art. 8 Rn. 223.
[12] UN Doc. S/RES/1502 (2003); USA, Department of Defense, Law of War Manual, 2015, Nr. 4.26.
[13] *Henckaerts/Doswald-Beck,* Customary International Humanitarian Law, Vol. 1: Rules, 2009, Rule 31 S. 105 f.
[14] *Triffterer/Cottier/Baumgartner* IStGH-Statut Art. 8 Rn. 235.
[15] *Triffterer/Cottier/Baumgarnter* IStGH-Statut Art. 8 Rn. 226.
[16] Allg. *Bothe* S. 1174 ff.; *Pacholska,* S. 47 ff.; vgl. dazu nunmehr ferner auch BGH 11.8.2016 – AK 43/16, NStZ-RR 2016, 354 Rn. 24 = BeckRS 2016, 15368.
[17] IStGH, Pre Trial Chamber I 8.2.2010 – ICC-02/05-02/09, Nr. 71 – Prosecutor v. Bahar Idriss Abu Garda. Bemerkenswert ist, dass die Interpretation des IStGH in der Garda-Entscheidung hinsichtlich der Verbrechenselemente des Art. 8 Abs. 2 lit. e (iii) IStGH-Statut von der Jerbo-Entscheidung bestätigt wurde. IStGH, Pre Trial Chamber I 7.3.2011 – ICC-02/05-03/09, Nr. 61 – Prosecutor v. Nourain and Jerbo Jamus.
[18] VN-Generalsekretär, Agenda for Peace v. 17.7.1992, UN Doc. A/47/277-S/24111, Nr. 20.

Missionen ist dieser jedenfalls abzugrenzen von Zwangsmaßnahmen der Vereinten Nationen nach Kapitel VII der Charta. Friedenserhaltenden Maßnahmen liegt kein Mandat zur Anwendung militärischer Gewalt zu Grunde. Vielmehr kommt die Anwendung grundsätzlich allein im Rahmen einer Selbstverteidigung in Betracht.[19] Im Gegensatz zu rein humanitären Hilfsmissionen können friedenserhaltende Missionen aber zu Verteidigungszwecken mit leichten Waffen ausgerüstet sein. Friedenserhaltende Missionen operieren typischerweise in Spannungszeiten, wohingegen Einsätze in Zeiten aktueller Feindseligkeiten auf Grund des beschränkten Mandats eher untypisch sind.[20] Diese Missionen basieren auf der Erwartung, dass bereits die Präsenz einer neutralen und unparteiischen Einheit den Ausbruch von Feindseligkeiten verhindern kann. Friedenserhaltende Missionen übernehmen zum Teil weitreichende Verwaltungsaufgaben, insbesondere auch Aufgaben der lokalen Polizei in Fällen, in denen diese zur Gewährleistung der öffentlichen Sicherheit vorübergehend nicht in der Lage ist. Sie werden eingesetzt zur Überwachung eines Waffenstillstandsabkommens oder eines Friedensvertrages und positionieren sich zu diesem Zweck oftmals zwischen den kämpfenden Parteien. Auch der Begriff der friedenserhaltenden Maßnahmen erfasst keine Entwicklungshilfemissionen, die auf die Gewährleistung langfristiger Entwicklungshilfe ausgerichtet sind.

8 Friedenserhaltende Missionen operieren mit der Zustimmung des Staates, in dessen Gebiet sie aktiv sind, beziehungsweise mit der Zustimmung der lokalen Streitparteien, die ein bestimmtes Territorium kontrollieren. Die Vorverfahrenskammer hält im Falle eines nichtinternationalen bewaffneten Konfliktes lediglich die Zustimmung des Staates für eine rechtliche Voraussetzung. Jedoch sollte die Zustimmung aller Konfliktparteien, also auch der bewaffneter Gruppen, aus Effektivitätsgründen eingeholt werden.[21] Weiteres Kennzeichen ist ihre Unparteilichkeit sowie eine auf die Ausübung des Selbstverteidigungsrechtes beschränkte Anwendung bewaffneter Gewalt.[22] Zwar wurden im Anschluss an die mit weiteren Befugnissen zur Anwendung von Waffengewalt ausgestattete UNOSOM II-Mission robuste friedenserhaltende Missionen immer wieder diskutiert, nach wie vor wird aber, jedenfalls in der Regel, der Ansatz bevorzugt, stets das Einverständnis der beteiligten Parteien einzuholen.[23] Beispiele für neuere friedenserhaltende Missionen der Vereinten Nationen sind etwa UNMUR und UNAMIR in Ruanda (1993), UNOMIL in Liberia (1993–1997), UNAMSIL in Sierra Leone (1999), UNMIK in Kosovo (1999), UNAMET und UNTAET in Osttimor (1999), MONUC in der Demokratischen Republik Kongo (seit 1999, 2010 umbenannt in MONUSCO)[24] sowie aus neuerer Zeit UNAMID (Darfur, seit 2007), UNMIS (Süd-Sudan, 2005–2011), MINURCAT (Tschad/Zentralafrikanische Republik, 2007–2010), seit 2013 MINUSMA in Mali, sowie seit 2014 MINUSCA in der Zentralafrikanischen Republik.

9 Der Sondergerichtshof für Sierra Leone hat im RUF-Fall dementsprechend ebenfalls zwischen „peacekeeping missions" und „peace-enforcement missions" unterschieden.[25] In der Praxis besteht allerdings oftmals die Schwierigkeit, dass die entsprechenden Resolutionen nicht klar erkennen lassen, um welche Art der Mission es sich handelt und dass eine „peace-enforcement mission" mitunter nur schwer zu unterscheiden ist von einem „robust peacekeeping".[26] Angesichts dieser Abgrenzungsschwierigkeiten ist vorgeschlagen worden,

---

[19] Vgl. Art. 2 Abs. 2 Übereinkommen über die Sicherheit von Personal der Vereinten Nationen und beigeordnetem Personal. Dieses Übereinkommen findet keine Anwendung auf einen vom Sicherheitsrat als Zwangsmaßnahme nach Kapitel VII der Charta der Vereinten Nationen genehmigten Einsatz der Vereinten Nationen, bei dem Angehörige des Personals als Kombattanten gegen organisierte bewaffnete Verbände eingesetzt sind und auf den das Recht der internationalen bewaffneten Konflikte anwendbar ist.
[20] Triffterer/Cottier/Baumgartner IStGH-Statut Art. 8 Rn. 231.
[21] IStGH, Pre Trial Chamber I 8.2.2010 – ICC-02/05-02/09, Nr. 72 – Prosecutor v. Bahar Idriss Abu Garda; SCSL TC RUF Case SCSL-04-15-T, Nr. 226; Kritisch: *Müller*, S. 364 f.
[22] Brahimi Report UN Doc. A/55/305-S/2000/809; UN Doc. S/RES/1318 (2000) (Ausnahme etwa im Fall von UNOSOM II).
[23] *Bothe* Rn. 17.
[24] *Bothe* Rn. 13, S. 1194 ff.
[25] Sondergerichtshof für Sierra Leone, TC 2.3.2009 – SCSL-04-15-T, Nr. 221–231 – Prosecutor v. Sesay, Kallon and Gbao (RUF Case).
[26] *Sivakumaran* S. 1026.

das Erfordernis „einer friedenserhaltenden Mission in Übereinstimmung mit der Charta der Vereinten Nationen" rein formell zu verstehen und allein darauf abzustellen, ob es sich um eine rechtmäßige, vom Sicherheitsrat in Übereinstimmung mit der Charta der Vereinten Nationen eingesetzte Mission handelt.[27] Es ist keineswegs zwingend erforderlich, den Begriff des „Peacekeepers" so eng zu verstehen, dass Personen, die autorisiert sind zur Durchsetzung ihres Mandats Gewalt anzuwenden, ausgeschlossen sind. Eine andere Frage ist es hingegen, ob solche Personen dann noch Anspruch auf den humanitär-völkerrechtlichen Schutz haben, der Zivilpersonen gewährt wird.[28]

Tatobjekte im Sinne von Abs. 1 Nr. 1 sind einerseits Personen, die an solchen Missionen teilnehmen, andererseits Einrichtungen, Material, Einheiten und Fahrzeuge.[29] Im Bereich des geschützten Personenkreises werden sowohl Angehörige von Streitkräften der an den friedenserhaltenden Missionen teilnehmenden Staaten als auch ziviles Hilfspersonal geschützt.[30] Im Zusammenhang mit friedenserhaltenden Missionen wird sowohl das in Art. 1 lit. a des Übereinkommens über die Sicherheit von Personal der Vereinten Nationen und beigeordnetem Personal legaldefinierte Personal der Vereinten Nationen als auch das beigeordnete Personal im Sinne von Art. 1 lit. b geschützt.[31] **10**

Erfasst werden gem. Art. 9 lit. b des Übereinkommens über die Sicherheit von Personal der Vereinten Nationen und beigeordnetem Personal sowie gem. Art. 19 lit. b des „Draft Code of Crimes Against the Peace and Security of Mankind" neben den Diensträumen auch die Privatwohnungen des Personals. Der Begriff der Einrichtung geht über den Begriff der Gebäude (Abs. 1 Nr. 2) hinaus und erfasst etwa auch Zelte. Dem Wortlaut nach jedenfalls nicht als Fahrzeuge erfasst, sind die in humanitären Missionen oftmals eingesetzten Transporthubschrauber. Dies ergibt sich neben dem Wortlaut auch aus einem Vergleich mit Abs. 1 Nr. 2, der anstelle von Fahrzeugen von Transportmitteln spricht und nur insofern eingeschränkt ist, als dass es sich um Sanitätstransportmittel handeln muss. Solche Transporthubschrauber sind aber gegebenenfalls unter den Begriff des Materials zu subsumieren. **11**

Der Schutz setzt voraus, dass die Beteiligung an der humanitären Hilfsmission oder der friedenserhaltenden Mission **in Übereinstimmung mit der Charta der Vereinten Nationen** erfolgt.[32] Friedenserhaltende Missionen sind zwar in der Charta der Vereinten Nationen nicht ausdrücklich erwähnt, aber seit langem zumindest gewohnheitsrechtlich anerkannt. Die fragliche Klausel zielt insbesondere auf die Einhaltung des allgemeinen Interventionsverbotes gem. Art. 2 Ziff. 7 der Charta ab.[33] Dementsprechend sieht Art. 70 Abs. 1 ZP I vor, dass die Grundsätze der unparteiischen humanitären Hilfsaktion einzuhalten sind und die betroffenen Parteien zuzustimmen haben. Entsprechende Hilfsangebote sind weder als Einmischung in den bewaffneten Konflikt noch als unfreundlicher Akt zu werten. Erfasst werden – wie erwähnt – neben Operationen der Vereinten Nationen selbst auch solche, die auf der Grundlage eines Mandats der Vereinten Nationen durchgeführt werden. **12**

---

[27] *Sivakumaran* S. 1026.
[28] *Sivakumaran* S. 1026; *Müller* S. 371 ff.
[29] So auch BGH 11.8.2016 – AK 43/16, NStZ-RR 2016, 354 Rn. 24 = BeckRS 2016, 15368.
[30] So nunmehr auch dieser Auffassung folgend BGH 11.8.2016 – AK 43/16, NStZ-RR 2016, 354 Rn. 25 = BeckRS 2016, 15368.
[31] Gemäß Art. 1 lit. a (i) gehören zum Personal der Vereinten Nationen „Personen, die vom Generalsekretär der Vereinten Nationen als Angehörige militärischer, polizeilicher oder ziviler Bestandteile von Einsätzen der Vereinten Nationen eingestellt oder eingesetzt werden" sowie (ii) „andere Bedienstete und Sachverständige im Auftrag der Vereinten Nationen oder ihrer Sonderorganisationen oder der Internationalen Atomenergie-Organisation, die sich in amtlicher Eigenschaft in dem Gebiet aufhalten, in dem ein Einsatz der Vereinten Nationen durchgeführt wird". Gemäß Art. 1 lit. b bedeutet „beigeordnetes Personal" (i) „Personen, die von einer Regierung oder einer zwischenstaatlichen Organisation mit Zustimmung des zuständigen Organs der Vereinten Nationen zur Verfügung gestellt werden, (ii) Personen, die vom Generalsekretär der Vereinten Nationen oder von einer Sonderorganisation oder der Internationalen Atomenergie-Organisation beschäftigt werden, (iii) Personen, die von einer humanitären nichtstaatlichen Organisation oder Einrichtung im Rahmen einer Vereinbarung mit dem Generalsekretär der Vereinten Nationen oder mit einer Sonderorganisation oder der Internationalen Atomenergie-Organisation eingesetzt werden".
[32] BT-Drs. 14/8524, 31.
[33] *Nolte* in *Simma/Khan/Nolte/Paulus*, The Charter of the United Nations. A Commentary, Vol. I, 2012, Art. 2 Ziff. 7 Rn. 57.

13 Voraussetzung ist weiterhin, dass die Missionen Anspruch auf den Schutz haben, **der Zivilpersonen** oder **zivilen Objekten** nach den Regeln des humanitären Völkerrechts zukommt. Dies gilt allerdings nur insofern, als dass das Personal auch als Zivilperson zu qualifizieren ist. Soweit es sich bei dem Personal um Kombattanten handelt, kommt ein entsprechender Schutz von vornherein nicht in Betracht.[34] Handelt es sich bei dem Personal um Zivilpersonen, so beendet die unmittelbare Teilnahme an den Feindseligkeiten gem. Art. 51 Abs. 3 ZP I vorübergehend diesen Schutz. Die gleiche Regelung gilt für nichtinternationale bewaffnete Konflikte.[35] Die Reichweite dieser Vorschrift, insbesondere die Bedeutung der Terminologie „sofern und solange sie nicht unmittelbar an Feindseligkeiten teilnehmen", wird gegenwärtig allerdings immer noch kontrovers diskutiert.[36] Im Hinblick auf das Personal in friedenserhaltenen Missionen wird darüber hinaus auch diskutiert, inwiefern eine Gewaltanwendung zur Verteidigung der Ausübung des Mandats – anders als eine bloße Selbstverteidigung im Sinne der Notwehr oder Nothilfe – einen Schutzverlust möglicherweise ausschließt. Dies ist nach wie vor ungeklärt. Das Urteil des Sondergerichtshofs für Sierra Leone im RUF-Fall lässt sich in diese Richtung interpretieren, ist aber keineswegs eindeutig.[37] Obgleich Peacekeeping Missionen Gewalt grundsätzlich nur zu Selbstverteidigungszwecken einsetzen dürfen, hat sich das Konzept der Selbstverteidigung im Rahmen von Peacekeeping Missionen gewandelt. Nunmehr wird den Missionen dieses Recht auch dann zugestanden, wenn sie sich gegen gewaltsame Versuche zur Wehr setzen, die dazu bestimmt sind, die Peacekeeping Truppen von der Erfüllung ihres Mandates abzuhalten. Dieser Entwicklung entsprechend urteilte der Sondergerichtshof für Sierra Leone im RUF Fall, dass die operative UN Doktrin vorsieht, dass Gewalt nur als letztes Mittel eingesetzt werden darf, wenn alle anderen Alternativen scheitern. Damit wird die Bestimmung, wann diese Missionen ihren Schutz verlieren, noch einmal erschwert.[38] Eine erneute Verschärfung dieser Problematik geht mit der Bildung der sog. „Force Intervention Brigade" (FIB) einher. Diese hat ausweislich ihres Mandats den Auftrag, im Rahmen der Peacekeeping Mission MONUSCO gemäß Sicherheitsratsresolution 2098 (2013) auch offensive Militäroperationen zur Bekämpfung bewaffneter Gruppen durchzuführen.[39] Im Falle einer offensiven Teilnahme an Kampfhandlungen, die über die Verteidigung humanitärer Belange hinausgeht, kann nicht mehr nur von einer bloßen Verteidigung des Mandates ausgegangen werden.[40] Somit findet auch die weitreichende Auslegung des Sondergerichtshofs für Sierra Leone hier ihre Grenze. Von Bedeutung ist zusätzlich die Frage, wie weit der Schutzverlust im Einzelnen reichen würde: zum einen ließe sich argumentieren, dass die gesamte Peacekeeping Mission den Schutzstatus verliert. Für eine solche weitgehende Auslegung spricht insbesondere der Wortlaut des Artikel 2 Abs. 2 des Übereinkommens über die Sicherheit von Personal der Vereinten Nationen und beigeordnetem Personal, wonach es zu einem Schutzverlust der gesamten Mission kommt, sobald sich Angehörige des Personals als Kombattanten engagieren.[41] Zum anderen könnte aber auch eine Unterscheidung je nach der Komponente der Einheit vorgenommen

---

[34] Sondergerichtshof für Sierra Leone, TC 2.3.2009 – SCSL-04-15-T, Nr. 233 – Prosecutor v. Sesay, Kallon and Gbao (RUF Case).
[35] IKRK Studie zur direkten Teilnahme an den Feindseligkeiten, S. 27.
[36] Siehe dazu bereits die Ausführungen bei → § 8 Rn. 93 ff.
[37] *Sivakumaran* S. 1027, 1028; Sondergerichtshof für Sierra Leone, TC 2.3.2009 – SCSL-04-15-T, Nr. 233 – Prosecutor v. Sesay, Kallon and Gbao (RUF Case); Kritisch *Pacholska*, S. 59.
[38] Siehe Sondergerichtshof für Sierra Leone, TC 2.3.2009 – SCSL-04-15-T, Nr. 228 – Prosecutor v. Sesay, Kallon and Gbao (RUF Case); IStGH, Pre Trial Chamber I 8.2.2010 – ICC-02/05-02/09, Nr. 83 – Prosecutor v. Bahar Idriss Abu Garda. Vgl. auch UN Peacekeeping Principles and Guidelines, United Nations Peacekeeping Operations Principles and Guidelines (2008), 34.
[39] UN Doc. S/RES/2098 (2013) insbesondere durch die operative Klausel 9 und 12 lit. b.; verlängert durch UN Doc S/RES/2147 (2014) und UN Doc S/RES/2211 (2015); UN Doc S/RES/2277 (2016).
[40] *Müller* S. 368.
[41] In der authentischen englischen Fassung heißt es in Artikel 2 Abs. 2: „This Convention shall not apply to a United Nations operation authorized by the Security Council as an enforcement action under Chapter VII of the Charter of the United Nations in which *any* of the personnel are engaged as combatants against organized armed forces and to which the law of international armed conflict applies." (Hervorhebung durch die Verfasser).

werden, wonach lediglich die Kampfeinheit der FIB den zivilen Schutzstatus verliert, während die zivilen Komponenten der Mission den Schutzstatus beibehalten.[42] Dieser Lesart ist der Vorzug zu gewähren. Sie entspricht dem Unterscheidungsprinzip des humanitären Völkerrechts, wonach ein Staat oder ein nicht-staatlicher Akteur zwar Partei eines bewaffneten Konfliktes wird, gleichwohl mit Blick auf die Angreifbarkeit aber zwischen zivilen und militärischen Komponenten zu unterscheiden ist. Einer solchen Lesart scheint sich auch die Vorverfahrenskammer des IStGH angeschlossen zu haben, die im Rahmen der Peacekeeping Operation in Südossetien feststellt, dass Kampfhandlungen einzelner Bataillone nicht notwendigerweise die Unparteilichkeit der gesamten Peacekeeping Operation gefährden.[43] Faktisch erschwert wird eine derartige Unterscheidung im Falle von MONUSCO allerdings dadurch, dass die Kampfeinheiten äußerlich nicht von den zivilen Komponenten zu unterscheiden sind.[44] Mögliche Irrtümer, die hieraus resultieren, sind jedoch als Frage des subjektiven Tatbestandes nach den Regeln des allgemeinen Teils des StGB zu lösen.

Insgesamt erscheint es überzeugender, jeweils auf sämtliche Umstände des Einzelfalls abzustellen.[45]

Soweit es um den Schutz beziehungsweise den Schutzverlust ziviler Objekte geht, richtet sich dieser sowohl im internationalen als auch im nichtinternationalen bewaffneten Konflikt nach der in Art. 52 Abs. 2 ZP I enthaltenen und gewohnheitsrechtlich geltenden Definition.[46]

Sofern es sich lediglich um eine Ausübung des Selbstverteidigungsrechtes handelt, bleibt jedoch, wie sich im Umkehrschluss aus Art. 13 ZP I ergibt, der Schutzstatus erhalten. Dies haben der IStGH in der Garda-Entscheidung sowie die Berufungskammer des Sondergerichtshofs für Sierra Leone im RUF-Fall bestätigt.[47] Nach Art. 52 Abs. 2 ZP I genießen zivile Objekte Schutz, solange sie nicht für militärische Zwecke benutzt werden. Objekte, die als militärische Objekte einzuordnen sind, fallen nicht in den Anwendungsbereich der Vorschrift; die Einordnung bestimmt sich nach den Art. 51 und 52 ZP I. Dies gilt sowohl für humanitäre Hilfsmissionen als auch für friedenserhaltende Missionen, deren Schutzstatus Art. 37 Abs. 1 ZP I voraussetzt.

Im Rahmen friedenserhaltender Missionen ist die Abgrenzung zwischen Schutzstatus und den Schutzstatus beendender Teilnahme an den Feindseligkeiten zum Teil schwierig. Dies liegt insbesondere darin begründet, dass das Selbstverteidigungsrecht im Rahmen friedenserhaltender Missionen sehr viel weiter verstanden wird als bei humanitären Hilfsmissionen und zum Teil auch zur Sicherstellung der Aufgabenwahrnehmung der Mission angewandt wird.[48] Entsprechend wird mitunter gefordert, dass es eine Vermutung zu Gunsten der Peacekeeper geben sollte, wonach diese ihren Schutzstatus im Zweifel nicht verlieren.[49] Daran knüpft sich auch die Problematik an, wie im Rahmen größerer friedenserhaltender Missionen eine Abgrenzung vorzunehmen ist, sofern nur ein bestimmter Teil der in einer Mission zusammengeschlossenen Truppen aktiv an Feindseligkeiten teilnimmt.

Das Tatbestandsmerkmal des **Angriffs** ist weit zu verstehen.[50] Zwar spricht die Systematik des Römischen Statuts mit ihrer Einordnung von Angriffen auf humanitäre Operationen

---

[42] *Pacholska* S. 59 f.; 68 f.; *Müller* S. 372 ff.
[43] IStGH, PTC I 17.11.2015, Corrected Version of „Request for the authorisation of an investigation pursuant to article 15", 16. October 2015, ICC-01/15, Nr. 155.
[44] *Pacholska* S. 69 f.; *Müller* S. 371.
[45] Sondergerichtshof für Sierra Leone, AC 26.10.2009 – SCSL-04-15-A, Nr. 529 – Prosecutor v. Sesay, Kallon and Gbao (RUF Case); Sondergerichtshof für Sierra Leone, TC 2.3.2009 – SCSL-04-15-T, Nr. 234 – Prosecutor v. Sesay, Kallon and Gbao (RUF Case); *Sivakumaran* S. 1029.
[46] IStGH, Pre Trial Chamber I 8.2.2010 – ICC-02/05-02/09, Nr. 89 – Prosecutor v. Garda. Siehe auch *Henckaerts/Doswald-Beck,* Customary International Humanitarian Law, Vol. 1: Rules, 2009, Rule 7.
[47] IStGH, Pre Trial Chamber I 8.2.2010 – ICC-02/05-02/09, Nr. 83 – Prosecutor v. Garda; Sondergerichtshof für Sierra Leone, AC RUF Case Nr. 530, zitiert in RStGB, TC I 18.12.2008 – ICTR-98-41-T, Nr. 2175, 2239 – Prosecutor v. Bagosora et al.
[48] Triffterer/*Cottier/Baumgartner* IStGH-Statut Art. 8 Rn. 233; *Arsanjani* S. 134 ff.; Report of the Secretary-General UN Doc. S/12611 S. 2.
[49] Triffterer/*Cottier/Baumgartner* IStGH-Statut Art. 8 Rn. 233 mwN.
[50] UN Doc. S/RES/1502 (2003).

in Art. 8 Abs. 2 lit. b (iii) und den Verboten von Angriffen auf Zivilpersonen und zivile Objekte in Art. 8 Abs. 2 lit. b (i) und (ii) eher für eine enge Angriffsdefinition. Demgegenüber hat der deutsche Gesetzgeber jedoch in Übereinstimmung mit Art. 9 des Übereinkommens über die Sicherheit von Personal der Vereinten Nationen und beigeordnetem Personal einen weiten, über Art. 49 Abs. 1 und 3 ZP I hinausgehenden Angriffsbegriff zugrunde gelegt.[51]

18 Zentrales Merkmal des Angriffs ist dabei die Gewaltanwendung. Die Art der eingesetzten Waffen ist unerheblich, insbesondere bedarf es keines Einsatzes von Kriegswaffen und auch unbewaffnete Gewaltanwendungen werden, wie sich aus einem Umkehrschluss zu § 10 Abs. 1 S. 2 ergibt, grundsätzlich erfasst. Ein Schadenseintritt ist nach Auffassung des Sondergerichtshofs für Sierra Leone im RUF-Fall und des IStGH in der Garda-Entscheidung nicht erforderlich.[52] Nach Auffassung des Sondergerichtshofes für Sierra Leone ist auch die bloße Freiheitsberaubung von Peacekeepern als Angriff zu werten.[53] Allerdings ist angesichts des hohen Strafrahmens, insbesondere im Bereich der Angriffe gegen Fahrzeuge und Material, ein gewisser Erheblichkeitsgrad zu fordern, um Bagatellfälle, wie etwa den Diebstahl oder die Beschädigung eines Sackes Reis, auszuschließen. Zu den typischen Angriffsformen gehören Nötigungen, Einschüchterungen, bewaffneter Raub, Entführungen, Geiselnahmen, Drangsalierungen, widerrechtliche Festnahmen und Inhaftierungen sowie Akte der Zerstörung und Plünderung des Eigentums humanitärer Missionen.[54] Bloße Drohungen reichen hingegen nicht aus.[55]

19 Der Angriff muss **im Zusammenhang mit einem bewaffneten Konflikt** erfolgen.[56] Hierbei ergibt sich die Besonderheit, dass friedenserhaltende Missionen typischerweise in Übergangszeiten und zur Prävention, aber keineswegs immer in Zeiten eines bewaffneten Konfliktes eingesetzt werden. Damit ist die Frage aufgeworfen, ob ein bewaffneter Angriff auf eine friedenserhaltende Mission und eine entsprechende Selbstverteidigung selbst einen bewaffneten Konflikt konstituieren können. Unbeschadet der Diskussion, inwiefern Regelungen des humanitären Völkerrechts auch auf die Vereinten Nationen beziehungsweise auf von diesen entsandte Missionen anwendbar sind, dürfte ein internationaler bewaffneter Konflikt schon deshalb nicht in Betracht kommen, weil es sich bei den Vereinten Nationen nicht um eine Vertragspartei der Genfer Abkommen handelt. Immerhin dürfte aber davon auszugehen sein, dass Angriffe gegen solche friedenserhaltenden Missionen, die gerade zur Überwachung eines Waffenstillstandes eingesetzt werden, im Zusammenhang mit einem bewaffneten Konflikt im Sinne von § 10 erfolgen.

20 **bb) Subjektiver Tatbestand.** Erforderlich ist, dass der Täter Vorsatz im Hinblick auf den besonderen Schutzstatus der vom Tatbestand erfassten Personen und Objekte hat und den Angriffserfolg als sicher voraussetzt oder will.[57] Eventualvorsatz ist bezüglich des Angriffserfolges mithin nicht ausreichend.

21 **cc) Konkurrenzen.** § 10 Abs. 1 Nr. 1 hat keinen abschließenden Charakter. Soweit Angehörige von humanitären Hilfsmissionen und friedenserhaltenden Missionen zu den

---

[51] BT-Drs. 14/8524, 32.
[52] Sondergerichtshof für Sierra Leone, TC 2.3.2009 – SCSL-04-15-T, Nr. 220 – Prosecutor v. Sesay, Kallon and Gbao (RUF Case), s. auch Nr. 1891, 1897; IStGH, Pre Trial Chamber I 8.2.2010 – ICC-02/05-02/09, Nr. 65 – Prosecutor v. Bahar Idriss Abu Garda; IStGH, PTC I 17.11.2015, Corrected Version of „Request for the authorisation of an investigation pursuant to article 15", 16. October 2015, ICC-01/15, Nr. 143.
[53] Sondergerichtshof für Sierra Leone, TC 2.3.2009 – SCSL-04-15-T, Nr. 1891 – Prosecutor v. Sesay, Kallon and Gbao (RUF Case); bestätigt durch Sondergerichtshof für Sierra Leone, AC 26.10.2009 – SCSL-04-15-A, Nr. 500 – Prosecutor v. Sesay, Kallon and Gbao (RUF Case).
[54] UN Doc. S/RES/1502 (2003); BGH 26.11.8.2016 – AK 43/16, NStZ-RR 2016, 354 Rn. 26 = BeckRS 2016, 15368.
[55] Sondergerichtshof für Sierra Leone, TC 2.3.2009 – SCSL-04-15-T, Nr. 1889 – Prosecutor v. Sesay, Kallon and Gbao (RUF Case).
[56] Dazu → § 8 Rn. 95 ff.
[57] BT-Drs. 14/8524, 32.

geschützten Zivilisten gehören, kommt eine Strafbarkeit von Angriffen auch gem. § 8 Abs. 1 oder § 11 Abs. 1 in Betracht.[58]

b) Angriffe auf Rot-Kreuz-Einrichtungen (Abs. 1 Nr. 2). aa) Objektiver Tatbestand. Die Vorschrift beruht auf Art. 8 Abs. 2 lit. b (xxiv) und Abs. 2 lit. e (ii) IStGH-Statut. **Tatobjekte** des § 10 Abs. 1 Nr. 2 sind **Personen, Gebäude, Material, Sanitätseinheiten** oder **Sanitätstransportmittel**. Im Hinblick auf die Begriffe Gebäude, Sanitätseinheiten oder Sanitätstransportmittel ist der Anwendungsbereich der Vorschrift enger als die in Abs. 1 Nr. 1 verwandten Begriffe Einrichtungen, Einheiten oder Fahrzeuge. Zu den Sanitätstransportmitteln gehören gem. Art. 22, 23 ZP I auch Lazarettschiffe, Küstenrettungsfahrzeuge, Sanitätsschiffe und Sanitätswasserfahrzeuge sowie gem. Art. 23 auch Sanitätsluftfahrzeuge. 22

Erforderlich für den Schutz der aufgeführten Tatobjekte ist, dass sie in Übereinstimmung mit dem humanitären Völkerrecht mit den **Schutzzeichen der Genfer Abkommen** gekennzeichnet sind.[59] Die Schutzzeichen der Genfer Abkommen werden in Art. 38 GK I beschrieben. Es handelt sich um das **Zeichen des Roten Kreuzes,** die Umkehrung des Schweizer Wappens, den **Roten Halbmond** sowie den durch den Schah von Iran eingeführten, seit der Iranischen Revolution jedoch nicht mehr gebrauchten Roten Löwen mit Roter Sonne, jeweils auf weißem Grund. Die Zeichen sind abgebildet unter Art. 3, Abbildung 2 Anhang II des ZP I. Dort nicht aufgeführt ist der von dem Sanitätsdienst der Israelischen Armee und der Israelischen Rote Davidstern Gesellschaft seit 1930 benutzte **Rote Davidstern,** der jedoch de facto ebenfalls als Schutzzeichen akzeptiert ist, was insbesondere die Staatenpraxis in den arabisch-israelischen Kriegen bestätigt hat.[60] Neu hinzugekommen ist mit dem Inkrafttreten des dritten Zusatzprotokolls zu den Genfer Abkommen am 17.1.2007 ein weiteres Schutzzeichen in der Form einer roten Raute auf weißem Grund („Red Diamond"). Eine Beschreibung dieses Zeichens findet sich in Art. 2 Abs. 2 ZP III, eine Abbildung im Annex zu ZP III. Durch das ZP III sollte, insbesondere mit Blick auf die umstrittene Verwendung des roten Davidsterns durch Israel und die Israelische Rote Davidstern Gesellschaft, ein neutrales Schutzzeichen ohne religiöse, politische oder sonstige Konnotationen geschaffen werden. Gemäß Art. 2 Abs. 1, 3 ZP III wird dieses Zeichen den bereits anerkannten Schutzzeichen in jeder Hinsicht gleichgestellt. Angesichts des Wortlauts der Norm, die generell von den Schutzzeichen der Genfer Abkommen spricht, ist davon auszugehen, dass auch das neue Schutzzeichen des ZP III von Abs. 1 Nr. 2 mit umfasst ist. Anders als bei § 8, in dessen Kontext der Begriff „Genfer Abkommen" in einer Anlage zu § 8 Nr. 6 ausdrücklich auf die vier Genfer Abkommen von 1949 beschränkt wird und das ZP I gesondert erwähnt wird, fehlt eine solche Anlage bei § 10. Vor diesem Hintergrund erscheint es vertretbar und völkerrechtlich geboten, unter den „Schutzzeichen der Genfer Abkommen" im Rahmen von § 10 die Schutzzeichen sowohl der Genfer Abkommen als auch ihrer Zusatzprotokolle zu verstehen. Die Bundesrepublik Deutschland hat das ZP III am 17.6.2009 ratifiziert. 23

Die Zeichen schützen Personen und Gegenstände, die selbst nicht an den Feindseligkeiten teilnehmen beziehungsweise nicht im Rahmen von Feindseligkeiten eingesetzt werden und humanitären Aufgaben dienen. Die Zeichen schützen das **zivile** und **militärische Sanitäts-** und **Seelsorgepersonal** (Art. 23 Abs. 1, 24 GK I, Art. 37 GK II, Art. 14 GK IV, Art. 15 ZP I, Art. 9–11 ZP II), welches das Schutzzeichen gem. Art. 40 Abs. 1 GK I als Armbinde am linken Arm trägt. Angehörige des militärischen Sanitätspersonals sind militärische Nichtkombattanten.[61] Die erste Genfer Konvention zählt drei Kategorien geschützter Personen auf, zu denen gem. Art. 24–26 GK I erstens das ständige Sanitätsperso- 24

---

[58] BT-Drs. 14/8524, 31.
[59] BT-Drs. 14/8524, 32.
[60] Fleck/*Kleffner* Rn. 628; Triffterer/*Arnold/Wehrenberg* IStGH-Statut Art. 8 Rn. 754 ff.; Das Bundesministerium der Verteidigung misst diesem Zeichen eine faktische Bedeutung bei, Bundesministerium der Verteidigung, ZDv 15/2, Nr. 643.
[61] Fleck/*Kleffner* Rn. 616.

nal und die Feldgeistlichen, zweitens das medizinische Hilfspersonal sowie drittens das Personal der Hilfsgesellschaften gehört. Geschützt durch die Zeichen werden außerdem **Sanitätseinrichtungen, Sanitätstransporte, Sanitätszonen** und **Sanitätsmaterial.** Soweit die Zeichen lediglich der Identifikation der nationalen Gesellschaften des Roten Kreuzes und des Roten Halbmonds dienen, entfalten sie gem. Art. 44 GK I keinen Schutz. Gemäß Art. 3 müssen die Schutzzeichen eine den Umständen angemessene Größe haben. Art. 4 Anhang II ZP I enthält weitere Voraussetzungen, welche die Sichtbarkeit der Zeichen aus verschiedenen Richtungen und aus möglichst großer Entfernung gewährleisten.

25   Darüber hinaus **darf der Schutz auch nicht entfallen sein.**[62] Maßgeblich ist insbesondere Art. 13 Abs. 1 ZP I, wonach der Schutz ziviler Sanitätseinheiten nur dann enden darf, wenn diese außerhalb ihrer humanitären Bestimmung zu Handlungen verwendet werden, die den Feind schädigen. Der Schutz endet allerdings erst, nachdem eine Warnung, die möglichst eine angemessene Frist setzt, unbeachtet geblieben ist. Gemäß Art. 13 Abs. 2 ZP I gilt etwa die Ausrüstung der Sanitätseinheiten mit Handfeuerwaffen zur Verteidigung (Art. 22 GK I, Art. 35 GK II) oder die Tatsache, dass sich Kombattanten aus medizinischen Gründen bei der Einheit befinden, nicht als schädigende Handlungen. Eine Tarnung von Sanitätseinrichtungen zum Schutz gegen feindliche Entdeckung ist ausnahmsweise zulässig, wenn dies aus militärischen Gründen erforderlich ist und durch einen zuständigen militärischen Vorgesetzten angeordnet wurde.[63]

26   Der **Angriffsbegriff** entspricht demjenigen des Abs. 1 Satz 1 Nr. 1.

27   **bb) Subjektiver Tatbestand.** Ebenso wie bei Abs. 1 Nr. 1 ist erforderlich, dass der Täter Vorsatz im Hinblick auf den besonderen Schutzstatus der vom Tatbestand erfassten Personen und Objekte hat und den Angriffserfolg als sicher voraussetzt oder will.[64] Eventualvorsatz ist bezüglich des Angriffserfolges mithin wiederum nicht ausreichend.

28   **c) Minder schwere Fälle nach Abs. 1 S. 2.** Abs. 1 S. 2 sieht für minder schwere Fälle die Bestrafung aus einem milderen Strafrahmen vor. Ein minder schwerer Fall ist typischerweise anzunehmen, wenn der Angriff nicht mit militärischen Mitteln erfolgt.[65]

II. Missbrauch anerkannter Schutzzeichen (Abs. 2)

29   **1. Überblick. a) Normzweck – Rechtsgut und Deliktsnatur.** Ohne anerkannte Schutzzeichen wäre die Durchführung humanitärer Missionen in allen Konfliktarten unmöglich.[66] Die **Parlamentärsflagge** sichert den Konfliktparteien die Möglichkeit, auch in Zeiten eines bewaffneten Konfliktes Verhandlungen durchzuführen oder sich zu ergeben, wodurch unnötige Verluste verhindert werden können.

30   Der Missbrauch dieser Zeichen beinhaltet insbesondere die Gefahr, dass die allgemeine Akzeptanz und Gültigkeit der Parlamentärsflagge sowie der internationalen Schutzzeichen ausgehöhlt wird. In dieser Hinsicht handelt es sich bei Abs. 2 um ein **abstraktes Gefährdungsdelikt.** Im Hinblick auf die missbräuchliche Verwendung feindlicher Zeichen wird die dem humanitären Völkerrecht immanente Unterscheidung zwischen Freund und Feind unmöglich gemacht. In beiden Fällen handelt es sich um ein Erfolgsdelikt, das den spezifischen Unrechtsgehalt erfassen soll, der aus dem Risiko des Missbrauchs der genannten Zeichen erwächst. Dementsprechend stellt Abs. 2 den Missbrauch der aufgezählten Schutzzeichen unter Strafe.

31   **b) Historie.** Die Vorschrift beruht auf Art. 8 Abs. 2 lit. b (vii) IStGH-Statut und Art. 85 Abs. 3 lit. f ZP I. Es handelt sich um eine spezielle Ausprägung des Perfidieverbots, das in

---

[62] BT-Drs. 14/8524, 32.
[63] Fleck/*Kleffner* Rn. 632; Bundesministerium der Verteidigung, ZDv 15/2, Nr. 652; USA, Department of Defense, Law of War Manual, 2015, Nr. 7.15.2.1.
[64] BT-Drs. 14/8524, 32.
[65] BT-Drs. 14/8524, 32.
[66] BT-Drs. 14/8524, 32.

Art. 8 Abs. 2 lit. b (xi) und Abs. 2 lit. e (ix) IStGH-Statut mit Strafe bewehrt ist. Über das Römische Statut hinausgehend wird auf der Grundlage von dem historischen Gesetzgeber als gefestigt eingestufter Staatenpraxis die Tat nach deutschem Recht auch im nichtinternationalen Konflikt als spezielles Delikt mit Strafe bewehrt.

Bereits Art. 23 lit. f HLKO verbot – bis auf den Missbrauch der Zeichen der Vereinten Nationen, die zum damaligen Zeitpunkt noch nicht existierten – den Missbrauch der in § 10 Abs. 2 genannten Schutzzeichen. Ähnliche Verbote enthalten Art. 37 Abs. 1 lit. d, Art. 38, 39 und 85 Abs. 3 lit. f ZP I. Gemäß Art. 85 Abs. 3 lit. f ZP I handelt es sich bei der heimtückischen, gegen Art. 37 ZP I verstoßenden Benutzung der durch die Abkommen oder das ZP I anerkannten Symbole, um eine schwere Verletzung der Genfer Abkommen. Der Missbrauch des Roten Kreuzes wurde nach nationalem Recht bislang gem. § 125 OWiG geahndet, wobei allein die unbefugte Benutzung unabhängig von dem Eintritt einer schweren Folge erfasst wird. 32

2. Erläuterung. a) Objektiver Tatbestand. Der Missbrauch des Schutzzeichens muss im Zusammenhang mit einem internationalen oder nichtinternationalen bewaffneten Konflikt erfolgen.[67] 33

Der Missbrauch der **Schutzzeichen der Genfer Abkommen** ist gem. Art. 53 GK I, Art. 38 ZP I verboten. Gemäß Art. 6 Abs. 1 des im Jahr 2005 angenommenen und für die Bundesrepublik Deutschland am 17.6.2009 in Kraft getretenen **dritten Zusatzprotokolls,** finden die Vorschriften der Genfer Konventionen und der Zusatzprotokolle von 1977 zur Verhinderung und Verfolgung eines Missbrauchs der bereits bestehenden Embleme gleichermaßen Anwendung auf das neue Emblem. Das neu eingeführte Emblem, das den bisherigen Emblemen in jeder Hinsicht gleichgestellt ist, gilt mithin ebenfalls als Schutzzeichen im Sinne der Genfer Abkommen und wird daher von § 10 Abs. 2 VStGB erfasst. 34

Art. 37 ZP I enthält in enger Anlehnung an Art. 23 HLKO das spezifischere Verbot der heimtückischen Verwendung der Zeichen. Missbraucht werden die Schutzzeichen der Genfer Abkommen insbesondere, wenn sie in einer gem. Art. 37 ZP I verbotenen Art und Weise eingesetzt werden. Art. 37 Abs. 1 ZP I statuiert ein Heimtückeverbot. Dabei gelten Handlungen als Heimtücke, durch die ein Gegner in der Absicht, sein Vertrauen zu missbrauchen, verleitet wird, darauf zu vertrauen, dass er nach den Regeln des in bewaffneten Konflikten anwendbaren Völkerrechts Anspruch auf Schutz hat oder verpflichtet ist, Schutz zu gewähren. 35

Nach den Verbrechenselementen des Römischen Statuts wird nur die missbräuchliche Verwendung zu Kampfzwecken erfasst.[68] Der deutsche Gesetzgeber sieht Missbrauchshandlungen während eines Gefechts zwar als den typischen Anwendungsfall an, führt aber auch die **verbotene Nutzung des Rotkreuz-Emblems auf Munitionstransporten** zur Verhinderung von Angriffen gegen diese beispielhaft auf.[69] 36

Parlamentäre sind Personen, die von einer Konfliktpartei bevollmächtigt sind, mit dem Gegner zu verhandeln.[70] Diese Verhandlungsbereitschaft wird gem. Art. 32 HLKO durch eine weiße Flagge, die Parlamentärflagge, signalisiert.[71] Durch das Hissen einer weißen Flagge fragt eine Truppe bei ihrem Gegner an, ob dieser bereit ist, eine Botschaft von ihr zu empfangen.[72] Oftmals wird es sich dabei um das Angebot eines Waffenstillstandes oder eine Aufgabeerklärung handeln. Die weiße Flagge als solche indiziert diese Absicht allerdings grundsätzlich nicht. Etwas anderes gilt, wenn im Verlauf eines Feuergefechtes eine kleine Gruppe von Soldaten die weiße Flagge zeigt. Ein Missbrauch der Parlamentärflagge liegt insbesondere dann vor, wenn Soldaten die Schutzwirkung der Parlamentärflagge dazu benutzen, sich einer feindlichen Stellung zu nähern und diese dann angreifen.[73] 37

---

[67] Dazu → § 8 Rn. 95 ff.
[68] Verbrechenselemente zu Art. 8 Abs. 2 lit. b (vii) Alt. 2 Ziff. 3 IStGH-Statut.
[69] BT-Drs. 14/8524, 32.
[70] Fleck/Greenwood Rn. 224.
[71] *Greenspan,* Modern Law of Land Warfare, 1959, S. 380 ff.
[72] Fleck/Greenwood Rn. 224; USA, Department of Defense, Law of War Manual, 2015, Nr. 12.4.1.
[73] Vgl. Bundesministerium der Verteidigung, ZDv 15/2, Nr. 498.

38 Der Missbrauch feindlicher Flaggen, Abzeichen und Uniformen wird in der Staatenpraxis seit Jahrhunderten als unehrenhaft angesehen und dementsprechend geächtet.[74] Der Missbrauch der Nationalflagge, der militärischen Abzeichen und der Uniform des Feindes ist gem. Art. 23 lit. f HLKO verboten. Art. 39 Abs. 2 ZP I schränkt den Missbrauchstatbestand insofern ein, als dass nur der Missbrauch während eines Angriffs und der Missbrauch mit dem Zweck, Kriegshandlungen zu decken, zu erleichtern, zu schützen oder zu behindern verboten ist.[75] Im Rahmen des Römischen Statuts ist umstritten, inwiefern die **Verwendung feindlicher Kennzeichen** im Vorfeld von Feindseligkeiten erfasst wird.[76] Zum Teil wird auf den in Art. 44 Abs. 3 lit. a und lit. b ZP I enthaltenen Standard zurückgegriffen, wonach der Kombattantenstatus voraussetzt, dass a während eines militärischen Einsatzes die Waffen offen getragen werden und b während eines militärischen Aufmarsches vor Beginn eines Angriffes, an dem der Betroffene teilnehmen soll, die Waffen solange offen getragen werden, wie der Betroffene für den Gegner sichtbar ist.[77] Für den Ausschluss des Zeitraumes vor Beginn der Kampfhandlungen wird insbesondere auch der Freispruch im *Skorzeny*-Fall angeführt, in dem es darum ging, dass deutsche Soldaten unter Verwendung amerikanischer Uniformen und Fahrzeuge hinter amerikanischen Linien operierten.[78] Jedenfalls nicht erfasst wird der Gebrauch feindlicher Uniformen zu Übungszwecken sowie die Verwendung durch Kriegsgefangene oder durch hinter den feindlichen Linien gelandete Fallschirmspringer, die mit Hilfe feindlicher Uniformen zu ihren eigenen Stellungen zurückgelangen wollen.[79]

39 Bei den **Schutzzeichen der Vereinten Nationen** handelt es sich insbesondere um die **blaue Flagge** der Vereinten Nationen sowie um sonstige **Abzeichen und Uniformen der Vereinten Nationen** und ihrer Unterorganisationen.[80] Bereits im Hinblick auf Art. 8 Abs. 2 lit. b (vii) IStGH-Statut wurde die aus dem Wortlaut folgende Beschränkung auf militärische Abzeichen der Vereinten Nationen als redaktionelles Versehen angesehen, das auf die Kombination des Missbrauchs internationaler Schutzzeichen und feindlicher Zeichen in einem Tatbestand zurückgeführt wurde. Dem Sinn und Zweck der Vorschrift, wie er auch in ihrer Entwicklungsgeschichte zu erkennen ist, liefe es allerdings zuwider, wenn Zeichen, die durch das Personal nichtmilitärischer Operationen benutzt werden, aus dem Anwendungsbereich des Tatbestandes ausgeschlossen sind.[81] Art. 37 Abs. 1 lit. d und Art. 38 Abs. 2 ZP I, auf welche das IStGH-Statut insoweit zurückgeht, unterscheiden nicht zwischen militärischen und nichtmilitärischen Schutzzeichen. Obwohl der deutsche Gesetzgeber im Zuge der Übersetzung diese Problematik übernommen hat, bestätigt insbesondere auch ein Vergleich mit § 10 Abs. 1, dass sowohl militärische als **auch nichtmilitärische Zeichen erfasst** werden.

40 Allgemein lässt sich zur Erfassung der Missbrauchshandlungen die heimtückische Verwendung im Sinne von Art. 37 ZP I heranziehen. Nach dem Willen des deutschen Gesetzgebers wird eine Vielzahl von Handlungen erfasst. Beispielhaft genannt werden die meuchlerische Tötung oder Verwundung eines Gegners unter Missbrauch der genannten Zeichen und Embleme sowie ferner die Beschießung gegnerischer Soldaten aus einem mit dem Emblem des Roten Kreuzes gekennzeichneten Fahrzeug.

41 Durch den Missbrauch muss der Tod oder die schwere Verletzung eines Menschen verursacht worden sein. Im Hinblick auf die schwere Verletzung verweist der Gesetzestext auf

---

[74] Fleck/*Oeter* Rn. 473.
[75] Sandoz/Swinarski/Zimmermann/Pilloud/Pictet/*de Preux*, Commentary to the Additional Protocols of 8 June 1977 to the Geneva Conventions, 1987, Rn. 1572 ff.
[76] Triffterer/*Cottier*/*Grignon* IStGH-Statut Art. 8 Rn. 341.
[77] Triffterer/*Cottier*/*Grignon* IStGH-Statut Art. 8 Rn. 347.
[78] *Rowe*, Defence: The legal implications – Military Law and the Laws of War, 1987, S. 113; krit. *Fleck*, Revue de Droit Penal Militaire et de Droit de la Guerre 13 (1974), 269 (281 f.).
[79] Triffterer/*Cottier*/*Grignon* IStGH-Statut Art. 8 Rn. 347; Bundesministerium der Verteidigung, ZDv 15/2, Nr. 479; USA, Department of Defense, Law of War Manual, 2015, Nr. 5.23.1; 5.25.1.2.
[80] *Werle*/*Jeßberger* Völkerstrafrecht, Rn. 1408.
[81] Triffterer/*Cottier*/*Grignon* IStGH-Statut Art. 8 Rn. 354.

die schwere Körperverletzung gem. § 226 StGB. Daher war der Gebrauch des Rotkreuz-Emblems durch Angehörige der kolumbianischen Streitkräfte beziehungsweise des kolumbianischen Geheimdienstes im Zuge der Befreiung von Ingrid Betancourt im Jahr 2008 nicht als Kriegsverbrechen im Kontext eines nichtinternationalen bewaffneten Konflikts einzustufen. Zwar wurde im Zusammenhang mit der Befreiungsoperation von der Gefangennahme zweier FARC Mitglieder berichtet. Die Gefangennahme ist aber als Tatbestandsmerkmal lediglich im Rahmen des allgemeinen humanitären Völkerrechts namentlich in Art. 37 Abs. 1 ZP I wie auch im Völkergewohnheitsrecht[82] relevant, während im Bereich des Völkerstrafrechts bewusst alleine auf die Verursachung des Todes oder die schwere Verletzung eines Menschen abgestellt wird.

Nicht erforderlich ist, dass das Opfer Mitglied der gegnerischen Streitkräfte ist. Vielmehr wird auch die Tötung oder schwere Verletzung von Zivilisten und anderen Personen *hors de combat* erfasst.[83] Auch eigene Staatsangehörige sind nach Sinn und Zweck der Vorschrift dem geschützten Personenkreis zuzurechnen. Die aus der mit dem Tragen feindlicher Uniformen resultierende Verwirrung beinhaltet auch eine spezifische Gefährlichkeit für eigene Staatsangehörige. Auch das Vertrauen der eigenen Staatsangehörigen in die Neutralität signalisierenden Schutzzeichen wird durch die Vorschrift geschützt.[84] Dementsprechend verweist der deutsche Gesetzgeber nicht auf die geschützten Personen, sondern auf den Tod oder die schwere Verletzung eines Menschen.[85] Der Missbrauch muss den Tod oder die schwere Verletzung verursacht haben, das heißt er muss dafür kausal geworden sein. Fraglich erscheint, ob eine lediglich kausale Verbindung zwischen Missbrauch und eingetretener Folge den besonderen Unrechtsgehalt des § 10 VStGB bereits zu begründen vermag oder ob darüber hinaus ein so genannter Unmittelbarkeitszusammenhang hinzutreten muss. Angesichts des gegenüber § 226 Abs. 1 und Abs. 2 StGB deutlich höheren Strafrahmens von nicht unter fünf Jahren, lässt sich der besondere Unrechtsgehalt der Tat nur bei Vorliegen eines solchen Unmittelbarkeitszusammenhanges begründen. In der schweren Folge muss sich mit anderen Worten die spezifische Gefährlichkeit des Missbrauchs der genannten Zeichen realisieren. Die Prüfung des Unmittelbarkeitszusammenhangs darf nur an tatbestandliche Handlungen des Täters anknüpfen. **42**

b) Subjektiver Tatbestand. Erforderlich ist nach § 2 VStGB iVm § 15 StGB Vorsatz, wobei Eventualvorsatz genügt. Während die Verbrechenselemente bezüglich des Missbrauchs der Parlamentärflagge die Absicht verlangen, die Verhandlungsbereitschaft vorzutäuschen,[86] fordert der deutsche Gesetzgeber keine entsprechende Täuschungsabsicht. Im Wege völkerrechtskonformer Auslegung gilt dieses einschränkende Merkmal aber auch für § 10 Abs. 2. **43**

3. Konkurrenzen, Rechtsfolgen sowie Prozessuales. a) Konkurrenzen. Abs. 2 kann tateinheitlich mit § 8 Abs. 1 Nr. 1, 3, Abs. 2 sowie in Tateinheit mit § 11 verwirklicht werden. **44**

b) Rechtsfolgen. Die Mindeststrafe des Abs. 2 ist angesichts der schweren Folge deutlich höher als die in Abs. 1 vorgesehene Mindeststrafe. Der Missbrauch anerkannter Schutzzeichen sieht damit die gleiche Mindeststrafe vor, wie die in § 8 Abs. 1 Nr. 2 erfasste Geiselnahme beziehungsweise wie der in § 8 Abs. 4 für den Fall der Verursachung des Todes im Rahmen des § 8 Abs. 1 Nr. 3–5 vorgesehene Strafrahmen. **45**

c) Prozessuales. Gemäß § 5 VStGB verjähren die Verfolgung von Verbrechen nach diesem Gesetz und die Vollstreckung der ihretwegen verhängten Strafen nicht. **46**

---

[82] *Henckaerts/Doswald-Beck,* Customary International Humanitarian Law, Vol. 1: Rules, 2009, Rule 65.
[83] *Triffterer/Cottier/Grignon* IStGH-Statut Art. 8 Rn. 1319.
[84] Im Hinblick auf Art. 8 Abs. 2 lit. b (vii) IStGH-Statut; *Werle/Jeßberger* Völkerstrafrecht Rn. 1399 ff.
[85] BT-Drs. 14/8524, 32.
[86] Verbrechenselemente zu Art. 8 Abs. 2 lit. b (vii) Alt. 1 Ziff. 2 IStGH-Statut.

§ 11 Kriegsverbrechen des Einsatzes verbotener Methoden der Kriegsführung[1]

(1) ¹Wer im Zusammenhang mit einem internationalen oder nichtinternationalen bewaffneten Konflikt

1. mit militärischen Mitteln einen Angriff gegen die Zivilbevölkerung als solche oder gegen einzelne Zivilpersonen richtet, die an den Feindseligkeiten nicht unmittelbar teilnehmen,
2. mit militärischen Mitteln einen Angriff gegen zivile Objekte richtet, solange sie durch das humanitäre Völkerrecht als solche geschützt sind, namentlich Gebäude, die dem Gottesdienst, der Erziehung, der Kunst, der Wissenschaft oder der Wohltätigkeit gewidmet sind, geschichtliche Denkmäler, Krankenhäuser und Sammelplätze für Kranke und Verwundete, unverteidigte Städte, Dörfer, Wohnstätten oder Gebäude oder entmilitarisierte Zonen sowie Anlagen und Einrichtungen, die gefährliche Kräfte enthalten,
3. mit militärischen Mitteln einen Angriff durchführt und dabei als sicher erwartet, dass der Angriff die Tötung oder Verletzung von Zivilpersonen oder die Beschädigung ziviler Objekte in einem Ausmaß verursachen wird, das außer Verhältnis zu dem insgesamt erwarteten konkreten und unmittelbaren militärischen Vorteil steht,
4. eine nach dem humanitären Völkerrecht zu schützende Person als Schutzschild einsetzt, um den Gegner von Kriegshandlungen gegen bestimmte Ziele abzuhalten,
5. das Aushungern von Zivilpersonen als Methode der Kriegsführung einsetzt, indem er ihnen die für sie lebensnotwendigen Gegenstände vorenthält oder Hilfslieferungen unter Verstoß gegen das humanitäre Völkerrecht behindert,
6. als Befehlshaber anordnet oder androht, dass kein Pardon gegeben wird, oder
7. einen Angehörigen der gegnerischen Streitkräfte oder einen Kämpfer der gegnerischen Partei meuchlerisch tötet oder verwundet,

wird mit Freiheitsstrafe nicht unter drei Jahren bestraft. ²In minder schweren Fällen der Nummer 2 ist die Strafe Freiheitsstrafe nicht unter einem Jahr.

(2) ¹Verursacht der Täter durch eine Tat nach Absatz 1 Nr. 1 bis 6 den Tod oder die schwere Verletzung einer Zivilperson (§ 226 des Strafgesetzbuches) oder einer nach dem humanitären Völkerrecht zu schützenden Person, wird er mit Freiheitsstrafe nicht unter fünf Jahren bestraft. ²Führt der Täter den Tod vorsätzlich herbei, ist die Strafe lebenslange Freiheitsstrafe oder Freiheitsstrafe nicht unter zehn Jahren.

(3) Wer im Zusammenhang mit einem internationalen bewaffneten Konflikt mit militärischen Mitteln einen Angriff durchführt und dabei als sicher erwartet, dass der Angriff weit reichende, langfristige und schwere Schäden an der natürlichen Umwelt verursachen wird, die außer Verhältnis zu dem insgesamt erwarteten konkreten und unmittelbaren militärischen Vorteil stehen, wird mit Freiheitsstrafe nicht unter drei Jahren bestraft.

Schrifttum: *Aldrich,* Yugoslavia's Television Studios as Military Objectives, 1 International Law Forum 1999, 149; *Ambos,* Immer mehr Fragen im internationalen Strafrecht, NStZ 2001, 628; *ders.,* Zur Bestrafung von Verbrechen im internationalen, nicht-internationalen und internen Konflikt, in: *Hasse/Müller/Schneider* (Hrsg.), Humanitäres Völkerrecht, 2001, S. 325; *Bartels,* Denying Humanitarian Access as an International Crime in Times of Non-International Armed Conflict: The Challenges to Prosecute and Some Proposals for the Future, 48 (3) Israel Law Review 2015, 281; *Benvenuti,* The ICTY Prosecutor and the Review of the NATO Bombing Campaign against the Federal Republic of Yugoslavia, European Journal of International Law 2001, 503; *Blix,* Means and Methods of Combat, in: Henry Dunant Institute/UNESCO (Hrsg.), International Dimensions of Humanitarian Law, 1988, S. 135; *ders.,* Area Bombardment: Rules and Reasons, BYIL 1978, 31; *Boothby,* The Law of Targeting, 2012; *Bothe,* The Protection of the Civilian Population and NATO Bombing on Yugoslavia: Comments on a Report to the Prosecutor of the ICTY, European Journal of

---

[1] Die Ausführungen geben die Meinung des Verfassers und nicht notwendigerweise die des IKRK wieder.

International Law 2001, 31; *ders./Bruch/Diamond/Jensen,* International law protecting the environment during armed conflict: gaps and opportunities, International Review of the Red Cross Bd. 92, Nr. 879, 2010, 569; *Bothe/Ipsen/Partsch,* Die Genfer Konferenz über humanitäres Völkerrecht, ZaöRV 1978, 1; *Bremer,* Nationale Strafverfolgung internationaler Verbrechen, 1999; *Bretton,* Le problème des „méthodes et moyens de guerre ou de combat" dans les Protocoles additionnels aux Conventions de Genève du 12 août 1949, Revue générale de droit international public, 1978, 32; *Cassese,* Means of Warfare: The traditional and the new law, in: *Cassese* (Hrsg.), The New Humanitarian Law of Armed Conflict, 1975, S. 161; *Cottier,* in: *Triffterer/Ambos* (Hrsg.), Commentary on the Rome Statute of the International Criminal Court: observers' notes, article by article, 3. Aufl. 2015; *David,* Principes de droit des conflits armés, 5. Aufl. 2012; *ders.* (Hrsg.), Dossier: Atelier sur l'article 31, par. c), du statut de la Cour Pénale Internationale, Revue belge de droit international, Vol. XXXIII, Nr. 2, 2000, 351; *ders.,* Respect for the Principle of Distinction in the Kosovo, Yearbook of International Humanitarian Law, Bd. 3, 2000, 81; *Dinstein,* Siege warfare and the starvation of civilians, in: *Delissen/ Tanja* (Hrsg.), Humanitarian Law of Armed Conflict. Challenges Ahead, Essays in Honour of Frits Kalshoven, 1991, S. 141; *ders.,* Issues Relating to the Use of Civilian "Human Shields", 44 Israel Yearbook on Human Rights 2014, 273; *ders.,* The Conduct of Hostilities under the Law of International Armed Conflict, 3. Aufl. 2015; *Dörmann,* Applicability of the Additional Protocols to Computer Network Attacks, Applicability, http:// www.icrc.org/eng/assets/files/other/applicabilityofihltocna.pdf (abgerufen am 24.5.2017); *ders.,* in: *Triffterer/ Ambos,* (Hrsg.), Commentary of the Rome Statute of the International Criminal Court: observers' notes article by article, 3. Aufl. 2015; *ders.,* The legal situation of „unlawful/unprivileged combatants", International Review of the Red Cross, Bd. 85, Nr. 849, 2003, 45; *ders.,* Völkerrechtliche Probleme des Landmineneinsatzes – Weiterentwicklung des geltenden Vertragsrechts durch das geänderte Minenprotokoll vom 3.5.1996 zum UN-Waffenübereinkommen, 2002; *ders.,* with contributions by *Doswald-Beck/Kolb,* Elements of War Crimes under the Rome Statute of the International Criminal Court, 2003; *Doswald-Beck* (Hrsg.), San Remo Manual on International Law Applicable to Armed Conflicts at Sea, 1995; *Droege,* Get Off My Cloud: International Humanitarian Law, and the Protection of Civilians, International Review of the Red Cross, Nr. 886, 2012, 533; *Eichen/Walz,* Neuere Entwicklungen auf dem Gebiet des humanitären Völkerrechts – ausgewählte Fragen des I. Zusatzprotokolls zu den Genfer Abkommen, (Teil 2), NZWehrr 1988, 195; *Fenrick,* Targeting and Proportionality during the NATO Bombing Campaign against Yugoslavia, European Journal of International Law 2001, 489; *ders.,* Attacking the Enemy Civilian as a Punishable Offense, 7 Duke Journal of Comparative and International Law 1997, 539; *ders.,* The Rule of Proportionality and Protocol I in Conventional Warfare, Military Law Review 1982, 91; *Fidler,* The meaning of Moscow: „Non-lethal" weapons and international law in the early 21st century, International Review of the Red Cross, Bd. 87, Nr. 859, 2005, 525; *Fischer,* Methoden und Mittel der Kriegführung, in: *Schötteler/Hoffmann* (Hrsg.), Die Genfer Zusatzprotokolle. Kommentare und Analysen, 1993, S. 160; *Fleck* (Hrsg.), Handbuch des Humanitären Völkerrechts in bewaffneten Konflikten, 1994; *ders.* (Hrsg.), Handbook of International Humanitarian Law, 3. Aufl. 2013; *Frulli,* The Criminalization of Offenses against Cultural Heritage in Times of Armed Conflict: The Quest for Consistency, 22 (1) EJIL 2011, 203; *Gasser,* Humanitäres Völkerrecht, Eine Einführung, 2007; *Geiss/Siegrist,* Has the conflict in Afghanistan affected the rules on the conduct of hostilities?, International Review of the Red Cross Bd. 93, Nr. 881, 2011, 11; *Gimmerthal,* Kriegslist und Perfidieverbot im Zusatzprotokoll vom 10.6.1977 zu den vier Genfer Rotkreuz-Abkommen von 1949 (Zusatzprotokoll I), 1990; *Greenwood,* International Law and the Conduct of Military Operations, Stocktaking at the Beginning of a New Millenium, in: *Schmitt* (Hrsg.), International Law Across the Spectrum of Conflict, Essays in Honour of Professor L. C. Green, International Law Studies, Bd. 73, 2000, S. 179; *Gropengiesser,* Länderbericht, in: *Eser/Kreicker* (Hrsg.), Nationale Strafverfolgung völkerrechtlicher Verbrechen, 2003; *Hampson,* Means and methods of warfare in the conflict in the Gulf, in: *Rowe* (Hrsg.), The Gulf War 1990–91 in International and English Law, S. 92; *Heijden* Other Issues Relating to the Treatment of Civilians in Enemy Hands, in *Clapham/Gaeta/Sassoli* (Hrsg.), The 1949 Geneva Conventions, A Commentary, 2015, S. 1241; *Henckaerts/Doswald-Beck,* with Contributions by *Alvermann/Dörmann/Rolle,* Customary International Humanitarian Law, Volume I, Rules, 2005; *Hess,* Die Anwendbarkeit des humanitären Völkerrechts, insbesondere in gemischten Konflikten, Schweizer Studien zum Internationalen Recht, Bd. 39, 1985; ICRC, Commentary on the First Geneva Convention for the Amelioration of the Condition of the Wounded and Sick in Armed Forces in the Field, 2016; *Ipsen,* Perfidy, in: *Bernhardt* (Hrsg.), Encyclopedia of Public International Law, Bd. 3, 1997, S. 978; *Kalshoven,* Constraints on the Waging of War, 2. Aufl. 1991; *ders.,* Reaffirmation and Development of International Humanitarian Law Applicable in Armed Conflics: The Diplomatic Conference, Geneva 1974–1977, Part II, Netherlands Yearbook of International Law 1978, 107; *ders.,* Noncombatant Persons. A Comment to Chapter 11 of the Commander's Handbook on the Law of Naval Operations, in *Robertson* (Hrsg.), The Law of Naval Operations, International Law Structures, Bd. 64, 1999, S. 300; *Kress,* Vom Nutzen eines deutschen Völkerstrafgesetzbuchs, 2000; *Krüger-Sprengel,* Le concept de proportionnalité dans le droit, RDPMDG 1980, 177; *Leibler,* Deliberate Wartime Environmental Damage: New Challenges for International Law, 23 CWILJ 67 (1992–3), 67; *Loye/ Coupland,* Legal and Health Issues: International Humanitarian Law and Lethality of Non-Lethality of Weapons, in: *Malcolm Dando* (Hrsg.), Non-Lethal Weapons: Technological and Operational Prospects, Jane's Special Report, November 2000, 60; *Melzer,* Targeted Killing in International Law, 2008; *Meyer,* Tearing down the Facade: A Critical Look at the Current Law on Targeting the Will of the Enemy and Air Force Doctrine, 51 Air Force Law Review 2001, 143; *Meyrowitz,* Le bombardement stratégique d'après le Protocole additionnel aux Conventions de Genève, ZaöRV 1981, 1; *Olaso,* Unlawful Attacks in Combat Situations, From the ICTY's Case Law to the Rome Statute, 2008; *Parks,* Air War and the Law of War, 32 A. F. L. Rev. 1990; *Peterson,*

VStGB § 11

The Natural Environment in Times of Armed Conflict: A Concern for International War Crimes Law?, Leiden Journal of International Law, Vol. 22, No. 2, 2009, 325; *Pictet*, Commentary on the Fourth Geneva Convention relative to the Protection of Civilian Persons in Time of War, 1958; *Pocar/Pedrazzi*, The Involvement of the Civilian Population in Hostilities, Institute of International Humanitarian Law, 2011; *Prugh*, Armed Forces and the Development of the Law of War, RDPMDG 1982, 277; *Randelzhofer*, Kriegsrecht und westliches Verteidigungskonzept, Ein sicherheitspolitischer Preis für das Zusatzprotokoll zu den Genfer Abkommen vom 12. August 1949 über den Schutz der Opfer internationaler bewaffneter Konflikte?, FS zum 125-jährigen Bestehen der juristischen Gesellschaft zu Berlin, 1984, 587; *Rauch*, The Protection of the Civilian Population and the Use of Landmines, German Yearbook of International Law 1981, 262; *ders.*, Le concept de nécessité militaire dans le droit de la guerre, RDPMDG 1980, 205; *Rogers*, Conduct of Combat and Risks Run by the Civilian Population, RDPMDG 1982, 293; *ders.*, Armed Forces and the Development of the Law of War, Revue de droit pénal militaire et de la guerre 1982, 201; *Sandoz/Swinarski/Zimmermann* (Hrsg.), Commentary on the Additional Protocols of 8 June 1977 to the Geneva Conventions of 12 August 1949, International Committee of the Red Cross, 1987; *Sassòli*, Human Shields and International Humanitarian Law, in: *Fischer-Lescano/Gasser/Marauhn/Ronzitti* (Hrsg.), Frieden in Freiheit, FS Bothe, 2008, 567; *ders.*, Legitimate Targets of Attacks under International Humanitarian Law, Background Paper prepared for the Informal High-Level Expert Meeting on the Reaffirmation and Development of International Humanitarian Law, Cambridge, January 27–29, 2003: http://hpcrresearch.org/sites/default/files/publications/Session1.pdf (abgerufen am 2.6.2017); *ders.*, Targeting: The Scope and Utility of the Concept of „military Objectives" for the Protection of Civilians in Contemporary Armed Conflicts, in: *Wippman/Evangelista* (Hrsg.), New Wars, New Laws? Applying the Laws of War in 21st Century Conflicts, 2005, S. 181; *ders./Cameron*, The Protection of Civilian Objects – Current State of the Law and Issues de lege ferenda, in: *Ronzitti/Venturini*, Current Issues in International Humanitarian Law of Air Warfare, 2006, S. 35; *Satzger*, Das neue Völkerstrafgesetzbuch – eine kritische Würdigung, NStZ 2002, 125; *Schindler*, International Humanitarian Law and Internationalized Internal Armed Conflicts, International Review of the Red Cross, Bd. 22, Nr. 230, 1982, 255; *Schindler/Toman* (Hrsg.), The Laws of Armed Conflicts, 2004; *Schmidt*, The Conventional Weapons Convention: Implications for the American Soldier, Air Force Law Review 1984, 279; *Schmitt*, The Notion of 'Objects' during Cyber Operations: A Riposte in Defence of Interpretive and Applicative Precision, Israel Law Review, 48, 2015, 81; *ders.*, Human Shields in International Humanitarian Law, 38 IYHR, 2008, 17; *ders.*, Precision attack and international humanitarian law, International Review of the Red Cross, Bd. 87, Nr. 859, 2005, 445; *ders.*, Wired warfare: Computer network attack and jus in bello, International Review of the Red Cross, Bd. 84, Nr. 846, 2002, 365; *Solf*, Protection of Civilians Against the Effects of Hostilities under Customary International Law and under Protocol I, The American University Journal of International Law and Policy 1986, 117; *Spieker*, The Conduct of Hostilities and the Protection of the Environment, in: *Fischer-Lescano/Gasser/Marauhn/Ronzitti* (Hrsg.), Frieden in Freiheit, FS Bothe, 2008, 741; *Stein/Marauhn*, Völkerrechtliche Aspekte von Informationsoperationen, Zeitschrift für ausländisches öffentliches Recht und Völkerrecht, 69/1, 2000, 1; *Toman*, Les biens culturels en temps de guerre: Quel progrès en faveur de leur protection? Commentaire article-par-article du Deuxième Protocole de 1999 relatif à la Convention de la Haye de 1954 pour la protection des biens culturels en cas de conflit armé, 2015; UK Ministry of Defence, The Manual of the Law of Armed Conflict, 2004; US Department of Defense, Law of War Manual, 2015; *van Dongen*, The Protection of the Civilian Population in Time of Armed Conflict, 1991; *Verri*, Forces armées et développement du droit de la guerre, RDPMDG 1982, 155; *Werle*, Völkerstrafrecht und geltendes deutsches Strafrecht, JZ 2000, 755; *ders./Jessberger* Principles of International Criminal Law, 3. Aufl. 2014; *ders./Jessberger*, Das Völkerstrafgesetzbuch, JZ 2002, 725; *Witteler*, Die Regelungen der neuen Verträge des humanitären Völkerrechts und der Rüstungsbegrenzung mit direktem Umweltbezug, 1993; ZDv 15/2, Humanitäres Völkerrecht in Bewaffneten Konflikten – Handbuch -, 213; *Zimmermann*, Bestrafung völkerrechtlicher Verbrechen durch deutsche Gerichte nach In-Kraft-Treten des Völkerstrafgesetzbuchs, NJW 2002, 3068; *ders.*, Auf dem Weg zu einem deutschen Völkerstrafgesetzbuch – Entstehung, völkerrechtlicher Rahmen und wesentliche Inhalte, ZRP 2002, 97; *ders.*, Main features of the new German Code of Crimes against International Law *(Völkerstrafgesetzbuch)*, in: *Neuner* (Hrsg.), National Legislation Incorporating International Crimes – Approaches of Civil and Common Law Countries, 2003, 137.

Übersicht

	Rn.		Rn.
A. Überblick	1–18	1. Völkerrechtliche Entwicklung	11–13
I. Normzweck	1–9	2. Entstehungsgeschichte	14–16
1. Rechtsgut und Auslegung	1–3	**IV. Völkerrechtliche Besonderheiten bei der Auslegung**	17, 18
2. Deliktsnatur	4–9		
a) Allgemeine Strukturmerkmale	4, 5	**B. Erläuterung**	19–174
b) Strukturmerkmale der Einzeltatbestände	6–9	**I. Übergreifende Fragen**	19–25
II. Kriminalpolitische Bedeutung	10	1. Täter	19
III. Historie	11–16	2. Tatobjekte	20, 21

Völkerstrafgesetzbuch § 11 VStGB

	Rn.		Rn.
3. Anwendungsbereich ratione loci: internationaler/nicht-internationaler bewaffneter Konflikt	22–25	7. Meuchlerisches Töten oder Verwunden (Nr. 7)	130–143
		a) Allgemeines	132, 133
II. Einzeltatbestände des Absatzes 1	26–143	b) Tathandlungen	134–141
		c) Taterfolg	142, 143
1. Angriffe auf die Zivilbevölkerung und Zivilpersonen (Nr. 1)	26–41	III. Subjektiver Tatbestand bei Abs. 1	144–158
a) Allgemeines	28, 29	1. Allgemeine Fragen	144, 145
b) Mit militärischen Mitteln	30	2. Sonderfragen bei einzelnen Tatbeständen des Abs. 1	146–158
c) Angriff	31–33	a) Angriffe auf die Zivilbevölkerung und Zivilpersonen (Nr. 1)	146–150
d) Angriffsobjekt: die Zivilbevölkerung als solche oder einzelne Zivilpersonen	34–41	b) Angriffe auf zivile Objekte (Nr. 2)	151
2. Angriffe auf zivile Objekte (Nr. 2)	42–75	c) Angriffe mit unverhältnismäßigen Begleitschäden (Nr. 3)	152–154
a) Allgemeines	44, 45	d) Einsatz geschützter Personen als Schutzschilde (Nr. 4)	155
b) Abgrenzung zivile Objekte/militärische Ziele	46–59	e) Aushungern als Methode der Kriegführung (Nr. 5)	156
c) Spezielle Erwägungen zum Schutzverlust bei den beispielhaft genannten Objekten	60–75	f) Kein Pardon (Nr. 6)	157
		g) Meuchlerisches Töten oder Verwunden (Nr. 7)	158
3. Angriffe mit unverhältnismäßigen Begleitschäden (Nr. 3)	76–97	IV. Schwere Folgen (Abs. 2)	159–166
a) Allgemeines	78–80	1. Allgemeine Fragen	159, 160
b) Tathandlung	81	2. Tatobjekte	161–163
c) Bestimmung der Unverhältnismäßigkeit des Begleitschadens	82	a) Zivilperson	162
d) Insgesamt erwarteter konkreter und unmittelbarer militärischer Vorteil	83–86	b) Sonstige humanitärvölkerrechtlich geschützte Personen	163
e) Folgeschäden als relevante Begleitschäden	87, 88	3. Tathandlung und schwere Folge	164, 165
f) Außer Verhältnis und anzulegender Beurteilungsmaßstab	89–97	4. Subjektiver Tatbestand	166
		V. Schäden an der natürlichen Umwelt (Abs. 3)	167–174
4. Einsatz geschützter Personen als Schutzschilde (Nr. 4)	98–109	1. Allgemeine Fragen	167
a) Allgemeines	101, 102	2. Schutzgut	168, 169
b) Eine nach dem humanitären Völkerrecht zu schützende Person	103	3. Tathandlung	170
c) Als Schutzschild einsetzen	104–109	4. Subjektiver Tatbestand	171–174
5. Aushungern als Methode der Kriegführung (Nr. 5)	110–123	a) Weit reichende, langfristige und schwere Schäden	172, 173
a) Aushungern von Zivilpersonen	113–115	b) Unverhältnismäßigkeit	174
b) Als Methode der Kriegführung	116	C. Rechtfertigung, Rechtsfolgen, Prozessuales	175–180
c) Tathandlungen	117–122	I. Rechtfertigung	175
d) Konkurrenzen	123	II. Rechtsfolgen	176–179
6. Kein Pardon (Nr. 6)	124–129	III. Prozessuales	180
a) Befehlshaber	126, 127		
b) Tathandlung	128, 129		

A. Überblick

I. Normzweck

1. Rechtsgut und Auslegung. Die Delikte des Abs. 1 schützen verschiedene Individualrechtsgüter. Die **Nr. 1** und **5** schützen das **Leben, die Gesundheit und körperliche Unversehrtheit von Zivilpersonen;** Nr. 2 das **Eigentum an zivilen Objekten** (ob über das Eigentum hinaus auch das überindividuelle Interesse an der Gesamtheit ziviler Einrichtungen und Strukturen (des Staates) geschützt werden soll, ist bislang nicht hinreichend etabliert). Der auf Zivilpersonen bzw. zivile Objekte beschränkte Schutz beruht auf der Entscheidung des humanitären Völkerrechts, dass militärische Ziele und Kombattanten grds. nicht geschützt sind (nur das militärische Potential der Gegenseite soll geschwächt werden).² **Abs. 1 Nr. 3** schützt die Güter der Nr. 1 und 2. **Abs. 1 Nr. 4** schützt sowohl **das Leben, die Gesundheit und körperliche Unversehrtheit von Zivilpersonen** sowie, soweit es sich um unfreiwillige menschliche Schutzschilde handelt, deren **Willensfreiheit. Abs. 1 Nr. 6** schützt das **Leben, die Gesundheit und körperliche Unversehrtheit von Angehörigen der Streitkräfte und anderen Kämpfern,** die sich außer Gefecht befinden oder sich ergeben wollen. **Abs. 1 Nr. 7** schützt dieselben Güter.

2 Es ist strittig, ob darüber hinaus auch überindividuelle Interessen geschützt werden, siehe Kommentierung zu § 8 zur Problematik, ob Frieden ein geschütztes Rechtsgut ist.

3 Die Bestimmungen des § 11 sind namentlich im Lichte der sie umgebenden völkerrechtlichen Normen, also im Lichte der bereits erwähnten vier Genfer Konventionen (und dabei vor allem der Regeln über die schweren Verstöße [‚grave breaches'])‚ der beiden Zusatzprotokolle, sowie der Bestimmungen des Art. 8 des IStGH-Statuts (einschließlich der dazu beschlossenen sogenannten Verbrechenselemente (‚elements of crimes') nach Art. 9 des Statuts) auszulegen **(Grundsatz der völkerrechtskonformen Auslegung).**³

4 **2. Deliktsnatur. a) Allgemeine Strukturmerkmale.** Bei den in § 11 aufgeführten Delikten handelt es sich um **Verbrechen** gem. § 12 Abs. 1 StGB. § 11 weist zwei allgemeine Strukturmerkmale auf. Es handelt sich zunächst um **Allgemeindelikte.** Täter kann jedermann sein („Wer"). Zivilisten kommen als Täter grundsätzlich ebenso in Betracht wie Angehörige der Streitkräfte einer Konfliktpartei; dies gilt namentlich dann, wenn sie als zivile Vorgesetze militärischer Verbände tätig werden. Lediglich bei **Abs. 1 Nr. 6** kommt als Täter nur ein **Befehlshaber** (militärisch oder zivil) in Betracht.

5 Sämtliche Einzeltatbestände beschreiben, wie sich aus dem Zusammenspiel von § 2 VStGB mit § 15 StGB ergibt, darüber hinaus grundsätzlich nur **vorsätzliche Begehungsdelikte. Abs. 1 Nr. 5** weist jedoch mit Blick auf eine Tatmodalität eine **Unterlassungskomponente** („vorenthalten") auf und die **Erfolgsqualifizierung** des Abs. 2 S. 1 lässt Fahrlässigkeit bzgl. der schweren Folge (§ 18 StGB) genügen.

6 **b) Strukturmerkmale der Einzeltatbestände.** Bei den in **Abs. 1 Nr. 1–6** aufgeführten Delikten handelt es sich um **Tätigkeitsdelikte.** Ihr Unrechtstatbestand wird schon durch das im Gesetz beschriebene Tätigwerden als solches erfüllt. Ein über die Tathandlung hinausgehender **Erfolgseintritt ist nicht erforderlich.** Der deutsche Gesetzgeber folgte bezüglich der Nr. 1–3 damit dem Ansatz des IStGH-Statuts, wie er sich in den Verbrechenselementen widerspiegelt.⁴ Demgegenüber verlangen sowohl Art. 85 Abs. 3 und 4 des ersten Zusatzprotokolls als auch die Rechtsprechung des Internationalen Gerichtshofs für das ehemalige Jugoslawien,⁵ dass die Tathandlungen, die im Wesentlichen denen der Delikte des § 11 Abs. 1 Nr. 1 und 3 entsprechen, „den Tod oder eine schwere Beeinträchtigung der körperlichen Unversehrtheit oder der Gesundheit zur Folge haben" (Art. 85 Abs. 3) bzw., dass die Tathandlung, die im Wesentlichen der des § 11 Abs. 1 Nr. 2 entspricht, zu „weitgehende(n) Zerstörungen" führt (Art. 85 Abs. 4 (d)).⁶ Die **Verwirklichung schwerer Folgen** im Zusammenhang mit den Delikten des § 11 Abs. 1 Nr. 1–6 begründet hingegen die

---

² Siehe Erklärung betreffend Nichtanwendung der Sprenggeschosse im Krieg, abgegeben am 29.11./11.12.1868 (St. Petersburger Erklärung von 1868), Dokumente zum Humanitären Völkerrecht, 1. Aufl. 2006, S. 19. *Sassòli/Cameron* S. 52.

³ Siehe Kommentierung zu § 8.

⁴ *Dörmann,* Elements of War Crimes, S. 130, 148, 162.

⁵ Prosecutor v. Prlic *et al.,* IT-04-74-T, para 191; Prosecutor v. Kordic and Cerkez, IT-95-14/2-A, para. 67; Prosecutor v. Strugar, IT-01-42-T, para. 280; Prosecutor v. Blaskic, IT-95-14-T, para. 180. Offen gelassen in Prosecutor v. Galic, IT-98-29-T, para. 43: „The question remains whether attacks resulting in non-serious civilian casualties, or in no casualties at all, may also entail the individual criminal responsibility of the perpetrator under the type of charge considered here, and thus fall within the jurisdiction of the Tribunal, even though they do not amount to grave breaches of Additional Protocol I. The present Indictment refers only to killing and wounding of civilians; therefore the Trial Chamber does not deem it necessary to express its opinion on that question". Siehe auch Prosecutor v. D. Milosevic, IT-98-29/1, para. 950; Prosecutor v. Perisic, IT-04-81-T, para. 99.

⁶ In Prosecutor v. Blaskic, IT-95-14-T, para. 180: „damage to civilian property".

Anwendung des in Abs. 2 enthaltenen höheren Strafrahmens. Besonderheiten weisen allein die in den Nr. 3 und 4 aufgeführten Delikte auf, die in subjektiver Hinsicht über das objektiv Erforderliche hinausgehen und daher als **Delikte mit überschießender Innentendenz** zu qualifizieren sind. Gemeinsam ist wiederum allen in Abs. 1 Nr. 1–6 aufgeführten Delikten, dass es sich im Hinblick auf die jeweils geschützten Individualsrechtsgüter um **abstrakte Gefährdungsdelikte** handelt. Den aufgeführten Tätigkeiten, der Durchführung eines Angriffs mit militärischen Mitteln gegen die Zivilbevölkerung oder zivile Objekte, dem Einsatz zu schützender Personen als Schutzschilde, dem Aushungern als Methode der Kriegführung und der Anordnung oder Androhung, dass kein Pardon gegeben wird, ist gemein, dass es sich im Hinblick auf Leben, Gesundheit, körperliche Unversehrtheit (Nr. 1, 2–6) und Eigentum (Nr. 3) um abstrakt gefährliche Verhaltensweisen handelt.

Das in **Nr. 7** beschriebene Delikt weicht in seiner Struktur von den in Nr. 1–6 beschriebenen Delikten deutlich ab. Die in Nr. 7 beschriebene Tat setzt den Eintritt des Todes oder einer Verwundung voraus und beschreibt daher ein **Erfolgsdelikt**.

Abs. 2 enthält im Hinblick auf die in Abs. 1 Nr. 1–6 beschriebenen Delikte eine **Erfolgsqualifikation**. Als schwere Folgen werden der Tod und die schwere Verletzung unter Verweis auf § 226 StGB erfasst. Abs. 2 differenziert im Hinblick auf den durch den Eintritt der schweren Folge **erhöhten Mindeststrafrahmen** zwischen der fahrlässigen Verursachung der schweren Folge gem. Satz 1 und der vorsätzlichen Herbeiführung des Todes gem. Satz 2. Im ersten Fall wird die Mindeststrafe auf 5 Jahre und im Falle der vorsätzlichen Herbeiführung des Todes auf 10 Jahre erhöht.

Bei dem in **Abs. 3** enthaltenen Delikt handelt es sich wiederum um ein **Tätigkeitsdelikt mit überschießender Innentendenz**. In objektiver Hinsicht ist allein die Durchführung eines Angriffs mit militärischen Mitteln vorausgesetzt, wohingegen der Täter subjektiv darüber hinaus die im Tatbestand beschriebenen schweren Folgen für die natürliche Umwelt als sicher erwarten muss. Auch hier schloss sich der deutsche Gesetzgeber dem Ansatz des IStGH-Statuts an, wie er sich in den Verbrechenselementen widerspiegelt.[7]

II. Kriminalpolitische Bedeutung

Die besondere kriminalpolitische Bedeutung des § 11 wie auch der §§ 8–10 ist darin zu sehen, dass auf die innerstaatliche Ebene die entsprechenden völkerrechtlichen Verbote und Strafnormen übertragen werden und damit insbesondere der **völkerrechtlichen Pönalisierungspflicht**, so wie sie sich namentlich aus dem System der schweren Verletzungen des Ersten Zusatzprotokolls zu den Genfer Konventionen und Art. 15 des Zweiten Protokolls von 1999 zur Haager Kulturgutschutzkonvention von 1954 ergibt, sowie der Pönalisierungsobliegenheit des Komplementaritätsgrundsatzes des Rom-Statuts, nachgekommen wird. § 11 trägt damit – wie das VStGB insgesamt – zur Stärkung des gesamten völkerrechtlichen Normensystems bei.

III. Historie

1. Völkerrechtliche Entwicklung. Zur allgemeinen Entstehungsgeschichte siehe Kommentierung zu § 8.

§ 11 übernimmt im Wesentlichen Einzeltatbestände aus Art. 8 IStGH-Statut. Art. 8 mit seiner umfassenden Definition der Kriegsverbrechen erfasst erstmals auch extensiv den **Einsatz von verbotenen Methoden der Kriegführung,** die sich in erster Linie aus dem **humanitärvölkerrechtlichen Unterscheidungsgrundsatz** ergeben („Um Schonung und Schutz der Zivilbevölkerung und ziviler Objekte zu gewährleisten, unterscheiden die am Konflikt beteiligten Parteien jederzeit zwischen der Zivilbevölkerung und Kombattanten sowie zwischen zivilen Objekten und militärischen Zielen; sie dürfen daher ihre Kriegshandlungen nur gegen militärische Ziele richten", Art. 48 erstes Zusatzprotokoll zu den

---

[7] *Dörmann*, Elements of War Crimes, S. 162.

Genfer Konventionen)[8] bzw. die auf seit langem anerkannten Verboten des Haager Rechts[9] beruhen.

13 Die Vorschrift des IStGH-Statuts trägt damit der in diesem Bereich zunächst noch recht begrenzten Rechtsprechung unmittelbar nach dem zweiten Weltkrieg, die zunächst nur einzelne Verbote der Haager Landkriegsordnung pönalisierte,[10] und der wesentlich extensiveren vertragsrechtlichen Entwicklung des humanitären Völkerrechts im ersten Zusatzprotokoll zu den Genfer Abkommen (Art. 85 Abs. 3 und 4) Rechnung. Hervorzuheben ist, dass Art. 8 Abs. 2 lit. e IStGH-Statut erstmals im Vertragsrecht den **Einsatz von verbotenen Methoden der Kriegführung in nicht-internationalen bewaffneten Konflikten unter Strafe** stellt und damit die jüngste Entwicklung des Völkergewohnheitsrechts nachzeichnete. Damit werden Verletzungen einzelner Vorschriften der Haager Landkriegsordnung, die ursprünglich nur in internationalen bewaffneten Konflikten galten, und des zweiten Zusatzprotokolls zu den Genfer Abkommen, das keine Strafbarkeitsvorschriften enthielt, pönalisiert. Damit ist auch im IStGH-Statut die Regelung von verbotenen Methoden der Kriegführung in nicht-internationalen Konflikten mit denen in internationalen Konflikten weiter angeglichen worden.

14 **2. Entstehungsgeschichte.** Wie bereits in der Kommentierung zu § 8 erwähnt, vertrat die Bundesregierung bezüglich der in Art. 85 des 1991 durch die Bundesrepublik ratifizierten Zusatzprotokolls I normierten Verpflichtung, schwere Verletzungen desselben unter Strafe zu stellen, die Auffassung, diese Verletzungen seien bereits hinreichend durch die allgemeinen deutschen Straftatbestände, insbes. die §§ 212, 211 StGB erfasst. Vor dem Hintergrund dieser Ansicht konnte der spezifische Unrechtsgehalt der Kriegsverbrechen durch das deutsche Strafrecht lange Zeit nicht erfasst werden.[11] **Mit dem VStGB hat der deutsche Gesetzgeber nunmehr erstmals eine spezifische Strafnorm für Kriegsverbrechen angenommen** und damit auch diesbezüglich sicher gestellt, dass die deutsche Justiz in der Lage ist, Kriegsverbrechen im Sinne von Art. 17 IStGH-Statut ernsthaft („genuine') selbst zu verfolgen.

15 § 11 geht über die Regelungen des IStGH-Statuts, insoweit dies dem gesicherten Stand des geltenden Völkergewohnheitsrecht entspricht, teilweise hinaus und **bezieht** dabei **verstärkt völkerrechtliche Vorschriften der beiden Zusatzprotokolle zu den Genfer Abkommen, aber auch des Zweiten Protokolls von 1999 zur Haager Kulturgutschutzkonvention von 1954 ein.**[12] Dies wird insbesondere darin deutlich, dass der Gesetzgeber in § 11 – wie auch in §§ 8–10 – die Unterscheidung des IStGH-Statuts zwischen **Kriegsverbrechen in internationalen und nicht-internationalen bewaffneten Konflikten** als grundlegendes Strukturprinzip für den Gesetzesaufbau im Wesentlichen aufgegeben und Delikte auch im nicht-internationalen bewaffneten Konflikt unter Strafe gestellt hat, wo dies im IStGH-Statut nicht der Fall ist. Diese Entscheidung des deutschen Gesetzgebers entspricht der **Tendenz, beide Konfliktarten rechtlich gleichzubehandeln** (siehe das IStGH-Statut selbst, die jüngsten vertragsrechtlichen Regelungen zum Einsatz bestimmter Waffen[13] und zum Kulturgüterschutz,[14] das Völkergewohnheitsrecht[15] und die Spruchpraxis der internationalen Strafge-

---

[8] § 11 Abs. 1 Nr. 1, 2, 3, 4, 5 und die entsprechenden Vorschriften des IStGH-Statuts, Art. 8 Abs. 2 lit. b (i), (ii), (iv), (v), (ix), (xxiii), (xxv); lit. e (i), (iv).

[9] § 11 Abs. 1 Nr. 6, 7 und die entsprechenden Vorschriften des IStGH-Statuts, Art. 8 Abs. 2 lit. b (ix), (x); lit. e (ix), (x).

[10] Die Kriegsverbrecher-Prozesse nach dem Zweiten Weltkrieg in Nürnberg, Tokio und auf Grund des Control Council Law Nr. 10 klammerten gänzlich eventuelle Verstöße gegen den Unterscheidungsgrundsatz aus. Erst der Internationale Gerichtshof für das ehemalige Jugoslawien hat hier eine gewisse Spruchpraxis entwickelt.

[11] *Werle/Jessberger* JZ 2002, 725 (726); zur Gefahr von Strafbarkeitslücken *Bremer* S. 159 ff. und 245; *Kress*, Nutzen, S. 12 f.; *Satzger* NStZ 2002, 125 (126); *Werle* JZ 2000, 755 (757); *Gropengiesser* S. 145.

[12] BT-Drs. 14/8524, 23; *Werle* JZ 2001, 885 (894 f.).

[13] Siehe zB die Änderung von Art. 1 VN-Waffenübereinkommen, angenommen von der Zweiten Überprüfungskonferenz zum VN-Waffenübereinkommen in Genf am 21.12. und das Protokoll über das Verbot oder die Beschränkung des Einsatzes von Minen, Sprengfallen und anderen Vorrichtungen in der am 3.5.1996 geänderten Fassung.

[14] Zweites Protokoll vom 26.3.1999 zur Haager Konvention vom 14.5.1954 zum Schutz von Kulturgut bei bewaffneten Konflikten.

[15] *Henckaerts/Doswald-Beck*, with Contributions by *Alvermann/Dörmann/Rolle*, Customary International Humanitarian Law, Volume I, Rules, 2005.

richtshöfe, insbesondere für das ehemalige Jugoslawien).[16] Im Rahmen dieser Gleichstellung konnte der Gesetzgeber jedoch nicht über das geltende Gewohnheitsrecht hinausgehen.[17] Wo eine entsprechende Gleichstellung von internationalem und nicht-internationalem bewaffneten Konflikt nach Auffassung des Gesetzgebers völkergewohnheitsrechtlich noch nicht geboten war, hat er daher die herkömmliche Dichotomie beibehalten (siehe Abs. 3).

Auch die Unterscheidung zwischen **schweren Verletzungen** („grave breaches") der Genfer Abkommen und des ersten Zusatzprotokolls einerseits und den so genannten **anderen schweren Verstößen** („other serious violations") andererseits wurde nicht übernommen, da sie für das VStGB als national anzuwendendes und umfassend geltendes Gesetz keine Relevanz haben. Während nur für die so genannten „grave breaches"-Vorschriften eine Verpflichtung besteht, auf Grund des **Weltrechtsprinzips** die Täter zu verfolgen, sind die Staaten nach Völkergewohnheitsrecht dazu berechtigt, andere schwere Verstöße gegen das humanitäre Völkerrecht auf Grund des Weltrechtsprinzips zu verfolgen.[18] 16

IV. Völkerrechtliche Besonderheiten bei der Auslegung

Auch hier kann auf die Kommentierung zu § 8 verwiesen werden. Bei der Auslegung von § 11 ist der gesetzgeberische Wille, sich mit dem Ziel einer **Komplementarität bei der Verfolgungszuständigkeit** eng an Art. 8 IStGH-Statut zu orientieren, zu beachten. Rechtsnormen des Völkerrechts und damit auch des Völkerstrafrechts sind im Lichte des im Grundgesetz verankerten **Prinzips der völkerrechtsfreundlichen Auslegung** zu interpretieren.[19] Zur Auslegung einzelner Begriffe des Römischen Statuts sind die sonstigen vertragsrechtlichen Texte zu berücksichtigen, die diese Begriffe ebenfalls enthalten und zum Teil präzisere Definitionen oder wichtige Klärungen enthalten, namentlich die Zusatzprotokolle zu den Genfer Abkommen. Eine hervorgehobene Bedeutung kommt dabei aber vor allem auch der Rechtsprechung der internationalen Strafgerichtshöfe (JStGH, RStGH, IStGH) zu.[20] 17

Teilweise geht § 11 über die in Art. 8 IStGH-Statut kodifizierten Straftatbestände hinaus.[21] Ohne dadurch den gesicherten Stand des Völkergewohnheitsrechtes zu verlassen,[22] berücksichtigt das VStGB namentlich auch die in dem von der Bundesrepublik Deutschland ratifizierten ersten Zusatzprotokoll zu den Genfer Abkommen von 1949 als schwere Verletzungen eingestuften Taten.[23] Des Weiteren wird außerdem das zweite Protokoll von 1999 zur Haager Kulturgutschutzkonvention von 1954 berücksichtigt. 18

B. Erläuterung

I. Übergreifende Fragen

1. Täter. Täter von Kriegsverbrechen kann **jedermann** sein. Zivilpersonen kommen als Täter ebenso in Betracht wie Angehörige der Streitkräfte einer Konfliktpartei.[24] Lediglich 19

---

[16] Prosecutor v. Tadic, IT-94-1-AR72, Decision on the Defence Motion for Interlocutory Appeal on Jurisdiction, para. 96 ff.; siehe auch dazugehörige Separate Opinion of Judge Abi-Saab, Teil IV.
[17] *Zimmermann* S. 137 (147); *Ambos* S. 325 ff.
[18] *Henckaerts/Doswald-Beck* S. 604–607.
[19] *Ambos* NStZ 2001, 628 (629); *Zimmermann* ZRP 2002, 97 (99), ders. NJW 2002, 3068 (3069); *v. Münch/Kunig/Rojahn* GG Art. 24 Rn. 2 ff.; *v. Mangoldt/Klein/Starck/Sommermann* GG Art. 20 Rn. 244; auch BVerfGE 75, 1 (18 f.).
[20] BT-Drs. 14/8524, 13, 20.
[21] BT-Drs. 14/2682, 104; BT-Drs. 14/8524, S. 12, 23; *Werle/Jessberger* JZ 2002, 725 (731 f.).
[22] BT-Drs. 14/8524, 23.
[23] § 11 Abs. 1 Nr. 2 in Umsetzung von Art. 85 Abs. 3 lit. c, d ZP I; § 11 Abs. 1 Nr. 5 in Umsetzung von Art. 14 ZP II und entsprechendem Völkergewohnheitsrecht; § 11 Abs. 1 Nr. 2, 3, 4 in Umsetzung entsprechenden Völkergewohnheitsrechts jeweils insbesondere in nicht-internationalen bewaffneten Konflikten, BT-Drs. 14/8524, 33 f.
[24] Prosecutor v. Delalic, IT-96-21-T, para. 355 ff.; auch Prosecutor v. Akayesu, ICTR-96-4-A, para. 425–445; Prosecutor v. Semanza, ICTR-97-20-T, para. 358–362; Prosecutor v. Musema, ICTR-96-13-T, para. 274–275.

Abs. 1 Nr. 6 beschränkt die in Betracht kommenden Täter auf Befehlshaber (militärisch oder zivil). Kriegsverbrechen werden in der Rechtsprechung seit dem zweiten Weltkrieg als **Allgemeindelikte** eingeordnet.[25]

20 2. **Tatobjekte.** Tatobjekte im Sinne des Abs. 1 Nr. 1, 3 und 5 sind **einzelne Zivilpersonen oder die Zivilbevölkerung als solche.** Tatobjekte im Sinne des Abs. 1 Nr. 2 und 3 sind **zivile Objekte.** In beiden Fällen sind die Standards in internationalen und nichtinternationalen bewaffneten Konflikten identisch. Tatobjekte im Sinne des Abs. 1 Nr. 4 sind **vom humanitären Völkerrecht geschützte Personen** (siehe § 8 Abs. 6). Hier können sich Unterschiede im Recht des internationalen und nicht-internationalen bewaffneten Konflikts ergeben, so ist zB der Kriegsgefangenen-Status auf internationale bewaffnete Konflikte beschränkt. Tatobjekte im Sinne des Abs. 1 Nr. 6 sind **Personen mit Kombattanten-Status** (internationaler bewaffneter Konflikt[26]) und **alle anderen Kämpfer/Angehörigen der gegnerischen Streitkräfte** und sonstigen Personen, die direkt an Feindseligkeiten teilnehmen. Ratio der Vorschrift ist es, dass gegnerische Kämpfer nur solange legitime militärische Ziele sind, wie sie an Kampfhandlungen teilnehmen. Sobald sie ihre Waffen niederlegen oder zB durch Verwundung aus dem Kampf ausscheiden, sind sie zu schützen. Dieses Delikt ist eng mit dem des § 8 Abs. 2 (Tötung von außer Gefecht befindlichen Personen) verbunden. Abs. 1 Nr. 7 erfasst dieselben Tatobjekte wie Nr. 6.

21 Im Fall des Abs. 2 muss die schwere Folge bei Zivilisten oder anderen vom humanitären Völkerrecht geschützten Personen eingetreten sein. Tatobjekt des Abs. 3 ist die **natürliche Umwelt.**

22 3. **Anwendungsbereich ratione loci: internationaler/nicht-internationaler bewaffneter Konflikt.** Die Delikte der Abs. 1 und 2 können im Zusammenhang mit einem internationalen oder nicht-internationalen bewaffneten Konflikt begangen werden. Das Delikt des Abs. 3 dagegen nur in einem internationalen bewaffneten Konflikt.

23 Zur **Definition der Konflikttypen,** ihrer Abgrenzung voneinander und dem erforderlichen funktionalen Zusammenhang zwischen Tathandlung und bewaffnetem Konflikt kann im Wesentlichen auf die Kommentierung zu § 8 verwiesen werden. Zwei Ergänzungen bezüglich der Kategorisierung zwischen internationalem und nicht-internationalem bewaffneten Konflikt erscheinen jedoch angebracht. Es ist gemeinhin anerkannt, dass **sog. exportierte nicht-internationale bewaffnete Konflikte,** das heißt bewaffnete Konflikte zumeist zwischen Regierungstruppen und nicht-staatlichen organisierten bewaffneten Gruppen, die innerhalb eines Staates ihren Ausgangspunkt hatten und die sich dann auf das Territorium eines Nachbarstaates verlagern, auch bei einer territorialen Verlagerung noch vom Recht des nicht-internationalen bewaffneten Konflikts geregelt werden[27] – ob daneben ein internationaler Konflikt zwischen dem die nicht-staatlichen organisierten bewaffneten Gruppen bekämpfenden Staat und dem Nachbarstaat entsteht, hängt von den Umständen

---

[25] ZB *Essen* Lynching in UNWCC, LRTWC, Vol. I, S. 88–92, 13 AD 287; *Zyklon* B Ibid, Vol. I, S. 93–103, 13 AD 250; *Flick* Ibid Vol. IX, S. 17–18, 14 AD 266 (268); *Krupp* Ibid, Vol. X, S. 150, 14 AD 620 (627); *Wagner* Ibid. Vol. III, S. 27, 31, 32, 42.

[26] Nur das Recht des internationalen bewaffneten Konflikts sieht „Kombattanten-Status" vor. Kombattanten im Rechtssinne dürfen unmittelbar an Feindseligkeiten teilnehmen (siehe Art. 43 Abs. 2 erstes Zusatzprotokoll zu den Genfer Abkommen). Kombattanten im Rechtssinne können auch nach nationalem Recht nicht für die bloße Teilnahme an Feindseligkeiten bestraft werden. Eine Bestrafung kommt nur bei Verstößen gegen das humanitäre Völkerrecht in Betracht.

[27] Deutschland, Generalbundesanwalt beim Bundesgerichtshof, Drohneneinsatz vom 4. Oktober 2010 in Mir Ali/Pakistan (No 3 BJs 7/12-4), Verfügung über die Einstellung des Ermittlungsverfahrens, 20. Juni 2013, S. 18; Netherlands Advisory Committee on Issues of Public International Law (CAVV), Advisory Report on Armed Drones, Advisory Report No. 23. The Hague, July 2013, S. 3. Fragen bestehen jedoch, wie weit ein solcher „spill-over" in das Territorium eines Nachbarstaates reicht, d.h. ob auf das gesamte Territorium das Recht des nicht-internationalen Konflikts anwendbar ist, siehe IKRK, Bericht für die 32. Internationale Rotkreuz- und Rothalbmond-Konferenz, „International Humanitarian Law and the challenges of contemporary armed conflicts", 32IC/15/11, Oktober 2015, S. 15, FN 13: https://www.icrc.org/en/document/international-humanitarian-law-and-challenges-contemporary-armed-conflicts (abgerufen am 24.5.2017). ICRC, 2016 Commentary on the First Geneva Convention, Art. 3 Rn. 474–476.

des Einzelfalls ab, insbesondere ob der Nachbarstaat den militärischen Operationen des anderen Staates zustimmt oder nicht.[28]

Bei **nicht-internationalen bewaffneten Konflikten, bei denen ein oder mehrere Drittstaaten** auf der Regierungsseite **intervenieren** und gegen die nicht-staatliche organisierte bewaffnete Gruppe(n) kämpfen, ist ausschliesslich das Recht des nicht-internationalen bewaffneten Konflikts anwendbar.[29] Intervenieren ein oder mehrere Drittstaaten auf der Seite der nicht-staatlichen organisierten bewaffneten Gruppe(n) und kämpfen gegen die staatliche Konfliktpartei, ist zwischen dem/den Drittstaat(en) und der staatlichen Konfliktpartei das Recht des internationalen bewaffneten Konflikts anwendbar; zwischen den/der nicht-staatlichen organisierten bewaffneten Gruppe(n) und der staatlichen Konfliktpartei ist dagegen das Recht des nicht-internationalen bewaffneten Konflikts anwendbar.[30] Anders zu beurteilen ist lediglich der Fall, in dem der Drittstaat Kontrolle über die nicht-staatliche bewaffnete Gruppe hat. Für den Fall, dass die Kontrolle global („overall control") ist, haben der Internationalen Gerichtshof für das ehemalige Jugoslawien und ihm folgend der IGStH zurecht angenommen, dass in einer solchen Situation ein internationaler bewaffneter Konflikt besteht und dementsprechend das Recht des internationalen bewaffneten Konflikts zwischen den beiden Staaten gilt.[31] Es liegt dann kein paralleler nicht-internationaler bewaffneter Konflikt mit der nicht-staatlichen bewaffneten Gruppe mehr vor.

Bezüglich des erforderlichen **funktionalen Zusammenhangs** zwischen der Tathandlung und dem internationalen bewaffneten oder nicht-internationalem bewaffneten Konflikts ist bei den Kriegsverbrechen des Einsatzes verbotener Methoden der Kriegführung der erforderliche Zusammenhang evident.[32]

II. Einzeltatbestände des Absatzes 1

1. Angriffe auf die Zivilbevölkerung und Zivilpersonen (Nr. 1). Soweit Abs. 1 Nr. 1 **internationale bewaffnete Konflikte** betrifft, basiert die Vorschrift auf Art. 8 Abs. 2 lit. b (i) IStGH-Statut und Art. 85 Abs. 3 lit. a des ersten Zusatzprotokolls zu den Genfer Abkommen sowie auf Völkergewohnheitsrecht.[33] Sie kriminalisiert Verstöße gegen Art. 51 Abs. 2 iVm Abs. 3 des ersten Zusatzprotokolls und gleich lautendes Völkergewohnheitsrecht.[34]

Für **nicht-internationale bewaffnete Konflikte** beruht die Vorschrift auf Art. 8 Abs. 2 lit. e (i) IStGH-Statut und Völkergewohnheitsrecht.[35] Sie pönalisiert Verstöße gegen Art. 13

---

[28] ICRC, 2016 Commentary on the First Geneva Convention, Art. 3 Rn. 477.
[29] *Greenwood* S. 192; *Schindler* S. 259–261; *Hess* S. 159–161; Der Generalbundesanwalt beim Bundesgerichtshof, Einstellungsvermerk, Ermittlungsverfahren gegen Oberst Klein und Hauptfeldwebel W. wegen Verdachts der Strafbarkeit nach dem VStGB und anderer Delikte – 3 BJs6/10-4 –, S. 42: http://www.generalbundesanwalt.de/docs/einstellungsvermerk20100416offen.pdf (abgerufen am 24.5.2017). Für eine Übersicht über die Vertreter der Lehre, dass das in den internationalen bewaffneten Konflikten anwendbare humanitäre Völkerrecht in seiner Gesamtheit zwischen allen Konfliktparteien anwendbar ist, siehe *Hess* S. 151; ICRC, 2016 Commentary on the First Geneva Convention, Art. 3, Rn. 403–404, 413 (für multinationale Streitkräfte).
[30] Prosecutor v. Lubanga Dyilo, ICC-01/04-01/06-803-tEN, para. 209. Prosecutor v. Lubanga Dyilo, ICC-01/04-01/06-T, para. 541, 565; Prosecutor v. Tadic, IT-94-1-A, para. 84; IGH, Nicaragua case, Urteil, 1986, para. 219; Sanremo Manual on the Law of Non-International Armed Conflict, 2006, Kommentar zu Sektion 1.1.1.
[31] Prosecutor v. Tadic, IT-94-1-A, 1999, para. 145; Prosecutor v. Lubanga Dyilo, ICC-01/04-01/06-803-tEN, para. 210–211; Prosecutor v. Lubanga Dyilo, ICC-01/04-01/06-T, para. 541. Der IGH sieht den „overall control"-Test als möglich an für die Beurteilung, ob eine Situation einen internationalen bewaffneten Konflikt darstellt, IGH, Application of the Genocide Convention case, 2007, para 404–406. ICRC, 2016 Commentary on the First Geneva Convention, Art. 2, Rn. 265 ff.; ibid Art. 3 Rn. 406 ff.
[32] BT-Drs. 14/8524, 25.
[33] Prosecutor v. Strugar, IT-01-42-T, para. 222 mwN; Prosecutor v. Galic, IT-98-29-T, para. 62; *Henckaerts/Doswald-Beck* S. 576.
[34] Prosecutor v. Kordic and Cerkez, IT-95-14/2-A, para. 48; Prosecutor v. Strugar, IT-01-42-T, para. 220 mwN; *Henckaerts/Doswald-Beck* S. 3.
[35] Prosecutor v. Strugar, IT-01-42-T, para. 222 mwN; *Henckaerts/Doswald-Beck* S. 591.

Abs. 2 iVm Abs. 3 des zweiten Zusatzprotokolls und gleich lautendes Völkergewohnheitsrecht.[36] Soweit nicht besonders hervorgehoben gelten die nachfolgenden Ausführungen gleichermaßen für internationale und nicht-internationale bewaffnete Konflikte.

28 a) **Allgemeines.** Das in Abs. 1 Nr. 1 definierte Verbrechen ist ein **Ausfluss des Unterscheidungsgrundsatzes,** wie er in Art. 48 des ersten Zusatzprotokolls zu den Genfer Abkommen niedergelegt ist („unterscheiden die Konfliktparteien jederzeit zwischen der Zivilbevölkerung und Kombattanten …; sie dürfen daher ihre Kampfhandlungen nur gegen militärische Ziele richten").[37] Die Vorschrift erfasst nur Angriffe, die **zielgerichtet gegen die Zivilbevölkerung oder einzelne Zivilpersonen** ausgeführt werden. Angriffe, die gegen Kombattanten oder andere militärische Ziele geführt werden und dabei zivile Begleitschäden (Kollateralschäden) verursachen, sind von diesem Tatbestand nicht erfasst.[38] Dies ergibt sich sowohl aus der Formulierung „gegen … richtet" als auch aus dem Zusatz „als solche" hinter „Zivilbevölkerung".[39] Angriffe gegen militärische Ziele, die zu zivilen Begleitschäden führen, sind nach Abs. 1 Nr. 3 zu beurteilen und nur dann strafbewehrt, wenn damit zu rechnen ist, dass sie unverhältnismäßig sind.[40]

29 Tathandlung des Abs. 1 Nr. 1 ist der zielgerichtete Angriff als solcher. Die Tatbestandsverwirklichung **setzt nicht voraus, dass Zivilisten tatsächlich verletzt oder getötet werden.** Eine Erfolgsqualifizierung enthält jedoch Abs. 2. Der deutsche Gesetzgeber folgt mit Abs. 1 Nr. 1 dem Ansatz des IStGH-Statuts, wie er in den Verbrechenselementen seinen Ausdruck gefunden hat.[41] Demgegenüber verlangen sowohl Art. 85 Abs. 3 des ersten Zusatzprotokolls als auch die Rechtsprechung des Internationalen Gerichtshofs für das ehemalige Jugoslawien,[42] dass die Tathandlung „den Tod oder eine schwere Beeinträchtigung der körperlichen Unversehrtheit oder der Gesundheit zur Folge haben" (Art. 85 Abs. 3).

30 b) **Mit militärischen Mitteln.** Anders als die bereits in § 8 Abs. 1 erfassten Tötungs- und Verletzungshandlungen gegen Zivilpersonen betrifft § 11 nur solche Angriffe, die mit militärischen Mitteln ausgeführt werden.[43] Unter Kampfmittel erfasst das Zusatzprotokoll I die eingesetzten Waffen.[44] Wichtig ist hierbei, dass darunter **nicht nur traditionelle konventionelle Waffen,** chemische, biologische und nukleare Waffen fallen, sondern auch moderne Mittel der Kriegführung wie zB Computer-Viren, -Würmer, Trojaner und ähnliche Mittel der Informationskriegführung gegen Computernetzwerke[45] sowie verschiedene Waffen, die oft (fälschlich) mit dem Begriff „nicht-letal" charakterisiert werden,[46] erfasst werden.

---

[36] Prosecutor v. Strugar, IT-01-42-T, para. 220 mwN; Prosecutor v. Karadzic IT-95-5/18-T, para. 449; *Henckaerts/Doswald-Beck* S. 3.
[37] Siehe auch Prosecutor v. Galic, IT-98-29-A, para. 191 f.; Prosecutor v. Kordic and Cerkez, IT-95-14/2-A, para. 54.
[38] BT-Drs. 14/8524, 33; *Rogers* S. 208; Prosecutor v. Katanga, ICC-01/04-01/07, Judgement, para. 802.
[39] *Solf* in Bothe/Partsch/Solf, Art. 51, S. 300; *Blix* BYIL 1978, 42. Zur Methodologie bei der Beweisbewertung Prosecutor v. Galic, IT-98-29-A, para. 193. Siehe auch *Fenrick* Duke Journal of Comparative and International Law 1997, 563 ff.
[40] Siehe Kommentierung zu Nr. 3, → Rn. 78 ff.
[41] *Dörmann,* Elements of War Crimes, S. 130; siehe auch *Dinstein* S. 144 f.; *Werle/Jessberger* Principles S. 477 mwN; Prosecutor v. Katanga, ICC-01/04-01/07, Judgement, para. 799; Prosecutor v. Katanga and Chui, ICC-01/04-01/07, Decision, Pre Trial Chamber, para. 270; Prosecutor v. Bahar Idriss Abu Garda, ICC-02/05-02/09, Decision on the Confirmation of Charges, para. 65.
[42] Prosecutor v. Prlic et al., IT-04-74-T, para. 191; Prosecutor v. Kordic and Cerkez, IT-95-14/2-A, para. 67; Prosecutor v. Strugar, IT-01-42-T, para. 280; Prosecutor v. Blaskic, IT-95-14-T, para. 180; Prosecutor v. D. Milosevic, IT-98-29/1, para. 950; Prosecutor v. Perisic, IT-04-81-T, para. 99; Prosecutor v. Karadzic IT-95-5/18-T, para. 455. Offen gelassen in Prosecutor v. Galic, IT-98-29-T, para. 43.
[43] Siehe auch Prosecutor v. Ntaganda, ICC-01/04-02/06, Decision on the Confirmation of Charges, Pre-Trail Chamber, para. 47, im Rahmen der Auslegung des Begriffs „Angriff".
[44] *Bretton* S. 36.
[45] Siehe zB *Schmitt* International Review of the Red Cross 2002, 377; *Dörmann,* Applicability of the Additional Protocols to Computer Network Attacks, http://www.icrc.org/eng/assets/files/other/applicabilityofihltocna.pdf (abgerufen am 24.5.2017); *Greenwood* S. 194 f.
[46] *Fidler* International Review of the Red Cross, 550; *Loye/Coupland* S. 61 f.

c) **Angriff.** Der Begriff des Angriffs hat im humanitären Völkerrecht eine spezifische 31
Bedeutung. Unter einem Angriff ist nach Art. 49 Abs. 1 Zusatzprotokoll I und entsprechendem Völkergewohnheitsrecht **"sowohl eine offensive als auch eine defensive Gewaltanwendung gegen den Gegner"** zu verstehen.[47] Die Bedeutung des Begriffs für das humanitäre Völkerrecht ist unabhängig von Bedeutungen, die ihm nach dem *ius ad bellum* zukommen. Für das humanitäre Völkerrecht und damit auch für die Delikte des § 11 ist es unerheblich, ob die Tathandlung von einem Täter ausgeführt wird, der auf Seiten eines Aggressors handelt oder auf Seiten eines Staates, der in Ausübung des Selbstverteidigungsrechts agiert. Im Gegensatz zu verschiedenen militärischen Handbüchern, die in einem Angriff nur einen offensiven Akt mit dem Ziel sehen, die feindlichen Streitkräfte zu zerstören oder Raum zu gewinnen,[48] ist die Definition des Zusatzprotokolls I mit der Ausdehnung **auch** auf **defensive Gewaltanwendungen** weitergehend. Unter Gewaltanwendung (*"act of violence"* im englischen Vertragstext) kann der Wortbedeutung nach jede Anwendung von Waffengewalt, also jeder Waffeneinsatz verstanden werden.[49] Ausgeschlossen sind dagegen Verhaltensweisen wie die Verbreitung von Propaganda, Embargos, nicht-physische Formen der psychologischen, politischen oder wirtschaftlichen Kriegführung.[50]

Unter den Begriff der Gewaltanwendung sollte dagegen auch der **Einsatz von nicht-** 32
kinetischen Kampfmitteln fallen, wie Computer-Viren, -Würmer, Trojaner und ähnliche Mittel der Informationskriegführung gegen Computernetzwerke, sofern sie über die Datenmanipulation hinaus zu weitergehenden Schäden führen (zB die Öffnung eines Fluttores eines Dammes, die zum Tod von Menschen in der überfluteten Gegend führt; hier kann es keinen Unterschied machen, ob die Wirkung auf den Damm durch eine Bombe oder durch Einwirken auf das Computernetzwerk erfolgt ist).[51] Bei der Definition eines Angriffes kommt es nicht auf die Art der eingesetzten Mittel an, sondern auf die zu erzielende Wirkung, selbst wenn diese indirekt ist. Es ist unstreitig, dass der Einsatz von biologischen, chemischen und radiologischen Agenzien aufgrund ihrer Wirkung gleichsam als Gewaltanwendung im Sinne der Angriffsdefinition zu verstehen ist.[52]

---

[47] Siehe auch Prosecutor v. Galic, IT-98-29-T, para. 52; Prosecutor v. Kordic and Cerkez, IT-95-14/2-A, para. 47; Prosecutor v. Strugar, IT-01-42-T, para. 282; Prosecutor v. D. Milosevic, IT-98-29/1-T, para. 943; Prosecutor v. Perisic, IT-04-81-T, para. 91; Prosecutor v. Prlic et al., IT-04-74-T, para. 184; Prosecutor v. Karadzic IT-95-5/18-T, para 451; Prosecutor v. Bahar Idriss Abu Garda, ICC-02/05-02/09, Decision on the Confirmation of Charges, para. 65; Prosecutor v. Katanga and Chui, ICC-01/04-01/07, Decision, Pre-Trial Chamber, para. 266; Prosecutor v. Katanga, ICC-01/04-01/07, Judgement, para. 798; Prosecutor v. Ntaganda, ICC-01/04-02/06, Decision on the Confirmation of Charges, Pre-Trail Chamber, para. 45; *Werle/Jessberger*, Principles, S. 477 mwN.

[48] *Pilloud/Pictet* in *Sandoz/Swinarski/Zimmermann* Art. 49 Rn. 1879; siehe auch *Eichen/Walz* NZWehr 1988, 201; Armed Forces and the Development of Law of War, Protocol Additional to the Geneva Conventions of 12.8.1949 and relating to the Protection of Victims of International Armed Conflicts, Comments by the German Section of the International Society for Military Law and the Law of War (Berichterstatter Rauch), RDPMDG 1982, S. 66.

[49] *Solf* in *Bothe/Partsch/Solf,* Art. 49, S. 289: gemeint ist die Anwendung von „physical force"; *Ipsen* ZaöRV 1978, 40, Fn. 108, sieht daher eine Übersetzung des englischen Begriffs „attack" mit Waffeneinsatz anstatt „Angriff" als treffender an.

[50] *Solf* in *Bothe/Partsch/Solf*, Art. 49, S. 289.

[51] Siehe *Schmitt*, International Review of the Red Cross 2002, 377 f.; *Dörmann*, Applicability of the Additional Protocols to Computer Network Attacks, http://www.icrc.org/eng/assets/files/other/applicabilityofihltocna.pdf (abgerufen am 24.5.2017); *Droege* (2012) 886 Int'l Rev Red Cross, S. 556 et seq.; *Boothby*, The Law of Targeting, S. 81, 384 ff.; umstritten ist dagegen, ob das Stilllegen einer Einrichtung wie zum Beispiel einer Fernsehstation, ohne dass Menschen physisch zu schaden kommen oder die Einrichtung zumindest teilweise zerstört wird, einen Angriff darstellt, bejahend *Dörmann* (aaO); *Dörmann*, Triffterer/Ambos, 31. Aufl., Art. 8 para. 186; IKRK, Bericht für die 31. Internationale Rotkreuz- und Rothalbmond-Konferenz, „International Humanitarian Law and the challenges of contemporary armed conflicts", 31IC/11/5.1.2, November 2011, S. 37: http://www.icrc.org/eng/assets/files/red-cross-crescent-movement/31st-international-conference-ihl-challenges-report-11-5-1-2-en.pdf (abgerufen am 24.5.2017); anders *Stein/Marauhn* ZaöRV, 2000, 35, *Schmitt* 381 f.

[52] ZB Prosecutor v. Tadic, IT-94-1-AR72, para. 120, 124 für chemische Waffen); *Boothby*, The Law of Targeting, S. 384; *Dörmann* in *Triffterer/Ambos,* 3. Aufl., Art. 8 para. 185.

33 Diese weite Begriffsbedeutung wird auch durch die **teleologische Auslegung** gedeckt. Das Vorliegen eines Angriffs ist Grundvoraussetzung für die Anwendung der meisten Vorschriften zum Schutz der Zivilbevölkerung und ziviler Objekte vor den Auswirkungen von Feindseligkeiten. Ein allgemeiner Schutz, wie er vor allem in Art. 51 Abs. 1 und Art. 52 Abs. 1 im Zusammenspiel mit Art. 48 des ersten Zusatzprotokolls gefordert wird, lässt sich aber nur dann realisieren, wenn die Definition des Angriffs möglichst weit gefasst wird. So erklärt sich, dass im Gegensatz zu den genannten Regelungen in militärischen Handbüchern die Begriffsbestimmung sowohl auf offensive als auch defensive Gewaltanwendungen ausgedehnt wurde, und damit Maßnahmen im Rahmen der eigenen Verteidigung ebenfalls erfasst werden.[53] In beiden Fällen ist die Gefährdungslage für die Zivilbevölkerung und zivile Objekte gleichermaßen gegeben.[54] Dem Ziel und Zweck der Vorschriften des Abschnittes im Zusatzprotokoll I, nämlich einen weitgehenden Schutz ziviler Objekte, der Zivilbevölkerung und einzelner Zivilpersonen vor den von Kriegshandlungen ausgehenden Gefahren sicherzustellen,[55] wird man nur mit der weiten Auslegung gerecht.

34 **d) Angriffsobjekt: die Zivilbevölkerung als solche oder einzelne Zivilpersonen.** Angriffsobjekt bzw. Ziel des Angriffs müssen die Zivilbevölkerung als solche oder einzelne Zivilpersonen sein.

35 **aa) Definition der Zivilbevölkerung.** Die Zivilbevölkerung ist spezifisch im ersten Zusatzprotokoll zu den Genfer Abkommen für **internationale bewaffnete Konflikte** definiert. Die Definition entspricht im Kern geltendem Völkergewohnheitsrecht.[56] Nach Art. 50 Abs. 2 des ersten Zusatzprotokolls umfasst die Zivilbevölkerung alle Zivilpersonen. Als Zivilperson ist jede Person anzusehen, „die keiner der in Art. 4 A Abs. 1, 2, 3 und 6 des III. Abkommens und in Art. 43 dieses Protokolls bezeichneten Kategorien angehört" (Art. 50 Abs. 1).[57] Folglich sind Angehörige der Streitkräfte oder eines organisierten bewaffneten Verbandes (Milizen und Freiwilligenkorps) einer Konfliktpartei bzw. Angehörige einer *levée en masse* keine Zivilpersonen.[58] Wie sich aus der allgemeinen Formulierung von Art. 50, aber auch spezifisch aus Art. 79 des ersten Zusatzprotokolls ergibt, sind **Journalisten** Zivilisten, selbst wenn sie in Gebieten eines bewaffneten Konfliktes gefährliche Aufgaben ausführen, wie bei einer Frontberichterstattung. Auch **humanitäres Hilfspersonal, ziviles Sanitäts- und Seelsorgepersonal, Personal von nationalen Rotkreuz- und Rothalbmond-Gesellschaften sowie vom IKRK** sind Zivilisten. Zivilisten, die die Streitkräfte begleiten, bleiben Zivilisten, auch wenn sie im Falle der Gefangennahme Kriegsgefangenen-Status genießen (solche Personen, die speziell in Art. 4 A Abs. 4 des Dritten Genfer Abkommens genannt sind, sind über Art. 50 nicht ausgeschlossen). In **Zweifelsfällen** ist davon auszugehen, dass die in Frage stehende Person eine Zivilperson ist (Art. 50 Abs. 1 S. 2).[59] Die Zivilbevölkerung[60] behält diese Eigenschaft auch dann,

---

[53] *Pilloud/Pictet* in *Sandoz/Swinarski/Zimmermann* Art. 49 Rn. 1880; *Eichen/Walz* NZWehrr 1988, 201; Armed Forces and the Development of Law of War (Berichterstatter *Rauch*), RDPMDG 1982, S. 66; *Oeter* in *Fleck*, Handbook, S. 176.
[54] *Pilloud/Pictet* in *Sandoz/Swinarski/Zimmermann*, Art. 49 Rn. 1880.
[55] *Ipsen* ZaöRV 1978, 39; *Fischer*, Methoden und Mittel, S. 163.
[56] *Henckaerts/Doswald-Beck* S. 17 f.; Prosecutor v. Kordic and Cerkez, IT-95-14/2-A, para. 97; Prosecutor v. Martic, IT-95-11-T, para. 69; Prosecutor v. D. Milosevic, IT-98-29/1-T, para. 945; Prosecutor v. Prlic et al., IT-04-74-T, para. 185.
[57] Prosecutor v. Kordic and Cerkez, IT-95-14/2-A, para. 48, 50; Prosecutor v. D. Milosevic, IT-98-29/1-T para. 945.
[58] Siehe auch Prosecutor v. Galic, IT-98-29-T, para. 47; Prosecutor v. Perisic, IT-04-81-T, para. 92.
[59] Siehe auch Prosecutor v. Galic, IT-98-29-T, para. 50; Prosecutor v. D. Milosevic, IT-98-29/1-T para. 946. Im Strafprozess, bei der Ermittlung des subjektiven Tatbestandes bedeutet dies nach der Rechtsprechung des Internationalen Strafgerichtshofs für das ehemalige Jugoslawien, dass die Anklage beweisen muss, dass „in the given circumstances a reasonable person could not have believed that the individual he or she attacked was a combatant", Prosecutor v. Galic, IT-98-29-T, para. 55; Prosecutor v. Perisic, IT-04-81-T, para. 101.
[60] In der Regel wird auf die Zivilbevölkerung des gesamten Landes abzustellen sein, der Begriff kann sich jedoch auch auf die Bewohner einer Stadt, eines Stadtteils, eines Wohnbezirkes oder auch eines Flüchtlingslagers beziehen, siehe *Dinstein* 1. Aufl. S. 114.

wenn sich in ihrer Mitte *einzelne* Personen befinden, die nicht Zivilpersonen sind (Art. 50 Abs. 3).[61]

Anders als im Fall von Art. 4 des Vierten Genfer Abkommens ist die **Nationalität der** 36 **Zivilpersonen irrelevant,** auch eigene Staatsanghörige sind geschützt. Dies ergibt sich implizit aus Art. 49 Abs. 2 des ersten Zusatzprotokolls.

Die Sachlage ist im **Recht des nicht-internationalen bewaffneten Konflikts** weniger 37 klar als im Recht des internationalen bewaffneten Konflikts, da sich im Vertragsrecht keine dem Art. 50 vergleichbare Regelung findet. Es besteht kein Zweifel daran, dass Angehörige der Regierungsstreitkräfte nicht als Zivilisten angesehen werden. Unklarer ist die Sachlage bei den **Angehörigen bewaffneter Gruppen der nicht-staatlichen Konfliktpartei.**[62] Vereinzelt wird die Auffassung vertreten, dass auch sie als Zivilisten angesehen werden müssen, gleichzeitig aber den Schutz gegen direkte Angriffe für die Zeit ihrer unmittelbaren Teilnahme an den Feindseligkeiten verlieren.[63] Zumeist wird jedoch die Auffassung vertreten, dass Angehörige bewaffneter Gruppen der nicht-staatlichen Konfliktpartei, zumindest solche die fortgesetzt kombattante Funktionen wahrnehmen, ähnlich wie Angehörige der Regierungsstreitkräfte nicht als Zivilisten anzusehen sehen sind. Nach dieser Auffassung genießen sie auf Grund der Regeln des humanitären Völkerrechts keinen Schutz gegen direkte Angriffe und können auch dann angegriffen werden, wenn sie gerade nicht an Feindseligkeiten teilnehmen.[64] Angriffe, die nach anderen Vorschriften des humanitären Völkerrechts verboten sind, wie Angriffe auf eine Person, die sich ergibt oder sich außer Gefecht befindet, oder Angriffe mit verbotenen Waffen bleiben davon unberührt.[65]

bb) Temporärer Schutzverlust bei unmittelbarer Teilnahme. Der **Schutz von** 38 **Zivilisten** gegen direkte Angriffe ist **grundsätzlich absolut,** und es darf von diesem auch aus allgemeinen Erwägungen militärischer Notwendigkeit nicht abgewichen werden.[66] Eine einzige spezifische Ausnahme sieht das humanitäre Völkerrecht im Vertrags- und Gewohnheitsrecht[67] vor, die auch in § 11 Abs. 1 Nr. 1 ihren Niederschlag gefunden hat. Zivilisten

---

[61] Weiterführend siehe *Solf* in *Bothe/Partsch/Solf*, Art. 50, S. 297; siehe auch Prosecutor v. Galic, IT-98-29-A, para. 136 f. mwN; Prosecutor v. Kordic and Cerkez, IT-95-14/2-A, para. 50; Prosecutor v. Strugar, IT-01-42-T, para. 282; Prosecutor v. Perisic, IT-04-81-T, para. 94; Prosecutor v. Prlic et al., IT-04-74-T, para. 187 f.

[62] *Henckaerts/Doswald-Beck* S. 19 und 21.

[63] ZB *Gasser* S. 164.

[64] Siehe IKRK, Interpretationsanleitung, S. 27–36: http://www.icrc.org/eng/assets/files/other/icrc-002-0990.pdf (abgerufen am 24.5.2017); IKRK, „Internatitional Humanitarian Law and the challenges of contemporary armed conflicts" 32K/15/11, Oktober 2015, S. 43: https://www.icrc.org/en/document/international-humanitarian-law-and-challenges-contemporary-armed-conflicts (abgerufen am 25.9.2017); *Melzer* S. 316–7, 321, 323–8; ZDv 15/2, Humanitäres Völkerrecht in bewaffneten Konflikten, para. 1308; Der Generalbundesanwalt beim Bundesgerichtshof, Einstellungsvermerk, Ermittlungsverfahren gegen Oberst Klein und Hauptfeldwebel W. – 3 BJs6/10–4 –, S. 47–48; Der Generalbundesanwalt beim Bundesgerichtshof, Drohneneinsatz vom 4. Oktober 2010 in Mir Ali/Pakistan, Verfügung vom 20. Juni 2013 – 3 BJs 7/12-4 -, S. 24, http://www.generalbundesanwalt.de/docs/drohneneinsatz_vom_04oktober2010_mir_ali_pakistan.pdf (abgerufen am 24.5.2017); Prosecutor v. Katanga, ICC-01/04-01/07, Judgement, para. 801.

[65] Dies gilt unbeschadet weitergehender Einschränkungen, die sich aus den Menschenrechten oder nationalem Recht ergeben, IKRK Interpretationsanleitung, S. 77–82: http://www.icrc.org/eng/assets/files/other/icrc-002-0990.pdf (abgerufen am 24.5.2017). Siehe auch Israel, The Supreme Court Sitting as the High Court of Justice, The Public Committee against Torture in Israel and others v. The Government of Israel and others, 13 December 2006, HCJ 769/02, paras. 40 f.

[66] Verfehlt war insoweit die erstinstanzliche Spruchpraxis einzelner Kammern des Internationalen Gerichtshofs für das ehemalige Jugoslawien, Prosecutor v. Blaskic, IT-95-14-T, para. 180; Prosecutor v. Kordic and Cerkez, IT-95-14/2-T, para. 328. Diese Rechtsprechung wurde jedoch inzwischen zu Recht korrigiert, Berufungskammer in Prosecutor v. Blaskic, IT-95-14-A, para. 109; Prosecutor v. Kordic and Cerkez, IT-95-14/2-A, para. 54 wie im Corrigendum vom 26.1.2005 klargestellt; Prosecutor v. Galic, IT-98-29-A, para. 130; Prosecutor v. Galic, IT-98-29-T, para. 44; Prosecutor v. Strugar, IT-01-42-T, para. 280; Prosecutor v. D. Milosevic, IT-98-29/1, para. 944; Prosecutor v. Perisic, IT-04-81-T, para. 96; Prosecutor v. Katanga, ICC-01/04-01/07, Judgement, para. 800.

[67] Siehe Abs. 3 des ersten und Art. 13 Abs. 3 des zweiten Zusatzprotokolls zu den Genfer Abkommen; zur gewohnheitsrechtlichen Geltung: *Henckaerts/Doswald-Beck* S. 19–24; Israel, The Supreme Court Sitting as the High Court of Justice, The Public Committee against Torture in Israel and others v. The Government of Israel and others, 13 December 2006, HCJ 769/02, paras. 23, 29–30 und 41–43.

genießen nur solange den Schutz gegen direkte Angriffe, wie sie nicht unmittelbar an Feindseligkeiten teilnehmen.[68]

39 Der Begriff der **unmittelbaren Teilnahme an Feindseligkeiten** ist nicht näher definiert, auch die Staatenpraxis weist gewisse Grauzonen auf. Angesichts dieser Unklarheiten in Randbereichen hat das IKRK im Jahre 2009 nach Abschluss eines sechsjährigen Expertenprozesses eine Interpretationsanleitung veröffentlicht.[69] Mit dieser Veröffentlichung ist die internationale Debatte nicht beendet. Verschiedene Teilaspekte der Interpretationsanleitung werden weiter kontrovers diskutiert, einigen ist das IKRK in seiner Interpretation an einigen Stellen nicht weit genug gegangen, anderen zu weit.[70] Die Interpretationsanleitung ist jedoch gegenwärtig die einzige Darstellung, die das Konzept der „unmittelbaren Teilnahme an Feindseligkeiten" in seiner Gesamtheit erfasst. Vor diesem Hintergrund werden hier nur einige grobe Linien nachgezeichnet.

40 Unter direkter Teilnahme an Feindseligkeiten sind **unstreitig „acts of war which by their nature or purpose are likely to cause actual harm to the personnel and equipment of the enemy armed forces"** zu verstehen. Dieser Test, der schon im IKRK-Kommentar zu den Zusatzprotokollen zu den Genfer Abkommen vertreten wurde, wird auch in der Rechtsprechung des Jugoslawiengerichtshofes zugrunde gelegt,[71] ist aber wohl etwas zu eng (er würde zB [völkerrechtswidrige] Angriffe gegen die Zivilbevölkerung oder zivile Objekte nicht erfassen).[72] Drei Elemente sind nach der IKRK-Interpretationsanleitung in jedem Fall zu untersuchen, die Art und Schwere des Schadens („threshold of harm"), direkte Kausalität („direkt causation") und Nexus zu den Kampfhandlungen („belligerent nexus").[73] Wenn eine Zivilperson ein eingangs beschriebenes Verhalten zeigt (zB Tötung oder Verletzung gegnerischer Kombatanten, Zerstörung oder Beschädigung gegnerischer Militäreinrichtungen, Weitergabe taktischer Informationen zur Durchführung eines Angriffs, Transport von Waffen zur Frontlinie[74]) und der entsprechende Nexus gegeben ist, darf ein Angriff auch gegen eine solche Zivilperson erfolgen. Verboten ist er dagegen unstreitig dann, wenn die betreffende Person lediglich einen allgemeinen Beitrag zu den Kriegsanstrengungen leistet (zB die Versorgung von Angehörigen der Streitkräfte mit Nah-

---

[68] Prosecutor v. Galic, IT-98-29-T, para. 48 mwN. Der Verlust des Schutzes hat nur Bedeutung für die Kampfführungsregeln, nicht dagegen für die Definition geschützter Personen im Sinne des Vierten Genfer Abkommens. Direkte Teilnahme an Feindseligkeiten ist anders als zum Teil behauptet kein Ausschlussgrund, siehe auch Art. 45 Abs. 3 des ersten Zusatzprotokolls; *Dörmann* International Review of the Red Cross 2003, 50.

[69] Siehe IKRK Interpretationsanleitung http://www.icrc.org/eng/assets/files/other/icrc-002-0990.pdf (abgerufen am 24.5.2017).

[70] Siehe IKRK, „Internatitional Humanitarian Law and the challenges of contemporary armed conflicts", Oktober 2015, S. 44: https://www.icrc.org/en/document/international-humanitarian-law-and-challenges-contemporary-armed-conflicts (abgerufen am 25.9.2017); *Michael N. Schmitt*, ‚The Interpretive Guidance on the Notion of Direct Participation in Hostilities: A Critical Analysis', Harvard National Security Journal, Vol. 1, 2010, S. 5–44; *Lubell*, Extraterritorial Use of Force against Non-State Actors (2010), S. 140–143, 147–155; Report of the Special Rapporteur on Extra-Judicial, Summary or Arbitrary Executions, Philip Alston, Study on targeted killings, UN Doc. A/HRC/14/24/Add.6, 28. Mai 2010, S. 19–21; and 'Forum: The ICRC Interpretive Guidance on the Notion of Direct Participation in Hostilities Under International Humanitarian Law', N.Y.U. Journal of International Law and Politics, Vol. 42, 2009–2010, S. 637–916.

[71] *Pilloud/Pictet* in *Sandoz/Swinarski/Zimmermann* Art. 51 Rn. 1944; Prosecutor v. D. Milosevic, IT-98-29/1-T, para. 947; Prosecutor v. Perisic, IT-04-81-T, para. 93; Prosecutor v. Karadzic IT-95-5/18-T, para. 452.

[72] IKRK-Interpretationsanleitung, S. 49–50: http://www.icrc.org/eng/assets/files/other/icrc-002-0990.pdf (abgerufen am 24.5.2017).

[73] Die IKRK-Interpretationsanleitung identifiziert daher drei kumulative Voraussetzungen, die von der großen Mehrzahl der konsultierten Experten mitgetragen wurde: *(1) „The act must be likely to adversely affect the military operations or military capacity of a party to an armed conflict or, alternatively, to inflict death, injury, or destruction on persons or objects protected against direct attack (threshold of harm), and (2) there must be a direct causal link between the act and the harm likely to result either from that act, or from a coordinated military operation of which that act constitutes an integral part (direct causation), and (3) the act must be specifically designed to directly cause the required threshold of harm in support of a party to the conflict and to the detriment of another (belligerent nexus). ",* S. 46–64: http://www.icrc.org/eng/assets/files/other/icrc-002-0990.pdf (abgerufen am 24.5.2017). Siehe auch *Gasser/Dörmann* in *Fleck,* Handbook, S. 255 f.

[74] Siehe auch ZDv 15/2, Humanitäres Völkerrecht in bewaffneten Konflikten, para. 518.

rungsmitteln, Arbeit in Waffen- oder anderen militärischen Fabriken, Verkauf von Waren an eine Konfliktpartei, Finanzierung einer Konfliktpartei, Sympathisierung mit einer Konfliktpartei).[75] Eine Zivilperson, die Vorbereitungshandlungen zur Ausführung einer feindseligen Handlung trifft oder die sich auf dem Weg zum bzw. auf der Rückkehr vom Ausführungsort der feindseligen Handlung befindet, darf während dieser Zeit auch angegriffen werden.[76]

Ein häufiger Streitpunkt ist, wie **freiwillige menschliche Schutzschilde** zu bewerten sind, dh Zivilpersonen, die sich freiwillig zu einem militärischen Ziel begeben, um einen Angriff zu verhindern. Sind sie als direkte Teilnehmer an Feindseligkeiten anzusehen,[77] oder bleiben sie als Zivilisten gegen direkte Angriffe geschützt und stellen dementsprechend auch einen zu berücksichtigenden Kollateralschaden bei einem Angriff auf ein militärisches Ziel dar?[78] Am sachgerechtesten erscheint folgende Differenzierung zu sein: sofern die Schutzschilde ein physisches Ziel darstellen und dadurch eine militärische Operation tatsächlich unmöglich machen wollen (zB Blockade einer Brücke, um sie für herannahende Panzer zu sperren), wird man von einer direkten Teilnahme ausgehen können. Wenn sie sich jedoch lediglich bei einem militärischem Ziel aufhalten, zB einem Haus, in dem sich ein militärischer Führer befindet und das aus der Luft angegriffen werden soll, wird dies nicht als direkte Teilnahme an den Feindseligkeiten zu werten sein. In diesem Fall können sie nicht direkt angegriffen werden.[79] Ihr Tod oder ihre Verletzung bei Gelegenheit eines Angriffs auf das eigentliche militärische Ziel wird in der Regel kein unverhältnismäßiger Begleitschaden sein, sofern das militärische Ziel eine große militärische Bedeutung hat.[80] **Unfreiwillige menschliche Schutzschilde** nehmen nicht direkt an Feindseligkeiten teil.[81]

Auch wenn die Formulierung des VStGB auf der Basis des IStGH-Statuts von der Formulierung des Art. 51 Abs. 3 Zusatzprotokoll I „sofern und solange sie nicht ... teilnehmen" abweicht, sollte letztere Formulierung zum Maßstab genommen werden. Sie ist nicht nur für die Vertragsstaaten der Zusatzprotokolle verbindlich, sondern spiegelt, wie zuletzt vom Israelischen High Court angenommen, Völkergewohnheitsrecht wider.[82] Aus der Formulierung „solange sie ... teilnehmen" ist zu folgern, dass Zivilpersonen wieder gegen direkte Angriffe **geschützt sind, sobald ihre unmittelbare Teilnahme an den Feindseligkeiten beendet ist.**[83]

2. Angriffe auf zivile Objekte (Nr. 2). In dieser Vorschrift fasst das VStGB im IStGH-Statut an unterschiedlichen Stellen behandelte Vorschriften unter dem Oberbegriff des

---

[75] Prosecutor v. Strugar, IT-01-42-A, para. 176 f.; Prosecutor v. D. Milosevic, IT-98-29/1-T, para. 947; *Dinstein* S. 179; *Werle/Jessberger* Principles S. 480–481 mwN; *Solf* in *Bothe/Partsch/Solf* Art. 51, S. 303; *Ambos*, ICL Treatise II (2014), S. 156–157 mwN.

[76] IKRK-Interpretationsanleitung, S. 65–68: http://www.icrc.org/eng/assets/files/other/icrc-002-0990.pdf (abgerufen am 24.5.2017); *Solf* in *Bothe/Partsch/Solf*, Art. 51, S. 303.

[77] So ua *Dinstein* S. 183 f. allerdings nuancierter als in Vorauflage; *Schmitt* International Review of the Red Cross, 2005, S. 459.

[78] Eine Übersicht über die verschiedenen Meinungen findet sich bei *Sassòli* FS Bothe, 2008, 571 f.; *Boothby*, The Law of Targeting, S. 138 f.; *Pocar/Pedrazzi*, The Involvement of the Civilian Population in Hostilities, S. 2.

[79] Siehe zB die IKRK-Interpretationsanleitung, S. 56–57: http://www.icrc.org/eng/assets/files/other/icrc-002-0990.pdf (abgerufen am 24.5.2012); *Sassòli* FS Bothe, 2008, 571 f.; siehe ebenfalls UK Ministry of Defense, Manual, S. 67 f.

[80] *Sassòli* FS Bothe, 2008, 576 f.; siehe auch *Boothby*, The Law of Targeting, S. 138 f.; *Pilloud/Pictet* in *Sandoz/Swinarski/Zimmermann* Art. 51, Rn. 1989 f.; weiter gehend Department of Defense, Law of War Manual, S. 244 f., im Rahmen der Diskussion über Angriffe mit exzessivem zivilen Begleitschäden, sind freiwillige menschliche Schutzschilde nicht zu berücksichtigen, es wird allerdings auch festgestellt, dem Gedanken des Art. 51 Abs. 8 des ersten Zusatzprotokolls folgend, dass praktisch mögliche Vorsichtsmassnahmen ergriffen werden müssen.

[81] *Schmitt* International Review of the Red Cross 2005, 459; *Boothby*, The Law of Targeting, S. 139.

[82] Israel, The Supreme Court Sitting as the High Court of Justice, The Public Committee against Torture in Israel and others v. The Government of Israel and others, 13 December 2006, HCJ 769/02, paras. 23, 29–30 and 41–43; aA zB *Parks* 32 A. F. L. Rev. 1990, 118.

[83] *Gasser/Dörmann* in *Fleck*, Handbook, S. 255; IKRK-Interpretationsanleitung, S. 70–73: http://www.icrc.org/eng/assets/files/other/icrc-002-0990.pdf (abgerufen am 24.5.2017).

Angriffs auf zivile Objekte zusammen und erweitert sie um Vorgaben aus dem ersten Zusatzprotokoll zu den Genfer Abkommen. Soweit § 11 Abs. 1 Nr. 2 VStGB **internationale bewaffnete Konflikte** betrifft, basiert die Vorschrift auf Art. 8 Abs. 2 lit. b) (ii), (v), (ix) IStGH-Statut und Art. 85 Abs. 3 lit. d, 4 lit. d des ersten Zusatzprotokolls zu den Genfer Abkommen sowie auf Völkergewohnheitsrecht.[84] Sie kriminalisiert Verstöße gegen Art. 52 Abs. 1 (zivile Objekte im Allgemeinen), 56 (Anlagen und Einrichtungen, die gefährliche Kräfte enthalten), 59 (unverteidigte Orte) und 60 (entmilitarisierte Zonen) des ersten Zusatzprotokolls; Art. 25 (unverteidigte Städte, Dörfer, Wohnstätten oder Gebäude), 27 und 56 (Gebäude, die dem Gottesdienst, der Erziehung, der Kunst, der Wissenschaft oder der Wohltätigkeit gewidmet sind, geschichtliche Denkmäler, Krankenhäuser und Sammelplätze für Kranke und Verwundete) der Haager Landkriegsordnung; verschiedene Vorschriften der Genfer Abkommen und des Zusatzprotokolls I zum Schutz von Krankenhäusern und Sammelplätzen für Kranke und Verwundete sowie gegen entsprechendes Völkergewohnheitsrecht. Art. 15 des Zweiten Protokolls von 1999 zur Haager Kulturgutschutzkonvention von 1954 ist ebenfalls von Bedeutung.

43 Für **nicht-internationale bewaffnete Konflikte** beruht die Vorschrift auf Art. 8 Abs. 2 lit. e) (ix), (xii) IStGH-Statut und Völkergewohnheitsrecht.[85] Sie pönalisiert Verstöße gegen verschiedene Vorschriften des Völkergewohnheitsrechts, die dem Schutz der einzelnen unter dem Oberbegriff „zivile Objekte" zusammengeführten Objekte dienen, sowie spezifisch für Anlagen und Einrichtungen, die gefährliche Kräfte enthalten, Art. 15 Abs. 1 des zweiten Zusatzprotokolls zu den Genfer Abkommen. Soweit nicht besonders hervorgehoben, gelten die nachfolgenden Ausführungen gleichermaßen für internationale und nicht-internationale bewaffnete Konflikte.

44 **a) Allgemeines.** Das in Abs. 1 Nr. 2 definierte Verbrechen ist, wie das der Nr. 1, ein **Ausfluss des Unterscheidungsgrundsatzes,** wie er in Art. 48 des ersten Zusatzprotokolls zu den Genfer Abkommen niedergelegt ist („unterscheiden die Konfliktparteien jederzeit ... zwischen zivilen Objekten und militärischen Zielen; sie dürfen daher ihre Kampfhandlungen nur gegen militärische Ziele richten"). Die Vorschrift erfasst nur **Angriffe, die zielgerichtet gegen zivile Objekte ausgeführt werden.** Angriffe, die gegen Kombattanten oder andere militärische Ziele geführt werden und dabei Kollateralschäden an zivilen Objekten verursachen, sind von diesem Tatbestand nicht erfasst.[86] Dies ergibt sich aus der Formulierung „gegen ... richtet".[87] Angriffe gegen militärische Ziele, die zu zivilen Begleitschäden führen, sind nach Abs. 1 Nr. 3 zu beurteilen und nur dann strafbewehrt, wenn damit zu rechnen ist, dass die Begleitschäden unverhältnismäßig sind.

45 Tathandlung ist der mit militärischen Mitteln ausgeführte zielgerichtete Angriff als solcher.[88] Die Tatbestandsverwirklichung **setzt nicht voraus, dass zivile Objekte tatsächlich zerstört oder beschädigt werden.** Eine Erfolgsqualifizierung für den Fall, dass Zivilpersonen oder andere vom humanitären Völkerrecht geschützte Personen zu Schaden kommen, enthält jedoch Abs. 2. Der deutsche Gesetzgeber folgt mit Abs. 1 Nr. 2 dem Ansatz des IStGH-Statuts, wie er in den Verbrechenselementen seinen Ausdruck gefunden hat.[89] Demgegenüber verlangen sowohl Art. 85 Abs. 4 lit. d des ersten Zusatzprotokolls als auch die Rechtsprechung des Internationalen Gerichtshofs für das ehemalige Jugoslawien,[90] dass die Tathandlung zu „weitgehende(n) Zerstörungen" führt.[91]

---

[84] Prosecutor v. Strugar, IT-01-42-T, para. 226 mwN (für zivile Objekte im Allgemeinen), siehe auch para. 229 f., 233; *Henckaerts/Doswald-Beck* S. 19 f.
[85] Prosecutor v. Strugar, IT-01-42-T, para. 224; *Henckaerts/Doswald-Beck* S. 597 f.
[86] BT-Drs. 14/8524, 33; *Rogers* RDPMDG 1982, 208; UK Ministry of Defense, Manual, S. 55; *Boothby*, The Law of Targeting, S. 99.
[87] *Solf* in Bothe/Partsch/Solf, Art. 51, S. 300; *Blix* BYIL 1978, 42.
[88] Zu den Begriffen „mit militärischen Mitteln" und „Angriff" → Rn. 30, 31.
[89] *Dörmann*, Elements of War Crimes, S. 148; *Werle/Jessberger* Principles S. 486.
[90] Prosecutor v. Kordic and Cerkez, IT-95-14/2-A, para. 67; Prosecutor v. Blaskic, IT-95-14-T, para. 180; Prosecutor v. Strugar, IT-01-42-T, para. 280.
[91] Prosecutor v. Kordic and Cerkez, IT-95-14/2-A, para. 67; Prosecutor v. Kordic and Cerkez, IT-95-14/2-T, para. 328; siehe aber in Prosecutor v. Blaskic, IT-95-14-T, para. 180: „damage to civilian property".

b) Abgrenzung zivile Objekte/militärische Ziele. Der Tatbestand des Abs. 1 Nr. 2 46
ist nur dann erfüllt, wenn der Angriff gegen zivile Objekte gerichtet ist und solange diese
durch das humanitäre Völkerrecht als solche geschützt sind. **Zivile Objekte werden im
humanitären Völkerrecht negativ als solche Objekte beschrieben, die nicht militärische Ziele sind.** Dies entspricht dem Vertragsrecht (zB Art. 52 Abs. 1 S. 2 des ersten
Zusatzprotokolls zu den Genfer Abkommen) und auch dem Völkergewohnheitsrecht.[92] Der
Schutz des humanitären Völkerrechts endet daher grundsätzlich dann, wenn ein Objekt ein
militärisches Ziel darstellt. Eine Handlung ist demnach nur dann tatbestandsmäßig im Sinne
von Abs. 1 Nr. 2, wenn sie gegen ein Objekt gerichtet ist, das nicht die Voraussetzungen
eines militärischen Ziels erfüllt. Nach Völkervertrags-[93] und Völkergewohnheitsrecht[94] gelten als militärisches Ziele, *„soweit es sich um Objekte handelt, ... nur solche Objekte, die auf
Grund ihrer Beschaffenheit, ihres Standorts, ihrer Zweckbestimmung oder ihrer Verwendung wirksam
zu militärischen Handlungen beitragen und deren gänzliche oder teilweise Zerstörung, Inbesitznahme
oder Neutralisierung unter den in dem betreffenden Zeitpunkt gegebenen Umständen einen eindeutigen
militärischen Vorteil darstellt"*.

Vor dem Hintergrund, dass Abs. 1 Nr. 2 unter dem Begriff ziviles Objekt verschiedene 47
Objekte beispielhaft zusammenfasst und diese speziell nennt, ist zu berücksichtigen, dass
bei einigen dieser Objekte zum Teil weitere Voraussetzungen erfüllt sein müssen, bevor sie
ihren Schutz gegen direkte Angriffe verlieren.[95] Diese Voraussetzungen werden im Folgenden dargestellt.[96] Zunächst sind aber Erläuterungen zum Begriff des militärischen Ziels
erforderlich.

Ein Objekt ist nur dann ein militärisches Ziel, wenn es die in Art. 52 Abs. 2 des ersten 48
Zusatzprotokolls zu den Genfer Abkommen genannten spezifischen Merkmale aufweist.

Die Definition des **militärischen Ziels** beruht auf einem **zweistufigen Test:** 49
– Die Objekte müssen durch ihre Beschaffenheit, ihren Standort, ihre Zweckbestimmung
 oder ihre Verwendung wirksam zu militärischen Handlungen beitragen und
– ihre gänzliche oder teilweise Zerstörung, Inbesitznahme oder Neutralisierung muss unter
 den in dem betreffenden Zeitpunkt gegebenen Umständen einen eindeutigen militärischen Vorteil darstellen

Beide Voraussetzungen müssen **kumulativ** erfüllt sein.[97] 50

Zu den verschieden Problemen bei der Anwendung dieses Tests gibt es reichhaltige 51
Spezialliteratur,[98] die in diesem Kommentar nicht insgesamt zusammen gefasst werden kann.
Es werden daher nur einige wichtige Gesichtspunkte herausgestellt.

aa) Objekt. Unter einem Objekt versteht man der Wortbedeutung nach **etwas Gegen-** 52
ständliches.[99] Dass unter den Begriff „militärisches Ziel" nicht auch ein bloßes Operations-

---

[92] *Henckaerts/Doswald-Beck* S. 32–34.
[93] ZB Art. 52 Abs. 2 des ersten Zusatzprotokolls zu den Genfer Abkommen.
[94] *Henckaerts/Doswald-Beck* S. 29–32; *Boothby*, The Law of Targeting, S. 101; Prosecutor v. Bahar Idriss Abu Garda, ICC-02/05-02/09 Decision on the Confirmation of Charges, para. 85–88.
[95] BT-Drs. 14/8524, 33: „Für die Entscheidung, in welchen Fällen dieser Schutz entfällt und eines der genannten Objekte ein zulässiges militärisches Ziel ist, kann auf die gewohnheitsrechtlich geltende Definition des Art. 52 des Zusatzprotokolls I zurückgegriffen werden. Diese wird durch andere vom humanitären Völkerrecht geschaffenen Voraussetzungen ergänzt."
[96] → Rn. 60 ff.
[97] *Pilloud/Pictet* in *Sandoz/Swinarski/Zimmermann* Art. 52 Rn. 2018; *Sassòli/Cameron* S. 48; *Werle/Jessberger* Principles S. 486; *Aldrich* International Law Forum 1999, 149; UK Ministry of Defense, Manual, S. 55 ff. ausdrücklich auch für das Kriterium der „Beschaffenheit", ebenso *Boothby*, The Law of Targeting, S. 103 mit Hinweisen auf abweichende Meinung.
[98] ZB *Oeter* in *Fleck*, Handbook, 168 ff., *Solf* in *Bothe/Partsch/Solf*, Art. 52, S. 323 ff.; *Pilloud/Pictet* in *Sandoz/Swinarski/Zimmermann* Art. 52 Rn. 2018 ff.; *Sassòli/Cameron* S. 35 ff.; *Dinstein* S. 102 ff.; Boothby, The Law of Targeting, 98 ff.
[99] *Sassòli/Cameron* S. 48; *Sassòli* S. 185 mwN. Siehe auch *Oeter* in *Fleck*, Handbook, S. 169 ff. Zur Frage, ob Computerdaten Objekte sein können siehe Tallinn Manual on the International Law Applicable to Cyber Warfare, 2. Aufl. S. 416; *Schmitt*, Israel Law Review, S. 81 ff.; IKRK, Bericht für die 32. Internationale Rotkreuz- und Rothalbmond-Konferenz, „International Humanitarian Law and the challenges of contemporary armed conflicts", 32IC/15/11, Oktober 2015, S. 43: https://www.icrc.org/en/document/international-humanitarian-law-and-challenges-contemporary-armed-conflicts (abgerufen am 24.5.2017).

ziel fällt, ergibt sich schon daraus, dass ein Objekt im Sinne des Art. 52 Abs. 2 mit den Merkmalen der Beschaffenheit, des Standortes, der Zweckbestimmung und Verwendung näher beschrieben wird. Der Begriff „Objekt" erfasst daher keine – nichtgegenständlichen – Operationsziele.

53 **bb) Beitrag zu militärischen Handlungen.** Das betreffende Objekt muss „auf Grund seiner Beschaffenheit, seines Standorts, seiner Zweckbestimmung oder seiner Verwendung wirksam zu militärischen Handlungen" beitragen. Die Begriffe **„Beschaffenheit, Standort, Zweckbestimmung oder Verwendung"** beschreiben die spezielle Qualifizierung, die einem Objekt aus militärischer Sicht zukommt.[100] Der Begriff **„militärische Handlungen"** umfasst jedenfalls jeden offensiven oder defensiven militärischen Einsatz.[101] Einen **Beitrag zu militärischen Handlungen** können daher Gegenstände leisten, die unmittelbar im Kampfgeschehen eingesetzt werden oder die für administrative und logistische Unterstützung von militärischen Operationen von Bedeutung sind.[102] Mit dem Adjektiv **„wirksam"** wird dabei deutlich gemacht, dass nicht in jedem Fall eine direkte Verbindung mit den Kampfhandlungen bestehen muss. Auch ein indirekter Beitrag kann unter engen Voraussetzungen gleichsam wirksam sein.[103] Die Definition des militärischen Ziels erfasst zunächst solche Objekte, die aus der Natur der Sache militärisch sind, wie zB Panzer, Militärflugzeuge, Geschütze, Militärflugplätze oder Stellungen. Hierbei handelt es sich um Objekte, die direkt von den Streitkräften genutzt werden und daher auf Grund ihrer Beschaffenheit zu militärischen Handlungen beitragen.[104] Darüber hinaus ist aber auch an sonstige Objekte zu denken, die durch den Gebrauch („Verwendung"), der gegenwärtig von ihnen gemacht wird, oder ihre Lage („Standort") im konkreten Fall[105] einen effektiven Beitrag zur militärischen Aktion leisten. Der Begriff der „Zweckbestimmung" erfasst eine vorgesehene zukünftige militärische Nutzung, für die aber konkrete Anhaltspunkte vorliegen müssen, ein unbestimmter Verdacht reicht dazu nicht aus.[106] Wenn der Beitrag zu militärischen Handlungen durch Verwendung, Lage oder Zweckbestimmung entfällt, lebt der Schutz des Objekts als ziviles, vor direkten Angriffen geschütztes Objekt wieder auf.[107]

54 Nach der Definition des Art. 52 Abs. 2 können so auch eigentlich zivile Objekte, wie die in Abs. 1 Nr. 2 beispielhaft genannten, unter bestimmten Umständen zu militärischen Objekten werden.[108] In diesen Fällen tragen sie auf Grund ihrer anderen (dh nicht mehr zivilen) gegenwärtigen und in engen Grenzen zukünftigen Nutzung zu militärischen Operationen bei.[109] Dies kann zB der Fall sein, wenn Kämpfe in einer Stadt stattfinden, die Haus

---

[100] *Rauch* German Yearbook of International Law 1981, 274; *Oeter* in *Fleck,* Handbook, S. 169 f.
[101] *Meyrowitz* ZaöRV 1981, 36.
[102] Siehe die Kommentierung zum insoweit wortgleichen Art. 52 ZP I von *Solf* in *Bothe/Partsch/Solf,* Art. 52, S. 324; auch San Remo Manual on International Law Applicable to Armed Conflicts at Sea, S. 117. Weiter gehend für die USA Department of Defense, Law of War Manual, S. 210, demnach erstreckt sich der Begriff des militärischen Ziels auch auf Objekte erstrecken, die ‚war-sustaining' Zwecken dienen. Zur Kritik *Boothby,* The Law of Targeting, S. 105 mwN; *Dinstein* S. 109; *Oeter* in *Fleck,* Handbook, S. 170; *Sassòli,* legitimate targets, S. 6; *Kalshoven,* Noncombatant Persons, S. 310.
[103] *Solf* in *Bothe/Partsch/Solf,* Art. 52, S. 324; restriktiver wohl *Sassòli/Cameron* S. 48; *Meyrowitz* ZaöRV 1981, 36 f.; UK Ministry of Defense, Manual, S. 56.
[104] *Pilloud/Pictet* in *Sandoz/Swinarski/Zimmermann* Art. 52 Rn. 2020; *Boothby,* The Law of Targeting, S. 103.
[105] „Which by their nature have no military function but which, by virtue of their location, make an effective contribution to military action", *Pilloud/Pictet* in *Sandoz/Swinarski/Zimmermann* Art. 52 Rn. 2021: Zu derartigen militärischen Objekten zählen zB Brücken oder Orte, die von den eigenen Truppen eingenommen werden müssen bzw. von feindlichen Truppen nicht eingenommen werden dürfen. Siehe auch UK Ministry of Defense, Manual, S. 55; ZDv 15/2, Humanitäres Völkerrecht in bewaffneten Konflikten, para. 407; *Boothby,* The Law of Targeting, S. 103; *Werle/Jessberger* Principles S. 486.
[106] *Sassòli/Cameron* S. 58; *David* Yearbook of International Humanitarian Law, 2000, 94 f.; *Dinstein,* S. 114; *Boothby,* The Law of Targeting, S. 103; UK Ministry of Defense, Manual, S. 56; weiter gehend *Schmitt* 385.
[107] *Boothby,* The Law of Targeting, S. 105.
[108] Siehe die Kommentierung zum insoweit wortgleichen Art. 52 ZP I *Pilloud/Pictet* in *Sandoz/Swinarski/Zimmermann* Art. 52 Rn. 2022; *Solf* in *Bothe/Partsch/Solf,* Art. 52, S. 324; *Rogers* RDPMDG 1982, 305.
[109] *Pilloud/Pictet* in *Sandoz/Swinarski/Zimmermann* Art. 52 Rn. 2022: Dort wird differenziert zwischen „purpose" (= Zweckbestimmung), der als „intended future use of an object" definiert wird, und „use", womit die gegenwärtige Funktion beschrieben wird.

für Haus verteidigt wird. Eine Schule oder eine Kirche, eigentlich zivile Objekte, würden beispielsweise dann zu einem militärischen Ziel, wenn sich dort feindliche Truppen verschanzen oder wenn absehbar ist, dass sie in absehbarer Zeit dazu verwendet würden. Eisenbahnlinien, Häfen, Brücken, Kommunikationseinrichtungen etc können so unter bestimmten Umständen auch zu militärischen Zielen werden, selbst wenn sie gleichzeitig noch zivile Aufgaben erfüllen.[110] Derartige Objekte, die normalerweise dem zivilen Bereich zugeordnet sind, aber auch für militärische Zwecke genutzt werden, werden häufig als „Dual use" Objekte beschrieben.[111] Dabei handelt es sich um keine Sonderkategorie des humanitären Völkerrechts, da dieses nur militärische Ziele und zivile Objekte kennt. Die Rechtmäßigkeit eines Angriffs richtet sich daher immer zunächst danach, ob die Voraussetzungen eines militärischen Ziels erfüllt sind.[112] Der Schaden an der zivilen Komponente ist unter Anwendung des Verhältnismäßigkeitsgrundsatzes zu beurteilen.[113] Wenn die zivilen Begleitschäden außer Verhältnis zum erwarteten militärischen Vorteil sind, kommt eine Strafbarkeit nach Abs. 1 Nr. 3 in Betracht.

cc) Eindeutiger militärischer Vorteil. Die Zerstörung, Inbesitznahme oder Neutralisierung eines Objektes, das die erste Stufe des Tests erfüllt, müssen unter den zu dem betreffenden Zeitpunkt gegebenen Umständen einen eindeutigen militärischen Vorteil bedeuten. Problematisch ist hierbei die Auslegung des Begriffs „militärischer Vorteil". Der Begriff „militärisch" verdeutlicht, dass rein politische Vorteile nicht ausreichend sind.[114] Dies und das **Erfordernis eines eindeutigen Vorteils** sollte auch Angriffe gegen die Moral der Zivilbevölkerung, wie man sie aus dem Zweiten Weltkrieg kannte und von verschiedenen Luftkriegstheoretikern[115] propagiert werden, ausschließen.[116] Unter „Vorteil" kann man auch „Nutzen" oder „günstige Lage" verstehen. Eine militärisch günstige Lage oder ein militärischer Nutzen beurteilt sich nach einer Vielfalt von Überlegungen, bei denen Gebietsgewinne, die Sicherheit der eigenen Truppen,[117] die Verteidigung von Schlüsselpositionen etc eine Rolle spielen können. Aus der Konkretisierung, dass der militärische Vorteil „eindeutig" sein muss, ist zu schließen, dass der Vorteil ein konkreter und greifbarer sein muss. **Ein rein hypothetischer, potenzieller, unbestimmter oder spekulativer Nutzen ist dagegen nicht ausreichend.**[118] Für den Befehlshaber müssen sich klare Umstände ergeben, die die Zerstörung, Inbesitznahme oder Neutralisierung eines Objektes als militärischen Vorteil erscheinen lassen.

Dem Wortlaut nach könnte ein militärischer Vorteil auch als Bestandteil des Globalziels Gewinn des Krieges anzusehen sein. Diese Sichtweise schließt jedoch die Bedeutung des Adjektivs „eindeutig" aus, das auf ein finites Ereignis abstellt.[119] Einer derartig weiten Auslegung stehen vor allem auch gewichtige teleologische Gründe entgegen. Ziel und Zweck der Vorschriften des ersten Zusatzprotokolls ist der Schutz der Zivilbevölkerung bis an die Grenze zwingender militärischer Notwendigkeit.[120] Würde man auf den Gewinn des Krieges als zweifellos höchstem militärischen Vorteil abstellen, sind kaum zivile Belange

---

[110] Die gleichzeitig bei einem Angriff verursachten zivilen Schäden sind Kollateralschäden und die Frage, ob eine Strafbarkeit vorliegt, beurteilt sich nach § 11 Abs. 1 Nr. 3. *Sassòli/Cameron* S. 67.
[111] *Gasser* S. 152; *Schmitt* S. 385; *Boothby*, The Law of Targeting, S. 104 f.
[112] *Sassòli/Cameron* S. 57 f.; *Boothby*, The Law of Targeting, S. 105; Department of Defense, Law of War Manual, S. 205 f.
[113] *Boothby*, The Law of Targeting, S. 104; Tallinn Manual on the International Law Applicable to Cyber Warfare, S. 134 f.
[114] *Dörmann* in *Triffterer/Ambos*, 3. Aufl., Art. 8 Rn. 211; *Dinstein* S. 107; *Boothby*, The Law of Targeting, S. 100.
[115] *Meyer* 51 Air Force Law Review 2001, 182.
[116] *Sassòli* S. 186; *Bothe* European Journal of International Law 2001, 534; *Dinstein* S. 145 f.; *Fenrick* European Journal of International Law 2001, 497; *Oeter* in *Fleck*, Handbook, S. 169 f.
[117] *Solf* in *Bothe/Partsch/Solf*, Art. 52, S. 324.
[118] UK Ministry of Defense, Manual, S. 56; *Solf* The American University Journal of International Law and Policy 1986, 128; *ders.* in *Bothe/Partsch/Solf*, Art. 52, S. 326; *Sassoli* S. 186; *Boothby*, The Law of Targeting, S. 100; *Werle/Jessberger* Principles S. 487.
[119] *Dinstein* S. 109; *Sassòli/Cameron* S. 48.
[120] Ähnlich *Kalshoven*, Constraints S. 153.

denkbar, die bei einer Abwägung höherrangig wären.¹²¹ Der Schutz der Zivilbevölkerung würde bei einer solchen Auslegung gegenstandslos. Auf der anderen Seite wird man aber nicht auf den Wert der militärischen Aktion der kleinsten Einheit oder gar des Einzelkämpfers abstellen müssen. Ein sachgerechter Ausgleich zwischen zivilen und militärischen Gesichtspunkten wird dadurch erreicht, dass man den militärischen Vorteil eines Angriffs im Zusammenhang mit dem antizipierten militärischen Vorteil einer spezifischen militärischen Aktion insgesamt beurteilt, von der der Angriff einen Teil darstellt. Dies haben so auch verschiedene Staaten, darunter die Bundesrepublik Deutschland, bei der Ratifizierung des ersten Zusatzprotokolls zum Ausdruck gebracht.¹²² Dabei braucht der militärische Vorteil, den die angreifende Partei erwartet, nicht mit dem Beitrag, den das Objekt für die angegriffene Partei leistet, zu korrespondieren.¹²³

57 Der eindeutige militärische Vorteil muss schließlich **unter den zu dem betreffenden Zeitpunkt gegebenen Umständen** bestehen. Diese Voraussetzung trägt den dynamischen Umständen eines bewaffneten Konfliktes Rechnung. Objekte, die gestern militärische Objekte waren, müssen dies nicht mehr heute sein und umgekehrt.¹²⁴ Infolgedessen verbietet sich eine abstrakte Betrachtung zB allein auf der Basis einer Liste von Objekten, die in der Vergangenheit als militärische Ziele angesehen wurden. Es ist vielmehr in jedem konkreten Fall eine selbständige Bewertung auf Grund der dargestellten Kriterien erforderlich.¹²⁵

58 **dd) Land als militärisches Objekt.** Ein spezifisches Problem bei der Auslegung des Begriffs „militärisches Ziel" ist, ob auch ein **Stück Land** ein Objekt im zuvor beschriebenen Sinne darstellen kann.¹²⁶ Dies wird unter bestimmten Umständen der Fall sein können, so wie dies die Bundesrepublik Deutschland und andere Staaten bei der Ratifikation erklärt haben.¹²⁷

59 **ee) Vermutung.** Art. 52 Abs. 3 stellt die **Vermutung** auf, dass ein in der Regel für zivile Zwecke bestimmtes Objekt nicht wirksam zu militärischen Handlungen beiträgt. Als Beispiele werden genannt: Kultstätten, Wohnhäuser oder Schulhäuser. Die Vermutung kann widerlegt werden. Der gewohnheitsrechtliche Status dieser Regelung ist zweifelhaft.¹²⁸

60 **c) Spezielle Erwägungen zum Schutzverlust bei den beispielhaft genannten Objekten. aa) Gebäude, die dem Gottesdienst, der Erziehung, der Kunst, der Wissenschaft oder der Wohltätigkeit gewidmet sind, geschichtliche Denkmäler. (1) Allgemeine Schutzvorschriften.** Sofern die genannten Objekte nicht speziell als Kulturgut geschützt sind, gelten die allgemeinen Vorschriften.¹²⁹ Wenn die Objekte für militäri-

---

¹²¹ *Randelzhofer*, FS zum 125-jährigen Bestehen der juristischen Gesellschaft zu Berlin, 1984, 602; siehe auch *Rauch* RDPMDG 1980, 220; *Sassòli/Cameron* S. 48.
¹²² Siehe *Oeter* in *Fleck*, Handbuch, S. 133; *ders.* in *Fleck*, Handbook, S. 175 f.; ZDv 15/2, Humanitäres Völkerrecht in bewaffneten Konflikten, para. 407; UK Ministry of Defense, Manual, S. 56.
¹²³ Siehe *Solf* in *Bothe/Partsch/Solf*, Art. 52, S. 324 f.
¹²⁴ *Meyrowitz* ZaöRV 1981, S. 39; *Rogers* RDPMDG 1982, 209; *Solf* in *Bothe/Partsch/Solf*, Art. 52, S. 326; *Dinstein* S. 104; *Sassòli/Cameron* S. 47.
¹²⁵ *Dörmann* in *Triffterer/Ambos*, 3. Aufl., Art. 8 Rn. 212; *Boothby*, The Law of Targeting, S. 101 ff.
¹²⁶ Deutschland, Frankreich, Italien, Kanada, die Niederlande, Neuseeland, Spanien und das Vereinigte Königreich haben anlässlich der Ratifikation eine Auslegungserklärung abgegeben, nach der auch ein Stück Land militärisches Ziel sein kann, siehe *Schindler/Toman* S. 798, 801 f., 808, 810, 811, 813, 816. Nach *Pilloud/Pictet* in *Sardoz/Sorinurski/Zimmermann*, Art. 52 Rn. 2021, kann dies „a site which is of special importance for military operations in view of its location" sein „either because it is a site that must be seized or because it is important to prevent the enemy from seizing it, or otherwise because it is a matter of forcing the enemy to retreat from it.
¹²⁷ Siehe *Oeter* in *Fleck*, Handbuch, S. 132; *Boothby*, The Law of Targeting, S. 103; ZDv 15/2, Humanitäres Völkerrecht in bewaffneten Konflikten, para. 407; UK Ministry of Defense, Manual, S. 55; weiterführend *Dörmann*, Völkerrechtliche Probleme, S. 180–182.
¹²⁸ *Henckaerts/Doswald-Beck* S. 35 f.; *Sassòli/Cameron* S. 51; *Boothby*, The Law of Targeting, S. 108, mit Hinweis auf die Position der USA.
¹²⁹ Siehe auch Prosecutor v. Hadzihasanovic and Kubura, IT-01-47-T, para. 60 f.; Prosecutor v. Kordic and Cerkez, IT-95-14/2-A, para. 92; *Fulli* EJIL 2011, 203 f. Siehe aber Prosecutor v. Ahmad Al Faqi Al Mahdi, ICC-01/12-01/15, Judgement, para. 14–15, mit einem Verständnis des Begriffs „Angriff", das über Art. 49 des ersten Zusatzprotokolls zu den Genfer Konventionen hinaus geht.

sche Zwecke genutzt werden (siehe Art. 27 Haager Landkriegsordnung) und die oben genannten Voraussetzungen eines militärischen Ziels erfüllen, darf ein Angriff gegen diese Objekte gerichtet werden,[130] der Tatbestand des Abs. 1 Nr. 2 ist dann nicht erfüllt.

Sofern zivile Begleitschäden verursacht werden, ist jedoch zu prüfen, ob eine Strafbarkeit nach Nr. 3 in Betracht kommt. 61

(2) Spezielle Schutzvorschriften[131]. Wenn es sich um **geschichtliche Denkmäler, Kunstwerke oder Kultstätten, die zum kulturellen oder geistigen Erbe der Völker** gehören, handelt, ergibt sich der Schutz aus Art. 53 des ersten bzw. Art. 16 des zweiten Zusatzprotokolls. Dieser Schutz besteht unbeschadet der Bestimmungen der Haager Kulturgutschutzkonvention von 1954 und anderer einschlägiger Internationaler Übereinkommen.[132] Einfache Kirchen, Schulen im Allgemeinen, Wissenschafts- und Wohlfahrtseinrichtungen werden regelmäßig nicht zum kulturellen oder geistigen Erbe der Völker gehören. Es werden nur Güter erfasst „whose value transcends geographical boundaries, and which are unique in character and are intimately associated with the history and culture of a people".[133] 62

Das **Zusatzprotokoll** regelt nicht explizit, ob die genannten Güter ihren besonderen Schutz verlieren können und wenn ja, unter welchen Voraussetzungen. Die Güter verlieren dann den Schutz gegen Angriffe, wenn sie zur Unterstützung eines militärischen Einsatzes verwendet werden (Art. 53 (b)) und im Übrigen die Voraussetzungen eines militärischen Ziels erfüllen.[134] 63

Kulturgut im Sinne von Art. 1 der **Haager Kulturgutschutzkonvention** („bewegliches oder unbewegliches Gut, das für das kulturelle Erbe aller Völker von großer Bedeutung ist") ist speziell nach dessen Art. 4 Abs. 1 geschützt. Danach muss von allen gegen dieses Gut gerichteten feindseligen Handlungen, also auch Angriffen, Abstand genommen werden. Die Verpflichtung ist nach Abs. 2 nur dann nicht bindend, wenn militärische Notwendigkeit dies zwingend erfordert. Das **zweite Protokoll von 1999 zur Haager Kulturgutschutzkonvention von 1954** erläutert diesen Fall in seinem Art. 6 näher.[135] Danach kann, wenn eine feindselige Handlung gegen Kulturgut gerichtet werden soll, eine Abweichung von den Verpflichtungen auf Grund der zwingenden militärischen Notwendigkeit nach Art. 4 Abs. 2 der Kulturgutschutzkonvention nur geltend gemacht werden, sofern und solange 64

– dieses Kulturgut durch seine Funktion zu einem militärischen Ziel gemacht worden ist und
– keine andere praktische Möglichkeit besteht, einen vergleichbaren militärischen Vorteil zu erlangen, wie er sich bietet, wenn die feindselige Handlung gegen dieses Ziel gerichtet wird (Art. 6 lit. a).

---

[130] Prosecutor v. Kordic and Cerkez, IT-95-14/2-A, para. 89; Prosecutor v. Brdjanin, IT-99-36-T, para. 596 f.; Prosecutor v. Prlic et al., IT-04-74-T, para. 172; *Werle/Jessberger Principles* S. 488 mwN.
[131] Siehe *Dörmann*, Elements of War Crimes, S. 217–222; Prosecutor v. M. Jokic, IT-01-42/1-T, para. 47 f.
[132] *Wenger* in *Sandoz/Swinarski/Zimmermann* Art. 53 Rn. 2064; *O'Keefe* in *Fleck*, Handbook, S. 435.
[133] *Wenger* in *Sandoz/Swinarski/Zimmermann* Art. 53 Rn. 2064; zur Diskussion, wie die Begriffe „of every people"/„of peoples" auszulegen sind, siehe *O'Keefe* in *Fleck*, Handbook, S. 430 ff., mwN. *O'Keefe* vertritt die Auffassung, dass es sich um „movable or immovable property of great importance to the national cultural heritage of each respective people" handeln muss, und nicht „of all peoples jointly".
[134] *Solf* in *Bothe/Partsch/Solf*, Art 53, S. 333; *O'Keefe* in *Fleck*, Handbook, S. 435, 440 – sowohl für Art. 53 ZP I als auch Art. 16 ZP II; *Boothby*, The Law of Targeting, S. 227, mit Hinweis auf die Position Großbritanniens, dass Standort und Zweckbestimmung des Objekts nicht zu einem Schutzverlust führen, sondern nur wenn die Verwendung das Objekt zu einem militärischen Ziel macht; *Dinstein* S. 213 f.: entscheidend ist, dass die Verwendung des Kulturguts zur Unterstützung des militärischen Einsatzes (iSv Art. 53 (b) des ersten Zusatzprotokolls) wirksam zu militärischen Handlungen beiträgt und seine gänzliche oder teilweise Zerstörung, Inbesitznahme oder Neutralisierung unter den in dem betreffenden Zeitpunkt gegebenen Umständen einen eindeutigen militärischen Vorteil darstellt (Art. 52 (2) des ersten Zusatzprotokolls). Siehe auch *Henckaerts/Doswald-Beck* S. 130; Prosecutor v. Hadzihasanovic and Kubura, IT-01-47-T, para. 61; Prosecutor v. Strugar, IT-01-42-T, para. 309.
[135] *Toman* S. 140 ff.

Hervorzuheben ist bezüglich des ersten Punktes, dass auf die Funktion des Kulturguts abgestellt wird. Es stellt sich somit die Frage, welchen Einfluss dies auf die Termini „Standort", „Zweckbestimmung" und „Verwendung" in der zuvor dargestellten Definition des militärischen Ziels hat. *Dinstein* vertritt die Auffassung, dass Funktion weiter ist als Verwendung, aber nicht den bloßen Standort umfasst.[136]

65 Des Weiteren ist die Entscheidung, eine zwingende militärische Notwendigkeit geltend zu machen, nur vom **Kommandanten einer militärischen Einheit** zu treffen, die der Größe nach einem Bataillon oder einer höheren Einheit, oder, wenn die Umstände nichts anderes erlauben, einer kleineren Einheit entspricht (Art. 6 lit. c). Demnach ist ein Angriff, den zB ein Soldat eigenmächtig vornimmt, selbst dann nicht zulässig, wenn das Gut ein militärisches Ziel darstellt.

66 Schließlich muss einem Angriff eine **wirksame Warnung** vorausgehen, sofern dies die Umstände erlauben Art. 6 lit. d.

67 Ob religiöse Objekte, Objekte, die der Erziehung oder Wissenschaft dienen, von der Kulturgutschutzkonvention erfasst sind und deren speziellen Regelungen unterliegen, ist im Einzelfall anhand der Voraussetzungen des Art. 1 zu überprüfen. Wenn dies nicht der Fall ist, gelten die allgemeinen Regeln.[137]

68 Eine Spezialregelung erfährt nach der Kulturgutschutzkonvention eine begrenzte Anzahl von Bergungsorten zur Sicherung beweglichen Kulturguts bei bewaffneten Konflikten, von Denkmalsorten und anderen Kulturgütern von sehr hoher Bedeutung (Art. 8 ff.). Diese stehen unter Sonderschutz und folgen eigenen Regeln (Art. 11). Der Schutz hängt von der Eintragung in das Internationale Register für Kulturgut unter Sonderschutz ab. Diese Kategorie hat bislang keine praktische Bedeutung erlangt.[138] Das zweite Protokoll von 1999 zur Haager Kulturgutschutzkonvention regelt darüber hinaus **Kulturgut, das unter verstärktem Schutz gestellt wurde,** weil es sich um kulturelles Erbe von höchster Bedeutung für die Menschheit handelt. Die entsprechenden Vorschriften befinden sich in den Art. 10–14. Ein Verlust des Schutzes gegen direkte Angriffe ist nur unter noch strikteren Voraussetzungen zulässig.[139]

69 **bb) Krankenhäuser und Sammelplätze für Kranke und Verwundete.** Insbesondere die **Genfer Abkommen und die Zusatzprotokolle** enthalten im Hinblick auf Krankenhäuser sowie Sammelplätze für Kranke und Verwundete **spezifische Schutzvorschriften.** Hier sind für den Landkrieg[140] zu nennen:
– Art. 19 des ersten Genfer Abkommens für Sanitätseinrichtungen der Streitkräfte. Die Umstände und spezifischen Voraussetzungen unter denen sie den Schutz gegen direkte Angriffe verlieren, sind in den Art. 21 und 22 niedergelegt, insbesondere das Erfordernis, dass sie außerhalb ihrer humanitären Aufgaben zu Handlungen verwendet werden, die den Feind schädigen, sowie das Erfordernis einer Warnung vor einem Angriff in einem solchen Fall.[141]
– Art. 23 des ersten Genfer Abkommens für Sanitätszonen und -orte;[142] eine vergleichbare Regelung enthält Art. 14 des vierten Genfer Abkommens.[143]

---

[136] *Dinstein* S. 216 mwN. Zum Streitstand bei den Verhandlungen des Protokolls, *O'Keefe* in *Fleck,* Handbook, S. 435 f. Siehe auch Prosecutor v. Strugar, IT-01-42-T, para. 310; *Toman* S. 133 ff.

[137] *Boothby,* The Law of Targeting, S. 227 f.; *O'Keefe* in *Fleck,* Handbook, S. 429, 432: zumeist wird kein Unterschied im Anwendungsbereich der Kulturschutzkonvention und den Zusatzprotokollen zu den Genfer Abkommen bestehen.

[138] *Dinstein* S. 209.

[139] Siehe auch *Dinstein* S. 217 f. mwN.

[140] Zu den Vorschriften im Seekrieg siehe *Dörmann,* Elements of War Crimes, S. 224.

[141] Näher zu den Voraussetzungen, wann derartige Objekte dennoch angegriffen werden dürfen, ICRC, 2016 Commentary on the First Geneva Convention, Art. 21 und 22.

[142] Näher zu den Voraussetzungen ICRC, 2016 Commentary on the First Geneva Convention, Art. 23, Rn. 28.

[143] Näher zu den Voraussetzungen *Pictet,* Commentary on the Fourth Geneva Convention, Art. 14.

– Art. 18 des vierten Genfer Abkommens für Zivilkrankenhäuser. Die Umstände und spezifischen Voraussetzungen unter denen sie den Schutz gegen direkte Angriffe verlieren, sind in Art. 19 niedergelegt, insbesondere das Erfordernis, dass sie außerhalb ihrer humanitären Bestimmung zu Handlungen verwendet werden, die den Feind schädigen, sowie das Erfordernis einer Warnung vor einem Angriff in einem solchen Fall.[144]
– Art. 12 des ersten Zusatzprotokolls für Sanitätseinheiten im Sinne von Art. 8 lit. e. Die Umstände und spezifischen Voraussetzungen unter denen sie den Schutz gegen direkte Angriffe verlieren, sind in Art. 13 niedergelegt und sind denen des vierten Genfer Abkommens vergleichbar.[145]
– Art. 11 des zweiten Zusatzprotokolls für Sanitätseinheiten in nicht-internationalen bewaffneten Konflikten. Die Umstände und spezifischen Voraussetzungen unter denen sie den Schutz gegen direkte Angriffe verlieren, sind denen ersten Zusatzprotokolls und des vierten Genfer Abkommens vergleichbar.[146]

cc) Unverteidigte Städte, Dörfer, Wohnstätten oder Gebäude. Die Aufnahme dieser Kategorie basiert auf **Art. 25 der Haager Landkriegsordnung. Art. 59 des ersten Zusatzprotokolls** enthält eine detaillierte Regelung für unverteidigte Orte. Diese Vorschrift ist im Wesentlichen deckungsgleich mit Art. 25 der Haager Landkriegsordnung.[147] Der Hintergedanke für den besonderen Schutz, der dieser Kategorie zufällt, liegt darin begründet, dass Angriffe auf solche Orte nicht erforderlich sind und stattdessen durch die gegnerische Partei besetzt werden können. Unverteidigte Orte können schon definitionsgemäß kein militärisches Ziel sein, da der Gegner sie bewusst aus seinen militärischen Anstrengungen herausgenommen hat, der angestrebte militärische Vorteil im Übrigen schon durch kampflose Besetzung erzielt werden kann und es somit keines Angriffs mit militärischen Mitteln bedarf.[148] Die Erklärung eines unverteidigten Ortes kann durch einen einseitigen Akt erfolgen. Eine Zustimmung des Feindes ist nicht erforderlich.[149] Wann ein Ort unverteidigt ist, kann aus Art. 59 des ersten Zusatzprotokolls abgeleitet werden.[150] Daraus lassen sich die folgenden **Voraussetzungen** entnehmen:

– Der Ort muss **offen für eine Besetzung** sein (das setzt voraus, dass der Ort in der Nähe oder innerhalb einer Zone liegt, in der sich feindliche Streitkräfte befinden; nicht erfasst sind daher Orte im Hinterland, die nur aus der Distanz bekämpft werden können;[151] die Beurteilung der Rechtmäßigkeit eines Angriffs folgt den allgemeinen Regeln);
– alle Kombattanten sowie die beweglichen Waffen und die bewegliche militärische Ausrüstung müssen verlegt worden sein;
– ortsfeste militärische Anlagen oder Einrichtungen dürfen nicht zu feindseligen Handlungen benutzt werden;
– Behörden und Bevölkerung dürfen keine feindseligen Handlungen begehen; und
– es darf nichts zur Unterstützung von Kriegshandlungen unternommen werden.

Selbst der Umstand, dass sich an einem solchen Ort Personen befinden, die durch das humanitäre Völkerrecht geschützt sind, wie Kriegsgefangene und verwundete und kranke Angehörige der Streitkräfte, oder dass sich dort noch Polizeikräfte zu dem alleinigen Zweck

---

[144] Näher zu den Voraussetzungen, wann derartige Objekte dennoch angegriffen werden dürfen, *Pictet*, Commentary on the Fourth Geneva Convention, Art. 19.

[145] Näher zu den Voraussetzungen, wann derartige Objekte dennoch angegriffen werden dürfen, *Sandoz* in Sandoz/Swinarski/Zimmermann Art. 13, Rn. 549 ff.; *Bothe* in *Bothe/Partsch/Solf*, Art. 12, S. 120 f.

[146] Näher zu den Voraussetzungen, wann derartige Objekte dennoch angegriffen werden dürfen, *Junod* in *Sandoz/Swinarski/Zimmermann* Art. 11, Rn. 4719; *Bothe* in *Bothe/Partsch/Solf*, Art. 11, S. 664 f.

[147] *Pilloud/Pictet* in *Sandoz/Swinarski/Zimmermann* Art. 59 Rn. 2263; *Oeter* in *Fleck*, Handbuch, S. 150 ff.; ders. in *Fleck*, Handbook, S. 204 ff.

[148] *Oeter* in *Fleck*, Handbuch, S. 150; ders. in *Fleck*, Handbook, S. 205.

[149] *Boothby*, The Law of Targeting, S. 113; *Oeter* in *Fleck*, Handbook, S. 205.

[150] *Henckaerts/Doswald-Beck* S. 124 f.; zu allen Voraussetzungen siehe *Pilloud/Pictet* in *Sandoz/Swinarski/Zimmermann* Art. 59 Rn. 2263 ff.

[151] *Oeter* in *Fleck*, Handbook, S. 205; *Dinstein* S. 127.

der Aufrechterhaltung der öffentlichen Ordnung befinden, ändert nichts an dem Charakter des Ortes als unverteidigt (Art. 59 Abs. 3 des ersten Zusatzprotokolls).

72 Wenn diese Voraussetzungen erfüllt sind, dürfen diese Orte nicht angegriffen werden. Selbst wenn eine der Voraussetzungen nicht erfüllt ist, heißt das jedoch nicht, dass ein Angriff ohne Einschränkungen zulässig ist (siehe Art. 59 Abs. 7 des ersten Zusatzprotokolls). Sofern nicht der Ort als solcher zu einem militärischen Ziel wird, was bei Städten nur in Ausnahmefällen möglich sein kann, müssen die Angriffe gegen die Einzelnen in dem Ort befindlichen militärischen Ziele gerichtet werden. Erfolgt dies nicht, kann eine Strafbarkeit nach Abs. 1 Nr. 1, 2 oder 3 je nach den Umständen im Einzelfall vorliegen. Ein unterschiedsloser Angriff ist nach geltendem Recht verboten.

73 **dd) Entmilitarisierte Zonen.** Der Schutz entmilitarisierter Zonen ist in **Art. 60 des ersten Zusatzprotokolls** geregelt. Anders als im Fall von unverteidigten Orten, bei denen der Schutz ipso iure eintritt, wenn die materiellen Voraussetzungen erfüllt sind, entstehen entmilitarisierte Zonen nur durch eine **Vereinbarung zwischen den Konfliktparteien,** die entweder bereits in Friedenszeiten oder im Konfliktfall getroffen wird.[152] Die Regelung entmilitarisierter Zonen ist im Übrigen in weiten Teilen der für unverteidigte Orte vergleichbar und wird daher nicht im Einzelnen erläutert.[153]

74 **ee) Anlagen und Einrichtungen, die gefährliche Kräfte enthalten.** Diese Kategorie von Objekten unterliegt einer speziellen Regelung in **Art. 56 des ersten und Art. 15 des zweiten Zusatzprotokolls.** Die Liste der Objekte, die den besonderen Schutz genießen, ist abschließend und erfasst daher **nur Staudämme, Deiche und Kernkraftwerke.**[154]

75 Die Regelungen entsprechen nicht vollumfänglich dem geltenden Völkergewohnheitsrecht.[155] Die Sachlage ist klar, wenn die genannten Objekte zivile Objekte sind. Nach Vertrags- und Gewohnheitsrecht sind sie absolut gegen direkte Angriffe geschützt. Wenn sie jedoch zu militärischen Zielen werden, indem sie die oben beschriebenen Voraussetzungen erfüllen, ergeben sich Divergenzen zwischen Vertrags- und Gewohnheitsrecht. Art. 56 des ersten Zusatzprotokolls hält den besonderen Schutz gegen Angriffe aufrecht und verbietet sie für den Fall, dass ein Angriff gefährliche Kräfte freisetzen und dadurch schwere Verluste unter der Zivilbevölkerung verursachen kann.[156] Erfasst sind Einrichtungen und Anlagen, die dem Gegner gehören oder sich unter seiner Kontrolle befinden, auch wenn sie auf eigenem Territorium liegen. Der **besondere Schutz** endet im internationalen bewaffneten Konflikt nur dann, wenn die besonderen Voraussetzungen des Abs. 2 (die höher sind als „wirksam zu militärischen Handlungen beitragen" im Sinne der Definition eines militärischen Ziels) erfüllt sind und auch dann sind **besondere Vorsichtsmaßnahmen** im Sinne von Abs. 3 zu ergreifen.[157] Das zweite Zusatzprotokoll sieht für nicht-internationale bewaffnete Konflikte einen absoluten Schutz gegen Angriffe vor, bei denen gefährliche Kräfte freigesetzt werden können und dadurch schwere Verluste unter der Zivilbevölkerung verursacht werden können. Ratio legis der Regelungen der Zusatzprotokolle ist es, die Zivilbevölkerung vor katastrophalen Kollateralschäden zu schützen, auch wenn diese im Einzelfall unter Umständen nicht unverhältnismäßig sind.[158] Nach Völkergewohnheitsrecht wird sich

---

[152] *Boothby*, The Law of Targeting, S. 114; *Oeter* in *Fleck*, Handbook, S. 205.
[153] Weiter führend *Pilloud/Pictet* in *Sandoz/Swinarski/Zimmermann* Art. 60 Rn. 2298 ff.
[154] *Pilloud/Pictet* in *Sandoz/Swinarski/Zimmermann* Art. 56 Rn. 2147; *Dinstein* S. 227; *Boothby*, The Law of Targeting, S. 246.
[155] *Henckaerts/Doswald-Beck* S. 139 f.; siehe auch *Dinstein* S. 227 f.; *Oeter* in *Fleck*, Handbook, S. 217 f.; *Boothby*, The Law of Targeting, S. 246, zur Position Grossbritanniens aufgrund eine Erklärung bei Ratifikation S. 248.
[156] *Pilloud/Pictet* in *Sandoz/Swinarski/Zimmermann* Art. 56 Rn. 2153. Der Schutz erstreckt sich nach Abs. 1 S. 2 auch auf militärische Ziele, die sich an diesen Anlagen oder Einrichtungen oder in deren Nähe befinden. Siehe auch *Oeter* in *Fleck*, Handbook, S. 218 mwN.
[157] *Pilloud/Pictet* in *Sandoz/Swinarski/Zimmermann* Art. 56 Rn. 2159 ff. Siehe auch *Oeter* in *Fleck*, Handbook, S. 218 ff.
[158] *Dinstein* S. 228; *Oeter* in *Fleck*, Handbook, S. 217 f.; *Boothby*, The Law of Targeting, S. 247 f.

nur eine vielleicht gesteigerte Pflicht zur Sorgfalt zur Vermeidung der Freisetzung gefährlicher Kräfte und damit verbundener schwerer Verluste unter der Zivilbevölkerung ableiten lassen. Im Übrigen gilt natürlich das Verbot unverhältnismäßiger ziviler Begleitschäden im Sinne von Art. 51 Abs. 5 lit. b des ersten Zusatzprotokolls und gleich lautendem Völkergewohnheitsrecht. Unter diesen Umständen kommt dann eine Strafbarkeit nach § 11 Abs. 1 Nr. 3 in Betracht.

3. Angriffe mit unverhältnismäßigen Begleitschäden (Nr. 3). Soweit Abs. 1 Nr. 3 **internationale bewaffnete Konflikte** betrifft, beruht die Vorschrift auf Art. 8 Abs. 2 lit. b (iv) IStGH-Statut und Art. 85 Abs. 3 lit. b und lit. c des ersten Zusatzprotokolls zu den Genfer Abkommen sowie auf Völkergewohnheitsrecht. § 11 Abs. 1 Nr. 3 kriminalisiert Verstöße gegen Art. 51 Abs. 5 lit. b des ersten Zusatzprotokolls und gleich lautendes Völkergewohnheitsrecht.[159]

Für **nicht-internationale bewaffnete Konflikte** beruht die Vorschrift auf Völkergewohnheitsrecht.[160] Soweit nicht besonders hervorgehoben, gelten die nachfolgenden Ausführungen gleichermaßen für internationale und nicht-internationale bewaffnete Konflikte.

a) Allgemeines. Der Tatbestand erfasst **Angriffe, die gegen Kombattanten oder militärische Ziele gerichtet sind, und bei denen zu erwarten ist, dass unverhältnismäßige zivile Begleitschäden verursacht werden.**[161] Angriffe, die gegen Zivilpersonen oder zivile Objekte gerichtet sind, sind nur von Nr. 1 bzw. 2 erfasst. Unmittelbare Schädigungshandlungen können in diesen Fällen auch dann nicht gerechtfertigt werden, wenn ein wichtiger militärischer Vorteil erwartet wird.

Der Umstand, dass ein militärisches Ziel korrekt als solches identifiziert wurde und dieses Ziel das ausschließliche Objekt eines Angriffs ist, schließt nicht aus, dass Zivilpersonen oder zivile Ziele getroffen werden und zu Schaden kommen. Dies kann auf Grund verschiedener Gegebenheiten geschehen: Zum einen können sich Zivilpersonen in/auf einem militärischen Ziel befinden (zB zivile Arbeiter in einer Rüstungsfabrik oder auf einer Militärbasis, Zivilpersonen auf einer für den militärischen Nachschub wichtigen Brücke). Zum zweiten können Zivilpersonen in der unmittelbaren Umgebung von militärischen Zielen wohnen oder sich zivile Objekte dort befinden, und dadurch den Nebeneffekten des Waffeneinsatzes ausgesetzt sein (zB Druckwelle einer Explosion). Schließlich können Zivilpersonen und zivile Objekte betroffen sein, wenn Waffen auf Grund von technischem Versagen, Wettereinflüssen, falschem Aufklärungsmaterial oder auch menschlichem Versagen bei der Waffensteuerung nicht das anvisierte Ziel treffen. Das humanitäre Völkerrecht erkennt an, dass derartige Dinge in einem bewaffneten Konflikt passieren können. Derartige zivile Begleitschäden sind aber nur dann völkerrechtswidrig und unter Umständen strafbar, wenn sie **gegen den Verhältnismäßigkeitsgrundsatz verstoßen,** wie er in Art. 51 Abs. 5 lit. b des Zusatzprotokolls I und entsprechendem Völkergewohnheitsrecht zum Ausdruck kommt.

Als zivile Begleitschäden sind die Tötung oder Verletzung von Zivilpersonen (zur Definition → Rn. 35 ff.) oder die Beschädigung ziviler Objekte (zur Definition → Rn. 46 ff.) zu verstehen, die auch kumulativ eintreten können.

b) Tathandlung. Tathandlung ist der mit militärischen Mitteln durchgeführte Angriff als solcher.[162] Die Tatbestandsverwirklichung **setzt nicht voraus, dass zivile Kollateralschäden tatsächlich eintreten** – ohne solche wird es faktisch aber zumeist schwer sein, Anhaltspunkte/Indizien für die Verwirklichung des subjektiven Tatbestandes („als sicher erwarten") zu finden. Eine Erfolgsqualifizierung für den Fall, dass Zivilpersonen oder andere vom humanitären Völkerrecht geschützte Personen zu Schaden kommen, enthält jedoch Abs. 2. Der deutsche Gesetzgeber folgt mit Abs. 1 Nr. 3 und dem Verzicht auf einen beson-

---

[159] Henckaerts/Doswald-Beck S. 47; Boothby, The Law of Targeting, S. 71 mwN.
[160] Henckaerts/Doswald-Beck S. 47 f., 600 f.
[161] Siehe auch Prosecutor v. Galic, IT-98-29-A, para. 191 f.
[162] Zu den Begriffen „mit militärischen Mitteln" und „Angriff" → Rn. 30, 31.

deren Erfolgseintritt im Grundtatbestand dem Ansatz des IStGH-Statuts, wie er in den Verbrechenselementen seinen Ausdruck gefunden hat.[163] Demgegenüber verlangt Art. 85 Abs. 3 des ersten Zusatzprotokolls, dass die Tathandlung den Tod oder eine schwere Beeinträchtigung der körperlichen Unversehrtheit oder der Gesundheit zur Folge hat.

82 **c) Bestimmung der Unverhältnismäßigkeit des Begleitschadens.** Ähnlich wie bei der Definition des militärischen Ziels ist die Problematik des unverhältnismäßigen Kollateralschadens in der Literatur ausführlich behandelt worden.[164] Es kann hier nur ein Überblick gegeben werden, der sich auf einige hervorstehende Probleme konzentriert. Dies sind im Einzelnen: Auslegungsprobleme, die sich bei dem Kriterium „insgesamt erwarteter konkreter und unmittelbarer militärischer Vorteil" ergeben; welche Schäden als Kollateralschäden in der Abwägung relevant sind; wie der Begriff „außer Verhältnis auszulegen ist" und welcher Maßstab bei der Abwägung anzulegen ist.

83 **d) Insgesamt erwarteter konkreter und unmittelbarer militärischer Vorteil.** Bei der Frage, ob ein unverhältnismäßiger Begleitschaden vorliegt, sind die „Tötung oder Verletzung von Zivilpersonen oder die Beschädigung ziviler Objekte" oder mehrere derartige Folgen[165] mit dem „insgesamt erwarteten konkreten und unmittelbaren militärischen Vorteil" in Relation zu setzen. Im Unterschied zum entsprechenden Verbot des ersten Zusatzprotokolls ist das Wort „insgesamt" im VStGB und im IStGH-Statut hinzugefügt worden.

84 Schwierigkeiten bereitet neben der Gewichtung der beiden sich gegenüberstehenden Komponenten vor allem die Auslegung der Formulierung **„erwartete[r] konkrete[r] und unmittelbare[r] militärische[r] Vorteil"**. Bereits bei der Definition des militärischen Ziels ist der Inhalt des Begriffs „militärischer Vorteil" hinlänglich geklärt worden. Während in der dort gewählten Formulierung der militärische Vorteil durch das Adjektiv „eindeutig" konkretisiert wurde, finden sich bei Abs. 1 Nr. 3 die komplementären Adjektive „konkret" und „unmittelbar".[166]

85 Der Begriff „konkret" im englischen Vertragstext des IStGH-Statut und des ersten Zusatzprotokolls kann synonym mit den Adjektiven „real", „wirklich" oder „fassbar" verwendet werden. Der Vorteil muss demnach für die Sinne erkennbar sein, er muss eindeutig sein. Insoweit besteht kein qualitativer Unterschied zum Inhalt des Adjektivs „eindeutig", wie es beim militärischen Ziel verwendet wird.[167] Mit der zusätzlichen Qualifizierung des militärischen Vorteils durch das Adjektiv „unmittelbar" wird bei der Bestimmung der Verhältnismäßigkeit hervorgehoben, **dass der militärische Nutzen ohne das Hinzutreten einer Zwischenursache greifbar sein muss.** Ein bloß fern liegender Vorteil, der irgendwann zukünftig in unbestimmter Zeit eintreten kann, überwiegt nach der Wertung dieser Vorschrift gegenüber zivilen Verlusten nicht.[168] Pilloud und Pictet fassen unter Beru-

---

[163] *Dörmann*, Elements of War Crimes, S. 148; *Werle/Jeßberger* Principles S. 491, 493 mwN; Der Generalbundesanwalt beim Bundesgerichtshof, Einstellungsvermerk, Ermittlungsverfahren gegen Oberst Klein und Hauptfeldwebel W. – 3 BJs6/10-4 – (Fn. 27), S. 46.

[164] Zu den Erwägungen, die zur Aushandlung der Verbrechenselemente für das IStGH-Statut geführt haben siehe *Dörmann*, Elements of War Crimes, S. 162 f. Zu den einzelnen Schritten, die ein Befehlshaber zu durchlaufen hat, siehe die Darstellung von *Geiss/Siegrist* International Review of the Red Cross 2011, 29. Allgemein zum Angriff mit unverhältnismäßigen zivilen Begleitschäden *Pilloud/Pictet* in Sandoz/Swinarski/Zimmermann Art. 51 Rn. 1976, Art. 57 Rn. 2204 ff.; *Solf* in Bothe/Partsch/Solf, Art. 51, S. 309 ff., Art. 57, S. 364 f.; *Boothby*, The Law of Targeting, S. 94 ff.; *Fenrick* Military Law Review 1982, 91; *Oeter* in Fleck, Handbook, S. 196 ff.

[165] Siehe Art. 51 Abs. 5 lit. b des ersten Zusatzprotokolls zu den Genfer Abkommen, der Völkergewohnheitsrecht entspricht, *Henckaerts/Doswald-Beck* S. 46.

[166] In Anbetracht dessen, dass diese Formulierungen mit denen des Art. 51 Abs. 5 lit. b bzw. Art. 57 Abs. 2 lit. a (iii) und lit. b ZP I identisch sind, soll auch im Folgenden aus den bereits dargestellten Gründen zu deren Auslegung auf bestehende Erkenntnisse zum ZP I, soweit erforderlich, zurückgegriffen werden.

[167] Siehe auch Oxford Advanced Learner's, Dictionary of Current English, 4. Aufl. 1989, S. 242, der die Adjektive „definite" und „concrete" in den authentischen Vertragstexten als synonym verwendet. *Solf* in Bothe/Partsch/Solf, Art. 57, S. 365; Department of Defense, Law of War Manual, S. Department of Defense, Law of War Manual, S. 246.

[168] *Kalshoven* NYIL 1978, 118; *Solf* in Bothe/Partsch/Solf, Art. 57, S. 365; *Krüger-Sprengel* RDPMDG 1980, 192; siehe auch UK Ministry of Defense, Manual, S. 86.

fung auf die Entstehungsgeschichte von Art. 57 des ersten Zusatzprotokolls wie folgt zusammen: „the expression ‚concrete and direct' was intended to show that the advantage concerned should be substantial and relatively close, and that advantages which are hardly perceptible and those which would only appear in the long term should be disregarded."[169] Insoweit könnten die Adjektive „konkret" und „unmittelbar" einen höheren Standard bedeuten, als durch das Wort „eindeutig" allein ausgedrückt.[170] Der militärische Vorteil wird dabei zumeist in Gebietsgewinnen, in der Vernichtung oder Schwächung feindlicher Truppen liegen. Es sind aber auch solche Überlegungen anzustellen, die ua die Sicherheit der eigenen Truppen zum Gegenstand haben.[171]

Entscheidend ist jeweils der **antizipierte Vorteil**, und zwar der gesamten militärischen **86** Operation, von der der Einsatz nur ein Bestandteil ist, nicht aber von isolierten oder besonderen Teilen dieser Operation. Ohne eine **Berücksichtigung der Gesamtplanung** lässt sich der militärische Vorteil kaum ermitteln, weil sich dieser niemals in der Vernichtung eines konkreten militärischen Ziels erschöpft, sondern in den weiteren Folgerungen besteht, die aus einer solchen Vernichtung zu ziehen sind.[172] Diese Anschauung, die ihren Niederschlag in verschiedenen Staatenerklärungen[173] gefunden hat, wird auch in der Literatur weitgehend geteilt, da es kaum möglich ist, eine Abwägung, wie sie der Verhältnismäßigkeitsgrundsatz fordert, bei jedem einzelnen Gewaltakt durchzuführen.[174] Sie wird im VStGB und IStGH-Statut – anders als im ersten Zusatzprotokoll zu den Genfer Abkommen – durch das Wort „insgesamt" ausdrücklich bestätigt.[175] Nicht zulässig ist dagegen eine Auslegung, die als militärischen Vorteil das Gewinnen des Konfliktes oder langfristige politische Ziele erlaubt.[176] Die Klarstellung in einer Fußnote zu den Verbrechenselementen des IStGH-Statuts, die besagt, dass der insgesamt erwartete konkrete und unmittelbare militärische Vorteil „may or may not be temporarilly or geographically related to the object of the attack", beruht auf einem zutreffenden Ansatz, ist in seiner Weite aber problematisch.[177] Die Klarstellung kann daher nicht in Isolation, sondern muss im Lichte der sich aus den dargestellten Einschränkungen aus den Adjektiven konkret und unmittelbar gelesen werden.

e) Folgeschäden als relevante Begleitschäden. Es stellt sich die Frage, ob bei den **87** relevanten Begleitschäden nur solche zu berücksichtigen sind, die unmittelbar durch einen Angriff verursacht werden, zB Schäden an Häusern in der Umgebung eines militärischen

---

[169] *Pilloud/Pictet* in *Sandoz/Swinarski/Zimmermann*, Art. 57 Rn. 2209; siehe auch *Boothby*, The Law of Targeting, S. 94.
[170] *Pilloud/Pictet* in *Sandoz/Swinarski/Zimmermann*, Art. 57 Rn. 2218; *Solf* in *Bothe/Partsch/Solf*, Art. 57, S. 365.
[171] *Pilloud/Pictet* in *Sandoz/Swinarski/Zimmermann*, Art. 57 Rn. 2218; *Solf* in *Bothe/Partsch/Solf*, Art. 51, S. 311. Richtigerweise sollten im Rahmen der Beurteilung unverhältnismässiger Kollateralschäden allein Situationen relevant sein, in denen militärische Ziele angegriffen werden, um eigene Truppen zu schützen. Erwägungen zur Sicherheit von Truppen, die einen Angriff ausführen, wie zum Beispiel Piloten von Kampfflugzeugen, betreffen dagegen eher die Frage, welche Vorsichtsmassnahmen im Sinne von Art. 57 ZP I zum Schutz der Zivilbevölkerung und ziviler Objekte praktisch möglich sind. Siehe auch *Geiss/Siegrist* International Review of the Red Cross 2011, 34 f.
[172] *Oeter* in *Fleck,* Handbuch, S. 119, 162; ders. in *Fleck,* Handbook, S. 197; *Fenrick* Military Law Review 1982, 106 f.; *Boothby,* The Law of Targeting, S. 95.
[173] *Schindler/Toman* S. 793, 796, 798, 801 f., 807, 810, 811, 813, 816: Australien, Belgien, Deutschland, Frankreich, Italien, Kanada, die Niederlande, Neuseeland, Spanien und das Vereinigte Königreich; siehe auch Department of Defense, Law of War Manual, S. 246.
[174] *Solf* in *Bothe/Partsch/Solf,* Art. 51, S. 311, der auch einen historischen Sachverhalt zur Verdeutlichung beschreibt (die Angriffe der Alliierten während des zweiten Weltkriegs auf deutsche Stellungen am Pas de Calais, um bei den Deutschen den Eindruck zu erwecken, dass die Landung dort erfolgen würde und nicht an den Stränden der Normandie. Der eigentliche militärische Vorteil trat dann bei der tatsächlichen Landung ein, S. 325; *Pilloud/Pictet* in *Sandoz/Swinarski/Zimmermann* Art. 57 Rn. 2217 Fn. 15; siehe auch *Ipsen* ZaöRV 1978, 41; *Verri* RDPMDG 1982, 166; UK Ministry of Defense, Manual, S. 87; siehe aber *Olaso* S. 170 f. unter Berufung auf die Rechtsprechung in Galic.
[175] *Dinstein* S. 161; *Boothby,* The Law of Targeting, S. 97.
[176] *Dörmann,* Elements of War Crimes, S. 170 f.; *Geiss/Siegrist* International Review of the Red Cross 2011, 30.
[177] *Dörmann,* Elements of War Crimes, S. 163.

Ziels durch die Explosivkraft der verwendeten Waffe, Verluste bei Personen, die sich in der Nähe eines militärischen Ziels, in oder auf einem solchen Ziel befanden, oder auch andere Folgeschäden. Die Frage kann sich stellen, zB bei Angriffen auf Elektrizitätswerke, die häufig den Strom für die Luftabwehr liefern. Die Schäden an der Einrichtung selbst, die ja auch in der Regel zivilen Zwecken dient, Schäden in der unmittelbaren Nachbarschaft und zivile Todesopfer in der Einrichtung oder in der Umgebung sind sicher zu berücksichtigen. Wie sieht es aber aus mit **indirekten zivilen Folgeschäden,** etwa bei Krankenhäusern (und deren Patienten), die ohne Strom lebenswichtige Apparaturen nicht mehr betreiben können, oder dem Zusammenbruch der Wassergewinnung, die nicht mehr mit Strom versorgt wird? In diesen Fällen ist davon auszugehen, dass derartige Folgeschäden dann bei der Abwägung zu berücksichtigen sind, wenn sie vorhersehbar sind.[178] Anders als bei der Qualifizierung des militärischen Vorteils, durch die Worte „konkret und unmittelbar", werden die zivilen Begleitschäden nicht derart begrenzt.

88 Zur Anwendung des Verhältnismäßigkeitsgrundsatzes bei Angriffen auf „Dual use" Objekte siehe *Sassòli/Cameron* S. 67 f.

89 **f) Außer Verhältnis und anzulegender Beurteilungsmaßstab.** Die Frage nach der Verhältnismäßigkeit impliziert, dass die **Entscheidungsträger, die einen Angriff planen oder über ihn entscheiden,** in ihre Bewertung vor der Durchführung die Wirkungen des Einsatzes militärischer Mittel auf die Zivilbevölkerung einzubeziehen haben. Sie müssen bestimmen, ob diese Wirkungen unverhältnismäßig sind. Dies erfordert, dass sie ihre Entscheidung auf eine Abwägung stützen, die auf zwei Gesichtspunkten basiert: das voraussehbare Ausmaß des zivilen Kollateralschadens und die dem gegenüberstehende Bedeutung des militärischen Ziels als Einsatzziel.

90 Bevor auf den Abwägevorgang näher eingegangen wird, ist zunächst auf gewisse **Formulierungsbesonderheiten** hinzuweisen. Interessanterweise verwendet der deutsche Text die Formulierung **„außer Verhältnis".** Er unterscheidet sich damit schon von den deutschen Übersetzungen des IStGH-Statuts („eindeutig in keinem Verhältnis") und Art. 57 des ersten Zusatzprotokolls („unverhältnismäßig"). Es werden damit die englischen Vertragstexte **„clearly excessive"** im einen und **„excessive"** im anderen Fall übersetzt. Der Unterschied zwischen dem Text des IStGH-Statuts und dem des Zusatzprotokolls ist dadurch zu erklären, dass im Fall des IStGH-Statuts für das Kriegsverbrechen die Anforderungen durch die Einfügung des Wortes „clearly" modifiziert wurden.[179] Es ist nicht klar, ob der deutsche Gesetzgeber einen Unterschied machen wollte zwischen dem nationalen Straftatbestand des § 11 und dem in der Übersetzung des IStGH-Statuts, oder ob die Begriffe „außer Verhältnis" und „eindeutig in keinem Verhältnis" deckungsgleich sind. Was die englische Begrifflichkeit anbelangt, ist anzumerken, dass „excessive" nicht notwendigerweise als deckungsgleich mit „disproportionate" angesehen wird. Zum Teil wird die Auffassung vertreten, dass der Vertragstext „excessive" ein größeres Missverhältnis beschreibt als „disproportionate".[180] Dieser Bedeutungsunterschied darf aber nicht überbewertet werden und dazu führen, dass „excessive applies only when the disproportion is unbearably large".[181] Zum Teil wird die Auffassung vertreten, dass extensive Kollateralschäden insgesamt verboten sind.[182] Dies scheint mit dem Wortlaut schwerlich vereinbar zu sein, da damit ein absoluter Standard vorausgesetzt wird. Die **Abwägung zwischen militärischem Vorteil und zivilen Begleitschäden ist aber relativ.** Ein sehr großer militärischer Vorteil schließt erhebliche Kollateralschäden

---

[178] *Sassòli/Cameron* S. 65; UK Ministry of Defence, Manual, S. 86; *Schmitt* International Review of the Red Cross 2011, 392 f.; *Geiss/Siegrist* International Review of the Red Cross 2011, 31.

[179] Aus der Modifizierung folgern *Werle/Jessberger,* dass nur besonders gravierende Verletzungen des Verhältnismäßigkeitsgrundsatzes vom IStGH-Statut erfasst sein sollen Principles S. 494.

[180] *Dinstein* 1. Aufl. S. 120: „disproportion is clearly discernible". *Dinstein* S. 155: „disproportion is not in doubt".

[181] *Dinstein* 1. Aufl. S. 120.

[182] *Pilloud/Pictet* in *Sandoz/Swinarski/Zimmermann,* Art. 57 Rn. 1980; aA *Schmitt* International Review of the Red Cross, Bd. 87, Nr. 859, 2005, S. 457; *Dinstein* S. 156 f.

nicht aus.¹⁸³ Ein geringer militärischer Vorteil kann schon geringe Kollateralschäden verbieten. Ein Verbot extensiver Kollateralschäden kann sich allenfalls aus der Gesamtwertentscheidung, die in den Vorschriften des ersten Zusatzprotokolls zum Schutz der Zivilbevölkerung und ziviler Objekte zugrundeliegt, ergeben.¹⁸⁴

Die **Abwägung als solche ist grundsätzlich nicht einfach und hängt von den Umständen des Einzelfalles ab.** Sie wird dadurch erschwert, dass Ungleiches miteinander verglichen werden muss. Wie ist der konkrete Tod, die Verletzung von Menschen und die Zerstörung von Bauwerken mit etwas so abstraktem/relativem wie einem militärischen Vorteil zu vergleichen? Wie viele Menschenleben rechtfertigt die Zerstörung eines Panzers? Letztendlich wird man nicht immer zu eindeutigen Ergebnissen kommen können, auch diejenigen nicht, die in Gefechtssituationen oft innerhalb von Sekunden oder Minuten entscheiden müssen, ohne die Gewähr alle erforderlichen Informationen über anvisiertes Ziel und seine Umgebung erhalten zu haben. Die Beurteilung wird notwendigerweise subjektive Elemente aufweisen.¹⁸⁵ Es bleibt die Erkenntnis, dass beide Seiten der Abwägung in höchstem Maße variabel und nur schwer zu vergleichen sind. 91

Es kann demnach nur erwartet werden, dass der Befehlshaber **„honestly and competently"** und **bona fide** handelt. Die Entscheidung über einen Angriff muss auf der Basis von zu der Zeit verfügbaren Informationen über Fakten und Umstände erfolgen, die er sich dafür beschaffen muss. Zunächst muss er das Angriffsziel bestimmen. Unter Berücksichtigung der Charakteristika der einzusetzenden militärischen Mittel in Beziehung zum anvisierten Ziel und dessen Umgebung obliegt es ihm dann, den voraussichtlichen zivilen Schaden abzuschätzen. Zuletzt muss er den militärischen Vorteil ermitteln und diesen in Bezug zum zivilen Schaden setzen.¹⁸⁶ Aufgrund des durch den allgemeinen Wortlaut eröffneten subjektiven Maßstabs wird vielfach nur ein offensichtlicher Verstoß erkennbar sein.¹⁸⁷ Dies ist unstreitig dann der Fall, wenn der Einsatz theoretisch zwar gegen ein militärisches Ziel gerichtet ist, bei wertender Betrachtung tatsächlich aber die Zivilbevölkerung oder einzelne Zivilisten zum Ziel werden.¹⁸⁸ Das Verbot exzessiver ziviler Begleitschäden ist aber nicht auf diesen Extremfall beschränkt. 92

Vor diesem Hintergrund ist es sinnvoll, dass mit Blick auf eine mögliche Strafbarkeit erforderlich ist, dass der **Täter die Unverhältnismäßigkeit als sicher erwartet** (siehe infra zum subjektiven Tatbestand). 93

Wenngleich bei der Abwägung subjektive Elemente einen Einfluss haben, so muss die Frage danach, ob die Kollateralschäden außer Verhältnis sind, **objektiv beurteilt** werden. Dabei ist **streitig,** ob dies aus der **Perspektive einer „reasonably well-informed person in the circumstances of the actual perpetrator"**¹⁸⁹ oder eines **„reasonable commanders"** beantwortet werden muss.¹⁹⁰ Eine objektiv falsche Bewertung bei der Abwägung zwischen dem erwarteten zivilen Schaden und dem antizipierten militärischen Vorteil führt zur Völkerrechtswidrigkeit eines Einsatzes.¹⁹¹ 94

---

¹⁸³ Department of Defense, Law of War Manual, S. 245 mwN in Fn 319.
¹⁸⁴ Siehe *Gasser* in *Fleck,* Handbuch, S. 179; *ders./Dörmann* in *Fleck,* Handbook, S. 245.
¹⁸⁵ *Gasser* in *Fleck,* Handbuch, S. 179; *ders./Dörmann* in *Fleck,* Handbook, S. 245; *Gasser,* Humanitäres Völkerrecht, S. 150 f.; *Dinstein* S. 158; *Sassòli/Cameron* S. 63 f.; *Cassese,* Means of Warfare, S. 175; *Rauch* RDPMDG 1980, 225; *Blix,* Means and Methods of Combat, S. 148; *Solf* in *Bothe/Partsch/Solf,* Art. 51, S. 310.
¹⁸⁶ Siehe zu den Anforderungen allgemein *Hampson* S. 92; ähnlich *Schmidt* Air Force Law Review 1984, 320; *Solf* in *Bothe/Partsch/Solf,* Art. 51, S. 310; *Gasser/Dörmann* in *Fleck,* Handbook, S. 244 f.
¹⁸⁷ *Rauch* RDPMDG 1980, S. 223; *Prugh* RDPMDG 1982, 282; *Boothby,* The Law of Targeting, S. 97.
¹⁸⁸ Siehe dazu *Fenrick* Military Law Review 1982, 106.
¹⁸⁹ Prosecutor v. Galic, IT-98-29-T, para. 58: „In determining whether an attack was proportionate it is necessary to examine whether a reasonably well-informed person in the circumstances of the actual perpetrator, making reasonable use of the information available to him or her, could have expected excessive civilian casualties to result from the attack."
¹⁹⁰ Final Report to the Prosecutor by the Committee Established to Review the NATO Bombing Campaign Against the Federal Republic of Yugoslavia, para. 50. *Sassòli/Cameron* S. 64 f.; *Solf* in *Bothe/Partsch/Solf,* Art. 51, S. 363; siehe auch mit Einschränkungen *Bothe* European Journal of International Law 2001, 535; *Geiss/Siegrist* International Review of the Red Cross 2011, 33.
¹⁹¹ *Kalshoven* NYIL 1978, 118.

95 Aus den Formulierungen „**als sicher erwartet**" und „**erwarteter [...] militärischer Vorteil**" folgt des Weiteren, dass eine **Betrachtung ex-ante** für die vorzunehmende Abwägung maßgeblich ist.[192] Wenn der erwartete zivile Schaden geringer ist als der tatsächlich eingetretene, führt dies auch dann nicht zu einer Strafbarkeit gem. § 11 Abs. 1 Nr. 3, wenn der eingetretene Schaden im Verhältnis zum erwarteten militärischen Vorteil unverhältnismäßig ist. Das Gleiche gilt, wenn der tatsächliche militärische Vorteil hinter dem erwarteten zurückbleibt und dadurch ein Missverhältnis zum zivilen Schaden eintritt.[193]

96 Der vom Internationalen Gerichtshof für das ehemalige Jugoslawien in der ersten Instanz in der Angelegenheit Prosecutor v. Kupreskic and Others[194] angelegte Maßstab, nachdem

„in case of repeated attacks, all or most of them falling within the grey area between indisputable legality und unlawfulness, it might be warranted to conclude that the cumulative effect of such acts entails that they may not be in keeping with international law. Indeed, this pattern of military conduct may turn out to jeopardise excessively the lives and assets of civilians, contrary to the demands of humanity"

scheint nicht dem geltenden humanitären Völkerrecht zu entsprechen.[195]

97 Wenn dieser Ansatz vielleicht für das allgemeine Verbot unverhältnismäßiger Kollateralschäden greifen kann, so ist er doch schwerlich mit dem Straftatbestand auf Grund des IStGH-Statuts vereinbar, der eine „clear excessiveness" voraussetzt.

98 **4. Einsatz geschützter Personen als Schutzschilde (Nr. 4).** Soweit Abs. 1 Nr. 4 **internationale bewaffnete Konflikte** betrifft, beruht die Vorschrift auf Art. 8 Abs. 2 lit. b (xxiii) IStGH-Statut sowie auf Völkergewohnheitsrecht.[196] Sie kriminalisiert Verstöße gegen Art. 51 Abs. 7 des ersten Zusatzprotokolls, Art. 23 Abs. 1 des Dritten Genfer Abkommens und Art. 28 des Vierten Genfer Abkommens sowie gleich lautendes Völkergewohnheitsrecht.[197]

99 Für **nicht-internationale bewaffnete Konflikte** beruht die Vorschrift auf Völkergewohnheitsrecht.[198] Soweit nicht besonders hervorgehoben, gelten die nachfolgenden Ausführungen gleichermaßen für internationale und nicht-internationale bewaffnete Konflikte.

100 Der Internationale Gerichtshof für das ehemalige Jugoslawien hat die Verwendung von Schutzschilden wiederholt unter den Tatbeständen der unmenschlichen oder grausamen Behandlung, der Beeinträchtigung der persönlichen Würde, insbesondere der entwürdigenden und erniedrigenden Behandlung sowie der Geiselnahme, subsumiert.[199]

101 **a) Allgemeines.** Das Verbot des Einsatzes menschlicher Schutzschilde ist eine direkte Folge des Gebotes, die Zivilbevölkerung oder einzelne Zivilpersonen nicht in Feindseligkeiten einzubeziehen. **Die der Zivilbevölkerung zugestandene Immunität darf nicht für militärische Zwecke missbraucht werden.** Zivilpersonen, oder auch andere geschützte Personen, dürfen nicht in der Absicht eingesetzt werden, einen militärischen Vorteil zu erreichen oder dem Gegner einen solchen Vorteil unmöglich zu machen.[200]

102 Die Praxis des Einsatzes menschlicher Schutzschilde ist ein verstärkt in bewaffneten Konflikten auftretendes Phänomen. Die Pönalisierung erfüllt damit hoffentlich einen starken abschreckenden Zweck.

---

[192] *Boothby*, The Law of Targeting, S. 95; *Gasser/Dörmann* in *Fleck*, Handbook, S. 244 f.
[193] So die Argumentation von *Kalshoven* NYIL 1978, 117 f., und *Cassese*, Means of Warfare, S. 176, zu Art. 51 Abs. 5 lit. b ZP I.
[194] IT-95-16-T, para. 526.
[195] Final Report to the Prosecutor by the Committee Established to Review the NATO Bombing Campaign Against the Federal Republic of Yugoslavia, para. 52. Siehe aber *Benvenuti* European Journal of International Law 2001, 517 f.
[196] *Henckaerts/Doswald-Beck* S. 584; *Schmitt* IYHR 2008, 26 f. mwN.
[197] *Henckaerts/Doswald-Beck* S. 337 f.; *Sassòli* FS Bothe, 2008, 569.
[198] *Henckaerts/Doswald-Beck*, Customary International Humanitarian Law S. 337 f., 602; *Schmitt* IYHR 2008, 30 f.
[199] *Henckaerts/Doswald-Beck* S. 584, 602 mwN *Dörmann*, Elements of War Crimes, S. 345 mwN.
[200] *Gasser* in *Fleck*, Handbuch, S. 175; *ders./Dörmann* in *Fleck*, Handbook, S. 241.

b) Eine nach dem humanitären Völkerrecht zu schützende Person. Der Täter 103 muss eine nach dem humanitären Völkerrecht zu schützende Person als Schutzschild einsetzen. Unter den Begriff fallen nicht nur wie **in den meisten Fällen Zivilpersonen,** sondern **auch zB Kriegsgefangene** (Art. 23 des Dritten Genfer Abkommens) **und militärisches Sanitätspersonal** (Art. 19 des Ersten Genfer Abkommens; siehe auch Art. 12 des ersten Zusatzprotokolls). Zivilpersonen werden wie sich aus Art. 51 Abs. 7 des ersten Zusatzprotokolls ergibt, anders als im Fall des Art. 28 des Vierten Genfer Abkommens iVm dessen Art. 4, unabhängig von ihrer Nationalität geschützt. Siehe im Übrigen § 8 Abs. 6.

c) Als Schutzschild einsetzen. Das IStGH beschreibt diese Tathandlung mit der 104 Benutzung der Anwesenheit einer Zivilperson oder anderen geschützten Person zu dem Zweck, Kampfhandlungen fernzuhalten. Das erste Zusatzprotokoll definiert in Art. 51 Abs. 7 S. 1 zunächst eine spezifische Begehungsform: **Versuche, militärische Ziele vor Angriffen abzuschirmen oder Kriegshandlungen zu decken, zu begünstigen oder zu behindern.** Die geschützten Personen müssen dies nicht einmal merken. Diese Begehungsform erfasst auch Situationen, in denen sich geschützte Personen aufgrund eigenen Entschlusses zu einem Ort bewegen und ihre Präsenz dann ausgenutzt wird.[201]

Darüber hinaus verbietet Art. 51 Abs. 7 S. 2, dass **Bewegungen der Zivilbevölkerung** 105 **oder einzelner Zivilpersonen zu dem Zweck gelenkt werden, militärische Ziele vor Angriffen abzuschirmen oder Kriegshandlungen zu decken.**

Die Verbrechenselemente des Kriegsverbrechens im IStGH-Statut verlangen unter 106 Berücksichtigung der Regelung des ersten Zusatzprotokolls, dass

„The perpetrator moved or otherwise took advantage of the location of one or more civilians or other persons protected under the international law of armed conflict."[202]

Danach sind **verschiedenen Begehungsformen** denkbar:[203] Zum einen kann es sein, 107 dass „freiwillige" Schutzschilde benutzt werden oder Personen gezwungen werden, bei militärischen Operationen dabei zu sein. Sie können dabei als Schirm für militärische Bewegungen zu einem Ort gebracht werden, können auf militärische Ziele platziert werden, etc, jeweils zu dem Zweck der eigenen Seite einen militärischen Vorteil zu bereiten und den Gegner von Angriffen abzuhalten oder Angriffe anders auszuführen.

Das zweite Szenario ist letztlich eine Variation des ersten. Hier werden militärische 108 Operationen bewusst in zivilen Bereichen ausgeführt, zB in dem sich Kombattanten unter die Zivilbevölkerung mischen, um von dort aus Angriffe zu führen; indem sie sich unter einen Flüchtlingszug mischen, um sich dem Gegner und seinen Angriffen zu entziehen, oder indem bewegliche militärische Ziele in die Nähe von Zivilpersonen oder anderen geschützten Personen gebracht werden (die dort freiwillig oder gezwungenermaßen verbleiben), um sie vor gegnerischen Angriffen zu schützen.

Vom Verbot der Benutzung menschlicher Schutzschilde sind die Sorgfalts- 109 **pflichten nach Art. 58 des ersten Zusatzprotokolls unterscheiden.** Zwar dienen beide der gleichen Zielrichtung. Art. 58 schreibt Vorsichtsmassnahmen zum Schutz der Zivilbevölkerung, die sich unter der Kontrolle einer Konfliktpartei befinden, vor den Wirkungen gegnerischer Angriffe vor. Diese Maßnahmen müssen ergriffen werden, soweit dies praktisch irgend möglich ist. Eine Verletzung dieser Pflichten stellt kein Kriegsverbrechen im Sinne von § 11 Abs. 1 Nr. 4 dar. Wesentlicher Unterschied zwischen Art. 51 Abs. 7 und Art. 58 ist, dass im ersten Fall die Präsenz oder die Bewegung der Zivilpersonen bewusst zu einem militärischen Vorteil genutzt wird, entscheidend ist demnach die Intention des Täters.[204]

---

[201] *Schmitt* IYHR 2008, 30; *Dinstein*, IYHR 2014, 280.
[202] Zur Verhandlungsgeschichte siehe *Dörmann*, Elements of War Crimes, S. 344.
[203] Siehe auch statt anderer *Pilloud/Pictet* in *Sandoz/Swinarski/Zimmermann* Art. 51 Rn. 1988; *Dinstein* S. 182; *ders.* IYHR 2014, 280; *Werle/Jessberger* Principles S. 507 f.; *Gasser/Dörmann* in *Fleck*, Handbook, S. 241; *Heijden* in *Clapham/Gaeta/Sassoli*, The Geneva Conventions, S. 1251 f.
[204] *Dörmann*, Elements of War Crimes, S. 344–348; *Sassòli* FS Bothe, 2008, 570; *Solf* in *Bothe/Partsch/Solf* Art. 51, S. 316; *Schmitt* IYHR 2008, 26 f., 28.

110 **5. Aushungern als Methode der Kriegführung (Nr. 5).** Soweit Abs. 1 Nr. 5 **internationale bewaffnete Konflikte** betrifft, beruht die Vorschrift auf Art. 8 Abs. 2 lit. b (xxv) IStGH-Statut und auf Völkergewohnheitsrecht.[205] Sie kriminalisiert Verstöße gegen Art. 54 des ersten Zusatzprotokolls und im Kern gleich lautendes Völkergewohnheitsrecht.[206]

111 Für **nicht-internationale bewaffnete Konflikte** ergibt sich die strafrechtliche Bewehrtheit aus Völkergewohnheitsrecht.[207] Sie pönalisiert Verstöße gegen Art. 14 des zweiten Zusatzprotokolls und im Wesentlichen gleich lautendes Völkergewohnheitsrecht. Soweit nicht besonders hervorgehoben gelten die nachfolgenden Ausführungen gleichermaßen für internationale und nicht-internationale bewaffnete Konflikte.

112 Das Kriegsverbrechen muss daher in erster Linie im Lichte von Art. 54 des ersten und Art. 14 des zweiten Zusatzprotokolls ausgelegt werden.

113 **a) Aushungern von Zivilpersonen.** Unter Aushungern kann man allgemein das **Hervorrufen einer Hungersnot** verstehen. Wie sich aus Art. 54 Abs. 2 des ersten Zusatzprotokolls ergibt, erfasst diese jedenfalls das Vorenthalten von Nahrungsmitteln, einschließlich die Versorgung mit Trinkwasser. Der Begriff erfasst daher jedenfalls das **Vorenthalten von Essen und/oder Trinken.**[208] Die englische Wortbedeutung des Begriffs „starvation", wie er sowohl im IStGH-Statut als auch im ersten Zusatzprotokoll verwendet wird, kann aber auch weiter verstanden werden und **andere lebensnotwendige Gegenstände** erfassen, wie Decken, Kleidung und ähnliches um sich vor Kälte zu schützen, oder auch Arzneimittel. „Starvation" würde dann als „deprivation or insufficient supply of some essential commodity or something necessary to live" verstanden.[209] Bei der Aushandlung der Verbrechenselemente zum IStGH-Statut lag eher diese weite Auslegung zugrunde.[210] Das relevante Verbrechensmerkmal spricht daher auch nur davon, dass der Täter „deprived civilians of objects indispensable to their survival." In objektiver Hinsicht würde gegen das allgemeine Verbot des Aushungerns der Zivilbevölkerung generell auch dann verstoßen, wenn Lieferungen von Lebensmitteln, Trinkwasser, Medikamenten und anderen lebensnotwendigen Versorgungsgütern zugunsten der Zivilbevölkerung belagerter Städte verhindert werden. Diesen Gedanken bestätigt Art. 70 des ersten Zusatzprotokolls, der die Zulassung unparteiischer humanitärer Hilfsaktionen für die betroffene Zivilbevölkerung sogar ausdrücklich vorschreibt.[211] Im Wege einer **völkerrechtsfreundlichen Auslegung** sollte auch dieses Begriffsverständnis dem VStGB zugrunde gelegt werden.

114 Der Tatbestand setzt voraus, dass Zivilpersonen ausgehungert werden. Zivilpersonen sind wie in Abs. 1 Nr. 1 zu verstehen und können in einem internationalen bewaffneten Konflikt, wie sich aus Art. 49 Abs. 2 und 54 Abs. 5 des ersten Zusatzprotokolls ergibt, auch eigene Staatsangehörige sein und sich auf eigenem Territorium befinden. Bei einem nicht-internationalen Konflikt ist Nationalität ohnehin kein relevantes Kriterium.

115 Die Regeln der Zusatzprotokolle und wohl auch die neuere Entwicklung des Völkergewohnheitsrechts haben zu einer Neubeurteilung von Praktiken geführt, die lange Zeit als zulässig angesehen worden sind. So waren die gezielte Verwüstung besetzter Gebiete im Rahmen von Rückzugsoperationen sowie die Aushungerung der Bevölkerung bei der Belagerung feindlicher Städte als im Prinzip zulässig anerkannt worden. Heute ist im Lichte der jüngeren Völkerrechtsentwicklung eine andere Betrachtung angezeigt.[212] Eine Politik

---

[205] *Henckaerts/Doswald-Beck* S. 581.
[206] *Henckaerts/Doswald-Beck* S. 186 ff.
[207] *Henckaerts/Doswald-Beck* S. 603.
[208] Siehe *Oeter* in *Fleck*, Handbuch, S. 155; *ders.* in *Fleck*, Handbook, S. 209.
[209] *Cottier* in *Triffterer/Ambos*, 3. Aufl., Art. 8 para. 770.
[210] *Dörmann*, Elements of War Crimes, S. 363 f.; *Werle/Jessberger* Principles S. 505 mwN. So auch *Oeter* in *Fleck*, Handbuch, S. 155; *ders.* in *Fleck*, Handbook, S. 218. *Dinstein* S. 251, jeweils für die Regelungen der Zusatzprotokolle.
[211] *Oeter* in *Fleck*, Handbuch, S. 156; *ders.* in *Fleck*, Handbook, S. 220; auch *Dinstein*, Siege warfare, S. 150.
[212] Siehe *Oeter* in *Fleck*, Handbuch, S. 155 f.; *ders.* in *Fleck*, Handbook, S. 210 f.; *Dinstein* S. 253 ff., der zwar die Neubeurteilung durch das erste Zusatzprotokoll anerkennt, sich aber skeptisch bzgl. des Völkergewohnheitsrechts in Situationen der Belagerung feindlicher Städte äußert.

der „**verbrannten Erde**" ist heute nur noch im Rahmen der Ausnahmeregelung des Art. 54 Abs. 5 des ersten Zusatzprotokolls zulässig. Die Belagerung von verteidigten Orten, eine klassische Kriegführungsmethode, ist nur noch im engen Rahmen von Art. 54 des ersten Zusatzprotokolles und sonstiger Vorschriften über humanitärer Hilfsaktionen zugunsten der Zivilbevölkerung zulässig. Die Belagerung muss ein militärisches Ziel verfolgen, darf sich nur gegen Kombattanten und Zivilisten, die unmittelbar an Feindseligkeiten teilnehmen, richten, nicht aber zum Aushungern der Zivilbevölkerung führen.[213]

b) Als Methode der Kriegsführung. Das Zusammenspiel der Begriffe „Aushungern" und „Methode der Kriegführung" verdeutlicht, dass die Erzeugung einer Hungersnot durch eine Konfliktpartei bewusst hervorgerufen worden sein muss, damit ein militärisches Vorgehen als tatbestandsmäßig eingestuft werden kann. Zu berücksichtigen ist aber, dass bewaffnete Konflikte immer Entbehrungen, vor allem auch Hungerperioden, mit sich bringen. Daher kann aus teleologischen Gründen mit dieser Vorschrift nicht gemeint sein, dass bei der Kriegführung stets darauf zu achten ist, dass die Zivilbevölkerung keinen Nahrungsmittelmangel erleidet. Derartige Begleitschäden sind prinzipiell hinzunehmen.[214] Das Aushungern als Methode der Kriegführung ist daher als **eine Art „Waffe" zu beschreiben, mit der das Ziel verfolgt wird, die Zivilbevölkerung in einen Hungerzustand zu versetzen** und sie dadurch zu vernichten oder zu schwächen.[215] Dies ist insbesondere dann der Fall, wenn die Kriegführenden sie **von ihren eigenen Nahrungsmittelreserven abschneiden oder ihre Versorgung mit Nahrungsmitteln unterbinden**. 116

c) Tathandlungen. Der Tatbestand sieht eine abschließende Liste von Tathandlungen zum Aushungern von Zivilpersonen vor: das Vorenthalten lebensnotwendiger Gegenstände und das Behindern von Hilfslieferungen unter Verstoß gegen das humanitäre Völkerrecht. Der Tatbestand beschreibt ein **Tätigkeitsdelikt** und setzt daher nicht voraus, dass es zu Toten unter der Zivilbevölkerung kommt. Der Eintritt dieser Folge wird von der Erfolgsqualifizierung des § 11 Abs. 2 erfasst. 117

aa) Lebensnotwendige Gegenstände vorenthalten. Was unter dieser Tathandlung gemeint ist, ergibt sich in erster Linie aus **Art. 54 Abs. 2 erstes Zusatzprotokoll**.[216] Danach ist es verboten, 118

„für die Zivilbevölkerung lebensnotwendige Objekte wie Nahrungsmittel, zur Erzeugung von Nahrungsmitteln genutzte landwirtschaftliche Gebiete, Ernte- und Viehbestände, Trinkwasserversorgungsanlagen und -vorräte anzugreifen, zu zerstören, zu entfernen oder unbrauchbar zu machen, um sie wegen ihrer Bedeutung für den Lebensunterhalt der Zivilbevölkerung oder der gegnerischen Partei vorzuenthalten, gleichviel ob Zivilpersonen ausgehungert oder zum Fortziehen veranlasst werden sollen oder ob andere Gründe maßgebend sind."

Der Begriff **lebensnotwendige Objekte** wird durch einige Beispiele konkretisiert. Die Aufzählung ist dabei nicht abschließend.[217] Sämtliche genannten Objekte dienen vorrangig dem Überleben der Zivilbevölkerung. Schutzgut der Vorschrift ist die Nahrungs- und Trinkwasserversorgung der Bevölkerung. 119

Art. 54 Abs. 2 des ersten Zusatzprotokolls nennt die verschiedensten Handlungsalternativen „angreifen, zerstören, entfernen, unbrauchbar machen", die alle die Handlung des Vorenthaltens im Sinne von Abs. 1 Nr. 5 erfüllen. Zum begrifflichen Verständnis des Verbs 120

---

[213] Siehe *Oeter* in *Fleck*, Handbook, S. 210; *van Schaack*, Siege Warfare and the Starvation of Civilians as a Weapon of War and War Crime, JustSecurity, 4 February 2016: https://www.justsecurity.org/29157/siege-warfare-starvation-civilians-war-crime/ (abgerufen am 24.5.2017); *Henckaerts/Doswald-Beck* S. 188, 197.

[214] *Eichen/Walz* NZWehrr 1988, S. 206; *Aldrich* AJIL 1981, S. 778.

[215] *Pilloud/Pictet* in *Sandoz/Swinarski/Zimmermann*, Art. 54 Rn. 2090.

[216] *Blix*, Means and Methods, S. 143; *Aldrich* AJIL 1981, S. 778; Kommentierung des Schweizer Bundesrats in Botschaft über die Zusatzprotokolle zu den Genfer Abkommen, S. 50; *van Dongen* S. 213.

[217] Dies wird im deutschen Wortlaut durch das Wort „wie", im englischen bzw. französischen Vertragstext durch die Wörter „such as" bzw. „tels que" verdeutlicht. Siehe auch *Solf* in *Bothe/Partsch/Solf*, Art. 54, S. 340; *Pilloud/Pictet* in *Sandoz/Swinarski/Zimmermann* Art. 54 Rn. 2103. Siehe auch oben bei den Ausführungen zum Begriff des „Aushungerns".

„angreifen" kann auf die Ausführungen zum entsprechenden Substantiv „Angriff" verwiesen werden.[218] Unter **„zerstören"** ist der üblichen Wortbedeutung nach eine Substanzeinbuße zu verstehen. **„Entfernen"** impliziert dagegen ein räumliches Verbringen der genannten Objekte. Dem Verb **„unbrauchbar machen"** kommt eine sehr weite Bedeutung zu, die ein Handeln kennzeichnet, das das bestimmungsgemäße Nutzen eines Gegenstandes oder Objektes verhindert. Damit können alle denkbaren Schädigungshandlungen erfasst werden, die gegen lebensnotwendige Objekte gerichtet sind.[219] Unter „unbrauchbar machen" kann auch die gezielte Verschmutzung oder Verunreinigung von Wasser und Nahrungsmitteln fallen.[220] Es sollte nicht ausgeschlossen sein, dass der Tatbestand **auch durch Unterlassen begangen werden kann,** insbesondere dann, wenn das humanitäre Völkerrecht eine spezielle Handlungspflicht vorsieht, wie zB die Pflicht, der Besatzungsmacht, besetzte Gebiete mit Nahrung zu versorgen (siehe Art. 55 des Vierten Genfer Abkommens und Art. 69 des ersten Zusatzprotokolls).[221]

121 Diese Tathandlungen können nur dann als tatbestandsmäßig angesehen werden, wenn sie nicht von den **spezifischen Ausnahmeregelungen,** vor allem des Art. 54 Abs. 3–5 des ersten Zusatzprotokolls gedeckt sind.[222] Art. 14 des zweiten Zusatzprotokolls enthält dagegen einen weitergehenden Schutz. Wie sich aus der Formulierung „um sie wegen ihrer Bedeutung für den Lebensunterhalt der Zivilbevölkerung oder der gegnerischen Partei vorzuenthalten" von Art. 54 Abs. 2 des ersten Zusatzprotokolls ergibt, werden Handlungen nicht erfasst, die lediglich zivile Kollateralschäden bei Angriffen auf militärische Ziele mit sich bringen (jedoch sind die speziellen Grenzen von Art. 54 Abs. 3 lit. b zu beachten) oder unbeabsichtigte Nebenfolgen militärischer Operationen sind. In strafrechtlicher Hinsicht sind diese an Abs. 1 Nr. 3 zu messen.

122 **bb) Behinderung von Hilfslieferungen.** Die Tathandlung des Behinderns von Hilfslieferungen beurteilt sich danach, ob dies unter Verstoß gegen das humanitäre Völkerrecht erfolgt.[223] Das humanitäre Völkerrecht enthält eine Vielzahl von Regelungen über die Durchführung von Hilfslieferungen (zB Art. 23 und 55 des Vierten Genfer Abkommens sowie Art. 69–71 des ersten Zusatzprotokolls). Hier ist generell nur anzumerken, dass diese Hilfslieferungen nicht schrankenlos gewährt werden müssen, häufig sind sie **von Zustimmungsregelungen oder erforderlichen Kontrollmaßnahmen abhängig.** Auf diese kann an dieser Stelle nicht im Einzelnen eingegangen werden. Zu einer umfassenden Aufstellung relevanter Vorschriften siehe *Dörmann*, Elements of War Crimes, S. 366 ff.[224] Die Aufstellung folgt auch der weiten Auslegung des Begriffs „Aushungern", wie er zuvor beschrieben wurde. Es sei hier nur angemerkt, dass grundsätzlich nicht von einem Behindern gesprochen werden kann, wenn Hilfslieferungen rechtmäßig unterbunden werden,[225] wenn zB bestimmte Zustimmungsregelungen nicht beachtet werden, wenn der Charakter der Hilfslieferungen nicht dem vom humanitären Völkerrecht Vorausgesetzten entspricht, etc.[226]

---

[218] Siehe oben § 11 Abs. 1 Nr. 1.
[219] *Pilloud/Pictet* in *Sandoz/Swinarski/Zimmermann*, Art. 54 Rn. 2101.
[220] Zum Problem des Angriffs auf die Stromversorgung, die uU die gesamte Trinkwasserversorgung einer Region sicherstellt, siehe *Oeter* in *Fleck*, Handbuch, S. 155; *ders.* in *Fleck*, Handbook, S. 209 f.
[221] *Werle/Jessberger* Principles S. 503 f. mwN.
[222] Zu den Details siehe *Pilloud/Pictet* in *Sandoz/Swinarski/Zimmermann* Art. 54 Rn. 2108 ff.; *Solf* in *Bothe/Partsch/Solf*, Art. 54, S. 340 ff.
[223] Das VStG ist insoweit klarer als das IStGH Statut, das bei dem entsprechenden Kriegsverbrechen nur auf Behinderungen von Hilfslieferungen gemäss der Genfer Abkommen abstellt. Siehe auch *Bartels*, Israel Law Review 2015, 293 f.
[224] Siehe auch *Cottier* in *Triffterer/Ambos*, 3. Aufl., Art. 8 Rn. 775 ff.
[225] Allerdings darf die Zustimmung zu Hilfslieferungen auch nicht willkürlich verweigert werden, vor allem dann nicht, wenn dies zu einer Verletzung von Art. 54 und 14 des ersten bzw zweiten Zusatzprotokolls und entsprechenden Gewohnheitsrechts führen würde, siehe zB *Bothe* in *Bothe/Partsch/Solf*, Art. 70, S. 434; id., Art. 18, S. 696 f.; *Sandoz* in *Sandoz/Swinarski/Zimmermann*, Art. 70 Rn. 2805.
[226] IKRK, Bericht für die 32. Internationale Rotkreuz- und Rothalbmond-Konferenz, „International Humanitarian Law and the challenges of contemporary armed conflicts", 32IC/15/11, Oktober 2015, S. 26 ff.:

d) Konkurrenzen. Angriffe gegen lebensnotwendige Gegenstände können auch den Tatbestand des Abs. 1 Nr. 2, unter Umständen auch § 9 Abs. 1 erfüllen. Auf Konkurrenzebene sind diese Fälle im Wege der Gesetzeseinheit zu lösen. **123**

6. Kein Pardon (Nr. 6). Soweit sie **internationale bewaffnete Konflikte** betrifft, basiert diese Vorschrift auf Art. 8 Abs. 2 lit. b (xii) IStGH-Statut und Völkergewohnheitsrecht. Sie kriminalisiert Verstöße gegen Art. 23 lit. d der Haager Landkriegsordnung und Art. 40 des ersten Zusatzprotokolls zu den Genfer Abkommen sowie gleich lautendes Völkergewohnheitsrecht.[227] Es handelt sich um ein schon lange anerkanntes Kriegsverbrechen, erste Verurteilungen hat es schon unmittelbar nach dem Zweiten Weltkrieg gegeben.[228] **124**

Für **nicht-internationale bewaffnete Konflikte** beruht die Vorschrift auf Art. 8 Abs. 2 lit. e (x) IStGH-Statut und Völkergewohnheitsrecht. Sie pönalisiert Verstöße gegen Art. 4 Abs. 1 des zweiten Zusatzprotokolls und gleich lautendes Völkergewohnheitsrecht.[229] Soweit nicht besonders hervorgehoben, gelten die nachfolgenden Ausführungen gleichermaßen für internationale und nicht-internationale bewaffnete Konflikte. **125**

a) Befehlshaber. Der Begriff des Befehlshabers ist **weit zu verstehen** und ist nicht auf militärische Befehlshaber beschränkt, auch Zivilpersonen, die eine derartige Anordnung treffen können, können Täter sein. In den Verbrechenselementen des IStGH-Statuts wird verlangt, dass der Täter in einer Position „of effective command or control over subordinate forces to which the declaration or order was directed" war. Es ist daher erforderlich, dass die anordnende oder androhende Person eine **gewisse Kommandogewalt** innehat und zumindest de facto die Befolgung durch Angehörige der Streitkräfte oder andere am Konflikt teilnehmende Personen erreichen könnten.[230] Wäre dem nicht so, käme der Anordnung oder Androhung keine Glaubwürdigkeit zu.[231] **126**

Auch vor dem Hintergrund dessen, dass dieser Tatbestand in einem nicht-internationalen bewaffneten Konflikt erfüllt werden kann, scheint eine weite Auslegung des Begriffs „Befehlshaber" angezeigt. Auf eine Ermächtigung nach nationalem Recht kommt es danach nicht an. Vielmehr dürfte jeder, der **tatsächliche Befehlsgewalt** innehat, als Täter in Betracht kommen. **127**

b) Tathandlung. Der Begriff „kein Pardon" steht für eine Kampfführung, die „keine Gefangene macht", die keine „Überlebenden lässt". Als Tathandlung dieses Tätigkeitsdelikts ist das **bloße Anordnen oder Androhen ausreichend.** Die beiden Begriffe konkretisieren unter Berücksichtigung von Art. 40 des ersten Zusatzprotokolls den im IStGH-Statut verwendeten Begriff der Erklärung. Grund für die Wahl der Begriffe „Anordnung" und „Androhung" ist auch, dass eine einfache Erklärung, von der die Befolgung durch Angehörige der Streitkräfte oder andere am Konflikt teilnehmende Personen nicht erwartet werden kann, keine Glaubwürdigkeit und damit kein hinreichendes Gefährdungspotential hat.[232] Die Tathandlung kann öffentlich gemacht werden (zB eine öffentliche Androhung), aber auch intern bleiben (zB ein interner Befehl an eine militärische Einheit).[233] **128**

Es ist nach dem Gesetzeswortlaut nicht erforderlich, dass eine Umsetzung tatsächlich erfolgt, das heißt, dass Kriegshandlungen auf dieser Basis durchgeführt werden. Der Wortlaut **129**

---

https://www.icrc.org/en/document/international-humanitarian-law-and-challenges-contemporary-armed-conflicts (abgerufen am 24.5.2017). Weiter führend zu den in Dörmann, Elements of War Crimes, S. 366 ff. genannten Vorschriften, Pictet (Hrsg), Commentary on the Geneva Convention IV; *Sandoz/Swinarski/Zimmermann* und *Bothe/Partsch/Solf.*

[227] *Henckaerts/Doswald-Beck* S. 161 f.
[228] Siehe *Dörmann*, Elements of War Crimes, S. 247, 186 ff.
[229] *Henckaerts/Doswald-Beck* S. 161 f., 594.
[230] *Dörmann*, Elements of War Crimes, S. 246. Einen ähnlichen Ansatz legt der BGH für militärische Befehlshaber im Sinne von Art. 4 VStGB zugrunde, BGH 17.6.2010 – AK 3/10; BeckRS 2010, 1644; Ermittlungsrichter des Bundesgerichtshofs, para. 39: http://lexetius.com/2010,1936 (abgerufen am 2.6.2017).
[231] BT-Drs. 14/8524, 34; *Werle/Jessberger* Principles S. 503.
[232] Siehe auch BT-Drs. 14/8524, 34.
[233] *Werle/Jessberger* Principles S. 503 mwN.

von Abs. 1 Nr. 6 scheint dagegen, anders als Art. 40 des ersten Zusatzprotokolls, das tatsächliche Führen von Feindseligkeiten in diesem Sinne, ohne spezielle Anordnung oder Androhung, nicht zu erfassen.[234] Wenn eine derartige im Vergleich zu Art. 40 restriktive Auslegung – so wie sie auch in den Verbrechenselementen des IStGH-Statuts vertreten wird – hier anzunehmen ist, kommt jedoch eine Strafbarkeit für ein solches Verhalten nach § 8 Abs. 1 Nr. 1 und Abs. 2 in Betracht.[235] Letztere Vorschriften sind auch dann von besonderer Bedeutung, wenn es um die Nichtgewährung von Pardon in Einzelfällen geht. Der Tatbestand des § 11 Abs. 1 Nr. 6 betrifft **einen eher methodischen Einsatz dieser Kampfführung**.[236] Fraglich ist, ob und unter welchen Umständen eine Kriegführung verboten ist, die dem Gegner nicht die Möglichkeit gibt, sich zu ergeben,[237] oder ob und unter welchen Umständen Einschränkungen beim Waffeneinsatz bestehen.[238]

130 **7. Meuchlerisches Töten oder Verwunden (Nr. 7).** Soweit Abs. 1 Nr. 7 **internationale bewaffnete Konflikte** betrifft, beruht diese Vorschrift auf Art. 8 Abs. 2 lit. b (xi) IStGH-Statut und in Teilen auf Art. 85 Abs. 3 lit. f des ersten Zusatzprotokolls zu den Genfer Abkommen sowie auf Völkergewohnheitsrecht.[239] Sie kriminalisiert Verstöße gegen Art. 23 lit. b der Haager Landkriegsordnung und in Teilen Art. 37 des ersten Zusatzprotokolls (der Taterfolg Gefangennahme ist nicht erfasst, siehe infra) sowie entsprechendes Völkergewohnheitsrecht.[240]

131 Für **nicht-internationale bewaffnete Konflikte** beruht die Vorschrift auf Völkergewohnheitsrecht.[241] Soweit nicht besonders hervorgehoben gelten die nachfolgenden Ausführungen gleichermaßen für internationale und nicht-internationale bewaffnete Konflikte.

132 **a) Allgemeines.** Wie die Verbrechenselemente zum Kriegsverbrechen im IStGH-Statut verdeutlichen, vereint der Straftatbestand Elemente aus dem **ursprünglichen Verbot aus der Haager Landkriegsordnung und Art. 37 des ersten Zusatzprotokolls,** der das Haager Verbot konkretisiert. Es ist generell anerkannt, dass die Definition der Perfidie/ der Heimtücke im Sinne des humanitären Völkerrechts (sie ist vom Heimtückebegriff des deutschen Strafrechts zu unterscheiden) weitgehend das Erfordernis des Meuchlerischen erfasst. Über die Definition des Art. 37 des ersten Zusatzprotokolls hinausgehend, wurden von Art. 23 lit. b der Haager Landkriegsordnung ua auch das Ausloben einer Belohnung für die Tötung eines gegnerischen Staatschefs oder eines Gegners im Allgemeinen verboten.[242] Ob die Schlussfolgerung Ipsens korrekt ist, dass die Heimtücke-Definition des ersten Zusatzprotokolls die der Haager Landkriegsordnung ersetzt hat und nach Völkergewohnheitsrecht keine weiter reichende Definition besteht,[243] ist nicht abschließend geklärt. Für

---

[234] Die Gesetzesbegründung der Bundesregierung scheint jedoch weiter zu sein, BT-Drs. 14/8524, 34. Bei der Aushandlung der Verbrechenselemente für das korrespondierende Kriegsverbrechen im IStGH-Statut ist diese Begehungsform nicht aufgenommen worden, da einige Delegationen den gewohnheitsrechtlichen Status bezweifelten, siehe *Dörmann*, Elements of War Crimes, S. 246; *Cottier/Grignon* in *Triffterer/Ambos,* 3. Aufl., Art. 8 Rn. 474.
[235] Siehe *Henckaerts/Doswald-Beck* S. 162: „To conduct military operations on the basis that no quarter shall be given would constitute multipple violations of the prohibition on attacking persons hors de combat." Siehe auch *Oeter* in *Fleck*, Handbook, S. 187.
[236] BT-Drs. 14/8524, 34.
[237] Siehe *Cottier/Grignon* in *Triffterer/Ambos,* 3. Aufl., Art. 8 Rn. 473 ff. (478); *de Preux* in *Sandoz/Swinarski/Zimmermann,* Art. 40 Rn. 1598 f.
[238] Siehe *Cottier/Grignon* in *Triffterer/Ambos,* 3. Aufl., Art. 8 Rn. 477.
[239] *Henckaerts/Doswald-Beck* S. 575.
[240] *Henckaerts/Doswald-Beck* S. 221.
[241] *Henckaerts/Doswald-Beck* S. 221, 599.
[242] Siehe zu den weiteren Beispielen meuchlerischer Tötung, *Dörmann*, Elements of War Crimes, S. 241 f., vor allem auch S. 243; *Solf* in *Bothe/Partsch/Solf,* Art. 37, S. 204.
[243] *Ipsen*, Perfidy, S. 979. Sowohl das geänderte Minenprotokoll zum UN-Waffenübereinkommen (Art. 7) als auch das ursprüngliche (Art. 6) verwenden beide Begriffe nebeneinander im authentischen englischen Vertragstext (die deutsche Übersetzung hat den Begriff des Meuchlerischen anders übersetzt). Siehe auch *Cottier/Grignon* in *Triffterer/Ambos,* 3. Aufl., Art. 8 Rn. 452 ff.; Department of Defense, Law of War Manual, S. 296.

Abs. 1 Nr. 7 kann jedoch gefolgert werden, dass **jedenfalls die Vorgaben des Art. 37 des ersten Zusatzprotokolls relevant sind.**

133 Die Täuschung des Gegners ist seit jeher Bestandteil der Kriegsführung, zB über eigene Truppenstärke, den Ort eines Angriffs, Tarnungen eigener Stellungen, etc. Das humanitäre Völkerrecht verbietet aber nur solche **Täuschungen, die gegen das Perfidieverbot verstoßen.** Welche Täuschungen darunter fallen, wird im Folgenden dargestellt.

134 **b) Tathandlungen.** Ausgangspunkt der Analyse ist **Art. 37 Abs. 1 des ersten Zusatzprotokolls,** der in Satz 2 folgende **Definition der Heimtücke** enthält:

„Als Heimtücke gelten Handlungen, durch die ein Gegner in der Absicht, sein Vertrauen zu missbrauchen, verleitet wird, darauf zu vertrauen, dass er nach den Regeln des in bewaffneten Konflikten anwendbaren Völkerrechts Anspruch auf Schutz hat oder verpflichtet ist, Schutz zu gewähren."

135 Zwei wesentliche Merkmale sind danach für perfides Verhalten konstitutiv. Es muss sich zunächst um einen Akt handeln, der objektiv dazu geeignet ist, **Vertrauen bei einem Gegner zu schaffen.**[244] Dieses Vertrauen muss auf eine bestimmte rechtliche Situation gerichtet sein, aus der der Gegner einen **Anspruch auf Schutz herleiten kann** oder er verpflichtet ist, **Schutz zu gewähren.** Nach Art. 37 Abs. 1 S. 2 reicht es nicht aus, dass der rechtliche Schutz aus irgendeinem Völkerrechtssatz resultiert, sondern er muss nach den Regeln des in bewaffneten Konflikten anwendbaren Völkerrechts bestehen.[245] Schließlich muss der Gegner dazu **verleitet werden, auf den Schutz zu vertrauen oder diesen zu gewähren.** Als zweites ist darüber hinaus erforderlich, dass der Vertrauen schaffende Akt in der Absicht erfolgte, das Vertrauen des Gegners zu missbrauchen (dazu später beim subjektiven Tatbestand).[246]

136 Im Kern setzt das Perfidieverbot also das **Vorspiegeln eines Schutz-(Vertrauens)tatbestandes und dessen Ausnutzung** voraus.[247] Dadurch unterscheidet sich eine verbotene Perfidie von einer **erlaubten Kriegslist** im Sinne von Art. 37 Abs. 2 des ersten Zusatzprotokolls. Kriegslisten sind „Handlungen, die einen Gegner irreführen oder ihn zu unvorsichtigem Handeln veranlassen sollen, die aber keine Regel des in bewaffneten Konflikten anwendbaren Völkerrechts verletzen und nicht heimtückisch sind, weil sie den Gegner nicht verleiten sollen, auf den sich aus diesem Recht ergebenden Schutz zu vertrauen."

137 Das erste Zusatzprotokoll enthält in Art. 37 Abs. 1 S. 3 **Beispiele für heimtückisches Verhalten** im Sinne des humanitären Völkerrechts. Die Liste ist bei weitem nicht abschließend:[248]

— Das Vortäuschen der Absicht, unter einer **Parlamentärflagge** zu verhandeln oder sich zu ergeben (nach Art. 33 der Haager Landkriegsordnung hat ein Parlamentär Anspruch auf Unverletzlichkeit);

— das Vortäuschen von **Kampfunfähigkeit** infolge Verwundung oder Krankheit (verschiedene Vorschriften der Genfer Abkommen und der Zusatzprotokolle beschreiben die Pflicht, Verwundete und Kranke zu schützen, siehe auch Art. 41 des ersten Zusatzprotokolls);

— das Vortäuschen eines **zivilen oder Nichtkombattantenstatus** (die Vorschriften der Art. 48 ff. des ersten und Art. 13 des zweiten Zusatzprotokolls beschreiben die Immunität von Zivilpersonen – Verhalten (Tragen von ziviler Kleidung unter bestimmten Umstän-

---

[244] *Ipsen,* Perfidy, S. 978.
[245] *Oeter* in *Fleck,* Handbuch, S. 162; *ders.* in *Fleck,* Handbook, S. 224; *de Preux* in *Sandoz/Swinarski/Zimmermann,* Art. 37 Rn. 1499; *Solf* in *Bothe/Partsch/Solf,* Art. 37, S. 204 f.; *Cottier/Grignon* in *Triffterer/Ambos,* 3. Aufl., Art. 8 Rn. 458; *Boothby,* Law of Targeting, S. 532.
[246] *Gimmerthal* S. 77; *Ipsen* ZaöRV 1978, S. 25; *ders.,* Perfidy, S. 978; *Bretton* RGDIP 1978, S. 42.
[247] *Ipsen* ZaöRV 1978, S. 25; *Oeter* in *Fleck,* Handbuch, S. 161 f.; *ders.* in *Fleck,* Handbook, S. 224 f.; BT-Drs. 14/8524, 34 f.
[248] *Oeter* in *Fleck,* Handbuch, S. 224 f.; *Solf* in *Bothe/Partsch/Solf,* Art. 37, S. 205; Department of Defense, Law of War Manual, S. 297 f. Zur Interpretation der Beispiele siehe *de Preux* in *Sandoz/Swinarski/Zimmermann* Art. 37 Rn. 1508 ff.

den), das nach Art. 43 Abs. 3 des ersten Zusatzprotokolls zulässig ist, stellt allerdings keine Perfidie da;[249] die Unverletzlichkeit von nichtkombattanten Sanitäts- und Seelsorgepersonal der Streitkräfte ergibt sich insbesondere aus verschiedenen Vorschriften des Ersten (Art. 24 ff.) und Zweiten Genfer Abkommens (Art. 36);

— das Vortäuschen eines **geschützten Status durch Benutzung von Abzeichen, Emblemen oder Uniformen** der Vereinten Nationen oder neutraler oder anderer nicht am Konflikt beteiligter Staaten (siehe Art. 38 Abs. 2 und 39 Abs. 1 des ersten Zusatzprotokolls).

138 Aus Art. 85 Abs. 3 f. des ersten Zusatzprotokolls ergibt sich ein weiterer Beispielsfall, nämlich das Vortäuschen eines geschützten Status durch **Benutzung des Schutzzeichens des Roten Kreuzes, des Roten Halbmondes, des Roten Löwens mit Roter Sonne und mit der Annahme des dritten Zusatzprotokolls des Roten Kristalls** sowie anderer durch die Abkommen oder die Zusatzprotokolle anerkannte Schutzzeichen (siehe dazu Annex I zum ersten Zusatzprotokoll).[250]

139 Der perfide Gebrauch von Schutzzeichen ist **vom missbräuchlichen Gebrauch zu unterscheiden.** Letzteres Verbot ist weiter, da kein Vorspiegeln eines Schutz-(Vertrauens)tatbestandes und keine Absicht zu einem Vertrauensbruch erforderlich ist. Für bestimmte Abzeichen, Embleme, Insignien ist jeglicher missbräuchlicher Gebrauch verboten, siehe ua Art. 38–39 des ersten Zusatzprotokolls. Eine Strafbarkeit kann sich aus **§ 10 Abs. 2** ergeben. Dasselbe Verhalten kann daher unter Umständen sowohl nach § 10 Abs. 2 als auch § 11 Abs. 1 Nr. 7 strafbar sein. Eigentlich sollte dann § 11 Abs. 1 Nr. 7 im Wege der Gesetzeskonkurrenz vorgehen. Wenn man jedoch auf die Mindeststrafandrohung sieht, die bei § 11 Abs. 1 Nr. 7 geringer ist, obwohl perfides Verhalten erschwerend hinzukommt, sollte sich der Mindeststrafrahmen aus § 10 Abs. 2 ergeben.[251]

140 Weitere Indikationen für den speziellen Fall des **Einsatzes von Sprengfallen und anderen Vorrichtungen** ergeben sich aus Art. 7 des geänderten Minenprotokolls von 1996 (Art. 6 des ursprünglichen Minenprotokolls von 1980).

141 Abschließend ist darauf hinzuweisen, dass **im Seekriegs- und Luftkriegsrecht Sonderregelungen** gelten können, sofern dort andere Regelungen über die Verwendung von Abzeichen und Emblemen bestehen.[252]

142 **c) Taterfolg.** Abs. 1 Nr. 7 setzt einen **besonderen Taterfolg** voraus, die **Tötung oder Verwundung eines Angehörigen der gegnerischen Streitkräfte oder einen Kämpfer der gegnerischen Partei.** Sonstige perfide Handlungen, zB gegen militärische Ziele, sind nicht verboten. Das humanitäre Völkerrecht verbietet nur Angriffe gegen gegnerische Personen.[253] Der Begriff „Kämpfer" der gegnerischen Partei, der im VStGB verwendet wird, ist gerade mit Blick auf nicht-internationale bewaffnete Konflikte zu lesen.[254] Er sollte allgemein alle Personen, die direkt an den Feindseligkeiten in einem bewaffneten Konflikt teilnehmen, erfassen. Anders als das IStGH-Statut für internationale bewaffnete Konflikte und Art. 23 (b) der Haager Landkriegsordnung erstreckt das Delikt des Abs. 1 Nr. 7 den Kreis der Tatobjekte nicht generell auf Angehörige des feindlichen Volkes. Dem scheint eine Wertung des deutschen Gesetzgebers zugrunde zu liegen, dass Zivilisten nicht meuchlerisch/perfide getötet oder verletzt werden können. Gerade angesichts von Verhaltensweisen, die vom ursprünglichen Verbot der Haager Landkriegsordnung erfasst wurden, zB Aussetzung einer Belohnung für die Tötung eines Staatsoberhaupts, das nicht notwendigerweise

---

[249] *Solf* in *Bothe/Partsch/Solf*, Art. 37, S. 205 f.
[250] Siehe auch Beispiele beim Einsatz von Angriffen gegen Computernetzwerken, *Schmitt* International Review of the Red Cross 2002, 395; *Dörmann,* Applicability of the Additional Protocols to Computer Network Attacks (Fn. 45) 6.
[251] Ansonsten zur Erklärung des Mindeststrafrahmens im Verhältnis zu anderen Tötungsdelikten, BT-Drs. 14/8524, 35.
[252] Siehe dazu *Dörmann*, Elements of War Crimes, S. 203–205.
[253] *Oeter* in *Fleck*, Handbook, S. 228.
[254] BT-Drs. 14/8524, 35.

ein Angehöriger der Streitkräfte sein muss, ist dies fraglich. Auch eine Situation, in der Zivilisten entsprechend der Vorgaben zB des Art. 17 des ersten Zusatzprotokolls Verwundete oder Kranke bergen wollen, und dabei von Personen, die Verwundung oder Krankheit vortäuschen, getötet werden, wäre von diesem Tatbestand nicht erfasst. Es ist jedoch nicht ausgeschlossen, dass eine Straftat nach anderen Vorschriften des VStGB, zB § 8 Abs. 1 Nr. 1 oder den §§ 211, 212 StGB, gegeben ist.

Anders als im Falle des Perfidieverbots des ersten Zusatzprotokolls in Art. 37 ist die **Gefangennahme** eines Angehörigen der gegnerischen Streitkräfte oder eines Kämpfers der gegnerischen Partei mit perfiden Mitteln nicht tatbestandsmäßig. 143

III. Subjektiver Tatbestand bei Abs. 1

1. Allgemeine Fragen. In subjektiver Hinsicht ist bei allen Kriegsverbrechen nach § 2 VStGB iVm § 15 StGB **Vorsatz, also zumindest Eventualvorsatz,** erforderlich.[255] Eine Strafbarkeit für die fahrlässige Begehung von Kriegsverbrechen hat der deutsche Gesetzgeber nicht vorgesehen.[256] Zur Entwicklung der subjektiven Voraussetzungen in der Praxis des Völkerstrafrechts siehe die Kommentierung zu § 8. 144

Problematisch im Hinblick auf die allgemeinen Voraussetzungen ist allein, inwiefern sich der Vorsatz des Täters auf das Vorliegen eines funktionalen Zusammenhangs beziehen muss. Siehe dazu ebenfalls die Kommentierung zu § 8.[257] 145

2. Sonderfragen bei einzelnen Tatbeständen des Abs. 1. a) Angriffe auf die Zivilbevölkerung und Zivilpersonen (Nr. 1). Der Umstand, dass sich nach dieser Vorschrift ein Angriff „gegen die Zivilbevölkerung als solche" richtet, hat Konsequenzen für den subjektiven Tatbestand. Der Täter muss zielgerichtet mit Bezug auf die Zivilbevölkerung oder einzelne Zivilpersonen handeln. Wie in der Gesetzesbegründung dargestellt, **reicht daher bedingter Vorsatz nicht aus.**[258] Der Täter muss im Zeitpunkt des Angriffs wissen, dass es sich bei dem Ziel des Angriffs um die Zivilbevölkerung als solche oder einzelne Zivilpersonen handelt, die nicht direkt an Feindseligkeiten teilnehmen.[259] Ausreichend sollte hier sein, dass der Täter die **Umstände kennt,** die eine Person als Zivilperson definieren und aus denen sich ergibt, dass sie nicht an Feindseligkeiten unmittelbar teilnimmt. Wie oben (→ Rn. 35) schon ausgeführt, ist nach humanitärem Völkerrecht in **Zweifelsfällen** davon auszugehen, dass die in Frage stehende Person eine Zivilperson ist (Art. 50 Abs. 1 S. 2 des Ersten Zusatzprotokolls). Im Strafprozess, bei der Ermittlung des subjektiven Tatbestandes bedeutet dies nach der Rechtsprechung des Internationalen Strafgerichtshofs für das ehemalige Jugoslawien, dass die Anklage beweisen muss, dass „in the given circumstances a reasonable person could not have believed that the individual he or she attacked was a combatant."[260] Aufgrund des Vorsatzerfordernisses sind auch Angriffe nicht tatbestandsmäßig, die gegen ein militärisches Ziel gerichtet sind und lediglich zivile Begleitschäden verursachen, selbst wenn der Täter letztere als sicher voraussieht. 146

---

[255] BT-Drs. 14/8524, 26.
[256] Anders aber und gesteigerte Fahrlässigkeit erfassend, Prosecutor v. Blaskic, IT-95-14-T, paras. 151, 182, bestätigend Prosecutor v. Kordic and Cerkez, IT-95-14/2-T, para. 260.
[257] Siehe insbesondere auch und *Dörmann*, Elements of War Crimes, S. 18–22.
[258] BT-Drs. 14/8524, 33.
[259] Siehe aber die Rechtsprechung des Internationalen Gerichtshofs für das ehemalige Jugoslawien, die für das völkerstrafrechtliche Delikt „recklessness" ausreichen lässt, dh „the attitude of an agent who, without being certain of a particular result, accepts the possibility of it happening", Prosecutor v. Galic, IT-98-29-A, para. 140. „… the prosecution must show that the perpetrator was aware or should have been aware of the civilian status of the person attacked.", Prosecutor v. Galic, IT-98-29-T, para. 55; Prosecutor v. Martic, IT-95-11-T, para. 72; Prosecutor v. Halilovic, IT-01-48-T, para. 36; Prosecuter v. D. Milosevic, IT-98-29/1-T, para. 951 f.; Prosecutor v. Perisic, IT-04-81-T, para. 100; Prosecutor v. Prlic et al., IT-04-74-T, para. 192; Prosecutor v. Karadzic, IT-95-5/18-T, paras. 456–457. Offengelassen, ob weniger als „direct intent" ausreichend ist, in Prosecutor v. Strugar, IT-01-42-T, para. 283. Siehe aber Berufungskammer Prosecutor v. Strugar, IT-01-42-A, para. 270 f. „indirect intent" eingeschlossen. Für den IStGH siehe Prosecutor v. Katanga, ICC-01/04-01/07, Judgement, paras. 804 ff. (808).
[260] Prosecutor v. Galic, IT-98-29-T, para. 55; Prosecutor v. Perisic, IT-04-81-T, para. 101.

147 Fraglich ist, wie angesichts des Vorsatzerfordernisses sog. **unterschiedslose Angriffe** zu bewerten sind, wie sie in Art. 51 Abs. 4 des ersten Zusatzprotokolls definiert sind. Darunter sind Angriffe erfasst,
- die nicht gegen ein bestimmtes militärisches Ziel gerichtet werden;
- bei denen Kampfmethoden oder -mittel verwendet werden, die nicht gegen ein bestimmtes militärisches Ziel gerichtet werden können, oder
- bei denen Kampfmethoden oder -mittel angewendet werden, deren Wirkungen nicht entsprechend den Vorschriften des Zusatzprotokolls (des humanitären Völkerrechts im Falle des gewohnheitsrechtlichen Verbotes) begrenzt werden können.

148 Diesen drei Fällen ist gemeinsam, dass sie militärische Ziele und Zivilpersonen oder zivile Objekte unterschiedslos treffen können. Es handelt sich im ersten genannten Fall in erster Linie um **„blinde" Angriffe,** dh solche die ausgeführt werden, ohne sich Gedanken über das anvisierte Ziel zu machen bzw. ohne die genaue Natur des Ziels zu verifizieren, entgegen dessen, was namentlich Art. 57 Abs. 2 lit. a (i) erstes Zusatzprotokoll verlangt.[261] In einer solchen Situation ist der Täter schlicht nicht sicher, dass sich sein Angriff gegen ein militärisches Ziel richtet. Im zweiten Fall werden in erster Linie Angriffe mit Waffen (oder mit Kampfmethoden) erfasst, die auf Grund objektiver Gegebenheiten nicht gegen spezifische militärische Ziele gerichtet werden können, sog. **„blinde" Waffen** zB der Einsatz von Raketen ohne hinreichendes Lenksystem/hinreichende Zielerfassung[262] (ein historisches Beispiel ist der Einsatz von V2-Raketen im Zweiten Weltkrieg gegen britische Städte, zu denken ist auch an die Verwendung von Scud-Raketen im Golfkrieg 1991). Im dritten Fall geht es in erster Linie um **Waffenwirkungen, die in Zeit und Raum nicht begrenzt werden können,** hier ist an bestimmte chemische oder biologische Waffen zu denken.[263]

149 Kann in Fällen, in denen Waffen verwendet werden, die nicht unterscheidend sind und bei deren Einsatz daher damit zu rechnen ist, dass Zivilpersonen bzw. die Zivilbevölkerung zu Schaden kommen, sich der Täter darauf berufen, dass er/sie den Angriff nicht auf diese Personen richten bzw. diese nicht treffen wollte?[264] Der **Internationale Gerichtshof** hat in seinem **Nuklearwaffen-Gutachten** den Einsatz unterschiedsloser Waffen mit einem vorsätzlichen Angriff auf Zivilpersonen gleichgesetzt.[265] Auch verschiedene erstinstanzliche Kammern des **Internationalen Gerichtshofes für das ehemalige Jugoslawien** haben die Auffassung vertreten, dass **unterschiedslose Angriffe im Einzelfall als direkte Angriffe gegen Zivilpersonen angesehen werden können.** Angriffe, die bestimmte Kampfmittel verwenden, die nicht zwischen Zivilpersonen und zivilen Objekten einerseits und militärischen Zielen andererseits unterscheiden können, sind „tantamount to direct targeting of civilians".[266] Die Berufungskammer hat in Proscutor v. Galic die Sicht unterstützt, dass „a direct attack can be inferred from the indiscriminate character of the weapon use".[267] In diese Richtung geht wohl auch der IStGH.[268] Vor diesem Hintergrund scheint es angezeigt, im Einzelfall bei wertender Betrachtung zu entscheiden, ob auch ein unterschiedsloser Angriff dem Vorsatzerfordernis des Abs. 1 Nr. 1 entspricht.

---

[261] *Sassòli/Cameron* S. 52; Schmitt International Review of the Red Cross 2005, 454; Oeter in *Fleck,* Handbook, S. 192.

[262] Schmitt International Review of the Red Cross 2005, 456; Prosecutor v. Martic, IT-95-11-T, para. 472 für die M-87 Orkan; Oeter in *Fleck,* Handbook, S. 193 f.

[263] *Henckaerts/Doswald-Beck* S. 43; *Dörmann,* Völkerrechtliche Probleme, S. 305 f.

[264] Siehe dazu Dörmann in *Triffterer/Ambos,* 3. Aufl., Art. 8 Rn. 195 ff. Die Gesetzesbegründung scheint darauf hinzudeuten, dass nur eine Strafbarkeit nach den Vorschriften des StGB in Betracht kommt, BT-Drs. 14/8524, 33.

[265] ICJ, Legality of the threat or use of nuclear weapons, Advisory Opinion of 8 July 1996, para. 78.

[266] Prosecutor v. Galic, IT-98-29-T, para. 57, Fn. 101; Prosecutor v. Blaskic, IT-95-14-T, para. 501, 512; Prosecutor v. Martic, IT-95-11-R61, para. 18, 23–31; Prosecutor v. D. Milosevic, IT-98-29/1, para. 948; Prosecutor v. Perisic, IT-04-81-T, para. 97; Prosecutor v. Prlic et al., IT-04-74-T, para. 190; Prosecutor v. Karadzic, IT-95-5/18-T, para. 454.

[267] Prosecutor v. Galic, IT-98-29-A, para. 132; Prosecutor v. Martic, IT-95-11-T, para. 69. Siehe auch in demselben Fall die Berufungskammer, IT-95-11-A, para. 260; Prosecutor v. Perisic, IT-04-81-T, para. 590; Prosecutor v. Prlic et al., IT-04-74-T, para. 190.

[268] Prosecutor v. Katanga, ICC-01/04-01/07, Judgement, para. 802.

Als Indizien für den entsprechenden Vorsatz können Verletzungen der Sorgfaltspflichten 150
im Sinne des Art. 57 des ersten Zusatzprotokolls herangezogen werden.[269]

b) Angriffe auf zivile Objekte (Nr. 2). Die zu Nr. 1 angestellten Erwägungen betref- 151
fen ebenso Nr. 2.[270] Auch hier ist hervorzuheben, dass es **für den Vorsatz ausreichend
ist, dass der Täter die Umstände kennt,** die ein Objekt zu einem zivilen Objekt (und
dessen Art, wenn sich daran besondere Umstände für den Schutzverlust gegen Angriffe
knüpfen, siehe supra) machen.

c) Angriffe mit unverhältnismäßigen Begleitschäden (Nr. 3). Der Täter muss nach 152
dem Gesetzeswortlaut **als sicher erwarten,** dass der Angriff zivile Kollateralschäden in
einem Ausmaß verursacht, das außer Verhältnis zu dem erwarteten militärischen Vorteil
steht. Der subjektive Tatbestand setzt daher einen **direkten Vorsatz (dolus directus 2.
Grades)** voraus.[271] Eventualvorsatz reicht nicht.

Hinsichtlich des Umstandes, **dass die zu erwartenden Kollateralschäden „außer** 153
**Verhältnis" zu dem zu erwartenden militärischen Vorteil stehen, genügt für den
Vorsatz die Kenntnis der relevanten Tatsachen, die dieses Missverhältnis begründen.** Bewertet der Täter lediglich das Verhältnis der betroffenen Güter falsch, so schließt dies
seinen Vorsatz grundsätzlich nicht aus. Die Behandlung erfolgt dann nach den allgemeinen
Irrtumsregeln.[272] Es kann dem Täter auch nicht zu Gute kommen, wenn ihm sämtliche
Umstände, die zu einem Missverhältnis führen, bekannt sind, er aus welchen Gründen auch
immer den Abwägungsvorgang nicht durchführt. Wenn in einem solchem Fall das Gericht
unter Zugrundelegung eines objektiven Standards (Perspektive eines „reasonable commander" bzw. einer „reasonably well-informed person in the circumstances of the actual perpetrator", → Rn. 94) zu einem Missverhältnis kommt, ist dies für die Tatbestandsmäßigkeit
ausreichend.[273] Bei einer eindeutigen Informationslage bzgl. der zu erwartenden Kollateralschäden und des militärischen Vorteils ist **die Einlassung,** eine Abwägung nicht durchgeführt zu haben oder sie gänzlich falsch vorgenommen zu haben, **zumeist nicht glaubhaft.**

Das zuvor bereits angesprochene Erfordernis (→ Rn. 95), dass die **Abwägung aus einer** 154
Betrachtung ex-ante erfolgen muss und nicht ex-post auf Grund der tatsächlichen Schäden beurteilt wird, ist auch im Strafverfahren zu berücksichtigen. Die tatsächlichen Schäden
und die objektiv bewertete Gefechtslage können zwar ein wichtiges Indiz auf den Vorsatz
des Täters sein, wenn er jedoch auf Grund der ihm vorliegenden Informationen nachvollziehbar zu einer anderen Bewertung kommt, schließt dies eine Strafbarkeit aus. Fraglich ist,
wie die Sachlage zu beurteilen ist, wenn der Täter nicht im Rahmen des praktisch Möglichen sich die erforderlichen Informationen besorgt hat. Nach den allgemeinen Regeln des
humanitären Völkerrechts liegt darin eine verbotene Sorgfaltspflichtverletzung.[274] Daraus

---

[269] Dörmann, Elements of War Crimes, S. 147; Prosecutor v. D. Milosevic, IT-98-29/1, para. 948; Prosecutor v. Karadzic. IT-95-5/18-T, para. 456.

[270] Siehe auch hier die Rechtsprechung des Internationalen Gerichtshofs für das ehemalige Jugoslawien, die für das völkerstrafrechtliche Delikt verlangt, dass der Täter „acted consciously and with intent, i. e., with his mind on the act and its consequences, and willing them or acted in reckless disregard of the likelihood of the destruction", Prosecutor v. Hadzihasanovic and Kubura, IT-01-47-T, para. 40, 59. Offengelassen, ob weniger als „direct intent" ausreichend ist, in Prosecutor v. Strugar, IT-01-42-T, para. 283, aber später 296. Siehe im übrigen Prosecutor v. Galic, IT-98-29-T, para. 51: „The Trial Chamber understands that such an object shall not be attacked when it is not reasonable to believe, in the circumstances of the person contemplating the attack, including the information available to the latter, that the object is being used to make an effective contribution to military action"; ebenso Prosecutor v. Strugar, IT-01-42-T, para. 295; Prosecuter v. Oric, IT-03-68-T, para. 987.

[271] Siehe auch für das Delikt nach Völkerstrafrecht Prosecutor v. Galic, IT-98-29-T, para. 59. Danach muss der Angriff „wilfully and in knowledge of circumstances giving rise to the expectation of excessive civilian casualties" durchgeführt worden sein.

[272] BT-Drs. 14/8524, 34.

[273] Siehe auch die Diskussionen bei der Vorbereitungskonferenz, die die Verbrechenselemente des IStGH-Statuts aushandelte, Dörmann, Elements of War Crimes, S. 165.

[274] Gasser in Fleck, Handbuch, S. 178; ders./Dörmann in Fleck, Handbook, S. 244 f.

aber den für dieses Delikt erforderlichen Vorsatz zu konstruieren, scheint bei dem eindeutigen Gesetzeswortlaut nicht möglich.

155 **d) Einsatz geschützter Personen als Schutzschilde (Nr. 4).** Die **Tathandlung,** dh der Einsatz geschützter Personen als Schutzschilde, muss **vorsätzlich** erfolgen. Darüber hinaus muss der Täter mit der **Absicht („um") handeln, den Gegner von Kriegshandlungen gegen bestimmte Ziele abzuhalten.**[275] Das Delikt setzt somit eine **überschießende Innentendenz** voraus. Die Absicht wird nicht immer leicht festzustellen sein, insbesondere dann wenn sich feste militärische Ziele in dichten Bevölkerungszentren befinden,[276] oder wenn es sich um freiwillige menschliche Schutzschilde handelt. Das VStGB benutzt den Begriff „Ziel" ohne weitere Spezifizierung. Hierbei wird es sich um militärische Ziele, einschließlich Angehörigen der Streitkräfte oder organisierter bewaffneter Gruppen handeln müssen, da sich Zivilisten grundsätzlich an zivilen Objekten aufhalten dürfen und der Gegner gegen diese auch keine Kampfhandlungen durchführen darf. Die „Schutzschilde" würden dann nicht den Gegner abhalten, sondern das rechtliche Verbot des Angriffs gegen zivile Objekte würde greifen. Diese Auslegung ergibt sich auch aus den in Art. 51 Abs. 7 des ersten Zusatzprotokolls beschriebenen Tathandlungen.

156 **e) Aushungern als Methode der Kriegführung (Nr. 5).** Der subjektive Tatbestand weist keine Besonderheiten auf. Der Täter muss **vorsätzlich** gehandelt haben, Eventualvorsatz reicht aus. Fraglich ist, ob sich aus der Formulierung „Aushungern als Methode der Kriegführung" ein höherer Standard ergibt. Die Verbrechenselemente zum korrespondierenden Kriegsverbrechen im IStGH-Statut verlangen, dass der Täter „intended to starve civilians as a method of warfare." Unbeabsichtigtes Aushungern der Zivilbevölkerung, das als sicher oder möglich vorausgesehen wird, ist in den Grenzen des Art. 54 Abs. 3 des ersten Zusatzprotokolls sicherlich nicht für den subjektiven Tatbestand ausreichend.

157 **f) Kein Pardon (Nr. 6).** Der subjektive Tatbestand weist keine Besonderheiten auf. Der Täter muss **vorsätzlich** gehandelt haben, Eventualvorsatz reicht aus.

158 **g) Meuchlerisches Töten oder Verwunden (Nr. 7).** Der Täter muss **vorsätzlich** gehandelt haben, Eventualvorsatz reicht aus. Aufgrund der Definition perfiden Verhaltens nach Art. 37 Abs. 1 des ersten Zusatzprotokolls ist des Weiteren erforderlich, dass der Täter in der **Absicht handelt, das Vertrauen des Gegners darin, dass er Anspruch auf Schutz hat oder verpflichtet ist, Schutz zu gewähren, zu missbrauchen.**[277]

IV. Schwere Folgen (Abs. 2)

159 **1. Allgemeine Fragen.** Abs. 2 ist ein **Qualifikationstatbestand.** Es handelt sich dabei im Hinblick auf Abs. 1 Nr. 1–6 um ein **erfolgsqualifiziertes Delikt iSd § 18 StGB.** Grunddelikte des Abs. 2 sind die in Abs. 1 Nr. 1–6 aufgeführten Delikte, wobei an besondere Folgen dieser Taten – Tod oder schwere Verletzung einer Zivilperson oder einer nach dem humanitären Völkerrecht geschützten Person – eine schwerere Strafe geknüpft wird.

160 Abs. 2 S. 1 sieht eine **Erhöhung der in Abs. 1 vorgesehenen Mindeststrafe** vor, wenn bei den Nr. 1–6 die schwere Folge wenigstens fahrlässig verursacht wurde.[278] S. 2 sieht für den Fall der vorsätzlichen Herbeiführung der schweren Folge explizit eine weitere Strafschärfung vor. Die Regelung findet keine Entsprechung im IStGH-Statut. Sie rechtfer-

---

[275] Zur Problematik des Begriffs „to render immune" im Sinne des IStGH-Statut siehe *Dörmann*, Elements of War Crimes, S. 345. Die Verwendung von Schutzschilden wird zumeist Angriffe nicht unrechtmäßig machen und kann daher Angriffe nicht abhalten, solange die angreifende Partei erforderliche Schutzmassnahmen im Sinne des Art. 57 des ersten Zusatzprotokolls ergreift und kein Verstoß gegen das Verbot unverhältnismäßiger Angriffe vorliegt. Die Absicht muss sich daher schlicht auf das Abschirmen richten, ob der Gegner dennoch angreift oder nicht ist für die Bestimmung der Absicht irrelevant.
[276] *Werle/Jessberger* Principles S. 509.
[277] Siehe auch *Werle/Jessberger* Principles S. 497 f.
[278] BT-Drs. 14/8524, 29.

tigt sich aus der besonderen Gefahr, die von den einzelnen Tathandlungen im Zusammenhang mit einem bewaffneten Konflikt ausgeht.

2. Tatobjekte. Tatobjekte der Erfolgsqualifikation sind Zivilpersonen und sonstige vom humanitären Völkerrecht geschützte Personen. 161

a) Zivilperson. Zur Definition einer Zivilperson → Rn. 34 ff. Tritt die besondere Tatfolge bei einer Zivilperson ein, so ist es für die Erfolgsqualifikation – anders als bei § 8 Abs. 6 – unerheblich, ob sich die betroffene Person aus der Sicht des Täters in der Gewalt der eigenen Konfliktpartei befindet.[279] 162

b) Sonstige humanitärvölkerrechtlich geschützte Personen. § 8 Abs. 6 enthält eine Liste der sonstigen vom humanitären Völkerrecht geschützten Personen. Für weiterführende Erläuterungen siehe die Kommentierung zu § 8. 163

3. Tathandlung und schwere Folge. Die in den Nr. 1–6 aufgeführten Tathandlungen müssen den Tod oder die schwere Verletzung verursacht haben, dh sie müssen für den Tod bzw. die schwere Verletzung kausal geworden sein. Die schwere Folge ist in § 226 StGB näher beschrieben. Um den besonderen Unrechtsgehalt, den Abs. 2 erfassen soll, zu begründen, ist ein **Unmittelbarkeitszusammenhang** erforderlich. In dem herbeigeführten Tod oder der schweren Verletzung muss sich also gerade die der Begehung des Grunddeliktes immanente spezifische Gefährlichkeit verwirklicht haben (sog. **Gefahrverwirklichungszusammenhang**). Der Tod oder die schwere Verletzung muss in einer entsprechend gefährlichen Teilhandlung der in Abs. 1 Nr. 1–6 erfassten Kriegsverbrechen seine unmittelbare Ursache haben. Bei den Delikten des Abs. 1 Nr. 1–6 wird der Gefahrverwirklichungszusammenhang regelmäßig zu bejahen sein. Der Gefahrverwirklichungszusammenhang kann in Ausnahmefällen auf Grund eines selbstgefährdenden Opferverhaltens unterbrochen sein. 164

Der Tod oder die schwere Verletzung muss durch eine Tat nach Abs. 1 Nr. 1–6 verursacht worden sein. Die Prüfung des Unmittelbarkeitszusammenhangs darf mithin nur an tatbestandliche Handlungen des Täters anknüpfen. Erfasst wird jedenfalls der Zeitraum zwischen Versuchsbeginn und Vollendung. 165

4. Subjektiver Tatbestand. Im Hinblick auf die in Abs. 2 S. 1 zu Abs. 1 Nr. 1–6 enthaltene Qualifikation ist subjektiv wenigstens Fahrlässigkeit bezüglich der schweren Folge erforderlich (§ 18 StGB). Abs. 2 S. 2 setzt Vorsatz bezüglich der Herbeiführung des Todes voraus. 166

V. Schäden an der natürlichen Umwelt (Abs. 3)

1. Allgemeine Fragen. Abs. 3 ist ein **Tätigkeitsdelikt mit überschießender Innentendenz.** Das Delikt folgt seiner Struktur nach dem Delikt des Abs. 1 Nr. 3. Als einziger Tatbestand des § 11 ist seine Begehung **auf internationale bewaffnete Konflikte beschränkt.** Die Vorschrift beruht auf Art. 8 Abs. 2 lit. b (iv) IStGH-Statut und auf Völkergewohnheitsrecht.[280] Sie kriminalisiert Verstöße gegen Art. 35 Abs. 3 und 55 des ersten Zusatzprotokolls zu den Genfer Abkommen sowie entsprechendes Völkergewohnheitsrecht.[281] 167

2. Schutzgut. Schutzgut dieses Deliktes ist die **natürliche Umwelt und ihr Schutz vor erheblichen Schäden.** Geschützt ist auch die natürliche Umwelt auf dem Staatsgebiet des Täters.[282] 168

Der Begriff der natürlichen Umwelt ist im humanitären Völkerrecht nicht näher definiert und wird daher in der Völkerrechtsliteratur stark debattiert.[283] Nach dem IKRK Kommentar sollte der Begriff „in the widest sense" verstanden werden, „to cover the biological 169

---

[279] BT-Drs. 14/8524, 29.
[280] *Henckaerts/Doswald-Beck* S. 583.
[281] *Henckaerts/Doswald-Beck* S. 151 f.; siehe auch *Oeter* in *Fleck,* Handbook, S. 128 f.
[282] *Peterson* Leiden Journal of International Law 2009, 328 mwN.
[283] *Witteler; Peterson* Leiden Journal of International Law 2009, 327 f.; *Spieker* FS Bothe, 2008, 745 (750).

environment in which a population is living" – dh die Fauna und Flora – sowie andere biologische und klimatische Elemente.²⁸⁴ Die Völkerrechtskommission (ILC) definierte in ihrem Bericht über die Arbeit der 45. Sitzung 1991 wie folgt: „the words ‚natural environment' should be taken broadly to cover the environment of the human race and where the human race develops, as well as areas the preservation of which is of fundamental importance in protecting the environment. These words therefore cover the seas, the atmosphere, climate, forests and other plant cover, fauna, flora and other biological elements."²⁸⁵

170   **3. Tathandlung.** Tathandlung ist der mit militärischen Mitteln durchgeführte Angriff als solcher.²⁸⁶ Der Angriff muss gegen ein militärisches Ziel geführt werden, ansonsten liegt bereits ein verbotener Angriff gegen ein ziviles Objekt vor.²⁸⁷ Die **Tatbestandsverwirklichung setzt nicht voraus, dass Schäden an der natürlichen Umwelt tatsächlich eintreten** – ohne solche wird es faktisch aber zumeist schwer sein, Anhaltspunkte/Indizien für die Verwirklichung des subjektiven Tatbestandes „als sicher erwarten" – zu finden.

171   **4. Subjektiver Tatbestand.** Der Täter muss den in Abs. 3 näher beschriebenen **Schaden an der natürlichen Umwelt als sicher erwarten**, er muss also mit **dolus directus 2. Grades** handeln, Eventualvorsatz reicht nicht aus.

172   **a) Weit reichende, langfristige und schwere Schäden.** Der Schaden an der natürlichen Umwelt muss weit reichend, langfristig²⁸⁸ und schwer sein. Anders als bei der ENMOD-Konvention sind die Voraussetzungen **kumulativ** zu erfüllen. Für die Auslegung der Begriffe kann nicht ohne weiteres auf die Definitionen der ENMOD-Konvention zurückgegriffen werden.²⁸⁹ Es handelt sich bei den Schäden um wesentliche Störungen, die über Gefechtsfeldschäden, wie sie regelmässig in einem bewaffneten Konflikt zu erwarten sind, erheblich hinausgehen.²⁹⁰ Nur Kollateralschäden, bei denen größere Flächen in Mitleidenschaft gezogen werden, die gleichzeitig über einen längeren Zeitraum andauern und zudem noch schwere Beeinträchtigungen der natürlichen Umwelt nach sich ziehen, werden erfasst.²⁹¹

173   Die Begriffe weit reichend, langfristig und schwer sind nicht weiter definiert. Im Schrifttum wird für das Erfordernis **„weit reichend"** zumeist verlangt, dass sich die Schäden zumindest auf mehrere hundert Quadratkilometer erstrecken müssen (wobei Schäden, die sich durch die Addition mehrerer Akte der Kriegshandlung ergeben, berücksichtigt werden können),²⁹² damit sie als weit reichend angesehen werden können.²⁹³ Bzgl. der **Dauer**

---

²⁸⁴ Pilloud/Pictet in Sandoz/Swinarski/Zimmermann Art. 55 Rn. 2126; Boothby, The Law of Targeting, S. 202.
²⁸⁵ GAOR, 46th session, Supplement no. 10 (A/46/10), S. 276.
²⁸⁶ Zu den Begriffen „mit militärischen Mitteln" und „Angriff" → Rn. 30 f.
²⁸⁷ Die natürliche Umwelt als solche bzw. Teile der natürlichen Umwelt sind grds. als ziviles Objekt anzusehen. Teile der Umwelt können zu militärischen Zielen werden, wenn sie zu militärischen Zwecken benutzt werden und dadurch die Voraussetzungen des Art. 52 des ersten Zusatzprokolls erfüllen (zB ein Wald, der als Versteck für Kombatanten dient); siehe Spieker FS Bothe, 2008, 750; siehe auch Bothe/Bruch/Diamond/Jensen International Review of the Red Cross 2010, 576 f.
²⁸⁸ Nicht klar ist, warum die deutsche Übersetzung des IStGH und damit des VStGB von der des ersten Zusatzprotokolls „lang anhaltend" abweicht, obwohl keine Unterschiede in den englischen Texten bestehen.
²⁸⁹ Pilloud/Pictet in Sandoz/Swinarski/Zimmermann, Art. 35 Rn. 1457–1459, 2136; Dinstein S. 244; Solf in Bothe/Partsch/Solf, Art. 55, S. 347 f.; Spieker FS Bothe, 2008, 751; Peterson Leiden Journal of International Law 2009, 330; Werle/Jessberger Principles S. 493, mwN in Fn 721; Boothby, The Law of Targeting, S. 200.
²⁹⁰ Solf in Bothe/Partsch/Solf, Art 55. S. 348; Peterson Leiden Journal of International Law 2009, 329.
²⁹¹ Oeter in Fleck, Handbuch, S. 99; ders. in Fleck, Handbook, S. 128. Siehe auch Witteler S. 404. Auch wenn Teile der natürlichen Umwelt die Voraussetzungen eines militärischen Ziels erfüllen und deshalb angegriffen werden, dürfen nach Art. 35 (3) und Art. 55 des ersten Zusatzprotokolls keine Methoden und Mittel der Kriegführung eingesetzt werden, die dazu bestimmt sind oder von denen erwartet werden kann, dass sie weit reichende, langfristige und schwere Schäden der natürlichen Umwelt verursachen, Peterson S. 327.
²⁹² Witteler S. 406.
²⁹³ Witteler S. 389; Dinstein S. 244 f., vertritt die Auffassung, dass es auch weniger als mehrere 100 km² sein können; Peterson, Leiden Journal of International Law 2009, S. 331 f., mit einem Überblick über den Meinungsstand.

wird man als Maßeinheit Jahre annehmen müssen, und es ist davon auszugehen, dass die relevante Schwelle sicherlich bei einer Dekade überschritten ist.[294] Wie die ILC in ihrem Bericht über die Arbeit der 45. Sitzung 1991 ausführte, „the word ‚long-term' should be taken to mean the long-lasting nature and not the possibility that the damage would occur a long time afterwards."[295] Noch schwieriger ist es dem Begriff **„schwer"** klarere Konturen zu geben.[296] In der Literatur wird zum Teil die Auffassung vertreten, dass der Begriff einer konkreten Definition nicht zugänglich ist. Die Bestimmung der Intensität einer Beeinträchtigung sei unter Berücksichtigung der Natur in einer Region zu beurteilen, in der das gegebene ökologische Gefüge kollabiert. Indiz für einen „schweren" Schaden sei die Vernichtung des ökologischen Systems in einer Form, dass die angestammten Lebewesen (Flora und Fauna) nicht mehr existieren und die Regeneration zu einer Umwelt, wie sie vor der Auseinandersetzung anzutreffen war, nicht ohne weiteres eintritt.[297] *Leibler* schlägt dagegen vor, dass darunter „causing death, ill-health or loss of sustenance to thousands of people, at present or in the future" zu verstehen sei.[298]

b) Unverhältnismäßigkeit. Anders als bei den zugrunde liegenden vertraglichen Verbotstatbeständen des ersten Zusatzprotokolls (Art. 35 Abs. 3 und 55) erfordert das im IStGH-Statut und hier im VStGB aufgenommene Delikt, dass zusätzlich zur weit reichenden, langfristigen und schweren Natur der Schäden, diese außer Verhältnis zu dem insgesamt erwarteten konkreten und unmittelbaren militärischen Vorteil stehen. Zu letzterem Erfordernis → Rn. 78 ff. Angesichts der hohen Anwendungsschwelle (selbst bei den während des Golfkriegs 1991 verursachten und in den Medien sehr präsenten Umweltschäden wird in Frage gestellt, ob die Schwelle überschritten wurde),[299] die durch die Kriterien weit reichend, langfristig und schwer definiert wird, erscheint fraglich, ob der Verhältnismäßigkeitsgrundsatz eine eigenständige Bedeutung erlangen kann. Kann ein Schaden, der weit reichend, langfristig und schwer ist, noch verhältnismäßig sein, kann ein militärischer Vorteil so groß sein, um derartige Schäden zu rechtfertigen?[300] **174**

C. Rechtfertigung, Rechtsfolgen, Prozessuales

I. Rechtfertigung

Es finden gem. § 2 die **allgemeinen Rechtfertigungsgründe** des StGB Anwendung.[301] Ob sich im Falle des § 11 Abs. 1 Nr. 1 in internationalen bewaffneten Konflikten darüber hinaus eine Rechtfertigung aus dem völkerrechtlichen Konzept einer zulässigen **Repressalie** ergeben kann, ist fraglich. Nach den Regeln des ersten Zusatzprotokolls sind solche Repressalien unzulässig (Art. 51 Abs. 6). Einige Staaten haben das Repressalienverbot jedoch für sich im Wege von Vorbehalten zum Zusatzprotokoll eingeschränkt. Der Stand des Völkergewohnheitsrechts wird unterschiedlich beurteilt.[302] Repressalien in nicht-internationalen bewaffneten Konflikten sind nicht erlaubt.[303] **175**

---

[294] *Witteler* S. 395, 406, sieht die Untergrenze bei ca. 2 Jahren und die Obergrenze bei drei Dekaden; *de Preux* in *Sandoz/Swinarski/Zimmermann* Rn. 1452; siehe auch *Solf* in *Bothe/Partsch/Solf*, Art. 55, S. 346; *Spieker* FS Bothe, 2008, 752.

[295] GAOR, 46th session, Supplement no. 10 (A/46/10), S. 276.

[296] *Dinstein* S. 211; *Spieker* FS Bothe, 2008, 752; *Peterson* Leiden Journal of International Law 2009, 332 f.

[297] *Witteler* S. 400, 406.

[298] *Leibler* CWILJ 1992–3, 111.

[299] *Dinstein* S. 214 mwN.

[300] Siehe auch *Werle/Jessberger Principles* S. 494, Fn. 725; *Peterson* Leiden Journal of International Law 2009, 341.

[301] Siehe auch BT-Drs. 14/8524, 15–16; kritisch zur Vereinbarkeit des Art. 31 IStGH-Statut mit den anerkannten Regeln des humanitären Völkerrechts siehe *David Principes* S. 972 ff., Rn. 4.431 ff.; *David* Revue belge de droit international 2000, 355–488.

[302] Siehe *Henckaerts/Doswald-Beck* S. 520–523. Zum Verbot von Repressalien gegen zivile Objekte siehe ibid., S. 524 ff.

[303] *Henckaerts/Doswald-Beck* S. 526 ff. Siehe auch ICRC, 2016 Commentary on the First Geneva Convention, Art. 3, Rn. 904–907.

II. Rechtsfolgen

176 Abs. 1 sieht eine **Freiheitsstrafe** von nicht unter drei Jahren vor, in minder schweren Fällen der Nr. 2 Freiheitsstrafe nicht unter einem Jahr. Die Möglichkeit einer herabgesetzten Strafe in minder schweren Fällen der Nr. 2 erlaubt es, Sachverhalte zu erfassen, in denen der eingetretene Schaden nicht erheblich ist und keine Dauerschäden zu erwarten sind.[304]

177 Der **Qualifikationstatbestand** des Abs. 2 sieht in Satz 1 eine Erhöhung der Mindeststrafe auf fünf Jahre vor, wenn durch die Tat nach Abs. 1 Nr. 1–6 der Tod einer Zivilperson oder einer nach dem humanitären Völkerrecht zu schützenden Person oder eine schwere Verletzung im Sinne von § 226 StGB einer solchen Person verursacht wird.

178 Nach Abs. 2 S. 2 sind lebenslange Freiheitsstrafe oder Freiheitsstrafe nicht unter zehn Jahren vorgesehen, wenn der Täter im Hinblick auf die Herbeiführung des Todes vorsätzlich handelt.

179 Eine Tat im Sinne von Abs. 3 wird mit Freiheitsstrafe nicht unter drei Jahren bestraft.

III. Prozessuales

180 Gemäß § 5 verjähren die Verfolgung von Verbrechen nach diesem Gesetz und die Vollstreckung der wegen ihnen verhängten Strafen nicht.

§ 12 Kriegsverbrechen des Einsatzes verbotener Mittel der Kriegsführung

(1) Wer im Zusammenhang mit einem internationalen oder nichtinternationalen bewaffneten Konflikt
1. Gift oder vergiftete Waffen verwendet,
2. biologische oder chemische Waffen verwendet oder
3. Geschosse verwendet, die sich leicht im Körper des Menschen ausdehnen oder flachdrücken, insbesondere Geschosse mit einem harten Mantel, der den Kern nicht ganz umschließt oder mit Einschnitten versehen ist,

wird mit Freiheitsstrafe nicht unter drei Jahren bestraft.

(2) ¹Verursacht der Täter durch eine Tat nach Absatz 1 den Tod oder die schwere Verletzung einer Zivilperson (§ 226 des Strafgesetzbuches) oder einer nach dem humanitären Völkerrecht zu schützenden Person, wird er mit Freiheitsstrafe nicht unter fünf Jahren bestraft. ²Führt der Täter den Tod vorsätzlich herbei, ist die Strafe lebenslange Freiheitsstrafe oder Freiheitsstrafe nicht unter zehn Jahren.

Schrifttum: *Alamuddin/Webb,* Expanding Jurisdiction over War Crimes under Article 8 of the ICC Statute, JICJ 8 (2010), 1219; Auswärtiges Amt/Deutsches Rotes Kreuz/Bundesministerium der Verteidigung (Hrsg.), Dokumente zum Humanitären Völkerrecht, 3. Aufl. 2016; *Bassiouni* (Hrsg.), The Legislative History of the International Criminal Court. Volume 2: An Article by Article Evolution of the Statute 1994–1998, 2005; *Baxter/Buergenthal,* Legal Aspects of the Geneva Protocol of 1925, AJIL 64 (1970), 853; *Beckett,* Interim Legality: A Mistaken Assumption? An Analysis of Depleted Uranium Munitions under Contemporary International Humanitarian Law, Chinese Journal of International Law 3 (2004), 43; *Bothe,* Das völkerrechtliche Verbot des Einsatzes chemischer und bakteriologischer Waffen, 1973; *Bundesministerium der Verteidigung,* Humanitäres Völkerrecht in bewaffneten Konflikten – Handbuch – ZDv 15/2, 2013; *Bunn,* Banning Poison Gas and Germ Warfare: Should the United States Agree?, Wisconsin International Law Review 1969, 375; *Burton,* Depleted Morality: Yugoslavia v. Ten NATO Members and Depleted Uranium, Wisconsin International Law Journal 19 (2000), 17; *Clark,* Amendments to the Rome Statute of the International Criminal Court Considered at the first Review Conference on the Court, Kampala, 31 May–11 June 2010, Goettingen Journal of International Law 2 (2010), 689; *Coupland/Loye,* The 1899 Hague Declaration concerning Expanding Bullets. A treaty effective for more than 100 years faces complex contemporary issues, International Review of the Red Cross Nr. 849 (2003), 136; *Dörmann,* Elements of War Crimes under the Rome statute of the International Criminal Court, 2003; *ders.,* War Crimes in the Elements of Crimes, in *Fischer/Kreß/Lüder* (Hrsg.), International and National Prosecution of Crimes under International Law, 2001, S. 95; *Falk,* The Shimoda Case: A Legal Appraisal of the Atomic Attacks upon Hiroshima and Nagasaki, AJIL 59 (1965), 759; *Fidler,* The meaning of Moscow: „Non-lethal" weapons and international law in the early 21st century, International

---

[304] BT-Drs. 14/8524, 33.

Review of the Red Cross Nr. 859 (2005), 525; *Fischer,* The Jurisdiction of the International Criminal Court for War Crimes: Some Observations Concerning Differences between the Statute of the Court and War Crimes Provisions in Other Treaties, in *Epping/Fischer/Heintschel v. Heinegg* (Hrsg.), FS K. Ipsen, 2000, 77; *Fleck* (Hrsg.), Handbuch des humanitären Völkerrechts in bewaffneten Konflikten, 1994; *Garraway,* Article 8 (2) (b) (xvii) – Employing Poison or Poisoned Weapons, in *Lee* (Hrsg.), The International Criminal Court. Elements of Crimes and Rules of Procedure and Evidence, 2001, S. 178; *Gierhake,* Begründung des Völkerstrafrechts auf der Grundlage der Kantischen Rechtslehre, 2005; *Goldblat,* The Biological Weapons Convention – An overview, International Review of the Red Cross Nr. 318 (1997), 251; *Greenwood,* Belligerent Reprisals in die Jurisprudence of the International Criminal Tribunal for the Former Yugoslavia, in *Fischer/ Kreß/Lüder* (Hrsg.), International and National Prosecution of Crimes under International Law, 2001, S. 539; *ders.,* Current Issues in the Law of Armed Conflict: Weapons, Targets and International Criminal Liability, Singapore Journal of International & Comparative Law 1 (1997), 441; *ders.,* The Law of Weaponry at the Start of the New Millenium, in *Schmitt/Green* (Hrsg.), The Law of Armed Conflict into the Next Millenium, 1998, S. 185; *ders.,* The Twilight of the Law of Belligerent Reprisals, Netherlands Yearbook of International Law 20 (1989), 35; *Harper,* A Call for a Definition of *Method of Warfare* in Relation to the Chemical Weapons Convention, 48 Naval Law Review (2001), 132; *von Hebel/Robinson,* Crimes within the Jurisdiction of the Court, in *Lee* (Hrsg.), The International Criminal Court. The Making of the Rome Statute, 1999, S. 113; *Henckaerts/Doswald-Beck* (Hrsg.), Customary International Humanitarian Law. Volume I: Rules. Volume II: Practice, 2005; *Kalshoven,* Arms, Armaments and International Law, RdC 191 (1985-II), 185; *ders.,* Belligerent Reprisals Revisited, Netherlands Yearbook of International Law 21 (1990), 43; *Kessler,* Krieg ohne Tränen? Reizstoff für die Bundeswehr. Zur Ausführung des deutschen Ausführungsgesetzes zum Chemiewaffenübereinkommen, Humanitäres Völkerrecht 2005, 4; *Kreß,* Der Bürgerkrieg und das Völkerrecht, Juristen Zeitung 2014, 365; *ders.,* The International Court of Justice and the Law of Armed Conflicts, in *Tams/Sloan* (Hrsg.), The Development of International Law by the International Court of Justice, 2013, S. 263; *ders.,* War Crimes Committed in Non-International Armed Conflict and the Emerging System of International Criminal Justice, Israel Yearbook on Human Rights 30 (2000), 103; *Krivanek,* The Weapons Provisions in the Rome Statute of the International Criminal Court and in the German Code of Crimes Against International Law, 2010; *Langford,* Introduction to Weapons of Mass Destruction, 2004; *La Haye,* The First Amendment to the Rome Statute: Bringing Article 8 of the Rome Statute in Line with International Humanitarian Law, in *Dive/Goes/ Vandermeersch* (Hrsg.), From Rome to Kampala: The first 2 amendments to the Rome Statute, 2012, S. 67; *McCormack,* International Law and the Use of Chemical Weapons in the Gulf War, California Western International Law Journal 21 (1990/91), 1; *Meyrowitz,* Les armes psychochimiques et le droit international, Annuaire Francais de Droit International 1964, 81; *ders.,* The Principle of Superfluous Injury or Unnecessary Suffering. From The Declaration of St. Petersburg of 1868 to Additional Protocol I of 1977, International Review of the Red Cross 76 (1994), 98; *Oeter,* Methods and Means of Combat, in *Fleck* (Hrsg.), The Handbook of International Humanitarian Law, 3. Aufl. 2013, S. 115; *Olásolo,* Unlawful Attacks in Combat Situations, 2008; *Onate/Exterkate/Tabassi/van der Borght,* Lessons Learned: Chemical Trader Convicted of War Crimes, Hague Justice Journal 2 (2007), 23; *Parks,* Conventional Weapons and Weapons Reviews, Yearbook of International Humanitarian Law 8 (2005), 55; *Peterson,* Die Strafbarkeit des Einsatzes von biologischen, chemischen und nuklearen Waffen als Kriegsverbrechen nach dem IStGH-Statut, 2009; *Prokosch,* The Swiss draft Protocol on Small-Calibre Weapon Systems, International Review of the Red Cross Nr. 307 (1995), 411; *Schadtle,* Das völkerrechtliche Verbot des Einsatzes chemischer Waffen im Bürgerkrieg: Der Syrienkonflikt als Fallstudie, Archiv des Völkerrechts 53 (2015), 121; *Schäfer,* Lexikon biologischer und chemischer Kampfstoffe, 2003; *Turns,* At the „Vanishing Point" of International Humanitarian Law: Methods and Means of Warfare in Non-international Armed Conflicts, German Yearbook of International Law 45 (2002), 115; *ders.,* Weapons in the ICRC Study on Customary International Humanitarian Law, Journal of Conflict & Security Law 11 (2006), 201; *Verwey,* Riot Control Agents and Herbicides in War, 1977; *Weber,* Neue Waffen und das Völkerrecht – Überlegungen zur Handhabung des Artikels 36 des I. Zusatzprotokolls zu den Genfer Abkommen vom 12. August 1949, in *Fischer/Froissart/Heintschel von Heinegg/Raap* (Hrsg.), FS Fleck, 2004, 689; *Wheelis,* Biotechnology and Biochemical Weapons, The Nonproliferation Review 2002, 48; *Zimmermann/ Şener,* Chemical Weapons and the International Criminal Court, American Journal of International Law 108 (2014), 436.

Übersicht

	Rn.		Rn.
I. Allgemeines	1–16	4. Völkerrechtliche Besonderheiten bei der Auslegung	16
1. Normzweck	1–3		
a) Schutzrichtung und Rechtsgut	1, 2	**II. Erläuterung**	17–45
b) Deliktsnatur	3	1. Grundtatbestand	17–44
		a) Objektiver Tatbestand	17–43
2. Kriminalpolitische Bedeutung	4, 5	b) Subjektiver Tatbestand	44
3. Historie	6–15	2. Qualifikationen	45
a) Völkerrechtliche Entwicklung	6–11		
b) Völkerstrafrechtliche Entwicklung	12–14	**III. Rechtfertigung, Konkurrenzen,**	
c) Entstehungsgeschichte	15	**Rechtsfolgen, Prozessuales**	46–51

	Rn.		Rn.
1. Militärische Notwendigkeit	46	3. Konkurrenzen	49
		4. Weltrechtspflege	50
2. Konfliktsvölkerrechtliche Repressalie	47, 48	5. Prozessuales	51

I. Allgemeines

1 **1. Normzweck. a) Schutzrichtung und Rechtsgut.** § 12 ist dem Kampfführungsrecht zuzuordnen, also nach der ursprünglichen Dichotomie des Kriegsrechts (→ Vor § 8 Rn. 5) dem so genannten Haager Recht. Mit dem Gesamtkomplex des Kampfführungsrechts teilt die Vorschrift zwei grundlegende Ziele: die **Vermeidung der militärisch nicht erforderlichen und in diesem Sinn überflüssigen Schädigung von Kombattanten** und sonstigen an den Kampfhandlungen beteiligten Personen sowie den **Schutz der Zivilbevölkerung vor unterschiedsloser (nicht-diskriminierender) Kampfführung**.[1]

2 § 12 weist die den Kriegsverbrechen eigene (→ Vor § 8 Rn. 3) **doppelte Schutzrichtung** auf und hat neben bestimmten **Individualrechtsgütern** (Leben, körperliche und seelische Unversehrtheit) auch das **überindividuelle Interesse** im Blick, die **Möglichkeit eines zukünftigen Friedens zwischen den Konfliktparteien** zu erhalten. Der Gesetzgeber geht hier – wie im Übrigen – davon aus, dass diese überindividuelle Schutzrichtung bereits bei einem einzelnen Kriegsverbrechen und nicht erst dann berührt ist, wenn sich die betreffende Einzeltat in eine verbrecherische Gesamtkriegsführung einfügt.[2] Diese Einschätzung steht im Einklang mit dem geltenden Völkerstrafrecht; die einschränkenden Kriterien in Art. 8 Abs. 1 IStGH-Statut sind kompetenzieller Natur (→ Vor § 8 Rn. 20). Im Hinblick auf die betroffenen Individualrechtsgüter ist zu bedenken, dass § 12 als kampfführungsrechtliche Norm Gefahren für Leben und Leib von Kombattanten oder sonstigen an den Kampfhandlungen beteiligten Personen nur unter dem Gesichtspunkt der Zufügung überflüssiger Leiden in den Blick nimmt.

3 **b) Deliktsnatur.** § 12 beschreibt – dem Grundfall der Kriegsverbrechen entsprechend (→ Vor § 8 Rn. 37) – ein **Allgemeindelikt**. Bei dem **Grundtatbestand** in Absatz 1 handelt es sich um ein **Tätigkeitsdelikt,** da weder die Verletzung noch die konkrete Gefährdung mindestens eines Individualrechtsguts vorausgesetzt wird.[3] Die mit der Tathandlung nach Abs. 1 verbundene (typischerweise: Gemein-)Gefährlichkeit kann für nach dem humanitären Völkerrecht zu schützende Personen (§ 8 Abs. 1 Nr. 6), für Zivilpersonen im Allgemeinen, aber insbesondere auch für Kombattanten und sonstige an den Kampfhandlungen teilnehmende Personen bestehen. Die **Qualifikationstatbestände** in Abs. 2 sind **Verletzungserfolgsdelikte:** Satz 1 normiert ein (echtes) erfolgsqualifiziertes Delikt (§ 18 StGB), Satz 2 beschreibt eine Vorsatzerfolgsqualifikation.

4 **2. Kriminalpolitische Bedeutung.** Einer klassischen Wendung zufolge liegt das Völkerrecht im Grenzbereich des Rechts[4] und das Kriegsrecht im Grenzbereich des Völkerrechts. Dies lässt sich weiter dahin zuspitzen, dass das Kampfführungsrecht unter Einschluss des hier relevanten Rechts der verbotenen Mittel der Kriegsführung (zumal in seiner strafrechtlichen Bewehrung) im Grenzbereich des Rechts der bewaffneten Konflikte steht. Das liegt in dem **prekären Grundkonflikt zwischen humanitären Erwägungen und militärischer Notwendigkeit** begründet, dem sich ein Staat ausgesetzt sieht, der sich eines militärischen Angriffs zu erwehren hat.[5] Das inzwischen berühmte „*non liquet*" des IGH zu der Völkerrechtskonformität des Nuklearwaffeneinsatzes (dazu → Rn. 9)[6] beleuchtet

---
[1] *Greenwood* in *Schmitt/Green* (Hrsg.), S. 189.
[2] Hierzu kritisch *Gierhake* S. 276 ff., 284.
[3] *Werle* Rn. 1358.
[4] *Lauterpacht,* The Problem of revision of the Law of War, The British Year Book of International Law 29 (1952) 382.
[5] *Kreß* JZ (2014), 367.
[6] IGH 8.7.1996 – ICJ Reports 1996, 262 f. (Ziff. 95 f.) – Legality of the Threat or Use of Nuclear Weapons.

das Dilemma eindrucksvoll. In Anbetracht dessen überrascht es nicht, dass sich die Rechtsprechung dem Kampfführungsrecht bislang nur sehr vorsichtig genähert hat,[7] wobei die Waffeneinsatzverbote in ihrer Bedeutung vor Gericht noch hinter den verbotenen Methoden der Kriegsführung (§ 11) zurücktreten.[8] Auf der Ebene der internationalen Strafgerichtsbarkeit ist in diesem Zusammenhang im Wesentlichen der Untersuchungsbericht zu den Bombenangriffen der NATO gegen die Bundesrepublik Jugoslawien zu nennen, in dem mögliche Waffeneinsatzverbote eine (kursorische) Rolle gespielt haben.[9] Nationale Urteile zu Fragen des völkerrechtlichen Waffeneinsatzrechts sind das (allerdings nicht strafrechtliche) Urteil des Landgerichts Tokio von 1963 zu den Atombombenabwürfen auf Hiroshima und Nagasaki (Shimoda-Fall)[10] sowie das den irakischen Chemiewaffeneinsatz gegen Kurden thematisierende Urteil des *Iraqi High Tribunal* vom 24.6.2007 *(Anfal Campaign Trial Judgment)*.[11]

Die **praktische Bedeutung** der im Einzugsbereich von § 12 angesiedelten Verhaltensweisen in der bisherigen Konfliktspraxis variiert von Waffe zu Waffe. Traditionelle Formen des Gifteinsatzes im Kriege werden ebenso wie diesbezügliche Verbote bereits in der frühen Geschichte verortet;[12] die gegenwärtige Bedeutung ist soweit ersichtlich gering. Nichts Anderes gilt für die Verwendung von Geschossen, die sich leicht im Körper des Menschen ausdehnen oder flachdrücken, deren Kriminalisierung auf den britischen Einsatz so genannter Dum-Dum Geschosse in Indien im 19. Jahrhundert zurückgeht.[13] Der Einsatz biologischer Waffen hat in der Praxis bislang glücklicherweise nur eine sehr begrenzte Rolle gespielt.[14] Demgegenüber wurden im 1. Weltkrieg in beträchtlichem Umfang Kampfgase eingesetzt[15] und in der Zwischenkriegszeit fand diese Praxis etwa im Abessinien-Konflikt und seitens Japans im Rahmen japanisch-chinesischer Konflikte eine Fortsetzung.[16] Im Zweiten Weltkrieg wurden keine chemischen Kampfstoffe verwendet. Das Thema rückte dann erst wieder mit dem Vietnam-Krieg in den Mittelpunkt des Interesses der Weltöffentlichkeit. Hier ging es um die spezielle Problematik des insbesondere von den USA praktizierten Einsatzes von Entlaubungsmitteln und Reizstoffen zur Unruhebekämpfung *(riot control agents)* (→ Rn. 33).[17] Traurige Prominenz erlangte die Frage des Chemiewaffeneinsatzes in der Folgezeit vor allem[18] durch die irakische Praxis im (ersten Golf-)Krieg mit dem Iran;[19] dem folgte der irakische Chemiewaffeneinsatz gegen Kurden auf irakischem Staatsgebiet.[20] Für die Zukunft hatte man den Einsatz biologischer oder chemischer Waffen durch Terroristen mitunter für wahrscheinlicher gehalten als die Verwendung im Rahmen eines herkömmlichen bewaffneten Konflikts.[21] Indessen hat der Einsatz von Chemiewaffen im seit 2012 tobenden syrischen Bürgerkrieg eine ganz erhebliche Rolle gespielt. Ein trauriges Fanal wurde mit dem Einsatz des Nervenkampfstoffs Sarin in der Region Ghuta am

---

[7] Einschlägige „Nürnberger" und „Tokioter" Judikatur zu den Waffeneinsatzverboten gibt es – soweit ersichtlich – nicht; *Bothe* S. 189.
[8] Zu der Rechtsprechung des JStGH zu strafbaren Methoden der Kriegsführung *Olásolo passim*.
[9] Ziff. 26 f. des Final Report to the Prosecutor by the Committee Established to Review the NATO Bombing Campaign Against the Federal Republic of Yugoslavia; http://www.icty.org/sid/10052 (zuletzt besucht am 18.9.2017).
[10] *Falk* AJIL 59 (1965), 759.
[11] http://www.asser.nl/upload/documents/DomCLIC/Docs/NLP/Iraq/Anfal_verdict.pdf (zuletzt besucht am 2.6.2017).
[12] *Cottier/Křivánek* in *Triffterer/Ambos* (Hrsg.), Art. 8 Rn. 574 f.
[13] *Coupland/Loye* International Review of the Red Cross Nr. 849 (2003), 136.
[14] Für eine Ausnahme s. *Bothe* S. 190; zu frühen Formen biologischer Kampfführung s. *Langford* S. 139 ff.
[15] Ziff. 3 des Berichts des Generalsekretärs der VN, Chemical and Bacteriological (Biological) Weapons and the Effects of their Possible Use; A/7575/Rev. 1 = S/9292/Rev. 1 (1969).
[16] *Bothe* S. 42, 175 (Abessinien-Konflikt) bzw. S. 42, 178 (China-Japan).
[17] *Verwey* S. 49 bzw. 100.
[18] Für weitere Fälle s. *Schadtle* Archiv des Völkerrechts 53 (2015), 136.
[19] *McCormack* California Western International Law Journal 21 (1990/91), 1.
[20] JStGH 2.10.1995 – IT-94-1-AR72, Ziff. 120–124 – Prosecutor v. Tadić, Decision on the Defence Motion for Interlocutory Appeal on Jurisdiction.
[21] *Langford* S. 149 ff. bzw. 223; *Schäfer* S. 15.

21. August 2013 gesetzt. Diesem sollen bis zu 1.429 Menschen zum Opfer gefallen sein.[22] Nachdem auch hiernach die Vorwürfe, Chemiewaffen seien zum Einsatz gekommen, nicht verstummt waren, führte der Chemiewaffeneinsatz in Chan Scheichun am 4. April 2017, erneut zu einem Aufschrei des Weltgewissens.[23]

6 **3. Historie. a) Völkerrechtliche Entwicklung.** Die moderne Entwicklung des Rechts der Waffeneinsatzverbote setzt in der zweiten Hälfte des 19. Jahrhunderts ein.[24] Der erste einschlägige Vertrag ist die St. Petersburger Erklärung vom 11.12.1868, die in ihrer dritten, vierten und fünften Präambelerwägung insbesondere den ersten der **beiden** hier interessierenden **Leitgedanken** (→ Rn. 1) zum Ausdruck bringt und festhält, „dass das Einzige rechtmäßige Ziel, welches sich ein Staat in Kriegszeiten stellen kann, die Schwächung der Streitkräfte des Feindes ist; dass es zu diesem Zwecke hinreichend ist, dem Gegner eine so große Zahl von Leuten als möglich außer Gefecht zu setzen; dass der Gebrauch von Mitteln, welche unnötigerweise die Wunden der außer Gefecht gesetzten Leute vergrößern oder ihnen unvermeidlich den Tod bringen, diesem Zweck nicht entspricht[.]".[25] Art. 23 lit. e HLKO (1907) untersagt dann ausdrücklich den „Gebrauch von Waffen, Geschossen oder Stoffen, die geeignet sind, unnötig Leiden zu verursachen".[26] Die jüngste völkervertragliche Ausprägung des Verbots der Zufügung „überflüssiger Verletzungen und unnötiger Leiden" stammt aus dem Jahr 1977 und findet sich in Art. 35 Abs. 2 des Ersten Zusatzprotokolls zu den Genfer Abkommen von 1949 über den Schutz der Opfer bewaffneter Konflikte (ZP I).[27] Der zweite Leitgedanke der unterschiedslosen Waffenwirkung ist völkergewohnheitsrechtlich seit Langem fest verankert; seinen völkervertraglichen Ausdruck hat er in Art. 51 Abs. 4 lit. b ZP I gefunden, der Angriffe untersagt, „bei denen Kampfmethoden oder -mittel angewendet werden, die nicht gegen ein bestimmtes militärisches Ziel gerichtet werden können". Mit Art. 35 Abs. 3 ZP I ist als dritter Leitgedanke die Verhinderung ausgedehnter, lange anhaltender und schwerer Schäden der natürlichen Umwelt hinzugetreten. Bei den in § 12 unter Strafe gestellten Waffeneinsatzverboten steht dieser Gesichtspunkt allerdings nicht im Vordergrund. Nach Art. 36 Abs. 1 ZP I sind die Vertragsparteien dieses Übereinkommens verpflichtet, mögliche neue Waffenarten auf ihre Vereinbarkeit mit den genannten Leitgedanken hin zu überprüfen.[28] Diese Prüfung ist ein hochkomplexer Vorgang, der die Schwierigkeit reflektiert, die Leitgedanken des Waffeneinsatzrechts zu konkreten Waffeneinsatzverboten zu verdichten. So erfordert die Feststellung „überflüssiger Verletzungen und unnötiger Leiden" eine abstrakte Verhältnismäßigkeitsprüfung im Hinblick auf die konfligierenden Gesichtspunkte der militärischen Notwendigkeit und der Vermeidung von Verletzungen.[29]

7 Erste Verbote spezieller **konventioneller Waffen** gehen auf die zweite Hälfte des 19. Jahrhunderts zurück.[30] So untersagt die bereits erwähnte St. Petersburger Erklärung

---

[22] UN Mission to Investigate Allegations of the Use of Chemical Weapons in the Syrian Arab Republic, Report on Allegations of the Use of Chemical Weapons in the Ghouta Area of Damascus on 21 August 2013, A/67/997-S/2013/553. Zu der internationalen Reaktion, die in die Annahme von Resolution 2118 des VN-Sicherheitsrats mündete (S/RES 2118 (2013), 27.9.2013), *Schadtle* Archiv des Völkerrechts 53 (2015), 122.

[23] Für den Bericht des Generalsekretariats im Sicherheitsrat der VN s. UNDoc S/PV.7915, 5.4.2017, 2 f.; zur Einrichtung eines Gemeinsamen Untersuchungsmechanismus der Organisation für das Verbot chemischer Waffen und der VN s. UNDoc S/RES/2235 (2015), 7.8.2015; s. auch *Schadtle* Archiv des Völkerrechts 53 (2015), 122.

[24] Für eine eingehende und den Zusammenhang zur Rüstungskontrolle berücksichtigende Darstellung s. *Kalshoven* RdC 191 (1985-II), 185; für konzise Überblicksdarstellungen s. *Greenwood* in *Schmitt/Green* (Hrsg.), S. 186 ff.; *Oeter* in *Fleck* (Hrsg.), S. 115 ff.

[25] Die deutsche Übersetzung ist entnommen aus: Dokumente zum Humanitären Völkerrecht, S. 19 f.

[26] Dokumente zum Humanitären Völkerrecht, S. 40, RGBl. 1910 S. 107, 375.

[27] BGBl. 1990 II S. 1550, 1637; instruktiv zur historischen Entwicklung des ersten Leitgedankens des Völkerrechts der Waffenverwendungsverbote *Meyrowitz* International Review of the Red Cross 76 (1994), 98 ff., der insbesondere dartut, dass der französische Begriff „maux superflus" auch materielle Schäden einschließt.

[28] *Weber* FS Fleck, 2004, 689.

[29] Hierzu näher *Greenwood* in *Schmitt/Green* (Hrsg.), S. 195; *Oeter* in *Fleck* (Hrsg.), S. 125 f.

[30] Für eine minutiöse Darstellung der Rechtsentwicklung s. *Parks* Yearbook of International Humanitarian Law 8 (2005), 55.

(→ Rn. 6) den Gebrauch bestimmter Explosionsstoffe. Im Zusammenhang mit § 12 Abs. 1 Nr. 3 entscheidend ist sodann die Haager Erklärung vom 29.7.1899 betreffend das Verbot von Geschossen, die sich leicht im menschlichen Körper ausdehnen oder flachdrücken.[31] In der Folgezeit kam es lange nicht zur Herausbildung weiterer Verbote des Einsatzes spezieller konventioneller Waffenarten. Insbesondere enthält das ZP I keine entsprechenden Bestimmungen. Die Formulierung völkervertraglicher Waffeneinsatzverbote im konventionellen Bereich ist hiernach im Wesentlichen neueren Datums und nimmt seinen Ausgang bei dem Übereinkommen der Vereinten Nationen von 1980 über das Verbot oder die Beschränkung des Einsatzes bestimmter konventioneller Waffen, die übermäßige Verletzungen verursachen oder unterschiedslos wirken.[32] Bei diesem Übereinkommen handelt es sich um ein Rahmenübereinkommen, das den Weg für Waffeneinsatzverbote in Gestalt spezieller Protokolle eröffnet.[33] Inzwischen sind die folgenden Vertragstexte erarbeitet worden: Protokoll vom 10.10.1980 über nichtentdeckbare Splitter (Protokoll I),[34] Protokoll über das Verbot oder die Beschränkung des Einsatzes von Minen, Sprengfallen und anderen Vorrichtungen (Protokoll II),[35] Protokoll vom 10.10.1980 über das Verbot oder die Beschränkung des Einsatzes von Brandwaffen (Protokoll III),[36] Protokoll vom 13.10.1995 über blindmachende Laserwaffen (Protokoll IV),[37] Protokoll vom 28.11.2003 über explosive Kampfmittelrückstände (Protokoll V).[38] Außerhalb des Rahmenübereinkommens von 1980 steht das Ottawa-Übereinkommen vom 18.9.1997 über das Verbot des Einsatzes, der Lagerung, der Herstellung und der Weitergabe von Antipersonenminen und über deren Vernichtung.[39] Die jüngsten internationalen Verhandlungen über konventionelle Waffen betrafen den Einsatz von Streubomben *(cluster munitions)* und mündeten in das Dubliner Übereinkommen vom 30.5.2008.[40] Der Ratifikationsstand der vorstehend aufgeführten völkerrechtlichen Verträge ist unterschiedlich[41] und die Frage der völkergewohnheitsrechtlichen Geltung entsprechender Waffeneinsatzverbote bedarf einer differenzierenden Betrachtung. In der viel beachteten Studie des IKRK zum Völkergewohnheitsrecht der bewaffneten Konflikte werden folgende Verbote als gewohnheitsrechtlich anerkannt eingestuft: Das Verbot des Einsatzes von Geschossen, die sich leicht im menschlichen Körper ausdehnen oder flachdrücken; das Verbot, Geschosse, die im menschlichen Körper explodieren, gegen Menschen einzusetzen; das Verbot des Einsatzes von Waffen, deren vorrangige Wirkung darin besteht, durch Splitter zu verletzen, die im menschlichen Körper durch Röntgenstrahlen nicht entdeckt werden können; das Verbot des Einsatzes bestimmter Sprengfallen; sowie das Verbot des Einsatzes von Laserwaffen, die speziell zu dem Zweck hergestellt worden sind, als Kampffunktion die dauerhafte Erblindung zu verursachen.[42] Indes werden diese Ergebnisse zum Teil angefochten.[43] Auf diesen Streit muss zum Zweck der Erläuterung von § 12 nur in sehr begrenztem Umfang eingegangen werden.

Auch im Hinblick auf die **biologischen und chemischen Waffen** nimmt die Entwicklung des modernen Völkervertragsrechts ihren Ausgang am Ende des 19. Jahrhunderts. Die

---

[31] Dokumente zum Humanitären Völkerrecht, S. 23, RGBl. 1901 S. 478, 482.
[32] Dokumente zum Humanitären Völkerrecht, S. 607, BGBl. 1992 II S. 958.
[33] S. die Denkschrift der Bundesregierung, BT-Drs. 12/2460, 25.
[34] Dokumente zum Humanitären Völkerrecht, S. 619, BGBl. 1992 II S. 967.
[35] Dokumente zum Humanitären Völkerrecht, S. 623, BGBl. 1992 II S. 968; zu der Änderung dieses Protokolls am 3.5.1996 s. Dokumente zum Humanitären Völkerrecht, S. 631, BGBl. 1997 II S. 806.
[36] Dokumente zum Humanitären Völkerrecht, S. 651, BGBl. 1992 II S. 975.
[37] Dokumente zum Humanitären Völkerrecht, S. 655, BGBl. 1997 II S. 827.
[38] Dokumente zum Humanitären Völkerrecht, S. 657, BGBl. 2005 II S. 122.
[39] Dokumente zum Humanitären Völkerrecht, S. 919, BGBl. 1998 II S. 778.
[40] Dokumente zum Humanitären Völkerrecht, S. 1107, BGBl. 2009 II S. 502.
[41] Eine jeweils aktuelle Übersicht bietet die Internetseite des IKRK; http://www.icrc.org/ihl.nsf (zuletzt besucht am 10.12.2015).
[42] *Henckaerts/Doswald-Beck* (Hrsg.), Volume I, S. 268, 272, 275, 278, 292 (Rules 77 bis 80 und 86); keine absoluten völkergewohnheitsrechtlichen Waffeneinsatzverbote sollen demgegenüber im Bereich des Einsatzes von Landminen und Brandwaffen bestehen (*ibid.*, S. 280, 287, (Rules 81 bis 85)).
[43] *Turns* Journal of Conflict & Security Law 11 (2006), 201.

Haager Erklärung vom 29.7.1899 untersagt es, „solche Geschosse zu verwenden, deren einziger Zweck ist, erstickende oder giftige Gase zu verbreiten".[44] Dem folgt 1907 das in Art. 23 lit. a HLKO enthaltene Verbot der Verwendung von Gift oder vergifteten Waffen.[45] Von zentraler Bedeutung ist sodann das Genfer Giftgasprotokoll von 1925 (Giftgasprotokoll),[46] in dessen Art. 1 das Verbot bekräftigt wird, erstickende, giftige oder gleichartige Gase sowie alle ähnlichen Flüssigkeiten, Stoffe oder Verfahrensarten im Kriege zu verwenden. Dieselbe Bestimmung dehnt dieses Verbot auf die bakteriologischen Kriegsmittel aus. Das Übereinkommen vom 10.4.1972 über das Verbot der Entwicklung, Herstellung und Lagerung bakteriologischer (biologischer) Waffen und Toxinwaffen (Biotoxinwaffenübereinkommen)[47] sowie über die Vernichtung solcher Waffen ist ein Rüstungskontrollabkommen ohne eigenständiges Waffeneinsatzverbot; (wichtige) Aussagen im Hinblick auf die Einsatzfrage lassen sich allerdings mittelbar aus der Präambel und aus Art. 1 des Übereinkommens ableiten (→ Rn. 37, 48). Demgegenüber statuiert das Übereinkommen vom 13.1.1993 über das Verbot der Entwicklung, Herstellung, Lagerung und des Einsatzes chemischer Waffen und über die Vernichtung solcher Waffen (CWÜ) in seinem Art. 1 Abs. 1 lit. b das Verbot des Einsatzes chemischer Waffen. In der Völkergewohnheitsrechtsstudie des IKRK werden die Verbote, Gift oder vergiftete Waffen, sowie biologische bzw. chemischen Waffen einzusetzen, als gewohnheitsrechtlich verankert angesehen.[48] Diese Feststellungen entsprechen der ganz herrschenden Völkerrechtslehre.[49]

9   Ein spezielles völkervertragliches Verbot des Einsatzes von **Nuklearwaffen** besteht nicht. Auch gehen die meisten Staaten der NATO (nicht zuletzt im Hinblick auf die nukleare Abschreckungskomponente der Bündnisstrategie) davon aus (und haben entsprechende Erklärungen abgegeben),[50] dass die allgemeinen Kampfführungsbestimmungen des ZP I auf Nuklearwaffen keine Anwendung finden.[51] Zu der Frage, ob sich aus den allgemeinen völkergewohnheitsrechtlichen Prinzipien des Kampfführungsrechts das Verbot des Einsatzes von Atomwaffen ableiten lässt, hat der IGH in seinem Gutachten von 1996 zu einer recht gewundenen und ersichtlich kompromissbehafteten Formulierung gefunden. Im Urteilstenor heißt es, dass der Einsatz von Nuklearwaffen „im Allgemeinen" („generally"/„généralement") mit dem Recht des bewaffneten Konflikts unvereinbar sei, dass der Gerichtshof jedoch auf der Grundlage des ihm vorliegenden Tatsachenmaterials nicht verlässlich ausschließen könne, dass ein entsprechender Waffeneinsatz in einer extremen Selbstverteidigungssituation, in der das Überleben des betreffenden Staates auf dem Spiel steht, rechtmäßig ist.[52] In den Urteilsgründen wird präziser dahin formuliert, dass der Atomwaffeneinsatz mit den beiden oben (→ Rn. 6) genannten Leitgedanken des Kampfführungsrechts „kaum" („scarcely"/„guère") vereinbar sei.[53]

10   In Übereinstimmung mit der Entwicklung des Kriegsrechts im Allgemeinen sind die Waffeneinsatzverbote im Kontext des Krieges bzw. des internationalen bewaffneten Konflikts entstanden und blieben zunächst hierauf beschränkt.[54] **Inzwischen sind jedoch auch die Waffeneinsatzverbote von der übergreifenden Tendenz erfasst worden, wonach sich das Recht des nicht-internationalen bewaffneten Konflikts an dasjenige des internationalen bewaffneten Konflikts annähert** (→ Vor § 8 Rn. 2). Im völkervertrag-

---

[44] Dokumente zum Humanitären Völkerrecht, S. 21, RGBl. 1901 S. 474, 482.
[45] Dokumente zum Humanitären Völkerrecht, S. 40.
[46] Dokumente zum Humanitären Völkerrecht, S. 105, RGBl. 1929 II S. 173.
[47] Dokumente zum Humanitären Völkerrecht, S. 475, BGBl. 1983 II S. 132.
[48] *Henckaerts/Doswald-Beck* (Hrsg.), Volume I, S. 256, 259 (Rules 73, 74).
[49] Für den deutschen Sprachraum grundlegend ist die Untersuchung *Bothes*, der seine mit der IKRK-Studie im Wesentlichen übereinstimmenden Ergebnisse auf S. 81 f. zusammenfasst.
[50] Für die deutsche Erklärung s. BGBl. 1991 II S. 968.
[51] Für eine überzeugende Vertragsrechtsanalyse s. *Oeter* in *Fleck* (Hrsg.), S. 158 ff.
[52] IGH 8.7.1996 – ICJ Reports 1996, 266 f. (Ziff. 105 sub 2. E.) – Legality of the Threat or Use of Nuclear Weapons.
[53] IGH 8.7.1996 – ICJ Reports 1996, 262 (Ziff. 95) – Legality of the Threat or Use of Nuclear Weapons; für eine nähere Betrachtung s. *Kreß* in *Tams/Sloan* (Hrsg.), S. 292 ff.
[54] Speziell zum Genfer Protokoll *Schadtle* Archiv des Völkerrechts 53 (2015), 127.

lichen Bereich steht die 2001 angenommene Änderung von Art. 1 des 1980er Übereinkommens (→ Rn. 7) beispielhaft für diese Entwicklung.⁵⁵ Hierdurch wurde der Anwendungsbereich des 1980er Übereinkommens und der Protokolle auf nicht-internationale bewaffnete Konflikte erstreckt. Auch das Waffeneinsatzverbot gem. Art. 1 Abs. 1 lit. b CWÜ gilt für beide Arten des bewaffneten Konflikts. Für den völkergewohnheitsrechtlichen Bereich hat der JStGH in seiner grundlegenden *Tadić*-Entscheidung (→ Vor § 8 Rn. 2) die Tendenz der Assimilierung des Bürgerkriegs- an das Kriegsrecht ausdrücklich auch auf die Waffeneinsatzverbote bezogen und dabei die neuere Praxis zum Chemiewaffeneinsatz im nicht-internationalen bewaffneten Konflikt gezielt in den Blick genommen.⁵⁶ Hiermit übereinstimmend sind die Autoren der einschlägigen IKRK-Studie der Ansicht, dass die von § 12 in Bezug genommenen völkerrechtlichen Verbote auch insoweit völkergewohnheitsrechtlicher Natur sind, als sie den nicht-internationalen bewaffneten Konflikt betreffen.⁵⁷ Diese Feststellungen sind seinerzeit nicht ohne kritische Reaktion geblieben,⁵⁸ verdienen indessen Zustimmung. Dementsprechend beschlossen die Vertragsstaaten des IStGH-Statuts 2010 bei der ersten Überprüfungskonferenz zum Statut in Kampala, die Rechtslage zum nicht-internationalen bewaffneten Konflikt an diejenige zum internationalen bewaffneten Konflikt anzugleichen (näher → Rn. 14). Speziell im Hinblick auf die Chemiewaffen liefert die international einmütige Verurteilung des Einsatzes solcher Waffen im syrischen Bürgerkrieg als völkerrechtswidrig einen weiteren eindrucksvollen Beleg für die hier vertretene Position.⁵⁹

Eine allgemeine völkervertragliche Fixierung des **Begriffs der Waffe iSd Kampführungsrechts** hat die vorstehend skizzierte Rechtsentwicklung nicht hervorgebracht. Danach sind tatbestandsspezifische Unterschiede möglich.⁶⁰ Mit einer frühen Einschätzung von *Meyrowitz* wird sich sagen lassen, dass auf der Grundlage eines weiten subjektiven Ansatzes – und abweichend vom Waffenbegriff im technischen Sinn des StGB⁶¹ – grundsätzlich alle Gegenstände (und zwar unabhängig vom jeweiligen Aggregatzustand) in Betracht kommen, die bei entsprechender Eignung mit dem Ziel verwendet werden, Leben, Leib oder Gesundheit von Personen oder Sachen zu beschädigen.⁶² Überdies besteht eine Tendenz, die Abgrenzung innerhalb der großen Waffenarten (konventionell [nebst Untergruppen], atomar, biologisch, chemisch) im Zweifelsfall nach der bezweckten Wirkungsweise vorzunehmen (auch → Rn. 21, 32).

b) Völkerstrafrechtliche Entwicklung. Die Bedeutung des Völkerstrafrechts im Bereich der Waffeneinsatzverbote vor dem Inkrafttreten des IStGH-Statuts ist gering. Soweit ersichtlich, ist **Art. 3 lit. a JStGH-Statut**⁶³ der einzige Rechtstext, der das Thema berührt. Mit dieser Formulierung wird ein potentiell weiter Kriminalisierungsansatz gewählt, denn als Kriegsverbrechen erfasst werden neben Giftwaffen auch alle „sonstigen Waffen, die unnö-

---

⁵⁵ Änderung von Art. 1 des VN-Waffenübereinkommens, angenommen von der Zweiten Überprüfungskonferenz zum VN-Waffenübereinkommen in Genf am 21.12.2001; Dokumente zum Humanitären Völkerrecht, S. 609, BGBl. 2004 II S. 1507.
⁵⁶ JStGH 2.10.1995 – IT-94-1-AR72, Ziff. 120 bis 124 zum Chemiewaffeneinsatz und zusammenfassend Ziff. 126 f. – Prosecutor v. Tadić, Decision on the Defence Motion for Interlocutory Appeal on Jurisdiction; trotz seiner skeptischen Grundhaltung bestreitet auch *Turns* German Yearbook of International Law 45 (2002), 115, die Assimilierungstendenz nicht.
⁵⁷ *Henckaerts/Doswald-Beck* (Hrsg.), Volume I, S. 251, 256, 259, 268 (Rules 72, 73, 74, 77).
⁵⁸ *Turns* Journal of Conflict & Security Law 11 (2006), 218; speziell im Hinblick auf den Einsatz von Chemiewaffen krit. *Schadtle* Archiv des Völkerrechts 53 (2015), 132 ff., 139.
⁵⁹ S. insbesondere GA/RES 68/182, 18.12.2013, Abs. 1; S/RES 2118 (2013, 27.9.2013, Abs. 2).
⁶⁰ Auch mag etwa für das präventiv-generelle Prüfverfahren nach Art. 36 ZP I ein anderer Definitionsansatz zu wählen sein als für ein konkretes Waffeneinsatzverbot; zu Uneinheitlichkeiten des völkerrechtlichen Begriffsgebrauchs etwa *Weber* FS Fleck, 2004, 689 (697 f.); dementsprechend verzichtet das deutsche Gesetz über die Kontrolle von Kriegswaffen „aus praktischen Gründen auf eine Definition des Kriegswaffenbegriffes"; *Steindorf* KWKG § 1 Rn. 1.
⁶¹ Hierzu *Küper* S. 441 f., *ibid.* S. 443 mit Kritik an der Unsicherheit seit BGH 4.2.2003 – GSSt 2/02, BGHSt 48, 197 = NJW 2003, 1677.
⁶² Annuaire Francais de Droit International 1964, 85 f.
⁶³ S/RES 827 (1993), 25.5.1993.

tige Leiden verursachen sollen".⁶⁴ Rechtsprechung des JStGH zu dieser Regelung fehlt; der Untersuchungsbericht zu den Bombenangriffen der NATO gegen die Bundesrepublik Jugoslawien (→ Rn. 4) hat davon abgeraten, Ermittlungen unter dem Gesichtspunkt eines strafbaren Waffeneinsatzes aufzunehmen.

13 Die Verhandlungen über die **Straftatbestände zu den Waffenverwendungsverboten im IStGH-Statut** gestalteten sich in wesentlichen Teilen kontrovers und schwierig.⁶⁵ Noch in der Schlussphase der Konferenz von Rom hatten die Delegierten zwischen vier Optionen zu wählen:⁶⁶ Einem offenen, auf die beiden oben genannten Leitgesichtspunkte (→ Rn. 1, 6) abstellenden Tatbestandsmodell standen das Modell einer Liste spezieller Waffenarten sowie ein gemischtes Modell gegenüber. Hier setzten sich die Befürworter einer enumerativ-spezifischen Listenlösung durch. Innerhalb des Listenmodells bestand keine Einigkeit über die einzubeziehenden Waffen. Vorschläge, einen Teil der konventionellen Waffen einzubeziehen, die Gegenstand der Protokolle zum Rahmenübereinkommen von 1980 (→ Rn. 7) sind, konnten sich nicht durchsetzen. Deshalb hat im Bereich der konventionellen Waffen in Gestalt von Art. 8 Abs. 2 lit. b (xix) allein das alte (→ Rn. 7) Verbot der Verwendung von Geschossen Berücksichtigung gefunden, die sich im Körper leicht ausdehnen oder flachdrücken. Im Übrigen entspann sich eine heftige Auseinandersetzung über die Aufnahme eines Tatbestandes zum Atomwaffeneinsatz. Während viele arabische Staaten, Indien, Pakistan und eine Reihe afrikanischer und lateinamerikanischer Staaten einen solchen Tatbestand befürworteten, sprachen sich die ständigen Mitglieder des VN-Sicherheitsrats und die meisten NATO-Staaten dagegen aus. Nachdem und weil man sich in der Nuklearwaffenfrage nicht hatte verständigen können, verloren auch die im Hinblick auf ihre völkergewohnheitsrechtliche Geltung bei den Verhandlungen unumstrittenen Tatbestände zum Einsatz biologischer und chemischer Waffen das zur Einstellung in den Vertragstext hinreichende Maß an Unterstützung. Nach Ansicht eines relevanten Teils der Delegationen sollte nicht allein die Verwendung von biologischen und chemischen (die „Massenvernichtungswaffen des armen Mannes") unter Strafe gestellt werden. Im Ergebnis fanden deshalb auch die ursprünglich in allen Listenmodellen enthaltenen Tatbestände der Verwendung biologischer Waffen und chemischer Waffen iSd des CWÜ keine Aufnahme in das IStGH-Statut. Keine Opfer des politischen Gesamtkompromisses wurden demgegenüber die Verbote der Verwendung von Gift oder vergifteten Waffen bzw. von erstickenden, giftigen oder gleichartigen Gasen sowie aller ähnlichen Flüssigkeiten, Stoffe oder Vorrichtungen. Vielmehr gerieten die entsprechenden Formulierungen aus Art. 23 lit. e HLKO bzw. Art. 1 des Giftgasprotokolls (→ Rn. 8) zur Grundlage der in Art. 8 Abs. 2 lit. b (xvii) bzw. Art. 8 Abs. 2 lit. b (xviii) IStGH-Statut enthaltenen Tatbestände. Über die Frage, ob und ggf. in welchem Umfang durch diese Tatbestände die Verwendung biologischer und chemischer Waffen schließlich doch in die Zuständigkeit des IStGH einbezogen worden sein könnte, wurde nicht vertieft diskutiert. Die drei „operativen" Tatbestände des IStGH-Statuts über verbotene Waffenverwendungen werden im Rahmen der am Ende gefundenen Paketlösung durch die „Öffnungsklausel" in Art. 8 Abs. 2 lit. b (xx) IStGH-Statut ergänzt. Diese stellt die Möglichkeit in Aussicht, durch eine Konkretisierung der beiden zentralen Leitgedanken zu einem späteren Zeitpunkt weitere Tatbestände zu Waffenverwendungsverboten in den Vertrag aufzunehmen. Das Strafrecht der Waffeneinsatzverbote des IStGH-Statuts blieb zunächst auf den internationalen bewaffneten Konflikt bezogen.⁶⁷ Doch beschlossen die Vertragsstaaten des IStGH-Statuts 2010 bei der ersten Überprüfungskonferenz zum Statut in Kampala, die Rechtslage zum nicht-internationalen bewaffneten Konflikt an diejenige zum internationalen bewaffneten Konflikt anzugleichen (zur entsprechenden Gesamttendenz Rn. 10). Dabei gingen die Vertragsstaaten davon aus, im Einklang mit dem Völkerge-

---

⁶⁴ Hierzu *Fischer* FS K. Ipsen, 2000, 92.
⁶⁵ *Von Hebel/Robinson* in *Lee* (Hrsg.), S. 113 ff.
⁶⁶ Abgedr. in *Bassiouni* (Hrsg.), S. 62 f.
⁶⁷ Näher hierzu die 1. Aufl. unter Rn. 13.

wohnheitsrecht zu handeln.[68] Kritik von Seiten der Nichtvertragsstaaten ist in diesem Zusammenhang nicht laut geworden.[69] Die neu angenommenen Bestimmungen (Art. 8 Abs. 2 lit. e (xiii), (xiv), (xv) IStGH-Statut)[70] treten nach Maßgabe von Art. 121 Abs. 5 S. 1 IStGH-Statut für jeden Vertragsstaat gesondert mit dessen Ratifikation in Kraft.[71]

Wie alle anderen Tatbestände des IStGH-Statuts waren Art. 8 Abs. 2 lit. b (xvii), (xviii) **14** und (xix) alsdann Gegenstand nochmaliger Betrachtung im Zuge der Ausarbeitung der Verbrechenselemente nach Art. 9 IStGH-Statut.[72] Hierbei kam es im Hinblick auf die beiden erstgenannten Tatbestände zu einer wichtigen Konkretisierung des Anwendungsbereichs (→ Rn. 22 ff., 33 ff.).[73] Die Verbrechenselemente, die den 2010 neu in das IStGH-Statut eingefügten Tatbeständen in Art. 8 Abs. 2 lit. e (xiii), (xiv), (xv) IStGH-Statut beigefügt worden sind,[74] bieten nichts Neues. Beachtung verdient hingegen eine etwas versteckte[75] zusätzliche Auslegungserklärung zu Art. 8 Abs. 2 lit. e (xv) (→ Rn. 42, 44).

c) Entstehungsgeschichte. § 12 weicht insofern von den vorstehend skizzierten Rege- **15** lungen im IStGH-Statut ab, als sich der deutsche Gesetzgeber dafür entschieden hat, in Absatz 1 Nr. 2 nicht wie das Giftgasprotokoll und daran anschließend Art. 8 Abs. 2 lit. b (xviii) zu formulieren, sondern die Verwendung „biologischer oder chemischer Waffen" unter Strafe zu stellen. § 12 erhielt seine Gestalt bereits in dem von der Arbeitsgruppe Völkerstrafgesetzbuch erstellten Arbeitsentwurf eines Gesetzes zur Einführung des Völkerstrafgesetzbuchs;[76] im Gesetzgebungsverfahren stand die Textfassung außer Streit.[77]

4. Völkerrechtliche Besonderheiten bei der Auslegung. Wie das VStGB im Allge- **16** meinen ist § 12 vorrangig im Licht der völkerrechtlichen Begrifflichkeit auszulegen, auch wenn gleiche oder ähnliche Begriffe wie im deutschen allgemeinen Strafrecht verwendet werden;[78] das gilt etwa für den Waffenbegriff (→ Rn. 11). Dabei ist im Hinblick auf das in § 1 verankerte Weltrechtspflegeprinzip auf eine völkergewohnheitsrechtskonforme Auslegung zu achten. Für den völkerrechtspolitisch sehr sensiblen Bereich der Kampfführungsbestimmungen und für § 12 als dessen Teil ist der Umstand zu betonen, dass das VStGB kein Gesetz zur dynamischen Fortentwicklung des Völkerstrafrechts darstellt, sondern im Zweifel eine restriktive Deutung erheischt.

II. Erläuterung

1. Grundtatbestand. a) Objektiver Tatbestand. aa) Allgemeines. Täter iSd § 12 **17** kann **jedermann** sein (→ Rn. 3). Tathandlung ist in allen Fällen das **Verwenden** des Tatmittels. Dieser Begriff ist auf das Aktivieren des jeweiligen Gefahrenpotentials zu begrenzen. Deshalb sind weder die Drohung mit einem entsprechenden Waffeneinsatz noch vorgelagerte Handlungen wie die Herstellung und Lagerung Verwendungen iSd § 12, mögen

---

[68] Abs. 8 der Präambel von RC/Res. 5; Review Conference of the Rome Statute of the International Criminal Court, Official Records, RC/11, S. 13.
[69] Die USA und Israel haben sich sogar ausdrücklich zustimmend zu dem Beschluss der Vertragsstaatenkonferenz geäußert; Review Conference of the Rome Statute of the International Criminal Court, Official Records, RC/11, S. 120 (Fn. 1).
[70] Annex I zu RC/Res. 5 vom 10.6.2010; Review Conference of the Rome Statute of the International Criminal Court, Official Records, RC/11, S. 15.
[71] Zu den Konsequenzen für die Zuständigkeit des IStGH s. *Alamuddin/Webb* JICJ 8 (2010), 1237; *Zimmermann/Şener* AJIL 108 (2014), 442.
[72] Die Verbrechenselemente sind abgedr. in ICC-ASP/1/3, S. 139 f.
[73] Für einen Überblick über die Verhandlungen s. *Dörmann*, Elements of War Crimes, S. 281 ff.; *ders.* in *Fischer/Kreß/Lüder* (Hrsg.), S. 95 (128 ff.); *Garraway* in *Lee* (Hrsg.), S. 178 ff.
[74] Annex II zu RC/Res. 5 vom 10.6.2010; Review Conference of the Rome Statute of the International Criminal Court, Official Records, RC/11, S. 16.
[75] Abs. 9 der Präambel von RC/Res. 5; Review Conference of the Rome Statute of the International Criminal Court, Official Records, RC/11, S. 13.
[76] Dort § 13; s. BMJ S. 10 f., 80 ff.
[77] Zur amtlichen Begründung s. BT-Drs. 14/8524, 35 f.; s. auch *Lüder/Vormbaum* S. 57 f.
[78] BT-Drs. 14/8524, 13.

solche Verhaltensweisen auch Gegenstand eines Verbots der Rüstungskontrolle sein. Auch Waffenlieferungen sind keine Verwendungen iSd § 12, können aber unter bestimmten weiteren Voraussetzungen unter dem Gesichtspunkt der Teilnahme an einer Tat nach § 12 zu würdigen sein.[79] Einen von der Verwendungshandlung gesonderten **Taterfolg** verlangt § 12 nicht (→ Rn. 3).

18   **bb) Nr. 1.** Die Formulierung dieses Tatbestandes stimmt mit Art. 8 Abs. 2 lit. b (xvii) bzw. Art. 8 Abs. 2 lit. e (xiii) IStGH-Statut (→ Rn. 13) überein, dessen Fassung seinerseits auf Art. 23 lit. a HLKO (→ Rn. 8) beruht. Die Verbrechenselemente zu **Art. 8 Abs. 2 lit. b (xvii) bzw. Art. 8 Abs. 2 lit. e (xiii) IStGH-Statut** (→ Rn. 14) lauten wie folgt:

1. The perpetrator employed a substance or a weapon that releases a substance as a result of its employment.
2. The substance was such that it causes death or serious damage to health in the ordinary course of events, through its toxic properties.
3. The conduct took place in the context of and was associated with an international armed conflict.
4. The perpetrator was aware of factual circumstances that established the existence of an armed conflict.[80]

19   Die Alternative der **„vergifteten Waffe"** nimmt den in der Kriegsgeschichte anzutreffenden Fall in den Blick, in dem ein bereits für sich genommen verletzungsgeeigneter Gegenstand mit einem Giftzusatz versehen wird, der die konventionelle Waffenwirkung verstärken soll (klassisches Beispiel: der vergiftete Pfeil).[81]

20   Entscheidend für den Anwendungsbereich des Tatbestandes in seinen beiden Fällen ist der Begriff des **Gifts.** Dieser wird im zweiten Verbrechenselement zu Art. 8 Abs. 2 lit. b (xvii) bzw. Art. 8 Abs. 2 lit. e (xiii) IStGH-Statut (→ Rn. 18) lapidar dahin umschrieben, die freigesetzte Substanz müsse durch ihre **toxischen Eigenschaften** wirken. In Art. 2 Nr. 2 CWÜ wird unter einer toxischen Chemikalie eine solche verstanden, „die durch ihre chemische Wirkung auf die Lebensvorgänge den Tod, eine vorübergehende Handlungsunfähigkeit oder einen Dauerschaden bei Mensch oder Tier herbeiführen kann".[82] **Nicht erfasst** sind also Waffen, die durch die Entwicklung von **Hitze und Druck** wirken, also etwa Explosions- und Brandwaffen.

21   Soweit im Zuge von Explosionen und Verbrennungen giftige Gase entstehen, fragt die internationale Praxis bei der Abgrenzung nach der mit dem jeweiligen Waffeneinsatz bezweckten Schädigungsweise.[83] **Giftige (Neben-)Wirkungen, die außerhalb der bezweckten Schädigungsweise** der Waffe liegen, fallen deshalb **nicht unter das** kampfführungsrechtliche **Giftverwendungsverbot.** So ist etwa die **Napalmbombe,** bei der die hohe Brenntemperatur und -dauer zur Schädigung ausgenutzt werden soll, trotz der Gefahr von Kohlenmonoxyd-Vergiftungen kein Gift iSd Nr. 1, sondern den Brandwaffen zuzuordnen.[84] Hiermit übereinstimmend haben die USA im Gutachtenverfahren vor dem IGH zur Atomwaffenfrage argumentiert und die Druck- und Hitzewirkung als Verwendungszweck und die radioaktive Strahlung als Nebenfolge eingestuft.[85] Der IGH ist dem im Ergebnis gefolgt, hat jedoch in seiner einschlägigen Formulierung stärker auf die tatsächliche Waffenwirkung abgehoben und festgestellt, für die Zuordnung zum Giftbegriff sei entscheidend,

---

[79] Im Fall Public Prosecutor v. Frans Cornelis Adrianus van Anraat hat der niederländische District Court of The Hague einen niederländischen Unternehmer wegen der Belieferung der von Saddam Hussein geführten irakischen Regierung mit einer Chemikalie wegen der Beteiligung an irakischen Kriegsverbrechen verurteilt; http://www.internationalcrimesdatabase.org/Case/178/Van-Anraat/ (zuletzt besucht am 2.6.2017); *Onate/Exterkate/Tabassi/van der Borght*, Hague Justice Journal 2 (2007), 23.
[80] S. auch BT-Drs. 14/8524, 35: „Die besonderen politischen Rahmenbedingungen der Konferenz verhinderten die vom Gewohnheitsrecht geforderte Ausdehnung der Vorschrift auf alle Konfliktsarten im Text des Statuts."
[81] *Meyrowitz* Annuaire Francais de Droit International 1964, 88.
[82] Dokumente zum Humanitären Völkerrecht, S. 726.
[83] *Henckaerts/Doswald-Beck* (Hrsg.), Volume I, S. 253.
[84] *Bothe* S. 18.
[85] Zit. in *Henckaerts/Doswald-Beck* (Hrsg.), Volume II, S. 1600 (§ 100).

dass die Vergiftung die ausschließliche oder hauptsächliche Wirkung sei.[86] Hiernach unterfällt die **Atomwaffe** unabhängig davon nicht der Nr. 1, ob die radioaktive Strahlung dem kampfführungsrechtlichen Giftbegriff überhaupt zuzuordnen ist.[87] Ein ähnliches Abgrenzungsproblem ergäbe sich bei der Verwendung panzerbrechenden **abgereicherten Uraniums,**[88] sofern die derzeit diskutierte Möglichkeit schädigender (Langzeit-)Folgen in wissenschaftliche Gewissheit erwüchse.[89] Nimmt man mit der hM ausschließlich die bezweckte Wirkungsweise in den Blick, so wäre allein auf die panzerbrechende und nicht auf die toxische Wirkung abzustellen; in der Folge wäre die Verwendung abgereicherten Uraniums kein Fall der Nr. 1.[90] Eine solche Betrachtungsweise wird dann problematisch, wenn man sich eine begrenzte panzerdurchbrechende Wirkung gegenüber einer nachhaltigen und massiven toxischen Wirkung vorstellt. Ob die internationale Praxis in einem solchen Fall doch stärker nach der tatsächlichen als nach der bezweckten Wirkung abgrenzen würde, bleibt abzuwarten.[91] Für den Augenblick trifft die Einschätzung der vom Chefankläger des JStGH eingesetzten unabhängigen Kommission zur Untersuchung der Bombenangriffe der NATO gegen die Bundesrepublik Jugoslawien zu, dass kein internationaler Konsens über ein Verbot der Verwendung abgereichten Uraniums besteht.[92]

Nach dem zweiten Verbrechenselement zu Art. 8 Abs. 2 lit. b (xvii) I bzw. Art. 8 Abs. 2 lit. e (xiii) StGH-Statut (→ Rn. 18) muss das Gift geeignet sein, den **Tod oder einen schweren Gesundheitsschaden** zu bewirken. Diese Konkretisierung sollte auch bei der Bestimmung des Giftbegriffs iSd Nr. 1 beachtet werden.[93] **22**

Denn die entsprechende Festlegung deutet daraufhin, dass ein internationaler Konsens über eine weitergehende *Strafbarkeit* nach Völkerrecht nicht besteht, mag auch die Reichweite der zugrunde liegenden völkerrechtlichen Verhaltensnorm nach Art. 23 lit. a HKLO einer großzügigeren Auslegung zugänglich sein.[94] Eine einengende Auslegung von Nr. 1 ist auch in Anbetracht des strengen Strafrahmens nicht unangemessen.[95] Der Begriff des Gesundheitsschadens umfasst **körperliche und seelische Beeinträchtigungen,** sodass grundsätzlich auch psychochemisch wirkendes Gift im Einzugsbereich der Norm liegt (dazu → Rn. 34). Schwere körperliche Schäden sind zunächst solche der in § 226 StGB bezeichneten Art, doch sind entsprechende Schäden auch unterhalb dieser Schwelle denkbar. Die Verursachung eines „schweren" körperlichen oder seelischen Schadens erfordert nicht, dass dieser dauerhaft oder irreversibel ist. Eine nur vorübergehende körperliche oder seelische Beeinträchtigung genügt jedoch nicht. Es muss sich vielmehr um einen Schaden handeln, der die Fähigkeit des Opfers, ein normales Leben zu führen, nachhaltig beeinträchtigt. Bei der weiteren Konkretisierung wird die Rechtsprechung des IStGH zu Art. 8 Abs. 2 lit. a **23**

---

[86] IGH 8.7.1996 – ICJ Reports 1996, 262, Ziff. 55 – Legality of the Threat or Use of Nuclear Weapons: „The terms [poison or poisoned weapons] have been understood, in the practice of States, in their ordinary sense as covering weapons whose prime, or even exclusive, effect is to poison or asphyxiate. This practice is clear, and the parties to those instruments [HKLO und Giftgasprotokoll] have not treated them as referring to nuclear weapons"; aA das Landgericht Tokio im Shimoda-Fall; s. *Falk* AJIL 59 (1965), 774.

[87] Für eine Unterscheidung zwischen toxischer und strahlender Wirkung *Werle* Rn. 1363.

[88] Hierzu näher *Beckett* Chinese Journal of International Law 3 (2004), 43 (47) (mit Hinweisen zu der neueren Verwendungspraxis *ibid.* 50 ff.); *Křivánek* S. 64 ff.

[89] Zu dem noch unsicheren Erkenntnisstand *Beckett* Chinese Journal of International Law 3 (2004), 48 ff.; *Burton* Wisconsin International Law Journal 19 (2000), 26 ff.; s. auch Forschungsbericht aus der Wehrmedizin – Verbesserung der Risikobewertung nach Einsatz von Munition mit abgereichertem Uran (Depleted Uranium), Forschungsbericht im Auftrag des Bundesministeriums der Verteidigung, *Roth et al.* (GSF – Forschungszentrum für Umwelt und Gesundheit, Institut für Strahlenschutz, Neuherberg), 31.1.2004 (erhältlich über das Bundesministerium der Verteidigung; Fachinformationszentrum der Bundeswehr).

[90] So *Beckett* Chinese Journal of International Law 3 (2004), 43 (58); wohl ebenso *Werle* Rn. 1363 (Fn. 836).

[91] *Beckett* Chinese Journal of International Law 3 (2004), 58, der die Frage aufwirft, bezeichnet die Abgrenzung nach der „primary purpose"-Doktrin für den Augenblick selbst in einem solchen Fall als „the accepted wisdom".

[92] Ziff. 26 des Final Report to the Prosecutor by the Committee Established to Review the NATO Bombing Campaign Against the Federal Republic of Yugoslavia (oben Fn. 8).

[93] Ebenso *Křivánek* S. 74 f.

[94] In diese Richtung auch *Schadtle* Archiv des Völkerrechts 53 (2015), 131.

[95] Übereinstimmend *Werle* Rn. 1363.

(iii), aber auch zu Art. 7 Abs. 1 lit. a, k und Art. 6 lit. b des IStGH-Statuts zu beachten sein (auch → § 8 Rn. 135 ff., § 7 Rn. 98 ff., → § 6 Rn. 50 ff.).

24 Dem derart einengend bestimmten Giftbegriff unterfallen zunächst **solche Substanzen nicht,** die sich **schädigend lediglich auf Tiere oder Pflanzen** auswirken. Darüber hinaus sind die **Mittel der Bekämpfung von Unruhen („riot control agents")** iSd Art. 2 Nr. 7 CWÜ ausgenommen, „die beim Menschen spontan sensorische Irritationen oder handlungsunfähig machende Wirkungen hervorrufen [können], welche innerhalb kurzer Zeit nach Beendigung der Exposition verschwinden" (im Einzelnen → Rn. 33 ff.).[96]

25 Nach demselben Verbrechenselement muss dem Gift die Eignung anhaften, den Tod oder einen schweren Gesundheitsschaden **im gewöhnlichen Kausalverlauf** zu bewirken. Die praktische Bedeutung dieser weiteren Einschränkung dürfte eher begrenzt sein. Insbesondere ist diese Formulierung nicht dahin zu verstehen, dass bestimmte Stoffe nur deshalb außerhalb des Anwendungsbereich des Straftatbestands bleiben, weil sie erst bei einer außergewöhnlichen Dosierung die geforderte Eignung aufweisen. Denn die Gefährlichkeit eines Stoffs ist zumeist von der *in concreto* gewählten Dosierung abhängig.[97] Offenbar stand die Einfügung dieses Zusatzes in das Verbrechenselement im Zusammenhang mit der Diskussion über die *riot control agents*,[98] mit deren Einsatz je nach den Umständen des Einzelfalls auch schwere Folgen iSd Nr. 1 verbunden sein mögen.[99] Danach liegt die Annahme nahe, dass die Möglichkeit des Eintritts solcher schwerer Folgen soweit außer Betracht zu bleiben hat, wie er auf außergewöhnliche, risikoerhöhende Begleitumstände zurückzuführen ist, die außerhalb der Beschaffenheit und Menge des verwandten Tatmittels angesiedelt sind. Hierunter wird insbesondere auch die atypische Konstitution bestimmter Opfer zu zählen sein.[100]

26 Selbst der so eingegrenzte **Tatbestand der Nr. 1 überschneidet sich in weitem Umfang mit demjenigen nach Nr. 2,** jedenfalls in dessen Variante der Verwendung chemischer Waffen.[101] Die Überscheidung betrifft insbesondere den Einsatz von modernen Kampfgasen, so wie er die Kampfführung im 1. Weltkrieg geprägt hat (→ Rn. 5). Diesem Überlappungsproblem ist entweder auf der Tatbestands- oder auf der Konkurrenzebene zu begegnen, wobei eine ganz befriedigende Lösung nicht ersichtlich ist. Für eine Tatbestandslösung spricht der gesetzessystematische Gesichtspunkt, dass eine weitgehende Kongruenz von Nr. 1 und Nr. 2, die auf der Konkurrenzebene nur mehr oder weniger willkürlich durch die Annahme von Gesetzeskonkurrenz der einen oder anderen Variante aufgelöst werden könnte, wenig sinnvoll erscheint. Einen Weg zur weiteren Eingrenzung der Nr. 1 weist der seit jeher bestehende Streit über den Anwendungsbereich der völkerrechtlichen Bezugsnorm der Nr. 1 in Art. 23 lit. a HKLO. Ein Teil des (vor allem älteren) Schrifttums plädiert insoweit dafür, nur die perfide Anwendung von Gift in „althergebrachter Form" als erfasst anzusehen und den Einsatz der modernen Kampfgase auszuklammern.[102] Letztere Waffenverwendung ist hiernach ausschließlich Gegenstand der Haager Erklärung vom 29.7.1899 zu den Gasgeschossen und des Giftgasprotokolls (→ Rn. 8). Mag eine derart enge Auslegung des Art. 23 lit. a HKLO auch erheblichen Zweifeln ausgesetzt sein,[103] so eröffnet eine entsprechend restriktive Auslegung von Nr. 1 eine einigermaßen sinnvolle Abgrenzung zu der Tatbestandsvariante nach Nr. 2.[104] Nach der im Ergebnis vorzugswürdi-

---

[96] Dokumente zum Humanitären Völkerrecht, S. 726 f.
[97] Triffterer/*Cottier/Křivánek* IStGH-Statut Art. 8 Rn. 578; *Bothe* S. 15.
[98] *Dörmann* in Fischer/Kreß/Lüder (Hrsg.), S. 129.
[99] Zu dem Einsatz eines solchen Mittels zu Zwecken der (polizeilichen) Geiselbefreiung in einem Moskauer Theater im Jahr 2002 s. *Fidler* International Review of the Red Cross Nr. 859 (2005), 525.
[100] S. auch *Cottier/Křivánek* in Triffterer/*Ambos* (Hrsg.), Art. 8 Rn. 578.
[101] Nach *Cottier/Křivánek* in Triffterer/*Ambos* (Hrsg.), Art. 8 Rn. 578 soll der Hinweis auf die „toxischen Eigenschaften" im zweiten Verbrechenselement für die Ausklammerung der biologischen Waffen sprechen.
[102] Hierzu mit umfänglichen Schrifttumsnachweisen *Bothe* S. 4 f.
[103] Zu den sehr beachtlichen Argumenten für eine großzügigere Auslegung von Art. 23 lit. a HKLO s. *Bothe* S. 6 ff.; *Petersen* S. 214 ff.
[104] So für die entsprechende Frage der Abgrenzung von Art. 8 Abs. 2 lit. b (xvii) und (xviii) IStGH-Statut möglicherweise auch *Bothe* in Cassese/Gaeta/Jones (Hrsg.) S. 406, durch die Betonung der Nähe der Regelung in der HKLO zum Perfidieverbot.

gen **Eingrenzung von Nr. 1 werden hiervon im Kern diejenigen traditionellen Formen des Gifteinsatzes im bewaffneten Konflikt erfasst,** die sich bereits in Art. 70 des *Lieber Code* von 1863 hervorgehoben finden. Hierbei handelt es sich um die Vergiftung von Brunnen, Nahrungsmitteln und Waffen. **Nicht erfasst sind demgegenüber insbesondere die Verwendung biologischer Waffen sowie der Einsatz von Giftgas.**[105]

cc) **Nr. 2.** Nach der Gesetzesbegründung beruht die Norm auf **Art. 8 Abs. 2 lit. b (xviii) IStGH-Statut.**[106] Das ist zwar nicht falsch, lässt jedoch nicht deutlich werden, dass der Anwendungsbereich letzterer Norm insbesondere im Hinblick auf biologische Waffen vor dem Hintergrund des römischen Streits über die Massenvernichtungswaffen (→ Rn. 13) erheblichen Zweifeln unterliegt.[107]   27

Die Verbrechenselemente **zu Art. 8 Abs. 2 lit. b (xviii) bzw. Art. 8 Abs. 2 lit. e (xiv) IStGH-Statut,** der seinerseits die Formulierung des Giftgasprotokolls übernimmt (→ Rn. 13 iVm 8), lauten wie folgt: 28

1. The perpetrator employed a gas or analogous substance or device.
2. The gas, substance or device was such that it causes death or serious damage to health in the ordinary course of events, through its asphyxiating or toxic properties.[Footnote 48]
3. The conduct took place in the context of and was associated with an international armed conflict.
4. The perpetrator was aware of factual circumstances that established the existence of an armed conflict.

Footnote 48: Nothing in this element shall be interpreted as limiting or prejudicing in any way existing or developing rules of international law with respect to the development, production stockpiling and use of chemical weapons.

Der Begriff der **biologischen Waffe** ist bislang völkervertraglich nicht – auch nicht durch das Biotoxinwaffenübereinkommen (→ Rn. 8) – definiert. Biologische Kampfstoffe sind Kleinstlebewesen (Mikroorganismen), die Krankheit und Tod bei Mensch, Tier oder Pflanze verursachen oder Material zerstören und die Fähigkeit haben, sich in Lebewesen oder auch in Material zu vermehren.[108] Zu den biologischen Kampfstoffen gehören neben Bakterien auch Rickettsien, Pilze, Viren und Schimmelpilze. Auf der VN-Ebene wird zumeist von „bakteriologischen (biologischen)" Waffen gesprochen.[109] Den biologischen Kampfstoffen werden trotz ihrer chemischen Wirkungsweise auch die Toxine zugeordnet.[110] Hierbei handelt es sich um giftige Stoffwechselprodukte von lebenden Organismen. Einzelne Toxine können aber auch synthetisch hergestellt werden.   29

Zwar sprechen gewichtige Gründe dagegen, Art. 8 Abs. 2 lit. b (xviii) **bzw. Art. 8 Abs. 2 lit. e (xiv)** IStGH-Statut auf biologische Waffen anzuwenden, um dem römischen Kompromiss zu den Massenvernichtungswaffen (→ Rn. 13) Rechnung zu tragen. Doch ist **die Entscheidung des deutschen Gesetzgebers,** die Verwendung biologischer Waffen dessen ungeachtet in Nr. 2 unter Strafe zu stellen, völkerrechtsgemäß. Denn der völkergewohnheitsrechtliche Charakter des Verbots der Verwendung biologischer Waffen ist seit langem anerkannt[111] und hat durch die neunte Präambelerwägung und Art. 1 des Biotoxinwaffenübereinkommens (→ Rn. 8) eine zwar nur indirekte, aber doch sehr deutliche   30

---

[105] Für Art. 8 Abs. 2 lit. b (xvii) offener *Cottier/Křivánek* in *Triffterer/Ambos* (Hrsg.), Art. 8 Rn. 577, die schreiben: „[...] thus possibly also applying to gas. However, the employment of gas is clearly covered under Art. 8 para. 2 (b) (xviii), which is the more pertinent provision in this context."

[106] BT-Drs. 14/8524, 35.

[107] Gegen eine Anwendbarkeit auf biologische Waffen mit guten Gründen *Triffterer/Cottier/Křivánek* IStGH-Statut Art. 8 Rn. 598; *Křivánek* S. 111; *Petersen* S. 291; *Werle* Rn. 1365.

[108] Hierzu und zum Folgenden Ziff. 17 f. des Berichts des Generalsekretärs der VN (Fn. 14); BT-Drs. 9/1951, 12; *Bothe* S. 3; *Schäfer* S. 15.

[109] Ziff. 18 des Berichts des Generalsekretärs der VN, Chemical and Bacteriological (Biological) Weapons and the Effects of their Possible Use; A/7575/Rev. 1 = S/9292/Rev. 1 (1969).

[110] S. nur die neunte Präambelerwägung zum Übereinkommen von 1972; Dokumente zum Humanitären Völkerrecht, S. 468; *Schäfer* S. 113.

[111] Für einen eingehenden Völkergewohnheitsrechtsnachweis *Bothe* S. 48 ff.; s. nunmehr *Henckaerts/Doswald-Beck* (Hrsg.), Volume I, S. 256 (Rules 73).

Bekräftigung erfahren.[112] Schließlich hat keine Delegation im Zug der Verhandlungen zum IStGH-Statut die Völkerstrafbarkeit der Verwendung biologischer Waffen bestritten.[113] Im Zusammenhang mit dem völkergewohnheitsrechtlichen Verbot der Verwendung biologischer Waffen ist in der Staatenpraxis auch keine Bereichsausnahme für *riot control agents* oder lediglich pflanzenschädigende Mittel diskutiert worden.[114] Deshalb besteht keine Veranlassung, Nr. 2 insoweit völkerrechtskonform einengend auszulegen.

31 Der Begriff der **chemischen Waffe** hat in **Art. II Nr. 1 und 2 CWÜ**[115] die folgende völkervertragliche Definition erfahren:

1. Der Ausdruck ‚chemische Waffen' bezeichnet folgende Gegenstände, zusammen oder für sich allein:
   a) toxische Chemikalien und ihre Vorprodukte, mit Ausnahme derjenigen, die für nach diesem Übereinkommen nicht verbotene Zwecke bestimmt sind, solange diese nach Art und Menge mit solchen Zwecken vereinbar sind;
   b) Munition oder Geräte, die eigens dazu entworfen sind, durch die toxischen Eigenschaften der unter Buchstabe a bezeichneten toxischen Chemikalien, welche infolge der Verwendung solcher Munition oder Geräte freigesetzt würden, den Tod oder sonstige Körperschäden herbeizuführen;
   c) jede Ausrüstung, die eigens dazu entworfen ist, im unmittelbaren Zusammenhang mit Munition oder Geräten verwendet zu werden, wie sie unter Buchstabe b bezeichnet sind.
2. ‚Toxische Chemikalie' bedeutet jede Chemikalie, die durch ihre chemische Wirkung auf die Lebensvorgänge den Tod, eine vorübergehende Handlungsunfähigkeit oder einen Dauerschaden bei Mensch oder Tier herbeiführen kann. Dazu gehören alle derartigen Chemikalien, ungeachtet ihrer Herkunft oder der Art ihrer Produktion und ungeachtet dessen, ob sie in Einrichtungen, in Munition oder anderswo produziert werden.

Hierzu enthält Anhang 1 zum CWÜ drei nach dem Risikograd einer verbotswidrigen Verwendung differenzierende Listen mit Chemikalien, die als chemische Kampfstoffe in Betracht kommen.[116] Diese Begriffsbestimmung stellt in Übereinstimmung mit dem zweiten Verbrechenselement zu Art. 8 Abs. 2 lit. b (xviii) **bzw. Art. 8 Abs. 2 lit. e (xiv)** IStGH-Statut (→ Rn. 28) auf die Toxizität ab und ist im Ausgangspunkt bei der Auslegung des Begriffs der chemischen Waffe iSd Nr. 2 heranzuziehen (aber → Rn. 33 f.).[117] Hiernach kommt es weder auf den Aggregatzustand noch auf die Art der Freisetzung des chemischen Kampfstoffs an.[118] Nr. 2 erfasst insbesondere den Einsatz moderner Kampfgase in jedweder Form (zum Abgrenzungsproblem im Hinblick auf Nr. 1 → Rn. 26). Zu beachten ist allerdings, dass die wegen des Rüstungskontrollzwecks des CWÜ weit geratene Definition in dessen Art. 2 Nr. 1 für die Zwecke der Nr. 2 iVm dem engen Verwendungsbegriff des Rechts der Waffeneinsatzverbote (→ Rn. 17) zu lesen ist. Hiernach genügt nicht jeder nach dem CWÜ unzulässige Umgang mit einer chemischen Waffe;[119] erforderlich ist vielmehr die Freisetzung der toxischen Chemikalien iSv Art. 2 Nr. 1 lit. b CWÜ.

32 Die **Abgrenzung von sonstigen Waffenarten** ist bei den chemischen Waffen nach Nr. 2 ebenso vorzunehmen wie beim Gift iSd Nr. 1 (→ Rn. 21). Dementsprechend wird in der Denkschrift der Bundesregierung zum CWÜ wie folgt formuliert:

---

[112] Hierzu *Goldbla* International Review of the Red Cross No. 318 (1997), 251.
[113] Für eine eingehendere Analyse der internationalen Praxis s. *Henckaerts/Doswald-Beck* (Hrsg.), Volume I, S. 256 ff.; demgegenüber wirken die Zweifel von *Turns* Journal of Conflict & Security Law 11 (2006), 220 f. ein wenig angestrengt.
[114] Für eine eingehende Darstellung *Bothe* S. 48 ff., 81; s. auch *Wheelis* The Nonproliferation Review 2002, 48 (52), auch zu Grenzfällen „biochemischer" Kampfstoffe.
[115] Dokumente zum Humanitären Völkerrecht, S. 725 f.
[116] Näher zu den Kriterien der Differenzierung BT-Drs. 12/7206, 176 f.
[117] Für eine Anlehnung an das CWÜ auch BT-Drs. 14/8524, 36.
[118] Zu der Schwierigkeit, das deutsche Gasblaseverfahren, das am 22.4.1915 bei Ypern den Gebrauch von Kampfgas im ersten Weltkrieg eröffnete, unter die Haager Erklärung von 1899 zum Verbot der Verwendung von *Gasgeschossen* (→ Rn. 8) zu subsumieren, s. *Bothe* S. 4.
[119] Für die nicht dem Weltrechtspflegeprinzip unterliegende Strafbarkeit anderer auf chemische Waffen bezogenen Verhaltensweisen als deren Einsatz s. § 20 des Kriegswaffenkontrollgesetzes und § 17 des Ausführungsgesetzes zum CWÜ, BGBl. 1994 I S. 1959.

Entscheidend für die Bestimmung des Begriffs der chemischen Waffe ist der Zweck, der mit der Herstellung einer Chemikalie verfolgt wurde. Eine Chemikalie wird nicht durch das Erfassen in einer Chemikalienliste oder durch ihre Toxizität zu einer chemischen Waffe, sondern dadurch, dass ihre Herstellung oder ihr militärischer Einsatz mit der Absicht verbunden war, die Toxizität als primäre Waffeneigenschaft auszunutzen.[120]

Deshalb bleiben der Abwurf der **Napalmbombe,** die Verwendung **abgereicherten Uraniums** und vor allem der Einsatz von **Atomwaffen außerhalb des** Anwendungsbereichs **von Nr. 2.** Speziell für die Atomwaffe ergibt sich das im Übrigen aus dem fest gefügten internationalen Sprachgebrauch, der zwischen biologischen, chemischen und atomaren Waffen unterscheidet.

Riot control agents iSv Art. 2 Nr. 7 CWÜ unterfallen Nr. 2 nach dem jetzigen Stand der Völkerstrafrechtsentwicklung **grundsätzlich**[121] **nicht.**[122] Auf der Verhaltensnormebene besteht ein nachgerade klassischer Streit über die Frage, ob solche Mittel wie insbesondere Tränenreizstoffe[123] dem Giftgasprotokoll (→ Rn. 8) unterfallen, dem Art. 8 Abs. 2 lit. b (xviii) IStGH-Statut nachgebildet ist.[124] Dieser Streit setzte sich auf der Ebene des Völkergewohnheitsrechts fort,[125] wie der Umstand erweist, dass die weit gefasste Resolution 2603 der Generalversammlung der VN vom 16.12.1969[126] nicht einstimmig angenommen werden konnte.[127] Das CWÜ trifft eine recht komplizierte differenzierende Lösung:[128] Art. 2 Nr. 2 bezieht *riot control agents* in den Begriff der toxischen Chemikalie ein, denn hiernach genügt es, wenn die chemische Wirkung auf die Lebensvorgänge eine vorübergehende Handlungsunfähigkeit nach sich zieht. Indes untersagt Art. 1 Nr. 5 den Einsatz solcher Reizstoffe nicht generell im Zusammenhang mit einem bewaffneten Konflikt, sondern nur als Mittel der Kriegsführung *("as a method of warfare")*. Danach sind *riot control agents* nur, aber auch stets dann chemische Waffen iSd Art. 1 Nr. 1 lit. a CWÜ, wenn sie als Mittel der Kriegsführung eingesetzt werden. Nach der IKRK-Studie ist das Verbot, *riot control agents* einzusetzen, in diesem Umfang zu Völkergewohnheitsrecht erstarkt.[129] Das könnte dafür sprechen, die Strafbarkeit nach Nr. 2 entsprechend zu bestimmen. Indes greift das zweite Verbrechenselement zu Art. 8 Abs. 2 lit. b (xviii) **bzw. Art. 8 Abs. 2 lit. e (xiv)** IStGH-Statut (→ Rn. 28) die differenzierende Lösung des CWÜ nicht auf, sondern verlangt in jedem Fall die Eignung des chemischen Kampfstoffs, Tod oder schwere Gesundheitsschäden zu bewirken. Diese Festlegung ist erfolgt, weil ein weiter gehender Konsens der Delegationen gerade im Hinblick auf den Einsatz von *riot control agents* nicht bestand.[130] Dieser Dissens lässt den völkergewohnheitsrechtlichen Charakter der Strafbarkeit der Verwendung von *riot control agents* im bewaffneten Konflikt gegenwärtig als zweifelhaft erscheinen.[131] Möglicherweise gründet die Zurückhaltung mancher Staaten in Rom auch in der noch nicht vollständig hergestellten Klarheit darüber, wie der Begriff

---

[120] BT-Drs. 12/7206, 173.
[121] Im Hinblick auf Art. 8 Abs. 2 lit. b (xviii) IStGH-Statut für eine überlegenswerte Nuancierung im Hinblick auf *in concreto* risikoerhöhende Verwendungsweisen *Cottier/Křivánek* in *Triffterer/Ambos* (Hrsg.), Art. 8 Rn. 591.
[122] Ebenso *Křivánek* S. 124.
[123] *Schäfer* S. 113 f.
[124] Hierzu nach minutiöser Analyse bejahend *Bothe* S. 23 ff.; *Baxter/Buergenthal* AJIL 64 (1970), 854 ff., die im Licht der späteren Praxis zu diesem Übereinkommen zu demselben Ergebnis neigen; *Petersen* S. 266; unentschieden *Bunn* Wisconsin Law Review 1969, 394.
[125] Ein völkergewohnheitsrechtliches Verbot des Tränengaseinsatzes im bewaffneten Konflikt im Jahre 1973 vorsichtig bejahend *Bothe* S. 60 f., 81.
[126] A/RES/2603 (XXIV), 16.12.1969.
[127] Ausführliche Analyse bei *Bothe* S. 237.
[128] Hierzu auch *Kessler* Humanitäres Völkerrecht 2005, 4 (6).
[129] *Henckaerts/Doswald-Beck* (Hrsg.), Volume I, S. 263 (Rule 75).
[130] *Cottier/Křivánek* in *Triffterer/Ambos* (Hrsg.), Art. 8 Rn. 585 ff.; *Dörmann,* Elements of War Crimes, S. 285 ff.
[131] Demgegenüber spricht sich *Petersen* S. 235 ff., 265 ff. bereits auf der Ebene des IStGH-Statuts mit ausführlicher Begründung dafür aus, die im zweiten Verbrechenselement formulierte Anwendungsschwelle als statutswidrig unangewendet zu lassen.

„Mittel der Kriegsführung" im Zusammenhang mit dem Einsatz von *riot control agent* zu bestimmen ist.[132] Um die Anwendung von Nr. 2 über begründete völkerrechtliche Zweifel zu erheben (→ Rn. 16), sollte im Hinblick auf die Verwendung chemischer Waffen die Anwendungsschwelle des zweiten Verbrechenselements zu Art. 8 Abs. 2 lit. b (xviii) **bzw. Art. 8 Abs. 2 lit. e (xiv)** IStGH-Statut beachtet und die Eignung zur Herbeiführung von Tod oder schweren Gesundheitsschäden im gewöhnlichen Kausalverlauf gefordert werden.

34   Bei der Beurteilung des Einsatzes **psychochemischer Kampfmittel,** die im Schrifttum mitunter gesondert behandelt werden,[133] ist genauso zu verfahren wie bei den *riot control agents.* Zwar liegen psychochemische Kampfmittel grundsätzlich im Einzugsbereich von Nr. 2, da nach Art. 2 Nr. 1 und 2 CWÜ auch psychische Beeinträchtigungen relevant sind und das zweite Verbrechenselement zu Art. 8 Abs. 2 lit. b (xviii) IStGH-Statut zu keiner abweichenden Auslegung zwingt (→ Rn. 23). Doch ist auch hier für den Zweck der Auslegung von Nr. 2 das Erfordernis einer **schwerwiegenden** Beeinträchtigung zu beachten. Sofern mit der Verwendung einer psychochemischen Substanz typischerweise lediglich eine vorübergehende Störung in Gestalt von Angst, Verwirrung, Halluzinationen oder Realitätsverlust verbunden ist,[134] bleibt deren Verwendung außerhalb des Anwendungsbereichs des Tatbestands.

35   Die Verwendung **chemischer Pflanzenvernichtungsmittel (Herbizide)**[135] unterfällt **Nr. 2 nicht.** Dies ergibt sich zum einen daraus, dass diese Mittel von dem Begriff der chemischen Waffe iSd Art. 2 Nr. 1 und 2 CWÜ (→ Rn. 31) nicht erfasst werden. Zum anderen werden diese Mittel vom zweiten Verbrechenselement zu **Art. 8 Abs. 2 lit. b (xviii) IStGH-Statut** ausgeklammert.[136] Diese Feststellung gilt ungeachtet des Umstands, dass die siebte Präambelerwägung zum CWÜ auf ein in „einschlägigen Übereinkünften und diesbezüglichen Grundsätzen des Völkerrechts" verankertes Verbot verweist, Herbizide als Methode der Kriegsführung einzusetzen[137] und dass sich deshalb fragen lässt, ob inzwischen ein völkergewohnheitsrechtliches Verbot des Einsatzes von Herbiziden als Methode der Kriegsführung besteht.[138] Möglich bleibt – je nach Verwendung im Einzelfall – eine Strafbarkeit nach § 11 Abs. 1 Nr. 2.[139]

---

[132] Die Position der USA kommt in Executive Order 11850 zum Ausdruck (abgedr. bei *Cottier/Křivánek* in *Triffterer/Ambos* (Hrsg.), Art. 8 Rn. 588 (Fn. 928)); eingehend hierzu *Harper* Naval Law Review 48 (2001), 132 ff.; *Kessler* Humanitäres Völkerrecht 2005, 6 ff.; nach dem 1. Gesetz zur Änderung des Ausführungsgesetzes zum Chemiewaffenübereinkommen (1. CWÜAGÄndG) ist der Bundeswehr der Einsatz von Mitteln zur Bekämpfung von Unruhen im Sinne von Art. 2 Nr. 7 des Übereinkommens zur Aufrechterhaltung der öffentlichen Sicherheit und Ordnung bei Einsätzen im Rahmen eines Systems gegenseitiger kollektiver Sicherheit (Art. 24 Abs. 2 GG) gestattet, BGBl. 2004 I S. 2575; hierbei ist an einen extraterritorialen Einsatz polizeilicher Natur *(extraterritorial law enforcement)* gedacht; die Grenze zum bewaffneten Konflikt wird mitunter nicht leicht zu ziehen sein.

[133] S. etwa *Bothe* S. 61, 81; für eine Spezialstudie s. *Meyrowitz* Annuaire Francais de Droit International 1964, 81 ff.; keine gesonderte Erwähnung finden derartige Kampfstoffe demgegenüber im CWÜ und in *Henckaerts/Doswald-Beck* (Hrsg.), Volume I, S. 259 ff.

[134] Zu derart wirkenden „psychotoxischen Kampfstoffen" *Schäfer* S. 89; *Meyrowitz* Annuaire Francais de Droit International 1964, 83; von einer anderen Definition geht möglicherweise *Bothe* S. 16 aus, wenn er meint, psychochemische Kampfstoffe „beeinflussten die Körperfunktionen auf längere Dauer erheblich".

[135] *Schäfer* S. 52 f.

[136] Zutr. *Cottier/Křivánek* in *Triffterer/Ambos* (Hrsg.), Art. 8 Rn. 592; *Zimmermann/Şener* AJIL 108 (2014), 439; zweifelnd demgegenüber *Bothe* S. 407.

[137] Dokumente zum Humanitären Völkerrecht, S. 718.

[138] Nach *Bothe* S. 25 soll der Einsatz von Herbiziden bereits dem Giftgasprotokoll (→ Rn. 8) unterfallen; für das Jahr 1973 will dieser Autor ein völkergewohnheitsrechtliches Verwendungsverbot jedoch noch nicht anerkennen (*ibid.* S. 64, 81); demgegenüber gelangt *Verwey* S. 284, 288, im Jahre 1976 zu der Einschätzung, der Einsatz von Herbiziden sei von dem völkergewohnheitsrechtlichen Verbot des Einsatzes von Chemiewaffen erfasst; die weit unter Einschluss von Herbiziden formulierte Generalversammlungsresolution 2603 (XXIV) v. 16.12.1969 war – wie in → Rn. 33 erwähnt – nicht einstimmig angenommen worden; die IKRK-Studie trifft sehr differenzierte Aussagen zur Völkergewohnheitsrechtslage; *Henckaerts/Doswald-Beck* (Hrsg.), Volume I, S. 265 (Rule 76).

[139] S. auch Rule 76 lit. c der IKRK-Studie *Henckaerts/Doswald-Beck* (Hrsg.), Volume I, S. 265.

Die Strafbarkeit nach **Nr. 2** ist **nicht auf den Ersteinsatz biologischer bzw. chemischer** Waffen beschränkt. Weder der Wortlaut von Nr. 2 noch die Texte von Art. 8 Abs. 2 lit. b (xviii) IStGH-Statut bzw. von den hierauf bezogenen Verbrechenselementen lassen eine solche Einschränkung erkennen.[140] Auch ist sie nicht von Völkergewohnheitsrechts wegen veranlasst. Zwar haben ursprünglich zahlreiche Staaten zum Giftgasprotokoll (→ Rn. 8) erklärt, im Fall des Ersteinsatzes von Giftgas durch einen gegnerischen Staat von der Bindung an das vertragliche Verwendungsverbot frei sein zu wollen.[141] Doch ist die Beschränkung des Verwendungsverbots auf den Fall des Ersteinsatzes inzwischen völkergewohnheitsrechtlich überholt. Denn zahlreiche Erklärungen der vorbezeichneten Art sind zwischenzeitlich zurückgenommen worden und sowohl die neunte Präambelerwägung („exclude completely") und Art. 1 („never in any cricumstances") des Biotoxinwaffenübereinkommens[142] (→ Rn. 8) als auch Art. 1 Nr. 1 des CWÜ („never under any circumstances")[143] sind unter Verzicht auf den klassischen Vorbehalt des Zweiteinsatzes formuliert.[144] Auch im Übrigen ist der neueren internationalen Praxis kein Anzeichen dafür zu entnehmen, dass eine einigermaßen repräsentative Staatengruppe an einer Beschränkung der in Nr. 2 thematisierten Verwendungsverbote auf den Ersteinsatz festhalten wollte.[145] Dementsprechend ist auch während der Verhandlungen zum IStGH-Statut keine – etwa speziell auf das Strafrecht bezogene – Forderung erhoben worden (zu dem verwandten, aber nicht identischen Problem des Repressalieneinsatzes → Rn. 48).

dd) Nr. 3. Die Formulierung dieser Tatbestandsvariante stimmt mit Art. 8 Abs. 2 lit. b (xix) bzw. Art. 8 Abs. 2 lit. e (xv) IStGH-Statut (→ Rn. 13) überein, dessen Fassung seinerseits auf der Haager Erklärung vom 29.7.1899 (→ Rn. 7) beruht.[146] Die **Verbrechenselemente** (→ Rn. 14) **zu Art. 8 Abs. 2 lit. b (xix) bzw. Art. 8 Abs. 2 lit. e (xv) IStGH-Statut** lauten wie folgt:

1. The perpetrator employed certain bullets.
2. The bullets were such that their use violates the international law of armed conflict because they expand or flatten easily in the human body.
3. The perpetrator was aware that the nature of the bullets was such that their employment would uselessly aggravate suffering or the wounding effect.
4. The conduct took place in the context of and was associated with an international armed conflict.
5. The perpetrator was aware of factual circumstances that established the existence of an armed conflict.

Die in **Nr. 3** enthaltene Tatbestandsvariante ist die **einzige,** die die Verwendung einer **konventionellen Waffe** zur Völkerstraftat erhebt. Dies entspricht dem IStGH-Statut und ist Ausdruck der Unsicherheit darüber, in welchem Umfang die Entwicklung seit dem Übereinkommen der Vereinten Nationen von 1980 über das Verbot oder die Beschränkung des Einsatzes bestimmter konventioneller Waffen, die übermäßige Verletzungen verursachen oder unterschiedslos wirken (→ Rn. 7), zu neuen völkergewohnheitsrechtlichen Waffeneinsatzverboten im konventionellen Bereich geführt hat. Vor diesem Hintergrund ist das Gebot restriktiver Auslegung (→ Rn. 16) bei Nr. 3 nochmals hervorzuheben, um zu gewährleisten, dass der völkerrechtlich gesicherte Boden bei der Gesetzesanwendung nicht verlassen wird.

---

[140] *Cottier/Křivánek* in *Triffterer/Ambos* (Hrsg.), Art. 8 Rn. 595.
[141] *Bothe* S. 66 ff. (dort auch eine Auswahl entsprechender Erklärungen im Wortlaut).
[142] Dokumente zum Humanitären Völkerrecht, S. 476.
[143] Dokumente zum Humanitären Völkerrecht, S. 724.
[144] So auch die Denkschriften der Bundesregierung zu den beiden Übereinkommen; BT-Drs. 9/1951, 13 zum 1972er Abkommen über biologische Waffen bzw. BT-Drs. 12/7206, 173 zum CWÜ.
[145] Hierzu im Einzelnen *Henckaerts/Doswald-Beck* (Hrsg.), Volume I, S. 256 ff., 260 f.
[146] Zum völkergewohnheitsrechtlichen Charakter *Henckaerts/Doswald-Beck* (Hrsg.), Volume I, S. 268 (Rule 77); *Coupland/Loye* International Review of the Red Cross Nr. 849 (2003), 136; *Prokosch* International Review of the Red Cross Nr. 307 (1995), 411; aA *Parks* Yearbook of International Humanitarian Law 8 (2005), 55 (89 (Fn. 136)).

39 Nr. 3 erfasst allein die Verwendung von **Geschossen,** kommt also nur beim Einsatz von Schusswaffen in Betracht.

40 Es **muss** sich um Geschosse handeln, die sich **leicht im Körper des Menschen ausdehnen oder flachdrücken** und *deshalb* besonders schwere Gewebeschäden und eine besonders große Wunde beim Austritt des Geschosses aus dem menschlichen Körper bewirken. **Exemplarischer Natur** ist demgegenüber der nachfolgende Hinweis auf einen **harten Mantel, der den Kern nicht ganz umschließt oder mit Einschnitten versehen ist.** Ob dem Geschoss die von Nr. 3 geforderte Eigenschaft bereits kraft seiner Herstellung oder erst in der Folge einer nachfolgenden Manipulation anhaftet, ist unerheblich.[147]

41 Nach Ziff. 440 der Zentralen Dienstvorschrift der Bundeswehr (ZDv) „Humanitäres Völkerrecht in bewaffneten Konflikten – Handbuch – " vom Mai 2013 gilt Folgendes:

Die Verwendung von
– Schrotflinten,
– Geschossen, die so beschaffen sind, dass sie während des Eindringens in einen menschlichen Körper aufreißen oder die Form verändern,
– Geschossen, die im menschlichen Körper frühzeitig taumeln oder
– Geschossen, die Schockwellen verursachen, die umfangreiche Gewebeschäden oder sogar den Schocktod hervorrufen,

fällt grundsätzlich unter das Verbot, überflüssige Leiden oder unnötige Verletzungen hervorzurufen.

Dies mag einen gelungenen Versuch darstellen, die Haager Erklärung von 1899 unter Berücksichtigung des Leitgedankens der Vermeidung überflüssiger Leiden fortzuschreiben. Denn in der Tat können besonders ausgreifende Gewebeschäden bis hin zu tödlichen Wunden auch auf andere Weise (insbesondere bei kleinkalibrigen Hochgeschwindigkeitswaffen) bewirkt werden als gerade durch das leichte Ausdehnen oder Flachdrücken eines Geschosses. **Doch kommt ein solches „analogisches Verfahren"**[148] **der Rechtsfortbildung als Auslegung von Nr. 3 nicht in Betracht.**[149] Dies gilt umso mehr, als über die von der ZDv vorgeschlagenen Ausdehnungen bis heute international kein Konsens besteht.[150] Wie schwierig es ist, zu einem solchen Konsens zu gelangen, zeigt auch der Umstand, dass der Schweizer Initiative zur Einführung eines Verbots der Verwendung bestimmter kleinkalibriger Waffensysteme[151] bislang kein Erfolg beschieden ist.[152] Die Schweizer Initiative beruhte wie Nr. 440 der ZDv auf der Einsicht, dass das Ausmaß der im Körper frei gesetzten kinetischen Energie das Ausmaß der Gewebeschäden bestimmt und dass ein hoher Energieaustritt auch auf andere Umstände zurückgehen kann als auf die Pilzbildung *(„mushrooming")* der Dum-Dum-Geschosse im menschlichen Körper. Die hier vertretene rigoros enge Auslegung von Nr. 3 mag dazu führen, dass die Norm für die allermeisten gegenwärtig geführten Diskussionen über problematische neue Waffen- bzw. Munitionsarten keine Bedeutung erlangt und ein eher „museales" Dasein fristen wird. Doch ist eine besonders eng begrenzte Funktion des Völkerstrafrechts gerade im hiesigen Kontext angemessen.

42 Das zweite Verbrechenselement zu Art. 8 Abs. 2 lit. b (xix) bzw. Art. 8 Abs. 2 lit. e (xv) IStGH-Statut (→ Rn. 37) enthält den in der Formulierung des Tatbestands nicht enthaltenen Zusatz, die **Verwendung der Geschosse müsse gegen Völkerrecht** versto-

---

[147] *Cottier/Křivánek* in *Triffterer/Ambos* (Hrsg.), Art. 8 Rn. 601.
[148] Dass es um eine Fortschreibung der 1899er Erklärung im analogischen Verfahren geht, wird bei *Weber* FS Fleck, 2004, 689 (700) auf den Punkt gebracht.
[149] Ebenso *Křivánek* S. 143; AA möglicherweise *Dörmann*, Elements of War Crimes, S. 295.
[150] *Oeter* in *Fleck* (Hrsg.), S. 119 (134); speziell für den Bereich der Schrotmunition *Parks* Yearbook of International Humanitarian Law 8 (2005), 55 (62 ff.) zur US-amerikanischen Praxis. *Parks* weist bei seiner akribischen Analyse *ibid.* 66 auch darauf hin, dass eine „moderate Verformung" des Geschosses im menschlichen Körper nicht als „leichte" iSd 1899er Erklärung anzusehen sei.
[151] Dazu eingehend *Prokosch* International Review of the Red Cross Nr. 307 (1995), 411.
[152] *Parks* Yearbook of International Humanitarian Law 8 (2005), 55 (88 ff.).

ßen. Soweit dieser Zusatz nur eine unter Umständen erlaubte polizeiliche Verwendung von Geschossen iSd Nr. 3 klarstellen sollte,[153] wäre er wegen des durchgängigen Erfordernisses eines Zusammenhangs mit einem bewaffneten Konflikt (→ Rn. 43) überflüssig. Doch ist dies nicht gewiss: Hinter dem Zusatz steht die Erkenntnis, dass **die Verwendung von Geschossen iSd Nr. 3 bei Geiselbefreiungsoperationen oder anderen polizeiähnlichen Einsätzen zivile Schäden** (auf Kosten des getroffenen Gegners) **vermeiden kann.** Derartige Verwendungen sollten über das einengend formulierte zweite Verbrechenselement aus dem völkerstrafbaren Bereich wohl auch für den Fall herausgehalten werden, dass die betreffende Verwendung im Zusammenhang mit einem (insbesondere nicht-internationalen) bewaffneten Konflikt steht.[154] Diesem vernünftigen Gedanken wird man auch bei der Auslegung von Nr. 3 Rechnung tragen müssen. Man wird sogar die weiter gehende Frage einer **teleologischen Reduktion von Nr. 3** für sämtliche Fälle stellen müssen, in denen die Verwendung eines Geschosses iSv Nr. 3 dazu bestimmt und geeignet war, zivile Schäden zu minimieren.[155] Die Frage ist zuletzt im Vorfeld der ersten Überprüfungskonferenz zum IStGH-Statut bei der Diskussion über den neuen Art. 8 Abs. 2 lit. e (xv) IStGH-Statut virulent geworden.[156] Wegen der im Hinblick auf den nicht-internationalen bewaffneten Konflikt offenbar besonders großen Sorgen nicht weniger Staaten, diese Norm könnte Geschossverwendungen erfassen, die zur Minimierung ziviler Schäden sinnvoll erscheinen, hat man dieser Norm als zusätzliche Sicherung außerhalb der Verbrechenselemente (→ Rn. 14) die folgende **Auslegungserklärung** beigefügt:

> Considering that the crime referred to in article 8, paragraph 2 (e) (xv) (employing bullets which expand or flatten easily in the human body), is also a serious violation of the laws and customs applicable in armed conflict not of an international character, and understanding that the crime is committed only if the perpetrator employs the bullets to uselessly aggravate suffering or the wounding effect upon the target of such bullets, as reflected in customary international law [.]'[157]

Diese Erklärung liest sich wie ein Absichtserfordernis. So verstanden schösse die Einschränkung des Tatbestandes allerdings über das gewünschte Ziel hinaus. Deshalb ist zweifelhaft, ob der IStGH das hier thematisierte Problem über die Annahme eines ungeschriebenen Absichtserfordernisses lösen wird.[158] Jedenfalls solange es zu einer solchen Festlegung zum IStGH-Statut nicht kommt, ist der hier aufgezeigte Weg einer speziell auf die Minimierung von zivilen Opfern zugeschnittenen teleologischen Reduktion die vorzugswürdige Lösung des Problems.

ee) Gemeinsame Kontextelemente. Wie alle Kriegsverbrechen müssen Taten nach § 12 im Zusammenhang mit einem bewaffneten Konflikt begangen werden (→ Vor § 8 Rn. 34). Dabei war die Entscheidung des Gesetzgebers, dem die Vertragsstaaten zum IStGH-Statut 2010 gefolgt sind (→ Rn. 13), die **Strafbarkeit auch für Taten im nicht-internationalen bewaffneten Konflikt** vorzusehen, **von Anbeginn an völkerrechtlich gut begründet,** weil die internationale Praxis der letzten Jahrzehnte die Annahme stützt, dass sich entsprechendes Völkergewohnheitsrecht herausgebildet hat: Die Entscheidung des deutschen Gesetzgebers stand bereits 2002 nicht nur im Einklang mit der Gesamtentwicklung des Völkerstrafrechts seit den 1990er Jahren,[159] sondern konnte sich darüber hinaus bereits zu diesem Zeitpunkt auch auf spezifische Praxiselemente stützen. Insoweit ist zunächst die im Wesentlichen einheitliche Völkervertragspraxis anzuführen, bei den

---

[153] So offenbar *Dörmann*, Elements of War Crimes, S. 292.
[154] *Cottier/Křivánek* in *Triffterer/Ambos* (Hrsg.), Art. 8 Rn. 603 f.
[155] Hierzu instruktiv *Parks* Yearbook of International Humanitarian Law 8 (2005), 55 (106 (Fn. 181)).
[156] Hierzu näher *Clark* Goettingen Journal of International Law 2 (2010), 708 f.; *Alamuddin/Webb* JICJ 8 (2010), 1228; *La Haye* in *Dive/Goes/Vandermeersch* (Hrsg.), S. 73 ff.
[157] Abs. 9 der Präambel von RC/Res. 5; Review Conference of the Rome Statute of the International Criminal Court, Official Records, RC/11, S. 13.
[158] Dagegen mit gutem Grund *Alamuddin/Webb* JICJ 8 (2010), 1234.
[159] *Kreß* Israel Yearbook on Human Rights 30 (2000), 103 (104 ff.).

Waffeneinsatzverboten nicht mehr nach der Konfliktsart zu differenzieren (→ Rn. 10). Diese Praxis schließt das Biotoxinwaffenübereinkommen (s. neunte Präambelerwägung:„exclude completely" und Art. 1: „never in any circumstances"[160]) und das CWÜ (s. Art. 1 Nr. 1: „never under any circumstances") (jeweils → Rn. 8) ein, die jeweils einen sehr hohen Ratifikationsstand aufweisen. Darüber hinaus deuten die Reaktionen der Staaten auf den irakischen Chemiewaffeneinsatz gegen die eigene kurdische Bevölkerung Ende der 1980er Jahre sowie die international einmütige Verurteilung des Einsatzes chemischer Waffen im syrischen Bürgerkrieg als völkerrechtswidrig (→ Rn. 10) stark auf die einhellige Rechtsüberzeugung hin, dass sich das Verbot des Chemiewaffeneinsatzes zu einer auch im nicht-internationalen bewaffneten Konflikt geltenden Norm des Völkergewohnheitsrechts entwickelt hat. Die vom JStGH in seiner grundlegenden *Tadić*-Entscheidung (→ Vor § 8 Rn. 2) nicht zuletzt aus diesem Präzedenzfall (wenn auch *obiter*) abgeleitete und auf das Strafrecht erstreckte Völkergewohnheitsrechtsthese[161] ist, soweit ersichtlich, von Seiten der Staaten nicht auf Kritik gestoßen. Insbesondere ist auch bei den Verhandlungen zum IStGH-Statut von keiner Seite geltend gemacht worden, die Assimilierungstendenz im Recht der bewaffneten Konflikte habe vor den Waffeneinsatzverboten Halt gemacht (→ Rn. 13).[162] Dementsprechend gelangt auch die einschlägige Studie des IKRK zu der Einschätzung, dass die in § 12 übernommenen Völkerstraftatbestände auch für den nicht-internationalen bewaffneten Konflikt Geltung beanspruchen.[163] Jedenfalls in der hier befürworteten engen Auslegung (insbes. → Rn. 33–35, 41 f.) bleibt § 12 danach von Anbeginn an auch insoweit auf dem Boden des geltenden Völkergewohnheitsrechts, als er in nicht-internationalen bewaffneten Konflikten begangene Taten erfasst.[164] Nach der auch mit dem geltenden Völkergewohnheitsrecht begründeten Entscheidung der Vertragsstaaten von 2010, Art. 8 Abs. 2 lit. e (xiii), (xiv), (xv) neu in das IStGH-Statut aufzunehmen (→ Rn. 13), lässt sich die völkergewohnheitsrechtliche Geltung der in § 12 geregelten Tatbestände auch für den nicht-internationalen bewaffneten Konflikt nicht mehr mit gutem Grund bestreiten.

44 **b) Subjektiver Tatbestand.** Erforderlich ist **Vorsatz** (§ 2 iVm § 15 StGB; → § 2 Rn. 9 f.). Die Verbrechenselemente treffen nur im Hinblick auf Art. 8 Abs. 2 lit. b (xix), und Art. 8 Abs. 2 lit. e (xv) IStGH-Statut eine besondere Feststellung. Nach dem dritten Element (→ Rn. 37) muss der Täter wissen, dass die Verwendung des Geschosses überflüssiges Leiden bewirkt. Dem liegt die Überzeugung zugrunde, es gehe zu weit, von dem Täter die technische Expertise zu verlangen, dass sich die Geschosse im menschlichen Körper leicht ausdehnen oder flachdrücken.[165] Ob der Praxis mit der Formulierung des dritten Verbrechenselements viel geholfen ist, darf man in Anbetracht des wertenden Elements, das der Feststellung der „Überflüssigkeit" der Leiden zugrunde liegt (→ Rn. 6), bezweifeln. Bei der Anwendung von § 12 erscheint die Heranziehung eines solchen Maßstabs überdies fraglich. Denn unter Strafe gestellt ist eben nicht *jede* Verwendung einer konventionellen Waffe, die überflüssiges Leiden des Verletzten bewirkt, sondern *nur* die Verwendung von Geschossen mit einer bestimmten (besonders schmerzhaften) Wirkungs-

---

[160] Dokumente zum Humanitären Völkerrecht, S. 468.
[161] JStGH 2.10.1995 – IT-94-1-AR72, Ziff. 120 bis 124 zum Chemiewaffeneinsatz und zusammenfassend Ziff. 126 f. – Prosecutor v. Tadić, Decision on the Defence Motion for Interlocutory Appeal on Jurisdiction; auch *Greenwood* Singapore Journal of International & Comparative Law 1 (1997), 441 (465), der die Völkergewohnheitsrechtsentwicklung insgesamt zurückhaltend beurteilt, konzediert die große Bedeutung des *Tadić*-Urteils für die Entwicklung des Völkerstrafrechts im nicht-internationalen bewaffneten Konflikt.
[162] *Henckaerts/Doswald-Beck* (Hrsg.), Volume I, S. 600.
[163] *Henckaerts/Doswald-Beck* (Hrsg.), Volume I, S. 251, 256, 259, 268, 600 (Rules 72, 73, 74, 77, 156).
[164] Für eine skeptische Position auf der Grundlage einer zu hohen Schwelle für die Bildung neuen Völkergewohnheitsrechts *Turns* Journal of Conflict & Security Law 11 (2006), 218. Soweit bei dieser Skepsis rechtspolitische Zweifel an der Fairness der Bestrafung „einfacher Soldaten" wegen verbotener Waffenverwendungen auf Befehl mitschwingt, ist auf § 3 zu verweisen, der eine jeweils sachgerechte Lösung ermöglicht. Ähnlich skeptisch wie *Turns* speziell im Hinblick auf den Einsatz von Chemiewaffen in nicht-internationalen bewaffneten Konflikt *Schadtle* Archiv des Völkerrechts 53 (2015), 132 (139).
[165] *Dörmann*, Elements of War Crimes, S. 281 (293).

weise im menschlichen Körper. Vorsätzliches Handeln erfordert dann das Wissen um diese Wirkungsweise in seinen im Gesetz beschriebenen Grundzügen. Demgegenüber sollte der subjektive Tatbestand speziell bei Nr. 3 nicht unter Hinweis auf die 2010 in Kampala formulierte Auslegungserklärung völkerrechtskonform iS eines Absichtserfordernis korrigiert werden (→ Rn. 42).

2. Qualifikationen. Abs. 2 enthält **zwei Erfolgsqualifikationstatbestände.** Satz 1 erfasst den Eintritt des Todes und einer schweren Körperverletzung iSv § 226 StGB und ist eine (echte) Erfolgsqualifikation, auf die § 18 StGB Anwendung findet. Satz 2 beschreibt eine (unechte) Todeserfolgsqualifikation, die auch hinsichtlich des Eintritts der schweren Folge Vorsatz voraussetzt (→ Rn. 3). In beiden Fällen kommen als **Tatobjekte nur Zivilpersonen und nach dem humanitären Völkerrecht zu schützende Personen iSv § 8 Abs. 6** in Betracht (→ Rn. 1). Dem liegt die Erwägung zugrunde, dass die Verletzung und Tötung gegnerischer Kombattanten und sonstiger an den Kampfhandlungen teilnehmender Personen im Zusammenhang mit einem bewaffneten Konflikt *per se* nicht unrechtserhöhend wirkt.

III. Rechtfertigung, Konkurrenzen, Rechtsfolgen, Prozessuales

1. Militärische Notwendigkeit. Eine Rechtfertigung unter dem Gesichtspunkt der militärischen Notwendigkeit scheidet aus.[166]

2. Konfliktsvölkerrechtliche Repressalie. Eine Rechtfertigung der Tat als Repressalienmaßnahme[167] kommt – unter den strengen allgemeinen Voraussetzungen des konfliktsvölkerrechtlichen Repressalienrechts[168] – **im Hinblick auf eine Tat nach Nr. 3, die sich gegen Kämpfer der gegnerischen Seite richtet, in Betracht.** Denn die Bildung eines völkergewohnheitsrechtlichen Repressalienverbots lässt sich hier nicht nachweisen.[169] Das gilt auch für den nicht-internationalen bewaffneten Konflikt. Die These, das Völkerrecht des nicht-internationalen bewaffneten Konflikts kenne das Institut der konfliktsvölkerrechtlichen Repressalie nicht,[170] greift zu kurz, als sich inzwischen auch insoweit ein Kampfführungsrecht mit Waffenverwendungsverboten herausgebildet hat.[171] In diesem Regelungsbereich ist die Annahme von Repressalienverboten nur auf der Grundlage einer sie stützenden Staatenpraxis begründet; an einer solchen fehlt es im Hinblick auf Taten nach Nr. 3.

Demgegenüber sind **Taten nach den Nummern 1 und 2 nicht als konfliktsvölkerrechtliche Repressalien zu rechtfertigen.** Denn insoweit hat sich ein umfassendes völkergewohnheitsrechtliches Repressalienverbot herausgebildet. Das ist unproblematisch, soweit sich die Tat gegen nach dem humanitären Völkerrecht zu schützende Personen (§ 8 Abs. 6) richtet.[172] Weniger deutlich ist die Rechtslage im Übrigen. Insoweit ist zunächst

---

[166] *Werle* Rn. 1225 (bezogen auf den Einsatz von Gift); *Henckaerts/Doswald-Beck* (Hrsg.), Volume I, S. 269 (bezogen auf den Einsatz von Dum-Dum-Geschossen und mit dem zutr. Hinweis darauf, dass eine entsprechende Rechtfertigungsmöglichkeit – auch von den USA – bei den Verhandlungen zum IStGH-Statut nicht – mehr – behauptet worden ist).

[167] Zur Einordnung als Rechtfertigungsgrund BT-Drs. 14/8524, 15.

[168] Diese sind aufgeführt in BT-Drs. 14/8524, 15 f.; s. auch *Henckaerts/Doswald-Beck* (Hrsg.), Volume I, S. 515.

[169] BT-Drs. 14/8524, 15 vermerkt die repressalienfeindliche Gesamttendenz im Recht des bewaffneten Konflikts, geht aber zu Recht nicht so weit, bereits *de lege lata* ein lückenloses Repressalienverbot anzunehmen. In *Henckaerts/Doswald-Beck* (Hrsg.), Volume I, S. 513 ff. wird kein Repressalienverbot für Nr. 3 unterfallende Taten angenommen; übereinstimmend *Greenwood* Netherlands Yearbook of International Law 20 (1989), 55; *Kalshove* Netherlands Yearbook of International Law 21 (1990), 72.

[170] *Henckaerts/Doswald-Beck* (Hrsg.), Volume I, S. 526 (Rule 148).

[171] *Greenwood* in Fischer/Kreß/Lüder (Hrsg.), S. 546, 556; *Kreß* Israel Yearbook on Human Rights 30 (2000), 153.

[172] Zu den entsprechenden völkervertraglichen und völkergewohnheitsrechtlichen Repressalienverboten *Henckaerts/Doswald-Beck* (Hrsg.), Volume I, S. 523 ff. (Rule 147); insoweit besteht auch ein Repressalienverbot im nicht-internationalen bewaffneten Konflikt.

festzuhalten, dass sich das völkervertragliche Repressalienverbot in Art. 51 Abs. 6 ZP I wegen der abweichenden Rechtsposition einer Reihe von Staaten[173] bislang nicht zu einer Norm des Völkergewohnheitsrechts verdichtet hat.[174] Indes lassen sich speziell auf den Einsatz chemischer und biologischer Waffen bezogene Repressalienverbote begründen. In der neueren Staatenpraxis ist kein Fall bekannt geworden, in dem sich ein Staat auf das Recht berufen hätte, besagte Waffen gestützt auf das Repressalienrecht einzusetzen.[175] Das gilt – soweit ersichtlich – auch für den Iran, der im ersten Golfkrieg das Ziel irakischer Chemiewaffeneinsätze war.[176] Sodann ist das Verwendungsverbot in Art. 1 des CWÜ[177] bewusst in einer Weise formuliert worden, die auch auf den Ausschluss eines Repressalienrechts zielt. Denn dort heißt es, chemische Waffen dürften „unter keinen Umständen jemals" („never under any circumstances") verwendet werden.[178] Zwar erwächst aus einem völkervertraglichen Verbot nicht ohne Weiteres entsprechendes Völkergewohnheitsrecht. Indes lässt sich in diesem Fall in Anbetracht der konfliktsvölkerrechtlichen Gesamttendenz, das Repressalienrecht einzuschränken, der inzwischen so gut wie universellen Annahme des CWÜ[179] sowie des Fehlens entgegenstehender Staatenpraxis die Kristallisation von Völkergewohnheitsrecht rechtfertigen. Die entsprechende Norm sollte – der schwierigen Abgrenzung wegen (→ Rn. 26) – auch den Einsatz von Gift iSd Nr. 1 erfassen. Im Hinblick auf die biologischen Waffen ist zu bedenken, dass hier wohl bereits die alte Praxis für ein Repressalienverbot in Anspruch genommen werden kann.[180] Das Biotoxinwaffenübereinkommen (→ Rn. 8) hat diese Praxis aufgenommen und verdichtet. Zwar enthält dieses Übereinkommen kein Verwendungsverbot. Doch lässt sich die in der neunten Präambelerwägung artikulierte Entschlossenheit, die Möglichkeit der Verwendung von biologischen Waffen „vollständig auszuschließen" („to exclude completely"), sowie die Absolutheit der in Art. 1 des Übereinkommens formulierten Verbote („niemals und unter keinen Umständen"/„never under any circumstances")[181] nicht anders als die Überzeugung verstehen, dass die Verwendung biologischer Waffen auch als Repressalienmaßnahme ausscheiden soll.

49 **3. Konkurrenzen.** Idealkonkurrenz kommt vor allem mit **§ 11 Nr. 1 bzw. 3,** daneben auch mit **§ 8 Abs. 1 Nr. 1 und 3** in Betracht.

50 **4. Weltrechtspflege.** § 12 beschreibt in allen Tatbestandsvarianten **Verbrechen,** sodass nach § 1 das Weltrechtspflegeprinzip gilt.

51 **5. Prozessuales.** Sowohl die **Verfolgungs-** als auch die **Vollstreckungsverjährung** sind bei den Verbrechen nach § 12 gem. **§ 5** ausgeschlossen.

---

[173] Zur deutschen Position s. die Erklärung zum Inkrafttreten der Zusatzprotokolle I und II, Nr. 6, BGBl. 1991 II S. 968 f. und BT-Drs. 14/8524, 16.

[174] AA JStGH 14.1.2000 – IT-95-16-T, Ziff. 527 ff. – Prosecutor v. Kupreškić et al.; wie im Text demgegenüber *Greenwood* Netherlands Yearbook of International Law 20 (1989), 47 f.; *ders.* in Fischer/Kreß/Lüder (Hrsg.), S. 550 ff.; *Kreß* Israel Yearbook on Human Rights 30 (2000), 103 (155 f.); der IGH hat zu der Frage in seinem Gutachten zum Atomwaffeneinsatz 8.7.1996 – ICJ Reports 1996, 262 f., Ziff. 46 – Legality of the Threat or Use of Nuclear Weapons nicht Stellung nehmen wollen; demgegenüber hält Richter *Schwebel* in seiner abweichenden Meinung zum Gutachten einen Nuklearwaffeneinsatz als Repressalienmaßnahme ausdrücklich für denkbar; *ibid.* 328.

[175] Zu dem vom Völkerbund zurückgewiesenen Versuch Italiens, seinen Chemiewaffeneinsatz im Abessinienkonflikt (→ Rn. 5) als Repressalienmaßnahme zu rechtfertigen s. *Greenwood* Netherlands Yearbook of International Law 20 (1989), 54.

[176] Zu dem offenbar nicht aufgeklärten Verdacht, der Iran habe als Reaktion auf den irakischen Chemiewaffeneinsatz seinerseits entsprechende Waffen verwendet *McCormack* California Western International Law Journal 21 (1990/91), 16 f.

[177] Dokumente zum Humanitären Völkerrecht, S. 718.

[178] Für eine Deutung dieser Formulierung (auch) als Repressalienverbot Richter *Schwebel,* Abweichende Meinung zum Gutachten des IGH 8.7.1996 – ICJ Reports 1996, S. 328 – Legality of the Threat or Use of Nuclear Weapons; *Greenwood* Singapore Journal of International & Comparative Law 1 (1997), 448; *ders.* in Schmitt/Green (Hrsg.), S. 212.

[179] Zu den Vertragsstaaten des Übereinkommens s. http://www.icrc.org/ihl.nsf (zuletzt besucht am 4.7.2017).

[180] *Bothe* S. 74 f.

[181] Dokumente zum Humanitären Völkerrecht, S. 468 f.

Abschnitt 3. Verbrechen der Aggression

§ 13 Verbrechen der Aggression

(1) Wer einen Angriffskrieg führt oder eine sonstige Angriffshandlung begeht, die ihrer Art, ihrer Schwere und ihrem Umfang nach eine offenkundige Verletzung der Charta der Vereinten Nationen darstellt, wird mit lebenslanger Freiheitsstrafe bestraft.

(2) ¹Wer einen Angriffskrieg oder eine sonstige Angriffshandlung im Sinne des Absatzes 1 plant, vorbereitet oder einleitet, wird mit lebenslanger Freiheitsstrafe oder mit Freiheitsstrafe nicht unter zehn Jahren bestraft. ²Die Tat nach Satz 1 ist nur dann strafbar, wenn
1. der Angriffskrieg geführt oder die sonstige Angriffshandlung begangen worden ist oder
2. durch sie die Gefahr eines Angriffskrieges oder einer sonstigen Angriffshandlung für die Bundesrepublik Deutschland herbeigeführt wird.

(3) Eine Angriffshandlung ist die gegen die Souveränität, die territoriale Unversehrtheit oder die politische Unabhängigkeit eines Staates gerichtete oder sonst mit der Charta der Vereinten Nationen unvereinbare Anwendung von Waffengewalt durch einen Staat.

(4) Beteiligter einer Tat nach den Absätzen 1 und 2 kann nur sein, wer tatsächlich in der Lage ist, das politische oder militärische Handeln eines Staates zu kontrollieren oder zu lenken.

(5) In minder schweren Fällen des Absatzes 2 ist die Strafe Freiheitsstrafe nicht unter fünf Jahren.

Zu Beginn des Jahres 2017 wurde das VStGB um einen neuen Straftatbestand ergänzt: Das Aggressionsverbrechen findet sich nunmehr in § 13 und wurde den Vorgaben des sog. Kampala-Kompromisses, der in das IStGH-Statut Eingang in Art. 8bis gefunden hat, angepasst.[1] Konsequenterweise wurde § 80 StGB, der entsprechend dem Auftrag aus Art. 26 GG den Angriffskrieg unter Strafe stellte, gestrichen. Erhalten geblieben ist lediglich § 80a StGB unter der Überschrift „Aufstacheln zum Verbrechen der Aggression".

Eine den wissenschaftlichen Ansprüchen des Münchener Kommentars entsprechende Kommentierung der neuen Vorschrift **wird in der 4. Auflage** erfolgen. Angesichts der zur Zeit noch geringen praktischen Relevanz scheint dies vertretbar.

Gesetzgebungsmaterialien:
- RefE v. 9.11.2015; http://www.bmjv.de/SharedDocs/Gesetzgebungsverfahren/Dokumente/RefE_Aenderung_Voelkerstrafgesetzbuch.pdf?__blob=publicationFile&v=2
- RegE v. 23.3.2016; BT-Drucks. 18/8621 http://www.bmjv.de/SharedDocs/Gesetzgebungsverfahren/Dokumente/RegE_Gesetz_Aenderung_Voelkerstrafgesetzbuch.pdf?__blob=publicationFile&v=1
- Anhörung im Ausschuss für Recht und Verbraucherschutz im Deutschen Bundestag, 18. WP, 111. Sitzung am 26.9.2016. Stellungnahmen: Barthe, Frau, Jeßberger, Kreß, Raum, Sinn, Wollenschläger abrufbar: https://www.bundestag.de/ausschuesse18/a06/anhoerungen/Archiv/stellungnahmen/461332
Wortprotokoll: https://www.bundestag.de/blob/486002/a79f073ea086ae739fbf784be4556d5e/wortprotokoll-data.pdf
- Greßmann/Staudigl, Die Umsetzung der Beschlüsse von Kampala in Deutschland, ZIS 2016, 798

Änderung des Statuts des Internationalen Strafgerichtshofs
- Kampala: Resolution RC/Res. 6, v. 11.6.2010.
- *Kreß/Barriga* (Hrsg.), The Crime of Aggression. A Commentary, 2016.

---

[1] Gesetz vom 22.12.2016, BGBl. I S. 3150.

Abschnitt 4. Sonstige Straftaten

§ 14 Verletzung der Aufsichtspflicht

(1) Ein militärischer Befehlshaber, der es vorsätzlich oder fahrlässig unterlässt, einen Untergebenen, der seiner Befehlsgewalt oder seiner tatsächlichen Kontrolle untersteht, gehörig zu beaufsichtigen, wird wegen Verletzung der Aufsichtspflicht bestraft, wenn der Untergebene eine Tat nach diesem Gesetz begeht, deren Bevorstehen dem Befehlshaber erkennbar war und die er hätte verhindern können.

(2) Ein ziviler Vorgesetzter, der es vorsätzlich oder fahrlässig unterlässt, einen Untergebenen, der seiner Anordnungsgewalt oder seiner tatsächlichen Kontrolle untersteht, gehörig zu beaufsichtigen, wird wegen Verletzung der Aufsichtspflicht bestraft, wenn der Untergebene eine Tat nach diesem Gesetz begeht, deren Bevorstehen dem Vorgesetzten ohne weiteres erkennbar war und die er hätte verhindern können.

(3) § 4 Abs. 2 gilt entsprechend.

(4) Die vorsätzliche Verletzung der Aufsichtspflicht wird mit Freiheitsstrafe bis zu fünf Jahren, die fahrlässige Verletzung der Aufsichtspflicht wird mit Freiheitsstrafe bis zu drei Jahren bestraft.

Schrifttum: *Bantekas,* International Criminal Law, 2010; *Boas/Bischoff/Reid,* Forms of Responsibility in International Criminal Law, 2007; *Bohnert/Krenberger/Krumm,* OWiG. Kommentar, 4. Aufl. 2016; *Burghardt,* Die Vorgesetztenverantwortlichkeit im völkerrechtlichen Straftatsystem [Vorgesetztenverantwortlichkeit], 2008; *Bühler/Reisinger Coracini,* Die Umsetzung des Römischen Statuts in Österreich, ZIS 2015, 505; *Bülte,* Vorgesetztenverantwortlichkeit im Strafrecht [Vorgesetztenverantwortlichkeit], 2015; *Damaška,* The Shadow Side of Command Responsibility, American Journal of Comparative Law 49 (2001), 455; *Cassese,* International Criminal Law, 3. Aufl. 2013; *Eser/Sieber/Kreicker,* Nationale Strafverfolgung völkerrechtlicher Verbrechen, Bd. 4, 2005; Bd. 6, 2005; *Karsten,* Die strafrechtliche Verantwortlichkeit des nicht-militärischen Vorgesetzten [Verantwortlichkeit], 2010; *Maschke,* Aufsichtspflichtverletzungen in Betrieben und Unternehmen, 1997; *Rogall,* Dogmatische und kriminalpolitische Probleme der Aufsichtspflichtverletzung in Betrieben und Unternehmen (§ 130 OWiG), ZStW 98 (1986), 573; *van Sliedregt,* Individual Criminal Responsibility in International Law, 2012; *Tiedemann,* Wirtschaftsstrafrecht. Einführung und Allgemeiner Teil, 4. Aufl. 2014; *Triffterer,* „Command Responsibility", FS Lüderssen, 2002, 437; *ders.,* Causality, a Separate Element of the Doctrine of Superior Responsibility as Expressed in Article 28 Rome Statute?, Leiden Journal of International Law 15 (2002), 179; *Vest/Ziegler/Lindenmann/Wehrenberg* (Hrsg.), Die völkerstrafrechtlichen Bestimmungen des StGB, 2014; *Vogel,* Vorgesetztenverantwortlichkeit, in Jeßberger/Geneuss (Hrsg.), Zehn Jahre Völkerstrafgesetzbuch, 2013, 75; *Weigend,* Bemerkungen zur Vorgesetztenverantwortlichkeit im Völkerstrafrecht, ZStW 116 (2004), 999; *Weltz,* Die Unterlassenshaftung im Völkerstrafrecht, 2004.

Übersicht

	Rn.		Rn.
I. Grundlagen	1	4. Zusammenhang zwischen Aufsichtspflichtverletzung und Untergebenen-Tat	18–20
II. Dogmatische Struktur	2	5. Vollendung und Versuch	21
III. Verhältnis zum Völkergewohnheitsrecht	3–5	V. Subjektiver Tatbestand	22–28
IV. Objektiver Tatbestand	6–21	1. Vorsätzliche Pflichtverletzung	22–25
1. Befehlshaber und Vorgesetzte	6–12	2. Fahrlässige Pflichtverletzung	26–28
a) Militärische Befehlshaber	6–8	VI. Täterschaft und Teilnahme	29
b) Zivile Vorgesetzte	9–12	VII. Strafe	30–32
2. Verletzung der Aufsichtspflicht	13–16	VIII. Konkurrenzen	33, 34
3. Begehung einer Tat durch einen Untergebenen	17		

I. Grundlagen

1 Der **Zweck** der Vorschrift ist die **Verhütung von Straftaten** nach dem VStGB. Sie zielt nicht darauf ab, durch die Ausübung von Dienstaufsicht allgemein die Disziplin von Untergebenen aufrecht zu erhalten. Das zeigt sich insbesondere darin, dass die Strafbarkeit

des Vorgesetzten die Begehung einer „Tat nach diesem Gesetz" voraussetzt, die er hätte verhindern können; der Vorgesetzte wird also dafür bestraft, dass er die Tat des Untergebenen nicht verhindert hat. Im Unterschied zu der von § 4 erfassten Situation erkennt der Vorgesetzte hier allerdings nicht, dass die Begehung einer Tat durch den Untergebenen droht, obwohl er dies bei hinreichender intellektueller Sorgfalt hätte vorhersehen können. Der Täter haftet nach § 14 (anders als im Fall des Art. 28 IStGH-Statut) nicht für die Tat des Untergebenen, sondern ausschließlich für eigenes Verschulden[1] (→ Rn. 30 zum Einfluss der Untergebenen-Tat auf die Strafzumessung).

II. Dogmatische Struktur

Die Tat ist **Unterlassungsdelikt.** Maßgeblich ist das Unterlassen von Maßnahmen, die geeignet gewesen wären, die Tat des Untergebenen zu verhindern. Nach der Vorstellung des Gesetzgebers handelt es sich um ein „echtes" Unterlassungsdelikt; die „abstrakt gefährliche" Verletzung der Aufsichtspflicht als solche stehe unter Strafe, und die Tat des Untergebenen sei lediglich eine objektive Bedingung der Strafbarkeit.[2] Dies trifft jedoch nicht zu. § 14 enthält zwar die für objektive Strafbarkeitsbedingungen typische Wendung „wenn der Untergebene ..."; tatsächlich ist jedoch die Begehung der Untergebenen-Tat hier kein unrechtsexternes Merkmal, das nur objektiv zur Vernachlässigung der Aufsichtspflicht hinzutreten müsste, sondern sie ist objektiv (Hinderungsmöglichkeit durch den Vorgesetzten) wie subjektiv (Erkennbarkeit des Bevorstehens) eng mit dem Verhalten des Vorgesetzten verbunden.[3] Deshalb bildet § 14 einen **Fall „unechten" Unterlassens:** Nicht schon die bloße Untätigkeit begründet die Strafbarkeit des Vorgesetzten, sondern erst die dadurch verursachte und für den Täter vorhersehbare und abwendbare Begehung der Untergebenen-Tat. Es handelt sich also – ebenso wie bei der Fahrlässigkeitsvariante von Art. 28 IStGH-Statut[4] – um ein Erfolgsdelikt.[5]

III. Verhältnis zum Völkergewohnheitsrecht

Im **Völkergewohnheitsrecht** werden die Fälle der Kenntnis und des Kennen-Müssens hinsichtlich der Untergebenen-Tat durchweg gleich behandelt; dort reicht also die fahrlässige Unkenntnis der (bevorstehenden oder bereits begangenen) Tat des Untergebenen zur vollen *command responsibility* aus. Diese Gleichstellung findet sich bereits in der Nachkriegsrechtsprechung der Militärtribunale,[6] später – mit leichten Abweichungen in den Formulierungen – in Art. 86 ZP I,[7] in den Statuten der ad-hoc-Tribunale[8] und schließlich in Art. 28 IStGH-Statut.[9]

---

[1] *Bülte*, Vorgesetztenverantwortlichkeit, 710, sieht in § 14 der Sache nach eine fahrlässige Nebentäterschaft des Vogesetzten an der Vorsatztat des Untergebenen normiert.

[2] BT-Drs. 14/8524, 36; ebenso *Ambos*, Internationales Strafrecht, § 7 Rn. 55. Auch im Fall der „Mangelhaften Dienstaufsicht" nach § 41 WStG muss das Unterlassen des Vorgesetzten den Eintritt einer schwerwiegenden Folge „verursachen", so dass es sich um ein „unechtes" Unterlassungsdelikt handelt; aA → WStG § 41 Rn. 9; *Lingens/Korte* WStG § 41 Rn. 1a.

[3] Insoweit unterscheidet sich § 14 von § 130 OWiG; diese Vorschrift ist echtes Unterlassungs- und abstraktes Gefährdungsdelikt; BGH 9.7.1984 – KRB 1/84, NStZ 1985, 77; *Maschke*, Aufsichtspflichtverletzungen in Betrieben und Unternehmen, 64 f.; *Tiedemann*, Wirtschaftsstrafrecht AT, Rn. 387. Für Annahme eines konkreten Gefährdungsdelikts jedoch *Bohnert/Krenberger/Krumm* OWiG § 130 Rn. 2; *Göhler/Gürtler* OWiG § 130 Rn. 9; KK-OWiG/*Rogall* OWiG § 130 Rn. 17. Kritisch zu der Abweichung des § 14 VStGB vom Modell der Geschäftsherrenhaftung in § 130 OWiG *Vogel* in Jeßberger/Geneuss (Hrsg.), 75 (89).

[4] Auch Art. 28 Abs. 1 lit. a IStGH-Statut setzt voraus, dass die Tat seitens des Untergebenen tatsächlich begangen wird und dass der Vorgesetzte bezüglich ihres Bevorstehens mindestens fahrlässig war („should have known"). Zutreffend als unechtes Unterlassen eingeordnet daher bei *Triffterer* FS Lüderssen, 2002, 446; unklar *Ambos*, Treatise I, 206.

[5] Ebenso *Bülte*, Vorgesetztenverantwortlichkeit, 708.

[6] Siehe etwa U.S. v. von Leeb et al., Law Reports of Trials of War Criminals (TWC) XI, 462 (542 ff.).

[7] Art. 86 Abs. 2 ZP I: „The fact that a breach of the Conventions or of this Protocol was committed by a subordinate does not absolve his superiors from penal or disciplinary responsibility, as the case may be, if they *knew,* or had information which should have enabled them to conclude in the circumstances at the time, that he was committing or was going to commit such a breach and if they did not take all feasible measures within their power to prevent or repress the breach."

4   Da die im Völkergewohnheitsrecht durchgeführte Gleichsetzung von Vorsatz- und Fahrlässigkeitsunrecht mit der im deutschen **Schuldprinzip** verankerten notwendigen Differenzierung der Verantwortlichkeit zwischen absichtlichem und unbewusstem Fehlverhalten **nicht vereinbar** ist, ist der deutsche Gesetzgeber insoweit bewusst von den Vorgaben des Völkergewohnheitsrechts zugunsten des Täters abgewichen.[10] Soweit – auch bei Auslandstaten nach § 1 VStGB oder §§ 3 ff. StGB – deutsches Recht anzuwenden ist, hat der für den Angeklagten günstigere § 14 Vorrang vor dem Völkergewohnheitsrecht. Da der Vorgesetzte auch im Fall der fahrlässigen Unkenntnis von der bevorstehenden Untergebenen-Tat nach § 14 fühlbar bestraft wird, liegt kein Fall der „Unfähigkeit" zur Bestrafung des Unterlassens vor, der etwa gem. Art. 17 Abs. 1 lit. a IStGH-Statut die Zuständigkeit des IStGH begründen könnte.

5   In **anderen Staaten** hat das in Art. 28 IStGH-Statut verwirklichte expansive Konzept der *command responsibility* nur begrenzte Akzeptanz gefunden. *Österreich*[11] und die *Schweiz*[12] haben differenzierende Modelle der Vorgesetztenverantwortlichkeit ähnlich wie Deutschland eingeführt. Ähnliches gilt für *Spanien;* dort haftet der militärische und zivile Vorgesetzte für Straftaten seiner Untergebenen, die er pflichtwidrig nicht verhindert hat, doch ist die Strafe für den Fall seiner bloßen (groben) Fahrlässigkeit sowie für den Fall der (in § 15 VStGB geregelten) Unterlassung der Meldung begangener Verbrechen gemildert.[13] Andere Staaten, insbesondere aus dem Rechtskreis des *common-law,* haben dagegen die Regelung des Art. 28 IStGH-Statut ohne wesentliche Abweichungen in nationales Recht übernommen.[14]

IV. Objektiver Tatbestand

6   **1. Befehlshaber und Vorgesetzte. a) Militärische Befehlshaber.** Der als Täter nach Abs. 1 in Betracht kommende „militärische Befehlshaber" muss grundsätzlich ebenso wie bei § 4 (→ § 4 Rn. 18 ff.) **formelle und materielle Befehlsgewalt** in einer **militärischen Einheit** haben. *De-facto*-Befehlshaber, denen ihre Stellung nicht formell rechtsverbindlich übertragen ist, werden nach Abs. 3 (iVm § 4 Abs. 2) den *de-jure*-Befehlshabern gleichgestellt.

7   Unverständlicherweise weicht der Gesetzestext hier insoweit von § 4 ab, als in Bezug auf den Untergebenen formuliert wird, dass er der **Befehlsgewalt *oder* der tatsächlichen Kontrolle** des Befehlshabers unterstehen müsse, während § 4 (in Übereinstimmung mit Art. 28 IStGH-Statut) Befehlsgewalt *und* tatsächliche Kontrolle als kumulative Voraussetzungen der Vorgesetztenverantwortlichkeit verlangt. Daraus könnte man schließen, dass bei

---

[8] Art. 7 Abs. 3 JStGH-Statut: „The fact that any of the acts referred to in articles 2 to 5 of the present Statute was committed by a subordinate does not relieve his superior of criminal responsibility if he *knew or had reason to know* that the subordinate was about to commit such acts or had done so and the superior failed to take the necessary and reasonable measures to prevent such acts or to punish the perpetrators thereof." Wörtliche Anwendung des „should have known"-Standards etwa in JStGH, IT-95-14-T, Pros. v. Blaskic, Trial Chamber 3.3.2000, Nr. 310–322, 329; sehr weite Ausdehnung der Haftung bei Vorhersehbarkeit in JStGH, IT-05-87-T, Pros. v. Milutinović, Trial Chamber 26.2.2009, Nr. 119 f. Zahlreiche Nachweise zur Rechtsprechung der ad-hoc-Tribunale bei *Boas/Bischoff/Reid,* Forms of Responsibility in International Criminal Law, 200; *Burghardt,* Vorgesetztenverantwortlichkeit, 243 ff. Kritisch zu dieser Rechtsprechung wegen des Verstoßes gegen das Schuldprinzip *Damaška* American Journal of Comparative Law 49 (2001), 455 (463 ff.).

[9] Art. 28 Abs. 1 IStGH-Statut: „A military commander ... shall be criminally responsible for crimes within the jurisdiction of the Court committed by forces under his or her effective command and control ... where: That military commander or person *either knew or, owing to the circumstances at the time, should have known* that the forces were committing or about to commit such crimes ...". Siehe dazu *Bantekas,* International Criminal Law, 89 f.; *Karsten,* Verantwortlichkeit, 409 ff.

[10] Siehe BT-Drs. 14/8524, 36.

[11] §§ 321g bis 321i öStGB. Siehe dazu *Bühler/Reisinger Coracini* ZIS 2015, 505 (511).

[12] Art. 264k schw.StGB; eingehend zu den Grundlagen *Vest* in *Vest* u.a. (Hrsg.), Die völkerstrafrechtlichen Bestimmungen des StGB, Art. 264k Rn. 31 ff.

[13] Art. 615bis Codigo penal. Siehe dazu *Gil Gil* in *Eser/Sieber/Kreicker,* Bd. 4, 99 (162 ff.).

[14] Siehe für England sec. 65 ICC Act 2001 (dazu *Rabenstein/Bahrenberg* in *Eser/Sieber/Kreicker,* Bd. 6, 261 [294 f.]), für Australien sec. 268 115 International Criminal Court (Consequential Amendments) Act 2002 (dazu *Biehler/Kerll* ebd. 19 [55]). Siehe auch die ähnliche Lösung im italienischen Militärrecht, Art. 230 Codice penale militare di guerra (dazu *Grammer* in *Eser/Sieber/Kreicker,* Bd. 4, 337 [396]).

§ 14 jede Militärperson, die auch nur tatsächlich in der Lage ist, einen anderen an der Begehung von Straftaten zu hindern, auf Grund „faktischer Kontrolle" tauglicher Täter der Aufsichtspflichtverletzung sei. Bei einer solchen Interpretation ergäben sich aber mehrere unauflösbare Ungereimtheiten: eine sachlich nicht begründbare Abweichung der persönlichen Strafbarkeitsvoraussetzungen zwischen § 4 und § 14, die Überflüssigkeit von § 14 Abs. 3, ein Widerspruch zum Wortsinn des Begriffs „militärischer Befehlshaber" (da dieser auf mehr als nur faktische Kontrolle eines anderen hindeutet), ein Widerspruch zum Tatbestandserfordernis der „Aufsichtspflicht" (da sich diese nicht aus tatsächlicher Kontrolle, sondern nur aus der rechtlich fundierten Befehlsgewalt ergeben kann) und schließlich eine ungerechtfertigte Ausdehnung der Verantwortlichkeit auf Inhaber einer bloß formalen Befehlshaberposition ohne die tatsächliche Möglichkeit des Eingreifens gegenüber den Truppen. Man muss daher annehmen, dass es sich bei der alternativen Fassung „seiner Befehlsgewalt *oder* seiner tatsächlichen Kontrolle" um ein Versehen des Gesetzgebers handelt und dass tatsächlich beide Voraussetzungen kumulativ vorliegen müssen, damit Strafbarkeit nach § 14 Abs. 1 begründet werden kann.

Da der Begriff des „Befehlshabers" weit reicht, nämlich von der Spitze der militärischen **8** Hierarchie bis zum Anführer einer kleinen Gruppe von Soldaten (→ § 4 Rn. 26),[15] ist praktisch entscheidend für die Begründung der Befehlshaberstrafbarkeit nach § 14 die Voraussetzung der **tatsächlichen Kontrolle.** Damit ist nicht die Zuständigkeit zur allgemeinen Dienstaufsicht oder zur nachträglichen Überprüfung gemeint, sondern – im Hinblick auf die Ratio der Vorschrift (→ Rn. 1) – allein die faktische Möglichkeit, den Untergebenen von der Begehung der hier relevanten Straftaten nach dem VStGB abzuhalten.

b) Zivile Vorgesetzte. Als „ziviler Vorgesetzter" ist, in Parallele zu § 4 (→ § 4 **9** Rn. 35 f.), der auf einer rechtlichen Grundlage agierende Inhaber von „Anordnungsgewalt"[16] in einer nicht-militärischen Einrichtung anzusehen, die hinsichtlich ihrer Struktur und ihrer latenten Gefährlichkeit für die im VStGB geschützten Rechtsgüter einem militärischen Verband ähnlich ist.

Die **„Anordnungsgewalt"** des zivilen Vorgesetzten muss hinsichtlich ihrer Verbindlich- **10** keit und unmittelbaren Durchsetzbarkeit mit der militärischen Befehlsgewalt vergleichbar sein; wesentlich ist also die Möglichkeit einer unmittelbaren Durchsetzung der Anweisung auch gegen den Willen des Untergebenen (→ § 4 Rn. 38).

Auch in Abs. 2 weicht der Wortlaut des Gesetzes von der parallelen Regelung in § 4 ab, **11** indem das Verhältnis des Vorgesetzten zum Untergebenen alternativ mit **Anordnungsgewalt *oder* tatsächlicher Kontrolle** beschrieben wird. Hier scheint diese Abweichung allerdings einen gewissen Anhaltspunkt in Art. 28 lit. b (ii) IStGH-Statut zu haben, wo für die Verantwortlichkeit des zivilen Vorgesetzten zusätzlich zum Bestehen von „effective authority and (!) control" verlangt wird, dass sich die Tat des Untergebenen auf Tätigkeiten bezieht, die „within the effective responsibility and control" des Vorgesetzten liegen. Dieses *zusätzliche* Merkmal, dessen Begründung in der auf den dienstlichen Bereich begrenzten Anordnungsgewalt des zivilen Vorgesetzten liegt (→ § 4 Rn. 22),[17] schränkt jedoch die Vorgesetztenverantwortlichkeit ein; dagegen dehnt die alternative Fassung („Anordnungsgewalt oder tatsächlicher Kontrolle") in § 14 Abs. 2 die Strafbarkeit auf weitere Personen aus, die nur Anordnungsgewalt (ohne tatsächliche Kontrollmöglichkeit) oder nur tatsächliche Kontrolle (ohne Anordnungsgewalt) besitzen. Diese Ausdehnung ist aus den oben (→ Rn. 6) angeführten Gründen ersichtlich nicht sachgerecht und daher auch hier zugunsten einer kumulativen Voraussetzung von (formeller) Anordnungsgewalt *und* tatsächlicher Kontrolle zu korrigieren.

---

[15] Auch ein formell unzuständiger, etwa außerhalb der ihm zugewiesenen Einheit tätiger Offizier kann de-facto-Befehlshaber iSv Abs. 3 sein.
[16] Die terminologische Abweichung („Führungsgewalt" in § 4 Abs. 2, „Anordnungsgewalt" in § 14 Abs. 2) ist ersichtlich ohne inhaltliche Bedeutung. Dies zeigt sich auch darin, dass § 14 Abs. 3 für *de-facto*-Vorgesetzte auf die Definition von § 4 Abs. 2 Satz 2 und damit auf den Begriff der „Führungsgewalt" verweist.
[17] Siehe Triffterer/Ambos/ *Triffterer/Arnold* IStGH-Statut Art. 28 Rn. 128.

12 Einem zivilen Vorgesetzten steht nach § 14 Abs. 3 iVm § 4 Abs. 2 eine Person gleich, die in einer Organisation oder einem Unternehmen **tatsächliche Führungsgewalt und Kontrolle** ausübt, ohne dass ihre Funktion eine rechtliche Grundlage besitzt. Damit werden von § 14 auch Führungspersonen in irregulären bewaffneten Banden und ähnlichen Gruppen, die außerhalb des Rechts stehen, erfasst (→ § 4 Rn. 39). Auch für solche Gruppen eine „**Aufsichtspflicht**" des *de-facto*-Vorgesetzten zu postulieren mag auf den ersten Blick eigenartig erscheinen; auch insoweit gilt jedoch der Gedanke, dass derjenige, der das Kommando über eine (mindestens abstrakt) gefährliche Einheit übernimmt, auch verantwortlich gemacht werden kann, falls sich die (hier: völkerstrafrechtlich relevanten) inhärenten Gefahren dieser Einheit realisieren. Deshalb ist es richtig, auch das Bestehen einer Aufsichtspflicht – ebenso wie den Begriff des „Vorgesetzten" – nicht von der Existenz anerkannter rechtlicher Grundlagen abhängig zu machen, sondern sie als „faktische" Pflicht aus der Notwendigkeit der Kontrolle über potentielle Gefahrenherde abzuleiten. Zum Begriff des **Untergebenen** → § 4 Rn. 44 ff.

13   **2. Verletzung der Aufsichtspflicht.** Das Verhaltensunrecht, das die Bestrafung nach § 14 begründet, ist die **Verletzung der Aufsichtspflicht** über die Untergebenen. Anders als nach § 10 SoldatenG, wo sich die Pflicht des Vorgesetzten zur Dienstaufsicht – für den Bereich der Bundeswehr – umfassend darauf richtet, Pflichtverletzungen des Untergebenen zu verhüten und ihn selbst vor Schäden zu bewahren,[18] besteht nach § 14 lediglich eine Pflicht zur Überwachung der Untergebenen **hinsichtlich der Verhütung von Straftaten gegen das VStGB**. Dies folgt nicht nur aus der tatbestandlichen Verknüpfung der Aufsichtspflichtverletzung mit der Begehung solcher Straftaten durch einen Untergebenen, sondern auch aus der Beschreibung der Pflicht des Vorgesetzten in Art. 28 lit. a (ii) IStGH-Statut: Auch nach dieser Vorschrift besteht die Pflicht des Vorgesetzten (nur) darin *„to take all necessary and reasonable measures within his or her power to prevent or repress their* (scil. crimes within the jurisdiction of the Court) *commission"*.[19] Daher ist für § 14 nur die Vernachlässigung der Pflicht zur Verbrechensverhütung, nicht etwa das Tolerieren von Selbstgefährdungen der Untergebenen oder von Lässigkeiten im Dienst (Unpünktlichkeit, Trunkenheit) relevant.

14   Bestraft wird das **Unterlassen einer „gehörigen" Beaufsichtigung** der Untergebenen. Zur Aufsicht **in Bezug auf die Verhütung völkerstrafrechtlicher Taten** gehören grundsätzlich auch Maßnahmen im Vorfeld möglicher konkreter Gefahren, nämlich die Auswahl geeigneter Untergebener (zB der Ausschluss erkennbar verbrechensgeneigter Personen von Einsätzen, bei denen es zu Übergriffen kommen kann) und deren ausreichende Unterrichtung über die einzuhaltenden Normen, nötigenfalls auch gezieltes Training für vorhersehbare Krisensituationen, ferner die Einrichtung von Kommunikationskanälen, die die fortlaufende Information des Vorgesetzten über das Verhalten der Untergebenen sicherstellen,[20] und die persönliche oder an vertrauenswürdige Dritte delegierte[21] Kontrolle der Truppen. Die Verletzung dieser Pflichten ist aber nur insoweit für § 14 relevant, als sie sich auf die Gefahr einer Begehung von Verstößen gegen das VStGB bezieht. Dies bedeutet, dass nicht jeder Ausbilder oder Aufsichtspflichtige, der seine Aufgabe nicht hinreichend erfüllt, das Verhaltensunrecht des § 14 verwirklicht, selbst wenn seine mangelhafte Pflichterfüllung dazu führt, dass die Untergebenen insgesamt nicht zureichend ausgebildet oder überwacht sind; die Strafvorschrift greift vielmehr nur dann ein, wenn das Versagen des Vorgesetzten gerade den Bereich der Verhütung drohender völkerstrafrechtlicher Taten

---

[18] Als Verletzung dieser Pflicht soll auch die „Mangelnde Dienstaufsicht" nach § 41 WStG zu verstehen sein; *Lingens/Korte* WStG § 41 Rn. 4, 8.

[19] In ähnlicher Weise ist in § 130 OWiG der Bereich der Aufsichtsmaßnahmen ausdrücklich auf die Verhinderung von Zuwiderhandlungen gegen Pflichten bezogen, die den Betriebsinhaber treffen. Siehe dazu *Rogall* ZStW 98 (1986), 573 (595 ff.); KK-OWiG/*Rogall* OWiG § 130 Rn. 17.

[20] Vgl. *Lingens/Korte* WStG § 41 Rn. 7; *Bülte*, Vorgesetztenverantwortlichkeit, 712.

[21] Ausdrücklich hervorgehoben in § 41 WStG („oder beaufsichtigen lassen") und § 130 Abs. 1 Satz 2 OWiG.

betrifft.²² Dies wird in der Regel nur dann der Fall sein, wenn solche Taten in näherer Zukunft (objektiv) zu befürchten sind. Im Einzelfall kann eine relevante Pflichtverletzung aber auch schon zu einem früheren Zeitpunkt begangen werden, etwa wenn der militärische Vorgesetzte erfährt, dass seine Soldaten Straftaten gegen das VStGB begehen²³ oder wiederholt allgemeine Drohungen gegen die örtliche Zivilbevölkerung äußern, und nichts dagegen unternimmt.

Ebensowenig wie § 4 verlangt § 14 eine – praktisch gar nicht zu leistende – Rundum- 15 Überwachung der Untergebenen, sondern nur die **erforderlichen und angemessenen Maßnahmen** zur Verhütung von Verstößen gegen das VStGB.²⁴ Dabei ist freilich zu beachten, dass die Aufsichtspflicht des militärischen Vorgesetzten nicht am Kasernentor endet, sondern der umfassenden Reichweite seiner Befehlsbefugnis entspricht und insoweit auch das außerdienstliche Verhalten der Soldaten umfasst.²⁵ Die Aufsichtspflicht des **zivilen Vorgesetzten** ist demgegenüber auf den Bereich beschränkt, der seiner Anordnungsgewalt unterliegt, also auf das Verhalten des Untergebenen im Dienst; er kann für die Begehung von Verbrechen seiner Untergebenen in deren Freizeit oder Urlaub grundsätzlich nicht verantwortlich gemacht werden.²⁶

Eine **Delegation** der Aufsichtspflicht ist zulässig.²⁷ Der höhere Vorgesetzte wird durch 16 sie allerdings nur dann von seiner persönlichen Verantwortlichkeit entlastet, wenn er den Vertreter sorgfältig auswählt und die angemessene Erfüllung der Aufsichtspflicht durch ihn wenigstens stichprobenartig kontrolliert.²⁸

3. Begehung einer Tat durch einen Untergebenen. Die Aufsichtspflichtverletzung 17 des Vorgesetzten wird nur bestraft, wenn einer seiner Untergebenen eine „**Tat nach diesem Gesetz**" begeht. Dies umfasst die strafbare Teilnahme sowie hinsichtlich der §§ 6–13 den Versuch und die Vorstufen der Teilnahme gem. § 30 StGB. Ebenso wie bei § 4 genügt für die Strafbarkeit des Vorgesetzten die Begehung einer **rechtswidrigen Tat** durch einen Untergebenen; auf dessen Strafbarkeit kommt es nicht an (zur Begründung → § 4 Rn. 43). Auch muss die Person dessen, der die Tat ausgeführt hat, nicht festgestellt sein, solange der Täter jedenfalls sicher der Aufsicht des Vorgesetzten unterstand.²⁹

4. Zusammenhang zwischen Aufsichtspflichtverletzung und Untergebenen- 18 **Tat.** Strafbar ist der Vorgesetzte nur dann, wenn er die Tat des Untergebenen „hätte verhindern können". Es muss also ein **Kausalzusammenhang** zwischen der Pflichtverletzung und der Untergebenen-Tat bestehen. Danach ist der Vorgesetzte nur strafbar, wenn die Tat des Untergebenen in dem (hypothetischen) Fall unterblieben wäre, dass der Vorgesetzte von seinen Befehls- und Kontrollmöglichkeiten in „gehöriger" Weise Gebrauch gemacht hätte. Andere Möglichkeiten, etwa eine Einflussnahme auf Grund privater Beziehungen oder ein taktisch bedingter Einsatz der straffälligen Untergebenen an einem anderen Ort, haben für § 14 außer Betracht zu bleiben.

Es genügt allerdings für die Strafbarkeit des Vorgesetzten nicht, dass sein Unterlassen 19 und die Tatbegehung durch den Untergebenen bloß durch eine hypothetische Kausalbe-

---

²² Demgegenüber sieht *Triffterer* FS Lüderssen, 2002, 448 (453 f.); *ders.* Leiden Journal of International Law 15 (2002), 179 (192 f.), für den Bereich von Art. 28 IStGH-Statut den primären Verstoß des Vorgesetzten in der mangelnden Erfüllung seiner Pflicht zur *allgemeinen* Instruktion und Überwachung der Untergebenen; ähnlich *Ambos*, Treatise I, 218. Siehe dazu *Weigend* ZStW 116 (2004), 999 (1015 ff.); *van Sliedregt*, Individual Criminal Responsibility in International Law, 205 f.
²³ Insofern kann ein Verstoß gegen § 15 der erste Schritt zu einer Verletzung von § 14 sein.
²⁴ Ähnlich für § 130 OWiG („objektiv erforderlich und zumutbar") Göhler/*Gürtler* OWiG § 130 Rn. 12.
²⁵ → WStG § 41 Rn. 6; *Lingens/Korte* WStG § 41 Rn. 9 unter Hinweis auf § 10 Abs. 2 SoldatenG.
²⁶ Übereinstimmend Art. 28 lit. b (ii) IStGH-Statut, wo für zivile Vorgesetzte vorausgesetzt wird, dass „the crimes concerned activities that were within the effective responsibility and control of the superior".
²⁷ *Werle/Jeßberger* Rn. 613 (Delegation begrenzt die Verantwortung, soweit „die tatsächliche Kontrollmöglichkeit entfällt"); *Lingens/Korte* WStG § 41 Rn. 7; aA *Ambos*, Internationales Strafrecht, § 7 Rn. 57 („Die Delegation der Kontrollpflicht entlastet grundsätzlich nicht.").
²⁸ *Ambos*, Treatise I, 213.
²⁹ Ebenso für § 130 OWiG Göhler/*Gürtler* OWiG § 130 Rn. 20; KK-OWiG/*Rogall* OWiG § 130 Rn. 94.

ziehung miteinander verbunden sind. Da das Unterlassen des Vorgesetzten in der Verletzung einer *Rechts*pflicht besteht, muss vielmehr auch eine **normative Verknüpfung** (ein spezifischer Zurechnungszusammenhang) zwischen der Pflichtverletzung und der Untergebenen-Tat bestehen. Die Untergebenen-Tat muss also im Rahmen dessen liegen, was der Vorgesetzte auf Grund seiner Aufsichtspflicht zu verhindern hat.[30] An dem Zurechnungszusammenhang würde es etwa fehlen, wenn ein Vorgesetzter seinen Untergebenen nicht als Kommandanten eines Kriegsgefangenenlagers ablöst, obwohl er erfährt, dass der Untergebene in der menschenrechtskonformen Behandlung von Gefangenen nicht hinreichend ausgebildet ist, und wenn dann der Untergebene in der Nähe des Gefangenenlagers Plünderungen begeht. Im Übrigen kann man hier auf die – im Einzelnen freilich umstrittenen – Denkfiguren zurückgreifen, die zu den Fragen der „objektiven Zurechnung" von Erfolgen zur Handlung oder Unterlassung des Täters im allgemeinen Strafrecht entwickelt worden sind.[31]

20 Der Umstand, dass die „gehörige" Aufsicht tatsächlich die Untergebenen-Tat verhindert hätte, muss **zur Überzeugung des Gerichts feststehen;** bleiben daran Zweifel bestehen, so ist der Angeklagte freizusprechen. Anders als im Fall des § 130 OWiG[32] reicht nicht die Feststellung aus, dass die Untergebenen-Tat durch die Wahrnehmung der Aufsichtspflicht nur „wesentlich erschwert" worden wäre.

21 **5. Vollendung und Versuch.** Die Tat ist **vollendet,** sobald der Vorgesetzte die gebotenen Maßnahmen zur Verhinderung der Untergebenen-Tat unterlassen hat und diese Tat (→ Rn. 17) begangen worden ist. Auch wenn die Untergebenen-Tat in dem Versuch eines Verbrechens nach §§ 6–13 VStGB oder in einer Vorform der Verbrechensbegehung nach § 30 StGB besteht, ist der Vorgesetzte wegen *vollendeter* Aufsichtspflichtverletzung strafbar. Der Versuch von § 14 als solcher ist nicht strafbar.[33]

V. Subjektiver Tatbestand

22 **1. Vorsätzliche Pflichtverletzung.** Die Aufsichtspflichtverletzung ist **vorsätzlich** begangen, wenn der Täter
– weiß,[34] dass er *de jure* oder *de facto* (Abs. 3) Befehlshaber oder Vorgesetzter des die Tat begehenden Untergebenen ist;
– weiß, dass er zur Aufsicht über den Untergebenen verpflichtet ist;[35]
– weiß, dass er seine Aufsichts- und Kontrollpflicht bezüglich des die Tat begehenden Untergebenen nicht gehörig erfüllt; und
– bei hinreichender Sorgfalt voraussehen kann, dass der Untergebene eine in ihren Umrissen erkennbare Tat gegen das VStGB begehen wird.[36]

23 Die letztgenannte Voraussetzung ergibt sich unzweifelhaft aus dem Wortlaut der Vorschrift; die Begehung der **Tat durch den Untergebenen** ist daher, entgegen der amtlichen Begründung des Gesetzes,[37] **keine rein objektive Bedingung** der Strafbarkeit nach § 14.

---

[30] Für § 41 WStG verlangt BGH 30.5.1978 – 1 StR 736/77, NJW 1978, 2206, sogar einen „militärischen Bezug" zwischen Pflichtverletzung und schwerwiegender Folge, so dass Aufsichtspflichtverletzungen auf dem Gebiet der Geldverwaltung nicht erfasst werden.

[31] Siehe hierzu → StGB Vor § 13 Rn. 348 ff.; *Frister* AT § 10; *Roxin* AT/I § 11 Rn. 44 ff.

[32] Siehe dazu Göhler/*Gürtler* OWiG § 130 Rn. 22 f.; KK-OWiG/*Rogall* OWiG § 130 Rn. 99 ff.

[33] Im Gegensatz dazu wird bei dem Vergehen nach § 41 WStG auch der Versuch bestraft (§ 41 Abs. 2 WStG).

[34] Das Erkennen der konkreten Möglichkeit *(dolus eventualis)* steht dem Wissen jeweils gleich.

[35] Insoweit reicht es nicht aus, dass der Vorgesetzte nur die tatsächlichen Grundlagen seiner Aufsichtspflicht kennt; er muss auch – ohne notwendig die Begriffe des Gesetzes zutreffend einzuordnen – den Schluss ziehen, dass er für die Verhütung von Verstößen des Untergebenen gegen das VStGB verantwortlich ist. Ebenso für das Wehrstrafrecht *Lingens/Korte* WStG § 41 Rn. 11.

[36] Hinsichtlich dieses Erfordernisses stimmt § 14 mit § 41 WStG überein und unterscheidet sich von § 130 OWiG (wo dem Betriebsinhaber die Begehung der Zuwiderhandlung *subjektiv* nicht erkennbar zu sein braucht).

[37] BT-Drs. 14/8524, 36.

Der Vorgesetzte ist vielmehr nur strafbar, wenn er hinsichtlich des Bevorstehens der Untergebenen-Tat (objektiv und subjektiv) fahrlässig war. Nicht eindeutig geregelt ist die Frage, ob der Vorgesetzte den Umstand, dass er mit seinen dienstlichen Möglichkeiten die Tat des Untergebenen noch verhindern kann, erkennen muss oder ob ihm diese Möglichkeit zumindest erkennbar sein muss. (Beispiel: Ein Vorgesetzter erfährt von konkreten Tatplänen seiner Untergebenen und unternimmt nichts, da er irrtümlich annimmt, dass er die Untergebenen auch durch einen Befehl, die Tat zu unterlassen, nicht von deren Begehung abbringen könnte.) Zwar ist diese Voraussetzung in § 14 Abs. 1 aE sprachlich „objektiv" gefasst („... und die er hätte verhindern können"); aber wenn dem Vorgesetzten die Verhinderungsmöglichkeit auch bei hinreichend sorgfältiger Prüfung der Sachlage nicht erkennbar war, kann ihm die Tat der Untergebenen subjektiv nicht zugerechnet werden.[38] Daher ist in Bezug auf die Verhinderungsmöglichkeit ebenfalls mindestens Erkennbarkeit zu verlangen.[39]

Alle subjektiven Voraussetzungen müssen **gleichzeitig im Zeitpunkt der Tatbegehung**, dh beim Unterlassen der Erfüllung der Aufsichtspflicht vorliegen. Das Gleichzeitigkeitserfordernis ist dann von Bedeutung, wenn sich die Nicht-Erfüllung der Pflicht zur Verbrechenshinderung (wie häufig) über einen längeren Zeitraum hinzieht, etwa von der ersten Kenntnisnahme eines Tatplans des Untergebenen bis zum Verstreichenlassen der letzten Möglichkeit eines Erfolg versprechenden Eingreifens. Mindestens in einem Moment innerhalb dieses Zeitraums muss der Vorgesetzte erkennen können, dass eine konkrete Straftat des Untergebenen droht, die er verhindern könnte. Es reicht also nicht aus, dass der Vorgesetzte im Vorfeld der Tat bewusst seine Aufsichtspflicht verletzt, aber erst später (wenn er nicht mehr wirksam eingreifen kann) zu erkennen vermag, dass eine Straftat des Untergebenen bevorsteht.[40]

Hat der Vorgesetzte die Tat des Untergebenen oder deren konkrete Möglichkeit **tatsächlich vorausgesehen** sowie seine Abwendungsmöglichkeit erkannt, so greift § 14 nicht ein; der Vorgesetzte ist dann nach § 4 wie ein Täter der Untergebenen-Tat zu bestrafen.

2. Fahrlässige Pflichtverletzung. Der Vorgesetzte verwirklicht die Fahrlässigkeitsvariante von § 14, wenn er bei **hinreichender Sorgfalt** hätte erkennen können, dass er seine **Aufsichtspflicht bezüglich** eines seiner Untergebenen nicht erfüllt und dass dieser Untergebene eine in ihren Umrissen erkennbare Tat gegen das VStGB begehen wird, die der Vorgesetzte noch verhindern könnte. Das Bestehen eines Vorgesetzten-Untergebenen-Verhältnisses ist notwendige Voraussetzung dafür, dass der Vorgesetzte überhaupt Überlegungen zum Umfang seiner **Aufsichtspflicht anstellen muss;** insoweit ist daher mindestens Eventualvorsatz des Vorgesetzten erforderlich.[41]

Anders als nach § 41 Abs. 3 WStG braucht der militärische Befehlshaber **nicht leichtfertig** bezüglich des Drohens der Untergebenen-Tat zu sein, sondern es reicht für seine Strafbarkeit aus, dass er diese Tat ebenso wie die Vernachlässigung seiner Aufsichtspflicht und die Möglichkeit der Verhinderung der Tat hätte erkennen können, wenn er das Maß an Sorgfalt und Überlegung aufgewandt hätte, das von einem militärischen Vorgesetzten in seiner Lage erwartet werden konnte und das er auch nach seinen individuellen psychischen Voraussetzungen erbringen konnte. Die Erkennbarkeit der Aufsichtspflichtverletzung und des Bevorstehens der Untergebenen-Tat müssen **zeitlich zusammenfallen.**

Für **zivile Vorgesetzte** gilt für die Erkennbarkeit der mangelnden Beaufsichtigung und der Verhinderungsmöglichkeit nichts anderes als bei militärischen Vorgesetzten. Das Bevorstehen der Tat des Untergebenen muss dem zivilen Vorgesetzten jedoch „ohne weiteres"

---

[38] Näher dazu *Bülte,* Vorgesetztenverantwortlichkeit, 714 f.
[39] Anders die 2. Aufl. Die hier dargelegte Lösung entspricht der Regelung in § 41 Abs. 1 WStG, wo hinsichtlich der „Verursachung" der schwerwiegenden Folge ebenfalls Fahrlässigkeit verlangt wird.
[40] Ebenso *Bülte,* Vorgesetztenverantwortlichkeit, 724.
[41] AA *Bülte,* Vorgesetztenverantwortlichkeit, 716 f.; zu § 41 Abs. 3 WStG auch *Lingens/Korte* WStG § 41 Rn. 12 (Leichtfertigkeit bezüglich der Vorgesetztenstellung genügt). Diese Auffassung erstreckt die Sorgfaltspflicht des Vorgesetzten darauf, sich stets darüber informiert zu halten, welche Personen seiner Befehlsgewalt unterstehen. Dies dürfte die spezifischen Regelungsbereiche von § 14 und 15 überdehnen.

erkennbar gewesen sein. Das bedeutet, dass der Vorgesetzte hinsichtlich des Übersehens dieser Gefahr grob fahrlässig gewesen sein muss; jeder vernünftige Vorgesetzte hätte sie ohne besondere Geistesanstrengung erkannt. In Bezug auf diese Differenzierung zwischen militärischen und zivilen Vorgesetzten folgt § 14 der Vorgabe von Art. 28 lit. b (i) IStGH-Statut, wo die subjektiven Voraussetzungen beim zivilen Vorgesetzten so formuliert werden: „The superior ... consciously disregarded information which clearly indicated that the subordinates were committing or about to commit such crimes".[42] Man kann diese Beschreibung zumindest als Auslegungshilfe für die Wendung „ohne weiteres erkennbar" in Abs. 2 verwenden, wenngleich das „bewusste Außerachtlassen" *(conscious disregard)* konkreter Informationen als Gedankenprozess unterhalb der Schwelle der Vorsätzlichkeit psychologisch nur schwer nachzuvollziehen ist. Jedenfalls braucht der zivile Vorgesetzte nach § 14 Abs. 2 nicht „bewusst fahrlässig" in dem Sinne gewesen sein, dass er die Tat als reale Möglichkeit vorhersah, aber „nicht ernst nahm" oder „auf ihr Ausbleiben vertraute";[43] denn „ohne weiteres erkennbar" sind auch Taten, die der Vorgesetzte nicht erkannt *hat*.[44]

VI. Täterschaft und Teilnahme

29 Die Stellung als Befehlshaber oder ziviler Vorgesetzter, auch als *de-facto*-Vorgesetzter iSv Abs. 3, ist **besonderes persönliches Merkmal,** das die Strafbarkeit nach § 14 begründet. Andere Personen, die sich an der vorsätzlichen Aufsichtspflichtverletzung (etwa durch Auffordern oder Ermutigen des Vorgesetzten) beteiligen, können daher nicht Mittäter oder mittelbare Täter sein, wohl aber als **Anstifter** (§ 26 StGB) oder **Gehilfen** (§ 27 StGB) bestraft werden. Dabei kommt ihnen die nach § 28 Abs. 1 iVm § 49 Abs. 1 StGB vorgesehene zwingende Strafmilderung zugute.

VII. Strafe

30 Der **Strafrahmen** (Abs. 4) reicht bei der Vorsatzvariante bis zu fünf Jahren, bei der Fahrlässigkeitsvariante bis zu drei Jahren Freiheitsstrafe. Die deutlich schärfere Bestrafung im Vergleich zu § 41 WStG (dort bei Vorsatz bis zu drei Jahren, bei Fahrlässigkeit bis zu sechs Monaten Freiheitsstrafe) hängt mit der Schwere der Straftaten nach dem VStGB zusammen, die der Vorgesetzte zu verhindern unterlässt.

31 **Geldstrafe** ist nicht angedroht; sie tritt aber nach § 47 Abs. 2 Satz 1 StGB (iVm § 2 VStGB) an die Stelle der Freiheitsstrafe, wenn nur Freiheitsstrafe bis zu sechs Monaten verwirkt ist und deren Verhängung nicht zur Einwirkung auf den Täter oder zur Verteidigung der Rechtsordnung unerlässlich ist.

32 Das Gesetz differenziert hinsichtlich der Strafdrohung nur zwischen vorsätzlicher und fahrlässiger Begehung der Aufsichtspflichtverletzung. Für die **Bemessung der Strafe** kommt es jedoch nicht nur auf das Maß der Pflichtverletzung bei der Missachtung der Aufsichtspflicht an, sondern auch auf die Tat des Untergebenen. Da zum Unrecht der Tat nach § 14 auch die Vorhersehbarkeit der (erkennbar) bevorstehenden Untergebenen-Tat gehört, hängt das Gewicht der Aufsichtspflichtverletzung auch von der Schwere dieser Tat ab. Bei der Strafzumessung ist also zB zu berücksichtigen, ob der Vorgesetzte es unterlassen hat, einen Genozid oder aber eine Plünderung zu verhindern.[45]

---

[42] Im Sinne „bewusster Fahrlässigkeit" wird Art. 28 lit. b (ii) IStGH-Statut interpretiert von *Ambos,* Internationales Strafrecht, § 7 Rn. 58; *Triffter* FS Lüderssen, 2002, 449; siehe auch *Werle/Jeßberger* Rn. 623 („gesteigerter Grad an Fahrlässigkeit").

[43] Zu den Definitionen der „bewussten Fahrlässigkeit" LK-StGB/*Vogel* StGB § 15 Rn. 287 ff.

[44] Eingehend zum Verhältnis des Fahrlässigkeitserfordernisses in § 13 Abs. 2 zu der völkerstrafrechtlichen Vorgesetztenverantwortlichkeit *Bülte,* Vorgesetztenverantwortlichkeit, 719 ff.

[45] Vgl. § 130 Abs. 3 OWiG, wo – dort allerdings ohne systematische Berechtigung – bei der Bußgeldandrohung je nach der Schwere der vom Untergebenen begangenen Zuwiderhandlung differenziert wird. Zu ähnlichen Erwägungen bei der Strafzumessung wegen Vollrauschs (§ 323a StGB) siehe BGH 22.9.1992 – 5 StR 379/92, BGHSt 38, 356 (361) und dazu mit Recht kritisch → § 323a Rn. 82.

VIII. Konkurrenzen

Ein und dieselbe Verletzung der Aufsichtspflicht kann sich auf **mehrere Taten** eines 33
Untergebenen oder auch auf Taten mehrerer Untergebener beziehen; sie ist dann *eine*
Unterlassungstat nach § 14, solange die Taten durch ein und dasselbe gebotene Eingreifen
(zB Erlass eines Befehls an eine Truppe) von dem Vorgesetzten hätten abgewendet werden
können.[46] Hätte der Vorgesetzte bei verschiedenen zeitlich getrennten Gelegenheiten einschreiten müssen, so liegen entsprechend viele Verstöße gegen § 14 in Tatmehrheit vor.

Gegenüber einer Strafbarkeit des Vorgesetzten als Mittäter, mittelbarer Täter oder Anstif- 34
ter zu der Tat des Untergebenen ist § 14 **subsidiär**. Subsidiarität besteht auch gegenüber
der strengeren Vorgesetztenverantwortlichkeit nach § 4,[47] die ihrerseits als täterschaftliche
Haftung eine Gehilfenstrafbarkeit des Vorgesetzten – auch auf Grund aktiver Unterstützung – verdrängt (→ § 4 Rn. 66). Unterlässt ein Vorgesetzter, der nicht gegen eine erkennbar bevorstehende Tat des Untergebenen eingeschritten ist, später auch die gebotene
Anzeige der Tat (§ 15), so ist letzteres Verhalten straflos, soweit sich der Vorgesetzte durch
die Anzeige selbst wegen einer Straftat belasten müsste (→ § 15 Rn. 23),[48] andernfalls tritt
§ 15 als typisches Nachtatverhalten hinter einer Strafbarkeit nach § 14 zurück.[49]

§ 15 Unterlassen der Meldung einer Straftat

(1) Ein militärischer Befehlshaber oder ein ziviler Vorgesetzter, der es unterlässt, eine Tat nach diesem Gesetz, die ein Untergebener begangen hat, unverzüglich der für die Untersuchung oder Verfolgung solcher Taten zuständigen Stelle zur Kenntnis zu bringen, wird mit Freiheitsstrafe bis zu fünf Jahren bestraft.

(2) § 4 Abs. 2 gilt entsprechend.

Schrifttum: Burghardt, Die Vorgesetztenverantwortlichkeit im völkerrechtlichen Straftatsystem, 2008; *Bülte,* Vorgesetztenverantwortlichkeit im Strafrecht [Vorgesetztenverantwortlichkeit], 2015; *Damaška,* The Shadow Side of Command Responsibility, American Journal of Comparative Law 49 (2001), 455; *Eser/Kreicker,* Nationale Strafverfolgung völkerrechtlicher Verbrechen, Bd. 1, 2003; *Knoops,* The Transposition of Superior Responsibility onto Guerilla Warfare under the Laws of the International Criminal Tribunals, International Criminal Law Review 7 (2007), 505; *Triffterer,* Causality, a Separate Element of the Doctrine of Superior Responsibility as Expressed in Article 28 Rome Statute?, Leiden Journal of International Law 15 (2002), 179; *Weigend,* Bemerkungen zur Vorgesetztenverantwortlichkeit im Völkerstrafrecht, ZStW 116 (2004), 999.

Übersicht

	Rn.		Rn.
I. Völkerstrafrechtlicher Hintergrund und Normzweck	1–3	3. Unterlassen der Meldung	13–16
II. Dogmatische Einordnung	4	IV. Subjektiver Tatbestand	17–21
III. Objektiver Tatbestand	5–16	V. Rechtfertigungs- und Straffreistellungsgründe	22, 23
1. Tätereigenschaft	5–8	VI. Strafe	24, 25
2. Untergebenen-Tat	9–12	VII. Konkurrenzen	26–28

I. Völkerstrafrechtlicher Hintergrund und Normzweck

Die Vorschrift soll zusammen mit § 4 und § 14 die komplexe **völkerstrafrechtliche** 1
Regelung der Vorgesetztenverantwortlichkeit, die in Art. 28 IStGH-Statut enthalten ist,

---

[46] Übereinstimmend für § 130 OWiG Göhler/*Gürtler* OWiG § 130 Rn. 16.
[47] Vgl. § 41 Abs. 4 WStG, wo Subsidiarität ausdrücklich angeordnet ist.
[48] *Bülte,* Vorgesetztenverantwortlichkeit, 724 f.
[49] Das entspricht auch der Wertung in Art. 28 lit. a (ii) IStGH-Statut, wo Unterlassen der Straftatverhinderung und Nichtanzeige als unterschiedliche Formen der Begehung ein und derselben Tat – und nicht als zwei getrennte Tatbestände – verstanden werden. Siehe zum Verhältnis der *duty to prevent* und der *duty to punish* nach Völkergewohnheitsrecht auch JStGH, IT-01-48-T, Pros. v. Halilovic, Trial Chamber 16.11.2005, Nr. 91 ff.; JStGH, IT-01-47-T, Pros. v. Hadzihasanovic, Trial Chamber 15.3.2006, Nr. 125 ff., 156 ff.

in deutsches Recht umsetzen. Hier geht es um die Variante „failed ... to submit the matter to the competent authorities for investigation and prosecution" (Art. 28 lit. a (ii) IStGH-Statut), die den Vorgesetzten nach dem Statut als eine Form der *superior responsibility* für die von seinem Untergebenen begangene Tat verantwortlich macht.[1] Obwohl diese Modalität der Vorgesetztenverantwortlichkeit in der Rechtsprechung zum Völkerstrafrecht nach dem Zweiten Weltkrieg keine feste Grundlage hatte,[2] dürfte sie inzwischen insbesondere durch die Aufnahme in die Statuten der internationalen *ad-hoc*-Strafgerichtshöfe (Art. 7 Abs. 3 JStGH-Statut, Art. 6 Abs. 3 RStGH-Statut) und durch ihre Anwendung in deren Rechtsprechung völkergewohnheitsrechtlich anerkannt sein.[3] § 15 enthält (ebenso wie § 14) insofern eine **Einschränkung** der strafrechtlichen Haftung gegenüber dem Völkergewohnheitsrecht, als die Vorschrift den Vorgesetzten nicht wegen des von dem Untergebenen begangenen Verbrechens, sondern nur wegen eines eigenen Vergehens mit Strafe bedroht. Die Bereitschaft des deutschen Rechts, die unterlassene Verbrechensmeldung fühlbar zu ahnden, ist damit allerdings nicht in Frage gestellt, so dass für diese Fälle nicht etwa eine generelle Zuständigkeit des IStGH gem. Art. 17 Abs. 1 lit. a IStGH-Statut begründet wird.

2   **Zweck der Vorschrift** ist es, militärische Befehlshaber und vergleichbare zivile Vorgesetzte dazu zu veranlassen, Verstöße ihrer Untergebenen gegen das VStGB nicht „unter den Teppich zu kehren", sondern einer Untersuchung und gegebenenfalls einer strafrechtlichen Verfolgung zuzuführen. Dabei geht es allenfalls vordergründig um das Funktionieren der Strafjustiz oder die Durchsetzung eines sog. Strafanspruchs, wie dies bei § 258 StGB angenommen wird;[4] das geschützte Interesse besteht vielmehr darin, die Begehung weiterer Völkerstraftaten zu verhindern.[5] Bleiben Straftaten gegen das VStGB, die von Angehörigen der Truppe begangen wurden, mit Wissen der Vorgesetzten ungeahndet, entsteht nämlich die Gefahr, dass ein verdeckter Anreiz zur Begehung weiterer ähnlicher Taten entsteht.[6] Eine ernste Gefahr der Wiederholung solcher Straftaten dürfte freilich in der Regel erst durch den Kumulationseffekt eines fortgesetzten Tolerierens von Verstößen bewirkt werden. Insofern kann man an der **rechtspolitischen Notwendigkeit zweifeln,** schon jedes einzelne Unterlassen der Meldung unter Strafe zu stellen, zumal der Vorgesetzte nach § 15 auch dann in vollem Umfang strafbar ist, wenn die Untergebenen-Tat trotz seiner Untätigkeit letztlich geahndet wird. Im Hinblick auf das bestehende Völkergewohnheitsrecht dürfte freilich der deutsche Gesetzgeber keine andere Wahl gehabt haben als das Unterlassen der Meldung als solches unter Strafe zu stellen.

3   Art. 87 Abs. 3 ZP I enthält erstmals eine völkerrechtliche Verpflichtung zur Ahndung völkerrechtswidriger Handlungen von Untergebenen; danach müssen die vertragschließenden Staaten von jedem militärischen Führer verlangen, dass er bei Verstößen seiner Untergebenen gegen die Genfer Konventionen oder das Zusatzprotokoll „gegebenenfalls ein Disziplinar- oder Strafverfahren gegen die Täter einleitet".[7] Ihre materielle Grundlage findet die

---

[1] Kritisch dazu *Damaška* American Journal of Comparative Law 49 (2001), 455 (467 ff.); *Weigend* ZStW 116 (2004), 999 (1019 ff.).
[2] Siehe dazu die Nachweise bei *Damaška* American Journal of Comparative Law 49 (2001), 455 (489 ff.).
[3] Vgl. JStGH, IT-01-47-AR72, Pros. v. Hadzihasanovic et al., Appeals Chamber 16.7.2003, Nr. 18; RStGH, ICTR-98-44-T, Pros. v. Karemera and Ngirumpatse, Trial Chamber 2.2.2012, Rn. 1500 f.
[4] → StGB § 258 Rn. 2, 3; LK-StGB/*Walter* StGB § 258 Rn. 93. Für den inhaltlich vergleichbaren § 40 WStG nehmen → WStG § 40 Rn. 1, Erbs/Kohlhaas/*Dau* WStG § 40 Rn. 3 „Disziplin und Ordnung in den Streitkräften" und *Lingens/Korte* WStG § 40 Rn. 1a den „Schutz des inneren Gefüges" der Bundeswehr als Rechtsgut an. Der Schutz dieser Interessen obliegt dem VStGB jedoch nicht.
[5] Siehe IStGH, ICC 01/05-01/08, Pros. v. Bemba Gombo, Trial Chamber 21.3.2016, Nr. 209 („to avoid impunity and to prevent future crimes"). Nach *Bülte*, Vorgesetztenverantwortlichkeit, 728, ist Schutzgut von § 15 der „Rechtsfrieden"; zugleich handle es sich um einen „Auffangtatbestand" für Fälle, in denen dem Vorgesetzten eine Beteiligung an der Tat der Untergebenen nicht nachgewiesen werden kann. Letzteres wäre allerdings keine legitime Begründung für eine Strafnorm.
[6] Vgl. JStGH, IT-98-33-T, Pros. v. Krstic, Trial Chamber 3.3.2000, Nr. 337 ff. (Unterlassen der Ahndung *begangener* Taten kann Anstiftung oder Beihilfe zu *neuen* Taten der Untergebenen sein).
[7] Für den Bereich der Bundeswehr gibt es nach § 13 Abs. 2 SoldatenG keine allgemeine Meldepflicht für Verstöße; derartige Pflichten können jedoch durch die Wehrdisziplinarordnung oder durch Erlasse im Einzelnen angeordnet sein; vgl. Erbs/Kohlhaas/*Dau* WStG § 40 Rn. 6 f.; *Lingens/Korte* WStG § 40 Rn. 4 f.

in § 15 angeordnete Handlungspflicht des Vorgesetzten, der von Straftaten eines Untergebenen nach dem VStGB erfährt, in dessen allgemeiner **Verpflichtung,** künftig drohenden **Verstößen** solcher Art aus seiner Truppe **aktiv entgegenzuwirken.**[8] Da es nahe liegt, dass ein bewusstes Untätigbleiben des Vorgesetzten als dessen stillschweigendes Einverständnis auch mit weiteren Straftaten interpretiert wird, muss er dafür sorgen, dass die für eine angemessene Ahndung zuständigen Instanzen informiert werden.

II. Dogmatische Einordnung

§ 15 ist **echtes Unterlassungsdelikt;** auf einen Erfolg der Tat kommt es nicht an. Schon die **abstrakte Gefährlichkeit** der Untätigkeit des Vorgesetzten im Hinblick auf die Begehung weiterer Völkerstraftaten aus seiner Truppe begründet die Strafbarkeit.

III. Objektiver Tatbestand

1. Tätereigenschaft. Als mögliche **Täter** nennt die Vorschrift zunächst „militärische Befehlshaber" und „zivile Vorgesetzte". Nach Abs. 2, der auf § 4 Abs. 2 verweist, kommen darüber hinaus Personen mit tatsächlicher Befehls- oder Führungsgewalt und Kontrolle bzw. mit tatsächlicher Führungsgewalt und Kontrolle in einer zivilen Organisation oder einem Unternehmen als Täter in Betracht. Damit sind wie in § 4 zunächst Personen erfasst, die auf rechtlicher Grundlage Befehle innerhalb einer militärischen Einheit (dazu → § 4 Rn. 18 ff.) oder einer ihr ähnlichen nicht-militärischen Einrichtung (dazu → § 4 Rn. 32 ff.) erteilen und durchsetzen können. Entscheidend ist allerdings letztlich, wie sich aus Abs. 2 ergibt, nicht die formale, sondern die faktische Möglichkeit der Durchsetzung von Anordnungen (→ § 4 Rn. 20, 38).

Anders als in § 14 wird das **Verhältnis zwischen dem Vorgesetzten und dem** (straffälligen) **Untergebenen** nicht näher beschrieben.[9] Aus der Bezugnahme auf § 4 Abs. 2 erhellt, dass der Vorgesetzte mindestens faktische Befehls- oder Führungsgewalt über den Untergebenen innehaben muss; dieser muss also einer Einheit angehören, die dem Vorgesetzten (mindestens faktisch) unterstellt ist. Die „Kontrolle" durch den Vorgesetzten bezieht sich hier allerdings nicht, wie in §§ 4 und 14, auf die Möglichkeit, die Begehung von Taten gegen das VStGB zu *verhindern,* sondern allein auf die Möglichkeit, begangene Straftaten durch Weitergabe der nötigen Informationen an die zuständige Stelle untersuchen und verfolgen zu lassen.[10] Nur wer dafür zuständig ist, übt „Kontrolle" im Sinne von § 15 aus und kann Täter nach dieser Vorschrift sein.[11]

Dies bedeutet, dass die Vorgesetztenstellung (nur) in dem **Zeitpunkt** gegeben sein muss, in dem die **Pflicht zur Meldung** besteht, nicht zur Zeit der Untergebenen-Tat. Auch ein Vorgesetzter, der das Kommando erst übernommen hat, nachdem der Untergebene die Straftat begangen hatte, kann sich daher nach § 15 strafbar machen, wenn er bewusst die gebotene Information der zur Verfolgung zuständigen Stelle unterlässt,[12] denn die Pflicht

---

[8] *Bülte,* Vorgesetztenverantwortlichkeit, 639 ff. stützt die Ahndungspflicht dagegen (auf der Basis hegelianischen Rechtsdenkens) auf eine Pflicht des Vorgesetzten zur „Negation der Negation des Rechts", wenn das Recht durch Angehörige seiner Truppe verletzt wurde.

[9] Nach § 14 muss der Untergebene der Befehlsgewalt oder der tatsächlichen Kontrolle des Vorgesetzten unterstehen.

[10] Ursprünglich und auch noch in den Statuten der *ad-hoc*-Tribunale stand bei der völkerstrafrechtlichen Betrachtung die Pflicht des Vorgesetzten im Vordergrund, den Untergebenen *selbst* zu bestrafen (vgl. Art. 7 Abs. 3 JStGH-Statut: „... to punish the perpetrators thereof"). Schon durch Art. 28 lit. a (ii) IStGH-Statut wurde jedoch diese (häufig nicht real erfüllbare) Verpflichtung in eine solche „to submit the matter to the competent authorities" umgewandelt, und § 15 hat diese Formulierung übernommen.

[11] Ebenso *Bülte,* Vorgesetztenverantwortlichkeit, 729.

[12] Ebenso für Art. 7 Abs. 3 JStGH-Statut JStGH, IT-95-14, 2-T, Pros. v. Kordic and Cerkez, Trial Chamber 26.2.2001, Nr. 446; anders jedoch (unter Berufung auf das Fehlen einer völkergewohnheitsrechtlichen Grundlage für die Strafbarkeit des später eintretenden Vorgesetzten) JStGH, IT-01-47-AR72, Pros. v. Hadzihasanovic, Appeals Chamber 16.7.2003, Nr. 46 ff.; kritisch dazu die Trial Chamber, JStGH, IT-01-47-T, Pros. v. Hadzihasanovic, Trial Chamber 15.3.2006, Nr. 198 f.; siehe auch *Ambos,* Treatise I, 219; Cryer/*Friman/Robinson/ Wilmshurst* 329; *Burghardt,* Vorgesetztenverantwortlichkeit, 222 ff.

zur Meldung ist nicht eine Folge der Verletzung der Hinderungs- oder Aufsichtspflicht nach §§ 4, 14, sondern selbstständige Verpflichtung jedes Vorgesetzten.[13]

8 Die Meldepflicht und die strafrechtlichen Folgen ihrer Verletzung gelten auch für **zivile Vorgesetzte.** Die umfassende Verpflichtung zur Einleitung einer Ahndung, die weit über eine „Geschäftsherrenhaftung" für die Prävention von Straftaten Untergebener hinausgeht, spricht dafür, den Begriff des zivilen Vorgesetzten (auch hier) auf die Leiter solcher Einrichtungen zu beschränken, die auf Grund ihrer inhärenten Gefährlichkeit militärischen Truppen nahe stehen (→ § 4 Rn. 36).

9 **2. Untergebenen-Tat.** Die Meldepflicht des Vorgesetzten bezieht sich nur auf **Straftaten** von Untergebenen **nach dem VStGB;** rein private Straftaten kommen daher nicht in Betracht. *Militärische* Befehlshaber müssen jedoch auch Straftaten nach dem VStGB melden, die außerhalb des „Dienstes", etwa in der Freizeit, begangen werden; wegen der umfassenden Befehlsgewalt des militärischen Vorgesetzten braucht kein Zusammenhang mit den Aufgaben der Truppe zu bestehen. Bei *zivilen* Vorgesetzten ist dagegen die Meldepflicht – ebenso wie die Aufsichtspflicht (→ § 14 Rn. 15) – auf Straftaten beschränkt, die der Untergebene während seiner Dienstzeit oder im Zusammenhang mit dem Dienst begeht.

10 Meldepflichtig sind nicht nur schuldhaft begangene Taten, sondern es reicht ebenso wie in den Fällen der §§ 4 und 14 VStGB sowie von § 258 StGB und § 40 WStG[14] aus, wenn eine **rechtswidrige Tat** vorliegt. Denn die gebotene rechtliche Reaktion kann auch bei Taten nach dem VStGB in der (nach § 2 zulässigen) Verhängung einer Maßregel der Besserung und Sicherung, insbesondere nach § 63 StGB, bestehen.

11 Die **Untergebenen-Tat** muss **tatsächlich begangen** worden sein; der bloße Verdacht reicht, anders als bei § 40 WStG, nicht aus. Die Tat des Untergebenen braucht kein Verbrechen zu sein; es kommt auch eine Aufsichtspflichtverletzung nach § 14 und selbst ein Verstoß gegen § 15 in Betracht (etwa wenn ein höherer Offizier nicht einschreitet, wenn er von der strafbaren Untätigkeit eines niederrangigen Vorgesetzten gegenüber Taten von dessen Untergebenen erfährt). Die Meldepflicht des Vorgesetzten besteht auch dann, wenn die Person des Täters nicht bekannt ist, solange nur feststeht, dass irgendein Untergebener des Vorgesetzten die Tat begangen hat. Nur wenn es ausgeschlossen ist, die Urheberschaft der Tat festzustellen, wenn eine eingeleitete Untersuchung also – etwa mangels jeglicher Beweismittel – keinerlei Aufklärung erwarten ließe, entfällt eine Meldepflicht.[15]

12 Der Wortlaut von § 15 erfasst auch ein Untätigbleiben des meldepflichtigen Vorgesetzten in dem Fall, dass die Tat dem zuständigen Untersuchungsorgan schon von anderer Seite zur Kenntnis gebracht wurde. Die Annahme einer strafbewehrten Meldepflicht in dieser Situation ist insbesondere dann wenig sinnvoll, wenn der Vorgesetzte von der vorangegangenen Meldung weiß. Man muss daher in den Tatbestand, ähnlich wie in die strukturell vergleichbaren § 138 StGB[16] und § 323c StGB,[17] das **ungeschriebene Merkmal der Erforderlichkeit** einer Meldung hineinlesen. Dies bedeutet freilich nicht, dass der untätige Vorgesetzte immer dann straflos wird, wenn später dennoch irgendwie eine Untersuchung der Untergebenen-Tat zustande kommt; seine Meldepflicht entfällt vielmehr nur dann, wenn innerhalb des Zeitraums der „Unverzüglichkeit" die zuständige Instanz von dritter Seite informiert wird.[18]

---

[13] Demgegenüber verlangt Art. 28 IStGH-Statut, der das Unterlassen der Meldung als eine Form der *superior responsibility* für das nicht angezeigte Verbrechen versteht, dass die Straftat von „forces under his or her effective command and control" begangen wurde; damit dürfte der später die Befehlsgewalt übernehmende Kommandeur nicht erfasst sein; *Ambos,* Treatise I, 219 f.; *Triffterer* Leiden Journal of International Law 15 (2002), 179 (202).

[14] → WStG § 40 Rn. 4; *Lingens/Korte* WStG § 40 Rn. 9. Hinsichtlich der „Abgabe an die Strafverfolgungsbehörde" nach § 40 Abs. 1 Nr. 2 WStG ist allerdings – mit Blick auf Besonderheiten der Wehrdisziplinarordnung – eine schuldhafte Tat erforderlich; Erbs/Kohlhaas/*Dau* WStG § 40 Rn. 13; *Lingens/Korte* WStG § 40 Rn. 15.

[15] Zust. *Bülte,* Vorgesetztenverantwortlichkeit, 731.

[16] Siehe dazu LK-StGB/*Hanack* StGB § 138 Rn. 22 mwN.

[17] Dort beschränkt schon der Gesetzeswortlaut die Hilfeleistungspflicht auf den Fall der Erforderlichkeit.

[18] Mangels Versuchsstrafbarkeit bei § 15 kommt eine anderweitige Meldung der Straftat dem Vorgesetzten freilich auch dann zugute, wenn er von ihr nichts weiß.

3. Unterlassen der Meldung. Die **Pflicht,** eine Untergebenen-Tat der zuständigen 13
Behörde zur Kenntnis zu bringen, wird nach dem Wortlaut des Gesetzes schon durch die *Begehung* der Untergebenen-Tat **ausgelöst,** faktisch (wegen des Vorsatz-Erfordernisses) aber erst dadurch, dass der Vorgesetzte von der Tat *erfährt*. Dabei muss der Vorgesetzte wegen der Schwere der in Frage stehenden Taten auch außerdienstlich erlangte Informationen verwerten.[19] Dies entspricht der überwiegenden Ansicht zu der entsprechenden Frage bei §§ 258, 258a StGB.[20]

Da die Vorschrift das Unterlassen „unverzüglicher" Meldung unter Strafe stellt, wird die 14
Tat **durch Zeitablauf** der Handlungsfrist **vollendet.** Der Vorgesetzte ist grundsätzlich zur Weitergabe der relevanten Informationen an eine zuständige Stelle verpflichtet, sobald er Kenntnis von der Untergebenen-Tat erlangt hat. Man muss ihm jedoch einen angemessenen Zeitraum für die nähere Aufklärung des Sachverhalts, für ruhige Überlegung und für die Organisation des weiteren Vorgehens („Handlungsfrist"[21]) zubilligen,[22] bevor die Strafbarkeit wegen Unterlassens eintritt. Darüber hinaus sind solche Verzögerungen nicht strafwürdig, die den Zweck der Vorschrift (→ Rn. 2) nicht ernsthaft berühren. Wie bei anderen echten Unterlassungsdelikten dieser Art soll nicht der bloße Ungehorsam gegenüber der Handlungspflicht bestraft werden, sondern die Schaffung eines Risikos für das hinter der Handlungspflicht stehende Interesse,[23] hier: die präventiv notwendige Ahndung von Straftaten gegen das VStGB. Dies bedeutet, dass auch eine verspätete Meldung noch als „unverzüglich" gelten kann, solange die Wahrscheinlichkeit, dass der Untergebene erfolgreich zur Verantwortung gezogen wird, nicht fühlbar gemindert ist. Gehen jedoch durch das Zögern des Vorgesetzten wichtige Beweismittel verloren oder erhöhen sich aus anderen Gründen spürbar die Chancen des Untergebenen, sich der Bestrafung zu entziehen, so ist die Tat vollendet. Da es bei § 15 hauptsächlich auf die psychologische Wirkung der (Nicht-)Ahndung der Untergebenen-Tat auf die übrigen Untergebenen ankommt, können auch **deutliche Verzögerungen** des Verfahrens die Strafbarkeit des Vorgesetzten auslösen, sofern eine verspätete Ahndung den negativen Effekt der (zumindest: scheinbaren) Billigung der Untergebenen-Tat nicht mehr auszugleichen vermag.[24] Sind die negativen Wirkungen der Verzögerung der Meldung eingetreten, so beseitigt auch eine nachträgliche „tätige Reue" des Vorgesetzten die Strafbarkeit nicht, sondern kann nur bei der Strafzumessung berücksichtigt werden.[25]

---

[19] Vgl. dazu auch *Lingens/Korte* WStG § 40 Rn. 20 (mit Nachweisen aus der älteren Rechtsprechung, wonach bei § 40 WStG nur dienstlich erlangte Kenntnis die Meldepflicht auslöst).

[20] Siehe BGH 29.10.1992 – 4 StR 358/92, BGHSt 38, 388 (391 f.); 3.11.1999 – 2 StR 326/99, NStZ 2000, 147; OLG Karlsruhe 9.8.1988 – 2 Ss 83/88, NStZ 1988, 503; LK-StGB/*Walter* StGB § 258 Rn. 100 f.; Schönke/Schröder/*Stree/Hecker* StGB § 258a Rn. 11; aA → StGB § 258a Rn. 7; SK-StGB/*Hoyer* StGB § 258a Rn. 5 f., jeweils mwN.

[21] So LK-StGB/*Spendel*, 11. Aufl., StGB § 323c Rn. 96 für die Unterlassene Hilfeleistung; auch *Lingens/Korte* WStG § 40 Rn. 17 („Überlegungsfrist").

[22] In der Gesetzesbegründung (BT-Drs. 14/8524, 36) wird darauf hingewiesen, dass Verzögerungen auf Grund tatsächlicher Hindernisse oder militärischer Notwendigkeiten nicht zu Lasten des Täters ausschlagen dürfen.

[23] Ähnlich zu § 323c StGB NK-StGB/*Wohlers/Gaede* StGB § 323c Rn. 15.; SK-StGB/*Stein* StGB § 323c Rn. 29; zu § 138 StGB → StGB § 138 Rn. 14 (Rechtzeitigkeit gegeben, solange die anzeigepflichtige Tat noch abgewendet werden kann). Anders für die Pflicht zur „unverzüglichen" Meldung in § 138 Abs. 2 StGB allerdings → StGB § 138 Rn. 17 und Schönke/Schröder/*Sternberg-Lieben* StGB § 138 Rn. 15. Dort geht es jedoch um die Abwendung einer *bevorstehenden* terroristischen Straftat, bei der größere Eile geboten ist als bei der nachträglichen Ahndung.

[24] Ähnlich *Bülte*, Vorgesetztenverantwortlichkeit, 730 f. Dabei ist allerdings nicht die sehr kleinliche Rechtsprechung zu § 258 StGB als Maßstab zu nehmen, die schon (fiktive) Verzögerungen des Verurteilungszeitpunkts um wenige Tage zum Eintritt des Vereitelungs-„erfolges" ausreichen lässt (BGH 8.7.1960 – 4 StR 213/60, BGHSt 15, 18 [21]; zustimmend Schönke/Schröder/*Stree/Hecker* § 258 Rn. 14; mit Recht kritisch → StGB § 258 Rn. 24; NK/*Altenhain* § 258 Rn. 49 ff.; SK-StGB/*Hoyer* StGB § 258 Rn. 14–16 mwN). Eine bloße Verzögerung der Ahndung der Untergebenen-Tat kann vielmehr erst dann eine Strafbarkeit nach § 15 begründen, wenn die Sanktion auf Grund der langen Verfahrensdauer erheblich gemindert werden muss oder der Präventionseffekt weitgehend verloren geht.

[25] Für den Fall der Unterlassenen Hilfeleistung ebenso BGH 8.4.1960 – 4 StR 2/60, BGHSt 14, 213 (217); *Fischer* StGB § 323c Rn. 22; für analoge Anwendung der „Grundsätze der tätigen Reue" in diesem Fall aber → StGB § 323c Rn. 122; Schönke/Schröder/*Sternberg-Lieben/Hecker* StGB § 323c Rn. 26; für fakultatives Absehen von Strafe SK-StGB/*Stein* StGB § 323c Rn. 52; für analoge Anwendung von § 24 StGB *Maurach/Schroeder/Maiwald* BT/2 § 55 Rn. 29.

15 Der Vorgesetzte ist verpflichtet, die **„Tat"** anzuzeigen. Seine Angaben müssen dabei so eingehend sein, dass sie genügende Anhaltspunkte für die weitere Untersuchung eines Verbrechens oder Vergehens nach dem VStGB bieten. Der Vorgesetzte braucht nicht unbedingt das ganze Ausmaß des begangenen Unrechts mitzuteilen,[26] darf aber andererseits das Geschehen auch nicht so verschleiern oder verharmlosen, dass keine Tat nach dem VStGB mehr erkennbar ist. Wenn dem Vorgesetzten die Person des Täters bekannt ist, muss er sie nennen, sofern andernfalls die Untersuchung ins Leere liefe oder wesentlich erschwert wäre.[27]

16 Für die Untersuchung oder Verfolgung **zuständig** sind solche Stellen, die mit den Ermittlungen bei völkerstrafrechtlichen Taten betraut sind, in Deutschland also die Bundesanwaltschaft (§ 120 Abs. 1 Nr. 8 iVm § 142a Abs. 1 GVG). Es ist freilich nicht notwendig (und unter Umständen dienstrechtlich sogar unzulässig), dass der Vorgesetzte sich *unmittelbar* an diese Stelle wendet; er kann die Mitteilung auch an eine Stelle (etwa seinen Dienstvorgesetzten) richten, von der er annehmen kann, dass sie ihrerseits die zur Verfolgung befugte Instanz unterrichten wird.[28]

IV. Subjektiver Tatbestand

17 Die Vorschrift verlangt **Vorsatz** bezüglich aller ihrer Elemente.[29] Nach § 2 genügt *dolus eventualis,* und zwar auch hinsichtlich des Vorliegens der Untergebenen-Tat. Das bedeutet praktisch, dass der Vorgesetzte schon bei Bestehen eines *ernsthaften Verdachts* Meldung erstatten muss. Das ist nicht unproblematisch, da die dienstliche Verschwiegenheitspflicht nach § 14 SoldatenG berührt ist[30] und da sich der Vorgesetzte unter Umständen auf einem schmalen Grat zwischen einem nach § 15 strafbaren Unterlassen und einer Falschen Verdächtigung nach § 164 StGB bewegt. Anzeigen auf unüberprüfbare Anschuldigungen Dritter hin kann man daher nicht bei Strafe verlangen, selbst wenn der Vorgesetzte mit der Möglichkeit rechnet, dass die Vorwürfe gegen den Untergebenen zutreffen (→ WStG § 40 Rn. 8). Vorsatz ist vielmehr nur dann zu bejahen, wenn dem Vorgesetzten Tatsachen bekannt sind, die mindestens einen Anfangsverdacht für die Einleitung einer strafrechtlichen Untersuchung begründen.[31]

18 Der Vorgesetzte muss auch erkennen, dass das Verhalten des Untergebenen **gegen das VStGB** verstößt; die Annahme, es liege eine „gewöhnliche" Straftat vor, genügt für § 15 nicht.[32] Der Vorsatz fehlt auch dann, wenn der Vorgesetzte das in seinem Sachverhalt richtig erkannte Verhalten des Untergebenen auf Grund unzutreffender *rechtlicher* Vorstellungen

---

[26] Anders für § 40 WStG (wo allerdings zusätzlich Vereitelungsabsicht verlangt wird) *Lingens/Korte* WStG § 40 Rn. 23.

[27] Nach der Rechtsprechung der *ad-hoc*-Tribunale kommt der Vorgesetzte seiner Sanktionierungspflicht in der Regel durch die Erstattung einer Meldung bei der für Strafsachen zuständigen Stelle und die Erstellung eines Sachberichts nach; siehe JStGH, IT-95-14, 2-T, Pros. v. Kordic and Cerkez, Trial Chamber 26.2.2001, Nr. 446; JStGH, IT-01-42-T, Pros. v. Strugar, Trial Chamber 31.1.2005, Nr. 376; JStGH, IT-01-47-T, Pros. v. Hadzihasanovic, Trial Chamber 15.3 2006, Nr. 174 ff.; siehe auch RStGH, ICTR-95–1-T, Pros. v. Kayishema and Rudzindana, Trial Chamber 21.5.1999, Nr. 514.

[28] Zur Problematik einer Anzeigepflicht bei Vorgesetzten in irregulären Kampfgruppen *Knoops* International Criminal Law Review 7 (2007), 505 (524 f.).

[29] In Fahrlässigkeitsfällen ist nach deutschem Recht, anders als nach Art. 28 IStGH-Statut, keine Strafbarkeit gegeben, so dass ein Eingreifen der Zuständigkeit des IStGH nach Art. 17 IStGH-Statut denkbar wäre. Aber dieses (praktisch sehr geringe) Risiko wiegt leichter als die sonst eintretende Überkriminalisierung. Beispiel: Ein Vorgesetzter hätte bei gehöriger Sorgfalt von der Straftat seines Untergebenen wissen können, hat aber tatsächlich nichts von ihr erfahren und unterlässt es deshalb, Meldung zu erstatten. Nach Art. 28 (a) (i) und (ii) IStGH-Statut ist der Befehlshaber in diesem Fall wegen der von dem Untergebenen begangenen (vorsätzlichen!) Straftat zu bestrafen. Die Nachlässigkeit des Vorgesetzten erreicht aber auch unter Berücksichtigung des Gewichts der Taten nach dem VStGB kaum die Schwelle strafwürdigen Unrechts (im Ergebnis zustimmend *Gropengießer* in *Eser/Kreicker*, 298 f.).

[30] Diese gilt nach § 14 Abs. 2 SoldatenG auch im gerichtlichen Verfahren; siehe hierzu auch BT-Drs. 14/8524, 36.

[31] Das entspricht dem Maßstab in § 40 WStG, wo die Anzeigepflicht schon von Gesetzes wegen an das Vorliegen eines „Verdachts" geknüpft ist; vgl. *Lingens/Korte* WStG § 40 Rn. 7 f.

[32] Es kommt dann eventuell Strafbarkeit nach § 258 StGB oder § 40 WStG in Betracht.

falsch einordnet (Beispiel: Der Vorgesetzte hält die Tötung eines Kriegsgefangenen für „einfachen" Totschlag nach § 212 StGB statt für ein Verbrechen nach § 8 Abs. 1 Nr. 1).[33]

Dem Vorgesetzten muss auch **bewusst** sein, dass er **zur Meldung** der Tat **verpflichtet** 19 ist. Ein isolierter Irrtum über diesen Umstand ist jedoch bloßer Gebotsirrtum iSv § 17 StGB, da er allein das Verbotensein der Unterlassung betrifft.[34]

Auf die **Motivation,** die den Vorgesetzten zum Unterlassen der Meldung veranlasst, 20 kommt es für die Strafbarkeit nach § 15 nicht an – anders als in § 40 WStG, wo (rechtspolitisch vorzugswürdig) die Absicht verlangt wird, den Untergebenen der Bestrafung zu entziehen. Strafbar ist also auch, wer die Information der zuständigen Stelle nur aus Bequemlichkeit oder auch aus (nachvollziehbaren) „taktischen" Gründen nicht vornimmt, etwa weil er es für besser hält, mit eigenen informellen Maßnahmen auf die Tat zu reagieren.

Andererseits begründet die **fälschliche Annahme,** der Untergebene habe eine Tat nach 21 dem VStGB begangen, **keine Strafbarkeit** des untätigen Vorgesetzten, da der Versuch bei § 15 nicht unter Strafe steht.

V. Rechtfertigungs- und Straffreistellungsgründe

Falls die offizielle Verfolgung einer Tat gegen das VStGB zwar möglich ist, aber unver- 22 meidlich **gravierende Folgen** für die Disziplin der Truppe (Solidarisierungseffekte, Verlust der Autorität des Vorgesetzten) hätte, kann eine Rechtfertigung des Unterlassens der Meldung nach § 34 StGB in Betracht kommen.

Müsste der Vorgesetzte bei einer wahrheitsgemäßen Anzeige auch über seine **eigene** 23 **Verstrickung** in die Untergebenen-Tat informieren, so steht der rechtsstaatliche Grundsatz „nemo tenetur se ipsum accusare" einer strafbewehrten Anzeigepflicht im Wege.[35] Dies gilt auch für den Fall, dass der Vorgesetzte sein nach § 4 oder § 14 strafbares Unterlassen offenbaren müsste. Daher ist zugunsten des Vorgesetzten der Gedanke des § 258 Abs. 5 StGB analog anzuwenden und eine **Strafbefreiung** anzunehmen, wenn er die Information unterlassen hat, um sich selbst vor drohender Bestrafung[36] zu schützen.[37] Dass die gebotene Meldung einer Tat nach dem VStGB gleichzeitig einen objektiv *unzutreffenden* Verdacht gegen den Vorgesetzten begründen kann, reicht allerdings für eine Straflosigkeit seiner Untätigkeit nicht aus.[38]

VI. Strafe

Die **hohe Strafdrohung** von bis zu fünf Jahren Freiheitsstrafe, die derjenigen für vollen- 24 dete aktive Strafvereitelung nach § 258 StGB entspricht, lässt sich mit der Schwere der geheimgehaltenen Delikte und mit der speziellen Gefahr der Ermutigung zu weiteren Untergebenen-Taten erklären. Außerdem schien dem Gesetzgeber mit Blick auf die noch viel schärfere Rechtsfolge in Art. 28 IStGH-Statut (Verantwortlichkeit für die Untergebenen-Tat) eine fühlbare Sanktionsdrohung angezeigt.

Für Anstifter oder Gehilfen, die nicht Vorgesetzte sind, gilt die **Strafmilderung** nach 25 § 28 Abs. 1 iVm § 49 Abs. 1 StGB.

---

[33] Vgl. (zur Strafvereitelung) BGH 11.11.1960 – 4 StR 420/60, BGHSt 15, 210 (213); → StGB § 258 Rn. 39. Für Behandlung nach „Parallelwertung in der Laiensphäre" (die es aber bei Fragen der spezifisch rechtlichen Einordnung eines hier relevanten Verhaltens kaum geben dürfte) *Lingens/Korte* WStG § 40 Rn. 9. Eine falsche Einordnung der Tat innerhalb des VStGB (zB Genozid statt Menschlichkeitsverbrechen) ist irrelevant.

[34] Anders für § 40 WStG (wo „seiner Pflicht zuwider" allerdings Tatbestandsmerkmal ist) → WStG § 40 Rn. 6; *Lingens/Korte* WStG § 40 Rn. 18 ff.

[35] Ebenso *Bülte,* Vorgesetztenverantwortlichkeit, 732.

[36] Allein ein drohendes Disziplinarverfahren vermag allerdings die Verletzung der Meldepflicht nicht straflos zu stellen.

[37] Ebenso für § 40 WStG Erbs/Kohlhaas/*Dau* WStG § 40 Rn. 8; *Lingens/Korte* WStG § 40 Rn. 21 („Grundsatz der Straflosigkeit der Selbstbegünstigung").

[38] Ebenso zu der ähnlichen Fragestellung bei § 138 StGB BGH 12.4.1989 – 3 StR 453/88, BGHSt 36, 167 (170); LK-StGB/*Hanack* StGB § 138 Rn. 48; für § 40 WStG *Lingens/Korte* WStG § 40 Rn. 21.

VII. Konkurrenzen

26 War der Vorgesetzte an der **anzeigepflichtigen Tat beteiligt** oder hat er in Bezug auf sie § 14 verwirklicht, so ist in der Regel die Nicht-Anzeige analog § 258 Abs. 5 StGB straflos (→ Rn. 23). Falls die Anzeige ausnahmsweise keine Selbstbelastung des Vorgesetzten enthielte, wird die Nicht-Meldung als typisches Nachtatverhalten von der Straftatbeteiligung oder der Aufsichtspflichtverletzung nach § 14 konsumiert.[39]

27 In der Unterlassung der Meldung vergangener Taten kann gleichzeitig **Anstiftung oder Beihilfe zu weiteren Straftaten** des Untergebenen (oder anderer Untergebener) liegen. Da sich in diesem Fall die tatbestandstypische Gefahr des § 15 in der Begehung der weiteren Taten realisiert, kann das abstrakte Gefährdungsdelikt nach § 15 als subsidiär hinter der Teilnahme an der späteren Untergebenen-Tat zurücktreten.

28 Wird durch das Unterlassen der Meldung die gebotene Bestrafung des Untergebenen endgültig vereitelt und ist der Vorgesetzte Garant für das Gelingen der Strafverfolgung, so besteht **Tateinheit** (§ 52 StGB) zwischen § 15 und dem Erfolgsdelikt **§ 258 StGB**.[40] Bleibt es dagegen beim bloßen Versuch der Strafvereitelung, so ist allein der spezielle und schwerere Tatbestand des § 15 anwendbar. Für den Bereich der Bundeswehr enthält § 40 WStG ein zusätzliches Absichtserfordernis; dennoch wird man – schon wegen des eklatanten Unterschieds der Strafdrohungen – in Bezug auf Straftaten nach dem VStGB Spezialität von § 15 anzunehmen haben.

---

[39] Ähnlich *Bülte,* Vorgesetztenverantwortlichkeit, 732.

[40] § 258a StGB ist auf Soldaten grundsätzlich nicht anwendbar, da diese keine Amtsträger iSv § 11 Abs. 1 Nr. 2 StGB sind; LK-StGB/*Hilgendorf* StGB § 11 Rn. 32. Auch werden Offiziere und Unteroffiziere in § 48 WStG Amtsträgern im Rahmen von § 258a StGB nicht gleichgestellt.

Sachregister

Bearbeiterin: Martina Ludlei

Die fett gedruckten Zahlen bezeichnen die Paragraphen,
die mageren Zahlen die Randnummern.

ABC-Waffen WaffG Vor 1 23; **57** 1
Abgekommen
  eigenmächtige Abwesenheit **WStG 15** 24 ff.
  Meldung **WStG 15** 27 ff.
Abhandenkommen von Waffen, Munition oder Erlaubnisurkunden WaffG 53 22, 47
Abschiebung AufenthG 58
  Abschiebungsandrohung **AsylG 34**
  Abschiebungsanordnung **AsylG 34a**; **AufenthG 58a**; **95** 75 ff.
  Abschiebungshaft *s. dort*
  Androhung **AufenthG 59**
  Ausreisefrist **AsylG 38**
  Aussetzung **AsylG 43**
  Aussetzung der – *s. Duldung*
  Aussetzungsbescheinigung **AufenthG 95** 20
  Bindungswirkung **AsylG 42**
  Duldung **AufenthG 60a** *s. a. dort*
  Formerfordernisse **AufenthG 77**
  offensichtliche Unbegründetheit des Asylantrags **AsylG 36**
  Unterrichtung der Ausländerbehörde **AsylG 40**
  Unzulässigkeit des Asylantrags **AsylG 35 f.**
  Verbot **AufenthG 60**
  Vollziehbarkeit **AsylG 43**
  vorübergehende Aussetzung **AufenthG 60a**
Abschiebungshaft AufenthG 62
  Vollzug **AufenthG 62a**
Abschiebungsverbot
  Widerruf und Rücknahme **AsylG 73c**
Abteilung WStG 45 4
Abzug WaffG 1 55
Adapter *s. Einsatz*
Ad-hoc-Tribunale VStGB 4 5
Agent orange
  verbotene Mittel der Kriegsführung **VStGB 12** 35
Aggression VStGB Einl. 1 58 f.
Aggressionsverbrechen VStGB 13
Alarmwaffen WaffG 1 91 ff.
Allgemein gebräuchliche Werkzeuge WaffG 2 60
Allgemeine Waffengesetz-Verordnung (AWaffV) WaffG 53 104 ff.
Altbesitz WaffG 58
Amorces WaffG 2 43

Amputation
  Kriegsverbrechen gegen Personen **VStGB 8** 144
Aneignung
  Kriegsverbrechen gegen Eigentum und sonstige Rechte **VStGB 9** 9 ff.
Anerkennungsverfahren *s. Asylverfahren*
Angriff
  Ausdehnung und Systematik **VStGB 7** 23 ff.
  Politikelement **VStGB 7** 30 ff.
  verbotene Kriegsführung **VStGB 11** 31 ff.
  zivile Begleitschäden **VStGB 11** 78 ff.
  Zivilobjekte **VStGB 11** 42 ff., 151
  Zivilpersonen **VStGB 11** 26 ff., 146 ff.
Angriffshandlung VStGB 13
Angriffskrieg VStGB 13
Angriffswaffe WaffG 1 17
Ankaufen einer Waffe WaffG 1 196
Ankunftsnachweis
  Bußgeldvorschrift **AufenthG 98** 1
  Vorlagepflicht **AufenthG 47a**
Anmaßen
  von Befehlsbefugnissen **WStG 38**
Anordnung
  Zuwiderhandlung gegen vollziehbare – **AufenthG 98** 20
Anordnungen WaffG 9 1; **25** 1
  Verstöße gegen – *s. Verstöße gegen waffenrechtliche Anordnungen*
Anrechnung
  Aufenthaltszeit **AufenthG 9b**
Anscheinswaffe *s. Scheinwaffe*
Antipersonenminen KrWaffG Vor 1 24
  Auslandsstraftaten **KrWaffG 20a** 13
  Begriff **KrWaffG 20a** 2
  besonders schwere Fälle **KrWaffG 20a** 9 f.
  Fahrlässigkeit **KrWaffG 20a** 12
  Fördern des unerlaubten Umgangs **KrWaffG 20a** 8
  minder schwere Fälle **KrWaffG 20a** 11
  Strafvorschriften **KrWaffG 20a**
  unerlaubter Umgang **KrWaffG 20a** 5 f.
  Verleiten zum unerlaubten Umgang **KrWaffG 20a** 7
Antiquarische Waffen
  Erlaubnisfreiheit **WaffG 2** 54 ff.
Antriebsmittel WaffG 1 29
  Schusswaffen **WaffG 1** 12
Antriebsvorrichtung WaffG 1 54

Sachregister

fette Zahlen = §§

Anzeigen und Werbeschriften
  Aufbewahrungs- und Vorzeigepflichten **WaffG 53** 86 f.
Anzeigepflichten WaffG 37 1
  Explosivstoffe und explosionsfähige Stoffe **SprengG 41** 25 ff.
  Verstoß gegen – **AufenthG 98** 14; **WaffG 53** 30 ff., 46 ff.
  Zuwiderhandlung gegen vollziehbare Anordnungen **WaffG 53** 23
Anzündmittel SprengG 40 28
Armbrust WaffG 1 33 f.; **2** 34, 46; **53** 19
  Erlaubnisfreiheit **WaffG 2** 58
Assoziationsabkommen EWG/Türkei AufenthG 95 43
  Bußgeldvorschriften **AufenthG 98** 5
Asyl
  Asylantrag *s. dort*
  Erlöschen des Aufenthaltstitels **AufenthG 51**
Asylantrag AsylG 5; 13; 23
  Abschiebung *s. dort*
  Antragstellung **AsylG 14**
  Asylgesuch *s. dort*
  Aufenthaltstitel **AufenthG 10**
  Auswertung von Datenträgern **AsylG 15a**
  Bundesamt für Migration und Flüchtlinge *s. dort*
  Entscheidungsform **AsylG 31**
  Familienasyl **AsylG 26**
  Familieneinheit **AsylG 14a**
  Folgeantrag **AsylG 71**
  Identitätsfeststellung **AsylG 16**
  Mitwirkungspflichten **AsylG 15**
  Nachfluchttatbestand **AsylG 28**
  offensichtlich unbegründeter – **AsylG 30**
  Rücknahme und Verzicht **AsylG 32**
  sichere Drittstaaten **AsylG 26a**
  sicherer Herkunftsstaat **AsylG 29a**
  unzulässiger – **AsylG 29**
  Verbindlichkeit der Entscheidung **AsylG 6**
  Verleitung zur missbräuchlichen Asylantragstellung *s. dort*
  Zuständigkeit **AsylG 5; 14**
  Zweitantrag **AsylG 71a**
Asylberechtigter
  Erlöschen der Rechtsstellung **AsylG 72**
  Flüchtling *s. dort*
  Rechtsstellung **AsylG 2**
  Widerruf und Rücknahme **AsylG 73**
Asylbewerber
  erkennungsdienstliche Maßnahmen **AufenthG 95** 70
  unerlaubte Einreise **AufenthG 95** 55
  unerlaubter Aufenthalt **AufenthG 95** 43
Asylgesetz (AsylG)
  Asylantrag *s. dort*
  Asylberechtigter *s. dort*

  Asylstrafrecht *s. dort*
  Asylverfahren *s. dort*
  Geltungsbereich **AsylG 1**
  Konkurrenz zum AufenthG **AsylG 84** 101 ff.
  Verleitung zur missbräuchlichen Asylantragstellung *s. dort*
  vorübergehende Aussetzung der Entscheidung **AsylG 11a**
  Widerspruchsausschluss **AsylG 11**
Asylgesuch AsylG 13 1
Asylstrafrecht AsylG 85
  Bußgeldvorschriften **AsylG 86**
  Konkurrenzen **AsylG 85** 54 ff.
  Normzweck und Historie **AsylG 85** 1 ff.
  Täterschaft und Teilnahme **AsylG 85** 18 ff.
  Verfassungsmäßigkeit **AsylG 85** 9 ff.
  Verleitung zur missbräuchlichen Asylantragstellung *s. dort*
  Verwaltungsakzessorietät *s. dort*
  Vorsatz **AsylG 85** 45 ff.
Asylverfahren
  Abschiebung *s. dort*
  Anhörung **AsylG 25**
  Asylantrag *s. dort*
  Aufenthaltsgestattung *s. dort*
  Aufnahmeeinrichtungen *s. dort*
  Ausländerbehörde **AsylG 19**
  Außenstelle *s. Bundesamt für Migration und Flüchtlinge*
  Ausweispflicht **AsylG 64**
  Auswertung von Datenträgern **AsylG 15a**
  beschleunigte – **AsylG 30a**
  Bundesamt für Migration und Flüchtlinge *s. dort*
  Bußgeldvorschriften **AsylG 86**
  Datenerhebung **AsylG 7**
  Datenübermittlung **AsylG 8**
  Einreise auf Luftweg **AsylG 18a**
  Entscheidungsform **AsylG 31**
  Erwerbstätigkeit **AsylG 61**
  Familienasyl **AsylG 26**
  Familieneinheit **AsylG 14a**
  Familienflüchtlingsschutz **AsylG 26**
  Fortführung **AsylG 37**
  Gesundheitsuntersuchung **AsylG 62**
  Grenzbehörden **AsylG 18**
  Handlungsfähigkeit **AsylG 12**
  Herausgabe des Passes **AsylG 65**
  Identitätsfeststellung **AsylG 16**
  Meldepflicht **AsylG 22**
  Minderjährige **AsylG 12**
  Mitwirkungspflichten **AsylG 15**
  Nachfluchttatbestand **AsylG 28**
  Nichtbetreiben **AsylG 33**
  Polizei **AsylG 19**
  Rücknahme und Verzicht **AsylG 32**
  Ruhen **AsylG 32a**

magere Zahlen = Randnummern

Sachregister

sichere Drittstaaten **AsylG 26a**
sicherer Herkunftsstaat **AsylG 29a**
Sicherheit vor Verfolgung **AsylG 27**
Straftatbestände s. *Asylstrafrecht*
Übernahme der Durchführung **AsylG 22a**
Übersetzer **AsylG 17**
Verleitung zur missbräuchlichen Asylantragstellung s. *dort*
vorübergehende Aussetzung der Entscheidung **AsylG 11a**
Widerspruchsausschluss **AsylG 11**
Zustellung **AsylG 10**

Atomwaffen KrWaffG Vor 1 20
Auslandsstraftaten **KrWaffG 19** 33
Ausnahmeregelung **KrWaffG 19** 30 ff.
Bandenmäßigkeit **KrWaffG 19** 17 f.
Begriff **KrWaffG 19** 2 ff.
besondere Gefährdungslagen **KrWaffG 19** 19 ff. s. *dort*
Entwicklung **KrWaffG 19** 7
Fahrlässigkeit **KrWaffG 19** 25 ff.
Fördern des unerlaubten Umgangs **KrWaffG 19** 13 ff.
Gewerbsmäßigkeit **KrWaffG 19** 17 f.
Handeltreiben **KrWaffG 19** 9
Herstellen **KrWaffG 19** 8
minder schwere Fälle **KrWaffG 19** 24
Strafvorschriften **KrWaffG 19**
unerlaubter Umgang **KrWaffG 19** 6 ff.
verbotene Mittel der Kriegsführung **VStGB 12** 9, 21, 32
Verleiten zum unerlaubten Umgang **KrWaffG 19** 11 f.

Attrappen
von Schusswaffen s. *Schusswaffenattrappen*

Aufbewahren
explosionsgefährlicher Stoffe **SprengG 40** 36

Aufbewahrung von Waffen WaffG 36 1; **53** 21 f., 45, 91, 112; **57** 2
Pflicht zur sicheren – **WaffG 52** 89 ff.

Aufbewahrungspflichten
behördliche – **WaffG 44a**
für Waffen s. *Aufbewahrung von Waffen*

Aufenthalt
Aufenthaltstitel s. *dort*
Ausbildung **AufenthG 16 ff.**
Beendigung **AufenthG 50 ff.**
Dauer **AufenthG 26**
Entscheidung über – **AufenthG 79**
Erwerbstätigkeit **AufenthG 18 ff.**
familiäre Gründe **AufenthG 27 ff.**
Forschung **AufenthG 20**
humanitäre Gründe **AufenthG 25**
pass- oder ausweisloser Aufenthalt s. *dort*
studienbezogenes Praktikum EU **AufenthG 17b**
Teilnahme am europäischen Freiwilligendienst **AufenthG 18d**

unerlaubter – s. *dort*
völkerrechtliche, humanitäre oder politische Gründe **AufenthG 22 ff.**

Aufenthaltsberechtigung
langfristige – **AufenthG 2** 6

Aufenthaltsbereich AsylG 57 ff.

Aufenthaltsbeschränkung AsylG 56; 71a
Bußgeldvorschriften **AsylG 86**

Aufenthaltserlaubnis AufenthG 7
Ablehnungsgründe **AufenthG 20c**
Arbeitsplatzsuche qualifizierter Fachkräfte **AufenthG 18c**
Aufnahme aus völkerrechtlichen, humanitären oder politischen Gründen **AufenthG 22 ff.**
Dauer **AufenthG 26**
elektronische Medien **AufenthG 78**
Erlöschen **AufenthG 51**
Forschung **AufenthG 20**
langfristig Aufenthaltsberechtigte **AufenthG 38a**
mobile Forscher **AufenthG 20b**
qualifiziert Geduldete **AufenthG 18a**
selbständige Tätigkeit **AufenthG 21**
Verlängerung **AufenthG 8**
Widerruf **AufenthG 52**

Aufenthaltsermittlung
Ausschreibung zur – **AsylG 66**

Aufenthaltsgesetz (AufenthG)
Anwendungsbereich **AufenthG 1** 3; **95** 11 ff.
Begriffsbestimmungen **AufenthG 2**
Gesetzeszweck **AufenthG 1** 1
Handlungsfähigkeit **AufenthG 80**
Historie **AufenthG 95** 9 f.
Konkurrenz zum AsylG **AsylG 84** 101 ff.

Aufenthaltsgestattung
Asylverfahren **AsylG 55**
Aufnahmeeinrichtungen s. *dort*
Bescheinigung **AsylG 63**
Erlöschen **AsylG 67**
räumliche Beschränkung **AsylG 56**
Wohnsitzauflagen **AsylG 60**

Aufenthaltsgewährung AufenthG 23
Härtefälle **AufenthG 23a**
Jugendliche und Heranwachsende **AufenthG 25a**
nachhaltige Integration **AufenthG 25b**
vorübergehender Schutz **AufenthG 24**

Aufenthaltskarten FreizügG/EU 5
unrichtige Angaben zur Beschaffung **FreizügG/EU 9** 6

Aufenthaltsrecht
besondere Formen **AufenthG 37 ff.**
Ehegatte **AufenthG 31**
Kinder **AufenthG 34; 35**
Recht auf Wiederkehr **AufenthG 37**

Aufenthaltstitel
Asylantrag **AufenthG 10**

Sachregister

fette Zahlen = §§

Ausnahmefallvordrucke **AufenthG 78a**
Ausnahmen **AufenthG 4** 2 f.
Beantragung **AufenthG 81**
Befreiung **AufenthG 4** 3
Beteiligungserfordernisse **AufenthG 73**
ehemalige Deutsche **AufenthG 38**
elektronische Medien **AufenthG 78**
Erfordernis eines –s **AufenthG 4**
Erlaubnisvorbehalt **AufenthG 4** 1
Erlöschen **AufenthG 51**
Erschleichen *s. dort*
erschlichener – **AufenthG 95** 104 ff.
Erteilungsvoraussetzungen **AufenthG 5**
Erwerbstätigkeit **AufenthG 4** 4
Fiktion **AufenthG 81** 2
Formerfordernisse **AufenthG 77**
Geltungsbereich **AufenthG 12**
Nebenbestimmungen **AufenthG 12**
rechtsmissbräuchlich erlangter – **AufenthG 95** 37, 119 ff. *s. a. dort*
türkische Staatsangehörige **AufenthG 4** 5
Widerruf **AufenthG 52**

Aufenthaltszeit
Anrechnung **AufenthG 9b**
Berechnung **AufenthG 85**

Auflage
Zuwiderhandlung gegen vollziehbare – **AufenthG 98** 18

Auflehnung WStG 20 8

Aufnahme
besondere politische Interessen **AufenthG 23**
völkerrechtliche, humanitäre oder politische Gründe **AufenthG 23**

Aufnahmeeinrichtung
Asylverfahren **AsylG 5**; **20**
Aufenthalt in – **AsylG 47**
Aufnahmequoten **AsylG 45**
Entlassung **AsylG 49**
Gemeinschaftsunterkünfte **AsylG 53**
Gesundheitsuntersuchung **AsylG 62**
Meldepflicht **AsylG 22**
Schaffung und Unterhaltung **AsylG 44**
Unterlagen **AsylG 21**
Verlassen des Aufenthaltsbereichs **AsylG 57 ff.**
Verteilung **AsylG 50 f.**
Verteilung unerlaubt eingereister Ausländer **AufenthG 15a**
Weiterleitung an – **AsylG 20**
Wohnpflicht **AsylG 48**
Zuständigkeit **AsylG 46**

Aufnahmequoten AsylG 45
Quotenanrechnung **AsylG 52**

Aufschiebende Wirkung
von Widerspruch und Klage **AsylG 75**; **AufenthG 84**

Aufsichtspflichtverletzung VStGB 14
fahrlässige Verletzung **VStGB 14** 27 ff.

Kausalzusammenhang **VStGB 14** 18 ff.
Konkurrenzen **VStGB 14** 33 f.
militärischer Vorgesetzter **VStGB 14** 6 ff.
Strafe **VStGB 14** 30 ff.
Täterschaft und Teilnahme **VStGB 14** 29
Verletzung **VStGB 14** 13 ff.
Verletzung durch Untergebene **VStGB 14** 17
Vollendung und Versuch **VStGB 14** 21
vorsätzliche Verletzung **VStGB 14** 22 ff.
ziviler Vorgesetzter **VStGB 14** 9 ff.

Aufzeichnungspflichten SprengG 41 35
Aus- und Weiterbildung AufenthG 17

Ausfuhr *s. Verbringen*
explosionsgefährlicher Stoffe **SprengG 40** 53 f.

Aushungern
Hilfslieferungen **VStGB 11** 122
lebensnotwendige Gegenstände **VStGB 11** 118 ff.
verbotene Kriegsführung **VStGB 11** 110 ff., 156

Auskunftspflicht WaffG 39; **53** 24, 101
Ausländer AufenthG 2 2 f.
ausweisrechtliche Pflichten **AufenthG 48**
Bescheinigung über die Meldung als Asylsuchender **AsylG 63a**
Erhebung von Zugangsdaten **AufenthG 48a**
Mitwirkungspflichten **AufenthG 47a, 82**
politische Betätigung **AufenthG 47**
subsidiärer Schutz **AsylG 4**
Verteilung unerlaubt eingereister – **AufenthG 15a**

Ausländerbehörden
Abschiebung *s. dort*
Asylverfahren **AsylG 19**
Beteiligungserfordernisse **AufenthG 72**
Unterrichtung **AsylG 54**
Zuständigkeit **AufenthG 71**

Ausländerstrafrecht Einl. 2; **AufenthG 95**
Anwendungsbereich **AufenthG 95** 11 ff.
kriminalpolitische Bedeutung **AufenthG 95** 16 f.; **FreizügG/EU 9** 5
Normzweck **AufenthG 95** 1 ff.
pass- oder ausweisloser Aufenthalt *s. dort*
rechtspolitische Bedeutung **AufenthG 95** 15
Teilnahme **AufenthG 95** 12
unerlaubte Einreise *s. dort*
unerlaubter Aufenthalt *s. dort*
Zuwiderhandlung gegen vollziehbare Anordnungen *s. dort*

Ausländerverein
Zugehörigkeit zu einem geheimen – **AufenthG 95** 85 ff.

Ausländerzentralregister AsylG 66
ausländische Berufsqualifikation
Anerkennung **AufenthG 17a**

magere Zahlen = Randnummern

Sachregister

Ausländische Streitkräfte WStG 1 6
Auslandsstraftaten
  besondere Auslandsverwendung **WStG 1a** 2
  Ergänzungsfunktion **WStG 1a** 1
  Immunität **WStG 1a** 3
  militärische – **WStG 1a** 5 ff.
  sonstige – eines Soldaten **WStG 1a** 9 ff.
Auslandstaten
  von Soldaten und Wehrdienstleistenden **WStG 1a**
Ausnahme-Visum AufenthG 14
Ausreise
  Förderung der – **AufenthG 46** 1
  Verbot **AufenthG 46** 2
Ausreiseeinrichtungen AufenthG 61; 95 82
Ausreisefrist AsylG 36; 38; AufenthG 50; 95 29 f.; **FreizügG/EU 7**
Ausreisepflicht AufenthG 50; FreizügG/EU 7
  Abschiebung **AufenthG 58**
  Asylverfahren **AsylG 64**
  Begründung **AufenthG 50 ff.**
  Durchsetzung **AufenthG 57 ff.**
  Erlöschen eines Aufenthaltstitels **AufenthG 51**
  Ordnungsverfügungen **AufenthG 46**
  räumliche Beschränkung **AufenthG 62**
  vollziehbare Auflagen **AufenthG 98** 22 f.
  Vollziehbarkeit **AufenthG 52** 1; **58** 1
  Zurückschiebung s. dort
Ausreiseverbot AufenthG 46
Ausrottung
  Verbrechen gegen die Menschlichkeit **VStGB 7** 49 ff.
Aussageerpressung WStG 48 15
Außenstelle s. *Bundesamt für Migration und Flüchtlinge*
Aussetzung
  der Abschiebung **AufenthG 95** 34 ff.
  der Asylentscheidung **AsylG 11a**; s.a. *Duldung*
Aussetzungsbescheinigung AufenthG 95 20
Ausstellungen WaffG 52 41, 120
Austauschlauf WaffG 1 41; **2** 59
Ausüben
  der tatsächlichen Gewalt/Sachherrschaft s. *Besitzen einer Waffe*
Ausweis
  Ausweisersatzvordrucke **AufenthG 78a**
  ausweisrechtliche Pflichten **AufenthG 48**
  Formerfordernisse **AufenthG 77**
  Identitätsfeststellung **AufenthG 49**
Ausweispflicht AufenthG 48; FreizügG/EU 8; WaffG 38; 53 92 ff.
  Bußgeldvorschrift **AufenthG 98** 9; **FreizügG/EU 10** 2 ff.

Ausweisung AufenthG 53
  Ausweisungsinteresse **AufenthG 54**
  Ausweisungsverfügung **AufenthG 95** 75 ff.
  Bleibeinteresse **AufenthG 55**
  elektronische Aufenthaltsüberwachung **AufenthG 56a**
  Formerfordernisse **AufenthG 77**
  Überwachung ausgewiesener Ausländer **AufenthG 56**
Ausweisungsinteresse AufenthG 54
Automatische Schusswaffen WaffG 1 80 ff.
  halbautomatische Schusswaffen **WaffG 1** 83 ff.
  umrüstbare Waffen **WaffG 1** 86
  vollautomatische Schusswaffen **WaffG 1** 81 f.

Bausätze KrWaffG 22a 13 ff.
Bearbeiten
  explosionsgefährlicher Stoffe **SprengG 40** 33
  einer Waffe **WaffG 1** 192 f.
Bedrohung eines Vorgesetzten WStG 23
  bedrohen **WStG 23** 5
  geschützte Personen **WStG 23** 6 f.
Bedürfnis
  zum Umgang mit Waffen **WaffG 8**
Beeinflussung
  der Rechtspflege **WStG 37**
Befähigungsschein SprengG 41 37
Befehl
  Begriff **WStG 2** 7 ff.
  Form **WStG 2** 13 f.
  Handeln auf – **WStG 5**
  Irrtum **WStG 2** 38 ff.; **22** 5 ff.
  Missbrauch der Befehlsbefugnis **WStG 32**
  Nichtbefolgen **WStG 21**
  Rechtfertigungs- und Entschuldigungsgründe **WStG 2** 41 ff.
  Rechtmäßigkeit **WStG 2** 16 ff.
  strafrechtswidriger – **WStG 2** 34 f.
  Straftat auf – **WStG 5** 5 ff.
  Unverbindlichkeit **WStG 2** 36 f.; **22** 4
  Verbindlichkeit **WStG 2** 25 ff.; **22**
  Völkerrecht **VStGB 3** 11 f.
Befehlsbefugnis WStG 32 4
  Anmaßen von – **WStG 38**
  Missbrauch der – s. dort
  Überschreiten **WStG 38** 7 ff.
Befehlshaber s. *Militärische Vorgesetzte*
Befördern
  explosionsgefährlicher Stoffe **SprengG 40** 39
  Kriegswaffen **KrWaffG 22a** 45 ff.; **22b** 17, 25
  Seeschiffe oder Luftfahrzeuge **KrWaffG 22a** 65 ff.

1511

Sachregister

fette Zahlen = §§

Begleitschäden
Folgeschäden **VStGB 11** 87 f.
Maßstab **VStGB 11** 89 ff.
Unverhältnismäßigkeit **VStGB 11** 89 ff.
verbotene Kriegsführung **VStGB 11** 76 ff., 152 ff.
Beitrittsstaaten
Freizügigkeitsrecht **FreizügG/EU 13**
Bereitstellen auf dem Markt
explosionsgefährlicher Stoffe **SprengG 40** 44 f.
Berufssoldat *s. Soldat*
Beschäftigung AufenthG 18
Aufenthaltserlaubnis für qualifiziert Geduldete **AufenthG 18a**
Bußgeldvorschrift **AufenthG 98** 13
Beschäftigungsverbot SprengG 41 46 f.
Beschlagnahme
Kriegsverbrechen gegen Eigentum und sonstige Rechte **VStGB 9** 9 ff.
Beschleunigte Asylverfahren AsylG 30a
Beschwerden
Unterdrücken von – *s. dort*
Besitzen einer Waffe WaffG 1 152 ff.
Ausüben/Einräumen/Erlangen der tatsächlichen Gewalt **WaffG 1** 152
Besitzdiener **WaffG 1** 159
Bewachungsgewerbe **WaffG 28 f.**
Brauchtum *s. dort*
Eigenhändigkeit **WaffG 1** 167
Erbenbesitz **WaffG 1** 160
Erbfall **WaffG 20**
Erlaubnis **WaffG 10 f.**
erlaubnisfreier Erwerb und Besitz durch Minderjährige **WaffG 53** 2 f.
erlaubnisfreies – **WaffG 2** 34
gefährdete Person **WaffG 19**
Gewahrsam **WaffG 1** 155
Herrschaftswille **WaffG 1** 164 f.
Jäger **WaffG 13**
Klammerwirkung **WaffG 52** 167 ff.
Konkurrenzen **WaffG 52** 134 ff.
mittelbarer Besitz **WaffG 1** 156
Munitionssachverständige **WaffG 18**
Personenmehrheit **WaffG 1** 166 f.
Sammler **WaffG 17**
Sportschützen **WaffG 14**
tatsächliche Sachherrschaft **WaffG 1** 161 ff.
unerlaubter Besitz halbautomatischer Kurzwaffen **WaffG 52** 18 ff.
unerlaubter Erwerb und Besitz **WaffG 52** 60 ff., 98 ff.
unerlaubter Umgang *s. Unerlaubter Umgang mit Schusswaffen*
unmittelbarer Besitz **WaffG 1** 157 f.
Besondere Gefährdungslagen
auswärtige Beziehungen der BRD **KrWaffG 19** 23

friedliches Zusammenleben der Völker **KrWaffG 19** 22
Sicherheit der BRD **KrWaffG 19** 21
Bestechlichkeit WStG 48 13
Bestrafung
Kriegsverbrechen gegen Personen **VStGB 8** 180 ff.
Betäubungsstoffe
Geschosse mit –n **WaffG 2** 25
Betretenserlaubnis AufenthG 11
Beteiligungserfordernisse **AufenthG 72**
Betriebsstätte
Überlassen explosionsgefährlicher Stoffe **SprengG 40** 85 ff.
Bewachungsgewerbe
Erwerb und Besitz von Schusswaffen und Munition **WaffG 28 f.**
Seeschiffe **WaffG 28a; 53** 18
unerlaubtes Führen von Schusswaffen **WaffG 52** 74 ff.
unerlaubtes Überlassen **WaffG 52** 78 ff.
Bewaffneter Konflikt
Abgrenzung zwischen international und nichtinternational **VStGB 8** 95 ff.
funktionaler Zusammenhang **VStGB 8** 119 ff.
internationaler – **VStGB 8** 65 ff., 98 ff.
Klassifizierung **VStGB 8** 113 ff.
Kriegsverbrechen **VStGB Vor 8** 21 ff.; **9** 4 ff.
nichtinternationaler – **VStGB 8** 89 ff., 108 ff.
verbotene Kriegsführung *s. dort*
Bewährungshelfer
für Soldaten **WStG 14** 15 ff.
Bewährungsstrafen
für Soldaten **WStG 14 f.**
Biologische Waffen KrWaffG Vor 1 21 ff.
Auslandsstraftaten **KrWaffG 20** 15
Ausnahmen **KrWaffG 20** 12
Begriff **KrWaffG 20** 3
Fahrlässigkeit **KrWaffG 20** 11
Fördern des unerlaubten Umgangs **KrWaffG 20** 9
minder schwere Fälle **KrWaffG 20** 10
Strafvorschriften **KrWaffG 20**
Totalverbot **KrWaffG 20** 1
unerlaubter Umgang **KrWaffG 20** 6 f.
verbotene Mittel der Kriegsführung **VStGB 12** 8, 27 ff.
Verleiten zum unerlaubten Umgang **KrWaffG 20** 8
Blankettvorschrift AufenthG 95 6 ff.; **FreizügG/EU 9** 2
Blaue Karte EU AufenthG 19a
Bleibeinteresse AufenthG 55
Brandsätze WaffG 1 121; **2** 15
Brauchtum
Erwerb und Besitz von Schusswaffen und Munition **WaffG 16**

magere Zahlen = Randnummern

Sachregister

Führen von Waffen **WaffG 16**
Schießen **WaffG 16**
Bundesamt für Migration und Flüchtlinge
 Abschiebung *s. dort*
 Anhörung **AsylG 25**
 Asylantrag **AsylG 5**; **23** *s. a. dort*
 Asylverfahren *s. dort*
 Außenstelle **AsylG 5**; **23**
 Pflichten **AsylG 24**
Bundesanstalt für Materialforschung und -Prüfung SprengG 41 4 f.
Bundesverwaltungsamt
 Abgleich von Visumantragsdaten **AufenthG 72a**
Butterflymesser WaffG 1 128; **2** 23

Chemiewaffenübereinkommen KrWaffG Vor 1 23
 Verhältnis zum KrWaffG **KrWaffG 20** 13 f.
Chemische Waffen KrWaffG Vor 1 21 ff.
 Anwendungsbereich **KrWaffG 22**
 Auslandsstraftaten **KrWaffG 20** 15
 Ausnahmen **KrWaffG 20** 12
 Begriff **KrWaffG 20** 4
 Fahrlässigkeit **KrWaffG 20** 11
 Fördern des unerlaubten Umgangs **KrWaffG 20** 9
 minder schwere Fälle **KrWaffG 20** 10
 Strafvorschriften **KrWaffG 20**
 Totalverbot **KrWaffG 20** 1
 unerlaubter Umgang **KrWaffG 20** 6 f.
 verbotene Mittel der Kriegsführung **VStGB 12** 8, 27 ff.
 Verleiten zum unerlaubten Umgang **KrWaffG 20** 8
Cyber-Angriff VStGB Vor 8 22

Daueraufenthalt-EG
 Erlöschen **AufenthG 51**
Daueraufenthalt-EU AufenthG 9a
 Anrechnung von Aufenthaltszeiten **AufenthG 9b**
 Lebensunterhalt **AufenthG 9c**
Daueraufenthaltsrecht FreizügG/EU 4a
Daueraufenthaltstitel
 Daueraufenthalt-EU **AufenthG 9a**
 Niederlassungserlaubnis **AufenthG 9** 1
Dekorationswaffen WaffG 1 59 ff., 114
 allgemein gebräuchliche Werkzeuge **WaffG 1** 61
 Erlaubnisfreiheit **WaffG 2** 47
Denkmäler
 verbotene Kriegsführung **VStGB 11** 62
Dienstaufsicht
 mangelhafte – *s. Mangelhafte Dienstaufsicht*
 Pflicht zur – **WStG 41** 5 ff.
Dienstentziehung
 durch Täuschung **WStG 18**

Dienstgeheimnis
 Verletzung **WStG 48** 18
Dienstgrad
 militärische Vorgesetzte **WStG 1** 48 ff.
 Straftaten durch Soldaten höheren Dienstgrads **WStG 36**
 Straftaten gegen Soldaten höheren Dienstgrads **WStG 29**
Dienstliche Meldung
 unwahre – *s. dort*
Dienststelle
 eigenmächtige Abwesenheit **WStG 15** 7 ff.
Dienststellung
 Beeinflussung der Rechtspflege **WStG 37**
 erfolgloses Verleiten zu rechtswidriger Tat **WStG 34**
 Missbrauch **WStG 32** 4 f.
 Verleiten zu rechtswidriger Tat **WStG 33**
Disziplinarbefugnis WStG 38 5
 Anmaßen von – **WStG 38**
 Disziplinarmaßnahme **WStG 39** 3 ff.
 Missbrauch der – **WStG 39**
 Überschreiten **WStG 38** 7 ff.
 unzulässige disziplinarrechtliche Ahndung **WStG 39** 3 ff.
Dolch WaffG 1 112
Dolmetscher AsylG 17
Double-Action
 Revolver **WaffG 1** 84
Drittstaaten
 sichere – **AsylG 26a**
Druckluftwaffen WaffG 1 106 f.
 Erlaubnisfreiheit **WaffG 2** 49
Duldung AsylG 43; **AufenthG 60a**; **95** 34 ff., 82
 Erschleichen *s. dort*
 erschlichene – **AufenthG 95** 104 ff.
Dum-Dum-Geschoss
 verbotene Mittel der Kriegsführung **VStGB 12** 41
Durchfuhr *s. Verbringen*
 explosionsgefährlicher Stoffe **SprengG 40** 53 f., 70 ff.

Effective Control Test VStGB Vor 8 31
Ehegatte
 Ehegattennachzug *s. dort*
Ehegattennachzug AufenthG 30
 Aufenthaltsrecht des Ehegatten **AufenthG 31**
Ehemalige Deutsche
 Aufenthaltstitel **AufenthG 38**
Ehemalige Kriegswaffen WaffG 2 4
 unerlaubter Besitz **WaffG 52** 122 ff.
 unerlaubter Umgang **WaffG 52** 5 ff.
Eigenmächtige Abwesenheit WStG 15
 abgekommen **WStG 15** 24 ff.
 Drei-Tages-Frist **WStG 15** 20 ff.
 Eigenmacht **WStG 15** 18 f.

1513

Sachregister

fette Zahlen = §§

Fernbleiben **WStG 15** 15 ff.
Meldung **WStG 15** 27 ff.
Rechtsgut **WStG 15** 1
Tathandlungen **WStG 15** 11 ff.
Treuebruchtatbestand **WStG 15** 2
Truppe oder Dienststelle **WStG 15** 7 ff.
Verlassen **WStG 15** 15 ff.
Eignungsübende WStG 1 26
Einbürgerung StAG 8 ff.
  Rücknahme einer rechtswidrigen – **StAG 35**
  Strafvorschrift **StAG 42**
  unrichtige oder unvollständige Angaben **StAG 42** 5 ff.
Einfuhr s. *Verbringen*
  explosionsgefährlicher Stoffe **SprengG 40** 53 f., 70 ff.
Einführungsgesetz zum Wehrstrafgesetz (EGWStG)
  Inkrafttreten **EGWStG 8**
  Jugendgerichtsgesetz **EGWStG 1** 1 ff.
  Strafregisterverordnung **EGWStG 3**
  Straftilgungsgesetz **EGWStG 2**
  Vollzug s. *Vollzug von Strafen gegenüber Soldaten*
Einhandmesser WaffG 42a
  Führen **WaffG 53** 102
Einladungen
  Erschleichen des Aufenthalts **AufenthG 95** 114
Einräumen
  der tatsächlichen Gewalt s. *Besitzen einer Waffe*
Einreise AufenthG 13 ff.
  Definition **AufenthG 13** 1; **95** 51
  unerlaubte – **AufenthG 14**; **95** 50 ff. s. a. dort
  Verteilung unerlaubt eingereister Ausländer **AufenthG 15a**
  Zurückweisung **AufenthG 15**
Einreise- und Aufenthaltsverbot AufenthG 11
  Altausweisungen **FreizügG/EU 9** 8
  Rechtsfolgen **FreizügG/EU 9** 23 ff.
  Sperrwirkung **AufenthG 11** 1 f.
  Teilnahme **FreizügG/EU 9** 21
  unerlaubte Einreise s. *dort*
  unerlaubter Aufenthalt s. *dort*
  Verlustfeststellung **FreizügG/EU 9** 12 ff.
  Verstoß **AufenthG 95** 95 ff.
  Zuwiderhandlung **FreizügG/EU 9** 7 ff.
Einsätze WaffG 1 46; **2** 60
Einschleusen AufenthG 96 f.
  Akzessorietät **AufenthG 96** 2 f.
  Anwendungsbereich **AufenthG 96** 6 ff.
  Aufenthalt **AufenthG 96** 21 ff.
  Auslandstaten **AufenthG 96** 40 f.
  Bandenmäßigkeit **AufenthG 96** 29 f.; **97** 7 ff.
  Beisichführen einer Schusswaffe **AufenthG 96** 31 f.
  Einreise **AufenthG 96** 12 ff.
  Einziehung **AufenthG 96** 46 ff.
  gefährliche Einschleusung **AufenthG 96** 35 ff.
  Gewerbsmäßigkeit **AufenthG 96** 27 f.; **97** 7 ff.
  Historie **AufenthG 96** 5
  Konkurrenzen **AufenthG 96** 44 f.
  kriminalpolitische Bedeutung **AufenthG 96** 10 f.
  notwendige Teilnahme **AufenthG 96** 4
  Rechtsgut **AufenthG 96** 1
  rechtspolitische Bedeutung **AufenthG 96** 9
  Teilnahme **AufenthG 96** 43
  Todesfolge **AufenthG 97** 4 ff.
  Vermögensvorteil **AufenthG 96** 24 f.
  Versuch **AufenthG 96** 42
  Verwendungsabsicht einer Schusswaffe **AufenthG 96** 33 f.
  Vorteil des Schleusers **AufenthG 96** 18
Einstecklauf/-system WaffG 1 43 ff.; **2** 60
Einzellader WaffG 1 89
Einziehung AsylG 84 85 ff.; **AufenthG 95** 128; **KrWaffG 24**; **SprengG 43**; **WaffG 54** 2 ff.
  erweiterte – **AufenthG 84** 90 f.
  von Taterträgen (früher Verfall) **WaffG 54** 8 ff.
Elektroimpulsgeräte WaffG 1 116; **2** 17
  unerlaubter Umgang **WaffG 53** 5
  Verletzung von Tieren **WaffG 1** 129; **2** 24
Elektromagnetische Waffen WaffG 1 119
Elektronische Aufenthaltsüberwachung AufenthG 56a
  Verstoß **AufenthG 95** 102 f.
Elektronische Fußfessel
  Aufenthaltsüberwachung **AufenthG 56a**
  Verstoß **AufenthG 95** 102 f.
Elektronische Speicher- und Verarbeitungsmedien AufenthG 78
Eltern
  Nachzug **AufenthG 36**
Empfangnahme
  explosionsgefährlicher Stoffe **SprengG 40** 42
Entmilitarisierte Zonen
  verbotene Kriegsführung **VStGB 11** 73
Entsendefälle
  Erschleichen des Aufenthalts **AufenthG 95** 115
Entwürdigende Behandlung WStG 31
  Begriff **WStG 31** 3 f.
  böswilliges Erschweren des Diensts **WStG 31** 5 f.
  Dulden durch Vorgesetzte **WStG 31** 7
  Kriegsverbrechen gegen Personen **VStGB 8** 200 ff., 220

magere Zahlen = Randnummern

Sachregister

Erben WaffG 20
  Erbenbesitz **WaffG 1** 160
  Nichtbeantragung einer Eintragung
    WaffG 53 57 f.
Erkennungsdienstliche Maßnahmen AufenthG 49
  Duldungspflichten **AufenthG 95** 69 ff.
Erlangen
  der tatsächlichen Gewalt *s. Besitzen sowie Erwerben einer Waffe*
Erlaubnis WaffG 2 32 ff.
  Ausnahmen **WaffG 2** 32 ff.; **12**
  Beschränkungen/Nebenbestimmungen/
    Anordnungen **WaffG 9**
  Einschränkungen **WaffG 2** 36
  Erlaubnisfreiheit **WaffG 2** 34
  erleichterte Erlaubniserteilung **WaffG 2** 35
  Erwerb/Besitz/Führen/Schießen **WaffG 10**
  Freistellung **WaffG 2** 34
  Gebühren und Auslagen **WaffG 50**
  halbautomatische Kurzwaffe *s. dort*
  Meldebehörde **WaffG 44**
  persönliche Eignung **WaffG 6**
  Rückgabepflicht **WaffG 53** 103
  Rücknahme und Widerruf **WaffG 45**
  sonstige Maßnahmen **WaffG 46**; **53** 28 f.
  unerlaubter Erwerb zur Überlassung
    WaffG 52 10 ff.
  verbotene Waffen *s. dort*
  Voraussetzungen **WaffG 4 ff.**
  Waffenschein *s. dort*
  Zuständigkeit **WaffG 48 f.**
  Zuverlässigkeit **WaffG 5**
Erlaubnisfreie Munition
  Erwerb und Besitz durch Minderjährige
    WaffG 53 2 f.
Erlaubnisfreie Waffen
  Erwerb und Besitz durch Minderjährige
    WaffG 53 2 f.
Erlaubnispflicht *s. Erlaubnis*
Erlaubnispflichtige Waffen WaffG 2 33 f.;
  10; **53** 31
  Waffenbesitzkarte **WaffG 1** 168; **53** 31
Erniedrigende Behandlung
  Kriegsverbrechen gegen Personen
    VStGB 8 200 ff., 220
Ersatzfreiheitsstrafen
  für Soldaten **WStG 11**
Erschleichen
  Aufenthaltstitel und Duldung **AufenthG 95** 109 ff.
  Einzelfälle **AufenthG 95** 111 ff.
  Konkurrenzen **AufenthG 95** 118
  Täuschung im Rechtsverkehr **AufenthG 95** 108
  Teilnahme **AufenthG 95** 117
Erweiterte Einziehung AsylG 84 90 f.
Erwerb
  explosionsgefährlicher Stoffe **SprengG 40** 66 ff.

Erwerben
  explosionsgefährlicher Stoffe **SprengG 40** 49
  Kriegswaffen **KrWaffG 22a** 39 ff.
Erwerben einer Waffe WaffG 1 168 ff.
  Bewachungsgewerbe **WaffG 28 f.**
  Brauchtum *s. dort*
  Eigentum **WaffG 1** 171
  Erbfall **WaffG 20**
  Erlangen der tatsächlichen Gewalt **WaffG 1** 170 f.
  Erlaubnis **WaffG 10 f.**
  erlaubnisfreier Erwerb und Besitz durch Minderjährige **WaffG 53** 2 f.
  erlaubnisfreies – **WaffG 2** 34
  gefährdete Person **WaffG 19**
  Jäger **WaffG 13**
  Konkurrenzen **WaffG 52** 134 ff.
  Munitionserwerbsschein **WaffG 1** 168
  Munitionssachverständige **WaffG 18**
  Sammler **WaffG 17**
  Sportschützen **WaffG 14**
  unerlaubter Erwerb halbautomatischer Kurzwaffen **WaffG 52** 18 ff.
  unerlaubter Erwerb und Besitz **WaffG 52** 60 ff., 98 ff.
  unerlaubter Erwerb zur Überlassung **WaffG 52** 10 ff.
  unerlaubter Umgang *s. Unerlaubter Umgang mit Schusswaffen*
  Waffenbesitzkarte **WaffG 1** 168
Erwerbsberechtigung
  Überprüfung **WaffG 34**
Erwerbstätigkeit AufenthG 2 4
  Asylverfahren **AsylG 61**
  Aufenthalt **AufenthG 18 ff.**
  Bußgeldvorschrift **AufenthG 98** 13
  Schengen-Visum **AufenthG 95** 90 ff.
  Verstoß gegen Verbot **AsylG 85** 43 f.
Erzieherische Maßnahmen
  Misshandlung **WStG 30** 7
Europäischer Feuerwaffenpass WaffG 32
  Nichtvorlage **WaffG 53** 52 ff.
Europäischer Freiwilligendienst
  Ablehnungsgründe **AufenthG 20c**
  Teilnahme **AufenthG 18d**
EWR-Staaten
  Freizügigkeitsrecht **FreizügG/EU 12**
Explosionsfähige Stoffe SprengG 40 25
Explosionsgefährliche Stoffe SprengG 40 3 ff.
  Anzeigepflichten **SprengG 41** 25 ff.
  Aufzeichnungspflichten **SprengG 41** 35
  Bereitstellen auf dem Markt **SprengG 40** 44 f.
  Bescheinigung nach § 22 Abs. 1a **SprengG 41** 40 f.
  Betrieb eines Lagers **SprengG 40** 74 ff.

Sachregister

fette Zahlen = §§

Betriebsstätte **SprengG 40** 85 ff.
Durchfuhr **SprengG 40** 70 ff.
Einfuhr **SprengG 40** 70 ff.
Erlaubnis **SprengG 40** 62 ff.
Erwerb **SprengG 40** 66 ff.
Gewerbsmäßigkeit **SprengG 40** 50 f.
mangelhafte – **SprengG 41** 24
Minderjährige **SprengG 40** 93 ff.
Mitführungspflichten bestimmter Urkunden **SprengG 41** 42 f.
Nachweispflichten **SprengG 41** 32
nicht zugelassene – **SprengG 41** 14 f.
Nichtanmeldung und Nichtvorführung **SprengG 41** 33
Nichtanzeige neu entwickelter – **SprengG 41** 2 f.
objektive Begriffsbestimmung **SprengG 40** 5 f.
Prüfverfahren **SprengG 40** 7
Reisegewerbe **SprengG 40** 96 ff.
sonstige – **SprengG 40** 19 ff.
subjektive Zweckbestimmung **SprengG 40** 8 f.
Überlassen **SprengG 40** 79 ff.
Überlassen neu entwickelter – **SprengG 41** 6
Umgang **SprengG 40** 31 ff., 57 ff., 66 ff.
Verbringen **SprengG 40** 70 ff.
Verbringungsgenehmigung **SprengG 41** 34
Verkehr **SprengG 40** 48 ff., 57 ff.
Vertreiben **SprengG 40** 79 ff.
Vertrieb neu entwickelter – **SprengG 41** 4 f.
Explosivstoffe SprengG 40 10 ff.
CE-Kennzeichnung und Konformitätsnachweis **SprengG 41** 7 ff.
nichtkonforme – **SprengG 41** 13

Fachkräfte
qualifizierte – **AufenthG 18c**
Fachkunde
Waffenhandel **WaffG 22**
Fachvorgesetzter WStG 1 42 ff.
Fahnenflucht WStG 16
Abgrenzung zur eigenmächtigen Abwesenheit **WStG 16** 2 f.
Absicht **WStG 16** 13 ff.
Handlungsformen **WStG 16** 8
tätige Reue **WStG 16** 27 ff.
Urlaub **WStG 16** 9 ff.
Fallmesser WaffG 1 126; **2** 21
Falschbeurkundung
im Amt **WStG 48** 17
Familiäre Gründe
Aufenthalt **AufenthG 27**
Familiennachzug *s. dort*
Familienangehörige FreizügG/EU 3
Familienasyl AsylG 26

Familieneinheit
Asylantrag **AsylG 14a**
Familienflüchtlingsschutz AsylG 26
Familiennachzug
zu Ausländern **AufenthG 29**
zu Deutschen **AufenthG 28**
Ehegattennachzug *s. dort*
Eltern **AufenthG 36**
Grundsatz des –s **AufenthG 27**
Kindernachzug *s. dort*
sonstige Angehörige **AufenthG 36**
Faustmesser WaffG 1 127; **2** 22
Federdruckwaffen WaffG 1 106 f.
Erlaubnisfreiheit **WaffG 2** 49
Feilhalten einer Waffe WaffG 1 197
Fernmeldegeheimnis WStG 48 10 ff.
Feste Verkaufsstätte WaffG 52 36 ff.
Feststehende Klinge WaffG 1 112
Feuerwaffen WaffG 1 78 f.
Erlaubnisfreiheit bei harmlosen – **WaffG 2** 38
Fiktionswirkung AufenthG 81; **95** 26
Fingergriffmesser WaffG 2 13
Flammenwerfer WaffG 1 120
Flüchtling AufenthG 95 122 ff.
ausländische Anerkennung **AsylG 73a**
Begriff **AsylG 3** 1
Bußgeldvorschriften **AufenthG 98** 31
Erlöschen der Rechtsstellung **AsylG 72**
Flüchtlingsunwürdigkeit **AsylG 3** 2
Hoher Flüchtlingskommissar **AsylG 9**
Palästinaflüchtlinge **AsylG 3** 3
Schutz im Herkunftsland **AsylG 3e**
Schutzbietende **AsylG 3d**
Straffreiheit **AufenthG 95** 124 ff.
Verfolgende **AsylG 3c**
Verfolgungsgründe **AsylG 3b**
Verfolgungshandlungen **AsylG 3a**
Widerruf und Rücknahme **AsylG 73**
Zuerkennung der Flüchtlingseigenschaft **AsylG 3**
Zuständigkeit **AsylG 5**
Folgeantrag AsylG 71; **84** 45; **85** 21
Folgeschäden *s. Begleitschäden*
Folter
Kriegsverbrechen gegen Personen **VStGB 8** 135 ff., 213
Verbrechen gegen die Menschlichkeit **VStGB 7** 72 ff.
Forschung
Ablehnungsgründe **AufenthG 20c**
Aufenthaltserlaubnis **AufenthG 20**
kurzfristige Mobilität **AufenthG 20a**
Freiheitsentziehung
Verbrechen gegen die Menschlichkeit **VStGB 7** 103 ff.
Freischärler
Kriegsverbrechen gegen Personen **VStGB 8** 83

magere Zahlen = Randnummern

Sachregister

Freistellung WaffG 2 34
Freizügigkeitsgesetz/EU
  Anwendungsbereich **FreizügG/EU 1**
  Bußgeldvorschriften **FreizügG/EU 10**
  Freizügigkeitsrecht *s. dort*
  Historie **FreizügG/EU 9** 4
  Strafvorschrift **FreizügG/EU 9**
Freizügigkeitsrecht
  Anwendung des AufenthG **FreizügG/EU 11**
  Aufenthaltskarten **FreizügG/EU 5**
  Ausreisepflicht **FreizügG/EU 7**
  Ausweispflicht **FreizügG/EU 8**
  Beitrittsstaaten **FreizügG/EU 13**
  Daueraufenthaltsrecht **FreizügG/EU 4a**
  Einreise- und Aufenthaltsrecht **FreizügG/EU 2**
  EWR-Staaten **FreizügG/EU 12**
  Familienangehörige **FreizügG/EU 3**
  Nachweise **FreizügG/EU 5a**
  nicht Erwerbstätige **FreizügG/EU 4**
  Passbesitzpflicht **FreizügG/EU 10** 5 f.
  Rechtsverlust **FreizügG/EU 6**
  Straftatbestände **FreizügG/EU 9** 6 ff.
Fremdverstümmelung WStG 17 11
Friedenserhaltende Mission
  Kriegsverbrechen gegen humanitäre Operationen und Embleme **VStGB 10** 5 ff.
Frühere Kriegswaffen *s. Ehemalige Kriegswaffen*
Führen einer Waffe WaffG 1 180 ff.
  Anscheinswaffen **WaffG 42a**
  Ausüben der tatsächlichen Gewalt **WaffG 1** 181
  berechtigtes Interesse **WaffG 53** 102
  Brauchtum *s. dort*
  Eigenhändigkeit **WaffG 1** 182
  Erlaubnis **WaffG 10**
  erlaubnisfreies – **WaffG 2** 34
  Jagdzweck **WaffG 13**
  Klammerwirkung **WaffG 52** 167 ff.
  Konkurrenzen **WaffG 52** 134 ff.
  öffentliche Veranstaltungen **WaffG 42; 52** 107 ff.
  Privaträumlichkeiten **WaffG 1** 180, 183 ff.
  unerlaubter Umgang *s. Unerlaubter Umgang mit Schusswaffen*
  unerlaubtes – **WaffG 53** 102
  unerlaubtes Führen durch Bewachungspersonal **WaffG 52** 74 ff.
  unerlaubtes Führen halbautomatischer Kurzwaffen **WaffG 52** 18 ff.
  Waffenschein **WaffG 1** 180
Führer WStG 45 3
Fundmunition SprengG 40 29
Fundpapier-Datenbank AsylG 16 2
Funkenzündung WaffG 2 56

Gaslauf WaffG 1 48
Gebrauchsanleitung
  Nichtanwendung **SprengG 41** 44
Geduldete
  qualifiziert – **AufenthG 18a**
Gefährdungslagen
  besondere – *s. dort*
Gefährliche Kräfte
  verbotene Kriegsführung **VStGB 11** 74 ff.
Gefangenenbefreiung WStG 48 7
Gefangenhaltung
  rechtswidrige – **VStGB 8** 231 ff.
Gegenstände
  tragbare – *s. Tragbare Gegenstände*
Gehorsam
  Anspruch auf – **WStG 2** 15
  Gehorsamspflicht **WStG 5** 3 f.
Gehorsamsverweigerung WStG 20
  Auflehnung **WStG 20** 8
  tätige Reue **WStG 20** 16 f.
  Verweigerung **WStG 20** 4 ff.
  wiederholte Verweigerung **WStG 20** 9 ff.
Geiselnahme
  Kriegsverbrechen gegen Personen **VStGB 8** 130 ff., 210 ff.
Geldbuße AufenthG 98 30
Geldstrafen
  für Soldaten **WStG 10**
Gemeinschaftsunterkünfte AsylG 53
Genfer Abkommen VStGB 8 265
Genfer Flüchtlingsabkommen AufenthG 95 122
Gerichtsverfahren
  in Asylsachen **AsylG 74 ff.**
Geschoss WaffG 1 11, 140 ff.
  Betäubungsstoffe **WaffG 2** 25
  feste Körper **WaffG 1** 141
  feste Stoffe in Umhüllungen **WaffG 1** 145
  flüssige Stoffe in Umhüllungen **WaffG 1** 144
  gasförmige Stoffe in Umhüllungen **WaffG 1** 142 f.
  Knallkorken **WaffG 1** 146
  Reizstoff **WaffG 2** 26
Gesundheitsuntersuchung AsylG 62
Getarnte Schusswaffen WaffG 2 7
Gewebeentnahme
  Kriegsverbrechen gegen Personen **VStGB 8** 193 ff.
Gewerbsmäßige Waffenherstellung *s. Waffenhandel*
Gewinnabschöpfung AsylG 84 85 ff.; **84a** 7
Gezielte Tötungen VStGB Vor 8 42
Gift
  verbotene Mittel der Kriegsführung **VStGB 12** 18 ff.
Grausame Behandlung
  Kriegsverbrechen gegen Personen **VStGB 8** 135 ff., 213

1517

Sachregister fette Zahlen = §§

Grenzbehörden
Asylverfahren **AsylG 18**
fehlendes materielles Prüfungsrecht **AsylG 18** 1
Grenzkontrollen
Sich-Entziehen **AufenthG 98** 6 f.
Grenzübertritt AufenthG 13
Griffstück WaffG 1 55

Haager Kulturschutzkonvention VStGB 11 64
Haager Landkriegsordnung VStGB 11 70
Halbautomatische Kurzwaffen
unerlaubtes Erwerben, Besitzen oder Führen **WaffG 52** 18 ff.
Halbautomatische Schusswaffen WaffG 1 83 ff.
Handeln auf Befehl oder Anordnung VStGB 3; WStG 5
Anwendungsbereich **VStGB 3** 27 ff.
Befehl **VStGB 3** 11 f.
Begehung einer Tat **VStGB 4** 40 ff.
Exkulpation **VStGB 3** 17 ff.
militärische Vorgesetzte *s. dort*
superior orders *s. dort*
Untergebene **VStGB 4** 44 ff.
Völkergewohnheitsrecht *s. dort*
Völkermord **VStGB 6** 96 f.
völkerrechtliche Regelungen **VStGB 3** 7 ff.
ziviler Vorgesetzter **VStGB 3** 25 f.; *s.a. dort*
Handeltreiben
Atomwaffen **KrWaffG 19** 9
Handeltreiben mit Waffen WaffG 1 195 ff.
Ankaufen **WaffG 1** 196
Anzeigepflichten **WaffG 21; 53** 33 ff.
Aufsuchen von Bestellungen **WaffG 1** 199
Entgegennahme von Bestellungen **WaffG 1** 198
erlaubnisfreies – **WaffG 2** 34
Feilhalten **WaffG 1** 197
Gebrauchthandel **WaffG 52** 36
Gewerbsmäßigkeit **WaffG 1** 205
Kennzeichnung **WaffG 24; 53** 74
Konkurrenzen **WaffG 52** 134 ff.
Messen, Ausstellungen, Märkte **WaffG 52** 41 ff.
Reisegewerbe **WaffG 52** 40
Schützenfeste **WaffG 52** 42 f.
Selbständigkeit **WaffG 1** 206
Überlassen **WaffG 1** 200
unbefugtes – **WaffG 52** 22 ff.
unerlaubtes Handeltreiben außerhalb fester Verkaufsstätten **WaffG 52** 36 ff.
Vermitteln **WaffG 1** 201 ff.
Volksfeste **WaffG 52** 42 f.
Waffenbuch *s. Waffenbücher*
Zuwiderhandlung gegen vollziehbare Anordnungen und Auflagen **WaffG 53** 19

Handlungsfähigkeit AufenthG 80
Harmlose Schusswaffen
Erlaubnisfreiheit **WaffG 2** 38
Kennzeichnung **WaffG 24; 53** 69 f.
Härtefälle
Aufenthaltsgewährung **AufenthG 23a**
Hartkerngeschoss WaffG 2 28
Heranwachsende
Aufenthaltsgewährung **AufenthG 25a**
Herbizide
verbotene Mittel der Kriegsführung **VStGB 12** 35
Herkunftsstaat
sicherer – **AsylG 29a**
Herstellen
Atomwaffen **KrWaffG 19** 8
explosionsgefährlicher Stoffe **SprengG 40** 32
Kriegswaffen **KrWaffG 22a** 35 ff.
unerlaubtes – **KrWaffG 22a** 35 ff.
Herstellen einer Waffe WaffG 1 190 f.
Anzeigepflichten **WaffG 21; 53** 33 ff.
erlaubnisfreies – **WaffG 2** 34, 61 ff.
Gewerbsmäßigkeit *s. Waffenhandel*
Konkurrenzen **WaffG 52** 134 ff.
nichtgewerbsmäßiges – **WaffG 26; 52** 68
unbefugtes – **WaffG 52** 22 ff.
unerlaubte nichtgewerbsmäßige Herstellung **WaffG 52** 65 ff.
unerlaubter Umgang *s. Unerlaubter Umgang mit Schusswaffen*
Waffenbuch *s. Waffenbücher*
Zuwiderhandlung gegen vollziehbare Anordnungen und Auflagen **WaffG 53** 19
Hiebwaffen WaffG 1 111 ff.
Ausnutzung der Muskelkraft **WaffG 1** 114
Führen **WaffG 42a**
getarnte – **WaffG 2** 12
unerlaubtes Führen **WaffG 53** 102
unerlaubtes Handeltreiben außerhalb fester Verkaufsstätten **WaffG 52** 37
Hilfslieferungen
Behinderung von – **VStGB 11** 122
Hochqualifizierte
Niederlassungserlaubnis **AufenthG 19**
Hochschulabsolventen
Niederlassungserlaubnis **AufenthG 18b**
Hoher Flüchtlingskommissar
der Vereinten Nationen **AsylG 9**
Hors de combat
Kriegsverbrechen gegen Personen **VStGB 8** 221 ff.
Humanitäre Gründe
Aufenthalt **AufenthG 22 ff.; 25**
Humanitäre Hilfsmission
Angriff auf – **VStGB 10** 5 ff.

ICT-Karte
für unternehmensintern transferierte Arbeitnehmer **AufenthG 19b**

magere Zahlen = Randnummern

Sachregister

Identitätsfeststellung AufenthG 49
  Bußgeldvorschrift **AufenthG 98** 8 f.; **FreizügG/EU 10** 3
  Falschangaben **AufenthG 95** 66 ff.
  Mitwirkungspflichten **AufenthG 47a**
Innere Sicherheit
  elektronische Aufenthaltsüberwachung **AufenthG 56a**
  Überwachung ausgewiesener Ausländer **AufenthG 56**
Instandsetzen einer Waffe WaffG 1 194
Integration AufenthG 43 ff.
  Integrationskurs *s. dort*
Integrationskurs AufenthG 43
  berufsbezogene Deutschsprachförderung **AufenthG 45a**
  Integrationsprogramm **AufenthG 45**
  Teilnahmeberechtigung **AufenthG 44**
  Teilnahmeverpflichtung **AufenthG 44a**
  Teilnahmeverweigerung **AufenthG 98** 10 ff.
Internationale Dimension Einl. 1 ff.
Internationaler Konflikt
  Kriegsverbrechen **VStGB Vor 8** 27 ff.
Internationaler Militärgerichtshof VStGB Vor 8 7
Internationaler Strafgerichtshof VStGB Einl. 1 13 ff.; **1** 21 ff.;
Inverkehrbringen
  explosionsgefährlicher Stoffe **SprengG 40** 46 f.
IStGH-Statut
  Kriegsverbrechen **VStGB Vor 8** Anh.
Jagdschein WaffG 53 53 ff.
Jagdverein
  Zuwiderhandlung gegen vollziehbare Anordnungen und Auflagen **WaffG** 13 f.
Jagdwaffe WaffG 1 19
Jagdzwecke
  Führen von Waffen **WaffG 13**
Jäger
  Erwerb und Besitz von Schusswaffen und Munition **WaffG 13**; **53** 98 f.
Jugendliche
  Aufenthaltsgewährung **AufenthG 25a**
  Schießstätten **WaffG 27**; **53** 79 ff.
  Umgang mit Waffen und Munition **WaffG 3**
Jugoslawien VStGB Einl. 1 12
Kartuschenlager WaffG 1 52
Kartuschenmunition *s. Munition*
Kennzeichnung
  Waffen und Munition **WaffG 24**; **53** 66 ff.
Kernkraftwerke
  verbotene Kriegsführung **VStGB 11** 74 f.
Kinder
  Aufenthaltsrecht **AufenthG 34**; **35**
  Geburt im Bundesgebiet **AufenthG 33**
  Kindernachzug *s. dort*
  Schießstätten **WaffG 27**; **53** 79 ff.
  Umgang mit Waffen und Munition **WaffG 3**
Kindernachzug AufenthG 32
Kindersoldaten
  Kriegsverbrechen gegen Personen **VStGB 8** 157 ff., 217 f.
Kleiner Waffenschein
  Reizstoffwaffen **WaffG 1** 101
  Schreckschusswaffen **WaffG 1** 91
  Signalwaffen **WaffG 1** 104
Kleinschrotmunition WaffG 2 30
Knallkorkenwaffen WaffG 1 146; **2** 43 ff.
Kollateralschäden
  verbotene Kriegsführung **VStGB 11** 76 ff.
Kommando WStG 45 4
Kommunikationsmittelverbot AufenthG 95 79 ff.
Konflikt
  bewaffneter – *s. dort*
  Klassifizierung **VStGB 8** 113 ff.
Kontaktverbot AufenthG 95 79 ff.
Konventionelle Waffen
  verbotene Mittel der Kriegsführung **VStGB 12** 7, 37 ff.
Körperliche Schäden
  Verbrechen gegen die Menschlichkeit **VStGB 7** 98 ff.
Körperverletzung
  im Amt **WStG 48** 14
Kranke
  Kriegsverbrechen gegen Personen **VStGB 8** 68 ff.
Krankenhäuser
  verbotene Kriegsführung **VStGB 11** 69
Kriegsdienstverweigerer WStG 1 29
Kriegsgefangene
  Kriegsverbrechen gegen Personen **VStGB 8** 72 ff.
Kriegsgerätegesetz KrWaffG Vor 1 1
Kriegsverbrechen VStGB Einl. 1 29, 55 ff.; **Vor 8**
  Begriff **VStGB Vor 8** 1 f.
  bewaffneter Konflikt **VStGB Vor 8** 21 ff.
  Historie **VStGB Vor 8** 5 ff.
  humanitäre Verpflichtungen **VStGB Vor 8** 4
  internationaler Konflikt **VStGB Vor 8** 27 ff.
  IStGH-Statut **VStGB Vor 8** Anh.
  ius in bello **VStGB Vor 8** 1
  Opfer **VStGB Vor 8** 38 ff.
  gegen Personen *s. Kriegsverbrechen gegen Personen*
  Rechtsgut **VStGB Vor 8** 2 f.
  Täter **VStGB Vor 8** 37 ff.

1519

Sachregister

fette Zahlen = §§

verbotene Kriegsführung *s. dort*
Verhältnis zu anderen Strafvorschriften **VStGB Vor 8** 45 f.
Völkermord *s. dort*
Zivilpersonen **VStGB Vor 8** 39 ff.
Zusammenhang zwischen Tat und Konflikt **VStGB Vor 8** 34 ff.
Kriegsverbrechen des Einsatzes verbotener Methoden der Kriegsführung *s. Verbotene Kriegsführung*
Kriegsverbrechen des Einsatzes verbotener Mittel der Kriegsführung *s. Verbotene Mittel der Kriegsführung*
Kriegsverbrechen gegen Eigentum und sonstige Rechte VStGB 9
Aneignung **VStGB 9** 9 ff.
Beschlagnahme **VStGB 9** 9 ff.
Diskriminierung **VStGB 9** 19 ff.
Historie und Entwicklung **VStGB 9** 2 f.
Konkurrenzen **VStGB 9** 25
Plündern **VStGB 9** 6 ff.
Rechtseinschränkungen **VStGB 9** 19 ff.
Rechtsgut **VStGB 9** 1
subjektiver Tatbestand **VStGB 9** 24
Zerstörung **VStGB 9** 9 ff.
Zusammenhang mit bewaffneten Konflikten **VStGB 9** 4 ff.
Kriegsverbrechen gegen humanitäre Operationen und Embleme VStGB 10
friedenserhaltende Mission **VStGB 10** 5 ff.
Historie **VStGB 10** 3 f.
humanitäre Hilfsmission **VStGB 10** 5 ff.
Missbrauch anerkannter Schutzzeichen **VStGB 10** 29 ff.
Rechtsgut **VStGB 10** 1
Rot-Kreuz-Einrichtungen **VStGB 10** 22 ff.
Zivilpersonen **VStGB 10** 13
Kriegsverbrechen gegen Personen VStGB 8
Amputation **VStGB 8** 144
Auslegung **VStGB 8** 1 ff., 57 f.
Bestrafung unter Verstoß gegen Rechtsstaatsgarantien **VStGB 8** 180 ff.
bewaffneter Konflikt *s. dort*
Deliktsnatur **VStGB 8** 16 ff.
Entstehungsgeschichte **VStGB 8** 52 ff.
entwürdigende oder erniedrigende Behandlung **VStGB 8** 200 ff.
Folter **VStGB 8** 135 ff.
Freischärler **VStGB 8** 83
Gefangenhaltung **VStGB 8** 231 ff.
Geiselnahme **VStGB 8** 130 ff.
Genfer Abkommen **VStGB 8** 265
geschützte Personen **VStGB 8** 60 ff.
Gewebeentnahme **VStGB 8** 193 ff.
grausame oder unmenschliche Behandlung **VStGB 8** 135 ff.

Historie **VStGB 8** 37 ff.
hors de combat **VStGB 8** 221 ff.
internationaler bewaffneter Konflikt **VStGB 8** 65 ff.
Kindersoldaten **VStGB 8** 157 ff.
Kranke **VStGB 8** 68 ff.
Kriegsgefangene **VStGB 8** 72 ff.
kriminalpolitische Bedeutung **VStGB 8** 33 ff.
medizinische Versuche **VStGB 8** 193 ff.
Militärgeistliche **VStGB 8** 79
nichtinternationaler bewaffneter Konflikt **VStGB 8** 89 ff.
Nötigung zu Kriegshandlungen gegen das eigene Land **VStGB 8** 249 ff.
Nötigung zum Dienst in gegnerischen Streitkräften **VStGB 8** 245 ff.
Organentnahme **VStGB 8** 193 ff.
Qualifikationen **VStGB 8** 253 ff.
Recht auf Heimat **VStGB 8** 5
Rechtfertigung **VStGB 8** 258 ff.
Rechtsfolgen **VStGB 8** 262 ff.
Rechtsgut **VStGB 8** 1 ff.
Sanitäter **VStGB 8** 79
Schiffbrüchige **VStGB 8** 68 ff.
sexuelle Gewalt **VStGB 8** 145 ff.
Söldner **VStGB 8** 75
Spione **VStGB 8** 74
Staatenlose **VStGB 8** 85
Täter **VStGB 8** 59
Tatobjekte **VStGB 8** 60 ff.
Tötung **VStGB 8** 127 ff.
Überführung eigener Zivilbevölkerung **VStGB 8** 238 ff.
Vergewaltigung **VStGB 8** 145 ff.
Verjährung **VStGB 8** 265
Verstümmelung **VStGB 8** 141
Vertreibung **VStGB 8** 167 ff.
Verwundete **VStGB 8** 68 ff.
Vorsatz **VStGB 8** 205 ff.
Zivilpersonen **VStGB 8** 80 ff.
Kriegsvölkerrecht VStGB 8 38
Kriegswaffen WaffG 57
Ablieferung **KrWaffG 22a** 101 ff.
Anzeigepflichten **KrWaffG 22a** 75 ff.; **22b** 15 f.
Auflagen **KrWaffG 22b** 3 ff., 18 f.
Auskunftspflichten **KrWaffG 22b** 21 f.
Auslandsgeschäfte **KrWaffG 22a** 82 ff.
Ausnahmegenehmigung **KrWaffG 22b** 18 f.
Bausätze **KrWaffG 22a** 13 ff.
Befördern **KrWaffG 22a** 45 ff.; **22b** 17, 25
Beförderung mit Seeschiffen oder Luftfahrzeugen **KrWaffG 22a** 65 ff.
Begriff **KrWaffG 22a** 2 ff.
besonders schwere Fälle **KrWaffG 22a** 95 f.
Bestandsmeldungen **KrWaffG 22b** 11 ff.

magere Zahlen = Randnummern

Sachregister

Betretungsbefugnisse **KrWaffG 22b** 24
Bußgeldrahmen **KrWaffG 22b** 31
derivativer Erwerb **KrWaffG 22a** 71 ff.
ehemalige – *s. Ehemalige Kriegswaffen*
Ein-/Aus-/Durchfuhr **KrWaffG 22a** 50 ff.; **22b** 26
Einziehung **KrWaffG 24**
Endverbleibsland **KrWaffG 22a** 57 f.
Erbe **KrWaffG 22b** 17
erschlichene Genehmigung **KrWaffG 22a** 32 ff.
Erwerb **KrWaffG 22a** 39 ff.
Fahrlässigkeitsstraftatbestände **KrWaffG 22a** 98 ff.
Finder **KrWaffG 22b** 17
Funktionsfähigkeit **KrWaffG 22a** 4 f.
Genehmigung **KrWaffG 22a** 22 ff.
Genehmigungsauflagen **KrWaffG 22b** 3 ff.
Genehmigungsurkunde **KrWaffG 22b** 27 ff.
Herstellen **KrWaffG 22a** 35 ff.
Inverkehrbringen **KrWaffG 22a** 35 ff.
Konkurrenzen **KrWaffG 22a** 105 ff.
Kriegsführungsbestimmung **KrWaffG 22a** 10 ff.
Kriegswaffenbuch **KrWaffG 22b** 7 ff.
Kriegswaffenkontrollgesetz (KWKG) *s. dort*
Meldepflichten **KrWaffG 22b** 20
minder schwere Fälle **KrWaffG 22a** 97
Munition für – **WaffG 2** 31
Nachweis **KrWaffG 22a** 82 ff.
Ordnungswidrigkeiten **KrWaffG 22b**
Strafaufhebungsgründe **KrWaffG 22a** 101 ff.
Strafvorschriften **KrWaffG 22a**
Strafzumessung **KrWaffG 22a** 108
Überlassen **KrWaffG 22a** 39 ff., 82 ff.
Unbrauchbarmachung **KrWaffG 22a** 6 ff.
unerlaubte Herstellung **KrWaffG 22a** 35 ff.
Verbringen **KrWaffG 22a** 50 ff.
Verlust der Kriegswaffeneigenschaft **KrWaffG 22a** 6 ff.
Versuchsstrafbarkeit **KrWaffG 22a** 94
Vertragsvermittlung **KrWaffG 22a** 82 ff.
Verwaltungsbehörden **KrWaffG 23**
Vorlagepflichten **KrWaffG 22b** 23
Vorsatz/Irrtumsfragen bzgl. der Kriegswaffeneigenschaft **KrWaffG 22a** 20
wesentliche Bestandteile **KrWaffG 22a** 19
Zuständigkeit **KrWaffG 22b** 32
Zuwiderhandlung gegen vollziehbare Anordnungen und Auflagen **KrWaffG 22b**
Kriegswaffenbuch KrWaffG 22b 7 ff.
Kriegswaffenkontrollgesetz (KrWaffG)
Abgrenzung **KrWaffG Vor 1** 25 f.
Anwendungs- und Geltungsbereich **KrWaffG 21** f.

Durchführungsrecht **KrWaffG Vor 1** 6 ff.
Historie **KrWaffG Vor 1** 1 f.
internationale Verflechtungen **KrWaffG Vor 1** 17 ff.
Schutzzweck **KrWaffG Vor 1** 3 f.
Kriegswaffenliste KrWaffG Vor 1 5, 14 f.; **22a** 2; **Anl.**
Kriegswaffenmeldeverordnung (KWMV) KrWaffG Vor 1 12; **22b** 20
Kriegswaffenrecht *s. Kriegswaffenkontrollgesetz (KrWaffG)*
Kurzaufenthalt AufenthG 95 38 ff.
Negativstaater **AufenthG 95** 42 ff.
Positivstaater **AufenthG 95** 39 ff.
Kurzwaffe WaffG 1 90
halbautomatische – *s. dort*
mehrschüssige – **WaffG 2** 11

Ladung WaffG 1 139
Lager
explosionsgefährliche Stoffe **SprengG 40** 74 ff.
Lagergenehmigung **SprengG 40** 77; **41** 22
unbefugte Errichtung **SprengG 41** 36
Langwaffe WaffG 1 90
Laserwaffen KrWaffG Anl.
Lauf WaffG 1 39 ff.
Austauschlauf **WaffG 1** 41
Einsätze **WaffG 1** 46
Einstecklauf **WaffG 1** 43
Einstecksystem **WaffG 1** 45
Gaslauf **WaffG 1** 48
Wechsel *s. dort*
Lebensunterhalt
Daueraufenthalt-EU **AufenthG 9c**
Sicherung des –s **AufenthG 2** 5
Leipziger Prozesse VStGB Vor 8 6
Lichtbildabgleich
Bußgeldvorschrift **AufenthG 98** 8; **FreizügG/EU 10** 3
Mitwirkungspflichten **AufenthG 47a**
Luftweg
Asylverfahren **AsylG 18a**
Luntenzündung WaffG 2 56

Mangelhafte Dienstaufsicht WStG 41
Dienstaufsichtspflicht **WStG 41** 5 ff.
Mannschaften
Gleichstellung **WStG 48** 19 ff.
Markenanzeigepflicht
Waffenhandel **WaffG 24**
Märkte WaffG 52 41
Massentötung
Verbrechen gegen die Menschlichkeit **VStGB 7** 52
Massenvernichtungswaffen
verbotene Mittel der Kriegsführung *s. dort*
Mechanism for International Tribunals VStGB Einl. 1 12

Sachregister

fette Zahlen = §§

Medizinische Versuche
Kriegsverbrechen gegen Personen **VStGB 8** 193 ff.
Mehrfachanträge
Aliaspersönlichkeiten **AsylG 85** 35
Folgeantrag *s. dort*
Zweitantrag *s. dort*
Mehrschüssige Kurzwaffen WaffG 2 11
Meldepflicht AsylG 22; AufenthG 95 76; **WStG 43**
Meldung
unterlassene – *s. dort*
unwahre dienstliche – *s. dort*
Menschenhandel
Verbrechen gegen die Menschlichkeit **VStGB 7** 56 ff.
Menschenwürde
Befehl **WStG 2** 32 f.
Menschliche Schutzschilde VStGB 11 40a
verbotene Kriegsführung **VStGB 11** 98 ff., 155
Menschlichkeit *s. Verbrechen gegen die Menschlichkeit*
Messen WaffG 52 41, 120
Messer WaffG 1 124 ff.
Meucheln
verbotene Kriegsführung **VStGB 11** 130 ff., 158
Meuterei WStG 27
Meldepflicht **WStG 43**
Rädelsführer **WStG 27** 17
Unbotmäßigkeit **WStG 27** 7 f.
Verabredung zur Unbotmäßigkeit **WStG 28**
vereinte Kräfte **WStG 27** 6
Zusammenrotten **WStG 27** 3 ff.
Militärgeistliche
Kriegsverbrechen gegen Personen **VStGB 8** 79
Militärische Auslandsstraftaten WStG 1a 5 ff.
Militärische Straftat WStG 1a
Bedrohung eines Vorgesetzten **WStG 23**
Befehl *s. dort*
Begriff **WStG 2** 3 ff.
Bewährungsstrafen **WStG 14**
Dienstentziehung durch Täuschung **WStG 18**
Dienstgrad **WStG 36**
eigenmächtige Abwesenheit *s. dort*
entwürdigende Behandlung **WStG 31**
Ersatzfreiheitsstrafen **WStG 11**
Fahnenflucht *s. dort*
Furcht vor persönlicher Gefahr **WStG 6**
Gehorsamsverweigerung **WStG 20**
Geldstrafen **WStG 10**
Handeln auf Befehl *s. Handeln auf Befehl oder Anordnung*
mehrere Straftaten **WStG 13**
Meuterei **WStG 27**
Missbrauch der Befehlsgewalt oder Dienststellung **WStG 32 ff.**
Misshandlung **WStG 30**
Nichtbefolgen eines Befehls **WStG 21**
Nötigung eines Vorgesetzten **WStG 24**
rechtswidriger Waffengebrauch *s. Waffengebrauch*
Selbstverstümmelung **WStG 17**
Strafarrest *s. dort*
Taten gegen Soldaten höheren Dienstgrads **WStG 29**
tätlicher Angriff gegen einen Vorgesetzten **WStG 25**
Trunkenheit **WStG 7**
Unbotmäßigkeit **WStG 27** 7 f.
Ungehorsam **WStG 19**
Unterdrücken von Beschwerden **WStG 35**
Verabredung zur Unbotmäßigkeit **WStG 28**
verbündete Streitkräfte **WStG 4**
Verleiten zu rechtswidriger Tat **WStG 33 f.**
Vollzug *s. Vollzug von Strafen gegenüber Soldaten*
vormilitärische Straftaten **EGWStG 4**
Wachverfehlung **WStG 44**
Militärische Vorgesetzte
Abgabepflicht **WStG 40** 13
Aufsichtspflicht *s. dort*
Bedrohung eines –n **WStG 23**
Befehlshaber **VStGB 4** 18 ff.
Begriff **WStG 1** 33 ff.
Dienstgrad **WStG 1** 48 ff.; 36
Dienststellung **WStG 1** 35 ff.
Fachvorgesetzte **WStG 1** 42 ff.
mangelhafte Dienstaufsicht **WStG 41**
Meldepflichten **WStG 40** 4 ff.
Mitwirkung bei Strafverfahren **WStG 40**
Nötigung **WStG 24**
Pardon **VStGB 11** 126 f.
Strafschärfungen **VStGB 4** 12 ff.
Straftaten gegen Soldaten höheren Dienstgrads **WStG 29**
tätlicher Angriff gegen einen Vorgesetzten **WStG 25**
tatsächliche Führungsgewalt/Kontrolle **VStGB 4** 27 ff.
Untergebenenat **VStGB 4** 47 ff.
Untersuchungspflicht **VStGB 40** 9
Völkermord **VStGB 6** 105 f.
Völkerrecht **VStGB 4**
Vorgesetztenverantwortlichkeit **VStGB 4** 9 ff.
zivile Vorgesetzte *s. dort*
Zivilpersonen **WStG 1** 30 ff.
Militärische Vorteile VStGB 11 83 ff.
Militärische Ziele
Abgrenzung zu zivilen Objekten **VStGB 11** 46 ff.

magere Zahlen = Randnummern

Sachregister

Minderjährige
Abschiebung **AufenthG 58**
Erwerb und Besitz erlaubnisfreier Waffen oder Munition **WaffG 53** 2 f.
explosionsgefährliche Stoffe **SprengG 40** 93 ff.
Handlungsfähigkeit **AsylG 12**
Schießstätten **WaffG 27; 53** 76 ff.
unerlaubtes Überlassen **WaffG 53** 84 f.

Missbrauch anerkannter Schutzzeichen
Kriegsverbrechen gegen humanitäre Operationen und Embleme **VStGB 10** 29 ff.

Missbrauch der Befehlsbefugnis WStG 32
Beeinflussung der Rechtspflege **WStG 37**
erfolgloses Verleiten zu rechtswidriger Tat **WStG 34**
Verleiten zu rechtswidriger Tat **WStG 33**
Zweckwidrigkeit **WStG 32** 9 f.

Missbräuchliche Vaterschaftsanerkennung
Verfahren bei Anhaltspunkten für – **AufenthG 85a**

Misshandlung WStG 30
Begriff **WStG 30** 6 ff.
Duldung durch Vorgesetzten **WStG 30** 11 ff.
erzieherische Maßnahmen **WStG 30** 7

Mitführungspflicht
Pass **FreizügG/EU 10** 7 f.

Mitgliedstaaten
Definition im Waffengesetz **WaffG 1** 210

Mitnehmen einer Waffe WaffG 1 188; **32**
Anmelde- und Nachweispflicht **WaffG 33**
unerlaubter Umgang s. *Unerlaubter Umgang mit Schusswaffen*

Mitteilungspflichten WaffG 10
Verstoß **AufenthG 98** 14 ff.
Verletzung von – **WaffG 53** 51

Mobile Forscher
Ablehnungsgründe **AufenthG 20c**
Aufenthaltserlaubnis **AufenthG 20b**

Mobiler-ICT-Karte AufenthG 19d

Mobilität
im Rahmen des Studiums **AufenthG 16a**

Molotow-Cocktails WaffG 1 121; **2** 15
Anleitung/Aufforderung zur unerlaubten Herstellung **WaffG 52** 45 ff.
unerlaubter Umgang **WaffG 52** 5 ff.

Munition WaffG 1 130 ff.; **SprengG 40** 29
erlaubnisfreie – *s. dort*
erlaubnisfreies Herstellen **WaffG 2** 61 ff.
Geschoss *s. dort*
Grundsätze des Umgangs **WaffG 2**
Hartkerngeschoss **WaffG 2** 28
hülsenlose – **WaffG 1** 134
Kartuschenmunition **WaffG 1** 65, 133
Kategorien **WaffG 1** 148
Kennzeichnung **WaffG 53** 71 ff.; *s.a. dort*
Kinder und Jugendliche **WaffG 3**
Kleinschrot **WaffG 2** 30
Kriegswaffenmunition **WaffG 2** 31
Ladung *s. dort*
Ordnungswidrigkeiten **WaffG 53** 104 ff.
Patronenmunition **WaffG 1** 132; **2** 27
pyrotechnische – *s. Pyrotechnische Munition*
Reizstoffmunition **WaffG 2** 26
sichere Aufbewahrung **WaffG 52** 89 ff.
unbefugtes Handeltreiben oder Herstellen **WaffG 52** 22 ff.
unerlaubter Erwerb und Besitz **WaffG 52** 60 ff., 98 ff.
unerlaubter Erwerb zur Überlassung **WaffG 52** 10 ff.
unerlaubter Umgang **WaffG 52** 53 ff.
unerlaubtes Handeltreiben außerhalb fester Verkaufsstätten **WaffG 52** 36 ff.
unerlaubtes Überlassen **WaffG 52** 78 ff., 83 ff.
unerlaubtes Verbringen **WaffG 52** 30 ff., 70 ff.
verbotene Munition **WaffG 2** 3 ff.
verwaltungsrechtliche Kontrolle **WaffG 1** 149 ff.
wiedergeladene Munition *s. dort*
Wirkstoffmunition **WaffG 2** 29

Munitionsabschussgeräte WaffG 1 26 ff.
pyrotechnische Geräte **WaffG 1** 30
Tragbarkeit **WaffG 1** 28

Munitionserwerbsschein WaffG 1 168; **10**

Munitionssachverständige
Erwerb und Besitz von Schusswaffen und Munition **WaffG 18**
Zuwiderhandlung gegen vollziehbare Anordnungen und Auflagen **WaffG 53** 17 f.

Munitionssammler
Erwerb und Besitz von Schusswaffen und Munition **WaffG 17**
Zuwiderhandlung gegen vollziehbare Anordnungen und Auflagen **WaffG 53** 15 f.

Muskelkraft WaffG 1 32 ff., 114; **2** 46

Nachbildungen von Schusswaffen WaffG 1 73 ff.
von Schusswaffen *s. Schusswaffenattrappen*

Nachfluchttatbestand AsylG 28

Nachschau SprengG 41 45; **WaffG 39** 1; **53** 24

Nachsichtgeräte WaffG 2 10

Nachtzielgeräte WaffG 2 10

Nachweis
Kriegswaffenerwerb **KrWaffG 22a** 82 ff.

Napalm
verbotene Mittel der Kriegsführung **VStGB 12** 32

Nationales Waffenregister WaffG 43a

Sachregister

fette Zahlen = §§

NATO-Truppen
chemische Waffen **KrWaffG 22** 3 f.
Ne-bis-in-idem
Soldaten **WStG Vor 1** 3 ff.
Negativstaater
Kurzaufenthalt **AufenthG 95** 42 ff.
Schengen-Visum **AufenthG 95** 90
Nemo-tenetur-Prinzip AsylG 84 120
Nichtbefolgen eines Befehls
leichtfertiges – **WStG 21**
Nichteinmischungsgrundsatz VStGB 1 5
Niederlassungserlaubnis AufenthG 9
Absolventen deutscher Hochschulen **AufenthG 18b**
Daueraufenthaltstitel **AufenthG 9** 1
Erlöschen **AufenthG 51**
Hochqualifizierte **AufenthG 19**
Nötigung
Dienst in gegnerischen Streitkräften **VStGB 8** 245 ff.
Kriegshandlungen gegen das eigene Land **VStGB 8** 249 ff.
Nötigung eines Vorgesetzten WStG 24
Drohung **WStG 24** 8 f.
geschützte Personen **WStG 24** 4 f.
Gewalt **WStG 24** 7
Nuklearwaffen *s. Atomwaffen*
Nun-Chaku WaffG 1 122; **2** 19
Nürnberger Prozesse VStGB Einl. 1 7, 19 ff.
Internationaler Militärgerichtshof **VStGB Vor 8** 7
Objekte
zivile – **VStGB 11** 42 ff.
Öffentliche Veranstaltung
unerlaubtes Führen **WaffG 52** 107 ff.
Verbot des Führens von Waffen **WaffG 42**
Offiziere
Gleichstellung mit Unteroffizieren **WStG 48** 5 ff.
Ordnungswidrigkeiten im Waffenrecht WaffG 53
einzelne Tatbestände **WaffG 53** 2 ff.
Fahrlässigkeit **WaffG 53** 120
Rechtsfolge **WaffG 53** 121
Vorsatz **WaffG 53** 120
Zuständigkeit **WaffG 53** 122
Organentnahme
Kriegsverbrechen gegen Personen **VStGB 8** 193 ff.
Overall Control VStGB 8 1
Palästina-Flüchtlinge AsylG 3 3; **84** 24
Pardon
verbotene Kriegsführung **VStGB 11** 124 ff., 157
Pass
Formerfordernisse **AufenthG 77**
Passersatz *s. dort*

Pass- oder ausweisloser Aufenthalt AufenthG 95 18 ff.
Aussetzungsbescheinigung **AufenthG 95** 20
Bußgeldvorschriften **AufenthG 98** 4
Vorsatzerfordernis **AufenthG 95** 23
Passbesitzpflicht FreizügG/EU 10 5 f.
Passersatz
Anfechtbarkeit einer Versagung **AufenthG 83**
Formerfordernisse **AufenthG 77**
Passlosigkeit *s. Pass- oder ausweisloser Aufenthalt*
Passpflicht AufenthG 3; **95** 18
Mitführungspflicht *s. dort*
Passbesitzpflicht *s. dort*
Verstoß **AufenthG 98** 21
Patronen *s. Munition*
kleinere Patronenmunition **WaffG 2** 27
Patronenlager WaffG 1 51
Peace-Enforcing VStGB 8 107
Peace-Keeping VStGB 8 107; **10** 5 ff.
Perkussionswaffen WaffG 2 55
Persönliche Eignung WaffG 6
Datenerhebung und Übermittlung **WaffG 43**
Plündern
Kriegsverbrechen gegen Eigentum und sonstige Rechte **VStGB 9** 6 ff.
Politische Betätigung
Ausländer **AufenthG 47**
Politische Gründe
Aufenthalt **AufenthG 22 ff.**
besondere politische Interessen **AufenthG 23**
Politische Verfolgung AsylG 1
Polizei
Asylverfahren **AsylG 19**
Positivstaater AufenthG 95 42 ff.
Post- und Fernmeldegeheimnis WStG 48 10 ff.
Präzisionsschleudern WaffG 1 123; **2** 18
Presslinge WaffG 1 134
Privatgeheimnisse
Verletzung **WStG 48** 9
Prostitution
Kriegsverbrechen gegen Personen **VStGB 8** 152 ff.
Verbrechen gegen die Menschlichkeit **VStGB 7** 89
Psychochemische Kampfmittel
verbotene Mittel der Kriegsführung **VStGB 12** 34
Pumpgun WaffG 2 6
unerlaubter Umgang *s. Unerlaubter Umgang mit Schusswaffen*
Pyrotechnik WaffG 1 30
Pyrotechnische Gegenstände SprengG 40 15 ff.
CE-Kennzeichnung und Konformitätsnachweis **SprengG 41** 7 ff.

magere Zahlen = Randnummern

Sachregister

nichtkonforme – **SprengG 41** 13
unerlaubter Erwerb und Umgang
  SprengG 41 53 ff.
Pyrotechnische Munition WaffG 1 135 ff.
  Antriebsvorrichtung **WaffG 1** 138
  pyrotechnische Patronenmunition **WaffG 1** 136
  unpatronierte – **WaffG 1** 137
Pyrotechnische Sätze SprengG 40 15 ff.

Rädelsführer
  Meuterei **WStG 27** 17
Ratione loci VStGB 11 22 ff.
Räumliche Beschränkung AsylG 56 ff.;
  AufenthG 61; **95** 82 ff.
  Anordnung **AsylG 59b**
  Durchsetzung **AsylG 59**
  Erlöschen **AsylG 59a**
  kurzfristiges Verlassen **AsylG 85** 31
  Verstoß gegen – **AsylG 85** 28 ff.
  vollziehbare Auflagen **AufenthG 98** 18
  Zuwiderhandlung gegen – **AufenthG 98** 25
Recht
  auf Heimat **VStGB 8** 5
Recht im Krieg
  ius in bello **VStGB Vor 8** 1
Rechtsmissbräuchlich erlangte Aufenthaltstitel AufenthG 95 119 ff.
  fehlender Vertrauensschutz **AufenthG 95** 119
  Voraussetzungen **AufenthG 95** 120 f.
Reichswaffengesetz (RWaffG) WaffG Vor 1 4
Reisegewerbe WaffG 52 40
  explosionsgefährliche Stoffe **SprengG 40** 96 ff.
Reizstoff
  Geschosse mit – **WaffG 2** 26
  Munition mit – **WaffG 2** 26
Reizstoffsprühgeräte WaffG 1 102, 117; **2** 16
Reizstoffwaffen WaffG 1 95 ff.
  Erlaubnisfreiheit **WaffG 2** 50
  kleiner Waffenschein **WaffG 1** 101
  sonstige Reizstoffwaffen **WaffG 1** 118
Repetierwaffen WaffG 1 88
Reservewehrdienstleistender WStG 1 22 f.
Revolver
  double-action **WaffG 1** 84
Riot control agents
  verbotene Mittel der Kriegsführung
  VStGB 12 33
Rom-Statut KrWaffG Vor 1 19;
  VStGB Einl. 1 1
Rot-Kreuz-Einrichtungen
  Kriegsverbrechen gegen humanitäre Operationen und Embleme **VStGB 10** 22 ff.
Ruanda VStGB Einl. 1 12
  ICTR **VStGB Vor 8** 13

Rückführungsrichtlinie AufenthG 95 22, 30 f.
Rumsfeld
  Anzeige gegen – **VStGB 1** 29 ff.

Sachkunde WaffG 7
Salutwaffen WaffG 1 63 ff.
  Erlaubnisfreiheit **WaffG 2** 51 f.
  Kartuschenmunition **WaffG 1** 65
Sammlertreffen WaffG 52 41 f.
Sammlerwaffen
  Erlaubnisfreiheit **WaffG 2** 53
Sanitäter
  Kriegsverbrechen gegen Personen
  VStGB 8 79
Schalldämpfer WaffG 1 57
Scheinehe AufenthG 95 112
Scheinvaterschaft AufenthG 95 113
  Körperzellentnahme **AufenthG 95** 129
Scheinwaffe WaffG 1 67 ff.
  Ausnahmen **WaffG 1** 72
  Führen **WaffG 42a**; **53** 102
  Nachbildungen **WaffG 1** 70
  unbrauchbar gemachte Schusswaffen
  WaffG 1 71
  Varianten **WaffG 1** 69
Scheinwerfer WaffG 2 9
Schengen-Staaten AufenthG 2 6
  Erlöschen des Aufenthaltstitels **AufenthG 51**
Schengen-Visum AufenthG 95 90
Schießen WaffG 1 189
  Erlaubnis **WaffG 10**
  Brauchtumspflege **WaffG 16**
  unbefugtes – **WaffG 53** 6 f.
Schießpulver WaffG 1 147
Schießsport
  Fachbeirat **WaffG 15b**
  Sportschützen s. dort
  Verbände **WaffG 15**
  Vereine **WaffG 15**
  Zuwiderhandlung gegen vollziehbare Anordnungen und Auflagen **WaffG 53** 13 f.
Schießstätten WaffG 27; **52** 118; **53** 106 ff.
  Anzeigepflichten **WaffG 27**; **53** 37 f.
  Minderjährige **WaffG 27**; **53** 76 ff.
  unbefugtes Betreiben oder Ändern
  WaffG 53 75
Schiffbrüchige
  Kriegsverbrechen gegen Personen
  VStGB 8 68 ff.
Schiffe
  Waffenerlaubnis für Bewachungsgewerbe
  WaffG 53 18
Schlagkraft
  der Truppe **WStG 2** 53
Schlagringe WaffG 2 13
Schlagwaffen WaffG 1 113

Sachregister

fette Zahlen = §§

Schlepper AsylG 84 2, 12
Schleuderwaffen WaffG 1 113
Schreckschusswaffe WaffG 1 91 ff.
   Erlaubnisfreiheit **WaffG 2** 50
   kleiner Waffenschein **WaffG 1** 91
Schulbesuch AufenthG 16b
   Ablehnungsgründe **AufenthG 20c**
Schussbereitschaft WaffG 1 207 ff.
Schussgeräte
   zu Schlachtzwecken **WaffG 1** 31; **2** 39
Schusswaffen WaffG 1 9 ff.
   Antriebsmittel **WaffG 1** 12
   Armbrust **WaffG 1** 33 f.
   Arten von – **WaffG 1** 76 ff.
   Aufbewahrung **WaffG 36**; **53** 91
   Ausweispflicht **WaffG 38**; **53** 92 ff.
   Dekorationswaffen *s. dort*
   Distanzinjektion **WaffG 1** 20
   Geschoss **WaffG 1** 11
   getarnte – **WaffG 2** 7
   gleichgestellte Gegenstände **WaffG 1** 25 ff.
   Jagdwaffen **WaffG 1** 19
   Kennzeichnung *s. dort*
   Lauf *s. dort*
   Markierung **WaffG 1** 21
   Munitionsabschussgeräte **WaffG 1** 26 ff.
   durch Muskelkraft angetriebene Gegenstände **WaffG 1** 32 ff.
   Nachbildungen *s. Schusswaffenattrappen*
   objektive Eigenschaft **WaffG 1** 10 ff.
   Ordnungswidrigkeiten **WaffG 53** 104 ff.
   Scheinwaffe *s. dort*
   sichere Aufbewahrung **WaffG 52** 89 ff.
   Signalgebung **WaffG 1** 18
   sonstige Vorrichtungen **WaffG 1** 58
   subjektive Eigenschaft **WaffG 1** 16 ff.
   Tragbarkeit **WaffG 1** 14
   unbefugtes Handeltreiben oder Herstellen **WaffG 52** 22 ff.
   unbrauchbar gemachte – *s. Dekorationswaffen*
   unerlaubter Erwerb und Besitz **WaffG 52** 98 ff.
   unerlaubter Erwerb zur Überlassung **WaffG 52** 10 ff.
   unerlaubter Umgang mit – *s. dort*
   unerlaubtes Führen **WaffG 52** 74 ff.
   unerlaubtes Handeltreiben außerhalb fester Verkaufsstätten **WaffG 52** 36 ff.
   unerlaubtes Überlassen **WaffG 52** 78 ff., 83 ff.
   unerlaubtes Verbringen **WaffG 52** 30 ff., 70 ff.
   Verschluss **WaffG 1** 49 f.
   vorgearbeitete Teile **WaffG 1** 56
   wesentliche Teile **WaffG 1** 35 ff.
   zusammenklappbare – **WaffG 2** 8
   Zweckbestimmung **WaffG 1** 24

Schusswaffenattrappen WaffG 1 73 ff.
   Erlaubnisfreiheit **WaffG 2** 48
   Gleichstellung **WaffG 1** 74
Schützenfest WaffG 52 41 f.
Schutzschilde WaffG 1 109
   verbotene Kriegsführung **VStGB 11** 98 ff., 155
Schutzwesten WaffG 1 109
Schwangerschaft
   Kriegsverbrechen gegen Personen **VStGB 8** 156, 214 ff.
   Verbrechen gegen die Menschlichkeit **VStGB 7** 90
Schwerwiegende Folge WStG 2 48 ff.
Seelische Schäden
   Verbrechen gegen die Menschlichkeit **VStGB 7** 98 ff.
Seeschiffe
   Bewachungsgewerbe **WaffG 28a**; **53** 18
Selbständige Tätigkeit
   Aufenthaltserlaubnis **AufenthG 21**
   unerlaubte – **AufenthG 98** 17
Selbstverschuldete Trunkenheit WStG 7
Selbstverstümmelung WStG 17
   Untauglichkeit **WStG 17** 6 ff.
   Verstümmelung **WStG 17** 9 ff.
Sexuelle Gewalt
   Kriegsverbrechen gegen Personen **VStGB 8** 145 ff.
   Verbrechen gegen die Menschlichkeit **VStGB 7** 80 ff.
Shikomizue WaffG 2 12
Sichere Aufbewahrung von Schusswaffen WaffG 52 89 ff.
Sichere Drittstaaten AsylG 26a
Sicherer Herkunftsstaat AsylG 29a
Sicherheit der BRD KrWaffG 19 21
Sierra Leone VStGB 1 18
Signalwaffen WaffG 1 18, 103 ff.
   Erlaubnisfreiheit **WaffG 2** 50
   kleiner Waffenschein **WaffG 1** 104
Softairwaffen WaffG 2 42
Soldat
   Auslandsstraftaten **WStG 1a**
   Begriff **WStG 1** 8 ff.
   Berufssoldat **WStG 1** 11 ff.
   Bewährungshelfer **WStG 14** 15 ff.
   Bewährungsstrafen **WStG 14**
   Dienstentziehung durch Täuschung **WStG 18**
   Dienstgrad **WStG 1** 48 ff.; **29**; **36**
   dienstliche Veranstaltung **WStG 1** 24
   eigenmächtige Abwesenheit *s. dort*
   früherer – **WStG 1** 66 f.
   Gehorsamsverweigerung **WStG 20**
   Geldstrafen **WStG 10**
   Grundlagen der Strafbarkeit **WStG Vor 1** 1 ff.

magere Zahlen = Randnummern **Sachregister**

mehrere Straftaten **WStG 13**
militärische Straftaten *s. dort*
militärische Vorgesetzte *s. dort*
Misshandlung **WStG 30**
Nichtbefolgen eines Befehls **WStG 21**
Nötigung eines Vorgesetzten **WStG 24**
Selbstverstümmelung **WStG 17**
Sonderauftrag *s. dort*
Strafarrest *s. dort*
Tapferkeitspflicht **WStG 6**
Trunkenheit **WStG 7**
Unbotmäßigkeit *s. dort*
Verbot der Doppelbestrafung **WStG Vor 1** 3 ff.
Vollzug *s. Vollzug von Strafen gegenüber Soldaten*
Wachdienst **WStG 44**
Waffengebrauch *s. dort*
Wehrdienstverhältnis *s. dort*
Zeitsoldat **WStG 1** 11 ff.

Söldner
Kriegsverbrechen gegen Personen **VStGB 8** 75

Sonderauftrag WStG 45 5 f.
Pflichtverletzungen **WStG 45**

Sperrwirkung
Einreise- und Aufenthaltsverbot **AufenthG 11** 1 f.

Spielzeugwaffen WaffG 1 23
Erlaubnisfreiheit **WaffG 2** 40 ff.

Spione
Kriegsverbrechen gegen Personen **VStGB 8** 74

Splitter KrWaffG 22a 108; **WaffG 2** 43
nichtentdeckbare – **VStGB 12** 7

Sportordnungen WaffG 15a

Sportschützen
Erwerb und Besitz von Schusswaffen und Munition **WaffG 14**
Nichtbeantragung einer Eintragung **WaffG 53** 56

Sportwaffen WaffG 1 22

Sprachkurs AufenthG 16b
Ablehnungsgründe **AufenthG 20c**

Sprachmittler AsylG 17

Sprengstoffgesetz (SprengG)
Allgemeines **SprengG Vor 1** 10
Anwendungsbereich **SprengG 40** 3 ff., 55
Ausnahmetatbestand **SprengG 40** 104
Bußgeldrahmen **SprengG 41** 56
Durchführungsrecht **SprengG Vor 1** 11 ff.
europarechtliche Vorgaben **SprengG Vor 1** 18
Fahrlässigkeit **SprengG 40** 103
Historie **SprengG Vor 1** 1 ff.
Konkurrenzen **SprengG 40** 105 ff.
Ordnungswidrigkeiten **SprengG 41**
Qualifikationen **SprengG 40** 100 ff.

strafbare Verletzung von Schutzvorschriften **SprengG 42**
strafrechtliche Vorschriften **SprengG Vor 1** 19
Straftatbestände **SprengG 40** 56 ff.
Strafvorschriften **SprengG 40**
Tathandlungen **SprengG 40** 30 ff.
Verfolgung bei ausländischen Unternehmen **SprengG 41** 57
Verjährung **SprengG 40** 109
Vorsatz **SprengG 40** 99

Sprengstoffrecht *s. Sprengstoffgesetz*

Sprengstoffverordnung (SprengV) SprengG 41 48 ff.

Sprengzubehör SprengG 40 23 f.
mangelhaftes – **SprengG 41** 24
Verwenden **SprengG 41** 16 f.

Springmesser WaffG 1 125; **2** 20

Staatenlose
Kriegsverbrechen gegen Personen **VStGB 8** 85

Staatsangehörigkeit
Verlust **StAG 17**; 28

Staatsgäste WaffG 56

Stahlruten WaffG 2 13

Staudämme
verbotene Kriegsführung **VStGB 11** 74 f.

Sterilisation
Kriegsverbrechen gegen Personen **VStGB 8** 155
Verbrechen gegen die Menschlichkeit **VStGB 7** 91

Stichwaffen WaffG 1 113

Stilette WaffG 1 112

Stoßwaffen WaffG 1 111 ff.
Ausnutzung der Muskelkraft **WaffG 1** 114
Führen **WaffG 42a**; **53** 102
getarnte – **WaffG 2** 12
unerlaubtes Handeltreiben außerhalb fester Verkaufsstätten **WaffG 52** 37

Strafarrest WStG 9; 12
Bewährungsstrafen **WStG 14a**

Straftat
auf Befehl **WStG 5** 5 ff.

Streitkräfte
ausländische – **WStG 1** 6
Soldat *s. dort*

Streumunition KrWaffG Vor 1 24
Auslandsstraftaten **KrWaffG 20a** 13
Begriff **KrWaffG 20a** 3
besonders schwere Fälle **KrWaffG 20a** 9 f.
Fahrlässigkeit **KrWaffG 20a** 12
Fördern des unerlaubten Umgangs **KrWaffG 20a** 8
minder schwere Fälle **KrWaffG 20a** 11
Strafvorschriften **KrWaffG 20a**
unerlaubter Umgang **KrWaffG 20a** 5 f.
Verleiten zum unerlaubten Umgang **KrWaffG 20a** 7

Sachregister

fette Zahlen = §§

Studienbezogenes Praktikum EU AufenthG 17b
  Ablehnungsgründe **AufenthG 20c**
Studium AufenthG 16
  Ablehnungsgründe **AufenthG 20c**
  Mobilität im Rahmen des –s **AufenthG 16a**
Subsidiärer Schutz AsylG 4
  Widerruf und Rücknahme **AsylG 73b**
Superior Orders VStGB 3 2 ff.
  Nötigungsnotstand **VStGB 3** 5
  Straflosigkeit des Untergebenen **VStGB 3** 3
Tapferkeit
  Tapferkeitspflicht **WStG 6**
Targeted killings VStGB Vor 8 42
Tätlicher Angriff gegen einen Vorgesetzten WStG 25
  geschützte Personen **WStG 25** 7
Tatsächliche Sachherrschaft s. *Besitzen einer Waffe*
Terrormiliz StAG 28
Theateraufführungen WaffG 52 117
Tokioter Prozesse VStGB Einl. 1 9; **Vor 8** 7
Totschläger WaffG 2 13
Tötung
  Kriegsverbrechen gegen Personen **VStGB 8** 127 ff., 209
Toxische Waffen s. *Gift*
Tragbare Gegenstände WaffG 1 108 ff., 124 ff.
  Führen **WaffG 42a**
  Passivschutz **WaffG 1** 109
Transport
  explosionsgefährlicher Stoffe **SprengG 40** 42
Treibgase
  kalte – **WaffG 1** 106 f.; **2** 49
Treibmittel WaffG 1 147
Trunkenheit
  selbstverschuldete – **WStG 7**
Truppe
  eigenmächtige Abwesenheit **WStG 15** 7 ff.
Türkische Staatsangehörige
  Aufenthaltstitel **AufenthG 4** 5
  Negativstaater **AufenthG 95** 43
Überführung
  Kriegsverbrechen gegen Personen **VStGB 8** 238 ff.
  Verbrechen gegen die Menschlichkeit **VStGB 7** 63 ff.
Überlassen
  explosionsgefährlicher Stoffe **SprengG 40** 42, 50, 79 ff., 85 ff., 89 ff.
  Kriegswaffen **KrWaffG 22a** 39 ff., 82 ff.
Überlassen einer Waffe WaffG 1 174 ff.; **34**
  Anzeigepflichten **WaffG 34**; **53** 40 ff., 59 f.

Konkurrenzen **WaffG 52** 134 ff.
Personenmehrheit **WaffG 1** 175
unerlaubter Umgang s. *Unerlaubter Umgang mit Schusswaffen*
unerlaubtes Überlassen **WaffG 52** 78 ff., 83 ff.
unerlaubtes Überlassen an Minderjährige **WaffG 53** 84 f.
Vermitteln der Überlassung **WaffG 1** 176
Übersetzer AsylG 17
Überwachung ausgewiesener Ausländer AufenthG 95 75 ff.
Umgang
  mit Waffen und Munition s. *Erlaubnispflicht*
Umrüstbare Waffen WaffG 1 86 f.
Umweltschäden
  verbotene Kriegsführung **VStGB 11** 167 ff.
Unbotmäßigkeit WStG 27 7 f.
  Verabredung zur – **WStG 28**
Unbrauchbar gemachte Schusswaffen s. *Dekorationswaffen*
Unbrauchbarmachung
  von Kriegswaffen **KrWaffG 22a** 6 ff.
  von Schusswaffen **WaffG 39a**
Unerlaubte Einreise AufenthG 95 50 ff.
  Asylbewerber **AufenthG 95** 55
  Konkurrenzen **AufenthG 95** 59
  ohne Aufenthaltstitel **AufenthG 95** 53 f.
  ohne Pass **AufenthG 95** 52
  Teilnahme **AufenthG 95** 58
  Versuch **AufenthG 95** 57
  Vorsatzerfordernis **AufenthG 95** 56
Unerlaubter Aufenthalt AufenthG 95 24 ff.
  Asylbewerber **AufenthG 95** 43
  Duldung **AufenthG 95** 34 ff.
  echtes Unterlassungsdelikt **AufenthG 95** 24
  Konkurrenzen **AufenthG 95** 49
  Kurzaufenthalt s. *dort*
  rechtsmissbräuchlich erlangter Aufenthaltstitel **AufenthG 95** 37
  Rückführungsrichtlinie **AufenthG 95** 30 f.
  Teilnahme **AufenthG 95** 48
  Verlängerungsantrag **AufenthG 95** 26
  Vorsatzerfordernis **AufenthG 95** 47
Unerlaubter Umgang mit Schusswaffen WaffG 51; **52** 53 ff.
  Bandenmäßigkeit **WaffG 51** 11
  besonders schwere Fälle **WaffG 51** 9 ff.
  Fahrlässigkeit **WaffG 51** 14
  Gewerbsmäßigkeit **WaffG 51** 10
  Konkurrenzen **WaffG 51** 15
  minder schwere Fälle **WaffG 51** 12 f.
  Tathandlung **WaffG 51** 7
  vollautomatische Schusswaffen **WaffG 51** 3 ff.
  Vorderschaftrepetierflinten **WaffG 51** 6

magere Zahlen = Randnummern **Sachregister**

Ungehorsam WStG 19
  Nichtbefolgen eines Befehls **WStG 19** 6 ff.
Unmenschliche Behandlung
  Kriegsverbrechen gegen Personen **VStGB 8** 135 ff., 213
Unschuldige
  Vollstreckung gegen – **WStG 48** 16
Untauglichkeit
  Selbstverstümmelung **WStG 17** 6 ff.
Unterdrücken von Beschwerden WStG 35
  Abhalten **WStG 35** 4 ff.
  Adressaten der Erklärung **WStG 35** 18 ff.
  geschützte Erklärungen **WStG 35** 11 ff.
  Unterdrücken **WStG 35** 8 ff.
Untergebene
  Handeln auf Befehl oder Anordnung **VStGB 4** 44 ff.
Unterlassene Meldung VStGB 15; WStG 43
  Konkurrenzen **VStGB 15** 26 ff.
  Meldepflicht **WStG 43** 3 ff.
  Rechtfertigung **VStGB 15** 22
  Strafe **VStGB 15** 24 f.
  Straffreistellung **VStGB 15** 23
  Tätereigenschaft **VStGB 15** 5 ff.
  Untergebenentat **VStGB 15** 9 ff.
  Unterlassung der Meldung **VStGB 15** 13 ff.
  Vorsatz **VStGB 15** 17 ff.
Unternehmensintern transferierte Arbeitnehmer
  Bußgeldvorschrift **AufenthG 98** 14
  ICT-Karte **AufenthG 19b**
  kurzfristige Mobilität **AufenthG 19c**
  Mobiler-ICT-Karte **AufenthG 19d**
Unteroffiziere
  Gleichstellung mit Offizieren **WStG 48** 5 ff.
Unterwassersportgerät
  Erlaubnisfreiheit **WaffG 2** 39
Unverjährbarkeit
  im Völkerstrafrecht **VStGB 5**
Unwahre dienstliche Meldung WStG 42
  Erklärung **WStG 42** 8
  Meldung **WStG 42** 5 ff.
  Übermittlung **WStG 42** 15 f.
  unwahre Angaben **WStG 42** 10 ff.
  Weitergabe **WStG 42** 13 f.

Vaterschaftsanerkennung
  Verfahren bei Anhaltspunkten für missbräuchliche – **AufenthG 85a**
Verabredung
  zur Unbotmäßigkeit **WStG 28**
Verantwortliche Person SprengG 41 37 ff.
Verantwortlichkeit
  militärischer Vorgesetzter s. *Militärische Vorgesetzte*

Verarbeiten
  explosionsgefährlicher Stoffe **SprengG 40** 34
Verbindlichkeit
  des Befehls **WStG 22**
Verbot der politischen Betätigung AufenthG 95 62 f.
Verbotene Ausreise AufenthG 95 61 ff.
Verbotene Gegenstände WaffG 2 3 ff.
Verbotene Kriegsführung VStGB 11
  Angriff **VStGB 11** 31 ff.
  Angriffe auf Zivilobjekte **VStGB 11** 42 ff.
  Angriffe auf Zivilpersonen **VStGB 11** 26 ff.
  Aushungern **VStGB 11** 110 ff.
  Auslegung **VStGB 11** 1 ff., 17 f.
  Begleitschäden **VStGB 11** 76 ff.
  bewaffneter Konflikt **VStGB 11** 22 ff.
  Deliktsnatur **VStGB 11** 4 ff.
  Dörfer **VStGB 11** 70 ff.
  entmilitarisierte Zonen **VStGB 11** 73
  gefährliche Kräfte **VStGB 11** 74 f.
  Historie **VStGB 11** 11 ff.
  Kollateralschäden **VStGB 11** 76 ff.
  Krankenhäuser **VStGB 11** 69
  kriminalpolitische Bedeutung **VStGB 11** 10
  menschliche Schutzschilde **VStGB 11** 98 ff.
  Meucheln **VStGB 11** 130 ff.
  militärische Vorteile **VStGB 11** 83 ff.
  Pardon **VStGB 11** 124 ff.
  ratione loci **VStGB 11** 22 ff.
  Rechtfertigung **VStGB 11** 175
  Rechtsfolgen **VStGB 11** 176 ff.
  Rechtsgut **VStGB 11** 1 ff.
  schwere Folge **VStGB 11** 159 ff.
  Städte **VStGB 11** 70 ff.
  Strukturmerkmale **VStGB 11** 4 ff.
  subjektiver Tatbestand **VStGB 11** 144 ff.
  Täter **VStGB 11** 19
  Tatobjekt **VStGB 11** 20 f.
  Umweltschäden **VStGB 11** 167 ff.
  Verjährung **VStGB 11** 180
  Vorsatz **VStGB 11** 144 ff.
  zivile Begleitschäden **VStGB 11** 78 ff.
  Zivilpersonen **VStGB 11** 26 ff.
Verbotene Mittel der Kriegsführung VStGB 12
  agent orange **VStGB 12** 35
  Atomwaffen *s. dort*
  Auslegung **VStGB 12** 16
  biologische und chemische Waffen **VStGB 12** 8, 27 ff.
  Deliktsnatur **VStGB 12** 3
  Entwicklung **VStGB 12** 12 ff.
  Gift **VStGB 12** 18 ff.
  Herbizide **VStGB 12** 35

Sachregister

fette Zahlen = §§

Historie **VStGB 12** 6 ff.
konventionelle Waffen **VStGB 12** 7, 37 ff.
kriminalpolitische Bedeutung **VStGB 12** 4 f.
Napalm **VStGB 12** 32
Notwendigkeit **VStGB 12** 46
Nuklearwaffen *s. Atomwaffen*
psychochemische Kampfmittel **VStGB 12** 34
Qualifikationen **VStGB 12** 45
Rechtsgut **VStGB 12** 1 f.
Repressalien **VStGB 12** 47 f.
riot control agents **VStGB 12** 33
subjektiver Tatbestand **VStGB 12** 44
Verjährung **VStGB 12** 51
Verwenden **VStGB 12** 17
Vorsatz **VStGB 12** 44
Weltrechtspflege **VStGB 12** 50
Verbotene Waffen WaffG 2 3 ff.; **40**
Anzeigepflichten **WaffG 53** 50
Einzelfallverbote **WaffG 41**
unerlaubter Umgang **WaffG 52** 48 ff.
Zuwiderhandlung gegen vollziehbare Anordnungen und Auflagen **WaffG 53** 25 ff.
Verbrechen gegen die Menschlichkeit Einl. 1 27, 54; **VStGB 7**
Angriff **VStGB 7** 23 ff.
Ausrottung **VStGB 7** 49 ff.
Deliktsnatur **VStGB 7** 2 f.
Deliktsstruktur **VStGB 7** 13 ff.
Einfluss des Völkerrechts **VStGB 7** 10 ff.
Folter **VStGB 7** 72 ff.
Freiheitsentziehung **VStGB 7** 103 ff.
Gesamttat **VStGB 7** 14 ff.
Historie **VStGB 7** 4 ff.
Konkurrenzen **VStGB 7** 141 ff.
körperliche Schäden **VStGB 7** 98 ff.
Massentötung **VStGB 7** 52
minder schwere Fälle **VStGB 7** 127 ff.
Politikelement **VStGB 7** 30 ff.
Prostitution **VStGB 7** 89
Qualifikationen **VStGB 7** 127 ff.
Rechtfertigung **VStGB 7** 134 f.
Rechtsfolgen **VStGB 7** 136 ff.
Rechtsgut **VStGB 7** 1
Schwangerschaft **VStGB 7** 90
seelische Schäden **VStGB 7** 98 ff.
sexuelle Gewalt **VStGB 7** 80 ff.
Sterilisation **VStGB 7** 91
Täter **VStGB 7** 42
Tötung **VStGB 7** 46 ff.
Überführung **VStGB 7** 63 ff.
Verfolgung **VStGB 7** 108 ff.
Vergewaltigung **VStGB 7** 80 ff.
Verjährung **VStGB 7** 140
Verschwindenlassen **VStGB 7** 92 ff.
Versklavung **VStGB 7** 56 ff.

Vertreibung **VStGB 7** 63 ff.
Vorsatz **VStGB 7** 43 ff.
Zivilbevölkerung **VStGB 7** 15 ff.
Zwangsarbeit **VStGB 7** 61 f.
Verbrennungskammer WaffG 1 53
Verbringen
Endverbleibsland **KrWaffG 22a** 57 f.
explosionsgefährlicher Stoffe **SprengG 40** 37 f., 53 f., 70 ff.; **41** 32 f.
Kriegswaffen **KrWaffG 22a** 50 ff.; **22b** 26
Überlassen bei zulässigem – **SprengG 40** 89 ff.
Verbringen einer Waffe WaffG 1 187; **29 ff.**
Anmelde- und Nachweispflicht **WaffG 33**
Anmelde- und Vorführungspflicht **WaffG 53** 83 ff.
Anzeigepflichten **WaffG 31**; **53** 39
Aus-/Durch-/Einfuhr **WaffG 1** 187
erlaubnisfreies – **WaffG 2** 34
Konkurrenzen **WaffG 52** 134 ff.
unerlaubter Umgang *s. Unerlaubter Umgang mit Schusswaffen*
unerlaubtes – **WaffG 52** 30 ff., 70 ff.
Verbringungsgenehmigung
explosionsgefährliche Stoffe **SprengG 41** 34
Verbündete Streitkräfte
militärische Straftaten gegen – **WStG 4**
Verein
jagdlicher – *s. Jagdverein*
schießsportlicher – *s. Schießsport*
Vereinigung AufenthG 95 86
Verfall (aF) AsylG 84 85 ff.; **KrWaffG 24**
Verfolgung
Gründe **AsylG 3b**
Handlungen **AsylG 3a**
Schutz im Herkunftsland **AsylG 3e**
Schutzbietende **AsylG 3d**
Verbrechen gegen die Menschlichkeit **VStGB 7** 108 ff.
Verfolgende **AsylG 3c**
Vergewaltigung
Kriegsverbrechen gegen Personen **VStGB 8** 145 ff.
Verbrechen gegen die Menschlichkeit **VStGB 7** 80 ff.
Verjährung
Völkerstrafrecht **VStGB 5**
Verkehr
mit explosionsgefährlichen Stoffen **SprengG 40** 48 ff.
Verleitung zu rechtswidriger Tat WStG 33
erfolglose – **WStG 34**
Rücktritt **WStG 34** 10 ff.
Verleitung zur missbräuchlichen Asylantragstellung AsylG 84
Angehörigenprivileg **AsylG 84** 6, 93 ff.

magere Zahlen = Randnummern

Sachregister

Ausländerbehörde **AsylG 84** 31
Bandenmäßigkeit **AsylG 84a**
Begriff **AsylG 84** 34
Folgeantrag **AsylG 84** 45
Gewerbsmäßigkeit **AsylG 84a**
Gewinnabschöpfung **AsylG 84** 85 ff.; **84a** 7
Handlungsalternativen **AsylG 84** 34 ff.
Kausalzusammenhang **AsylG 84** 40 ff.
Konkurrenz zum AufenthG **AsylG 84** 101 ff.
Konkurrenz zum StGB **AsylG 84** 107 ff.
Mitwirkungspflichten **AsylG 84** 27
nemo-tenetur **AsylG 84** 120
Normzweck und Historie **AsylG 84** 1 ff.
Qualifikationen **AsylG 84** 60 ff.
Regelbeispiele **AsylG 84** 51 ff.
Schlepper *s. dort*
Straffreiheit **AsylG 84** 92 ff.
Strafrahmen **AsylG 84** 92 ff.
Tatbestandsmerkmale **AsylG 84** 22 ff.
Täterschaft **AsylG 84** 9 ff.
Teilnehmer **AsylG 84** 19 ff.
Unterlassen **AsylG 84** 39
Versuch **AsylG 84** 73 ff.
Verwertbarkeit von Angaben **AsylG 84** 120 ff.
Vorsatz **AsylG 84** 48 ff.
Willensbeeinflussung **AsylG 84** 22
Zweitantrag **AsylG 84** 45
Verlust der Staatsangehörigkeit StAG 17
bei Wehrdienst in fremden Streitkräften **StAG 28**
Verlustfeststellung FreizügG/EU 9 12 ff.
Vermitteln
explosionsgefährlicher Stoffe **SprengG 40** 51
Kriegswaffen **KrWaffG 22a** 82 ff.
Vermitteln einer Waffe WaffG 1 201 ff.
nicht existente Waffen **WaffG 1** 204
Vernichten
explosionsgefährlicher Stoffe **SprengG 40** 41
Versailler Vertrag VStGB Einl. 1 6
Verschluss
wesentlicher Teil einer Schusswaffe **WaffG 1** 49 f.
Verschönern einer Waffe WaffG 1 193
Verschwindenlassen
Verbrechen gegen die Menschlichkeit **VStGB 7** 92 ff.
Versklavung
Verbrechen gegen die Menschlichkeit **VStGB 7** 56 ff.
Verstöße gegen waffenrechtliche Anordnungen WaffG 53 19 ff., 104
Verstöße gegen waffenrechtliche Auflagen WaffG 53 8 ff.

Verstümmelung WStG 17 9 ff.
Kriegsverbrechen gegen Personen **VStGB 8** 141 ff.
Verteidigungswaffe WaffG 1 17
Verteilung
länderübergreifende – **AsylG 51**
landesinterne – **AsylG 50**
unerlaubt eingereister Ausländer **AufenthG 15a**
Vertraulichkeit des Worts WStG 48 8
Vertreiben
explosionsgefährlicher Stoffe **SprengG 40** 79 ff.
Vertreibung
Kriegsverbrechen gegen Personen **VStGB 8** 167 ff., 219
Vertrieb
explosionsgefährlicher Stoffe **SprengG 40** 52
Verwaltungsakzessorietät AufenthG 95 2 ff.; **FreizügG/EU 9** 2
Asylstrafrecht **AsylG 85** 9 ff.
Blanketttechnik **AufenthG 95** 6 ff.; **FreizügG/EU 9** 2
Reichweite **AufenthG 95** 3 ff.
strenge – **AufenthG 95** 3 ff.
Verweigerung WStG 20 4 ff.
wiederholte – **WStG 20** 9 ff.
Verwenden
explosionsgefährlicher Stoffe **SprengG 40** 40
verbotener Mittel der Kriegsführung **VStGB 12** 17
Verwundete
Kriegsverbrechen gegen Personen **VStGB 8** 68 ff.
Verwundung hors de combat
Kriegsverbrechen gegen Personen **VStGB 8** 221 ff.
Verzieren einer Waffe WaffG 1 193
Visum AufenthG 6
Anfechtbarkeit einer Versagung **AufenthG 83**
Ausnahme-Visum **AufenthG 14**
Beteiligung des Bundes **AufenthG 74**
Beteiligungserfordernisse **AufenthG 73**
Überprüfung der Zuverlässigkeit tätiger Personen **AufenthG 73b**
Unterrichtung bei Erteilung **AufenthG 73a**
Zusammenarbeit mit externen Dienstleistern **AufenthG 73c**
Visumantragsdaten
Abgleich **AufenthG 72a**
VN-Waffenübereinkommen KrWaffG Vor 1 19
Völkergewohnheitsrecht VStGB 2 2 ff.
Aufsichtspflicht militärischer Vorgesetzter **VStGB 14** 3 ff.

Sachregister

fette Zahlen = §§

Handeln auf Befehl oder Anordnung s. dort
 militärische Vorgesetzte **VStGB 4** 3 ff.
 superior orders **VStGB 3** 2 ff.
 Unverjährbarkeit **VStGB 5** 4 ff.
 Verbrechen gegen die Menschlichkeit
  VStGB 7 32
Völkermord Einl. 1 53; **Einl. 26** 32, 53; **VStGB 6**
 „als solche" **VStGB 6** 89 ff.
 Auslegung **VStGB 6** 28 f.
 Auslieferung **VStGB 6** 119
 bewaffneter Konflikt **VStGB 6** 92 ff.
 Deliktsnatur **VStGB 6** 6 ff.
 Einwilligung **VStGB 6** 95
 Geburtenverhinderung **VStGB 6** 58 ff.
 geschützte Gruppen **VStGB 6** 32 ff.
 Gruppenteile **VStGB 6** 73 ff.
 Handeln auf Befehl oder Anordnung
  VStGB 6 96 f.
 Historie **VStGB 6** 22 ff.
 Immunität **VStGB 6** 115 ff.
 Konkurrenzen **VStGB 6** 107 ff.
 kriminalpolitische Bedeutung **VStGB 6**
  20 f.
 Nötigungsnotstand **VStGB 6** 97
 objektiver Tatbestand **VStGB 6** 30 ff.
 Rechtsfolgen **VStGB 6** 114
 Schutzgüter **VStGB 6** 2 ff.
 schwere körperliche und seelische Schädigung **VStGB 6** 50 ff.
 Täterschaft und Teilnahme **VStGB 6** 98 ff.
 Tathandlungen **VStGB 6** 48 ff.
 Tötung **VStGB 6** 48 f.
 Überführung eines Kindes in eine andere
  Gruppe **VStGB 6** 65 ff.
 Unterlassen **VStGB 6** 106
 Unterwerfung unter zerstörungsgeeignete
  Lebensbedingungen **VStGB 6** 53 ff.
 Verjährung **VStGB 5**; **6** 118
 Versuch **VStGB 6** 103 f.
 Vertreibung **VStGB 6** 57
 Vorgesetztenverantwortlichkeit **VStGB 6**
  105 f.
 Vorsatz **VStGB 6** 70
 Weltrechtspflegeprinzip **VStGB 6** 112 f.
 Zerstörungsabsicht **VStGB 6** 71 ff.
Völkerrecht
 humanitäres – **VStGB 8** 38
Völkerrechtliche Gründe
 Aufenthalt **AufenthG 22 ff.**
Völkerstrafgesetzbuch (VStGB) s. Völkerstrafrecht
Völkerstrafrecht Einl. 5 f.
 ad-hoc-Tribunale **VStGB 4** 5
 Aggression s. dort
 Allgemeiner Teil **VStGB Einl. 1** 47 ff.
 allgemeines Strafrecht **VStGB 2** 6 f.
 Anwendungsbereich **VStGB 1**

Auslandsstraftaten **VStGB 1** 25 ff.
Befehle **VStGB 3** 11 f.
Besonderer Teil **VStGB Einl. 1** 50 ff.
 deutsches Verhältnis zum – **VStGB Einl. 1**
  19 ff.
Einsatz verbotener Methoden der Kriegsführung s. Verbotene Kriegsführung
Entstehung und Entwicklung **VStGB Einl.
 1** 4 ff., 33 f.
Handeln auf Befehl oder Anordnung s. dort
Immunität **VStGB 2** 26 ff.
Indemnität **VStGB 2** 25
Internationaler Strafgerichtshof s. dort
Irrtum **VStGB 2** 9 ff.
Jugoslawien **VStGB Einl. 1** 12
Komplementaritätsgrundsatz **VStGB Einl.
 1** 2
Konzeption **VStGB Einl. 1** 45 ff.
Kriegsverbrechen s. dort
Mechanism for International Tribunals
 VStGB Einl. 1 12
Meldepflicht **VStGB 15**
militärische Vorgesetzte s. dort
Notstand **VStGB 2** 19 ff.
Notwehr **VStGB 2** 17 f.
Nürnberger Prozesse s. dort
Praxis **VStGB Einl. 1** 62 ff.; **1** 29 ff.
Prozessuales **VStGB Einl. 1** 60 f.
Reformdiskussionen **VStGB Einl. 1** 70
Repressalien **VStGB 2** 22
Römisches Statut **KrWaffG Vor 1** 19;
 VStGB Einl. 1 1
Ruanda **VStGB Einl. 1** 12
Schuldfähigkeit **VStGB 2** 23 f.
Sierra Leone **VStGB 1** 18
Strafzumessung **VStGB 2** 29 f.
superior orders **VStGB 3** 2 ff.
Täterschaft und Teilnahme **VStGB 2** 15 f.
Tokioter Prozesse **VStGB Einl. 1** 9
Unterlassen **VStGB 2** 14
unterlassene Meldung **VStGB 15**
Unverjährbarkeit **VStGB 5**
verbotene Kriegsführung s. dort
Verbrechen gegen die Menschlichkeit s.
 dort
Versuch **VStGB 2** 12 f.
Völkergewohnheitsrecht **VStGB 2** 2 ff.;
 s.a. dort
Völkermord s. dort
Völkerstrafgesetzbuch **VStGB Einl. 1** 35 ff.
Völkerstrafrechtsakzessorietät **VStGB 1** 12
Vorgesetzte s. Militärische Vorgesetzte
Vorsatz **VStGB 2** 8
Weltrechtsprinzip s. dort
Yerodia-Urteil **VStGB 1** 18
Ziele **VStGB Einl. 1** 33 f.
zivile Vorgesetzte s. dort
Volksfeste WaffG 52 42 f.

magere Zahlen = Randnummern **Sachregister**

Vollautomatische Schusswaffen WaffG 1
  81 f.
  unerlaubter Umgang *s. Unerlaubter Umgang mit Schusswaffen*
  verbotene Waffen **WaffG 2** 5
Vollstreckung
  gegen Unschuldige **WStG 48** 16
Vollziehbare Auflagen und Anordnungen WaffG 53 8 ff.
  unerlaubter Erwerb und Besitz **WaffG 52** 98 ff.
  Zuwiderhandlung gegen – *s. Zuwiderhandlung gegen –*
Vollzug von Strafen gegenüber Soldaten EGWStG 5
  Ausführungsvorschriften **EGWStG 7**
  Freiheitsstrafe **EGWStG 5** 10 ff.
  Jugendarrest **EGWStG 5** 13
  Krankheitsfall **EGWStG 6**
  Strafarrest **EGWStG 5** 9
  Zuständigkeit der Bundeswehr **EGWStG 5** 5 ff.
Vorderschaftsrepetierflinten WaffG 2 6
  unerlaubter Umgang *s. Unerlaubter Umgang mit Schusswaffen*
Vorgesetzte *s. Militärische Vorgesetzte*
Vorteilsnahme WStG 48 13
Vorübergehende Aussetzung
  der Abschiebung *s. Duldung*
Vorzeigepflicht WaffG 39
Wachdienst WStG 44 4 ff.
  Außerstandsetzung **WStG 44** 20 f.
  Nichtbefolgung von Wachbefehlen **WStG 44** 22 ff.
  unterlassene Aufsicht **WStG 44** 17
  Verlassen des Postens **WStG 44** 18 f.
  Wache *s. dort*
  Wachverfehlung *s. dort*
  Wachvorgesetzter **WStG 44** 9 f.
Wache
  militärische – **WStG 44** 12 ff.
  zivile – **WStG 44** 16
Wachverfehlung WStG 44
Waffe
  verwaltungsrechtliche Kontrolle **WaffG 1** 149 ff.
Waffe WStG 46
  Angriffswaffe *s. dort*
  Aufbewahrung **WaffG 36**
  erlaubnisfreie – *s. dort*
  Grundsätze des Umgangs **WaffG 2**
  Kategorien **WaffG 1** 148
  Kinder und Jugendliche **WaffG 3**
  Ordnungswidrigkeiten **WaffG 53** 104 ff.
  Rechtsfrage **WaffG 1** 8
  unbefugtes Handeltreiben oder Herstellen **WaffG 52** 22 ff.

  unerlaubtes Handeltreiben außerhalb fester Verkaufsstätten **WaffG 52** 36 ff.
  unerlaubtes Verbringen **WaffG 52** 30 ff.
  verbotene Waffen **WaffG 2** 3 ff.
  Verteidigungswaffe *s. dort*
Waffenbesitzkarte WaffG 1 168; **10**; **53** 31
  erlaubnisfreier Erwerb und Besitz **WaffG 2** 34
  Nichtbeantragung einer Eintragung **WaffG 53** 52 ff.
Waffenbücher WaffG 23; **25**
  Führungspflicht **WaffG 53** 61 ff.
Waffendelikte WaffG 51 ff.
  besonders schwere Fälle **WaffG 52** 130 f.
  Erlaubnis und Irrtum **WaffG 52** 2 ff.
  Fahrlässigkeit **WaffG 52** 126 ff.
  Konkurrenzen **WaffG 52** 134 ff.
  minder schwere Fälle **WaffG 52** 132 f.
  Rechtfertigung **WaffG 52** 177 f.
  Schuldspruch **WaffG 52** 173
  Strafklageverbrauch **WaffG 52** 175 f.
  Systematik **WaffG 52** 1
  Täterschaft und Teilnahme **WaffG 52** 179 f.
  Verjährung **WaffG 52** 174
  Versuch **WaffG 52** 125
Waffengebrauch
  rechtswidriger – **WStG 46**
Waffengesetz (WaffG) *s. Waffenrecht*
Waffenhandel WaffG 1 195 ff.
  Fachkunde **WaffG 22**
  gewerbsmäßiger – **WaffG 21**
  Handelsverbote **WaffG 35**
  Handeltreiben *s. dort*
  Hinweis- und Protokollierungspflichten **WaffG 35**; **53** 88 ff.
  Kennzeichnung **WaffG 24**; **53** 74
  Stellvertretungserlaubnis **WaffG 21a**
  Vermitteln **WaffG 1** 201 ff.
  Vermitteln der Überlassung **WaffG 1** 176
  Werbung **WaffG 35**; **53** 86 ff.
  Zuwiderhandlung gegen vollziehbare Anordnungen und Auflagen **WaffG 53** 19
Waffenherstellung *s. Herstellen einer Waffe*
  gewerbsmäßige – **WaffG 21**
  nichtgewerbsmäßige – **WaffG 26**
Waffenliste WaffG 2
Waffenrecht Einl. 3
  Abgrenzung zum Kriegswaffenrecht **WaffG Vor 1** 24
  Abgrenzung zum Sprengstoffrecht **WaffG Vor 1** 25 f.
  allgemeines Strafrecht **WStG 3**
  Anwendungsbereich **WaffG Vor 1** 24 ff.; **1** 211 f.; **55 f.**
  Durchführungsrecht **WaffG Vor 1** 13 ff.
  Gesetzeszweck **WaffG 1** 1 ff.

1533

Sachregister

fette Zahlen = §§

Historie **WaffG Vor 1** 1 ff.
internationale Regelungen **WaffG Vor 1** 20 ff.
Jugendstrafrecht **WStG 3** 9 f.
Kodifikation des Waffenrechts **WaffG Vor 1** 3 ff.
Kriegswaffen *s. dort*
Mitgliedstaaten **WaffG 1** 210
Ordnungswidrigkeiten **WaffG 53** 104 ff.
Schusswaffen *s. dort*
Sprengstoffrecht *s. dort*
Straf- und Bußgeldvorschriften **WaffG 51 ff.**
Übergangsvorschrift **WaffG 60**
Verwaltungsvorschriften **WaffG 59**
Waffenrechtliche Anzeigepflichten *s. Anzeigepflichten*
Waffenrechtliche Erlaubnis *s. Erlaubnis*
Waffenregister WaffG 43a
Waffensammler
    Erwerb und Besitz von Schusswaffen und Munition **WaffG 17**
    Zuwiderhandlung gegen vollziehbare Anordnungen und Auflagen **WaffG 53** 15 f.
Waffenschein WaffG 10
    Führen **WaffG 1** 180
    kleiner – *s. dort*
Waffenverbote
    Einzelfall **WaffG 41**
Wechsel
    Wechsellauf **WaffG 1** 42; **2** 59
    Wechselsystem **WaffG 1** 44; **2** 59
    Wechseltrommel **WaffG 1** 47; **2** 59
Wehrdienst WStG 1 10 ff.
    besonderer Art **WStG 1** 28
    Bewährungsstrafen **WStG 14** 11 ff.
    Dienstentziehung **WStG 18** 4 ff.
    Eignungsübung **WStG 1** 26
    Ende **WStG 1** 13 f.
    Fahnenflucht *s. dort*
    faktischer – **WStG 1** 27 f.
    Rechtswirksamkeit **WStG 1** 15 f.
    Reservewehrdienst **WStG 1** 22 ff.
    Untauglichkeit **WStG 17** 6 ff.
    Wehrdienstleistender *s. dort*
Wehrdienstleistender
    freiwillig – **WStG 1** 17 ff.
    Reservewehrdienstleistender **WStG 1** 22 f.
Wehrdienstverhältnis *s. Wehrdienst*
Wehrstrafgesetz (WStG) *s. Wehrstrafrecht*
Wehrstrafrecht
    Anwendungsbereich **WStG 1** 4 ff.
    Auslandsstraftaten **WStG 1a**
    Begriffsbestimmungen **WStG 2**
    Einführungsgesetz *s. dort*
    Geltungsbereich **WStG 1**
    Grundlagen der Strafbarkeit des Soldaten **WStG Vor 1** 1 ff.

Historie **WStG Vor 1** 12 ff.; **1** 3
Irrtum **WStG 1** 71 f.
Regelungswerk **WStG Vor 1** 8 ff.
Soldat *s. dort*
Zivilpersonen *s. dort*
Weiterbildung AufenthG 17
Weltrechtspflegeprinzip VStGB 6 112 f.; **12** 50
Weltrechtsprinzip VStGB 1 1 ff.
    Auslandsstraftaten **VStGB 1** 25 ff.
    echtes – **VStGB 1** 7 ff.
    Internationaler Strafgerichtshof **VStGB 1** 21 ff.
    Komplementaritätsgrundsatz **VStGB 1** 21 ff.
    Nichteinmischungsgrundsatz **VStGB 1** 5
    Subsidiarität **VStGB 1** 15 f.
    unechtes – **VStGB 1** 7, 19 f.
    völkerrechtliche Legitimation **VStGB 1** 11 ff.
Werbung
    für Waffen und Munition **WaffG 35**; **53** 86 f.
Widerruf
    eines Aufenthaltstitels oder einer Aufenthaltserlaubnis **AufenthG 52**
Widerspruch und Klage
    aufschiebende Wirkung **AufenthG 84**
Wiedergeladene Munition WaffG 24; **53** 73
Wiedergewinnen
    explosionsgefährlicher Stoffe **SprengG 40** 35
Wiederkehr
    Recht auf – **AufenthG 37**
Wilddiebsgewehre WaffG 2 8
Wirkstoffmunition WaffG 2 29
Wohnanordnung AsylG 60
    Aufnahmeeinrichtung *s. dort*
    Verstoß gegen – **AsylG 85** 40 ff.
Wohnraum
    ausreichender – **AufenthG 2** 6
Wohnsitzauflage AufenthG 61
Wohnsitznahme AufenthG 95 78
    Verpflichtung **AufenthG 12a**
    Verstoß **AufenthG 98** 19
Wurfsterne WaffG 2 14
Würgegeräte WaffG 1 122; **2** 19

Yerodia-Urteil VStGB 1 18
ICTY VStGB Vor 8 13

Zeitsoldat *s. Soldat*
Zerstörung
    Kriegsverbrechen gegen Eigentum und sonstige Rechte **VStGB 9** 9 ff.
Ziele
    militärische – **VStGB 11** 46 ff.
Zierwaffen *s. Dekorationswaffen*
    Erlaubnisfreiheit **WaffG 2** 53

magere Zahlen = Randnummern

Sachregister

Zivilbevölkerung *s. Zivilpersonen*
Zivile Begleitschäden
  verbotene Kriegsführung **VStGB 11** 78 ff.
Zivile Vorgesetzte
  Aufsichtspflichtverletzung **VStGB 14** 9 ff.
  Handeln auf Befehl oder Anordnung **VStGB 3** 25 f.
  militärische Vorgesetzte **VStGB 4** 32 ff.; **WStG 1** 30 ff.
  tatsächliche Führungsgewalt/Kontrolle **VStGB 4** 39
  Teilnahme an Wehrstraftaten **WStG 1** 68 ff.
  Wache **WStG 44** 16
Zivilobjekte
  Abgrenzung zu militärischen Zielen **VStGB 11** 46 ff.
  Angriffe auf – **VStGB 11** 42 ff., 151
  Aufzählung **VStGB 11** 60 ff.
Zivilpersonen
  Angriffe auf – **VStGB 11** 26 ff., 146 ff.
  Aufsichtspflicht ziviler Vorgesetzter *s. Aufsichtspflicht*
  Aushungern **VStGB 11** 110 ff.
  Definition **VStGB 11** 35 ff.
  Kriegsverbrechen **VStGB Vor 8** 39 ff.
  Kriegsverbrechen gegen humanitäre Operationen und Embleme **VStGB 10** 13
  Kriegsverbrechen gegen Personen **VStGB 8** 80 ff.
  militärische Vorgesetzte **WStG 1** 30 ff.
  Teilnahme an Kriegsverbrechen **VStGB 11** 38 ff.
  Teilnahme an Wehrstraftaten **WStG 1** 68 ff.
  Überführung **VStGB 8** 238 ff.
  Völkermord **VStGB 7** 15 ff.
  Wache **WStG 44** 16
  zivile Vorgesetzte *s. dort*
Zollverwaltung
  Zuständigkeit und Unterrichtung **AufenthG 71a**
Zugehörigkeit
  zu geheimen Ausländerverein **AufenthG 95** 85 ff.
Zugriffsbereitschaft WaffG 1 207 ff.
Zulassen der Untergebenen-Tat VStGB 4
  Abgrenzung zu Mittäterschaft und Beihilfe **VStGB 4** 64 ff.
  Befehlshaber und Vorgesetzte **VStGB 4** 17 ff.

Begehung einer Tat **VStGB 4** 40 ff.
historischer Hintergrund **VStGB 4** 3 ff.
hypothetische Vermeidungskausalität **VStGB 4** 53
Rechtsfolge **VStGB 4** 67 f.
Strafschärfungen **VStGB 4** 12 ff.
Teilnahme **VStGB 4** 63
Untergebene **VStGB 4** 44 ff.
Untergebenentat **VStGB 4** 47 ff.
Versuch **VStGB 4** 60 ff.
Völkergewohnheitsrecht **VStGB 4** 3 ff.
Vorgesetztenverantwortlichkeit **VStGB 4** 9 ff.
Vorsatz **VStGB 4** 54 ff.
Zündblättchenwaffen WaffG 2 43
Zündmittel SprengG 40 26 f.; **WaffG 1** 147
Zündnadelzündung WaffG 2 57
Zurückschiebung AufenthG 57
Zurückweisung AufenthG 15
Zusammenklappbare Schusswaffen WaffG 2 8
Zusammenrotten
  Meuterei **WStG 27** 3 ff.
Zuverlässigkeit WaffG 5
  Datenerhebung und Übermittlung **WaffG 43**
Zuweisungsentscheidung AsylG 50
  Verstoß gegen – **AsylG 85** 25 ff.
Zuwiderhandlung gegen vollziehbare Anordnungen AufenthG 95 60 ff.; **WaffG 53** 8 ff.
  Explosivstoffe und explosionsfähige Stoffe **SprengG 41** 18 ff.
  Teilnahme **AufenthG 95** 65
  unerlaubter Erwerb und Besitz **WaffG 52** 98 ff.
  Vorsatzerfordernis **AufenthG 95** 64
Zwangsarbeit
  Verbrechen gegen die Menschlichkeit **VStGB 7** 61 f.
Zwangssterilisation
  Verbrechen gegen die Menschlichkeit **VStGB 7** 91
Zwangsweise Überführung
  Verbrechen gegen die Menschlichkeit **VStGB 7** 63 ff.
Zweitantrag AsylG 84 45; **85** 21; **71a**